Praxiskommentar
Kindschaftsrecht

Praxiskommentar Kindschaftsrecht

BGB – FamFG – SGB VIII – RPflG – Brüssel IIb-VO – HKÜ – IntFamRVG u.a.

Herausgegeben und bearbeitet von

Prof. Dr. Stefan Heilmann

Weitere Bearbeiter:

Christian Braun, Richter am AG Frankfurt a.M.

Dr. Jörg Bussian, Richter am OLG Frankfurt a.M.

Dr. Michael Cirullies, Richter am AG Hagen

Dr. Sandra Fink, Richterin am OLG Frankfurt a.M.

Yvonne Gottschalk, Richterin am OLG Frankfurt a.M.

Wolfgang Keuter, Richter am AG Bad Iburg

Dr. Thomas Kischkel, Richter am OLG Frankfurt a.M.

Iven Köhler, Richter am OLG Frankfurt a.M.

Dr. Pascal Langer, Richter am AG Wiesbaden

Dr. Katja Schweppe, Richterin am OLG Frankfurt a.M.

Susanne Wegener, Richterin am OLG Frankfurt a.M.

Dr. Kerstin Wierse, Richterin am OLG Frankfurt a.M.

3. Auflage

Reguvis

Bibliografische Information der Deutschen Nationalbibliothek
Die Deutsche Nationalbibliothek verzeichnet diese Publikation in der Deutschen Nationalbibliografie; detaillierte bibliografische Daten sind im Internet über https://portal.dnb.de/opac.htm abrufbar.

Reguvis Fachmedien GmbH
Amsterdamer Str. 192
50735 Köln
service@reguvis.de
www.reguvis.de

Zitiervorschlag:
Heilmann/Bearbeiter, § … [Gesetz] Rn. …

ISBN (Print): 978-3-8462-1586-9
ISBN (E-Book): 978-3-8462-1587-6

Satz: Cicero Computer GmbH, Bonn
Druck und buchbinderische Verarbeitung: Appel & Klinger Druck und Medien GmbH, Schneckenlohe

Printed in Germany

Inhaltsübersicht

Vorwort

Über fünf Jahre sind seit dem Erscheinen der zweiten Auflage schon verstrichen, so dass nunmehr eine umfangreiche Überarbeitung und Aktualisierung dringend erforderlich geworden ist. Viele Gesetzesänderungen, insbesondere die große Reform des Vormundschaftsrechts und die Verabschiedung der Brüssel-IIb-VO, waren ebenso einzuarbeiten wie die seitherige Entwicklung in der Literatur. Daneben war eine sehr große Anzahl höchst- und obergerichtlicher Entscheidungen zu berücksichtigen, welche die Praxis des Kindschaftsrechts intensiv geprägt haben und auch weiter prägen werden.

Dabei war auch die schwierige Grundentscheidung zu treffen, wie mit dem großen Reformstau im Bereich des Kindschaftsrechts umzugehen ist. Immer wieder wurden wichtige Projekte vom Gesetzgeber aufgeschoben und scheiterten schließlich Ende des Jahre 2024 auf Grund des Auseinanderbrechens der Regierungskoalition. Wann und in welcher Form weitere Reformen im Kindschaftsrecht umgesetzt werden, ist noch nicht sicher vorherzusehen. Verlag und Herausgeber haben sich daher – auch vor dem Hintergrund des seit Erscheinen der Vorauflage verstrichenen Zeitraums – dazu entschlossen, die 3. Auflage gleichwohl schon vorzulegen. Der Bearbeitungsstand dieser Auflage ist daher die Gesetzeslage im Juni 2025. Vereinzelt wurde an den entsprechenden Stellen auf anstehende Reformprojekte hingewiesen.

Gegenüber der Vorauflage kam es – neben einzelnen inhaltlichen Verschiebungen – an einigen Stellen zu einem Bearbeiterwechsel. So sind *Werner Dürbeck*, *Klaus-Jürgen Grün* und *Katrin Lack* aus dem Autorenteam ausgeschieden, denen Verlag und Herausgeber für Ihre Mitarbeit an der Vorauflage sehr danken. Dafür konnten *Jörg Bussian*, *Thomas Kischkel*, *Pascal Langer* und *Kerstin Wierse*, allesamt durch eine Vielzahl von Veröffentlichungen ausgewiesene Experten des Familienrechts und zugleich aus der richterlichen Praxis, hinzugewonnen werden.

Der Dank des Herausgebers gilt an dieser Stelle dem Verlag, hier insbesondere Jennifer Wegener-Carapezza und Jana Neeser für die hervorragende Zusammenarbeit und Unterstützung, sowie dem hochkompetenten und sehr zuverlässigen Autorenteam. Letzterem gebührt auch großer Dank dafür, dass es sich ausnahmslos geduldig und verständig dem fachlichen Diskurs mit mir gestellt hat, wenngleich es in der Natur der Sache liegt, dass Herausgeber und Autoren auch hiernach nicht immer dieselbe Auffassung vertreten. Wie für die Erstauflage gilt, dass zu einzelnen Themen unterschiedliche Rechtsauffassungen auch unter den Autoren selbst vertreten werden. Es wurde jedoch versucht, entsprechende Stellen durch Querverweise kenntlich zu machen.

Für Anregungen und konstruktive Kritik sind Verlag, Herausgeber und Autoren auch weiterhin dankbar.

Prof. Dr. Stefan Heilmann

Frankfurt am Main, im August 2025

Inhaltsverzeichnis

Bürgerliches Gesetzbuch (BGB)

Gesetz zum zivilrechtlichen Schutz vor Gewalttaten und Nachstellungen (Gewaltschutzgesetz – GewSchG)

Das gerichtliche Verfahren

Kapitel 1
Gesetz über das Verfahren in Familiensachen und in den Angelegenheiten der freiwilligen Gerichtsbarkeit (FamFG)

Kapitel 2
Gerichtsverfassungsgesetz (GVG)

Kapitel 3
Rechtspflegergesetz (RPflG)

Gesetz zur Kooperation und Information im Kinderschutz (KKG)

Achtes Buch Sozialgesetzbuch – Kinder- und Jugendhilfe (SGB VIII)

Auslandsbezüge Brüssel IIb-VO – Internationale Übereinkommen – EGBGB – IntFamRVG – Mediation

Kapitel 1
Vorbemerkungen

Kapitel 2
Brüssel IIb-VO

Kapitel 3
Internationale Übereinkommen: HKÜ, ESÜ, KSÜ

Abschnitt 1
Haager Kindesentführungsübereinkommen – HKÜ

Abschnitt 2
Europäisches Sorgerechtsübereinkommen – ESÜ

Abschnitt 3
Haager Kinderschutzübereinkommen – KSÜ

Kapitel 4
Einführungsgesetz zum Bürgerlichen Gesetzbuche (EGBGB)

Kapitel 5
Internationales Familienrechtsverfahrensgesetz (IntFamRVG)

Kapitel 6
Mediation in internationalen Kindschaftskonflikten

Der Herausgeber

Heilmann, Stefan, Prof. Dr. jur., Vorsitzender Richter am OLG Frankfurt am Main, 1. Senat für Familiensachen; Honorarprofessor an der Frankfurt University of Applied Science; Mitherausgeber und Schriftleiter der Zeitschrift für Kindschaftsrecht und Jugendhilfe (ZKJ); Mitglied der Kinderrechtekommission des Deutschen Familiengerichtstages e.V. und der Wissenschaftlichen Vereinigung für Familienrecht e.V.; Veröffentlichungen sowie Vortrags- und Lehrtätigkeit insbesondere zum Kindschaftsrecht sowie zum Verfahrensrecht.

Bearbeiter von §§ 159, 161–164 FamFG, KKG, RPflG

Die Autoren

Braun, Christian, L.L.M. (Trinity College Dublin), ist seit 2007 Richter am Amtsgericht in Frankfurt am Main und war viele Jahre einziger Richter im Amtsgerichtsbezirk Frankfurt am Main in Adoptionssachen und für Verfahren nach dem Adoptionswirkungsgesetz im Bundesland Hessen.

Bearbeiter von §§ 1741–1772 BGB, §§ 101, 186–199 FamFG, Anhang zu § 199 FamFG

Bussian, Jörg, Dr. jur., ist Richter am OLG Frankfurt am Main, 1. Senat für Familiensachen. Fortbildungstätigkeiten an der Hessischen Justizakademie, Lehrbeauftragter an der University of Applied Sciences, Frankfurt/M., Veröffentlichungen in der Zeitschrift für Kindschaftsrecht und Jugendhilfe (ZKJ) und Prüfer in der notariellen Fachprüfung.

Bearbeiter von §§ 1686a–1711 BGB, §§ 165, 166, 167a FamFG

Cirullies, Michael, Dr. jur., war Aufsicht führender Richter am Amtsgericht und viele Jahre als Familienrichter bei dem AG Hagen tätig. Zudem war er Leiter der Prüfgruppe für Gerichtsvollzieherprüfungen bei dem LG Hagen. Neben zahlreichen Fachaufsätzen zum Familienverfahrens- und Vollstreckungsrecht verfasste er die FamRZ-Bücher „Vollstreckung in Familiensachen" und „Schutz bei Gewalt und Nachstellung". Er ist darüber hinaus Mitautor des FamFG-Kommentars „Dutta/Jacoby/Schwab", des „Münchener Prozessformularbuchs Familienrecht" sowie des Handbuchs „Familienvermögensrecht". Als Vorsitzender des „Arbeitskreises Trennungskinder" in Hagen ist er um interdisziplinäre Zusammenarbeit bemüht.

Bearbeiter von §§ 1666–1670 BGB, GewSchG, §§ 86–96a, 157 FamFG

Fink, Sandra, Dr. jur., Richterin am OLG Frankfurt am Main, 3. Senat für Familiensachen. Dissertation 2004 „Die Verwirklichung des Kindeswohls im Sorgerecht für nichtverheiratete Eltern". Veröffentlichungen und Vortragstätigkeit vor allem zum Kindschaftsrecht. In der Zeit von 2009 bis 2011 wissenschaftliche Mitarbeiterin am Bundesverfassungsgericht und dort insbesondere zuständig für das Kindschaftsrecht, in der Zeit von 2023 bis 2025 wissenschaftliche Mitarbeiterin am Bundesgerichtshof, XII. Zivilsenat. Mitglied der Kinderrechtekommission des Deutschen Familiengerichtstags seit 2011.

Bearbeiterin von §§ 1626–1665 BGB, §§ 155–155a, 167, 167b FamFG

Gottschalk, Yvonne, ist Richterin am OLG Frankfurt am Main, 1. Senat für Familiensachen. Veröffentlichungen und Vorträge zum Kindschaftsrecht und zur Verfahrenskostenhilfe.

Bearbeiterin von §§ 1684–1686 BGB, §§ 76–78 FamFG

Keuter, Wolfgang, studierte von 1974 bis 1980 Rechtswissenschaften in Münster/Westfalen. Er trat nach dem Referendariat und einer kurzen anwaltlichen Tätigkeit 1983 beim Landgericht in Stade in den niedersächsischen Richterdienst. 1986 wurde er zum Richter am Amtsgericht in Bad Iburg ernannt, wo er seit 1991 als Familienrichter tätig war. 2014 wurde er stellvertretender Direktor des AG Bad Iburg. Im selben Jahr erschien das von ihm verfasste Buch „Das familienrechtliche Mandat – Statusrecht (Abstammung, Adoption, Namensrecht)". Er schreibt regelmäßig Aufsätze und Urteilsanmerkungen in verschiedenen Fachzeitschriften und war bis 2025 in der Fortbildung von Richterkollegen, die ein Familienrechtsdezernat neu übernehmen, tätig. Seit 2014 ist RiAG Keuter Mitglied der Kinderrechtekommission des Deutschen Familiengerichtstages. Seit 1.11.2019 ist er im Ruhestand.

Bearbeiter von §§ 1591–1600d, 1616–1625 BGB, 1671–1683 BGB, §§ 114–154, 155b–155c, 158–158c FamFG, GVG

Kischkel, Thomas, ist Richter am OLG Frankfurt am Main, 4. Senat für Familiensachen. Er ist seit 2009 als Familienrichter tätig, zunächst am Amtsgericht Wetzlar, seit 2017 am OLG Frankfurt am Main. Er ist Mitherausgeber des HK-FamR und Mitautor mehrerer weiterer Fachkommentare und -bücher sowie Mitinitiator des „Modells Lahn-Dill". Veröffentlichungen und Vortragstätigkeit vor allem zum Kindschafts- und Verfahrensrecht, Fortbildungstätigkeit für örtliche Rechtsanwaltskammern und die Deutsche Richterakademie.

Bearbeiter von §§ 23–35, 37–75, 80–85 FamFG

Köhler, Iven, ist Richter am OLG Frankfurt am Main, 3. Senat für Familiensachen. Er ist seit 2009, zunächst am Amtsgericht Gelnhausen, seit 2018 am OLG Frankfurt am Main, als Familienrichter tätig. Von 2012 bis 2015 war er an das Bundesministerium der Justiz und für Verbraucherschutz abgeordnet und im Referat Familiengerichtliches Verfahren und Verfahren der freiwilligen Gerichtsbarkeit tätig. Von 2021 bis 2024 war er an das Bundesverfassungsgericht als wissenschaftlicher Mitarbeiter abgeordnet und bei Herrn BVR Prof. Radtke tätig. Er veröffentlichte zum Familienrecht mit dem Schwerpunkt Kindschaftsrecht in den Zeitschriften ZKJ, FamRZ, JAmt und NZFam. Seit März 2022 ist er Bearbeiter des Rechtsprechungsteils Zivilrecht der ZKJ.

Bearbeiter von § 1303 BGB, §§ 1–22a FamFG, SGB VIII, Art. 13–20 EGBGB

Langer, Pascal, Dr. jur., ist Richter am AG Wiesbaden. Er ist seit 2021 – zunächst am AG Bad Schwalbach und seit 2024 am AG Wiesbaden – als Familienrichter tätig. Er publiziert im Familienrecht mit Schwerpunkten im Kindschafts- und Abstammungsrecht für die Zeitschrift für Kindschaftsrecht und Jugendhilfe (ZKJ) und die Neue Zeitschrift für Familienrecht (NZFam). Weiterhin ist er als Prüfer im Ersten und Zweiten Juristischen Staatsexamen sowie in der Referendarausbildung tätig.

Bearbeiter von §§ 100, 169–185 FamFG

Schweppe, Katja, Dr. jur., Richterin am OLG Frankfurt am Main, 1. Senat für Familiensachen. Verbindungsrichterin im Europäischen Justiziellen Netz für Zivil- und Handelssachen (EJN). Mitglied im Ständigen Ausschuss des Internationalen Sozialdienstes (ISD). Studium der Rechtswissenschaft in Frankfurt am Main und Leicester (England). Walter-Kolb-Preis der Stadt Frankfurt am Main (2001). Dissertation „Kindesentführungen und Kindesinteressen". Weitere Veröffentlichungen zur Beteiligung von Kindern an Verfahren und zum Internationalen Kindschaftsrecht. Referentin u.a. für die Hessische Justizakademie und das Bundesamt für Justiz.

Bearbeiterin von §§ 97–99, 106–110 FamFG, Auslandsbezüge Vorbemerkungen, Brüssel IIb-VO, Art. 1–45 HKÜ, Art. 1–30 ESÜ, Art. 1–60 KSÜ, Art. 3–7, 21–24 EGBGB, §§ 1–56 IntFamRVG

Wegener, Susanne, Vorsitzende Richterin am OLG Frankfurt am Main, 3. Senat für Familiensachen, ehemalige Güterichterin, zertifizierte Mediatorin, Veröffentlichungen im Themenbereich richterliche Mediation und Güterichterverfahren, Fortbildungstätigkeit an der Hessischen Justizakademie.

Bearbeiterin von §§ 36–36a, 156, 160 FamFG, Mediation in internationalen Kindschaftskonflikten

Wierse, Kerstin, Dr. iur., Richterin am OLG Frankfurt am Main, 8. Senat für Familiensachen, Güterichterin und ausgebildete Mediatorin, Veröffentlichungen im Themenbereich Kindschaftsrecht, Fortbildungstätigkeit an der Hessischen Justizakademie sowie für Jugendämter und Erziehungsberatungsstellen.

Bearbeiterin von §§ 1773–1854 BGB, §§ 168–168g FamFG

Literatur

Adelmann, N.: Bundesverfassungsgericht schafft „Kindergrundrecht", JAmt 2008, 289.

Alberstötter, U.: Gewaltige Beziehungen, in: Weber/Alberstötter/Schilling, Beratung von Hochkonflikt-Familien, Weinheim 2013.

Alpay, E.: Ehrenamtliche Vormundschaften für unbegleitete minderjährige Flüchtlinge, JAmt 2019, 383.

Althammer, J./Schäuble, J.: Effektiver Rechtsschutz bei überlanger Verfahrensdauer – Das neue Gesetz aus zivilrechtlicher Perspektive, NJW 2012, 1.

Althaus, J./Horndasch, K.-P., Schenkung an Minderjährige, FuR 2019, 15.

Althammer, C.: Brüssel IIa – Rom III, Kommentar zu den Verordnungen (EG) 2201/2003 und (EU) 1259/2010, München 2014.

Andrae, M.: Internationales Familienrecht, 4. Auflage, Baden-Baden 2019.

Antholz, B.: Kindesinobhutnahmen 1995–2015, ZKJ 2017, 294.

Antomo, J.: Kinderehen, ordre public und Gesetzesreform, NJW 2016, 3558.

Arbeitsgruppe Familienrechtliche Gutachten 2018: Gutachten mit Hinwirken auf Einvernehmen, § 163 II FamFG, NZFam 2018, 976.

Arbeitsgruppe familienrechtliche Gutachten 2021: Mindestanforderungen an die Qualität von Sachverständigengutachten nach § 1631b BGB (und zur freiheitsentziehenden Unterbringung von Minderjährigen nach den Landesgesetzen über die Unterbringung psychisch Kranker), FamRZ 2021, 654–660.

Bach, A./Gildenast, B.: Internationale Kindesentführung, Bielefeld 1999.

Bacher, K.: Wiedereinsetzung: Nachweis der rechtzeitigen Einreichung per Telefax, MDR 2019, 851.

BAGLJÄ: Empfehlungen zur Adoptionsvermittlung, 8. Auflage, 2019, http://www.bagljae.de/content/empfehlungen/ (Abruf 16.7.2025).

Bahrenfuss, D.: FamFG, 3. Auflage, Berlin 2017.

Balloff, R.: Allgemeine Kommunikationsregeln sowie Gesprächstechniken mit Kindern und Jugendlichen bei strafrechtlich relevantem Hintergrund, FPR 2000, 140.

Balloff, R.: „08/15-Umgang" und Perspektiven eines entwicklungsfördernden Umgangs, FPR 2013, 303.

Balloff, R.: Kinder in Pflegefamilien, NZFam 2014, 769.

Balloff, R.: Kommunikation mit dem Kind und Anhörung des Kindes im familiengerichtlichen Verfahren, FamRZ 2019, 938.

Balloff, R.: Psychologische und psychiatrische Aspekte der Begutachtung im Kontext Gericht und Familien, FF 2019, 224.

Balzer, D.: Die Verhinderung missbräuchlicher Vaterschaftsanerkennungen NZFam 2018, 5.

Bary von, C., Abgabe der Vormundschaft im grenzüberschreitenden Kontext, JAmt 2019, 363.

Bassenge, P./Herbst, G.: FGG/RPflG, 8. Auflage, Heidelberg 1999.

Baumbach, A./Lauterbach, W./Albers, J./Hartmann, P.: Zivilprozessordnung, 73. Auflage, München 2015.

Baumbach, A./Hopt, K.J.: Handelsgesetzbuch, 36. Auflage, München 2014.

Bäumel, D. u.a.: Familienrechtsreformkommentar, Bielefeld 1998 (Zitierweise: FamRefK/Bearbeiter).

Bartels, F.: Abänderung und Überprüfung von gerichtlichen Entscheidungen und gerichtlich gebilligten Vergleichen im Kindschaftsrecht, FuR 2019, 77.

Beckonline.GROSSKOMMENTAR, Gsell, B./Krüger, W./Lorenz, S./Reymann, C., BGB, Stand: 15.5.2019 (Zitierweise: BeckOGK/Bearbeiter).

Beck'scher Online-Kommentar BGB, Bamberger, H.-G./Roth, H./Hau, W./Poseck, R. (Hrsg.), 49. Ed., Stand: 1.2.2019 (Zitierweise: BeckOK-BGB/Bearbeiter).

Beck'scher Online Kommentar FamFG, Hahne, M.-M./Munzig, J., Schlögel, J./Schlünder, R. (Hrsg.), München 2018 (Zitierweise: BeckOK-FamFG/Bearbeiter).

Beck'scher Online Kommentar Sozialrecht, Rolfs, C./Giesen, R./Kreikebohm, R./Udsching, P. (Hrsg.), München (Zitierweise: BeckOK-Sozialrecht/Bearbeiter).

Beck'scher Online Kommentar Streitwert, Mayer, H.-J. (Hrsg.), 10. Ed., München (Zitierweise: BeckOK-Streitwert/Bearbeiter).

Becker, A., Mörsberger, T.: „Endlich die Missverständnisse in Sachen Garantenpflicht abbauen!": wichtige Klarstellungen beim 17. Rechtsforum der Zeitschrift „Sozialrecht aktuell" zum Thema strafrechtliches Haftungsrisiko, JAmt 2018, 178.

Becker, N.: Die Erwachsenenadoption als Instrument der Nachlassplanung, ZEV 2009, 25.

Becker, N.: Zur Genehmigungsbedürftigkeit der Erbausschlagung nach § 1643 II BGB, JA 2014, 101.

Behrentin, R., Grünewald, C.: Leihmutterschaft im Ausland und die deutsche Rechtsordnung, NJW 2019, 2057.

Bergmann, M.: Die familiengerichtliche Beratungsauflage nach § 156 FamFG, ZKJ 2010, 56.

Bergmann, M.: Der Beweisbeschluss im Kindschaftsverfahren: Schnittstelle zwischen Recht und Spekulation, FamRB 2016, 364.

Bergmann, M./Kroke, S.: § 4 GewSchG und der Rechtfertigungsgrund der Einwilligung, ZIS 2013, 234.

Berkl, M.: Das Gesetz über den Ausbau der Hilfen für Schwangere und zur Regelung der vertraulichen Geburt, StAZ 2014, 65.

Bernau, F.: Die Rechtsprechung des BGH zur Wiedereinsetzung in den vorigen Stand, NJW 2013, 2001 und NJW 2014, 2007.

Berneiser, C.: Die Erörterung der Kindeswohlgefährdung nach § 157 FamFG, ZKJ 2016, 255 und 291.

Berneiser, C./ Bartels, M.: Interdisziplinäre Lehre im Kinderschutz, ZKJ 2016, 440 und 2017, 4.

Bernhard, H.: Die Stimme des Kindes in der Trennungs- und Scheidungsmediation, ZKM (Zeitschrift für Konfliktmanagement) 2015, 68.

Bestelmeyer, H.: Die rechtlichen Voraussetzungen für die wirksame Bestellung eines Ergänzungspflegers – Erwiderung zu Keuter, FamRZ 2010, 1955, FamRZ 2011, 950.

Bestelmeyer, H.: Vergütungsrechtliche Konsequenzen der fehlenden Feststellung der Berufsmäßigkeit des Betreuer-, Vormunds- oder (Nachlass-)Pflegeramts, FGPrax 2014, 93.

Bielecke, A.: Der Mensch ist dem Menschen kein Feind, FPR 2013, 471.

Bienwald, W.: Vergütung berufsmäßiger Gegenbetreuer, FamRZ 2007, 938.

Bienwald, W.: Wer übt Fürsorge und Aufsicht über Vormünder, Pfleger und Betreuer aus?, RpflStud 2014, 61.

Bienwald, W.: Umgangspflegschaft vor Bestellung des Umgangspflegers?, RpflStud 2014, 177.

Bieresborn, D.: Die Auswirkungen der DSGVO, DRiZ 2019, 18.

Biesel, K./Schnurr, S.: Prozessmanual zur dialogisch-systemischen Kindeswohlabklärung, JAmt 2018, 80.

Bieszk, D./Sadtler, S.: Mobbing und Stalking: Phänomene der modernen (Arbeits-)Welt und ihre Gegenüberstellung, NJW 2007, 3382.

Binder, K./Bürger, U.: Die Inanspruchnahme von Hilfen zur Erziehung durch psychisch kranke Eltern, ZKJ 2014, 4.

BMJV (Hrsg.) Arbeitskreis Abstammungsrecht, Abschlussbericht, Bundesanzeiger Verlag, Köln 2017.

Bongartz, J.: Zur gebotenen rechtlichen Behandlung von Ehen unter Beteiligung Minderjähriger, NZFam 2017, 541.

Bork, R./Jacoby, F./Schwab, D.: FamFG. Kommentar, 3. Aufl., Bielefeld 2018 (Zitierweise: Bork/Jacoby/Schwab/Bearbeiter).

Borth, H.: Das Verfahren zum Entwurf eines Gesetzes zur Klärung der Abstammung unabhängig vom Anfechtungsverfahren, FPR 2007, 381.

Botthof, A., Der Schutz des Familienlebens nach Art. 8 Abs. 1 EMRK und sein Einfluss auf die Anerkennung ausländischer Adoptionsentscheidungen, StAZ 2013, 77.

Bovenschen, I./Spangler, G.: Wer kann Bindungsfigur eines Kindes werden?, FPR 2013, 194.

Bovenschen, I./Spangler, G.: Besondere Kenntnisse der am Kindschaftsverfahren Beteiligten über frühkindliche Bindungen, NZFam 2014, 900.

Bouhatta, H.: Der § 1597a BGB und die missbräuchliche Vaterschaftsanerkennung NVwZ 2018, 1103.

Bowlby, J.: Verlust, Trauer und Depression, Frankfurt am Main 1983.

Brandes, D.: Kinder und Eltern nach der Trennung, ZKJ 2012, 347.

Brändle, P./Schreiber, F.: Der Güterichter im sozialgerichtlichen Verfahren, WzS 2014, 35.

Braun, C.: Freiheitsentziehende Maßnahmen gegenüber einem Kind in einem Krankenhaus, NZFam 2024, 273.

Braun, C.: Das gerichtliche Verfahren auf Anerkennung, Umwandlung und Wirkungsfeststellung von ausländischen Adoptionen nach dem Adoptionswirkungsgesetz – Anmerkungen zu OLG Hamm, Beschl. v. 24.01.2012 – II-11 UF 102/11, ZKJ 2012, 216.

Braun, C.: Das Verfahren in Adoptionssachen nach §§ 186 ff. FamFG, FamRZ 2010, 81.

Bringewat, P.: Schutzauftrag bei Kindeswohlgefährdung und Bundeskinderschutzgesetz, ZKJ 2011, 278.

Bringewat, P.: „Sorgfaltsgerechte" Fachlichkeit in der Kinder- und Jugendhilfearbeit?!, ZKJ 2018, 346.

Bringewat, P.: Strafrecht im Kinderschutz – Anmerkungen aus der Sicht eines Jugendamtes, SRa 2018, 110.

Brilla, A., Weiß, E.: „Strafbarer" Vergleich – der § 214a FamFG, jM 2018, 10.

Brisch, K.-H.: Die vier Bindungsqualitäten und die Bindungsstörungen, FPR 2013, 183.

Britz, G., Das Grundrecht des Kindes auf staatliche Gewährleistung elterlicher Pflege und Erziehung – jüngere Rechtsprechung des Bundesverfassungsgerichts, JZ 2014, 1069.

Britz, G.: Kinderschutz – aktuelle verfassungsrechtliche Leitlinien, NZFam 2016, 1113.

Brock, O./Breideneichen, U.: Der Anwalt des Kindes in Fällen des Umgangsrechtsboykotts, FuR 2001, 399.

Brüggemann, D.: Der sperrige Katalog – §§ 1821, 1822 BGB – Anwendungskriterien – Grenzfälle, FamRZ 1990, 5.

Bruns, C.: Die Beteiligten im Familienverfahren, NJW 2009, 2797.

Bruns, C.: Verfahren der einstweiligen Anordnung nach § 1 GewSchG – Grundlagen und ausgewählte Praxisprobleme, FamRZ 2012, 1024.

Bumiller, U./Harders, D./Schwamb, W.: FamFG, 12. Auflage, München 2019.

Bundesarbeitsgemeinschaft Landesjugendämter: Empfehlungen zur Adoptionsvermittlung, 7. Auflage, Mainz 2014.

Bundeskonferenz für Erziehungsberatung – Kindeswohl, Beratung und Familiengericht, ZKJ 2009, 121.

Bundeskonferenz für Erziehungsberatung: Stellungnahme zur FGG-Reform, ZKJ 2009, 121.

Bürge, A.: Rechtsvereinheitlichung im Laufe der Jahrhunderte: Die gesetzliche Empfängniszeit von 302 Tagen – Fast ein Nachruf, JuS 2003, 425.

Büte, D.: Verfahrenskostenhilfe und Anwaltsbeiordnung im Kindschaftsverfahren, FPR 2011, 17.

Burghart, A.: Die Verfahrensfähigkeit Jugendlicher, FamRZ 2019, 1029.

Burschel, H.-O.: Anhörung des Kindes auch im vereinfachten schriftlichen Verfahren nach § 155 a III FamFG, NZFam 2022, 320.

Campbell, C.: Das Umgangsrecht von nicht-elterlichen Bezugspersonen, NJW-Spezial 2011, 644.

Campbell, C.: Neues EU-Gewaltschutzverfahrensgesetz zum 11. 1. 2015, NJW-Spezial 2014, 708.

Canaris, C.-W.: Handelsrecht, 24. Auflage, München 2006.

Carl, E.: Die Aufklärung des Verdachts eines sexuellen Mißbrauchs in familien- und vormundschaftsgerichtlichen Verfahren, FamRZ 1995, 1183.

Carl, E.: Möglichkeiten der Verringerung von Konflikten in HKÜ-Verfahren – Undertaings, safe harbour orders und mirror orders in internationalen Kindesentführungsverfahren, FPR 2001, 211.

Carl, E./Alles, S.: Das deutsch-französische Modellprojekt professioneller Mediation – Entwicklung, Evaluation, Perspektiven, in: Paul/Kiesewetter, Mediation bei internationalen Kindschaftskonflikten, 117 ff., München 2009.

Carl, E./Clauß, M./Karle, M.: Kindesanhörung im Familienrecht. München 2015.

Carl, E./Erb-Klünemann, M.: Die Einbeziehung von Mediation in das gerichtliche Verfahren, in: Paul/Kiesewetter, Mediation bei internationalen Kindschaftskonflikten, 53 ff., München 2009.

Carl, E./Eschweiler, P.: Kindesanhörung – Chancen und Risiken, NJW 2005, 1681.

Carl, E./Karle, M.: Kindesanhörung und Fortbildung von Familienrichtern, NZFam 2014, 930.

Carl, E./Menne, M.: Verbindungsrichter und direkte richterliche Kommunikation im Familienrecht, NJW 2009, 3537.

Carl, E./Paul, C. C./Walker, J.: Das deutsch-amerikanische Mediationsprojekt, in: Paul/Kiesewetter, Mediation bei internationalen Kindschaftskonflikten, 147 ff., München 2009.

Carter, D.: Das englische reunite-Projekt, in: Paul/Kiesewetter, Mediation bei internationalen Kindschaftskonflikten, 135 ff., München 2009.

Cirullies, B./Cirullies, M.: Das neue Gesetz zur Verbesserung des Schutzes gegen Nachstellungen – eine Reform mit überschätzter Wirkung, FamRZ 2017, 493.

Cirullies, M.: „Hagener Modell": Umgangsverfahren leichter gemacht!, ZKJ 2011, 58.

Cirullies, M.: Zur Vollstreckbarkeit von Umgangstiteln, ZKJ 2011, 448.

Cirullies, M.: Die Vollstreckung von Zwangs- und Ordnungsmitteln, insbesondere in Familiensachen, Rpfleger 2011, 573.

Cirullies, M.: Vollstreckung aus Titeln nach § 86 FamFG, FPR 2012, 473.

Cirullies, M.: Sanktionsmöglichkeiten im Versorgungsausgleichsverfahren bei fehlender Mitwirkung der Beteiligten, FamRZ 2012, 157.

Cirullies, M.: Zustellungsprobleme in Gewaltschutzsachen, FamRZ 2012, 1854.

Cirullies, M.: Zwangsmittel und Haftbefehl – Die Anordnung von Ersatzzwangshaft, NJW 2013, 203.

Cirullies, M.: Ersetzung der Zustimmung des Ehegatten zur Teilungsversteigerung, FPR 2013, 352.

Cirullies, M.: Polizeilicher Schutz bei häuslicher Gewalt und Stalking, FamRB 2014, 229.

Cirullies, M.: Stalker ohne Schuld – Opfer ohne Schutz?, FamRZ 2014, 1901.

Cirullies, M.: Der Gerichtsvollzieher im Gewaltschutzverfahren – Probleme bei der Zustellung, DGVZ 2015, 33.

Cirullies, M.: Gewaltschutz und Versöhnung – wie verträgt sich das?, FamRZ 2016, 953.

Cirullies, M.: Keine Vollstreckung ohne Hinweis – Stolpersteine bei § 89 Abs. 2 FamFG, ZKJ 2016, 450.

Cirullies, M.: Der Gerichtsvollzieher im Gewaltschutzverfahren – Anwendung unmittelbaren Zwangs, DGVZ 2016, 17.

Cirullies, M.: Der Gerichtsvollzieher im Gewaltschutzverfahren – Vollstreckung der Ordnungshaft, DGVZ 2017, 81.

Cirullies, M.: Vollstreckung in Familiensachen, 2. Auflage, Bielefeld 2017.

Cirullies, M.: Der Gerichtsvollzieher im Gewaltschutzverfahren – Vollstreckung des Anspruchs auf Wohnungsüberlassung, DGVZ 2018, 77.

Cirullies, M.: Der Vergleich in Gewaltschutzsachen – vergleichsweise kompliziert, FamRB 2019, 407.

Cirullies, M./Cirullies, B.: Das neue Gesetz zur Verbesserung des Schutzes gegen Nachstellungen – eine Reform mit überschätzter Wirkung, FamRZ 2017, 493.

Cirullies, M./Cirullies, B.: Schutz bei Gewalt und Nachstellung, 2. Auflage, Bielefeld 2019.

Clausius, M.: Die Auskunftsansprüche nach §§ 1686, 1686a Abs. 1 Nr. 2 BGB, FamRB 2015, 65.

Clausius, M.: Auskunftsrecht des biologischen Vaters über das Kind, NZFam 2017, 893.

Coester, M.: Das Kindeswohl als Rechtsbegriff, Frankfurt am Main 1983.

Coester, M.: Inhalt und Funktionen des Begriffs der Kindeswohlgefährdung – Erfordernis einer Neudefinition, JAmt 2008, 1.

Coester, M.: Verfahren in Kindschaftssachen, FF 2009, 269-281.

Coester, M.: Kinderschutz – Übersicht zu den typischen Gefährdungslagen und aktuellen Problemen, FPR 2009, 549.

Coester, M.: Zum Eingriffsmaßstab in den Fällen des Umgangsboykotts, ZKJ 2012, 182.

Coester, M.: Sorgerecht nicht miteinander verheirateter Eltern, FamRZ 2012, 1337.

Coester, M.: Kinderehen in Deutschland, FamRZ 2017, 77.

Coester-Waltjen, D.: Elternumzug (Relocation) und Kindeswohl, ZKJ 2013, 4.

Coester-Waltjen, D.: Das Recht auf (Kenntnis der eigenen) Abstammung, FF 2017, 224.

Coester-Waltjen, D.: Kinderehen – Neue Sonderanknüpfungen im EGBGB, IPRax 2017, 429.

Coester-Waltjen, D./Lipp, V./Schumann, E./Veit, B. (Hrsg.), Die große Vormundschaftsreform, 16. Göttinger Workshop zum Familienrecht 2018.

Coester-Waltjen, D./Lipp, V./Schumann, E./Veit, B. (Hrsg.): Das Wechselmodell – Reformbedarf im Kindschaftsrecht? Göttingen 2018.

Dahm, S.: Die „Geeignetheit" von Verfahrensbeiständen gemäß § 158 FamFG, ZKJ 2017, 341.

Damljanovic, D.: Das Wechselmodell – Geltendes Recht und Reformbedarf, Frankfurt 2016.

Dauner-Lieb, B./Heidel, T./Ring, G.: BGB Familienrecht, Band 4, 3. Auflage, Baden-Baden 2014.

Deinert, H.: Zur Höhe der Aufwandspauschale nach Inkrafttreten des 2. Kostenrechtsmodernisierungsgesetzes, BtPrax 2013, 198.

Deinert, H., Rechtsfragen des Datenschutzes im Betreuungswesen, BtPrax 2019, 19.

Delfos, M.: „Sag mir mal…“ – Gesprächsführung mit Kindern, 9. Auflage, Weinheim 2013.

Dethloff, N.: Ein Reproduktionsmedizingesetz ist überfällig, ZRP 2013, 91.

Dettenborn, H./Walter, E.: Familienrechtspsychologie, 3. Auflage, München, Basel 2016.

Dettenborn, H.: Kindeswohl und Kindeswille, 5. Auflage, München 2017.

Dettenborn, H.: Hochkonflikthaftigkeit bei Trennung und Scheidung, ZKJ 2013, 231, 272.

Dettenborn, H.: Hochkonflikthaftigkeit bei Trennung und Scheidung, ZKJ 2013, 231, 272.

Deutscher Bundestag, Kommission zur Wahrnehmung der Belange der Kinder: Stellungnahme der Kinderkommission des Deutschen Bundestages zum Thema „Qualitätssicherung in Kindschaftsverfahren: Qualifizierung von Familienrichterinnen und -richtern, Gutachtern und Verfahrensbeiständen“, ZKJ 2019, 22.

Deutscher Ethikrat: Intersexualität. Stellungnahme vom 23.2.2012. Online abrufbar unter www.ethikrat.org > Themen > Gesellschaft und Recht > Geschlechtervielfalt (Zugriff: 16.7.2025)

Deutscher Familiengerichtstag e.V. (Hrsg.): Dreizehnter Deutscher Familiengerichtstag vom 22. bis 25. September 1999 in Brühl, Bielefeld 2000.

Deutscher Familiengerichtstag e.V. (Hrsg.): Siebzehnter Deutscher Familiengerichtstag vom 12. bis 15. September 2007 in Brühl, Bielefeld 2008.

Deutscher Familiengerichtstag e.V. (Hrsg.): Achtzehnter Deutscher Familiengerichtstag vom 16. bis 19. September 2009 in Brühl, Bielefeld 2010.

Deutscher Juristentag: Beschlüsse zum 72. Deutschen Juristentag, https://djt.de/wp-content/uploads/2020/03/181130_djt_internet_72_beschluesse.pdf (Abruf am 16.7.2025).

Deutscher Kinderschutzbund, Zehn Empfehlungen zur Ausgestaltung der Rolle der Kinderschutzfachkraft nach den §§ 8a Abs. 4, 8b Abs. 1 SGB VIII und § 4 KKG, ZKJ 2013, 115.

Di Cato, C.: Der begleitete Umgang, FamRB 2014, 389.

Dickmeis, F.: Verfehlt § 33 II FGG seinen Zweck? Kindeswohlorientierte Entscheidungen des Familiengerichts und ihr Vollzug, NJW 1992, 537.

Diehl, G.: Vollstreckung nach dem Gewaltschutzgesetz und andere Vollstreckungsmaßnahmen im Beisein von Kindern, FPR 2008, 426.

Diehl, G.: Familiengerichtliche Zuständigkeitsregelung und Geheimhaltung des Aufenthalts, JAmt 2019, 440.

Diehn, T.: Das neue Notarkostenrecht im GNotKG, DNotZ 2013, 406.

Diercks, K.: Ist bei der Herausgabevollstreckung Gewalt gegen Kinder zulässig?, FamRZ 1994, 1226.

Dießner, A.: Die Unterlassungsstrafbarkeit der Kinder- und Jugendhilfe bei familiärer Kindeswohlgefährdung, Berlin 2008.

Diez, H./Krabbe, H./Thomsen, C.: Familien-Mediation und Kinder, 3. Auflage, Köln 2009.

Dittmann, A.: Praxis und Kooperation der an familiengerichtlichen Verfahren beteiligten Professionen, ZKJ 2014, 180.

Dittmann, A./Raabe S.: Herausforderungen für niedergelassene Ärzt/inn/e/n im Umgang mit der Einschätzung (gewichtiger) Anhaltspunkte für eine Kindeswohlgefärdung, JAmt 2018, 437.

Döll, Y.: Schutz vor Sexting – Aber wie?, FamRZ 2017, 1728.

Dölling, B.: Eid und eidesstattliche Versicherung, NZFam 2014, 112.

Dörndorfer, J., Rechtspflegergesetz, 2. Auflage, München 2014.

Doukkani-Bördner, A.: Kindesmisshandlungen im Haushalt der Eltern und elterliche Sorge, FamRZ 2016, 12.

Drewniak, R./Höynck, T.: Soziale Gruppenarbeit/Soziale Trainingskurse – Eine theoretische Erklärung, ZfJ 1998, 487.

Diouani-Streek, M.: Negative Effekte oder nachhaltige Effektivität im Kinderschutz?, ZKJ 2015, 50.

Duden, K.: Leihmutterschaft – Aktuelle Entwicklungen in der Rechtsprechung, StAZ 2018, 137.

Dürbeck, W.: Das Gesetz zur Reform der elterlichen Sorge nicht miteinander verheirateter Eltern aus Sicht der Praxis, ZKJ 2013, 330.

Dürbeck, W.: Baden-Württemberg macht den Anfang – Pkh-Bewilligung durch den Rechtspfleger, NJW-aktuell 2014 Heft 36, 14.

Dürbeck, W.: Aktuelle Rechtsfragen im Zusammenhang mit der Einreise unbegleiteter minderjähriger Flüchtlinge, ZKJ 2014, 266.

Dürbeck, W.: Die Verweigerung begleiteten Umgangs durch das Jugendamt, ZKJ 2015, 457.

Dürbeck, W.: Die kostenrechtliche Wertbestimmung bei gleichzeitigem Sorgerechtsentzug und Bestimmung eines Vormunds oder Pflegers, ZKJ 2016, 357.

Dürbeck, W.: Zur Pflicht des Jugendamts, Gerichtskosten zu tragen, ZKJ 2017, 19.

Dürbeck, W.: Der Auskunftsanpruch nach § 1686 BGB, ZKJ 2017, 457.

Dürbeck, W.: Unbegleitete minderjährige Flüchtlinge im Familienrecht, FamRZ 2018, 553.

Dürbeck, W.: Familienrechtliche Behandlung minderjähriger Flüchtlinge, in: Budzikiewicz, C./Heiderhoff, B./Klinkhammer, F./Niethammer-Jürgens, K., Migration und IPR, 2018, 65.

Dürbeck, W., in: Budzikiewicz, C., Heiderhoff, B., Klinkhammer, F., Niethammer-Jürgens, K.: Migration und IPR, 2018, 65, 82 ff.

Dürbeck, W.: Unbegleitete minderjährige Flüchtlinge im Familienrecht, FamRZ 2018, 553.

Dürbeck, W.: Die Vergütung des Umgangspflegers für die Begleitung des Umgangs durch die Landesjustizkasse – Umgangsbegleitung auf Kosten der Eltern?, ZKJ 2019, 141.

Dürbeck, W.: Neue Personensorge in der Vormundschaft und ihre Herausforderungen für die Familiengerichte, ZKJ 2019, 208.

Dürbeck, W.: Die Einlegung der Rechtsbeschwerde beim BGH durch den Verfahrensbeistand, ZKJ 2019, 262.

Dürbeck, W.: Vollstreckung eines Umgangsvergleichs, NZFam 2019, 694.

Dürbeck, W. (Hrsg.): Handbuch Begleiteter Umgang. Pädagogische, psychologische und rechtliche Aspekte, 4. Auflage, Köln 2023.

Dürbeck, W./Gottschalk, Y.: Prozesskosten- und Verfahrenskostenhilfe, Beratungshilfe, 8. Auflage, München 2016.

Dürig, G./Herzog, R./Scholz, R. (Hrsg.): Grundgesetz Kommentar, Stand: August 2024, München (Zitierweise: Dürig/Herzog/Scholz-Bearbeiter).

Dutta, A.: Anmerkung zum EuGH-Gutachten vom 14.10.2014, FamRZ 2015, 24.

Dutta, A.: Grenzüberschreitender Gewaltschutz in der Europäischen Union, FamRZ 2015, 85.

Dutta, A./Lüttringhaus, J., Das guinesische Volljährigkeitsrätsel, FamRZ 2018, 1564.

Eckebrecht, M.: Das vertauschte Kind, FPR 2011, 394.

Effer-Uhe, D.: Prozess- und Verfahrenskostenhilfe für die gerichtsnahe Mediation, NJW 2013, 3333.

Ehinger, U.: Die Regelung der elterlichen Sorge bei psychischer Erkrankung eines Elternteils oder beider Eltern im Überblick, FPR 2005, 253.

Ehinger, U.: Überlegungen zur Verfahrensgestaltung in Umgangsregelungsfällen bei häuslicher Gewalt, FPR 2006, 171.

Ehmke, A.: Der Vorwurf des sexuellen Missbrauchs an Kindern im familiengerichtlichen Verfahren, NZFam 2016, 1132.

Ehrmann, G./Breitfeld, F.: Besserer Kinderschutz nach Inkrafttreten des Bundeskinderschutzgesetzes?, FPR 2012, 418.

Eickmann, D.: Das rechtliche Gehör in Verfahren vor dem Rechtspfleger, Rpfleger 1982, 449.

Elmauer, E./Kauermann-Walter, J., Vormundschaften beim Verein nicht nur für unbegleitete ausländische Minderjährige, JAmt 2016, 116.

Elmauer, E./Kauermann-Walter, J., Vormundschaftsvereine in konfessioneller Trägerschaft, JAmt 2019, 368.

Els, H. van: Die Vollstreckung von einstweiligen Anordnungen, FPR 2012, 480.

Els, H. van: Die Aussetzung der Vollstreckung nach § 55 FamFG, FamRZ 2011, 1706.

Enders, H.-R.: Die Verfahrenswerte in den familiengerichtlichen Verfahren, FPR 2012, 273.

Erb-Klünemann, M.: Die Ausnahmetatbestände im Haager Kindesentführungsübereinkommen in der Praxis – Eine Analyse der deutschen Rechtsprechung zu Art. 13 Abs. 1b und Abs. 2 HKÜ. FamRB 2018, 327-336.

Erbarth, A.: Das familienrechtliche Mandat, Ehewohnung-Haushaltssachen-Gewaltschutz, Bonn 2014.

Erbarth, A.: Grundsätze des Verfahrens in Ehewohnungs- und Haushaltssachen, NZFam 2014, 515.

Erbarth, A.: Die Ansprüche auf Überlassung der Ehewohnung zur Alleinnutzung, NJW 2019, 1169.

Erman, BGB Kommentar, 14. Auflage, Köln 2014 (Zitierweise: Ermann/Bearbeiter).

Ernst, R.: Der Maßnahmenkatalog des § 1666 BGB, FPR 2008, 602.

Ernst, R.: Der Sachverständige in Kindschaftssachen nach neuem Recht, FPR 2009, 349.

Ernst, R.: Familiengerichtliche Maßnahmen bei Kindeswohlgefährdungen, FPR 2011, 195.

Ernst, R.: Psychologische Sachverständigengutachten in Kindschaftssachen: Formulierung und Beantwortung der Beweisfrage(n), FamRB 2016, 361.

Ernst, R.: Die Inobhutnahme bei nur teilweise alleinsorgeberechtigten Eltern und im Spannungsfeld verwaltungsgerichtlicher und familiengerichtlicher Entscheidungen, FamRZ 2017, 1120.

Ernst, R.: Dreierbesetzung der Familiengerichte in bestimmten Kindschaftsverfahren, NZFam 2019, 145.

Eschelbach, D./Rölke, U.: Vollzeitpflege im Ausland – Aufgaben der deutschen Jugendämter, JAmt 2014, 494.

Ewers, F.-G.: Nachdenken über § 1696 BGB – neu?, FamRZ 1999, 477.

Fegert, J. M.: Sexuell missbrauchte Kinder und das Recht. Ein Handbuch zu Fragen der kinder- und jugendpsychiatrischen und psychologischen Untersuchung und Begutachtung, Band 2, Köln 1993.

Fegert, J. M.: Sozialpädiatrisch relevante gesetzliche Bestimmungen und Begutachtung, in: Schlack, H.G., 1995, 307.

Fegert, J. M.: Kommunikation mit Kindern und Konstrukte, die unser Verständnis von Kindern in der professionellen Wahrnehmung erleichtern. epd-Dokumentation: „Anwälte des Kindes" vor Gericht und bei Behörden, Nr. 20, Frankfurt am Main1999, 1.

Fegert, J. M.: Kooperation im Interesse des Kindes. In: Fegert, J. M.: Kinder in Scheidungsverfahren, Neuwied 1999, 8.

Fegert, J. M. (Hrsg.): Qualität der Begutachtung sexuell missbrauchter Kinder. Fachliche Standards in juristischen Verfahren, Neuwied 2001.

Fegert, J. M.: Parental Alienation oder Parental Accusation Syndrome? Die Frage der Suggestibilität, Beeinflussung und Induktion in Umgangsrechtsgutachten, Kind-Prax 2001, 6, 39.

Fegert, J. M.: Wann ist der begleitete Umgang, wann ist der Ausschluss des Umgangs indiziert, FPR 2002, 219.

Fegert, J. M.: Wann ist der begleitete Umgang, wann ist der Ausschluss des Umganges bei Pflegekindern indiziert? In: Stiftung zum Wohl des Pflegekindes (ed), 3. Jahrbuch des Pflegekinderwesens, Idstein 2004, 197.

Fegert, J. M.: Endgültiges Aus für das Parental Alienation Syndrome (PAS) im amerikanischen Klassifikationssystem DSM, ZKJ 2013, 190.

Fegert, J. M.: PAS: „Was fehlt, sind lediglich quantifizierende Studien", ZKM 2013, 401.

Fegert, J./Andresen, S./Salgo, L./Walper, S.: Hilfeangebot und strafrechtliche Fallbearbeitung bei sexueller Gewalt gegen Kinder – Vom Kind her denken und organisieren, ZKJ 2016, 324.

Fegert, J. M./Fangerau, H./Ziegenhain, U.: Problematische Kinderschutzverläufe, Mediale Skandalisierung, fachliche Fehleranalyse und Strategien zur Verbesserung des Kinderschutzes, Weinheim 2010.

Fegert, J. M./Franke, S./Gossmann, E.: SGB XIV: Erhebliche Vernachlässigung und psychische Gewalt, ZKJ 2024, 44–51.

Fegert, J. M./Späth, K./Salgo, L. (Hrsg.): Freiheitsentziehende Maßnahmen in der Jugendhilfe und Kinder- und Jugendpsychiatrie, Münster 2001.

Fegert, J./Witt, A.: Zahlen und Fakten zum Ausmaß von Vernachlässigung, Misshandlung und sexuellem Missbrauch von Kindern und Jugendlichen in Deutschland, ZKJ 2019, 288.

Feskorn, C.: Die aufschiebende Wirkung der sofortigen Beschwerde gegen Zwangs- und Ordnungsmittelbeschlüsse in Familiensachen, FamRB 2012, 162.

Feskorn, C.: Grundsätze der Kostentragungspflicht nach dem FamFG, FPR 2012, 254.

Fichtner, J.: Hilfen bei Konflikthaftigkeit?, ZKJ 2012, 46.

Fichtner, J.: „Seriöser Anzug oder Matschhose" – Zur Diskussion um die Qualität familienpsychologischer Gutachten (Teil 1), ZKJ 2015, 9.

Fichtner, J.: „Seriöser Anzug oder Matschhose" – Zur Diskussion um die Qualität familienpsychologischer Gutachten (Teil 2), ZKJ 2015, 63.

Fichtner, J.: Gut beraten oder doch lieber entscheiden?, ZKJ 2018, 257.

Fichtner, J./Salzgeber, S.: Konzepte zur Herstellung von Einvernehmen: Intervention statt Diagnostik?, FPR 2009, 348.

Fichtner, J./Salzgeber, S.: Die Kommunikation des Sachverständigen mit den Verfahrensbeteiligten und dem Familiengericht, FPR 2013, 478.

Fieseler, G./Schleicher, H./Wabnitz, R.: Kinder- und Jugendhilferecht, Gemeinschafskommentar zum SGB VIII, Neuwied 2014.

Finger, P.: Umzug mit dem Kind – Zustimmung des anderen Elternteils, FamFR 2009, 134.

Finger, P.: Haager Übereinkommen zur internationalen Kindesentführung – weitere Nachträge und Ergänzungen, FamRB 2014, 153.

Finger, P.: Einstweilige Anordnungen nach §§ 49 ff. FamFG, MDR 2012, 1197.

Fink, S.: Die Reform des Sorgerechts für nichteheliche Kinder aus verfassungsrechtlicher und rechtsvergleichender Perspektive, ZKJ 2011, 154.

Fink, S.: Familiengerichtlicher Genehmigungsvorbehalt bei „freiwilliger" geschlossener Unterbringung Minderjähriger, in: Heilmann, S./Lack K. (Hrsg.): Die Rechte des Kindes. Festschrift für Ludwig Salgo zum 70. Geburtstag, Köln 2016, 137 (Zitierweise: Fink, FS Salgo).

Fink, S./Bitter, S.: Eine unendliche Geschichte – Kommt endlich die verfassungsgemäße Reform des Sorgerechts für nichteheliche Kinder?, ZKJ 2012, 172.

Finke, F.: Zur Vollstreckung von Inobhutnahmen – insbesondere zum Verhältnis von Polizei und Jugendamt bei der Anwendung unmittelbaren Zwangs, JAmt 2011, 251.

Finke, F.: Die Kostenentscheidung in Familiensachen nach dem FamFG im Überblick, FPR 2010, 331.

Fischer, A.: Rechtsmittel in Familiensachen, FuR 2014, 645 ff., 700 ff.; 2015, 28 ff.

Fischer, M.: Die Mediation durch den Güterichter: Win-Win-Ergebnis statt „fauler" Kompromiss, FuR 2018, 461.

Flemming, W.: Das aktive Jugendamt, ZKJ 2009, 315.

Flügge, S.: Grenzen der Pflicht zur gemeinsamen Sorge im Persönlichkeitsrecht der Sorgenden, FPR 2008, 135.

Fölsch, P., Zur Kostenverteilung in Familiensachen, SchlHA 2011, 264.

Fölsch, P.: Gerichtskostenpflicht der PKH-Partei bei Abschluss eines Vergleichs, SchlHA 2013, 2.

Frank, R.: Neuregelungen auf dem Gebiet des Internationalen Adoptionsrechts unter besonderer Berücksichtigung der Anerkennung von Auslandsadoptionen, StAZ 2003, 257.

Frank, R., Rechtsprobleme der Erwachsenenadoption, StAZ 2008, 65.

Frank, R.: Anwaltszwang bei der isolierten Beschwerde gegen Verbundentscheidungen in Folgesachen der freiwilligen Gerichtsbarkeit?, FamRZ 2011, 1021.

Frank, R., Ausländische Minderjährigenehen auf dem Prüfstand des Kinderehebekämpfungsgesetzes, StAZ 2018, 1.

Frank, R., Das Gesetz zur Bekämpfung von Kinderehen vom 17.7.2017: ein Erfolgsmodell? – Überlegungen vor dem Hintergrund der Vorlageentscheidung des BGH an das BVerfG vom 14.11.2018, StAZ 2019, 129.

Frie, B.: Das neue Samenspenderrecht NZFam 2018, 817.

Frie, B.: Konkurrierende Vaterschaften in der standesamtlichen Praxis – im Licht der neuesten Rechtsprechung, StAZ 2019, 1.

Friedman, G./Himmelstein, J.: Konflikte fordern uns heraus, Frankfurt 2013.

Frings, D., Pertsch, A.: Rechtsmobilisierung gegen digitale Gewalt, djbZ 2018, 213.

Fritz, R./Pielsticker, D.: Mediationsgesetz, Köln 2013.

Fritz, R./Schroeder, H.-P.: Der Güterichter als Konfliktmanager im staatlichen Gerichtssystem, NJW 2014, 1910.

Fritzsche, S.: Bestimmung der Rechtswegzuständigkeit und der anzuwendenden Verfahrensordnung, NJW 2015, 586.

Fritzsche, S.: Obhutsverlust im Unterhaltsverfahren – ein „Dauerbrenner" mit unterschiedlichen Facetten, ZAP 2019, 555.

Fröschle, T.: Sorge und Umgang in der Rechtspraxis, 2. Auflage, Bielefeld 2018.

Fröschle, T./Heinz, B. (Hrsg.): Handbuch Vormundschaft und Pflegschaft, 3. Auflage, Köln 2024 (vormals: Fröschle, T.: Studienbuch Vormundschafts- und Pflegschaftsrecht).

Fröschle, T.: Familiengericht und Jugendamt – gekreuzte Rechtswege, FamRZ 2016, 1905.

Ganz, A.: Internationales Familienrecht, in: v. Heintschel-Heinegg/Gerhardt/Klein, Handbuch des Fachanwalts Familienrecht, 9. Auflage, Köln 2013.

Gartenhof, M./Schmid, J./Normann, K./v. Thüngen, A./Wolf, J.: Auflagen nach § 156 I FamFG im Spannungsfeld der Eltern zwischen Autonomie und Zwang, NZFam 2014, 972.

Gaul, H. F.: Die Neuregelung des Abstammungsrechts durch das Kindschaftsrechtreformgesetz, FamRZ 1997, 1441.

Gaul, H. F.: Ausgewählte Probleme des materiellen Rechts und des Verfahrensrechts im neuen Abstammungsrecht, FamRZ 2000, 1461.

Geiger/Kirsch: Gestaltung der Sorgerechtsausübung durch Vollmacht, FamRZ 2009, 1879.

Geimer, R./Schütze, R.: Internationaler Rechtsverkehr in Zivil- und Handelssachen, München, Stand: 57. EL Juni 2019.

Geißler, M.: Rechtsfragen um die Herausgabe eines Kindes und deren Vollstreckung, DGVZ 1997, 145.

Geißler, C.: Grenzüberschreitende Unterbringungen im EU-Ausland. ZKJ 2017, 11.

Gemeinschaftskommentar zum SGB VIII: siehe Fieseler, G./Schleicher, H./Wabnitz, R.

Gentry, D. B.: Including Children in Divorce Mediation and Education: Potential Benefits and Cautions. Families in Society, The Journal of Contemporary Human Services 1997, 307.

Genenger, A.: Das neue Gendiagnostikgesetz, NJW 2010, 113.

Gerhardt, P./v. Heintschel-Heinegg, B./Klein, M.: Handbuch des Fachanwalts Familienrecht, 11. Auflage, Köln 2018.

Gernhuber, J./Coester-Waltjen, D.: Familienrecht, 7. Auflage, München 2020.

Giers, M.: Die Vollstreckung in Familiensachen und Verfahren der freiwilligen Gerichtsbarkeit nach dem FamFG, DGVZ 2009, 127.

Giers, M.: Das Umgangsrecht nach § 1685 BGB. FamRB 2011, 229.

Giers, M.: Die Rechtsprechung zum Wechselmodell, FamRB 2012, 383.

Giers, M.: Vollstreckung aus Umgangsvergleich, FamRB 2019, 302.

Giers, M.: Die Vollstreckung nach §§ 86 ff. FamFG, NZFam 2020, 4.

Gießler, H: Erlöschen der elterlichen Prozeßführungsbefugnis und Übergang zum familienrechtlichen Ausgleichsanspruch, FamRZ 1994, 800.

Gießler, H.: Vorläufiger Rechtsschutz in Ehe-, Familien- und Kindschaftssachen, 3. Auflage, München 2000.

Glasl, F.: Konfliktdiagnose, in: Trenczek u.a., Mediation und Konfliktmanagement, Baden-Baden 2013.

Gläss, H.: Kindeswohlgefährdung in Pflegefamilien, JAmt 2013, 174.

Goebel, F.-M.: Notwendige Kosten der Zwangsvollstreckung von A bis Z, FoVo 2013, 181.

Götsche, F.: Teilentscheidung in Familiensachen, MDR 2005, 1086.

Götsche, F.: Die neue Verfahrenskostenhilfe nach dem FamFG, FamRZ 2009, 383.

Götsche, F.: Verfahrenskostenhilfe in Kindschaftssachen, ZFE 2010, 100.

Götsche, F.: Anfechtung von Kostenentscheidungen, FuR 2012, 510.

Götsche, F., jurisPR-FamR 9/2019 Anm. 3

Götz, I.: Verfahren bei Kindeswohlgefährdung. Anmerkungen aus der Sicht der gerichtlichen Praxis, in: Lipp, V./Schumann, E./Veit, B, 2009, 215–227.

Götz, I.: Herausgabe der zum persönlichen Gebrauch bestimmten Sachen eines Kindes, FamRZ 2016, 519.

Götz, I.: Fortschritt im Kindesschutz – Genehmigungsvorbehalt jetzt auch für freiheitsentziehende Maßnahmen bei Kindern, FamRZ 2017, 1290.

Götz, I.: Digital Natives im Familienrecht, FamRZ 2017, 1725.

Götz, I./Brudermüller, G./Giers, M.: Die Wohnung in der familiengerichtlichen Praxis, 2. Auflage, Bielefeld 2018.

Gojowczyk, H.: Die Aufsicht des Familiengerichts über den Amtsvormund, Rpfleger 2013, 1.

Goldstein, J./Freud, A./Solnit, A. J.: Diesseits des Kindeswohls, Frankfurt am Main 1979.

Goldstein, J./Freud, A./Solnit, A. J./Goldstein, S.: Das Wohl des Kindes, Frankfurt am Main 1988.

Goldstein, J./Freud, A./Solnit, A. J.: Jenseits des Kindeswohls, Frankfurt am Main 1973, 2. Auflage 1991.

Gollwitzer, K./Rüth, U.: § 1631b BGB – Die geschlossene Unterbringung Minderjähriger aus kinder- und jugendpsychiatrischer Sicht, FamRZ 1996, 1388.

Gomille, C.: Beweiserhebung – Unterschiede zwischen ZPO- und FamFG-Verfahren, NZFam 2014, 100.

Gottschalk, Y.: Boykottierter Umgang – Zwangsweise Durchsetzung von Umgangsregelungen und Grenzen staatlicher Interventionsmöglichkeiten, FPR 2007, 308.

Gottschalk, Y./Heilmann, S.: Zu den Voraussetzungen eines Ausschlusses des Umgangs der leiblichen Eltern mit ihrem in einer Pflegefamilie lebenden Kind, ZKJ 2013, 113.

Gottschalk, Y./Heilmann, S.: Anordnung eines paritätischen Wechselmodells gegen den Willen eines Elternteils?, ZKJ 2017, 131.

Gottwald, P. (Hrsg.): Münchener Prozessformularbuch, Band 3, Familienrecht, 5. Auflage, München 2017.

Grabow, Das kostenfreie Informationsgespräch nach § 135 FamFG, FPR 2011, 33.

Graf von Luxburg, H., Trennung und Scheidung einvernehmlich gestalten, 5. Auflage, Köln 2014.

Grandel, M.: „Minenfeld Ordnungsgeld" – zur Vollstreckbarkeit gerichtlicher Umgangsregelungen, FF 2019, 55.

Greger, Mediation in Kindschaftssachen – Kosten, Akzeptanz, Nachhaltigkeit, FPR 2011, 115.

Greger, Das neue Güterichterverfahren, MDR Sonderheft 2012.

Greger, Verweisung vor den Güterichter und andere Formen konsensorientierter Prozessleitung, MDR 2014, 993.

Greger/Unberath, MediationsG, München 2012.

Grisse, K.: Elterliche Sorge und Aufsichtspflichten bei der Nutzung digitaler Medien durch Kinder, NZFam 2022, 189–199.

Groß, G.: Die Stellung der Pflegeeltern im Grundgesetz und Zivilrecht, FPR 2004, 411.

Groß, G.: Beratungshilfe – Prozesskostenhilfe – Verfahrenskostenhilfe, 14. Auflage, Heidelberg 2018.

Grossmann K. E./Grossmann K.: Bindungen – das Gefüge psychischer Sicherheit, Stuttgart 2004.

Gruber, U.: Der gewöhnliche Aufenthalt von Säuglingen und Kleinkindern, IPRax 2019, 217-221.

Grün, K.-J.: Das neue Kindschafts- und Unterhaltsrecht in der anwaltlichen Praxis, Köln 1998.

Grün, K.-J.: Zum Gesetzentwurf gegen missbräuchliche Vaterschaftsanerkennungen, FuR 2006, 497 und FuR 2007, 12.

Grün, K.-J.: Vaterschaftsfeststellung und -anfechtung, 2. Auflage, Berlin 2010.

Grün, K.-J.: Das Anfechtungsrecht der Behörde bei rechtsmissbräuchlicher Vaterschaftsanerkennung, FPR 2011, 382.

Grün, K.-J.: Das Anfechtungsrecht des Samenspenders nach § 1600 Abs. 1 Nr. 2 BGB, ZKJ 2013, 446.

Grün, K.-J.: Die Nichtigkeit der Behördenanfechtung i.S.v. § 1600 Abs. 1 Nr. 5 BGB, ZKJ 2014, 195.

Grüneberg, C.: Bürgerliches Gesetzbuch, 84. Auflage, München 2025 (Zitierweise: Grünberg/Bearbeiter).

Grziwotz, H.: Schützenswerte Interessen der Abkömmlinge des Annehmenden bei der Volljährigenadoption, FamRZ 1991, 1399.

Grziwotz, H.: Schutz vor Gewalt in Lebensgemeinschaften und vor Nachstellungen, NJW 2002, 872.

Gundelach, L.: Die Rechtsprechung zur medizinischen Altersfeststellung – eine Anmerkung, NVwZ 2018, 1849.

Häbel, H.: Das Recht des Kindes auf gewaltfreie Erziehung und seine Bedeutung für die Zulässigkeit körperlichen Zwangs in Einrichtungen der Kinder- und Jugendhilfe – Teil 1, ZKJ 2016, 168.

Haft, F./von Schlieffen, K.: Handbuch Mediation, 2. Auflage, München 2009.

Hamdan, B./Hamdan, M.: Die anwaltliche Beiordnung im vereinfachten Sorgerechtsverfahren, MDR 2015, 249.

Hammer, S.: Die rechtliche Verbindlichkeit von Elternvereinbarungen, FamRZ 2005, 1209–1215.

Hammer, S.: Was ist Gewalt im Rahmen der Zwangsvollstreckung nach § 33 II FGG?, FPR 2008, 413.

Hammer, S.: Die gerichtliche Billigung von Vergleichen nach § 156 Abs. 2 FamFG, FamRZ 2011, 1268.

Hammer, S.: Das neue Verfahren betreffend das Umgangs- und Auskunftsrecht des leiblichen, nicht rechtlichen Vaters, FamRB 2013, 298.

Hammer, S.: Das BVerfG, die Familiengerichte und die Jugendämter auf der Suche nach dem Rechten Maß im Kindesschutz, FF 2014, 428.

Hammer, S.: Die gerichtliche Anordnung des Wechselmodells FamRZ 2015, 1433.

Hammer, S., Die Rolle des Jugendamts in Kindschaftssachen, FamRZ 2017, 1904.

Hammer, S.: Überlegungen zu einer grundlegenden Reform des Sorge- und Umgangsrechts, FamRZ 2018, 229.

Hannemann, A./Stötzel, M.: Ergebnisse eines Forschungsprojektes zur Verfahrenspflegschaft an der Technischen Universität Berlin, ZKJ 2009, 58–67.

Hansens, H.: Die Vergütungsfestsetzung nach § 11 RVG – Teil 1: Voraussetzungen und Verfahrensbeteiligte, ZAP 2004, 831.

Hansens, H.: Erste Erfahrungen zu dem „Gesetz über den Rechtsschutz bei überlangen Gerichtsverfahren" aus anwaltlicher Sicht, SchlHA 2013, 221.

Harm, U.: Die Entwicklung im Vormundschafts,- Pflegschafts- und Betreuungsrecht seit 2011, Rpfleger 2013, 491.

Harm, U., Mix, B., Opitz, J., Pütz, H., Rotax, H., Rüting, W.: Amtsvormundschaft und Familiengericht im Spannungsfeld der unterschiedlichen Aufgabenwahrnehmung vor dem Hintergrund der Vormundschaftsrechtsreform, FamRZ 2012, 1849.

Hartmann, P./Toussaint, G.: Kostengesetze, 49. Auflage, München 2019.

Hartung, W./Schons, H. P./Enders, H.-R.: RVG, 2. Auflage, München 2013.

Haußleiter, M.: Loyalitätspflichten der Eltern bei Umgang und Erziehung, NJW-Spezial 2007, 151.

Hausmann, R.: Internationales und Europäisches Familienrecht. München 2. Auflage 2018.

Haußleiter, M.: FamFG, Kommentar, 2. Aufl., München 2017.

Heghmanns, M.: Zur strafrechtlichen Verantwortung im Kinderschutz, JAmt 2018, 230.

Heghmanns, M.: Sorgfaltspflichten und fachliche Standards in der Kinder- und Jugendhilfearbeit, ZKJ 2018, 407.

Heidebach, M.: Die Reichweite gerichtlicher Kontrolle bei erledigter Freiheitsentziehung nach dem FamFG, NJW 2011, 1708.

Heiderhoff, B.: Schuldrechtliche Ersatzansprüche zwischen Eltern bei Verletzungen des Umgangsrechts?, FamRZ 2004, 324.

Heiderhoff, B.: Kindesrückgabe bei entgegenstehendem Kindeswillen, IPRax 2014, 525.

Heiderhoff, B.: Anspruch des Kindes auf Klärung der genetischen Vaterschaft, NJW 2016, 1918.

Heiderhoff, B.: Herausforderungen durch neue Familienformen – Zeit für ein Umdenken, NJW 2016, 2629.

Heilmann, S.: Die Dauer kindschaftsrechtlicher Verfahren, ZfJ 1998, 317.

Heilmann, S.: Kindliches Zeitempfinden und Verfahrensrecht, Neuwied 1998.

Heilmann, S.: Die Verfahrenspflegschaft in den Fällen des § 1666 BGB, Kind-Prax 2000, 79.

Heilmann, S.: Jugendamt und Familiengericht – Verantwortungsgemeinschaft zum Schutz des Kindes?, in: Elz (Hrsg.), Kooperation von Jugendhilfe und Justiz bei Sexualdelikten gegen Kinder, Wiesbaden 2007, 89.

Heilmann, S.: Welche verfahrensrechtlichen Folgen hat der (unterbliebene) Antrag auf Beteiligung in Kindschaftssachen?, FamRZ 2010, 1391.

Heilmann, S.: Praxishinweis zu OLG Köln, Beschl. v. 8.10.2010 – 4 WF 193/10 – Keine Anfechtung einer einstweiligen Anordnung zum Umgangsrecht sowie des isolierten Hinweises nach § 87 Abs. 2 FamFG, ZKJ 2011, 104.

Heilmann, S.: Die Gesetzeslage zum Sorge- und Umgangsrecht, NJW 2012, 16.

Heilmann, S.: Praxishinweis zu OLG Saarbrücken, Beschl. v. 9.11.2011 – 6 UF 140/11 – Zur Erteilung des Warnhinweises i.S.v. § 89 Abs. 2 FamFG an den Umgangsberechtigten, ZKJ 2012, 119.

Heilmann, S.: Praxishinweis zu KG, 18. Zivilsenat – Senat für Familiensachen – Beschl. v. 28.2.2012 – 18 UF 184/09 – Wechselmodell gegen den Willen eines Elternteils, ZKJ 2012, 269.

Heilmann, S.: Besonderheiten des familiengerichtlichen Verfahrens zur Regelung des Sorge- und Umgangsrechts, NJW 2012, 887.

Heilmann, S.: Der Bundesgerichtshof und der Umgangsboykott, ZKJ 2012, 105.

Heilmann, S.: Die Reform des Sorgerechts nicht miteinander verheirateter Eltern – Das Ende eines Irrwegs?, NJW 2013, 1473.

Heilmann, S.: Der Umgang des Pflegekindes mit seinen leiblichen Eltern, ZKJ 2014, 48.

Heilmann, S.: Die Ergänzungspflegschaft mit dem Aufgabenkreis „Regelung des Umgangs" (Umgangsbestimmungspflegschaft), FamRZ 2014, 1753.

Heilmann, S.: Schützt das Grundgesetz die Kinder nicht?, NJW 2014, 2904.

Heilmann, S.: Der Umgang des Pflegekindes mit seinen leiblichen Eltern – Ein Beitrag aus Sicht des Familiengerichts, ZKJ 2014, 45.

Heilmann, S.: Zu den Auswirkungen der aktuellen Rechtsprechung des Bundesverfassungsgerichts auf die Praxis des Kinderschutzes, FamRZ 2015, 92.

Heilmann, S.: Zur Bewilligung von Verfahrenskostenhilfe für den umgangsbegehrenden Vater, der die Mutter getötet hat, FamRZ 2016, 1060.

Heilmann, S.: Überlegungen zur geplanten Reform des Sachverständigenrechts und zur Einführung eines Primärrechtsbehelfs gegen Untätigkeit in Kindschaftssachen, ZKJ 2016, 174.

Heilmann, S.: Der Verfahrensbeistand als Grundrechtsgarant für das Kind ZKJ 2017, 219.

Heilmann, S.: Theorie und Praxis im Kinderschutz, NJW 2017, 986.

Heilmann, S.: Qualifiziert Familienrichter, NJW-aktuell 16/2018 (Editorial).

Heilmann, S.: Die Aufarbeitung des Missbrauchsfalles von Staufen-Ein Beitrag zur Fehlerkultur in der Familiengerichtsbarkeit, FamRZ 2018, 1797.

Heilmann, S.: Der Schutz des Kindes vor sexueller Gewalt, NJW 2019, 1417.

Heilmann, S.: Editorial, ZKJ 2019, Heft 3.

Heilmann, S.: Editorial, ZKJ 2019, Heft 5.

Heilmann, S.: Die „mögliche" Gefährdung des Kindes bei Verbleib in seiner Pflegefamilie. Besprechung von BVerfG, Beschl. v. 28.8.2023 – 1 BvR 1088/23, NJW 2023, 3267.

Heilmann, S./Gottschalk, Y.: Anordnung eines paritätischen Wechselmodells gegen den Willen eines Elternteils?, ZKJ 2017, 180 ff.

Heilmann, S./Lack, K., Die Rechte des Kindes, Festschrift für Ludwig Salgo zum 70. Geburtstag, Köln 2016.

Heilmann, S./Salgo, L.: Der Schutz des Kindes durch das Recht – Eine Betrachtung der deutschen Gesetzeslage. In: Helfer, M. E./Kempe, R. S./Krugmann, R. D., Das mißhandelte Kind, Frankfurt am Main 2002, 955.

Heilmann, S./Salgo, L.: Sind Pflegekinder nicht (mehr) schutzbedürftig?, FamRZ 2014, 705.

Heilmann, S./Salgo, L.: Diskussionsentwurf zur Schaffung eines präventiven Rechtsbehelfs bei überlangen Verfahren in bestimmten Kindschaftssachen. Stellungnahme der Kinderrechtekommission des Deutschen Familiengerichtstags e. V. [DFGT] v. 10.1.2016, FamRZ 2016, 432.

Heinemann, J.: Die Reform der freiwilligen Gerichtsbarkeit durch das FamFG und ihre Auswirkungen auf die notarielle Praxis, DNotZ 2009, 6.

Heinitz, S.: Fehler als Anlässe zu lernen? Fachberatung im Kinderschutz und die (neuen) Aufgaben der „insoweit erfahrenen Fachkraft" nach dem Bundeskinderschutzgesetz, JAmt 2012, 558.

Heinke, S.: Häusliche Gewalt – und was ist mit den Kindern?, djbZ 2013, 19.

Heiß, T. A.: Ansprüche aus dem Eltern-Kind-Verhältnis und aus dem Umgangsrecht, FPR 2001, 96.

Heiter, N.: Verfahrensfähigkeit des Kindes in personenbezogenen Verfahren nach dem FamFG, FamRZ 2009, 85.

Helfer, M. E./Kempe, R. S./Krugmann, R. D.: Das misshandelte Kind. Körperliche und psychische Gewalt – Sexueller Missbrauch – Gedeihstörungen – Münchhausen-by-proxy-Syndrom – Vernachlässigung, Frankfurt am Main 2002.

Helms, T.: Das neue Verfahren zur Klärung der leiblichen Abstammung, FamRZ 2008, 1033.

Helms, T.: Die Einführung der sog. „vertraulichen Geburt", FamRZ 2014, 609.

Helms, T.: Familienrechtliche Aspekte des Samenspenderregistergesetzes, FamRZ 2017, 1537.

Helms, T.: Der Begriff des Kindes im Internationalen Familienrecht, in: Budzikiewicz, C./Heiderhoff, B./Klinkhammer, F./Niethammer-Jürgens, K., Migration und IPR, Heidelberg 2018, 149.

Helms, T.: Fortsetzung der Vormundschaft bei Flüchtlingen trotz Vollendung des 18. Lebensjahres, ZKJ 2018, 219.

Helms, T./Balzer, D.: Das neue Verfahren in Abstammungssachen, ZKJ 2009, 348.

Helms, T./Kieninger/Rittner, Abstammungsrecht in der Praxis, Bielefeld 2010.

Henn, C.: jurisPR-FamR 13/ 2019 Anm. 5.

Hennemann, H.: Die Anhörung des Kindes in Kindschaftsverfahren, NZFam 2014, 871.

Hepting, R.: „Babyklappe" und „anonyme Geburt", FamRZ 2001, 1573.

Herr, § 68 Abs. 3 Satz 2 FamFG und das Recht auf mündliche Verhandlung in Ehe- und Familienstreitsachen, FF 2013, 147.

Herzberg, R. D.: Religionsfreiheit und Kindeswohl. Wann ist die Körperverletzung durch Zirkumzision gerechtfertigt?, ZIS 2010, 471.

Heuser, M.: Selbst- und Fremdbestimmung im Minderjährigenrecht, JR 2013, 125.

Hinz, M.: Mutter- und Vaterbilder im Familienrecht des BGB 1900 – 2010, Frankfurt am Main 2014.

Höfelmann, E.: Das neue Gesetz zur Änderung der Vorschriften über die Anfechtung der Vaterschaft und das Umgangsrecht von Bezugspersonen des Kindes, FamRZ 2004, 745.

Hoffmann, B.: Perspektiven von Vormundschaft und Pflegschaft – Anregungen aus der Betreuung, JAmt 2005, 116.

Hoffmann, B.: Strafrechtliche Verantwortung von Amtsvormündern bzw. -pflegern wegen Unterlassens, ZKJ 2007, 389.

Hoffmann, B.: Freiheitsentziehende Unterbringung von Kindern und Jugendlichen – Rechtslage nach Neufassung des § 1631b BGB und Inkrafttreten des FamFG, Recht & Psychiatrie 2009, 121.

Hoffmann, B.: Vollmachten/Ermächtigung zur Ausübung von Befugnissen aus der elterlichen Sorge, ZKJ 2009, 156.

Hoffmann, B.: Der Regierungsentwurf eines Gesetzes zur Änderung des Vormundschafts- und Betreuungsrechts, FamRZ 2011, 249.

Hoffmann, B.: Dauerpflege im SGB VIII und Verbleibensanordnung nach § 1632 Abs. 4 BGB. Friktionen zwischen Familienrecht und Kinder- und Jugendhilferecht, FPR 2011, 578.

Hoffmann, B.: Kooperation zwischen Vormundin/Pfleger und Familiengericht, JAmt 2011, 299.

Hoffmann, B.: Aufgaben des Jugendamts im Kontext familiengerichtlicher Verfahren, FPR 2011, 304.

Hoffmann, B.: Sorgerechtsvollmacht als Alternative zur Vormund-/Pflegschaft des Jugendamtes, FamRZ 2011, 1544.

Hoffmann, B.: Inobhutnahme im Sinne des § 42 SGB VIII, JAmt 2012, 244.

Hoffmann, B.: Persönlich zum Vormund/Pfleger bestellte Mitarbeiter/innen eines Vereins, JAmt 2013, 554.

Hoffmann, B.: Das Gesetz zur Stärkung der Rechte des leiblichen, nicht rechtlichen Vaters, FamRZ 2013, 1077.

Hoffmann, B.: Freiheitsentziehende Unterbringung in Einrichtungen der Kinder- und Jugendhilfe – in gemeinsamer Verantwortung von gesetzlichem Vertreter, Jugendamt und Familiengericht, FamRZ 2013, 1346.

Hoffmann, B.: Das Recht auf eine „Annahme als Pflegekind", ZKJ 2014, 469.

Hoffmann, B.: Die Auswahl eines Vormunds/Pflegers durch das Familiengericht – materiell-rechtliche Vorgaben, FamRZ 2014, 1084.

Hoffmann, B.: Die Auswahl eines Vormunds/Pflegers durch das Familiengericht – das Auswahlverfahren, FamRZ 2014, 1167.

Hoffmann, B.: Notwendige Praxisumstellungen bei Einwilligung in datenverarbeitende Vorgänge. Neuerungen durch die DS-GVO, JAmt 2018, 2.

Hoffmann, P.: Ausländische Adoptionsentscheidungen in der deutschen gerichtlichen Anerkennungspraxis, ZKJ 2006, 542.

Hofmann, K.: Ordnungsmittel bei Mehrfachverstößen gegen Unterlassungstitel, NJW 2019, 2126.

Hohmann, J.: Bedeutung von Kommunikationstechniken für Anwälte, FPR 2013, 457.

Hohmann, J./Morawe, D.: Praxis der Familienmediation, 2. Auflage, Köln 2013.

Hohmann-Dennhardt, C.: Grundgedanken zu einer eigenständigen Vertretung von Kindern und Jugendlichen im familiengerichtlichen Verfahren, ZfJ 2001, 77.

Holldorf, C./von Pirani, U.: Der begleitete Umgang im Spannungsfeld zwischen Jugendhilfe und Familiengericht, ZKJ 2012, 384.

Hölzel, W.-M.: Verfahren nach §§ 2 und 3 AdWirkG – Gerichtliche Feststellung der Anerkennung ausländischer Adoptionen und Umwandlung schwacher Auslandsadoptionen, StAZ 2003, 289.

Holzmann, C.: Verfahren betreffend die elterliche Verantwortung nach der Brüssel IIa-VO, FPR 2012, 497.

Hopp, H.: Umgang bei Kindern im Kinderheim oder in der Pflegefamilie, FPR 2007, 279.

Horndasch, K.-P.: Besondere Umgangssituationen, NZFam 2014, 884.

Horndasch, K.-P./Viefhues, W.: FamFG, 3. Auflage, Bonn 2014.

Huber, P.: Die elterliche Sorge zwischen Veränderung und Kontinuität, FamRZ 1999, 1625.

Huber, P./Antomo, J.: Die Neuregelung der elterlichen Sorge nicht miteinander verheirateter Eltern, FamRZ 2012, 1257.

Huber, P./Antomo, J.: Zum Inkrafttreten der Neuregelung der elterlichen Sorge nicht miteinander verheirateter Eltern, FamRZ 2013, 665.

Hüßtege, R.: Das Verbot der Kinderehe nach neuem Recht aus kollisionsrechtlicher Sicht FamRZ 2017, 1374.

Internationaler Sozialdienst: Handreichung zur grenzüberschreitenden Einzelfallarbeit in der Kinder- und Jugendhilfe. Berlin 2018.

Ivanits, N.: Die Stellung des Kindes in auf Einvernehmen zielenden gerichtlichen und außergerichtlichen Verfahren in Kindschaftssachen, Frankfurt am Main 2012.

Ivanits, N.: Elterliches Einvernehmen und Kindesbeteiligung, ZKJ 2012, 98.

Ivanits, N.: Beteiligung von Kindern bei Einvernehmen der Eltern, in: Salgo et alt. (Hrsg.), Verfahrensbeistandschaft, 4. Auflage, Köln 2014.

Ivanits, N.: Keine Beteiligung des Kindes bei elterlichem Einvernehmen, NZFam 2016, 7.

Ivanits, N.: Wie sollten Kinder im Rahmen der Mediation beteiligt werden? ZKJ 2018, 133.

Jacobi, G. (Hrsg.): Kindesmisshandlung und Vernachlässigung. Epidemiologie, Diagnostik und Vorgehen, Bern 2008.

Jänicke, H./Braun, S.: Vertretungsausschluss bei rechtlich nachteiligen Verfügungen zu Gunsten Minderjähriger, NJW 2013, 2474.

Jäschke, M.: Das „dritte Geschlecht" und das Abstammungsrecht FamRZ 2018, 887.

Jansen, B. H.: Sozialrechtliche Leistungsansprüche zur Ermöglichung des Umgangs, FÜR 2009, 144.

Jennissen, W.: Die Neuregelung des Freiheitsentziehungsverfahrens im FamFG – Licht und Schatten, FGPrax 2009, 93.

Johannsen, K. H./Henrich, D.: Familienrecht, 5. Auflage, München 2010.

Johannsen, K. H./Henrich, D.: Familienrecht, 6. Auflage, München 2015.

Johnson, S.: Verfahrensbeistandschaft – ein Praxisbericht, FPR 2012, 377.

Jokisch, B.: Das Wechselmodell – Grundlagen und Probleme (Teil 1), FuR 2013, 679.

Joos, J.: Umsetzung des Vormundschaftsrechts in die Praxis, JAmt 2014, 7.

Jordans, R.: Vermögenssorge für minderjährige Kinder unter besonderer Berücksichtigung des Erbfalls, MDR 2014, 379.

Jox, R./Fröschle, T.: Praxiskommentar Betreuungs- und Unterbringungsverfahren, 4. Auflage; Köln 2020.

Jürgens, A. (Hrsg.): Betreuungsrecht. Kommentar, 5. Auflage, München 2014 (Zitierweise: Betreuungsrecht/Bearbeiter).

Jungbauer, S..: Abrechnung in Familiensachen, 4. Auflage, Bonn 2017.

Jurczyk, K./Walter, S.: Gemeinsames Sorgerecht nicht miteinander verheirateter Eltern, Berlin 2013.

Juris Praxiskommentar, BGB, 8. Auflage, Saarbrücken 2017 (Zitierweise: jurisPK BGB/Bearbeiter).

Juris Praxiskommentar, SGB VIII, 2. Auflage, Saarbrücken 2018 (Zitierweise: jurisPK SGB VIII/Bearbeiter).

Kaesling: Die Neuregelung der missbräuchlichen Vaterschaftsanerkennung und das Wohl des Kindes NJW 2017, 3686.

Kaiser, D.: Gemeinsame elterliche Sorge und Wechselmodell, FPR 2008, 143.

Kaiser, D./Schnitzler, K./Friederici, P./Schilling, R.: BGB, Band 4: Familienrecht, 3. Auflage, Baden-Baden 2014 (Zitierweise: NK-BGB/Bearbeiter).

Karle, M./Gathmann, S./Klosinski, G.: Rechtstatsächliche Untersuchung zur Praxis der Kindesanhörung nach § 50b FGG: Abschlussbericht. Köln 2010 (zitiert: Karle u.a.).

Karle, M./Gathmann, S./Klosinski, G.: Zur Praxis der Kindesanhörung in Deutschland. Ein Abschlussbericht, ZKJ 2010, 432.

Karle, M./Carl, E./Clauss, Kindesanhörung aus psychologischer Sicht, NZFam 2014, 875.

Karmasin, E.: Überblick über die Neuregelung der Betreuervergütung durch das Betreuungsrechtsänderungsgesetz, FamRZ 1999, 348.

Kasenbacher, M.: Der Auskunftsanspruch über die persönlichen Verhältnisse des Kindes, NJW-Spezial 2012, 4.

Katzenmeier, C.: Rechtsfragen der „Babyklappe" und der medizinisch assistierten „anonymen Geburt", FamRZ 2005, 1134.

Katzenstein, H.: Vormund/in in Kontakt zum Kind zwischen Einzelfallorientierung und „Regelfall", JAmt 2013, 234.

Katzenstein, H.: Von der Sorge zur Verantwortung – die Vormundschaft ist in Bewegung, JAmt 2014, 606.

Katzenstein, H.: Formelle Beteiligung des Jugendamts im familiengerichtlichen Verfahren: Fach- oder Machtfrage?, FPR 2011, 20.

Kaufmann, F.: Der unangemeldete Hausbesuch von Fachkräften der Jugendämter in Pflegefamilien, ZKJ 2011, 198.

Kemper, R.: Die allgemeinen Vorschriften für das Verfahren in Familiensachen – Übersicht über die Regelungen des ersten Abschnitts des zweiten Buchs des FamFG, FamRB 2009, 53.

Kemper, R.: Familienverfahrensrecht, 2. Auflage, Baden-Baden 2012.

Kemper, R./Schreiber, K.: Familienverfahrensrecht, 3. Auflage, Baden-Baden 2015.

Kepert, J.: Wie wird die Inobhutnahme wirksam?, JAmt 2013, 562.

Kepert, J.: Die Bewilligung von Leistungen nach dem SGB VIII – zur Unzulässigkeit der Befristung von Leistungsbescheiden im Kinder- und Jugendhilferecht, Sozialrecht aktuell 2019, 104.

Kersten, J.: Biotechnologie in der Bundesrepublik Deutschland, Jura 2007, 667.

Keske, M.: Rechtsmittel gegen die Kostenentscheidung, FPR 2010, 339.

Keske, M.: Gerichtskosten in familiengerichtlichen Verfahren, FPR 2012, 241.

Keske, M.: Die Änderung der Gerichtskosten durch das 2. KostRMoG – Teil 1: FamFG und GKG, FuR 2013, 546.

Kessen, S.: Die Kunst des Fragens, in: Trenczek u.a., Mediation und Konfliktmanagement, Baden-Baden 2013.

Kessen/Troja: Die Phasen und Schritte der Mediation als Kommunikationsprozess, in Handbuch Mediation, 2. Auflage, München 2009.

Keuter, W.: Vertretung Minderjähriger in Kindschaftssachen des FamFG, NJW 2010, 1851–1854.

Keuter, W.: Vergütungsanspruch des berufsmäßigen Ergänzungspflegers für Tätigkeiten vor Bestellung, FamRZ 2010, 1955.

Keuter, W.: Begleiteter Umgang – Familienrichter ohne Entscheidungskompetenz, JAmt 2011, 373.

Keuter, W.: Vereinfachtes Verfahren zur Übertragung der gemeinsamen elterlichen Sorge – ein Fremdkörper in Kindschaftssachen. Anmerkungen zum Referentenentwurf zur Reform des Sorgerechts nicht miteinander verheirateter Eltern, FamRZ 2012, 825.

Keuter, W.: Vertretung Minderjähriger im Vaterschaftsanfechtungsverfahren FuR 2013, 249.

Keuter, W.: Neue Rechte für den biologischen Vater (Teil 1), ZKJ 2013, 484.

Keuter, W.: Das familienrechtliche Mandat – Statusrecht, Bonn 2014.

Keuter, W.: Ein Kind, zwei Väter – verfahrensrechtliche Neuerungen – Neue Rechte für den biologischen Vater (Teil 2), ZKJ 2014, 16.

Keuter, W.: Entwicklungen im Statusrecht seit 2013, FamRZ 2014, 518.

Keuter, W.: Zahlen bitte – Haftet der Verfahrensbeistand für Dolmetscherkosten?, FamRZ 2014, 1971.

Keuter, W.: Unzulässigkeit der Rechtsbeschwerde gegen Festsetzung von Dolmetscherkosten. NZFam 2015, 837.

Keuter, W.: Großeltern und Vormundauswahl, ZKJ 2015, 67.

Keuter, W.: Beschleunigungsrüge und Beschleunigungsbeschwerde: Präventive Rechtsbehelfe bei überlanger Verfahrensdauer in Kindschaftssachen, FamRZ 2016, 1817.

Keuter, W.: Gesetzesentwurf zur Einführung eines familiengerichtlichen Genehmigungsvorbehalts für freiheitsentziehende Maßnahmen bei Kindern, ZKJ 2017, 307.

Keuter, W.: Gebührenrechtliche Stolpersteine für den Verfahrensbeistand, FamRZ 2018, 14.

Keuter, W.: Reformbedarf im Sorge-, Umgangs- und Unterhaltsrecht? – ein Überblick zum kindschaftsrechtlichen Teil des DJT-Gutachtens, FamRZ 2018, 1125.

Keuter, W.: Antrag des Verfahrensbeistandes auf Entpflichtung, NZFam 2023, 32.

Kiesewetter, P.: Mediation bei internationalen Familienkonflikten, in Trenczek u.a., Mediation und Konfliktmanagement, Baden-Baden 2013.

Kiesewetter, S.: Mediationen bei internationalen Kindschaftskonflikten: Handwerkszeug und Besonderheiten, in: Kiesewetter, S./Paul, C., Mediation bei internationalen Kindschaftskonflikten, München 2009, 13.

Kinderrechtekommission des Deutschen Familiengerichtstags: Reformbedarf im Pflegekinderwesen, FamRZ 2004, 891.

Kinderrechtekommission des Deutschen Familiengerichtstages (KIRK): Stellungnahme zum Referentenentwurf (RefE) eines Gesetzes zur Reform des Sorgerechts vom 28.3.2012, ZKJ 2012, 263.

Kinderrechtekommission des Deutschen Familiengerichtstages (KIRK): Das Wechselmodell im deutschen Familienrecht, FamRZ 2014, 1157.

Kinderrechtekommission des Deutschen Familiengerichtstags (Heilmann/Salgo): Stellungnahme zur Beschleunigungsrüge und -beschwerde, FamRZ 2016, 432.

Kinderrechtekommission des Deutschen Familiengerichtstags (Heilmann): Die Richterschaft in der Familiengerichtsbarkeit – Plädoyer für eine Qualitätsoffensive, ZKJ 2018, 179.

Kinderschutz-Zentrum Berlin e.V. (Hrsg.): Kindesmisshandlung. Erkennen und Helfen, 8. Auflage, Berlin 2000 (Die Broschüre kann kostenlos über das Bundesministerium für Familie, Senioren, Frauen und Jugend bezogen werden.).

Kindl, J./Meller-Hannich, C./Wolf, H.-J. (Hrsg.): Gesamtes Recht der Zwangsvollstreckung, 3. Auflage, Baden-Baden 2015

Kindler, H., Salzgeber, J., Fichtner, J., Werner, A: Familiäre Gewalt und Umgang, FamRZ 2004, 1241-1252.

Kindler, H.: Folgewirkungen schwerer psychischer Erkrankungen mindestens eines Elternteils auf die Entwicklung von Kindern, FPR 2005, 227.

Kindler, Umgangskontakte: Wohl und Wille des Kindes, FPR 2007, 291ff.

Kindler, H./Lukasczyk P./Reich W.: Validierung und Evaluation eines Diagnoseinstrumentes zur Gefährdungseinschätzung bei Verdacht auf Kindeswohlgefährdung (Kinderschutzbogen), ZKJ 2008, 500–505.

Kindler, H.: Umgang und Kindeswohl, ZKJ 2009, 110–114.

Kindler, H.: Kinderschutz im BGB, FPR 2012, 422.

Kindler, H.: Trennungen zwischen Kindern und Bindungspersonen, FPR 2013, 194.

Kindler, H.: Von der unterdurchschnittlichen Versorgung zur chronischen Kindesvernachlässigung, NZFam 2016, 872.

Kindler, H./Walper, S./Lux, U./Bovenschen, I.: Kenntnis der Abstammung bei fragmentierter Elternschaft aus humanwissenschaftlicher Sicht, NZFam 2017, 929.

Kirchhoff, G./Rudolf, E.: Altersfeststellung bei unbegleiteten Ausländern vor Inobhutnahmen durch Jugendämter, NVwZ 2017,1167.

Kirsch, S: Der familiengerichtliche Genehmigungsvorbehalt des § 1631b Abs. 2 BGB für freiheitsentziehende Maßnahmen bei Minderjährigen, FamRZ 2019, 933.

Kischkel, T.: Der familiengerichtliche Billigungsbeschluss nach § 156 II FamFG als beschwerdefähige Endentscheidung – und die Folgen, NZFam 2019, 907.

Kissel, R./Mayer, H.: GVG, 9. Auflage, München 2018.

Klawe, W.: Individualpädagogik: Intensivpädagogische Maßnahmen aus der Sicht der Jugendämter, JAmt 2011, 186.

Klein, A.: Altersschätzung bei unbegleiteten minderjährigen Flüchtlingen – Gefährdung des Kindeswohls?, KJ 2015, 405.

Klein, M.: Kinder substanzabhängiger Eltern: Auswirkungen auf die elterliche Erziehungsfähigkeit und Entwicklung der Kinder, NZFam 2018, 477.

Klenner, W.: Rituale der Umgangsvereitelung bei getrenntlebenden oder geschiedenen Eltern – Eine psychologische Studie zur elterlichen Verantwortung, FamRZ 1995, 1529.

Klinck, F.: Das neue Verfahren zur Anerkennung ausländischer Entscheidungen nach § 108 Abs. 2 FamFG, FamRZ 2009, 741.

Klinkhammer, F., Wer gehört zur Familie?, ZfPW 2015, 5.

Klinkhammer, M./Klotmann, U./Prinz, S. (Hrsg.): Handbuch Begleiteter Umgang. Pädagogische, psychologische und rechtliche Aspekte, 2. Auflage, Köln 2011.

Klosinski, G. (Hrsg.): Macht, Machtmissbrauch und Machtverzicht im Umgang mit Kindern und Jugendlichen. Bern, Göttingen, Toronto, Seattle 1995.

Klosinski, G.: Begutachtung in Verfahren zum Umgangs- und Sorgerecht: Brennpunkte für den Gutachter und die Familie. In: Warnke, A./Trott, G.-E./Remschmidt, H., Forensische Kinder und Jugendpsychiatrie, Bern 1997, 34.

Klosinski, G.: Internationale Kindesentführung aus der Sicht des Kindes – Versuch einer Annäherung aus kinderpsychiatrischer Sicht, FPR 2001, 206.

Kloster-Harz, D.: Der Anwalt im kindschaftsrechtlichen Verfahren, ZKJ 2010, 312.

Kloster-Harz, D.: Gesetz zur Stärkung der Rechte des leiblichen, nicht rechtlichen Vaters auf Umgang und Auskunft, FamFR 2013, 337.

Klußmann, R./Stötzel, B.: Das Kind im Rechtsstreit der Erwachsenen. Wegweiser für Eltern und Richter, Jugendämter und Gutachter, München 1995.

Knickrehm, S./Kreikebohm, R./Waltermann, R.: Kommentar zum Sozialrecht, 6. Auflage, München 2019 (Zitierweise: Knickrehm/Kreikebohm/Waltermann/Bearbeiter).

Knieper, J.: Geschäfte von Geschäftsunfähigen, Baden-Baden 1999.

Knittel, B.: Betreuungsgesetz (BtG), Starnberg-Percha 1992.

Knittel, B.: Beurkundungen im Kindschaftsrecht, 9. Auflage, Köln 2021.

Knittel, B.: Anerkennung von Scheinvaterschaften zwecks Aufenthaltssicherung von Ausländern – neuer Anlauf des Gesetzgebers zur Missbrauchseindämmung, JAmt 2017, 339 und JAmt 2017, 530.

Knittel, B.: Sorgeregister und Auskunft nach § 58a SGB VIII – Neuerungen durch das KJSG, JAmt 2021, 376.

Knödler, Zur Strafbarkeit von Sozialarbeitern und Sozialpädagogen – Teil 1, ZKJ 2018, 452, Teil 2 ZKJ 2019, 17.

Köckeritz, C.: Ambulante elternbezogene Interventionen nach Kindeswohlgefährdungen, ZKJ 2017, 56.

Köhler, I., Jugendliche ab 14 Jahren in Kindschaftssachen, ZKJ 2018, 50.

Köhler, I.: Zurückweisung eines Antrages im Amtsverfahren, ZKJ 2018, 9.

Köhler, I.: Inobhutnahme und nachfolgende familiengerichtliche Entscheidung, ZKJ 2019, 12.

Köhler, I.: Befangenheitsantrag in Kindschaftssachen nach § 155 Abs. 1 FamFG – Tätigkeitsverbot vs. Beschleunigungsgebot, FamRZ 2020, 1070-1072.

Kölch M./Fegert J. M.: Die umgangsrechtliche Praxis aus Sicht der Kinder- und Jugendpsychiatrie, FamRZ 2008, 1573.

Kohler, C./Pintens, W.: Entwicklungen im europäischen Personen-, Familien- und Erbrecht 2017-2018, FamRZ 2018, 1369-1383.

Koritz, N.: Kinderrechte im Konflikt ihrer Eltern. Die Gefahr in Streitzeiten die Rechte der Kinder zu missachten, FPR 2012, 212.

Korn-Bergmann, M.: Gutachter, „Heimliche Richter" in Kindschaftsverfahren?, FamRB 2013, 302.

Korn-Bergmann, M./Purschke, A.: Gutachter – „Heimliche Richter" im Kindschaftsverfahren?, FamRB 2014, 25.

Kostka, K.: Die Begleitforschung zur Kindschaftsrechtsreform – eine kritische Betrachtung, FamRZ 2004, 1924.

Kostka, K.: Im Interesse des Kindes? Elterntrennung und Sorgerechtsmodelle in Deutschland, Großbritannien und den USA, Frankfurt am Main 2004.

Kostka, K.: Vermittlungsverfahren und Kindeswohl. FamPra.ch 2009, 634–657.

Kostka, K.: Vermittlungsverfahren und Kindeswohl, in: Handbuch Verfahrensbeistandsschaft, 2014, Rn. 1026 ff.

Kostka, K.: Neue Erkenntnisse zum Wechselmodell?, ZKJ 2014, 54.

Krabbe, H.: Mediation in hoch eskalierten Partnerkonflikten/häusliche Gewalt, in: Trenczek u.a., Mediation und Konfliktmanagement, Baden-Baden 2013, 5.3.

Krabbe, H.: Werkstattbericht: Die Kunst des Fragens, ZKM 2014, 185.

Krabbe, H.: Einvernehmen herstellen – Eine gute Idee mit offenen Fragen in der Praxis, ZKJ 2016, 392.

Krabbe, H./Thomsen, C.: Familienmediation mit Kindern und Jugendlichen: Grundlagen – Methodik – Techniken, 4. Auflage, Köln 2017.

Kracht, S.: Rolle und Aufgabe des Mediators – Prinzipien der Mediation, in Handbuch Mediation, 2. Auflage, München 2009.

Krause, T.: Das Verfahren in Kindschaftssachen nach dem FamFG, FamRB 2009, 160.

Kretzschmar, S.: Antrag auf Regelung des Umgangsrechts, NZFam 2014, 908.

Kretschmar, S.: Fliegende Kinder – Umgangsregelungen bei großer räumlicher Entfernung, NZFam 2014, 893.

Kulemeier, B.: Eltern-Jugendlichen-Mediation, ein effektives Verfahren zur Lösung familiärer Konflikte?, Frankfurt a.M., 2015.

Kunkel, P.-Ch.: Wider einen „Perspektivenwechsel" in der Jugendhilfe, FamRZ 1997, 193.

Kunkel, P.-Ch.: Wie frei ist der Amtsvormund?, ZKJ 2011, 205.

Kunkel, P.-Ch.: Jugendhilferecht, 7. Auflage, Baden-Baden 2012.

Kunkel, P.-Ch.: Das Bundeskinderschutzgesetz – „Meilenstein" oder „Mühlenstein", ZKJ 2012, 288.

Kunkel, P.-Ch.: Möglichkeiten und Grenzen der professionellen Kommunikation in der Familiengerichtsbarkeit mit Blick auf Verschwiegenheitspflicht und Datenschutz, FPR 2013, 487.

Kunkel, P.-Ch.: Datenschutz im Jugendamt, ZKJ 2018, 355.

Kunkel, P.-Ch.: Datenschutz im Jugendamt, ZKJ 2018, 355.

Kunkel, P.-Ch./Kepert, J./Pattar, A. (Hrsg.): Sozialgesetzbuch SGB VIII Kinder- und Jugendhilfe, 7. Auflage, Baden-Baden 2018 (Zitierweise: LPK-SGB VIII/Bearbeiter).

Lack, K.: Die Beteiligtenstellung des Jugendamtes in Kindschaftssachen, ZKJ 2010, 189.

Lack, K.: Interessenvertretung in Kindschaftssachen durch Verfahrensbeistand, FamFR 2011, 527.

Lack, K.: Möglichkeiten und Grenzen der Gesetzgebung zur Effektivierung des Kinderschutzes, Bielefeld 2012.

Lack, K.: Ausschluss des Umgangsrechts leiblicher Eltern mit ihrem in einer Pflegefamilie untergebrachten Kind – Besprechung von BVerfG, Beschluss vom 29.11.2012 – 1 BvR 335/12, BeckRS 2013, 46036 –, FamFR 2013, 73.

Lack, K.: Rechtliche Überlegungen zur religiös motivierten Beschneidung von Jungen im Kindesalter, ZKJ 2013, 336.

Lack, K.: Ein Jahr Gesetz zur Reform der elterlichen Sorge nicht miteinander verheirateter Eltern, FamRZ 2014, 1337.

Lack, K.: Die Rechte unbegleitet in die Bundesrepublik eingereister Minderjähriger, in: Heilmann/Lack (Hrsg.), Die Rechte des Kindes, Festschrift für Ludwig Salgo zum 70. Geburtstag, 2016, 85.

Lack, K.: Grenzen der elterlichen Entscheidungsbefugnis – Wer bestimmt über die Preisgabe persönlicher Daten des Kindes im Internet?, FamRZ 2017, 1730.

Lack, K./Hammesfahr, A.: Psychologische Gutachten im Familienrecht, 2. Auflage, Köln 2024.

Lack, K./Heilmann, S.: Kinderschutz und Familiengericht – Verfassungsrechtliche Vorgaben für die familiengerichtliche Intervention bei Kindeswohlgefährdung, ZKJ 2014, 308.

Lägler, D.: Mediation und Kindeswohl – Kleine Familienkonferenz gefällig?, ZKM 2016, 137.

Lagarde, P.: Erläuternder Bericht zu dem Übereinkommen vom 19. Oktober 1996 über den Schutz von Kindern, 1998 (hcch.net/index_de.php?act=publications.details&pid=2943, Abruf am 15.4.2015).

Lang, C.: Entwurf eines Gesetzes zur Stärkung der Rechte des leiblichen, nicht rechtlichen Vaters, FPR 2013, 233.

Langer, P.:Das Recht der Verfahrensbeistandschaft – Aktuelle Probleme und Praxishinweise – Teil 1/Teil 2, ZKJ 2023, 407–412/445–451.

Langer, P.: Die Rechtsprechung des Bundesverfassungsgerichts in Kindschaftssachen im Jahr 2023, ZKJ 2024, 338–348.

Langer, P.: Grundzüge des europäischen Rechts grenzüberschreitender Kindesrückgabe – zugleich eine Besprechung von BVerfG, Beschluss vom 05. September 2023 – 1 BvR 1691/22, ZKJ 2025, 43–49.

Langheim, T.: Rechtsschutz bei einstweiligen Unterhaltsanordnungen, FamRZ 2014, 1413.

Leeb, C.-M./Weber, M.: Das Sorgerecht nicht miteinander verheirateter Eltern unter besonderer Berücksichtigung des Verfahrensbeistands (Teil 2), ZKJ 2012, 388.

Leeb, C.-M./Weber, M.: Die Stellung der sozialpädagogischen Familienhilfe im Gesamtgefüge der Kinder- und Jugendhilfe, JAmt 2014, 71.

Leitfaden des Familiengerichts München für Verfahren, die den Aufenthalt des Kindes, das Umgangsrecht oder die Herausgabe des Kindes betreffen, ZKJ 2008, 199.

Leitfaden zur Mediation auf der Grundlage des Haager Übereinkommens vom 25. Oktober 1980 über die zivilrechtlichen Aspekte internationaler Kindesentführung, veröffentlicht vom Ständigen Büro der Haager Konferenz für Internationales Privatrecht, (http://www.hcch.net/upload/mediation_de.pdf, Abruf am 14.4.2015).

Lembke, U./Steinl, L.: Die Istanbul-Konvention – ein Meilenstein für den Schutz vor geschlechtsbezogener Gewalt, djbZ 2018, 203.

Lempp, R. u.a.: Die Anhörung des Kindes gemäß § 50b FGG, Köln 1987.

Lengning, A./Lüpschen, N.: Auswirkungen auf Bindungs- und Beziehungsqualitäten bei Misshandlung, Vernachlässigung und sexuellem Missbrauch, FPR 2013, 213.

Lettmaier, S./Dürbeck, W.: Die Behandlung elterlicher Umgangskosten im Unterhalts-, Sozial- und Steuerrecht, FamRZ 2019, 81 ff.

Lewe, J.: Die Pflicht des Jugendamts und des Gerichts zur Zusammenarbeit bei Kindeswohlgefährdungen, FPR 2012, 440.

Lies-Benachib, G.: Umgangsanregung und Justizgewährungsanspruch, NZFam 2018, 581.

Lipp, V./Schumann, E./Veit, B. (Hrsg.): Kindesschutz bei Kindeswohlgefährdung – neue Mittel und Wege? 6. Göttinger Workshop zum Familienrecht, Göttinger Juristische Schriften, Bd. 4, Göttingen 2008.

Lipp, V./Schumann, E./Veit, B. (Hrsg.): Reform des familiengerichtlichen Verfahrens, 1. Familienrechtliches Forum Göttingen, Göttinger Juristische Schriften, Bd. 6, Göttingen 2009.

Lipp, V.: Öffentlichkeit der mündlichen Verhandlung und der Entscheidungsverkündung?, FPR 2011, 37.

Lissner, S.: Die Übertragung der Prüfung der persönlichen und wirtschaftlichen Verhältnisse auf den Rechtspfleger, AGS 2013, 371.

Lohmeier, A.: Wie man mit hoch Strittigen lacht, in: Weber/Alberstötter/Schilling, Beratung von Hochkonflikt-Familien, Weinheim 2013.

Löhnig, M.: Zivilrechtliche Probleme des neuen § 238 StGB, FamRZ 2007, 518.

Löhnig, M.: Neue Partnerschaften der gemeinsam sorgeberechtigt gebliebenen Eltern – Welche Rechte haben die neuen Partner, FPR 2008, 157.

Löhnig, M.: Probleme des neuen Verfahrens in Abstammungssachen, FamRZ 2009, 1798.

Löhnig, M.: Sonstige Familiensachen als Verwirklichung des Großen Familiengerichts, FPR 2011, 65.

Löhnig, M.: Zur Tragung der Kosten des Umgangs von Personen, die nicht rechtliche Eltern sind, mit einem Kind, FamRZ 2013, 1866 mit Erwiderung von Wohlgemuth, FamRZ 2014, 355 und Spangenberg, FamRZ 2014, 356.

Löhnig, M.:, Das Umgangsrecht der Großeltern aus §1685 Abs. 1 BGB – Dogmatische Struktur und Praxis, NZFam 2017, 1030.

Löhnig, M./Gietl, A.:Zivilrechtlicher Gewaltschutz, 3. Auflage, Berlin 2016.

Löwe, E./Rosenberg, W.: Die Strafprozessordnung und das Gerichtsverfassungsgesetz: StPO Band 5: §§ 151-212b, 26. Auflage, Berlin 2008.

Lohse, K./Meysen, T.: Gesetz zur Bekämpfung von Kinderehen: Rechtliche Behandlung von Minderjährigenehen, JAmt 2017, 345.

Lohse, K./Ernst, R./Katzenstein, H.: Profilierung des familiengerichtlichen Kinderschutzverfahrens.Hinweise für eine gute Praxis in Verfahren bei Kindeswohlgefährdung, JAmt 2019, 234.

Looschelders, D.: Fortbestand oder Verlust des elterlichen Sorgerechts bei Wechsel des gewöhnlichen Aufenthalts, IPRax 2014, 152.

Lüdecke, E.: Vermögensverwaltung unter Beteiligung Minderjähriger, NJOZ 2018, 681.

Ludwig, I.: Internationales Adoptionsrecht in der notariellen Praxis nach dem Adoptionswirkungsgesetz, RNotZ 2002, 353.

Luthe, W./Nellissen, G. (Hrsg.): juris Praxiskommentar SGB VIII, 2. Auflage, Saarbrücken 2018 (Zitierweise jurisPK-SGB VIII/Bearbeiter).

Luthin, H.: Modalitäten der Anordnung einer Umgangsbegleitung, FamRB 2016, 390.

Maes, N.: Voraussetzungen für Anordnung des sog. Wechselmodells, jurisPR-FamR 16/2014 Anm. 4.

Mähler, G./Mähler, H.-G.: Familienmediation, in: Handbuch Mediation, 2. Auflage, München 2009.

Martiny, D.: Kindesentführung, vorläufige Sorgerechtsregelung und einstweilige Maßnahmen nach der Brüssel IIa-VO, FPR 2010, 493.

Martiny, D.: Umgangs- und Sorgerechtsregelung im Elternstreit – In- und ausländische Lösungen, ZKJ 2010, 351.

Martiny, D.: Elterliche Verantwortung und Sorgerecht im ausländischen Recht, insbesondere beim Streit um den Kindesaufenthalt, FamRZ 2012, 1765.

Maurer, H.: Das Gesetz zur Regelung von Rechtsfragen auf dem Gebiet der internationalen Adoption und zur Weiterentwicklung des Adoptionsvermittlungsrechts, FamRZ 2003, 1337.

Maurer, H.: Zur Anwendung von § 48 Abs. 1 FamFG in Familiensachen, FamRZ 2009, 1792.

Maurer, H.: Die Rechtsmittel in Familiensachen nach dem FamFG, FamRZ 2009, 465.

Maurer, H.: Das Verfahren der Familiengerichte. In: Schwab, D.: Handbuch des Scheidungsrechts, 7. Auflage, München 2013.

Maurer, H.: Zur Rechtsnatur der Verfahren nach dem Adoptionswirkungsgesetz, FamRZ 2013, 90.

Mayer, D.: Wer zu spät kommt, den bestraft das Leben – Zur Hemmung der Frist für die Erbschaftsausschlagung wegen noch ausstehender gerichtlicher Genehmigungen nach dem FamFG, Rpfleger 2013, 657.

Mayer, T.: Das Wechselmodell im Kindschaftsrecht FF 2018, 384.

Maywald, J.: Die Beteiligung des Kindes an der Einigung der Eltern, FPR 2010, 460.

Maywald, J.: Das neue Kinderschutzgesetz – was bringt es für die Kinder?, FPR 2012, 199.

Maywald, J.: Das neue Kinderschutzgesetz – was bringt es für die Kinder?, FPR 2012, 199.

Maywald, J.: Entfremdung durch Kontaktabbruch – Kontakt verweigernde Kinder oder Eltern nach einer Trennung, FPR 2013, 200.

Maywald, J.: Trennungs- und Verlustsituationen in: Salgo et alt. (Hrsg.), Verfahrensbeistandschaft, Köln 2014.

Medicus, D.; Anmerkung zu einer Entscheidung des BGH, Beschluss vom 30.09.2010 (V ZB 206/10; NJW 2010, 3643) – Zur unentgeltlichen Übertragung von Wohnungseigentum an einen Minderjährigen, JZ 2011, 159.

Melton, G./Limber, S.: What Children's Rights Mean to Children's own Views, in: Freeman, M./Veerman, P., The Ideologies of Children´s Rights, Den Haag 1992, 167.

Menne, K.: Erziehungsberatung im Zentrum. Zu ihrer Positionsbestimmung in der Jugendhilfe, JAmt 2019, 64.

Menne, M.: Der Anwalt des Kindes – Entwicklungstendenzen und Perspektiven im Recht der Verfahrenspflegschaft, FamRZ 2005, 1035.

Menne, M.: Das Holen und Bringen des Kindes im Rahmen der Regelung des Umgangs, ZKJ 2006, 135.

Menne, M.: Zum Umgangsrecht von Strafgefangenen und Untersuchungshäftlingen, ZKJ 2006, 250.

Menne, M.: Neues FamFG: Zur pauschalisierten Entschädigung des Verfahrensbeistands im kommenden Recht, ZKJ 2008, 461.

Menne, M.: Der Verfahrensbeistand im neuen FamFG, ZKJ 2009, 68.

Menne, M.: Anmerkung zum Urteil des BVerfG vom 9.11.2009, 1 BvR 2146/09, ZKJ 2010, 71.

Menne, M.: Zur Vergütung des Umgangspflegers – Anmerkung zum Beschluss des Oberlandesgerichts Koblenz vom 19. November 2009 – 11 WF 905/09, ZKJ 2010, 245.

Menne, M.: Anerkennung/Vollstreckung nach Brüssel IIa-VO: Fehlende Verfahrensbeistandsbestellung und Anhörung des Kindes im ausländischen Ausgangsverfahren, FamRB 2015, 250.

Menne, M.: Aktuelle Praxisfragen grenzüberschreitender Kindschaftssachen – Kindesanhörung und Anerkennung ausländischer sorgerechtlicher Entscheidungen, FamRB 2015, 359.

Menne, M.: Aktuelle Praxisfragen grenzüberschreitender Kindschaftssachen – Kindesanhörung und Anerkennung ausländischer sorgerechtlicher Entscheidungen, FamRB 2015, 398.

Menne, M.: Aktuelle Praxisfragen grenzüberschreitender Kindschaftssachen – Internationale Richternetzwerke, FamRB 2015, 441.

Menne, M.: Dialogue of Judges – Verbindungsrichter und internationale Richternetzwerke, JZ 2017, 332.

Menne, M.: Verbindungsrichter im internationalen Familienrecht in Deutschland – aktueller Stand und Ausblick. FamRZ 2018, 1644.

Menne, M./Carl, E.: Verbindungsrichter und direkte richterliche Kommunikation, NJW 2009, 3537.

Meyer-Wehage, B.: Die Beweiserhebung in familiengerichtlichen Verfahren, NZFam 2014, 126.

Meysen, T.: Beginn und Ende von Beistandschaften, JAmt 2008, 120.

Meysen, T.: Steuerungsverantwortung des Jugendamtes nach § 36 a SGB VIII: Anstoß zur Verhältnisklärung oder anstößig?, FamRZ 2008, 562.

Meysen, T.: Neuerungen im zivilrechtlichen Kinderschutz, NJW 2008, 2673.

Meysen, T.: Bundeskinderschutzgesetz: gesetzliche Programmatik im Baukastensystem, FamRZ 2012, 405.

Meysen, T.: Familiengericht und Jugendamt: produktives Ringen oder Machtkampf?, NZFam 2016, 580.

Meysen, T.: Reform des SGB VIII mit dem Kinder- und Jugendstärkungsgesetz – KJSG, FamRZ 2021, 401.

Meysen, T./Balloff, R./Finke, F./Kindermann, E./Rakete-Dombek, I./Stötzel, M. (Hrsg.): Das Familienverfahrensrecht – FamFG, Köln 2010.

Meysen, T./Balloff, R./Finke, F./Kindermann, E./Rakete-Dombek, I./Stötzel, M. (Hrsg.): Praxiskommentar Familienverfahrensrecht, 2. Auflage, Köln 2014 (Zitierweise: PK Familienverfahrensrecht/Bearbeiter).

Meysen, T./Salgo L.: Referentenentwurf des Bundesministeriums für Familie, Senioren, Frauen und Jugend: Entwurf eines Gesetzes zur Stärkung von Kindern und Jugendlichen (Kinder- und Jugendstärkungsgesetz – KJSG), FamRZ 2021, 13.

Michalski, L.: Das Namensrecht des ehelichen Kindes nach den §§ 1616, 1616a BGB unter Berücksichtigung des Regierungsentwurfs eines Kindschaftsrechtsreformgesetzes, FamRZ 1997, 977.

Mix, B.: Kontinuität in der Vormundschaft, JAmt 2014, 242.

Moch, M./Junker-Moch, M.: Zur Zusammenarbeit zwischen Jugendamt und Kinderschutzfachkraft, FPR 2011, 319.

Moelle, B.: Die (anwaltliche) Vertretung Minderjähriger in Kindschaftssachen, ZKJ 2020, 7.

Mörsberger T./Wapler, F.: Das Bundeskinderschutzgesetz und der Datenschutz, FPR 2012, 437.

Mörsberger, T.: Das Strafrecht als Prima Ratio des SGB VIII? Zu den andauernden Irritationen um die Haftungsrisiken im Kinderschutz, ZKJ 2013, 21.

Mohnert, A.: Materiell-rechtliche Voraussetzungen des Eltern-Kind-Verhältnisses im Rahmen einer Adoption, RPsych 2018, 477.

Moll-Vogel, E.: Mediation im familiengerichtlichen Verfahren, in: Prenzlow (Hrsg.), Handbuch Elterliche Sorge und Umgang, Rn. 1190, Köln 2013.

Montada, L./Kals, E.: Mediation, 2. Auflage, Weinheim 2007.

Morat, K./Kramer, R.: Verfahrensbeistandschaft und Datenschutz, ZKJ 2014, 139.

Mortsiefer, M.: Die Gefährdungsmitteilung des Jugendamts an das Familiengericht, NJW 2014, 3543.

Motzer, S.: Das Umgangsrecht Verwandter und enger Bezugspersonen des Kindes, FamRB 2004, 231.

Müller, G., Sieghörtner, R., Emmerling de Oliveira, N.: Adoptionsrecht in der Praxis, 3. Auflage, Bielefeld 2016.

Müller-Magdeburg, C.: Das beschleunigte Familienverfahren im Lichte des FamFG, ZKJ 2009, 184.

Müller-Magdeburg, C.: Die Beteiligung des Jugendamtes – Plädoyer für ein aktives Jugendamt, ZKJ 2009, 319.

Münchener Kommentar zum BGB (J. Säcker/R. Rixecker Hrsg.), Band 9, 7. Auflage, München 2017, Familienrecht II, §§ 1589-1921 (Zitierweise: MüKo-BGB/Bearbeiter).

Münchener Kommentar zum BGB (J. Säcker/R. Rixecker Hrsg.), Band 10, 6. Auflage, München 2015, IPR I, Art. 1-24 BGB KindEntfÜbk (Zitierweise: MüKo-BGB/Bearbeiter).

Münchener Kommentar zum BGB (J. Säcker/R. Rixecker Hrsg.), Band 11, Internationales Privatrecht I, Europäisches Kollisionsrecht, Einführungsgesetz zum Bürgerlichen Gesetzbuche (Art. 1-26), 7. Auflage München 2018 (Zitierweise: MüKo-BGB/Bearbeiter).

Münchener Kommentar zum FamFG (T. Rauscher Hrsg.), 3. Auflage, München 2019 (Zitierweise: MüKo-FamFG/Bearbeiter).

Münchener Kommentar zur ZPO (W. Krüger Hrsg.), Band 4, 5. Auflage, München 2016 (Zitierweise: MüKo-ZPO/Bearbeiter).

Münchener Kommentar zum BGB Familienrecht II, §§ 1589-1621, SGB VIII (K. Rebmann/F. Säcker Hrsg.), Band 9, 7. Auflage, München 2017 (Zitierweise: MüKo-SGB VIII/Bearbeiter).

Münder, J.: Der Anspruch auf Herausgabe des Kindes, NJW 1986, 811.

Münder, J.: Die Entwicklung autonomen kindschaftsrechtlichen Denkens, ZfJ 1988, 10.

Münder, J.: Familien- und Jugendhilferecht. Eine sozialwissenschaftlich orientierte Einführung. Bd. I: Familienrecht. 4. völlig überarb. Auflage, Neuwied 1999.

Münder, J.: Familien- und Jugendhilferecht. Eine sozialwissenschaftlich orientierte Einführung. Band II: Kinder- und Jugendhilferecht, Neuwied 2000.

Münder, J./Muthke, B./Schone, R.: Kindeswohl zwischen Jugendhilfe und Justiz: professionelles Handeln in Kindeswohlverfahren, Münster 2000.

Münder, J./Wiesner, R./Meysen, T.: Kinder- und Jugendhilferecht, 2. Auflage, Baden-Baden 2011

Münder, J.: Rechtsfolgen bei Verletzung professioneller Standards, ZfJ 2001, 401.

Münder, J. u.a.: Die Praxis des Kindschaftsrechts in Jugendhilfe und Justiz, München 2007.

Münder, J. u.a.: Frankfurter Lehr- und Praxiskommentar zum KJHG/SGB VIII, Baden-Baden 2009.

Münder, J./Ernst, R./Behlert, W.: Familienrecht, 7. Auflage, Baden-Baden 2013.

Münder, J./Meysen, T./Trenczek, T.: Frankfurter Kommentar SGB VIII Kinder- und Jugendhilfe, 8. Auflage, Frankfurt am Main 2019 (Zitierweise: FK-SGB VIII/Bearbeiter).

Muscheler, K.: Die Klärung der Vaterschaft, FPR 2008, 257.

Musielak, H.-J./Voit, W. (Hrsg.): Zivilprozessordnung mit Gerichtsverfassungsgesetz, 16. Auflage, München 2019 (Zitierweise: Musielak/Voit/Bearbeiter).

Musielak, H.-J./Borth, H. (Hrsg.): Familiengerichtliches Verfahren, 6. Auflage, München 2018 (Zitierweise: Musielak/Borth/Bearbeiter).

Müther, P.-H.: Die Beschwerdeeinlegung beim unzuständigen Gericht nach dem FamFG, FamRZ 2010, 1952.

Mutschler, D.: Interessenausgleich im Abstammungsrecht – Teilaspekte der Kindschaftsrechtsreform, FamRZ 1996, 1381.

Naczinsky, S.: Auswirkungen der Testierfähigkeit auf die Geschäftsfähigkeit Minderjähriger, NZFam 2018, 713.

Nehls, K.: Praktischer Leitfaden zum Haager Übereinkommen über die zivilrechtlichen Aspekte internationaler Kindesentführung (HKÜ), ZKJ 2014, 62.

Nehls, K.: Rechtliche Grundlagen bei internationalen Kindesentführungen sowie bei internationalen Sorge- und Umgangsverfahren, in: Paul/Kiesewetter, Mediation bei internationalen Kindschaftskonflikten, 13, München 2009.

Neundorf, K.: Die Altersbestimmung bei unbegleiteten Minderjährigen – rechtliche Grundlagen und Debattenüberblick, ZAR 2018, 238.

Nickel: Grundlagen der Gewährung von Beratungs- und Verfahrenskostenhilfe in Kindschaftssachen, NJW 2011, 1117.

Nickel, M.: Die Kostenentscheidung nach billigem Ermessen gem. § 81 FamFG, FamFR 2013, 529.

Nickel, M.: Kindergeld und Kindesunterhaltsfreibetrag in der Verfahrenskostenhilfe, FamRB 2014, 347.

Nickel, M.: Die Entwicklung der Rechtsprechung zur Prozess- und Beratungshilfe im Jahr 2016, MDR 2017, 499.

Nienstedt, M./Westermann, A.: Pflegekinder und ihre Entwicklungschancen nach frühen traumatischen Erfahrungen. 2. Auflage, Stuttgart 2013.

Niethammer-Jürgens, K./Erb-Klünemann, M.: Internationales Familienrecht in der Praxis, 2. Auflage, Frankfurt a.M. 2019.

Oberloskamp, H. (Hrsg.): Vormundschaft, Pflegschaft und Beistandschaft für Minderjährige, 4. Auflage, München 2017.

Oberloskamp, H., Das Jugendamt im familiengerichtlichen Verfahren, ZKJ 2016, 336.

Obermann, T.: Der Umgangspfleger nach § 1666 BGB – gefährdet, aber notwendig?, NZFam 2014, 976.

Obermann, T.: Kindesanhörung bei Einigung der Eltern? NZFam 2015, 1129.

Odendahl, H.: Die Bedeutung neuer internationaler IPR-Normen im Familien- und Erbrecht für Fälle mit Türkeibezug. IPrax 2018, 450.

Oelkers, H.: Formelle und materiell-rechtliche Fragen des Umgangsrechts nach § 1634 BGB, FamRZ 1995, 449.

Oelkers, H.: Sorge- und Umgangsrecht in der Praxis, Bonn 2000.

Oerter, R./Montada, L. (Hrsg.): Entwicklungspsychologie. Ein Lehrbuch, 3. Auflage, Weinheim 1995.

Oesch, V./Zachariou, Z.: Kindesmisshandlung und Vernachlässigung, in: Jacobi, Kindesmisshandlung aus kinderchirurgischer Sicht, 2008, 297.

Offermann-Burckart, S.: Die Rolle des Anwalts in einem auf Einvernehmen ausgerichteten Verfahren, FPR 2010, 431.

Onstein, V.: Familiengerichtliche Intervention bei Gefährdung von Kindern durch neue Medien, jM 2017, 95-100.

Osthold, F.: Das Umgangsrecht der Großeltern nach § 1685 Abs. 1 BGB – eine Zwischenbilanz, FF 2017, 347.

Osthold, F.: Die Einwilligung des nur leiblichen, aber nicht rechtlichen Vaers in die Adoption im Falle einer Samenspende, FF 2016, 53.

Osthold, F.: Antrags- und Amtsverfahren in Kindschaftssachen nach dem FamFG, FamRZ 2017, 1643.

Ostler, T./Ziegenhain, U.: Risikoeinschätzung bei (drohender) Kindeswohlgefährdung: Überlegungen zu Diagnostik und Entwicklungsprognose im Frühbereich. In: Ziegenhain, U./Fegert, J. M. (Hrsg.): Kindeswohlgefährdung und Vernachlässigung, München 2007, 67.

Paul, C./Kiesewetter, S.: Mediation bei internationalen Kindschaftskonflikten, München 2009.

Paul, C./Kiesewetter,S.: Cross-Border-Familiy Mediation, Frankfurt a.M. 2014.

Pechstaedt, V. von: Zivilrechtliche Abwehrmaßnahmen gegen Stalking, NJW 2007, 1233.

Peschel-Gutzeit. L. M.: Schützt die Verbleibensanordnung das Kind wirksam? – 25 Jahre Erfahrung mit § 1632 IV BGB, FPR 2004, 428.

Peschel-Gutzeit, L.: Das Recht auf gewaltfreie Erziehung – Was hat sich seit seiner Einführung im Jahre 2000 geändert?, FPR 2012, 195.

Peschel-Gutzeit, L.: Interventionsmöglichkeiten bei Inobhutnahme durch das Jugendamt, FPR 2012, 443.

Peschel-Gutzeit, L. M.: Der doppelte Vater – Kritische Überlegungen zum Gesetz zur Stärkung der Rechte des leiblichen, nicht rechtlichen Vaters, NJW 2013, 2465.

Peschel-Gutzeit, L. M.: Die Bedeutung des Kindeswillens, NZFam 2014, 433.

Peter, E.: Die Inobhutnahme unbegleiteter ausländischer Minderjähriger, JAmt 2006, 68.

Peters, M. F.: Die Veröffentlichung von Kinderfotos durch Eltern auf sozialen Plattformen zu nicht kommerziellen Zwecken, ZKJ 2023, 401–405.

Petri, H.: Verlassen und Verlassen werden, Angst, Wut und Trauer bei gescheiterten Beziehungen, Zürich 1991, 59.

Pheiler-Cox, P.: Fälle von Gewalt, Drohungen und Belästigungen in der anwaltlichen und gerichtlichen Praxis, FuR 2014, 558.

Pheiler-Cox, P./Lentz, S.: Praxisprobleme bei der freiheitsentziehenden Unterbringung Minderjähriger aus Sicht des Amtsgerichts – Zugleich Besprechung von AmtsG Landau, Beschluss v. 31.5.2023 – 3 F 88/23, FamRZ 2024, 1542 – FamRZ 2024, 1515–1520.

Pietsch, P.: Die EU-Verordnung über die gegenseitige Anerkennung von Schutzmaßnahmen, NZFam 2014, 726.

Pothmann, J.: Kinderschutz im Spiegel amtlicher Statistik. Gefährdungseinschätzungen von Jugendämtern – ein Beitrag zum aktiven Kinderschutz: Erste Auswertungen und Kommentierungen zu den „8a-Daten" kommunaler Jugendbehörden 2012.

Prenzlow, R. (Hrsg.): Handbuch Elterliche Sorge und Umgang, 3. Auflage, Köln 2022.

Proksch, R.: Begleitforschung zur Umsetzung der Neuregelung der Reform des Kindschaftsrechts. 1. Zwischenbericht (Mai 2000), Nürnberg 2000.

Proksch, R.: Rechtstatsächliche Untersuchung zur Reform des Kindschaftsrechts. Begleitforschung zur Umsetzung des Kindschaftsrechtsreformgesetzes, Köln 2002.

Proksch, R.: Ergebnisse der Begleitforschung zur Kindschaftsrechtsreform, Kind-Prax 2003, 3.

Prütting H./Gehrlein, M. (Hrsg.): ZPO, 11. Auflage, Köln 2019 (Zitierweise: Prütting/Gehrlein/Bearbeiter).

Prütting, H./Helms, T. (Hrsg.): FamFG, 6. Auflage, Köln 2023 (Zitierweise: Prütting/Helms/Bearbeiter).

Prütting, H./Wegen, G./Weinreich, G.: BGB, 9. Auflage, Köln 2014.

Quantius, M.: Die Elternschaftsanfechtung durch das künstlich gezeugte Kind, FamRZ 1998, 1145.

Raack, W.: Rechtliche Maßnahmen und Entscheidungsspielräume des Familiengerichts bei Schulabsenz von Kindern und Jugendlichen, FPR 2007, 478.

Radewagen, C.: Geplante Datenweitergabe durch das Jugendamt an Ärzte, Lehrer und andere Berufsgeheimnisträger in § 4 KKG – eine Gefahr für den Kinderschutz?!, JAmt 2017, 278.

Rahm, W./Künkel, B.: Handbuch Familien- und Familienverfahrensrecht, Loseblattwerk, Köln.

Rake, U.: Social Media und elterliche Umgangsbestimmung, FamRZ 2017, 1733.

Rake, U.: Grundlinien der Kostenverteilung in Abstammungssachen, FuR 2018, 73.

Rake, U.: Kindschaftsrechtliche Auswirkungen der Coronakrise, FamRZ 2020, 650.

Rake, U.: Kinderrechte und Sorgerechtsbefugnisse bei elterlichen Foto-Postings in sozialen Medien, FamRZ 2020, 1064–1070.

Rake, U.: Elterliche Verantwortung im Zeitalter der Digitalisierung, FamRZ 2022, 1507–1515.

Rakete-Dombeck, I.: Der Ausfall eines Sorgeberechtigten durch Tod, Krankheit, Abwesenheit oder Entzug der elterlichen Sorge, FPR 2005, 80.

Rakete-Dombek, I.: Einvernehmliche Konfliktlösungen und Vermittlungsverfahren. Anmerkungen aus anwaltlicher Sicht, in: Lipp, V./Schumann, E./Veit, B., 2009, 93.

Rauscher, T.: Vaterschaft auf Grund der Ehe mit der Mutter, FPR 2002, 352.

Rauscher, T.: Die Beteiligung des Kindes am Umgangsvergleich, FamFR 2010, 28.

Rauwald, M.: Elterliches Trauma und Kindeswohl – Psychotraumatologische Überlegungen zu einer transgenerational vermittelten Beeinträchtigung, NZFam 2014, 1116.

Reinhardt, J.: Die Beteiligung in Adoptionsverfahren und der Geheimhaltungsschutz – Prüfstein für die Kooperation von Jugendamt und Familiengericht in Adoptionssachen, JAmt 2011, 628.

Reinhardt, J.: FamFG und Adoption, JAmt 2009, 162.

Reinken, W.: Einführung in den Allgemeinen Teil des FamFG, ZFE 2009, 164.

Reinken, W.: Hinwirken auf ein Einvernehmen der Beteiligten – Aufgaben und Handlungsmöglichkeiten des Gerichts nach dem FamFG, FPR 2010, 428.

Remschmidt, H./Schmidt, M. H. (Hrsg.): Kinder- und Jugendpsychiatrie in Klinik und Praxis, Stuttgart 1985.

Reuß, P.: Das Verbot von Kinderehen, FamRZ 2019, 1.

Richter, U.: Schulschwänzer – ordnungsgemäß abgemeldet, FPR 2007, 463.

Riedel, F./Sußbauer, H.: RVG, 10. Auflage, München 2015.

Riegner, K.: Verfassungsrechtliche Anforderungen an die Trennung des Kindes von den Eltern wegen Kindeswohlgefährdung, NZFam 2014, 625.

Riegner, K.: Die Vertretung unbegleiteter minderjähriger Flüchtlinge in asyl- und ausländerrechtlichen Angelegenheiten, NzFam 2014, 150.

Riegner, K.: Sachkunde und schwierige Geschäfte bei der Vormundschaft, NZFam 2015, 193.

Riemer, M.: Auswirkung des Gewaltverbots in der Erziehung nach § 1631 II BGB auf das Strafrecht, FPR 2006, 387.

Rinio, C.: Strafrechtliche Konsequenzen und ordnungsrechtliche Maßnahmen gegen Eltern von „Schulschwänzern", FPR 2007, 467.

Ripke, L.: Haltung des Mediators, in: Trenczek u.a., Mediation und Konfliktmanagement, Baden-Baden 2013, 2.13.

Rixen, S.: Das Gesetz über den Umfang der Personensorge bei einer Beschneidung des männlichen Kindes, NJW 2013, 257.

Röchling, W.: Anmerkungen zum Abschlussbericht der Arbeitsgruppe „Familiengerichtliche Maßnahmen bei Gefährdung des Kindeswohls" v. 17.11.2006, FamRZ 2007, 431.

Rörig, J.: Familiengerichte – Verantwortung ohne Fortbildung?, DRiZ 2018, 84.

Rohmann, J. A.: In Fragen der Heimerziehung ausgewiesener Psychologe als Sachverständiger bei Unterbringung von Kindern und Jugendlichen, FPR 2009, 30.

Rohmann, J. A.: Anhörung des Kindes und der Eltern sowie die Bekanntgabe der Entscheidung an das Kind als kommunikativer Prozess, FPR 2013, 464.

Rohe, M.: Die rechtliche Behandlung von Minderjährigenehen in Deutschland StAZ 2018, 73.

Rotax, H.-H.: Tatsächliche oder rechtliche Verhinderung oder Entzug der elterlichen Sorge bei einem bisher gemeinsam sorgeberechtigten Elternteil, FPR 2008, 151.

Rüntz, S./Viefhues, W: Erste Erfahrungen aus der Praxis mit dem FamFG, FamRZ 2010, 1285.

Rüting, W.: Das kindorientierte Zusammenwirken im Verfahren vor dem Familiengericht, ZKJ 2011, 244.

Rüting, W.: Rückführung in die Herkunftsfamilie, Umgang, FPR 2012, 381.

Saenger (Hrsg.), ZPO, 8. Auflage, Baden-Baden 2019.

Salewski, C./Stürmer, S.: Qualität familienrechtspsychologischer Gutachten, ZKJ 2015, 4.

Salgo, L.: Pflegekindschaft und Staatsintervention, Frankfurt am Main 1987.

Salgo, L.: Der Anwalt des Kindes. Die Vertretung von Kindern in zivilrechtlichen Kindesschutzverfahren. Eine vergleichende Studie, Frankfurt am Main 1996.

Salgo, L.: Zur gemeinsamen elterlichen Sorge nach Scheidung als Regelfall – ein Zwischenruf, FamRZ 1996, 449.

Salgo, L.: Vom langsamen Sterben des elterlichen Züchtigungsrechts, RdJB 2001, 283.

Salgo, L.: Umgang mit Kindern in Familienpflege – Voraussetzungen und Grenzen, FPR 2004, 419.

Salgo, L.: Verbleibensanordnung bei Bezugspersonen (§ 1682 BGB), FPR 2004, 76.

Salgo, L.: § 8a SGB VIII, Anmerkungen und Überlegungen zur Vorgeschichte und zu den Konsequenzen der Gesetzesänderung, Teil 1 und 2, ZKJ 2006, 531; 2007, 12.

Salgo, L.: Wie man aus einer ungünstigen Situation eine das Wohl des Kindes gefährdende machen kann – Grenzen der Staatsintervention zur Durchsetzung des Umgangsrechts, FPR 2008, 401.

Salgo, L.: Das Beschleunigungsgebot in Kindschaftssachen, FF 2010, 352.

Salgo, L.: Häusliche Gewalt, Traumatisierung und Umgangsfragen, in: Fegert/Ziegenhain/Goldbeck, Traumatisierte Kinder und Jugendliche in Deutschland, Weinheim 2010, 121.

Salgo, L.: Mitwirkung am Zustandekommen einer einvernehmlichen Regelung. Aufgaben und Pflichten des Verfahrensbeistands, FPR 2010, 456.

Salgo, L.: Einwilligung des Kindes und des Jugendlichen in die Unterbringung, FPR 2011, 546.

Salgo, L.: Ein Zwischenruf zum Regierungsentwurf eines Gesetzes zur Reform der elterlichen Sorge nicht miteinander verheirateter Eltern, FPR 2012, 409.

Salgo, L.: Anmerkung zur Entscheidung des OLG Karlsruhe, Beschluss vom 26.06.2013, 18 UF 296/11 – Zur Beschwerdebefugnis von Pflegepersonen in verfassungkonformer Auslegung der §§ 303 Abs. 2, 335 Abs. 1 Nr. 1 FamFG, FamRZ 2013, 1668.

Salgo, L.: Aus Fehlern lernen – Stellungnahme für den Sonderausschuss „Zum Tode des Mädchens Chantal", ZKJ 2013, 150.

Salgo, L.: Ergänzungspfleger oder Verfahrensbeistand, FPR 2013, 315.

Salgo, L.: Umgangsbeschluss wegen psychischer Destabilisierung des Pflegekindes aus verfassungsrechtlicher Sicht nicht zu beanstanden, FamRZ 2013, 343.

Salgo, L: Anmerkung zu BGH Beschluss vom 16.11.2016 – XII ZB 328/15, FamRZ 2017, 210.

Salgo, L.: Die Beziehung zwischen Familienrecht und Human-/Sozialwissenschaften am Beispiel des Kindschaftsrechts, ZKJ 2017, 254.

Salgo, L.: Der qualifizierte Familienrichter als tragende Säule im Kinderschutz, ZKJ 2018, 168.

Salgo, L.: „Risiken" im Kinderschutz, ZKJ 2019, 217.

Salgo, L.: Sind Pflegekinder „Kinder 2. Klasse"?, ZKJ 2023, 436.

Salgo, L./Lack, K.: Das Recht der Pflegekindschaft. In: Prenzlow (Hrsg.), Handbuch Elterliche Sorge und Umgang, Köln 2013.

Salgo, L./Lack, K. (Hrsg.) Handbuch Verfahrensbeistandschaft, 4. Auflage, Köln 2020.

Salgo, L./Stötzel, M.: Aktuelle Tendenzen der Verfahrensbeistandschaft, ZKJ 2013, 349.

Salgo, L./Veit, B./Zenz, G.: Reformbedarf im Bereich der Dauerpflege, ZKJ 2013, 204.

Salgo, L./Zenz, G.: (Amts-)Vormundschaft zum Wohle des Mündels – Anmerkungen zu einer überfälligen Reform, FamRZ 2009, 1378.

Salgo, L./Zenz, G. et alt. (Hrsg.): Verfahrensbeistandschaft, 3. Auflage, Köln 2014.

Salzgeber, J.: Der lösungsorientierte Sachverständige und die Hochkonfliktfamilien, FamRZ 2010, 851.

Salzgeber, J.: Der psychologische Sachverständige im Familiengerichtsverfahren, 5. Auflage, München 2011.

Salzgeber, J.: Der psychologische Sachverständige im Familiengerichtsverfahren, FF 2013, 194 und 442.

Salzgeber, J.: Umgang und Herstellung von Einvernehmen, FPR 2013, 299.

Salzgeber, J.: Richterliche Würdigung eines Sachverständigengutachtens im Sorgerechtsverfahren, FamRZ 2016, 1940.

Salzgeber, J./Stadler, M.: Verfahrenspfleger und Psychologischer Sachverständiger, JAmt 2001, 382.

Sanders, A.: Vater werden wird nun schwer – Das neue „Verbot der missbräuchlichen Anerkennung der Vaterschaft" FamRZ 2017, 1189.

Sarres, E.: Akteneinsichtsrechte im Familien- und Erbrecht, ZFE 2011, 136.

Sarres, E.: Richterliche Befangenheit im Familienrecht – eine Bestandsaufnahme, FamRB 2014, 474.

Schäder, B.: Kindeswille und Umgangsverteilung – Die Bedeutung des Kindeswillens für umgangsrechtliche Maßnahmen bei Umgangsvereitelung durch den betreuenden Elternteil, FamRZ 2019, 1120.

Schael, W.: Minderjährige und ihre formelle Beteiligung in Verfahren über Kindschaftssachen nach dem FamFG, FamRZ 2009, 265.

Scharl, P./Schmid, J.: Risikoanalyse und Risikomanagement im Sonderleitfaden des Münchner Modells, NZFam 2014, 1078.

Schauberger, C.: Die Partizipation Minderjähriger im Verfahren der freiwilligen Gerichtsbarkeit, Frankfurt 2015.

Scheiwe, K.: Reformbedarfe bei der Regelung der gemeinsamen Elternverantwortung nach Trennung und Scheidung, NZFam 2018, 830.

Schellhorn, W. (Hrsg.): SGB VIII/KJHG. Sozialgesetzbuch Achtes Buch Kinder- und Jugendhilfe. 2. Auflage, Neuwied 2000.

Schellhorn, W./Fischer, L./Mann, H./Kern, C. (Hrsg.:, SGB VIII Kinder- und Jugendhilfe, 5. Auflage, Neuwied 2017.

Schepker, R./Vogel, H.: Erwiderung zu Gutmann/Schumann/Hegerfeld, FamRZ 2019, 1676 ff., aus kinder- und jugendpsychiatrischer sowie familienrechtlicher Perspektive, FamRZ 2000, 896–899.

Schermaier-Stöckl, B., Verdacht einer Kindeswohlgefährdung in der Mediation – Was tun?, FamRB 2018, 496.

Scherpe, J. C.: Reichweite des verfassungsrechtlichen Schutzes der Verwandtenstellung im Vormundschaftsverfahren, FamRZ 2014, 1821.

Schilling, R.: Rechtliche Probleme bei der gemeinsamen Sorge nach Trennung und Scheidung, NJW 2007, 3233.

Schimke, H.-J.: Sorgerecht und Beteiligung von Kindern, in: Prenzlow (Hrsg.), Handbuch Elterliche Sorge und Umgang, Köln 2013.

Schimke, H.-J.: Gemeinsame Verantwortung für Kinder – Einfluss und Möglichkeiten des Vormunds/der Vormündin, JAmt 2015, 74.

Schindler, G.: Die Haftung des Jugendamts bei Verletzung fachlicher Standards, FPR 2012, 539.

Schlauß, S.: Die Aufgaben des Bundesamts für Justiz im internationalen Kindschaftsrecht, ZKJ 2016, 162.

Schlauß, S.: Grenzüberschreitende Unterbringungen im EU-Ausland. Eine Kurzanalyse aus Sicht des Bundesamts für Justiz, ZKJ 2016, 348.

Schlauß, S.: Internationales Kindschaftsrecht, Aktuelle Entwicklungen bei den Aufgaben des Bundesamts für Justiz, ZKJ 2019, 255.

Schleissing, S. (Hrsg.): Ethik und Recht in der Fortpflanzungsmedizin, Baden-Baden 2014.

Schlünder, R.: Die Vollstreckung nach dem FamFG. FamRZ 2009, 1636.

Schlund, M.: Begleiteter Umgang bei „schwierigen Fallkonstellationen“ (Teil 1), ZKJ 2015, 55.

Schmahl, S.: UN-Kinderrechtskonvention, 2. Auflage, Baden-Baden 2013.

Schmid, J.: Das Beschleunigungs- und Vorranggebot – erste Erfahrungen in der Praxis, FPR 2011, 5.

Schmid, J.: Familiengerichtliche Kooperation in Fällen von Kindesmisshandlung und sexuellem Missbrauch, FamRB 2014, 267.

Schmid, J.: Juristische Grundsätze zu Umgangsmodellen, NZFam 2014, 881.

Schmid, J.: Grenzen von Einvernehmen in Kindschaftssonderfällen, NZFam 2015, 292.

Schmidt-Räntsch, J.: Freiheitsentziehungssachen gem. §§ 415 ff. FamFG, NVwZ 2014, 110.

Schnebel, H.: Eine Replik auf den Beitrag von Sandra Tenner „Zustellungen des Gerichtsvollziehers in Verfahren nach dem Gewaltschutzgesetz“, DGVZ 2019, 147.

Schneider, E.: Die neuere Rechtsprechung zum Prozeßkostenhilferecht, MDR 1985, 441.

Schneider, E.: Vorschusspflicht in Kindschaftssachen, FamRB 2012, 164.

Schneider, E.: Die Kosten in Umgangsverfahren, NZFam 2014, 906.

Schneider, H.: Die Beschleunigungsrüge in Kindschaftssachen, FamRB 2016, 479.

Schneider, M.: Neues Sorgerecht nicht miteinander verheirateter Eltern, MDR 2013, 309.

Schneider, M.: Kindeswohlgefährdung durch Smartphones und Internetzugänge?, MDR 2019, 12.

Schneider, M./Faber, E.: Bestellung von Vormund und Ergänzungspfleger in Kindschaftssachen nach §§ 1666, 1696 BGB, FuR 2012, 580.

Schneider, N.: Gebühren in Familiensachen, München 2009.

Schneider, N.: Kostenfestsetzungsverfahren in Familiensachen, FPR 2010, 343.

Schneider, N.: Zur Einigungsgebühr nach Nr. 1000, 1003 RVG-VV im Falle einer Zwischenvereinbarung in Umgangssachen, AGS 2014, 272.

Schneider, N.: Die Terminsgebühr im schriftlichen Verfahren, NZFam 2014, 403.

Schneider, N.: Die Kosten in Vermittlungsverfahren nach § 165 FamFG, NZFam 2014, 906.

Schneider, N.: Verfahrenswert einer Beschwerde gegen Kindschaftssache im Scheidungsverbund, NZFam 2015, 325.

Schneider, N.: Kosten des Terminsvertreters bei Verfahrenskostenhilfe, NZFam 2016, 1094.

Schneider, N./Thiel, L.: Über die „Wertlosigkeit" höchstrichterlicher Wertfestsetzungen, NJW 2013, 25.

Schneider, N./Volpert, J./Fölsch, P. (Hrsg.): FamGKG, 3. Auflage, Baden-Baden 2019.

Schneider, N./Volpert, J./Fölsch, P. (Hrsg.): Gesamtes Kostenrecht, Baden-Baden 2014.

Schomburg, G.: Das Übereinkommen des Europarats über den Umgang mit Kindern. KindPrax Spezial 2004, Internationales Familienrecht und seine Auswirkungen auf die Praxis. S. 7.

Schrapper, C.: Hilfeplanung mit deutlich gestärkten Rechten für junge Menschen und Eltern sowie in verständlicher, nachvollziehbarer und wahrnehmbarer Form – wie kann das gelingen? JAmt 2022, 376–383.

Schuldei, M.: Auskunft über die persönlichen Verhältnisse des Kindes über Dritte, Anmerkung zu OLG Koblenz, BeckRS 2014, 07117, NZFam 2014, 713.

Schulte-Bunert, K.: Vollstreckung von familiengerichtlichen Entscheidungen in Angelegenheiten der elterlichen Sorge nach § 33 FGG, FPR 2008, 397.

Schulte-Bunert, K.: Gewaltschutz, Teil 2, FuR 2011, 263.

Schulte-Bunert, K.: Einstweilige Anordnung nach § 1 GewSchG, FuR 2014, 566.

Schulte-Bunert, K./Weinreich, G. (Hrsg.): FamFG, 6. Auflage, Köln 2019.

Schulz, A.: Internationale Regelungen zum Sorge- und Umgangsrecht, FamRZ 2003, 336.

Schulz, A.: Das Internationale Familienrechtsverfahrensgesetz, FamRZ 2011, 1273.

Schulz, A.: Inkrafttreten des Haager Kinderschutzübereinkommens vom 19.10.1996 für Deutschland am 01.01.2011, FamRZ 2011, 156.

Schulz, A.: Das deutsche internationale Kindschaftsrecht, FamRZ 2018, 797.

Schulze, H. (2005): Trennung, Lebenskrise und das Recht: Professionelle Handlungsparadoxien und die Rolle von Verfahrenspflegschaft im familiengerichtlichen Umgangsverfahren, KindPrax 2005, 98.

Schulze u. a. BGB Handkommentar 10. Auflage Baden-Baden 2019.

Schürmann, H.: Die Rechtsmittel nach dem FamFG, FamRB 2009, 24.

Schürmann, H.: Rechtsmittel nach dem FamFG, FuR 2010, 425, 493.

Schumann, E.: Das Verfahren zur Übertragung der gemeinsamen elterlichen Sorge nach § 155a FamFG, FF 2013, 339.

Schumann, E.: Gemeinsam getragene Elternverantwortung nach Trennung und Scheidung – Reformbedarf im Sorge-, Umgangs- und Unterhaltsrecht?, Gutachten B, in: Verhandlungen des 72. Deutschen Juristentages, Leipzig, München 2018.

Schwab, D.: Mündigkeit und Minderjährigenschutz, AcP 172 (1972), 266.

Schwab, D.: Das neue Betreuungsrecht, FamRZ 1990, 681.

Schwab, D./Wagenitz, T.: Einführung in das neue Kindschaftsrecht, FamRZ 1997, 1377.

Schwab, D.: Elterliche Sorge bei Trennung und Scheidung der Eltern, FamRZ 1998, 457.

Schwab, D.: Elterliche Sorge und Religion, FamRZ 2014, 1.

Schwab, D.: Die verbotene Kinderehe FamRZ 2017, 1369.

Schwab, D.: Familienrecht, 23. Auflage, München 2014.

Schwab, D. (Hrsg.): Handbuch des Scheidungsrechts, 4. Auflage, München 2000.

Schwamb, W.: Gibt es einen Anwaltszwang im Beschwerdeverfahren in den Folgesachen der freiwilligen Gerichtsbarkeit?, FamRB 2014, 111.

Schweiwe, K./Schuler-Harms, M./Walper, S./Fegert, J.: Pflegefamilien als soziale Familien, ihre rechtliche Anerkennung und aktuelle Herausforderungen, in: Pflegekind werden, Stiftung zum Wohle des Pflegekindes (Hrsg.), 231 (2018).

Schweizer, A.: Techniken des Mediators, in Handbuch Mediation, 2. Auflage, München 2009, § 14.

Schweppe, K.: Kindesentführungen und Kindesinteressen – Die Praxis des Haager Übereinkommens in England und Deutschland, Münster 2001.

Schweppe, K.: Das HKÜ und die Interessen der betroffenen Kinder – Anmerkungen zu Konzeption und Anwendung des „Haager Übereinkommen über die zivilrechtlichen Aspekte internationaler Kindesentführungen vom 25.10.1980", ZfJ 2001, 169.

Schweppe, K.: Die Beteiligung des Kindes am Rückführungsverfahren nach dem HKÜ, FPR 2001, 203.

Schweppe, K.: Kindesanhörung im europäischen Vergleich. In: Heilmann/Lack (Hrsg.). Die Rechte des Kindes. Festschrift für Ludwig Salgo zum 70. Geburtstag. Köln 2016, S. 227.

Schweppe, K.: Entscheidungen im Rahmen der Brüssel-IIa-VO, ZKJ 2016, 220.

Schweppe, K./Bussian: Die Kindesanhörung aus familienrichterlicher Sicht, ZKJ 2012, 13.

Schwonberg, A.: Probleme bei der Vaterschaftsfeststellung, FuR 2014, 634.

Schwonberg, A.: Abstammungsverfahren, DNA-Analyse und Richtlinien der Gendiagnostikkommission, FuR Jubiläumsausgabe 2015, 33.

Schwonberg, A.: Anordnung eines Wechselmodells FamRZ 2018, 1298.

Schwonberg, A.: Diskussionsteilentwurf für ein Gesetz zur Reform des Abstammungsrechts – Ein Überblick, FamRZ 2019, 1303.

Seidenstücker, B.: Zur Umsetzung des neuen Kindschaftsrechts in der Arbeit der Jugendämter, ZfJ 2001, 88.

Seidenstücker, B./Münder, J.: Kindeswohl zwischen Jugendhilfe und Justiz, ZKJ 2019, 5.

Seidl, H.: Anfechtung bei der homologen und heterologen Insemination, FPR 2002, 402.

Simon: Vormundschaft für Kinder, die in Pflegefamilien leben, JAmt 2014, 610.

Slüter, R.: Die Beratung von Berufsgeheimnisträgern in der Schule nach § 4 KKG, JAmt 2017, 54.

Socha, I.: So fertig. Und nun? – Zur Kontrolle und Abänderung familiengerichtlicher Entscheidungen nach § 166 FamFG, JAmt 2017, 522.

Sodan H. /Ziekow J.: Verwaltungsgerichtsordnung, 5. Auflage 2018.

Soergel, H.-T.: BGB, 13. Auflage, Stuttgart 2015.

Sommer, A.: Das Verhältnis von Familiengericht und Jugendamt, Frankfurt am Main 2012.

Sommer, A.: Die Rechtsstellung des Kindes im familiengerichtlichen Verfahren, FPR 2012, 374.

Sommer, A.: Zur verwaltungsgerichtlichen Überprüfung der Gefährdungsmitteilung des Jugendamts an das Familiengericht nach § 8a SGB VIII, ZKJ 2013, 68.

Sommer, A.: Ehrenamtliche Einzelvormundschaften – Herausforderungen und Chancen einer vergessenen/vernachlässigten Institution, in: Heilmann/Lack (Hrsg.), Die Rechte des Kindes, Festschrift für Ludwig Salgo, 2016, 437.

Spickhoff, A.: Grund, Voraussetzungen und Grenzen des Sorgerechts bei Beschneidung männlicher Kinder, FamRZ 2013, 338.

Splitt, A.: Praxisprobleme bei der Bestellung eines Ergänzungspflegers nach § 52 Abs. 2 S. 2 StPO, FamRZ 2019, 507.

Splitt, A.: Rechtsfragen im Zusammenhang mit familienpsychologischen Sachverständigengutachten, FF 2018, 51.

Stähr, A. (Hrsg.); SGB VIII Kinder- und Jugendhilfe, Werksstand 04/18, Berlin 2018 (Zitierweise: Hauck/Noftz/Bearbeiter, SGB VIII).

Staudinger, J. v.: Kommentar zum Bürgerlichen Gesetzbuch, EGBGB/IPR Art. 19–24 EGBGB; ErwSÜ (Internationales Kindschaftsrecht 3 – Vormundschaft, Rechtliche Betreuung, Pflegschaft), Berlin 2014 (Zitierweise: Staudinger/Bearbeiter).

Staudinger, J. v.: Kommentar zum Bürgerlichen Gesetzbuch: EGBGB/IPR Einführungsgesetz zum Bürgerlichen Gesetzbuche/IPR, EU-Verordnung und Übereinkommen zum Schutz von Kindern, Berlin Neubearbeitung 2018 (Zitierweise: Staudinger/Bearbeiter).

Staudinger, J. v.: Kommentar zum Bürgerlichen Gesetzbuch: EGBGB/IPR Einführungsgesetz zum Bürgerlichen Gesetzbuche/IPR, Artikel 7, 9-12, 47 EGBGB (Internationales Recht der natürlichen Personen und der Rechtsgeschäfte), Neubearbeitung Berlin 2019 (Zitierweise: Staudinger/Bearbeiter).

Staudinger, J. v.: Kommentar zum Bürgerlichen Gesetzbuch: EGBGB/IPR Einführungsgesetz zum Bürgerlichen Gesetzbuche/IPR, Artikel 19-24 EGBGB; ErwSÜ (Internationales Kindschaftsrecht, Erwachsenenschutzübereinkommen), Berlin Neubearbeitung 2019 (Zitierweise: Staudinger/Bearbeiter).Staudinger, J. v.: Kommentar zum Bürgerlichen Gesetzbuch, Viertes Buch. Familienrecht, §§ 1616–1625, Berlin 2015 (Zitierweise: Staudinger/Bearbeiter).

Staudinger, J. v.: Kommentar zum Bürgerlichen Gesetzbuch, Viertes Buch. Familienrecht, §§ 1626-1633, Berlin 2020 (Zitierweise: Staudinger/Bearbeiter).

Staudinger, J. v.: Kommentar zum Bürgerlichen Gesetzbuch, Viertes Buch. Familienrecht, §§ 1638–1683, Berlin 2009 (Zitierweise: Staudinger/Bearbeiter).

Staudinger, J. v.: Kommentar zum Bürgerlichen Gesetzbuch, Viertes Buch. Familienrecht, §§ 1684–1717, Berlin 2019 (Zitierweise: Staudinger/Bearbeiter).

Staudinger, J. v.: Kommentar zum Bürgerlichen Gesetzbuch, Viertes Buch. Familienrecht, §§ 1741–1772, Berlin 2007 (Zitierweise: Staudinger/Bearbeiter).

Staudinger, J. v.: Kommentar zum Bürgerlichen Gesetzbuch, Viertes Buch. Familienrecht, §§ 1896–1921, Berlin 2017 (Zitierweise: Staudinger/Bearbeiter).

Steiger, T.: Im alten Fahrwasser zu neuen Ufern – Neuregelungen im Recht der internationalen Adoption mit Erläuterungen für die notarielle Praxis, DNotZ 2002, 184.

Stein, F./Jonas, M.: Kommentar zur Zivilprozessordnung, 23. Auflage 2014 (zitiert: Stein/Jonas/Bearbeiter).

Stern, M.: § 1597a BGB – Probleme und Erforderlichkeit NZFam 2017, 740.

Sternal, W.: FamFG Kommentar, 21. Auflage, München 2023 (Zitierweise: Sternal/Bearbeiter).

Stellungnahme Vorstand DFGT (Coester, W.): Gerichtliche Anordnung eines paritätischen Wechselmodells FamRZ 2017, 584.

Stockmann, R.: Ausschließliche Zuständigkeit des Gerichts der Ehesache auch in Kindschaftssachen, jurisPR-FamR 25/2013 Anm. 4.

Stockmann, R.: „Wer bestimmt den Urlaubsort?", FamRB 2017, 315.

Stockmann, R.: Besondere Qualifikation der Familienrichter, FamRB 2016, 413.

Stötzel, M.: Der Verfahrenspfleger im Erleben der Kinder, FPR 2006, 17.

Stötzel, M./Balloff, R.: Der Verfahrensbeistand aus rechtspsychologischer Sicht, ZKJ 2009, 320.

Stötzel, M.: Hinwirken auf Einvernehmen durch den Verfahrensbeistand, § 158 IV FamFG, FPR 2009, 332.

Stötzel, M.: Verfahrensbeistand und Umgangspfleger – Aufgaben und Befugnisse, FPR 2009, 27.

Strecker, C.: Versöhnliche Scheidung, 5. Auflage, München 2014.

Streicher, M.: Familiensachen mit Auslandsberührung, 2. Auflage, Köln 2015.

Stürmer, S./Salewski, C.: Qualität familienrechtspsychologischer Gutachten, ZKJ 2015, 4.

Stürmer, S./Salewski, C.: Qualität familienrechtspsychologischer Gutachten: Erwiderung auf Fichtner (ZKJ 2015, 9ff. u. 63ff.), ZKJ 2015, 132.

Strube, J.: Das Vorrang- und Beschleunigungsgebot im Kindschaftsrecht, NJW 2022, 3486–3488.

Tenner, S.: Zustellungen des Gerichtsvollziehers in Verfahren nach dem Gewaltschutzgesetz, DGVZ 2019, 53.

Thiel, L./Schneider, N.: Die Abweichung vom Regelverfahrenswert – Werterhöhung – Wertherabsetzung, FPR 2010, 323.

Thiel, L.: Zum Anfall der Einigungsgebühr nach Nr. 1000, 1003 RVG-VV im Falle einer Zwischenvereinbarung in Umgangssachen, AGS 2014, 270.

Thiel, L.: Zum Umfang der Beiordnung bei Mehrwertvergleichen, AGS 2014, 351.

Thomas, H./Putzo, H.: ZPO, 40. Auflage, München 2019.

Tischer, R./Walker, D.: Die Bedeutung des Kindeswillens in Fällen internationaler Kindesentführung nach deutscher und kanadischer Rechtsprechung, NZFam 2014, 241.

Trenczek,T./Berning, D./Lenz, C. (Hrsg.): Mediation und Konfliktmanagement, Baden-Baden 2013.

Trenczek, T./Petzold, F.: Beratung und Vermittlung in hoch eskalierten Sorge- und Umgangskonflikten – Konzeption und Praxis der Waage, Hannover, ZKJ 2011, 409.

Trossen, A.: Integrierte Mediation, in Handbuch Mediation, 2. Auflage, München 2009, § 40.

Uerpmann-Wittzack, R.: Innerstaatliche Wirkung des Europaratsübereinkommens gegen Gewalt gegen Frauen, FamRZ 2017, 1812.

Ufer, T.: Die psychotherapeutische Behandlung von Kindern und Jugendlichen als Angelegenheit des „täglichen Lebens" im Sinne des § 1687 BGB?, JR 2009, 485.

Ulrich, C.: Umgangskontakte über große Instanzen aus psychologischer Sicht, NZFam 2014, 889.

van Santen, E./Pluto, L./Seckinger, M.: Scheinbare Gewissheiten zu (Dauer-)Pflegeverhältnissen, ZKJ 2021, 100–108.

Veit, B.: Kleines Sorgerecht für Stiefeltern (§1687b BGB), FPR 2004, 67.

Veit, B.: Das Gesetz zur Erleichterung familiengerichtlicher Maßnahmen bei Gefährdung des Kindeswohls im Überblick, FPR 2008, 598.

Veit, B.: Verbleibensanordnung versus Entziehung der elterlichen Sorge bei Dauerpflege, FF 2008, 358.

Veit, B.: Was muss die große Reform der Vormundschaft noch bewegen?, FamRZ 2012, 1841.

Veit, B.: Das Gesetz zur Verbesserung der Unterbringung, Versorgung und Betreuung ausländischer Kinder und Jugendlicher, FamRZ 2016, 93.

Veit, B.: Die Reform des Vormundschaftsrechts nach dem zweiten Diskussionsteilentwurf, FamRZ 2019, 337.

Veit. B., Ausgewählte Fragen an die Reform, JAmt 2019, 350.

Veit, B.: Die Rechtsstellung der Pflegeperson nach dem Kinder- und Jugendstärkungsgesetz sowie dem Gesetz zur Reform des Vormundschafts- und Betreuungsrechts, FamRZ 2021, 1501.

Veit B./Heilmann S./Salgo L.: Reformbedarf des Pflegekinderwesens, FamRZ 2014, 891.

Veit, B./Hinz, K.: Vertauschte Kinder, FamRZ 2010, 505.

Veit, B./Marchlewski, S., Die Reform des Vormundschaftsrechts geht in die nächste Runde, FamRZ 2017, 779

Veit, B./Salgo, L.: Der Regierungsentwurf zur Änderung des Vormundschaftsrechts – Eine Stellungnahme, ZKJ 2011, 82.

Viefhues, W.: Anträge auf Wohnungszuweisung, ZFE 2003, 16.

Völker, M.: Vollstreckung einer Entscheidung zur Herausgabe von Personen und zur Regelung des Umgangs, §§ 88 ff. FamFG, FPR 2012, 485.

Völker, M./Steinfatt, G.: Die Kindesanhörung als Fallstrick bei der Anwendung der Brüssel IIa-Verordnung, FPR 2005, 415.

Völker, M.: Länderbericht Frankreich: Die Rechte des biologischen Vaters bei anonymer Geburt des Kindes, FamRBint 2008, 62.

Völker, M.: Die wesentlichen Aussagen des BVerfG zum Haager Kindesentführungsübereinkommen – zugleich ein Überblick über die Neuerungen im HKÜ-Verfahren aufgrund der Brüssel IIa-Verordnung, FamRZ 2010, 157.

Völker, M.: Anmerkung zu BGH XII ZB 247/11, FF 2012, 71.

Völker, M./Clausius, M.: Das familienrechtliche Mandat – Sorge- und Umgangsrecht, 7. Auflage, Bonn 2016.

Vogel, H.: Verfahrenswerte in Kindschafts- und Abstammungssachen, FPR 2010, 313.

Vogel, H.: Der Verfahrensbeistand FPR 2010, 41.

Vogel, H.: Die Gerichtskostenvorauszahlungspflicht im familiengerichtlichen Verfahren, FPR 2010, 327.

Vogel, H.: Haager Übereinkommen über die zivilrechtlichen Aspekte internationaler Kindesentführung, FPR 2012, 403.

Vogel, H.: Die Kosten in Familiensachen und deren Anfechtbarkeit, FPR 2013, 116.

Vogel, H.: Vergütungsfragen im Verfahrenskostenhilfe-Prüfungsverfahren (VKH-Verfahren), FuR 2013, 262.

Vogel, H.: Kommunikation im familiengerichtlichen Verfahren, FF 2014, 399, 403.

Vogel, H.: Rechtsfolgen bei übermäßiger Dauer des Verfahrens in Familiensachen, FF 2014, 434.

Vogel, H.: Die familiengerichtliche Genehmigung der Unterbringung mit Freiheitsentziehung bei Kindern und Jugendlichen nach § 1631b BGB, Bielefeld 2014.

Vogel, H.: Die familiengerichtliche Genehmigung der Unterbringung mit Freiheitsentziehung bei Kindern und Jugendlichen nach § 1631b BGB, Bielefeld 2014.

Vogel, H.: Familiengerichtliche Genehmigung der freiheitsentziehenden Unterbringung bei Kindern und Jugendlichen nach § 1631b BGB, FamRZ 2015, 1.

Vogel, H.: Verantwortungsgemeinschaft Jugendamt/Familiengericht – oder Spannungsverhältnis, Zuständigkeit und Machtkampf, NZFam 2016, 585.

Vogel, H.: Einzelfragen zu unterbringungsähnlichen Maßnahmen Minderjähriger nach § 1631b Abs. 2 BGB, ZKJ 2021, 171–176.

Vogel, H.: Freiheitsentziehende Unterbringung und freiheitsentziehende Maßnahmen nach § 1631b Abs. 1 und 2 BGB aus der Sicht der Jugendlichen, ZKJ 2022, 253–258.

Volpert, J.: Anwaltsvergütung für die Tätigkeit als Pfleger, NJW 2013, 1659.

Wabnitz, R.: Der Kindeswohlvorrang der UN-Kinderrechtekonvention (UN-KRK) nach der Rücknahme der deutschen Vorbehaltserklärung, ZKJ 2010, 428.

Wagenitz, T.: Neues Recht in alten Formen: Zum Wandel des Kindesnamensrechts, FamRZ 1998, 1545.

Wagner, M.: Kindesinobhutnahmen 1995–2015, ZKJ 2017, 334.

Wagner, R.: Internationales Familienrechtsverfahrensgesetz, 1. Auflage, Baden-Baden 2012.

Wagner, R.: Vermeidung hinkender Rechtsverhältnisse im Abstammungsrecht? – Neues von der Haager Konferenz, NZFam 2019, 513.

Wagner, R./Janzen, U.: Die Anwendung des Haager Kinderschutzübereinkommens in Deutschland, FPR 2011, 110.

Wallerstein, J. S./Kelly, J. B.: Surviving the Breakup. How Children and Parents Cope with Divorce, New York 1980.

Wallerstein, J. S./Lewis, J.: Langzeitwirkungen der elterlichen Ehescheidung auf Kinder, FamRZ 2001, 65.

Wallerstein, J. S./Lewis, J./Blakeslee, S.: Scheidungsfolgen – Die Kinder tragen die Last. Eine Langzeitstudie über 25 Jahre, Münster 2002.

Walter, E.: Umgang mit dem in Familienpflege untergebrachten Kind, §§ 1684, 1685 BGB – psychologische Aspekte, FPR 2004, 415.

Walter, E.: Unterschiede zwischen Beziehungen und Bindungen – was sagen der Gesetzgeber und die psychologische Wissenschaft?, FPR 2013, 177.

Walther, G.: Aufgaben und Rechtsstellung des Jugendamts in Verfahren der freiheitsentziehenden Unterbringung von Kindern und Jugendlichen nach dem FamFG, JAmt 2009, 480.

Wanitzek, U.: Rechtsprechungsübersicht zum Recht der elterlichen Sorge und des Umgangs, FamRZ 2013, 1169.

Weber, J.: Sorgerechtsvollmacht und elterliche Verantwortung, FamRZ 2019, 1125.

Weber, H./Franzki, H.: Der Hilfeplan nach § 36 II SGB VIII – Bedeutung und Rechtsnatur, ZKJ 2009, 394.

Weber, M.: Sorgerecht und Umgang bei Substanzmissbrauch, NZFam 2018, 510.

Wegener, S.: Pflicht des Richters zum Hinwirken auf eine Einigung aus richterlicher Sicht gem. § 156 FamFG, NZFam 2015, 799.

Weinbrenner, C.: Ergänzungspflegschaft und vormundschafts-/familiengerichtliche Genehmigung bei der Schenkung von KG-Gesellschaftsanteilen an Minderjährige, FPR 2009, 265.

Weinreich, G.: Das Stiefkind in der HausratsVO und im Gewaltschutzgesetz, FPR 2004, 88.

Weitzel, W.: Zur Anerkennung ausländischer Adoptionsentscheidungen, IPrax 2007, 308.

Wellenhofer, M.: Beweiserhebung bei der Klärung der leiblichen Abstammung, NZFam 2014, 117.

Wellenhofer, M.: Das neue Gesetz zur Klärung der Vaterschaft unabhängig vom Anfechtungsverfahren, NJW 2008, 1185.

Weller, M-P./Thomale, C./Hategan, I./Werner, J.L.: Das Gesetz zur Bekämpfung von Kinderehen – eine kritische Würdigung, FamRZ 2018, 1289.

Wertenbruch, J.: Familiengerichtliche Genehmigung für Grundstücksveräußerung durch GbR mit minderjährigen Gesellschaftern?, NJW 2015, 2150.

Wever, R.: Das große Familiengericht, FF 2012, 427.

Wieczorek, B./Schütze, R.A.: Zivilprozessordnung, 4. Auflage 2015 (Zitierweise: Wieczorek/Schütze/Bearbeiter).

Wieser, E.: Das neue Verfahren der Vaterschaftsanfechtung, MDR 2009, 61.

Wiesner, R.: § 19 SGB VIII als Grundlage für die Hilfegewährung in gemeinsamen Wohnformen für Mütter/Väter und Kinder aus Sicht des Gesetzgebers, NDV 1998, 225.

Wiesner, R.: Schutzauftrag des Jugendamtes bei Kindeswohlgefährdung, FPR 2007, 6.

Wiesner, R.: Leistungen der Kinder- und Jugendhilfe nach dem SGB VIII, FPR 2008, 608.

Wiesner, R. (Hrsg.): SGB VIII – Kinder- und Jugendhilfe – Kommentar, 5. Auflage, München 2015.

Willutzki, S.: Die Ersetzung der elterlichen Einwilligung in die Adoption, ZKJ 2007, 18.

Willutzki, S.: Der Schutzauftrag des Jugendamtes im neuen Recht, FPR 2008, 488.

Wilutzki, S.: Die Änderung des Vormundschaftsrechts, ZKJ 2012, 168 und 208.

Willutzki, S.: Das Gesetz zur Reform der elterlichen Sorge nicht miteinander verheirateter Eltern, FPR 2013, 236.

Windau, B.: Taktische Ablehnungsgesuche und das Recht auf den gesetzlichen Richter, NJW 2018, 3206.

Zenz, G.: Elterliche Sorge und Kindesrechte, StAZ 1973, 257.

Zenz, G.: Kindesmisshandlung und Kindesrechte. Erfahrungswissen, Normstruktur, Entscheidungsrationalität, Frankfurt am Main 1981.

Zenz, G.: Sekundärtraumatisierung von misshandelten und missbrauchten Kindern im gerichtlichen Verfahren, in: Klosinski, 1995, 91.

Zenz, G.: Zur Bedeutung der Erkenntnisse von Entwicklungspsychologie und Bindungsforschung für die Arbeit mit Pflegekindern, ZfJ 2000, 321.

Zenz, G.: Das Mündel und sein Vormund, DAVorm 2000, 234.

Ziegenhain, U./Fegert, J. M. (Hrsg.): Kindeswohlgefährdung und Vernachlässigung, München 2007.

Zimmermann, W.: Die Beteiligten im neuen FamFG, FPR 2009, 5.

Zimmermann, W.: Das einzusetzende Einkommen bei Prozess- bzw. Verfahrenskostenhilfe, FPR 2009, 388.

Zimmermann, W.: Neuere Rechtsprechung zur Vergütung von Betreuern, Verfahrenspflegern, Verfahrensbeiständen und Nachlasspflegern, FamRZ 2011, 1776 und 2014, 165.

Zimmermann, W.: Prozesskosten- und Verfahrenskostenhilfe, 5. Auflage, 2016.

Zitelmann, M.: Kindeswohl und Kindeswille im Spannungsfeld von Pädagogik und Recht, Münster 2001.

Zitelmann, M.: Kindesschutz durch Inobhutnahme, ZKJ 2011, 236.

Zitelmann, M.: Das Recht auf eine „Annahme als Pflegekind", ZKJ 2014, 469.

Zitelmann, M./Schweppe, K./Zenz, G.: Vormundschaft und Kindeswohl, Köln 2004.

Zöller, R.: Zivilprozessordnung, 32. Auflage, Köln 2018.

Zorn, D.: Das Verfahren in Kindschaftssachen nach dem FamFG, Rpfleger 2009, 421.

Zorn, D.: Zur Frage des Erfordernisses der Bestellung eines Ergänzungspflegers im Verfahren nach dem FamFG, Rpfleger 2010, 425.

Zschiebsch, M.: Das amtsgerichtliche Verfahren zur Annahme als Kind, FPR 2009, 493.

Zypries, B./Zeeb, M.: Samenspende und das Recht auf Kenntnis der eigenen Abstammung, ZRP 2014, 54.

Bürgerliches Gesetzbuch (BGB)

in der Fassung der Bekanntmachung vom 2. Januar 2002
(BGBl. I S. 42, ber. S. 2909, 2003 I S. 738), zuletzt geändert
durch Art. 4 des Gesetzes vom 7. April 2025 (BGBl. I 2025 Nr. 109)

[...]

Buch 4
Familienrecht

Abschnitt 1
Bürgerliche Ehe

[...]

Titel 2
Eingehung der Ehe

Untertitel 1
Ehefähigkeit

§ 1303 BGB
Ehemündigkeit

[1]Eine Ehe darf nicht vor Eintritt der Volljährigkeit eingegangen werden. [2]Mit einer Person, die das 16. Lebensjahr nicht vollendet hat, kann eine Ehe nicht wirksam eingegangen werden.

A. Allgemeines

Mit dem Gesetz zur Bekämpfung von Kinderehen vom 17.7.2017[1] wurden die Ehemündigkeit im deutschen materiellen Recht sowie das entsprechende Kollisionsrecht mit Wirkung vom 22.7.2017 neu geregelt. Hintergrund war neben dem Minderjährigenschutz, der sexuellen Selbstbestimmung und der Gleichstellung von Mann und Frau insbesondere auch die Zunahme der Anzahl von in Deutschland lebenden verheirateten Minderjährigen durch die Flüchtlingsmigration. Obwohl bereits im Vorfeld jedenfalls die Rechtsfolge der Unwirksamkeit der Ehe (Nichtehe) für bestimmte Fallkonstellationen einer im Ausland wirksam geschlossenen Ehe deutliche Kritik erfuhr,[2] blieb der Gesetzentwurf[3] im Wesentlichen unverändert. Zu unterscheiden sind die Regelung für in Deutschland geschlossene Ehen nach § 1303 BGB[4] und die Regelung für die Anerkennung von im Ausland geschlossenen Ehen nach Art. 13 Abs. 3 EGBGB. Die zeitliche Anwendbarkeit (Übergangsrecht) ist für beide Vorschriften in Art. 229 § 44 EGBGB geregelt. 1

1 BGBl. I 2017 S. 2429

2 Kinderrechtekommission des DFGT v. 29.11.2016, FamRZ 2017, 77; *DiJuF*-Rechtsgutachten v. 7.11.2016, JAmt 2016, 598; *Antomo,* NJW 2016, 3558; *Coester,* FamRZ 2017, 77; *Bongartz,* NZFam 2017, 541; *Coester-Waltjen,* IPRax 2017, 429

3 BT-Drucks. 18/12377 (Gesetzentwurf der Bundesregierung); BT-Drucks. 18/12086 (Gesetzentwurf der CDU/CSU und SPD-Fraktion)

4 Vgl. kritisch dazu *Schwab,* FamRZ 2017, 1369

▶ *Näher zu Art. 13 EGBGB, zur Entscheidung des BVerfG zur Kinderehe vom 1.2.2023 und zum nachfolgenden Gesetz zum Schutz Minderjähriger bei Auslandsehen vom 24.6.2024 siehe Köhler, Art. 13 EGBGB Rn. 1 ff.*

B. Inhalt der Norm

2 Anders als in der Fassung bis zum 21.7.2017 sieht **§ 1303 BGB** nicht mehr die Möglichkeit einer familiengerichtlichen Befreiung vom Erfordernis der Volljährigkeit für 16- und 17-Jährige vor, wodurch diese Minderjährigen durch familiengerichtliche Entscheidung nach § 1303 Abs. 2 BGB a.F. die Ehemündigkeit erlangen konnten. **Ehemündig** sind nunmehr nach § 1303 Satz 1 BGB **allein Volljährige**. Trotzdem **durch 16- bzw. 17-Jährige geschlossene Inlandsehen sind aufhebbar** gemäß § 1314 Abs. 1 Nr. 1 BGB, es sei denn, es liegen Ausschlussgründe für die Aufhebung nach § 1315 Abs. 1 Satz 1 Nr. 1 BGB vor (Bestätigung oder schwere Härte). Antragsberechtigt für das Aufhebungsverfahren ist neben den Ehegatten auch die zuständige Verwaltungsbehörde, § 1316 Abs. 1 Nr. 1 BGB. Die Verwaltungsbehörde hat nach § 1316 Abs. 3 Satz 2 BGB grundsätzlich auch eine Pflicht zur Stellung des Aufhebungsantrags („muss die zuständige Behörde den Antrag stellen"), der Gesetzeswortlaut lässt als Ausnahme von der Antragstellungspflicht nur den Bestätigungswillen des volljährig gewordenen Ehegatten zu. Bis zur Aufhebung entfaltet eine aufhebbare Ehe volle Rechtswirkungen.[5] **Ehen**, die **unter Beteiligung einer unter 16-jährigen Person** geschlossen wurden, entfalten keine Rechtswirkungen, sind **unwirksam und nicht heilbar**, was nach § 121 Nr. 3 FamFG gerichtlich festgestellt werden kann.

3 Die **Überleitungsvorschrift** des Art. 229 § 44 EGBGB regelt in Abs. 1 bis 3, ausgehend von dem Inkrafttreten des § 1303 BGB am 22.7.2017, im Wesentlichen Folgendes: Wenn die Ehe **vor dem 22.7.2017 geschlossen** wurde, ist **§ 1303 Satz 2 BGB nicht anzuwenden** und die Aufhebbarkeit dieser Ehe richtet sich nach dem alten Recht (Art. 229 § 44 Abs. 1 EGBGB). Wenn die Ehe vor dem 22.7.2017 geschlossen worden ist aufgrund einer Befreiung vom Erfordernis der Volljährigkeit, kann die Ehe nicht wegen Verstoßes gegen § 1303 BGB aufgehoben werden (Art. 229 § 44 Abs. 2 EGBGB). Familiengerichtliche Verfahren auf Befreiung vom Erfordernis der Volljährigkeit nach § 1303 Abs. 2 bis 4 BGB a.F., die bis zum 22.7.2017 noch nicht abgeschlossen sind, gelten kraft Gesetzes als erledigt (Art. 229 § 44 Abs. 3 EGBGB).

Art. 229 § 44 EGBGB Überleitungsvorschrift zum Gesetz zur Bekämpfung von Kinderehen

(1) [1]§ 1303 Satz 2 des Bürgerlichen Gesetzbuchs in der ab dem 22. Juli 2017 geltenden Fassung ist für Ehen, die vor dem 22. Juli 2017 geschlossen worden sind, nicht anzuwenden. [2]Die Aufhebbarkeit dieser Ehen richtet sich nach dem bis zum 22. Juli 2017 geltenden Recht.

(2) Die Aufhebung einer Ehe wegen eines Verstoßes gegen § 1303 des Bürgerlichen Gesetzbuchs ist ausgeschlossen, wenn sie nach Befreiung vom Erfordernis der Volljährigkeit nach § 1303 Absatz 2 bis 4 des Bürgerlichen Gesetzbuchs in der bis zum 21. Juli 2017 geltenden Fassung und vor dem 22. Juli 2017 geschlossen worden ist.

(3) [1]Bis zum 22. Juli 2017 noch nicht abgeschlossene Verfahren über die Erteilung einer Befreiung nach § 1303 Absatz 2 bis 4 des Bürgerlichen Gesetzbuchs in der bis zum 21. Juli 2017 geltenden Fassung sind erledigt. [2]Eine Genehmigung nach § 1315 Absatz 1 Satz 1 Nummer 1 Fall 1 des Bürgerlichen Gesetzbuchs in der bis zum 21. Juli 2017 geltenden Fassung kann nach dem 22. Juli 2017 nicht mehr erteilt werden.

5 BeckOGK-BGB/*Kriewald*, § 1303 Rn. 42

(4) Artikel 13 Absatz 3 Nummer 1 gilt nicht, wenn

1. der minderjährige Ehegatte vor dem 22. Juli 1999 geboren worden ist, oder

2. die nach ausländischem Recht wirksame Ehe bis zur Volljährigkeit des minderjährigen Ehegatten geführt worden ist und kein Ehegatte seit der Eheschließung bis zur Volljährigkeit des minderjährigen Ehegatten seinen gewöhnlichen Aufenthalt in Deutschland hatte.

Titel 2
Abstammung

§ 1591 BGB

Mutterschaft

Mutter eines Kindes ist die Frau, die es geboren hat.

Weiterführende Literatur: *Chebout/Sanders/Valentiner,* Nicht von schlechten Eltern – verfassungswidriges Abstammungsrecht aus Sicht des Kindes NJW 2022, 3694; *Helms,* Eckpunkte des BMJ für eine Reform des Abstammungsrechts, FamRZ 2024, 489; *ders.*, Referentenentwurf eines Gesetzes zur Reform des Abstammungsrechts v. 4.10.2024, FamRZ 2024, 1917; *Keuter,* Das neue Selbstbestimmungsrecht, FamRZ 2024, 1071; *ders.*, Diskussionsentwurf zur Reform des Abstammungsrechts (AbReG) – ein Überblick über obsolete (?) Reformüberlegungen NZFam 2025, 161; *Löhnig*, Die Eckpunkte des Bundesjustizministeriums – der schon lange überfällige Schritt zu einer Reform des Abstammungsrechts, NZFam 2024, 247; *Reuß*, Das Abstammungsrecht auf dem verfassungsrechtlichen Prüfstand FamRZ 2021, 824; *Schmidt*, Einführung einer Co-Mutterschaft im Abstammungsrecht – Rechtspolitisch sinnvoll, verfassungsrechtlich geboten?, NZFam 2022,909; *ders*., Selbstbestimmungsgesetz und Abstammungsrecht NZFam 2024, 49; *Wiepen*, Der Frauenbegriff des § 1591 BGB, NZFam 2024, 97; *Witt*, Die Eckpunktepapiere des BMJ zum Abstammungs- und Kindschaftsrecht, FF 2024, 140.

Übersicht Rn.

A. Allgemeines

1 Eine gesetzliche Regelung über die Mutterschaft kannte das deutsche Recht bis zum KindRG nicht. Das Gesetz unterstellte eine natürliche biologische Abfolge von Geschlechtsverkehr und daraus resultierender Zeugung.[1] Für die Mutterschaft galt die – schon in den Digesten des römischen Rechts zum Ausdruck gebrachte („mater semper certa est") – selbstverständliche Vorstellung, dass die das Kind gebärende Frau natürlich auch die genetische Mutter des Kindes ist.[2]

1 Staudinger/*Rauscher,* § 1591 BGB Rn. 2
2 *Gaul*, FamRZ 1997, 1441, 1463

Die mit § 1591 BGB erstmals in das BGB aufgenommene gesetzliche Regelung der statusrechtlichen Mutterschaft ist durch die Entwicklung der modernen **Fortpflanzungsmedizin** notwendig geworden, die zu einer „gespaltenen Mutterschaft" führen kann.[3] Die das Kind gebärende Frau ist nicht die genetische Mutter, wenn ihr eine befruchtete Eizelle einer fremden Frau eingesetzt wurde (Eispende). Vergleichbare Fragen ergeben sich bei der Ersatzmutterschaft, etwa wenn genetische und gebärende Mutter auseinanderfallen oder wenn die Gebärende nicht die Wunschmutter ist, sondern das Kind nach dessen Geburt der Wunschmutter überlässt. **2**

Die Ei- und Embryonenspende sowie die Vermittlung von Ersatz- und Leihmutterschaften sind in Deutschland verboten. Das seit 1.1.1991 geltende **Embryonenschutzgesetz** – ESchG –[4] stellt eine Reihe von Konstellationen bei der künstlichen Reproduktion unter Strafe (§§ 1, 3, 4, 9 ESchG), schützt den Embryo vor Veräußerung und Veränderungen (§§ 2, 5, 6 ESchG) und untersagt die Chimären- und Hybridbildung (§ 7 ESchG).[5] Bereits seit 1.12.1989 enthält das **Adoptionsvermittlungsgesetz** einen Straftatbestand der Vermittlung von Ersatzmüttern (§ 13c AdoptVermG) und das Verbot, Ersatzmütter und Bestelleltern durch öffentliche Erklärung zu suchen oder anzubieten (§ 13d AdoptVermG). Verboten ist jegliche – auch private – Vermittlung von Ersatzmutterschaften, wobei in diesem Sinne Ersatzmutterschaft nicht nur bei künstlicher Befruchtung vorliegt, sondern auch eine Frau, die zu einer natürlichen Befruchtung bereit ist, als Ersatzmutter gelten kann. Unter den Begriff der Ersatzmutterschaft fällt auch die Übertragung eines Embryos auf die Frau, die das Kind später abgeben will (§ 13a AdoptVermG). Die Entgeltlichkeit oder Gewerblichkeit der Vermittlung wirkt strafschärfend (§ 14b Abs. 2 AdoptVermG). Ersatzmutter und Bestelleltern bleiben straffrei (§ 14b Abs. 3 AdoptVermG). Die Suche nach oder das Anbieten als Ersatzmutter oder „Bestelleltern" durch öffentliche Erklärungen (§ 13d AdoptVermG) ist eine Ordnungswidrigkeit (§ 14 Abs. 1 Nr. 2c AdoptVermG). **3**

Der Gesetzgeber verfolgte mit der Regelung des § 1591 BGB den Zweck, die sanktionsrechtliche Missbilligung gewisser Fortpflanzungstechniken auch zivilrechtlich umzusetzen und so zu verhindern, dass eine Ei- oder Embryonenspende zur Mutterschaft einer anderen Frau als diejenige, die das Kind geboren hat, führt. Nach deutschem Statusrecht sollte daher auch bei einer im Ausland vollzogenen Ersatzmutterschaft die das Kind gebärende Frau und nicht die genetische Mutter rechtlich und unverrückbar die Mutter des Kindes sein.[6] Damit entsteht jedoch ein Spannungsverhältnis zu den Regelungen des Internationalen Privatrechts. Wenn nach ausländischem Recht eine Statuszuordnung als Mutter zu einer anderen Frau als der Gebärenden besteht, kann dies auch im deutschen Recht anzuerkennen sein (siehe Rn. 16 f.). **4**

Die Pläne der Ampelkoalition, das Abstammungsrecht umfassend zu reformieren, sind bis zum Bruch der Koalition nicht über den – jetzt als Diskussionsentwurf zum Abstammungsrechtsreformgesetz[7] geführten – Referentenentwurf des BMJ zum AbReG hinausgelangt. Dieser sah ebenfalls die unveränderbare Rechtsstellung der Geburtsmutter als erstem Elternteil vor, daneben jedoch in § 1592 Abs. 2 BGB-E die Möglichkeit der Besetzung der zweiten Elternstelle mit einer Person mit weiblicher oder diverser Geschlechtszugehörigkeit oder ohne personenstandsrechtlichen Geschlechtseintrag und zwar kraft Ehe (dafür auch Entschließung des Bundesrats[8] vom 23.5.2025), Anerkennung, gerichtlicher Feststellung oder aufgrund einer vor Zeugung des Kindes getroffenen Elternschaftsvereinbarung.[9] **5**

---

3 Zu den Methoden der Fortpflanzungsmedizin und ihren ethischen Aspekten vgl. z.B. *Schleissing*, S. 57 ff.
4 Gesetz zum Schutz von Embryonen – Embryonenschutzgesetz – vom 13.12.1990 (BGBl. I S. 2476)
5 Vgl. *Kersten*, Jura 2007, 667 ff.
6 So ausdrücklich BT-Drucks. 13/4899, 82
7 Abrufbar unter www.bmj.de Diskussionsentwurf Abstammungsrecht
8 BR-Drs. 161/25, 2
9 Eingehend zum Entwurf *Helms*, FamRZ 2024, 1917

§ 1598 Abs. 1 BGB-E sah auch die Möglichkeit einer statusrechtlich folgenlosen Klärung der genetischen Mutterschaft vor (siehe Rn. 27 ff.).

B. Inhalt der Norm

I. Definitive Mutterschaft

6 Die Bestimmung des § 1591 BGB regelt die Mutterschaft klar und definitiv. Sie durchbricht für das familienrechtliche Mutter-Kind-Verhältnis das gemäß § 1589 BGB für die Verwandtschaft maßgebliche Abstammungsprinzip.[10] Während nach § 1589 BGB die Blutsverwandtschaft die Grundlage der verwandtschaftlichen Rechtsbeziehungen bildet[11] – mithin auf die genetische Abstammung abgestellt wird – weicht das Gesetz mit § 1591 BGB hiervon für die Mutterschaft ab. Für die Mutterschaft im Rechtssinne ist somit die **genetische Abstammung unerheblich**. Damit vermeidet das Gesetz eine Spaltung der Mutterschaft in eine genetische Mutter und eine gebärende Mutter.

7 Mit § 1591 BGB wird nicht nur eine Mutterschaftsvermutung aufgestellt, sondern eine **definitive Zuweisungsnorm** gesetzt.[12] So führt auch die amtliche Begründung des Gesetzentwurfs des KindRG unmissverständlich aus, dass mit dieser Regelung die Mutterschaft der gebärenden Frau von vornherein unveränderlich feststeht.[13] Nach derzeitigem deutschem Statusrecht gibt es somit keine andere Möglichkeit, den Status als Mutter auf andere Weise zu erlangen als dadurch, dass die Frau das Kind selbst gebärt. Eine Mutterschaftszuordnung durch Anerkennung der Mutterschaft ist dem deutschen Recht bislang ebenso fremd[14] wie eine Co-Mutterschaft durch eine gleichgeschlechtliche Ehe mit der Kindesmutter.[15] Die unterschiedliche rechtliche Regelung der Elternstellung – hinsichtlich der zweiten Elternstelle (!) – in der verschiedengeschlechtlichen Ehe einerseits und in der gleichgeschlechtlichen Ehe andererseits besteht bis zu einer Änderung des Abstammungsrechts durch den Gesetzgeber fort. Eine analoge Anwendung von § 1592 Nr. 1 und § 1594 Abs. 2 BGB scheidet aus.[16] Die Mit-Mutterschaft kann nach derzeitigem Recht nur durch eine Stiefkindadoption erlangt werden.

Dem BVerfG liegen allerdings verschiedene Vorlagebeschlüsse[17] vor, welche diese Rechtslage als verfassungswidrig einstufen. Danach verstoße es gegen Art. 3 GG, dass ein Kind, welches nach einer ärztlich unterstützten künstlichen Befruchtung i.S.d. § 1600d Abs. 4 BGB von einer in gleichgeschlechtlicher Ehe lebenden Mutter geboren werde, kraft Gesetzes nur einen rechtlichen Elternteil habe.[18] Auch seien die Regelungen der §§ 1591, 1592 Nr. 1 BGB mit Art. 6 Abs. 2 i.V.m. Art. 3 Abs. 1 GG unvereinbar, weil der personelle Schutzbereich des Art. 6 Abs. 2 GG auch die Ehefrau der Mutter des Kindes erfasse, die geltende gesetzliche Regelung jedoch nicht die Co- oder Mitmutterschaft ermögliche.[19]

Weist eine anzuwendende ausländische Rechtsordnung allerdings der Ehefrau der Gebärenden die Rechtsstellung einer Mit-Mutter zu, so liegt darin kein Verstoß gegen den kollisionsrechtlichen *ordre public*.[20]

---

10 *Gernhuber/Coester-Waltjen*, § 53 Rn. 2; *Gaul*, FamRZ 1997, 1441, 1463
11 Staudinger/*Rauscher*, § 1589 BGB Rn. 2
12 *Gaul*, FamRZ 1997, 1441, 1463
13 BT-Drucks. 13/4899, 82 f.
14 BGH FamRZ 2018, 290
15 BGH FamRZ 2018, 1919; OLG Dresden FamRZ 2018, 1165
16 KG FamRZ 2018, 1925 m.w.N. auch für Gegenmeinung in der Literatur
17 KG ZKJ 2021, 371; OLG Celle FamRZ 2021, 862; AG München FamRZ 2022, 122
18 KG ZKJ 2021, 371
19 OLG Celle FamRZ 2021, 862
20 BGH FamRZ 2016, 1251

Die Mutterschaftszuordnung des § 1591 BGB gilt für alle familienrechtlichen Beziehungen zwischen Mutter und Kind. Sie gilt auch im Verhältnis des Kindes zu den anderen Verwandten der als Mutter geltenden Frau, also etwa zu deren Eltern, Geschwistern oder weiteren Kindern. Wo es jedoch nach dem Normzweck gerade auf die genetische Abstammung ankommt – wie z.B. beim Eheverbot der Blutsverwandtschaft (§ 1307 BGB) oder bei dem Straftatbestand des Beischlafs unter Verwandten (§ 173 StGB) – bleibt die genetische Abstammung maßgeblich.[21] 8

Eine **Änderung der Geschlechtszugehörigkeit** der Gebärenden von einer Frau zum Mann ändert an der Mutterschaftszuordnung nichts. Selbst wenn das Kind erst nach der Änderung der Geschlechtszugehörigkeit von Frau zu Mann geboren wurde, ist die Person, die das Kind geboren hat, als Mutter und nicht als Vater in das Geburtenbuch einzutragen.[22] Dies stellt auch § 11 Abs. 1 Satz 1 SBGG[23] eindeutig klar, da der Geschlechtseintrag für die Mutterschaft nach § 1591 unerheblich ist; das SBGG hat mit Wirkung vom 1.11.2024 das TSG ersetzt. Die Mutterschaft bleibt an die Gebärendenrolle geknüpft.[24] Wenn das Kind mit dem Samen eines Mann-zur-Frau-Transsexuellen gezeugt wurde, konnte dieser deshalb nur die Rechtsstellung eines Vaters und nicht die Rechtsstellung einer Mutter des Kindes erlangen, selbst wenn zum Geburtszeitpunkt die Änderung der Geschlechtszugehörigkeit bereits gerichtlich festgestellt war.[25] Durch § 11 Abs. 1 Satz 2 SBGG ist die Möglichkeit, in diesem Fall zumindest als Vater kraft Ehe die zweite Elternstelle einzunehmen, für die Mann-zur-Frau-Transsexuelle indes nunmehr versperrt, weil für § 11 Abs. 1 Satz 2 SBGG auf den personenstandsrechtlichen Geschlechtseintrag abgestellt wird. Hier bleibt nur die Möglichkeit der besonderen Erklärung nach § 11 Abs. 1 Satz 2 HS 2 SBGG oder einer gerichtlichen Vaterschaftsfeststellung.[26] Wurde das Kind von einer **intersexuellen Person** geboren, ist diese Person als Mutter des Kindes einzutragen, auch wenn sie personenstandsrechtlich ohne Geschlechtsbezeichnung oder mit der Geschlechtsbezeichnung „divers" eingetragen ist (§ 11 Abs. 1 Satz 1 SBGG). 9

II. Keine Anfechtbarkeit der Mutterschaft

Die Mutterschaftsanfechtung ist gesetzlich derzeit ausgeschlossen. Eine derartige Statuskorrektur wäre nur in Betracht gekommen, wenn das Gesetz die Mutterschaft als bloße „Scheinmutterschaft" der gebärenden Frau aufgrund einer widerleglichen Vermutung ausgestaltet hätte. Indem jedoch § 1591 BGB definitiv die Frau zur Mutter bestimmt, die das Kind geboren hat, kann die genetische Herkunft des Kindes keine Basis mehr für eine Widerlegung der derart unverrückbar feststehenden Statuszuordnung bilden. Damit soll eine Umgehung des Verbots von Ersatzmuttervereinbarungen verhindert werden. 10

Es gibt somit keinen Weg zur Beseitigung der gesetzlich zugeordneten Mutterschaft.[27] Ein Recht auf Anfechtung der Mutterschaft kann auch nicht im Rückgriff auf § 1589 Satz 1 BGB hergeleitet werden, da § 1591 BGB den auf die Abstammung gegründeten Verwandtschaftsbegriff in Bezug auf die Mutterschaft außer Kraft gesetzt hat.[28] Bei der klaren gesetzlichen Regelung verbietet sich auch jede analoge Anwendung der Bestimmungen über 11

21 MüKo-BGB/*Wellenhofer*, § 1591 Rn. 9
22 BGH FamRZ 2017, 1855
23 BGBl 2024 I, Nr. 206
24 BT-Drucks. 20/9049 S. 49
25 BGH FamRZ 2018, 290
26 *Keuter*, FamRZ 2024, 1073, 1079 m.w.N.
27 *Gernhuber/Coester-Waltjen*, § 53 Rn. 9
28 *Gaul*, FamRZ 1997, 1441, 1464; *Gaul*, FamRZ 2000, 1461, 1473; Staudinger/*Rauscher*, § 1591 BGB Rn. 16

die Vaterschaftsanfechtung. Die Zuordnung nach § 1591 BGB ist endgültig und kann allenfalls durch eine Adoption beseitigt werden.[29]

C. Unbekannte Identität der Mutter

I. Vertrauliche Geburt

12 Das deutsche Verfassungs- und Familienrecht ist von dem Prinzip geprägt, dass die Elternstellung nicht zur Disposition der Beteiligten steht.[30] Nur die Adoption bildet hiervon eine Ausnahme. Mit der „anonymen Mutterschaft" werden Grundprinzipien des Familienrechts berührt. Während in manchen anderen Rechtsordnungen Regelungen über die anonyme Geburt geschaffen wurden,[31] waren in Deutschland verschiedene Initiativen hierzu gesetzliche Regelungen einzuführen[32] in der Vergangenheit gescheitert. Durch §§ 25 ff. SchwKG sind jedoch inzwischen Regelungen über die **vertrauliche** Geburt, die insbesondere durch §§ 1674a und 1747 Abs. 4 Satz 2 BGB ergänzt werden, geschaffen worden.

Wenn sich die Schwangere nach den gemäß §§ 2 Abs. 4, 25 SchwKG vorgeschriebenen Beratungen für die vertrauliche Geburt entscheidet, sucht sie sich zunächst ein Pseudonym aus, das aus einem Vor- und einem Familiennamen besteht (§ 26 Abs. 1 Nr. 1 SchKG). Die Beratungsstelle nimmt die Personalien der Schwangeren vertraulich auf und erstellt einen Herkunftsnachweis für das Kind (§ 26 Abs. 2 SchKG). Dieser wird in einem gesonderten verschlossenen Umschlag an das Bundesamt für Familie und zivilgesellschaftliche Aufgaben (BAFzA) in Köln weitergeleitet, sobald das Kind geboren ist (§ 27 Abs. 1 SchKG). Die Schwangere wird unter dem von ihr gewählten Pseudonym an ein Krankenhaus oder eine zur Geburtshilfe berechtigte Hebamme ihrer Wahl vermittelt (§ 26 Abs. 4 SchKG). Nach der Geburt wird der Beratungsstelle unverzüglich das Geburtsdatum und der Geburtsort des Kindes mitgeteilt, die dann diese Daten sowie das Pseudonym der Mutter und die für das Kind gewünschten Vornamen an das für den Geburtsort zuständige Standesamt weiterleitet mit dem Hinweis, dass es sich um eine vertrauliche Geburt handelt. Zudem ist auch die Einrichtung verpflichtet, die Geburt beim Standesamt anzuzeigen (§ 20 PStG). Das Standesamt erstellt sodann eine Geburtsurkunde, jedoch ohne Angaben zu den Eltern des Kindes (§ 21 Abs. 2a PStG).

13 Die vertrauliche Geburt bewirkt keine Änderung der rechtlichen Mutterschaftszuordnung des Kindes. Die elterliche Sorge der Kindesmutter für ein vertraulich geborenes Kind ruht (§ 1674a BGB). Ist die Mutter nicht verheiratet, fehlt es – vom eher theoretischen Fall einer pränatalen Anerkennung abgesehen – an einer rechtlichen Vaterschaftszuordnung und damit auch an einer sorgerechtlichen Stellung des Vaters. Sofern die Mutter verheiratet ist, wird das Kind gemäß § 1592 Nr. 1 BGB dem Ehemann zugeordnet, doch nach der Neufassung des § 1674a BGB zum 1.1.2023 ruht auch seine elterliche Sorge. Das Jugendamt wird mit der Geburt Amtsvormund (§ 1787 BGB), so dass das Kind bei der möglichen Auswahl von Adoptiveltern bereits einen Vormund hat.[33] Der Vormund des Kindes hat keinen Zugriff auf den Herkunftsnachweis. Ihm bleibt daher die Identität der Kindesmutter unbekannt. Damit hat er auch keine Möglichkeit, etwas über den Vater des Kindes in Erfahrung zu bringen.

▶ *Zu den Bedenken hinsichtlich der Wahrung der väterlichen Rechtsposition siehe Keuter § 1674a BGB, Rn. 3.*

29 OLG Stuttgart FamRZ 2012, 1740
30 *Gernhuber/Coester-Waltjen*, § 53 Rn. 2
31 Vgl. etwa zur Regelung im französischen Recht: *Völker*, FamRBInt 2008, 62
32 Z.B. BT-Drucks. 14/8856 v. 23.4.2002; BR-Drucks. 506/02 v. 6.6.2002; BR-Drucks. 682/04 v. 13.9.2004
33 BT-Drucks. 19/24445, 202

Die Mutter kann ihre Anonymität wieder aufgeben. Dann lebt ihre elterliche Sorge wieder auf, wenn das Familiengericht durch Beschluss feststellt, dass ein Elternteil dem Gericht gegenüber die für den Geburtseintrag des Kindes erforderlichen Angaben gemacht hat (§ 1674a Satz 2 BGB). Das Gericht kann dann jedoch veranlasst sein, Maßnahmen zur Abwehr einer Kindeswohlgefährdung zu treffen.[34] Die Angaben kann nicht nur die Mutter, sondern auch der Vater machen (§ 1674a Satz 2 BGB). 14

II. Andere Fälle unbekannter Identität

Diese rechtliche Zuordnung entfällt auch nicht bei einer **anonymen** Geburt (§§ 29, 30 SchKG), bei welcher die Schwangere ohne Offenlegung ihrer Identität in der Klinik entbindet und ihr Kind sofort zur Adoption freigibt.[35] Hier ist das Kind nur faktisch elternlos, weil die Eltern nicht bekannt sind.[36] Gleiches gilt bei **Findelkindern** und bei Kindern, die in so genannten **„Babyklappen"** abgegeben werden. Bei Letzteren handelt es sich um Einrichtungen von Kliniken, welche Frauen die Möglichkeit bieten, unerkannt ihr Baby dort abzulegen und so in die Obhut der Klinik zu geben. In den hier erörterten Fällen gehört es indes auch zur Aufgabe des zu bestellenden Vormundes, im Interesse des Rechts des Kindes auf Kenntnis der Abstammung nach der Mutter zu forschen.[37] 15

D. Auswirkungen ausländischer Rechtsordnungen

I. Anerkennung gerichtlicher Entscheidungen

Die Rechtsprechung ist zunehmend mit der Frage befasst, welche Auswirkungen es in Deutschland hat, wenn **ausländische Rechtsordnungen** eine **gespaltene Mutterschaft** vorsehen. Nach deutschem Recht ist auch bei einer Leihmutterschaft Mutter des Kindes allein die Frau, die es geboren hat. Soweit nach anderen Rechtsordnungen stattdessen die genetische Mutter gerichtlich als Mutter festgestellt wird, richtet sich die Anerkennungsfähigkeit einer solchen gerichtlichen Entscheidung nach §§ 108, 109 FamFG. Gemäß § 109 Abs. 1 Nr. 4 FamFG ist die Anerkennung einer ausländischen Entscheidung ausgeschlossen, wenn sie zu einem Ergebnis führt, das mit wesentlichen Grundsätzen des deutschen Rechts offensichtlich unvereinbar ist, insbesondere wenn die Anerkennung mit deutschen Grundrechten unvereinbar ist. Dieses Anerkennungshindernis ist von Teilen der Rechtsprechung angenommen und deshalb die Anerkennung abgelehnt worden.[38] Diese Auffassung hatte jedoch vor dem BGH keinen Bestand.[39] 16

Dass nach deutschem Abstammungsrecht eine solche **Mutterschaftszuweisung** nicht möglich wäre, begründet noch keinen Verstoß gegen den **ordre public**. Maßgebend ist vielmehr, ob das Ergebnis der Anwendung des ausländischen Rechts im konkreten Fall zu den Grundgedanken der deutschen Regelungen und den in ihnen enthaltenen Gerechtigkeitsvorstellungen in so starkem Widerspruch steht, dass es nach deutscher Vorstellung untragbar erscheint. Hier gilt ein großzügiger Maßstab. Denn es geht nicht darum, dass deutsche Behörden oder Gerichte über das anzuwendende materielle Recht zu entscheiden haben, sondern darum, ob eine ergangene ausländische gerichtliche Entscheidung anzuerkennen ist. Das Recht der Entscheidungsanerkennung verfolgt das Ziel, den internationalen Ent- 17

34 OLG Köln FamRZ 2018, 1915
35 *Katzenmeier*, FamRZ 2005, 1134, 1136
36 *Hepting*, FamRZ 2001, 1573, 1574
37 MüKo-BGB/*Wellenhofer* § 1591 Rn. 60
38 OLG Braunschweig FamRZ 2017, 972; KG Berlin StAZ 2013, 348; vgl. auch OLG Stuttgart FamRZ 2012, 1740
39 BGH FamRZ 2015, 240

scheidungseinklang zu wahren und hinkende Rechtsverhältnisse möglichst zu vermeiden. Die Regelung des § 109 Abs. 1 Nr. 4 FamFG ist daher restriktiv auszulegen.[40]

18 Wenn die Zuweisung der Mutterschaft durch eine gerichtliche Entscheidung erfolgt ist, besteht dann kein Anerkennungshindernis, wenn das ausländische Gericht nach den Maßstäben des § 100 FamFG international zuständig war. Dazu genügt es, wenn ein Beteiligter (etwa die Leihmutter) zum Entscheidungszeitpunkt die Staatsangehörigkeit dieses Staates oder in diesem Staat den gewöhnlichen Aufenthalt hatte (vgl. § 109 Abs. 1 Nr. 1 FamFG) und wenn von den Wunscheltern zumindest ein Elternteil mit dem Kind genetisch verwandt oder kraft wirksamer Vaterschaftsanerkennung diesem Kind rechtlich als Vater zugeordnet ist.[41] Denn bei Verwandtschaft eines Elternteils führt die ausländische gerichtliche Mutterschaftszuweisung zu einer Zuordnung, die auch durch eine inländische Stiefkindadoption erzielbar wäre. Eine nach ausländischem Recht wirksam erfolgte Anerkennung der Vaterschaft ist auch bei einer Leihmutterschaft anzuerkennen, wenn die Leihmutter zur Zeit der Geburt des Kindes nicht verheiratet war.[42] Auch eine im Ausland erfolgte gerichtliche Feststellung der Vaterschaft ist selbst dann anzuerkennen, wenn der Verdacht der Leihmutterschaft besteht.[43]

19 Z.T. wird in der neueren Rechtsprechung die Anerkennung einer ausländischen Gerichtsentscheidung über die Zuweisung der Mutterstellung auch dann bejaht, wenn kein Wunschelternteil mit dem Kind genetisch verwandt ist, die Leihmutter aber freiwillig gehandelt hat und die Anerkennung dem Kindeswohl dient.[44] Der Anerkennung steht es auch nicht zwingend entgegen, wenn die Leihmutter verheiratet und mit dem Kind genetisch verwandt ist.[45]

▶ *Zu den Anerkennungsvoraussetzungen siehe auch näher Schweppe, § 109 FamFG, Rn. 13 ff.*

II. Ausländische behördliche Zuweisung der Mutterschaft

20 Als Gegenstand einer verfahrensrechtlichen Anerkennung kommen im Regelfall lediglich Entscheidungen ausländischer staatlicher Gerichte in Betracht, wobei es ausreicht, dass diese eine feststellende Wirkung haben. Eine Entscheidung einer ausländischen Behörde ist dann verfahrensrechtlich wie eine gerichtliche Entscheidung anzuerkennen, wenn die Behörde mit staatlicher Autorität ausgestattet ist und funktional deutschen Gerichten entspricht.[46] Findet alleine eine Registrierung statt, ist eine solche Behördenmaßnahme einer der Anerkennung von gerichtlichen Entscheidung entsprechenden verfahrensrechtlichen Anerkennung nicht zugänglich.[47] Ein ministerieller Bescheid, in dem mitgeteilt wird, dass für das von einer Leihmutter geborene Kind in dessen Geburtsakte die Wunscheltern als rechtliche Eltern eingetragen sind, ist keine anerkennungsfähige Entscheidung.[48]

21 Ob sich die Abstammung des Kindes materiell-rechtlich nach der ausländischen Rechtsordnung richtet, ist nach Art. 19 Abs. 1 EGBGB zu beurteilen.

▶ *Zu den verschiedenen Abstammungsstatuten und insbesondere der Frage eines gewöhnlichen Aufenthaltes des von einer Leihmutter Neugeborenen siehe Köhler Art. 19 EGBGB, Rn. 4 ff.*

40 BGH FamRZ 2015, 240
41 BGH FamRZ 2022, 629; FamRZ 2018, 1846; FamRZ 2015, 240
42 AG Nürnberg FamRZ 2010, 1579
43 AG Friedberg FamRZ 2013, 1994
44 AG Sinsheim FamRZ 2023, 1122; a.A. OLG Braunschweig FamRZ 2017, 972
45 OVG Münster FamRZ 2021, 787
46 BGH NJW 2019, 1608
47 BGH NJW 2019, 1608
48 OLG Celle FamRZ 2023, 1126

E. Gerichtliche Klärung der genetischen Mutterschaft

I. Keine Klärung mit Statuswirkung

Da § 1591 BGB definitiv und ausnahmslos die Mutterschaft der das Kind gebärenden Frau zuschreibt, kommt ein mit Statuswirkung versehenes Abstammungsverfahren zur Klärung der Mutterschaft nicht in Betracht.[49] Gegenstand eines solchen Abstammungsverfahrens kann gemäß § 169 Nr. 1 FamFG nur das Bestehen oder Nichtbestehen eines Eltern-Kind-Verhältnisses, nicht jedoch die Feststellung sonstiger Verhältnisse sein. Zu der Frau, von der das Kind zwar genetisch abstammt, die das Kind aber nicht geboren hat, besteht jedoch nach der klaren Definition des § 1591 BGB kein Eltern-Kind-Verhältnis. Gegen den Ausschluss eines gerichtlichen Klärungsverfahrens mit Statuswirkung bestehen auch keine verfassungsrechtlichen Bedenken.[50] (siehe aber Rn. 5) 22

II. Statusneutrale Klärung der genetischen Mutterschaft

1. Klärungsverfahren nach § 1598a BGB

Im Zuge der Kindschaftsrechtsreform war die Einführung eines **statusneutralen Verfahrens zur Klärung der Abstammung** diskutiert worden, der Gesetzgeber hatte sich damals jedoch bewusst dagegen entschieden.[51] Nach Einführung der statusneutralen Klärung der Vaterschaft durch die Regelung des § 1598a BGB fragt es sich, ob diese Regelung den Weg auch für eine statusneutrale Klärung der Mutterschaft eröffnet, mithin ob auf diesem Wege eine Klärung durchgesetzt werden kann, ob die Frau, die das Kind geboren hat, auch die genetische Mutter des Kindes ist. Dies wird nach nahezu einhelliger Auffassung der Literatur bejaht.[52] 23

Der verfassungsrechtlich gebotene und durch § 1598a BGB zur Verfügung gestellte Rechtsschutz zur Erlangung der verfügbaren Informationen über die eigene Abstammung[53] gilt auch in Bezug auf die mütterliche Abstammung und darf nicht deshalb versagt werden, weil der Gesetzgeber diese bei Schaffung der Regelung nicht im Blick hatte. Jedoch kann auch über § 1598a BGB keine Klärung dahingehend bewirkt werden, von welcher anderen als der gebärenden Frau das Kind genetisch abstammt.[54] Denn über § 1598a BGB kann nach derzeitiger Rechtslage eine Klärung der Abstammung von einer anderen Person als dem rechtlichen Elternteil nicht herbeigeführt werden, was vom BVerfG als verfassungsgemäß gebilligt wurde.[55] Allerdings wird in der Literatur seit langem gefordert, auch die Möglichkeit einer statusrechtlich folgenlosen Feststellung der genetischen Mutterschaft zu ermöglichen.[56]

2. Sonstiges gerichtliches Feststellungsverfahren

Es besteht grundsätzlich ein **Recht des Kindes auf Kenntnis der eigenen Abstammung**. Es ist anerkannt, dass die Kenntnis der eigenen Abstammung einen wichtigen Faktor bei 24

49 *Schwab/Wagenitz*, FamRZ 1997, 1377; *Gaul*, FamRZ 2000, 1461, 1473; Erman/*Hammermann*, § 1591 BGB Rn. 7; Staudinger/*Rauscher*,§ 1591 BGB Rn. 20
50 OLG Köln StAZ 2015, 244
51 BT-Drucks. 13/4899, 56 und 83
52 MüKo-BGB/*Wellenhofer*, § 1598a Rn. 44 m.w.N.
53 BVerfG FamRZ 2007, 441
54 Kemper/Schreiber/*Fritsche*, § 169 FamFG Rn. 5
55 BVerfG FamRZ 2016, 877
56 BGB-OGK/*Reuß*, § 1598a Rn. 52 m.w.N.; siehe auch § 1598 Abs. 1 Diskussionsentwurf zum AbReG

der Identitätssuche und der Individualitätsfindung darstellt.[57] Das **BVerfG** hat ein Recht des Kindes auf Kenntnis der eigenen Abstammung vor allem aus dem Grundrecht auf freie Entfaltung der Persönlichkeit (Art. 2 Abs. 1 GG) in Verbindung mit dem Grundrecht auf Achtung und Schutz der Menschenwürde (Art. 1 Abs. 1 GG) hergeleitet.[58]

25 In der Begründung des Gesetzentwurfs zum KindRG wurde als gangbarer Weg zur Durchsetzung des Anspruchs des Kindes auf Kenntnis der eigenen genetischen Abstammung die Feststellungsklage nach § 256 ZPO genannt.[59] Auch in der Literatur wurde diese Möglichkeit vertreten.[60] Ein Feststellungsverfahren nach § 256 ZPO ist aber grundsätzlich nur zulässig, wenn die Feststellung des Bestehens oder Nichtbestehens eines **Rechtsverhältnisses** begehrt wird. Die genetische Abstammung ist dagegen eine reine Tatsache, die zudem nach der gesetzlichen Regelung des § 1591 BGB rechtlich völlig irrelevant ist. Auch das für einen Feststellungsantrag erforderliche Feststellungsinteresse ist nicht ohne weiteres gegeben. Da zwischen dem Kind und der das Kind nicht gebärenden Frau keinerlei Rechtsbeziehungen bestehen, könnte die Feststellung der genetischen Abstammung von dieser Frau keinerlei Rechtsfolgen auslösen. Niemand kann ohne ein auf Rechtsfolgen gerichtetes Rechtsschutzinteresse ein Gerichtsverfahren in Anspruch nehmen. Das gerichtliche Verfahren dient allein der Rechtsfindung, nicht der Identitätsfindung.[61]

26 Im Übrigen wäre ein solches Feststellungsverfahren nach § 256 ZPO keine Abstammungssache i.S.v. § 169 FamFG, da es nicht um die Feststellung eines Eltern-Kind-Verhältnisses geht. Die Einholung eines Abstammungsgutachtens ist durch § 178 FamFG jedoch nur in Abstammungsverfahren eröffnet. Außerhalb von Abstammungsverfahren kann zwar § 372a ZPO zur Anwendung kommen, jedoch setzt die Verpflichtung zur Mitwirkung an einem Abstammungsgutachten voraus, dass ein Rechtsschutzbedürfnis für die Klärung der Abstammung besteht. Daran fehlt es, wenn sich an die Klärung keinerlei Rechtsfolgen knüpfen.[62]

▶ *Zu Einzelheiten des Abstammungsverfahrens siehe Langer, § 169 FamFG, Rn. 1 ff.*

III. Feststellungsverfahren in besonderen Fällen

27 Anerkannt ist, dass zur Klärung einer Kindesverwechslung[63] oder bei Kindesunterschiebung[64] oder Kindesraub ein Feststellungsverfahren eröffnet ist.[65] Denn hierbei steht nicht die Klärung der genetischen Abstammung im Vordergrund, sondern im Streit steht der Geburtsvorgang, nämlich die Frage, ob die fragliche Frau das Kind – wie von ihr behauptet – geboren hat.[66] Ein solches Verfahren ist als Abstammungssache zu betreiben.[67]

57 *Kindler/Walper/Lux/Bovenschen*, NZFam 2017, 929; *Coester-Waltjen*, FF 2017, 224
58 Vgl. hierzu *Coester-Waltjen*, FF 2017, 224; *Muscheler/Bloch*, FPR 2002, 339, 343
59 BT-Drucks. 13 4899, 83
60 *Quantius*, FamRZ 1998, 1145, 1150; *Mutschler*, FamRZ 1996, 1381, 1385; *Seidl*, FPR 2002, 402, 403; ablehnend dagegen *Gaul*, FamRZ 1997, 1441, 1464; *Schwab/Wagenitz*, FamRZ 1997, 1378
61 *Gaul*, FamRZ 1997, 1441, 1464
62 Vgl. *Gaul*, FamRZ 2000, 1461, 1475
63 Vgl. hierzu *Frank*, FamRZ 2015, 1149; *Veit/Hinz*, FamRZ 2010, 505; OLG Bremen FamRZ 1995, 1291
64 OLG Koblenz FamRZ 2010, 481
65 Im Einzelnen *Eckebrecht*, FPR 2011, 394
66 Vgl. *Frank*, FamRZ 2015, 1149; *Eckebrecht*, FPR 2011, 394; *Veit/Hinz*, FamRZ 2010, 505, 508; *Gaul*, FamRZ 2000, 1461, 1473
67 KG Berlin JAmt 2018, 336; OLG Koblenz FamRZ 2010, 481

§ 1592 BGB
Vaterschaft

Vater eines Kindes ist der Mann,

1. **der zum Zeitpunkt der Geburt mit der Mutter des Kindes verheiratet ist,**
2. **der die Vaterschaft anerkannt hat oder**
3. **dessen Vaterschaft nach § 1600d oder § 182 Abs. 1 des Gesetzes über das Verfahren in Familiensachen und in den Angelegenheiten der freiwilligen Gerichtsbarkeit gerichtlich festgestellt ist.**

Weiterführende Literatur: siehe zunächst die Literatur zu § 1591 BGB; ferner: *Keuter* Anmerkung zum Urteil des BVerfG vom 9.4.2024 – 1 BvR 2017/21 ZKJ 2024, 348; *ders.*, Diskussionsentwurf zur Reform des Abstammungsrechts (AbReG) – ein Überblick über (obsolete?) Reformüberlegungen, NZFam 2025, 161; *Rauscher*, Vaterschaft aufgrund Ehe mit der Mutter, FPR 2002, 352; *Will*, Wer ist Vater im Sinne des Gesetzes, FPR 2005, 172.

Übersicht Rn.

A. Allgemeines

1 Das am 1.7.1998 in Kraft getretene Gesetz zur Reform des Kindschaftsrechts – KindRG – vom 16.12.1997[1] hat die vorher geltende Zweiteilung in Vorschriften für eheliche und nichteheliche Kinder und den damit verbundenen Statusunterschied beseitigt.[2] Allerdings gibt es weiterhin unterschiedliche Voraussetzungen für die rechtliche Vaterschaft, je nachdem, ob die Mutter zum Zeitpunkt der Geburt des Kindes verheiratet ist oder nicht. An der Annahme, dass der mit der Mutter zum Zeitpunkt der Geburt des Kindes verheiratete Mann kraft Gesetzes der Vater des in der Ehe geborenen Kindes ist, ohne dass es hierzu einer Anerkennungserklärung bedarf, hat das Gesetz festgehalten. Bei Kindern, deren Mutter zur Zeit ihrer Geburt nicht oder nicht mit einem Mann verheiratet ist, bedarf es hingegen für die Vaterschaftszuordnung der Anerkennung oder der Feststellung der Vaterschaft.

2 Die Regelung des § 1592 BGB enthält eine **abschließende**[3] Aufzählung der Tatbestände, die eine rechtliche Zuordnung der Vaterschaft bewirken, wobei die Zuordnung nach Ziffer 1 durch § 1593 BGB zeitlich erweitert wird. Vater ist, wer einen der drei Zuordnungstatbestände erfüllt. Vorher kann er keine Rechte in Anspruch nehmen, die an die rechtliche Vater-

1 BGBl. I 1997, S. 2942
2 Zur Rechtslage vor dem 1.7.1998 siehe Vorauflage § 1592 Nr. 1 ff.
3 *Rauscher*, FPR 2002, 352; *Will*, FPR 2005, 172, 173

stellung anknüpfen.[4] Etwas anderes gilt nur, soweit bereits dem (mutmaßlichen) leiblichen Vater, der nicht der rechtliche Vater ist, Rechte zugewiesen sind (vgl. z.B. §§ 1686a, 1747 Abs. 1 Satz 2 BGB). Die einzelnen Tatbestände des § 1592 BGB stehen zueinander in **zwingender Reihenfolge**; jede Vaterschaft nach § 1592 Nr. 1 BGB schließt eine solche aus Nr. 2 oder Nr. 3 aus, jede Vaterschaft aus Nr. 2 eine solche aus Nr. 3.[5] An der Vaterschaftszuordnung nach § 1592 BGB ändert sich nicht dadurch etwas, dass auch ein anderer Mann als leiblicher Vater infrage kommt.[6] Im Verhältnis zueinander schließt jede Zuordnung des Kindes zu einem Mann als dessen Vater jede andere Zuordnung zu einem anderen Mann aus.[7] Nur unter den Voraussetzungen des § 1599 Abs. 2 BGB oder wenn die bisherige Vaterschaftszuordnung durch eine gerichtliche Feststellung der Nichtvaterschaft in einem Abstammungsverfahren mit Statuswirkung beseitigt wurde, erlischt die bisherige Vaterschaftszuordnung und kann eine andere Zuordnung zum Tragen kommen.

3 Das Vaterschaftsverhältnis ist mithin ein „Ausschließlichkeitsverhältnis".[8] Es gilt das **„Ein-Vater-Prinzip"**. Solange die Vaterschaft eines Mannes aus einem der in § 1592 BGB genannten Gründe besteht, kann sie nicht zugleich aus einem anderen Grunde gegenüber einem anderen Mann bestehen. Deshalb ist bei bestehender Vaterschaftszuordnung eine Vaterschaftsanerkennung eines anderen Mannes unwirksam (§ 1594 Abs. 2 BGB)[9] und ein Vaterschaftsfeststellungsantrag unzulässig.[10] Eine unter Missachtung oder in Unkenntnis einer bereits bestehenden Vaterschaftszuordnung erfolgende gerichtliche Feststellung der Vaterschaft kann selbst bei Eintritt der Rechtskraft keine statusbegründende Wirkung erzeugen.[11]

4 Das BVerfG hat zwar in Abkehr von seiner früheren Rechtsprechung nunmehr die Möglichkeit für den Gesetzgeber eröffnet, die Elternschaft neben der Geburtsmutter auch für zwei Väter (den rechtlichen Vater und den leiblichen Vater) einzuführen.[12] Auch der DEAbReG hält allerdings am Zwei-Eltern-Prinzip fest und lehnt in Kenntnis dieser Möglichkeit eine Mehrelternschaft ab.[13]

B. Inhalt der Norm

I. Ehebedingte Vaterschaftszuordnung (Nr. 1)

1. Geburt

5 Die Geburt in der Ehe macht den Ehemann gemäß § 1592 Nr. 1 BGB zum Vater im Rechtssinn. Es gilt die Vermutung der Vaterschaft des mit der Mutter zur Zeit der Geburt des Kindes verheirateten Mannes, und zwar unabhängig davon, ob das in der Ehe geborene Kind in oder vor der Ehezeit gezeugt wurde.

6 Das Kind muss **lebend geboren** sein, damit die statusrechtlichen Folgen des § 1592 BGB eintreten. Eine Lebendgeburt liegt vor, wenn nach der Scheidung vom Mutterleib entweder das Herz geschlagen oder die Nabelschnur pulsiert oder die natürliche Lungenatmung eingesetzt hat (§ 31 Abs. 1 PStV). Hat sich keines dieser Merkmale verwirklicht, definiert das

4 BVerfG FamRZ 2018, 1204
5 MüKo-BGB/*Wellenhofer*, § 1592 Rn. 2
6 MüKo-BGB/*Wellenhofer*, § 1592 Rn. 2
7 *Rauscher*, FPR 2002, 352; *Will*, FPR 2005, 172, 173
8 *Gaul*, FamRZ 1997, 1441, 1446
9 BGH FamRZ 2017, 1848; FamRZ 2017, 1687
10 BGH FamRZ 1999, 716
11 OLG München FamRZ 2012, 1503
12 BVerfG ZKJ 2024, 213; dazu *Keuter*, ZKJ 2024, 348
13 DEAbReG S. 2, abrufbar unter www.bmj.de

Gesetz bei einem Gewicht der Leibesfrucht von wenigstens 500 Gramm dieses als tot geborenes Kind i.S.v. § 21 Abs. 2 PStG (§ 31 Abs. 2 PStV). Bei einem geringeren Gewicht handelt es sich um eine Fehlgeburt (§ 31 Abs. 3 PStV). Eine Fehlgeburt wird nicht in das Personenstandsregister eingetragen. Etwas anderes gilt jedoch dann, wenn es sich um eine Mehrlingsgeburt handelte und mindestens ein Kind davon die Voraussetzungen für die Eintragung in das Geburtenbuch erfüllt hat. Die Eintragung eines tot geborenen Kindes nach § 21 Abs. 2 PStG begründet kein Statusverhältnis i.S.d. Abstammungsrechts.

2. Ehe

a) Zeitpunkt der Eheschließung

Das Kind muss **nach der Eheschließung der Mutter geboren** sein. Hierzu genügt es nicht, dass Eheschließung und Geburt auf denselben Tag fallen, sondern die Geburt muss dem formellen Trauungsakt nachfolgen.[14] Der Begriff der Eheschließung entspricht dem des § 1310 BGB. Bei Eheschließungen im Ausland ist der Zeitpunkt maßgebend, zu dem nach der Geschäftsform oder der Ortsform (Art. 11 EGBGB) eine Ehe wirksam zustande gekommen ist. **7**

b) Wirksamkeit der Ehe

Eine von vornherein unwirksame Nichtehe begründet keine Vaterschaftszuordnung.[15] Nach der Rechtslage vor Inkrafttreten des Gesetzes zur Bekämpfung von Kinderehen vom 17.7.2017[16] kannte das Gesetz keine unwirksame Ehe, sondern bei Fehlerhaftigkeit der Eheschließung nur die Aufhebbarkeit der Ehe (§§ 1313 ff. BGB).[17] Dass die Ehe aufhebbar ist oder später aufgehoben wird, lässt die Vaterschaftszuordnung nicht entfallen.[18] Durch die mit dem Kinderehegesetz erfolgten Rechtsänderungen[19] ist nun bei bestimmten Verstößen gegen die Anforderungen an die Ehemündigkeit eine Ehe unwirksam. Dies gilt gemäß § 1303 Satz 2 BGB dann, wenn einer der Eheschließenden zum Zeitpunkt der Eheschließung das 16. Lebensjahr noch nicht vollendet hatte. Durch die Neuregelung des Art. 13 Abs. 3 EGBGB gilt dies auch dann, wenn die Eheschließung unter Anwendung ausländischer Regelungen über die Ehemündigkeit erfolgte. **8**

Das BVerfG hat allerdings die Regelung des Art. 13 Abs. 3 Nr. 1 EGBGB – vorbehaltlich der Ausnahmen nach Art. 229 § 44 Abs. 4 EGBGB – für verfassungswidrig erklärt, weil die Vorschrift wegen fehlender Folgeregelungen und unzureichender Möglichkeiten, die Ehe nach Erreichen der Volljährigkeit inländisch wirksam fortzuführen, die Ehefreiheit unangemessen einschränke und damit nicht im engeren Sinne verhältnismäßig sei.[20] Entsprechend der Vorgabe des BVerfG hat der Gesetzgeber hier durch das am 1.7.2024 in Kraft getretene Gesetz zum Schutz Minderjähriger bei Auslandsehen nachgebessert[21] und insoweit § 1305 BGB neu gefasst. Dieser sieht die Möglichkeit der entsprechenden Vorschriften von Unterhaltstatbeständen zugunsten des bei Eheschließung im Ausland noch nicht 16 Jahre alten Ehegatten vor (Abs. 1) sowie die Möglichkeit erneuter Eheschließung unter erleichterten Bedingungen und mit Rückwirkung auf den Tag der ursprünglichen unwirksamen Eheschließung (Abs. 2).

---

14 AG Tübingen FamRZ 1989, 316

15 BT-Drucks. 20/11367 S. 18; BVerfG FamRZ 2023, 837 Rn. 37

16 BGBl. I S. 2429

17 Vgl. hierzu *Hepting*, FamRZ 1998, 713

18 OLG Jena FamRZ 2014, 279

19 Vgl. hierzu etwa *Schwab*, FamRZ 2017, 1369; *Hüßtege*, FamRZ 2017, 1374; *Bongartz*, NZFam 2017, 541; *Lohse/Meysen*, JAmt 2017, 345; *Weller/Thomale/Hategan/Werner*, FamRZ 2018, 1289; *Frank*, StAZ 2018, 1; *Rohe*, StAZ 2018, 73

20 BVerfG FamRZ 2023, 837 mit Anm. *Rupp* = NJW 2023, 1494 mit Beitrag *Antomo*, NJW 2023, 1474

21 BT-Drucks. 20/11367

Machen die Eheleute von der Heilungsmöglichkeit nach Abs. 2 Gebrauch, gilt für ein aus der zwischenzeitlich als unwirksam geltenden Ehe hervorgegangenes Kind grundsätzlich § 1592 Nr. 1 BGB: Der Ehemann wird kraft Gesetzes Vater der Kinder, die seine Ehefrau in der vormals unwirksamen und nunmehr rückwirkend geheilten Ehe geboren hat.[22] Dies gilt aber nicht, wenn ein solches Kind inzwischen adoptiert oder die Vaterschaft anderweitig rechtskräftig festgestellt (§ 1305 Abs. 3 Nr. 1 BGB) oder eine Vaterschaftsanerkennung wirksam geworden ist (Nr. 2). In diesen Fällen bleibt es bei der durch die genannten Maßnahmen begründeten Vaterschaft.[23]

c) Geburt nach Anhängigkeit eines Scheidungsverfahrens

9 Die Vaterschaftszuordnung nach § 1592 Nr. 1 BGB gilt auch dann, wenn zum Zeitpunkt der Geburt des Kindes bereits ein Scheidungsverfahren anhängig ist. Nur wenn die Geburt erst nach Rechtskraft des Scheidungsausspruchs erfolgt, fehlt es an einer Vaterschaftszuordnung nach § 1592 Nr. 1 BGB. Maßgeblich ist dabei der Zeitpunkt der Vollendung der Geburt.[24] Bei Auflösung der Ehe durch Tod ist die Sonderregelung des § 1593 BGB zu beachten.

10 Bei einer Geburt nach Anhängigkeit des Scheidungsverfahrens aber vor Rechtskraft des Scheidungsausspruchs ermöglicht § 1599 Abs. 2 BGB einen mit Rechtskraft der Scheidung eintretenden Statuswechsel, wenn die Vaterschaft von einem Dritten anerkannt wird und neben den nach § 1595 BGB erforderlichen Zustimmungen auch der zur Zeit der Geburt des Kindes mit der Mutter verheiratet gewesene Ehemann der Vaterschaftsanerkennung des Dritten zustimmt (näher hierzu *Keuter*, § 1599 BGB, Rn. 23 ff.).

d) Bigamische Ehe

11 Eine besondere Problematik für die statusrechtliche Zuordnung eines Kindes besteht im Fall der **bigamischen Ehe der Kindesmutter**. Wenn die Kindesmutter heiratet, obwohl ihre bisherige Ehe noch nicht aufgelöst ist, und dann von ihr ein Kind geboren wird, ist das Kind in zwei Ehen geboren. Denn auch eine entgegen § 1306 BGB geschlossene Ehe ist nicht unwirksam, sondern nur aufhebbar. Hier wird zur Vermeidung einer doppelten Vaterschaftszuordnung die analoge Anwendung von § 1593 Satz 3 BGB vertreten, mit der Folge, dass die Vaterschaftszuordnung nur zu dem zweiten Ehemann besteht, wenn das Kind später als 300 Tage nach Schließung der zweiten Ehe geboren wurde.[25] Eine **bigamische Ehe des Ehemannes** hindert die ehebedingte Zuordnung des Kindes zu diesem nicht, weil die Ehe nicht unwirksam, sondern nur aufhebbar ist.[26]

e) Auflösung der Ehe

12 Eine nach Geburt des Kindes erfolgte Auflösung der Ehe durch Scheidung oder Eheaufhebung oder durch den Tod eines Ehegatten lässt die mit der Geburt des Kindes nach Eheschließung eingetretene Vaterschaftszuordnung unberührt.[27]

13 Wenn der Ehemann bereits vor der Geburt des Kindes verstorben ist oder die das Kind gebärende Ehefrau bei Vollendung der Geburt bereits im Rechtssinne tot war, ist die Sonderregelung des § 1593 BGB zu beachten.

▶ *Näher hierzu Keuter, Kommentierung zu § 1593 BGB.*

22 BT-Drucks. 20/11367 S. 18
23 BT-Drucks. 20/11367 S. 18
24 NK-BGB/*Gutzeit*, § 1592 Rn. 4 m.w.N.
25 OLG Zweibrücken FamRZ 2009, 1923
26 OLG Jena FamRZ 2014, 579
27 MüKo-BGB/*Wellenhofer*, § 1592 Rn. 6; NK-BGB/*Gutzeit*, § 1592 Rn. 5 m.w.N.

3. Keine analoge Anwendung auf Partnerin der Mutter

§ 1592 Nr. 1 BGB kann nicht analog auf die Ehefrau bzw. eingetragene Lebenspartnerin der Geburtsmutter angewandt werden.[28] Deren entgegenstehender Wille ist daher kein Grund, von der Feststellung eines privaten Samenspenders als Vater des von der mit einer Frau verheirateten Geburtsmutter abzusehen.[29] Einerseits fehlt es bereits an einer planwidrigen Regelungslücke,[30] andererseits kann anders als in den Vorlagebeschlüssen des OLG Celle[31] und des KG[32] ein privater Samenspender gerade als Vater festgestellt werden, so dass in einer solchen Konstellation das Kind zwei Elternteile zugewiesen erhält. **14**

II. Anerkennungsbedingte Vaterschaftszuordnung (Nr. 2)

Sobald ein Mann die Vaterschaft für das Kind wirksam anerkannt hat (§§ 1594 ff. BGB), ist er gemäß § 1592 Nr. 2 BGB Vater des Kindes im Rechtssinne, und zwar mit Rückwirkung auf den Zeitpunkt der Geburt des Kindes und unabhängig davon, ob das Kind tatsächlich von dem Anerkennenden abstammt. **15**

▶ *Wegen der Einzelheiten zur wirksamen Anerkennung der Vaterschaft wird auf die nachstehende Kommentierung zu den einzelnen Regelungen der §§ 1594 bis 1598 BGB verwiesen.*

Die Anerkennung der Vaterschaft entfaltet bindende Wirkung für und gegen alle. Die durch Anerkennung begründete Vaterschaft ist – ebenso wie die durch Ehe begründete Vaterschaft – ausschließlich. Solange die durch Anerkennung begründete Vaterschaft besteht, kann die Vaterschaft eines anderen Mannes nicht herbeigeführt werden. Jeder kann sich auf die Vaterschaft kraft Anerkennung berufen und daraus Rechtsfolgen ableiten. Die Rechtswirkungen der Anerkennung können nur durch rechtskräftige Entscheidung in einem Vaterschaftsanfechtungsverfahren beseitigt werden.

III. Vaterschaftszuordnung auf Grund gerichtlicher Feststellung (Nr. 3)

Vater im Rechtssinne ist gemäß § 1592 Nr. 3 BGB der Mann, der in einem gerichtlichen Abstammungsverfahren i.S.v. § 169 FamFG rechtskräftig als Vater des Kindes festgestellt wurde. Ein solcher Feststellungsbeschluss stellt mit Wirkung für und gegen alle (§ 184 Abs. 2 FamFG) fest, dass der als Vater festgestellte Mann der biologische Vater des Kindes ist. Die Rechtswirkungen der Vaterschaft können grundsätzlich erst nach rechtskräftiger Feststellung der Vaterschaft geltend gemacht werden (§ 1600d Abs. 4 BGB), wobei diese Rechtsausübungssperre jedoch in gesetzlich geregelten Einzelfällen (vgl. §§ 247, 248 FamFG) und unter besonderen Voraussetzungen beim Scheinvaterregress durchbrochen werden kann (vgl. *Keuter,* § 1600d BGB, Rn. 20). **16**

▶ *Zu Einzelheiten des Feststellungsbeschlusses siehe Langer, § 184 FamFG, Rn. 2.*

---

28 BGH FamRZ 2018, 1819 mit Anm. *Coester-Waltjen* m.w.N. auch für Gegenmeinung; § 1592 Abs. 2 Nr. 1 BGB-E i.d.F. des DEAbReG sieht ausdrücklich die zweite Elternstelle für die Ehefrau der Geburtsmutter vor; für entspr. Gesetzesänderung auch BR-Drs. 161/25, 2

29 OLG Stuttgart FamRZ 2022, 1292 mit Anm. *Reuß*

30 BGH FamRZ 2018, 1819 Rn. 17; OLG Stuttgart FamRZ 2022, 1292

31 OLG Celle FamRZ 2021, 862

32 KG FamRZ 2021, 854

IV. Dauer der Zuordnung

17 Eine Vaterschaftszuordnung nach §§ 1592, 1593 BGB besteht so lange, bis sie entweder durch einen scheidungsakzessorischen Statuswechsel nach § 1599 Abs. 2 BGB oder durch die rechtskräftige gerichtliche Feststellung der Nichtvaterschaft in einem Abstammungsverfahren nach § 1599 Abs. 1 BGB beseitigt wird.

§ 1593 BGB

Vaterschaft bei Auflösung der Ehe durch Tod

[1]§ 1592 Nr. 1 gilt entsprechend, wenn die Ehe durch Tod aufgelöst wurde und innerhalb von 300 Tagen nach der Auflösung ein Kind geboren wird. [2]Steht fest, dass das Kind mehr als 300 Tage vor seiner Geburt empfangen wurde, so ist dieser Zeitraum maßgebend. [3]Wird von einer Frau, die eine weitere Ehe geschlossen hat, ein Kind geboren, das sowohl nach den Sätzen 1 und 2 Kind des früheren Ehemanns als auch nach § 1592 Nr. 1 Kind des neuen Ehemanns wäre, so ist es nur als Kind des neuen Ehemanns anzusehen. [4]Wird die Vaterschaft angefochten und wird rechtskräftig festgestellt, dass der neue Ehemann nicht Vater des Kindes ist, so ist es Kind des früheren Ehemanns.

Übersicht

A. Allgemeines

1 Wenn die Kindesmutter zum Zeitpunkt der Geburt des Kindes nicht (mehr) verheiratet war, wird das Kind nach § 1592 Nr. 1 BGB nicht mehr dem früheren Ehemann der Kindesmutter zugerechnet. Denn diese Regelung setzt für die ehebedingte Vaterschaftszuordnung voraus, dass die Ehe zum Zeitpunkt der Geburt besteht. Dem liegt der Gedanke zugrunde, dass im Falle einer **Eheauflösung durch Scheidung** im Hinblick auf die vorausgegangene Trennungszeit ein nach der Scheidung geborenes Kind in der Regel nicht mehr vom früheren Ehemann abstammen wird.

2 Wird die Ehe durch den **Tod** des Mannes oder der Frau aufgelöst, spricht grundsätzlich nichts gegen die Abstammung des Kindes von dem Ehemann, wenn die Empfängniszeit in einen Zeitraum zurückreicht, zu dem der Ehemann bzw. die Ehefrau noch lebte. Es gilt daher bei einer durch Tod aufgelösten Ehe für das nachehelich geborene Kind die erweiterte Vaterschaftszurechnung zum (früheren) Ehemann der Mutter, soweit die gesetzliche Empfängniszeit[1] (vgl. § 1600d Abs. 3 Satz 1 BGB) zumindest teilweise noch in der Ehe liegt. Für diesen Fall erklärt § 1593 Satz 1 BGB ausdrücklich § 1592 Nr. 1 BGB für entsprechend anwendbar.

1 Mit dem KindRG wurde zum Zwecke der Rechtsangleichung die Empfängniszeit hinsichtlich ihres Beginns in Abweichung von § 1592 Abs. 1 BGB a.F. von 302 Tagen auf 300 Tage verkürzt.

B. Inhalt der Norm

I. Eheauflösung durch Tod des Ehemannes

Der verstorbene Ehemann der Mutter gilt gemäß §1593 Satz 1 BGB dann als Vater des Kindes, wenn sein festgestellter Todeszeitpunkt innerhalb von 300 Tagen vor der Geburt des Kindes liegt, wenn also mindestens ein Tag der Frist in die Ehe fällt. Diese Zeitgrenze entspricht der längsten Dauer der gesetzlichen Empfängniszeit nach §1600d Abs. 3 BGB. Die Geburt muss innerhalb der Frist von 300 Tagen erfolgen. Für die Fristberechnung gelten §§187 Abs. 1, 188 BGB. Die Frist darf frühestens mit Ablauf des Geburtstages enden. Zwischen dem Tag des Eintritts des Todes des Mannes und dem Tag der Geburt dürfen also höchstens 299 volle Tage liegen. 3

Maßgeblich für den Geburtszeitpunkt ist der Tag der Vollendung der Geburt, also des vollständigen Austritts des Kindes aus dem Mutterleib, ohne dass bereits die Verbindung durch die Nabelschnur unterbrochen sein müsste.[2] Bei Zwillings- oder Mehrlingsgeburten kommt es auf die Geburt des ersten Kindes an.[3] 4

Steht fest, dass das Kind mehr als 300 Tage vor seiner Geburt empfangen wurde, so ist gemäß §1593 Satz 2 BGB dieser Zeitraum maßgebend. Diese Bestimmung ändert nichts daran, dass ein Kind, das mehr als 300 Tage nach dem Tod des Ehemannes der Mutter geboren wird, zunächst ohne gesetzlichen Vater ist. Durch §1593 Satz 2 BGB wird jedoch die Möglichkeit eröffnet, schon durch den Nachweis, dass das Kind durch die Beiwohnung mit dem früheren Ehemann gezeugt wurde, die Vaterschaftszuordnung herbeizuführen. Wenn der Nachweis geführt ist, dass das Kind von dem bereits vor mehr als 300 Tagen vor der Geburt verstorbenen Mann gezeugt wurde, kann die Frist des §1593 Satz 1 BGB überwunden werden. 5

Ist die Mutter zur Zeit der Geburt wieder in neuer Ehe verheiratet, greift gemäß §1593 Satz 3 BGB die Vaterschaftsvermutung bezüglich des neuen Ehemannes ein. Da ein Kind nach dem abstammungsrechtlich geltenden „Ein-Vater-Prinzip" nicht zwei Väter haben kann,[4] normiert diese Regelung einen **Vorrang der Vaterschaftszuordnung** nach §1592 Nr. 1 BGB zu dem **neuen Ehemann**. Wird allerdings die Vaterschaft des neuen Ehemannes erfolgreich angefochten, lebt die Vaterschaftsvermutung des verstorbenen Ehemannes wieder auf, der dann als Vater des Kindes gilt (§1593 Satz 4 BGB). Die Vaterschaftszuordnung zum ersten Ehemann kann dann ihrerseits nur durch Anfechtung der Vaterschaft beseitigt werden, wobei die Anfechtungsfrist für die Anfechtung der Vaterschaft zum ersten Ehemann frühestens dann zu laufen beginnt, wenn die Nichtvaterschaft des zum Zeitpunkt der Geburt des Kindes mit der Mutter verheiratet gewesenen Mannes durch eine rechtskräftige gerichtliche Vaterschaftsanfechtungsentscheidung beseitigt ist (§1600b Abs. 2 Satz 2 BGB). 6

Eine vergleichbare Rechtslage gilt auf Grund der Vermutungsvorschriften der §§9, 10, 44 VerschG für den Fall der Verschollenheit.[5] Die Verschollenheit des Ehemannes allein ändert an der Vaterschaftszuordnung zu ihm aus §1592 Nr. 1 BGB nichts, solange er nicht für tot erklärt ist, denn bis dahin wird sein Überleben vermutet (§10 VerschG). Die Nichtabstammung kann daher in diesem Zeitraum nur durch gerichtliche Anfechtung der Vaterschaft festgestellt werden. Ist dagegen der Verschollene für tot erklärt und das Kind nach dem festgesetzten Todeszeitpunkt geboren, so ist auf Grund der Vermutungswirkung des §9 7

2 MüKo-BGB/*Wellenhofer*, §1592 Rn. 9
3 Staudinger/*Rauscher*, §1593 BGB Rn. 14
4 Dieses Prinzip wird inzwischen aber vom BVerfG FamRZ 2024, 846 mit Anm. *Reuß* = ZKJ 2024, 213 mit Beitrag *Keuter*, ZKJ 2024, 348 nicht mehr als zwingend angesehen.
5 *Rauscher*, FPR 2002, 352, 355

VerschG der festgestellte Todeszeitpunkt auch maßgeblich für die Vaterschaftszuordnung. Reicht die Empfängniszeit in einen Zeitraum vor dem festgesetzten Todeszeitpunkt zurück, bleibt es über § 1593 BGB bei der Vaterschaftszuordnung zu dem für tot erklärten Ehemann.[6] Ist das Kind später als 300 Tage nach dem festgesetzten Todeszeitpunkt geboren, fehlt es an einer Vaterschaftszuordnung zu dem verschollenen Ehemann. Kehrt der Verschollene zurück und wird die Todeserklärung gemäß §§ 30 ff. VerschG aufgehoben, so entfällt die Vermutung nach § 9 VerschG wieder und die Vaterschaftszuordnung aus § 1592 Nr. 1 BGB zu dem verschollen gewesenen Ehemann lebt wieder auf.

II. Eheauflösung durch Tod der Ehefrau

8 Die Bestimmung des § 1593 Satz 1 BGB ist auch dann anzuwenden, wenn die Ehefrau vor Vollendung der Geburt stirbt, etwa eine Lebendgeburt operativ an einer hirntoten verheirateten Frau während künstlicher Aufrechterhaltung der Herzfunktion vorgenommen wird. Auch dann gilt wegen § 1593 BGB die Vaterschaftszuordnung zum Ehemann der Kindesmutter.[7]

§ 1594 BGB

Anerkennung der Vaterschaft

(1) Die Rechtswirkungen der Anerkennung können, soweit sich nicht aus dem Gesetz anderes ergibt, erst von dem Zeitpunkt an geltend gemacht werden, zu dem die Anerkennung wirksam wird.

(2) Eine Anerkennung der Vaterschaft ist nicht wirksam, solange die Vaterschaft eines anderen Mannes besteht.

(3) Eine Anerkennung unter einer Bedingung oder Zeitbestimmung ist unwirksam.

(4) Die Anerkennung ist schon vor der Geburt des Kindes zulässig.

Übersicht

A. Allgemeines

1 Sind zum Zeitpunkt der Geburt eines Kindes dessen Eltern nicht miteinander verheiratet, bedarf es nach § 1592 Nr. 2 und Nr. 3 BGB eines positiven Zuordnungsakts, um für das Kind eine Vaterschaftszuordnung im Rechtssinn herbeizuführen. Die Zuordnung ist in diesen Fällen nur durch eine Vaterschaftsanerkennung (§§ 1594 ff. BGB) oder durch die gerichtliche Feststellung der Vaterschaft (§ 1600d BGB) möglich.

2 Die Anerkennung der Vaterschaft erfolgt nach heute einhelliger Meinung durch eine entsprechende **Willenserklärung** des Anerkennenden, mit der er bekundet, der Vater des Kindes sein und die Rechtswirkungen der Vaterschaft zu dem Kind herbeiführen zu wollen.[1]

6 Staudinger/*Rauscher*, § 1593 BGB Rn. 24
7 MüKo-BGB/*Wellenhofer*, § 1593 Rn. 5 m.w.N.; *Rauscher*, FPR 2002, 352, 354
1 MüKo-BGB/*Wellenhofer*, § 1594 Rn. 5 m.w.N.; BayObIG NJW-RR 2000, 1602, 1603

Auf die biologische Richtigkeit der Anerkennung kommt es nicht an.[2] Auch die bewusst unrichtige Anerkennung ist wirksam und begründet bei Vorliegen der formalen Voraussetzungen die Vaterschaftszuordnung zu dem Kind, die ebenso verfassungsrechtlich geschützt ist wie eine auf wahrheitsgemäßer Anerkennung der Vaterschaft beruhende Elternschaft.[3] Auch die Absicht, einen Aufenthaltstitel zu erschleichen, steht der Wirksamkeit nicht entgegen.[4] Der Anerkennende verliert trotz widersprüchlichen Verhaltens nach geltendem Recht nicht einmal sein Anfechtungsrecht.[5] Strafbar ist eine bewusst falsche Vaterschaftsanerkennung nach geltendem Recht nicht.[6] **3**

Die Willenserklärung ist **nicht empfangsbedürftig**.[7] Die in § 1597 Abs. 2 BGB geregelte Benachrichtigungspflicht ist keine Wirksamkeitsvoraussetzung (vgl. *Keuter*, § 1597 BGB, Rn. 9 ff.). **4**

Die Anerkennungserklärung gehört grundsätzlich zu den vertretungsfeindlichen Erklärungen und muss daher höchstpersönlich erfolgen (§ 1596 Abs. 4 BGB). **Jede Art der Bevollmächtigung zur Anerkennung ist unzulässig**. Wenn die Erklärung im Abstammungsverfahren zu Protokoll des Gerichts erfolgt (§ 180 FamFG), kann sie nicht durch den Verfahrensbevollmächtigten erfolgen, sondern muss von dem Erklärenden selbst abgegeben werden.[8] Eine Ausnahme von der Höchstpersönlichkeit gilt nur bei geschäftsunfähigen Erklärungspersonen (§ 1596 Abs. 1 Satz 3 BGB). **5**

Die Erklärung über die Anerkennung der Vaterschaft bedarf wegen ihrer **personenstandsrechtlichen Tragweite** der **öffentlichen Beurkundung** (§ 1597 Abs. 1 BGB). Dabei ist § 1597a BGB zu beachten. Die Anerkennung kann gemäß § 180 FamFG auch zur Niederschrift des Gerichts erklärt werden, jedoch nur im Erörterungstermin eines Abstammungsverfahrens. Im Rahmen sonstiger Verfahren – etwa eines Scheidungsverfahrens – können weder die Anerkennung der Vaterschaft noch die Zustimmung hierzu beurkundet werden.[9] **6**

Die Vaterschaftsanerkennungserklärung kann nur von einem **Mann** wirksam abgegeben werden (§ 1592 BGB: „Vater eines Kindes ist der Mann, der …). Nach § 11 Abs. 1 Satz 2 SBGG ist dafür der Geschlechtseintrag zum Zeitpunkt der Geburt des Kindes maßgeblich. Geschlechtseintragungen im Zeitpunkt einer Vaterschaftsanerkennung sind irrelevant.[10] Hat jedoch eine Mann-Frau-Transsexuelle oder eine Person mit diverser Geschlechtsorientierung vor der Geburt des Kindes ihren bei Geburt auf „männlich" lautenden Geschlechtseintrag in „weiblich" oder „divers" geändert bzw. die bisherige Eintragung löschen lassen, kann sie gemäß § 11 Abs. 1 Satz 2 HS 2 SBGG erklären, dass der ursprüngliche Geschlechtseintrag vor Abgabe der geschlechtsändernden Erklärung für die Anerkennung maßgeblich sein soll.[11] Die Regelung des § 11 Abs. 1 Satz 2 SBGG beendet den Streit, ob eine Person die Vaterschaft anerkennen kann, die infolge einer Geschlechtsänderung erst bei Abgabe der Erklärung rechtlich dem männlichen Geschlecht zuzuordnen ist.[12] **7**

---

2 NK-BGB/*Gutzeit*, § 1594 Rn. 2; MüKo-BGB/*Wellenhofer*, § 1594 Rn. 5 je m.w.N.
3 BVerfG FamRZ 2014, 449
4 KG FamRZ 2023, 1723 (Ls.)
5 OLG Naumburg FamRZ 2008, 2146; BeckOGK-BGB/*Balzer*, § 1594 Rn. 22 m.w.N.; siehe aber § 1597d DEAbReG
6 AG Aschersleben NZFam 2022, 1147 bespr. v. *Balzer*
7 Grüneberg/*Siede*, § 1594 BGB Rn. 4; Gernhuber/*Coester-Waltjen*, § 54 Rn. 27
8 MüKo-BGB/*Wellenhofer*, § 1596 Rn. 15
9 BGH FamRZ 2013, 944; OLG Frankfurt FamRZ 2012, 1735
10 BT-Drucks. 20/9049 S. 51
11 BT-Drucks. 20/11004 S. 38; siehe *Keuter*, FamRZ 2024, 1073, 1080; Schmidt NZFam 2024, 49, 50
12 Bejahend FamRZ 2020, 1095; verneinend KG NJW 2019, 3598; zum Streit MüKo-BGB/*Wellenhofer*, § 1594 Rn. 6 m.w.N.

8 Der Diskussionsentwurf zum Abstammungsrechtsreformgesetz (AbReG)[13] sieht in §§ 1595 ff. BGB-E eine Neuregelung der Anerkennungsvorschriften vor. Die zweite Elternstelle soll nach diesen Plänen auch durch eine Person mit weiblicher, diverser oder fehlender Geschlechtseintragung kraft Anerkennung eingenommen werden können. Als Beitrag zur Vermeidung eines Wettlaufes um die zweite Elternstelle (siehe Rn. 16 ff.) bestimmt § 1595 Abs. 4 BGB-E, dass während eines laufenden Verfahrens auf Feststellung der Vaterschaft eine Anerkennung nur wirksam durch Erklärung zur Niederschrift des Gerichts in diesem Verfahren soll erfolgen können, jede anderweitige Anerkennung soll dagegen unwirksam sein.

Die Probleme einer präkonzeptionellen Anerkennung (dazu Rn. 22 ff.) sollen über das neue Institut der Elternschaftsvereinbarung nach §§ 1593 ff. BGB-E gelöst werden. Nach diesen Plänen könnten die (spätere) Geburtsmutter, Partner(in) und Dritter durch öffentliche Urkunde ausschließlich vor Zeugung des Kindes – und danach nicht widerrufbar – vereinbaren, wer neben der Geburtsmutter die zweite Elternstelle einnehmen soll. Zugleich würden diese beiden als Eltern vorgesehenen Personen das gemeinsame Sorgerecht ab Geburt erlangen, § 1628 Abs. 1 BGB-E i.d.F des Diskussionsentwurfs Kindschaftsrechtsreform.[14] Ob und inwieweit die Koalition aus CDU/CSU und SPD an den vorgenannten Plänen der früheren Ampelkoalition tatsächlich festhalten wird, bleibt abzuwarten.

B. Inhalt der Norm

I. Rechtsausübungssperre (Abs. 1)

9 Bei einer Anerkennung der Vaterschaft können die Rechtswirkungen der Vaterschaftszuordnung erst ab dem Zeitpunkt geltend gemacht werden, zu dem die Anerkennung wirksam wird (§ 1594 Abs. 1 BGB). Die Anerkennung wird wirksam, sobald die Anerkennung selbst und die gemäß § 1595 BGB erforderlichen Zustimmungen ordnungsgemäß beurkundet wurden, sofern nicht § 1594 Abs. 2 BGB der Wirksamkeit entgegensteht und auch keine sonstigen Wirksamkeitsmängel bestehen. Maßgebend ist der Zeitpunkt der ordnungsgemäßen Beurkundung der letzten nötigen Zustimmungserklärung.[15] Zu den Wirksamkeitsvoraussetzungen gehört nicht die in § 1597 Abs. 2 BGB geregelte Übersendung von beglaubigten Abschriften der Erklärungen, weshalb die Wirksamkeit nicht erst zum Zeitpunkt der Übersendung, sondern bereits zum Zeitpunkt der Erklärung eintritt.[16] Bei heilbaren Wirksamkeitsmängeln tritt die Wirksamkeit erst zu dem Zeitpunkt ein, in dem die Heilungsvoraussetzungen des § 1598 Abs. 2 BGB eingetreten sind. Ein Verstoß gegen die Wirksamkeitssperre des § 1594 Abs. 2 BGB ist nicht heilbar.

10 Die Regelung des Abs. 1 bezieht sich allein auf die Geltendmachung der Rechtswirkungen, nicht auf den Zeitpunkt ihrer Entstehung. Die Rechtswirkungen einer wirksamen Vaterschaftsanerkennung treten mit Rückwirkung auf den Zeitpunkt der Geburt des Kindes ein, sie können jedoch erst ab Wirksamkeit der Anerkennung geltend gemacht werden.[17]

11 Vor Eintritt der Wirksamkeit der Anerkennung kann sich grundsätzlich niemand auf die Vaterschaft des Anerkennenden berufen. Damit ist insbesondere die Geltendmachung von auf Verwandtschaft beruhenden Unterhaltsansprüchen des Kindes vor Eintritt der Wirksamkeit gehindert. Dies kann zu Problemen führen, wenn eine nicht verheiratete Frau im Einverständnis eines Partners ein Kind im Wege künstlicher Befruchtung zeugen will. Weigert sich

---

13 Abrufbar unter www.bmj.de
14 Abrufbar unter www.bmj.de
15 MüKo-BGB/*Wellenhofer*, § 1594 Rn. 165
16 MüKo-BGB/*Wellenhofer*, § 1594 Rn. 16 m.w.N.
17 Staudinger/*Rauscher*, § 1594 BGB Rn. 9; MüKo-BGB/*Wellenhofer*, § 1594 Rn. 17; NK-BGB/*Gutzeit*, § 1594 Rn. 4

dieser dann – entgegen der vorherigen Absprache –, die Vaterschaft für das Kind anzuerkennen, kommt nach derzeitiger Rechtslage keine rechtliche Vaterschaftszuordnung zustande.[18]

Ähnliche Probleme stellen sich, wenn nach einer pränatalen Vaterschaftsanerkennung der Anerkennende vor der Geburt seinen Geschlechtseintrag „männlich“ streichen oder ändern lässt, weil dies eine Vaterschaftsanerkennung unmöglich macht.[19] In diesem Fall bleibt nur die Möglichkeit der gerichtlichen Vaterschaftsfeststellung. Es kann sich jedoch unabhängig von der Begründung einer Rechtsposition als Vater durch die Einwilligung des Mannes in die künstliche Befruchtung eine vertragliche – nicht auf Verwandtschaft beruhende – Unterhaltsverpflichtung für das aus der Zeugung hervorgehende Kind ergeben.[20] Diese vertragliche Unterhaltsverpflichtung gilt auch für die nichteheliche Partnerin der Geburtsmutter.[21] Im Übrigen können ab Eintritt der Wirksamkeit der Anerkennung unterhalts- oder erbrechtliche Ansprüche rückwirkend entstehen.[22]

II. Ausschließlichkeitsgrundsatz (Abs. 2)

Gemäß § 1594 Abs. 2 BGB wird eine Anerkennung nicht wirksam, solange die Vaterschaft **12**
eines anderen Mannes besteht. Dies dient der Verwirklichung des im Abstammungsrecht geltenden Ausschließlichkeitsgrundsatzes: Eine rechtliche Vaterschaftszuordnung des Kindes kann nicht gleichzeitig zu verschiedenen Männern bestehen.[23] Dies gilt auch, wenn die anderweitige Vaterschaftszuordnung allein auf einem – ebenfalls anwendbaren – ausländischen Abstammungsstatut beruht.[24] Deshalb bleibt eine Vaterschaftsanerkennung schwebend unwirksam, **solange noch ein anderer Mann im Rechtssinn als Vater des Kindes gilt**, sei es aufgrund einer zur Zeit der Geburt des Kindes bestehenden Ehe oder wegen einer zeitlich vorher erfolgten wirksamen Anerkennung der Vaterschaft. Wenn die Kindesmutter in gleichgeschlechtlicher Ehe verheiratet ist, begründet dies keine Elternschaft der Ehefrau, so dass dann eine Anerkennung der Vaterschaft durch den leiblichen Vater nicht ausgeschlossen ist.[25]

Eine **bereits bestehende Vaterschaft** muss daher zunächst im Wege der Anfechtung der **13**
Vaterschaft beseitigt werden. Dies gilt auch dann, wenn der rechtlich als Vater geltende Mann verstorben ist. Der Tod des rechtlichen Vaters beseitigt dessen Vaterschaftszuordnung nicht. Ebenso wenig ändert allein die Scheidung oder die Aufhebung der Ehe der Mutter etwas an der bisherigen Vaterschaftszuordnung.[26] Die Vaterschaftsanerkennung durch einen Dritten erlangt aber dann Wirksamkeit, wenn die Vaterschaft des bislang rechtlich als Vater geltenden Mannes erfolgreich angefochten wurde.[27] Kann das Bestehen einer anderweitigen Vaterschaft z.B. aufgrund einer im Ausland möglicherweise geschlossenen Ehe nicht zweifelsfrei geklärt werden, trägt die Feststellungslast für die wirksame Eheschließung der Antragsteller, der sich auf eine solche beruft.[28]

18 Diesem Problem wollte der RefE zum AbReG durch das neuartige Institut der Elternschaftsvereinbarung (§§ 1593 ff BGB-E) entgegenwirken.
19 *Keuter*, FamRZ 2024, 1073, 1080; *Schmidt*, NZFam 2024, 49, 50
20 BGH FamRZ 2015, 2134
21 OLG Brandenburg FamRZ 2021, 1196
22 Erman/*Hammermann*, § 1594 Rn. 4 m.w.N.
23 Verfassungsrechtlich ist dieses Prinzip nicht mehr zwingend, BVerfG FamRZ 2024, 846 mit Anm. *Reuß* = ZKJ 2024, 213 mit Beitrag *Keuter*, ZKJ 2024, 348
24 BGH FamRZ 2017, 1687; OLG Jena FamRZ 2017, 1232
25 Vgl. OLG Stuttgart FamRZ 2022, 1292 mit Anm. *Reuß*; KG Berlin FamRZ 2018, 1925
26 Erman/*Hammermann*, § 1594 Rn. 5
27 OLG Frankfurt FamRZ 2016, 918
28 OLG Hamm FamRZ 2022, 1487

14 Wenn **verschiedene Männer** die Vaterschaft anerkennen, wird diejenige Vaterschaftsanerkennung wirksam, für die zuerst die erforderlichen Zustimmungen ordnungsgemäß erklärt sind.[29] Im Falle des scheidungsakzessorischen Statuswechsels nach § 1599 Abs. 2 BGB bedarf es keiner vorherigen Beseitigung der Vaterschaft des „Noch-Ehemannes", da diese Rechtsfolge kraft Gesetzes dann eintritt, wenn das Kind nach Anhängigkeit der Scheidung der Ehe geboren wurde, ein Dritter mit den nach § 1595 BGB erforderlichen Zustimmungen und mit Zustimmung des Ehemannes der Kindesmutter die Vaterschaft anerkannt hat und die Ehe geschieden wird.

15 Das Fehlen einer anderweitigen Vaterschaftszuordnung ist eine **absolute Wirksamkeitsvoraussetzung**. Anders als andere Wirksamkeitsvoraussetzungen der Vaterschaftsanerkennung, deren Fehlen nach § 1598 Abs. 2 BGB geheilt werden können, ist ein Verstoß gegen § 1594 Abs. 2 BGB nicht heilbar.[30] Eine bereits bestehende Vaterschaftszuordnung zu einem anderen Mann geht jeder anderen Vaterschaftszuordnung – selbst wenn sie auf einer gerichtlichen Vaterschaftsfeststellung beruht[31] oder die Mutter die bestehende Ehe verschwiegen hat[32] – vor.

16 Für den ein gerichtliches Vaterschaftsfeststellungsverfahren betreibenden Mann kann diese Rechtslage misslich sein: Erkennt nämlich während des Verfahrens ein anderer Mann die Vaterschaft an, ist der Weg für eine gerichtliche Vaterschaftsfeststellung wegen des „Ein-Vater-Prinzips" versperrt.[33] Er würde erst wiedereröffnet, wenn die Vaterschaftsanerkennung durch Anfechtung beseitigt ist. Dies allerdings kann misslingen, wenn zwischen dem die Vaterschaft anerkennenden Mann und dem Kind eine sozial-familiäre Beziehung besteht, § 1600 Abs. 2 BGB. Das **BVerfG** hatte bereits in seinem Beschluss vom 25.9.2018[34] **verlangt, das Verfahren zur Erlangung der rechtlichen Vaterstellung müsse hinreichend effektiv sein**. Deshalb dürfe dem leiblichen Vater, der ein gerichtliches Vaterschaftsfeststellungverfahren in einem Zeitpunkt eingeleitet habe, zu dem die Voraussetzungen seiner Vaterschaftsfeststellung erfüllt seien, die Erlangung der Vaterstellung grundsätzlich nicht dadurch versperrt werden, dass ein anderer Mann während des laufenden Vaterschaftsfeststellungsverfahrens die Vaterschaft anerkenne. Das gelte jedenfalls dann, wenn im Zeitpunkt der Einleitung des gerichtlichen Vaterschaftsfeststellungsverfahrens durch den leiblichen Vater noch keine sozial-familiäre Beziehung des anderen Mannes zu den Kindern bestanden und der leibliche Vater selbst bereits eine sozial-familiäre Beziehung zu seinen Kindern aufgebaut habe.

Durch Urteil vom 9.4.2024[35] hat das BVerfG nunmehr § 1600 Abs. 2 und Abs. 3 Satz 1 BGB für unvereinbar mit Art. 6 Abs. 2 Satz 1 GG erklärt, jedoch deren Fortgeltung bis zum Inkrafttreten einer Neuregelung, längstens bis zum 30.6.2025 angeordnet. In dieser Entscheidung hat das BVerfG es erstmals für zulässig erachtet, wenn der Gesetzgeber vom bisherigen „Ein-Vater-Prinzip" abrücke. Als Eltern könnten neben der Mutter auch zwei mit **gleichen oder unterschiedlichen** Rechten und Pflichten versehene Väter Elternverantwortung tragen. Werde dem leiblichen Vater als Träger des Elterngrundrechts aber die rechtliche Vaterschaft wegen einer bestehenden rechtlichen Vaterschaft eines anderen Mannes versagt, müsse dies durch das Überwiegen gegenläufiger geschützter Interessen anderer Betroffener, insbesondere derjenigen des Kindes, gerechtfertigt sein. Denn grundsätzlich sei die Elternschaft an der Abstammung auszurichten.

29 OLG München FamRZ 2010, 743
30 OLG Frankfurt MDR 2019, 488; OLG Rostock FamRZ 2008, 2226
31 OLG München StAZ 2012, 208
32 OLG Frankfurt MDR 2019, 488
33 Dem will § 1595 Abs. 4 BGB-E i.d.F des DEAbReG durch eine „Veränderungssperre" vorbeugen.
34 BVerfG ZKJ 2019, 177 = FamRZ 2019, 124; OLG Hamburg ZKJ 2019, 273
35 BVerfG FamRZ 2024, 846 mit Anm. *Reuß* = ZKJ 2024, 213 mit Beitrag *Keuter*, ZKJ 2024, 348

Bis zu einer Reform sind Verfahren, die ein Anfechtungsberechtigter gemäß § 1600 Abs. 1 Nr. 2 BGB eingeleitet hat, auf deren Antrag auszusetzen. Der bislang in der Praxis von den Obergerichten z.T.[36] eingeschlagene Weg, für das Bestehen einer sozial-familiären Beziehung ausnahmsweise nicht auf den Zeitpunkt der letzten mündlichen Verhandlung abzustellen, ist vom BGH[37] unter Berufung auf den Wortlaut, die Entstehungsgeschichte und die Systematik der Vorschrift verworfen worden. Eine mögliche Nachfolgeregelung liegt bislang lediglich im noch von der Ampelkoalition verantworteten § 1597i BGB in Gestalt des AbReG vor.[38] 17

▶ *Siehe auch Keuter, § 1600 BGB, Rn. 17 ff.*

Vor der standesamtlichen Eintragung einer Vaterschaftsanerkennung ist besonders sorgsam zu prüfen, ob für das Kind nicht bereits eine anderweitige Vaterschaftszuordnung besteht, etwa weil die Kindesmutter zum Zeitpunkt der Geburt noch verheiratet war.[39] Bestehen deshalb am Personenstand der Mutter auf Grund konkreter Umstände nicht ausräumbare Zweifel, kann die Eintragung der Anerkennung vom Standesamt abgelehnt werden.[40] Nur ganz ungesicherte Vermutungen und inhaltlich vage Hinweise, die sich aus den geführten Akten ergeben, genügen hierfür nicht.[41] Das Standesamt darf nicht ohne jeden Anhaltspunkt für eine etwaig noch bestehende Ehe der Kindesmutter einen Nachweis nicht bestehender Ehe verlangen.[42] 18

In Fällen mit **Auslandsberührung** können schwierige Fragen des IPR auftreten, etwa dann, wenn die Ehe der Kindesmutter bei Geburt des Kindes zwar bereits geschieden war – weshalb nach deutschem Recht keine der Anerkennung entgegenstehende anderweitige Vaterschaftszuordnung besteht –, nach dem für die Ehe geltenden ausländischem Recht jedoch eine Vaterschaftszuordnung zu dem geschiedenen Ehemann weiterbesteht, weil die Empfängniszeit in die Ehezeit zurückreicht.[43] Eine pränatale Vaterschaftsanerkennung steht der nach ausländischem Recht bestehenden Vaterschaft eines geschiedenen Ehemannes im Personenstandsregister jedoch nicht entgegen, weil das pränatale Anerkenntnis so lange keine Wirkung entfaltet, wie nicht die anderweitig bestehende rechtliche Vaterschaft durch Anfechtung beseitigt ist.[44] 19

III. Bedingungs- und Befristungsfeindlich (Abs. 3)

Die Anerkennung unter einer Bedingung oder einer Zeitbestimmung ist unwirksam (Abs. 3). So kann etwa eine Anerkennung nicht dahingehend eingeschränkt werden, sie solle erst ab einem bestimmten Alter des Kindes gelten, und auch nicht mit dem Vorbehalt versehen werden, sie solle nur wirksam werden, wenn ein noch einzuholendes Abstammungsgutachten die Vaterschaft bestätigt.[45] Unschädlich ist es, die Wirksamkeit der Anerkennung an eine kraft Gesetzes ohnehin bestehende Wirksamkeitsvoraussetzung zu knüpfen. Ein Vorbehalt, die Anerkennung solle erst wirksam werden, wenn die bisher bestehende Vaterschaft eines Dritten wirksam angefochten wird, verlautbart lediglich die gemäß § 1594 20

36 OLG Hamburg ZKJ 2019, 273; OLG Frankfurt ZKJ 2019, 463; OLG Hamburg FamRZ 2020, 511; OLG Schleswig Beschl. v. 23.3.2021, 15 UF 148/20, juris
37 BGH ZKJ 2021, 366, 370; ihm folgend OLG Hamburg Beschl. v. 23.8.2021, 12 WF 98/21, juris; OLG Naumburg NZFam 2023, 664; siehe auch *Langer,* NZFam 2024, 543, 551
38 Dazu Keuter NZFam 2025, 161, 166
39 Vgl. z.B. OLG Karlsruhe FamRZ 2014, 1561
40 OLG München FamRZ 2008, 2227
41 OLG Brandenburg FamRZ 2024, 614
42 OLG Karlsruhe StAZ 2014, 210
43 Vgl. z.B. BGH FamRZ 2017, 1687; OLG Nürnberg FamRZ 2005, 1697; BayObLG FamRZ 2002, 686
44 OLG Düsseldorf StAZ 2019, 301
45 MüKo-BGB/*Wellenhofer,* § 1594 Rn. 35; NK-BGB/*Gutzeit,* § 1594 Rn. 12

Abs. 2 BGB bestehende Rechtslage und verstößt daher nicht gegen das Bedingungsverbot des § 1594 Abs. 3 BGB.[46]

IV. Zeitpunkt der Anerkennung (Abs. 4)

21 Die Anerkennung **kann schon vor der Geburt des Kindes erfolgen** (§ 1594 Abs. 4 BGB). Sie bezieht sich im Fall einer Mehrlingsgeburt auf alle Kinder aus der bei Anerkennung bestehenden Schwangerschaft.[47] Die Rechtsfolgen der Anerkennung treten bei der vorgeburtlichen Anerkennung frühestens mit Vollendung der Geburt ein, dies aber nur, wenn zu diesem Zeitpunkt auch die erforderlichen Zustimmungserklärungen (vgl. § 1595 BGB) bereits vorliegen. Andernfalls treten die Rechtsfolgen der Anerkennung erst zu dem Zeitpunkt ein, zu welchem die letzte Zustimmungserklärung wirksam abgegeben wird. Wenn mehrere pränatale Anerkennungen verschiedener Männer vorliegen, entfaltet die Anerkennung die Sperrwirkung nach § 1594 Abs. 2 BGB, bei der zuerst die erforderlichen Zustimmungen erfolgten.[48] Heiratet jedoch die Kindesmutter vor Geburt des Kindes, wird eine pränatale Vaterschaftsanerkennung nicht wirksam, weil dann mit der Geburt gemäß § 1592 Nr. 1 BGB die Vaterschaftszuordnung zum Ehemann eintritt.[49] Eine analoge Anwendung des § 1594 Abs. 4 BGB auf pränatale Vaterschaftsfeststellungsverfahren ist ausgeschlossen.[50] Letztere stünde im Widerspruch zu § 15 Abs. 1 Satz 1 GenDG.[51]

22 Erforderlich ist aber, dass das Kind **lebend** geboren wird.[52] Eine Lebendgeburt liegt vor, wenn nach der Scheidung vom Mutterleib entweder das Herz geschlagen oder die Nabelschnur pulsiert oder die natürliche Lungenatmung eingesetzt haben (§ 31 Abs. 1 PStV). Die Eintragung eines tot geborenen Kindes nach § 21 Abs. 2 PStG begründet kein Statusverhältnis i.S.d. Abstammungsrechts.

23 Nach derzeitiger Rechtslage ist eine Anerkennung ohne Bezug auf eine bereits bestehende Schwangerschaft nicht zulässig, zumal sich gar nicht klären ließe, ob eine dann entstehende Schwangerschaft auf der artifiziellen Zeugung beruht.[53] Umstritten ist, ob eine Anerkennung **vor Zeugung des Kindes** – sog. präkonzeptionelle Anerkennung – zulässig ist. Ein Bedürfnis hierfür wird vor allem bei einer bevorstehenden heterologen Insemination gesehen. Hier sollte es zulässig sein, schon vor Durchführung der Insemination die für eine wirksame Anerkennung der Vaterschaft des aus diesem Vorgang hervorgehenden Kindes bzw. der Kinder erforderlichen Erklärungen abzugeben, damit ein aus einer mit Zustimmung aller Beteiligten aus einer künstlichen Befruchtung hervorgegangenes Kind nicht vaterlos wird.[54]

C. Tod eines Elternteils oder des Kindes vor Eintritt der Wirksamkeit der Anerkennung

24 Die Erklärung der Anerkennung ist **nach dem Tod des Mannes** wegen der Höchstpersönlichkeit der Anerkenntniserklärung **nicht mehr möglich**.[55] Ist ein vor seinem Tod erklärtes

46 MüKo-BGB/*Wellenhofer*, § 1594 Rn. 36; Erman/*Hammermann*, § 1594 BGB Rn. 10; vgl. zum alten Recht BGH FamRZ 1987, 375
47 NK-BGB/*Gutzeit*, § 1594 Rn. 14
48 OLG München FamRZ 2010, 743; BeckOK BGB/*Hahn*, § 1594 Rn. 4
49 BGH FamRZ 2016, 1869; OLG Düsseldorf FamRZ 2020, 357; MüKo-BGB/*Wellenhofer*, § 1594 Rn. 41 m.w.N.
50 BGH ZKJ 2017, 69
51 *Grziwotz*, FF 2022, 63, 65
52 MüKo-BGB/*Wellenhofer*, § 1594 Rn. 41; BeckOGK BGB/*Balzer*, § 1594 Rn. 26
53 Staudinger/*Rauscher*, § 1594 BGB Rn. 50 mit überzeugender Begründung
54 Erman/*Hammermann*, § 1594 BGB Rn. 14; MüKo-BGB/*Wellenhofer*, § 1594 Rn. 40 m.w.N.; für diese Fallkonstellationen ist in §§ 1593 ff. BGB-E im DE zum AbReG die Elternschaftsvereinbarung vorgesehen
55 MüKo-BGB/*Wellenhofer*, § 1594 Rn. 8

Vaterschaftsanerkenntnis zu Lebzeiten des Anerkennenden nicht mehr wirksam geworden, weil eine erforderliche Zustimmungserklärung noch fehlte, kann es durch eine erst **nach dem Tod des Mannes erklärte Zustimmung** noch wirksam werden.

Nach überwiegender Ansicht kann eine Anerkennung der Vaterschaft auch noch **nach dem Tod des Kindes** erfolgen, sofern das Kind lebend geboren wurde, da seit der Kindschaftsrechtsreform eine Zustimmung des Kindes zur Vaterschaftsanerkennung in der Regel nicht mehr erforderlich ist.[56] 25

Umstritten[57] ist, ob eine Anerkennung der Vaterschaft noch **nach dem Tod der Mutter** erfolgen kann. Für die Praxis ist der Streit inzwischen durch den BGH[58] dahingehend gelöst, dass mit dem Tod der Mutter das Erfordernis ihrer Zustimmung nach § 1595 Abs. 1 BGB entfällt, wohl aber das Kind nach § 1595 Abs. 2 BGB bzw. sein gesetzlicher Vertreter im Fall des § 1596 Abs. 2 Satz 1 BGB zustimmen muss. Dem Argument, die Statuswahrheit gebiete die Zustimmungsnotwendigkeit auf Seiten der Mutter, setzt der BGH zutreffend entgegen, das höchstpersönliche Zustimmungserfordernis setze voraus, dass die Mutter lebe. Zudem spreche das Interesse des Kindes gerade nach dem Tod der Mutter eher für eine effiziente und zeitnahe Vaterschaftsfeststellung. Es gebe auch keine überzeugenden Anhaltspunkte für einen gesetzgeberischen Willen, dass nach dem Tod der Mutter ausschließlich ein Vaterschaftsfeststellungsverfahren möglich sein solle. 26

Checkliste Vaterschaftsanerkennung 27

I. Anerkennungserklärung des Mannes

1. Erklärungsperson

Bei der die Anerkennung erklärenden Person muss es sich um eine als „männlich" im Personenstandsregister eingetragene Person handeln. Maßgeblich ist die Eintragung im Zeitpunkt der Geburt des Kindes (§ 11 Abs. 1 Satz 2 SBGG). War die anerkennende Person vor der Geburt des Kindes als „männlich" eingetragen und hat sie wirksam vor der Geburt diesen Eintrag geändert, kann sie erklären, dass der frühere Eintrag maßgeblich sein soll (§ 11 Abs. 1 Satz 2 HS 2 SBGG)

a) Grundsatz: höchstpersönlich

- Die Erklärung darf nicht durch einen Bevollmächtigten erfolgen (§ 1596 Abs. 4 BGB)
- Auch ein beschränkt geschäftsfähiger Minderjähriger kann nur selbst anerkennen, bedarf jedoch der Zustimmung des gesetzlichen Vertreters (§ 1596 Abs. 1 Satz 2 BGB)

b) Ausnahme: Geschäftsunfähigkeit des Anerkennenden

- Erklärung durch den gesetzlichen Vertreter, die bei Minderjährigkeit des Vertretenen der Genehmigung des Familiengerichts und bei Volljährigkeit des Vertretenen der Genehmigung des Betreuungsgerichts bedarf (§ 1596 Abs. 1 Satz 3 BGB)

---

56 BayObLG NJW-RR 2000, 1062; FamRZ 2001, 1543; *Knittel*, Rn. 256; BeckOGK-BGB/*Balzer*, § 1594 Rn. 27; Erman/*Hammermann*, § 1594 BGB Rn. 15; a.A. Staudinger/*Rauscher*, § 1592 BGB Rn. 56, und § 1595 BGB Rn. 35

57 Siehe Nachweise für beide Auffassungen bei BGH FamRZ 2023, 1889 mit Anm. *Franck*

58 BGH FamRZ 2023, 1889 mit Anm. *Franck*

2. Erklärungsinhalt

- Anerkennung der Vaterschaft zu dem in der Erklärung konkret zu bezeichnenden Kind unter Angabe der vollständigen Personalien der Kindesmutter und – wenn das Kind bereits geboren ist – unter Angabe von Geburtsdatum, Geburtsort und (wenn bekannt) der Geburtseintrags-Nr. des Standesamtes
- ohne Bedingung und Befristung (§ 1594 Abs. 3 BGB)

3. Form: öffentliche Beurkundung (§ 1597 Abs. 1 BGB)

II. Zustimmungserklärung der Mutter

1. Erklärungsperson

a) Grundsatz: höchstpersönlich

- Die Erklärung darf nicht durch einen Bevollmächtigten erfolgen (§ 1596 Abs. 4 BGB)
- Auch eine beschränkt geschäftsfähige minderjährige Mutter kann nur selbst anerkennen, bedarf jedoch der Zustimmung des gesetzlichen Vertreters (§ 1596 Abs. 1 Satz 2 u. 4 BGB)

b) Ausnahme: Geschäftsunfähigkeit der Mutter

- Erklärung durch den gesetzlichen Vertreter, die bei Minderjährigkeit der Vertretenen der Genehmigung des Familiengerichts und bei Volljährigkeit der Vertretenen der Genehmigung des Betreuungsgerichts bedarf (§ 1596 Abs. 1 Satz 3 u. 4 BGB)

2. Erklärungsinhalt

- Zustimmung zu der konkreten Anerkennungserklärung des Mannes, mit Angabe der vollständigen Personalien des Mannes und des Kindes
- ohne Bedingung und Befristung (§§ 1595 Abs. 3, 1594 Abs. 3 BGB)

3. Form: öffentliche Beurkundung (§ 1597 Abs. 1 BGB)

III. Ausnahmsweise ist zusätzlich Zustimmung des Kindes erforderlich, wenn das Kind nicht unter der elterlichen Sorge der Mutter steht

1. **Erklärungsperson**

- Ein beschränkt geschäftsfähiges mindestens 14 Jahre altes Kind kann nur selbst zustimmen, bedarf jedoch der Zustimmung des gesetzlichen Vertreters (§ 1596 Abs. 2 Satz 2 BGB)
- Für ein geschäftsunfähiges und/oder noch nicht 14 Jahre altes Kind kann die Zustimmungserklärung nur durch den gesetzlichen Vertreter erfolgen (§ 1596 Abs. 2 Satz 1 BGB)

2. Erklärungsinhalt

- Zustimmung zu der konkreten Anerkennungserklärung des Mannes, mit Angabe der vollständigen Personalien des Mannes und der Kindesmutter
- ohne Bedingung und Befristung (§§ 1595 Abs. 3, 1594 Abs. 3 BGB)

3. Form: öffentliche Beurkundung (§ 1597 Abs. 1 BGB)

IV. Bei Anerkennung mit scheidungsakzessorischem Statuswechsel (§ 1599 Abs. 2 BGB) ist zusätzlich erforderlich

1. Kind muss nach Anhängigkeit der Scheidung, aber vor deren Rechtskraft geboren sein

2. Zustimmung des zur Zeit der Geburt des Kindes mit der Mutter verheiratet gewesenen Ehemannes

a) Erklärungsperson

aa. Grundsatz: höchstpersönlich

- Die Erklärung darf nicht durch Bevollmächtigten erfolgen (§§ 1599 Abs. 2, 1596 Abs. 4 BGB)
- Auch der beschränkt geschäftsfähige frühere Ehemann muss selbst zustimmen, bedarf aber der Zustimmung des gesetzlichen Vertreters (§§ 1599 Abs. 2, 1596 Abs. 1 Satz 1 und 2)

bb. Ausnahme: Geschäftsunfähigkeit des Ehemannes

- Die Zustimmung des geschäftsunfähigen Ehemannes kann nur dessen gesetzlicher Vertreter erklären, der hierzu bei Minderjährigkeit des Vertretenen der Genehmigung des Familiengerichts und bei Volljährigkeit des Vertretenen der Genehmigung des Betreuungsgerichts bedarf (§§ 1599 Abs. 2, 1596 Abs. 1 Satz 3 BGB)

b) Erklärungsinhalt:

- Zustimmung zu der konkreten Anerkennungserklärung des Mannes
- ohne Bedingung und Befristung (§§ 1595 Abs. 3, 1594 Abs. 3 BGB)

c) Form: öffentliche Beurkundung (§§ 1599 Abs. 2, 1597 Abs. 1 BGB)

3. Jahresfrist des § 1599 Abs. 2 BGB beachten

4. Der Statuswechsel tritt erst bei Rechtskraft der Scheidung ein

V. Widerrufsmöglichkeit der Erklärung beachten (§ 1597 Abs. 3 BGB)

VI. Die Erklärungen sind in begl. Abschrift allen Beteiligten und dem Standesamt zu übersenden (§ 1597 Abs. 2 BGB).

VII. Wirksamkeitsmängel der Anerkennung können nach § 1598 Abs. 2 BGB geheilt sein.

§ 1595 BGB
Zustimmungsbedürftigkeit der Anerkennung

(1) Die Anerkennung bedarf der Zustimmung der Mutter.

(2) Die Anerkennung bedarf auch der Zustimmung des Kindes, wenn der Mutter insoweit die elterliche Sorge nicht zusteht.

(3) Für die Zustimmung gilt § 1594 Abs. 3 und 4 entsprechend.

Übersicht Rn.

A. Allgemeines

I. Normzweck

1 Das Zustimmungserfordernis verfolgt den Zweck, aufgedrängte Anerkennungen zu vermeiden. Im Interesse der Abstammungswahrheit bedarf die Anerkennung der Vaterschaft einer Kontrolle durch andere Beteiligte. Die Zustimmungsberechtigten sollen die biologische Richtigkeit der Anerkennung prüfen und bei Zweifeln an der Richtigkeit die Zustimmung verweigern können,[1] mit der Folge, dass dann eine Vaterschaftszuordnung nur im Wege eines Verfahrens auf Feststellung der Vaterschaft (§ 1600d BGB) herbeigeführt werden kann, was regelmäßig zu einer gerichtlichen Klärung der genetischen Vaterschaft des als Vater festzustellenden Mannes führt. Das Erfordernis der Zustimmung der Mutter zur Anerkennung wird z.T. für verfassungsrechtlich bedenklich erachtet, weil es das Persönlichkeitsrecht des Kindes beeinträchtige.[2] Das Kind kann weder die Zustimmung der Mutter verhindern noch nach Erreichen der Volljährigkeit die Anerkennung allein durch die eigene Zustimmung wirksam werden lassen.[3] Zudem kann die Mutter dem Erzeuger des Kindes den Zugang zur Vaterstellung erschweren oder u.U. völlig unmöglich machen (siehe § 1600 Abs. 2 und 3 BGB). Gleichwohl hält auch § 1595a BGB-E in Gestalt des DEAbReG[4] an der Notwendigkeit mütterlicher Zustimmung fest.

B. Inhalt der Norm

I. Zustimmung der Mutter (Abs. 1)

2 Die Zustimmung der Mutter ist immer erforderlich – auch dann, wenn das Kind nicht (mehr) unter der elterlichen Sorge der Mutter steht.[5] Bei der Entscheidung über die Erteilung der Zustimmung zur Vaterschaftsanerkennung nach § 1595 Abs. 1 BGB handelt die Mutter **aus eigenem Recht** und nicht als gesetzliche Vertreterin des Kindes. Deshalb kann weder eine von der Mutter verweigerte Zustimmung gerichtlich ersetzt noch eine von der Mutter rechtsmissbräuchlich erteilte Zustimmung gerichtlich verhindert werden.[6]

3 Die **Verweigerung der Zustimmung** kann nicht zur Entziehung ihrer Vertretungsbefugnis nach § 1796 BGB führen. Dies ist durch § 1629 Abs. 2 Satz 3 HS 2 BGB ausgeschlossen. Die Rechtsstellung der Mutter sollte bei der Herbeiführung der Vaterschaft nicht durch staatliche Intervention beschränkt werden können. Die Mutter kann gute Gründe haben, die Vaterschaft nicht herbeiführen zu wollen – etwa, weil die Zeugung des Kindes durch Inzest oder eine Vergewaltigung erfolgte.[7] Durch den Ausschluss der Entziehung der Vertretungsbefugnis soll sie davor bewahrt werden, dass durch Entziehung der Vertretungsbefugnis ein gerichtlich bestellter Vormund gegen ihren Willen eine Herbeiführung der Vaterschaft betreibt. Diese Erwägungen gelten nicht nur für die Feststellung der Vaterschaft nach § 1600d BGB, sondern auch für die Zustimmung zur Anerkennung der Vaterschaft.

4 Nicht ausgeschlossen sind sorgerechtliche **Maßnahmen nach § 1666 BGB**. Dass durch die Verweigerung der Zustimmung die Anforderungen dieser Vorschrift an die Gefährdung des Kindeswohls erreicht sind, ist jedoch nicht vorstellbar, zumal zur Herbeiführung der Vaterschaftszuordnung ein Eingriff in das Sorgerecht nicht erforderlich ist, da der zur Anerken-

1 *Rauscher*, FPR 2002, 359, 364; Staudinger/*Rauscher*, § 1595 BGB Rn. 3
2 Erman/*Hammermann*, § 1595 Rn. 2 m.w.N.
3 MüKo-BGB/*Wellenhofer*, § 1595 Rn. 3
4 Abrufbar unter www.bmj.de
5 BT-Drucks. 13/4899, 85; BeckOK-BGB/*Hahn*, § 1595 Rn. 4 m.w.N.
6 MüKo-BGB/*Wellenhofer*, § 1595 Rn. 9 f.
7 BT-Drucks. 13/892, 34

nung der Vaterschaft bereite Mann seine Vaterschaftszuordnung durch ein Vaterschaftsfeststellungsverfahren erreichen kann. Denkbar ist allenfalls, dass zur Verhinderung einer wissentlich falschen Vaterschaftszuordnung der Kindesmutter insoweit die elterliche Sorge nach § 1666 BGB entzogen wird,[8] was jedoch voraussetzen würde, dass hierdurch das Kindeswohl in einer die Schwelle des § 1666 BGB übersteigenden Weise gefährdet wird. Ein solcher Sorgerechtsentzug hätte zur Folge, dass es zur Wirksamkeit der Anerkennung zusätzlich der Zustimmung des Kindes bedarf (Abs. 2). Jedoch werden insoweit sorgerechtliche Maßnahmen regelmäßig zu spät kommen, da die Vaterschaftsanerkennung mit Erteilung der Zustimmung der Mutter wirksam wird und eine nachträgliche Entziehung der elterlichen Sorge an dieser Wirksamkeit nichts mehr zu ändern vermag.

Das Erfordernis der Zustimmung der Mutter entfällt nach deren Tod[9] (siehe näher *Keuter*, § 1594 BGB, Rn. 25 f.). Nicht höchstrichterlich geklärt ist die Frage, ob die Rechtsprechung des BGH auf die Fälle eines unbekannten Aufenthaltes der Mutter übertragen werden kann.[10] Bei fehlender Geschäftsfähigkeit der Mutter gilt § 1596 Abs. 1 Satz 4 i.V.m. § 1596 Abs. 1 Satz 1 bis 3 BGB. 5

II. Zustimmung des Kindes (Abs. 2)

Die gemäß § 1595 Abs. 2 BGB ausnahmsweise erforderliche Zustimmung des Kindes tritt nicht an Stelle der Zustimmung der Mutter, sondern muss **zusätzlich** zu der Zustimmung der Mutter erfolgen.[11] Sie ist immer dann erforderlich, wenn das Kind nicht unter der elterlichen Sorge der Mutter steht.[12] Dies gilt zum einen, wenn das Kind bereits volljährig ist. Zum anderen gilt dies bei minderjährigen Kindern dann, wenn die Mutter das Kind nicht vertreten kann – sei es, weil ihr die elterliche Sorge entzogen ist (§ 1666 BGB) oder sie kraft Gesetzes an der Vertretung des Kindes gehindert ist (§ 1629 Abs. 2 Satz 1 i.V.m. § 1795 BGB). 6

Nach teilweise vertretener Ansicht soll § 1595 Abs. 2 BGB auch dann eingreifen, wenn die Kindesmutter mit dem Anerkennenden verheiratet ist. Dann soll sie in analoger Anwendung des § 1795 Nr. 1 BGB an der Vertretung des Kindes kraft Gesetzes gehindert sein.[13] Dem ist nicht zu folgen. Die Anerkennung der Vaterschaft ist **kein Rechtsgeschäft** zwischen dem Kind und dem Vater. Im Übrigen besteht zum Zeitpunkt der Entscheidung über die Zustimmung noch keine rechtliche Vaterschaft des Anerkennenden, sondern diese wird erst durch den Vollzug der Entscheidung – nämlich die Beurkundung der Zustimmung – herbeigeführt. Bei dieser Sachlage ist eine die Analogie gebietende planwidrige Gesetzeslücke nicht erkennbar; im Übrigen bedarf es auch nach dem Schutzzweck des § 1795 Nr. 1 BGB keiner analogen Anwendung auf die Vaterschaftsanerkennung, zumal der für Eingriffe in die elterliche Sorge geltende Gesetzesvorbehalt einem solchen weiten Analogieschluss zum Zwecke der Ausdehnung des gesetzlichen Sorgerechtsausschlusses entgegensteht. Dass die Mutter mit dem Anerkennenden verheiratet ist, löst daher kein Zustimmungserfordernis des Kindes aus.[14] 7

III. Zustimmungserklärung (Abs. 3)

Auf Grund der Verweisung in Abs. 3 auf § 1594 Abs. 3 und Abs. 4 BGB gilt auch für die Zustimmungserklärung, dass die Zustimmung bereits vor der Geburt des Kindes erfolgen 8

8 BeckOK-BGB/*Hahn*, § 1595 Rn. 5 m.w.N.
9 BGH FamRZ 2023, 1889; kritisch: BeckOGK-BGB/*Balzer* ,§ 1596 Rn. 13.1; § 1595a Abs. 1 Satz 2 BGB-E idF des DEAbReG sieht dies ausdrücklich vor
10 BeckOK-BGB/*Hahn*, § 1595 Rn. 4
11 MüKo-BGB/*Wellenhofer*, § 1595 Rn. 14 m.w.N.
12 Vgl. hierzu *Frank*, StAZ 2013, 133
13 Erman/*Hammermann*, § 1595 BGB Rn. 10; NK-BGB/*Gutzeit*, § 1595 Rn. 6
14 MüKo-BGB/*Wellenhofer*, § 1595 Rn. 11 m.w.N.

kann und dass eine Zustimmung unter einer Bedingung oder einer Zeitbestimmung unwirksam ist.[15]

9 Die Zustimmungserklärung ist eine Willenserklärung. Sie muss sich auf eine konkrete Vaterschaftsanerkennung beziehen und hat zum Inhalt, dass der Erklärende dieser Vaterschaftsanerkennung zustimmt. Sie bedarf der öffentlichen Beurkundung (§ 1597 Abs. 1 BGB). Bei ausländerrechtlichen Wirkungen der Vaterschaftsanerkennung ist auch bei der Beurkundung der Zustimmungserklärung § 1597a BGB zu beachten.

10 Auch die Zustimmungserklärung gehört grundsätzlich zu den vertretungsfeindlichen Erklärungen und muss daher **höchstpersönlich** erfolgen (§ 1596 Abs. 4 BGB).[16] Eine Ausnahme vom Grundsatz der Höchstpersönlichkeit gilt gemäß § 1596 Abs. 1 Satz 3 BGB bei Geschäftsunfähigkeit.

C. Zustimmungserfordernisse nach dem Heimatrecht des Kindes

11 Gemäß Art. 23 EGBGB richtet sich die Erforderlichkeit und die Erteilung der Zustimmung des Kindes zu einer Abstammungserklärung zusätzlich nach dem Recht des Staates, dem das Kind angehört. Maßgebend ist das Recht des Staates, dem das Kind vor der Statusänderung angehört, nicht das Recht des Staates, dem das Kind aufgrund der Statusänderung angehören wird.[17] Hat das Kind zu diesem Zeitpunkt noch keine Staatsangehörigkeit, ist anstelle der Staatsangehörigkeit das Recht des Staates des gewöhnlichen, hilfsweise des einfachen Aufenthalts maßgeblich.[18]

§ 1596 BGB

Anerkennung und Zustimmung bei fehlender oder beschränkter Geschäftsfähigkeit

(1) [1]Wer in der Geschäftsfähigkeit beschränkt ist, kann nur selbst anerkennen. [2]Die Zustimmung des gesetzlichen Vertreters ist erforderlich. [3]Für einen Geschäftsunfähigen kann der gesetzliche Vertreter mit Genehmigung des Familiengerichts anerkennen; ist der gesetzliche Vertreter ein Betreuer, ist die Genehmigung des Betreuungsgerichts erforderlich. [4]Für die Zustimmung der Mutter gelten die Sätze 1 bis 3 entsprechend.

(2) [1]Für ein Kind, das geschäftsunfähig oder noch nicht 14 Jahre alt ist, kann nur der gesetzliche Vertreter der Anerkennung zustimmen. [2]Im Übrigen kann ein Kind, das in der Geschäftsfähigkeit beschränkt ist, nur selbst zustimmen; es bedarf hierzu der Zustimmung des gesetzlichen Vertreters.

(3) Ein geschäftsfähiger Betreuter kann nur selbst anerkennen oder zustimmen; § 1825 bleibt unberührt.

(4) Anerkennung und Zustimmung können nicht durch einen Bevollmächtigten erklärt werden.

Übersicht Rn.

15 MüKo-BGB/*Wellenhofer*, § 1595 Rn. 16 und 19
16 Hieran hält auch § 1595b BGB-E idF des DEAbReG fest.
17 OLG Frankfurt FamRZ 1997, 241; MüKo-BGB/*Helms*, Art. 23 EGBGB Rn. 3 m.w.N.
18 Staudinger/*Henrich*, Art. 23 EGBGB Rn. 5

A. Allgemeines

1 Die Regelung gilt sowohl für die Erklärung der Anerkennung der Vaterschaft als auch für die Erklärung über die Zustimmung zur Vaterschaftsanerkennung. Sie hat nicht nur Bedeutung für die Zustimmung der Mutter und – erforderlichenfalls (§ 1595 Abs. 2 BGB) – des Kindes, sondern auch für die Zustimmung des Ehemannes der Mutter beim scheidungsakzessorischen Statuswechsel nach § 1599 Abs. 2 BGB, denn auch für diese Zustimmung verweist § 1599 Abs. 2 Satz 2 BGB auf § 1596 Abs. 1 Satz 1 bis 3 BGB. Die Vorschrift soll für ein ausgewogenes Verhältnis zwischen der grundsätzlichen Höchstpersönlichkeit der Zustimmungserklärung einerseits und dem Bedürfnis, eine Vaterschaftsanerkennung bei fehlender oder eingeschränkter Geschäftsfähigkeit nicht völlig auszuschließen, sorgen.[1]

B. Inhalt der Norm

I. Keine oder beschränkte Geschäftsfähigkeit des Anerkennenden oder der Mutter (Abs. 1)

1. Beschränkte Geschäftsfähigkeit des Anerkennenden oder der Mutter (Abs. 1)

2 Das Gesetz kennt eine **beschränkte Geschäftsfähigkeit** nur bei Minderjährigen (§ 106 BGB). Die Regelungen des Abs. 1 Satz 1 und 2 gelten daher nur für den minderjährigen Anerkennenden und gemäß Abs. 1 Satz 4 für die minderjährige Mutter. Diese können die Anerkennung bzw. die Zustimmung nur selbst erklären, bedürfen hierzu jedoch der Zustimmung des gesetzlichen Vertreters.

3 Die gemäß Abs. 1 Satz 2 erforderliche Zustimmung des gesetzlichen Vertreters kann sowohl vor als auch zeitlich nach der Anerkennungs- bzw. Zustimmungserklärung des beschränkt geschäftsfähigen Anerkennenden bzw. der beschränkt geschäftsfähigen Mutter erfolgen.[2] Sie ist eine nicht anfechtbare[3] Willenserklärung, die nicht empfangsbedürftig ist, jedoch wie die Anerkennung und die Zustimmung selbst nach § 1597 Abs. 1 BGB der öffentlichen Beurkundung bedarf.

2. Geschäftsunfähigkeit des Anerkennenden oder der Mutter

4 Sind der Anerkennende oder die Mutter **geschäftsunfähig**, so kann bei Minderjährigen nur der gesetzliche Vertreter und bei Volljährigen nur der Betreuer anerkennen bzw. die Zustimmung erklären. Diese Erklärung bedarf bei Minderjährigen der Genehmigung des Familiengerichts und bei Volljährigen der Genehmigung des Betreuungsgerichts. Dieses zusätzliche Erfordernis dient dem Ausgleich der fehlenden Willensfähigkeit des Betroffenen.[4]

5 Anders als die Zustimmung des gesetzlichen Vertreters bei beschränkt Geschäftsfähigen muss nach wohl überwiegender Ansicht die **gerichtliche Genehmigung der Erklärung vo-**

1 BeckOGK-BGB/*Balzer*, § 1596 Rn. 3
2 MüKo-BGB/*Wellenhofer*, § 1596 Rn. 3 m.w.N.
3 KG NJW-RR 1987, 388; NK-BGB/*Gutzeit*, § 1596 Rn. 7 m.w.N.
4 MüKo-BGB/*Wellenhofer*, § 1596 Rn. 5

rausgehen.[5] Denn es handelt sich bei der Zustimmung um ein einseitiges Rechtsgeschäft, dessen Wirksamkeit sowohl im Eltern-Kind-Verhältnis als auch im Vormundschafts- und Betreuungsrecht regelmäßig von der vorausgehenden gerichtlichen Genehmigung abhängt (vgl. § 1858 Abs. 1 BGB i.V.m. §§ 1644 Abs. 3, 1800 Abs. 2 BGB).[6] Funktionell zuständig für die Entscheidung über die Erteilung der Genehmigung ist der Rechtspfleger. Dieser wird vor seiner Entscheidung im Rahmen seiner Amtsermittlung klären müssen, ob die Genehmigungsvoraussetzungen vorliegen, insbesondere ob begründete oder schwerwiegende Zweifel an der Vaterschaft bestehen, denn bei solchen Zweifeln kann die Genehmigung zu versagen[7] und die Vaterschaftszuordnung der gerichtlichen Vaterschaftsfeststellung (§ 1600d BGB) vorzubehalten sein. Das Gericht hat dabei jedoch einen Ermessensspielraum, da es auch gewichtige Gründe für die Anerkennung der Vaterschaft durch einen Nichterzeuger geben kann.[8]

II. Keine oder beschränkte Geschäftsfähigkeit des Kindes (Abs. 2)

6 Für die nach § 1595 Abs. 2 BGB erforderliche Zustimmung des Kindes enthält § 1596 Abs. 2 BGB eine Sonderregelung. Ein nicht gemäß § 104 BGB geschäftsunfähiges Kind kann ab Vollendung des 14. Lebensjahres nur selbst zustimmen, bedarf hierzu aber der Zustimmung des gesetzlichen Vertreters (§ 1596 Abs. 2 Satz 2 BGB).

Für ein geschäftsunfähiges Kind kann gemäß § 1596 Abs. 2 Satz 1 BGB nur der gesetzliche Vertreter die Zustimmung erklären. Dies gilt auch für ein gemäß § 104 BGB geschäftsunfähiges volljähriges Kind,[9] wobei gesetzlicher Vertreter dann der für diesen Wirkungskreis gerichtlich bestellte Betreuer ist.[10] Eine gerichtliche Genehmigung der Erklärung des gesetzlichen Vertreters ist in Abs. 2 weder für die Genehmigung des gesetzlichen Vertreters der vom Kind erklärten Zustimmung noch für die durch den gesetzlichen Vertreter für das Kind erklärte Zustimmung vorgesehen und damit nicht erforderlich.[11]

III. Unter Betreuung stehende Personen (Abs. 3)

7 Die Einrichtung einer Betreuung (§ 1814 ff. BGB) berührt die Geschäftsfähigkeit des Betroffenen nicht. Ein **geschäftsfähiger** Betreuter kann die Anerkennung daher nur selbst erklären (§ 1596 Abs. 3 Satz 1 BGB). Er bedarf hierfür nur dann der Einwilligung des Betreuers,

5 MüKo-BGB/*Wellenhofer*, § 1596 Rn. 7m.w.N. auch für Gegenmeinung; Erman/*Hammermann*, § 1596 BGB Rn. 8; Grüneberg/*Siede*, § 1596 Rn. 3
6 MüKo-BGB/*Wellenhofer*, § 1596 Rn. 7
7 MüKo-BGB/*Wellenhofer*, § 1596 Rn. 9; Staudinger/*Rauscher*, § 1596 BGB Rn. 8
8 MüKo-BGB/*Wellenhofer*, § 1596 Rn. 9; BeckOGK/*Balzer* § 1596 Rn. 52
9 Staudinger/*Rauscher*, § 1596 BGB Rn. 21
10 JurisPK-BGB/*di Cato*, § 1596 Rn. 28
11 MüKo-BGB/*Wellenhofer*, § 1596 Rn. 11

wenn insoweit ein Einwilligungsvorbehalt (§ 1825 BGB) angeordnet ist.[12] Zwar handelt es sich bei der Anerkennung der Vaterschaft und der Zustimmung hierzu um höchstpersönliche Angelegenheiten. Sie gehören jedoch nicht zu den in § 1825 Abs. 2 BGB genannten Angelegenheiten, für die ein Einwilligungsvorbehalt ausgeschlossen wäre. § 1825 Abs. 2 BGB nimmt Bezug auf solche Angelegenheiten, für die ein beschränkt Geschäftsfähiger nicht der Zustimmung seines gesetzlichen Vertreters bedürfte. Für die Anerkennung oder die Zustimmung hierzu bedarf jedoch auch ein beschränkt Geschäftsfähiger nach § 1596 Abs. 2 Satz 2 BGB der Zustimmung des gesetzlichen Vertreters, so dass das Betreuungsgericht insoweit einen Einwilligungsvorbehalt anordnen kann.[13] Dies ist etwa dann von Bedeutung, wenn ein Betreuter beliebig viele Vaterschaften übernimmt, ohne als Vater wirklich in Betracht zu kommen.[14]

Ist die unter Betreuung stehende Person **geschäftsunfähig**, gelten für die Anerkennungserklärung und die Zustimmungserklärung der Mutter die Regelung des § 1596 Abs. 1 Satz 3 BGB, so dass die Erklärung durch den gesetzlichen Vertreter zu erfolgen hat, der hierzu der gerichtlichen Genehmigung bedarf. Für ein geschäftsunfähiges, unter Betreuung stehendes volljähriges Kind gilt die Regelung des § 1596 Abs. 2 Satz 1 BGB, so dass die Erklärung für das Kind nur durch den Betreuer als gesetzlicher Vertreter des Kindes abgegeben werden kann. Anders als bei der Anerkennungserklärung selbst und bei der Zustimmungserklärung für die Mutter ist im Anwendungsbereich des § 1596 Abs. 2 BGB bei der Zustimmung für das Kind ein Vorbehalt der gerichtlichen Genehmigung nicht vorgesehen.[15] **8**

IV. Höchstpersönlichkeit der Erklärung (Abs. 4)

Sowohl die Erklärung der Anerkennung der Vaterschaft als auch die Erklärung der Zustimmung hierzu kann nur höchstpersönlich erfolgen (Abs. 4). Auch wenn solche Erklärungen im Rahmen eines gerichtlichen Abstammungsverfahrens zur Niederschrift des Gerichts erfolgen (§ 180 FamFG), können sie nicht von einem Verfahrensbevollmächtigten, sondern nur von dem Verfahrensbeteiligten persönlich abgegeben werden. Eine Ausnahme vom Grundsatz der Höchstpersönlichkeit gilt bei Geschäftsunfähigen (Abs. 1 Satz 3), siehe hierzu Rn. 4 und 6. **9**

§ 1597 BGB

Formerfordernisse, Widerruf

(1) Anerkennung und Zustimmung müssen öffentlich beurkundet werden.

(2) Beglaubigte Abschriften der Anerkennung und aller Erklärungen, die für die Wirksamkeit der Anerkennung bedeutsam sind, sind dem Vater, der Mutter und dem Kind sowie dem Standesamt zu übersenden.

(3) [1]Der Mann kann die Anerkennung widerrufen, wenn sie ein Jahr nach der Beurkundung noch nicht wirksam geworden ist. [2]Für den Widerruf gelten die Absätze 1 und 2 sowie § 1594 Abs. 3 und § 1596 Abs. 1, 3 und 4 entsprechend.

---

12 Erman/*Hammermann*, § 1596 BGB Rn. 9
13 BeckOGK-BGB/*Balzer*, § 1596 Rn. 89; BeckOK-BGB/*Hahn*, § 1596 Rn. 5
14 Grüneberg/*Siede*, § 1596 BGB Rn. 7
15 MüKo-BGB/*Wellenhofer*, § 1596 Rn. 11

Übersicht

A. Allgemeines

1 § 1597 enthält drei unterschiedliche Regelungsbereiche. In Abs. 1 wird das Formerfordernis der öffentlichen Beurkundung vorgeschrieben. Wegen der personenstandsrechtlichen Tragweite der Anerkennung der Vaterschaft soll durch die mit der öffentlichen Beurkundung verbundenen Hinweis- und Belehrungspflicht vermieden werden, dass eine Anerkennung der Vaterschaft unbedacht und vorschnell erklärt wird. Abs. 2 will gewährleisten, dass die von der Anerkennung der Vaterschaft betroffenen Personen über die Abgabe der für eine wirksame Anerkennung der Vaterschaft erforderlichen Erklärungen in Kenntnis gesetzt werden und das Standesamt die rechtliche Vaterschaftszuordnung im Geburtenbuch eintragen bzw. beischreiben kann. Die Regelung in Abs. 3 schützt den Anerkennenden davor, auf Dauer an seine Anerkennungserklärung gebunden zu sein, wenn die Anerkennung nicht innerhalb eines Jahres wirksam wird. Insgesamt dienen die Formvorschriften dem Schutz der Beteiligten vor übereilten Erklärungen, der Statussicherheit des Kindes und der Beweiserleichterung.[1]

§ 1595c BGB-E i.d.F. des DEAbReG[2] will die Regelung des § 1597 BGB unter sprachlicher Anpassung an die geplante Möglichkeit zur Anerkennung der Elternschaft auch durch eine nicht männliche Person inhaltlich unverändert übernehmen.[3]

B. Inhalt der Norm

I. Öffentliche Beurkundung (Abs. 1)

1. Beurkundungspflichtige Erklärungen

2 Die Formvorschrift des § 1597 BGB erfasst:

- die Erklärung der Anerkennung der Vaterschaft,
- die Erklärung der Zustimmung der Mutter,
- die nach § 1595 Abs. 2 BGB ausnahmsweise erforderliche Zustimmungserklärung des Kindes,
- die Zustimmungserklärung des Ehemannes der Mutter bei einem scheidungsakzessorischen Statuswechsel nach § 1599 Abs. 2 BGB,
- die Zustimmung des gesetzlichen Vertreters zur Vaterschaftsanerkennung durch einen beschränkt geschäftsfähigen minderjährigen Vater,
- die Zustimmung des gesetzlichen Vertreters zur Zustimmungserklärung einer beschränkt geschäftsfähigen minderjährigen Mutter,

1 BeckOK-BGB/*Hahn*, § 1597 Rn. 1
2 Abrufbar unter www.bmj.de
3 DERefE AbReG S. 156

- die Zustimmung des gesetzlichen Vertreters zur Zustimmungserklärung des minderjährigen, aber bereits mindestens 14 Jahre alten Kindes,
- den Widerruf der Anerkennung nach § 1597 Abs. 3 BGB.

2. Beurkundungspersonen

Die Beurkundung kann wahlweise erfolgen durch 3

- Notare (§ 20 BNotO, § 1 Abs. 1 BeurkG),
- Rechtspfleger des Amtsgerichts (§ 67 Abs. 1 Nr. 1 BeurkG, § 3 Nr. 1f RPflG),
- Standesbeamte (§ 44 Abs. 1 PStG, § 64 BeurkG),
- Urkundspersonen des Jugendamtes (§ 59 Abs. 1 Satz 1 Nr. 1 SGB VIII, § 65 BeurkG),
- den Richter in der Niederschrift über den Erörterungstermin in einem anhängigen Abstammungsverfahren (§ 180 FamFG) oder
- Konsularbeamte im Ausland nach Maßgabe der §§ 1, 2, 10, 19, 24 KonsularG.

Eine Erklärung zur Niederschrift des Gerichts im Rahmen eines anhängigen Verfahrens entspricht nur dann der Form des § 1597 Abs. 1 BGB, wenn sie im Rahmen eines Abstammungsverfahrens erfolgt. Erklärungen im Rahmen sonstiger Verfahren – etwa eines Scheidungsverfahrens – wahren nicht die Form des § 1597 Abs. 1 FamFG, da § 180 FamFG eine spezielle Regelung für Abstammungsverfahren darstellt.[4] 4

3. Beurkundungsvorgang

Mit der Beurkundung wird eine öffentliche Urkunde i.S.v. §§ 415, 418 ZPO erstellt. Die Vornahme der Beurkundung unterliegt den Bestimmungen des BeurkG.[5] Die Beurkundungsperson hat gemäß § 10 Abs. 2 Satz 1 BeurkG die Identität der zum Zwecke der Beurkundung erschienen Erklärungsperson zu prüfen. Kann die Beurkundungsperson sich hinsichtlich der Identität trotz der vorgelegten Dokumente keine Gewissheit über die erschienenen Personen verschaffen, muss sie die Beurkundung dennoch vornehmen, jedoch in der Niederschrift über die Beurkundung vermerken, welche Feststellungen sie zur Identifizierbarkeit getroffen hat und welche Zweifel verblieben sind. Es ist dann Sache der Behörde oder Stelle, für deren Handeln die Rechtswirksamkeit der Beurkundung Voraussetzung ist, die Identität des/der Erklärenden nachzuprüfen.[6] Ein zur Unwirksamkeit der Beurkundung führender Mangel liegt nicht schon dann vor, wenn der Anerkennende seine wahren Personalien nicht nachweisen kann oder die von ihm im Rechtsverkehr laufend verwendeten Alias-Personalien angibt.[7] 5

Trotz Zweifel an der Identität des die Vaterschaft anerkennenden Mannes ist die Vaterschaft in das Geburtenbuch einzutragen, jedoch mit einem Zusatz, dass die Identität nicht nachgewiesen ist.[8] Zweifel an der Identität der Mutter rechtfertigen es nicht, die Beischreibung des die Vaterschaft anerkennenden Mannes als Vater des Kindes im Geburtenbuch abzulehnen,[9] es sei denn, es geben konkrete weitere Umstände Grund zu der Annahme, dass bereits eine Vaterschaftszuordnung für das Kind wegen zum Zeitpunkt der Geburt des Kindes bestehender Ehe der Kindesmutter vorliegt.[10] 6

---

4 BGH FamRZ 2013, 944; OLG Frankfurt FamRZ 2012, 1735
5 Zu den bei der Beurkundung im Einzelnen zu beachtenden Anforderungen wird auf die umfassende Darstellung von *Knittel*, Beurkundungen im Kindschaftsrecht, verwiesen.
6 *Knittel*, Rn. 155
7 OVG Sachsen-Anhalt FamRZ 2019, 42; MüKo-BGB/*Wellenhofer*, § 1597 Rn. 4 m.w.N.
8 BayOblG NJW-RR 2005, 303
9 OLG Zweibrücken StAZ 2013, 87
10 OLG München FamRZ 2008, 2227

4. Ausländische Urkunden

7 Gemäß Art. 11 Abs. 1 EGBGB ist ein Rechtsgeschäft formgültig, wenn es die Formerfordernisse des Rechts, das auf das seinen Gegenstand bildende Rechtsverhältnis anzuwenden ist, oder des Rechts des Staates erfüllt, in dem es vorgenommen wird. Diese Regelung gilt auch für familienrechtliche Rechtsgeschäfte, insbesondere auch für die Anerkennung der Vaterschaft.[11] So ist z.B. die in Spanien vor dem zuständigen Standesamt erklärte Anerkennung der Vaterschaft der Anerkennung nach deutschem Recht gleichwertig und ersetzt die hierfür vorgeschriebene Form der öffentlichen Beurkundung.[12]

8 Unterliegt das Abstammungsstatut gemäß Art. 19 EGBGB zumindest auch dem Recht des Staates, in welchem die Anerkennung der Vaterschaft erklärt wurde, so ist es nach Art. 11 Abs. 1 Var. 1 EGBGB ausreichend, wenn die Erklärung dem nach dem Recht dieses Staates geltenden Formerfordernis entspricht. Unabhängig davon bewirkt Art. 11 Abs. 1 Var. 2 EGBGB, dass auch dann, wenn die Erklärung in einem Staat erfolgte, dessen Recht das Abstammungsstatut nicht unterliegt, die jeweilige Ortsform ausreicht.[13] Wegen der Aufklärungs- und Warnfunktion des § 1597 BGB kann aber ein kasachischer Notar nicht einem deutschen Notar gleichgesetzt werden, sofern nicht ausnahmsweise konkrete Anhaltspunkte dafür bestehen, dass der kasachische Notar über die Spezialkenntnisse im deutschen Familienrecht verfügt.[14]

II. Benachrichtigungspflicht (Abs. 2)

9 Nach § 1597 Abs. 2 sind beglaubigte Abschriften der Anerkennung und aller Erklärungen, die für die Wirksamkeit der Anerkennung bedeutsam sind, zu übersenden an

- den Vater, d.h. den Mann, der die Vaterschaft anerkannt hat,
- das betroffene Kind bzw. den gesetzlichen Vertreter, soweit das betroffene Kind noch nicht voll geschäftsfähig ist,
- die Mutter, und
- den Standesbeamten, der die Geburt des Kindes beurkundet hat; sofern die Geburt des Kindes nicht im Inland beurkundet wurde, ist die Abschrift an das Standesamt Berlin I zu senden (§ 44 Abs. 3 PStG).

10 Die Erklärungen selbst sind nicht empfangsbedürftig. Die Benachrichtigungspflicht dient daher nicht zur Erfüllung eines Zugangserfordernisses und ist somit **nicht Wirksamkeitsvoraussetzung** der Erklärung.[15] Sie dient lediglich dazu, alle Beteiligten von den Erklärungen in Kenntnis zu setzen und ihnen die Beurteilung zu ermöglichen, ob und wann eine wirksame Anerkennung der Vaterschaft eingetreten ist. Ferner ermöglicht sie den Beteiligten, das Vorliegen der jeweiligen Erklärungen erforderlichenfalls beweisen zu können.

11 Die Regelung unterliegt nicht der Disposition der Beteiligten, weshalb die beurkundende Stelle selbst dann nicht von der Übersendung absehen kann, wenn die Beteiligten dies ausdrücklich wünschen.[16] Die Übersendung oder Aushändigung einer beglaubigten Abschrift

11 MüKo-BGB/*Spellenberg*, Art. 11 EGBGB Rn.22; Staudinger/*Winkler von Mohrenfels*, Art. 11 EGBGB Rn. 88; OLG Hamm FamRZ 2005, 291
12 BGH FamRZ 2017, 1682
13 BGH FamRZ 2017, 1682; OLG Karlsruhe FamRZ 2023, 1477, 1478
14 OLG Karlsruhe FamRZ 2023, 1477, 1478
15 MüKo-BGB/*Wellenhofer*, § 1597 Rn. 6; BeckOGK-BGB/*Balzer*, § 1597 Rn. 52 und 54.2 m.w.N. auch für Gegenmeinung
16 OLG Hamm OLGZ 1985, 300; BeckOGK-BGB/*Balzer*, § 1597 Rn. 50

der Erklärung ist auch gegenüber demjenigen erforderlich, der die Erklärung selbst abgegeben hat.[17]

III. Widerruf der Anerkennung (Abs. 3)

Seit dem 1.7.1998 ist die Anerkennungserklärung unbefristet wirksam.[18] Der Anerkennende soll jedoch nicht auf Dauer an seine Anerkenntniserklärung gebunden sein, wenn die Anerkennung mangels Erteilung der erforderlichen Zustimmungen keine Wirksamkeit erlangt. Dem die Vaterschaft anerkennenden Mann räumt § 1597 Abs. 3 BGB daher die Möglichkeit ein, seine Anerkennung zu widerrufen, **wenn sie nicht binnen eines Jahres Wirksamkeit erlangt**, mithin wenn nicht innerhalb eines Jahres die erforderliche Zustimmung der Mutter und ausnahmsweise – bei fehlendem Sorgerecht der Mutter – auch die Zustimmungserklärung des Kindes vorliegt. Aber auch dann, wenn die Anerkennung deshalb keine Wirksamkeit erlangt, weil die Vaterschaft eines anderen Mannes noch nicht beseitigt wurde, tritt nach Ablauf der Jahresfrist das Widerrufsrecht ein. 12

Der **Widerruf** ist eine einseitige, nicht empfangsbedürftige Willenserklärung. Für sie gelten gemäß Abs. 3 Satz 2 die gleichen Anforderungen, insbesondere das gleiche Formerfordernis, wie für die Anerkennungserklärung selbst.[19] 13

Die Jahresfrist beginnt mit der Beurkundung der Anerkennung, und zwar auch dann, wenn wegen einer noch bestehenden Vaterschaftszuordnung zu einem anderen Mann die Anerkennung wegen § 1594 Abs. 2 BGB noch gar nicht wirksam werden kann.[20] Nach Eintritt der Wirksamkeit der Anerkennung durch Abgabe der erforderlichen Zustimmungserklärungen ist die Vaterschaftsanerkennung nicht mehr widerruflich.[21] 14

Ist die Anerkennung nach Ablauf der Jahresfrist wirksam widerrufen worden, kann eine dann gleichwohl noch erklärte Zustimmung zur Anerkennung nicht mehr zur wirksamen Vaterschaftsanerkennung führen. Denkbar ist aber, dass eine bereits widerrufene Anerkennung der Vaterschaft nochmals erklärt wird. Für diese kann dann die erklärte Zustimmung relevant werden.[22] 15

§ 1597a BGB
Verbot der missbräuchlichen Anerkennung der Vaterschaft

(1) Die Vaterschaft darf nicht gezielt gerade zu dem Zweck anerkannt werden, die rechtlichen Voraussetzungen für die erlaubte Einreise oder den erlaubten Aufenthalt des Kindes, des Anerkennenden oder der Mutter zu schaffen, auch nicht, um die rechtlichen Voraussetzungen für die erlaubte Einreise oder den erlaubten Aufenthalt des Kindes durch den Erwerb der deutschen Staatsangehörigkeit des Kindes nach § 4 Absatz 1 oder Absatz 3 Satz 1 des Staatsangehörigkeitsgesetzes zu schaffen (missbräuchliche Anerkennung der Vaterschaft).

(2) [1]Bestehen konkrete Anhaltspunkte für eine missbräuchliche Anerkennung der Vaterschaft, hat die beurkundende Behörde oder die Urkundsperson dies der nach § 85a des Aufenthaltsgesetzes zuständigen Behörde nach Anhörung des Anerkennenden und der Mutter mitzuteilen und die Beurkundung auszusetzen. [2]Ein Anzeichen für das Vorliegen konkreter Anhaltspunkte ist insbesondere:

---

17 NK-BGB/*Gutzeit*, § 1597 Rn. 5; BeckOGK-BGB/*Balzer*, § 1597 Rn. 44
18 BT-Drucks. 13/4899 S. 85
19 MüKo-BGB/*Wellenhofer*, § 1597 Rn. 11 m.w.N.
20 NK-BGB/*Gutzeit*, § 1597 Rn. 8
21 OLG Brandenburg FamRZ 2000, 548
22 NK-BGB/*Gutzeit*, § 1597 Rn. 7

1. **das Bestehen einer vollziehbaren Ausreisepflicht des Anerkennenden oder der Mutter oder des Kindes,**
2. **wenn der Anerkennende oder die Mutter oder das Kind einen Asylantrag gestellt hat und die Staatsangehörigkeit eines sicheren Herkunftsstaates nach § 29a des Asylgesetzes besitzt,**
3. **das Fehlen von persönlichen Beziehungen zwischen dem Anerkennenden und der Mutter oder dem Kind,**
4. **der Verdacht, dass der Anerkennende bereits mehrfach die Vaterschaft von Kindern verschiedener ausländischer Mütter anerkannt hat und jeweils die rechtlichen Voraussetzungen für die erlaubte Einreise oder den erlaubten Aufenthalt des Kindes oder der Mutter durch die Anerkennung geschaffen hat, auch wenn das Kind durch die Anerkennung die deutsche Staatsangehörigkeit erworben hat, oder**
5. **der Verdacht, dass dem Anerkennenden oder der Mutter ein Vermögensvorteil für die Anerkennung der Vaterschaft oder die Zustimmung hierzu gewährt oder versprochen worden ist.**

³Die beurkundende Behörde oder die Urkundsperson hat die Aussetzung dem Anerkennenden, der Mutter und dem Standesamt mitzuteilen. ⁴Hat die nach § 85a des Aufenthaltsgesetzes zuständige Behörde gemäß § 85a Absatz 1 des Aufenthaltsgesetzes das Vorliegen einer missbräuchlichen Anerkennung der Vaterschaft festgestellt und ist diese Entscheidung unanfechtbar, so ist die Beurkundung abzulehnen.

(3) ¹Solange die Beurkundung gemäß Absatz 2 Satz 1 ausgesetzt ist, kann die Anerkennung auch nicht wirksam von einer anderen beurkundenden Behörde oder Urkundsperson beurkundet werden. ²Das Gleiche gilt, wenn die Voraussetzungen des Absatzes 2 Satz 4 vorliegen.

(4) Für die Zustimmung der Mutter nach § 1595 Absatz 1 gelten die Absätze 1 bis 3 entsprechend.

(5) Eine Anerkennung der Vaterschaft kann nicht missbräuchlich sein, wenn der Anerkennende der leibliche Vater des anzuerkennenden Kindes ist.

Weiterführende Literatur: Balzer, Die Verhinderung missbräuchlicher Vaterschaftsanerkennungen, NZFam 2018, 5; *Bouhatta,* Der § 1597a BGB und die missbräuchliche Vaterschaftsanerkennung, NVwZ 2018, 1103; *Dörig,* Missbräuchliche Vaterschaftsanerkennung als Einwanderungspfad, ZRP 2024, 108; *ders.,* Vaterschaftsanerkennung ist nicht schwer, ausländerrechtliche Missbrauchskontrolle hingegen sehr, NVwZ 2020, 106; *Kaesling,* Die Neuregelung der missbräuchlichen Vaterschaftsanerkennung und das Wohl des Kindes, NJW 2017, 3686; *Knittel,* Anerkennung von Scheinvaterschaften zwecks Aufenthaltssicherung von Ausländern – neuer Anlauf des Gesetzgebers zur Missbrauchseindämmung, JAmt 2017, 339, und JAmt 2017, 530; *Sanders,* Vater werden wird nun schwer – Das neue „Verbot der missbräuchlichen Anerkennung der Vaterschaft", FamRZ 2017, 1189; *Stern,* § 1597a BGB – Probleme und Erforderlichkeit, NZFam 2017, 740; *Wall,* Anwendungsprobleme des § 1597a BGB bei der Bekämpfung missbräuchlicher Vaterschaftsanerkennungen, FamRZ 2024, 1082.

Übersicht

A. Allgemeines

Die Norm wurde als Ersatz für den vom BVerfG[1] als verfassungswidrig eingestuften früheren § 1600 Abs. 1 Nr. 5 BGB eingeführt,[2] welcher es der zuständigen Behörde erlaubte, die Vaterschaft anzufechten, um die Fälle zu erfassen, in welchen die Vaterschaftsanerkennung gerade auf eine Umgehung gesetzlicher Voraussetzungen des Aufenthaltsrechts zielte. Obgleich belastbare Zahlen hinsichtlich rechtsmissbräuchlicher Vaterschaftsanerkennungen nach wie vor nicht zur Verfügung stehen,[3] sah der Gesetzgeber dringenden Handlungsbedarf hinsichtlich einer Nachfolgeregelung.[4] Anstelle einer nachträglichen Statusänderung des Kindes sollte nunmehr die Entstehung des Status der Vaterschaft – und damit die möglichen aufenthaltsrechtlichen Konsequenzen – präventiv verhindert werden.[5] Die Schnelligkeit und Intransparenz des seinerzeitigen Gesetzgebungsverfahrens ist mit Recht kritisiert worden.[6] 1

Die geltende Regelung enthält ein **zweistufiges Prüfungsverfahren**: Bei konkreten Anhaltspunkten für eine missbräuchliche Anerkennung sollen Urkundsperson bzw. beurkundende Behörde (siehe *Keuter,* § 1597 BGB, Rn. 3) die Beurkundung aussetzen und u a. die Ausländerbehörde benachrichtigen. Dieser obliegt dann in der zweiten Stufe gemäß § 85a AufenthaltsG die rechtsmittelfähige Entscheidung über das Vorliegen von Missbrauchsgründen.[7] Soll die Beurkundung im Ausland stattfinden, sind die deutschen Auslandsvertretungen nach §§ 2, 10 Abs. 1 und Abs. 3 i.V.m. dem BeurkG und § 85a Abs. 4 AufenthG sowohl für das Verfahren der Beurkundungsaussetzung nach § 1597a BGB als auch für dasjenige der Missbrauchsfeststellung zuständig.[8] Während des Prüfungsverfahrens kann eine anderweitige Beurkundung nicht erfolgen, § 1597a Abs. 3 BGB. Die Vorschrift gilt nach § 1597a Abs. 4 BGB auch für die Beurkundung der Zustimmung der Mutter zur Anerkennung. Hat ein Mann die Vaterschaft vor Inkrafttreten des § 1597a BGB anerkannt, war diese Anerkennung mangels Zustimmung der Mutter bei Inkrafttreten am 29.7.2017 aber noch nicht wirksam, unterliegt auch die Vaterschaftsanerkennung den nunmehr geltenden Bestimmungen.[9] 2

Die Gesetzesnorm ist in der Literatur auf vielfältige Kritik gestoßen: Sie führe zu einer „komplizierten Verschachtelung",[10] habe einen „bedenklichen Generalverdacht"[11] zur Folge, enthalte „sehr problematische" Passagen[12], die Ausgestaltung der Gesetzeslage sei „ohne konkreten Realitätsbezug" erfolgt[13] und weise „trotz perfektionistisch anmutender Konzeption erhebliche Schwachstellen" auf.[14] Auch in der obergerichtlichen Rechtsprechung ist die Vorschrift als „wenig effektiv" bezeichnet worden und es wurden gesetzgeberische Nachbesserungen empfohlen.[15]

1 BVerfG NJW 2014, 1364; siehe dazu *Grün,* ZKJ 2014, 195
2 Zur Gesetzesgeschichte eingehend *Knittel,* JAmt 2017, 339
3 BT-Drucks. 20/8187 S. 10
4 BT-Plenarprotokoll 18/234 v. 18.5.2017, 23726: „Scheinvaterschaften sind die neuen Scheinehen. Es gibt hier ein erhebliches Missbrauchspotenzial"; siehe auch *Kaesling,* NJW 2017, 3686, 3690
5 *Sanders,* FamRZ 2017, 1189, 1191
6 *Knittel,* JAmt 2017, 530; *Stern,* NZFam 2017, 740, 741
7 *Dörig,* NVwZ 2020, 106, 107
8 VG Berlin, Urt. v. 7.6.2019 – 11 K 381.18, juris
9 VG Berlin, Urt. v. 7.6.2019 – 11 K 381.18, juris
10 *Sanders,* FamRZ 2017, 1189, 1191
11 *Stern,* NZFam 2017, 740
12 Erman/*Hammermann,* § 1587a Rn. 12
13 *Bouhatta,* NVwZ 2018, 1103, 1108
14 *Knittel,* JAmt 2017, 339, 344
15 BayVGH, Urt. v. 11.3.2019 – 19 BV 16.937, juris, Rn. 58

3 Auch das **Evaluierungsergebnis**[16] bescheinigt der Norm erhebliche strukturelle Mängel. Der Entwurf der Bundesregierung für ein „Gesetz zur besseren Verhinderung missbräuchlicher Anerkennungen der Vaterschaft" sah deshalb die komplette Aufhebung des § 1597a BGB vor.[17] Statt dessen sollte durch eine Änderung des § 85a AufenthG bei einem „ausländerrechtlichen Gefälle" die Zustimmung der Ausländerbehörde zu einer Vaterschaftsanerkennung notwendig werden, ohne die nach § 1598 Abs. 1 Satz 2 BGB-E die Anerkennung unwirksam sei.[18] Zugleich normierte der geplante § 85a AufenthG-E Fallkonstellationen, in welchen der Gesetzgeber von solchen ausländerrechtlichen wesentlichen Unterschieden zwischen der Mutter und dem Anerkennenden ausging. § 85a Abs. 3 Satz 1 AufenthG-E sah die Versagung der Zustimmung zur Vaterschaftsanerkennung im **Missbrauchsfall** vor. Missbräuchlich sei nach Satz 2 die Anerkennung, wenn Anerkennung oder Zustimmung „gezielt gerade zu dem Zweck" erteilt würden, die Voraussetzungen für eine erlaubte Einreise oder Aufenthalt zu schaffen oder für den Erwerb der deutschen Staatsangehörigkeit. Daneben benannte § 85a Abs. 4 AufenthG-E verschiedene Konstellationen, in denen ein Missbrauchsfall widerleglich zu vermuten sei. Ebenso enthielt § 85a Abs. 5 Satz 2 AufenthG-E Vermutungsregeln, nach welchen davon auszugehen sei, dass bei entsprechendem Nachweis durch die Antragsteller die Vaterschaftsanerkennung nicht missbräuchlich erfolge.

Eindeutiger Vorteil der geplanten Neuregelung wäre der Wegfall der Wahlmöglichkeit der beurkundenden Stelle durch die Antragsteller gewesen, was die Schaffung vollendeter Tatsachen durch diese deutlich erschweren würde.[19] Die notwendige Zustimmung der Ausländerbehörde würde die Letztverantwortung auf die Behörde übertragen, die sich mit der Materie des AufenthG auskennt.[20] Auf jeden Fall wäre aber auf die ohnehin personell zumeist unterbesetzten Ausländerbehörden eine erhebliche Mehrbelastung zugekommen, die durch die vorgesehene Fiktion erteilter Zustimmung zur Anerkennung bei Nichtentscheidung binnen vier Monaten gemäß § 85b Abs. 2 Satz 1 AufenthG-E verschärft worden wäre. Der Gesetzentwurf ist dem Diskontinuitätsgrundsatz zum Opfer gefallen. Ob, wann und wie eine Neuregelung des § 1597a BGB erfolgen wird, erscheint derzeit ungewiss.

B. Inhalt der Norm

I. Legaldefinition

4 Abs. 1 definiert die missbräuchliche Vaterschaftsanerkennung im Sinne dieser Norm: Die Vaterschaft darf nicht gezielt zu dem Zweck anerkannt werden, die rechtlichen Voraussetzungen für eine erlaubte Einreise oder einen erlaubten Aufenthalt des Kindes, des Anerkennenden oder der Mutter zu schaffen bzw. den Erwerb der deutschen Staatsangehörigkeit der vorgenannten Personen, um auf diese Weise als deutsche Staatsangehörige erlaubt einzureisen bzw. sich im Bundesgebiet aufzuhalten. Die Vorschrift missbilligt mithin nicht jede bewusst unrichtige Vaterschaftsanerkennung, sondern verbietet nur solche aus **primär aufenthaltsrechtlicher Motivation**. Im Kern hat der Gesetzgeber zwei Konstellationen vor Augen:[21] Erkennt ein deutscher Mann die Vaterschaft für das Kind einer ausreisepflichtigen Mutter an, erwirbt das Kind nach § 4 Abs. 1 StAG die deutsche Staatsangehörigkeit und die Mutter hierdurch ein Recht auf Familiennachzug gemäß § 28 Abs. 1 Nr. 3 AufenthG, Mutter und Kind können ins Bundesgebiet einreisen und sich hier aufhalten. Umgekehrt

16 Eckpunktepapier des BMJ für eine Reform des Abstammungsrechtsrechts, S. 15, abrufbar unter www.bmj.de
17 BT-Drucks. 20/13255, S. 13
18 BT-Drucks. 20/13255, S. 14
19 *Wall*, FamRZ 2024, 1082, 1083 und 1090
20 *Dörig*, ZRP 2024, 108, 111
21 *Balzer*, NZFam 2018, 5; Dörig ZRP 2024, 108, 109

kann ein ausreisepflichtiger Mann ein Aufenthaltsrecht erlangen, wenn er die Vaterschaft für das Kind einer deutschen Mutter anerkennt. Das Kind wird in solchen Fällen häufig zum Objekt von Drittinteressen degradiert.[22]

„Gezielt" erfolgen Anerkennung/Zustimmung zu einem missbräuchlichen Zweck, wenn es den Beteiligten entweder ausschließlich auf die Erlangung der einreise- bzw. aufenthaltsrechtlichen Vorteile ankommt oder daneben noch weitere mit den ausländerrechtlichen Vorteilen verbundene Ziele verfolgt werden wie z.B. öffentliche Sozialleistungen, bessere Gesundheitsversorgung, bessere Chancen für Bildung und Beruf u.Ä.[23] Ist leitendes Motiv Gleichgültigkeit, Menschenfreundlichkeit oder die Einstellung, jedem Migranten müsse ein Bleiberecht zustehen, steht dies einer Missbrauchsannahme nicht entgegen.[24] Für den Ausschluss einer missbräuchlichen Anerkennung kann es auch genügen, wenn ein gelebtes „Eltern-Kind-Verhältnis" erst angestrebt wird.[25] Die Beweislast, dass die aus der Anerkennung folgende elterliche Verantwortung nicht wahrgenommen werden soll, trifft die Ausländerbehörde.[26]

II. Fehlende Vaterschaft des Anerkennenden

Eine missbräuchliche Anerkennung kommt nur in Betracht, wenn der Anerkennende nicht der leibliche Vater des Kindes ist. Diese eigentliche Selbstverständlichkeit wird durch § 1597a Abs. 5 BGB nochmals ausdrücklich bestätigt. Rechtsdogmatisch ist diese Bestimmung gleichsam der „Obersatz".[27] Dementsprechend braucht sich die Urkundsperson oder die beurkundende Behörde mit etwaigen Missbrauchsindizien, insbesondere denen des § 1597a Abs. 2 Satz 2 BGB, nur dann zu beschäftigen, wenn Anhaltspunkte dafür bestehen, dass der Anerkennende eben nicht der biologische Erzeuger des Kindes ist. 5

Wenn sich die Unmöglichkeit einer solchen Vaterschaft nicht bereits aus den Angaben der Mutter und des Anerkennenden ergibt, soll grundsätzlich die beurkundende Stelle keine Nachforschungen hinsichtlich der „biologischen Wahrheit" tätigen.[28] Denn prinzipiell ist es für ein Kind als positiv anzusehen, wenn die bislang nicht besetzte zweite Elternstelle durch eine Vaterschaftsanerkennung ausgefüllt wird; selbst wenn der Anerkennende keine tatsächliche Fürsorge übernimmt, entstehen für das Kind die Vorteile unterhalts- und erbrechtlicher Ansprüche.[29] 6

Offenbaren die Beteiligten nicht ausnahmsweise, dass der Anerkennende u.U. gar nicht der leibliche Vater ist, besteht jedenfalls für die beurkundende Stelle weiterhin keine grundsätzliche Veranlassung, nach der Erzeugereigenschaft des Anerkennenden zu fragen. Bejahen indes die Beteiligten eine gleichwohl gestellte entsprechende Frage, besteht das Anschlussproblem, wie die beurkundende Stelle diese Angaben widerlegen soll. Der Gesetzgeber lässt hier die beurkundenden Behörden und Personen schlicht allein.[30] 7

III. Indizien für missbräuchliche Anerkennung

§ 1597a Abs. 2 Satz 1 BGB schreibt der beurkundenden Behörde bzw. der Urkundsperson vor, bei konkreten Anhaltspunkten für eine i.S.v. Abs. 1 missbräuchliche Anerkennung 8

22 BT-Drucks. 18/12415, 20
23 Erman/*Hammermann*, § 1597a BGB Rn. 19 und 22
24 Erman/*Hammermann*, § 1597a BGB Rn. 23 m.w.N.
25 BVerwG NVwZ 2021, 1689, 1693
26 BayVGH NZFam 2021, 1031
27 Erman/*Hammermann*, § 1587a BGB Rn. 20
28 *Knittel*, JAmt 2017, 339, 341.
29 *Kaesling*, NJW 2017, 3686, 3688 m.w.N.
30 *Knittel*, JAmt 2017, 339, 341

- eine entsprechende Mitteilung an die nach § 85 AufenthG zuständige Behörde nach Anhörung der Mutter und des Anerkennenden zu tätigen,
- die Beurkundung auszusetzen und
- die Aussetzung der Mutter, dem Anerkennenden und dem Standesamt mitzuteilen. Die Mitteilung an das Standesamt soll bewirken, dass während der Aussetzung keine anderweitig beurkundete Anerkennung oder Zustimmung eingetragen wird.[31]

In § 1597a Abs. 2 Satz 2 Nr. 1 bis 5 werden sodann beispielhaft Indizien für eine missbräuchliche Anerkennung aufgelistet. Die Anknüpfung an objektive Anzeichen hat bereits das BVerfG in der Entscheidung über die Behördenanfechtung aus Praktikabilitätsgründen gebilligt.[32] Die Aufzählung ist nicht abschließend („insbesondere").[33] Indizien können sich also insbesondere auch aus den in § 85a Abs. 4 AufenthaltsG-E[34] genannten Umständen ergeben.

9 Als Missbrauchsanzeichen benennt das Gesetz

- das Bestehen einer vollziehbaren Ausreisepflicht (Nr. 1), die ausscheidet, wenn der Ausländer eine Aufenthaltserlaubnis, eine Niederlassungserlaubnis oder ein gültiges Visum besitzt,[35]
- die Stellung eines Asylantrages trotz Staatsangehörigkeit zu einem sicheren Herkunftsstaat (Nr. 2),
- fehlende Beziehungen zwischen Annehmenden und Mutter bzw. Kind (Nr. 3),
- den Verdacht mehrfacher Anerkennungen von Vaterschaften für die Kinder verschiedener Mütter[36] zur Schaffung von Einreise- oder Aufenthaltserlaubnissen (Nr. 4) sowie
- den Verdacht der Gewährung eines Vermögensvorteils für Anerkennung bzw. Zustimmung (Nr. 5).

10 Liegen konkrete Anhaltspunkte nach Auffassung der Urkundsperson für eine missbräuchliche Anerkennung vor, ist dem Anerkennenden und der Mutter durch eine – nach dem Wortlaut nicht zwingend persönliche – Anhörung Gelegenheit zu geben, die Bedenken auszuräumen. Ein Indiz für die Missbräuchlichkeit der Anerkennung kann z.B. ausgeschlossen werden bei tatsächlichem Bestehen einer sozial-familiären Beziehung zwischen Anerkennendem und Kind.[37] Umgekehrt sind unvollständige, unrichtige oder verweigerte Angaben über das Kennenlernen und die laufenden Kontakte (weitere) Anzeichen für einen möglichen Missbrauch.[38]

11 Die Beteiligten trifft die entsprechende Darlegungslast.[39] Gelingt es ihnen nicht, die Bedenken auszuräumen, wird die Beurkundung ausgesetzt und es erfolgen die o.g. Mitteilungen. Die Annahme eines Missbrauchsverdachts führt also (noch) nicht zur endgültigen Ablehnung der Beurkundung, sondern zu den oben (siehe Rn. 8) genannten Mitteilungspflichten und der Aussetzung der Beurkundung.[40] Gleichwohl ist die bewusste Umkehrung der Beweislast[41] nicht unbedenklich: Den Beteiligten wird durch Zeitablauf de facto u.U. die Mög-

31 Schulz/Hauß/*Stern*, § 1597a BGB Rn. 9
32 BVerfG NJW 2014, 1364, 1367
33 Erman/*Hammermann*, § 1597a BGB Rn. 40
34 BT-Drs. 20/13255, 11
35 BT-Drucks. 18/12415, S. 21
36 Siehe z.B. VG Bremen StAZ 2024, 150 (Anerkennung von vier Kindern verschiedener Mütter); VG Berlin StAZ 2023, 54 (Anerkennung von sieben Kindern verschiedener Mütter)
37 Schulze/*Kemper*, § 1597a BGB Rn. 6
38 MüKo-BGB/*Wellenhofer*, § 1597a Rn. 20; *Wall*, FamRZ 2024, 1082, 1085 je m.w.N.
39 BT-Drucks. 18/12415, 21; *Wall*, FamRZ 2024, 1082, 1085 m.w.N.
40 *Balzer*, NZFam 2018, 5, 6
41 BT-Drucks. 18/12145, S. 21

lichkeit der pränatalen Vaterschaftsanerkennung und gemeinsamen Sorgerechtserklärung verwehrt. Zudem ist, auch wenn die Beteiligten freiwillig ein Abstammungsgutachten zum Nachweis der leiblichen Vaterschaft des Anerkennenden vorlegen wollen, ein solches vorgeburtlich nach § 15 GendiagnostikG untersagt.[42]

IV. Ermittlungspflicht

Wie die Urkundsperson bzw. die beurkundende Behörde Kenntnis von den aufgelisteten Indizien für einen Missbrauchsverdacht erlangen sollen, bleibt unklar. Mehr als eine schematische Abfrage, ob bei den Beteiligten die Voraussetzungen für ein Regelbeispiel nach § 1597a Abs. 2 Satz 2 BGB vorliegt, ist zumeist nicht möglich, andererseits auch notwendig,[43] sofern es nicht ohnehin an einem „aufenthaltsrechtlichen Gefälle" fehlt, weil Mutter und Anerkennender beide Deutsche sind.[44] 12

Intensive Ermittlungen werden von der Urkundsperson bzw. der beurkundenden Behörde jedenfalls nicht verlangt werden können, insbesondere keine Zeugenvernehmungen. Denn zum einen liegt die abschließende Prüfungskompetenz, ob ein Missbrauch vorliegt oder nicht, bei der Ausländerbehörde, deren Entscheidung verwaltungsgerichtlich angefochten werden kann.[45] Zum anderen bewirkt auch nur eine baldige Entscheidung, ob Mitteilung an die Ausländerbehörde wegen Missbrauchsverdachts erfolgt, ein zügiges Einsetzen der Wirksamkeitssperre des § 1597a Abs. 3 BGB. Mehr als die Würdigung der Aussagen der Beteiligten und ggf. die Vorlage von Dokumenten wie Aufenthaltstitel o.Ä. wird in diesem Stadium unter dem Strich nicht verlangt werden können. 13

Ein Abstammungsgutachten kann nur auf freiwilliger Basis von den Beteiligten vorgelegt werden. Das Anerkennungsverfahren soll dem Staat gerade nicht die Möglichkeit der abstammungsrechtlichen Richtigkeit der Anerkennung eröffnen.[46] Eine Ermächtigungsgrundlage für die Anordnung eines Vaterschaftstests durch die Urkundsperson oder im zweiten Prüfungsabschnitt die Ausländerbehörde gibt es nicht.[47] 14

V. Mitteilungspflicht

Bejaht die für die Beurkundung aufgesuchte Person oder Stelle konkrete Anhaltspunkte für eine missbräuchliche Anerkennung, trifft sie die in Rn. 8 dargestellten Maßnahmen. Wie umfangreich die Mitteilung an die Ausländerbehörde auszusehen hat, lässt sich Gesetzeswortlaut und den Materialien nicht entnehmen, insbesondere nicht, ob sich die Mitteilung auf den bloßen Hinweis auf Verdachtsindizien beschränkt oder auch eine eingehende Darstellung der Beteiligtenaussagen und deren Würdigung zu beinhalten hat. Um der Ausländerbehörde eine zügige Prüfung zu ermöglichen und den Unsicherheitszeitraum auch im Interesse des Kindes möglichst kurz zu halten, spricht viel für eine möglichst detaillierte Mitteilung.[48] 15

Die Mitteilungspflicht trifft auch das mit der Prüfung der Berichtigung einer Registereintragung befasste Gericht, wenn Anhaltspunkte für die Missbräuchlichkeit einer nachträglichen, zunächst durch die nach ausländischem Recht bestehende anderweitige rechtliche

42 *Stern*, NZFam 2017, 740, 741; *Kaesling*, NJW 2017, 3686, 3690; a.A. zur Notwendigkeit und kritisch zur praktischen Umsetzung: *Knittel*, JAmt 2017, 530, 533
43 Schulz/Hauß/*Stern*, § 1597a BGB Rn. 6;
44 *Balzer*, NZFam 2018, 5, 6
45 Schulze/*Kemper*, § 1587a BGB Rn. 7
46 *Balzer*, NZFam 2018, 5, 6
47 *Kaesling*, NJW 2017, 3686
48 *Knittel*, JAmt 2017, 339, 343, empfiehlt die Aufnahme eines Protokolls über die Anhörung hinsichtlich etwaiger Missbrauchsindizien, welches die Beteiligten unterschreiben sollten.

Vaterschaft des Ehemannes gesperrten Anerkennung bestehen.[49] Zweifel daran, ob eine Vaterschaftsanerkennung möglicherweise rechtsmissbräuchlich ist, können auch erst im Zuge einer Beurkundung der Zustimmung der Mutter zu einer bereits beurkundeten Anerkennung auftauchen (siehe § 1597a Abs. 4 BGB). Setzt die Urkundsperson bzw. die beurkundende Behörde in diesem Fall die Beurkundung der Zustimmungserklärung aus, prüft die Ausländerbehörde inzident aus Anlass der (begehrten) Beurkundung der Zustimmung der Kindesmutter die Missbräuchlichkeit der Vaterschaftsanerkennung selbst.[50]

16 Werden Verdachtsindizien verneint und wird die Anerkennung/Zustimmung beurkundet, so ist diese Beurkundung auch dann wirksam, wenn sich im Nachhinein herausstellt, dass doch Anhaltspunkte für eine missbräuchliche Anerkennung vorlagen.[51] Insbesondere kann der Standesbeamte die Eintragung der Vaterschaft in das Geburtenregister nicht mit der Begründung verweigern, es bestünden Anhaltspunkte für einen Missbrauch.[52] Wie allerdings verfahren werden soll, wenn die Beteiligten – spätestens durch die vorzunehmende Anhörung bei etwaigen Verdachtsindizien alarmiert – erklären, sie möchten von einer Beurkundung endgültig Abstand nehmen, sagt das Gesetz nicht. Zutreffend ist in diesem Fall weder für eine Aussetzung der Beurkundung mehr Raum noch für eine Benachrichtigung der Ausländerbehörde, weil diese für eine solche Fallkonstellation nicht vorgeschrieben ist und eine ohne Rechtsgrundlage erfolgende Mitteilung gegen die Verschwiegenheitsverpflichtung verstoßen würde.[53] Hier zeigt sich eine weitere Schwachstelle des Gesetzes bei dessen Umsetzung in der Praxis, weil die Beteiligten in der geschilderten Konstellation natürlich nicht gehindert wären, bei einer anderen Urkundsperson mit entsprechend „angepassten" Angaben ihr Glück zu versuchen.[54] Dem versucht ein Teil der Literatur dadurch entgegenzuwirken, dass jedenfalls nach einer Aussetzungsentscheidung der beurkundenden Stelle die Rücknahme des Beurkundungsantrags für unzulässig erachtet wird.[55]

VI. Beurkundungssperre

17 Die Ausländerbehörde prüft auf die Verdachtsmitteilung der Urkundsstelle hin, ob tatsächlich eine missbräuchliche Vaterschaftsanerkennung bzw. Zustimmung vorliegt. Ist dies der Fall, trifft sie eine entsprechende **Feststellung durch Verwaltungsakt** (§ 1597a Abs. 2 Satz 4 BGB). Dieser kann durch Anfechtungsklage vor dem Verwaltungsgericht angefochten werden, wobei Widerspruch und Klage nach § 84 Abs. 1 Satz 1 Nr. 9 AufenthG keine aufschiebende Wirkung haben.[56] Ist dieser Verwaltungsakt unanfechtbar, ist die Beurkundung von der ursprünglich ersuchten Urkundsperson bzw. Behörde endgültig abzulehnen (§ 1597a Abs. 2 Satz 4 BGB). Die beurkundende Stelle selbst kann nicht von der Entscheidung das Beurkundungsverfahren auszusetzen Abstand nehmen.[57]

18 Während des Prüfungsverfahrens und nach rechtskräftiger Missbrauchsfeststellung ist auch eine anderweitige Beurkundung nicht möglich (§ 1597a Abs. 3 BGB). Eine gleichwohl erfolgte Beurkundung ist unwirksam (§ 1598 Abs. 1 Satz 2 BGB). Allerdings ist diese Unwirksamkeit zunächst als schwebend anzusehen.[58] Wird die Beurkundung während der Prüfung durch die Ausländerbehörde vorgenommen, ergibt die Prüfung aber, dass keine An-

49 OLG Köln FamRZ 2019, 897
50 BVerwG NVwZ 2021, 1689, 1691
51 VG Magdeburg FamRZ 2019, 712
52 OLG Frankfurt StAZ 2022, 268; Beschl. v. 19.9.2019 – 20 W 311/18, juris
53 *Knittel,* JAmt 2017, 339, 343; *Wall,* FamRZ 2024, 1082, 1086
54 *Wall,* FamRZ 2024, 1082, 1086 spricht vom „Taubenshopping", also der gezielten Suche nach einer weniger misstrauischen Urkundsperson
55 BeckOGK-BGB/*Balzer,* § 1597a Rn. 107; *Siede,* NZFam 2022, 488
56 *Sanders,* FamRZ 2017, 1189, 1191
57 OVG Berlin-Brandenburg FamRZ 2020, 508
58 BeckOGK/*Balzer,* § 1598 Rn. 43

haltspunkte für eine missbräuchliche Anerkennung vorliegen, muss die gleichwohl schon vorgenommene Beurkundung nicht wiederholt werden.[59] Dafür spricht bereits die Formulierung „solange" in § 1597a Abs. 3 BGB. Außerdem entfällt mit der Feststellung der Behörde, es liege kein Missbrauch vor, der Zweck des § 1597a Abs. 3 BGB, die Umgehung durch Beurkundung seitens einer anderen Stelle zu verhindern. Stellt die Ausländerbehörde fest, dass **keine Anhaltspunkte** für eine missbräuchliche Anerkennung vorliegen, bindet diese Feststellung auch das Standesamt.[60] Ebenso wenig besteht nach bestandskräftiger Feststellung fehlender Anhaltspunkte für eine Missbräuchlichkeit Veranlassung für eine Aussetzung des Verfahrens auf Beurkundung im Personenstandsregister oder eines etwaigen Berichtigungsverfahrens nach § 48 PStG, wenn nachträglich doch noch Anhaltspunkte für eine Missbräuchlichkeit auftauchen.[61]

§ 1598 BGB
Unwirksamkeit von Anerkennung, Zustimmung und Widerruf

(1) Anerkennung, Zustimmung und Widerruf sind nur unwirksam, wenn sie den Erfordernissen nach § 1594 Absatz 2 bis 4 und der §§ 1595 bis 1597 nicht genügen. Anerkennung und Zustimmung sind auch im Fall des § 1597a Absatz 3 und im Fall des § 1597a Absatz 4 in Verbindung mit Absatz 3 unwirksam.

(2) Sind seit der Eintragung in ein deutsches Personenstandsregister fünf Jahre verstrichen, so ist die Anerkennung wirksam, auch wenn sie den Erfordernissen der vorstehenden Vorschriften nicht genügt.

Übersicht

A. Allgemeines

1 Abs. 1 enthält eine **abschließende Regelung** der zur Unwirksamkeit führenden Erklärungsmängel. Anerkennung, Zustimmung oder der Widerruf sind nur dann unwirksam, wenn sie den Anforderungen der §§ 1594 bis 1597 BGB nicht genügen oder entgegen einer Beurkundungssperre des § 1597a BGB erfolgten. Andere Gründe – etwa die Regelungen der §§ 117, 118, 134, 138 BGB – bewirken keine Unwirksamkeit der Anerkennung. Es berührt daher die Wirksamkeit der Anerkennung nicht, wenn der Zeugung des Kindes ein – in Deutschland verbotener – Leihmutterschaftsvertrag zugrunde lag.[1] Auch die bewusst wahrheitswidrige Anerkenntniserklärung ist wirksam (näher hierzu *Keuter,* § 1594 BGB, Rn. 3).

2 Eine Anfechtung der Anerkennung oder Zustimmung wegen Irrtums, Täuschung oder Drohung (§§ 119, 123 BGB) führt nicht zur Unwirksamkeit der Erklärung. Derartige Willensmängel des Anerkennenden können jedoch im Rahmen eines fristgerecht eingeleiteten Verfah-

59 KG FamRZ 2022, 1487; *Balzer,* NZFam 2022, 710 („unnötige Förmelei"); a.A.: OVG Schleswig, Beschl. v. 22.8.2018 – 4 MB 91/18, juris; MüKo-BGB/*Wellenhofer,* § 1597a Rn. 30; Vorauflage PK-Kindschaftsrecht/*Grün,* § 1597a BGB Rn. 16
60 OLG Frankfurt NJOZ 2022, 548; AG Oldenburg StAZ 2018, 316
61 OLG Hamm StAZ 2022, 50 m.w.N. auch für Gegenmeinung
1 AG Nürnberg JAmt 2010, 82

rens auf Anfechtung der Vaterschaft Bedeutung erlangen. Allerdings führt nicht bereits der Irrtum des Erklärenden zur Feststellung der Nichtvaterschaft, sondern maßgeblich ist, ob das Kind von dem Mann, der die Vaterschaft anerkannt hat, tatsächlich abstammt. Wenn das Kind von diesem Mann abstammt, hat die Anfechtung der Vaterschaft selbst dann keinen Erfolg, wenn die Anerkennung der Vaterschaft auf einem Irrtum oder einer Drohung beruhte.[2] Bei Vorliegen eines Willensmangels nach §§ 119 Abs. 1, 123 BGB gilt im Anfechtungsverfahren jedoch nach § 1600c Abs. 2 BGB ein die Anfechtung erleichternder Beweismaßstab (näher hierzu *Keuter,* § 1600c BGB, Rn. 9 ff.).

B. Inhalt der Norm

I. Die Wirksamkeitsmängel im Einzelnen (Abs. 1)

3 Eine Anerkennung ist gemäß § 1594 Abs. 2 BGB so lange nicht wirksam, wie die **Vaterschaft eines anderen Mannes** besteht. Dieser Wirksamkeitsmangel ist beseitigt, sobald die Vaterschaftszuordnung zu dem anderen Mann beseitigt ist. Dies kann durch ein Vaterschaftsanfechtungsverfahren bewirkt werden, wenn die gerichtliche Entscheidung rechtskräftig die Nichtvaterschaft des bisher als Vater geltenden Mannes feststellt (§ 1599 Abs. 1 BGB) oder – wenn das Kind nach Anhängigkeit eines Scheidungsverfahrens geboren wird – durch ein scheidungsakzessorisches Anerkenntnis der Vaterschaft nach § 1599 Abs. 2 BGB.

4 Ferner ist eine Anerkennungs-, Zustimmungs- und/oder Widerrufserklärung unwirksam, wenn

- die Erklärung inhaltlich unklar oder nicht eindeutig ist,
- die Erklärung entgegen § 1597 Abs. 1 BGB nicht öffentlich beurkundet ist,
- die Erklärung unter einer Bedingung oder Zeitbestimmung abgegeben wurde (§§ 1594 Abs. 3, 1595 Abs. 3 BGB),
- die Erklärung entgegen § 1596 Abs. 4 BGB von einem Bevollmächtigten abgegeben wurde,
- die Anerkennung eines beschränkt geschäftsfähigen minderjährigen Vaters entgegen § 1596 Abs. 1 Satz 1 BGB nicht durch diesen selbst erfolgte,
- die Anerkennung eines beschränkt geschäftsfähigen minderjährigen Vaters ohne Zustimmung des gesetzlichen Vertreters erfolgte (§ 1596 Abs. 1 Satz 2 BGB),
- der Anerkennende, der die Erklärung selbst abgegeben hat, geschäftsunfähig war (§ 1596 Abs. 1 Satz 3 BGB),
- die Anerkennung eines geschäftsunfähigen Mannes von einem Dritten abgegeben wurde, der aber nicht der gesetzliche Vertreter des Mannes ist (§ 1596 Abs. 1 Satz 3 BGB),
- der gesetzliche Vertreter eines geschäftsunfähigen Mannes die Anerkennung ohne Genehmigung des Familien- bzw. Betreuungsgerichts erklärt hat (§ 1596 Abs. 1 Satz 3 HS 2 BGB),
- die Zustimmung der Mutter fehlt (§ 1595 Abs. 1 BGB),
- die Zustimmung einer beschränkt geschäftsfähigen minderjährigen Mutter nicht durch diese selbst erfolgte (§ 1596 Abs. 1 Satz 1 und 4 BGB),

2 *Rauscher,* FPR 2002, 359, 363, 367

- die Zustimmung einer beschränkt geschäftsfähigen minderjährigen Mutter ohne Zustimmung des gesetzlichen Vertreters erfolgte (§ 1596 Abs. 1 Satz 2 und 4 BGB),
- die Mutter bei der Erklärung der Zustimmung geschäftsunfähig war (§ 1596 Abs. 1 Satz 3 und 4 BGB),
- für die geschäftsunfähige Mutter ein Dritter, der nicht der gesetzliche Vertreter der Mutter ist, die Zustimmung erklärt hat (§ 1596 Abs. 1 Satz 3 und 4 BGB),
- für die geschäftsunfähige Mutter der gesetzliche Vertreter die Zustimmung ohne Genehmigung des Familien- bzw. Betreuungsgerichts erklärt hat (§ 1596 Abs. 1 Satz 3 und 4 BGB),
- die gemäß § 1595 Abs. 2 BGB ausnahmsweise erforderliche Zustimmung des Kindes fehlt,
- die gemäß § 1595 Abs. 2 BGB ausnahmsweise erforderliche Zustimmung eines mindestens 14 Jahre alten Kindes nicht von dem Kind selbst erteilt wurde (§ 1596 Abs. 2 Satz 2 BGB),
- die gemäß § 1595 Abs. 2 BGB ausnahmsweise erforderliche Zustimmung eines mindestens 14 Jahre alten, aber noch nicht volljährigen Kindes zwar von dem Kind erklärt wurde, es aber an der Zustimmung des gesetzlichen Vertreters fehlt (§ 1596 Abs. 2 Satz 2 BGB),
- die gemäß § 1595 Abs. 2 BGB ausnahmsweise erforderliche Zustimmung für ein geschäftsunfähiges oder unter 14 Jahre alten Kindes von dem Kind selbst erklärt wurde (§ 1596 Abs. 2 Satz 1 BGB),
- die gemäß § 1595 Abs. 2 BGB ausnahmsweise erforderliche Zustimmung für das geschäftsunfähige oder unter 14 Jahre alte Kind nicht von demjenigen erklärt wurde, der insoweit gesetzlicher Vertreter des Kindes ist (§ 1596 Abs. 2 Satz 1 BGB),
- die Vaterschaftsanerkennung nach § 1597 Abs. 3 BGB wirksam widerrufen wurde,
- eine erforderliche Zustimmung erst erklärt wird, nachdem bereits ein wirksamer Widerruf der Anerkennung nach § 1597 Abs. 3 BGB beurkundet wurde.

Ferner sieht § 1598 Abs. 1 Satz 2 BGB, eingeführt durch das Gesetz zur besseren Durchsetzung der Ausreisepflicht,[3] seit 29.7.2017 die Unwirksamkeit der Anerkennung bzw. der Zustimmung vor, wenn die Beurkundung während einer Beurkundungssperre bzw. nach rechtskräftiger Feststellung der Missbräuchlichkeit der Anerkennung gemäß § 1597a Abs. 3 und 4 BGB erfolgte (siehe hierzu *Keuter*, § 1597a BGB, Rn. 13 f.). Da § 1598 Abs. 1 Satz 2 BGB nur auf § 1597a Abs. 3 BGB verweist, also auf Fälle, in denen die Beurkundung bereits ausgesetzt ist, nicht aber auf § 1597a Abs. 2 oder Abs. 1 BGB, reicht es für die Unwirksamkeit nicht aus, dass die beurkundende Stelle die Beurkundung der Vaterschaftsanerkennung vorgenommen hat, obwohl sie verpflichtet gewesen wäre, die Beurkundung auszusetzen. **5**

Die Aufzählung der Unwirksamkeitsgründe in § 1598 Abs. 1 BGB ist abschließend. Ein etwaiger Verstoß gegen die Mitteilungspflicht nach § 1587a Abs. 2 BGB begründet keine Unwirksamkeit.[4] Ebenso wenig liegt ein zur Unwirksamkeit der Vaterschaftsanerkennung liegender Mangel i.S.v. § 1598 Abs. 1 BGB schon dann vor, wenn der Anerkennende seine wahren Personalien nicht nachweisen kann oder die von ihm im Rechtsverkehr laufend verwendeten Alias-Personalien angibt.[5] **6**

3 BGBl I 2017, S. 2780
4 VG Magdeburg FamRZ 2019, 712 Rn. 19 ff. m.w.N.
5 OVG Sachsen-Anhalt FamRZ 2019, 42

II. Heilung (Abs. 2)

7 Eine Unwirksamkeit wird gemäß § 1598 Abs. 2 BGB geheilt, wenn die Vaterschaft aufgrund der Anerkennung **seit mindestens fünf Jahren in einem deutschen Personenstandsregister eingetragen ist**. Die Eintragung in ein ausländisches Personenstandsbuch hat diese Heilungswirkung nicht.[6] Die Fünfjahresfrist ist nach §§ 187, 188 Abs. 2 BGB zu berechnen. Sie beginnt mit der Eintragung. Für eine Eintragung in einem Personenstandsbuch der ehemaligen DDR begann die Heilungsfrist erst nach dem 3.10.1990 zu laufen.[7] Die Eintragung muss während der Fünfjahresfrist ununterbrochen bestanden haben. Auf diese Weise kann z.B. geheilt werden, dass es an einer wirksamen Vaterschaftsanerkennung fehlte. Wenn etwa anlässlich der Eheschließung der Eltern das Kind in das Familienbuch eingetragen wurde, obwohl es hinsichtlich des vorehelich geborenen Kindes an einer Vaterschaftsanerkennung fehlte, tritt nach fünf Jahren die Heilung dieses Mangels ein.[8]

8 **Nicht heilbar** durch Abs. 2 ist ein **Verstoß gegen die Anerkennungssperre des § 1594 Abs. 2 BGB**; andernfalls entstünde eine doppelte Vaterschaft.[9] Eine bei Anerkennung bereits bestehende Vaterschaftszuordnung zu einem anderen Mann geht – solange sie besteht – jeder anderen Vaterschaftszuordnung vor.[10] Deshalb ist auch nicht heilbar, wenn ein scheidungsakzessorischer Statuswechsel nach § 1599 Abs. 2 BGB eingetragen wurde, obwohl die Zustimmung des Ehemannes zur Vaterschaftsanerkennung fehlte oder es zur rechtskräftigen Scheidung der Ehe nicht gekommen ist. Denn heilbar sind nur Mängel bei der Vaterschaftsanerkennung, nicht jedoch Mängel bei der Beseitigung einer vormaligen Vaterschaftszuordnung. Wenn es im Rahmen des § 1599 Abs. 2 BGB an der Zustimmung des Ehemannes oder an der rechtskräftigen Scheidung fehlt, gilt weiterhin die Vaterschaftszuordnung des § 1592 Nr. 1 BGB zum (vormaligen) Ehemann der Kindesmutter, weshalb wegen § 1594 Abs. 2 BGB die Vaterschaftsanerkennung nicht wirksam werden kann.

C. Streit über die Wirksamkeit der Anerkennung

9 Besteht Streit über die Frage der Wirksamkeit oder Unwirksamkeit einer Anerkennung, kann bei Gericht ein **Antrag auf Feststellung der Wirksamkeit oder Unwirksamkeit der Anerkennung** eingereicht werden (§ 169 Nr. 1 FamFG). Dabei können jedoch nur Unwirksamkeitsgründe geltend gemacht werden, die auf §§ 1594 bis 1597a BGB beruhen, da andere Mängel die Wirksamkeit der Anerkennung nicht berühren (siehe oben Rn. 1).

10 Bei dem gerichtlichen Feststellungsverfahren nach § 169 Nr. 1 FamFG geht es – anders als im Vaterschaftsanfechtungsverfahren – nicht um die Anfechtung der Vaterschaft, sondern um die Frage, ob die Vaterschaftsanerkennung von vornherein unwirksam war, weil sie den Anforderungen der §§ 1594 bis 1597a BGB nicht genügte. Der Antrag auf Feststellung der Unwirksamkeit greift nicht mehr durch, wenn die Mängel bei Einreichung des Antrags bereits gemäß § 1598 Abs. 2 BGB geheilt sind.

11 Die Heilungsfrist des Abs. 2 läuft nicht weiter, wenn ein Antrag auf Feststellung der Unwirksamkeit der Anerkennung anhängig gemacht oder ein Antrag auf Berichtigung des Geburtenbuches nach § 48 Abs. 2 PStG gestellt wird.[11]

12 Bestehen hinreichende Gründe für die Annahme, dass das Kind nicht von dem Mann abstammt, der die Anerkennung erklärt hat, sollte unabhängig von dem Antrag auf Feststellung der Unwirksamkeit der Anerkennung innerhalb der Anfechtungsfrist des § 1600b BGB

6 NK-BGB/*Gutzeit*, § 1598 Rn. 6 m.w.N.
7 Staudinger/*Rauscher*, § 1598 BGB Rn. 15
8 OLG München FamRZ 2011, 1309
9 OLG Stuttgart FamRZ 2019, 607; OLG Frankfurt MDR 2019, 488
10 OLG Köln StAZ 2014, 113; OLG München StAZ 2012, 208
11 MüKo-BGB/*Wellenhofer*, § 1598 Rn. 24 m.w.N.

auch ein Verfahren auf Anfechtung der Vaterschaft betrieben werden. Denn die Anfechtungsfrist des § 1600b BGB wird nur durch einen Antrag auf Feststellung der Nichtvaterschaft nach § 1599 Abs. 1 BGB gewahrt.

§ 1598a BGB

Anspruch auf Einwilligung in eine genetische Untersuchung zur Klärung der leiblichen Abstammung

(1) [1]Zur Klärung der leiblichen Abstammung des Kindes können

1. der Vater jeweils von Mutter und Kind,

2. die Mutter jeweils von Vater und Kind und

3. das Kind jeweils von beiden Elternteilen

verlangen, dass diese in eine genetische Abstammungsuntersuchung einwilligen und die Entnahme einer für die Untersuchung geeigneten genetischen Probe dulden. [2]Die Probe muss nach den anerkannten Grundsätzen der Wissenschaft entnommen werden.

(2) Auf Antrag eines Klärungsberechtigten hat das Familiengericht eine nicht erteilte Einwilligung zu ersetzen und die Duldung einer Probeentnahme anzuordnen.

(3) Das Gericht setzt das Verfahren aus, wenn und solange die Klärung der leiblichen Abstammung eine erhebliche Beeinträchtigung des Wohls des minderjährigen Kindes begründen würde, die auch unter Berücksichtigung der Belange des Klärungsberechtigten für das Kind unzumutbar wäre.

(4) [1]Wer in eine genetische Abstammungsuntersuchung eingewilligt und eine genetische Probe abgegeben hat, kann von dem Klärungsberechtigten, der eine Abstammungsuntersuchung hat durchführen lassen, Einsicht in das Abstammungsgutachten oder Aushändigung einer Abschrift verlangen. [2]Über Streitigkeiten aus dem Anspruch nach Satz 1 entscheidet das Familiengericht.

Weiterführende Literatur: Borth, Das Verfahren zum Entwurf eines Gesetzes zur Klärung der Abstammung unabhängig vom Anfechtungsverfahren gemäß § 1598a BGB-E und dessen Verhältnis zum Abstammungsverfahren nach dem FamFG, FPR 2007, 381; *Helms*, Das neue Verfahren zur Klärung der leiblichen Abstammung, FamRZ 2008, 1033; *Muscheler*, Die Klärung der Vaterschaft FPR 2008, 257; *Wellenhofer*, Das neue Gesetz zur Klärung der Vaterschaft unabhängig vom Anfechtungsverfahren NJW 2008, 1185; siehe im Übrigen Literatur zu § 1591 BGB.

Übersicht

A. Allgemeines

I. Normzweck

1 Die Regelung des § 1598a BGB ist mit dem Gesetz zur **Klärung der Vaterschaft unabhängig vom Anfechtungsverfahren** vom 26.3.2008[1] geschaffen worden und am 1.4.2008 in Kraft getreten. Seitdem können zur Klärung der leiblichen Abstammung eines Kindes der Vater, die Mutter und das Kind vom jeweils anderen gesetzlichen Elternteil bzw. das Kind von beiden Eltern verlangen, dass diese in eine genetische Abstammungsuntersuchung einwilligen und die Entnahme einer für die Untersuchung geeigneten genetischen Probe dulden (Abs. 1). Wird die Einwilligung in die Abstammungsuntersuchung bzw. Entnahme der Probe nicht erteilt, hat das Familiengericht auf Antrag eines Klärungsberechtigten die Einwilligung zu ersetzen und erforderlichenfalls die Duldung zur Probeentnahme anzuordnen (Abs. 2), sofern das Verfahren nicht zur Abwendung einer erheblichen Beeinträchtigung des Kindeswohls auszusetzen ist (Abs. 3). Wer in eine genetische Abstammungsuntersuchung einwilligt und eine genetische Probe abgegeben hat, kann von dem Klärungsberechtigten sowohl Einsicht in das Gutachten als auch die Aushändigung einer Abschrift des Gutachtens verlangen (Abs. 4).

II. Normgeschichte

2 Zur Schaffung eines solchen **statusneutralen Klärungsverfahrens** wurde der Gesetzgeber durch eine Entscheidung des BVerfG vom 13.2.2007 veranlasst,[2] die auf eine Verfassungsbeschwerde gegen die Rechtsprechung des BGH über die Unzulässigkeit und Unverwertbarkeit heimlicher Vaterschaftstests erging.[3] Das BVerfG ist in Übereinstimmung mit dem BGH der Ansicht, dass heimlich eingeholte Vaterschaftstests das Persönlichkeitsrecht des Kindes in seiner Ausformung als informationelles Selbstbestimmungsrecht und das von Art. 6 Abs. 2 GG geschützte Sorgerecht der Mutter verletzen. Das allgemeine Persönlichkeitsrecht umfasst jedoch auch das Recht auf Kenntnis davon, ob eine rechtliche Vaterschaftszuordnung auch der tatsächlichen Abstammung entspricht. Der Gesetzgeber wurde daher vom Bundesverfassungsgericht angehalten, ein rechtsförmiges Verfahren zu schaffen, mit welchem eine Klärung der **Abstammung eines Kindes von seinem rechtlichen Vater** unter erleichterten Voraussetzungen durchgesetzt werden kann, **ohne daran zugleich Folgen für den rechtlichen Status des Kindes zu knüpfen**.

3 Mit der Regelung des § 1598a BGB ist der Gesetzgeber diesem Auftrag nachgekommen. Mit dem Anspruch auf Einwilligung in eine Abstammungsuntersuchung sollen das Recht auf Kenntnis der Abstammung und das Recht auf informationelle Selbstbestimmung in einen angemessenen Ausgleich gebracht werden. Das Verfahren wird mit Recht als zu schwerfällig und kompliziert kritisiert.[4]

§ 1598 BGB-E i.d.F. des DEAbRegE sieht die Umbildung des § 1598a BGB zu einem – statusrechtlich allerdings weiterhin folgenlosen – gerichtlichen Abstammungsfeststellungsverfahren unter gleichzeitiger Erweiterung des Kreises der Anspruchsberechtigten und Anspruchsverpflichteten vor. Anspruchsberechtigt soll nach § 1598 Abs. 1 Satz 2 BGB-E sein:

- jeder Elternteil, zur Feststellung der genetischen Abstammung des Kindes von einem Elternteil,

1 BGBl. I, S. 441
2 FamRZ 2007, 441
3 BGH FamRZ 2005, 340; FamRZ 2005, 342
4 *Witt*, FF 2024, 140 (145).

- das Kind, zur Feststellung der genetischen Abstammung jeweils von beiden Elternteilen sowie von einem mutmaßlich genetischen Elternteil sowie
- ein mutmaßlich genetischer Elternteil, zur Feststellung der genetischen Abstammung des Kindes von ihm.

Ausdrücklich soll also auch dem potenziellen Erzeuger ein Recht zur Klärung eingeräumt werden, ob das Kind von ihm abstammt, wobei zur Vermeidung von Verfahren „ins Blaue" als einschränkende Voraussetzung vorgesehen ist, dass der Anspruchsteller ein „ernsthaftes Interesse an dem Kind" zuvor gezeigt habe (§ 1598 Abs. 3 BGB-E). Bei Umsetzung des Referentenentwurfs würde auch der mutmaßlichen genetischen Mutter ein Klärungsanspruch zustehen. Abs. 3 des geltenden § 1598a BGB soll durch einen neuen § 176a FamFG-E ersetzt werden.[5] Das Ergebnis des nach der Konzeption des Diskussionsentwurfs einzuholenden gerichtlichen Gutachtens soll gemäß § 184 Abs. 2 FamFG-E Wirkung für und gegen alle haben, jedoch keine statusrechtlichen Folgen nach sich ziehen.[6] Inwieweit diese noch von der früheren Ampelkoalition stammenden Pläne auch von der aktuellen Regierung weiterverfolgt werden, ist derzeit nicht absehbar.

B. Inhalt der Norm

I. Anspruch des Klärungsberechtigten (Abs. 1)

1. Klärungsgegenstand

Gegenstand des Anspruchs ist das Klärungsverlangen, ob die genetische Abstammung des Kindes mit der rechtlichen Elternschaft übereinstimmt. Die Klärung der Abstammung erfolgt dabei nicht durch das Gericht, sondern das Gericht verhilft dem Klärungsberechtigten lediglich dazu, dass die Klärungsverpflichteten an einem vom Klärungsberechtigten privat einzuholenden Abstammungsgutachten mitwirken.[7] Dabei unterscheidet der Wortlaut des § 1598a BGB nicht zwischen väterlicher und mütterlicher Abstammung. Nach überwiegender Ansicht eröffnet die Regelung daher auch eine **statusneutrale Klärung der Mutterschaft**, mithin die Einwilligung in ein Abstammungsgutachten zu der Frage, ob die Frau, die das Kind geboren hat, auch die genetische Mutter des Kindes ist.[8] Ob dies dem Willen des Gesetzgebers entsprach, kann zwar mit Blick auf die Gesetzesmotive und die Gesetzessystematik bezweifelt werden. Der Gesetzgeber hatte mit Schaffung dieser Regelung lediglich dem Auftrag des BVerfG folgend eine statusneutrale Klärung dahingehend ermöglichen wollen, ob das Kind von dem rechtlichen Vater abstammt, was schon durch den Namen des Gesetzes, mit welchem diese Regelung geschaffen wurde, zum Ausdruck kommt.[9] Andererseits haben diese Motive im Wortlaut des Gesetzes keinen Niederschlag gefunden und die Überschrift der Norm („... zur Klärung der leiblichen Abstammung") umschließt eindeutig auch die mütterliche Abstammung. 4

2. Anspruchsberechtigte

Anspruchsberechtigte sind der rechtliche Vater,[10] die Mutter und das Kind. Der potenzielle leibliche Vater ist nach aktueller Gesetzeslage vom Klärungsverfahren ausgeschlossen.[11] 5

5 DEAbReG S. 44
6 DEAbReG S. 245.
7 *Wellenhofer*, NZFam 2014, 117, 118
8 KG FamRZ 2018, 1923 m.w.N.
9 Gesetz zur Klärung der Vaterschaft unabhängig vom Anfechtungsverfahren
10 BGH FamRZ 2017, 1685 m.w.N.
11 OLG Nürnberg FamRZ 2013, 227: OLG Karlsruhe FamRZ 2010, 221

Denn § 1598a BGB ermöglicht nur die Klärung, ob die **bestehende rechtliche Zuordnung mit der genetischen Abstammung übereinstimmt**, nicht jedoch die Klärung, von welchem Dritten das Kind abstammt. Diesen Ausschluss des potenziellen leiblichen Vaters hat das BVerfG bisher als verfassungsgemäß gebilligt.[12] Eine gefälschte Geburtsurkunde des Kindes oder eine durch Fälschung herbeigeführte Personenstandseintragung begründen keine die Anspruchsberechtigung auslösende rechtliche Vaterschaft.[13]

3. Anspruchsgegner

6 Der Anspruch kann nach geltendem Recht nur **gegen den rechtlichen Vater, die Mutter und das Kind** geltend gemacht werden. Es kann über § 1598a BGB **nicht ein Dritter in Anspruch genommen** werden, um zu klären, ob dieser Dritte der genetische Vater des Kindes ist.[14] Eine Auslegung der Vorschrift in diesem Sinne ist nicht möglich.[15] Denn ein Feststellungsantrag setzt ein rechtliches Interesse des Antragstellers daran voraus, dass das Rechtsverhältnis durch richterliche Entscheidung festgestellt wird,[16] woran es bei der vom Gesetzgeber ausdrücklich nicht mit Rechtsfolgen versehenen Klärung der biologischen Vaterschaft gemäß § 1598a BGB gerade fehlt. Ein Anspruch auf Einwilligung in die Abstammungsuntersuchung und Probenentnahme kann gegen den mutmaßlichen genetischen Erzeuger auch nicht auf § 178 FamFG gestützt werden.[17] Verfassungsrechtlich ist es nicht geboten, neben dem Vaterschaftsfeststellungsverfahren nach § 1600d BGB auch ein Verfahren zur isolierten, sog. rechtsfolgenlosen Klärung der Abstammung von einem mutmaßlich leiblichen, aber nicht rechtlichen Vater bereitzustellen.[18] Der EGMR[19] hat die gegen diese Entscheidung des BVerfG erhobene Rüge einer Verletzung des Art. 8 EMRK als unzulässig zurückgewiesen, weil die Beschwerde insoweit offensichtlich unbegründet i.S.v. Art. 35 Abs. 3 lit. a), Abs. 4 EMRK sei.

7 Ungeregelt ist, was gilt, wenn einer der in § 1598a Abs. 1 BGB genannten **Anspruchsgegner** bereits **verstorben** ist. Mit Blick auf die verfassungsgerichtlichen Vorgaben, die zur Schaffung des statusneutralen Klärungsverfahrens geführt haben, ist nach verbreiteter Ansicht der Anspruch in entsprechender Anwendung des § 1598a BGB dann gegen die Personen eröffnet, deren Mitwirkung an Stelle derjenigen des Verstorbenen an einer Abstammungsklärung erforderlich ist.[20] Da über die Einwilligung in eine für die Untersuchung erforderliche Probeentnahme – erforderlichenfalls nach Durchführung einer Exhumierung – die **Totenfürsorgeberechtigten** entscheiden, müsste sich der Anspruch nach § 1598a BGB gegen diese richten.[21] Hierzu wäre eine gesetzliche Klarstellung zu wünschen.[22] Ansprüche gegen Verwandte des verstorbenen Antragsgegners auf Probenentnahme bei ihnen selbst gibt es nach zutreffender Ansicht nicht.[23]

---

12 BVerfG FamRZ 2008, 2257
13 BGH FamRZ 2017, 1685
14 OLG Nürnberg FamRZ 2014, 404; OLG Frankfurt ZKJ 2010, 72; Gernhuber/*Coester-Waltjen*, § 52 Rn. 28
15 OLG Frankfurt NJW 2017, 92
16 BGH NJW 2015, 873
17 OLG Zweibrücken FamRZ 2023, 366
18 BVerfG ZKJ 2016, 261
19 EGMR FamRZ 2023, 1800
20 Staudinger/*Rauscher*, § 1598a BGB Rn. 16; *Wellenhofer*, NJW 2008, 1185, 1189; Gernhuber/*Coester-Waltjen*, § 52 Rn. 23; zweifelnd Erman/*Hammermann*, § 1598a Rn. 18
21 MüKo-BGB/*Wellenhofer*, § 1598a Rn. 15 m.w.N. auch für Gegenmeinung
22 Vgl. auch *Helms*, FamRZ 2008, 1033, 1034
23 *Helms*, FamRZ 2008, 1033, 1034; BeckOGK-BGB/*Reuß*, § 1598a Rn. 93 m.w.N.; a.A. *Borth*, FPR 2007, 381, 382

4. Anspruchsvoraussetzungen

Der Anspruch ist bewusst **niederschwellig** ausgestaltet und an keine besonderen **Voraussetzungen** gebunden.[24] Es reicht aus, dass der Klärungsberechtigte sein Klärungsverlangen geltend macht. Er muss dabei nicht darlegen, welche Zweifel er an der tatsächlichen Abstammung vom rechtlichen Vater hat. Abgesehen vom Fall des Abs. 3 gibt es keinen Entscheidungsspielraum für den in Anspruch genommenen Betroffenen.[25] 8

Das Gesetz definiert mit der Benennung der Einwilligungs- und Mitwirkungspflichtigen von vornherein, dass Vater, Mutter und Kind in die Abstammungsbegutachtung einzubeziehen sind. Eine gesonderte Prüfung, ob im Einzelfall die Einbeziehung aller dieser Personen für die Klärung erforderlich ist, sieht das Gesetz nicht vor. Der vereinzelt vertretenen Ansicht, eine verfassungskonforme Auslegung des § 1598a BGB gebiete es, die Kindesmutter nur dann für anspruchsverpflichtet zu erachten, wenn deren Mitwirkung an der Klärung der Abstammung im Einzelfall tatsächlich erforderlich ist,[26] kann nicht gefolgt werden. Sie verkennt, dass ein Abstammungsgutachten hinsichtlich der positiven Feststellung der Vaterschaft stets das Ergebnis einer Wahrscheinlichkeitsrechnung ist. Selbst eine hohe Wahrscheinlichkeit verliert an Aussagekraft, wenn sie nicht auch die Untersuchungsergebnisse der Mutter einbezieht.[27] Ob das Kind von dem rechtlichen Vater abstammt oder ob dieser als Vater ausgeschlossen ist, lässt sich am sichersten dadurch beurteilen, dass die DNA-Merkmale des Kindes mit denen von Vater und Mutter verglichen werden. Die Mutter ist daher nach Möglichkeit stets in das Abstammungsgutachten einzubeziehen. 9

Der Anspruch findet seine **Grenzen nur im Rechtsmissbrauch**, die aber nur in seltenen Ausnahmefällen überschritten ist.[28] Rechtsmissbräuchlich ist es, die Einwilligung in ein Abstammungsgutachten zu verlangen, wenn bereits aus einem früheren gerichtlichen Verfahren ein die Abstammung klärendes Abstammungsgutachten vorliegt.[29] Allerdings kann im Einzelfall trotz Vorliegens eines Abstammungsgutachtens ein Bedürfnis nach (weiterer) Klärung und damit ein Anspruch gemäß § 1598a Abs. 1 Satz 1 BGB gegeben sein, nämlich zum einen bei fehlerhafter Durchführung der Begutachtung und zum anderen dann, wenn das frühere Gutachten lediglich zu einem Grad der Gewissheit geführt hat, der dem nach aktuellen wissenschaftlichen Standards zu erreichenden eindeutig unterlegen ist.[30] Wenig überzeugend erscheint allerdings, dass ein Anspruch auf Abstammungsklärung auch dann gegeben sein soll, wenn in einem vorangegangenen Vaterschaftsfeststellungsverfahren mögliche Einwendungen gegen die Fehlerhaftigkeit des eingeholten Gutachtens nicht geltend gemacht wurden.[31] Allein, dass die fehlende Abstammung vom rechtlichen Vater zwischen den Beteiligten unstreitig ist, steht dem Klärungsverfahren jedoch nicht entgegen. Auch dann kann der Klärungsberechtigte die Einwilligung in ein genetisches Abstammungsgutachten verlangen, um sich Gewissheit zu verschaffen.[32] 10

Die Geltendmachung des Anspruchs nach § 1598a BGB ist an **keine Frist** gebunden. Der Anspruch kann nicht verjähren (§ 194 Abs. 2 BGB). Eine Vereinbarung eines Verzichts auf den Anspruch auf Klärung der Abstammung ist gemäß § 138 BGB unwirksam. Da das Recht auf Kenntnis der Abstammung Bestandteil des verfassungsrechtlich geschützten allgemeinen Persönlichkeitsrechts ist, entfaltet es keine Bindungswirkung für die Zukunft, 11

---

24 OLG Koblenz FamRZ 2014, 406; OLG München FamRZ 2011, 1878
25 OLG Karlsruhe FamRZ 2012, 1148
26 OLG Brandenburg FamRZ 2010, 1817
27 Staudinger/*Rauscher*, § 1598a BGB Rn. 15
28 OLG München FamRZ 2011, 1878
29 OLG Frankfurt FamRZ 2016, 1476; OLG Stuttgart FamRZ 2010, 53
30 BGH FamRZ 2017, 219
31 So aber BGH FamRZ 2019, 1543
32 OLG Düsseldorf JAmt 2011, 31

wenn ein Klärungsberechtigter sich verpflichtet, auf sein Recht auf Kenntnis der eigenen Abstammung zu verzichten.[33]

II. Anspruchsinhalt (Abs. 2)

12 Der Klärungsberechtigte hat Anspruch auf **Einwilligung** in eine genetische Abstammungsuntersuchung und auf **Duldung** der Entnahme einer für die Untersuchung geeigneten genetischen Probe. Einwilligung bedeutet die vorherige Zustimmung zur Abstammungsbegutachtung, nicht die nachträgliche Genehmigung, § 183 BGB. Die **Verpflichtung zur Duldung** der für die Untersuchung erforderlichen Probeentnahme umfasst nicht nur die Verpflichtung, die Probeentnahme passiv hinzunehmen, sondern der Anspruchsgegner ist auch verpflichtet, **an der Probeentnahme aktiv mitzuwirken**, indem er sich zur Probeentnahme begeben und dort seine Identität offenlegen muss.[34] Eine gerichtliche Ersetzung der Einwilligung in die Abstammungsuntersuchung ersetzt gemäß § 17 Abs. 7 GenDG auch die nach § 17 Abs. 1 GenDG notwendige Einwilligung.

13 Ein Anspruch auf Einwilligung und Duldung besteht jedoch nur hinsichtlich einer Probeentnahme und eines Abstammungsgutachtens, das dem Stand der Wissenschaft entspricht. Denn die Anspruchsverpflichteten müssen die Möglichkeit haben, sich vor unseriös erstellten Gutachten zu schützen.[35] Die Probeentnahme und die Erstellung des Gutachtens müssen den Anforderungen des Gendiagnostikgesetzes und der Richtlinie der Gendiagnostik-Kommission für die Anforderungen an die Durchführung genetischer Analysen zur Klärung der Abstammung[36] entsprechen. Deshalb muss das Gericht prüfen, ob die vom Klärungsberechtigten vorgesehene Abstammungsuntersuchung dem Stand der Wissenschaft entspricht. Dies ist immer dann anzunehmen, wenn eine Abstammungsuntersuchung auf der Grundlage der Richtlinien der Gendiagnostik-Kommission für die Anforderungen an die Durchführung genetischer Analysen zur Klärung der Abstammung[37] erfolgen soll.

III. Aussetzung des Verfahrens (Abs. 3)

14 Nach § 1598a Abs. 3 BGB hat das Gericht das Verfahren **auszusetzen**, wenn und solange die Klärung der leiblichen Abstammung eine **erhebliche Beeinträchtigung des Wohls des minderjährigen Kindes** begründen würde, die auch unter Berücksichtigung der Belange des Klärungsberechtigten für das Kind unzumutbar wäre. Eine solche Aussetzung kommt nur während der Minderjährigkeit des betroffenen Kindes in Betracht, und auch dann nur in besonderen Härtefällen. Hierzu bedarf es ganz außergewöhnlicher Umstände, welche atypisch sind und schwerwiegende Folgen für das Kind auslösen können,[38] etwa eine konkrete Suizidgefahr oder eine gravierende Verschlechterung einer bereits bestehenden schweren Erkrankung.[39] Eine durch einen Loyalitätskonflikt ausgelöste Neurodermitis reicht hierzu nicht aus,[40] auch nicht eine psychische Beeinträchtigung, wie sie der Verlust des Vaters ohnehin mit sich bringt.[41]

15 Wenn Umstände i.S.v. Abs. 3 geltend gemacht werden oder dem Gericht ersichtlich sind, empfiehlt es sich, gemäß § 176 Abs. 1 Satz 2 FamFG das Jugendamt anzuhören.

33 Vgl. hierzu auch OLG Nürnberg FamRZ 2014, 1214
34 OLG Braunschweig FamRZ 2024, 1139, 1140; Erman/*Hammermann,* § 1598a Rn. 7
35 BeckOGK-BGB/*Reuß,* § 1598a Rn. 103 u. 160 m.w.N.
36 Bundesgesundheitsblatt 2013, S. 169 ff.
37 Vgl. Bundesgesundheitsblatt 2013, S. 169 ff.
38 OLG Koblenz FamRZ 2014, 406; OLG Karlsruhe FamRZ 2012, 1734; FamRZ 2012, 1148
39 BeckOK-BGB/*Hahn,* § 1598a Rn. 5; NK-BGB/*Gutzeit,* § 1598a Rn. 17
40 OLG Schleswig FamRZ 2011, 1805
41 OLG Koblenz FamRZ 2014, 406

IV. Gegenanspruch des Klärungsverpflichteten (Abs. 4)

16 Dem Klärungspflichtigen wird durch § 1598a Abs. 4 BGB der Anspruch gegen den Klärungsberechtigten eingeräumt, Einsicht in das Abstammungsgutachten zu nehmen oder eine Abschrift des Abstammungsgutachtens zu erhalten. Dieser Anspruch besteht auch dann, wenn der Klärungspflichtige nicht selbst die Einwilligung erteilt hat, sondern die Einwilligung durch das Gericht ersetzt wurde.[42]

C. Verfahren

I. Allgemeines

17 Das Verfahren ist gemäß § 169 Nr. 2 und 3 FamFG eine **Abstammungssache**, so dass die verfahrensrechtlichen Vorschriften des FamFG und die besonderen Regelungen für Abstammungssachen (§§ 169 ff. FamFG) Anwendung finden. Insoweit wird auf die Kommentierung zu §§ 169 ff. FamFG verwiesen.

II. Vollstreckung

18 Der **Einwilligungsbeschluss** bedarf keiner Vollstreckung, sondern die Einwilligung gilt ab Rechtskraft des Beschlusses (§ 184 Abs. 1 FamFG) als erteilt (§ 95 Abs. 1 Nr. 5 FamFG i.V.m. § 894 ZPO). Die **Anordnung der Duldung der Probeentnahme** wird nach § 95 Abs. 1 Nr. 4 FamFG in entsprechender Anwendung von § 890 ZPO mit der Festsetzung von Ordnungsgeld oder Ordnungshaft vollstreckt (Höchstmaß 1.000 EUR bzw. sechs Wochen, Art. 6 EGStGB).[43] Bei wiederholter unberechtigter Verweigerung der Untersuchung kann gemäß § 96a Abs. 2 FamFG die Anwendung unmittelbaren Zwanges, insbesondere die zwangsweise Vorführung zur Untersuchung, angeordnet werden. Eine Vollstreckung der Duldung der Abstammungsuntersuchung ist jedoch ausgeschlossen, wenn die Art der Probeentnahme der zu untersuchenden Person nicht zugemutet werden kann, § 96a FamFG. Die Unzumutbarkeit kann auch daraus herzuleiten sein, dass die konkret beabsichtigte Abstammungsuntersuchung nicht den Anforderungen an den Stand der Wissenschaft entspricht. Für einen Streit hierüber ist jedoch im Vollstreckungsverfahren kein Raum mehr, wenn bereits im Erkenntnisverfahren die konkrete Abstammungsuntersuchung als dem Stand der Wissenschaft entsprechend erachtet und dies durch die Benennung der konkreten Untersuchung in der Entscheidung zum Ausdruck gebracht wurde. Als geeignet kann sowohl eine Blutprobe als auch ein Mundschleimhautabstrich angesehen werden.[44]

III. Gutachten

19 Das gerichtliche Verfahren betrifft nur die Ersetzung der Einwilligung in das Gutachten und die Duldung der Probeentnahme. Die Einholung des Gutachtens selbst ist nicht Bestandteil des Verfahrens nach § 1598a BGB. Sie erfolgt nicht durch das Gericht, sondern ist von dem Klärungsberechtigten selbst in Auftrag zu geben, der als Auftraggeber des Gutachtens auch die Kosten für die Erstellung des Gutachtens selbst zu tragen hat.[45] Der Anspruchsverpflichtete kann seine Mitwirkung nicht von einer vorherigen Kostenübernahmeerklärung abhängig machen.[46]

---

42 *Muscheler,* FPR 2008, 257, 261; NK-BGB/*Gutzeit,* § 1598a Rn. 18 m.w.N.
43 OLG Braunschweig FamRZ 2024, 1139
44 MüKo-BGB/*Wellenhofer,* § 1598a Rn. 30 m.w.N.
45 OLG Brandenburg Beschl. v. 3.9.2020 – 9 WF 202/20, juris; MüKo-BGB/*Wellenhofer,* § 1598a Rn. 28 m.w.N.
46 OLG Brandenburg Beschl. v. 3.9.2020 – 9 WF 202/20, juris

D. Verhältnis zur Anfechtung der Vaterschaft

20 **Während eines gerichtlichen** Klärungsverfahrens nach § 1598a Abs. 2 und Abs. 3 BGB ist der Lauf der Anfechtungsfrist gehemmt (§ 1600b Abs. 5 BGB). In der Zeit ab Eingang des Antrags bei Gericht läuft die Anfechtungsfrist nicht weiter. Die Hemmung endet gemäß § 1600b Abs. 5 i.V.m. § 204 Abs. 2 BGB sechs Monate nach rechtskräftiger Entscheidung oder anderweitiger Beendigung des Klärungsverfahrens.[47] Da die Einholung des Abstammungsgutachtens selbst nicht Bestandteil des Klärungsverfahrens ist, bewirkt die Dauer der Abstammungsbegutachtung selbst keine Hemmung der Anfechtungsfrist.

Das als Folge eines Verfahrens nach § 1598a BGB eingeholte Gutachten ist ein **Privatgutachten**, das gemäß § 177 Abs. 2 Satz 2 FamFG im Anfechtungsverfahren nur verwertet werden kann, wenn das Gericht keine Zweifel an der Richtigkeit des Gutachtens hat und die Beteiligten der Verwertung des Gutachtens zustimmen.[48]

§ 1599 BGB

Nichtbestehen der Vaterschaft

(1) § 1592 Nr. 1 und 2 und § 1593 gelten nicht, wenn auf Grund einer Anfechtung rechtskräftig festgestellt ist, dass der Mann nicht der Vater des Kindes ist.

(2) [1]§ 1592 Nr. 1 und § 1593 gelten auch nicht, wenn das Kind nach Anhängigkeit eines Scheidungsantrags geboren wird und ein Dritter spätestens bis zum Ablauf eines Jahres nach Rechtskraft des dem Scheidungsantrag stattgebenden Beschlusses die Vaterschaft anerkennt; § 1594 Abs. 2 ist nicht anzuwenden. [2]Neben den nach den §§ 1595 und 1596 notwendigen Erklärungen bedarf die Anerkennung der Zustimmung des Mannes, der im Zeitpunkt der Geburt mit der Mutter des Kindes verheiratet ist; für diese Zustimmung gelten § 1594 Abs. 3 und 4, § 1596 Abs. 1 Satz 1 bis 3, Abs. 3 und 4, § 1597 Abs. 1 und 2 und § 1598 Abs. 1 entsprechend. [3]Die Anerkennung wird frühestens mit Rechtskraft des dem Scheidungsantrag stattgebenden Beschlusses wirksam.

Übersicht Rn.

A. Allgemeines

I. Normgeschichte

1 Die Regelung wurde mit dem KindRG mit Wirkung zum 1.7.1998 geschaffen. Die vorher geltende Ehelichkeitsanfechtung und die bisherige Anerkennungsanfechtung wurden in ein

47 MüKo-BGB/*Wellenhofer*, § 1600b Rn. 42; Grüneberg/*Siede*, § 1598a Rn. 26
48 OLG Naumburg NJW-RR 2013, 1413

einheitliches Rechtsinstitut der Vaterschaftsanfechtung zusammengeführt. Mit Abs. 2 wurde mit dem KindRG eine im deutschen Recht völlig neue Regelung getroffen, die unter den dort genannten Voraussetzungen ein gerichtliches Vaterschaftsanfechtungsverfahren entbehrlich machen kann.

II. Normzweck

Abs. 1 ist die Grundnorm der Vaterschaftsanfechtung und bringt den **Vorrang der biologischen Wahrheit** vor der rechtlichen Vermutung der Vaterschaft zum Ausdruck. Unter den Voraussetzungen der §§ 1600 bis 1600c BGB kann eine Vaterschaftszuordnung, die darauf beruht, dass die Kindesmutter zum Zeitpunkt der Geburt verheiratet war (§ 1592 Nr. 1 BGB), dass die Ehe der Kindesmutter bei Geburt des Kindes zwar schon durch Tod des Ehemannes beendet war, jedoch die Empfängniszeit in die Ehezeit zurückreichte, oder dass die Vaterschaft anerkannt wurde (§ 1592 Nr. 2 BGB), angefochten werden. 2

Ob eine mit der tatsächlichen Abstammung nicht übereinstimmende Vaterschaftszuordnung beseitigt wird, hängt davon ab, ob ein Anfechtungsberechtigter (§§ 1600, 1600a BGB) rechtzeitig (§ 1600b BGB) ein Anfechtungsverfahren betreibt. Wird von keiner der zur Anfechtung der Vaterschaft berechtigten Personen innerhalb der Anfechtungsfrist von der Möglichkeit der Anfechtung der Vaterschaft Gebrauch gemacht, erwächst die rechtliche Vaterschaftszuordnung auch dann auf Dauer in **Bestandskraft**, wenn der rechtlich als Vater geltende Mann nicht der biologische Vater des Kindes ist. 3

Abs. 1 normiert ferner das **Prinzip der gerichtlichen Anfechtung**. Die Beseitigung der rechtlichen Vaterschaftszuordnung unterliegt grundsätzlich nicht der Disposition der Beteiligten. Der Statusverlust tritt erst und nur durch den rechtskräftigen Gestaltungsausspruch des Familiengerichts – der Feststellung der Nichtvaterschaft – in einem Vaterschaftsanfechtungsverfahren ein. 4

Von diesem Prinzip macht Abs. 2 eine wichtige Ausnahme. Diese Regelung ermöglicht einen auf Willenserklärungen beruhenden **scheidungsakzessorischen Statuswechsel**. Damit soll dem Umstand Rechnung getragen werden, dass im Lauf eines Scheidungsverfahrens geborene Kinder häufig aus einer neuen Partnerschaft der Mutter hervorgehen und nicht von dem „Noch-Ehemann" abstammen. Das Gesetz will den Beteiligten bei solchen Kindern einen Weg eröffnen, ohne ein gerichtliches Verfahren auf Anfechtung der Vaterschaft die Vaterschaftszuordnung zum bisherigen Ehemann zu beseitigen und gleichzeitig die Vaterschaftszuordnung zum die Vaterschaft anerkennenden Mann zu begründen. Insoweit ist die Regelung des § 1599 Abs. 2 BGB eine **Mischnorm von Anfechtung und Anerkennung der Vaterschaft**, die in ihren Rechtswirkungen Elemente aus beidem vereinigt.[1] 5

§§ 1597 bis 1597j BGB-E i.d.F des DEAbReG[2] sehen eine Neuregelung der Anfechtungsregeln vor. Die geplante Möglichkeit der Besetzung der zweiten Elternstelle auch mit einer weiblichen Person oder einer solchen ohne bzw. mit diverser Geschlechtszugehörigkeit bedingt eine Ausweitung der bestehenden Vaterschaftsanfechtung zu einer Elternschaftsanfechtung. Die Anfechtungsfrist soll unverändert bei zwei Jahren verbleiben, allerdings bei Anfechtung durch das volljährige Kind nicht vor dessen Vollendung des 21. Lebensjahres enden (§ 1597c Abs. 2 BGB-E). Wusste die anerkennende oder zustimmende Person um die fehlende genetische Abstammung, soll nach § 1597d BGB-E die Anfechtung erfolglos bleiben. 6

Die Pläne zur Abstammungsreform sehen außerdem den Ausbau des geltenden § 1599 Abs. 2 BGB zur Möglichkeit eines **scheidungsunabhängigen Statuswechsels** vor: Nach 7

1 BGH FamRZ 2012, 616
2 Abrufbar unter www.bmj.de

§ 1595d Abs. 2 BGB-E soll ein Statuswechsel zeitlich unabhängig und ohne Notwendigkeit eines Scheidungsverfahrens ohne gerichtliches Verfahren auch dann möglich werden, wenn eine andere Person, von welcher das Kind genetisch abstammt, die Elternschaft mit Zustimmung des Kindes und des bisherigen zweiten Elternteils anerkennt und mit der Geburtsmutter kein Elternschaftsverzicht vereinbart worden war.

Dieser Entwurf geht über die Planungen im Eckpunktepapier Abstammungsrecht,[3] das einen solchen Statuswechsel nur innerhalb von acht Wochen nach der Geburt vorsah, deutlich hinaus. Die Regelung würde es über das geltende Recht hinaus ermöglichen, auch im Fall eines **so genannten verziehenen Seitensprungs**, ohne dass also ein Scheidungsantrag gestellt wird, auf einvernehmliche Weise den rechtlichen Elternteil auszuwechseln, wenn Einigkeit besteht, dass der Seitensprungpartner die rechtliche Elternschaft für das Kind übernehmen soll.[4] Der Wegfall der ursprünglich vorgesehenen Frist würde dies in bedenklicher Weise auch nach Ablauf sämtlicher Anfechtungsfristen ermöglichen. Ob und inwieweit allerdings die geplanten Regelungen des noch von der Ampelkoalition verantworteten Diskussionsentwurfs zum AbReG von der neuen Regierung umgesetzt werden, bleibt abzuwarten.

B. Inhalt der Norm

I. Vaterschaftsanfechtung (Abs. 1)

1. Zugangsvoraussetzung

8 Die Anfechtung der Vaterschaft ist nur bei der ehebedingten (§§ 1592 Nr. 1, 1593 BGB) und bei der auf Vaterschaftsanerkennung beruhenden Vaterschaftszuordnung (§ 1592 Nr. 2 BGB) eröffnet. Sie kommt nicht in Betracht bei der Vaterschaftszuordnung nach § 1592 Nr. 3 BGB durch gerichtliche Feststellung der Vaterschaft. Wenn eine rechtskräftige gerichtliche Feststellung der Vaterschaft erfolgt ist, steht mit Wirkung für und gegen alle (§ 184 Abs. 2 FamFG) unabänderbar (§ 184 Abs. 1 Satz 2 FamFG) die Abstammung des Kindes fest. Die rechtskräftige gerichtliche Feststellung der Vaterschaft kann nur im Wege eines Restitutionsverfahrens nach § 185 FamFG, §§ 580 ff. ZPO beseitigt werden.

9 Ein **Rechtsschutzbedürfnis** für ein Verfahren auf Anfechtung der Vaterschaft besteht immer dann, wenn die rechtliche Vaterschaftszuordnung von der behaupteten tatsächlichen Abstammung abweicht. Auch wenn die Anerkennung der Vaterschaft bewusst wahrheitswidrig oder in Kenntnis des Mehrverkehrs der Kindesmutter erfolgt ist, lässt dies das Rechtsschutzbedürfnis nicht entfallen (siehe aber zu Reformplänen Rn. 6).[5] Umgekehrt besteht auch keine Verpflichtung zur Anfechtung der Vaterschaft, beispielsweise um dadurch den Mindestunterhalt für weitere Kinder zu sichern.[6] Auch dann, wenn ein Vorgehen nach § 1599 Abs. 2 BGB möglich wäre, fehlt es nicht am Rechtsschutzbedürfnis für ein Verfahren auf Anfechtung der Vaterschaft.[7] Denn § 1599 Abs. 2 BGB beseitigt die Vaterschaft nur bei Rechtskraft der Scheidung. Es entzieht sich jedoch dem Einfluss des Anfechtenden, ob und wann es tatsächlich zu einem rechtskräftigen Scheidungsausspruch kommt. Kommt es zu keiner rechtskräftigen Scheidung (z.B. weil einer der Ehegatten vorher verstirbt), führt § 1599 Abs. 2 BGB nicht zur Beseitigung der Vaterschaftszuordnung. Dies begründet für den Anfechtenden die Gefahr, dass bei einem erst dann eingeleiteten Anfechtungsverfahren die Anfechtungsfrist des § 1600b BGB abgelaufen ist.

---

3 Eckpunktepapier Abstammungsrecht, S. 11, abrufbar unter www.bmj.de
4 DEAbReG S. 158 f.
5 OLG Köln FamRZ 2006, 1260; OLG Nürnberg FamRZ 2012, 1739
6 OLG Düsseldorf NZFam 2019, 115 mit abl. Anm. *Sarres*
7 OLG Brandenburg FamRZ 2008, 68; a.A. OLG Naumburg FamRZ 2008, 432

2. Verfahren

Das Verfahren wird durch den beim zuständigen Familiengericht (§ 170 FamFG) einzureichenden **Antrag** (§ 171 FamFG) eines Anfechtungsberechtigten (vgl. § 1600 BGB) eingeleitet. Der Antrag muss das Verfahrensziel und die betroffenen Personen bezeichnen und einen gegen die Vaterschaft sprechenden begründeten **Anfangsverdacht schlüssig darlegen** (vgl. § 171 Abs. 2 FamFG). Hierzu genügt es nicht, wenn lediglich behauptet wird, nicht der Vater des Kindes zu sein. Zur Schlüssigkeit eines Anfechtungsantrags gehören alle Tatsachen, die notwendig sind, damit der Antrag begründet erscheint, mithin sowohl die **gegen die Vaterschaft sprechenden Umstände** als auch der **Zeitpunkt ihrer Kenntniserlangung**, damit das Gericht im Rahmen der Schlüssigkeitsprüfung beurteilen kann, ob die Anfechtungsfrist des § 1600b BGB gewahrt ist.[8] Die Erforderlichkeit diesbezüglichen Vortrags bringt auch § 171 Abs. 2 Satz 2 FamFG zum Ausdruck. 10

Ein schlüssiger Vaterschaftsanfechtungsantrag erfordert die Darlegung **konkreter Anhaltspunkte**, welche im Sinne eines Anfangsverdachts die Annahme zulassen, dass das Kind nicht vom Scheinvater abstammt.[9] Solche Anhaltspunkte können sein, dass der Antragsteller einen Geschlechtsverkehr mit der Mutter des Kindes in der Empfängniszeit verneint oder substantiiert Mehrverkehr der Kindesmutter darlegt.[10] Auch die Darlegung sonstiger Umstände, die den Schluss zulassen, dass eine Vaterschaft des Scheinvaters ausgeschlossen ist, kommt in Betracht. So begründet etwa die ärztlich attestierte eingeschränkte Fertilität in Verbindung mit der Weigerung der Mutter, an einem außergerichtlichen Vaterschaftstest mitzuwirken, einen solchen Anfangsverdacht.[11] Ansonsten ist jedoch die Weigerung der Mutter, an einem außergerichtlichen Vaterschaftstest mitzuwirken, allein nicht ausreichend, um damit einen Anfangsverdacht schlüssig zu begründen.[12] Auch der bloße Hinweis darauf, dass bezüglich eines anderen während der Ehe geborenen Kindes die Vaterschaft erfolgreich angefochten wurde, genügt nicht.[13] 11

Auf einen **heimlichen Vaterschaftstest** kann ein Anfangsverdacht nicht gestützt werden.[14] Wenn aber die Kindesmutter als Reaktion auf ein heimlich eingeholtes Vaterschaftsgutachten Mehrverkehr einräumt, so ist diese Erklärung der Mutter als Anfangsverdacht ausreichend.[15]

Beteiligte des Verfahrens sind der Antragsteller (§ 7 Abs. 1 FamFG) sowie gemäß § 172 FamFG das Kind, die Mutter und der rechtliche Vater, sofern sich ihre Beteiligtenstellung nicht ohnehin bereits daraus ergibt, dass sie Antragsteller des Verfahrens sind. Ein **minderjähriges Kind** ist im Verfahren selbst nicht verfahrensfähig (§ 9 Abs. 2 FamFG). Die Regelung des § 9 Abs. 1 Nr. 3 FamFG findet in Abstammungsverfahren keine Anwendung, da im Recht der Anfechtung der Vaterschaft Kinder, die das 14. Lebensjahr bereits vollendet haben, keine Sonderstellung haben. 12

Das Familiengericht hat nach § 175 Abs. 1 FamFG zunächst mit den Beteiligten einen **Erörterungstermin** durchzuführen. Dabei geht es darum zu klären, ob die Einholung eines Abstammungsgutachtens erforderlich ist und welche Personen in die Begutachtung einzubeziehen sind. Die Einholung eines Gutachtens ist z.B. dann entbehrlich, wenn sich als Ergebnis des Erörterungstermins herausstellt, dass die Anfechtungsfrist des § 1600b BGB nicht gewahrt ist. 13

---

8 OLG Karlsruhe FuR 1998, 380
9 OLG Dresden FamRZ 1997, 1297
10 OLG Karlsruhe FamRZ 2001, 1532
11 OLG Dresden FamRZ 2006, 1129
12 BGH FamRZ 2005, 340; FamRZ 2005, 342
13 OLG Köln FamRZ 2006, 54
14 BVerfG FamRZ 2007, 441; BGH FamRZ 2005, 340; FamRZ 2005, 342
15 OLG Koblenz FamRZ 2006, 608

Das Familiengericht hat dem minderjährigen Kind gemäß § 174 FamFG einen **Verfahrensbeistand** zu bestellen, sofern dies zur Wahrnehmung seiner Interessen erforderlich ist; dies dürfte nur selten in Betracht kommen, weil im Abstammungsrecht als Statusrecht das Kindeswohl nur in sehr begrenztem Umfang Bedeutung hat.[16] Bei der Anfechtung durch den potenziellen leiblichen Vater und bei der Anfechtung durch das gesetzlich vertretene Kind ist gemäß § 176 FamFG das **Jugendamt** am Verfahren zu beteiligen. Dessen Beteiligung kann auch in anderen Abstammungsverfahren erfolgen, wenn das betroffene Kind noch minderjährig ist.

14 Das Familiengericht hat alle in Betracht kommenden und für die Klärung der Abstammung erforderlichen **Beweiserhebungen** von Amts wegen vorzunehmen (§ 26 FamFG), wobei jedoch im Anfechtungsverfahren durch § 177 Abs. 1 FamFG die Amtsermittlungspflicht dahingehend eingeschränkt ist, dass gegen die Vaterschaft sprechende Umstände nicht von Amts wegen zu berücksichtigen sind. Regelmäßig wird die Einholung eines Abstammungsgutachtens anzuordnen sein (vgl. § 178 FamFG). Wenn ein solches Gutachten nicht eingeholt werden kann oder zu keinen aussagekräftigen Ergebnissen führt, kommt die Vermutungswirkung des § 1600c BGB zum Tragen.

15 Das Familiengericht entscheidet durch Beschluss, der erst mit Rechtskraft wirksam wird (§ 184 Abs. 1 Satz 1 FamFG). Wird auf den Antrag des potenziellen leiblichen Vaters die Nichtvaterschaft festgestellt, setzt dies nach § 1600 Abs. 2 BGB voraus, dass der Anfechtende auch tatsächlich der leibliche Vater ist. Deshalb ist bei der Anfechtung durch den leiblichen Vater zugleich die Vaterschaft des Anfechtenden in der Beschlussformel auszusprechen (§ 182 Abs. 1 FamFG).

16 Hat ein Antrag auf Anfechtung der Vaterschaft Erfolg, haben gemäß § 183 FamFG die Beteiligten – mit Ausnahme des minderjährigen Kindes – die Gerichtskosten zu gleichen Teilen zu tragen; ihre außergerichtlichen Kosten haben die Beteiligten jeweils selbst zu tragen. Wenn ein Anfechtungsantrag abgewiesen wird, richtet sich die Kostenentscheidung nach § 81 FamFG.[17] Der Gebührenwert ist gemäß § 47 Abs. 1 FamGKG in der Regel mit 2.000 EUR zu bemessen, wobei gemäß § 47 Abs. 2 FamGKG das Gericht einen höheren oder niedrigeren Wert festsetzen kann, wenn der Regelwert nach den besonderen Gründen des Einzelfalles unbillig ist.

▶ *Näher zum gerichtlichen Verfahren siehe Langer, § 169 ff. FamFG.*

3. Begründetheit der Vaterschaftsanfechtung

17 Die Anfechtung der Vaterschaft ist begründet, wenn

- die Zulässigkeitsvoraussetzungen für ein gerichtliches Vaterschaftsanfechtungsverfahren vorliegen,
- von einem nach § 1600 BGB zur Anfechtung Berechtigten,
- innerhalb der Anfechtungsfrist (§ 1600b BGB),
- ein schlüssiger Anfechtungsantrag beim Gericht eingereicht wurde, und
- als Ergebnis der Beweisaufnahme zur Überzeugung des Gerichts entweder die Vaterschaftsvermutung des § 1600c Abs. 1 BGB widerlegt ist – d.h. die Nichtvaterschaft feststeht oder
- die Vaterschaftsvermutung wegen § 1600c Abs. 2 Satz 1 BGB ausnahmsweise nicht gilt und die Vaterschaft nicht entsprechend § 1600d Abs. 2 und 3 BGB festzustellen ist.

---

16 OLG Celle FamRZ 2019, 303 (LS)

17 Eingehend zur Kostenentscheidung in Abstammungssachen: *Dürbeck*, NZFam 2019, 524

Wegen der Vermutungswirkung des § 1600c Abs. 1 BGB trägt derjenige, der die Nichtvaterschaft geltend macht, die Feststellungslast dafür, dass das Kind nicht von dem als Vater geltenden Mann abstammt. **Bleibt die Nichtvaterschaft ungeklärt, hat der Anfechtungsantrag keinen Erfolg.** Etwas anderes gilt jedoch dann, wenn wegen § 1600c Abs. 2 BGB die Vermutungswirkung ausnahmsweise nicht gilt. Bleibt in einem solchen Fall ungeklärt, ob das Kind von dem als Vater geltenden Mann abstammt, geht dies zu Lasten der bisherigen Vaterschaftszuordnung und die Anfechtung hat Erfolg. 18

4. Wirkungen der Feststellung der Nichtvaterschaft

Mit der formellen Rechtskraft der die Nichtvaterschaft feststellenden Entscheidung entfällt mit Wirkung für und gegen alle (§ 184 Abs. 2 FamFG) die bisherige Vaterschaftszuordnung, und zwar **mit Rückwirkung auf den Tag der Geburt** des Kindes.[18] Das Kind wird damit rechtlich vaterlos. Eine etwaige bisherige gemeinsame elterliche Sorge von Mutter und Scheinvater entfällt, die **alleinige elterliche Sorge** für das Kind wächst gemäß § 1626a Abs. 3 BGB der Mutter zu.[19] Ein Recht des bisherigen Scheinvaters zum **Umgang** mit dem Kind kann mit rechtskräftiger Feststellung der Nichtvaterschaft nicht mehr aus § 1684 BGB hergeleitet werden.[20] Jedoch kann auch nach rechtskräftiger Feststellung der Nichtvaterschaft ein Umgangsrecht des Scheinvaters unter den Voraussetzungen des § 1685 Abs. 2 BGB bestehen (näher hierzu *Gottschalk,* § 1685 BGB Rn. 12). 19

Hat ein Kind nur deshalb die deutsche **Staatsangehörigkeit**, weil der bisher als Vater geltende Mann Deutscher ist, dann führte die Rückwirkung der zivilrechtlichen Feststellung der Nichtvaterschaft nach früherem Recht ausnahmslos dazu, dass der Erwerb der deutschen Staatsangehörigkeit fortfällt. Diese Rechtsfolge hat das BVerfG nur für den Fall als verfassungsgemäß gebilligt, in dem das betroffene Kind noch kein eigenes Vertrauen in den Bestand der Staatsangehörigkeit entwickelt hat.[21] Diese Grenze zieht der Gesetzgeber entsprechend den Regelungen des § 17 Abs. 2 und 3 StAG bei der Vollendung des fünften Lebensjahres. Für Kinder unterhalb dieser Altersgrenze wäre es damit grundsätzlich verfassungsrechtlich möglich, die Feststellung des Nichtbestehens der Vaterschaft, welche die Staatsangehörigkeit vermittelt, als Grund für den Verlust der Staatsangehörigkeit zu werten. 20

Allerdings bedarf es hierfür gemäß Art. 16 Abs. 1 Satz 2 GG einer klaren **gesetzlichen Verlustregelung**. Eine solche liegt bis heute nicht vor.[22] Erforderlich ist eine ausdrückliche Regelung, die den Verlust der deutschen Staatsangehörigkeit als Rechtsfolge einer die Vaterschaft beendenden Anfechtung klar erkennbar anordnet. Nicht ausreichend ist eine nur mittelbare Regelung, die den Verlust der deutschen Staatsangehörigkeit lediglich impliziert.[23] § 1599 BGB bestimmt lediglich die familienrechtliche Folge des Verlusts der Vaterstellung bei erfolgreicher Anfechtung, trifft aber keine Bestimmung über die Staatsangehörigkeit. Auch § 4 StAG ist keine ausreichende Grundlage, da die Vorschrift nur den Erwerb der Staatsangehörigkeit normiert, nicht deren Verlust.[24] Nicht ausreichend ist auch § 17 StAG, da die Vaterschaftsanfechtung nicht als Verlustgrund genannt wird.[25] Ohne eine dem Gesetzesvorbehalt und dem Zitiergebot des Art. 19 GG entsprechende bislang fehlende Rege-

18 BVerfG FamRZ 2019, 1624; MüKo-BGB/*Wellenhofer,* § 1599 Rn. 52 m.w.N.
19 BeckOGK/*Reuß,* § 1599 Rn. 128; Erman/*Hammermann,* § 1599 Rn. 24
20 Vgl. auch BGH FamRZ 1988, 711
21 BVerfG FamRZ 2007, 21
22 BayVGH FamRZ 2023, 1977; OVG Lüneburg NZFam 2023, 1104; OVG Münster FamRZ 2023, 1979 (Ls)
23 BVerfG FamRZ 2019, 1624; BayVGH FamRZ 2023, 1977; OVG Münster Beschl. v. 19.9.2023 – 19 A 2192/21, juris; a.A. BVerwG FamRZ 2018,1160
24 OVG Lüneburg NZFam 2023, 1104
25 OVG Lüneburg NZFam 2023, 1104

lung führt deshalb die erfolgreiche Vaterschaftsanfechtung nicht zu einem Verlust der deutschen Staatsangehörigkeit.[26]

21 Mit Rechtskraft der Feststellung der Nichtvaterschaft entfällt rückwirkend jede **gesetzliche Unterhaltspflicht des Scheinvaters** gegenüber dem Kind.[27] Einer Vollstreckung aus früheren Unterhaltstiteln kann der Scheinvater mit einem Vollstreckungsabwehrantrag begegnen. In Höhe des vom Scheinvater geleisteten Unterhalts gehen die Unterhaltsansprüche des Kindes auf den Scheinvater über (§ 1607 Abs. 3 BGB); zum Scheinvaterregress vgl. die Kommentierung zu § 1600d Abs. 4 BGB. Der Regressanspruch des Scheinvaters gegen den leiblichen Vater erstreckt sich auch auf die ihm durch das Vaterschaftsanfechtungsverfahren entstandenen Kosten.[28]

22 Bei Feststellung der Nichtvaterschaft kann der Betreuungsbedarf dieses Kindes gegen den Scheinvater keinen Betreuungsunterhaltsanspruch mehr nach § 1570 BGB oder nach § 1615l BGB auslösen. Ein aus anderen Gründen bestehender nachehelicher Unterhaltsanspruch oder ein Anspruch auf Trennungsunterhalt aus § 1361 BGB kann auch nach Feststellung der Nichtvaterschaft fortbestehen, wobei jedoch ein solcher Anspruch nach § 1579 verwirkt sein kann.[29]

II. Scheidungsakzessorischer Vaterwechsel (Abs. 2)

1. Voraussetzungen

23 Abs. 2 setzt voraus, dass die Mutter zum Zeitpunkt der Geburt des Kindes (noch) verheiratet ist und bezüglich dieser Ehe bei Gericht ein **Scheidungsantrag anhängig** ist. Die Vollendung der Geburt muss nach Anhängigkeit des Scheidungsantrags, mithin nach Einreichung des Scheidungsantrags bei Gericht,[30] erfolgen. Rechtshängigkeit durch bereits erfolgte Zustellung des Scheidungsantrages ist nicht notwendig. Die Vorschrift ist bei einem Antrag auf Aufhebung der Ehe analog anwendbar.[31]

24 Die Vaterschaft zu dem Kind muss von einem anderen Mann, der nicht der Ehemann der Kindesmutter ist, anerkannt werden. Die **Anerkennung** unterliegt in vollem Umfang den Bestimmungen der §§ 1594 bis 1598 BGB. Sie kann auch bereits vor der Geburt des Kindes erfolgen und bedarf der öffentlichen Beurkundung. Wie jede Anerkennung der Vaterschaft bedarf es der **Zustimmung** der **Kindesmutter** (§ 1595 Abs. 1 BGB) und unter den Voraussetzungen des § 1595 Abs. 2 BGB auch der Zustimmung des **Kindes**.

25 Zusätzlich ist die Zustimmung des mit der Mutter zum Zeitpunkt der Geburt des Kindes verheiratet gewesenen **Ehemannes** erforderlich (Abs. 2 Satz 2), und zwar auch dann, wenn nach einer gemäß Art. 19 Abs. 1 EGBGB ebenfalls berufenen ausländischen Rechtsordnung die in der Ehe erklärte Anerkennung der Vaterschaft durch einen Dritten auch ohne Zustimmung des Ehemannes Rechtswirkungen erlangen würde.[32] Auch diese Zustimmung ist eine einseitige, nicht empfangsbedürftige Willenserklärung, die der öffentlichen Beurkundung bedarf. Eine Zustimmung zur Niederschrift des Gerichts gemäß § 180 FamFG kann nur im Rahmen eines Abstammungsverfahrens erfolgen. Die Erklärung zu Protokoll des Scheidungsverfahrens genügt den Anforderungen nicht.[33]

---

26 A.A. Erman/*Hammermann*, § 1599 Rn. 37; BeckOGK/*Reuß*, § 1599 Rn. 144 m.w.N.
27 MüKo-BGB/*Wellenhofer*, § 1599 Rn. 57 m.w.N.
28 BGH FamRZ 1988, 387; MüKo-BGB/*Wellenhofer*, § 1599 Rn. 58 m.w.N.
29 Vgl. BGH FamRZ 2012, 779
30 BT-Drucks. 13/4899 S. 86
31 AG Hagen FamRZ 1995, 1191; BeckOGK-BGB/*Reuß*, § 1599 Rn. 155 m.w.N.
32 OLG Köln StAZ 2014, 113
33 BGH FamRZ 2013, 944; OLG Frankfurt FamRZ 2012, 1735

Aufgrund der Verweisung in Abs. 2 Satz 2 auf §§ 1594 Abs. 3 und 4, 1596 Abs. 1 Satz 1 bis 3, Abs. 3 und 4, 1597 Abs. 1 und 2 und 1598 Abs. 1 BGB, unterliegt die Zustimmungserklärung des Ehemannes denselben Anforderungen wie die Anerkennungserklärung selbst. Sie kann bereits vor der Geburt des Kindes erklärt werden, ist bedingungs- und vertretungsfeindlich und kann von einem **beschränkt Geschäftsfähigen** nur selbst abgegeben werden, wobei zusätzlich die Zustimmung des gesetzlichen Vertreters erforderlich ist. Ist der Ehemann geschäftsunfähig, kann die Zustimmungserklärung nur vom gesetzlichen Vertreter abgegeben werden, wozu es jedoch der vorherigen Genehmigung des Betreuungsgerichts bedarf. Verstirbt der frühere Ehemann, so greift § 1599 Abs. 2 BGB auch dann ein, wenn er vor seinem Tod formwirksam dem Statuswechsel zugestimmt hat; andernfalls kann der Statuswechsel nur durch Vaterschaftsanfechtung erfolgen.[34] **26**

Beglaubigte Abschriften der Zustimmungserklärung des Ehemannes sind dem Anerkennenden, der Mutter und dem Kind sowie dem Standesbeamten zu übersenden (§ 1597 Abs. 2 BGB), wobei diese Übersendung jedoch kein Wirksamkeitserfordernis für die Anerkennung ist. **27**

Die Anerkennung durch den Dritten muss **bis zum Ablauf eines Jahres seit Rechtskraft des Scheidungsausspruchs** erfolgen. Nach überwiegender Ansicht der Rechtsprechung muss lediglich das Anerkenntnis des Dritten innerhalb dieser Jahresfrist wirksam erklärt sein, für die daneben erforderliche Zustimmung der Mutter und des Mannes, der zum Zeitpunkt der Geburt des Kindes noch mit der Mutter verheiratet war, soll diese Jahresfrist nicht gelten.[35] Nach a.A. soll es im Hinblick auf Sinn und Zweck dieser Fristenregelung, wonach die Wirksamkeit der Anerkennung nicht unvorhersehbar lange in der Schwebe bleiben soll, erforderlich sein, dass bereits alle Wirksamkeitsvoraussetzungen für die Anerkennung – mithin auch die erforderlichen beurkundeten Zustimmungserklärungen – binnen der Jahresfrist vorliegen.[36] **28**

Bei **Versäumung der Jahresfrist** kann die Anerkennung nicht die Rechtsfolgen des Abs. 2 auslösen. Die Anerkennungserklärung ist damit aber nicht endgültig unwirksam, sondern wegen § 1594 Abs. 2 BGB nur schwebend unwirksam. Wird die Vaterschaftszuordnung zum früheren Ehemann der Kindesmutter im Wege eines Vaterschaftsanfechtungsverfahrens beseitigt, wird die Anerkennung wirksam, sofern die sonstigen Wirksamkeitsvoraussetzungen – insbesondere die erforderliche Zustimmung der Kindesmutter und ausnahmsweise auch des Kindes (§ 1595 Abs. 2 BGB) – vorliegen. **29**

2. Wirkungen

Die Anerkennung wird erst mit **Rechtskraft** des dem Scheidungsantrag stattgebenden Beschlusses wirksam, § 1599 Abs. 2 Satz 3 BGB. Damit wird vermieden, dass das Kind bei fortbestehender Ehe durch reine Erklärungsakte zum Kind eines anderen als dem Ehemann der Kindesmutter wird. Der Statuswechsel wirkt auf den Zeitpunkt der Geburt des Kindes zurück.[37] Wird der Scheidungsantrag abgewiesen oder zurückgenommen oder verstirbt ein Ehegatte vor Rechtskraft der Scheidung, so kann die Anerkennung nicht mehr die Rechtsfolgen des Abs. 2 auslösen. Die Auffassung des OLG Köln, wonach dann, wenn ein Scheidungsantrag nur aus formalen Gründen zurückgenommen wurde und sodann ein neuer Scheidungsantrag gestellt wird, der zur Scheidung führt, die Rechtsfolgen des § 1599 Abs. 2 BGB eintreten, obwohl das Kind vor Anhängigkeit des neuen Scheidungsverfahrens **30**

34 Gernhuber/*Coester-Waltjen*, § 54 Rn. 18 m.w.N.
35 BGH FamRZ 2013, 944; OLG Köln FamRZ 2011, 651; OLG Brandenburg FamRZ 2011, 1310; OLG Oldenburg FamRZ 2011, 1076; OLG Zweibrücken FamRZ 2000, 546
36 Staudinger/*Rauscher*, § 1599 BGB Rn. 92; OLG Stuttgart FamRZ 2004, 1054; AG Darmstadt StAZ 2008, 179
37 BeckOGK-BGB/*Reuß*, § 1599 Rn. 181 m.w.N.

geboren wurde,[38] findet im Gesetz keine Stütze. Im Fall der – gesetzlich nicht ausgeschlossenen – erfolgreichen Anfechtung der Vaterschaft des Anerkennenden lebt die Vaterschaft des früheren Ehemannes der Geburtsmutter nicht wieder auf, sondern muss in einem gesonderten Verfahren festgestellt werden.[39]

31 Die Rechtswirkungen des Abs. 2 beinhalten sowohl die Vaterschaftszuordnung zu dem die Vaterschaft anerkennenden Mann als auch die Beseitigung der Vaterschaftszuordnung zum früheren Ehemann der Kindesmutter. Da diese Rechtswirkungen erst mit Rechtskraft der Scheidung eintreten, bleibt es trotz Anerkenntnis und aller Zustimmungserklärungen bis dahin bei der Vaterschaftszuordnung zum Noch-Ehemann.

3. IPR

32 Die qualifizierte Vaterschaftsanerkennung nach § 1599 II BGB beinhaltet sowohl die Anerkennung der Vaterschaft als auch die Beseitigung der bisherigen Vaterschaft. Letztere ist der Sache nach mit einer Anfechtung der Vaterschaft in vereinfachter Form vergleichbar und führt zu ähnlichen Wirkungen wie eine Vaterschaftsanfechtung. Der für die Anfechtung der Vaterschaft in Art. 20 EGBGB zum Ausdruck kommende Rechtsgedanke der Wahlfreiheit ist auch für die Beseitigung der Abstammung durch übereinstimmende Erklärungen heranzuziehen. Wenn die Beteiligten den scheidungsakzessorischen Statuswechsel vornehmen, treffen sie hinsichtlich der Beseitigung der Vaterschaft eine Rechtswahl zugunsten des deutschen Rechts. Damit wird die Vaterschaft zum früheren Ehemann auch dann beseitigt, wenn ein für die Anerkennung der Vaterschaft nach Art. 19 Abs. 1 EGBGB auch anwendbares Recht ein solches Verfahren zur Beseitigung der Vaterschaft nicht kennt, da es für Art. 20 EGBGB nicht ausschlaggebend ist, ob das ausländische Recht die nach deutschem Recht erfolgte Beseitigung der Vaterschaft des früheren Ehemannes anerkennt.[40] Das Kind kann die rechtliche Vaterschaft nach dem Recht des Staates anfechten, in welchem es seinen gewöhnlichen Aufenthalt hat; auch ein scheidungsakzessorischer Vaterschaftswechsel gemäß § 1599 Abs. 2 BGB ist über Art. 20 Satz 2 EGBGB möglich.[41]

33 *Checkliste Vaterschaftsanfechtung*

I. Personalien
   1. des Kindes (Name, Vorname, Geburtsdatum, Geburtsort, wenn möglich Standesamt des Geburtseintrags und Geburtseintrags-Nr., Anschrift) und des gesetzlichen Vertreters des Kindes
   2. der Mutter (Name, Vorname, ggf. Geburtsname, Geburtsdatum, Anschrift, Familienstand)
   3. des rechtlichen Vaters (Name, Vorname, ggf. Geburtsname, Anschrift, Familienstand)
   4. des tatsächlichen Vaters, sofern bekannt (Name, Vorname, Anschrift)

II. Vorfragen
   1. Woraus ergibt sich die Vaterschaftszuordnung des rechtlichen Vaters?
      a. Aus dessen Ehe mit der Mutter zum Zeitpunkt der Geburt des Kindes (§ 1592 Nr. 1 BGB)?

---

38 OLG Köln OLGR 2007, 220
39 BGH FamRZ 2012, 616 mit Anm. *Helms*
40 Vgl. BGH FamRZ 2012, 616
41 BGH FamRZ 2018, 1334

Wenn ja, besteht die Vaterschaft fort, bis sie durch gerichtliche Entscheidung im Vaterschaftsanfechtungsverfahren oder nach § 1599 Abs. 2 BGB beseitigt ist.

b. Aus Vaterschaftsanerkennung (§ 1592 Nr. 2 BGB)?

Wenn ja, besteht die Vaterschaft fort, bis sie durch gerichtliche Entscheidung im Vaterschaftsanfechtungsverfahren oder – bei Ehe der Eltern – nach § 1599 Abs. 2 BGB beseitigt ist.

c. Aus rechtskräftiger gerichtlicher Vaterschaftsfeststellung (§ 1592 Nr. 3 BGB)?

Wenn ja, scheidet die Vaterschaftsanfechtung aus; hier kann die Vaterschaft nur im Restitutionsverfahren nach §§ 185 FamFG, 580 ZPO beseitigt werden.

2. Wenn das Kind nach Anhängigkeit eines Scheidungsverfahrens geboren wurde (§ 1599 Abs. 2 BGB)

   a. Ist die Scheidung schon länger als ein Jahr rechtskräftig? Wenn ja, Anfechtung erforderlich, wenn nein weiter prüfen:

   b. Ist der tatsächliche Vater bereit, die Vaterschaft anzuerkennen?

   c. Stimmt die Mutter der Vaterschaftsanerkennung zu?

   d. Stimmt der Scheinvater der Vaterschaftsanerkennung durch den tatsächlichen Vater zu?

3. Wurde das Kind mit Einwilligung des Mannes und der Mutter durch künstliche Befruchtung gezeugt?

   Wenn ja, Anfechtung durch Mutter und Vater ausgeschlossen (§ 1600 Abs. 4 BGB).

III. Beteiligte des Verfahrens

1. Wer ist Antragsteller?

   a. Mutter, Kind, der rechtliche Vater oder der potenzielle leibliche Vater

   b. Wenn das minderjährige Kind Antragsteller ist: Wer hat das Sorgerecht und kann über das „Ob" der Anfechtung entscheiden?

Ist der Elternteil, der im Namen des Kindes die Vaterschaft anfechten will, mit dem anderen Elternteil gemeinsam sorgeberechtigt, so muss er, stimmt der andere dem Anfechtungsverfahren nicht zu, sich die Entscheidungsbefugnis nach § 1628 BGB oder den entsprechenden Teil der elterlichen Sorge übertragen lassen (siehe § 1600a BGB, Rn. 13).

2. Beteiligte nach § 172 FamFG: rechtlicher Vater, Mutter, Kind

3. Wenn das Kind noch minderjährig ist: Wer kann das Kind im Verfahren vertreten?

   Bei gemeinsamer elterlicher Sorge ist nach neuerer Rechtsprechung des BGH (FamRZ 2021, 1127) die Bestellung eines Ergänzungspflegers nur erforderlich, wenn

   a. der rechtliche Vater und die Kindesmutter miteinander verheiratet sind,

   b. die Vertretungsbefugnis beiden Elternteilen gerichtlich entzogen wird (§§ 1629 Abs. 2 Satz 3, 1789 Abs. 2 Satz 3 und 4)

4. Sind nach § 172 FamFG zu beteiligende Personen bereits verstorben?

IV. Begründetheit der Anfechtung

1. Empfängniszeit errechnen oder aus Tabelle ablesen
2. Woraus ergibt sich, dass der rechtliche Vater nicht der tatsächliche Vater des Kindes ist?
   a. Hat in der Empfängniszeit Geschlechtsverkehr der Kindesmutter mit dem rechtlichen Vater stattgefunden?
   b. Gibt es Gründe dafür, dass das Kind unmöglich von dem rechtlichen Vater abstammen kann?
   c. Hat in der Empfängniszeit Geschlechtsverkehr der Kindesmutter mit weiteren Männern stattgefunden?
3. Wenn der potenzielle leibliche Vater Antragsteller ist:

Besteht zwischen dem Kind und dem rechtlichen Vater eine sozial-familiäre Beziehung?

Wenn ja, keine Anfechtung durch den potenziellen leiblichen Vater möglich.[42]

4. Anfechtungsfrist für den Anfechtenden: 2 Jahre
   a. Fristbeginn nicht vor der Geburt des Kindes
   b. Fristbeginn bei Vaterschaftsanerkennung nicht vor Eintritt der Wirksamkeit des Anerkenntnisses
   c. Fristbeginn ab Kenntnis von den gegen die Vaterschaft sprechenden Umständen:
      - Wenn das Kind Antragsteller ist:

      Seit wann sind dem Kind bzw. – bei minderjährigen Kindern – dem gesetzlichen Vertreter die Umstände bekannt, die gegen die Vaterschaft des Scheinvaters sprechen?

      - Wenn die Mutter Antragstellerin ist:

      Seit wann sind der Mutter die Umstände bekannt, die gegen die Vaterschaft sprechen? (in der Regel schon bei Geburt des Kindes)

      - Wenn der rechtliche Vater Antragsteller ist:

      Seit wann sind ihm die Umstände bekannt, die gegen seine Vaterschaft sprechen?

      - Wenn der potenzielle leibliche Vater Antragsteller ist:

      Seit wann sind ihm die Umstände bekannt, die gegen die Vaterschaft des rechtlichen Vaters sprechen (in der Regel schon bei Geburt des Kindes, es sei denn, ihm war die Geburt des Kindes nicht bekannt)
   d. Hemmung des Fristlaufs?
      - während eines Verfahrens nach § 1598a Abs. 2 BGB
      - Drohung

42 § 1600 Abs. 2 BGB ist aber vom BVerfG für verfassungswidrig erklärt und eine Neuregelungspflicht bis zum 30.6.2025 angeordnet worden, siehe ZKJ 2024, 213 mit Beitrag *Keuter*, ZKJ 2024, 348; zur (ursprünglich) geplanten Neuregelung § 1597i BGB-E idF DEAbReG mit dortiger Begründung S. 186 ff; kritisch dazu *Helms*, FamRZ 2024, 1917, 1922 ff.

- Höhere Gewalt, Stillstand der Rechtspflege, falsche Sachbehandlung durch Gericht oder Jugendamt
- für das Kind während des Zeitraumes, in dem es mangels ordnungsgemäßer Vertretung keine Anfechtung hätte betreiben können

e. Neubeginn des Fristlaufs bei volljährigen Kindern?

- bei Eintritt der Volljährigkeit
- bei besonderen Umständen i.S.v. § 1600b Abs. 6 BGB

5. Wenn das Kind durch seinen gesetzlichen Vertreter den Anfechtungsantrag stellt: Kindeswohldienlichkeit (§ 1600a Abs. 4 BGB)

a. Ist der leibliche Vater bekannt?

b. Wird er die Vaterschaft anerkennen?

c. Soll nach erfolgreicher Anfechtung die Vaterschaftsfeststellung betrieben werden?

V. Zusatzfragen

1. Gibt es schon ein mit Zustimmung der Beteiligten oder mit nach § 1598a BGB gerichtlich ersetzter Zustimmung privat eingeholtes Abstammungsgutachten?
2. Soll Verfahrenskostenhilfe beantragt werden?

VI. Erforderliche Anlagen

1. Geburtsurkunde des Kindes
2. Ggf. Sterbeurkunde(n), wenn eine zum Personenkreis des § 172 FamFG zählende Person bereits verstorben ist
3. Vaterschaftsanerkennung, falls die Vaterschaftszuordnung auf Grund einer Vaterschaftsanerkennung besteht
4. Anwaltsvollmacht
5. Verfahrenskostenhilfeantrag

§ 1600 BGB

Anfechtungsberechtigte

(1) Berechtigt, die Vaterschaft anzufechten, sind:

1. der Mann, dessen Vaterschaft nach § 1592 Nr. 1 und 2, § 1593 besteht,

2. der Mann, der an Eides statt versichert, der Mutter des Kindes während der Empfängniszeit beigewohnt zu haben,

3. die Mutter und

4. das Kind.

(2) Die Anfechtung nach Absatz 1 Nr. 2 setzt voraus, dass zwischen dem Kind und seinem Vater im Sinne von Absatz 1 Nr. 1 keine sozial-familiäre Beziehung besteht oder im Zeitpunkt seines Todes bestanden hat und dass der Anfechtende leiblicher Vater des Kindes ist.

(3) [1]Eine sozial-familiäre Beziehung nach Absatz 2 besteht, wenn der Vater im Sinne von Absatz 1 Nr. 1 zum maßgeblichen Zeitpunkt für das Kind tatsächliche Verantwortung trägt oder

getragen hat.[1] ²Eine Übernahme tatsächlicher Verantwortung liegt in der Regel vor, wenn der Vater im Sinne von Absatz 1 Nr. 1 mit der Mutter des Kindes verheiratet ist oder mit dem Kind längere Zeit in häuslicher Gemeinschaft zusammengelebt hat.

(4) Ist das Kind mit Einwilligung des Mannes und der Mutter durch künstliche Befruchtung mittels Samenspende eines Dritten gezeugt worden, so ist die Anfechtung der Vaterschaft durch den Mann oder die Mutter ausgeschlossen.

Weiterführende Literatur: *Bullmann*, Die Eckpunktepapiere des BMJ zur geplanten Modernisierung des Kindschafts- und Abstammungsrechts, jM 2024, 176; *Helms*, Eckpunkte des BMJ für eine Reform des Abstammungsrechts, FamRZ 2024, 489; *ders.*, Referentenentwurf eines Gesetzes zur Reform des Abstammungsrechts v. 4.10.2024, FamRZ 2024, 1917; *Keuter*, Zwei rechtliche Väter?, ZKJ 2024, 348; *ders.*, Diskussionsentwurf zur Reform des Abstammungsrechts (AbReG) – ein Überblick über obsolete (?) Reformüberlegungen, NZFam 2025, 161; *Langer*, Anmerkung zum Urteil des BVerfG v. 9.4.2024, NZFam 2024, 551; *Reuß/Kohler*, Stellungnahme zu den Eckpunkten des Bundesministeriums der Justiz für eine Reform des Abstammungsrechts vom 16. Januar 2024, abrufbar unter www.abstammungsrecht.eu; *Wellenhofer*, Die Schranken des Anfechtungsrechts des leiblichen Vaters gemäß § 1600 II, III BGB, NZFam 2017, 898; *Witt*, Die Eckpunktepapiere des BMJ zum Abstammungs- und Kindschaftsrecht FF 2024, 140.

Übersicht Rn.

1 Red. Anm.: Durch Urteil des BVerfG v. 9.4.2024 (BGBl I 2024 Nr. 164) wurden § 1600 Abs. 2 und Abs. 3 Satz 1 BGB für unvereinbar mit Art. 6 Abs. 2 Satz 1 GG erklärt. Die Vorschriften dauern bis zum Inkrafttreten einer Neuregelung fort, längstens bis zum 30.6.2025. Bis zu einer Neuregelung sind durch Anträge von Anfechtungsberechtigten nach § 1600 Abs. 1 Nr. 2 BGB eingeleitete Verfahren auf deren Antrag hin auszusetzen.

A. Allgemeines

1 Mit dem KindRG wurde zum 1.7.1998 die Unterscheidung zwischen ehelicher und nichtehelicher Abstammung aufgegeben und damit auch hinsichtlich des Kreises der Anfechtungsberechtigten ein einheitliches Recht geschaffen. Das vorher geltende Anfechtungsrecht der Eltern eines bereits verstorbenen Mannes wurde nicht beibehalten.

Nach dem KindRG waren nur der rechtliche Vater, die Mutter und das Kind zur Anfechtung berechtigt. Durch das KindRVerbG vom 9.4.2002[2] ist das Anfechtungsrecht der Mutter und des rechtlichen Vaters für den Fall ausgeschlossen worden, dass das Kind mit Einwilligung des Mannes und der Mutter durch medizinisch assistierte **künstliche Befruchtung** mittels Samenspende eines Dritten gezeugt wurde (jetzt § 1600 Abs. 4 BGB).

Durch das Gesetz zur Änderung der Vorschriften über die Anfechtung der Vaterschaft und das Umgangsrecht von Bezugspersonen des Kindes vom 23.4.2004[3] ist der Kreis der Anfechtungsberechtigten auf den **potenziell leiblichen Vater** ausgedehnt worden (§ 1600 Abs. 1 Nr. 2 BGB). Die für dessen Anfechtung geltenden zusätzlichen Einschränkungen in § 1600 Abs. 2 und Abs. 3 Satz 1 BGB erklärte das BVerfG durch Urteil vom 9.4.2024 für unvereinbar mit Art. 6 Abs. 2 Satz 1 GG.[4] Die 2008 geschaffene Möglichkeit der Vaterschaftsanfechtung durch die Behörde gemäß § 1600 Abs. 1 Nr. 5 BGB war vom BVerfG bereits 2013 für verfassungswidrig erklärt worden[5] und wurde durch die präventive Norm des § 1597a BGB mit Wirkung vom 29.7.2017 ersetzt.[6] 2

§ 1600 Abs. 1 BGB listet **abschließend**[7] den Kreis der Anfechtungsberechtigten auf. Abs. 2 normiert nur für die Anfechtung durch den potenziellen leiblichen Erzeuger zusätzliche, in dieser Form indes z.T. verfassungswidrige Anforderungen (keine sozial-familiäre Beziehung zwischen Kind und rechtlichem Vater, leibliche Vaterschaft des Anfechtenden). Abs. 3 definiert die sozial-familiäre Beziehung und stellt eine Regelvermutung für die Übernahme tatsächlicher Verantwortung auf. Abs. 4 schließt das Anfechtungsrecht der Mutter und des rechtlichen Vaters aus, wenn das Kind einvernehmlich mittels Samenspende eines Dritten gezeugt wurde. 3

B. Inhalt der Norm

I. Anfechtungsberechtigte (Abs. 1)

1. Vater (Abs. 1 Nr. 1)

Anfechtungsberechtigt ist der Mann, **der als Vater des Kindes gilt**, weil 4

- er mit der Kindesmutter zum Zeitpunkt der Geburt des Kindes verheiratet war (§ 1592 Nr. 1 BGB), oder
- er die Vaterschaft für das Kind wirksam anerkannt hat (§ 1592 Nr. 2 BGB), oder
- er wegen der Vorrangregelung des § 1593 Abs. 1 Satz 3 BGB als Vater des Kindes gilt, wobei sich hier das Anfechtungsrecht aus der Bezugnahme auf § 1592 Nr. 1 BGB ergibt, oder
- seine Ehe mit der Kindesmutter zwar zum Zeitpunkt der Vollendung der Geburt bereits durch den Tod der Mutter vor oder bei der Geburt des Kindes aufgelöst war (weshalb § 1592 Nr. 1 BGB nicht mehr gilt) und das Kind innerhalb von 300 Tagen nach dem Tod der Mutter geboren wird (§ 1593 Abs. 1 BGB; vgl. *Keuter,* § 1593 BGB, Rn. 9).

Nicht zur Anfechtung berechtigt ist der Vater, wenn seine Vaterschaftszuordnung auf einer rechtskräftigen gerichtlichen Vaterschaftsfeststellung beruht (§ 1592 Nr. 3 BGB). Ferner 5

2 BGBl. I S. 1239
3 BGBl. I S. 598
4 BVerfG ZKJ 2024, 213 = FamRZ 2024, 846 mit Anm. *Reuß* = NJW 2024, 1732 mit Beitrag *Heiderhoff,* NJW 2024, 1700
5 ZKJ 2014, 151 vgl. hierzu *Grün,* ZKJ 2014, 195
6 BGBl. I 2017, 2780
7 BeckOGK-BGB/*Reuß,* § 1600 Rn. 9 m.w.N.

scheidet eine Anfechtung der Vaterschaft durch den rechtlichen Vater aus, wenn das Kind mit seiner Einwilligung und der Einwilligung der Mutter durch **künstliche Befruchtung** mittels Samenspende eines Dritten gezeugt wurde (Abs. 4).[8] Von diesen Ausnahmen abgesehen kann jeder Mann die auf der gesetzlichen Vaterschaftszuordnung beruhenden Rechtsbeziehungen zu einem Kind, das nicht von ihm abstammt, mit einem fristgerechten Vaterschaftsanfechtungsantrag beseitigen. Dies gilt auch dann, wenn die Vaterschaftszuordnung durch eine bewusst unwahre Vaterschaftsanerkennung herbeigeführt wurde.[9]

2. Mutter (Abs. 1 Nr. 3)

6 Abgesehen vom Fall der Zeugung des Kindes durch eine mit Einwilligung der Mutter und des die Vaterschaft anerkennenden Mannes durchgeführten künstlichen Befruchtung (Abs. 4) besteht das Anfechtungsrecht der Mutter ohne sachliche Einschränkungen. Es unterliegt auch keiner Kindeswohlprüfung, wofür insbesondere die bewusste Streichung dieser Voraussetzung für eine Anfechtung durch die Mutter spricht.[10] Ein rechtsgeschäftlicher Verzicht auf das Anfechtungsrecht wäre unwirksam.[11] Die Mutter ist auch nicht nach Treu und Glauben an der Anfechtung der durch Ehe begründeten Vaterschaft gehindert, wenn die Ehe in dem beiderseitigen Wissen, dass die Braut von einem anderen Mann schwanger ist, und mit dem Ziel, dem Bräutigam den Status als rechtlicher Vater zu verschaffen, geschlossen worden ist.[12]

3. Kind (Abs. 1 Nr. 4)

7 Das geltende[13] Anfechtungsrecht des Kindes unterliegt im Grundsatz **keinerlei sachlichen Einschränkungen**. Auch für den Fall, dass die Zeugung des Kindes durch künstliche Befruchtung mittels Samenspende eines Dritten erfolgte, bleibt das Anfechtungsrecht des Kindes – anders als das Anfechtungsrecht der Eltern (Abs. 4) – erhalten.

Eine wesentliche faktische Einschränkung des Anfechtungsrechts bringt jedoch die Regelung des § 1600a Abs. 3 und 4 BGB für das nicht voll geschäftsfähige volljährige Kind und für das minderjährige Kind mit sich, wonach die Anfechtung nur durch den gesetzlichen Vertreter und nur dann erfolgen kann, wenn sie dem Wohl des Vertretenen entspricht.

4. Potenzieller leiblicher Vater (Abs. 1 Nr. 2)

8 Bis zur Entscheidung des BVerfG vom 9.4.2003[14] und der auf diese zurückzuführenden Einführung eines eigenen Anfechtungsrechts des potenziellen leiblichen Vaters[15] war dieser darauf angewiesen, dass ein anderer Anfechtungsberechtigter erfolgreich eine Vaterschaftsanfechtung durchführte, damit er in die rechtliche Vaterstellung einrücken konnte. Allerdings knüpft das Gesetz eine erfolgreiche Anfechtung des potenziellen leiblichen Vaters an die zusätzlichen Voraussetzungen einer eidesstattlichen Versicherung der Beiwohnung in der Empfängniszeit sowie die weiteren – in der aktuellen Gesetzesfassung z.T. verfassungswidrigen – Zusatzregelungen in § 1600 Abs. 2 und Abs. 3 Satz 1 BGB.

9 Mit dem **Erfordernis einer eidesstattlichen Versicherung der Beiwohnung** in der Empfängniszeit soll aus Gründen des Persönlichkeitsschutzes von Mutter, Kind und rechtlichem Vater verhindert werden, dass Dritte eine Anfechtung „ins Blaue hinein" betreiben. Im Hin-

8 Vgl. hierzu OLG Oldenburg FamRZ 2015, 67; OLG Karlsruhe FamRZ 2012, 1150
9 OLG Düsseldorf FamRZ 2020, 1008; OLG Köln FamRZ 2002, 629
10 BGH FamRZ 2020, 1004 mit Anm. *Knittel* = FF 2020, 306 mit Anm. *Keuter*
11 BGH FamRZ 2020, 1004 mit Anm. *Knittel* = FF 2020, 306 mit Anm. *Keuter*
12 BGH FamRZ 2020, 1004 mit Anm. *Knittel* = FF 2020, 306 mit Anm. *Keuter*
13 Zum Anfechtungsrecht des Kindes vor dem KindRG siehe PK-Kindschaftsrecht/*Grün*, § 1600 BGB Rn. 9
14 BVerfG FamRZ 2003, 816
15 BGBl. I 2004 S. 598

blick auf die Strafbarkeit einer falschen eidesstattlichen Versicherung hält der Gesetzgeber die eidesstattliche Versicherung für ein geeignetes Mittel, mutwillig erhobene Vaterschaftsanfechtungsverfahren zu verhindern.[16] Dieses Erfordernis ist im materiellen Recht und nicht – wie etwa beim Umgangsrecht des potenziellen leiblichen Vaters (§ 167a FamFG) – im Verfahrensrecht geregelt. Auch sprechen die Materialien[17] z.T. davon, die eidesstattliche Versicherung solle im Rahmen der Begründetheit geprüft werden. Gleichwohl wird nach wohl überwiegender Ansicht das Erfordernis der eidesstattlichen Versicherung als **Zulässigkeitsvoraussetzung** qualifiziert.[18] Der Bundesrat hat es im Gesetzgebungsverfahren zutreffend als „dogmatisch systemwidrig" bezeichnet, die Glaubhaftmachung einer Behauptung zu einer Voraussetzung der Schlüssigkeit einer Klage zu machen.[19]

Einer eidesstattlichen Versicherung der Beiwohnung bedarf es jedoch dann nicht, wenn die Zeugung des Kindes durch den Anfechtenden **unstreitig** ist,[20] und zwar selbst dann, wenn die Zeugung mittels einer **Samenspende** erfolgte. Wenn unstreitig ist, dass die Zeugung dadurch erfolgte, dass Sperma des die Vaterschaft anfechtenden potenziellen leiblichen Vaters im Wege einer sog. Becherspende der Mutter übergeben und von dieser eingeführt wurde, ist dem Normzweck, der durch das Erfordernis der eidesstattlichen Versicherung der Beiwohnung erreicht werden soll – nämlich die Verhinderung der Anfechtung „ins Blaue hinein" – Genüge getan.[21] 10

Der BGH[22] hat im Rahmen des § 1747 Abs. 1 Satz 2 BGB, welcher ebenfalls auf § 1600d Abs. 2 BGB Bezug nimmt, anerkannt, dass die Vaterschaftsvermutung aufgrund der besonderen Zweckrichtung der Vorschrift auch auf den privaten Samenspender („Becherspender") anzuwenden sei. Bei Samenspenden, welche nicht aufgrund einer auf die ausschließliche rechtliche Vaterstellung eines anderen Mannes gerichteten Abrede erfolgt sind, lässt der BGH die Anfechtung durch den privaten Samenspender ausdrücklich zu, um ihm die Möglichkeit zu geben, in die rechtliche Vaterschaft einzurücken. Ist in dieser Konstellation die private Samenspende nicht unstreitig, hat der „Becherspender" eine eidesstattliche Versicherung dahin abzugeben, dass er in der Empfängniszeit der Mutter eine Spermaspende zum Zwecke einer Befruchtung im Wege der Selbstvornahme übergeben habe.[23] 11

II. Besondere Voraussetzungen für die Anfechtung durch den potenziellen leiblichen Vater (Abs. 2 und 3)

1. Fehlende sozial-familiäre Beziehung zwischen dem Kind und dem rechtlichen Vater

a) Regelungszweck

Das BVerfG hatte in der Entscheidung vom 9.4.2003,[24] die Auslöser für die Schaffung eines Anfechtungsrechts des potenziellen leiblichen Vaters war, gebilligt, dass ein Anfechtungsrecht eines Dritten ausscheidet, wenn zwischen dem Kind und dem rechtlichen Vater eine 12

16 BT-Drucks. 15/2253 S. 10
17 BT-Drucks. 15/2492 S. 9
18 OLG Zweibrücken Beschl. v. 8.4.2021 – 6 UF 19/21, juris = FamRZ 2021, 1135 (Ls.); Erman/*Hammermann*, § 1600 BGB Rn. 9; MüKo-BGB/*Wellenhofer*, § 1600 Rn. 18 m.w.N. auch für Gegenmeinung BeckOGK-BGB/*Reuß*, § 1600 Rn. 73 m.w.N.
19 BT-Drucks.15/2253, S. 14
20 OLG Zweibrücken Beschl. v. 8.4.2021 – 6 UF 19/21, juris = FamRZ 2021, 1135 (Ls.); BeckOGK-BGB/*Reuß*, § 1600 Rn. 74
21 BGH ZKJ 2013, 410; vgl. hierzu *Grün*, ZKJ 2013, 446
22 BGH NJW 2015, 1820
23 Vgl. auch § 1597a Abs. 1 Nr. 3b BGB-E idF des DEAbReG, abrufbar unter www.bmj.de
24 FamRZ 2003, 816

sozial-familiäre Beziehung besteht. Die soziale Familie ist ebenso grundrechtlich geschützt (Art. 6 GG) wie das Interesse des leiblichen Vaters, bei einer von ihm vermittelten Abstammung die rechtliche Vaterstellung zu erlangen. Hieran hat das BVerfG bei seiner Entscheidung vom 9.4.2024[25] festgehalten. Das Erfordernis des Fehlens einer sozial-familiären Beziehung zu dem Kind dient der Abwägung der verschiedenen grundrechtlich geschützten Interessen. Wenn es eine soziale Familie gibt, sollte nach den damaligen Vorstellungen des Gesetzgebers deren Schutz im Regelfall Vorrang vor dem Interesse des leiblichen Vaters haben.[26] Diese Einschränkung des Anfechtungsrechts zugunsten der sozial-familiären Beziehung stelle wegen des weiten Ermessensspielraums des Gesetzgebers nach Meinung des EGMR keinen Verstoß gegen Art. 8 MRK dar.[27] Fehlt es aber an einer sozial-familiären Beziehung des rechtlichen Vaters zu dem Kind, überwiegt das Interesse des leiblichen Vaters an der Herbeiführung der rechtlichen Vaterschaftszuordnung.

b) Voraussetzungen einer sozial-familiären Beziehung

aa) Anforderungen an den Vortrag des Anfechtenden

13 Nach der **gesetzlichen Definition** in Abs. 3 (siehe auch § 1685 Abs. 2 Satz 1 BGB) liegt eine sozial-familiäre Beziehung dann vor, wenn der rechtliche Vater zum maßgeblichen Zeitpunkt für das Kind Verantwortung trägt oder getragen hat. Zur Erleichterung der Feststellung stellt Abs. 3 Satz 2 eine **Regelannahme** dahingehend auf, dass der rechtliche Vater in der Regel die tatsächliche Verantwortung in der Vergangenheit übernommen hat, wenn er mit der Mutter des Kindes verheiratet ist oder mit dem Kind längere Zeit in häuslicher Gemeinschaft zusammengelebt hat. Nach der grundlegenden Entscheidung des BGH hierzu besagt diese **widerlegliche Regelannahme** jedoch nichts darüber, ob der rechtliche Vater die tatsächliche Verantwortung auch zum Beurteilungszeitpunkt noch trägt.[28]

14 Deshalb muss der Anfechtende Umstände darlegen, die Anlass geben, hieran zu zweifeln – etwa darlegen, wie die Beziehung nach außen in Erscheinung tritt und dass dies gegen das Bestehen einer sozial-familiären Beziehung spricht.[29] Dann muss das Gericht im Rahmen seiner Pflicht zur Amtsermittlung diese Umstände klären. Es reicht aber nicht aus, dass der Anfechtende das Bestehen einer sozial-familiären Beziehung nur bestreitet, sondern er muss hierzu **substantiiert vortragen**. Dazu reicht die bloße Verwendung von Rechtsbegriffen wie „sozial-familiäre Beziehung" ebenso wenig aus wie ein Vortrag zum Zusammenleben von rechtlichem Vater und Kind, der in zeitlicher Hinsicht Spielraum für Interpretationen offenlässt.[30] Umgekehrt reicht es aber auch nicht aus, dass die übrigen Beteiligten die vom Anfechtenden vorgetragenen Umstände einfach bestreiten, sondern sie müssen substantiiert auf den Vortrag des Anfechtenden entgegnen.[31]

bb) Übernahme tatsächlicher Verantwortung

15 Übernahme tatsächlicher Verantwortung erfordert die Wahrnehmung typischer Elternrechte und -pflichten, wie regelmäßigen Umgang, Betreuung und Erziehung des Kindes sowie Leistung von Unterhalt.[32] Eine häusliche Gemeinschaft ist nicht zwingend erforderlich (Gegenschluss aus § 1600 Abs. 3 Satz 2 BGB) Dort wird eine widerlegbare[33] Regelvermutung normiert, in welchen Fällen eine Übernahme tatsächlicher Verantwortung für das Kind

25 BVerfG ZKJ 2024, 213 = FamRZ 2024, 846 mit Anm. *Reuß*
26 BVerfG FamRZ 2014, 191; FamRZ 2008, 2257
27 EGMR NJW 2013, 1937
28 BGH FamRZ 2007, 538
29 BGH FamRZ 2008, 538; OLG Celle ZKJ 2012, 30
30 OLG Hamburg ZKJ 2019, 273
31 OLG München StAZ 2012, 373
32 OLG Bremen FamRZ 2011, 1173; BeckOK-BGB/*Hahn*, § 1600 Rn. 4
33 BGH FamRZ 2008, 1821; MüKo-BGB/*Wellenhofer*, § 1600 Rn. 30 m.w.N.

durch den rechtlichen Vater anzunehmen sei, nämlich einerseits bei bestehender **Ehe** mit der Kindesmutter, andererseits bei einem Zusammenleben mit dem Kind in **häuslicher Gemeinschaft** für längere Zeit (z.B. im Rahmen einer bestehenden nichtehelichen Partnerschaft mit der Mutter). Bei bestehender Ehe von Mutter und rechtlichem Vater kann die Vermutung der Übernahme tatsächlicher Verantwortung für das Kind widerlegt werden, z.B. durch vereinzelten Vortrag einer Scheinehe oder durch die substantiierte Behauptung, der Vater kümmere sich wegen einer anderweitigen Beziehung nicht um das Kind.

Wenn eine häusliche Gemeinschaft zwischen dem rechtlichen Vater und dem Kind **aktuell** besteht, ist deren Dauer nicht allein maßgeblich. Denn eine sozial-familiäre Beziehung kann bereits zum Zeitpunkt der Geburt des Kindes oder auch schon bei kurzem Zusammenleben mit dem Kind vorliegen, wenn der rechtliche Vater die tatsächliche Verantwortung für das Kind übernommen hat und in einer Weise trägt, dass sie auf Dauer angelegt erscheint.[34] Ein Indiz dafür kann sein, dass die Partnerschaft zu der Kindesmutter bereits vor der Geburt des Kindes bestand.[35] Für die Qualifizierung der Beziehung des rechtlichen Vaters als fortbestehende Verantwortungsübernahme kommt es allein darauf an, ob mit dem rechtlichen Vater tatsächlich eine soziale Familie besteht. Hat der rechtliche Vater jedoch erst Jahre nach der Geburt Verantwortung für das Kind übernommen, wird ein längeres Andauern dieser Verantwortungsübernahme zu verlangen sein, um eine auf Dauer angelegte Verantwortungsübernahme annehmen zu können.[36]

Für das **Merkmal „längere Zeit"** legt das Gesetz selbst keine Kriterien fest. Berücksichtigt werden muss das kindliche Zeitempfinden; Anhaltspunkte bieten die Auslegung der §§ 1630 Abs. 3, 1632 Abs. 4 oder 1685 Abs. 2 BGB, in denen dieses Merkmal ebenfalls aufgeführt ist.[37] Sechs Monate sollen noch nicht ausreichen, ab einem Jahr dagegen das Merkmal regelmäßig erfüllt sein.[38] **16**

Nach geltender Rechtslage kann eine zum Ausschluss des Anfechtungsrechts des potenziellen leiblichen Erzeugers führende sozial-familiäre Beziehung zwischen rechtlichem Vater und Kind auch während des ersten Lebensjahres des Kindes entstehen. Der Arbeitskreis Abstammungsrecht hatte seinerzeit diskutiert, ob in einem Zeitraum der ersten sechs Lebensmonate bis zu zwei Jahren im Regelfall eine etwaige sozial-familiäre Beziehung zwischen rechtlichem Vater und Kind der Anfechtung durch den potenziellen Erzeuger nicht entgegenstehen sollte.[39] § 1597i Abs. 3 Satz 2 BGB-E des DEAbReG sieht eine etwaige sozial-familiäre Beziehung zwischen rechtlichem Vater und Kind während des ersten Lebensjahres des Kindes nicht als vorrangig an. Bei typisierender Betrachtung dürfte eine solche Beziehung im ersten Lebensjahr des Kindes regelmäßig noch nicht das Gewicht und die Bedeutung erreicht haben, die es rechtfertigten, das Interesse am Fortbestand der rechtlichen Elternschaft regelmäßig höher zu gewichten als das Anfechtungsinteresse.[40]

c) Beurteilungszeitpunkt

Maßgeblicher Zeitpunkt für die Beurteilung, ob eine die Anfechtung ausschließende sozial-familiäre Beziehung zwischen dem rechtlichen Vater und dem Kind besteht, ist grundsätzlich der **Zeitpunkt der letzten mündlichen Verhandlung**.[41] Ist der rechtliche Vater bereits verstorben, ist nach Abs. 2 der Zeitpunkt seines Todes maßgeblich. **17**

34 BGH FamRZ 2008, 538; OLG Bremen FamRZ 2010, 1821; OLG Naumburg FamRZ 2011, 383
35 OLG Bremen FamRZ 2010, 1821
36 KG Berlin FamRZ 2012, 1739
37 MüKo-BGB/*Wellenhofer,* § 1600 Rn. 31 m.w.N.
38 BeckOGK/*Reuß,* § 1600 Rn. 99; MüKo-BGB/*Wellenhofer,* § 1600 Rn. 31 beide m.w.N.
39 Abschlussbericht Arbeitskreis Abstammung, S. 53 These 30, abrufbar unter www.bmj.de
40 DEAbReG S. 190 f.
41 BVerfG FamRZ 2015, 817; BGH FamRZ 2007, 538; OLG Hamburg ZKJ 2019, 273; *Grün*, FPR 2011, 382, 384

Das BVerfG hatte zur Sicherung der Möglichkeit eines leiblichen Vaters die rechtliche Elternstellung einnehmen zu können zwischenzeitlich ausgeführt, die Verfassung gebiete es nicht, stets auf den Zeitpunkt der letzten mündlichen Verhandlung abzustellen.[42] In Rechtsprechung und Literatur wurde deshalb erwogen, statt auf den Schluss der mündlichen Verhandlung im Einzelfall auf die **Einleitung eines Vaterschaftsfeststellungsverfahrens**[43] abzustellen oder, wenn sich der leibliche Vater um eine Zustimmung der Mutter zum Vaterschaftsanerkenntnis bemüht hat, auf den **Zeitpunkt der Verweigerung der Zustimmung seitens der Mutter**,[44] oder auch auf den Zeitpunkt der **Aufforderung an die Mutter**, der Vaterschaftsanerkennung durch den leiblichen Vater zuzustimmen.

Der BGH hat dem entschieden widersprochen und die generelle Maßgeblichkeit des Zeitpunktes der letzten mündlichen Verhandlung betont.[45] Selbst wenn zu Beginn des Anfechtungsverfahrens noch keine sozial-familiäre Beziehung zwischen rechtlichem Vater und Kind bestanden habe, aber im Zeitpunkt der letzten mündlichen Verhandlung bestehe, sei der Anfechtungsantrag des leiblichen Vaters unbegründet. Hierfür sprächen Gesetzeswortlaut („besteht") und Systematik, ferner Entstehungsgeschichte der Norm und ihr Sinn und Zweck. Das BVerfG akzeptiert diese Auslegung und legt sie seiner Entscheidung über die Vereinbarkeit der § 1600 Abs. 2 und Abs. 3 Satz 1 BGB zugrunde.[46]

18 Besondere Probleme werfen Konstellationen auf, in denen sich der leibliche Vater um das Einrücken in die rechtliche Elternstellung zu einem Zeitpunkt bemüht, zu welchem ihm diese grundsätzlich offensteht, das Erreichen dieses Ziels ihm aber durch die Vaterschaftsanerkennung seitens eines Dritten mit Zustimmung der Mutter oder auch deren Heirat vor Geburt des Kindes vereitelt wird. Besteht dann im Beurteilungszeitpunkt eine sozial-familiäre Beziehung zwischen Kind und rechtlichem Vater, ist nach oben dargestellter Rechtsprechung die Anfechtung durch den leiblichen Vater nicht möglich. Das BVerfG[47] hatte dies schon vor einigen Jahren gerügt und entschieden, dem leiblichen Vater, der ein gerichtliches Vaterschaftsfeststellungverfahren nicht in vorwerfbarer Weise verspätet eingeleitet habe, dürfe im Hinblick auf das **Gebot der Effizienz des Abstammungsverfahrens** die Erlangung der Vaterstellung grundsätzlich nicht dadurch versperrt werden, dass ein anderer Mann während des laufenden Vaterschaftsfeststellungsverfahrens die Vaterschaft anerkenne. Dies gelte jedenfalls dann, wenn im Zeitpunkt der Einleitung des gerichtlichen Vaterschaftsfeststellungsverfahrens durch den leiblichen Vater noch keine sozial-familiäre Beziehung des anderen Mannes zu den Kindern bestand und der leibliche Vater selbst bereits eine sozial-familiäre Beziehung zu seinen Kindern aufgebaut habe. Andernfalls müsste der leibliche Vater tatenlos zusehen, wie ihm im Laufe seines gerichtlichen Vaterschaftsfeststellungsverfahrens der Zugang zur Elternposition durch die Vaterschaftsanerkennung eines anderen Mannes endgültig versperrt werde. Dies sei für ihn unzumutbar.

19 In der bereits mehrfach erwähnten Entscheidung vom 9.4.2024[48] hat das BVerfG ausdrücklich betont, Träger des Grundrechts aus Art. 6 Abs. 2 GG seien „jedenfalls" die leiblichen Eltern eines Kindes. Dem leiblichen Vater müsse es deshalb grundsätzlich ermöglicht werden, Elternverantwortung erhalten und ausüben zu können.

Unter ausdrücklicher Aufgabe des früher vertretenen Zwei-Eltern-Prinzips vertritt das BVerfG nunmehr die Auffassung, die Verfassung gestatte es auch, Elternverantwortung auf mehr als zwei Eltern, insbesondere auf Mutter, rechtlichen und leiblichen Vater zu verteilen,

42 BVerfG ZKJ 2019, 177, 180
43 OLG Hamburg ZKJ 2019, 273; OLG Frankfurt ZKJ 2019, 463; OLG Hamburg FamRZ 2020, 511
44 *Schneider*, NZFam 2018, 1144
45 BGH ZKJ 2021, 366, 370; ihm folgend OLG Hamburg Beschl. v. 23.8.2021 – 12 WF 98/21, juris
46 BVerfG ZKJ 2024, 213 = FamRZ 2024, 846 mit Anm. *Reuß* = NZFam 2024, 543 mit Anm. *Langer*
47 BVerfG ZKJ 2019, 177
48 BVerfG ZKJ 2024, 213 = FamRZ 2024, 846 mit Anm. *Reuß*

wobei der Gesetzgeber die jeweilige Rechtsstellung der Eltern differenzierend ausgestalten könne. Halte der Gesetzgeber aber – verfassungsrechtlich zulässig – am bisherigen Zwei-Eltern-Prinzip fest, müsse dem leiblichen Vater ein hinreichend effektives Verfahren zur Verfügung stehen, welches ihm die Erlangung der rechtlichen Vaterschaft ermögliche. Dem Elterngrundrecht des leiblichen Vaters werde nicht hinreichend Rechnung getragen, wenn dabei seine gegenwärtige oder frühere sozial-familiäre Beziehung zum Kind, das frühzeitige und konstante Bemühen um die rechtliche Vaterschaft oder der Wegfall einer sozial-familiären Beziehung des Kindes zu seinem bisherigen rechtlichen Vater nicht berücksichtigt werden könnten.

Zur Umsetzung dieser Anforderungen sieht § 1597i BGB-E des DEAbReG (neben der „Veränderungssperre" für Vaterschaftsanerkennungen während eines laufenden Vaterschaftsfeststellungsverfahren gemäß § 1595 Abs. 4 BGB-E) grundsätzlich bei Bestehen einer schutzwürdigen sozial-familiären Beziehung des rechtlichen Vaters zum Kind eine Interessenabwägung vor. Die Anfechtung dürfe nur Erfolg haben, wenn das Familiengericht feststelle, dass der Fortbestand der Elternschaft nicht der Billigkeit entspreche; das Anfechtungsinteresse müsse das Bestandsinteresse überwiegen.[49] Zu berücksichtigen seien insbesondere das Kindeswohl, aber auch die berechtigten Interessen der anfechtungsberechtigten Person. Der Entwurf beinhaltet zudem in § 1597i Abs. 4 BGB-E einen Katalog von Umständen, unter denen eine sozial-familiäre Beziehung nicht mehr als schutzwürdig anerkannt werden könne. Ob und in welcher Form diese Planungen[50] von der neuen Regierung aufgegriffen werden, ist aktuell nicht absehbar. 20

Zur Wahrung des Elterngrundrechts leiblicher Väter sind auf deren Antrag hin von ihnen durch Anfechtungsantrag eingeleitete Verfahren bis zum Inkrafttreten einer Neuregelung, die spätestens bis zum 30.6.2025 zu erfolgen hat, auszusetzen. Ohne Fortgeltungsanordnung wäre anfechtungsberechtigten Vätern eine Vaterschaftsanfechtung selbst dann versperrt, wenn diese auf der Grundlage der geltenden Rechtslage Aussicht auf Erfolg hätte, etwa weil es nach den vorliegenden Erkenntnissen an einer sozial-familiären Beziehung des Kindes zu seinem rechtlichen Vater fehle. 21

Die zur Verfassungswidrigkeit von § 1600 Abs. 2 Alt. 1 BGB führenden Gründe gelten laut BVerfG[51] für die von § 1600 Abs. 2 Alt. 2 BGB geregelte Negativvoraussetzung des Bestehens einer sozial-familiären Beziehung des Kindes zu seinem (bisherigen) rechtlichen Vater im Zeitpunkt von dessen Tod in gleicher Weise. Da in dieser Konstellation die sozial-familiäre Beziehung durch das Ableben des rechtlichen Vaters aufgelöst worden sei, fehle es an hinreichend gewichtigen Gründen, die den Ausschluss der Anfechtung durch den leiblichen Vater rechtfertigen könnten. Zudem erlaube auch diese Alternative nicht die Berücksichtigung einer bereits bestehenden sozial-familiären Beziehung des Kindes zu seinem leiblichen Vater. 22

d) Darlegungs- und Feststellungslast

Lässt sich durch das Gericht nicht klären, ob zwischen dem rechtlichen Vater und dem Kind eine sozial-familiäre Beziehung besteht oder – bei einem verstorbenen rechtlichen Vater – zum maßgeblichen Zeitpunkt bestanden hat, geht dies zu Lasten des die Vaterschaft anfechtenden potenziellen leiblichen Vaters.[52] Der Anfechtungsantrag hat daher nur Erfolg, wenn das Gericht sich eine Überzeugung vom Fehlen einer sozial-familiären Beziehung bilden kann.[53] 23

49 DEAbReG S. 186 ff.
50 Kritisch: *Helms,* FamRZ 2024, 1917, 1922 f.
51 BVerfG ZKJ 2024, 213 = FamRZ 2024, 846 mit Anm. *Reuß*
52 BeckOGK-BGB/*Reuß,* § 1600 Rn. 90 m.w.N.
53 BGH NJW 2007, 1677, 1680; MüKo-BGB/*Wellenhofer,* § 1600 Rn. 24 m.w.N.

e) Dauerhafter Ausschluss einer Anfechtung durch den biologischen Vater

24 Wenn zwischen dem Kind und dem rechtlichen Vater eine sozial-familiäre Beziehung besteht bzw. zu dem maßgeblichen Zeitpunkt bestand, schließt dies – soweit nicht das Gebot eines effizienten Anerkennungsverfahrens entgegensteht – das Anfechtungsrecht aus.[54] Dies gilt selbst dann, wenn früher auch zu dem Anfechtenden eine solche Beziehung bestand.[55] Sperrt eine sozial-familiäre Beziehung zwischen dem rechtlichen Vater und dem Kind die Anfechtung des leiblichen Vaters, ist eine erneute Anfechtung durch diesen, etwa nach Erlöschen der sozial-familiären Beziehung zwischen dem rechtlichen Vater und dem Kind, regelmäßig ausgeschlossen. Unabhängig von einer die erneute Anfechtung möglicherweise sperrenden Rechtskraft der im ersten Anfechtungsverfahren ergangenen Entscheidung[56] steht dem jedenfalls im Regelfall die Frist aus § 1600b Abs. 1 BGB entgegen, da diese mit der Kenntnis der gegen die Vaterschaft des rechtlichen Vaters sprechenden Umstände zu laufen beginnt und ihr Lauf nicht durch das Bestehen einer sozial-familiären Beziehung gehindert wird (§ 1600b Abs. 1 Satz 2 BGB).[57]

2. Tatsächliche Vaterschaft des Anfechtenden

25 Rechtsfolge einer erfolgreichen Anfechtung der Vaterschaft durch den rechtlichen Vater, die Mutter oder das Kind ist, dass das Kind vaterlos wird. Dies will das Gesetz verhindern, wenn ein Dritter als potenzieller leiblicher Vater die Anfechtung der Vaterschaft betreibt. Durch dessen Intervention soll ein Kind nicht vaterlos werden, sondern die Vaterschaftszuordnung zum rechtlichen Vater soll nur dann beseitigt werden, wenn der Anfechtende auch tatsächlich der Vater ist und als Vater festgestellt wird.

26 Hieraus ergibt sich eine zwingende **Gestaltung für die Beweisaufnahme**. Ein Abstammungsgutachten hat vorrangig zu klären, ob die Vaterschaft des Anfechtenden besteht. Stellt sich heraus, dass das Kind nicht vom Anfechtenden abstammt, ist der Anfechtungsantrag des potenziellen leiblichen Vaters zurückzuweisen, ohne dass es irgendwelcher Feststellungen dazu bedarf, ob das Kind vom rechtlichen Vater abstammt. Klärt man hingegen zunächst die Abstammung vom rechtlichen Vater, besteht die Gefahr, dass das Gutachten zu der Feststellung gelangt, dass das Kind weder vom rechtlichen Vater noch vom Anfechtenden abstammt. Dann wäre durch die unberechtigte Intervention eines Dritten die Vaterschaftszuordnung zum rechtlichen Vater in Frage gestellt, was das Gesetz bei der Anfechtung durch den potenziellen leiblichen Vater gerade verhindern will. Der **Beweisbeschluss** für das Abstammungsgutachten ist deshalb allein dahingehend zu fassen, dass die Frage geklärt wird, ob der Anfechtende der biologische Erzeuger des Kindes ist.

III. Einschränkung des Anfechtungsrechts bei künstlicher Befruchtung (Abs. 4)

27 Die mit dem Kinderrechteverbesserungsgesetz – KindRVerbG – vom 9.4.2002[58] eingeführte Regelung schließt das Anfechtungsrecht des rechtlichen Vaters und der Kindesmutter dann aus, wenn das Kind mit Einwilligung des Mannes und der Mutter durch **künstliche Befruchtung** mittels Samenspende eines Dritten gezeugt wurde. Künstlich ist jede Befruchtung, die nicht durch Geschlechtsverkehr erfolgt; die Vorschrift umfasst auch die Zeugung durch private Samenspende („Becherspende") sowie eine in Deutschland verbotene, in anderen Ländern aber z.T. legale Eizellenspende.[59] Hintergrund dieser Regelung ist die Überle-

54 OLG Nürnberg FamRZ 2013, 227
55 OLG Bremen ZKJ 2013, 216
56 BT-Drucks. 15/2253 S. 11; a.A. jedoch *Löhnig*, NJW 2018, 906, 907; MüKo-BGB, § 1600 Rn. 33
57 BVerfG ZKJ 2024, 213 = FamRZ 2024, 846 Rn. 7 mit Anm. *Reuß*
58 BGBl. I S. 1239
59 MüKo-BGB/*Wellenhofer*, § 1600 Rn. 54 m.w.N.

gung, dass es in derartigen Fällen mit dem Wohl des betroffenen Kindes nicht vereinbar sei, wenn die Wunscheltern, die zuvor die Verantwortung für die Zeugung des Kindes übernommen haben, die hieraus resultierenden Rechtspflichten durch nachträgliche Anfechtung wieder beseitigen.[60]

Eine solche **Einwilligung** liegt nur dann vor, wenn sowohl der Mann, der mit der Geburt des Kindes kraft Ehe oder wegen seiner Anerkennung der Vaterschaft zum rechtlichen Vater wurde, als auch die Kindesmutter mit entsprechendem Rechtsbindungswillen eine dahingehende Willenserklärung – zumindest konkludent[61] – abgegeben haben. Sie kann auch gegenüber den behandelnden Ärzten abgegeben werden, soweit die Kindesmutter davon Kenntnis erhält.[62] Allein die Kenntnis von der beabsichtigten künstlichen Befruchtung und deren widerspruchslose Hinnahme stellt noch keine derartige konkludente Willenserklärung mit Rechtsbindungswillen dar.[63] Vielfach wird de lege ferenda die Einführung zumindest der Schriftform, z.T. aber auch eine öffentliche Beurkundung gefordert.[64] **28**

Wenn jedoch die Vornahme einer Samenspende auf einem gemeinsamen Entschluss beruhte, der – spätere – rechtliche Vater an den Bemühungen um einen Samenspender mitgewirkt hat und er wusste, dass dieser Entschluss umgesetzt wird, dann reicht dies für eine Einwilligung i.S.v. Abs. 4 aus, auch wenn der anfechtende rechtliche Vater behauptet, sich der Tragweite dieser Entscheidung erst im Nachhinein bewusst geworden zu sein.[65] Allerdings ist zweifelhaft, ob ein ausdrückliches Einverständnis mit einer ärztlich assistierten künstlichen Befruchtung zugleich auch das Einverständnis mit einer privaten Samenspende enthält,[66] zumal sich die Einwilligung grundsätzlich auf eine bestimmte Klinik an einem bestimmten Ort bezieht und zeitlich unbefristete Generaleinwilligungen nicht unterstellt werden können.[67] Die Bereitschaft zur Übernahme von Verantwortung für ein aus der künstlichen Befruchtung hervorgehendes Kind kann nicht mehr unterstellt werden, wenn die Grundlage für die Gemeinschaft entfallen ist, insbesondere ab Trennung der Eheleute; eines ausdrücklichen Widerrufs der Erklärung gegenüber der Ehefrau bedarf es nicht.[68]

Das Anfechtungsrecht des Kindes wird durch Abs. 4 nicht berührt. Damit bleibt auch bei einer im Einvernehmen der Wunscheltern herbeigeführten Samenspende die rechtliche Vaterschaftszuordnung fragil, da – jedenfalls ab Volljährigkeit des Kindes – nicht verhindert werden kann, dass die Vaterschaft vom Kind angefochten wird. Es gibt daher Forderungen, im Fall des Abs. 4 auch das Anfechtungsrecht des Kindes abzuschaffen, das dann bei der Zeugung durch im Einvernehmen der Eltern durchgeführte künstliche Befruchtung so stünde wie ein von den Eltern adoptiertes Kind, das die Vaterschaftszuordnung zu dem Adoptivvater auch nicht beseitigen kann.[69] **29**

§ 1600 Abs. 4 BGB greift auch ein, wenn ein in Deutschland verbotener Embryonentransfer durchgeführt wurde.[70] Die Methode, die zur Entstehung des Kindes geführt hat, ist für dessen Wohl unerheblich. Umgekehrt kann dem Recht des leiblichen Vaters auf Feststellung seiner rechtlichen Vaterschaft für ein von ihm auf natürlichem Weg mit der Mutter gezeugtes Kind nicht entgegengehalten werden, er habe lediglich die Funktion eines Samenspenders wahrgenommen.[71] **30**

60 OLG Frankfurt FamRZ 2019, 541 m.w.N.
61 BGH FamRZ 2015, 2134; MüKo-BGB/*Wellenhofer,* § 1600 Rn. 56 m.w.N.
62 BGH FamRZ 2015, 2134
63 OLG Karlsruhe FamRZ 2012, 1150
64 Siehe MüKo-BGB/*Wellenhofer,* § 1600 Rn. 56 m.w.N.
65 OLG Oldenburg FamRZ 2015, 67
66 So die Fallkonstellation des OLG Oldenburg FamRZ 2015, 67
67 MüKo-BGB/*Wellenhofer,* § 1600 Rn. 55 m.w.N.
68 OLG Frankfurt FamRZ 2019, 541
69 Vgl. *Dürbeck*, ZKJ 2018, 277; *Zypries/Zeeb*, ZRP 2014, 54 ff.
70 OLG Frankfurt FamRZ 2019, 541
71 OLG Zweibrücken FamRZ 2016, 2018

§ 1600a BGB

Persönliche Anfechtung; Anfechtung bei fehlender oder beschränkter Geschäftsfähigkeit

(1) Die Anfechtung kann nicht durch einen Bevollmächtigten erfolgen.

(2) [1]Die Anfechtungsberechtigten im Sinne von § 1600 Abs. 1 Nr. 1 bis 3 können die Vaterschaft nur selbst anfechten. [2]Dies gilt auch, wenn sie in der Geschäftsfähigkeit beschränkt sind; sie bedürfen hierzu nicht der Zustimmung ihres gesetzlichen Vertreters. [3]Sind sie geschäftsunfähig, so kann nur ihr gesetzlicher Vertreter anfechten.

(3) Für ein geschäftsunfähiges oder in der Geschäftsfähigkeit beschränktes Kind kann nur der gesetzliche Vertreter anfechten.

(4) Die Anfechtung durch den gesetzlichen Vertreter ist nur zulässig, wenn sie dem Wohl des Vertretenen dient.

(5) Ein geschäftsfähiger Betreuter kann die Vaterschaft nur selbst anfechten.

Übersicht Rn.

A. Allgemeines

1 Die Vorschrift regelt – ähnlich wie § 1596 BGB für die Anerkennung der Vaterschaft – den Grundsatz der Höchstpersönlichkeit der Ausübung des statusrechtlichen Gestaltungsrechts der Anfechtung der Vaterschaft. Hierdurch soll sichergestellt werden, dass die Anfechtung der Vaterschaft vom eigenen Willen desjenigen, dessen Gestaltungsrecht ausgeübt wird, getragen wird. Schließlich hängt es ganz wesentlich von der persönlichen Einstellung zum konkreten Eltern-Kind-Verhältnis ab, ob man sich für die Anfechtung der Vaterschaft mit ihren weitreichenden und in der Regel unumkehrbaren Folgen entschließt.[1]

2 Hiervon macht das Gesetz zwei Ausnahmen: Für einen geschäftsunfähigen Elternteil (Abs. 2 Satz 3) und für ein geschäftsunfähiges oder in der Geschäftsfähigkeit beschränktes Kind (Abs. 3) kann nur der gesetzliche Vertreter die Vaterschaft anfechten. Im Recht der Anfechtung kennt das Gesetz – anders als bei der Anerkennung der Vaterschaft (§ 1596 Abs. 2 Satz 2 BGB) – keine Sonderstellung des mindestens 14 Jahre alten Kindes.

1 MüKo-BGB/*Wellenhofer*, § 1600a Rn. 1

Aus dem Grundsatz der Höchstpersönlichkeit folgt, dass das Anfechtungsrecht nicht vererblich ist.[2] Anders als nach dem vor dem 1.7.1998 geltenden Recht[3] gibt es keine Anfechtung durch die Eltern eines bereits verstorbenen rechtlichen Vaters.[4] 3

B. Inhalt der Norm

I. Keine gewillkürte Stellvertretung (Abs. 1)

Die Ausübung des Anfechtungsrechts durch einen rechtsgeschäftlich Bevollmächtigten ist ausgeschlossen. Dies betrifft sowohl die Vertretung im Willen als auch in der Erklärung der Anfechtung. Wenn sich der Anfechtungsberechtigte im Verfahren durch einen Rechtsanwalt als Verfahrensbevollmächtigten vertreten lässt (§ 10 Abs. 2 FamFG), ist dieser insoweit nur Bote des Anfechtungsberechtigten.[5] Dies bedeutet aber, dass die Bevollmächtigung des Rechtsanwalts nur durch den Anfechtungsberechtigten selbst und nicht durch einen rechtsgeschäftlichen Vertreter erfolgen kann. 4

II. Ausübung des Anfechtungsrechts des Vaters, potenziellen leiblichen Vaters oder der Mutter (Abs. 2)

1. Regelfall

Für die Anfechtungsberechtigten i.S.v. § 1600 Abs. 1 Nr. 1 bis 3 BGB – mithin für den Vater, die Mutter und den potenziellen leiblichen Vater – wird der **Grundsatz der Höchstpersönlichkeit** dahingehend ausgedehnt, dass nicht nur die rechtsgeschäftliche, sondern auch die gesetzliche Vertretung ausgeschlossen ist. Dies gilt gemäß Abs. 2 Satz 2 selbst dann, wenn der anfechtungsberechtigte Elternteil oder potenzielle Vater in der Geschäftsfähigkeit beschränkt ist, was das Gesetz nur bei Minderjährigen kennt (§ 106 BGB). Der noch nicht volljährige Vater, potenzielle leibliche Vater oder die noch minderjährige Mutter können die Vaterschaft daher nur selbst anfechten und bedürfen hierzu nicht der Zustimmung ihres gesetzlichen Vertreters.[6] Höchstpersönlichkeit umschließt die Freiheit der Entscheidung, vom Anfechtungsrecht Gebrauch zu machen oder nicht; aus dem Unterlassen einer Vaterschaftsanfechtung lassen sich keine Schadenersatzverpflichtungen herleiten.[7] Ebenso wenig besteht eine Anfechtungsverpflichtung, um den Unterhalt gegenüber weiteren Kindern sichern zu können.[8] 5

Die Einrichtung einer gerichtlichen **Betreuung** (§ 1896 ff. BGB) berührt die **Geschäftsfähigkeit** des Betroffenen nicht. Deshalb kann auch ein unter Betreuung stehender Anfechtungsberechtigter die Anfechtung nur selbst ausüben (vgl. Abs. 5). 6

2. Sonderfall: Geschäftsunfähigkeit

Etwas anders gilt gemäß Abs. 2 Satz 3 für einen geschäftsunfähigen Vater oder potenziellen leiblichen Vater bzw. eine geschäftsunfähige Mutter. **Geschäftsunfähigkeit** liegt nur dann vor, wenn sich der Betroffene nicht nur vorübergehend in einem die freie Willensbe- 7

2 MüKo-BGB/*Wellenhofer*, § 1600a Rn. 1 m.w.N.
3 Vgl. §§ 1595a, 1600g BGB in der vor dem 1.7.1998 geltenden Fassung
4 Erman/*Hammermann*, § 1600a Rn. 1 m.w.N.
5 OLG Karlsruhe FamRZ 2016, 249; BeckOGK-BGB/*Reuß*, § 1600a Rn. 11 m.w.N.
6 Erman/*Hammermann*, § 1600a Rn. 4; MüKo-BGB/*Wellenhofer*, § 1600a Rn. 3
7 MüKo-BGB/*Wellenhofer*, § 1600a Rn. 2 m.w.N.
8 OLG Düsseldorf NZFam 2019, 115 mit abl. Anm. *Sarres*

stimmung ausschließenden Zustand krankhafter Störung der Geistestätigkeit befindet (§ 104 Nr. 2 BGB). Bleibt die Geschäftsfähigkeit unklar, gilt § 1600a Abs. 2 Satz 1 BGB.[9]

8 Für einen Geschäftsunfähigen kann nur der **gesetzliche Vertreter anfechten**, § 1600a Abs. 2 S. 3 BGB. Dies sind bei geschäftsunfähigen Minderjährigen die Eltern oder der allein vertretungsberechtigte Elternteil (§§ 1626 ff. BGB) bzw. bei einem unter Vormundschaft stehenden Kind der Vormund (§§ 1773 ff. BGB). Ein geschäftsunfähiger Volljähriger wird durch den für diesen Wirkungskreis gerichtlich bestellten Betreuer vertreten (§ 1823 BGB).

Der Ausschluss der rechtsgeschäftlichen Stellvertretung bewirkt, dass eine Vorsorgevollmacht nicht zur Anfechtung der Vaterschaft durch den Bevollmächtigten berechtigt. Soll für einen Geschäftsunfähigen die Vaterschaft angefochten werden, bedarf es daher für diesen Wirkungskreis trotz einer Vorsorgevollmacht der Einrichtung einer gerichtlichen Betreuung.

9 Bei der Anfechtung durch einen gesetzlichen Vertreter ist zu beachten, dass diese gemäß Abs. 4 nur zulässig ist, wenn sie dem Wohl des Vertretenen dient. Dies gilt auch bei der Anfechtung durch einen gesetzlichen Vertreter des anfechtungsberechtigten Elternteils oder potenziellen leiblichen Vaters.

III. Ausübung des Anfechtungsrechts des Kindes (Abs. 3)

1. Volljähriges Kind

10 Das **geschäftsfähige** volljährige Kind kann die Vaterschaft **nur selbst anfechten**. Dies gilt nach Abs. 5 auch dann, wenn der geschäftsfähige Volljährige unter Betreuung (§ 1896 BGB) steht. Ist er hingegen **geschäftsunfähig** i.S.v. § 104 Nr. 2 BGB, kann gemäß Abs. 3 nur der gesetzliche Vertreter anfechten, d.h. der zu diesem Wirkungskreis gerichtlich bestellte Betreuer (§ 1823 BGB).

2. Minderjähriges Kind

11 Für das **minderjährige Kind** kann gemäß Abs. 3 stets **nur der gesetzliche Vertreter anfechten**. Damit soll vermieden werden, dass ein noch nicht voll geschäftsfähiges Kind – z.B. in einer pubertären Konfliktlage oder kritischen Entwicklungsphase – mit einem Vaterschaftsanfechtungsverfahren Unfrieden in die Familie trägt.[10] Dem minderjährigen Kind ist im Anfechtungsverfahren jede Möglichkeit des eigenverantwortlichen Handelns oder auch nur der unmittelbaren Einflussnahme auf das Verfahren genommen. Dies gilt auch, wenn das Kind bereits das 14. Lebensjahr vollendet hat.[11] Anders als bei der Zustimmung zur Anerkennung der Vaterschaft (§ 1596 Abs. 2 Satz 2 BGB) gelten im gerichtlichen Abstammungsverfahren auch für Kinder, die 14 Jahre oder älter sind, keine Sonderregelungen. Eine Anfechtung durch den gesetzlichen Vertreter bedarf auch nicht der Zustimmung des Kindes. Ein der Anfechtung entgegenstehender Wille des Kindes kann lediglich im Rahmen der durch Abs. 4 gebotenen Kindeswohlprüfung Beachtung finden.

12 Die Frage der gesetzlichen Vertretung ist im Vaterschaftsanfechtungsverfahren in **zwei Stufen** von Bedeutung. In der ersten Stufe ist zu prüfen, wer das Kind bei der Entscheidung, ob die Vaterschaft angefochten werden soll, vertritt. Erst in der zweiten Stufe geht es um die Vertretung des Kindes im gerichtlichen Anfechtungsverfahren selbst. Beide Fragen sind voneinander zu unterscheiden.[12]

---

9 MüKo-BGB/*Wellenhofer*, § 1600a Rn. 22
10 Grüneberg/*Siede*, § 1600a Rn. 3; BeckOGK-BGB/*Reuß*, § 1600a Rn. 4 m.w.N.
11 §§ 1597b Abs. 1 Satz 1, 1596a Abs. 5 BGB-E idF des DEAbReG sehen dagegen vor, dass ein mindestens 14 Jahre altes Kind nur selbst und ohne Notwendigkeit der Zustimmung des gesetzlichen Vertreters die Vaterschaft soll anfechten können.
12 BGH FamRZ 2009, 861; BGH NJW 1975, 345; *Keuter*, FuR 2013, 249

a) Erste Stufe: Gesetzliche Vertretung bei dem Entschluss zur Anfechtung

Die Entscheidung darüber, **ob** die Vaterschaft angefochten werden soll oder nicht, ist **Teil der Personensorge**. Diese Entscheidung muss daher von den Personensorgeberechtigten getroffen werden. Bei gemeinsamer elterlicher Sorge ist sie daher von den rechtlichen Eltern gemeinsam zu treffen. Da diese Entscheidung erst die Vorfrage eines gerichtlichen Abstammungsverfahrens darstellt, steht sie dem Personensorgeberechtigten auch dann zu, wenn dieser nach §§ 1629 Abs. 2 Satz 1, 1824 BGB in Bezug auf das dann durchzuführende Anfechtungsverfahren selbst an der gesetzlichen Vertretung gehindert ist.[13] § 1824 BGB erfasst die Frage des „Ob" der Anfechtung nicht,[14] da kein Rechtsgeschäft mit dem Kind i.S.d. § 1824 Abs. 1 Nr. 1 vorliegt und auch noch kein Rechtsstreit i.S.d. § 1824 Abs. 1 Nr. 3 eingeleitet wurde.[15] Wird die Vaterschaft daher von dem minderjährigen Kind angefochten, ist stets als Vorfrage zu klären, ob die **Entscheidung über das „Ob" der Anfechtung** von einer entsprechenden Entscheidungsbefugnis gedeckt ist. Bei alleinigem Sorgerecht eines Elternteils muss sie daher von dem allein Sorgeberechtigten getroffen worden sein. Da es in dieser Frage keinen gesetzlichen Ausschluss der Vertretungsbefugnis gibt, gilt dies auch dann, wenn der rechtliche Vater der alleinige Inhaber der elterlichen Sorge ist. Bei gemeinsamer elterlicher Sorge muss die Entscheidung von beiden Eltern gemeinsam getroffen werden. Etwas anderes gilt nur dann, wenn die Entscheidungsbefugnis über die Anfechtung der Vaterschaft nach § 1628 BGB durch gerichtliche Entscheidung auf einen Elternteil übertragen worden ist.[16] 13

Fehlt es daran, dass die **Entscheidung über das „Ob" der Anfechtung** von einer sorgerechtlichen Befugnis gedeckt ist, kann ein durch den gesetzlichen Vertreter des Kindes betriebenes Anfechtungsverfahren keinen Erfolg haben. Dies gilt selbst dann, wenn dem Kind im Anfechtungsverfahren selbst ein **Ergänzungspfleger** bestellt wird. Denn diesem obliegt allein die Vertretung des Kindes im Verfahren, nicht jedoch die Vertretung des Kindes bei der – dem Verfahren vorausgehenden – Entscheidung, ob die Vaterschaft angefochten werden soll.[17] 14

Sieht der gesetzliche Vertreter des Kindes davon ab, die Anfechtung der Vaterschaft zu betreiben, kann ihm allein deshalb die elterliche Sorge oder die Entscheidungs- und Vertretungsbefugnis allenfalls dann entzogen werden, wenn hierdurch das Wohl des Kindes i.S.v. § 1666 BGB gefährdet wäre. Durch die Regelung des § 1629 Abs. 2 Satz 3 BGB bringt das Gesetz die Wertung zum Ausdruck, dass der Mutter bei der Klärung der Abstammung die Vertretungsbefugnis nicht nach § 1629 Abs. 2 Satz 3 i.V.m. 1789 Abs. 2 BGB entzogen werden kann. Diese mit dem Beistandschaftsgesetz vom 4.12.1997[18] eingeführte Regelung betrifft zwar nach ihrem Wortlaut den Entzug der Vertretungsbefugnis für die Feststellung der Vaterschaft, weshalb nach weit überwiegender Ansicht eine Entziehung der Vertretungsbefugnis für ein Verfahren auf Anfechtung der Vaterschaft nicht ausgeschlossen sein soll.[19] Die Erwägungen des Gesetzgebers sind aber auf die Anfechtung der Vaterschaft übertragbar.[20] Die Mutter kann beachtliche Gründe haben, im Interesse des Kindes von einer Vaterschaftsanfechtung abzusehen. Es ist nicht gewährleistet, dass solche Gründe in einem eher formal gehaltenen Verfahren auf Entzug des Vertretungsrechts wegen eines Interessenkonflikts (§§ 1629 Abs. 2 Satz 3, 1789 Abs. 2 BGB) ausreichende Berücksichtigung fin- 15

13 BGH FamRZ 2009, 861; OLG Frankfurt ZKJ 2017, 427; OLG Karlsruhe FamRZ 2025, 696 mit Anm. *Flux*
14 BGH NJW 2009, 1496
15 BeckOGK-BGB/*Reuß*, § 1600a Rn. 23 m.w.N.
16 Siehe dazu OLG Frankfurt Beschl. vom 30.4.2025 – 6 UF 72/25, juris m.w.N.; NK-BGB/*Kaiser*, § 1629 Rn. 88 m.w.N.
17 BGH FamRZ 2009, 861; *Keuter*, FuR 2013, 249 m.w.N.
18 BGBl. I S. 1847
19 MüKo-BGB/*Huber*, § 1629 Rn. 64; NK-BGB/*Kaiser*, § 1629 Rn. 29
20 BayObLG FamRZ 1999, 737

den. Die Bevormundung der Mutter in Fragen der Abstammungszuordnung für ihr Kind ist auf die Abwehr einer **Kindeswohlgefährdung i.S.v. § 1666 BGB** zu beschränken. Der staatliche Eingriff in die elterliche Sorge mit dem Ziel einer Veränderung der Statuszuordnung ist daher nicht bereits aus formalen Erwägungen eines Interessengegensatzes zuzulassen. Für einen solchen Eingriff bedarf es einer umfassenden Abwägung aller Umstände, also auch der Gründe, welche die Mutter dazu bewegen, von der Anfechtung der Vaterschaft abzusehen. Diese Abwägung ist nur im Verfahren nach § 1666 BGB gewährleistet. Nur wenn die Unterlassung der Anfechtung das Wohl des Kindes i.S.v. § 1666 BGB gefährdet, kann durch richterliche Entscheidung die elterliche Sorge insoweit entzogen werden.

b) Zweite Stufe: Gesetzliche Vertretung im Verfahren

16 Die elterliche Sorge schließt grundsätzlich das Recht ein, das Kind auch im Verfahren zu vertreten. Dies gilt jedoch dann nicht, wenn die Vertretungsbefugnis kraft Gesetzes ausgeschlossen ist (a) oder wenn sie durch gerichtliche Entscheidung entzogen wurde (b).

aa) Gesetzlicher Ausschluss der Vertretungsbefugnis

17 Gemäß § 1629 Abs. 2 Satz 1 kann ein Elternteil das Kind insoweit nicht vertreten, als auch ein Betreuer gemäß § 1824 BGB von der Vertretung des Kindes ausgeschlossen ist. Damit kann das Kind in einem **Rechtsstreit**, der zwischen dem Kind und dem Ehepartner der Kindesmutter stattfindet, nicht von dieser vertreten werden (§ 1629 Abs. 2 Satz 1 BGB i.V.m. § 1824 Abs. 1 Nr. 3 BGB). Ferner kann das Kind nicht von einem Elternteil vertreten werden, wenn dieser selbst Partei des Rechtsstreits ist.

18 Durch das FamFG ist das Abstammungsverfahren zwar grundlegend verändert worden. Das Verfahren ist als **Verfahren der freiwilligen Gerichtsbarkeit** ausgestaltet. Auch diese können nach h.M. von der Regelung des § 1824 Abs. 1 Nr. 3 BGB erfasst sein, wenn sich die Interessen der Verfahrensbeteiligten gegenüberstehen und das Gericht auf Antrag über behauptete subjektive Interessen oder gar Ansprüche eines Beteiligten zu entscheiden hat.[21] Der **rechtliche Vater** ist von der Vertretung des Kindes im Verfahren ausgeschlossen, unabhängig davon, durch wen die Anfechtung betrieben wird.[22] Denn der Vertretungsausschluss ist an das zu beseitigende Statusverhältnis geknüpft. Der Vater würde ansonsten in Vertretung des Kindes über die Aufhebung seiner eigenen Rechtsposition verhandeln.[23]

19 Die **Mutter** ist von der Vertretung ausgeschlossen, wenn sie mit dem rechtlichen Vater **verheiratet** ist.[24] Bei bestehender Ehe zwischen dem rechtlichen Vater und der Mutter besteht zwischen diesen beiden nämlich ein zu wechselseitiger Loyalität und Rücksichtnahme verpflichtendes gesetzliches Schuldverhältnis (§ 1353 BGB), das einen Vertretungsausschluss in entsprechender Anwendung der §§ 1629 Abs. 2 Satz 1, 1824 BGB auch für den jeweils anderen Elternteil zur Folge hat.[25] Dem Kind ist in diesem Fall ein Ergänzungspfleger zu bestellen.[26]

Das FamFG lässt zwar auch in Abstammungsverfahren die Bestellung eines Verfahrensbeistands zu (§ 174 FamFG), doch ist dieser kein gesetzlicher Vertreter des Kindes. Nach der Rechtsprechung des BGH ist in Abstammungsverfahren der Ausschluss von der gesetzlichen Vertretung des Kindes im Verfahren selbst wie nach der vor dem FamFG geltenden

21 Staudinger/*Veit*, § 1795 BGB Rn. 50; NK-BGB/*Fritsche*, § 1795 Rn. 6; MüKo-BGB/*Wagenitz*, § 1795 Rn. 34
22 BGH FamRZ 2012, 859 mit Anm. *Stößer*
23 BeckOK-BGB/*Veit*, § 1629 Rn. 62 m.w.N.
24 BGH FamRZ 2021, 1127 mit Anm. *Wellenhofer* = NJW 2021, 1875 mit Anm. *Löhnig;* BGH FamRZ 2012, 859 mit Anm. *Stößer*
25 *Löhnig*,NJW 2021, 1880 m.w.N.
26 BGH FamRZ 2012, 859 mit Anm. *Stößer;* MüKo-BGB/*Wellenhofer*, § 1600a Rn. 13 m.w.N.

Rechtslage zu beurteilen.[27] Der Gesetzgeber habe mit der Schaffung des FamFG insoweit keine Änderung herbeiführen wollen.

Die **allein sorgeberechtigte Mutter** darf dagegen – trotz eigener Beteiligung im Verfahren – das **Kind als Antragsteller** eines Anfechtungsverfahrens vertreten, der Bestellung eines Ergänzungspflegers bedarf es insoweit nicht.[28] Gleiches gilt, wenn der Vater oder der potenzielle Erzeuger die Vaterschaft anfechten; auch hier reicht die eigene Beteiligtenstellung der Mutter für einen gesetzlichen Vertretungsausschluss in diesen Konstellationen nicht aus.[29] Selbst wenn die allein sorgeberechtigte Mutter ihr **eigenes Anfechtungsrecht** gerichtlich geltend macht, hindert dies die Vertretung des Kindes durch die Mutter nicht,[30] sollte aber Veranlassung geben, dem Kind einen Verfahrensbeistand zu bestellen. 20

Bei **gemeinsamem Sorgerecht ohne bestehende Ehe** der Eltern ist nach neuerer Rechtsprechung des BGH ebenfalls die Bestellung eines Ergänzungspflegers nicht erforderlich.[31] Ein vom Gesetzgeber gewollter Ausschluss beider gemeinsam sorgeberechtigter Elternteile im Fall, dass nur ein Elternteil vom Ausschlussgrund betroffen sei, könne aus dem Wortlaut des § 1629 Abs. 2 Satz 1 BGB nicht hergeleitet werden. Ein Ausschluss der mit dem Vater gemeinsam sorgeberechtigten Mutter vom Vertretungsrecht wäre auch ein Eingriff ins Elternrecht, der einer gesetzlichen Eingriffsgrundlage bedürfe und dem Grundsatz der Verhältnismäßigkeit entsprechen müsse. § 1629 Abs. 2 Satz 1 BGB reiche als Eingriffsgrundlage nicht aus. Ein Vertretungsausschluss der Mutter komme vielmehr in diesen Konstellationen nur in Betracht, wenn ihr aufgrund eines konkreten Interessenkonflikts die Vertretungsbefugnis im Einzelfall nach §§ 1629 Abs. 2 Satz 3, 1789 Abs. 2 Satz 3 und 4 BGB entzogen worden sei. (siehe dazu Rn. 23) Da mithin in den genannten Konstellationen nur der Vater von der Vertretung des Kindes ausgeschlossen ist, führt dies zu einem Alleinvertretungsrecht der Mutter, welches die Ergänzungspflegschaft überflüssig macht. 21

Zusammenfassend lässt sich auf der Grundlage der Rechtsprechung des BGH für die Praxis sagen, dass es für die Vertretung des Kindes im Verfahren auf Anfechtung der Vaterschaft der Bestellung eines **Ergänzungspflegers** für das Kind immer dann bedarf, wenn 22

- das Kind unter der alleinigen elterlichen Sorge des Vaters steht,
- oder die Mutter mit dem Vater verheiratet ist,
- oder der allein sorgeberechtigten bzw. mit dem Vater gemeinsam sorgeberechtigten Mutter aufgrund eines konkreten Interessenkonfliktes die Vertretungsbefugnis nach §§ 1629 Abs. 2 Satz 3, 1789 Abs. 2 Satz 3 und 4 BGB entzogen worden ist.

bb) Gerichtliche Entziehung der Vertretungsbefugnis

Nach §§ 1629 Abs. 2 Satz 3, 1789 Abs. 2 Satz 3 und 4 BGB kann einem Elternteil die Vertretungsbefugnis dann entzogen und einem Pfleger übertragen werden, wenn nachgewiesen ist, dass ein **erheblicher konkreter Interessengegensatz** zwischen dem Sorgeberechtigten und dem Kind besteht. Ein solcher Interessenkonflikt ist in Abstammungssachen nicht allein schon wegen der Tatsache des Verfahrens selbst gegeben.[32] Die Beurteilung, ob ein konkreter Interessengegensatz i.S.v. § 1789 BGB beseht, kann nur auf der Grundlage des konkreten Einzelfalles erfolgen und nicht auf der Grundlage einer generalisierenden Be- 23

27 BGH FamRZ 2012, 859 für Vaterschaftsfeststellungsverfahren
28 BGH ZKJ 2017, 144 mit Anm. *Grün* gegen OLG Hamburg FamRZ 2016, 69 als Vorinstanz
29 BGH ZKJ 2017, 144 mit Anm. *Grün*; OLG Koblenz JAmt 2019, 92
30 BGH ZKJ 2017, 144 mit Anm. *Grün*
31 BGH FamRZ 2021, 1127 mit Anm. *Wellenhofer* = NJW 2021, 1875 mit Anm. *Löhnig* unter Aufgabe von BGH FamRZ 1972, 498; OLG Frankfurt Beschl. vom 30.4.2025 – 6 UF 72/25, juris m.w.N; kritisch: *Zorn*, FamRZ 2022, 334
32 BGH FamRZ 2012, 859

trachtung.[33] Nur wenn sich im Einzelfall konkrete Anhaltspunkte für die Annahme ergeben, dass ein Elternteil seine sorgerechtliche Stellung missbräuchlich ausübt, kann die Vertretungsbefugnis entzogen werden. Dies kann sich z.B. daraus ergeben, dass die Mutter die Wahrnehmung von verfahrensrechtlichen Befugnissen des Kindes konkret vereitelt, indem sie etwa den Kontakt zum bestellten Verfahrensbeistand verhindert oder bei der Mitwirkung an der Abstammungsuntersuchung ihre eigenen Interessen über diejenigen des Kindes stellt. Unterhalb dieser Schwelle kann einem Interessenwiderstreit durch die Bestellung eines Verfahrensbeistands nach § 174 FamFG begegnet werden und bedarf es keiner Entziehung der Vertretungsbefugnis. Das Abstellen auf eine dem Verfahren immanente Konfliktlage reicht für einen solchen Eingriff nicht aus.[34]

cc) Entziehung der elterlichen Sorge

24 Wenn einem Sorgerechtsmissbrauch nicht allein mit der Entziehung der Vertretungsbefugnis für das Verfahren begegnet werden kann, sondern darüber hinaus die Schwelle des § 1666 BGB überschreitende kindeswohlgefährdende Auswirkungen hat, kann dies zur Einleitung eines Verfahrens nach § 1666 BGB Anlass geben und entsprechende sorgerechtliche Maßnahmen erfordern.

IV. Das Wohl des Vertretenen als besondere Voraussetzung bei Anfechtung durch den gesetzlichen Vertreter (Abs. 4)

25 Die Anfechtung der Vaterschaft durch den gesetzlichen Vertreter ist nur zulässig, wenn sie dem Wohl des Vertretenen dient. Diese Einschränkung gilt nicht nur für die Anfechtung durch den gesetzlichen Vertreter eines minderjährigen Kindes (Abs. 3), sondern auch für die Anfechtung durch den gesetzlichen Vertreter eines geschäftsunfähigen Vaters, eines geschäftsunfähigen potenziellen leiblichen Vaters oder einer geschäftsunfähigen Mutter (Abs. 2 Satz 3). Wenn die allein sorgeberechtigte Mutter die Vaterschaft aus eigenem Recht anficht, gilt § 1600a Abs. 4 BGB nicht, wohl aber bei einer Anfechtung des Kindes, vertreten durch die Mutter.

26 Ob die Anfechtung dem Wohl des Vertretenen dient, muss das Familiengericht jeweils im Rahmen des Vaterschaftsanfechtungsverfahrens inzident prüfen. Es handelt sich hierbei um eine Sachentscheidungsvoraussetzung.[35] Der Anfechtungsantrag ist als **unzulässig** abzuweisen, wenn nicht positiv festgestellt werden kann, dass die Anfechtung dem Wohl des Anfechtungsberechtigten dient;[36] eine spätere erneute Anfechtung bliebe also möglich. Verbleibende Zweifel gehen zu Lasten des Anfechtenden.[37] Verweigern bei einer vom Kind begehrten Anfechtung die Eltern und der Zeuge, der in der Empfängniszeit mit der Mutter geschlechtlich verkehrt hat, ihre Mitwirkung bei der Begutachtung, ist die Frage, ob die Anfechtung dem Kindeswohl dient, bereits im Zwischenverfahren nach § 178 Abs. 2 Satz 1 FamFG, §§ 386 ff. ZPO zu prüfen, weil der mit der Duldungspflicht des § 178 FamFG verbundene Grundrechtseingriff unverhältnismäßig wäre, wenn die Anfechtung bereits nach § 1600a Abs. 4 BGB unzulässig wäre.[38]

27 Es ist eine Gesamtwürdigung vorzunehmen unter **sorgfältiger Abwägung der mit der Durchführung des Anfechtungsverfahrens für den Vertretenen verbundenen Vor- und Nachteile**.[39] In die Abwägung einzubeziehen sind sowohl die Auswirkungen der Durchfüh-

33 BGH FamRZ 2008, 1156
34 OLG Frankfurt ZKJ 2017, 427
35 MüKo-BGB/*Wellenhofer,* § 1600a Rn. 17 m.w.N.
36 OLG Saarbrücken ZKJ 2018, 272, 273
37 OLG Saarbrücken ZKJ 2018, 272, 273; MüKo-BGB/*Wellenhofer,* § 1600a Rn. 18 m.w.N.
38 OLG Dresden FamRB 2023, 153 bespr. v. *Siede* = FamRZ 2022, 1789 mit Anm. *v. Bary*
39 OLG Celle ZKJ 2012, 76; OLG Saarbrücken ZKJ 2018, 272, 273

rung des Anfechtungsverfahrens selbst als auch die Erfolgsaussichten des Verfahrens und die aus einer etwaigen Beseitigung der Vaterschaftszuordnung resultierenden praktischen Vor- und Nachteile. Das Kindeswohl kann sowohl für die Aufrechterhaltung der bestehenden Vaterschaftszuordnung als auch für deren Beseitigung sprechen. Grundsätzlich kommt keinem einzelnen Abwägungsgesichtspunkt Vorrang vor einem anderen zu, auch nicht dem natürlichen Interesse des Kindes an der Klärung der wahren Abstammung.[40] Wenn sich jedoch durch die Anfechtung der Vaterschaft keine Auswirkungen auf die familiäre Situation des Kindes ergeben, überwiegt das Interesse an der **Kenntnis der eigenen Abstammung**.[41]

Die möglichen Auswirkungen des Anfechtungsverfahrens auf den **Familienfrieden** und die persönlichen Beziehungen zwischen Mutter und Kind sind ebenso in die Abwägung einzubeziehen wie auch etwaige **vermögens- oder unterhaltsrechtliche Vor- und Nachteile** einer Beseitigung der Vaterschaft. Die Auswirkungen einer erfolgreichen Vaterschaftsanfechtung können besonders nachteilig sein, wenn keine Aussicht besteht, die tatsächliche Abstammung des Kindes zu klären und das Kind dauerhaft ohne rechtlichen Vater bleiben wird.[42] Dient – wie bei der Vaterschaftsanfechtung eines durch einvernehmliche Samenspende gezeugten Kindes – die Anfechtung nicht der Zuordnung des Kindes zu seinem leiblichen Vater, entspricht die Anfechtung im Regelfall nicht dem Kindeswohl;[43] dann ist auch das ansonsten durch Art. 6 Abs. 2 Satz 1 GG geschützte Recht des anderen Elternteils, die rechtliche Vaterschaft zu beenden, nicht von Belang.[44] Wenn jedoch weder emotionale Beziehungen zum rechtlichen Vater bestehen und das Fortbestehen der rechtlichen Vaterschaft für das Kind keinerlei Vorteile bietet, kann die Kindeswohldienlichkeit der Anfechtung auch dann anzunehmen sein, wenn für die Klärung der tatsächlichen Abstammung keine Aussicht besteht.[45] 28

V. Unter Betreuung stehende Personen (Abs. 5)

Die Regelung in Abs. 5 unterstreicht nochmals den Grundsatz der Höchstpersönlichkeit und stellt klar, dass dies auch für eine unter Betreuung stehende Person gilt, denn die Einrichtung einer Betreuung hat keine Auswirkungen auf dessen Geschäftsfähigkeit. Ist die unter Betreuung stehende Person geschäftsunfähig i.S.v. § 104 Nr. 2 BGB, gilt Abs. 2 Satz 3 bzw. Abs. 3. Ein Einwilligungsvorbehalt zu Gunsten des Betreuers eines geschäftsfähigen Anfechtungsberechtigten ist gemäß § 1825 Abs. 2 Nr. 5 BGB nicht möglich.[46] 29

§ 1600b BGB

Anfechtungsfristen

(1) [1]Die Vaterschaft kann binnen zwei Jahren gerichtlich angefochten werden. [2]Die Frist beginnt mit dem Zeitpunkt, in dem der Berechtigte von den Umständen erfährt, die gegen die Vaterschaft sprechen; das Vorliegen einer sozial-familiären Beziehung im Sinne des § 1600 Abs. 2 erste Alternative hindert den Lauf der Frist nicht.

(2) [1]Die Frist beginnt nicht vor der Geburt des Kindes und nicht, bevor die Anerkennung wirksam geworden ist. [2]In den Fällen des § 1593 Satz 4 beginnt die Frist nicht vor der Rechtskraft

40 BayObIG FamRZ 1995, 185
41 OLG Schleswig FamRZ 2003, 51
42 BayObIG FamRZ 1995, 185; siehe auch OLG Saarbrücken ZKJ 2018, 272, 273
43 MüKo-BGB/*Wellenhofer*, § 1600a Rn. 20 m.w.N.
44 OLG Saarbrücken ZKJ 2018, 272, 273
45 OLG Nürnberg FamRZ 2005, 1697
46 Erman/*Hammermann*, § 1600a Rn. 7; BeckOGK-BGB/*Reuß*, § 1600a Rn. 17 m.w.N.

der Entscheidung, durch die festgestellt wird, dass der neue Ehemann der Mutter nicht der Vater des Kindes ist.

(3) [1]Hat der gesetzliche Vertreter eines minderjährigen Kindes die Vaterschaft nicht rechtzeitig angefochten, so kann das Kind nach dem Eintritt der Volljährigkeit selbst anfechten. [2]In diesem Falle beginnt die Frist nicht vor Eintritt der Volljährigkeit und nicht vor dem Zeitpunkt, in dem das Kind von den Umständen erfährt, die gegen die Vaterschaft sprechen.

(4) [1]Hat der gesetzliche Vertreter eines Geschäftsunfähigen die Vaterschaft nicht rechtzeitig angefochten, so kann der Anfechtungsberechtigte nach dem Wegfall der Geschäftsunfähigkeit selbst anfechten. [2]Absatz 3 Satz 2 gilt entsprechend.

(5) [1]Die Frist wird durch die Einleitung eines Verfahrens nach § 1598a Abs. 2 gehemmt; § 204 Abs. 2 gilt entsprechend. [2]Die Frist ist auch gehemmt, solange der Anfechtungsberechtigte widerrechtlich durch Drohung an der Anfechtung gehindert wird. [3]Im Übrigen sind § 204 Absatz 1 Nummer 4, 8, 13, 14 und Absatz 2 sowie die §§ 206 und 210 entsprechend anzuwenden.

(6) Erlangt das Kind Kenntnis von Umständen, auf Grund derer die Folgen der Vaterschaft für es unzumutbar werden, so beginnt für das Kind mit diesem Zeitpunkt die Frist des Absatzes 1 Satz 1 erneut.

Übersicht

A. Allgemeines

I. Normzweck

1 Die Vorschrift dient der Sicherung der Bestandskraft der Vaterschaftszuordnung eines Kindes und damit der Rechts- und Statussicherheit.[1] Dem Anfechtungsberechtigten wird nach Kenntniserlangung von gegen die Vaterschaft sprechenden Umständen eine angemessene Zeit zur Überlegung und Entscheidung eingeräumt, ob er die Vaterschaft anfechten will. Durch die Befristung dieser Überlegungszeit soll vermieden werden, dass die Vaterschaftszuordnung für ein Kind dauerhaft **in der Schwebe** bleibt.[2] Allerdings können nach Abs. 6 besondere Umstände dazu führen, dass lange nach Ablauf der kenntnisabhängigen Anfechtungsfrist diese für das Kind neu zu laufen beginnt, so dass eine dauerhafte Bestandskraft nicht mehr gewährleistet ist.

1 BVerfG FamRZ 2007, 441; BGH FamRZ 1999, 778
2 BVerfGE 38, 241 = NJW 1975, 203

Die Anfechtungsfrist dient nicht dem Schutz des leiblichen Vaters davor, als Vater des Kindes festgestellt zu werden.[3] Weder der leibliche Vater noch seine Erben können im Verfahren auf Feststellung der Vaterschaft geltend machen, im vorausgegangenen Verfahren auf Anfechtung der Vaterschaft sei die Anfechtungsfrist zu Unrecht als gewahrt erachtet worden.[4] Aus einer Verletzung des § 1600b BGB kann der als Vater festgestellte Mann keine Amtshaftungsansprüche herleiten.[5] 2

Die Wahrung der Anfechtungsfrist ist **von Amts wegen** zu beachten,[6] mithin auch dann, wenn alle Beteiligten übereinstimmend die Beseitigung der Vaterschaftszuordnung begehren. Wird die Frist nicht gewahrt, kommt eine Anfechtung der Vaterschaft selbst dann nicht mehr in Betracht, wenn die Nichtvaterschaft durch Abstammungsgutachten nachgewiesen ist.[7] Es handelt sich um eine materiell-rechtliche Frist. Eine Wiedereinsetzung in den vorigen Stand wegen Versäumung der Anfechtungsfrist ist daher nicht möglich.[8] 3

II. Fristdauer

Die Anfechtungsfrist beträgt für alle Anfechtungsberechtigten zwei Jahre. Durch die Kindschaftsrechtsreform sind mit Wirkung ab 1.7.1998 die vorher für eheliche und uneheliche Kinder geltenden unterschiedlichen Anfechtungsfristen vereinheitlicht worden. Dies gilt auch hinsichtlich der vor dem 1.7.1998 geborenen Kinder (Art. 224 § 1 Abs. 2 EGBGB),[9] auch wenn nach vorherigem Recht eine kürzere Anfechtungsfrist galt[10] oder nach früherem Recht ein Anfechtungsrecht nicht bestand.[11] 4

Entgegen der im Eckpunktepapier Abstammungsrecht[12] angekündigten Verkürzung der Anfechtungsfrist auf ein Jahr hält auch der DEAbReG[13] grundsätzlich an der zweijährigen Anfechtungsfrist fest (§ 1597c Abs. 1 Satz 1 BGB-E), wobei allerdings die Frist nach § 1597c Abs. 2 Satz 1 HS 2 nicht vor Ablauf des 21. Lebensjahres des Kindes bei Anfechtung durch dieses enden soll.

Eine Besonderheit gilt für die Anfechtung von vor dem 1.7.1970 in den alten Bundesländern erklärten Vaterschaftsanerkenntnissen, die an keine Frist gebunden ist.[14] Diese Altanerkenntnisse bewirkten nach damaligem Recht nicht einen verwandtschaftlichen Status zu dem Vater. Erst mit dem NEhelG[15] wurden diese Altanerkenntnisse in eine statusbegründende Vaterschaftsanerkennung mit der Folge des Entstehens eines Verwandtschaftsverhältnisses umgewandelt. Zum Ausgleich wurde die Anfechtung der auf einem alten Anerkenntnis beruhenden Vaterschaft erleichtert und eine Bindung an Fristen nicht vorgesehen (Art. 12 § 3 Abs. 2 Satz 1 NEhelG). Die fristunabhängige Anfechtungsmöglichkeit für vor dem 1.7.1970 erklärte Vaterschaftsanerkennungen gilt jedoch nur, wenn für die Vaterschaftsanerkennung zum Anerkennungszeitpunkt das Recht der Bundesrepublik Deutschland maßgeblich war. Für ein in der DDR erklärtes Vaterschaftsanerkenntnis besteht die in Art. 12 § 3 NEhelG eröffnete fristunabhängige Anfechtungsmöglichkeit nicht.[16] 5

3 OLG Köln FamRZ 2019, 726; MüKo BGB/*Wellenhofer*, § 1600b Rn. 5 m.w.N.
4 OLG Frankfurt FamRZ 2009, 704
5 BGH FamRZ 2007, 36
6 BGH NJW 2008, 3061 Rn. 21; MüKo-BGB/*Wellenhofer*, § 1600b Rn. 6 m.w.N.
7 OLG Brandenburg FamRZ 2001, 1630
8 BGH NJW 1975, 1465
9 BGH FamRZ 1999, 778
10 OLG Köln FamRZ 1999, 800
11 OLG Frankfurt FamRZ 2000, 548; OLG Celle OLGR 1999, 306; OLG Stuttgart FamRZ 1999, 1003; OLG Nürnberg FamRZ 2002, 1722
12 Eckpunktepapier Abstammungsrecht, S. 13, abrufbar unter www.bmj.de
13 DEAbReG abrufbar unter www.bmj.de
14 Vgl. BayOblG FamRZ 1992, 984
15 Gesetz über die rechtliche Stellung der nichtehelichen Kinder vom 19.8.1969 (BGBl. I 1969, S. 1243)
16 Vgl. hierzu BVerfG FamRZ 1995, 411

III. Fristwahrung

6 Die Anfechtungsfrist wird nur durch die rechtzeitige gerichtliche Anfechtung der Vaterschaft gewahrt. In nach dem 1.9.2009 eingeleiteten Verfahren wird die Frist des § 1600b BGB schon mit **Einreichung des Antrags bei** Gericht gewahrt, ohne dass es einer förmlichen Zustellung bedarf.

7 Indem Abs. 5 Satz 3 u.a. § 204 Abs. 1 Nr. 14 ZPO für entsprechend anwendbar erklärt, reicht sogar bereits ein bloßer **Antrag auf Bewilligung von Verfahrenskostenhilfe** für ein Anfechtungsverfahren zur Hemmung der Anfechtungsfrist aus, wenn dieser rechtzeitig eingeht und dessen Bekanntgabe an die übrigen Beteiligten veranlasst wird,[17] wobei die Hemmungsdauer jedoch durch § 204 Abs. 2 BGB zeitlich begrenzt ist (siehe Rn. 41).

B. Inhalt der Norm

I. Kenntnisabhängiger Fristbeginn (Abs. 1)

1. Kenntnis von gegen die Vaterschaft sprechenden Umständen

8 Da der Zweck der Anfechtungsfrist darin liegt, den Anfechtungsberechtigten in einem angemessenen Zeitraum zur Ausübung des Anfechtungsrechts zu veranlassen, können nur in einem Anfechtungsverfahren **verwertbare Kenntnisse** die Anfechtungsfrist auslösen. Dies hat vor allem Bedeutung, wenn die gegen die Vaterschaft sprechenden Umstände durch einen heimlich eingeholten Vaterschaftstest bekannt wurden. Da hierauf ein schlüssiger Anfechtungsvortrag nicht gestützt werden kann,[18] wird die Anfechtungsfrist erst durch hinzutretende Umstände – etwa das Einräumen des Mehrverkehrs durch die Kindesmutter nach Vorhalt des Vaterschaftstests[19] – ausgelöst. Die Kenntnis von Umständen, deren Vorbringen nicht geeignet wäre, einen begründeten Anfangsverdacht[20] **schlüssig darzulegen** (vgl. § 171 Abs. 2 Satz 2 FamFG), setzt die Anfechtungsfrist nicht in Lauf. Hierzu zählen insbesondere bloße Gerüchte über die fehlende Abstammung.[21]

9 Die Anfechtungsfrist beginnt gemäß Abs. 1 Satz 2 mit dem Zeitpunkt zu laufen, in dem der Anfechtungsberechtigte von Umständen erfährt, die gegen die Vaterschaft sprechen. Hierzu reicht es bereits aus, dass er **Kenntnis von Tatsachen** erlangt, aus denen sich die **nicht ganz fernliegende Möglichkeit** einer Abstammung des Kindes von einem anderen Mann ergibt.[22]

10 Nicht erforderlich ist die positive Kenntnis oder die persönliche Überzeugung von der anderweitigen Abstammung des Kindes[23] oder gar die Kenntnis von der Person des tatsächlichen Erzeugers.[24] Der Anfechtende muss nicht einmal selbst Zweifel an der Vaterschaft gehabt haben.[25] Er muss nur Tatsachen kennen und für wahr halten, bei denen eine anderweitige Abstammung nicht fernliegt. Nicht notwendig ist die sichere Kenntnis, dass anderweitiger Geschlechtsverkehr stattgefunden hat, sondern es reicht bereits die Kenntnis von solchen Tatsachen aus, die bei objektiver, verständiger Würdigung hierauf schließen las-

17 NK-BGB/*Gutzeit*, § 1600b Rn. 20; *Keuter*, § 2 Rn. 165
18 BVerfG FamRZ 2007, 441; BGH FamRZ 2005, 340; ZKJ 2006, 417
19 OLG Stuttgart FamRZ 2011, 382; OLG Koblenz NJW 2006, 1742
20 BGH FamRZ 1998, 955
21 OLG Brandenburg FamRZ 2018, 517
22 BGH FamRZ 1998, 955; OLG Brandenburg FamRZ 2002, 1055; OLG Koblenz FamRZ 2000, 1032
23 OLG Brandenburg FamRZ 2004, 480; OLG Rostock FamRZ 2004, 379
24 BGH FamRZ 1998, 1577
25 OLG Köln FamRZ 2002, 842

sen.[26] Wenn jedoch der Anfechtungsberechtigte Kenntnis davon erlangt hat, dass die Kindesmutter in der Empfängniszeit Geschlechtsverkehr mit einem anderen Mann hatte, löst dies in der Regel die Anfechtungsfrist auch dann aus, wenn der rechtliche Vater in der Empfängniszeit der Kindesmutter ebenfalls beigewohnt hat.[27] Bestreitet die Mutter Mehrverkehr in der Empfängniszeit, so soll eine Äußerung des Dritten gegenüber dem rechtlichen Vater, in der Empfängniszeit mit der Mutter geschlechtlich verkehrt zu haben, nicht genügen, die Anfechtungsfrist in Gang zu setzen.[28]

Für die Beurteilung, ob bei den dem Anfechtungsberechtigten bekannt gewordenen Tatsachen von einer nicht ganz fernliegende Möglichkeit einer anderweitigen Abstammung des Kindes auszugehen ist, kommt es nicht auf den konkreten Bildungsstand und die konkrete Sichtweise des Anfechtenden, sondern auf die **objektive Sicht eines verständigen Betrachters** an.[29] Dabei ist der Beurteilungsmaßstab nicht an medizinisch-naturwissenschaftlichen Spezialkenntnissen auszurichten, sondern von einem Erkenntnisstand auszugehen, der bei einem verständigen Laien in der Regel erwartet werden kann.[30] Individuelle Bildungsdefizite oder die Neigung, vor den Tatsachen die Augen zu verschließen, hindern den Lauf der Anfechtungsfrist nicht.[31] **11**

Erforderlich ist jedoch stets, dass der Anfechtungsberechtigte überhaupt **Kenntnis von der Existenz des Kindes**[32] und – soweit es für die Vaterschaftszuordnung hierauf ankommt – von dem Tag der Geburt des Kindes[33] erlangt hat. Unerheblich ist, ob ihm die Rechtslage hinsichtlich der Vaterschaftszuordnung bekannt war, denn die **Rechtsunkenntnis** von den Zuordnungstatbeständen des § 1592 BGB hindert den Lauf der Frist nicht. Wenn etwa der Scheinvater rechtsirrig annimmt, es bedürfe keiner Vaterschaftsanfechtung, weil das Kind ohnehin nicht als sein Kind gelte – etwa, weil es nach dem Scheidungsausspruch geboren wurde, der aber bei Geburt des Kindes noch nicht rechtskräftig war –, hindert dies den Lauf der Frist nicht.[34] **12**

Wenn der Anfechtungsberechtigte weiß, dass in der Empfängniszeit **kein Geschlechtsverkehr** der Kindesmutter mit dem rechtlichen Vater stattgefunden hat, hat er Kenntnis von den gegen die Vaterschaft sprechenden Umständen. Wenn der rechtliche Vater seinen Antrag auf Anfechtung der Vaterschaft darauf stützt, der letzte Verkehr mit der Mutter des Kindes habe elf Monate vor der Geburt gelegen, dann ist von einem Fristenlauf ab Geburt des Kindes auszugehen, denn aus der Sicht eines verständigen Laien, der nicht über naturwissenschaftliche oder medizinische Spezialkenntnisse verfügt, kann in einem solchen Fall nicht zweifelhaft sein, dass das Kind nicht aus diesem Verkehr mit der Kindesmutter abstammt.[35] Auch wenn der rechtliche Vater aus einem ärztlichen Befund Kenntnis von seiner **Zeugungsunfähigkeit** hat oder vor der Empfängniszeit bereits eine **Sterilisation** hat durchführen lassen, kann sich hieraus die Kenntnis von gegen die Vaterschaft sprechenden Umständen vermitteln.[36] **13**

Auch die **Umstände des Zustandekommens des Geschlechtsverkehrs** mit der Kindesmutter können eine anderweitige Abstammung des Kindes nahelegen. Wenn sich aus konkreten Umständen geradezu aufdrängt, dass der Scheinvater nicht der einzige Mann war, mit **14**

26 OLG Brandenburg FamRZ 2002, 1055
27 BGH FamRZ 2014, 463; ZKJ 2006, 76
28 OLG Koblenz FamRZ 2023, 871 = NZFam 2023, 377 bespr. v. *Keuter*
29 BGH ZKJ 2006, 512; FamRZ 1979, 1007, 1009; FamRZ 1989, 169, 170: FamRZ 1990, 507
30 BGH ZKJ 2006, 512; OLG München NJWE-FER 1997, 102
31 OLG Köln FamRZ 2002, 842
32 BGHZ 10, 111
33 OLG Stuttgart DAVorm 1985, 1085
34 BGH FamRZ 1991, 325; OLG Koblenz FamRZ 1997, 1171
35 OLG Brandenburg FamRZ 1996, 895
36 OLG Dresden FamRZ 2006, 1129; OLG Koblenz FamRB 2003, 181; OLG Köln FamRZ 2003, 781

dem die Kindesmutter im Empfängniszeitraum geschlechtliche Beziehungen unterhielt, setzt dies die Anfechtungsfrist in Lauf. Solche weiteren Umstände können z.B. vorliegen, wenn der Mann bei einer als **Sextourismus** zu qualifizierenden Reise eine einheimische Frau am Strand kennen lernte und von dieser sofort eine Möglichkeit zur Ausübung des Geschlechtsverkehrs geschaffen wurde,[37] oder wenn sich aus anderen Umständen Hinweise darauf ergeben, dass die Frau der **Prostitution** nachgeht.[38]

15 Gegen die Vaterschaft sprechende Umstände können sich daraus ergeben, dass der bei Geburt vorliegende **Reifegrad des Kindes** nicht in Einklang steht mit dem Zeitpunkt des Geschlechtsverkehrs des Scheinvaters mit der Kindesmutter, wenn also das Kind bei der Geburt voll ausgereift war, obwohl gerechnet vom Geschlechtsverkehr des Scheinvaters mit der Mutter die volle Tragezeit bei weitem nicht erreicht war.[39] Dies begründet jedoch nur dann eine gegen die Vaterschaft sprechende Kenntnis, wenn die so errechnete vermeintliche Tragezeit so kurz ist, dass nach der Beurteilung eines verständigen Laien das Kind bei Geburt nicht hätte voll ausgereift sein können.

16 Auch eine **offenkundige Verschiedenheit der Ethnie** kann Kenntnis von gegen die Vaterschaft sprechenden Umständen vermitteln. Dies wird man aber nur annehmen können, wenn die Verschiedenheit augenfällig ist. Gehören die rechtlichen Eltern unterschiedlichen Ethnien an, begründet es jedoch keine Kenntnis von gegen die Vaterschaft sprechenden Umständen, wenn das Kind bei Geburt hellhäutig[40] oder dunkelhäutig[41] war. Allein eine Abweichung im Hauttyp beziehungsweise in der Hautfarbe des Kindes von derjenigen des Mannes oder der Mutter begründet – von seltenen Ausnahmefällen abgesehen – keinen Umstand, durch den die zweijährige Anfechtungsfrist nach § 1600b I BGB in Gang gesetzt wird.[42] Das **Aussehen des Kindes** – etwa die fehlende Ähnlichkeit mit dem rechtlichen Vater – vermittelt regelmäßig keine Kenntnis von gegen die Vaterschaft sprechenden Umständen.[43] Selbst wenn sich das Aussehen des Kindes deutlich von demjenigen seiner Geschwister und dem des Ehemanns unterscheidet, kann von einem Laien nicht erwartet werden, dass er deshalb die Vaterschaft in Zweifel zieht.[44] Solche vermeintlichen Aussehensunterschiede sind in der Regel auch nicht geeignet, die Schlüssigkeit eines Anfechtungsantrags zu begründen.[45] Insbesondere die Haarfarbe eines Säuglings ist kein der Hautfarbe vergleichbares charakteristisches Merkmal.[46]

17 Die Kenntnis des Scheinvaters von einem **Mehrverkehr** der Kindesmutter während der gesetzlichen Empfängniszeit setzt regelmäßig die Anfechtungsfrist des § 1600b Abs. 1 BGB in Lauf.[47] Dies gilt auch dann, wenn nur ein einziges Mal Mehrverkehr stattgefunden und der rechtliche Vater während der gesetzlichen Empfängniszeit der Kindesmutter ebenfalls beigewohnt hat,[48] sofern nicht besondere Umstände vorliegen, nach denen es ausgeschlossen ist, dass das Kind bei diesem Mehrverkehr gezeugt worden sein kann (zur Verwendung von Verhütungsmitteln vgl. Rn. 20).

---

37 OLG Frankfurt OLGR 1999, 256
38 BGH ZKJ 2006, 512
39 Vgl. BGH FamRZ 1990, 507
40 OLG Jena FamRZ 2010, 1822
41 OLG Karlsruhe FamRZ 2000, 107
42 OLG Celle NJW-RR 2025, 519
43 OLG Düsseldorf FamRZ 2005, 315
44 OLG München NJWE-FER 1997, 102
45 OLG Jena FamRZ 2003, 944
46 OLG Celle FamRZ 2018, 1851
47 BGH FamRZ 2014, 463; BGH ZKJ 2006, 76: BGH FamRZ 1978, 494
48 BGH FamRZ 2014, 463; BGH ZKJ 2006, 76; OLG Brandenburg FamRZ 2014, 1215; OLG Karlsruhe FamRZ 2013, 555; OLG Hamm FamRZ 1999, 1362

Eine solche Kenntnis von Mehrverkehr kann sich aus einem **Eingeständnis der Kindesmutter** ergeben. Dies gilt aber nicht, wenn der Anfechtungsberechtigten den eingestandenen Mehrverkehr als erfunden annehmen konnte, etwa weil die Äußerung im Zusammenhang mit einem Streit über das Umgangs- oder Sorgerecht erfolgte und keine konkreten Angaben enthielt.[49] Wenn jedoch dem Anfechtungsberechtigten das Eingeständnis der Kindesmutter glaubhaft erscheinen musste, kann bereits das Infragestellen der Abstammung des Kindes durch die Kindesmutter dem Anfechtenden gegenüber die Anfechtungsfrist in Lauf setzen.[50] 18

Die Anfechtungsfrist kann bei **Kenntnis vom Ehebruch** selbst dann in Gang gesetzt sein, wenn der Anfechtungsberechtigte nicht sicher weiß, ob es zu Mehrverkehr gekommen ist. Es reicht vielmehr aus, wenn er **sichere Kenntnis von solchen Umständen** hat, **bei denen ein Mehrverkehr naheliegt**. Dies kann anzunehmen sein, wenn der Anfechtungsberechtigte weiß, dass die Kindesmutter in der Empfängniszeit kurzzeitig in der Wohnung eines anderen Mannes gelebt hat.[51] Ob bereits die bloße Kenntnis von einer Urlaubsreise der Kindesmutter in Begleitung eines anderen Mannes einen Mehrverkehr nahelegt,[52] erscheint jedoch zweifelhaft.[53] 19

2. Wegfall der Kenntnis

Eine durch Kenntnis von gegen die Vaterschaft sprechenden Umständen in Gang gesetzte **Anfechtungsfrist** kann **wieder entfallen**, wenn dem Anfechtungsberechtigten innerhalb der Anfechtungsfrist Umstände bekannt werden, die bei verständiger Würdigung eine Anfechtung aussichtslos erscheinen lassen mussten.[54] Erlangt der Mann z.B. Kenntnis von Tatsachen, die den Verdacht rechtfertigen, dass die Kindesmutter in der Empfängniszeit eine sexuelle Beziehung mit einem anderen Mann hatte, und werden ihm später andere Tatsachen bekannt, die ihn zu der Annahme veranlassen, der ursprüngliche Verdacht sei unrichtig, so fällt die zunächst zu laufen begonnene Anfechtungsfrist wieder weg.[55] Allerdings darf er nicht ohne weiteres solchen den Verdacht entkräftenden Angaben Glauben schenken oder vor den gegen die Vaterschaft sprechenden Umständen die Augen verschließen, sondern er muss im Rahmen des Zumutbaren entsprechende Nachforschungen anstellen.[56] Die bloße Beteuerung der Kindesmutter, er sei trotz des stattgefundenen Mehrverkehrs der Vater, reichen nicht aus, um den Fristlauf in Wegfall zu bringen.[57] Hierzu kann es aber ausreichen, wenn ihm – für ihn unwiderlegbar und glaubhaft – Umstände mitgeteilt werden, wonach die Möglichkeit einer Zeugung durch den Mehrverkehr ganz fern liegt, etwa weil ihm die Kindesmutter versichert hat, der andere Mann sei zeugungsunfähig.[58] Die Mitteilung, bei dem Mehrverkehr sei **Verhütung** mit Kondomen betrieben worden, lässt die Anfechtungsfrist jedoch nicht entfallen. Es ist allgemein bekannt, dass die Zuverlässigkeit der Verhütung mit Kondomen deutlich geringer ist als bei anderen Verhütungsmitteln.[59] Ob die Mitteilung, dass durch Einnahme der „Antibabypille" Empfängnisverhütung betrieben wurde, die Kenntnis von gegen die Vaterschaft sprechenden Umständen entfallen lässt,[60] erscheint ebenfalls fraglich. Es kann inzwischen als allgemein bekannt gelten, dass es auch bei Einnahme 20

49 KG FamRZ 1991, 111
50 OLG Hamm FamRZ 1994, 186
51 OLG Brandenburg FamRZ 2002, 1055
52 OLG Hamm FamRZ 1992, 472
53 Ebenso Erman/*Hammermann*, § 1600b Rn. 17
54 Grüneberg/*Siede*, § 1600b Rn. 16; BeckOGK-BGB/*Reuß*, § 1600b Rn. 43 m.w.N.
55 MüKo-BGB/*Wellenhofer*, § 1600b Rn. 22; NK-BGB/*Gutzeit*, § 1600b Rn. 8
56 BGH NJW 1973, 1875; OLG Düsseldorf FamRZ 1995, 315
57 OLG Brandenburg NZFam 2025, 202
58 BGH FamRZ 1989, 169
59 BGH FamRZ 2014, 463; ZKJ 2006, 76
60 OLG Düsseldorf FamRZ 1989, 426

der Pille durch Wirkungsbeeinträchtigungen zur Zeugung eines Kindes kommen kann. Aus der objektiven Sicht eines verständigen Laien kann die Zeugung des Kindes durch den Mehrverkehr dadurch nicht als ausgeschlossen erscheinen.

3. Kenntnis bei Minderjährigkeit

21 Für den Beginn der Anfechtungsfrist kommt es grundsätzlich auf die Kenntnis entsprechender Umstände bei demjenigen an, der die Vaterschaft gerichtlich anfechten kann.[61] Für beschränkt geschäftsfähige **minderjährige Kindeseltern** oder den minderjährigen potenziellen leiblichen Vater kommt es jeweils auf ihre eigene Kenntnis von gegen die Vaterschaft sprechenden Umständen an, da sie gemäß § 1600a Abs. 2 BGB selbst anfechten können.[62]

22 Anders ist es bei der Anfechtungsfrist für **minderjährige Kinder**. Hier kommt es gemäß § 166 Abs. 1 BGB nicht auf die Kenntnis des Kindes, sondern auf die Kenntnis seines nach § 1600a Abs. 3 BGB zur Anfechtung befugten gesetzlichen Vertreters an.[63] Selbst wenn dieser Kenntnis von gegen die Vaterschaft sprechenden Umständen hat, läuft die Anfechtungsfrist erst dann, wenn der gesetzliche Vertreter berechtigt ist, darüber zu entscheiden, ob das Kind die Vaterschaft anficht, und das Kind in einem Anfechtungsverfahren vertreten werden kann.[64] Gesetzlicher Vertreter ist derjenige, der im Anfechtungsverfahren zur Ausübung des Anfechtungsrechts im Namen des Kindes befugt ist.[65] Wenn die rechtlichen Eltern noch miteinander verheiratet sind , bedarf es für das Verfahren der Bestellung eines Ergänzungspflegers, weshalb die Frist frühestens mit dessen Bestellung zu laufen beginnt.[66] Sind die Eltern dagegen nicht miteinander verheiratet, haben aber das gemeinsame Sorgerecht, ist zwar der rechtliche Vater von der Vertretung des Kindes ausgeschlossen, nicht aber die Mutter[67] (siehe *Keuter* § 1600 BGB, Rn. 21 f.) Die Anfechtungsfrist beginnt insoweit regelmäßig mit ihrer Kenntnis von gegen die Vaterschaft sprechenden Umständen.[68] Wird rechtsirrig ein Ergänzungspfleger für die Vertretung des Kindes im Anfechtungsverfahren bestellt, so kommt es, wenn die allein sorgeberechtigte Mutter das Kind im Verfahren vertreten kann, für den Fristbeginn allein auf ihre Kenntnis an, nicht auf die des Ergänzungspflegers.[69] Deshalb kann auch eine von der Mutter erstrebte Ergänzungspflegschaft nicht einen erneuten Fristbeginn auslösen.[70]

23 Versäumt ein zur Anfechtung befugter gesetzlicher Vertreter die Anfechtungsfrist, kann das Kind nach Abs. 4 die Vaterschaft nach Eintritt der Volljährigkeit anfechten. Ein Wechsel in der Vertretung des Kindes führt nicht zu einem Neubeginn der Anfechtungsfrist.[71] War die bereits zu laufen begonnene Anfechtungsfrist zum Zeitpunkt des Wechsels in der gesetzlichen Vertretung noch nicht verstrichen, läuft sie erst weiter, wenn auch der neue gesetzliche Vertreter Kenntnis von gegen die Vaterschaft sprechenden Umständen erlangt.[72]

61 MüKo-BGB/*Wellenhofer,* § 1600b Rn. 11
62 NK-BGB/*Gutzeit,* § 1600b Rn. 10; Staudinger/*Rauscher,* § 1600b BGB Rn. 36
63 OLG Karlsruhe FamRZ 2025, 696; OLG Brandenburg FamRZ 2009, 59; MüKo-BGB/*Wellenhofer,* § 1600b Rn. 33 m.w.N.
64 Vgl. hierzu BGH FamRZ 2012, 59; BeckOGK-BGB/*Reuß,* § 1600b Rn. 45
65 MüKo-BGB/*Wellenhofer,* § 1600b Rn. 33 m.w.N.
66 OLG Nürnberg FamRZ 2018, 386; OLG Köln FamRZ 2001, 245
67 BGH FamRZ 2021, 1127 mit Anm. *Wellenhofer* = NJW 2021, 1875 mit Anm. *Löhnig*
68 BGH FamRZ 2017, 123
69 OLG Koblenz JAmt 2019, 92
70 OLG Hamburg FamRZ 2024, 1374
71 OLG Celle ZKJ 2012, 76; OLG Bamberg FamRZ 1992, 220
72 MüKo-BGB/*Wellenhofer,* § 1600b Rn. 34 m.w.N.

4. Kenntnis bei Geschäftsunfähigkeit

Für einen geschäftsunfähigen Vater, geschäftsunfähigen potenziellen leiblichen Vater oder für eine geschäftsunfähige Mutter kann gemäß § 1600a Abs. 2 Satz 3 BGB nur der gesetzliche Vertreter anfechten. Gleiches gilt gemäß § 1600a Abs. 3 BGB für ein geschäftsunfähiges volljähriges Kind. Auch hier folgt aus § 166 Abs. 1 BGB, dass die Kenntnis des gesetzlichen Vertreters maßgeblich ist. Solange ein geschäftsunfähiger Volljähriger ohne gesetzlichen Vertreter ist, läuft für ihn die Anfechtungsfrist nicht.[73] Hatte der Anfechtungsberechtigte vor Eintritt der Geschäftsunfähigkeit bereits Kenntnis von gegen die Vaterschaft sprechenden Umständen, dann läuft die bei Eintritt der Geschäftsunfähigkeit noch verbliebene Restfrist erst weiter, wenn ein gesetzlicher Vertreter eingesetzt ist und bei diesem die für den Fristlauf maßgebliche Kenntnis des § 1600b Abs. 1 BGB vorliegt, wobei ihm aber gemäß §§ 1600b Abs. 5 Satz 3, 210 BGB eine Frist von mindestens sechs Monaten bleibt.[74] 24

5. Anfechtungsfrist der Kindesmutter

Für die Kindesmutter wird die Anfechtungsfrist regelmäßig zum frühestmöglichen Zeitpunkt (Abs. 2) zu laufen beginnen, denn sie weiß von Anbeginn, dass es in der Empfängniszeit (auch) zum Geschlechtsverkehr mit einem anderen Mann als dem rechtlichen Vater gekommen ist. 25

6. Anfechtungsfrist des potenziellen leiblichen Vaters

Auch für den potenziellen leiblichen Vater wird der Lauf der Frist in der Regel schon zum frühestmöglichen Zeitpunkt (Abs. 2) in Gang gesetzt werden. Denn er weiß schon vor der Geburt des Kindes, dass es zu Geschlechtsverkehr zwischen ihm und der Mutter (bzw. im Fall der privaten Samenspende zur Überlassung des Samens) gekommen ist. Die positive Kenntnis des potenziellen leiblichen Vaters, dass das Kind von ihm gezeugt wurde, ist für den Lauf der Frist nicht erforderlich. Die Frist läuft jedoch erst, wenn er von der Geburt des Kindes oder von der Anerkennung der Vaterschaft durch den Scheinvater Kenntnis erlangt. 26

Abs. 1 Satz 2 HS 2 BGB stellt klar, dass der Lauf der Anfechtungsfrist durch das Vorliegen einer **sozial-familiären Beziehung** i.S.v. § 1600 Abs. 2 BGB nicht gehemmt wird. Dies hat zur Folge, dass die Anfechtungsfrist auch dann kenntnisabhängig läuft, wenn der potenzielle leibliche Vater gar nicht anfechten kann, weil zwischen dem Kind und dem rechtlichen Vater eine sozial-familiäre Beziehung besteht. Im Ergebnis führt dies dazu, dass der potenzielle leibliche Vater sein Anfechtungsrecht endgültig verliert, wenn er wegen des Bestehens einer sozial-familiären Beziehung die Vaterschaft nicht innerhalb der Anfechtungsfrist anfechten konnte.[75] Hat der potenzielle Erzeuger vor Anerkennung der Vaterschaft für das Kind durch den rechtlichen Vater selbst versucht, durch Anerkennung bzw. Vaterschaftsfeststellung die Elternposition einzunehmen, ist dieser Gesichtspunkt im Rahmen eines vom Gesetzgeber bis zum 30.6.2025 neu zu schaffenden rechtlichen Rahmen zu berücksichtigen, um dem leiblichen Elternteil ein effektives Verfahren zur Erlangung auch der rechtlichen Vaterposition zu ermöglichen (siehe im Einzelnen *Keuter*, § 1600 BGB, Rn. 20 ff.).[76] 27

73 MüKo-BGB/*Wellenhofer*, § 1600b Rn. 33
74 MüKo-BGB/*Wellenhofer*, § 1600b Rn. 37
75 BT-Drucks. 15/2253, 15; BVerfG FamRZ 2024, 846 Rn. 7
76 BVerfG ZKJ 2024, 213 = FamRZ 2024, 846 mit Anm. *Reuß*

II. Frühestmöglicher Fristbeginn (Abs. 2)

28 Die Anfechtungsfrist beginnt **nicht vor der Geburt** des Kindes zu laufen. Bis zur Vollendung des zweiten Lebensjahres des Kindes kann – ungeachtet einer bereits vor der Geburt erfolgten Kenntnis von gegen die Vaterschaft sprechenden Umständen – die Anfechtungsfrist daher immer gewahrt werden. Bei einer auf **Anerkennung der Vaterschaft** beruhenden Vaterschaftszuordnung beginnt die Anfechtungsfrist nicht vor der Wirksamkeit der Anerkennung zu laufen.

29 Einen Sonderfall regelt Abs. 2 Satz 2. Wenn ein Kind dem neuen Ehemann der zuvor verwitweten Kindesmutter zugerechnet wird, weil es in der neuen Ehe geboren wurde, dieser neue Ehemann jedoch erfolgreich die Anfechtung der Vaterschaft betrieben hat, dann gilt das Kind gemäß § 1593 Satz 4 BGB als Kind des verstorbenen früheren Ehemannes, wenn es innerhalb von 300 Tagen seit dessen Ableben geboren wurde (vgl. hierzu *Keuter,* § 1593 BGB, Rn. 6). In Bezug auf die Vaterschaft zu dem früheren Ehemann beginnt die Anfechtungsfrist frühestens zu dem Zeitpunkt zu laufen, in welchem der Anfechtungsberechtigte von der Rechtskraft der Entscheidung, durch die festgestellt wird, dass der neue Ehemann der Mutter nicht der Vater des Kindes ist, Kenntnis erlangt.[77]

III. Neubeginn der Frist nach Wegfall der Minderjährigkeit des Kindes (Abs. 3)

30 Die Regelung des Abs. 3 gilt nur für die **Anfechtungsfrist des Kindes**, nicht für die Anfechtungsrechte übriger Beteiligter, mögen diese auch bei Erlangung der Kenntnis von gegen die Vaterschaft sprechenden Umständen noch minderjährig gewesen sein.

31 Wenn der gesetzliche Vertreter des minderjährigen Kindes die Vaterschaft nicht angefochten hat, kann das Kind **nach Eintritt der Volljährigkeit** die Vaterschaft anfechten. Unerheblich ist, aus welchem Grund der gesetzliche Vertreter während der Minderjährigkeit des Kindes die Vaterschaft nicht angefochten hat. Das Anfechtungsrecht des volljährig gewordenen Kindes entsteht auch dann neu, wenn eine vom gesetzlichen Vertreter betriebene Anfechtung daran gescheitert ist, dass das Familiengericht sie als nicht dem Wohl des Kindes dienlich erachtet hat (§ 1600a Abs. 4 BGB). Denn § 1600b Abs. 3 BGB dient dem Recht des Kindes auf Kenntnis seiner Abstammung und früher entgegenstehende Gesichtspunkte des Kindeswohls sind nach Eintritt der Volljährigkeit irrelevant.

32 Wenn in der Zeit der Minderjährigkeit des Kindes die Anfechtungsfrist erst gar nicht zu laufen begann, weil kein zur Anfechtung befugter gesetzlicher Vertreter vorhanden war,[78] oder weil dieser keine Kenntnis von gegen die Vaterschaft sprechenden Umstände hatte, bedarf es keiner neuen Ingangsetzung der Anfechtungsfrist nach § 1600b Abs. 3 BGB. In diesem Fall gilt ohnehin für das Kind die kenntnisabhängige Frist des § 1600b Abs. 1 BGB.

33 Die erneute Anfechtungsfrist nach Abs. 3 **beginnt frühestens mit Eintritt der Volljährigkeit**. Wenn jedoch das Kind von den Umständen, die gegen die Vaterschaft sprechen, bei Eintritt der Volljährigkeit noch keine Kenntnis hatte, beginnt die Frist erst bei **Kenntniserlangung** von solchen Umständen zu laufen (Abs. 3 Satz 2 BGB). Dabei ist auf die eigene Kenntnis des volljährigen Kindes abzustellen, nicht auf eine etwaige Kenntnis des vormaligen gesetzlichen Vertreters.

34 Der Neubeginn der Anfechtungsfrist bei Eintritt der Volljährigkeit hat insbesondere Auswirkungen bei einer mittels **Samenspende** erfolgten Zeugung des Kindes. Auch wenn zwischen den Eltern hinsichtlich dieser Zeugung Einvernehmen bestand und auch weiterhin

77 BeckOK-BGB/*Hahn,* § 1600b Rn. 7
78 MüKo-BGB/*Wellenhofer,* § 1600b Rn. 39

Einvernehmen besteht, dass die rechtliche Vaterschaftszuordnung Bestand haben soll, kann das Kind mit Eintritt der Volljährigkeit die Vaterschaft anfechten. Denn – anders als das Anfechtungsrecht der Eltern (vgl. § 1600 Abs. 4 BGB) – ist das Anfechtungsrecht des Kindes bei einer Samenspende nach derzeitiger Rechtslage nicht ausgeschlossen. Eine nach Volljährigkeit betriebene Anfechtung der Vaterschaft durch das Kind wird Erfolg haben, da das Kind nicht vom rechtlichen Vater, sondern vom Samenspender abstammt.[79] Berücksichtigt man weiter, dass das Kind gegen den Reproduktionsmediziner einen Anspruch auf Auskunft über die Person des Samenspenders hat,[80] ferner auch gegen seine Mutter auf Auskunft über potenzielle leibliche Väter aus § 1618a BGB,[81] kann das Kind nach erfolgter Anfechtung der Vaterschaft zum bisherigen rechtlichen Vater ein Verfahren auf Feststellung der Vaterschaft des Samenspenders betreiben, jedoch seit 1.7.2018 nicht bei Zeugung durch ärztlich unterstützte künstliche Befruchtung, § 1600d Abs. 4 BGB. Der Auskunftsanspruch des Kindes besteht auch, wenn vor der deutschen Wiedervereinigung auf dem Gebiet der ehemaligen DDR mittels künstlicher heterologer Insemination ein Kind gezeugt und dem Samenspender seinerzeit Anonymität zugesagt wurde.[82]

IV. Neubeginn der Frist nach Wegfall der Geschäftsunfähigkeit (Abs. 4)

Nach Abs. 4 kann ein vormals geschäftsunfähiger Anfechtungsberechtigter nach Wegfall der Geschäftsunfähigkeit selbst anfechten. Aus der Verweisung auf Abs. 3 Satz 2 ergibt sich, dass die Anfechtungsfrist frühestens mit dem Wegfall der Geschäftsunfähigkeit beginnt, nicht jedoch vor Kenntniserlangung von gegen die Vaterschaft sprechenden Umständen. Besonderheiten gelten, wenn der Anfechtungsberechtigte bereits vor Eintritt der Geschäftsunfähigkeit Kenntnis von den die Anfechtungsfrist auslösenden Umständen hatte. Dann läuft die bei Eintritt der Geschäftsunfähigkeit noch verbliebene Restfrist nach Wegfall der Geschäftsunfähigkeit weiter, wobei dem Anfechtungsberechtigten aber gemäß §§ 1600b Abs. 5 Satz 3, 210 BGB eine Mindestrestfrist von sechs Monaten bleibt.[83] Tritt die Geschäftsunfähigkeit des Scheinvaters, der Mutter oder des potenziellen leiblichen Vaters erst zu einem Zeitpunkt ein, als für diese die Anfechtungsfrist bereits verstrichen war, lebt das Anfechtungsrecht nicht erneut auf. **35**

V. Hemmung der Frist (Abs. 5)

Der Fristlauf wird durch die Einleitung eines **Verfahrens nach § 1598a Abs. 2 BGB** gehemmt. Aus der Verweisung auf § 204 Abs. 2 BGB ergibt sich, dass die Hemmung sechs Monate nach Abschluss des Verfahrens nach § 1598a Abs. 2 BGB endet. Zu beachten ist, dass die Einholung des Abstammungsgutachtens nicht Bestandteil des Verfahrens nach § 1598a Abs. 2 BGB ist, weshalb die Dauer bis zur Vorlage des Abstammungsgutachtens die Hemmungsdauer nicht beeinflusst. Anders ist es jedoch, wenn sich die Beteiligten auf die Einholung eines Gutachtens einvernehmlich verständigen (Abs. 5 Satz 3 i.V.m. § 204 Nr. 8 BGB). **36**

79 § 1597e Satz 1 BGB-E idF des DEAbReG sieht allerdings auch Erfolglosigkeit der Anfechtung durch das Kind vor, wenn seitens des privaten Samenspenders mit der Geburtsmutter ein Elternschaftsverzicht vereinbart wurde; nur bei Unzumutbarkeit der Folgen der Elternschaft für das Kind soll nach § 1597e Satz 2 BGB-E ausnahmsweise die Anfechtung doch Erfolg haben können.

80 BGH FamRZ 2015, 642; OLG Hamm ZKJ 2013, 292

81 BGH FamRZ 2022, 633 mit Anm. *Keuter*

82 BGH FamRZ 2019, 537

83 MüKo-BGB/*Wellenhofer*, § 1600b Rn. 40

37 Der Fristablauf ist gehemmt, solange der Anfechtungsberechtigte widerrechtlich **durch Drohung an der Anfechtung gehindert** ist (Abs. 5 Satz 2).[84] Dabei ist unerheblich, ob die Drohung von einem Beteiligten oder von einem Dritten ausgeht. Die Widerrechtlichkeit der Drohung kann sich aus dem angedrohten Verhalten selbst oder aus der Relation zwischen dem Drohmittel und dem angestrebten Zweck – den Anfechtungsberechtigten von der Anfechtung der Vaterschaft abzuhalten – ergeben. Es ist stets widerrechtlich, einen Anfechtungsberechtigten durch Drohung an der Beseitigung einer unzutreffenden Vaterschaftszuordnung zu hindern.

38 Durch die Verweisung in Abs. 5 Satz 3 auf § 204 Nr. 4 BGB ist eine Hemmung bei **einem Güteversuch** eingeführt worden. Ein solcher Güteversuch kann zwar nicht die Beseitigung der Vaterschaft zum Ergebnis haben, da es hierzu der gerichtlichen Gestaltungsentscheidung in einem Verfahren auf Anfechtung der Vaterschaft bedarf. Denkbar ist aber, dass im Rahmen eines Verfahrens nach § 1598a BGB ein Güteverfahren durchgeführt wird.

39 Durch die Verweisung auf § 204 Nr. 8 BGB ist der Ablauf der Anfechtungsfrist gehemmt, wenn die Beteiligten gemeinsam die **außergerichtliche Einholung eines Abstammungsgutachtens vereinbart** haben. Die Hemmung beginnt mit Beginn der vereinbarten Begutachtung. Dies gilt auch, wenn die Vereinbarung der Einholung eines Gutachtens im Rahmen eines Streits über das Sorge- und/oder Umgangsrecht oder über den Unterhalt zustande kommt.

40 Der Ablauf der Anfechtungsfrist ist gehemmt, wenn ein **Antrag auf Bestimmung des zuständigen Gerichts** für ein beabsichtigtes Verfahren nach § 1598a Abs. 2 BGB oder für ein beabsichtigtes Verfahren auf Anfechtung der Vaterschaft eingereicht wird (Abs. 5 Satz 3 i.V.m. § 204 Nr. 13 BGB). Ist das Verfahren nach § 1598a Abs. 2 BGB oder auf Anfechtung der Vaterschaft bereits eingeleitet, bedarf es dieses Hemmungstatbestandes nicht, da im ersten Fall Abs. 5 Satz 1 greift und im letzteren Fall die Frist des § 1600b bereits mit Einleitung des Verfahrens gewahrt ist.

41 Durch die Verweisung auf § 204 Nr. 14 BGB ist klargestellt, dass auch die bloße Einreichung eines **Antrags auf Bewilligung von Verfahrenskostenhilfe** für ein beabsichtigtes Verfahren auf Anfechtung der Vaterschaft zur Hemmung der Frist führt, sofern dieser VKH-Antrag den übrigen Beteiligten bekannt gemacht wird (siehe Rn. 7). Dies hat nur Bedeutung für einen isolierten VKH-Antrag. Wenn zeitgleich auch bereits das Verfahren auf Anfechtung der Vaterschaft – verbunden mit einem VKH-Antrag – eingeleitet wird, ist die Anfechtungsfrist bereits durch die Einleitung des Anfechtungsverfahrens gewahrt. Zu beachten ist, dass bei einem isolierten VKH-Antrag die Hemmung mit der Entscheidung über die Verfahrenskostenhilfe endet, die Anfechtungsfrist also weiterläuft.[85]

42 Ein praktisch bedeutsamer Hemmungstatbestand ergibt sich aus der Verweisung auf § 206 BGB. Damit ist der Lauf der Anfechtungsfrist in der Zeit gehemmt, in welcher der Anfechtungsberechtigte **durch höhere Gewalt an der Rechtsverfolgung gehindert** war. Höhere Gewalt i.S.d. Vorschrift liegt vor, wenn die Verhinderung der Fristwahrung auf Ereignissen beruht, die unter den gegebenen Umständen auch durch die äußerste zu erwartende Sorgfalt nicht verhindert werden konnten. Jedes noch so geringe **eigene Verschulden des Anfechtenden schließt höhere Gewalt aus**. Da der Anfechtende für das Verschulden seines Verfahrensbevollmächtigten einzustehen hat, stellt eine fehlerhafte Rechtsberatung oder Sachbehandlung durch den Verfahrensbevollmächtigten keine höhere Gewalt i.S.d. Vorschrift dar.[86]

---

84 Vgl. OLG Jena FamRZ 2009, 705
85 OLG Hamm, Beschl. v. 30.11.2015 – 12 UF 105/15, juris
86 MüKo-BGB/*Wellenhofer*, § 1600b BGB Rn. 45

Rechtsunkenntnis allein führt nicht zur Annahme von höherer Gewalt.[87] Von der Rechtsprechung wird höhere Gewalt insbesondere dann angenommen, wenn dem Anfechtungsberechtigten **durch eine Behörde oder ein Gericht falsche Informationen** erteilt wurden, auf die er vertrauen konnte. So ist die Anfechtungsfrist durch höhere Gewalt gehemmt, wenn der unrichtige Vaterschaftseintrag des leiblichen Vaters im Geburtenregister den Anfechtungsberechtigten zu der Annahme veranlassen musste, dass er wegen des inhaltlich zutreffenden Eintrags zum Statusverhältnis nichts weiter zu unternehmen brauchte (Rechtsschein unrichtiger Personenstandbeurkundung).[88] Wenn der Anfechtungsberechtigte auf die Erklärung des Jugendamts, es betreibe als Ergänzungspfleger des Kindes in dessen Namen die Anfechtung der Ehelichkeit,[89] oder auf eine falsche schriftliche Rechtsauskunft eines Rechtspflegers vertraut hat, ist dies in der Rechtsprechung als höhere Gewalt anerkannt worden.[90] Auch wenn in einem Scheidungsbeschluss ein Gericht dahingehende Ausführungen macht, dass ein in der Ehe geborenes Kind kein Kind des Ehemannes sei, kann dies bei einem anwaltlich nicht vertretenen Beteiligten zur Annahme von höherer Gewalt führen.[91] Angesichts des Umstands, dass in Ehesachen nach § 114 FamFG grundsätzlich Anwaltszwang gilt, ist allerdings zweifelhaft, ob nicht ein Verschulden des Anfechtenden im Verzicht auf die Inanspruchnahme eines Anwalts liegt. Er wird zudem bessergestellt als ein im Scheidungsverfahren anwaltlich vertretener Beteiligter, da dieser vom Rechtsanwalt über die Notwendigkeit der gerichtlichen Anfechtung der Vaterschaft hätte aufgeklärt werden müssen.[92] 43

Aus der Verweisung in Abs. 5 Satz 3 auf § 210 BGB ergibt sich, dass der Lauf der Anfechtungsfrist für einen nicht geschäftsfähigen Anfechtungsberechtigten gehemmt ist, solange er **ohne gesetzlichen Vertreter** ist. Der Anwendung dieser Bestimmung bedarf es jedoch nur, wenn die Anfechtungsfrist überhaupt bereits zu laufen begonnen hat. Denn **nur eine in Lauf gesetzte Frist bedarf der Ablaufhemmung**. Wenn der Geschäftsunfähige vor Eintritt der Geschäftsunfähigkeit keine Kenntnis von gegen die Vaterschaft sprechenden Umstände hatte, beginnt die Anfechtungsfrist ohnehin erst dann zu laufen, wenn ein zur Ausübung des Anfechtungsrechts befugter gesetzlicher Vertreter vorhanden ist und selbst Kenntnis von gegen die Vaterschaft sprechenden Umständen erlangt. Die Hemmung tritt nur ein bei Geschäftsunfähigkeit des Anfechtenden. Eine Geschäftsunfähigkeit eines anderen Beteiligten hindert für den Anfechtenden den Fristlauf nicht.[93] 44

VI. Außerordentliche erneute Anfechtungsfrist für das Kind (Abs. 6)

Nach Abs. 6 beginnt für das Kind die **zweijährige Anfechtungsfrist erneut zu laufen**, wenn es Kenntnis von Umständen erlangt, aufgrund derer **die Folgen der Vaterschaft für das Kind unzumutbar** werden. Während für die übrigen Anfechtungsberechtigten mit Fristablauf ihr Anfechtungsrecht endgültig erlischt, entsteht für das Kind ein neues Anfechtungsrecht, wenn es zunächst trotz Kenntnis der gegen die Vaterschaft sprechenden Umstände von einer Anfechtung der Vaterschaft abgesehen hat und die Frist des § 1600b Abs. 1 BGB verstreichen ließ, dann aber Kenntnis von Umständen erlangt, bei denen es bei früherer Kenntnis von einer Anfechtung nicht abgesehen hätte. 45

87 OLG Koblenz FamRZ 2007, 2098
88 OLG Düsseldorf NZFam 2019, 555
89 BGH FamRZ 1994, 1313
90 OLG Celle DAVorm 1998, 237
91 OLG Frankfurt FamRZ 1984, 414
92 OLG Dresden FamRZ 2010, 1824
93 KG NJW-RR 1995, 70, 72

46 Die Regelung ist sowohl auf das minderjährige als auch auf das volljährige Kind anwendbar. Auch wenn der gesetzliche Vertreter des minderjährigen Kindes die Anfechtungsfrist hat verstreichen lassen und ihm dann Umstände i.S.v. Abs. 6 bekannt werden, kann er namens des Kindes erneut anfechten, wenn das Kind zu diesem Zeitpunkt noch minderjährig ist. Von größerer praktischer Bedeutung ist die Vorschrift für das volljährige Kind, jedoch nur, wenn auch die Frist des Abs. 3 bereits abgelaufen ist.

47 Welche Gründe vorliegen müssen, um die Folgen der Vaterschaft für das Kind i.S.v. Abs. 6 „unzumutbar" zu machen, lässt das Gesetz offen. Für die Ausfüllung der generalklauselartigen Bestimmung können die vor dem 1.7.1998 geltenden besonderen Anfechtungsgründe der §§ 1596 Abs. 1, 1600i Abs. 2 und 5 BGB a.F. gewisse Anhaltspunkte geben.[94] Die Voraussetzungen für einen erneuten Fristlauf können gegeben sein, wenn der Scheinvater **extreme Verhaltensweisen** wie z.B. Straftaten oder sonstige schwere Verfehlungen gegen das Kind oder die Kindesmutter an den Tag gelegt hat und deshalb der Fortbestand der zunächst unangefochten belassenen Scheinvaterschaft unzumutbar erscheint. Da Grund für das frühere Absehen von der Anfechtung der Vaterschaft häufig der intakte Familienverband mit dem Scheinvater ist, kann auch ein **Zerbrechen der Beziehung zwischen der Mutter und dem Scheinvater** zur Anwendung von Abs. 6 führen, wenn die Ehe der Kindesmutter inzwischen geschieden wurde und der biologische Vater die Vaterschaft anerkannt[95] oder dieser die Kindesmutter geheiratet hat.[96] Der Tod des rechtlichen Vaters führt für sich genommen nicht zum Neubeginn der Frist.[97] Dies gilt auch, wenn nach dem Tod des Scheinvaters das Kind zu dessen Beerdigungskosten herangezogen wird.[98]

§ 1600c BGB
Vaterschaftsvermutung im Anfechtungsverfahren

(1) In dem Verfahren auf Anfechtung der Vaterschaft wird vermutet, dass das Kind von dem Mann abstammt, dessen Vaterschaft nach § 1592 Nr. 1 und 2, § 1593 besteht.

(2) Die Vermutung nach Absatz 1 gilt nicht, wenn der Mann, der die Vaterschaft anerkannt hat, die Vaterschaft anficht und seine Anerkennung unter einem Willensmangel nach § 119 Abs. 1, § 123 leidet; in diesem Falle ist § 1600d Abs. 2 und 3 entsprechend anzuwenden.

Übersicht Rn.

A. Allgemeines

1 Die Regelung begründet für die Anfechtung der Vaterschaft eine **gesetzliche Vermutung für die Abstammung des Kindes** und legt damit den Beweismaßstab für das Anfechtungsverfahren fest. Die gerichtliche Feststellung der Nichtvaterschaft kommt nur in Betracht, wenn das Gericht in einem von einem Anfechtungsberechtigten innerhalb der Anfechtungsfrist eingeleiteten zulässigen Verfahren auf Anfechtung der Vaterschaft als Ergebnis der Beweisaufnahme zu der Überzeugung gelangt, dass das Kind mit an Sicherheit grenzender

94 MüKo-BGB/*Wellenhofer*, § 1600b Rn. 49
95 OLG Celle JAmt 2006, 143
96 AG Wiesloch FamRZ 2004, 1309
97 OLG Koblenz JAmt 2019, 92
98 OLG Nürnberg FamRZ 2025, 700

Wahrscheinlichkeit nicht von dem rechtlich als Vater geltenden Mann abstammt. Dabei hat das Gericht die zur Verfügung stehenden Erkenntnismöglichkeiten umfassend auszuschöpfen, was grundsätzlich stets die Einholung eines Abstammungsgutachtens erfordert, sofern ein gegen die Vaterschaft sprechender Anfangsverdacht schlüssig dargelegt wurde (vgl. § 171 Abs. 2 FamFG). Der Amtsermittlungsgrundsatz (§ 26 FamFG) ist im Anfechtungsverfahren allerdings durch § 177 Abs. 1 FamFG dahingehend eingeschränkt, dass gegen die Vaterschaft sprechende Umstände nicht von Amts wegen zu berücksichtigen sind.

Die gesetzliche Vermutung wirkt sich in der Praxis nur dann aus, wenn ausnahmsweise aus tatsächlichen Gründen ein Abstammungsgutachten nicht eingeholt werden kann oder dieses zu keinen hinreichend aussagekräftigen Feststellungen gelangt, etwa weil kein verwertbares Untersuchungsmaterial beschafft werden konnte. Da inzwischen auch bei monozygoten Zwillingen durch – wenn auch sehr teure – DNA-Untersuchungen die Vaterschaft näher geklärt werden kann,[1] dürfte für die Anwendung des § 1600c BGB entgegen früherer Rechtsprechung[2] der Umstand allein nicht mehr ausreichen, dass die Ehefrau außer mit ihrem Ehemann in der Empfängniszeit auch mit dessen monozygotem Zwillingsbruder verkehrt hat. 2

B. Inhalt der Norm

I. Regelvermutung (Abs. 1)

Durch Abs. 1 wird im Anfechtungsverfahren vermutet, dass das Kind von dem Mann abstammt, für den die Vaterschaftszuordnung nach § 1592 Nr. 1 und Nr. 2 BGB oder nach § 1593 BGB besteht. 3

Es gilt somit eine **gesetzliche Vermutung der Vaterschaft** des Mannes,

- der zur Zeit der Geburt des Kindes mit der Mutter verheiratet war, oder
- der die Vaterschaft anerkannt hat, oder
- dessen Ehe mit der Mutter des Kindes durch Tod aufgelöst wurde, wenn das Kind innerhalb von 300 Tagen nach dem Tod geboren wurde und die Kindesmutter bei der Geburt nicht wieder verheiratet war.

Die Vermutungswirkung des Abs. 1 knüpft alleine an die formale Vaterschaftszuordnung an. Es ist dabei unerheblich, ob der rechtliche Vater der Kindesmutter in der Empfängniszeit überhaupt beigewohnt hat.[3] 4

Die Vaterschaftsvermutung kann nur durch den **Beweis des Gegenteils** widerlegt werden. Damit trägt der Anfechtende die **Feststellungslast** hinsichtlich der Nichtvaterschaft. Der Beweis des Gegenteils ist nur geführt, wenn der Anfechtende als Vater ausgeschlossen ist. Ist die Vaterschaft eines anderen Mannes ebenso wahrscheinlich wie die Vaterschaft des rechtlichen Vaters, ist die Vermutungswirkung des § 1600c Abs. 1 BGB nicht widerlegt.[4] 5

Der zur Widerlegung erforderliche Beweis kann mit allen zulässigen Beweismitteln geführt werden. Dazu gehört auch, jedenfalls beim Scheitern einer angeordneten Begutachtung, die mittelbare Widerlegung der Vermutung des § 1600c Abs. 1 BGB durch den Nachweis, dass der rechtliche Vater in der Empfängniszeit keinen Geschlechtsverkehr mit der Mutter gehabt hat.[5] Die bloße Anhörung der Beteiligten ist, da Strengbeweis gilt, kein zulässiges Be- 6

1 OLG Oldenburg NZFam 2025, 598 mit Anmerkung Keuter
2 OLG Hamm FamRZ 2009, 707
3 Grüneberg/*Siede*, § 1600c BGB Rn. 2; MüKo-BGB/*Wellenhofer*, § 1600c Rn. 3
4 OLG Hamm FamRZ 2009, 707
5 OLG Frankfurt NJW-RR 2022, 1585

weismittel.[6] Eine bestimmte Reihenfolge der Beweiserhebung ist zwar gesetzlich nicht vorgegeben, jedoch wird im Hinblick auf § 175 Abs. 1 FamFG, wonach vor einer Beweisaufnahme mit den Beteiligten zunächst ein Erörterungstermin durchzuführen ist, in der Regel zunächst die Vernehmung der Kindesmutter und des rechtlichen Vaters nach den Grundsätzen der Parteivernehmung zu erfolgen haben, insbesondere zu der Frage, ob die Mutter in der Empfängniszeit mit einem anderen Mann Geschlechtsverkehr hatte. Zulässig ist es aber auch, sich im Erörterungstermin zunächst auf eine Anhörung der Beteiligten zu beschränken und im Falle übereinstimmender Angaben von Mehrverkehr sodann ein Gutachten einzuholen. Die Durchführung einer Beteiligtenvernehmung ist nur dann geboten, wenn auch nach Einholung des Gutachtens noch Zweifel über die Abstammung des Kindes bleiben.

7 Aus einem etwaigen Mehrverkehr ergibt sich aber noch nicht die Nichtvaterschaft des Scheinvaters. Es muss vielmehr mit an Sicherheit grenzender Wahrscheinlichkeit ausgeschlossen sein, dass das Kind vom rechtlichen Vater abstammt.[7] Einen solchen Ausschluss wird man **regelmäßig erst nach Einholung eines Abstammungsgutachtens** feststellen können. Nach den für Abstammungsgutachten geltenden Richtlinien[8] ist ein Ausschluss der Vaterschaft erst dann anzunehmen, wenn mindestens vier Ausschlusskonstellationen auf verschiedenen Chromosomen vorliegen. Bei weniger als vier Ausschlusskonstellationen muss eine biostatistische Auswertung unter Einbeziehung von möglichen Mutationen oder stummen Allelen erfolgen.

8 Allein auf der Grundlage der Angaben von Beteiligten oder Zeugen wird man in der Regel die Vermutung des Abs. 1 nicht als widerlegt erachten können. Dies ist nur in besonders gelagerten Ausnahmefällen denkbar, etwa wenn mit diesen Beweismitteln der sichere Nachweis erbracht ist, dass in der Empfängniszeit kein Geschlechtsverkehr des Scheinvaters mit der Kindesmutter stattgefunden haben kann.[9] Auch eine offenkundige Verschiedenheit der Ethnien von Kindesmutter und Scheinvater (beide hellhäutig) und dem Kind (dunkelhäutig) kann ein Abstammungsgutachten entbehrlich machen, ebenso wenn feststeht, dass die Kindesmutter bei dem erstmaligen Zusammentreffen mit dem Scheinvater bereits mit dem betroffenen Kind schwanger war. Von der Einholung eines Abstammungsgutachtens kann aber nicht bereits deshalb abgesehen werden, weil sämtliche Beteiligte übereinstimmend von der Nichtvaterschaft des rechtlichen Vaters ausgehen.[10]

II. Sonderfall: Anfechtbare Anerkennung der Vaterschaft (Abs. 2)

9 Gemäß Abs. 2 gilt die Vermutung des Abs. 1 dann nicht, wenn die Vaterschaftszuordnung auf einer Vaterschaftsanerkennung beruht, die an einem Willensmangel nach § 119 Abs. 1 BGB oder nach § 123 BGB leidet. Einer förmlichen Anfechtung der Anerkennungserklärung (§ 143 BGB) bedarf es hierzu nicht, sondern es genügt, dass der Anerkennende in einem von ihm betriebenen Verfahren derartige Willensmängel darlegt.[11] Die Feststellungslast für einen Willensmangel trägt der anfechtende Mann.[12]

10 Als **Irrtum** kommt nur ein solcher nach § 119 Abs. 1 (nicht Abs. 2) BGB in Betracht. Der Irrtum kann sich darauf beziehen, dass der Anerkennende über die Person des anzuerkennenden Kindes oder der Kindesmutter irrte. Der Irrtum darüber, tatsächlich der Vater des Kin-

6 OLG Frankfurt FamRZ 2016, 918
7 MüKo-BGB/*Wellenhofer*, § 1600c Rn. 6; BeckOK-BGB/*Hahn*, § 1600c Rn. 2 m.w.N.
8 Richtlinie der Gendiagnostik-Kommission für die Anforderungen an die Durchführung genetischer Analysen zur Klärung der Abstammung in der Fassung vom 17.7.2012, Bundesgesundheitsblatt 2013, S. 169 ff.
9 OLG Frankfurt NJW-RR 2022, 1585; AG Westerstede FamRZ 1994, 645
10 Unzutreffend AG Hannover FamRZ 2001, 245
11 Staudinger/*Rauscher*, § 1600c BGB Rn. 31
12 MüKo-BGB/*Wellenhofer*, § 1600c Rn. 15 m.w.N.

des zu sein, oder der Irrtum über Umstände, die ihn zu einer bewusst wahrheitswidrigen Anerkennung veranlasst haben, ist als bloßer Motivirrtum unbeachtlich.

Die Regelung gilt auch, wenn der Anerkennende gar keine Anerkennung erklären wollte, sondern der Erklärung einen anderen Erklärungsinhalt beigemessen hat. Denkbar ist dies aber praktisch nur bei Sprachschwierigkeiten und wird auch dann mit Blick auf die bei der Beurkundung diesbezüglich zu beachtenden Erfordernisse (vgl. z.B. § 16 BeurkG)[13] kaum in Betracht kommen. Auch sonstige Erklärungsirrtümer sind angesichts der notwendigen öffentlichen Beurkundung des Anerkenntnisses kaum von praktischer Bedeutung. **11**

Abs. 2 ist auch bei der Anfechtung wegen eines Willensmangels nach § 123 BGB eröffnet, also bei arglistiger Täuschung oder Drohung. Für die **arglistige Täuschung** ist es unerheblich, wer die Täuschungshandlung begangen hat. Da es sich bei der Anerkennungserklärung nicht um eine empfangsbedürftige Willenserklärung handelt, greift § 123 Abs. 2 BGB nicht ein. Die Täuschung muss sich auf die Abstammung des Kindes beziehen[14] und den Anerkennenden zur Abgabe der Anerkenntniserklärung veranlasst haben. Dies ist etwa anzunehmen, wenn die Kindesmutter vor der Anerkennung dem Anerkennenden gegenüber wahrheitswidrig behauptet hat, in der Empfängniszeit mit keinem anderen Mann als dem Anerkennenden Geschlechtsverkehr ausgeübt zu haben.[15] Das bloße Verschweigen des Mehrverkehrs reicht mangels grundsätzlicher Offenbarungspflicht regelmäßig nicht als Täuschungshandlung aus.[16] Zutreffend wird z.T. vertreten, eine solche Offenbarungspflicht könne unter besonderen Umständen in einer stabilen Beziehung zwischen dem Anerkennenden und der Kindesmutter aus § 242 BGB folgen.[17] **12**

Bei einer durch **Drohung** veranlassten Anerkennung ist es unerheblich, von wem die Drohung ausgegangen ist. Erforderlich ist lediglich, dass der Anerkennende zu der Anerkennung durch das widerrechtliche In-Aussicht-Stellen eines empfindlichen Übels veranlasst wurde. Die Ankündigung, im Falle der Verweigerung der Anerkennung der Vaterschaft ein gerichtliches Verfahren zur Feststellung der Vaterschaft einzuleiten, stellt keine widerrechtliche Drohung dar.[18] Bei sonstigen in Aussicht gestellten Übeln kann sich die Widerrechtlichkeit aus den angedrohten Maßnahmen selbst oder aus der Relation zwischen dem Drohmittel und dem angestrebten Zweck ergeben. Die gewollte Herbeiführung einer unrichtigen Vaterschaftsanerkennung ist in der Regel widerrechtlich.[19] **13**

Eine analoge Anwendung des Abs. 2 auf **sonstige Fälle** – etwa auf andere Willensmängel (z.B. §§ 117, 118, 119 Abs. 2 BGB) oder auf die Anfechtung durch andere als den Anerkennenden – scheidet aus.[20] Für die Mutter und das Kind ist die Regelung nicht entsprechend anwendbar, auch nicht, wenn ihre Zustimmung zur Vaterschaftsanerkennung (§ 1595 BGB) unter einem der in § 1600c Abs. 2 BGB genannten Mängel leidet.[21] **14**

Rechtsfolge eines Willensmangels i.S.v. Abs. 2 ist, dass an die Stelle der Vermutungswirkung des Abs. 1 diejenige des § 1600d Abs. 2 und 3 BGB tritt. Es gelten dann die Beweisanforderungen wie bei einem Verfahren auf Feststellung der Vaterschaft. Der Scheinvater wird unter den Voraussetzungen des Abs. 2 im Anfechtungsverfahren so gestellt, als habe er die Vaterschaft nicht anerkannt, so dass das Kind die Feststellungslast für die Abstammung vom Scheinvater trägt. Dabei kommt dem Kind jedoch bei nachgewiesener oder eingestan- **15**

13 Vgl. hierzu *Knittel*, Beurkundungen im Kindschaftsrecht, Rn. 129 ff.
14 MüKo-BGB/*Wellenhofer*, § 1600c Rn. 14
15 Staudinger/*Rauscher*, § 1600c BGB Rn. 27
16 Erman/*Hammermann*, § 1600c BGB Rn. 13
17 So Staudinger/*Rauscher*, § 1600c BGB Rn. 28
18 Erman/*Hammermann*, § 1600c BGB Rn. 14
19 OLG Düsseldorf DAVorm 1982, 200
20 Staudinger/*Rauscher*, § 1600c BGB Rn. 30
21 Staudinger/*Rauscher*, § 1600c BGB Rn. 24

dener Beiwohnung in der Empfängniszeit die Vermutungswirkung des § 1600d Abs. 2 Satz 1 BGB zugute, sofern nicht schwerwiegende Zweifel an der Vaterschaft bestehen (§ 1600d Abs. 2 Satz 2 BGB). Aber auch diese Vermutungswirkung ist nur dann von Bedeutung, wenn ein Abstammungsgutachten ausnahmsweise nicht eingeholt werden kann oder zu keinen hinreichenden Feststellungen gelangt.

§ 1600d BGB

Gerichtliche Feststellung der Vaterschaft

(1) Besteht keine Vaterschaft nach § 1592 Nr. 1 und 2, § 1593, so ist die Vaterschaft gerichtlich festzustellen.

(2) [1]Im Verfahren auf gerichtliche Feststellung der Vaterschaft wird als Vater vermutet, wer der Mutter während der Empfängniszeit beigewohnt hat. [2]Die Vermutung gilt nicht, wenn schwerwiegende Zweifel an der Vaterschaft bestehen.

(3) [1]Als Empfängniszeit gilt die Zeit von dem 300. bis zu dem 181. Tage vor der Geburt des Kindes, mit Einschluss sowohl des 300. als auch des 181. Tages. [2]Steht fest, dass das Kind außerhalb des Zeitraums des Satzes 1 empfangen worden ist, so gilt dieser abweichende Zeitraum als Empfängniszeit.

(4) Ist das Kind durch eine ärztlich unterstützte künstliche Befruchtung in einer Einrichtung der medizinischen Versorgung im Sinne von § 1a Nummer 9 des Transplantationsgesetzes unter heterologer Verwendung von Samen gezeugt worden, der vom Spender einer Entnahmeeinrichtung im Sinne von § 2 Absatz 1 Satz 1 des Samenspenderregistergesetzes zur Verfügung gestellt wurde, so kann der Samenspender nicht als Vater dieses Kindes festgestellt werden.

(5) Die Rechtswirkungen der Vaterschaft können, soweit sich nicht aus dem Gesetz anderes ergibt, erst vom Zeitpunkt ihrer Feststellung an geltend gemacht werden.

Übersicht

A. Allgemeines

1 Wenn für das Kind keine Vaterschaftszuordnung besteht, kann eine solche nur im Wege einer gerichtlichen Feststellung der Vaterschaft herbeigeführt werden. Ziel der gerichtlichen Vaterschaftsfeststellung ist die **Ermittlung der biologischen Vaterschaft** eines bestimmten Mannes,[1] mithin der tatsächlichen Abstammung des Kindes. Dies war bis 30.6.1998 durch die damalige Regelung des in § 1600o Abs. 1 BGB a.F. gesetzlich definiert. Dort hieß es, dass als Vater der Mann festzustellen ist, der das Kind gezeugt hat. Diese Definition des Verfahrenszieles ist zwar im Zuge der Kindschaftsrechtsreform nicht in das neue Recht überführt worden, sie trifft aber weiterhin zu, da die tatsächliche Abstammung das gemäß

1 BayOblG FamRZ 1999, 1363 BeckOGK-BGB/*Reuß*, § 1600d Rn. 6 m.w.N.

§ 1589 Satz 1 BGB für die geradlinige Verwandtschaft zum Vater maßgebliche Kriterium ist. § 1596 Abs. 1 Satz 2 BGB-E i.d.F des DEAbReG sieht ausdrücklich vor, dass als zweiter Elternteil grundsätzlich die Person gerichtlich festzustellen sei, mit deren Samen das Kind gezeugt worden sei. Am „Zwei-Eltern-Prinzip" hält der Entwurf grundsätzlich fest.[2]

B. Inhalt der Norm

I. Feststellung nur bei fehlender Vaterschaftszuordnung (Abs. 1)

Eine gerichtliche Feststellung der Vaterschaft setzt voraus, dass eine Vaterschaftszuordnung für das Kind nicht besteht. Ist das Kind in bestehender Ehe der Kindesmutter geboren, kann ein Verfahren auf Feststellung der Vaterschaft nicht betrieben werden, solange nicht die Vaterschaftszuordnung zum (früheren) Ehemann der Kindesmutter durch eine in einem Vaterschaftsanfechtungsverfahren ergangene rechtskräftige gerichtliche Feststellung der Nichtvaterschaft (§ 1599 Abs. 1 BGB) beseitigt ist. Hat ein Mann die Vaterschaft für das Kind wirksam anerkannt, kann die Feststellung der Vaterschaft erst beantragt werden, wenn die Vaterschaft des anerkennenden Mannes erfolgreich in einem Vaterschaftsanfechtungsverfahren gerichtlich angefochten wurde.[3] Eine gerichtliche Vaterschaftsfeststellung, die getroffen wurde, obwohl noch eine ehebedingte Vaterschaftszuordnung bestand, entfaltet keine statusrechtliche Wirkung.[4] 2

Aus Abs. 1 ergibt sich ferner, dass bei fehlender Vaterschaftszuordnung für das Kind die Vaterschaftsfeststellung zu erfolgen hat, mithin aus der fehlenden Vaterschaftszuordnung ohne weiteres ein Feststellungsinteresse für die Feststellung der Vaterschaft folgt. Auch die Möglichkeit eines Verfahrens nach § 49 PStG lässt das Rechtsschutzbedürfnis für ein Vaterschaftsfeststellungsverfahren nicht entfallen.[5] Eine **pränatale Vaterschaftsfeststellung** (entsprechend § 1594 Abs. 4 BGB) sieht das deutsche Recht nicht vor.[6] Die Verfassungsbeschwerde gegen die entsprechende Entscheidung des BGH hat das BVerfG nicht zur Entscheidung angenommen.[7] 3

II. Beweisregel für die Feststellung der Vaterschaft (Abs. 2)

Damit das Gericht die Vaterschaft des Mannes feststellen kann, muss als Ergebnis der durchgeführten Beweisaufnahme mit an Sicherheit grenzender Wahrscheinlichkeit feststehen, dass das Kind von diesem Mann abstammt. Um zu dieser Feststellung zu gelangen, bietet das Gesetz zwei Wege an, die jedoch nicht gleichwertig nebeneinanderstehen. 4

1. Vaterschaftsnachweis

Vorrangig ist die Feststellung der Vaterschaft durch **unmittelbaren und direkten Vaterschaftsnachweis**. Diese Feststellung erfordert, dass das Gericht nach Einholung eines Abstammungsgutachtens zu der Überzeugung gelangt (§ 37 FamFG), dass der Mann der Vater des Kindes ist, mithin es mit an Sicherheit grenzender Wahrscheinlichkeit ausgeschlossen ist, dass das Kind von einem anderen Mann abstammt. 5

Dabei darf aber nicht verkannt werden, dass ein wissenschaftlicher positiver Beweis der Vaterschaft durch eine Abstammungsuntersuchung nicht erbracht wird. Die bei den Untersu- 6

2 DEAbReG S. 2, abrufbar unter www.bmj.de
3 BGH FamRZ 1999, 716; OLG Frankfurt FamRZ 1997, 1356; FamRZ 1999, 1356; OLG Köln FamRZ 2002, 480
4 OLG München FamRZ 2012, 150
5 OLG Jena FamRZ 2017, 1232
6 BGH ZKJ 2017, 69
7 BVerfG FamRZ 2017, 446

chungen festgestellten Übereinstimmungen führen für sich genommen lediglich zu der Feststellung, ob der Mann der Vater sein kann. Wenn eine sichere **Ausschlusskonstellation** vorliegt (vgl. *Keuter*, § 1600c BGB Rn. 7), kann der Mann nicht der Vater sein und damit nicht als Vater festgestellt werden. Liegt jedoch keine sichere Ausschlusskonstellation vor, bedarf es einer Quantifizierung der Befunde durch geeignete statistische Maßzahlen. Es schließt sich daher jeweils ein statistisches Verfahren der Berechnung der **Vaterschaftswahrscheinlichkeit** an. Je mehr Merkmale das Kind und der untersuchte Mann gemeinsam haben, ohne dass das jeweilige gemeinsame Merkmal von der Mutter stammen kann, umso wahrscheinlicher ist die Vaterschaft des Mannes. Dem liegt die statistisch abgesicherte Erkenntnis zugrunde, dass bestimmte Blut- und/oder DNA-Merkmale in der Bevölkerung unterschiedlich oft anzutreffen sind. Wenn sowohl das Kind als auch der untersuchte Mann die gleichen selten vorkommenden Merkmale aufweisen, spricht eine hohe Wahrscheinlichkeit für die Vaterschaft des untersuchten Mannes. Von der Häufigkeitsverteilung einzelner Merkmale – dem Grad der Häufigkeit – hängt die statistische Bewertung der im Untersuchungsfall gefundenen Übereinstimmungen ab.[8]

7 Dem in Prozent ausgedrückten Wahrscheinlichkeitswert ist deshalb für sich genommen keine absolute Bedeutung beizumessen. Die Aussagekraft ist dadurch relativiert, dass die Ermittlung der jeweiligen Häufigkeit bestimmter Merkmalkonstellationen von empirischen Erhebungen abhängen, die nur auf Stichprobenuntersuchungen beruhen. Sie sind abhängig von Populationsströmungen und Ethnienzugehörigkeit. Konstellationen, die z.B. unter Europäern sehr selten sind, können unter Asiaten sehr viel häufiger vorkommen und umgekehrt. Schon zwischen Süd- und Nordeuropäern können sich insoweit signifikante Unterschiede ergeben.

8 Es kommt hinzu, dass die Berechnung der biostatistischen Wahrscheinlichkeit nur ein Maß dafür ergibt, zu welchem Anteil von gleichgelagerten Fällen man zutreffend entscheidet, wenn man aufgrund des Befunds diesen Probanden als Vater feststellt. Ein W-Wert von 99 % heißt also nicht, dass zu 99 % Gewissheit über die Vaterschaft besteht, sondern dass in 100 gleichgelagerten Fällen – also in 100 Fällen mit den gleichen Merkmalen der untersuchten Systeme – ein Fall vorkommt, in dem ein Nichtvater diese Merkmale aufweist. Eine hohe Vaterschaftswahrscheinlichkeit resultiert hieraus deshalb, weil es bei der Unzahl von denkbaren Mutter/Kind/Mann-Konstellationen nur wenige Fälle gibt, in denen die gleichen Merkmale vorgefunden werden wie in dem zu beurteilenden konkreten Fall, es also nur ganz wenig gleichgelagerte Fälle gibt.

9 Auch bei einem hohen Wahrscheinlichkeitswert beruht daher die gerichtliche Feststellung der Vaterschaft nicht allein auf dem Ergebnis des Abstammungsgutachtens, sondern auf einer **umfassenden Beweiswürdigung**, bei der neben dem Abstammungsgutachten auch die Angaben der Beteiligten über sexuelle Kontakte zwischen ihnen in der Empfängniszeit und über Mehrverkehr zu berücksichtigen sind, sowie eventuelle Zeugenaussagen hierzu.

2. Vaterschaftsvermutung

10 **Nachrangig** ist der durch Abs. 2 eröffnete Weg der Feststellung der Vaterschaft mit Hilfe der an die Beiwohnung in der Empfängniszeit geknüpften Vaterschaftsvermutung. Aus dem Vorrang der positiven Vaterschaftsfeststellung folgt, dass es dem Gericht nicht freisteht, bei zugestandener oder erwiesener Beiwohnung in der Empfängniszeit ohne Ausschöpfung weiterer Beweismittel die Vaterschaft auf der Grundlage der Vaterschaftsvermutung festzustellen. Auf die Vermutungswirkung allein darf nur dann abgestellt werden, wenn trotz Ausschöpfung aller zur Verfügung stehender Beweismittel die Vaterschaft we-

8 Instruktiv BGH FamRZ 2006, 1745

der mit Sicherheit bejaht noch mit Sicherheit verneint werden kann.[9] Die Anwendung des § 1600d Abs. 2 BGB ohne vorherige Ausschöpfung der Beweismöglichkeiten, was nach Möglichkeit die Einholung eines Abstammungsgutachtens einbezieht, stellt einen Verstoß gegen die Amtsermittlungsplicht (§ 26 FamFG) dar.

Die Vermutungswirkung hat Bedeutung, wenn ausnahmsweise kein Gutachten eingeholt werden kann, z.B. weil der Putativvater sich im Ausland aufhält, dessen Rechtsordnung es nicht erlaubt, eine Probenentnahme für eine Abstammungsuntersuchung zu erzwingen[10] oder diese zu keinen hinreichend aussagekräftigen Feststellungen gelangt. Außerdem kann nach den Grundsätzen der **Beweisvereitelung** auf die Vermutungswirkung auch dann zurückgegriffen werden, wenn die Erstellung eines Gutachtens daran scheitert, dass der Mann die Mitwirkung an der Begutachtung verweigert und diese Mitwirkung ausnahmsweise nicht durchsetzbar ist.[11] Dies kommt aber nur bei grundlos verweigerter Teilnahme an einem vom Gericht anberaumten Untersuchungstermin in Betracht.[12] Macht der Mann Weigerungsgründe geltend, muss über die Berechtigung der Weigerung zunächst im Zwischenverfahren nach § 178 Abs. 2 FamFG i.V.m. § 387 ZPO durch Zwischenbeschluss entschieden werden. Auch bei Beweisvereitelung hilft die Vermutungswirkung nur weiter, wenn die Beiwohnung in der Empfängniszeit nachgewiesen ist und schwerwiegender Zweifel an der Vaterschaft nicht bestehen.[13] 11

▶ *Vgl. hierzu Langer, § 178 FamFG Rn. 24 ff.*

Die Vermutungswirkung knüpft an die Beiwohnung in der Empfängniszeit an. Hierunter ist jede **sexuelle Handlung** zu verstehen, die nach medizinischen Erkenntnissen geeignet ist, eine Befruchtung der Eizelle durch befruchtungsfähige Spermien herbeizuführen, wozu auch ein Samenerguss außerhalb der äußeren weiblichen Genitalien ausreichen kann.[14] Es genügt der Nachweis des Geschlechtsverkehrs; der Nachweis eines Samenergusses ist nicht erforderlich.[15] Auf den Willen oder das Handlungsbewusstsein der Beteiligten kommt es nicht an.[16] Wenn der das Sperma einbringende Vorgang nicht in einer sexuellen Handlung zwischen Mann und Frau besteht – etwa bei einer Samenspende –, liegt keine Beiwohnung vor.[17] Da der BGH[18] aber im Rahmen des § 1600 Abs. 1 Nr. 2 BGB die „Beiwohnung" auch auf die künstliche Zeugung bezieht, erscheint es konsequent, auch im Rahmen von § 1600d Abs. 2 BGB eine Erstreckung vorzunehmen (str.)[19] 12

Die Vaterschaftsvermutung des Abs. 2 gilt trotz erwiesener Beiwohnung dann nicht, wenn **schwerwiegende Zweifel an der Vaterschaft** bestehen. Der Mann, gegen den die Vaterschaftsvermutung spricht, muss die Vermutung nicht durch den Nachweis des Gegenteils widerlegen, sondern die Vermutungswirkung wird bereits durch das Vorhandensein schwerwiegender Zweifel entkräftet. Ein nur möglicher, aber weder wahrscheinlicher noch bewiesener Mehrverkehr reicht dafür indes nicht aus; insbesondere aus der Tatsache, dass sich die Mutter des Kindes und der Putativvater über ein Internetportal kennengelernt hatten, drängt sich nicht auf, dass die Mutter in der Empfängniszeit noch mit anderen ge- 13

9 BGH FamRZ 1994, 2961; FamRZ 1991, 426
10 OLG Koblenz FamRB 2024, 490
11 AG Neustadt ZKJ 2007, 82 mit Entscheidungsanmerkung von *Menne*, ZKJ 2007, 74
12 OLG Brandenburg FamRZ 2001, 1010
13 OLG Koblenz FamRB 2024, 490
14 Staudinger/*Rauscher*, § 1600c BGB Rn. 49
15 OLG Stuttgart DAvorm 1974, 233; OLG Hamburg DAVorm 1974, 601
16 Staudinger/*Rauscher*, § 1600c BGB Rn. 51
17 Staudinger/*Rauscher*, § 1600c BGB Rn. 50
18 BGH FamRZ 2013, 1209 mit Anm. *Heiderhoff*
19 BeckOGK-BGB/*Reuß*, § 1600d Rn. 65; MüKo-BGB/*Wellenhofer*, § 1600d Rn. 85, jeweils m.w.N. auch für Gegenmeinung

schlechtlich verkehrt hat.[20] Ebenso wenig begründet die Verwendung von Verhütungsmitteln schwerwiegende Zweifel an der Vaterschaftsvermutung.[21]

14 Von wesentlicher Bedeutung ist der **Einwand des Mehrverkehrs**. Mehrverkehr kann immer Zweifel an der Vaterschaft begründen, weshalb konkreter Vortrag von Mehrverkehr in der Empfängniszeit immer erheblich ist und Beweiserhebungen hierzu erforderlich macht, selbst bei durch Gutachten ermittelter sehr hoher Vaterschaftswahrscheinlichkeit.[22] Ist Mehrverkehr nachgewiesen, so können die hieraus resultierenden Zweifel durch andere nachgewiesene Umstände wieder neutralisiert werden. Der Nachweis, dass die Mutter in der Empfängniszeit der **Prostitution** nachgegangen ist, begründet regelmäßig so schwerwiegende Zweifel, dass erhebliche Beweisanforderungen erfüllt sein müssen, um gleichwohl aufgrund der Vermutungsregelung des Abs. 2 die Vaterschaft feststellen zu können.[23]

15 Wenn Umstände dargelegt sind, die Zweifel an der Vaterschaft begründen können, muss das Gericht jeweils im Einzelfall beurteilen, ob es diese Zweifel im Hinblick auf die im Einzelfall nachgewiesenen Umstände für schwerwiegend erachtet. Weder ist für die Aufrechterhaltung der Vaterschaftsvermutung erforderlich, dass eine an Gewissheit grenzende Wahrscheinlichkeit für die Vaterschaft spricht,[24] noch ist die Vermutung erst dann erschüttert, wenn die Nichtvaterschaft nahezu mit Gewissheit feststeht.[25] Die Vaterschaftsvermutung ist jedenfalls dann entkräftet, wenn mehr gegen als für die Vaterschaft spricht.

III. Empfängniszeit (Abs. 3)

16 Abs. 3 Satz 1 knüpft die Vaterschaftsvermutung des Abs. 2 an eine **vermutliche** Empfängniszeit an. Sie ist der Zeitraum, innerhalb dessen die Zeugung des Kindes erfolgt sein kann.[26] Mit dem KindRG wurde zur europäischen Rechtsvereinheitlichung die Empfängniszeit von zuvor 302 Tagen[27] auf 300 Tage reduziert.[28] Für die **Berechnung** der gesetzlichen Empfängniszeit gelten §§ 187 Abs. 1, 188 BGB. Zwischen dem Tag der Empfängnis und dem Tag der Geburt müssen mindestens 180 volle Tage und dürfen höchstens 300 volle Tage liegen. Die Rückrechnung erfolgt vom Tag der Geburt an, wobei als Tag der Geburt der Tag der Vollendung der Geburt, also des vollständigen Austritts des Kindes aus dem Mutterleib, maßgeblich ist.

17 Da es medizinisch möglich ist, dass ein Kind auch bei längerer oder kürzerer Tragezeit als 180 Tage lebend geboren wird, lässt Abs. 3 Satz 2 einen hiervon abweichenden Empfängniszeitraum zu, wenn nachgewiesen ist, dass das betroffene Kind früher als am 300. Tag vor der Geburt oder später als am 181. Tag vor der Geburt empfangen worden ist.[29]

IV. Keine Feststellung des Samenspenders als Vater (Abs. 4)

18 Seit dem 1.7.2018 ist die gerichtliche Feststellung eines Mannes, der seinen Samen einer Samenbank zur Verfügung gestellt hat, als Vater ausgeschlossen, wenn das Kind durch eine ärztlich unterstützte künstliche Befruchtung in einer Einrichtung gemäß § 1a Nr. 9 TPIG gezeugt wurde. Der Gesetzgeber hat dies damit begründet, ein solcher Spender wolle regel-

20 OLG Frankfurt FamRZ 2024, 1375
21 OLG Koblenz FamRB 2024, 490
22 BGH FamRZ 2006, 1745; FamRZ 1988, 1037; vgl. aber auch OLG Stuttgart FamRZ 2011, 1879
23 BGH NJW 1977, 2120
24 BGH NJW 1973, 1924
25 BGH NJW 1973, 2249
26 Schon das römische Privatrecht kannte in der Gesetzgebung der zwölf Tafeln eine Empfängniszeit. Danach galt ein Kind als ehelich, wenn es frühestens im 7. Monat nach der Eheschließung und spätestens im 10. Monat nach der Beendigung der Ehe geboren wurde
27 § 1592 BGB in der vor dem 1.7.1998 geltenden Fassung
28 Vgl. hierzu *Bürge*, JuS 2003, 425
29 MüKo-BGB/*Wellenhofer*, § 1600d Rn. 93

mäßig nicht die rechtliche Vaterschaft übernehmen, und dem Interesse des Kindes an der Kenntnis seiner Abstammung sei angesichts des Auskunftsanspruchs gegen das DIMDI auch ohne eine rechtliche Vaterschaftsfeststellung ausreichend Rechnung getragen.[30] Der Ausschluss der Feststellung des Samenspenders als rechtlicher Vater entspricht den Empfehlungen des Arbeitskreis Abstammungsrecht.[31] Die Regelung erfasst aber nicht alle Samenspenden. Die Vaterschaftsfeststellung ist weiterhin möglich:[32]

- bei privaten Samenspendern („Becherspender"),[33] die u.U. eine Vaterschaftsfeststellung gerade erstreben,
- in den seltenen Fällen der Verwendung „offizieller" Samenspender für eine nicht ärztlich assistierte Befruchtung,
- für Zeugungen mittels Samenspende vor dem Inkrafttreten des Samenspenderregistergesetzes, Art. 229 § 46 EGBGB.

V. Rechtsausübungssperre (Abs. 5)

Bei einer gerichtlichen Vaterschaftsfeststellung wird zwischen dem Vater und dem Kind rückwirkend ab dem Zeitpunkt der Geburt ein echtes Verwandtschaftsverhältnis i.S.v. § 1589 BGB begründet.[34] Abs. 5 legt fest, dass die Rechtswirkungen der Vaterschaft erst vom Zeitpunkt ihrer Feststellung an geltend gemacht werden können, sofern sich aus dem Gesetz nichts anderes ergibt. Vor der rechtskräftigen Vaterschaftsfeststellung können aus der Vaterschaft herrührende Ansprüche nicht geltend gemacht werden. Gesetzliche Ausnahmen hiervon enthalten z.B. § 1615l Abs. 1 Satz 1 BGB, §§ 247, 248 FamFG, aber auch die gesetzlichen Regelungen über das Umgangsrecht des potenziellen leiblichen Vaters nach § 1686a BGB. Der Pflichtteilsanspruch eines nichtehelich geborenen Kindes entsteht i.S.v. § 199 Abs. 1l Nr. 1 BGB auch dann mit dem Erbfall (§ 2317 Abs. 1 BGB), wenn der Pflichtteilsberechtigte zum Zeitpunkt des Erbfalls aufgrund der Rechtsausübungssperre des § 1600d Abs. 5 BGB an einer erfolgversprechenden Geltendmachung des Anspruchs gehindert ist.[35] 19

Darüber hinaus hat die Rechtsprechung des BGH beim **Scheinvaterregress** eine bedeutsame Ausnahme von der Rechtsausübungssperre entwickelt. Grundsätzlich setzt ein solcher Regress voraus, dass zunächst die bestehende rechtliche Vaterschaft des Scheinvaters durch Anfechtung beseitigt wird. Fehlt es an einer erfolgreichen Anfechtung der Vaterschaft, kommt eine Durchbrechung der Rechtsausübungssperre des § 1600d Abs. 5 BGB gegen den leiblichen Vater nicht in Betracht.[36] Des Weiteren muss die rechtliche Vaterschaft des leiblichen Erzeugers durch Anerkennung oder gerichtliche Feststellung begründet werden. Da der vormalige rechtliche Vater mangels Antragsbefugnis die Feststellung der Vaterschaft des leiblichen Vaters in einem Vaterschaftsfeststellungsverfahren selbst nicht herbeiführen kann,[37] wäre er hinsichtlich seiner Regressansprüche gegen den leiblichen Vater rechtsschutzlos gestellt, wenn eine Feststellung der Vaterschaft des tatsächlichen Erzeugers in einem Abstammungsverfahren deshalb nicht herbeigeführt werden kann, weil die hierzu antragsbefugten Personen (Kind, Mutter, tatsächlicher Vater) es ablehnen, die Vaterschaft feststellen zu lassen. In diesem Sonderfall lässt es der BGH zu, den leiblichen Vater in Durchbrechung des § 1600d Abs. 5 BGB auf Regress in Anspruch zu neh- 20

30 BT-Drucks. 18/11291, 35
31 AK Abstammungsrecht, Abschlussbericht (siehe § 1591 BGB, Fn. 68), S. 94, These 42
32 BT-Drucks. 18/11291, 36; *Helms*, FamRZ 2017, 1537, 1541; *Frie*, NZFam 2018, 817, 822
33 OLG Stuttgart FamRZ 2022, 1292 mit Anm. *Reuß*
34 MüKo-BGB/*Wellenhofer*, § 1600d Rn. 101
35 BGH FamRZ 2025, 816 mit Anm. *Lange*
36 BGH NJW 2012, 852
37 MüKo-BGB/*Wellenhofer*, § 1600d Rn. 111

men, wobei dann im Rahmen des Regressverfahrens inzident die Vaterschaft des leiblichen Vaters – allerdings ohne abstammungsrechtliche Wirkung – geklärt wird.[38] Der Scheinvaterregressanspruch kann auch schon vor Feststellung der Vaterschaft verjähren, weil die Verjährung mit der Rechtskraft der Vaterschaftsanfechtung durch den Scheinvater zu laufen beginnt.[39] Im Übrigen bleibt es aber dabei, dass Unterhaltsansprüche nach § 1615l BGB das Bestehen der rechtlichen Vaterschaft infolge Anerkennung oder rechtskräftiger Feststellung voraussetzen.[40]

21 Zur Durchsetzung des Regressanspruchs soll dem vormaligen rechtlichen Vater gegen die Mutter ein Auskunftsanspruch auf Benennung des Erzeugers des Kindes zustehen.[41] Das BVerfG hat es allerdings für verfassungswidrig erachtet, einen solchen Auskunftsanspruch im Wege der richterlichen Rechtsfortbildung auf § 242 BGB zu stützen.[42] Mit derselben Argumentation wird man den Auskunftsanspruch auch nicht auf § 1353 BGB stützen können.[43] Der Gesetzgeber hatte hierauf bislang lediglich mit einem Gesetzentwurf zur Reform u.a. des Scheinvaterregresses[44] reagiert, nach welchem § 1607 Abs. 4 BGB einen entsprechenden Auskunftsanspruch enthalten sollte. Dieser Vorschlag ist aber nicht Gesetz geworden, so dass es aktuell weiterhin an einem durchsetzbaren Auskunftsanspruch des Scheinvaters gegen die Mutter auf Benennung des leiblichen Erzeugers des Kindes fehlt.

C. Das Verfahren auf Feststellung der Vaterschaft

22 Seit dem Inkrafttreten des FamFG wird das Verfahren durch einen **Antrag** an das Familiengericht eingeleitet (§ 171 Abs. 1 FamFG).

Die **örtliche Zuständigkeit** ergibt sich aus § 170 FamFG und wird in erster Linie durch den gewöhnlichen Aufenthalt des betroffenen Kindes bestimmt, auch wenn dieses bereits volljährig ist.

Die Beantragung der gerichtlichen Feststellung der Vaterschaft ist an **keine Frist** gebunden und kann auch nicht verwirkt werden.[45]

Ohne Zweifel sind weiterhin **antragsbefug**t das Kind, die Mutter und der Mann, der seine Vaterschaft festgestellt haben will.[46] Die Antragsberechtigung für das Kind und den potenziellen biologischen Vater folgt aus ihrem verfassungsrechtlich geschützten Recht auf Kenntnis der eigenen Abstammung bzw. der vermittelten Abstammung. Für die Mutter lässt sich die Antragsbefugnis aus Art. 6 Abs. 2 GG herleiten.[47] **Dritte** sind nicht antragsbefugt. Der Gesetzgeber wollte mit der Abschaffung des § 1600e BGB a.F. keine Erweiterung des Kreises der Antragsberechtigten bewirken.[48]

38 BGH NJW 2008, 2433; NJW-RR 2009, 505; NJW 2012, 450
39 BGH FamRZ 2017, 900
40 OLG Oldenburg ZKJ 2018, 430 m.w.N. auch für Gegenmeinung
41 BGH FamRZ 2014, 1440; FamRZ 2013, 939; vgl. auch OLG Brandenburg FamRZ 2014, 223
42 BVerfG ZKJ 2015, 227
43 MüKo-BGB § 1600d Rn. 70
44 Abrufbar unter www.bmjv.de § 1607 Abs. 4 BGB-E: „(4) Die Mutter des Kindes ist verpflichtet, dem Dritten, der dem Kind als Vater Unterhalt gewährt hat, auf Verlangen Auskunft darüber zu erteilen, wer ihr während der Empfängniszeit beigewohnt hat, soweit dies zur Feststellung des übergegangenen Unterhaltsanspruchs erforderlich ist. Die Verpflichtung besteht nicht, wenn und solange die Erteilung der Auskunft für die Mutter des Kindes unzumutbar wäre."
45 OLG Saarbrücken NJW-RR 2005, 1672
46 § 1596a Abs. 1 DEAbReG sieht eine ausdrückliche gesetzliche Klarstellung in diesem Sinne vor.
47 *Schwonberg*, FuR 2014, 634, 636
48 MüKo-BGB/*Wellenhofer*, § 1600d Rn. 14; Erman/*Hammermann*, § 1600d BGB Rn. 1b; Staudinger/*Rauscher*, § 1600d BGB Rn. 8; MüKo-FamFG/*Coester-Waltjen/Hilbig-Lugani*, § 169 Rn. 27; *Grün*, Vaterschaftsfeststellung Rn. 103; *Löhning*, FamRZ 2009, 1798, 1799; *Schwonberg*, FuR 2014, 634, 636

Das Antragsrecht ist **höchstpersönlicher Natur** und kann nach dem Tod des Antragsberechtigten nicht von dessen Erben ausgeübt werden. Sonstige Personen – etwa die Eltern der Mutter oder die Eltern des Putativvaters – können eine gerichtliche Feststellung der Vaterschaft daher nicht bewirken, auch nicht zur Durchsetzung des Umgangs mit dem Enkelkind.[49]

Beteiligte des Verfahrens sind der Antragsteller (§ 7 Abs. 1 FamFG) sowie der Mann, der als Vater festgestellt werden soll (§ 7 Abs. 2 Nr. 1 FamFG), ferner die Mutter und das Kind gemäß § 172 FamFG, sofern sich ihre Beteiligtenstellung nicht bereits daraus ergibt, dass sie Antragsteller des Verfahrens sind. **23**

Das Familiengericht hat nach § 175 Abs. 1 FamFG zunächst mit den Beteiligten einen **Erörterungstermin** durchzuführen. Dabei geht es darum zu klären, ob die Einholung eines Abstammungsgutachtens erforderlich ist und welche Personen in die Begutachtung einzubeziehen sind.

Das Familiengericht hat alle in Betracht kommenden und für die Klärung der Abstammung erforderlichen **Beweiserhebungen** von Amts wegen vorzunehmen (§ 26 FamFG). Regelmäßig wird die Einholung eines Abstammungsgutachtens anzuordnen sein (vgl. § 178 FamFG).

Feststellungsverfahren, die dasselbe Kind betreffen, können gemäß § 179 FamFG miteinander verbunden werden. Verschiedene Kinder können nicht in einem Verfahren behandelt werden. Deshalb muss bei der Feststellung der Vaterschaft für Geschwister für jedes Geschwisterkind ein gesondertes Verfahren geführt werden.[50]

Mit einem Feststellungsverfahren kann ein Verfahren auf Unterhalt bei Feststellung der Vaterschaft (§ 237 FamFG) verbunden werden (§ 179 Abs. 1 Satz 2 FamFG).

Die Anfechtung der Vaterschaft und die Feststellung der Vaterschaft kann grundsätzlich nicht in einem einheitlichen Verfahren betrieben werden. Denn nach § 1600d Abs. 1 BGB ist die Feststellung der Vaterschaft erst möglich, wenn die Entscheidung über die Anfechtung der Vaterschaft – die Feststellung der Nichtvaterschaft des bisherigen rechtlichen Vaters – rechtskräftig geworden ist. Über beides kann daher nicht in einem Beschluss entschieden werden. **24**

▶ *Näheres hierzu Langer, § 179 FamFG Rn. 7.*

Anders ist die Rechtslage jedoch bei der Anfechtung durch den potenziellen leiblichen Vater. Hier gehört dessen tatsächliche Vaterschaft gemäß § 1600 Abs. 2 BGB zu den Voraussetzungen seines Anfechtungsrechts, weshalb nach § 182 Abs. 1 FamFG zeitgleich mit der Feststellung der Nichtvaterschaft des bisherigen rechtlichen Vaters auch die Vaterschaft des Anfechtenden gerichtlich festzustellen ist.

▶ *Zu weiteren verfahrensrechtlichen Fragen in Abstammungssachen siehe die Kommentierung von Langer, §§ 169 ff. FamFG*

Das Gericht entscheidet durch **Beschluss**, der erst **mit Rechtskraft wirksam** wird (§ 184 Abs. 1 FamFG) und hinsichtlich der Abstammung für und gegen alle wirkt (§ 184 Abs. 2 FamFG). Soweit das Gericht gleichzeitig über einen Unterhaltsantrag bei Feststellung der Vaterschaft nach § 237 FamFG entschieden hat, wird der Unterhaltsausspruch nicht vor Rechtskraft der Feststellung der Vaterschaft wirksam (§ 237 Abs. 4 FamFG). Bei einer postmortalen Vaterschaftsfeststellung sind weder die Ehefrau des Verstorbenen noch dessen Erben oder ein Nachlasspfleger beschwerdebefugt.[51] **25**

---

49 OLG Hamburg FamRZ 2002, 842, allerdings noch zur Rechtslage vor Streichung des § 1600e BGB a.F.
50 OLG Celle ZKJ 2012, 78
51 BGH FamRZ 2018, 764

26 Die **Kostenentscheidung** richtet sich nach § 81 FamFG. Über die Kosten des Verfahrens hat das Gericht daher nach billigem Ermessen zu entscheiden. Dabei kann das Gericht zwischen den Gerichtskosten und den Kosten der Beteiligten differenzieren. Da § 81 Abs. 3 FamFG nur in Kindschaftssachen und nicht in Abstammungssachen gilt, können auch einem minderjährigen Beteiligten Kosten auferlegt werden. Regelmäßig ist die Kostenbeteiligung des minderjährigen Kindes jedoch unbillig, weil es weder zur Unsicherheit über die Vaterschaft beigetragen noch Anlass zur Verfahrenseinleitung gegeben hat.[52]

Bei der **Ermessensausübung** im Rahmen der Kostenentscheidung darf in einer Abstammungssache nicht allein auf den Erfolg des Antrags oder der Verteidigung gegen den Antrag abgestellt werden, sondern es sind alle Umstände in die Abwägung einzubeziehen. Bei einem erfolgreichen Vaterschaftsfeststellungsantrag entspricht es deshalb nicht billigem Ermessen, dem Antragsgegner aufgrund seines Unterliegens die gesamten Verfahrenskosten aufzuerlegen, wenn er berechtigte Zweifel an seiner Vaterschaft haben durfte, insbesondere wegen eingeräumten Mehrverkehrs in der Empfängniszeit.[53] Hatte der als Vater festgestellte Mann jedoch keine Anhaltspunkte für einen Mehrverkehr der Kindesmutter, kann die Ermessensausübung es gebieten, ihm die Kosten des Verfahrens einschließlich der Aufwendungen des Kindes und der Kindesmutter aufzuerlegen.[54] Hat in der Empfängniszeit Geschlechtsverkehr mit dem als Vater in Anspruch genommenen Mann stattgefunden, kann es der Billigkeit entsprechen, die Kosten der Begutachtung zwischen der Kindesmutter und dem Mann zu teilen, obwohl das eingeholte Abstammungsgutachten zu dem Ergebnis gelangt, dass das Kind nicht von diesem Mann abstammt.[55]

Bei einer vom Jugendamt als Beistand des Kindes erfolgreich betriebenen Feststellung der Vaterschaft ist die Kindesmutter nicht mit Kosten zu belasten, wenn für einen Mehrverkehrsverdacht kein Anlass bestand.[56] Ihr können aber die gesamten Verfahrenskosten auferlegt werden, wenn sie ohne bestehende Zweifel an der Vaterschaft auf einem gerichtlichen Feststellungsverfahren besteht.[57]

Besondere Schwierigkeiten treten bei der Kostenentscheidung auf, wenn mehrere Männer als mögliche Väter benannt und deshalb Beteiligte des Verfahrens sind. Wenn sämtliche benannten Männer in der Empfängniszeit Geschlechtsverkehr mit der Kindesmutter hatten, wird es der Billigkeit entsprechen, dass auch die letztlich als Vater ausgeschlossenen Männer ihre Kosten selbst zu tragen haben.

27 Der Gebührenwert ist gemäß § 47 Abs. 1 FamGKG in der Regel mit 2.000,00 Euro zu bemessen, wobei gemäß § 47 Abs. 2 FamGKG das Gericht einen höheren oder niedrigeren Wert festsetzen kann, wenn der Regelwert nach den besonderen Gründen des Einzelfalles unbillig ist.

Ist im Verbund mit der Feststellung der Vaterschaft auch der Unterhalt für das Kind geltend gemacht worden (§ 237 FamFG), bemisst sich der Wert der Unterhaltssache nach § 51 FamGKG, wobei gemäß § 33 Abs. 1 Satz 2 FamGKG beim Zusammentreffen des Antrags auf Feststellung der Vaterschaft mit dem Unterhaltsantrag die Verfahrenswerte nicht zu addieren sind, sondern der höhere der beiden Werte maßgeblich ist.

52 OLG Brandenburg FamRZ 2021, 545
53 BGH FamRZ 2014, 744
54 Kemper/Schreiber/*Schneider*, § 81 FamFG Rn. 28
55 OLG Oldenburg FamRZ 2013, 971
56 OLG München FamRZ 2013, 1925
57 OLG Bremen FamRZ 2024, 1144

Checkliste Vaterschaftsfeststellung

I. Personalien

1. des Kindes (Name, Vorname, Geburtsdatum, Geburtsort, wenn möglich Standesamt des Geburtseintrags und Geburtseintrags-Nr., Anschrift) und des gesetzlichen Vertreters des Kindes
2. der Mutter (Name, Vorname, ggf. Geburtsname, Geburtsdatum, Anschrift, Familienstand)
3. des als Vater in Betracht kommenden Mannes (Name, Vorname, ggf. Geburtsname, Anschrift)

II. Vorfragen

1. Besteht bereits eine rechtliche Vaterschaftszuordnung?

   a. War die Mutter zum Zeitpunkt der Geburt des Kindes verheiratet?

   Wenn ja, gilt der (damalige) Ehemann der Kindesmutter als Vater des Kindes, solange diese Vaterschaftszuordnung nicht beseitigt ist.

   b. Ist ein früherer Ehemann der Mutter in einem Zeitraum von 300 oder weniger Tagen vor der Geburt des Kindes verstorben und war die Mutter zum Zeitpunkt der Geburt nicht wieder verheiratet?

   Wenn ja, gilt der verstorbene Ehemann gem. § 1593 BGB als Vater, solange diese Vaterschaftszuordnung nicht beseitigt ist.

   c. Wurde die Vaterschaft wirksam anerkannt?

   Wenn ja, besteht die Vaterschaftszuordnung zu dem anerkennenden Mann solange, bis sie durch Vaterschaftsanfechtung beseitigt ist.

   d. Wurde die Vaterschaft für das Kind bereits rechtskräftig gerichtlich festgestellt?

   Wenn ja, besteht sie fort. Beseitigung nur im Restitutionsverfahren möglich (§§ 185 FamFG, 580 ZPO).

2. Wenn noch keine Vaterschaftszuordnung besteht: Ist der Putativvater bereit, die Vaterschaft anzuerkennen?
   - Wenn ja, zunächst versuchen, eine wirksame Anerkennung der Vaterschaft mit den erforderlichen Zustimmungen herbeizuführen.
   - Wenn nein, Vaterschaftsfeststellungsantrag erforderlich.

III. Vaterschaftsfeststellungsverfahren

1. Wer ist Antragsteller: Mutter, Kind oder Putativvater?
2. Beteiligte nach § 172 FamFG
3. Besteht Beistandschaft für das Kind?
   - Wenn ja, kann der sorgeberechtigte Elternteil das Kind im Verfahren nicht vertreten (§ 173 FamFG)
4. Empfängniszeit i.S.v. § 1600d Abs. 3 BGB
5. Wann hatte die Kindesmutter mit dem Putativvater in der Empfängniszeit Geschlechtsverkehr?

6. Hatte die Kindesmutter in der Empfängniszeit mit weiteren Männern Geschlechtsverkehr?
7. Gibt es Gründe, die gegen die Vaterschaft des Putativvaters sprechen?

IV. Zusatzfragen

1. Liegt bereits ein Gutachten über die Abstammung vor (z.B. aus einem vorausgegangenen Anfechtungsverfahren)
2. Soll Unterhalt bei Feststellung der Vaterschaft nach § 237 FamFG geltend gemacht werden?
   - Wenn ja, isoliertes Verfahren nach § 237 FamFG, das mit dem Feststellungsverfahren verbunden werden kann (§ 179 FamFG).
3. Soll eine einstweilige Anordnung nach § 248 FamFG beantragt werden?
4. Soll Verfahrenskostenhilfe beantragt werden?

V. erforderliche Anlagen

1. Geburtsurkunde des Kindes
2. Ggf. Sterbeurkunde, wenn eine zum Personenkreis des § 172 FamFG zählende Person bereits verstorben ist
3. Ggf. Vaterschaftsanfechtungsbeschluss oder -urteil aus vorausgegangener Anfechtung der Vaterschaft für das Kind; ggf. Abstammungsgutachten aus Vorverfahren
4. Ggf. Scheidungsurteil oder –beschluss mit Rechtskraftvermerk, falls das Kind nach rechtskräftiger Scheidung der Kindesmutter geboren wurde
5. Anwaltsvollmacht
6. Verfahrenskostenhilfeantrag

Titel 4
Rechtsverhältnis zwischen den Eltern und dem Kind im Allgemeinen

§ 1616 BGB

Geburtsname bei Eltern mit Ehenamen

Das Kind erhält den Ehenamen seiner Eltern als Geburtsnamen.

Von einer Kommentierung wird abgesehen.

§ 1617 BGB

Geburtsname bei Eltern ohne Ehenamen und gemeinsamer Sorge

(1) [1]Führen die Eltern keinen Ehenamen und steht ihnen die elterliche Sorge gemeinsam zu, so bestimmen sie durch Erklärung gegenüber dem Standesamt einen der folgenden Namen zum Geburtsnamen des Kindes:

1. den Familiennamen, den ein Elternteil zur Zeit der Erklärung führt, oder

2. einen aus den Namen (Nummer 1) beider Elternteile gebildeten Doppelnamen.

[2]Im Fall des Satzes 1 Nummer 2 werden die für den Doppelnamen herangezogenen Namen durch einen Bindestrich verbunden, es sei denn, die Eltern bestimmen mit der Erklärung nach Satz 1, dass die Namen nicht durch einen Bindestrich verbunden werden.

(2) Besteht der Name eines Elternteils, der nach Absatz 1 allein oder als einer der Namen eines Doppelnamens zum Geburtsnamen des Kindes bestimmt werden soll, aus mehreren Namen, so gilt zusätzlich:

1. im Fall des Absatzes 1 Satz 1 Nummer 1 können anstelle des gesamten Namens auch nur einer oder einige der Namen, aus denen der Name besteht, zum Geburtsnamen des Kindes bestimmt werden,

2. im Fall des Absatzes 1 Satz 1 Nummer 2 darf nur einer der Namen, aus denen der Name besteht, für die Bildung des Doppelnamens herangezogen werden.

(3) Eine nach der Beurkundung der Geburt abgegebene Erklärung muss öffentlich beglaubigt werden.

(4) [1]Treffen die Eltern binnen eines Monats nach der Geburt des Kindes keine Bestimmung, so erhält das Kind einen in alphabetischer Reihenfolge aus den Namen (Absatz 1 Satz 1 Nummer 1) beider Elternteile gebildeten Doppelnamen. [2]Besteht der Name eines Elternteils aus mehreren Namen, so wird der alphabetisch voranstehende Name für die Bildung des Doppelnamens herangezogen. [3]Die herangezogenen Namen werden durch einen Bindestrich verbunden. [4]Ergibt sich nach den Sätzen 1 bis 3 ein Geburtsname des Kindes, den zumindest ein Elternteil durch Erklärung gegenüber dem Standesamt ablehnt, so überträgt das Familiengericht das Recht zur Bestimmung des Geburtsnamens des Kindes einem Elternteil. [5]Die Absätze 1 bis 3 und § 1617c Absatz 1 gelten entsprechend. [6]Das Gericht kann dem Elternteil für die Ausübung des Bestimmungsrechts eine Frist setzen. [7]Ist nach Ablauf der Frist das Bestimmungsrecht nicht ausgeübt worden, so erhält das Kind den sich nach den Sätzen 1 bis 3 ergebenden Geburtsnamen.

(5) Der von den Eltern oder einem Elternteil bestimmte Geburtsname gilt auch für ihre weiteren gemeinsamen Kinder.

Weiterführende Literatur: *BMJ Pressereferat*, Das neue Namensrecht: Die wichtigsten Neuerungen anhand von Beispielsfällen, abrufbar unter www.bmj.de ; *Dutta,* Die Namensregelungsobsession geht weiter – Der Referentenentwurf eines Gesetzes zur Änderung des Ehenamens- und Geburtsnamensrechts, FamRZ 2023, 817; *ders.*, Die neue beschränkte Namensmündigkeit, FamRZ 2025, 77; *Erbarth,* Grundzüge des Gesetzes zur Änderung des Ehenamens- und Geburtsnamensrechts und des Internationalen Namensrechts, FamRB 2025, 208; *Hamdan,* Das neue Namensrecht – ein Schritt zu mehr Flexibilität und Individualität, aber auch Komplexität, jurisPR-FamR 12/2025 Anm. 1; *Kemper,* Namensrecht im Wandel, MDR 2025, 689; *Kienemund,* Das Gesetz zur Änderung des Namensrechts, NJW 2025, 1153; *Plitzko,* Die Reform des Ehe- und Geburtsnamensrechts sowie des Internationalen Namensrechts, NZFam 2025, 473; *v. Bary,* Namensrecht: Warum einfach, wenn´s auch kompliziert geht?, ZRP 2023, 98.

Übersicht

A. Allgemeines

1 Die Norm enthält das Recht und die Pflicht der gemeinsam personensorgeberechtigten Eltern, die keinen Ehenamen führen, den Geburtsnamen ihres Kindes zu bestimmen. Die Entscheidung, welchen Namen das Kind tragen soll, ist Teil des Elternrechts aus Art. 6 Abs. 2 GG.[1] Die Möglichkeiten, welchen Namen das Kind als Geburtsnamen erhalten soll, sind seit dem 1.5.2025 durch das Gesetz zur Änderung des Ehenamens- und Geburtsnamensrechts und des internationalen Namensrechts[2] wesentlich erweitert worden, insbesondere durch die Möglichkeit, dem Kind einen echten Doppelnamen (mit oder ohne Bindestrich) als Geburtsnamen zu geben.[3]

2 Besteht im Zeitpunkt der Geburt kein gemeinsames Sorgerecht und wird auch kein Ehename geführt, gilt § 1617a BGB. Das Kind erhält in diesem Fall den Familiennamen des sorgeberechtigten Elternteils, wobei diesem die Rechte aus § 1617a Abs. 2 BGB zustehen, wenn sein Familienname aus mehreren Namen besteht. Nach § 1617a Abs. 3 BGB kann der sorgeberechtigte Elternteil dem Kind auch den Namen des anderen Elternteils geben oder aus den Namen beider Elternteile wie nach § 1617 Abs. 2 Nr. 2 BGB einen Doppelnamen bilden. § 1617a Abs. 4 regelt näher die erforderlichen Einwilligungen von Kind bzw. anderem Elternteil sowie die Form entsprechender Namenserteilung.

1 BVerfGE 104, 373, 385
2 BGBl. I 2024, Nr. 185
3 BT-Drs. 20/9041, S. 47

Wird die gemeinsame elterliche Sorge erst nach bereits erfolgtem Namenserwerb des Kindes begründet, greift §1617b BGB.[4] Der Geburtsname des Kindes kann dann nach näherer Regelung des §1617b Abs. 1 BGB neu bestimmt werden. Nach §1617b Abs. 2 BGB hat auch die Feststellung, dass der Mann, dessen Name zum Geburtsnamen des Kindes wurde, nicht der Vater des Kindes ist, namensrechtliche Auswirkungen. Auf Antrag des Kindes oder auch des Mannes, wenn das Kind das fünfte Lebensjahr noch nicht vollendet hat, erhält das Kind dann den Geburtsnamen der Mutter, wobei auch hier die näheren Wahlmöglichkeiten des §1617b Abs. 3 und die Formalien des §1617b Abs. 2 BGB zu beachten sind. 3

§1617c BGB erfasst weiterhin die Fallkonstellationen, in denen die Eltern einen Ehenamen erst zu einem Zeitpunkt bestimmen, in welchem das Kind bereits das fünfte Lebensjahr vollendet hat. 4

In §1617d BGB sind die Fälle geregelt, in denen die Eheleute einen Ehenamen hatten, die Ehe durch Scheidung oder Tod eines Elternteils endete und der Elternteil, dessen Name nicht Ehename wurde, zu diesem Zeitpunkt allein oder gemeinsam mit dem anderen Ehegatten sorgeberechtigt war und das Kind in seinem Haushalt aufgenommen hat. Liegen diese Voraussetzungen vor, hat der Elternteil die in §1617d Abs. 1 BGB aufgelisteten Möglichkeiten einer Neubestimmung des kindlichen Geburtsnamens, wobei die formellen Voraussetzungen des §1617d Abs. 2 und 4 BGB zu beachten sind. §1617d Abs. 3 BGB regelt die Möglichkeiten einer Änderung des Geburtsnamens für ein inzwischen volljähriges Kind, dessen einer Elternteil nach Scheidung oder Tod des anderen seinen früheren Namen wieder angenommen hat. 5

§1617e BGB normiert die bislang in §1618 BGB a.F. enthaltene Möglichkeit einer Einbenennung neu und sieht erstmals eine fakultative Rückbenennung vor. Die §§1617f bis 1617i BGB regeln Besonderheiten für die Namensführung besonderer Volksgruppen. 6

B. Inhalt der Norm

I. Anwendungsvoraussetzungen

Voraussetzungen für die Bestimmung des Geburtsnamens des Kindes nach §1617 BGB sind grds.: 7

- kein Ehename bei Geburt des Kindes **und**
- gemeinsames Personensorgerecht der Eltern betreffend die Namensbestimmung bei Geburt des Kindes.

Zu Änderungen des Sorgerechts bzw. namensrechtlichen Veränderungen nach der Geburt siehe Rn. 15ff.

1. Kein Ehename bei Geburt

Verheiratete oder geschiedene Eltern führen keinen Ehenamen, wenn sie die Bestimmung eines Ehenamens unterlassen haben, so dass jeder Elternteil seinen bisherigen Namen fortführt, §1355 Abs. 1 Satz 3 BGB. **Nicht miteinander verheiratete** Eltern können keinen Ehenamen führen. 8

4 BeckOK-BGB/*Pöcker*, §1617 Rn. 2

2. Gemeinsame Personensorge betreffend die Namensbestimmung bei Geburt

9 Die Eltern müssen im maßgeblichen[5] Zeitpunkt der Geburt des Kindes gemeinsam das Recht zur Namensbestimmung – als Teil der Personensorge[6] – innehaben.

Bei **verheirateten, zusammenlebenden Eltern** steht die elterliche Sorge beiden Elternteilen i.d.R. gemeinsam zu (§ 1626 BGB). Nur in Ausnahmefällen kann sie bei Geburt des Kindes einem Elternteil allein zustehen, wenn das Sorgerecht des anderen Elternteils beispielsweise ruht (§ 1675 BGB), ihm entzogen worden ist (§ 1666 BGB) oder er an dessen Ausübung verhindert (§ 1678 Abs. 1 1. HS BGB) ist.

10 Bei **nicht miteinander verheirateten Eltern** besteht eine gemeinsame elterliche Sorge bei Geburt nur, wenn beide Elternteile wirksame Sorgeerklärungen vor der Geburt des Kindes abgegeben haben, § 1626a Abs. 1 Nr. 1 i.V.m. § 1626b Abs. 2 BGB. Mit der Geburt entsteht dann die gemeinsame Sorge. Voraussetzung wirksamer Sorgeerklärungen ist die (künftige) rechtliche Elternschaft der Erklärenden, so dass die vorgeburtliche Vaterschaftsanerkennung (§ 1594 Abs. 4, § 1595 Abs. 3 BGB) der Sorgeerklärung des Vaters vorangehen muss (hierzu *Fink*, § 1626b BGB Rn. 6 f.).

11 Bei **getrenntlebenden Eltern** üben diese weiterhin die gemeinsame elterliche Sorge nach § 1687 Abs. 1 Satz 1 BGB aus, soweit nicht eine andere gerichtliche Regelung, beispielsweise nach § 1671 BGB oder § 1666 BGB, getroffen wurde. Bei der Geburtsnamensbestimmung handelt es sich um eine Angelegenheit von erheblicher Bedeutung, so dass es auch bei getrenntlebenden Eltern bei einer gemeinsamen Kompetenz verbleibt.[7] Für die alleinige Ausübung des Namensbestimmungsrechts bedarf es einer Übertragung der Entscheidungsbefugnis nach § 1628 BGB.[8]

3. Nachgeburtliche Änderungen

12 Hat im Zeitpunkt der Geburt des Kindes ein Elternteil die Alleinsorge und erlangen die bei Geburt nicht miteinander verheirateten Eltern **später** die **gemeinsame Sorge**, wird der Anwendungsbereich des § 1617 BGB nicht eröffnet.[9] Das Kind erlangt bereits kraft Gesetzes einen Geburtsnamen nach § 1617a BGB. Eine Anpassung des Kindesnamens an die neue Sorgerechtslage beurteilt sich dann nach den Voraussetzungen des § 1617c Abs. 1 BGB oder des § 1617b Abs. 1 BGB. Begründen die Eltern jedoch die gemeinsame elterliche Sorge zwar erst nach der Geburt, aber vor Eintragung des kindlichen Geburtsnamens und nehmen sie dann eine wirksame gemeinsame Namensbestimmung vor, so erfolgt aus Vereinfachungsgründen die Eintragung unmittelbar mit dem gemeinsam bestimmten Geburtsnamen.[10]

13 Haben im Zeitpunkt der Geburt des Kindes beide Elternteile die gemeinsame Sorge inne und erlangt ein Elternteil **später** das **alleinige** Namensbestimmungsrecht, so ist zu unterscheiden, ob bereits ein Geburtsname des Kindes durch beide Elternteile bestimmt worden ist oder nicht. Wurde noch kein Geburtsname bestimmt, hat der allein sorgeberechtigte Elternteil das Bestimmungsrecht als Teil des Sorgerechts.[11] § 1617a BGB greift in diesem Fall nicht, weil er alleiniges Sorgerecht im Zeitpunkt der Geburt verlangt. Wurde bereits ein Ge-

5 OLG Karlsruhe NJOZ 2016, 1359
6 MüKo-BGB/*v. Sachsen Gessaphe*, § 1617 BGB Rn. 12; BeckOK-BGB/*Pöcker*, § 1617 BGB Rn. 4
7 MüKo-BGB/*v. Sachsen Gessaphe*, § 1617 BGB Rn. 12 m.w.N.
8 OLG Frankfurt Beschl. v. 5.5.2025 – 4 UF 121/24, BeckRS 2025, 9368
9 OLG Karlsruhe StAZ 2016, 377; *Wagenitz*, FamRZ 1998, 1545, 1546
10 OLG Frankfurt FGPrax 2005, 122, 123
11 MüKo-BGB/*v. Sachsen Gessaphe*, § 1617 BGB Rn. 15; BeckOK-BGB/*Pöcker*, § 1617 BGB Rn. 3

burtsname aufgrund des gemeinsamen Sorgerechts bestimmt, kann sich die Sorgerechtsänderung auf den Geburtsnamen des Kindes außer im Fall des §1617d BGB nicht auswirken.

Haben die Eltern bei Geburt des Kindes zwar die gemeinsame elterliche Sorge, aber keinen Ehenamen, erwerben letzteren jedoch vor der wirksamen Namensbestimmung für das Kind, greift §1616 BGB an sich nicht ein, weil diese Vorschrift auf die Geburt als maßgeblichen Zeitpunkt abstellt.[12] Trotzdem wird in diesem Fall §1616 BGB entsprechend angewandt, das Kind erhält also den Ehenamen als Geburtsnamen. Insoweit wird ausnahmsweise statt auf die Geburt auf den Beurkundungszeitpunkt abgestellt.[13] **14**

II. Namensbestimmung durch die Eltern (Abs. 1)

1. Wahlmöglichkeiten

Die Eltern haben bezüglich des Geburtsnamens des Kindes ein Wahlrecht, das durch die Namensrechtsreform seit 1.5.2025 wesentlich erweitert wurde. **15**

Wählbar ist:

- der zur Zeit der Erklärung gegenüber dem Standesbeamten geführte Namen **eines Elternteils** (§1617 Abs. 1 Satz 2 Nr. 1 BGB), wobei es auf die Art des Erwerbs dieses Namens nicht ankommt, oder
- ein aus den Namen beider Elternteile gebildeter **Doppelname** (§1617 Abs. 1 Satz 2 Nr. 2 BGB), bei entsprechender Wahl der Eltern verbunden durch einen Bindestrich (§1617 Abs. 1 Satz 3 BGB). Damit können gemeinsam sorgeberechtigte Eltern, auch wenn sie keinen Ehenamen führen, die Verbindung des Kindes zu beiden Elternteilen zum Ausdruck bringen.[14]

Heißt also ein Elternteil „Müller", der andere „Lüdenscheid", kann das Kind den Geburtsnamen „Müller-Lüdenscheid" (auch umgekehrt oder ohne Bindestrich) erhalten. Diese nach bisherigem Recht noch ausdrücklich unzulässige Neubegründung eines Doppelnamens aus den jeweiligen Namen der Eltern des Kindes unterliegt keinerlei Kindeswohlprüfung,[15] obwohl leicht Beispiele für eine kindeswohlgefährdende Namensgebung vorstellbar sind („Hohl-Kopp"[16]). **16**

Besteht der Familienname eines Elternteils, der gemäß §1617 Abs. 1 Satz 2 Nr. 1 BGB zum Geburtsnamen des Kindes werden soll, aus mehreren Namen, so können entweder alle Namen ausgewählt werden oder nur einige, §1617 Abs. 2 Nr. 1 BGB. So kann z.B. der Doppelname eines Elternteils „Müller-Lüdenscheid" zum Geburtsnamen des Kindes werden oder nur „Müller" oder nur „Lüdenscheid". Heißt ein Elternteil „Roth-Herrman-Schatz", kann der Geburtsname des Kindes z.B. „Roth-Schatz" lauten.[17]

2. Einschränkungen (Abs. 2 Nr. 2)

Wollen die Eltern für das Kind einen aus ihren Namen gebildeten Doppelnamen als Geburtsnamen bestimmen, so dürfen sie bei bestehendem Doppel- oder Mehrfachnamen hierfür je nur einen Bestandteil (Namen) heranziehen, §1617 Abs. 2 Nr. 2 BGB. **17**

---

12 MüKo-BGB/*v. Sachsen Gessaphe*, §1616 BGB Rn. 7
13 BeckOGK-BGB/*Kienemund*, §1616 BGB Rn. 143 m.w.N.
14 BT-Drs. 20/9041 S. 48
15 Kritisch: Stellungnahme DFGT (*Lugani/Helms*) v. 23.5.2023 II 4; *v. Bary*, ZRP 2023, 98; für Kindeswohlprüfung BeckOK-BGB/*Pöcker*, §1617 Rn. 11 f.
16 *Dutta*, FamRZ 2023, 817 (818)
17 BT-Drs. 20/9041 S. 48

Beispiel

Für die Kinder der Eheleute Müller-Lüdenscheid und Kleine-Klöbner sind danach folgende Geburtsnamen möglich: (1) Müller-Kleine, (2) Kleine-Müller, (3) Müller-Klöbner, (4) Klöbner-Müller, (5) Lüdenscheid-Kleine, (6) Kleine-Lüdenscheid, (7) Lüdenscheid-Klöbner, (8) Klöbner-Lüdenscheid (jeweils auch ohne Bindestrich).[18]

Diese Beschränkung dient der Vermeidung überlanger Namensketten.[19] Aus beiden Elternnamen gebildete Drei- oder Vierfachnamen sind also unzulässig.

III. Form und Wirksamkeit der Bestimmung (Abs. 3)

18 § 1617 Abs. 3 BGB übernimmt die Regelung des bisherigen § 1617 Abs. 1 Satz 3 BGB. Die Bestimmung des Geburtsnamens des Kindes erfolgt durch **einseitige, empfangsbedürftige Willenserklärungen** gegenüber dem zuständigen Standesamt. Die Bestimmung wird mit Zugang der Erklärungen beim zuständigen Standesamt **wirksam**;[20] bei vorgeburtlichen Erklärungen im Zeitpunkt der Geburt.[21] Zuständig ist das Standesamt, das die Geburt des Kindes beurkundet hat (§ 45 Abs. 2 Satz 1 PStG). Die Erklärungen können von den Eltern zu verschiedenen Zeitpunkten, an verschiedenen Orten abgegeben werden, solange beide Erklärungen übereinstimmen und dem zuständigen Standesamt vorgelegt werden.[22] Die Mutter und der Vater müssen jeweils eine eigene Erklärung **höchstpersönlich** abgeben.[23]

19 Die Abgabe der Erklärungen ist grundsätzlich **formlos** möglich.[24] Eine **öffentliche Beglaubigung** i.S.d. § 129 BGB ist nur erforderlich, wenn die Eltern den Namen des Kindes erst nach der Beurkundung der Geburt bestimmen, § 1617a Abs. 3 BGB. Die öffentliche Beglaubigung kann durch das zuständige Standesamt vorgenommen werden, § 45 Abs. 1 Satz 1 Nr. 1 PStG. Nur eine den gesetzlichen Vorschriften entsprechende Namensbestimmung darf eingetragen werden, andernfalls greift die Regelung des § 1617 Abs. 4 BGB. Eine trotz Vorliegens der Voraussetzungen des § 1617 Abs. 1 Satz 1 BGB (Rn. 2) abgegebene **einseitige** Namensbestimmung eines Elternteils ist unwirksam.[25]

20 Ein **Widerruf** der Erklärung(en) ist nur solange möglich, als dem Standesbeamten noch nicht beide übereinstimmenden Erklärungen der Eltern zugegangen sind.[26] Eine **Anfechtung** ist grundsätzlich unzulässig.[27],

21 Durch die wirksame Bestimmung der Eltern erwirbt das Kind den erteilten Namen als Geburtsnamen. Die Eintragung in das Geburtenregister selbst (§ 21 Abs. 1 Nr. 1 PStG) hat nur deklaratorische Bedeutung.[28] Eine nachweislich unrichtige Eintragung kann unter den Voraussetzungen der §§ 47 f. PStG berichtigt werden.

---

18 BMJ Pressereferat, S. 3
19 BT-Drs. 20/9041 S. 49
20 OLG Bamberg FamRZ 2024, 1347 m.w.N.
21 *Michalski*, FamRZ 1997, 977, 981; MüKo-BGB/*v. Sachsen Gessaphe*, § 1617 BGB Rn. 23
22 BeckOK-BGB/*Pöcker*, § 1617 BGB Rn. 14
23 MüKo-BGB/*v. Sachsen Gessaphe*, § 1617 BGB Rn. 22; Staudinger/ *Lugani*, § 1617 BGB Rn. 26
24 BT-Drs. 13/8511, 73
25 OLG München FamRZ 2012, 1503, 1504
26 BeckOGK-BGB/*Kienemund*, § 1617 Rn. 52
27 OLG Zweibrücken StAZ 2011, 341; BeckOGK.BGB/*Kienemund* § 1617 Rn. 55
28 *Michalski*, FamRZ 1997, 977, 981; BeckOK-BGB/*Pöcker*, § 1617 BGB Rn. 11; MüKo-BGB/*v. Sachsen Gessaphe*, § 1617 BGB Rn. 24

IV. Namenseinheit unter Geschwistern (Abs. 5)

§ 1617 Abs. 5 BGB übernimmt die Regelung des bisherigen § 1617 Abs. 1 Satz 3 BGB. Die für ein Kind getroffene Namenswahl ist für weitere – jedenfalls danach geborene – Kinder verbindlich, gleichgültig, ob es sich um leibliche Kinder der Eltern oder um Adoptivkinder handelt.[29] Die Bindungswirkung greift jedoch nur, wenn die Anwendungsvoraussetzungen des § 1617 BGB bzw. einer hierauf verweisenden Norm erfüllt sind.[30] Die nach § 1617 BGB einmal getroffene Namensbestimmung bestimmt unmittelbar den Namen für später geborene Kinder;[31] die später geborenen Geschwisterkinder erhalten den Geburtsnamen also kraft Gesetzes.[32] Die Bindung für die später geborenen Kinder entfällt nur, wenn das erstgeborene Kind vor Geburt des zweiten Kindes verstorben ist.[33] Soweit ein Kind früher geboren ist und noch keinen Geburtsnamen hat, gilt die Namensbestimmung für beide Kinder (str.[34]); für dieses Ergebnis spricht der Gesichtspunkt der Namenseinheit der Geschwister, zudem erfasst der Wortlaut „weitere" Kinder nicht nur nachgeborene.[35] Hat das früher geborene Kind bereits einen Geburtsnamen, der nicht auf der Gestaltungserklärung des § 1617 Abs. 5 BGB beruht, behält es seinen Namen, auch wenn das neugeborene Kind aufgrund gemeinsamer Personensorge der Eltern nach § 1617 Abs. 5 BGB seinen Namen erhält.[36] 22

V. Nichtausübung des Bestimmungsrechts (Abs. 4)

1. Gesetzliche Namensbestimmung (Abs. 4 Satz 1 bis 3)

Bestimmen die Eltern binnen eines Monats nach der Geburt des Kindes nicht dessen Geburtsnamen, wird grundsätzlich der Geburtsname des Kindes nach § 1617 Abs. 4 Satz 1 bis 3 BGB gebildet. Das Kind erhält einen in alphabetischer Reihenfolge aus den Namen beider Elternteile gebildeten Doppelnamen als Geburtsnamen. Heißen die Eltern also „Baumann" bzw. „Sommer", lautet der Geburtsname des Kindes „Baumann-Sommer" (§ 1617 Abs. 4 Satz 1 BGB), wobei sich der Bindestrich aus § 1617 Abs. 4 Satz 3 BGB ergibt. Trägt zumindest ein Elternteil einen Doppelnamen, so wird der alphabetisch vorrangige Name für die Bildung des Doppelnamens herangezogen, § 1617 Abs. 4 Satz 2 BGB. Das Kind von Herrn „Arnheim-Lüdenscheid" und Frau „Winter-Hamburg" erhält also den Geburtsnamen „Arnheim-Hamburg." 23

2. Gerichtliches Verfahren (Abs. 4 Satz 4 bis 7)

Die Eltern haben die Pflicht, **innerhalb eines Monats** nach der Geburt des Kindes den Geburtsnamen zu bestimmen. Liegen keine wirksamen Erklärungen innerhalb dieses Zeitraums beim zuständigen Standesamt vor und lehnt zumindest ein Elternteil den sich aus § 1617 Abs. 4 Satz 1 bis 3 BGB ergebenden Geburtsnamen des Kindes durch Erklärung gegenüber dem Standesamt ab, hat das Standesamt dies dem zuständigen Familiengericht mitzuteilen (§ 168g Abs. 2 FamFG). Der Nichtvornahme steht eine unwirksame Namensbestimmung der Eltern gleich.[37] Die Monatsfrist ist jedoch keine Ausschlussfrist. Bis zu einer gerichtlichen Entscheidung bleiben die Eltern gemeinsam bestimmungsbefugt.[38] Die Ablehnung des sich aus § 1617 Abs. 4 Satz 1 bis 3 BGB ergebenden Geburtsnamens muss 24

29 MüKo-BGB/*v. Sachsen Gessaphe*, § 1617 BGB Rn. 26
30 MüKo-BGB/*v. Sachsen Gessaphe*, § 1617 BGB Rn. 26
31 BT-Drs. 13/4899, 90; zur Verfassungsgemäßheit der Norm BVerfG NJW 2002, 2861
32 BGH FamRZ 2020, 331 mit Anm. *Lugani*
33 *Michalski*, FamRZ 1997, 977, 981; Grüneberg/*Götz*, § 1617 BGB Rn. 6
34 Zum Meinungsstand BGH FamRZ 2023, 27 mit Anm. *Flindt*
35 BT-Drs. 20/9041, S. 49
36 BeckOK-BGB/*Pöcker*, § 1617 BGB Rn. 18
37 MüKo-BGB/*v. Sachsen Gessaphe*, § 1617 BGB Rn. 29
38 MüKo-BGB/*v. Sachsen Gessaphe*, § 1617 BGB Rn. 29; Staudinger/ *Lugani*, § 1617 BGB Rn. 62

durch Erklärung gegenüber dem Standesamt (siehe § 45 Abs. 1 Nr. 1 PStG n.F.) erfolgen, anderweitige Kundgabe der Ablehnung genügt nicht.

25 Das Verfahren zur Übertragung des Namensbestimmungsrechts auf einen Elternteil ist als Verfahren **von Amts wegen** ausgestaltet, weil dies dem öffentlichen Interesse am Erwerb eines Geburtsnamens des Kindes entspricht. Das Kind ist mangels Ehenamen der Eltern auf die Ausübung der elterlichen Bestimmung angewiesen.[39] Für ein Verfahren auf Antrag eines Elternteils ist kein Raum, wenn das Kind gemäß § 21 PStG bei der Eintragung der Geburt einen Geburtsnamen erhalten hat, mag dies auch auf falscher Information eines Elternteils beruhen.[40]

26 Das Familiengericht überträgt das Namensbestimmungsrecht einem Elternteil. Für die gerichtliche Entscheidung macht das Gesetz keine inhaltlichen Vorgaben. Da die gerichtliche Entscheidung als Kompetenzentscheidung eine **spezielle Regelung der allgemeinen Kompetenzentscheidung des § 1628 BGB** darstellt,[41] gelten an sich die dort entwickelten Grundsätze (vgl. hierzu § 1628 BGB). Maßstab für die Entscheidung des Gerichts ist das **Wohl des Kindes**, vgl. § 1697a BGB. Die Kindeswohlkriterien müssen aber einen Bezug zur Namensgebung haben, ansonsten können auf das Verfahren zur Namensgebung bezogene Hilfserwägungen herangezogen werden.[42] Für die Bestimmungsmöglichkeiten des mit dem Bestimmungsrecht betrauten Elternteils gelten § 1617 Abs. 1 bis 3 BGB und § 1617c BGB (§ 1617 Abs. 4 Satz 5 BGB); der bestimmungsberechtigte Elternteil hat also alle dort aufgeführten Gestaltungsmöglichkeiten einschließlich der Kürzung und Teilauswahl bei Doppelnamen.[43]

27 Da zum allgemeinen Persönlichkeitsrecht des Kindes (Art. 2 Abs. 1 i.V.m. Art. 1 Abs. 1 GG) der Namenserhalt als wesentliche Voraussetzung für die Entwicklung der Persönlichkeit des Kindes gehört,[44] kann das Familiengericht dem bestimmungsberechtigten Elternteil eine Frist zur Namensgebung setzen und sollte dies unbedingt (Rn. 26, Rn. 28) auch aus Kindeswohlgesichtspunkten tun.[45] Eine Fristverlängerung ist möglich.[46] Für die Fristbestimmung gelten die allgemeinen Vorschriften des FamFG. Wurde das Bestimmungsrecht innerhalb der Frist nicht ausgeübt, erhält das Kind zwingend kraft Gesetzes den sich aus § 1617 Abs. 4 Satz 1 bis 3 BGB ergebenden Namen (Rn. 20). Eine **Wiedereinsetzung in den vorigen Stand** ist nicht möglich.[47]

28 Kommt es weder zu einer wirksamen Namensgebung durch den bestimmungsberechtigten Elternteil noch zu einer gerichtlichen Fristsetzung mit entsprechendem Fristablauf, führt das Kind keinen Geburtsnamen; entsprechend lautet der Eintrag in das Geburtsregister „ohne Familienname".[48] Dies unterstreicht die Sinnhaftigkeit der gerichtlichen Fristsetzung zur Bestimmungsausübung, die deshalb z.T. auch als obligatorisch angesehen wird.[49]

---

39 BeckOKG-BGB/*Kienemund*, § 1617 BGB Rn. 72
40 OLG Hamm FamRZ 2021, 500
41 BeckOKG-BGB/*Kienemund*, § 1617 BGB Rn. 73
42 OLG Frankfurt NJOZ 2023, 5
43 Kritisch Stellungnahme DFGT (*Lugani*), B II 4
44 BVerfGE 104, 373, 392
45 Grüneberg/*Götz*, § 1617 BGB Rn. 7; BeckOK-BGB/*Pöcker*, § 1617 BGB Rn. 19
46 MüKo-BGB/*v. Sachsen Gessaphe*, § 1617 BGB Rn. 32; Grüneberg/*Götz*, § 1617 BGB Rn. 7; a.A. BeckOK-BGB/*Pöcker*, § 1617 BGB Rn. 19
47 OLG Hamm FamRZ 2004, 731, 732; MüKo-BGB/*v. Sachsen Gessaphe*, § 1617 BGB Rn. 32; BeckOK-BGB/*Pöcker*, § 1617 BGB Rn. 24
48 OLG Köln StAZ 2014, 113; BeckOK-BGB/*Pöcker*, § 1617 BGB Rn. 24
49 BeckOK-BGB/*Pöcker*, § 1617 BGB Rn. 24

§ 1617a BGB

Geburtsname bei Eltern ohne Ehenamen und Alleinsorge

(1) Führen die Eltern keinen Ehenamen und steht die elterliche Sorge nur einem Elternteil zu, so erhält das Kind den Familiennamen, den dieser Elternteil im Zeitpunkt der Geburt des Kindes führt als Geburtsnamen.

(2) Besteht der Name des Elternteils, dessen Name nach Absatz 1 der Geburtsname des Kindes geworden ist und dem die elterliche Sorge für das Kind allein zusteht, aus mehreren Namen, so kann dieser Elternteil dem Kind durch Erklärung gegenüber dem Standesamt nur einen oder einige der Namen, aus denen der Name besteht, erteilen.

(3) [1]Der Elternteil, dessen Name nach Absatz 1 oder 2 der Geburtsname des Kindes geworden ist und dem die elterliche Sorge für das Kind allein zusteht, kann dem Kind durch Erklärung gegenüber dem Standesamt den Familiennamen des anderen Elternteils oder einen aus den Familiennamen beider Elternteile gebildeten Doppelnamen erteilen. [2]§ 1617 Absatz 1 Satz 2 und Absatz 2 gilt entsprechend.

(4) [1]Die Erteilung des Namens nach den Absätzen 2 und 3 bedarf, wenn das Kind das fünfte Lebensjahr vollendet hat, der Einwilligung des Kindes und in den Fällen des Absatzes 3 auch der Einwilligung des anderen Elternteils, es sei denn, dieser ist bereits verstorben. [2]Die Erklärungen müssen öffentlich beglaubigt werden, die Erklärung nach Absatz 2 jedoch nur, wenn sie nach der Beurkundung der Geburt abgegeben wird. [3]Für die Einwilligung des Kindes gilt § 1617c Absatz 1 Satz 2 entsprechend.

Von einer Kommentierung wird abgesehen.

§ 1617b BGB

Name bei nachträglicher gemeinsamer Sorge oder Scheinvaterschaft

(1) [1]Wird eine gemeinsame Sorge der Eltern erst begründet, wenn das Kind bereits einen Geburtsnamen führt, so kann dieser neu bestimmt werden. [2]Hat das Kind das fünfte Lebensjahr vollendet, so ist die Bestimmung nur wirksam, wenn es sich der Bestimmung anschließt. [3]§ 1617 Absatz 1 bis 3 und 5 sowie § 1617c Absatz 1 Satz 2 gelten entsprechend.

(2) [1]Wird rechtskräftig festgestellt, dass ein Mann, dessen Familienname Geburtsname des Kindes geworden ist, nicht der Vater des Kindes ist, so erhält das Kind auf seinen Antrag oder, wenn das Kind das fünfte Lebensjahr noch nicht vollendet hat, auch auf Antrag des Mannes den Familiennamen, den die Mutter im Zeitpunkt der Geburt des Kindes führt, als Geburtsnamen. [2]Der Antrag erfolgt durch Erklärung gegenüber dem Standesamt, die öffentlich beglaubigt werden muss. [3]Für den Antrag des Kindes gilt § 1617c Absatz 1 Satz 2 und Absatz 3 entsprechend.

(3) Erhält das Kind nach Absatz 2 den Familiennamen der Mutter als Geburtsnamen, so gilt § 1617a Absatz 2 und 4 entsprechend, wenn ihr Name aus mehreren Namen besteht.

Von einer Kommentierung wird abgesehen.

§ 1617c BGB

Name bei Namensänderung der Eltern

(1) [1]Bestimmen die Eltern einen Ehenamen, nachdem das Kind das fünfte Lebensjahr vollendet hat, so erstreckt sich der Ehename auf den Geburtsnamen des Kindes nur dann, wenn es sich der Namensgebung anschließt. [2]Ein in der Geschäftsfähigkeit beschränktes Kind, welches das 14. Lebensjahr vollendet hat, kann die Erklärung nur selbst abgegeben; es bedarf hierzu der Zustimmung seines gesetzlichen Vertreters. [3]Die Erklärung ist gegenüber dem Standesamt abzugeben; sie muss öffentlich beglaubigt werden.

(2) Absatz 1 gilt entsprechend,

1. **wenn sich der Ehename, der Geburtsname eines Kindes geworden ist, ändert oder**
2. **wenn sich in den Fällen der §§ 1617, 1617a und 1617b der Familienname eines Elternteils, der Geburtsname eines Kindes geworden ist, auf andere Weise als durch Eheschließung ändert.**

(3) Eine Änderung des Geburtsnamens erstreckt sich auf den Ehenamen des Kindes nur dann, wenn sich auch der Ehegatte der Namensänderung anschließt; Absatz 1 Satz 3 gilt entsprechend.

Von einer Kommentierung wird abgesehen.

§ 1617d

Name nach Scheidung der Eltern oder Tod eines Elternteils

(1) [1]Derjenige Elternteil, dessen Name nicht Ehename geworden ist, dem die elterliche Sorge für ein Kind nach der Scheidung der Eltern allein oder gemeinsam mit dem anderen Elternteil oder nach dem Tod des anderen Elternteils allein zusteht und der das Kind in seinen Haushalt aufgenommen hat, kann durch Erklärung gegenüber dem Standesamt dem Kind einen der folgenden Namen als Geburtsnamen erteilen:

1. **seinen gemäß § 1355 Absatz 5 Satz 2 Nummer 1 und 2 wieder angenommenen Namen oder**
2. **einen aus seinem wieder angenommenen Namen (Nummer 1) und dem von dem Kind zur Zeit der Erklärung geführten Geburtsnamen gebildeten Doppelnamen.**

[2]§ 1617 Absatz 1 Satz 2 und Absatz 2 gilt entsprechend.

(2) [1]Wenn das Kind das fünfte Lebensjahr vollendet hat, bedarf die Erteilung des Geburtsnamens nach Absatz 1 seiner Einwilligung; § 1617c Absatz 1 Satz 2 gilt entsprechend. [2]Im Fall der Scheidung der Eltern bedarf die Erteilung des Geburtsnamens nach Absatz 1 auch der Einwilligung des anderen Elternteils, wenn das Kind dessen Namen führt oder diesem Elternteil die elterliche Sorge gemeinsam mit dem den Namen erteilenden Elternteil zusteht. [3]Das Familiengericht kann die Einwilligung des anderen Elternteils ersetzen, wenn die Erteilung dem Wohl des Kindes dient.

(3) [1]Ein volljähriges Kind, dessen einer Elternteil nach Scheidung der Eltern oder Tod des anderen Elternteils einen früheren Namen wieder angenommen hat (§ 1355 Absatz 5 Satz 2), kann durch Erklärung gegenüber dem Standesamt seinen Geburtsnamen neu bestimmen, indem es

1. **sich der Namensänderung dieses Elternteils anschließt oder**
2. **aus seinem bisherigen Geburtsnamen und dem von diesem Elternteil wieder angenommenen Familiennamen einen Doppelnamen bildet.**

[2]Die Neubestimmung des Geburtsnamens bedarf der Einwilligung dieses Elternteils. [3]§ 1617c Absatz 3 gilt entsprechend.

(4) Die Erklärungen müssen öffentlich beglaubigt werden.

Übersicht

A. Allgemeines

Erstmals wird die Möglichkeit einer Namensänderung für Kinder aus geschiedenen Ehen eingeführt. Die Vorschrift gilt bei nicht in Ehen umgewandelten Lebenspartnerschaften gemäß § 21 LPartG entsprechend.[1]. Legt der betreuende Elternteil, in dessen Haushalt das Kind lebt, den Ehenamen ab und nimmt seinen Geburtsnamen oder den vor der Ehenamensbestimmung geführten Familiennamen wieder an, so soll auch das minderjährige Kind diese Namensänderung nachvollziehen und den geänderten Familiennamen dieses Elternteils oder einen Doppelnamen aus seinem bisherigen Familiennamen und dem geänderten Familiennamen des Elternteils erhalten können. Das Kind soll so auf einfache Weise dem Elternteil namensrechtlich folgen können.[2] Nach bisheriger Rechtslage war in diesen hinkenden Namensverhältnissen[3] eine Namensänderung nur möglich über den meist wenig erfolgversprechenden Weg des § 3 NÄG.[4] Einerseits entspricht die Möglichkeit der Wiederherstellung der Namensgleichheit zum betreuenden Elternteil vielfach einem Bedürfnis, andererseits aber wird der Grundsatz der Namenskontinuität – auch im Hinblick auf die Rückbenennungsmöglichkeit des § 1617e BGB – erheblich eingeschränkt.[5] 1

B. Inhalt der Norm

I. Materielle Anpassungsvoraussetzungen

Die neue Vorschrift setzt voraus, dass 2

- die Eltern miteinander verheiratet waren,
- einen Ehenamen bestimmt hatten,
- dieser zum Geburtsnamen des Kindes geworden ist,
- die Ehe durch Scheidung oder Tod aufgelöst wurde,
- das Kind im Haushalt des Elternteils lebt, dessen Name nicht Ehename wurde (was auch bei einem paritätischen Wechselmodell der Fall sein soll)[6],
- dieser Elternteil bei Auflösung durch Tod der überlebende Elternteil die elterliche Sorge allein oder bei Eheauflösung durch Scheidung allein oder gemeinsam mit dem geschiedenen Elternteil ausübt und
- der betreuende Elternteil nach Eheauflösung durch öffentlich beglaubigte Erklärung gegenüber dem Standesbeamten seinen Geburtsnamen (§ 1355 Abs. 6 BGB) oder den bis zur Bestimmung des Ehenamens geführten Namen wieder angenommen hat (§ 1355 Abs. 5 Satz 2 Nr. 1 und 2 BGB).

Ehename muss der Name des verstorbenen oder nicht überwiegend betreuenden Elternteils geworden sein, weil andernfalls der betreuende Elternteil selbst seinen Namen nicht ändern kann. Bei einem Doppelnamen beider Eltern als Ehename bleibt auch nach Ablegen des Ehenamens zumindest Teilnamenseinheit zum Kind bestehen, was nach Auffassung des Gesetzgebers eine Namensangleichung nicht erfordert.[7] 3

1 BT-Drs. 20/9041 S. 72
2 BT-Drs. 20/9041, S. 52
3 Die Gesetzesbegründung spricht von „Scheidungshalbweisen", mit Recht kritisch zu diesem Begriff Stellungnahme DFGT S. 9
4 BeckOGK-BGB/*Kienemund*, § 1616 BGB Rn. 56 ff. m.w.N.
5 *v. Bary*, ZRP 2023, 98, 99; Stellungnahme DFGT, S. 8
6 BT-Drs. 20/9041 S. 52
7 BT-Drs. 20/9041 S. 53

4 Hat der Elternteil gemäß § 1355 Abs. 5 Nr. 3 BGB nach Scheidung oder Tod des anderen Elternteils dem Ehenamen einen Begleitnamen angefügt oder vorangestellt, ist § 1617d BGB nicht anwendbar, weil nur in den Fällen des § 1355 Abs. 5 Nr. 1 und 2 BGB eine Namensungleichheit zum Kind durch völliges Ablegen des Ehenamens entsteht, im Fall der Nr. 3 dagegen eine partielle Namensverbundenheit verbleibt.[8]

II. Anpassungsmöglichkeiten

5 Der betreuende Elternteil kann unter den obigen Anwendungsvoraussetzungen dem Kind entweder seinen wieder angenommenen Namen (§ 1617d Abs. 1 Nr. 1 BGB) oder einen aus diesem und dem vom Kind im Erklärungszeitpunkt geführten Geburtsnamen gebildeten Doppelnamen (§ 1617d Abs. 1 Nr. 2 BGB) geben, wobei die Bestimmungen des § 1617 Abs. 1 Satz 2, Abs. 2 BGB zu beachten sind.

III. Formelle Anpassungsvoraussetzungen (Abs. 2 und 4)

6 § 1617d Abs. 4 BGB schreibt für alle im Zuge einer Namensangleichung nach dieser Vorschrift abzugebende Erklärungen **öffentliche Beglaubigung** vor, welche auch durch den Standesbeamten erfolgen kann (§ 45 Abs. 1 Nr. 6 und 7 PStG). Ist das **Kind** im Zeitpunkt der Erklärung des Elternteils über die Änderung des kindlichen Geburtsnamens gegenüber dem Standesbeamten[9] mindestens fünf Jahre alt, muss es der Änderung seines Geburtsnamens durch den betreuenden Elternteil zustimmen (§ 1617d Abs. 2 Satz 1 BGB). Ist das Kind zu diesem Zeitpunkt bereits zumindest 14 Jahre alt, kann es die Erklärung nur selbst abgeben, braucht aber dazu die Zustimmung des gesetzlichen Vertreters (§ 1617d Abs. 2 Satz 1 HS 2 BGB i.V.m. § 1617c Abs. 1 Satz 2 BGB).

7 Für die Änderung des kindlichen Geburtsnamens nach Scheidung muss auch der **andere Elternteil** einwilligen, § 1617d Abs. 2 Satz 2 BGB, wenn

- das Kind den Namen dieses Elternteils führt oder
- die Eltern weiterhin gemeinsam sorgeberechtigt sind.

Für den letztgenannten Fall beruht das Zustimmungserfordernis auf der fortbestehenden gemeinsamen Elternverantwortung für die Namensbestimmung des Kindes; bei alleinigem Sorgerecht des betreuenden Elternteils soll das Zustimmungserfordernis vor ungefragtem Verlust des Namensbandes zwischen Kind und nicht sorgeberechtigtem Elternteil schützen.[10] Die Zustimmung soll aber auch dann erforderlich sein, wenn der betreuende Elternteil gemäß § 1617d Abs. 1 Nr. 2 BGB dem Kind einen Doppelnamen erteilen will.[11] Bei Auflösung der Ehe durch Tod entfällt das Einwilligungserfordernis; insbesondere ist die namensrechtliche Verbindung zu weiteren noch lebenden Verwandten des verstorbenen Elternteils vom Schutzzweck nicht erfasst.[12]

8 Nach § 1617d Abs. 2 Satz 3 BGB kann das Familiengericht die Zustimmung des nicht betreuenden Elternteils ersetzen, wenn dies dem Kindeswohl dient. Dieser Maßstab ist gegenüber dem Einbenennungsmaßstab des früheren § 1618 Satz 4 BGB („erforderlich") und auch im Vergleich zum Referentenentwurf erheblich abgesenkt. Die Änderung dient dem Kindeswohl, wenn das Interesse des Kindes an der Namensänderung das Interesse an der Beibehaltung des bisherigen Namens überwiegt.[13] Dabei soll einerseits der Grundsatz der Namenskontinuität berücksichtigt werden und die Beziehung zu dem die Einwilligung ver-

8 BT-Drs. 20/9041 S. 53; *v. Bary*, ZRP 2023, 98, 99
9 BeckOK-BGB/*Pöcker*, § 1617c BGB Rn. 4; MüKo-BGB/*v. Sachsen Gessaphe*, § 1617c BGB Rn. 8
10 BT-Drs. 20/9041 S. 53
11 BT-Drs. 20/9041 S. 53
12 BT-Drs. 20/9041 S. 54 mit Hinweis auf OLG Hamm FamRZ 2008, 147
13 BT-Drs. 20/9041 S. 54

weigernden Elternteil, andererseits soll insbesondere bei älteren Kindern dem Willen des Kindes und der dahinterstehenden Motivation ein entscheidendes Gewicht zukommen; ggfs. ist auch die Erteilung eines Doppelnamens zu prüfen.[14]

IV. Namensanpassung durch ein volljähriges Kind (Abs. 3)

§ 1617d Abs. 3 BGB normiert die Möglichkeiten eines volljährigen Kindes, sich nachträglich der Namensänderung eines Elternteils gemäß § 1355 Abs. 5 Satz 2 BGB durch Änderung des eigenen Geburtsnamens anzuschließen. Von näherer Kommentierung wird abgesehen. 9

§ 1617e

Einbenennung, Rückbenennung

(1) [1]Der Elternteil, dem die elterliche Sorge für ein Kind allein oder gemeinsam mit dem anderen Elternteil zusteht, und sein Ehegatte, der nicht Elternteil des Kindes ist, können dem Kind, das sie in ihren gemeinsamen Haushalt aufgenommen haben, durch Erklärung gegenüber dem Standesamt einen der folgenden Namen als Geburtsnamen erteilen (Einbenennung):

1. ihren Ehenamen oder

2. einen aus ihrem Ehenamen und dem von dem Kind zur Zeit der Erklärung geführten Geburtsnamen gebildeten Doppelnamen.

[2]Im Fall des Satzes 1 Nummer 2 gilt § 1617 Absatz 1 Satz 2 und Absatz 2 Nummer 2 entsprechend.

(2) [1]Die Einbenennung bedarf der Einwilligung des anderen Elternteils, wenn das Kind dessen Namen führt oder diesem Elternteil die elterliche Sorge gemeinsam mit dem einbenennenden Elternteil zusteht. [2]Das Familiengericht kann die Einwilligung des anderen Elternteils ersetzen, wenn die Einbenennung dem Wohl des Kindes dient. [3]Wenn das Kind das fünfte Lebensjahr vollendet hat, bedarf die Einbenennung auch seiner Einwilligung.

(3) Ein volljähriges Kind kann sich entsprechend Absatz 1, auch wenn es nicht im gemeinsamen Haushalt eines Elternteils und des Ehegatten dieses Elternteils lebt, mit deren Einwilligung durch Erklärung gegenüber dem Standesamt selbst einbenennen.

(4) [1]Wird die Ehe zwischen dem Elternteil und seinem Ehegatten, der nicht Elternteil des Kindes ist, aufgelöst oder scheidet das Kind aus dem gemeinsamen Haushalt aus, so können die Einbenennung durch Erklärung gegenüber dem Standesamt rückgängig machen (Rückbenennung):

1. jeder Elternteil, dem die elterliche Sorge für das Kind allein oder gemeinsam mit dem anderen Elternteil zusteht, sowie

2. das Kind selbst, sobald es volljährig ist.

[2]In den Fällen des Satzes 1 Nummer 1 gilt Absatz 2 entsprechend.

(5) [1]Die Erklärungen müssen öffentlich beglaubigt werden. [2]§ 1617c Absatz 1 Satz 2 und Absatz 3 gilt entsprechend.

14 BT-Drs. 20/9041 S. 54

Übersicht

1 Die Norm übernimmt in den Absätzen 1, 2 und 5 die Funktion des bisherigen § 1618 BGB. § 1617e Abs. 3 BGB schafft erstmals die Möglichkeit einer Selbsteinbenennung durch das volljährige Kind. Unter den Voraussetzungen des Abs. 4 kann bei Scheidung der Ehe oder Tod des Elternteils mit dem einbenennenden Partner die Einbenennung rückgängig gemacht werden. Die Vorschrift gilt bei nicht für in Ehen umgewandelte Lebenspartnerschaften gemäß § 21 LPartG entsprechend.[1]

B. Inhalt der Norm

I. Einbenennung

1. Normzweck

2 Die Norm ermöglicht eine Namensgleichheit der sozialen Familiengemeinschaft, wenn ein personensorgeberechtigter Elternteil mit einem Dritten verheiratet ist und einen Ehenamen führt, welcher vom Geburtsnamen des in die Ehe mitgebrachten Kindes abweicht. Zugleich wird mit Abs. 1 erstmals der bislang nur in der Überschrift verwandte Begriff der „Einbenennung" legal definiert.

2. Materielle Einbenennungsvoraussetzungen

3 **Voraussetzungen** für die Einbenennung sind:

- das einzubenennende Kind ist **rechtsfähig** (eine posthume Einbenennung scheidet also aus[2]),
- es trägt einen anderen Namen als es durch die Einbenennung erhalten soll,[3]
- der einbenennende Elternteil ist für dieses Kind **(mit-)personensorgeberechtigt** (Rn. 4),
- der einbenennende Elternteil ist mit einem Dritten **verheiratet** (also keine Einbenennung vor Eheschließung[4]),
- der einbenennende Elternteil führt mit dem Dritten einen **Ehenamen**,
- das einzubenennende Kind ist in den **gemeinsamen Haushalt** aufgenommen (Rn. 5) und
- die Einbenennung dient dem Kindeswohl (Rn. 6, 12).

1 BT-Drs. 20/9041 S. 72
2 MüKo-BGB/*v. Sachsen Gessaphe*, § 1618 BGB a.F. Rn. 11; Staudinger/ *Lugani*, § 1618 BGB a.F. Rn. 6
3 MüKo-BGB/*v. Sachsen Gessaphe*, § 1618 BGB Rn. 9; BeckOK-BGB/*Pöcker*, (73. Edition), § 1618 BGB Rn. 3.2
4 OLG Karlsruhe FamRZ 2000, 1437

Der einbenennende Elternteil muss im Zeitpunkt der Einbenennung entweder allein sorgeberechtigt sein oder gemeinsam mit dem anderen Elternteil zumindest das Recht zur Namensbestimmung innehaben.[5] Die Inhaberschaft der Vermögenssorge ist irrelevant. 4

Aufnahme in den gemeinsamen Haushalt bedeutet, dass das Kind und die Ehegatten bzw. Lebenspartner tatsächlich in einer gemeinsamen Wohnung den Mittelpunkt ihrer Lebensführung haben müssen, vgl. § 1567 Abs. 1 BGB.[6] Eine **zeitweise** Drittbetreuung, wie eine vorübergehende Unterbringung in einer Jugendhilfeeinrichtung, steht dem nicht entgegen.[7] Auch bei einem paritätischen Wechselmodell soll das Merkmal der Aufnahme in den gemeinsamen Haushalt erfüllt sein[8] (*Keuter*, § 1617d BGB Rn. 2). Leben die Ehegatten bzw. Lebenspartner getrennt, scheidet eine Einbenennung aus.[9] Die Aufnahme in den Haushalt muss rechtmäßig – mit dem Willen des anderen Elternteils oder aufgrund gerichtlicher Entscheidung – sein.[10] Das zuständige Standesamt ist grundsätzlich verpflichtet, die rein tatsächlich geprägte Voraussetzung zu überprüfen, wird sich aber auf die Richtigkeit der Angaben – durch regelmäßige Vorlage der Meldebescheinigung – verlassen können.[11] Sind die Angaben unrichtig, ist die Einbenennung unwirksam und ein dahingehender Eintrag in das Geburtenregister zu berichtigen.[12] 5

Die Einbenennung muss dem Kindeswohl dienen. Diese Voraussetzung ergibt sich indirekt aus § 1617e Abs. 2 Satz 2 BGB. Eine entsprechende Prüfung durch den Standesbeamten findet aber nicht statt, durch das Gericht nur bei Antrag auf Ersetzung der Einwilligung des nicht einbenennenden Elternteils. Ein mindestens 14-jähriges Kind kann selbst durch die Verweigerung der notwendigen Zustimmung (§§ 1617e Abs. 5 Satz 2, 1617c Abs. 2 Satz 2 BGB) die Einbenennung verhindern (Rn. 9). 6

3. Wahlmöglichkeiten

Liegen die o.g. materiellen Einbenennungsvoraussetzungen vor, können die Einbenennenden dem Kind entweder ihren **Ehenamen** geben oder einen aus diesem und dem vom Kind zum Erklärungszeitpunkt geführten **Doppelnamen**, § 1617e Abs. 1 Satz 1 Nr. 1 und 2 BGB. Die Möglichkeit des Geburtsdoppelnamens ist neu gegenüber der bisherigen Regelung in § 1618 BGB a.F. Bei Erteilung eines Doppelnamens erklärt § 1617e Abs. 1 Satz 2 BGB die Vorschriften für bestehende mehrgliedrige Namen und die Möglichkeit, die zum Geburtsdoppelnamen des Kindes herangezogenen Namen durch Bindestrich zu verbinden, für anwendbar. Verkürzungsmöglichkeiten über § 1617a Abs. 2 bis 4 BGB bestehen dagegen nicht, weil auch gemeinsame Kinder des Ehepaares über § 1616 BGB den vollen Ehenamen erhalten.[13] 7

5 BeckOGK-BGB/*Kienemund*, § 1618 BGB a.F. Rn. 6 m. w. N.
6 BeckOK-BGB/*Pöcker*, (73. Edition), § 1618 BGB Rn. 4; MüKo-BGB/*v. Sachsen Gessaphe*, § 1618 BGB a.F. Rn. 10
7 MüKo-BGB/*v. Sachsen Gessaphe*, § 1618 BGB a.F. Rn. 10; Staudinger/ *Lugani*, § 1618 BGB a.F. Rn. 12
8 BT-Drs. 20/9041 S. 52
9 Vgl. OLG Zweibrücken NJW 2011, 3728, 3729 m.w.N.
10 BeckOK-BGB/*Pöcker*, (73. Edition), § 1618 BGB Rn. 4.1
11 BeckOK-BGB/*Pöcker*, (73. Edition), § 1618 BGB Rn. 4; MüKo-BGB/*v. Sachsen Gessaphe*, § 1618 BGB a.F. Rn. 10
12 OLG Zweibrücken NJW 2011, 3728 m.w.N.
13 BT-Drs. 20/9041 S. 54

4. Formelle Einbenennungsvoraussetzungen (Abs. 2, Abs. 5)

a) Erklärungsform

8 Sämtliche für eine Einbenennung benötigten Erklärungen und Einwilligungen müssen nach § 1617e Abs. 5 Satz 1 BGB **öffentlich beglaubigt** sein. **Zuständig** für eine Beglaubigung sind:

- der Notar (§ 129 BGB) und
- der Standesbeamte (§ 45 Abs. 1 Satz 1 Nr. 6 bzw. 8 PStG),
- das Gericht im Falle einer gerichtlich protokollierten Einwilligungserklärung im Rahmen eines Vergleichs in einem Ersetzungsverfahren, § 127a BGB.[14]

Die Beteiligten müssen jeweils eine eigene Erklärung **höchstpersönlich** abgeben. Eine Generalvollmacht für das Recht der Namensbestimmung[15] oder eine bloße Mitteilung des Jugendamts über die Zustimmung des Kindes[16] ist nicht möglich. Auf eine bestimmte Reihenfolge der Einbenennungserklärung oder Zustimmungserklärung kommt es nicht an.[17]

b) Einwilligung des Kindes

9 Die Einbenennung bedarf der **Einwilligung des Kindes**, wenn dieses mindestens fünf Jahre alt ist, § 1617e Abs. 2 Satz 3 BGB (siehe auch *Keuter*, § 1617d Rn. 6). Kann das Kind die Erklärung nicht selbst abgeben, wird es durch den/die personensorgeberechtigte(n) Elternteil(e) vertreten. Die Bestellung eines Ergänzungspflegers ist nicht erforderlich.[18] Eine gerichtliche Ersetzung der Einwilligung ist nicht möglich.[19]

c) Einwilligung des anderen Elternteils

10 Die **Einwilligung des anderen Elternteils** wird benötigt, wenn dieser gemeinsam mit dem einbenennenden Elternteil sorgeberechtigt im Hinblick auf das Recht zur Namensbestimmung ist (vgl. Rn. 4) oder das Kind – im Zeitpunkt der Einbenennung[20] – seinen Namen trägt (Namensidentität), § 1617e Abs. 2 Satz 1 BGB. Trägt das Kind einen **Doppelnamen** aus den Namen des jetzt einbenennenden und dem des anderen Elternteils, ist dessen Einwilligung ebenfalls erforderlich.[21]

Beispiel

Trägt das Kind den Namen „Perreira-Hirschfeld", abgeleitet aus den Namen der Eltern „Perreira Olivera" (Mutter) und „Hirschfeld-Kunze" (Vater), und trägt die Mutter nach ihrer Heirat nun den Ehenamen „Müller", den sie dem Kind gemeinsam mit ihrem Ehemann geben will, so muss Herr „Hirschfeld-Kunze" auch bei alleinigem Sorgerecht der Mutter zum Schutz des – teilweise bestehenden – Namensbandes zwischen Kind und Vater zustimmen.

---

14 BeckOK-BGB/*Pöcker*, (73. Editon), § 1618 BGB Rn. 19; MüKo-BGB/*v. Sachsen Gessaphe*, § 1618 BGB a.F. Rn. 14
15 BeckOK-BGB/*Pöcker*, (73. Edition), § 1618 BGB Rn. 6.1
16 OLG Köln FamRZ 1999, 735, 736
17 BayObLG FamRZ 2000, 252, 253; BeckOK-BGB/*Pöcker*, (73. Edition), § 1618 BGB Rn. 7; MüKo-BGB/*v. Sachsen Gessaphe*, § 1618 BGB a.F. Rn. 20
18 Vgl. OLG Köln FamRZ 1999, 735, 736; OLG Karlsruhe FamRZ 2000, 1437, 1438
19 BeckOK-BGB/*Pöcker*, (73. Edition), § 1618 BGB Rn. 8; Staudinger/ *Lugani*, § 1618 BGB a.F. Rn. 39
20 BT-Drs. 13/4899, 92; AG Lübeck StAZ 2003, 143
21 BT-Drs. 20/9041 S. 56

Ist der andere Elternteil **verstorben**, ist eine Zustimmung nicht erforderlich.[22] Bei lediglich **unbekanntem Aufenthalt** des anderen Elternteils entfällt die Erforderlichkeit der Zustimmung nicht. Der einbenennende Elternteil kann ggf. eine gerichtliche Entscheidung nach § 1674 Abs. 1 BGB herbeiführen, oder die Einwilligung kann ggf. nach § 1618 Satz 4 BGB gerichtlich ersetzt werden.[23] Ist der andere Elternteil **geschäftsunfähig**, führt das Kind aber seinen Namen, kann ein Betreuer mit dem entsprechenden Aufgabenkreis bestellt werden.[24] 11

5. Ersetzung der Einwilligung des anderen Elternteils (Abs. 2 Satz 2)

a) Ersetzungsvoraussetzungen

Das Familiengericht kann die fehlende Einwilligung des anderen Elternteils ersetzen, wenn *„die Einbenennung dem Wohl des Kindes dient."* Dieser Maßstab ist gegenüber der bisherigen Formulierung in § 1618 Satz 4 BGB a.F. („zum Wohl des Kindes erforderlich"), welcher zudem von der Rechtsprechung[25] überwiegend restriktiv ausgelegt wurde,[26] merklich abgesenkt. Nach der der früheren Regelung zugrundeliegenden Wertung sollte der Wunsch des Kindes nach gleicher Benennung wie der betreuende Elternteil und mögliche Stiefgeschwister, auch um Nachfragen wegen der Namensverschiedenheit in der Schule, bei Ämtern oder bei Auslandsreisen zu vermeiden, gerade außer Betracht bleiben und hinter die Bindung zum namensgebenden Elternteil zurücktreten. Diese Wertungsentscheidung vernachlässige aber nach jetziger gesetzgeberischer Auffassung einerseits den vollzogenen gesellschaftlichen Wandel hin zur Anerkennung vielfältiger Familienformen mit entsprechenden Bindungsstrukturen und zum anderen die Bedeutung einer solchen Entscheidung für das Kind, das in solchen Bindungsstrukturen lebt, sowie sein Interesse, diese mitzugestalten.[27] 12

Dem Kindeswohl dient die Einbenennung bereits dann, wenn das Interesse des Kindes an der Namensänderung das Interesse des Elternteils an der Beibehaltung des bisherigen Namens überwiegt (siehe *Keuter*, § 1617d Rn. 8).[28]

b) Verfahren

Das Ersetzungsverfahren ist eine mangels Richtervorbehalt in die Zuständigkeit des Rechtspflegers[29] fallende Kindschaftssache nach § 151 Nr. 1 FamFG.[30] Haben beide Elternteile das Recht zur Namensbestimmung inne, ist der Familienrichter zuständig, da es sich inhaltlich um eine Meinungsverschiedenheit zwischen den Personensorgeberechtigten handelt (§ 14 Abs. 1 Nr. 5 RPflG).[31] 13

Das Verfahren ist als **Antragsverfahren** ausgestaltet, welches durch den einbenennenden Elternteil eingeleitet werden kann.[32] Mit dem Antrag wird der Verfahrensgegenstand festgelegt, so dass bei einem Antrag auf Ersetzung des bisher vom Kind geführten Familiennamens (substituierende Namenserteilung) das Gericht den Antrag nicht in eine Ergänzung

22 OLG Stuttgart FamRZ 2001, 566, 567; OLG Frankfurt NJW-RR 2001, 1443; BayObLG FamRZ 2005, 388
23 Vgl. OLG Hamm FamRZ 2000, 695; BeckOK-BGB/*Pöcker*, (73. Edition), § 1618 BGB Rn. 5
24 BeckOK-BGB/*Pöcker*, (73. Edition), § 1618 BGB Rn. 5.1
25 BGH FamRZ 2023, 593 *(Deuring)*
26 *Keuter*, ZKJ 2020, 205, 208 mwN
27 BT-Drs. 20/9041 S. 55
28 BT-Drs. 20/9041 S. 55
29 BGH NJW 2002, 300, 301; a. A. BeckOK-BGB/*Pöcker*, (73. Edition), § 1618 BGB Rn. 14 bei gemeinsamer elterlicher Sorge
30 BT-Drs. 20/9041 S. 56
31 OLG Zweibrücken NZFam 2025, 616
32 BeckOK-BGB/*Pöcker*, (73. Edition), § 1618 BGB Rn. 14; MüKo-BGB/*v. Sachsen Gessaphe*, § 1618 BGB a.F. Rn. 28; Staudinger/ *Lugani*, § 1618 BGB a.F. Rn. 37

des bisher vom Kind geführten Familiennamens (additive Namenserteilung) umdeuten kann.[33]

6. Wirksamkeit der Einbenennung

14 Die Einbenennung wird mit Zugang der Erklärungen beim zuständigen Standesamt wirksam, wenn zu diesem Zeitpunkt alle Voraussetzungen für die Einbenennung vorliegen. Die gerichtliche Ersetzungsentscheidung wird bereits mit Bekanntgabe an den einbenennenden Elternteil wirksam (§ 40 Abs. 1 FamFG). Das zuständige Standesamt ist verpflichtet, das Vorliegen der Voraussetzungen zu prüfen – damit auch die Frage, ob eine Zustimmung des anderen Elternteils notwendig ist. Hat das Familiengericht es abgelehnt eine Zustimmung – mangels Erforderlichkeit – zu ersetzen, ist das Standesamt an diese Rechtsauffassung nicht gebunden, da der gerichtlichen Entscheidung insoweit keine materielle Rechtskraft zukommt.[34]

15 Mit wirksamer Einbenennung erhält das Kind für die Zukunft einen neuen Geburtsnamen; in das Geburtsregister ist eine entsprechende Folgebeurkundung aufzunehmen (§ 27 Abs. 3 Nr. 1 PStG i.V.m. § 1 Abs. 1 Satz 1 PStG).

II. Selbsteinbenennung des volljährigen Kindes (Abs. 3)

16 Ein volljähriges Kind kann sich, auch wenn es nicht im Haushalt eines Elternteils und dessen Ehegatten lebt, mit Einwilligung dieser Personen durch Erklärung gegenüber dem Standesamt entsprechend Abs. 1 selbst einbenennen. Von näherer Kommentierung wird abgesehen.

III. Rückbenennung (Abs. 4)

17 § 1617e Abs. 4 BGB schafft und definiert erstmals die neue Möglichkeit, zivilrechtlich die Folgen einer Einbenennung wieder rückgängig zu machen. Wird die Ehe des leiblichen Elternteils mit dem Stiefelternteil aufgelöst oder lebt das Kind nicht mehr in dem Haushalt der Stieffamilie, soll es nicht an den Namen gebunden sein, den es im Wege der Namensänderung nach Abs. 1 mit dem Ziel der Namensintegration in die Stieffamilie erhalten hat.[35] Entsprechende Erklärungen zur Rückbenennung kann nach Abs. 4 Nr. 1 jeder zumindest **mitsorgeberechtigte Elternteil** oder nach Nr. 2 ein **volljähriges Kind** abgeben. Für die Rückbenennung durch einen Elternteil gelten die Einwilligungsvoraussetzungen für eine Einbenennung (Rn. 6) entsprechend (§ 1617e Abs. 4 Satz 2 BGB);[36] notfalls kann also bei Rückbenennung eines minderjährigen Kindes eine verweigerte Einwilligung eines Elternteils gerichtlich ersetzt werden. Voraussetzung ist die **Auflösung der Ehe** zwischen einbenennendem Elternteil und seinem Ehegatten (nach dem Wortlaut anders als bei § 1617d BGB auch durch Eheaufhebung) oder das **Ausscheiden des einbenannten Kindes aus dem gemeinsamen Haushalt** mit dem einbenennenden Elternteil. Auch ein mindestens 14 Jahre altes Kind kann nicht selbst z.B. bei einem Wechsel zurück zum anderen Elternteil eine Rückbenennung vornehmen, sondern bleibt auf die entsprechende Erklärung eines Elternteils angewiesen.

33 Dazu MüKo-BGB/*v. Sachsen Gessaphe*, § 1618 BGB a.F. Rn. 24, 28
34 BeckOK-BGB/*Pöcker*, (73. Edition), § 1618 BGB Rn. 20
35 BT-Drs. 20/9041 S. 56
36 BT-Drs. 20/9041 S. 56

§§ 1617f bis 1617i BGB

Von Abdruck und Kommentierung wird abgesehen.

§§ 1618 bis 1625 BGB

Von Abdruck und Kommentierung wird abgesehen.

Titel 5
Elterliche Sorge

§ 1626 BGB

Elterliche Sorge, Grundsätze

(1) [1]Die Eltern haben die Pflicht und das Recht, für das minderjährige Kind zu sorgen (elterliche Sorge). [2]Die elterliche Sorge umfasst die Sorge für die Person des Kindes (Personensorge) und das Vermögen des Kindes (Vermögenssorge).

(2) [1]Bei der Pflege und Erziehung berücksichtigen die Eltern die wachsende Fähigkeit und das wachsende Bedürfnis des Kindes zu selbständigem verantwortungsbewusstem Handeln. [2]Sie besprechen mit dem Kind, soweit es nach dessen Entwicklungsstand angezeigt ist, Fragen der elterlichen Sorge und streben Einvernehmen an.

(3) [1]Zum Wohl des Kindes gehört in der Regel der Umgang mit beiden Elternteilen. [2]Gleiches gilt für den Umgang mit anderen Personen, zu denen das Kind Bindungen besitzt, wenn ihre Aufrechterhaltung für seine Entwicklung förderlich ist.

Übersicht

A. Allgemeines

1 Die Vorschrift räumt als eine einfachgesetzliche Ausgestaltung von Art. 6 Abs. 2 Satz 1 GG den Eltern den Vorrang bei der Pflege und Erziehung ihrer Kinder ein. Neben dem Schutz der Eltern vor staatlichen Eingriffen bei der Ausübung ihres Erziehungsrechts besteht zugleich die Pflicht zu dieser Tätigkeit.[1] Anders als in Art. 6 Abs. 2 Satz 1 GG hat der Gesetzgeber die Reihenfolge von „Recht" und „Pflicht" vertauscht, da dies der Lebenswirklichkeit entspreche, in der mit der elterlichen Sorge wesentlich mehr Pflichten als Rechte verbunden seien, und einer verbreiteten Tendenz entgegen gewirkt werden solle, den Begriff der „elterlichen Sorge" auf ein „Sorgerecht" zu verkürzen.[2] Die Eltern sind innerhalb ihres verfassungsrechtlich geschützten Erziehungsvorrangs frei in der Entscheidung darüber, wie sie ihr Kind pflegen und erziehen und damit ihrer Elternverantwortung nachkommen. Maßstab und Grenze ihrer Freiheit ist das Wohl des Kindes.[3]

2 Da das Kind ein Wesen mit Menschenwürde (Art. 1 Abs. 1 Satz 1 GG) und dem eigenen Recht auf Entfaltung seiner Persönlichkeit (Art. 2 Abs. 1 i.V.m. Art. 1 Abs. 1 GG) ist, sind Befugnisse, die die Menschenwürde und das allgemeine Persönlichkeitsrecht des Kindes gefährden oder vereiteln können, nicht vom Elternrecht erfasst und legitimieren den Staat

1 Vgl. BVerfGE 56, 363, 381; 59, 360, 376
2 BT-Drs. 13/4899, 93
3 Vgl. BVerfGE 56, 363, 381 f.; 72, 155, 172

zum Eingriff nach § 1666 BGB.[4] Sinn und Zweck der verfassungsrechtlichen und einfachgesetzlichen Einräumung eines Elternpflichtenrechts ist es, dem heranwachsenden Gesellschaftsmitglied zu ermöglichen, sich um seiner selbst willen nach dem Menschenbild des Grundgesetzes zu entwickeln, um selbstständig von den in der Verfassung eingeräumten Rechten Gebrauch machen zu können.[5] Der Verfassung liegt die Vorstellung vom Menschen als einem geistig-sittlichen Wesen zugrunde, das darauf angelegt ist, in Freiheit sich selbst zu bestimmen und zu entfalten. Das Kind ist faktisch gesehen nicht von Geburt an der selbstständige, eigenverantwortliche Mensch. Erst durch Inschutznahme und Hilfe kann sich das Kind zu einer reifen, der Selbstbestimmung fähigen, für sich selbst sorgenden Persönlichkeit und damit zu einem geistig-sittlichen Wesen entwickeln.[6] Das Elternpflichtenrecht ist damit auf das Kind und dessen Wohl ausgerichtet.[7] Das Kindeswohl ist bestimmend und hat den Vorrang vor jeglichen Elterninteressen.[8]

B. Inhalt der Norm

I. Elterliche Sorge (Abs. 1 Satz 1)

Nach der **Legaldefinition** haben die Eltern die Pflicht und das Recht, für ihr minderjähriges Kind zu sorgen. Die elterliche Sorge ist sowohl Schutz wie auch Fürsorge für das Kind.[9] **3**

Die **Elternschaft** muss **rechtlich feststehen** – bei der Mutter nach § 1591 BGB, beim Vater nach § 1592 BGB, bei Adoptiveltern nach § 1754 BGB. Pflege- und Stiefeltern können nur einzelne Sorgebefugnisse erlangen (§ 1630 Abs. 3, § 1687b, § 1688 BGB). Gleiches gilt für den eingetragenen Lebenspartner, § 9 LPartG. **4**

Die elterliche Sorge ist kein den Eltern gemeinschaftlich zustehendes Recht im Sinne einer Gesamthands- oder Bruchteilsgemeinschaft. Vielmehr begründet sie ein **subjektives Pflichtenrecht** jedes Elternteils gegenüber dem Kind. **5**

Die elterliche Sorge ist ein **absolutes Recht** der Eltern i.S.v. § 823 Abs. 1 BGB („sonstiges Recht"). Dieser Charakter spiegelt sich konkret in der Regelung des § 1632 Abs. 1, Abs. 2 BGB wider, die die Rechte der Eltern auf Herausgabe des Kindes und auf Bestimmung seines Umgangs mit Wirkung gegenüber jedermann ausstattet. Eine Haftung der Eltern Dritten gegenüber kommt nach § 832 BGB in Betracht, nicht aber nach § 823 Abs. 2 BGB i.V.m. §§ 1626 ff. BGB, da die elterliche Sorge den Interessen des Kindes, nicht aber Dritter dient.[10] **6**

Das Recht der elterlichen Sorge ist wegen seines Pflichtgehalts grundsätzlich **unverzichtbar**[11] und als **höchstpersönliches Recht** nicht vererblich oder übertragbar.[12] Allerdings können die Eltern aufgrund gesetzlicher Vorschriften auf die Innehabung der elterlichen Sorge (teilweise) verzichten (z.B. § 1671 Abs. 1 Nr. 1, Abs. 2 Nr. 1 BGB) bzw. diese (teilweise) übertragen (z.B. § 1630 Abs. 3 BGB). Ebenso können die Eltern die elterliche Sorge durch formlosen Vertrag **der Ausübung nach übertragen** (z.B. bei der Dauer-Pflege oder der Internatserziehung). Derartige Abreden sind jederzeit frei widerruflich. Entgegenstehende Vereinbarungen sind nach § 138 Abs. 1 BGB nichtig. Darüber hinaus können die Eltern auch das **Jugendamt ermächtigen**, an ihrer Stelle für das Kind tätig zu werden (§§ 27 ff. SGB VIII). **7**

---

4 Vgl. BVerfGE 59, 360, 377
5 BVerfGE 24, 119, 144; 56, 363, 384
6 BVerfGE 7, 198, 205; 24, 119, 144, 155
7 Vgl. BVerfGE 24, 119, 144; 56, 363, 383
8 Vgl. BVerfGE 37, 217, 252; 56, 363, 383; 68, 176, 188; 72, 155, 172; 79, 203, 210 f.; 99, 145, 156
9 MüKo-BGB/*Huber*, § 1626 BGB Rn. 6
10 BeckOK-BGB/*Veit*, § 1626 BGB Rn. 63 ff.; Staudinger/*Lettmaier*, § 1626 BGB Rn. 116
11 RGZ 60, 266, 268; Staudinger/*Lettmaier*, § 1626 BGB Rn. 122
12 OLG Koblenz FamRZ 2020, 775; Staudinger/*Lettmaier*, § 1626 BGB Rn. 121; BeckOK-BGB/*Veit*, § 1626 BGB Rn. 67

8 Der **Zeitraum** der elterlichen Sorge beginnt mit der Vollendung der **Geburt des Kindes** (§ 1 BGB) und endet mit dem 18. Geburtstag des Kindes (§ 2 BGB) oder dessen Tod (§ 1698b BGB). Eine **Vorwirkung** der elterlichen Sorge ist in §§ 1594 Abs. 4, 1923 Abs. 2, 1963, 2043 Abs. 1, 2108 Abs. 1, 1773 Abs. 2 Satz 1, 1810 Satz 1 BGB enthalten.

9 Für jeden einzelnen **Elternteil endet** die elterliche Sorge mit:

- einer gerichtlichen Entscheidung nach §§ 1671, 1696 BGB,
- einer Entziehung nach § 1666 BGB,
- der Annahme des Kindes durch einen Dritten (§§ 1754, 1755 BGB),
- einem dauernden Ruhen der elterlichen Sorge und einer Übertragung auf den Vater (§ 1678 BGB),
- dem Tod (§ 1680 Abs. 1 BGB),
- oder der Todeserklärung (§§ 1681 Abs. 1, 1680 Abs. 1 BGB).

10 Sind die Eltern bei Geburt des Kindes miteinander **verheiratet**, so steht ihnen die **gemeinsame elterliche Sorge** ab Geburt zu. Sind die Eltern bei Geburt des Kindes **nicht miteinander verheiratet**, enthalten die §§ 1626a bis 1626e BGB zusätzliche Voraussetzungen für die gemeinsame elterliche Sorge.

II. Inhalt der elterlichen Sorge (Abs. 1 Satz 2)

11 Die elterliche Sorge wird nach § 1626 Abs. 1 Satz 2 BGB in zwei Bereiche unterteilt: die Personensorge und die Vermögenssorge.

1. Personensorge (Abs. 1 Satz 2 1. Alt.)

12 Personensorge ist die Förderung der Entwicklung des Kindes und die Erziehung zu einer eigenverantwortlichen und gemeinschaftsfähigen Persönlichkeit (§ 1 Abs. 1 SGB VIII). Zur Erreichung dessen gewährt die Personensorge den Eltern viele Einzelbefugnisse. Die **Personensorge umfasst** die **tatsächliche Sorge und gesetzliche Vertretung** des Kindes. Eine vollständige Aufzählung scheidet aus, da sich die Anforderungen an die Personensorge wie auch die Form ihrer Erfüllung je nach Alter, Bedürfnis und Entwicklungsstand des Kindes wie auch nach dem Leistungsvermögen der Eltern ständig wandeln.

▶ *Näher zu den Inhalten der Personensorge Fink, §§ 1631, 1632 BGB.*

13 Bedeutung erlangt die Abgrenzung der Inhalte der Personensorge, wenn die gesetzliche Vertretung nach § 1629 Abs. 1 Satz 1 BGB und die tatsächliche Personensorge auseinanderfallen, wie bei einem beschränkt geschäftsfähigen Elternteil (§ 1673 Abs. 2 Satz 2 BGB), bei Entziehung oder Übertragung nur eines Teilbereichs der elterlichen Sorge (§§ 1666, 1671 BGB), bei Pflegerbestellung (§ 1630 Abs. 1, Abs. 3 BGB) oder wenn ein Elternteil von der Vertretung ausgeschlossen ist (§§ 1629 Abs. 2 Satz 1, 1629 Abs. 2 Satz 3 BGB i.V.m. §§ 1824 bzw. 1789 Abs. 2 Satz 3, Satz 4 BGB).

a) Tatsächliche Personensorge

14 Zum **Bereich** der tatsächlichen Personensorge gehört neben den in §§ 1631 bis 1632 BGB geregelten Rechten und Pflichten insbesondere:

- die Erteilung des Vornamens (§§ 21 f. PStG) und Bestimmung des Nachnamens (§§ 1617 ff. BGB),[13]
- die Geburtsanzeige (§§ 18 f. PStG),

13 BVerfG FamRZ 2002, 306, 308; FamRZ 2009, 294, 295; BayObLG FamRZ 2004, 1227, 1229

- die Bestimmung des Umgangs mit den Eltern,[14]
- die Einwilligung in ärztliche Behandlungen für das Kind, soweit dieses nach seiner geistigen und sittlichen Reife die Bedeutung des Eingriffs und seiner Gestattung nicht zu ermessen vermag;[15] nicht: Einwilligung in Organlebendspende nach dem Transplantationsgesetz (§ 8 Abs. 1 Nr. 1a TPG mit Ausnahme § 8a TPG),
- die Entscheidung über die Beendigung lebenserhaltender Maßnahmen,[16]
- die Beantragung öffentlicher Mittel,[17]
- die Bestimmung über die religiöse Erziehung (§§ 1, 3 RelKErzG),
- der Schutz ungestörter sexueller Entwicklung,[18]
- die Entscheidung über die Veröffentlichung von Fotos des Kindes im Internet, mit Vetorecht des Kindes,[19]
- die Aufklärung des Kindes über seine Abstammung,[20]
- die Einwilligung in medizinisch indizierte Behandlungen. Bei medizinisch nicht oder nur relativ indizierten Behandlungen (wie Schwangerschaftsabbruch oder die religiös motivierte Beschneidung eines männlichen Kindes) steht dem einwilligungsunfähigen Kind ein Vetorecht zu.[21] Ist das Kind selbst als einwilligungsfähig anzusehen, tritt die Einwilligungszuständigkeit der Eltern hinter die Eigenzuständigkeit des Kindes zurück.

b) Gesetzliche Vertretung

15 Zu der Vertretung des Kindes in Personensachen gehört **jede Rechtshandlung, die nach außen hin Rechtswirkungen in Bezug auf das Kind erzeugt**, und zwar nicht nur in privatrechtlichen, sondern auch in öffentlich-rechtlichen Rechtsbeziehungen.[22] Hierunter fallen auch Erklärungen und Handlungen, die keine Vertretung des Kindes i.S.d. §§ 164 ff. BGB und damit i.S.d. § 1629 BGB darstellen, weil das Gesetz sie den Eltern als Sorgerechtsinhaber oder einem sonstigen Sorgerechtsinhaber, bisweilen auch ohne diese Rechtsposition, zuweist, aber für und gegen das Kind in seinem persönlichen Bereich Rechtswirkungen entfalten.

16 Dazu gehören insbesondere:

- die Begründung und Aufgabe eines Wohnsitzes (§ 11 BGB),
- die Mitwirkung bei der Annahme als Kind (§§ 1746, 1750 Abs. 3 BGB) und bei deren Aufhebung (§§ 1762, 1760 BGB),
- die Anerkennung der Vaterschaft (§§ 1592, 1596 Abs. 1 BGB) bzw. Zustimmung zur Vaterschaft (§§ 1592, 1596 Abs. 2 BGB) und die Anfechtung der Vaterschaft (§ 1600a BGB),

---

14 BGH ZKJ 2016, 419, 423
15 BGHZ 29, 33, 36 f.
16 OLG Brandenburg NJW 2000, 2361, 2362; OLG Hamm FamRZ 2007, 2098
17 KG FamRZ 2015, 2046
18 BGH NStZ 1984, 164
19 AG Menden NJW 2010, 1614; OLG Düsseldorf FamRZ 2021, 1714; Staudinger/*Lettmaier*, § 1626 BGB Rn. 245; weitergehend *Lack*, FamRZ 2017, 1730, 1731; *Rake*, FamRZ 2020, 1064, 1065: das einsichtsfähige Kind entscheidet allein; zu datenschutz- und kunsturheberrechtlichen Grenzen: *Peters*, ZKJ 2023, 401
20 OLG Frankfurt ZKJ 2021, 274, 278
21 Staudinger/*Lettmaier*, § 1626 BGB Rn. 225 m.w.N.
22 MüKo-BGB/*Huber*, § 1626 BGB Rn. 35

- der Erwerb und der Verlust der deutschen Staatsangehörigkeit sowie die Option für diese (§§ 3, 5, 19 StAG),
- die Erfüllung öffentlich-rechtlicher Pflichten gegenüber Meldebehörden, Standesamt und Schule,
- die Anschließung des Kindes an die nachträgliche Namensänderung (§§ 1617b, 1617c BGB) und die Einbenennung (§ 1618 BGB),
- die Zustimmungen nach §§ 107 ff. BGB,
- die Stellung eines Strafantrags (§ 77 Abs. 3 StGB),
- die Ausübung eines Zeugnisverweigerungsrechts im Gerichtsverfahren, wenn das Kind hierfür noch nicht die Verstandesreife besitzt (§ 52 Abs. 1 Nr. 3, Abs. 2 StPO; § 383 Abs. 1 Nr. 3 ZPO;[23] § 173 Satz 1 VwGO, § 46 Abs. 2 Satz 1 ArbGG, § 118 Abs. 1 Satz 1 SGG jeweils i.V.m. § 383 Abs. 1 Nr. 3 ZPO; das Gleiche dürfte bei § 84 Abs. 1 FGO i.V.m. § 101 Abs. 1 Satz 1 AO gelten[24]); bei einer Zustimmung begründet dies jedoch keine Aussagepflicht des Kindes.

2. Vermögenssorge (Abs. 1 Satz 2 2. Alt)

17 Die **Vermögenssorge** erfasst alle tatsächlichen und rechtlichen Maßnahmen, die darauf gerichtet sind, das Vermögen des Kindes zu erhalten, zu verwerten und zu vermehren. Die Vermögenssorge umfasst das Recht, die zum Kindesvermögen gehörigen Sachen in Besitz zu nehmen. Die Eltern sind unmittelbare Besitzer und mitteln dem Kind kraft Vermögenssorge den Besitz. Für persönliche Sachen des Kindes gilt dies nicht, wenn bereits die Selbstbestimmung des Kindes kraft wachsender Selbstbestimmungsfähigkeit reicht. Auch die Vermögenssorge umfasst die tatsächliche Sorge und gesetzliche Vertretung des Kindes. Die Unterscheidung ist jedoch von geringer Bedeutung, da aufgrund des rechtsgeschäftlichen Zusammenhangs der meisten Vermögenssorgemaßnahmen grundsätzlich von einer gesetzlichen Vertretungshandlung auszugehen ist.[25]

18 Das der elterlichen Sorge unterliegende **Vermögen umfasst** das gesamte Vermögen des Kindes, wie Anlagewerte (Grundbesitz, Wertpapiere, Kontoguthaben) und die daraus gezogenen Einkünfte, Renten sowie Einnahmen, die das Kind durch seine Arbeit erwirbt, sei es aus abhängiger Tätigkeit oder Ausbildung oder einem dem Kind nach § 112 BGB gestatteten selbstständigen Betrieb eines Erwerbsgeschäfts.[26]

III. Leitbild (Abs. 2)

19 Das in § 1626 Abs. 2 BGB enthaltene Leitbild für die Eltern dient dazu, das Kind schrittweise auf die Selbstständigkeit und das Verantwortungsbewusstsein vorzubereiten, die es bei Volljährigkeitseintritt erreicht haben soll. § 1626 Abs. 2 Satz 1 BGB konkretisiert die Pflicht zu Beistand und Rücksicht aus § 1618a BGB für das Verhalten der Eltern im Bereich der Personensorge und stellt systematisch eine Ausfüllung der in § 1631 Abs. 1 BGB geregelten Rechte und Pflichten dar. § 1626 Abs. 2 Satz 2 BGB gilt für den gesamten Bereich der elterlichen Sorge, also auch für die Vermögenssorge.

20 Die Vorschrift enthält **keine Rechtsfolgen** und keine Sanktionen. Sie ist aber immer dann zu berücksichtigen, wenn aufgrund anderer Vorschriften Entscheidungen unter Berücksichtigung des Kindeswohls getroffen werden müssen (z.B. nach §§ 1666, 1671, 1684 BGB).[27]

---

23 Vgl. OLG Frankfurt MDR 1987, 151, 152
24 Vgl. dazu implizit BFH, Beschl. v. 12.11.2012 – III B 186/11, Rn. 13 (juris)
25 MüKo-BGB/*Huber*, § 1626 BGB Rn. 56, 59; Staudinger/*Lettmaier*, § 1626 BGB Rn. 190
26 MüKo-BGB/*Huber*, § 1626 BGB Rn. 57
27 MüKo-BGB/*Huber*, § 1626 BGB Rn. 63

1. Berücksichtigungsgebot (Abs. 2 Satz 1)

21 Die Eltern sollen die Fähigkeit und das Bedürfnis des Kindes zu selbstständigem verantwortungsbewusstem Handeln erkennen und dem bei der Pflege und Erziehung durch ein aktivförderndes Verhalten Rechnung tragen. Nur mit entsprechender Erziehung zur Eigenverantwortung kann das Kind die ihm durch das Gesetz mit fortschreitendem Alter gewährten Zuständigkeiten tatsächlich wahrnehmen bzw. berücksichtigen (z.B. Umgang mit Geld ab sieben Jahren (§§ 106, 107 BGB), Deliktsfähigkeit ab sieben Jahren (§ 828 BGB), Strafrechtsmündigkeit mit 14 Jahren (§ 1 Abs. 2, § 3 JGG)). Die Eltern sollen das Kind – je nach dessen Urteils- und Einsichtsfähigkeit – bei der Suche nach geeigneten Pflege- und Erziehungsmaßnahmen einbeziehen und den Kindeswillen berücksichtigen. **Letztverantwortlich** bleibt die Entscheidung jedoch bei den **Eltern**, die der Meinung des Kindes nicht folgen müssen. Die Eltern haben jedoch bei ihrer Entscheidung immer die Menschenwürde des Kindes (Art. 1 Abs. 1 Satz 1 GG) und das – nicht schrankenlos geltende – eigene Recht des Kindes auf Entfaltung seiner Persönlichkeit (Art. 2 Abs. 1 i.V.m. Art. 1 Abs. 1 GG)[28] zu beachten. Dabei ist zu berücksichtigen, dass vom Persönlichkeitsschutz auch das Recht des Kindes auf Privatsphäre[29] und auf informationelle Selbstbestimmung erfasst ist, dem zufolge die Befugnis des Einzelnen geschützt ist, grundsätzlich selbst über die Preisgabe und Verwendung seiner persönlichen Daten zu bestimmen.[30]

22 Bei der Frage des **Ob und** des **Wie der Nutzung des Internets** einschließlich des **Austausches über soziale Netzwerke** durch das Kind sind daher Entscheidungen der Eltern, die das allgemeine Persönlichkeitsrecht und damit auch das Recht des Kindes auf Privatsphäre und informationelle Selbstbestimmung i.S.d. § 1666 BGB gefährden oder vereiteln können, nicht vom Elternrecht erfasst. Je nach Alter, Bedürfnis und Entwicklungsstand des Kindes können daher beispielsweise Dauerüberwachungs-Apps betreffend das Nutzungsverhalten des Kindes und seiner Kommunikation sowie Ortungs-Apps die Grenze des § 1666 BGB übersteigen, insbesondere wenn dem Kind die Verwendung solcher Apps nicht offengelegt wird.[31]

23 Im Hinblick auf die mit der Nutzung von internetfähigen Endgeräten potenziell verbundenen erheblichen Gefahren wie Cybermobbing (Bloßstellungen und Beleidigungen mittels digitaler Kommunikationsmittel), Cyberstalking (fortwährende Belästigungen), Sexting[32] (sexualisierte Kommunikationen, vorwiegend durch Versenden von erotischem Bild- und Filmmaterial), gefährdender unkontrollierter Kontakt mit Dritten (beispielsweise die Anbahnung einer intimen Beziehung mit einem fremden Erwachsenen), der Zugriff auf jugendgefährdende Inhalte (beispielsweise Terrorpropaganda, Pornografie, Darstellung von Tötungen oder Körperverletzungen)[33] und dem Wissen, dass sich einmal im Internet verbreitete Inhalte, Lichtbildaufnahmen und Filme nicht mehr vollständig beseitigen lassen, ist neben der Aufklärung des Kindes eine **Kontrolle des Nutzungsverhaltens** des Kindes – auch ohne einen Verdacht auf Straftaten oder schwerwiegende Kindeswohlgefährdungen[34] – seitens der Eltern unumgänglich.[35] Innerhalb der Grenzen des Art. 6 Abs. 2 Satz 1 GG können die Eltern letztverantwortlich über die **Veröffentlichung und Löschung** von Wort- und Textbeiträgen

28 BVerfGE 24, 119, 144; 39, 1, 41; 72, 155, 172; BVerfG ZKJ 2017, 225, 227 f.
29 BVerfGE 120, 274, 339
30 BVerfG NJW 2017, 466; vgl. BVerfGE 65, 1, 43; 78, 77, 84; 84, 192, 194 f.; 96, 171, 181; 117, 202, 228
31 Vgl. *Götz*, FamRZ 2017, 1725, 1726; *Rake*, FamRZ 2022, 1507, 1511; ausführlich: *Grisse*, NZFam 2022, 189
32 Dazu AG Bad Hersfeld FamRZ 2016, 564
33 *Rake*, FamRZ 2017, 1733
34 AG Bad Hersfeld FamRZ 2016, 564; so wohl auch *Döll*, FamRZ 2017, 1728, 1729 m.w.N.
35 AG Bad Hersfeld NJW-Spezial 2017, 710; vgl. OLG Frankfurt FamRZ 2023, 947; *Götz*, FamRZ 2017, 1725, 1726; *Rake*, FamRZ 2022, 1507

sowie von Lichtbildaufnahmen und Filmen des Kindes im Internet,[36] die zeitliche Begrenzung des Medienkonsums[37] und ein **Mediennutzungsverbot** entscheiden.[38]

24 Ebenso haben Eltern das Recht und die Pflicht, dafür Sorge zu tragen, dass ihr Kind nicht selbst nicht altersentsprechendes, unsoziales oder rechtswidriges, deliktisches Verhalten begeht, wie Cybermobbing, Cyberstalking, Teilnahme an nicht altersgerechten Computerspielen, unerlaubtes Herunterladen und/oder die Weiterverbreitung urheberrechtlich geschützter Daten[39] oder gar illegaler Inhalte, Internetgeschäfte, die Verletzung des Rechts am eigenen Bild anderer Personen durch ungefragt und daher unerlaubt gefertigter Aufnahmen und die anschließende Verbreitung der Aufnahmen durch Messenger-Apps oder Veröffentlichung des Lichtbildmaterials auf Plattformen wie Facebook, YouTube, Instagram.[40]

2. Einvernehmensgebot (Abs. 2 Satz 2)

25 Die Vorschrift gebietet den Eltern Gesprächsbereitschaft und das Bemühen um **Einvernehmen mit dem Kind**. Ziel des Gesprächs ist es, Verständnis und Einsicht des Kindes zu wecken. Dem Kind soll verdeutlicht werden, warum die Eltern welche Entscheidung anstreben. Nach Möglichkeit soll das Einvernehmen zum bewussten und gewollten Mitwirken gewonnen werden. Einvernehmen bedeutet dabei die tatsächliche Übereinstimmung oder die Zurückstellung der eigenen Meinung und das Nachgeben gegenüber der anderen. Das Einvernehmen bildet keinen Vertrag und erzeugt auch auf andere Weise keine rechtliche Bindung. Es können allein faktische Vertrauenstatbestände entstehen. Die Vorschrift entbindet die Eltern nicht von ihrer Elternverantwortung. Kommt kein Einvernehmen zustande, haben sie zu entscheiden. Auch eine einvernehmlich gefundene Lösung ist von den Eltern zu ändern, wenn dies das Kindeswohl gebietet.[41]

IV. Grundsatznorm zum Umgang des Kindes (Abs. 3)

26 Die Vorschrift enthält einen allgemeinen Grundsatz dahingehend, dass der Umgang mit den Eltern und anderen wichtigen Bezugspersonen in der Regel dem Kindeswohl dient.[42] Es soll klargestellt werden, dass der Umgang nicht lediglich eine Befriedigung von Elterninteressen ist, sondern insbesondere ein Interesse des Kindes.[43] Im Gegensatz zu § 1685 Abs. 2 BGB wird der Umgang mit anderen Personen **nicht** auf **„enge" Bezugspersonen** begrenzt.

27 Die Regelung ordnet jedoch selbst **keine** konkrete **Rechtsfolge** an. Weder ergibt sich aus der Vorschrift ein Recht des Kindes auf Umgang, noch begründet die Vorschrift ein solches Recht für die Eltern bzw. andere wichtige Bezugspersonen. Konkrete Umgangsrechte und -pflichten ergeben sich allein aus den §§ 1684 ff. BGB.

§ 1626a BGB

Elterliche Sorge nicht miteinander verheirateter Eltern; Sorgeerklärungen

(1) Sind die Eltern bei der Geburt des Kindes nicht miteinander verheiratet, so steht ihnen die elterliche Sorge gemeinsam zu,

36 Vgl. OLG Oldenburg FamRZ 2018, 1517; AG Menden NJW 2010, 1614; AG Stolzenau FamRZ 2018, 35; a.A. *Lack*, FamRZ 2017, 1730, 1731
37 OLG Frankfurt ZKJ 2018, 432; *Grisse*, NZFam 2022, 189, 193 ff.
38 Vgl. AG Bad Hersfeld FamRZ 2016, 564; *Rake*, FamRZ 2017, 1733, 1734
39 Vgl. AG Bad Hersfeld NJW-Spezial 2017, 710
40 AG Bad Hersfeld FamRZ 2016, 564
41 MüKo-BGB/*Huber*, § 1626 BGB Rn. 67
42 BT-Drs. 13/4899, 93
43 MüKo-BGB/*Huber*, § 1626 BGB Rn. 70

1. wenn sie erklären, dass sie die Sorge gemeinsam übernehmen wollen (Sorgeerklärungen),

2. wenn sie einander heiraten oder

3. soweit ihnen das Familiengericht die elterliche Sorge gemeinsam überträgt.

(2) [1]Das Familiengericht überträgt gemäß Absatz 1 Nummer 3 auf Antrag eines Elternteils die elterliche Sorge oder einen Teil der elterlichen Sorge beiden Eltern gemeinsam, wenn die Übertragung dem Kindeswohl nicht widerspricht. [2]Trägt der andere Elternteil keine Gründe vor, die der Übertragung der gemeinsamen elterlichen Sorge entgegenstehen können, und sind solche Gründe auch sonst nicht ersichtlich, wird vermutet, dass die gemeinsame elterliche Sorge dem Kindeswohl nicht widerspricht.

(3) Im Übrigen hat die Mutter die elterliche Sorge.

Übersicht Rn.

A. Allgemeines

Die Vorschrift ist 2013 zur Neuregelung des Sorgerechts nicht miteinander verheirateter Eltern geschaffen worden, nachdem das BVerfG die alte Regelung wegen Verstoßes gegen Art. 6 Abs. 2 GG für verfassungswidrig erklärt hatte.[1] Die ehemaligen Regelungen in § 1626a Abs. 1 Nr. 1, § 1672 Abs. 1 BGB a.F. verstießen gegen das Grundgesetz, da sie den Vater generell von der Sorgetragung für sein Kind ausschlossen, wenn die Mutter des Kindes ihre Zustimmung zur gemeinsamen Sorge mit dem Vater oder zu dessen Alleinsorge für das Kind verweigerte, ohne dass ihm die Möglichkeit eingeräumt war, gerichtlich überprüfen zu lassen, ob er aus Gründen des Kindeswohls an der elterlichen Sorge zu beteiligen oder ihm, auch in Abwägung seines Elternrechts mit dem der Mutter, die alleinige Sorge für das Kind zu übertragen war.[2] Der tragende Gesichtspunkt für diese Entscheidung war der Art. 6 Abs. 2 GG zugrunde liegende Schutz des Kindeswohls, an dem allein die Familiengerichte ihre Entscheidung ausrichten dürfen. Soweit elterliche Interessen in die Entscheidung einbezogen werden, darf das nur mit Blick auf ihre Wirkung für das Kindeswohl geschehen.[3] 1

B. Inhalt der Norm

§ 1626a BGB regelt, wem die elterliche Sorge zusteht, wenn die Eltern bei der Geburt des Kindes nicht miteinander verheiratet sind. § 1626a Abs. 1 BGB nennt drei Fälle, in denen die elterliche Sorge beiden Eltern gemeinsam zusteht. Liegt keiner dieser Fälle vor, so weist § 1626a Abs. 3 BGB die elterliche Sorge der Mutter zu. 2

1 BVerfG FamRZ 2010, 1403 = ZKJ 2010, 371
2 BVerfG FamRZ 2010, 1403, 1404 f.
3 Dazu *Fink*, ZKJ 2011, 154, 157 f.

I. Voraussetzungen (Abs. 1 und 2)

3 *Übersicht: Voraussetzungen des § 1626a Abs. 1 BGB*

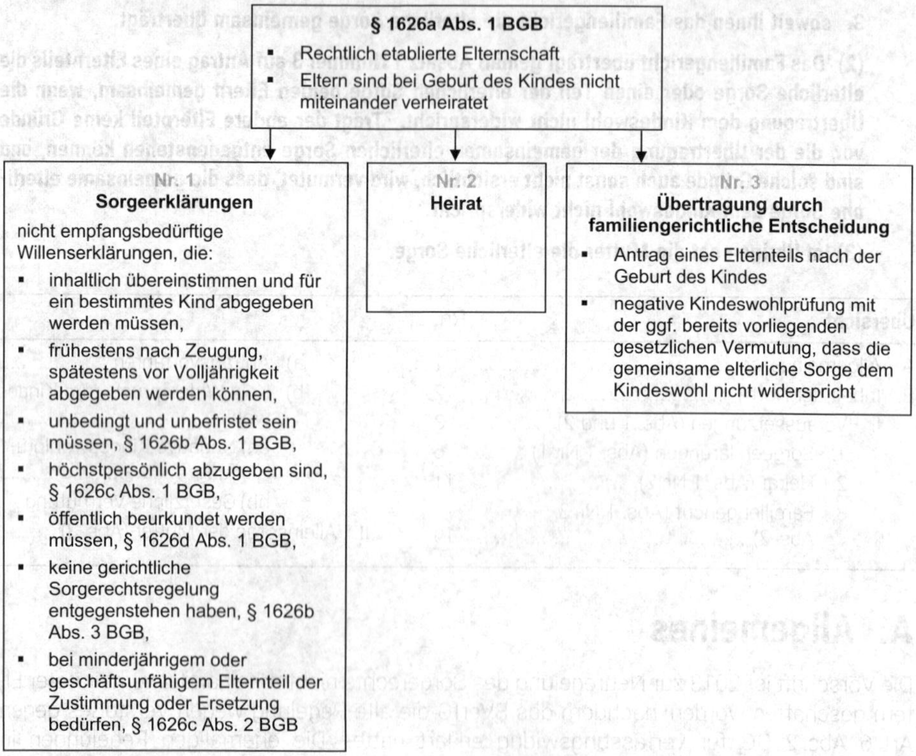

4 Die **Elternschaft** beider Teile muss rechtlich feststehen – bei der Mutter nach § 1591 BGB, beim Vater nach § 1592 Nr. 2 oder Nr. 3 BGB. Eine nachgewiesene biologische Vaterschaft allein reicht nicht aus.[4] Jedoch kommt es für die Begründung der gemeinsamen elterlichen Sorge durch Sorgeerklärungen oder Heirat nicht auf die Reihenfolge von Vaterschaftsanerkennung bzw. -feststellung und Sorgeerklärungen oder Heirat der Eltern an. Eine zuvor abgegebene Sorgeerklärung steht unter der Rechtsbedingung der Vaterschaftsanerkennung bzw. -feststellung; sie ist schwebend unwirksam.[5]

5 Eine zum Zeitpunkt der Geburt des Kindes **fehlende eheliche Bindung** der Eltern liegt vor, wenn beide Elternteile nicht miteinander verheiratet sind, eine Eheschließung nicht wirksam ist oder eine Ehe mit Rechtskraft eines Beschlusses aufgelöst ist (§ 1313 Satz 2 i.V.m. § 1564 Satz 2 BGB). Eine eheliche Bindung mit einer dritten Person ist irrelevant.[6]

1. Sorgeerklärungen (Abs. 1 Nr. 1)

6 Mit der Abgabe der Sorgeerklärungen äußern die Eltern ihren Willen, die elterliche Sorge über ein Kind gemeinsam auszuüben. Die Erklärungen können **nur** die **gesamte elterliche Sorge** umfassen, wenn die Mutter im Zeitpunkt beider Sorgeerklärungen die gesamte elterliche Sorge innehat. Eine nur auf Teilbereiche der elterlichen Sorge beschränkte Abgabe ist

4 BT-Drs. 17/11048, 16 f.; BGH FamRZ 2004, 802, 803; OLG Frankfurt, FamRZ 2012, 1735
5 BGH FamRZ 2004, 802, 803; Staudinger/*Coester*, § 1626a BGB Rn. 40
6 BT-Drs. 13/4899, 59

nicht möglich.[7] Eine auf gemeinsame Teilsorge gerichtete Sorgeerklärung ist nach § 1626e BGB unwirksam.[8] Hat die Mutter jedoch aufgrund einer gerichtlichen Entscheidung nach § 1626a Nr. 3 BGB, § 1671 Abs. 2 BGB oder nach § 1666 BGB nur noch einen Teilbereich der elterlichen Sorge inne, können für den verbleibenden Teil Sorgeerklärungen abgegeben werden.[9]

Sorgeerklärungen sind **einseitige, nicht empfangsbedürftige** rechtsgeschäftsähnliche **Willenserklärungen**. Sie können von den Eltern zu verschiedenen Zeitpunkten, an verschiedenen Orten und vor verschiedenen Urkundsstellen abgegeben werden.[10] Die Mutter und der Vater müssen jeweils eine eigene Erklärung **höchstpersönlich** abgeben. Die Erklärungen müssen **inhaltlich übereinstimmen**, ohne dass es auf eine wörtliche Identität ankommt. Sie müssen sich auf ein bestimmtes Kind beziehen, eine pauschale Bezeichnung („alle unsere gemeinsamen Kinder") genügt nicht (anders bei vorgeburtlichen Sorgeerklärungen, siehe § 1626b BGB Rn. 7). Ausreichend ist aber, wenn in der Sorgeerklärung die Kinder namentlich einzeln benannt werden. Ein Zwang zur einheitlichen Entscheidung für alle gemeinsamen Kinder besteht nicht.[11] 7

Die Rechtsfolge des gemeinsamen Sorgerechts wird ausgelöst, wenn die zweite Sorgeerklärung wirksam abgegeben wurde. Bis zum Wirksamwerden der zweiten Sorgeerklärung kann die bereits abgegebene Erklärung widerrufen werden. Eine Zustimmung des Kindes ist gesetzlich nicht vorgesehen. Ebenso wenig eine Kindeswohlprüfung.[12] Eine Kindeswohlprüfung findet aber dann statt, wenn die Sorgeerklärungen im Erörterungstermin zur Niederschrift des Gerichts nach § 155a Abs. 1 FamFG abgegeben werden.[13] 8

Der **Zeitraum**, innerhalb dessen die Eltern Sorgeerklärungen abgeben können, beginnt mit der **Zeugung des Kindes** und endet mit dem 18. Geburtstag des Kindes (§ 2, § 1626 Abs. 1 Satz 1 BGB) oder dessen Tod (§ 1698b BGB). 9

Zu berücksichtigen sind zur Zeit der Sorgeerklärungen bestehende **sorgerechtliche Disqualifikationen** auf Seiten eines bzw. beider Elternteile. Ist die Mutter minderjährig, übt sie gemeinsam mit dem Vater (statt neben dem Vormund) die Personensorge aus (§ 1673 Abs. 2 BGB). Ist der Vater minderjährig, erwirbt er die in § 1673 Abs. 2 BGB umschriebene Sorgerechtsstellung. Sind beide Elternteile minderjährig, erwerben beide die Sorgerechtsstellung nach § 1673 Abs. 2 BGB. Liegt ein gerichtlicher Sorgerechtseingriff bei der Mutter nach § 1666 BGB vor, kann der noch bei der Mutter verbliebene Sorgerechtsteil zur gemeinsamen Sorge werden.[14] 10

2. Heirat (Abs. 1 Nr. 2)

Die Eltern erlangen durch die Entstehung des rechtlichen Ehebandes (§§ 1310, 1311 BGB) nach der Geburt des Kindes grundsätzlich die gemeinsame elterliche Sorge. Bei einer Heirat im Ausland entscheidet das nach Art. 11, 13 EGBGB maßgebliche Recht über den Ehebeginn – auf eine Anerkennung der Eheschließung in Deutschland kommt es nicht an. 11

Bestand vor der Heirat eine gemeinsame elterliche Sorge durch die Abgabe von Sorgeerklärungen nach § 1626a Abs. 1 Nr. 1 BGB, werden die Sorgeerklärungen nicht hinfällig, sondern nur als Grundlage des gemeinsamen Sorgerechts von der Ehe als vorrangigem Erwerbs- 12

7 BT-Drs. 17/11048, 30; BGH FamRZ 2008, 251, 255; OLG Nürnberg ZKJ 2014, 201, 204; kritisch dazu Staudinger/*Coester*, § 1626a BGB Rn. 60 m.w.N.
8 Vgl. BT-Drs. 17/11048, 27, 30
9 Staudinger/*Coester*, § 1626a BGB Rn. 46
10 BT-Drs. 13/4899, 93
11 Staudinger/*Coester*, § 1626a BGB Rn. 57 f.
12 BT-Drs. 13/4899, 59
13 Vgl. BeckOK-BGB/*Veit*, § 1626a BGB Rn. 25, 28
14 Staudinger/*Coester*, § 1626a BGB Rn. 46, 70 ff.

grund überlagert. Grundlage des gemeinsamen Sorgerechts ist fortan § 1626a Abs. 1 Nr. 2 BGB, so dass für spätere Änderungen § 1671 BGB und nicht § 1696 Abs. 1 BGB einschlägig ist.

13 Wurde vor der Heirat die elterliche Sorge oder ein Teil der elterlichen Sorge nach § 1671 Abs. 2 BGB auf den Kindesvater übertragen, tritt durch die Heirat das gemeinsame Sorgerecht an die Stelle der bisherigen Alleinsorge. Eine Änderungsentscheidung nach § 1696 Abs. 1 BGB ist nicht erforderlich.

14 Anders verhält es sich bei sogenannten **kinderschutzrechtlichen Disqualifikationen** auf Seiten eines bzw. beider Elternteile:

15 Liegt in der Person des **bisher nichtsorgeberechtigten Elternteils** ein gesetzlicher Disqualifikationsgrund (Geschäftsunfähigkeit, § 1673 Abs. 1 BGB, oder tatsächliche Verhinderung, § 1674 Abs. 1 BGB) vor, erwirbt er durch die Eheschließung mit dem anderen Elternteil die elterliche Sorge nur insoweit, wie es das Gesetz bei derartigen Defiziten allgemein gestattet.[15]

16 Liegt in der Person des **bisher alleinsorgeberechtigten Elternteils** ein gesetzlicher Disqualifikationsgrund (Geschäftsunfähigkeit, § 1673 Abs. 1 BGB, oder tatsächliche Verhinderung, § 1674 Abs. 1 BGB) oder ein gerichtlicher Sorgerechtseingriff (§ 1666 BGB) vor, werden diese durch die Heirat nicht berührt bzw. nicht automatisch gegenstandslos. Sie bestehen grundsätzlich bis zum Wegfall nach den allgemeinen Regeln fort bzw. bedürfen einer gerichtlichen Aufhebung nach § 1696 Abs. 2 BGB.[16]

17 Anders verhält es sich nur beim minderjährigen Elternteil: Musste dieser vor der Heirat die elterliche Sorge mit einem Vormund teilen (mit Entscheidungsvorrang in Personensorgefragen, § 1673 Abs. 2 Satz 3, 1. HS BGB), teilt er sich diese nach der Heirat mit dem anderen Elternteil (unter Wegfall des Entscheidungsvorrangs, § 1673 Abs. 2 Satz 3, 2. HS BGB).[17]

18 Heiraten die Eltern erst nach eingetretener Disqualifikation des bisher alleinsorgeberechtigten Elternteils, erlangt der hinzutretende Elternteil nicht originär das volle elterliche Sorgerecht, sondern nur den Teil des Sorgerechts, der dem bisher alleinsorgeberechtigten Elternteil nicht entzogen ist.[18]

3. Familiengericht (Abs. 1 Nr. 3, Abs. 2)

19 Eine Übertragung der **gemeinsamen elterlichen Sorge oder von Teilen davon** durch das Familiengericht erfolgt unter den materiell-rechtlichen Voraussetzungen des § 1626a Abs. 2 BGB. Das Verfahren dazu ist in § 155a FamFG geregelt (hierzu *Fink*, § 155a FamFG).

20 **Voraussetzungen** für die gerichtliche Übertragung der gemeinsamen elterlichen Sorge oder von Teilen davon sind:

- der Antrag eines Elternteils nach der Geburt des Kindes,
- die negative Kindeswohlprüfung mit der ggf. bereits vorliegenden gesetzlichen Vermutung, dass die gemeinsame elterliche Sorge dem Kindeswohl nicht widerspricht.

15 Staudinger/*Coester*, § 1626a BGB Rn. 21
16 Staudinger/*Coester*, § 1626a BGB Rn. 25
17 Staudinger/*Coester*, § 1626a BGB Rn. 25
18 BGH FamRZ 2005, 1469, 1470; Staudinger/*Coester*, § 1626a BGB Rn. 26

a) Antragsverfahren

21 Das Verfahren zur Übertragung der gemeinsamen elterlichen Sorge oder von Teilen davon ist als **Antragsverfahren** ausgestaltet und erfolgt nur auf Antrag der Mutter oder des (rechtlichen) Vaters.[19]

22 Der **Zeitraum**, innerhalb dessen die Eltern den Antrag stellen können, beginnt **nach der Geburt** des Kindes und endet mit dem 18. Geburtstag des Kindes (§§ 2, 1626 Abs. 1 Satz 1 BGB) oder dessen Tod (§ 1698b BGB).

23 Der Antrag muss auf **Übertragung der elterlichen Sorge oder von Teilen** davon gerichtet sein und das **Geburtsdatum und** den **Geburtsort** des Kindes enthalten (§ 155a Abs. 1 Satz 2 FamFG). Die Angabe des Geburtsdatums ermöglicht dem Gericht, die Frist zur Stellungnahme festzulegen, die für die Mutter frühestens sechs Wochen nach der Geburt des Kindes endet (§ 155a Abs. 2 Satz 2 FamFG). Der Antrag bedarf **keiner Begründung**.[20]

▶ *Näher zum Antrag und zur Stellungnahmefrist Fink, § 155a FamFG.*

24 Es ist auch **nicht erforderlich**, dass der antragstellende Elternteil zuvor eine **Sorgeerklärung** abgegeben[21] oder von dem **Beratungsangebot** des Jugendamts nach § 18 Abs. 2 SGB VIII Gebrauch gemacht hat.[22]

25 Ist der antragstellende Elternteil bedürftig, kann er um Bewilligung von **Verfahrenskostenhilfe** nachsuchen, wenn die beabsichtigte Rechtsverfolgung nicht mutwillig ist (§ 76 Abs. 1 FamFG i.V.m. § 114 ZPO). Die Frage der Erfolgsaussicht ist – mangels Begründungs- und vorheriger Beratungspflicht – großzügig zu behandeln.[23] Ob die Beiordnung eines Rechtsanwalts wegen der Schwierigkeit der Sach- und Rechtslage erforderlich erscheint (§ 78 Abs. 2 FamFG), hängt vom Einzelfall ab.[24]

b) Kein Widerspruch zum Kindeswohl

26 Das Familiengericht überträgt den Eltern die elterliche Sorge oder Teile davon gemeinsam, wenn dies dem **Kindeswohl nicht widerspricht**. Damit wird keine positive Feststellung verlangt, sondern es genügt eine negative Kindeswohlprüfung. Der anzuwendende Prüfungsmaßstab ist, entgegen der Auffassung des BGH,[25] im Gegensatz zu § 1671 Abs. 2 Nr. 2 BGB ein geringerer. Dies ergibt sich aus der Entscheidung des BVerfG aus dem Jahre 2010,[26] die zur Neuregelung des Sorgerechts nicht miteinander verheirateter Eltern führte. Das BVerfG nahm dort bis zum Inkrafttreten einer gesetzlichen Neuregelung eine ausdrückliche Differenzierung zwischen dem Prüfungsmaßstab der Übertragung einer gemeinsamen elterlichen Sorge nach § 1626a BGB a.F. („dem Kindeswohl entspricht") und der Übertragung der Alleinsorge auf den Kindesvater nach § 1672 BGB a.F. („dem Kindeswohl am besten entspricht") vor. Die gemeinsame elterliche Sorge ist daher unter erleichterten Bedingungen einzuräumen. Die Prüfung wird ggf. entbehrlich, wenn die gesetzliche Vermutung greift, dass die gemeinsame elterliche Sorge dem Kindeswohl nicht widerspricht. Das soll dann der Fall sein, wenn keine Gründe gegen die gemeinsame Sorge vorgetragen werden und auch sonst nicht ersichtlich sind.

---

19 Zum Antragsrecht beschränkt geschäftsfähiger Elternteile OLG Frankfurt ZKJ 2023, 303, 305
20 BeckOK-BGB/*Veit*, § 1626a BGB Rn. 46
21 BT-Drs. 17/11048, 16; *Heilmann*, NJW 2013, 1473, 1475
22 BeckOK-BGB/*Veit*, § 1626a BGB Rn. 51 m.w.N.
23 BVerfG FamRZ 2020, 1559, 1560
24 *Heilmann*, NJW 2012, 887, 890 m.w.N.; OLG Frankfurt FamRZ 2021, 967, 968 m.w.N.
25 BGH ZKJ 2016, 414, 414 f.
26 BVerfGE 127, 132 ff.

aa) Negative Kindeswohlprüfung

27 Mit der negativen Kindeswohlprüfung soll nach dem Regierungsentwurf zur Sorgerechtsreform 2012 ein „neues Leitbild" begründet werden, dem zufolge die gemeinsame elterliche Sorge grundsätzlich den Bedürfnissen des Kindes nach Beziehungen zu beiden Elternteilen entspricht und beide Elternteile gleichermaßen bereit sind, für das Kind Verantwortung zu tragen. Es entspricht danach dem Kindeswohl, wenn das Kind in dem Bewusstsein lebt, dass beide Eltern für das Kind Verantwortung tragen, und wenn es seine Eltern in wichtigen Entscheidungen für sein Leben als gleichberechtigt erlebt. Andererseits bedarf es für eine gemeinsame Sorgetragung einer Kooperationswilligkeit und Kooperationsfähigkeit der Eltern.[27]

28 **Gründe**, die der Übertragung der gemeinsamen elterlichen Sorge entgegenstehen können, müssen **kindeswohlgetragen** sein.[28] Rein paarbezogene Gründe genügen nicht, soweit sie sich nicht auf das Kindeswohl auswirken. Denn beide Elternteile sind aufgerufen zu lernen, ihre persönlichen Konflikte, die auf der Paarebene zwischen ihnen bestehen mögen, beiseite zu lassen und um des Kindeswohls willen sachlich und, soweit das Kind betroffen ist, konstruktiv miteinander umzugehen. Sie sind gehalten, sich um des Kindes willen, notfalls unter Inanspruchnahme fachkundiger Hilfe von außen, um eine angemessene Kommunikation zu bemühen.[29]

29 **Kindeswohlgetragene Gründe** können sein:

- eine fehlende tragfähige soziale Beziehung zwischen den Eltern,[30]
- ein fehlendes Mindestmaß an Übereinstimmung zwischen den Eltern,[31]
- ein fehlendes Mindestmaß an Kooperationsbereitschaft und -fähigkeit,[32]
- eine schwerwiegende und nachhaltige Kommunikationsstörung, die eine gemeinsame Entscheidungsfindung unmöglich macht und das Kind erheblich belastet,[33]
- mangelnde Erziehungseignung eines Elternteils,[34]
- solche, die nach § 1666 BGB zum Entzug der elterlichen Sorge führen würden, wie Gewalt zwischen den Eltern,[35] Missbrauch des Kindes, schwere Sucht- oder psychische Erkrankungen,[36]
- der Kindeswille.[37]

---

27 BT-Drs. 17/11048, 12, 17, unter Bezugnahme auf BVerfGE 107, 150, 155; darauf Bezug nehmend BGH ZKJ 2016, 414, 414 f.; BVerfG FamRZ 2020, 1559, 1560 f.

28 BT-Drs. 17/11048, 18

29 BT-Drs. 17/11048, 17

30 BGH ZKJ 2016, 414, 415; KG FamRZ 2013, 1409, 1410; OLG Frankfurt ZKJ 2014, 123, 124; OLG Schleswig ZKJ 2014, 390, 392; OLG Karlsruhe FamRZ 2020, 1920, 1922

31 OLG Frankfurt ZKJ 2014, 123, 124; OLG Schleswig ZKJ 2014, 390, 392; OLG Koblenz FamRZ 2014, 1855, 1856

32 BT-Drs. 17/11048, 17; KG FamRZ 2014, 1375, 1376; OLG Koblenz, FamRZ 2014, 1855; OLG Hamm ZKJ 2016, 367, 368; OLG Koblenz FuR 2018, 95; OLG Brandenburg, Beschl. v. 23.4.2020 – 13 UF 101/19, juris

33 BT-Drs. 17/11048, 17; BVerfG FamRZ 2020, 1559, 1561; OLG Hamm, Beschl. v. 24.05.2016 – II-3 UF 139/15, juris; OLG Brandenburg NJW-RR 2017, 131; OLG Braunschweig ZKJ 2022, 414, 416

34 KG ZKJ 2012, 222, 224

35 OLG Frankfurt, Beschl. v. 24.6.2021 – 6 UF 7/21 (juris); Nach § 3b GewSchÜ (Istanbul-Konvention) erfasst häusliche Gewalt alle Handlungen körperlicher, sexueller, psychischer oder wirtschaftlicher Gewalt. Dazu OLG Saarbrücken ZKJ 2024, 300, 301

36 BeckOK-BGB/*Veit*, § 1626a BGB Rn. 63

37 OLG Hamm FamRZ 2012, 560, 561; OLG Saarbrücken FamRZ 2016, 1858; a.A. KG FamRZ 2014, 1375, 1376

Nicht ausreichend sind allein: 30

- die ablehnende Haltung eines Elternteils,[38]
- der pauschale Vortrag der Mutter, sie könne nicht mit dem Vater sprechen, und sie beide hätten völlig unterschiedliche Wertvorstellungen,[39]
- abstrakt und allgemein gehaltene Befindlichkeiten der Mutter, wie diejenige, sie wolle lieber auch in Zukunft allein entscheiden,[40]
- der Vortrag eines Elternteils, es bestehe keine Notwendigkeit für eine gemeinsame Sorgetragung, weil der andere Elternteil bereits mit Vollmachten ausgestattet sei und in naher Zukunft keine wichtigen Entscheidungen anstünden,[41]
- bestehende Kommunikationsschwierigkeiten zwischen den Eltern, auch wenn sie bereits manifest geworden sind,[42]
- ein fehlendes Zusammenleben der Eltern,[43]
- eine bloße Äußerung eines Verdachts der Mutter auf sexuellen Missbrauch des Kindes durch den Vater,[44]
- eine große räumliche Entfernung zwischen den Eltern,[45]
- der Vortrag der Mutter, sie müsse dem Vater für Unterschriften „hinterherlaufen",[46]
- der Vortrag der Mutter, der Vater zahle keinen Unterhalt oder die Mutter habe bereits mit dem Vater eines früher geborenen Kindes schlechte Erfahrungen gemacht.[47]

Indizien für eine gelingende **gemeinsame elterliche Sorgetragung** sind: 31

- längeres Zusammenleben der Eltern,[48]
- Verständigung der Eltern über wesentliche Angelegenheiten, die das Kind betreffen, wie Umgang oder Unterhalt,[49]
- ausschließlicher Streit der Eltern über den Umgang und das Aufenthaltsbestimmungsrecht, im Übrigen bestehende Kommunikationsbereitschaft und -fähigkeit über die wesentlichen Angelegenheiten der Kinderbetreuung und -erziehung.[50]

bb) Gesetzliche Vermutung

Werden keine Gründe gegen die gemeinsame Sorge vorgetragen und sind solche Gründe auch sonst nicht ersichtlich, greift die gesetzliche Vermutung, dass die gemeinsame elterliche Sorge dem Kindeswohl nicht widerspricht. Die Regelung soll den in Kindschaftssachen geltenden **Amtsermittlungsgrundsatz** einschränken und es dem Gericht ermöglichen, die gemeinsame Sorge ohne weitere Amtsermittlung allein auf Grundlage des Beteiligtenvortrags und unter Berücksichtigung der dem Gericht auf sonstige Weise bereits bekannten 32

38 BVerfG FamRZ 2020, 1559, 1561; FamRZ 2010, 1403, 1408; KG FamRZ 2013, 635, 636; OLG Brandenburg, Beschl. v. 21.4.2022 – 10 UF 51/21 (juris)
39 BT-Drs. 17/11048, 18
40 BT-Drs. 17/11048, 18
41 BT-Drs. 17/11048, 18
42 BT-Drs. 17/11048, 17; OLG Brandenburg, Beschl. v. 21.4.2022 – 10 UF 51/21 (juris)
43 Vgl. BVerfG FamRZ 2010, 1403 ff.
44 OLG Dresden FamRZ 2013, 1747
45 OLG Bamberg, Beschl. v. 26.7.2022 – 7 UF 261/21 (juris)
46 BVerfG FamRZ 2020, 1559 Rn. 25
47 BT-Drs. 17/11048, 14, 18
48 BT-Drs. 17/11048, 18
49 OLG München FamRZ 2013, 1747; OLG Nürnberg FamRZ 2014, 571, 572
50 OLG Köln FamRZ 2012, 1882; OLG Schleswig ZKJ 2014, 390, 392; a.A. *Salgo*, FamRZ 1996, 449, 452

Tatsachen zuzusprechen.[51] Dem Elternteil, der die gemeinsame Sorge ablehnt, obliegt die **Darlegungslast**, konkrete Anhaltspunkte darzutun, dass sich die gemeinsame Sorge negativ auf das Kind auswirken würde.[52] Sind dem Gericht – unabhängig von dem Vortrag der Eltern – **sonstige Gründe im Sinne von § 1626a Abs. 2 Satz 2 BGB ersichtlich**, die der Übertragung der gemeinsamen Sorge entgegenstehen können, muss es ihnen nachgehen. Dabei ist das Tatbestandmerkmal weit zu interpretieren.[53] Der Amtsermittlungsgrundsatz gilt dann (wieder) uneingeschränkt.

33 Die gesetzliche **Vermutungsregelung** kommt jedoch unter Berücksichtigung folgender – auch verfassungsrechtlicher – Aspekte **nicht zur Anwendung**[54] bzw. muss behutsam angewandt werden:[55]

- für jede am Kindeswohl orientierte Entscheidung benötigt das Gericht eine möglichst zuverlässige Grundlage[56] – der Antrag bedarf jedoch einerseits keiner Begründung, andererseits kann es unterschiedlichste Gründe geben, warum sich ein Elternteil zum Antrag des anderen nicht oder nur unzureichend äußert, z.B. aufgrund von Gewalt oder Drohung des Antragstellers oder aufgrund eines illegalen Aufenthaltsstatus;[57]
- mangels Vortrags könnte die gemeinsame Sorge auch dann begründet werden, wenn objektiv betrachtet ein Mindestmaß an Kooperationswilligkeit und Kooperationsfähigkeit der Eltern fehlt – das widerspräche aber dem Kindeswohl;[58]
- das Schweigen im Rechtsverkehr gilt nur unter ganz engen Voraussetzungen als Zustimmung – wer schweigt, setzt im Allgemeinen keinen Erklärungstatbestand, er bringt weder Zustimmung noch Ablehnung zum Ausdruck;[59]
- das Kind ist in Kindschaftssachen altersunabhängig persönlich anzuhören;[60]
- im Einzelfall kann fraglich sein, ob der Vortrag eines Elternteils tatsächlich keine kindeswohlgetragenen Gründe enthält oder ob doch Gründe ersichtlich sind, die – jedenfalls im Ansatz – im Bezug zum gemeinsamen Kind, zum Eltern-Kind-Verhältnis und/ oder konkret zum Verhältnis der beteiligten Eltern und somit im Zusammenhang mit der Einrichtung des Sorgerechts stehen können;[61]
- ebenfalls muss sorgfältig geprüft werden, welche Anforderungen an den Vortrag des darlegungspflichtigen Elternteils überhaupt gestellt werden dürfen, unter Berücksichtigung evtl. bestehender Verständigungs- oder Sprachschwierigkeiten und des sprachlichen Ausdrucksvermögens;[62]
- die bestehende körperliche und psychische Verfassung der Mutter kurz nach der Geburt des Kindes ist ebenso zu berücksichtigen wie
- eine fehlende Rechtskenntnis der Beteiligten;

---

51 BVerfG FamRZ 2020, 1559, 1561
52 BT-Drs. 17/11048, 17 f.
53 OLG Karlsruhe FamRZ 2022, 1053; OLG Zweibrücken FamRZ 2022, 36, 37; BeckOK-BGB/*Veit*, § 1626a BGB Rn. 73
54 *Fink/Bitter*, ZKJ 2012, 172, 174
55 OLG Frankfurt ZKJ 2014, 123, 124; *Heilmann*, NJW 2013, 1473, 1475; *Dürbeck*, ZKJ 2013, 330, 333; BeckOK-BGB/*Veit*, § 1626a BGB Rn. 70 ff. m.w.N.
56 BVerfGE 55, 171, 182; BVerfG ZKJ 2022, 182
57 *Salgo*, FPR 2012, 409, 410
58 Vgl. BT-Drs. 17/11048, 12, 17, unter Bezugnahme auf BVerfGE 107, 150, 155
59 BGH NJW 2002, 3629, 3630; *Salgo*, FPR 2012, 409, 410
60 BT-Drs. 19/23707, 56; OLG Karlsruhe ZKJ 2024, 232, 233; BVerfG FamRZ 2007, 1078, 1079 (ab dem dritten Lebensjahr); *Fink/Bitter*, ZKJ 2012, 172, 174
61 OLG Karlsruhe ZKJ 2014, 446, 448
62 *Huber/Antomo*, FamRZ 2013, 665, 669; *Dürbeck*, ZKJ 2013, 330, 333

- das Gericht soll in jeder Lage des Verfahrens auf eine einvernehmliche Lösung zwischen den Eltern hinwirken, vgl. § 156 FamFG;[63]
- die Ursachen der Uneinigkeit der Eltern über die Sorgetragung für das Kind und – damit verbunden – mögliche kinderschutzrelevante Aspekte bleiben bei Anwendung der Vermutungsregelung grundsätzlich unerkannt;[64]
- bei allen Maßnahmen, die Kinder betreffen, ist das Wohl des Kindes ein Gesichtspunkt, der vorrangig zu berücksichtigen ist, vgl. Art. 3 Abs. 1 Übereinkommen über die Rechte des Kindes.

II. Alleinsorge der Mutter (Abs. 3)

Mit der Geburt des Kindes erlangt die Mutter die **Alleinsorge**, es sei denn, es wurden vorgeburtliche Sorgeerklärungen (§ 1626b Abs. 2 BGB) abgegeben. **34**

Die **Alleinsorge** der Mutter **endet** mit: **35**

- dem 18. Geburtstag des Kindes (§ 2, § 1626 Abs. 1 Satz 1 BGB) oder dessen Tod (§ 1698b BGB),
- der Abgabe von Sorgeerklärungen (§ 1626a Abs. 1 Nr. 1 BGB),
- Heirat (§ 1626a Abs. 1 Nr. 2 BGB),
- einer gerichtlichen Entscheidung nach § 1626a Abs. 1 Nr. 3, Abs. 2 BGB oder § 1671 Abs. 2 BGB,
- einer Entziehung nach § 1666 BGB,
- einem dauernden Ruhen der elterlichen Sorge und einer Übertragung auf den Vater (§ 1678 Abs. 2 BGB),
- der Annahme des Kindes durch einen Dritten (§ 1755 BGB),
- dem Tod der Mutter (§ 1680 Abs. 1 BGB),
- oder der Todeserklärung der Mutter (§ 1681 Abs. 1, § 1680 Abs. 1 BGB).

§ 1626b BGB

Besondere Wirksamkeitsvoraussetzungen der Sorgeerklärung

(1) Eine Sorgeerklärung unter einer Bedingung oder einer Zeitbestimmung ist unwirksam.

(2) Die Sorgeerklärung kann schon vor der Geburt des Kindes abgegeben werden.

(3) Eine Sorgeerklärung ist unwirksam, soweit eine gerichtliche Entscheidung über die elterliche Sorge nach den § 1626a Absatz 1 Nummer 3 oder § 1671 getroffen oder eine solche Entscheidung nach § 1696 Absatz 1 Satz 1 geändert wurde.

Übersicht

63 Dazu *Salgo*, FPR 2012, 409, 410
64 BeckOK-BGB/*Veit*, § 1626a BGB Rn. 72 m.w.N.

A. Allgemeines

1 Die Norm stellt besondere Voraussetzungen an die Wirksamkeit der Sorgeerklärungen der Eltern.

B. Inhalt der Norm

I. Bedingung, Befristung (Abs. 1)

2 Die Sorgeerklärung darf zum Wohl des Kindes nicht unter eine **Bedingung** im Sinne der §§ 158-162 BGB gestellt werden.[1] Eine bedingte Sorgeerklärung ist insgesamt unwirksam, nicht nur der Bedingungsteil der Erklärung.[2] Ausgenommen sind Rechtsbedingungen wie die Zustimmung des gesetzlichen Vertreters nach § 1626c Abs. 2 BGB, dass auch der andere Elternteil eine Sorgeerklärung abgibt oder, dass eine anderweitig bestehende Vaterschaft durch Anfechtung beseitigt wird.[3]

3 **Unzulässige Bedingungen** sind:

- solche, die an die Ausgestaltung der elterlichen Sorge geknüpft sind,
- Formulierungen wie: „wenn ich wirklich der Vater bin",
- Formulierungen wie: „wenn und solange der Mutter die tatsächliche Betreuung des Kindes verbleibt".[4]

4 Den Eltern ist es aber unbenommen, weitere Vereinbarungen über die Ausgestaltung ihres Verhältnisses und der Sorgerechtsausübung aufzunehmen, wenn diese Abreden nicht in einem Bedingungszusammenhang mit den Sorgeerklärungen selbst gestellt werden. Aus Sicherheitsgründen ist es dann ratsam, eine „Unabhängigkeitsklausel" in die Erklärung mit aufzunehmen, aus der die strikte Trennung beider Elemente hervorgeht.[5]

5 Die Wirkung der Sorgeerklärung darf auch nicht durch eine Zeitbestimmung (aufschiebende oder auflösende **Befristung**) eingeschränkt werden.[6]

II. Vorgeburtliche Sorgeerklärung (Abs. 2)

6 Die Eltern können ihre Sorgeerklärungen bereits vor der Geburt des Kindes abgeben. Mit der Geburt entsteht dann die gemeinsame Sorge. Voraussetzung wirksamer Sorgeerklärungen ist allerdings die (künftige) rechtliche Elternschaft der Erklärenden, so dass die vorgeburtliche Vaterschaftsanerkennung (§ 1594 Abs. 4, § 1595 Abs. 3 BGB) der Sorgeerklärung des Vaters vorangehen muss. Die Lebendgeburt des Kindes ist Rechtsbedingung für das Wirksamwerden der Sorgeerklärungen.[7]

7 Da sich die Sorgeerklärungen stets auf ein bestimmtes Kind beziehen müssen, muss das **Kind bereits gezeugt sein**; eine Sorgeerklärung für ein nicht gezeugtes Kind ist ausgeschlossen. Bei **Mehrlingsgeburten** kann die Sorgeerklärung jedoch ausdrücklich auf alle erwarteten Kinder bezogen werden (anders bei nachgeburtlichen Sorgeerklärungen, siehe

1 MüKo-BGB/*Huber*, § 1626b BGB Rn. 3 f.; Staudinger/*Coester*, § 1626b BGB Rn. 2 f.
2 Staudinger/*Coester*, § 1626b BGB Rn. 2
3 Staudinger/*Coester*, § 1626b BGB Rn. 4; MüKo-BGB/*Huber*, § 1626b BGB Rn. 3
4 Staudinger/*Coester*, § 1626b BGB Rn. 3
5 Staudinger/*Coester*, § 1626b BGB Rn. 5
6 BT-Drs. 13/4899, 94
7 KG FamRZ 2011, 1516, 1517

oben *Fink*, § 1626a BGB Rn. 8). Werden unerwartet Mehrlinge geboren, bezieht sich die vorgeburtliche Sorgeerklärung dennoch auf alle Kinder aus dieser Schwangerschaft.[8]

III. Gerichtliche Sorgerechtsentscheidung (Abs. 3)

Die durch die Regelung erfolgende starke Einschränkung der Elternautonomie soll der Gefahr eines mit dem Kindeswohl unvereinbaren „Hin und Her" der elterlichen Sorge entgegenwirken.[9] Über den Wortlaut hinaus gilt die Regelung auch bei gerichtlichen Entscheidungen nach § 1678 Abs. 2, § 1680 Abs. 3 und § 1681 Abs. 1 BGB.[10] Der Ausschluss einer Sorgeerklärung gilt jedoch **nur** für die **ausdrücklich genannten Fälle** und nur für die Bereiche der elterlichen Sorge, auf die sich die Entscheidung bezieht.[11] Ändert das Gericht andere Erstentscheidungen, hebt es beispielsweise die Entziehung des Sorgerechts gemäß § 1666 BGB unter den Voraussetzungen nach § 1696 Abs. 2 BGB wieder auf, schließt diese Entscheidung die Abgabe von Sorgeerklärungen im Anschluss an die Aufhebung nicht aus.[12] **8**

Möglich bleibt in allen Fällen die Begründung der gemeinsamen Sorge durch Heirat (§ 1626a Abs. 1 Nr. 2 BGB) oder durch eine (weitere) Änderungsentscheidung nach § 1696 Abs. 1 BGB. **9**

§ 1626c BGB

Persönliche Abgabe; beschränkt geschäftsfähiger Elternteil

(1) Die Eltern können die Sorgeerklärungen nur selbst abgeben.

(2) [1]Die Sorgeerklärung eines beschränkt geschäftsfähigen Elternteils bedarf der Zustimmung seines gesetzlichen Vertreters. [2]Die Zustimmung kann nur von diesem selbst abgegeben werden; § 1626b Abs. 1 und 2 gilt entsprechend. [3]Das Familiengericht hat die Zustimmung auf Antrag des beschränkt geschäftsfähigen Elternteils zu ersetzen, wenn die Sorgeerklärung dem Wohl dieses Elternteils nicht widerspricht.

Übersicht

A. Allgemeines

Die Norm regelt die Kompetenz zur Abgabe von Sorgeerklärungen. **1**

8 Staudinger/*Coester*, § 1626b BGB Rn. 9.
9 BT-Drs. 13/4899, 94
10 MüKo-BGB/*Huber*, § 1626b BGB Rn. 22; Staudinger/*Coester*, § 1626b BGB Rn. 14
11 Staudinger/*Coester*, § 1626b BGB Rn. 14
12 BT-Drs. 13/4899, 94; MüKo-BGB/*Huber*, § 1626b BGB Rn. 23; BeckOK-BGB/*Veit*, § 1626b BGB Rn. 12.1

B. Inhalt der Norm

I. Höchstpersönlichkeit der Sorgeerklärung (Abs. 1)

2 Die Sorgeerklärung ist höchstpersönlich. Die Eltern können sie deshalb nur selbst abgeben, eine Stellvertretung oder Botenschaft ist unzulässig. Ein Verstoß dagegen führt zur Unwirksamkeit der Sorgeerklärung, § 1626e BGB.

3 Die Höchstpersönlichkeit gilt auch für den **beschränkt geschäftsfähigen Elternteil** i.S.d. § 106 BGB i.V.m. § 2 BGB. Folglich kann die Sorgeerklärung des beschränkt geschäftsfähigen Elternteils – anders als die Zustimmung des gesetzlichen Vertreters – auch nicht durch das Familiengericht ersetzt werden.

4 Auch ein unter **Betreuung stehender nicht geschäftsunfähiger** Elternteil muss die Sorgeerklärung selbst abgegeben. Ist ein Einwilligungsvorbehalt nach § 1825 BGB angeordnet, erstreckt sich dieser nicht auf die Kompetenz der Abgabe einer Sorgeerklärung.[1]

5 Für **geschäftsunfähige Elternteile** i.S.d. § 104 BGB fehlt es an einer gesetzlichen Regelung. Unter Berücksichtigung der Äußerungen des Bundesverfassungsgerichts zur Elternschaft geistig behinderter Eltern[2] verbietet sich jedoch eine pauschale Entrechtung, so dass eine **analoge Anwendung von § 1626c Abs. 2 BGB** angezeigt ist.[3]

II. Sorgeerklärung eines beschränkt geschäftsfähigen Elternteils (Abs. 2)

1. Zustimmungsbedürftigkeit (Abs. 2 Satz 1)

6 Die Sorgeerklärung eines Minderjährigen bedarf der **Zustimmung** seines gesetzlichen Vertreters. Das Zustimmungserfordernis bezieht sich gleichermaßen sowohl auf die minderjährige sorgeberechtigte Mutter wie auf die Sorgeerklärung eines bis dahin noch nicht sorgeberechtigten minderjährigen Vaters. Sind **beide Elternteile minderjährig**, sind beide Sorgeerklärungen zustimmungsbedürftig.

7 **Fehlt** die Zustimmung des gesetzlichen Vertreters, ist die Sorgeerklärung des minderjährigen Elternteils unwirksam (§ 1626e BGB).

2. Anforderungen an die Zustimmungserklärung (Abs. 2 Satz 2)

8 Die Anforderungen an die Zustimmungserklärung des gesetzlichen Vertreters entsprechen im Wesentlichen denen an die Sorgeerklärung. Die Zustimmungserklärung (§ 182 BGB):

- ist höchstpersönlich durch den gesetzlichen Vertreter zu erklären, § 1626c Abs. 2 Satz 2 1. HS BGB,
- ist bedingungs- und befristungsfeindlich, § 1626c Abs. 2 Satz 2 2. HS BGB,
- kann auch vorgeburtlich abgegeben werden, § 1626c Abs. 2 Satz 2 2. HS BGB,
- bedarf der öffentlichen Beurkundung, § 1626d Abs. 1 BGB.[4]

1 Staudinger/*Coester*, § 1626c BGB Rn. 21
2 BVerfG FamRZ 1982, 567 ff.
3 Staudinger/*Coester*, § 1626c BGB Rn. 14 ff., 20 m.w.N.; a.A. MüKo-BGB/*Huber*, § 1626c BGB Rn. 9
4 Staudinger/*Coester*, § 1626c BGB Rn. 8

3. Zustimmungsersetzung (Abs. 2 Satz 3)

a) Voraussetzungen

Wird die Zustimmung vom gesetzlichen Vertreter verweigert, kann der beschränkt geschäftsfähige Elternteil – nicht auch der andere Elternteil[5] – die Ersetzung der Zustimmung durch das Familiengericht **beantragen**. Das Gericht hat dem Antrag stattzugeben, wenn die Sorgeerklärung dem Wohl des minderjährigen Elternteils nicht widerspricht. Sind **beide Elternteile minderjährig** und verweigern jeweils die gesetzlichen Vertreter ihre Zustimmung, handelt es sich um zwei selbstständige Verfahren, für die jeweils ein eigener Antrag erforderlich ist.[6] 9

Maßgebend für die Prüfung des Gerichts ist, ob **triftige Gründe** gegen die Wirksamkeit der Sorgeerklärung des minderjährigen Elternteils sprechen.[7] Solche Gründe können in der Person des Minderjährigen oder des anderen Elternteils liegen. Im Vordergrund stehen persönliche Eigenschaften, insbesondere Reife und Eignung des Minderjährigen, die Elternverantwortung zu übernehmen.[8] Weder das Wohl des anderen Elternteils noch das des Kindes noch das Gesamtwohl der jungen Familie sind maßgebliche Gesichtspunkte. Sie dürfen nur insoweit beachtet werden, als sie Auswirkungen auf das persönliche Wohl des minderjährigen Elternteils haben.[9] 10

Ersetzt das Gericht die Zustimmung des gesetzlichen Vertreters nicht, ist die Sorgeerklärung des beschränkt geschäftsfähigen Elternteils unwirksam (§ 1626e BGB). 11

b) Verfahren

Für die Zustimmungsersetzung ist ausschließlich das Familiengericht zuständig (§§ 111 Nr. 2, 151 Nr. 1 FamFG). Die **örtliche Zuständigkeit** folgt aus § 152 Abs. 2 FamFG; die **funktionelle Zuständigkeit** aus §§ 3 Nr. 2a, 14 Abs. 1 Nr. 12b RPflG. Gegen die gerichtliche Entscheidung ist die Beschwerde nach §§ 58 ff. FamFG statthaft. 12

§ 1626d BGB
Form; Mitteilungspflicht

(1) Sorgeerklärungen und Zustimmungen müssen öffentlich beurkundet werden.

(2) Die beurkundende Stelle teilt die Abgabe von Sorgeerklärungen und Zustimmungen unter Angabe des Geburtsdatums und des Geburtsorts des Kindes sowie des Namens, den das Kind zur Zeit der Beurkundung seiner Geburt geführt hat, dem nach § 87c Abs. 6 Satz 2 des Achten Buches Sozialgesetzbuch zuständigen Jugendamt zu den in § 58 des Achten Buches Sozialgesetzbuch genannten Zwecken unverzüglich mit.

5 Staudinger/*Coester*, § 1626c BGB Rn. 13
6 Staudinger/*Coester*, § 1626c BGB Rn. 13
7 BT-Drs. 13/4899, 95
8 Staudinger/*Coester*, § 1626c BGB Rn. 10 ff. mit weiteren Beispielen
9 Staudinger/*Coester*, § 1626c BGB Rn. 10

A. Allgemeines

1 Die Norm begründet die Formbedürftigkeit von Sorgeerklärungen und ggf. zu erteilender Zustimmungen und etabliert ein Dokumentations- und Nachweissystem für die Sorgerechtsverhältnisse bei nicht miteinander verheirateten Eltern. Ein Verstoß gegen die Form führt zur Unwirksamkeit der Sorgeerklärung, § 1626e BGB.

B. Inhalt der Norm

I. Öffentliche Beurkundung (Abs. 1)

2 Die öffentliche Beurkundung begründet vollen Beweis (§ 415 Abs. 1 ZPO). Mit der Verpflichtung zur Beurkundung werden im Wesentlichen drei Zwecke verfolgt: Die Belehrung der Eltern, die Seriositäts- und die Beweissicherung.[1]

3 **Zuständig** für eine Beurkundung sind:

- der Notar (§ 20 Abs. 1 BNotO) und
- die Urkundsperson bei jedem inländischen Jugendamt (§ 59 Abs. 1 Nr. 8 i.V.m. § 87e SGB VIII),
- die deutschen Auslandsvertretungen, wenn das Kind seinen gewöhnlichen Aufenthalt in der Bundesrepublik Deutschland hat (Art. 3 Nr. 2 EGBGB, Art. 5 Abs. 1 des Übereinkommens über die Zuständigkeit, das anzuwendende Recht, die Anerkennung, Vollstreckung und Zusammenarbeit auf dem Gebiet der elterlichen Verantwortung und der Maßnahmen zum Schutz von Kindern vom 19.10.1996 – Haager Übereinkommen über den Schutz von Kindern (KSÜ) bzw. Art. 1 des Übereinkommens über die Zuständigkeit der Behörden und das anzuwendende Recht auf dem Gebiet des Schutzes von Minderjährigen vom 5. Oktober 1961 – Haager Minderjährigenschutzabkommen (MSA)) und sich im Geltungsbereich des KSÜ bzw. MAS befindet,

▶ *Näher zu KSÜ und ihrem Anwendungsbereich Schweppe, Auslandsbezüge. Vorbem., Rn. 13 f.*

- das Familiengericht in Verfahren nach § 1626a Abs. 2 BGB (§ 155a Abs. 5 Satz 1 FamFG).

II. Mitteilung und Bescheinigung (Abs. 2)

4 Die **Beurkundungsperson** hat die Abgabe der Sorgeerklärungen und Zustimmungen unter Angabe von Geburtsdatum, Geburtsort des Kindes und seines bei Geburtsbeurkundung geführten Namens **unverzüglich** – ohne schuldhaftes Zögern (§ 121 Abs. 1 Satz 1 BGB) – demjenigen **Jugendamt mitzuteilen**, das für den Geburtsort des Kindes zuständig ist (§ 87c Abs. 6 Satz 2 SGB VIII). Ist das Kind im Ausland geboren oder mit unbekanntem Geburtsort, ist das Jugendamt des Landes Berlin zuständig (§ 87c Abs. 6 Satz 2 SGB VIII i.V.m. § 88 Abs. 1 Satz 2 SGB VIII i.V.m. § 33 Abs. 1 Satz 2, 2. Alt. AG KJHG Berlin). Eine Mitteilung an den anderen Elternteil erfolgt nicht.[2]

5 In **Verfahren nach § 1626a Abs. 2 BGB**, in denen es nicht zu einer Abgabe von Sorgeerklärungen und Zustimmungen kommt, sondern zu einer Entscheidung des Familiengerichts, ist dieses verpflichtet, dem zuständigen Jugendamt seine Entscheidung mitzuteilen (§ 155a Abs. 3 Satz 3 FamFG). Wird mit einer rechtskräftigen Entscheidung der Mutter die

---

1 Staudinger/*Coester*, § 1626d BGB Rn. 3
2 Staudinger/*Coester*, § 1626d BGB Rn. 8

elterliche Sorge ganz oder teilweise entzogen oder auf den Vater allein übertragen, wird dies im Sorgeregister eingetragen (§ 58 Abs. 1 Nr. 3 SGB VIII).[3]

Bei **vorgeburtlichen Sorgeerklärungen** ist es praktikabler, die Mitteilungspflicht der Beurkundungsperson aufzuschieben, bis ihr von einem Elternteil das tatsächliche Geburtsdatum, der Geburtsort und der Name des Kindes mitgeteilt wird.[4] **6**

Die **Mitteilungspflicht** ist **keine Wirksamkeitsvoraussetzung** der Sorgeerklärungen und Zustimmungen, sondern reine Ordnungsvorschrift. **7**

Sind keine wirksamen Sorgeerklärungen abgegeben oder ist die elterliche Sorge nicht aufgrund einer familiengerichtlichen Entscheidung den Eltern ganz oder zum Teil gemeinsam übertragen worden, kann die Mutter vom zuständigen Jugendamt (§ 87c Abs. 6 Satz 1 SGB VIII) darüber eine schriftliche Bescheinigung – ein sog. **Negativ-Attest** – verlangen (§ 58 Abs. 2 Satz 1 SGB VIII). Die Bescheinigung soll der Mutter einen Nachweis darüber geben, dass zur Zeit der Ausstellung keine gemeinsame elterliche (Teil-)Sorge besteht. Ferner kann die Mutter, wenn ihr durch rechtskräftige Entscheidung die elterliche Sorge ganz oder zum Teil entzogen oder diese auf den Vater allein übertragen wurde, eine schriftliche Bescheinigung darüber erhalten, dass Eintragungen nur in Bezug auf die durch die Entscheidung betroffenen Teile der elterlichen Sorge vorliegen (§ 58 Abs. 2 Satz 3 SGB VIII).[5] **8**

§ 1626e BGB

Unwirksamkeit

Sorgeerklärungen und Zustimmungen sind nur unwirksam, wenn sie den Erfordernissen der vorstehenden Vorschriften nicht genügen.

Die Vorschrift soll den Kreis der wirksamkeitsrelevanten Elemente von Sorgeerklärungen beschränken. Allein aus den abschließenden Sonderregelungen der §§ 1626a bis 1626d BGB sollen sich Unwirksamkeitsgründe ergeben. Damit will der Gesetzgeber allgemeine Unwirksamkeitsgründe – insbesondere Willensmängel – nach §§ 117, 118, 119, 134, 138 oder 139 BGB ausschließen.[1] Anwendbar bleibt aber die Anfechtung nach § 123 BGB, jedoch aus Gründen der Rechtssicherheit mit ex nunc Wirkung.[2] **1**

Ist eine oder sind beide Sorgeerklärungen unwirksam, berühren sie die Alleinsorge der Mutter nach § 1626a Abs. 3 BGB nicht. Haben die Eltern aber aufgrund einer nur scheinbar bestehenden gemeinsamen Sorge Entscheidungen getroffen, die bereits abgeschlossene Lebenssachverhalte betreffen, so können diese für die Zukunft geändert werden.[3] **2**

§ 1627 BGB

Ausübung der elterlichen Sorge

[1]Die Eltern haben die elterliche Sorge in eigener Verantwortung und in gegenseitigem Einvernehmen zum Wohl des Kindes auszuüben. [2]Bei Meinungsverschiedenheiten müssen sie versuchen, sich zu einigen.

---

3 BT-Drs. 19/2445, 406
4 Staudinger/*Coester*, § 1626d BGB Rn. 10
5 Vgl. *Knittel*, JAmt 2021, 376 mit Formulierungsbeispielen für eine Bescheinigung
1 BT-Drs. 13/4899, 95; OLG Düsseldorf FamRZ 2008, 1552, 1553
2 BeckOK-BGB/*Veit*, § 1626e BGB Rn. 3; Staudinger/*Coester*, § 1626e BGB Rn. 3
3 Staudinger/*Coester*, § 1626e BGB Rn. 4

Übersicht

A. Allgemeines

1 Die Norm enthält das Leitbild, dass die elterliche Sorge beiden sorgeberechtigten Elternteilen gleichrangig und gleichberechtigt sowie gleichverpflichtet zusteht. Sie gibt für die Sorgerechtsausübung den Grundsatz vor, dass eine gemeinsame und einverständliche Sorge dem Kindeswohl dient. Darüber hinaus hebt die Norm hervor, dass die Aufgabe der Eltern, ihre Verantwortung für ihr Kind selbst zu tragen und bei Meinungsverschiedenheiten eine Einigung herbeizuführen, Vorrang gegenüber staatlichen Eingriffen hat. Die Ausübung der elterlichen Sorge ist ausschließlich an das Kindeswohl gebunden.

B. Inhalt der Norm

I. Grundsatz der Ausübung der elterlichen Sorge (Satz 1)

2 Die Vorschrift ist grundsätzlich an Eltern gerichtet, denen die elterliche Sorge **gemeinsam** zusteht. Ist ein Elternteil **alleinsorgeberechtigt**, trifft ihn jedoch ebenfalls die Verpflichtung, in eigener Verantwortung die elterliche Sorge auszuüben.

1. Eigene Verantwortung

3 Die **Ausübung in eigener Verantwortung** bedeutet, dass jeder Elternteil bei der Ausübung der elterlichen Sorge für sich selbst letztlich die persönliche vollständige Eigenverantwortung gegenüber dem Kind trägt. Dass den anderen Elternteil dieselbe Verpflichtung und Verantwortung trifft, entlastet den ersten Elternteil nicht rechtlich, allenfalls faktisch. Jeder Elternteil hat selbstständig bei jeder beabsichtigten Sorgerechtsmaßnahme zu prüfen, ob sie dem Kindeswohl dient.[1]

2. Gegenseitiges Einvernehmen

4 Das **gegenseitige Einvernehmen** verlangt ein elterliches Zusammenwirken in gemeinsamer Beratung und gemeinsamer Entscheidung in allen **Angelegenheiten von erheblicher Bedeutung**.[2]

5 Die Pflicht, die elterliche Sorge in gegenseitigem Einvernehmen wahrzunehmen, schließt eine **Aufgaben- und Funktionsteilung** nicht aus.[3] Sie braucht nicht ausdrücklich vereinbart zu sein. Sie kann stillschweigend, etwa durch Übung und Duldung des anderen Elternteils, vorgenommen werden. Eine Aufgaben- und Funktionsteilung ist grundsätzlich jederzeit **frei widerruflich**. Für die Ausübung des Widerrufsrechts gelten die allgemeinen Grenzen (z.B. § 226 BGB). Ist eine ursprünglich gemeinsam beschlossene Maßnahme von erheblicher

1 Staudinger/*Lettmaier*, § 1627 BGB Rn. 11
2 MüKo-BGB/*Huber*, § 1627 BGB Rn. 6
3 MüKo-BGB/*Huber*, § 1627 BGB Rn. 10; Staudinger/*Lettmaier*, § 1627 BGB Rn. 25 ff.; OLG Frankfurt FamRZ 2020, 336, 338: keine Funkionsteilung bei medizinischen Eingriffen außerhalb vom Routinefall

Bedeutung bereits umgesetzt, bleibt die Bindungswirkung bis zur Entscheidung des Familiengerichts nach §§ 1628, 1671 BGB oder einer neuen Elternvereinbarung erhalten.[4]

3. Wohl des Kindes

Die elterliche Sorge ist zum Wohl des Kindes auszuüben. Das Kindeswohl ist dabei nicht nur aus der subjektiven Sicht des Kindes (Wohlbefinden), sondern auch objektiv-normativ (Zukunftsperspektive) zu beurteilen.[5] Grundsätzlich gilt aber, dass sich die Eltern im Rahmen des elterlichen Ermessens daran halten können, was aus ihrer Sicht „das Beste" für ihr Kind ist.[6] 6

II. Meinungsverschiedenheiten (Satz 2)

Bei Meinungsverschiedenheiten der Eltern wird ihnen eine **Pflicht zum Einigungsversuch** auferlegt. Dabei hat jeder Elternteil der Ansicht des anderen Elternteils Rechnung zu tragen und das Leitbild des Kindeswohls seiner Entscheidung darüber zugrunde zu legen, welche Ansicht den Vorrang verdient oder welcher Kompromiss möglich ist. Eine Pflicht zur Wahrnehmung des Beratungsangebots des Jugendamts nach § 18 Abs. 1 Nr. 1 SGB VIII besteht nicht. Scheitert der Einigungsversuch, kann unter den Voraussetzungen des § 1628 BGB in **Angelegenheiten von erheblicher Bedeutung** für das Kind eine Entscheidung des Familiengerichts herbeigeführt werden.[7] In anderen **Angelegenheiten von geringerer Bedeutung** bleibt es im Elternstreit beim status quo, das Familiengericht kann nicht angerufen werden. Die von einem Elternteil ohne Einvernehmen mit dem anderen Elternteil vorgenommene Maßnahme stellt eine Pflichtwidrigkeit gegenüber dem anderen Elternteil dar. Dem Kind gegenüber hat eine solche Maßnahme nur unter den Voraussetzungen des § 1666 BGB rechtliche Folgen und muss vom Kind nur dann nicht befolgt werden.[8] 7

§ 1628 BGB
Gerichtliche Entscheidung bei Meinungsverschiedenheiten der Eltern

[1]Können sich die Eltern in einer einzelnen Angelegenheit oder in einer bestimmten Art von Angelegenheiten der elterlichen Sorge, deren Regelung für das Kind von erheblicher Bedeutung ist, nicht einigen, so kann das Familiengericht auf Antrag eines Elternteils die Entscheidung einem Elternteil übertragen. [2]Die Übertragung kann mit Beschränkungen oder mit Auflagen verbunden werden.

Übersicht

A. Allgemeines

Die Vorschrift sieht eine gerichtliche Lösung des **Elternkonflikts** in Kindesangelegenheiten von erheblicher Bedeutung vor. Damit erfährt die in § 1626 Abs. 1, § 1627 BGB vorgesehene 1

4 MüKo-BGB/*Huber*, § 1627BGB Rn. 10; BeckOK-BGB/*Veit*, § 1627 BGB Rn. 11, 14
5 OLG Frankfurt FamRZ 1984, 614, 615
6 Vgl. Staudinger/*Lettmaier*, § 1627 BGB Rn. 17
7 Vgl. AG Erfurt FamRZ 2018, 1671, 1672; AG Mainz, Beschl. v. 9.3.2021 – 31 F 8/21, juris = FamRZ 2021, 1711; MüKo-BGB/*Huber*, § 1627 BGB Rn. 17
8 BeckOK-BGB/*Veit*, § 1627 BGB Rn. 18

Ausübung des elterlichen Pflichtenrechts in gegenseitigem Einvernehmen eine notwendige Ergänzung für das Fehlschlagen des Prozesses innerfamiliärer elterlicher Meinungsbildung in solchen Angelegenheiten, die um des Kindeswohls willen nicht unentschieden bleiben dürfen.[1]

2 Im Fall der Uneinigkeit der Eltern ist das **Familiengericht** zugunsten der Familienautonomie nur **berechtigt**, einem Elternteil die Entscheidungskompetenz über die betreffende Angelegenheit zu übertragen oder – wenn beide Elternvorschläge nicht den Kindesinteressen gerecht werden – den Antrag abzuweisen.[2] Das Gericht kann unterhalb der Schwellen der §§ 1666 ff. BGB **keine eigene Sachentscheidung** treffen.[3] Auch darf es grundsätzlich keinen Mittelweg zwischen den beiden Elternpositionen beschreiten.[4] Maßstab für die Entscheidung des Gerichts ist das **Wohl des Kindes**, vgl. § 1697a BGB. Die Vorschrift findet nur Anwendung, wenn eine vorrangige spezialgesetzliche Regelung (z.B. §§ 1684 Abs. 3, 1747 f. BGB, § 2 RelKErzG) fehlt.[5]

B. Inhalt der Norm

I. Entscheidungsübertragung (Satz 1)

3 **Voraussetzungen** für die gerichtliche Übertragung der Entscheidung auf einen Elternteil sind:

- der Antrag eines mitsorgeberechtigten Elternteils,
- ein vorangegangener erfolgloser ernsthafter Einigungsversuch der Eltern,
- die Uneinigkeit über eine einzelne Angelegenheit oder eine bestimmte Art von Angelegenheiten der gemeinsamen elterlichen Sorge, deren Regelung für das Kind von erheblicher Bedeutung ist.

4 **1.** Das Verfahren ist als **Antragsverfahren** ausgestaltet und wird daher nur auf Antrag wenigstens eines mitsorgeberechtigten Elternteils eingeleitet. Ein Antragsrecht des Kindes ist gesetzlich nicht vorgesehen. Der Antrag muss die nicht einigungsfähige(n) Angelegenheit(en) bestimmt bezeichnen.[6]

▶ *Zur Abgrenzung von Antrags- und Amtsverfahren Cirullies, §§ 23–25 FamFG Rn. 1 ff.*

5 **2. Vorangegangen** sein muss ein **erfolgloser ernsthafter Einigungsversuch** der Eltern, zu dem die Eltern nach § 1627 Satz 2 BGB verpflichtet sind, wobei es ausreicht, wenn ein Elternteil sich nicht zu einer Entscheidung durchringen kann.[7] Nicht erforderlich ist, dass die Eltern zuvor von dem **Beratungsangebot** des Jugendamts nach § 18 Abs. 1 Nr. 1 SGB VIII Gebrauch gemacht haben.

6 **3.** Die Uneinigkeit muss sich auf eine **einzelne Angelegenheit oder eine bestimmte Art von Angelegenheiten** der gemeinsamen elterlichen Sorge beziehen, deren Regelung für das Kind **von erheblicher Bedeutung** ist.

Davon ist nicht der Fall erfasst, dass die Eltern unterschiedlicher Meinung darüber sind, ob die Mutter einen **Schwangerschaftsabbruch** gegen den Willen des Vaters vornehmen darf.

---

1 MüKo-BGB/*Huber*, § 1628 BGB Rn. 1
2 BT-Drs. 13/4899, 95
3 BVerfGE 10, 59, 86; BVerfG FamRZ 2003, 511
4 Vgl. BGH ZKJ 2017, 316, 317; MüKo-BGB/*Huber*, § 1628 BGB Rn. 16
5 Grüneberg/*Götz*, § 1628 BGB Rn. 3
6 MüKo-BGB/*Huber*, § 1628 BGB Rn. 4 f.
7 AG Pankow/Weißensee ZKJ 2009, 214, 215

Besteht nach §§ 218 ff. StGB die Möglichkeit eines straffreien Abbruchs, ist die Entscheidung darüber allein der Mutter zugewiesen.[8]

a) Durch die Begrenzung der gerichtlichen Entscheidungskompetenz auf **eine einzelne Angelegenheit oder eine bestimmte Art von Angelegenheiten** soll vermieden werden, dass mittelbar ein Teilentzug der elterlichen Sorge herbeigeführt wird und die einschränkenden Voraussetzungen der §§ 1671, 1666, 1666a, 1667 BGB umgangen werden. Die Anrufung des Gerichts und dessen Entscheidung muss immer auf eine bestimmte einzelne Frage oder einen bestimmten abgrenzbaren Fragenkomplex bezogen sein.[9] Erforderlich ist ein **konkret situativer Bezug**: § 1628 BGB kommt nur zur Anwendung, wenn es sich um einen punktuell-sachbezogenen Elternkonflikt handelt.[10] 7

Eine **einzelne** Angelegenheit kann sein:

- die Anmeldung in einer bestimmten Schule,[11]
- die Durchführung einer Impfung,[12]
- die Wahl des Vornamens des Kindes.[13]

Eine **bestimmte** Art von Angelegenheiten kann sein:

- ein bestimmter medizinischer Maßnahmenkatalog wie eine Therapie oder die regelmäßige Einnahme von Medikamenten.[14]

b) Die Regelung der streitigen Angelegenheit muss ferner für das Kind von **erheblicher Bedeutung** sein. Damit soll vermieden werden, dass die Eltern wegen belangloser Meinungsverschiedenheiten das Gericht anrufen und somit ihre Verantwortung abwälzen.[15] Ob eine Angelegenheit von erheblicher Bedeutung für das Kind vorliegt, bestimmt sich nach den Auswirkungen auf das Kind. Es gelten die gleichen Grundsätze wie bei § 1687 Abs. 1 Satz 1, Satz 3 BGB (hierzu *Bussian*, § 1687 BGB Rn. 5 f., 11 f.).[16] Ein Entscheidungsparameter ist, ob die Entscheidung die Entwicklung des Kindes auf Dauer bestimmen dürfte. Entscheidungen in Angelegenheiten des täglichen Lebens nach § 1687 Abs. 1 Satz 1, Satz 3 BGB sind grundsätzlich nur solche, die häufig vorkommen und die keine schwer abzuändernden Auswirkungen auf die kindliche Entwicklung haben.[17] 8

Von erheblicher Bedeutung sind z.B.:

- die Wahl des Vornamens des Kindes,[18]
- die Änderung des Familiennamens,[19]

8 MüKo-BGB/*Huber*, § 1628 BGB Rn. 9; Staudinger/*Lettmaier*, § 1628 BGB Rn. 22
9 BT-Drs. 8/2788, 46
10 OLG Frankfurt NZFam 2019, 588; OLG Hamburg FamRZ 2022, 107, 108; KG FamRZ 2023, 698
11 BVerfG FamRZ 2003, 511; OLG Schleswig FamRZ 2011, 1304; KG ZKJ 2018, 230; AG Lemgo FamRZ 2004, 49
12 BGH ZKJ 2017, 316, 317; KG FamRZ 2006, 142; OLG Frankfurt ZKJ 2016, 105, 106; NZFam 2023, 413; OLG München FamRZ 2022, 1200
13 OLG Brandenburg, Beschl. v. 9.3.2016 – 9 UF 10/16, Rn. 5, juris; AG Pankow/Weißensee ZKJ 2009, 214 f.; OLG Frankfurt ZKJ 2023, 140
14 OLG Bamberg FamRZ 2003, 1403
15 BT-Drs. 8/2788, 46; OLG München FamRZ 2008, 1103, 1104
16 OLG Brandenburg OLGR 2008, 416, 417; MüKo-BGB/*Huber*, § 1628 BGB Rn. 13
17 BGH ZKJ 2017, 316, 317
18 OLG Brandenburg, Beschl. v. 9.3.2016 – 9 UF 10/16, Rn. 5, juris; AG Pankow/Weißensee ZKJ 2009, 214 f.; OLG Frankfurt ZKJ 2023, 140
19 BGH ZKJ 2017, 64, 65; OLG Stuttgart NJW-RR 2011, 222; OLG Hamm FamRZ 2021, 500; OLG Frankfurt NZFam 2022, 935

- die Aufenthaltsbestimmung, soweit keine dauerhafte Entscheidung – wie dies durch einen Umzug des Kindes der Fall wäre[20] – getroffen, sondern nur die konkrete Situation bis zu einer Trennung der Eltern bzw. einer Entscheidung nach § 1671 BGB geregelt werden soll,[21]
- die Hauptwohnungsbestimmung nach dem Melderecht,[22]
- die Geltendmachung von Unterhalt[23] bzw. Sozialleistungen,[24]
- die Vertretung in gerichtlichen Verfahren,[25]
- die Beauftragung eines Rechtsanwalts für das Kind,[26]
- der Umgang mit dem anderen Elternteil,[27]
- der Umgang mit Dritten nach § 1685 BGB,[28]
- die Auswahl oder der Wechsel der Schule[29] bzw. des Kindergartens,[30] der Wahlpflichtfächer und der Leistungskurse in der Schule; nicht: die Entscheidung über Nachhilfeunterricht,[31]
- Fragen der Berufsausbildung,[32]
- die Anlegung eines größeren Kindesvermögens bzw. die Inanspruchnahme des Verwendungsrechts nach § 1649 Abs. 2 BGB,[33]
- eine ärztliche Behandlung – mit Ausnahme von Routineuntersuchungen oder häufig vorkommenden, nicht ungewöhnlichen Erkrankungen wie Erkältung – (Wahl der Behandlungsmethode, Entscheidung über eine Operation, Impfung, Medikamente),[34]
- die geschlossene Unterbringung des Kindes oder die Vornahme freiheitsentziehender Maßnahmen gegenüber dem Kind,[35]
- die Ausschlagung einer Erbschaft,[36]

---

20 BGH FamRZ 2010, 1060; OLG Stuttgart ZKJ 2019, 150; OLG Koblenz FamRZ 2019, 804
21 Vgl. OLG Frankfurt FamRZ 1961, 125; OLG Stuttgart FamRZ 1999, 39, 40
22 Vgl. KG ZKJ 2018, 230, 233; AG Mönchengladbach-Rheydt, Beschl. v. 21.7.2021 – 18 F 85/21, juris; implizit BGH ZKJ 2017, 190, 191; a.A. BVerwGE 153, 89, 97; OLG München NJW-RR 2008, 1534
23 BGH FamRZ 2014, 917; OLG Frankfurt, Beschl. v. 12.7.2016 – 6 UF 60/16, Rn. 10 f. (juris); FamRZ 2024, 1613; OLG Nürnberg MDR 2024, 987
24 OLG Hamm ZKJ 2011, 143; OLG Saarbrücken FamRZ 2017, 286; OLG Düsseldorf FamRZ 2018, 928, 929; OLG Brandenburg, Beschl. v. 10.6.2020 – 9 UF 111/20 (juris)
25 BGH FamRZ 2014, 917 (Unterhalt); OLG Düsseldorf FamRZ 2018, 928, 929 (Pflegegeld); AG Stolzenau FamRZ 2018, 35 (Geltendmachung von Rechten am eigenen Bild)
26 BGH ZKJ 2018, 424
27 BGH ZKJ 2016, 419, 423
28 OLG Dresden FamRZ 2005, 1275; OLG Thüringen FamRZ 2009, 894
29 BVerfG FamRZ 2003, 511 (Grundschule); KG ZKJ 2018, 230 (Grundschule); OLG Schleswig FamRZ 2011, 1304 (Grundschule); AG Lemgo FamRZ 2004, 49 (Grundschule); AG Frankenthal NZFam 2020, 824 (Grundschule); OLG Frankfurt, Beschl. v. 30.7.2024 – 6 UF 84/24 (juris) (Grundschule); OLG Brandenburg NZFam 2022, 315 (Grundschule); OLG Hamburg FamRZ 2022, 107 (weiterführende Schule); OLG Rostock FamRZ 2007, 1835 (weiterführende Schule); AG Mainz FamRZ 2021, 1711 (Internat)
30 OLG Hamm ZKJ 2018, 464; OLG Brandenburg JAmt 2005, 47, 48; OLG Frankfurt FamRZ 2009, 894; FamRZ 2024, 1273; OLG Karlsruhe ZKJ 2020, 272 (Tagesmutter)
31 OLG Düsseldorf NJW-RR 2005, 1529
32 OLG Hamm FamRZ 1966, 209, 210
33 MüKo-BGB/*Huber*, § 1628 BGB Rn. 14
34 OLG Bamberg FamRZ 2003, 1403 (Medikamentengabe und psychotherapeutische Behandlung); BGH ZKJ 2017, 316, 317 (Impfung); KG FamRZ 2006, 142 (Impfung); OLG Frankfurt ZKJ 2016, 105, 106; FamRZ 2023, 1875 (Impfung); OLG Brandenburg FamRZ 2022, 1852 (Impfung); OLG Frankfurt, Beschl. v. 30.7.2024 – 6 UF 84/24 (juris) (Diagnostik, Therapie); OLG Karlsruhe, Beschl. v. 31.7.2024 – 20 UF 85/24, juris (Medikamentengabe)
35 OLG Oldenburg FamRZ 2019, 203 für freiheitsentziehende Maßnahmen
36 OLG Hamm FamRZ 2003, 172

- die Entscheidung, ob eine Vaterschaft angefochten werden soll,[37]
- die Durchführung eines Anfechtungs- und Vaterschaftsfeststellungsverfahrens,[38]
- die Ausstellung eines Kinderausweises,[39] Reisepasses,[40]
- die meisten Fragen zur religiösen Erziehung, wie die Wahl des Religionsbekenntnisses (§ 2 Abs. 1 RelKErzG),[41] die Kindstaufe,[42] die Erstkommunion,[43] die Teilnahme an Religionsunterricht und Schulgottesdienst;[44] nicht: die Bestimmung des Termins zur Taufe,[45]
- die Durchführung einer Beschneidung,[46]
- Urlaubsreise eines (kleinen) Kindes wegen (Gesundheits)Gefahren[47] oder in Länder eines ihm nicht umfassend vertrauten Kulturkreises – in den konkreten Fällen Katar,[48] Kolumbien,[49] und russische Föderation;[50] nicht: Reisen nach Aufhebung der Reisewarnung während der Corona-Pandemie[51]
- eine Flugreise mit einer Fluggesellschaft, die einem am Krieg beteiligten Land zuzuordnen ist – im konkreten Fall die Reise in die USA während des Irakkrieges,[52]
- Urlaubsreise in ein politisches Krisengebiet und wenn für den Zielort eine Reisewarnung des Auswärtigen Amtes vorliegt – in den konkreten Fällen Türkei,[53] Ostukraine,[54]
- die Überlassung eines internetfähigen Endgerätes wie Smartphone, Computer oder Tablet[55] sowie die Entscheidung über ein Mediennutzungsverbot (hierzu *Fink*, § 1626 Rn. 22 f.),[56]
- die Entscheidung über die Veröffentlichung und Löschung von Lichtbildaufnahmen und Filmen des Kindes im Internet (hierzu *Fink*, § 1626 Rn. 22 f.),[57] sowie die Geltendmachung eines Unterlassungsanspruchs nach § 1004 Abs. 1 Satz 2 BGB i.V.m. § 823 Abs. 2 BGB i.V.m. §§ 22, 23 KUG.[58]

(Weitere Beispiele bei *Bussian*, § 1687 BGB Rn. 6.)

---

37 OLG Dresden FamRZ 2009, 1330, 1331
38 OLG Brandenburg OLGR 2008, 416
39 OLG Köln FamRZ 2005, 644; OLG Karlsruhe FamRZ 2005, 1187, 1188
40 OLG Köln FamRZ 2012, 1502; OLG Frankfurt FamRZ 2023, 1203; AG Wittenberg NZFam 2023, 909
41 BGH NJW 2005, 2080 f.; OLG Karlsruhe FamRZ 2016, 1376
42 BGH NJW 2005, 2080 f.; OLG Hamm FamRZ 2014, 1712; OLG Stuttgart FamRZ 2018, 354; OLG Karlsruhe FamRZ 2019, 1697
43 OLG Hamm FamRZ 2014, 1712
44 OLG Köln FamFR 2013, 257
45 AG Lübeck FamRZ 2003, 549
46 AG Düsseldorf FamRZ 2014, 1209
47 OLG Köln NJW 1999, 295 (Ägyptenreise mit dreijährigem Kind); OLG Frankfurt ZKJ 2020, 316 (Nicaraguareise während Corona-Pandemie); OLG Köln FamRZ 2020, 997 (Afghanistan); OLG Köln FamRZ 2020, 998 (Nigeria wegen Entführungsgefahr); OLG Koblenz FamRZ 2022, 197 (Türkeireise während Corona-Pandemie mit ungeimpftem Jugendlichen); OLG Koblenz, Beschl. v. 5.8.2024 – 13 UF 334/24 (juris) (Epilepsie)
48 OLG Köln FamRZ 2005, 644, 645
49 OLG Frankfurt FamRZ 2007, 753
50 AG Wittenberg NZFam 2023, 909
51 OLG Braunschweig FamRZ 2020, 1658; OLG Dresden ZKJ 2021, 467; *Rake*, FamRZ 2020, 650, 652
52 AG Freising FamRZ 2004, 968
53 OLG Frankfurt, ZKJ 2016, 361
54 OLG Karlsruhe FamRZ 2015, 150
55 *Götz*, FamRZ 2017, 1725
56 Vgl. AG Bad Hersfeld FamRZ 2016, 564; *Rake*, FamRZ 2017, 1733, 1734
57 Vgl. OLG Oldenburg FamRZ 2018, 1517; AG Menden NJW 2010, 1614; AG Stolzenau FamRZ 2018, 35
58 OLG Oldenburg FamRZ 2018, 1517

II. Beschränkungen und Auflagen (Satz 2)

9 Die Zuweisung der Entscheidungskompetenz kann mit einer Beschränkung oder Auflage verknüpft werden.

10 Mit der Zulassung einer **Beschränkung** soll verdeutlicht werden, dass Abstriche von einem eigentlich gebilligten Elternvorschlag vorgenommen werden können, wenn z.B. ein Elternteil mehrere Vorschläge macht, von denen nur ein Teil geeignet ist, und der andere Elternteil in Einzelpunkten stichhaltige Bedenken erhebt.[59] Das Entscheidungsergebnis muss aber auf einer von den Eltern erwogenen Konfliktlösung beruhen und darf keine eigene Sachentscheidung des Gerichts sein.[60] Als Beschränkung kommt z.B. bei der Zuteilung des Rechts über die Aufenthaltsbestimmung eine zeitliche Begrenzung in Betracht.[61]

11 **Auflagen** können angeordnet werden, wenn ein vom Gericht gebilligter Elternvorschlag der Ergänzung bzw. Kontrolle bedarf. Als Auflage kommt z.B. die Verpflichtung in Betracht, die Einleitung einer bestimmten Maßnahme (wie Schulanmeldung, Impfung) dem Gericht anzuzeigen, wenn der andere Elternteil Grund hat zu zweifeln, ob die vorgeschlagene Maßnahme auch tatsächlich durchgeführt wird. Auch das Gestaltungsmittel der Auflage muss seine Grundlage im Elternvorschlag haben, sich an diesem orientieren und darf nicht zu einer eigenen Sachentscheidung des Gerichts führen.[62]

III. Rechtsfolge und Änderungen

12 Die Entscheidungskompetenzzuweisung durch das Familiengericht führt zur **Übertragung der alleinigen elterlichen Sorge** in einer einzelnen Angelegenheit oder einer bestimmten Art von Angelegenheiten an den durch die Entscheidung begünstigten Elternteil. Diesem steht dann nach § 1629 Abs. 1 Satz 3 BGB auch die alleinige Vertretung des Kindes zu.[63]

13 Da die vom Gericht getroffene Lösung des Elternkonflikts nur Ersatz des von § 1627 BGB geforderten Einvernehmens der Eltern ist, steht sie als solche zur **Disposition der Eltern**, die sich jederzeit auf eine Ausführung des „unterlegenen" Elternvorschlags oder eine dritte Lösung verständigen können. Das Gericht hat unter den Voraussetzungen des § 1696 BGB eine **Abänderungsbefugnis**, z.B. wenn Auflagen nicht eingehalten werden.[64]

14 ***Tenorierungsbeispiele für eine Entscheidungskompetenzzuweisung***

Dem Kindesvater wird das Entscheidungsrecht über die Durchführung von Schutzimpfungen für die Krankheiten Tetanus, Diphterie, Petussis, Pneumokokken, Rotaviren, Meningokokken C, Masern, Mumps und Röteln des Kindes … (Name), geboren am … (Datum), allein übertragen.

Der Kindesmutter wird das Recht zur Schulanmeldung für die weiterführende Schule des Kindes (Name), geboren am … (Datum), allein übertragen.

59 BT-Drs. 8/2788, 46
60 MüKo-BGB/*Huber*, § 1628 BGB Rn. 16
61 BT-Drs. 13/4899, 95
62 BT-Drs. 13/4899, 95; BT-Drs. 8/2788, 46
63 MüKo-BGB/*Huber*, § 1628 BGB Rn. 16
64 MüKo-BGB/*Huber*, § 1628 BGB Rn. 24

§ 1629 BGB

Vertretung des Kindes

(1) [1]Die elterliche Sorge umfasst die Vertretung des Kindes. [2]Die Eltern vertreten das Kind gemeinschaftlich; ist eine Willenserklärung gegenüber dem Kind abzugeben, so genügt die Abgabe gegenüber einem Elternteil. [3]Ein Elternteil vertritt das Kind allein, soweit er die elterliche Sorge allein ausübt oder ihm die Entscheidung nach § 1628 übertragen ist. [4]Bei Gefahr im Verzug ist jeder Elternteil dazu berechtigt, alle Rechtshandlungen vorzunehmen, die zum Wohl des Kindes notwendig sind; der andere Elternteil ist unverzüglich zu unterrichten.

(2) [1]Der Vater und die Mutter können das Kind insoweit nicht vertreten, als nach § 1824 ein Betreuer von der Vertretung des Betreuten ausgeschlossen ist. [2]Steht die elterliche Sorge für ein Kind den Eltern gemeinsam zu, so kann der Elternteil, in dessen Obhut sich das Kind befindet, Unterhaltsansprüche des Kindes gegen den anderen Elternteil geltend machen. [3]Das Familiengericht kann dem Vater und der Mutter nach § 1789 Absatz 2 Satz 3 und 4 die Vertretung entziehen; dies gilt nicht für die Feststellung der Vaterschaft.

(2a) Der Vater und die Mutter können das Kind in einem gerichtlichen Verfahren nach § 1598a Abs. 2 nicht vertreten.

(3) [1]Sind die Eltern des Kindes miteinander verheiratet oder besteht zwischen ihnen eine Lebenspartnerschaft, so kann ein Elternteil, Unterhaltsansprüche des Kindes gegen den anderen Elternteil nur im eigenen Namen geltend machen, solange

1. die Eltern getrennt leben oder

2. eine Ehesache oder eine Lebenspartnerschaftssache im Sinne von § 269 Absatz 1 Nummer 1 oder 2 des Gesetzes über das Verfahren in Familiensachen und in den Angelegenheiten der freiwilligen Gerichtsbarkeit zwischen ihnen anhängig ist.

[2]Eine von einem Elternteil erwirkte gerichtliche Entscheidung und ein zwischen den Eltern geschlossener gerichtlicher Vergleich wirken auch für und gegen das Kind.

Übersicht

A. Allgemeines

1 Die Norm regelt die gesetzliche Vertretung des Kindes, die Teil der elterlichen Sorge ist. Sie umfasst den gesamten Bereich der elterlichen Sorge, also die Personensorge und die Vermögenssorge. Die Norm hat die Funktion, den sorgeberechtigten **Eltern** die **Vertretungsmacht** für ihr Kind **zu verschaffen** und deren Ausübung zu regeln.

Die gesetzliche Vertretung obliegt den Eltern **i.d.R.** als **Gesamtvertretung**, da dies der gemeinschaftlichen Ausübung der elterlichen Sorge durch beide Elternteile und ihrer Verpflichtung zu gegenseitigem Einvernehmen sowie dem Gleichberechtigungsgrundsatz entspricht.[1] Die Norm sieht aber einige Ausnahmen hiervon vor wie für die Geltendmachung von Unterhaltsansprüchen oder bei Gefahr im Verzug. In Fällen, in denen eine Gefahr eines Interessenwiderstreits zwischen den Eltern/einem Elternteil und dem zu vertretenden Kind besteht, schließt die Norm die Interessenvertretung der Eltern/eines Elternteils sogar ganz aus.

B. Inhalt der Norm

I. Gesamtvertretung (Abs. 1 Satz 1, Satz 2 1. HS)

2 Da die **gesetzliche Vertretung** des Kindes Teil der elterlichen Sorge ist, teilt sie auch das **Schicksal der elterlichen Sorge**. Den Eltern steht die gesetzliche Vertretung nur insoweit zu, als ihnen auch die elterliche Sorge zusteht.

3 Die gesetzliche Vertretung obliegt den Eltern i.d.R. als Gesamtvertretung. **Gesamtvertretung** bedeutet, dass nur beide Elternteile zusammen befugt sind, im Namen des Kindes Rechtsgeschäfte vorzunehmen und Rechtsstreitigkeiten zu führen.[2] Die Gesamtvertretung erfordert weder die gleichzeitige Abgabe von Willenserklärungen noch die höchstpersönliche Abgabe oder das Tätigwerden beider Elternteile. Vielmehr können sich die Eltern eines **Dritten** bedienen oder sich einander **widerrufliche** (formlose, schriftliche, ausdrückliche oder konkludente) **Vollmachten** erteilen.[3]

4 Indem die sorgeberechtigten **Eltern** die **Vertretungsmacht erhalten**, können sie das Kind bei der Abgabe von Willenserklärungen bzw. beim Abschluss von Rechtsgeschäften nach den allgemeinen Regeln der Stellvertretung (§§ 164 ff. BGB) vertreten. Die Eltern erzielen bei der Vertretung grundsätzlich nur dann Rechtswirkungen für das Kind, wenn sie **im Namen des Kindes** handeln (**Offenkundigkeitsprinzip**). Eine Ausnahme vom Offenkundigkeitsprinzip gilt nur beim sog. Geschäft für den, den es angeht.[4]

5 Schließen die Eltern ein Rechtsgeschäft **im eigenen Namen** ab, besteht keine gesetzliche Vertretung.[5] Dem Interesse des Kindes, aus einem solchen Geschäft berechtigt zu werden bzw. von ihm zu profitieren, kann durch die Regelung über den Vertrag zugunsten Dritter (§ 328 BGB) oder die Figur des Vertrags mit Schutzwirkung für Dritte Rechnung getragen werden.[6]

6 Nimmt das **Kind** ein (höchstpersönliches) Rechtsgeschäft oder eine rechtsgeschäftsähnliche **Handlung selbst vor**, erklären die Eltern ihre – i.d.R. erforderliche – Zustimmung nicht

---

1 BT-Drs. 8/2788, 47; BVerfGE 10, 59
2 BGH NJW 1987, 1947, 1948; OVG Münster FamRZ 1975, 44, 45; OLG Hamm ZKJ 2016, 107; MüKo-BGB/*Huber*, § 1629 BGB Rn. 12
3 BGHZ 105, 45, 48; BGH FamRZ 2020, 1171; OLG Saarbrücken FamRZ 2008, 2030; BeckOK-BGB/*Veit*, § 1629 BGB Rn. 27 ff.
4 MüKo-BGB/*Huber*, § 1629 BGB Rn. 13 ff.
5 Vgl. BGHZ 89, 263, 266
6 MüKo-BGB/*Huber*, § 1629 BGB Rn. 15

als gesetzliche Vertreter, sondern in Erfüllung ihres Pflichtenrechts nach §1626 Abs.1 BGB. Das Gleiche gilt für die Erfüllung von öffentlich-rechtlichen Pflichten, deren Erfüllung das Gesetz den Eltern selbst auferlegt, wie die Begründung und Aufgabe eines Wohnsitzes (§11 BGB) oder die Anmeldung des Kindes zur Schule (hierzu *Fink*, §1626 BGB Rn. 15f.).

Handelt ein Elternteil als Alleinvertreter unter **Verstoß gegen den Gesamtvertretungsgrundsatz** oder handelt ein Elternteil als Gesamtvertreter ohne Ermächtigung des anderen, kommen die Regelungen der §§177ff. BGB entsprechend zur Anwendung.[7] 7

II. Ausnahmen von der Gesamtvertretung (Abs. 1 Satz 2 2. HS, Satz 3, Satz 4)

Der Grundsatz der Gesamtvertretung sieht zahlreiche Ausnahmen vor. 8

1. Gesetzlich normierte Ausnahmen

a) Empfangsvertretung (Abs. 1 Satz 2 2. HS)

Für die Empfangsvertretung bei einer Willenserklärung genügt Alleinvertretung. Der damit normierte Gedanke gilt auch für die Zurechnung von Willensmängeln, die Kenntnis oder das Kennenmüssen gewisser Umstände, für die nach §166 Abs. 1 BGB auf die Person des Vertreters abzustellen ist.[8] 9

b) Alleinige Sorgerechtsausübung und Entscheidungskompetenzübertragung (Abs. 1 Satz 3)

Ein Elternteil, der die elterliche Sorge allein ausübt oder dem die Entscheidungskompetenz über eine einzelne Angelegenheit oder eine bestimmte Art von Angelegenheiten nach §1628 BGB übertragen wurde, vertritt das Kind allein. Damit wird dem Grundsatz Rechnung getragen, dass den Eltern die gesetzliche Vertretung nur insoweit zusteht, als sie auch die elterliche Sorge innehaben. 10

c) Gefahr im Verzug (Abs. 1 Satz 4)

Das **Notvertretungsrecht** steht dem Wortlaut nach **jedem Elternteil** zu. Es hängt nicht davon ab, ob die Eltern miteinander verheiratet sind, ob sie getrennt leben (§1687 Abs. 1 Satz 5 BGB) oder ob einem von ihnen das Alleinvertretungsrecht auf Grund anderer Vorschriften zusteht (§1687a BGB). Das Notvertretungsrecht kann sich gegenüber einem Alleinvertretungsrecht des anderen Elternteils durchsetzen. Es gilt auch für Pflegepersonen (§1688 Abs. 1 Satz 3BGB) und ihnen gleichgestellte Personen (§1688 Abs. 2, Abs. 4 BGB), für Stiefeltern (§1687b Abs. 2 BGB) und für den Lebenspartner eines Elternteils (§9 Abs. 2 LPartG). 11

Die Notvertretung greift nur bei **Gefahr im Verzug**. Das ist der Fall, wenn dem Kind erhebliche (insbes. gesundheitliche und wirtschaftliche) Nachteile drohen, deren Abwendung ein sofortiges Eingreifen erforderlich macht, und die vorherige Einholung einer Entscheidung des anderen Elternteils den Zweck der Maßnahme gefährden würde. Die Voraussetzungen liegen aufgrund moderner Kommunikationsmittel und der damit einhergehenden Möglichkeit einer vorherigen Kontaktaufnahme zum anderen Elternteil selten vor. Geht der handelnde Elternteil irrtümlich von einer Gefahr im Verzug aus, die objektiv nicht besteht, ist 12

---

7 MüKo-BGB/*Huber*, §1629 BGB Rn. 42

8 BGHZ 20, 149, 152f.; 62, 166, 173

das Notvertretungsrecht in Anwendung des Rechtsgedankens des § 680 BGB trotzdem zu bejahen, wenn der Irrtum nicht auf grober Fahrlässigkeit beruht.[9]

13 Der Begriff der **Rechtshandlung** beschränkt sich nicht auf den Abschluss von Rechtsgeschäften, sondern umfasst alle Maßnahmen mit rechtlicher Wirkung, wie die Einwilligung in eine ärztliche Behandlung für das Kind.[10]

14 Der andere Elternteil ist von der in Notvertretung getroffenen Rechtshandlung **unverzüglich** (ohne schuldhaftes Zögern, § 121 Abs. 1 Satz 1 BGB) zu **unterrichten**.

2. Elterlich vereinbarte Ausnahmen

15 Die Gesamtvertretung schließt es nicht aus, dass sich Eltern einander **widerrufliche Vollmachten** erteilen und ein Elternteil den anderen autorisiert, allein für das Kind zu handeln.[11]

III. Ausschluss des Vertretungsrechts (Abs. 2 Satz 1, Abs. 2a)

1. Ausschlussgrund nach § 1824 BGB (Abs. 2 Satz 1)

16 Liegt ein Ausschlussgrund nach § 1824 BGB vor, sind die Eltern bzw. ist der Elternteil von der Vertretung des Kindes ausgeschlossen, und die Bestellung eines **Ergänzungspfleger**s (§ 1809 Abs. 1 BGB) wird notwendig. Damit soll einer abstrakten Gefährdungssituation für die Kindesinteressen begegnet werden; eine konkrete Gefährdung ist nicht erforderlich. Der Ausschluss erfasst dabei beide sorgeberechtigten Elternteile, wenn sie **miteinander verheiratet** sind oder in einer **Lebenspartnerschaft** leben, auch wenn nur in der Person eines Elternteils ein in § 1824 BGB genannter Ausschlussgrund vorliegt. Sind die sorgeberechtigten Elternteile **nicht (mehr) miteinander verheiratet**, tritt ein Vertretungsausschluss kraft Gesetzes nur bei dem Elternteil ein, in dessen Person die Voraussetzungen des § 1824 BGB unmittelbar vorliegen.[12]

17 Nimmt ein sorgeberechtigter Elternteil Rechtsgeschäfte vor, obwohl er von der Vertretung ausgeschlossen ist, gelten die allgemeinen Regeln über die **Vertretung ohne Vertretungsmacht**, § 177 ff. BGB. Das Rechtsgeschäft ist bis zur Genehmigung des Ergänzungspflegers oder des volljährig bzw. geschäftsfähig gewordenen Kindes selbst schwebend unwirksam.[13]

18 § 1824 BGB sieht **vier Ausschlusstatbestände** vor:

- **§ 1824 Abs. 2 BGB**: das allgemeine Verbot der Selbstkontrahierung (§ 181 BGB); nicht: wenn das Rechtsgeschäft dem Kind lediglich rechtliche Vorteile i.S.d. § 107 BGB bringt,[14]
- **§ 1824 Abs. 1 Nr. 1 BGB**: bei Rechtsgeschäften zwischen den Ehegatten, Lebenspartnern oder bestimmten Verwandten einerseits und dem Kind andererseits; nicht: wenn

---

9 BeckOK-BGB/*Veit*, § 1629 BGB Rn. 21 f.
10 MüKo-BGB/*Huber*, § 1629 BGB Rn. 28
11 BGH FamRZ 2020, 1171
12 Vgl. BGH ZKJ 2021, 366, 367 f.; FamRZ 2024, 1093 Rn. 12 f.; OLG Köln FamRZ 2023, 1024; OLG Hamburg FamRZ 2024, 110
13 RGZ 119, 114, 116; MüKo-BGB/*Huber*, § 1629 BGB Rn. 46
14 Vgl. BGHZ 59, 236, 240; BGH FamRZ 2022, 1190 (Miteigentumserwerb an einem vermieteten Grundstück); FamRZ 2024, 1098, 1100 (Miteigentumserwerb an einem nicht vermieteten oder verpachteten Grundstück); OLG Dresden NJW 2016, 1027 (Schenkung einer Photovoltaikanlage); OLG München NJW-RR 2020, 1079 (Erwerb vermieteten Wohnungseigentums); FamRZ 2022, 1853 (Elternteil als Testamentsvollstrecker); NJW-RR 2022, 166 (Miteigentumserwerb mit Ausschluss der Gemeinschaftsaufhebung); FamRZ 2024, 111 (Übertragung eines Kommanditanteils)

das Rechtsgeschäft ausschließlich in Erfüllung einer Verbindlichkeit besteht oder dem Kind lediglich rechtliche Vorteile bringt,[15]

- **§ 1824 Abs. 1 Nr. 2 BGB**: bei bestimmten Rechtsgeschäften, die den Eltern zugutekommen,
- **§ 1824 Abs. 1 Nr. 3 BGB**: bei Rechtsstreitigkeiten zwischen den in Nr. 1 bezeichneten Personen sowie bei Rechtsstreitigkeiten über eine Angelegenheit der in Nr. 2 bezeichneten Art.[16]

Die vier Fallgruppen sind **abschließend**. Auch wenn im konkreten Fall eine tatsächliche Gefährdung der Kindesinteressen vorliegt, kann der gesetzliche Ausschluss der §§ 1629 Abs. 2 Satz 1, 1824 BGB nicht darauf erstreckt werden.[17] **19**

Der Begriff des **Rechtsgeschäfts** ist weit zu verstehen. Er umfasst nicht nur Verträge, sondern auch einseitige empfangsbedürftige Willenserklärungen wie die Zustimmung des Vertreters nach §§ 182 ff. BGB[18] oder die Erklärung des Vertreters gegenüber einer Behörde oder einem Gericht, sofern das Rechtsgeschäft unmittelbar darauf abzielt, die Rechtsposition des Vertreters oder des Kindes zu beeinflussen (z.B. die Testamentsanfechtung gegenüber dem Nachlassgericht[19]). **20**

Keine Rechtsgeschäfte sind: **21**

- die Entscheidung des Vertreters, **ob** Rechte des Kindes geltend gemacht werden sollen,[20]
- alle Verfahrenshandlungen, die nicht im Rahmen eines Rechtsstreits der in § 1824 Abs. 1 Nr. 3 BGB aufgeführten Fälle vorgenommen werden.

▶ *Siehe auch Wierse, Kommentierung zu § 1824 BGB.*

2. Ausschlussgrund: gerichtliches Verfahren zur Durchsetzung einer genetischen Abstammungsuntersuchung, § 1598a Abs. 2 BGB (Abs. 2a)

Der Ausschlussgrund umfasst **nur** das **gerichtliche Verfahren** zur Durchsetzung einer genetischen Abstammungsuntersuchung. Außerhalb des Verfahrens bleiben die Eltern grundsätzlich vertretungsberechtigt, so bei der Frage, ob überhaupt ein gerichtliches Verfahren anzustrengen ist.[21] **22**

IV. Entzug des Vertretungsrechts (Abs. 2 Satz 3)

1. Maßnahmen des Familiengerichts i.S.v. § 1789 Abs. 2 BGB

Das Familiengericht kann den Eltern bei einer konkreten Gefährdungssituation für die Kindesinteressen die Vertretung für einzelne Angelegenheiten oder für einen bestimmten Kreis von Angelegenheiten entziehen (§ 1789 Abs. 2 BGB). Erst mit der Entziehung und nicht bereits mit Auftreten des Interessengegensatzes entfällt die Vertretungsbefugnis. Ausgenom- **23**

15 Vgl. BGH NJW 1985, 2407 f. (Schenkung); OLG Hamm NJW-RR 2001, 437 (Grundstücksübertragung); KG FamRZ 2023, 648 (Übertragung eines Miterbenanteils)
16 BGH FamRZ 2024, 1093; OLG München FamRZ 2024, 535 (Anerkennungsverfahren)
17 Vgl. MüKo-BGB/*Huber*, § 1629 BGB Rn. 50 f.
18 BayObLG FamRZ 1960, 33, 34
19 RGZ 143, 350, 351 f.
20 Vgl. OLG Köln NJW 2024, 2193 (Geltendmachung von Pflichtteilsansprüchen)
21 BT-Drs. 16/6561, 15; *Helms*, FamRZ 2008, 1033, 1034

men ist das Verfassungsbeschwerdeverfahren, bei dem das Bestehen eines Interessenkonflikts für den Vertretungsausschluss reicht.[22]

▶ *Zur funktionalen Zuständigkeit Heilmann, § 3 RPflG Rn. 5. Siehe auch Wierse, Kommentierung zu § 1789 BGB.*

24 **Voraussetzungen** für die gerichtliche Entziehung sind:

- ein oder beide sorgeberechtigten Elternteile haben die **Vertretung für eine einzelne Angelegenheit oder für einen bestimmten Kreis von Angelegenheiten** inne (vgl. § 1789 Abs. 2 Satz 3 BGB),
- **konkrete Interessenkollision**[23] zwischen den Eltern, einem von den Eltern vertretenen Dritten, den Ehegatten, den Lebenspartnern oder bestimmten Verwandten einerseits und dem Kind andererseits (§ 1789 Abs. 2 Satz 4 BGB),
- das Interesse des Kindes steht zu den Interessen der Eltern, eines von den Eltern vertretenen Dritten, der Ehegatten, der Lebenspartner oder bestimmter Verwandter in **erheblichem Gegensatz** (§ 1789 Abs. 2 Satz 4 BGB),
- Wahrung des Grundsatzes der **Verhältnismäßigkeit**.

25 Der Begriff der **Vertretung** ist weit zu verstehen. Er umfasst nicht nur die tatsächliche Durchsetzung von Ansprüchen gegen die betreffende Person, sondern auch die Entscheidung darüber, ob solche Ansprüche überhaupt geltend gemacht werden sollen.[24]

26 Ein **erheblicher Gegensatz** ist gegeben, wenn das eine Interesse nur auf Kosten des anderen Interesses durchgesetzt werden kann und die Gefahr besteht, dass die sorgeberechtigten Eltern das Kindesinteresse nicht genügend berücksichtigen können.[25] Nicht ausreichend ist, dass sich das Kind und die anderen möglichen Personen auf zwei Seiten gegenüberstehen.[26] Ebenso wenig kann ein erheblicher Gegensatz bei jeder denkbaren Vermögensgefährdung angenommen werden, da andernfalls die engen Voraussetzungen der §§ 1666, 1667 BGB umgangen werden würden.[27]

27 Wie bei allen Eingriffen in das Elternrecht ist der Grundsatz der **Verhältnismäßigkeit** zu wahren.[28] Eine Entziehung ist dann nicht erforderlich, wenn die Eltern trotz einer Interessenkollision in der Lage sind, eine dem Wohl des Kindes entsprechende Entscheidung zu treffen,[29] oder wenn durch die Bestellung eines Verfahrensbeistands für eine wirksame Interessenvertretung Sorge getragen werden kann.[30] Die Entziehung ist für jeden Elternteil gesondert zu prüfen und auf einen Elternteil zu beschränken, wenn in der Person des anderen Elternteils kein Grund für eine Entziehung gegeben ist.[31]

28 **Folge** bei gemeinsamer elterlicher Sorge und der Entziehung der Vertretung nur eines Elternteils ist die **Alleinvertretung** des anderen Elternteils nach § 1680 Abs. 3, Abs. 1 BGB. Wird bei gemeinsamer elterlicher Sorge beiden Elternteilen bzw. bei Alleinsorge dem allein sorgeberechtigten Elternteil die Vertretung entzogen, ist für die Vertretung des Kindes nach § 1809 BGB ein **Ergänzungspfleger** zu bestellen.

---

22 Vgl. BVerfG FamRZ 2021, 194; BGH FamRZ 2021, 1127
23 Vgl. BGH FamRZ 2014, 640; OLG Frankfurt FamRZ 2018, 357; OLG Bamberg ZKJ 2020, 312; NZFam 2022, 178; OLG Nürnberg ZKJ 2023, 183; OLG Köln NJW 2024, 2193
24 MüKo-BGB/*Huber*, § 1629 BGB Rn. 57
25 Vgl. BGH NJW 2019, 1814; OLG Köln FamRZ 2001, 430, 431; OLG Karlsruhe FamRZ 2004, 51; OLG Koblenz FamFR 2010, 403; OLG Bamberg NZFam 2022, 178
26 BGH NJW 1979, 345, 347; OLG Stuttgart FamRZ 1983, 831
27 OLG Frankfurt NJW-RR 2005, 1382
28 Vgl. BGH FamRZ 2021, 1127
29 OLG Stuttgart FamRZ 1983, 831; OLG Karlsruhe FamRZ 2004, 51 f.
30 BGH FamRZ 2011, 1788, 1790
31 MüKo-BGB/*Huber*, § 1629 BGB Rn. 61

2. Keine Entziehung für die Vaterschaftsfeststellung (Abs. 2 Satz 3 2. HS)

Die Ausnahme bezieht sich auf die gerichtliche **Feststellung der Vaterschaft** nach §1600d BGB und gilt auch für die **Anfechtung** der Vaterschaft nach §§1599 ff. BGB.[32] Bedarf es eines Schutzes der Kindesinteressen, besteht die Möglichkeit, die Entscheidung über das Betreiben eines Vaterschaftsfeststellungsverfahrens bzw. Vaterschaftsanfechtungsverfahrens einem Elternteil nach §1628 BGB zu übertragen oder die elterliche Sorge unter den Voraussetzungen des §1666 BGB zu entziehen und die Entscheidung über das Betreiben eines Vaterschaftsfeststellungsverfahrens bzw. Vaterschaftsanfechtungsverfahrens sowie seine Durchführung einem Pfleger zu übertragen.[33] 29

▶ *Zu Einzelheiten der Vaterschaftsanfechtung siehe Keuter, §1600a BGB Rn. 11 ff.*

V. Geltendmachung von Unterhaltsansprüchen (Abs. 2 Satz 2, Abs. 3)

1. Alleinvertretungsrecht (Abs. 2 Satz 2)

Die Norm ermöglicht die **Alleinvertretung eines Elternteils** für die Geltendmachung von Unterhaltsansprüchen des Kindes gegen den anderen Elternteil. Eine Vereinbarung über den Abschluss einer Rückübertragung von übergegangenen Kindesunterhaltsansprüchen i.S.d. §33 Abs. 4 Satz 1 SGB II ist nicht erfasst.[34] 30

Voraussetzungen dafür sind:

- die gemeinsame Sorge der Eltern,
- das Kind befindet sich in Obhut eines Elternteils.

a) Die **elterliche Sorge** für das Kind muss den Eltern **gemeinsam** zustehen. Es kommt nicht darauf an, ob der Eintritt der gemeinsamen Sorge auf Ehe (§§1626, 1626a Abs. 1 Nr. 2 BGB), Sorgeerklärungen (§1626a Abs. 1 Nr. 1 BGB) oder gerichtlicher Anordnung (wie §1626a Abs. 1 Nr. 3 BGB) beruht.[35] 31

b) Das Kind muss sich in **Obhut** eines Elternteils befinden. Der Begriff der Obhut stammt aus §42 SGB VIII und stellt auf die tatsächlichen Betreuungsverhältnisse ab. Das Kind befindet sich in der Obhut desjenigen Elternteils, bei dem der Schwerpunkt der tatsächlichen Fürsorge und Betreuung liegt, der sich also vorrangig um die Befriedigung der elementaren Bedürfnisse (wie Pflege, Verköstigung, Kleidung, emotionale Zuwendung) des Kindes kümmert.[36] Lässt sich ein Schwerpunkt nicht ermitteln, greift §1629 Abs. 2 Satz 2 BGB bei **miteinander verheirateten** oder in einer **Lebenspartnerschaft** lebenden Eltern nicht ein.[37] Der Elternteil, der den anderen für barunterhaltspflichtig hält, muss dann entweder die Bestellung eines Ergänzungspflegers oder eine Entscheidung nach §1628 BGB herbeiführen. Zwischen beiden Möglichkeiten besteht grundsätzlich ein Wahlrecht.[38] Wenn kein Elternteil die tatsächliche Obhut über das Kind innehat, greift 32

---

32 BGH FamRZ 2017, 123 m.w.N.; BayObIG FamRZ 1999, 737; *Grün*, S. 131 f.
33 Für das Vaterschaftsfeststellungsverfahren: BT-Drs. 13/892, 34; für das Vaterschaftsanfechtungsverfahren: *Grün*, S. 131 f.
34 BGH FamRZ 2020, 991; OLG Saarbrücken FamRZ 2022, 1186
35 Vgl. BT-Drs. 13/4899, 96
36 BGH FamRZ 2014, 917; OLG Frankfurt FamRZ 1992, 575 f.; OLG Stuttgart NJW-RR 1996, 67; OLG Karlsruhe FamRZ 2021, 360
37 BGH FamRZ 2024, 1093 Rn. 18
38 BGH FamRZ 2014, 917; FamRZ 2017, 532; OLG Brandenburg NJW-RR 2020, 1330; OLG Schleswig FamRZ 2024, 114; OLG Frankfurt FamRZ 2024, 1631, 1633

§ 1629 Abs. 2 Satz 2 BGB ebenfalls nicht.[39] Sind die sorgeberechtigten Eltern **nicht (mehr) miteinander verheiratet**, steht die Vertretungsmacht beiden Elternteilen zu. Jeder Elternteil kann dann den Unterhaltsanspruch des Kindes als gesetzlicher Vertreter geltend machen.[40]

33 Der tatsächlich betreuende Elternteil **verliert** die **Obhut nicht** allein dadurch, dass

- die Organisation und Überwachung durch eine **Drittbetreuung** (wie Internat, Verwandte) erfolgt,[41]
- er eine **Beistandschaft** des Jugendamts (§ 1712 BGB) in Anspruch nimmt,
- der andere Elternteil bei **Engpässen mithilft** und Aufgaben übernimmt, die in etwa denen einer Umgangsbefugnis nach erfolgter Sorgerechtsregelung entsprechen,[42]
- der andere Elternteil mit dem Kind einen (auch längeren) **Urlaub** verbringt – im konkreten Fall sechs Wochen,[43]
- die Eltern das sog. **Wechselmodell** praktizieren, **wenn** sich feststellen lässt, dass der Anteil des einen Elternteils an der Fürsorge und Betreuung des Kindes den Anteil des anderen Elternteils übersteigt.[44] Ein Elternteil kann bereits dann als Träger der Obhut angesehen werden, wenn bei ihm ein eindeutig feststellbares, aber nicht notwendigerweise großes Übergewicht bei der tatsächlichen Fürsorge für das Kind vorliegt. Der zeitlichen Komponente der von einem Elternteil übernommenen Betreuung kommt zwar eine Indizwirkung zu, ohne dass sich allerdings die Beurteilung allein hierauf beschränkt.[45]
- er einer Vollbeschäftigung nachgeht, während der andere Elternteil keiner oder einer Teilzeitbeschäftigung nachgeht.[46]

34 **c)** Als **Folge** des Vorliegens der Voraussetzungen kann der die Obhut innehabende Elternteil Unterhaltsansprüche des Kindes gegen den anderen Elternteil **im Namen des Kindes** gerichtlich und außergerichtlich[47] geltend machen.

35 Das **Alleinvertretungsrecht endet** in dem Moment, in dem die Voraussetzungen wegfallen. Wurde vor dem Wegfall der Voraussetzungen bereits ein Antrag gestellt, wird dieser insgesamt unzulässig – auch für die bis dahin angelaufenen Unterhaltsrückstände.[48] Es besteht dann die Möglichkeit einer Erledigungserklärung nach § 112 Nr. 1, § 113 Abs. 1 FamFG i.V.m. § 91a ZPO oder der Umstellung des Antrags auf einen familienrechtlichen Ausgleichsanspruch nach § 112 Nr. 1, § 113 Abs. 1 FamFG i.V.m. § 263 ZPO.[49]

---

39 OLG Stuttgart NJW-RR 2005, 1382, 1383
40 BGH FamRZ 2024, 1093
41 AG Marl, Beschl. v. 27.7.2022 – 36 F 180 (juris)
42 OLG Frankfurt FamRZ 1992, 575 f.
43 OLG Köln FamRZ 2005, 1852
44 BGH NJW 2015, 331, 332 (57%); OLG Brandenburg NZFam 2022, 975 (55%); KG NZFam 2019, 496 (55%)
45 BGH FamRZ 2014, 917, 918 f.
46 OLG Hamburg FamRZ 2001, 1235
47 OLG Hamburg FamRZ 1981, 490
48 Vgl. BGH FuR 2019, 353; OLG Hamm FamRZ 1990, 890, 891; OLG Köln FamRZ 2005, 1999; OLG Bamberg FamRZ 2014, 2014; OLG Koblenz FamRZ 2015, 1902; FamRZ 2020, 1266; MüKo-BGB/*Huber*, § 1629 BGB Rn. 84. Eine andere Auffassung (*Fritzsche*, ZAP 2019, 555) geht davon aus, dass ein Wegfall des Alleinvertretungsrechts für das Verfahren ipso iure keine Auswirkungen habe und nicht zur Verfahrensunterbrechung führe, § 113 Abs. 1 Satz 2 FamFG, § 241 Abs. 1, § 246 Abs. 1 ZPO. Dies hätte zur Folge, dass einer Fortführung des Verfahrens entgegensteht, dass das Kind ohne gesetzlichen Vertreter nicht i.S.v. § 579 Abs. 1 Nr. 4 ZPO nach den Vorschriften der Gesetze vertreten wäre und für die Bestellung eines Ergänzungspflegers zunächst ein Sorgerechtsentzug nach § 1629 Abs. 2 Satz 1, § 1795 Abs. 1 Nr. 3, § 181 BGB vorausgehen müsste.
49 OLG Koblenz FamRZ 2015, 1902; OLG Hamburg FamRZ 2019, 797

2. Verfahrensstandschaft bei Trennung und Scheidung (Abs. 3)

Die Vorschrift enthält eine verfahrensrechtliche Ergänzung und ist **lex specialis** zu § 1629 Abs. 2 Satz 2 BGB. Dabei kann ein Elternteil Unterhaltsansprüche des Kindes gegen den anderen Elternteil nur **im eigenen Namen** geltend machen. 36

Voraussetzungen für die Geltendmachung von Unterhaltsansprüchen des Kindes sind: 37

- die **Alleinvertretung** des geltend machenden Elternteils,
- die **Ehe** oder die **Lebenspartnerschaft** der Eltern,
- das **Getrenntleben** der Eltern **oder** die **Anhängigkeit einer Ehesache** oder eine **Lebenspartnerschaftssache** zwischen den Eltern.

a) Der die Unterhaltsansprüche des Kindes geltend machende Elternteil muss zur **Alleinvertretung** in diesem Bereich befugt sein. Es spielt keine Rolle, ob die Alleinvertretung auf einer gerichtlichen Übertragung oder auf der Obhutsregelung des § 1629 Abs. 2 Satz 2 BGB beruht.[50] Das Vorliegen der gemeinsamen elterlichen Sorge der Eltern wird nicht vorausgesetzt. 38

Die **Beistandschaft** des Jugendamts (§ 1712 Abs. 1 Nr. 2 BGB) ändert grundsätzlich nichts an der Vertretungsbefugnis eines Elternteils (§ 1716 Satz 1 BGB). Wird das Kind jedoch im gerichtlichen Verfahren durch das Jugendamt als Beistand vertreten, ist die Vertretung des sorgeberechtigten Elternteils ausgeschlossen, § 234 FamFG.[51]

b) Die Eltern des Kindes müssen **miteinander verheiratet** oder **verpartnert** sein. 39

c) Die Eltern des Kindes müssen **getrennt leben** (§ 1567 BGB oder § 15 Abs. 5 LPartG), oder es muss zwischen ihnen eine **Ehesache** (§ 121 FamFG) oder **Lebenspartnerschaftssache** (§ 269 Abs. 1 Nr. 1, Nr. 2 FamFG) **anhängig** (§ 124 FamFG) sein. Der Unterhaltsanspruch kann, muss aber nicht im Verbund mit dem Scheidungs- oder Aufhebungsverfahren geltend gemacht werden.[52] 40

d) Als **Folge** des Vorliegens der Voraussetzungen kann der alleinvertretungsberechtigte Elternteil Unterhaltsansprüche des Kindes gegen den anderen Elternteil **im eigenen Namen** – in gesetzlicher **Verfahrensstandschaft** – gerichtlich geltend machen. Erwirkt der alleinvertretungsberechtigte Elternteil einen Titel, kann er daraus auch vollstrecken. 41

Für eine Gewährung von **Verfahrenskostenhilfe** in dem Verfahren kommt es dann auf die wirtschaftlichen Verhältnisse des antragstellenden Elternteils – nicht auf die des Kindes – an.[53]

Wird die Ehe oder Lebenspartnerschaft der Eltern nach Einleitung des Kindesunterhaltsverfahrens **rechtskräftig geschieden** bzw. **aufgehoben**, dauert die Verfahrensstandschaft trotzdem bis zum Abschluss des Verfahrens fort (§ 113 Abs. 1 FamFG i.V.m. § 265 Abs. 2 Satz 1 ZPO analog bzw. § 270 Abs. 1 Satz 1 i.V.m. § 113 Abs. 1 FamFG i.V.m. § 265 Abs. 2 Satz 1 ZPO analog [54]), soweit die übrigen Voraussetzungen fortbestehen.[55] 42

Die (elterliche) **Verfahrensstandschaft endet** mit der Volljährigkeit des Kindes oder mit dem Verlust der Alleinvertretung des den Unterhaltsanspruch geltend machenden Eltern- 43

---

50 MüKo-BGB/*Huber*, § 1629 BGB Rn. 88; BeckOK-BGB/*Veit*, § 1629 BGB Rn. 93

51 Zur Zulässigkeit der Vertretung des Kindes durch einen Beistand bei Vorliegen der Voraussetzungen des § 1629 Abs. 3 Satz 1: BGH FamRZ 2015, 130

52 Vgl. BGH FamRZ 1983, 474, 475

53 BGH FamRZ 2005, 1164, 1166 f.; FamRZ 2006, 32, 33

54 *Gießler*, FamRZ 1994, 800, 801 f.; MüKo-BGB/*Huber*, § 1629 BGB Rn. 92; OLG Koblenz FuR 2021, 427; OLG Hamm FamRZ 2023, 586

55 MüKo-BGB/*Huber*, § 1629 BGB Rn. 92; BeckOK-BGB/*Veit*, § 1629 BGB Rn. 92; OLG Hamm FamRZ 2023, 586

teils. Wird das Kind während des Unterhaltsverfahrens **volljährig**, kann es zum Beteiligtenwechsel kommen, der keiner Zustimmung der Gegenseite bedarf. Das Kind tritt nicht automatisch als Beteiligter in das Verfahren ein, es hat das Recht, aber nicht die Pflicht als Partei in das Verfahren einzutreten.[56]

44 Bei **Wegfall des Alleinvertretungsrechts** wird ein bereits gestellter Antrag insgesamt unzulässig – auch für die bis dahin angelaufenen Unterhaltsrückstände. Es besteht dann die Möglichkeit einer Erledigungserklärung nach § 112 Nr. 1, § 113 Abs. 1 FamFG i.V.m. § 91a ZPO oder der Umstellung des Antrags auf einen familienrechtlichen Ausgleichsanspruch.[57] Bei einer Beistandschaft des Jugendamts im vereinfachten Unterhaltsverfahren hat der Eintritt der Volljährigkeit während des Verfahrens nicht die Unzulässigkeit zur Folge.[58]

45 **Vollstrecken** kann aus dem Titel der Elternteil, der ihn als Verfahrensstandschafter erwirkt hat, auch dann, wenn zwischenzeitlich die Verfahrensstandschaft beendet, das Kind aber noch minderjährig ist. Ihm ist trotzdem die Vollstreckungsklausel zu erteilen.[59] Vollstreckt der frühere Verfahrensstandschafter trotz Wegfalls der Verfahrensstandschaft aus einem erwirkten Unterhaltstitel, so kann der nach dem Titel unterhaltspflichtige Elternteil einen Vollstreckungsgegenantrag nach § 95 Abs. 1 Nr. 1 FamFG i.V.m. § 767 ZPO analog gegen den früheren Verfahrensstandschafter stellen.[60]

46 **e)** Nach § 1629 **Abs. 3 Satz 2** BGB wirken die von einem Elternteil erwirkten gerichtlichen Entscheidungen und die zwischen den Eltern geschlossenen Vergleiche auch für und gegen das Kind.

§ 1629a BGB

Beschränkung der Minderjährigenhaftung

(1) [1]Die Haftung für Verbindlichkeiten, die die Eltern im Rahmen ihrer gesetzlichen Vertretungsmacht oder sonstige vertretungsberechtigte Personen im Rahmen ihrer Vertretungsmacht durch Rechtsgeschäft oder eine sonstige Handlung mit Wirkung für das Kind begründet haben, oder die auf Grund eines während der Minderjährigkeit erfolgten Erwerbs von Todes wegen entstanden sind, beschränkt sich auf den Bestand des bei Eintritt der Volljährigkeit vorhandenen Vermögens des Kindes; dasselbe gilt für Verbindlichkeiten aus Rechtsgeschäften, die der Minderjährige gemäß §§ 107, 108 oder § 111 mit Zustimmung seiner Eltern vorgenommen hat oder für Verbindlichkeiten aus Rechtsgeschäften, zu denen die Eltern die Genehmigung des Familiengerichts erhalten haben. [2]Beruft sich der volljährig Gewordene auf die Beschränkung der Haftung, so finden die für die Haftung des Erben geltenden Vorschriften der §§ 1990, 1991 entsprechende Anwendung.

(2) Absatz 1 gilt nicht für Verbindlichkeiten aus dem selbständigen Betrieb eines Erwerbsgeschäfts, soweit der Minderjährige hierzu nach § 112 ermächtigt war, und für Verbindlichkeiten aus Rechtsgeschäften, die allein der Befriedigung seiner persönlichen Bedürfnisse dienten.

(3) Die Rechte der Gläubiger gegen Mitschuldner und Mithaftende sowie deren Rechte aus einer für die Forderung bestellten Sicherheit oder aus einer deren Bestellung sichernden Vormerkung werden von Absatz 1 nicht berührt.

---

56 BGH ZKJ 2013, 494; BeckOK-BGB/*Veit*, § 1629 BGB Rn. 104
57 BGH ZKJ 2013, 494; OLG Koblenz FamRZ 2005, 993; 2024, 1628
58 BGH FamRZ 2006, 402; OLG Koblenz FamRZ 2020, 111; OLG Stuttgart FamRZ 2023, 133; OLG Celle FamRZ 2024, 444
59 LG Konstanz FamRZ 2014, 1122, 1123; MüKo-BGB/*Huber*, § 1629 BGB Rn. 99
60 OLG Hamm FamRZ 2000, 365; OLG Nürnberg NJW-RR 2002, 1158; OLG Brandenburg FamRZ 2020, 125; OLG Hamburg FamRZ 2022, 1054; BeckOK-BGB/*Veit*, § 1629 BGB Rn. 112

(4) [1]Hat das volljährig gewordene Mitglied einer Erbengemeinschaft oder Gesellschaft nicht binnen drei Monaten nach Eintritt der Volljährigkeit die Auseinandersetzung des Nachlasses verlangt oder die Kündigung der Gesellschaft erklärt, ist im Zweifel anzunehmen, dass die aus einem solchen Verhältnis herrührende Verbindlichkeit nach dem Eintritt der Volljährigkeit entstanden ist; Entsprechendes gilt für den volljährig gewordenen Inhaber eines Handelsgeschäfts, der dieses nicht binnen drei Monaten nach Eintritt der Volljährigkeit einstellt. [2]Unter den in Satz 1 bezeichneten Voraussetzungen wird ferner vermutet, dass das gegenwärtige Vermögen des volljährig Gewordenen bereits bei Eintritt der Volljährigkeit vorhanden war.

Von einer Kommentierung wird abgesehen.

§ 1630 BGB

Elterliche Sorge bei Pflegerbestellung oder Familienpflege

(1) Die elterliche Sorge erstreckt sich nicht auf Angelegenheiten des Kindes, für die ein Pfleger bestellt ist.

(2) Steht die Personensorge oder die Vermögenssorge einem Pfleger zu, so entscheidet das Familiengericht, falls sich die Eltern und der Pfleger in einer Angelegenheit nicht einigen können, die sowohl die Person als auch das Vermögen des Kindes betrifft.

(3) [1]Geben die Eltern das Kind für längere Zeit in Familienpflege, so kann das Familiengericht auf Antrag der Eltern oder der Pflegeperson Angelegenheiten der elterlichen Sorge auf die Pflegeperson übertragen. [2]Für die Übertragung auf Antrag der Pflegeperson ist die Zustimmung der Eltern erforderlich. [3]Im Umfang der Übertragung hat die Pflegeperson die Rechte und Pflichten eines Pflegers.

Übersicht Rn.

A. Allgemeines

1 Die Vorschrift regelt zum einen das Verhältnis zwischen Personen, insbes. Eltern und Pfleger, für all diejenigen Fälle, in denen die in § 1626 Abs. 1 BGB festgelegten Elternzuständigkeiten für die Personensorge und die Vermögenssorge, insbes. durch die Bestellung eines Pflegers, aufgeteilt wurden. Zum anderen soll die ordnungsgemäße Betreuung des Kindes sichergestellt werden, das von den Eltern für längere Zeit in Familienpflege gegeben worden ist.[1]

1 BT-Drs. 8/2788, 47; MüKo-BGB/*Huber*, § 1630 BGB Rn. 1 f.; Grüneberg/*Götz*, § 1630 BGB Rn. 1

B. Inhalt der Norm

I. Einschränkung der elterlichen Sorge durch Pflegerbestellung (Abs. 1)

2 **Angelegenheiten** im Sinne des Gesetzes sind alle in § 1626 Abs. 1 BGB festgelegten Elternzuständigkeiten für die Personensorge und Vermögenssorge.

3 Mit der Bestellung eines (Ergänzungs-)Pflegers (§ 1809 Abs. 1 BGB) werden im Umfang des Aufgaben- und Wirkungsbereichs des Pflegers die Eltern von der Wahrnehmung der elterlichen Sorge ausgeschlossen. Der **Ausschluss dauert** von der Bestellung des Pflegers (§ 1813 Abs. 1 i.V.m. § 1773 BGB) bis zur Beendigung der elterlichen Sorge (§ 1812 Abs. 2 Alt. 1 BGB), der Erledigung der einzelnen dem Pfleger übertragenen Angelegenheit (§ 1812 Abs. 2 Alt. 2 BGB) oder der Aufhebung der Pflegschaft, wenn der Grund für ihre Anordnung weggefallen ist (§ 1812 Abs. 1 BGB). Handeln die Eltern trotzdem als Vertreter in Aufgaben- und Wirkungsbereichen des Pflegers, gelten die Regelungen der §§ 177 ff. BGB.

4 Der **Bestellung** eines (Ergänzungs-)Pflegers bedarf es, **wenn**:

- ein Ausschlussgrund nach § 1824 BGB vorliegt (§ 1629 Abs. 2 Satz 1 BGB),
- ein gerichtliches Verfahren zur Durchsetzung einer genetischen Abstammungsuntersuchung nach § 1598a BGB durchgeführt wird (§ 1629 Abs. 2a BGB),
- eine konkrete Gefährdungssituation für die Kindesinteressen eine Entziehung nach § 1789 Abs. 2 BGB erfordert (§ 1629 Abs. 2 Satz 3 BGB),
- die elterliche Sorge beiden Elternteilen teilweise nach § 1666 BGB entzogen wurde,
- die elterliche Sorge teilweise auf eine Pflegeperson übertragen wurde (§ 1630 Abs. 3 BGB),
- die Eltern nach § 1638 Abs. 1, Abs. 2 BGB von der Vermögenssorge ausgeschlossen sind,
- die Eltern teilweise verhindert sind oder die elterliche Sorge teilweise ruht (§§ 1678 Abs. 2, 1680 Abs. 2, Abs. 3, 1681 BGB),
- beide Elternteile des als Zeuge zu vernehmenden Kindes selbst Beschuldigte sind (§ 52 Abs. 2 Satz 2 StPO),
- die Eltern die elterliche Sorge nicht ausüben wollen (§ 1630 Abs. 3 BGB).

5 Die Vorschrift ist unmittelbar auf den (Ergänzungs-)Pfleger als **Umgangsbestimmungspfleger** und analog auf den Umgangspfleger für die Durchführung des Umgangs nach § 1684 Abs. 3 Satz 3 BGB anzuwenden.[2]

II. Meinungsverschiedenheiten (Abs. 2)

6 Die Vorschrift enthält einen allgemeinen Rechtsgrundsatz und ist in allen Fällen anzuwenden, in denen die Personensorge und die Vermögenssorge jeweils verschiedenen Personen zusteht und eine Meinungsverschiedenheit über eine Angelegenheit auftritt, die beide Bereiche berührt (sog. „gemischte Angelegenheit").[3] Dabei ist es **unerheblich**, **ob** die Meinungsverschiedenheit eine Angelegenheit betrifft, deren Regelung für das Kind **von erheblicher Bedeutung** ist oder nicht.[4]

---

2 BeckOK-BGB/*Veit*, § 1630 BGB Rn. 2.2
3 MüKo-BGB/*Huber*, § 1630 BGB Rn. 8; *Gernhuber/Coester-Waltjen*, Familienrecht, § 68 Rn. 46
4 BeckOK-BGB/*Veit*, § 1630 BGB Rn. 11

1. Zwischen Eltern und Pfleger

Steht den Eltern die Personensorge und dem (Ergänzungs-)Pfleger die Vermögenssorge zu oder umgekehrt den Eltern die Vermögenssorge und dem (Ergänzungs-)Pfleger die Personensorge, und ist eine Angelegenheit des Kindes zu regeln, die beide Bereiche berührt, und können sich die Eltern und der Pfleger – trotz Einigungsversuchs nach § 1627 Satz 2 BGB analog – nicht einigen, hat das Familiengericht zu entscheiden. Ebenso hat das Gericht nach **§ 1630 Abs. 2 BGB analog** zu entscheiden, wenn dem Pfleger nicht die gesamte Personensorge oder Vermögenssorge zusteht, sondern nur ein Teil davon.[5] 7

Sind die gemeinsam **sorgeberechtigte**n **Eltern** bereits zwischen einander **uneinig**, ist zu differenzieren: Stimmt ein Elternteil dem Pfleger zu, hat das Gericht zunächst nach § 1628 BGB zu entscheiden. Ist danach der Elternteil entscheidungsbefugt, der mit dem Pfleger übereinstimmt, bedarf es keiner weiteren Entscheidung. Ist hingegen der andere Elternteil, der nicht mit dem Pfleger übereinstimmt, entscheidungsbefugt, bedarf es zusätzlich einer Entscheidung nach § 1630 Abs. 2 BGB. Weichen alle drei Meinungen voneinander ab, bedarf es nur einer Entscheidung nach § 1630 Abs. 2 BGB.[6] 8

2. Zwischen einem Elternteil und dem anderen Elternteil

Steht einem Elternteil die Personensorge und dem anderen Elternteil die Vermögenssorge zu und besteht eine Meinungsverschiedenheit über die Regelung einer Angelegenheit des Kindes, die beide Bereiche umfasst, hat das Familiengericht nach **§ 1630 Abs. 2 BGB analog** zu entscheiden.[7] 9

3. Entscheidung des Familiengerichts

Das Verfahren ist als **Antragsverfahren** ausgestaltet und erfolgt nur auf Antrag eines Elternteils oder beider Elternteile oder des Pflegers. 10

Das Gericht trifft **keine eigene Sachentscheidung**, sondern erklärt nur die Meinung eines Elternteils, beider Elternteile oder des Pflegers für zutreffend und ersetzt damit zugleich die Zustimmung der anderen Person(en). Bei einem Streit um Geldsummen kann sich das Gericht jedoch auf eine vermittelnde Lösung festlegen.[8] 11

III. Familienpflege (Abs. 3)

Durch die Möglichkeit einer gerichtlichen Übertragung von Angelegenheiten der elterlichen Sorge auf eine Pflegeperson soll die ordnungsgemäße Betreuung desjenigen Kindes sichergestellt werden, welches von den Eltern für längere Zeit in Familienpflege gegeben worden ist.[9] Sowohl die gesamte Personensorge, die gesamte Vermögenssorge, Teile davon, als auch die gesamte elterliche Sorge können Gegenstand der Übertragung sein.[10] 12

5 MüKo-BGB/*Huber*, § 1630 BGB Rn. 8
6 Grüneberg/*Götz*, § 1630 BGB Rn. 7; BeckOGK-BGB/*Kerscher*, § 1630 Rn. 38
7 MüKo-BGB/*Huber*, § 1630 BGB Rn. 8; Grüneberg/*Götz*, § 1630 BGB Rn. 5; Staudinger/*Lettmaier*, § 1630 Rn. 38
8 MüKo-BGB/*Huber*, § 1630 BGB Rn. 10; Grüneberg/*Götz*, § 1630 BGB Rn. 6
9 BT-Drs. 8/2788, 47
10 KG Berlin FamRZ 2006, 1291; OLG Celle FamRZ 2017, 450; OLG Düsseldorf ZKJ 2021, 121; OLG Brandenburg, Beschl. v. 10.8.2023 – 9 UF 91/23, juris = NZFam 2024, 221; MüKo-BGB/*Huber*, § 1630 BGB Rn. 26; Staudinger/*Lettmaier*, § 1630 BGB Rn. 87; a.A. OLG Jena, FamRZ 2009, 992; Grüneberg/*Götz*, § 1630 BGB Rn. 11

13 **Voraussetzungen** für die gerichtliche Übertragung von Angelegenheiten der elterlichen Sorge auf die Pflegeperson sind:

- der Antrag der Eltern oder des alleinvertretungsberechtigten Elternteils oder der Pflegeperson,
- das Kind wurde von den Eltern freiwillig für längere Zeit in eine Familienpflege gegeben,
- das Einverständnis der Pflegeperson zur Übertragung.[11]

1. Antrag

14 Das Verfahren ist als Antragsverfahren ausgestaltet und erfolgt nur auf Antrag der Eltern, denen die elterliche Sorge für diejenige Angelegenheit zusteht, die der Pflegeperson übertragen werden soll, des alleinvertretungsberechtigten Elternteils oder der Pflegeperson.[12] Stellt die Pflegeperson einen Antrag, erfordert **§ 1630 Abs. 3 Satz 2 BGB** für die Übertragung die **Zustimmung** der Eltern. Der Vormund ist nicht antragsberechtigt.

2. Freiwillige Inpflegegabe für längere Zeit

15 Die personensorgeberechtigten Eltern müssen ihr Kind freiwillig für längere Zeit in eine Familienpflege gegeben haben.

16 **Familienpflege** bedeutet die Pflege und Erziehung des Kindes in einer anderen als der Herkunftsfamilie in familienähnlicher Weise.[13] Die Heimerziehung oder Internatserziehung genügt diesen Anforderungen nur in Ausnahmefällen, wenn Versorgung, Erziehung und Betreuung ein familienähnliches Gepräge aufweisen, so dass der Charakter der Einrichtung als Heim bzw. Anstalt völlig zurücktritt.[14] Familienpflege kann durch Verwandte, durch Verschwägerte oder durch Dritte erfolgen. Es genügt jedes faktische Pflegeverhältnis familienähnlicher Art, unabhängig von einem Pflegevertrag oder einer Pflegeerlaubnis nach § 44 Abs. 1 Satz 1 SGB VIII.[15] Bei der Familienpflege muss es sich i.d.R. um eine Vollzeitpflege (ein regelmäßiges Verweilen mit Tag- und Nachtabschnitten) und nicht nur um eine Tagespflege i.S.d. § 23 SGB VIII handeln.[16]

17 Die Familienpflege muss für **längere Zeit** bestehen. Bei der Begriffsbestimmung ist nicht entscheidend, ob die Pflege schon längere Zeit gedauert hat, sondern ob sie nach den Vorstellungen der Eltern längere Zeit dauern soll. Die bereits abgelaufene Dauer kann als Indiz für eine längerfristig geplante Fortdauer gelten. Eine konkrete Festlegung ist nicht möglich. Maßgeblich sind die Umstände des Einzelfalls, insbesondere, ob der geplante Pflegezeitraum so lange währt, dass das Kind zur Pflegeperson bzw. Pflegefamilie und deren sozialem Umfeld engere Bindungen entwickeln kann.[17] Als Richtwerte werden Zeiträume von „mehreren" Monaten,[18] drei Monaten[19] oder mindestens sechs Monaten genannt. Nicht ausreichend ist ein Aufenthalt von bis zu acht Wochen.[20]

11 MüKo-BGB/*Huber*, § 1630 BGB Rn. 23
12 *Salgo*, S. 283
13 BGH FamRZ 2001, 1449, 1451
14 MüKo-BGB/*Huber*, § 1630 BGB Rn. 18
15 BGH FamRZ 2001, 1449, 1451; Grüneberg/*Götz*, § 1630 BGB Rn. 9, MüKo-BGB/*Huber*, § 1630 BGB Rn. 18
16 MüKo-BGB/*Huber*, § 1630 BGB Rn. 18; *Salgo*, S. 283; vgl. BGH FamRZ 2001, 1449, 1451
17 MüKo-BGB/*Huber*, § 1630 BGB Rn. 19
18 OLG Braunschweig FamRZ 2002, 118
19 *Salgo*, S. 283
20 BeckOK-BGB/*Veit*, § 1630 BGB Rn. 29.1

3. Entscheidung des Familiengerichts

Das Familiengericht kann dem Antrag ganz oder teilweise stattgeben oder ihn ganz zurück- 18
weisen. Bestimmend für die Entscheidung ist das Kindeswohl (§ 1697a BGB).[21] Eine Übertragung auf mehrere Pflegepersonen ist zulässig.[22] Über den Antrag hinaus darf das Gericht nicht gehen.[23] Es gelten die §§ 152 ff. FamFG, insbes. die Vorschriften zur persönlichen Anhörung des Kindes und der Eltern sowie die Beteiligung der Pflegeperson.

▶ *Zur funktionalen Zuständigkeit vgl. Heilmann, § 14 RPflG Rn. 10.*

4. Rechtsfolgen

Die Pflegeperson erhält in dem Umfang, in dem das Gericht ihr Angelegenheiten der elterli- 19
chen Sorge für das Kind übertragen hat, die Rechte und Pflichten eines Pflegers, **§ 1630 Abs. 3 Satz 3 BGB**. Danach sind die Vorschriften über die Rechte und Pflichten eines Pflegers anzuwenden, soweit sie nicht gerade die förmliche Stellung des Pflegers betreffen.[24] Die Pflegeperson kann einen Anspruch auf Hilfen zur Erziehung in Vollzeitpflege haben[25] und Aufwandsentschädigungen geltend machen.[26]

Da die Übertragung von Angelegenheiten der elterlichen Sorge für das Kind auf dem Willen 20
der Eltern beruht, kann die Übertragung auf Antrag der Eltern **wieder aufgehoben** werden.[27] Ebenso ist bei einem Antrag auf Aufhebung seitens der Pflegeperson die Übertragung aufzuheben, da eine Aufrechterhaltung gegen den Willen der Pflegeperson dem Kind grundsätzlich mehr Schaden als Nutzen brächte.[28]

Tenorierungsbeispiel 21

Der Pflegeperson ... (Name) werden die Gesundheitssorge und die Sorge in schulischen Angelegenheiten für das Kind ... (Name), geboren am ... (Datum), übertragen.

§ 1631 BGB
Inhalt und Grenzen der Personensorge

(1) Die Personensorge umfasst insbesondere die Pflicht und das Recht, das Kind zu pflegen, zu erziehen, zu beaufsichtigen und seinen Aufenthalt zu bestimmen.

(2) Das Kind hat ein Recht auf Pflege und Erziehung unter Ausschluss von Gewalt, körperlichen Bestrafungen, seelischen Verletzungen und anderen entwürdigenden Maßnahmen.

(3) Das Familiengericht hat die Eltern auf Antrag bei der Ausübung der Personensorge in geeigneten Fällen zu unterstützen.

---

21 KG Berlin FamRZ 2006, 1291; MüKo-BGB/*Huber*, § 1630 BGB Rn. 24
22 AG Ibbenbüren FamRZ 2009, 1331
23 MüKo-BGB/*Huber*, § 1630 BGB Rn. 25
24 OLG Stuttgart FamRZ 2006, 1290, 1291
25 OVG Sachsen FamRZ 2009, 1524
26 OLG Stuttgart FamRZ 2006, 1290, 1291
27 Vgl. OLG Celle FamRZ 2011, 1664, 1665
28 MüKo-BGB/*Huber*, § 1630 BGB Rn. 30; Staudinger/*Lettmaier*, § 1630 BGB Rn. 99

Übersicht

A. Allgemeines

1 Die Vorschrift konkretisiert einen Teilbereich des § 1626 Abs. 1 BGB, nämlich den Inhalt der Personensorge (im Gegensatz zur Vermögenssorge, §§ 1638 ff. BGB). Absatz 1 zählt – nicht abschließend – wesentliche **Inhalte** der Personensorge auf. Absatz 2 stellt – anders als sein Wortlaut vermuten lässt – **keine Anspruchsnorm**, sondern eine **Verbotsnorm** dar.[1] Absatz 3 ist eine **Ermächtigungsgrundlage** für familiengerichtliche Unterstützungsleistungen.

B. Inhalte der Norm

I. Inhalt der Personensorge (Abs. 1)

2 Die Personensorge beinhaltet – wie in § 1626 Abs. 1 Satz 1 BGB in Umkehrung der in Art. 6 Abs. 2 Satz 1 GG vorgesehenen Reihenfolge und daher den Pflichtencharakter betonend[2] – „insbesondere" die Pflicht und das Recht, das Kind zu pflegen, zu erziehen, zu beaufsichtigen und seinen Aufenthalt zu bestimmen. Die Aufzählung ist mithin nicht abschließend.

3 Das Personensorgerecht steht den Eltern grundsätzlich gemeinsam zu. Die Inhaber des Personensorgerechts können die (partielle) **Ausübung** der ihnen obliegenden Pflichten und Rechte auf Dritte übertragen. Das betrifft insbesondere Kindertagesstätten, Tagesmütter, Schulen, Sportvereine oder Babysitter. Da es sich bei den sich aus der Personensorge ergebenden Rechten und Pflichten um **höchstpersönliche Positionen** handelt, können sie Eltern jedoch nie der Substanz nach auf andere übertragen.

1. Pflege

4 Unter Pflege des Kindes werden jedenfalls die Handlungen verstanden, die auf die **körperliche Befindlichkeit** des Kindes zielen. Das beinhaltet seine Ernährung, die Hygiene, Gesundheit, ärztliche Versorgung, Bekleidung und sonstige Versorgung.[3] Ob darüber hinaus auch ein über die körperliche Befindlichkeit hinausgehender Pflegebegriff gemeint ist, der die „allgemeine Sorge für die Person des Kindes, für sein körperliches Wohl und für seine geistige und charakterliche Entwicklung" umfasst,[4] ist nicht geklärt, dürfte aber allein schon auf-

1 BT-Drs. 14/1247, 7; Staudinger/*Salgo*, § 1631 BGB Rn. 2
2 BT-Drs. 13/4899, 93
3 Staudinger/*Salgo*, § 1631 BGB Rn. 22; Grüneberg/*Götz*, § 1631 BGB Rn. 2
4 So Dürig/Herzog/Scholz-*Badura*, Art. 6 Abs. 2 GG Rn. 107

grund der Schwierigkeiten zu bejahen sein, jeweils eine klare Trennung zwischen diesen einzelnen Aspekten herzustellen.[5]

Zwar dürften zur Pflege die von der Impfkommission empfohlenen **Impfungen** sowie die Teilnahme an den empfohlenen ärztlichen **Früherkennungsuntersuchungen** gehören.[6] Gerade hierbei zeigt sich aber, dass es im Einzelfall sehr schwierig sein kann, dem Charakter der Norm als Pflichtrecht gerecht zu werden. Zwar kann die Nichtteilnahme an Vorsorgeuntersuchungen in einzelnen Bundesländern (Baden-Württemberg, Bayern, Berlin, Brandenburg, Bremen, Hessen, Niedersachsen, Nordrhein-Westfalen, Rheinland-Pfalz, Saarland, Sachsen, Schleswig-Holstein, und Thüringen) zu Maßnahmen des Jugendamts führen, soweit die Teilnahme verpflichtend ist[7] bzw. eine Meldepflicht der Ärzte besteht.[8] Der Umstand, dass dies in anderen Bundesländern nicht der Fall ist, muss jedoch beispielsweise bei der Frage, ob behördliche oder familiengerichtliche Maßnahmen wegen angeblicher Verletzung elterlicher Pflichten gegenüber dem Kind erfolgen dürfen, aus Gleichheitsgesichtspunkten eine wesentliche Rolle spielen. 5

▶ *Zur Problematik von Früherkennungsuntersuchungen auch Cirullies, § 1666 BGB Rn. 26.*

2. Erziehung

Erziehung ist die elterliche Sorge für die **geistige und seelische Entwicklung** des Kindes in Bezug auf seine Anlagen und Fähigkeiten sowie sonstigen Verhältnisse.[9] Wichtigstes Ziel der Erziehung ist die Entwicklung des Kindes zu einem selbstständigen und eigenverantwortlichen Menschen.[10] Dem heranwachsenden Gesellschaftsmitglied soll ermöglicht werden, sich um seiner selbst willen nach dem Menschenbild des Grundgesetzes zu entwickeln, um selbstständig von den in der Verfassung eingeräumten Rechten Gebrauch machen zu können.[11] Eine strikte Abgrenzung der Begriffe Pflege und Erziehung ist nicht möglich, da sich die beiden Bereiche meist überschneiden. 6

3. Beaufsichtigung

Durch die Beaufsichtigung soll das Kind **vor Selbstgefährdung und vor Gefährdungen durch Dritte geschützt** werden.[12] Verletzen Eltern ihre Beaufsichtigungspflicht, können sie gegenüber dem Kind zur Haftung herangezogen werden, § 1664 BGB. Die Beaufsichtigungspflicht dient nicht dem Schutz Dritter vor Gefährdungen, die vom Kind ausgehen.[13] Die Eltern können aber gegenüber Dritten nach § 832 BGB haften. 7

Die Beaufsichtigungspflicht trifft **jeden Elternteil**;[14] auch wenn sie eine Aufgaben- und Funktionsteilung vereinbart haben, sind sie der Pflicht einer wechselseitigen Überwachung nicht enthoben.[15] Die Beaufsichtigungspflicht trifft auch die **Pflegepersonen** (§ 1688 Abs. 1 8

---

5 Vgl. Staudinger/*Salgo*, § 1631 BGB Rn. 22
6 Staudinger/*Salgo*, § 1631 BGB Rn. 22
7 Eine Pflicht zur Vorsorgeuntersuchung besteht in: Baden-Württemberg, § 1 Abs. 3 KiSchG BW; Bayern, § 11 Abs. 2 GDG Bay; Hessen, § 1 Abs. 1 Satz 1, § 3 Abs. 1 Satz 3 HessKiGSchG i.V.m. § 8a SGB VIII; hierzu auch VG Frankfurt ZKJ 2012, 406 ff.; VGH Kassel ZKJ 2013, 82 ff.; OLG Frankfurt ZKJ 2014, 31;
8 Vgl. für Brandenburg, § 7 Bbg GDG; für Bremen, § 14a ÖGDG; für Rheinland-Pfalz VerfGH Rheinland-Pfalz JAmt 2010, 142 ff.; für Nordrhein-Westfalen § 4 Abs. 3 UTeilnahmeDatVO i.V.m. § 8a SGB VIII; VG Köln ZKJ 2012, 239 f.; allgemein zur Problematik: *Sommer*, ZKJ 2013, 68 ff.; DIJuF-Rechtsgutachten JAmt 2012, 161 ff.
9 Mot IV, 750; BeckOK-BGB/*Veit*, § 1631 BGB Rn. 3
10 Vgl. BVerfGE 24, 119, 144, 155; BT-Drs. 8/2788, 34
11 BVerfGE 24, 119, 144; 56, 363, 384
12 BSG NJW 2018, 1418; MüKo-BGB/*Huber*, § 1631 BGB Rn. 6; BeckOK-BGB/*Veit*, § 1631 BGB Rn. 7
13 MüKo-BGB/*Huber*, § 1631 BGB Rn. 6
14 BGH FamRZ 1962, 116; OLG Nürnberg FamRZ 1963, 367, 368
15 OLG Nürnberg FamRZ 1963, 367, 368

BGB), die **Stiefeltern** (§ 1687b Abs. 1 BGB) und den **Lebenspartner** eines Elternteils (§ 9 Abs. 1 LPartG), da diese die Befugnis zur (Mit-)Entscheidung haben.[16]

9 Eine **Übertragung** der Beaufsichtigungspflicht **auf Dritte**, insbes. Personen und Institutionen, bei denen sich das Kind aufhält (wie Kindergarten, Schule, Internat), ist grundsätzlich vorübergehend oder partiell möglich. Jedoch werden die Eltern dadurch nicht völlig von ihrer Pflicht befreit. Die Eltern müssen den Dritten sorgfältig auswählen,[17] und es können sich je nach Eigenart des Kindes Pflichten zur Kontrolle, zur Rückfrage oder zur Erteilung von Weisungen ergeben.[18]

10 Der **Umfang** der Beaufsichtigungspflicht richtet sich nach dem Alter, der Eigenart und der Verständigkeit des Kindes und nach der örtlichen Situation.[19] Maßgebend ist, was verständige Eltern unter den gegebenen Umständen nach vernünftigen Anforderungen hätten tun müssen.[20] Dabei ist zu berücksichtigen, wie der Erfolg der bisherigen Aufsichts- und Erziehungsmaßnahmen war. Je geringer dieser bisher ausgefallen ist, desto intensiver muss die Beaufsichtigung sein.[21] Ferner ist zu berücksichtigen, dass die Einflussnahme der Eltern mit zunehmendem Alter und zunehmender Eigenverantwortlichkeit des Kindes zurücktritt. Mit zunehmendem Alter müssen dem Kind **Freiräume** gegeben werden,[22] und das Kind muss die Möglichkeit erhalten, sich an Gefahrenlagen zu gewöhnen.[23] Ein überbehütetes Fernhalten von jeglicher Gefahr würde einer Verselbstständigung entgegenstehen.[24]

11 Der Umfang der Beaufsichtigungspflicht richtet sich letztlich immer nach dem **konkreten Einzelfall**, z.B.

- wird beim **Spielen** von Kindern im Freien ab einem Alter von vier Jahren grundsätzlich eine regelmäßige Kontrolle in viertel- bis halbstündigen Zeitabständen für erforderlich, aber auch ausreichend gehalten,[25]
- ist eine Überwachung „auf Schritt und Tritt" von Kindern ab einem Alter von sieben Jahren grundsätzlich ebenso wenig erforderlich wie eine regelmäßige Kontrolle in kurzen, etwa halbstündigen Zeitabständen,[26]
- werden beim Umgang mit **gefährlichen Gegenständen** an die Belehrung und die Beaufsichtigung strenge Anforderungen gestellt, im konkreten Fall Streichhölzer und Feuerzeug,[27] gefährliches Spielzeug,[28] Medikamente und chemische Substanzen,[29]
- ist, wenn fünf- bis sechsjährige Kinder am **Straßenverkehr** teilnehmen, eine ständige Beaufsichtigung erforderlich,[30]
- ist es, wenn schulpflichtige Kindern zwischen sieben und zehn Jahren mit Roller oder Fahrrad am **Straßenverkehr** teilnehmen, grundsätzlich ausreichend, dass sie ihr Fahr-

16 Staudinger/*Salgo*, § 1631 BGB Rn. 31; BeckOK-BGB/*Veit*, § 1631 BGB Rn. 8
17 OLG Celle NJW-RR 1987, 1384 f.
18 Staudinger/*Salgo*, § 1631 BGB Rn. 42
19 BVerfG FamRZ 2010, 2050, 2055; BGH FamRZ 1997, 799, 800; FamRZ 2021, 518; OLG München FamRZ 1997, 740, 741
20 BGH FamRZ 1984, 984, 985; NJW 1993, 1003; FamRZ 2013, 1121; OLG Saarbrücken FamRZ 2023, 1213; OLG Oldenburg NZV 2024, 93
21 BGH FamRZ 1984, 984, 985; FamRZ 1997, 799, 800
22 BGH FamRZ 1984, 984, 985; FamRZ 2009, 1049, 1050
23 MüKo-BGB/*Huber*, § 1631 BGB Rn. 9
24 Staudinger/*Salgo*, § 1631 BGB Rn. 43
25 BGH FamRZ 2009, 1049, 1051; FamRZ 2021, 518; LG Darmstadt, Urt. v. 23.6.2023 – 19a O 42/23 (juris)
26 BGH FamRZ 2009, 1051, 1052
27 BGH NJW 1990, 2553, 2554; NJW 1993, 1003; FamRZ 1996, 600
28 KG FamRZ 1992, 550, 551; OLG Düsseldorf FamRZ 1998, 234
29 BGH FamRZ 1976, 330, 331
30 OLG Köln VersR 1969, 44, 45; OLG Düsseldorf ZFE 2002, 385 f.

zeug ausreichend beherrschen und sie über die Verkehrsregeln und die Gefahren für sich und andere gründlich belehrt worden sind,[31]

- ist ein 17-jähriger grundsätzlich nur noch sehr eingeschränkt zu beaufsichtigen.[32]

4. Aufenthalt

Die Bestimmung des Aufenthalts umfasst die Festlegung von **Wohnort und Wohnung** des Kindes, nicht die Begründung des Wohnsitzes i.S.d. § 11 BGB.[33] Das Recht zur Bestimmung des Aufenthalts bildet die Grundlage für den Anspruch auf Herausgabe des Kindes in § 1632 Abs. 1 BGB und erlaubt die Festlegung des Wohnorts und der Wohnung bei Dritten wie Verwandten, Pflegefamilien, Heim, Kindergarten, Kur, Krankenhaus oder Internat.[34] Das Aufenthaltsbestimmungsrecht umfasst nicht das Recht zur Umgangsbestimmung.[35] 12

Von der Bestimmung des Aufenthalts ist ebenfalls eine **Beschränkung der Freiheit** erfasst, in Form von Hausarrest, des Verbots, sich an einen bestimmten Ort zu begeben, der Festlegung von Ausgehzeiten oder der Wegnahme des Personalausweises, um eine Ausreise ins Ausland zu verhindern.[36] 13

Die Bestimmung des Aufenthalts steht beiden sorgeberechtigten Elternteilen zu. Steht die elterliche Sorge nur einem Elternteil zu, so bestimmt er den Aufenthalt des Kindes allein.[37] 14

II. Recht auf gewaltfreie Pflege und Erziehung und Verbot entwürdigender Maßnahmen (Abs. 2)

Das Recht des Kindes auf gewaltfreie Pflege und Erziehung und das Verbot entwürdigender Maßnahmen soll verdeutlichen, dass das Kind als Person mit eigener Menschenwürde (Art. 1 Abs. 1 Satz 1 GG) und als Träger von Rechten und Pflichten die Achtung seiner Persönlichkeit (Art. 2 Abs. 1 i.V.m. Art. 1 Abs. 1 GG) auch von den Eltern und Dritten verlangen kann.[38] Damit soll kein absolutes Verbot aller körperlichen Einwirkungen aufgestellt werden. Die Norm knüpft nicht an einen strafrechtlichen Gewaltbegriff an, was eine Kriminalisierung des Familienlebens zur Folge haben könnte, sondern konkretisiert den Begriff der gewaltfreien Pflege und Erziehung in gewissem Umfang. Eine anderslautende Regelung hätte beispielsweise zur Folge, dass jedes Festhalten des Kindes zur Gefahrenabwehr mit der Gefahr einer Strafverfolgung nach § 240 StGB verbunden wäre oder eine Hinderung des Kindes, aus gegebenem Anlass das Elternhaus zu verlassen, bereits eine Freiheitsberaubung darstellen würde.[39] Das Recht des Kindes auf gewaltfreie Pflege und Erziehung und das Verbot entwürdigender Maßnahmen entfaltet seine Wirkung auch gegenüber **Dritten**, insbes. Personen und Institutionen, bei denen sich das Kind aufhält (wie Kindergarten, Schule, Internat).[40] 15

31 BGH NJW-RR 1987, 1430, 1431
32 OLG Celle FamRZ 2000, 1214
33 Staudinger/*Salgo*, § 1631 BGB Rn. 50
34 Staudinger/*Salgo*, § 1631 BGB Rn. 53 mit weiteren Beispielen
35 OLG Frankfurt ZKJ 2013, 167, 168; *Heilmann*, FamRZ 2014, 1753, 1754
36 BeckOK-BGB/*Veit*, § 1631 BGB Rn. 15.1
37 BeckOK-BGB/*Veit*, § 1631 BGB Rn. 16
38 BT-Drs. 14/1247, 5; BT-Drs. 19/24445, 203; Staudinger/*Salgo*, § 1631 BGB Rn. 83, 91 f.
39 BT-Drs. 8/2788, 35; BT-Drs. 13/8511, 65; Staudinger/*Salgo*, § 1631 BGB Rn. 85
40 Staudinger/*Salgo*, § 1631 BGB Rn. 91 f.

1. Recht auf gewaltfreie Pflege und Erziehung

16 Die Norm gibt dem Kind ein Recht auf gewaltfreie Pflege und Erziehung. Das Recht umfasst dabei **alle Bereiche elterlichen Handelns**, nicht nur die Pflege und Erziehung.[41] Allerdings handelt es sich bei dem Recht nicht um ein unmittelbar einklagbares Recht im Sinne eines Anspruchs.

2. Verbot entwürdigender Maßnahmen

17 Die Norm enthält in teilweiser Konkretisierung des Rechts auf gewaltfreie Erziehung das Verbot, bei der Ausübung der elterlichen Sorge körperliche Bestrafungen, seelische Verletzungen und andere entwürdigende Maßnahmen einzusetzen.[42]

a) Körperliche Bestrafungen

18 Jegliche Art der körperlichen Bestrafung ist unzulässig, auch wenn sie nicht die Intensität der Misshandlung erreicht. Der Grund liegt darin, dass jede Art körperlicher Bestrafung für das Kind eine Demütigung bedeutet.[43] Damit ist generell jede Einwirkung auf den Körper des Kindes zur Sanktionierung vergangenheitsbezogenen Verhaltens unzulässig.[44]

19 **Unzulässig** sind mithin u.a.:

- die „Tracht Prügel",[45]
- das Schlagen mit und ohne Schlaggegenstände (mit der Faust oder der flachen Hand),[46]
- eine Ohrfeige,[47]
- „Klapse",[48]
- ein „hartes Zupacken", wenn es nicht der Gefahrenabwehr dient,[49]
- an den Haaren oder Ohren ziehen,[50]
- heftiges Schütteln, insbesondere aufgrund der Gefahr eines erzeugenden Schütteltraumas bei Kleinkindern,[51]
- das Fesseln bzw. Festgurten im Rahmen der sog. Festhaltetherapie.[52]

b) Seelische Verletzungen

20 Mit dem Begriff der seelischen Verletzungen sollen vor allem kränkende und herabsetzende Verhaltensweisen von Eltern oder von Dritten mit Duldung der Eltern erfasst werden. Ebenso kann extreme Kälte im Umgang mit dem Kind eine seelische Verletzung verursachen.[53] Entscheidend für die Beurteilung, ob eine seelische Verletzung vorliegt oder nicht,

41 Staudinger/*Salgo*, § 1631 BGB Rn. 83; vgl. BT-Drs. 14/1247, 5 wo der Begriff „Personensorge" verwendet wird
42 BT-Drs. 14/1247, 5
43 BT-Drs. 14/1247, 8
44 BeckOK-BGB/*Veit*, § 1631 Rn. 25; MüKo-BGB/*Huber*, § 1631 BGB Rn. 22
45 Staudinger/*Salgo*, § 1631 BGB Rn. 86
46 EGMR FamRZ 2019, 594; LG Berlin ZKJ 2006, 103, 105; OLG Thüringen OLGR Jena 2008, 510, 511; OLG Nürnberg FamRZ 2015, 1908; OVG Münster ZKJ 2024, 311
47 BGH StV 1992, 106; AG Burgwedel JAmt 2005, 50
48 OLG Thüringen OLGR Jena 2008, 510, 511; Staudinger/*Salgo*, § 1631 BGB Rn. 86
49 AG Augsburg, Urteil vom 4.2.2010 – 15 C 259/09, Rn. 18 (juris); Staudinger/*Salgo*, § 1631 BGB Rn. 86
50 Staudinger/*Salgo*, § 1631 BGB Rn. 86
51 Staudinger/*Salgo*, § 1631 BGB Rn. 86
52 Staudinger/*Salgo*, § 1631 BGB Rn. 86
53 BT-Drs. 14/1247, 8

ist der Verletzungserfolg, nämlich die Verletzung des Kindes in seinem seelischen Wohlergehen.[54]

Unzulässig sind mithin u.a.: 21

- eine Bloßstellung vor Geschwistern, Freunden, Verwandten, Nachbarn, Lehrern, Schulkameraden,[55]
- ein altersunangemessenes Alleinlassen oder ein Einsperren im Dunkeln,[56]
- das Miterleben von häuslicher Gewalt der Eltern (mittelbare Gewalt),[57]
- ein langandauerndes Nichtansprechen bzw. das Nichtbeachten des Kindes als eine Form des Liebesentzugs,[58]
- die Missachtung.[59]

c) Andere entwürdigende Maßnahmen

Als entwürdigend sind Maßnahmen einzustufen, die das Ehr- und Selbstwertgefühl des Kindes in einem in Bezug auf den Anlass der Erziehungsmaßnahme nicht zu rechtfertigenden Maße verletzen oder gefährden.[60] Die Entwürdigung kann in der Art der Maßnahme, im Ausmaß, der Dauer oder den Begleitumständen begründet sein.[61] Andere entwürdigende Maßnahmen sind insbesondere solche, die objektiv geeignet sind, zu seelischen Verletzungen zu führen, im konkreten Fall aber nicht zu solchen Verletzungen geführt haben (z.B. Bloßstellung gegenüber Dritten in Abwesenheit des Kindes).[62] 22

Unzulässig ist mithin u.a.: 23

- wenn Eltern hinter dem Rücken des Kindes mit dessen Freunden Gespräche führen, in denen sich die Eltern über das Kind laufend verächtlich und herabsetzend äußern,[63]
- das gewaltsame „Füttern" eines Kleinkindes,[64]
- ein Abmelden aus dem Fußballverein aus geringfügigem Anlass.[65]

3. Rechtsfolgen

Wenn die Eltern gegen die in § 1631 Abs. 2 BGB festgesetzten Grundsätze verstoßen, kann das Gericht unter den Voraussetzungen der **§§ 1666, 1666a** BGB eingreifen. Das Kind kann jedoch keine allgemein zivilrechtlichen Unterlassungs- oder Verpflichtungsansprüche gegen seine Eltern geltend machen. Für Schadensersatzansprüche können die Eltern bei Vorliegen der Voraussetzungen nach § 1664 BGB, § 823 Abs. 1 BGB und § 823 Abs. 2 i.V.m. § 1631 Abs. 2 BGB haften.[66] § 1631 Abs. 2 BGB ist also ein **Schutzgesetz i.S.v. § 823 Abs. 2** BGB. Verstöße gegen § 1631 Abs. 2 BGB sind ferner ggf. nach §§ 223 ff. StGB strafbar.[67] 24

54 MüKo-BGB/*Huber*, § 1631 BGB Rn. 21; *Fegert/Franke/Gossmann*, ZKJ 2024, 44
55 BT-Drs. 14/1247, 8; Staudinger/*Salgo*, § 1631 BGB Rn. 87
56 Staudinger/*Salgo*, § 1631 BGB Rn. 87
57 *Kindler/Salzgeber/Fichtner/Werner*, FamRZ 2004, 1241, 1245
58 BT-Drs. 12/6343, 15; Staudinger/*Salgo*, § 1631 BGB Rn. 87
59 Staudinger/*Salgo*, § 1631 BGB Rn. 87, 89
60 BT-Drs. 8/2788, 35; MüKo-BGB/*Huber*, § 1631 BGB Rn. 24
61 OLG Thüringen FamRZ 2003, 1319, 1320
62 MüKo-BGB/*Huber*, § 1631 BGB Rn. 23
63 BT-Drs. 14/1247, 8
64 OLG Frankfurt FamRZ 1980, 284 f.
65 Staudinger/*Salgo*, § 1631 BGB Rn. 89
66 MüKo-BGB/*Huber*, § 1631 BGB Rn. 34 ff. m.w.N.
67 Grüneberg/*Götz*, § 1631 BGB Rn. 6

III. Unterstützung der Eltern bei der Ausübung der Personensorge (Abs. 3)

25 Das Familiengericht kann die Eltern in geeigneten Fällen bei der Ausübung der Personensorge unterstützen.

Voraussetzungen dafür sind:

- ein Antrag der personensorgeberechtigten Eltern bzw. des allein personensorgeberechtigten Elternteils,
- ein „geeigneter Fall".

26 **1.** Eine gerichtliche Unterstützung wird nur auf **Antrag** gewährt. Antragsberechtigt sind, wenn beide Elternteile die Personensorge für das Kind innehaben, beide Elternteile gemeinsam. Ein Elternteil ist nur dann allein antragsberechtigt, wenn er allein Inhaber der Personensorge ist.[68] Der Antrag ist widerruflich und kann jederzeit zurückgenommen werden.[69]

27 **2.** Das Gericht hat die Eltern nur in **geeigneten Fällen** zu unterstützen. Hält das Gericht ein Tätigwerden für unzweckmäßig oder im Interesse des Kindes für nicht geboten, kann es ein Tätigwerden ablehnen.[70] Maßgeblich für eine unterstützende Maßnahme ist, ob eine solche dem Kindeswohl entspricht. Das Gericht hat insoweit eine eigene Prüfungsbefugnis. Andererseits darf das Gericht nicht über den Antrag hinausgehen, wohl aber dahinter zurückbleiben und eine neue Antragstellung anregen.[71]

28 **3.** Bei den möglichen **Unterstützungsmaßnahmen** ist zu berücksichtigen, dass spezialgesetzliche Regelungen, insbesondere hinsichtlich der Ausübung des staatlichen Wächteramts (§§ 1631b, 1632, 1666, 1666a BGB), Vorrang haben.

Als Unterstützungsmaßnahmen kommen u.a. in Betracht:[72]

- ein Gespräch mit dem Kind und Eltern, anderen Personen und Institutionen, insbesondere um die Kommunikation zwischen den Beteiligten wieder herzustellen,
- Ermahnungen, Weisungen und Verwarnungen, beispielsweise zur Bekräftigung von Umgangsverboten,
- die Anordnung des persönlichen Erscheinens des Kindes,
- die Unterstützung der Eltern bei der Ermittlung des Aufenthalts des Kindes.

Neben dem Tätigwerden des Gerichts können die Eltern die Unterstützungsmaßnahmen der **Jugendhilfe** nach §§ 18, 27 SGB VIII in Anspruch nehmen.

29 **4.** Für den Unterstützungsantrag ist ausschließlich das Familiengericht zuständig (§§ 111 Nr. 2, 151 Nr. 1 FamFG). Die örtliche Zuständigkeit folgt aus § 152 Abs. 2 FamFG. Funktionell zuständig ist der Rechtspfleger (§ 3 Nr. 2a RPflG), es sei denn, durch den Antrag der Eltern bzw. eines Elternteils werden kinderschutzrechtliche Maßnahmen nach § 1666 BGB erforderlich, für die ausschließlich der Richter zuständig ist (§ 14 Nr. 2 RPflG). Gegen die Entscheidung findet die (befristete) Beschwerde statt (§ 11 Abs. 1 RPflG, §§ 58 ff. FamFG).

---

68 Staudinger/*Salgo*, § 1631 BGB Rn. 94
69 MüKo-BGB/*Huber*, § 1631 BGB Rn. 38; Staudinger/*Salgo*, § 1631 BGB Rn. 95
70 BT-Drs. 8/2788, 48 f.
71 Staudinger/*Salgo*, § 1631 BGB Rn. 95
72 Dazu ausführlich Staudinger/*Salgo*, § 1631 BGB Rn. 100 m.w.N.

§ 1631a BGB

Ausbildung und Beruf

In Angelegenheiten der Ausbildung und des Berufs nehmen die Eltern insbesondere auf Eignung und Neigung des Kindes Rücksicht. Bestehen Zweifel, so soll der Rat eines Lehrers oder einer anderen geeigneten Person eingeholt werden.

Übersicht

A. Allgemeines

Die Norm verdeutlicht die Grundsätze, die bei den für das ganze Leben des Kindes besonders wichtigen Entscheidungen in Angelegenheiten der Ausbildung und des Berufs zu beachten sind. Sie stellt eine sachgebotene Ergänzung zu § 1626 Abs. 2 BGB dar und soll verhindern, dass Eltern aus falschen Prestigedanken oder als Ersatz für eigene unerfüllte Berufswünsche oder aus sonstigen Gründen das Kind zu einer Ausbildung oder einem Beruf zwingen, in denen es schließlich scheitern muss.[1] **1**

B. Inhalt der Norm

I. Ausbildung und Beruf

1. Der Begriff der **Ausbildung** ist weit gefasst und umfasst nicht nur die Berufsausbildung. Er zielt auf die Entwicklung von Anlagen, Begabungen und speziellen Fertigkeiten, die für die Ausübung bestimmter Tätigkeiten Voraussetzung sind.[2] **2**

Die Ausbildung **umfasst**:

- die schulische Bildung des Kindes, soweit und sobald in diesem Bereich Wahl- und Entscheidungsmöglichkeiten bestehen,
- die Berufsausbildung, wie (Erst-)Entscheidungen über das Ausbildungsziel, den Ausbildungsgang und die Ausbildungsstätte, die Berufswahl, und auch Entscheidungen, die den zunächst eingeschlagenen Ausbildungsweg ganz oder teilweise ändern,
- die Entfaltung musischer, intellektueller, sportlicher oder technischer Fähigkeiten (wie das Erlernen eines Musikinstruments oder einer Sprache, des Segelns, der Computerbenutzung, den Erwerb eines Führerscheins).[3]

2. Der Begriff des **Beruf**s umfasst jede dauerhafte Tätigkeit, die darauf abzielt, eine Lebensgrundlage für sich oder auch Dritte zu schaffen und zu erhalten.[4] **3**

1 BT-Drs. 8/2788, 37
2 Staudinger/*Salgo*, § 1631a BGB Rn. 10; BeckOK-BGB/*Veit*, § 1631a BGB Rn. 2
3 MüKo-BGB/*Huber*, § 1631a BGB Rn. 4; Staudinger/*Salgo*, § 1631a BGB Rn. 10 ff.
4 MüKo-BGB/*Huber*, § 1631a BGB Rn. 3

II. Rücksichtnahme insbes. auf Eignung und Neigung

4 **1.** Die **Eignung** des Kindes liegt vor, wenn es die Begabung, Befähigung, Fertigkeit sowie die physischen und psychischen Eigenschaften hat, die zur Erreichung eines angestrebten Ausbildungsziels und beruflichen Werdegangs erforderlich sind.[5] Ob eine gewisse Eignung vorliegt, lässt sich beispielsweise durch Schulzeugnisse, Auskünfte von Lehrern, medizinische oder psychologische Gutachten oder Tests ermitteln. Dabei ist zu berücksichtigen, dass es sich bei solchen Belegen nur um gegenwärtig feststellbare Fähigkeiten und Anlagen handelt.[6]

5 **2.** Unter **Neigung** sind dagegen die Vorlieben und Interessen des Kindes im Sinne positiver emotionaler Zuwendung zu verstehen.[7] Sie sind nur zu berücksichtigen, soweit sie eine gewisse Beständigkeit erkennen lassen und nicht im Widerspruch zur Eignung des Kindes stehen. Bloße vorübergehende Launen sind nicht entscheidend.[8]

6 **3.** **Weitere** zu berücksichtigende **Kriterien** sind beispielsweise die wirtschaftliche Leistungsfähigkeit der Eltern, der Gesundheitszustand des Kindes oder anderer Familienmitglieder, die Arbeitsmarktchancen, die zeitliche Belastung, die Entfernung zur Ausbildungsstätte oder die Fortführung des Betriebs im Interesse der Familie.[9]

7 **4.** Die **Pflicht zur Rücksichtnahme** insbes. auf Eignung und Neigung des Kindes soll gewährleisten, dass die Eltern die Wahl von Ausbildung und Beruf des Kindes unter Zugrundelegung aller Fertigkeiten und Bestrebungen des Kindes treffen.[10] Rücksichtnahme bedeutet auch die Bereitschaft zu Gesprächen und Auseinandersetzungen mit dem Kind. Sie beschränkt sich nicht nur auf ein Gewährenlassen, sondern erfordert auch aktive Unterstützung und finanzielle Hilfe.[11]

III. Externe Beratung

8 Sind die Eltern bei Entscheidungen in Angelegenheiten der Ausbildung und des Berufs überfordert, unsicher, untereinander oder mit dem Kind uneinig, wird nach § 1631a Satz 2 BGB zur Entscheidungsfindung empfohlen, fachkundige Hilfe in Anspruch zu nehmen. Je nach Art der bestehenden Zweifel kommen als geeignete Personen zur Beratung beispielsweise in Betracht: Verwandte, Lehrer, Ausbilder, Berufsberater, eine den betreffenden Beruf ausübende Person, Ärzte oder Psychologen.[12]

IV. Rechtsfolgen

9 Wenn die Eltern gegen diese Grundsätze verstoßen, kann das Gericht unter den Voraussetzungen der §§ 1666, 1666a BGB eingreifen.[13] Ebenso kann ein Verstoß unterhaltsrechtliche Folgen insoweit haben, als die Eltern ihre Verpflichtung zur Finanzierung einer angemessenen Ausbildung noch nicht in rechter Weise erfüllt haben und eine weitere Ausbildung finanzieren müssen.[14]

5 BeckOK-BGB/*Veit*, § 1631a BGB Rn. 3
6 BayOblG FamRZ 1982, 634, 636; Staudinger/*Salgo*, § 1631a BGB Rn. 13
7 MüKo-BGB/*Huber*, § 1631a BGB Rn. 6
8 BT-Drs. 8/2788, 49; BayObIG FamRZ 1982, 634, 636; BeckOK-BGB/*Veit*, § 1631a Rn. 3.2
9 Staudinger/*Salgo*, § 1631a BGB Rn. 13; MüKo-BGB/*Huber*, § 1631a BGB Rn. 10
10 *Zenz*, StAZ 1973, 257, 263; BeckOK-BGB/*Veit*, § 1631a BGB Rn. 3
11 MüKo-BGB/*Huber*, § 1631a Rn. 8; BeckOK-BGB/*Veit*, § 1631a BGB Rn. 5
12 BT-Drs. 8/2788, 49; BeckOK-BGB/*Veit*, § 1631a BGB Rn. 6
13 BeckOK-BGB/*Veit*, § 1631a BGB Rn. 7
14 BGH NJW-RR 2000, 593 f.

§ 1631b BGB
Freiheitsentziehende Unterbringung und freiheitsentziehende Maßnahmen

(1) [1]Eine Unterbringung des Kindes, die mit Freiheitsentziehung verbunden ist, bedarf der Genehmigung des Familiengerichts. [2]Die Unterbringung ist zulässig, solange sie zum Wohl des Kindes, insbesondere zur Abwendung einer erheblichen Selbst- oder Fremdgefährdung, erforderlich ist und der Gefahr nicht auf andere Weise, auch nicht durch andere öffentliche Hilfen, begegnet werden kann. [3]Ohne die Genehmigung ist die Unterbringung nur zulässig, wenn mit dem Aufschub Gefahr verbunden ist; die Genehmigung ist unverzüglich nachzuholen.

(2) [1]Die Genehmigung des Familiengerichts ist auch erforderlich, wenn dem Kind, das sich in einem Krankenhaus, einem Heim oder einer sonstigen Einrichtung aufhält, durch mechanische Vorrichtungen, Medikamente oder auf andere Weise über einen längeren Zeitraum oder regelmäßig in nicht altersgerechter Weise die Freiheit entzogen werden soll. [2]Absatz 1 Satz 2 und 3 gilt entsprechend.

Weiterführende Literatur: *Fink*, Familiengerichtlicher Genehmigungsvorbehalt bei „freiwilliger" geschlossener Unterbringung Minderjähriger, in: Heilmann, S./Lack K. (Hrsg.): Die Rechte des Kindes. Festschrift für Ludwig Salgo zum 70. Geburtstag, 2016, 137; *Vogel*, Die familiengerichtliche Genehmigung der Unterbringung mit Freiheitsentziehung bei Kindern und Jugendlichen nach § 1631b BGB, 2014; *ders.*, Familiengerichtliche Genehmigung der freiheitsentziehenden Unterbringung bei Kindern und Jugendlichen nach § 1631b BGB, FamRZ 2015, 1 ff.; *ders.*, Freiheitsentziehende Unterbringung und freiheitsentziehende Maßnahmen nach § 1631b Abs. 1 und 2 BGB aus der Sicht der Jugendlichen, ZKJ 2022, 253 ff.

Übersicht Rn.

A. Allgemeines

1 Die Vorschrift stellt die geschlossene Unterbringung des Kindes und die Vornahme freiheitsentziehender Maßnahmen während einer Unterbringung unter den Vorbehalt einer gerichtlichen Kontrolle, da sie einen besonders schweren Eingriff in das Recht des Kindes auf persönliche Freiheit (Art. 2 Abs. 2 Satz 2 GG) darstellen.[1] Die Freiheit der Person ist ein so hohes Rechtsgut, dass sie nur aus besonders gewichtigem Grund angetastet werden darf.[2] Die Einschränkung der Freiheit ist daher stets einer strengen Prüfung am Grundsatz der

1 BT-Drs. 8/2788, 38, 50; BT-Drs. 18/11278, 16 ff.
2 BVerfGE 45, 187, 223; BVerfG ZKJ 2008, 38, 39

Verhältnismäßigkeit zu unterziehen.[3] Eine geschlossene Unterbringung des Kindes und die Vornahme freiheitsentziehender Maßnahmen während einer Unterbringung kommen nur als letztes Mittel und nur für die kürzeste angemessene Zeit in Betracht.[4]

2 Mit dem Gesetz zur Einführung eines familiengerichtlichen Genehmigungsvorbehaltes für freiheitsentziehende Maßnahmen bei Kindern vom 17.7.2017[5] wurde mit § 1631b Abs. 2 BGB der Genehmigungsvorbehalt auch für freiheitsentziehende Maßnahmen während einer Unterbringung eingeführt. Mit der Einführung der Regelung wollte der Gesetzgeber dem Umstand Rechnung tragen, dass freiheitsentziehende Maßnahmen mindestens ebenso schwerwiegend und belastend sein können wie eine geschlossene Unterbringung. Ferner sollte die mehrpolige Grundrechtssituation – einerseits das Recht des Kindes auf Leben, körperliche Unversehrtheit und Freiheit (Art. 2 Abs. 2 Satz 1, Satz 2 GG) und anderseits das Recht der Eltern auf Pflege und Erziehung ihres Kindes (Art. 6 Abs. 2 Satz 1 GG) zu gewährleisten – gelöst sowie ein Gleichlauf des Kinderschutzes und des Erwachsenenschutzes gewährleistet werden, da im Betreuungsrecht nach § 1831 Abs. 4 BGB bereits ein Genehmigungserfordernis für freiheitsentziehende Maßnahmen während einer Unterbringung besteht.[6]

B. Inhalt der Norm

I. Die geschlossene Unterbringung mit Genehmigung (Abs. 1 Satz 1 und 2)

3 **Voraussetzungen** für eine Genehmigung der geschlossenen Unterbringung i.S.d. § 1631b Abs. 1 BGB sind:

- Freiheitsentziehung
- eine Unterbringung, die mit einer Freiheitsentziehung verbunden ist (= „geschlossene Unterbringung"),
- die geschlossene Unterbringung ist zum Wohl des Kindes, insbesondere zur Abwendung einer erheblichen Selbst- oder Fremdgefährdung, erforderlich,
- der Kindeswohlgefährdung kann nicht auf andere Weise begegnet werden (Wahrung des Verhältnismäßigkeitsgrundsatzes).

1. Freiheitsentziehung

4 Eine **Freiheitsentziehung** – die schwerste Form der Freiheitsbeschränkung –[7] liegt dann vor, wenn die – tatsächlich und rechtlich an sich gegebene – körperliche Bewegungsfreiheit nach jeder Richtung hin gegen oder ohne den Willen des Betroffenen aufgehoben wird.[8]

Aber auch bei einer sog. **Freiwilligkeitserklärung**, mit der sich das Kind mit der Aufhebung der körperlichen Bewegungsfreiheit nach jeder Richtung hin einverstanden erklärt, ist zu berücksichtigen, dass das Kind gerade auf Grund einer wesentlichen Gefährdung, Erkrankung oder Störung und einer damit einhergehenden Beeinträchtigung oder Einschränkung der Steuerungs-, Einsichts- und Entscheidungsfähigkeit der körperlichen Bewegungsfreiheit[9] beraubt werden soll. Für eine Einwilligung im Rahmen des § 1631b BGB bedarf es aber ei-

3 BVerfG ZKJ 2008, 38, 39
4 BGH ZKJ 2013, 74, 76
5 BGBl. I 2017, S. 2424, in Kraft seit 1.10.2017
6 Vgl. BT-Drs. 18/11278, 10
7 BVerfGE 10, 302, 323
8 BVerfGE 94, 166, 198; 105, 239, 248; BGH ZKJ 2013, 449, 450
9 Staudinger/*Salgo*, § 1631b BGB Rn. 2; *Fink*, FS Salgo, 137, 151

ner im Augenblick der Freiheitsentziehung vorhandenen, freiwilligen und ernstlichen Zustimmung in die beabsichtigte Rechtsverletzung.[10] Eine solche setzt voraus, dass der Betroffene Wert und Bedeutung des betroffenen Freiheitsrechts sowie die Folgen und Risiken seiner Zustimmung erkennen kann und bei seiner Entscheidung die Alternativen, d.h. die zur Erreichung des angestrebten Zwecks weniger belastenden Mittel, einbeziehen bzw. sein Handeln danach bestimmen kann.[11]

Wenn tatsächlich die Aufhebung der körperlichen Bewegungsfreiheit in jede Richtung hin erforderlich ist, befindet sich das betroffene Kind stets in einer (psychischen) Ausnahmesituation, was in aller Regel eben nicht für das Vorhandensein einer entsprechenden Einsichtsfähigkeit in eine so folgenreiche Entscheidung spricht.[12] Im Voraus kann zudem regelmäßig nicht zuverlässig festgestellt werden, ob das Einverständnis des Kindes ernsthafter Natur ist oder anschließend widerrufen wird. Das Gericht wird regelmäßig auch nicht in der Lage sein zu beurteilen, ob hinter der Einwilligung des Kindes in die Aufhebung seiner körperlichen Bewegungsfreiheit nicht zumindest auch andere Faktoren wie Krankheit, Drogen, Alkohol oder Druck von Angehörigen liegen, die seine Entscheidungsfähigkeit einschränken.[13]

Diese Unwägbarkeiten führen dazu, im Grundsatz davon auszugehen, dass der Minderjährige bei einer so erheblichen Entscheidung mit so einschneidenden Konsequenzen nicht einsichts- und einwilligungsfähig ist. Nur die richterliche Kontrolle sichert eine freiheitsschonende Ausübung des Personensorgerechts in Bezug auf die Aufhebung der körperlichen Bewegungsfreiheit.[14] Von daher ist auch bei einer sog. Freiwilligkeitserklärung des Kindes von einer Freiheitsentziehung i.S.d. § 1631b BGB auszugehen, die eine gerichtliche **Genehmigung erfordert**.[15]

Keine Freiheitsentziehung sind **bloße Freiheitsbeschränkungen**; das sind Maßnahmen, die angesichts des Alters des Kindes und der Umstände angemessen und üblich sind und im Rahmen der allgemeinen Erziehungs- und Aufsichtspflicht liegen (wie begrenzte Ausgangszeiten, Ausgehverbote, Hausarbeitsstunden, Hausarrest in einem Internat).[16] 5

2. Unterbringung, die mit einer Freiheitsentziehung verbunden ist

Unterbringung ist die Fremdplatzierung eines Kindes, also die Zuweisung eines bestimmten umgrenzten Aufenthaltsortes außerhalb des Elternhauses, z.B. in einer kinder- und jugendpsychiatrischen Klinik, einem Heim, einem Krankenhaus, einer Einrichtung der Kinder- und Jugendhilfe und der Behindertenhilfe sowie einem Internat, einem Kindergarten, einer Kindertagesstätte, einer Nachmittagsbetreuung und einer Horteinrichtung; mithin in allen Einrichtungen, in denen Minderjährige über einen längeren Zeitraum oder kurzfristig wohnen oder fern von der ständigen Kontrollmöglichkeit der Eltern betreut werden. Der Zweck 6

10 BGH NJW 1964, 1177; OLG München FGPrax 2007, 267, 268
11 Vgl. BVerfG FamRZ 2011, 1128, 1129
12 *Gollwitzer/Rüth*, FamRZ 1996, 1388, 1389; *Fink*, FS Salgo, 137, 151; Grüneberg/*Götz*, § 1631b BGB Rn. 2; Staudinger/*Salgo*, § 1631b BGB Rn. 8
13 *Salgo*, FPR 2011, 546, 548; *Fink*, FS Salgo, 137, 151; *Schepker/Vogel*, FamRZ 2020, 896
14 *Fink*, FS Salgo, 137, 152
15 *Gollwitzer/Rüth*, FamRZ 1996, 1388, 1389; *Vogel*, S. 100 ff.; *ders.*, FamRZ 2015, 1, 3 ff.; *ders.*, ZKJ 2022, 253; Staudinger/*Salgo*, § 1631b BGB Rn. 8; *Fink*, FS Salgo, 137, 151; *Pheiler-Cox/Lentz*, FamRZ 2024, 1515, 1518 f.; BeckOK-BGB/*Veit*, § 1631b BGB Rn. 28; Grüneberg/*Götz*, § 1631b Rn. 2; Prütting/Helms/*Hammer*, § 167 FamFG Rn. 26; Erman/*Döll*, § 1631b BGB Rn. 3a; vermittelnde Auffassung MüKo-FamFG/*Heilmann*, § 167 FamFG Rn. 36, demzufolge sich die Richterin bzw. der Richter von der Einsichts- und Einwilligungsfähigkeit des Kindes einen eigenen Eindruck verschaffen muss
16 Staudinger/*Salgo*, § 1631b BGB Rn. 13; MüKo-BGB/*Huber*, § 1631b BGB Rn. 5

ist ebenso wie die Dauer unerheblich.[17] Nicht erfasst werden Transporte zu solchen Einrichtungen, beispielsweise in einem Krankenwagen.[18]

7 Die Unterbringung ist dann **mit einer Freiheitsentziehung verbunden**, wenn das Kind in einem räumlich begrenzten Bereich festgehalten wird, sein Aufenthalt ständig überwacht und die Kontaktaufnahme mit Personen außerhalb des Bereichs durch Sicherungsmaßnahmen eingeschränkt wird und das Festhalten auf eine gewisse Dauer angelegt ist[19] (= „geschlossene Unterbringung").[20]

Die geschlossene Unterbringung i.S.d. § 1631b Abs. 1 BGB umfasst mithin die Unterbringung in einer geschlossenen Einrichtung, aber auch diejenige in einer so genannten „halboffenen" Einrichtung, wo sich das Kind zwar innerhalb der Grenzen der Einrichtung relativ frei bewegen kann, aber sich nicht frei aus der Einrichtung entfernen darf.[21]

3. Kindeswohlgefährdung

8 Die Unterbringung muss zum Wohl des Kindes, insbesondere zur Abwendung einer erheblichen Selbst- oder Fremdgefährdung, erforderlich sein. Eine Gefährdung des Kindeswohls liegt nur vor, wenn das körperliche, geistige oder seelische Wohl des Kindes beeinträchtigt ist, § 1666 Abs. 1 BGB. Ein anderer Maßstab als § 1666 Abs. 1 BGB wäre mit den den Staat treffenden Schutzpflichten für die Unverletzlichkeit der Freiheit der Person, die aus Art. 2 Abs. 2 Satz 2 i.V.m. Art. 104 Abs. 1 GG resultieren, nicht vereinbar; insbesondere weil es sich bei der Freiheitsentziehung um die schwerste Form der Freiheitsbeschränkung handelt.[22]

Eine geschlossene Unterbringung ist daher nur in **wenigen Ausnahmefällen** begründet, wie bei akuten psychotischen Störungen, ausgeprägten depressiv-suizidalen Syndromen,[23] Suizidalität, Anorexie mit lebensbedrohlicher Abmagerung oder Störung der psychosexuellen Entwicklung und des Sozialverhaltens;[24] nicht hingegen bei bloßer Verletzung der Schulpflicht.[25] Eine Fremdgefährdung vermag die Unterbringung nur dann zu rechtfertigen, wenn mit ihr eine erhebliche Selbstgefährdung einhergeht. Dies kann gegeben sein, wenn die Fremdgefährdung das Kind dem Risiko von Notwehrmaßnahmen, Ersatzansprüchen und dadurch verursachten Prozessen aussetzt.[26] Letztere können ohne das Hinzutreten weiterer Umstände keine Unterbringung rechtfertigen.[27]

4. Verhältnismäßigkeitsgrundsatz

9 Die Unterbringung setzt weiter voraus, dass der Kindeswohlgefährdung nicht auf andere Weise, auch nicht durch öffentliche Hilfen, begegnet werden kann. Damit kommt zum Ausdruck, dass die geschlossene Unterbringung nur als **letztes Mittel** in Betracht kommt und der Verhältnismäßigkeitsgrundsatz streng zu beachten ist.[28] Das Familiengericht hat sowohl die Erforderlichkeit als auch die Angemessenheit der geplanten Unterbringung zu prü-

---

17 Vgl. BT-Drs. 18/11278, 16; *Vogel*, S. 74 f.; Staudinger/*Salgo*, § 1631b BGB Rn. 11; BeckOK-BGB/*Veit*, § 1631b BGB Rn. 11; *Fink*, FS Salgo, 137, 142; *Götz*, FamRZ 2017, 1290; *Kirsch*, FamRZ 2019, 933
18 BT-Drs. 18/11278, 16
19 Vgl. BGH ZKJ 2013, 449, 450; OLG Düsseldorf NJW 1963, 397, 398; OLG Oldenburg FamRZ 2012, 39, 40; OLG Frankfurt ZKJ 2013, 76, 77
20 Die Unterbringung selbst auch wiederum als freiheitsentziehend zu bezeichnen, würde zu einer vom Gesetzgeber anscheinend nicht gewollten Redundanz im Wortlaut des § 1631b BGB führen. Näher dazu *Fink*, FS Salgo, 137, 141 f.
21 *Hoffmann*, FamRZ 2013, 1346, 1347; *Fink*, FS Salgo, 137, 143 m.w.N.
22 Implizit BVerfGK 11, 323; a.A. BeckOGK/*Kerscher* § 1631b Rn. 37
23 *Vogel*, S. 109 f.; *ders.*, FamRZ 2015, 1, 5 f.; Staudinger/*Salgo*, § 1631b Rn. 24 m.w.N.
24 BGH ZKJ 2013, 74; OLG Hamm, Beschl. v. 21.5.2012, 8 UF 46/12 (juris)
25 Vgl. OLG Brandenburg, FamRZ 2011, 489
26 Vgl. BT-Drs. 16/6815, 13 f.; *Meysen*, NJW 2008, 2673, 2675
27 OLG Koblenz FamRZ 2021, 1540
28 BVerfG ZKJ 2008, 38, 40; vgl. BVerfGE 58, 208, 224 ff.; BGH ZKJ 2013, 74, 76; *Vogel*, S. 111; *ders.*, FamRZ 2015, 1, 6

fen, die Art der Unterbringungsmaßnahme zu benennen und die Dauer der Unterbringung festzulegen. Der Beschluss muss den Typus der Einrichtung (Kinder- und Jugendpsychiatrie, Einrichtung der Kinder- und Jugendhilfe, Suchthilfe etc.) exakt angeben, nicht jedoch auch die Einrichtung selbst.[29] Ordnet das Gericht jedoch die Unterbringung nach § 1867 an, muss es auch die Einrichtung selbst benennen, da es dann zugleich die Entscheidung des Vertreters über die Unterbringung ersetzt.[30] Der Zeitpunkt, zu dem die Unterbringung endet, muss exakt benannt werden. Die Unterbringungsdauer darf grundsätzlich sechs Monate nicht überschreiten, § 167 Abs. 7 FamFG.

▶ *Zu Einzelheiten des Verfahrens siehe Fink, § 167 FamFG Rn. 1 ff.*

II. Die geschlossene Unterbringung ohne Genehmigung, Nachholpflicht (Abs. 1 Satz 3)

Nach § 1631b Satz 3 BGB ist eine Unterbringung ausnahmsweise ohne vorherige Genehmigung zulässig. Das ist dann der Fall, wenn eine **konkrete** Gefahr für das Kind besteht (wie bei Suizidgefahr oder einem schizophrenen Schub) und die Genehmigung einer vorläufigen Unterbringung im Wege der einstweiligen Anordnung (§ 167 Abs. 1 Satz 1 FamFG i.V.m. §§ 331 f. FamFG) nicht rechtzeitig zu erlangen ist. Nicht ausreichend sind allgemeine Befürchtungen.[31] Bei einem Zuwarten müssen erhebliche Nachteile für das Kind bzw. für Dritte drohen. Bei einer Unterbringung des Kindes nach den jeweiligen öffentlich-rechtlichen Landesvorschriften wird es häufig der Arzt für Kinder- und Jugendpsychiatrie und -psychotherapie in der Einrichtung sein, der zu entscheiden hat, ob eine sofortige Aufnahme erforderlich ist.[32] **10**

In diesen Fällen ist die **Genehmigung unverzüglich** – ohne schuldhaftes Zögern (§ 121 Abs. 1 Satz 1 BGB) – **nachzuholen**.

▶ *Zu Einzelheiten des Verfahrens siehe Fink, § 167 FamFG Rn. 1 ff.*

III. Freiheitsentziehende Maßnahme während der Unterbringung mit Genehmigung (Abs. 2)

Voraussetzungen für eine Genehmigung freiheitsentziehender Maßnahmen i.S.d. § 1631b Abs. 2 BGB sind: **11**

- Freiheitsentziehende Maßnahme über einen längeren Zeitraum oder regelmäßig in nicht altersgerechter Weise
- eine Unterbringung,
- die freiheitsentziehende Maßnahme ist zum Wohl des Kindes, insbesondere zur Abwendung einer erheblichen Selbst- oder Fremdgefährdung, erforderlich,
- der Kindeswohlgefährdung kann nicht auf andere Weise begegnet werden (Wahrung des Verhältnismäßigkeitsgrundsatzes).

Zu beachten ist, dass eine freiheitsentziehende Maßnahme auch dann der gesonderten Genehmigung bedarf, wenn das Kind bereits nach § 1631b Abs. 1 BGB geschlossen untergebracht ist.[33]

29 BVerfG NJW 2007, 3560, 3562; BGH FamRZ 2024, 1583; OLG Brandenburg FamRZ 2004, 815, 817; MüKo-FamFG/*Heilmann*, § 167 FamFG Rn. 16
30 Vgl. Jox/Fröschle/*Fröschle*, § 323 FamFG Rn. 6
31 BeckOK-BGB/*Veit*, § 1631b BGB Rn. 53.1
32 Staudinger/*Salgo*, § 1631b BGB Rn. 19
33 BT-Drs. 18/11278, 17; Arbeitsgruppe familienrechtliche Gutachten, FamRZ 2021, 654, 656; *Vogel*, ZKJ 2021, 171

1. Freiheitsentziehende Maßnahmen über einen längeren Zeitraum oder regelmäßig in nicht altersgerechter Weise

12 Eine **Freiheitsentziehung** liegt dann vor, wenn die – tatsächlich und rechtlich an sich gegebene – körperliche Bewegungsfreiheit nach jeder Richtung hin gegen oder ohne den Willen des Betroffenen aufgehoben wird.[34] Ebenso ist bei einer sog. **Freiwilligkeitserklärung** des Kindes von einer Freiheitsentziehung i.S.d. § 1631b BGB auszugehen, die eine gerichtliche **Genehmigung erfordert** (näher dazu oben, § 1631b BGB Rn. 3).

13 **Maßnahmen** i.S.d. § 1631b Abs. 2 BGB sind solche, die die körperliche Bewegungsfreiheit des Betroffenen durch mechanische Vorrichtungen, Medikamente oder auf andere Weise aufheben. Hierunter können beispielsweise das Festhalten, Fixierungen,[35] Sedierungen, der Einsatz von Therapietischen, Bettgittern, Gurten, Schutzanzügen, der Einschluss in sog. Time-Out-Räume,[36] das Verschließen der Eingangstür über Nacht – wenn das Öffnen der Tür mindestens 30 Minuten dauert[37] – fallen.[38] **Auch** Maßnahmen, die nicht dem Zweck der Freiheitsentziehung, sondern **therapeutischen oder medizinischen Zwecken** dienen, sind freiheitsentziehende Maßnahmen.[39]

14 Die freiheitsentziehende Maßnahme muss sich über einen längeren Zeitraum erstrecken oder regelmäßig in nicht altersgerechter Weise erfolgen. Über einen **längeren Zeitraum** erstreckt sich die Maßnahme, wenn die bezweckte Freiheitsentziehung nicht geringfügig, lediglich im Ausnahmefall anlassbezogen für eine kurze Zeit erfolgt.[40] Die Dauer der Maßnahme ist also nicht nur nach einer festen Zeitlänge, sondern auch in Abhängigkeit von der Eingriffsintensität zu bestimmen.[41] Dabei ist die Intensität der Maßnahme nicht allein nach objektivem Maßstab, sondern auch nach der subjektiv empfundenen Bedrohlichkeit zu bewerten.[42] Von einer kurzfristigen Maßnahme ist jedenfalls dann nicht mehr auszugehen, wenn sie absehbar die Dauer von ungefähr einer halben Stunde überschreitet.[43]

15 **Regelmäßig** erfolgt die zweckgerichtete Maßnahme, wenn sie stets zur selben Zeit – beispielsweise das Absperren der Tür jeweils zur Nachtzeit – oder aus wiederkehrendem Anlass – beispielsweise das wiederkehrende Einsperren des Betroffenen, jedes Mal, wenn er die Nachtruhe stört – erfolgt.[44]

16 **Altersgerechte**, dem jeweiligen (biologischen[45]) Alter adäquate und übliche, Maßnahmen, die im Rahmen der Erziehung insbesondere gegenüber besonders der Aufsicht bedürfender Kleinkinder zur Anwendung gelangen, wie beispielsweise Laufställe und Hochstühle für Kleinkinder in Kindertagesstätten, sollen nicht vom Anwendungsbereich der Norm erfasst werden.[46] Nicht altersgerecht sind pädagogische Maßnahmen, die möglicherweise bei „erziehungsschwierigen" Kindern für angemessen erachtet werden, nicht aber bei anderen Kindern dieser Altersgruppe.[47]

---

34 BVerfGE 94, 166, 198; 105, 239, 248; BGH ZKJ 2013, 449, 450
35 BVerfG, Beschl. v. 24.10.2024 – 2 BvR 1031/24, Rn. 17, juris
36 *Vogel*, ZKJ 2021, 171, 173
37 BGH FamRZ 2015, 567
38 BT-Drs. 18/11278, 14
39 Vgl. BVerfG FamRZ 2024, 1724, 1725
40 Umkehrschluss aus BT-Drs. 18/11278, 17
41 Prütting/Helms/*Hammer*, § 167 FamFG Rn. 3f
42 *Vogel*, ZKJ 2021, 171, 173
43 BVerfG FamRZ 2018, 1442; *Götz*, FamRZ 2017, 1290, 1291
44 BT-Drs. 18/11278, 17 mit Verweis auf BT-Drs. 11/4528, 149; vgl. BGH FamRZ 2015, 567
45 *Kirsch*, FamRZ 2019, 933, 937
46 BT-Drs. 18/11278, 17; BeckOK-BGB/*Veit*, § 1631b BGB Rn. 16
47 BT-Drs. 18/11278, 17; Prütting/Helms/*Hammer*, § 167 FamFG Rn. 3g

2. Unterbringung

17 **Unterbringung** ist die Fremdplatzierung eines Kindes, also die Zuweisung eines bestimmten umgrenzten Aufenthaltsortes außerhalb des Elternhauses, z.B. in einer kinder- und jugendpsychiatrischen Klinik, einem Heim, einem Krankenhaus,[48] einer Einrichtung der Kinder- und Jugendhilfe und der Behindertenhilfe oder in einem Internat, einem Kindergarten, einer Kindertagesstätte, einer Nachmittagsbetreuung und einer Horteinrichtung; mithin in allen Einrichtungen, in denen Minderjährige über einen längeren Zeitraum oder kurzfristig sich aufhalten oder wohnen oder fern von der ständigen Kontrollmöglichkeit der Eltern betreut werden. Der Zweck ist ebenso wie die Dauer unerheblich.[49] Damit ist von der Vorschrift auch die Fremdplatzierung des Kindes in einer Pflegefamilie erfasst.[50] Nicht erfasst werden die Fälle, in denen das Kind mit dem Vormund, der jedoch keine institutionalisierte Betreuungsform der Jugendhilfe wie eine Vollzeitpflegeperson i.S.d. § 33 SGB VIII, sein darf, in einem Haushalt lebt.[51] Ebenfalls nicht erfasst werden Transporte zu Einrichtungen, beispielsweise in einem Krankenwagen.[52]

3. Kindeswohlgefährdung

18 Die freiheitsentziehende Maßnahme muss zum Wohl des Kindes, insbesondere zur Abwendung einer erheblichen Selbst- oder Fremdgefährdung, erforderlich sein. Eine Gefährdung des Kindeswohls liegt nur vor, wenn das körperliche, geistige oder seelische Wohl des Kindes beeinträchtigt ist, § 1666 Abs. 1 BGB.[53] Eine Fremdgefährdung vermag die freiheitsentziehende Maßnahme nur dann zu rechtfertigen, wenn mit ihr eine erhebliche Selbstgefährdung einhergeht. Dies kann gegeben sein, wenn die Fremdgefährdung das Kind dem Risiko von Notwehrmaßnahmen, Ersatzansprüchen und dadurch verursachten Prozessen aussetzt.[54]

4. Verhältnismäßigkeitsgrundsatz

19 Die freiheitsentziehende Maßnahme setzt weiter voraus, dass der Kindeswohlgefährdung nicht auf andere Weise, auch nicht durch öffentliche Hilfen, begegnet werden kann. Damit kommt zum Ausdruck, dass die freiheitsentziehende Maßnahme nur als **letztes Mittel** in Betracht kommt und der Verhältnismäßigkeitsgrundsatz streng zu beachten ist.[55] Das Familiengericht hat sowohl die Erforderlichkeit als auch die Angemessenheit der geplanten zweckgerichteten Maßnahme zu prüfen, die Art der Maßnahme (bspw. Fixierung mittels eines Bauchgurts, Anbringen eines Bettgitters etc.),[56] und den Grund bzw. ungefähren zeitlichen Rahmen (bspw. um Infusionen zu geben, damit das Kind zu seinem Schutz Impulskontrollausbrüche beenden kann,[57] damit das körperlich behinderte Kind nicht aus seinem Rollstuhl oder zur Nachtzeit aus seinem Bett stürzt[58] etc.) zu benennen. Eine ausdrückliche Erwähnung der Einrichtung ist nicht erforderlich, denn diese ergibt sich aus der Art und dem

48 AG Brandenburg FamRZ 2023, 866 sieht keine Genehmigungspflicht, wenn die elterlich Sorgeberechtigte bei der vorzunehmenden Maßnahme anwesend ist. Kritisch dazu: *Braun*, NZFam 2024, 273
49 Vgl. BT-Drs. 18/11278, 16; *Vogel*, S. 74 f.; Staudinger/*Salgo*, § 1631b BGB Rn. 11; BeckOK-BGB/*Veit*, § 1631b BGB Rn. 2; *Fink*, FS Salgo, 137, 142; *Götz*, FamRZ 2017, 1290; *Kirsch*, FamRZ 2019, 933
50 BT-Drs. 18/11278, 16; *Kirsch*, FamRZ 2019, 933, 934; a.A. *Keuter*, ZKJ 2017, 307, 309
51 BT-Drs. 18/11278, 16, 18
52 BT-Drs. 18/11278, 16
53 *Götz*, FamRZ 2017, 1290, 1292; zu § 1631b Abs. 1 Satz 2 BGB implizit BVerfGK 11, 323
54 Zu § 1631b Abs. 1 Satz 2 BGB vgl. BT-Drs. 16/6815, 13 f.; *Meysen*, NJW 2008, 2673, 2675
55 Zu § 1631b Abs. 1 Satz 2 BGB BVerfG ZKJ 2008, 38, 40; vgl. BVerfGE 58, 208, 224 ff.; BGH ZKJ 2013, 74, 76
56 BT-Drs. 18/11278, 19
57 AG Bergisch Gladbach FamRZ 2018, 1315
58 BT-Drs. 18/11278, 19

Grund der Maßnahme.[59] Der Zeitpunkt, zu dem die Vornahme freiheitsentziehender Maßnahmen endet, muss exakt benannt werden. Die Dauer darf grundsätzlich sechs Monate nicht überschreiten, § 167 Abs. 7 FamFG.

▶ *Zu Einzelheiten des Verfahrens siehe Fink, § 167 FamFG Rn. 1 ff.*

IV. Freiheitsentziehende Maßnahme während der Unterbringung ohne Genehmigung, Nachholpflicht (Abs. 2 Satz 2)

20 Nach § 1631b Abs. 2 Satz 2 i.v.m. Abs. 1 Satz 3 BGB ist eine freiheitsentziehende Maßnahme ausnahmsweise ohne vorherige Genehmigung zulässig. Das ist dann der Fall, wenn eine **konkrete** Gefahr für das Kind besteht (wie bei Suizidgefahr oder einem schizophrenen Schub) und die Genehmigung der zweckgerichteten Maßnahme im Wege der einstweiligen Anordnung (§ 167 Abs. 1 Satz 1 FamFG i.V.m. §§ 331 f. FamFG) nicht rechtzeitig zu erlangen ist. Nicht ausreichend sind allgemeine Befürchtungen.[60] Bei einem Zuwarten müssen erhebliche Nachteile für das Kind bzw. für Dritte drohen. Bei einer freiheitsentziehenden Maßnahme nach den jeweiligen öffentlich-rechtlichen Landesvorschriften wird es häufig der Arzt für Kinder- und Jugendpsychiatrie und -psychotherapie in der Einrichtung sein, der zu entscheiden hat, ob eine sofortige Maßnahme erforderlich ist.

In diesen Fällen ist die **Genehmigung unverzüglich** – ohne schuldhaftes Zögern (§ 121 Abs. 1 Satz 1 BGB) – **nachzuholen**.

▶ *Zu Einzelheiten des Verfahrens siehe Fink, § 167 FamFG Rn. 1 ff.*

§ 1631c BGB

Verbot der Sterilisation

[1]Die Eltern können nicht in eine Sterilisation des Kindes einwilligen. [2]Auch das Kind selbst kann nicht in die Sterilisation einwilligen. § 1809 findet keine Anwendung.

Übersicht

A. Allgemeines

1 Die Norm bewirkt, dass die Sterilisation oder Kastration Minderjähriger ausnahmslos verboten ist, unabhängig davon, ob der Minderjährige männlich oder weiblich, gesund oder krank ist.[1] Der Vorschrift liegt die Erwägung zugrunde, dass sich bei Minderjährigen die Erforderlichkeit und die Auswirkungen einer Sterilisation nur schwer feststellen lassen, weil ihre Entwicklung noch nicht abgeschlossen ist. Auch soll der Gefahr entgegengewirkt werden, dass gerade bei Kindern mit Behinderung die Sterilisation „vorsorglich" schon während der Minderjährigkeit durchgeführt wird, um so die Voraussetzungen über die eingeschränkten Ausnahmefälle zulässiger Sterilisation einwilligungsunfähiger Volljähriger (§§ 1817 Abs. 2, 1830 BGB) zu umgehen.[2]

59 Vgl. BGH FamRZ 2024, 1583; BeckOK-FamFG/*Günter*, § 323 FamFG Rn. 3; Prütting/Helms/*Roth*, § 323 FamFG Rn. 5
60 BeckOK-BGB/*Veit*, § 1631b BGB Rn. 9
1 Vgl. BT-Drs. 11/4528, 107; Staudinger/*Salgo*, § 1631c BGB Rn. 7
2 Vgl. BT-Drs. 11/4528, 76, 107

B. Inhalt der Norm

§ 1631c **Satz 1** BGB begrenzt das Personensorgerecht der Eltern.[3] 2

§ 1631c **Satz 2** BGB stellt klar, dass die Sterilisation auch nicht aufgrund einer Einwilligung des Kindes selbst durchgeführt werden darf. Die für die Einwilligung eines Minderjährigen in ärztliche Eingriffe geltenden Grundsätze finden keine Anwendung.[4] 3

§ 1631c **Satz 3** BGB schließt die Möglichkeit der Bestellung eines Ergänzungspflegers (§ 1809 BGB) mit dem Aufgabenkreis der Einwilligung in eine Sterilisation des Kindes aus. Dem Vormund ist eine solche Einwilligung durch die Verweisung in § 1795 Abs. 1 Satz 3 BGB versagt.[5] 4

Nicht vom Verbot der Norm sind Heilbehandlungen erfasst, die lediglich mittelbar eine Sterilisation oder Kastration zur Folge haben (können), wie die Behandlung einer Bauchhöhlenschwangerschaft oder eines Hodenkarzinoms oder eine notwendige Bestrahlung.[6] 5

Folge eines entgegen dem Verbot vorgenommenen Eingriffs ist die Begründung einer Strafbarkeit nach §§ 223 ff. StGB (insbes. § 226 Abs. 1 Nr. 1 5. Alt. StGB) und einer Schadensersatzpflicht nach § 823 Abs. 1 BGB.[7] Eine Haftung kommt auch nach § 823 Abs. 2 i.V.m. § 1631c Satz 1 BGB in Betracht, da § 1631c Schutzgesetz i.S.v. § 823 Abs. 2 BGB ist. 6

§ 1631d BGB

Beschneidung des männlichen Kindes

(1) [1]Die Personensorge umfasst auch das Recht, in eine medizinisch nicht erforderliche Beschneidung des nicht einsichts- und urteilsfähigen männlichen Kindes einzuwilligen, wenn diese nach den Regeln der ärztlichen Kunst durchgeführt werden soll. [2]Dies gilt nicht, wenn durch die Beschneidung auch unter Berücksichtigung ihres Zwecks das Kindeswohl gefährdet wird.

(2) In den ersten sechs Monaten nach der Geburt des Kindes dürfen auch von einer Religionsgesellschaft dazu vorgesehene Personen Beschneidungen gemäß Absatz 1 durchführen, wenn sie dafür besonders ausgebildet und, ohne Arzt zu sein, für die Durchführung der Beschneidung vergleichbar befähigt sind.

Weiterführende Literatur: *Rixen*, Das Gesetz über den Umfang der Personensorge bei einer Beschneidung des männlichen Kindes, NJW 2013, 257–262.

---

3 BT-Drs. 11/4528, 107
4 MüKo-BGB/*Huber*, § 1631c BGB Rn. 2
5 MüKo-BGB/*Huber*, § 1631c BGB Rn. 3; BeckOK-BGB/*Veit*, § 1631c BGB Rn. 2
6 Staudinger/*Salgo*, § 1631c BGB Rn. 7; BeckOK-BGB/*Veit*, § 1631c BGB Rn. 4
7 BeckOK-BGB/*Veit*, § 1631c BGB Rn. 2

Übersicht

A. Allgemeines

1 Die Norm enthält die Voraussetzungen, unter denen Eltern im Rahmen ihrer elterlichen Sorge berechtigt sind, in eine medizinisch nicht erforderliche Beschneidung eines nicht einsichts- und urteilsfähigen männlichen Kindes einzuwilligen. Ferner sind die Voraussetzungen der Durchführung einer Beschneidung geregelt.

B. Inhalt der Norm

I. Absatz 1 (Voraussetzungen für die Einwilligung)

2 **Voraussetzungen** für die Möglichkeit einer Einwilligung in eine Beschneidung i.S.d. § 1631d BGB sind:

- die alleinige **Sorgeberechtigung** des einwilligenden Elternteils bzw. die gemeinsame Sorgeberechtigung der einwilligenden Eltern,
- die Beschneidung der Penisvorhaut ist **medizinisch nicht erforderlich**,
- das Kind ist **männlich**,
- das Kind darf **nicht einsichts- und urteilsfähig** sein,
- die Beschneidung soll nach den **Regeln der ärztlichen Kunst** durchgeführt werden,
- eine **umfassende Aufklärung** der Einwilligenden durch den Behandelnden,
- die Beschneidung darf **nicht** das **Kindeswohl gefährden**.

1. Beschneidung

3 Die Norm umfasst nur die Beschneidung (Zirkumzision), die Entfernung der (kompletten) Penisvorhaut, nicht die sonstigen Abläufe, die den Beschneidungsakt begleiten.[1]

2. Medizinisch nicht erforderlich

4 Die Norm umfasst nur medizinisch nicht erforderliche Beschneidungen der Penisvorhaut. Für medizinisch indizierte Beschneidungen (z.B. wegen einer Phimose) gelten die allgemeinen Grundsätze eines indizierten Heileingriffs in die körperliche Integrität des Kindes.[2] Ist die Beschneidung zumindest auch medizinisch indiziert, findet § 1631d BGB keine Anwendung.[3]

1 BT-Drs. 17/11295, 7; *Rixen*, NJW 2013, 257, 260; BeckOK-BGB/*Veit*, § 1631d BGB Rn. 4
2 BT-Drs. 17/11295, 7, 17; OLG Hamm ZKJ 2013, 497, 499
3 *Rixen*, NJW 2013, 257, 260

3. Männliches Kind

Die Norm umfasst nur die Beschneidung eines männlichen Kindes. Auf Kinder mit Varianten der Geschlechtsentwicklung i.S.d. § 1631e BGB ist die Vorschrift nicht anwendbar.[4] Die **Verstümmelung** (ohne Unterschied, ob es sich um eine Klitorisbeschneidung, Excision oder Infibulation handelt) **weiblicher Genitalien** ist verboten.[5] Sie stellt eine grausame, folgenschwere und durch nichts zu rechtfertigende Misshandlung dar,[6] die eine Menschenrechtsverletzung und einen Verstoß gegen Art. 24 Abs. 3 des Übereinkommens über die Rechte des Kindes (UN-Kinderrechtekonvention[7]) darstellt und nach § 226a StGB strafbar ist. Eine Einwilligung der Minderjährigen selbst ist, angesichts der weitreichenden Folgen des Eingriffs, nicht möglich.[8] 5

4. Fehlende Einsichts- und Urteilsfähigkeit

Die Norm trifft keine Aussage, wann das Kind einsichts- und urteilsfähig ist. Eine starre Altersgrenze gibt es auch nicht. Es kommt darauf an, ob das Kind nach seiner geistigen und sittlichen Reife die Tragweite des Eingriffs zu ermessen vermag.[9] Als Indiz können die in § 5 KErzG (siehe Anhang, S. 1371) vorgesehenen Altersgrenzen herangezogen werden, die aber eine **Prüfung im Einzelfall** nicht entbehrlich machen. Danach kann als eine die elterliche Entscheidung ggf. korrigierende Orientierungsgröße das 14. Lebensjahr bei einer Entscheidung des Kindes für die Beschneidung, das zwölfte Lebensjahr bei einer Entscheidung des Kindes gegen die Beschneidung zu Grunde gelegt werden.[10] Ist das Kind einsichts- und urteilsfähig, ist fraglich, ob es neben der Einwilligung des Kindes in die Beschneidung noch einer Einwilligung der Eltern bedarf. Aufgrund des nicht unerheblichen irreversiblen chirurgischen Eingriffs in die körperliche Integrität des Kindes durch die Beschneidung spricht einiges für das Erfordernis der Mitzustimmung der Eltern.[11] 6

5. Regeln der ärztlichen Kunst

Von Bedeutung für die Berechtigung der Eltern, in eine Beschneidung einzuwilligen, ist, dass die Beschneidung nach den Regeln der ärztlichen Kunst durchgeführt wird. Die „Regeln der ärztlichen Kunst" entsprechen „den zum Zeitpunkt der Behandlung bestehenden, allgemein anerkannten fachlichen Standards" (§ 630a Abs. 2 BGB). 7

Dazu gehört, dass die behandelnde Person eine **Ärztin** oder ein **Arzt** sein muss und der jeweilige sog. **Facharztstandard**, der chirurgische Standard eines (Kinder-)Urologen, der anästhesiologische Standard sowie der schmerztherapeutische Standard, einzuhalten ist. Die Beschneidung muss also auch mit einer effektiven Schmerzbehandlung – einer im Einzelfall angemessenen und wirkungsvollen Betäubung – verbunden sein.[12]

4 BT-Drs. 19/24686, 17
5 BT-Drs. 17/11295, 7, 14
6 BGH NJW 2005, 672, 673
7 BGBl. II 1992, S. 121
8 Vgl. BeckOK-BGB/*Veit*, § 1631d BGB Rn. 5
9 OLG Frankfurt ZKJ 2008, 212, 213 (12 Jahre); FamRZ 2020, 336 (16 Jahre); vgl. OLG Hamm ZKJ 2013, 497, 499 (6 Jahre); Staudinger/*Salgo*, § 1631d BGB Rn. 35
10 *Rixen*, NJW 2013, 257, 259; Grüneberg/*Götz*, § 1631d BGB Rn. 5; kritisch dazu Staudinger/*Salgo*, § 1631d BGB Rn. 33
11 Ebenso OLG Frankfurt FamRZ 2020, 336; BeckOK-BGB/*Veit*, § 1631d BGB Rn. 24.2, dagegen: OLG Hamm FamRZ 2013, 1818; *Rixen*, NJW 2013, 257, 259 f.
12 BT-Drs. 17/11295, 17

6. Umfassende Aufklärung

8 Der Behandelnde muss die Eltern bzw. den alleinsorgeberechtigten Elternteil über sämtliche für die Einwilligung wesentlichen Umstände aufklären (vgl. § 630d Abs. 2, § 630e Abs. 1, Abs. 2 BGB).[13] Aufgeklärt werden muss auch das verständige, aber noch nicht einsichtsfähige Kind (vgl. § 630e Abs. 5 BGB).[14] Die Aufklärung muss so rechtzeitig erfolgen, dass eine Entscheidung wohlüberlegt getroffen werden kann (§ 630e Abs. 2 Nr. 2 BGB).[15]

7. Kindeswohlgefährdung

9 § 1631d Abs. 1 Satz 2 BGB stellt sicher, dass das Kindeswohl durch die Beschneidung nicht gefährdet wird. Eine Einwilligung in die Beschneidung ist nicht mehr vom Personensorgerecht gedeckt, wenn durch die Maßnahme das körperliche, geistige oder seelische Wohl des Kindes gefährdet ist (§ 1666 BGB).[16] Hierbei ist in erster Linie an die gesundheitliche Gefährdung des Kindes zu denken.[17]

10 Bei der Frage, ob durch die Beschneidung das Kindeswohl gefährdet wird, ist der **Wille des Kindes**, sofern er schon gebildet werden kann, zu berücksichtigen, insbesondere im Hinblick darauf, dass der Eingriff später nicht rückgängig gemacht werden kann.[18]

11 Bei der Frage, ob durch die Beschneidung das Kindeswohl gefährdet wird, soll nach dem Willen des Gesetzgebers auch der **Zweck der Beschneidung** berücksichtigt werden. Dabei ist nach der Wertung des Gesetzgebers die Beschneidung aus religiösen, sozialen, kulturellen und medizinisch-prophylaktischen Gründen kindeswohlgemäß, während die Beschneidung aus rein ästhetischen Gründen oder mit dem Ziel, die Masturbation zu erschweren, kindeswohlwidrig ist.[19]

12 Das Maß einer Verletzung des Körpers und das Maß der Legitimationsbedürftigkeit sollten jedoch grundsätzlich von objektiven Eigenschaften des Eingriffs abhängen, nämlich seiner Tiefe, Schmerzhaftigkeit oder Risikoträchtigkeit etc. Denn so wenig selbst die besten Motive eine objektive Kindeswohlverletzung zulässig machen (z.B. das pädagogische Prügeln liebender Eltern zum vermeintlichen Besten für ihr Kind), so wenig können „schäbige" Motive eine objektiv kindeswohlverträgliche Handlung unzulässig machen.[20] Die Berücksichtigung des Zwecks der jeweiligen Beschneidung kann aufgrund des hohen Stellenwerts der körperlichen Unversehrtheit des Kindes, Art. 2 Abs. 2 Satz 1 GG, daher nur in engen Grenzen erfolgen und nur zur Verfolgung von verfassungsrechtlich ebenfalls geschützten Interessen. Für die Zulässigkeit einer Beschneidung aus religiös-weltanschaulichen Motiven streitet in diesem Sinne die verfassungsrechtliche Wertung des Art. 4 GG.[21]

II. Einwilligungserklärung

13 Die Einwilligungserklärung gegenüber der behandelnden Person muss vor der Durchführung der Beschneidung vorliegen (vgl. § 630d Abs. 1 Satz 1 BGB).

---

13 BT-Drs. 17/11295, 17 f.
14 BeckOK-BGB/*Veit*, § 1631d BGB Rn. 47; *Spickhoff*, FamRZ 2013, 338, 343; Grüneberg/*Götz*, § 1631d BGB Rn. 6
15 BGH NJW 2023, 1435; NJW 2024, 589; OLG Frankfurt MedR 2023, 295
16 BT-Drs. 17/11295, 18
17 *Rixen*, NJW 2013, 257, 260
18 BT-Drs. 17/11295, 18
19 BT-Drs. 17/11295, 6 ff., 18
20 Insoweit zutreffend *Herzberg*, ZIS 2010, 471 ff.; vgl. *Spickhoff*, FamRZ 2013, 338, 341 f.
21 So auch *Beulke/Dießner*, ZIS 2012, 338, 344 f.; dagegen LG Köln NJW 2012, 2128, 2129; *Herzberg*, ZIS 2010, 471; *ders.*, ZIS 2014, 56 ff.

III. Absatz 2 (Beschneidung durch eine von einer Religionsgesellschaft vorgesehene Person)

Die Norm schafft eine Ausnahme vom Vorbehalt, dass die behandelnde Person eine Ärztin oder ein Arzt sein muss. 14

Voraussetzungen dafür sind:

- der zeitliche Rahmen von **sechs Monaten**, der mit der Vollendung der Geburt des Kindes (§ 1 BGB) beginnt,
- eine von einer **Religionsgesellschaft** vorgesehene (nicht-ärztliche) Person,
- die vorgesehene Person hat eine **besondere Ausbildung** für die Vornahme von Beschneidungen absolviert,[22]
- die vorgesehene Person ist **vergleichbar einer Ärztin** oder einem Arzt **befähigt**.

Religionsgesellschaften sind die unter dem Schutz von Art. 4 Abs. 1, Abs. 2 GG sowie Art. 140 GG i.V.m. Art. 137 WRV stehenden Gemeinschaften.[23] Die **Person** muss von der Religionsgesellschaft für die Durchführung einer Beschneidung **vorgesehen** sein. Ein bestimmtes Verfahren, nach den Regeln der jeweiligen Religionsgesellschaft, ist nicht erforderlich. Einer behördlichen Zulassung bedarf es ebenfalls nicht.[24] Die Norm sieht ferner vor, dass die vorgesehene Person für die Durchführung der Beschneidung vergleichbar einem Arzt oder einer Ärztin befähigt sein muss. Das heißt, dass die vorgesehene Person in der Lage sein muss, den jeweiligen sog. Facharztstandard, den chirurgischen Standard eines (Kinder-)Urologen, den anästhesiologischen Standard sowie den schmerztherapeutischen Standard, einzuhalten.[25] Fraglich ist, inwieweit die vorgesehenen Personen die anästhesiologischen und schmerztherapeutischen Standards einhalten können, da ihnen der dafür erforderliche Umgang mit den Mitteln und Methoden kunstgerechter Anästhesie nach dem Arzneimittelgesetz verboten ist. Durch eine weite Auslegung des Merkmals „für die Durchführung der Beschneidung einem Arzt *vergleichbar* befähigt" dürften im Einzelfall interessengerechte Lösungen gefunden werden können. So kann die vorgesehene Person beispielsweise unter Hinzuziehung und Mitwirkung einer Ärztin oder eines Arztes die Beschneidung vornehmen.[26] 15

IV. Rechtsfolgen

Bei einem Verstoß gegen die Regelungen in § 1631d kommen **Schadensersatzansprüche** nach § 823 Abs. 1, nach § 823 Abs. 2 i.V.m. § 1631d Abs. 1 Satz 2 BGB oder nach § 823 Abs. 2 BGB i.V.m. § 223 Abs. 1 StGB in Betracht. Ebenso sind Maßnahmen nach **§§ 1666, 1666a BGB** denkbar. Auch kommt eine **Strafbarkeit** des Behandelnden und der Sorgeberechtigten nach § 223 Abs. 1 StGB in Betracht, wenn eine wirksame Einwilligung nicht vorlag. 16

§ 1631e BGB

Behandlung von Kindern mit Varianten der Geschlechtsentwicklung

(1) Die Personensorge umfasst nicht das Recht, in eine Behandlung eines nicht einwilligungsfähigen Kindes mit einer Variante der Geschlechtsentwicklung einzuwilligen oder selbst diese Behandlung durchzuführen, die, ohne dass ein weiterer Grund für die Behand-

22 BT-Drs. 17/11295, 19
23 BT-Drs. 17/11295, 18 f.
24 BT-Drs. 17/11295, 19
25 BT-Drs. 17/11295, 17, 19
26 *Spickhoff*, FamRZ 2013, 338, 342; Staudinger/*Salgo*, § 1631d BGB Rn. 49

lung hinzutritt, allein in der Absicht erfolgt, das körperliche Erscheinungsbild des Kindes an das des männlichen oder des weiblichen Geschlechts anzugleichen.

(2) [1]In operative Eingriffe an den inneren oder äußeren Geschlechtsmerkmalen des nicht einwilligungsfähigen Kindes mit einer Variante der Geschlechtsentwicklung, die eine Angleichung des körperlichen Erscheinungsbilds des Kindes an das des männlichen oder des weiblichen Geschlechts zur Folge haben könnten und für die nicht bereits nach Absatz 1 die Einwilligungsbefugnis fehlt, können die Eltern nur einwilligen, wenn der Eingriff nicht bis zu einer selbstbestimmten Entscheidung des Kindes aufgeschoben werden kann. [2]§ 1809 ist nicht anzuwenden.

(3) [1]Die Einwilligung nach Absatz 2 Satz 1 bedarf der Genehmigung des Familiengerichts, es sei denn, der operative Eingriff ist zur Abwehr einer Gefahr für das Leben oder für die Gesundheit des Kindes erforderlich und kann nicht bis zur Erteilung der Genehmigung aufgeschoben werden. [2]Die Genehmigung ist auf Antrag der Eltern zu erteilen, wenn der geplante Eingriff dem Wohl des Kindes am besten entspricht. [3]Legen die Eltern dem Familiengericht eine den Eingriff befürwortende Stellungnahme einer interdisziplinären Kommission nach Absatz 4 vor, wird vermutet, dass der geplante Eingriff dem Wohl des Kindes am besten entspricht.

(4) [1]Einer interdisziplinären Kommission sollen zumindest die folgenden Personen angehören:

1. **der das Kind Behandelnde gemäß §630a,**
2. **mindestens eine weitere ärztliche Person,**
3. **eine Person, die über eine psychologische, kinder- und jugendlichenpsychotherapeutische oder kinder- und jugendpsychiatrische Berufsqualifikation verfügt, und**
4. **eine in Ethik aus-, weiter- oder fortgebildete Person.**

[2]Die ärztlichen Kommissionsmitglieder müssen unterschiedliche kinderheilkundliche Spezialisierungen aufweisen. [3]Unter ihnen muss ein Facharzt für Kinder- und Jugendmedizin mit dem Schwerpunkt Kinderendokrinologie und -diabetologie sein. [4]Ein Kommissionsmitglied nach Satz 1 Nummer 2 darf nicht in der Einrichtung der medizinischen Versorgung beschäftigt sein, in der der operative Eingriff durchgeführt werden soll. [5]Sämtliche Kommissionsmitglieder müssen Erfahrung im Umgang mit Kindern mit Varianten der Geschlechtsentwicklung haben. [6]Auf Wunsch der Eltern soll die Kommission eine Beratungsperson mit einer Variante der Geschlechtsentwicklung beteiligen.

(5) [1]Die den operativen Eingriff nach Absatz 2 Satz 1 befürwortende Stellungnahme der interdisziplinären Kommission hat insbesondere folgende Angaben zu enthalten:

1. **die Bezeichnung der Mitglieder der Kommission und Informationen zu ihrer Befähigung,**
2. **das Alter des Kindes und ob und welche Variante der Geschlechtsentwicklung es aufweist,**
3. **die Bezeichnung des geplanten Eingriffs und welche Indikation für diesen besteht,**
4. **warum die Kommission den Eingriff unter Berücksichtigung des Kindeswohls befürwortet und ob er aus ihrer Sicht dem Wohl des Kindes am besten entspricht, insbesondere welche Risiken mit diesem Eingriff, mit einer anderen Behandlung oder mit dem Verzicht auf einen Eingriff bis zu einer selbstbestimmten Entscheidung des Kindes verbunden sind,**
5. **ob und durch welche Kommissionsmitglieder ein Gespräch mit den Eltern und dem Kind geführt wurde und ob und durch welche Kommissionsmitglieder die Eltern und das Kind zum Umgang mit dieser Variante der Geschlechtsentwicklung aufgeklärt und beraten wurden,**
6. **ob eine Beratung der Eltern und des Kindes durch eine Beratungsperson mit einer Variante der Geschlechtsentwicklung stattgefunden hat,**

7. **inwieweit das Kind in der Lage ist, sich eine Meinung zu bilden und zu äußern und ob der geplante Eingriff seinem Willen entspricht, sowie**
8. **ob die nach Absatz 4 Satz 6 beteiligte Beratungsperson mit einer Variante der Geschlechtsentwicklung die befürwortende Stellungnahme mitträgt.**

[2]Die Stellungnahme muss von allen Mitgliedern der interdisziplinären Kommission unterschrieben sein.

(6) Der Behandelnde gemäß § 630a hat, wenn eine Behandlung an den inneren oder äußeren Geschlechtsmerkmalen erfolgt ist, die Patientenakte bis zu dem Tag aufzubewahren, an dem die behandelte Person ihr 48. Lebensjahr vollendet.

Weiterführende Literatur: Lugani, Aktuelle Entwicklungen im Schutz von Kindern mit Varianten der Geschlechtsentwicklung, NZFam 2021, 281–286; *dies.*, Ärztliche Behandlungen und Selbstbestimmung bei Kindern und Jugendlichen, JAmt 2021, 363–367.

Übersicht Rn.

A. Allgemeines

1 Die 2021 durch das Gesetz zum Schutz von Kindern mit Varianten der Geschlechtsentwicklung[1] eingefügte Vorschrift verbietet den Personensorgeberechtigten, in Behandlungen eines einwilligungsunfähigen Kindes mit einer Variante der Geschlechtsentwicklung mit dem alleinigen Ziel der Geschlechtsangleichung einzuwilligen oder solche Behandlungen selbst durchzuführen. Die Regelung hat zum Ziel, die **körperliche Unversehrtheit** von einwilligungsunfähigen Kindern mit Varianten der Geschlechtsentwicklung zu **schützen** und das Recht auf **geschlechtliche Selbstbestimmung** des Kindes zu sichern.[2]

Ausnahmen von dem Verbot bestehen bei unaufschiebbaren operativen Eingriffen, bei denen es an einer Geschlechtsangleichungsabsicht fehlt, oder wenn weitere Gründe für die geschlechtsangleichende Behandlung hinzutreten. Die Einwilligung der Personensorgeberechtigten in solchen Fällen steht unter einem **familiengerichtlichen Genehmigungsvorbehalt**. Die Genehmigung ist auf Antrag des Personensorgeberechtigten zu erteilen, wenn der geplante Eingriff dem Wohl des Kindes am besten entspricht. Wird eine den Eingriff befürwortende Stellungnahme einer interdisziplinären Kommission nach § 1631e Abs. 4 BGB vorgelegt, wird vermutet, dass der geplante Eingriff dem Wohl des Kindes am besten entspricht.

B. Inhalt der Norm

I. Verbot einer Behandlung eines einwilligungsunfähigen Kindes mit einer Variante der Geschlechtsentwicklung (Abs. 1)

2 § 1631e Abs. 1 BGB verbietet dem/den Personensorgeberechtigten, in Behandlungen eines nicht einwilligungsfähigen Kindes mit einer Variante der Geschlechtsentwicklung einzuwilligen oder selbst diese Behandlung durchzuführen, die, ohne dass ein weiterer Grund für die Behandlung hinzutritt, allein in der Absicht erfolgt, das körperliche Erscheinungsbild des Kindes an das eines männlichen oder weiblichen Kindes anzugleichen. Personensorgeberechtigt kann dabei neben den Eltern über § 1795 Abs. 1 BGB auch der Vormund sein.

3 **Voraussetzungen** für ein Verbot sind:

- Kind mit einer Variante der Geschlechtsentwicklung,
- Einwilligungsunfähigkeit des Kindes,
- Einwilligung in eine Behandlung oder Selbstvornahme einer Behandlung mit der alleinigen Absicht der Geschlechtsangleichung,
- ohne Hinzutreten eines weiteren Grundes.

1. Kind mit einer Variante der Geschlechtsentwicklung

4 Der Begriff „Variante der Geschlechtsentwicklung" ist eine Sammelbezeichnung für **vielfältige Diagnosegruppen**, bei denen eine Inkongruenz bezüglich der geschlechtlichen Einordnung des chromosomalen, gonadalen, hormonellen oder genitalen Status vorliegt.[3] Basierend auf dem binären Geschlechtssystem ist eine eindeutige Einstufung in männlich oder weiblich nicht möglich. Der Begriff lehnt sich an die medizinische Einordnung an und ist daher wandelbar.[4] Die in den Anwendungsbereich der Vorschrift fallenden Diagnosegruppen

1 BGBl. I S. 1082 in der Fassung vom 24.6.2022, BGBl. I S. 959; BT-Drs. 19/24686
2 BT-Drs. 19/24686, 15 ff.
3 Die Varianten der Geschlechtsentwicklung werden auch mit dem Begriff „intersexuell" gefasst.
4 BT-Drs. 19/24686, 25; BT-Drs. 19/27929, 22

finden sich in der jeweils aktuellen S2k-Leitlinie 174/001, Varianten der Geschlechtsentwicklung, der Deutschen Gesellschaft für Urologie (DGU) e.V., der Deutschen Gesellschaft für Kinderchirurgie (DGKCH) e.V. und der Deutschen Gesellschaft für Kinderendokrinologie und -diabetologie (DGKED) e.V.[5]

Danach sind beispielsweise Formen der Hypospadie bei Hinzutreten weiterer Umstände, das Klinefelter-Syndrom, das Turner-Syndrom sowie das Adrenogenitale Syndrom (**AGS**)[6] erfasst. Nicht unter den Begriff „Variante der Geschlechtsentwicklung" fällt die Abweichung der körperlichen Geschlechtsmerkmale (chromosomal, gonadal, hormonell und genital) vom selbstempfundenen Geschlecht (**Transidentität**).[7] Ebenso wenig sind „genitalverändernde" oder „geschlechtsverändernde" Maßnahmen umfasst. Ein solch weitreichendes Verbot würde auch Eingriffe wie Phimosebehandlungen bei Jungen oder Warzen- und Knötchenentfernungen sowie Beschneidungen i.S.d. § 1631d BGB mitumfassen und damit weit über das Regelungsziel hinausschießen. Auf den Begriff „geschlechtsverändernd" wurde zu Recht verzichtet.[8] Denn Eingriffe können zwar in „geschlechtsangleichender Absicht" erfolgen, sie vermögen aber tatsächlich nicht, das Geschlecht „zu ändern", da kein operativer Eingriff den chromosomalen Status oder die selbstempfundene Geschlechtsidentität ändern kann.[9] 5

Nach der **Eingangsdiagnostik** bei Geburt ist die **weitere Diagnostik** des Kindes in einem Kompetenzzentrum mit einem multidisziplinären Team vorzunehmen.[10] Die S2k-Leitlinie 174/001, Varianten der Geschlechtsentwicklung, unterscheidet **drei Typen von Kompetenzzentren**: Typ A, B und C. Das Kompetenzzentrum Typ A hält alle beteiligten Disziplinen in Bezug auf Varianten der Geschlechtsentwicklung vor; das Kompetenzzentrum Typ B nur einzelne dieser Disziplinen. Das Kompetenzzentrum Typ C ist nicht näher definiert; es muss sich verpflichten, mindestens mit einem Kompetenzzentrum Typ B zu kooperieren (die Kompetenzzentren der Typen B und C sollen miteinander vernetzt sein). Hält beispielsweise eine Einrichtung keine endokrinologische Disziplin vor, muss sie mit einer anderen Einrichtung zusammenarbeiten, die diese Disziplin vorhält.[11] 6

2. Einwilligungsunfähigkeit des Kindes

Die Vorschrift erfasst nur Kinder, die nicht selbst einwilligungsfähig sind. Welche **Voraussetzungen** an die Einwilligungsfähigkeit zu stellen sind, hat der Gesetzgeber bewusst **nicht näher definiert**. Die Ärztin oder der Arzt muss allein und ohne hinreichende Instrumente eines Erkenntnisverfahrens beurteilen, ob das Kind einwilligungsfähig ist oder nicht.[12] 7

Für die Bestimmung der Einwilligungsfähigkeit kommt es nicht nur auf das Alter, sondern auch auf die konkrete Einsichts- und Urteilsfähigkeit im Einzelfall an. Das Kind muss nach seiner geistigen und sittlichen Reife die Bedeutung und Tragweite des Eingriffs und seiner Gestattung zu ermessen vermögen.[13] In Bezug auf die langfristigen Folgen einer Behandlung muss ein Verständnis für eventuell notwendige Folgebehandlungen und für die eigene

5 S2k-Leitlinie 174/001, Varianten der Geschlechtsentwicklung (die Finalfassung mit Stand 15.12.2024 befindet sich bei Drucklegung in Erstellung). Die medizinischen Klassifikationen richten sich nach den Vorschlägen der Chicago-Konsensuskonferenz 2005. Dabei wird statt „Variante der Geschlechtsentwicklung" der Begriff „Disorders of sex development (DSD)", also „Störung", verwendet.
6 OLG Hamm, Beschl. v. 4.2.2025 – 4 UF 164/24 –, Rn. 2, 24 (juris)
7 BT-Drs. 19/24686, 25; BT-Drs. 19/27929, 22 f.
8 Kinderrechtekommission des Deutschen Familiengerichtstags, ZKJ 2020, 132, 133
9 BT-Drs. 19/27929, 23; dazu Kinderrechtekommission des Deutschen Familiengerichtstags, ZKJ 2020, 132, 133; BVerfG FamRZ 2017, 2046, 2052
10 S2k-Leitlinie 174/001, Varianten der Geschlechtsentwicklung, Diagnostik
11 S2k-Leitlinie 174/001, Varianten der Geschlechtsentwicklung, Diagnostik
12 Krit. dazu Stellungnahme des Bundesrates, BT-Drs. 19/24686, 40; *Lugani*, NZFam 2021, 281, 282 f. m.w.N.; JAmt 2021, 363, 365 f.
13 BGHZ 29, 33, 36 f.

geschlechtliche Identität gebildet werden können. Es ist deshalb auch bedeutsam, ob das Kind ein verfestigtes eigenes Verständnis von geschlechtlicher Identität entwickelt hat. Das Kind muss zur Meinungsbildung und -äußerung über die eigene geschlechtliche Identität fähig sein und ein Verständnis für geschlechtliche Vielfalt und für Lebensweisen jenseits des binären Geschlechterverständnisses aufweisen, also die langfristigen somatischen, psychischen und sozialen Folgen seiner Behandlung erfassen können. Je komplexer die Behandlung oder ihre Folgen sind, umso höher muss die Einsichts- und Urteilsfähigkeit des Kindes ausgeprägt sein.[14]

8 Eine eigenständige Regelung zur gerichtlichen Feststellung der Einwilligungsfähigkeit enthält die Vorschrift nicht.[15] Liegen **Zweifel hinsichtlich der Einwilligungsfähigkeit** vor, soll bei einem operativen Eingriff das familiengerichtliche Genehmigungsverfahren durchlaufen werden, da anderenfalls der Eingriff verboten und rechtswidrig sein könnte.[16]

3. Einwilligung in eine Behandlung oder Selbstvornahme einer Behandlung mit der alleinigen Absicht der Geschlechtsangleichung

a) Begriff der Behandlung

9 Unter den Begriff der **Behandlung** fallen alle Eingriffe, die das Erscheinungsbild des Kindes an das eines männlichen oder weiblichen Kindes angleichen können. Die Entfernung eines hautkrebsverdächtigen Leberflecks an Schamlippen oder Hodensack oder die Entfernung einer Eierstockzyste führt nicht zu einer Angleichung des Kindes.[17] Eingriffe, bei denen abstrakt keinerlei Gefahr besteht, dass die Durchführung die Folge hat, dass das Erscheinungsbild des Kindes an das des männlichen oder des weiblichen Geschlechts angeglichen wird, sollen daher nicht unter das Verbot des § 1631e BGB fallen und genehmigungsfrei zulässig sein.[18]

10 Der Begriff beschränkt sich nicht nur auf die Genitalien des Kindes, sondern umfasst **alle inneren und äußeren Geschlechtsmerkmale**, insbesondere auch den Gesichts- und den Brustbereich.[19] Damit sind beispielsweise auch eine Mastektomie oder eine Mammoplastik bei einem Kind oder bei einem oder einer Jugendlichen mit einer Entwicklungsverzögerung erfasst.[20]

11 Unter Behandlung i.S.d. Vorschrift fallen sowohl **hormonelle** als auch **medikamentöse** Behandlungen und **chirurgische Eingriffe**.[21]

b) Behandlung oder Selbstvornahme einer Behandlung mit der alleinigen Absicht der Geschlechtsangleichung

12 Verboten ist jede Einwilligung in eine Behandlung und die **Selbstvornahme** einer Behandlung durch den/die Personensorgeberechtigten, die allein in der Absicht erfolgt, das körperliche Erscheinungsbild des Kindes an das des männlichen oder weiblichen Körpers anzugleichen. Damit ist das eigenhändige **Bougieren**, also das Aufdehnen der Vagina oder Neovagina, welches in der Regel allein auf die Angleichung des körperlichen Erscheinungsbilds des Kindes an dasjenige des weiblichen Geschlechts gerichtet ist, wie auch die **Gabe von Medikamenten oder Hormonen**, wenn sie allein auf eine Geschlechtsangleichung abzielen,

14 BT-Drs. 19/24686, 24 f.; BT-Drs. 19/27929, 24; BeckOK-BGB/*Veit*, § 1631e BGB Rn. 11
15 Krit. dazu *Lugani*, NZFam 2021, 281, 282 f.; JAmt 2021, 363, 364 f.
16 BT-Drs. 19/24686, 25; BT-Drs. 19/27929, 24
17 BR-Drs. 566/20, 25; BT-Drs. 19/24686, 27
18 BT-Drs. 19/24686, 27
19 BR-Drs. 566/20, 26
20 BT-Drs. 19/24686, 27
21 BT-Drs. 19/24686, 26; BT-Drs. 19/27929, 24

durch den/die Personensorgeberechtigten selbst verboten. Entsprechende Behandlungen, die vor In-Kraft-Treten des Gesetzes begonnen wurden, dürfen jedoch weitergeführt werden, wenn ein Abbruch einer solchen Behandlung zu einer gesundheitlichen Schädigung des Kindes führen würde.[22]

4. Ohne Hinzutreten eines anderen oder weiteren Grundes

Behandlungen, die das körperliche Erscheinungsbild des Kindes angleichen können, fallen dann nicht unter das Verbot des § 1631e Abs. 1 BGB, wenn ein anderer oder weiterer Grund für die Behandlung hinzutritt. Hieraus folgt, dass Einwilligungen in solche Behandlungen zulässig sind, wobei die allgemeinen Bestimmungen zum Schutz des Kindes vor Kindeswohlgefährdung anwendbar bleiben (§§ 1666, 1666a BGB). Es handelt sich hierbei um Behandlungen, bei denen ausschließlich oder kumulativ zur Geschlechtsangleichungsabsicht **andere Zwecke** verfolgt werden.[23] 13

Für die **Abgrenzung**, in welchen Fällen die alleinige Absicht zur Angleichung des Kindes an eines der beiden Geschlechter einer binären Geschlechterordnung und wann ein davon zu trennender anderer oder weiterer Grund vorliegt, hat der Gesetzgeber **keine Abgrenzungskriterien** aufgestellt. Um in allen Fällen zweifelsfrei bestimmen zu können, ob ein anderer oder ausreichender weiterer Grund vorliegt, hätte es objektiver Kriterien bedurft, etwa das Vorliegen einer medizinischen Indikation oder einer bestimmten Gruppe oder eines bestimmten Grades medizinischer Indikationen.[24] Das Aufstellen von Abgrenzungskriterien wird somit der Rechtsprechung überlassen.[25] 14

Andere oder weitere Gründe können **funktionale Störungen** bis zu Entartungsrisiken bei atypischem differenzierten gonadalen Gewebe oder stark **verfestigte psychische Belastungen** sein. So können etwa bei anatomisch begründeten medizinischen Problemen wie rezidivierenden Harnwegsinfekten aufgrund eines engen Sinus urogenitalis,[26] einer Hypospadie oder eines Hodenhochstands[27] operative Maßnahmen notwendig werden. Eine Hormonbehandlung eines Kindes mit **Turner- oder Klinefelter-Syndrom** im Pubertätsalter kann erforderlich sein, wenn dadurch positive Auswirkungen auf die Knochendichte oder das allgemeine Wachstum beabsichtigt sind. Ebenso kann die Hormonbehandlung eines älteren Kindes erfolgen, wenn sich bei ihm durch die Variante der Geschlechtsentwicklung bereits eine starke psychische Belastungssituation verfestigt hat. Die Beseitigung einer nur befürchteten psychischen Beeinträchtigung reicht als weiterer Grund dagegen nicht aus.[28] Ein weiterer Grund kann auch darin liegen, dass das Kind selbst einen verfestigten eigenen Wunsch zur Behandlung entwickelt hat.[29] Letzteres sollte aber nur in Ausnahmefällen angenommen werden.[30] 15

22 BT-Drs. 19/27929, 25 f.
23 BT-Drs. 19/24686, 26; BT-Drs. 19/27929, 23; BeckOK-BGB/*Veit*, § 1631e BGB Rn. 15
24 BeckOK-BGB/*Veit*, § 1631e BGB Rn. 19; *Lugani*, NZFam 2021, 281, 283
25 Krit. dazu *Lugani*, NZFam 2021, 281, 283; BeckOGK-BGB/*Schwedler*, § 1631e BGB Rn. 13; BeckOK-BGB/*Veit*, § 1631e BGB Rn. 19; Grüneberg/*Götz* § 1631e Rn. 3
26 S2k-Leitlinie 174/001, Varianten der Geschlechtsentwicklung, Stand 07/2016, 19; AG Mannheim FamRZ 2024, 783; *Fink*, NZFam 2024, 672
27 BT-Drs. 19/24686, 27
28 BT-Drs. 19/24686, 26
29 BT-Drs. 19/24686, 25
30 BeckOK-BGB/*Veit*, § 1631e BGB Rn. 18 m.w.N.

II. Ausnahme vom Verbot einer Behandlung an den inneren und/ oder äußeren Geschlechtsmerkmalen

1. Ausnahme für hormonelle und medikamentöse Behandlungen

16 Hormonelle und medikamentöse Behandlungen, selbst wenn sie, wie etwa hormonelle Blockaden in der Pubertät, offenkundig und nachhaltig das körperliche Erscheinungsbild des Kindes verändern, werden nur von § 1631e Abs. 1 BGB erfasst. Personensorgeberechtigte können somit bei Vorliegen eines **anderen oder weiteren Grundes** in diese Behandlung einwilligen, ohne dass es weiterer Voraussetzungen, insbesondere einer familiengerichtlichen Genehmigung, bedarf.[31]

2. Ausnahme für operative Eingriffe (Abs. 2)

17 § 1631e Abs. 2 BGB präzisiert die Ausnahme für operative Eingriffe an den inneren und/ oder äußeren Geschlechtsmerkmalen eines einwilligungsunfähigen Kindes mit Varianten der Geschlechtsentwicklung. Danach können Personensorgeberechtigte in einen operativen Eingriff, der das körperliche Erscheinungsbild des Kindes an das des männlichen oder weiblichen Körpers anzugleichen vermag, einwilligen, wenn es an einer Angleichungsabsicht fehlt oder ein weiterer Grund für die Behandlung besteht und der Eingriff nicht bis zu einer selbstbestimmten Entscheidung des Kindes aufgeschoben werden kann.

a) Voraussetzungen für die Einwilligung

18 Voraussetzungen für einen einwilligungsfähigen operativen Eingriff an den inneren und/ oder äußeren Geschlechtsmerkmalen nach § 1631e Abs. 2 BGB sind:

- Personensorgeberechtigte/r,
- Kind mit einer Variante der Geschlechtsentwicklung (hierzu Rn. 4),
- Einwilligungsunfähigkeit des Kindes (hierzu Rn. 7 f.),
- Eingriffe an den inneren und/oder äußeren Geschlechtsmerkmalen (hierzu Rn. 9 ff.),
- Fehlen einer Angleichungsabsicht oder Hinzutreten eines weiteren Grundes für den Eingriff (hierzu 13 ff.),
- Unaufschiebbarkeit des Eingriffs,
- Umfassende Aufklärung und Beratung der Einwilligenden.

aa) Personensorgeberechtigte/r

19 Personensorgeberechtigt sind entweder der allein sorgeberechtigte Elternteil bzw. die gemeinsam sorgeberechtigten Eltern oder der Vormund (§ 1789 Abs. 1, Abs. 2 BGB) bzw. der Ergänzungspfleger (§§ 1809, 1813 Abs. 1, 1789 Abs. 1, 2 BGB).

bb) Unaufschiebbarkeit

20 Ein operativer Eingriff an den inneren und/oder äußeren Geschlechtsmerkmalen des Kindes ist unaufschiebbar, wenn er nicht ohne Nachteile für das Kind bis zu einer späteren selbstbestimmten Entscheidung des Kindes aufgeschoben werden kann.[32]

21 Für die Bestimmung der Unaufschiebbarkeit bedarf es einer **Abwägung** zwischen den **Nachteilen** eines unterlassenen operativen Eingriffs und den **Vorteilen** der Wahrung des

31 Krit. dazu *Lugani*, NZFam 2021, 281, 284
32 BT-Drs. 19/24686, 27

Selbstbestimmungsrechts. Die vorzunehmende Nachteilsabwägung bestimmt somit den Zeitpunkt eines (eventuell) vorzunehmenden operativen Eingriffs. Wiegen die Nachteile schwerer und dringlicher als die Vorteile einer eigenen, autonomen Entscheidung des Kindes soll der Eingriff ausnahmsweise zulässig sein.[33] Die Vorschrift verzichtet auf eine objektive Eingrenzung der erlaubten Fälle, was bei unklaren medizinischen Indikationen zu Problemlagen führen kann. Durch die Abwägungsmöglichkeit sollen jedoch auch Eingriffe ermöglicht werden, die zur Heilung oder Beseitigung einer Funktionsstörung oder zum Erhalt der Fortpflanzungsfähigkeit erforderlich sind, ohne dass schon gegenwärtig eine konkrete Gesundheitsgefahr vorliegt, auch wenn sie zur Folge haben, dass das körperliche Erscheinungsbild angeglichen wird.[34]

Die operative Entfernung etwa von Gonaden mit einem entwickelten **Tumor** ist unaufschiebbar; liegt dagegen nur ein etwaiges **Tumorrisiko** vor, kann die Entfernung regelmäßig aufgeschoben werden, wenn das zunächst nur latente Risiko engmaschig medizinisch überwacht wird.[35] Schwierig ist die Beurteilung der Frage, ob aktuelle psychische Belastungen des Kindes für eine Unaufschiebbarkeit genügen. **Mobbing** unter Kindern allein wird in der Regel nicht ausreichen, um eine unaufschiebbare Behandlung zu begründen, die lebenslang irreversibel ist. Vielmehr bedarf es in solchen Fällen einer Beratung, Unterstützung und Aufklärung, um der Belastung, Ausgrenzung und Stigmatisierung entgegenzuwirken.[36] Zwar sind unterstützende und beratende Maßnahmen vorrangig; versagen diese aber oder wirken die äußeren sozialen Einflüsse derart schwer, darf dies nicht zulasten des Kindes gehen, sodass ein Eingriff begründet sein kann.[37] 22

cc) *Umfassende Aufklärung und Beratung*

Der oder die Behandelnde muss den/die Personensorgeberechtigten über sämtliche für die Einwilligung wesentlichen Umstände aufklären (§§ 630d Abs. 2, 630e Abs. 1, Abs. 2 BGB).[38] Aufgeklärt werden muss auch das verständige, aber noch nicht einwilligungsfähige Kind (vgl. § 630e Abs. 5 BGB). Die Aufklärung muss so rechtzeitig erfolgen, dass eine Entscheidung über die Einwilligung wohlüberlegt getroffen werden kann (§ 630e Abs. 2 Nr. 2 BGB).[39] Darüber hinaus ist eine **ergebnisoffene spezifische Beratung** erforderlich, wie es auch die S2k-Leitlinie 174/001, Varianten der Geschlechtsentwicklung, vorschreibt. Beratungsangebote können insbesondere nach § 16 Abs. 2 Nr. 2 SGB VIII durch den/die Personensorgeberechtigten in Anspruch genommen werden. Ziel der Beratung ist es, dem oder den Personensorgeberechtigten Informationen über die Entwicklung der individuellen Geschlechtsidentität sowie Aspekte eines offenen Umgangs mit Varianten der körperlichen Geschlechtsmerkmale zu vermitteln, um sie bei einer wohlüberlegten Entscheidung zu unterstützen und die Kompetenz des/der Personensorgeberechtigten zu stärken.[40] 23

b) Einwilligungserklärung

Die Einwilligungserklärung gegenüber der behandelnden Person muss vor der Durchführung des operativen Eingriffs vorliegen (vgl. § 630d Abs. 1 Satz 1 BGB). Da es sich bei der Behandlung an den inneren oder äußeren Geschlechtsmerkmalen nicht um einen Routineeingriff handelt, ist die Einwilligung bei gemeinsamer Sorge von beiden Elternteilen erforderlich.[41] Sind sich die Eltern nicht darüber einig, ob oder auf welche Art und Weise ein operati- 24

33 BT-Drs. 19/24686, 27; vgl. OLG Hamm, Beschl. v. 4.2.2025 – 4 UF 164/24 –, Rn. 2, 34, 38 (juris)
34 BT-Drs. 19/24686, 27
35 BT-Drs. 19/24686, 27 f.; BeckOK-BGB/*Veit*, § 1631e BGB Rn. 26
36 BT-Drs. 19/24686, 28; BeckOK-BGB/*Veit*, § 1631e BGB Rn. 26
37 BeckOK-BGB/*Veit*, § 1631e BGB Rn. 26
38 Vgl. BT-Drs. 19/24686, 30
39 BGH NJW 2023, 1435; NJW 2024, 589; OLG Frankfurt MedR 2023, 295
40 BT-Drs. 19/24686, 30 f.
41 BeckOK-BGB/*Veit*, § 1631e BGB Rn. 29

ver Eingriff vorgenommen werden soll, so kann jeder Elternteil ein Verfahren nach § 1671 Abs. 1 BGB bzw. § 1628 BGB anstrengen.

III. Genehmigungsvorbehalt bei operativen Eingriffen (Abs. 3)

25 Die Einwilligung in einen operativen Eingriff bedarf der familiengerichtlichen Genehmigung. Das Familiengericht hat zu prüfen, ob der geplante Eingriff nicht bis zu einer selbstbestimmten Entscheidung des Kindes aufgeschoben werden kann und ob der Eingriff dem Kindeswohl am besten entspricht.

Die **Voraussetzungen** für eine familiengerichtliche Genehmigung in einen operativen Eingriff sind:

- Antrag des/der Personensorgeberechtigten,
- Unaufschiebbarkeit des operativen Eingriffs – Wann,
- operativer Eingriff entspricht dem Kindeswohl am besten – Ob.

1. Antragsverfahren (Abs. 3 Satz 2)

26 Das Verfahren ist als Antragsverfahren ausgestaltet und wird daher nur auf Antrag des/der Personensorgeberechtigten eingeleitet.[42] Bei gemeinsamer Sorge ist der Antrag von beiden Elternteilen zu stellen. Das Gericht kann das Verfahren nicht von Amts wegen (auf Anregung einer Einrichtung oder des Jugendamts) eröffnen, sondern nur Maßnahmen nach §§ 1666, 1666a BGB ergreifen, wenn in einem unterlassenen Eingriff eine Kindeswohlgefährdung liegt.

2. Unaufschiebbarkeit des operativen Eingriffs – Wann

27 Ein operativer Eingriff an den inneren und/oder äußeren Geschlechtsmerkmalen des Kindes ist unaufschiebbar, wenn er nicht ohne Nachteile für das Kind bis zu einer späteren selbstbestimmten Entscheidung des Kindes aufgeschoben werden kann.[43]

28 Für die Bestimmung der Unaufschiebbarkeit hat das Gericht eine **Abwägung** zwischen den **Nachteilen** eines unterlassenen operativen Eingriffs und den **Vorteilen** der Sicherung der Möglichkeit einer selbstbestimmten Entscheidung durch das Kind vorzunehmen (dazu Rn. 20 f.).
Die durch das Gericht vorgenommene Nachteilsabwägung bestimmt somit den Zeitpunkt –, das **Wann** – eines operativen Eingriffs.

3. Eingriff entspricht dem Kindeswohl am besten – Ob (Abs. 3 Satz 2, Satz 3)

a) Positive Kindeswohlprüfung (Abs. 3 Satz 2)

29 Bei der **positiven Kindeswohlprüfung** hat das Gericht eine umfassende Abwägung im Einzelfall über das **Ob** eines operativen Eingriffs vorzunehmen, bei der alle Auswirkungen des geplanten Eingriffs einzubeziehen sind. Bei der Abwägung, ob ein operativer Eingriff dem Kindeswohl am besten entspricht, sind letztlich dieselben Kriterien maßgeblich, die auch bei der Abwägung zur Frage der Unaufschiebbarkeit des Eingriffs von Bedeutung sind.

---

42 BT-Drs. 19/24686, 28
43 BT-Drs. 19/24686, 27

Beide Abwägungsvorgänge sind nicht klar voneinander trennbar; vielmehr ergänzen sie sich.[44]

Kriterien bei der Abwägung sind die Reichweite der Veränderung des Körpers des Kindes und die Frage einer möglichen Reversibilität. Es sind die Auswirkungen eines Unterbleibens des Eingriffs, eine eventuell erforderliche dauerhafte Nachbehandlung sowie alternative Behandlungen und Methoden wie Aufklärungsarbeit im sozialen Umfeld und Angebote zur Stärkung des/der Personensorgeberechtigten zu berücksichtigen bzw. auszuschöpfen.[45] 30

Die **positive Kindeswohlprüfung** ermöglicht, Eingriffe auch ohne konkrete Gesundheitsgefahr zu genehmigen, die zur Heilung oder Beseitigung einer Funktionsstörung oder zum Erhalt der Fortpflanzungsfähigkeit oder aufgrund anderer Indikationen (z.B. häufiges Einnässen) erforderlich sind. Handelt es sich nicht um einen einzelnen, eine konkrete Gefahr abwendenden Eingriff, sondern eine **Kombination mehrerer Teileingriffe**, ist genauer zu prüfen, welchem Ziel die geplanten verschiedenen Teileingriffe jeweils dienen. Ebenso hat das Gericht nachzufragen, wenn der/die Personensorgeberechtigte/n alternative Behandlungsmethoden nicht in Betracht zieht/ziehen.[46] 31

Neben somatischen Gründen sind auch psychische Belastungen des Kindes in die Abwägung einzubeziehen. Im Regelfall wird die alleinige Gefahr einer zu befürchtenden oder bestehenden psychischen Belastung allerdings nicht ausreichen. Zu prüfen ist in einem solchen Fall, wie wahrscheinlich der Eintritt der prognostizierten psychischen Belastung ist und ob sie zu schwerwiegenden Auswirkungen beim Kind führt.[47]

b) Kindeswohlvermutung (Abs. 3 Satz 3)

Reichen die Personensorgeberechtigten mit dem Antrag oder während des gerichtlichen Verfahrens[48] eine befürwortende **Stellungnahme einer interdisziplinären Kommission** ein, greift die gesetzliche Vermutung, dass der geplante, operative Eingriff dem Kindeswohl am besten entspricht. Die Vermutungsregelung soll den in Kindschaftssachen geltenden **Amtsermittlungsgrundsatz einschränken** und es dem Gericht ermöglichen, den operativen Eingriff ohne weitere Amtsermittlung allein auf Grundlage der befürwortenden Stellungnahme zu genehmigen. Voraussetzung dafür ist, dass die Stellungnahme plausibel ist und insgesamt überzeugend darlegt, warum der Eingriff befürwortet wird. Die Stellungnahme muss die weiteren in § 1631e Abs. 5 BGB niedergelegten Angaben enthalten, und die Anforderungen an die Besetzung der Kommission nach § 1631e Abs. 4 BGB müssen erfüllt sein.[49] 32

Ergeben sich für das Gericht in der Stellungnahme Unstimmigkeiten oder bleibt etwas unklar, muss es dem nachgehen. Dies kann zum Beispiel auch durch eine formlose Befragung der Kommissionsmitglieder erfolgen.[50] **Unstimmigkeiten oder Unklarheiten** könnten sich beispielsweise daraus ergeben, dass der geprüfte Eingriff nicht zur genannten Indikation passt[51] oder die Stellungnahme sich nicht hinreichend dazu verhält, ob der geplante Eingriff den aktuellen medizinischen Standards entspricht. So ist die jeweils aktuelle S2k-Leitlinie 174/001, Varianten der Geschlechtsentwicklung, zwar nicht unbesehen mit dem medizinischen Standard gleichzusetzen, kann und muss aber im Rahmen der dem Tatrichter oblie-

44 Krit. dazu *Lugani*, NZFam 2021, 281, 283
45 BT-Drs. 19/24686, 29; BT-Drs. 19/27929, 24 f.; BeckOK-BGB/*Veit*, § 1631e BGB Rn. 34; vgl. OLG Hamm, Beschl. v. 4.2.2025 – 4 UF 164/24 –, Rn. 2, 34, 50, 55 (juris)
46 BT-Drs. 19/24686, 29
47 BT-Drs. 19/27929, 24 f.; BeckOK-BGB/*Veit*, § 1631e BGB Rn. 34
48 BT-Drs. 19/24686, 29
49 BT-Drs. 19/24686, 30
50 BT-Drs. 19/24686, 30
51 BT-Drs. 19/24686, 30

genden Ermittlung des medizinischen Standards berücksichtigt werden.[52] Der Amtsermittlungsgrundsatz gilt dann (wieder) uneingeschränkt.

IV. Ausnahme vom Genehmigungsvorbehalt bei operativen Eingriffen (Abs. 3 Satz 1)

33 Ausnahmsweise darf der operative Eingriff auch ohne familiengerichtliche Genehmigung durchgeführt werden, wenn der Eingriff zur Abwehr einer **konkreten Gefahr** für das Leben oder für die Gesundheit des Kindes erforderlich ist. Damit soll gewährleistet werden, dass notwendige, zeitlich kritische Eingriffe durchgeführt werden können. Es bedarf auch keiner nachträglichen Genehmigung. Auf die Genehmigung kann ebenfalls verzichtet werden, wenn im laufenden Verfahren eine Gefahr für die Gesundheit oder das Leben des Kindes auftritt oder sich eine latent bereits vorhandene Gefahr zuspitzt. Das Gericht hat den/die Personensorgeberechtigten auf die Genehmigungsfreiheit hinzuweisen, sobald diese es über die Umstände informiert haben, die eine Eilbedürftigkeit begründen. Das Verfahren kann dann durch eine Rücknahme des Antrags des/der Personensorgeberechtigten erledigt werden.[53]

34 Die **Eilbedürftigkeit** kann sowohl durch **körperliche** als auch **psychische Gesundheitsgefahren** begründet werden. An der Eilbedürftigkeit fehlt es, wenn eine Realisierung der Gefahr gegenwärtig unwahrscheinlich ist oder wenn die Gefahr durch andere Behandlungen als einen operativen Eingriff (zunächst) abgewendet werden kann. In der Regel wird selbst bei seelischem Leidensdruck das Genehmigungsverfahren abgewartet werden können.[54]

V. Befürwortende Stellungnahme einer interdisziplinären Kommission (Abs. 4, Abs. 5)

35 § 1631e Abs. 4 BGB regelt die Zusammensetzung der Kommission, deren befürwortende Stellungnahme von den/der Personensorgeberechtigten im Verfahren vorgelegt werden kann. § 1631e Abs. 5 BGB regelt die Mindestvorgaben für den Inhalt dieser Stellungnahme.

1. Besetzung der Kommission (Abs. 4)

36 Die Norm enthält die nicht abschließenden Mindestvorgaben für die Besetzung der interdisziplinären Kommission. Dabei wird nur die **fachliche Qualifikation** der Mitglieder vorgegeben, nicht hingegen der konkrete berufliche Hintergrund, die Berufserfahrung, die wirtschaftliche Verbindung untereinander oder andere Kriterien.[55] Der Kommission können und ggf. sollten noch weitere Personen, beispielsweise ein Sozialpädagoge,[56] ein (weiterer) Chirurg, ein Urologe oder ein Neonatologe[57] angehören. Sind die Mindestvorgaben für die Besetzung nicht erfüllt, greift die Vermutungsregel des § 1631e Abs. 2 Satz 3 BGB nicht ein. Das Gericht hat dann weitere Ermittlungen anzustellen. Der Amtsermittlungsgrundsatz gilt dann uneingeschränkt.

37 Der **Kommission** müssen mindestens angehören:

- der/die Behandelnde nach § 630a BGB (Satz 1 Nr. 1),
- eine weitere ärztliche Person (Satz 1 Nr. 2), die nicht in der Einrichtung beschäftigt sein darf, in der der operative Eingriff durchgeführt werden soll (Satz 4),

---

52 BGH NJW-RR 2014, 1053; BVerfG NJW 2022, 380; *Fink*, NZFam 2024, 672
53 BT-Drs. 19/24686, 28
54 BT-Drs. 19/24686, 29
55 BT-Drs. 19/24686, 31; krit. dazu *Lugani*, NZFam 2021, 281, 284
56 BT-Drs. 19/27929, 26
57 *Lugani*, NZFam 2021, 281, 284

- eine Person, die über eine psychologische, kinder- und jugendlichenpsychotherapeutische oder kinder- und jugendpsychiatrische Berufsqualifikation verfügt (Satz 1 Nr. 3),
- eine in Ethik aus-, weiter oder fortgebildete Person (Satz 1 Nr. 4).

Ferner müssen alle ärztlichen Mitglieder **unterschiedliche** kinderheilkundliche **Spezialisierungen** vorweisen, und mindestens eine Person muss ein **Facharzt** für Kinder- und Jugendmedizin mit dem Schwerpunkt Kinderendokrinologie und -diabetologie sein (§ 1631e Abs. 4 Satz 2, Satz 3 BGB). Alle Mitglieder müssen **Erfahrung im Umgang** mit Kindern mit Varianten der Geschlechtsentwicklung vorweisen können (§ 1631e Abs. 4 Satz 5 BGB). Auf Wunsch des/der Personensorgeberechtigten soll der Ausschuss eine Beratungsperson mit einer Variante der Geschlechtsentwicklung (Peer-Beratungsperson) beteiligen, sofern eine solche Person verfügbar ist. 38

Unter den Begriff der **Einrichtung der medizinischen Versorgung** (§ 1631e Abs. 4 Satz 1 Nr. 2, Satz 4 BGB) fallen Krankenhäuser oder andere Einrichtungen mit unmittelbarer Patientenbetreuung, die fachlich-medizinisch unter ständiger ärztlicher Leitung stehen und in denen ärztliche medizinische Leistungen erbracht werden. Neben Krankenhäusern sind das Arztpraxen und Medizinische Versorgungszentren, die stationäre und ambulante medizinische Versorgung anbieten.[58] 39

2. Mindestvorgaben für den Inhalt der Stellungnahme (Abs. 5)

Die Norm enthält Mindestvorgaben für den Inhalt der abzugebenden Stellungnahme durch die Kommission. Die Stellungnahme soll dem/den Personensorgeberechtigten und dem Gericht als Orientierungs- und Entscheidungshilfe dienen. Sie muss daher schnell erfassbar, nachvollziehbar und verständlich sein.[59] **Alle** Kommissionsmitglieder müssen die Stellungnahme **unterschreiben** (Satz 2). Sind die Mindestvorgaben für den Inhalt der Stellungnahme nicht erfüllt, greift die Vermutungsregel des § 1631e Abs. 2 Satz 3 BGB nicht ein. Das Gericht hat dann weitere Ermittlungen anzustellen. Der Amtsermittlungsgrundsatz gilt dann uneingeschränkt. 40

Die **Stellungnahme** muss folgende Mindestangaben enthalten: 41

- Informationen zu den Mitgliedern (Satz 1 Nr. 1),
- Informationen zum Kind (Satz 1 Nr. 2),
- Informationen zum operativen Eingriff (Satz 1 Nr. 3),
- Informationen zur Risikoabwägung (Satz 1 Nr. 4),
- Aufklärung und Beratung der Eltern und des Kindes (Satz 1 Nr. 5),
- Peer-Beratung (Satz 1 Nr. 6),
- Wille des einwilligungsunfähigen Kindes (Satz 1 Nr. 7),
- Auffassung der Peer-Beratungsperson (Satz 1 Nr. 8).

a) Informationen zu den Mitgliedern (Abs. 5 Satz 1 Nr. 1)

Die Stellungnahme muss eine Aufzählung aller Mitglieder der Kommission und Informationen zu ihrer Befähigung enthalten. Dadurch soll dem Gericht ermöglicht werden, die Zusammensetzung der Kommission zu prüfen und die Kompetenz der Mitglieder einzuschätzen.[60] 42

58 BT-Drs. 19/27929, 27
59 BT-Drs. 19/24686, 31
60 BT-Drs. 19/24686, 32

b) Informationen zum Kind (Abs. 5 Satz 1 Nr. 2)

43 Die Stellungnahme muss Angaben über das Alter des Kindes und die Variante der Geschlechtsentwicklung enthalten. Die Angaben sollen einen schnellen Überblick ermöglichen, ob das Kind bei der Entscheidung über den Eingriff zu beteiligen ist und ob es sich nach Einschätzung der Kommission um ein Kind mit Varianten der Geschlechtsentwicklung handelt.[61] Die Stellungnahme muss Angaben dazu enthalten, ob nach der **Eingangsdiagnostik** bei Geburt, die **weitere Diagnostik** des Kindes in einem Kompetenzzentrum mit einem multidisziplinären Team erfolgt ist.[62]

c) Informationen zum operativen Eingriff (Abs. 5 Satz 1 Nr. 3)

44 Es müssen der geplante Eingriff und die Indikation benannt sein. Die Angabe des Diagnoseschlüssels ist nicht ausreichend, vielmehr ist eine knappe Beschreibung des Eingriffs und aus welchem Grund er erfolgen soll erforderlich, um eine Plausibilitätskontrolle des Gerichts zu ermöglichen.[63] Die Stellungnahme muss ferner Angaben dazu enthalten, ob der geplante operative Eingriff den **aktuellen medizinischen Standards** entspricht.

d) Informationen zur Risikoabwägung (Abs. 5 Satz 1 Nr. 4)

45 Die Stellungnahme muss ein bejahendes Votum zum geplanten Eingriff enthalten und dieses begründen. Neben den **Risiken des Eingriffs** müssen auch die **Risiken einer Unterlassung** des Eingriffs bis zu einer späteren selbstbestimmten Entscheidung des Kindes und die mit einer Behandlungsalternative verbundenen Risiken benannt und gewichtet werden, um eine umfassende Abwägung zu dokumentieren. Anzugeben ist auch die geplante Dauer der Behandlung und ggf. die Häufigkeit der Behandlungen. **Behandlungsalternativen** können insbesondere andere operative Eingriffe oder hormonelle sowie medikamentöse Behandlungen sein. Ebenso sind psychosoziale Alternativen, wie Informationsangebote zur geschlechtlichen Vielfalt oder Angebote zur Stärkung des/der Personensorgeberechtigten in Betracht zu ziehen und zu gewichten. Die in der Stellungnahme zu begründende Risikoabwägung ist umfassender als die im Rahmen jeder medizinischen Aufklärung notwendige Risikoabwägung, da sie auch psychologische oder psychiatrische und sozialpädagogische Risiken in den Blick zu nehmen hat. Darüber hinaus muss die Kommission in der Stellungnahme erläutern, ob und warum der Eingriff dem Wohl des Kindes am besten entspricht. Dabei sind nicht nur die gesundheitlichen, sondern auch allgemeine Gründe des Kindeswohls zu berücksichtigen.[64]

e) Aufklärung und Beratung der Eltern und des Kindes (Satz 1 Nr. 5)

46 Die Stellungnahme muss ferner Angaben dazu enthalten, ob und durch welche Kommissionsmitglieder ein Gespräch mit dem/den Personensorgeberechtigten und dem Kind geführt wurde, ob der/die Personensorgeberechtigte/n und das Kind über den Umgang mit der konkret beim Kind festgestellten Variante der Geschlechtsentwicklung aufgeklärt und beraten und ob sie auf die Möglichkeit einer Beratung durch eine Beratungsperson mit einer Variante der Geschlechtsentwicklung (Peer-Beratungsperson) hingewiesen wurden. Bei dem Gespräch mit dem Kind gilt nur dann etwas anderes, wenn das Kind auch bei kindgerechter Ansprache noch nicht hinreichend verständig ist, etwa wenn es sich um ein Neugeborenes oder Kleinkind handelt. In diesem Fall sind Aufklärung und Beratung des Kindes vor dem Eingriff verzichtbar. Die neben der des Behandelnden (§ 630e BGB) zusätzliche Aufklärung und Beratung durch die Kommissionsmitglieder soll dem Kind bei der Akzep-

61 BT-Drs. 19/24686, 32
62 Vgl. S2k-Leitlinie 174/001, Varianten der Geschlechtsentwicklung, Diagnostik
63 BT-Drs. 19/24686, 32; BeckOK-BGB/*Veit*, § 1631e BGB Rn. 46
64 BT-Drs. 19/24686, 32

tanz als einzigartiges Individuum helfen. Die Gespräche müssen nicht vor der gesamten Kommission stattfinden, sondern können auch mit einzelnen Mitgliedern oder in kleiner Runde erfolgen.[65]

f) Peer-Beratung (Abs. 5 Satz 1 Nr. 6)

Die Stellungnahme hat die Frage zu beantworten, ob eine Peer-Beratung des/der Personen- **47**
sorgeberechtigten und des Kindes stattgefunden hat. Eine Beratungsperson mit einer Variante der Geschlechtsentwicklung (Peer-Beratungsperson) ist, sofern eine solche verfügbar ist, jedoch nur auf Wunsch des/der Personensorgeberechtigten hinzuzuziehen, da der/die Personensorgeberechtigte/n die Kommissionsmitglieder gegenüber einer Peer-Beratungsperson von ihrer berufsrechtlichen Schweigepflicht entbinden und möglicherweise die Kosten für die Peer-Beratungsperson tragen muss/müssen.[66]

g) Wille des einwilligungsunfähigen Kindes (Abs. 5 Satz 1 Nr. 7)

Die Stellungnahme muss ferner Angaben dazu enthalten, inwieweit das Kind in der Lage ist, **48**
sich eine eigene Meinung zu bilden und diese zu äußern. Ist es dazu in der Lage, ist anzugeben, ob es über den operativen Eingriff und andere mögliche Lebensweisen mit dieser Variante der Geschlechtsentwicklung aufgeklärt und beraten wurde und ob der Eingriff seinem Willen entspricht.[67]

h) Auffassung der Peer-Beratungsperson (Abs. 5 Satz 1 Nr. 8)

Wurde eine Beratungsperson mit einer Variante der Geschlechtsentwicklung in die Ent- **49**
scheidungsfindung miteinbezogen, hat die Stellungnahme anzugeben, ob der operative Eingriff von ihr befürwortet oder abgelehnt wird.

VI. Aufbewahrungs- und Dokumentationspflichten (Abs. 6)

Der Behandelnde nach § 630a BGB hat die Patientenakte des Kindes bis zu dessen 48. Le- **50**
bensjahr aufzubewahren. Damit wird die in § 630f Abs. 3 BGB auf zehn Jahre festgelegte Aufbewahrungsfrist verlängert. Dies gilt auch für Behandlungen vor dem 22.5.2021, wenn die zehnjährige Aufbewahrungsfrist nicht vor dem 22.5.2021 abgelaufen ist (Art. 229 § 55 EGBGB).

§ 1632 BGB

Herausgabe des Kindes; Bestimmung des Umgangs; Verbleibensanordnung bei Familienpflege

(1) Die Personensorge umfasst das Recht, die Herausgabe des Kindes von jedem zu verlangen, der es den Eltern oder einem Elternteil widerrechtlich vorenthält.

(2) Die Personensorge umfasst ferner das Recht, den Umgang des Kindes auch mit Wirkung für und gegen Dritte zu bestimmen.

(3) Über Streitigkeiten, die eine Angelegenheit nach Absatz 1 oder 2 betreffen, entscheidet das Familiengericht auf Antrag eines Elternteils.

(4) [1]Lebt das Kind seit längerer Zeit in Familienpflege und wollen die Eltern das Kind von der Pflegeperson wegnehmen, so kann das Familiengericht von Amts wegen oder auf Antrag der Pflegeperson anordnen, dass das Kind bei der Pflegeperson verbleibt, wenn und solange das

65 BT-Drs. 19/24686, 32 f.; BT-Drs. 19/27929, 28
66 BT-Drs. 19/24686, 33; BT-Drs. 19/27929, 28
67 BT-Drs. 19/24686, 33; BT-Drs. 19/27929, 29

Kindeswohl durch die Wegnahme gefährdet würde. ²Das Familiengericht kann in Verfahren nach Satz 1 von Amts wegen oder auf Antrag der Pflegeperson zusätzlich anordnen, dass der Verbleib bei der Pflegeperson auf Dauer ist, wenn

1. **sich innerhalb eines im Hinblick auf die Entwicklung des Kindes vertretbaren Zeitraums trotz angebotener geeigneter Beratungs- und Unterstützungsmaßnahmen die Erziehungsverhältnisse bei den Eltern nicht nachhaltig verbessert haben und eine derartige Verbesserung mit hoher Wahrscheinlichkeit auch zukünftig nicht zu erwarten ist und**
2. **die Anordnung zum Wohl des Kindes erforderlich ist.**

Weiterführende Literatur: Heilmann/Salgo, Sind Pflegekinder nicht (mehr) schutzbedürftig?, FamRZ 2014, 705–711; *Kinderrechtekommission des Deutschen Familiengerichtstags*, Reformbedarf im Pflegekinderwesen, FamRZ 2014, 891–902; *Meysen/Salgo*, Referentenentwurf des Bundesministeriums für Familie, Senioren, Frauen und Jugend: Entwurf eines Gesetzes zur Stärkung von Kindern und Jugendlichen (Kinder- und Jugendstärkungsgesetz – KJSG), FamRZ 2021, 13–17; *Lack/Salgo*, Das Recht der Pflegekindschaft, in: Prenzlow (Hrsg.), Handbuch Elterliche Sorge und Umgang, Köln 2022, S. 428–500; *van Santen/Pluto/Seckinger*, Scheinbare Gewissheiten zu (Dauer-)Pflegeverhältnissen, ZKJ 2021, 100–108; *Veit*, Die Rechtsstellung der Pflegeperson nach dem Kinder- und Jugendstärkungsgesetz sowie dem Gesetz zur Reform des Vormundschafts- und Betreuungsrechts, FamRZ 2021, 1501–1510.

Übersicht

A. Allgemeines

Die Vorschrift ergänzt die Regelungen der §§ 1631–1631d BGB durch einen Anspruch auf Herausgabe des Kindes und ein Recht zur Bestimmung des Umgangs des Kindes mit Wirkung für und gegen Dritte sowie die Durchsetzung der Ansprüche. Darüber hinaus schützt Abs. 4 Satz 1 das Pflegekind vor einer Herausnahme aus der Familienpflege zur Unzeit[1] und nach Abs. 4 Satz 2 unter weiteren Voraussetzungen auf Dauer.[2] 1

B. Inhalt der Norm

I. Herausgabeanspruch gegen Dritte (Abs. 1)

Das Aufenthaltsbestimmungsrecht umfasst den Anspruch auf **Herausgabe des Kindes** gegen Dritte, wobei das Kind nicht lediglich bloßes Objekt des Herausgabeverlangens ist.[3] Neben der Herausgabe des Kindes wird von dem Anspruch auch in analoger Anwendung die **Herausgabe von** (persönlichen) **Gegenständen des Kindes** erfasst, die dieses beim Anspruchsinhaber benötigt (hierzu Rn. 16).[4] 2

Voraussetzungen für den Herausgabeanspruch sind: 3

- der die Herausgabe Begehrende ist Anspruchsinhaber,
- ein Dritter oder der andere Elternteil ist Herausgabeverpflichteter, weil er das Kind dem Anspruchsinhaber gegenüber widerrechtlich vorenthält.

1. Anspruchsinhaber

Anspruchsinhaber sind die Inhaber des Aufenthaltsbestimmungsrechts für das Kind, also die sorgeberechtigten Eltern, der allein sorgeberechtigte Elternteil sowie der Vormund bzw. der Pfleger, soweit ihm die elterliche Sorge bzw. das Aufenthaltsbestimmungsrecht übertragen worden ist (§ 1795 Abs. 1 Satz 3, § 1809, § 1813 Abs. 1 BGB).[5] 4

Steht beiden Elternteilen das Aufenthaltsbestimmungsrecht gemeinsam zu, kann der Herausgabeanspruch nur von beiden, oder einem mit Zustimmung des anderen, geltend gemacht werden. Eine Ausnahme besteht dann, wenn Gefahr in Verzug besteht (§ 1629 Abs. 1 Satz 4 BGB)[6] oder die Herausgabe in den Bereich des täglichen Lebens (§ 1687 Abs. 1 Satz 3 und 5 BGB) oder der tatsächlichen Betreuung (§ 1687 Abs. 1 Satz 4 und 5 BGB) fällt. Grundsätzlich richtet sich der Anspruch auf die Herausgabe an beide Elternteile.[7] Die Eltern können auch die Herausgabe an einen Dritten verlangen, wie die Rückführung ins Internat, Heim oder zu Pflege- oder Großeltern.[8] Sind sich die Eltern darüber einig, dass nur einer, im Einvernehmen mit dem anderen, den Anspruch geltend machen soll, kann er die Herausgabe des Kindes auch an sich allein verlangen.[9] 5

1 BT-Drs. 8/2788, 40, 51 f.; BT-Drs. 13/4899, 96 f.
2 BT-Drs. 19/26107, 128 f.
3 Staudinger/*Salgo*, § 1632 BGB Rn. 5
4 BGH ZKJ 2019, 303 = FamRZ 2019, 1056 Rn. 29 f.
5 BeckOK-BGB/*Veit*, § 1632 BGB Rn. 3 ff.; Vormund: BayObLG FamRZ 1991, 1080, 1081 f.; Pfleger: OLG-Brandenburg FamRZ 2022, 603
6 AG Karlsruhe FamRZ 2021, 1385
7 BayObLG FamRZ 1984, 1144, 1146; BeckOK-BGB/*Veit*, § 1632 BGB Rn. 3
8 Staudinger/*Salgo*, § 1632 BGB Rn. 9
9 MüKo-BGB/*Huber*, § 1632 BGB Rn. 6

6 Sind sich die Eltern nicht darüber einig, ob das Kind von einem Dritten herausverlangt werden soll oder nicht, muss der Elternteil, der die Herausgabe begehrt, zunächst ein Verfahren nach § 1671 Abs. 1 bzw. § 1628 BGB anstrengen.[10]

7 Steht das Aufenthaltsbestimmungsrecht nur einem Elternteil zu, so ist dieser allein berechtigt, die Herausgabe des Kindes zu verlangen.[11]

2. Anspruchsgegner

8 Der Herausgabeanspruch richtet sich gegen jeden, der das Kind den Inhabern bzw. dem Inhaber des Aufenthaltsbestimmungsrechts widerrechtlich vorenthält. Der Anspruch kann somit auch gegen den anderen, nicht aufenthaltsbestimmungsberechtigten Elternteil bestehen.

9 Solange beiden Elternteilen gemeinsam das Aufenthaltsbestimmungsrecht zusteht, hat der eine Elternteil keinen Herausgabeanspruch nach § 1632 Abs. 1 BGB gegenüber dem anderen, auch wenn der eine Elternteil dem anderen das Kind wegnimmt – beispielsweise anlässlich der Trennung. Der Elternteil, der die Herausgabe anstrengt, muss zunächst ein Verfahren nach § 1671 Abs. 1 BGB oder nach § 1628 BGB anstrengen.[12] Anders ist es im internationalen Bereich. Das Haager Übereinkommen über die zivilrechtlichen Aspekte internationaler Kindesentführung (HKÜ) sieht in solchen Fällen eine sofortige Rückführung des Kindes grundsätzlich vor.

▶ *Näher zum HKÜ und seinen Voraussetzungen Schweppe, HKÜ, Rn. 1 ff.*

a) Vorenthalten

10 Vorenthalten wird das Kind, wenn die Verwirklichung des Aufenthaltsbestimmungsrechts dessen Inhabern durch grundsätzlich aktives Handeln[13] unmittelbar oder mittelbar erschwert wird, beispielsweise durch Einsperren, Verschleppen, Verstecken, Verheimlichung des Aufenthaltsorts, Weitergabe (wie Unterbringung bei Dritten), Entführung, Errichtung physischer Hindernisse oder Verwehrung des Zutritts zu dem Kind.[14] Wer einem zugelaufenen oder selbstständig entscheidenden Kind lediglich Obdach und Verpflegung gewährt, erfüllt grundsätzlich nicht den Tatbestand des Vorenthaltens.[15] Unterbindet der nichtsorgeberechtigte Elternteil jedoch eine Rückkehr des Kindes durch dessen nachhaltige Beeinflussung, kann dies ein Vorenthalten darstellen.[16]

b) Widerrechtlichkeit

11 Ein widerrechtliches Vorenthalten liegt vor, wenn dem Anspruchsteller das Aufenthaltsbestimmungsrecht zusteht und

- der Anspruchsgegner nicht gleichrangig zur Bestimmung des Aufenthalts befugt ist und
- der Anspruchsgegner keinen rechtfertigenden Grund für die Vorenthaltung hat.[17]

12 Solange **beiden Elternteilen gemeinsam** das Aufenthaltsbestimmungsrecht zusteht, hat der eine Elternteil keinen Herausgabeanspruch gegenüber dem anderen. Der Elternteil, der

---

10 MüKo-BGB/*Huber*, § 1632 BGB Rn. 7; BeckOK-BGB/*Veit*, § 1632 BGB Rn. 3; vgl. BayObLG FamRZ 1984, 1144, 1146
11 MüKo-BGB/*Huber*, § 1632 BGB Rn. 8
12 MüKo-BGB/*Huber*, § 1632 BGB Rn. 33; a.A. AG Bad Iburg FamRZ 2000, 1036
13 *Münder*, NJW 1986, 811; Staudinger/*Salgo*, § 1632 BGB Rn. 14
14 Staudinger/*Salgo*, § 1632 BGB Rn. 14
15 Staudinger/*Salgo*, § 1632 BGB Rn. 14; MüKo-BGB/*Huber*, § 1632 BGB Rn. 10
16 OLG Zweibrücken FamRZ 1983, 297; Staudinger/*Salgo*, § 1632 BGB Rn. 14
17 Vgl. Staudinger/*Salgo*, § 1632 BGB Rn. 15

die Herausgabe anstrengt, muss zunächst ein Verfahren nach § 1671 Abs. 1 BGB oder nach § 1628 BGB anstrengen.[18]

Ein **rechtfertigender Grund** für die Vorenthaltung kann sich aus dem öffentlichen Recht ergeben (wie infolge der Schulpflicht oder jugendstrafrechtlicher Maßnahmen), aus einer gerichtlichen Entscheidung (wie einer Verbleibensanordnung nach § 1632 Abs. 4 BGB) oder durch die Ausübung des Umgangsrechts nach § 1684 Abs. 1 BGB. 13

Ferner besteht ein rechtfertigender Grund nach § 42 Abs. 1 Nr. 2b SGB VIII für eine **Inobhutnahme** des Kindes durch das Jugendamt. § 42 Abs. 1 SGB VIII stellt eine Befugnisnorm für staatliches Eingreifen in das elterliche Sorgerecht durch einen Verwaltungsakt dar, der insbes. das Aufenthaltsbestimmungsrecht dem Jugendamt überträgt. Diese Übertragung erfasst bei einem Widerspruch der bisher Aufenthaltsberechtigten indes nur den vorübergehenden Zeitraum bis zur Rückgabe an die bisher Aufenthaltsberechtigten oder bis zur Entscheidung des Familiengerichts über die dauerhaft notwendigen sorgerechtlichen Maßnahmen (vgl. § 42 Abs. 3 Satz 2 SGB VIII).[19] Sobald das Familiengericht entschieden hat, entfällt die Befugnis aufgrund § 42 Abs. 1 SGB VIII, und es besteht kein rechtfertigender Grund für eine weitere Inobhutnahme des Kindes. Der bzw. die Anspruchsinhaber hat bzw. haben dann einen Herausgabeanspruch gegen das Jugendamt nach § 1632 Abs. 1 BGB. 14

Ein ursprüngliches **Einverständnis** mit dem Aufenthalt des Kindes bei einem Dritten ist wegen der Unverzichtbarkeit des Elternrechts jederzeit widerruflich und kann vom Zeitpunkt des Widerrufs an zu einem Zustand widerrechtlichen Vorenthaltens führen. Im Herausgabeverlangen liegt grundsätzlich ein konkludenter Widerruf des Einverständnisses.[20] 15

3. Herausgabe von Gegenständen

Der Anspruch aus § 1632 Abs. 1 BGB umfasst in analoger Anwendung die Herausgabe von notwendigen (persönlichen) Gegenständen des Kindes, die dieses beim Anspruchsinhaber voraussichtlich benötigt, wie Spielsachen, Kleidung, Schmuck, Sportgeräte, Mopeds, Musikanlagen, Computer, Smartphone, Medikamente, alle wichtigen Dokumente (Impfpass, Untersuchungsheft, Krankenversicherungskarte,[21] Reisepass,[22] etc.) und Schulsachen, und zwar ohne Rücksicht auf die Eigentums- und Besitzverhältnisse.[23] 16

II. Umgangsbestimmungsrecht (Abs. 2)

1. Inhalt des Umgangsbestimmungsrechts

Das Umgangsbestimmungsrecht – als vom Aufenthaltsbestimmungsrecht verschiedener Bestandteil der Personensorge[24] – gibt den Personensorgeberechtigten das Recht und die Pflicht, den Umgang des Kindes mit anderen Personen zu überwachen, schädliche Einflüsse Dritter nach Möglichkeit zu verhindern und das Kind vor Belästigungen zu schützen.[25] 17

---

18 Staudinger/*Salgo*, § 1632 BGB Rn. 15; Grüneberg/*Götz*, § 1632 BGB Rn. 3; vgl. OLG Dresden FamRZ 2018, 694
19 OLG Frankfurt ZKJ 2019, 185; OLG Bamberg FamRZ 1999, 663, 664; VG Weimar, Beschl. v. 11.8.2004 – E 5680/04, Rn. 19 (juris)
20 MüKo-BGB/*Huber*, § 1632 BGB Rn. 11; Staudinger/*Salgo*, § 1632 BGB Rn. 17
21 BGH, Beschl. v. 10.7.2019 – XII ZB 579/17, Rn. 10, juris = FamRZ 2019, 1615
22 BGH, FamRZ 2019, 1056; Beschl. v. 10.7.2019 – XII ZB 579/17, Rn. 10, juris = FamRZ 2019, 1615
23 BGH, Beschl. v. 27.03.2019 – XII ZB 345/18, Rn. 30 f., juris = ZKJ 2019, 303; OLG Koblenz FamRB 2023, 500; *Götz*, FamRZ 2016, 519, 521; *Gottschalk*, ZKJ 2016, 62, 64
24 *Heilmann*, FamRZ 2014, 1753ff.; so auch BGH ZKJ 2016, 419
25 BT-Drs. 8/2788, 51; OLG Frankfurt FamRZ 2024, 1027

18 **Personensorgeberechtigte** sind i.d.R. die Eltern, der allein sorgeberechtigte Elternteil, aber auch der Vormund bzw. der Pfleger, soweit ihm die Personensorge bzw. das Umgangsbestimmungsrecht übertragen worden ist (§§ 1795 Abs. 1 Satz 3, 1809, 1813 Abs. 1 BGB).

19 Sind **beide Elternteile gemeinsam** personensorgeberechtigt, gilt eine Umgangsbestimmung gegenüber dem Kind auch dann, wenn nur ein Elternteil diese ausspricht, da jeder Elternteil dem Kind als selbstständige Erziehungspersönlichkeit gegenübertritt. Eine Umgangsbestimmung gegenüber Dritten kann von den Eltern nur im gegenseitigen Einvernehmen (§ 1627 BGB) ausgesprochen werden.[26] Fehlt es daran, muss zunächst ein Verfahren nach § 1671 Abs. 1 BGB oder nach § 1628 BGB angestrengt werden.[27]

20 Das Umgangsbestimmungsrecht wird i.d.R. durch **Weisungen sowie Umgangsverbote** ausgeübt, die sowohl gegenüber dem Kind als auch gegenüber Dritten ergehen können.[28] Es umfasst den unmittelbaren persönlichen, brieflichen, telefonischen und elektronischen Kontakt.[29] Dabei ist jedoch das Recht des Kindes auf **Privatsphäre und auf informationelle Selbstbestimmung** als Ausprägung des allgemeinen Persönlichkeitsrechts (Art. 2 Abs. 1 i.V.m. Art. 1 Abs. 1 GG)[30] zu beachten, so dass die mit dem Umgangsbestimmungsrecht einhergehende Kontrollbefugnis dem Alter, Bedürfnis und Entwicklungsstand des Kindes angepasst sein muss. Dabei ist eine inhaltliche Kontrolle, insbesondere internetfähiger Endgeräte, nicht nur bei dem Verdacht auf Straftaten oder schwerwiegenden Eingriffen in das Kindeswohl zulässig (hierzu *Fink*, § 1626 BGB Rn. 22).[31]

21 **Nicht** unter das Umgangsbestimmungsrecht fallen Bestimmungen über Zeit und Ort des **Ausgehen**s sowie Art und Weise der **Freizeitgestaltung** des Kindes. Diese Bestimmungsbefugnisse richten sich nach § 1626, § 1631 Abs. 1 BGB.[32]

2. Einschränkungen des Umgangsbestimmungsrechts

22 Das Umgangsbestimmungsrecht der Personensorgeberechtigten ist nicht schrankenlos. Einschränkungen ergeben sich aus den gesetzlichen **Umgangsrechten** (§ 1626 Abs. 3, § 1684, § 1685, § 1686a BGB)[33] und aus dem allgemeinen **Erziehungsauftrag** der Personensorgeberechtigten nach § 1626 Abs. 2 BGB sowie § 1631 Abs. 2 BGB.

23 Der in **§ 1626 Abs. 2 BGB** enthaltene Erziehungsauftrag für die Personensorgeberechtigten dient dazu, das Kind schrittweise auf die Selbstständigkeit und das Verantwortungsbewusstsein vorzubereiten, die es bei Volljährigkeitseintritt erreicht haben soll (hierzu *Fink*, § 1626 BGB Rn. 19 ff.). Die Personensorgeberechtigten haben bei der Ausübung des Umgangsbestimmungsrechts zu berücksichtigen, dass die Vorschrift des § 1626 Abs. 2 Satz 2 BGB eine Gesprächsbereitschaft mit dem Kind und ein Bemühen um Einvernehmen mit dem Kind gebietet. Je älter das Kind ist, desto mehr wächst der Begründungszwang für eine auf triftige sachliche Gründe zu stützende Weisung oder ein auf triftige sachliche Gründe zu stützendes Umgangsverbot.[34] Dem Dritten gegenüber bedarf ein Umgangsverbot keiner triftigen sachlichen Gründe.[35]

---

26 Staudinger/*Salgo*, § 1632 BGB Rn. 20; BeckOK-BGB/*Veit*, § 1632 BGB Rn. 42
27 Vgl. MüKo-BGB/*Huber*, § 1632 BGB Rn. 66
28 BayObLG NJW-RR 1995, 138; vgl. BGH NJW-RR 2001, 1; Staudinger/*Salgo*, § 1632 BGB Rn. 20
29 BayObLG NJW-RR 1995, 138; Staudinger/*Salgo*, § 1632 BGB Rn. 20; MüKo-BGB/*Huber*, § 1632 BGB Rn. 67
30 BVerfGE 120, 274, 339; BVerfG NJW 2017, 466
31 AG Bad Hersfeld FamRZ 2016, 564; NJW-Spezial 2017, 710; *Götz*, FamRZ 2017, 1725, 1726; a.A. MüKo-BGB/*Huber*, § 1632 BGB Rn. 67
32 Staudinger/*Salgo*, § 1632 BGB Rn. 20; MüKo-BGB/*Huber*, § 1632 BGB Rn. 67
33 Grüneberg/*Götz*, § 1632 BGB Rn. 10; MüKo-BGB/*Huber*, § 1632 BGB Rn. 69
34 MüKo-BGB/*Huber*, § 1632 BGB Rn. 71; Staudinger/*Salgo*, § 1632 BGB Rn. 24
35 OLG Frankfurt NJW 1979, 2052, 2053; OLG Brandenburg FamRZ 2016, 1092; NJW-RR 2018, 584

24 Die Personensorgeberechtigten müssen also im konkreten Fall eine Abwägung vornehmen. Dabei ist einerseits zu beachten, dass der Umgang mit Dritten, auch mit Personen anderen Geschlechts, für das Kind erforderlich ist, um sich zu einer reifen, der Selbstbestimmung fähigen, für sich selbst sorgenden Persönlichkeit zu entwickeln.[36] Andererseits sind die möglichen Gefahren zu beachten, die sich aus dem Umgang ergeben können (wie Ansteckung mit Krankheiten, Abgleiten in die Kriminalität, Drogenabhängigkeit, Prostitution, psychische Abhängigkeit von religiösen, politischen und ideologischen Grundhaltungen).[37]

25 Das in **§ 1631 Abs. 2 BGB** enthaltene Verbot, bei der Erziehung entwürdigende Maßnahmen einzusetzen, bedeutet, dass die Umgangsbestimmung nicht das Ehr- und Selbstwertgefühl des Kindes in einem in Bezug auf den Anlass der Bestimmung nicht zu rechtfertigenden Maße verletzen oder gefährden darf (hierzu *Fink*, § 1631 BGB Rn. 22).

III. Gerichtliche Durchsetzung (Abs. 3)

26 Das Verfahren ist als **Antragsverfahren** ausgestaltet. Dabei ist das Verfahren zur Geltendmachung eines Herausgabeanspruchs gegen Dritte nach § 1632 Abs. 1 BGB eine Kindschaftssache gemäß § 151 Nr. 3 FamFG und das Verfahren zur Geltendmachung eines Umgangsbestimmungsrechts nach § 1632 Abs. 2 BGB eine Kindschaftssache gemäß § 151 Nr. 2 FamFG.

27 **Antragsteller** des Herausgabeanspruchs gegenüber Dritten und des Anspruchs auf Durchsetzung einer Umgangsweisung oder eines Umgangsverbots müssen – entgegen dem Wortlaut des Gesetzes – grundsätzlich **beide personensorgeberechtigten Elternteile** sein, es sei denn, der eine Elternteil erteilt seine Zustimmung zur alleinigen Geltendmachung durch den anderen Elternteil. Steht das Personensorgerecht nur einem Elternteil zu, so ist dieser allein berechtigt. Ferner sind der **Vormund** bzw. der **Pfleger**, soweit ihm die Personensorge übertragen worden ist (§§ 1795 Abs. 1 Satz 3, 1809, 1813 Abs. 1 BGB), antragsberechtigt. Das Kind und der Dritte haben kein Antragsrecht.[38]

28 **Antragsgegner** ist derjenige, der das Kind den Personensorgeberechtigten widerrechtlich vorenthält bzw. eine Umgangsbestimmung nicht befolgt. Antragsgegner ist niemals das Kind.[39]

29 In dem gerichtlichen Verfahren sind **anzuhören**:

- das Kind, § 159 FamFG,
- die Eltern, § 160 FamFG,
- die Verfahrensbeiständin bzw. der Verfahrensbeistand bei Bestellung, § 158 FamFG,
- der Antragsgegner, § 7 Abs. 2 Nr. 1 FamFG,
- das Jugendamt, § 162 Abs. 1 Satz 1 FamFG,
- ggf. die Pflegeeltern, § 161 Abs. 2 FamFG.

30 Ergeht gegen den **Dritten** eine gerichtliche Umgangsweisung oder ein Umgangsverbot, kann er nach § 1696 BGB eine Aufhebung der Weisung bzw. des Verbots beantragen.

▶ *Zur funktionalen Zuständigkeit, § 14 Abs. 1 Nr. 7 und 8 RPflG, Heilmann, § 14 RPflG Rn. 16, 19.*

36 Vgl. MüKo-BGB/*Huber*, § 1632 BGB Rn. 72
37 AG Höxter, Beschl. v. 19.4.2022 – 6 F 44/22 (juris); BeckOK-BGB/*Veit*, § 1632 BGB Rn. 54; Staudinger/*Salgo*, § 1632 BGB Rn. 24
38 Staudinger/*Salgo*, § 1632 BGB Rn. 29
39 Staudinger/*Salgo*, § 1632 BGB Rn. 29

31 *Tenorierungsbeispiel für eine Herausgabe des Kindes nach § 1632 Abs. 1 BGB*

1. Der Antragsgegner wird verpflichtet, das Kind … (Name), geboren am … (Datum), an die Antragstellerin herauszugeben.

In ***dringenden Fällen*** *kann folgende Anordnung sogleich mit der Sachentscheidung verbunden werden:*[40]

2.a. Der zuständige Gerichtsvollzieher wird ermächtigt und beauftragt, zum Zwecke der Vollstreckung der Herausgabeanordnung das Kind … (Name), geboren am … (Datum), dem Antragsgegner wegzunehmen und zur Durchsetzung dieser Anordnung notfalls auch Zwang gegen den Antragsgegner und Dritte zu gebrauchen, um den Widerstand des Antragsgegners oder Dritter zu überwinden,

b. sowie die Wohnung des Antragsgegners zu durchsuchen.

c. Dem Gerichtsvollzieher wird gestattet, zur Durchsetzung der Herausgabeanordnung unmittelbaren Zwang gegen das Kind … (Name), geboren am … (Datum), anzuwenden.

d. Dem Gerichtsvollzieher wird gestattet, in dieser Sache auch zur Nachtzeit und an Sonn- und Feiertagen tätig zu werden.

e. Der Gerichtsvollzieher kann die Unterstützung polizeilicher Vollzugsorgane anfordern.

3. Das beteiligte Jugendamt X … (genaue Bezeichnung) soll zu der Vollstreckung der Herausgabeanordnung zugezogen werden und die Vollstreckung durch geeignete Maßnahmen, die auch vom Jugendamt Y … (genaue Bezeichnung) im Wege der Amtshilfe erbracht werden können, unterstützen.

4. Die Anordnung ist dem Antragsgegner wie auch jeder anderen Gewahrsamsperson gegenüber wirksam. Sie ist bei der Wegnahme des Kindes ohne vorherige Benachrichtigung vorzulegen.

32 *Tenorierungsbeispiel für ein Umgangsverbot nach § 1632 Abs. 2 BGB*

1. Dem Antragsgegner wird der Kontakt zu dem Kind … (Name), geboren am … (Datum), untersagt.
Dem Antragsgegner wird insbesondere untersagt,

a. sich dem Kind weniger als 50 Meter zu nähern,

b. dem Kind zu der Wohnung des Antragsgegners … (Adresse) Zutritt zu gewähren,

c. das Kind vor der Schule … (Adresse) / dem Kindergarten … (Adresse) abzupassen,

d. in irgendeiner Form Verbindung zu dem Kind, beispielsweise durch Ansprache, Briefe, Telefonate, SMS, E-Mails, Messenger-Dienste und Apps, oder Zettel, auch vermittelt durch dritte Personen, aufzunehmen,

e. ein Zusammentreffen mit dem Kind herbeizuführen.

Für den Fall eines zufälligen Zusammentreffens wird dem Antragsgegner aufgegeben, schnellstmöglich den gebotenen Abstand von 50 Metern wiederherzustellen.

---

40 Prütting/Helms/*Hammer*, § 90 FamFG Rn. 7

2. *Es wird darauf hingewiesen, dass das Gericht bei schuldhaften Zuwiderhandlungen gegen die sich aus dieser Umgangsregelung ergebenden Verpflichtungen gegen den Verpflichteten Ordnungsgeld bis zur Höhe von 25.000,-- € und für den Fall, dass dieses nicht beigetrieben werden kann oder die Festsetzung eines Ordnungsgeldes keine Aussicht auf Erfolg verspricht, Ordnungshaft bis zu sechs Monaten anordnen kann.*

IV. Schutz des Pflegekindes (Abs. 4)

1. Befristete Verbleibensanordnung (Abs. 4 Satz 1)

Die Vorschrift soll das Pflegekind davor schützen, aus der Familienpflege zur Unzeit herausgenommen zu werden, was der Fall ist, wenn die Herausnahme zu einer körperlichen, geistigen oder seelischen Beeinträchtigung des Kindes führen würde. **33**

Nach Art. 6 Abs. 2 Satz 1 GG haben die Eltern das Recht auf die Pflege und Erziehung ihres Kindes unter Beachtung der Menschenwürde des Kindes und des eigenen Rechts des Kindes auf Entfaltung seiner Persönlichkeit (Art. 2 Abs. 1 i.V.m. Art. 1 Abs. 1 GG)[41] sowie die Pflicht, ihrer elterlichen Verantwortung zum Wohl des Kindes zu genügen.[42] Nach Art. 6 Abs. 2 Satz 2 GG ist es Aufgabe des Staates, darauf zu achten, dass die Grundrechte des Kindes geschützt werden, und darüber zu wachen, dass die Eltern ihrer Pflege- und Erziehungsverantwortung nachkommen.[43] **34**
Werden Eltern der ihnen durch die Verfassung zugewiesenen Verantwortung nicht gerecht, da sie nicht bereit oder in der Lage sind, ihre Pflege- und Erziehungsaufgabe wahrzunehmen, oder können sie ihrem Kind den erforderlichen Schutz und die notwendige Hilfe aus anderen Gründen nicht bieten, ist der Staat verpflichtet, die Pflege und Erziehung des Kindes sicherzustellen.[44] Ob der Staat zum Schutz des Kindes tätig werden muss und darf und welche Schutzmaßnahmen getroffen werden müssen, bestimmt sich nach Art und Ausmaß der Gefahr für das Kind. Dabei ist zu berücksichtigen, dass nicht jedes Versagen oder jede Nachlässigkeit den Staat berechtigt, die Eltern von der Pflege und Erziehung zu entbinden oder gar selbst diese Aufgabe zu übernehmen. Vielmehr ist stets dem grundsätzlichen Vorrang der Eltern vor dem Staat Rechnung zu tragen.[45] Denn die Eltern haben nach Art. 6 Abs. 2 Satz 1 GG das Recht auf die Pflege und Erziehung ihres Kindes und das Kind hat nach Art. 2 Abs. 1 i.V.m. Art. 6 Abs. 2 Satz 1 GG ein gegen den Staat gerichtetes Recht auf die Pflege und Erziehung durch die Eltern.

Nach Art. 6 Abs. 3 GG sind die Eltern und das Kind dagegen geschützt, voneinander getrennt zu werden.[46] Der Staat ist daher, wenn sich das Kind in einer Pflegefamilie befindet, verpflichtet zu versuchen, durch helfende, unterstützende, auf Wiederherstellung eines verantwortungsgerechten Verhaltens der Eltern gerichtete Maßnahmen sein Ziel zu erreichen. Wenn das Kind jedoch durch eine Rückkehr zu den Eltern in seinem körperlichen, geistigen oder seelischen Wohl nachhaltig gefährdet ist, ist der Staat verpflichtet, zur Wahrung des Kindeswohls die räumliche Trennung des Kindes von seinen Eltern aufrechtzuerhalten.[47] Dabei setzt die Annahme einer nachhaltigen Gefährdung des Kindes voraus, dass bereits ein Schaden des Kindes eingetreten ist oder sich eine erhebliche Schädigung mit ziemlicher

41 BVerfGE 24, 119, 144; 39, 1, 41; 72, 155, 172; BVerfG ZKJ 2017, 225, 227 f.
42 Vgl. BVerfGE 56, 363, 381 f.
43 BVerfG ZKJ 2017, 225, 228; *Zuleeg*, FamRZ 1980, 210, 212
44 BVerfG ZKJ 2017, 225, 229
45 BVerfG ZKJ 2017, 225, 229; vgl. OLG Stuttgart ZKJ 2022, 146
46 BVerfG ZKJ 2017, 225, 229; vgl. BVerfGE 136, 382, 391
47 BVerfG ZKJ 2017, 225, 229; ZKJ 2022, 449; FamRZ 2023, 280, 282

Sicherheit voraussehen lässt.[48] Ist ein Kind seit längerer Zeit in einer Pflegefamilie untergebracht, kann die Gefahr für das Kind gerade aus der Rückführung resultieren.[49]

35 **Voraussetzungen** für eine gerichtliche Verbleibensanordnung sind:

- Familienpflege seit längerer Zeit,
- Herausgabeverlangen der bzw. des Inhaber(s) des Aufenthaltsbestimmungsrechts für das Kind und
- Gefährdung des Kindeswohls.

2. Familienpflege seit längerer Zeit

36 **Familienpflege** bedeutet die Pflege und Erziehung des Kindes in einer anderen als der Herkunftsfamilie in familienähnlicher Weise.[50] Die Heimerziehung oder Internatserziehung genügt diesen Anforderungen nur in Ausnahmefällen, wenn Versorgung, Erziehung und Betreuung ein familienähnliches Gepräge aufweisen, so dass der Charakter der Einrichtung als Heim bzw. Anstalt völlig zurücktritt.[51] Familienpflege kann durch Verwandte, durch Verschwägerte oder durch Dritte erfolgen. Es genügt jedes faktische Pflegeverhältnis familienähnlicher Art, unabhängig von einem Pflegevertrag oder einer Pflegeerlaubnis nach § 44 Abs. 1 Satz 1 SGB VIII.[52] Auch die Adoptionspflege nach § 1744 BGB, die nicht mit einer Adoption endet, kann eine Familienpflege i.S.d. § 1632 Abs. 4 BGB darstellen.[53] Bei der Familienpflege muss es sich i.d.R. um eine Vollzeitpflege (ein regelmäßiges Verweilen mit Tag- und Nachtabschnitten) und nicht nur um eine Tagespflege i.S.d. § 23 SGB VIII handeln.[54]

37 Die Familienpflege muss für **längere Zeit** bestehen. Bei der Frage nach der Dauer der Familienpflege ist nicht von einer bestimmten absoluten Zeitspanne auszugehen. Maßgeblich ist vielmehr das kindliche Zeitempfinden[55] und inwieweit das Kind von seiner Herkunftsfamilie entfremdet ist,[56] weil es bei der Pflegeperson bzw. Pflegefamilie eine neue Bezugswelt gefunden[57] und enge Bindungen entwickelt hat.[58] Je jünger ein Kind ist, desto länger ist auch die Zeit in der Relation zur Dauer seines bisherigen Lebens. Daher kann ein halbes Jahr für ein Kind bereits eine längere Zeit im obigen Sinne darstellen.[59]

38 Die Frage, ob die Familienpflege seit längerer Zeit besteht, richtet sich letztlich immer nach dem **konkreten Einzelfall**, z.B. haben Gerichte eine längere Familienpflege bejaht bei

48 BVerfG FamRZ 2015, 112; ZKJ 2017, 225, 229; ZKJ 2022, 449
49 BVerfG ZKJ 2017, 225, 229
50 BGH FamRZ 2001, 1449, 1451
51 OLG Karlsruhe ZKJ 2024, 65, 67; Staudinger/*Salgo*, § 1632 BGB Rn. 65 m.w.N.; *Münder*, NJW 1986, 811, 813
52 BGH FamRZ 2001, 1449, 1451; OLG Frankfurt ZKJ 2022, 23, 24; OLG Karlsruhe ZKJ 2024, 65, 67; OLG Hamm NZFam 2023, 743 zur widerrechtlichen Begründung einer Familienpflege durch „untertauchen"; MüKo-BGB/*Huber*, § 1632 BGB Rn. 40
53 OLG Brandenburg FamRZ 2000, 1038, 1039; Staudinger/*Salgo*, § 1632 BGB Rn. 65; *Salgo/Lack*, S. 295; MüKo-BGB/*Huber*, § 1632 BGB Rn. 40
54 Staudinger/*Salgo*, § 1632 BGB Rn. 65; *Salgo/Lack*, S. 295; vgl. BGH FamRZ 2001, 1449, 1451
55 Dazu *Heilmann*, S. 18 ff. m.w.N.; BVerfG NJW 2001, 961 f.
56 Staudinger/*Salgo*, § 1632 BGB Rn. 68; *Salgo/Lack*, S. 297
57 BayObLG FamRZ 1998, 1040, 1041; Staudinger/*Salgo*, § 1632 Rn. 69; *Salgo/Lack*, S. 296; MüKo-BGB/*Huber*, § 1632 BGB Rn. 41; *Münder*, NJW 1986, 811, 813
58 OLG Frankfurt FamRZ 2004, 720, 721; OLG Brandenburg FamRZ 2009, 61 f.; Staudinger/*Salgo*, § 1632 BGB Rn. 69; MüKo-BGB/*Huber*, § 1632 BGB Rn. 41
59 BayObLG FamRZ 1991, 1080, 1082; OLG Frankfurt ZKJ 2022, 23, 24; BeckOK-BGB/*Veit*, § 1632 BGB Rn. 77

- fast drei Monaten Pflegezeit seit kurz nach der Geburt,[60]
- neun Monaten Pflegezeit ab einem Alter von einem Jahr und neun Monaten des Kindes,[61]
- fast elf Monaten Pflegezeit vom sechsten bis zum 17. Lebensmonat des Kindes,[62]
- 18 Monaten Pflegezeit für die gesamte Dauer des bisherigen Lebens,[63]
- 18 Monate Pflegezeit seit dem siebten Lebensjahr,[64]
- 14 Monaten Pflegezeit bei einem zum Zeitpunkt der Entscheidung 16jährigen Kind,[65]
- fast 3 Jahren Pflegezeit seit kurz nach der Geburt,[66]
- 3 Jahre Pflegezeit ab dem dritten Lebensjahr,[67]
- fast 3 Jahren Pflegezeit ab dem achten Lebensjahr.[68]

3. Herausgabeverlangen

Die die Herausgabe des Kindes verlangenden Personen können alle **Inhaber des Aufenthaltsbestimmungsrechts** für das Kind sein, also die sorgeberechtigten Eltern, der allein sorgeberechtigte Elternteil, der Vormund bzw. der Pfleger, soweit ihm die elterliche Sorge bzw. das Aufenthaltsbestimmungsrecht übertragen worden ist (§§ 1795 Abs. 1 Satz 3, 1809, 1813 Abs. 1 BGB).[69] Ist das Aufenthaltsbestimmungsrecht zuvor nach § 1630 Abs. 3 BGB auf die Pflegeperson übertragen worden, kann die Kindesherausgabe nicht ohne vorherige oder gleichzeitige Aufhebung dieser Anordnung durch das Familiengericht verlangt werden.[70] 39

Steht beiden Elternteilen das Aufenthaltsbestimmungsrecht gemeinsam zu, kann die Herausgabe nur von beiden oder von einem mit Zustimmung des anderen geltend gemacht werden. Sind sich die Eltern nicht darüber einig, ob das Kind herausverlangt werden soll oder nicht, muss der Elternteil, der die Herausgabe begehrt, zunächst ein Verfahren nach § 1671 Abs. 1 bzw. § 1628 BGB anstrengen. 40

Die **ernstliche Ankündigung** des Herausgabeverlangens reicht bereits für die Zulässigkeit einer Verbleibensanordnung aus.[71]

4. Antrag der Pflegeperson auf Verbleib

Der bzw. den Pflegeperson(en) steht – neben der Einleitung des Verfahrens von Amts wegen – ein eigenes Antragsrecht auf **Verbleib** des Kindes in der Pflegefamilie zu, was zu einer stärkeren Rechtsposition der Pflegeperson(en) führt.[72] 41

60 OLG Köln FamRZ 2007, 658, 659; OLG Brandenburg, Beschl. v. 11.5.2023 – 9 UF 41/23 (juris) = NZFam 2023, 1037
61 AG Gießen, Beschl. v. 28.8.2013 – 248 F 2478/12 SO, Rn. 22 (juris)
62 OLG Celle FamRZ 1990, 191, 192
63 OLG Frankfurt FamRZ 2004, 720, 721
64 OLG Frankfurt ZKJ 2022, 23, 24
65 BayObLG FamRZ 1998, 1040, 1041
66 OLG Naumburg FamRZ 2002, 1274, 1275
67 OLG Karlsruhe, Beschl. v. 2.1.2024 – 5 UF 151/23 (juris)
68 OLG Hamm FamRZ 2004, 1396
69 OLG Brandenburg FamRZ 2022, 603; Staudinger/*Salgo*, § 1632 BGB Rn. 73, 77; MüKo-BGB/*Huber*, § 1632 BGB Rn. 42
70 MüKo-BGB/*Huber*, § 1632 BGB Rn. 42; Staudinger/*Salgo*, § 1632 BGB Rn. 75
71 OLG Brandenburg FamRZ 2006, 1132; MüKo-BGB/*Huber*, § 1632 BGB Rn. 42; Staudinger/*Salgo*, § 1632 Rn. 76; BeckOK-BGB/*Veit*, § 1632 BGB Rn. 79
72 Dazu ausführlich Staudinger/*Salgo*, § 1632 BGB Rn. 78 ff.

5. Antrag der Pflegeperson auf Rückführung

42 Der bzw. den Pflegeperson(en) steht ferner nach § 1632 Abs. 4 BGB ein eigenes Antragsrecht auf **Rückführung** des Kindes in die Pflegefamilie zu, wenn das Kind bereits aus der Pflegestelle herausgenommen worden ist, die Beendigung des Aufenthalts des Kindes in der Pflegefamilie in einem **unmittelbaren zeitlichen Zusammenhang** mit dem **Verfahren** über die **Verbleibensanordnung** steht[73] **und** der unmittelbare zeitliche Zusammenhang im **Zeitpunkt** der gerichtlichen **Entscheidung** noch gegeben ist.[74] Denn eine nur kurzfristige bzw. vorübergehende Herausnahme des Kindes stellt dessen Verbleib bei der Pflegefamilie – vorausgesetzt der Antrag auf Verbleib hat in der Sache Erfolg – nicht in Frage.

Dass das Rückführungsbegehren in einem unmittelbaren zeitlichen Zusammenhang mit der Einleitung des Verfahrens über die Verbleibensanordnung stehen muss und der unmittelbare zeitliche Zusammenhang im Zeitpunkt der gerichtlichen Entscheidung noch gegeben sein muss, folgt aus dem Umstand, dass das Gesetz das Kind vor einer Herausnahme aus einer Pflegefamilie zur Unzeit schützen und ein zwischen dem Kind und der Pflegeperson seit längerer Zeit bestehendes Familienpflegeverhältnis nicht zum Schaden des Kindes zerstören will.[75] Ist hingegen die Herausnahme des Kindes aus dem Haushalt der Pflegefamilie insoweit abgeschlossen, als der Lebensmittelpunkt des Kindes nunmehr an anderer Stelle eingerichtet ist[76] und ist das Kind inzwischen in seinem neuen Lebensraum eingebunden, verortet, verwurzelt,[77] lässt sich die Herausnahme zur Unzeit nicht mehr durch Maßnahmen nach § 1632 Abs. 4 BGB abwenden.

Von einem unmittelbaren zeitlichen Zusammenhang kann ausgegangen werden, wenn die Einleitung des Verfahrens innerhalb eines Monats nach der Herausnahme des Kindes erfolgt.[78]

Der **Gefahr eines Entfallens des** erforderlichen unmittelbaren zeitlichen **Zusammenhangs** zur Herausnahme des Kindes aus der Pflegestelle allein durch die Dauer des gerichtlichen Verfahrens kann mit einem zeitnah angebrachten **Antrag** auf Erlass einer entsprechenden **einstweiligen Anordnung** nach § 49 FamFG begegnet werden.[79]

6. Gefährdung des Kindeswohls

43 Voraussetzung für die **Verbleibensanordnung** ist, dass durch die Wegnahme das Kindeswohl gefährdet würde. Der Begriff der Kindeswohlgefährdung entspricht dem des § 1666 BGB. Erforderlich ist demnach eine begründete gegenwärtige Besorgnis, dass eine Änderung des Aufenthalts, der Pflege und Erziehung des Kindes zu schweren und nachhaltigen körperlichen, geistigen oder seelischen Schäden beim Kind führen kann.[80] Dabei setzt die Annahme einer **nachhaltigen Gefährdung** des Kindes voraus, dass sich eine **erhebliche Schädigung mit ziemlicher Sicherheit** voraussehen lässt.[81]

---

73 BVerfG ZKJ 2023, 415, 416; BGH ZKJ 2017, 142; OLG Hamm, Beschl. v. 8.7.2015 – 5 UF 198/14, Rn. 39 (juris); OLG Frankfurt ZKJ 2022, 23, 24; OLG Brandenburg, Beschl. v. 11.5.2023 – 9 UF 41/ 23 (juris) = NZFam 2023, 1037
74 OLG Koblenz ZKJ 2019, 181, 184; OLG Frankfurt FamRZ 2020, 348
75 BGH ZKJ 2017, 142, 143; OLG Koblenz ZKJ 2019, 181, 182, 184
76 BGH ZKJ 2017, 142, 143; OLG Koblenz ZKJ 2019, 181, 182
77 *Salgo*, FamRZ 2017, 210
78 OLG Braunschweig ZKJ 2018, 270; OLG Koblenz ZKJ 2019, 181, 184; OLG Frankfurt FamRZ 2020, 348
79 OLG Koblenz ZKJ 2019, 181, 182, 184
80 BVerfG FamRZ 2006, 1593, 1594; ZKJ 2017, 225, 229
81 BVerfG FamRZ 2015, 112; ZKJ 2017, 225, 229

Zu prüfen ist also, ob eine Kindeswohlgefährdung durch die Wegnahme entstehen würde, und nicht, warum das Kind sich seit längerer Zeit in einer Familienpflege befindet. Damit ist – außerhalb prognostischer Erwägungen hinsichtlich möglicher Erfolgsaussichten künftiger sozialarbeiterischer Interventionen – entgegen der Ansicht des Bundesgerichtshofs auch **irrelevant**, ob der bzw. die aufenthaltsbestimmungsberechtigte(n) Elternteil(e) im Zeitpunkt der Übergabe des Kindes an die Familienpflege zur Pflege und Erziehung des Kindes nicht gewillt oder nicht in der Lage waren.[82]

Maßgeblicher **Zeitpunkt für die Bewertung** ist derjenige der Entscheidung über das Herausgabeverlangen der Inhaber des Aufenthaltsbestimmungsrechts, also i.d.R. der Eltern. In der Beschwerdeinstanz ist die Situation, wie sie sich zum Zeitpunkt der Entscheidung des Oberlandesgerichts darstellt, maßgeblich.[83] **44**

Zu **unterscheiden** ist, ob das Herausgabeverlangen der **Rückführung** des Kindes **zu** seinen **Eltern** dienen soll **oder** der Verbringung zu einer anderen **Pflegeperson**. **45**

a) Rückführung des Kindes zu seinen Eltern

Bei einem Herausgabeverlangen zwecks **Rückführung** des Kindes **zu** seinen **Eltern** ist zu berücksichtigen, dass Art. 6 Abs. 2 Satz 1 GG den Vorrang der Eltern bei der Pflege und Erziehung des Kindes unter Beachtung der Menschenwürde des Kindes und des eigenen Rechts des Kindes auf Entfaltung seiner Persönlichkeit (Art. 2 Abs. 1 i.V.m. Art. 1 Abs. 1 GG) hervorhebt.[84] Die Verfassungsnorm verbindet mit dem Recht zur Pflege und Erziehung des Kindes zugleich die Pflicht, der elternrechtlichen Verantwortung zum Wohl des Kindes zu genügen.[85] Das Kindeswohl ist letztlich für die Ausübung des Elternrechts bestimmend und hat den Vorrang vor jeglichen Elterninteressen.[86] Nach Art. 6 Abs. 2 Satz 1 GG haben die Eltern das Recht auf die Pflege und Erziehung ihres Kindes und das Kind hat nach Art. 2 Abs. 1 i.V.m. Art. 6 Abs. 2 Satz 1 GG ein gegen den Staat gerichtetes Recht auf die Pflege und Erziehung durch die Eltern. Nach Art. 6 Abs. 3 GG sind die Eltern und das Kind dagegen geschützt, voneinander getrennt zu werden.[87] **46**

Ferner ist bei einem Herausgabeverlangen zu berücksichtigen, dass zwischen dem Kind und seiner Familienpflege eine gewachsene Bindung entstanden sein kann und dass die aus dem Kind und der bzw. den Pflegeperson(en) bestehende Pflegefamilie durch Art. 6 Abs. 1 GG geschützt ist.[88] Aber auch hier sind alle Verletzungen der Menschenwürde und des allgemeinen Persönlichkeitsrechts des Kindes (Art. 2 Abs. 1 i.V.m. Art. 1 Abs. 1 GG) nicht vom Schutzbereich des Art. 6 Abs. 1 GG erfasst und ist daher bei einer Interessenkollision zwischen dem Kind und der bzw. den Pflegeperson(en) das Kindeswohl letztlich bestimmend.[89] Auf das Elternrecht aus Art. 6 Abs. 2 Satz 1 GG können sich Pflegepersonen nicht berufen.[90]

Ob der Staat zum Schutz des Kindes durch eine Verbleibensanordnung tätig werden muss und darf und welche Schutzmaßnahmen getroffen werden müssen, bestimmt sich nach Art und Ausmaß der Gefahr für das Kind. Dabei ist zu berücksichtigen, dass nicht jedes **47**

---

82 Dazu *Heilmann/Salgo*, FamRZ 2014, 705, 708; Staudinger/*Salgo*, §1632 BGB Rn. 91; vgl. *Münder*, NJW 1986, 811, 814; a.A. BGH NJW 2014, 1004, 1006
83 OLG Frankfurt FamRZ 2015, 2172; OLG Brandenburg, Beschl. v. 8.8.2016 – 3 UF 151/14, Rn. 22 (juris)
84 BVerfGE 24, 119, 144; 39, 1, 41; 72, 155, 172; BVerfG ZKJ 2017, 225, 227 f.
85 Vgl. BVerfGE 56, 363, 381 f.; 59, 360, 376
86 Vgl. BVerfGE 37, 217, 252; 56, 363, 383; 68, 176, 188; 72, 155, 172; 79, 203, 210 f.; 99, 145, 156
87 BVerfG ZKJ 2017, 225, 229; vgl. BVerfGE 136, 382, 391
88 BVerfGE 68, 176, 187; 79, 51, 59; BVerfG ZKJ 2023, 413, 414
89 Vgl. BVerfGE 68, 176, 188; OLG Braunschweig ZKJ 2018, 270; OLG Koblenz ZKJ 2019, 181, 182
90 BVerfG ZKJ 2021, 268, 270

Versagen oder jede Nachlässigkeit den Staat berechtigt, die Eltern von der Pflege und Erziehung (dauerhaft) zu entbinden und selbst diese Aufgabe durch die Unterbringung des Kindes in einer Pflegefamilie zu übernehmen. Vielmehr ist stets dem grundsätzlichen Vorrang der Eltern vor dem Staat Rechnung zu tragen.[91] Der Staat ist daher, wenn sich das Kind bereits in einer Pflegefamilie befindet, verpflichtet, zu versuchen, durch helfende, unterstützende, auf Wiederherstellung eines verantwortungsgerechten Verhaltens der Eltern gerichtete Maßnahmen den Schutz des Kindes zu erreichen.[92]

Ist das Kind jedoch durch eine Rückkehr zu den Eltern in seinem körperlichen, geistigen oder seelischen Wohl nachhaltig gefährdet, ist der Staat verpflichtet, zur Wahrung des Kindeswohls die räumliche Trennung des Kindes von seinen Eltern aufrechtzuerhalten.[93] Dabei setzt die Annahme einer nachhaltigen Gefährdung des Kindes voraus, dass sich bei einer Rückkehr zu den Eltern eine **erhebliche Schädigung mit ziemlicher Sicherheit** voraussehen lässt.[94]

48 Eine solch erhebliche psychische oder physische **Schädigung** kann allein aus der **Rückführung** resultieren.[95] Bei der Kindeswohlprüfung ist daher, neben der Tragweite einer Trennung des Kindes von seinen Pflegepersonen, die Erziehungsfähigkeit der Ursprungsfamilie auch im Hinblick auf ihre Eignung einzubeziehen.[96] Die negativen Folgen einer durch die Trennung des Kindes von seinen Pflegepersonen womöglich verursachten Traumatisierung des Kindes sind so gering wie möglich zu halten.[97] Ob eine Trennung des Kindes von seinen Pflegepersonen zulässig und geboten ist, hängt danach regelmäßig von einer Gefahrenprognose ab.[98]

Mit der Herausnahme des Kindes aus seiner gewohnten Bezugsumwelt ist immer ein schwer bestimmbares Zukunftsrisiko verbunden. Die Unsicherheit bei der Prognose darf in Bezug auf etwaige Schädigungen des Kindes infolge eines etwaigen Wechsels jedoch nicht dazu führen, dass die Herausgabe immer schon dann ausgeschlossen ist, wenn das Kind in den Pflegepersonen seine „sozialen" Eltern gefunden hat.[99] Die **Belastungen** des Kindes, die **mit** einem **Wechsel** der Hauptbezugspersonen immer verbunden sind, dürfen eine **Rückführung** zu den Eltern **nicht automatisch ausschließen,**[100] sondern erst dann, wenn sich eine **erhebliche Schädigung des Kindes mit ziemlicher Sicherheit** voraussehen lässt.[101]

49 **Bejaht** das Gericht eine **Rückführung** des Kindes zu den Eltern, hat es in die Kindeswohlprüfung einzubeziehen, auf welche Weise der **Wechsel** des Kindes so **vorbereitet** werden kann, dass das Kind von seinen bisherigen Bezugspersonen nicht zu abrupt und ohne einen Aufbau von Beziehungen zu seinen Eltern getrennt wird. Dabei ist zu erwägen, ob eine intensivierende Umgangsregelung für einen (erneuten) Bindungsaufbau zu den Eltern erforderlich ist.[102]

---

91 BVerfG ZKJ 2017, 225, 229
92 Vgl. BVerfG ZKJ 2017, 225, 229
93 BVerfG ZKJ 2017, 225, 229
94 BVerfG FamRZ 2015, 112; ZKJ 2017, 225, 229
95 BVerfG ZKJ 2017, 225, 229; OLG Brandenburg, Beschl. v. 8.8.2016 – 3 UF 151/14, Rn. 23 (juris)
96 BVerfG ZKJ 2017, 225, 229; ZKJ 2022, 449
97 BVerfG NJW 2010, 2336, 2337; ZKJ 2017, 225, 229
98 BVerfG ZKJ 2017, 225, 229; OLG Karlsruhe, Beschl. v. 2.1.2024 – 5 UF 151/23, Rn. 60, juris
99 BVerfG NJW 2010, 2336, 2337; FamRZ 2014, 1266; OLG Karlsruhe, Beschl. v. 2.1.2024 – 5 UF 151/23, Rn. 60, juris
100 BVerfG FamRZ 2014, 1266; OLG Celle ZKJ 2016, 58; OLG Koblenz ZKJ 2019, 181, 182
101 BVerfG ZKJ 2017, 225, 229; ebenso BVerfG ZKJ 2021, 268, 270 bei Rückführung in eine Pflegefamilie; OLG Karlsruhe, Beschl. v. 2.1.2024 – 5 UF 151/23, Rn. 61 ff., juris
102 BVerfG ZKJ 2017, 225, 232

Hält das Gericht einen Verbleib des Kindes in der Pflegefamilie für nicht erforderlich, obwohl Anhaltspunkte dafür bestehen, dass das Kind bei einer Rückkehr zu seinen Eltern in seinem körperlichen, geistigen oder seelischen Wohl nachhaltig gefährdet ist, ist die Entscheidung nur dann mit Art. 6 Abs. 2 Satz 2 GG vereinbar, wenn das Gericht in Auseinandersetzung mit den für eine nachhaltige Gefahr sprechenden Anhaltspunkten nachvollziehbar begründet, warum eine solche Gefahr für das Kindeswohl nicht vorliegt.[103] Eine Rückführung verlangt bei solchen Anhaltspunkten ein hohes Maß an Prognosesicherheit, dass ein Schaden nicht eintreten wird, was sich in hohen Begründungsanforderungen niederschlägt.[104]

b) Rückführung des Kindes zu seinen Großeltern

Bei einer beabsichtigten **Rückführung zu den Großeltern** ist – wenn die Großeltern Inhaber des Aufenthaltsbestimmungsrechts sind – ebenfalls zu **prüfen,** ob sich eine erhebliche **Schädigung des Kindes mit ziemlicher Sicherheit** voraussehen lässt, da einem Aufwachsen in der Herkunftsfamilie besondere Bedeutung beizumessen ist.[105] Ein Aufwachsen des Kindes im größeren Familienverband schafft u.U. günstigere Voraussetzungen für die fortgesetzte elterliche Hinwendung zum Kind, welche auch nach der Trennung durch das elterliche Recht auf Pflege und Erziehung nach Art. 6 Abs. 2 Satz 1 GG geschützt ist.[106] Ferner können sich die Großeltern, wenn sie die Vormundschaft für das Kind innehaben, auf das Elternrecht aus Art. 6 Abs. 2 Satz 1 GG berufen.[107] Darüber hinaus umfasst der Schutz der Familie nach Art. 6 Abs. 1 GG die familiäre Bindung zwischen Großeltern und dem Kind,[108] in den Grenzen der Menschenwürde und des allgemeinen Persönlichkeitsrechts des Kindes (Art. 2 Abs. 1 i.V.m. Art. 1 Abs. 1 GG). 50

c) Verbringung des Kindes zu einer anderen Pflegeperson

Ein Wechsel der Familienpflege[109] ist mit dem Kindeswohl nur dann vereinbar, wenn mit **hinreichender Sicherheit** auszuschließen ist, dass die Trennung des Kindes von seinen Pflegepersonen mit körperlichen, geistigen oder seelischen Beeinträchtigungen verbunden sein kann.[110] 51

d) Kriterien innerhalb der Abwägung

Entscheidende **Kriterien** bei der vorzunehmenden Abwägung im **konkreten Einzelfall** können sein: 52

- die **körperliche und geistige Verfassung** und die Persönlichkeit des Kindes,[111]
- der **Grad der Verwurzelung** in der Pflegefamilie,[112]

---

103 BVerfG ZKJ 2017, 225, 229 m.w.N.
104 BVerfG ZKJ 2017, 225, 230
105 BVerfG FamRZ 2004, 771
106 BVerfG ZKJ 2014, 435
107 BVerfGE 34, 165, 200; FamRZ 2004, 771
108 BVerfG ZKJ 2014, 435
109 BVerfG NJW 2010, 2336, 2337; ZKJ 2023, 414 mit zu Recht kritischer Anmerkung zum neuerlichen Prüfungsmaßstab: *Heilmann*, NJW 2023, 3267 und *Salgo*, ZKJ 2023, 436
110 BVerfG NJW 2010, 2336, 2337; OLG Brandenburg, Beschl. v. 8.8.2016 – 3 UF 151/14, Rn. 18 (juris); vgl. BVerfGE 75, 201, 220; BVerfG FamRZ 2004, 771; OLG Köln FamRZ 2017, 290; OLG Hamburg, Beschl. v. 15.6.2018 – 2 UF 44/18, Rn. 55 (juris); *Heilmann*, NJW 2023, 3267; *Salgo*, ZKJ 2023, 436
111 BVerfG FamRZ 2020, 1645; ZKJ 2022, 227 (zu mehrfachen Wechsel der Bezugsperson); BayObLG FamRZ 1995, 626, 628; OLG Karlsruhe, Beschl. v. 2.1.2024 – 5 UF 151/23, Rn. 81 ff., juris.; OLG Frankfurt ZKJ 2022, 263; MüKo-BGB/*Huber*, § 1632 BGB Rn. 50
112 OLG Naumburg FamRZ 2002, 1274, 1275; OLG Frankfurt FamRZ 2004, 720, 721; OLG Hamm FamRZ 2004, 1396 f.; Staudinger/*Salgo*, § 1632 BGB Rn. 91

- die **Dauer** der Familienpflege,[113]
- der **Wille** des Kindes, und zwar umso stärker, je älter das Kind ist,[114]
- **persönliche Defizite** der Eltern[115] wie Überforderung[116] oder Erkrankung,[117]
- die **Unfähigkeit** der Eltern aufgrund der eigenen Biografie, eine enge Beziehung zu ihrem durch einen vorausgegangenen Beziehungsabbruch besonders gestörten Kind aufzubauen,[118]
- die **Bindung** des Kindes zu seinen Eltern,[119]
- die **Bindung** des Kindes zu seinen Pflegeeltern,[120]
- die bereits eingetretene **Entfremdung** des Kindes gegenüber den Eltern, oder ob die Eltern den Kontakt zu dem Kind aufrechterhalten haben,[121]
- die **Gestaltung des Umgangs** der Eltern mit dem Kind während der Fremdunterbringung,[122]
- das Risiko erneuter **Misshandlungen** im Fall der Rückkehr in die Herkunftsfamilie,[123]
- die Erziehungsfähigkeit der Pflegeeltern.[124]

53 **Nicht ausreichend** ist ein soziales Gefälle zwischen den Pflegepersonen und den Eltern oder eine möglicherweise bessere erzieherische Eignung der Pflegepersonen, um die Trennung der Eltern von ihrem Kind zu rechtfertigen.[125]

7. Dauerverbleibensanordnung (Abs. 4 Satz 1)

54 Kommt auf absehbare Zeit keine Rückführung des Kindes in seine Herkunftsfamilie in Betracht, kann neben einer (befristeten) Verbleibensanordnung nach Satz 1 ein „zusätzlicher" Dauerverbleib angeordnet werden, der nach § 1696 Abs. 3 BGB nur unter eingeschränkten Voraussetzungen wieder aufgehoben werden kann.[126] Gegenüber einem Vormund bzw. Pfleger kann eine Dauerverbleibensanordnung nicht erlassen werden, da § 1795 Abs. 1 Satz 3, § 1809, § 1813 BGB allein auf § 1632 Abs. 4 Satz 1 BGB verweist.[127]

113 OLG Brandenburg FamRZ 2009, 61; OLG Frankfurt FamRZ 2009, 1499, 1501
114 OLG Stuttgart JAmt 2007, 371, 373; OLG Koblenz ZKJ 2019, 181, 183; vgl. OLG Frankfurt FamRZ 2009, 1499, 1501; *Salgo/Lack*, S. 301
115 BVerfG ZKJ 2017, 225, 229; ZKJ 2022, 227; FamRZ 2023, 280, 282; OLG Karlsruhe, Beschl. v. 2.1.2024 – 5 UF 151/23, Rn. 91 ff., juris
116 OLG Brandenburg JAmt 2003, 603, 605; BeckOK-BGB/*Veit*, § 1632 BGB Rn. 89
117 OLG Hamm FamRZ 2007, 659, 660
118 OLG Frankfurt FamRZ 2004, 720, 721
119 BVerfG NJW 2010, 2336, 2338; OLG Stuttgart FamRZ 2014, 320, 322; OLG Karlsruhe, Beschl. v. 2.1.2024 – 5 UF 151/23 (juris)
120 BVerfG FamRZ 2014, 1266; ZKJ 2022, 449; BGH FamRZ 2014, 543; BayObLG FamRZ 2000, 633, 634; OLG Frankfurt ZKJ 2022, 263
121 BayObLG FamRZ 1974, 137, 139
122 OLG Frankfurt FamRZ 2011, 382
123 BVerfG NJW 2010, 2336, 2338
124 BVerfG ZKJ 2021, 268; OLG Braunschweig ZKJ 2018, 270; OLG Hamburg, Beschl. v. 15.6.2018 – 2 UF 44/18, Rn. 55 ff., juris
125 EGMR FamRZ 2002, 1393, 1396 f.; OLG Frankfurt OLGR 2003, 44; OLG Brandenburg FamRZ 2009, 994, 995
126 BT-Drs. 19/26107, 128 f.
127 BT-Drs. 19/28870, S. 102

Voraussetzungen für eine gerichtliche Dauerverbleibensanordnung sind:

- Verfahren nach § 1632 Abs. 4 Satz 1 BGB,
- Erfüllung der Voraussetzungen einer Verbleibensanordnung,
- keine nachhaltige Verbesserung der Erziehungsverhältnisse in der Herkunftsfamilie,
- keine Verbesserung der Erziehungsverhältnisse in Zukunft,
- Dauerverbleibensanordnung ist zum Wohl des Kindes erforderlich.

a) Verfahren nach § 1632 Abs. 4 Satz 1 BGB

Eine Dauerverbleibensanordnung kann **nur in einem befristeten Verbleibensanordnungsverfahren** nach § 1632 Abs. 4 Satz 1 ergehen. Damit soll verhindert werden, dass ohne ein Herausgabeverlangen der bzw. des Inhaber(s) des Aufenthaltsbestimmungsrechts für das Kind ein isoliertes Verfahren auf Erlass einer Dauerverbleibensanordnung angestrengt werden kann.[128] 55

b) Erfüllung der Voraussetzungen einer Verbleibensanordnung

Die Voraussetzungen einer gerichtlichen Verbleibensanordnung nach § 1632 Abs. 4 Satz 1 BGB (Familienpflege seit längerer Zeit, Herausgabeverlangen der bzw. des Inhaber(s) des Aufenthaltsbestimmungsrechts für das Kind, Gefährdung des Kindeswohls) müssen gegeben sein.[129] 56

c) Keine nachhaltige Verbesserung der Erziehungsverhältnisse in der Herkunftsfamilie

Bevor ein Dauerverbleib des Kindes bei den Pflegeeltern angeordnet wird, ist das **Jugendamt** nach § 37 Abs. 1 Satz 2 SGB VIII **verpflichtet**, den Eltern – auch wenn sie nicht Sorgerechtsinhaber sind – **geeignete Beratungs- und Unterstützungsangebote anzubieten**, damit sich die Erziehungsverhältnisse bei ihnen nachhaltig verbessern.[130] Wesentlicher Bestandteil der Erziehungsverhältnisse ist dabei die Erziehungsfähigkeit der Eltern. Die in Betracht kommenden Möglichkeiten müssen ausgeschöpft werden und sind nicht auf Hilfen zur Erziehung beschränkt. Vielmehr sind den Eltern auch andere Unterstützungsmaßnahmen, wie ein Anti-Gewalt-Training, ein Drogensubstitutionsprogramm mit psychosozialer Beratung oder eine Psychotherapie, anzubieten.[131] Angebote zur Beratung und Unterstützung sind daher unzureichend, wenn lediglich schriftlich mitgeteilt wird, die Eltern könnten mit dem Jugendamt Kontakt aufnehmen.[132] In die Arbeit mit den Herkunftseltern sind auch die Pflegeeltern einzubeziehen und die Zusammenarbeit zwischen beiden ist bewusst zu fördern (§ 37 Abs. 2 Satz 1 SGB VIII). 57

Allerdings besteht die Beratungs- und Unterstützungspflicht des Jugendamtes nur für einen im Hinblick auf die Entwicklung des Kindes **vertretbaren Zeitraum** (§ 37 Abs. 1 Satz 2, § 37c Abs. 2 Satz 1 SGB VIII). Es ist nicht erforderlich, dass zeitlich unbegrenzt sämtliche theoretisch in Betracht kommende Leistungen und Unterstützungsmaßnahmen versucht werden. Wenn innerhalb einer vertretbaren Zeit keine nachhaltige Verbesserung der Erziehungsbedingungen in der Herkunftsfamilie erreichbar ist, ist mit den beteiligten Personen eine andere, dem Kindeswohl förderliche und auf Dauer angelegte Lebensperspektive für 58

128 BT-Drs. 19/26107, 128
129 BT-Drs. 19/26107, 129
130 BT-Drs. 19/26107, 128; *Meysen*, FamRZ 2021, 401, 405; *Veit*, FamRZ 2021, 1501, 1504; *Schrapper*, JAmt 2022, 376
131 BT-Drs. 19/26107, 128
132 *Meysen*, FamRZ 2021, 401, 405

das Kind zu erarbeiten (§ 37 Abs. 1 Satz 3, § 37c Abs. 2 Satz 2 SGB VIII). In diesem Zusammenhang ist nach dem Willen des Gesetzgebers auch zu prüfen, ob eine Adoption des Kindes durch die Pflegeperson(en) in Betracht kommt (§ 37c Abs. 2 Satz 3 SGB VIII). Der Zeitraum einer Beratungs- und Unterstützungspflicht kann nicht abstrakt generell festgelegt werden. Mit Blick auf das **kindliche Zeitempfinden** ist in jedem Einzelfall zu ermitteln, welcher Zeitraum mit Blick auf das Bedürfnis des Kindes nach stabilen und kontinuierlichen Erziehungsbedingungen und der speziellen Entwicklungsaufgaben des Kindes vertretbar erscheint.[133]

59 Eine Dauerverbleibensanordnung kann nur ergehen, wenn feststeht, dass die bis zum Zeitpunkt der Entscheidung angebotenen und geeigneten Leistungen keinen nachhaltigen Erfolg zur Abwehr einer Kindeswohlgefährdung erbracht haben. Dies ist beispielsweise gegeben, wenn keine geeigneten Leistungen in Betracht kommen, die Eltern nicht ernsthaft gewillt oder in der Lage waren, die angebotenen Leistungen anzunehmen, oder die durchgeführten Maßnahmen nicht den notwendigen Erfolg hatten.[134]

d) Keine Verbesserung der Erziehungsverhältnisse in Zukunft

60 Als weitere Voraussetzung für eine Dauerverbleibensanordnung muss eine **prognostische Beurteilung** ergeben, dass eine nachhaltige Verbesserung der Erziehungsbedingungen auch künftig **mit hoher Wahrscheinlichkeit nicht** zu erwarten ist. Erklären die Eltern, dass sie weiterhin oder erstmals Hilfe annehmen wollen, muss das Familiengericht unter Berücksichtigung der bisherigen Maßnahmen und des bisherigen Verhaltens der Eltern prüfen, ob und inwieweit diese ernsthaft gewillt und in der Lage sind, weitere Unterstützungsleistungen anzunehmen und zum Wohl ihres Kindes umzusetzen, ob es überhaupt noch geeignete Maßnahmen gibt, die zu einer nachhaltigen Verbesserung der Erziehungsbedingungen – insbesondere des Erziehungsverhaltens und der -fähigkeit – führen und bis wann mit einer solchen Verbesserung zu rechnen ist.[135]

e) Dauerverbleibensanordnung zum Wohl des Kindes erforderlich

61 Die Dauerverbleibensanordnung muss zum Wohl des Kindes erforderlich sein. Hierfür bedarf es einer **positiven Kindeswohlprüfung** unter Einbeziehung aller Umstände des konkreten Einzelfalls, wie beispielsweise die psychische Verfassung des Kindes, seine anstehende Identitätsfindung unter Einbeziehung seiner Herkunftseltern, seine Resilienz sowie sein Bedürfnis nach kontinuierlichen und stabilen Lebensverhältnissen.[136]

8. Gerichtliches Verfahren

62 Das Verfahren kann von **Amts wegen** oder auf **Antrag** der Pflegeperson(en) eingeleitet werden.

▶ *Zur funktionalen Zuständigkeit, § 14 Abs. 1 Nr. 8 RPflG, Heilmann, § 14 RPflG Rn. 19.*

63 In dem gerichtlichen Verfahren sind **anzuhören**:

- das Kind, § 159 FamFG,
- die Eltern, § 160 FamFG,[137]

---

133 BT-Drs. 19/26107, 129; In der Praxis wird die Zweijahresgrenze oft als Maximalzeit für die Realisierung einer Rückkehr in die Herkunftsfamilie betrachtet. Dazu: *van Santen/Pluto/Seckinger*, ZKJ 2021, 100
134 BT-Drs. 19/26107, 129
135 BT-Drs. 19/26107, 129; OLG Köln, Beschl. v. 22.6.2023 – II 14 UF 56/23, Rn. 70 ff., juris
136 BT-Drs. 19/26107, 129
137 BGH ZKJ 2014, 380

- die Pflegeeltern, § 161 Abs. 2 FamFG,
- die Verfahrensbeiständin bzw. der Verfahrensbeistand bei Bestellung, § 158 FamFG,
- das Jugendamt, § 162 Abs. 1 Satz 1 FamFG,
- ggf. der Aufenthaltsbestimmungsberechtigte, wenn dieser nicht Elternteil oder das Jugendamt ist, § 7 Abs. 2 Nr. 1 FamFG.

9. Rechtsfolge

Liegen die Voraussetzungen des § 1632 Abs. 4 BGB vor, besteht die Pflicht des Familiengerichts, eine Verbleibensanordnung bzw. Dauerverbleibensanordnung – wenn das Kind in der Familienpflege verbleiben soll – oder eine Rückführungsanordnung – wenn das Kind an die Familienpflege herauszugeben ist – zu beschließen.[138] Liegen die Voraussetzungen des § 1632 Abs. 4 BGB nicht vor, hat das Gericht die Herausgabe an die aufenthaltsbestimmungsberechtigten Personen, i.d.R. die Eltern, nach § 1632 Abs. 1 BGB anzuordnen. Insoweit steht dem Familiengericht **kein Ermessensspielraum** zu.[139] **64**

Die **Verbleibensanordnung** nach § 1632 Abs. 4 Satz 1 BGB kann grundsätzlich **keinen endgültigen Verbleib** des Kindes bei der Familienpflege sicherstellen, da mit der Vorschrift das Kind nur vor einer Herausgabe zur Unzeit geschützt werden soll. § 1632 Abs. 4 Satz 1 BGB ist kein Instrument, um einen dauerhaften Aufenthalt des Kindes in der Pflegefamilie abzusichern.[140] Daher ist eine Befristung der Anordnung vorzunehmen.[141] **65**

Liegen aber die Voraussetzungen nach § 1632 Abs. 4 Satz 2 BGB vor, ist ein (unbefristeter) **Dauerverbleib** des Kindes in der Pflegefamilie anzuordnen. **66**

Lebt das Kind bereits in einer Familienpflege, so kann im Rahmen eines Verfahrens nach **§ 1666, § 1666a BGB** der Erlass einer Verbleibensanordnung bzw. Dauerverbleibensanordnung nach § 1632 Abs. 4 BGB als im Verhältnis zu einem Sorgerechtsentzug milderes Mittel erwogen werden.[142] Ist dagegen allein ein Verfahren nach § 1632 Abs. 4 BGB rechtshängig, kann innerhalb dieses Verfahrens das Sorgerecht weder ganz noch teilweise nach §§ 1666, 1666a BGB entzogen werden. Für einen Sorgerechtsentzug bedarf es eines gesonderten Verfahrens. **67**

I.d.R. ist die Verbleibensanordnung mit einer **Umgangsregelung** zugunsten der Eltern zu verbinden.[143] Etwas anderes kann und muss dann gelten, wenn die Ausübung des Umgangs seinerseits das Kindeswohl gefährdet.[144] **68**

▶ *Näher zum Umgang des Pflegekindes mit seinen Eltern Gottschalk, § 1684 BGB Rn. 10.*

---

138 Staudinger/*Salgo*, § 1632 BGB Rn. 81; a.A. KG NZFam 2024, 499
139 Staudinger/*Salgo*, § 1632 BGB Rn. 81; *Salgo/Lack*, S. 298; MüKo-BGB/*Huber*, § 1632 BGB Rn. 58
140 BT-Drs. 8/2788, 40, 52; BT-Drs. 19/26107, 127 f.; dazu ausführlich Kinderrechtekommission des Deutschen Familiengerichtstags, FamRZ 2004, 891 ff.
141 OLG Stuttgart, Beschl. v. 4.10.2006 – 17 UF 84/06, (juris) Befristung bis zum 14. Lebensjahr des Kindes; OLG Saarbrücken ZKJ 2016, 269 (Befristung für drei Monate); OLG Köln, Beschl. v. 22.6.2023 – II 14 UF 56/23, juris (Befristung für zwei Jahre)
142 BGH FamRZ 2014, 543; OLG Frankfurt FamRZ 2015, 2172, 2177; OLG Saarbrücken ZKJ 2016, 269, 272; OLG Koblenz FamRZ 2023, 455; OLG Köln, Beschl. v. 22.6.2023 – II 14 UF 56/23, Rn. 66, juris
143 BVerfG NJW 2010, 2336, 2339; KG FamRZ 2008, 810, 812; OLG Karlsruhe FamRZ 2008, 1554; Verfassungsgericht des Landes Brandenburg NZFam 2014, 473; *Salgo/Lack*, S. 302; vgl. EGMR FamRZ 2002, 1393
144 Näher hierzu *Heilmann*, ZKJ 2014, 48 ff.

69 ***Tenorierungsbeispiel für eine Verbleibensanordnung nach § 1632 Abs. 4 Satz 1 BGB***

Der Verbleib des Kindes ... (Name), geboren am ... (Datum), in der Pflegefamilie ... (Name) wird bis zum ... angeordnet.

Tenorierungsbeispiel für eine Dauerverbleibensanordnung nach § 1632 Abs. 4 Satz 2 BGB

Der Dauerverbleib des Kindes ... (Name), geboren am ... (Datum), in der Pflegefamilie ... (Name) wird angeordnet.

§ 1633 BGB

(aufgehoben)

§§ 1634 bis 1637 BGB

(weggefallen)

§ 1638 BGB

Beschränkung der Vermögenssorge

(1) Die Vermögenssorge erstreckt sich nicht auf das Vermögen, durch unentgeltliche Zuwendung auf den Todesfall oder unter Lebenden erwirbt, wenn der Erblasser durch letztwillige Verfügung, der Zuwendende bei der Zuwendung bestimmt hat, dass die Eltern das Vermögen nicht verwalten sollen.

(2) Was das Kind auf Grund eines zu einem solchen Vermögen gehörenden Rechts oder als Ersatz für die Zerstörung, Beschädigung oder Entziehung eines zu dem Vermögen gehörenden Gegenstands oder durch ein Rechtsgeschäft erwirbt, das sich auf das Vermögen bezieht, können die Eltern gleichfalls nicht verwalten.

(3) Ist durch letztwillige Verfügung oder bei der Zuwendung bestimmt, dass ein Elternteil das Vermögen nicht verwalten soll, so verwaltet es der andere Elternteil. Insoweit vertritt dieser das Kind.

Von einer Kommentierung wird abgesehen.

§ 1639 BGB

Anordnungen des Erblassers oder Zuwendenden

(1) Was das Kind von Todes wegen, durch unentgeltliche Zuwendung auf den Todesfall oder unter Lebenden erwirbt, haben die Eltern nach den Anordnungen zu verwalten, haben die Eltern nach den Anordnungen zu verwalten, die durch letztwillige Verfügung oder bei der Zuwendung getroffen worden sind.

(2) § 1837 Absatz 2 gilt entsprechend.

Von einer Kommentierung wird abgesehen.

§ 1640 BGB
Vermögensverzeichnis

(1) Die Eltern haben das ihrer Verwaltung unterliegende Vermögen, welches das Kind von Todes wegen erwirbt, zu verzeichnen, das Verzeichnis mit der Versicherung der Richtigkeit und Vollständigkeit zu versehen und dem Familiengericht einzureichen. Gleiches gilt für Vermögen, welches das Kind sonst anlässlich eines Sterbefalls erwirbt, sowie für Abfindungen, die anstelle von Unterhalt gewährt werden, und unentgeltliche Zuwendungen. Bei Haushaltsgegenständen genügt die Angabe des Gesamtwerts.

(2) Absatz 1 gilt nicht,

1. **wenn der Wert eines Vermögenserwerbs 15.000 Euro nicht übersteigt oder**
2. **soweit der Erblasser durch letztwillige Verfügung oder der Zuwendende bei der Zuwendung eine abweichende Anordnung getroffen hat.**

(3) Reichen die Eltern entgegen Absatz 1, 2 ein Verzeichnis nicht ein oder ist das eingereichte Verzeichnis ungenügend, so kann das Familiengericht anordnen, dass das Verzeichnis durch eine zuständige Behörde oder einen zuständigen Beamten oder Notar aufgenommen wird.

Von einer Kommentierung wird abgesehen.

§ 1641 BGB
Schenkungsverbot

Die Eltern können nicht in Vertretung des Kindes Schenkungen machen. Ausgenommen sind Schenkungen, durch die einer sittlichen Pflicht oder einer auf den Anstand zu nehmenden Rücksicht entsprochen wird.

Von einer Kommentierung wird abgesehen.

§ 1642 BGB
Anlegung von Geld

Die Eltern haben das ihrer Verwaltung unterliegende Geld des Kindes nach den Grundsätzen einer wirtschaftlichen Vermögensverwaltung anzulegen, soweit es nicht zur Bestreitung von Ausgaben bereitzuhalten ist.

Von einer Kommentierung wird abgesehen.

§ 1643 BGB
Genehmigungsbedürftige Rechtsgeschäfte

(1) Die Eltern bedürfen der Genehmigung des Familiengerichts in den Fällen, in denen ein Betreuer nach den §§ 1850 bis 1854 der Genehmigung des Betreuungsgerichts bedarf, soweit sich nicht aus den Absätzen 2 bis 5 etwas anderes ergibt.

(2) Nicht genehmigungsbedürftig gemäß § 1850 sind Verfügungen über Grundpfandrechte sowie Verpflichtungen zu einer solchen Verfügung.

(3) [1]Tritt der Anfall einer Erbschaft oder eines Vermächtnisses an das Kind erst infolge der Ausschlagung eines Elternteils ein, der das Kind allein oder gemeinsam mit dem anderen Elternteil vertritt, ist die Genehmigung abweichend von § 1851 Nummer 1 nur dann erforderlich, wenn der Elternteil neben dem Kind berufen war. [2]Ein Auseinandersetzungsvertrag und eine Vereinbarung, mit der das Kind aus einer Erbengemeinschaft ausscheidet, bedarf keiner Genehmigung.

(4) [1]Die Eltern bedürfen abweichend von § 1853 Satz 1 Nummer 1 der Genehmigung zum Abschluss eines Miet- oder Pachtvertrags oder eines anderen Vertrags, durch den das Kind zu wiederkehrenden Leistungen verpflichtet wird, wenn das Vertragsverhältnis länger als ein Jahr nach dem Eintritt der Volljährigkeit des Kindes fortdauern soll. [2]Eine Genehmigung ist nicht erforderlich, wenn

1. es sich um einen Ausbildungs-, Dienst- oder Arbeitsvertrag handelt,

2. der Vertrag geringe wirtschaftliche Bedeutung für das Kind hat oder

3. das Vertragsverhältnis von dem Kind nach Eintritt der Volljährigkeit spätestens zum Ablauf des 19. Lebensjahres ohne eigene Nachteile gekündigt werden kann.

[3]§ 1853 Satz 1 Nummer 2 ist nicht anzuwenden.

(5) § 1854 Nummer 6 bis 8 ist nicht anzuwenden.

Übersicht

A. Allgemeines

1 Die durch das Gesetz zur Reform des Vormundschafts- und Betreuungsrechts[1] 2021 neu gefasste Vorschrift dient dem Schutz des Kindes vor unwirtschaftlichen, sein Vermögen beeinträchtigenden oder gefährdenden Rechtsgeschäften und beschränkt die Eltern in ihrer Vermögensverwaltung, indem die Wirksamkeit bestimmter Rechtsgeschäfte von einer familiengerichtlichen Genehmigung abhängig gemacht wird. Dies gilt unabhängig davon, ob die Eltern im Namen des Kindes handeln oder ob das Kind selbst mit Zustimmung der Eltern das Rechtsgeschäft vornimmt. Soweit das Kind unbeschränkt geschäftsfähig ist (§§ 112, 113 Abs. 1 BGB), sind die Rechtsgeschäfte ausgenommen, zu deren Vornahme die Eltern nach § 1643 BGB der Genehmigung des Familiengerichts bedürfen (§§ 112 Abs. 1 Satz 2, 113 Abs. 1 Satz 2 BGB).

Die Vorschrift ist **zwingendes** Recht; eine Befreiung von der Genehmigungspflicht durch Anordnungen Dritter ist nicht möglich.[2] Zugleich benennt die Vorschrift **abschließend** die genehmigungsbedürftigen Geschäfte im Bereich der Vermögenssorge, sodass dieser Kreis weder im Wege der Analogie noch durch Rechtsgeschäft erweitert werden kann.[3]

1 BGBl I 882; BT-Drs. 19/24445
2 Vgl. BGH FamRZ 1983, 371, 372; FamRZ 1985, 173, 174 f.
3 Vgl. BGH FamRZ 1983, 371, 372; FamRZ 1985, 173, 174 f.; BeckOK-BGB/*Veit*, § 1643 BGB Rn. 2

B. Inhalte der Norm

I. Genehmigungsbedürftige Rechtsgeschäfte (Abs. 1)

Die Vorschrift erfasst sowohl **Rechtsgeschäfte**, die die Eltern **im Namen des Kindes** vornehmen, als auch solche, die das **Kind selbst** vornimmt. Die Eltern können sich der Genehmigungsbedürftigkeit auch nicht dadurch entziehen, dass sie Vermögensgegenstände, deren Veräußerung genehmigungspflichtig ist, dem Kind überlassen; § 110 BGB kann damit nicht die Genehmigungsbedürftigkeit unterlaufen.[4] 2

1. Entsprechend der neuen Systematik verweist die Regelung auf die Genehmigungstatbestände des Betreuungsrechts mit Ausnahme des § 1849 BGB. Insoweit bleiben wie bisher Verfügungen der Eltern über Forderungen und Wertpapiere ihrer Kinder (§ 1849 BGB) genehmigungsfrei.[5] 3

2. Die Eltern bedürfen der Genehmigung des Familiengerichts in den Fällen des: 4

- § 1850 BGB (Genehmigung für Rechtsgeschäfte über Grundstücke und Schiffe) mit Ausnahme von Grundpfandrechten (§ 1643 Abs. 2 BGB),
- § 1851 BGB (Genehmigung für erbrechtliche Rechtsgeschäfte) mit einer Modifikation von § 1851 Nr. 1 BGB (§ 1643 Abs. 3 BGB),
- § 1852 BGB (Genehmigung für handels- und gesellschaftsrechtliche Rechtsgeschäfte) ohne Ausnahmen,
- § 1853 BGB (Genehmigung bei Verträgen über wiederkehrende Leistungen) mit weitgehenden Ausnahmen für Dauerschuldverhältnisse (§ 1643 Abs. 4 BGB),
- § 1854 BGB (Genehmigung für sonstige Rechtsgeschäfte) mit Ausnahme von § 1854 Nr. 6 bis Nr. 8 BGB (§ 1643 Abs. 5 BGB).

II. Verfügungen über Grundpfandrechte (Abs. 2)

Verfügungen über Grundpfandrechte sowie Verpflichtungen zu derartigen Verfügungen sind von der Genehmigungsbedürftigkeit ausgenommen.[6] 5

III. Ausschlagung einer Erbschaft oder eines Vermächtnisses, Verzicht auf einen Pflichtteil, Auseinandersetzungsvertrag und Ausscheiden aus der Erbengemeinschaft (Abs. 3)

1. Ausschlagung einer Erbschaft oder eines Vermächtnisses, Verzicht auf einen Pflichtteil (Abs. 3 Satz 1)

a) Die **Genehmigungsbedürftigkeit** umfasst nach dem Wortlaut des § 1643 Abs. 1 BGB: 6

- die Ausschlagung einer Erbschaft (§§ 1942 ff. BGB),
- die Ausschlagung eines Vermächtnisses (§§ 2176 ff. BGB),
- den Verzicht auf einen Pflichtteil (§§ 2346 ff. BGB),
- die Ausschlagung eines Erbteils (§ 1922 Abs. 2 BGB),

4 Vgl. BT-Drs. 19/24445, 187; BeckOK-BGB/*Veit*, § 1643 BGB Rn. 4; MüKo-BGB/*Huber*, § 1643 BGB Rn. 20 ff.
5 BT-Drs. 19/24445, 185
6 BT-Drs. 19/24445, 185

- die Ausschlagung einer Nacherbschaft (§ 2142 BGB),
- die Anfechtung der Annahme einer Ausschlagung der Erbschaft (§ 1957 Abs. 1 BGB).

7 **Nicht genehmigungsbedürftig** sind:

- die Annahme einer Erbschaft (§ 1943 BGB),
- die Annahme eines Vermächtnisses (§ 2180 BGB).

8 **b)** Eine **Ausnahme von der Genehmigungsbedürftigkeit** der Ausschlagung einer Erbschaft oder eines Vermächtnisses sieht § 1643 Abs. 3 Satz 1 1. HS BGB dann vor, wenn der Anfall an das Kind erst infolge der Ausschlagung eines Elternteils eintritt, der das Kind allein oder gemeinsam mit dem anderen Elternteil vertritt.

9 Damit sollen insbesondere die Fälle erfasst werden, in denen die Erbschaft zunächst dem vertretungsberechtigten Elternteil anfällt, dieser sie ausschlägt und die Erbschaft dann an das Kind als nächsten Erbberechtigten fällt. In einem solchen Fall wird der vertretungsberechtigte Elternteil bereits ein eigenes Interesse daran haben, die Vor- und Nachteile einer Annahme der Erbschaft sorgfältig zu prüfen. Entscheidet er sich für die eigene Ausschlagung, kann i.d.R. davon ausgegangen werden, dass die Erbschaft insgesamt nachteilig wäre.[7] Es ist deshalb nicht zu befürchten, dass dem Kind ein Nachteil droht, wenn der vertretungsberechtigte Elternteil die Erbschaft anschließend ohne gerichtliche Kontrolle auch für das Kind ausschlagen kann. Von dieser Regelung sind auch Fälle erfasst, in denen der vertretungsberechtigte Elternteil eine vorteilhafte Erbschaft für sich und das Kind ausschlagen will.[8] Damit soll verhindert werden, dass das Gericht eine Prüfung des Nachlassbestandes vornehmen muss und geneigt sein könnte, grundsätzlich auf der Annahme der Erbschaft für das Kind zu bestehen.[9]

10 **c)** Als Rückausnahmen – und damit genehmigungsbedürftig – sind nach dem Wortlaut des § 1643 Abs. 3 Satz 1 2. HS BGB und dem Zweck der Norm folgende Fälle erfasst:

- der ausschlagende vertretungsberechtigte Elternteil ist neben dem Kind als Erbe berufen (beispielsweise Vater und Kind beerben nebeneinander zeitgleich die Mutter), § 1643 Abs. 3 Satz 1 2. HS BGB,
- der ausschlagende Elternteil ist im Zeitpunkt seiner eigenen Ausschlagung nicht vertretungsberechtigt,[10]
- ein vertretungsberechtigter Elternteil schlägt als Testamentserbe für sich und sein testamentarisch zum Ersatzerben eingesetztes Kind die Erbschaft aus, um die Voraussetzungen für den Eintritt der eigenen gesetzlichen Erbfolge zu schaffen,[11]

2. Auseinandersetzungsvertrag und Ausscheiden aus der Erbengemeinschaft (Abs. 3 Satz 2)

11 Nach § 1643 Abs. 3 Satz 2 BGB bedarf ein Auseinandersetzungsvertrag und eine Vereinbarung, mit der das Kind aus einer Erbengemeinschaft ausscheidet, keiner Genehmigung. Sind die Eltern jedoch nach § 1629 Abs. 2 BGB von der Vertretung ausgeschlossen, bedarf ein Ergänzungspfleger der Genehmigung (§§ 1813 Abs. 1, 1851 Nr. 1 BGB).

---

7 BT-Drs. 19/24445, 186 i.V.m. BT-Drs. 8/2788, 57; MüKo-BGB/*Huber*, § 1643 BGB Rn. 10; vgl. Staudinger/*Heilmann*, § 1643 BGB Rn. 36

8 Vgl. OLG Hamm FamRZ 2018, 1949

9 MüKo-BGB/*Huber*, § 1643 BGB Rn. 11; vgl. Staudinger/*Heilmann*, § 1643 BGB Rn. 37

10 Vgl. OLG Naumburg FamRZ 2007, 1047

11 MüKo-BGB/*Huber*, § 1643 BGB Rn. 14

IV. Verträge über wiederkehrende Leistungen (Abs. 4)

Abs. 4 enthält **Sonderregeln** zur Genehmigungsbedürftigkeit bei Verträgen über wiederkehrende Leistungen (§ 1853 BGB). 12

Abs. 4 Satz 1 modifiziert den Genehmigungstatbestand des § 1853 Satz 1 Nr. 1 BGB in Bezug auf die **Dauer**. Die Genehmigungsbedürftigkeit besteht danach, wenn das Vertragsverhältnis länger als ein Jahr nach dem Eintritt der Volljährigkeit des Kindes fortdauern soll. Erfasst werden einerseits Miet- und Pachtverträge und andererseits Verträge, durch die das Kind zu wiederkehrenden Leistungen verpflichtet wird, wie Versicherungsverträge, Bausparverträge. Die Vorschrift bezieht sich auf den „Abschluss" eines solchen Vertrages und stellt damit klar, dass der gesetzliche Eintritt des Kindes nicht von der Genehmigungspflicht erfasst wird. Das Wort „Abschluss" umfasst nicht nur den erstmaligen Abschluss, sondern auch vertragliche Änderungen des Vertrages, wie eine Verlängerung der Laufzeit.[12] 13

Abs. 4 Satz 2 sieht **Ausnahmen** für die Genehmigungsbedürftigkeit von Verträgen nach § 1643 Abs. 4 Satz 1 BGB vor: 14

- Nr. 1 umfasst Ausbildungs-, Dienst oder Arbeitsverträge.
- Nr. 2 umfasst Verträge mit geringer wirtschaftlicher Bedeutung für das Kind. Hierunter fallen insbesondere alterstypische Geschäfte des täglichen Lebens, deren Gegenwert dem Minderjährigen bereits zugekommen ist bzw. regelmäßig zukommt und bei denen die wirtschaftliche Belastung überschaubar ist. Als alterstypische Geschäfte werden z.B. Mobilfunkverträge, Fitnessstudio- und Vereinsmitgliedschaften, Abonnements bei Streaming-Diensten oder ÖPNV angesehen.[13]
- Nr. 3 umfasst Vertragsverhältnisse, die von dem Kind nach Eintritt der Volljährigkeit spätestens zum Ablauf des 19. Lebensjahres ohne eigene Nachteile gekündigt werden können. Als Verträge i.S.d. Vorschrift kommen z.B. Mobilfunkverträge, Fitnessstudio- und Vereinsmitgliedschaften, Abonnements bei Streaming-Diensten oder ÖPNV in Betracht. In die Prüfung, ob Nachteile entstehen, ist einzubeziehen, ob das Kind im Fall der Kündigung zusätzliche Pflichten zu erfüllen hat oder ob die Kündigung aus anderen Gründen unwirtschaftlich ist, weil beispielsweise die bisherigen Zahlungen verfallen oder mit Bearbeitungsaufwand verrechnet werden. Maßgeblich ist der Zeitpunkt, zu dem die Kündigung wirksam wird. Dieser muss spätestens am Tag des Ablaufs des 19. Lebensjahrs liegen.[14]

Abs. 4 Satz 2 bestimmt, dass Pachtverträge über land- oder forstwirtschaftliche Betriebe grundsätzlich nicht unter eine Genehmigungsbedürftigkeit fallen. Sollen derartige Verträge jedoch länger als ein Jahr nach Eintritt der Volljährigkeit des Kindes fortdauern, unterfallen sie § 1643 Abs. 4 Satz 1 BGB und sind damit genehmigungsbedürftig.[15] 15

V. Gerichtliche Vergleiche, Aufhebung von Sicherheiten, Schenkungen, unentgeltliche Zuwendungen (Abs. 5)

Nach § 1643 Abs. 5 BGB sind die Vorschriften des § 1854 Nr. 6 bis Nr. 8 BGB nicht anwendbar. Eltern bedürfen daher keiner Genehmigung zum Abschluss von bestimmten Vergleichen und Schiedsvereinbarungen sowie für die Aufhebung einer Sicherheit und Schenkun- 16

12 BT-Drs. 19/24445, 186; MüKo-BGB/*Huber*, § 1643 BGB Rn. 16
13 BT-Drs. 19/24445, 186; MüKo-BGB/*Huber*, § 1643 BGB Rn. 17; BeckOK-BGB/*Veit*, § 1643 BGB Rn. 22
14 BT-Drs. 19/24445, 186; MüKo-BGB/*Huber*, § 1643 BGB Rn. 17
15 BT-Drs. 19/24445, 186; MüKo-BGB/*Huber*, § 1643 BGB Rn. 18; BeckOK-BGB/*Veit*, § 1643 BGB Rn. 24

gen bzw. unentgeltliche Zuwendungen. Für Letztere gilt im Eltern-Kind-Verhältnis das Verbot des § 1641 BGB. Bei Vergleichen ist zu berücksichtigen, dass sie auch dann einer Genehmigung bedürfen, wenn sie sich ihrem Gegenstand nach als ein aus sonstigen Gründen genehmigungsbedürftiges Geschäft darstellen, z.B. als Verfügung über ein Grundstück i.S.d § 1850 Nr. 1 BGB.[16]

§ 1644 BGB

Ergänzende Vorschriften für genehmigungsbedürftige Rechtsgeschäfte

(1) Das Familiengericht erteilt die Genehmigung, wenn das Rechtsgeschäft dem Wohl des Kindes unter Berücksichtigung der Grundsätze einer wirtschaftlichen Vermögensverwaltung nicht widerspricht.

(2) § BGB § 1860 Absatz BGB § 1860 Absatz 2 gilt entsprechend.

(3) [1]Für die Erteilung der Genehmigung gelten die §§ BGB § 1855 bis BGB § 1856 Absatz BGB § 1856 Absatz 2 sowie die §§ BGB § 1857 und BGB § 1858 entsprechend. [2]Ist das Kind volljährig geworden, so tritt seine Genehmigung an die Stelle der Genehmigung des Familiengerichts.

Von einer Kommentierung wird abgesehen.

§ 1645 BGB

Anzeigepflicht für Erwerbsgeschäfte

Die Eltern haben Beginn, Art und Umfang eines neuen Erwerbsgeschäfts im Namen des Kindes beim Familiengericht anzuzeigen

Von einer Kommentierung wird abgesehen.

§ 1646 BGB

Erwerb mit Mitteln des Kindes

(1) Erwerben die Eltern mit Mitteln des Kindes bewegliche Sachen, so geht mit dem Erwerb das Eigentum auf das Kind über, es sei denn, dass die Eltern nicht für Rechnung des Kindes erwerben wollen. Dies gilt insbesondere auch von Inhaberpapieren und von Orderpapieren, die mit Blankoindossament versehen sind.

(2) Die Vorschriften des Absatzes 1 sind entsprechend anzuwenden, wenn die Eltern mit Mitteln des Kindes ein Recht an Sachen der bezeichneten Art oder ein anderes Recht erwerben, zu dessen Übertragung der Abtretungsvertrag genügt.

§ 1647 BGB

(weggefallen)

16 BT-Drs. 19/24445, 186; MüKo-BGB/*Huber*, § 1643 BGB Rn. 19; BeckOK-BGB/*Veit*, § 1643 BGB Rn. 25

§ 1648 BGB

Ersatz von Aufwendungen

Machen die Eltern bei der Ausübung der Personensorge oder der Vermögenssorge Aufwendungen, die sie den Umständen nach für erforderlich halten dürfen, so können sie von dem Kind Ersatz verlangen, sofern nicht die Aufwendungen ihnen selbst zur Last fallen.

Von einer Kommentierung wird abgesehen.

§ 1649 BGB

Verwendung der Einkünfte des Kindesvermögens

(1) Die Einkünfte des Kindesvermögens, die zur ordnungsmäßigen Verwaltung des Vermögens nicht benötigt werden, sind für den Unterhalt des Kindes zu verwenden. Soweit die Vermögenseinkünfte nicht ausreichen, können die Einkünfte verwendet werden, die das Kind durch seine Arbeit oder durch den ihm nach § 112 gestatteten selbständigen Betrieb eines Erwerbsgeschäfts erwirbt.

(2) Die Eltern können die Einkünfte des Vermögens, die zur ordnungsmäßigen Verwaltung des Vermögens und für den Unterhalt des Kindes nicht benötigt werden, für ihren eigenen Unterhalt und für den Unterhalt der minderjährigen Geschwister des Kindes verwenden, soweit dies unter Berücksichtigung der Vermögens- und Erwerbsverhältnisse der Beteiligten der Billigkeit entspricht.

Von einer Kommentierung wird abgesehen.

§§ 1650 bis 1663 BGB

(weggefallen)

§ 1664 BGB

Beschränkte Haftung der Eltern

(1) Die Eltern haben bei der Ausübung der elterlichen Sorge dem Kind gegenüber nur für die Sorgfalt einzustehen, die sie in eigenen Angelegenheiten anzuwenden pflegen.

(2) Sind für einen Schaden beide Eltern verantwortlich, so haften sie als Gesamtschuldner.

Von einer Kommentierung wird abgesehen.

§ 1665 BGB

(weggefallen)

§ 1666 BGB
Gerichtliche Maßnahmen bei Gefährdung des Kindeswohls

(1) Wird das körperliche, geistige oder seelische Wohl des Kindes oder sein Vermögen gefährdet und sind die Eltern nicht gewillt oder nicht in der Lage, die Gefahr abzuwenden, so hat das Familiengericht die Maßnahmen zu treffen, die zur Abwendung der Gefahr erforderlich sind.

(2) In der Regel ist anzunehmen, dass das Vermögen des Kindes gefährdet ist, wenn der Inhaber der Vermögenssorge seine Unterhaltspflicht gegenüber dem Kind oder seine mit der Vermögenssorge verbundenen Pflichten verletzt oder Anordnungen des Gerichts, die sich auf die Vermögenssorge beziehen, nicht befolgt.

(3) Zu den gerichtlichen Maßnahmen nach Absatz 1 gehören insbesondere

1. **Gebote, öffentliche Hilfen wie zum Beispiel Leistungen der Kinder- und Jugendhilfe und der Gesundheitsfürsorge in Anspruch zu nehmen,**
2. **Gebote, für die Einhaltung der Schulpflicht zu sorgen,**
3. **Verbote, vorübergehend oder auf unbestimmte Zeit die Familienwohnung oder eine andere Wohnung zu nutzen, sich in einem bestimmten Umkreis der Wohnung aufzuhalten oder zu bestimmende andere Orte aufzusuchen, an denen sich das Kind regelmäßig aufhält,**
4. **Verbote, Verbindung zum Kind aufzunehmen oder ein Zusammentreffen mit dem Kind herbeizuführen,**
5. **die Ersetzung von Erklärungen des Inhabers der elterlichen Sorge,**
6. **die teilweise oder vollständige Entziehung der elterlichen Sorge.**

(4) In Angelegenheiten der Personensorge kann das Gericht auch Maßnahmen mit Wirkung gegen einen Dritten treffen.

Übersicht Rn.

Weiterführende Literatur: Balloff, Kindeswohl, Kindeswohlgefährdung, Kindeswille in der familiengerichtspsychologischen Begutachtung, ZKJ 2021, 10; *Britz*, Anforderungen an familiengerichtliche Entscheidungen im Kinderschutz, JAmt 2015, 286; *Cirullies*, Elterliche Obstruktion bei Anordnungen in Kindschaftssachen – wie hilflos ist das Gericht?, FamRZ 2023, 489; *Coester*, Kindeswohlgefährdung: Anforderungen an die Gefährdung aus juristischer Sicht, NZFam 2016, 577; *Dahm*, Voraussetzungen und Grenzen familiengerichtlicher Gebote gem. § 1666 Abs. 3 Nr. 1 BGB anhand ausgewählter obergerichtlicher Rechtsprechung, ZKJ 2015, 222; *Fegert/Witt*, Zahlen und Fakten zum Ausmaß von Vernachlässigung, Misshandlung und sexuellem Missbrauch von Kindern und Jugendlichen in Deutschland, ZKJ 2019, 288; *Fröschle*, Familiengericht und Jugendamt – gekreuzte Rechtswege, FamRZ 2016, 1905; *Hammer*, Anforderungen an familiengerichtliche Entscheidungen im Kinderschutz, JAmt 2015, 291; *Heilmann*, Schützt das Grundgesetz die Kinder nicht?, NJW 2014, 2904; *ders.*, Zu den Auswirkungen der aktuellen Rechtsprechung des Bundesverfassungsgerichts auf die Praxis des Kindesschutzes, FamRZ 2015, 92; *ders.*, Theorie und Praxis im Kinderschutz, NJW 2017, 986; *ders.*, Die Aufarbeitung des Missbrauchsfalles von Staufen – Ein Beitrag zur Fehlerkultur in der Familiengerichtsbarkeit, FamRZ 2018, 1797; *ders.*, Der Schutz des Kindes vor sexueller Gewalt, NJW 2019, 1417; *Heilmann/Lack*, Kinderschutz und Familiengericht, ZKJ 2014, 308; *Köckeritz*, Ambulante elternbezogene Interventionen nach Kindeswohlgefährdungen, ZKJ 2017, 56; *Löffler/Schumm/Demir*, Schutz für und Beteiligung von Kindern im gerichtlichen Verfahren bei Partnerschaftsgewalt, ZKJ 2024, 283; *Lohse/Ernst/Katzenstein*, Profilierung des familiengerichtlichen Kinderschutzverfahrens. Hinweise für eine gute Praxis in Verfahren bei Kindeswohlgefährdung, JAmt 2019, 234; *Onstein*, Familiengerichtliche Intervention bei Gefährdung von Kindern durch neue Medien, jM 2017, 95; *Rake*, Elterliche Verantwortung im Zeitalter der Digitalisierung, FamRZ 2022, 1507; *Schmidt*, Anordnung von SGB VIII-Leistungen: Verpflichtung des Jugendamts durch das Familiengericht?, FamRZ 2015, 1158; *ders.*, Die Durchsetzung der Schulpflicht nach der Entscheidung des BVerfG zum Recht auf schulische Bildung, NZFam 2023, 824; *Schwonberg*, Kindesschutz und Gefährdungsprognose im familiengerichtlichen Verfahren, RdJB 2014, 111; *Splitt*, Praxisprobleme bei der Anwendung der §§ 1666, 1666a BGB, FF 2021, 92; *Vogel*, Der Verhältnismäßigkeitsgrundsatz in Kindschaftssachen, FamRB 2022, 364 ff., 413 ff.; *Weber*, Sorgerecht und Umgang bei Substanzmissbrauch, NZFam 2018, 510; *Wierse*, Wie mit unterschiedlichen Einschätzungen im Kinderschutz umgehen?, JAmt 2024, 400.

A. Allgemeines

I. Normzweck

1 Obwohl und weil die Verfassung die Kinder in ihrer spezifischen Schutzbedürftigkeit im Grunde vor allem elterlicher Fürsorge anvertraut (Art. 6 Abs. 2 Satz 1 GG), muss der Staat Kinder auch **gegenüber ihren Eltern schützen** (Art. 6 Abs. 2 Satz 2 GG).[1] Das Kind hat insoweit einen **eigenen –** grundrechtlich gewährleisteten – **Anspruch** auf den Schutz des Staates, wenn seine Eltern ihm nicht den Schutz und die Hilfe bieten, die es benötigt, um gesund aufzuwachsen und sich zu einer eigenverantwortlichen Persönlichkeit zu entwickeln.[2] Dieses **Wächteramt** nehmen in erster Linie die Jugendämter[3] und Familiengerichte wahr.[4] Ermächtigung i.S.d. Art. 6 Abs. 3 GG und Kernvorschrift für Eingriffe in das elterliche Sorgerecht ist § 1666 BGB. Maßstab und Anknüpfungspunkt für Eingriffe in die elterliche Sorge ist nicht in erster Linie das elterliche Fehlverhalten, sondern die **Gefährdung des Wohls oder des Vermögens des Kindes:** Bei einer entsprechenden Gefahr, die die primär Verantwortlichen nicht verhindern können oder wollen, sind insbesondere die in Abs. 3 aufgelistete **Eingriffe in die Personen- und Vermögenssorge** gestattet. Droht die Gefahr von Dritten, sind auch insoweit Maßnahmen zulässig (Abs. 4).

II. Konkurrenz zu anderen Normen

2 Das Kindschaftsrecht enthält weitere Vorschriften, die den Begriff des **Kindeswohls** konturieren oder ebenfalls **Eingriffe** in die Elternrechte gestatten. Hier ist das **Verhältnis zu § 1666 BGB** nicht immer eindeutig.[5]

1. § 1631d BGB

3 Nach Abs. 1 dieser Vorschrift darf der Personensorgeberechtigte in die **Beschneidung** seines Sohnes einwilligen, wenn der kunstgerecht durchgeführte Eingriff nicht das **Kindeswohl gefährdet**. Es müssen insoweit die Voraussetzungen des **§ 1666 Abs. 1 BGB** erfüllt sein (vgl. *Fink*, § 1631d BGB Rn. 9). Allerdings kann die Schwelle der entgegenstehenden Kindeswohlgefährdung – je nach Schutzwürdigkeit des im Vordergrund stehenden Motivs des sorgeberechtigten Elternteils bezüglich der beabsichtigten Beschneidung – niedriger als nach dem allgemeinen Maßstab des § 1666 BGB anzusetzen sein.[6]

Auch das **Jugendamt** ist insoweit zu einer Gefährdungseinschätzung verpflichtet und hat ggfls. das Familiengericht anzurufen (§ 8a Abs. 2 Satz 1 SGB VIII).[7] Dieses kann dann im Rahmen eines Verfahrens nach § 1666 BGB etwa die **Gesundheitsfürsorge** für das Kind entziehen.[8]

1 *Britz*, NZFam 2016, 1113
2 BVerfG FamRZ 2022, 1776 (Rn. 18); FamRZ 2017, 524 mit Anm. *Salgo* = ZKJ 2017, 225 mit Anm. *Heilmann* (S. 219); OLG Köln v. 1.7.2025, 14 UF 76/25, NZFam 2025, 869 (*Schmidt*)
3 Zur Zulässigkeit personenbezogener Warnhinweise des Jugendamts bei Kindeswohlgefährdung durch Dritte vgl. VG Münster FamRZ 2019, 1931, dazu *Benner*, NZFam 2019, 512
4 Dazu *Wierse*, JAmt 2024, 400; *Kunkel*, FamRZ 2015, 901; *Fahl*, NZFam 2015, 247; zu dem Verhältnis der Institutionen zueinander vgl. *Hellmann*, jM 2023, 354; *Heilmann*, FamRZ 2018, 1797, 1801; *Vogel*, NZFam 2016, 585
5 Vgl. auch MüKo-BGB/*Volke*, § 1666 Rn. 8 ff.
6 OLG Hamm FamRZ 2013, 1818, dazu *Rogalla*, FamFR 2013, 483
7 BeckOK-BGB/*Veit*, § 1631d Rn. 40
8 OLG Hamm a.a.O.

2. § 1632 Abs. 2 BGB

Hiernach umfasst die Personensorge das Recht, den Umgang des Kindes auch mit Wirkung für und gegen **Dritte** (vgl. Rn. 17) zu bestimmen, insbesondere ein **Umgangsverbot** auszusprechen (vgl. *Fink*, § 1632 BGB Rn. 15). 4

Diese Möglichkeit besteht ebenfalls nach § 1666 Abs. 4 BGB, nur mit dem Unterschied, dass dort das Gericht seine Entscheidung von Amts wegen, bei § 1632 Abs. 2 BGB aber nur auf **Antrag** eines Elternteils trifft. Ein solches Kinderschutzverfahren hat wegen seiner besonderen Regeln[9] Vorrang vor einem Antragsverfahren nach § 1632 Abs. 2, 3 BGB.[10]

3. § 1632 Abs. 4 BGB

Die von den leiblichen Eltern angestrebte **Rückführung** ihrer Kinder **aus der Pflegefamilie** bereitet gelegentlich nicht nur tatsächliche, sondern auch rechtliche Probleme. Das Familiengericht kann bei einem Rückführungsverlangen der sorgeberechtigten Eltern entweder **sorgerechtsbeschränkende** Maßnahmen nach § 1666 BGB oder eine **Verbleibensanordnung** nach § 1632 Abs. 4 BGB treffen. Die Gefahrenbegriffe entsprechen sich.[11] 5

▶ *Vgl. dazu auch Fink, § 1632 BGB Rn. 43.*

Lebt das Kind bereits länger in der Pflegefamilie, so stellt § 1632 Abs. 4 BGB eine **mildere Maßnahme** im Verhältnis zu einem Entzug des Aufenthaltsbestimmungsrechts dar.[12] Neben § 1632 Abs. 4 BGB greift § 1666 BGB ein, wenn das Verhalten der Eltern in anderen Bereichen zu einer Kindeswohlgefährdung führt, etwa im Bereich der Gesundheitssorge oder wenn die Eltern die für den Verbleib des Kindes in der Pflegestelle erforderlichen Anträge nach SGB VIII nicht stellen.[13]

Gibt es Anhaltspunkte für eine nachhaltige Gefährdung des Kindes im Haushalt der Eltern, sind die Anforderungen an die Begründung besonders hoch, wenn das Gericht gleichwohl eine Rückführung des Kindes aus dem Haushalt der Pflegeeltern anordnen will.[14]

4. § 1671 BGB

Die Voraussetzungen für einen Entzug der elterlichen Sorge nach **§ 1666 BGB** liegen wegen des Vorrangs der Erziehung und Pflege von Kindern durch ihre Eltern **nicht** vor, wenn einer Gefährdung des Kindeswohls durch eine gerichtliche Regelung der elterlichen Sorge im Verhältnis der Eltern untereinander nach den § 1671 BGB (oder § 1626a BGB) begegnet werden kann.[15] Voraussetzung hierfür ist allerdings ein entsprechender **Antrag** eines Elternteils. Ist im Verfahren nach § 1671 BGB einem Elternteil die elterliche Sorge zu übertragen, so ist deren Entziehung gegenüber dem anderen Elternteil nach § 1666 BGB nicht erforderlich und unverhältnismäßig.[16] 6

Dem Antrag auf Übertragung der elterlichen Sorge ist **nicht** stattzugeben, soweit diese aufgrund anderer Vorschriften – vor allem bei Fällen der Kindeswohlgefährdung nach **§ 1666 BGB** – abweichend geregelt werden muss (§ 1671 Abs. 4 BGB). Wenn eine Kindeswohlgefährdung im Raum steht, darf das laufende Verfahren nach § 1671 BGB nicht durch Abwei- 7

9 Vgl. §§ 157, 158 Abs. 2 Satz 1, 162 Abs. 2 Satz 1 FamFG
10 Johannsen/Henrich/Althammer/*Dürbeck*, § 1632 BGB Rn. 20; ferner OLG Frankfurt NZFam 2024, 91 (*Cirullies*)
11 H.M., vgl. BVerfG FamRZ 2023, 280; MüKo-BGB/*Volke*, § 1666 Rn. 23; Grüneberg/*Götz*, § 1632 BGB Rn. 14; a.A. MüKo-BGB/*Huber*, § 1632 Rn. 44 ff.
12 OLG Frankfurt BeckRS 2022, 36512
13 MüKo-BGB/*Volke*, § 1666 Rn. 26
14 BVerfG FamRZ 2017, 524 mit Anm. *Salgo* = NZFam 2017, 261 mit Anm. *Keuter*
15 OLG Hamm NZFam 2017, 629 (*Schwedler*); OLG Brandenburg FamRZ 2014, 1649
16 OLG Brandenburg BeckRS 2017, 128447; zur Abgrenzung *Ernst*, FF 2022, 487

sung des elterlichen Sorgerechtsantrages abgeschlossen und ein neues Verfahren nach § 1666 BGB eingeleitet werden. Vielmehr ist in einem **einheitlichen (Sorgerechts-)Verfahren** und mit einer einheitlichen Entscheidung darüber zu befinden, welche Maßnahmen zur Gefahrenabwehr erforderlich und welche Sorgerechtsregelung dem Kindeswohl am besten gerecht wird (§ 1697a Abs. 1 BGB).[17]

5. § 1684 BGB

8 Größere rechtliche Schwierigkeiten ergeben sich bei der Verzahnung von **Sorge- und Umgangsrecht**. Diese Rechte stehen sich auf Elternebene als selbstständige, sich gegenseitig beschränkende Rechte gegenüber[18] (vgl. auch *Gottschalk*, § 1684 BGB Rn. 1).

Daher steht das Umgangsrecht beiden Elternteilen ungeachtet ihrer sorgerechtlichen Befugnisse zu. Auch Eltern, denen nach § 1666 BGB das gesamte **Sorgerecht entzogen** wurde, haben ein Recht auf Umgang mit ihrem fremduntergebrachten Kind (dazu auch *Gottschalk*, § 1684 BGB Rn. 7).

9 Hiervon abzugrenzen ist das **Umgangsbestimmungsrecht**, also das Recht zur Entscheidung über Art und Umfang der Umgangsregelung. Dieses ist nach überwiegender Auffassung Teil der **Personensorge** (vgl. *Gottschalk*, § 1684 BGB Rn. 1 m.w.N.).

Dementsprechend umfasst das Sorgerecht grundsätzlich auch im Verhältnis zum anderen Elternteil unter Beachtung des familiengerichtlichen Regelungskompetenzvorrangs das Umgangsbestimmungsrecht des (betreuenden) Elternteils, das dann aber auch (im Falle der Fremdbetreuung) **nach § 1666 BGB** beiden Eltern **entzogen** werden kann.[19]

10 Streitig ist die Frage, auf welche Vorschriften im Falle des **Umgangsausschlusses** ein **Kontaktverbot** gegenüber dem **nicht sorgeberechtigten Vater** zu stützen ist.

Beispiel

Der gewalttätige Vater begehrt Umgang mit den beiden gemeinsamen psychisch belasteten Kindern. Die allein sorgeberechtigte Mutter beantragt neben dem Ausschluss des Umgangs zusätzlich im Wege der einstweiligen Anordnung die Verhängung eines Kontakt- und Näherungsverbots bezüglich der Kinder.

Soweit hierfür die Ermächtigungsgrundlage ausschließlich in **§ 1684 Abs. 4 BGB** gesehen wird,[20] besteht bei einer solchen Umgangseilsache bedenklicherweise **keine Beschwerdemöglichkeit** (§ 57 FamFG). Daher sollte das Kontaktverbot in der Praxis grundsätzlich als Maßnahme nach **§ 1666 Abs. 3, 4 BGB** getroffen werden. Denn nach überwiegender und zutreffender Auffassung ist der **nicht sorgeberechtigte Elternteil** als „Dritter" im Sinne der Norm zu betrachten (siehe Rn. 17). Die praktischen Unterschiede dieser Auffassungen zeigen sich auch im Fall einer **Vollstreckung**, die bei einer Anwendung von § 1684 Abs. 4 BGB nach §§ 86 ff. FamFG, im Rahmen des § 1666 BGB hingegen nach § 890 ZPO i.V.m. § 95 Abs. 1 Nr. 4 FamFG (mit deutlich strengeren Ahndungsmöglichkeiten) durchgeführt wird (siehe Rn. 53).

17 KG FamRZ 2023, 602 m. Anm. *Rake*; OLG Karlsruhe NZFam 2024, 1133 (*Kischkel*); OLG Nürnberg FamRZ 2023, 605; OLG Frankfurt FamRZ 2022, 267; *Ernst*, FF 2022, 487, 491 mit Tenorierungsbeispielen

18 OLG München FamRZ 2011, 823

19 *Schmid*, NZFam 2014, 284; *Heilmann*, FamRZ 2014, 1753, 1754; *ders.*, NJW 2012, 16, 21; a.A. OLG Karlsruhe FamRZ 2014, 1378; eingehend zu der Problematik *Lack*, FamRZ 2024, 1675, 1679 ff.

20 So OLG Frankfurt NJW 2019, 2865; ZKJ 2013, 298; *Schmid*, NZFam 2014, 881, 883

6. § 1696 BGB

Das zunächst einem Elternteil allein übertragene **Sorgerecht** kann (ganz oder teilweise) grundsätzlich nur nach §§ 1666, 1666a BGB, **nicht** nach **§ 1696 BGB** entzogen werden. Denn die Voraussetzungen für eine gerichtliche Regelung nach § 1696 Abs. 1 BGB bleiben weit hinter den Anforderungen zurück, die Art. 6 Abs. 3 GG an die Trennung der Kinder von der Familie stellt.[21] Hat das Familiengericht das Vorliegen einer Gefährdung des Kindeswohls i.S.d. §§ 1666, 1666a BGB festgestellt, ist es auch zu einer Abänderung einer **ausländischen Sorgerechtsentscheidung** gemäß § 1696 BGB berechtigt.[22] 11

Wurde jedoch dem Kindesvater in einem früheren Verfahren bereits die elterliche Sorge entzogen, so kann er die Rückübertragung nur im Wege eines **Abänderungsverfahrens** geltend machen. Ein solcher Antrag kann auch im erstinstanzlichen Verfahren über die Entziehung der elterlichen Sorge der Kindesmutter gestellt werden.[23] Im Rahmen dieses Abänderungsverfahrens bedarf es einer gerichtlichen **Sachentscheidung**, die auch das Ergebnis haben kann, dass keine Veranlassung besteht, die Ausgangsentscheidung zu ändern.[24] Im Übrigen sind kinderschutzrechtliche Maßnahmen gemäß § 1696 Abs. 2 BGB **aufzuheben**, wenn eine Gefahr für das Wohl des Kindes nicht mehr besteht oder die Erforderlichkeit der Maßnahme entfallen ist.[25] 12

▶ *Näher hierzu Bussian, § 1696 BGB Rn. 23.*

7. GewSchG

Die Anwendbarkeit des **Gewaltschutzgesetzes** im Kindschaftsrecht hängt von den Beziehungen des Kindes zu dem Gewalttäter ab: 13

- Im **Eltern-Kind-Verhältnis** gelten nach § 3 Abs. 1 GewSchG **ausschließlich** die Bestimmungen des **Kindschaftsrechts**. Entsprechend dem Willen des Gesetzgebers[26] soll der Schutz des unter elterlicher Sorge[27] stehenden Kindes, das von den Eltern oder anderen Sorgeberechtigten verletzt wird, allein durch die Vorschrift des § 1666 BGB effektiver sichergestellt werden.[28]
- Im Verhältnis zu **Dritten** besteht hingegen ein (doppelter) gerichtlicher Rechtsschutz sowohl nach dem Gewaltschutzgesetz als auch gemäß § 1666 BGB.

Da mithin bei dieser Abgrenzung ausdrücklich auf die **Elternschaft** abgestellt wird, haben die Vorschriften der §§ 1666, 1666a BGB generell **Vorrang** vor denen des Gewaltschutzgesetzes, wenn es um den Schutz der Kinder vor ihren **Eltern** geht.[29] Folglich ist hier der **nicht sorgeberechtigte Elternteil nicht** als „Dritter" zu betrachten – im Gegensatz zu §§ 1632 Abs. 2, 1666 Abs. 4 BGB (vgl. Rn. 17).

Jedoch kann gegen den **Stiefelternteil oder Lebenspartner** (auch) nach dem Gewaltschutzgesetz vorgegangen werden. Gleiches gilt für die **Großeltern**.

▶ *Näher hierzu Cirullies, § 3 GewSchG Rn. 3.*

---

21 BVerfG FamRZ 2009, 1472
22 OLG Hamm JAmt 2014,576 = FuR 2015, 58
23 OLG Brandenburg ZKJ 2013, 504
24 OLG Frankfurt FamRZ 2013, 1238 (LS) = BeckRS 2013, 04084
25 Hierzu OLG Frankfurt NZFam 2024, 1086 (*Volke*); OLG Karlsruhe FamRZ 2024, 1041
26 BT-Drs. 14/5429, 32
27 Entsprechendes gilt für Vormund und Pfleger
28 Weil die Rechte und Bedürfnisse des Kindes mit den zivilrechtlichen Ansprüchen allein in der Regel nicht verwirklicht werden können; kritisch dazu *Heinke*, djbZ 2013, 19, 21
29 BT-Drs. 14/8131, 8; OLG Brandenburg BeckRS 2013, 14844; OLG Frankfurt FamRZ 2013, 1237 (LS) = BeckRS 2013, 06975; dies gilt auch für Adoptiveltern (§ 1754 BGB)

B. Inhalt der Norm

I. Eingriffsvoraussetzungen

14 § 1666 BGB ermöglicht familiengerichtliche Maßnahmen zum Schutz des **Kindeswohls** und des **Kindesvermögens**.

Voraussetzungen hierfür sind, dass

- das **körperliche, geistige oder seelische Wohl** des Kindes oder seines **Vermögens** gefährdet ist

und

- die Eltern (oder Sorgerechtsinhaber) nicht gewillt oder nicht in der Lage sind, die **Gefahr selbst abzuwenden**.

II. Betroffener Personenkreis

1. Kind

15 Der Status des Kindes beginnt grundsätzlich mit der Vollendung der **Geburt** und endet mit Eintritt der **Volljährigkeit** (oder mit dem Tod).

Die Vorschrift findet ihrem **Wortlaut** nach nur auf das bereits geborene Kind Anwendung, **nicht** auf den sog. **nasciturus**. Dies gilt auch für den Schutzauftrag des Jugendamts nach § 8a SGB VIII.[30] Allerdings kann es die von dem **BVerfG** in mehreren Entscheidungen betonte Schutzwürdigkeit des ungeborenen Lebens rechtfertigen, die Vorschrift auch auf das **ungeborene Kind** anzuwenden.[31] Diese Auffassung wird nunmehr auch in Gesetzesvorschlägen geteilt: „Entzieht das Gericht die elterliche Sorge für das ungeborene Kind teilweise oder vollständig, entfaltet die Entziehung mit der Geburt des Kindes Wirkung."[32] Insoweit wird auch die neuere Rechtsprechung bestätigt, wonach ein Sorgerechtsentzug vor der Geburt des Kindes, der erst mit der Geburt wirksam wird, nicht grundsätzlich ausgeschlossen ist.[33] Damit sind die Einleitung eines Kindesschutzverfahrens sowie ein **Erörterungstermin** mit der werdenden Mutter nach § 157 FamFG zulässig.[34] In Betracht kommen auch Maßnahmen wie die Bestellung eines **Verfahrensbeistandes**[35] oder die Erteilung begrenzter **Gebote** nach § 1666 Abs. 3 Nr. 1 BGB, z.B. Hilfs- und Beratungsangebote nach § 16 Abs. 3 SGB VIII oder der Gesundheitsfürsorge in Anspruch zu nehmen.[36]

Verhaltensgebote gegenüber dem Kind sind auf der Grundlage von § 1666 BGB nicht möglich.[37]

---

30 Dazu *Luciano*, ZKJ 2023, 129; *Czerner*, ZKJ 2010, 220

31 MüKo-BGB/*Volke*, § 1666 Rn. 46; zum pränatalen Kinderschutz aus juristischer und medizinischer Sicht vgl. *Sauer/Berthold/Heimann/Kliemann/Macamo/Gutmann/Perick/Culmsee/Fegert*, ZKJ 2024, 329; ferner *Goldberg/Radewagen*, JAmt 2023, 258

32 So in § 1663 Abs. 5 BGB des Entwurfs eines Gesetzes zur Reform des Familienrechts v. 17.12.2024 (BT-Drs. 20/14263 S. 41) sowie des Entwurfs eines Gesetzes zur Reform des Kindschaftsrechts v. 9.12.2024 (Diskussionsentwurf des BMJ, S. 22)

33 OLG Hamm FamRZ 2020, 1355 m. Anm. *Hammer*

34 OLG Frankfurt FamRZ 2018, 190

35 AG Bad Iburg FamRZ 2018, 190, dazu *Menne*, FamRB 2018, 54

36 MüKo-BGB/*Volke*, § 1666 Rn. 47; *Menne*, a.a.O.; a.A. *Lies-Benachib*, NZFam 2021, 505, 508; zur beabsichtigten Inobhutnahme des noch ungeborenen Kindes vgl. VG Augsburg FamRZ 2020, 2007

37 Kritisch dazu Staudinger/*Coester*, § 1666 BGB Rn. 223

2. Sorgeberechtigte Eltern

Zwar können kindesschutzrechtliche Maßnahmen auch gegen den nichtsorgeberechtigten Elternteil ergehen (vgl. unten Rn. 17), Eingriffe in das elterliche Sorgerecht kommen jedoch nicht in Betracht, wenn die elterliche Sorge wegen **Geschäftsunfähigkeit** ruht (§ 1673 BGB).[38] Bei **beschränkt Geschäftsfähigen** (insbesondere: minderjährige Kindesmutter) kann im Falle von Meinungsverschiedenheiten mit dem Amtsvormund in das Sorgerecht eingegriffen und etwa das Aufenthaltsbestimmungsrecht entzogen werden.[39] 16

Nicht notwendig ist hierbei, dass das Sorgerecht der betreffenden Person vollständig zusteht. Abs. 1 berechtigt das Familiengericht auch dann zu Eingriffen, wenn die Kindeswohlgefährdung den ihr zustehenden **Teil des Sorgerechts** betrifft.[40] Die Voraussetzungen für einen vollständigen oder teilweisen Entzug des Sorgerechts nach §§ 1666, 1666a BGB sind **für jeden Elternteil gesondert** festzustellen.[41] Zu den Sorgerechtsinhabern zählen auch die **Adoptiveltern** (§ 1754 Abs. 3 BGB).

Die Vorschrift ist entsprechend anzuwenden bei Sorgerechtsverstößen des **Vormunds** (§ 1802 Abs. 2 Satz 3 BGB) oder des **Pflegers** (§§ 1809, 1813 Abs. 1 Satz 1 BGB).

3. Dritte

Abs. 4 ermöglicht auch Maßnahmen gegen **Dritte**. In Betracht kommt jede Person, die mit dem Kind **Kontakt** hat, etwa der zudringliche Fitnesstrainer der halbwüchsigen Tochter.[42] Es kann insoweit ein **zweispuriger gerichtlicher Rechtsschutz** bestehen: sowohl nach dem Gewaltschutzgesetz als auch nach §§ 1666, 1666a BGB[43] (vgl. dazu *Cirullies*, § 3 GewSchG Rn. 3). 17

Gegenüber **Pflegeeltern** können Maßnahmen nach § 1688 Abs. 3 Satz 2, Abs. 4 BGB, aber auch nach § 1666 BGB ergriffen werden.[44]

Aus dem systematischen Zusammenhang mit Abs. 1 bis 3 und aus dem Normzweck ergibt sich, dass unter den Begriff des **Dritten** auch alle Personen fallen, die gegenüber dem Kind **nicht sorgeberechtigt** sind. Dies betrifft etwa den mit der Mutter nicht verheirateten **Vater**, der (noch) keine Sorgeerklärung gemäß § 1626a BGB abgegeben hat, ferner den Elternteil, dem die **elterliche Sorge entzogen** worden ist.[45] Auch der Gesetzgeber[46] unterscheidet bei Eltern als Adressaten eines Wohnungsnutzungsverbots nicht nach deren Sorgerechtsstatus, wie die Regelung in § 1666a Abs. 1 Satz 2 BGB zeigt. Insoweit ist allerdings ein (alternatives) Vorgehen nach § 1 GewSchG ausgeschlossen.[47]

Nicht zu solchen Dritten gehören **Behörden** und sonstige Träger der öffentlichen Gewalt. Auf der Grundlage des § 1666 Abs. 4 BGB können die Familiengerichte daher auch die **Jugendämter** nicht zur Vornahme oder Unterlassung von Maßnahmen der Jugendhilfe nach dem SGB VIII verpflichten.[48]

---

38 KG FamRZ 2014, 1038 (LS), dazu *Galinsky*, NZFam 2014, 422
39 OLG Koblenz FamRZ 2005, 1923
40 MüKo-BGB/*Volke*, § 1666 BGB Rn. 44
41 OLG Brandenburg BeckRS 2012, 09668, dazu *Alberts*, FamFR 2012, 284
42 Vgl. auch OLG Zweibrücken FamRZ 1994, 976 (Wohnortwechsel eines Sexualstraftäters)
43 OLG Karlsruhe FamRZ 2012, 460
44 Grüneberg/*Götz*, § 1688 BGB Rn. 7
45 Inzwischen h.M., etwa OLG Hamm NZFam 2024, 743 (*Volke*); MüKo-BGB/*Volke*, § 1666 Rn. 198; Grüneberg/*Götz*, § 1666 BGB Rn. 36; Staudinger/*Coester*, Rn. 232; Johannsen/Henrich/*Jokisch*, § 1666 BGB Rn. 124; *Hammer*, FamRZ 2024, 125; *Rake*, FamRZ 2023, 57, 63; *Heiß*, FamFR 2013, 258; a.A. OLG Frankfurt FamRZ 2024, 124 = NZFam 2024, 25 mit Anm. *Volke*; FamRZ 2019, 1865 mit kritischer Anm. der Red.; dem (ohne Begründung) folgend BeckOK-BGB/*Veit*, Rn. 152.3
46 BT-Drs. 14/8131 S. 8
47 *Cirullies*, § 3 GewSchG Rn. 2
48 BGH FamRZ 2021, 1884 m.w.N.; OLG Brandenburg FamRZ 2024, 126

III. Gefährdung des Kindeswohls

1. Wohl des Kindes

18 Das Gesetz verwendet den weitgehend unbestimmten Begriff des **Kindeswohls** wiederholt,[49] doch nur hier differenzierend zwischen dem **körperlichen, geistigen und seelischen** Wohl. Dabei sind die Grenzen fließend: So gehen körperliche Misshandlungen regelmäßig mit seelischen Schädigungen einher, die sogar gravierender und dauerhafter sein können; andererseits können „rein" psychische Misshandlungen geistige und somatische Auswirkungen haben.[50]

Als wesentliche **Kriterien** zur Konkretisierung des Kindeswohls sind zu nennen:[51]

- die Möglichkeit des Kindes, gesund und ungefährdet aufwachsen und zu einer selbstständigen und verantwortungsbewussten Person innerhalb der sozialen Gemeinschaft heranwachsen zu können,[52]
- die Stabilität und Kontinuität seiner Beziehungen zum Sorgeberechtigten,[53]
- die Bedeutung der Vorstellungen des Kindes mit zunehmendem Alter.[54]

Der **BGH**[55] nennt als **gewichtige Gesichtspunkte** des Kindeswohls: die Erziehungseignung der Eltern, die Bindungen des Kindes, die Prinzipien der Förderung und der Kontinuität sowie die Beachtung des Kindeswillens. Es bedarf jedoch einer umfassenden Betrachtung aller Facetten des persönlichen Wohls des Kindes.[56] Hierzu gehört es vor allem, dass Eltern jedenfalls in der Lage sind, den Grundbedürfnissen des Kindes (etwa Ernährung, Hygiene, Schutz vor Gefahren, Empathie, Gesundheitsfürsorge) Rechnung zu tragen.

Nicht entscheidend ist dagegen eine den Fähigkeiten des Kindes entsprechende **bestmögliche Förderung**.[57] Vielmehr gehören die Eltern und deren sozioökonomische Verhältnisse grundsätzlich zum Schicksal und Lebensrisiko eines Kindes. Das Kind hat keinen Anspruch auf „Idealeltern" und eine optimale Förderung und Erziehung.[58]

2. Begriff der Gefahr

19 Nach höchstgerichtlicher Rechtsprechung liegt die gemäß § 1666 BGB vorausgesetzte **Gefährdung** des Kindeswohls (erst) vor, wenn eine **gegenwärtige**, in einem solchen Maß vorhandene **Gefahr** festgestellt wird, dass bei der weiteren Entwicklung der Dinge eine **erhebliche Schädigung** des geistigen oder leiblichen Wohls des Kindes mit **hinreichender** Wahrscheinlichkeit zu erwarten ist. An den Grad der **Wahrscheinlichkeit** des Schadenseintritts

---

49 Etwa in §§ 1626a, 1671, 1688, 1696 BGB; vgl. auch *Seidenstücker/Münder*, ZKJ 2019, 5 zu dem Forschungsprojekt „Kindeswohl zwischen Jugendhilfe und Justiz"

50 *Coester*, FPR 2009, 549

51 MüKo-BGB/*Volke*, § 1666 Rn. 48 ff.; Staudinger/*Coester*, § 1666 BGB Rn. 71

52 Vgl. § 1626 Abs. 2 BGB, § 1 Abs. 1 SGB VIII

53 Vgl. §§ 1632 Abs. 4, 1666a, 1682, 1684 Abs. 4, 1685 BGB; zum Begriff der „Bindung" vgl. *Bovenschen/Spangler*, NZFam 2014, 900

54 Vgl. §§ 1626 Abs. 2, 1631a, 1671 Abs. 2 Nr. 1 BGB; dazu KG FamRZ 2010, 135 (Wille einer 10-Jährigen); ferner BbgVerf BeckRS 2014, 47360; OLG Hamm BeckRS 2014, 06513 (je zum Willen einer 11-Jährigen); grundsätzlich zur Bedeutung des Kindeswillens *Salzgeber/Bublath*, NZFam 2022, 963, 967; *Balloff*, ZKJ 2022, 140; *Schmidt*, ZKJ 2021, 407

55 BGH FamRZ 2012, 99 mit Anm. *Luthin*

56 Staudinger/*Coester*, § 1666 BGB Rn. 70

57 BVerfG FamRZ 2015, 112; OLG Braunschweig NZFam 2023, 463 (*Schmidt*); OLG Bamberg FamRZ 2022, 458 (LS) = NZFam 2022, 25 mit Anm. *Preisner*

58 BVerfG BeckRS 2014, 49403 = JAmt 2014, 223; OLG Hamm FamRZ 2012, 462 (LS), dazu *Holzwarth*, FamFR 2012, 95; vgl. auch *Kunkel*, FamRZ 2015, 901

sind dabei umso geringere Anforderungen zu stellen, je schwerer der drohende Schaden wiegt.[59]

Bezüglich des **Wahrscheinlichkeitsgrades** ist nach Ansicht des **BGH**[60] zwischen der Tatbestandsebene und der Rechtsfolgenseite zu trennen: Während für die Annahme einer **Kindeswohlgefährdung** eine „hinreichende Wahrscheinlichkeit" ausreicht, setzt die zu treffende kindesschutzrechtliche **Maßnahme**, sofern diese in einem **(Teil-)Entzug der elterlichen Sorge** besteht, eine **erhöhte Wahrscheinlichkeit** des Schadenseintritts voraus („ziemliche Sicherheit"). Durch diese Hürde soll „ein übermäßiges Verhalten des Staates vermieden" werden.

Diese Rechtsprechung weicht teilweise ab von derjenigen des **BVerfG**, das eine Relation zwischen der Wahrscheinlichkeit des Schadenseintritts und der Schwere des Eingriffs in das Elternrecht auf der Rechtsfolgenseite ablehnt.[61] Der verfassungsrechtliche Grundsatz der Verhältnismäßigkeit verlange für bestimmte staatliche Eingriffe keine weitere – höhere – Sicherheit des Schadenseintritts erfordernde Prognose, weil dieser Gesichtspunkt bereits durch die Ausrichtung der Kindeswohlprüfung an der je-desto-Formel berücksichtigt sei. Entscheidend sei, ob der Eingriff geeignet, erforderlich und angemessen sei.[62]

Allerdings ist der Verhältnismäßigkeitsgrundsatz in solchen Fällen ohnehin stets zu berücksichtigen.[63] Bei Anlegung der Maßstäbe der Rechtsprechung des BGH kann im konkreten Fall eine **Schutzlücke** klaffen, wenn zwar eine hinreichend wahrscheinliche Kindeswohlgefährdung erheblichen Ausmaßes besteht, jedoch mildere Mittel als ein (teilweiser) Sorgerechtsentzug nicht geeignet erscheinen, diese Gefährdung abzuwenden, und eine „ziemliche Sicherheit" des Schadenseintritts wiederum nicht festgestellt werden kann.[64] Verbleibende **Restrisiken** hätte hier das Kind zu tragen.[65] Mit der Grundrechtsposition des Kindes und seinem eigenen Schutzanspruch gegenüber dem Staat dürfte dies nur schwer in Einklang zu bringen sein. Allerdings werden mitunter die Divergenzen in der Rechtsprechung beider Gerichte für im Ergebnis unerheblich erachtet.[66]

Hinweis: In solchen Fällen, die gerade bei Gefahr des sexuellen Missbrauchs relevant sein können, kann auf die Rechtsprechung des BVerfG zurückgegriffen werden, die sogar eine Art „Beweiserleichterung" beinhaltet: Bestehen nämlich Anhaltspunkte, dass dem Kind durch eine Misshandlung erhebliche, unumkehrbare Schäden drohen, so verlangt ein **Absehen** von einer Trennung des Kindes von der Familie ein hohes Maß an Prognosesicherheit, dass dieser Schaden **nicht** eintreten wird.[67]

In gravierenden Fällen von Gewaltanwendung, sexuellem Missbrauch oder Verwahrlosung **20**
wird sich die Frage, ob tatsächlich eine **Kindeswohlgefährdung** vorliegt, bejahen lassen. Körperliche Misshandlungen,[68] aber auch seelische Verletzungen und andere entwürdigende Maßnahmen[69] können diese Gefährdung hervorrufen. Doch im Allgemeinen kann die

59 BVerfG v. 20.11.2024, 1 BvR 1404/24, juris (Rn. 38 m.w.N.); BGH FamRZ 2019, 598 mit Anm. *Hammer* = NJW 2019, 1435 mit Anm. *Heilmann* (S. 1417)
60 BGH FamRZ 2023, 57 m. Anm. *Rake* = NZFam 2023, 63 (*Preisner*) = FamRB 2023, 54 (*Cirullies*) = *Billhardt*, jurisPR-FamR 1/2023 Anm. 3; FamRZ 2019, 598
61 Vgl. OLG Hamburg NZFam 2022, 607 (*Preisner*)
62 BVerfG FamRZ 2021, 104 m. Anm. *Hammer* = NZFam 2021, 212 m. Anm. *Keuter*; bestätigt durch FamRZ 2023, 49 m. Anm. *Billhardt* = NZFam 2023, 17 m. Anm. *Volke*
63 Vgl. § 1666a BGB; ferner *Vogel*, FamRB 2022, 413; *Coester*, ZKJ 2021, 142, 144; *Heilmann*, NJW 2019, 1417, 1418
64 *Heilmann*, NJW 2019, 1417, 1418; *Hammer*, FamRZ 2019, 598, 605
65 Dazu BeckOK-BGB/*Veit*, § 1666 Rn. 46; *Salgo*, ZKJ 2019, 217, 218
66 Etwa *Hammer*, FamRZ 2021, 104, 108; *Keuter*, NZFam 2021, 212, 217; a.A.; *Volke*, FF 2021, 392, 393; *Schäder*, NZFam 2019, 605
67 BVerfG FamRZ 2023, 49 (Rn. 43) m. Anm. *Billhardt*
68 Dazu OLG Karlsruhe NJOZ 2018, 7
69 Vgl. § 1631 Abs. 2 S. 2 BGB; vgl. auch *Schmid*, NZFam 2015, 292

Gefährdung des Kindes – losgelöst von verfassungsgerichtlichen Begriffsstereotypen und nach sorgfältiger Ermittlung des Sachverhalts (siehe unten Rn. 69) – nur unter Berücksichtigung der besonderen Umstände eines jeden **Einzelfalls** festgestellt werden.[70] Hierbei sind die Rechte und Interessen des **Kindes als Grundrechtsträger**, das **Elternrecht** wie auch das Interesse der **Gesellschaft** an einem gedeihlichen, grundgesetzgemäßen Aufwachsen der nachfolgenden Generation **abzuwägen**.[71]

21 Die begründete Besorgnis einer Schädigung entsteht in der Regel aus Vorfällen in der **Vergangenheit**, wobei die Gründe für das elterliche Versagen unerheblich sind, jedoch vereinzelt gebliebene Fehlhandlungen nicht genügen.[72] Dabei muss die Annahme einer hinreichenden Wahrscheinlichkeit auf **konkreten Verdachtsmomenten** anhand der Umstände des Einzelfalls beruhen; eine nur abstrakte Gefährdung genügt nicht.[73] Das Gericht hat also darzulegen, aus welchen konkreten Anhaltspunkten bei dem konkreten Kind welche konkreten Schädigungen zu befürchten sind.[74] Auch ist zu beachten, dass sich das Erfordernis der **Gegenwärtigkeit** allein auf die Gefährdung bezieht, nicht jedoch auf die Beeinträchtigung des betroffenen Kindes. Dies hat zur Folge, dass auch „Fernschäden" für ein gerichtliches Einschreiten ausreichen, die ihre Ursache in den aktuellen Verhältnissen haben.[75]

3. Einzelne Gefährdungstatbestände

a) Sinn und Zweck

22 Auch wenn entscheidende Voraussetzung für staatliche Eingriffe in das Sorgerecht die akute Kindeswohlgefährdung ist, spielt das **Versagen der Eltern** oder Dritter für die Feststellung der Gefahrenursachen sowie der etwa mangelnden Abwehrmöglichkeit der Eltern eine wichtige Rolle. Insoweit bedarf es nach wie vor der in Rechtsprechung und Literatur herausgebildeten **Fallgruppen**, die der als Generalklausel ausgestalteten Vorschrift Kontur geben und die Subsumtion unter den Gefährdungsbegriff erleichtern. Überdies können ohne Ermittlung der Gefährdungsursachen Maßnahmen nach Abs. 3 nicht sinnvoll bestimmt werden.

In zahlreichen Fällen der Praxis freilich begründen mehrere **niederschwellige Verhaltensweisen** (etwa übermäßiger Alkoholkonsum, mangelnde Hygiene und Ernährung, fehlende Erziehungskompetenz, gelegentliche Schläge), die für sich genommen nicht ausreichten, erst in ihrer Gesamtheit eine Kindeswohlgefährdung.[76] Ähnliches gilt für eine chronische, aber nicht lebensbedrohliche **Vernachlässigung** des Kindes, die eine erhebliche Kindeswohlgefährdung begründen kann.[77]

b) Defizite der Eltern

23 Grundsätzlich können Kinder auch in der Obhut kranker oder **psychisch auffälliger** Eltern belassen werden, falls sie dort nicht gefährdet sind.[78] Doch kann auch eine nur **schubweise** auftretende psychische Erkrankung des sorgeberechtigten Elternteils die (Teil-)Entziehung

---

70 OLG Brandenburg FamRZ 2008, 1556; *Ernst*, FPR 2011, 195, 196 mit Beispielsfällen aus der Rechtsprechung

71 Staudinger/*Coester*, § 1666 BGB Rn. 81

72 OLG Brandenburg FamRZ 2009, 2100

73 BGH FamRZ 2019, 598 mit Anm. *Hammer*; dazu *Heilmann*, NJW 2019, 1417; ferner OLG Brandenburg BeckRS 2019, 7609, dazu *Schmidt*, NZFam 2019, 589; vgl. auch BVerfG FamRZ 2013, 433

74 *Hammer*, a.a.O., 604

75 *Lack/Heilmann*, ZKJ 2014, 308, 310; Staudinger/*Coester*, § 1666 Rn. 82

76 Dazu OLG Brandenburg FamRZ 2009, 2100

77 Dazu MüKo-BGB/*Volke*, Rn. 67 f.; *Berthold*, NZFam 2020, 361; *Kindler*, NZFam 2016, 872; vgl. auch OLG Stuttgart NZFam 2025, 660 (*Schmidt*)

78 OLG Stuttgart FamRZ 2010, 1090; *Schmid*, NZFam 2015, 292, 294; zur Einordnung der Mutter in „satanische Kreise" vgl. OLG Hamm NZFam 2025, 661 (*Volke*)

der Personensorge rechtfertigen.[79] Das gilt ebenso, wenn die Mutter wegen **intellektueller Minderbegabung** und einer komplexen **Persönlichkeitsstörung** nicht angemessen für ihr Kind sorgen kann und sich nicht helfen lässt[80] oder mit dem Kind **„untertaucht"**.[81] Desgleichen können die Gefahr der **Parentifizierung** des Kindes[82] wie auch ein krankhaft **symbiotisches Verhältnis** zwischen Mutter und Tochter mit überfürsorglichem „Bemuttern"[83] eine Kindeswohlgefährdung bewirken.[84] Gelegentlich wird hier der Verdacht eines **Münchhausen-by-proxy-Syndroms** bestehen.[85] Der entsprechende Kausalzusammenhang ist jedoch hinreichend darzutun.[86] Auch kann trotz eines gravierenden Fehlverhaltens der Eltern (**„Schütteltrauma"** bei einem Säugling) aufgrund der Entwicklung des Kindes und der nunmehr bestehenden Einsichtsfähigkeit der Eltern von einem Sorgerechtsentzug abzusehen sein.[87] Problematisch sind Eingriffe in das Sorgerecht von Eltern, die einem **extremistischen Milieu** angehören.[88]

Ist einem Elternteil ein **Betreuer** bestellt worden, ist er häufig nicht in der Lage, wichtige Teilbereiche der elterlichen Sorge, etwa betreffend die Gesundheitsfürsorge, den Schulbesuch und die Beantragung öffentlicher Hilfen, für sein Kind wahrzunehmen.[89] Auch eine **dauerhafte Erziehungsunfähigkeit** der Eltern[90] kann Eingriffe in die elterliche Sorge ebenso rechtfertigen wie sehr **häufige Trennungen** der Kindeseltern und damit verbundene Entwurzelungen und Loyalitätskonflikte der Kinder.[91] **24**

Zunehmend im Blickpunkt steht die Frage, inwieweit ein konstanter **Alkohol- und Drogenmissbrauch** durch die Eltern deren mangelnde Erziehungseignung und in der Folge eine Kindeswohlgefährdung begründet.[92] Eine bestehende **Heroinabhängigkeit** der Kindesmutter begründet ohne das Hinzutreten weiterer Umstände jedenfalls dann nicht den Entzug der elterlichen Sorge, wenn sich die Kindesmutter bereits seit Jahren im **Methadon-Programm** befindet und das Kind in der Vergangenheit im mütterlichen Haushalt gut versorgt worden ist.[93]

---

79 OLG München FamRZ 2004, 1597; anders bei einer einmalig geäußerten Suiziddrohung: OLG Brandenburg BeckRS 2019, 4961
80 OLG Hamm BeckRS 2014, 06509, dazu *Pätzold*, NZFam 2014, 57
81 BVerfG FamRZ 2023, 1023; OLG Koblenz FamRZ 2024, 1700; AG Hamburg-Wandsbek NZFam 2024, 316 (*Schmidt*) = FamRB 2024, 283 (*Cirullies*); zur Erziehungsfähigkeit bei Eltern mit Borderline-Persönlichkeitsstörung vgl. *Engel/Schadow/Kirykowitsch*, NZFam 2024, 625
82 Parentifizierung: Umkehr der sozialen Rollen zwischen Elternteilen und ihrem Kind, hierzu OLG Karlsruhe NZFam 2017, 1132 mit Anm. *Engelmann*
83 Dazu OLG Hamburg BeckRS 2018, 24269
84 Zum etwaigen Einschreiten bei einer „Eltern-Kind- Entfremdung" vgl. OLG Frankfurt FamRZ 2025, 684; *Baumann/Michel-Biegel/Rücker/Serafin/Wiesner*, ZKJ 2022, 244
85 Hierzu OLG Köln FamRZ 2024, 1273 = NZFam 2024, 646 m. Anm. *Salzgeber*; NZFam 2024, 315 (*Wierse*)
86 BVerfG FamRZ 2014, 1270 = JAmt 2014, 415; ferner BVerfG FamRZ 2006, 537 (übersteigerte Fixierung auf das Kind); vgl. auch JAmt 2014, 425 (Anm. der Schriftleitung)
87 OLG Braunschweig NZFam 2025, 123 (*Schmidt*), bestätigt durch BVerfG FamRZ 2025, 274 m. Anm. *Volke*
88 Hierzu OLG Karlsruhe FamRZ 2024, 114 m. Anm. *Flux* („Reichsbürger")
89 Dazu OLG Brandenburg ZKJ 2013, 504 = JAmt 2013, 664
90 OLG Nürnberg FamRZ 2015, 1211; OLG Hamm FamRZ 2010, 2083; OLG Saarbrücken FamRZ 2010, 1092; vgl. aber zu den Anforderungen an die Darlegung der mangelnden elterlichen Erziehungseignung BVerfG FamRZ 2016, 439
91 OLG Köln FamRZ 2011, 1307 (LS) = NJW-RR 2011, 729
92 OLG Hamm NZFam 2024, 743 (*Volke*); OLG Brandenburg FamRZ 2015, 1214; eingehend zu der Problematik *Weber*, NZFam 2018, 510; *Klein*, NZFam 2018, 477; *Schmid*, NZFam 2015, 292, 293
93 OLG Hamm FamRZ 2013, 1989; zu Alkohol- und Drogenproblemen der Eltern vgl. auch *Schmid*, NZFam 2015, 292 f.

c) Häusliche Gewalt

25 Das bestehende grundsätzliche **Gewaltverbot** gilt in besonderem Maße gegenüber Kindern. Dies drückt sich u.a. aus in dem Recht des Kindes auf gewaltfreie Erziehung (§ 1631 Abs. 2 BGB).[94] Verboten sind körperliche Bestrafungen und – ungeachtet des jeweiligen Erziehungsziels – seelische Verletzungen (psychische Gewalt) sowie andere entwürdigende Maßnahmen.[95] Hierauf sollten gerade **ausländische** Eltern mit abweichendem kulturellem, sozialem oder religiösem Hintergrund und damit einhergehenden Erziehungsvorstellungen hingewiesen werden, damit auch die Kinder aus solchen Familien den möglichen und nötigen Schutz erhalten.[96] Denn maßgeblich für die Beurteilung des Kindeswohls und des elterlichen Erziehungsverhaltens sind die Werteordnung des Grundgesetzes und die im Inland anerkannten gesellschaftlichen Werte- und Moralvorstellungen.[97] Das Risiko einer systematischen und wiederholten **Züchtigung** von Kindern mittels Rutenschlägen verstößt nicht nur gegen § 1631 Abs. 2 BGB, sondern auch gegen Art. 3 EMRK und kann einen Grund für die Trennung der Kinder von ihren Eltern darstellen.[98] In diesem Zusammenhang ist auf die Gefahren von **Kinderehen** – meist durch „Zwangsheirat" – hinzuweisen, weil hier das Risiko, Opfer von häuslicher und geschlechtsspezifischer (sexueller) Gewalt (hierzu Rn. 29) zu werden, erhöht ist.[99] Unter das Gewaltverbot fällt zwar die **Verstümmelung weiblicher Genitalien**,[100] nicht jedoch die **Beschneidung** männlicher Kinder (§ 1631d BGB).[101]

▶ *Näher zur Kinderehe Köhler, Kommentierung zu § 1303 BGB.*

Doch schon das (bloße) **Miterleben von Beziehungsgewalt** stellt für Kinder eine Form von Gewalt dar.[102] Gewalthandlungen zwischen Eltern sind für Kinder belastende, manchmal traumatisierende Erfahrungen.[103] Als hauptsächliche Folgen solcher **„mittelbarer" Gewalt** zeigen sich bei Kindern posttraumatische Belastungsreaktionen, ein Verlust emotionaler Sicherheit in der Familie – teilweise verbunden mit Schuldgefühlen – oder eine Herausbildung aggressiver Verhaltensmuster.[104] Die Kindeswohlgefährdung liegt hier auf der Hand.

d) Medizinische Behandlung

26 Kindeswohlgefährdend ist in der Regel die Weigerung, einer erforderlichen **Operation** zuzustimmen. Notwendige **Bluttransfusionen** dürfen auch nicht aus religiöser Überzeugung verhindert werden.[105] Gleiches gilt für eine **Impfung**[106] oder eine **Therapie**. Auch ist es verfassungsrechtlich unbedenklich, in der **nachlässigen gesundheitlichen Versorgung** des Kindes eine erhebliche Gefährdung für das körperliche Wohl des Kindes zu sehen. Hierzu

---

94 Dazu *Häbel*, ZKJ 2016, 168; *Peschel-Gutzeit*, FPR 2012, 195; ferner *Dettenborn*, FPR 2012, 447; zu Kindesmisshandlungen im elterlichen Haushalt vgl. *Doukkani-Bördner*, FamRZ 2016, 12
95 Dazu EGMR FamRZ 2019, 594 = NZFam 2018, 455 mit Anm. *Wache*; OLG Nürnberg BeckRS 2015, 18472 (je betreffend alttestamentlich begründete Erziehungsmethoden der Sekte „Zwölf Stämme")
96 *Peschel-Gutzeit*, FPR 2012, 195, 198; vgl. auch *Seidenstücker/Münder*, ZKJ 2019, 5, 9
97 KG FamRZ 2021, 693 = NZFam 2021, 218 m. Anm. *Salzgeber; ferner OLG München ZKJ 2023, 224 m. Anm. Köhler = NZFam 2023, 366 (Volke)*
98 EGMR FamRZ 2019, 594
99 *Reuß*, FamRZ 2019, 1, 2 m.w.N.; ferner *Majer*, NZFam 2019, 659, 661
100 Strafbar nach § 226a StGB
101 Hierzu *Cirullies/Cirullies*, Schutz bei Gewalt und Nachstellung, Rn. 6b; zur Strafbarkeit der rechtswidrigen Beschneidung eines männlichen Kindes wegen vorsätzlicher Körperverletzung vgl. OLG Hamm FamRZ 2018, 722
102 KG NZFam 2025, 88 (*Volke*); eingehend *Löffler/Schumm/Demir*, ZKJ 2024, 283
103 Dazu KG NJW 2025, 174; OLG Frankfurt FamRZ 2024, 1937 = NZFam 2024, 1031 m. Anm. *Volke*; OLG Nürnberg FamRZ 2024, 1369 = NZFam 2024, 941 (*Volke*); *Kotlenga*, ZKJ 2023, 396
104 *Kindler*, FPR 2012, 422, 424; zu hierdurch hervorgerufenen Bindungsstörungen vgl. *Lengning/Lüpschen*, FPR 2013, 213
105 OLG Celle NJW 1995, 792
106 Hierzu VG Berlin NZFam 2024, 48 (*Schmidt*)

gehört insbesondere die unbegründete Weigerung der Eltern, eine medizinisch veranlasste ärztliche Behandlung zuzulassen.[107]

Umstritten ist, wie die Nichtteilnahme von Kindern an **Vorsorge- und Früherkennungsuntersuchungen** zu bewerten ist.[108] Eine Pflicht zur Durchführung der sog. U-Untersuchungen besteht in vielen Ländern nicht. Auch wird auf eine zwangsweise Durchsetzung verzichtet.[109] Grundsätzlich rechtfertigt die bloße Versäumung der Teilnahme an den U-Untersuchungen noch keine familiengerichtlichen Maßnahmen zum Schutz des Kindes vor einer möglichen Gefährdung.[110] Gleichwohl gibt das Unterlassen dieser Vorsorgeuntersuchungen zumindest dem Jugendamt Veranlassung zur **Gefahrerforschung**. Im Falle weiterer beharrlicher Verweigerung – auch einer Kontaktaufnahme zu dem Jugendamt oder Familiengericht – kann eine solche totale Abschottung der Eltern um das Wohl der Kinder ernsthaft fürchten und daher auch eine **gerichtliche Maßnahme** nach Abs. 3 angezeigt sein lassen.[111]

Schwierig zu entscheiden ist die Einordnung des Elternverhaltens im Falle der Verhinderung oder Veranlassung eines **Schwangerschaftsabbruchs.**[112] Es bedarf hier einer Abwägung zwischen dem Abtreibungswunsch der Minderjährigen, den Bemühungen der Eltern um das künftige Wohl ihrer Tochter sowie den Interessen des ungeborenen Kindes.[113] Ähnlich problematisch gestaltet sich die Frage, unter welchen Voraussetzungen die Beendigung **lebenserhaltender medizinischer Maßnahmen** und künstlicher Ernährung sorgerechtliche Maßnahmen erfordert.[114] Die Annahme eines Alleinentscheidungsrechts des Minderjährigen vor Eintritt der Volljährigkeit ist in solchen Fällen kaum vertretbar. Da aber seiner zunehmenden Reife und Eigenverantwortlichkeit gemäß § 1626 Abs. 2 BGB Rechnung zu tragen ist, sollte – ggf. im Rahmen eines Termins nach § 157 FamFG – eine **gemeinsame Entscheidung der Beteiligten** herbeigeführt werden.[115] Anderenfalls sollte die individuelle Reife der Schwangeren zum Treffen einer so schwerwiegenden Entscheidung, ggf. unter Einbeziehung eines Sachverständigen im Rahmen der Anhörung der Jugendlichen, ermittelt werden.[116] 27

Nach § 1631d Abs. 1 BGB darf der Personensorgeberechtigte in die **Beschneidung** seines Sohnes einwilligen, wenn hierdurch nicht das Kindeswohl gefährdet ist. Diese Frage ist grundsätzlich am Maßstab des § 1666 BGB zu beantworten[117] (vgl. näher Rn. 3). Droht einem Mädchen im Heimatland der Mutter eine **Genitalverstümmelung** durch Beschneidung, kann ein **Ausreiseverbot** (näher Rn. 63) verhängt werden.[118]

107 Vgl. BVerfG FamRZ 2023, 1202
108 Dazu *Mortsiefer*, NJW 2014, 354
109 Für Hessen: OLG Frankfurt NJW-RR 2014, 259
110 OLG Frankfurt FamRZ 2023, 1875 = NZFam 2023, 704 (*Schmidt*)
111 So auch AG Frankfurt ZKJ 2013, 177 (LS)
112 Ausführlich MüKo-BGB/*Volke*, § 1666 Rn. 89 ff.
113 *Lugani*, NJW 2020, 1330; BeckOK-BGB/*Veit*, § 1666 Rn. 65
114 Dazu OLG Hamm FamRZ 2007, 2098, 2100 = NJW 2007, 2704 mit Anm. *Balloff;* OLG Brandenburg FamRZ 2000, 1033
115 MüKo-BGB/*Volke*, § 1666 Rn. 95
116 OLG Hamm FamRZ 2020, 340 = NJW 2020, 1373
117 OLG Hamm NJW 2013, 3662 = JAmt 2013, 596, dazu *Rogalla*, FamFR 2013, 483; zum Schmerzensgeldanspruch des Kindes nach rechtswidriger Beschneidung vgl. OLG Karlsruhe NJW 2015, 257, dazu *Cirullies*, NZFam 2014, 1149
118 OLG Frankfurt FamRZ 2018, 1319 mit Anm. *Hammer* = NZFam 2018, 693 mit Anm. *Lenz*; ferner BGH FamRZ 2005, 344 (Auflage an die Mutter, das Kind regelmäßig einem Kinderarzt vorzustellen)

e) Schulverweigerung

28 Überwiegend besteht Einigkeit, dass der regelmäßige Schulbesuch grundsätzlich dem Kindeswohl förderlich ist. Denn er dient nicht nur der reinen Wissensvermittlung, sondern soll den Kindern auch die Gelegenheit geben, in das Gemeinschaftsleben hineinzuwachsen.[119] Folglich kann die Weigerung der Kindeseltern, ihre Kinder einer öffentlichen Schule oder einer anerkannten Ersatzschule zuzuführen, einen **Missbrauch der elterlichen Sorge** darstellen, der das Kindeswohl nachhaltig beeinträchtigt.[120] Entsprechend energisch sind die Eltern nach Abs. 3 Nr. 2 anzuhalten, für die Einhaltung der Schulpflicht Sorge zu tragen (siehe unten Rn. 44 ff.). Allerdings wird im Falle einer Schulverweigerung nicht automatisch eine Kindeswohlgefährdung anzunehmen sein; vielmehr sind alle wesentlichen Aspekte des konkreten Einzelfalls zu ermitteln und hinsichtlich einer konkreten Kindeswohlgefährdung zu bewerten.[121] Für die Einhaltung der Schulpflicht zu sorgen ist zwar letztlich Aufgabe der Schulbehörde, die jedoch mit möglichen Bußgeldverfahren selten Erfolg hat.[122] Im Übrigen entbindet die Möglichkeit schulrechtlicher Maßnahmen die Familiengerichte nicht von der Pflicht, bei Schulverweigerung eine Kindeswohlgefährdung zu prüfen.[123] Bei bloßer schulischer **Überforderung** des Kindes wird in der Regel eine akute Gefährdung nicht vorliegen.[124]

f) Sexueller Missbrauch – sexuelle Gewalt

29 In Kindschaftssachen wird bisweilen der Vorwurf des **sexuellen Missbrauchs** des Kindes erhoben. Im allgemeinen Sprachgebrauch freilich werden die Ausdrücke „sexueller Missbrauch" oder **„sexuelle bzw. sexualisierte Gewalt"** nebeneinander, mitunter auch synonym verwendet.[125] Das StGB verwendet bei sexuellen Handlungen gegenüber Kindern und Jugendlichen zu Recht weiterhin den Begriff „sexueller Missbrauch".[126] Auch bestimmte Formen „digitaler Gewalt" können sexuelle Gewalt darstellen, etwa im Zusammenhang mit sog. **Sexting**[127] oder **Cybergrooming** (gezieltes Ansprechen von Kindern im Internet mit dem Ziel der Anbahnung sexueller Kontakte).[128] Gleiches kann gelten für das Anfertigen der **Bilder** von den eigenen Töchtern in **kinderpornografischer** Pose.[129]

In eindeutigen Fällen ist ein Entzug der elterlichen Sorge oft unerlässlich. Allerdings ist grundsätzlich Vorsicht mit (vor-)eiligen Entscheidungen geboten. So werden Beobachtungen geschildert, die als Missbrauch gedeutet werden könnten (geröteter Po oder Scheiden-

---

119 BVerfG FamRZ 2015, 27 mit Anm. *Salgo*; OLG Köln BeckRS 2014, 22832

120 BGH FamRZ 2008, 45; OLG Oldenburg FamRZ 2024, 1551 (LS) = NZFam 2024, 704 (*Schmidt*); OLG Karlsruhe FamRZ 2023, 957 (LS) = NZFam 2023, 269 (*Wierse*); OLG Celle FamRZ 2022, 111 = NZFam 2021, 882 mit Anm. *Schmidt*; OLG Karlsruhe FamRZ 2022, 1857; KG FamRZ 2022, 1621 m. Anm. *Rake* = NZFam 2022, 843 (*Volke*)

121 OLG Bamberg FamRZ 2022, 458 (LS) = NZFam 2022, 25 mit Anm. *Preisner*; AG Cuxhaven FamRZ 2024, 869

122 Beispielhaft: OLG Celle FamRZ 2022, 111 = NZFam 2021, 882 mit Anm. *Schmidt*

123 OLG Karlsruhe FamRZ 2023, 957 (LS) = NZFam 2023, 269 (*Wierse*)

124 Hierzu BVerfG FamRZ 2021, 1969 mit Anm. *Kischkel*

125 Näher *Cirullies/Cirullies*, Schutz bei Gewalt und Nachstellung, Rn. 5a m.w.N.; zu Begriff und Ausgestaltung des sexuellen Missbrauchs vgl. ferner *Rohmann*, NZFam 2019, 348; zu Hilfeangeboten bei sexueller Gewalt gegen Kinder vgl. *Fegert/Andresen/Salgo/Walper*, ZKJ 2016, 324

126 Näher *Cirullies/Cirullies*, FamRZ 2021, 1785, 1788

127 Ein aus den Begriffen „Sex" und „Texting" zusammengesetztes Kunstwort. Es bezeichnet das überwiegend unter Kindern und Jugendlichen anzutreffende Versenden von erotischen Selbstaufnahmen über digitale Kommunikationsgeräte, meist das Smartphone, vgl. *Döll*, FamRZ 2017, 1728; ferner AG Bad Hersfeld FamRZ 2016, 2114 mit Anm. *Rake*, dazu *Onstein*, jM 2017, 95

128 Dazu *Kattenberg*, Kriminalistik 2022, 82; *Schneider*, MDR 2019, 12, 14 m.w.N.; zu einem solchen Fall BGH FamRZ 2019, 598; OLG Frankfurt, FamRZ 2019, 1425 = NZFam 2019, 680 mit Anm. *Salzgeber*; zur Strafbarkeit vgl. § 176 Abs. 4 Nr. 3 StGB ferner OLG Hamm BeckRS 2019, 8046

129 OLG Frankfurt FamRZ 2018, 926

eingang),[130] aber letztlich für die Annahme einer Kindeswohlgefährdung nicht ausreichen.[131] Auch ist der Anteil von (bewusst oder unbewusst) falschen bzw. nicht belegbaren Anschuldigungen gerade in diesem Bereich hoch (**„Missbrauch des Missbrauchs"**).[132] Die Folgen für das Kind, aber auch den betreffenden Elternteil sind, wenn es aufgrund eines falschen Verdachts zu einem Umgangsabbruch kommt, außergewöhnlich schwerwiegend und vielfach überhaupt nicht wiedergutzumachen.[133] Die Ermittlungen können durchaus ergeben, dass bestimmte Verhaltensauffälligkeiten eines Kindes im Wesentlichen auf einem Loyalitätskonflikt und auf Scheinerinnerungen **(autosuggestive Prozesse)**[134] beruhen und ein Erlebnisbezug eher unwahrscheinlich ist.[135]

Solche vom Gericht stets mit zu erwägende Umstände stehen in starkem Kontrast zu den monströsen Missbrauchsfällen der jüngeren Vergangenheit („Staufen", Lügde"). Sie verdeutlichen, mit welch **großer Sorgfalt** etwaigen Anhaltspunkten für eine Kindeswohlgefährdung durch sexuellen Missbrauch nachgegangen werden muss.[136] Dabei gilt hier nicht der gleiche hohe **Beweismaßstab** wie im Strafverfahren und auch nicht der Grundsatz, dass im Zweifel zugunsten des Angeklagten zu entscheiden ist. Denn in Kindesschutzverfahren ist die Gefährdung des Kindes prognostisch zu beurteilen.[137] Andererseits kann die **Glaubhaftigkeit** der Aussage von Geschädigten **nicht** grundsätzlich **vermutet** werden.[138] Denn die Erwartung, man müsse einer Anzeige der Mütter wegen sexuellen Missbrauchs ihrer Kinder zum Schutz der Mütter ohne Überprüfung einfach glauben und daraus entsprechende sorge- und umgangsrechtliche Konsequenzen ziehen, steht mit der **Unschuldsvermutung** der deutschen Rechtsordnung nicht in Einklang.[139] Das Unbehagen und die Unsicherheit des zur Entscheidung berufenen Gerichts führen vereinzelt[140] zu der Forderung, die **polygraphische Begutachtung** („Lügendetektor") im familiengerichtlichen Verfahren für zulässig zu erachten und einzusetzen[141] (ferner Rn. 70). Allerdings hat der **BGH**[142] bereits 2003 solche Gutachten auch für Zivilverfahren für „völlig ungeeignet" erklärt.

In den Fällen, in denen lediglich der **Verdacht** eines sexuellen Missbrauchs geäußert, eine entsprechende Tat letztlich aber nicht nachgewiesen werden kann,[143] hat das Familiengericht **abzuwägen**, inwieweit es eine hinreichende Wahrscheinlichkeit dafür gibt, dass es tatsächlich zu einem sexuell übergriffigen Verhalten eines Beteiligten gegenüber dem Kind gekommen ist, und – soweit dies bejaht wird –welche Möglichkeiten bestehen, um künftige Gefährdungen von dem Kind sicher abzuwenden.[144] Ebenso ist eine umfassende **Risikoab-** **30**

---

130 Etwa OLG Köln NZFam 2022, 1034 (*Rake*); OLG Brandenburg FamRZ 2022, 552 = FamRB 2021, 416 (*Cirullies*)
131 Etwa OLG Hamm NZFam 2023, 743 m. Anm. *Jokisch*; OLG Köln NZFam 2022, 1034 (*Rake*); vgl. auch OLG Jena FamRZ 2003, 1319 (Bisse in den Kinderpo als Erziehungsmaßnahme)
132 Eingehend dazu *Splitt*, FF 2016, 146 (Abschnitt II. 2.); *Carl*, FamRZ 1995, 1183, 1185
133 KG FamRZ 2013, 308, dazu *Mach-Hour*, FamFR 2013, 21
134 Hierzu BGH StV 2022, 215; LSG Stuttgart, Beschl. v. 12.2.2018 – L 6 VG 1745/15, juris
135 OLG Karlsruhe FamRZ 2013, 1237 (LS), dazu *Cirullies*, FamFR 2013, 213; vgl. auch die Fallbeispiele bei *Ehmke*, NZFam 2016, 1132, 1134
136 Zur interdisziplinären Abklärung von Verdachtsfällen sexualisierter Gewalt vgl. *Bentz/Semrau/Schwartländer/Winter*, NZFam 2024, 642
137 EGMR FamRZ 2023, 1199 (LS) = NZFam 2023, 573 (*Volke*); zum Beweismaßstab in Kinderschutzverfahren vgl. auch OLG Köln FamRZ 2023, 1210 (LS) = NZFam 2023, 899 (*Schmidt*)
138 So die Forderung von *Kerner/Becker/Howard*, ZKJ 2022, 351, 352
139 *Offe/Offe*, ZKJ 2023, 214, 215
140 AG Schwäbisch-Hall NZFam 2022, 1125 (*Salzgeber/Vehrs*), zustimmend *Makepeace*, StraFo 2023, 89; ferner BeckRS 2021, 37552, zustimmend *Offe/Offe*, ZKJ 2023, 214, 215, kritisch *Bruns*, NZFam 2022, 129
141 Hierzu *Volke*, NZFam 2022, 654; *Jokisch*, NZFam 2023, 743, 747
142 BGH v. 24.6.2003 – VI ZR 327/02, NJW 2003, 2527; vgl. auch Rn. 125
143 In der Regel wird das staatsanwaltliche Ermittlungsverfahren eingestellt, vgl. etwa OLG Köln FamRZ 2025, 1380 (LSe); OLG Hamm NZFam 2023, 743 m. Anm. *Jokisch*; OLG Stuttgart BeckRS 2018, 39645
144 KG FamRZ 2013, 308 (betreffend Umgang)

wägung unter Berücksichtigung des Kindeswohls vorzunehmen, wenn der von einem Elternteil vorgebrachte Verdacht des sexuellen Missbrauchs des Kindes im **summarischen Verfahren** nicht geklärt werden kann.[145] Je nach dem Grad der Wahrscheinlichkeit für das Zutreffen der erhobenen Anschuldigungen kann eine Sorgeentscheidung auch zugunsten des beschuldigten Elternteils ergehen.[146]

g) Umgangsboykott

31 **Umgangsverweigerung** durch den betreuenden Elternteil als besondere Form der **Hochstrittigkeit** kann schon wegen des häufig bestehenden Loyalitätskonflikts zu einer Gefährdung des Kindeswohls führen. Allerdings sollen die psychischen oder psychosomatischen Auswirkungen entfremdenden Elternverhaltens in den überwiegenden Fällen nur relativ schwach ausgeprägt sein.[147] Umso schwieriger gestaltet sich die Aufgabe des Familiengerichts, Konstellationen mit dem akuten Potenzial für eine Kindeswohlgefährdung zu erkennen und angemessen zu beurteilen.[148] Ein Einvernehmen zwischen den Eltern lässt sich bei solch verhärteten Fronten nur noch selten herstellen. Das Gericht muss dann „Flagge zeigen" in dem Bemühen, auch den Interessen des Umgangsberechtigten zeitnah gerecht zu werden (näher dazu *Wegener*, § 156 FamFG Rn. 45). Die zwangsweise Durchsetzung von Umgangsregelungen wiederum ist oft wenig erfolgversprechend.

▶ *Zu Alternativen vgl. Cirullies, § 86 FamFG Rn. 8 f.*

So ist als letztes Mittel wegen offen zu Tage tretender Zweifel an der Erziehungsfähigkeit und Bindungstoleranz des betreuenden Elternteils die **Abänderung der Sorgerechtsregelung** bzw. eine erstmalige Entscheidung über die elterliche Sorge in Erwägung zu ziehen (§§ 1666, 1666a, 1696 BGB).[149] Wird eine gerichtliche Umgangsregelung nur konfliktbeladen umgesetzt, kommt ein **Teilentzug** der Alleinsorge des betreuenden Elternteils frühestens dann in Betracht, wenn mildere Mittel (z.B. Umgangspfleger, Umgangsbegleiter) erfolglos blieben oder nicht geeignet sind, Gefahren für das Kindeswohl abzuwenden.[150] Ein teilweiser Sorgerechtsentzug stellt nur dann eine geeignete Maßnahme dar, wenn der **Ergänzungspfleger** durch die übertragenen Befugnisse zur Beseitigung der festgestellten Kindeswohlgefährdung in der Lage ist.[151]

32 In Betracht kommt zunächst die Übertragung des **Aufenthaltsbestimmungsrechts**, schließlich aber auch die **Übertragung der elterlichen Sorge insgesamt** auf den anderen Elternteil. Bei einer solchen Entscheidung muss abgewogen werden zwischen den Gefahren, die sich für das Kindeswohl aus der Beibehaltung der bisherigen Situation ergeben, und den Gefahren, die sich aus einem Wechsel der Lebensumstände des Kindes insgesamt ergeben.[152] Entscheidend kann hierbei der **Kontinuitätsgrundsatz** sein: Den **Bindungen** des Kindes an die Mutter sowie dem Gedanken der **Erziehungskontinuität** im Haushalt der Mutter ist ein so hohes Gewicht beizumessen, dass diese Gesichtspunkte ein erzieherisches Versagen der Mutter in Teilbereichen, etwa in Bezug auf den Erhalt der Bindungen zum Vater, insgesamt überwiegen können.[153] In Einzelfällen kommt es vor, dass die den Umgang boykottierende Mutter auch noch die Übertragung des **alleinigen Sorgerechts** auf

---

145 KG FamRZ 2013, 46 (LS) = NJOZ 2012, 1482; ferner MüKo-BGB/*Volke*, § 1666 Rn. 65 m.w.N.
146 BGH FamRZ 2019, 598 m. Anm. *Hammer*; KG FamRZ 2016, 641
147 Dazu *Kindler*, FPR 2012, 422, 423; vgl. auch OLG Frankfurt FamRZ 2014, 396, 397
148 Hierzu OLG Frankfurt FamRZ 2025, 684 m. Anm. *Kupko* (Sorgerechtsentzug unverhältnismäßig)
149 Dazu OLG Frankfurt FamRZ 2016, 68; BeckRS 2011, 10903
150 OLG Frankfurt FamRZ 2017, 1841; vgl. auch OLG Brandenburg BeckRS 2019, 7609, dazu *Schmidt*, NZFam 2019, 589
151 OLG Köln FamRZ 2024, 1284 = NZFam 2024, 665 (*Keuter*); OLG Celle FamRZ 2022, 611 m. Anm. *Götz*
152 Eingehend *Schäder*, FamRZ 2019, 1672; ferner *Splitt*, FF 2019, 94, 99
153 BGH FamRZ 2008, 592 mit Anm. *Luthin*; dazu ferner *Born*, FPR 2008, 323; vgl. auch OLG Brandenburg BeckRS 2013, 08485, dazu *Mach-Hour*, FamFR 2013, 301

sich erreicht – wegen fehlenden Einvernehmens der Eltern.[154] Eine unberechtigte Umgangsverweigerung und die dem zugrunde liegende fehlende Bindungsintoleranz beim Obhutselternteil genügen für sich genommen regelmäßig nicht, um eine **Fremdunterbringung** zu veranlassen.[155]

▶ *Näher zum Entzug des Umgangsbestimmungsrechts siehe oben Rn. 9 sowie Gottschalk, § 1684 BGB Rn. 1.*

IV. Vermögensgefährdung

Die elterliche Sorge umfasst neben der Personensorge auch die Sorge für das **Vermögen** des Kindes. **33**

▶ *Dazu ausführlich Fink, § 1626 BGB Rn. 17.*

Die Abgrenzung beider Bereiche ist gelegentlich unklar, etwa wenn es um die Geltendmachung von Unterhaltsansprüchen geht.[156] Dabei ist zu beachten, dass die Bestellung eines **Verfahrensbeistands** nach § 158 FamFG nur in Fällen zulässig ist, bei denen es um die **Personensorge** eines Kindes geht.[157]

Rechte und Pflichten der Eltern betreffend die **Vermögenssorge** sind in §§ 1638 bis 1649 BGB normiert.[158] Verfügt das Kind über kein Vermögen, bedarf es des Entzugs der Vermögenssorge selbst dann nicht, wenn die Eltern insoweit auch zur Wahrnehmung ihrer eigenen Belange nicht in der Lage erscheinen.[159] Ist Kindesvermögen vorhanden, muss dieses gegenwärtig und erheblich gefährdet sein und gerichtliche Maßnahmen müssen geeignet, erforderlich und angemessen sein. Es gelten die für die Personensorge entwickelten Grundsätze.[160]

Kommt es zu einer **Gefährdung** des Kindesvermögens, bildet Abs. 1 die Grundlage auch für Eingriffe in die **Vermögenssorge**. Abs. 2 nennt für die Annahme einer Vermögensgefährdung drei **Regelbeispiele:** **34**

- Verletzung der **Unterhaltspflicht** gegenüber dem Kind,
- Verletzung der mit der Vermögenssorge verbundenen **Pflichten**,
- Verstoß gegen **Anordnungen des Gerichts**, die sich auf die Vermögenssorge beziehen.

Es handelt sich dabei lediglich um Fallgruppen, die in der Regel eine Gefährdung indizieren.[161] Weitere Konstellationen sind denkbar. Zu den Pflichten der Vermögenssorgeberechtigten gehört auch, im Falle eines überschuldeten Nachlasses für die Kinder die **Erbschaft auszuschlagen**.[162] In der Praxis ist gelegentlich festzustellen, dass sich Sorgeberechtigte an dem zugunsten des Kindes angelegten **Sparguthaben** „vergriffen" haben. Hier sind sorgerechtliche Maßnahmen, aber auch Schadensersatzansprüche[163] denkbar.

In jedem Fall müssen die strengen **Anforderungen des Abs. 1** (gegenwärtige Gefahr, mangelnde Abwendungsmöglichkeit der Eltern) erfüllt sein. Erst dann sind gerichtliche Maßnahmen zulässig. Insoweit bietet **§ 1667 BGB** ein Instrumentarium: Das Familiengericht kann bestimmte **Auflagen** erteilen (Vermögensverzeichnis, Rechnungslegung, Sicherheitsleis- **35**

---

154 OLG Saarbrücken FamRZ 2012, 884
155 OLG Frankfurt FamRZ 2024, 1289 = NZFam 2024, 837 mit Anm. *Volke/Kannegießer*
156 Dazu DIJuF-Rechtsgutachten v. 26.9.2013, JAmt 2013, 645
157 OLG Hamm FamRZ 2014, 600
158 Eingehend *Walter*, NZFam 2023, 241
159 OLG Brandenburg ZKJ 2013, 504 = JAmt 2013, 664
160 OLG Koblenz FamRZ 2021, 1889
161 MüKo-BGB/*Volke*, § 1666 Rn. 127
162 OLG Koblenz FamRZ 2021, 1889; OLG Brandenburg NZFam 2014, 621 (*Breidenstein*)
163 Dazu OLG Celle FamRZ 2018, 106; vgl. auch *Schmid*, NZFam 2015, 198

tung) und Vorgaben für die **Geldanlage** machen. Der vollständige Entzug der Vermögenssorge nach §§ 1666 Abs. 2, 1667 BGB ist nur selten gerechtfertigt.[164]

V. Abhilfemöglichkeit der Eltern

36 Allein die Feststellung einer grundsätzlichen Gefährdung des Kindeswohls oder des Vermögens rechtfertigt noch nicht eine Maßnahme nach § 1666 BGB Der Gefahrbegriff wird vielmehr ergänzt und eingeschränkt durch das Erfordernis der **fehlenden Bereitschaft oder Fähigkeit zur Abhilfe** durch die Eltern. Denn diese sind primär gegenüber dem Staat zur Abwehr von Schäden für das Wohl des Kindes verantwortlich.[165] Erst der feststehende Ausfall der Eltern, auch in der Zukunft die Kindeswohlgefährdung abzuwenden – aus welchem Grund auch immer (Unfähigkeit, Gleichgültigkeit, Unwilligkeit) –, eröffnet die Möglichkeit familiengerichtlicher Eingriffe.[166] Deswegen ist ein **Erörterungsgespräch** (dazu *Cirullies*, § 157 FamFG Rn. 5) nach § 157 FamFG vor Gericht wichtig und in der Regel unerlässlich, um nach einem persönlichen Eindruck von den Eltern eine Zukunftsprognose wagen zu können. Auf ein **Verschulden** der Eltern kommt es dabei nicht an.[167]

37 Zur **Abhilfe** durch die Eltern gehört in erster Linie die Inanspruchnahme **staatlicher Hilfsangebote** (dazu Rn. 42). In Betracht kommt aber ebenfalls das Bewirken **gerichtlicher Maßnahmen**, auch wenn diese nur **auf Antrag** ergehen können, etwa durch eine gerichtliche Regelung der elterlichen Sorge im Verhältnis der Eltern untereinander nach den §§ 1626a, 1671 BGB.[168] Im Fall einer **elterlichen Suchterkrankung** wird eine Suchtbehandlung nebst Therapie als flankierende Maßnahme unerlässlich sein, um den Eltern eine Möglichkeit zur Abwendung vorhandener Gefahren überhaupt ernsthaft zugestehen zu können[169] (ferner unten Rn. 61).

38 Ohnehin ist es oft schwierig, die **Bereitschaft und Fähigkeit** der Sorgeberechtigten zur Gefahrenabwehr zutreffend zu beurteilen. Vielfach fehlen den Eltern die Problemeinsicht und Veränderungsbereitschaft, so dass öffentliche Hilfen zur Abwehr der Kindeswohlgefährdung nicht geeignet sind.[170]

Beispiel

Die Mutter ist mit dem Einschreiten der Behörden nicht einverstanden, erklärt jedoch, sie sei bereit, das „Spielchen mitzuspielen" und „alles zu unterschreiben".[171]

Auch bloße Beteuerungen der Eltern, zukünftig die betreffenden Missstände zu beheben zu wollen, reichen in der Regel nicht aus. Anhaltspunkte für die Prognose bieten meist die Berichte der **Jugendämter**, in denen die Vorgeschichte und die Entwicklung der Gefährdungssituation strukturiert und hinreichend ausführlich dargestellt werden sollte. Hieraus lässt sich häufig ablesen, welche Gespräche, Versprechungen der Eltern und (vergebliche) ambulante Hilfen der Gefahrenlage vorausgegangen sind und welche Feststellungen bei **unangemeldeten Hausbesuchen**[172] getroffen wurden.

▶ *Näher zum Hausbesuch Köhler, § 8a SGB VIII Rn. 6.*

164 Dazu OLG Köln FamRZ 2019, 704

165 OLG Brandenburg FamRZ 2014, 1649 („Gefahrenabwendungsprimat" der Eltern), dazu *Leipold*, NZFam 2014, 761; vgl. auch Art. 6 Abs. 2 Satz 1 GG: „Pflege und Erziehung der Kinder sind das natürliche Recht der Eltern und die zuvörderst ihnen obliegende Pflicht."

166 MüKo-BGB/*Volke*, § 1666 Rn. 122; Staudinger/*Coester*, § 1666 BGB Rn. 169

167 OLG Köln FamRZ 2011, 1307 (LS) = NJW-RR 2011, 729; vgl. auch *Hammer*, FF 2014, 428, 432

168 OLG Frankfurt FamRZ 2012, 359 (LS), dazu *Riegner*, FamFR 2012, 359

169 *Kindler*, FPR 2012, 422, 426

170 Dazu OLG Celle BeckRS 2017, 152472

171 BGH FamRZ 2019, 598

172 Dazu VG Freiburg ZKJ 2014, 80 = NJW 2014, 648 = JAmt 2013, 651; vgl. auch OLG Brandenburg FamRZ 2009, 2100; OLG Hamm BeckRS 2014, 06509, dazu *Pätzold*, NZFam 2014, 572

VI. Gerichtliche Maßnahmen (Abs. 3)

1. Grundsätze

Wenn die Eltern nicht in der Lage sind, die konstatierte Kindeswohlgefährdung abzuwenden, können die Rechtsfolgen je nach Fallgestaltung unterschiedlich ausfallen. Es besteht grundsätzlich ein **Auswahlermessen** des Gerichts.[173] Abs. 3 erwähnt eine Fülle möglicher Maßnahmen (Nr. 1 bis 6), die jedoch **nicht** als **abschließender Katalog** zu verstehen sind und zudem kombiniert werden können.[174] Es kommen also grundsätzlich auch **andere** zur Abwendung der Gefahr geeignete **Weisungen** in Betracht (dazu Rn. 61 ff.), die aber mit den nach dem Wortlaut des Gesetzes zulässigen Weisungen **vergleichbar** sein müssen.[175] Sie können sich auch gegen **Dritte** richten (Abs. 4, siehe oben Rn. 17). Soweit das Sorgerecht durch einen **Vormund** ausgeübt wird, findet Abs. 3 über § 1837 Abs. 4 BGB entsprechende Anwendung.[176] Umstritten ist, ob Auflagen nach Abs. 3 überhaupt **vollstreckt** werden sollten oder statt einer zwangsweisen Durchsetzung weitergehende Maßnahmen zu prüfen sind.[177] **39**

Allerdings ist bei der Wahl des jeweiligen Vorgehens stets der Grundsatz der **Verhältnismäßigkeit** strikt zu beachten (dazu oben Rn. 19, ferner *Cirullies,* § 1666a BGB Rn. 3). Daher sind solche Maßnahmen bei absehbarer Dauer der Kindeswohlgefährdung zu **befristen** und zudem **aufzuheben**, wenn eine Gefahr für das Wohl des Kindes nicht mehr besteht oder ihre Erforderlichkeit entfallen ist (§ 1696 Abs. 2 BGB). Insoweit besteht eine Pflicht zur **Überprüfung** nach § 166 Abs. 2 FamFG (vgl. *Bussian,* § 166 FamFG Rn. 15). **40**

Umstritten ist, ob sich durch eine **Bevollmächtigung** des Jugendamts zur Ausübung der elterlichen Sorge insgesamt oder in Teilbereichen **Maßnahmen** nach § 1666 Abs. 3 BGB **erübrigen** können. Das Problem stellt sich ähnlich wie bei einer „Sorgerechtsvollmacht“ (besser: Ermächtigung), die ein Elternteil dem anderen erteilt, um auf diese Weise eine Sorgerechtsregelung entbehrlich zu machen.[178] Auch hier spricht gegen eine solche Vollmacht, dass sie jederzeit **widerruflich** ist und in diesem Fall ein (erneutes) Gerichtsverfahren erfordert (hierzu *Keuter,* § 1671 BGB Rn. 22). Zudem bleibt unklar, ob das Jugendamt rechtlich verpflichtet ist, von einer von den sorgeberechtigten Eltern erteilten Vollmacht Gebrauch zu machen, und wie das Grundverhältnis der Vollmacht rechtlich einzuordnen ist bzw. zustande kommt.[179] Jedenfalls kann das Familiengericht das Jugendamt nicht zum Abschluss des einer Sorgerechtsvollmacht zugrunde liegenden Grundverhältnisses verpflichten.[180] **41**

Grundsätzlich müssen Anordnungen nach § 1666 BGB **inhaltlich** so **bestimmt** sein, dass die Verpflichteten eindeutig erkennen können, welches konkrete Verhalten von ihnen verlangt wird.[181] So ist das Gebot „vertrauensvoller Zusammenarbeit mit dem zuständigen Jugendamt“ zu ungenau. Zudem ist die pauschale Anordnung, die Mutter habe den **Weisungen des Jugendamtes** in Bezug auf das Kind Folge zu leisten, unzulässig, weil diese Weisung faktisch einem vollständigen Entzug der elterlichen Sorge entspricht, der näher **42**

---

173 Grüneberg/*Götz*, § 1666 BGB Rn. 30
174 OLG Brandenburg FamRZ 2016, 1282
175 BGH FamRZ 2017, 212
176 Dazu OLG Hamm BeckRS 2014, 11408, dazu *Többen*, NZFam 2014, 810
177 Hierzu OLG Bamberg FamRZ 2025, 762 = NZFam 2025, 293 (*Giers*)
178 Grundlegend BGH FamRZ 2020, 1171 m. Anm. *Amend-Traut*; OLG Schleswig NZFam 2025, 658 (*Ferschl*); OLG Braunschweig NZFam 2025, 554 (*Kutschenko*); OLG Bremen FamRZ 2023, 1973
179 *Dürbeck*, ZKJ 2021, 152; kritisch auch *Keuter*, ZKJ 2020, 339, 343; eingehend zur Sorgerechtsvollmacht *Lack*, NJW 2024, 805; *Hoffmann*, FamRZ 2023, 1921
180 VG Köln FamRZ 2023, 286 m. Anm. *Ernst* = NZFam 2023, 94 (*Hoffmann*)
181 OLG Düsseldorf FamRZ 2023, 1208

begründet werden müsste.[182] Andererseits sollen nach h.M. an die Bestimmtheit einer Weisung nur geringe Anforderungen zu stellen sein, weil solche Gebote typischerweise **nicht** primär den Zweck hätten, **vollstreckt** zu werden, sondern auf die Wahrung des Verhältnismäßigkeitsgrundsatzes zielten, indem sie einen stärkeren Eingriff in das Sorgerecht, etwa eine (Teil-)Sorgerechtsentziehung, erübrigen können. Vielmehr seien bei **fehlender Kooperation** der Eltern weitergehende Sorgerechtsmaßnahmen zu prüfen.[183]

2. Öffentliche Hilfen (Nr. 1)

43 Wegen der Subsidiarität staatlicher Intervention kommt den (vorrangigen) **öffentlichen Hilfen** große Bedeutung zu.[184] Sie sind, sofern sie geeignet sind, die erste Wahl zur Abwendung der Gefahren für das Kindeswohl, wie bereits die betonte Erwähnung in §§ 1666a Abs. 1 BGB, 157 Abs. 1 FamFG verdeutlicht. Beispielhaft nennt das Gesetz Leistungen der **Kinder- und Jugendhilfe**. Hier geht es – neben Angeboten zur Förderung der Erziehung in der Familie (§§ 16 bis 21 SGB VIII)[185] – vornehmlich um **Hilfen zur Erziehung** nach §§ 27 ff. SGB VIII. Dabei bietet sich häufig die Inanspruchnahme einer **sozialpädagogischen Familienhilfe**[186] an. Anstelle solcher ambulanten Jugendhilfemaßnahmen kann auch eine Unterbringung in einer **Mutter-Kind Einrichtung** in Betracht kommen.[187]

▶ *Näher zu den öffentlichen Hilfen Köhler, § 27 SGB VIII.*

Eine entsprechende Anordnung ist bereits zu Beginn einer kindeswohlschädlichen Entwicklung zulässig.[188] Zur umstrittenen „Anordnungskompetenz" des Familiengerichts gegenüber dem Jugendamt siehe näher *Köhler*, § 36a SGB VIII Rn. 1.

Allerdings muss diese Hilfeform auch **geeignet** sein, die Kindeswohlgefährdung abzuwenden. Anderenfalls kommt sie nicht in Betracht[189] (vgl. oben Rn. 19). Insoweit hat die Stellungnahme des **Jugendamtes** eine gewichtige Bedeutung. Das Familiengericht kann und muss jedoch von dieser abweichen, wenn es die öffentlichen Hilfen als geeignet erachtet. Es wird sich in diesem Fall jedoch mit den Erwägungen des Jugendamtes auseinanderzusetzen und darzulegen haben, aus welchen Gründen es zu einer anderen Ansicht gelangt (näher hierzu *Heilmann*, § 162 FamFG Rn. 28). Im Einzelfall ist zur Vermeidung einer Gefährdung und Fremdunterbringung des Kindes ein **umfassendes Schutzkonzept** geboten, das mehrere Maßnahmen, etwa verschiedene Therapieangebote, bestimmte Kontrollen bei Drogen- und Alkoholmissbrauch sowie eine systemische Familienberatung beinhalten kann.[190]

Im Bereich der ebenfalls beispielhaft erwähnten **Gesundheitsfürsorge** kann das Familiengericht den Eltern die Weisung erteilen, Früherkennungs- oder Vorsorgeuntersuchungen wahrzunehmen.[191]

Freilich ist solche ambulante Unterstützung den betreffenden Familien einschließlich einer qualifizierten Hilfeplanung (§ 36 SGB VIII) in den allermeisten Fällen bereits im Vorfeld des Verfahrens nach § 1666 BGB intensiv und erfolglos zuteilgeworden.[192] In gravierenden Fäl-

182 OLG Nürnberg FamRZ 2011, 1306
183 OLG Bamberg FamRZ 2025, 762 = NZFam 2025, 293 (*Giers*); ferner KG FamRZ 2024, 1876; OLG Hamm BeckRS 2024, 27467 (Rn. 71)
184 Dazu OLG Nürnberg FamRZ 2015, 1211 = JAmt 2015, 109; eingehend *Dahm*, ZKJ 2015, 222
185 Etwa ein „Eltern-Kind-Training" und spezielle Beratungsangebote
186 § 31 SGB VIII, dazu OLG Karlsruhe FamRZ 2019, 1429; ferner *Köckeritz*, ZKJ 2017, 56; *Rothenburg/Trinkner*, ZKJ 2015, 176; *Leeb/Weber*, JAmt 2014, 71
187 Hierzu OLG Hamburg NZFam 2022, 607 (*Preisner*)
188 OLG Koblenz FamRZ 2017, 453
189 Dazu BGH FamRZ 2019, 598
190 Vgl. OLG Karlsruhe FamRZ 2019, 1429
191 *Ernst*, FPR 2008, 602, 603 mit weiteren Beispielen
192 MüKo-BGB/*Volke*, § 1666 Rn. 183 m.w.N.

len wird dann eine **Einschränkung des Sorgerechts** zu erwägen sein[193] (ferner unten Rn. 58). In jedem Fall unerlässlich es hierbei die Fähigkeit des Gerichts, die Wirkungen, Möglichkeiten und Grenzen von **Schutzmaßnahmen** öffentlicher wie freier Träger der Kinder- und Jugendhilfe realistisch einschätzen zu können.[194]

3. Einhaltung der Schulpflicht (Nr. 2)

Schulverweigerung findet in mehreren Formen statt: Vielfach entzieht sich das Kind bewusst der Ausbildung durch „Schwänzen" des Schulunterrichts. Damit einher geht regelmäßig ein Desinteresse oder eine Unfähigkeit (Überforderung) der Sorgeberechtigten, das Kind intensiv zum Schulbesuch zu bewegen. Schließlich halten immer öfter Eltern – oft aus weltanschaulichen Gründen[195] – ihre Kinder bewusst vom Schulbesuch fern und erteilen ihnen **Heimunterricht** („homeschooling"). Die Gründe und Motive hierfür sind vielfältig: „symbiotische" Familiensysteme, Isolierung von Kindern, häusliche Gewalt, sexueller Missbrauch, Zwangsverheiratung, Verweigerung der Teilnahme am Schwimm-, Biologie- und Sportunterricht, strikte Geschlechtertrennung etc.[196] In dieser Weise „indoktrinierte" Eltern lassen sich auch in einem nach § 157 FamFG anzuberaumenden Erörterungstermin kaum umstimmen. **44**

Voraussetzung für **gerichtliche Maßnahmen** ist in jedem Fall eine konkrete Kindeswohlgefährdung.[197] Die Möglichkeiten sind insoweit allerdings begrenzt.[198] Gebote an jugendliche Schulverweigerer selbst sind durch Abs. 3 Nr. 2 nicht eröffnet. Zumindest vorübergehend kann eine stationäre **Familienhilfe** mit ihren Appellen an Kind und Eltern förderlich sein.[199] Bloße **Weisungen** an die Eltern, Kontakt zu den Lehrern aufzunehmen und das Kind regelmäßig zur Schule zu bringen,[200] versprechen hingegen eher geringen Erfolg. Eine wirkungsvolle Sanktionierung von Verstößen fehlt. Die zur Durchsetzung etwa verhängten **Zwangsmittel** nach § 888 ZPO i.V.m. § 95 Abs. 1 Nr. 3 FamFG (vgl. hier *Cirullies*, § 95 FamFG Rn. 5);[201] lassen sich nur selten vollstrecken. Überdies sollen Gebote nach § 1666 Abs. 3 BGB ohnehin nicht primär den Zweck haben, vollstreckt zu werden (dazu Rn. 42). Es ist dann ein teilweiser Entzug der elterlichen Sorge zu erwägen.[202] **45**

Zudem kann familiengerichtlichen Maßnahmen zur Durchsetzung der **Schulpflicht** der Grundsatz der **Verhältnismäßigkeit** entgegenstehen, etwa wenn eine 14-Jährige wiederholt und nachhaltig äußert, nur noch „selbstbestimmt" außerhalb der Schule lernen zu wollen.[203]

In hartnäckigen Fällen kann ein **Entzug des Aufenthaltsbestimmungsrechts** und des Rechts zur Regelung von Schulangelegenheiten in Verbindung mit der Anordnung einer **Pflegschaft** unumgänglich sein.[204] Ein solcher Eingriff in das Sorgerecht ist im Grundsatz **46**

193 Dazu OLG Brandenburg BeckRS 2014, 04895
194 *Salgo*, ZKJ 2019, 217, 218
195 Dazu etwa OLG Karlsruhe NZFam 2022, 1133 (*Billhardt*); OLG Celle FamRZ 2022, 111 = NZFam 2021, 882 mit Anm. *Schmidt*
196 *Salgo*, FamRZ 2019, 452
197 OLG Düsseldorf FamRZ 2019, 35
198 Zu Problemen bei der Durchsetzung der Schulpflicht eingehend *Schmidt*, NZFam 2023, 824
199 Dazu OLG Koblenz FamRZ 2006, 57
200 Dazu *Ernst*, FPR 2008, 602, 604; kritisch *Röchling*, FamRZ 2007, 431, 433
201 So auch Familienverfahrensrecht/*Meysen*, § 95 FamFG Rn. 4; nicht jedoch nach § 35 FamFG (so wohl Staudinger/*Coester,* § 1666 BGB Rn. 290), da keine verfahrensleitende Verfügung, und auch kein Ordnungsgeld nach § 89 FamFG (so MüKo-BGB/*Volke,* § 1666 Rn. 269), da nur Umgang und Personenherausgabe betreffend
202 Hierzu MüKo-BGB /*Volke* § 1666 Rn. 194
203 OLG Schleswig FamRZ 2019, 453
204 Zu einem solchen Fall VGH München NVwZ-RR 2019, 419; AG Hersfeld FamRZ 2018, 1515 (LS), dazu *Leipold*, NZFam 2018, 615

zur Abwehr der Gefahr geeignet, erforderlich und zumutbar[205] und auch im Wege der **einstweiligen Anordnung** zulässig, wenn ein dringendes Bedürfnis für ein unverzügliches Einschreiten des Familiengerichts besteht.[206] Zwar können ihm anderweitige Beeinträchtigungen des Kindeswohls entgegenstehen.[207] Doch grundsätzlich sind ein **zeitweiser Entzug der elterlichen Sorge** und die **Fremdunterbringung** der Kinder zur Durchsetzung der Schulpflicht bei Heimbeschulung durch die Eltern gerechtfertigt, wenn dadurch die Isolierung der Kinder vermieden und ihre Integration in die Gesellschaft sichergestellt werden soll und eine Durchsetzung der Schulpflicht durch Zwangsgelder erfolglos geblieben ist.[208] Eine **Auswanderung** der Eltern in ein Land ohne Schulpflicht kann letztlich jedoch nicht verhindert werden.[209]

47 Unabhängig von familiengerichtlichen Maßnahmen kann die **Schulaufsicht** gegen die Eltern vorgehen. Die Verpflichtung zur Anmeldung zum Schulbesuch besteht fort.[210] Vorschriften in einzelnen landesrechtlichen Schulgesetzen, die das Entziehen anderer Personen von der Schulpflicht unter Strafe stellen, sind verfassungsgemäß.[211] Solche **Strafbestimmungen** existieren in Bremen, Hamburg, Hessen, Mecklenburg-Vorpommern und im Saarland. In den übrigen Bundesländern wird die Nichteinhaltung der Schulpflicht ausschließlich als **Ordnungswidrigkeit** sanktioniert.[212] Vorrangig ist die Schulaufsicht jedoch gehalten, der Weigerungshaltung der Eltern konsequent mit der Verhängung verwaltungsrechtlicher **Zwangsmittel** zu begegnen.[213]

4. Näherungs- und Kontaktverbot (Nr. 3 und 4)

48 Im Eltern-Kind-Verhältnis finden die Vorschriften des **Gewaltschutzgesetzes** keine Anwendung (vgl. oben Rn. 13). Jedoch sind im Rahmen des Abs. 3 zur Gefahrenabwendung die gleichen Maßnahmen zulässig.[214] So kann dem Täter untersagt werden, sich in einem bestimmten **Umkreis der Wohnung** aufzuhalten oder zu bestimmende andere **Orte** aufzusuchen, an denen sich das Kind regelmäßig aufhält. Darüber hinaus kann das Familiengericht einem **Elternteil** oder einer **dritten Person** (z.B. Lebensgefährten, Nachbarn) die **Nutzung** der von dem Kind mit bewohnten (oder einer anderen) **Wohnung** untersagen, um so dem Kind die vertraute Umgebung zu erhalten.[215] Allerdings muss sich eine solche Schutzanordnung, sofern hierdurch der persönliche **Umgang** des Elternteils mit dem Kind **eingeschränkt** wird, auch an den Voraussetzungen des § 1684 Abs. 4 BGB messen lassen[216] (siehe auch Rn. 52).

49 Von dieser **Wegweisung** (auch: „Ausweisung" oder „go-order"), die mit einem **Rückkehrverbot** kombiniert werden sollte, wird vor allem bei **Sexualstraftaten** im nachbarlichen Umfeld Gebrauch gemacht. So kann das Gericht einem Sexualstraftäter verbieten, in unmittelbarer Nachbarschaft der von ihm missbrauchten Kinder zu wohnen[217] oder sich dem Kind zu **nä-**

205 BGH ZKJ 2008, 166 = FamRZ 2008, 45
206 Vgl. OLG Hamm FamRZ 2014, 1379 = ZKJ 2014, 256
207 OLG Köln NJW 2015, 416; OLG Hamm FamRZ 2014, 398
208 EGMR FamRZ 2020, 33 = FamRZ 2019, 449 mit Anm. *Salgo* und *Grohmann*; AG Bad Hersfeld BeckRS 2017, 147971, dazu *Leipold*, NZFam 2018, 615
209 OLG Frankfurt FamRZ 2014, 1857; kritisch dazu *Avenarius*, NZFam 2015, 138
210 VGH München NVwZ-RR 2019, 419; *Avenarius*, NZFam 2015, 342
211 BVerfG FamRZ 2015, 27 m. Anm. *Salgo*
212 Anmerkung der Schriftleitung zu BVerfG NVwZ 2015, 151; zu strafrechtlichen Konsequenzen vgl. auch *Rinio*, FPR 2007, 467
213 Zu Problemen bei der Durchsetzung der Schulpflicht eingehend *Schmidt*, NZFam 2023, 824
214 Grüneberg/*Götz*, § 1666 BGB Rn. 36
215 Dazu OLG Frankfurt FamRZ 2019, 1425 = NZFam 2019, 680 mit Anm. *Salzgeber;* OLG Karlsruhe FamRZ 2018, 511
216 BGH FamRZ 2023, 57 m. Anm. *Rake* = NZFam 2023, 63 (*Preisner*) = FamRB 2023, 54 (*Cirullies*)
217 OLG Zweibrücken FamRZ 1994, 976

hern.[218] Ist der Wohnungsnachbar einer Familie mit Kindern dringend verdächtig, sich des sexuellen Missbrauchs dieser Kinder strafbar gemacht zu haben, kann ihm die Benutzung seiner Wohnung so lange untersagt werden, wie die betroffenen Kinder in demselben Haus wohnen.[219]

Bei der Verhängung eines **Wohnungsnutzungsverbotes** gegenüber dem Dritten sind dessen etwaige **dingliche und mietvertragliche Rechte** an der Wohnung mit den Einschränkungen des § 1666a Abs. 1 Satz 3 BGB (Befristung) zu berücksichtigen (siehe *Cirullies*, § 1666a BGB Rn. 2). Zumindest könnte ein Kontakt- und Annäherungsverbot nach § 1666 Abs. 3 Nr. 4 BGB ausgesprochen werden. **50**

Häufig geht es hingegen um Fälle, in denen der **Täter** mit dem Kind in **häuslicher Gemeinschaft** lebt (meist der Ehemann oder Lebensgefährte der Mutter). Insoweit hat der BGH[220] klargestellt, dass gegenüber einem **Elternteil** durchaus ein Verbot nach § 1666 Abs. 3 BGB zulässig ist. Die gegenteilige Auffassung, wonach hierfür § 1684 BGB die speziellere Vorschrift darstelle (dazu Rn. 10), ist damit obsolet. **51**

In solchen Konstellationen ist die Wegweisung in der Regel nur dann eine geeignete Maßnahme, wenn der zur Versorgung des Kindes verbleibende Elternteil selbst diesen Schritt befürwortet (und im Übrigen zu einer angemessenen Kindesbetreuung allein auch in der Lage ist).[221] Allein darauf zu vertrauen, dass dieser durch eine Trennung vom Partner für ein Ende der Gewalt zu sorgen vermag, erscheint sehr zweifelhaft.[222] Es besteht die Gefahr, dass der in der Wohnung zurückgebliebene Elternteil die baldige Rückkehr des Verwiesenen akzeptiert oder gar wünscht und das Kindeswohl erneut in Gefahr gerät. Ein engmaschiges **Kontrollnetz** (hierzu Rn. 64) ist insoweit kaum zu knüpfen, eine Zwangsvollstreckung schwierig. Ebenso kann es bedenklich erscheinen, die **Mutter als „Wachperson"** während der begleiteten Umgangskontakte in die Weisungen einzubinden, die das Gericht dem wegen sexuellen Missbrauchs verurteilten Vater nach § 1666 BGB erteilt hat.[223] Ähnliche Probleme bestehen, wenn der Lebensgefährte in Abwesenheit der Mutter das Kind nachgewiesenermaßen **körperlich misshandelt** hat und nun von der **Mutter** – die die Täterschaft ihres Freundes weiterhin leugnet – allein aufgrund ihr erteilter Auflagen nach § 1666 Abs. 3 BGB von dem Kind ferngehalten werden soll.[224] In solchen Fällen kann auch ein **Teilsorgerechtsentzug** angezeigt sein.[225]

Sofern im Übrigen mit dieser Maßnahme die **Trennung des Kindes von einem Elternteil** verbunden ist, sind die zusätzlichen Voraussetzungen des § 1666a Abs. 1 BGB zu beachten (dazu *Cirullies*, § 1666a BGB, Rn. 2 ff.). Auch besteht in der Regel Veranlassung, die **Besuchskontakte** zu regeln – notfalls durch einen (begrenzten) Umgangsausschluss. Allerdings kann gegen einen **gewalttätigen Elternteil** ein befristetes Kontakt- und Näherungsverbot verhängt werden, auch wenn dies für einen begrenzten Zeitraum einem **Umgangsausschluss** gleichkommt (es gilt dann der Maßstab des § 1684 Abs. 4 BGB – siehe Rn. 48). **52**

---

218 OLG Koblenz FamRZ 2020, 1648; einschränkend BGH FamRZ 2023, 57 m. Anm. *Rake* = FamRB 2023, 54 (*Cirullies*)

219 AG Tiergarten, Beschl. v. 24.10.1991 – 50 X 129/91, juris

220 BGH FamRZ 2023, 57 m. Anm. *Rake*, FamRB 2023, 54 (*Cirullies*); vgl. auch OLG Koblenz FamRZ 2024, 282 m. Anm. *Hammer*

221 Zu diesen Zweifeln auch *Kliemann/Fegert*, ZKJ 2021, 333, 335

222 Dazu BVerfG FamRZ 2021, 672 m. Anm. *Hammer*; zum Problem der „mütterzentrierten" Einschätzung bei Maßnahmen nach § 1666 BGB vgl. Ernst/Lohse/*Kindler*, Teil 4 Rn. 16 m.w.N.

223 So BGH FamRZ 2023, 57 m. Anm. *Rake* = FamRB 2023, 54 (*Cirullies*); kritisch auch *Probst*, JR 2024, 130, 139 (Mütter kein „Bollwerk" gegen Missbrauchsgefahren)

224 Vgl. OLG Koblenz FamRZ 2024, 282 m. Anm. *Hammer*.

225 Vgl. BVerfG FamRZ 2023, 49 m. Anm. *Billhardt* = NZFam 2023, 17 m. Anm. *Volke*; OLG Köln FamRZ 2023, 1210 (LS) = NZFam 2023, 899 (*Schmidt*)

Eine solche Kappung der Verbindung zwischen Täter und Opfer wird zum Schutz des Kindes gerade für notwendig erachtet. Ob und inwieweit später Umgangsregelungen geboten sind, ist dann anderweitig zu entscheiden.

53 Die mit einer Wegweisung bzw. einem Näherungs- und Kontaktverbot verbundenen **Unterlassungspflichten** werden – nach vorheriger **Androhung** (§ 890 Abs. 2 ZPO) – durch Verhängung von **Ordnungsmitteln** vollstreckt nach § 890 ZPO i.V.m. § 95 Abs. 1 Nr. 4 FamFG (siehe *Cirullies*, § 95 FamFG Rn. 7), nicht jedoch nach den (nur bei der Vollstreckung von Umgangsregelungen und Kindesherausgabe geltenden) §§ 86 ff. FamFG. Die Androhung sollte zwecks Gewährung eines umfassenden Rechtsschutzes unmittelbar ab Wirksamwerden des Kontaktverbots bereits in dem entsprechenden Beschluss erfolgen. Die Vollstreckung von **Geboten** richtet sich hingegen nach § 888 ZPO (vgl. hier *Cirullies*, § 95 FamFG Rn. 5); eine Androhung findet nicht statt.

5. Ersetzung von Erklärungen (Nr. 5)

54 Sind die Sorgerechtsinhaber nicht willens oder in der Lage, eine Erklärung abzugeben, die zur Abwehr einer Kindeswohlgefährdung geboten erscheint, so kann das Familiengericht selbst – ohne Bestellung eines Ergänzungspflegers – die **Erklärung ersetzen**.

55 Häufig geht es um **ärztliche Maßnahmen**. So kann beispielsweise ersetzt werden die Zustimmung des Sorgeberechtigten zu:

- einer dringenden **ärztlichen Untersuchung**, Behandlung oder Operation,[226]
- einem **Schwangerschaftsabbruch** einer Minderjährigen,[227]
- der Durchführung einer **Haaranalyse** bei dem Kind,[228]
- einer vom Gericht beabsichtigten **psychologischen Begutachtung des Kindes**.[229]

Bei einer gerichtlich angeordneten Kindesbegutachtung wird allerdings die Auffassung vertreten, die Ersetzung der Zustimmung sei nicht ausreichend, weil das „Zuführungsrechts" als Teil des Aufenthaltsbestimmungsrechts nicht in Abs. 3 aufgeführt sei, jedoch der Regelung bedürfe. Daher sei auch in das **Aufenthaltsbestimmungsrecht** der Sorgeberechtigten einzugreifen.[230] Dies überzeugt jedoch nicht, da Abs. 3 keine enumerative Aufzählung kindesschutzrechtlicher Maßnahmen enthält und das Aufenthaltsbestimmungsrecht weiter gehende Befugnisse u.a. auch zur Fremdunterbringung vermittelt. Der Entzug des Aufenthaltsbestimmungsrechts wäre mithin unverhältnismäßig. In Betracht zu ziehen ist allenfalls der Entzug der elterlichen Sorge mit dem Teilbereich der Entscheidung über die **Begutachtung** des Kindes sowie über Zuführung und Durchführung zur Begutachtung.[231]

Um die Begutachtung durchzusetzen, kann der zu beauftragende Gerichtsvollzieher notfalls unter Anwendung von Gewalt das Kind der Kindesmutter wegnehmen und dem Pfleger übergeben.[232]

226 Mitunter werden jedoch insoweit Teilbereiche der elterlichen Sorge (Gesundheitsfürsorge und/oder das Recht zur Zuführung zu einer medizinischen Behandlung) zu entziehen sein, vgl. BVerfG FamRZ 2022, 1776; OLG Köln FamRZ 2023, 957 (LS) = NZFam 2023, 367 (*Schmidt*)
227 OLG Hamburg FamRZ 2014, 1213 = NZFam 2014, 948 mit Anm. *Holzwarth*
228 OLG Bremen FamRZ 2014, 1376
229 OLG Jena FamRZ 2018, 1677; OLG Schleswig FamRZ 2018, 109; OLG Hamm BeckRS 2014, 11408, dazu *Többen*, NZFam 2014, 810 (betreffend die Zustimmung eines Vormundes)
230 OLG Celle FamRZ 2019, 1930; OLG Rostock FamRZ 2011, 1873; ebenso OLG Hamm (8. Familiensenat) FamRZ 2014, 401; OLG Hamm (4. Familiensenat) FamRZ 2014, 1379 = ZKJ 2014, 254; a.A. OLG Rostock FamRZ 2017, 215; einschränkend KG FamRZ 2019, 1702 mit Anm. *Keuter*
231 OLG Frankfurt FamRZ 2020, 177 (LS) = NZFam 2019, 997 m. Anm. *Schmidt*
232 OLG Rostock FamRZ 2006, 1623

Unterlässt der Sorgeberechtigte die gebotene fristlose **Kündigung** des Mietverhältnisses für eine **gesundheitsgefährdende Wohnung**, kann das Familiengericht diese ersetzen, dem Vermieter kündigen und den Eltern die weitere Nutzung der Wohnung verbieten.[233] Ebenso kann bei Weigerung der Kindeseltern, die **Schweigepflichtsentbindung** für das Kind zur Einholung von Auskünften bei dritten Personen zu erklären, diese Erklärung ersetzt werden.[234] **56**

Der Ersetzungsbeschluss wird grundsätzlich erst mit Rechtskraft wirksam. Jedoch kann das Gericht bei **Gefahr im Verzug** die **sofortige Wirksamkeit** anordnen (§ 40 Abs. 3 FamFG). **57**

6. Entziehung der elterlichen Sorge (Nr. 6)

Die dargestellten Maßnahmen reichen häufig nicht aus, um der Kindeswohlgefährdung erfolgversprechend zu begegnen. Es kann dann als **letztes Mittel** das Sorgerecht (teilweise) zu entziehen sein. In Betracht kommen der Entzug einzelner **Teilbereiche** (z.B. Gesundheitsfürsorge,[235] Entscheidung über den Schulbesuch, Entscheidung über Exploration des Kindes[236] (vgl. auch oben Rn. 55), Personensorge oder Vermögenssorge) und die entsprechende Übertragung auf einen **Ergänzungspfleger** (§ 1809 BGB). Lediglich äußerstenfalls kann die **gesamte** elterliche Sorge entzogen werden; es ist dann eine **Vormundschaft** einzurichten (§ 1773 BGB). Dies ist nur zulässig, wenn andere Maßnahmen erfolglos geblieben sind oder absehbar zur Abwendung der Gefahr nicht ausreichen (§ 1666a Abs. 2 BGB, siehe hierzu § 1666a BGB Rn. 6). Häufig wird das Jugendamt als **Amtsvormund/Amtspfleger** bestellt. Doch müssen bei der Auswahl eines Vormunds oder Ergänzungspflegers Großeltern und sonstige nahe Verwandte besonders in Betracht gezogen werden, weil die Bestellung von geeigneten **Familienangehörigen** regelmäßig einen milderen Eingriff in das Elternrecht darstellt.[237] **58**

Hinweis: Funktionell zuständig für die Auswahl ist grundsätzlich der Rechtspfleger.[238] Allerdings wird es verfassungsrechtlich geboten sein, dass im Fall eines Sorgerechtsentzugs nach §§ 1666, 1666a BGB der Richter mit der Sachentscheidung zugleich den Vormund oder Pfleger auswählt, weil nur so die Verhältnismäßigkeit der Maßnahme umfassend beurteilt werden kann.[239] Im Übrigen finden sich die verfahrensrechtlichen Vorschriften zur Vormundschaft nun in §§ 168 bis 168g FamFG.[240] Sie werden ergänzt durch die für das Jugendamt geltenden Vorschriften in §§ 53 ff. SGB VIII.

Praktisch bedeutsam sind Maßnahmen betreffend das **Aufenthaltsbestimmungsrecht** (zur Durchsetzung ist eine zusätzliche Herausgabeanordnung geboten – siehe Rn. 74). Unzulässig ist allerdings dessen **„vorsorgliche"** Entziehung, um das rasche Eingreifen des Jugendamtes zu erleichtern. Insoweit genügt die Möglichkeit der Inobhutnahme nach § 42 SGB VIII.[241] In Betracht kommt die Übertragung dieses Teilbereichs auf einen Elternteil oder aber auf einen **Ergänzungspfleger**. **59**

▶ *Zum Entzug des Umgangsbestimmungsrechts vgl. Gottschalk, § 1684 BGB Rn. 58.*[242]

233 AG Sigmaringen NZM 2009, 255
234 OLG Schleswig FamRZ 2018, 109; a.A. wohl OLG Karlsruhe FamRZ 2019, 1429
235 Dazu OLG Dresden FamRZ 2018, 32; vgl. auch OLG Schleswig NJW-RR 2019, 1289, dazu *Söpper*, NZFam 2019, 882
236 OLG Frankfurt FuR 2019, 716 = NZFam 2019, 997; OLG Celle FamRZ 2019, 1930
237 BVerfG FamRZ 2024, 784 = NZFam 2024, 170 (*Dürbeck*); OLG Hamm FamRZ 2024, 785
238 § 3 Nr. 1 a) RPflG, hierzu OLG Karlsruhe FamRZ 2024, 1887 = NZFam 2024, 663 (*Hoffmann*)
239 Vgl. BVerfG FamRZ 2015, 208; eingehend *Dürbeck*, NZFam 2022, 1053, 1055
240 Ausführlich *Bullmann*, jM 2023, 310
241 OLG Schleswig FamRZ 2014, 1383 = ZKJ 2014, 330 mit Anm. *Gottschalk*; zum unzulässigen Sorgerechtsentzug „auf Vorrat" vgl. auch BVerfG FamRZ 2014, 1177 = ZKJ 2014, 327
242 Ferner BGH FamRZ 2016, 1752; *Lack*, FamRZ 2024, 1675, 1679 ff.

60 Vor einem (Teil-)Entzug der elterlichen Sorge ist mit Blick auf den Grundsatz der **Verhältnismäßigkeit** die Geeignetheit **milderer Mittel** zur Abwehr der Kindeswohlgefährdung zu erwägen. Dies kann im Falle der Unterbringung des Kindes in einer Pflegefamilie die **Verbleibensanordnung** nach § 1632 Abs. 4 BGB sein.[243] Ein Sorgerechtsentzug ist entbehrlich, wenn der erziehungsberechtigte Elternteil die zur Abwendung einer dem Kind drohenden Gefahr gebotene **Fremdunterbringung** mitträgt und unterstützt und alle in diesem Zusammenhang notwendig werdenden **Mitwirkungshandlungen** vornimmt.[244] So besteht keine Veranlassung für einen vorläufigen Sorgerechtsentzug im Eilverfahren, wenn die Kindeseltern mit der Unterbringung des Kindes bei den **Großeltern** einverstanden sind und das Kind dort nicht gefährdet ist.[245] Müssen die Rechte der **alleinsorgeberechtigten** Mutter eingeschränkt werden, ist vor der Einrichtung einer Vormundschaft die Übertragung der elterlichen Sorge auf den **Vater** gemäß § 1680 Abs. 2 Satz 2, Abs. 3 BGB zu prüfen. Soll das Kind in der Obhut der Mutter belassen werden, ist der Entzug des **gesamten** Sorgerechts in der Regel **unverhältnismäßig**; es handelt sich hier um eine verfassungsrechtlich unzulässige sog. Vorratsentscheidung.[246] Ob als mildere Maßnahme die Erteilung einer **Sorgerechtsvollmacht** zugunsten des Jugendamtes in Betracht kommt, ist umstritten (hierzu Rn. 41).

7. Therapeutische Maßnahmen

61 Als weitere Maßnahmen kommen sonstige **Gebote, Weisungen und Auflagen** in Betracht. Soweit **psychotherapeutische Maßnahmen**[247] angezeigt sind, ist danach zu differenzieren, ob sie an die **Eltern** oder das **Kind** gerichtet sind:

- So hat das **BVerfG**[248] entschieden, der gerichtlichen Anordnung, dass sich ein **Elternteil** wegen eingeschränkter Erziehungsfähigkeit einer **Psychotherapie** unterziehen soll, fehle es an einer klaren und unmissverständlichen Gesetzesgrundlage. Die Anordnung lasse sich insbesondere keiner der in Abs. 3 beispielhaft aufgeführten Maßnahmen zuordnen.[249] Der **BGH**[250] hält es lediglich für zulässig, den die eigene Begutachtung verweigernden Elternteil in Anwesenheit eines Sachverständigen gerichtlich **anzuhören** und zu diesem Zweck das persönliche Erscheinen des Elternteils anzuordnen und ggf. durchzusetzen (notfalls durch Vorführung, § 33 FamFG, zur verweigerten Mitwirkung an der Begutachtung vgl. auch Rn. 55). Freilich ist der Erfolg eines solchen Vorgehens bei einem schweigenden Elternteil meist zweifelhaft. Eher kann auf den therapiebedürftigen Elternteil mittelbar dadurch Einfluss genommen werden, dass ihm mögliche sorge- oder umgangsrechtliche Nachteile für den Fall der Nichtbehandlung vor Augen geführt werden.[251]
- Hingegen gelten bezüglich einer **Therapie für das Kind** andere Maßstäbe. So kann der Kindesmutter die Auflage erteilt werden, eine bereits begonnene Psychotherapie des Kindes in Abstimmung mit dem Therapeuten und dem Jugendamt fortzusetzen.[252] Das **BVerfG**[253] hat sogar gerügt, dass das Familiengericht – statt des Sorgerechtsentzugs –

---

243 BVerfG FamRZ 2020, 422 (Rn. 19); OLG Frankfurt BeckRS 2022, 36512
244 BVerfG FamRZ 2015, 2120; ferner FamRZ 2021, 749 m. Anm. *Hammer*
245 OLG Frankfurt MDR 2024, 986 = NZFam 2024, 848 (*Kerscher*)
246 OLG Schleswig NJW-RR 2019, 1289; ferner OLG Köln FamRZ 2015, 1904
247 Zu Voraussetzungen und Inhalt von Therapiemaßnahmen vgl. näher *Rohmann*, NZFam 2019, 348, 350
248 BVerfG FamRZ 2011, 452 (LS) = NJW 2011, 166; OLG Stuttgart BeckRS 2018, 39645; OLG Brandenburg FamRZ 2018, 829
249 So auch für eine ärztliche Untersuchung auf Alkoholkonsum: OLG Nürnberg FamRZ 2014, 677
250 BGH FamRZ 2010, 720 mit Anm. *Stößer* = NJW 2010, 1351 mit Anm. *Peschel-Gutzeit*
251 Dazu OLG Karlsruhe FamRZ 2019, 1429 = BeckRS 2019, 8983 Rn. 94; OLG Köln BeckRS 2017, 128220, dazu *Engelmann*, NZFam 2017, 1063; OLG Nürnberg FamRZ 2008, 715; ähnlich Staudinger/*Coester*, § 1666 BGB Rn. 229
252 OLG Frankfurt FamRZ 2011, 489
253 BVerfG FamRZ 2012, 1127 a.E.; OLG Brandenburg FamRZ 2018, 829

nicht (auch) eine Therapieauflage in Betracht gezogen hatte, wonach der Mutter hätte auferlegt werden sollen, die Kinder einer therapeutischen Behandlung zuzuführen, um die Umgangskontakte mit dem Vater zu fördern. Allerdings soll das Sorgerecht zu entziehen sein, wenn davon ausgegangen werden muss, dass sich die Eltern je nach Stimmungslage solchen notwendigen therapeutischen Maßnahmen widersetzen.[254]

8. Sozialer Trainingskurs

62 In Gewaltfällen kann das Familiengericht einem Elternteil aufgeben, ein **Antigewalttraining**[255] zu absolvieren. Eine derartige **Auflage** kann zwar durch Beschluss angeordnet, jedoch gegen den Willen des Betroffenen **nicht** mit gerichtlichen Zwangsmitteln **durchgesetzt werden**.[256] Um die Bereitschaft zur Teilnahme zu fördern, sollte das Gericht im Anhörungstermin klarstellen, welche Bedeutung es der Teilnahme an dem Trainingskurs für den weiteren Fortgang des Verfahrens und die verfahrensabschließende Entscheidung beimisst. Allerdings führt die Teilnahme allein noch nicht zur Veränderung des Verhaltens und zur Verantwortungsübernahme für eine gewaltfreie Erziehung. Hierzu bedarf es einer gesonderten familienrichterlichen Einschätzung.[257] Auch in **Gewaltschutzverfahren** soll das Gericht künftig einen sozialen Trainingskurs als verpflichtend anordnen können.[258]

Eine solche Täterarbeit kann das Jugendamt mitunter **finanzieren** als „Hilfe zur Erziehung" (§ 27 SGB VIII).

9. Sonstige Maßnahmen

63 Je nach konkreter Gefährdungssituation kann das Familiengericht weitere Auflagen erteilen:[259]

Dabei spielt die Gefahr durch **digitale Medien** eine immer stärkere Rolle. Überlassen beispielsweise Eltern ihrem minderjährigen Kind eine **Spielekonsole** („Playstation"), können sie verpflichtet werden, fortwährend sicherzustellen, dass für das Kind daran **keine Spiele jugendgefährdender Art** (Gewalt, Pornografie) zugänglich sind.[260] Umstritten ist, inwieweit die Eltern verpflichtet werden können, die Nutzung der Mobiltelefone durch ihre Kinder, insbesondere bezüglich der **Messenger-Dienste** wie WhatsApp, zu überwachen. Jedenfalls kann den Eltern zur Auflage gemacht werden, für die Teilnahme ihrer Kinder an einem – von der Jugendhilfe vermittelten – **Medientraining** Sorge zu tragen.[261]

Selbst bei einer Kindeswohlgefährdung ist es mangels einer entsprechenden Rechtsgrundlage unzulässig, **körperliche Untersuchungen** eines Elternteils gegen dessen Willen anzuordnen.[262] Hierbei geht es häufig um Haaranalysen und Urin- oder Speichelproben zur Überprüfung des Drogen- und Alkoholkonsums (sog. **Drogenscreening**). Allerdings soll einem **alkoholabhängigen** Dritten aufgegeben werden können, in bestimmten Abständen sein

254 OLG Köln FamRZ 2013, 707 (LS); vgl. auch OLG Hamburg BeckRS 2018, 24269; OLG Koblenz BeckRS 2018, 9649
255 Auch „Täterarbeit" genannt. Die Bundesarbeitsgemeinschaft Täterarbeit Häusliche Gewalt (BAG TäHG) ist ein interinstitutioneller und interkultureller Dachverband für Täterarbeitseinrichtungen Häuslicher Gewalt in Deutschland, vgl. BT-Drs. 17/6685, 31; nähere Informationen unter www.bag-taeterarbeit.de
256 KG FamRZ 2024, 1876 = NZFam 2024, 1135 (*Obermann*)
257 *Schirrmacher/Meysen*, FamRZ 2021, 1929, 1931
258 § 1 Abs. 4 GewSchG n.F. gemäß Art. 12 des Entwurfs eines Gesetzes zur Reform des Familienrechts (Familienrechtsreformgesetz) v. 17.12.2024 (BT-Drs. 20/14263) S. 64
259 Wegen weiterer Beispiele vgl. MüKo-BGB/*Volke*, § 1666 Rn. 228 ff.; ferner *Pothmann*, JAmt 2015, 234
260 Hierzu AG Bad Hersfeld FamRZ 2018, 1003 m. Anm. *Splitt* = ZKJ 2018, 279 m. Anm. *Dürbeck*
261 Eingehend zur elterlichen Verantwortung im Zeitalter der Digitalisierung *Rake*, FamRZ 2022, 1507
262 OLG Bamberg FamRZ 2022, 965 (LS) = NZFam 2022, 981 m. Anm. *Kohlenberg*

Blut ärztlich auf bestimmte alkoholmissbrauchsrelevante Werte untersuchen zu lassen und das Ergebnis vorzulegen.[263]

Droht die gewaltsame Verbringung eines Kindes ins **Ausland** (etwa zum Zwecke der Zwangsverheiratung oder einer rechtswidrigen Beschneidung), kann das Familiengericht gemäß § 1666 Abs. 1 BGB – auf Antrag oder von Amts wegen – ein **Ausreiseverbot** verhängen und eine sog. **Grenzsperre**[264] veranlassen, um die Schaffung vollendeter Tatsachen zu verhindern[265] (siehe auch *Schweppe*, § 15 IntFamRVG Rn. 2).

10. Kontrollpflichten

64 Im Fall der Anordnung kinderschutzrechtlicher Maßnahmen ist oft zweifelhaft, welche **Kontroll- und Überwachungspflichten** insoweit für das Gericht oder das Jugendamt bestehen. Das Problem ist u.a. anlässlich der Aufarbeitung des „Missbrauchsfall von Staufen" besonders aktuell geworden.[266] Während das **Jugendamt** eine Kontroll- bzw. Überwachungstätigkeit aufgrund seines allgemeinen Schutzauftrages[267] trifft, muss das **Familiengericht** die Einhaltung von Geboten gemäß § 166 Abs. 2 und 3 FamFG regelmäßig überprüfen. Im Ergebnis obliegen daher Kontroll- und Überwachungspflichten grundsätzlich dem **Gericht** und nicht dem Jugendamt.[268] Möglichst sollte daher bereits im **Gerichtstermin** abgestimmt werden, von wem, wann und wie die Einhaltung von Ge- und Verboten kontrolliert werden wird, etwa durch unangemeldete Hausbesuche des Jugendamtes.[269] Insoweit kann das Familiengericht einem Elternteil auferlegen, solche **Kontrollbesuche des Jugendamtes** zu dulden.[270]

Hierbei ist zu beachten, dass das **Verhältnis von Jugendamt und Familiengericht** – sowohl in tatsächlicher als auch in rechtlicher Hinsicht – nicht immer unproblematisch ist. So ist auch nach Ansicht des BVerfG[271] zweifelhaft, ob vonseiten des Familiengerichts im Hinblick auf die Gewährung öffentlicher Hilfen eine **Anordnungskompetenz** gegenüber dem Jugendamt besteht.[272] Nach Meinung des BGH[273] sind die Familiengerichte gegenüber den Jugendämtern nicht weisungsbefugt. In jedem Fall kann und sollte das Jugendamt „ersucht" werden, das Gericht zu informieren, falls der verpflichtete Elternteil den gerichtlich angeordneten Geboten nicht nachkommen sollte.[274]

Von einem konkreten Kontrollauftrag ist die bloße **Beobachtungsfunktion eines Familienhelfers** grundsätzlich zu unterscheiden, wenngleich die Übergänge fließend sind. So bewegt sich die sozialpädagogische Familienhilfe (SPFH) stets an der Schnittstelle von **Hilfe und Kontrolle** mit der Konsequenz, dass sie im Fall einer akuten krisenhaften Gefährdungs-

---

263 Vgl. OLG Karlsruhe FamRZ 2019, 1429

264 Gemäß §§ 30, 39 Abs. 2 BPolG (Ausschreibung zur Grenzfahndung); zur entsprechenden Tenorierung vgl. AG Ottweiler BeckRS 2023, 5292

265 Ausführlich OLG Frankfurt FamRZ 2018, 1319 mit Anm. *Hammer* = NZFam 2018, 693 mit Anm. *Lenz*

266 Dazu *Heilmann*, FamRZ 2018, 1797; ferner BGH FamRZ 2019, 598 m. Anm. *Hammer*

267 §§ 1 Abs. 3 Nr. 3, 8a SGBVIII

268 Vgl. auch Ernst/*Lohse*, Teil 2 Rn. 602

269 Vgl. Abschlussbericht der gemeinsamen Arbeitsgruppe zum Staufener Missbrauchsfall v. September 2018, veröffentlicht u.a. auf der Internetseite des Landratsamtes Breisgau-Hochschwarzwald (www.breisgau-hochschwarzwald.de)

270 OLG Hamm BeckRS 2014, 06509, dazu *Pätzold*, NZFam 2014, 572

271 BVerfG FamRZ 2015, 1686; FamRZ 2014, 1177; OLG Brandenburg FamRZ 2024, 1119

272 Eingehend *Prinz*, NZFam 2022, 477; *Heilmann*, FamRZ 2018, 1797, 1801 m.w.N., auch zum umstrittenen Begriff der „Verantwortungsgemeinschaft" zwischen Gericht und Jugendamt

273 BGH FamRZ 2021, 1884; FamRZ 2021, 1402 (Rn. 13)

274 Vgl. OLG Karlsruhe FamRZ 2019, 1429

situation **Schutzmaßnahmen** nach § 8a SGB VIII zu ergreifen hat.[275] Im Einzelfall kann der Einsatz einer systemischen Familienberatung vorzugswürdig sein.[276]

▶ *Ausführlich hierzu Köhler, § 8a SGB VIII.*

11. Maßnahmen gegen Dritte (Abs. 4)

Abs. 4 kann ferner Maßnahmen gegen **Dritte** rechtfertigen, zu denen auch der **nicht sorgeberechtigte Elternteil** zählt, nicht jedoch Behörden (siehe oben Rn. 17). Nach dem eindeutigen Wortlaut ist diese Möglichkeit allerdings auf die **Personensorge** beschränkt. Geht es um die Gefährdung des **Kindesvermögens**, muss auf zivilrechtliche Ansprüche (§§ 823, 1004 BGB) zurückgegriffen werden. 65

Häufig wird gegen Dritte, von denen eine Gefahr für das Wohl des Kindes ausgeht, ein **Kontakt- und Näherungsverbot** verhängt (vgl. oben Rn. 47 ff.). Besteht ein kindeswohlgefährdendes **Liebesverhältnis** zwischen einer Jugendlichen und einem Erwachsenen, kann die Verhängung eines Kontakt- und Näherungsverbotes gegen diesen auch mit Blick auf den festgestellten Willen des Kindes wegen Verstoßes gegen den Verhältnismäßigkeitsgrundsatz abzulehnen sein.[277]

Hinweis: Dritte, gegen die Kinderschutznahmen in Betracht kommen, sind an dem Verfahren förmlich zu **beteiligen** (näher hierzu *Köhler*, § 7 FamFG Rn. 11).

VII. Verfahren

1. Einleitung des Verfahrens

Verfahren nach §§ 1666, 1666a BGB werden grundsätzlich **von Amts wegen** eingeleitet. Mitteilungen („Anträge“) des Jugendamtes oder Dritter stellen insoweit lediglich eine **Anregung** i.S.d. § 24 FamFG dar. Das Jugendamt ist in solchen Verfahren nicht „Antragsteller“. 66

Das Familiengericht wird Erkenntnisse aus anhängigen Verfahren über eine mögliche Kindeswohlgefährdung regelmäßig zum Anlass nehmen, ein Kinderschutzverfahren einzuleiten. Dies gilt insbesondere in Gewaltschutzsachen. Auch einem durch **Sachverständige** nahegelegten Verdacht einer emotionalen Vernachlässigung des Kindes und der Befürchtung irreparabler Entwicklungsstörungen muss das Gericht nachgehen und kindesschutzrechtliche Maßnahmen nach § 1666 BGB in Betracht ziehen.[278] Desgleichen sollte der Sachverständige das Jugendamt oder das Gericht informieren, wenn das Kind im Rahmen der Exploration über **Misshandlungen** im elterlichen Haushalt berichtet.[279] Insbesondere **Lehrer und Ärzte**[280] sind nach § 4 Abs. 3 KKG **befugt**, das **Jugendamt** zu informieren, falls sie dessen Tätigwerden für erforderlich erachten, um eine Gefährdung des Wohls eines Kindes oder eines Jugendlichen abzuwenden. Dies betrifft meist Anhaltspunkte für eine Kindeswohlgefährdung durch Gewalt und/oder sexuellen Missbrauch. Auch wenn eine **Meldepflicht nicht** besteht: Die frühzeitige Einbeziehung der Jugendämter kann vor dem Verlust wertvoller Zeit durch unkoordinierte Hilfsangebote schützen.[281] Im Übrigen gilt für Angehörige der **Heilberufe** nunmehr eine Soll-Pflicht, unverzüglich das Jugendamt zu **informieren**, wenn eine dringende Gefahr für das Kindeswohl das Tätigwerden des Jugendamtes erfor-

---

275 OLG Karlsruhe a.a.O.; eingehend zu den Kontrollrechten und -pflichten eines Sozialpädagogischen Familienhelfers vgl. Ernst/*Lohse*, Teil 2 Rn. 604 ff.
276 Hierzu OLG Karlsruhe FamRZ 2019, 1429, 1433 f.
277 OLG Brandenburg FamRZ 2016, 1282 mit Anm. *Hoffmann*, dazu *Reinken*, NZFam 2016, 573
278 OLG Brandenburg FamRZ 2018, 1088
279 Vgl. zu einem solchen Fall BVerfG FamRZ 2019, 1437
280 Oder ein anderes Mitglied der in § 4 Abs. 1 KKG genannten Berufsgruppen
281 *Ehrmann/Breitfeld*, FPR 2012, 418, 420, auch zu Problemen des „Ärzte-Hoppings“

dert (§ 4 Abs. 3 Satz 3 KKG). Auch Erkenntnisse aus **Strafverfahren** über eine mögliche Kindeswohlgefährdung sind dem Jugendamt zu übermitteln (§ 5 KKG).

Hinweis: Solche Anregungen eines Amtsverfahrens führen zu familiengerichtlichen Vorermittlungen, ob ein Verfahren einzuleiten ist. Während dieser Vorprüfung ist die Akte im AR-Register einzutragen. Wird ein Verfahren nicht eingeleitet, bedarf es keiner Kostenentscheidung.[282]

In sehr dringenden Fällen ist auch die unmittelbare Einschaltung des **Familiengerichts** zulässig.

▶ *Näher hierzu Heilmann, §§ 1 bis 6 KKG Rn. 8.*

2. Beteiligte des Verfahrens

67 Wer Beteiligter ist, lässt sich **§ 7 FamFG** sowie zahlreichen Sonderregelungen[283] entnehmen. Neben den **Eltern** und dem **Verfahrensbeistand** ist das **Jugendamt** (§ 162 Abs. 2 FamFG) zwingend zu beteiligen. Gleiches gilt für einen **Dritten**, gegen den Maßnahmen nach § 1666 Abs. 4 BGB verhängt werden sollen. Auch die betroffenen **Minderjährigen** sind gemäß § 7 Abs. 2 Nr. 1 FamFG „Muss-Beteiligte". Allerdings fehlt ihnen in Kindesschutzverfahren die **Verfahrensfähigkeit**.[284]

▶ *Näher zu den Verfahrensbeteiligten siehe im Übrigen Köhler, § 7 FamFG Rn. 5 ff.*

3. Früher Termin, Erörterungstermin

68 In Verfahren zum Kinderschutz hat das Familiengericht nach § 155 Abs. 2 FamFG binnen eines Monats einen Termin anzuberaumen. Zudem soll nach **§ 157 FamFG** das Gericht mit den **Eltern** – in geeigneten Fällen im Rahmen des § 159 FamFG auch mit dem Kind – **erörtern**, wie einer möglichen Kindeswohlgefährdung, insbesondere durch öffentliche Hilfen, begegnet werden und welche Folgen die Nichtannahme notwendiger Hilfen haben kann. Dieser Termin geht in der Regel mit der ohnehin gebotenen persönlichen Anhörung der Beteiligten einher, kann aber auch getrennt erfolgen

▶ *Zu Einzelheiten siehe Cirullies, § 157 FamFG Rn. 4.*

4. Sachverhaltsermittlung

69 Der **Amtsermittlungsgrundsatz** erfordert von dem Familiengericht gerade in Kinderschutzverfahren eine besonders sorgfältige eigene Ermittlung des Sachverhalts – auch dann, wenn das Verfahren auf Anregung des Jugendamtes eingeleitet wurde. Eine **Delegierung** der Gefährdungsfeststellung auf das **Jugendamt** ist unzulässig.[285] Das Gericht muss eine hinreichende Grundlage für eine am Kindeswohl orientierte Entscheidung haben. Hierzu zählen auch die etwaigen Folgen der **Trennung** des Kindes von den Eltern.[286] Je schwerer die dem Einzelnen auferlegte Belastung wiegt und je mehr die Maßnahme Unabänderliches bewirkt, umso gesicherter muss unter dem Gesichtspunkt des Grundrechtsschutzes das Verfahren die **Tatsachengrundlage** des Grundrechtseingriffs sein.[287] Das Familiengericht darf bei der Prüfung der Gefahr einer erheblichen Schädigung des Kindeswohls auf die

---

282 OLG Bamberg FamRZ 2023, 1053 = FamRB 2023, 278 (*Stockmann*)
283 Z.B. §§ 162, 204, 212 FamFG
284 BGH FamRZ 2021, 140 m. Anm. *Zorn* = NZFam 2021, 751 (*Dürbeck*); OLG Karlsruhe NZFam 2024, 894 (*Flux*)
285 OLG Karlsruhe FamRZ 2025,1193 m. Anm. *Wierse*; OLG Frankfurt FamRZ 2022, 1530 = NZFam 2022, 261 m. Anm. *Splitt*; zur Amtshaftung des Jugendamtes wegen unzureichender Aufklärung einer Kindeswohlgefährdung vgl. OLG Brandenburg FamRZ 2024, 1119
286 BVerfG FamRZ 2012, 1127 = ZKJ 2012, 186
287 BVerfG FamRZ 2014, 907

Grundsätze der freien Beweiswürdigung nach §286 ZPO zurückgreifen und als **Beweismaß** einen Grad von Gewissheit ausreichen lassen, der Zweifeln Schweigen gebietet, ohne sie völlig auszuschließen.[288] Erst recht gilt hier nicht der gleiche hohe Beweismaßstab wie im Strafverfahren (hierzu Rn. 29).

▶ *Näher zum Amtsermittlungsgrundsatz siehe Kischkel, §§ 26, 27 FamFG Rn. 3.*

Zur **Ermittlung des Sachverhalts** ist in der Regel erforderlich die **persönliche Anhörung** des 70
Kindes,[289] der Eltern,[290] des Verfahrensbeistands sowie der Mitarbeiter des Jugendamts. Soweit Eltern solche Anhörungsmaßnahmen bewusst hintertreiben,[291] ist im Einzelfall ein **zwangsweises** Vorgehen des Gerichts zu erwägen.[292]

Darüber hinaus können Erkenntnisse vermitteln:

- Berichte und Anhörungen weiterer Dritter (wie etwa Ärzte, Mitarbeiter von Schule, Kindergarten, Familienhelfer und Umgangsbegleiter),
- Hilfepläne,
- Gefährdungseinschätzung des Jugendamtes im Rahmen des Verfahrens nach §8a SGB VIII.

Im Einzelfall können auch **heimlich** erstellte **Tonaufnahmen** zu Beweiszwecken verwertet werden – nach Abwägung zwischen den Interessen, die durch Tonaufnahmen geschützt werden sollen, und der Verletzung des Persönlichkeitsrechts.[293] Insbesondere in **Eilfällen** kann auf das **telefonische Beratungsangebot** im medizinischen Kinderschutz gemäß §6 KKG[294] zurückgegriffen werden.

Bleiben im Rahmen des §1666 BGB gleichwohl außerjuristische Gesichtspunkte aufklärungsbedürftig, wird das Gericht die Einholung eines **Sachverständigengutachtens** zu erwägen haben.[295] Freilich besteht keine Verpflichtung, stets ein Gutachten einzuholen.[296] Dies gilt erst recht in Eilverfahren.[297] So ist die Einholung eines Sachverständigengutachtens **entbehrlich**, wenn die Ermittlungsergebnisse mit umfangreichen Berichten des Vormunds und des Verfahrensbeistandes nach den Anhörungen eine zuverlässige Entscheidungsgrundlage bieten.[298] Während einer Begutachtung zur Frage, ob ein Elternteil das eigene Kind sexuell missbraucht hat, verbietet sich jedwede parallele Beratung, Befragung oder gar therapeutische Behandlung.[299] Eine gelegentlich angeregte **polygraphische Begutachtung** ist nach Ansicht des BGH unzulässig (dazu Rn. 29).

▶ *Näher zum Sachverständigengutachten Heilmann, Kommentierung zu § 163 FamFG.*

Die grundsätzliche Pflicht zu genauer Aufbereitung der Entscheidungsgrundlage kollidiert 71
freilich fast regelmäßig mit der Dringlichkeit des Eingriffs sowie mit dem generellen **Beschleunigungsgebot** (§155 FamFG). Angesichts mancher dramatisch verlaufender Kinderschutzverfahren, bei denen aufgrund zögerlichen Vorgehens der Verantwortlichen die in

288 BVerfG FamRZ 2023, 49 m. Anm. *Billhardt* = NZFam 2023, 17 m. Anm. *Volke*
289 Dazu BGH FamRZ 2019, 115 mit Anm. *Köhler*; BVerfG, FamRZ 2019, 1437
290 OLG Brandenburg BeckRS 2024, 19477
291 Hierzu etwa BVerfG FamRZ 2023, 1202 (Verhinderung der Kindesanhörung); BVerfG FamRZ 2023, 1023 (Verstecken des Kindes)
292 OLG Bamberg NZFam 2025, 142 (*Keuter*); *Splitt*, FF 2021, 92, 103: näher *Cirullies*, FamRZ 2023, 489
293 OLG Saarbrücken FamRZ 2024, 1878
294 Eingefügt m.W.v. 1.1.2026 aufgrund des Art. 3 des Gesetzes zur Stärkung der Strukturen gegen sexuelle Gewalt an Kindern und Jugendlichen vom 3.4.2025 (BGBl. 2025 I Nr. 107)
295 Zur Gutachtenqualität vgl. *Mohnert*, FamRB 2025, 113
296 BVerfG FamRZ 2023, 438 (Rn. 17) m.w.N.; MüKo-BGB/*Volke*, §1666 Rn. 254
297 Hierzu EGMR FamRZ 2019, 594 = NZFam 2018, 455
298 OLG Frankfurt BeckRS 2024, 34269; OLG Brandenburg FamRZ 2020, 2010
299 OLG Celle NJW 2025, 313

der Obhut ihrer Sorgeberechtigten verbliebenen Kinder sogar zu Tode kamen, ist in Fällen einer unmittelbar drohenden erheblichen Kindeswohlgefährdung ein familiengerichtliches Eingreifen nicht nur unerlässlich, sondern auch verfassungsrechtlich geboten.[300] Ohnehin muss das Gericht stets nach § 157 Abs. 3 FamFG unverzüglich den Erlass einer **einstweiligen Anordnung** prüfen, um etwa erforderliche Maßnahmen zur Gefahrenabwehr zeitnah ergreifen zu können.

72 Insbesondere das Beschwerdegericht hat zu beachten, ob sich im Nachhinein **Veränderungen** in den Lebensumständen der Beteiligten ergeben haben, die **ergänzende Ermittlungen** erfordern. So kann etwa der Auszug von Geschwisterkindern aus dem mütterlichen Haushalt zu einer spürbaren Verringerung der ursprünglich angenommenen Überforderung geführt haben.[301] Mit Vorgängen, die in mittlerweile fernerer Vergangenheit liegen, kann die erforderliche **gegenwärtige Gefahr** in der Regel nicht begründet werden.[302] Zu berücksichtigen ist auch, wenn sich die Mutter zwischenzeitlich mit dem weiteren Verbleib ihres Kindes bei der Großmutter einverstanden erklärt und dieser eine **Vollmacht** für wesentliche Teilbereiche der elterlichen Sorge erteilt hat.[303]

5. Einstweilige Anordnung

73 Steht eine Entscheidung im **Eilverfahren** in Rede, bleiben die praktisch verfügbaren Aufklärungsmöglichkeiten angesichts der spezifischen Eilbedürftigkeit dieser Verfahren regelmäßig hinter den im Hauptsacheverfahren bestehenden Möglichkeiten zurück. Eine **Sorgerechtsentziehung** aufgrund summarischer Prüfung im Wege der **einstweiligen Anordnung** ist damit jedoch nicht ausgeschlossen. Das Gericht ist nach § 157 Abs. 3 FamFG sogar ausdrücklich gehalten, die Notwendigkeit von Eilmaßnahmen abzuklären.

▶ *Zu Einzelheiten des Erlasses einer einstweiligen Anordnung in Kinderschutzverfahren siehe Kischkel, § 49 FamFG Rn. 13 ff.*

6. Entscheidung

a) Tenor

74 Die **Beschlussformel** richtet sich nach den kinderschutzrechtlichen Maßnahmen, die ergriffen werden sollen.

▶ *Zum Absehen von Maßnahmen siehe Rn. 77.*

Bei der **Tenorierung** ist daher zu beachten, dass die entzogenen Teilbereiche der elterlichen Sorge konkret bezeichnet werden. Die an § 1809 Abs. 1 Satz 1 BGB orientierte abstrakte Feststellung der **Verhinderung eines Elternteils** an der Besorgung von sorgerechtlichen Angelegenheiten ist unzulässig.[304]

Mitunter endet das Kindesschutzverfahren ohne konkrete Schutzanordnungen. Denn der Richter darf eine bestimmte Maßnahme nur dann anordnen, wenn nach seiner Überzeugung die tatsächlichen Voraussetzungen der Norm vorliegen, die deren Anordnung gebieten oder erlauben; kann er diese Überzeugung nicht gewinnen, muss die **Maßnahme unter-**

300 BVerfG FamRZ 2018, 1084 mit Anm. *Socha*; FamRZ 2014, 907 = ZKJ 2014, 281; vgl. auch *Lack/Heilmann*, ZKJ 2014, 308, 315
301 Hierzu *Lack/Heilmann*, ZKJ 2014, 308, 312, 314
302 BVerfG FamRZ 2014, 1270
303 OLG Brandenburg FamRZ 2015, 1044; ferner BVerfG FamRZ 2024, 784 = NZFam 2024, 170 (*Dürbeck*); OLG Hamm FamRZ 2024, 785
304 OLG Brandenburg FamRZ 2015, 1044

bleiben.[305] Im Falle eines solchen Absehens könnte der **Beschlusstenor** lauten: „Es wird festgestellt, dass es kindesschutzrechtlicher Maßnahmen nicht bedarf". Im Übrigen ist in Kinderschutzverfahren nach §§ 1666, 1666a BGB eine Verfahrenserledigung durch einen nach § 156 Abs. 2 FamFG gerichtlich gebilligten **Vergleich** ausgeschlossen.[306]

Soweit vertreten wird, das Aufenthaltsbestimmungsrecht könne erst mit **Rechtskraft** des Verfahrens übertragen werden, um dem Kind einen etwaigen mehrfachen Aufenthaltswechsel zu ersparen,[307] kann dem nicht gefolgt werden. Denn eine willkürliche Verschiebung des in § 40 Abs. 1 FamFG festgelegten **Wirksamkeitszeitpunktes** ist unzulässig. Rechtsschutz bietet insoweit § 64 Abs. 3 FamFG, wonach das Oberlandesgericht nach Einleitung des Beschwerdeverfahrens Eilmaßnahmen erlassen kann. Überdies kann das Gericht gemäß § 93 Abs. 1 FamFG die Vollstreckung einstweilen einstellen oder beschränken[308] (ferner *Cirullies* § 93 FamFG Rn. 3).

Hinweis: Beschlüsse, die die elterliche Sorge regeln, können nicht unmittelbar **vollstreckt** werden, weil sie als bloße Statusentscheidungen über keinen vollstreckbaren Inhalt verfügen und nicht vollziehbar, sondern „wirksam" sind. Daher ist etwa für eine Durchsetzung des Aufenthaltsbestimmungsrechts zusätzlich eine **Herausgabeanordnung** gemäß § 1632 Abs. 1 und 3 BGB erforderlich.[309]

b) Begründung

Der Beschluss in Kinderschutzverfahren ist stets ausführlich zu **begründen** (§ 38 Abs. 3 Satz 1 FamFG). Auch eine erteilte **Zustimmung der Eltern** zum Entzug des Sorgerechts und der Bestellung eines Vormunds entbindet das Familiengericht nicht von der Pflicht zur Begründung seiner Entscheidung.[310] Formelhafte Wendungen, die lediglich die gesetzlichen Tatbestandsmerkmale umschreiben, reichen nicht aus.[311] Dies gilt verstärkt im Fall der **Trennung des Kindes** von den Eltern. Hier bedarf es einer erheblichen **„Begründungstiefe"**: Aus dem Verhältnismäßigkeitsgrundsatz folgt wegen der hohen Eingriffsintensität die Verpflichtung der Fachgerichte, die dem Kind **drohenden Schäden** ihrer Art, Schwere und Eintrittswahrscheinlichkeit nach konkret zu benennen.[312] So muss die Entscheidung beispielsweise Erwägungen erkennen lassen, in welcher Art und welchen Ausmaßes Schäden durch das Verbleiben der Kinder bei der Mutter zu befürchten sind und auch die mit einer Trennung verbundenen Nachteile für das Kind in die Abwägung einbeziehen. „Fast vorhersagbare Persönlichkeitsdefizite" des Kindes müssen konkret beschrieben werden; ein Verweis auf das Sachverständigengutachten genügt nicht.[313] 75

Die Anforderungen an die Begründungstiefe sind dann besonders hoch, wenn das Gericht **nicht** der Einschätzung der Sachverständigen oder der beteiligten Fachkräfte folgt, es liege eine die Trennung von Kind und Eltern gebietende Kindeswohlgefährdung vor.[314] Gleiches gilt, wenn das Gericht einer länger zurückliegenden sachverständigen Einschätzung aus ei-

305 BVerfG FamRZ 2020, 422 (Rn. 16 mit dem Hinweis, dass in Amtsverfahren – zumindest gedanklich – der Staat die Feststellungslast trägt); OLG Frankfurt FamRZ 2022, 1530 = NZFam 2022, 261 m. Anm. *Splitt*
306 OLG Düsseldorf FamRZ 2022, 471
307 So *Mach-Hour*, FamFR 2013, 301
308 Zur Abgrenzung der Vorschriften BVerfG FamRZ 2023, 283 m. Anm. *Cirullies*
309 Dazu BVerfG FamRZ 2016, 22 mit Anm. *Hammer*
310 OLG Frankfurt BeckRS 2025, 22
311 OLG Hamm FamRZ 2004, 483
312 BVerfG FamRZ 2025, 281 = NZFam 2025, 291 m. Anm. *Keuter*; FamRZ 2024, 529 (Rn. 43)
313 BVerfG FamRZ 2012, 1127
314 BVerfG FamRZ 2022, 1776

nem Vorverfahren nicht folgt[315] oder eine **Trennung** des Kindes von seinen Eltern **ablehnt**, obwohl Anhaltspunkte für eine nachhaltige Kindeswohlgefährdung bestehen.[316]

76 **Darstellung und Begründung** richten sich vor allem auf:[317]

- die Begründung der hinreichenden Wahrscheinlichkeit einer konkreten **Gefährdung** des Kindes (bereits eingetretener **Schaden** oder gegenwärtige Gefahr einer erheblichen Schädigung),
- die **mangelnde Abwehrfähigkeit bzw. -bereitschaft** der Eltern,
- die eigenständige Bewertung der Beweismittel, insbesondere eines **Sachverständigengutachtens**,
- die **Folgen der Trennung** des Kindes von den Sorgeberechtigten,
- den Ausschluss **milderer Maßnahmen** (z.B. öffentliche Hilfen, Verbleibensanordnung, Verwandtenunterbringung).

Vorläufige und endgültige Entscheidungen nach §§ 1666 Abs. 1, 1666a BGB – wie auch deren Aufhebung oder Abänderung – sind in das im Bundeszentralregistergesetz geregelte **Erziehungsregister** einzutragen (§ 60 Abs. 1 Nr. 9 BZRG).

7. Absehen von kindesschutzrechtlichen Maßnahmen

a) Überprüfungspflicht

77 In der Regel besteht auch nach einem Absehen von Maßnahmen eine Pflicht zur zukünftigen **Überprüfung** in bestimmten Intervallen (§ 166 Abs. 3 FamFG, siehe *Bussian*, § 166 FamFG Rn. 19). Allerdings darf der Staat seinem Wächteramt nur in dringend gebotenen Fällen nachkommen. Daher muss das Familiengericht auf eine Überprüfung verzichten, wenn nach seiner Überzeugung zum Zeitpunkt der Entscheidung eine Kindeswohlgefährdung absehbar nicht möglich erscheint.[318]

b) Beschwerderecht

78 Nach wohl überwiegender Auffassung hat ein **(nicht- oder mitsorgeberechtigter) Elternteil** keinen Rechtsanspruch auf ein Einschreiten nach § 1666 BGB zur Abwendung von Gefahren für sein Kind, da das staatliche Wächteramt allein zum Schutz des Kindes bestehe. Daher sei er gegen die Feststellung des Gerichts, dass solche Maßnahmen nicht zu ergreifen seien, **nicht** beschwerdeberechtigt.[319]

Ebenfalls umstritten ist die Beschwerdebefugnis eines Elternteils, dem die elterliche Sorge in vollem Umfang entzogen wurde, wenn sich sein Rechtsmittel nicht gegen die Grundentscheidung, sondern ausdrücklich nur gegen die gleichzeitig erfolgte **Auswahl des Vormunds** richtet.[320]

---

315 BVerfG FamRZ 2024, 278 m. Anm. *Keuter*

316 Eingehend BVerfG FamRZ 2017, 524 mit Anm. *Salgo* = NJW 2017, 1295 mit Anm. *Lack*

317 Vgl. auch *Lack/Heilmann*, ZKJ 2014, 308

318 MüKo-FamFG/*Heilmann*, § 166 Rn. 24

319 Etwa OLG Frankfurt FamRZ 2025, 515; OLG Schleswig NZFam 2024, 555 (*Kischkel*); OLG Braunschweig FamRZ 2024, 1025 = NZFam 2024, 671 (*Kriewald*) m.w.N. (in jenem Verfahren ist das Rechtsbeschwerdeverfahren anhängig, BGH XII ZB 158/24); a.A. BayVGH FamRZ 2025, 372 m. krit. Anm. *Hammer*

320 Hierzu OLG Stuttgart NZFam 2024, 797 (*Hoffmann*); ferner *Götsche*, jurisPR-FamR 1/2025 Anm. 5. Die Rechtsbeschwerde ist anhängig (BGH XII ZB 262/24)

8. Überprüfung durch das BVerfG

a) Verfassungsbeschwerde

In Kinderschutzverfahren wird nicht selten das **BVerfG** im Wege der **Verfassungsbeschwerde**[321] eingeschaltet – sei es von den Eltern,[322] dem Jugendamt oder auch dem gerichtlich bestellten Verfahrensbeistand.[323] Dabei ist dieser außerordentliche Rechtsbehelf grundsätzlich erst nach Erschöpfung des Rechtswegs bei den Fachgerichten zulässig.[324] Dementsprechend hält er den Fortgang eines fachgerichtlichen Verfahrens nicht auf, wenn er gegen eine dort ergangene **Zwischenentscheidung** eingelegt wird.[325] Ebenso kann die seitens des Jugendamts vorgenommene Inobhutnahme nicht ohne vorherige verwaltungsgerichtliche Klage mit der Verfassungsbeschwerde angegriffen werden.[326] Die Anforderungen an die hinreichende Begründung einer Verfassungsbeschwerde sind erheblich.[327] Ist die Verfassungsbeschwerde gegen eine Entscheidung erfolgreich, wird diese aufgehoben.[328] 79

b) Einstweilige Anordnung

Bis zur endgültigen Entscheidung kann das BVerfG einen Zustand durch einstweilige Anordnung **vorläufig regeln**, wenn dies zur Abwehr schwerer Nachteile, zur Verhinderung drohender Gewalt oder aus einem anderen wichtigen Grund zum gemeinen Wohl dringend geboten ist (§ 32 Abs. 1 BVerfGG). Dabei sind die **Folgen**, die eintreten würden, wenn die einstweilige Anordnung nicht erginge, die Verfassungsbeschwerde aber später Erfolg hätte, gegenüber den Nachteilen **abzuwägen**, die entstünden, wenn die begehrte einstweilige Anordnung erlassen würde, der Verfassungsbeschwerde jedoch der Erfolg versagt bleibt.[329] Allerdings ist bei Prüfung dieser Voraussetzungen ein **strenger Maßstab** anzulegen.[330] 80

Soweit das BVerfG im Wege der einstweiligen Anordnung die **„Vollstreckung"** fachgerichtlicher Sorgerechtsentscheidungen einstweilen aussetzt, ist diese Tenorierung zweifelhaft. Denn solchen Statusentscheidungen fehlt es an einem vollstreckbaren Inhalt[331] (vgl. auch oben Rn. 74).

Im Übrigen ist der etwaige Fortgang der **fachgerichtlichen Verfahren** zu beachten: Sind in jenem Verfahren der einstweiligen Anordnung nach mündlicher Verhandlung Sachentscheidungen ergangen, so sind die ursprünglich angegriffenen Beschlüsse **prozessual überholt** und deshalb gegenstandslos. Das führt zur Unzulässigkeit des auf diese Beschlüsse bezogenen Antrags auf Erlass einer (verfassungsgerichtlichen) einstweiligen Anordnung.[332]

---

321 Gemäß § 90 BVerfGG
322 Deren Vertretungsbefugnis ist mitunter zweifelhaft wegen einer möglichen Interessenkollision, dazu BVerfG FamRZ 2021, 104 (Rn. 22); ferner *Köhler*, ZKJ 2021, 251; *Klinkhammer* in: Festschrift für Dose, 2022, S. 297, 299 ff.
323 Dazu BVerfG FamRZ 2025, 274 m. Anm. *Volke*; FamRZ 2023, 1798
324 BVerfG FamRZ 2024, 1541; FamRZ 2023, 1641
325 OLG Brandenburg FamRZ 2018, 1088; vgl. auch BVerfG FamRZ 2019, 1799
326 BVerfG NZFam 2022, 652 (*Keuter*)
327 BVerfG FamRZ 2025, 281; 2023, 1202; *Radtke*, FF 2022, 431, 433
328 § 95 Abs. 2 BVerfGG; zu einem solchen Fall vgl. BVerfG ZKJ 2018, 59
329 BVerfG ZKJ 2022, 227; FamRZ 2015, 1466
330 BVerfG FamRZ 2017, 206
331 Vgl. BVerfG FamRZ 2015, 1466 mit kritischer Anm. der Redaktion; FamRZ 2016, 22 mit Anm. *Hammer*
332 BVerfG FamRZ 2024, 1541; FamRZ 2019, 993 mit Anm. *Burghart*

9. Prüfungsschema

81

Prüfungsschema bei Kindeswohlgefährdung (§ 1666 BGB)

I. Tatbestand

Gefährdung des Kindeswohls?

➔ **gegenwärtige** Gefahr

➔ für **erhebliche** Schädigung des Kindeswohls (anderenfalls: Gefahrabwendung durch Eltern)

➔ Schädigung aufgrund **konkreter** Verdachtsmomente mit **„hinreichender" Wahrscheinlichkeit** zu erwarten:

– je schwerer der drohende Schaden, desto geringer der Grad der Wahrscheinlichkeit

– Abgrenzung: „mit ziemlicher Sicherheit" und „nachhaltige Gefährdung" erst bei der Rechtsfolge Sorgerechtsentzug

Fehlende Abhilfemöglichkeit oder -bereitschaft der Eltern

II. Rechtsfolgen: Maßnahmen nach § 1666 Abs. 3, 4 BGB

➔ Katalog nicht abschließend

➔ Auswahlermessen

➔ Beachtung des Grundsatzes der Verhältnismäßigkeit:

– Eingriff muss zumutbar sein – dabei zu berücksichtigen:

– Verhältnis zwischen Schwere des Eingriffs, Gewicht des drohenden Schadens und Grad der Gefahr (Rspr. BGH)

Nr. 1: **öffentliche Hilfen** (insb. §§ 27 ff. SGB VIII) → Vorrang vor Nr. 6

Nr. 2: Einhaltung der Schulpflicht

Nr. 3 + 4: Näherungs- und Kontaktverbot

Nr. 5: Ersetzung von Erklärungen

Nr. 6: (teilweise) **Entziehung der elterlichen Sorge**

→ Bei Trennung bzw. Entzug der gesamten Personensorge: § 1666a BGB beachten

→ Verhältnismäßigkeit der Trennung des Kindes von den Eltern nach Ansicht des BGH nur bei **nachhaltiger** Gefährdung des Kindes mit einer erhöhten Wahrscheinlichkeit des Schadenseintritts, nämlich **ziemlicher Sicherheit**

Sonstige mit Nr. 1 bis 6 **vergleichbare Maßnahmen**

Maßnahmen gegen **Dritte** (Abs. 4)

§ 1666a BGB

Grundsatz der Verhältnismäßigkeit; Vorrang öffentlicher Hilfen

(1) [1]Maßnahmen, mit denen eine Trennung des Kindes von der elterlichen Familie verbunden ist, sind nur zulässig, wenn der Gefahr nicht auf andere Weise, auch nicht durch öffentliche Hilfen, begegnet werden kann. [2]Dies gilt auch, wenn einem Elternteil vorübergehend oder auf unbestimmte Zeit die Nutzung der Familienwohnung untersagt werden soll. [3]Wird einem Elternteil oder einem Dritten die Nutzung der vom Kind mitbewohnten oder einer anderen Wohnung untersagt, ist bei der Bemessung der Dauer der Maßnahme auch zu berücksichtigen, ob diesem das Eigentum, das Erbbaurecht oder der Nießbrauch an dem Grundstück zusteht, auf dem sich die Wohnung befindet; Entsprechendes gilt für das Wohnungseigentum, das Dauerwohnrecht, das dingliche Wohnrecht oder wenn der Elternteil oder Dritte Mieter der Wohnung ist.

(2) Die gesamte Personensorge darf nur entzogen werden, wenn andere Maßnahmen erfolglos geblieben sind oder wenn anzunehmen ist, dass sie zur Abwendung der Gefahr nicht ausreichen.

Übersicht

A. Allgemeines

1 Die Vorschrift ergänzt § 1666 BGB und verdeutlicht: Eine **Trennung** des Kindes von seinen Eltern wie auch die Entziehung der gesamten Personensorge stellen die stärksten Eingriffe in das Elterngrundrecht dar. Die Verfassung[1] erlaubt sie lediglich unter strengen Voraussetzungen und nur bei strikter Wahrung des **Grundsatzes der Verhältnismäßigkeit**, wenn die Eltern ihrer Verantwortung nicht gerecht werden.[2] Um eine Trennung des Kindes von den Eltern zu rechtfertigen, muss das elterliche Fehlverhalten ein solches Ausmaß erreichen, dass das Kind bei den Eltern in seinem körperlichen, geistigen oder seelischen Wohl nachhaltig gefährdet wäre.[3] Die Trennung muss zur Erreichung der Abwendung einer nachhaltigen Kindeswohlgefahr geeignet und erforderlich sein und dazu in angemessenem Verhältnis stehen (**Übermaßverbot**).[4] Ist die Trennung bereits erfolgt, sollen die Erziehungsbedingungen in der Herkunftsfamilie durch Beratung und Unterstützung des Jugendamtes so weit verbessert werden, dass die Eltern das Kind wieder selbst erziehen können (vgl. § 37 Abs. 1 Satz 2 SGB VIII). Ist innerhalb eines für das Kind vertretbaren Zeitrahmens eine nachhaltige Verbesserung nicht erreichbar, soll eine (anderweitige) dauerhafte Lebensperspektive für das Kind erarbeitet werden (§ 37 Abs. 1 Satz 4 SGB VIIII).

▶ *Näher hierzu Köhler, Kommentierung zu § 37 SGB VIII.*

1 Art. 6 Abs. 3 GG: Gegen den Willen der Erziehungsberechtigten dürfen Kinder nur auf Grund eines Gesetzes von der Familie getrennt werden, wenn die Erziehungsberechtigten versagen oder wenn die Kinder aus anderen Gründen zu verwahrlosen drohen
2 BVerfG FamRZ 1990, 698; FamRZ 2015, 112
3 BVerfG FamRZ 2009, 1472; FamRZ 2015, 112
4 BVerfG FamRZ 2014, 1005 (LS) = ZKJ 2014, 281 = JAmt 2014, 223, dazu *Riegner*, NZFam 2014, 625

B. Inhalt der Norm

I. Trennung von den Eltern

2 Die **Trennung** des Kindes von der Familie gegen den Willen der Sorgeberechtigten kann sich unterschiedlich gestalten:

- In der Regel wird das Kind aus dem (für sein Wohl schädlichen) Familienverband herausgenommen und **fremduntergebracht**, sei es in einer Pflegefamilie oder einem Heim, sei es durch Übergabe in die Obhut des anderen Elternteils[5] oder eines Verwandten, häufig der Großeltern.[6]
- In selteneren Fällen, insbesondere bei Verdacht auf häusliche Gewalt und sexuellen Missbrauch, kann das Gericht auch den gefährdenden Elternteil der **Wohnung verweisen**. Allerdings sind dann bei der Bemessung der Dauer der Maßnahme etwaige dingliche oder mietvertragliche Berechtigungen mit zu beachten (Abs. 1 Satz 2 und 3).

II. Grundsatz der Verhältnismäßigkeit

3 Zur Trennung führende Entscheidungen sind nur zulässig, wenn **mildere Mittel** zur Abwendung der Gefahr für das Kindeswohl ausscheiden. Dabei hat das Familiengericht auch negative Folgen der Trennung und der konkreten Fremdunterbringung für das Kind zu ermitteln und zu berücksichtigen – erst recht bei einer Trennung alsbald nach der Geburt des Kindes.[7] Denn es ist davon auszugehen, dass die **Wegnahme** und die häufig weitgehenden Einschränkungen oder sogar der Abbruch von Bindungskontakten des Kindes mit den Eltern der Herkunftsfamilie eine **weitere Kindeswohlgefährdung** beinhalten kann und dieser Gesichtspunkt daher in die Abwägung einzubeziehen ist.[8] Die Beachtung der Verhältnismäßigkeit hat durch die jüngere Rechtsprechung des **BGH**[9] noch eine besondere Betonung erfahren (dazu *Cirullies,* § 1666 BGB Rn. 19).

4 Der Staat muss nach Möglichkeit versuchen, durch helfende, unterstützende, auf Herstellung oder Wiederherstellung eines verantwortungsgerechten Verhaltens der Eltern gerichtete Maßnahmen sein Ziel zu erreichen.[10] Insoweit kommen vor allem die in Abs. 1 Satz 1 hervorgehobenen **öffentlichen Hilfen** (§§ 11 bis 41 SGB VIII) in Betracht, die das Gericht nach § 1666 Abs. 3 Nr. 1 BGB anordnen kann.[11] So kann sich eine Trennung ggf. durch eine Unterbringung in einer **Mutter-Kind-Einrichtung** vermeiden.

Ist eine Trennung zur Abwendung der konkreten Gefährdung unvermeidbar, ist als geringerer Eingriff etwa zu erwägen, ob diese Trennung nur für die Tage des **Schulbesuchs**, also von Montagmorgen bis Freitag nach Schulschluss mit Ausnahme der Schulferien und der Feiertage, zu erfolgen hat.[12] Auch ist die Unterbringung bei geeigneten **Verwandten** vorzugswürdig, weil sie es den Eltern ermöglicht, den Kontakt zum Kind leichter zu halten und dessen Entwicklung weiter zu beeinflussen, soweit dies dem Kindeswohl nicht schadet.[13]

5 Als Ausgleich für die Trennung und ihre Folgen hat der Staat, soweit das Kindeswohl hierdurch nicht gefährdet wird, für eine **Regelung des Umgangs** zu sorgen und für hinreichende

---

5 BVerfG FamRZ 2006, 537
6 OLG Frankfurt MDR 2024, 986 = NZFam 2024, 848 (*Kerscher*); OLG Brandenburg FamRZ 2010, 1743
7 BVerfG FamRZ 2012, 1127 = ZKJ 2012, 186; zu möglichen Folgen eines Kontaktabbruchs zu den leiblichen Eltern vgl. *Prinz/Gresser*, NZFam 2015, 989
8 *Balloff*, FPR 2013, 208, 210
9 Insbesondere BGH FamRZ 2019, 598; kritisch hierzu *Heilmann*, NJW 2019, 1417
10 BVerfG FamRZ 2010, 528; FamRZ 2010, 713; OLG Brandenburg BeckRS 2014, 04895
11 Eingehend *Kindler*, FPR 2012, 422, 426; ferner hier *Cirullies*, § 1666 BGB Rn. 42
12 OLG Koblenz FamRZ 2012, 1953
13 BVerfG FamRZ 2014, 907 = JAmt 2014, 406

Auskunftserteilung über die Verhältnisse des Kindes Sorge zu tragen. Daher kann es auch geboten, sein, dass das Familiengericht insoweit **von Amts wegen** ein Verfahren einleitet.

III. Entzug der gesamten Personensorge

Eine Entziehung der gesamten **Personensorge** als Teil der elterlichen Sorge gemäß § 1626 Abs. 1 Satz 2 BGB liegt vor, wenn die Sorgeberechtigten durch die gerichtliche Maßnahme beide Teilbereiche, d.h. die tatsächliche Sorge für die Person des Kindes und das Vertretungsrecht nach §§ 1626 Abs. 1 Satz 2, 1629 Abs. 1 Satz 1 BGB verlieren.[14] 6

Unter Beachtung des Verhältnismäßigkeitsgrundsatzes ist zu erwägen, den Eltern anstelle der gesamten Personensorge nur **Teilbefugnisse** zu entziehen. Freilich sind die Unterschiede zum Gesamtentzug marginal, wenn dem Sorgeberechtigten das Aufenthaltsbestimmungsrecht, die Gesundheitsfürsorge und das Recht zur Entscheidung aller Angelegenheiten in Bezug auf Schule bzw. Kindergarten entzogen werden.[15]

An der **Geeignetheit der Sorgerechtsentziehung** zur Abwehr der Kindeswohlgefährdung fehlt es, wenn diese und die dadurch vorbereitete Trennung des Kindes von den Eltern mit anderweitigen Beeinträchtigungen des Kindeswohls einhergehen, welche durch die Beseitigung der festgestellten Gefahr nicht aufgewogen werden.[16]

Bei fehlender Problemeinsicht und/oder Veränderungsbereitschaft der Eltern scheiden **ambulante Hilfen** (etwa Leistungen der allgemeinen Förderung der Erziehung oder durch sozialpädagogische Familienhilfe) als mildere Mittel gegenüber einer Fremdunterbringung der Kinder aus.[17]

§ 1667 BGB

Gerichtliche Maßnahmen bei Gefährdung des Kindesvermögens

(1) [1]Das Familiengericht kann anordnen, dass die Eltern ein Verzeichnis des Vermögens des Kindes einreichen und über die Verwaltung Rechnung legen. [2]Die Eltern haben das Verzeichnis mit der Versicherung der Richtigkeit und Vollständigkeit zu versehen. [3]Ist das eingereichte Verzeichnis ungenügend, so kann das Familiengericht anordnen, dass das Verzeichnis durch eine zuständige Behörde oder durch einen zuständigen Beamten oder Notar aufgenommen wird.

(2) [1]Das Familiengericht kann anordnen, dass das Geld des Kindes in bestimmter Weise anzulegen und dass zur Abhebung seine Genehmigung erforderlich ist. [2]Gehören Wertpapiere, Kostbarkeiten oder Schuldbuchforderungen gegen den Bund oder ein Land zum Vermögen des Kindes, so kann das Familiengericht dem Elternteil, der das Kind vertritt, die gleichen Verpflichtungen auferlegen, die nach §§ 1814 bis 1816, 1818 einem Vormund obliegen; die §§ 1819, 1820 sind entsprechend anzuwenden.

(3) [1]Das Familiengericht kann dem Elternteil, der das Vermögen des Kindes gefährdet, Sicherheitsleistung für das seiner Verwaltung unterliegende Vermögen auferlegen. [2]Die Art und den Umfang der Sicherheitsleistung bestimmt das Familiengericht nach seinem Ermessen. [3]Bei der Bestellung und Aufhebung der Sicherheit wird die Mitwirkung des Kindes durch die Anordnung des Familiengerichts ersetzt. [4]Die Sicherheitsleistung darf nur dadurch er-

14 MüKo-BGB/*Volke*, § 1666a Rn. 33
15 So OLG Hamm v. 17.7.2025, 4 UF 213/24, BeckRS 2025, 20155; OLG Brandenburg ZKJ 2013, 504 = JAmt 2013, 664; a.A. OLG Schleswig NJW-RR 2019, 1289, dazu *Söpper*, NZFam 2019, 1289, ferner *Clausius*, FamRB 2020, 21
16 BVerfG FamRZ 2014, 1177 = ZKJ 2014, 327; zum vorläufigen Sorgerechtsentzug wegen Gefährdung des Wohls eines Säuglings vgl. OLG Köln v. 1.7.2025, 14 UF 76/25, NZFam 2025, 869 (*Schmidt*)
17 OLG Celle BeckRS 2017, 152472

zwungen werden, dass die Vermögenssorge gemäß § 1666 Abs. 1 ganz oder teilweise entzogen wird.

(4) Die Kosten der angeordneten Maßnahmen trägt der Elternteil, der sie veranlasst hat.

Von einer Kommentierung wird abgesehen.

§ 1668 bis 1670 BGB

(weggefallen)

§ 1671 BGB

Übertragung der Alleinsorge bei Getrenntleben der Eltern

(1) [1]Leben Eltern nicht nur vorübergehend getrennt und steht ihnen die elterliche Sorge gemeinsam zu, so kann jeder Elternteil beantragen, dass ihm das Familiengericht die elterliche Sorge oder einen Teil der elterlichen Sorge allein überträgt. [2]Dem Antrag ist stattzugeben, soweit

1. der andere Elternteil zustimmt, es sei denn, das Kind hat das 14. Lebensjahr vollendet und widerspricht der Übertragung, oder

2. zu erwarten ist, dass die Aufhebung der gemeinsamen Sorge und die Übertragung auf den Antragsteller dem Wohl des Kindes am besten entspricht.

(2) [1]Leben Eltern nicht nur vorübergehend getrennt und steht die elterliche Sorge nach § 1626a Absatz 3 der Mutter zu, so kann der Vater beantragen, dass ihm das Familiengericht die elterliche Sorge oder einen Teil der elterlichen Sorge allein überträgt. [2]Dem Antrag ist stattzugeben, soweit

1. die Mutter zustimmt, es sei denn, die Übertragung widerspricht dem Wohl des Kindes oder das Kind hat das 14. Lebensjahr vollendet und widerspricht der Übertragung, oder

2. eine gemeinsame Sorge nicht in Betracht kommt und zu erwarten ist, dass die Übertragung auf den Vater dem Wohl des Kindes am besten entspricht.

(3) [1]Ruht die elterliche Sorge der Mutter nach § 1751 Absatz 1 Satz 1, so gilt der Antrag des Vaters auf Übertragung der gemeinsamen elterlichen Sorge nach § 1626a Absatz 2 als Antrag nach Absatz 2. [2]Dem Antrag ist stattzugeben, soweit die Übertragung der elterlichen Sorge auf den Vater dem Wohl des Kindes nicht widerspricht.

(4) Den Anträgen nach den Absätzen 1 und 2 ist nicht zu entsprechen, soweit die elterliche Sorge auf Grund anderer Vorschriften abweichend geregelt werden muss.

Weiterführende Literatur: Bussian, Das paritätische Wechselmodell im familiengerichtlichen Verfahren, ZKJ 2023, 90; *Bovenschen/Spangler,* Wer kann Bindungsfigur eines Kindes werden? FPR 2013, 194; *Brisch,* Die vier Bindungsqualitäten und die Bindungsstörungen, FPR 2013, 183; *Fegert,* Endgültiges Aus für das Parental Alienation Syndrome (PAS) im amerikanischem Klassifikationssystem DSM-5, ZKJ 2013, 190; *Gottschalk/Heilmann,* Anordnung eines paritätischen Wechselmodells gegen den Willen eines Elternteils?, ZKJ 2017, 181; *Hammer,* Die gerichtliche Anordnung des Wechselmodells, FamRZ 2015, 1433; *ders.*, Entwicklungslinien im Sorge- und Umgangsrecht bei Getrenntleben der Eltern, FamRZ 2021, 905; *Heilmann,* Die Gesetzeslage zum Sorge- und Umgangsrecht, NJW 2012, 16; *Keuter,* Einleitung kindschaftsrechtlicher Amtsverfahren, NZFam 2022, 1105; *ders.*, Sorgerechtsvollmacht statt Sorgerechtsübertragung? ZKJ 2020, 339; *Kindler,* Trennungen zwischen Kindern und Bindungspersonen, FPR 2013, 195; *Kischkel,* Die Einheitlichkeit des Verfahrensgegenstands in familiengerichtlichen Sorgerechtsverfahren – praktische Relevanz und dogmatische Herleitung, NZFam 2022, 107; *Lack,* Die gerichtliche Anordnung des Wechselmodells, NJW 2021, 837; *dies.*, Sorgerechtsvollmachten – Voraussetzungen, Rechtsfolgen und Anwendungsbereiche, NJW 2024, 805; *Lengning/Lüpschen,* Auswirkungen auf Bindungs- und Beziehungsqualitäten bei Misshandlung, Vernachlässigung und sexuellem Missbrauch, FPR 2013, 213; *Löhnig,* Vollmachten als Gestaltungsmittel im Bereich der elterlichen Sorge, NJW 2020, 2150; *Mayer,* Das Wechselmodell im Kindschaftsrecht, FF 2018, 384; *Obermann,* Das Zusammenspiel von Amts- und Antragsverfahren in § 1671 Abs. 4 BGB – Gedanken zum Gegenstand von Sorgeverfahren, FamRZ 2022, 997; *Prinz,* Erteilung von „Sorgerechtsvollmachten" zur Vermeidung familiengerichtlicher Sorgerechtseingriffe, NZFam 2020, 747; *Salzgeber,* Das Wechselmodell, NZFam 2014, 921; *Rake,* Sorgerechtsregelung nach Vollmachterteilung NZFam 2022, 344; *Schwonberg,* Anordnung eines Wechselmodells, FamRZ 2018, 1298; *Stellungnahme Vorstand DFGT (Coester),* Gerichtliche Anordnung eines paritätischen Wechselmodells, FamRZ 2017, 584; *Walter,* Unterschiede zwischen Beziehungen und Bindungen – was sagen der Gesetzgeber und die psychologische Wissenschaft? FPR 2013, 177.

Weiterführende Literatur zu Reformvorschlägen: *Altrogge,* Das Eckpunktepapier zum Kindschaftsrecht – der große Wurf oder doch nur ein Flickenteppich? – Teil 1 FamRB 2024, 162; Teil 2 FamRB 2024, 215; *Bussian,* Kritische Überlegungen zur beabsichtigten Reform des Kindschaftsrechts, ZKJ 2024, 171; *Keuter,* Referentenentwurf für das Kinderrechtsmodernisierungsgesetz (KiMoG) – ein kritischer Überblick, FamRZ 2024, 1833; *Kischkel/Sachenbacher,* Das Eckpunktepapier des BMJ für eine Reform des Kindschaftsrechts – zu wenig Kind, zu wenig Praxis, zu kurz gesprungen, FamRZ 2024, 409; *Reichel,* Eckpunkte zur Reform des Kindschaftsrechts – ein großer Schritt? ZRP 2024, 72; *Volke/Kriewald,* Das Eckpunktepapier des Bundesministeriums der Justiz für die Reform des Kindschaftsrechts: Modernisierung von Sorgerecht, Umgangsrecht und Adoptionsrecht, NZFam 2024, 241; *Witt,* Die Eckpunktepapiere des BMJ zum Abstammungs- und Kindschaftsrecht FF 2024, 140.

Übersicht

A. Allgemeines

1 Die Vorschrift ist durch das Gesetz zur Reform der elterlichen Sorge nicht miteinander verheirateter Eltern mit Wirkung vom 19.5.2013 neu gefasst worden.[1] Anliegen des Gesetzgebers war grundsätzlich die **Schaffung des Leitbildes der gemeinsamen elterlichen Sorge**.[2] Die bislang in §§ 1671 und 1672 BGB erfassten Regelungsgegenstände werden zusammengeführt, § 1672 BGB wurde aufgehoben. Die Verfassung gebietet jedoch nicht, der gemeinsamen elterlichen Sorge stets den Vorrang einzuräumen.[3]

2 In Abs. 1 normiert der Gesetzgeber die Voraussetzungen, unter denen gemeinsam sorgeberechtigte Eltern, die nicht zusammenleben, die alleinige elterliche Sorge insgesamt oder in Teilen übertragen erhalten können. Abs. 2 gibt dem Vater die Möglichkeit, das alleinige Sorgerecht von der bis dahin allein sorgeberechtigten Mutter ganz oder teilweise zu erhalten. Abs. 3 regelt eine Sorgerechtsübertragung auf den Vater, wenn die allein sorgeberechtigte Mutter in eine Adoption des Kindes wirksam eingewilligt hat. Abs. 4 entspricht dem alten Abs. 3 und enthält insbesondere einen Verweis auf §§ 1666, 1667 BGB.

3 Der DEKiMoG[4] sieht eine Neufassung des § 1671 BGB als § 1632 BGB-E vor. Wesentliche Neuerungen insoweit wären die Einführung eines eigenen Antragsrechts eines mindestens 14 Jahre alten Kindes auf Übertragung der gesamten oder von Teilen der elterlichen Sorge auf einen Elternteil (§ 1632 Abs. 3 BGB-E). § 1671 Abs. 1 Satz 2 BGB würde gestrichen werden, weil der Entwurf in § 1641 BGB-E entsprechende Möglichkeiten für außergerichtliche Vereinbarungen vorsieht.[5] Ein Getrenntleben soll keine Voraussetzung für den Sorgerechtsantrag mehr sein.[6] Außerdem sieht § 1632 Abs. 4 BGB-E die gesetzliche Klarstellung vor, dass ein Antrag auf Übertragung der gesamten oder von Teilen der elterlichen Sorge keinen Erfolg haben dürfe, wenn dem Kindeswohl sowie den berechtigten Interessen der Eltern auf mildere und gleich geeignete Weise entsprochen werden könne. Dies sei insbesondere der Fall, wenn eine Vollmacht für die Ausübung der elterlichen Sorge durch einen Elternteil ausreichend und erteilt sei oder die Übertragung der Entscheidung in einer einzelnen Angelegenheit oder einer bestimmten Art von Angelegenheiten auf einen Elternteil in Betracht komme.

Den Streit, ob die gerichtliche Anordnung eines Wechselmodells überhaupt und in welchem Verfahren möglich sei, will das KiMoG durch den neu gefassten § 1679 BGB-E zugunsten der Möglichkeit einer entsprechenden Anordnung im Rahmen eines Umgangsverfahrens lösen, wobei die Vorschrift zugleich in § 1679 Abs. 2 BGB-E diverse Entscheidungskriterien vorsieht.

1 BGBl. I 2013 S. 795
2 BT-Drs. 17/11048, 12
3 BVerfG FF 2018, 247, 248; BeckOK-BGB/*Veit*, § 1671 Rn. 7 m.w.N.
4 Diskussionsentwurf zum Kindschaftsrechtsmodernisierungsgesetz (DEKiMoG), abrufbar unter www.bmj.de
5 Dazu DEKiMoG, S. 106 f.
6 RefE KiMoG, S. 95

Übersicht: Die Übertragung der elterlichen Sorge nach § 1671 Abs. 1 und 2 BGB 4

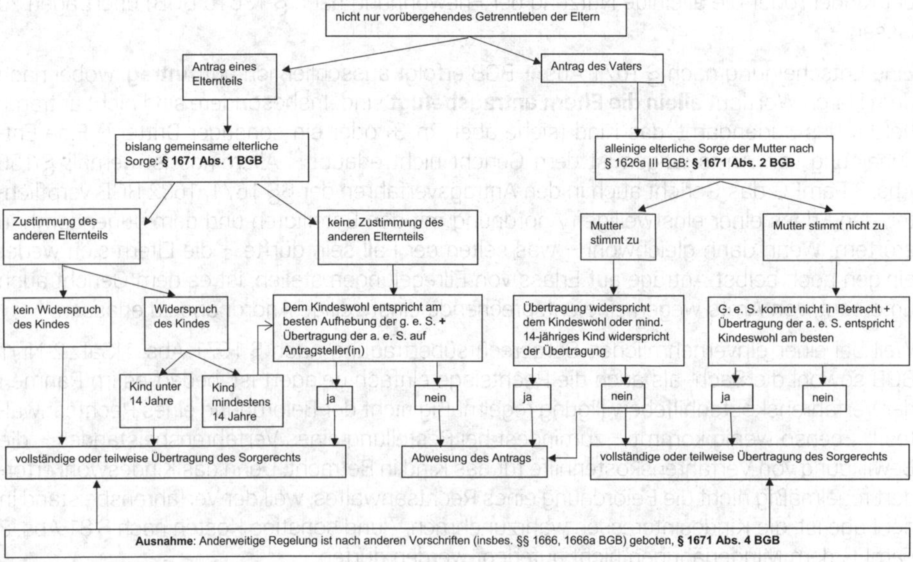

B. Inhalt der Norm

I. Aufhebung der gemeinsamen elterlichen Sorge (Abs. 1)

1. Allgemeine Voraussetzungen

Die Eltern müssen **gemeinsam sorgeberechtigt** sein, wobei unerheblich ist, ob die gemeinsame elterliche Sorge durch eine bei Geburt des Kindes bestehende Ehe oder eine der Konstellationen des § 1626a Abs. 1 Nr. 1 bis 3 BGB begründet wurde. Wurde einem ursprünglich gemeinsam sorgeberechtigten Elternteil die elterliche Sorge ganz oder teilweise entzogen, übt der andere sie insoweit allein aus (§ 1680 Abs. 3 BGB); ein Antrag nach § 1671 BGB des Elternteils, dem die elterliche Sorge entzogen wurde, ist unzulässig.[7] Ruht die elterliche Sorge eines Elternteils gemäß § 1674 BGB, besteht zwar weiterhin gemeinsame elterliche Sorge, doch ist dieser Elternteil an der Ausübung der elterlichen Sorge gehindert, so dass zumeist kein rechtlich geschütztes Interesse an einem Antrag nach § 1671 BGB besteht.[8] Im Ausnahmefall kann ein Bedürfnis dafür bestehen, auch die Sorgerechtssubstanz übertragen zu erhalten.[9] 5

Sie müssen ferner **dauerhaft getrennt** leben. Insoweit gelten – auch ohne bestehende Ehe – die Maßstäbe des § 1567 BGB (entsprechend). Soweit Eltern noch äußerliche Gemeinsamkeiten wie gemeinsame Mahlzeiten, Gespräche oder Unternehmungen ausschließlich im Rahmen der Wahrnehmung von Umgangskontakten pflegen, stehen diese einer Trennung im Rechtssinne nicht entgegen.[10] Die Trennung muss nach außen dokumentiert sein.[11] Es genügt nur eine **bereits vollzogene Trennung**. Will ein Elternteil die räumliche Trennung erst herbeiführen, dazu jedoch die Kinder mitnehmen, bleibt bis zur Trennung nur

7 OLG Frankfurt ZKJ 2024, 267
8 OLG Düsseldorf FamRZ 2020, 260; siehe aber auch OLG Celle FamRZ 2020, 428
9 OLG Karlsruhe FamRZ 2017, 41, 42
10 OLG Köln FamRZ 2002, 1341
11 *Völker/Clausius*, § 1 Rn. 230 m.w.N.

die Möglichkeit, sich nach § 1628 BGB die – punktuelle – Entscheidung über den Auszug der Kinder (oder die alleinige Nutzung der Ehewohnung nach § 1361b BGB) übertragen zu lassen.[12]

6 Eine Entscheidung nach § 1671 Abs. 1 BGB erfolgt ausschließlich auf **Antrag**, wobei nach dem klaren Wortlaut **allein die Eltern antragsbefugt** sind. Insbesondere sind nicht antragsbefugt das Jugendamt, das Kind (siehe aber Rn. 3) oder ein sonstiger Dritter.[13] Eine Entscheidung von Amts wegen ist dem Gericht nicht erlaubt.[14] Allerdings ist gemäß § 156 Abs. 3 FamFG das Gericht auch in den Antragsverfahren der §§ 1671, 1632 BGB verpflichtet, den Erlass einer einstweiligen Anordnung mit den Beteiligten und dem Jugendamt zu erörtern. Wenn dann gleichwohl – was selten der Fall sein dürfte – die Eltern sich weder einigen noch selbst Anträge auf Erlass von Eilregelungen stellen, ist es dem Gericht auch untersagt, von Amts wegen eine entsprechende einstweilige Anordnung zu erlassen.[15]

Weil bei einer einvernehmlichen Sorgerechtsübertragung nach § 1671 Abs. 1 Satz 2 Nr. 1 BGB sowohl die Sach- als auch die Rechtslage einfach gelagert ist, bedarf es im Rahmen der Verfahrenskostenhilfebewilligung regelmäßig nicht der Beiordnung eines Rechtsanwaltes.[16] Ebenso wenig kommt – zumindest bei Bestellung eines Verfahrensbeistandes – die Bewilligung von Verfahrenskostenhilfe für das Kind in Betracht. Denn das Kindeswohl erfordert regelmäßig nicht die Beiordnung eines Rechtsanwaltes, weil der Verfahrensbeistand in der Lage ist, die Kindesinteressen wahrzunehmen,[17] und sonstige Kosten nach § 81 Abs. 3 FamFG dem Minderjährigen nicht auferlegt werden dürfen.

7 Sowohl nach Abs. 1 wie auch nach Abs. 2 können anstelle einer Aufhebung der gemeinsamen bzw. Übertragung der alleinigen elterlichen Sorge insgesamt jeweils nur **Teilbereiche** übertragen werden. Dies ist Ausprägung des Verhältnismäßigkeitsgrundsatzes.[18] Ist nur die Übertragung eines Teilbereichs der elterlichen Sorge – z.B. das Aufenthaltsbestimmungsrecht – beantragt, darf das Gericht außerhalb des § 1671 Abs. 4 BGB schon im Hinblick auf die fehlende Antragstellung im Übrigen keine weiteren Teilbereiche übertragen.[19]

2. Besondere Voraussetzungen nach Abs. 1 Satz 2 Nr. 1

8 Der Sorgerechtsantrag hat – außer beim Vorliegen der Voraussetzungen des Abs. 4 – grundsätzlich Erfolg, wenn der andere Elternteil zustimmt und das betreffende Kind noch keine 14 Jahre alt ist oder dem Sorgerechtsantrag nicht widerspricht.

9 Die **Zustimmung** ist eine **höchstpersönliche Willenserklärung**; ist der zustimmende Elternteil in der Geschäftsfähigkeit beschränkt, bedarf es gleichwohl keiner Mitwirkung seines gesetzlichen Vertreters.[20] Die Zustimmung kann **formfrei** erklärt werden, und zwar grundsätzlich **gegenüber dem Gericht**. Eine nur Dritten gegenüber erklärte Zustimmung genügt nicht.[21] Das Gericht hat sich im Rahmen der persönlichen Anhörung nach § 160 FamFG von Wirksamkeit, Reichweite, Ernsthaftigkeit und Freiwilligkeit der Zustimmung zu überzeugen.[22] Die Zustimmung darf nicht von einer Bedingung abhängig gemacht werden; ebenfalls genügt die schriftliche Zustimmung oder die Zustimmung durch einen Bevollmäch-

---

12 Staudinger/*Coester*, § 1671 Rn. 42; BeckOK-BGB/*Veit*, § 1671 Rn. 17
13 BeckOK-BGB/*Veit*, § 1671 Rn. 21 m.w.N.
14 OLG Brandenburg FamRZ 2014, 784 mit Anm. *Fiedler*, NZFam 2014, 183
15 OLG Brandenburg FamRZ 2014, 784 mit Anm. *Fiedler*, NZFam 2014,183
16 OLG Saarbrücken FuR 2016, 487
17 BGH ZKJ 2018, 424
18 OLG München FamRZ 1999, 111
19 OLG Brandenburg FamRZ 2014, 1714 m.w.N.
20 *Völker/Clausius*, § 1 Rn. 237 m.w.N.;
21 OLG Koblenz FamRZ 2016, 475; BeckOGK-BGB/*Fuchs*, § 1671 Rn.117; offenlassend: OLG Saarbrücken FamRZ 2010, 1680
22 OLG Saarbrücken FamRZ 2010, 1680

tigten nicht.[23] Ein **Widerruf** ist bis zum Abschluss der letzten Tatsacheninstanz möglich, mithin auch noch in der Beschwerdeinstanz.[24] Bei Widerruf der Zustimmung im Beschwerdeverfahren entfällt die Grundlage der erstinstanzlichen Entscheidung, so dass das Verfahren zurückzuverweisen ist.[25] Dort ist der Antrag sodann erneut unter dem Gesichtspunkt des § 1671 Abs. 1 Satz 2 Nr. 2 BGB erneut zu prüfen.[26]

Eine wirksame Zustimmung führt **ohne Richtigkeitsprüfung** zum Erfolg.[27] Dies ist Ausdruck der vom Gesetzgeber im Kindschaftsrechtsreformgesetz gestärkten Elternautonomie.[28] Insbesondere die Motive der Eltern für ihre übereinstimmende Entscheidung sind – immer vorbehaltlich einer Kindeswohlgefährdung und damit Konsequenzen nach Abs. 4 – diskussionslos zu akzeptieren.[29] Bis zur Grenze der Kindeswohlgefährdung gilt dies auch bei einem Elternvorschlag der Geschwistertrennung.[30] Allerdings kann angesichts des klaren gesetzlichen Wortlautes („ihm") die elterliche Sorge nur auf den *antragstellenden*, nicht aber auf den anderen Elternteil übertragen werden.[31] 10

Negative Voraussetzung für einen nach § 1671 Abs. 1 Nr. 1 BGB erfolgreichen Sorgerechtsantrag ist der **fehlende Widerspruch** des mindestens 14 Jahre alten Kindes. Ist das Kind jünger und widerspricht, hat dies keine unmittelbaren Folgen, kann aber für das Gericht Veranlassung geben, einen Verfahrensbeistand zu bestellen und in eine Prüfung nach § 1671 Abs. 4 BGB einzusteigen.[32] Der Widerspruch eines mindestens 14 Jahre alten Kindes hat **keine Veto-Wirkung**.[33] In diesem Fall kann das Gericht aber nicht mehr ohne Sachprüfung entscheiden, sondern dem Antrag allenfalls nach § 1671 Abs. 2 Nr. 2 BGB entsprechen. Der Widerspruch kann auch durch einen Verfahrensbeistand als Bote übermittelt werden. Ob der Verfahrensbeistand *anstelle* des Kindes widersprechen kann,[34] erscheint zweifelhaft, weil auch das Widerspruchsrecht höchstpersönlicher Natur und der Verfahrensbeistand nicht gesetzlicher Vertreter des Kindes ist, § 158 Abs. 4 Satz 6 FamFG. 11

3. Besondere Voraussetzungen nach Abs. 1 Satz 2 Nr. 2

Liegen die Voraussetzungen nach Abs. 1 Satz 1 Nr. 1 nicht vor, ist nach überwiegender Meinung[35] eine **doppelte Kindeswohlprüfung** erforderlich: Das Gericht muss die Überzeugung gewinnen, dass es dem Kindeswohl am besten entspricht, wenn 12

- die gemeinsame elterliche Sorge aufgehoben und
- die elterliche Sorge dem Antragsteller allein übertragen wird.

Fehlen die Voraussetzungen für eine gemeinsame Wahrnehmung der Elternverantwortung, so darf der Gesetzgeber einem Elternteil die Hauptverantwortung für das Kind zuordnen;

23 OLG Koblenz FamRZ 2016, 475
24 BGH DAVorm. 2000, 704; OLG Brandenburg NJW-Spezial 2014, 549 m.w.N.; OLG Düsseldorf FamRZ 2018, 512 (Ls.)
25 OLG Düsseldorf FamRZ 2018, 512 (Ls.); Johannsen/Henrich/Althammer/*Lack*, § 1671 BGB Rn. 25.
26 OLG Zweibrücken FamRZ 2011, 992.
27 BGH DAVorm. 2000, 704; OLG Dresden FamRZ 2002, 632: auch bei Abänderungsverfahren
28 In § 1641 BGB-E i.d.F. des DEKiMoG sieht einen Ausbau dieser Elternautonomie zu einer Übertragung bzw. Rückübertragung der elterlichen Sorge oder Teilen hiervon durch öffentliche Urkunde ohne Einschaltung des Gerichts vor, dazu *Keuter*, FamRZ 2024, 1833, 1834
29 Johannsen/Henrich/Althammer/*Lack*, § 1671 BGB Rn. 30; MüKo-BGB/*Hennemann*, § 1671 Rn. 86; BeckOGK-BGB/*Fuchs*, § 1671 Rn. 122
30 *Salzgeber*, Rn. 415 und 1230 m.w.N.
31 OLG Saarbrücken ZKJ 2010, 452; a.A. (Übertragung nach § 1628) OLG Celle FamRZ 2011, 48
32 MüKo-BGB/*Hennemann*, § 1671 Rn. 66; BeckOK-BGB/*Veit*, § 1671 BGB Rn. 34 m.w.N.
33 BT-Drs. 13/4899, 99; MüKo-BGB/*Hennemann*, § 1671 Rn. 136
34 BeckOK-BGB/*Veit*, § 1671 Rn. 34.1 m.w.N.
35 BeckOK-BGB/*Veit*, § 1671 Rn. 47; MüKo-BGB/*Hennemann*, § 1671 Rn. 94 je m.w.N.

es ist von Verfassungs wegen nicht geboten, der gemeinsamen Sorge gegenüber der alleinigen Sorge einen Vorrang einzuräumen.[36]

Die von Amtsgericht und OLG gewonnene Überzeugung wird vom BVerfG im Rahmen einer Verfassungsbeschwerde nur eingeschränkt überprüft: Die Aufgabe des Bundesverfassungsgerichts beschränkt sich hier grundsätzlich darauf zu prüfen, ob die Fachgerichte eine auf das Wohl des Kindes ausgerichtete Entscheidung getroffen und dabei die Tragweite der Grundrechte aller Beteiligten nicht grundlegend verkannt haben.[37] Dieser Prüfungsmaßstab ist gegenüber Entscheidungen in Konstellationen, in denen es um die Trennung eines Kindes von seinen Eltern geht und die damit Art. 6 Abs. 3 GG unterfallen, deutlich zurückgenommen (siehe auch hier *Cirullies*, § 1666 BGB Rn. 69).[38]

a) Aufhebung der gemeinsamen elterlichen Sorge

aa) Mangelnde elterliche Konsensfähigkeit

13 Im Hinblick auf das Leitbild der gemeinsamen elterlichen Sorge sind an deren Aufhebung **hohe Anforderungen** zu stellen. Die überwiegende Fallgruppe für Sorgerechtsübertragungen auf einen Elternteil bildet die mangelnde Konsensfähigkeit der Eltern. Nach wie vor setzt jedoch eine dem Kindeswohl entsprechende gemeinsame Ausübung der Elternverantwortung ein Mindestmaß an Übereinstimmung in wesentlichen Bereichen der elterlichen Sorge und insgesamt eine **tragfähige soziale Beziehung** zwischen den Eltern voraus.[39] Die Aufhebung der gemeinsamen elterlichen Sorge erfordert:

- eine schwerwiegende und nachhaltige Störung der elterlichen Kommunikation,
- darüber hinaus die Feststellung, dass den Eltern eine gemeinsame Entscheidungsfindung nicht möglich sein wird
- sowie die zusätzliche Feststellung, dass das Kind erheblich belastet würde, wenn seine Eltern gezwungen würden, die elterliche Sorge gemeinsam zu tragen.[40]

14 Eine in vorgenanntem Sinn ausreichende elterliche Kommunikationsstörung ist zu bejahen bei „tiefen Hassgefühlen"[41] oder gar Tätlichkeiten gegen den anderen Elternteil.[42] Schwer wiegende Indizien für eine solche Kommunikationsstörung sind lautstarke Auseinandersetzungen verbunden mit kategorischer Weigerung, Kontakt zum anderen Elternteil zu halten,[43] die ausschließliche Abwicklung elterlicher Absprachen über Anwälte, SMS oder E-Mail[44] oder über dem Kind mitgegebene Zettel,[45] auch eine (religiös motivierte) Ablehnung direkter Kommunikation.[46] Gegenläufige Anträge hinsichtlich der Übertragung des Aufenthaltsbestimmungsrechts bilden regelmäßig zumindest ein gewichtiges Indiz für die Aufhebung der gemeinsamen elterlichen Sorge zumindest für diesen Teilbereich.[47]

15 Umgekehrt reicht nicht jede Kommunikationsstörung für eine Aufhebung der elterlichen Sorge. Insoweit ist zu bedenken, dass eine Übertragung des alleinigen Sorgerechts auf ei-

36 BVerfG ZKJ 2018, 373
37 BVerfG FF 2016, 304; ZKJ 2018, 373
38 BVerfG ZKJ 2014, 379
39 BVerfG NJW 2010, 3008; BGH ZKJ 2011, 220 zu § 1626a BGB = FamRZ 2011, 796; *Heilmann*, NJW 2012, 16, 17 je m.w.N.
40 OLG Celle MDR 2014, 903 = ZKJ 2015, 74
41 OLG Hamm FamRZ 2012, 1064; OLG Hamm FamRZ 2010, 1258
42 BVerfG FamRZ 2004, 354; OLG Saarbrücken, Beschl. v. 5.12.2011 – 9 UF 135/11, juris = FamRZ 2012, 1064 (LS)
43 OLG Brandenburg, Beschl. v. 14.5.2007 – 9 UF 55/06, juris
44 OLG Braunschweig FamRZ 2002, 121
45 OLG Frankfurt FamFR 2012, 310
46 OLG Celle FamRZ 2004, 1667
47 OLG Köln ZKJ 2019, 69 m.w.N.; noch weitergehend OLG Köln FamRZ 2024, 707 mit Anm. *Hammer*

nen Elternteil in seiner Wirkung für den anderen Elternteil einem völligen Entzug des Sorgerechts nach § 1666 BGB gleichkommt. Beide Eltern bleiben **grundsätzlich zum Konsens verpflichtet**.[48] Dabei ist aber zu beachten, dass nicht vorschnell dem Elternteil, der Opfer von Gewalt seitens des anderen Elternteils geworden ist, mangelnde Kooperation unterstellt und insoweit seine Erziehungseignung als eingeschränkt eingestuft wird.[49]

Bei **Partnerschaftsgewalt** dürften in der Regel die Voraussetzungen für eine Aufhebung der elterlichen Sorge gegeben sein.[50] Art. 31 der so genannten Istanbul-Konvention sieht ausdrücklich die Verpflichtung der Unterzeichnerstaaten, zu denen auch Deutschland gehört, vor, durch gesetzgeberische Maßnahme sicherzustellen, dass in den Geltungsbereich dieses Übereinkommens fallende gewalttätige Vorfälle bei Entscheidungen über das Besuchs- und Sorgerecht betreffend Kinder berücksichtigt werden.[51] Der Gewaltbegriff des Art. 3 Istanbul-Konvention geht allerdings über den des § 1 GewSchG hinaus.

Sind in der Vergangenheit sämtliche Vermittlungsversuche unter Inanspruchnahme professioneller Hilfe ergebnislos gescheitert, kann eine gemeinsame elterliche Sorge von Eltern, denen es an jeglicher Kommunikations- und Kooperationsfähigkeit fehlt, nicht mit der Berufung auf die Konsenspflicht aufrechterhalten werden, weil dies dem Kindeswohl nicht entspricht.[52] Sind sich die Eltern in Grundfragen der Erziehung einig und kommt es zwischen ihnen lediglich in **Nebenfragen** zu Streitigkeiten, so besteht kein Anlass, von der gemeinsamen elterlichen Sorge abzugehen; gleiches gilt, wenn trotz Meinungsverschiedenheiten eine Kooperation auf der Elternebene noch möglich ist.[53] Ein formelhafter Vortrag, mit dem anderen Elternteil „könne man nicht reden", reicht nicht aus, erst recht nicht, wenn die Eltern über wichtige Teilbereiche der elterlichen Sorge wie den Lebensmittelpunkt des Kindes und Umgangsrecht Einigkeit erzielen.[54] Gelingt es auch unter Einschaltung von Beratungsstellen nicht, Einvernehmen zu erzielen, scheidet eine Sorgerechtsübertragung gleichwohl aus, wenn die Meinungsverschiedenheiten nur **Alltagsangelegenheiten** betreffen, welche ohnehin der Alleinentscheidungsbefugnis des betreuenden Elternteils gemäß § 1687 Abs. 1 Satz 2 BGB unterliegen.

Schwierigkeiten des betreuenden Elternteils, den anderen zu erreichen, genügen für sich genommen regelmäßig nicht für eine Aufhebung der gemeinsamen elterlichen Sorge.[55] Ebenso kann es vor Übertragung von Teilbereichen oder des gesamten Sorgerechts geboten sein, eine **einzelne situative** Angelegenheit von erheblicher Bedeutung über § 1628 BGB klären zu lassen.[56] Droht jedoch eine Vielzahl von Einzelentscheidungen nach § 1628 BGB, kann eine Sorgerechtsübertragung nach § 1671 Abs. 1 BGB erfolgen.[57]

Es muss ferner zu erwarten sein, dass die schwerwiegende Störung der elterlichen Kom- 16
munikation **gemeinsame Entscheidungen voraussichtlich unmöglich** machen wird. Hiervon ist im Fall von körperlicher Partnerschaftsgewalt regelmäßig auszugehen, wofür bereits Art. 31 Abs. 2 Istanbul-Konvention spricht.[58] Dagegen reicht es z.B.[59] nicht, wenn die Eltern trotz grundsätzlich unterschiedlicher Auffassungen über den Lebensmittelpunkt eines Kindes in der Praxis über Jahre hinweg ein Wechselmodell (mit unterschiedlichen Auf-

48 BGH FamRZ 2008, 592
49 OLG Saarbrücken ZKJ 2024, 300
50 Siehe auch Eckpunktepapier Kindschaftsrecht des BMJ vom 25.1.2024, S. 11, abrufbar unter www.bmj.de sowie § 1634 Abs. 2 BGB-E i.d.F. des DEKiMoG; OLG Karlsruhe FamRZ 2015, 2178
51 OLG Köln FamRZ 2022, 1930
52 OLG Stuttgart ZKJ 2017, 75
53 OLG Hamm FamRZ 2006, 1058
54 OLG Köln FamRZ 2003, 1492
55 OLG Hamm MDR 2024, 848.
56 BGH FamRZ 2005, 1167; OLG Düsseldorf FamRZ 1999, 1157; BeckOK-BGB/*Veit*, § 1628 Rn. 11 m.w.N.
57 OLG Hamm FamRZ 2007, 756
58 KG NZFam 2025, 139; OLG Frankfurt FamRZ 2024, 1937
59 OLG Saarbrücken ZKJ 2024, 300 (zu § 1626a BGB)

enthaltszeiten beim jeweiligen Elternteil) praktiziert und trotz Streit in Alltagsangelegenheiten die wesentlichen Grundentscheidungen einvernehmlich getroffen haben.[60] Umgekehrt kann die teilweise Aufhebung der gemeinsamen elterlichen Sorge hinsichtlich des Aufenthaltsbestimmungsrechts geboten sein, wenn trotz vordergründiger Einigung über den Lebensmittelpunkt des Kindes andernfalls das Kindeswohl durch den fortdauernden Elternstreit beeinträchtigt wird.[61] **Anhaltspunkte** für eine voraussichtliche Einigungsunfähigkeit sind z.B. gescheiterte Elterngespräche trotz Inanspruchnahme von Beratungsstellen,[62] die Vielzahl der Streitpunkte,[63] Häufigkeit vorangegangener Gerichtsverfahren[64] oder auch die Verursachung der Kommunikationsstörung durch tätliche Übergriffe eines Elternteils gegen den anderen.

17 Das Ausmaß des elterlichen **Verschuldens** für die Kommunikationsstörung ist für die Aufhebung der elterlichen Sorge nicht entscheidend.[65] Zwar hat es damit letztlich ein Elternteil durch eine starre Verweigerungshaltung in der Hand, eine Aufhebung der gemeinsamen elterlichen Sorge zu erreichen. Die Entscheidung für die Alleinsorge eines Elternteils hat aber weder Bestrafungs- noch Belohnungsfunktion für die Eltern, sondern hat sich ausschließlich am Kindeswohl zu orientieren.[66] Es kann deshalb u.U. im Einzelfall sogar auch einer Mutter, die allein verantwortlich ist für das Scheitern der elterlichen Kommunikation, die alleinige elterliche Sorge zu übertragen sein.[67]

18 Schließlich muss durch die mangelnde Konsensfähigkeit der Eltern das **Kind erheblich belastet** sein. Dies ist bei Vorliegen einer nachhaltig schwer beeinträchtigten elterlichen Kommunikationsfähigkeit und fehlender Aussicht auf Einigung zu vermuten, weil regelmäßig in diesen Fällen das Kind in einen Loyalitätskonflikt hineingezogen wird, der dem Kindeswohl abträglich ist. Die Beeinträchtigung, die die Kinder durch den andauernden Streit ihrer Eltern erfahren, widerspricht regelmäßig dem Kindeswohl. Es kann Kindern nicht zugemutet werden, erhebliche emotionale Konflikte der Eltern ertragen zu müssen, die diese schon als Erwachsene nicht lösen können und in die ein Kind zwangsläufig einbezogen wird.[68] In dieser Situation ist durch das Gericht für die Zukunft sicherzustellen, dass die aus der nicht funktionierenden gemeinsamen Sorge entstehenden nachteiligen Folgen ein Ende finden.[69] Wenn die begründete Besorgnis besteht, dass die Eltern nicht in der Lage sein werden, ihre Streitigkeiten in wesentlichen Bereichen der elterlichen Sorge konstruktiv und ohne gerichtliche Auseinandersetzungen beizulegen, ist eine erzwungene gemeinsame elterliche Sorge dem Kindeswohl nicht zuträglich.[70] Denn erst die tatsächliche Erfüllung der elterlichen Verpflichtung zur Einigung dient dem Kindeswohl, nicht schon das Bestehen der Pflicht alleine; elterliche Gemeinsamkeit lässt sich in der Realität aber nicht durch gerichtliche Entscheidung verordnen.[71]

19 Lässt sich allerdings nicht mit der notwendigen Sicherheit feststellen, dass eine Auflösung der gemeinsamen elterlichen Sorge für eine Verbesserung sorgen wird, kommt eine Übertragung auf nur einen Elternteil nicht in Betracht. Das Grundrecht der Eltern und das des Kindes würden verletzt, wenn von dem Eingriff in die Sorgerechtsverhältnisse mindestens

---

60 KG FamRZ 2006, 1626
61 OLG Karlsruhe NZFam 2024, 746.
62 OLG Zweibrücken FamRZ 2000, 627
63 OLG München FamRZ 2012, 1062
64 BeckOK-BGB/*Veit*, § 1671 Rn. 57 m.w.N.
65 BGH FamRZ 2008, 592; OLG Frankfurt, Beschl. v. 7.2.2018 – 4 UF 226/17, juris m.w.N.; OLG Celle NZFam 2018, 528
66 BVerfG FamRZ 2007, 1626; OLG Frankfurt FamRZ 2014, 317 m.w.N.
67 OLG Brandenburg FamRZ 2010, 1257.
68 OLG Brandenburg FamRZ 2014, 1653.
69 OLG Frankfurt FamRZ 2014, 317
70 OLG Hamm NZFam 2014, 430 m.w.N.
71 BGH FamRZ 2008, 592; BT-Drs. 13/4899, 99

gleich ungünstige Auswirkungen auf das Kindeswohl zu erwarten sind wie vom Beibehalten der gegebenen, dringend verbesserungsbedürftigen Verhältnisse.[72] So kann z.B. die gemeinsame elterliche Sorge trotz schwerwiegender Differenzen beizubehalten sein, wenn die Alternativlösung (Übertragung auf einen Elternteil) zu einem Beziehungsabbruch des Kindes zum anderen Elternteil führen würde, der für das Kind noch größere Beeinträchtigungen nach sich zieht als der andauernde Elternkonflikt.[73]

bb) Weitere Fallgruppen

Anträge auf Übertragung der elterlichen Sorge werden mit häufig wiederkehrenden Begründungen, die sich zum Teil mit der Fallgruppe fehlender Konsensfähigkeit überschneiden, gestellt. Als **tragfähige Begründung** für eine Aufhebung der gemeinsamen elterlichen Sorge sind in der Rechtsprechung u.a. anerkannt worden: 20

- Wunsch nach **Auswanderung** mit dem gemeinsamen Kind gegen den Widerspruch des anderen Elternteils;[74]
- mangelnde **Unterhaltszahlungen** trotz Leistungsfähigkeit;[75]
- **gewalttätige Übergriffe** des anderen Elternteils (häusliche Gewalt)[76] (siehe auch Rn. 15);
- **sexueller Missbrauch** des Kindes (wenn **nachgewiesen** oder mindestens überwiegend wahrscheinlich),[77]
- jahrelange Unterstellung eines sexuellen Missbrauchs trotz gegenteiliger straf- und kinderschutzrechtlicher Ermittlungsergebnisse.[78]

Als **nicht allein tragfähige Begründung** wurden eingestuft: 21

- **Mangelnder Kontakt** zwischen Kind und anderem Elternteil;[79]
- große räumliche **Entfernung;**[80]
- Meinungsverschiedenheiten über **religiöse Erziehung;**[81]
- tatsächliche Behinderungen bei der Sorgerechtsausübung infolge **Strafhaft.**[82]

Haben die Eltern keinen oder nur geringen Kontakt zueinander, jedoch ein Elternteil dem anderen eine **Vollmacht**[83] zur alleinigen Regelung der das Kindeswohl nachhaltig berührenden Angelegenheiten erteilt, so wird vielfach die Voraussetzungen für eine Aufhebung der gemeinsamen elterlichen Sorge verneint (siehe auch Rn. 3).[84] Für diese Auffassung spricht einerseits, dass ein staatlicher Eingriff in das elterliche Grundrecht vermieden wird. Erfolgt die Vollmachtserteilung infolge Elternvereinbarung als Ausfluss einer insoweit noch funktionierenden sozialen Beziehung und ist der Vollmachtnehmer auch seinerseits bereit, Informations-, Rechenschafts- und ggf. weitere Mitwirkungspflichten zu erfüllen, kann sie – mit Ausnahme von Fällen vorausgegangener Gewalt des Vollmachtgebers gegen die Voll- 22

72 OLG Brandenburg FamRZ 2014, 1380
73 OLG Frankfurt FamRZ 2017, 806 (Absicht der Mutter, mit dem Kind nach Südafrika auszuwandern)
74 BGH FamRZ 2010, 1060
75 OLG Karlsruhe, Beschl. v. 6.11.2009 – 2 UF 60/09, juris = FamRZ 2010, 391 (LS)
76 BVerfG FamRZ 2004, 354; OLG Nürnberg, Beschl. v. 8.5.2025 – 11 WF 402/25, juris; OLG Saarbrücken ZKJ 2010, 452
77 KG, Beschl. v. 5.4.2012 – 17 UF 15/12, juris, m.w.N., Rn. 26 = ZKJ 2012, 358 (LS)
78 OLG Köln, Beschl. v. 8.5.2025 – 14 UF 14/25, juris
79 OLG Schleswig ZKJ 2012, 228; OLG Dresden FamRZ 2002, 973; siehe aber auch OLG Nürnberg MDR 2011, 1237
80 BVerfG FamRZ 2004, 1015; OLG Dresden FamRZ 2000, 501 (LS); AG Ludwigslust FamRZ 2010, 388
81 BGH NJW 2005, 2080
82 OLG Naumburg FamRZ 2003, 1947; kritisch Staudinger/*Coester*, § 1671 BGB Rn. 144
83 OLG Frankfurt FamRZ 2019, 1144, bevorzugt den Begriff der „Ermächtigung"
84 OLG Schleswig ZKJ 2012, 228 = FamRZ 2012, 1066; Erman/*Döll*, § 1671 BGB Rn. 18

machtnehmerin oder deren Kinder[85] – eine gerichtliche Sorgerechtsregelung überflüssig machen.[86]

Andererseits bestehen Bedenken: So muss eine solche Vollmacht grundsätzlich jederzeit frei widerruflich sein,[87] wodurch ein neues gerichtliches Verfahren erforderlich werden kann. Bedingte Widerrufsmöglichkeiten[88] werden von der Rechtsprechung[89] als unzulässige verdeckte Sorgerechtsübertragungen gewertet und in der Literatur kritisch gesehen.[90] Eine Entscheidung nach § 1671 Abs. 1 BGB bietet zudem wegen der Abänderungshürde des § 1696 BGB größere Rechtssicherheit.[91] Auch lässt sich fragen, welchen Wert die formale Beibehaltung des elterlichen Sorgerechts noch haben soll, wenn de facto ohnehin ein Elternteil die alleinige Entscheidungsbefugnis besitzt und welchen Sinn die rechtliche Möglichkeit zur erzieherischen Einflussnahme aus Sicht des Kindes noch hat, wenn der Elternteil mangels Kontakt zum Kind gar keine zuverlässige Entscheidungsgrundlage besitzt.

Für die Praxis hat der BGH[92] die Frage, ob eine Sorgerechtsvollmacht eine Sorgerechtsübertragung überflüssig macht, bejaht, wenn und soweit sie dem bevollmächtigten Elternteil eine ausreichend verlässliche Handhabe zur Wahrnehmung der Kindesbelange gebe. Hierfür sei eine ausreichende Kooperationsfähigkeit und -bereitschaft der Eltern erforderlich, soweit eine solche auch unter Berücksichtigung des durch die Vollmacht erweiterten Handlungsspielraums des bevollmächtigten Elternteils unerlässlich sei. In Fällen häuslicher Gewalt steht auch eine erteilte Sorgerechtsvollmacht der Sorgerechtsübertragung regelmäßig nicht entgegen.[93] Die Erteilung einer Sorgerechtsvollmacht wird auch regelmäßig das für eine Eilregelung notwendige besondere Bedürfnis für ein sofortiges Tätigwerden des Gerichts entfallen lassen.[94]

23 Oftmals werden Sorgerechtsverfahren geführt, obwohl Entscheidungen i.S.v. § 1687 Abs. 1 Satz 1 BGB in naher Zukunft gar nicht anstehen. Die Rechtsprechung sieht ein solches **Fehlen anstehender Sorgerechtsfragen** zumeist als Argument gegen die Aufhebung der gemeinsamen elterlichen Sorge.[95] Die Zeit, die bis zu tatsächlich notwendigen Entscheidungen verstreiche, könne zu einer weiteren Versachlichung der Beziehung der Eltern zueinander führen, so dass sie dann in der Lage seien, die konkrete Entscheidung einvernehmlich zu treffen.[96] Dagegen lässt sich allerdings überzeugend anführen, dass die Notwendigkeit zu solchen Entscheidungen auch unversehens auftreten kann und ein erneutes gerichtliches Verfahren, dann u.U. wegen Eilbedürftigkeit auch nur mit eingeschränktem Ermittlungsergebnis, erforderlich würde.[97] Zudem muss ausschlaggebend sein, in welchem Ausmaß die Eltern bei Entscheidungsreife des Sorgerechtsverfahrens zerstritten sind und welche Folgen dies für das Kind hat; späteren Abweichungen von der Prognoseentscheidung, ob künftig gemeinsame Entscheidungen möglich sein werden, ist durch Abänderungsverfahren Rechnung zu tragen.[98]

---

85 OLG Köln FamRZ 2022, 1930
86 OLG Karlsruhe ZKJ 2016, 59 m.w.N.; OLG Frankfurt FamRZ 2019, 1144, wenn ein Widerruf nicht zu erwarten ist
87 BGH ZKJ 2020, 364; OLG Frankfurt, Beschl. v. 1.2.2013 – 5 UF 315/12, juris; OLG Hamm ZKJ 2011, 303
88 *Keuter,* ZKJ 2020,339, 340.
89 OLG Hamm ZKJ 2011, 303.
90 *Lack,* NJW 2024, 805, 806 m.w.N.
91 OLG Düsseldorf ZKJ 2018, 106
92 BGH ZKJ 2020, 364; zum Streitstand siehe BeckOK-BGB/*Veit,* § 1671 Rn. 64 m.w.N.
93 EGMR FamRZ 2023, 277; OLG Saarbrücken ZKJ 2024, 300; OLG Frankfurt FamRZ 2024, 1937; OLG Köln FamRZ 2022, 1930
94 OLG Frankfurt FamRZ 2018, 1679
95 KG FamRZ 2023, 698 mit Anm. *Kischkel* (Bluttransfusion); OLG Brandenburg FamRZ 2014, 322
96 OLG Hamm FamRZ 1999, 1199
97 OLG Karlsruhe FamRZ 2000, 1041
98 Staudinger/*Coester,* § 1671 BGB Rn. 259

cc) *Wechselmodell*

Zunehmend diskutiert wird die Frage, inwieweit eine Sorgerechtsentscheidung bei Streitigkeiten der Eltern im Zusammenhang mit einem bislang praktizierten oder von einem Elternteil künftig gewünschten **Wechselmodell** in Betracht kommt. Dabei ist zunächst die **Begrifflichkeit**[99] zu klären: Unterhaltsrechtlich erkennt der BGH als Wechselmodell nur eine solche Regelung an, bei welcher das Kind „in etwa gleich langen Phasen abwechselnd jeweils bei dem einen und dem anderen Elternteil lebt"[100] („paritätisches Wechselmodell"). Teilweise wird von einem (asymmetrischen) Wechselmodell aber bereits dann gesprochen, wenn beide Eltern einen substanziellen Anteil an der persönlichen Betreuung des Kindes (Alltag und Freizeit) von mindestens 30% tragen und das Kind bei beiden „zuhause ist".[101] Zur begrifflichen Abgrenzung erscheint hier der Begriff der „geteilten Betreuung"[102] vorzugswürdig. Daneben gibt es das so genannte **Nestmodell**, bei welchem das Kind in der früheren gemeinsamen Wohnung abwechselnd von einem Elternteil betreut wird.[103] Das BGB geht vom so genannten **Residenzmodell** aus, bei welchem das Kind bei einem Elternteil wohnt und von diesem betreut wird und zum anderen Elternteil Umgangskontakte unterhält.[104] 24

Eine Verpflichtung des Gesetzgebers, das paritätische Wechselmodell als gesetzlichen Regelfall einzuführen, besteht weder aus verfassungsrechtlichen Gründen noch im Hinblick auf die UN-Kinderrechtekonvention.[105] Die gerichtliche Anordnung eines paritätischen Wechselmodells auch gegen den Willen eines Elternteils hat der BGH[106] im Rahmen einer gerichtlichen **Umgangsregelung** (unter strengen Voraussetzungen) für grundsätzlich zulässig erklärt. Der Gesetzgeber plante, diese Rechtsprechung künftig zu kodifizieren.[107] Ob eine solche Anordnung dagegen auch als **sorgerechtliche** Regelung ergehen könnte, hat der BGH bislang ausdrücklich offengelassen.[108] Rechtssystematisch spricht zwar mehr für eine solche Einordnung, weil das Umgangsrecht nicht in erster Linie aus Elternsicht zu sehen ist, der Zweck des Umgangs auch keine Parität erfordert[109] und bei einem Wechselmodell zugleich ein – wechselnder – Lebensmittelpunkt des Kindes festgelegt wird, was aber eher als Frage der Aufenthaltsbestimmung anzusehen wäre.[110] 25

Bis zur zitierten BGH-Entscheidung war es ganz überwiegende Auffassung in der obergerichtlichen Rechtsprechung, dass keine Anordnung eines Wechselmodells gegen den Willen eines Elternteils erfolgen kann, wenn es bislang nicht praktiziert wurde,[111] zumindest nicht im Rahmen einer sorgerechtlichen Regelung.[112] Gegen die Anordnung eines Wechselmodells im Rahmen eines **Sorgerechtsverfahrens**[113] sprechen jedoch ebenfalls gute

99 *Griebel/Pfeiffer*, ZKJ 2024, 84; MüKo-BGB/*Hennemann*, § 1671 Rn. 23
100 BGH FamRZ 2014, 917, Rn. 16
101 www.dfgt.de/resources/2013_Arbeitskreis_7.pdf (Zugriff: 16.8.2024); siehe auch § 1615f Abs. 2 Satz 2 BGB-E i.d.F. des DE zur Modernisierung des Unterhaltsrechts, abrufbar unter www.bmj.de
102 OLG Frankfurt FamRB 2019, 102
103 *Völker/Clausius*, § 1 Rn. 325
104 *Faber*, jM 2014, 8
105 BVerfG ZKJ 2015, 419
106 BGH ZKJ 2017, 190 = FamRZ 2017, 532
107 Eckpunktepapier des BMJ für eine Reform des Kindschaftsrechts, dort III. 7., ZKJ 2024, 96; ferner § 1679 BGB-E i.d.F. DEKiMoG
108 BGH ZKJ 2017, 190 = FamRZ 2017, 532
109 OLG Karlsruhe FamRZ 2015, 1736
110 OLG München FamRZ 2016, 2120; *Gottschalk/Heilmann*, ZKJ 2017, 181
111 OLG Jena FamRZ 2016, 2126; OLG Naumburg FamRZ 2014, 50; OLG München FamRZ 2013, 1822; weitere Nachweise bei Kinderrechtekommission (*Coester*), FamRZ 2014, 1157, 1163; a.A. „für Ausnahmefälle" KG ZKJ 2012, 267; für grundsätzliche Anordnungsmöglichkeit AG Erfurt FamRZ 2015, 339
112 OLG München FamRZ 2016, 2120
113 Für eine solche z.B. OLG Frankfurt FamRZ 2020, 1181 mit Anm. *Fischer*

Gründe: Das Wechselmodell ist als eine Form der **Sorgerechtsausübung**[114] einzustufen, § 1671 Abs. 1 BGB zielt dagegen auf eine **Sorgerechtszuweisung**.[115] Die Vorschrift scheidet als Rechtsgrundlage für die gerichtliche Anordnung im Rahmen einer Sorgerechtsregelung damit aus,[116] weil sie bei nicht überwindbarem Elternstreit die (teilweise) **Übertragung** der elterlichen Sorge auf einen Elternteil vorsieht.

Erst recht deckt § 1671 Abs. 1 Nr. 2 BGB nicht die Zuweisung von Sorgerechtsbefugnisse auf einen Elternteil aufgrund des Antrages des anderen.[117] Sind die Eltern indes so zerstritten, dass sie keine Einigung über den Lebensmittelpunkt des Kindes erzielen können, ist nicht ersichtlich, wie zugleich die geforderte Kooperationsfähigkeit gegeben sein soll.[118] Ein zeitlich in regelmäßigen Abständen wechselndes Aufenthaltsbestimmungsrecht der Eltern ist vom Gesetzgeber nicht vorgesehen[119] und bezweckt unter dem Deckmantel der periodischen Zuweisung des Vollrechts im Endeffekt eine Regelung der konkreten Ausübung des Aufenthaltsbestimmungsrechts.[120]

26 Soweit die – **erstmalige** – Anordnung des paritätischen Wechselmodells als sorgerechtliche Regelung gleichwohl im Rahmen einer Sorgerechtsregelung nach § 1671 Abs. 1 BGB für möglich erachtet wird,[121] ist unverzichtbare Voraussetzung für ein **Wechselmodell** in jedem Fall eine **bereits bestehende** elterliche Kooperations- und Kommunikationsfähigkeit. Die Anordnung eines Wechselmodells, um elterliche Kommunikationsfähigkeit und -bereitschaft überhaupt erst herbeizuführen, scheidet aus.[122] Bei bestehender hoher elterlicher Konfliktbelastung wird das Wechselmodell regelmäßig nicht dem Kindeswohl entsprechen, da das Kind durch vermehrte oder ausgedehnte Kontakte auch mit dem anderen Elternteil verstärkt mit dem elterlichen Streit konfrontiert wird und durch den von den Eltern oftmals ausgeübten Koalitionsdruck in Loyalitätskonflikte gerät.[123] Die Ablehnung eines Wechselmodells durch einen Elternteil kann ein Indiz für eine solche Konfliktbelastung sein.[124]

27 Die gerichtliche Übertragung des Aufenthaltsbestimmungsrechts auf einen Elternteil hat keine Bindungswirkung für ein nachfolgendes Umgangsverfahren. So kann ein Elternteil, dessen Antrag auf Übertragung des Aufenthaltsbestimmungsrechts erfolglos blieb, gleichwohl in einem anschließenden Umgangsverfahren versuchen, eine paritätische Betreuung im Wechselmodell zu erreichen, ohne dass dafür die einschränkenden Voraussetzungen des § 1696 Abs. 1 BGB erfüllt sein müssen.[125] Umgekehrt steht die umgangsrechtliche Anordnung oder Vereinbarung eines paritätischen Wechselmodells auch nicht einer Sorgerechtsübertragung entgegen.[126]

28 Will ein Elternteil einseitig ein **bislang praktiziertes, jedoch nicht gerichtlich tituliertes Wechselmodell beenden**, so stellen einige Gerichte weniger auf entgegenstehende Willensäußerungen eines Elternteils ab und ordnen ggf. die Fortsetzung des Wechselmodells

114 Ausdrücklich auch BGH FamRZ 2017, 532 Rn. 20
115 OLG Saarbrücken ZKJ 2015, 32; Kinderrechtekommission (*Coester*), FamRZ 2014, 1157, 1163 m.w.N.
116 OLG Frankfurt FamRZ 2022, 614 mit Anm. *Hammer;* FamRB 2019, 102; OLG Jena FamRZ 2016, 2126; OLG Düsseldorf ZKJ 2011, 256; BeckOK-BGB/*Veit* § 1671 Rn. 38 m.w.N.; a. A. *Hammer,* FamRZ 2015, 1433 m.w.N.
117 BeckOK-BGB/*Veit*, § 1671 Rn. 83 m.w.N.
118 OLG Jena FamRZ 2016, 2126
119 Staudinger/*Coester,* § 1671 BGB Rn. 51a mit Rechtsprechungsnachweisen
120 OLG Schleswig FamRB 2016, 345
121 Z.B. OLG Bremen ZKJ 2019, 25; OLG Frankfurt FamRZ 2020, 1181 mit Anm. *Fischer*
122 BGH FamRZ 2017, 532; OLG Bamberg FamRZ 2018, 438
123 OLG Bremen ZKJ 2019, 15 m.w.N.
124 OLG Bremen ZKJ 2019, 15 m.w.N.
125 BGH ZKJ 2020, 140
126 BGH NJW 2025, 1654

an.[127] Anhand der Kriterien des § 1671 Abs. 1 BGB ist in diesen Fällen zu prüfen, ob die Fortsetzung des bislang praktizierten Wechselmodells oder eine abweichende Regelung dem Kindeswohl am besten entspricht.[128] Die außergerichtliche Vereinbarung des Wechselmodells enthält jedenfalls grundsätzlich keine Aussage darüber, wem die Rechtszuständigkeit für die Bestimmung des Lebensmittelpunktes der Kinder zukommt.[129] Entspricht die Aufrechterhaltung des Wechselmodells dem Kindeswohl am besten, kann dessen Fortsetzung mit der Fortgeltung der ursprünglichen bindenden Elternvereinbarung begründet werden, von der nicht ein Elternteil einseitig abweichen kann.[130] Auch kann es das Kindeswohl gebieten, in dieser Konstellation das Aufenthaltsbestimmungsrecht dem Elternteil zu übertragen, der am ehesten eine zuverlässige Durchführung des Wechselmodells gewährleistet, wenn letzteres dem Kindeswohl am besten entspricht.[131] Teilweise wird in dieser Konstellation auch im Rahmen eines Sorgerechtsverfahrens unter Abweisung gegenläufiger Anträge zum Aufenthaltsbestimmungsrecht das Wechselmodell gerichtlich festgeschrieben,[132] teilweise wird die Auffassung vertreten, die Festschreibung könne nur in einem gesonderten, nicht vom Beschwerdegericht, sondern nur vom Familiengericht ggf. von Amts wegen einzuleitenden Umgangsverfahren erfolgen.[133]

Nach wieder a.A. ist es möglich, durch Übertragung des Aufenthaltsbestimmungsrechts auf einen Elternteil ein zuvor einvernehmlich praktiziertes und nicht in einem vorangegangen Umgangsverfahren familiengerichtlich geregeltes paritätisches Wechselmodell zu beenden.[134] Die Aufhebung eines nicht titulierten, aber praktizierten Wechselmodells setzt, folgt man dem BGH hinsichtlich der umgangsrechtlich möglichen Begründung eines Wechselmodells, nicht zwingend eine vorherige Klärung des Lebensmittelpunkt des Kindes im Sorgerechtsverfahren voraus, sondern kann im Umgangsverfahren erfolgen.[135]

Geht es um die **Beendigung** eines **gerichtlich angeordneten** Wechselmodells, so kann diese, wenn die Anordnung in einem Umgangsverfahren erlassen wurde, ebenfalls auch nur in einem Umgangsverfahren durch entsprechende Neuregelung des Umgangs geändert werden.[136] Dies gilt auch für einen gerichtlich gebilligten Vergleich nach § 156 Abs. 2 FamFG.[137] Denn bei Sorge- und Umgangsrechtsverfahren handelt es sich um verschiedene Verfahrensgegenstände.[138] Die im jeweiligen Verfahren erlassene Entscheidung entfaltet deshalb **keine übergreifende Bindungswirkung** auch für den anderen Verfahrensgegenstand. Zudem ist mit der Übertragung des Aufenthaltsbestimmungsrechts nicht zwingend die Entscheidung für das Residenzmodell verbunden.[139] **29**

Wurde das Wechselmodell – entgegen der hiesigen Auffassung – in einem Sorgerechtsverfahren beschlossen, kann es gemäß § 1696 Abs. 1 BGB auch nur in einem auf Abänderung der Sorgerechtsentscheidung geändert werden. Denn Sorge- und Umgangsrecht bilden verschiedene Verfahrensgegenstände.

127 OLG Schleswig FamRB 2014, 251 mit zustimmender Anm. *Maes*, jurisPR-FamR 16/2014 Anm. 4; OLG Naumburg FamRZ 2014, 1860
128 OLG Dresden FamRZ 2017, 896
129 OLG Köln FamRZ 2024, 707, 708 m.w.N.
130 Kinderrechtekommission (*Coester*), FamRZ 2014, 1157, 1163
131 KG ZKJ 2024, 303
132 OLG Brandenburg ZKJ 2018, 469
133 OLG Frankfurt FamRB 2019, 102
134 OLG Frankfurt FamRZ 2022, 1532; *Bussian,* ZKJ 2023, 90; a.A. *Völker,* FamRZ 2022, 1536
135 OLG Frankfurt ZKJ 2021, 308; OLG Saarbrücken FamRZ 2021, 39.
136 BGH ZKJ 2022, 184; OLG Köln FamRZ 2024, 707 mit Anm. *Hammer;* OLG Dresden ZKJ 2021, 311; KG FamRZ 2023, 606
137 OLG Köln FamRZ 2024, 707 mit Anm. *Hammer*
138 BGH ZKJ 2022, 18.
139 BGH ZKJ 2022, 18 m.w.N.; OLG Köln FamRZ 2024, 707

30 Streitig ist, ob sich bei **Aufrechterhaltung des Wechselmodells gegen den Willen des Antragstellers** die Entscheidung mit einer Abweisung des Antrages begnügen kann.[140] Zum Teil wird argumentiert, in diesen Fällen sei in einer Gesamtabwägung mit den übrigen Sorgerechtskriterien zu entscheiden, ob die einseitige Beendigung des praktizierten Wechselmodells dem Kindeswohl „am besten" entspricht und, wenn dies nicht der Fall sei, das Aufenthaltsbestimmungsrecht dem Elternteil zu übertragen, der das Wechselmodell fortzusetzen beabsichtigt.[141] Zum Teil greift die Rechtsprechung in dieser Konstellation zu einer Umgangsregelung i.S. eines wechselnden Aufenthaltes des Kindes von Amts wegen[142] oder das Aufenthaltsbestimmungsrecht wird sogleich dem fortsetzungswilligen Elternteil übertragen.[143] Eine von Amts wegen erfolgende Umgangsregelung kann allerdings das Beschwerdegericht in einem Sorgerechtsverfahren selbst nicht treffen.[144] Überzeugender ist es, den Antrag des Elternteils zurückzuweisen, der das Wechselmodell beenden möchte:[145] Die Lösung vermeidet den Eingriff in sorgerechtliche Befugnisse und für eine Umgangsregelung von Amts wegen besteht keine Notwendigkeit, weil der Elternteil, der das Wechselmodell fortsetzen will, dem anderen Elternteil ausreichend Umgangskontakte durch den wechselnden Aufenthalt des Kindes gewährleistet.

31 Bei jeglicher Anordnung eines Wechselmodells ist oberste Richtschnur das Wohl des Kindes.[146] Eine gerichtliche Anordnung kommt, auch wenn sie im Umgangsverfahren erfolgt, nur in Betracht, wenn das Wechselmodell die für das Kind beste Lösung darstellt, was anhand der sorgerechtlichen Kriterien festzustellen ist.[147] Deshalb ist unabhängig von allen dogmatischen Streitigkeiten zu berücksichtigen, dass ein solches Betreuungsmodell an die Eltern **erhöhte Abstimmungs- und Kooperationsanforderungen** stellt.[148] Zu beiden Elternteilen muss eine auf sicherer Bindung beruhende tragfähige Bindung bestehen.[149] Hinsichtlich des Alters des Kindes ist zu berücksichtigen, dass nach Erkenntnissen der Bindungsforschung das Fehlen eines eindeutigen Zuhauses für Kinder unter drei Jahren einen Risikofaktor darstellen kann.[150] Zudem müssen die äußeren Rahmenbedingungen (eine gewisse Nähe der elterlichen Haushalte und die Erreichbarkeit von Schule und Betreuungseinrichtungen) gewährleistet sein.[151] Eine Entfernung von ca. 100 km zwischen den Wohnorten der Eltern und wechselnde, Absprachen erschwerende Arbeitszeiten sprechen gegen ein Wechselmodell.[152]

---

140 So OLG Frankfurt FamFR 2013, 500; a.A. (Übertragung des Aufenthaltsbestimmungsrechts auf den fortsetzungswilligen Elternteil): OLG Düsseldorf FamRZ 2011, 1154
141 KG ZKJ 2024, 303
142 OLG Frankfurt FamRB 2019, 102; KG FamRZ 2012, 886
143 KG ZKJ 2024, 303; OLG Düsseldorf FamRZ 2011, 1154; OLG Brandenburg, Beschl. v. 6.5.2016 – 10 UF 7/16, juris, Rn. 26
144 OLG Frankfurt FamRB 109, 102
145 So im Ergebnis auch OLG Frankfurt FamFR 2013, 500
146 BGH FamRZ 2017, 532
147 BGH ZKJ 2020, 140, 141 m.w.N.; § 1679 Abs. 2 BGB-E sieht insoweit folgende Regelung vor: Das Familiengericht kann über den Umfang des Umgangsrechts entscheiden und seine Ausübung, auch gegenüber Dritten, näher regeln. Dabei trifft es diejenige Entscheidung, die unter Berücksichtigung der tatsächlichen Gegebenheiten und Möglichkeiten sowie der berechtigten Interessen der Beteiligten dem Wohl des Kindes am besten entspricht. Hierbei sind insbesondere folgende Gesichtspunkte zu berücksichtigen: (1.) ob das Kind über auf sicherer Bindung beruhende tragfähige Beziehungen zu beiden Elternteilen verfügt, (2.) ob zwischen den Eltern die für die Durchführung des Betreuungsmodells erforderliche Kooperations- und Kommunikationsfähigkeit besteht, (3.) der Wille des Kindes, (4.) die Kontinuität der Beziehung zwischen dem Kind und seinen Elternteilen, (5.) ob die äußeren Rahmenbedingungen geeignet sind, insbesondere die räumliche Entfernung zwischen den elterlichen Haushalten und die Arbeitszeiten der Eltern, sowie (6.) sonstige, für das Kindeswohl relevante Umstände.
148 BGH FamRZ 2017, 532 Rn. 30
149 BGH FamRZ 2017, 532 Rn. 29
150 *Salzgeber,* NZFam 2014, 921, 925 m.w.N.
151 BGH FamRZ 2017, 532 Rn. 30
152 OLG Bremen ZKJ 2019, 25

Nicht zuletzt gilt es, den Willen und die **Interessen des Kindes** zu beachten. Das Kind trägt die Last des Wechselmodells,[153] da es fortlaufend den Wohnort wechseln muss, nicht die Eltern, für die oftmals ein Nestmodell wegen der dann sie treffenden notwendigen häufigen Wohnortwechsel keine echte Alternative bildet. Auch ist zu bedenken, dass sich Kinder nicht selten aus einem tief verwurzelten Gerechtigkeitsgefühl und zur Vermeidung eines Loyalitätskonfliktes für ein Wechselmodell aussprechen, ohne sich in vollem Umfang über die Belastungen dieses Betreuungsmodells für sie selbst im Klaren zu sein.

b) Entspricht die Alleinsorge des antragstellenden Elternteils dem Kindeswohl am besten?

Im zweiten Prüfungsschritt ist festzustellen, ob die alleinige elterliche Sorge gerade des antragstellenden Elternteils die dem Kindeswohl am besten entsprechende Lösung bildet. 32

Begehrt ein Elternteil die alleinige elterliche Sorge, sollte der andere Elternteil sich **nicht auf einen Abweisungsantrag beschränken**, sondern hilfsweise die Übertragung des alleinigen Sorgerechts oder entsprechender Teilbefugnisse auf sich beantragen. Denn nur bei einem entsprechenden Antrag kann eine Sorgerechtsentscheidung zu seinen Gunsten ergehen, wenn das Gericht eine Aufhebung der gemeinsamen elterlichen Sorge für notwendig erachtet.[154] 33

Bei wechselseitigen Sorgerechtsanträgen ist zu entscheiden, welcher Elternteil besser in der Lage ist, die Erziehung des Kindes zu einer „eigenverantwortlichen und gemeinschaftsfähigen Persönlichkeit" (vgl. § 1 Abs. 1 SGB VIII) zu gewährleisten. Das Gericht hat zu prüfen, von welchem Elternteil das Kind künftig die größte Unterstützung für seine seelische, geistige und körperliche Entwicklung erwarten kann.[155] Hierzu haben Rechtsprechung und Literatur verschiedene Kriterien erarbeitet, die für sich genommen grundsätzlich gleichrangig, gleichwohl für den Einzelfall von unterschiedlicher Gewichtung sein können.[156] Die **wichtigsten Sorgerechtskriterien** sind: 34

- allgemeine Erziehungseignung und Erziehungsfähigkeit,
- ausreichende Bindungstoleranz,
- Kontinuitätsprinzip,
- Bindungen des Kindes,
- Kindeswille,
- Förderprinzip.

aa) Allgemeine Erziehungseignung und -fähigkeit

Es gibt weder ein umfassendes rechtliches Leitbild „geeigneter Elternpersönlichkeit" noch positive wissenschaftliche Kriterien hierfür, lediglich negativ sind Abgrenzungen möglich.[157] Jedoch haben sich in der Rechtsprechung folgende Aspekte als bedeutsam herausgestellt, ohne dass auch hier eine Rangfolge der Gewichtung bestünde: 35

- **Möglichkeit und Bereitschaft zur persönlichen Betreuung des Kindes**;[158] es gibt jedoch keinen automatischen Vorrang des nicht oder weniger berufstätigen Elternteils.[159] Zwar hat der Gesetzgeber durch die Änderungen des § 1570 BGB unterhaltsrechtlich ei- 36

153 *Salzgeber,* NZFam 2014, 921, 924 m.w.N.
154 OLG Saarbrücken, Beschl. v. 11.5.2015 – 6 UF 18/15, juris = ZKJ 2015,399 (Ls) m.w.N.
155 BVerfG FamRZ 1981, 124, 126
156 BGH ZKJ 2011, 220 m.w.N.; OLG Köln FamRZ 2024, 707, 708 m.w.N.
157 Staudinger/*Coester,* § 1671 BGB Rn. 179 m.w.N.
158 OLG Köln FamRZ 2014, 575 m.w.N.
159 BVerfG FamRZ 1981, 124; OLG Brandenburg, Beschl. v. 6.5.2016 – 10 UF 7/16, juris, m.w.N.

nen Vorrang der persönlichen Betreuung nur bis zur Vollendung des dritten Lebensjahres des Kindes festgelegt.[160] Hieraus lässt sich aber nicht der Schluss ziehen, persönliche Betreuung des Kindes spiele nur bis zum Alter von 3 Jahren für das Sorgerecht eine Rolle. Grundsätzlich folgt Unterhalt dem Sorgerecht und nicht umgekehrt.[161] Für persönliche Betreuung genügt die bloße Organisation einer Betreuung durch Dritte nicht.[162]

37 • **Allgemeine Erziehungseignung**: Hierzu gehört insbesondere Bereitschaft und Kompetenz zur größtmöglichen Unterstützung des Kindes beim Aufbau seiner Persönlichkeit.[163] Unterschiede im Erziehungsstil (eher streng oder eher großzügig) sind dabei unmaßgeblich. Etwas anderes gilt allerdings dann, wenn zu entwürdigenden Erziehungsmaßnahmen (§ 1631 Abs. 2 BGB) gegriffen wird. Die allgemeine Erziehungskompetenz kann wesentlich eingeschränkt oder aufgehoben sein insbesondere bei erwiesener (!) und zum Entscheidungszeitpunkt bestehender (!) Neigung zur Gewalttätigkeit,[164] Alkohol- oder Drogenmissbrauch,[165] zahlreichen Vorstrafen[166] oder psychischen Erkrankungen wie z.B. einer Borderline-Störung.[167]

38 Für sich genommen **unmaßgebliche Entscheidungskriterien** sind:

- ausländische Staatsangehörigkeit,[168] anders bei konkreter Entführungsgefahr,[169]
- schlechte deutsche Sprachkenntnisse,[170]
- Geschlechtsumwandlung,[171]
- HIV-Infektion,[172]
- neue Partnerschaft,[173]
- größere räumliche Entfernung,[174]
- biologische Mutterschaft,[175]
- Homosexualität (siehe Regelungen des LPartG).

39 Die Zugehörigkeit zu einer bestimmten **Religionsgemeinschaft** oder **Sekte** als solche ist kein maßgebliches Kriterium,[176] ebenso wenig das Unterlassen einer religiösen Erziehung.[177] Führt die religiöse Überzeugung eines Elternteils jedoch dazu, dass das Kind einem das Kindeswohl gefährdenden Erziehungsstil ausgesetzt ist (z.B. Verweigerung von Bildung für Mädchen), wird dies durchaus als Abwägungskriterium von Bedeutung sein.[178] So wird das Vorleben streng islamischer Werte seitens der Kindesmutter (z.B. Tragen einer Vollverschleierung; stark eingeschränkter Kontakt zu Personen des anderen Geschlechts) als

160 BGH FamRZ 2012, 1040; kritisch aus sorgerechtlicher Sicht *Becker-Stoll*, FamRZ 2010, 77
161 Staudinger/*Coester*, § 1671 BGB Rn. 205
162 OLG Köln FamRZ 2015, 575
163 OLG Bamberg FamRZ 1998, 1462
164 OLG Köln FamRZ 2014, 575; OLG Hamm, Beschl. v. 23.5.2012 – 8 UF 32/10, juris
165 OLG Frankfurt FamRZ 2011, 1875; OLG Brandenburg NZFam 2014, 186
166 OLG Bamberg FamRZ 1991, 1341
167 OLG Frankfurt FamRZ 2014, 575
168 BGH DAVorm 2000, 704
169 OLG Köln NJW-RR 1999, 1019
170 OLG Nürnberg FamRZ 1999, 1160
171 OLG Schleswig FamRZ 1990, 433
172 OLG Stuttgart NJW 1988, 2620
173 *Völker/Clausius*, § 1 Rn. 291
174 OLG Brandenburg ZfJ 2005, 26
175 OLG Frankfurt FamRZ 1990, 550
176 BGH FamRZ 2005, 1167; OLG Köln NZFam 2016, 1207 je m.w.N.
177 OLG Nürnberg FamRZ 2001, 1639
178 Staudinger/*Coester*, § 1671 BGB Rn. 192; *Völker/Clausius*, § 1 Rn. 276

nachteilig im Hinblick auf deren Erziehungseignung angesehen,[179] schließt aber bei gewichtigen für die Mutter sprechenden Sorgerechtskriterien eine Sorgerechtsübertragung auf sie nicht aus.[180]

Im Einzelfall können Fragen der religiösen Kindererziehung auch durch eine Entscheidung nach § 1628 BGB getroffen werden.[181] Bei Zeugen Jehovas soll die Ablehnung von Bluttransfusionen für eine Hauptsacheentscheidung nach § 1671 BGB nur dann ein Entscheidungskriterium sein, wenn eine solche Transfusion unmittelbar bevorstehe, weil ansonsten Eilentscheidungen eingeholt werden könnten.[182] Dem kann jedoch nicht gefolgt werden, denn diese Auffassung verlagert das Problem nur in ein Eilverfahren. Nach Auffassung des KG[183] kann die Entscheidung über eine Bluttransfusion im Rahmen eines Verfahrens nach § 1628 BGB nur erfolgen, wenn die Notwendigkeit einer solchen Transfusion konkret besteht; einen Teilbereich der elterlichen Sorge „Entscheidung über Bluttransfusionen" allgemein einem Elternteil nach § 1671 BGB zu übertragen, weil der andere den Zeugen Jehovas angehöre, reiche nicht aus.

Ein **nachgewiesener sexueller Missbrauch des Kindes** schließt Erziehungseignung regelmäßig aus.[184] Steht dagegen – wie in der Praxis häufig – nur ein Verdacht im Raum, muss das Gericht im Rahmen der Amtsermittlung eigene Ermittlungen regelmäßig auch durch möglichst rasche Gutachteneinholung tätigen. Ein **dringender Verdacht** kann im Einzelfall eine Sorgerechtsübertragung auf den anderen Elternteil im Zusammenwirken mit anderen Gesichtspunkten (Kindeswille) rechtfertigen,[185] ein eher wenig wahrscheinlich erscheinender Missbrauchsvorwurf genügt nicht.[186] 40

Umgekehrt stellt der von einem Elternteil besonders leichtfertig oder gar wider besseres Wissen erhobene **unbegründete Vorwurf sexuellen Missbrauchs** ein schwerwiegendes Indiz gegen dessen Erziehungseignung dar.[187] Lässt sich nach Ausschöpfung aller zur Verfügung stehenden Erkenntnisquellen die Missbrauchsfrage nicht klären, ist eine umfassende Risikoabwägung unter Berücksichtigung des Kindeswohls vorzunehmen, wobei es auf den Grad der Wahrscheinlichkeit für die Richtigkeit der Anschuldigungen ankommt. Bei einer vorläufigen Regelung sind auch die Folgen zu berücksichtigen, die für das Kind im Falle einer abweichenden Hauptsacheentscheidung eintreten.[188]

bb) Bindungstoleranz

Hierunter versteht man die Fähigkeit eines Elternteils, unbelastete Kontakte zum anderen Elternteil nicht nur zuzulassen, sondern aktiv zu fördern.[189] Im Hinblick auf die Bedeutung des Umgangsrechts des Kindes selbst zum anderen Elternteil und dessen Recht auf Umgang mit dem Kind kommt der Bindungstoleranz bei Sorgerechtsentscheidungen insbesondere bei annähernd gleicher Erziehungseignung im Übrigen besondere Bedeutung zu.[190] Sprechen dagegen andere Aspekte, vor allem ein nachhaltiger Kindeswille überwiegend für einen Aufenthalt des Kindes beim bindungsintoleranten Elternteil, so ist die Trennung vom 41

179 OLG Celle FamRZ 2004, 1667
180 OLG Hamm FamRZ 2017, 1225
181 OLG Köln FamFR 2013, 257
182 OLG Hamm FamRZ 2011, 1306
183 KG NZFam 2023, 705.
184 KG, Beschl. v. 5.4.2012 – 17 UF 50/12, juris, m.w.N; OLG Brandenburg FPR 2002, 15; siehe aber auch – bei lange zurückliegender Tat – OLG Hamm FamRZ 2012, 235
185 OLG Brandenburg, Beschl. v. 17.9.2009 – 9 WF 166/08, juris = FamRZ 2010, 221 (LS)
186 OLG Brandenburg JurBüro 2017, 612; siehe auch KG ZKJ 2012, 358 „Risikoabwägung nach Verdachtsschwere im Einzelfall"
187 BGH NJW 2008, 994 Rn.18; OLG Köln Beschl. v. 8.5.2025 – 14 UF 14/25, juris
188 OLG Karlsruhe ZKJ 2024, 20
189 BVerfG NJW 2011, 2360, 2363 Rn. 57
190 OLG Köln ZKJ 2019, 69; OLG Brandenburg NZFam 2014, 186

bindungsintoleranten Elternteil keineswegs zwingend.[191] Insbesondere darf das Argument fehlender Bindungstoleranz nicht als Sanktionierung elterlichen Verhaltens eingesetzt werden, weil bei Sorgerechtsentscheidungen ausschließlich das Wohl des Kindes maßgebliches Kriterium ist.[192]

Eine durch den bindungsintoleranten Elternteil verursachte Umgangsverweigerung des Kindes beinhaltet auch nicht zwangsläufig eine Kindeswohlgefährdung.[193] Die nicht seltene Praxis einer plötzlichen **nicht abgesprochenen Trennung unter Mitnahme des Kindes (**zu den hieraus resultierenden Problemen der örtlichen Zuständigkeit siehe hier *Keuter,* § 152 FamFG Rn. 13 ff. und § 154 FamFG Rn. 4 ff.), u.U. verbunden mit Umgangsverweigerung und/oder Geheimhaltung der neuen Anschrift, kann ein deutliches Zeichen mangelnder Bindungstoleranz sein.[194] Dies gilt natürlich nicht, wenn der Umzug zum Schutz des Kindes oder des betreuenden Elternteils erforderlich war (vgl. § 154 Satz 2 FamFG). Mangelnde Bindungstoleranz kann sich auch in **fortwährender Herabsetzung des anderen Elternteils** gegenüber dem Kind äußern.[195]

42 Eine besondere Rolle spielt die Frage der Bindungstoleranz bei bestehender **Auswanderungsabsicht**: Es sind bei der Sorgerechtsentscheidung allein die Alternativen „Auswanderung mit Kind" bzw. „Wechsel des Kindes zum anderen Elternteil" gegenüberzustellen; die denkbare Alternative „Verbleib des betreuenden Elternteils im Inland" scheidet im Hinblick auf die allgemeine Handlungsfreiheit des Elternteils aus.[196] Im Rahmen der beiden vorgenannten Alternativen ist nach der Rechtsprechung des BGH die Abwägung nach den allgemeinen Kriterien (siehe Rn. 33 ff.) vorzunehmen. **Motive** des auswanderungswilligen Elternteils sind **unbeachtlich**, es sei denn, die Auswanderung erfolgt aufgrund fehlender Bindungstoleranz. Ersichtlich unvernünftiges Handeln mit erheblichen Risiken für das Kind lässt auf mangelnde Erziehungseignung schließen. Zu prüfen ist auch der Umfang der mit Auswanderung verbundenen nachteiligen Auswirkungen auf den Umgang des Kindes mit dem anderen Elternteil.[197] Diese Maßstäbe gelten entsprechend, wenn ein Elternteil das Aufenthaltsbestimmungsrecht erstrebt, weil er mit dem Kind seinen Lebensmittelpunkt innerhalb Deutschlands weit entfernt vom bisherigen Aufenthaltsort verlagern will, was das Umgangsrecht des anderen Elternteils wesentlich erschwert.[198]

cc) Kontinuitätsprinzip

43 Unter diesem Aspekt ist zu prüfen, welcher Elternteil dem Kind am ehesten eine gleichmäßige, stabile und stetige Betreuung und Erziehung gewährleisten kann.[199] Es ist allgemein anerkannt, dass der „weitestgehende Erhalt der Einheitlichkeit, Stetigkeit, Gleichmäßigkeit und Stabilität der kindlichen Lebens-, Betreuungs- und Erziehungsverhältnisse dem Wohl des Kindes am besten dient.[200] Zu unterscheiden ist einerseits die **örtliche Kontinuität** (Beibehaltung der gewohnten häuslichen Umgebung, des sozialen Umfeldes wie Schule, Kindergarten) sowie die **persönliche Kontinuität**, die vor allem auf die Erhaltung der persönlichen Betreuung durch einen Elternteil, aber auch sonstiger Bezugspersonen wie z.B. Groß-

191 OLG Hamburg FamRZ 2002, 566; OLG Hamm FamRZ 2007, 1677; MüKo-BGB/*Hennemann,* § 1671 Rn. 26
192 BVerfG FamRZ 2009, 384; BVerfG FamRZ 2007, 1626; BGH ZKJ 2011, 220
193 OLG Frankfurt MDR 2024, 847; OLG Köln NZFam 2024, 665
194 BVerfG FamRZ 2009, 189
195 OLG Hamm, Beschl. v. 18.11.2013 – 8 UF 169/12, juris = NZFam 2014, 430; OLG Jena FamRZ 2011, 1070
196 BGH FamRZ 2010, 1060 mit Anm. *Völker*; BGH ZKJ 2011, 220; OLG Düsseldorf FuR 2022, 538
197 OLG Hamm FamRZ 2011, 1151; OLG Köln NZFam 2016, 1207
198 OLG Brandenburg Beschl. v. 9.8.2024 – 15 UF 121/24 juris; AG Flensburg Beschl. v. 30.11.2023 – 90 F 93/22, juris
199 BVerfG FamRZ 2009, 189 m.w.N.; BGH FamRZ 1990, 392
200 KG NJOZ 2023, 389 Rn. 26 m.w.N.

eltern, (Halb-)Geschwister u.Ä. abstellt. Im Einzelfall kann durchaus die persönliche Kontinuität für den einen, die örtliche Kontinuität für den anderen Elternteil sprechen.

Die **persönliche Kontinuität** ist von umso größerer Bedeutung, je jünger das betroffene Kind ist.[201] Zum einen hat bei Säuglingen und Kleinkindern angesichts ihres geringen Alters und der Besonderheiten des kindlichen Zeitempfindens die bisherige Dauer persönlicher Betreuung durch einen Elternteil ein größeres Gewicht, zum andern sind Kleinkinder in größerem Maße auf konkrete Bezugspersonen fixiert. Werden Kinder mehrere Jahre von einem Elternteil betreut und sollen sodann zum anderen Elternteil wechseln, geht dies regelmäßig mit Belastungen für die Kinder einher, weshalb es für den Obhutswechsel triftige Gründe geben muss.[202] 44

Die **Umgebungskontinuität** ist zwar bei noch nicht schulpflichtigen Kindern eher nachrangig,[203] kann aber, wenn sich nach den übrigen Kriterien kein Vorrang für einen Elternteil ergibt, durchaus im Einzelfall ausschlaggebende Bedeutung erlangen.[204] Mit zunehmendem Alter kommt dem Bedürfnis eines Kindes nach Kontinuität und Stabilität der gewohnten Lebensbedingungen (Kindergarten, Schule, Freunde) eine verstärkte Bedeutung zu.[205] 45

Nicht schutzwürdig ist grundsätzlich **ertrotzte Kontinuität**.[206] Wer eigenmächtig entweder als betreuender Elternteil mit dem Kind „untertaucht" oder umgekehrt ein Kind beispielsweise nach einem Besuchskontakt dem bislang betreuenden Elternteil vorenthält, kann sich regelmäßig nicht darauf berufen, ein (erneuter) Obhutswechsel sei möglichst zu vermeiden.[207] Gleiches gilt, wenn ein Elternteil mit dem Kind eigenmächtig aus dem Ausland nach Deutschland zieht und hier eine vorläufige Übertragung des Aufenthaltsbestimmungsrechts erwirkt. Allerdings darf die Sorgerechtsentscheidung auch nicht als Sanktion für ein missbräuchliches Vorenthalten eines Kindes ergehen; Maßstab ist und bleibt allein das Kindeswohl.[208] 46

In den vorgenannten Konstellationen kann dem Elternteil, der Opfer einer „Entführung" des Kindes durch den anderen Elternteil geworden ist, daher nur dringend geraten werden, zur Wiederherstellung des „status quo ante" so schnell wie möglich eine Eilentscheidung auf Rückführung des Kindes anzustreben, wobei es nicht immer einer vorherigen Übertragung des Aufenthaltsbestimmungsrechts bedarf.[209] Von eigenmächtigem „Untertauchen" kann natürlich nicht die Rede sein, wenn der Elternteil mit dem Kind aufgrund von Partnerschaftsgewalt flieht.

dd) Bindungen des Kindes

Ein weiteres wichtiges Kriterium für die Sorgerechtsübertragung stellen die Bindungen des Kindes dar.[210] Im Rahmen des § 1671 BGB sind dabei sowohl die (vorrangigen) Bindungen eines Kindes **zu einem Elternteil** wie auch die des Kindes **zu anderen wichtigen Bezugspersonen**, insbesondere Geschwistern, von Bedeutung. Auch außerfamiliären Bindungen kann – im Einzelfall sogar maßgebliches – Gewicht zukommen.[211] Ob zu einem Elternteil 47

---

201 OLG Köln FamRZ 2003, 1950 m.w.N.
202 BVerfG FamRZ 2007, 1797
203 KG, Beschl. v. 9.2.2011 – 3 UF 201/10, juris, Rn. 42
204 OLG Brandenburg NZFam 2016, 716
205 OLG Karlsruhe FamRZ 2001, 1634 m.w.N.
206 dazu *Völker/Clausius*, FF 2009, 54
207 BVerfG FamRZ 2009, 189
208 BVerfG 2007, 1626 m.w.N.; OLG Stuttgart FamRZ 2023, 702; BeckOK-BGB/*Veit*, § 1671 Rn. 46 m.w.N.
209 OLG Stuttgart FamRZ 99, 39; AG Bad Iburg FamRZ 2000, 1036; siehe aber auch hier *Fink*, § 1632 BGB Rn. 8
210 Eingehend zum Thema Bindungen die Aufsätze von *Walter*, FPR 2013, 177; *Brisch*, FPR 2013, 183; *Bovenschen/Spangler*, FPR 2013, 187; *Kindler*, FPR 2013, 194; *Lüpschen/Lengning*, FPR 2013, 213
211 OLG Brandenburg FamRZ 2008, 1474

stärkere Bindungen bestehen als zum anderen, wird sich regelmäßig nur durch Einholung eines Sachverständigengutachtens feststellen lassen.[212] Die persönliche Anhörung des Kindes gibt allerdings bereits wichtige Anhaltspunkte, weil der erklärte Kindeswille Bindungen und Neigungen regelmäßig zu erkennen gibt.[213] Selbst wenn (überwiegende) Bindungen durch Beeinflussung seitens eines Elternteils entstanden sind, ist ihr Bestehen in den Abwägungsprozess einzubeziehen; auch manipulierte Bindungen sind beachtenswert.[214] Das Konzept der Eltern-Kind-Entfremdung (PAS bzw. neuerdings EKE) bietet keine hinreichend tragfähige Grundlage für eine am Kindeswohl orientierte Entscheidung.[215]

48 Eine **Geschwistertrennung** sollte im Regelfall vermieden werden,[216] weil Geschwister zumeist einander Halt geben,[217] was besonders wichtig ist, wenn sie durch die Trennung der Eltern einen Elternteil als im Alltag kaum mehr präsent erleben, weil die Beziehung der Eltern völlig zerrüttet ist.[218] Erhebliche Aggressionen der Geschwister untereinander können jedoch umgekehrt ausnahmsweise für eine Geschwistertrennung sprechen.[219]

ee) Kindeswille

49 Kinder sind, da eigenständige Grundrechtsträger[220] – unabhängig von ihrem Alter –, **Subjekt, nicht Objekt** in Sorgerechtsverfahren. Ihre Willensäußerungen[221] sind Ausdruck der empfundenen Personenbindung einerseits und der Selbstbestimmung des Kindes andererseits.[222] Die Missachtung eines ernsthaft geäußerten und subjektiv verständlichen Wunsches des Kindes kann dessen Persönlichkeitsentwicklung nachhaltig schädigen.[223] Der Gesetzgeber hat der Bedeutung dieses Entscheidungskriteriums verfahrensrechtlich durch das Erfordernis der **persönlichen Anhörung** des Kindes (§ 159 Abs. 1 und 2 FamFG) sowie der Bestellung eines **Verfahrensbeistandes** (§ 158 FamFG) Rechnung getragen.

50 **Je älter** ein Kind ist, **desto größere Bedeutung gewinnt der Kindeswille** für die Entscheidung,[224] was sich verfahrensrechtlich im eigenen Beschwerderecht des mindestens 14 Jahre alten Kindes niederschlägt (§ 60 FamFG) und materiell-rechtlich Ausdruck im Widerspruchsrecht des Kindes nach § 1671 Abs. 1 Satz 2 Nr. 1, Abs. 2 Nr. 1 BGB findet. Gleichwohl ist der **Kindeswille nicht stets ausschlaggebend**. Im Einzelfall ist einem auch als „autonom, stabil und nachhaltig" eingestuften Kindeswillen einer 14-Jährigen[225] und auch eines 6-jährigen Kindes[226] nicht entsprochen, andererseits dem Willen eines 10-jährigen[227] bzw. 11,5-jährigen Mädchens entscheidende Bedeutung beigemessen worden.[228] Eine feste Altersgrenze, ab welcher der Kindeswille in jedem Fall beachtlich sei, lässt sich nicht ziehen.[229] Das BVerfG misst jedenfalls dem Willen eines 12-jährigen Kindes „nicht unerhebliche" Bedeutung bei.[230]

---

212 *Prenzlow/Kretzschmar/Sander*, Rn. 510
213 BGH FamRZ 1990, 392
214 BVerfG ZKJ 2015, 319 m.w.N.
215 BVerfG FamRZ 2024, 278 mit Anm. *Keuter*; *Altendorfer-Kling/Kliemann/Fegert*, FF 2024, 98; *Fegert*, ZKJ 2014, 190
216 KG FamRZ 2024, 1030 mit Anm. *Wierse*; OLG Naumburg FamRZ 2000, 1595
217 OLG Brandenburg FamFR 2013, 20; OLG Brandenburg FamFR 2011, 525 m.w.N.
218 OLG Dresden FamRZ 2003, 397
219 OLG Frankfurt FamRZ 1994, 920
220 BVerfG ZKJ 2008, 421
221 Eingehend zum Kindeswillen Prenzlow/*Früh-Naumann*, Rn. 966 ff.
222 BVerfG FamRZ 2021, 1201; FamRZ 2009, 1389
223 Prenzlow/*Kretschmar/Sander*, Rn. 512 m.w.N.
224 BVerfG FamRZ 2008, 1737; OLG Saarbrücken FamRZ 2011, 1153
225 OLG München FamRZ 2014, 1210
226 BVerfG FamRZ 2015, 210, 211
227 KG FamRZ 2010, 135
228 BVerfG FamRZ 2008, 1737; OLG Hamm NZFam 2014, 430
229 Siehe aber OLG Brandenburg MDR 2015, 1305 „regelmäßig ab dem 12. Lebensjahr relevant"
230 BVerfG FamRZ 2024, 278 mit Anm. *Keuter*

51 Als **Gründe, welche die Bedeutung des Kindeswillens im Einzelfall mindern** können, sind in der Rechtsprechung – neben einem geringen Alter des Kindes – anerkannt:

- für das Kind unlösbarer Loyalitätskonflikt[231]
- mangelnde Realitätsnähe der kindlichen Wünsche[232]

ff) Förderprinzip

52 Hier steht die Frage im Vordergrund, von wem das Kind die meiste Unterstützung für den Aufbau seiner Persönlichkeit erhält.[233] Teilweise werden die oben (siehe Rn. 37 ff. und 43 ff.) abgehandelte allgemeine Erziehungseignung sowie die Bindungstoleranz mit zum Förderprinzip gezählt.[234] Im hier vertretenen engeren Sinne umfasst das Förderprinzip vor allem die Fragen, welcher Elternteil dem Kind die beste **schulische Förderung** angedeihen lassen kann, ihm eine sichere **wirtschaftliche Existenzgrundlage** bieten[235] und ihm ggf. am besten bei der **Integration in einen anderen Sprach- und Kulturkreis** behilflich sein kann. Einen angeblichen Erfahrungssatz, „kleine Kinder gehören zur Mutter", gibt es nicht.[236] Wirtschaftliche Verhältnisse sowie eigene Ausbildung und berufliche Stellung der Elternteile sind nur von untergeordneter Bedeutung.[237]

II. Übertragung der alleinigen elterlichen Sorge auf den Vater bei Alleinsorge der Mutter (Abs. 2)

53 § 1671 Abs. 2 BGB ist unter gleichzeitiger Aufhebung des § 1672 BGB durch Gesetz zur Reform der elterlichen Sorge völlig neu gefasst worden.[238] Der bisherige § 1672 BGB, wonach der Vater die alleinige elterliche Sorge nur mit Zustimmung der Mutter erlangen konnte, verletzte Art. 6 Abs. 2 Satz 1 GG.[239] Die Vorschrift erfasst die Grundkonstellation, wonach

- die **Mutter gemäß § 1626a Abs. 3 BGB allein sorgeberechtigt ist**,
- die Eltern **dauerhaft getrennt** leben und
- der Vater **anstelle** der Mutter das gesamte Sorgerecht oder Teile des Sorgerechts erstrebt.

Erfolg hat der Antrag, wenn

- die Mutter zustimmt, es sei denn
  - die Sorgerechtsübertragung widerspricht dem Kindeswohl oder das mindestens 14-jährige Kind widerspricht (Abs. 2 Nr. 1)

oder

- die Mutter nicht zustimmt, jedoch
  - eine gemeinsame elterliche Sorge nicht in Betracht kommt und
  - zu erwarten ist, dass die Übertragung der elterlichen Sorge auf den Vater dem Kindeswohl am besten entspricht (Abs. 2 Nr. 2).

---

231 OLG Köln FamRZ 2009, 434 (LS) bei 16-jährigem (!) Kind; OLG Hamm FamRZ 1997, 957
232 OLG München FamRZ 2014, 1210; OLG Bamberg FamRZ 1988, 750
233 *Heilmann,* NJW 2012, 16, 17
234 Staudinger/*Coester,* § 1671 BGB Rn. 177 BeckOGK BGB/*Fuchs,* § 1671 Rn. 216
235 Zu deren Bedeutung siehe OLG Brandenburg NZFam 2019, 133
236 OLG Brandenburg FamRZ 2009, 1759, 1760; OLG Celle FamRZ 1984, 1035
237 BeckOGK BGB/*Fuchs,* § 1671 Rn. 260 m.w.N.
238 BGBl. I 2013 S. 795
239 BVerfG FamRZ 2010, 1403

1. Alleinsorge der Mutter

54 Die Mutter muss allein sorgeberechtigt sein, und zwar aufgrund der Bestimmung des § 1626a Abs. 3 BGB. Die Vorschrift gilt nach ihrer Zielsetzung und da sie den bisherigen § 1672 BGB ersetzt auch für die Fälle, in denen die Mutter nach § 1626a Abs. 2 a. F. BGB allein sorgeberechtigt ist.[240] Ist die Alleinsorge der Mutter dagegen durch eine Entscheidung nach §§ 1671, 1673, 1674 BGB entstanden, kommt eine Übertragung auf den Vater nach § 1671 Abs. 2 BGB nicht in Betracht; hier bleibt nur ein Antrag nach § 1696 BGB.[241]

2. Antragsrecht des Vaters

55 Allein antragsberechtigt ist der **rechtliche Vater** des Kindes. Gemeint ist der Mann, dessen Vaterschaft auf § 1592 Nr. 2 oder 3 BGB beruht.[242] Eine nur leibliche Vaterschaft, auch wenn sie zwischen den Eltern unstreitig oder durch ein Verfahren nach § 1598a BGB geklärt ist, genügt nicht.

3. Dauerhaftes Getrenntleben der Eltern

56 ▶ *Insoweit wird auf die Ausführungen oben zu Rn. 9 verwiesen.*

4. Voraussetzungen eines erfolgreichen Antrags

57 § 1671 Abs. 2 Satz 2 BGB bildet das Spiegelbild zu § 1671 Abs. 1 Satz 2 BGB. Zu unterscheiden sind auch hier zwei Konstellationen, nämlich einerseits die Zustimmung der Mutter (Nr. 1) oder deren fehlende Zustimmung (Nr. 2). Übertragen werden können auch hier ggf. Teilbereiche der elterlichen Sorge.[243]

a) Zustimmung der Mutter (Abs. 2 Satz 2 Nr. 1)

58 Für die **Zustimmung der Mutter** gelten die Ausführungen zu § 1671 Abs. 1 Satz 2 Nr. 1 BGB (siehe oben Rn. 9 f.) entsprechend. Daneben darf das betroffene mindestens 14 Jahre alte Kind der Sorgerechtsübertragung nicht widersprechen; für den **Widerspruch des Kindes** wird zunächst auf die obigen Ausführungen zu Rn 11 verwiesen. Ob auch hier ein Widerspruch des mindestens 14-jährigen Kindes keine **Veto-Wirkung** hat, wird mit Recht bezweifelt, weil es im Rahmen des § 1671 Abs. 2 BGB um die Auswechslung des bislang alleinentscheidungsbefugten Elternteils gegen einen bislang in die sorgerechtliche Verantwortung noch nicht eingebundenen Elternteil geht.[244] Zutreffend wird darauf hingewiesen, dass bereits ein Aufenthaltswechsel zum anderen Elternteil gegen den Willen eines mindestens 14 Jahre alten Kindes kaum durchsetzbar ist, so dass im Ergebnis sein Widerspruch zumindest im Regelfall wie ein Veto wirken wird.[245]

59 Zudem darf die (teilweise) Sorgerechtsübertragung auf den Kindesvater dem Kindeswohl nicht widersprechen (**negative Kindeswohlprüfung**). Der Gesetzgeber hat die gegenüber § 1671 Abs. 1 Satz 2 Nr. 1 BGB zusätzlich gebotene negative Kindeswohlprüfung damit begründet, dass die Veränderungen für das Kind wesentlich einschneidender bei einer Entscheidung nach Abs. 2 seien als bei einer solchen nach Abs. 1. Denn es sei ein völliger Austausch des Sorgeberechtigten die Folge.[246] Der Wechsel von der positiven Kindeswohlprüfung in § 1672 Abs. 1 a.F. BGB zur negativen wird in den Materialien nicht näher begründet,

240 BT-Drs. 17/11048, 19

241 MüKo-BGB/*Hennemann*, § 1671 Rn. 148 m.w.N.

242 BGH ZKJ 2011, 220

243 OLG Karlsruhe, Beschl. v. 2.6.2015 – 18 UF 117/15, juris (Entscheidung über Impfmaßnahme)

244 *Völker/Clausius*, § 1 Rn. 314

245 MüKo-BGB/*Hennemann*, § 1671 Rn. 151 m.w.N.

246 BT-Drs. 17/11048, 19; laut S. 96 des DEKiMoG soll aber auch hier die Elternautonomie bis zur Grenze der Kindeswohlgefährdung vorrangig sein.

ist aber wohl darauf zurückzuführen, eine Vereinheitlichung der Prüfungsmaßstäbe in §§ 1626a Abs. 2, 1671 Abs. 2 Nr. 1, 1680 Abs. 2 und 3 BGB erreichen zu wollen.

b) fehlende Zustimmung der Mutter (Abs. 2 Satz 2 Nr. 2)

Die Vorschrift soll dem Vater die bislang fehlende Möglichkeit geben, auch **gegen den Willen der Mutter** die alleinige elterliche Sorge zu erhalten; dass er diese Möglichkeit nach § 1672 BGB a.F. nicht besaß, verletzte das Grundrecht des Vaters aus Art. 6 Abs. 2 Satz 1 GG.[247] 60

Eine alleinige elterliche Sorge des Vaters anstelle der Mutter soll es jedoch nur dann geben, wenn eine **gemeinsame elterliche Sorge ausscheidet**.[248] Auch in dieser Regelung wird die Absicht des Gesetzgebers deutlich, die gemeinsame elterliche Sorge zum Leitbild des Sorgerechts auszugestalten. Dass vorrangig zu prüfen ist, ob die Eltern nicht die elterliche Sorge gemeinsam ausüben können, ist dadurch bedingt, dass ein Wechsel in der Alleinsorge von der Mutter zum Vater regelmäßig erhebliche Auswirkungen auf die Mutter-Kind-Beziehung und das Bedürfnis des Kindes nach Stabilität und Kontinuität hat.[249] Die Prüfungspflicht des Familiengerichts entspricht spiegelbildlich der Prüfung für die Aufhebung der gemeinsamen elterlichen Sorge (siehe hierzu oben Rn. 12 ff.). 61

Kommt die gemeinsame elterliche Sorge nicht in Betracht, hat der Antrag des Vaters Erfolg, wenn die **Übertragung der alleinigen elterlichen Sorge** auf ihn dem Kindeswohl am besten entspricht. Der Gesetzgeber wollte hierdurch sicherstellen, dass bei Unmöglichkeit der gemeinsamen elterlichen Sorge der Elternteil allein sorgeberechtigt wird bzw. bleibt, der hierfür am besten geeignet ist.[250] Kann das Gericht mithin nicht die Überzeugung gewinnen, dass der Vater besser als die Mutter geeignet ist, bleibt sein Antrag erfolglos und die Mutter weiterhin allein sorgeberechtigt.[251] 62

III. Ruhen der elterlichen Sorge der Mutter nach § 1751 BGB

1. Umfang der Sonderregelung

§ 1671 Abs. 3 BGB normiert die Fallkonstellation, in der die Mutter die elterliche Sorge zunächst allein innehat, sie aber in die Adoption des Kindes einwilligt, so dass nach § 1751 Abs. 1 Satz 1 BGB ihre elterliche Sorge ruht. Die Regelung fingiert aus verfahrensökonomischen Gründen einen Antrag des Vaters auf Übertragung der **gemeinsamen** elterlichen Sorge als einen solchen auf Übertragung der **alleinigen** elterlichen Sorge. 63

2. Voraussetzungen der Norm

Ein erfolgreicher Antrag nach § 1671 Abs. 3 BGB setzt voraus: 64

- bisheriges **alleiniges Sorgerecht der Mutter** gemäß § 1626a Abs. 3 BGB
- **Antrag des Vaters** auf Übertragung der gemeinsamen elterlichen Sorge gemäß § 1626a Abs. 2 BGB; antragsbefugt ist nur der rechtliche Vater[252] (vgl. auch *Fink*, § 1626a BGB Rn. 21 f.)
- **Einwilligung der Mutter in die Adoption** des Kindes (zu Formerfordernissen siehe *Braun*, § 1747 BGB Rn. 4 f., § 1750 BGB Rn. 2 f.) und
- Alleiniges Sorgerecht des Vaters **widerspricht nicht dem Kindeswohl**.

247 BVerfG FamRZ 2010, 1403
248 BVerfG FamRZ 2010, 1403
249 BT-Drs. 17/11048 20
250 BT-Drs. 17/11048, 20
251 BeckOK-BGB/*Veit*, § 1671 Rn. 114 m.w.N.
252 BT-Drs. 17/11048, 19

Auch hier verlangt der Gesetzgeber lediglich eine negative, keine positive Kindeswohlprüfung. Er will damit dem Umstand Rechnung tragen, dass der Vater grundsätzlich an der Sorge teilhaben und nur dann ausgeschlossen werden soll, wenn das Kindeswohl dies erfordert.[253]

65 *Übersicht zu § 1671 Abs. 3 BGB*

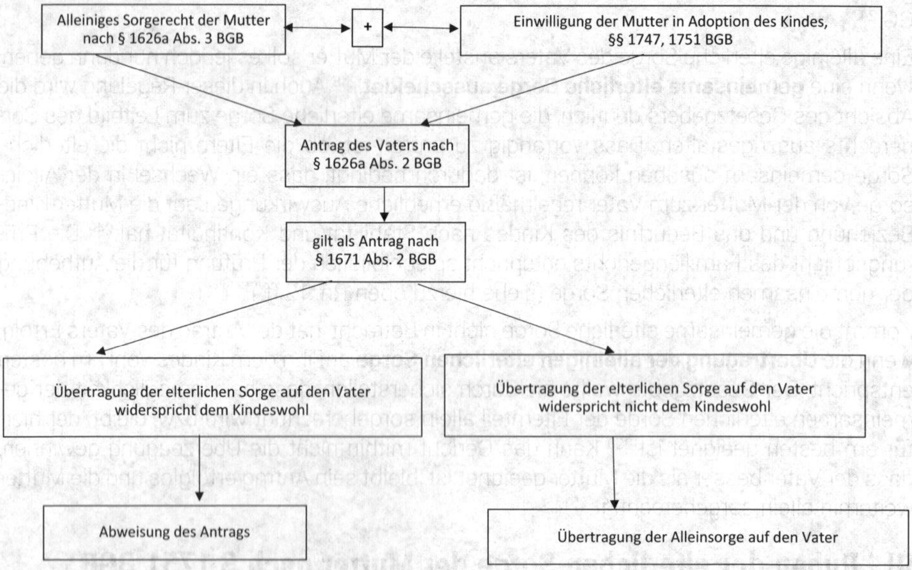

3. Sperrwirkung des Sorgerechtsantrags

66 Die Adoption darf nach § 1747 Abs. 3 Nr. 3 BGB erst ausgesprochen werden, wenn über den Sorgerechtsantrag des Vaters formell entschieden wurde; gemeint ist insoweit der Eintritt der formellen Rechtskraft.[254] Siehe auch *Braun,* § 1747 BGB Rn. 13 f.

IV. Vorrangige abweichende Entscheidung (Abs. 4)

67 § 1671 Abs. 4 BGB enthält einen Verweis insbesondere auf die §§ 1666, 1666a, 1667 BGB. Den Anträgen nach § 1671 Abs. 1 und 2 BGB kann nicht entsprochen werden, wenn das **Kindeswohl eine anderweitige Regelung** erfordert. Beantragen z.B. beide Eltern übereinstimmend, der Mutter die alleinige elterliche Sorge zu übertragen, kommt das Gericht aber zur Überzeugung, beide Eltern seien erziehungsungeeignet, so muss es den Antrag nach § 1671 Abs. 4 i.V.m. § 1666 BGB abweisen und zugleich eine anderweitige Regelung finden. Diese Entscheidung hat das Gericht in derselben Akte zu treffen. Einer erneuten Verfahrensbeistandsbestellung bzw. erneuter Verfahrenskostenhilfeanträge bedarf es nicht. Grund ist die Unteilbarkeit des Verfahrensgegenstandes „Regelung der elterlichen Sorge". Ggf. kann aber der Wert des Verfahrens zu erhöhen sein. Wird während eines laufenden Verfahrens nach § 1671 BGB auf Anregung Dritter ein Verfahren nach § 1666 BGB vom Gericht zunächst gesondert eingeleitet, soll nach teilweise vertretener Auffassung bis zu einer Verfahrensverbindung die Entstehung von Gebühren in beiden Verfahren möglich sein (zw.).[255]

253 BT-Drs. 17/11048, 20
254 *Keuter*, Statusrecht, § 3 Rn. 54 m.w.N.
255 OLG Oldenburg MDR 2024, 875

▶ *Zur Zulässigkeit der erstmaligen Prüfung nach § 1671 Abs. 4 BGB im Beschwerdeverfahren siehe Kischkel, § 69 FamFG Rn. 3.*

Das Gericht darf sich bei **widerstreitenden Anträgen** der Eltern gemäß § 1671 Abs. 1 Satz 2 Nr. 2 BGB insbesondere nicht mit einer Abweisung des Antrages *eines* Elternteils und der Einleitung eines neuen Verfahrens nach § 1666 BGB begnügen, sondern hat eine **einheitliche Entscheidung über beide Anträge** unter Berücksichtigung des § 1671 Abs. 4 BGB zu treffen.[256] Wird bei konkreten Anhaltspunkten für eine Kindeswohlgefährdung lediglich über die gestellten Sorgeanträge entschieden, liegt ein unzulässiger Teilbeschluss vor;[257] gleiches gilt, wenn lediglich über kinderschutzrechtliche Maßnahmen entschieden wird, ohne die widerstreitenden Anträge der Eltern nach § 1671 BGB zu bescheiden.[258] Freilich wird man prüfen müssen, ob nicht in der Entscheidung über die Notwendigkeit kinderschutzrechtlicher Maßnahmen zugleich auch eine Abweisung widerstreitender Anträge nach § 1671 Abs. 1 BGB liegt. **68**

Eine Entscheidung nach § 1671 Abs. 1 BGB kann eine solche nach § 1666 BGB erübrigen, wenn durch die erstgenannte Maßnahme der Kindeswohlgefährdung ausreichend entgegengewirkt wird.[259] Soweit vertreten wird, dass § 1671 Abs. 4 BGB sogar eine Sorgerechtsübertragung auf einen Elternteil ermögliche, welcher sich nachdrücklich gegen eine solche wehrt,[260] erscheint es zweifelhaft, ob eine solche Lösung wirklich eine die Gefahren für das Kindeswohl beseitigende – und damit „geeignete" – Maßnahme darstellt.[261] **69**

Liegen die Voraussetzungen für das Ruhen der elterlichen Sorge eines Elternteils gemäß § 1674 BGB vor, so kann gleichwohl ein Bedürfnis für eine Sorgerechtsentscheidung nach § 1671 Abs. 1 Satz 2 Nr. 2 BGB gegeben sein, um die Sorgerechtsverhältnisse im wohlverstandenen Interesse des Kindes dauerhaft zu ordnen, zumal dann, wenn keine Aussicht besteht, dass die elterliche Sorge nach Wegfall des tatsächlichen Hindernisses wieder ausgeübt werden kann.[262] **70**

C. Checkliste für Sorgerechtsanträge nach § 1671 Abs. 1 oder 2 BGB

71

I. Materielle Fakten
Um welche(s) Kind(er) geht es? – Name, Vorname, Geburtsdatum und -ort, derzeitige Anschrift –
Woraus ergibt sich die rechtliche Elternschaft der Beteiligten? – Mutter § 1591 BGB, Vater §§ 1592, 1593, 1599 BGB –
Seit wann leben die Eltern getrennt? – verschiedene Wohnungen? Trennungswille nach außen dokumentiert? –
1. Antrag auf alleinige elterliche Sorge oder Übertragung von Teilbereichen nach § 1671 Abs. 1 BGB:
Wie ist die gemeinsame elterliche Sorge entstanden? – Bestehende Ehe bei Geburt des Kindes bzw. § 1626a I Nr. 1 und 2 BGB –

256 OLG Nürnberg FamRZ 2013, 1993; OLG Naumburg FuR 2012, 150
257 OLG Nürnberg ZKJ 2023, 188
258 OLG Frankfurt ZKJ 2022, 64
259 OLG Karlsruhe Beschl. v. 17.5.2024 16 UF 187/23, juris
260 OLG Karlsruhe FamRZ 1999, 801
261 MüKo-BGB/*Hennemann*, § 1671 Rn. 123
262 OLG Karlsruhe FamRZ 2017, 41 m.w.N.

a) Antrag nach § 1671 Abs. 1 Satz 2 Nr. 1 BGB
• Ist der andere Elternteil mit der (teilweisen) Übertragung einverstanden? (Ist das Einverständnis dokumentiert, privatschriftlich oder bei Beratungsgespräch mit JA?)
• Wenn betroffenes Kind mindestens 14 Jahre: Ist es mit der (teilweisen) Übertragung einverstanden?
b) Antrag nach § 1671 Abs. 1 Satz 2 Nr. 2 BGB
• Warum ist die Aufhebung der gemeinsamen elterlichen Sorge geboten?
• Über welche Angelegenheit(en) von erheblicher Bedeutung für das Kind (§ 1687 Abs. 1 Satz 1 BGB) können sich die Eltern nicht einigen? – insbesondere: Lebensmittelpunkt des Kindes, Umgangsrecht, Unterhalt, Schulwahl, religiöse Erziehung, Gesundheitsfürsorge – – oder ist lediglich ein punktuell sachbezogener Elternkonflikt zu klären: dann Antrag nach § 1628 BGB –
• Welche dieser Angelegenheiten steht derzeit zur Entscheidung an?
• Welche Auffassung mit welcher Begründung vertritt insoweit der Vater, welche die Mutter?
• Welche Einigungsversuche sind unternommen worden? – Gespräche der Eltern untereinander; Jugendamt, Beratungsstellen, Mediation –
• Gibt es allgemeine Kommunikationshindernisse? (Gewalt oder Drohung mit Gewalt? mangelnde Erreichbarkeit, insbes. wechselnde Anschriften, Nichtbeantwortung von Briefen, Anrufen, Emails? Stalking?)
• Wie wirkt sich der Elternstreit auf das/die Kind(er) aus? – Verhaltensauffälligkeiten in der Familie, gegenüber Freunden, in der Schule usw.; welche Interventionen sind bereits notwendig geworden, z.B. Beratungsgespräche beim Jugendamt, in der Schule, eingeleitete ärztliche Untersuchungen bzw. Therapien –
• Welche Vorteile bietet die alleinige elterliche Sorge eines Elternteils gegenüber der Beibehaltung der gemeinsamen elterlichen Sorge?
• Warum entspricht die Übertragung der alleinigen elterlichen Sorge auf den/die Antragsteller(in) dem Kindeswohl am besten?
• Wie sähe das Erziehungs-/Betreuungskonzept des Vaters/der Mutter bei erfolgreichem Antrag aus?
• Welche Vorteile bietet das eigene Erziehungs-/Betreuungskonzept gegenüber dem des anderen Elternteils? – Förderprinzip, Kontinuität, Bindungen, Kindeswille –
2. Antrag nach § 1671 Abs. 2 BGB
Ist die Mutter nach § 1626a Abs. 3 BGB (und nicht aufgrund einer anderweitigen Entscheidung, z.B. § 1671 Abs. 1 BGB) allein sorgeberechtigt?
a) Antrag nach § 1671 Abs. 2 Nr. 1 BGB
• Ist die Mutter mit der (teilweisen) Übertragung einverstanden? (Ist das Einverständnis dokumentiert, privatschriftlich oder bei Beratungsgespräch mit dem Jugendamt?)

• Wenn betroffenes Kind mindestens 14 Jahre: Widerspricht es der (teilweisen) Übertragung?
b) Antrag nach § 1671 Abs. 2 Nr. 2 BGB
• Warum kommt eine gemeinsame elterliche Sorge nicht in Betracht? – spiegelbildliche Fragen wie oben I 1 b) erster Unterpunkt –
• Warum entspricht die (teilweise) Übertragung der alleinigen elterlichen Sorge auf den Vater dem Kindeswohl am besten? – spiegelbildliche Fragen wie oben I 1 b) zweiter Unterpunkt –
II. Verfahrensrechtliche Fragen
1. Vor Einleitung des Verfahrens
• Besteht Anspruch auf Verfahrenskostenhilfe (rechtzeitiges vollständiges Ausfüllen der VKH-Erklärung nebst Belegen) oder Anspruch auf Verfahrenskostenvorschuss gegen den anderen Elternteil?
• Soll das Verfahren unabhängig von oder nur bei Bewilligung von Verfahrenskostenhilfe durchgeführt werden (unmissverständliche Klarstellung geboten!)
• Sind außerhalb des Verfahrens Vermittlungsversuche über das Jugendamt erfolgt?
• Ist trotz des allgemeinen Beschleunigungsgebotes der Antrag auf Erlass einer einstweiligen Anordnung angezeigt?
2. Bei Einleitung des Verfahrens
• Welches Familiengericht ist örtlich zuständig? (siehe Übersicht örtliche Zuständigkeit in Kindschaftssachen § 152 FamFG Rn 9)
• Kommt eine Rückverweisung nach § 154 FamFG in Betracht?
• Welche Vorverfahren können weitere Erkenntnisse liefern? (Gericht, Aktenzeichen!)
• Ist die Bestellung eines Verfahrensbeistands nach § 158 FamFG geboten? (regelmäßig nach § 158 Abs. 3 FamFG zu bejahen)
3. Während des Verfahrens
• Ist das Verfahren vorrangig und beschleunigt zu behandeln, § 155 FamFG?
• Werden Kind(er) (§ 159 FamFG) und Eltern (§ 160 FamFG) persönlich angehört?
• Welche weiteren Personen (Familienhelfer, Lehrer, Erzieher, Ärzte, Therapeuten, neue Partner/Verwandte eines Elternteils) können wichtige entscheidungsrelevante Fakten bestätigen? (evtl. Entbindung von der Schweigepflicht notwendig!)
• Besteht Einverständnis mit einer psychologischen Begutachtung der eigenen Person und des Kindes?
• Nach evtl. Begutachtung: Entsprechen Qualifikation des Gutachters und das Gutachten selbst wissenschaftlichen Maßstäben? Welche Kritikpunkte bestehen ggf.? Zu welchen Punkten ist eine mündliche Gutachtenerläuterung angebracht?
• Nach richterlicher Entscheidung: Erfolgsaussicht eines Rechtsmittels?

§ 1672 BGB
(weggefallen)

§ 1673 BGB

Ruhen der elterlichen Sorge bei rechtlichem Hindernis

(1) Die elterliche Sorge eines Elternteils ruht, wenn er geschäftsunfähig ist.

(2) [1]Das Gleiche gilt, wenn er in der Geschäftsfähigkeit beschränkt ist. [2]Die Personensorge für das Kind steht ihm neben dem gesetzlichen Vertreter des Kindes zu; zur Vertretung des Kindes ist er nicht berechtigt. [3]Bei einer Meinungsverschiedenheit geht die Meinung des minderjährigen Elternteils vor, wenn der gesetzliche Vertreter des Kindes ein Vormund oder Pfleger ist; andernfalls gelten § 1627 Satz 2 und § 1628.

Weiterführende Literatur zu §§ 1673 bis 1675 BGB: Binder/Bürger, Die Inanspruchnahme von Hilfen zur Erziehung durch psychisch kranke Eltern, ZKJ 2014, 4; *Ehinger,* Die Regelung der elterlichen Sorge bei psychischer Erkrankung eines Elternteils oder beider Eltern im Überblick, FPR 2005, 253; *Kindler,* Folgewirkungen schwerer psychischer Erkrankungen mindestens eines Elternteils auf die Entwicklung von Kindern, FPR 2005, 227; *Rakete-Dombeck,* Der Ausfall eines Sorgeberechtigten durch Tod, Krankheit, Abwesenheit oder Entzug der elterlichen Sorge, FPR 2005, 80; *Riegner,* Die Vertretung unbegleiteter minderjähriger Flüchtlinge in asyl- und ausländerrechtlichen Angelegenheiten, NZFam 2014, 806.

Übersicht

A. Allgemeines

1 Die Vorschrift regelt im Zusammenhang mit § 1675 BGB die Auswirkungen fehlender oder nur beschränkter Geschäftsfähigkeit eines Elternteils auf dessen elterliche Sorge. Sie dient zugleich dem Kindesschutz wie auch der Sicherheit im Rechtsverkehr.[1]

Neben § 1673 BGB (Ruhen aus rechtlichen Gründen) und § 1674 BGB (Ruhen aus tatsächlichen Gründen) tritt ein Ruhen der elterlichen Sorge auch ein bei wirksamer Einwilligung in die Adoption, § 1751 Abs. 1 Satz 1 BGB. §§ 1669, 1670 BGB-E i.d.F. des DEKiMoG sehen gegenüber §§ 1673, 1674 BGB keine inhaltlichen Änderungen vor.

▶ *Zu den unterschiedlichen Folgen des Ruhens je nach sorgerechtlicher Gesamtsituation siehe die Übersicht § 1675 BGB Rn. 5.*

B. Inhalt der Norm

I. Geschäftsunfähigkeit des Sorgeberechtigten

2 Geschäftsunfähigkeit erfordert nach § 104 Abs. 2 BGB eine **dauerhafte**, die freie Willensbestimmung ausschließende krankhafte **Störung** der Geistestätigkeit. Diese ist regelmäßig nur durch Einholung eines Sachverständigengutachtens feststellbar. Allerdings ist bei einem aufgrund einer hypotoxischen Hirnschädigung im Koma liegenden Patienten mit ärztlicher infauster Prognose von dauernder Geschäftsunfähigkeit auszugehen.[2] Man sollte sich

1 BeckOK-BGB/*Veit,* § 1673 Rn. 1
2 VG Berlin BeckRS 2024, 23069

hüten, Ausführungen über die Geschäftsfähigkeit, die im Rahmen der Prüfung einer möglichen Betreuungseinrichtung vom dortigen Sachverständigen beiläufig gemacht werden, ungeprüft zur Grundlage eines Ruhensbeschlusses zu machen.[3] Das Gericht ist, auch wenn es im Übrigen die sachlichen Feststellungen eines Sachverständigen vollständig zugrunde legt, an dessen Einschätzung einer Geschäftsunfähigkeit nicht gebunden, insbesondere dann nicht, wenn sich über die Diagnose einer leichten Intelligenzminderung und entsprechende Einschränkungen der Willensbildung hinaus keine weitergehenden Anhaltspunkte für einen die freie Willensbestimmung gänzlich ausschließenden geistigen Zustand ergeben.[4]

3 Ist die **Störung** der Geistestätigkeit nur **vorübergehender** Natur, liegt für diesen Zeitraum kein Fall des § 1673 Abs. 1 BGB, sondern ein solcher nach § 1678 Abs. 1 BGB vor. Erleidet beispielsweise eine allein sorgeberechtigte volljährige Mutter einen Verkehrsunfall mit schweren Kopfverletzungen, so muss für ihr Kind zunächst wegen tatsächlicher Verhinderung der Mutter bei entsprechendem Bedürfnis ein Vormund nach § 1693 BGB bestellt werden. Haben ihre Kopfverletzungen Geschäftsunfähigkeit zur Folge, ruht die elterliche Sorge nach § 1673 BGB. Führen sie nur zur tatsächlichen Verhinderung der Sorgerechtsausübung, ohne dass Geschäftsunfähigkeit feststellbar wäre, kann der Rechtspfleger dies durch entsprechenden Beschluss aussprechen[5] (zur funktionellen Zuständigkeit des Rechtspflegers siehe *Heilmann*, § 3 RPflG Rn. 5 ff.). Der Richter ist dagegen auch für die Prüfung der Ruhensvoraussetzungen zuständig, wenn der Verdacht besteht, dass die elterliche Sorge der allein sorgeberechtigten Mutter ruht und deswegen dem Vater die elterliche Sorge nach § 1678 Abs. 2 BGB übertragen werden soll.[6]

Erstreckt sich eine partielle Geschäftsunfähigkeit auch auf die Sorgerechtsausübung, greift § 1673 Abs. 1 BGB.[7] Umgekehrt ist auch denkbar, dass eine partielle Elterngeschäftsfähigkeit besteht, also ein an sich Geschäftsunfähiger in der Lage ist, die Tragweite sorgerechtlicher Entscheidungen zu überblicken.[8]

4 Liegt die Geschäftsunfähigkeit des Sorgeberechtigten vor, so tritt das **Ruhen** der elterlichen Sorge **kraft Gesetzes** ein. Das Gericht kann das Ruhen mit **deklaratorischer Wirkung** durch Beschluss **feststellen**.[9] Der betroffene Elternteil kann diesen Beschluss anfechten, selbst wenn er tatsächlich geschäftsunfähig sein sollte; insoweit gilt er für die Beschwerde als verfahrensfähig.[10] Verfahrenskostenhilfe kann für einen „Antrag" – in rechtlicher Hinsicht bloße Anregung (dazu siehe *Kischkel*, § 24 FamFG Rn. 1 ff.) – auf Erlass einer solchen deklaratorischen Feststellung nicht bewilligt werden.[11] Fällt die Geschäftsunfähigkeit ausnahmsweise nachträglich weg, lebt die elterliche Sorge automatisch wieder auf (siehe dazu auch *Keuter*, § 1678 BGB Rn. 15).

II. Beschränkte Geschäftsfähigkeit (Abs. 2)

5 Beschränkt geschäftsfähig sind ausschließlich Minderjährige im Alter von 7 bis 17 Jahren, § 106 BGB. Ein Elternteil, der selbst noch minderjährig ist, hat keine Befugnis im Bereich der Vermögenssorge und auch **keine gesetzliche Vertretungsbefugnis** (§ 1673 Abs. 2 Satz 1 BGB i.V.m. der nachfolgenden Sonderregelung für Angelegenheiten der Personensorge in § 1673 Abs. 2 Satz 2 und 3 BGB). Die Regelung einer vermögensrechtlichen Angelegenheit

3 OLG Dresden ZKJ 2012, 269
4 Eingehend KG NZFam 2014, 422
5 BayOBLG FamRZ 1981, 595
6 OLG Dresden FamRZ 2012, 1882 (Ls.); BeckOGK-BGB/*Theile*, § 1673 Rn. 28
7 KG FamRZ 2015, 2079
8 BeckOK-BGB/*Veit*, § 1673 Rn. 5 m.w.N.
9 KG FamRZ 2015, 2079; OLG Rostock FamRZ 2008, 1090
10 *Rakete-Dombek*, FPR 2005, 80
11 OLG Rostock FamRZ 2008, 1090

sowie die gesetzliche Vertretung des Kindes obliegen dem anderen Elternteil bzw. einem Vormund. Zur Personensorge, nicht zur Vermögenssorge, hat die obergerichtliche Rechtsprechung allerdings auch die Sicherstellung und Gewährleistung der wirtschaftlichen Existenzgrundlagen des Kindes gezählt, wozu auch das Recht gehöre, öffentliche Hilfen nach dem SGB VIII sowie sonstige jugendhilferechtliche Maßnahmen zu beantragen.[12]

6 Im Bereich der **Personensorge** besteht dagegen für den minderjährigen Elternteil ein sachlich beschränktes Sorgerecht[13] neben dem gesetzlichen Vertreter des Kindes, also dem anderen Elternteil bzw. dem Vormund (§ 1673 Abs. 2 Satz 2 HS 1 BGB).

▶ *Zur Personensorge siehe hier Fink, § 1626 BGB Rn. 12 ff.*

Ist gesetzlicher Vertreter des Kindes der andere Elternteil, so müssen sich bei **Meinungsverschiedenheiten** beide Elternteile einigen, notfalls durch Übertragung des Alleinentscheidungsrechts in einer einzelnen Angelegenheit auf einen Elternteil, § 1673 Abs. 2 Satz 3 i.V.m. §§ 1627 Satz 2, 1628 BGB. Ist dagegen gesetzlicher Vertreter des Kindes ein Vormund oder Pfleger, geht die Meinung des minderjährigen Elternteils vor. So ist z.B. die Veränderung des kindlichen Lebensmittelpunktes ein Realakt, für den nach § 1673 Abs. 2 BGB die Meinung des minderjährigen Elternteils vor der des Vormunds, der kein Vetorecht hat, vorrangig ist.[14] Grenze dieses Meinungsvorranges sind kindeswohlgefährdende Entscheidungen des minderjährigen Elternteils, gegen die ggf. nach § 1666 BGB vorgegangen werden muss.[15] Wird in die teilweise ruhende elterliche Sorge der minderjährigen Mutter durch Entscheidung des Familiengerichts z.B. durch Sorgerechtsübertragung auf den Vater eingegriffen, so ist die Mutter beschwerdebefugt und insoweit auch verfahrensfähig.[16]

7 Berührt eine Angelegenheit, über die sich minderjähriger Elternteil und Vormund/Pfleger nicht einigen können, sowohl die Vermögens- wie die Personensorge, entscheidet das Familiengericht, § 1630 Abs. 2 BGB (siehe hierzu *Fink*, § 1630 BGB, Rn. 6).

8 In der Praxis stellt sich gelegentlich das Problem der **Anerkennung der Vaterschaft** *durch eine minderjährige Mutter*. Dabei ist zunächst zu beachten, dass die nach § 1595 Abs. 1 BGB notwendige Zustimmung der Mutter allein nicht reicht, sondern auch ihr gesetzlicher Vertreter nach § 1596 Satz 2 BGB der Anerkennung zustimmen muss. Außerdem ist nach § 1595 Abs. 2 BGB auch die Zustimmung des Kindes notwendig. Für diese bedarf es allerdings keiner Pflegerbestellung,[17] weil nach § 1786 BGB (§ 1791c BGB a.F.) Amtsvormundschaft eingetreten ist und der Amtsvormund die Zustimmungserklärung abgeben kann. Will der Amtsvormund der Anerkennung nicht zustimmen, weil er das Anerkenntnis für falsch hält, läge auch hier ein Konflikt zwischen minderjährigem Elternteil und Vormund vor, der sowohl personensorgerechtliche Aspekte[18] wie auch solche der Vermögenssorge (Unterhaltsansprüche) betrifft, so dass das Familiengericht nach § 1630 Abs. 2 BGB über die Zustimmung zu entscheiden hat.

▶ *Zur Vaterschaftsanerkennung siehe auch Keuter, § 1596 BGB Rn. 2.*

9 Geschäftsunfähigkeit oder beschränkte Geschäftsfähigkeit der Kindesmutter steht der Annahme einer grundsätzlich schutzwürdigen Vater-Kind-Beziehung ebenso wenig prinzipiell entgegen wie der Umstand, dass das Kind unter Verletzung von Strafvorschriften gezeugt wurde.[19] Allerdings bedarf es für die Annahme einer aufenthaltsrechtlichen Vorwirkung

12 KG FamRZ 2015, 2079
13 BeckOK-BGB/*Veit*, § 1673 Rn. 3 m.w.N.
14 OLG Celle NZFam 2022, 231
15 OLG Koblenz FamRZ 2005, 1923
16 OLG Frankfurt FamRZ 2023, 1970
17 A.A. LG Halle FamRZ 2010, 744
18 DIJuF-Rechtsgutachten, JAmt 2002, 241, stuft das Anerkenntnis ausschließlich als zur Personensorge gehörig ein
19 BVerfG, Beschl. v. 22.5.2018 – 2 BvR 941/18, juris = FamRZ 2018, 1204 (LS)

i.S.d. Art. 6 Abs. 1 GG i.V.m. Art. 8 EMRK – wichtig bei drohender Abschiebung des Kindesvaters – der auch schon vor der Geburt des Kindes zulässigen Anerkennung der Vaterschaft.[20]

Mit Eintritt der **Volljährigkeit** des Elternteils entfallen die Beschränkungen des §1673 Abs. 2 BGB automatisch, die elterliche Sorge kann in vollem Umfang ausgeübt werden.[21] **10**

III. Elterliche Sorge bei Betreuung

Weder die Anordnung einer Betreuung noch die eines Einwilligungsvorbehaltes haben für sich genommen Auswirkungen auf die Geschäftsfähigkeit des Betroffenen, demzufolge auch *keine unmittelbaren* **Auswirkungen** auf die elterliche Sorge.[22] Die für die vorgenannten betreuungsrechtlichen Maßnahmen ursächlichen tatsächlichen Handicaps können allenfalls Anlass geben, Schutzmaßnahmen zugunsten des Kindes nach §§1674 ff., 1666 BGB einzuleiten. §308 Abs. 1 und 2 FamFG sehen insoweit eine **Benachrichtigungspflicht** seitens des Betreuungsgerichts an das Familiengericht vor. Die Bestellung eines Betreuers kann auch nicht mit dem Wirkungskreis „Wahrnehmung der elterlichen Sorge für das Kind des Betreuten" erfolgen, denn die elterliche Sorge und die sich aus ihr ergebenden Rechte sind höchstpersönlicher Natur und können nur in den gesetzlich geregelten Ausnahmefällen auf andere Personen übertragen werden.[23] Auch der Wirkungskreis „Vertretung des Betreuten bei Körperschaften, Behörden und Gerichten" berechtigt und verpflichtet den Betreuer nicht, einen Elternteil bei Erziehungskonferenzen oder Hilfeplangesprächen zu Problemen bei der Ausübung des Umgangsrechts durch den anderen Elternteil zu vertreten.[24] **11**

§1674 BGB

Ruhen der elterlichen Sorge bei tatsächlichem Hindernis

(1) Die elterliche Sorge eines Elternteils ruht, wenn das Familiengericht feststellt, dass er auf längere Zeit die elterliche Sorge tatsächlich nicht ausüben kann.

(2) Die elterliche Sorge lebt wieder auf, wenn das Familiengericht feststellt, dass der Grund des Ruhens nicht mehr besteht.

Übersicht

Weiterführende Literatur: Dürbeck, Unbegleitete minderjährige Flüchtlinge im Familienrecht, FamRZ 2018, 553.

A. Allgemeines

§1674 BGB regelt die Folgen eines tatsächlichen, auf längere Zeit bestehenden Hindernisses, die elterliche Sorge ausüben zu können. Abs. 1 der Vorschrift normiert die Voraussetzungen für das Ruhen der elterlichen Sorge, Abs. 2 die ihres Wiederauflebens. Die Feststellung des Ruhens der elterlichen Sorge gemäß §1674 Abs. 1 BGB führt nicht dazu, dass die **1**

20 BVerfG, Beschl. v. 22.5.2018 – 2 BvR 941/18, juris = FamRZ 2018, 1204 (LS)
21 OLG Karlsruhe ZKJ 2006, 215 = FamRZ 2005, 1272
22 OLG Köln, Beschl. v. 16.3.2016 – 10 UF 173/15, juris, Rn. 11; BeckOK-BGB/*Veit*, §1673 Rn. 18 m.w.N.
23 BGH NStZ 2009, 586; BayObLG BtPrax 2004, 239
24 LG Rostock FamRZ 2003, 1691

elterliche Sorge verloren geht; sie ist lediglich in ihrer **Ausübung gehemmt**.[1] Zu den weiteren Wirkungen siehe die Kommentierung zu § 1675 BGB.

2 Entscheidungen nach § 1674 BGB fallen in die funktionelle **Zuständigkeit des Rechtspflegers** (§§ 3 Nr. 2a, 14 RPflG). Kommt allerdings als Folge einer Entscheidung nach §§ 1673, 1674 BGB eine dem Richter obliegende (§ 14 Abs. 1 Nr. 3 RPflG) Sorgerechtsübertragung auf den anderen Elternteil nach § 1678 Abs. 2 BGB in Betracht, ist der Richter für das gesamte Verfahren einschließlich der Prüfung der Voraussetzungen des Ruhens der elterlichen Sorge zuständig.[2] Die Richterzuständigkeit nach § 14 Abs. 1 Nr. 10 RPflG für die Anordnung der Vormundschaft, wenn es sich bei dem betroffenen Kind um den Angehörigen eines fremden Staates handelt, ist mit Wirkung vom 1.1.2023 durch das Gesetz zur Reform des Vormundschafts- und Betreuungsrechts im Hinblick auf die Neufassung des Art. 24 Abs. 2 Satz 1 EGBGB[3] ersatzlos gestrichen, so dass der Rechtspfleger sowohl für die Ruhensfeststellung als auch die Vormundbestellung zuständig ist, auch wenn der Minderjährige eine ausländische Staatsangehörigkeit besitzt.

▶ *Näher zur funktionellen Zuständigkeit Heilmann, § 3 RPflG Rn. 5, sowie § 14 RPflG Rn. 22.*

B. Inhalt der Norm

I. Tatsächliches Hindernis

3 Die elterliche Sorge eines Elternteils ruht, wenn dieser

- aus **tatsächlichen Gründen** an der Ausübung gehindert ist u n d
- die Verhinderung **längere Zeit** dauert.

Ein solches tatsächliches Ausübungshindernis ist aber nur dann anzunehmen, wenn der wesentliche Teil der Sorgerechtsverantwortung nicht mehr von dem Elternteil selbst ausgeübt werden kann.[4] Ein **Ausübungshindernis** wird bejaht bei

- langfristiger Inhaftierung,[5] insbesondere bei Haft im Ausland mit dadurch verstärkten Einschränkungen der Kommunikation,[6]
- Auslandsaufenthalt mit schwierigen Verkehrsverbindungen und/oder politischen Verhältnissen,[7]
- unbekanntem Aufenthalt,[8]
- schwerer Erkrankung bei Unklarheit, ob bereits Geschäftsunfähigkeit besteht;[9] in Abgrenzung zu § 1673 BGB also dann, wenn geistige/psychische Kompetenzmängel eines Elternteils nicht den Tatbestand der Geschäftsunfähigkeit erfüllen, ihn aber faktisch an der Wahrnehmung der Sorgeverantwortung hindern.[10]

1 OLG Karlsruhe FamRZ 2011, 1514
2 OLG Dresden ZKJ 2012, 269
3 BT-Drs. 19/24445 S. 323
4 BGH NJW 2005, 221
5 OLG Saarbrücken ZKJ 2022, 266 (ca. 1,5 Jahre); OLG Dresden NJW-RR 2003, 940 (Freiheitsstrafe insgesamt 3,5 Jahre); OLG Hamm FamRZ 2012, 1657
6 OLG Brandenburg FamRZ 2009, 237
7 OLG Karlsruhe ZKJ 2012, 272 = FamRZ 2012, 1955 m.w.N.
8 OLG Naumburg FamRZ 2002, 258
9 *Rakete-Dombek*, FPR 2005, 80, 81
10 OLG Köln, Beschl. v. 16.3.2016 – 10 UF 173/15, juris

Als **nicht ausreichend** wurden angesehen:

- einjähriger Auslandseinsatz im Irak, da ausreichende Kommunikationsmöglichkeiten über die Armee bestünden,[11]
- bloße physische Abwesenheit bei Versorgung des Kindes durch den anderen Elternteil oder Dritte und Einflussnahme durch Kommunikation oder Reisemöglichkeiten,[12]
- fehlende oder schwierige Erreichbarkeit, wenn zugleich der andere Elternteil oder ein Dritter zur Sorgerechtsausübung bevollmächtigt wird,[13]
- „Untertauchen" eines Elternteils im Ausland, weil Kontakt- und Einflussnahme allein vom Willen des untergetauchten Elternteils abhingen;[14] richtiger erscheint es, ein Ruhen anzunehmen und nach § 1674 Abs. 2 BGB zu verfahren, wenn der Elternteil, der durch sein Untertauchen gerade zum Ausdruck bringt, keinen Kontakt aufnehmen zu wollen, diesen Entschluss rückgängig macht,[15]
- Untersuchungshaft.[16]

Wann das Ausübungshindernis **„längere Zeit"** besteht, wird nicht einheitlich beantwortet.[17] 4
Nicht ausreichend ist ein bloßer – auch mehrwöchiger – Krankenhausaufenthalt zur Heil- oder Reha-Behandlung (Fall des § 1678 Abs. 1 BGB).[18] Ob überhaupt **Aussicht auf eine Wiederausübung** der elterlichen Sorge bestehen muss, ist umstritten.[19]

▶ *Zum Begriff der „längeren Zeit" siehe auch Fink, § 1632 BGB Rn. 36 f.*

Die Anordnung des Ruhens ist der geringere Eingriff in das Elternrecht und hat **Vorrang vor** 5
einer einseitigen Sorgerechtsübertragung;[20] zum Verhältnis von §§ 1666, 1666a BGB und § 1674 BGB siehe § 1675 BGB Rn. 2. Ein Beschluss über das Ruhen der elterlichen Sorge hat **konstituierende gestaltungsähnliche Wirkung**.[21] Er wird mit Bekanntgabe an den gehinderten Elternteil wirksam, § 40 Abs. 1 FamFG, bei gemeinsamem Sorgerecht ist er im Hinblick auf § 1678 Abs. 1 BGB auch dem anderen Elternteil bekannt zu geben.[22] Ist der – sorgfältig festzustellende – unbekannte Aufenthalt des anderen Elternteils Anlass für die Feststellung des Ruhens der elterlichen Sorge, ist der Beschluss schon wegen des Eingriffs in die Grundrechte des betroffenen Elternteils öffentlich zuzustellen.[23]

Praxisproblem: Unbegleitete (möglicherweise) minderjährige Ausländer 6

Die zahlreichen Krisenherde bringen es mit sich, dass immer wieder Jugendliche ohne Papiere und ohne Begleitung Erwachsener als Flüchtlinge nach Deutschland kommen. Im Rahmen des Amtsermittlungsgrundsatzes (§ 26 FamFG) muss das Gericht sowohl die Frage der Minderjährigkeit des Betroffenen überprüfen (Beiziehung von Akten der

---

11 OLG Nürnberg FamRZ 2006, 878
12 BGH NJW 2005, 221
13 OLG Saarbrücken FamRZ 2010, 2084
14 OLG Hamm MDR 2014, 284
15 Vgl. die ähnliche Konstellation bei OLG Naumburg FamRZ 2002, 258
16 OLG Köln FamRZ 1978, 623
17 Siehe OLG Hamm FamRZ 2012, 1657 m.w.N. am Beispiel Inhaftierung
18 AG Holzminden FamRZ 2002, 560
19 Bejahend: Grüneberg/*Götz*, § 1674 BGB Rn. 1 mit Hinweis auf OLG Hamm FamRZ 1996, 1029; verneinend *Rakete-Dombek*, FPR 2005, 80, 81; BeckOK-BGB/*Veit*, § 1674 Rn. 3.1 m.w.N.
20 OLG Hamm NJW-RR 2024, 749; OLG Brandenburg ZKJ 2009, 293 = FamRZ 2009, 1683 m.w.N.; OLG Naumburg FamRZ 2002, 258
21 BayObLG FamRZ 1988, 867
22 Grüneberg/*Götz*, § 1674 BGB Rn. 2
23 KG ZKJ 2012, 450; a.A. OLG Naumburg FamRZ 2002, 258, wonach ein auf Anregung eines Elternteils ergehender Ruhensbeschluss keiner Zustellung an den anderen Elternteil bedarf

Ausländerbehörde; evtl. Auflage, neue Ausweispapiere zu beantragen; Gutachten) als auch das Jugendamt nach § 162 FamFG beteiligen und überprüfen, ob tatsächlich die elterliche Sorge eines oder beider Elternteile ruht.[24] Dazu soll nach einem Teil der Rechtsprechung[25] auch die Ermittlung gehören, ob die im Krisengebiet verbliebenen Eltern eines unbegleiteten minderjährigen Flüchtlings überhaupt noch leben und ihnen das Sorgerecht noch zusteht. Hier dürfen die Anforderungen nicht überspannt werden; selbst wenn die nach der Lebenserfahrung zeitaufwändigen Ermittlungen ein positives Ergebnis bringen, kann dies bei Aufenthalten der Eltern in Kriegs- oder Bürgerkriegsgebieten im Zeitpunkt der Entscheidung bereits überholt sein, weshalb ohne gegenteilige Anhaltspunkte, insbesondere vom Tod der Eltern, davon auszugehen ist, dass diese noch leben und sorgeberechtigt sind. Die Anhörungspflichten nach §§ 159, 160 FamFG gelten auch für das Verfahren beim Rechtspfleger, wobei regelmäßig von der persönlichen Anhörung der Eltern nach § 160 Abs. 3 FamFG abgesehen werden kann.

7 Ist in tatsächlicher Hinsicht fraglich, ob der Betroffene noch minderjährig ist, hat sich das Gericht unter Ausschöpfung aller verfahrensrechtlich möglichen und zulässigen sowie nach den Umständen veranlassten Aufklärungsmöglichkeiten nach Möglichkeit Gewissheit bezüglich des tatsächlichen Alters des Betroffenen zu verschaffen. Lassen sich danach gleichwohl Zweifel an der Volljährigkeit nicht ausräumen, ist grundsätzlich zugunsten des Betroffenen von dessen Minderjährigkeit auszugehen.[26]

8 §§ 42a ff. SGB VIII regeln die vorläufige Inobhutnahme eines unbegleiteten minderjährigen Ausländers, das Verteilungsverfahren sowie das behördliche Verfahren zur Altersfeststellung. Wird der minderjährige Ausländer von einem Volljährigen ohne Sorgerechtsvollmacht begleitet, ist er vom Jugendamt in Obhut zu nehmen, § 42a Abs. 1 Satz 1 SGB VIII, da er als unbegleitet gilt.[27] Wird dagegen eine Sorgerechtsvollmacht vorgelegt, ist vom Gericht deren Echtheit zu prüfen, § 26 FamFG. Im Interesse des Kinderschutzes ist bei Zweifeln an deren Echtheit bzw. Wirksamkeit ebenfalls vom Fehlen eines zur Ausübung der elterlichen Sorge Berechtigten auszugehen. Letzteres gilt auch, wenn seitens des Bevollmächtigten kein verlässlicher Kontakt zu den Sorgeberechtigten besteht.[28] Denn ausreichende Kommunikationsmöglichkeiten sind unabdingbare Voraussetzung für die Ausübung des Sorgerechts.[29] Bei langfristiger Abwesenheit von der Familie ist entscheidend darauf abzustellen, ob dem Elternteil die Möglichkeit verblieben ist, entweder im Wege der Aufsicht oder durch jederzeitige Übernahme der Personen- und Vermögenssorge zur eigenverantwortlichen Ausübung zurückzukehren.[30] Gelegentlich mögliche Telefonverbindungen zu einem Elternteil im Heimatstaat reichen für die Annahme der Möglichkeit zur Ausübung des Sorgerechts nicht aus.[31]

9 Der Amtsermittlungsgrundsatz verpflichtet das Gericht, etwa bestehenden Zweifeln an der Minderjährigkeit des Betroffenen nachzugehen. Nach § 42f SGB VIII hat zunächst das Jugendamt festzustellen, ob der Betroffene minderjährig ist. Eine Bindung des Gerichts an das behördliche Ergebnis besteht nicht. Im familiengerichtlichen Verfahren sind zur Sachaufklärung alle vorhandenen, auch die rechtsmedizinischen Möglichkeiten zur Altersbestimmung heranzuziehen.[32] Für eine Röntgendiagnostik ohne Zustimmung des Betroffe-

24 KG ZKJ 2012, 450
25 KG NJW-RR 2024, 1327
26 OLG Karlsruhe Beschl. v. 10.7.2024 – 18 UF 69/24, juris; OLG Hamm NZFam 2024, 127
27 KG FamRZ 2016, 649 mit Anm. *Hammer*
28 DIJuF-Rechtsgutachten, JAmt 2016, 194
29 OLG Karlsruhe ZKJ 2012, 272
30 OLG Hamm, Beschl. v. 20.7.2015 – 4 UF 117/15, juris
31 OLG Karlsruhe FamRZ 2024, 1790; OLG Hamm NZFam 2024, 127
32 OLG Frankfurt FamRZ 2017, 244; OLG Oldenburg StAZ 2013, 144 m.w.N.

nen gibt es keine Rechtsgrundlage (str.);[33] allerdings ist der Betroffene nach seinem Einverständnis mit einer solchen Diagnostik zu befragen, verbunden mit dem Hinweis, dass aus einer etwaigen Weigerung auch negative Schlussfolgerungen gezogen werden können.[34] Die Röntgendiagnostik allein ist unzureichend; empfohlen wird eine körperliche Untersuchung mit der Erfassung anthropometrischer Maße, der sexuellen Reifezeichen und möglicher altersrelevanter Entwicklungsstörungen sowie eine zahnärztliche Untersuchung mit Erhebung des Zahnstatus.[35] Erst nach einer entsprechenden Abklärung darf gemäß Art. 25 Abs. 5 Satz 2 der EUVO 2032713 im Zweifel von Minderjährigkeit des Betroffenen ausgegangen werden. Zur Wahrung der Interessen des (möglicherweise) Minderjährigen ist ihm in Verfahren nach § 1674 BGB regelmäßig ein Verfahrensbeistand zu bestellen,[36] auch soweit es um die Auswahl des Vormundes geht.[37]

Vor einer endgültigen Entscheidung kommen Eilmaßnahmen zum Schutz des Betroffenen nach § 1693 BGB in Betracht. Ebenso kann nach überwiegender Meinung bei länger andauernden Ermittlungen nach dieser Vorschrift vorläufig ein Vormund bestellt, nicht jedoch das Ruhen der elterlichen Sorge festgestellt werden.[38] Das für eine Eilanordnung erforderliche Bedürfnis für ein sofortiges Tätigwerden des Gerichts (§ 49 Abs. 1 FamFG) kann im Hinblick auf die jetzt umfassend bestehende Handlungsbefugnis des Jugendamtes nach § 42a Abs. 3 Satz 1 SGB VIII oftmals fehlen.[39] Da aber auch diese Handlungsbefugnisse des Jugendamtes nur vorläufig sind, machen sie insbesondere nicht die Bestellung eines Vormunds zur Beantragung u.a. von öffentlichen Hilfen entbehrlich.[40] 10

Die Beteiligung der Eltern, insbesondere durch Bekanntmachung der Antragsschrift, der gerichtlichen Entscheidung sowie ihrer Anhörung, muss im gesetzlichen Rahmen pragmatisch gehandhabt werden: Wenn der Minderjährige Kontakt zu den Eltern über E-Mail oder Telefon herstellen kann, sollten – ggf. unter Einschaltung des Dolmetschers – diese Möglichkeiten zur Anhörung genutzt werden.[41] Ist eine Anschrift bekannt, ist die schriftliche Anhörung zu versuchen.[42] Ist völlig unklar, wo die Eltern sich aufhalten, ob sie möglicherweise überhaupt noch leben, kann wegen dauernder Unerreichbarkeit von einer Anhörung abgesehen werden.[43] Das Erfordernis der Bekanntmachung der Entscheidung durch öffentliche Zustellung bleibt davon unberührt. 11

Die Bestellung des Jugendamtes als Vormund für einen minderjährigen Flüchtling anstelle eines Rechtsanwaltes ist nicht zu beanstanden; insbesondere statuiert auch Art 22 UN-Kinderrechtskonvention keine Verpflichtung zur Bestellung eines Rechtsanwaltes als Vormund.[44] Den Streit, ob Art. 6 der Verordnung (EU) Nr. 604/13 (sog. Dublin-III-VO) die Bestellung eines Rechtsanwalts als Mitvormund vorschreibt,[45] hat der BGH[46] für die Praxis dahin entschieden, dass eine solche Bestellung auch dann unzulässig ist, wenn dem Vormund es an einschlägiger Sachkunde für Asylangelegenheiten fehlt. 12

---

33 Für Verpflichtung zur röntgenologischen Untersuchung: OVG Hamburg JAmt 2011, 472; ablehnend: OLG Frankfurt FamRZ 2017, 244
34 OLG Frankfurt FamRZ 2017, 244
35 OLG München FamRZ 2012, 1958 m.w.N.
36 OLG Karlsruhe FamRZ 2024, 1795
37 OLG Karlsruhe NZFam 2024, 663
38 Staudinger/*Coester*, § 1674 Rn. 21; a.A. *Dürbeck*, FamRZ 2018, 553, 558
39 OLG Celle ZKJ 2016, 135; KG FamRZ 2016, 649
40 OLG Hamm FamRZ 2024, 1109
41 *Dürbeck*, FamRZ 2018, 553, 558
42 OLG Frankfurt FamRZ 2017, 244
43 OLG Karlsruhe FamRZ 2017, 41; a.A. KG ZKJ 2012, 450: öffentliche Zustellung
44 BGH NJW 2013, 3095; KG ZKJ 2012, 272 = FamRZ 2012, 1955
45 Bejahend OLG Frankfurt, 6. Familiensenat, JAmt 2014, 166; ablehnend OLG Frankfurt, 5. Familiensenat, NJW-RR 2014, 1222; zur Problematik auch *Riegner*, NZFam 2014, 806, sowie *Dürbeck*, ZKJ 2014, 266
46 BGH ZKJ 2018, 15 = FamRZ 2017, 1938 mit Anm. *Keuter*

13 Auf der Grundlage von Art. 37 lit. b des Wiener Übereinkommens vom 24.3.1963 über konsularische Beziehungen[47] schreibt Ziffer XIII Nr. 14 der MiZi eine entsprechende vom Richter zu veranlassende Mitteilung des Ruhensbeschlusses an die konsularische Vertretung des Heimatstaates vor. Eine Mitteilung kann nach einer Abwägung im Einzelfall unterbleiben, wenn dadurch die Person oder das Vermögen des minderjährigen oder anderen nicht voll geschäftsfähigen Ausländers in Gefahr geraten könnte oder die Freiheit oder das Leben eines Familienangehörigen ernsthaft bedroht würde. Jedenfalls dann, wenn der einsichtsfähige Flüchtling bzw. der für ihn bestellte Vormund einer Benachrichtigung des Heimatstaates widerspricht, weil er auf dessen Schutz keinen Wert legt, sollte diese Benachrichtigung unterbleiben.[48]

14 Beschwerdeberechtigt sind der betroffene Elternteil,[49] der mindestens 14 Jahre alte Betroffene sowie der Verfahrensbeistand. Das Jugendamt ist grundsätzlich beschwerdebefugt nach § 162 Abs. 3 Satz 2 FamFG, insbesondere auch gegen seine Auswahl als Vormund, jedoch nicht in der Eigenschaft als Amtsvormund gegen die Anordnung der Vormundschaft als solcher.[50]

II. Wiederaufleben der elterlichen Sorge

15 Die aufgrund eines Beschlusses nach § 1674 Abs. 1 BGB ruhende elterliche Sorge lebt – anders als bei § 1673 Abs. 1 BGB – nicht kraft Gesetzes wieder auf, sondern erst mit Bekanntgabe eines entsprechenden Beschlusses nach § 1674 Abs. 2 BGB, dass der Grund für das Ruhen nicht mehr besteht. Auch dieser Beschluss hat rechtsgestaltende Wirkung.[51] § 1674 Abs. 2 BGB gilt entsprechend, wenn sich herausstellt, dass ein Grund für das Ruhen der elterlichen Sorge von Anfang an nicht bestand.[52] Stellen sich während des Verfahrens auf Wiederaufleben der elterlichen Sorge Anhaltspunkte für eine potentielle Kindeswohlgefährdung heraus, so soll nach einem Teil der Rechtsprechung[53] der Rechtspfleger die Einleitung eines entsprechenden Kinderschutzverfahrens anregen und zugleich seine Entscheidung nach § 1674 Abs. 2 BGB bis zu einer Entscheidung im Verfahren nach § 1666 BGB gemäß § 21 FamFG aussetzen. Überzeugender erscheint eine Verpflichtung des Rechtspflegers, sein Verfahren gemäß § 5 Abs. 1 Ziff. 2 RPflG dem Richter zur Übernahme und einheitlicher Entscheidung mit dem einzuleitenden Verfahren nach § 1666 BGB vorzulegen.[54] Ebenso hat der Rechtspfleger sein Verfahren nach § 1674 Abs. 2 BGB dem Richter vorzulegen, wenn während dieses Verfahrens ein Elternteil einen Antrag nach § 1671 BGB stellt.[55]

§ 1674a BGB

Ruhen der elterlichen Sorge für ein vertraulich geborenes Kind

[1]Die elterliche Sorge der Eltern für ein nach § 25 Absatz 1 des Schwangerschaftskonfliktgesetzes vertraulich geborenes Kind ruht. [2]Die elterliche Sorge lebt wieder auf, wenn das Familiengericht feststellt, dass ein Elternteil ihm gegenüber die für den Geburtseintrag ihres Kindes erforderlichen Angaben gemacht hat.

47 BGBl. II 1969 S. 1685
48 Oberloskamp/*Schwarz*, § 9 Rn. 13
49 Im Fall unbegleiteter minderjähriger Flüchtlinge wegen fehlender Kenntnis der Anordnung ohne Praxisbedeutung
50 BGH FamRZ 2012, 292; OLG Frankfurt FamRZ 2014, 673
51 BayObLG FamRZ 1988, 867
52 BayObLG FamRZ 1988, 867
53 OLG Karlsruhe NZFam 2023, 1081 mit krit. Anm. *Kischkel*
54 *Kischkel*, NZFam 2023, 1083
55 OLG Bamberg FamRZ 2025, 882 mit Anm. *A. Fischer*

Weiterführende Literatur: Helms, Die Einführung der sog. „vertraulichen Geburt", FamRZ 2014, 609; *Kinderrechtekommission des DFGT,* Stellungnahme zum Referentenentwurf eines Gesetzes zum Ausbau der Hilfen für Schwangere – Regelung der vertraulichen Geburt, ZKJ 2013, 71.

Übersicht

A. Allgemeines

1 Die Vorschrift ist mit Wirkung vom 1.5.2014 durch das Gesetz zum Ausbau der Hilfen für Schwangere und zur Regelung der vertraulichen Geburt vom 28.8.2013 eingefügt[1] und durch das Gesetz zur Reform des Vormundschafts- und Betreuungsrechts vom 4.5.2021[2] geändert worden. Sie regelt die Sonderkonstellation einer vertraulichen Geburt. Mit dem Schwangerschaftskonfliktgesetz soll Schwangeren, die anonym bleiben möchten, umfassende und niederschwellige Hilfen angeboten werden. Die vertrauliche Geburt soll so genannte Babyklappen baldmöglichst ersetzen.[3]

▶ *Zum Beratungsprozess und weiteren Rechtsfolgen vertraulicher Geburt siehe Keuter, § 1591 BGB Rn. 12 ff.*

B. Inhalt der Norm

I. Ruhen der elterlichen Sorge

2 Hat eine Mutter ihr Kind gemäß § 25 Abs. 1 SchKG vertraulich entbunden, so ruht die elterliche Sorge beider Elternteile **kraft Gesetzes**, wodurch ein Nebeneinander von Vormundschaft und elterlicher Sorge ausgeschlossen wird.[4] Die vorhergehende Fassung beschränkte sich auf das Ruhen der elterlichen Sorge der Mutter, was zur Folge hatte, dass bei vor der Geburt begründeter gemeinsamer elterlichen Sorge und im Fall einer verheirateten vertraulich gebärenden Mutter der Vater die elterliche Sorge formal innehatte, diese aber nicht ausüben konnte.[5] Die Neufassung ermöglicht die kraft Gesetzes eintretende Amtsvormundschaft des Jugendamtes für das vertraulich geborene Kind gemäß § 1787 BGB.[6]

3 Die etwaige **elterliche Sorge des Vaters** wird von der Vorschrift nach der Neufassung ausdrücklich ebenfalls erfasst. Die Materialien zur Neufassung problematisieren aber nicht, dass auf diese Art und Weise einem leiblichen und rechtlichen Vater die Möglichkeit zur Wahrnehmung seines Elternrechts aus Art. 6 Abs. 2 GG ohne jede Verfahrensbeteiligung genommen wird, solange er keine Kenntnis von der Geburt hat.

Gegen die Ausblendung der väterlichen Elternrechte werden in der Literatur berechtigte Bedenken erhoben,[7] auch wenn im Regelfall die Mutter sich nur aus guten Gründen (Angst

1 BGBl. I 2013, S. 3458
2 BGBl 2021, 882
3 BT-Drs. 17/12814, 9
4 BT-Drs. 17/12814, 16
5 Evaluationsbericht der Bundesregierung ein, BT-Drs. 18/13100, 17
6 BT-Drs.19/24445, 188
7 BeckOK-BGB/*Veit*, § 1674a Rn. 8 ff.

vor Femizid, fehlende Unterstützung seitens des Vaters u.ä.[8]) zu einer vertraulichen Geburt entschließen wird. Die Schwangere soll in der Beratung zwar auf die Bedeutung des Vaters für das Kind und die Rechte des Vaters hingewiesen werden (§ 25 Abs. 2 und 3 SchKG), doch ist sie nicht verpflichtet, den Vater des Kindes zu benennen.[9] Die gesetzgeberische Annahme, wenn der Vater von der Schwangerschaft wisse, stünde ihm die Möglichkeit offen, die Identität der Eltern gegenüber dem Standesamt offen zu legen und auf diese Weise seine Rechte geltend zu machen,[10] ist nur auf den ersten Blick schlüssig, weil der Vater im Zweifel den Geburtsort und damit das zuständige Standesamt nicht kennt.[11] Ein Auskunftsanspruch des Vaters gegen die Mutter über Namen, Geburtsdatum oder Geburtsort des vertraulich geborenen Kindes wird von der Rechtsprechung bislang abgelehnt.[12] Die Rechte des Vaters durch eine bessere Beratung der Schwangeren schützen zu wollen,[13] erscheint wenig lebensnah.

4 Das Familiengericht wird gemäß § 168g FamFG seitens des Standesamtes über die vertrauliche Geburt informiert. Es erhält Kenntnis der gemäß § 21 Nr. 1 bis 3 PStG, § 57 Abs. 1 Nr. 4c PStVO in das Geburtenregister eingetragenen Daten sowie gemäß § 57 Abs. 6 Nr. 20 PStVO das Pseudonym, unter dem die Frau entbunden hat. Nähere Informationen über den Familienstand und das Alter der Mutter werden nicht mitgeteilt, weil auch das Standesamt diese Kenntnis nicht hat. Das Familiengericht stellt dem Jugendamt über die gemäß § 1787 BGB kraft Gesetzes mit der Geburt eintretende Amtsvormundschaft zu Nachweiszwecken eine **Bescheinigung** mit deklaratorischer Wirkung[14] aus.

II. Wiederaufleben der elterlichen Sorge

5 Während das Ruhen der elterlichen Sorge bei einer vertraulichen Geburt kraft Gesetzes eintritt, lebt die elterliche Sorge nur durch **rechtsgestaltenden Beschluss** des Familiengerichts wieder auf, ohne dass es einer ausdrücklichen Kindeswohlprüfung bedarf.[15] Voraussetzung hierfür ist, dass ein Elternteil – anders als nach altem Recht nicht mehr zwingend die Mutter – dem Gericht gegenüber die Personenstandsdaten der Mutter i.S.d. § 21 Abs. 1 Nr. 4 PStG offenbart.[16] Aufgabe der Anonymität gegenüber dem Standesamt oder der Beratungsstelle genügt nicht,[17] weil nur das Familiengericht bei möglichen Zweifeln an der Mutterschaft die erforderlichen Ermittlungen, z.B. durch Vernehmung der Beraterin und der an der Entbindung beteiligten Personen tätigen kann.[18]

6 § 1674a Satz 2 BGB enthält zwar **keine zeitliche Einschränkung**. Gleichwohl ist ein **Wiederaufleben** der elterlichen Sorge der Mutter natürlich **ausgeschlossen**, **wenn die Adoption** des Kindes inzwischen **wirksam** erfolgt ist (§ 197 Abs. 2 FamFG), weil mit ihr sämtliche bisherigen Verwandtschaftsverhältnisse des Kindes erlöschen, § 1755 BGB. Gibt die Mutter schon kurze Zeit nach der Geburt des Kindes ihre Anonymität auf, ist allein der Umstand, dass sie sich zu einer vertraulichen Geburt entschlossen hatte, für sich genommen kein zwingender Grund für die Annahme einer Kindeswohlgefährdung.[19] Da aber keineswegs sicher ist, wie lange bis zu einer Aufgabe der Anonymität sich das Kind schon bei Pflegeeltern befunden hat, ist durchaus zu beachten, dass eine Kindeswohlgefährdung durch die Tren-

8 MüKo-BGB/*Hennemann*, § 1674a Rn. 6
9 MüKo-BGB/*Hennemann*, § 1674a Rn. 6
10 BT-Drs. 17/12814, 16
11 BeckOGK-BGB/*Schwedler*, § 1674a Rn. 42
12 OLG München FamRZ 2018, 762; AG Kempten FamRZ 2018, 761
13 BT-Drs. 18/13100, 17
14 OLG Karlsruhe FamRZ 1998, 1244
15 BeckOK-BGB/*Veit*, § 1674a Rn. 22 m.w.N.
16 BeckOK-BGB/*Veit*, § 1674a Rn. 16 m.w.N.
17 MüKo-BGB/*Hennemann*, § 1674a Rn. 11
18 BT-Drs. 17/12814, 16
19 OLG Köln FamRZ 2018, 1915

nung von den Pflegeeltern in Betracht kommen kann. In diesem Fall hat der Rechtspfleger sein Verfahren betreffend das Wiederaufleben der elterlichen Sorge gemäß § 5 Abs. 1 Nr. 2 RPflG dem für Maßnahmen nach §§ 1666 oder 1632 Abs. 4 BGB zuständigen Richter vorzulegen, der dann einheitlich entscheidet (vgl. *Keuter,* § 1674 BGB Rn. 15).[20]

III. Verfahren

Funktional zuständig für einen etwaigen – deklaratorischen – Beschluss nach § 1674 Satz 1 BGB sowie für das Verfahren betreffend ein Wiederaufleben der elterlichen Sorge ist nach §§ 3 Nr. 2a, 14 RPflG der **Rechtspfleger**. Im Übrigen richtet sich das Verfahren nach §§ 151 ff. FamFG,[21] d.h., dass insbesondere die Beteiligtenrechte (persönliche Anhörung des Kindes nach § 159 FamFG bzw. der Eltern nach § 160 FamFG, Beteiligung des Jugendamtes nach § 162 FamFG, Bestellung eines Verfahrensbeistands nach §§ 158 ff. FamFG) zu wahren sind.[22] 7

▶ *Näher zur funktionalen Zuständigkeit siehe Heilmann, § 7 RPflG Rn. 3.*

§ 1675 BGB

Wirkung des Ruhens

Solange die elterliche Sorge ruht, ist ein Elternteil nicht berechtigt, sie auszuüben.

Die Feststellung des Ruhens der elterlichen Sorge führt nicht dazu, dass die elterliche Sorge verloren geht; sie ist lediglich in ihrer **Ausübung gehemmt**.[1] 1

Umstritten ist, ob während des Ruhens der elterlichen Sorge gegen diesen Elternteil **Maßnahmen nach § 1666 BGB** ergehen können. Dies hat der BGH bejaht, weil der Elternteil weiterhin Sorgerechtsinhaber bleibe.[2] Dies trifft zwar zu, doch fragt sich, warum überhaupt Maßnahmen nach § 1666 BGB erforderlich sein sollen, wenn der Sorgerechtsinhaber nicht befugt ist, sorgerechtliche Entscheidungen zu treffen. Im Hinblick auf den Verhältnismäßigkeitsgrundsatz erübrigen sich deshalb regelmäßig Maßnahmen nach § 1666 BGB[3] solange die elterliche Sorge durch konstituierenden Beschluss nach §§ 1674, 1674a BGB ruht.[4] 2

Bei einem Ruhen der elterlichen Sorge nach § 1673 Abs. 1 BGB mag dies anders zu beurteilen sein, weil ein etwaiger Beschluss nach § 1673 Abs. 1 BGB keine Wirkung entfaltet, wenn tatsächlich keine Geschäftsunfähigkeit vorliegt, so dass im Interesse der Rechtssicherheit Klarheit geschaffen werden muss, ob der Elternteil sorgerechtsbefugt ist oder nicht.[5] Da die elterliche Sorge erst durch konstitutiven Beschluss nach § 1674 Abs. 2 BGB wieder auflebt, kann etwaigen Kindeswohlgefährdungen durch Wiederaufleben der elterlichen Sorge mit (Eil-)Maßnahmen nach §§ 1666, 1632 Abs. 4 BGB Rechnung getragen werden.[6] Im Übrigen sollte ein Rechtspfleger, bei dem ein Verfahren auf Wiederaufleben der elterlichen Sorge anhängig ist, bei etwaigen Anhaltspunkten für eine Kindeswohlgefährdung im Falle des Wiederauflebens sein Verfahren dem Richter vorlegen (siehe *Keuter,* § 1674 BGB Rn. 15, § 1674a BGB Rn. 6). Bei einem Ruhen nach § 1673 Abs. 2 BGB können Maßnahmen nach

20 MüKo-BGB/*Hennemann,* § 1674a Rn. 15; BeckOGK-BGB/*Schwedler,* § 1674a Rn. 56
21 BT-Drs. 17/12814, 16
22 KG NJW-RR 2024, 1327
1 OLG Karlsruhe FamRZ 2011, 1514 m.w.N.
2 BGH FamRZ 2014, 543
3 A.A. OLG Köln, Beschl. v. 16.3.2016 – 10 UF 173/15, juris = FF 2016, 510 (LS)
4 OLG Hamm NJW-RR 2024, 749; OLG Brandenburg ZKJ, 2009, 293; OLG Dresden FamRZ 2003, 1038; BeckOK-BGB/*Veit,* § 1675 Rn. 2 m.w.N.
5 KG NZFam 2014, 422 schließt bei festgestellter Geschäftsunfähigkeit Maßnahmen nach § 1666 BGB aus
6 A.A. OLG Köln, Beschl. v. 16.3.2016 – 10 UF 173/15, juris = FF 2016, 510 (LS)

§ 1666 BGB geboten sein, wenn der minderjährige Elternteil durch die ihm verbliebene personensorgerechtliche Entscheidungsbefugnis das Kindeswohl gefährdet.

3 Die **vermögensrechtlichen Folgen** des Ruhens der elterlichen Sorge regeln §§ 1698, 1698a BGB. Liegen die Voraussetzungen der letztgenannten Vorschrift nicht vor, haftet der Elternteil, dessen elterliche Sorge ruht, für von ihm gleichwohl im Namen des Kindes getätigte Rechtsgeschäfte als Vertreter ohne Vertretungsmacht.[7]

4 **Umgangsbefugnisse** aus § 1684 BGB werden vom Ruhen der elterlichen Sorge nach §§ 1673, 1674 BGB grundsätzlich nicht berührt.[8] Bei einem Ruhen der elterlichen Sorge nach § 1751 Abs. 1 BGB wegen Einwilligung in die Adoption darf dagegen der Umgang nicht ausgeübt werden, § 1751 Abs. 1 Satz 1 2. HS BGB. Solange die elterliche Sorge nach § 1674a BGB ruht, scheidet ein Umgang der Eltern mit dem Kind schon wegen der Anonymität der Eltern aus.

5 Der Umstand, dass die minderjährige Kindesmutter in der Ausübung der elterlichen Sorge eingeschränkt ist (§§ 1673 Abs. 2, 1675 BGB), steht der Annahme einer im Grundsatz schutzwürdigen Vater-Kind-Beziehung, auf die es für die aufenthaltsrechtlichen – möglicherweise einer Abschiebung entgegenstehenden – Vorwirkungen des Art. 6 Abs. 1 GG i.V.m. Art. 8 EMRK allein ankommt, für sich genommen nicht entgegen.[9]

6 *Übersicht: Das Ruhen der elterlichen Sorge eines Elternteils und das Sorgerecht des anderen*

Das Ruhen der elterlichen Sorge eines Elternteils und das Sorgerecht des anderen

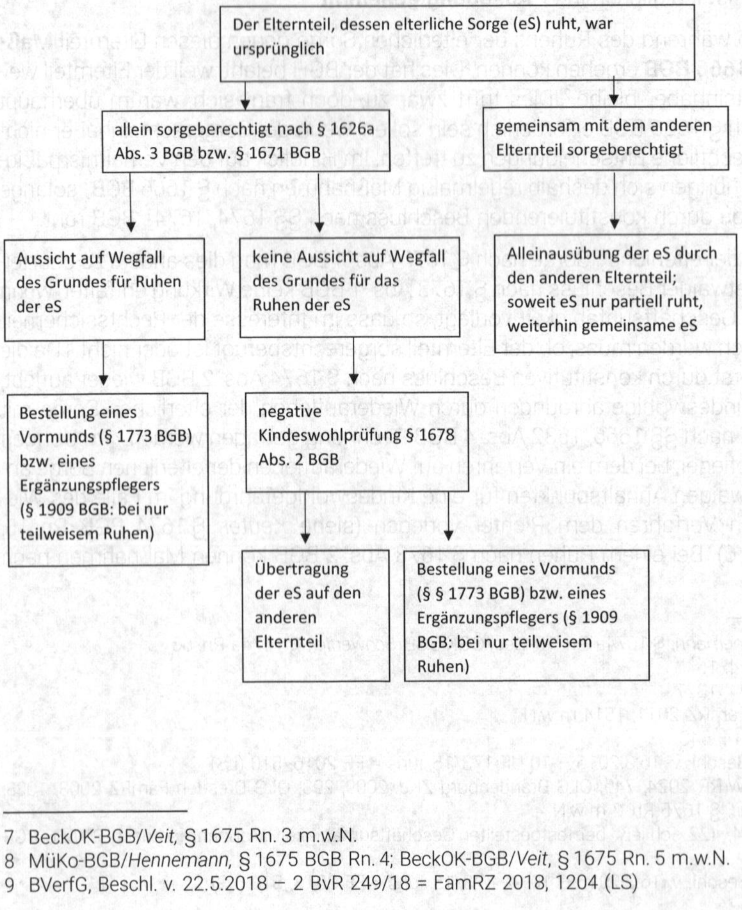

7 BeckOK-BGB/*Veit*, § 1675 Rn. 3 m.w.N.
8 MüKo-BGB/*Hennemann*, § 1675 BGB Rn. 4; BeckOK-BGB/*Veit*, § 1675 Rn. 5 m.w.N.
9 BVerfG, Beschl. v. 22.5.2018 – 2 BvR 249/18 = FamRZ 2018, 1204 (LS)

§ 1676 BGB
(weggefallen)

§ 1677 BGB
Beendigung der Sorge durch Todeserklärung

Die elterliche Sorge eines Elternteils endet, wenn er für tot erklärt oder seine Todeszeit nach den Vorschriften des Verschollenheitsgesetzes festgestellt wird, mit dem Zeitpunkt, der als Zeitpunkt des Todes gilt.

Die Vorschrift hat wenig praktische Bedeutung. Dass durch den **Tod** die elterliche Sorge eines Elternteils endet, wird als Selbstverständlichkeit vom Gesetz vorausgesetzt. § 1677 regelt lediglich die Fälle, in denen ein Elternteil für tot erklärt wird (§§ 9, 23 VerSchG) oder seine Todeszeit nach §§ 39 ff. VerschG festgestellt wird. 1

Mit dem Zeitpunkt, der nach der Todeserklärung bzw. Feststellung der Todeszeit als Zeitpunkt des Todes gilt, ruht das Sorgerecht des betroffenen Elternteils nicht nur, sondern es endet.[1] Die Todeserklärung ist möglich bei ernsthaften Zweifeln am Fortleben des Betroffenen, die Feststellung der Todeszeit setzt sichere Kenntnis vom Ableben voraus. 2

▶ *Zu den Rechtsfolgen für das Sorgerecht des anderen Elternteils siehe Keuter, § 1680 BGB und bei fälschlicher Todeserklärung § 1681 BGB Rn. 5.*

§ 1678 BGB
Folgen der tatsächlichen Verhinderung oder des Ruhens für den anderen Elternteil

(1) Ist ein Elternteil tatsächlich verhindert, die elterliche Sorge auszuüben, oder ruht seine elterliche Sorge, so übt der andere Teil die elterliche Sorge allein aus; dies gilt nicht, wenn die elterliche Sorge dem Elternteil nach § 1626a Abs. 3 oder § 1671 allein zustand.

(2) Ruht die elterliche Sorge des Elternteils, dem sie gemäß § 1626a oder § 1671 allein zustand, und besteht keine Aussicht, dass der Grund des Ruhens wegfallen werde, so hat das Familiengericht die elterliche Sorge dem anderen Elternteil zu übertragen, wenn dies dem Wohl des Kindes nicht widerspricht.

Übersicht Rn.

A. Allgemeines

Die durch das Gesetz zur Reform der elterlichen Sorge nicht miteinander verheirateter Eltern vom 16.4.2013 neu gefasste Vorschrift regelt die Rechtsfolgen des Ruhens der elterlichen Sorge für den anderen Elternteil. 1

1 BeckOK-BGB/*Veit*, § 1677 Rn. 3 m.w.N.

2 **Abs. 1** erfasst dabei die Konstellation, dass ursprünglich **beide Elternteile gemeinsam sorgeberechtigt** waren, **Abs. 2** erfasst die Fälle, in denen die elterliche Sorge des nach §§ 1626a Abs. 3, 1671 BGB **allein sorgeberechtigten** Elternteils ruht. Darüber hinaus regelt Abs. 1 die Folgen der tatsächlichen Verhinderung eines Elternteils, ohne dass ein Ruhen der elterlichen Sorge nach § 1674 BGB anzunehmen wäre.

3 *Übersicht: Ausfall eines gemeinsam sorgeberechtigten Elternteils*

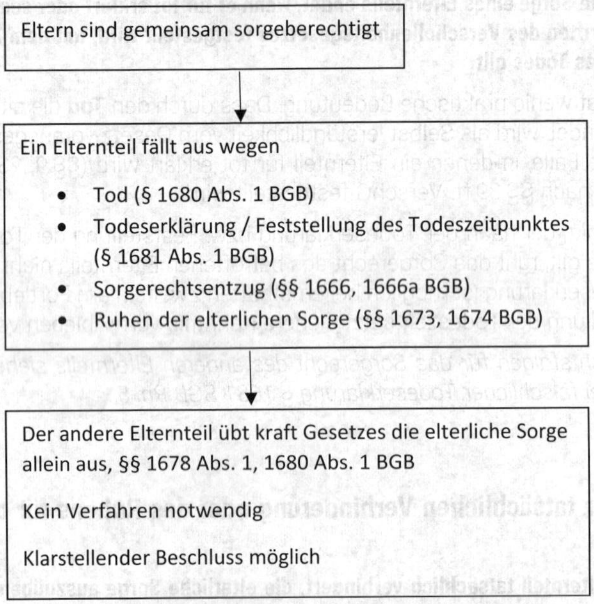

4 *Übersicht: Ausfall eines nach §§ 1626a Abs. 3, 1671 BGB allein sorgeberechtigten Elternteils*

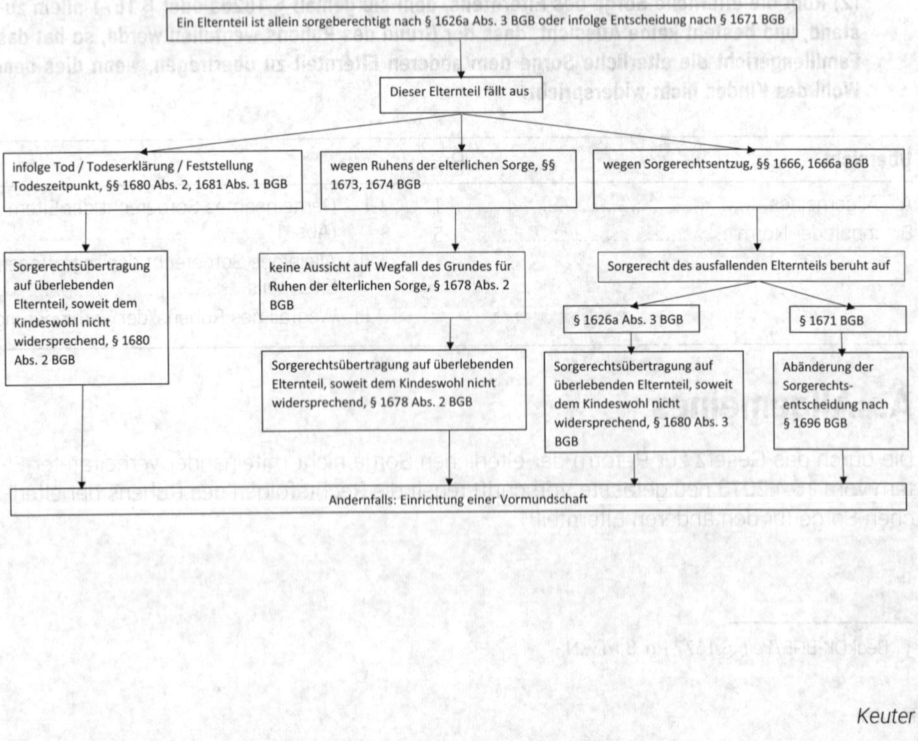

B. Inhalt der Norm

I. Gemeinsames Sorgerecht der Eltern (Abs. 1)

5 § 1678 Abs. 1 BGB setzt, wie der Rückschluss aus dem zweiten HS ergibt, voraus, dass die Eltern bei Eintritt der tatsächlichen Verhinderung oder des Ruhens der elterlichen Sorge gemeinsam sorgeberechtigt waren. In diesem Fall verwandelt sich die bisherige gemeinsame elterliche Sorge in ein alleiniges Sorgerecht des nicht verhinderten Elternteils **kraft Gesetzes**.

6 Eine Kindeswohlprüfung erfolgt nicht. Bei Bedenken gegen die Ausübung der elterlichen Sorge durch den anderen Elternteil bleiben nur Maßnahmen nach § 1666 BGB.[1] Hintergrund ist die gesetzgeberische Vorstellung, dass der Elternteil, der in der Lage ist, gemeinsam mit dem anderen Elternteil die elterliche Sorge auszuüben, dieses auch alleine kann, wenn der andere Elternteil ausfällt.[2]

7 Dies setzt allerdings voraus, dass der **andere Elternteil seinerseits berechtigt** ist, die **elterliche Sorge auszuüben**. Ruhte beispielsweise seine elterliche Sorge ganz oder teilweise oder war ihm diese nach § 1666 BGB entzogen, hat das Familiengericht wegen insoweit bestehender Verhinderung beider Elternteile dem Kind einen Vormund oder einen Pfleger zu bestellen.[3]

▶ *Zu den Voraussetzungen von Vormundschaft und Pflegschaft siehe Wierse, § 1773 BGB Rn. 6 ff.*

8 Fälle **tatsächlicher Verhinderung** unterhalb der Schwelle des Ruhens der elterlichen Sorge sind im Wesentlichen längere Erkrankungen oder Abwesenheiten mit unbekanntem Aufenthalt, wobei maßgeblich ist, inwieweit der betroffene Elternteil tatsächlich noch Einfluss auf die Erziehung der Kinder nehmen kann (näher hierzu *Keuter*, § 1674 BGB Rn. 3 ff.).

9 Bei voraussichtlich längeren Ausfällen eines Elternteils ist zur Klarstellung im Außenverhältnis eine gerichtliche Entscheidung nach § 1674 BGB empfehlenswert, auch wenn die alleinige Handlungsbefugnis des anderen Elternteils kraft Gesetzes entsteht.[4]

II. Alleiniges Sorgerecht des betroffenen Elternteils

10 § 1678 Abs. 2 BGB regelt die Rechtsfolgen, wenn

- ein Elternteil **allein sorgeberechtigt** ist nach § 1626a Abs. 3 BGB oder § 1671 BGB,
- sodann seine **elterliche Sorge ruht** und
- **keine Aussicht** besteht, dass der **Grund des Ruhens wegfällt**.

11 In dieser Konstellation hat das Familiengericht dem anderen Elternteil die alleinige elterliche Sorge zu übertragen, wenn dies dem Wohl des Kindes nicht widerspricht (**negative Kindeswohlprüfung**).

12 Anders als in Abs. 1 verlangt der Sorgerechtsübergang in Abs. 2 eine **ausdrückliche gerichtliche Entscheidung**, für welche **der Richter** gemäß § 14 Abs. 1 Nr. 3 RPflG **zuständig** ist.[5] Kommt er zu der Überzeugung, dass die Übertragung auf den anderen Elternteil dem Kindeswohl widerspricht, muss ein Vormund oder Ergänzungspfleger bestellt werden, §§ 1773, 1809 BGB.

1 Grüneberg/*Götz*, § 1678 BGB Rn. 5 m.w.N.
2 MüKo-BGB/*Hennemann*, § 1678 Rn. 7
3 BeckOK-BGB/*Veit*, § 1678 Rn. 5 m.w.N.
4 MüKo-BGB/*Hennemann*, § 1678 Rn. 3
5 OLG Dresden ZKJ 2012, 269

13 **Ungeregelt** sind die Rechtsfolgen des Ruhens der elterlichen Sorge bei gleichzeitiger Aussicht auf einen Wegfall des Grundes für das Ruhen sowie die Rechtsfolgen rein tatsächlicher Verhinderung des nach §§ 1626a Abs. 3, 1671 BGB allein sorgeberechtigten Elternteils. Eine vorschnelle Übertragung auf den anderen Elternteil ist zu vermeiden, weil die Übertragung einen **endgültigen Sorgerechtswechsel** beinhaltet,[6] während das Ruhen nur eine Hemmung der Ausübungsbefugnis zur Folge hat (§ 1675 BGB).

14 War einem ursprünglich gemeinsam sorgeberechtigten Elternteil die elterliche Sorge nach § 1666 BGB entzogen worden, so dass der andere Elternteil nach § 1680 Abs. 3 allein sorgeberechtigt war, und tritt nun bei diesem Elternteil ein Ruhen der elterlichen Sorge ein, muss dem Kind nach § 1773 BGB ein Vormund bestellt werden. Gibt es allerdings Hinweise, dass die Gründe für den Sorgerechtsentzug inzwischen entfallen sind, muss das Gericht zunächst nach § 1696 BGB, § 166 FamFG von Amts wegen die Entscheidung über den Sorgerechtsentzug überprüfen.[7] Hebt es den Entzug der elterlichen Sorge auf, ist dieser Elternteil nach § 1678 Abs. 1 BGB nunmehr kraft Gesetzes allein sorgeberechtigt.

III. Wegfall des Ruhens/der Verhinderung

15 Entfällt die tatsächliche Verhinderung eines gemeinsam sorgeberechtigten Elternteils (Beispiel: Die zur Verhinderung führende Erkrankung ist geheilt), so steht dem Elternteil kraft Gesetzes die elterliche Sorge im früheren Umfang wieder zu; für zwischenzeitlich vom anderen Elternteil getätigte Rechtsgeschäfte gilt § 1698a BGB.[8]

16 Ist demgegenüber eine Sorgerechtsübertragung nach § 1678 Abs. 2 BGB erfolgt, rückt der nun nicht mehr verhinderte Elternteil nicht kraft Gesetzes in das Sorgerecht ein, sondern es bedarf einer gerichtlichen Abänderungsentscheidung nach § 1696 BGB.[9]

17 Denn ein Wiederaufleben der alleinigen elterlichen Sorge durch Beschluss nach § 1674 Abs. 2 BGB stünde in Widerspruch zu der erfolgten Übertragungsentscheidung nach § 1678 Abs. 2 BGB, so dass über eine Rückübertragung der alleinigen elterlichen Sorge im Rahmen eines in die Zuständigkeit des Richters fallenden Abänderungsverfahrens nach §§ 1696 BGB, 166 FamFG zu befinden ist.

▶ *Näher zur funktionalen Zuständigkeit von Rechtspfleger bzw. Richter Heilmann, § 3 RPflG Rn. 4 f., § 14 RPflG Rn. 4 ff.*

§ 1679 BGB
(weggefallen)

§ 1680 BGB
Tod eines Elternteils oder Entziehung des Sorgerechts

(1) Stand die elterliche Sorge den Eltern gemeinsam zu und ist ein Elternteil gestorben, so steht die elterliche Sorge dem überlebenden Elternteil zu.

(2) Ist ein Elternteil, dem die elterliche Sorge nach § 1626a Abs. 3 oder § 1671 BGB allein zustand, gestorben, so hat das Familiengericht die elterliche Sorge dem überlebenden Elternteil zu übertragen, wenn dies dem Wohl des Kindes nicht widerspricht.

(3) Die Absätze 1 und 2 gelten entsprechend, soweit einem Elternteil die elterliche Sorge entzogen wird.

---

6 Grüneberg/*Götz*, § 1678 BGB Rn. 7; BeckOK-BGB/*Veit*, § 1678 Rn. 18
7 NK-BGB/ *Friederici/Reinhardt*, § 1680 Rn. 6
8 BeckOK-BGB/*Veit*, § 1678 Rn. 6 m.w.N.
9 BeckOK-BGB/*Veit*, § 1678 Rn. 19 m.w.N.

Weiterführende Literatur: Rotax, Tatsächliche oder rechtliche Verhinderung oder Entzug der elterlichen Sorge bei einem bisher gemeinsam sorgeberechtigten Elternteil, FPR 2008, 151.

Übersicht

A. Allgemeines

Die Vorschrift regelt die Folgen des Todes eines sorgeberechtigten Elternteils für die elterliche Sorge des anderen Elternteils und gilt gemäß Abs. 3 entsprechend für den Fall des Sorgerechtsentzuges. Sie unterscheidet wie § 1678 BGB zwischen gemeinsam sorgeberechtigten Eltern (Abs. 1) und Tod bzw. Sorgerechtsentzug eines Elternteils, der nach §§ 1626a Abs. 3, 1671 BGB allein sorgeberechtigt war (Abs. 2). Zugrunde liegt der Gedanke, dass beim Ausfall eines gemeinsam sorgeberechtigten Elternteils der andere die elterliche Sorge kraft Gesetzes übernimmt, während beim Ausfall des bislang allein sorgeberechtigten Elternteils dem anderen die elterliche Sorge gerichtlich übertragen werden soll, wenn dies dem Kindeswohl nicht widerspricht.[1] 1

Die Vorschrift gilt nach § 1681 BGB entsprechend, wenn ein Elternteil für tot erklärt oder seine Todeszeit nach dem VerSchG festgestellt wird. 2

▶ *Siehe hierzu die Übersichten zum Ausfall eines Elternteils bei Keuter, § 1678 BGB Rn. 3 f.*

B. Inhalt der Norm

I. Gemeinsames Sorgerecht der Eltern (Abs. 1)

Die Vorschrift gilt für alle gemeinsam sorgeberechtigten Eltern, unabhängig, aus welchem der in § 1626a Abs. 1 bis 3 aufgeführten Gründe gemeinsames Sorgerecht besteht. 3

▶ *Näher hierzu Fink, § 1626a BGB Rn. 3 ff.*

Das Sorgerecht steht im Todesfall oder – gemäß Abs. 3 – im Falle des einseitig einen Elternteil betreffenden Sorgerechtsentzugs dem überlebenden bzw. vom Sorgerechtsentzug nicht betroffenen Elternteil **kraft Gesetzes** zu.[2] Ein gerichtliches Verfahren findet insoweit nicht statt. 4

Die Vorschrift setzt allerdings stillschweigend voraus, dass der überlebende Ehegatte seinerseits berechtigt ist, die elterliche Sorge auch tatsächlich auszuüben, seine elterliche Sorge also nicht nach §§ 1673 bis 1675 BGB ruht.[3] Tod oder Sorgerechtsentzug des einen Elternteils haben also keine Auswirkung auf das Ruhen der elterlichen Sorge des anderen Elternteils. Für das Kind muss ein Vormund nach § 1773 BGB bzw. ein Ergänzungspfleger nach § 1809 BGB bestellt werden.[4] 5

---

1 BeckOK-BGB/*Veit*, § 1680 Rn. 1
2 NK-BGB/ *Friederici/Reinhardt*, § 1680 Rn. 2
3 BeckOK-BGB/*Veit*, § 1680 BGB Rn. 2
4 Grüneberg/*Götz*, § 1680 BGB Rn. 1

II. Alleiniges Sorgerecht eines Elternteils (Abs. 2)

6 Anders als nach Abs. 1 wird der überlebende Elternteil nicht kraft Gesetzes, sondern nur aufgrund **richterlicher Entscheidung** (§ 14 Abs. 1 Nr. 3 RPflG) Inhaber des alleinigen Sorgerechts, wenn der bislang allein sorgeberechtigte Elternteil verstirbt oder ihm die elterliche Sorge entzogen wird.

7 Voraussetzungen für eine Sorgerechtsübertragung nach § 1680 Abs. 2 BGB sind:

- **alleiniges Sorgerecht** eines Elternteils nach §§ 1626a Abs. 3, 1671 BGB
- **Tod** dieses Elternteils
- die Übertragung der elterlichen Sorge auf den anderen Elternteil **widerspricht nicht dem Kindeswohl**

In einem **Beschwerdeverfahren** kann eine Entscheidung **nach § 1680 Abs. 2 oder 3 BGB** nur ergehen, **wenn** gleichzeitig überprüft wird, ob die Voraussetzungen der zugrundeliegenden Entziehung des Sorgerechts des anderen Elternteils weiter vorliegen. Dies gilt auch dann, wenn die Beschwerde sich nicht gegen die Entziehung des Sorgerechts eines alleinsorgeberechtigten Elternteils richtet, sondern nur gegen die unterbliebene Übertragung auf den anderen Elternteil (den Beschwerdeführer).[5]

8 Von der Vorschrift nicht erfasst ist mithin die Konstellation, in der ein Elternteil stirbt, der deshalb allein sorgeberechtigt war, weil dem anderen Elternteil nach § 1666 BGB die elterliche Sorge entzogen worden war oder dessen elterliche Sorge ruht. Der Tod des aus diesem Grunde allein sorgeberechtigten Elternteils muss wegen des **verfassungsrechtlichen Vorranges des leiblichen Elternteils** allerdings von Amts wegen Veranlassung für eine Überprüfung nach §§ 1696, 1674 BGB geben, ob auf Seiten des überlebenden Elternteils die Gründe für den Sorgerechtsentzug/das Ruhen fortbestehen.[6] Sollte dies nicht (mehr) der Fall sein, ist ihm die elterliche Sorge zurück zu übertragen und er übt diese wegen des Todes des anderen Elternteils nunmehr allein aus. Bestehen die Gründe fort – oder bestehen andere Gründe für einen Entzug der elterlichen Sorge –, muss dem Kind ein Vormund bzw. Ergänzungspfleger nach §§ 1773, 1809 BGB bestellt werden. Wenn kein Anlass besteht, die Ursprungsentscheidung abzuändern, muss dies im Tenor der das Abänderungsverfahren abschließenden familiengerichtlichen Entscheidung zum Ausdruck gebracht werden.[7]

▶ *Näher hierzu Gottschalk, § 1696 BGB Rn. 30 ff., 35.*

9 Bei der **negativen Kindeswohlprüfung** gelten die zu § 1671 BGB entwickelten Kriterien (Förderprinzip, Kontinuität, Bindungen, Kindeswille) entsprechend.[8] Näher hierzu *Keuter*, § 1671 BGB Rn 33 ff. Dem Kindeswohl widerspricht es, die elterliche Sorge nach dem Tode der allein sorgeberechtigten Mutter dem rechtlichen Vater zu übertragen, wenn gegen diesen ein Ermittlungsverfahren wegen Erwerbs von Kinderpornografie läuft, er diesen Vorwürfen nicht entgegentritt und pädophil ausgerichtete sexuelle Neigungen einräumt.[9]

10 Von besonderer Bedeutung sind dabei die nachfolgenden Fragen:

- Lebte das Kind mit dem verstorbenen Elternteil allein oder in einer Stieffamilie/neuen Partnerschaft des Verstorbenen; im Fall der letzten Alternative: Wie sind die Bindungen des Kindes zu diesen Personen?

---

5 OLG Karlsruhe FamRZ 2018, 196
6 *Rotax*, FPR 2008, 151
7 OLG Frankfurt FamRZ 2013, 1238 (LS)
8 OLG Bremen FamRZ 2021, 1048
9 OLG Brandenburg Beschl. v. 12.3.2025 – 13 UF 127/24, juris

- In welchem Umfang bestanden gelebte Bindungen zwischen überlebendem Elternteil und Kind, insbesondere regelmäßige Umgangskontakte?
- Welche Wünsche äußert das Kind selbst?[10]
- Hat der überlebende Elternteil ausreichend Gespür für die traumatischen Belastungen des Kindes durch den Tod der bisherigen Hauptbezugsperson?[11]
- Ist der überlebende Elternteil gewillt, bestehende Bindungen des Kindes zum bisherigen Umfeld (Stiefelternteil, Verwandte, Freunde, soziale Bindungen durch Schule, Vereine) zu respektieren? In diesem Rahmen sind aber auch die Möglichkeiten von Verbleibensanordnungen nach §§ 1632 Abs. 4, 1682 BGB sowie die Umgangsbefugnisse (§ 1685 BGB) von Bezugspersonen zu berücksichtigen. Auch die Möglichkeit, von der Sorgerechtsübertragung Teilbereiche auszunehmen, ist zu erwägen[12] (näher hierzu *Fink*, § 1632 BGB Rn. 29 ff., *Keuter*, § 1682 BGB Rn. 10 ff.; *Gottschalk*, § 1685 BGB Rn. 5 ff.).
- Hat der verstorbene Elternteil testamentarisch beachtenswerte Einwendungen gegen eine Sorgerechtsübertragung auf den anderen Elternteil hinterlassen? Die Benennung eines Vormunds nach §§ 1782, 1783 BGB kann die Übertragung des Sorgerechts auf den überlebenden Elternteil für sich genommen nicht verhindern, gibt aber Veranlassung für eine besondere Prüfung, ob die Übertragung im Widerspruch zum Kindeswohl steht.

Die **Übertragung widerspricht dem Kindeswohl** etwa dann, wenn die mit der Übertragung 11
verbundenen Veränderungen gerade in der häufig traumatischen Situation des Todes des allein sorgeberechtigten Elternteils für das Kind zu erheblichen Belastungen führen.[13] Die Gefährdungsschwelle des § 1666 BGB braucht jedenfalls nicht erreicht zu werden.[14]

Als dem Kindeswohl widersprechend angesehen wurde z.B. eine Übertragung der elterlichen Sorge auf den leiblichen Vater gegen den Wunsch des Kindes, das mit dem Lebensgefährten der verstorbenen Mutter bereits seit neun Jahren zusammenlebte.[15]

III. Entzug des Sorgerechts

Die Regelungen über den Tod eines sorgeberechtigten Elternteils gelten entsprechend, 12
wenn einem Elternteil die elterliche Sorge ganz oder teilweise („soweit") entzogen wird. In den Mittelpunkt rücken damit vorangegangene Entscheidungen in den Kinderschutzverfahren nach §§ 1666, 1666a BGB.

Sind die Eltern bislang gemeinsam sorgeberechtigt, übt der andere Elternteil die elterliche 13
Sorge nunmehr kraft Gesetzes allein aus, soweit er ausübungsberechtigt ist, d. h. nicht seine elterliche Sorge bereits ruht (siehe oben Rn. 3). Ist er allein sorgeberechtigt, ist dem anderen Elternteil die elterliche Sorge regelmäßig bereits in der Entscheidung über den Sorgerechtsentzug allein zu übertragen, wenn dies dem Kindeswohl nicht widerspricht. Das Kindeswohl fungiert insoweit als mögliches Korrektiv einer regelmäßigen Zuweisung des Sorgerechts an den anderen, bislang nicht sorgeberechtigten Elternteil.[16] Übergeht das Familiengericht bei einem (Teil-)Entzug der elterlichen Sorge des allein sorgeberechtigten El-

10 OLG Köln ZKJ 2012, 227 = FamRZ 2012, 1654: keine Sorgerechtsübertragung gegen den ernsthaften Wunsch eines 12,5-Jährigen

11 BVerfG ZKJ 2008, 165 = FamRZ 2008, 381 zum Verdacht, der überlebende Elternteil könne für den Tod des anderen verantwortlich sein

12 BGH FamRZ 2011, 252

13 Staudinger/*Coester*, § 1680 BGB Rn. 9; MüKo-BGB/*Hennemann*, § 1680 Rn. 10; siehe auch BVerfG ZKJ 2008, 165 = FamRZ 2008, 381

14 OLG Frankfurt FamRZ 2022, 867; OLG Bremen FamRZ 2021, 1048

15 BayObLG FamRZ 1999, 103

16 OLG Köln, Beschl. v. 26.1.2015 – 26 UF 201/14 = FamRZ 2015, 1978 (LS)

ternteils den anderen und bestellt stattdessen einen Vormund oder Pfleger, so ist der übergangene Elternteil beschwerdeberechtigt.[17]

14 Bei Aufhebung der Entscheidung über den Entzug der elterlichen Sorge gemäß § 1696 Abs. 2 BGB rückt im Falle **ursprünglichen gemeinsamen Sorgerechts** die Mutter **automatisch** in das Mitsorgerecht wieder ein.[18] **Anders** dagegen, wenn eine **Sorgerechtsübertragung nach § 1680 Abs. 2 BGB** erfolgt ist: In diesen Fällen reicht die Feststellung, dass die Gründe für den (teilweisen) Sorgerechtsentzug nicht mehr vorliegen, allein nicht aus, sondern im Rahmen der Abänderungsentscheidung nach § 1696 Abs. 2 BGB betreffend den Sorgerechtsentzug ist zugleich auch darüber zu befinden, ob die nach § 1680 Abs. 2 BGB erfolgte Sorgerechtsübertragung ebenfalls abzuändern ist.[19]

§ 1681 BGB

Todeserklärung eines Elternteils

(1) § 1680 Abs. 1 und 2 gilt entsprechend, wenn die elterliche Sorge eines Elternteils endet, weil er für tot erklärt oder seine Todeszeit nach den Vorschriften des Verschollenheitsgesetzes festgestellt worden ist.

(2) Lebt dieser Elternteil noch, so hat ihm das Familiengericht auf Antrag die elterliche Sorge in dem Umfang zu übertragen, in dem sie ihm vor dem nach § 1677 maßgebenden Zeitpunkt zustand, wenn dies dem Wohl des Kindes nicht widerspricht.

Übersicht

A. Allgemeines

1 Die Vorschrift erstreckt die Wirkungen des § 1680 BGB auf die Fälle der Todeserklärung bzw. die Feststellung des Todeszeitpunktes und schafft in Abs. 2 eine Regelung für den Fall, dass die vorgenannten Beschlüsse fälschlich gefasst worden waren.

B. Inhalt der Norm

2 § 1681 BGB ergänzt § 1677 BGB. Waren die Eltern gemeinsam sorgeberechtigt, so übt mit rechtskräftigem Beschluss über die Todeserklärung bzw. die Feststellung des Todeszeitpunktes der andere Elternteil **kraft Gesetzes** die elterliche Sorge allein aus, § 1681 Abs. 1 i. V. m. § 1680 Abs. 1 BGB.

3 War nur ein Elternteil nach § 1626a Abs. 3 BGB oder § 1671 BGB sorgeberechtigt und wird nun für tot erklärt bzw. sein Todeszeitpunkt festgestellt, so ist dem anderen Elternteil nach § 1681 Abs. 1 i. V. m. § 1680 Abs. 2 BGB die elterliche Sorge **vom Familiengericht zu übertragen**, wenn dies dem Kindeswohl nicht widerspricht.

► *Näher zur negativen Kindeswohlprüfung Keuter, § 1680 BGB Rn. 8 ff.*

17 BGH FamRZ 2010, 1242; OLG Celle NZFam 2016, 41
18 BeckOK-BGB/*Veit*, § 1680 BGB Rn. 11
19 BeckOK-BGB/*Veit*, § 1680 BGB Rn. 20

4 Erfolgten Todeserklärung bzw. Feststellung des Todeszeitpunktes zu Unrecht und werden die entsprechenden Entscheidungen aufgehoben, lebt das Sorgerecht nicht kraft Gesetzes wieder auf. Vielmehr hat das Familiengericht die elterliche Sorge **auf Antrag** dem betroffenen Elternteil in dem Umfang wieder zu übertragen, wie der Elternteil sie bei Wirksamkeit des Beschlusses nach dem VerschG innehatte, sofern dies nicht dem Kindeswohl widerspricht. Von Amts wegen kann das Familiengericht im Rahmen des § 1681 BGB nicht tätig werden.[1]

▶ *Zur Abgrenzung von Amts- und Antragsverfahren siehe Kischkel, § 23 FamFG Rn. 1 bis 4.*

5 Diese Regelung soll einer naheliegenden Entfremdung zwischen Kind und dem fälschlich für tot erklärten Elternteil sowie etwaigen neuen Bezugspersonen des Kindes Rechnung tragen.[2]

§ 1682 BGB
Verbleibensanordnung zugunsten von Bezugspersonen

[1]Hat das Kind seit längerer Zeit in einem Haushalt mit einem Elternteil und dessen Ehegatten gelebt und will der andere Elternteil, der nach den §§ 1678, 1680, 1681 den Aufenthalt des Kindes nunmehr allein bestimmen kann, das Kind von dem Ehegatten wegnehmen, so kann das Familiengericht von Amts wegen oder auf Antrag des Ehegatten anordnen, dass das Kind bei dem Ehegatten verbleibt, wenn und solange das Kindeswohl durch die Wegnahme gefährdet würde. [2]Satz 1 gilt entsprechend, wenn das Kind seit längerer Zeit in einem Haushalt mit einem Elternteil und dessen Lebenspartner oder einer nach § 1685 Abs. 1 umgangsberechtigten volljährigen Person gelebt hat.

Weiterführende Literatur: Balloff/Vogel, Die Verbleibensanordnung – eine grundsätzliche Betrachtung, FPR 2018, 408, *Salgo,* Verbleibensanordnung bei Bezugspersonen (§ 1682 BGB), FPR 2004, 76.

Übersicht

A. Allgemeines

1 Die Vorschrift ergänzt die §§ 1678, 1680, 1681 BGB und dient in erster Linie dem Schutz des Kindes vor dem Verlust seiner gewohnten Umgebung und vor der Entwurzelung.[1] Zugleich entfaltet die Vorschrift aber Schutzwirkung zugunsten der in den Schutzbereich einbezogenen Bezugspersonen des Kindes.[2]

1 MüKo-BGB/*Hennemann,* § 1681 Rn. 4
2 BT-Drs. 1374899, 104
1 JurisPK/*Thormeyer* § 1682 BGB Rn. 1
2 BeckOK-BGB/*Veit,* § 1682 BGB Rn. 1 m.w.N.

2 Für den leiblichen Elternteil, dessen Rechte bei Erlass einer **Verbleibensanordnung** (zeitweise oder dauernd) zurücktreten müssen, kann der Erlass einer solchen Entscheidung eine schwerwiegende Belastung bedeuten, die der Gesetzgeber ihm jedoch zumutet, weil er insoweit den Interessen des Kindes an der Aufrechterhaltung seiner Bezugswelt Vorrang einräumt.[3]

B. Inhalt der Norm

I. Anordnungsvoraussetzungen

1. Überblick

3 Eine Verbleibensanordnung nach § 1682 BGB setzt kumulativ voraus:

- Ein Elternteil hat mit dem Kind und einer weiteren zum Kreis der Bezugspersonen des § 1682 BGB gehörenden Person zusammen einen gemeinsamen Haushalt unterhalten,
- über längere Zeit,
- der andere Elternteil kann nach §§ 1678, 1680, 1681 BGB den Aufenthalt des Kindes nunmehr allein bestimmen,
- er will das Kind aus dem Haushalt der Bezugsperson wegnehmen und
- die Wegnahme gefährdet das Kindeswohl.

2. Einbezogener Personenkreis

4 Satz 1 benennt zunächst allein den **Stiefelternteil** als einbezogene Bezugsperson, Satz 2 erweitert den Personenkreis auf den **eingetragenen Lebenspartner** sowie **Großeltern** und **volljährige Geschwister**. Der Wortlaut der Vorschrift erfasst damit insbesondere **nicht** Onkel oder Tanten des Kindes, ebenso wenig den Partner einer nichtehelichen Lebensgemeinschaft sowie minderjährige Geschwister. Ebenso wenig ist die Vorschrift – weder unmittelbar noch analog – anwendbar, wenn ein Elternteil, bei dem das Kind trotz Entzugs des Sorgerechts aufgrund der Zustimmung des Vormunds lebt, Rechtsschutz gegen eine kurzfristige Herausnahme des Kindes aus seinem Haushalt durch den Vormund begehrt.[4]

5 Praktisch bedeutsam ist die Frage, ob eine **Verbleibensanordnung auch zugunsten des nichtehelichen Lebensgefährten** eines Elternteils ergehen kann. Da dieser aber weder Ehegatte des verstorbenen Elternteils ist noch zum Personenkreis des § 1685 Abs. 1 BGB gehört, lässt jedenfalls der Wortlaut des § 1682 BGB eine Verbleibensanordnung zu seinen Gunsten nicht zu.[5] Auch eine analoge Anwendung des § 1682 BGB auf diese Konstellation erscheint fraglich: Dagegen spricht der Umstand, dass der Gesetzgeber bewusst den Personenkreis des § 1685 Abs. 2 BGB nicht mit in § 1682 BGB einbezogen hat,[6] zudem ist der verfassungsrechtliche Vorrang des leiblichen Elternteils zu berücksichtigen.[7]

Andererseits: Wäre der verstorbene Elternteil nach § 1626a Abs. 3 BGB allein sorgeberechtigt gewesen, wäre eine Kindeswohlprüfung vor einer Sorgerechtsübertragung auf den anderen Elternteil nach § 1680 Abs. 2 BGB erfolgt, in deren Rahmen eine ggf. von diesem beabsichtigte abrupte Aufenthaltsänderung als dem Kindeswohl widersprechend eine Sor-

---

3 *Salgo*, FPR 2004, 76, 83; BT-Drs. 13/4899, 66, 104
4 OLG Hamburg, Beschl. v. 22.6.18 – 2 WF 55/18, juris
5 BVerfG FamRZ 2019, 1961; Kritisch: MüKo-BGB/*Hennemann*, § 1682 Rn. 8 m.w.N; a.A. Staudinger/*Salgo*, § 1682 Rn. 21.
6 BT-Drs. 13/4899, 66
7 MüKo-BGB/*Hennemann*, § 1682 Rn. 10

gerechtsübertragung auf ihn verhindert hätte. Warum sollte der Schutz des Kindes in der hier genannten Problemkonstellation geringer sein? Bei der geltenden Gesetzeslage dürfte zum einen von Amts wegen eine Entziehung des Aufenthaltsbestimmungsrechts des leiblichen Elternteils nach § 1666 BGB zu prüfen sein.[8] Gegebenenfalls ist auch eine Verbleibensanordnung nach § 1632 Abs. 4 BGB als eine gegenüber § 1666 BGB mildere Maßnahme in Betracht zu ziehen.[9]

Ob sich Kinder an den Partner oder die Partnerin des Elternteils binden und in dieser Lebensgemeinschaft ihre Bezugswelt finden, wird nicht vom Trauschein bzw. der Registrierung der Lebenspartnerschaft abhängen; weil der Schutz des Kindes und dessen psychosoziale Einbindung in die häusliche Gemeinschaft im Vordergrund stehen,[10] muss zur Vermeidung von Wertungswidersprüchen der Lebensgefährte zumindest in den Schutzbereich des § 1632 Abs. 4 BGB einbezogen werden.[11]

3. Gemeinsamer Haushalt

Das Kind muss in einem familiären Verband, in welchem es seine Bezugswelt gefunden hat, leben.[12] Das Kriterium der Haushaltsgemeinschaft dient der Abgrenzung von sonstigen lockeren Beziehungen eines Elternteils zu Dritten. Maßgeblich sind die Festigkeit der Lebensbeziehung und die Intensität des Kontaktes zur Bezugsperson, die zu entsprechenden tragfähigen Bindungen zwischen Kind und Bezugsperson geführt haben.[13] 6

Unterschiedliche Wohnungen von Elternteil und Bezugsperson werden z.T. als unschädlich angesehen, wenn Stabilität für das Kind durch regelmäßige/praktisch alltägliche persönliche Beziehungen gesichert ist.[14] Mit Blick auf den Regelungsgehalt des § 1682 BGB ist dies jedoch wenig überzeugend. 7

4. Längere Zeit

Der Zeitraum, in welchem das Kind Bindungen zur Bezugsperson durch gemeinsames Leben in einem Haushalt aufgebaut haben muss, lässt sich nicht allgemein definieren, sondern richtet sich nach dem Alter des Kindes und dem kindlichen Zeitempfinden.[15] Als Faustregel lässt sich festhalten, dass ein „längerer Zeitraum" umso eher bejaht werden kann, je jünger ein Kind ist.[16] Gemeinsame kurze Urlaube während der Schulferien, Kurzurlaube an Wochenenden oder einige Tage Aufenthalt während Krankenhausaufenthalten der Bezugsperson reichen für ein längeres Zusammenleben im gesetzlichen Sinne nicht aus.[17] Im Übrigen gelten die Maßstäbe des § 1632 Abs. 4 BGB entsprechend. 8

▶ *Näher hierzu Fink, § 1632 BGB Rn. 32 f.*

5. Aufenthaltsbestimmungsrecht des anderen Elternteils

Der die Herausgabe des Kindes verlangende Elternteil muss Inhaber des alleinigen Aufenthaltsbestimmungsrechtes sein, und zwar infolge des Eingreifens der §§ 1678, 1680, 1681 BGB. Der Elternteil, bei dem das Kind bislang gelebt hat, muss also tatsächlich verhindert 9

8 MüKo-BGB/*Hennemann*, § 1682 Rn. 10
9 BayObLG FamRZ 1991, 1080 bezüglich Großeltern vor Einführung des § 1682 BGB
10 Staudinger/*Salgo*, § 1682 BGB Rn. 19
11 Für eine Einbeziehung des nichtehelichen Lebensgefährten in den Anwendungsbereich des § 1682 Satz 2 Erman/*Döll*, § 1682 BGB Rn. 3
12 BT-Drs. 13/4899, 104
13 Grüneberg/*Götz*, § 1682 BGB Rn. 2
14 MüKo-BGB/*Hennemann*, § 1682 Rn. 4
15 OLG Köln FamRZ 2007, 658; OLG Celle FamRZ 1990, 191
16 Näher hierzu MüKo-FamFG/*Heilmann*, § 155 Rn. 2; siehe auch *Peschel-Gutzeit*, FPR 2004, 428, 429
17 AG Dortmund FamRZ 2017, 538

sein, die elterliche Sorge auszuüben oder seine elterliche Sorge muss ruhen oder er muss verstorben bzw. für tot erklärt/sein Todeszeitpunkt festgestellt worden sein. Konstellationen, in denen der Elternteil, der bislang nicht mit dem Kind zusammengelebt hat, nach §§ 1666, 1671 BGB das alleinige Aufenthaltsbestimmungsrecht erhalten hat, fallen nicht unter § 1682 BGB.

6. Herausgabeverlangen

10 Die Verbleibensanordnung setzt zudem voraus, dass der aufenthaltsbestimmungsberechtigte Elternteil die Herausgabe von der Bezugsperson verlangt. Solange er mit dem weiteren Aufenthalt des Kindes bei der Bezugsperson einverstanden ist, besteht für eine Verbleibensanordnung keine Veranlassung.[18] Eine ernsthafte Ankündigung der Wegnahme genügt.[19]

11 Steht einem Elternteil das Aufenthaltsbestimmungsrecht nach §§ 1678 Abs. 2, 1680 Abs. 2 oder 3 bzw. 1681 Abs. 2 BGB erst nach einer Kindeswohlprüfung zu, kommt der Erlass einer Verbleibensanordnung nur in Betracht, wenn der Elternteil nach Erhalt des Aufenthaltsbestimmungsrechts, d.h. mit Wirksamwerden eines entsprechenden gerichtlichen Beschlusses (hierzu *Kischkel*, § 40 FamFG Rn. 4 f.) einen Wechsel des Kindes an einen anderen Lebensmittelpunkt erstrebt. Denn im Rahmen der negativen Kindeswohlprüfung der vorgenannten Vorschriften spielt selbstverständlich eine maßgebliche Rolle, ob der leibliche Elternteil das Kind bei der bisherigen Bezugsperson belassen will oder nicht, so dass der künftige Lebensmittelpunkt des Kindes vorgreiflich bereits im Übertragungsverfahren zu prüfen ist.[20]

7. Kindeswohlgefährdung

12 Das Herausgabeverlangen des leiblichen Elternteils kann einen Missbrauch der elterlichen Sorge darstellen, wenn durch die Wegnahme des Kindes aus seiner Bezugswelt eine ernsthafte Gefährdung des Kindes in seiner körperlichen, seelischen oder geistigen Entwicklung eintreten kann.[21] Die Maßstäbe des § 1632 Abs. 4 BGB gelten insoweit entsprechend.

▶ *Näher hierzu Fink, § 1632 BGB Rn. 38 ff.*

II. Rechtsfolgen der Verbleibensanordnung

13 Der Erlass einer Verbleibensanordnung schränkt das Sorgerecht des leiblichen Elternteils ein, da die Herausgabe nicht verlangt werden kann. Ein Entzug der elterlichen Sorge ist mit ihr hingegen nicht verbunden.

14 Die Alltagsentscheidungen trifft die Bezugsperson, sofern das Gericht nichts anderes bestimmt, § 1688 Abs. 4 BGB i.V.m. § 1688 Abs. 1 BGB.

▶ *Näher hierzu Gottschalk, § 1688 BGB Rn. 8 f., 14.*

15 Ggf. ist auch der Umgang zwischen Elternteil und Kind von Amts wegen zu regeln.[22] Gleiches kann umgekehrt gelten, wenn das Gericht eine Verbleibensanordnung ablehnt, Besuche des Kindes bei der bisherigen Bezugsperson aber dem Kindeswohl dienen.[23]

---

18 MüKo-BGB/*Hennemann*, § 1682 Rn. 7
19 JurisPK/*Thormeyer*, § 1682 BGB Rn. 9 m.w.N.
20 *Salgo*, FPR 2004, 76, 77 m.w.N.
21 BT-Drs. 13/4899, 104
22 KG FamRZ 2008, 810 zu Umgangskontakten i.R.d. § 1632 BGB
23 MüKo-BGB/*Hennemann*, § 1682 Rn. 16

III. Verfahrensfragen

Die Verbleibensanordnung kann auf **Antrag** der Bezugsperson oder **von Amts wegen**[24] ergehen. Ein eigenes **Antragsrecht des Kindes** sieht das Gesetz nicht vor, was nur im Hinblick auf die Möglichkeit des Gerichts, eine Verbleibensanordnung auch ohne Antrag zu treffen, vertretbar erscheint. Dem Kind ist ein Verfahrensbeistand zu bestellen (§ 158 Abs. 2 Nr. 3 FamFG). 16

Umstritten ist, ob die **Verbleibensanordnung zu befristen ist**. Dies wird teilweise – unter Verweis auf den Wortlaut („wenn und solange") sowie den Verhältnismäßigkeitsgrundsatz – bejaht. Insoweit wird vertreten, dass in den Fällen, in denen nur eine zeitlich unbefristete Verbleibensanordnung die Gefahren für das Kindeswohl zuverlässig abwenden könne, statt dessen eine Entziehung des Aufenthaltsbestimmungsrecht nach § 1666 BGB geprüft werden müsse.[25] Gegen diese Ansicht spricht jedoch, dass sich selten prognostizieren lässt, ob eine Überführung in den Haushalt des leiblichen Elternteils überhaupt in Betracht kommt bzw. wie lange das Kind an Zeit benötigt, um ohne erhebliche Gefahren für seine Entwicklung in den Haushalt des leiblichen Elternteils wechseln zu können. Im Vordergrund muss das Bedürfnis des Kindes nach Sicherheit und Kontinuität seiner Lebensbedingungen stehen.[26] Zudem ist die Entziehung von Teilen des Sorgerechts der schwerwiegendere Eingriff gegenüber der Verbleibensanordnung. Die Rechte des leiblichen Elternteils werden ohnehin durch die Verpflichtung des Gerichts, von Amts wegen die Notwendigkeit der Fortdauer der Verbleibensanordnung nach § 1696 Abs. 2 BGB zu prüfen, ausreichend gesichert. Die besseren Gründe sprechen daher dafür, die Verbleibensanordnung in den genannten Fällen nicht zu befristen.[27] 17

Wenn der Elternteil sein Herausgabeverlangen bereits während des Verfahrens auf Erlass einer Verbleibensanordnung umsetzt, ist das Verfahren nach § 1682 BGB gleichwohl nicht in der Hauptsache erledigt. Vielmehr können Verbleibensanordnung und Rückführungsanordnung in einem solchen Fall miteinander verbunden werden.[28] 18

Gegen die Ablehnung einer Verbleibensanordnung steht der Bezugsperson die Beschwerde zu; sie ist insoweit in eigenen Rechten (auf weiteres Zusammenleben mit dem Kind) beeinträchtigt.[29] Der Elternteil, dessen elterliche Sorge ruht, ist dagegen mangels Beeinträchtigung in eigenen Rechten (ihm fehlt die Befugnis, die elterliche Sorge auszuüben, § 1675 BGB), nicht berechtigt, die Entscheidung über eine Verbleibensanordnung nach § 1682 BGB anzufechten.[30] 19

▶ *Näher zur Beschwerdeberechtigung siehe Kischkel, § 59 FamFG Rn. 4 ff.*

§ 1683 BGB
(weggefallen)

24 BeckOK-BGB/*Veit*, § 1682 Rn. 13
25 Grüneberg/*Götz*, § 1682 BGB Rn. 3; BeckOK-BGB/*Veit*, § 1682 BGB Rn. 8
26 Staudinger/*Salgo*, § 1682 BGB Rn. 34
27 *Salgo*, FPR 2004, 76, 83; MüKo-BGB/*Hennemann*, § 1682 Rn. 14
28 BayOBLG FamRZ 1997, 223 m.w.N.; OLG Köln FamRZ 2011, 233
29 OLG Köln FamRZ 2011, 233; Staudinger/*Salgo*, § 1682 BGB Rn. 44
30 OLG Koblenz FamRZ 2014, 1393

§ 1684 BGB

Umgang des Kindes mit den Eltern

(1) Das Kind hat das Recht auf Umgang mit jedem Elternteil; jeder Elternteil ist zum Umgang mit dem Kind verpflichtet und berechtigt.

(2) [1]Die Eltern haben alles zu unterlassen, was das Verhältnis des Kindes zum jeweils anderen Elternteil beeinträchtigt oder die Erziehung erschwert. [2]Entsprechendes gilt, wenn sich das Kind in der Obhut einer anderen Person befindet.

(3) [1]Das Familiengericht kann über den Umfang des Umgangsrechts entscheiden und seine Ausübung, auch gegenüber Dritten, näher regeln. [2]Es kann die Beteiligten durch Anordnungen zur Erfüllung der in Absatz 2 geregelten Pflicht anhalten. [3]Wird die Pflicht nach Absatz 2 dauerhaft oder wiederholt erheblich verletzt, kann das Familiengericht auch eine Pflegschaft für die Durchführung des Umgangs anordnen (Umgangspflegschaft). [4]Die Umgangspflegschaft umfasst das Recht, die Herausgabe des Kindes zur Durchführung des Umgangs zu verlangen und für die Dauer des Umgangs dessen Aufenthalt zu bestimmen. [5]Die Anordnung ist zu befristen. [6]Für den Ersatz von Aufwendungen und die Vergütung des Umgangspflegers gilt § 277 des Gesetzes über das Verfahren in Familiensachen und in den Angelegenheiten der freiwilligen Gerichtsbarkeit entsprechend.

(4) [1]Das Familiengericht kann das Umgangsrecht oder den Vollzug früherer Entscheidungen über das Umgangsrecht einschränken oder ausschließen, soweit dies zum Wohl des Kindes erforderlich ist. [2]Eine Entscheidung, die das Umgangsrecht oder seinen Vollzug für längere Zeit oder auf Dauer einschränkt oder ausschließt, kann nur ergehen, wenn andernfalls das Wohl des Kindes gefährdet wäre. [3]Das Familiengericht kann insbesondere anordnen, dass der Umgang nur stattfinden darf, wenn ein mitwirkungsbereiter Dritter anwesend ist. [4]Dritter kann auch ein Träger der Jugendhilfe oder ein Verein sein; dieser bestimmt dann jeweils, welche Einzelperson die Aufgabe wahrnimmt.

Übersicht Rn.

Weiterführende Literatur: Altrogge, Umgang unter Zwang: Das Recht des Kindes auf Umgang mit dem umgangsunwilligen Elternteil, 2007; *Balloff*, „08/15-Umgang" und Perspektiven eines entwicklungsfördernden Umgangs, FPR 2013, 303; *Bussian*, Kritische Überlegungen zur beabsichtigten Reform des Kindschaftsrechts, ZKJ 2024, 171; *Coester*, Zum Eingriffsmaßstab in den Fällen des Umgangsboykotts, ZKJ 2012, 182; *Di Cato*, Der begleitete Umgang, FamRB 2014, 389 ff.; *Dürbeck* (Hrsg.), Handbuch begleiteter Umgang 4. Aufl. (2023); *ders.*, Rechtsgrundlagen für ein Kontaktverbot im Verhältnis Eltern und Kind, ZKJ 2020, 209; *Ehinger*, Überlegungen zur Verfahrensgestaltung in Umgangsregelungsfällen bei häuslicher Gewalt, FPR 2006, 171; *Fegert*, Wann ist der begleitete Umgang, wann ist der Ausschluss des Umgangs indiziert, FPR 2002, 219; *Gottschalk*, Boykottierter Umgang – Zwangsweise Durchsetzung von Umgangsregelungen und Grenzen staatlicher Interventionsmöglichkeiten, FPR 2007, 308; *Heilmann*, Der Bundesgerichtshof und der Umgangsboykott, ZKJ 2012, 105; *Holldorf/ von Pirani*, Der begleitete Umgang im Spannungsfeld zwischen Jugendhilfe und Familiengericht, ZKJ 2012, 384; *Keuter*, Der Umgangspfleger als Umgangsbegleiter – ein Dauerthema, FamRZ 2022, 581; *Kindler*, Umgang und Kindeswohl, ZKJ 2009, 110; *ders.*, Umgangsregelungen im Einzelfall – Psychologische Aspekte, FPR 2009, 150; *Köckeritz*, Bindungserhalt bei Kindern in Verwandtenpflege, ZKJ 2022, 124; *Lettmaier/Dürbeck*, Die Behandlung elterlicher Umgangskosten im Unterhalts-, Sozial- und Steuerrecht; *Schäder*, Umgangspflegschaft und Umgangsbegleitung, JAmt 2021, 8; *dies.*, Kindeswille und Umgangsvereitelung, FamRZ 2019, 1672; *Stockmann*, Wer bestimmt den Urlaubsort, FamRB 2017, 315; *Steinbach/Augustijn/Helms/ Schneider*, Erste Ergebnisse der Studie „Familienmodelle in Deutschland" (FAMOD): Zur Bedeutung des Wechselmodells für das kindliche Wohlbefinden nach elterlicher Trennung oder Scheidung, FamRZ 2021, 729–740; *Steinbach/Augustijn/Helms/Flindt*, Das Wohlbefinden von Eltern im Wechselmodell: Weitere Ergebnisse der Studie „Familienmodelle in Deutschland" (FAMOD), 2022, 1827; *Temizyürek*, Die richterliche Kindesanhörung: Bindungsfürsorge, Bindungstoleranz, Bindungsblockade, ZKJ 2018, 301; *Volke/Kriewald*, Das Eckpunktepapier des Bundesministeriums für Justiz für die Reform des Kindschaftsrechts: Modernisierung von Sorgerecht, Umgangsrecht und Adoptionsrecht, NZFam 2024, 241; *Wallerstein/Blakeslee/Lewis*, Scheidungsfolgen – Die Kinder tragen die Last. Eine Langzeitstudie über 25 Jahre, 2002; *Zimmermann/Fichtner/Walper/Lux/Kindler*, Verdorbener Wein in neuen Schläuchen – Warum wir allzu einfache Vorstellungen von „Eltern-Kind-Entfremdung" hinter uns lassen müssen, ZKJ 2023, 43 ff; 83 ff.

A. Allgemeines

I. Normzweck

Das Umgangsrecht[1] des nichtbetreuenden Elternteils fällt unter den **Schutzbereich des Art. 6 Abs. 2 GG** und steht ihm neben und ungeachtet einer Inhaberschaft des Sorgerechts 1

1 Ausführlicher zur Rechtsnatur des Umgangsrechts Staudinger/*Dürbeck*, § 1684 BGB Rn. 20 ff

als selbständige Rechtsposition zu;[2] es ist nicht nur ein Restbestandteil der elterlichen Sorge.[3] Hiervon zu unterscheiden ist allerdings das **Umgangsbestimmungsrecht**, also das Recht zur Entscheidung über Art und Umfang der Umgangsregelung, welches Teil der Personensorge ist.[4] Das Umgangsrecht unterfällt zudem dem Schutzbereich von **Art. 8 Abs. 1 EMRK**[5] und stellt ein **„absolutes Recht" i.S.d. § 823 BGB** dar.[6] Als **höchstpersönliches Recht** kann es nicht übertragen werden.[7] Es ist ferner unverzichtbar[8] und kann nicht verwirkt werden.[9]

2 Das Umgangsrecht soll dem Umgangsberechtigten auch nach der räumlichen Trennung vom Kind weiterhin ermöglichen, sich vom körperlichen und geistigen Befinden seines Kindes und seiner Entwicklung durch Augenschein und gegenseitige Aussprache fortlaufend zu überzeugen, die verwandtschaftlichen **Beziehungen zu dem Kind aufrechtzuerhalten**, einer Entfremdung vorzubeugen und auch dem Liebesbedürfnis beider Teile Rechnung tragen.[10] Im besonderen Maße dient das Umgangsrecht **der emotionalen Verbundenheit zwischen Kind und nichtbetreuendem Elternteil**.[11] Dabei wird davon ausgegangen, dass es für die gedeihliche Entwicklung eines Kindes bedeutsam ist, wenn auch der nichtbetreuende Elternteil als **Bezugsperson zur Verfügung steht** und als **Bindungspartner erhalten** bleibt.[12]

3 Allerdings gilt diese Annahme, die in der **Regelvermutung von § 1626 Abs. 3 BGB** gesetzlich festgeschrieben wurde, uneingeschränkt nur dann, wenn die Umgangskontakte auf Dauer insgesamt aus Sicht des Kindes positiv verlaufen, das Konfliktpotential zwischen den Eltern niedrig ist und sich der umgangsberechtigte Elternteil verantwortungsvoll in Bezug auf die Umgangskontakte verhält.[13] Es darf nicht verkannt werden, dass Umgangskontakte für die Kinder dann zu Belastung werden können, wenn es den Eltern nach der Trennung über längere Zeit nicht gelingt, ihre wechselseitigen Konflikte zu begrenzen.[14] Auch im Verhältnis Eltern/fremduntergebrachtes Kind gibt es Umstände, die dazu führen können, dass ein unbegrenzter Umgang nicht die beste Lösung für das Kind darstellt (siehe auch unten Rn. 10, 83).[15] Umgangsregelungen sind immer **Einzelfallentscheidungen**,[16] wobei das **Kindeswohl** (§ 1697a BGB) der oberste und entscheidende Maßstab ist.

4 Der **betreuende Elternteil** muss den Umgang nicht nur gewähren sondern auch **aktiv fördern**;[17] der **nichtbetreuende Elternteil** ist verpflichtet, den **Umgang verantwortungsvoll** und mit Rücksicht auf die Belange des Kindes und altersgerecht **auszuüben**, wobei die Er-

2 BVerfG FamRZ 2004, 1166, 1167; vgl. auch BGH NJW 2025, 1654 zur Verschiedenheit beider Verfahrensgegenstände
3 Staudinger/*Dürbeck*, § 1684 BGB Rn. 30, 33
4 OLG Frankfurt, Beschl. v. 16.1.2015 – 4 UF 255/14, hefam.de; OLG Frankfurt FamRZ 2014, 576; *Heilmann*, FamRZ 2014, 1753, 1754; *ders.*, NJW 2012, 16, 21; *ders.*, ZKJ 2014, 48, 50; *Schmid*, NZFam 2014, 285, und 2014, 881 a.A. OLG Karlsruhe ZKJ 2014, 257 = FamRZ 2014, 1378; OLG Stuttgart FamRZ 2014, 1794 = ZKJ 2014, 479
5 EGMR FamRZ 2015, 469; 2011, 1125
6 OLG Bremen ZKJ 2018, 103; OLG Frankfurt NJW-RR 2005, 1339
7 MüKo-BGB/*Hennemann*, § 1684 Rn. 5, 13
8 BGH FamRZ 1984, 778
9 KG FamRZ 1985, 639
10 BVerfG FamRZ 1995, 86
11 BVerfG FamRZ 2010, 717
12 Staudinger/*Dürbeck*, § 1684 BGB Rn. 50
13 *Kindler*, ZKJ 2009, 110; *ders.*, FPR 2007, 291, 292
14 *Kindler*, ZKJ 2009, 110, 111; *ders.*, FPR 2007, 291, 292
15 Vgl. OLG Frankfurt FamRZ 2024, 49; *Salgo/Lack* in: Handbuch Elterliche Sorge und Umgang, Rn. 1339; ausführlich zum Umgang von Pflegekindern mit ihren leiblichen Eltern: *Heilmann*, ZKJ 2014, 48; *Hopp*, FPR 2007, 279, 282
16 Staudinger/*Dürbeck*, § 1684 BGB Rn. 211: „kein tabellarischer Umgang"
17 *Völker/Clausius*, § 2 Rn. 16

ziehung nicht zum Umgangsrecht gehört.[18] Auch das Interesse des Betreuungselternteils an einer Entlastung ist jedenfalls bei gemeinsamer elterlicher Sorge zu berücksichtigen.[19] Es ist zunächst das Recht, aber auch die Pflicht der Eltern, kraft der ihnen zukommenden Elternverantwortung und innerhalb der ihnen zustehenden Elternautonomie, den Umgang zwischen dem Kind und dem nichtbetreuenden Elternteil einvernehmlich zu regeln. Erst wenn ihnen diese Pflichterfüllung nicht möglich ist, kommt dem Staat die Aufgabe zu, die widerstreitenden Elterninteressen im Rahmen eines gerichtlichen Umgangsverfahrens zu einem Ausgleich zu bringen.[20]

Schaubild: „Lösung" von fortdauernden Umgangskonflikten

(Vgl. Heilmann, Der Bundesgerichtshof und der Umgangsboykott, ZKJ 2012, 105 f.)

18 *Schmid*, NZFam 2014, 881; Staudinger/*Dürbeck*, § 1684 BGB Rn. 56; a.A.: Johannsen/Henrich/Althammer/*Rake*, § 1684 BGB Rn. 4

19 OLG Nürnberg NJW-RR 2024, 346

20 Vgl. BVerfG FamRZ 1995, 86. Eine schöne Übersicht zur Reihenfolge der zu treffenden Maßnahmen, wenn sich die Eltern nicht einigen, gibt *Balloff*, FPR 2013, 303, 304

II. Anwendungsbereich

5 § 1684 regelt das Umgangsrecht zwischen **Kindern und ihren rechtlichen Eltern**, womit die Norm an die **abstammungsrechtliche Elternschaft** i.S.v. §§ 1591, 1592 BGB anknüpft.[21] Deshalb steht auch dem Vater, der mit der Mutter nicht verheiratet war, ein Umgangsrecht ebenso zu wie dem rechtlichen (z.B. mit der Mutter zum Zeitpunkt der Geburt verheirateten Vater gemäß § 1592 Ziffer 1 BGB), aber nicht biologischem Vater. Es gibt keine, über die binäre Elternschaft hinausgehende Elternschaft.[22]

6 Das **Umgangsrecht des biologischen, nicht rechtlichen Vaters** ist hingegen nunmehr in **§ 1686a BGB** geregelt.[23] **Großeltern, Geschwister und sonstige enge Bezugspersonen** habe kein Umgangsrecht nach § 1684 BGB, ihnen steht ggf. ein Umgangsrecht nach **§ 1685 BGB** zu. Das gilt auch für die früheren Pflegeeltern.

7 Mit der **Adoption** erlöschen die verwandtschaftlichen Beziehungen (§ 1755 BGB) und damit auch das Recht auf Umgang, wobei bereits ab dem Zeitpunkt der Einwilligung in die Annahme des Kindes die Befugnis zur Ausübung des Umgangsrechts des einwilligenden Elternteils erlischt (§ 1751 BGB). Nach der Adoption bleibt ein Umgangsrecht nach § 1685 Abs. 2 BGB möglich(siehe *Gottschalk*, § 1685 BGB, Rn. 12 f.) Der Umgang mit volljährigen Kindern kann nicht durch § 1684 BGB geregelt werden, da die Vorschrift **nur minderjährige Kinder** erfasst. Hier kann allenfalls das Betreuungsgericht eine Regelung treffen.[24]

8 Das Umgangsrecht umfasst neben dem **persönlichen Kontakt** zwischen Kind und Eltern(teil) auch den Kontakt per **Brief, (Mobil)Telefon und moderner Kommunikationsmittel** wie E-Mail, Skype, Facetime, SMS, WhatsApp u.ä. Messengerdienste, mithin **jedweden, sogar lediglich flüchtigen** und auch **nonverbalen** Kontakt mit dem Kind.[25]

9 Das Recht auf **Auskunft** über die persönlichen Verhältnisse des Kindes ist in **§ 1686 BGB** geregelt und besteht unabhängig von der Geltendmachung bzw. der Regelung des Umgangs.

10 Das Umgangsrecht steht beiden Elternteilen unabhängig ihrer sorgerechtlichen Befugnisse zu. Auch Eltern, denen nach § 1666 BGB das gesamte Sorgerecht entzogen wurde, haben ein Recht auf Umgang mit ihrem **fremduntergebrachten Kind**. Die Unterbringung in einer Pflegefamilie schließt das Umgangsrecht nicht grundsätzlich aus. Vielmehr ist im Rahmen eines für das Kind vertretbaren Zeitraumes (vgl. § 37 Abs. 1 Satz 2SGB VIII) von Verfassungs wegen die Rückführungsperspektive grundsätzlich offen zu halten und daher den Eltern in der Regel Umgang zu gewähren.[26] Besteht jedoch eine solche Rückkehrperspektive nicht mehr, stehen die Stabilität und Kontinuität der Lebensverhältnisse in der Pflegefamilie und die neuen Bindungen des Kindes zu seinen Pflegeeltern im Vordergrund (vgl. § 1697a Abs. 2 Satz 2 BGB), was bei der Ausgestaltung des Umgangs von Pflegekindern mit seinen leiblichen Eltern von entscheidender Bedeutung ist.[27]Insbesondere in Fällen, in denen die Fremdplatzierung des Kindes auf ein schwerwiegendes Fehlverhalten der Eltern oder eines Elternteils (z.B. durch sexuellen Missbrauch, schwere körperlich oder psychische Misshandlung, Miterleben von häuslicher Gewalt) zurückzuführen ist, muss auch ein Ausschluss oder eine Beschränkung des Umgangs zur Vermeidung einer Kindeswohlgefährdung in Betracht gezogen werden.[28] Näher hierzu unten Rn. 83 ff.

---

21 Vgl. BGH NJW 2021, 1875 Rn. 46; BGH NJW 2021, 2801, Rn. 13
22 MüKo-BGB/*Hennemann*, § 1684 BGB Rn. 8; BGH NJW 2021, 2801, Rn. 13
23 BGH NJW 2021, 2801 (Umgangsrecht des leiblichen Vaters nach privater Samenspende und Adoption)
24 MüKo-BGB/*Hennemann*, § 1684 Rn. 9
25 BGH FamRZ 2024, 950
26 OLG Frankfurt FamRZ 2024, 49
27 OLG Frankfurt BGH FamRZ 2024, 49
28 OLG Frankfurt FamRZ 2024, 49; FamRZ 2003, 1317; *Salgo/Lack* in: Handbuch Elterliche Sorge und Umgang, Rn. 1341 ff; *Gottschalk/Heilmann*, ZKJ 2013, 113, 114; *Kindler*, ZKJ 2009, 110, 111

Das **Wechselmodell** (siehe ausführlich hierzu *Keuter*, § 1671 BGB, Rn. 24 ff., also die Betreuung des Kindes durch beide Elternteile mit einem jeweiligen Betreuungsanteil von 50 %,[29] wird jedenfalls im Ergebnis aus tatsächlichen Gründen in den meisten Fällen **nicht gegen den Willen** eines Elternteils gerichtlich angeordnet werden können. Der BGH hat in seiner Grundsatzentscheidung vom 1.2.2017[30] allerdings klargestellt, dass die Regelung eines **paritätisches Wechselmodells in einem Umgangsverfahren** auch bei Ablehnung des Wechselmodells durch einen Elternteil **gemäß § 1684 Abs. 3 BGB nicht ausgeschlossen** ist. Dabei hat er offengelassen, ob die Anordnung eines Wechselmodells auf einen entsprechenden Antrag eines Elternteils auch durch eine Sorgerechtsentscheidung herbeigeführt werden könnte. Die Frage ist bis heute nicht abschließend höchstrichterlich geklärt. Dass das Wechselmodell nur im Wege einer Sorgerechtsregelung angeordnet werden kann,[31] ist jedenfalls bei seiner erstmaligen Begründung abzulehnen.[32] Für die nach seiner Auffassung für die Anordnung vorauszusetzende Kindeswohlprüfung greift der BGH jedoch auf die für **sorgerechtliche Entscheidungen entwickelten Kriterien des Kindeswohls**, nämlich die Erziehungseignung der Eltern, die Bindungen des Kindes, die Prinzipien der Förderung und der Kontinuität sowie die Beachtung des Kindeswillens, zurück.[33] 11

Der BGH erteilt den Befürwortern eines paritätischen Wechselmodells für alle Lebenslagen eine deutliche Absage. Dies folgt aus den hohen Anforderungen, welche das Kindeswohl in diesen Konstellationen stellt und die der BGH zu Recht deutlich hervorhebt.[34] Insbesondere kann nicht davon ausgegangen werden, die bei diesem Betreuungsmodell notwendige Kooperation stelle sich bei einer gerichtlichen Anordnung von selbst ein. Vielmehr setzt das Wechselmodell die **bereits bestehende Bereitschaft und die Fähigkeit der Eltern** voraus, miteinander zu kooperieren und zu kommunizieren[35] und zwar noch in einem weit größeren Umfang als beim Residenzmodell mit gemeinsamer Sorge. Denn die Anordnung des Wechselmodells ist auch nach Ansicht des BGH grundsätzlich ungeeignet, die Eltern erst in die Lage zu versetzen, im Sinne des Kindes bei der Betreuung und Erziehung des Kindes zusammenzuwirken.[36] Die Tatsache, dass die Beteiligten nach einer Vielzahl vorangegangener gerichtlicher Verfahren auch im Streit über das paritätische Wechselmodell – über mehrere Instanzen – vor Gericht gehen müssen, lässt das Fehlen einer Kooperations- und Kommunikationsfähigkeit prima facie zumindest als nicht fernliegend erscheinen.[37] Freilich bleibt auch hier die Notwendigkeit einer kindeswohlorientierten Betrachtung des jeweiligen Einzelfalls geboten.[38]

Die weit überwiegende Meinung in Rechtsprechung und Literatur ging bis zu dieser Entscheidung indes davon aus, dass eine gerichtliche Regelung des paritätischen Wechselmodells ohne einen entsprechenden Elternkonsens nicht möglich sei, da § 1684 BGB als

29 Sogenanntes paritätisches Wechselmodell, was nach hier vertretener Ansicht im Rahmen der §§ 1671, 1684 BGB mit dem hier zu verwendenden Begriff des Wechselmodell gemeint sein sollte und wovon der BGH im Rahmen des Unterhalts ausgeht: FamRZ 2014, 917; 2006, 105; dagegen wird von einem asymmetrischen Wechselmodell bereits bei einem Betreuungsanteil von mindestens 30% ausgegangen, vgl. *Horndasch*, FuR 2011, 593, 594; OLG Frankfurt NZFam 2022, 698; nach hier vertretener Auffassung handelt es sich hierbei um erweiterten Umgang

30 BGH ZKJ 2017, 190

31 OLG Frankfurt FamRZ 2020, 1181

32 *Bussian*, ZKJ 2023, 90; OLG Frankfurt (3. FamS) NZFam 2022, 359; (4. FamS) NZFam 2019, 355; (6. FamS) ZKJ 2023, 70: Streit über Fortbestand oder erstmalige Anordnung des WM immer umgangsrechtlich zu lösen

33 BGH ZKJ 2017, 190; ausführlich: Staudinger/*Dürbeck*, 1684 BGB, Rn. 256 ff.

34 BGH ZKJ 2017, 190; vgl. KG FamRZ 2021, 609: kein WM wenn die Eltern nicht in der Lage sind, die zwischen ihnen bestehenden Konflikte einzudämmen

35 BGH ZKJ 2017, 190; BGH OLG Saarbrücken ZKJ 2015, 32; OLG Nürnberg FamRZ 2011, 1803; OLG München FamRZ 2013, 1822; *Jokisch*, FuR 2013, 679, 682; *Salzgeber*, NZFam 2014, 921, 929

36 BGH ZKJ 2017, 190; OLG Frankfurt ZKJ 2022, 308

37 *Gottschalk/Heilmann*, ZKJ 2017, 181

38 *Gottschalk/Heilmann*, ZKJ 2017, 181

Rechtsgrundlage ausscheide.[39] Die **Befürworter eines regelhaften Wechselmodells** übersehen, dass sich Kooperation und Kommunikation nicht erzwingen und sich vermeintliche Gerechtigkeits- und Gleichberechtigtkeitserwägungen[40] nicht auf dem Rücken der Kinder umsetzen lassen. Die Argumentation, auch beim Residenzmodell seien viele Absprachen notwendig und Wechsel zu vollziehen,[41] lässt eine realistische Betrachtungsweise der nahezu ständig notwendigen Absprachen bei einer (tatsächlich praktizierten) gleichwertigen Betreuungs- und Verantwortungsübernahme der Eltern vermissen. Die aktuelle Forschungslage stützt jedenfalls die Annahme, eine paritätische Betreuung erweise sich stets als die beste Lösung für das Kind, keineswegs.[42]

12 Das Wechselmodell kann **nicht nur bei gemeinsamer Sorge** angeordnet werden, sondern auch bei einer Übertragung des Aufenthaltsbestimmungsrechts auf einen Elternteil, da Sorge und Umgangsrecht zwei verschiedene Verfahren sind und die Entscheidung in einem Verfahren keine Wirkung für das andere Verfahren hat.[43] Ein im Umgangsverfahren **tituliertes paritätisches** Wechselmodell kann **ausschließlich in einem Umgangsverfahren abgeändert** werden.[44] Ansonsten gibt zwischenzeitlich zahlreiche, sich hinsichtlich der tatsächlichen Voraussetzungen und der rechtlichen Konzeption des Wechselmodells unterscheidende und sich widersprechende obergerichtliche Entscheidungen.[45] Eine gesetzlich Regelung des Wechselmodells wäre im Sinne der Rechtssicherheit sehr zu begrüßen. Bei der **Ablehnung des Wechselmodells** bei der Regelung des Umgangsrechts ist unter Abwägung der zum Sorgerecht entwickelten Kindeswohlkriterien inzident auch die Frage zu klären, **ob nun das Umgangsrecht des Vaters oder das der Mutter** zu regeln ist und wo künftig der schwerpunktmäßige Aufenthalt des Kindes liegt.[46]

13 In der neueren Rechtsprechung der Oberlandesgerichte verstärkt sich die Tendenz, die Abgrenzung zwischen elterlicher Sorge, hier insbesondere der Entscheidung über das Aufenthaltsbestimmungsrecht nach § 1671 BGB, und Regelung des Umgangs nach § 1684 Abs. 3 BGB zu nivellieren. War es über Jahrzehnte unstreitig, dass über eine Veränderung des Lebensmittelpunktes eines Kindes ausschließlich in einem Verfahren nach § 1671 BGB durch Entscheidung über die Zuweisung des Aufenthaltsbestimmungsrecht auf einen Elternteil befunden werden kann, tritt nun die Rechtsansicht in den Vordergrund, dass im Elternkonflikt der Lebensmittelpunkt in einem Umgangsverfahren zu befinden sei.[47] Diese Ansicht dürfte jedoch die Grenzen richterlicher Rechtsfortbildung überschreiten und das notwen-

---

39 OLG Saarbrücken ZKJ 2015, 32; OLG Nürnberg FamRZ 2011, 1803; OLG München FamRZ 2013, 1822; *Jokisch*, FuR 2013, 679, 681; Stellungnahme der Kinderrechtekommission des Deutschen Familiengerichtstages e.V. zum Wechselmodell, FamRZ 2014, 1157, 1161; so auch die in der Vorauflage vertretene Auffassung: § 1684 BGB ist nach seinem Regelungsgehalt darauf gerichtet, dass sich der nicht betreuende Elternteil vom Wohlergehen seines Kindes überzeugen kann und auf Besuche des Kindes ausgelegt. Deshalb weist § 1687 Abs. 1 Satz 4 BGB dem umgangsberechtigten Elternteil die alleinige Entscheidungsbefugnis lediglich in „Angelegenheiten der tatsächlichen Betreuung" zu, vgl. *Gottschalk/Heilmann*, ZKJ 2017, 181)

40 *Sünderhauf*, FamRB 2013, 328, 329: „Einseitiges Konfliktverhalten darf nicht belohnt werden", oder AG Heidelberg FamRZ 2015, 151: „Ließe man es zu, dass eine dem Kindeswohl geschuldete Umsetzung alleine an der Weigerung der Mutter scheitert, führte dies zudem zu einer – zumindest mittelbaren – Verletzung des Gleichbehandlungsgrundsatzes nach Art. 3 Abs. 2 Satz 1 GG."

41 AG Heidelberg FamRZ 2015, 151; *Sünderhauf*, FamRB 2013, 291, 294

42 Familienmodelle in Deutschland (FAMOD), Forschungsprojekt der Universitäten Duisburg-Essen und Philipps-Universität Marburg, vgl. FamRZ 2021, 729; 2022, 1827; Befunde der Studie „Kindeswohl und Umgangsrecht" – Wohlergehen von Kindern in Trennungsfamilien, Forschungsgruppe PETRA (2023)

43 BGH FamRZ 2025, 1017; 2020, 255

44 BGH FamRZ 2022, 601

45 Eine Übersicht zum aktuellen Stand der Rechtsprechung und zur verfahrensrechtlichen Zuordnung der Abkehr von einem paritätischen Wechselmodell gibt *Bussian*, ZKJ 2023, 90; zum gesamten Meinungsspektrum ausführlich Staudinger/*Dürbeck*, § 1684 BGB, Rn. 256 ff.

46 OLG Frankfurt ZKJ 2022, 308

47 hierzu *Lack*, FamRZ 2024, 1675 m.w.N.

dige gesetzgeberische Handeln vorwegnehmen. **Abzulehnen** ist daher die Möglichkeit einer Zuweisung des **überwiegenden Betreuungsanteils** auf den bisher **nur umgangsberechtigten** Elternteil durch eine Umgangsregelung, zumal hierdurch eine Abgrenzung von Sorge- und Umgangsrecht in Streitigkeiten über den Aufenthalt überflüssig wird und der Umgangsregelung ein Gehalt zugewiesen würde, der ihr vom Gesetzgeber niemals zugedacht war.[48]

▶ *Zur Möglichkeit der Festlegung im Wege des gerichtlich gebilligten Vergleichs nach § 156 Abs. 2 FamFG siehe Wegener, § 156 FamFG Rn. 72 ff., und zur Möglichkeit der Anordnung nach § 1671 BGB siehe Keuter, § 1671 BGB Rn. 22 ff.* 14

Eine analoge Anwendung der Vorschrift auf Haustiere scheidet nach zutreffender Ansicht aus, da die Vorschrift des § 1684 BGB auf eine am Wohl eines Kindes orientierte Umgangsregelung zugeschnitten ist.[49]

▶ *Zum Verhältnis Umgangsausschluss und Kontaktverbot siehe Cirullies, § 3 GewSchG Rn. 3, 4.*

B. Inhalt der Norm

I. Umgangsrechte des Kindes, Umgangsrechte und -pflichten der Eltern (Abs. 1)

1. Umgangsrecht des Kindes

Das **Kind hat grundsätzlich ein Recht auf Umgang** mit beiden Elternteilen. Dieses subjektive Recht des Kindes folgt unmittelbar aus dem Recht auf Erziehung und elterliche Pflege i.S.v. Art. 2 Abs. 1 GG i.V.m. Art. 6 Abs. 2 Satz 1 GG.[50] Es hat in § 1684 Abs. 1 BGB seine einfach gesetzliche Ausgestaltung und Konkretisierung gefunden.[51] Mitunter problematisch ist allerdings die Umsetzung. Die Kinder müssen zunächst von ihrem Recht Kenntnis haben. **§ 18 Abs. 3 Satz 1 und 2 SGB VIII verpflichtet das Jugendamt**, Kinder und Jugendliche bei der Ausübung des Umgangsrechts zu beraten und zu unterstützen (siehe auch *Köhler*, § 18 Abs. 3 SGB VIII Rn. 2). Der Verfahrensbeistand, der in einem anderen, das Kind betreffende Verfahren tätig ist, kann bei Gericht eine Anregung auf Regelung des Umgangs im Interesse des Kindes ebenso stellen wie das Kind selbst, das Jugendamt oder der sorgeberechtigte, betreuende Elternteil.[52] Will das Kind selbst seinen Umgangswunsch – oder seine Umgangsverweigerung – durchsetzen, kann es diesen bei Gericht selbst anregen, da Umgangsverfahren von Amts wegen eingeleitet werden (vgl. hierzu unten Rn. 88; zur Verfahrensfähigkeit des Kindes siehe unten Rn. 93).[53] 15

Der **umgangsunwillige Elternteil** kann auch gegen seinen ausdrücklichen Willen gerichtlich zum Umgang verpflichtet werden, wenn der Umgang dem Kindeswohl dient.[54] Es ist ihm grds. zumutbar, auch unter Beeinträchtigung seiner Persönlichkeitssphäre zum Umgang mit seinem Kind verpflichtet zu werden.[55] Dabei beinhaltet die Erteilung des Hinweises 16

48 KG ZKJ 2018, 374 mit Praxishinweis *Dürbeck*
49 OLG Hamm FamRZ 2011, 893; OLG Bamberg FamRz 2004, 559; LG Frankenthal FamRZ 2023, 1781 (Wechselmodell mit dem Hund, geregelt nach § 745 Abs. 2 BGB; a.A. AG Bad Mergentheim FamRZ 1998, 1432
50 BVerfG FamRZ 2013, 521; BGH FamRZ 2008, 1334
51 Vgl. OLG Frankfurt ZKJ 2021, 196
52 OLG Koblenz FamRZ 2020, 177; OLG Frankfurt FamRZ 2014, 576
53 Zur Verfahrensfähigkeit des Kindes siehe auch *Köhler*, ZKJ 2018, 50
54 OLG Frankfurt ZKJ 2021, 196
55 BVerfG FamRZ 2022, 794; BVerfG 2008, 845

nach § 89 Abs. 2 FamFG noch keine Entscheidung über die Durchführung von Vollstreckungsmaßnahmen; erst bei einem Verstoß wird die Kindeswohldienlichkeit einer zwangsweisen Durchsetzung des Umgangsrecht zu prüfen sein.[56] Es mag durchaus Fälle geben, in denen sich der Elternteil aufgrund eines durchgeführten Umgangskontaktes doch noch dem Kind zuwendet, zumal auch die Weigerung für sich gesehen eine erhebliche Beeinträchtigung des seelischen Wohls des Kindes darstellt.[57] Weigert sich der zum Umgang verpflichtete Elternteil beharrlich Umgang aufzunehmen, kann das Kindeswohl aber durch diese Weigerung so stark beeinträchtigt werden, dass der Umgang das Kindeswohl gefährdet.[58] Dann ist der Umgang bereits im Erkenntnisverfahren auszuschließen. Ansonsten hat die Prüfung der Kindeswohldienlichkeit eines erzwungenen Umgangs im Vollstreckungsverfahren zu erfolgen, und zwar im Rahmen des von § 89 Abs. 1 FamFG vorgesehenen Ermessens.

▶ *Einzelheiten hierzu siehe Cirullies, § 89 FamFG Rn. 14.*

2. Umgangspflicht des Kindes?

17 Eine **Pflicht des Kindes** zum Umgang besteht nach der klaren Gesetzformulierung **nich**t. Ein gegen den beachtlichen Willen (siehe hierzu ausführlich unten Rn. 32 ff.) des Kindes angeordneter Umgang verletzt dieses in seinem Grundrecht aus Art. 2 Abs. 1 GG.[59] Auf die – kindgerechte – **Ermittlung des Kindeswillens**[60] ist daher – auch soweit es um die Ausgestaltung des Umgangsrechts geht – ein besonderes Augenmerk im Umgangsverfahren zu legen, wobei hier der **Kindesanhörung** nach § 159 FamFG gewichtige Bedeutung zukommt.

▶ *Näher zur Kinderanhörung: Heilmann, Kommentierung zu § 159 FamFG.*

3. Umgangsrecht der Eltern

18 Das Umgangsrecht jedes Elternteils richtet sich als absolutes subjektives Recht (siehe oben Rn. 1) **gegen jeden, in dessen Obhut** sich das Kind befindet. Für die familiengerichtliche Praxis ist das Umgangsrecht gegenüber dem anderen Elternteil oder gegenüber der Pflegeperson am bedeutsamsten.

4. Umgangspflicht der Eltern

19 § 1684 Abs. 1 BGB gewährt nicht allein jedem Elternteil ein Recht auf Umgang, vielmehr **erlegt er** jedem Elternteil **die Pflicht auf**, Umgang mit dem Kind auszuüben, wobei er die Pflichtenstellung durch die Nennung der Umgangsverpflichtung an erster Stelle nochmals betont. Diese Pflicht korrespondiert mit dem Recht des Kindes auf Umgang und kann dem umgangsunwilligen Elternteil auch gegen dessen Willen auferlegt werden, auch wenn sie in der Praxis möglicherweise nicht vollstreckt werden kann (siehe oben Rn. 15), denn die Verweigerung des Umgangs stellt eine Vernachlässigung seiner Erziehungspflicht dar.[61] Hiervon zu unterscheiden ist jedoch die Anordnung von Vollstreckungsmaßnahmen in den Fällen nachlässiger Wahrnehmung der titulierten Umgangsregelung (hierzu unten Rn. 101).

---

56 BVerfG FamRZ 2022, 794 in Abgrenzung zu der noch zu § 33 FGG ergangene Rechtsprechung des BVerfG (FamRZ 2008, 845); ausführlich zum Thema: *Altrogge*, Umgang unter Zwang: Das Recht des Kindes auf Umgang mit dem umgangsunwilligen Elternteil, 2007; *dies.*, ZKJ 2008, 154, 310; *dies.*, FPR 2009, 34; BVerfG FamRZ 2008, 845; zu §§ 89 ff. FamFG aber nunmehr BVerfG
57 Vgl. OLG Frankfurt ZKJ 2021, 196, ausführlich auch zum Kindeswohl
58 Vgl. BVerfG FamRZ 2008, 845
59 OLG Hamburg FamRZ 2008, 1372
60 BVerfG ZKJ 2016, 457
61 BVerfG FamRZ 2008, 845; OLG Frankfurt ZKJ 2021, 196

II. Wohlverhaltenspflicht, Abs. 2

1. Wohlverhaltenspflicht der Elternteile untereinander (Abs. 2 Satz 1)

Die in Abs. 2 Satz 1 enthaltene **Wohlverhaltensklausel** richtet sich an beide Elternteile[62] und soll **verhindern**, dass die Kinder in den Konflikt ihrer Eltern über die Besuchsregelung miteinbezogen und in **Loyalitätskonflikte** gebracht werden. Die Eltern sind verpflichtet, alles zu unterlassen, was das Verhältnis des Kindes zum jeweils anderen Elternteil beeinträchtigt. Trotz ihres Trennungskonflikts müssen sich die Eltern jeglicher Einbindung ihres Kindes in den Konflikt enthalten. Es liegt auf der Hand, dass viele Eltern hiermit überfordert sind, weshalb eine frühe Hilfe und Einbindung der Eltern an eine Beratungsstelle sinnvoll wäre.[63] Unter Umständen kann von ihnen erwartet werden, dass sie **therapeutische Hilfe** in Anspruch nehmen, auch wenn sie hierzu nicht gerichtlich verpflichtet werden können.[64] Ungeachtet des Wortlauts der Vorschrift, die nur eine Unterlassungspflicht statuiert, verpflichtet sie die Eltern auch zu einer **aktiven Förderung des Umgangs**.[65] 20

Der **betreuende Elternteil** ist **verpflichtet**, alles zu unterlassen, was die Umsetzung eines vereinbarten oder geregelten Umgangs gefährdet oder verhindert.[66] Hierzu gehört zunächst die direkte oder indirekte negative Beeinflussung des Kindes durch **abwertende Äußerungen** betreffend den anderen Elternteil, gegenüber oder im Beisein des Kindes, aber auch eine **nonverbale Abwertung**.[67] Der betreuende Elternteil ist gehalten, seine Lebensverhältnisse so zu gestalten, dass die Umgangskontakte zu realisieren sind.[68] Er kann nicht einfach gewährte Umgangskontakte grundlos einschränken, sich weigern an der Erarbeitung (alternativer) Umgangsregelungen mitzuwirken[69] oder „untertauchen".[70] 21

Die aktive Förderung der Umgangskontakte umfasst die **positive Gestaltung der Übergaben** an und von dem anderen Elternteil zu Beginn und zum Ende der Besuche, die **altersgerechte Vorbereitung** des Kindes auf die bevorstehenden Besuche, die **positive Schilderung** des Bevorstehenden verbunden mit dem Signal an das Kind, dass ein **Einverständnis mit den Besuchskontakten** besteht.[71] Insbesondere darf der betreuende Elternteil dem Kind nicht die Wahrnehmung von Umgangskontakten freistellen und sie unter Hinweis auf die ablehnende Haltung des Kindes, faktisch unterbinden.[72] Ist ein **telefonischer Kontakt** gerichtlich festgelegt, hat der umgangsverpflichtete Elternteil die Erreichbarkeit des Kindes sicherzustellen und für eine ungestörte Umgebung zu sorgen.[73] 22

---

62 KG ZKJ 2015, 191

63 Vgl. z.B. das Frankfurter Kooperationsmodell (FraKoM) unter Beteiligung des Familiengerichts, Jugendamtes, der Caritas und dem Evang. Regionalverband; *Brandes*, ZKJ 2012, 347; Rechtsvergleichend: *Martiny*, ZKJ 2010, 351

64 BVerfG FamRZ 2011, 179 und die Anmerkung von *Menz*, FamRZ 2011, 452; vgl. aber die Möglichkeiten des § 156 Abs. 1 FamFG, jedoch nur im Rahmen des Verfahrens: OLG Frankfurt ZKJ 2015, 195

65 Johannsen/Henrich/Althammer/*Rake*, § 1684 BGB Rn. 11; aus psychologischer Sicht siehe auch *Temizürek*, ZKJ 2014, 228

66 KG FamRZ 2011, 825

67 OLG Saarbrücken ZKJ 2011, 178; OLG Hamm FamRZ 2002, 1583

68 OLG Köln MDR 2012, 1293

69 MüKo-BGB/*Hennemann*, § 1684 Rn. 20 f.; vgl. auch OLG Rostock FamRZ 2004, 54

70 OLG München FamRZ 1997, 1160; siehe aber KG FamRZ 1999, 876: „Der Bekanntgabe der Wohnanschrift der sorgeberechtigten Mutter an den umgangsbefugten Vater können ausnahmsweise schutzwürdige Geheimhaltungsinteressen der Mutter entgegenstehen."

71 *Völker/Clausius*, § 2 Rn. 33

72 OLG Brandenburg BeckRS 2023, 14094; OLG Brandenburg NZFam 2019, 883; OLG Saarbrücken FamRZ 2007, 927

73 OLG Celle NJW-Spezial 2023, 358

23 Liegt zwischen dem Wohnort des Kindes und dem Wohnort des umgangsberechtigten Elternteils eine **weite Distanz**, kann der betreuende Elternteil verpflichtet sein, sich – auf eigene Kosten – **am Holen und Bringen zu beteiligen**, insbesondere wenn er selbst die Distanz durch einen Wegzug geschaffen hat und die Verwirklichung des Umgangs anderenfalls ernsthaft gefährdet wäre.[74] Zur Wohlverhaltenspflicht gehört es schließlich auch, das Kind für die vorstehenden Besuchstage mit **angemessener Wechselkleidung** und den notwendigen **persönlichen Dingen** des Kindes (z.B. Sportbekleidung,[75] Medikamente oder Reisedokumente[76]) auszustatten.[77]

24 Beabsichtigt der betreuende, allein sorgeberechtigte Elternteil mit dem Kind an einen weit entfernten Ort zu ziehen oder gar **auszuwandern**, so beeinträchtigt dies das Umgangsrecht des nichtbetreuenden Elternteils. Andererseits wird das als Teil der elterlichen Sorge dem betreuenden Elternteil zustehende Aufenthaltsbestimmungsrecht nicht durch das Umgangsrecht beschränkt, so dass der umgangsberechtigte Elternteil den Wegzug grundsätzlich hinzunehmen hat, auch wenn sein Umgangsrecht hierdurch erheblich erschwert wird.[78] Es kommt auch nicht darauf an, ob der betreuende Elternteil beachtliche Motive für seinen Auswanderungswunsch nachweisen kann.[79] Der Umgangsverpflichtete ist allerdings nach einem solchen Umzug verpflichtet, sich mit **erhöhten Anstrengungen** an dem **Zustandekommen von Umgangskontakten** zu beteiligen, insbesondere an der Ermöglichung der **Überwindung der räumlichen Distanz** (Beteiligung an den Kosten des Umgangs, [teilweises] Bringen des Kindes etc.), an der Herstellung **alternativer Umgangskontakte** (Skype etc.) und der Regelung von **längeren Besuchen**.

25 Jedenfalls dann, wenn der betreuende Elternteil die Herstellung der **räumlichen Distanz bewusst herbeiführt**, um den Umgang zwischen Kind und Elternteil zu verhindern, **verstößt** er gegen seine **Wohlverhaltenspflicht**.[80] Gleichwohl kann hieran kein Verbot des Wegzugs geknüpft werden,[81] ebenso wenig die Verpflichtung zum Bringen- und Abholen, wenn nach dem Umzug nur eine geringe räumliche Distanz überwunden werden muss.[82] Die Frage, ob die wesentliche Beschränkung der Umgangskontakte dem Kindeswohl (ggf. in Verbindung mit dem Verlust seines sozialen Umfeldes) zuwiderläuft und ob die Bindungstoleranz des betreuenden Elternteil eingeschränkt ist bzw. welche Weiterungen sich aus diesen Umständen ergeben, ist eine Frage des Sorgerechts und ggf. – aber auch nur dort – im Rahmen eines Verfahrens nach §§ 1626a, 1671, 1696 BGB zu klären.[83]

26 Der **umgangsberechtigte Elternteil** hat sich während des Umgangs jeglicher **abwertender Äußerungen** in Bezug auf den betreuenden Elternteil zu enthalten und darf **Erziehungskonzepte** und -bemühungen nicht durch konterkarierende Handlungen bewusst **unterlaufen**.[84]

74 OLG Schleswig FamRZ 2006, 881 (Bringen zur auf halben Weg gelegenen Raststätte und Abholen); OLG Brandenburg FamRZ 2009, 131 (Bringen zum und Holen vom Flughafen). *Ulrich*, NZFam 2014, 889, 891, weist darauf hin, dass der betreuende Elternteil mit der Beteiligung dem Kind signalisiert, dass er mit den Besuchen einverstanden ist und hierdurch möglicherweise Loyalitätskonflikte vermieden werden können.

75 KG ZKJ 2017, 234

76 OLG Bremen ZKJ 2018, 103; zum Herausgabeanspruch bei Verweigerung der Herausgabe: BGH ZKJ 2019, 303

77 KG ZKJ 2017, 234; AG Monschau FamRZ 2004, 287

78 BGH ZKJ 2010, 327; OLG Nürnberg FamRZ 2013, 553; Johansen/Henrich/Althammer/*Rake*, § 1684 BGB Rn. 14

79 BGH ZKJ 2010, 327

80 Vgl. Johannsen/Henrich/Althammer/*Rake*, § 1684 BGB Rn. 11, 14

81 BGH ZKJ 2010, 327

82 OLG Bamberg FamRZ 2023, 1211

83 Vgl. OLG Frankfurt FamRZ 2014, 323

84 Staudinger/*Dürbeck*, § 1684 BGB, Rn. 114

Auch er ist gehalten, an dem **Zustandekommen** von Umgangskontakten **zielfördernd mitzuwirken**, vereinbarte Kontakte einzuhalten,[85] auf kurzfristige und notwendige Änderungen (z.B. früherer Schulschluss, akute Erkrankung) flexibel und unterstützend zu reagieren und schon deshalb für seine Erreichbarkeit Sorge zu tragen und seine Wohnanschrift mitzuteilen.[86] Außerhalb der geregelten Umgangszeiten darf grds. kein Umgang gegen den Willen des umgangsverpflichteten Elternteils erfolgen. Allerdings enthält die den Umgang **positiv regelnde** gerichtliche Regelung **nicht** auch zugleich das **konkludente Gebot** an den Umgangsberechtigten, sich außerhalb der festgelegten Umgangszeiten **jeglichen Kontakts zum Kind zu enthalten**, weshalb es diesbezüglich eines **ausdrückliches Umgangs- bzw. Kontaktverbots für die übrigen Zeiten** in der Entscheidungsformel bedarf.[87]

2. Wohlverhaltenspflicht bei nichtelterlicher Obhut (Abs. 2 Satz 2)

Befindet sich das Kind nicht in der **Obhut** eines Elternteils, sondern **anderer Personen**, z.B. 27
eines **Vormunds**, eines Pflegers oder von **Pflegeeltern**, findet die Wohlverhaltenspflicht ebenfalls Anwendung. Sowohl die (umgangsberechtigten) Eltern als auch die betreuende Person trifft in gleicher Weise das Wohlverhaltensgebot, wie dies im Verhältnis von Umgangselternteil zu betreuendem Elternteil der Fall ist. Befindet sich das Kind zum Zwecke des Umgangs bei einer nach § 1685 BGB berechtigten Person, so gilt die Wohlverhaltenspflicht in dem Verhältnis Betreuungsperson (in der Regel die Eltern) und Umgangsperson gemäß § 1685 Abs. 3 i.V.m. § 1684 Abs. 2 Satz 1 oder 2 BGB.

3. Folgen

Wird die **Wohlverhaltenspflicht verletzt**, so sieht § 1684 Abs. 3 Satz 2 und 3 BGB die Ergrei- 28
fung von **Maßnahmen** vor, um der Pflichtverletzung entgegenzuwirken. Neben der Einrichtung einer **Umgangspflegschaft** (siehe unten Rn. 57 ff.) kann das Familiengericht **Anordnungen** gegenüber den Beteiligten erlassen, um die Einhaltung der Wohlverhaltenspflicht zu gewährleisten (siehe unten Rn. 55 f.). Zu Recht wird darauf hingewiesen, dass es sich vor der Verhängung und ggf. sogar Vollstreckung gerichtlicher Anordnungen anbietet, mit den Eltern im Anhörungstermin Ausmaß und Auswirkungen einer (vermeintlichen) Verletzung der Wohlhaltenspflicht ausführlich zu erörtern, da manche Verhaltensweisen eines Kindes als Reaktion auf einen bestehenden Elternkonflikt zu werten sind und nicht allein auf ein (zielgerichtetes) Verhalten des Elternteils.[88]

Bei einer Umgangsverweigerung (**sog. Umgangsboykott**)[89] durch den **betreuenden Eltern-** 29
teil kommen neben den in § 1684 Abs. 3 Satz 2 und 3 BGB vorgesehenen Maßnahmen fol-

85 OLG Hamm FamRZ 1997, 693
86 Staudinger/*Dürbeck*, § 1684 BGB Rn. 114a
87 BGH FamRZ 2024, 950; OLG Frankfurt ZKJ 2018, 28; a.A.: KG ZKJ 2015, 191 und die Voraufl.; KG ZKJ 2023, 149: jedenfalls betreffend Kontaktaufnahmen von kurzer Dauer
88 *Völker/Clausius*, § 2 Rn. 37 mit dem Beispiel des Hautauschlags eines Kindes, der nicht auf mangelnde Hygiene beim Umgangselternteil, sondern möglicherweise auch auf das Konfliktpotenzial der Eltern zurückgeführt werden könnte
89 Ausführlich hierzu *Gottschalk*, FPR 2007, 308 ff.; *Heilmann*, ZKJ 2012, 105; zur Kritik am sog. PAS vgl. *Zimmermann/Fichtner/Walper/Lux/Kindler*, ZKJ 2023, 43 ff., 83 ff.; *Fegert*, ZKJ 2013, 190; Die Aufnahme des Parental Alienation Syndrom (kurz PAS) als diagnostizierbares, psychiatrisches Störungsbild in dem Klassifikationssystem DMS wurde 2013 von der American Psychiatric Association endgültig abgelehnt. In seiner Entscheidung vom 17.11.2023, FamRZ 2024, 278, (Rn. 34) hat das BVerfG PAS als das „*überkommene und fachwissenschaftlich als widerlegt geltende Konzept*" bezeichnet, welches nicht als tragfähige Grundlage für eine kindeswohlorientierte Entscheidung diene. Gleiches gilt auch für das Konzept der sog. „Eltern-Kind-Entfremdung" oder ähnlicher Bezeichnungen.

gende Reaktions- bzw. **Sanktionsmöglichkeiten** in Betracht,[90] die aber nach dem Grundsatzprinzip der Verhältnismäßigkeit abzustufen sind:[91]

- Vollstreckung der Umgangsentscheidung nach §§ 89 ff. FamFG,[92]
- Einleitung eines Vermittlungsverfahrens nach § 165 FamFG,
- Teilweiser Sorgerechtsentzug nach § 1666 BGB und die Bestellung eines Ergänzungspflegers nach § 1909 BGB (siehe unten Rn. 63),
- Entzug der elterlichen Sorge oder des Aufenthaltsbestimmungsrechts nach § 1666 BGB verbunden mit einer Herausnahme des Kindes aus dem Haushalt der den Umgang verweigernden Person, wenn die negativen Folgen der Trennung von Bindungspersonen dem nicht entgegenstehen (siehe *Cirullies*, § 1666 Rn. 32),
- Übertragung der elterlichen Sorge auf den umgangsberechtigten Elternteil, wenn dieser es beantragt (§§ 1626 a, 1671, 1696 BGB),[93]
- Schadensersatz wegen bereits ausgefallener Umgangskontakte[94] und bei Widerruf der Erlaubnis zu einer – bereits gebuchten – Fernreise,[95]
- Verwirkung von Ansprüchen auf Ehegattenunterhalt nach § 1579 Nr. 7 BGB.[96]

III. Regelungsbefugnis, Sanktion bei Pflichtverstößen gegen die Wohlverhaltenspflicht und Umgangspfleger (Abs. 3)

1. Regelungsbefugnis, inhaltliche Ausgestaltung des Umgangs (Abs. 3 Satz 1)

30 Die Eltern stehen grundsätzlich in der Verantwortung, den Umgang möglichst einvernehmlich zu regeln. Ist ihnen das nicht – auch nicht mit Hilfe des Gerichts in Form eines gerichtlich gebilligten Vergleichs (siehe *Wegener*, § 156 FamFG Rn. 72) – möglich, muss das Familiengericht **Umfang, Art und nähere Ausgestaltung des Umgangsrechts** regeln. Der das Verfahren abschließende Beschluss muss den Umgang nach **Art** (begleitet oder unbegleitet?), **Ort** (Wo soll der Umgang ausgeübt werden?) und **Zeit** (Wie oft, wie lange, erster Termin?) **abschließend** regeln, da er anderenfalls **nicht vollstreckbar** ist[97] und das Verfahren in diesem Fall nicht beendet (hierzu unten Rn. 89).[98] Ein Abschluss **durch bloße Zurückweisung der „Anregung" ist nicht möglich**, es liegt eine Verletzung des verfassungsrechtlichen verbürgten Elternrechts vor, wenn für den umgangsberechtigen Elternteil nicht absehbar ist, wann er sein Umgangsrecht wieder ausüben darf.[99] Die bloße **Zurückweisung eines Antrages**, die ohnehin verfahrensrechtlich nicht statthaft ist, kommt damit einem Um-

90 Zur Verhältnismäßigkeit *Coester*, ZKJ 2012, 182 (Anmerkung zu BVerfG ZKJ 2012, 184); zur Gestaltung des familiengerichtlichen Verfahrens bei Umgangsboykott: *Heilmann*, ZKJ 2012, 105 (Anmerkung zu BGH ZKJ 2012, 107)
91 Vgl. BVerfG FamRZ 2021, 753
92 BGH FamRZ 2012, 219
93 OLG Celle NZFam 2018, 528
94 BGH FamRZ 2002, 1099; OLG Frankfurt FamRZ 2016, 387; FF 2003, 222
95 KG FamRZ 2020, 1731
96 OLG München FamRZ 2006, 1605
97 BGH FamRZ 2024, 950; BGH ZKJ 2012, 190
98 OLG Saarbrücken ZKJ 2014, 75: es handelt sich dann um eine unzulässige Teilentscheidung, die Entscheidung muss aufgehoben und das Verfahren an die erste Instanz zurückverwiesen werden
99 BVerfG FamRZ 2006, 1005; OLG Celle FamRZ 1990, 1026

gangsausschluss gleich.[100] Auch die **bloße Feststellung,** eine gerichtliche **Umgangsregelung sei derzeit nicht möglich**, ist unzulässig.[101]

2. Entscheidungsmaßstab: Kindeswohl

Entscheidungsmaßstab für das Gericht ist, welche Regelung „dem Wohl des Kindes am besten entspricht“ (§ 1697a BGB). Die konkrete Ausgestaltung des Umgangs ist – entgegen immer wieder anzutreffender Meinung – demnach nicht im Gesetz geregelt. In der bisherigen Rechtspraxis setzt sich häufig die Regelung „alle 14 Tage am Wochenende und die Hälfte der gesetzlichen Schulferien sowie jeweils der 2. gesetzliche Feiertag“ durch.[102] Diese langjährige Praxis wird durch das gesteigerte Bedürfnis von Vätern, an der Entwicklung ihrer Kinder teilzuhaben, immer mehr infrage gestellt. Zunehmend wird deshalb noch ein weiterer Umgangsnachmittag in der Woche hinzugefügt, in der kein Umgangswochenende stattfindet. Derartige „grobe Daumenregelungen“ entbinden den Familienrichter jedoch nicht, am **Maßstab des Kindeswohls (§ 1697a BGB)** in **jedem Einzelfall** den Umgang in der gebotenen Weise auszugestalten bzw. (vorrangig) auf ein entsprechendes Einvernehmen hinzuwirken.[103] Bei der Beurteilung, welche Umgangsregelung im konkreten Fall dem Wohl des Kindes am besten entspricht, sind insbesondere 31

- die **Bindungen des Kindes** an den umgangsberechtigten Elternteil und dessen bisheriger Betreuungsanteil,
- das **Alter** des Kindes,
- die **berufliche und finanzielle Situation** des umgangsberechtigten Elternteils,
- die **Entfernung der Wohnsitze**,
- das zwischen den Eltern bestehende **Konfliktniveau**,
- das **kindliche Zeitempfinden**,
- die besondere **psychische Konstitution** und **Belastbarkeit des Kindes**,
- sein sonstiges **familiäres und soziales Umfeld** und natürlich
- der **Kindeswille**

von Bedeutung.[104]

3. Bedeutung des Kindeswillens

Dem **Kindeswillen** kommt – abhängig vom Alter und von der individuellen Reife des Kindes – in Umgangsverfahren **eine hohe Bedeutung zu**. Langzeitstudien deuten darauf hin, dass ein den Kindern „aufgedrängter“ Umgang von diesen als Belastung empfunden wird und das Verhältnis zum umgangsberechtigten Elternteil negativ beeinflusst.[105] Zu ermitteln ist er insbesondere im Rahmen der Anhörung nach § 159 FamFG (siehe näher hierzu *Heil-* 32

100 BVerfG FamRZ 2006, 1005; BGH ZKJ 2016, 300; OLG Frankfurt FamRZ 2024, 1295; OLG Köln FamRZ 2022, 369; OLG Schleswig ZKJ 2018, 23; a.A.: OLG Hamm FamRZ 2024, 441
101 OLG Frankfurt FamRZ 2024, 191; OLG Frankfurt NJW 2024, 1756: bei einer Entscheidung, die ungeregelte Zeiträume in einer Umgangsregelung enthält, handelt es sich um eine unzulässige Teilentscheidung, zu Sonderkonstellationen der ausnahmsweisen Nichtregelung: Staudinger/*Dürbeck*, § 1684 BGB Rn. 183 ff.
102 OLG Zweibrücken FamRZ 2009, 134; *Horndasch*, NZFam 2014, 884, 885 m.w.N.; zur empirischen Befundlage: *Kindler*, FPR 2009, 110
103 OLG Saarbrücken FamRZ 2011, 824 mit ausführlicher Darlegung, welche Umstände in die Kindeswohlprüfung mit einzubeziehen sind
104 Vgl. OLG Saarbrücken FamRZ 2011, 824; HB-VB/*Dürbeck*, Rn. 657
105 *Wallerstein/Lewis/Blakeslee*, S. 318

mann, Kommentierung von § 159 FamFG),[106] aber auch über den Verfahrensbeistand (siehe näher hierzu *Keuter*, § 158 FamFG Rn. 27 ff.)[107] und ggf. durch ein Sachverständigengutachten (siehe näher hierzu *Heilmann*, Kommentierung von § 163 FamFG).

33 Der Kindeswille hat eine doppelte Funktion.[108] Zum einen ist er **Ausdruck der empfundenen Personenbindung**,[109] die auch nonverbal, z.B. durch ein freudiges Zugehen auf den Umgangselternteil, zum Ausdruck gebracht werden kann und in dieser Funktion unabhängig vom Alter des Kindes ist.[110] Zum anderen ist er **Akt der Selbstbestimmung**,[111] wobei diese Funktion mit **steigendem Alter** an **Bedeutung** gewinnt.[112] Damit korreliert die Bedeutung des Kindeswillens **mit dem Alter des Kindes**.[113] Eine feste Altersgrenze für die Maßgeblichkeit des Kindeswillens in seiner Funktion als Ausdruck seiner Selbstbestimmung gibt es nicht.[114] I.d.R. wird bei Kindern **ab dem 11. bis 13. Lebensjahr** davon ausgegangen, dass sie zur Entwicklung eines selbstbestimmten Willens fähig sind.[115]

34 **„Beachtlich" im rechtlichen Sinne ist der Kindeswille**, wenn das Kind aufgrund seiner verstandesmäßigen Reife die Bedeutung des Umgangs versteht und es einen stabilen, autonomen, intensiven, ernsthaften und zielorientierten Willen gebildet hat.[116] Stabil ist der Wille, wenn er nachhaltig und gegenüber allen Verfahrensbeteiligten gleichen Inhalts geäußert wird. Von einem autonomen Willen kann ausgegangen werden, wenn er auf dem eigenen Erleben mit dem Elternteil beruht. Dann aber spielt es keine Rolle, ob er sich auch unter einer (unbewussten oder gezielten) **Beeinflussung** des betreuenden Elternteils entwickelt hat. Auch vor diesem Hintergrund ist die Diskussion um das sog. Parental-Allienation-Syndrom (PAS), welches ebenso wie das Konzept der sog. „Eltern-Kind-Entfremdung" oder ähnliches ohnehin wissenschaftlich nicht fundiert ist, so dass die Begrifflichkeit nicht argumentativ aufgenommen werden sollte, überflüssig.[117] Denn die Nichtbeachtung des Kindeswillens ist nur dann gerechtfertigt, wenn er nicht die **wirklichen Bindungsverhältnisse** wiedergibt.[118] Bei **jüngeren Kindern** kann hingegen eine Entscheidung auch gegen den geäußerten Willen ergehen, wenn er das Ergebnis einer illoyalen Einflussnahme eines Elternteils ist und/oder der **Umgang (oder sein Ausschluss) trotz des geäußerten Kindeswillens** nach einer Gesamtabwägung der kindeswohlrelevanten Gesichtspunkte **seinem Wohl ent-**

106 Vgl. auch BVerfG ZKJ 2013, 120
107 BGH FamRZ 2010, 1060
108 BVerfG FamRZ 2009, 1389; ausführlich zum Kindeswillen: Staudinger/*Dürbeck*, § 1684 BGB Rn. 302 ff.
109 BVerfG FamRZ 2007, 1797; KG FamRZ 2013, 709
110 Staudinger/*Dürbeck*, § 1684 BGB Rn. 303
111 BVerfG ZKJ 2016, 457; OLG Saarbrücken ZKJ 2011, 178
112 BVerfG FamRZ 2024, 278; ZKJ 2015, 319; FamRZ 2008, 1737
113 OLG Bremen NZFam 2014, 914 (Beachtlichkeit des Kindeswillens von 13 und 15 Jahre alten Kindern für einen Umgangsausschluss)
114 Staudinger/*Dürbeck*, § 1684 BGB Rn. 313
115 BVerfG ZKJ 2015, 319; FamRZ 2013, 361: maßgeblicher Kindeswille eines zwölf Jahre und drei Monate alten Kindes; KG, Beschl. v. 20.6.2014 – 3 UF 159/12, ZKJ 2015, 235: ablehnender Kindeswille eines 15-Jährigen; OLG Koblenz, Beschl. v. 3.6.2014 – 13 UF 177/14, FamRZ 2014, 2010: beachtlicher Kindewille eines 11-Jährigen; KG FamRZ 2013, 709 f.: 12 und 14 Jahre alte Kinder fähig zur eigenen Willensbildung, der zu beachten ist; OLG Brandenburg NJW-RR 2010, 301: ab dem 12. Lebensjahr
116 OLG Koblenz FamRZ 2019, 298; KG FamRZ 2013, 709 f.; BVerfG ZKJ 2013, 120: „konstant und wiederholt geäußerter Wille"
117 Zur berechtigten Kritik am sog. PAS-Konstrukt siehe insbesondere *Zimmermann/Fichtner/Walper//Lux/Kindler*, ZKJ 2023, 43 ff., 83 ff.; *Fegert*, ZKJ 2013, 190; Die Aufnahme des Parental Alienation Syndrom (kurz PAS) als diagnostizierbares, psychiatrisches Störungsbild in dem Klassifikationssystem DMS wurde 2013 von der American Psychiatric Association endgültig abgelehnt. In seiner Entscheidung vom 17.11.2023, FamRZ 2024, 278, (Rn. 34) hat das BVerfG PAS als das *„überkommene und fachwissenschaftlich als wiederlegt geltende Konzept"* bezeichnet, welches nicht als tragfähige Grundlage über eine kindeswohlorientierte Entscheidung diene.
118 BVerfG FamRZ 2024, 278, Rn. 24; Nichtannahmebeschl. v. 13.7.2005 – 1 BvR 1245/05, juris; BVerfG FamRZ 2001, 1057

spricht.[119] Da eine Beeinflussung in der Praxis häufig als Erklärung der ablehnenden Haltung des Kindes und als Begründung für die fehlende Maßgeblichkeit des Kindeswillen vom umgangsbegehrenden Elternteil vorgetragen wird, sollte hier besonders sorgfältig geprüft werden, ob die **Verweigerung nicht auf einem eigenen Erleben** des Kindes und nachvollziehbaren Gründen, wie z.B. erlebte Gewalt,[120] Lieblosigkeit, Angst, offene Ablehnung des betreuenden Elternteils beruht, die die Weigerung nachvollziehbar und beachtlich erscheinen lassen.[121]

35 Bei der Beurteilung des Kindeswillens in Umgangsverfahren ist zu beachten, dass sich die betroffenen Kinder häufig in einem Loyalitätskonflikt befinden. Sie wissen, dass ihre beiden verstrittenen Elternteile jeweils eine für sich „günstige" Antwort des Kindes erwarten und das Kind möchte keinem Elternteil „weh tun". Dieser Umstand sollte nicht nur bei der Kindesanhörung (siehe hierzu *Heilmann*, § 159 FamFG, Rn. 29 ff.), sondern auch bei der Einordnung des Ergebnisses der Kindesanhörung beachtet werden.

4. Modalitäten des Umgangs

a) Häufigkeit und Dauer der Umgangskontakte

36 Grundsätzlich umfasst der Umgang jede Form des Umgangs, also insbesondere persönlichen Kontakt.[122] War der betreuende Elternteil bereits während des Zusammenlebens der Eltern die Hauptbezugsperson des Kindes, arbeitet der umgangsberechtigte Elternteil ganztägig, ohne die Möglichkeit freier Zeiteinteilung, besteht eine gute Beziehung zwischen Kind und umgangsberechtigtem Elternteil und handelt es sich nicht mehr um ein Kleinkind, so spricht dies in der Praxis häufig für einen **14-tägigen Umgang am Wochenende** mit zwei oder drei Übernachtungen. Um auch dem betreuenden Elternteil die Gelegenheit zu geben, Freizeit (oder sog. „quality time") mit dem Kind zu verbringen, scheidet ein Umgang an jedem Wochenende regelmäßig aus.[123]

37 Oftmals kann es geboten sein, dem Umgangsberechtigten noch einen **zusätzlichen Nachmittag in der Woche** Umgang zu gewähren,[124] insbesondere in der Woche, in der am folgenden Wochenende kein Umgang stattfindet. Das setzt allerdings voraus, dass der Umgangselternteil zeitlich und im Hinblick auf seine Erwerbstätigkeit flexibel ist. Grundsätzlich sollte der Umgangsberechtigte die **Freizeitbeschäftigungen des Kindes berücksichtigen**. Es entspricht nicht dem Kindeswohl, wenn die Umgänge „auf Kosten" von Schul- und Sportveranstaltungen, Geburtstagseinladungen und Hausaufgaben gehen, auch wenn der Umgangsberechtigte grundsätzlich frei in der Gestaltung der Umgangskontakte ist (siehe näher hierzu *Bussian*, § 1687a BGB Rn. 2). Umgekehrt spricht nichts gegen die Wahrnehmung solcher Veranstaltungen durch den Umgangsberechtigten. Funktioniert dies problemlos, bestehen also zwischen den Eltern keine größeren Konflikte und war der umgangsberechtigte Elternteil auch schon vor der Trennung in die Betreuung involviert, spricht mithin nichts gegen eine **Ausweitung des 14-tägigen Wochenendumgangs**. Sind die Eltern hingegen **sehr zerstritten**, sollte insbesondere von einer **gemeinsamen Wahrnehmung von Veranstaltungen**, wie z.B. **Einschulungsfeiern**[125]und sehr weitreichenden Umgangskontakten

---

119 Vgl. BGH FamRZ 1985, 169, 170; FamRZ 2010, 1060

120 Vgl. OLG Brandenburg NZFam 2023, 512; OLG Frankfurt ZKJ 2022, 412

121 Hierzu *Peschel-Gutzeit*, NZFam 2014, 433, 437

122 Weitergehend BGH FamRZ 2024, 950 „...der zentrale Begriff des Umgangs ist grundsätzlich umfassend zu verstehen...."

123 OLG Zweibrücken FamRZ 1997, 45

124 OLG Hamm NZFam 2014, 912

125 OLG Zweibrücken FamRZ 2021, 1803: wenn die Gefahr bestehe, dass durch die Teilnahme die Gefahr begründet würde, dass die familiäre Belastung in die Veranstaltung hineingetragen würde, sei die Teilnahme nicht mit dem Kindeswohl vereinbar; a.A.: OLG Karlsruhe, FamRZ 2021, 1804: Teilnahmeverbot nur in besonderen Ausnahmesituationen, die den eine Kindeswohlgefährdung begründen.

(bis hin zum Wechselmodell, siehe hierzu oben Rn. 11) jedoch abgesehen werden, um den Kindern Stress zu ersparen.

38 Bei sehr jungen **Kindern (unter sechs Jahren)** empfehlen sich im Hinblick auf deren Zeitempfinden häufigere, aber **kürzere Umgänge**.[126] Um einen Bindungsabbruch zur Hauptbezugsperson zu vermeiden, muss gerade bei Säuglingen auf kürzere, möglicherweise zunächst in Gegenwart der Bezugsperson durchzuführende, und häufige (mindestens wöchentliche) Umgangskontakte geachtet werden, sofern der Umgangsberechtigte nicht (mehr) eine enge Bezugsperson ist.[127] Von Bedeutung ist gerade bei kleineren Kindern die Regelmäßigkeit.[128]

Leidet das Kind an einer (schweren) **Erkrankung** (z.B. an Autismus), so ist dieser Umstand besonders zu berücksichtigen, ebenso, wenn es regelmäßig Medikamente nehmen muss.

39 Insbesondere ist für Kinder die **Vorhersehbarkeit und Verlässlichkeit** der Umgangskontakte wichtig. Jede Umgangsregelung sollte deshalb nur das vom Umgangsberechtigten „erfüllbare" beinhalten. **Bei älteren Kindern und Jugendlichen** steht in zunehmendem Maße der Kontakt zu Gleichaltrigen im Vordergrund und eine allzu starre Umgangsregelung, die den Jugendlichen in seinem Freizeitverhalten stark beschränkt, wird nicht mehr dessen Wohl dienen. Bei der Ausgestaltung des Umgangs mit einem **inhaftierten Elternteil** werden dieser durch die tatsächlichen Gegebenheiten und Möglichkeiten in der JVA Grenzen gesetzt.[129]

b) Übernachtungen

40 **Regelmäßige Übernachtungen** gehören zum Umgang dazu, da ihnen hinsichtlich der Teilhabe am Leben des nicht betreuenden Elternteils eine wesentliche Bedeutung zukommt.[130] Übernachtungen entsprechen **grundsätzlich dem Kindeswohl**, ihr Ausschluss bedarf deshalb einer besonderen Rechtfertigung.[131] Dieser ist an den Voraussetzungen des § 1684 Abs. 4 BGB zu messen, wenn der Umgang etwa durch den Ausschluss von Übernachtungen (und auch Ferienumgängen) auf ein so geringes Maß reduziert ist, dass der Umgangselternteil mit seinem Kind kaum nennenswerte Zeit verbringen kann.[132]

Auch bei der Frage, ab welchem Alter Übernachtungen in Betracht kommen, verbietet sich jede schematische Betrachtungsweise, grundsätzlich sind aber Übernachtungen **in jedem Alter möglich**.[133] Es wird auf die Bindung zum Umgangselternteil ebenso wesentlich ankommen, wie ggf. auf die Fähigkeit eines Elternteils zur Betreuung eines Säuglings, auf das Konfliktpotential der Eltern,[134] das kindliche Zeitempfinden[135] sowie die Bereitschaft eines älteren Kindes, auch außerhalb des gewohnten Umfeldes zu übernachten.[136] Es gibt keinen

126 OLG Brandenburg FamRZ 2014, 1792; AG München DAVorm 1999, 310; AG Saarbrücken FamRZ 2003, 111
127 *Kindler*, FPR 2013, 194, 196 weist darauf hin, dass Säuglinge und Kleinkinder jenseits des sechsten bis achten Lebensmonats bereits auf kurze Abwesenheiten ihrer Bindungspersonen, also nicht allzu schwerwiegende Trennungen, mit Belastung reagieren
128 vgl. OLG Koblenz FamRZ 2017, 1844
129 OLG Brandenburg ZKJ 2019, 236
130 Vgl. hierzu ausführlich *Horndasch*, NZFam 2014, 884, 885
131 BVerfG FamRZ 2007, 105; OLG Saarbrücken ZKJ 2013, 218
132 BVerfG FamRZ 2024, 946; KG FamRZ 2019, 1147; OLG Saarbrücken ZKJ 2013, 218: aufgrund der großen räumlichen Distanz zwischen dem Wohnort des Kindes und des umgangsberechtigten Elternteils
133 OLG Saarbrücken FamRZ 2018, 1159; ZKJ 2013, 218; OLG Zweibrücken FamRZ 2009, 134; OLG Frankfurt FamRZ 2002, 978
134 Studien belegen, dass der Erfolg von Übernachtungen im Alter bis zu drei Jahren wesentlich davon abhängt, wie gut die Eltern miteinander kooperieren: *Ulrich*, NZFam 2014, 889, 890
135 OLG Frankfurt FamRZ 2021, 1125
136 OLG Frankfurt FamRZ 2002, 978

Grundsatz, nach dem ein Umgang mit Übernachtungen bei Kindern im Vorschulalter generell ausgeschlossen sein soll.[137] Auch die Übernachtung eines noch von der Mutter gestillten Kindes scheidet nicht von vornherein aus,[138] sie steht allerdings unter der Bedingung, dass eine enge Bindung zum Vater besteht, weil er bis dato als regelmäßige, enge Bezugsperson (z.B. durch Übernahme von Elternzeit) zur Verfügung stand.

c) Ferien

Es entspricht grundsätzlich dem Wohl des Kindes, auch einen Teil der Ferien – **in der Regel die Hälfte der gesetzlichen Schulferien**[139] – mit dem nichtbetreuenden Elternteil zu verbringen.[140] In diesen Ferien kann der Umgangsberechtigte auch mit dem Kind in das europäische und auch außereuropäische Ausland, sofern es nicht um eine Krisenregion handelt, **verreisen**,[141] ohne dass es der vorherigen Zustimmung des anderen Elternteils bedürfte. Etwas anderes kann bei **Fernreisen** gelten, denn dies ist eine Frage des § 1687 Abs. 1 Satz 1 BGB (siehe *Bussian*, § 1687 BGB, Rn. 6). Umgekehrt dürfen Ferienumgänge nicht mit der Begründung abgelehnt werden, der Umgangsberechtigte verreise ohnehin nicht mit dem Kind. Wenn die Betreuung des Kindes geregelt ist, spricht nichts gegen den Aufenthalt beim umgangsberechtigten Elternteil, auch wenn er in dieser Zeit seiner Berufstätigkeit nachgehen muss. Dem Elternteil ist zuzumuten, das Kind teilweise fremdbetreuen zu lassen.[142] Wie auch bei den periodischen Umgangskontakten obliegt dem umgangsberechtigten Elternteil die **Ausgestaltung des Ferienumgangs**, der jedoch verpflichtet ist, den betreuenden Elternteil über seine Reisepläne zu informieren.[143] Ferienregelungen setzen allerdings voraus, dass das Kind eine solche längere Trennung von seiner Hauptbezugsperson schon verkraften kann (siehe oben Rn. 38). Auch die Aufteilung der Ferien bedarf einer konkreten Regelung, insbesondere zu Beginn und Ende des Ferienumgangs. Die Formulierung „die Hälfte der gesetzlichen Schulferien des Landes …" erfüllt diese Voraussetzungen nicht. 41

Gegebenenfalls ist in einer Umgangsregelung klarzustellen, dass auch der Elternteil, bei dem das Kind seinen Lebensmittelpunkt hat, zu Urlaubsreisen mit dem Kind berechtigt ist. In diesen Zeiten kommt freilich eine Festsetzung von Ordnungsgeld wegen Nichtgewährung des regelmäßigen Umgangs nicht in Betracht. 42

▶ *Zum Verhältnis verschiedener Umgangskonstellationen siehe unten Rn. 44.*

d) Feiertage, Geburtstag, einmalige Feste

Nimmt auch der umgangsberechtigte Elternteil einen großen Teil der Betreuung wahr, so erscheint es durchaus kindeswohlgerecht, dass das Kind Weihnachten und Ostern **im jährlichen Wechsel** bei jeweils einem Elternteil vollständig verbringt,[144] was auch die Wahrnehmung von Urlaubsfahrten ermöglicht. Anderenfalls, insbesondere wenn der Umgang auch in der übrigen Zeit nicht häufig stattfindet oder den christlichen Feiertagen im Haushalt des 43

137 OLG Nürnberg FamRZ 2010, 741; vgl. auch BVerfG FamRZ 2007, 105
138 OLG Brandenburg FamRZ 2010, 1352: Mutter kann Milch abpumpen. Dabei darf aber nicht unbedacht bleiben, dass Kinder zwischen dem 6. und dem 24. Monat ihre Bindungen zu ihren Bezugspersonen festigen und es ihnen deshalb oftmals schwerfällt, sich von ihren Hauptbezugspersonen zu trennen, während ihnen die Trennung im Alter von zwei bis drei Jahren wieder leichter fällt, wobei aus psychologischer Sicht geteilte Meinungen dazu bestehen, ob Kinder in diesem Alter von Übernachtungen profitieren können: *Ulrich*, NZFam 2014, 889, 890 m.w.N.
139 *Horndasch*, NZFam 2014, 884, 886
140 OLG Frankfurt ZKJ 2007, 495
141 BVerfG FamRZ 2010, 109; OLG Dresden FamRZ 2021, 1474: 14-tägige Reise mit dem Vater in die USA zu den Großeltern nach Wegfall der Einstufung als Risikogebiet in der Zeit der Coronakrise; KG FamRZ 2018, 1324; ZKJ 2017, 375; FamRZ 2017, 1061, vgl. *Stockmann*, FamRB 2017, 315
142 OLG Nürnberg NJW-RR 2024, 346 zum erweiterten Umgang und für einzelne Termine
143 *Horndasch*, NZFam 2014, 884, 887
144 OLG Hamm NZFam 2014, 912; *Horndasch*, NZFam 2014, 884, 887

Umgangsberechtigten keine große Bedeutung zugemessen wird, kann es dem Kindeswohl am besten entsprechen, den Umgangsberechtigten auf den **zweiten Feiertag** der hohen christlichen Feiertage zu verweisen. Entsprechend kann mit Feiertagen anderer Religionen verfahren werden,[145] wobei hier zu beachten ist, dass sich die schulfreien Tage nicht an ihnen orientieren.

Bei der Regelung der Feiertage, sollten auch die **Brückentage** sinnvoll mitgeregelt werden. Auch der **Geburtstag** kann im jährlichen Wechsel alternierend beim betreuenden und nicht betreuenden Elternteil gefeiert werden,[146] es sei denn, das Kind möchte den Tag mit Freunden feiern und dies ist nur beim betreuenden Elternteil möglich. **Einmalige Feste** wie Einschulung, Kommunion oder Konfirmation sollten mit dem betreuenden Elternteil verbracht werden (ausführlich hierzu oben Rn. 37),[147] wobei die Teilnahme des Umgangsberechtigten (nur) dann im Sinne des Kindeswohls sein kann, wenn die Eltern in der Lage sind, bei diesen Festen keine Konflikte vor dem Kind auszutragen.

44 Insgesamt **überlagern die Ferienkontakte die periodischen Umgangskontakte** und **die Feiertage**. Sind die Eltern nicht kommunikationsfähig, empfiehlt sich eine detaillierte Regelung, die alle Umgangskonstellationen aufeinander abstimmt.

e) Holen und Bringen

45 Grundsätzlich ist es Sache des **Umgangsberechtigten**, das **Kind abzuholen und zurückzubringen**.[148] Etwas anderes ist anzunehmen, wenn die **Wohnorte** der Eltern **weit auseinanderliegen**, insbesondere wenn der betreuende Elternteil durch Wegzug diese Distanz selbst geschaffen hat.[149] Dann kann der **betreuende Elternteil verpflichtet** sein, sich am Holen und Bringen **zu beteiligen**[150] (siehe oben Rn. 24). Zu den Kosten siehe unten Rn. 54.

46 Bei **Kindern ab dem Grundschulalter** ist auch an die Bewältigung der Distanz mit dem **Flugzeug oder der Bahn** zu denken, zunächst mit Begleitservice, der von zahlreichen Fluglinien und der Bahn angeboten wird. Einwände des betreuenden Elternteils, das Kind könne nicht allein reisen, sind zu beachten und sorgfältig zu prüfen.[151] Einwendungen pauschaler Art, die sich nicht an den Belangen des einzelnen Kindes orientieren, sind jedoch untauglich. In den USA etwa ist die Inanspruchnahme eines Begleitservices mit Blick auf die dortigen weiten Distanzen gängige Praxis.

47 Der betreuende Elternteil ist verpflichtet, das Kind zum vereinbarten Termin **bereit zu halten bzw. ggf. zum vereinbarten Ort zu bringen** sowie es vorher **positiv auf den Umgang einzustimmen**. Zum Ende der vereinbarten Umgangskontakte muss er das Kind am vereinbarten Ort (in der Regel seinem Wohnort) **wieder in Empfang** nehmen. Die Aufnahme dieser Modalitäten ist zwar nicht Voraussetzung für die Vollstreckungsfähigkeit der Umgangsregelung,[152] sie sollten aber zur Vermeidung von weiteren Streitigkeiten in die Regelung aufgenommen werden. Wurde dem Umgangsberechtigten ein **Näherungsverbot (§ 1 GewSchG)** gegenüber dem Umgangsverpflichteten und dessen Wohnung erteilt, so müssen die Kindesübergaben unter Berücksichtigung dessen geregelt werden, bspw. durch **Einschaltung einer dritten Person** (zum Umgangsrecht im Kontext häuslicher Gewalt siehe Rn. 73,

145 *Völker/Clausius*, § 2 Rn. 84
146 *Horndasch*, NZFam 2014, 884, 887; HB-VB/*Dürbeck*, Rn. 660
147 *Völker/Clausius*, § 2 Rn. 88
148 OLG Hamm FamRZ 2004, 560
149 BVerfG FamRZ 2002, 809
150 Staudinger/*Dürbeck*, § 1684 BGB Rn. 245
151 Ausführlich zu den Fähigkeiten des Kindes allein zu reisen aus entwicklungspsychologischer Sicht: *Ulrich*, NZFam 2014, 889 ff.
152 BGH FamRZ 2012, 533

79).[153] Freilich ist hier auch (von Amts wegen) zu prüfen, ob und inwieweit der Umgang mit dem Kind zu beschränken ist.

f) Umgangsort, Wohnverhältnisse

Der Umgangsberechtigte darf das Kind grundsätzlich **zu sich nehmen**, denn das Kind soll am Leben des anderen Elternteils in natürlicher Weise teilhaben.[154] Die Vorhaltung eines eigenen Zimmers ist keine Voraussetzung für Besuchskontakte, auch nicht wenn Übernachtungen erfolgen. Selbst **beengte und ungünstige Wohnverhältnisse** (fehlendes Kinderbett, Schlafcouch, Zigarettenrauch[155]) schließen Umgangskontakte mit Übernachtungen nicht aus.[156] Wenn ein älteres Kind oder der Jugendliche die Übernachtungen ablehnt, weil er gezwungen wäre, im Bett des Elternteils zu schlafen, ist dies ein ausreichender Grund für die Ablehnung von Übernachtungen. In Ausnahmefällen kann der **Wohnort des Kindes** als Umgangsort festgelegt werden, z.B. zum Zwecke der Anbahnung,[157] bei transportunfähiger Erkrankung[158] oder bei einem Säugling[159] **48**

g) Umgang über größere räumliche Distanzen

Der Umstand, dass der umgangsberechtigte Elternteil weit entfernt vom Wohnort des Kindes lebt,[160] ist selbstverständlich kein Ausschlussgrund für den Umgang, sondern muss vielmehr bei der Ausgestaltung des Umgangs beachtet werden.[161] In Betracht kommen – abhängig von der Entfernung – **monatliche Umgangskontakte, jeweils von Donnerstag bis Montag**,[162] oder **ausgedehnte Ferienkontakte**.[163] Der Umgang kann dann auch an einem anderen Ort als dem Wohnort des umgangsberechtigten Elternteils stattfinden, etwa am Wohnort des Kindes in einer Ferienwohnung oder bei in der Nähe lebenden Angehörigen oder Freunden. **49**

Die **Verweigerung von Übernachtungen** kommt im Falle einer großen räumlichen Distanz einer **Umgangsbeschränkung** gleich, die sich nach § 1684 Abs. 4 Satz 1 BGB bemisst (siehe Rn. 40).[164] Das gilt ebenso für die Verweigerung von Ferienumgängen, die bei sehr großen Distanzen, die einzige Möglichkeit darstellen, die Beziehung zwischen Kind und Elternteil aufrecht zu erhalten, oder die Akzeptanz von (für jüngere Kinder begleitete) Flug- oder Bahnreisen (siehe Rn. 46). **50**

h) Beisein Dritter

Ein **Ausschluss dritter Personen** von der Anwesenheit bei der Ausübung des Umgangsrechts kommt nur ausnahmsweise in Betracht. Praxisrelevant ist hier das Ansinnen des betreuenden Elternteils, den **neuen Partner** [165]oder die **Großeltern** von der Anwesenheit auszuschließen. Dies kommt allenfalls dann in Betracht, wenn das Kindeswohl es erfordert **51**

153 HB-VB/*Dürbeck*, 4. Aufl., Rn. 663
154 OLG Koblenz FamRZ 2009, 133, 134 m.w.N.
155 OLG Bamberg FamRZ 2024, 1549: keine gesetzliche Grundlage für ein Rauchverbot
156 KG FamRZ 2011, 825
157 OLG Frankfurt FamRZ 2022, 1860: begleiteter Umgang zur Anbahnung
158 BVerfG FamRZ 2005, 429
159 AG Eschwege FamRZ 2001, 1162
160 Zu den psychologischen Aspekten: *Ulrich*, NZFam 2014, 889 ff.
161 OLG Brandenburg Beschluss vom 1.7.2015 – 10 UF 8/15, juris; OLG Bremen NJW-RR 2011, 1084: Umgang mit einem in sein Heimatland abgeschobenen Vater
162 OLG Brandenburg BeckRS 2013, 18142, dann nur bei noch nicht schulpflichtigen Kindern
163 *Kretzschmar*, NZFam 2014, 893, 894
164 OLG Saarbrücken ZKJ 2013, 228
165 OLG Hamm FamRZ 1982, 93

(§ 1684 Abs. 4 Satz 1 BGB) oder dieses gefährdet ist (§ 1684 Abs. 4 Satz 2 BGB).[166] Die der umgangsberechtigten Mutter erteilte Auflage, den Umgang mit dem Kind nur in **Abwesenheit** ihres Ehemannes auszuüben, ist daher ebenfalls unter diesen Voraussetzungen zulässig.[167] Gegebenenfalls sind insoweit eigene Umgangsrechte von Dritten zu prüfen (vgl. § 1685 BGB).

i) Telefon, E-Mail, Skype etc.

52 Der Umgang nach § 1684 Abs. 1 BGB umfasst auch die **sog. Umgangsurrogate**,[168] nämlich die nicht persönliche Kontaktaufnahme per **Telefon** (siehe auch oben Rn. 22),[169] **E-Mail, SMS, Skype,**[170] **WhatsApp** oder ähnliche Messenger-Dienste oder **Briefkontakt**. Bei Telefonkontakten ist als ständiger Konfliktherd Zurückhaltung geboten, denn sie erfordern mitunter eine große Organisationsleistung und viele Kinder sind spontan nicht willens, ausführliche Telefonate zu führen. Selbstverständlich darf mit Blick auf § 1684 Abs. 2 BGB keines der genannten Medien dazu genutzt werden, das Kind negativ zu beeinflussen.

j) Nachholtermine

53 Um (absehbare) Streitigkeiten über **ausgefallene Umgangskontakte** zu vermeiden, empfiehlt sich die Aufnahme einer entsprechenden Regelung in den Beschlusstenor. Dabei kann auch geregelt werden, dass ausgefallene Kontakte nicht nachgeholt werden sollen und/ oder, dass der den Umgang entfallen lassende Elternteil einen Nachweis für die Verhinderung (z.B. **ärztliches Attest**) erbringt. Der **Umgangspfleger** kann eigenmächtig nicht gegen den Willen beider Elternteile Nachholtermine anordnen (siehe Rn. 60).

k) Kosten des Umgangs

54 Grundsätzlich ist es die Pflicht des **Umgangsberechtigten**, die Kosten des Umgangs (Fahrgeld, Verpflegung, Aufwendungen für Freizeitaktivitäten) zu tragen.[171] Im Mangelfall können die Kosten jedoch beim **Kindes- und Ehegattenunterhalt** berücksichtigt werden.[172] Bei größeren räumlichen Distanzen kann auch der andere Elternteil zu einer **Mitübernahme der Kosten** verpflichtet werden.[173] Zudem hat der Umgangsberechtigte das Recht auf Leistungen nach dem **SGB II**.[174] Das Familiengericht ist nicht befugt, eine Verteilung der Umgangskosten im Umgangsverfahren auszusprechen; es kann den Umgangselternteil lediglich in den organisatorischen Ablauf im Rahmen seiner Umgangsentscheidung einbinden.[175]

---

166 Staudinger/*Dürbeck*, (2023) § 1684 BGB Rn. 86; unklar OLG Hamm FuR 2021, 666 („wenn das Kindeswohl es erfordert ….nach Maßgabe von §§ 1687 Abs. 2, 1684 Abs. 3 Satz 1 BGB….")

167 Das BVerfG FamRZ 2021, 1531 konnte die Frage, ob diese Auflage auf § 1684 Abs. 3 Satz 1, § 1687 Abs. 2, 1697a BGB oder auf § 1684 Abs. 4 Satz 2 BGB zu stützen ist, offenlassen

168 Vgl. BGH FamRZ 2024, 950: „Der Begriff des Umgangs umfasst jedweden – auch lediglich flüchtigen, fernmündlichen, schriftlichen oder nonverbalen – Kontakt mit dem Kind"

169 OLG Karlsruhe ZKJ 2018, 152; zur Wohlverhaltenspflicht des umgangsverpflichteten Elternteils vgl. OLG Celle FamRB 2023, 238

170 OLG Oldenburg FamRZ 2024, 188: Videokonferenzen zur Ermöglichung der Umgänge mit dem inhaftierten Vater

171 BGH FamRZ 2014, 917

172 BGH FamRZ 2014, 917; 2005, 706, 708; OLG Koblenz FuR 2018, 592; OLG München FamRZ 2008, 1945; *Lettmaier/Dürbeck*, FamRZ 2019, 81, 82 ff.

173 OLG Nürnberg NJW-RR 2014, 644; OLG Dresden FamRZ 2005, 927

174 Ausführlich hierzu: *Jansen*, FPR 2009, 144; *Lettmaier/Dürbeck*, FamRZ 2019, 81, 86 ff.; vgl. auch OLG Saarbrücken FamRZ 2020, 344; der betreuende Elternteil kann die Fahrten übernehmen und hierfür Leistungen durch das Jobcenter in Anspruch nehmen.

175 *Lettmaier/Dürbeck*, FamRZ 2019, 81, 82

Tenorierungsbeispiel für eine Umgangsregelung gemäß § 1684 Abs. 3 Satz 1 BGB

1. *Der Vater hat das Recht und die Pflicht auf Umgang mit der Tochter X... wie folgt:*
   a) *alle zwei Wochen von Freitagnachmittag, 15.00 Uhr bis Sonntagnachmittag, 17.00 Uhr, erstmals in der Zeit vom 14. bis 16.3.2020.*
   b) *in den geraden Kalenderjahren jeweils in der ersten Hälfte der gesetzlichen Schulferien des Bundeslandes und zwar jeweils beginnend montags nach dem letzten Schultag um 10.00 Uhr und endend bei zweiwöchigen Ferien am darauf folgenden Sonntag, bei dreiwöchigen Ferien jeweils am übernächsten Mittwoch und bei den sechswöchigen Sommerferien am dritten Sonntag nach Beginn des Ferienumgangs, jeweils um 17.00 Uhr, sowie*
   c) *in den ungeraden Kalenderjahren jeweils in der zweiten Hälfte der gesetzlichen Schulferien des Bundeslandes, beginnend bei zweiwöchigen Ferien jeweils am zweiten Montag nach dem letzten Schultag, 10.00 Uhr und endend am darauffolgenden Sonntag, 17.00 Uhr; bei dreiwöchigen Ferien beginnend am 2. Mittwoch nach dem letzten Schultag, 10.00 Uhr und endend am übernächsten Sonntag; in den Sommerferien beginnend am vierten Sonntag nach dem letzten Schultag, 10.00 Uhr und endend am Sonntag vor Schulbeginn, 17.00 Uhr.*
2. *Der Vater holt das Kind ab. Die Mutter übergibt das Kind dem Vater zu Beginn des jeweiligen Umgangs pünktlich am Wohnsitz der Mutter. Am Ende der jeweiligen Umgangszeiten bringt der Vater das Kind pünktlich zur Mutter zurück, die das Kind entgegennimmt.*
3. *Fällt ein Besuchskontakt wegen Erkrankung des Kindes aus, tritt anstelle des ausgefallenen Besuchskontaktes das darauffolgende Wochenende. Der Umgangsturnus verschiebt sich hierdurch nicht.*
4. *Beide Elternteile werden darauf hingewiesen, dass im Fall der Zuwiderhandlung gegen die sich aus diesem Beschluss ergebenden Verpflichtungen ein Ordnungsgeld in Höhe von bis zu 25.000 Euro und für den Fall, dass dieses nicht beigetrieben werden kann oder dessen Anordnung keinen Erfolg verspricht, Ordnungshaft bis zu sechs Monaten angeordnet werden kann.*

Die beteiligten Kindeseltern können aufgrund ihrer Elternautonomie und unterhalb der Schwelle der Kindeswohlgefährdung einvernehmlich von einer gerichtlichen Umgangsregelung abweichen. Wollen sie eine Änderung der bestehenden Regelung, kommt eine Abänderung in Betracht, sofern die Voraussetzungen des § 1696 BGB gegeben sind. 55

▶ *Näher hierzu Bussian, § 1696 BGB Rn. 3 ff.*

5. Anordnungen zur Erfüllung der Wohlverhaltenspflicht (Abs. 3 Satz 2)

In der Praxis am häufigsten zur Anwendung kommt das in einen gerichtlich gebilligten Vergleich oder einen Beschluss aufgenommene **Verbot an die Eltern**, im Beisein des Kindes **den anderen Elternteil schlecht zu machen**. In Betracht kommen aber auch **folgende Ge- und Verbote(Auflagen)**: 56

- Bereithaltung des Kindes zur Besuchszeit mit den notwendigen persönlichen Gegenständen,[176]

176 OLG Frankfurt FamRZ 2023, 1203: Reisepass

- Gebot, das Kind an einen bestimmten Ort zu bringen, um es dort an den Umgangsberechtigten oder einem Verkehrsmittel zu übergeben (siehe oben Rn. 45 ff.),
- Verbot, mit dem Kind bestimmte Themen zu erörtern,
- Verbot, das Kind während des Umgangs in Gegenwart der im Haushalt des umgangsberechtigten Elternteils lebenden Hunde unbeaufsichtigt zu lassen.[177]

Auch die **flankierende Anordnung einer Beratung** kommt zur Sicherstellung der umgangsrechtlichen Wohlverhaltenspflicht in einer Endentscheidung zum Umgang in Betracht, so der Besuch eines Kurses „Kinder im Blick".[178] Die Beratungsanordnung muss allerdings verhältnismäßig sein;[179] sie ist analog § 156 Abs. 1 Satz 5 FamFG nicht vollstreckbar.[180] § 1684 Abs. 3 Satz 2 ermächtigt jedoch nicht dazu, den Umgang ausschließlich in der Form einer isolierten Beratungsauflage zu regeln.[181]

57 Es bedarf keines konkreten Antrages eines Elternteils.[182] Die Anordnung durch familiengerichtlichen Beschluss kann dann nach § 89 FamFG vollstreckt werden.[183]

▶ *Ausführlich zum Inhalt der Wohlverhaltenspflicht siehe Rn. 20 ff. und zu Sanktionen bei Verletzung der Wohlverhaltenspflicht Rn. 28, 29, 58.*

6. Umgangspflegschaft (Abs. 3 Satz 3 bis 6)

58 Nach § 1684 Abs. 3 Satz 3 BGB kann eine **Umgangspflegschaft** – ohne entsprechenden Antrag[184] – angeordnet werden. Auf den Umgangspfleger sind die für den Pfleger nach §§ 1809, 1813, 1773 ff. BGB geltenden Vorschriften entsprechend anwendbar.[185] Voraussetzung ist eine **dauerhafte und wiederholte Verletzung der Wohlverhaltenspflicht**[186] **nach § 1684 Abs. 2 BGB** durch den betreuenden Elternteil oder die Obhutsperson nach § 1684 Abs. 2 Satz 2 BGB.[187] Die hohe Schwelle der Kindeswohlgefährdung muss nicht erreicht sein, anders bei § 1685 BGB (siehe *Gottschalk,* § 1685 BGB, Rn. 23) oder beim vollständigen Entzug des Umgangsbestimmungsrechts nach § 1666 BGB in einem (parallelen) Sorgerechtsverfahren (siehe unten Rn. 63, 64). Im Umfang des Bestehens der Umgangspflegschaft wird die elterliche Sorge eingeschränkt (vgl. § 1630 Abs. 1 BGB). Mit Blick auf den hiermit verbundenen Sorgerechtseingriff und die entstehenden – mitunter erheblichen – Kosten, kann allerdings **nicht jede Schwierigkeit**, die im Zusammenhang mit der Ausübung von Umgangskontakten auftaucht, zum Anlass genommen werden, um eine Umgangspflegschaft einzurichten.[188] Auch der Umstand, dass der Sachverständige, der Verfahrensbeistand, das Jugendamt und die Eltern mit ihrer Einrichtung einverstanden sind, entbindet das Gericht nicht von der Pflicht zur Prüfung, ob die tatsächlichen und rechtlichen Voraussetzungen des § 1684 Abs. 3 Satz 3 BGB erfüllt sind.[189]

---

177 OLG Frankfurt FamRZ 2021, 359
178 OLG Frankfurt NJW 2024, 1756; KG ZKJ 2019, 234, 235; a.A.: OLG Düsseldorf FamRZ 2020, 1368 (nur als Zwischenentscheidung)
179 KG ZKJ 2019, 234, 235
180 OLG Frankfurt ZKJ 2015, 195
181 OLG Frankfurt NJW 2024, 1756
182 OLG Karlsruhe FamRZ 2005, 633
183 OLG Brandenburg FamRZ 2005, 2011 zu § 33 FGG
184 OLG Schleswig NZFam 2024, 846
185 OLG Stuttgart ZKJ 2012, 491, Staudinger/*Dürbeck,* § 1684 BGB Rn. 130
186 BGH FamRZ 2019, 199; OLG Karlsruhe, Beschl. v. 20.12.2018 – 20 F 182/17, ZKJ 2019, 374 m. Anm. *Dürbeck*: stetige Verweigerung von unbegleiteten Kontakten durch die Kindesmutter und hierdurch verursachter wiederholter Kontaktabbruch.
187 BGH FamRZ 2019, 199; Staudinger/*Dürbeck,* (2023) § 1684 BGB Rn. 127 a m.w.N.; a.A.: OLG Hamm FamRZ 2022, 620: auch Verletzung d.d. Umgangsberechtigten.
188 OLG Saarbrücken, Beschl. v. 28.1.2015 – 6 UF 145/14, FamRZ 2016, 68; ZKJ 2014, 75
189 OLG Saarbrücken ZKJ 2014, 75

Dem Umgangspfleger obliegt die Aufgabe, den **Aufenthalt des Kindes für die Dauer des Umgangs** zu bestimmen. Er hat zudem das Recht, **die Herausgabe des Kindes zur Durchführung des Umgangs** zu verlangen, wobei er im Falle der Weigerung nicht selbst unmittelbaren Zwang anwenden darf. Die Anordnung unmittelbaren Zwangs ist dem Familiengericht vorbehalten, jedoch kann er dort ein solches Verfahren anregen. Der Umgangspfleger bestimmt die **konkrete Ausgestaltung** des Umgangs, also **Ablauf und Inhalt** und bereitet diesen vor. Er ist bei der **Übergabe** zugegen und bei der **Rückgabe**.[190] Die Umgangspflegschaft sichert den Umgang also „organisatorisch ab".[191] Demnach ist es **nicht Aufgabe** des Umgangspflegers, den Umgang **zu begleiten** (siehe hierzu unten Rn. 65). **59**

Der Umgangspfleger ist **nicht** befugt, den Umgang nach Ort, Zeit und Umfang selbst zu regeln, dies bleibt dem Gericht vorbehalten, welches auch keine entsprechende Befugnis aussprechen darf.[192] Das Gebot, den Umgang **konkret zu regeln** gilt auch dann, wenn ein Umgangspfleger eingesetzt wird, da diesem vom Gesetz **nicht die Kompetenz** einer **eigenständigen Regelungsbefugnis** eingeräumt wurde.[193] Nach hier vertretener Auffassung darf der Umgangspfleger deshalb auch **keine Nachholtermine** festlegen,[194] da dies eine Regelung zu Zeit und Häufigkeit darstellt. Wird eine Umgangspflegschaft angeordnet, ohne zugleich die konkreten Einzelheiten wie Art, Zeit und Häufigkeit des Umgangs festzulegen, dann ist die Entscheidung aufzuheben und das Verfahren gemäß § 69 Abs. 1 FamFG an das Familiengericht zurückzuverweisen, da es sich um eine verdeckte Teilentscheidung handelt, die zur Zurückverweisung berechtigt.[195] **60**

Die Umgangspflegschaft muss **befristet** werden (§ 1684 Abs. 3 Satz 5 BGB). Die Dauer richtet sich nach den Umstanden des Einzelfalls, insbesondere nach der Intensität der Schwierigkeiten. Nach Ablauf der Frist kann eine neue – befristete – Umgangspflegschaft beantragt werden.[196] Es handelt sich dann um ein neues Umgangsverfahren.[197] Die Anordnung hängt nicht davon ab, dass zuvor die Vollstreckung[198] einer Umgangsregelung versucht oder ein Vermittlungsverfahren durchgeführt wurde. In den meisten Fällen wird die Umgangspflegschaft zusammen mit einer Umgangsregelung angeordnet, vgl. *Köhler,* § 2 FamFG Rn. 4. **61**

Die **Vergütung** des Umgangspflegers richtet sich nach § 1684 Abs. 3 Satz 6 BGB i.V.m. § 277 Abs. 2 Satz 2 FamFG i.V.m. § 4 Abs. 1 VBVG i.V.m. § 1877 Abs. 1 BGB und erfolgt nur dann, wenn die Umgangspflegschaft berufsmäßig geführt wird. Die Frage, ob der Umgangspfleger die Pflegschaft **berufsmäßig** führt, ist nach dem Wortlaut des § 277 Abs. 2 Satz 2 FamFG **„bei der Bestellung"** des Pflegers zu klären.[199] Eine nachträgliche Feststellung der Berufsmäßigkeit mit Rückwirkung kommt daher – auch bei versehentlicher Unterlassung – grundsätzlich nicht in Betracht.[200] Allerdings ist eine spätere Berichtigung mög- **62**

---

190 *Zivier*, ZKJ 2010, 306
191 OLG Frankfurt BecKRS 2024, 21457; Celle, ZKJ 2011, 182
192 OLG Hamm ZKJ 2014, 393; OLG Frankfurt FamRZ 2013, 1824
193 OLG Hamm ZKJ 2014, 393
194 *Völker/Clausius,* § 2 Rn. 42; a.A. OLG Hamm ZKJ 2014, 393, unklar die Gesetzesbegründung, BT-Drs. 16/6308, 345: „... über die Umgangsmodalitäten (Ort des Umgangs, Ort der Übergabe des Kindes, dem Kind mitzugebende Kleidung, Nachholtermine etc.) ..."
195 OLG Frankfurt FamRZ 2013, 1824; OLG Hamm FamRZ 2013, 310
196 OLG Hamm NJW-RR 2011, 150
197 A.A. OLG Zweibrücken, Beschl. v. 27.8.2014 – 2 AR 14/14, juris: Verlängerung der Umgangspflegschaft im Ausgangsverfahren mit fortdauernder Zuständigkeit nach § 2 Abs. 2 FamFG; a.A.: Staudinger/*Dürbeck,* § 1684 BGB Rn. 129
198 OLG Schleswig NZFam 2024, 846; *Völker/Clausius*, § 2 Rn. 44
199 BGH FamRZ 2014, 1283
200 BGH FamRZ 2014, 1283

lich.[201] Nach den, seit dem 1.1.2023 geltenden Regelungen zum Vormundschafts- und Pflegschaftsrecht ist die „per Handschlag" nach § 1789 BGB a.F. vorzunehmende Verpflichtung entfallen (vgl. hierzu, auch für Altfälle, die Ausführungen der Vorauflage). Nach der Neuregelung in § 168 a Abs. 2 FamFG werden Beschlüsse über die Bestellung eines Vormundes oder eines Pflegers (§ 168 f. FamFG) bereits mit der Bekanntgabe an den Umgangspfleger wirksam.

Der Umgangspfleger sollte darauf achten, dass von ihm vor Bekanntgabe seiner Bestellung entfaltete Tätigkeiten nicht vergütet werden[202] und er seinen Vergütungsanspruch binnen der Ausschlussfrist des § 1808 Abs. 3 Satz 2 BGB i.Vm. § 2 Abs. 2 Satz 1 VBVG von 15 Monaten nach seiner Entstehung geltend macht. Nicht vergütungsfähig ist eine Begleitung des Umgangs, wenn dies vom Familiengericht nicht angeordnet wurde (siehe hierzu auch unten Rn. 65, 76).[203] In seiner Entscheidung vom 31.10.2018 hat der BGH allerdings die Ansicht vertreten, dass berufsmäßige Umgangspfleger, **denen auch die Begleitung des Umgangs durch das Gericht übertragen worden ist,** hierfür auch eine Vergütung von der Justizlandeskasse beanspruchen können.[204]

63 Soll der **Umgang vollständig** (also auch die Entscheidung des Ob, Wann, Wie und Wo des Umgangs) **durch eine dritte Person geregelt werden**, dann muss das Umgangsbestimmungsrecht den Sorgeberechtigten entzogen und auf einen **Ergänzungspfleger nach § 1809 BGB**[205] übertragen werden. Das setzt allerdings voraus, dass eine Kindeswohlgefährdung nach § 1666 BGB bejaht werden kann.[206] Nach zutreffender Auffassung ist für die Ergänzungspflegschaft nach § 1809 BGB neben der Umgangspflegschaft nach wie vor Raum. Ihre Einrichtung ist – bei Vorliegen einer Kindeswohlgefährdung – rechtlich nach wie vor möglich[207] und praktisch notwendig.[208]

64 **Übersicht: Umgangspflegschaft**

	Umgangspflegschaft	**Umgangsbestimmungspflegschaft**
1. Gerichtliches Verfahren	Amtsverfahren zum Umgang (§ 1684 BGB)	Amtsverfahren zur elterlichen Sorge (§ 1666 BGB)
2. Voraussetzungen	Verstoß gegen Wohlverhaltensklausel (dauerhaft und wiederholt)	Kindeswohlgefährdung (= „höhere" Schwelle)

201 BGH FamRZ 2018, 1006
202 Vgl. BGH FamRZ 2017, 1846 zum alten Recht
203 KG ZKJ 2012, 492
204 BGH ZKJ 2019, 43; siehe Rn. 58; kritisch hierzu *Heilmann*, ZKJ 2019, Heft 3, Editorial; *Keuter*, FamRZ 2019, 202; *Dürbeck*, ZKJ 2019, 141
205 OLG Frankfurt, Beschl. v. 26.3.2015 – 4 UF 145/14, FamRZ 2016, 68; in dieser Konstellation bezeichnet als „Umgangsbestimmungspfleger": *Heilmann*, FamRZ 2014, 1753 oder „Anbahnungspfleger": *Obermann*, NZFam 2014, 976
206 OLG Frankfurt ZKJ 2015, 154; NJW-RR 2009, 4; *Obermann*, NZFam 2014, 976
207 OLG Frankfurt ZKJ 2015, 154; *Heilmann*, FamRZ 2014, 1753; *Obermann*, NZFam 2014, 976; Staudinger/*Bienwald*, § 1909 BGB, Rn. 65, 70; Grüneberg/*Götz*, § 1666 BGB Rn. 19; 1684 BGB Rn. 10; a.A.: Stuttgart FamRZ 2014, 1794, wohl auch OLG München FamRZ 2011, 823
208 Ausführlich zum praktischen Bedarf von Ergänzungspflegschaften zur Regelung des Umgangs *Obermann*, NZFam 2014, 976, 979

	Umgangspflegschaft	Umgangsbestimmungs-pflegschaft
3. Befugnisse	Setzt (lediglich) vorhandene und konkrete familiengerichtliche Umgangsregelung um (Ort, Art, Umfang, Zeit), darf Herausgabe verlangen und für die Dauer des Umgangs den Aufenthalt bestimmen.	Darf eigenständig (auch) die Umgangszeiten (Häufigkeit und Dauer) regeln (= „mehr" Befugnisse).
4. Beschluss	Anordnung ist zu befristen (§ 1684 Abs. 3 Satz 5 BGB). Tenor: *„Die Kindesmutter ist verpflichtet, dem Kindesvater Umgang mit dem gemeinsamen Kind …, wie folgt, zu gewähren: … Es wird Umgangspflegschaft für die Dauer eines Jahres angeordnet. Zur/Zum (berufsmäßigen) Umgangspfleger/in wird bestellt …"*	Unbefristet möglich, jedoch in angemessenen Zeitabständen zu überprüfen (§ 166 Abs. 2 FamFG) Tenor: *„Den Kindeseltern wird das Recht zur Regelung des Umgangs des Kindes … entzogen. Zur/Zum (berufsmäßigen) Ergänzungspfleger/in wird insoweit … bestellt."*
5. Anfechtbarkeit		
a) Hauptsache	§§ 58 ff. FamFG	§§ 58 ff. FamFG
b) einstweilige Anordnung	Unanfechtbar[209]	Beschwerde, soweit aufgrund mündlicher Erörterung ergangen (§ 57 Satz 2 Nr. 1 FamFG)

(Siehe Heilmann, FamRZ 2014, 1755.)

Streng **zu trennen** ist die Person des Umgangspflegers **vom Verfahrensbeistand** nach § 158 FamFG[210] und **dem Umgangsbegleiter**,[211] der den Umgang nach § 1684 Abs. 4 Satz 3 BGB als mitwirkungsbereiter Dritter begleitet. Allerdings ist die **Abgrenzung in der Praxis** oftmals **schwierig** zu treffen. Die Auffassung, das Gericht könne gemäß § 1684 Abs. 3 Satz 3 und 4 BGB die Anwesenheit des Umgangspflegers bei der Durchführung von Umgangskontakten anordnen, um eine sachgerechte Wahrnehmung der Aufgaben durch den Umgangspfleger zu ermöglichen,[212] ist gleichwohl abzulehnen.[213] Die vom BGH in seiner Entscheidung[214] zum Vergütungsanspruch vorgenommene Vermischung der Rechtsinstitute, in dem er zwar zum einen darauf hinweist, dass dies nicht zulässig sei[215], andererseits ausführt,[216] ausnahmsweise würde die Teilnahme am Umgang Bestandteil der Um- **65**

209 Siehe nur OLG Celle FamRZ 2011, 574 = ZKJ 2011, 182; a.A. *Völker/Clausius*, S. 193 f.
210 Zur Abgrenzung ausführlich *Stötzel*, FPR 2009, 27
211 *Vogel*, FamRB 2024, 263
212 OLG Düsseldorf FamRZ 2020, 178
213 *Hammer*, FamRZ 2020, 178, Anmerkung zu OLG Düsseldorf FamRZ 2020, 178; OLG Frankfurt FamRZ 2016, 1787
214 BGH FamRZ 2019, 199
215 Rn. 20, 21–23, worauf *Vogel*, FamRB 2024, 263 zu Recht hinweist
216 Rn. 24

gangspflegschaft, wenn nämlich die Anwesenheit des Umgangspflegers bei der Durchführung des Umgangs notwendig sei, damit dieser seine ihm in § 1684 Abs. 3 Satz 3 und 4 BGB übertragenen Aufgaben wahrnehmen könne,[217] hat sich trotz der Begrenzung auf den zu beurteilenden Ausnahmefall in diesem Kontext nicht als hilfreich für die Praxis erwiesen.

Begleiteter Umgang ist nur unter **erschwerten Voraussetzungen**, nämlich denen des § 1684 Abs. 4 Satz 2 und 3 BGB möglich (siehe unten Rn. 71 ff.). Er muss vom Familiengericht selbst bei Vorliegen der Voraussetzungen angeordnet werden. Keinesfalls kann diese Prüfung dem Umgangspfleger überlassen werden. Auch wenn die Bestellung nur einer Person für alle Ämter zwecks Nutzung von Synergieeffekten und unter dem Gesichtspunkt, dass das Kind nur mit einer Person konfrontiert wird, reizvoll erscheint, sollte hiervon zur Vermeidung eines Interessenkonflikts abgesehen werden.[218] Dass der berufsmäßige Umgangspfleger, dem auch die Begleitung des Umgangs übertragen worden ist , hierfür auch eine Vergütung von der Justizlandeskasse beanspruchen könnte, sollte aufgrund der systemfremden Vermischung beider Institute streng vermieden werden.[219]

IV. Beschränkung und Ausschluss des Umgangsrechts (Abs. 4)

1. Allgemeines

66 Das Umgangsrecht der Eltern mit ihrem Kind folgt unmittelbar aus ihrem von Art. 6 Abs. 2 Satz 1 GG gewährten Elterngrundrecht und steht nicht unter dem Vorbehalt der Kindeswohldienlichkeit, weshalb ein Umgangsausschluss keinesfalls – wie in der Praxis immer wieder anzutreffen – hiermit begründet werden kann. Als **schwerstmöglicher Eingriff** in das Elternrecht kann der Umgang nur unter den **besonderen Voraussetzungen des § 1684 Abs. 4 Satz 1 und 2 BGB**, die **jeweils positiv festgestellt** werden müssen,[220] eingeschränkt oder ausgeschlossen werden. Kurz gefasst kann das Umgangsrecht eines Elternteils nur dann für längere Zeit ausgeschlossen werden, wenn eine Kindeswohlgefährdung i.S.d. § 1666 BGB vorliegt. Eine Beschränkung oder ein Ausschluss **für kürzere Zeit** kommt nur dann in Betracht, wenn dies **zum Wohl des Kindes erforderlich** ist. Das Gesetz knüpft hinsichtlich der **beiden Eingriffsschwellen** („zum Wohl des Kindes erforderlich“; „Kindeswohlgefährdung“) an die **Dauer der Beschränkung oder des Ausschlusses** an.

67 Ob eine Einschränkung oder ein Ausschluss des Umgangsrechts als **kurzfristig oder längerfristig** zu werten und welche der beiden Eingriffsschwellen zu prüfen ist, richtet sich nach den Umständen des Einzelfalls. Maßstab kann die **Häufigkeit der bisherigen Umgangskontakte**[221],das **Alter** und das **Zeitempfinden des Kindes** sein.[222] Im Hinblick auf die hohe Bedeutung des Umgangsrechts[223] wird bei einem zuvor wöchentlich stattfindenden Umgang mit einem zwei Jahre alten Kind ein Ausschluss von mehr als einem Monat **nicht mehr kurzfristig** sein, bei einem vollständigen Ausschluss auch bei älteren Kindern nicht mehr ab der Dauer von einem Vierteljahr.[224] Eine **Einschränkung** des Umgangsrechts kann

217 Zu Recht kritisch *Dürbeck,* ZKJ 2019, 141
218 Vgl. *Kuleisa-Binge*, FPR 2012, 363
219 Staudinger/*Dürbeck*, § 1684 BGB Rn. 378; *ders.*, ZKJ 2019, 141; *Vogel,* FamRB 2024, 259; entgegen BGH ZKJ 2019, 143
220 BVerfG FamRZ 2010, 1622 ff.
221 Grünberg/*Götz*, § 1684 BGB Rn. 34
222 BVerfG ZKJ 2024, 257; OLG Nürnberg FamRZ 2024, 1368; Johannsen/Henrich/Althammer/*Rake,* §1684 BGB Rn. 54
223 BVerfG FamRZ 2008, 856
224 Großzügiger geht das BVerfG in einer Kammerentscheidung (ZKJ 2024, 257) davon aus, dass bei kleineren Kindern ein längerer Zeitraum schon bei einer Regelung von über drei Monaten gegeben sein und generell ein längerer Zeitraum bei einem Zeitraum von mehr als sechs Monaten gegeben sei.

auch dann gegeben sein, wenn eine Umgangsregelung **keine Übernachtungen und Ferienaufenthalte** vorsieht und der Umgang damit auf ein so geringes Maß reduziert ist, dass er keine kontinuierliche Entwicklung des Eltern-Kind-Verhältnisses mehr ermöglicht.[225]

In der Praxis von geringerer Relevanz ist die **Einschränkung oder der Ausschluss des Vollzugs** einer Umgangsregelung. Von der Vorschrift geregelt werden sollen jene Fälle, in denen der Umgang das Kindeswohl nur deshalb gefährdet, weil sich das Kind aufgrund eines durch den betreuenden Elternteil beeinflussten Willens, dem Umgang widersetzt. In diesen Fällen soll der beeinflussende Elternteil nicht noch mit einem Umgangsausschluss belohnt werden, sondern es sollte eine Lösung des Problems über Maßgaben des Vollzugs erfolgen.[226] **68**

Bei der Frage, ob der Umgang beschränkt oder ausgeschlossen werden muss, ist zwingend der **Verhältnismäßigkeitsgrundsatz** zu beachten, so dass u.U. ein begleiteter Umgang ein **milderes Mittel** gegenüber dem vollständigen Ausschluss darstellt.[227] Dieser gebietet es zudem, den Ausschluss oder die Beschränkung in der Regel **zeitlich zu begrenzen**.[228] Dabei richtet sich die Frist nach den Umständen des Einzelfalls, hier insbesondere dem Alter des Kindes, der Perspektive für den Wegfall der Gründe, sowie dem Grund selbst. Die Verpflichtung, den Umgangsausschluss **jährlich zu überprüfen**,[229] führt dazu, eine Befristung von einer längeren Dauer als zwei Jahren nur in **Ausnahmefällen** auszusprechen,[230] wobei hiervon **abgewichen werden darf**, und in **begründeten Fällen** auch ein **längerer bzw. unbegrenzter** Ausschluss in Betracht kommt.[231] Zugleich wird in der Regel ein amtsgerichtlicher Umgangsausschluss von unter einem Jahr in den Fällen der dann bestehenden Kindeswohlgefährdung nicht geboten sein, damit bei erhobenen Rechtsmittel nicht eine Aufhebung und Zurückverweisung wegen unzulässiger Teilentscheidung zu gewärtigen ist (hierzu Rn. 91). **69**

Eine Überprüfung erfolgt im Rahmen eines Abänderungsverfahrens nach §1696 Abs. 2 BGB und ist ebenfalls Ausfluss des Verhältnismäßigkeitsgrundsatzes. Sofern die Beschränkungs- oder Ausschlussgründe weggefallen sind, muss der Ausschluss oder die Beschränkung von Amts wegen aufgehoben werden.

▶ *Näher hierzu Bussian, § 1696 BGB Rn. 24, 26, 28.*

2. Einschränkung oder Ausschließung (Abs.4 Satz 1)

Auch wenn der Umgang **unterhalb des zeitlichen Maßstabs der „längeren Zeit"** ausgeschlossen oder beschränkt werden soll, so darf dies nach dem Gesetzeswortlaut von Satz 1 nur erfolgen, wenn die Beschränkung oder der Ausschluss **„zum Wohl des Kindes erforderlich"**[232] ist. Hierunter fallen **insbesondere Umgangsbeschränkungen für einen Übergangs-** **70**

225 BVerfG ZKJ 2024, 257
226 Ausführlich hierzu Staudinger/*Dürbeck*, §1684 BGB Rn. 300f.
227 OLG Saarbrücken, Beschl. v. 14.10.2014 – 6 UF 110/14, juris; ZKJ 2011, 178, 179
228 BVerfG FamRZ 2005, 1815
229 EGMR FamRZ 2011, 1484, wobei er im konkreten Fall eine Aussetzung für die Dauer von drei Jahren gebilligt hat, da die Sachverständige von einer erneuten Überprüfung nach einem Jahr als das Kindeswohl gefährdend abgeraten hatte
230 *Völker/Clausius*, §2 Rn. 162, 154
231 EGMR FamRZ 2017, 891; BVerfG FamRZ 2023, 946: zwei Jahre; BVerfG FamRZ 2017, 1917: unbefristet; OLG Frankfurt FamRZ 2022, 1939: Ausschluss 2,5 Jahre und ein Jahr bis zur Volljährigkeit; KG FamRZ 2013, 709: unbefristeter Umgangsausschluss; KG, Beschl. v. 20.6.2014 – 3 UF 159/12, ZKJ 2015, 235: Umgangsausschluss bei 15½-Jährigen bis zur Volljährigkeit; OLG Brandenburg, Beschl. v. 27.12.2018 – 9 UF 86/18, juris; vgl. auch *Volke*, FamRZ 2020, 10
232 Johannsen/Henrich/Althammer/*Rake*, §1684 BGB, Rn. 57 unter entsprechender Anwendung des Maßstabs des §1696 Abs. 1 BGB, nämlich „konkrete, triftige und gegenwärtige Gründe, die das Wohl des Kindes nachhaltig berühren"

zeitraum, in dem zum Zwecke der Wiederanbahnung der Umgangskontakte nach einer längeren Pause für einige Wochen begleiteter Umgang angeordnet wird.[233]

3. Einschränkung oder Ausschluss für längere Zeit oder auf Dauer (Abs. 4 Satz 2)

71 Eine Umgangsregelung, die den Umgang für eine **längere Zeit** (siehe oben Rn. 67) beschränkt oder ausschließt, darf nur ergehen, wenn anderenfalls das Wohl des Kindes nachhaltig gefährdet würde.[234]

a) Einschränkung des Umgangsrechts – insbesondere begleiteter Umgang

72 Eine **Einschränkung** des Umgangsrechts liegt insbesondere in folgenden Fällen vor:

- Wenn der **Umgang** nach der gerichtlichen Regelung **nur in Anwesenheit eines mitwirkungsbereiten Dritten** stattfinden darf (**sog. begleiteter Umgang**, siehe Rn. 73). Diese – häufigste – Form der Einschränkung ist vom Gesetz in § 1684 Abs. 4 Satz 3 BGB vorgesehen.
- Der Umgang darf nur zu sehr eingeschränkten Zeiten und nur an bestimmten Orten stattfinden. Die Abgrenzung zu der bloßen, am Kindeswohl orientierten Regelungsbefugnis nach Abs. 3 ist mitunter schwer zu ziehen.[235]

73 Die Anordnung des **begleiteten Umgangs**[236] kommt insbesondere **in folgenden Fällen** in Betracht:

- Fälle des unbewiesenen, aber nicht fern liegenden Verdachts des **sexuellen** Missbrauchs,[237]
- bei pädophilen Neigungen,[238] der Verurteilung des Umgangsberechtigten wegen des Besitzes kinderpornographischer Schriften und
- bei nachvollziehbarer Verweigerungshaltung des Umgangsverpflichteten,[239]
- ferner bei Gefahr einer Kindesentziehung,[240]
- bei psychischer Erkrankung[241] oder Alkoholabhängigkeit[242] und

---

233 Auch wenn begleiteter Umgang immer nur für eine Übergangszeit und nicht als Dauerlösung gedacht ist, sind in der Praxis begleitete Umgänge von Dauer eines halben Jahres oder länger nicht unüblich. Begleiteter Umgang ist jedenfalls dann, wenn er unbefristet angeordnet wurde, aber auch, wenn er die Definition der „längeren Zeit" erfüllt, an den Anspruchsvoraussetzungen des § 1684 Abs. 4 Satz 2 BGB zu messen, vgl. Dürbeck/*Dürbeck*, Handbuch Begleiteter Umgang, 4. Aufl. 2023, 61, 63 f.

234 BVerfG ZKJ 2013, 162; OLG Saarbrücken, Beschl. v. 14.10.2014 – 6 UF 110/14, ZKJ 2015, 117

235 BVerfG ZKJ 2024, 257; FamRZ 2007, 105; KG FamRZ 2019, 1147; OLG Saarbrücken, ZKJ 2013, 218

236 Hierbei handelt es sich um den Oberbegriff. Dieser unterteilt sich in begleiteten, beschützten und beaufsichtigten Umgang; ausführlich: *Fthenakis* (Hrsg.), Begleiteter Umgang von Kindern; *Dürbeck* (Hrsg.), Handbuch Begleiteter Umgang; *Di Cato*, FamRB 2014, 389 ff.

237 OLG Hamburg FamRZ 1996, 422, hingegen Ausschluss bei laufendem Strafverfahren wegen der Möglichkeit der Beeinflussung: OLG Oldenburg FamRZ 2006, 882

238 BVerfG FamRZ 2008, 494; konkrete Gefährdung nicht mit hinreichender Sicherheit feststellbar: OLG Karlsruhe, Beschl. v. 20.12.2018 – 20 UF 182/17, ZKJ 2019, 374 m. Anm. *Dürbeck*

239 OLG Schleswig NZFam 2014, 910

240 OLG Celle FamRZ 1998, 973

241 OLG München FamRZ 2014, 1385: „Vielmehr muss das Grundrecht des Vaters auf Umgang zurückstehen, sobald eine hinreichende Wahrscheinlichkeit für eine drohende Kindeswohlgefährdung spricht und der Vater sich aus seinem freien Willen entschlossen hat, keine weitere Aufklärung hinsichtlich einer möglichen Kindeswohlgefährdung zu ermöglichen."

242 OLG Koblenz FamRZ 2007, 926; hingegen unbegleiteter Umgang, nachdem der vom Gericht bestellte Sachverständige keine Alkohol- und Cannabisabhängigkeit festgestellt hat: OLG Brandenburg ZKJ 2008, 332

- auch bei Straf- oder Untersuchungshaft des Umgangsberechtigten,[243]
- bei drohender Genitalverstümmelung,[244]
- zur Anbahnung von Umgangskontakten,[245] insbesondere bei starken Ängsten des Kindes,[246] einer frühen Bindungstraumatisierung[247] bzw. nach einem längeren Kontaktabbruch,[248] aber auch bei eingeschränkter Fähigkeit des Umgangsberechtigten, sich auf das Kind einzustellen,
- ferner wenn der umgangsberechtigte Elternteil die Erziehung des anderen Elternteils massiv unterwandert und die Kinder permanent in einen heftigen **Loyalitätskonflikt** stürzt.[249]

Der begleitete Umgang ist jedoch **keine Option**, wenn seine Anordnung nur dazu dient, dass der den Umgang ohne erkennbare Motive ablehnende Elternteil „sich besser fühlt" oder das Gericht die Kindeswohlgefährdung nicht aufklären mag.[250] Zurückhaltung ist hier unter Berücksichtigung von Art. 31 Abs. 2 der Istanbul-Konvention[251] (vgl. auch Rn. 79) geboten in Fällen von **unmittelbar von dem Kind erlittener** und **miterlebter Gewalt.**[252] Hier muss zunächst vom gewalttätigen Elternteil die **Übernahme von Verantwortung**[253] für sein Handeln erwartet werden, was auch die Arbeit an seiner Problematik etwa in Form der Durchführung eines Anti-Gewalttrainings und einer Beratung umfasst, ggf. auch eine Entschuldigung bei dem Kind, bevor eine Umgangsbegleitung installiert werden kann.[254] Ein begleiteter Umgang kann auch scheitern, wenn der Schutz des betreuenden Elternteils nicht gewährleistet werden kann.[255] In der Praxis wird immer noch zu häufig verkannt, dass der begleitete Umgang nicht zum Zwecke der Herstellung eines Einvernehmens im Wege „wechselseitigen Nachgebens" ein Allheilmittel zur Beendigung gerichtlicher Umgangsverfahren darstellt. Sind die gesetzlichen Voraussetzungen nicht erfüllt, sollten die Eltern auch nicht zu der Vereinbarung eines begleiteten Umgangs gedrängt werden. In diesen Fällen ist vielmehr ein unbegleiteter Umgang gerichtlich anzuordnen. 74

Lehnt der umgangsberechtigte Elternteil den **begleiteten Umgang ab**, so wird nur ein befristeter Ausschluss des Umgangs in Betracht kommen, wenn dessen gesetzliche Voraussetzungen erfüllt sind, der unbegleitete Umgang das Wohl des Kindes mehr gefährdet als ein (vorübergehender) Umgangsausschluss und andere Maßnahmen zur Abwendung der Kindeswohlgefährdung nicht in Betracht kommen.[256] Nur dann, wenn der den begleiteten Umgang ablehnende Elternteil nunmehr **keine Regelung des Umgangs mehr anstrebt**, kann von einer Regelung des Umgangs abgesehen werden, was ausdrücklich festzustellen ist.[257] 75

243 OLG Zweibrücken ZKJ 2023, 61; OLG Frankfurt FamRZ 2024, 191; AG Pankow-Weißensee ZKJ 2006, 265
244 OLG Karlsruhe ZKJ 2008, 428
245 OLG Frankfurt FamRZ 2022, 1860; OLG Brandenburg FamRZ 2014, 1792
246 OLG Jena FamRZ 2007, 661
247 OLG Frankfurt FamRZ 2024, 49
248 OLG Brandenburg FamRZ 2014, 1124, OLG Köln FamRZ 2009, 129
249 OLG Saarbrücken, Beschl. v. 14.10.2014 – 6 UF 110/14, ZKJ 2015, 117
250 Vgl. *Heilmann*, NJW 2012, 16, 21
251 In Deutschland am 1.2.2018 in Kraft getreten (BGBl. 2017 II, 1026); *Roggatz/Lentz*, FuR 2023, 182
252 Vgl. OLG Frankfurt 2022, 1939
253 OLG Nürnberg FamRZ 2024, 1369
254 Vgl. OLG Nürnberg FamRZ 2024, 1369
255 BVerfG 2013, 162; OLG Zweibrücken ZKJ 2023, 61
256 OLG Frankfurt, Beschl. v. 23.8.2024, 1 UF 29/24; OLG Brandenburg FamRZ 2010, 740
257 OLG Frankfurt FamRZ 2024, 1295

76 Die Umgangsregelung muss auch beim begleiteten Umgang die **Dauer, die Häufigkeit und den Beginn** der Umgangskontakte **genau bezeichnen**, sowie den **mitwirkungsbereiten Dritten** (§ 1684 Abs. 4 Satz 3, 4 BGB).[258] Die Auswahl des mitwirkungsbereiten Dritten kann nicht dem Jugendamt überlassen bleiben.[259] Letzteres setzt voraus, dass sich ein mitwirkungsbereiter Dritter bereits gefunden hat. Zwar kann auch ein **privater Dritter** als Begleitperson – sofern er zustimmt – eingesetzt werden. In der Praxis wird der Umgang jedoch durch **einen freien Träger** begleitet. Gerade Letzterer wird sich in der ersten Sitzung des Familiengerichts nach § 155 Abs. 2 FamFG noch nicht gefunden haben, schon gar nicht mit dem Angebot konkreter Termine. Wird dieser Punkt allerdings offengelassen, so fehlt der Regelung ihr vollstreckungsfähiger Inhalt und das Verfahren ist nicht abgeschlossen.[260] Es bietet sich deshalb an, ggf. vorab Kontakt mit Trägern aufzunehmen, die für eine Umgangsbegleitung in Betracht kommen könnten, und diese um die Mitteilung von Terminen und freien Plätzen zu bitten.[261]

77 Das Familiengericht kann das **Jugendamt nicht gegen dessen Willen** als Umgangsbegleiter verpflichten,[262] auch wenn es gemäß **§ 18 Abs. 3 SGB VIII** zu den **Aufgaben der Jugendhilfe** gehört.[263] Erklärt sich das Jugendamt nicht bereit, den begleiteten Umgang als Jugendhilfe zu gewähren, so kann dieser – mangels eines mitwirkungsbereiten Dritten – nicht vom Familiengericht angeordnet werden.[264] Der Amtsermittlungsgrundsatz gebietet es in diesem Fall, dass das Familiengericht selbst geeignete freie Träger ermittelt und mit der Übernahme der zu begleitenden Umgangskontakte betraut.[265] Die Eltern sind somit – wenn das Familiengericht nicht im Wege der Amtsermittlung einen mitwirkungsbereiten Dritten findet und die Eltern ggf. dessen Kosten übernehmen – auf den **Verwaltungsrechtsweg** angewiesen, wollen sie sich nicht damit abfinden, dass die Anordnung nach § 1684 Abs. 4, Satz 3, 4 BGB am mitwirkungsbereiten Dritten scheitert. In jedem Fall sind die **Eltern zur Mitwirkung verpflichtet** und gehalten, einen Antrag nach § 18 Abs. 3 SGB VIII zu stellen. Für die Praxis ist dies – ebenso wie die Problematik der sog. Anordnungskompetenz in Kinderschutzverfahren[266] – unbefriedigend und sollte vom Gesetzgeber geregelt werden.[267] Die Durchführung eines weiteren Gerichtsverfahrens liegt weder im wohlverstandenen Interesse des Kindes noch im Interesse der weiteren Beteiligten. Unbeschadet dessen bleibt auch in diesem Fall nur die Entscheidung des Gerichts, ob der Umgang bei kindeswohlorientierter Betrachtung in diesen Fällen auszuschließen ist[268] oder unbegleiteter Umgang zu gewähren ist.[269]

78 Wird der Umgang durch das Jugendamt selbst oder durch einen freien Träger begleitet, so handelt es sich hierbei um eine Leistung nach § 18 Abs. 3 SGB VIII und es besteht ein Anspruch auf Kostenübernahme durch das Jugendamt.[270] Anderenfalls müssen die Kosten von den Eltern selbst getragen werden; es handelt sich hierbei auch nicht um gerichtliche

258 *Keuter,* JAmt 2011, 373
259 OLG Frankfurt BeckRS 2014, 02061 für den gerichtlich gebilligten Vergleich
260 Vgl. OLG Hamm, ZKJ 2014, 393 zum Umgangspfleger
261 Sehr instruktiv zu der Unterschiedlichkeit der Rollen des Familiengerichts und der Jugendhilfe und der Notwendigkeit einer interdisziplinären Zusammenarbeit im Rahmen eines begleiteten Umgangs: *Holldorf/von Pirani,* ZKJ 2012, 384
262 BVerfG FamRZ 2015, 1686; OLG Frankfurt Beschl. v. 23.8.2024, 1 UF 29/24; OLG Frankfurt ZKJ 2015, 240; OLG Saarbrücken, Beschl. v. 14.10.2014 – 6 UF 110/14, ZKJ 2015, 117
263 BVerfG FamRZ 2015, 1686; Staudinger/*Dürbeck,* § 1684 BGB, Rn. 370; OVG Saarland ZKJ 2014, 488
264 *Keuter,* JAmt 2011, 373, 376
265 OLG Frankfurt FamRZ 2024, 191; 2024, 1298; OLG Frankfurt ZKJ 2015, 240
266 Hierzu zuletzt *Heilmann,* NJW 2014, 2904, 2908
267 *Dürbeck,* ZKJ 2015, 457, 459
268 BVerfG FamRZ 2025, 757; OLG Frankfurt, Beschluss vom 16. Mai 2024 – 1 UF 143/23 –, juris
269 OLG Frankfurt ZKJ 2015, 240; Ausschluss des Umgangs, wenn unbegleiteter Umgang das Kindeswohl gefährden würde und ein Umgangsbegleiter nicht zu finden ist; *Dürbeck,* ZKJ 2015, 457
270 DIJuF-Rechtsgutachten, JAmt 2006, 91

Auslagen.[271] Begleiteter Umgang kann durchaus eine auf Dauer angelegte Leistung nach § 18 Abs. 3 SGB VIII darstellen, sofern es das mildere Mittel gegenüber dem Umgangsanschluss ist.[272]

▶ *Näher hierzu Köhler, § 18 SGB VIII.*

b) Ausschluss des Umgangs

Als Gründe für einen **vollständigen Ausschluss** kommen, nach sorgfältiger Prüfung des Grundsatzes der Verhältnismäßigkeit – der unter Einbeziehung des weit auszulegenden Umgangsbegriffs auch in den genannten Fällen nach einer expliziten Prüfung der (ggf. zu verneinenden) Möglichkeit von Regelungen zur Aufnahme von Fernkontakten (per E-Mail etc.) verlangt – in Betracht: 79

Kindesentführungsgefahr,[273] wobei allerdings der Umstand, dass der Umgangsberechtigte aus dem Ausland stammt und dorthin weiterhin enge Beziehungen unterhält, nicht ausreicht.[274] Als mildere Mittel kommen zudem die Anordnung der Passhinterlegung,[275] der Erlass einer Grenzsperre oder begleiteter Umgang in Betracht, wobei ein festgestelltes hohes Entführungsrisiko nicht auf den Umgangsbegleiter übertragen werden darf.

Ein Ausschluss kommt ferner in Betracht bei **nachgewiesenem sexuellen Missbrauch**[276] und **Pädophilie,**[277] wenn konkrete Anhaltspunkte für die Gefahr einer sexuellen Grenzverletzung bestehen,[278] wenn der Umgangsberechtigte **öffentlich zu Terrorakten aufgerufen** hat und die Gefahr der Beeinflussung des Kindes besteht,[279] ferner bei Zugehörigkeit des Umgangsberechtigten zur **rechtsradikalen Szene**, wenn sich der betreuende Elternteil losgesagt hat und mit Racheakten rechnen muss.[280]

Gewalt gegen das Kind[281] und/oder den betreuenden Elternteil,[282] hier **insbesondere auch miterlebte Gewalt,**[283] stellen auch unter Einbeziehung der Wertungen von Art. 31 Abs. 2 Istanbul-Konvention einen Grund für einen Umgangsausschluss dar, insbesondere wenn der gewalttätige Elternteil keine Einsicht in die Folgen seines Handelns, Reue bzw. die konkrete Bereitschaft zu einer Verhaltensänderung zeigt (siehe auch Rn. 74)[284] und/oder die Gefahr der Retraumatisierung besteht.[285] Es ist heute wissenschaftlich unbestritten, dass **miterlebte Gewalt schwere nachteilige Folgen** für das betroffene Kind haben kann, es Verhaltensauffälligkeiten und emotionale und kognitive Einschränkungen davontragen kann.[286] 80

---

271 *Keuter,* JAmt 2011, 373, 374
272 OLG Frankfurt, Beschl. v. 24.3.2015 – 5 UF 270/14, juris
273 OLG Celle FamRZ 1996, 364; aber nicht, wenn die Entführungsabsicht nur behauptet, und nicht durch konkrete Tatschen untermauert wurde: OLG Frankfurt, Beschl. v. 2.7.2013 – 4 UF 159/13
274 OLGR Saarbrücken 2002, 341
275 OLG München FamRZ 1998, 976
276 BVerfG FamRZ 2023, 946; OLG Köln FamRZ 2022, 1933; OLG Hamm NJW-RR 2011
277 OLG Düsseldorf FamRZ 2009, 1685; vgl. auch OLG Frankfurt NJW 2018, 2208 (zu § 1666 BGB): Nacktfotos können Indiz für eine Kindeswohlgefährdung darstellen
278 OLG Frankfurt FamRZ 2019, 1425
279 OLG Köln ZKJ 2013, 302
280 BVerfG ZKJ 2013, 162
281 OLG Hamburg FamRZ 2011, 822 („übergriffiges Verhalten"); AG Bremen ZKJ 2008, 214; *Becker/Büchse,* ZKJ 2011, 292; *Fegert,* FPR 2002, 219, 221; a.A. und schwer nachzuvollziehen: OLG Oldenburg FamRZ 2005, 925: begleiteter Umgang für einen Vater, der das Kind schwer misshandelt hat und welches infolge der Misshandlungen schwer körperlich und geistig beeinträchtigt ist
282 KG FamRZ 2023, 131; OLG Brandenburg FamRZ 2022, 275; OLG Zweibrücken FamRZ 2022, 1936; OLG Köln FamRZ 2011, 571
283 OLG Frankfurt FamRZ 2022, 1939; FamRZ 2020, 1923
284 OLG Nürnberg FamRZ 2024, 1369
285 OLG Celle, Beschl. v. 6.9.2022 – 19 UF 92/22, juris
286 *Löffler/Schumm/Demir,* ZKJ 2024, 283; APSAC Monograph on Psychological Maltreatment (PM), *Brassard* et al., 2019, S. 6; *Becker/Büchse,* ZKJ 2011, 292

81 Die Zugehörigkeit zu einer **religiösen Sekte** an sich wird hingegen regelmäßig **nicht ausreichend** sein,[287] ebenso wenig die **Prostitution** oder sonst ein „sittlich anstößiger Lebenswandel" des Umgangselternteils[288] und selbstverständlich schon gar nicht die Homosexualität des Umgangselternteils.[289] Nicht ausreichend für einen Ausschluss des Umgangs ist auch nicht allein die Feststellung, dass Passiv-Rauchen gesundheitsschädigend ist.[290]

82 Im Fall der **Hochkonflikthaftigkeit der Kindeseltern** und einer hiermit verbundenen **schweren seelische Belastung des Kindes (Loyalitätskonflikt)** kann ein Umgangsausschluss ebenso indiziert sein,[291] wie auch bei **starken Ängsten des Kindes**[292] oder einer **unüberwindbaren Ablehnung** des Umgangs **durch das Kind oder den Jugendlichen.**[293] Dann scheidet nach zutreffender Auffassung in dem betreffenden Zeitraum in der Regel auch die gerichtliche Anordnung von im Wege der Vollstreckung erzwingbaren „Erinnerungskontakten" aus.[294]

Die Ablehnung des Umgangs durch das Kind gehört sicherlich zu einer der schwierigsten in der familiengerichtlichen Praxis, da sich das Gericht mit dem Vorwurf der Belohnung des Umgangsverpflichteten für seine – ihm unterstellte oder reale – im Hintergrund stehende Beeinflussung konfrontiert sehen kann. Bei aller Empathie für den Umgangsbegehrenden darf hier nicht aus dem Blick geraten, dass sich kindschaftsrechtliche Entscheidungen allein am Kindeswohl zu orientieren haben und nicht einem Sanktionsbedürfnis geopfert werden dürfen. Ein schwacher Trost mag eventuell die Erkenntnis einer Langzeitstudie sein, wonach die Abwendung vom nicht betreuenden Elternteil in den seltensten Fällen die Adoleszenz überdauert hat.[295]

83 Ein Umgangsausschluss ist auch indiziert bei der **Gefahr der Retraumatisierung** des Kindes.[296] Bei in einer **Pflegefamilie lebenden Kindern** kann daneben auch die Beeinträchtigung des Kindes, die zum einen auf dessen Unsicherheit über seine Zukunftsperspektive sowie zum anderen auf dem Konflikt zwischen den Pflegeeltern und den Eltern beruht, einen Ausschluss des Umgangs der leiblichen Eltern mit dem in der Pflegefamilie lebenden Kind ausnahmsweise rechtfertigen,[297] ebenso die als **stabil und nachhaltig einzuschätzende Ablehnung jeglichen Umgangs** des Pflegekindes mit seinen Eltern.[298] Nicht ausreichend ist der bloße Hinweis, dass Kind müsse sich zunächst in der Pflegefamilie eingewöhnen, zumal gerade bei realistischer Rückkehroption einem regelmäßigen Umgang entscheidende Bedeutung zukommt.[299] Werden Belastungen des Kindes vor, bei oder nach dem Umgang festgestellt, ist sorgfältig zu hinterfragen, ob alternative Erklärungen zu einer Ablehnung in Betracht kommen und ggf. ausgeschlossen werden können.[300] In allen Fällen

287 AG Düren FamRZ 2004, 970 (Zeugen Jehovas)
288 Staudinger/*Dürbeck*, § 1684 BGB Rn. 315
289 OLG Celle ZKJ 2010, 74
290 OLG Bamberg, Beschl. v. 7.8.2024, 7 UF 80/24
291 OLG Saarbrücken ZKJ 2011, 178; OLG Hamm FamRZ 2010, 1574; OLG Nürnberg FamRZ 2008, 715
292 Insbesondere bei erlittenen Misshandlungen
293 OLG Stuttgart Beschl. v. 14.6.2024, 17 UF 227/23; OLG Brandenburg JAmt 2024, 44; OLG Koblenz FamRZ 2014, 2010 (beachtlicher, ablehnender Kindeswille); KG NZFam 2014, 914 (beachtlicher, ablehnender Kindeswille); OLG Zweibrücken Streit 2013, 78; OLG Celle FamRZ 2008, 1369; *Fegert*, FPR 2002, 219, 221
294 OLG Karlsruhe FamRZ 2024, 1280
295 *Wallerstein*, Langzeitwirkungen der elterlichen Ehescheidung auf Kinder, Ein erster Bericht einer 25-Jahres-Katamese, Vortrag am Frankfurter Psychoanalytischen Institut, 30.5.2000
296 BVerfG FamRZ 2023, 438; vorhergehend: OLG Celle, Beschl. v. 6.9.2022 – 19 UF 92/22, juris; OLG Celle, Beschl. v. 18. 12.2009 – 12 UF 201/08, juris; AG Bremen ZKJ 2008, 214; *Gottschalk/Heilmann*, ZKJ 2013, 113
297 OLG Celle, Beschl. v. 6.9.2022 – 19 UF 92/22, juris; OLG Celle ZKJ 2013, 250; ausführlich zum Umgang mit fremduntergebrachten Kindern: Staudinger/*Dürbeck*, § 1684 BGB, Rn. 275 ff.
298 BVerfG ZKJ 2013, 120; dazu *Gottschalk/Heilmann*, ZKJ 2013, 113
299 Ausführlich hierzu *Heilmann*, ZKJ 2014, 45 ff.
300 *Kindler*, ZKJ 2009, 110

sind die Gründe für eine Gefährdung des Kindeswohls durch den Umgang sorgfältig zu ermitteln und einzelfallbezogen darzulegen.

Übersicht: Fallbeispiele für Umgangsbegleitung und Umgangsausschluss unter dem Vorbehalt **84**
gebotener Einzelfallprüfung

Umgangsbegleitung, Umgangsausschluss

(Fallbeispiele unter dem Vorbehalt gebotener Einzelfallprüfung)

Begleiteter Umgang

- Zur Anbahnung, insbesondere bei Ängsten des Kindes bzw. nach einem längeren Kontaktabbruch
- Unbewiesener, aber nicht fern liegender Verdacht des sexuellen Missbrauchs
- Pädophile Neigungen
- Verurteilung des Umgangsberechtigten wegen des Besitzes kinderpornographischer Schriften
- Gefahr einer Kindesentziehung bzw. -entführung
- Psychische Erkrankung des Umgangsberechtigten
- Alkoholabhängigkeit oder Straf- bzw. Untersuchungshaft des Umgangsberechtigten
- Drohende Genitalverstümmelung
- Umgangsberechtigter Elternteil unterwandet die Erziehung des anderen Elternteils massiv
- Heftige Loyalitätskonflikte des Kindes

Umgangsausschluss

- Gewalt gegen das Kind und/oder den betreuenden Elternteil
- Nachgewiesener sexueller Missbrauch
- Hochkonflikthaftigkeit der Kindeseltern und eine hiermit verbundene schwere seelische Belastung des Kindes (Loyalitätskonflikt)
- Angst des Kindes oder unüberwindbare Ablehnung des Umgangs durch das ältere Kind oder den Jugendlichen
- Öffentlicher Aufruf zu Terrorakten
- Zugehörigkeit zur rechtsradikalen Szene, wenn sich der betreuende Elternteil losgesagt hat und mit Racheakten rechnen muss

Ein Kontakt- und Näherungsverbot für den nicht sorgeberechtigten Kindesvater ist eine in **85**
einem Umgangsverfahren auszusprechende Regelung gemäß § 1684 Abs. 4 BGB.[301] Auch der Ausschluss des Umgangs kann mit Ordnungsmitteln vollstreckt werden, weshalb eine entsprechende Regelung auch den Warnhinweis i.S.v. § 89 Abs. 2 FamFG enthalten muss[302] (näher hierzu Rn. 101).

301 OLG Frankfurt ZKJ 2024, 67 mit Anm. *Köhler* zum Streitstand; OLG Frankfurt ZKJ 2019, 309
302 BGH FamRZ 2024, 950

C. Verfahren

86 Das Umgangsverfahren nach § 1684 BGB ist eine **Kindschaftssache gemäß § 151 Nr. 2 FamFG**. Es handelt sich um eine **Familiensache nach § 111 Nr. 2 FamFG**. Das Umgangsverfahren kann isoliert oder im Scheidungsverbund auf entsprechenden Antrag nach § 137 Abs. 3 FamFG geführt werden. Wird **zugleich** ein Antrag auf **Herausgabe von persönlichen Gegenständen des Kindes** gestellt, so kann das Familiengericht hierüber zusammen mit dem Umgangsantrag entscheiden, wenn die Gegenstände im Zusammenhang mit dem Umgang stehen.[303] Macht der Umgangsberechtigte zugleich **Schadensersatz wegen Nichtgewährung von früheren Umgangskontakten** geltend, so handelt es sich um eine unzulässige Verbindung zweier Verfahren, die in **verschiedenen Verfahrensordnungen** zu führen sind und die Verfahren müssen getrennt werden. Das Verfahren auf Schadensersatz ist ein Verfahren nach § 266 Abs. 1 Nr. 5 FamFG und damit eine sonstige Familiensache.[304] Sonstige Familiensachen sind Familienstreitsachen, § 112 Nr. 3 FamFG. Für sie gelten gemäß § 113 Abs. 1 FamFG die Allgemeinen Vorschriften der ZPO und die Vorschriften über das Verfahren vor den Landgerichten entsprechend.

87 Das Verfahren auf **Bestellung eines Umgangspflegers** ist, auch soweit es isoliert geführt wird, ein Umgangsverfahren.[305] Hingegen handelt es sich um ein Sorgerechtsverfahren, wenn das Umgangsbestimmungsrecht entzogen und auf einen Ergänzungspfleger (§ 1909 BGB) übertragen werden soll.[306]

▶ *Näher hierzu die Übersicht unter Rn. 64.*

88 Umgangsverfahren sind **Amtsverfahren**; eines verfahrenseinleitenden **Antrages bedarf es nicht**.[307] Das folgt bereits aus dem Wortlaut des § 1684 BGB und entspricht der h.M.[308] Deshalb kann die sorgeberechtigte Mutter auch im eigenen Namen einen „Antrag" auf eine gerichtliche Festlegung von Umgangskontakten der Kinder mit dem anderen Elternteil stellen.[309] In der Praxis erfolgt die Einleitung eines gerichtlichen Umgangsverfahrens gleichwohl in der Regel mit einem Antrag zur gewünschten Ausgestaltung des Umgangsrechts, jedoch handelt es sich hierbei um **keinen Sachantrag**, sondern um eine **Anregung**.[310]

Aus der Natur des Amtsverfahrens folgt zudem, dass die Eltern das Verfahren nicht nach Belieben gestalten können.[311] Sie können **weder** den Umgangsantrag mit verfahrensbeendender Wirkung **zurücknehmen noch für erledigt erklären** oder die **Aussetzung des Verfahrens** beantragen.[312]

89 Allerdings gibt es in der Praxis häufig Fälle, in denen eine hinreichend bestimmte Regelung des Umgangs nicht möglich und/oder nicht gewollt ist, etwa dann, wenn dem Umgangsberechtigten aufgrund seiner wechselnden Arbeitszeiten eine dauerhafte Festlegung der Umgangszeiten nicht möglich ist oder im Falle des begleiteten Umgangs ein mitwirkungsbereiter Dritter noch nicht feststeht. Wollen die Beteiligten ein Umgangsverfahren gleichwohl **einvernehmlich, jedoch ohne vollstreckbare Regelung beenden**, so muss ihnen das unge-

---

303 Vgl. BGH MDR 2019, 676 zum Herausgabeanspruch des Reisepasses
304 *Heiß*, FPR 2011, 96, 99
305 vgl. OLG Schleswig NZFam 2024, 846; OLG Karlsruhe FamRZ 2024, 1298; Staudinger/*Dürbeck*, §1684 Rn. 379
306 BGH ZKJ 2016, 419 Rn. 44; *Heilmann*, FamRZ 2014, 1753, 1755
307 OLG Frankfurt FamRZ 2021, 205; 2014, 576; Staudinger/*Dürbeck*, § 1684 BGB, Rn. 381; a.A.: *Socha*, FamRZ 2010, 948
308 OLG Frankfurt FamRZ 2014, 576 m.w.N.
309 OLG Koblenz ZKJ 2020, 189; OLG Frankfurt FamRZ 2014, 576, a.A. noch BGH FamRZ 2008, 1334
310 OLG Frankfurt FamRZ 2021, 205; ausführlich zum gesamten Problemkreis *Obermann*, FamRZ 2023, 409
311 OLG Frankfurt ZKJ 2013, 127; OLG Celle ZKJ 2010, 433
312 Vgl. OLG Rostock MDR 2024, 714

achtet der Ausgestaltung des Umgangsverfahrens als Amtsverfahren aufgrund ihrer Elternautonomie möglich sein.[313] Das Verfahren wird allerdings nur abgeschlossen, wenn das Gericht – nach Kindeswohlprüfung – **eindeutig die verfahrensbeendende Wirkung** des – nicht vollstreckungsfähigen – Vergleichs zum Ausdruck bringt. Zum einen sollte im Protokoll festgehalten werden, dass die Beteiligten auf die fehlende Vollstreckungsfähigkeit der Vereinbarung hingewiesen wurden. Zum anderen sollte ein Beschluss des Gerichts ergehen, dass es einer familiengerichtlichen Regelung des Umgangs nicht bedarf.[314]

Geht aus der Vereinbarung hervor, dass die Beteiligten nur eine **Teilvereinbarung** getroffen haben (häufig zunächst über begleiteten Umgang) und eine **weitere Tätigkeit des Gerichts** (etwa nach einem ersten Bericht des Umgangsbegleiters) **wünschen**, so ist das Verfahren zu einem späteren Zeitpunkt fortzuführen. Mit Blick auf § 155 FamFG empfiehlt sich, dass (vorsorglich) ein weiterer Termin (bspw. in drei Monaten) anberaumt wird. Gegebenenfalls mag dieser Termin aufgehoben und das Verfahren förmlich beendet werden. **90**

Bei den gerichtlichen Entscheidungen im Umgangsverfahren ist zu differenzieren. Eine das Verfahren endgültig abschließende **Entscheidung** ergeht durch einen (End-)Beschluss. Dieser muss die in der untenstehenden Checkliste unter A 1. aufgeführte – vollstreckungsfähige – Regelung enthalten.[315] Die **bloße Zurückweisung oder Ablehnung** einer Umgangsregelung **käme einem Umgangsausschluss gleich,** weil die Beteiligten dann keine Gewissheit haben, wie und ab wann der Umgang stattfinden kann.[316] In einer solchen Ablehnung liegt eine unzulässige Teilentscheidung.[317] **91**

Unzulässige Teilentscheidungen in Umgangssachen liegen auch dann vor, wenn das Familiengericht eine **nicht vollstreckungsfähige Umgangsregelung** getroffen hat, auch wenn das Gericht mit dem Beschluss das Verfahren abschließen wollte und eine Kostenentscheidung getroffen hat. Auch wenn nach (oder vor) dem gerichtlich geregelten **Zeitraum der Umgang ungeregelt** bleibt, weil offensichtlich auch nach dem geregelten Zeitraum eine Umgangsregelung erforderlich ist, liegt eine unzulässige Teilentscheidung vor.[318] Gleiches gilt in den Fällen, in denen das Gericht keinen ausreichend langen Zeitraum regelt. Diese Gefahr besteht immer dann, wenn der Regelungszeitraum unterhalb eines Jahres liegt.[319]

Eine unzulässige Teilentscheidung führt regelmäßig nach § 69 Abs. 1 Satz 2 FamFG zur Aufhebung der Entscheidung und Zurückverweisung des Verfahrens an das Amtsgericht. Zur Teilvereinbarung bzw. Zwischenvereinbarung siehe oben Rn. 90. Ein **Teilbeschluss** kann in Umgangsverfahren ausnahmsweise dann ergehen, wenn eine Umgangsregelung nur für einen begrenzten Zeitraum erforderlich bzw. möglich ist, z.B. ein vollstreckungsfähiger begleiteter Umgang für zwei Monate. Dann muss das Verfahren aber danach fortgeführt werden (siehe Rn. 90). Die kurzfristige Umgangsregelung, die ergeht, weil eine abschließende Regelung noch nicht möglich ist, kann dann ggf. auch im Wege der einstweiligen Anordnung getroffen werden.[320]

313 OLG Frankfurt ZKJ 2024, 229; OLG Frankfurt (1. Senat) FamRZ 2014, 53; a.A.: OLG Frankfurt (5. Senat) NZFam 2014, 610: Beendigung nur durch gerichtlich gebilligten Vergleich nach § 156 Abs. 2 FamFG möglich; so auch OLG Brandenburg NZFam 2014, 708
314 Vgl. OLG Rostock MDR 2024, 714; OLG Frankfurt ZKJ 2024, 229
315 BGH FamRZ 2024, 950
316 BVerfG FamRZ 2006, 1005; BGH FamRZ 2016, 1058; OLG Frankfurt FamRZ 2024, 191
317 OLG Schleswig NJW 2018, 559
318 BGH FamRZ 2016, 1058; OLG Frankfurt FamRZ 2024, 191; OLG Frankfurt ZKJ 2024, 360 (keine Umgangsregelung für einen erheblichen Zeitraum vor der umfassenden Umgangsregelung); ungeregelten Zeitraum; OLG Karlsruhe FamRZ 2023, 1876 (Umgangsregelung für ein halbes Jahr)
319 Beispiele aus obergerichtlicher Rechtsprechung: z.B. OLG Karlsruhe, FamRZ 2023, 1876 und OLG Hamburg FamRZ 2022, 360 (jeweils 6 Monate); OLG Frankfurt, FamRZ 2023, 305 (3 Monate)
320 OLG Karlsruhe FamRZ 2023, 1876; OLG Frankfurt FamRZ 2023, 305

Übersicht: Beendigung des Umgangsverfahrens

A. **Beendigung des Umgangsverfahrens**
   1. Regelung des Umgangs nach Art, Ort und Zeit (ggf. mit zusätzlicher Umgangspflegschaft i.S.v. § 1684 Abs. 4 BGB)
   2. Gerichtlich gebilligter Vergleich i.S.v. § 156 Abs. 2 FamFG
   3. Feststellung (durch Beschluss), dass es keiner familiengerichtlichen Regelung des Umgangs bedarf

B. **Keine Beendigung des Umgangsverfahrens**
   1. „Antragsrücknahme" (siehe ggf. A. 3.)
   2. „Erledigungserklärung" (siehe ggf. A. 3.)
   3. Vergleich der Eltern ohne gerichtliche Billigung bzw. Zustimmung aller Beteiligten (ggf. A. 1.)
   4. Umgangsbestimmungspflegschaft (ggf. A.3. [bei späteren Konflikten mit dem Umgangsbestimmungspfleger ggf. A.1.])
   5. Überlassen der Regelung von Art, Ort und Zeit an Umgangsbegleiter oder Umgangspfleger i.S.v. § 1684 Abs. 3 BGB

92 Die **örtliche Zuständigkeit** des Familiengerichts richtet sich nach § 152 Abs. 2 FamFG, dem **gewöhnlichen Aufenthalt** des Kindes, soweit es sich um ein isoliertes Umgangsverfahren handelt. Wurde das Verfahren im Scheidungsverbund geltend gemacht, so ergibt sich die Zuständigkeit aus § 152 Abs. 1 FamFG und folgt der anhängigen Ehesache.

▶ *Zu weiteren Einzelheiten siehe Keuter, §§ 151 ff. FamFG.*

▶ *Zur* **internationalen Zuständigkeit** *vgl. Schweppe, Auslandsbezüge Vorbem., Rn. 17 ff.*

93 **Verfahrensbeteiligte** sind das **Kind, die Eltern,**[321] ggf. der **Verfahrensbeistand** und das **Jugendamt,** sofern es seine Beteiligung beantragt (§ 162 Abs. 2 FamFG, siehe *Heilmann*, § 162 FamFG, Rn. 23). Kinder sind ab dem 14. Lebensjahr nur dann verfahrensfähig (§ 9 Abs. 3 FamFG), wenn sie ihr Umgangsrecht selbst bei Gericht geltend machen.[322] Im Übrigen und damit im Regelfall müssen sich Kinder von ihren Sorgeberechtigten vertreten lassen. **Pflegeeltern** sind unter den Voraussetzungen des § 161 Abs. 1 FamFG und ggf. mit Blick auf § 7 Abs. 1 FamFG zu beteiligen (siehe *Heilmann*, § 161 FamFG, Rn. 10 ff.). Hat das Kind einen **(Amts-)Vormund**, oder einen **Ergänzungspfleger**, dem das Umgangsbestimmungsrecht übertragen wurde, so ist auch er am Verfahren beteiligt (§ 7 Abs. 2 Nr. 1 FamFG). Hier ist darauf zu achten, dass das Jugendamt in seiner Funktion als Amtsvormund (§ 1774 Abs. 1 Nr. 4 BGB) nicht identisch ist mit dem Jugendamt in seiner Funktion als allgemeiner Sozialdienst, in der es nach § 50 SGB VIII zur Mitwirkung verpflichtet ist und gemäß § 162 Abs. 2 FamFG beteiligt werden kann.[323] Insbesondere bei **Terminsladungen und Zustellungen von Beschlüssen** ist darauf zu achten, dass das Jugendamt in beiden Funktionen gesondert berücksichtigt wird.

321 Zu den Ausnahmen vgl. Staudinger/*Dürbeck*, BGB (2023) § 1684 Rn. 403
322 KG FamRZ 2017, 899 zu § 1685 BGB; *Köhler*, ZKJ 2018, 50, 53; vgl. auch BGH FamRZ 2021, 1402 zu § 1666 BGB; a.A.: OLG Hamburg ZKJ 2018, 193, und die 1. Auflage
323 *Harm/Mix/Optiz/Pütz/Rotax/Rüting*, FamRZ 2012, 1849, 1850

Es gilt der **Amtsermittlungsgrundsatz** nach § 26 FamFG.[324] In der Regel unverzichtbar zur Ermittlung des Sachverhalts und zur Wahrung rechtlichen Gehörs ist die **mündliche Erörterung** mit den Beteiligten in einem Gerichtstermin, in dem zugleich die in §§ 159 ff. FamFG **zwingend** auch für das Umgangsverfahren **vorgesehenen Anhörungen** erfolgen sollten. **Anzuhören** sind die Eltern (§ 160 FamFG), das Kind (§ 159 FamFG) und das Jugendamt (§ 162 Abs. 1 FamFG), ggf. die Pflegeeltern (§ 161 Abs. 2 BGB). **94**

Im Umgangsverfahren von besonderer Bedeutung ist das Vorrang- und **Beschleunigungsgebot**.[325] Seine ausdrückliche Ausgestaltung findet sich in **§ 155 Abs. 2 FamFG**, wonach das Gericht in Umgangsverfahren **binnen eines Monats** nach Einleitung des Verfahrens die Sache mit den Beteiligten **mündlich erörtern** soll. Dies gilt selbstverständlich auch dann, wenn der umgangsbegehrende Elternteil in der Vergangenheit über einen längeren Zeitraum nicht um Umgang nachgesucht hat. Denn das Beschleunigungsgebot gilt auch im Interesse der weiteren Beteiligten, insbesondere des Kindes. Es besteht jedoch weder verfassungsrechtlich noch menschrechtlich die Verpflichtung zur maximalen Verfahrensbeschleunigung; vielmehr bestimmt sich die Angemessenheit der Verfahrensdauer nach den Umständen des Einzelfalls unter Berücksichtigung der besonderen Sorgfaltspflicht in Umgangssachen.[326] **95**

Die vorrangige Erledigung der in § 155 Abs. 1 FamFG genannten Kindschaftssachen hat notfalls auch zu Lasten anderer anhängiger Verfahren zu erfolgen. Ist die Terminierung innerhalb eines Monats, wie von § 155 Abs. 2 FamFG vorgesehen, nicht möglich, so muss notfalls ein anderer Termin, der nicht so dringlich ist, aufgehoben werden. Auch die anderen Verfahrensbeteiligten haben sich auf den Beschleunigungsgrundsatz durch entsprechende organisatorische Maßnahmen einzustellen. **96**

▶ *Näher hierzu Fink, § 155 FamFG Rn. 13 ff.*

Das Gebot, in kindschaftsrechtlichen Verfahren eine einvernehmliche Lösung der Beteiligten zu fördern (vgl. § 156 FamFG), hat insbesondere in Umgangssachen eine große Bedeutung. Denn einvernehmliche Lösungen erweisen sich in der Regel nachhaltiger als eine gerichtlich festgelegte Regelung. Es kommt hinzu, dass ein Einvernehmen der Eltern auch eine (ggf. spätere) Flexibilität der Umgangswahrnehmung ermöglicht, die letztlich – wie Langzeitstudien erweisen – dem Kinde nachhaltig zugutekommt.[327] Vor einer Einigung „um jeden Preis" ist dennoch zu warnen. Denn es kann auch Fälle geben, in denen die richterliche Autorität aufkommende Probleme im Keim zu ersticken vermag und überobligate Nachsicht künftige Konflikte eher befeuert. Letzteres ist auch mit Blick auf das verfassungsrechtliche Gebot des effektiven Rechtsschutzes bedenklich. Fälle der Hochkonflikthaftigkeit sind einem nachhaltigen Einvernehmen häufig ohnehin nicht zugänglich. **97**

In Fällen **häuslicher Gewalt** sollte im Regelfall von einem Hinwirken auf ein Einvernehmen abgesehen werden, da vom gewaltbetroffenen Elternteil in der Regel nicht erwartet werden kann, dass er sich nach erlittener Gewalt auf einen Vergleichsprozess mit dem gewalttätigen Elternteil einlässt.[328] Eine **Elternvereinbarung** zum persönlichen Umgang ist jedenfalls dann **sittenwidrig,** wenn sie mit der Fälligkeit der Zahlung einer Zugewinnausgleichsforderung verknüpft wird.[329]

▶ *Näher hierzu Wegener, § 156 FamFG Rn. 41.*

324 Vgl. hierzu auch Art. 31 Abs. 2 Istanbul-Konvention
325 Zum Ganzen: *Schweppe*, FamRZ 2024, 333
326 BVerfG FamRZ 2019, 1929
327 Hierzu *Wallerstein/Lewis/Blakeslee*, Scheidungsfolgen – Die Kinder tragen die Last
328 Vgl. Art. 31 Abs. 2 Istanbul-Konvention
329 BGH FamRZ 2024, 603

98 Der Erlass einer **einstweiligen Anordnung** auf Regelung des Umgangs ist möglich und in **§ 156 Abs. 3 FamFG** für Fälle vorgesehen,[330] in denen im frühen Termin nach § 155 FamFG **keine Einigung der Beteiligten** erzielt werden und eine endgültige Entscheidung, etwa wegen der Notwendigkeit der Einholung eines Sachverständigengutachtens, noch nicht ergehen konnte. In Betracht kommt neben einer positiven Umgangsregelung auch ein Umgangsausschluss.

▶ *Zu den Einzelheiten der einstweiligen Anordnung siehe Kischkel, § 49 FamFG Rn. 34 ff.*

99 Werden von Beginn an **inhaltsgleiche Haupt- und EA-Anträge** bei Gericht eingereicht, so stellt sich im Hinblick auf den Beschleunigungsgrundsatz und die Verpflichtung des Gerichts nach § 156 Abs. 3 FamFG die Frage des **Regelungsbedürfnisses** gemäß § 49 Abs. 1 FamFG. Dieses ist jedenfalls in solchen Fällen zu bejahen, in denen eine über das allgemeine Beschleunigungsbedürfnis in Umgangssachen hinausgehende Dringlichkeit besteht. Dies kann der Fall sein, wenn es dem Umgangsberechtigten um die Regelung eines nahestehenden Termins (Feiertags- oder Ferienumgang) geht. Jedoch wird eine Umgangsregelung ohne vorherige Anhörung mangels Gefahr in Verzug (§§ 159 Abs. 3, 160 Abs. 4, 162 Abs. 1 FamFG) nur in seltenen Ausnahmefällen in Betracht kommen. In den Fällen, in denen sich kein Eilbedürfnis ergibt, das über die dem Umgangsverfahren innewohnende Dringlichkeit zur Vermeidung eines Kontaktabbruchs hinausgeht, muss ein von Beginn an bestehendes Bedürfnis für ein sofortiges Einschreiten verneint werden.

100 Dem Kind wird in Umgangsverfahren bei Vorliegen der Voraussetzungen des § 158 FamFG ein **Verfahrensbeistand** zu bestellen sein.

▶ *Näher hierzu Keuter, Kommentierung zu § 158 FamFG.*

101 Umgangsregelungen sind – sofern sie einen vollstreckungsfähigen Inhalt haben – (siehe oben Rn. 28 und *Cirullies*, § 86 FamFG, Rn. 19, 21 ff.) **vollstreckbar**. Auch der **Umgangsausschluss** ist gemäß §§ 86 ff. FamFG vollstreckbar.[331] Sowohl der **Ausschluss**[332] als auch die **Regelung fester Umgangszeiten** enthalten nach hier vertretener Auffassung das **konkludente Verbot,** das Kind außerhalb der festgelegten Umgangszeiten oder – beim Ausschluss – generell zu kontaktieren.[333] Der **BGH**[334] hat sich dieser Auffassung jedenfalls bei Umgangsregelungen, durch die der Umgang auf einen bestimmten Rhythmus festgelegt wird oder dem umgangsberechtigten Elternteil bestimmte Umgangszeiten zugewiesen werden, nicht angeschlossen. Danach soll sich solchen Regelungen nicht mit der für die Vollstreckung erforderlichen hinreichenden Deutlichkeit entnehmen lassen, dass der Umgangsberechtigte in den übrigen Zeiten keinen Umgang haben darf (hierzu oben Rn. 26).

Das Gericht kann auch von Amts wegen ein Vollstreckungsverfahren einleiten, sofern es die Kenntnis erhält, dass sich einer der Verpflichteten nicht an die Umgangsregelung hält. Das Vollstreckungsverfahren ist ebenfalls vorrangig und beschleunigt durchzuführen (vgl. § 88 Abs. 3 Satz 1 FamFG).[335]

▶ *Näher zum Vollstreckungsverfahren Cirullies, § 86 ff. FamFG.*

---

330 „... soll das Gericht ... den Umgang durch einstweilige Anordnung regeln oder ausschließen."
331 OLG Saarbrücken NJW-RR 2011, 436
332 OLG Brandenburg FamRZ 2024, 953; das dürfte auch nach der Entscheidung des BGH FamRZ 2024, 950 noch gelten: *Cirullies*, NZFam 2024, 691, 692
333 KG ZKJ 2015, 191; *Dürbeck*, ZKJ 2020, 209; a.A.: OLG Frankfurt ZKJ 2018, 28; differenzierend nach positiver Regelung (nicht ausreichend) und Umgangsausschluss (ausreichend): Staudinger/*Dürbeck*, § 1684 BGB Rn. 533a
334 BGH FamRZ 2024, 950
335 Vgl. auch EGMR, FamRZ 2015, 469

102 Eine **Abänderung** der gerichtlichen Umgangsregelung kommt nur nach Maßgabe des § 1696 BGB in Betracht. Ein **Umgangsausschluss für längere Zeit** nach § 1684 Abs. 4 Satz 2 BGB ist gemäß § 1696 Abs. 2 BGB zwingend aufzuheben, wenn eine Kindeswohlgefährdung nicht mehr besteht; § 1696 Abs. 1 BGB und der hier vorgesehene Abänderungsmaßstab der „triftige[n] Gründe" ist dann nicht einschlägig.[336]

▶ *Näher zum Abänderungsverfahren Bussian, § 1696 BGB.*

▶ *Zur Beschwerde in Umgangssachen bzw. zur fehlenden Möglichkeit des Abschlusses eines gerichtlich gebilligten Vergleichs im Rahmen eines Beschwerdeverfahrens zum Sorgerecht siehe Kischkel, § 58 FamFG Rn. 3, bzw. Wegener, § 156 FamFG Rn. 72.*

D. Kosten, Verfahrenswert, Verfahrenskostenhilfe

103 Die **Kostenentscheidung** hat sich nach § 81 FamFG zu richten. Es wird in der Regel billigem Ermessen entsprechen, beiden Elternteilen die Gerichtskosten **jeweils zur Hälfte** aufzuerlegen und von einer Erstattung außergerichtlicher Auslagen abzusehen.[337] Dem liegt die Erwägung zugrunde, dass Umgangsverfahren regelmäßig im Interesse des Kindes geführt werden und beide Elternteile gleichermaßen für die Notwendigkeit eines gerichtlichen Verfahrens in der Verantwortung stehen. Hingegen soll das Gericht einem Beteiligten die Kosten ganz oder teilweise auferlegen, wenn ein Tatbestand des **§ 81 Abs. 2 FamFG** erfüllt ist. Die Voraussetzungen für eine Auferlegung der Verfahrenskosten eines Umgangsverfahrens auf einen Elternteil allein gemäß § 81 Abs. 2 Nr. 4 FamFG können dann vorliegen, wenn dieser die Erstellung des angeordneten **Sachverständigengutachtens** durch die Verweigerung zeitnaher Explorationstermine wesentlich verzögert hat.[338] Ausnahmsweise kann von der Kostenerhebung für ein Sachverständigengutachten abgesehen werden; bspw. dann, wenn das Gutachten zum Zeitpunkt der amtsgerichtlichen Beschlussfassung auf Grund des Zeitablaufs (rund 26 Monate vom Eingang des Gutachtens bis zur Entscheidung) nur noch eingeschränkt verwertbar war und darüber hinaus vom Gericht allenfalls sehr eingeschränkt in seiner Entscheidung verwertet wurde.[339]

▶ *Zu weiteren Einzelheiten siehe Kischkel, Kommentierung zu § 81 FamFG.*

104 Dem **betroffenen minderjährigen Kind** können in Umgangsverfahren gemäß § 81 Abs. 3 FamFG ebenso wenig die Kosten auferlegt werden, wie dem **Verfahrensbeistand** (§ 158 c Abs. 4 FamFG). Theoretisch können auch dem Jugendamt Kosten auferlegt werden, sofern es Beteiligter ist (§ 162 Abs. 2 FamFG).[340]

▶ *Kischkel, § 81 FamFG, Rn. 5; zum Vergleich § 83 FamFG.*

105 Der **Verfahrenswert** richtet sich nach § 45 Abs. 1 Nr. 2 FamGKG und beträgt **regelmäßig 5.000 EUR für alle nach dem 1.6.2025 eingeleiteten Verfahren**.[341] Der Verfahrenswert kann aber gemäß § 45 Abs. 3 FamGKG herauf- oder herabgesetzt werden.

▶ *Zu Einzelheiten siehe Kischkel, § 80 FamFG, Rn. 18, 20.*

---

336 BVerfG FamRZ 2024, 1541
337 OLG Frankfurt FamRZ 2021, 1142; OLG Nürnberg FamRZ 2010, 998
338 OLG Celle ZKJ 2014, 479: Vereinbarung von Terminen für einen Zeitpunkt erst mehr als fünf Monate nach Kenntnis vom Beweisbeschluss und darauf beruhender Dauer der Gutachtenerstellung von mehr als neun Monaten
339 OLG Frankfurt FamRZ 2016, 479; zur Höhe der Sachverständigenkosten vgl. OLG Frankfurt MDR 2023, 108
340 Vgl. hierzu *Dürbeck*, ZKJ 2017, 19
341 KostBRÄG 2025, BGBl. Teil I 2025, Nr. 109, S. 12 ff.

106 In **isolierten Umgangsverfahren** besteht in 1. und 2. Instanz **kein Anwaltszwang** (§ 114 Abs. 1, 2 FamFG). Die Bewilligung von **Verfahrenskostenhilfe** kann bei bestehender Bedürftigkeit in Umgangsverfahren verweigert werden, wenn das Betreiben des Verfahrens mutwillig gemäß §§ 114 Abs. 2 ZPO, 76 Abs. 1 FamFG ist. Ein Antrag zum Umgangsrecht kann **mutwillig** sein, wenn sich der umgangsbegehrende Elternteil vor Einleitung des Verfahrens weder an den anderen Elternteil noch an das minderjährige Kind oder an das Jugendamt gewandt hat. Es kommt hier auf den Einzelfall an (ausführlich hierzu *Gottschalk*, § 76 FamFG, Rn. 27).

▶ *Zur Frage der Beiordnung eines Rechtsanwalts in Umgangsverfahren vgl. Gottschalk, § 78 FamFG, Rn. 3 ff.*

§ 1685 BGB

Umgang des Kindes mit anderen Bezugspersonen

(1) Großeltern und Geschwister haben ein Recht auf Umgang mit dem Kind, wenn dieser dem Wohl des Kindes dient.

(2) [1]Gleiches gilt für enge Bezugspersonen des Kindes, wenn diese für das Kind tatsächliche Verantwortung tragen oder getragen haben (sozial-familiäre Beziehung). [2]Eine Übernahme tatsächlicher Verantwortung ist in der Regel anzunehmen, wenn die Person mit dem Kind längere Zeit in häuslicher Gemeinschaft zusammengelebt hat.

(3) [1]§ 1684 Abs. 2 bis 4 gilt entsprechend. [2]Eine Umgangspflegschaft nach § 1684 Abs. 3 Satz 3 bis 5 kann das Familiengericht nur anordnen, wenn die Voraussetzungen des § 1666 Abs. 1 erfüllt sind.

Weiterführende Literatur: Giers, Das Umgangsrecht nach § 1685, FamRB 2011, 229; *Köhler*, Zurückweisung eines „Antrages" im Amtsverfahren, ZKJ 2018, 9–11; *Löhning*, Das Umgangsrecht der Großeltern aus § 1685 Abs. 1 BGB – Dogmatische Struktur und Praxis, NZFam 2017, 1030; *Motzer*, Das Umgangsrecht Verwandter und enger Bezugspersonen des Kindes, FamRB 2004, 231; *Osthold*, Das Umgangsrecht der Großeltern nach § 1685 Abs. 1 BGB – eine Zwischenbilanz, FF 2017, 347; *Sanders/Bünte*, Umgang mit Großeltern und Geschwistern als gesetzliches Recht des Kindes, FamRZ 2023, 85; *Schwab*, Was ist und was bedeutet Familie, FF 2022, 53; *Splitt*, Umgang des Kindes mit anderen Bezugspersonen – § 1685 BGB, FamRB 2021, 341; *Walter*, Umgang mit dem in Familienpflege untergebrachten Kind, §§ 1684, 1685 BGB – psychologische Aspekte, FPR 2004, 415; *Willutzki*, Zum Umgangsrecht der Großeltern oder wie § 1685 Abs. 1 BGB eigentlich aussehen sollte, in: FS Koch (2019), 557; *Zimmermann*, Großeltern 2.0 – Umgangsrecht der Großeltern mit dem Kind, ZRP 2019, 40.

Übersicht Rn.

A. Allgemeines

I. Normzweck

1 Neben den Eltern, deren Umgangsrecht in § 1684 BGB abschließend geregelt ist, haben auch andere enge Bezugspersonen des Kindes ein Recht auf Umgang mit ihm. Insbesondere der frühere Partner eines Elternteils, die Großeltern nach Verbleib des Kindes beim Schwiegerkind und Pflegeeltern nach der Rückführung des Kindes haben das Bedürfnis, den Kontakt mit dem (Enkel-, Pflege-)Kind zu halten – und umgekehrt. Allerdings sieht § 1685 BGB – anders als § 1684 BGB – **nur ein Recht** und **keine Pflicht** zum Umgang vor und dies auch nur, soweit dieser dem Kindeswohl dient.[1]

2 Die Begrenzung auf die in § 1685 BGB genannten Personen soll einer Überforderung des Kindes durch eine Vielzahl von Umgangswünschen entgegenwirken.[2] Insbesondere bei in einer Pflegefamilie lebenden Kindern, können Besuchswünsche von Verwandten neben den möglicherweise getrennt lebenden, den Umgang begehrenden Eltern, leicht zu einem überfüllten Terminkalender des Kindes führen. Das **elterliche Umgangsrecht geht dem Umgangsrecht nach § 1685 BGB verfassungsrechtlich vor**.[3] Demnach kann das Umgangsrecht der Eltern nicht mit der Begründung beschnitten werden, eine enge Bezugsperson habe ebenfalls ein Umgangsrecht. Die Vorschrift ist im engen Zusammenhang mit § 1626 Abs. 3 Satz 2 BGB zu sehen und in ihrem Sinne auszulegen.[4]

3 Die Kindeswohldienlichkeit eines Umgangs wird trotz der besonderen Bindungen zu den in § 1685 BGB genannten Personen nicht von vornherein vermutet, sondern sie ist positiv festzustellen.[5] Versagen die personenberechtigten Eltern den Umgang mit den engen Bezugspersonen, so kommt ihnen trotz des in Art. 6 Abs. 2 GG verankerten Elternrechts nicht in jedem Fall der Vorrang zu.[6] Vielmehr muss sich die elterliche Entscheidung am Kindeswohl orientieren und darf bei gewachsenen Bindungen nur aus nachvollziehbaren Gründen erfolgen.[7]

II. Anwendungsbereich

4 Der Umgang der rechtlichen Eltern bestimmt sich nach § 1684 BGB. Die engen Bezugspersonen des Kindes, denen mit § 1685 BGB neben den Eltern ein Umgangsrecht eingeräumt wird, sind in § 1685 Abs. 1 und 2 BGB abschließend aufgezählt. Großeltern und Geschwister (Abs. 1) erhalten ein Umgangsrecht allein kraft des **nahen Verwandtschaftsverhältnisses**, die in Abs. 2 für die übrigen engen Bezugspersonen geforderte sozial-familiäre Beziehung stellt für diesen Personenkreis keine weitere Voraussetzung dar. Weitere Verwandte können sich nur auf Abs. 2 berufen.

1 Staudinger/*Dürbeck*, § 1685 Rn. 9 f., 15
2 OLG Brandenburg NZFam 2024, 893 und *Völker/Clausius*, § 2 Rn. 114 bezeichnen die Überforderung durch eine Vielzahl von Besuchen als „Umgangstourismus"
3 BVerfG FamRZ 2007, 335
4 OLG Koblenz FamRZ 2000, 1111
5 BGH ZKJ 2017, 463 Rn. 36; OLG Koblenz FamRZ 2000, 1111
6 Staudinger/*Dürbeck*, § 1685 Rn. 36: „relativer Vorrang"
7 OLG Koblenz MDR 2000, 162

Die in Abs. 2 genannten Personen sind – nur dann – umgangsberechtigt, wenn sie für das Kind **tatsächliche Verantwortung** tragen oder getragen haben. Dem biologischen, nicht rechtlichen Vater steht nunmehr unter den Voraussetzungen des § 1686a Abs. 1 Nr. 1 BGB ein Umgangsrecht auch dann zu, wenn er nicht in einer sozial-familiären Beziehung zum Kind stand oder steht. Das Verhältnis von **§ 1686a BGB zu § 1685 BGB** wird unterschiedlich beurteilt. Nach hier vertretener Auffassung stehen beide Vorschriften nebeneinander, denn für den Fall, dass der leibliche Vater bereits eine enge Bezugsperson ist und längere Zeit Verantwortung für das Kind getragen hat, können sich beide Vorschriften ergänzen.[8]

B. Inhalt der Norm

I. Großeltern und Geschwister (Abs. 1)

1. Verwandtschaftsbegriff

5 Nach Abs. 1 stehen Großeltern und Geschwistern ein Umgangsrecht zu, sofern der Umgang **dem Wohl des Kindes dient**. Dem in Abs. 1 genannten Personenkreis steht das Umgangsrecht allein aufgrund ihres **engen Verwandtschaftsgrades** zu, der Nachweis einer engen Bindung, wie in Abs. 2, ist nicht erforderlich. Der Gesetzgeber ging davon aus, dass es sich bei diesem Kreis von Personen um **üblicherweise dem Kind nahestehende Menschen** handelt.[9] Ggf. dient die Kindeswohlprüfung hier als Korrektiv.

6 Maßgeblich ist der Verwandtschaftsbegriff des § 1589 BGB,[10] so dass der angeheiratete Großelternteil ebenso wenig von Abs. 1 erfasst ist,[11] wie die früheren Großeltern eines adoptierten Kindes oder nach einer Stiefkindadoption[12] oder die biologische Großmutter.[13]

7 Geschwister i.S.d. § 1685 BGB sind auch Halbgeschwister, wie sich aus § 1589 BGB ergibt, nicht aber – frühere – Geschwister nach der Adoption eines von zwei leiblichen Geschwistern[14] oder die Geschwister der Eltern.[15]

8 Die **Aufzählung** in Abs. 1 ist **abschließend**, eine analoge Anwendung auf weitere Verwandte wie Onkel und Tanten, Cousins und Cousinen, Neffen und Nichten kommt nicht in Betracht.[16]

2. Kindeswohldienlichkeit

9 Großeltern oder Geschwistern steht ein Umgangsrecht jedoch nur dann zu, wenn der Umgang dem Wohl des Kindes dient (**positive Kindeswohlverträglichkeit**,[17] zu den verschiedenen Kindeswohlabstufungen siehe *Bussian*, § 1697a BGB Rn. 12). Trotz des engen Verwandtschaftsverhältnisses zu Großeltern und Geschwistern, welches bereits den Nachweis einer sozial-familiären Beziehung entbehrlich macht, spricht **keine Vermutung** für eine

8 Staudinger/*Dürbeck*, § 1685 BGB Rn. 24; BGH ZKJ 2021, 413; siehe hierzu *Bussian*, § 167a FamFG Rn. 3; § 1686a BGB Rn. 3; a.A.: OLG Frankfurt ZKJ 2019, 65: § 1686a BGB als lex specialis vorrangig gegenüber § 1685 Abs. 2 Satz 1 BGB
9 BT-Drs. 13/4899, 107
10 *Völker/Clausius*, § 2 Rn. 118
11 OLG Koblenz FamRZ 2016, 391; in Betracht kommt aber ein Umgangsrecht nach Abs. 2: OLG Brandenburg FamRZ 2017, 1675
12 OLG Rostock FamRZ 2005, 744
13 OLG Celle FamRZ 2005, 126
14 OLG Dresden FamRZ 2012, 1153
15 OLG Bremen ZKJ 2021, 112
16 OLG Zweibrücken FamRZ 1999, 1161
17 BGH ZKJ 2017, 463; OLG Hamm NJW 2024, 774; OLG Brandenburg NJW-RR 2019, 130; MüKo-BGB/*Hennemann*, § 1685 Rn. 14

Kindeswohldienlichkeit.[18] Vielmehr muss in **jedem Einzelfall positiv festgestellt** werden, dass der Umgang auf Grund der sonstigen Tatsachen für das **Kindeswohl förderlich** ist.[19] Es hat eine umfassende Abwägung sämtlicher Umstände des Einzelfalls zu erfolgen.[20] Dabei ist auch der Wille des Kindes zu beachten.[21] Kann die Kindeswohldienlichkeit nach Erschöpfung aller dem Gericht im Rahmen der Amtsermittlung zusehenden Ermittlungen nicht festgestellt werden, kann Umgang nicht gewährt werden.[22]

Grundsätzlich ist der Umgang dem Kindeswohl dienlich, wenn ein **enges Vertrauensverhältnis** zwischen der Bezugsperson und dem Kind besteht, welches es aufrecht zu erhalten gilt, das **Kind den Umgang nicht verweigert**, seine **Alltagsgestaltung weitere Umgangstermine zulässt** und schließlich **keine, das Kind beeinträchtigenden, Konflikte** zwischen den zum Umgang verpflichteten Personen (in der Regel die Eltern) und den Umgangsbegehrenden bestehen. Für die Kindeswohldienlichkeit spricht auch, wenn es der Umgang dem Kind ermöglicht, sich über seine Familienverhältnisse und seine Herkunft im Sinne einer **Identitätsfindung** Klarheit zu verschaffen.[23] 10

Keine Kindeswohldienlichkeit wurde hingegen in folgenden Fällen angenommen: 11

- **Zerrüttung des Verhältnisses** zwischen Umgangsbegehrenden und Eltern(teil);[24] unerheblich ist, wer hierfür die Verantwortung trägt.[25] Hingegen reichen bloße Unstimmigkeiten ohne jedes Gewicht, die sich als bloße Obstruktion darstellen, nicht aus.[26]
- Der sorgeberechtigte **Elternteil lehnt den Umgang** aus nachvollziehbaren Gründen **ab**, obwohl das Kind den Umgang wünscht.[27]
- Drohender und bestehender **Loyalitätskonflikt** des Kindes[28]
- Das **Kind lehnt den Umgang** ab.[29]
- **Überforderung des Kindes** durch eine Vielzahl von Umgangskontakten mit mehreren Umgangsberechtigten.[30]
- Der Umgang wird dazu genutzt, **Streitigkeiten innerhalb der Großfamilie** auszutragen.[31]
- **Fehlende Akzeptanz** des Erziehungsvorrangs der Eltern.[32]

18 OLG Brandenburg NJW-RR 2018, 584; FamRZ 2010, 1991; Staudinger/*Dürbeck*, § 1685 Rn. 34; a.A. OLG Hamm ZKJ 2011, 227; *Völker/Clausius*, § 2 Rn. 119
19 OLG Hamm NJW 2024, 774; OLG Brandenburg FamRZ 2010, 1991; OLG Naumburg FamRZ 2008, 915
20 OLG Frankfurt Streit 2022, 76
21 OLG Koblenz, Beschl. v. 19.5.2020 -9 UF 191/20, juris
22 A.A. *Völker/Clausius*, § 2 Rn. 119: sofern bereits enge Bindungen des Kindes zu der Bezugsperson bestehen
23 OLG Frankfurt FamRZ 2020, 1923
24 BGH ZKJ 2017, 463; OLG Naumburg FamRZ 2008, 915; AG Konstanz FamRZ 2004, 290
25 OLG Hamm FamRZ 2010, 909
26 OLG Braunschweig FamRZ 20121, 195
27 OLG Koblenz FamRZ 2000, 1111
28 BGH ZKJ 2017, 463; OLG Hamm NJW 2024, 774; OLG Karlsruhe ZKJ 2022, 359; OLG Frankfurt Streit 2022, 76 2
29 OLG Brandenburg, Beschl. v. 8.6.2020 – 13 UF 182/19, juris; OLG Frankfurt FamRZ 2013, 1994; OLG Hamm FamRZ 2010, 909
30 OLG Frankfurt, Beschl. v. 15.8.2014 – 6 UF 82/14; OLG Hamm FamFR 2011, 214
31 *Motzer*, FamRB 2004, 231, 232
32 BGH ZKJ 2017, 463; OLG Frankfurt Streit 2022, 76; OLG Braunschweig, Beschl. v. 30.6.021 – 2 UF 47/21 –, FamRZ 2021, 1981 (Ls.)

- **Negative Beeinflussung** der Kinder durch die Bezugsperson, insbesondere wenn hierdurch die Eingliederung in die Pflegefamilie erschwert wird.[33]
- Es besteht die **Gefahr der Retraumatisierung**, wenn das Kind anlässlich der Umgangskontakte in eine Umgebung kommt, in der es an traumatische Erlebnisse erinnert werden könnte.[34]
- Der Umgang der Großeltern wird dazu genutzt, um der mit einem **Näherungsverbot bzw. Umgangsausschluss** belegten Kindesmutter Umgangskontakte zu ermöglichen.[35]

II. Sonstige enge Bezugspersonen (Abs. 2)

1. Zugehörigkeit zu der Gruppe der engen Bezugspersonen

12 § 1685 Abs. 2 BGB enthält – anders als Abs. 1, siehe oben Rn. 4 – keine abschließende Aufzählung, so dass grundsätzlich **jede enge Bezugsperson** als Umgangsberechtigter in Betracht kommen kann. Unter Abs. 2 fallen insbesondere **Cousin, Tante/Onkel,**[36] **frühere Verwandte** (insbesondere die leiblichen Eltern), deren Verwandtschaftsverhältnis zum Kind durch Adoption erloschen ist,[37] **Pflegeeltern**[38]**, frühere Ehegatten** (Stiefeltern), **Lebensgefährten**[39] oder **Lebenspartner**[40] eines Elternteils.

2. Sozial-familiäre Beziehung

a) Begriff der sozial familiären Beziehung (Abs. 2 Satz 1)

13 Das Umgangsrecht nach Abs. 2 setzt voraus, dass die umgangsberechtigte Person für das Kind **tatsächliche Verantwortung trägt oder getragen hat**.[41] Das Gesetz spricht insoweit auch vom Vorliegen einer „sozial-familiären Beziehung". Die aufgrund tatsächlicher Verantwortungsübernahme entstandene enge Bindung soll aufrechterhalten werden.[42] Nicht ausreichend ist, dass der Umgangsbegehrende geltend macht, der ihm einzuräumende Umgang diene der Anbahnung einer sozial-familiären Beziehung.[43] Andererseits ist nicht Voraussetzung, dass die sozial-familiäre Beziehung gegenwärtig noch fortbesteht.[44] Anderenfalls müsste der Elternteil, der den Umgang nicht gewähren möchte, nur dafür Sorge tragen, dass der Umgangsbegehrende das Kind längere Zeit nicht sieht. Der Umstand, dass der Kontakt seit längerer Zeit abgebrochen ist, ist bei der Frage der Kindeswohldienlichkeit zu berücksichtigen.[45]

---

33 Sehr weitgehend mit der Bejahung der Kindeswohldienlichkeit: OLG Köln FamRZ 2013, 1748: nicht ausreichend ist, dass die Großeltern die Fremdunterbringung der Kinder zutiefst missbilligen, eine eigene Betreuung der Kinder anstreben und durch ihr Verhalten die Kinder bei Kontakten – auch unbewusst – verunsichern könnten.

34 Staudinger/*Dürbeck*, § 1685 Rn. 44

35 OLG Frankfurt FamRZ 2013, 1994: Ausschluss wegen Kindeswohlgefährdung gemäß § 1685 Abs. 3 Satz 1 BGB i.V.m. § 1684 Abs. 4 Satz 2 BGB

36 OLG Bremen FamRZ 2013, 311, allerdings kein Umgangsrecht mangels Bestehens einer sozial-familiären Beziehung

37 OLG Stuttgart NJW-RR 2007, 76; ausführlich zum Ganzen: *Motzer*, FamRB 2004, 231, 234

38 OLG Schleswig, Beschl. v. 22.11.2018 – 10 UF 185/18, juris

39 OLG Karlsruhe FamRZ 2022, 12886

40 OLG Braunschweig FamRZ 2021, 195; OLG Frankfurt FamRZ 2020, 1923; OLG Karlsruhe NJW 2011, 1012

41 BGH ZKJ 2021, 413.

42 *Völker/Clausius*, § 2 Rn. 122

43 OLG Bremen FamRZ 2013, 311

44 BGH NJW-RR 2005, 729, a.A.: OLG Koblenz FamRZ 2009, 1229

45 BGH NJW-RR 2005, 729

b) Tatsächliche Verantwortung (Abs. 2 Satz 1 und 2)

Nicht erforderlich ist, dass die Beteiligten über einen längeren Zeitraum in häuslicher Gemeinschaft gelebt haben, denn die Übernahme der tatsächlichen Verantwortung kann auch auf andere Weise erfolgen,[46] etwa dadurch, dass das Kind von dem Umgangsbegehrenden über eine längere Zeit regelmäßig betreut wurde, wobei der Wille zur Verantwortungsübernahme hinzukommen muss.[47] **Nicht ausreichend** ist, dass der Umgangsbegehrende geltend macht, der ihm einzuräumende Umgang diene der **Anbahnung** einer sozial-familiären Beziehung.[48] Die sozial-familiäre Beziehung muss nicht notwendigerweise gegenwärtig fortbestehen. Sie wird in der Praxis allerdings selten zu bejahen sein, wenn die Beteiligten nie zusammen gelebt haben.[49] Hingegen besteht eine gesetzliche Vermutung für die Tragung tatsächlicher Verantwortung, wenn eine häusliche Gemeinschaft bestand (siehe hierzu Rn. 15). **14**

c) Vermutung für die Übernahme tatsächlicher Verantwortung (Abs. 2 Satz 2)

Hat die den Umgang begehrende Person **längere Zeit** mit dem Kind in **häuslicher Gemeinschaft** gelebt, dann wird die **sozial-familiäre Beziehung vermutet** (Abs. 2 Satz 2). Die betreffende Person muss dann nur das Bestehen einer häuslichen Gemeinschaft für einen längeren Zeitraum darlegen und ggf. beweisen.,[50] Welche Zeitspanne hierfür erforderlich ist, hat der Gesetzgeber offengelassen. Maßgeblich sind die Umstände des Einzelfalls, wobei es wesentlich auf das Zeitempfinden des Kindes ankommt.[51] Häusliche Gemeinschaft setzt regelmäßige Übernachtungen voraus.[52] Insoweit kann die regelmäßige Betreuung eines Kindes durch nicht gesetzliche Großeltern über verlängerte Wochenenden und in den Ferien über einen Zeitraum von fast zwei Jahren für die Gewährung eines Umgangsrechts grundsätzlich ausreichen.[53] Ein längerer Zeitraum wurde etwa **bejaht** bei **einem Jahr**[54] wohingegen ein **½ Jahr** als **zu wenig** erachtet worden ist.[55] **15**

Als nicht ausreichend erachtet wurden auch regelmäßige Kontakte mit dem Kind im Rahmen der Umgangskontakte des früheren Lebensgefährten nach § 1684 BGB an den Wochenenden und einem zusätzlichen Aufenthalt des Kindes bei der umgangsbegehrenden Person für die Dauer einer Woche[56] oder die Betreuung durch die leibliche Mutter vor der Adoptionsfreigabe für die Dauer von 19 Tagen.[57] **16**

3. Kindeswohldienlichkeit

Auch der Umgang mit einer engen Bezugsperson nach Abs. 2 kann nur gewährt werden, wenn er dem Kindeswohl dient (näher hierzu oben Rn. 9 ff.). **17**

46 BGH ZKJ 2021, 413
47 OLG Braunschweig FamRZ 2021, 195; OLG Hamm FamRZ 2011, 1154: die tatsächliche Lebens- und Erziehungsgemeinschaft zwischen der Bezugsperson und dem Kind muss „die Qualität einer Familie im Sinne von Art. 6 I GG erreichen"; OLG Brandenburg FamRZ 2011, 1154: keine tatsächliche Verantwortung bei gemeinsamen Unternehmungen über neun Monate ohne „gewachsene Vertrauensbeziehung"
48 *Gottschalk*, ZKJ 2016, 105: Praxishinweis zu OLG Celle ZKJ 2016, 104
49 Vgl MüKo-BGB/*Hennemann*, § 1685 Rn. 8
50 Staudinger/*Dürbeck*, § 1685 BGB Rn. 18
51 OLG Bremen FamRZ 2013, 311
52 OLG Brandenburg FamRZ 2011, 1154
53 OLG Koblenz FamRZ 2009, 1229
54 BGH NJW-RR 2005, 729
55 MüKo-BGB/*Hennemann*, § 1685 Rn. 11; a.A.: *Campbell*, NJW-Spezial 2011, 644: sechs Monate Zusammenleben in Anlehnung an Art. 224 § 2 Abs. 3 Satz 2 EGBGB a.F.
56 OLG Hamm FamFR 2011, 45: auch nicht ausreichend zur Begründung einer sozial-familiären Beziehung i.S.d. § 1685 Abs. 2 Satz 1 BGB
57 OLG Schleswig FamRZ 2004, 1057

III. Entsprechende Anwendung von § 1684 Abs.2 bis 4 BGB (Abs. 3 Satz 1)

1. Wohlverhaltenspflicht

18 § 1685 Abs. 3 Satz 1 BGB sieht eine **entsprechende Anwendung von § 1684 Abs. 2 bis 4 BGB** vor.

19 Demnach trifft auch die nach § 1685 BGB Umgangsberechtigten eine **Pflicht zur Loyalität**, mithin zum Unterlassen aller Handlungen, die geeignet sind, das Verhältnis des Kindes zu seinen Eltern zu beeinträchtigen, deren Erziehung zu erschweren oder den Umgang zu behindern (zur Wohlverhaltenspflicht nach § 1684 Abs. 2 BGB siehe *Gottschalk*, § 1684 BGB, Rn. 20 ff.). Adressat der Wohlverhaltenspflicht sind sowohl die **Eltern als auch der Umgangsberechtigte**.[58] Das Familiengericht kann zwecks Umsetzung **Weisungen** erteilen (siehe *Gottschalk*, § 1684 BGB, Rn. 28).

2. Ausgestaltung des Umgangsrechts durch Familiengericht

20 Der Verweis auf eine entsprechende Anwendung von § 1684 Abs. 3 BGB ist rein verfahrensrechtlicher Natur und weist dem Familiengericht die Entscheidungsbefugnis über die **Ausgestaltung des Umgangsrechts** zu.[59]

3. Kindeswohldienlichkeit

21 Da das Umgangsrecht nach § 1685 BGB nur dann besteht, wenn der Umgang dem Kindeswohl dient, ein das Kindeswohl gefährdender Umgang jedoch niemals dem Kindeswohl dienen kann, ergibt sich der **Ausschluss oder die Einschränkung** des Umgangsrechts aus § 1685 BGB und die **Verweisung auf § 1684 Abs. 4 BGB** scheint auf den ersten Blick überflüssig.[60] Die Unterscheidung ist gleichwohl notwendig. Dient der begehrte Umgang nicht dem Kindeswohl, ist festzustellen, dass es einer Regelung des Umgangs nicht bedarf. Nur wenn der Umgang darüber hinaus das Kindeswohl gefährdet (§ 1685 Abs. 3 i.V.m. § 1684 Abs. 4 Satz 2 BGB), kann und muss der Umgang ausgeschlossen werden; dieser Ausschluss ist dann vollstreckbar; ggf. muss hier auch ein Näherungsverbot ausgesprochen werden (siehe hierzu *Gottschalk*, § 1684 BGB, Rn. 85, 101). Der Unterschied zu den Regelungsmöglichkeiten nach § 1684 BGB rechtfertigt sich aus Art. 6 Abs. 2 GG, unter dessen Schutz der Umgang der Eltern fällt und ist auch für die Voraussetzung einer Abänderung von Bedeutung (§ 1696 Abs. 1 oder 2 BGB, siehe *Bussian*, § 1696 BGB, Rn. 3, 5, 24).

4. Begleitete Umgangskontakte

22 Die Anordnung von **begleiteten Umgangskontakten** ist zwar aufgrund der Verweisung in § 1685 Abs. 3 auf § 1684 Abs. 4 BGB rechtlich möglich, in der Praxis sind jedoch kaum Anwendungsfälle denkbar. Voraussetzung für die Anordnung von Besuchskontakten in Begleitung einer dritten Person ist entweder deren Erforderlichkeit zur Wahrung des Kindeswohls oder zur Abwendung einer anderenfalls gegebenen Kindeswohlgefährdung (vgl. *Gottschalk*, § 1684 BGB, Rn. 71 ff.). Dann aber wird der Umgang bereits nicht dem Wohl des Kindes dienen.

---

58 Vgl. Staudinger/*Dürbeck*, § 1685 BGB Rn. 45

59 Staudinger/*Dürbeck*, § 1685 BGB Rn. 46

60 Staudinger/*Dürbeck*, § 1685 BGB Rn. 49: „missverständlich"; kritisch zu dieser Verweisung *Rauscher*, FamRZ 1998, 329, 338; in diesem Sinne auch OLG Celle ZKJ 2011, 431

5. Umgangspflegschaft (Abs. 3 Satz 2)

Eine **Umgangspflegschaft** (§ 1684 Abs. 3 Satz 3 bis 5 BGB) kann angeordnet werden, allerdings – in Abweichung von § 1684 Abs. 3 Satz 3 BGB (Verletzung der Wohlverhaltenspflicht (siehe *Gottschalk,* § 1684 Rn. 20 ff., 58) nur dann, **wenn das Wohl des Kindes** dadurch **gefährdet** wird, dass die Eltern keinen Kontakt mit der Bezugsperson erlauben und die Kindeswohlgefährdung nur durch den Umgangspfleger abzuwenden ist.[61] Denn Eingriffe Dritter in das elterliche Sorgerecht sind nur unter den Voraussetzungen des § 1666 BGB möglich.[62] **23**

IV. Inhalt der Umgangsregelung

Die Beteiligten können einen **gerichtlich gebilligten Vergleich** gemäß § 156 Abs. 2 FamFG schließen oder das Familiengericht regelt den Umgang durch **Beschluss**. Eine **bloße Zurückweisung** eines „Antrages" kommt – ebenso wie in Verfahren nach § 1684 BGB (siehe hierzu *Gottschalk*, § 1684 BGB Rn. 30) und entgegen der Auffassung des BGH,[63] der die „Zurückweisung des Antrages" im Tenor nicht beanstandet hat, nicht in Betracht (vgl. oben Rn. 21).[64] Ist hingegen ein Ausschluss zur Abwendung einer Kindeswohlgefährdung erforderlich, muss eine inhaltliche Sachentscheidung als Endentscheidung getroffen werden, schon damit der Umgangsbegehrende weiß, wie lange der Ausschluss andauert.[65] **24**

Die Umgangsregelung muss **inhaltlich bestimmt** sein (siehe *Gottschalk,* § 1684 BGB, Rn. 30). **25**

Die **konkrete Ausgestaltung** des Umgangs muss sich **am kindeswohldienlichen Zweck orientieren**.[66] Dabei ist insbesondere zu beachten, dass die Umgangsrechte der – getrennt lebenden Eltern – vorgehen (siehe Rn. 1). Bestehen solche Umgangsregelungen, muss eine Abstimmung erfolgen.[67] Oft wird der Umgang in Form von Tageskontakten stattfinden.[68] In Betracht kommen aber auch Übernachtungsumgänge und eine Ferienregelung, sofern die Bindung eng genug ist und keine Konkurrenz mit elterlichen Umgangsrechten nach § 1684 BGB besteht.[69] **26**

Übersicht: Verfahrensbeendigung in Verfahren nach § 1685 BGB **27**

A. Kindeswohldienlichkeit: Regelung des unbegleiteten Umgangs nach Ort und Zeit.
B. Keine Kindeswohldienlichkeit: Feststellung, dass der Umgang nicht familiengerichtlich zu regeln ist.
C. Kindeswohlgefährdung: Ausspruch eines Umgangsausschlusses.

61 Vgl. OLG Frankfurt ZKJ 2024, 261; OLG Saarbrücken FamRZ 2014, 402
62 Staudinger/*Dürbeck*, § 1685 BGB Rn. 50
63 BGH ZKJ 2017, 463, Rn. 36
64 OLG Frankfurt, Beschluss vom 11. April 2025 – 6 UF 28/25 –, juris; FamRZ 2013, 1994; *Köhler*, ZKJ 2018, 9, 10; *Dürbeck*, FamRZ 2017, 1672; siehe auch OLG Frankfurt FamRZ 2017, 1675: bei fehlender Kindeswohldienlichkeit: Ausschluss
65 Vgl. OLG Frankfurt FamRZ 2013, 1994
66 Ausführlich zum Umfang der Umgänge OLG Frankfurt ZKJ 2024, 261
67 MüKo-BGB/*Hennemann*, § 1685 Rn. 16
68 Staudinger/*Dürbeck*, § 1685 BGB Rn. 47
69 OLG Frankfurt ZKJ 2024, 261

28 Die Kosten des Umgangs haben die Bezugspersonen selbst zu tragen.[70] Großeltern haben keinen Anspruch gegen den Grundsicherungsträger auf Erstattung der ihnen anlässlich der Ausübung der Umgangskontakte entstehenden Kosten gemäß § 21 Abs. 6 Satz 2 SGB II.[71]

C. Verfahren

29 Es handelt sich um eine **Kindschaftssache nach § 151 Nr. 2 FamFG**. Eines **Antrages bedarf es** nach dem Wortlaut der Vorschrift **nicht**.[72] Allerdings wird eine Einleitung des Verfahrens von Amts wegen nur in seltenen Fällen in Betracht kommen, auch weil der Umgangsberechtigte gegen seinen Willen nicht zum Umgang verpflichtet werden kann.[73] Das Kind, dem kein subjektives Recht auf Umgang eingeräumt wurde, kann sich nur an das Jugendamt wenden, welches ein Umgangsverfahren bei Gericht anregen kann.[74] Insbesondere beim Geschwisterumgang wird die Beachtung des § 1685 BGB von Amts wegen oder durch das Jugendamt oder den Verfahrensbeistand relevant.[75]

▶ *Zum Verfahren siehe zunächst die Ausführungen zu § 1684 BGB Rn. 86 ff.*

Es gilt auch hier das Beschleunigungsgebot (§ 155 FamFG) und die Verpflichtung des Gerichts, auf ein Einvernehmen hinzuwirken (§ 156 FamFG).

Es gelten folgende Besonderheiten:

30 **Beteiligt** sind neben den antragstellenden **engen Bezugspersonen** (gemäß § 7 Abs. 1 FamFG) das **Kind, die Eltern,** und zwar auch derjenige Elternteil, der nicht sorgeberechtigt ist und das Kind nicht in seiner Obhut hat. Zwar hat er kein Recht aus § 1632 Abs. 2 BGB, sein Umgangsrecht kann jedoch durch die Regelung mit der engen Bezugsperson betroffen sein (§ 7 Abs. 2 Nr. 1 FamFG, zur Beschwerdebefugnis siehe *Kischkel*, § 59 FamFG). Das **Jugendamt** ist auf Antrag hin zu beteiligen (§ 162 Abs. 2 FamFG); die Pflegeeltern unter den Voraussetzungen des § 161 FamFG.

31 Die **Zuständigkeit** richtet sich nach § 152 Abs. 2 FamFG, dem **gewöhnlichen Aufenthalt** des Kindes.

32 Der Erlass einer einstweiligen Anordnung ist möglich (§§ 49 FamFG), die Eilbedürftigkeit dürfte jedoch selten gegeben sein.[76]

Anzuhören sind die Eltern (§ 160 FamFG)[77], das Kind (§ 159 FamFG)[78] und das Jugendamt (§ 162 Abs. 1 FamFG), ggf. die Pflegeeltern (§ 161 Abs. 2 BGB). Die Anhörungspflicht der ein Umgangsrecht nach § 1685 BGB begehrenden Personen ergibt sich aus §§ 7 Abs. 1, 2 Nr. 1, 34 Abs. 1 FamFG.[79] Von der Anhörung (auch des nichtsorgeberechtigten) Elternteils kann nur in **Ausnahmefällen** abgesehen werden. Ein solcher liegt dann vor, wenn es sich um ein einfach gelagertes Verfahren nach § 1685 BGB handelt (Großelternumgang), sich

---

70 Ausführlich zur Kostentragungspflicht von nichtelterlichen Umgangsberechtigten *Löhning*, FamRZ 2013, 1866; mit Erwiderung von *Wohlgemuth*, FamRZ 2014, 356, und *Spangenberg*, FamRZ 2014, 355
71 LSG Niedersachsen-Bremen FamRZ 2014, 1409
72 BT-Drucks. 13/4899, 107; *Motzer*, FamRB 2004, 231, 232
73 Vgl. Staudinger/*Dürbeck*, § 1685 BGB Rn. 9, 53
74 Vgl. BeckOK-BGB/*Veit*, § 1685 Rn. 22.
75 Vgl. *Walter*, FPR 2004, 415, weist darauf hin, dass der Aufrechterhaltung der Geschwisterbindung, die bei fremduntergebrachten Kindern häufig von großer Bedeutung sei, in der Praxis zu wenig Bedeutung beigemessen werde
76 MüKo-BGB/*Hennemann*, § 1685 Rn. 20
77 OLG Frankfurt ZKJ 2024, 261
78 OLG Frankfurt ZKJ 2024, 261
79 Vgl. Staudinger/*Dürbeck*, § 1685 BGB Rn. 56; MüKo-BGB/*Hennemann*, § 1685 Rn. 20

der Vater umfassend schriftlich geäußert hat, im Termin anwaltlich vertreten war und sein Verfahrensbevollmächtigter seine Position im Termin nochmal bestätigt hat.[80]

Umgangsregelungen sind – sofern sie einen vollstreckungsfähigen Inhalt haben (siehe *Gottschalk,* § 1684 BGB, Rn. 30 und *Cirullies,* § 86 FamFG, Rn. 21) ebenso vollstreckbar wie Umgangsregelungen nach § 1684 BGB. Auch die Umgangsaussetzung ist gemäß §§ 86 ff. vollstreckbar.[81] **33**

Dem Kind ist ein **Verfahrensbeistand** zu bestellen, sofern die Voraussetzungen des § 158 Abs. 1, Abs. 3 Nr. 1 FamFG[82] vorliegen Das Regelbeispiel des **§ 158 Abs. 3 Nr. 4 FamFG greift nicht ein**. Dieses bezieht sich nach zutreffender Auffassung auch nach der Neuregelung des § 158 FamFG zum 1.7.2022[83] allein auf einen Umgangsausschluss nach § 1684 Abs. 4 BGB.[84] **34**

Eine Abänderung der Umgangsregelung kommt nur nach Maßgabe des § 1696 BGB in Betracht.[85]

D. Kosten, Verfahrenswert

▶ *Hinsichtlich der Kostenentscheidung und dem Verfahrenswert wird verwiesen auf die Ausführungen zu § 1684 BGB Rn. 103, 105.* **35**

Im Regelfall sind die Gerichtskosten hälftig zwischen dem Umgangsbegehrenden und den Eltern zu teilen und im Übrigen von einer Erstattung außergerichtlicher Auslagen abzusehen.[86]

§ 1686 BGB

Auskunft über die persönlichen Verhältnisse des Kindes

Jeder Elternteil kann vom anderen Elternteil bei berechtigtem Interesse Auskunft über die persönlichen Verhältnisse des Kindes verlangen, soweit dies dem Wohl des Kindes nicht widerspricht.

80 OLG Celle ZKJ 2011, 431
81 OLG Saarbrücken FamRZ 2013, 48
82 OLG Karlsruhe Beschl. v. 31.1.2024 – 16 UF 185/23, FamRZ 2024, 1298 (Ls.)
83 BGBl I 2021, 1810
84 Staudinger/*Dürbeck,* § 1685 BGB Rn. 55; OLG Celle ZKJ 2011, 431 zu § 158 Abs. 2 Nr. 5 a.F.; a.A.: Prütting/Helms/*Hammer* § 158 FamFG Rn. 140
85 OLG Frankfurt FamRZ 2013, 312; OLG München FamRZ 2011, 1804
86 OLG Frankfurt FamRZ 2021, 1142

Übersicht

Weiterführende Literatur: *Clausius*, Die Auskunftsansprüche nach §§ 1686, 1686 a Abs. 1 Nr. 2, FamRB 2015, 65; *Dürbeck*, Der Auskunftsanspruch nach § 1686 BGB, ZKJ 2017, 457; *Kassenbacher*, Der Auskunftsanspruch über die persönlichen Verhältnisse des Kindes, NJW-Spezial 2012, 4; *Vogel*, Der Auskunftsanspruch über die persönlichen Verhältnisse des Kindes nach § 1686 BGB.

A. Allgemeines

1 Um den Elternteil, der **nicht mit dem Kind zusammenlebt**, in die Lage zu versetzen, dass er über den **aktuellen Entwicklungsstand** seines Kindes informiert ist, gibt ihm § 1686 BGB ein Auskunftsrecht gegen den anderen Elternteil. Hauptanwendungsfälle sind jene, in denen aufgrund eines Umgangsausschlusses oder tatsächlich nicht ausgeübter Umgangskontakte ein **Informationsdefizit beim nichtbetreuenden Elternteil** besteht. Ihm kommt eine Ersatzfunktion für nicht stattfindende Umgangskontakte zu.[1] Wenn der persönliche Umgang, der dem umgangsberechtigten Elternteil auch die Möglichkeit verschaffen soll, sich von der Entwicklung und dem Wohlergehen seines Kindes regelmäßig ein Bild zu verschaffen (siehe oben *Gottschalk*, § 1684 BGB, Rn. 2), nicht stattfindet, stellen solche Auskünfte oftmals die einzige Informationsquelle dar, weshalb der Ausschluss eines solchen Auskunftsanspruchs auf eng begrenzte Ausnahmefälle beschränkt ist.[2]

2 Voraussetzung für das Bestehen eines Auskunftsanspruchs ist hingegen nicht, dass Umgangskontakte fehlen. Er kann auch neben dem Umgangsrecht geltend gemacht werden.[3] Es kommt vielmehr darauf an, dass der Auskunftsbegehrende **keine andere Möglichkeit** hat, sich die erforderlichen Informationen zu beschaffen.[4] Die Regelung der elterlichen Sorge spielt zunächst keine Rolle.[5] Es kommt allein auf die (rechtliche)[6] Elternschaft an.[7] Deshalb kann **auch der alleinsorgeberechtigte Elternteil** vom anderen Elternteil Auskunft verlangen.

Der Auskunftsanspruch besteht **nicht gegenüber Dritten**[8] und auch **nicht gegenüber dem Kind**. Es setzt ein **berechtigtes Interesse des Antragstellers** voraus und ist begrenzt durch eine **negative Kindeswohlverträglichkeit**. Kein Anspruch besteht allerdings, wenn sich der

1 OLG Brandenburg NJW-RR 2000, 882
2 KG FamRZ 2011, 827
3 OLG Brandenburg NJW-RR 2000, 882
4 *Kasenbacher*, NJW-Spezial 2012, 4
5 *Kasenbacher*, NJW-Spezial 2012, 4
6 OLG Hamm ZKJ 2018, 22
7 Staudinger/*Dürbeck*, § 1686 Rn. 4
8 *Kasenbacher*, NJW-Spezial 2012, 4, zur Ausnahme siehe Rn. 4

Auskunftsbegehrende die Informationen selbst beschaffen kann,[9] insbesondere wenn das gemeinsame Sorgerecht besteht.[10] Das Auskunftsrecht **endet** mit der **Volljährigkeit** des Kindes.[11]

B. Inhalt der Norm

I. Anspruchsvoraussetzungen

1. Auskunftsberechtigter

Der Elternteil, der ein **berechtigtes Interesse** an der Auskunft hat (siehe hierzu Rn. 6), ist Auskunftsberechtigter gemäß § 1686 BGB. Voraussetzung ist die rechtliche Elternschaft. 3

▶ *Näher hierzu Keuter, §§ 1591, 1592 BGB.*

Dass der Elternteil Inhaber – von Teilen – der elterlichen Sorge ist, steht dem Anspruch nicht grundsätzlich entgegen. Erhält ein Elternteil beispielsweise Informationen über das Kind während eines Umgangskontaktes, die von der Bedeutung her wesentlich für dessen Entwicklung sind, kann der andere, alleinsorgeberechtigte Elternteil, **Auskunft vom nichtsorgeberechtigten Elternteil** begehren.[12] Die Sorgerechtsinhaberschaft kann aber eine Rolle spielen bei der Frage, ob sich der Auskunftsbegehrende die Informationen nicht selbst beschaffen könnte (siehe unten Rn. 6). Hat der Auskunftsbegehrende die elterliche Sorge – oder Teile hiervon – inne, so ist er gehalten, **zunächst** seine **sorgerechtlichen Befugnisse** auszuüben.[13]

Den in § 1685 BGB aufgeführten Personen steht ein Auskunftsrecht nicht zu.[14] Eine unmittelbare Anwendung scheidet bereits angesichts des klaren Wortlautes aus und für eine analoge Anwendung ist nach zutreffender Auffassung kein Raum.[15] Das Auskunftsrecht des **biologischen, nicht rechtlichen Vaters** ist nicht in § 1686 BGB, sondern **in § 1686a Abs. 1 Nr. 2 BGB geregelt**. 4

2. Auskunftsverpflichteter

Verpflichtet zur Auskunft ist der **„andere" Elternteil im rechtlichen Sinne**, also entweder der Elternteil, in dessen Obhut sich das Kind befindet, oder der aufgrund eines Umgangskontaktes Informationen erworben hat (siehe hierzu Rn. 3). In entsprechender Anwendung des § 1686 BGB hat ein Elternteil gegenüber Personen einen Auskunftsanspruch, die in ihrer rechtlichen oder tatsächlichen Stellung dem Elternteil vergleichbar sind.[16] Dieser Rechtsprechung des BGH trägt die Neuregelung des § 1790 Abs. 4 BGB Rechnung, der nunmehr die Auskunftsverpflichtung des Vormundes/Ergänzungspflegers regelt.[17] 5

▶ *Zur Auskunftsverpflichtung des Vormundes/Ergänzungspflegers ausführlich siehe Wierse, § 1790 BGB.*

---

9 OLG Brandenburg NJW-RR 2008, 226
10 OLG Koblenz BeckRS 2014, 07117
11 OLG Saarbrücken FamRZ 2015, 162
12 MüKo-BGB/*Hennemann*, § 1686 Rn. 4
13 *Schuldei*, NZFam 2014, 713, 714
14 MüKo-BGB/*Hennemann*, § 1686 Rn. 3; Staudinger/*Dürbeck*, § 1686 BGB Rn. 4: Auskunftsanspruch hat Grundlage im Elternrecht und dieses steht den in § 1685 BGB genannten Personen nicht zu
15 Herberger/Martinek/Rüßmann/Werth/Würdinger/*Thormeyer*, jurisPK-BGB§ 1686 BGB Rn. 12
16 BGH ZKJ 2017, 146: Jugendamt
17 BT-Drs. 19/24445 S. 202; OLG Bremen FamRZ 2024, 1034

Im Hinblick auf das grundrechtlich geschützte Elternrecht muss hier in analoger Anwendung der Vorschrift der **Kreis der Auskunftsverpflichteten** auf die in **§ 1685 BGB genannten**, umgangsberechtigten **Personen und Obhutspersonen wie Pflegeeltern erweitert werden**.[18] Aus Sicht des auskunftsbegehrenden Elternteils ist es gleichgültig, ob der nach § 1684 BGB umgangsberechtigte andere Elternteil oder Personen, in dessen **Obhut** sich das Kind berechtigterweise zu Besuchszwecken oder aufgrund einer Fremdunterbringung aufhält, die bedeutsamen Informationen erworben hat, weshalb hier ausnahmsweise (und im Gegensatz zu den in Rn. 4 aufgeführten Personen, die sich nicht auf das Elternrecht berufen können) eine analoge Anwendung zu erfolgen hat.[19] Abgesehen hiervon sind **Dritte oder das Kind nicht verpflichtet**, Auskunft zu erteilen. Danach sind etwa Lehrer, Erzieher, Ausbilder, nicht unter § 1685 BGB fallende Verwandte und Freunde, ebenso wenig zur Auskunft verpflichtet, wie Ärzte.[20]

3. Berechtigtes Interesse des Anspruchstellers

6 Ein Auskunftsanspruch ist nur dann gegeben, wenn der Antragsteller ein **berechtigtes Interesse** an der Auskunft hat. Maßgeblicher Zeitpunkt für die Beurteilung des persönlichen Interesses ist derjenige der abschließenden Entscheidung in der Tatsacheninstanz.[21]

Dieses muss er in seinem Antrag **konkret darlegen**..[22] Das berechtigte Interesse fehlt, wenn sich der Antragsteller die begehrten Informationen in zumutbarer Weise, also legal und ohne großen Aufwand, **selbst beschaffen** kann[23] und zwar auch, wenn er diese Informationen als Inhaber – von Teilen – der elterlichen Sorge bei Dritten einholen kann[24] oder hinsichtlich Informationen, die der Berechtigte bereits hat.[25] Von daher fehlt ein berechtigtes Interesse nach zutreffender Auffassung auch dann, wenn der antragstellende Elternteil ein **Umgangsrecht eingeräumt** erhält, dieses **aus eigenem Wunsch** aber **nicht wahrnimmt** und deshalb selbst dafür verantwortlich ist, dass er die im Rahmen von Besuchskontakten von den Kindern selbst – nicht durch „Ausfragen" des Kindes – erfahrbaren Informationen nicht erhält.[26] An einem berechtigten Interesse mangelt es auch, wenn erkennbar wird, dass die Geltendmachung des Anspruchs **nur dem Ziel dient**, den anderen **Elternteil zu schikanieren, auszuspionieren**[27] oder einen ausgeschlossenen persönlichen Umgangskontakt anzubahnen.[28] Dass in der Vergangenheit – zeitweise – keine Umgangskontakte stattgefunden haben, genügt nicht, um das Bestehen eines berechtigten Interesses zu verneinen, wenn dies auf die Verweigerung des Kindes[29] oder des betreuenden Elternteils zurückzuführen war, insbesondere dann, wenn nunmehr Umgang künftig wieder erfolgen soll. **Ein berechtigtes Interesse liegt vor**, wenn der Auskunftsberechtigte aufgrund eines Umgangsausschlusses **keine unmittelbare Kenntnis** von der Entwicklung oder vom Wohlbefinden seines Kindes **erlangen kann** oder wenn das Kind aufgrund seines Alters oder einer Erkrankung **keine Informationen** über seine Entwicklung **geben kann**.[30]

---

18 A.A. MüKo-BGB/*Hennemann*, § 1686 Rn. 5; BGH FamRZ 2017, 378: Anspruch gegen Jugendamt aufgrund des Fürsorgeverhältnisses nicht aber gegen Pflegeperson; *Vogel*, FamRB 2023, 116, 118
19 BeckOK BGB/*Veit*, § 1686 BGB Rn. 8 m.w.N.
20 OLG Bremen OLGR 1999, 86
21 BGH ZKJ 2017, 146
22 *Schuldei*, NZFam 2014, 713
23 BGH ZKJ 2017, 146; OLG Brandenburg FamRZ 2008, 638; *Kasenbacher*, NJW-Spezial 2012, 4
24 OLG Koblenz BeckRS 2014, 07117
25 BGH ZKJ 2017, 146
26 OLG Brandenburg FamRZ 2008, 638; MüKO-BGB/*Hennemann*, § 1686 Rn. 7
27 BayObLG NJW 1993, 1081
28 BayObLG NJW 1993, 1081
29 OLG Bamberg FamRZ 2022, 1788; OLG Köln FamRZ 2024, 715
30 *Clausius*, FamRB 2015, 65, 66

4. Kindeswohl

Das Auskunftsrecht findet seine **Begrenzung** dort, wo es dem **Kindeswohl widerspricht**. 7
Das Wohl des Kindes ist mithin nicht der Maßstab für die Gewährung der Auskunft, sondern begrenzt das Auskunftsrecht.[31] Ein **entgegenstehender Wille** des Kindes/Jugendlichen steht einer Auskunftserteilung **nicht grundsätzlich entgegen**.[32] Im Hinblick auf sein Persönlichkeitsrecht und sein Recht auf (informationelle) Selbstbestimmung muss das **Alter** des widersprechenden Jugendlichen jedoch **Berücksichtigung finden**.[33]
So wird bei einem kurz vor der Volljährigkeit stehenden Jugendlichen ein Widerspruch zum Kindeswohl zu bejahen sein, wenn Auskünfte über dessen Gesundheitszustand,[34] schulische Leistungen[35]oder in dessen Intimsphäre fallende Umstände (z.B. enger Freundeskreis, religiöse und politische Anschauungen, emotionaler Zustand) begehrt werden, und sich der Jugendliche gegen die Erteilung wendet.[36] Auch die Überlassung eines aktuellen Fotos muss dann ausscheiden.[37]Gleiches gilt für den Fall, dass die begründete Besorgnis besteht, dass der auskunftsbegehrende Elternteil die Information in kindeswohlbeeinträchtigender Weise benutzt.[38] Auch bei einer bestehenden Gefahr der Traumatisierung bei vorangegangenen schweren körperlichen Misshandlungen des Kindes durch den auskunftsbegehrenden Elternteil widerspricht die Auskunftserteilung dem Kindeswohl.[39] Ohne Bedeutung ist der Umstand, dass die Auskunftsverpflichtung den Interessen des auskunftspflichtigen Elternteils zuwiderläuft, etwa weil dieser den anderen Elternteil gänzlich aus seinem Leben heraushalten will.[40] Widerspricht die geforderte Auskunft dem Kindeswohl, so darf insoweit eine Verpflichtung zur Erteilung nicht erfolgen. Wurden daneben weitere Auskünfte gefordert, so sind diese – soweit sie dem Kindeswohl nicht widersprechen – jedoch zu erteilen.

II. Rechtsfolgen

1. Inhalt der Auskunft

Auskunft wird über die **persönlichen Umstände** des Kindes erteilt. Grundsätzlich sind dies 8
erstmal alle für das **Befinden und die Entwicklung des Kindes maßgeblichen Umstände**, wobei der Umfang der zu erteilenden Auskünfte sich dann am Einzelfall orientiert[41] (siehe Rn. 9). Eine Vermögensauskunft ist nicht geschuldet.[42] Abzulehnen ist die Ansicht, wonach das Auskunftsersuchen auch dann gerechtfertigt ist, wenn es allein der Prüfung einer Unterhaltsverpflichtung dient.[43] Der Antragsteller hat auch hier die Möglichkeit, gemäß § 1605 BGB vom Kind Auskunft über dessen Einkommens- und Vermögensverhältnisse zu verlangen, die seinen Ausbildungsstand etc. umfassen.

31 OLG Brandenburg FamRZ 2024, 711
32 OLG Hamm FamRZ 2003, 1583
33 OLG Brandenburg FamRZ 2024, 711; OLG Köln FamRZ 2024, 715
34 OLG Köln NZFam 2016, 1110; KG FamRZ 2011, 827; OLG Hamm FamRZ 1995, 1288
35 OLG München FamRZ 2022, 1536
36 MüKo-BGB/*Hennemann*, § 1686 Rn. 8
37 A.A. OLG Bamberg FamRZ 2022, 1788; NZFam 2022, 797 mit abl. Bespr. *Jokisch*
38 OLG München FamRZ 2022, 1536
39 OLG Bamberg FamRZ 2022, 966; OLG Düsseldorf FamRZ 2020, 261
40 BT-Drs. 8/2788, 55, 56
41 BayObLG NJW 1993, 1081
42 OLG Frankfurt FamRZ 2019, 362; OLG Oldenburg FamRZ 2018, 757 (§ 242 BGB); Staudinger/*Dürbeck*, § 1686 BGB Rn. 12
43 *Kasenbacher*, NJW-Spezial 2012, 4; BayObLG NJW 1993, 1081

2. Art, Umfang und Häufigkeit der Auskunft

9 Die Auskunft muss **nicht höchstpersönlich** erteilt werden.[44] Die auskunftsverpflichtete Person kann sich sowohl **elektronischer Hilfsmittel** bedienen (E-Mail, SMS) als auch einer Mittelsperson. In Betracht kommt hierbei insbesondere das Jugendamt (§ 18 Abs. 3 SGB VIII), ein Rechtsanwalt[45] und Freunde oder Verwandte. Allerdings sollte auf die Inanspruchnahme des Kindes als Mittelsperson verzichtet werden.[46]

10 Der **Umfang** der geschuldeten Auskunft ist – wie auch Art und Häufigkeit – gesetzlich nicht geregelt und richtet sich nach den **Umständen des Einzelfalls**.,[47] Ein tagebuchähnlicher Bericht kann grundsätzlich nicht verlangt werden.[48] Die Auskunft soll den Auskunftsberechtigten **in die Lage versetzen, einen Überblick über die Entwicklung des Kindes zu bekommen**; insbesondere von seinem schulischen Fortgang, seinen außerschulischen Betätigungen, über etwaige Krankheiten, seine soziale Entwicklung. Hierzu gehört auch die Übermittlung von **Schulzeugnissen**,[49] nicht aber von einzelnen Klassenarbeiten[50] die regelmäßige Überlassung von **Lichtbildern**,[51] einen **Abriss über die gesundheitliche Entwicklung**, insbesondere aktuellen Erkrankungen, Allergien, Operationen, nicht aber die Überlassung des Vorsorgeheftes[52] oder einen Nachweis regelmäßig stattfindender Untersuchungen.[53] Von der Auskunftsverpflichtung nach § 1686 BGB nicht umfasst sind die vermögensrechtlichen Verhältnisse des Kindes. Die Verpflichtung zur Auskunft richtet sich insoweit nach §§ 1605, 242 BGB.[54]

Die **wachsende Selbständigkeit und Reife des Kindes** ist zu beachten und **beschränkt das Auskunftsrecht** des Antragstellers (siehe oben Rn. 7). So besteht keine Verpflichtung, gegen den Willen des sechzehn Jahre alten Jugendlichen Auskunft über dessen psychiatrische Erkrankung und deren Behandlung zu erteilen.[55] Auch kann nicht verlangt werden, Auskünfte über einen fast Volljährigen hinsichtlich dessen Freundeskreis, politisches Engagement oder freundschaftliche und partnerschaftliche Verbindungen zu erteilen.[56] Eine **Wohnanschrift** ist nur geschuldet, sofern keine Missbrauchsgefahr besteht,[57] das gleiche muss für eine **Telefonnummer** des Kindes gelten, die nicht erteilt werden muss, wenn der Umgang ausgeschlossen ist[58] oder wenn ein älteres Kind seine Handynummer nicht mitteilen möchte.[59]

11 Die **Häufigkeit** richtet sich ebenfalls nach den **Umständen des Einzelfalls**. Ist eine Auskunft über eine aktuelle Erkrankung zu erteilen, dann wird sie u.U. in engeren Abständen, aber nicht über einen längeren Zeitraum zu erteilen sein, möglicherweise aber auch nur einmalig.[60] Üblicherweise wird die Auskunft in **regelmäßigen Zeitabständen** zu erteilen sein, **vier-**

44 OLG Brandenburg, Beschl. v. 22.2.2007 – 10 UF 219/06, juris
45 OLG Köln FamRZ 1997, 111
46 MüKo-BGB/*Hennemann*, § 1686 Rn. 4
47 BGH ZKJ 2017, 146; OLG Brandenburg FamRZ 2008, 638
48 OLG Koblenz FamRZ 2002, 980
49 OLG Hamm FamRZ 2003, 1583
50 OLG Hamm FamRZ 2001, 514
51 BayObIG NJW 1993, 1081; OLG Frankfurt FamRZ 1998, 577
52 OLG Zweibrücken FamRZ 1990, 779
53 OLG Zweibrücken FamRZ 1990, 779
54 OLG Frankfurt FamRZ 2019, 362
55 KG NJW-RR 2011, 438; OLG Hamm FamRZ 1995, 1288
56 MüKo-BGB/*Hennemann*, § 1686 Rn. 9
57 OLG Stuttgart FamRZ 2006, 1628
58 MüKo-BGB/*Hennemann*, § 1686 Rn. 10
59 OLG Hamm FamRZ 1995, 1288
60 BeckOK-BGB/*Veit*, § 1686 BGB Rn. 12

tel-[61] **oder halbjährlich**[62] oder sogar **jährlich**.[63] Sind die Beteiligten hingegen sehr zerstritten, so kann die Häufigkeit auf ein Mindestmaß reduziert werden.[64]

C. Verfahren

Es handelt sich gemäß § 151 Nr. 2 FamFG um eine Kindschaftssache.[65] **Zuständig** ist gemäß §§ 3 Nr. 2a, 14 Abs. 1 Nr. 7 RPflG der **Rechtspfleger**. Die Verfahrensvorschriften ergeben sich aus den §§ 152 ff. FamFG. Die Zuständigkeit bemisst sich gemäß § 152 Abs. 2 FamFG nach dem gewöhnlichen Aufenthalt des Kindes, sofern zwischen den Eltern keine Ehesache anhängig ist. Das **Kind** ist gemäß § 159 FamFG in der Regel **persönlich anzuhören**,[66] **ebenso** die **Eltern** gemäß § 160 FamFG und auch das **Jugendamt** gemäß § 162 FamFG. Dem Kind ist ein Verfahrensbeistand zu bestellen, sofern die Voraussetzungen des § 158 Abs. 1,FamFG zu bejahen sind.[67] Der Auskunftsantrag kann zusammen mit der Anregung Umgang zu gewähren, gestellt werden.[68] In diesem Fall sind beide Verfahren zu verbinden (vgl. § 20 FamFG) und es besteht mit Blick auf § 6 RPflG die funktionale Zuständigkeit des Richters für beide Verfahren. **12**

▶ *Näher hierzu Heilmann, § 6 RPflG Rn. 1.*

Auch in den Fällen der Verbindung handelt es sich bei dem Auskunftsverfahren um ein vom Umgangsverfahren gesondertes Verfahren.[69] Das Auskunftsverfahren wird **nur auf** einen entsprechenden **Antrag** eingeleitet.[70] Das folgt aus dem Wortlaut der Vorschrift: „Jeder Elternteil … kann vom … verlangen …". Das Verfahren ist damit ein Antragsverfahren i.S.v. § 23 FamFG. **13**

▶ *Näher hierzu Köhler, § 23 FamFG.*

Die Rücknahme des Antrages führt daher, anders als in Umgangsverfahren (siehe *Gottschalk*, § 1684 BGB Rn. 88), zur Verfahrensbeendigung. Gleichwohl handelt es sich um ein **Amtsermittlungsverfahren**, d.h. die Ermittlungen werden gemäß § 26 FamFG vom Gericht getätigt.

D. Kosten, Verfahrenswert, Verfahrenskostenhilfe

Die **Kostentscheidung** folgt aus §§ 81 ff. FamFG. Bei nicht von vornherein aussichtslosen Auskunftsbegehren werden die Gerichtskosten in der Regel beiden Elternteilen jeweils hälftig aufzuerlegen sein.[71] **14**

▶ *Näher zur Kostenentscheidung Kischkel, § 81 FamFG Rn. 1 ff.*

---

61 OLG Brandenburg FamRZ 2008, 638
62 OLG Hamm MDR 2010, 88
63 OLG Frankfurt NJW 2002, 3785
64 OLG Brandenburg FamRZ 2008, 638
65 Ausdrücklich in § 151 Nr. 2 FamFG geregelt durch das Gesetz zur Stärkung der Rechte des leiblichen, nicht rechtlichen Vaters vom 4.7.2013 (BGBl. I S. 2176)
66 OLG Frankfurt ZKJ 2007, 118
67 Verneint für ein Verfahren, in dem der Vater die Überlassung eines aktuellen Porträtfotos begehrt: OLG München ZKJ 2018, 389
68 OLG Brandenburg NJW-RR 2000, 882
69 OLG Brandenburg FamRZ 2010, 741
70 OLG Frankfurt FamRZ 2019, 362
71 Noch nach altem Recht: OLG Hamm FamRZ 1995, 1288; 2010, 909

15 **Verfahrenskostenhilfe** kann bei Vorliegen der Voraussetzungen der §§ 76 ff. FamFG, 114 ff. ZPO bewilligt werden.

▶ *Näher zur Verfahrenskostenhilfe siehe Gottschalk, § 76 FamFG Rn. 1.*

Eine anwaltliche Vertretung ist für das Auskunftsverfahren vor den Amts- und Oberlandesgerichten nicht zwingend vorgesehen (§ 114 Abs. 1 FamFG), so dass eine Beiordnung nur unter den Voraussetzungen des § 78 Abs. 2 FamFG in Betracht kommt.[72]

16 In § 45 Abs. 1 Nr. 3 FamGKG[73] ist nunmehr ausdrücklich geregelt, dass auch für Verfahren betreffend Auskünfte über die persönlichen Verhältnisse eines Kindes der **Regelverfahrenswert in Höhe von 5.000 EUR** greift[74], sofern das Verfahren nach dem 1.6.2025 eingeleitet wurde. Sofern ein Auskunftsanspruch neben einer Umgangsregelung geltend gemacht wird, so werden die Verfahrenswerte für das Auskunftsrecht (§ 45 Abs. 1 Nr. 3 FamGKG) und für das Umgangsrecht (§ 45 Abs. 1 Nr. 2 FamGKG) addiert (§ 33 Abs. 1 FamGKG), so dass sich ein Verfahrenswert in Höhe von 8.000 EUR ergibt.[75]

E. Vollstreckung

17 Weigert sich der Auskunftsverpflichtete die geschuldete Auskunft zu erteilen, so kann der Auskunftsberechtigte die **Vollstreckung nach §§ 86, 95 Nr. 3 FamFG, 888 ZPO**[76] betreiben. Die §§ 88 ff. FamFG finden hingegen auf die Vollstreckung einer Auskunftsverpflichtung nach § 1686 BGB keine Anwendung, da es sich gerade nicht um die Vollstreckung einer Umgangsregelung handelt,[77] aber auch nicht nach § 35 FamFG,[78] da letztere Vorschrift nur verfahrensleitende Anordnungen erfasst.[79]

▶ *Näher zu den Voraussetzungen der Vollstreckung Cirullies, § 86 FamFG Rn. 7.*

18 Bei einer nachdrücklichen Verweigerung der Auskunftserteilung durch den verpflichteten, sorgeberechtigten Elternteil kommt auch ein Entzug eines Teils der elterlichen Sorge und die Übertragung dieses Teils auf einen Ergänzungspfleger in Betracht, der dann die Auskunft erteilt.[80]

---

72 OLG Saarbrücken FamRZ 2015, 162: VKH für Beschwerdeverfahren betreffend die Vollstreckung einer Auskunftsverpflichtung, ausführlich zur Beiordnung: *Gottschalk/Schneider*, Rn. 688 „Sorge- und Umgangsrecht"

73 Ebenfalls geändert durch das Gesetz zur Stärkung der Rechte des leiblichen, nicht rechtlichen Vaters vom 4.7.2013 (BGBl. I S. 2176)

74 KostBRÄG 2025 BGBl. 2025 Teil I Nr. 109, S. 12 ff

75 OLG Frankfurt FamRZ 2018, 204; vgl. OLG Karlsruhe, Beschl. v. 12.3.2019 – 5 WF 196/18, NZFam 2019, 410, zum Vergleichsmehrwertes

76 BGH ZKJ 2017, 232; OLG Saarbrücken FamRZ 2015, 162; Staudinger/*Dürbeck*, § 1686 BGB Rn. 22

77 MüKo-BGB/*Hennemann*, § 1686 Rn. 12

78 OLG Saarbrücken FamRZ 2015, 1628

79 OLG Saarbrücken FamRZ 2015, 162

80 OLG Frankfurt FamRZ 2002, 1585

F. Übersicht: Auskunftsrechte

19

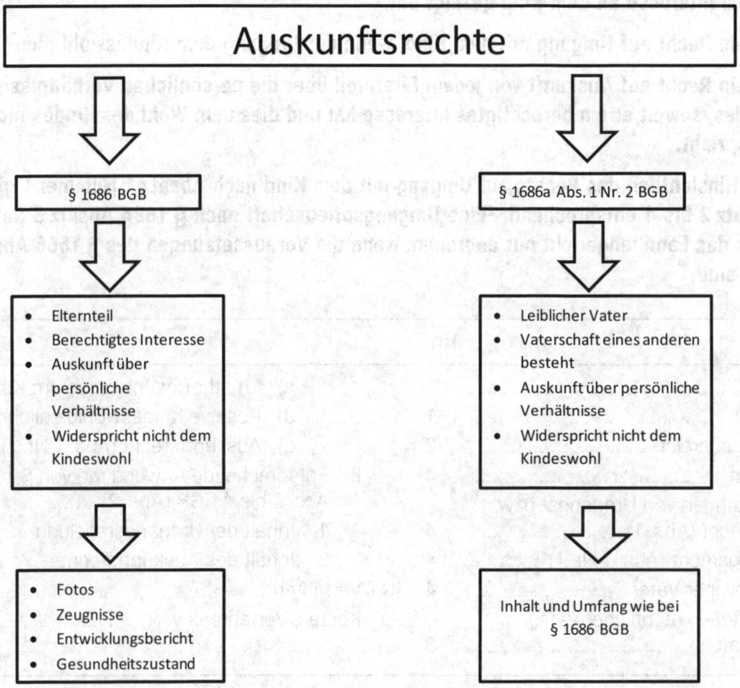

§ 1686a BGB

Rechte des leiblichen nicht rechtlichen Vaters

(1) Solange die Vaterschaft eines anderen Mannes besteht, hat der leibliche Vater, der ernsthaftes Interesse an dem Kind gezeigt hat,

1. ein Recht auf Umgang mit dem Kind, wenn der Umgang dem Kindeswohl dient, und

2. ein Recht auf Auskunft von jedem Elternteil über die persönlichen Verhältnisse des Kindes, soweit er ein berechtigtes Interesse hat und dies dem Wohl des Kindes nicht widerspricht.

(2) [1]Hinsichtlich des Rechts auf Umgang mit dem Kind nach Absatz 1 Nummer 1 gilt § 1684 Absatz 2 bis 4 entsprechend. [2]Eine Umgangspflegschaft nach § 1684 Absatz 3 Satz 3 bis 5 kann das Familiengericht nur anordnen, wenn die Voraussetzungen des § 1666 Absatz 1 erfüllt sind.

Übersicht Rn.

A. Allgemeines

I. Normzweck

1 Die durch das Gesetz zur Stärkung der Rechte des leiblichen, nicht rechtlichen Vaters.[1] am 13.7.2013 in Kraft getretene Vorschrift soll dem leiblichen, aber nicht rechtlichen Vater, unter der Voraussetzung der **Kindeswohldienlichkei**t ein **Umgangsrecht** mit seinem Kind bzw. ein Recht auf Auskunft geben, auch wenn dieser bislang keinen Kontakt zu dem Kind hatte. Der Gesetzgeber hat davon abgesehen, korrespondierend zum Recht auf Umgang, auch eine Umgangspflicht des leiblichen Vaters gesetzlich zu normieren. Auch im Übrigen gehen mit dem Recht auf Umgang **keine weiteren Verpflichtungen** (z.B. Unterhaltspflichten) für den biologischen Vater einher.[2]

▶ *Näher zur Entstehung der Vorschrift siehe Bussian, § 167a FamFG Rn. 1.*

II. Anwendungsbereich

2 Nur der **biologische (leibliche) Vater, der nicht zugleich der rechtliche Vater ist**, erhält nach dieser Vorschrift ein Umgangs- und ein Auskunftsrecht; die Abstammung ist ggf. inzident innerhalb des Umgangsverfahrens festzustellen (siehe *Bussian*, § 167a FamFG,

1 Gesetz vom 4.7.2013 (BGBl. I S. 2176); zu Kritik und verfassungsrechtlichen Bedenken siehe *Peschel-Gutzeit*, NJW 2013, 2465

2 Grüneberg/*Götz*, § 1686a BGB Rn. 1; *Hoffmann*, FamRZ 2013, 1077, 1078, kritisch hierzu *Keuter*, ZKJ 2013, 484, 486, und *Lang*, FPR 2013, 233, 234

Rn. 12). Auch im Fall der sog. privaten Samenspende kann die Norm dem leiblichen Vater ein Umgangsrecht vermitteln.[3] Die Gewährung eines Umgangsrechts hat desweiteren die Voraussetzungen, dass das Kind überhaupt einen **rechtlichen Vater** hat (siehe *Keuter*, § 1592 BGB), der leibliche Vater ein **ernsthaftes Interesse** am Kind bekundet (hat) und der Umgang dem Kindeswohl dient (Abs. 1 Nr. 1). Ein **Recht auf Auskunft** steht dem leiblichen Vater bereits dann zu, wenn er ein berechtigtes Interesse hat und das Auskunftsrecht **dem Wohl des Kindes nicht widerspricht** (Abs. 1 Nr. 2). Die Vorschrift ist insoweit der Regelung in § 1686 BGB nachgebildet.

Fraglich ist, ob § 1686a BGB in seinem Anwendungsbereich der Vorschrift des § 1685 BGB vorgeht, mithin lex specialis gegenüber letzter ist.[4] Praktisch bedeutsam wird die Frage des Verhältnisses beider Normen, wenn der leibliche, nicht rechtliche Vater eine sozial-familiäre Beziehung zum Kind hatte. Nach vorliegend vertretener Auffassung sind beide Vorschriften nebeneinander anwendbar (vgl. *Bussian*, § 167a FamFG, Rn. 3). Da sie denselben verfahrensrechtlichen Gegenstand betreffen, kann ein Umgangsbegehren des leiblichen Vaters, der eine sozial-familiäre Beziehung mit dem Kind unterhält, sowohl auf § 1685 Abs. 2 BGB als auch § 1686a Abs 1 Nr. 1 BGB gestützt werden.[5] 3

B. Inhalt der Norm

I. Voraussetzungen von Umgangs- bzw. Auskunftsrecht (Abs. 1)

1. Umgangsrecht (Abs. 1 Nr. 1)

a) Leiblicher Vater

Nur der leibliche Vater erhält ein Umgangsrecht. Leiblicher Vater i.S.d. § 1686 a BGB ist derjenige, der **in der gesetzlichen Empfängniszeit der Mutter beigewohnt** hat (vgl. § 1600d Abs. 2 BGB und § 167 Abs. 1 FamFG)[6] oder – nach der Entscheidung des BGH[7] – der seinen Samen zur **künstlichen Befruchtung** zur Verfügung gestellt hat, sofern es sich nicht um eine Samenspende nach § 1600 Abs. 4 BGB gehandelt hat.[8] 4

Das Umgangsrecht nach § 1686a Abs. 1 Nr. 1 BGB ist nicht lediglich bei Bestehen einer kraft Gesetzes begründeten Vaterschaft eines anderen Mannes gegeben, sondern umfasst auch die im Wege der Adoption begründete anderweitige Vaterschaft. Dies gilt jedenfalls, wenn der leibliche Vater nicht in die Adoption eingewilligt hat. Denn in diesen Fallgestaltungen besteht kein Grund, den leiblichen Vater anders zu behandeln, als wenn ihm die Erlangung der rechtlichen Vaterposition aufgrund einer nach § 1592 Nr. 1 oder 2 BGB begründeten anderweitige Vaterschaft versperrt ist. Auch die vom leiblichen Vater erklärte Einwilligung in die Adoption steht der Zubilligung eines Umgangsrechts nicht notwendigerweise entgegen. Vielmehr schließt die Einwilligung das Umgangsrecht nur aus, wenn darin gleichzeitig ein Verzicht auf das Umgangsrecht zu erblicken ist.[9] 5

---

3 Vgl. BGH 230, 174; KG FamRZ 2022, 1783

4 Eingehend dazu: Staudinger/*Dürbeck*, § 1686a BGB Rn. 8

5 Staudinger/*Dürbeck*, BGB, 2023, § 1686a Rn. 8, vgl. dazu BGHZ 230, 174

6 Prütting/Wegen/Weinreich/*Ziegler*, § 1686a BGB, Rn. 2

7 ZKJ 2013, 410; bestätigt durch BGH FamRZ 2015, 828 zu § 1747 BGB betreffend eine offene private Samenspende, hierzu: *Osthold* FF 2016, 53; OLG Frankfurt ZKJ 2019, 65

8 BGHZ 230, 174; BGH ZKJ 2013, 410; *Hoffmann*, FamRZ 2013, 1077, 1078 mit dem Hinweis, dass ein Anspruch nach § 1686a BGB nicht von vornherein ausscheidet, wenn zwei Partnerinnen einer (eingetragenen) Lebensgemeinschaft Samen zur Verfügung gestellt wurde

9 BGHZ 230, 174 unter Verweis darauf, dass die gegenteilige, aus der Gesetzesbegründung ersichtliche Auffassung kein tragendes Gesetzesmotiv darstelle, welches als Ausdruck des gesetzgeberischen Willens an der Gesetzesbindung teilnehmen solle; vgl. auch BGH MDR 2024, 1116

6 Wird die **Vaterschaft bestritten**, so muss im Wege der **Inzidentprüfung**.[10] **im Verfahren nach § 167a FamFG** die Abstammung des Antragstellers geklärt werden (siehe *Bussian*, § 167a FamFG Rn. 11). Ergibt das Vaterschaftsfeststellungszwischenverfahren, dass das Kind nicht vom Antragsteller stammt, so muss der Antrag als unbegründet abgewiesen werden[11] (zur Einordnung als Antragsverfahren siehe unten Rn. 31) Hingegen steht es dem Antragsteller frei, ob er nach festgestellter Vaterschaft seinen Umgangsantrag noch weiter verfolgen möchte. Das **Gutachten** erwächst auch **nicht in materielle Rechtskraft**. Die Feststellung der biologischen Vaterschaft ändert an der rechtlichen Vaterschaft nichts und hat für den Antragsteller außer der einer möglichen Umgangsberechtigung oder eines Auskunftsrechts keinerlei Konsequenzen.[12]

7 Die in der Praxis häufig zu stellende Frage wird sein, **ob zunächst die leibliche Vaterschaft oder das Vorliegen der sonstigen Voraussetzungen geklärt werden sollte**, insbesondere die Kindeswohldienlichkeit des Umgangs. Die Bestimmung der Reihenfolge ist gesetzlich nicht festgelegt[13] und steht im **Ermessen des Gerichts**.[14] Bei der Ermessensausübung ist zu beachten, dass die Einholung eines Abstammungsgutachtens einen Eingriff in das durch Art. 6 Abs. 1 GG geschützte Familienleben der bestehenden Familie darstellt und auf Dauer Unfrieden in die bestehende Familie bringen kann.[15] Das Gericht darf die Wahl der **Prüfungsreihenfolge** deshalb **nicht allein an Praktibilitätserwägungen** knüpfen.[16] Die Klärung der Abstammung muss deshalb hintenan gestellt werden, wenn die übrigen Voraussetzungen leicht festzustellen sind oder absehbar nicht eingreifen werden.[17] Sie sollte aber dann vorgezogen werden, wenn die leibliche Vaterschaft zwischen den Beteiligten nicht wirklich in Frage steht,[18] oder aber wenn die übrigen Voraussetzungen noch offen aber hoch umstritten sind. Dabei ist auch zu berücksichtigen, dass die Prüfung des Kindeswohls die Einbeziehung des Kindes voraussetzt, welches nur dann belastet und beunruhigt werden sollte, wenn die leibliche Vaterschaft tatsächlich feststeht.[19]

b) Bestehen rechtlicher Vaterschaft

8 Der Anspruchsteller darf nicht rechtlicher Vater sein, da hier die gesetzliche Sonderregelung in § 1684 BGB Anwendung findet. Kein Umgangsrecht nach § 1686a BGB besteht auch, wenn **keine rechtliche Vaterschaft eines Dritten besteht**. In diesem Fall muss der Antragsteller die Vaterschaft anerkennen oder durch positiven Vaterschaftsfeststellungsantrag feststellen lassen (§ 1592 Nr. 2 und 3 BGB), um dann sein Umgangsrecht aus § 1684 BGB geltend zu machen. Damit will der Gesetzgeber verhindern, dass sich der leibliche Vater mit einer sogenannten „Vaterschaft light" begnügt, die ihm ein Umgangsrecht einräumt, aber keinerlei Pflichten auferlegt.[20]

---

10 Kritisch hierzu *Lang*, FPR 2013, 233, 234
11 *Keuter*, ZKJ 2013, 484, 486
12 Kritisch hierzu: *Keuter*, ZKJ 2013, 484, 486; *Lang*, FPR 2013, 233, 234; *Peschel-Gutzeit*, NJW 2013, 2465, 2467; vgl. hierzu auch: Staudinger/*Dürbeck*, § 1686 a BGB Rn. 6 m.w.N.
13 BVerfG ZKJ 2015, 77, *Grün*, NZFam 2014, 1138, 1139
14 OLG Brandenburg ZKJ 2018, 322; OLG Bremen ZKJ 2015, 25; OLG Koblenz FamRZ 2013, 798
15 BVerfG ZKJ 2015, 77; Grüneberg/*Götz*, § 1686a BGB Rn. 8
16 BVerfG ZKJ 2015, 77
17 EGMR BeckRS 2018, 16483; BVerfG ZKJ 2015, 77; *Hoffmann*, FamRZ 2013, 1077, 1079, *Grün*, NZFam 2014, 1139
18 Anders *Hoffmann*, FamRZ 2013, 1077, 1079: wenn erhebliche Zweifel an der Vaterschaft bestehen, sollte zumeist zunächst die Vaterschaft festgestellt werden.
19 OLG Brandenburg ZKJ 2018, 322; Vgl. AK 9 des 20. Familiengerichtstages, der in These 7 die Auffassung vertritt, dass für den Fall, dass die Kindeswohldienlichkeit mit Hilfe eines Sachverständigengutachtens festgestellt werden soll, in der Regel zunächst die Abstammung geklärt sein sollte
20 BT-Drs. 17/12163, 12

Allerdings fördert der Gesetzgeber eine „Vaterschaft light", indem er **keinen Anfechtungsvorrang** vorsah.[21] Selbst wenn der rechtliche Vater keine sozial-familiäre Beziehung zum Kind hat und der leibliche Vater deshalb gemäß § 1600 Abs. 1 Nr. 2 BGB i.V.m. § 1600 Abs. 2 BGB berechtigt wäre, die Vaterschaft anzufechten, kann er ggf. die Möglichkeit eines Umgangsrechts nach § 1686a BGB nutzen, ohne zugleich rechtliche Verpflichtungen einzugehen. 9

c) Ernsthaftes Interesse am Kind

In der **Gesetzesbegründung** werden **Beispiele** für die Bekundung eines **ernsthaften Interesses** durch den (mutmaßlichen) leiblichen Vater genannt:[22] 10

- der Wunsch, die Mutter zu den Vorsorgeuntersuchungen zu begleiten,
- ein bestehendes Interesse an den ärztlichen Untersuchungen,
- der Wunsch, die Mutter zur Entbindung zu begleiten,
- der Wunsch, sein Kind zügig kennenzulernen,
- fortgesetzte Kontaktbemühungen,
- die wiederholte Äußerung des Wunsches nach Umgang u n d, noch weitergehend,
- die Fortentwicklung konkreter Pläne zur Umsetzung eines Kontaktwunsches im Hinblick auf den Wohnort und den Arbeitsplatz des leiblichen Vaters
- das Sichbekennen zum Kind vor und nach der Geburt sowie
- die Äußerung der Bereitschaft, Verantwortung – auch finanzieller Art – zu übernehmen.[23]

Auch tatsächlich stattgefundene Umgangskontakte sprechen für ein ernsthaftes Interesse.[24]

All diese Beispiele gehen indes davon aus, dass der leibliche Vater zu der Mutter durchgehend Kontakt hatte und von der Schwangerschaft wusste.[25] Aber auch wenn sich der Gesetzgeber bei der Wahl der Beispiele von der Grundannahme einer längeren Beziehung zwischen leiblichem Vater und Mutter hat leiten lassen,[26] so kann nicht intendiert sein, dass solche Väter vom Anwendungsbereich ausgeschlossen sind, die von der Schwangerschaft nicht wussten, weil es sich um einen flüchtigen Kontakt gehandelt hat und/oder die Mutter den Vater bewusst von einer weiteren Kontaktaufnahme abgehalten hat. 11

Ebenso wenig soll der der mutmaßliche leibliche Vater vom Umgangsrecht ausgeschlossen werden, der zwar selbst zunächst den Kontakt zur Mutter abgebrochen hat, weil er bspw. die Ehe der Mutter nicht gefährden wollte,[27] u.U. aber auch in Fällen, in denen der Vater den Kontakt zur Mutter mit dem Wunsch nach einer Abtreibung abgebrochen hat, aber später den Kontakt zu Mutter und Kind wieder gesucht hat, weil er sich eines Besseren 12

21 Mit berechtigter Kritik: *Keuter*, ZKJ 2013, 484, 485; *Lang*, FPR 2013, 233, 234
22 BT-Drs. 17/12163, 13
23 OLG Frankfurt, Beschl. v. 2.1.2019 – 6 WF 115/18, FamRZ 2018, 1254: Unterhaltszahlungen
24 OLG Frankfurt, Beschl. v. 2.1.2019 – 6 WF 115/18, FamRZ 2018, 1254
25 *Peschel-Gutzeit*, NJW 2013, 2465, 2467
26 So *Keuter*, ZKJ 2013, 484, 486; *Peschel-Gutzeit*, NJW 2013, 2465, 2467; *Grün*, NZFam 2014, 1138, 1139
27 *Grün*, NZFam 2014, 1138, 1139

besonnen hat oder schlichtweg älter und reifer geworden ist.[28] Letzteres kann allerdings nur dann zutreffen, wenn der Kontakt zum Kind nicht bereits einmal bestanden hat.[29]

13 Der Begriff der Ernsthaftigkeit beinhaltet auch ein Zeitmoment[30] und dem Wortlaut lässt sich nicht entnehmen, dass das Interesse ausnahmslos ab der Beiwohnung oder von Geburt an bestanden haben muss. In all den Fällen der Unkenntnis oder zunächst bestehendem Unvermögen (nicht Unwillen) muss es ausreichen, wenn der leibliche Vater durch aktives Bemühen ein wahres Interesse am Kind (und nicht an der Mutter oder dem Stiften von Unfrieden in der sozialen Familie) über einen spürbaren Zeitraum zeigt.

14 Die **bloße Kontaktaufnahme zum Jugendamt** und **Einleitung eines Gerichtsverfahrens** ist nach zutreffender Auffassung[31] **nicht ausreichend**. **Indizwirkung** hat **aber** die Zahlung von Unterhalt[32] oder die Hingabe sonstiger finanzieller Zuwendungen, die Nachfrage, das Anbieten von Hilfe und die Bitte um Informationen über die allgemeine Befindlichkeit des Kindes.

15 Die Ernsthaftigkeit des Interesses kann **fehlen**, wenn eine sozial-familiäre Beziehung zwischen rechtlichem Vater und Kind nicht gegeben ist und der leibliche Vater gleichwohl **von einer Anfechtung der rechtlichen Vaterschaft absieht**.[33] Jedenfalls aber ist die Zurückhaltung des leiblichen Vater bei der Geltendmachung seiner Rechte aus § 1686a BGB aus Rücksichtnahme auf die soziale Familie angemessen bei der Betrachtung der Ernsthaftigkeit seines Umgangswunsches zu würdigen.[34]

d) Positive Kindeswohldienlichkeit

16 Das Umgangsrecht steht dem leiblichen Vater nur unter der Voraussetzung zu, dass der Umgang dem Kindeswohl dient **(positive Kindeswohldienlichkeit)**. Im Hinblick auf die zu § 1685 Abs. 2 BGB unterschiedliche Ausgangssituation (keine sozial-familiäre Bindung) kann n i c h t auf die Kriterien des § 1685 BGB verwiesen werden. In der Rechtsprechung müssen sich – ebenso wie für das Merkmal des ernsthaften Interesses – erst Kriterien und Fallgruppen für die positive Kindeswohldienlichkeit noch weiterentwickeln.

17 Sicherlich wird sich kein Grundsatz aufstellen lassen, wonach die Kenntnis der biologischen Abstammung und der (frühestmögliche) Kontakt zum leiblichen Vater per se dem Kindeswohl dient.[35] **Gegen die Kindeswohldienlichkeit** wird es sprechen, wenn sich der leibliche Vater sowie der rechtliche Vater und die Mutter „ablehnend bis feindselig" gegenüberstehen[36] oder der leibliche Vater die Vaterstellung des rechtlichen Vaters auch gegenüber dem Kind in Frage stellt, indem er dem Kind bei den Umgangskontakten erklärt, dass er sein wahrer Vater sei[37] oder das Kind massiv in den Elternkonflikt drängt und den Erziehungsvorrang der rechtlichen Eltern nicht akzeptiert.[38]

---

28 Zweifelnd an einer solch strengen Auslegung auch *Keuter*, ZKJ 2013, 484, 487; a.A. Bremen ZKJ 2015, 25: kein „ernsthaftes Interesse", wenn dem Antragsteller seine mögliche Vaterschaft bereits vor der Geburt des Kindes bekannt war, er sich aber erst sieben Jahre später um die Kontaktaufnahme bemüht hat

29 *Hoffmann*, FamRZ 2013, 1078, 1080

30 *Völker/Clausius*, § 2 Rn. 134: „längerfristiges und nachhaltiges Interesse"; a.A. *Kloster-Harz*, FamFR 2013, 337, 338

31 *Keuter*, ZKJ 2013, 484, 485 „gewisse Indizwirkung"; *Kloster-Harz*, FamFR 2013, 337, 338, lässt die Anrufung des Gerichts nach außergerichtlichen Bemühungen ausreichen

32 OLG Frankfurt, Beschl. v. 2.1.2019 – 6 WF 115/18, FamRZ 2019, 1254

33 *Keuter*, ZKJ 2013, 485, 486

34 BT-Drs. 17/12163, 13

35 OLG Frankfurt ZKJ 2019, 65; FamRZ 2017, 307; Vgl. *Lang*, FPR 2013, 233, 235; *Keuter*, ZKJ 2013, 484, 487, der darauf hinweist, dass in diesem Fall der Inkognitoadoption der Boden entzogen wäre; a.A. *Kloster-Harz*, FamFR 2013, 337, 339

36 OLG Bamberg FamRZ 2013, 710

37 OLG Bamberg FamRZ 2013, 710

38 Vgl. dazu BVerfG Beschl. v. 09.03.2017, Az. 1 BvR 401/17

Auch wenn der leibliche Vater bewusst Unfrieden versucht in die Familie herein zu bringen, wird dieser Umstand ebenso gegen die Kindeswohldienlichkeit sprechen[39] wie die Tatsache, dass das Verhältnis zwischen den (rechtlichen) Eltern und dem biologischen Vater hochgradig zerrüttet und belastet ist und das Kind in die Gefahr des Loyalitätskonflikt bringt.[40]

Zu Recht wird darauf hingewiesen, dass Kinder in vielfältigen Familienkonstellationen mit mehreren Vätern und/oder Müttern konfrontiert sind.[41] Auch spricht die Bindungstheorie nicht per se gegen einen Umgang des leiblichen Vaters, da Kinder eine Mehrzahl von Beziehungen aufbauen können.[42] Abhängig von der konkreten Familiensituation und der Disponibilität des Kindes kann die Konfrontation mit einem „weiteren" „neuen" Vater aber auch zu Verlustängsten und einer hiermit einhergehenden Traumatisierung führen.[43] Es wird immer auf den konkreten Fall ankommen und deshalb in **jedem Einzelfall** abzuwägen sein, ob und inwieweit die vorgenannten Umstände im Hinblick auf das Alter des Kindes, die konkrete Situation der sozialen (rechtlichen) Familie, insbesondere deren Stabilität, den Grad der Bindung des Kindes an die Familie, die Persönlichkeitsstruktur des Kindes sowie das Vermögen des leiblichen Vaters, sich in die Situation des Kindes einzufühlen, eine Rolle spielen.[44] Auch wird es darauf ankommen müssen, inwieweit die Mutter und der biologische Vater in der Lage sind, ihre persönlichen Konflikte einzugrenzen[45] und etwaige auftretende negative Auswirkungen auf das Kind aufzufangen. Die beharrliche Weigerung durch die Eltern allein genügt nicht.[46] **18**

Das Familiengericht muss eine hinreichende Grundlage für eine am Kindeswohl orientierte Entscheidung haben. Es muss daher allen maßgeblichen Umständen im Rahmen seiner Pflicht zur Amtsermittlung nachgehen, insbesondere durch Anhörung der Beteiligten, Anhörung anderer Bezugspersonen des Kindes, ggf. auch durch die Bestellung eines Verfahrensbeistandes oder durch Einholung eines Sachverständigengutachtens.[47] Jedenfalls müssen die für das Kind vom Umgang mit seinem leiblichen Vater **zu erwartenden Vorteile** die zu erwartenden **Nachteile** eindeutig **überwiegen,** damit ein Umgang zu Gunsten des leiblichen Vaters geregelt werden kann.[48] **19**

e) Auskunftsrecht (Abs. 1 Nr. 2)

Das Auskunftsrecht des leiblichen, nicht rechtlichen Vaters ist der Vorschrift des § 1686 BGB nachgebildet.[49] Hinsichtlich der Voraussetzungen „berechtigtes Interesse" und „persönliche Verhältnisse des Kindes" kann auf die diesbezüglichen Ausführungen zu § 1686 BGB verwiesen werden. **20**

▶ *Näher hierzu Gottschalk § 1686 BGB Rn. 1 ff.*

39 OLG Thüringen FamRZ 2017, 1410
40 BVerfG, Nichannahmebeschl. v. 6.12.2016 – 1 BvR 2046/16, juris
41 *Hoffmann,* FamRZ 2013, 1077, 1080
42 AK 9 des 20. Deutschen Familiengerichtstages – 2. These
43 *Grün,* NZFam 2014, 1138, 1139
44 OLG Frankfurt, Beschl. v. 2.1.2019 – 6 WF 115/18, FamRZ 2019, 1254; vgl. BT-Drs. 17/12163, 13
45 OLG Frankfurt, Beschl. v. 2.1.2019 – 6 WF 115/18, FamRZ 2019, 1254
46 BGH ZKJ 2017, 21; OLG Brandenburg ZKJ 2018, 322
47 AK 9 des 20. Familiengerichtstages – 1. These, der ein Vorgehen nach § 163 Abs. 2 FamFG empfiehlt, sofern ein Gutachten eingeholt werden soll
48 OLG Frankfurt FamRZ 2017, 307; *Hammer,* FamRB 2013, 298, 300; *Keuter,* ZKJ 2013, 484, 487, prognostiziert im Hinblick auf das in der Praxis häufig anzutreffende Konfliktpotential nur wenige Fälle, in denen eine Kindeswohldienlichkeit zu bejahen sein wird; OLG Bremen ZKJ 2015, 25
49 *Keuter,* ZKJ 2013, 484, 488

21 Das **berechtigte Interesse** wird **indiziert durch** die **leibliche Vaterschaft**,[50] nachdem der leibliche nicht rechtliche Vater keine andere Möglichkeit hat, die Auskunft zu erlangen, sofern sie ihm nicht freiwillig erteilt wurde.

22 Das Auskunftsrecht des leiblichen Vaters setzt wie das Umgangsrecht nach Abs. 1 Nr. 1 voraus, dass die **leibliche Vaterschaft feststeht**, eine **anderweitige rechtliche Vaterschaft** besteht und der Auskunftsbegehrende ein **ernsthaftes Interesse** gezeigt hat. Diese Unterscheidung ggü. dem Auskunftsanspruch nach § 1686 BGB rechtfertigt sich daraus, dass der leibliche, nicht rechtliche Vater keine Verpflichtungen gegenüber dem Kind besitzt.[51]

23 Im Gegensatz zum Umgangsrecht nach § 1686a Abs. 1 Nr. 1 BGB ist Voraussetzung für ein Auskunftsrecht **nicht die positive Kindeswohldienlichkeit**[52] vielmehr ist die **Feststellung genügend**, dass das Auskunftsrecht **dem Kindeswohl nicht widerspricht**.

▶ *Näher hierzu Gottschalk, § 1686 BGB Rn. 7.*

24 Dem Kindeswohl widersprechen wird ein Auskunftsrecht des leiblichen Vaters, wenn dieses erkennbar nur dazu dienen soll, den nicht gewährten persönlichen Umgang mit dem Kind auf Umwegen zu verfolgen oder Unfrieden in die Familie zu bringen.

II. Entsprechende Anwendung von § 1684 Abs. 2 bis 4 BGB (Abs. 2)

25 Die Verweisung entspricht der Regelung in § 1685 Abs. 3 Satz 1 BGB.

▶ *Näher hierzu Gottschalk, § 1685 BGB Rn. 18 f.*

1. Inhalt der Umgangsregelung

26 Die Beteiligten können einen gerichtlich gebilligten Vergleich gemäß § 156 Abs. 2 FamFG schließen oder das Familiengericht regelt den Umgang durch Beschluss. Anders als bei §§ 1684, 1685 BGB kommt eine bloße Zurückweisung des Antrages in Betracht, da es sich um ein Antragsverfahren handelt.

▶ *Näher hierzu Gottschalk, § 1684 BGB Rn. 88 ff.*

27 ***Tenorierungsbeispiele für den Umgang gemäß § 1686a BGB***

I. Der Antrag wird zurückgewiesen.

oder

II. Der Umgang des Antragstellers mit dem Kind XY wird bis zum XX.XX.XXXX ausgeschlossen.

oder

III. 1. Die Mutter und der rechtliche Vater (Antragsgegner) des Kindes XY sind verpflichtet, dem Antragsteller Umgang mit dem Kind XY wie folgt zu gewähren: Einmal im Monat, jeweils am 3. Freitag eines jeden Kalendermonats in der Zeit von 15.00 Uhr bis 18.00 Uhr, erstmals am Freitag, den 21.3.2020.

---

50 *Hoffmann*, FamRZ 2013, 1077, 1081
51 BR-Drs. 666/12, 14
52 BR-Drs. 666/12, 14

2. *Der Antragsteller holt das Kind zu Beginn des jeweiligen Besuchskontakts pünktlich im Haushalt der Antragsgegner ab. Am Ende der jeweiligen Besuchszeit bringt der Antragsteller das Kind pünktlich in den Haushalt der Antragsgegner zurück.*
3. *Der Antragsteller und die Antragsgegner werden darauf hingewiesen, dass im Fall der Zuwiderhandlung gegen die sich aus diesem Beschluss ergebenden Verpflichtungen ein Ordnungsgeld in Höhe von bis zu 25.000 EUR und für den Fall, dass dieses nicht beigetrieben werden kann oder dessen Anordnung keinen Erfolg verspricht, Ordnungshaft angeordnet werden kann.*

Wird eine Umgangsregelung getroffen, so muss sie inhaltlich bestimmt sein (siehe *Gottschalk*, § 1684 BGB Rn. 30).

Der Umfang des Umgangsrechts des leiblichen, nicht rechtlichen Vaters nach § 1686a BGB hat sich grds. an den zu § 1685 entwickelten Kriterien zu orientieren.[53] Die **konkrete Ausgestaltung** des Umgangs muss sich nach dem **Kindeswohl** richten. Hierbei ist zunächst zu beachten, wie groß die Akzeptanz der sozialen Familie ist, um das Kind – sofern die Kindeswohldienlichkeit bejaht wurde – nicht mehr als nötig einem Loyalitätskonflikt auszusetzen. Sind **mehrere Umgangsberechtigte** vorhanden (getrennt lebender rechtlicher Vater, Großeltern, weitere enge Bezugspersonen nach § 1685 BGB) muss eine Überforderung des Kindes verhindert werden. Schließlich spielt selbstverständlich das Alter des Kindes und seine Fähigkeit und Bereitschaft, sich auf seinen „zweiten" Vater einzulassen, eine Rolle. **28**

Ein 14-tägiger Umgangskontakt über das Wochenende kann jedenfalls mit Blick auf die Vielzahl der Bezugspersonen des Kindes nicht als Regelfall angenommen werden.[54] Gerade zu Beginn der Umgangskontakte und bei kleinen Kindern dürfte lediglich ein **stundenweiser Umgang** in Betracht kommen.

▶ *Zu den Kosten des Umgangs siehe Gottschalk, § 1685 Rn. 27.* **29**

2. Inhalt des Auskunftsrechts

Mangels rechtlicher Vaterstellung kann der nach § 1686a BGB Auskunftsberechtigte auch keine Sorgerechtsstellung erlangen und ihm steht keinerlei (rechtliche) Möglichkeit offen, anderweitig Informationen zu erhalten. Inhaltlich ist zu berücksichtigen, dass der Anspruchsinhaber möglicherweise bislang gar keine Informationen über das Kind hat. Zur Auskunft **verpflichtet** ist nicht nur die **Mutter** sondern **auch der (rechtliche) Vater**.[55] Inhaltlich umfasst das Recht auf Auskunft auch die Überlassung einer Fotografie des gemeinsamen Kindes, wenn der Antragsteller schon seit längerer Zeit keinen persönlichen Umgang mit dem Kind hatte und sich nicht auf anderem Wege über dessen Entwicklung unterrichten kann.[56] **30**

▶ *Näher zum Inhalt des Auskunftsrechts Gottschalk, § 1686 BGB Rn. 8.*

53 OLG Frankfurt FamRZ 2019, 2008
54 Zutreffend *Keuter*, ZKJ 2013, 484, 487; vgl. auch AK 9 des 20. Deutschen Familiengerichtstages – These 3 – wonach sich für das Umgangsrecht des biologischen Vaters kein „Regelumfang" bestimmen lässt und der Umgang nicht regelmäßig dem Umgang eines rechtlichen Elternteils entsprechen muss; vgl. auch OLG Frankfurt FamRZ 2019, 2008
55 *Keuter*, ZKJ 2013, 484, 488
56 OLG Bamberg, NZFam 2022, 797; OLG Karlsruhe FamRZ 2023, 786; MüKo-BGB/*Hennemann*, § 1686a Rn. 35

C. Verfahren

31 Es handelt sich um eine **Kindschaftssache nach § 151 Nr. 2 FamFG**. Besonderheiten ggü. den Verfahren über Umgangssachen gemäß §§ 1684 und 1685 BGB ergeben sich insbesondere aus § 167a FamFG. Zudem handelt es sich um ein Antragsverfahren (zur Abgrenzung Amts- und Antragsverfahren siehe *Kischkel*, § 25 FamFG, Rn. 1 ff., *Gottschalk*, § 1684, Rn. 88).[57] Gleichwohl besteht eine Pflicht zur Amtsermittlung (§ 26 FamFG), den Antragsteller trifft aber eine Feststellungslast. Das folgt aus dem Wortlaut von § 167a FamFG. Zu den sich aus § 167a FamFG ergebenden Besonderheiten für Umgangs- und Auskunftsverfahren siehe *Bussian*, § 167a FamFG, Rn. 1 ff.

32 **Beteiligt** sind neben dem antragstellenden (vermeintlichen) leiblichen Vater (gemäß § 7 Abs. 1 FamFG) das **Kind und die Eltern** und zwar auch der rechtliche Vater. Das Jugendamt wird auf seinen Antrag hin beteiligt (§ 162 Abs. 2 FamFG). Wird der rechtliche Vater des Kindes im ersten Rechtszug entgegen § 7 FamFG nicht am Verfahren beteiligt, so rechtfertigt dieser Mangel die Aufhebung der Entscheidung und Zurückverweisung des Verfahrens an das Amtsgericht nach § 69 Abs. 1 Satz 2 FamFG. Denn in diesem Fall wurde gegenüber dem rechtlichen Vater keine Entscheidung in der Sache getroffen, weshalb eine unzulässige Teilentscheidung vorliegt (vgl. dazu *Kischkel*, § 69 FamFG Rn.6).[58]

33 Die Beteiligten sind anzuhören, das gilt nach den Maßstäben des § 159 FamFG auch für das Kind.[59] Der Umstand, dass das betroffene Kind bislang noch keine Kenntnis von der Existenz eines weiteren, dem leiblichen Vater habe, stehe, so der BGH, einer Kindesanhörung nicht entgegen. Denn spätestens in einem Umgangsverfahren nach § 1686a BGB sei das Kind über seine wahre Abstammung in Kenntnis zu setzen, wenn der Umgang nicht bereits aus anderen, nicht unmittelbar das Kind betreffenden Gründen ausscheide oder die Persönlichkeitsentwicklung oder Verstandesreife des Kindes dem entgegenstehe. Kämen die Eltern dem nicht nach, müsse der Tatrichter – sachverständig beraten – diese Aufgabe übernehmen.[60] Ob die Aufklärung des noch unwissenden Kindes über seine Abstammung durch das Gericht im Rahmen der Anhörung dem Kindeswohl entspricht, muss – selbst bei Hinzuziehung sachverständiger Hilfestellung – bezweifelt werden. Jedenfalls ist die Vorgehensweise des Gerichts mit Bedacht zu wählen und sollte in enger Abstimmung mit dem Sachverständigen erfolgen. Gegebenenfalls muss zuvor durch den Sachverständigen geklärt werden, ob das Kind eine solche Information zum gegenwärtigen Zeitpunkt verkraftet oder mit Blick auf § 159 Abs. 2 Satz 1 FamFG von einer persönlichen Anhörung des Kindes aus schwerwiegenden Gründen abzusehen ist.

34 Zuständig für die Bescheidung eines Umgangsantrages (Abs. 1 Nr. 1) ist der der Richter (§ 14 Abs. 1 Nr. 7 RPflG) und für den Auskunftsantrag (Abs. 1 Nr. 2) der Rechtspfleger (§ 3 Nr. 2 a RPflG). Werden beide Begehren miteinander verbunden besteht eine einheitliche funktionale Zuständigkeit des Richters nach § 6 RPflG. Eine Trennung der Verfahren empfiehlt sich nicht.

▶ *Näher zur funktionalen Zuständigkeit siehe Heilmann, § 6 RPflG Rn. 1.*

Wird im Rahmen des Auskunftsantrages ein Abstammungsgutachten eingeholt so ist für die Durchsetzung der Mitwirkung an der Begutachtung der Richter zuständig.[61]

57 Staudinger/*Dürbeck*, § 1686a BGB Rn. 25
58 OLG Frankfurt FamRZ 2021, 776.
59 BGH ZKJ 2017, 21
60 BGH ZKJ 2017, 21
61 Grüneberg/*Götz*, § 1686a BGB Rn. 8

D. Kosten, Verfahrenswert

▶ *Näher hierzu Bussian, § 167a FamFG Rn. 19 ff.* **35**

§ 1687 BGB
Ausübung der gemeinsamen elterlichen Sorge bei Getrenntleben

(1) [1]Leben Eltern, denen die elterliche Sorge gemeinsam zusteht, nicht nur vorübergehend getrennt, so ist bei Entscheidungen in Angelegenheiten, deren Regelung für das Kind von erheblicher Bedeutung ist, ihr gegenseitiges Einvernehmen erforderlich. [2]Der Elternteil, bei dem sich das Kind mit Einwilligung des anderen Elternteils oder auf Grund einer gerichtlichen Entscheidung gewöhnlich aufhält, hat die Befugnis zur alleinigen Entscheidung in Angelegenheiten des täglichen Lebens. [3]Entscheidungen in Angelegenheiten des täglichen Lebens sind in der Regel solche, die häufig vorkommen und die keine schwer abzuändernden Auswirkungen auf die Entwicklung des Kindes haben. [4]Solange sich das Kind mit Einwilligung dieses Elternteils oder auf Grund einer gerichtlichen Entscheidung bei dem anderen Elternteil aufhält, hat dieser die Befugnis zur alleinigen Entscheidung in Angelegenheiten der tatsächlichen Betreuung. [5]§ 1629 Abs. 1 Satz 4 und § 1684 Abs. 2 Satz 1 gelten entsprechend.

(2) Das Familiengericht kann die Befugnisse nach Absatz 1 Satz 2 und 4 einschränken oder ausschließen, wenn dies zum Wohl des Kindes erforderlich ist.

Übersicht

A. Allgemeines

I. Normzweck

Die Tatsache des **Getrenntlebens der gemeinsam sorgeberechtigten Eltern** lässt die Zuordnung der **elterlichen Verantwortung unberührt**. Notwendigerweise müssen die Eltern im Rahmen der (räumlichen) Trennung zunächst die praktisch besonders bedeutende Frage regeln, bei welchem Elternteil das Kind leben, also seinen gewöhnlichen Aufenthaltsort haben soll. Hierbei sind sie im Rahmen der Sorgerechtsausübung bis an die Grenze der Kindeswohlgefährdung in der Ausgestaltung frei. Sofern sie keine Regelung zur elterlichen **1**

Sorge treffen möchten oder gerichtlich einfordern, verbleibt auch nach der Trennung die gemeinsame elterliche Sorge bei beiden Elternteilen (Umkehrschluss aus § 1671 Abs. 1 BGB). Um Kompetenzkonflikte zu vermeiden und tägliche Entscheidungen in Alltagsfragen zu ermöglichen, bedarf es einer Regelung, wie sich die elterliche Verantwortung nunmehr gestaltet, nachdem das betroffene Kind fortan nur noch von einem Elternteil hauptsächlich alleine betreut wird und von diesem die gewöhnlichen, wiederkehrenden **Entscheidungen des Alltags** zu treffen sind. Dabei ist die Vorschrift auf das Residenzmodell (zur Definition siehe *Keuter*, § 1671 BGB Rn. 22) zugeschnitten. Hingegen müssen die gemeinsam sorgeberechtigten Eltern bei **Entscheidungen von erheblicher Bedeutung (aber auch nur hierüber)** immer **Einvernehmen** herstellen.

II. Anwendungsbereich

2 § 1687 BGB setzt voraus, dass die Eltern, die die elterliche Sorge oder Teile hiervon gemeinsam ausüben, voneinander getrennt leben (hierzu unten Rn. 3). Sie findet auch dann Anwendung, wenn die Eltern nie zusammen gelebt haben.[1] Deshalb führt auch die gemäß § 1626a Abs. 1 Nr. 3, Abs. 2 BGB durch Gerichtsentscheidung entstandene elterliche Sorge getrennt lebender Eltern zur Aufspaltung der sorgerechtlichen Befugnisse nach § 1687 Abs. 1 BGB.

▶ *Zur Frage, ob durch Elternvereinbarung die Vorschrift des § 1687 BGB modifiziert werden kann, siehe Rn. 8 f.*

B. Inhalt der Norm

I. Erfordernis des Einvernehmens (Abs. 1 Satz 1)

1. Getrenntleben der Eltern

3 Die Vorschrift des § 1687 BGB greift nur dann, wenn die Eltern voneinander getrennt leben. Gesetzlich definiert ist der **Begriff des Getrenntlebens** in **§ 1567 BGB**. Voraussetzung ist daher eine vollständige Aufhebung und Aufteilung der gemeinsamen Lebensbereiche, die sich äußerlich zunächst in einer räumlichen Trennung – die allerdings auch innerhalb der Wohnung oder des Hauses stattfinden kann – realisiert und in dem Wegfall von Gemeinsamkeiten, wie gemeinsame Haushaltsführung, dem gemeinsamen Einnehmen von Mahlzeiten, einer gemeinsamen Freizeitgestaltung und dem Fehlen eines füreinander Einstehens. Die gemeinsame Nutzung von Bad und Küche, sofern die Trennung innerhalb der Wohnung erfolgt, steht der Annahme des Getrenntlebens ebenso wenig entgegen wie das gelegentliche gemeinsame Zusammentreffen, auch um im Sinne der Kinder noch hier und da ein bisschen „Familienleben" stattfinden zu lassen, z.B. durch ein gemeinsames Essen am Wochenende,[2] durch die gemeinsame Ausrichtung des Kindergeburtstages oder durch das gemeinsame Feiern von Familienfesten. Sobald die Eltern **wieder zusammenleben** – auch zwecks kurzfristiger Versöhnungsversuchen – **entfällt** die Anwendung des **§ 1687 BGB**.[3]

2. Gemeinsame elterliche Sorge

4 Nur wenn die Eltern die gemeinsame Sorge innehaben – auf welcher Rechtsgrundlage der Erwerb auch immer stattgefunden hat – erfolgt die gesetzliche Verteilung der sorgerechtlichen Befugnisse nach § 1687 BGB.

1 BeckOK-BGB/*Veit*, § 1687 BGB Rn. 4
2 OLG Köln FamRZ 1986, 388
3 Staudinger/*Dürbeck*, § 1687 BGB Rn. 11

3. Angelegenheiten von erheblicher Bedeutung

5 Die **Abgrenzung** von **Angelegenheiten** von **erheblicher Bedeutung** für das Kind von solchen des **täglichen Lebens** ist mitunter schwer zu ziehen. Denn in einer Familie können Themen von entscheidender Bedeutung sein, die in einer anderen eher nebensächlich sind (z.B. Ernährung).[4] In diesem Zusammenhang macht § 1687 Abs. 1 Satz 3 BGB deutlich, dass die begriffliche Abgrenzung nicht allein nach der Häufigkeit der zu treffenden Entscheidung, sondern zudem nach den Auswirkungen, welche diese auf das Leben des Kindes haben, zu erfolgen hat.[5] Die Frage der erheblichen Bedeutung ist immer auch in Bezug auf die konkrete Familie zu sehen.

6 **Beispiele für Angelegenheiten von erheblicher Bedeutung:**

- Namensgebung: Wahl des Vornamens,[6] Form der Namensführung,[7] Einbenennung[8]
- Wohnortwechsel, insbesondere ins Ausland,[9] Bestimmung des Aufenthaltsorts[10]
- Schul- und Berufsausbildung, Schulwahl,[11]- bzw. Schulwechsel[12] Wahl der Wahlpflichtfächer[13] und der Leistungskurse,[14] nicht aber die Entscheidung über die Inanspruchnahme von Nachhilfe[15]
- Schüleraustausch[16]
- Extremsportarten (z.B. Marathonlauf, Hochgebirgsklettern, Fallschirmspringen)
- Wahl und An- und Abmeldung des Kindergartens,[17] Kindertagesstätte[18]
- Heim/Internat[19]
- Medizinische Eingriffe, sofern sie aufschiebbare Grundentscheidungen betreffen,[20] Schwangerschaftsabbruch,[21] Impfungen,[22] längere kieferorthopädische Behandlungen
- Psychotherapeutische Behandlung[23]
- Annahme und Ausschlagung einer Erbschaft[24] (siehe hierzu auch, *Fink*, § 1643 Rn. 7 ff.)

---

4 Hierzu Staudinger//*Dürbeck*, § 1687 BGB Rn. 23f.
5 Vgl. dazu BT-Drs. 13/4899, 107; eingehend dazu Staudinger/*Dürbeck*, § 1687 Rn. 23
6 OLG Brandenburg NZFam 2016, 811
7 VG Berlin, Beschl. v. 19.6.2013 – 3 K 24913
8 OLG Koblenz, Beschl. v. 23.2.2017 – 13 UF 71/17, juris
9 BGH FamRZ 2010, 1060; *Finger*, FamFR 2009, 134
10 OLG Karlsruhe FamRZ 2009, 391; OLG Zweibrücken OLGR 2000, 493
11 BVerfG ZfJ 2003, 233
12 OLG Schleswig NJW-RR 2011, 581; OLG München FamRZ 1999, 111
13 Vgl. Staudinger/*Dürbeck*, § 1687 BGB Rn. 38, a.A. MüKo-BGB/*Hennemann*, § 1687 Rn. 12
14 FA-FamR/*Maier*, 4. Kap., Rn. 37
15 OLG Naumburg FamRZ 2006, 1058; OLG Düsseldorf FamRZ 2006, 223
16 Staudinger/*Dürbeck*, § 1687 Rn. 38; Völker/*Clausius*, § 1 Rn. 116
17 VG Köln FamRZ 2014, 55; OLGR Frankfurt 2009, 562
18 Staudinger/*Dürbeck*, § 1687 Rn. 37; MüKo/*Hennemann*, § 1687 Rn. 12; OLG Oldenburg ZfJ 2005, 81, a.A. FA-FamR/*Maier*, 4. Kap., Rn. 37: Angelegenheit des täglichen Lebens, wenn der Besuch der Kindertagesstätte der Ausübung einer Erwerbstätigkeit durch den betreuenden Elternteil dient; OLGR Brandenburg 2008, 388
19 OLG Brandenburg OLGR 2004, 440; MüKo-BGB/*Hennemann*, § 1687 BGB Rn. 12
20 Staudinger/*Dürbeck*, § 1687 BGB Rn. 40.
21 MüKo-BGB/*Hennemann*, § 1687 BGB Rn. 13
22 BGH ZKJ 2017, 316; OLG Frankfurt ZKJ 2016, 105; KG ZKJ 2006, 299; nicht aber Grippeimpfungen: OLG Frankfurt FamRZ 2011, 47 (Impfung gegen Schweinegrippe) und Staudinger/*Dürbeck*, § 1687 BGB Rn. 41
23 OLG Bamberg FamRZ 2003, 1403; *Reichmann/Ufer*, JR 2009, 485
24 OLG Hamm FamRZ 2003, 172

- Anlage und Verwendung von Kindesvermögen,[25] insbesondere Eröffnung von Konten[26]
- Umgang mit dem anderen Elternteil oder Dritten (z.B. Gleichaltrigen, Großeltern);[27] Veröffentlichung von Fotos eines Kindes auf einer kommerziellen Zwecken dienenden Internetseite[28]
- Geltendmachung von Unterhalt[29] bzw. Sozialleistungen,[30] Vertretung in (sozial-)[31]gerichtlichen Verfahren[32]
- Urlaubsreisen in ein anderes Land, wenn das Auswärtige Amt für den Zielort Sicherheitshinweise, welche die Empfehlung enthalten, auf Reisen an diesen Ort oder seine Umgebung zu verzichten, oder Reisewarnungen erteilt hat[33] oder wenn das Ziel der Reise besondere, über das das allgemeine Lebensrisiko hinausgehende Risiken birgt[34]
- Entscheidung über die Ausübung des Zeugnisverweigerungsrechts[35]
- Grundrichtung der Erziehung,[36] religiöse Erziehung[37]
- Klärung der Abstammung[38]
- Änderung der Staatsangehörigkeit, Einbürgerung[39]
- Beantragung von Ausweispapieren[40]

4. Einvernehmen der Eltern

7 Die Eltern müssen in den Angelegenheiten von erheblicher Bedeutung einen **Konsens finden** und die Entscheidung gemeinsam treffen (vgl. § 1627 BGB Satz 2 BGB), z.B. durch gemeinsame Unterzeichnung des Vertrages mit einer Kindereinrichtung oder einer Schulanmeldung, in anderen Fällen durch schlichte Konsensfindung.

▶ *Näher hierzu Fink, § 1627 BGB Rn. 7.*

25 *Schilling*, NJW 2007, 3233, 3234
26 Abweichend FA-FamR/*Maier*, 4. Kap., Rn. 37: Schülergirokonto ohne Überziehungsmöglichkeit als Angelegenheit des täglichen Lebens
27 OLG Dresden FamRZ 2005, 1275
28 OLG Oldenburg FamRZ 2018, 1517
29 MüKo-BGB/*Hennemann*, § 1687 Rn. 12
30 OVG Lüneburg FamRZ 2009, 1360
31 BSG FamRZ 2009, 2000
32 Vgl. OLG Hamburg ZKJ 2015, 76
33 KG Berlin FamRZ 2017, 1061; OLG Frankfurt, Beschl. v. 10.7.2019, 1 UF 135/19
34 Vgl. zur Einzelfallabwägung spezifischer Risiken während der Corona-Pandemie: OLG Koblenz FamRZ 2022, 197; OLG Dresden FamRZ 2021, 1474; OLG Braunschweig FamRZ 2020, 1658; OLG Frankfurt FamRZ 2020, 761 sowie vorhergehend AG Kirchhain Beschl. v. 10.3.2020, 33 F 102/20; OLG Frankfurt ZKJ 2016, 362, und FuR 2019, 39: Urlaubsreise in die Türkei; OLG Frankfurt BeckRS 2006, 13061 (Reise nach Kolumbien); OLG Köln NJW 1999, 295 (Reise nach Ägypten mit kleinem Kind); AG Heidenheim FamRZ 2003, 1225 (Reise nach Großbritannien während des Irakkrieges), aber: KG FamRZ 2017, 1061 zu einer Urlaubsreise nach Thailand; OLG Karlsruhe FamRZ 2005, 1004: Nach den persönlichen Verhältnissen der betroffenen Familie kann auch eine Urlaubsreise nach China eine Angelegenheit des täglichen Lebens sein
35 OLG Hamburg ZKJ 2014, 70
36 Staudinger/*Dürbeck*,§ 1687 BGB Rn. 30
37 OLG Stuttgart FamRZ 2018, 354; OLG Karlsruhe Streit 2010, 159
38 OLG Dresden FamRZ 2009, 1330
39 VGH Baden-Würtemberg FamRZ 2004, 804
40 OLG Karlsruhe FamRZ 2005, 1187 (Kinderausweis); OLG Köln FamRZ 2012, 1502: Reisepass ; a.A. OLG Bremen FamRZ 2016, 1189; ZKJ 2008, 211

Das setzt natürlich auch voraus, dass der andere Elternteil entsprechende Kenntnisse hat. Der betreuende Elternteil ist verpflichtet, den anderen Elternteil zu informieren[41] und auch das Auskunftsrecht nach § 1686 BGB dient hierzu.

Möglich ist es, dass sich die Eltern wechselseitig **zur Alleinvertretung** für einzelne Geschäfte oder für einen Kreis von Rechtsgeschäften mit Außenwirkung **durch eine – widerrufliche – Vollmacht ermächtigen**,[42] auch wenn diese für das Kind eine „erhebliche Bedeutung" haben.[43] Nicht möglich ist hingegen die Übertragung der gesamten Entscheidungsbefugnisse auf einen Elternteil oder eine Begrenzung der Alltagssorge und somit eine Verschiebung der Kompetenzen des § 1687 Abs. 1 BGB, da dies dem Zweck der Vorschrift widersprechen würde.[44] 8

Wird die Einwilligung durch den anderen Elternteil nicht erteilt, so kann dies zu Anträgen nach § 1628 BGB (siehe hierzu *Fink*, § 1628 BGB, Rn. 1 f., 12 f.) oder § 1671 BGB (siehe hierzu *Keuter*, § 1671 BGB, Rn. 13) führen. Von einem Elternteil unter Missachtung des § 1687 Abs. 1 Satz 1 BGB getroffene Entscheidungen, Vereinbarungen oder Verträge sind deshalb aber nicht unwirksam. 9

▶ *Näher zu Verträgen Fink, § 1629 BGB Rn. 1 ff.*

Auch öffentliche Institutionen wie z.B. die Schule (in der Praxis werden Schulanmeldungen häufig nur von dem betreuenden Elternteil unterzeichnet) können sich im Nachhinein nicht auf das fehlende Einverständnis des anderen Elternteils berufen. Rechtswidrig bleibt das Verhalten des betreffenden Elternteils gleichwohl. Gegebenenfalls ist dem im Rahmen der Kindeswohlprüfung im Rahmen eines anhängigen Verfahrens Rechnung zu tragen.

II. Kein Einvernehmenserfordernis (Abs. 1 Satz 2, 3)

1. Gewöhnlicher Aufenthalt

Das Kind muss beim **betreuenden Elternteil** seinen gewöhnlichen Aufenthalt haben. Das ist der Ort, **an dem sich das Kind überwiegend aufhält** und sein **Lebensmittelpunkt** besteht.[45] Hier wird deutlich, dass § 1687 BGB vom Residenzmodell ausgeht, bei dem das Kind bei einem Elternteil seinen Lebensmittelpunkt hat und sich beim anderen Elternteil nur besuchsweise aufhält. Voraussetzung ist zudem, dass der **Aufenthalt rechtmäßig** ist, d.h. entweder einem Gerichtsbeschluss entspricht oder der Aufenthalt mit Zustimmung des anderen Elternteils erfolgt (vgl. § 1631 BGB, wonach das Aufenthaltsbestimmungsrecht als Teil der Personensorge beiden Elternteilen gemeinsam zusteht). 10

2. Angelegenheiten des täglichen Lebens

Entscheidungen, die **häufig** vorkommen und **keine schwer abzuändernden Auswirkungen auf die Entwicklung des Kindes haben**, betreffen Angelegenheiten des täglichen Lebens (§ 1687 Abs. 1 Satz 3 BGB). 11

Beispiele für Angelegenheiten des täglichen Lebens, wenn nicht besondere Umstände des Einzelfalls nach einer anderen Betrachtung verlangen: 12

- Tägliche Mahlzeiten, Fragen der Ernährung

41 OLG Bamberg NJW 2011, 2151
42 OLG Köln FamFR 2010, 333
43 Müko-BGB/*Hennemann*, § 1687 Rn.8
44 Staudinger/*Dürbeck*, § 1687 BGB Rn. 13
45 Vgl. die Ausführungen zum Begriff der „Obhut" siehe *Fink*, § 1629 BGB, Rn. 33, der dem Begriff des gewöhnlichen Aufenthalts entspricht

- Bekleidung[46]
- Vorsorgeuntersuchungen, Routineuntersuchungen, zahnärztliche Untersuchungen,[47] Nachsorgeuntersuchungen,[48] im Hinblick auf die Risiken nicht die Entscheidung über Schutzimpfungen siehe oben Rn. 6
- Fragen des Schulalltags: Teilnahme an Klassenfahrten,[49] (nicht mehrwöchige Auslandsfahrt), Entschuldigung im Krankheitsfall,[50] Tagesausflüge, Teilnahme an Schulsonderveranstaltungen und Elternabenden,[51] Nachhilfe (siehe auch oben Rn. 6),[52] Beantragung der Schülerfahrkarte[53]
- Schlafenszeiten
- Wahl eines Musikinstruments[54]
- Medienkonsum
- Besuche bei/von Freunden, Ausgehzeiten
- Freizeitaktivitäten,[55] einschließlich des Umgangs mit Freunden und Nachbarn,[56] Vereinsmitgliedschaft (sofern kein „Extremsport")
- Abholung des Kindes vom Kindergarten/Schule[57]/Hort/Freunden[58]
- Urlaubsreisen innerhalb Europas[59] (siehe hierzu auch Rn. 6)

3. Alleinige Entscheidungsbefugnis des betreuenden Elternteils

13 In Angelegenheiten des täglichen Lebens hat der betreuende Eltern eine **tatsächliche und rechtliche Alleinentscheidungsbefugnis**, die sich auch auf die gesetzliche Vertretung erstreckt.[60]

Beim symmetrischen **Wechselmodell** (ausführlich hierzu siehe *Keuter*, § 1671 BGB Rn. 24 ff.) wechselt das Kind in regelmäßigen Abständen (z.B. täglich, nach jeweils drei Tagen, wöchentlich) seinen gewöhnlichen Aufenthalt von einem Elternhaushalt in den des anderen Elternteils. Von einem derartigen Betreuungsmodell ist nur dann auszugehen, wenn die elterlichen Betreuungsanteile jeweils bei 50% liegen.[61] Das Kind hat demnach zwei „gewöhnliche Aufenthalte". Nach zutreffender Auffassung wechselt beim symmetrischen Wechselmodell die Alltagsorge nach § 1687 Abs. 1 Satz 2 BGB „mit dem Kind".[62] Hier zeigt

46 OLG Brandenburg FamRZ 2017, 217
47 BeckOK-BGB/*Veit*, § 1687 BGB Rn. 25.1
48 OLG Brandenburg FamRZ 2016, 240
49 VG Berlin, FamFR 2013, 166: Teilnahme einer 17-Jährigen am schulischen Skikurs in Österreich für wenige Tage
50 VG Hannover, Urt. v. 31.5.2010 – 6 A 5926/09, juris
51 *Kaiser*, FPR 2008, 143, 144
52 *Kaiser*, FPR 2008, 143, 144
53 VG Hannover, Urt. v. 31.5.2010 – 6 A 5926/09, juris
54 *Kaiser*, FPR 2008, 143, 144
55 OLG Bamberg FamRZ 1999, 1005
56 Staudinger/*Dürbeck*, § 1687 Rn. 48; MüKo-BGB/*Hennemann*, § 1687 Rn. 26
57 VG Hannover, Urt. v. 31.5.2010 – 6 A 5926/09, juris; OLG Hamburg FamRZ 2009, 355
58 OLG Bremen FamRZ 2009, 355
59 OLGR Karlsruhe 2008, 374; Staudinger/*Salgo*, § 1687 BGB Rn. 40; vgl. für eine geplante Reise in die USA auch OLG Dresden ZKJ 2021, 467
60 Staudinger/*Dürbeck*, § 1687 BGB Rn. 48
61 Vgl. dazu Staudinger/*Dürbeck*, § 1684, Rn. 251
62 MüKo-BGB/*Hennemann*, § 1687 Rn. 19; BeckOK/*Veit*, § 1687 Rn. 24; *Schilling*, NJW 2007, 3233, 3236; a.A. Staudinger/*Dürbeck*, § 1687 BGB Rn. 15.; Johansen/Henrich/*Raker*, § 1687 BGB, Rn. 5. Der BGH hat die sorgerechtlichen Konsequenzen eines umgangsrechtlich begründeten Wechselmodells in seiner Entscheidung vom 1.2.2017 (ZKJ 2017, 190) offengelassen

sich die fehlende Geeignetheit des Modells bei zerstrittenen und kommunikationsunfähigen Eltern. So wird der eine Elternteil entweder nicht mitbekommen, was der andere Elternteil in der Zeit, in dem sich das Kind bei ihm aufgehalten hat, entschieden oder organisiert hat, oder er kann die vom anderen Elternteil getroffenen Anmeldungen wieder rückgängig machen oder ihnen schlicht nicht folgen. Im Extremfall geht das Kind in der einen Woche zum Tanzunterricht und spielt Gitarre und in der anderen Woche Geige und geht zum Handballtraining.[63]

14

Abgrenzung der Angelegenheiten nach § 1687 Abs. 1 BGB

(vorbehaltlich der Besonderheiten des Einzelfalls)

Angelegenheiten des täglichen Lebens

- Tägliche Mahlzeiten, Fragen der Ernährung
- Vorsorgeuntersuchungen, Routinezahnärztliche Untersuchungen
- Fragen des Schulalltags, Teilnahme an Klassenfahrten, Entschuldigung im Krankheitsfall, Tagesausflüge, Teilnahme an Schulsonderveranstaltungen, Nachhilfe
- Schlafenszeiten
- Medienkonsum
- Besuche bei/von Freunden, Ausgehzeiten
- Freizeitaktivitäten, Vereinsmitgliedschaft (sofern kein „Extremsport")
- Abholung des Kindes von Kindergarten/Schule/Hort/Freunden
- Urlaubsreisen innerhalb Europas

Angelegenheiten von erheblicher Bedeutung

- Namensgebung
- Wohnortwechsel, Bestimmung des Aufenthaltsorts
- Schul- und Berufsausbildung
- Schüleraustausch
- Extremsportarten
- Kindergarten, Kindertagesstätte
- Heim/Internat
- Medizinische Eingriffe
- Psychotherapeutische Behandlung
- Erbschaft
- Anlage und Verwendung von Kindesvermögen
- Umgang
- Geltendmachung von Unterhalt bzw. Sozialleistungen
- Urlaubsfernreisen
- Zeugnisverweigerungsrecht
- Grundrichtung der Erziehung
- Klärung der Abstammung
- Änderung der Staatsangehörigkeit, Einbürgerung
- Beantragung von Ausweispapieren

Angelegenheiten der tatsächlichen Betreuung

- Auswahl des Freizeitprogramms
- Dauer des Fernseh- und PC-Konsums
- Auswahl des Fernseh- oder Kinoprogramms
- Ernährung
- Spielzeiten
- Umgang mit Dritten während der Besuchszeiten
- Abholung vom Kindergarten
- medizinische Versorgung kleinerer Verletzungen oder Linderung von während des Besuchs auftretenden leichten, aber üblichen Erkrankungen (Erkältung, Magenverstimmung)

63 NK-BGB/*Peschel-Gutzeit/Ebeling*, § 1687 BGB Rn.4, 17 mit einem weiteren Beispiel

III. Vereinbarungs- und Umgangsaufenthalt (Abs. 1 Satz 4)

1. Aufenthalt im Rahmen eines Umgangsrechts

15 Hält sich das Kind bei dem das Kind nicht hauptsächlich betreuenden Elternteil **aufgrund einer Vereinbarung der Eltern** oder eines **gerichtlich geregelten Umgangsrechts** auf, so muss auch dieser Elternteil in der Lage sein, **Entscheidungen** ohne Rücksprache mit dem anderen Elternteil für das Kind **zu treffen**. Der **Aufenthalt** muss aber **rechtmäßig** sein. Die Vorschrift greift demnach nicht, wenn sich das Kind aufgrund einer eigenmächtigen Entscheidung und außerhalb von gerichtlich geregelten Besuchszeiten beim nicht betreuenden Elternteil aufhält.

2. Angelegenheiten der tatsächlichen Betreuung

16 Bei den **im Rahmen von Besuchskontakten typischerweise zu treffenden Entscheidungen** handelt es sich nicht um Entscheidungen in Angelegenheiten des täglichen Lebens (hierzu oben Rn. 11 f.), sondern um solche der tatsächlichen Betreuung. Hierzu gehören insbesondere folgende Bereiche: Auswahl des Freizeitprogramms, Dauer des Fernseh- und PC-Konsums, Auswahl des Fernseh- oder Kinoprogramms, Ernährung, Spielzeiten, Umgang mit Dritten während der Besuchszeiten,[64] Abholung vom Kindergarten,[65] die Entscheidung, mit dem Kind in der Muttersprache des Umgangselternteils zu sprechen, sofern das Kind dies möchte.[66] Die medizinische Versorgung ist von Abs. 1 Satz 4 gedeckt, sofern es sich um die Versorgung von kleineren Verletzungen oder Linderung von während des Besuchs auftretenden leichten aber üblichen Erkrankungen (Erkältung, Magenverstimmung) handelt.[67] Sofern es sich um einen Notfall handelt, greift Abs. 1 Satz 5 ein.

17 Der Umgangselternteil hat jedoch **keine Befugnis, über die Angelegenheiten des täglichen Lebens** zu **entscheiden** und kann damit auch nicht derartige Entscheidungen des betreuenden Elternteils wieder rückgängig machen oder konterkarieren, solange sich das Kind bei ihm aufhält (z.B. Abmeldung vom Gitarrenkurs und Anmeldung zum Geigenunterricht).

3. Alleinige Entscheidungsbefugnis des Umgangselternteils

18 Der umgangsberechtigte Elternteil kann im Rahmen des Abs. 1 Satz 4 eigenständige Entscheidungen treffen, er hat hingegen kein Vertretungsrecht im Außenverhältnis.[68] Wurde ihm keine Vollmacht erteilt, greift nur das Notvertretungsrecht gemäß Abs. 1 Satz 5 (siehe folgende Rn.).

IV. Wohlverhaltenspflicht und Notfallbefugnis (Abs. 1 Satz 5)

19 Die gemeinsam sorgeberechtigten Eltern haben alles zu unterlassen, was die gemeinsame Ausübung der elterlichen Sorge hindert (Wohlverhaltenspflicht gemäß Abs. 1 Satz 5 i.V.m. § 1684 Abs. 2 Satz 1 BGB) und im **Notfall** (Gefahr in Verzug) kann jeder Elternteil das Kind **alleine vertreten** (Abs. 1 Satz 5 i.V.m. § 1629 Abs. 1 Satz 4 BGB).

▶ *Näher hierzu Fink, § 1629 BGB, Rn. 11 ff.*

---

64 OLG Zweibrücken FamRZ 2001, 639
65 Staudinger/*Dürbeck*, § 1687 BGB Rn. 51
66 Vgl. MüKo-BGB/*Hennemann*, § 1687 Rn. 21
67 OLG Zweibrücken FamRZ 2001, 639: nur während der Umgangsbetreuung „sachdienliche" ärztliche Betreuung; MüKo-BGB/*Hennemann*, § 1687 Rn. 21
68 Staudinger/*Dürbeck*, § 1687 Rn. 52; MüKo-BGB/*Hennemann*, § 1687 Rn. 22

V. Einschränkungen und Ausschluss (Abs. 2)

20 Das Familiengericht kann die Befugnis zu Entscheidungen über Angelegenheiten des täglichen Lebens oder der tatsächlichen Betreuung **einschränken oder ausschließen**. Voraussetzung ist, dass die Einschränkung zum Wohl des Kindes erforderlich ist. Die Eingriffsschwelle liegt niedriger als in § 1666 BGB, der eine Kindeswohlgefährdung voraussetzt. Das Eingreifen des Gerichts setzt **triftige, das Kindeswohl nachhaltig berührende Gründe** voraus, die besorgen lassen, dass ohne die Maßnahmen das Kind eine ungünstige Entwicklung nehmen könnte. Dies kann eine mildere Maßnahme gegenüber der Übertragung des Sorgerechts oder der Einschränkung des Umgangsrechts darstellen. Die Notwendigkeit einer solchen Einschränkung ist ein Hinweis darauf, dass die gemeinsame elterliche Sorge möglicherweise in der Praxis nicht realisierbar ist.

C. Verfahren

21 Das Familiengericht wird von Amts wegen[69] oder auf Antrag eines Elternteils im Rahmen des **Abs. 2** tätig.

22 Möglich ist **ferner** die **gerichtliche Feststellung** darüber, ob es sich bei einer Angelegenheit um eine solche von erheblicher Bedeutung handelt oder um eine des täglichen Lebens.[70] Trifft das Gericht die Feststellung, dass die im Streit stehende Angelegenheit als eine solche von erheblicher Bedeutung zu qualifizieren ist, ist damit lediglich klargestellt, dass der betreuende Elternteil nicht alleine über die Angelegenheit entscheiden kann. Es handelt sich um den mildesten Eingriff in die Elternrechte, um den Elternkonflikt zu regeln.[71] Damit ist ein **(weiteres) Verfahren nach § 1628 BGB nicht ausgeschlossen**, der – anders als die Entscheidung nach § 1687 Abs. 1 Satz 1 BGB – die Entscheidungskompetenz selbst (sofern es sich um eine Entscheidung von erheblicher Bedeutung handelt) auf einen Elternteil überträgt, der dann handeln darf.

▶ *Näher hierzu Fink, § 1628, Rn. 12.*

23 In beiden Fällen handelt sich um eine Kindschaftssache. Funktionell zuständig ist der Richter (§ 14 Abs. 1 Nr. 7 RPflG). §§ 151 ff. FamFG finden Anwendung, wobei § 156 FamFG eine maßgebliche Bedeutung zukommt.[72]

▶ *Näher hierzu Wegener, § 156 FamFG Rn. 2, 8 ff., 14 ff.*

§ 1687a BGB

Entscheidungsbefugnisse des nicht sorgeberechtigten Elternteils

Für jeden Elternteil, der nicht Inhaber der elterlichen Sorge ist und bei dem sich das Kind mit Einwilligung des anderen Elternteils oder eines sonstigen Inhabers der Sorge oder auf Grund einer gerichtlichen Entscheidung aufhält, gilt § 1687 Abs. 1 Satz 4 und 5 und Abs. 2 entsprechend.

---

69 Johannsen/Henrich/Althammer/*Rake*, § 1687 Rn. 18; BeckOK/*Veit*, § 1687 Rn. 38
70 OLG Frankfurt FamRZ 2011, 47; Ausführlich Staudinger/*Salgo*, § 1687 BGB Rn. 20 ff., 55; Johannsen/Henrich/*Jaeger*, § 1687 BGB Rn. 6: §§ 1628, 1687 Abs. 2 BGB analog
71 OLG Frankfurt FamRZ 2011, 47
72 Staudinger/*Salgo*, § 1687 BGB Rn. 55, 58

Übersicht

A. Allgemeines

I. Normzweck

1 § 1687a BGB regelt, welche **Entscheidungen** der **nicht sorgeberechtigte Elternteil** in den Zeiten treffen darf, in denen sich das **Kind berechtigterweise bei ihm aufhält**. Die Vorschrift enthält somit eine Ergänzung des § 1687 BGB, der nur die Verteilung der Entscheidungsbefugnisse zwischen den gemeinsam sorgeberechtigten Elternteilen regelt.

2 Die Norm hat große praktische Relevanz, da sie dem umgangsberechtigten Elternteil die Verantwortung für die **tatsächliche Betreuung** und die Handlungsbefugnis während der Umgangszeiten überlässt und damit eine Einmischung des sorgeberechtigten Elternteils innerhalb der Grenzen des vereinbarten oder geregelten Umgangsrecht ausschließt, soweit nicht das Kindeswohl beeinträchtigt wird.[1] Ferner ist dem nicht sorgeberechtigten Elternteil ein Notvertretungsrecht eingeräumt.

II. Anwendungsbereich

3 Die Vorschrift findet nur auf den Elternteil Anwendung, der **nicht Inhaber der elterlichen Sorge** ist und ist zeitlich beschränkt auf die Zeiten, in denen sich das Kind mit Zustimmung des Sorgeberechtigten oder aufgrund einer gerichtlichen Regelung bei ihm aufhält.

B. Inhalt der Norm

I. Voraussetzungen

1. Keine elterliche Sorge

4 Aus **welchem Grund die elterliche Sorge** dem Elternteil, bei dem sich das Kind aufhält, **fehlt, spielt keine Rolle**.[2] Auch wenn dem anderen Elternteil ebenfalls die elterliche Sorge nicht mehr zusteht, diese vielmehr durch einen Vormund ausgeübt wird und sich das Kind gewöhnlich bei Pflegeeltern aufhält, findet die Vorschrift Anwendung.

▶ *Zu den Befugnissen der Pflegeeltern siehe hingegen Bussian, § 1688 BGB Rn. 8 ff.*

1 Vgl. hierzu auch OLG Zweibrücken FamRZ 2001, 639
2 MüKo-BGB/*Hennemann*, § 1687a Rn. 2

2. Aufenthalt mit Zustimmung oder aufgrund gerichtlicher Regelung

Die Vorschrift findet nur Anwendung, wenn sich das Kind mit **Einwilligung** des anderen Elternteils, dem die alleinige Sorge zusteht, des sonstigen Inhabers der elterlichen Sorge (z.B. Vormund) oder aufgrund **einer gerichtlichen Umgangsentscheidung** bei dem anderen Elternteil aufhält. Keine Entscheidungsbefugnis besteht mithin in Zeiten, in denen der nichtsorgeberechtigte Elternteil das Kind eigenmächtig mitgenommen hat oder zurückhält (z.B. bei Überschreitung der vereinbarten Besuchszeit). 5

II. Rechtsfolgen

1. Entscheidungen in Angelegenheiten der tatsächlichen Betreuung

Das Alleinbestimmungsrecht umfasst allein die Angelegenheiten der **tatsächlichen Betreuung**. Diese sind abzugrenzen von den **Angelegenheiten des täglichen Lebens**, welche ein weitergehendes Bestimmungsrecht eröffnen. 6

▶ *Zu den Angelegenheiten des täglichen Lebens Bussian, § 1687 BGB Rn. 11 ff.*

Es gibt allerdings wesentliche Überschneidungen. Man muss sich die Frage stellen, welche **Entscheidungen regelmäßig zu treffen** und nicht von erheblicher Bedeutung sind, wenn sich das Kind **zu Besuchszwecken** (auch für einen längeren Zeitraum in den Ferien) bei dem sonst nicht betreuenden Elternteil **aufhält**. Abzustellen ist dabei auch auf die Lebensverhältnisse bzw. kulturellen bzw. religiösen Erziehungsvorstellungen des sorgeberechtigten Elternteils. Was für den einen Alltag ist, kann für den anderen grundsätzliche Erziehungsfragen aufwerfen. 7

In Betracht kommen in der Regel folgende Entscheidungen als solche der tatsächlichen Betreuung: 8

- Was gibt es zu essen?[3]
- Welche Unternehmungen werden getätigt?
- Mit wem hat das Kind Kontakt?[4]
- Wann geht es schlafen und wann steht es auf?[5]

Streitpunkte sind immer wieder die Menge der zugestandenen Süßigkeiten und des Medienkonsums sowie die Gegenwart der/des neuen Lebensgefährtin/en (siehe hierzu auch *Gottschalk*, § 1684 BGB Rn. 20 ff.). Auch hier hat der umgangsberechtigte Elternteil die Entscheidungsbefugnis. Um Konflikte mit dem sorgeberechtigten Elternteil und Loyalitätskonflikte des Kindes zu vermeiden, ist es aber ratsam, Machtkonflikte zwischen den Eltern zu vermeiden. **Unbeschadet dessen gehört jedenfalls** die Befugnis, eine sozialgerichtliche Klage auf Leistungen wegen einer temporären Bedarfsgemeinschaft während der Umgangszeiten einzureichen, nicht zu den Entscheidungen der tatsächlichen Betreuung.[6]

Der nichtsorgeberechtigte, umgangsberechtigte Elternteil hat im Rahmen seiner **Wohlverhaltensverpflichtung** gemäß § 1687a i.V.m. §§ 1687 Abs. 1 Satz 5, 1684 Abs. 2 Satz 1 BGB alles zu unterlassen, was das Verhältnis des anderen Elternteils zum Kind beeinträchtigen oder die Erziehung erschweren könnte. In der Realität sind die Eltern demnach auch bei feh- 9

3 Staudinger/*Dürbeck*, § 1687a BGB, Rn. 4
4 OLG Zweibrücken FamRZ 2001, 639, 641
5 Staudinger/*Dürbeck*, § 1687a BGB, Rn. 4
6 OLG Saarbrücken FamRZ 2017, 286

lendem gemeinsamem Sorgerecht und einer detaillierten Umgangsregelung gehalten, ein Minimum an Absprachen und Kompromisse in Angelegenheiten, die während der Umgangszeiten zu regeln sind, zu treffen.

2. Notvertretungsrecht

10 Ein **Notvertretungsrecht steht gemäß § 1687a i.V.m. §§ 1687 Abs. 1 Satz 4, 1629 Abs. 1 Satz 4 BGB** dem nichtsorgeberechtigten Elternteil während der Umgangszeit zu.

▶ *Zu den Voraussetzungen des § 1629 Abs. 1 Satz 4 BGB siehe Fink, § 1629 BGB, Rn. 11 ff.*

3. Familiengerichtliche Einschränkung oder Ausschluss der Angelegenheiten der tatsächlichen Betreuung

11 Wenn dies **zum Wohl des Kindes erforderlich** ist, kann gemäß § 1687a i.V.m. § 1687 Abs. 2 BGB das **Alleinentscheidungsrecht** des nicht sorgeberechtigten Elternteils in Angelegenheiten der **tatsächlichen Betreuung** durch das Familiengericht **eingeschränkt oder ausgeschlossen** werden. Die Eingriffsschwelle liegt niedriger als in § 1666 BGB, der eine Kindeswohlgefährdung voraussetzt.

12 Das Eingreifen des Gerichtes setzt **triftige, das Kindeswohl nachhaltig berührende Gründe** voraus, die besorgen lassen, dass ohne die Maßnahmen das Kind eine ungünstige Entwicklung nehmen könnte.[7] In Betracht kommen hier Fälle, in denen sich der umgangsberechtigte Elternteil während der Umgangszeiten nicht an die Vereinbarungen oder notwendigen Vorgaben des sorgeberechtigten, das Kind überwiegend betreuenden Elternteils hält und damit seinen Erziehungsstil konterkariert.

▶ *Näher hierzu und zum gerichtlichen Verfahren Bussian, § 1687 BGB, Rn. 21 ff.*

§ 1687b BGB

Sorgerechtliche Befugnisse des Ehegatten

(1) [1]Der Ehegatte eines allein sorgeberechtigten Elternteils, der nicht Elternteil des Kindes ist, hat im Einvernehmen mit dem sorgeberechtigten Elternteil die Befugnis zur Mitentscheidung in Angelegenheiten des täglichen Lebens des Kindes. [2]§ 1629 Abs. 2 Satz 1 gilt entsprechend.

(2) Bei Gefahr im Verzug ist der Ehegatte dazu berechtigt, alle Rechtshandlungen vorzunehmen, die zum Wohl des Kindes notwendig sind; der sorgeberechtigte Elternteil ist unverzüglich zu unterrichten.

(3) Das Familiengericht kann die Befugnisse nach Absatz 1 einschränken oder ausschließen, wenn dies zum Wohl des Kindes erforderlich ist.

(4) Die Befugnisse nach Absatz 1 bestehen nicht, wenn die Ehegatten nicht nur vorübergehend getrennt leben.

7 NK-BGB/*Peschel-Gutzeit/Ebeling*, § 1687 BGB Rn. 17

Übersicht

A. Allgemeines

I. Normzweck

Die Vorschrift regelt die Befugnis des Ehegatten eines alleinsorgeberechtigten Elternteils. Ihm wird das Recht eingeräumt, in **Angelegenheiten des täglichen Lebens** des Kindes **mitzuentscheiden**. Damit wird der „Stiefelternteil" in die elterliche Sorge miteingebunden, da er aufgrund der regelmäßig mit dem Stiefkind bestehenden häuslichen Gemeinschaft tatsächlich in dessen Alltagsleben miteingebunden ist. Dieses **sog. „kleine Sorgerecht"** soll somit den tatsächlichen Gegebenheiten Rechnung tragen und der Stabilisierung der Stiefkindfamilie dienen.[1] Für Lebenspartnerschaften gibt es eine identische Vorschrift (§ 9 Abs. 1 bis 4 LPartG). 1

II. Anwendungsbereich

Nur der **Ehegatte eines Elternteils, der allein sorgeberechtigt ist**, erhält mit der Vorschrift sorgerechtliche Befugnisse eingeräumt und auch das nur, soweit **mit dem Sorgeberechtigten Einvernehmen besteht** (Abs. 1) und solange die **Ehegatten nicht getrennt leben** (Abs. 4). Außerdem erhält der Ehegatte ein Notvertretungsrecht (Abs. 2). Alle Befugnisse können durch das Familiengericht eingeschränkt oder ausgeschlossen werden (Abs. 3). 2

B. Inhalt der Norm

I. Befugnis zur Mitentscheidung (Abs. 1)

Die Mitentscheidungsbefugnis erhält, wer mit einem allein sorgeberechtigten Elternteil verheiratet ist, ohne selbst Elternteil zu sein (bei Lebenspartnerschaft siehe § 9 Abs. 1 bis 4 LPartG). Nicht ausreichend ist es, dass dieser Elternteil nur über Teilbereiche der elterlichen Sorge verfügt.[2] Das Bestehen einer nichtehelichen Lebensgemeinschaft reicht nicht aus.[3] Auch wenn dem Elternteil das Sorgerecht noch zusammen mit dem anderen Elternteil zusteht, greift die Vorschrift nicht ein.[4] 3

Nur für **Angelegenheiten des täglichen Lebens** besteht eine **Mitentscheidungsbefugnis** des Stiefelternteils. Hierbei handelt es sich um Entscheidungen, die häufig vorkommen und auf die Entwicklung des Kindes keine nachhaltigen Auswirkungen haben. 4

▶ *Näher hierzu Bussian, § 1687 BGB Rn. 11 ff.*

---

1 BT-Drs. 14/2096, 8; ausführlich *Veit*, FPR 2004, 67, 69
2 Staudinger/*Dürbeck*, § 1687b Rn. 10; BeckOGK/*Tilmanns*, § 1687b Rn. 6; a.A. *Johannsen/Henrich/Althammer*, § 1687b Rn. 3
3 MüKo-BGB/*Hennemann*, § 1687b Rn. 1
4 *Johannsen/Henrich/Althammer*, § 1687b Rn. 3; *Löhning*, FPR 2008, 157, 158

Somit darf der Ehegatte in Angelegenheiten von erheblicher Bedeutung (§ 1687 Abs. 1 Satz 1 BGB) nicht mitentscheiden. Die diesbezügliche Entscheidungsbefugnis bleibt ausschließlich beim Alleinsorgeberechtigten.

5 Nur im **Einvernehmen** mit dem Elternteil kann der Ehegatte die Mitentscheidungsbefugnis ausüben.

▶ *Zum Begriff des Einvernehmens vgl. Fink, § 1627 BGB, Rn. 4.*

Sind sich die Ehegatten nicht einig, entscheidet der Elternteil alleine, **seine Auffassung hat im Konfliktfall Vorrang**, ohne dass es einer gerichtlichen Entscheidung (vgl. § 1628 FamFG bei gemeinsam Sorgeberechtigten) bedarf oder es eine Pflicht zur Konsensfindung gäbe.[5] Das einmal bestehende **Einvernehmen ist frei widerruflich**.[6]

6 Der Ehegatte **vertritt das Kind in Angelegenheiten des täglichen** Lebens nach außen. Das folgt aus dem Verweis auf § 1629 Abs. 2 Satz 1 BGB.[7] Der Ehegatte kann z.B. das Kind zu einem routinemäßigen Arztbesuch begleiten oder die Zustimmung zu einem Klassenausflug erteilen.

II. Notvertretungsrecht (Abs. 2)

7 Der Ehegatte ist in **Notfällen** befugt, alle erforderlichen Rechtshandlungen für das Kind vorzunehmen, wenn der sorgeberechtigte Elternteil nicht rechtzeitig erreicht werden kann. Dieser ist aber unverzüglich hierüber zu **informieren**. Diese Notfallkompetenz umfasst insbesondere die Beauftragung von Ärzten nach einem Unfall, plötzlich auftretenden Erkrankungen oder Verletzungen.[8]

III. Familiengerichtliche Maßnahmen (Abs. 3)

8 In das abgeleitete, „kleine" Sorgerecht des Stiefelternteils kann das Familiengericht eingreifen und dieses **einschränken** oder gar ganz ausschließen, **wenn dies zum Wohl des Kindes erforderlich** ist. Das wird bei **fortbestehenden, das Kind beeinträchtigenden Streitigkeiten** der Fall sein.[9] Nach der hier vertretenen Auffassung (siehe Rn. 5) hat die gerichtliche Eingriffsmöglichkeit nur insoweit Relevanz, als hierdurch die Außenwirkung beseitigt wird, nachdem der sorgeberechtigte Elternteil sein Einvernehmen jederzeit frei widerrufen kann.

9 Hingegen kann die **Notfallkompetenz nicht ausgeschlossen** werden und auch eine **Erweiterung** der dem Stiefelternteil nach dieser Vorschrift eingeräumten Befugnisse ist durch das Gesetz nicht vorgesehen.

IV. Dauerndes Getrenntleben (Abs. 4)

10 Beendet wird das abgeleitete Sorgerecht, wenn sich die Ehepartner **nicht nur vorübergehend trennen**. Diesbezüglich kann auf den Regelungsgehalt der Vorschrift des § 1567 BGB zurückgegriffen werden.[10] Nicht nur vorübergehend getrennt leben die Ehegatten, wenn sie die häusliche Gemeinschaft vollständig und erkennbar mit dem Willen aufheben, fortan die eheliche Lebensgemeinschaft nicht fortsetzen zu wollen. Die Trennung ist auch innerhalb der Wohnung möglich, wenn die Lebensbereiche klar voneinander abgrenzbar sind.[11]

---

5 *Löhning*, FPR 2008, 157, 158; *Veit*, FPR 2004, 67,

6 So Erman/*Döll*, § 1687b BGB Rn. 2, MüKo-BGB/*Hennemann*, § 1687b, Rn. 1; BeckOK/*Veit*, § 1687b Rn. 18; a.A. Staudinger/*Dürbeck*, § 1687b BGB Rn. 12a

7 *Veit*, FPR 2004, 67, 71

8 BT-Drs. 14/3751, 39

9 BT-Drs. 14/3751, 39

10 BeckOGK/*Tillmanns* Rn. 10; Staudinger/*Dürbeck*, § 1687b Rn. 21; Grüneberg/*Brudermüller*, § 9 LPartG Rn. 9

11 § 1567 Abs. 1 Satz 2 BGB

Die Mitentscheidungsbefugnis **endet auch**, wenn der bislang allein sorgeberechtigte Elternteil das **Sorgerecht** vollständig **verliert** (z.B. nach § 1666 BGB) oder fortan mit dem anderen Elternteil – auch in Teilen – zusammen ausübt (§§ 1696, 1626a Abs. 1 Nr. 1 oder 3 BGB). 11

C. Verfahren

Bei der gerichtlichen Entscheidung nach Abs. 3 FamFG handelt es sich um eine Kindschaftssache gemäß 151 Nr. 1 FamFG. Funktionell zuständig ist der Rechtspfleger, § 3 Nr. 2a RPflG, da § 1687b BGB im Richtervorbehalt des § 14 Abs. 1 Nr. 7 RPflG nicht genannt ist. 12

§ 1688 BGB

Entscheidungsbefugnisse der Pflegeperson

(1) [1]Lebt ein Kind für längere Zeit in Familienpflege, so ist die Pflegeperson berechtigt, in Angelegenheiten des täglichen Lebens zu entscheiden sowie den Inhaber der elterlichen Sorge in solchen Angelegenheiten zu vertreten. [2]Sie ist befugt, den Arbeitsverdienst des Kindes zu verwalten sowie Unterhalts-, Versicherungs-, Versorgungs- und sonstige Sozialleistungen für das Kind geltend zu machen und zu verwalten. [3]§ 1629 Abs. 1 Satz 4 gilt entsprechend.

(2) Der Pflegeperson steht eine Person gleich, die im Rahmen der Hilfe nach den §§ 34, 35 und 35a Abs. 2 Nr. 3 und 4 des Achten Buches Sozialgesetzbuch die Erziehung und Betreuung eines Kindes übernommen hat.

(3) [1]Die Absätze 1 und 2 gelten nicht, wenn der Inhaber der elterlichen Sorge etwas anderes erklärt. [2]Das Familiengericht kann die Befugnisse nach den Absätzen 1 und 2 einschränken oder ausschließen, wenn dies zum Wohl des Kindes erforderlich ist.

(4) Für eine Person, bei der sich das Kind auf Grund einer gerichtlichen Entscheidung nach § 1632 Abs. 4 oder § 1682 aufhält, gelten die Absätze 1 und 3 mit der Maßgabe, dass die genannten Befugnisse nur das Familiengericht einschränken oder ausschließen kann.

Übersicht

A. Allgemeines

I. Normzweck

Hat das Kind seinen gewöhnlichen Aufenthalt **außerhalb seines Elternhauses**, fallen **täglich Entscheidungen** an, die von den die Kinder betreuenden Personen zu treffen sind, eine Einbeziehung der sorgeberechtigten Eltern jedoch praktisch nicht realisierbar wäre. Durch die Vorschrift verfolgte der Gesetzgeber den Zweck, die Alltagsbefugnisse von Personen, bei denen sich das Kind tatsächlich aufhält, im Zivilrecht zu verankern,[1] um diese mit den notwendigen Handlungs- und Vertretungsmöglichkeiten auszustatten **(sog. kleines Sorge-** 1

1 BT-Drs. 13/4899, 108

recht). Zugleich werden die Inhaber der elterlichen Sorge zur individuellen Gestaltung des Pflege- und Erziehungsverhältnisses ermutigt,[2] indem die Entscheidungsbefugnisse der Pflegeperson nach Abs. 3 unter den Vorbehalt gestellt werden, dass der Inhaber der elterlichen Sorge nicht etwas anderes erklärt. Abweichendes gilt jedoch nach Abs. 4 sofern eine Verbleibensanordnung nach§ 1632 Abs. 4 BGB erlassen wurde. In diesen Fallgestaltungen kann nicht ohne Weiteres davon ausgegangen werden, dass die Personensorgeberechtigten mit der den von Gesetzes wegen eintretenden Wirkungen des § 1688 Abs 1 BGB einverstanden sind.[3] Daher können die genannten Befugnisse nach § 1688 Abs. 4 BGB nur durch das Familiengericht eingeschränkt oder ausgeschlossen werden. Zu den Entscheidungsbefugnissen der Pflegeperson in Angelegenheiten der Alltagssorge, wenn das Kind unter Vormundschaft oder Pflegschaft steht, findet sich nunmehr in § 1797 BGB eine Regelung (vgl. *Wierse*, § 1797 BGB).

II. Anwendungsbereich

2 Nur wenn die Eltern **die elterliche Sorge** oder **Teile hiervon** noch **innehaben** stellt sich ihnen gegenüber das Problem der sorgerechtlichen Teilhabe der betreuenden Personen.[4] Wurde den Eltern die elterliche Sorge ganz oder zum Teil gemäß § 1666, 1666a BGB entzogen, kommt die Vorschrift des § 1688 BGB nicht oder nur im Hinblick auf den bei den Eltern verbliebenen Teil der elterlichen Sorge zur Anwendung.

3 § 1630 Abs. 3 BGB gibt daneben die Möglichkeit, Angelegenheiten der elterlichen Sorge auf die Pflegeperson zu übertragen, dies setzt allerdings die Zustimmung oder einen Antrag der Eltern voraus und betrifft auch nie die gesamte elterliche Sorge.[5]

▶ *Näher hierzu Fink, § 1630 BGB Rn. 11 ff.*

4 Möglich sind zudem andere, die Vorschrift des § 1688 BGB teilweise abändernde Formen der Aufteilung der sorgerechtlichen Befugnisse zwischen Eltern und Pflege- bzw. Betreuungspersonen z.B. durch (widerrufliche) **Vollmachtserteilung oder Pflegschaftsvertrag**.[6]

5 § 1688 BGB **unterscheidet**, ob sich das Kind **mit Zustimmung** der Eltern **oder** aufgrund einer **Entscheidung nach § 1632 Abs. 4 oder § 1682 BGB** bei der Betreuungsperson aufhält.

▶ *Näher zum Verhältnis von Vormund und Pflegeeltern Wierse, § 1797 BGB Rn. 1 ff.*

B. Inhalt der Norm

I. Entscheidungs- und Vertretungsbefugnis (Abs. 1)

6 Die Entscheidungs- und Vertretungsbefugnis in Angelegenheiten des täglichen Lebens setzt zunächst voraus, dass sich das Kind seit **längerer Zeit** außerhalb des Haushalts der Personensorgeberechtigten aufhält. Entscheidend ist, ob eine **längere Fremdplatzierung prognostiziert** wird und nicht, ob das Kind bereits längerer Zeit bei der Pflegeperson untergebracht ist.[7] Der Begriff der längeren Zeit ist weder gesetzlich noch durch die Rechtsprechung abschließend definiert.

▶ *Siehe zum Begriff der „längeren Zeit" auch Fink, § 1632 BGB Rn. 36.*

2 Staudinger/*Dürbeck*, BGB, 2023, § 1688 Rn. 33
3 Vgl. Staudinger/*Coester*, BGB, 2020, § 1632 Rn. 94
4 Für das Verhältnis von Vormund und Pflegepersonen siehe §§ 1796 f. BGB, eingehend *Veit*, FamRZ 2021, 1501, 1507
5 OLG Jena FamRZ 2009, 421
6 Ausführlich hierzu Prenzlow/*Lack/Salgo*, Handbuch Elterliche Sorge und Umgang, S. 429 ff.; vgl. auch Staudinger/*Dürbeck*, § 1688 BGB Rn. 32 f.; *Veit*, FamRZ 2021, 1501, 1502
7 MüKo-BGB/*Hennemann*, § 1688 Rn. 4; Staudinger/*Dürbeck*, § 1688 Rn. 6

Ab der Dauer von zwei Monaten wird man im Rahmen von § 1688 BGB von einer „längeren Zeit“ sprechen können,[8] so dass diese Regelung auch bei der Unterbringung in einer Kurzzeit- oder Bereitschaftspflegestelle eingreift, wenn die Unterbringung für mehrere Monate geplant ist oder – wie in der Praxis häufig – schließlich andauert.[9]

Familienpflege ist die Betreuung eines minderjährigen Kindes außerhalb des Haushaltes seiner Eltern in Form der Vollzeitpflege (Tag und Nacht) nach § 33 SGB VIII. Die Pflegeperson bedarf grundsätzlich einer Erlaubnis zur Vollzeitpflege (§ 44 SGB VIII). Diese Pflegeerlaubnis, von deren Notwendigkeit Ausnahmen bestehen z.B. bei der Unterbringung des Kindes bei Verwandten (§ 44 Abs. 1 Nr. 3 SGB VIII), also insbesondere den Großeltern, ist jedoch nicht Voraussetzung für ein Eingreifen des § 1688 BGB.[10] Nicht um eine Familienpflege i.S.d. Abs. 1 handelt es sich hingegen bei der Tagespflege (§ 23 SGB VIII).[11] Gemäß § 1751 Abs. 1 Satz 4 BGB ist während der **Adoptionspflege** § 1688 Abs. 1 und 3 BGB entsprechend anwendbar. 7

Die Pflegeperson entscheidet in **Angelegenheiten des täglichen Lebens**. Der Begriff entspricht dem des § 1687 Abs. 1 Satz 2 BGB.[12] 8

▶ *Näher hierzu Bussian, § 1687 BGB Rn. 11 ff.*

Zu den praktisch relevanten Angelegenheiten des täglichen Lebens gehören

- Mitgliedschaften in Sportvereinen, Musikschulen etc.,
- die Teilnahme an Elternabenden,
- das Schreiben von Entschuldigungen für die Schule,
- die Wahl von schulischen Arbeitsgemeinschaften,
- die Teilnahme an Sonderveranstaltungen der Schule und Ausflügen,
- Vorsorge- und Routineuntersuchungen,
- Ferienaufenthalte.

In Angelegenheiten **von erheblicher Bedeutung** (siehe zur Abgrenzung *Bussian*, § 1687 BGB Rn. 5) bleiben die sorgeberechtigten Eltern allein zuständig.[13] 9

Die **sorgeberechtigten Eltern** verbleiben Inhaber der elterlichen Sorge, sie – und nicht das Kind – werden in den Angelegenheiten des täglichen Lebens von der **Pflegeperson** lediglich **vertreten**.[14] Damit hat die Pflegeperson in den maßgeblichen Angelegenheiten die **Befugnis**, diese Dinge **zu entscheiden**; die **Vertretung der Eltern** erfolgt sodann bei der Umsetzung der Entscheidung nach Außen und durch die notwendigen Handlungen gegenüber Dritten. 10

Die Befugnisse der Pflegepersonen umfassen gemäß Satz 2 auch die **Verwaltung des Arbeitsverdienstes** des Kindes sowie die **Geltendmachung und die Verwaltung von Unterhalts-, Versicherungs-, Versorgungs- und sonstige Sozialleistungen**. Allerdings können die Pflegeeltern **keine Unterhaltsansprüche** des Kindes **gegen die Eltern** sondern **nur Un-** 11

8 Staudinger/*Dürbeck*, § 1688 BGB Rn. 8, 17
9 MüKo-BGB/*Hennemann*, § 1688 Rn. 4
10 OLG Dreseden FamRZ 2010, 1995
11 Staudinger/*Dürbeck*, § 1688 Rn. 30 f.
12 Ausführlich auch Prenzlow/*Lack/Salgo* , Handbuch Elterliche Sorge und Umgang, S. 429 ff.
13 Z.B. der Umgang des fremdplatzierten Kindes mit seinen Eltern, vgl. OLG Koblenz FamRZ 2017, 1958, oder die Entscheidung über die Änderung des Familiennamens, vgl. BGH ZKJ 2017, 64
14 MüKo-BGB/*Hennemann*, § 1688 Rn. 5

terhaltsansprüche gegen Dritte geltend machen,[15] da die Pflegeperson nur die Eltern und nicht das Kind vertritt.[16]

12 Hilfen zur Erziehung nach §§ 27, 33 SGB VIII[17] und Eingliederungshilfen (§ 35a SGB VIII)[18] können die Pflegepersonen nicht nach Satz 2 geltend machen, da es sich hierbei um Angelegenheiten von erheblicher Bedeutung handelt. Deshalb steht ihnen auch kein eigener Zahlungsanspruch auf wirtschaftliche Jugendhilfe aus § 39 SGB VIII zu, da ein solcher Zahlungsanspruch einen Annexanspruch zu dem in § 27 Abs. 1 SGB VIII geregelten Anspruch des Personensorgeberechtigten auf Hilfe zur Erziehung darstellt.[19]

13 Bei **Gefahr im Verzug** ist die Pflegeperson berechtigt, alle Rechtshandlungen vorzunehmen, die zum Wohl des Kindes notwendig sind; der Inhaber der elterlichen Sorge ist unverzüglich zu unterrichten (vgl. *Bussian*, § 1687b BGB, Rn. 7 und *Fink*, § 1629 BGB, Rn. 14), Abs. 1 Satz 3, § 1629 Abs. 1 Satz 4 BGB. Praktische Bedeutung erlangt diese Vorschrift hauptsächlich im Bereich der Gesundheitsfürsorge.

II. Gleichstehende Personen (Abs. 2)

14 Den **Pflegepersonen in Abs. 1 gleichgestellt** sind diejenigen Personen, die Kinder im **Heim** oder in einer sonstigen **betreuten Wohnform** (gemäß § 34 SGB VIII), im Rahmen einer **intensiven sozialpädagogischen Einzelbetreuung** (§ 35 SGB VIII), sofern der Jugendliche außerhalb des Elternhauses betreut wird[20] oder im Rahmen einer **Eingliederungshilfe** (§ 35a SGB VIII) betreuen. Die Internatsunterbringung fällt nicht hierunter.[21]

III. Anderweitige Erklärung des Sorgerechtsinhabers (Abs. 3)

15 Die Entscheidungs- und Vertretungsbefugnisse der Pflege- und Betreuungspersonen können allerdings **von den sorgeberechtigten Eltern eingeschränkt oder ausgeschlossen** werden. Dies setzt voraus, dass diese den entsprechenden Teilbereich der elterlichen Sorge, unter den die Angelegenheit fällt, innehaben und ihnen dieser nicht nach § 1666 Abs. 3 Nr. 6 BGB entzogen ist (zur Ausnahme siehe Rn. 17). Macht der Inhaber der elterlichen Sorge von seinem „Vetorecht" Gebrauch, kann sich die Pflegeperson nicht mehr auf die ihr grundsätzlich von § 1688 BGB eingeräumten sorgerechtlichen Befugnisse berufen. Solange allerdings keine entsprechende Erklärung des Sorgerechtsinhabers vorliegt, greifen zugunsten der Pflegeperson die genannten Befugnisse ein.[22] Führt die Beschränkung oder der Ausschluss dazu, dass eine dem Wohl des Kindes förderliche Betreuung und Erziehung nicht mehr gewährleistet ist, so muss das **Jugendamt gemäß § 37 SGB VIII vermitteln**.

16 Das **Familiengericht** kann die Befugnisse der Pflege- und Betreuungspersonen gemäß Abs. 3 Satz 2 **einschränken oder ausschließen**, soweit dies **zum Wohl des Kindes erforderlich** ist und zwar auch gegenüber den Personen, bei denen sich das Kind aufgrund einer Verbleibensanordnung (Abs. 4) aufhält und die Sorgeberechtigten keine Beschränkungsmöglichkeit haben.

15 OLG Dresden FamRZ 2010, 1995
16 BeckOK-BGB/*Veit*, § 1688 BGB Rn. 8.3, 9
17 OVG Bautzen, Beschl. v. 6.12.2010 – 1 D 120/10, juris
18 OVG Weimar JAmt 2003, 34
19 VG Saarbrücken, Beschl. v. 5.5.2014 – 3 K 682/12, juris
20 Wiesner/*Schmid-Obkirchner*, § 38 SGB VIII Rn. 12
21 Wiesner/*Schmid-Obkirchner*, § 38 SGB VIII Rn. 13
22 BeckOK-BGB/*Veit*, § 1688 BGB Rn.11

Zum Wohl des Kindes erforderlich ist ein gerichtliches Einschreiten dann, wenn **Gründe** vorliegen, die befürchten lassen, dass ohne Einschränkung oder Ausschluss der Befugnisse der Pflegeeltern (oder ihnen nach Abs. 2 gleichgesetzten Personen) das Kind eine ungünstige Entwicklung nehmen könnte, ohne dass die Schwelle der Kindeswohlgefährdung erreicht sein müsste.[23] Eine **Erweiterung der Befugnisse** steht dem Gericht – unterhalb der Eingriffsschwelle nach § 1666 BGB – hingegen **nicht zu**.[24]

IV. Besonderheiten in Fällen der Verbleibensanordnung (Abs. 4)

Kein Recht zum Ausschluss oder der Einschränkung der sich aus § 1688 Abs. 1 BGB ergebenden Befugnisse steht den **sorgeberechtigten Eltern** allerdings dann zu, wenn sich das Kind aufgrund einer **Verbleibensanordnung bzw. Dauerverbleibensanordnung nach § 1632 Abs. 4 BGB** bei der Pflege- oder Betreuungsperson oder aber sich aufgrund einer **Verbleibensanordnung nach § 1682 BGB** beim Stiefelternteil, bei einer engen Bezugsperson nach § 1685 BGB oder beim/bei der Lebenspartner/Lebenspartnerin aufhält und setzt demnach einen vorausgegangenen, abgeschlossenen gerichtlichen Herausgabestreit voraus.[25] In diesen Fällen kann nur das Familiengericht eine Einschränkung oder einen Ausschluss der Befugnisse vornehmen. **17**

▶ *Näher zur Verbleibensanordnung Fink, § 1632 BGB Rn. 33 ff., bzw. Keuter, § 1682 BGB Rn. 1 ff.*

C. Verfahren

Bei der gerichtlichen Entscheidung nach § 1688 Abs. 3 Satz 2 und Abs. 4 BGB FamFG über die Begrenzung und den Ausschluss der sorgerechtlichen Befugnisse handelt es sich um eine Kindschaftssache gemäß § 151 Nr. 1 FamFG. Funktionell zuständig ist gemäß **§ 3 Nr. 2a RPflG der Rechtspfleger**. Es gelten die allgemeinen Verfahrensgrundsätze in Kindschaftssachen. Das Verfahren kann auch von Amts wegen eingeleitet werden.[26] **18**

§ 1689 bis § 1692 BGB
(weggefallen)

§ 1693 BGB
Gerichtliche Maßnahmen bei Verhinderung der Eltern

Übersicht

23 jurisPK-BGB/*Thormeyer* § 1688 BGB Rn. 17; ausführlich Staudinger/*Dürbeck*, § 1688 BGB Rn. 45
24 Staudinger/*Dürbeck*, § 1688 Rn. 45
25 Vgl. MüKo-BGB/*Hennemann*, § 1688 Rn. 12
26 Staudinger/*Dürbeck*, § 1688 BGB Rn. 41

A. Allgemeines

I. Normzweck

1 Sind die Eltern verhindert, die elterliche Sorge auszuüben, so hat das **Familiengericht** die im Interesse des Kindes erforderlichen Maßregeln zu treffen.

Die Vorschrift dient der Sicherung des Kindeswohls, indem sie eine unmittelbare Handlungsbefugnis des Familiengerichts statuiert für den Fall, dass sich Kinder in einer Situation befinden, in denen ihre Eltern verhindert sind, die elterliche Sorge auszuüben. Die im materiellen Recht angesiedelte Vorschrift enthält eine Verpflichtung der Gerichte, in solchen **dringenden Fällen** tätig zu werden und **für die Eltern „einzuspringen"**, bis diese wieder in der Lage sind, selbst zu handeln oder längerfristige Maßnahmen getroffen werden können.[1] Dabei wird die elterliche Sorge nicht entzogen oder beschränkt.[2] Vielmehr tritt der Staat handelnd für die Eltern ein, (nur) **soweit und solange** sie an der Ausübung der elterlichen Sorge verhindert sind. Der in der Praxis häufigste Anwendungsfall ist die Einreise von unbegleiteten minderjährigen Flüchtlingen, deren Eltern im Heimatland verblieben und nicht erreichbar sind. Bis zur Beendigung des sog. Clearingverfahrens,[3] in dem der rechtliche Status der Flüchtlingskinder erst festgestellt wird, müssen die notwendigen Maßnahmen, wie die Bestimmung ihres Aufenthalts, gesundheitliche und tägliche Versorgung, für die Kinder getroffen werden können.

II. Anwendungsbereich

2 **Beide Eltern** müssen an der Ausübung der elterlichen Sorge verhindert sein.[4] Eltern im genannten Sinne sind die rechtlichen Eltern, ggf. nach Maßgabe des anzuwendenden Rechts. Auf die biologische oder soziale Elternschaft kommt es im vorliegenden Zusammenhang nicht an.

3 Wenn der **Vormund** verhindert ist, beansprucht § 1802 Abs. 2 Satz 3 BGB i.V m. § 1867 BGB Geltung. Steht eine Kindeswohlgefährdung im Raum, so regelt 1666 BGB die Eingriffsvoraussetzungen und die erforderlichen Maßnahmen.[5] Ist **nur ein Elternteil** an der Ausübung der elterlichen Sorge verhindert, so greifen die **§§ 1678, 1680, 1681 BGB** ein. Hat aber ein Elternteil die elterliche Sorge alleine inne, so finden die letztgenannten Vorschriften keine Anwendung, sondern – sofern die Voraussetzungen dieser Vorschrift gegeben sind – die vorliegende Norm.

B. Inhalt der Norm

I. Verhinderung der Eltern

4 Die Verhinderung der Eltern kann ihre Ursache in tatsächlichen oder in rechtlichen Gründen haben. In beiden Fällen ist die Norm anwendbar. Beide Eltern sind an der Ausübung der elterlichen Sorge **tatsächlich verhindert**, wenn sie für das Kind nicht erreichbar sind und **keine tatsächliche Eingriffsmöglichkeit** besteht.

▶ *Näher hierzu Keuter, § 1674 BGB Rn. 3.*

1 Staudinger/*Coester*, § 1693 BGB Rn. 1
2 MüKo-BGB/*Volke*, § 1693 Rn. 1
3 Näher hierzu www.caritas.de/glossare/clearingverfahren
4 OLG Zweibrücken OLGReport 2002, 180
5 BVerfG FamRZ 2007, 1627

Solche Umstände sind z.B. gegeben, wenn sich die Eltern im Ausland aufhalten und weder mit **modernen Kommunikationsmitteln** (Mobil)Telefon, E-Mail, Skype oder schriftlich (letzteres in angemessener Zeit) erreichbar sind, noch die Möglichkeit der **Reisemöglichkeit** für sie besteht. Die Eltern müssen hingegen nicht vor Ort sein, um die elterliche Sorge ausüben zu können. Auch auf die **Dauer der Verhinderung** kommt es nicht an, denn die Vorschrift soll gewährleisten, dass zu jeder Zeit ihrer Notwendigkeit Sorgerechtsentscheidungen getroffen werden können.[6]

Eine **rechtliche Verhinderung** kommt in Betracht, wenn die Eltern von der Vertretung nach § 1629 Abs. 2 BGB oder gemäß § 52 Abs. 2 Satz 2 StPO ausgeschlossen sind oder die Voraussetzungen des § 1673 BGB vorliegen. 5

▶ *Näher hierzu Keuter, § 1673 BGB Rn. 1 ff.*

Haben die Eltern einen Bevollmächtigten bestellt, z.B. in dem sie den in Deutschland lebenden Verwandten eine Vollmacht ausgestellt haben, liegt keine rechtliche Verhinderung vor.[7] Ein Anwendungsfall des § 1693 BGB ist auch dann nicht gegeben, wenn grundsätzlich sorgerechtsfähige Eltern ihrer Sorgerechtsverantwortung nicht nachkommen oder solche Maßnahmen treffen, die das Gericht für sachlich ungeeignet hält.[8]

Keine Verhinderung im tatsächlichen oder rechtlichen Sinne liegt vor, wenn die Eltern die elterliche Sorge in **kindeswohlgefährdender Weise** ausüben. Dann greifen die Schutzmechanismen nach §§ 1666, 1666a BGB ein.[9] Zwar liegt in der Nichtausübung der elterlichen Sorge immer auch eine Kindeswohlgefährdung; im Falle der Verhinderung ist den Eltern die Ausübung aber schlechthin unmöglich, obwohl sie die elterliche Sorge ausüben wollen, während im Falle der Kindeswohlgefährdung eine Nichtausübung gegeben ist, obwohl die Eltern durch die tatsächlichen oder rechtlichen Umstände nicht gehindert würden.[10] 6

An die **Feststellung der Verhinderung** dürfen **keine allzu hohen Anforderungen** gestellt werden, da anderenfalls oftmals der Zweck, nämlich eine vorläufige Maßnahme schnell zu treffen, nicht erreicht werden könnte.[11] So wird bei einem allein nach Deutschland eingereisten Flüchtlingskind die Feststellung, dass die Eltern im Ausland nicht erreichbar sind, einige Zeit in Anspruch nehmen. 7

II. Erforderliche Maßregeln

Das Gericht hat die erforderlichen Maßnahmen nach **pflichtgemäßem Ermessen** zu treffen. Maßgeblich ist insoweit der Grundsatz der Verhältnismäßigkeit. Es kann dem Kind bspw. einen **Ergänzungspfleger** i.S.v. § 1809 BGB bestellen, der dann als gesetzlicher Vertreter für das Kind handelt,[12] und es kann unmittelbar durch gerichtliche Entscheidungen Einwilligungen oder notwendige Mitwirkungshandlungen ersetzen.[13] 8

C. Verfahren

Das Verfahren wird von Amts wegen eingeleitet, ein entsprechender Antrag ist im verfahrensrechtlichen Sinne eine Anregung i.S.v. § 24 FamFG. Die besonderen Vorschriften für 9

6 Erman/*Döll*, § 1693 BGB Rn. 2
7 MüKo-BGB/*Volke*, § 1693 Rn. 5
8 OLG Oldenburg FamRZ 2019, 203
9 BVerfG FamRZ 2007, 1627
10 MüKo-BGB/*Volke*, § 1693 Rn.6
11 Ebenso Saudinger/*Coester*, § 1696 BGB Rn.4: „Es genügt hinreichender Anlass zu der Annahme…"
12 OLG Naumburg FamRZ 2008, 639
13 Vgl. AmtsG Nettetal FamRZ 1996, 1104 zu einer Bluttransfusion

Kindschaftssachen **(§§ 151 ff. FamFG)** finden Anwendung. Hinsichtlich der örtlichen Zuständigkeit wird häufig § 152 Abs. 4 FamFG in der Praxis Anwendung finden.

▶ *Näher hierzu Keuter, § 152 FamFG Rn. 20.*

▶ *Zur funktionalen Zuständigkeit siehe Heilmann, § 14 RPflG.*

Die Verpflichtung zur Anhörung von Kind und Jugendamt ergibt sich aus §§ 159, 162 FamFG. Bei tatsächlicher Verhinderung unmöglich wird hingegen die persönliche Anhörung der Kindeseltern (§ 160 FamFG); in diesem Fall findet § 160 Abs. 3 FamFG Anwendung.

▶ *Näher hierzu Wegener, § 160 FamFG Rn. 27.*

Aus dem Zweck der Vorschrift (siehe Rn. 1) folgt, dass die Entscheidungen in der Regel eilig sind. Daher werden in der Praxis die Vorschriften über das Verfahren der einstweiligen Anordnung **(§§ 49 ff. FamFG)** Anwendung finden.

▶ *Näher hierzu Kischkel, Kommentierung zu §§ 49 ff. FamFG.*

§ 1694 bis § 1695 BGB
(weggefallen)

§ 1696 BGB
Abänderung gerichtlicher Entscheidungen und gerichtlich gebilligter Vergleiche

(1) [1]Eine Entscheidung zum Sorge- oder Umgangsrecht oder ein gerichtlich gebilligter Vergleich ist zu ändern, wenn dies aus triftigen, das Wohl des Kindes nachhaltig berührenden Gründen angezeigt ist. [2]Entscheidungen nach § 1626a Absatz 2 können gemäß § 1671 Absatz 1 geändert werden; § 1671 Absatz 4 gilt entsprechend. [3]§ 1678 Absatz 2, § 1680 Absatz 2 sowie § 1681 Absatz 1 und 2 bleiben unberührt.

(2) Eine Maßnahme nach den §§ 1666 bis 1667 oder einer anderen Vorschrift des Bürgerlichen Gesetzbuchs, die nur ergriffen werden darf, wenn dies zur Abwendung einer Kindeswohlgefährdung oder zum Wohl des Kindes erforderlich ist (kindesschutzrechtliche Maßnahme), ist aufzuheben, wenn eine Gefahr für das Wohl des Kindes nicht mehr besteht oder die Erforderlichkeit der Maßnahme entfallen ist.

(3) Eine Anordnung nach § 1632 Absatz 4 ist auf Antrag der Eltern aufzuheben, wenn die Wegnahme des Kindes von der Pflegeperson das Kindeswohl nicht gefährdet.

Übersicht Rn.

A. Allgemeines

I. Normzweck

1 Regelungen, die Kinder und Jugendliche betreffen, müssen abgeändert werden können, um ihre **Anpassung** an die sich stetig **verändernden Lebensverhältnisse** zu ermöglichen. Die für einen 3-Jährigen passende Umgangsregelung entspricht etwa nicht mehr den Bedürfnissen eines 11-jährigen und schon gar nicht eines 16-jährigen Jugendlichen. Eine Sorgerechtsübertragung, die kurz nach der Trennung notwendig war, ist möglicherweise nach einem Zeitablauf von einigen Jahren, in denen die Eltern wieder über die Belange des Kindes sich auszutauschen gelernt haben, nicht mehr notwendig.

2 Gerichtliche Entscheidungen zum Sorge- oder Umgangsrecht sind als zukunftsgerichtete, dem Wohl des Kindes verpflichtete Ordnung des Eltern-Kind-Verhältnisses zu begreifen.[1] Sie werden deshalb einerseits zwar formell rechtskräftig, d.h., sie können nach Ablauf der Rechtsmittelfrist nicht mehr zur Überprüfung des Rechtsmittelgerichts gestellt werden, sie **erwachsen** aber **nicht in materielle Rechtskraft**.[2]

In Abhängigkeit davon, ob in der Erstentscheidung Regelungsfragen auf der Elternebene – auch durch eine frühere Änderungsentscheidung[3] – ausgesprochen oder aber kindesschutzrechtliche Maßnahmen ergriffen wurden, sind nach § 1696 BGB unterschiedliche Maßstäbe an eine Änderung anzulegen.[4] Sofern eine Verbleibensanordnung bzw. Dauerverbleibensanordnung ergangen ist, trifft § 1696 Abs. 3 BGB für das Verhältnis von rechtlichen Eltern und Pflegepersonen eine besondere Regelung, die als *lex specialis* § 1696 Abs. 2 BGB vorgeht.[5]

§ 1696 Abs 1 Satz 1 BGB dient der Wahrung der Kindesinteressen im Wandel der Verhältnisse.[6] Sie dient dem Schutz des generellen Bedürfnisses jedes Kindes nach Kontinuität[7] und Stabilität seiner Lebens- und Erziehungsbedingungen und der Sorgeberechtigten vor Verunsicherung oder Infragestellung dieser Ordnung. Sie konkretisiert sowohl die Voraussetzungen, unter denen das Kindeswohl eine Abänderung der Entscheidung gebietet, als auch die Schwelle bis zu der das Elternrecht dieser entgegensteht. In letzterer Hinsicht erscheint jedoch problematisch, dass die Vorschrift eine Eingriffsmöglichkeit in das gerichtlich neu geordnete Eltern-Kind-Verhältnis unterhalb der Schwelle der Kindeswohlgefährdung nach § 1666 BGB eröffnet.

§ 1696 Abs. 2 BGB setzt demgegenüber für den Bestand kindesschutzrechtlich begründeter Eingriffe voraus, dass einer andauernden Gefährdung des Kindeswohls verhältnismäßig begegnet wird.[8]

II. Anwendungsbereich

3 Familiengerichtliche **Entscheidungen** oder **gerichtlich gebilligte Vergleiche** in Sorgerechts- und Umgangsverfahren unterliegen der Abänderung nach § 1696 Abs. 1 Satz 1 BGB. Hierbei kann es sich auch um eine Entscheidung eines **ausländischen Gerichts** handeln, sofern sie anerkennungsfähig ist.[9] Eine **Anwendung** von § 1696 BGB **scheidet** aller-

1 Staudinger/*Coester*, § 1696 Rn. 1
2 BGH FamRZ 2007, 1969; Staudinger/*Coester*, § 1696 Rn. 61
3 Staudinger/*Coester*, § 1696 Rn. 1
4 Staudinger/*Coester*, § 1696 Rn. 2
5 Staudinger/*Coester*, § 1696 Rn. 1
6 Staudinger/*Coester*, § 1696 Rn. 70
7 BVerfG ZKJ 2015, 111; OLG Köln MDR 2013, 795
8 BT-Drs. 16/6308, 346; Staudinger/*Coester*, § 1696 Rn. 2 f.
9 OLG Hamm JAmt 2014, 576

dings **aus**, solange noch gegen eine sorge- oder umgangsrechtliche Entscheidung **Rechtsmittel eingelegt** werden können.

Mitunter schwierig ist die **Abgrenzung des § 1696 BGB zu anderen Vorschriften** des Kindschaftsrechts:

4 Soweit Vorschriften die **Abänderungsvoraussetzungen für bestimmte Sachverhalte** gesondert regeln, gehen diese Regelungen als leges speciales der Generalklausel des § 1696 Abs. 1 Satz 1 BGB vor. Das gilt zunächst für die §§ 1678 Abs. 2, 1680 Abs. 2, 1681 Abs. 1, 2. (§ 1696 Abs. 1 Satz 3 BGB, siehe unten Rn. 22).

5 Geht es um die **Abänderung von kindesschutzrechtlichen Maßnahmen**, so ist die gegenüber § 1696 Abs. 1 Satz 1 BGB speziellere Aufhebungsnorm nach § 1696 Abs. 2 BGB einschlägig.[10]

6 Für die **Änderung von gerichtlichen Entscheidungen**, mit denen das **gemeinsame Sorgerecht der Eltern angeordnet** wurde, ist § 1671 BGB *lex specialis*.[11] Diese Wertung bringt § 1696 Abs. 1 Satz 2 BGB zum Ausdruck, der die Abänderung **gerichtlicher Sorgerechtsentscheidungen nach § 1626a Abs. 2 BGB** – auch dann, wenn die Sorgerechtsübertragung im vereinfachten Verfahren nach § 155a FamFG, § 1626a Abs. 2 Satz 2 BGB erging[12] – dem **Maßstab des § 1671 Abs. 1 BGB** unterstellt.

Nicht erfasst von § 1696 Abs. 1 Satz 1 BGB werden demnach Fälle der Abänderung gemeinsamer elterlicher Sorge nicht miteinander verheirateter Eltern, deren **elterliche Sorge auf einer gemeinsamen Sorgeerklärung** beruht. **Hier greift § 1671 Abs. 1 Nr. 1 und 2 BGB** ein. Das gilt auch in Fällen, in denen die gemeinsame Sorgeerklärung vom Gericht in Form eines gerichtlich gebilligten Vergleichs (§ 156 Abs. 2 FamFG) protokolliert wurde.[13]

Damit sollen sich alle erstmaligen Aufhebungen der elterlichen Sorge nach Trennung der gemeinsam sorgeberechtigten Eltern nach gleichen Voraussetzungen richten.[14]

7 Wurde hingegen ein **Antrag** auf Herstellung der gemeinsamen elterlichen Sorge nach § 1626a Abs. 2 BGB[15] oder auf Herstellung der alleinigen Sorge nach § 1671 BGB[16] **zurückgewiesen**, dann greift nach zutreffender Auffassung[17] für den erneuten Antrag auf eine Sorgerechtsregelung die **Abänderungsschwelle des § 1696 Abs. 1 Satz 1 BGB**. Denn insoweit besteht in gleicher Weise, wie bei einer vorausgegangenen Übertragung der Alleinsorge auf einen Elternteil, ein schützenswertes Interesse des anderen Elternteils sowie des Kindes an Kontinuität und Stabilität.[18]

---

10 OLG Frankfurt ZKJ 2024, 267
11 *Coester*, FamRZ 2012, 1337; vgl. auch OLG Hamm FamRZ 2007, 757
12 Kritisch hierzu *Dürbeck*, ZKJ 2013, 330, 335
13 BGH FamRZ 2011, 796
14 BT-Drs. 17/11048, 22; Staudinger/*Coester*, § 1696 BGB Rn. 14
15 OLG Bamberg FamRZ 2022, 1013; OLG Frankfurt FamRZ 2014, 1120: § 1696 BGB, auch wenn über den Antrag auf Herstellung der gemeinsamen elterlichen Sorge nach den Vorgaben des BVerfG v. 21.7.2010 – 1 BvR 420/09 entschieden wurde, die Entscheidung jedoch den Anforderungen des neu gefassten § 1626a Abs. 1 Nr. 3, Abs. 2 BGB bereits gerecht geworden ist
16 KG FamRZ 2011, 122
17 OLG Brandenburg FamRZ 2014, 1861; KG FamRZ 2011, 122; HB-VB/*Dürbeck*, 4. Aufl., Rn. 649; Dutta/Jacoby/Schwab/*Lack*, § 166 Rn. 11; Johannsen/Henrich/Althammer/*Rake*, § 1696 Rn.6; differenzierend zwischen zurückweisenden Entscheidungen nach § 1626a Abs. 2 BGB und § 1671 BGB: Staudinger/*Coester*, § 1696 Rn. 15, 23; a.A. OLG Oldenburg NJW-Spezial 2019, 70; *Völker/Clausius*, § 3, Rn. 6; BeckOK/*Veit*, § 1696 Rn. 52
18 Vgl. für zurückweisende Entscheidungen nach § 1626a Abs. 2 BGB: Staudinger/*Coester*, § 1696 Rn. 15; vgl. auch OLG Bamberg FamRZ 2022, 1780

Ein gerichtlich gebilligter Vergleich i.S.v. § 156 Abs. 2 FamFG zum paritätischen Wechselmodell unterliegt, falls ein Elternteil von diesem abweichen will, ebenfalls den Voraussetzungen des § 1696 Abs. 1 BGB.[19] **8**

§ 1696 BGB ist **auch anwendbar**, wenn sich die Erstentscheidung nach § 1671 Abs. 1 Satz 2 Nr. 2 BGB ausschließlich mit der Übertragung einzelner Sorgerechtsteile befasst,[20] da ihr eine Gesamtwürdigung des Verfahrensgegenstands der elterlichen Sorge zu Grunde liegt. Der Kindeswohlbegriff verpflichtet zu einer umfassenden, von vornherein nicht begrenzten Berücksichtigung aller Aspekte, die im Einzelfall für das Kind und seine weitere Entwicklung von Bedeutung sein könnten.[21] Soweit sich die elterlichen Anträge nur auf Teilbereiche der elterlichen Sorge beziehen, ist von den Familiengerichten in jenen Verfahren im Rahmen dieser Kindeswohlprüfung insbesondere die Frage zu beantworten, ob gerade auch die Abspaltung eines Sorgerechtsteils dem Kindeswohl dient. Ihre Beantwortung wird jedoch wesentlich davon beeinflusst sein, wie die Sorgerechtsverhältnisse im Übrigen geregelt sind.[22] **9**

§ 1696 BGB ist hingegen **nichtanwendbar**, wenn das Familiengericht einem Elternteil auf dessen Antrag hin gemäß § 1671 Abs. 1 Satz 2 Nr. 2 BGB in einem früheren Verfahren das Aufenthaltsbestimmungsrecht übertragen hat und nunmehr der andere Elternteil die Anordnung des paritätischen Wechselmodells im Rahmen eines Umgangsverfahrens begehrt.[23]

Wurde das **Wechselmodell** hingegen gerichtlich in einem Umgangsverfahren angeordnet,[24] kann die Abänderung nur unter den Voraussetzungen des § 1696 Abs. 1 BGB in einem Umgangsverfahren erfolgen.[25]

§ 1696 Abs. 1 Satz 1 BGB findet **auch Anwendung**, wenn **ein Elternteil** eines nichtehelichen Kindes **nach** einer **Übertragung** der **alleinigen Sorge nach § 1671 Abs. 1 oder 2 BGB** auf den anderen Elternteil die gemeinsame oder die alleinige elterliche Sorge begehrt.[26] Gleiches gilt, soweit ursprünglich die alleinige Sorge auf einen Elternteil nach § 1671 Abs. 1 BGB übertragen worden war und die Eltern nunmehr die elterliche Sorge gemeinsam ausüben wollen. Der Vorrang der Elternautonomie und des Elternkonsenses stellt hier einen Abänderungsgrund nach § 1696 BGB dar, dem zudem indizielle Wirkung zukommt.[27] **10**

Auch sofern ein Elternteil die elterliche Sorge **mit Zustimmung des anderen Elternteils** gemäß § 1671 Abs. 1 Satz 2 Nr. 1 BGB alleine ausübt, richtet sich die Abänderung nach § 1696 BGB, wobei der fortbestehende Elternkonsens unterhalb der Schwelle der Kindeswohlgefährdung eine Abänderungsmöglichkeit entfallen lässt.[28] Dem Gericht ist es demnach verwehrt, die von den Eltern übereinstimmend gewollte Sorgerechtsregelung auf der Grundlage des § 1696 BGB wieder abzuändern. Hingegen lässt eine bestehende Uneinigkeit der Eltern über die Abänderung bzw. der Konsens, dass eine Abänderung nunmehr zu erfolgen hat, die gerichtliche Bindung an den elterlichen Konsens entfallen.[29] Eine Änderung ist ange- **11**

---

19 BGH ZKJ 2022, 184; KG FamRZ 2019, 363; Staudinger/*Coester*, § 1696 BGB Rn. 37 f.
20 Vgl. dazu OLG Frankfurt, Beschl. v. 6.11.2024; 1 UF 71/24; A.A. MüKo-BGB/*Volke*, § 1696 Rn. 16; BeckOK/*Veit*, § 1696 Rn. 52; Johannsen/Henrich/Althammer/*Rake*, § 1696 Rn. 6; OLG Bamberg, Beschl. v. 19.1.2024, 7 UF 134/23e
21 Staudinger/*Coester*, § 1671 Rn. 172
22 Staudinger/*Coester*, § 1671 Rn. 252
23 BGH, Beschl. v. 27.11.2019 – XII ZB 512/18, NZFam 2020, 116 = FF 2020, 71
24 BGH ZKJ 2017, 190
25 BGH ZKJ 2022, 184
26 OLG Frankfurt, Beschl. v. 19.8.2014 – 6 UF 76/14; HB-VB/*Dürbeck*, 4. Aufl., Rn. 649
27 Heilmann, NJW 2013, 1473, 1478; Staudinger/Coester, § 1696 BGB Rn. 73, 74; vgl. auch BGH FamRZ 2011, 796
28 Staudinger/*Coester*, § 1696 Rn. 56.
29 Staudinger/*Coester*, § 1696 Rn. 44, KG ZKJ 2009, 211

zeigt, wenn ein aufgekündigter Konsens zusammen mit den Umständen des Einzelfalls einen triftigen, das Wohl des Kindes nachhaltig berührenden Abänderungsgrund darstellt.[30]

12 In der **Regel vorrangig** anzuwenden ist in Fällen des Kindesschutzes die gesetzliche Regelung des **§ 1666 BGB** (siehe auch *Gottschalk*, § 166 FamFG, Rn. 9), wenn es etwa um einen **Eingriff in die elterliche Sorge** beider Eltern oder eines Elternteils geht, um eine Kindeswohlgefährdung abzuwenden. Während die Abänderungsbefugnis nach § 1696 Abs. 1 BGB triftige, das Wohl des Kindes nachhaltig berührende Gründe voraussetzt, muss für eine kindesschutzrechtliche Maßnahme nach §§ 1666, 1666a das Wohl des Kindes gefährdet sein. Im Hinblick auf Art. 6 Abs. 2 Satz 1 GG kann die höhere Eingriffsschwelle dieser Normen nicht durch eine Anwendung des § 1696 BGB unterlaufen werden.[31] **Etwas anderes gilt jedoch dann**, wenn sich das Kind aufgrund gerichtlicher Sorgerechtsentscheidung bei einem Elternteil aufhält, jedoch in dessen Haushalt das Wohl des Kindes gefährdet ist und diese **Gefährdung durch eine Übertragung der elterlichen Sorge auf den anderen Elternteil abgewendet** werden kann.[32] Denn in diesem Fall hat eine Änderungsentscheidung vor einem Sorgerechtseingriff nach § 1666 BGB nach dem Grundsatz der Verhältnismäßigkeit auf Grund fehlender Erforderlichkeit des weitergehenden Eingriffs Vorrang.[33]

13 Soll eine kindesschutzrechtliche **Maßnahme verschärft** werden, etwa weil die in der Ausgangsentscheidung angeordnete Maßnahme nicht (mehr) zur Gefahrenabwehr geeignet ist oder soll eine solche **Maßnahme erneut angeordnet werden,** z.B. weil die Frist für den Umgangsausschluss abgelaufen und nunmehr begleiteter Umgang notwendig ist, so ist der Prüfungsmaßstab der entsprechenden Kindesschutzklausel (z.B. § 1666, 1666a; 1684 Abs. 4[34] BGB) zu entnehmen.[35]

14 Nicht nach § 1696 BGB abgeändert werden können Entscheidungen in **EA-Verfahren**, hier greift **§ 54 FamFG** ein.[36] Auch außergerichtlich getroffene Vereinbarungen fallen nicht unter § 1696 BGB.[37] Und schließlich greift der Abänderungsmaßstab des § 1696 Abs. 1 BGB auch dann nicht, wenn die Anordnung von Maßnahmen nach § 1666 BGB mangels Gefährdung des Kindeswohls abgelehnt wurde und nunmehr ein Antrag nach § 1626a Abs. 2 BGB gestellt wird.

15 **§ 166 FamFG** stellt die **verfahrensrechtliche Ergänzung zu § 1696 BGB** dar, nach ihr richten sich die Voraussetzungen für die Einleitung und die Durchführung eines Abänderungsverfahrens.

▶ *Näher hierzu Bussian, § 166 FamFG Rn. 1 ff.*

---

30 Staudinger/*Coester*, § 1696 Rn. 56.
31 BVerfG 2009, 1472; BeckOK-BGB/*Veit*, § 1696 BGB Rn. 14
32 Staudinger/*Coester*, § 1696 BGB Rn. 21; OLG München, Beschl. v. 19.1.2018 – 4 WF 1674/17, juris; vom BVerfG im Falle des Umgangsboykotts offengelassen: BVerfG ZKJ 2012, 184, kritisch hierzu: *Coester*, FamRZ 2012, 182
33 Staudinger/*Coester*, § 1696 Rn. 21.
34 OLG Saarbrücken, NJW-RR 2015, 69
35 Müko-FamFG/*Heilmann*, § 166 Rn. 10
36 OLG Hamm FamRZ 2018, 830; OLG Brandenburg BeckRS 2015, 07232; OLG Köln MDR 2013, 795
37 OLG Zweibrücken FamRZ 1997, 217

B. Inhalt der Norm

I. Entscheidungen zum Sorge- und Umgangsrecht; gerichtlich gebilligter Vergleich (Abs. 1 Satz 1)

1. Abänderungsgegenstand

Eine Abänderung findet zunächst hinsichtlich **gerichtlicher Entscheidungen** oder **gerichtlich gebilligter Vergleiche** statt, mit denen die **elterliche Sorge oder das Umgangsrecht** geregelt wurde. Hierzu gehören insbesondere Entscheidungen nach § 1628 BGB (sofern die Entscheidung nicht eine punktuelle war und bereits getroffen wurde) oder § 1632 Abs. 1 BGB (Herausgabe des Kindes), insbesondere aber Entscheidungen nach § 1671 BGB, die familiengerichtliche Regelung des Umgangs (nicht aber der Umgangsausschluss, siehe unten Rn. 24) oder Abänderungsentscheidungen i.S.v. § 1696 BGB.[38] 16

Auch Rechtsmittelentscheidungen unterliegen der Abänderungsmöglichkeit nach § 1696 Abs. 1 Satz 1 BGB. Abzuändernde gerichtlich **gebilligte Vergleiche** sind nur solche, die gemäß **§ 156 Abs. 2 FamFG** und in der **hierfür vorgesehenen Form** geschlossen wurden, insbesondere Umgangsvereinbarungen, aber auch Herausgabevereinbarungen. 17

▶ *Näher hierzu Wegener, § 156 FamFG Rn. 72 ff., sowie Cirullies, § 86 FamFG Rn. 12 ff., 20, 21.*

Außergerichtliche Vereinbarungen oder solche, die nicht gerichtlich gebilligt wurden, können deshalb nicht nach § 1696 BGB abgeändert werden.[39] Der Abänderungsmaßstab des § 1696 Abs. 1 Satz 1 BGB greift zudem grundsätzlich nicht ein, solange trotz einer gerichtlich gebilligten Elternvereinbarung die kraft Gesetzes bestehenden Sorgeverhältnisse unverändert fortgelten.[40] Treffen die Eltern demnach eine (gerichtlich gebilligte) Vereinbarung zum Sorgerecht, muss diese schon deshalb in einen gerichtlichen Beschluss umgesetzt werden, weil die Eltern nicht über das Sorgerecht disponieren können.[41] Zwar trifft dies nicht zu, wenn eine gemeinsame Sorgeerklärung vom Gericht in Form eines gerichtlich gebilligten Vergleichs (§ 156 Abs. 2 FamFG) protokolliert wurde, da dies gemäß §§ 1626a Abs. 1 Nr. 1, 1626d BGB zu veränderten sorgerechtlichen Verhältnissen führt, dennoch unterliegt die Änderung mangels Vorliegens einer gerichtlichen Entscheidung nicht dem Anwendungsbereich von § 1696 Abs. 1 Satz 1 BGB.[42]

2. Abänderungsmaßstab

§ 1696 Abs. 1 BGB stellt das Abänderungsinteresse des Kindes als maßgebliches Entscheidungskriterium heraus.[43] Bei dem Abänderungsverfahren handelt es sich nicht um ein Verfahren zur Überprüfung der Rechtmäßigkeit der Ausgangsentscheidung (hierfür stehen Rechtsmittel zur Verfügung), denn die Beteiligten müssen sich grundsätzlich auf den Fortbestand eines formell rechtskräftigen Beschlusses verlassen können. 18

Eine Änderungspflicht wird nach § 1696 Abs.1 Satz 1 BGB ausgelöst, wenn „dies aus triftigen, das Wohl des Kindes nachhaltig berührenden Gründen angezeigt ist". Damit wird klargestellt, dass kindschaftsrechtliche Entscheidungen nicht beliebig, sondern erst nach Erreichen einer gewissen Änderungsschwelle abänderbar sind. Nach zutreffender allgemeiner

38 Vgl. OLG Düsseldorf NZFam 2014, 1152; OLG Brandenburg FamRZ 2008, 1471
39 OLG Thüringen FamRZ 2008, 806; a.A. OLG Brandenburg ZKJ 2009, 423
40 KG FamRZ 2013, 46
41 OLG Köln MDR 2013, 795
42 BGH FamRZ 2011, 796
43 Staudinger/*Coester*, § 1696 Rn. 74 f.

Ansicht enthält das Merkmal „triftige Gründe" des Abs. 1 auch das Erfordernis, dass neue Tatsachen[44] zu einer veränderten Beurteilung Anlass geben.[45]

Das Kindeswohl ist gleichsam Eingriffslegitimation sowie Maßstab der gerichtlichen Entscheidung.[46] Der Kindeswohlmaßstab verlangt, dass ein Änderungsgrund von solcher Bedeutung vorliegt, dass er den Grundsatz der Erziehungskontinuität und die mit der Veränderung verbundenen Nachteile für die Entwicklung des Kindes deutlich überwiegt.[47]

19 Ausreichend ist es auch, wenn **Umstände nachträglich neu bekannt** werden, die im Erstverfahren noch keine Berücksichtigung finden konnten.[48]

Beispiele für Umstände, die triftige, das Kindeswohl nachhaltig berührende Gründe, darstellen **können:**

- Änderung der Rechtslage,[49]
- Beziehung der Eltern verbessert oder verschlechtert sich,
- Betreuungssituation eines Elternteils verbessert oder verschlechtert sich,
- Wiederverheiratung, Zusammenleben mit einem neuen Partner, Geburt weiterer Kinder, insbesondere wenn das Kind erhebliche Probleme mit der „Stieffamilie" hat,[50]
- Schulbeginn, Schulwechsel oder die Regelung wird notwendig, um die regelmäßige Anfertigung der Hausaufgaben zu gewährleisten,[51]
- Kind wird älter, sein Sozialleben verändert sich,
- Auswanderung, Umzug,[52]
- Krankheit,
- Umgangsboykott[53] (siehe näher hierzu auch *Gottschalk,* § 1684 BGB Rn. 29),
- Geänderter Wille eines älteren Kindes,[54] wenn dieser beständig und belastbar ist sowie auf nachvollziehbaren Erwägungen beruht,[55]
- Kindesvernachlässigung, sexueller Missbrauch.[56]

20 Ohne Hinzutreten weiterer Umstände in der Regel **nicht ausreichend sind hingegen:**

- allein der Wunsch des Kindes oder der Eltern nach Veränderung,[57]

---

44 OLG München FamRZ 2011, 1804; Bamberg FamRZ 1990, 1135
45 Staudinger/*Coester*, § 1696 Rn. 70
46 Staudinger/*Coester*, § 1696 Rn. 74
47 OLG Brandenburg FamRZ 2014, 1861; OLG Köln FamRZ 2005, 1276; ausführlich zur Abwägung zwischen dem Kontinuitätsinteresse des Kindes und den notwendigen Änderungen aufgrund Veränderung der Sachlage: *Huber,* FamRZ 1999, 1625
48 OLG Karlsruhe FamRZ 1998, 1064
49 BVerfG FamRZ 2005, 783
50 AG Würzburg FamRZ 1998, 1319
51 OLG Brandenburg FamRZ 2014, 1859
52 OLG Frankfurt FamRZ 2022, 362; OLG Karlsruhe FamRZ 2024, 1884; OLG Bamberg FamRZ 2023, 1211; AG Tempelhof FamRZ 2009, 795
53 Vor Änderung der Sorgerechtsentscheidung aber ist Zurückhaltung geboten; näher hierzu *Gottschalk,* FPR 2007, 308
54 OLG Köln FamRZ 2014, 64 (11 Jahre); OLG FamRZ Düsseldorf 1989, 204 (11 Jahre); OLG Hamm FamRZ 2005, 746 (13,5 Jahre); OLG Dresden FamRZ 2022, 1206; vgl. auch Grüneberg/*Götz*, § 1696 BGB, Rn. 10
55 OLG Frankfurt, Beschl. v. 02.10.2019, 2 UF 142/19; OLG Karlsruhe FamRZ 2021, 206; OLG Hamm FamRZ 2005, 746; siehe auch OLG München FamRZ 2014, 210: Wille wird durch sachfremde Erwägungen bestimmt
56 AG Wetzlar, Beschl. v. 20.12.2023, 615 F 1228/23
57 OLG Karlsruhe FamRZ 1998, 1046; HB-VB/*Dürbeck*, 4. Aufl., Rn. 650

- der Beitritt zu den Zeugen Jehovas[58] – anderes wird es bei einer religiösen Radikalisierung eines Elternteils gelten,
- vorübergehende Umstände, wie Krankheit des Kindes oder des umgangsberechtigten Elternteils (hier genügen kurzfristige Anpassungen),
- die Möglichkeit, dass das Kind zweisprachig aufwachsen könnte.[59]
- geringfügige Änderung im Tagesablauf des Kindes.[60]

II. Besonderheiten bei unverheirateten Eltern (Abs. 1 Satz 2)

§ 1696 Abs. 1 Satz 2 BGB **verweist hinsichtlich des Prüfungsmaßstabs auf § 1671 Abs. 1 BGB**. Steht den Eltern die elterliche Sorge aufgrund einer gerichtlichen Entscheidung nach § 1626a Abs. 2 BGB zu, so erfolgt die Abänderung nach den Voraussetzungen des § 1671 Abs. 1 BGB[61] (siehe oben Rn. 6). **21**

III. Besonderheiten bei Verhinderung, Tod oder Todeserklärung eines Elternteils (Abs. 1 Satz 3)

§ 1696 Abs. 1 Satz 3 BGB bestimmt, dass die §§ 1678 Abs. 2, 1680 Abs. 2, 1681 Abs. 1, 2 BGB unberührt bleiben. Beruht die Änderung der Verhältnisse auf den in diesen Vorschriften geregelten Umständen, so gehen sie als speziellere Vorschrift dem § 1696 BGB vor und regeln die Abänderung der Sorgerechtsverhältnisse entsprechend ihrem Abänderungsmaßstab. **22**

IV. Abänderung kindesschutzrechtlicher Entscheidungen (Abs. 2)

1. Kindesschutzrechtliche Maßnahmen nach §§ 1666 bis 1667 BGB

Betrifft die Ausgangsentscheidung **kindesschutzrechtliche Maßnahmen nach den §§ 1666 bis 1667 BGB** gilt **die Sonderregelung des § 1696 Abs. 2 BGB**. Als Maßnahmen kommen in der Praxis insbesondere in Betracht: Ge- und Verbote an die Eltern sowie Eingriffe in die elterliche Sorge. Diese können mit der **Herausnahme des Kindes** aus der Familie und der **Unterbringung in einer Pflegefamilie**, bei **Verwandten** (vgl. § 33 SGB VIII) oder in einem **Heim** (vgl. § 34 SGB VIII) verbunden sein. **23**

Kindesschutzrechtliche Maßnahmen sind bspw. das Gebot des Familiengerichts, eine Familienhilfe (§ 27 SGB VIII) in Anspruch zu nehmen oder der Unterbringung des Kindes in einer Tagesgruppe (§ 32 SGB VIII) zuzustimmen.

▶ *Zum Streit hinsichtlich der Anordnungskompetenz des Familiengerichts siehe Köhler, § 36a SGB III, Rn. 1 ff.*

▶ *Ausführlich zu den Maßnahmen nach § 1666 BGB siehe Cirullies, § 1666 BGB, Rn. 39 ff.*

2. Kindesschutzrechtliche Maßnahme nach anderen Vorschriften

Zu solchen Maßnahmen, die nicht auf der gesetzlichen Grundlage der §§ 1666 bis 1667 BGB ergehen, gehören: **24**

- § 1631b BGB (Geschlossene Unterbringung Minderjähriger)

58 OLG Karlsruhe FPR 2002, 662; AG Ravensburg FamRZ 2004, 133
59 OLG Thüringen FamRZ 2014, 952
60 OLG Koblenz FuR 2018, 419
61 Staudinger/*Coester*, § 1696 BGB Rn. 14

- § 1632 Abs. 4 BGB (Erlass einer Verbleibensanordnung)[62]
- § 1682 BGB (Erlass einer Verbleibensanordnung für den Stiefelternteil)
- § 1684 Abs. 4 BGB (Einschränkung oder Ausschluss des Umgangs mit den leiblichen Eltern)[63]
- § 1687 Abs. 2 BGB (Einschränkung oder Ausschluss sorgerechtlicher Befugnisse)
- § 1688 Abs. 4 BGB (Einschränkung oder Ausschluss der Entscheidungsbefugnisse der Pflegeperson)
- § 1685 i. V. m. § 1684 Abs. 4 BGB (Einschränkung oder Ausschluss des Umgangs mit anderen Bezugspersonen)

25 Soweit § 1 GewSchG (siehe *Cirullies,* § 3 GewSchG, Rn. 3 f.) im Verhältnis Umgangsberechtigter und Kind Anwendung findet und ein Kontaktverbot hierauf gestützt wird, erfolgt dessen Abänderung nach § 48 FamFG, da es sich hierbei nicht um eine kinderschutzrechtliche Maßnahme i.S.d. § 1696 Abs. 2 handelt.

3. Gefahr für das Kindewohl besteht nicht mehr

26 Gerichtliche Entscheidungen sind abzuändern, wenn **keine Kindeswohlgefährdung mehr besteht**. Die Gefahr muss **vollständig entfallen sein**. Das ist z.B. der Fall, wenn die psychisch erkrankte Mutter **wieder gesund** ist und das Kind zusammen mit dem Vater, der zudem seine Arbeitszeit reduziert hat, um die Mutter zu entlasten, wieder versorgen kann; nicht aber, wenn mit neuen Schüben gerechnet werden muss und auch der Vater nicht zur Verfügung steht.[64] Kein Wegfall der Kindeswohlgefährdung liegt vor, wenn der Verdacht des **sexuellen Missbrauchs** fortbesteht, obwohl die Staatsanwaltschaft das Verfahren nach § 170 Abs. 2 StPO eingestellt hat.[65] Wurde die elterliche Sorge den Eltern gemäß §§ 1671 Abs. 4, 1666 BGB entzogen und ist ein Elternteil wieder **erziehungsfähig**, so ist die Sorgerechtsentscheidung abzuändern.

27 Auch wenn die **Gefahr von Anfang an nicht bestand,** ist die Maßnahme aufzuheben.[66] Eine Änderungsentscheidung nach § 1696 Abs. 2 BGB kann jedoch **nur** ergehen, wenn feststeht, dass auch nach den gegenwärtigen Umständen **keine anderen Gründe** vorliegen, die zu einer Gefährdung des Kindeswohls führen.[67] Es genügt daher nicht, wenn sich die ursprünglich erlassene kindesschutzrechtliche Maßnahme im Nachhinein als fehlerhaft erweist oder die Gründe für ihren Erlass nicht mehr fortbestehen. Deshalb ist bei der Unterbringung des Kindes in einer Pflegefamilie etwa der (teilweise) Entzug der elterlichen Sorge nicht allein deshalb aufzuheben, weil die Eltern nunmehr als therapiert bzw. nicht mehr drogenabhängig gelten. Vielmehr ist sorgfältig zu prüfen, ob die Herausnahme zu einer Gefährdung des Kindes in seinem körperlichen oder seelischen Wohl führen würde und deswegen eine Verbleibensanordnung in Betracht kommt (§ 1632 Abs. 4 BGB).[68]

▶ *Näher hierzu Fink, § 1632 BGB Rn. 33 ff.*

---

62 OLG Frankfurt ZKJ 2014, 292
63 BVerfG ZKJ 2016, 457; OLG Frankfurt ZKJ 2024, 67; OLG Schleswig ZKJ 2016, 362 mit ausführlicher Begründung zur Abgrenzung zwischen einer Umgangsregelung nach § 1684 Abs. 1, 3 BGB und einer Umgangseinschränkung gemäß § 1684 Abs. 4 BGB
64 Vgl. BayObLG FamRZ 1997, 956
65 OLG Düsseldorf FamRZ 1992, 205
66 OLG Frankfurt NJW 2024, 2926; Johannsen/Henrich/*Rake,* § 1696 Rn. 20
67 HB-VB/*Dürbeck,* 4. Aufl., Rn. 651
68 BVerfG FamRZ 1983, 782

4. Erforderlichkeit der Maßnahme ist entfallen

Trotz Fortbestehens der Kindeswohlgefährdung ist die zur Abwehr der Kindeswohlgefährdung seinerzeit angeordnete **Maßnahme** nach Abs. 2 aufzuheben, wenn diese Maßnahme **nicht mehr erforderlich** ist, um die Kindeswohlgefährdung abzuwenden, weil nunmehr eine mildere Maßnahme greift. Das ist zum Beispiel der Fall, wenn die Installierung einer ambulanten Familienhilfe nunmehr zur Abwehr der Kindeswohlgefährdung geeignet ist, das Wohl des Kindes durch eine Herausnahme aus der Pflegefamilie nicht gefährdet wird und die Fremdplatzierung damit beendet werden kann. Gleiches gilt etwa, wenn der begleitete Umgang durch begleitete Übergaben ersetzt werden kann. Auch kann die Erforderlichkeit eines begleiteten Umgangs zur Abwehr einer Kindeswohlgefährdung z.B. dadurch vollständig entfallen sein, dass die zwischen dem umgangsberechtigten Elternteil und dem Kind entstandene Entfremdung überwunden werden konnte oder die Entführungsgefahr nicht mehr besteht. **28**

Parallel zu Abs. 2 sieht **§ 166 Abs. 2 FamFG** ausdrücklich eine **regelmäßige Überprüfungspflicht** durch das Gericht von länger andauernden kindesschutzrechtlichen Maßnahmen, die von Amts wegen geändert werden können, vor.[69] **29**

▶ *Ausführlich hierzu Bussian, § 166 FamFG, Rn. 15 ff.*

Nach dem Willen des Gesetzgebers ist eine Sorgeerklärung nach vorangegangener Entziehung des Sorgerechts nach § 1666 BGB erst dann wieder zulässig, wenn diese Entscheidung zuvor gemäß § 1696 Abs. 2 BGB wieder aufgehoben wurde.

V. Abänderung einer Verbleibensanordnung (Abs. 3)

Mit § 1696 Abs. 3 BGB hat der Gesetzgeber durch das KSJG[70] aufgrund der besonders zu berücksichtigenden Umstände in Pflegekindschaftsverhältnissen eine **Spezialvorschrift** für die Möglichkeit der Überprüfung und Abänderung von Verbleibensanordnungen bzw. Dauerverbleibensanordnungen normiert.[71] Eine Aufhebung der kindesschutzrechtlichen Maßnahme kommt nach der Vorschrift nur dann in Betracht, wenn die Wegnahme von der Pflegeperson das Kindeswohl nicht gefährdet.[72] Dies erfordert zum einen, dass eine Kindeswohlgefährdung bei der Herkunftsfamilie zum Zeitpunkt der Entscheidung über die Abänderung der (Dauer)Verbleibensanordnung nicht (mehr) festgestellt werden kann und zum anderen, dass durch den Abbruch der kindlichen Bindung zu seiner Pflegeperson keine Kindeswohlgefährdung entstehen darf.[73] Dadurch wird der bereits § 1696 Abs. 1 BGB zu Grunde liegenden Erkenntnis, dass insbesondere jüngere Kinder ein besonderes Bedürfnis nach kontinuierlichen und stabilen Lebensverhältnissen haben,[74] Rechnung getragen. Darüber hinaus findet dieser Aspekt dadurch Berücksichtigung, dass keine Verpflichtung zur amtswegigen Überprüfung einer Verbleibens- oder Dauerverbleibensanordnung mehr besteht, sondern diese nur noch auf Antrag der rechtlichen Eltern erfolgt.[75] **30**

▶ *Näher hierzu Fink, § 1626a BGB, Rn. 16.*

69 Vgl. EGMR FamRZ 2017, 891
70 Kinder und Jugendstärkungsgesetz v 3.6.2021, BGBl I 2021, 1444
71 BT-Drs. 19/26107, 130
72 Staudinger/*Coester*, § 1696 Rn. 147
73 Vgl. BT-Drs. 19/26107, 130; vgl. dazu auch BVerfG ZKJ 2022, 354
74 Vgl. BT-Drs. 19/26107, 130; vgl. dazu auch *Ivanits*, NZFam 2022, 813, 813
75 Staudinger/*Coester*, § 1696 Rn. 147

C. Verfahren und gerichtliche Entscheidung

31 Bei dem Verfahren nach § 1696 BGB handelt sich um ein selbständiges Verfahren, dessen Einleitung in den Fallgestaltungen der Absätze 1 und 2 von einem Antrag unabhängig ist und damit von Amts wegen erfolgen kann.[76] Demgegenüber erfolgt die Überprüfung einer Verbleibens- oder Dauerverbleibensanordnung nach Abs. 3 nur auf Antrag der Eltern (siehe Rn. 29). Ob ein Änderungsverfahren eingeleitet wird, entscheidet das Gericht nach pflichtgemäßem Ermessen. Es kann einerseits trotz Änderungsanregung die Einleitung ablehnen, wenn die Verfahrenseinleitungsschwelle nicht überschritten ist, etwa weil keine Anhaltspunkte für eine Änderung, insbesondere keine neuen Umstände ersichtlich sind.[77] Andererseits darf es auch ohne Anregung ein Abänderungsverfahren einleiten.

32 In letzterer Hinsicht darf das Gericht jedoch eine **Abänderung unterhalb der Schwelle der Kindeswohlgefährdung** bei fortbestehendem Elternkonsens hinsichtlich der Ausgestaltung der elterlichen Sorge[78] **nicht** vornehmen (siehe Rn. 10). Gleiches gilt bei der Abänderung eines gerichtlich gebilligten Vergleichs nach § 156 Abs. 2 FamFG, der den **Antrag zumindest eines Elternteils** voraussetzt.[79]

Dieses in den Gesetzesmaterialien ausdrücklich hervorgehobene Erfordernis wird der in Art. 6 Abs. 2 Satz 1 GG garantieren Elternautonomie gerecht und steht im Einklang mit dem der Reform der freiwilligen Gerichtsbarkeit zu Grunde liegenden Bestreben, konfliktvermeidende und konfliktlösende Elemente im familiengerichtlichen Verfahren zu etablieren.[80] Zugleich spricht für ein dahingehendes Verständnis, dass nach zutreffender Ansicht auch die erstmalige Einleitung eines Umgangsverfahrens grundsätzlich nicht in Betracht kommt, wenn eine Gefährdung des Kindeswohls i.S.d. § 1684 Abs. 4 Satz 2 BGB nicht vorliegt und das Gericht lediglich eine andere Umgangsgestaltung für das Kindeswohl als vorteilhafter ansieht.[81] Es erschließt sich nicht, weshalb das Familiengericht bei der Entscheidung über die Einleitung eines Abänderungsverfahrens an die autonome Entscheidung der Eltern in geringerem Maße gebunden sein sollte, obwohl es im Vorverfahren auch nach eigener Sachprüfung zu dem Ergebnis gelangte, dass die Vereinbarung dem Wohl des Kindes nicht widerspricht. Schließlich wäre auch nicht erkennbar, welchem Zweck eine unterhalb der Schwelle der Kindeswohlgefährdung gegen den Willen beider Elternteile vorgenommene Abänderung eines Billigungsbeschlusses dienen könnte. Denn auch die Vollstreckung eines gerichtlichen Billigungsbeschlusses wird regelmäßig scheitern, wenn die Eltern einvernehmlich – ohne dadurch das Wohl des Kindes zu gefährden – Anpassungen des Umgangs vornehmen.[82]

▶ *Ausführlich zum Verfahren Bussian, § 166 FamFG Rn. 7 ff.*

33 Das Familiengericht hat die Pflicht, die frühere Entscheidung abzuändern, wenn die Voraussetzungen für eine Abänderung gegeben sind. Die Abänderung liegt nicht im freien Ermessen des Gerichts.[83]

---

76 OLG Frankfurt FamRZ 2013, 1238; siehe hierzu ausführlich *Bussian*, § 166 FamFG, Rn. 10

77 Staudinger/*Coester*, § 1696 Rn. 153; Staudinger/*Dürbeck*, § 1684 Rn. 381; OLG Hamburg FamRZ 2023, 219; OLG Frankfurt BeckRS 2019, 46247; a. A. Lies-Benachib NzFam 2018, 581; Osthold FamRZ 2017, 163

78 Staudinger/*Coester*, § 1696 Rn. 87

79 NK-BGB/*Harms*, § 1696 BGB Rn. 43; a. A. Prütting/Helms/*Hammer*, § 166 Rn. 11; *Dürbeck*, FamRZ 2021, 203

80 Vgl. dazu *Bussian*, § 166 FamFG Rn. 10

81 Vgl. Staudinger/*Dürbeck*, § 1684 Rn. 175; Johannsen/Henrich/Althammer/*Rake*, § 1684 Rn. 23

82 Vgl. dazu Prütting/Helms/*Hammer*, § 89 Rn. 17a

83 BVerfG ZKJ 2016, 457, Rn. 38; MüKo-BGB/*Olzen*, § 1696 Rn. 43

Im Rahmen des § 1696 Abs. 1 Satz 1 BGB stehen dem Gericht alle materiell-rechtlich zulässigen Gestaltungsmöglichkeiten offen.[84] Die Übertragung der elterlichen Sorge oder von Teilen hiervon setzt aber einen entsprechenden Antrag des Elternteils voraus.

Abs. 2 erfordert zwingend die Aufhebung der Maßnahme bei Wegfall der Kindeswohlgefährdung oder die Ersetzung durch eine andere, ebenso geeignete, aber mildere Maßnahme, wenn die Erforderlichkeit der bisherigen kindesschutzrechtlichen Maßnahme entfallen ist. 34

Im Fall der Ablehnung einer Abänderung – durch die Endentscheidung – muss dies ausdrücklich im Tenor festgehalten werden. Es darf nicht der „Antrag" (hierzu oben Rn. 31) zurückgewiesen werden.[85]

▶ *Zur Statthaftigkeit der Beschwerde gegen die Ablehnung der Einleitung eines Abänderungsverfahrens siehe Kischkel, § 58 FamFG, Rn. 3.*

§ 1697 BGB
(weggefallen)

§ 1697a BGB
Kindeswohlprinzip

(1) Soweit nichts anderes bestimmt ist, trifft das Gericht in Verfahren über die in diesem Titel geregelten Angelegenheiten diejenige Entscheidung, die unter Berücksichtigung der tatsächlichen Gegebenheiten und Möglichkeiten sowie der berechtigten Interessen der Beteiligten dem Wohl des Kindes am besten entspricht.

(2) [1]Lebt das Kind in Familienpflege, so hat das Gericht, soweit nichts anderes bestimmt ist, in Verfahren über die in diesem Titel geregelten Angelegenheiten auch zu berücksichtigen, ob und inwieweit sich innerhalb eines im Hinblick auf die Entwicklung des Kindes vertretbaren Zeitraums die Erziehungsverhältnisse bei den Eltern derart verbessert haben, dass diese das Kind selbst erziehen können. [2]Liegen die Voraussetzungen des § 1632 Absatz 4 Satz 2 Nummer 1 vor, so hat das Gericht bei seiner Entscheidung auch das Bedürfnis des Kindes nach kontinuierlichen und stabilen Lebensverhältnissen zu berücksichtigen. [3]Die Sätze 1 und 2 gelten entsprechend, wenn das Kind im Rahmen einer Hilfe nach § 34 oder 35a Absatz 2 Nummer 4 des Achten Buches Sozialgesetzbuch erzogen und betreut wird.

Übersicht

A. Allgemeines

§ 1697a BGB enthält eine **Auffangregel** („soweit nichts anderes bestimmt ist") für Verfahren, in denen die maßgebliche Norm keinen Kindeswohlmaßstab benennt.[1] Das „Kindes- 1

84 *Ewers,* FamRZ 1999, 477, 480
85 OLG Frankfurt FamRZ 2013, 1238
1 BT-Drs. 13/4899, 110

wohl" ist verfahrensleitendes Prinzip und **Entscheidungsmaßstab** für alle gerichtlichen Regelungen zum Sorge- und Umgangsrecht.[2]

B. Inhalt der Norm

I. Anwendbarkeit des Kindeswohlprinzips

2 Der Kindeswohlmaßstab der Norm findet Anwendung, „soweit nichts anderes bestimmt ist". Die meisten Vorschriften im Sorge- und Umgangsrecht enthalten jedoch einen eigenen Kindeswohlmaßstab:

- § 1631b BGB (Geschlossene Unterbringung Minderjähriger)
- § 1631d BGB (Beschneidung des männlichen Kindes)
- § 1632 Abs. 4 BGB (Verbleibensanordnung bei Familienpflege)
- § 1666 Abs. 1 BGB (Gerichtliche Maßnahmen bei Kindeswohlgefährdung)
- § 1671 Abs. 1 Nr. 2, Abs. 2 Nr. 2 BGB (Übertragung der Alleinsorge bei Getrenntleben der Eltern)
- § 1680 Abs. 2 und 3 BGB (Tod eines Elternteils oder Entziehung des Sorgerechts)
- § 1681 Abs. 2 BGB (Todeserklärung eines Elternteils)
- § 1682 BGB (Verbleibensanordnung zugunsten von Bezugspersonen)
- § 1684 Abs. 4 Satz 1 und 2 BGB (Umgang des Kindes mit den Eltern; Ausschluss oder Einschränkung)
- § 1685 Abs. 1 und Abs. 2 BGB (Umgang des Kindes mit anderen Bezugspersonen)
- § 1686 BGB (Auskunft über die persönlichen Verhältnisse des Kindes)
- § 1686a Abs. 1 BGB (Umgang und Auskunftsrechte des leiblichen, nicht rechtlichen Vaters)
- § 1687 Abs. 2 BGB (Ausübung der gemeinsamen elterlichen Sorge bei Getrenntleben)
- § 1687a BGB (Entscheidungsbefugnisse des nicht sorgeberechtigten Elternteils)
- § 1687b BGB (Sorgerechtliche Befugnisse des Ehegatten)
- § 1688 Abs. 3 BGB (Entscheidungsbefugnisse der Pflegeperson)
- § 1693 BGB (Gerichtliche Maßnahmen bei Verhinderung der Eltern)
- § 1696 BGB (Abänderung gerichtlicher Entscheidungen und gerichtlich gebilligter Vergleiche)

3 Findet sich in einer materiell-rechtlichen Norm kein ausdrücklicher Kindeswohlmaßstab, so greift § 1697a BGB ein.[3] Ist hingegen ein bestimmter Kindeswohlmaßstab gesetzlich vorgegeben, verbietet sich dessen Relativierung durch einen Rückgriff auf § 1697 a BGB.[4] Auch dessen Zitierung neben den speziellen Kindeswohlvorschriften muss unterbleiben.[5]

4 Besonders praxisrelevant sind hier:

- § 1628 BGB (Gerichtliche Entscheidung bei Meinungsverschiedenheiten der Eltern),
- § 1632 Abs. 1 bis 3 BGB (Herausgabe des Kindes; Bestimmung des Umgangs)
- 1684 Abs. 1 BGB (Umgang)

---

2 HB-VB/*Zitelmann*, 4. Aufl., Rn. 736
3 Vgl. *Gottschalk/Heilmann*, ZKJ 2017, 181
4 Staudinger/*Coester*, § 1697a BGB, Rn. 6
5 Staudinger/*Coester*, § 1697a BGB, Rn.6

Soweit der Anwendungsbereich der Norm eröffnet ist, hat das Gericht die Entscheidung zu treffen, die dem Kindeswohl am besten entspricht (hierzu unten Rn. 7 ff.).[6]

Die Vorschrift findet auch außerhalb des BGB Anwendung.[7] 5

II. Der Inhalt des Kindeswohlprinzips

Der Begriff des Kindeswohls ist ein **unbestimmter Rechtsbegriff**, es gibt keine allgemein anwendbare Definition. Er ist nicht nur im juristischen Sinne auszulegen, sondern er dient als Einfallstor für die Erkenntnisse anderer Wissenschaften, insbesondere der Psychologie, der Pädagogik und der Sozialen Arbeit. Die Bestimmung des Kindeswohls erfolgt unter Einbeziehung der jeweiligen Besonderheiten des **Einzelfalls, insbesondere des betroffenen Kindes** und ist immer abhängig von der familiengerichtlichen Fragestellung. 6

So haben sich zur Frage der dem Kindeswohl entsprechenden Regelung der elterlichen Sorge für Trennungskinder Kriterien entwickelt, von denen einige für die Frage, wann ein misshandeltes Kind von der Familie getrennt werden muss, nur eine untergeordnete Rolle spielen.[8] 7

▶ *Näher hierzu Keuter, § 1671 BGB Rn. 34 ff.*

Auch sind im Zusammenhang mit der Entscheidung betreffend den Umgang des Kindes mit einem Elternteil unterschiedliche Kriterien anzulegen, je nachdem, ob das Kind bei dem anderen Elternteil seinen Lebensmittelpunkt hat oder ob es in einer Pflegefamilie oder einer Einrichtung fremd untergebracht ist. 8

▶ *Näher hierzu Gottschalk, § 1684 BGB Rn. 32, 83.*

Die Bestimmung des Kindeswohls hat zunächst aufgrund einer fachlich fundierten Einschätzung der **Gesamtsituation des Kindes** zu erfolgen; in einem weiteren Schritt sind die Interessen anderer am Verfahren Beteiligter zu berücksichtigen. An „tatsächlichen Gegebenheiten und Möglichkeiten" im Sinne der Norm sind im Bereich des Umgangs beispielhaft die Arbeitszeiten des Umgangsberechtigten[9] sowie dessen finanzielle Möglichkeiten oder seine Wohnverhältnisse zu nennen. 9

Die Einbeziehung der „berechtigten Interessen der Beteiligten" verweist auf das Erfordernis einer sorgfältigen Interessenabwägung aller Betroffenen unter Voranstellung des Kindeswohls.[10] Die insoweit in Bezug genommene Personengruppe ist in Anlehnung an § 7 Abs. 1, 2 FamFG dahingehend zu konkretisieren, dass diejenigen, deren Recht durch das Verfahren unmittelbar betroffen wird (§ 7 Abs. 2 Nr. 1 FamFG) wie auch diejenigen, die auf Grund dieses oder eines anderen Gesetzes von Amts wegen oder auf Antrag zu beteiligen sind (§ 7 Abs. 2 Nr. 2 FamFG), erfasst werden. 10

Dies ergibt sich zum einen daraus, dass nur die „berechtigten" Interessen Berücksichtigung finden. Zum anderen ist das Kind selbst als eigenständige Persönlichkeit wahrzunehmen. Hingegen sind die Rechte der Eltern nach der Verfassung immer pflichtgebunden (Art. 6 Abs. 2 Satz 1 GG: „Recht und Pflicht") und bestehen nicht um ihrer selbst, sondern um des Kindes willen.

Ein wesentlicher Aspekt des Kindeswohls ist der **Wille des Kindes**.[11] Auch hier verbietet sich jedoch jede schematische Betrachtungsweise. Der Ermittlung und der Berücksichti- 11

6 OLG Schleswig NJW-RR 2011, 581
7 OLG Stuttgart FamRZ 2004, 291: Berücksichtigung des Wohl des Kindes bei der Frage der Entlassung aus der deutschen Staatsangehörigkeit, §§ 4 Abs. 3, 19 StAG
8 Vgl. HB-VB/*Zitelmann*, 4. Aufl., Rn. 743 ff.
9 BT-Drs. 13/4899, 111
10 Staudinger/*Coester*, § 1697a Rn. 3 vgl. auch *Flügge*, FPR 2008, 135, 138; Staudinger/*Coester*, § 1671 BGB Rn. 162
11 Vgl. dazu *Zitelmann*, Kindeswohl und Kindeswille im Spannungsverhältnis von Pädagogik und Recht

gung des Kindeswillens kommt schon deshalb eine maßgebliche Rolle zu, weil das Kind nur so als Träger des allgemeinen Persönlichkeitsrechts aus Art. 1 Abs. 1 GG i.V.m. Art. 2 Abs. 1 GG mit seinen Wünschen, Bedürfnissen und Ängsten im familiengerichtlichen Verfahren wahrgenommen und das Gefühl des ohnmächtig den Erwachsenen gegenüber „Ausgeliefertseins“ verhindert oder zumindest minimiert werden kann. Dabei wird es maßgeblich auf das fachliche Können und das Einfühlungsvermögen des Verfahrensbeistandes und des Familienrichters ankommen, insbesondere wenn es darum geht, dem Kind zu vermitteln, dass seine geäußerten Wünsche wahrgenommen und berücksichtigt werden, auch wenn das Gericht eine vom Willen des Kindes abweichende Entscheidung treffen kann.

▶ *Zum Kindeswillen in den unterschiedlichen Kontexten vgl. Fink, § 1626a BGB, Rn. 29; Cirullies, § 1666 BGB, Rn. 18; Keuter, § 1671 BGB, Rn. 49; Gottschalk, § 1684 BGB, Rn. 32.*

III. Die verschiedenen Abstufungen des Kindeswohlbegriffs

12 Das Gesetz kennt verschiedene Abstufungen im Zusammenhang mit dem Kindeswohl:

- dem Kindeswohl **am besten entspricht** (§ 1671 Abs. 1 Nr. 2 BGB)
- dem Kindeswohl **nicht widerspricht** (§§ 1626 a Abs. 2, 1671 Abs. 3, 1678 Abs. 2, 1680 Abs. 2, 1681 Abs. 2, 1686 BGB)
- **zum Wohl** des Kindes **erforderlich** (§§ 1631 b, 1684 Abs. 4 Satz 1, 1687 Abs. 2, 1687b Abs. 3, 1688 Abs. 3 BGB)
- dem Kindeswohl **dient** (§§ 1685, 1686a Abs. 1 Nr. 1 BGB)
- **Gefährdung** des Kindeswohls (§§ 1631d, 1632 Abs. 4, 1666, 1684 Abs. 4 Satz 2 BGB)
- triftige, das Wohl des Kindes **nachhaltig berührende Gründe** (§ 1696 Abs. 1 BGB)

13 In der Praxis wird die Unterscheidung schwierig zu treffen sein. Als grobe Orientierung mag gelten: Während bei der **positiven Kindeswohlprüfung** („dient“, „am besten entspricht“) erwartbar sein muss, dass sich die konkrete Situation für das Kind durch die in Aussicht genommene Entscheidung positiv bzw. – im Vergleich – besser entwickelt, wird bei der **negativen Kindeswohlprüfung** („nicht widerspricht“) geprüft, ob Umstände vorliegen oder ersichtlich sind, die dafür sprechen, dass sich die avisierte Entscheidung aller Wahrscheinlichkeit nach negativ auf die Situation des Kindes auswirkt.[12]

Bei dem Eingriffsmaßstab „zum Wohl des Kindes erforderlich“, setzt das Eingreifen des Gerichtes Gründe voraus, die besorgen lassen, dass ohne die Maßnahmen das Kind eine ungünstige Entwicklung nehmen könnte. Ist das „... Wohl des Kindes gefährdet ...“ muss die avisierte familiengerichtliche Handlung erforderlich sein, um eine voraussehbare Beeinträchtigung des Kindes abzuwenden.

IV. Das Kindeswohl in der Familienpflege

14 In Abweichung von dem in § 1697a Abs. 1 BGB verfolgten Zweck, der als Auffangvorschrift das Kindeswohlprinzip für Entscheidungssituationen konkretisiert, in denen eine gesetzliche Regelung keinen Maßstab für die gerichtliche Entscheidung benennt, präzisiert § 1697a Abs. 2 BGB Vorschriften, die einen bestimmten Kindeswohlmaßstab vorsehen, für den Fall, dass sich das Kind in Familienpflege befindet.[13]

15 Nach § 1697a Abs. 2 Satz 1 BGB hat das Gericht bei einem in Familienpflege lebenden Kind, sofern nichts abweichendes bestimmt ist, auch zu berücksichtigen, ob und inwieweit sich innerhalb eines im Hinblick auf die Entwicklung des Kindes vertretbaren Zeitraums die **Er-**

12 *Heilmann*, NJW 2012, 22
13 BT-Drs. 19/26107, 133

ziehungsverhältnisse bei den Eltern derart **verbessert** haben, dass diese das Kind selbst erziehen können. Inhaltlich lehnt sich diese Norm an § 37c Abs. 2 Satz 1 und 2 SGB VIII an und verfolgt den Zweck, einen gewissen Gleichlauf der handlungsleitenden Wertungen für Jugendamt und Familiengericht, die während der Dauer eines familiengerichtlichen Verfahrens parallel dem staatlichen Wächteramt nach Art. 6 Abs. 2 Satz 2 GG verpflichtet sind, sicherzustellen.[14] Ferner soll deutlich gemacht werden, dass die gerichtlichen Maßnahmen nicht nur im Rahmen der Endentscheidung, sondern bereits mit Beginn des Kindesschutzverfahrens zu prüfen sind, um eine nachhaltige Verbesserung der Erziehungsfähigkeit der Eltern als primäres Ziel einer Gefahrenabwehr zu erreichen.[15]

Nach dieser Vorschrift ist in Verfahren und bei Entscheidungen über den **Umgang eines Pflegekindes mit den Eltern** gemäß § 1684 Abs. 3 BGB dem Umstand Rechnung zu tragen, ob eine Rückkehr des Kindes zu den Eltern bzw. in Fällen, in denen das Kind sofort nach der Geburt in Familienpflege kam, eine erstmalige Erziehung durch die Eltern realistisch ist. Sofern eine **konkrete Rückkehrmöglichkeit** besteht, muss der Umgang einen solchen Umfang haben, dass dadurch Kind und Eltern auf den Wechsel in den elterlichen Haushalt vorbereitet werden können. Der Umgang muss dann in einem solchen Umfang erfolgen, dass die Beziehung des Kindes zu den Eltern erhalten bleibt und eine Rückkehr nicht durch Entfremdung des Kindes von den Eltern erheblich erschwert oder faktisch unmöglich gemacht wird. 16

Kann eine solche Perspektive bei den Eltern demgegenüber nicht erarbeitet werden, stehen die **Stabilität und Kontinuität der Lebensverhältnisse in der Pflegefamilie** und damit die neuen Bindungen des Kindes zu seinen Pflegeeltern viel stärker im Vordergrund.[16] Das Interesse des Kindes kann daher danach verlangen, Umfang und Häufigkeit des Umgangs zu reduzieren oder diesen gar auszuschließen.[17]

§ 1697a Abs. 2 Satz 2 BGB hebt dabei das besondere Bedürfnis von Kindern in der Familienpflege nach kontinuierlichen und stabilen Lebensverhältnissen hervor, soweit die Voraussetzungen einer **Dauerverbleibensanordnung** gegeben sind. Zugleich wird in den Gesetzesmaterialien ausgeführt, dass § 1632 Abs. 4 BGB und § 1696 Abs. 3 BGB der Norm vorgehen, soweit es um Erlass und Aufhebung einer Dauerverbleibensanodnung geht.[18] 17

Im Hinblick auf die vergleichbare Interessenlage eines Kindes, welches nicht im Rahmen einer Familienpflege, sondern in einer **Einrichtung der Kinder- und Jugendhilfe** (Einrichtung über Tag und Nacht, sonstige betreute Wohnform) untergebracht ist, ordnet § 1697a Abs. 2 Satz 3 BGB eine entsprechende Anwendung des § 1697a Abs. 2 Satz und 2 BGB an, wenn das Kind im Rahmen einer Hilfe nach § 34 oder 35a Abs. 2 Nr. 4 des SGB VIII erzogen und betreut wird. 18

§ 1698 bis § 1698b BGB

Von Abdruck und Kommentierung wird abgesehen.

§ 1699 bis § 1711 BGB

(weggefallen)

14 BT-Drs. 19/26107, 133
15 BT-Drs. 19/26107, 133
16 OLG Frankfurt FamRZ 2024, 49
17 BT-Drs. 19/26107, 133; vgl. hierzu OLG Frankfurt FamRZ 2024, 49
18 BT-Drs. 19/26107, 133

Titel 7
Annahme als Kind

Untertitel 1
Annahme Minderjähriger

Übersicht: Voraussetzungen einer Minderjährigenadoption

1. **Antrag**
   a. bei Alleinadoption: des Annehmenden; bei gemeinschaftlicher Adoption: der beiden Annehmenden (§ 1752 Abs. 1 BGB)
   b. notariell beurkundet (§ 1752 Abs. 2 Satz 2 BGB)
   c. höchstpersönlich (§ 1752 Abs. 2 Satz 1 BGB)
   d. ohne Bedingungen und Zeitbestimmungen (§ 1752 Abs. 2 Satz 1 BGB)
2. **Formale Voraussetzungen**
   a. Persönliche Voraussetzungen des oder der Annehmenden nach § 1741 Abs. 2 BGB (bzw. nach § 9 Abs. 6 LPartG oder nach § 1766a BGB) (Alleinadoption, gemeinschaftliche Adoption oder Stiefkindadoption)
   b. Verbot der Kettenadoption (§ 1742 BGB)
   c. Mindestalter des oder der Annehmenden (§ 1743 BGB)
3. **Einwilligung des Kindes nach § 1746 BGB**
   - bei unter 14-Jährigen (oder geschäftsunfähigen Kindern ab 14 Jahren): unwiderrufliche Erklärung durch gesetzlichen Vertreter oder
   - bei über 14-Jährigen: widerrufliche (höchstpersönliche) Erklärung des Kindes mit Zustimmung des gesetzlichen Vertreters (außer das Kind ist geschäftsunfähig)
     a. notariell beurkundet (§ 1750 Abs. 1 Satz 2 BGB)
     b. ohne Bedingungen und Zeitbestimmungen (§ 1750 Abs. 2 Satz 1 BGB)
     c. Möglichkeit der Ersetzung der Einwilligung oder Zustimmung des Vormunds bzw. Pflegers nach § 1746 Abs. 3 BGB
4. **Einwilligung der bisherigen Eltern nach § 1747 BGB durch unwiderrufliche Erklärung**
   - der Mutter (vgl. § 1591 BGB) und
   - des rechtlichen Vaters (vgl. § 1592 BGB) oder des Vaterschaftsprätendenten (§ 1747 Abs. 1 Satz 2 BGB)
     a. notariell beurkundet (§ 1750 Abs. 1 Satz 2 BGB)
     b. ohne Bedingungen und Zeitbestimmungen (§ 1750 Abs. 2 Satz 1 BGB)
     c. höchstpersönlich (§ 1750 Abs. 3 Satz 1 BGB)
     d. Verbot der Blankoeinwilligung (aber Möglichkeit der Einwilligung in eine Inkognitoadoption)
     e. Möglichkeit des Verzichts der Einwilligung eines Elternteils nach § 1747 Abs. 4 BGB
     f. Möglichkeit der Ersetzung nach § 1748 BGB

5. Einwilligung des Ehegatten des Annehmenden nach § 1749 Abs. 1 Satz 1 BGB durch unwiderrufliche Erklärung

a. notariell beurkundet (§ 1750 Abs. 1 Satz 2 BGB)

b. ohne Bedingungen und Zeitbestimmungen (§ 1750 Abs. 2 Satz 1 BGB)

c. höchstpersönlich (§ 1750 Abs. 3 Satz 1 BGB)

d. Möglichkeit des Verzichts der Einwilligung eines Elternteils nach § 1749 Abs. 2 BGB

e. Möglichkeit der Ersetzung nach § 1749 Abs. 1 Satz 2, 3 BGB

6. Materiell-rechtliche Voraussetzungen

a. Kindeswohldienlichkeit (§ 1741 Abs. 1 Satz 1 BGB)

b. Positive Prognose des Entstehens eines Eltern-Kind-Verhältnisses (§ 1741 Abs. 1 Satz 1 BGB)

c. Angemessene Probezeit (§ 1744 BGB)

d. Keine überwiegenden Interessen der Kinder des Annehmenden oder der Kinder des anzunehmenden Kindes (§ 1745 BGB)

§ 1741 BGB
Zulässigkeit der Annahme

(1) [1]Die Annahme als Kind ist zulässig, wenn sie dem Wohl des Kindes dient und zu erwarten ist, dass zwischen dem Annehmenden und dem Kind ein Eltern-Kind-Verhältnis entsteht. [2]Wer an einer gesetzes- oder sittenwidrigen Vermittlung oder Verbringung eines Kindes zum Zwecke der Annahme mitgewirkt oder einen Dritten hiermit beauftragt oder hierfür belohnt hat, soll ein Kind nur dann annehmen, wenn dies zum Wohl des Kindes erforderlich ist.

(2) [1]Wer nicht verheiratet ist, kann ein Kind nur allein annehmen. [2]Ein Ehepaar kann ein Kind nur gemeinschaftlich annehmen. [3]Ein Ehegatte kann ein Kind seines Ehegatten allein annehmen. [4]Er kann ein Kind auch dann allein annehmen, wenn der andere Ehegatte das Kind nicht annehmen kann, weil er geschäftsunfähig ist oder das 21. Lebensjahr noch nicht vollendet hat.

Weiterführende Literatur: Mohnert, Materiell-rechtliche Voraussetzungen des Eltern-Kind-Verhältnisses im Rahmen einer Adoption, RPsych 2018, 477; *Löhnig,* Kinder mit mehreren Vätern: Aktuelle Fragen des Adoptionsrechts, NZFam 2017, 879; *Muscheler,* Das Recht der Stieffamilie, FamRZ 2004, 913.

Übersicht

A. Allgemeines

1 Die Annahme als Kind ist ein seit langem verwurzeltes Rechtsinstitut im deutschen Recht. Seit Bestehen des Bürgerlichen Gesetzbuches gibt es die Möglichkeit, ein Kind „an Kindes statt" (so die frühere Formulierung) anzunehmen.[1]

2 Die Adoption führt zu einer **rechtlichen Neuzuordnung des Kindes in eine neue Familie**. Die Annahme eines minderjährigen Kindes stellt aus Sicht der bisherigen Eltern(teile) – aufgrund von § 1755 BGB – den **stärksten denkbaren Eingriff in das natürliche Elternrecht** aus Art. 6 Abs. 2 Satz 1 GG und die **maßgeblichste Änderung des Familien- und Verwandtschaftsverhältnisses** für das Kind dar. Im Gegensatz zu anderen Kindschaftssachen (insbesondere bzgl. des Sorge- oder Umgangsrechts) ist die Annahme als Kind nur unter äußerst engen Voraussetzungen aufhebbar (vgl. §§ 1759 ff. BGB),[2] und einmal ausgesprochene Annahmen sind auch verfahrensrechtlich nicht abänderbar oder wiederaufnahmefähig (§ 197 Abs. 3 Satz 2 FamFG). Durch die Unanfechtbarkeit von gerichtlich ausgesprochenen Adoptionen (vgl. § 197 Abs. 3 Satz 1 FamFG) werden Adoptionen selbst dann rechtskräftig (und damit nicht mehr revisibel), wenn das Familiengericht erhebliche Verfahrensfehler oder Verstöße gegen das materielle Recht begangen hat.

3 Aus §§ 1741 ff. BGB sind **unterschiedliche Arten von Minderjährigenadoption** herauszulesen. Das Gesetz geht dabei erkennbar vom Regelfall einer Adoption aus, bei der Personen, welche das Kind nach den Vorgaben des Adoptionsvermittlungsgesetzes vermittelt bekommen haben, dieses nach Ablauf einer Adoptionspflegezeit adoptieren (sog. **vermittelte Fremdadoptionen**). Auch der allgemeine Sprachgebrauch geht wohl von dieser Form der Adoption als Regelfall aus. In tatsächlicher Hinsicht überwiegt jedoch mittlerweile die Zahl der sog. **Stiefkindadoptionen** (siehe zur Statistik unten Rn. 4). Dies sind die Fälle, in denen ein Ehegatte (oder (Lebens-)Partner) das Kind seines Ehepartners (oder (Lebens-)Partners) adoptiert (Fall von § 1741 Abs. 2 Satz 3 BGB und von § 9 Abs. 6 Satz 1 LPartG sowie von § 1766a BGB). Weitere Unterscheidungen werden auch hinsichtlich des (geplanten) Kontakts zwischen Kind und bisherigen Eltern getroffen. Hier werden Begrifflichkeiten wie **„offene Adoption" (oder „geöffnete Adoption")**,[3] **„halboffene Adoption"** oder **„geschlossene Adoption"** verwendet. Thematisch gehört zu dieser Kategorisierung auch die sog. **Inkognitoadoption**, bei der zum Schutze des Kindes dessen Aufenthaltsort im Rahmen der Einwilligungen der bisherigen Eltern anonym bleibt (Fall von § 1747 Abs. 2 Satz 2 BGB).

Die Fälle der **Kettenadoption** und **Sukzessivadoption** (vgl. § 1742 BGB) sowie der sog. **Verwandtenadoption** (in § 1756 Abs. 1 BGB genannt) sowie der rechtlich missbilligten **Mitwirkung an unvermittelten Fremdadoptionen** i.S.v. § 1741 Abs. 1 Satz 2 BGB werden an den entsprechenden Stellen näher erläutert.

4 **Statistisch** war die Zahl der Minderjährigenadoptionen über viele Jahre rückläufig. Während im Jahr 1993 als Höchstzahl noch 8.687 Kinder adoptiert worden sind, waren dies im Jahr 2023 nur noch 3.601, wobei sich diese Zahl seit etwa zehn Jahren auf diesem Niveau einigermaßen stabilisiert haben. Von den 3.601 im Jahr 2023 adoptierten Kindern wurden 2.641 Kinder im Wege der Stiefkindadoption und 123 Kinder im Wege der Verwandtenadoption angenommen.[4]

---

1 Vgl. ausführlich zur Rechtsentwicklung: MüKo-BGB/*Maurer*, vor § 1741 Rn. 2–5; Staudinger/*Helms*, vor § 1741 BGB Rn. 2 ff.

2 OLG Oldenburg FamRZ 2004, 399.

3 So *Reinhardt/Kemper/Grünenwald*, § 8a AdVermiG Rn. 1

4 Quelle: Statistisches Bundesamt, Adoptierte Kinder und Jugendliche 2023 nach persönlichen Merkmalen, Verwandtschaftsverhältnis zu den Adoptiveltern und deren Staatsangehörigkeit

Die Vorschrift in § 1741 Abs. 1 BGB nennt mit den Begriffen des **Kindeswohls** und des **Eltern-Kind-Verhältnisses** die **zentralen materiell-rechtlichen Voraussetzungen** für eine Annahme als Kind. Hieraus wird deutlich, dass der Fokus jeder Adoptionsentscheidung sich ausschließlich auf das Kind auszurichten hat. Im Vordergrund steht nicht etwa die Ermöglichung der Verwirklichung eines Kinderwunsches für die Adoptiveltern, sondern einzig das Wohl des Kindes und die Prognose des Entstehens eines Eltern-Kind-Verhältnisses. Die Annahme ist daher in erster Linie ein Fürsorgeinstrument zugunsten schutzbedürftiger Kinder. 5

§ 1741 Abs. 2 BGB bestimmt demgegenüber die **persönlichen Vorgaben aufseiten der oder des Annehmenden**. Es wird vorgegeben, in welchen Fällen eine Alleinadoption möglich ist und in welchen Fällen nur gemeinsam adoptiert werden darf. 6

Die Vorschrift **gilt für sämtliche Arten von Minderjährigenadoptionen**, insbesondere sowohl für die Fremdadoption als auch für die Stiefkindadoption. Für die Volljährigenadoptionen ist nur § 1741 Abs. 2 BGB relevant. 7

B. Inhalt der Norm

I. Das Kindeswohl

§ 1741 Abs. 1 Satz 1 BGB bestimmt, dass die Annahme als Kind **dem Kindeswohl dienen** muss. Höhere Anforderungen werden bei einer Mitwirkung der Annehmenden bei einer unvermittelten Adoption gemäß § 1741 Abs. 1 Satz 2 BGB aufgestellt. Hier muss die Adoption zum Wohle des Kindes nicht nur dienlich, sondern erforderlich sein (hierzu unten Rn. 21 ff.). 8

Das **Kindeswohl** spielt **auch in vielen anderen Bereichen des Familienrechts** eine wesentliche Rolle. Insbesondere im Sorge-, Umgangs-, Vormundschafts- und Pflegschaftsrecht ist das Wohl des Kindes das maßgebliche Kriterium für die jeweilige Entscheidung. Zudem ist das Kindeswohlprinzip in Bezug auf die elterliche Sorge auch gesetzlich in § 1697a BGB normiert, wird dort aber nicht legaldefiniert, sondern nur in Beziehung gesetzt zu den „tatsächlichen Gegebenheiten und Möglichkeiten sowie der berechtigten Interessen der Beteiligten" (siehe näher hierzu *Gottschalk*, § 1697a BGB Rn. 2). Der Begriff des Kindeswohls im Sorgerecht einerseits und der Begriff des Kindeswohls im Adoptionsrecht sollte inhaltlich unterschiedlich beurteilt werden, **da** der **Bezugspunkt und die Folgen im Adoptionsrecht andere sind**.[5] So geht es bei der Adoption nicht vornehmlich um die tatsächliche Versorgung (diese wird in aller Regel ja schon vor der Adoption geleistet), den Aufenthalt oder um die Entscheidungsmacht über das Kind. Vielmehr ist das entscheidende Kriterium, ob dem Kind auf Dauer ein beständiges und ausgeglichenes Zuhause gewährt werden kann (vgl. weiter gehend unten Rn. 10 ff.).[6] 9

1. Der Begriff des Kindeswohls

Der unbestimmte Rechtsbegriff des Kindeswohls bedarf als Generalklausel einer **näheren Konkretisierung**.[7] Ausgangspunkt hierfür ist die in der Praxis wohl am häufigsten gebrauchte Definition, dass eine Annahme nur dann dem Kindeswohl dient, wenn sich durch die Adoption die **Lebensbedingungen** des Kindes so verändern, dass eine **erheblich bessere Entwicklung** der Persönlichkeit des Kindes zu erwarten ist.[8] Maßgeblich bedarf es daher der **Feststellung einer nicht nur vorübergehenden Verbesserung** der Lebensbedingungen, der Entwicklung und/oder der Rechtsstellung des Kindes.[9] Dieser Vergleich zwischen 10

5 So auch MüKo-BGB/*Maurer*, § 1741 Rn. 59
6 BT-Drs. 7/3061, 28, und Art. 4 Abs. 2 EuAdoptÜbK
7 Staudinger/*Helms*, § 1741 BGB Rn. 17
8 BVerfG NJW 2019, 1793; Staudinger/*Helms*, § 1741 BGB Rn. 18.
9 BayObLG FamRZ 1997, 839; Grüneberg/*Götz*, § 1741 BGB Rn. 3

der Situation ohne die Adoption und der Situation mit der Adoption ist im Wege einer **umfassenden Gesamtabwägung** sämtlicher Rechts- und Lebensumstände des Kindes vorzunehmen, welche in Beziehung zu den persönlichen und sonstigen Verhältnissen des oder der Annehmenden in Beziehung zu setzen sind.[10] Bei Zweifeln an der Kindeswohldienlichkeit hat die Annahme als Kind zu unterbleiben.[11] Das Gericht muss zu der positiven Überzeugung kommen, dass die Voraussetzungen gegeben sind.[12] Bei fortbestehenden Zweifeln an der Vorteilhafthaftigkeit ist die Annahme als Kind zu versagen.

11 Die Annahme als Kind **muss** jedoch im Vergleich zu einer anderen Versorgung des Kindes **nicht alternativlos sein**. Es genügt gemäß § 1741 Abs. 1 Satz 1 BGB schließlich, dass die Annahme dem Kindeswohl dient. So kann es zwar sein, dass auch eine Pflegschaft oder die rechtliche Vertretung im Wege der Vormundschaft denkbare Möglichkeiten wären, um dem Kind ein sicheres und förderliches Aufwachsen zu ermöglichen, eine Annahme als Kind sich in der Gesamtabwägung aber im Ergebnis als noch besser darstellt, damit dem Kind Stabilität in der neuen Familie und insbesondere auch die psychische Sicherheit vor der Einflussnahme der Herkunftsfamilie gegeben wird.[13] Im Rahmen der Kindeswohlprüfung findet darüber hinaus auch **kein Vergleich oder Abwägung mit den Interessen der leiblichen Eltern** statt, auch wenn natürlich das bisherige Verhältnis zu den leiblichen Eltern eine erhebliche Rolle für die Kindeswohldienlichkeit aus Sicht des Kindes spielt (vgl. unten Rn. 14). Die Interessen der Eltern werden vielmehr durch ihre willentliche Einwilligung in die Annahme (§ 1747 Abs. 1 BGB) oder durch die Vorschriften in § 1747 Abs. 4 BGB oder § 1748 BGB geschützt. Daher führt der im Rahmen der Kindeswohlprüfung immer wieder verwendete **Begriff des Adoptionsbedürfnisses**[14] **in die falsche Richtung**, da er im Sinne einer Alternativlosigkeit verstanden werden könnte.[15]

12 Bei der Gesamtabwägung der Lebensumstände des Kindes ist auch zu beachten, dass das Kind im Vorfeld einer Annahme in aller Regel schon eine gewisse Zeit bei den oder dem Annehmenden gelebt hat (vgl. § 1744 BGB). So sind dann ggf. schon **schützenswerte Bindungen zu den Adoptionspflegeeltern** entstanden, welche in der Abwägung dann meistens für eine rechtliche Stabilisierung des Verhältnisses im Wege der Annahme als Kind sprechen.[16]

13 Für die Feststellung des Kindeswohls benötigt das Familiengericht die **sachverständige Hilfe durch entsprechende Fachstellen**. Dies wird verfahrensrechtlich durch die zwingend vorgeschriebene Einholung von fachlichen Äußerungen nach § 189 FamFG sichergestellt. Ohne die fachliche Äußerung fehlt dem Gericht die entscheidende Erkenntnisgrundlage für die Feststellung des Kindeswohls (vgl. *Braun*, § 189 FamFG Rn. 11).

2. Einzelaspekte

14 Der **Stellenwert der einzelnen Aspekte** bei der Gesamtbewertung ist **unterschiedlich und entscheidend vom Einzelfall abhängig**. Die folgende Liste ist daher weder quantitativ noch qualitativ als abschließend zu betrachten. Je nach Konstellation können folgende Aspekte zu beachten sein:

---

10 MüKo-BGB/*Maurer*, § 1741 Rn. 60; OLG Karlsruhe, FamRZ 2022, 293
11 OLG Nürnberg FamRZ 2019, 714
12 So schon BGH FamRZ 1957, 126; BT-Drs. 7/5087, 9
13 Ausführlich Staudinger/*Helms*, vor § 1741 BGB Rn. 34 ff.; BVerfG FamRZ 1989, 31; für den Vorrang der bestehenden Vormundschaft OLG Stuttgart FamRZ 2015, 1987
14 So Grüneberg/*Götz*, § 1741 BGB Rn. 3
15 So aber AG Celle, BeckRS 2017, 125338; OLG Düsseldorf FamRZ 2011, 1522 (bei einer Anerkennung einer Auslandsadoption)
16 Zu schon entstandenen Bindungen zur Pflegefamilie: BVerfG NJW 1989, 519; zu entsprechenden Forderungen nach einer Reform des Pflegekindschaftsrechts: *Veit/Heilmann/Salgo*, FamRZ 2014, 891 ff.; ausführlich aus psychologischer Sicht: *Mohnert*, RPsych 2018, 477

- das „Vorleben" des Kindes (Findelkind, Beziehungsabbrüche in der Vergangenheit, Dauer eines Pflegekindverhältnisses etc.),
- das tatsächliche Verhältnis des Kindes zu seinen bisherigen Eltern und zu weiteren leiblichen Familienangehörigen (v.a. bei Stiefkindadoptionen relevant),
- die aktuelle Lebenssituation des Kindes,
- die voraussichtliche Lebenssituation des Kindes in der Zukunft,
- die psychosozialen Entwicklungsmöglichkeiten des Kindes durch die Adoption,
- die Veränderungen der Rechtsstellung des Kindes als Folge der Adoption,
- die gesundheitliche Situation des Kindes (insbesondere ein besonderer Betreuungsbedarf),[17]
- das Alter und der Entwicklungsstand des Kindes,
- der Einfluss von weiteren Kindern auf die Lebenssituation und Entwicklung des Kindes,
- die Eignung der Annehmenden zur Annahme des Kindes (sog. **Elterneignung**),[18] wobei insbesondere folgende Aspekte eine Rolle spielen:
  - die subjektive und objektive Bereitschaft zur Annahme des Kindes,
  - die Fähigkeit zur Fürsorge für das Kind, inkl. der erziehungsleitenden Vorstellungen (Erziehungsfähigkeit),
  - die sonstige Persönlichkeit der Annehmenden,
  - die eigene Biografie, inkl. Lebenserfahrung und Alter,
  - das sonstige soziale und familiäre Umfeld, insbesondere die Existenz weiterer Kinder,
  - die partnerschaftliche Stabilität,[19]
  - die Wohnverhältnisse,
  - die finanzielle und berufliche Situation,[20]
  - die gesundheitliche Situation,[21]
  - das (Nicht-)Vorliegen von Vorstrafen.[22]

3. Der Sonderfall der Stiefkindadoption

Aufgrund der besonderen Familienkonstellation ist bei der Stiefkindadoption die Prüfung des Kindeswohls von **besonderen Faktoren** abhängig. Wie mittlerweile durch entsprechende Fachliteratur nachgewiesen ist, stehen bei Stiefkindkonstellationen häufig nicht unbedingt das Wohl des Kindes, sondern vielmehr Motive wie die engere Bindung des Ehepartners an den leiblichen Elternteil oder das Herausdrängen des anderen Elternteils im Vordergrund.[23] Auch ist in concreto zu fragen, welche tatsächlichen und rechtlichen Vorteile durch eine Stiefkindadoption entstehen, wenn ein präsenter leiblicher Elternteil weiterhin seine Erziehungsverantwortung wahrnehmen möchte und kann.[24] **15**

17 MüKo-BGB/*Maurer*, § 1741 Rn. 66
18 Ausführlich: BAGLJÄ, Empfehlungen zur Adoptionsvermittlung, 9. Aufl., Nr. 8.5
19 OLG Nürnberg 2019, 714
20 Ausführlich zur finanziellen Situation OLG Nürnberg NJW-RR 2019, 1154
21 Hierzu KG FamRZ 1991, 1101 (kann ein HIV-Test von den Annehmenden verlangt werden?)
22 OLG Nürnberg FamRZ 2019, 719
23 Ausführlich mit vielen Nachweisen: BeckOK-BGB/*Pöcker*, § 1741 BGB Rn. 16.1
24 Ausführlich: *Muscheler*, FamRZ 2004, 913; OLG Nürnberg FamRZ 2019, 714

16 Das Bundesverfassungsgericht hat diesbezüglich in einer Entscheidung vom 29.11.2005 (allerdings bzgl. der Ersetzung der Einwilligung des anderen Elternteils) treffend Folgendes ausgeführt: Bei einer Stiefkindadoption

> „ändert die Adoption an der tatsächlichen Situation des Kindes wenig, insbesondere wird ihm nicht die Möglichkeit genommen, in einer Familie aufzuwachsen, die ihm gute Entwicklungsbedingungen bietet. Die Adoption soll dann vielmehr dazu dienen, die schon bestehende tatsächliche Situation rechtlich abzusichern. Eine solche Absicherung kann im Interesse des Kindes liegen, ist aber in den Fällen der Stiefkindadoption häufig nicht unproblematisch."[25]

Übereinstimmend mit den Empfehlungen zur Adoptionsvermittlung der Bundesarbeitsgemeinschaft der Landesjugendämter muss daher aus fachlicher Sicht bei einer Stiefkindkonstellation besonders genau die zugrundeliegende Lebenssituation und die Motivlage betrachtet werden.[26]

4. Die Sonderfälle der Verwandtenadoption

17 **Noch herausfordernder** aus Kindeswohlsicht können Konstellationen sein, in denen Verwandte (z.B. Onkel/Tante, Großeltern) das Kind adoptieren möchten. Zwar lässt das Gesetz, wie § 1756 Abs. 1 BGB zeigt, solche Adoptionen grundsätzlich zu. Dennoch können Loyalitätskonflikte zu den leiblichen (meistens weiterhin präsenten) Eltern oder die „Verwirrung" durch das Entstehen veränderter verwandtschaftlicher Beziehungen (z.B. die Tante wird zur Mutter, der Großvater wird zum Vater) zu erheblichen Problemen für das Kind führen. Auch der Altersabstand (z.B. zwischen Enkel und annehmenden Großeltern) muss im Rahmen des Eltern-Kind-Verhältnisses problematisiert werden (siehe hierzu Rn. 20). Im Ergebnis sollte die Annahme durch Verwandte daher – auch wenn sie gesetzlich möglich ist – der **absolute Ausnahmefall** bleiben.[27]

II. Die Erwartung des Entstehens eines Eltern-Kind-Verhältnisses

18 Als zweite Voraussetzung verlangt § 1741 Abs. 1 Satz 1 BGB die Erwartung, dass zwischen dem Kind und dem Annehmenden „ein Eltern-Kind-Verhältnis" entsteht. Im Ergebnis ist dies eine **Konkretisierung des Kindeswohls**. Denn wenn kein Eltern-Kind-Verhältnis zu erwarten ist, dann dient die Annahme auch nicht dem adoptionsrechtlichen Kindeswohl.[28]

19 Der **Begriff des Eltern-Kind-Verhältnisses** in § 1741 BGB ist nicht im Sinne eines Rechts- oder Abstammungsverhältnisses zu verstehen. Vielmehr soll das Eltern-Kind-Verhältnis eine **soziale Elternschaft im Sinne einer „Intimgemeinschaft"** ausdrücken, wie sie leibliche Eltern gegenüber ihrem Kind typischerweise leisten.[29] Wie sich aus dem eindeutigen Wortlaut der Norm ergibt, muss einerseits eine solche soziale Elternschaft im Zeitpunkt der Adoptionsentscheidung noch nicht bestehen. Es genügt eine sich aus objektiven und subjektiven Umständen ergebende **Prognose**, dass das Eltern-Kind-Verhältnis in Zukunft entstehen kann. Andererseits kann ein Eltern-Kind-Verhältnis aber, wie in Dauerpflegeverhältnissen oder während der Probezeit nach § 1744 BGB, auch bereits entstanden sein. Das Bestehen oder die Erwartung des Entstehens eines Eltern-Kind-Verhältnisses muss zur

25 BVerfG NJW 2006, 827, 828; ähnlich: BGH NJW 2005, 1781; ausführlich zu den Vor- und Nachteilen auch BVerfG NJW 2019, 1793, 1796 f.
26 BAGLJÄ, Empfehlungen zur Adoptionsvermittlung, 9. Aufl., Nr. 6.4
27 OLG Oldenburg NJW-RR 1996, 709; OLG Koblenz FamRZ 2016, 1690; so auch Staudinger/*Helms*, § 1741 BGB Rn. 37 ff; offener: OLG Köln JAmt 2015, 97
28 Zutreffend: Staudinger/*Helms*, § 1741 BGB Rn. 40; BVerfG FamRZ 2019, 1061
29 Grüneberg/*Götz*, § 1741 BGB Rn. 4; MüKo-BGB/*Maurer*, § 1741 Rn. 105

Überzeugung des Gerichts feststehen.[30] Unsicherheiten oder bloße Vermutungen gehen zulasten der Antragsteller.

Entscheidender Faktor bei der entsprechenden Beurteilung ist dabei der **Altersabstand zwischen Annehmenden und Kind**. Zwar sieht das deutsche Gesetz in § 1743 BGB keinen Mindest- oder Höchstaltersabstand vor, dennoch kann dies materiell-rechtlich von Bedeutung sein, wenn der Abstand gerade keiner typischen Generationenfolge entspricht.[31] Ein Altersabstand von einerseits unter 16 Jahren oder andererseits über 50 Jahren erscheint dabei als grundsätzlich unangemessen.[32] Zwar ist auch außerhalb dieser Grenzen eine biologische Abstammung möglich, einem „typischen Eltern-Kind-Verhältnis" entspricht dies jedoch gerade (auch in der heutigen Zeit) nicht.[33] 20

III. Erhöhte Anforderungen bei gesetzes- oder sittenwidriger Vermittlung oder Verbringung

§ 1741 Abs. 1 Satz 2 BGB sieht einen **Sonderfall der Voraussetzungen für eine Annahme als Kind** vor. Selbst wenn die Annehmenden sich an einer gesetzes- oder sittenwidrigen Vermittlung oder Verbringung des Kindes beteiligt haben, kann eine Annahme als Kind dennoch möglich sein. Dies ist aber nur der Fall, wenn die Adoption zum Wohl des Kindes erforderlich ist. Es findet daher eine gewisse „Beweislastumkehr" statt: in der Regel ist eine solche Konstellation nicht durch Annahme als Kind zu verstetigen, es sei denn, besondere Umstände erfordern dies. 21

Sinn und Zweck der Vorschrift ist die präventive Verhinderung von Kinderhandel und entsprechender Praktiken.[34] Hauptanwendungsfall ist dabei die Beteiligung der Annehmenden bei einer „Vermittlung" eines fremden Kindes entgegen einem Vermittlungsverbot nach § 5 AdVermiG (sog. **Selbstbeschaffung eines Kindes**). Ein weiterer Anwendungsfall ist nach einer Ansicht die Adoption eines im Wege einer **Ersatzmutterschaft** geborenen Kindes, indem eine solche Selbstbeschaffung als „sittenwidrig" im Sinne der Norm ausgelegt wird.[35] Die mittlerweile herrschende Ansicht geht jedoch davon aus, dass im Rahmen einer Adoption nach erfolgter Ersatzmutterschaft nur die Anforderungen der Kindeswohldienlichkeit in Abs. 1 Satz 1 erfüllt sein müssen.[36] 22

Bei der Anwendung von Abs. 1 Satz 2 sind zwei Faktoren besonders zu beachten. Zum einen müssen die Annehmenden an der gesetzes- oder sittenwidrigen Vermittlung oder Verbringung **beteiligt** gewesen sein. Dies ist der Fall, wenn sie „zum Zwecke der Annahme" hieran mitgewirkt haben oder wenn sie einen Dritten hiermit beauftragt oder hierfür belohnt haben. Zum zweiten liegt eine Gesetzeswidrigkeit i.S.v. § 1741 Abs. 1 Satz 2 BGB **nur dann** vor, **wenn die entsprechende Praktik im Herkunftsland des Kindes verboten ist**. Lässt z.B. das ausländische Recht eine Privatvermittlung zu (wie etwa in vielen Bundesstaaten der USA), so kann dies in Deutschland nicht im Nachhinein mittels Versagung der Annahme im 23

30 BT-Drs. 7/5087, 9

31 LG Kassel NJW-RR 2006, 511; OLG Oldenburg NJW-RR 1996, 709

32 Der österreichische Verfassungsgerichtshof hat jedoch die im österreichischen Adoptionsrecht bisher vorgesehene strenge Mindestalterabstandsgrenze von 16 Jahren mit Entscheidung vom 14.12.2014 als verfassungswidrig eingeschätzt: österr. VerfGH, IFamZ 2015, 13

33 Zutreffend daher: OLG Frankfurt, Beschl. v. 12.6.2003 – 20 W 264/02, juris (Altersabstand von 62 bzw. 67 Jahren); allerdings offener bei Stiefkindadoption durch genetische Mutter: OLG Frankfurt, FamRZ 2019, 899.

34 BT-Drs. 13/8511, 75

35 Hierzu: AG Hamm FamFR 2011, 551; LG Düsseldorf, Beschl. v. 15.3.2012 –25 T 758/10, juris; LG Frankfurt a.M. NJW 2012, 3111; ausführlich zur Gesamtproblematik: Staudinger/*Helms*, § 1741 BGB Rn. 49

36 OLG Frankfurt a.M. NJW 2019 1615; OLG München FamRZ 2018, 1008; OLG Düsseldorf NJW 2017, 976

Inland sanktioniert werden.[37] Eine solche Vermittlung kann dann nur noch sittenwidrig sein.[38] Entsprechendes gilt für die Verbringung des Kindes nach Deutschland nach Aufnahme eines Kindes im Ausland.

IV. Gemeinschaftliche Adoption oder Alleinadoption (Abs. 2)

24 § 1741 Abs. 2 BGB regelt die Vorgaben, in welchen Fällen ein Kind durch eine Einzelperson und in welchen Fällen durch zwei Personen angenommen werden kann. Im Lebenspartnerschaftsrecht findet die Norm ihre teilweise Entsprechung in § 9 Abs. 5 LPartG, wonach dort gerade nur von einem der eingetragenen Lebenspartner ein Kind adoptiert werden darf. Bei verfestigten Lebensgemeinschaften i.S.v. § 1766a Abs. 2 BGB kann nur das Kind des Partners adoptiert werden, so dass diese Konstellation der Stiefkindadoption in § 1741 Abs. 2 Satz 3 BGB entspricht (ausführlich: *Braun*, § 1766a Rn. 1 ff.).

25 Die Bestimmungen sind **zwingend** und gelten insbesondere auch für die Volljährigenadoption (siehe hierzu *Braun*, § 1767 BGB Rn. 17 ff.). Wird eine Annahme entgegen den Vorgaben in § 1741 Abs. 2 BGB ausgesprochen, so führt dies allerdings **nicht zur Nichtigkeit der Adoption**.[39] Das so geschaffene Adoptionsverhältnis kann trotz Rechtswidrigkeit zum Schutze des Kindes bestehen bleiben.

1. Die Fälle der Alleinadoption

26 In folgenden Fällen kann die Annahme **nur durch eine Einzelperson** erfolgen:

- Adoption durch eine nicht-verheiratete Person (§ 1741 Abs. 2 Satz 1 BGB),
- Adoption durch eine verheiratete Person, welche das (leibliche oder adoptierte) Kind des Ehepartners annimmt (Stiefkindadoption, § 1741 Abs. 2 Satz 3 BGB),
- Adoption durch eine verheiratete Person, deren Ehepartner geschäftsunfähig ist (§ 1741 Abs. 2 Satz 4, 1. Fall BGB),
- Adoption durch eine verheiratete Person, deren Ehepartner das 21. Lebensjahr noch nicht vollendet hat (§ 1741 Abs. 2 Satz 4, 2. Fall BGB),
- Adoption durch eine Person, welche in einer eingetragenen Lebenspartnerschaft lebt und das Kind mit Einwilligung des (eingetragenen) Lebenspartner alleine annimmt (§ 9 Abs. 5 LPartG) oder das Kind des (eingetragenen) Lebenspartners annimmt (§ 9 Abs. 6 LPartG),
- Adoption durch eine Person, welche in einer „verfestigten" Lebensgemeinschaft i.S.v. § 1766a Abs. 2 BGB lebt und das Kind des Partners annimmt (§ 1766a BGB i.V.m. § 1741 Abs. 2 Satz 3 BGB).

Die vom BVerfG geforderte Ermöglichung einer „Stiefkindadoption" auch in den Fällen, in denen der Annehmende nicht mit dem leiblichen Elternteil verheiratet oder verpartnert ist,[40] stellt kein Problem von § 1741 Abs. 2 BGB mehr dar, indem diese Möglichkeit mittlerweile durch § 1766a BGB geschaffen worden ist. Verfassungsrechtlich umstritten bleibt hingegen die Frage, ob die Ungleichbehandlung bei der gemeinschaftlichen Adoption eines fremden Kindes durch nichtverheiratete Paare so weiter Bestand haben kann (vgl. hierzu Rn. 29).

37 Erman/*Teklote*, § 1741 BGB Rn. 13
38 MüKo-BGB/*Maurer*, § 1741 Rn. 137
39 OLG Düsseldorf NJW-RR 2008, 231
40 BVerfG NJW 2019, 1793; BVerfG ZKJ 2013, 244

Heiratet der Annehmende während des Adoptionsverfahrens, so muss der Ehepartner das Kind ebenso mit annehmen, da die Voraussetzungen für die Alleinadoption noch **im Zeitpunkt des Wirksamwerdens der Adoptionsentscheidung** vorliegen müssen. Das Gleiche gilt, wenn der Ehepartner während des Verfahrens wieder geschäftsfähig oder 21 Jahre alt wird. 27

2. Die gemeinschaftliche Adoption durch Ehepartner

Ist eine Person verheiratet, so kann sie **nur zusammen mit ihrem Ehepartner** ein Kind annehmen (§ 1741 Abs. 2 Satz 2 BGB). Wird die Ehe während des Verfahrens rechtskräftig aufgehoben (insbesondere geschieden), so ist wiederum nur eine Alleinadoption nach § 1741 Abs. 2 Satz 1 BGB möglich. Auch hier ist der entscheidende **Zeitpunkt** für die Beurteilung des Eheverhältnisses das **Wirksamwerden des Adoptionsbeschlusses** (siehe hierzu schon Rn. 27). Ein bloßes Getrenntleben der Ehegatten führt nicht zur Möglichkeit einer Alleinadoption. 28

Weder eingetragene Lebenspartner noch Partner in einer „verfestigten Lebensgemeinschaft" i.S.v. § 1766a Abs. 2 BGB können nach der **aktuellen Gesetzeslage** gleichzeitig gemeinsam ein Kind adoptieren. Vielmehr müssen sie den Weg über die sog. **Sukzessivadoption** gehen, welche bei den eingetragenen Lebenspartnerschaften erst seit 2017 als Folge der Entscheidung des BVerfG vom 19.2.2013 über den Verweis in § 9 Abs. 6 Satz 2 LPartG auf § 1742 BGB legitimiert worden ist.[41] Damit ist immer noch **keine Gleichstellung von eingetragenen Lebenspartnern zu Ehepartnern** im Adoptionsrecht erreicht worden, und allein der Verweis auf die Möglichkeit der Umwandlung einer eingetragenen Lebenspartnerschaft in eine Ehe nach § 20a LPartG ist nach der hier vertretenen Auffassung keine hinreichende verfassungsmäßige Begründung, um aus Sicht des Kindes eine Gleichstellung der Ehe mit der eingetragenen Lebenspartnerschaft zu begründen.[42] Entsprechendes gilt auch für die **nicht zulässige gemeinschaftliche Adoption** von („fremden") Kindern durch Partner in verfestigten Lebensgemeinschaften gemäß § 1766a BGB. Auch dort kann man guten Gewissens nicht verlangen, dass diese doch eine Ehe schließen sollen, damit sie ein Kind gemeinsam adoptieren dürfen. Es bleibt abzuwarten, ob sich hier durch Rechtsprechung des BVerfG entsprechende Änderungen in der Gesetzeslage ergeben werden. 29

§ 1742 BGB
Annahme nur als gemeinschaftliches Kind

Ein angenommenes Kind kann, solange das Annahmeverhältnis besteht, bei Lebzeiten eines Annehmenden nur von dessen Ehegatten angenommen werden.

Die Norm bestimmt das sog. **Verbot der Kettenadoption:** Das Kind darf zu Lebzeiten des oder der Annehmenden nicht erneut adoptiert werden. Damit soll ein Weiterreichen des Kindes von einer Adoptivfamilie in eine andere Adoptivfamilie verhindert werden.[1] Keine verbotene Kettenadoption ist jedoch eine Annahme als Kind, wenn (bei einer Alleinadoption) der Annehmende verstorben ist oder (bei einer gemeinschaftlichen Annahme) beide Annehmende verstorben sind („... *bei Lebzeiten ...*").[2] Das Gleiche gilt, wenn die Erstadoption aufgehoben worden ist („... *solange das Annahmeverhältnis besteht ...*").[3] 1

41 BVerfG ZKJ 2013, 244
42 Ebenso kritisiert von *Löhnig*, NZFam 2017, 879; aA: OLG Hamburg FamRZ 2017, 1234
1 BT-Drs. 7/3061, 30
2 *Grüneberg/Götz*, § 1742 BGB Rn. 2
3 MüKo-BGB/*Maurer*, § 1742 Rn. 8

2 Ebenso möglich sind sog. **Sukzessivadoptionen**. Dies sind die Fälle, in denen das Kind zunächst (zulässigerweise) durch eine Person adoptiert worden ist und sich hieran eine (zulässige) Stiefkindadoption anschließt. In folgenden Konstellationen ist dies denkbar:

- das Kind wird zunächst von einem unverheirateten Annehmenden adoptiert (Fall von § 1741 Abs. 2 Satz 1 BGB), welcher dann später eine Ehe mit dem nachfolgenden Annehmenden schließt;
- das Kind wird zunächst vom Annehmenden adoptiert, welcher mit einem Ehegatten verheiratet ist, der zunächst geschäftsunfähig oder noch nicht 21 Jahre alt war (Fall von § 1741 Abs. 2 Satz 4 BGB) und bei dem die Hinderungsgründe später wegfallen;
- das Kind wird zunächst im Wege der Stiefkindadoption vom Annehmenden adoptiert, dessen Ehe mit dem leiblichen Elternteil geschieden wird und der Annehmende heiratet erneut;
- das Kind wird zunächst durch verheiratete Annehmende adoptiert, deren Ehe später geschieden wird, einer der Annehmenden verstirbt (oder in Bezug auf diesen wird die Adoption aufgehoben) und der verbliebene Annehmende heiratet erneut;
- das Kind wird zunächst von einem Lebenspartner alleine adoptiert (Fall von § 9 Abs. 5 LPartG) und der weitere Lebenspartner adoptiert das Kind seines Lebenspartners hieraufhin sukzessiv (Fall von § 9 Abs. 6 LPartG);[4]
- das Kind wird zunächst von einer (unverheirateten) Person allein adoptiert und der Partner in verfestigter Lebensgemeinschaft adoptiert das Kind seines Partners hieraufhin sukzessiv (Fall von § 1766a BGB).

3 Das Verbot der Kettenadoption in § 1742 BGB erfasst **auch die Fälle der Rückadoption durch einen leiblichen Elternteil.** Hat ein vormaliger Elternteil seine Rechtstellung als Vater oder Mutter im Wege der Adoption verloren, so kann er während der Minderjährigkeit des Kindes nur dann das Kind wieder rückadoptieren, wenn der oder die Annehmenden verstorben sind oder die vormalige Adoption während der Minderjährigkeit aufgehoben worden ist. Möglich ist jedoch auch hier eine Sukzessivadoption, wenn der leibliche Elternteil mit der vormals allein adoptierenden Person mittlerweile verheiratet oder verpartnert ist oder in einer verfestigten Lebenspartnerschaft lebt.

Da § 1742 BGB seit 1992 gemäß § 1768 Abs. 1 Satz 2 BGB bei der Volljährigenadoption ohnehin nicht gilt, ist der vormalige Streit bezüglich einer verfassungsmäßigen Reduktion der Norm im Fall der Unaufhebbarkeit der Minderjährigenadoption im Erwachsenenalter obsolet geworden.[5] Kettenadoptionen sind im Erwachsenenalter des Anzunehmenden immer möglich.

§ 1743 BGB

Mindestalter

[1]Der Annehmende muss das 25., in den Fällen des § 1741 Abs. 2 Satz 3 das 21. Lebensjahr vollendet haben. [2]In den Fällen des § 1741 Abs. 2 Satz 2 muss ein Ehegatte das 25. Lebensjahr, der andere Ehegatte das 21. Lebensjahr vollendet haben.

1 Die Vorschrift bestimmt die formale Voraussetzung, welches **Mindestalter** der Annehmende oder die Annehmenden erreicht haben müssen, um ein Kind zu adoptieren.

4 Fallkonstellation bei BVerfG ZKJ 2013, 244

5 Hierzu noch OLG Stuttgart NJW 1988, 2386; vgl. zur aktuellen Rechtslage bei der Volljährigenadoption: BGH NJW 2014, 934

Folgende Altersvorgaben sind zu **unterscheiden**: 2

- Bei einer **Alleinadoption** muss der Annehmende mindestens das 25. Lebensjahr vollendet haben (§ 1743 Satz 1 Alt. 1 BGB).
- Bei einer **Stiefkindadoption** muss der Annehmende mindestens das 21. Lebensjahr vollendet haben (§ 1743 Satz 1 Alt. 2 BGB) (unabhängig davon wie alt der leibliche Elternteil ist).
- Bei einer **gemeinschaftlichen Adoption durch Ehegatten** muss mindestens ein Ehegatte das 25. Lebensjahr, der andere Ehegatte mindestens das 21. Lebensjahr vollendet haben (§ 1743 Satz 2 BGB).

Die Altersvorgaben des Satz 1 (Allein- und Stiefkindadoption) sind auch für die **Adoption durch einen Lebenspartner** anwendbar (§ 9 Abs. 5 und Abs. 6 LPartG) und gelten auch bei Stiefkindadoptionen durch Partner verfestigter Lebensgemeinschaften. 3

Maßgeblicher Zeitpunkt für die Bestimmung des Mindestalters ist der Ausspruch der Adoption (Wirksamwerden der Entscheidung) und nicht der Zeitpunkt der Antragstellung.[1] Es ist daher unproblematisch, wenn bei vermittelten Adoptionen die Probezeit nach § 1744 BGB schon vor Erreichen des Mindestalters begonnen wird, solange im Zeitpunkt der gerichtlich ausgesprochenen Adoption das jeweilige Mindestalter erreicht wird. 4

§ 1744 BGB

Probezeit

Die Annahme soll in der Regel erst ausgesprochen werden, wenn der Annehmende das Kind eine angemessene Zeit in Pflege gehabt hat.

Die Norm möchte sicherstellen, dass Kinder erst dann adoptiert werden können, wenn sie eine **angemessene Zeit mit den oder dem Annehmenden tatsächlich zusammengelebt haben**. Es ist weder eine feste Mindestzeit festgelegt,[1] noch ist die Durchführung einer Probezeit zwingend („… *soll in der Regel* …"). Beide Fragen stehen vielmehr im Ermessen des sachverständig beratenen Gerichts im Einzelfall. Für Volljährigenadoptionen gilt die Vorschrift ausdrücklich nicht (vgl. § 1768 Abs. 1 Satz 2 BGB). 1

Das erkennende Gericht benötigt für die Einschätzung einer angemessenen Probezeit fachliche Unterstützung. Die Frage der Probezeit ist daher **wesentlicher Inhalt der fachlichen Äußerung nach § 189 FamFG** (vgl. *Braun*, § 189 FamFG Rn. 11). Aus der Beurteilung des Verlaufs der Probezeit kann insbesondere gefolgert werden, ob die Entstehung eines Eltern-Kind-Verhältnisses gemäß § 1741 Abs. 1 Satz 1 BGB zu erwarten ist (oder ein solches sogar schon entstanden ist). 2

Die Dauer und der Verlauf der Probezeit sind zunächst **von der Familienkonstellation des Kindes vor der Adoption abhängig**. Je älter das Kind ist und je mehr Beziehungs- und Bindungsabbrüche es in der Vergangenheit verarbeiten musste, desto länger sollte auch die Probezeit sein.[2] Dies gilt uneingeschränkt auch bei der Stiefkindadoption.[3] Die Probezeit kann je nach Konstellation auch kurz bemessen sein, wenn Kinder z.B. in eine (eingetragene oder nichteingetragene) Lebenspartnerschaft hineingeboren wurden.[4] Frühere Forderungen, wonach aus fachlichen Gründen in jedem derartigen Fall mindestens ein Jahr Probe- 3

1 Grüneberg/*Götz*, § 1743 BGB Rn. 1

1 Anders z.B. das schweizerische Recht, welches eine Mindestpflegezeit von einem Jahr vorsieht (§ 264 schweiz. ZGB)

2 Zu weiteren Kriterien MüKo-BGB/*Maurer*, § 1744 Rn. 26

3 BeckOGK/*Löhnig*, § 1744 BGB Rn. 23

4 AG Elmshorn NJW 2011, 1085; AG Göttingen JAmt 2015, 394

zeit der Adoption vorangegangen sein muss,[5] sind heute überholt. Vielmehr kommt es immer auf eine Einzelfallbetrachtung an.

4 Die **Probezeit** in § 1744 BGB wird häufig mit einer **Adoptionspflege** i.S.v. § 8 AdVermiG gleichgesetzt. Auch in § 44 Abs. 1 Satz 2 Nr. 6 SGB VIII wird eine begriffliche Identität zwischen Adoptionspflege und § 1744 BGB suggeriert. Richtigerweise ist eine angemessene Probezeit jedoch **gerade nicht** von einem vorbestehenden Pflegeverhältnis abhängig, was insbesondere bei der Betrachtung der großen Anzahl von Stiefkind- und Verwandtenadoptionen von Bedeutung ist. Soll ein Stiefkind- oder Verwandtenverhältnis durch eine Adoption verrechtlicht werden, so erfahren sowohl die Fachstellen (Adoptionsvermittlungsstellen oder Stellen der Jugendhilfe) als auch die Gerichte meist erst mit der Antragstellung oder mit der Kontaktaufnahme zur Beratung nach § 9a AdVermiG von dem Zusammenleben des Kindes mit den oder dem Annehmenden. Die Probezeit nach § 1744 BGB beginnt dann nicht erst durch eine (nicht erlaubnispflichtige) Vollzeitpflege i.S.d. §§ 33, 44 Abs. 1 Satz 2 Nr. 2 oder Nr. 6 SGB VIII, sondern mit dem Beginn des tatsächlichen Zusammenlebens, welches häufig schon lange vor dem Adoptionsverfahren begonnen hat.

Die materiell-rechtliche Frage der „Angemessenheit" der Probezeit bei Stiefkind- und Verwandtenadoptionen ist damit eine rein tatsächliche Ermittlungsfrage und keine Frage, welche von einem formalen Pflegeverhältnis abhängig ist.[6]

§ 1745 BGB

Verbot der Annahme

[1]Die Annahme darf nicht ausgesprochen werden, wenn ihr überwiegende Interessen der Kinder des Annehmenden oder des Anzunehmenden entgegenstehen oder wenn zu befürchten ist, dass Interessen des Anzunehmenden durch Kinder des Annehmenden gefährdet werden. [2]Vermögensrechtliche Interessen sollen nicht ausschlaggebend sein.

1 Die Norm will sicherstellen, dass **überwiegende Interessen der weiteren Kinder des Annehmenden sowie der Kinder des Anzunehmenden** bei der Adoptionsentscheidung mit berücksichtigt werden. Die zweite Alternative spielt bei der Minderjährigenadoption praktisch keine Rolle, da minderjährige Kinder nur selten eigene Kinder haben. Die Anwendung von § 1745 BGB ist durch § 1768 Abs. 1 Satz 2 BGB bei der Volljährigenadoption ausgeschlossen.

2 Als weitere Kinder gelten sowohl **leibliche Kinder** als auch vorher **adoptierte** (oder gleichzeitig zu adoptierende) **Kinder**. Sind die Annehmenden schon Großeltern, so sind **auch die Enkelkinder** vom Schutzbereich des § 1745 BGB erfasst.[1] Dasselbe gilt für den *nasciturus*, d.h. das noch nicht geborene Kind eines Annehmenden oder des Anzunehmenden.[2]

3 In Satz 1 der Norm ist auch die Gefährdung der Interessen des anzunehmenden Kindes durch andere Kinder des Annehmenden aufgeführt (3. Alternative des Satzes 1). Diese Frage ist jedoch schon im Rahmen der Kindeswohlprüfung nach § 1741 Abs. 1 BGB zu berücksichtigen. Der Passus in § 1745 hat damit – auch nach dem Willen des Gesetzgebers[3] – nur klarstellende Bedeutung.

5 So noch BAGLJÄ, Empfehlungen für die Adoptionsvermittlung, 6. Aufl., Nr. 7.5; heute anders: BAGLJÄ, Empfehlungen für die Adoptionsvermittlung, 9. Aufl., Nr. 9.5

6 So auch AG Göttingen FamRZ 2015, 1982; jurisPK-BGB/*Heiderhoff*, § 1744 Rn. 4; MüKo-BGB, § 1744 Rn. 27; a.A. wohl BeckOK-BGB/*Pöcker*, § 1744 BGB Rn. 4, welcher aber von einer „entsprechenden Anwendung" ausgeht

1 MüKo-BGB/*Maurer*, § 1745 Rn. 4; skeptischer: Staudinger/*Helms*, § 1744 Rn. 12

2 BeckOGK/*Löhnig*, § 1745 BGB Rn. 7

3 BT-Drs. 7/3061, 33

Es bedarf einer **umfassenden Abwägung** der Interessen des anzunehmenden Kindes einerseits und der Interessen des weiteren Kindes andererseits. **Nur bei einem Überwiegen der Interessen des weiteren Kindes** ist die Annahme als Kind zu versagen. Sind die Interessen hingegen gleich zu bewerten, so ist im Zweifel die Adoption auszusprechen. 4

Nach Satz 2 sollen die **vermögensrechtlichen Interessen** der weiteren Kinder **„nicht ausschlaggebend"** sein. Dies bedeutet jedoch im Umkehrschluss nicht, dass sie in der erforderlichen Gesamtabwägung überhaupt keine Rolle spielen würden. Insbesondere bei Unterhaltspflichten des Annehmenden gegenüber seinen bisherigen Kindern kann dies im Einzelfall zu einer Zurückweisung des Annahmeantrags wegen § 1745 BGB führen.[4] 5

Als **immaterielle Interessen** der weiteren Kinder kommen insbesondere **tatsächliche oder emotionale Zurücksetzungen** im Vergleich zum Adoptivkind in Betracht. Eine Adoption darf nicht zu einer übermäßigen Zuwendung an das Adoptivkind zulasten schon vorhandener Kinder führen. Es ist daher von großer Bedeutung, im Rahmen der fachlichen Äußerung nach § 189 FamFG das Verhältnis der Annehmenden zu den weiteren Kindern zu betrachten und die Meinungen und Wünsche dieser Kinder zu berücksichtigen. Wendet sich ein Kind ausdrücklich gegen die Adoption des anderen Kindes, so sind zwingend weitergehende Ermittlungen durchzuführen. Auf der anderen Seite bedeutet dies nicht, dass damit die Annahme als Kind nicht mehr möglich wäre. Der Gesetzgeber hat gerade keine Einwilligungspflicht der Abkömmlinge vorgesehen, sondern regelt diesen Konflikt durch eine umfassende Abwägung der beiderseitigen Interessen. 6

In der Praxis hat § 1745 BGB **vor allem bei Stiefkindadoptionen eine große Bedeutung**. Dabei sind besonders solche Konstellationen problematisch, in denen der Annehmende aus einer früheren Ehe oder Beziehung weitere Kinder hat, welche bei dem vormaligen Ehepartner oder Elternteil leben. Hier kommt sowohl eine immaterielle Zurücksetzung der bisherigen Kinder durch die Adoption als auch das Motiv der Minderung der Unterhaltsverpflichtung gegenüber diesen in Betracht.[5] 7

Bei **Fremdadoptionen** sind Konstellationen problematisch, in denen z.B. ein vorher adoptiertes Kind nicht den „Erwartungen" der Adoptiveltern entsprach und die weitere Annahme als Kind dies kompensieren soll.[6] Ähnliches gilt bei kranken oder behinderten Kindern in der Familie. 8

Die Betrachtung der Interessen der weiteren Kinder steht in einem **direkten Zusammenhang mit der Überprüfung der Eignung der Annehmenden**. Die Versorgung und Erziehung von mehreren Kindern (ggf. leibliche und adoptierte) bedarf einer besonderen physischen und psychischen Belastbarkeit der Eltern, erst recht, wenn die Adoptivkinder aus schwierigen Verhältnissen kommen und/oder (z.B. aus gesundheitlichen Gründen) besonderer Fürsorge bedürfen.[7] Auch ein erheblicher **Altersabstand** zwischen den (leiblichen und adoptierten) Kindern kann besondere Fähigkeiten aufseiten der Annehmenden erfordern. 9

---

4 Zu Fallkonstellationen: Staudinger/*Helms*, § 1745 BGB Rn. 15 ff.; OLG Köln FamRZ 2015, 866; OLG Nürnberg FamRZ 2019, 714
5 Eindrücklich die Fallkonstellation bei OLG Nürnberg FamRZ 2019, 714
6 Beispiel von MüKo-BGB/*Maurer*, § 1745 Rn. 13
7 MüKo-BGB/*Maurer*, § 1745 BGB Rn. 14

§ 1746 BGB
Einwilligung des Kindes

(1) [1]Zur Annahme ist die Einwilligung des Kindes erforderlich. [2]Für ein Kind, das geschäftsunfähig oder noch nicht 14 Jahre alt ist, kann nur sein gesetzlicher Vertreter die Einwilligung erteilen. [3]Im Übrigen kann das Kind die Einwilligung nur selbst erteilen; es bedarf hierzu der Zustimmung seines gesetzlichen Vertreters.

(2) [1]Hat das Kind das 14. Lebensjahr vollendet und ist es nicht geschäftsunfähig, so kann es die Einwilligung bis zum Wirksamwerden des Ausspruchs der Annahme gegenüber dem Familiengericht widerrufen. [2]Der Widerruf bedarf der öffentlichen Beurkundung. [3]Eine Zustimmung des gesetzlichen Vertreters ist nicht erforderlich.

(3) Verweigert der Vormund oder Pfleger die Einwilligung oder Zustimmung ohne triftigen Grund, so kann das Familiengericht sie ersetzen; einer Erklärung nach Absatz 1 durch die Eltern bedarf es nicht, soweit diese nach den §§ 1747, 1750 unwiderruflich in die Annahme eingewilligt haben oder ihre Einwilligung nach § 1748 durch das Familiengericht ersetzt worden ist.

Übersicht

A. Allgemeines

1 Die Vorschrift regelt die Erforderlichkeit sowie die Erklärungsberechtigung für die **Einwilligung des Kindes in die Adoption**. Keine Vorgaben sind hingegen zur Form und zur Wirksamkeit der Einwilligungserklärung getroffen. Dies ist in § 1750 BGB geregelt.

2 Da das Kind unmittelbar von der Annahmeentscheidung betroffen ist, muss dieses zwingend in die Annahme einwilligen. Die Erklärung wird in der Praxis meistens nicht durch das Kind selbst, sondern **durch seinen gesetzlichen Vertreter** (meist den entsprechenden sorgeberechtigten Elternteilen) abgegeben. Ist das Kind aber **14 Jahre oder älter** und nicht geschäftsunfähig, so gilt es im Adoptionsrecht als **selbst einwilligungsfähig**. Dies bedeutet, dass die Einwilligungserklärung höchstpersönlich abzugeben ist und nicht durch einen Vertreter erklärt werden kann oder muss. Auf die Einwilligung des Kindes kann nur bei der gerichtlichen Ersetzung der Einwilligung des Vormunds oder Pflegers nach § 1746 Abs. 3 Hs. 1 BGB oder bei Entbehrlichkeit der Einwilligung nach § 1746 Abs. 3 Hs. 2 BGB verzichtet werden (vgl. hierzu Rn. 12 f.). Ansonsten führt das **Fehlen der Einwilligung** des Kindes zu einem **Aufhebungsgrund nach § 1760 Abs. 1 BGB**.

B. Inhalt der Norm

I. Die Einwilligung des über 14-jährigen Kindes

3 Hat das anzunehmende Kind das 14. Lebensjahr vollendet (und ist es nicht geschäftsunfähig), so kann die Annahme **nur mit höchstpersönlicher Einwilligung des Kindes** erfolgen (§ 1746 Abs. 1 Satz 3 BGB). Eine Vertretung bei der Erklärung ist nicht möglich (§ 1750 Abs. 3 Satz 1 BGB). Die Einwilligungserklärung bedarf der notariell beurkundeten Form (§ 1750 Abs. 1 Satz 2 BGB) und darf nicht unter einer Bedingung oder Zeitbestimmung erteilt werden (§ 1750 Abs. 2 Satz 1 BGB).

4 Obwohl das einwilligungsfähige Kind die Einwilligung selbst erteilen darf, muss **der gesetzliche Vertreter der Einwilligung zustimmen** (§ 1746 Abs. 1 Satz 3 Hs. 2 BGB). Die Zustimmungserklärung ist von ihrem Rechtscharakter etwas anderes als die Einwilligung i.S.v. § 1746 Abs. 1 Satz 1 BGB, da die Zustimmung erst dann zum Tragen kommt, wenn das Kind selbst die entsprechende Willenserklärung abgibt. Die Zustimmung ist daher **abhängig von der Einwilligung des Kindes in die Adoption**. Es ist aber zulässig, die Zustimmung zeitlich schon vor der Einwilligung des Kindes zu erteilen.[1] Die Zustimmung des gesetzlichen Vertreters unterliegt nicht der Formbestimmung in § 1750 Abs. 1 Satz 2 BGB,[2] wird in der Praxis aber regelmäßig in derselben notariellen Urkunde erklärt. Wird das Kind durch einen Vormund oder Pfleger gesetzlich vertreten und verweigert dieser die Zustimmung zur Einwilligung, so kann auch die Zustimmung nach Abs. 3 Hs. 1 gerichtlich ersetzt werden (hierzu unten Rn. 10). Haben indes die Eltern schon gemäß § 1747 Abs. 1 BGB wirksam in die Annahme ihres Kindes eingewilligt, so bedarf es nach § 1746 Abs. 3 Hs. 2 BGB zwar der Einwilligung des Kindes, aber keiner Zustimmung eines (dann bestehenden) Vormunds oder Pflegers mehr. Dasselbe gilt, wenn die Einwilligungen (beider) Eltern oder die Einwilligung des alleinigen Elternteils gemäß § 1748 Abs. 1 BGB ersetzt worden ist (hierzu unten Rn. 12 f.).

5 Im Gegensatz zu § 1750 Abs. 2 Satz 2 BGB ist die Einwilligungserklärung des einwilligungsfähigen Kindes **widerruflich**, und zwar bis zum Wirksamwerden des Ausspruchs der Annahme als Kind (§ 1746 Abs. 2 Satz 1 BGB). Wirksam wird eine Entscheidung auf Annahme als Kind mit Zustellung an den Annehmenden (oder an das Kind im Fall von § 1753 Abs. 2 BGB) (§ 197 Abs. 2 FamFG), so dass der Widerruf auch noch nach Erlass des Beschlusses (vgl. § 38 Abs. 3 Satz 3 FamFG) möglich ist. Der Widerruf bedarf der **öffentlichen (nicht zwingend notariellen) Beurkundung** (Abs. 2 Satz 2). Er kann daher auch gegenüber einer Urkundsperson des Jugendamts erklärt werden, was in § 59 Abs. 1 Satz 1 Nr. 6 SGB VIII noch einmal ausdrücklich klargestellt wird.[3] Einer Zustimmung des gesetzlichen Vertreters zum Widerruf bedarf es gemäß § 1746 Abs. 2 Satz 3 BGB nicht. Der Widerruf tritt damit im Zeitpunkt des Zugangs der Erklärung beim Familiengericht in Kraft.

II. Die Einwilligung des unter 14-jährigen bzw. geschäftsunfähigen Kindes

6 Ist das Kind noch keine 14 Jahre alt, so **erklärt der gesetzliche Vertreter die Einwilligung im Namen des Kindes** (§ 1746 Abs. 1 Satz 2 BGB). Das Gleiche gilt für ältere, aber geschäftsunfähige Kinder. Bei gemeinsamer Sorge für das Kind ist darauf zu achten, dass auch beide Sorgeberechtigte die Einwilligungserklärung abgeben. Besteht im Zeitpunkt der Einwilligung schon Vormundschaft oder Pflegschaft über das Kind, so muss der entspre-

---

1 MüKo-BGB/*Maurer*, § 1746 Rn. 34
2 Staudinger/*Helms*, § 1746 BGB Rn. 33
3 Grüneberg/*Götz*, § 1746 BGB Rn. 6

chende Vormund oder Pfleger im Namen des Kindes einwilligen, es sei denn, es liegt (wie häufig) der Fall von § 1746 Abs. 3 Hs. 2 BGB vor. Verweigert der Vormund oder Pfleger die Einwilligung, so kann es zur gerichtlichen Ersetzung der Einwilligungserklärung nach Abs. 3 Hs. 1 kommen (hierzu Rn. 9). Die vom gesetzlichen Vertreter einmal erklärte Einwilligung des Kindes ist **unwiderruflich** (§ 1750 Abs. 2 Satz 2 BGB).

7 Ob ein über 14 Jahre altes Kind **geschäftsunfähig** ist, muss im Wege der Amtsermittlung nach § 26 FamFG geklärt werden. Allein die Behauptung des gesetzlichen Vertreters oder des beurkundenden Notars genügt hierfür nicht. Regelmäßig muss dann ein medizinisches Sachverständigengutachten über die Einsichts- und Handlungsfähigkeit i.S.v. § 104 Nr. 2 BGB eingeholt werden.

8 **Vollendet das Kind während des Verfahrens das 14. Lebensjahr** (und ist es nicht geschäftsunfähig), so stellt sich die Frage, ob die vorher bloß durch den gesetzlichen Vertreter erklärte Einwilligungserklärung fortwirkt[4] oder ob vom Gericht nun eine höchstpersönliche Einwilligungserklärung des Kindes anzufordern ist.[5] Richtigerweise muss das einwilligungsfähige Kind die Einwilligung in einem solchen Fall selbst erteilen. Der Gesetzgeber hat die Entscheidungsmacht über die eigene Annahme dem über 14-jährigen Kind gemäß § 1746 Abs. 1 Satz 3 BGB selbst in die Hand gelegt. Könnte es nun aber nach Eintritt der adoptionsrechtlichen Einwilligungsfähigkeit nicht selbst entscheiden, sondern wäre es der vorherigen Fremdbestimmung durch den gesetzlichen Vertreter weiter unterworfen, so würde diese gesetzgeberische Entscheidung unterlaufen. Auch die Widerrufsmöglichkeit in § 1746 Abs. 2 BGB würde dem Kind dann nicht zustehen (siehe oben Rn. 5). Denn es kann ja keine Erklärung widerrufen, welche es gar nicht selbst abgegeben hat.[6]

III. Die Ersetzung der Einwilligung oder Zustimmung

9 Verweigert der Vormund oder der Pfleger die Einwilligung im Namen des Kindes, so **kann die Einwilligung** durch gesonderte Entscheidung **ersetzt werden** (§ 1746 Abs. 3 Hs. 1 BGB). Voraussetzung hierfür ist jedoch, dass die Verweigerung der Einwilligung „ohne triftigen Grund" erfolgte. Die Auslegung dieses Begriffes ist streitig.[7] Richtigerweise kommt eine Ersetzung nur dann in Betracht, wenn die Weigerung zur Einwilligung willkürlich erscheint. Ist die Weigerung hingegen vertretbar, auch wenn das Gericht dies inhaltlich nicht teilt, so muss die Entscheidung des Vormunds oder Pflegers akzeptiert werden. Ansonsten würde das Recht des Vormunds oder des Pflegers, im Namen des Kindes zu entscheiden (Ausfluss des Sorgerechts), ins Leere laufen.[8]

10 **Auch eine verweigerte Zustimmung in die Einwilligung** des über 14-jährigen (und nicht geschäftsunfähigen) Kindes kann nach den gleichen Kriterien wie in Rn. 9 aufgeführt ersetzt werden.

11 Die **Weigerung der Eltern, im Namen des Kindes gemäß § 1746 Abs. 1 BGB einzuwilligen** (oder der Einwilligung des über 14-jährigen Kindes zuzustimmen), kann aufgrund des klaren Wortlauts nicht im Wege der Ersetzung nach § 1746 Abs. 3 Hs. 1 BGB „gerettet" werden. Dies ist aber im Ergebnis auch nicht erforderlich, denn sollten sie die Einwilligung im Namen des Kindes verweigern, so kann gemäß § 1746 Abs. 3 Hs. 2 BGB über den Umweg der Ersetzung der Einwilligung der Eltern nach § 1748 BGB auch die Einwilligung des Kindes fingiert werden (hierzu Rn. 12 f.).

---

4 So MüKo-BGB/*Maurer*, § 1746 Rn. 8
5 So Staudinger/*Helms*, § 1746 BGB Rn. 24
6 Dies übersieht m.E. MüKo-BGB/*Maurer*, § 1746 Rn. 10
7 Vgl. zum Streitstand Staudinger/*Helms*, § 1746 BGB Rn. 20
8 BayObLG FamRZ 1997, 839; OLG Koblenz FamRZ 2016, 1690

IV. Entbehrlichkeit der Einwilligung des Kindes bei Einwilligung nach § 1747 BGB oder Ersetzung nach § 1748 BGB

Die Einwilligung des Kindes (oder die Zustimmung zur Einwilligung des über 14-jährigen Kindes) ist **entbehrlich**, wenn die Eltern rechtswirksam nach §§ 1747, 1750 BGB in die Annahme als Kind eingewilligt haben oder deren Einwilligung rechtskräftig gemäß § 1748 BGB ersetzt worden ist (§ 1746 Abs. 3 Hs. 2 BGB). Hintergrund dieser Sondervorschrift ist, dass in beiden Fällen von Gesetzes wegen eine Amtsvormundschaft entsteht (§ 1751 Abs. 1 Satz 2 BGB) und eine erneute Einwilligungs- oder Zustimmungserklärung nach § 1746 Abs. 1 BGB dann entbehrlich erscheint.[9] 12

Es ist zu beachten, dass die Entbehrlichkeit der Einwilligung des Kindes gemäß § 1746 Abs. 3 Hs. 2 BGB nach § 1747 BGB **nur dann** eingreift, **wenn die Eltern** (bzw. der erklärende alleinvertretungsberechtigte Elternteil) im Zeitpunkt der Einwilligung nach § 1747 BGB **noch gesetzliche Vertreter** des Kindes waren. Wurde beiden Eltern schon vorher das Sorgerecht entzogen und einem Vormund oder Pfleger übertragen, so muss dieser im Namen des Kindes nach § 1746 Abs. 1 BGB einwilligen oder der Einwilligungserklärung des über 14-jährigen Kindes zustimmen bzw. kann dessen Erklärung ersetzt werden. § 1746 Abs. 3 Hs. 2 BGB gilt nur für Erklärungen „durch die Eltern". 13

§ 1747 BGB
Einwilligung der Eltern des Kindes

(1) [1]Zur Annahme eines Kindes ist die Einwilligung der Eltern erforderlich. [2]Sofern kein anderer Mann nach § 1592 als Vater anzusehen ist, gilt im Sinne des Satzes 1 und des § 1748 Abs. 4 als Vater, wer die Voraussetzung des § 1600d Abs. 2 Satz 1 glaubhaft macht.

(2) [1]Die Einwilligung kann erst erteilt werden, wenn das Kind acht Wochen alt ist. [2]Sie ist auch dann wirksam, wenn der Einwilligende die schon feststehenden Annehmenden nicht kennt.

(3) Steht nicht miteinander verheirateten Eltern die elterliche Sorge nicht gemeinsam zu, so
1. **kann die Einwilligung des Vaters bereits vor der Geburt erteilt werden;**
2. **kann der Vater durch öffentlich beurkundete Erklärung darauf verzichten, die Übertragung der Sorge nach § 1626a Absatz 2 und § 1671 Absatz 2 zu beantragen; § 1750 gilt sinngemäß mit Ausnahme von Absatz 1 Satz 2 und Absatz 4 Satz 1;**
3. **darf, wenn der Vater die Übertragung der Sorge nach § 1626a Absatz 2 oder § 1671 Absatz 2 beantragt hat, eine Annahme erst ausgesprochen werden, nachdem über den Antrag des Vaters entschieden worden ist.**

(4) [1]Die Einwilligung eines Elternteils ist nicht erforderlich, wenn er zur Abgabe einer Erklärung dauernd außerstande oder sein Aufenthalt dauernd unbekannt ist. [2]Der Aufenthalt der Mutter eines gemäß § 25 Absatz 1 des Schwangerschaftskonfliktgesetzes vertraulich geborenen Kindes gilt als dauernd unbekannt, bis sie gegenüber dem Familiengericht die für den Geburtseintrag ihres Kindes erforderlichen Angaben macht.

Weiterführende Literatur: Helms, Das Einwilligungsrecht des Vaterschaftsprätendenten bei der Adoption eines nichtehelichen Kindes, JAmt 2001, 57; *Maurer,* Gestärkte Rechte des Vaters bei Adoption, FPR 2005, 196.

9 BT-Drs. 13/4899, 112

Übersicht

A. Allgemeines

1 Die Vorschrift regelt die **Erforderlichkeit der Einwilligung der Eltern des Kindes** in die Annahme als Kind. Darüber hinaus sind **besondere Bestimmungen zum Zeitpunkt der Erklärung** (§ 1747 Abs. 2 Satz 1, Abs. 3 Nr. 1 BGB) getroffen und die Möglichkeit der Einwilligung eines Vaterschaftsprätendenten in eine sog. **Inkognitoadoption** eröffnet (§ 1747 Abs. 2 Satz 2 BGB). Besonders praxisrelevant ist schließlich die **Möglichkeit des Verzichts auf die Einwilligung nach § 1747 Abs. 4 Satz 1 BGB**. Die Vorgaben zur Form (notarielle Beurkundung), Wirksamkeit sowie Bedingungs- und Befristungsfeindlichkeit der Einwilligungserklärung sind in § 1750 BGB geregelt (siehe hierzu *Braun*, § 1750 BGB Rn. 2 ff.). Hier ist bei der Anwendung des § 1747 BGB insbesondere zu beachten, dass die Einwilligungen der Eltern gemäß § 1750 Abs. 4 Satz 2 BGB nach Ablauf von drei Jahren ihre Kraft verlieren (siehe hierzu *Braun*, § 1750 BGB Rn. 10).

2 **Verfassungsrechtlich** ist § 1747 Abs. 1 bis 3 BGB **Ausdruck des natürlichen Elternrechts** aus Art. 6 Abs. 2 Satz 1 GG. Der hohe Stellenwert dieses Grundrechts ist im Rahmen der Auslegung der Normen in § 1747 und § 1748 BGB zu beachten.[1] Zu beachten ist auch, dass die Einwilligungsberechtigung der Eltern nach § 1747 BGB **nicht vom vormals oder nach wie vor bestehenden Sorgerecht der Eltern abhängig ist**. Der Entzug oder sonstige Verlust des Sorgerechts der Eltern führt nicht zum Verlust des Einwilligungsrechts gemäß § 1747 BGB.[2]

B. Inhalt der Norm

I. Die einwilligungsberechtigten Personen

3 § 1747 Abs. 1 BGB bestimmt abschließend, wer in die Annahme als Kind einwilligen muss. Dies sind die **Mutter** gemäß § 1591 BGB sowie **der rechtliche Vater** gemäß § 1592 BGB und – falls es keinen rechtlichen Vater gibt – der sog. **Vaterschaftsprätendent** gemäß § 1747 Abs. 1 Satz 2 BGB.

1 Grundlegend zur verfassungsrechtlichen und menschenrechtlichen Stellung des leiblichen Vaters: BVerfG FamRZ 1995, 789 und EGMR FamRZ 1995, 110

2 Anders viele ausländische Rechtsordnungen wie z.B. das russische oder ukrainische Recht

1. Die Einwilligung der Mutter

Mit Ausnahme der Fälle des Verzichts nach § 1747 Abs. 4 BGB und in den Fällen der gerichtlichen Ersetzung nach § 1748 BGB ist die Einwilligung der Mutter in die Annahme als Kind erforderlich. Welche Frau als Mutter gilt, **bestimmt § 1591 BGB**. Bei Ersatzmutterschaften ist die austragende Frau die Mutter i.S.v. § 1591 BGB, auch wenn die Eizelle von einer anderen Frau stammt.[3] Es bedarf also auch in diesen Fällen der (formwirksamen) Einwilligung der Ersatzmutter in die Annahme durch die Wunschmutter. 4

Die Einwilligung der Mutter darf **frühestens acht Wochen nach der Geburt** des Kindes erteilt werden (§ 1747 Abs. 2 Satz 1 BGB). Hiermit soll die Mutter vor einer übereilten, unwiderruflichen (vgl. § 1750 Abs. 2 Satz 2 BGB) Weggabe des Kindes geschützt werden.[4] Entscheidender Zeitpunkt ist nicht der Zugang der Einwilligungserklärung bei Gericht (vgl. § 1750 Abs. 1 Satz 3 BGB), sondern aufgrund des eindeutigen Wortlauts von § 1747 Abs. 2 Satz 1 BGB der Zeitpunkt der Einwilligungserklärung. Wird die Einwilligung zu früh erklärt, so führt dies zu einem Aufhebungsgrund nach § 1760 Abs. 1, Abs. 2e) BGB. 5

2. Die Einwilligung des rechtlichen Vaters

Die Annahme als Kind bedarf ebenso der **Einwilligung des Kindesvaters**, falls ein solcher existiert (§ 1747 Abs. 1 Satz 1 BGB). Gemeint ist hierbei der rechtliche Vater. Welcher Mann als rechtlicher Vater des Kindes gilt, **bestimmt sich nach § 1592 BGB**. Hierbei ist zu unterscheiden, ob es sich um ein eheliches Kind oder ein uneheliches Kind handelt. Rechtlicher Vater ist: 6

- bei einem **ehelichen Kind**: der im Zeitpunkt der Geburt mit der Mutter verheiratete Mann;
- bei einem **nichtehelichen Kind**: entweder der Mann, welcher die Vaterschaft gemäß §§ 1594 ff. BGB (mit Zustimmung der Mutter und ggf. des Kindes) anerkannt hat, oder der Mann, dessen Vaterschaft gerichtlich nach § 1600d BGB oder gemäß § 182 Abs. 1 FamFG i.V.m. § 1600 Abs. 1 Nr. 2 BGB festgestellt worden ist (hierzu näher *Keuter*, § 1600d BGB Rn. 2 ff.).

Bezüglich des **Zeitpunkts der Einwilligung** ist ebenso zu unterscheiden, ob das Kind ehelich oder außerehelich geboren wurde. Ist das Kind ein **eheliches Kind**, so kann der Vater ebenso wie die Mutter **frühestens acht Wochen nach der Geburt** einwilligen (dazu oben Rn. 5). Das Gleiche gilt bei einem **nichtehelichen Kind**, wenn den Eltern die **elterliche Sorge** (etwa aufgrund einer Sorgeerklärung nach § 1626a Abs. 1 Nr. 1 BGB) gemeinsam zusteht. Bei keiner gemeinsamen Sorge muss die Acht-Wochen-Frist nicht abgewartet werden. Der Vater kann dann gemäß § 1747 Abs. 3 Nr. 1 BGB sogar schon vor der Geburt des Kindes in die Annahme einwilligen und gemäß § 1747 Abs. 3 Nr. 2 BGB (ebenfalls schon vor Ablauf der Acht-Wochen-Frist) auf die Antragstellung zur Übertragung der elterlichen Sorge verzichten. 7

3. Die Einwilligung des Vaterschaftsprätendenten

Das Gesetz sieht nicht nur eine **Einwilligungsberechtigung** des rechtlichen Vaters vor, sondern auch **des sog. Vaterschaftsprätendenten** (§ 1747 Abs. 1 Satz 2 BGB).[5] Dies ist derjenige Mann, welcher glaubhaft macht, dass er der Mutter während der Empfängniszeit beigewohnt hat (vgl. § 1600d Abs. 2 Satz 1 BGB). Voraussetzung hierfür ist jedoch, dass kein 8

3 Zur international-privatrechtlichen Anknüpfung der Mutterschaft in Leihmutterschaftskonstellationen ausführlich: BGH NZFam 2019, 428
4 BT-Drs. 7/5087, 12
5 Zur Gesetzesbegründung: BT-Drs. 13/4899, 113; ausführlich: *Helms*, JAmt 2001, 57

anderer Mann schon rechtlicher Vater i.S.v. § 1592 BGB (und damit einwilligungsberechtigt nach § 1747 Abs. 1 Satz 1 BGB) ist.[6]

9 Die **Glaubhaftmachung** der biologischen Vaterschaft erfolgt **nach den Vorgaben in § 31 FamFG**. Es sind sämtliche Beweismittel und insbesondere auch die Versicherung an Eides statt zulässig, um das Gericht von einer hinreichenden Wahrscheinlichkeit der biologischen Vaterschaft zu überzeugen. Es kann jedoch nicht genügen, allein auf die Behauptung des vermeintlichen Vaters (auch mittels eidesstattlicher Versicherung) zu vertrauen. Vielmehr ist das erkennende Gericht verpflichtet, die Erklärungen des Vaterschaftsprätendenten von Amts wegen zu überprüfen (§ 26 FamFG).[7] Maßgeblich bedarf es daher mindestens der Anhörung der Mutter zur Frage, ob der vermeintliche Vater tatsächlich als Erzeuger des Kindes in Betracht kommt.[8] Auf der anderen Seite ist es für die Glaubhaftmachung **nicht erforderlich**, dass der vermeintliche Vater ein **Vaterschaftsfeststellungsverfahren nach § 1600d BGB** initiieren oder durchführen muss. Schließlich genügt allein die Glaubhaftmachung und es bedarf nicht der Gewissheit der Vaterschaft.

Gelingt es dem vermeintlichen Vater nicht, die Vaterschaft zur Überzeugung des Gerichts glaubhaft zu machen, so kann das Gericht die Annahme als Kind (soweit die weiteren Voraussetzungen erfüllt sind) ohne Einwilligung des vermeintlichen Vaters aussprechen. Ein Anfechtungsrecht steht dem vermeintlichen Vater nicht zu. Auch ist kein Aufhebungsgrund nach § 1760 BGB einschlägig, da der nicht glaubhaft machende Vater gerade kein Elternteil i.S.v. § 1760 Abs. 1 BGB ist und auch kein Fall von § 1760 Abs. 5 BGB vorliegt.[9] Lediglich bei einer Verletzung rechtlichen Gehörs nach Art. 103 Abs. 1 GG könnte eine Anhörungsrüge nach § 44 FamFG oder eine Verfassungsbeschwerde offenstehen, wenn das Gericht das Vorbringen des Vaterschaftsprätendenten zur Glaubhaftmachung überhaupt nicht beachtet hat. Vor diesem Hintergrund ist dem vermeintlichen Vater daher durchaus zu raten, die Vaterschaftsfeststellung nach § 1600d BGB i.V.m. § 171 Abs. 1 FamFG zu beantragen, um in der Folge das Einwilligungsrecht nach § 1747 Abs. 1 Satz 1 BGB zu erhalten. Denn nur so kann er bewirken, dass das Verfahren auf Annahme als Kind zwingend nach § 21 FamFG auszusetzen ist.[10]

10 Eine andere Frage ist, welche **Ermittlungspflichten** das Gericht treffen, wenn die Mutter eines nichtehelichen Kindes einen möglichen Vater nach § 1741 Abs. 1 Satz 2 BGB nennt, dessen **Aufenthaltsort aber (noch) unbekannt ist oder mehrere Väter in Betracht kommen**. § 1747 Abs. 4 Satz 1 BGB findet hier keine direkte Anwendung, da schließlich noch nicht einmal festgestellt worden ist, ob ein vermeintlicher Vater seine Vaterschaft überhaupt glaubhaft machen möchte oder könnte. Damit dem vermeintlichen Vater jedoch gerade diese Möglichkeit eröffnet wird, kann es das Gericht andererseits nicht bloß dabei belassen, den Aufenthaltsort als unbekannt hinzunehmen. Vielmehr sind in einem solchen Fall dieselben Ermittlungen zum aktuellen Aufenthaltsort des vermeintlichen Vaters anzustellen wie bei § 1747 Abs. 4 Satz 1 BGB (siehe hierzu Rn. 18 bis 20).[11] Dies kann die Annahme als Kind zwar verzögern, ist aber zum Schutz des vermeintlichen Elternrechts des Vaterschaftsprätendenten erforderlich.[12]

Verweigert die Mutter hingegen die Angabe der Identität eines vermeintlichen Vaters (z.B. im Fall der sog. privaten Samenspende), so kann sie hierzu im Rahmen des Adoptionsverfahrens zwar nicht gezwungen werden, es besteht dann aber das Risiko, dass der Antrag

6 Grüneberg/*Götz*, § 1747 BGB Rn. 3
7 A.A. *Helms*, JAmt 2001, 57, 59
8 Ausführlich MüKo-BGB/*Maurer*, § 1747 Rn. 40
9 So auch *Löhnig/Rottmann*, NZFam 2023, 1009, 1014; MüKo-BGB/*Maurer*, § 1760 BGB Rn. 6
10 Ebenso Staudinger/*Helms*, § 1747 BGB Rn. 24
11 So auch BGH NJW 2015, 1820, 1822
12 Ausführlich Staudinger/*Helms*, § 1747 BGB Rn. 17

auf Annahme als Kind zurückgewiesen wird.[13] Zunächst hat das Familiengericht jedoch andere in Betracht kommende Ermittlungsmöglichkeiten auszuschöpfen, bevor allein aus der Weigerung der Preisgabe der Identität eine Benachrichtigung des Samenspenders unterbleiben könnte.[14] Maßgeblich kommen hier etwa Befragungen von weiteren Familienangehörigen oder sonstigen Vertrauenspersonen der Kindesmutter in Betracht. Mit einer dann erfolgenden Zurückweisung des Annahmeantrags – sollten sämtliche Ermittlungsmaßnahmen ausgeschöpft sein – verstößt das Familiengericht nach Auffassung des BGH auch nicht gegen schutzwürdige Interessen des Kindes am Ausspruch der Adoption, da die Benachrichtigung des (hier) privaten Samenspenders im Gegenteil die Anerkennung des zweiten Elternteils sichere und gerade nicht ausschließe.[15]

II. Die Inkognitoadoption

Auch wenn dies im Gesetz nicht ausdrücklich aufgeführt ist, besteht im deutschen Recht das **Verbot der Blankoeinwilligung**.[16] Die Einwilligung der Eltern darf nicht „ins Blaue" hinein geschehen, sondern muss **auf bestimmte Adoptivpersonen bezogen** sein. 11

Um jedoch auf der anderen Seite das Kind (und ggf. auch die Annehmenden) vor Beeinträchtigungen der Eltern zu schützen, ist die sog. **Inkognitoadoption gemäß § 1747 Abs. 2 Satz 2 BGB ausdrücklich erlaubt**. Eine Inkognitoadoption liegt dann vor, wenn zwar die Annehmenden bekannt sind („feststehende Annehmende"), aber deren Identität und deren Aufenthalt für die einwilligende Person unbekannt („inkognito") bleiben soll.[17] In der Praxis muss die Einwilligung des jeweiligen Elternteils dann darauf gerichtet sein, dass sie in die Annahme von unter einer Listennummer bei der Adoptionsvermittlungsstelle eingetragenen Personen einwilligen. Die Inkognitoeinwilligung ist daher in gewisser Weise die **Vorverlagerung des Offenbarungs- und Ausforschungsverbots in § 1758 BGB** (ausführlich siehe *Braun*, Kommentierung von § 1758 BGB). 12

III. Weitere Rechte des nichtehelichen Vaters

Der nichteheliche (rechtliche und bisher nicht sorgeberechtigte) Vater kann neben der Verweigerung seiner Einwilligung auch einen Antrag auf Übertragung der elterlichen Sorge nach § 1626a Abs. 2 oder § 1671 Abs. 2 BGB stellen. § 1747 Abs. 3 Nr. 3 BGB bestimmt diesbezüglich, dass über die Annahme als Kind dann so lange nicht entschieden werden darf, bis über den Sorgerechtsantrag entschieden worden ist (sog. **Sperrwirkung des Sorgerechtsantrags**).[18] Praktisch relevant ist diese Vorschrift v.a. für die Frage, ob die Voraussetzungen der Ersetzung der Einwilligung nach § 1748 Abs. 1 bis 3 BGB erfüllt sein müssen oder ob die Ersetzung der Einwilligung des nichtehelichen Vaters an den (etwas geringeren) Anforderungen des § 1748 Abs. 4 BGB zu messen ist (zur Relevanz bei § 1751 BGB siehe *Braun*, § 1751 BGB Rn. 12). Sowohl das Annahmeverfahren als auch das Ersetzungsverfahren ist in einem solchen Fall bis zur Entscheidung über das Sorgerecht gemäß § 21 FamFG auszusetzen.[19] 13

Keine Anwendung kann § 1747 Abs. 3 Nr. 3 BGB für die Fälle finden, **in denen der nichteheliche Vater schon in die Annahme als Kind eingewilligt hat.**[20] Es darf nicht sein, dass der rechtliche Vater erst in die Annahme als Kind unwiderruflich nach §§ 1747 Abs. 1 Satz 1, 14

13 LG Stuttgart NJW 1997, 2897; BGH NJW 2024, 3591
14 BGH NJW 2015, 1820
15 BGH NJW 2024, 3591, 3594
16 BT-Drs. 7/3061, 21; Erman/*Saar*, § 1747 BGB Rn. 5
17 Grüneberg/*Götz*, § 1747 BGB Rn. 5
18 MüKo-BGB/*Maurer*, § 1747 Rn. 106 ff.
19 OLG Naumburg FamRZ 2004, 810
20 A.A. wohl MüKo-BGB/*Maurer*, § 1747 Rn. 109

1750 Abs. 2 Satz 2 BGB einwilligt und später das Annahmeverfahren durch einen Antrag nach § 1747 Abs. 3 Nr. 3 BGB i.V.m. § 1626a Abs. 2 oder § 1671 Abs. 2 BGB wieder „sperren" kann.[21] Anderenfalls würden dem nichtehelichen Vater mehr Rechte zugestanden werden als der Mutter, welche durch ihre unwiderrufliche Einwilligungserklärung (während der drei Jahre bis zum Außerkrafttreten) nicht mehr in das Adoptionsverfahren eingreifen kann.

15 Der nichteheliche Vater, welcher (noch) nicht rechtlicher Vater des Kindes ist, kann von der Sperrwirkung in § 1747 Abs. 3 Nr. 3 BGB keinen Gebrauch machen. Er kann die Annahme als Kind nur durch Glaubhaftmachung der Vaterschaft gemäß § 1747 Abs. 1 Satz 2 BGB, durch Vaterschaftsanerkennung (wobei er hier die Zustimmung der Mutter benötigt) oder durch Beantragung eines Vaterschaftsfeststellungsverfahrens blockieren (hierzu schon oben Rn. 9).

IV. Der Verzicht auf die Einwilligung nach § 1747 Abs. 4 BGB

16 Nach § 1747 Abs. 4 BGB ist die Einwilligung eines Elternteils entbehrlich, wenn dieser **zur Erklärung dauernd außerstande** ist, **dessen Aufenthalt dauernd unbekannt** ist oder wenn **die Mutter ihre Identität bei einer vertraulichen Geburt nicht preisgibt**.

1. Die dauernde Unfähigkeit zur Erklärung

17 Die **dauernde Unfähigkeit zur Erklärung der Einwilligung** ist in der Praxis selten. Sie betrifft ausschließlich die Fälle, in denen sich der betreffende Elternteil tatsächlich nicht äußern kann (z.B. bei dauernder Bewusstlosigkeit) oder nicht nur vorübergehend geschäftsunfähig ist. Bzgl. letzterer Voraussetzung sind die Kriterien des § 104 Nr. 2 BGB anzuwenden. Nicht ausreichend ist hingegen eine bloß beschränkte Geschäftsfähigkeit, wie § 1750 Abs. 3 Satz 2 BGB ausdrücklich klarstellt. Selbstverständlich ebenso nicht ausreichend ist die Tatsache, dass sich die einwilligungsberechtigte Person allein aufgrund körperlicher Gebrechen nicht äußern kann (z.B. taubstumme Personen).[22]

2. Der dauernd unbekannte Aufenthalt

18 Äußerst praxisrelevant ist hingegen der **Verzicht auf die Einwilligung wegen dauernd unbekannten Aufenthalts**. Hier besteht eine **direkte Konkurrenz zur Ersetzung der Einwilligung nach § 1748 Abs. 1 BGB** (v.a. wegen Gleichgültigkeit). Wie sich mittelbar aus § 1748 Abs. 2 Satz 2 BGB ergibt, ist bei unbekanntem Aufenthalt des entsprechenden Elternteils auch eine Ersetzung nach § 1748 Abs. 1 BGB möglich. Dann ist keine Belehrung des Jugendamts erforderlich und ein Ersetzungsbeschluss könnte z.B. im Wege der öffentlichen Zustellung nach § 15 Abs. 2 FamFG i.V.m. § 185 ZPO wirksam und rechtskräftig werden.

19 Die **Entscheidung über die Konkurrenz** von § 1747 Abs. 4 Satz 1 BGB und § 1748 BGB ist von **großer praktischer Bedeutung**. Denn während bei einem zu Unrecht angenommenen Verzicht auf die Einwilligung nach § 1747 Abs. 4 Satz 1 BGB eine Aufhebung nach § 1760 Abs. 1, Abs. 5 BGB möglich ist, führt die (rechtskräftige) Ersetzung der Einwilligung zur tatsächlichen Unaufhebbarkeit der Annahmeentscheidung. Unter Zugrundelegung dieser gesetzlichen Wertung muss die Konkurrenz dahingehend gelöst werden, dass **grundsätzlich eine Ersetzung vorzuziehen** ist, wenn der entsprechende Elternteil von der möglichen Adoption seines Kindes schon Kenntnis hatte und dann verschwand. Waren ihm jedoch diese Pläne noch nicht zur Kenntnis gebracht worden, so kann bei jetzigem unbekanntem Aufenthalt des Elternteils nur nach § 1747 Abs. 4 Satz 1 BGB verfahren werden.

21 In diesem Sinne Staudinger/*Helms*, § 1747 BGB Rn. 69 ff.
22 Zu weit daher MüKo-BGB/*Maurer*, § 1747 Rn. 30

Ab welchem **Zeitpunkt** der Aufenthalt nach § 1747 Abs. 4 BGB als „dauernd unbekannt" gilt oder welcher Ermittlungsaufwand vonseiten des Gerichts zu fordern ist, **hängt vom Einzelfall ab**. Die in der Literatur vertretene Forderung, mindestens sechs Monate den Aufenthaltsort zu ermitteln,[23] hat keinen Anspruch auf Allgemeingültigkeit, da allein die Dauer der Ermittlung keine Aussage über die Qualität der Ermittlungen trifft.[24] Insgesamt ist zu bedenken, dass sowohl Privatpersonen als auch Gerichten und Jugendämtern aufgrund des deutschen Melderechts **tatsächliche Ermittlungsgrenzen** gesetzt sind. Es gibt in Deutschland kein zentrales Melderegister und eine kommunale Meldeauskunft ist nur dann aussagekräftig, wenn die entsprechende Person auch ihren Meldepflichten nachgekommen ist. Eine Ausschreibung zur Aufenthaltsermittlung, wie sie von *Maurer* vorgeschlagen wird,[25] scheitert daran, dass es hierfür (im Gegensatz zu § 7 Abs. 3 IntFamRVG) im Verfahrensrecht zu Adoptionssachen (und auch sonst im FamFG) keine Ermächtigungsgrundlage gibt. 20

Noch schwieriger wird die Ermittlung bei einem (vermuteten) Aufenthalt der Person im **Ausland**. Hier können zwar durchaus ausländische Behörden (insbesondere ausländische Auslandsvertretungen) angeschrieben werden, eine Auskunftspflicht gegenüber einem deutschen Gericht haben diese jedoch nicht. Die tatsächlichen Schwierigkeiten bei der Ermittlung bedeuten jedoch im Umkehrschluss nicht, dass bei vermutetem Aufenthalt im Ausland überhaupt keine Ermittlungen mehr erforderlich wären. Vielmehr muss allen Hinweisen von Amts wegen nachgegangen werden und ggf. deutsche Auslandsvertretungen angefragt werden.

Insoweit ist die Rechtsprechung des BGH zur Ermittlungspflicht bei der Verweigerung der Bekanntgabe der Identität des Vaters durch die Mutter auf die Ermittlungspflicht bei § 1747 Abs. 4 Satz 1 BGB zu übertragen.[26] Bestehen Anzeichen oder Informationen für einen (vormaligen) Wohnsitz der Person, so ist dem ebenso nachzugehen, wie wenn andere Personen (etwa Verwandte, Bekannte oder Nachbarn) wissen könnten, wo sich der entsprechende Elternteil aktuell aufhält. Ist ein vormaliger oder vermeintlicher Wohnsitz ermittelt, so sind Meldeauskünfte von den entsprechenden kommunalen Meldebehörden einzuholen (oder bei einem Auslandsaufenthalt die entsprechenden Auslandsvertretungen anzuschreiben). Mit einem vormaligen Wohnsitz können auch entsprechende Sozialhilfeträger oder Sozialversicherungsträger angeschrieben werden.[27] Bei häufigem Wohnortwechsel können die entsprechenden Ermittlungen im Einzelfall sehr lange dauern, was aber aufgrund des verfassungsrechtlich erheblichen Eingriffs in das Elternrecht des nicht einwilligenden Elternteils aus Art. 6 Abs. 2 Satz 1 GG hinzunehmen ist.[28]

3. Der Verzicht auf die Einwilligung bei einer vertraulichen Geburt

Mit Wirkung zum 1.5.2014 hat der Gesetzgeber mit dem Gesetz zum Ausbau der Hilfen für Schwangere und zur Regelung der vertraulichen Geburt eine **besondere Bestimmung in § 1747 Abs. 4 Satz 2 BGB** eingeführt. Die Einwilligung der Kindesmutter ist auch dann entbehrlich, solange die Mutter ihre Identität bei einer vertraulichen Geburt gemäß § 25 Abs. 1 SchKG nicht preisgibt. Ändert sie ihre Meinung während des Adoptionsverfahrens, so wird ihre Einwilligung wieder erforderlich. 21

23 So BAGLJÄ, Empfehlungen zur Adoptionsvermittlung, Nr. 11.3.2; MüKo-BGB/*Maurer*, § 1747 Rn. 122
24 Zu den unterschiedlichen Ermittlungsmöglichkeiten: Staudinger/*Helms*, § 1747 BGB Rn. 78
25 MüKo-BGB/*Maurer*, § 1747 Rn. 122
26 BGH FamRZ 2015, 828
27 Vgl. die Beispiele bei OLG Köln BeckRS 1998, 31124688
28 Zu weiteren Hinweisen BAGLJÄ, Empfehlungen zur Adoptionsvermittlung, Nr. 11.3.2

4. Der Verzicht auf die Einwilligung aus sonstigen Gründen

22 Eine analoge Anwendung von § 1747 Abs. 4 BGB wird dann diskutiert, wenn es zwar einen rechtlichen Vater (z.B. ehelichen Vater nach § 1592 Nr. 1 BGB) gibt, **der Vater aber von der Existenz des Kindes zum Schutz der Mutter oder des Kindes nichts erfahren soll.** Die Erweiterung des Tatbestands in § 1747 Abs. 4 BGB ist verfassungsrechtlich aufgrund des erheblichen Eingriffs in das Elternrecht in Art. 6 Abs. 2 Satz 1 GG nicht unproblematisch, bei äußerst enger Auslegung jedoch angemessen. Von Bedeutung ist dann aber, dass nicht allein die Behauptung der Mutter ausreichen kann, sondern tatsächliche Ermittlungen vonseiten des Gerichts hierzu anzustellen sind.[29] Qualitativ reichen wiederum bloße soziale oder gesellschaftliche Diskriminierungsgefahren für die Kindesmutter[30] oder ein „völliges Versagen" des Kindesvaters nicht aus.[31] Bei einer zu Unrecht eingeschätzten Entbehrlichkeit der Einwilligung aus diesem Grund droht im Übrigen das Eingreifen des Aufhebungstatbestands in § 1760 Abs. 1, Abs. 5 BGB.

§ 1748 BGB

Ersetzung der Einwilligung eines Elternteils

(1) [1]Das Familiengericht hat auf Antrag des Kindes die Einwilligung eines Elternteils zu ersetzen, wenn dieser seine Pflichten gegenüber dem Kind anhaltend gröblich verletzt hat oder durch sein Verhalten gezeigt hat, dass ihm das Kind gleichgültig ist, und wenn das Unterbleiben der Annahme dem Kind zu unverhältnismäßigem Nachteil gereichen würde. [2]Die Einwilligung kann auch ersetzt werden, wenn die Pflichtverletzung zwar nicht anhaltend, aber besonders schwer ist und das Kind voraussichtlich dauernd nicht mehr der Obhut des Elternteils anvertraut werden kann.

(2) [1]Wegen Gleichgültigkeit, die nicht zugleich eine anhaltende gröbliche Pflichtverletzung ist, darf die Einwilligung nicht ersetzt werden, bevor der Elternteil vom Jugendamt über die Möglichkeit ihrer Ersetzung belehrt und nach Maßgabe des § 51 Abs. 2 des Achten Buches Sozialgesetzbuch beraten worden ist und seit der Belehrung wenigstens drei Monate verstrichen sind; in der Belehrung ist auf die Frist hinzuweisen. [2]Der Belehrung bedarf es nicht, wenn der Elternteil seinen Aufenthaltsort ohne Hinterlassung seiner neuen Anschrift gewechselt hat und der Aufenthaltsort vom Jugendamt während eines Zeitraums von drei Monaten trotz angemessener Nachforschungen nicht ermittelt werden konnte; in diesem Falle beginnt die Frist mit der ersten auf die Belehrung und Beratung oder auf die Ermittlung des Aufenthaltsorts gerichteten Handlung des Jugendamts. [3]Die Fristen laufen frühestens fünf Monate nach der Geburt des Kindes ab.

(3) Die Einwilligung eines Elternteils kann ferner ersetzt werden, wenn er wegen einer besonders schweren psychischen Krankheit oder einer besonders schweren geistigen oder seelischen Behinderung zur Pflege und Erziehung des Kindes dauernd unfähig ist und wenn das Kind bei Unterbleiben der Annahme nicht in einer Familie aufwachsen könnte und dadurch in seiner Entwicklung schwer gefährdet wäre.

(4) In den Fällen des § 1626a Absatz 3 hat das Familiengericht die Einwilligung des Vaters zu ersetzen, wenn das Unterbleiben der Annahme dem Kind zu unverhältnismäßigem Nachteil gereichen würde.

---

29 Siehe z.B. OLG Dresden NZFam 2021, 324
30 So aber BAGLJÄ, Empfehlungen zur Adoptionsvermittlung, Nr. 11.3.2
31 AG Kerpen, JAmt 2004, 382

Übersicht

A. Allgemeines

Die Vorschrift bestimmt die Voraussetzungen für die **Ersetzung der Einwilligung eines Elternteils**. Die (rechtskräftige) Ersetzung führt zur Entbehrlichkeit der entsprechenden Einwilligung und zum Eintritt der Rechtswirkungen in § 1751 BGB (insb. Verlust des Sorge- und Umgangsrechts). 1

Aufgrund des erheblichen Eingriffs in das natürliche Elternrecht des Elternteils, dessen Einwilligung ersetzt wird und wegen der praktischen Unauflösbarkeit der dann folgenden Annahme) ist **die Norm eng und verfassungskonform auszulegen**.[1]

Statistisch gesehen ist die erfolgreiche Ersetzung eher selten. Im Jahr 2023 gingen den insgesamt 3.601 Minderjährigenadoptionen nur 229 Ersetzungen nach § 1748 BGB voraus.[2] 2

Verfahrensrechtlich ist die Ersetzung ein getrenntes Verfahren im Vergleich zum Annahmeverfahren (§ 186 Nr. 2 FamFG). Die Ersetzung kann daher auch schon vor der Antragstellung auf Annahme als Kind beantragt werden. In der Praxis wird die Ersetzung jedoch **meist erst nach der Antragstellung auf Annahme als Kind beantragt**. Für die Dauer des Ersetzungsverfahrens kann das Annahmeverfahren ausgesetzt werden (§ 21 FamFG), aber auch parallel weitergeführt werden (etwa durch Einholung einer fachlichen Äußerung nach § 189 FamFG). Eine Verbindung beider Verfahren ist gemäß § 196 FamFG ausgeschlossen (vgl. *Braun*, § 196 FamFG Rn. 2). 3

B. Inhalt der Norm

I. Übersicht über die Ersetzungstatbestände

§ 1748 BGB sieht fünf mögliche Fälle der Ersetzung vor. Je nach Ersetzungsgrund unterliegt die Ersetzung unterschiedlichen Voraussetzungen: 4

- Die Ersetzung wegen Gleichgültigkeit (§ 1748 Abs. 1 Satz 1, 2. Fall, Abs. 2 BGB).
- Die Ersetzung wegen anhaltend gröblicher Pflichtverletzung (§ 1748 Abs. 1 Satz 1, 1. Fall BGB).
- Die Ersetzung wegen besonders schwerer Pflichtverletzung (§ 1748 Abs. 1 Satz 2 BGB).

1 BayObLG FamRZ 2002, 1142; BGH NJW 2015, 1781, 1783
2 Quelle: Statistisches Bundesamt, Statistiken der Kinder- und Jugendhilfe – Adoptionen, 2023

- Die Ersetzung wegen dauernder Unfähigkeit zur Pflege und Erziehung des Kindes aufgrund psychischer Krankheit oder geistiger oder seelischer Behinderung (§ 1748 Abs. 3 BGB).
- Die Ersetzung der Einwilligung des nicht sorgeberechtigten Vaters (§ 1748 Abs. 4 BGB).

II. Die Ersetzung wegen Gleichgültigkeit

5 Die Ersetzung wegen Gleichgültigkeit ist in der Praxis wohl der **Hauptanwendungsfall von § 1748 BGB**. Zum Teil sind **Überschneidungen** zum weiteren Ersetzungsgrund der **anhaltend gröblichen Pflichtverletzung** zu erkennen. Insbesondere bei der Verletzung der Unterhaltspflicht kann man an beide Ersetzungsgründe denken.

Um eine Einwilligung eines Elternteils wegen Gleichgültigkeit zu ersetzen, müssen **folgende kumulative Voraussetzungen** erfüllt sein:

1. Der Elternteil muss durch sein Verhalten gezeigt haben, dass ihm das Kind gleichgültig ist (§ 1748 Abs. 1, 2. Alt. BGB),
2. das Unterbleiben der Annahme muss dem Kind zu einem unverhältnismäßigen Nachteil gereichen (§ 1748 Abs. 1 Satz 1 a.E. BGB), und
3. der Elternteil muss über die Folgen der Ersetzungsmöglichkeit vom Jugendamt belehrt und hierzu beraten worden sein (§ 1748 Abs. 2 BGB).

1. Die Gleichgültigkeit

6 Die Gleichgültigkeit ist eine **subjektive Einstellung**, welche aber im Rahmen des Verfahrens aufgrund objektiver Indizien festgestellt werden kann.[3] Allein das Vorbringen des Elternteils, dass ihm das Kind (aus seiner subjektiven Sicht) nicht gleichgültig ist, führt noch nicht zu einem Ausschluss der Ersetzung wegen Gleichgültigkeit. Umgekehrt genügt aber für die Ersetzung auch nicht schon bloß eine längere Abwesenheit des Elternteils von seinem Kind, wenn nicht die Gründe hierfür hinterfragt werden.[4]

Die Gleichgültigkeit drückt sich in einer **Teilnahmslosigkeit gegenüber der Entwicklung des Kindes** aus. Ein Kind braucht für seine Entwicklung neben den finanziellen und tatsächlichen Rahmenbedingungen insbesondere auch die emotionale, persönliche Zuwendung. Lässt ein Elternteil dieses Verhalten gegenüber dem Kind vermissen, obwohl er hierzu die Möglichkeit gehabt hat, so verhält er sich gleichgültig i.S.v. § 1748 Abs. 1 Satz 1 BGB.

7 Ab welcher Schwelle Gleichgültigkeit anzunehmen ist, hängt stark vom **Einzelfall** ab. Allein die willentliche Fremdunterbringung (in Vollzeitpflege oder beim anderen Elternteil bei Stiefkindadoptionen) oder der Verzicht auf das Sorgerecht[5] führt für sich alleine ebenso wenig zu einer Gleichgültigkeit wie bloß die Verletzung der finanziellen Unterhaltspflicht (zur Frage der gröblichen Pflichtverletzung aus diesem Grund: siehe Rn. 21). Auch die Unmöglichkeit der Kontaktaufnahme oder der Kontaktaufrechterhaltung mit dem Kind wegen entsprechenden Verhaltens des anderen Elternteils (z.B. bei der Stiefkindadoption) oder aufgrund behördlicher Maßnahmen darf noch nicht zur Ersetzung der Einwilligung des anderen Elternteils führen.[6] Möchte der Elternteil aus nachvollziehbarer Rücksichtnahme eine Kontaktaufnahme mit dem Kind möglichst gering halten, um diesem psychische Überforderungen zu ersparen, so kann ihm auch hieraus kein Nachteil durch Ersetzung seiner Einwilligung erwachsen.[7] Vielmehr müssen weitere Indizien dazukommen, welche auf eine Teil-

---

3 BayObLG FamRZ 2005, 541; OLG Koblenz BeckRS 2021, 45395; Grüneberg/*Götz*, § 1748 BGB Rn. 1
4 So im Fall von OLG Koblenz BeckRS 2021, 45395
5 BayObLG FamRZ 2002, 1142 (kein Wehren gegen den Entzug des Sorgerechts)
6 BayObLG FamRZ 2002, 1142, 1144; FamRZ 1998, 1196
7 BayObLG NJW-RR 2004, 578, 580

nahmslosigkeit schließen lassen. Zu nennen ist hierbei das wiederholte Verstreichenlassen von angebotenen Umgangsmöglichkeiten mit dem Kind,[8] das Untertauchen ohne Hinterlassen einer Kontaktadresse oder zu geringe Anstrengungen, sein eigenes Leben in den Griff zu bekommen (häufig bei drogenabhängigen Elternteilen).[9]

2. Unverhältnismäßiger Nachteil ohne Adoption

Zur Gleichgültigkeit muss hinzukommen, dass **ein Unterbleiben der Annahme zu unverhältnismäßigen Nachteilen für das Kind führen würde**. Aus Sicht des Kindes wird damit der Maßstab des § 1741 Abs. 1 Satz 1 BGB (Kindeswohldienlichkeit) erheblich in die Richtung verschärft, dass ein Eingriff in das natürliche Elternrecht nur dann gerechtfertigt ist, wenn das Kind ohne die Annahme erhebliche Nachteile hätte.[10] Im Ergebnis müssen dabei die Interessen des Kindes und die Interessen des die Einwilligung verweigernden Elternteils gegeneinander abgewogen werden. Dabei ist der Nachteil, den das Unterbleiben der Adoption bedeutet, in Beziehung zu setzen zur Schwere des Eingriffs in das Elternrecht.[11] Ein bloßes Überwiegen der Interessen des Kindes genügt nicht.[12] Die Ersetzung muss vielmehr erforderlich sein, um die infolge der Gleichgültigkeit des Elternteils eingetretene oder drohende Gefahr für eine gesunde Entwicklung des Kindes abzuwenden.[13] Dabei sind auch die psychischen Folgen für das Kind im Fall des Unterbleibens der Adoption zu berücksichtigen.[14] 8

Ein **entscheidender Faktor** bei der Gesamtabwägung ist dabei **das Bestehen und die Dauer eines (Adoptions-)Pflegeverhältnisses**. Es liegt in der Regel ein „unverhältnismäßiger Nachteil" für das Kind vor, wenn das Kind schon längere Zeit in der neuen Umgebung gelebt hat und die Ersetzung bzw. Annahme versagt werden würde.[15] Eindeutig ist dies in den Fällen, in denen die Ablehnung der Adoption zu einer tatsächlichen Umgebungsveränderung für das Kind führen würde, da die Adoptionspflegeeltern nicht bereit wären, das Kind auch ohne Adoption weiterhin in ihrer Familie zu belassen (z.B. im Wege eines Dauerpflegeverhältnisses).[16] Doch selbst wenn sie dazu bereit wären, ist zu diskutieren, ob eine Versagung der Adoption zu einem unverhältnismäßigen Nachteil für das Kind führen würde.[17] Schließlich ist der Status des Kindes bei einem Pflegeverhältnis wesentlich schwächer und unsicherer als bei einer durchgeführten Adoption. 9

Etwas anderes gilt bei **Verwandten- und Stiefkindkonstellationen**. Betrachtet man die Rechtsprechung des Bundesverfassungsgerichts und des Bundesgerichtshofs zu den Anforderungen der Ersetzung der Einwilligung des anderen Elternteils,[18] so wird bei einer Stiefkindadoption ein unverhältnismäßiger Nachteil für das Kind ohne Adoption nur selten zu bejahen sein. Schließlich würde eine Versagung der Annahme als Kind gerade nicht zu einer tatsächlichen Veränderung oder Verschlechterung der Situation des Kindes in der Stieffamilie führen (hierzu schon: *Braun*, § 1741 BGB Rn. 15 und weiterhin: Rn. 26).[19] Ähnliches gilt bei der Adoption durch Verwandte. Zwar ist deren Rechtsposition ohne Adoption schwächer als bei einer Adoption. Da in der Regel aber die leiblichen Eltern tatsächlich präsent 10

---

8 BayObLG NJW-RR 1991, 1219
9 OLG Köln FamRZ 1987, 203; vgl. auch: OLG Koblenz BeckRS 2021, 45395
10 Grüneberg/*Götz*, § 1748 BGB Rn. 6
11 BGH NJW 2005, 1781; BayObLG NJW-RR 2005, 116
12 OLG Köln, Beschl. v. 22.12.2011 – 4 UF 182/11, juris, FamRZ 2012, 1153 (nur als Leitsatz).
13 Staudinger/*Helms*, § 1748 BGB Rn. 39
14 BayObLG NJW-RR 1997, 1364, 1365; LG Bochum ZKJ 2012, 150
15 Ausdrücklich: MüKo-BGB/*Maurer*, § 1748 Rn. 87
16 Staudinger/*Helms*, § 1748 BGB Rn. 49 ff
17 Hierfür: OLG Stuttgart FamRZ 2005, 542; BGH NJW-RR 1986, 802, 803; BayObLG FamRZ 2004, 1812; LG Bochum ZKJ 2012, 150; dagegen: OLG Schleswig NJW-RR 1994, 885
18 BVerfG NJW 2006, 827, 828; ähnlich: BGH NJW 2005, 1781
19 So auch MüKo-BGB/*Maurer*, § 1748 Rn. 117

bleiben, scheidet eine Ersetzung in der Gesamtabwägung auch dann aus, wenn sich der entsprechende Elternteil in der Vergangenheit gleichgültig oder pflichtwidrig verhalten hat.[20]

3. Formelle Voraussetzung der Belehrung und Beratung

11 Bei Gleichgültigkeit, welche nicht auch eine anhaltend gröbliche Pflichtverletzung darstellt, bedarf es in formeller Hinsicht nach § 1748 Abs. 2 BGB noch der **Belehrung und Beratung durch das Jugendamt** (§ 1748 Abs. 2 BGB). Die Ersetzung darf nicht ausgesprochen werden, solange die **Frist von drei Monaten seit der Belehrung** noch läuft. Fand keine Belehrung oder Beratung statt und war diese auch nicht entbehrlich (vgl. § 1748 Abs. 2 Satz 2 BGB, siehe hierzu Rn. 18), so ist die Ersetzung rechtswidrig und kann in der nächsten Instanz zur Aufhebung und Zurückverweisung ans Familiengericht führen, auch wenn ansonsten die Voraussetzungen für die Ersetzung aufgrund Gleichgültigkeit erfüllt waren.[21] Auch eine Verfassungsbeschwerde hat bei evidenter Missachtung der entsprechenden Beratungs- und Belehrungsvorgaben Aussicht auf Erfolg, insbesondere dann, wenn fälschlicherweise vom Vorliegen eines dauernd unbekannten Aufenthalts nach § 1748 Abs. 2 Satz 2 BGB ausgegangen worden ist und dann überhaupt keine Belehrung oder Beratung stattgefunden hat.[22]

12 **Sinn und Zweck** der Belehrung und Beratung ist einerseits die **Aufklärung** des entsprechenden Elternteils zu den drohenden rechtlichen Folgen einer Ersetzung sowie andererseits die **Eröffnung der Möglichkeit zur Änderung des gleichgültigen Verhaltens**. Letzterem dient die im Gesetz vorgesehene Überlegungsfrist von drei Monaten.

13 **Adressat** der Vorschrift ist das **Jugendamt**. Dieses (und nicht etwa eine Adoptionsvermittlungsstelle in freier Trägerschaft oder das Familiengericht) übernimmt die Aufgabe der Beratung und Belehrung, was auch in § 51 SGB VIII praktisch wortgleich noch einmal wiederholt wird. Die **örtliche Zuständigkeit des Jugendamts** folgt aus §§ 87b Abs. 1, 86 Abs. 1 bis 4 SGB VIII.

14 **Inhalt der Belehrung** ist der Hinweis auf die Folgen der Ersetzung. Auch auf die Drei-Monats-Frist ist zwingend hinzuweisen. **Inhalt der Beratung** ist der Hinweis auf Hilfen, welche eine Erziehung in der eigenen Familie ermöglichen würden (§ 51 Abs. 2 SGB VIII). Ist eine Rückführung von vornherein ausgeschlossen, so bedarf es einer solchen Beratung aber nicht (§ 51 Abs. 2 Satz 2 SGB VIII). Dann ist lediglich über die Möglichkeiten zur Vermeidung einer Ersetzung aufgrund Gleichgültigkeit zu beraten.

15 **Von der Belehrung kann abgesehen werden**, wenn der Aufenthaltsort des entsprechenden Elternteils dauernd unbekannt ist (§ 1748 Abs. 2 Satz 2 BGB). Dies ist nach dem Gesetzeswortlaut dann der Fall, wenn der Elternteil seinen Aufenthaltsort ohne Hinterlassung einer neuen Anschrift gewechselt hat und das Jugendamt für die Dauer von drei Monaten versucht hat, den neuen Aufenthaltsort zu ermitteln. Die Frist, bis über die Ersetzung entschieden werden kann, beginnt dann mit der ersten auf die Belehrung oder Beratung gerichteten Handlung des Jugendamts (z.B. mit dem ersten Versuch der Kontaktaufnahme) (§ 1748 Abs. 3 Satz 2 Hs. 2 BGB). Aus diesem Grund muss das Jugendamt diesen ersten Kontaktversuch auch dokumentieren und dem Gericht dann auch mitteilen.

16 Die **Ersetzung wegen Gleichgültigkeit ohne Belehrung wegen unbekannten Aufenthalts** darf **nur** ausgesprochen werden, wenn der Elternteil (vor dem Wechsel des Aufenthaltsorts) wenigstens **von der Möglichkeit der Adoption seines Kindes Kenntnis** erlangt hat. Weiß

20 A.A. BayObLG FamRZ 1997, 514
21 MüKo-BGB/*Maurer*, § 1748 Rn. 54; a.A. hinsichtlich der Beratung: Staudinger/*Helms*, § 1748 BGB Rn. 32, 36 (die Beratung nach § 51 Abs. 2 SGB VIII sei nur eine Soll-Vorschrift)
22 So bei BVerfG FamRZ 2003, 1448

der Elternteil hingegen nicht einmal von dem Adoptionswunsch des oder der Annehmenden (oder nicht einmal von der Existenz des Kindes), so kommt bei dauernd unbekanntem Aufenthalt nur ein Verzicht auf die Einwilligung nach § 1747 Abs. 4 Satz 1 BGB in Betracht (siehe hierzu *Braun*, § 1747 BGB Rn. 19).

III. Die Ersetzung wegen anhaltend gröblicher Pflichtverletzung

Die Voraussetzungen für eine Ersetzung aufgrund einer anhaltend gröblichen Pflichtverletzung sind wie folgt: **17**

- Es muss eine anhaltend gröbliche Pflichtverletzung vorliegen (§ 1748 Abs. 1 Satz 1, 1. Alt. BGB) und
- das Unterbleiben der Annahme muss dem Kind zu einem unverhältnismäßigen Nachteil gereichen (§ 1748 Abs. 1 Satz 1 a.E. BGB).

1. Die anhaltend gröbliche Pflichtverletzung

Eine **gröbliche Pflichtverletzung** erfordert, dass der Elternteil existentielle körperliche, geistige oder seelische Bedürfnisse des Kindes nicht befriedigt und dadurch einer wesentlichen Elternpflicht nicht oder nur unzureichend nachkommt. Diese Pflichtverletzung muss **von einer gewissen Dauer** sein („anhaltend"), wobei die konkrete Dauer von Faktoren wie der Schwere der Pflichtverletzung und dem Alter des Kindes abhängt.[23] Eine anhaltende gröbliche Pflichtverletzung liegt auch dann vor, wenn sie in der Vergangenheit stattgefunden hat, ohne dass sie heute noch andauert.[24] **Beispiele** hierfür ist das andauernde Versagen zur Versorgung des Kindes,[25] der andauernde Suchtmittelgebrauch während der Schwangerschaft[26] oder die massive andauernde körperliche Züchtigung des Kindes.[27] **18**

Umstritten ist, unter welchen Voraussetzungen eine **Verletzung der (finanziellen) Unterhaltspflicht** nach §§ 1601 ff. BGB zu einer gröblichen Pflichtverletzung führen kann. Während einige Stimmen es ausreichen lassen, dass der unterhaltsverpflichtete Elternteil trotz Leistungsfähigkeit wissentlich den Barunterhalt für das Kind über einen längeren Zeitraum nicht zahlt,[28] geht die wohl h.M. zusätzlich noch auf die Auswirkungen für das Kind ein.[29] Nur wenn dessen Wohl durch die Unterhaltspflichtverletzung gefährdet ist bzw. dieses tatsächliche Not leidet,[30] soll der Ersetzungsgrund eingreifen. Dieser Einschätzung ist im Ergebnis zuzustimmen. Schließlich fordert § 1748 Abs. 1 Satz 1 BGB zusätzlich, dass das Unterbleiben der Annahme dem Kind zu unverhältnismäßigen Nachteilen gereichen muss (siehe hierzu Rn. 8 bis 10, 20). Wird es aber durch andere Stellen finanziell versorgt, so kann eine Ersetzung auch bei noch so großer vorhergehender Unterhaltspflichtverletzung nicht erfolgen. **19**

2. Unverhältnismäßiger Nachteil ohne Adoption

Zur Feststellung der anhaltend gröblichen Pflichtverletzung muss noch hinzukommen, dass das Unterbleiben der Annahme dem Kind **zu unverhältnismäßigem Nachteil gereichen** würde (§ 1748 Abs. 1 Satz 1 a.E. BGB). Bezüglich der Voraussetzungen dieses wichtigen Prüfungspunkts gelten die obigen Ausführungen zum Ersetzungsgrund der Gleichgültigkeit entsprechend (Rn. 8 bis 10). **20**

23 Zu Einzelheiten MüKo-BGB/*Maurer*, § 1748 Rn. 20 f.
24 OLG Braunschweig FamRZ 1997, 513
25 BVerfG FPR 2002, 264
26 OLG Frankfurt FamRZ 2008, 296
27 BayObLG FamRZ 1988, 871
28 So MüKo-BGB/*Maurer*, § 1748 Rn. 26 f.
29 Ausführlich BayObLG NJW-RR 1997, 1364
30 BayObLG FamRZ 2002, 1142

IV. Die Ersetzung wegen besonders schwerer Pflichtverletzung

21 Eine Ersetzung wegen einer Pflichtverletzung eines Elternteils ist auch dann möglich, wenn die Pflichtverletzung nicht „anhaltend" war. Dann muss die **Pflichtverletzung** aber **besonders schwer** sein. Dies ist dann der Fall, wenn eine Wiederanvertrauung des Kindes an den Elternteil völlig ausgeschlossen erscheint (§ 1748 Abs. 2 Satz 2 BGB).[31] Hauptanwendungsfall ist die Begehung schwerster Straftaten.[32] Die Grenze zu der anhaltend gröblichen Pflichtverletzung ist dabei fließend. Bei einer besonders schweren Pflichtverletzung bedarf es keiner Prüfung, ob ein Unterbleiben der Annahme dem Kind zu einem unverhältnismäßigen Nachteil gereicht. Es kommt dann allein auf das Vorverhalten gegenüber dem Kind an.

V. Die Ersetzung wegen dauernder Unfähigkeit zur Erziehung wegen psychischer Erkrankung oder Behinderung

22 Der Ersetzungsgrund wegen dauernder Unfähigkeit zur Pflege und Erziehung des Kindes aufgrund psychischer Krankheit oder geistiger oder seelischer Behinderung (§ 1748 Abs. 3 BGB) ist aufgrund der hohen weitergehenden Voraussetzungen **in der Praxis äußerst selten**.

Maßgeblich müssen folgende kumulativen Begebenheiten festzustellen sein:

- Der Elternteil muss aufgrund einer schweren psychischen Erkrankung oder schweren geistigen oder seelischen Behinderung dauernd unfähig zur Pflege und Erziehung des Kindes sein. Sowohl der direkte Zusammenhang zwischen der schweren Beeinträchtigung und der Unfähigkeit zur Versorgung als auch die Erheblichkeit der Beeinträchtigung („*besonders schwere* ...") als auch eine gewisse zeitliche Dauer der Unfähigkeit im Sinne einer Unabsehbarkeit müssen festgestellt und nach § 26 FamFG durch das Gericht positiv aufgeklärt werden. Es genügt weder eine Verdachtsdiagnose[33] noch das nur gelegentliche Auftreten der Erkrankung.[34]
- Hinzukommen muss, dass das Kind bei einem Unterbleiben der Annahme nicht in einer Familie aufwachsen könnte, also dass ausschließlich eine Heimaufnahme in Betracht käme. Steht eine (auch dem Kind bislang unbekannte) Pflegefamilie zur Verfügung, so scheidet eine Ersetzung aufgrund von § 1748 Abs. 3 BGB aus. Das Gleiche gilt, wenn die Alternative des Aufwachsens bei sonstigen Verwandten besteht.[35]

VI. Die Ersetzung der Einwilligung eines nicht sorgeberechtigten Vaters

23 Als letzte Ersetzungsmöglichkeit kommt die Ersetzung der Einwilligung eines Vaters gemäß § 1748 Abs. 4 BGB in Betracht, **wenn dieser nie das Sorgerecht für das Kind hatte** (Fall von § 1626a Abs. 3 BGB) und wenn ein **Unterbleiben** der Annahme dem Kind **zu einem unverhältnismäßigen Nachteil** gereichen würde.

24 § 1748 Abs. 4 BGB ist historisch im Zusammenhang mit den erweiterten Einwilligungsrechten von leiblichen Vätern und Vaterschaftsprätendenten nach § 1747 Abs. 1 Satz 2 BGB und mit § 1747 Abs. 3 BGB zu sehen.[36] Eindeutig gilt § 1748 Abs. 4 BGB daher **auch für die Er-**

31 Grüneberg/*Götz*, § 1748 BGB Rn. 7
32 Vgl. die Fälle bei: OLG Brandenburg FamRZ 2007, 2006 (Tötung der Mutter durch den Vater); BayObLG NJW-RR 1990, 776 (Kindesentziehung über einen langen Zeitraum)
33 A.A. BayObLG FamRZ 1984, 201
34 A.A. Grünewald/*Götz*, § 1748 BGB Rn. 9, welcher ein schubweises Auftreten ausreichen lässt
35 Staudinger/*Helms*, § 1748 BGB Rn. 59; BGH FamRZ 1997, 85
36 Ausführlich *Willutzki*, ZKJ 2007, 18, 25 f.

setzung der Einwilligung des Vaterschaftsprätendenten. Die Vorschrift ist äußerst praxisrelevant und ihre Auslegung war schon seit Inkrafttreten im Jahr 1998 an umstritten.[37] Durch die Rechtsprechung des BGH und des BVerfG sind die Streitfragen aber nunmehr weitestgehend geklärt.

Die Intention des Gesetzgebers war die Ersetzung unabhängig von einem Fehlverhalten des nicht sorgeberechtigten Vaters zu ermöglichen, damit der Vater, welcher nie Verantwortung für das Kind getragen hat, die Adoption nicht verhindern kann.[38] Dies ist jedoch aufgrund der Bedeutung des natürlichen Elternrechts in Art. 6 Abs. 2 Satz 1 GG zu kurz gedacht, so dass eine **verfassungskonforme Auslegung von § 1748 Abs. 4 BGB** zu einem strengeren Maßstab führt.[39] So kommt es nicht nur darauf an, ob ein Unterlassen der Annahme dem Kind einen unverhältnismäßigen Nachteil bringt (Sichtweise des Kindes), sondern auch, ob die grundrechtlich geschützten Interessen des Vaters ausreichend gewahrt sind (Sichtweise des Vaters).

Es ist **im Einzelfall eine umfassende Interessenabwägung** vorzunehmen. Im Ergebnis sind damit die Voraussetzungen des § 1748 Abs. 4 BGB praktisch die gleichen wie bei den Ersetzungsgründen in § 1748 Abs. 1 Satz 1 BGB. Nicht umsonst hat das Bundesverfassungsgericht eine anderweitige Auslegung als **Verstoß gegen den Gleichheitssatz in Art. 3 Abs. 1 GG** gewertet (Väter, deren Einwilligung nur nach § 1748 Abs. 1 Satz 1 BGB ersetzt werden kann und Väter, welche dem Regime von § 1748 Abs. 4 BGB unterworfen sind).[40] **25**

Bei einer Ersetzung nach § 1748 Abs. 4 BGB ist daher zusammenfassend **Folgendes zu berücksichtigen**. Zunächst ist zu fragen, ob der Vater schon einmal seine **Elternverantwortung wahrgenommen hat oder diese wahrnehmen wollte**, er hieran aber von anderen Personen (meist von der Mutter) gehindert worden ist.[41] Ist dies der Fall, so überwiegt in der Regel das Interesse des Kindesvaters an der Beibehaltung seines Elternrechts. Bei Stiefkindkonstellationen sind sogar noch strengere Voraussetzungen anzusetzen, da hier in der Regel das Absehen von einer Annahme dem Kind keinen unverhältnismäßigen Nachteil bringt (siehe hierzu auch: Rn. 10 und *Braun*, § 1741 Rn. 15).[42] Darüber hinaus kommt es ebenso darauf an, **ob der Vater** den fehlenden Kontakt oder den Abbruch des Kontakts und das Scheitern des Eltern-Kind-Verhältnisses **durch vorwerfbares Verhalten zu verantworten hat**, so dass „ein sich verständig um sein Kind sorgender Elternteil auf der Erhaltung des Verwandtschaftsbandes nicht bestehen würde".[43] **Allein das Überwiegen der Interessen des Kindes genügt dabei nicht**, vielmehr muss eine Adoption trotz des Eingriffs in das Elternrecht geradezu erforderlich sein, oder mit den Worten des BGH, „einen erheblichen Vorteil" mit sich bringen.[44] **26**

---

37 Vgl. schon die unterschiedlichen Meinungen zwischen Bundesrat und Bundestag im Gesetzgebungsprozess: BT-Drs. 13/4899, 157 und 170

38 BT-Drs. 13/4899, 170

39 BGH NJW 2005, 1781, 1783; BVerfG NJW 2006, 827, 828; NJW 2006, 2470, 2471

40 BVerfG NJW 2006, 827, 828; NJW 2006, 2470, 2471

41 Grüneberg/*Götz*, § 1748 BGB Rn. 12

42 BGH NJW 2005, 1781, 1783; BVerfG NJW 2006, 827, 828; zu zwei möglichen Fällen wegen Krankheit des Kindes: OLG Saarbrücken ZKJ 2013, 305; OLG Hamm, Beschl. v. 19.1.2015 – 4 UF 136/14, FamRZ 2015, 868

43 BGH NJW 2005, 1781; BGH NJW 2024, 1334; OLG Hamm, FamRZ 2015, 868

44 BGH NJW 2005, 1781; BGH NJW 2024, 1334; so auch z.B.: OLG Saarbrücken ZKJ 2013, 305; OLG Stuttgart FamRZ 2005, 542; BayObLG FamRZ 2005, 1587; ausführlich mit vielen weiteren Beispielen und Nachweisen: MüKo-BGB/*Maurer*, § 1748 Rn. 112 ff.; *Willutzki*, ZKJ 2007, 18

§ 1749 BGB
Einwilligung des Ehegatten

(1) [1]Zur Annahme eines Kindes durch einen Ehegatten allein ist die Einwilligung des anderen Ehegatten erforderlich. Das Familiengericht kann auf Antrag des Annehmenden die Einwilligung ersetzen. [2]Die Einwilligung darf nicht ersetzt werden, wenn berechtigte Interessen des anderen Ehegatten und der Familie der Annahme entgegenstehen.

(2) Die Einwilligung des Ehegatten ist nicht erforderlich, wenn er zur Abgabe der Erklärung dauernd außerstande oder sein Aufenthalt dauernd unbekannt ist.

1 Die Norm regelt die Erforderlichkeit der Einwilligung des Ehegatten des Annehmenden in eine Annahme als Kind. Die Vorschrift ist **nur bei der Stiefkindadoption und bei der (sehr seltenen) Adoption nach § 1741 Abs. 2 Satz 4 BGB praxisrelevant**.[1] Bei der gemeinsamen Adoption (§ 1741 Abs. 2 Satz 2 BGB) stellen die Ehegatten schließlich zusammen den Antrag nach § 1752 BGB, so dass es auch nicht mehr der gegenseitigen Einwilligung nach § 1749 Abs. 1 BGB bedürfte. Bei eingetragenen Lebenspartnern ist auch eine Alleinadoption (mit ggf. dann folgender Sukzessivadoption) möglich (§ 9 Abs. 5 LPartG), welche dann der Einwilligung des Lebenspartners bedarf (vgl. § 9 Abs. 5 Satz 2 LPartG). Bei Stiefkindadoptionen durch Partner einer verfestigten Lebensgemeinschaft (§ 1766a BGB) findet § 1749 BGB wiederum bei der Einwilligung des Ehepartners des Annehmenden als „Dritter" nach § 1766a Abs. 3 Satz 2 und 3 BGB Anwendung.

Das Wirksamwerden, die (notarielle) Form, die Höchstpersönlichkeit sowie die Bedingungs- und Befristungsfeindlichkeit der Einwilligungserklärung sind in § 1750 BGB geregelt.

2 § 1749 Abs. 1 BGB findet seine Entsprechung **im Lebenspartnerschaftsrecht** in § 9 Abs. 5 Satz 2 LPartG (siehe hierzu schon oben unter Rn. 1).

3 Auf die Einwilligung des Ehegatten (oder Lebenspartners) kann **gemäß § 1749 Abs. 2 BGB verzichtet** werden. Hier gelten die gleichen Voraussetzungen wie bei § 1747 Abs. 4 Satz 1 BGB (siehe hierzu *Braun,* § 1747 BGB Rn. 17 ff.).

4 Die **Ersetzung der Einwilligung** des Ehegatten des Annehmenden nach § 1749 Abs. 1 Satz 2 und Satz 3 BGB ist äußerst selten, da der Ehegatte bei der Stiefkindadoption in aller Regel auch im Namen des Kindes nach § 1746 Abs. 1 BGB in die Annahme einwilligen muss und wird.[2] Es ist auch zu fragen, welches schutzwürdiges Interesse ein Annehmender hat, das Kind seines Ehepartners zu adoptieren, wenn dieser damit nicht einverstanden ist. Der Anwendungsbereich beschränkt sich daher wohl ausschließlich auf die Fälle von § 1741 Abs. 2 Satz 4, 2. Fall BGB (alleinige Annahme eines Kindes, wenn der Ehepartner noch nicht 21 Jahre alt ist) und der Alleinadoption durch einen Lebenspartner (§ 9 Abs. 5 Satz 2 LPartG) und auf die Fälle des § 1766a Abs. 3 Satz 3 BGB i.V.m. § 1749 Abs. 1 Satz 2 und 3 BGB, wenn der Ehepartner des Annehmenden (als „Dritter") gegenläufige Interessen als der Annehmende und dessen Partner hat.

1 So auch Staudinger/*Helms,* § 1749 BGB Rn. 3

2 Zu möglichen Fallgruppen MüKo-BGB/*Maurer,* § 1749 Rn. 18

§ 1750 BGB

Einwilligungserklärung

(1) [1]Die Einwilligung nach §§ 1746, 1747 und 1749 ist dem Familiengericht gegenüber zu erklären. [2]Die Erklärung bedarf der notariellen Beurkundung. [3]Die Einwilligung wird in dem Zeitpunkt wirksam, in dem sie dem Familiengericht zugeht.

(2) [1]Die Einwilligung kann nicht unter einer Bedingung oder einer Zeitbestimmung erteilt werden. [2]Sie ist unwiderruflich; die Vorschrift des § 1746 Abs. 2 bleibt unberührt.

(3) [1]Die Einwilligung kann nicht durch einen Vertreter erteilt werden. [2]Ist der Einwilligende in der Geschäftsfähigkeit beschränkt, so bedarf seine Einwilligung nicht der Zustimmung seines gesetzlichen Vertreters. [3]Die Vorschrift des § 1746 Abs. 1 Satz 2, 3 bleibt unberührt.

(4) [1]Die Einwilligung verliert ihre Kraft, wenn der Antrag zurückgenommen oder die Annahme versagt wird. [2]Die Einwilligung eines Elternteils verliert ferner ihre Kraft, wenn das Kind nicht innerhalb von drei Jahren seit dem Wirksamwerden der Einwilligung angenommen wird.

Übersicht Rn.

A. Allgemeines

1 § 1750 BGB bestimmt die **Förmlichkeiten**, das **Wirksamwerden**, die **Unwiderruflichkeit** und das **Außerkrafttreten** von Einwilligungserklärungen nach §§ 1746, 1747 und 1749 BGB. In der (notariellen) Praxis passieren hier viele Fehler. Eine gerichtliche Entscheidung unter Verstoß gegen die Vorgaben des § 1750 BGB führt zwar nicht zur Nichtigkeit der Annahmeentscheidung. Möglich ist jedoch, dass eine Annahme im Nachhinein aufhebbar wird, wenn z.B. eine Einwilligungserklärung nach § 1750 Abs. 4 BGB ihre Kraft verloren hat und die Annahme dennoch ausgesprochen wurde. Dann gilt die Einwilligung als nicht erteilt i.S.v. § 1760 Abs. 1 BGB und die Adoption ist (bei Vorliegen der weiteren Voraussetzungen) aufhebbar.

B. Inhalt der Norm

I. Die Form der notariellen Beurkundung

2 Sämtliche Einwilligungserklärungen nach §§ 1746, 1747, 1749 BGB bedürfen der **notariell beurkundeten Form** (§ 1750 Abs. 1 Satz 2 BGB). Eine bloße öffentliche Beglaubigung (§ 129 BGB) oder eine Beurkundung durch das Jugendamt nach § 59 SGB VIII ist nicht ausreichend. Der Sinn und Zweck der notariellen Beurkundungspflicht liegt v.a. in der Belehrungsfunktion des Notars. Die Rechtsfolgen der (meist unwiderruflichen) Einwilligungen sind so erheblich, dass diese nur nach ausführlicher Aufklärung durch den Notar erfolgen sollen.

II. Wirksamwerden

3 Die jeweilige Einwilligungserklärung wird **mit Zugang beim Familiengericht wirksam** (§ 1750 Abs. 1 Satz 1 und 3 BGB). Dabei gilt die entsprechende Erklärung auch dann als zugegangen, wenn sie bei einem örtlich unzuständigen Gericht eingeht.[1] Der Zeitpunkt des Wirksamwerdens ist relevant für den Eintritt der Unwiderruflichkeit der jeweiligen Einwilligung (§ 1750 Abs. 2 Satz 2 BGB) sowie für den Beginn der Fristberechnung der Drei-Jahres-Frist des Außerkrafttretens der Einwilligungen der Eltern gemäß § 1750 Abs. 4 Satz 2 BGB. Mit dem Zeitpunkt des Zugangs der Einwilligungserklärung eines Elternteils beim Familiengericht treten darüber hinaus die Rechtswirkungen des § 1751 BGB ein (insbesondere das „Ruhen" der elterlichen Sorge und der Verlust des Umgangsrechts für den erklärenden Elternteil).

4 Die Einwilligungserklärung wird erst dann wirksam, wenn auch eine **Ausfertigung der notariellen Erklärung** bei Gericht eingeht. Eine beglaubigte Abschrift genügt nicht.[2] Hierauf ist in der notariellen Praxis unbedingt zu achten.

III. Unwiderruflichkeit

5 Sämtliche Einwilligungserklärungen sind **unwiderruflich** (§ 1750 Abs. 2 Satz 2 BGB), außer die Einwilligungserklärung des über 14-jährigen (und nicht geschäftsunfähigen) Kindes (§ 1746 Abs. 2 BGB; hierzu *Braun*, § 1746 BGB Rn. 5). Die Unwiderruflichkeit tritt mit Zugang der Erklärung bei Gericht ein (siehe oben Rn. 3).

IV. Bedingungs- und Befristungsfeindlichkeit

6 Die jeweilige Einwilligungserklärung **darf nicht von einer aufschiebenden oder auflösenden Bedingung abhängig gemacht werden** (§ 1750 Abs. 2 Satz 1 BGB). Insbesondere darf etwa ein Elternteil seine eigene Einwilligung nicht davon abhängig machen, dass auch der andere Elternteil in die Annahme nach § 1747 Abs. 1 BGB einwilligt.

7 Die Einwilligungserklärung darf auch **nicht unter eine Zeitbestimmung** gestellt werden. Eine Einwilligungserklärung kann wegen Zeitablaufs nur im Fall von § 1750 Abs. 4 Satz 2 BGB (Einwilligung eines Elternteils) von Gesetzes wegen außer Kraft treten. Alle weiteren Einwilligungserklärungen gelten zeitlich unbegrenzt, solange der Annahmeantrag nicht zurückgezogen oder gerichtlich zurückgewiesen worden ist (§ 1750 Abs. 4 Satz 1 BGB).

V. Die Höchstpersönlichkeit

8 Im Grundsatz ist weder eine gewillkürte noch eine gesetzliche Vertretung bei der Erklärung einer Einwilligung erlaubt (**Höchstpersönlichkeit**, § 1750 Abs. 3 Satz 1 BGB). Selbst eine beschränkt geschäftsfähige Person bedarf für die Erklärung keiner Zustimmung ihres gesetzlichen Vertreters (§ 1750 Abs. 3 Satz 2 BGB). Ausnahme hiervon ist nur die Einwilligung des über 14-jährigen Kindes, welche nach § 1746 Abs. 1 Satz 3 BGB der Zustimmung des gesetzlichen Vertreters bedarf.

9 Das **geschäftsunfähige Kind** erklärt die Einwilligung hingegen nicht höchstpersönlich, sondern durch seinen gesetzlichen Vertreter (§ 1746 Abs. 1 Satz 2 BGB). Die Erklärungen sonstiger **geschäftsunfähiger Personen** sind schon wegen §§ 1747 Abs. 4, 1749 Abs. 3 BGB entbehrlich.

1 MüKo-BGB/*Maurer*, § 1750 Rn. 17
2 OLG Hamm NJW 1982, 1002

VI. Außerkrafttreten der Einwilligungserklärungen

Die jeweiligen Einwilligungserklärungen treten nach § 1750 Abs. 4 BGB in drei Fällen außer Kraft: **10**

1. bei Rücknahme des Annahmeantrags nach § 1752 BGB,
2. bei rechtskräftiger Ablehnung der Annahme als Kind,
3. bei der Einwilligung eines Elternteils gemäß § 1747 BGB nach Ablauf von drei Jahren, wobei die Frist mit Wirksamwerden der Einwilligungserklärung beginnt (§ 1750 Abs. 4 Satz 2 BGB).

VII. Die Anfechtung von Einwilligungserklärungen

Als Willenserklärungen sind sämtliche Einwilligungserklärungen auch nach §§ 119 ff. BGB anfechtbar oder wegen Sittenwidrigkeit oder Geschäftsunfähigkeit unwirksam. Die Wirksamkeit einer Erklärung kann durch ein gesondertes Zwischenverfahren überprüft werden, vor dessen Abschluss nicht über die Annahme als Kind entschieden werden darf.[3] Nach Wirksamwerden der Annahmeentscheidungen stellen Willensmängel bzw. Täuschungen und Drohungen Aufhebungsgründe nach § 1760 Abs. 2 BGB dar. **11**

§ 1751 BGB

Wirkung der elterlichen Einwilligung, Verpflichtung zum Unterhalt

(1) [1]Mit der Einwilligung eines Elternteils in die Annahme ruht die elterliche Sorge dieses Elternteils; die Befugnis zum persönlichen Umgang mit dem Kind darf nicht ausgeübt werden. [2]Das Jugendamt wird Vormund; dies gilt nicht, wenn der andere Elternteil die elterliche Sorge allein ausübt oder wenn bereits ein Vormund bestellt ist. [3]Eine bestehende Pflegschaft bleibt unberührt. [4]Für den Annehmenden gilt während der Zeit der Adoptionspflege § 1688 Abs. 1 und 3 entsprechend.

(2) Absatz 1 ist nicht anzuwenden auf einen Ehegatten, dessen Kind vom anderen Ehegatten angenommen wird.

(3) Hat die Einwilligung eines Elternteils ihre Kraft verloren, so hat das Familiengericht die elterliche Sorge dem Elternteil zu übertragen, wenn und soweit dies dem Wohl des Kindes nicht widerspricht.

(4) [1]Der Annehmende ist dem Kind vor den Verwandten des Kindes zur Gewährung des Unterhalts verpflichtet, sobald die Eltern des Kindes die erforderliche Einwilligung erteilt haben und das Kind in die Obhut des Annehmenden mit dem Ziel der Annahme aufgenommen ist. [2]Will ein Ehegatte ein Kind seines Ehegatten annehmen, so sind die Ehegatten dem Kind vor den anderen Verwandten des Kindes zur Gewährung des Unterhalts verpflichtet, sobald die erforderliche Einwilligung der Eltern des Kindes erteilt und das Kind in die Obhut der Ehegatten aufgenommen ist.

3 OLG Frankfurt FamRZ 1981, 206; MüKo-BGB/*Maurer*, § 1749 Rn. 43, 46 ff.

Übersicht

A. Allgemeines

1 Die Vorschrift regelt die **Rechtsbeziehungen des Kindes in der Zeit zwischen erfolgter Einwilligung der Eltern (oder eines Elternteils) und dem Wirksamwerden der Adoption** (sog. Vorwirkung). Maßgeblich werden für die Zwischenzeit durch § 1751 BGB die Fragen des Sorgerechts, des Umgangsrechts sowie des Unterhaltsrechts geklärt. Die Rechtswirkungen des § 1751 BGB treten auch ein, wenn die Einwilligung des entsprechenden Elternteils bzw. beider Eltern rechtskräftig nach § 1748 BGB **ersetzt** worden ist.[1]

2 Die Vorschrift gilt **nur für die Minderjährigenadoption**, da bei einer Volljährigenadoption keine Einwilligung der Eltern erforderlich ist (§ 1768 Abs. 1 Satz 2 BGB) und auch keine Ersetzung der entsprechenden Einwilligungen möglich ist.

3 Bei der **Stiefkindadoption** verliert derjenige Elternteil nicht sein Sorge- und Umgangsrecht, dessen Ehegatte das Kind adoptieren möchte (§ 1751 Abs. 2 BGB). Im Unterhaltsrecht sind nach erfolgten Einwilligungen der Eltern der Annehmende und der verbleibende Elternteil gemeinsam zum Unterhalt gegenüber dem in ihrer Obhut befindlichen Kind verpflichtet (§ 1751 Abs. 4 Satz 2 BGB).

B. Inhalt der Norm

I. Folgen für die elterliche Sorge

4 Mit der Einwilligung eines Elternteils (oder mit der Ersetzung seiner Einwilligung) **„ruht" dessen elterliche Sorge** (§ 1751 Abs. 1 Satz 1 Alt. 1 BGB).[2] Dies kann denklogisch jedoch nur dann gelten, wenn der entsprechende Elternteil im Zeitpunkt des Wirksamwerdens der Erklärung (oder der Rechtskraft der Ersetzungsentscheidung) auch die elterliche Sorge für das Kind hatte. Wurde ihm diese vorher entzogen (etwa gemäß § 1666 BGB) oder hatte er diese bisher nicht (z.B. der nichteheliche Vater im Fall von § 1626a Abs. 3 BGB), so hat die Einwilligung oder Ersetzung keinen Einfluss auf das Sorgerecht. Hat der nichteheliche und nicht sorgeberechtigte Vater einmal seine Einwilligung wirksam erteilt, so kann er sein Sorgerecht auch nicht dadurch wieder aufleben lassen, indem er die Mutter heiratet, eine gemeinsame Sorgeerklärung mit der Mutter abgibt oder einen Antrag auf Übertragung der

1 BT-Drs. 7/5087, 14; KG OLGZ 1978, 139, 140

2 Zur zutreffenden Kritik an der missverständlichen Terminologie des „Ruhen der elterlichen Sorge": MüKo-BGB/*Maurer*, § 1751 Rn. 14

Sorge nach § 1747 Abs. 3 Nr. 3 BGB i.V.m. § 1626a Abs. 2 BGB oder i.V.m.§ 1671 Abs. 2 BGB stellt (hierzu ausführlich: *Braun*, § 1747 BGB Rn. 12).

Verliert die entsprechende Einwilligung ihre Kraft gemäß § 1750 Abs. 4 Satz 1 BGB (Rücknahme des Adoptionsantrags oder Versagung der Annahme) oder gemäß § 1750 Abs. 4 Satz 2 BGB (Ablauf der Drei-Jahres-Frist), so geht die elterliche Sorge nicht wieder automatisch zurück an den entsprechenden Elternteil. Vielmehr muss das Familiengericht dann gemäß § 1751 Abs. 3 BGB erneut über die elterliche Sorge entscheiden. 5

II. Eintritt der Adoptionsvormundschaft

Wenn das Kind aufgrund der Einwilligungen der Eltern (oder aufgrund der Ersetzungen der entsprechenden Einwilligungen) ohne elterliche Sorge ist, tritt nach § 1751 Abs. 1 Satz 2 BGB **von Gesetzes wegen Adoptionsvormundschaft (Amtsvormundschaft)** ein. 6

Die Frage, ob tatsächlich eine Adoptionsvormundschaft durch das Jugendamt nach § 1751 Abs. 1 Satz 2 Hs. 1 BGB eintritt, hängt von der **Fallkonstellation im Zeitpunkt der Wirksamkeit der entsprechenden Einwilligungserklärung bzw. der Rechtskraft der Ersetzung der entsprechenden Einwilligung** ab. Folgende Fälle sind zu unterscheiden: 7

- **Beide Elternteile sind sorgeberechtigt**: Die Vormundschaft des Jugendamts tritt erst dann ein, wenn der letzte der beiden Elternteile wirksam in die Adoption eingewilligt hat oder die letzte der beiden Einwilligungen rechtskräftig ersetzt worden ist. Willigt nur ein Elternteil ein (oder wird nur dessen Einwilligung ersetzt), so verbleibt das alleinige Sorgerecht (zunächst) beim verbliebenen sorgeberechtigten Elternteil (§ 1751 Abs. 1 Satz 2 Hs. 2 BGB).

- **Ein Elternteil ist allein sorgeberechtigt**: Die Vormundschaft des Jugendamts tritt ein, wenn dieser Elternteil wirksam in die Adoption einwilligt oder dessen Einwilligung rechtskräftig ersetzt worden ist. Dies gilt unabhängig davon, ob auch der in diesem Zeitpunkt nicht sorgeberechtigte andere Elternteil eingewilligt hat (zum Erlöschen der Vormundschaft bei einem Sorgerechtsantrag des nichtehelichen Vaters siehe unten Rn. 12). Dasselbe gilt, wenn im Zeitpunkt der Wirksamkeit der Einwilligungserklärung (oder Rechtskraft der Ersetzungsentscheidung) nur ein (sorgeberechtigter) Elternteil existiert (meistens die Mutter nach § 1591 BGB). Auch eine später anerkannte oder festgestellte Vaterschaft nach § 1592 Nr. 2 oder 3 BGB führt nicht zu einer Veränderung der Amtsvormundschaft.

- **Kein Elternteil ist sorgeberechtigt**: Ist kein Elternteil sorgeberechtigt, so muss nach § 1774 Abs. 1 BGB von Amts wegen ein Vormund für das Kind bestellt werden. In einem solchen Fall bedarf es dann auch keiner Adoptionsvormundschaft mehr, wie § 1751 Abs. 1 Satz 2 Hs. 2 BGB ausdrücklich klarstellt. Eine Pflegschaft (vgl. §§ 1809 ff. BGB) bleibt unberührt (§ 1751 Abs. 1 Satz 3 BGB).

Entscheidender **Zeitpunkt für den Eintritt der Adoptionsvormundschaft** ist das Wirksamwerden der (letzten) entsprechenden Einwilligung des Elternteils. Eine Einwilligung wird wirksam **mit Zugang beim Familiengericht** (§ 1750 Abs. 1 Satz 3 BGB). Im Falle der Ersetzung der entsprechenden Einwilligung tritt die Adoptionsvormundschaft mit Rechtskraft der Ersetzungsentscheidung ein (vgl. zur Rechtskraft von Ersetzungsentscheidungen: *Braun*, § 198 FamFG Rn. 2). 8

III. Erlöschen der Adoptionsvormundschaft

1. Beendigung der Amtsvormundschaft durch Ausspruch der Annahme als Kind

9 Wird die **Annahme als Kind ausgesprochen und wirksam**, so endet damit die Amtsvormundschaft von Gesetzes wegen. Dies folgt aus §§ 1754 Abs. 3, 1806 BGB.

2. Beendigung durch Rückübertragung der elterlichen Sorge nach § 1751 Abs. 3 BGB

10 Auf der anderen Seite endet die Adoptionsvormundschaft jedoch **nicht auch schon durch das Scheitern der Annahme** nach § 1750 Abs. 4 Satz 1 BGB **oder durch das Außerkrafttreten der Einwilligungserklärung** nach § 1750 Abs. 4 Satz 2 BGB. Vielmehr obliegt es gemäß § 1751 Abs. 3 BGB der erneuten Entscheidung des Familiengerichts, ob es die elterliche Sorge einem oder beiden Elternteilen wieder überträgt. Erst wenn dies der Fall ist, wird die Amtsvormundschaft gemäß §§ 1773 Abs. 1, 1882 BGB von Gesetzes wegen aufgelöst. Kommt das Familiengericht hingegen zum Ergebnis, dass das Sorgerecht nicht nach § 1751 Abs. 3 BGB zu übertragen ist, so bleibt die Amtsvormundschaft so lange bestehen, bis eine anderweitige Vertretungsregelung getroffen wurde oder bis das Kind volljährig geworden ist.

3. Beendigung durch nachträgliche Übertragung des Sorgerechts auf den nichtehelichen Vater

11 Die Adoptionsvormundschaft endet darüber hinaus auch, **wenn der Vater im Nachhinein** (also zeitlich nach der Einwilligung der zu diesem Zeitpunkt nach § 1626a Abs. 3 BGB allein sorgeberechtigten Mutter) auf dessen Antrag die **elterliche Sorge** für das Kind nach § 1747 Abs. 3 Nr. 3 BGB i.V.m. § 1626a Abs. 2 BGB oder § 1671 Abs. 2 BGB **übertragen bekommt**. Diese Möglichkeit steht nur dem rechtlichen Vater, also nicht dem Vaterschaftsprätendenten nach § 1747 Abs. 1 Satz 2 BGB zu (vgl. hierzu *Braun*, § 1747 BGB Rn. 14). Durch gemeinsame Sorgeerklärung nach § 1626a Abs. 1 Nr. 1 BGB oder durch Heirat ist die Herstellung dieser Rechtsfolge jedoch nicht möglich (siehe hierzu Rn. 13).

12 Die Möglichkeit des nichtehelichen Vaters, das Sorgerecht während des Adoptionsverfahrens auf ihn zu übertragen, ist **ausdrücklich in § 1747 Abs. 3 Nr. 3 BGB aufgeführt**.[3] § 1747 Abs. 3 Nr. 3 BGB bestimmt, dass eine Adoption nicht ausgesprochen werden darf, solange noch nicht über einen Antrag nach § 1626a Abs. 2 BGB oder § 1671 Abs. 2 BGB entschieden worden ist (**Sperrwirkung des Sorgerechtsantrags**). Dieses Eingriffsrecht des nichtehelichen Vaters muss dann auch für die Frage des Fortbestands der Adoptionsvormundschaft gelten. Würde die Amtsvormundschaft nach § 1751 Abs. 1 Satz 2 BGB auch nach erfolgreicher Durchführung des Sorgerechtsverfahrens nach § 1671 Abs. 2 oder § 1626a Abs. 2 BGB bestehen bleiben, so würde der nichteheliche Vater sein Rechtsschutzziel – das Erlangen der elterlichen Sorge – gerade nicht erreichen können. Lehnt das Familiengericht den Antrag im Sorgerechtsverfahren rechtskräftig ab, so bleibt die Adoptionsvormundschaft bis zum rechtskräftigen Ausspruch der Adoption oder bis zur Rückübertragung der elterlichen Sorge nach § 1751 Abs. 3 BGB bestehen.

3 Vgl. z.B.: Gesetz zur Reform der elterlichen Sorge nicht miteinander verheirateter Eltern vom 16.4.2013, BGBl. I S. 795

Durch gemeinsame Sorgeerklärung (§ 1626a Abs. 1 Nr. 1 BGB) **oder Heirat** (§ 1626a Abs. 1 Nr. 2 BGB) kann der nichteheliche Vater **jedoch nicht im Nachhinein** das Sorgerecht noch erhalten und als Folge die einmal nach § 1751 Abs. 1 Satz 2 BGB entstandene Amtsvormundschaft enden.[4] Schließlich hat die Mutter das Sorgerecht zu diesem Zeitpunkt nicht mehr inne, und sie kann dieses dann auch nicht dem (vormals) nichtehelichen Vater über § 1626a Abs. 1 BGB vermitteln. 13

4. Beendigung der Adoptionsvormundschaft durch Abänderung einer gerichtlichen Sorgerechtsentscheidung nach § 1696 BGB

Schließlich ist noch möglich, dass die Adoptionsvormundschaft dadurch endet, dass **ein vorher aus anderem Grund als § 1751 Abs. 1 Satz 1 BGB verlorenes Sorgerecht aufgrund abändernder Entscheidung nach § 1696 BGB wieder zurück übertragen wird**. Diese Konstellation ist denkbar, wenn einem Elternteil das Sorgerecht (z.B. gemäß § 1666 BGB) entzogen worden ist, hieraufhin der andere allein sorgeberechtigte Elternteil in die Annahme einwilligt und aufgrund dessen Amtsvormundschaft nach § 1751 Abs. 1 Satz 2 BGB eingetreten ist. Entscheidet das gemäß § 1696 BGB angerufene Familiengericht vor Abschluss des Adoptionsverfahrens, dass das Sorgerecht wieder an den vormaligen Elternteil zurückfällt, so ist das Kind nicht mehr ohne Sorge und die Grundvoraussetzung für eine Vormundschaft nach §§ 1773 Abs. 3 BGB nicht mehr gegeben. Die Adoptionsvormundschaft endet dann von Gesetzes wegen. Zu bedenken ist aber, dass nicht schon die Anregung auf Rückübertragung des Sorgerechts zur Sperrwirkung des § 1747 Abs. 3 Nr. 3 BGB führt, wie etwa ein Antrag nach § 1671 Abs. 2 BGB oder § 1626a Abs. 2 BGB. 14

IV. Folgen für den Umgang

Mit Einwilligung des Elternteils oder mit rechtskräftiger Ersetzung der Einwilligung verliert der entsprechende Elternteil gemäß § 1751 Abs. 1 Satz 1 Hs. 2 BGB seine Befugnis zum persönlichen Umgang mit dem Kind (**Verlust des Rechtes gemäß § 1626 Abs. 3 Satz 1 BGB**). Mit dieser Vorwirkung soll schon während der Pflege- oder Probezeit ein ungehindertes Aufwachsen des Kindes ermöglicht werden.[5] 15

Das Umgangsrecht des Kindes (§ 1684 BGB), der sonstigen Umgangsberechtigten (§ 1685 BGB), des biologischen Vaters (§ 1686a BGB) und auch des Vaterschaftsprätendenten (§ 1747 Abs. 1 Satz 2 BGB) (solange dieser noch nicht in die Annahme eingewilligt hat) ruht durch § 1751 Abs. 1 Satz 1 Hs. 2 BGB ausdrücklich nicht. Durch gesonderte Entscheidungen des Familiengerichts kann das Umgangsrecht jedoch zum Wohl des Kindes eingeschränkt werden.[6]

Die gesetzliche Folge des Umgangsausschlusses nach § 1751 Abs. 1 Satz 1 Hs. 2 BGB ist insbesondere **bei der Stiefkindadoption nicht unproblematisch**. Zwar behält der verbleibende Elternteil (also der Elternteil, dessen Ehegatte das Kind annehmen möchte) nach § 1751 Abs. 2 BGB seine Umgangsbefugnis gegenüber dem Kind. Der ausscheidende Elternteil hat diese Befugnis mit seiner Einwilligung in die Adoption jedoch nicht mehr. Aus Sicht des Kindes, welches schließlich ein gesetzliches Recht auf Umgang zu jedem Elternteil gemäß § 1684 Abs. 1 BGB hat, kann diese automatische Folge durchaus nachteilig sein (siehe weitergehend zur Stiefkindadoption: *Braun*, § 1741 BGB Rn. 15). 16

4 Staudinger/*Helms*, § 1751 BGB Rn. 18; a.A.: MüKo-BGB/*Maurer*, § 1751 Rn. 38
5 Grüneberg/*Götz*, § 1751 BGB Rn. 2; OLG Stuttgart FamRZ 2006, 1865
6 Ausführlich: MüKo-BGB/*Maurer*, § 1751 Rn. 52 ff.

V. Folgen für den Unterhalt

17 Um dem Kind schon während der Probezeit den Unterhalt zu sichern, werden die Annehmenden schon **mit Wirksamwerden der Einwilligung des (letzten) Elternteils oder mit Rechtskraft der letzten Ersetzung unterhaltspflichtig**, wenn sie das Kind in Obhut haben (§ 1751 Abs. 4 Satz 1 BGB).

Im Gegenzug erlöschen aber nicht die Unterhaltsverpflichtungen der bisherigen Eltern und deren Verwandten. § 1751 Abs. 4 Satz 1 BGB schafft **lediglich ein Rangverhältnis**, indem **die Annehmenden vorrangig** unterhaltspflichtig werden. Die Unterhaltsverpflichtung der leiblichen Familienangehörigen erlischt erst mit Wirksamkeit der Annahmeentscheidung.

18 Weitere Voraussetzung ist, dass das Kind sich schon in der **Obhut der Annehmenden** befindet. Wie bei § 1626 Abs. 2 BGB kommt es dabei nicht unbedingt auf die Aufnahme in den Haushalt an, sondern vielmehr auf die **tatsächliche Ausübung der Betreuung und Erziehung des Kindes**. Diese Situation kann auch dann bestehen, wenn sich das Kind wegen Krankheit oder Behinderung noch in einem Krankenhaus oder Heim aufhält.[7] Geht die tatsächliche Inhobhutnahme der Einwilligung oder Ersetzung voraus, so tritt die Unterhaltspflicht erst mit Wirksamwerden der Einwilligung oder Rechtskraft der Ersetzung ein. Hat das Kind keine Eltern, welche einwilligen können (Findelkind), so entsteht die Unterhaltsverpflichtung schon mit dem Zeitpunkt der Inobhutnahme.

19 Die weiteren **Voraussetzungen, Art und Umfang des Unterhaltsanspruchs sowie die Haftung der Annehmenden** für den Unterhalt richten sich nach §§ 1602 ff. BGB.

20 Die Unterhaltsverpflichtung **gilt nicht umgekehrt**. Das Kind wird gegenüber den Annehmenden während der Adoptionspflegezeit nicht unterhaltspflichtig.[8] Gegenüber den bisherigen Verwandten bleibt es (bis zum Ausspruch der Annahme als Kind) indes unterhaltsverpflichtet.

21 **Bei der Stiefkindadoption** tritt eine andere Situation ein. Mit der Einwilligung der Eltern (bzw. der Rechtskraft der letzten Ersetzung) werden sowohl **der Annehmende als auch der verbleibende Elternteil vorrangig unterhaltsverpflichtet** gegenüber dem Kind im Vergleich zu den weiteren Verwandten (insb. im Verhältnis zum ausscheidenden Elternteil) (§ 1751 Abs. 4 Satz 2 BGB). Auch hier muss sich das Kind aber in der Obhut des Annehmenden und des verbleibenden Elternteils befinden (was meistens der Fall sein wird). Die Unterhaltspflicht des ausscheidenden Elternteils erlischt endgültig erst mit Rechtskraft der Annahmeentscheidung (§ 1755 Abs. 2 BGB).

22 Wird die Annahme abgelehnt, der Annahmeantrag zurückgenommen oder verlieren die Einwilligungen der Eltern nach Ablauf von drei Jahren ihre Kraft, so **erlischt** auch **die Unterhaltspflicht** des oder der Annehmenden. Allein mit der Abgabe der Obhut können sich die Annehmenden ihrer Unterhaltspflicht jedoch nicht entziehen.[9]

23 Durch den Eintritt der Unterhaltsverpflichtung nach § 1751 Abs. 4 BGB erhalten die Annehmenden auch schon vor Ausspruch der Adoption **öffentlich-rechtliche Leistungsansprüche für das Kind**. Zu nennen sind hierbei insb. die Ansprüche auf Kindergeld, auf Elterngeld, auf Mitversicherung bei der Krankenversicherung und auf Waisenrente.

7 BT-Drs. 7/5087, 14
8 MüKo-BGB/*Maurer*, § 1751 Rn. 69; A.A. Staudinger/*Helms*, § 1751 BGB Rn. 32
9 MüKo-BGB/*Maurer*, § 1751 Rn. 74

§ 1752 BGB

Beschluss des Familiengerichts, Antrag

(1) Die Annahme als Kind wird auf Antrag des Annehmenden vom Familiengericht ausgesprochen.

(2) [1]Der Antrag kann nicht unter einer Bedingung oder einer Zeitbestimmung oder durch einen Vertreter gestellt werden. [2]Er bedarf der notariellen Beurkundung.

Übersicht

A. Allgemeines

Die Vorschrift bestimmt die **Antragsberechtigung und die weiteren Voraussetzungen für den Antrag** auf Annahme als Kind. Der Antrag hat eine Doppelnatur. Während er einerseits das Verfahren als verfahrenseinleitenden Antrag nach § 23 FamFG einleitet, hat er auch den materiell-rechtlichen Gehalt einer empfangsbedürftigen Willenserklärung gegenüber dem Familiengericht.[1] Das Annahmeverfahren ist ein **reines Antragsverfahren**. Von Amts wegen kann keine Annahme ausgesprochen werden. 1

B. Inhalt der Norm

I. Antragsberechtigung

Antragsberechtigt sind ausschließlich die Annehmenden (bei der gemeinschaftlichen Adoption) oder der Annehmende (bei der Alleinadoption). Bei der gemeinschaftlichen Adoption müssen beide Erklärungen bei Gericht eingehen, sie müssen jedoch nicht in einer notariellen Urkunde erklärt werden. Bei der Stiefkindadoption ist nur der Annehmende antragsberechtigt. Der verbleibende Elternteil des Kindes (und Ehegatte des Annehmenden) ist nicht antragsberechtigt, dafür einwilligungsberechtigt bzw. -verpflichtet nach §§ 1747, 1749 BGB. 2

II. Wirksamwerden des Antrags

Als empfangsbedürftige Willenserklärung wird der Antrag **mit Zugang beim Familiengericht wirksam**. Die Annehmenden können sich hierbei der Hilfe des Notars bedienen, so dass sich in notariellen Urkunden häufig der Passus findet, dass der Notar für die Einreichung des Antrags beauftragt wird. Der Zugang des Antrags bei Gericht führt zur Anhängigkeit des Verfahrens. Auch bei der Annahme nach dem Tod des Annehmenden (§ 1753 Abs. 2 BGB) kann der Zeitpunkt des Zugangs des Antrags eine Rolle spielen (hierzu *Braun*, § 1753 BGB Rn. 4). 3

1 MüKo-BGB/*Maurer*, § 1752 Rn. 5

III. Form des Antrags

4 Der Antrag bedarf der **notariellen Beurkundung** (§ 1752 Abs. 2 Satz 2 BGB). Eine bloß öffentliche Beglaubigung nach § 129 BGB oder eine Beurkundung durch andere Personen (etwa durch das Jugendamt nach § 59 SGB VIII) ist unzulässig.

5 Der Notar hat den oder die Annehmenden über die weitreichenden Folgen der Annahme als Kind und die praktische Unaufhebbarkeit zu belehren (**Belehrungsfunktion**). Dies gilt auch bei Stiefkindadoptionen und ist unabhängig von der Beratungspflicht des Annehmenden nach § 9a Abs. 1 Nr. 2 AdVermiG.

III. Bedingungs- und Befristungsfeindlichkeit des Antrags

6 Der Antrag darf **nicht unter aufhebenden oder auflösenden Bedingungen** gestellt werden (§ 1752 Abs. 2 Satz 1 BGB).[2] Insbesondere darf bei der gemeinschaftlichen Annahme ein Annehmender seinen Antrag nicht von der Antragstellung durch den anderen Annehmenden abhängig machen. Das Gleiche gilt für das Abhängigmachen des Antrags von der Einwilligung der Eltern.

7 Der Antrag kann auch nicht unter eine Zeitbestimmung gestellt werden (**Befristungsfeindlichkeit**). Der Antrag ist so lange wirksam, bis über ihn gerichtlich entschieden worden ist oder der Antrag zurückgenommen worden ist. Ein Außerkrafttreten des Antrags wegen Zeitablaufs (wie etwa bei § 1750 Abs. 4 Satz 2 BGB) sieht das Gesetz nicht vor. Wird der Antrag unter einer Bedingung oder Befristung gestellt, so ist er als unzulässig zurückzuweisen.

IV. Höchstpersönlichkeit der Antragstellung

8 Der Antrag darf nicht durch einen Vertreter gestellt werden (**Höchstpersönlichkeit der Antragstellung**, § 1752 Abs. 2 Satz 1 BGB). Insbesondere darf kein Vollmachtnehmer die Erklärung abgeben und auch ein gesetzlicher Vertreter (etwa ein rechtlicher Betreuer) ist nicht zur Antragstellung für den Annehmenden befugt.

V. Geschäftsfähigkeit des Erklärenden

9 Da der Annahmeantrag eine Willenserklärung darstellt, darf der Erklärende im Zeitpunkt der Erklärung **nicht geschäftsunfähig** sein (§ 105 BGB). Bestehen Zweifel an der Geschäftsfähigkeit, so muss dies das Gericht ggf. durch Einholung eines Sachverständigengutachtens von Amts wegen aufklären (§ 26 FamFG). Wird die Geschäftsunfähigkeit nicht aufgeklärt oder während des Verfahrens nicht bekannt, so führt dies zu einem Aufhebungsgrund nach § 1760 Abs. 2a) BGB.

VI. Rücknahme des Antrags

10 Der Antrag auf Annahme als Kind kann (im Gegensatz zu den Einwilligungserklärungen) **bis zum Wirksamwerden des Annahmebeschlusses zurückgenommen werden**. Die Rücknahme des Antrags (auch nur eines Annehmenden bei der gemeinschaftlichen Adoption) bewirkt, dass das Verfahren beendet ist (§ 22 FamFG) und die bisher erteilten Einwilligungen ihre Kraft verlieren (§ 1750 Abs. 4 Satz 1 BGB). Wirksam wird die Rücknahme mit Zugang beim Familiengericht. Sie bedarf keiner besonderen Form, insbesondere nicht der no-

2 KG FamRZ 2013, 642 (Antrag im Hinblick auf eine zukünftige Eheschließung)

tariellen Beurkundung.[3] Wird trotz Rücknahme des Antrags die Annahme dennoch ausgesprochen, so führt dies nicht zur Nichtigkeit, sondern bloß zur Aufhebbarkeit der Annahme.[4]

§ 1753 BGB

Annahme nach dem Tode

(1) Der Ausspruch der Annahme kann nicht nach dem Tode des Kindes erfolgen.

(2) Nach dem Tode des Annehmenden ist der Ausspruch nur zulässig, wenn der Annehmende den Antrag beim Familiengericht eingereicht oder bei oder nach der notariellen Beurkundung des Antrags den Notar damit betraut hat, den Antrag einzureichen.

(3) Wird die Annahme nach dem Tode des Annehmenden ausgesprochen, so hat sie die gleiche Wirkung, wie wenn sie vor dem Tode erfolgt wäre.

1 § 1753 BGB bestimmt einerseits, dass die **Annahme nach dem Tode des Kindes nicht mehr möglich** ist (Abs. 1) und andererseits, dass eine **Annahme auch noch nach dem Tode des Annehmenden mit den gleichen Wirkungen möglich** ist (Abs. 2 und Abs. 3).

2 Die Zulässigkeit der Annahme nach dem Tode des Annehmenden verwundert auf den ersten Blick. Nach dem Willen des Gesetzgebers soll dies aber zum Wohle des Kindes möglich sein, damit eine noch zu Lebzeiten entstandene **Eltern-Kind-Beziehung** entsprechende **postmortale rechtliche Wirkungen** nach sich zieht.[1]

3 Selbstverständlich müssen auch bei einer Annahme nach dem Tode des Annehmenden **die Voraussetzungen des § 1741 ff. BGB erfüllt sein**. Insbesondere die Kindeswohlprüfung ist dabei von besonderer Bedeutung, da eine Prognose für das Entstehen eines Eltern-Kind-Verhältnisses tatsächlich nicht mehr möglich ist. Zu fordern ist daher die retrospektive Feststellung, dass zu Lebzeiten des Annehmenden schon ein entsprechendes Eltern-Kind-Verhältnis entstanden ist. Ohne einen präsenten Annehmenden sind derartige Feststellungen jedoch nur äußerst schwer zu treffen.[2]

4 Eine Annahme nach dem Tode des Annehmenden ist nur dann möglich, wenn der **Antrag schon dem Gericht zugegangen** ist (siehe hierzu *Braun*, § 1752 BGB Rn. 3) **oder der Notar mit der Einreichung des Antrags bei Gericht beauftragt worden** ist (§ 1753 Abs. 2 BGB). In der notariellen Praxis ist daher zu empfehlen, einen entsprechenden Passus in jeden Annahmeantrag vorsorglich mit aufzunehmen.

§ 1754 BGB

Wirkung der Annahme

(1) Nimmt ein Ehepaar ein Kind an oder nimmt ein Ehegatte ein Kind des anderen Ehegatten an, so erlangt das Kind die rechtliche Stellung eines gemeinschaftlichen Kindes der Ehegatten.

(2) In den anderen Fällen erlangt das Kind die rechtliche Stellung eines Kindes des Annehmenden.

(3) Die elterliche Sorge steht in den Fällen des Absatzes 1 den Ehegatten gemeinsam, in den Fällen des Absatzes 2 dem Annehmenden zu.

---

3 Staudinger/*Helms*, § 1752 BGB Rn. 12
4 OLG Düsseldorf FamRZ 1997, 11
1 BT-Drs. 7/3061, 42
2 Ausführlich Staudinger/*Helms*, § 1753 BGB Rn. 9

§ 1755 BGB

Erlöschen von Verwandtschaftsverhältnissen

(1) [1]Mit der Annahme erlöschen das Verwandtschaftsverhältnis des Kindes und seiner Abkömmlinge zu den bisherigen Verwandten und die sich aus ihm ergebenden Rechte und Pflichten. [2]Ansprüche des Kindes, die bis zur Annahme entstanden sind, insbesondere auf Renten, Waisengeld und andere entsprechende wiederkehrende Leistungen, werden durch die Annahme nicht berührt; dies gilt nicht für Unterhaltsansprüche.

(2) Nimmt ein Ehegatte das Kind seines Ehegatten an, so tritt das Erlöschen nur im Verhältnis zu dem anderen Elternteil und dessen Verwandten ein.

§ 1756 BGB

Bestehenbleiben von Verwandtschaftsverhältnissen

(1) Sind die Annehmenden mit dem Kind im zweiten oder dritten Grad verwandt oder verschwägert, so erlöschen nur das Verwandtschaftsverhältnis des Kindes und seiner Abkömmlinge zu den Eltern des Kindes und die sich aus ihm ergebenden Rechte und Pflichten.

(2) Nimmt ein Ehegatte das Kind seines Ehegatten an, so erlischt das Verwandtschaftsverhältnis nicht im Verhältnis zu den Verwandten des anderen Elternteils, wenn dieser die elterliche Sorge hatte und verstorben ist.

Übersicht

A. Allgemeines

1 Die **Wirkungen einer Minderjährigenadoption** folgen aus §§ 1754 bis 1756 BGB. In diesen Vorschriften sind jedoch im Wesentlichen nur die Folgen für das Verwandtschaftsverhältnis (**Statusänderung**) aufgeführt. Die Folgerungen für die familienrechtlichen Rechtsbeziehungen zu den Annehmenden einerseits und zur bisherigen Familie andererseits (insb. Sorge-, Umgangs- und Unterhaltsrechte) sowie für weitere Rechtsbeziehungen zueinander (erbrechtlich, öffentlich-rechtlich) ergeben sich nur mittelbar (mit Ausnahme von § 1754 Abs. 3 BGB bezüglich der Verteilung der elterlichen Sorge nach der Adoption), indem sich aus der veränderten Rechtstellung des Kindes Ansprüche und Pflichten nach den Vorgaben im entsprechenden Rechtsgebiet ergeben.

2 Das deutsche Recht kennt nur die sog. **Volladoption**: das Kind verliert als Folge der Annahme grundsätzlich sämtliche Rechte und Pflichten gegenüber den bisherigen Eltern und deren Familien (§ 1755 Abs. 1 BGB) und wird vollständig in die Familie der Annehmenden eingegliedert (§ 1754 Abs. 1 BGB). Nur einige wenige (allerdings durchaus praxisrelevante) Ausnahmen sind in § 1755 Abs. 2 BGB und § 1756 Abs. 1 und Abs. 2 BGB hinsichtlich der Stiefkind- und Verwandtenadoption geregelt. Ob die Absolutheit der Volladoption in Zukunft vom Gesetzgeber aufrechtzuerhalten ist, bleibt aufgrund der Entscheidung des Bundesverfassungsgerichts vom 6.3.2019[1] zweifelhaft.

1 BVerfG NJW 2019, 1793

B. Inhalt der Normen

I. Die Rechtsverhältnisse zwischen dem Kind und den Annehmenden im Einzelnen

Durch die Adoption entsteht zwischen Kind und Annehmenden ein **neues Abstammungsverhältnis**. Das Kind wird (fast) in jeder Hinsicht einem leiblichen Kind der Annehmenden gleichgestellt (zu den wenigen Ausnahmen Rn. 4). Dies führt zu maßgeblichen Folgen sowohl im bürgerlichen als auch im öffentlichen Recht, welche im Folgenden in der Übersicht – ohne Anspruch auf Vollständigkeit – dargestellt werden: 3

- **Verfassungsrechtlich** erlangen die Annehmenden das verfassungsrechtlich geschützte Elternrecht aus Art. 6 Abs. 2 Satz 1 GG und sind dadurch auf der anderen Seite dem Kind zur Pflege und Erziehung verpflichtet.[2]
- Die Annahme als Kind führt zu einem **umfassenden gemeinsamen Sorgerecht der Annehmenden gegenüber dem Kind (§ 1754 Abs. 1 und Abs. 3 BGB)**. Bei der Alleinadoption wird der Annehmende allein sorgeberechtigt (§ 1754 Abs. 2 und 3 BGB), es sei denn, es liegt eine Stiefkindadoption vor (§ 1754 Abs. 1 und 3 BGB). Das Gleiche gilt bei der Adoption des Kindes durch einen Lebenspartner (§ 9 Abs. 6 LPartG i.V.m. § 1754 Abs. 1 und 3 BGB) und bei der Adoption durch einen Partner einer verfestigten Lebensgemeinschaft (§ 1766a BGB). Eine etwaig vorher bestehende Vormundschaft (z.B. gemäß § 1751 BGB) endet automatisch mit Wirksamwerden der Annahme.
- Umgangsrechtlich erwerben die Annehmenden (als „Eltern") das volle **Umgangsrecht** gegenüber dem Kind (§ 1684 Abs. 1 BGB). Außerdem können sie das **Herausgaberecht gegenüber Dritten** (§ 1632 Abs. 1 BGB) geltend machen sowie den **Umgang** gemäß § 1632 Abs. 2 BGB mit Wirkung für und gegen Dritte **bestimmen**.
- Durch die Annahme werden Kind und Annehmende in gerade Linie miteinander verwandt. Dementsprechend ist das angenommene Kind einem leiblichen Kind **unterhaltsrechtlich** völlig gleichgestellt (§§ 1601 ff. BGB).[3]
- Im **Erbrecht** wird das Kind nach den Annehmenden gesetzlicher Erbe erster Ordnung (§ 1924 BGB). Die Annehmenden werden bei Versterben des Kindes gesetzliche Erben zweiter Ordnung (§ 1925 Abs. 1 BGB). Ähnliches gilt im Pflichtteilsrecht nach § 2303 Abs. 1 BGB (für das Kind) und § 2303 Abs. 2 BGB (für die Annehmenden).
- Im Hinblick auf die **Staatsangehörigkeit** erhält ein ausländisches oder staatenloses Kind mit der Annahme durch einen oder mehrere deutsche Staatsangehörige von Gesetzes wegen die deutsche Staatsangehörigkeit (§ 6 StAG). Einer Einbürgerung bedarf es nicht. Wird ein deutsches Kind durch ausländische Annehmende adoptiert, so verliert es dadurch die deutsche Staatsangehörigkeit (§ 27 StAG). Dies gilt aber nur dann, wenn das ausländische Recht den Erwerb der dortigen Staatsangehörigkeit durch die Adoption bewirkt.
- **Aufenthaltsrechtlich** führt die Annahme als Kind grundsätzlich zu einem Anspruch auf Kindernachzug nach § 32 AufenthG und zu einem entsprechenden Aufenthaltsrecht, soweit nicht ohnehin Freizügigkeit besteht. Dies ist nur relevant für angenommene Kinder von ausländischen Personen, da die Annahme durch Deutsche schon die Rechtsfolgen nach § 6 StAG und ein Aufenthaltsrecht aufgrund deutscher Staatsangehörigkeit auslöst.

---

2 MüKo-BGB/*Maurer*, Vor § 1741 Rn. 17; BVerfG NJW 2019, 1793

3 BGH FamRZ 1984, 378

- Im **Strafrecht** hat eine Adoption v.a. strafprozessuale Folgen, indem mit Wirksamkeit der Annahme das Kind ein Zeugnisverweigerungsrecht nach § 51 Abs. 1 Nr. 3 StPO hat (das Gleiche gilt in anderen Verfahrensordnungen wie der Zivilprozessordnung gemäß § 383 Abs. 1 Nr. 3 ZPO).
- Im **Sozialrecht** vermittelt das angenommene Kind u.a. Ansprüche auf Kindergeld, Elterngeld, Elternzeit und Krankengeld. Dabei ist jedoch zu beachten, dass diese Ansprüche auch schon während einer Adoptionspflegezeit (bei vermittelten Adoptionen) bestehen.

4 Nur **in einigen wenigen Beziehungen** findet **keine Gleichstellung mit einem leiblichen Kind** statt. Zu nennen ist hierbei die Möglichkeit, dass das Adoptivkind den Annehmenden nach gerichtlicher Befreiung vom Eheverbot (§ 1308 Abs. 1 BGB) heiraten kann und die Straffreiheit des Beischlafs von Adoptivverwandten (vgl. § 173 StGB).[4]

II. Die Rechtsverhältnisse zwischen dem Kind und der vormaligen Familie

5 § 1755 Abs. 1 Satz 1 BGB ordnet als Grundsatz ein **Erlöschen des Verwandtschaftsverhältnisses zu den bisherigen Eltern und deren Verwandten** an (**Volladoption**). Damit gehen auch alle Rechte und Pflichten zu diesen verloren. Ausdrücklich erhalten bleiben indes vormals erlangte Ansprüche auf „Renten, Waisengeld und andere entsprechende wiederkehrende Ansprüche" (§ 1755 Abs. 1 Satz 2 BGB), wobei im Sinne einer Rückausnahme wiederum vorher erlangte Ansprüche auf Unterhalt erlöschen.

6 Von dem Grundsatz in § 1755 Abs. 1 Satz 1 BGB werden bei **Stiefkindadoptionen** die folgenden **praxisrelevanten Ausnahmen** getroffen:

- Nach § 1755 Abs. 2 BGB erlischt nicht das Verwandtschaftsverhältnis (und die daraus folgenden Rechte und Pflichten) zum Elternteil, dessen Ehegatte das Kind annimmt. Entsprechendes gilt bei der Annahme des Kindes des eingetragenen Lebenspartners (§ 9 Abs. 6 LPartG) und bei der Annahme des Kindes des Partners einer verfestigten Lebensgemeinschaft (§ 1766a BGB). Auch zu den weiteren Verwandten dieses leiblichen Elternteils bleibt das Verwandtschaftsverhältnis aufrechterhalten.
- **§ 1756 Abs. 2 BGB** betrifft wiederum den Fall, dass erstens eine Stiefkindadoption vorliegt, zweitens der vormalige Elternteil im Zeitpunkt der Adoption schon verstorben war und drittens dieser das Sorgerecht für das Kind hatte. Dann bleiben die Verwandtschaftsverhältnisse zu den Verwandten des vormaligen Elternteils erhalten. Insbesondere können so weiterhin Erbansprüche gegenüber dieser Seite der Familie geltend gemacht werden (beachte aber die Ausnahme in § 1925 Abs. 4 BGB).[5]

7 Bei der **Verwandtenadoption** (Verwandtschaft zwischen Kind und Annehmenden im zweiten oder dritten Grad bzw. Schwägerschaft) bestimmt **§ 1756 Abs. 1 BGB**, dass die Verwandtschaftsbeziehungen zu den Verwandten der vormaligen Eltern aufrecht erhalten bleiben. Dann erlischt das Verwandtschaftsverhältnis (und die daraus folgenden Rechte und Pflichten) lediglich zu den bisherigen Eltern. Adoptieren etwa die leiblichen Großeltern ihren Enkel, so bleiben dessen Verwandtschaftsbeziehungen zu dessen Onkel und Tanten bestehen.

4 Hierzu BVerfG NJW 2008, 1137, 1141
5 Zurecht kritisch zu dieser Regelung Staudinger/*Helms*, § 1756 BGB Rn. 26 ff.

III. Die Rechtsverhältnisse zwischen dem Kind und den Verwandten der Annehmenden

Durch die Volladoption entsteht nicht nur ein Verwandtschaftsverhältnis zu dem oder den Annehmenden, sondern auch zu deren weiteren Verwandten. Dies ist v.a. erbrechtlich relevant, indem das Kind z.B. im Verhältnis zu den Eltern der Annehmenden (Adoptivgroßeltern) jeweils Erbe erster Ordnung wird (§ 1924 BGB). Auch unterhaltsrechtlich kann die gerade Verwandtschaft eine Rolle spielen (§ 1601 BGB). 8

§ 1757 BGB
Name des Kindes

(1) [1]Das Kind erhält als Geburtsnamen den Familiennamen des Annehmenden. [2]§ 1617a Absatz 2 und 4 gilt entsprechend, wobei die Erklärungen vor dem Ausspruch der Annahme gegenüber dem Familiengericht zu erfolgen haben.

(2) [1]Nimmt ein Ehepaar ein Kind an oder nimmt ein Ehegatte ein Kind des anderen Ehegatten an und führen die Ehegatten keinen Ehenamen, so bestimmen sie den Geburtsnamen des Kindes vor dem Ausspruch der Annahme durch Erklärung gegenüber dem Familiengericht; § 1617 Abs. 1 bis 3 und 5 gilt entsprechend. [2]Hat das Kind das fünfte Lebensjahr vollendet, so ist die Bestimmung nur wirksam, wenn es sich der Bestimmung vor dem Ausspruch der Annahme durch Erklärung gegenüber dem Familiengericht anschließt; § 1617c Abs. 1 Satz 2 gilt entsprechend.

(3) [1]Das Familiengericht kann auf Antrag des Annehmenden mit Einwilligung des Kindes mit dem Ausspruch der Annahme

1. **Vornamen des Kindes ändern oder ihm einen oder mehrere neue Vornamen beigeben, wenn dies dem Wohl des Kindes entspricht;**
2. **dem neuen Familiennamen des Kindes den bisherigen Familiennamen voranstellen oder anfügen, wenn dies aus schwerwiegenden Gründen zum Wohl des Kindes erforderlich ist.**

[2]§ 1746 Abs. 1 Satz 2, 3, Abs. 3 erster Halbsatz ist entsprechend anzuwenden.

(4) Die §§ 1617f bis 1617h gelten entsprechend.

Übersicht

A. Allgemeines

Die Vorschrift bestimmt die **Folgen für den Namen des Kindes nach einer Annahme als Kind**. Der Grundsatz ist hierbei, dass das Kind den Familiennamen des Annehmenden erhält. Damit wird auch namensrechtlich die Zugehörigkeit des angenommenen Kindes zur Familie des Annehmenden ausgedrückt und eine Gleichstellung des angenommenen Kindes mit einem von Geburt an dem Annehmenden verwandtschaftlich verbundenen Kind bewirkt. 1

2 Durch das zum 1.5.2025 in Kraft getretene neue Namensrecht in §§ 1617 ff. BGB bedurfte es auch entsprechender Anpassungen in § 1757 BGB, wodurch nun auch bei Adoptionen ein erheblich **größerer Gestaltungsspielraum für die Annehmenden** entstanden ist. Die Besonderheit des Adoptionsrechts spiegelt sich dadurch wider, dass zur Beibehaltung der bisherigen Namen des Kindes weitergehende Namensbestimmungen nach Abs. 3 erfolgen können. Dies betrifft den Vornamen des Kindes und das Entstehen von echten Doppel- und sogar Mehrfachnamen mittels Voranstellung oder Anfügung des bisherigen Familiennamens des Kindes. Hierdurch kann namensrechtlich der Bezug zur bisherigen Familie des Kindes erhalten werden.

3 Entscheidender **Zeitpunkt** für die Namensbestimmung ist die Rechtswirksamkeit der Annahme als Kind und nicht der Zeitpunkt der Antragstellung. Eine Annahme wird gemäß § 197 Abs. 2 FamFG wirksam am Tag der Zustellung der Gerichtsentscheidung an den oder die Annehmenden, im Falle des Versterbens des oder der Annehmenden während des Verfahrens (Fall von § 1753 BGB) mit Zustellung an das Kind bzw. den Anzunehmenden. Dies ist von erheblicher Bedeutung, da insbesondere die zum 1.5.2025 geführten Ehenamen nach Art. 229 § 67 Abs. 1 EGBGB noch nachträglich – und somit während des Adoptionsverfahrens – geändert werden können, wodurch sich dann ggf. auch der neue Geburtsname des Kindes als Folge der Adoption nach § 1757 Abs. 1 Satz 1 BGB ändern kann.

4 Die Norm gilt **sowohl für Minderjährigenadoptionen** als auch (über § 1767 Abs. 2 Satz 1 BGB) **für Volljährigenadoptionen** (ausführlich hierzu *Braun*, § 1767 Rn. 18). Auch für die Annahme des Kindes durch einen (eingetragenen) **Lebenspartner** gelten die Bestimmungen entsprechend (vgl. §§ 9 Abs. 5, 6 Satz 2, 21 LPartG sowie für die Stiefkindadoption durch einen Partner einer verfestigten Lebensgemeinschaft nach § 1766a BGB.[1]

B. Inhalt der Norm

I. Grundsatz der Fortführung des Familiennamens des Annehmenden

5 § 1757 Abs. 1 BGB normiert den Grundsatz, dass **das Kind den Familiennamen des Annehmenden als Geburtsnamen erhält**. Bei einer gemeinschaftlichen Adoption durch verheiratete Personen nach § 1741 Abs. 2 Satz 2 BGB ist dies der Ehename, soweit die Ehepartner einen solchen führen (ansonsten gilt Abs. 2). Bei der Stiefkindadoption i.S.v. § 1741 Abs. 2 Satz 3 BGB (§ 9 Abs. 6 LPartG, § 1766a BGB) gilt dasselbe. Ebenso kann der Ehename des Annehmenden relevant werden in den Fällen der Alleinadoption nach § 1741 Abs. 2 Satz 4 BGB, denn auch dann ist der Annehmende verheiratet, sein Ehepartner ist aber noch nicht 21 Jahre alt oder geschäftsunfähig. Nimmt eine geschiedene Person ein Kind alleine an und führt diese weiterhin ihren vormaligen Ehenamen als Familiennamen, so setzt sich auch diese Namensführung beim angenommenen Kind als Geburtsname fort.

6 Ab dem 1.5.2025 kann der Familienname des Annehmenden auch aus mehreren Namen bestehen. So ist die **Führung eines echten Doppelnamens** in einer Ehe in Zukunft möglich (vgl. § 1355 Abs. 2 Satz 1 Nr. 3 BGB), welcher sich dann auch beim adoptierten Kind fortsetzt. Um auch im Adoptionsrecht hier eine gewisse Flexibilität für den zukünftigen Geburtsnamen zu schaffen, können die Annehmenden gemäß § 1757 Abs. 1 Satz 2 BGB i.V.m. § 1617a Abs. 2 und Abs. 4 BGB (öffentlich beglaubigte) Erklärungen gegenüber dem Familiengericht abgeben, dass nur ein Name oder einige der Namen der Doppelnamen zum Geburtsnamen des Kindes werden. Über fünfjährige Kinder müssen in eine solche Geburtsnamenbestimmung einwilligen, was wiederum aus § 1617a Abs. 4 BGB folgt. Dort folgt dann

1 AG Büdingen, NJW-RR 2020, 888

ein weiterer Verweis auf § 1617c Abs. 1 Satz 2 BGB für über 14-jährige (nicht geschäftsunfähige) Kinder, welche die **Einwilligung höchstpersönlich** erteilen, was dann aber wiederum der Zustimmung des gesetzlichen Vertreters bedarf. Dies entspricht den Regelungen in § 1746 BGB bei der Einwilligung in die Annahme als Kind und kann sinnvollerweise in derselben notariellen Urkunde geschehen, auch wenn die Einwilligungserklärungen zur Namensbestimmungen des Kindes nicht der Form des § 1750 BGB unterliegen.

Zu beachten ist, dass die Übertragung des Familiennamens des Annehmenden auf das Kind nach Abs. 1 **nur den „Geburtsnamen" des Kindes** ändert. Hat das Kind im Laufe seines Lebens vor der Adoption schon einen anderslautenden Familien- oder Ehenamen als während der Geburt erhalten (etwa durch Eheschluss), so ändert sich dieser Familienname durch § 1757 Abs. 1 BGB nicht. Das Kind bekommt dann nur einen Geburtsnamen dazu. Dies ist weniger relevant bei der Minderjährigenadoption, aber von großer Bedeutung bei Volljährigenadoptionen, bei denen sehr häufig der Anzunehmende schon mehrere Namen im Laufe seines Lebens hatte. Wurde der Geburtsname des anzunehmenden Kindes im Laufe seines Lebens indes durch Einbenennung (vgl. § 1617c BGB) geändert, so wird dieser vormalige Geburtsname in Folge der Adoption des Kindes ausgetauscht. 7

II. Namensführung bei keinem gemeinsamen Ehenamen

Führt ein Ehepaar (oder Lebenspartner, § 21 LPartG) – im Zeitpunkt des Wirksamwerdens der Adoption (vgl. Rn. 1) – keinen Ehenamen, so haben die Ehegatten nach § 1757 Abs. 2 BGB ein **Namensbestimmungsrecht** für das anzunehmende Kind. Die Norm gilt nicht nur für gemeinschaftliche Adoptionen, sondern auch für Stiefkindadoptionen. Das Namensbestimmungsrecht nach Abs. 2 wird dabei durch öffentlich beglaubigte Erklärung gegenüber dem Familiengericht ausgeübt und es bestehen dieselben Namensbestimmungsmöglichkeiten, wie wenn ein Kind in eine Ehe geboren und bisher kein Ehename geführt wird (§ 1757 Abs. 2 Satz 1 2. Hs. 2 BGB i.V.m. § 1617 Abs. 1 bis 3 und 5 BGB). 8

Auch hier führt das reformierte Namensrecht dazu, dass aufseiten des Kindes echte Doppelnamen entstehen können (§ 1617 Abs. 1 Satz 1 Nr. 2 BGB), wobei die Bildung von Dreifach-Geburtsnamen gemäß § 1617 Abs. 2 Nr. 2 BGB ausgeschlossen ist. Erneut gilt, dass über fünfjährige Kinder in diese Erklärung einwilligen müssen, wobei über 14-jährige Kinder diese Einwilligung höchstpersönlich mit Zustimmung des gesetzlichen Vertreters abgeben müssen (§ 1757 Abs. 2 Satz 2 BGB – ggf. i.V.m. § 1617c Abs. 1 Satz 2 BGB).

Das Namensbestimmungsrecht nach Abs. 2 greift allerdings nur dann ein, wenn nicht schon vor der Adoption das Namensbestimmungsrecht in Bezug auf ein anderes gemeinsames Kind durch die Ehepartner ausgeübt worden ist (§ 1617 Abs. 5 BGB). Dann lautet der Geburtsname des anzunehmenden Kindes genauso wie der Geburts- und Familienname seines Geschwisters.

III. Das Voranstellen oder Hinzufügen des bisherigen Familiennamens

Auf Antrag der Annehmenden kann **der bisherige Familienname** des Kindes **dem neuen Geburtsnamen hinzugefügt oder vorangestellt** werden (§ 1757 Abs. 3 Satz 1 Nr. 2 BGB), wenn dies **aus schwerwiegenden Gründen zum Wohl des Kindes erforderlich** ist und wenn **das Kind** vertreten durch den gesetzlichen Vertreter hierin **einwilligt** (§ 1757 Abs. 3 Satz 2 BGB i.V.m. § 1746 Abs. 1 Satz 2 BGB). Das über 14-jährige nicht geschäftsunfähige Kind muss höchstpersönlich einwilligen, wobei es für diese Erklärung der Zustimmung des gesetzlichen Vertreters bedarf (§ 1757 Abs. 3 Satz 2 BGB i.V.m. § 1746 Abs. 1 Satz 3 BGB). Die strenge Formulierung in § 1757 Abs. 3 Satz 1 Nr. 2 BGB („aus schwerwiegenden Gründen") zeigt, dass die Voranstellung oder Hinzufügung des bisherigen Familiennamens die 9

Ausnahme bleiben soll.[2] Dies gilt erst recht, wenn nun durch diese Norm seit dem 1.5.2025 auch echte Mehrfachnamen entstehen können (vgl. hierzu Rn. 10).[3] Der Antrag des Annehmenden auf Voranstellung oder Hinzufügung des bisherigen Familiennamens bedarf richtigerweise keiner notariellen Beurkundung; es genügt – ebenso wie bei den sonstigen Namensbestimmungen in §§ 1617 ff. BGB – die öffentliche Beglaubigung.[4]

10 Dadurch, dass als Folge der Annahme nach § 1757 Abs. 1 und 2 BGB auch echte Doppelnamen als neuer Geburtsname (und damit als neuer Familienname) entstehen können, kann es durch die Voranstellung oder Hinzufügung des bisherigen Familiennamens zu **echten Mehrfachnamen** kommen.[5] Der Familienname des angenommenen Kindes besteht dann aus diesen (maximal vier) Namen und könnte sich dann in der Zukunft auch in die nächsten Generationen fortsetzen oder zum Ehenamen als Folge werden.

IV. Die Änderung des Vornamens

11 Der Annehmende (oder die Annehmenden bei der gemeinschaftlichen Adoption) kann **auf Antrag** auch **den Vornamen des Kindes neu bestimmen** (§ 1757 Abs. 3 Satz 1 Nr. 1 BGB). Voraussetzung hierfür ist, dass dies einerseits **„dem Kindeswohl entspricht"** und andererseits **das Kind** hierin (regelmäßig durch den gesetzlichen Vertreter) entsprechend **einwilligt** (§ 1757 Abs. 3 Satz 2 BGB). Der Antrag selbst bedarf mindestens der öffentlichen Beglaubigung, wird aber meist häufig mit in der notariellen Urkunde zum Antrag gestellt.[6] In aller Regel entspricht die Änderung des Vornamens durchaus dem Kindeswohl, es sei denn, das Kind hat schon ein höheres Alter erreicht.[7] Aus fachlicher Sicht wird allerdings häufig zumindest die Beibehaltung des oder der bisherigen Vornamen empfohlen (z.B. als zweiter Vorname).

§ 1758 BGB

Offenbarungs- und Ausforschungsverbot

(1) Tatsachen, die geeignet sind, die Annahme und ihre Umstände aufzudecken, dürfen ohne Zustimmung des Annehmenden und des Kindes nicht offenbart oder ausgeforscht werden, es sei denn, dass besondere Gründe des öffentlichen Interesses dies erfordern.

(2) [1]Absatz 1 gilt sinngemäß, wenn die nach § 1747 erforderliche Einwilligung erteilt ist. [2]Das Familiengericht kann anordnen, dass die Wirkungen des Absatzes 1 eintreten, wenn ein Antrag auf Ersetzung der Einwilligung eines Elternteils gestellt worden ist.

1 Die Vorschrift **schützt das durch die Adoption entstandene Verhältnis zwischen dem Kind und den Annehmenden gegenüber dem Einfluss dritter Personen** (insb. der leiblichen Eltern). Da durch die Annahme ein Rechtsverhältnis fingiert wird, welches einer leiblichen Abstammung gleichsteht, sollen – soweit dies die Annehmenden und das Kind nicht wünschen – keine anderen Personen erfahren können, dass es sich „nur" um ein Adoptionsverhältnis handelt. Dies dient der Verhinderung von Stigmatisierungen und von Einflussnahmen sowie der ungestörten Entwicklung des Kindes in der neuen Familie.

2 Ausführlich Staudinger/*Helms,* § 1757 BGB Rn. 49; MüKo-BGB/*Maurer,* § 1757 Rn. 41 ff.
3 Ausdrücklich BT-Drs. 20/9041, 66
4 Zutreffend MüKo-BGB/*Maurer*, § 1757 Rn. 49; strenger noch: BayObLG StAZ 1980, 65 (notarielle Beurkundung)
5 BeckOGK/*Löhnig*, § 1757 BGB Rn. 47
6 Zutreffend: MüKo-BGB/*Maurer*, § 1757 Rn. 60
7 Staudinger/*Helms*, § 1757 BGB Rn. 49

Durch Abs. 2 wird dieser Schutz schon **für die Zeit während des Annahme- bzw. Ersetzungsverfahrens vorverlagert**, indem schon im Zeitpunkt der Einwilligung der Eltern oder – auf Feststellung durch das Familiengericht – im Zeitpunkt des Antrags auf Ersetzung der Einwilligung der Eltern nach § 1748 BGB das Offenbarungs- und Ausforschungsverbot eingreift. 2

Adressat der Norm sind v.a. Behörden wie Jugendämter, Standesämter, sowie Gerichte und Adoptionsvermittlungsstellen in freier Trägerschaft, welche Informationen über die Adoption oder die Herkunft des Kindes haben. Diese haben eine **Schweigepflicht**. § 1758 BGB wird flankiert durch Vorschriften im Personenstandsrecht (v.a. § 63 PStG), im Verfahrensrecht (wo sogar im Rahmen von Akteneinsichtsrechten ausdrücklich in § 13 Abs. 2 Satz 2 FamFG auf § 1758 BGB Bezug genommen wird) sowie im Adoptionsvermittlungsgesetz (v.a. § 9b AdVermiG) und im Strafgesetzbuch in § 203 StGB. Das **Ausforschungsverbot** verbietet wiederum jegliche Ermittlungen anderer Stellen mit dem Ziel, das Annahmeverhältnis oder seine Umstände aufzudecken. 3

In zwei Fällen **greift** das Ausforschungs- und Offenbarungsverbot **nicht**. Einmal, **wenn sowohl die Annehmenden als auch das Kind (kumulativ)** in die Einsichtnahme oder Ausforschung **einwilligen**[1] und zum anderen, wenn **öffentliche Interessen** eine Offenbarung oder Ausforschung erfordern. Letzteres kommt insbesondere bei der Aufdeckung schwerer Straftaten oder Krankheiten in Betracht.[2] 4

Keine Anwendung findet die Norm in der Beziehung **zwischen dem Kind und den Annehmenden**. Im Gegenteil haben die Annehmenden gerade die Aufgabe zur kindgerechten Aufklärung des angenommenen Kindes, sollte es nicht schon während der Annahme alt genug gewesen sein, um das neu entstandene Verhältnis und seine Herkunft zu verstehen. 5

Das Kind (selbst ab 16 Jahren oder mithilfe der Annehmenden) hat viele Möglichkeiten, seine **Herkunft** durch entsprechende Anfragen bei Behörden und Adoptionsvermittlungsstellen **herauszufinden**.[3] Zu nennen sind hier insb. die Auskunftsrechte aus dem Geburtenregister in § 63 Abs. 1 PStG und die Einsichtsrechte in die Vermittlungsakte nach § 9b Abs. 2 AdVermiG. 6

Die Vorschrift stellt ausdrücklich **keine Schutznorm zugunsten der leiblichen Eltern** dar. Diese haben keinen besonderen Anspruch auf Geheimhaltung, dass sie ein Kind zur Adoption „freigegeben" haben. 7

Soll schon während eines Ersetzungsverfahrens das Offenbarungs- und Ausforschungsverbot gelten, so kann dies das Familiengericht von Amts wegen nach Eingang des Antrags auf Ersetzung der Einwilligung eines Elternteils durch (unanfechtbaren) Zwischenbeschluss anordnen (§ 1758 Abs. 2 Satz 2 BGB). Damit kann erreicht werden, dass trotz der Beteiligtenstellung des Elternteils, dessen Einwilligung ersetzt werden soll, der Inhalt der Verfahrensakte und insbesondere der aktuelle Aufenthaltsort des Kindes gegenüber diesem Elternteil geheim gehalten wird. Diese Entscheidung bietet sich immer dann an, wenn es schon lange oder überhaupt noch keinen Kontakt oder Umgang zwischen dem entsprechenden Elternteil und dem Kind gegeben hat, seit es in der neuen Familie lebt. Die gerichtliche Entscheidung ist nach pflichtgemäßem Ermessen und häufig nach entsprechendem Hinweis vonseiten der Adoptionsvermittlungsstelle oder des Jugendamts zu treffen. 8

1 Grüneberg/*Götz*, § 1758 BGB Rn. 2
2 Zu weiteren Fällen: MüKo-BGB/*Maurer*, § 1758 Rn. 23
3 Hierzu: OLG München NJW 2005, 1667

§ 1759 BGB

Aufhebung des Annahmeverhältnisses

Das Annahmeverhältnis kann nur in den Fällen der §§ 1760, 1763 aufgehoben werden.

1 Die Norm hat **keinen eigenständigen Regelungsgehalt**, sondern stellt lediglich klar, dass die Aufhebung von Minderjährigenadoptionen ausschließlich nach § 1760 BGB (Aufhebung wegen Verfahrensfehlern) oder nach § 1763 BGB (Aufhebung aus schwerwiegenden Gründen) möglich ist. Die Aufhebungstatbestände sind abschließend und aufgrund des generellen Bedürfnisses der Bestandskraft einer Adoption eng auszulegen.

Statistisch gesehen ist die Aufhebung von Adoptionen sehr selten.

§ 1760 BGB

Aufhebung wegen fehlender Erklärungen

(1) Das Annahmeverhältnis kann auf Antrag vom Familiengericht aufgehoben werden, wenn es ohne Antrag des Annehmenden, ohne die Einwilligung des Kindes oder ohne die erforderliche Einwilligung eines Elternteils begründet worden ist.

(2) Der Antrag oder eine Einwilligung ist nur dann unwirksam, wenn der Erklärende

a) zur Zeit der Erklärung sich im Zustand der Bewusstlosigkeit oder vorübergehenden Störung der Geistestätigkeit befand, wenn der Antragsteller geschäftsunfähig war oder das geschäftsunfähige oder noch nicht 14 Jahre alte Kind die Einwilligung selbst erteilt hat,

b) nicht gewusst hat, dass es sich um eine Annahme als Kind handelt, oder wenn er dies zwar gewusst hat, aber einen Annahmeantrag nicht hat stellen oder eine Einwilligung zur Annahme nicht hat abgeben wollen oder wenn sich der Annehmende in der Person des anzunehmenden Kindes oder wenn sich das anzunehmende Kind in der Person des Annehmenden geirrt hat,

c) durch arglistige Täuschung über wesentliche Umstände zur Erklärung bestimmt worden ist,

d) widerrechtlich durch Drohung zur Erklärung bestimmt worden ist,

e) die Einwilligung vor Ablauf der in § 1747 Abs. 2 Satz 1 bestimmten Frist erteilt hat.

(3) [1]Die Aufhebung ist ausgeschlossen, wenn der Erklärende nach Wegfall der Geschäftsunfähigkeit, der Bewusstlosigkeit, der Störung der Geistestätigkeit, der durch die Drohung bestimmten Zwangslage, nach der Entdeckung des Irrtums oder nach Ablauf der in § 1747 Abs. 2 Satz 1 bestimmten Frist den Antrag oder die Einwilligung nachgeholt oder sonst zu erkennen gegeben hat, dass das Annahmeverhältnis aufrechterhalten werden soll. [2]Die Vorschriften des § 1746 Abs. 1 Satz 2, 3 und des § 1750 Abs. 3 Satz 1, 2 sind entsprechend anzuwenden.

(4) Die Aufhebung wegen arglistiger Täuschung über wesentliche Umstände ist ferner ausgeschlossen, wenn über Vermögensverhältnisse des Annehmenden oder des Kindes getäuscht worden ist oder wenn die Täuschung ohne Wissen eines Antrags- oder Einwilligungsberechtigten von jemand verübt worden ist, der weder antrags- noch einwilligungsberechtigt noch zur Vermittlung der Annahme befugt war.

(5) [1]Ist beim Ausspruch der Annahme zu Unrecht angenommen worden, dass ein Elternteil zur Abgabe der Erklärung dauernd außerstande oder sein Aufenthalt dauernd unbekannt sei, so ist die Aufhebung ausgeschlossen, wenn der Elternteil die Einwilligung nachgeholt oder sonst zu erkennen gegeben hat, dass das Annahmeverhältnis aufrechterhalten werden soll. [2]Die Vorschrift des § 1750 Abs. 3 Satz 1, 2 ist entsprechend anzuwenden.

§ 1761 BGB

Aufhebungshindernisse

(1) Das Annahmeverhältnis kann nicht aufgehoben werden, weil eine erforderliche Einwilligung nicht eingeholt worden oder nach § 1760 Abs. 2 unwirksam ist, wenn die Voraussetzungen für die Ersetzung der Einwilligung beim Ausspruch der Annahme vorgelegen haben oder wenn sie zum Zeitpunkt der Entscheidung über den Aufhebungsantrag vorliegen; dabei ist es unschädlich, wenn eine Belehrung oder Beratung nach § 1748 Abs. 2 nicht erfolgt ist.

(2) Das Annahmeverhältnis darf nicht aufgehoben werden, wenn dadurch das Wohl des Kindes erheblich gefährdet würde, es sei denn, dass überwiegende Interessen des Annehmenden die Aufhebung erfordern.

§ 1762 BGB

Antragsberechtigung; Antragsfrist, Form

(1) [1]Antragsberechtigt ist nur derjenige, ohne dessen Antrag oder Einwilligung das Kind angenommen worden ist. [2]Für ein Kind, das geschäftsunfähig oder noch nicht 14 Jahre alt ist, und für den Annehmenden, der geschäftsunfähig ist, können die gesetzlichen Vertreter den Antrag stellen. [3]Im Übrigen kann der Antrag nicht durch einen Vertreter gestellt werden. [4]Ist der Antragsberechtigte in der Geschäftsfähigkeit beschränkt, so ist die Zustimmung des gesetzlichen Vertreters nicht erforderlich.

(2) [1]Der Antrag kann nur innerhalb eines Jahres gestellt werden, wenn seit der Annahme noch keine drei Jahre verstrichen sind. [2]Die Frist beginnt

a) in den Fällen des § 1760 Abs. 2 Buchstabe a mit dem Zeitpunkt, in dem der Erklärende zumindest die beschränkte Geschäftsfähigkeit erlangt hat oder in dem dem gesetzlichen Vertreter des geschäftsunfähigen Annehmenden oder des noch nicht 14 Jahre alten oder geschäftsunfähigen Kindes die Erklärung bekannt wird;

b) in den Fällen des § 1760 Abs. 2 Buchstaben b, c mit dem Zeitpunkt, in dem der Erklärende den Irrtum oder die Täuschung entdeckt;

c) in dem Falle des § 1760 Abs. 2 Buchstabe d mit dem Zeitpunkt, in dem die Zwangslage aufhört;

d) in dem Falle des § 1760 Abs. 2 Buchstabe e nach Ablauf der in § 1747 Abs. 2 Satz 1 bestimmten Frist;

e) in den Fällen des § 1760 Abs. 5 mit dem Zeitpunkt, in dem dem Elternteil bekannt wird, dass die Annahme ohne seine Einwilligung erfolgt ist.

[3]Die für die Verjährung geltenden Vorschriften der §§ 206, 210 sind entsprechend anzuwenden.

(3) Der Antrag bedarf der notariellen Beurkundung.

Übersicht

A. Allgemeines

1 Die Vorschriften in §§ 1760 bis 1762 BGB regeln abschließend die **Voraussetzungen für die Aufhebung einer Minderjährigenadoption wegen Verfahrensfehlern**. Durch die Verweise in § 1771 Satz 2 und Satz 3 sowie in § 1772 Abs. 2 BGB gelten die Vorschriften sinngemäß auch für die Aufhebung einer Volljährigenadoption.

2 Die **Aufhebungstatbestände** betreffen **Fehler bei den Einwilligungen** nach §§ 1746, 1747 BGB oder **Fehler bei der Antragstellung** nach § 1752 BGB. Zur Aufhebung der Adoption nach §§ 1760 ff. BGB kann es entweder bei vollständigem Fehlen einer erforderlichen Erklärung oder bei einer Unwirksamkeit der erforderlichen Erklärung kommen. Fehler bei der Einwilligung eines Ehegatten nach § 1749 BGB sind unbeachtlich.[1]

3 Die Möglichkeit der Aufhebung einer Minderjährigenadoption nach §§ 1760 ff. BGB ist **unabhängig vom Alter des Angenommenen im Zeitpunkt des Aufhebungsantrags**.[2] Eine Aufhebung wegen Verfahrensfehlern ist also im Gegensatz zur Aufhebung nach § 1763 BGB (siehe hierzu *Braun*, § 1763 BGB Rn. 6) auch bei mittlerweile eingetretener Volljährigkeit möglich (soweit die Antragsfristen in § 1762 Abs. 2 BGB eingehalten worden sind).

4 Die Aufhebung einer Adoption wegen Verfahrensfehlern ist nur mittels **notariell beurkundeten Antrags** möglich (§ 1762 Abs. 3 BGB). Auch dies stellt einen wesentlichen Unterschied zur Aufhebung aus schwerwiegenden Gründen nach § 1763 BGB dar, welche auch von Amts wegen möglich ist (siehe hierzu *Braun*, § 1763 BGB Rn. 5).

5 Die **Folgen der Aufhebung** (Verwandtschaftsbeziehung und Namensführung nach der Aufhebung) sind abschließend in §§ 1764, 1765 BGB geregelt.

B. Inhalt der Normen

I. Prüfungsschritte

6 Die Systematik von §§ 1760 bis 1762 BGB ist eher unübersichtlich geraten. Als **Übersicht** werden die die **folgenden Prüfungsschritte** vorgeschlagen. Nur falls sämtliche Fragen bejaht werden können, ist eine Aufhebung möglich:

- Ist der Antrag auf Aufhebung formwirksam nach § 1762 Abs. 3 BGB gestellt worden?
- Ist der Erklärende antragsberechtigt nach § 1762 Abs. 1 BGB?
- Ist die absolute Antragsfrist von drei Jahren nach Wirksamwerden der Annahme eingehalten (§ 1762 Abs. 2 Satz 1 Hs. 2 BGB)?
- Ist die spezielle Antragsfrist von einem Jahr gemäß § 1762 Abs. 2 Satz 2 BGB eingehalten?
- Liegt ein formeller Aufhebungstatbestand vor (entweder Fehlen eines Antrags oder einer Einwilligungserklärung nach § 1760 Abs. 1 BGB oder Unwirksamkeit eines Antrags oder einer Einwilligungserklärung nach § 1760 Abs. 2 BGB)?
- Ist keine Heilung des Verfahrensfehlers möglich?
  - wegen Nachholung der Einwilligung oder des Antrags (Fälle von § 1760 Abs. 3 und 5 BGB)?

1 OLG Nürnberg FPR 2002, 457, 458
2 MüKo-BGB/*Maurer*, § 1759 Rn. 7

  - wegen Unbeachtlichkeit des Irrtums (Fall von § 1760 Abs. 4 BGB)?
  - wegen Ersetzung einer Einwilligung (Fall von § 1761 Abs. 1 BGB)?
- Liegt kein Hinderungsgrund wegen erheblicher Kindeswohlgefährdung nach § 1761 Abs. 2 BGB vor?

II. Der Aufhebungsantrag

1. Form des Antrags

Der Aufhebungsantrag bedarf der **notariell beurkundeten Form** (§ 1762 Abs. 3 BGB). Bei nicht formgemäßem Antrag muss der Antragsteller auf die Formbedürftigkeit hingewiesen werden. Holt er die Form auch nicht nach angemessener Frist nach, so ist der Antrag als unzulässig zu verwerfen. Auch ein nicht formgemäßer Antrag führt jedoch (zunächst) zur Einhaltung der Antragsfrist nach § 1762 Abs. 2 BGB. 7

2. Die Antragsberechtigung

Antragsberechtigt ist nur diejenige Person, deren **Einwilligung oder Antrag im Annahmeverfahren gefehlt** hat **oder unwirksam** war (§ 1762 Abs. 1 Satz 1 BGB). 8

3. Höchstpersönlichkeit der Antragstellung

Der Antrag auf Aufhebung kann grundsätzlich **nur vom Antragsteller selbst** gestellt werden (**Höchstpersönlichkeit der Antragstellung**, § 1762 Abs. 1 Satz 3 BGB). Dies gilt auch für beschränkt geschäftsfähige Personen (z.B. ein über 14-jähriges Kind), welche aber keine Zustimmung ihres gesetzlichen Vertreters benötigen (§ 1762 Abs. 1 Satz 4 BGB). Eine Ausnahme von der Höchstpersönlichkeit der Antragstellung gilt nur dann, wenn das Kind noch nicht 14 Jahre alt oder geschäftsunfähig ist oder wenn der Annehmende geschäftsunfähig ist. Dann erklärt der gesetzliche Vertreter den Antrag im Namen des Vertretenen (§ 1762 Abs. 1 Satz 2 BGB). Eine gewillkürte Vertretung bei der Antragstellung ist immer unzulässig.[3] 9

III. Die Antragsfrist

Der Antrag auf Aufhebung einer Adoption unterliegt bestimmten Fristen. Hierbei ist zwischen der **absoluten Antragsfrist und speziellen Antragsfristen** zu unterscheiden. 10

1. Die absolute Antragsfrist

Sind seit der Annahme als Kind **drei Jahre** verstrichen, so ist eine Aufhebung immer ausgeschlossen (absolute Antragsfrist, § 1762 Abs. 2 Satz 1 Hs. 2 BGB). **Beginn der Frist** ist der **Zeitpunkt des Wirksamwerdens des Annahmebeschlusses** nach § 197 Abs. 2 FamFG. Wird der Antrag binnen der Drei-Jahres-Frist gestellt so ist eine Aufhebung unabhängig von der Dauer des Aufhebungsverfahrens möglich (Antragsfrist und keine Aufhebungsfrist).[4] Die absolute Antragsfrist wird nicht durch die Hemmungsvorschriften in §§ 206, 210 BGB nach hinten verschoben. § 1762 Abs. 2 Satz 3 BGB gilt nur für die speziellen Antragsfristen.[5] 11

3 Grüneberg/*Götz*, § 1762 BGB Rn. 1
4 MüKo-BGB/*Maurer*, § 1762 Rn. 16
5 Staudinger/*Helms*, § 1762 BGB Rn. 20

2. Die speziellen Antragsfristen

12 Die spezielle Antragsfrist beträgt **ein Jahr**. Der **Beginn der Frist** bestimmt sich je nach Einzelfall gemäß der Auflistung in § 1762 Abs. 2 Satz 2 BGB, wobei die Hemmungsvorschriften nach §§ 206, 210 BGB entsprechende Anwendung finden (§ 1762 Abs. 2 Satz 3 BGB). Die Einzelfälle in § 1762 Abs. 2 Satz 2 BGB betreffen nur die Fälle, in denen Einwilligungen oder Anträge unwirksam gemäß § 1760 Abs. 2 BGB waren. Haben die Einwilligungen oder Anträge aber komplett gefehlt, so beginnt die Antragsfrist in dem Zeitpunkt, in dem dem Antragsteller das Fehlen seiner Erklärung bekannt geworden ist.[6]

IV. Die Aufhebungsgründe

13 Folgende Verfahrensfehler stellen **relevante Aufhebungstatbestände** dar:

- Fehlen einer Erklärung
  - kein Antrag nach § 1752 BGB (auch bei rechtzeitiger Rücknahme eines zuvor gestellten Antrags[7]),
  - keine Einwilligungserklärung des Kindes nach § 1746 BGB (obwohl erforderlich),
  - keine Einwilligungserklärung des jeweiligen Elternteils nach § 1747 BGB (obwohl erforderlich).
- Unwirksamkeit einer Erklärung
  - Unwirksamkeit des Annahmeantrags nach § 1752 BGB,
  - Unwirksamkeit der Einwilligungserklärung des Kindes nach § 1746 BGB,
  - Unwirksamkeit der Einwilligungserklärung des jeweiligen Elternteils nach § 1747 BGB.

14 § 1760 Abs. 2a) bis e) BGB führt dabei enumerativ (und abschließend) die möglichen **Unwirksamkeitsgründe** auf:

- bei Bewusstlosigkeit oder vorübergehender Störung der Geistestätigkeit (§ 105 Abs. 2 BGB) im Zeitpunkt der Erklärung (Buchstabe a)),
- bei Geschäftsunfähigkeit des Annehmenden im Zeitpunkt des Antrags nach § 1752 BGB (Buchstabe a)),
- bei Geschäftsunfähigkeit des (über 14-jährigen) Kindes bei der eigenen Erklärung nach § 1746 BGB (Buchstabe a)),
- bei Irrtum über die Annahme als Kind als solcher (Buchstabe b)),
- bei Irrtum über den Erklärungsinhalt (Buchstabe b)),
- bei Irrtum des Kindes über die Person des Annehmenden (Buchstabe b)),
- bei Irrtum des Annehmenden über die Person des anzunehmenden Kindes (Buchstabe b)),
- bei arglistiger Täuschung über wesentliche Umstände (Buchstabe c)) (beachte aber § 1760 Abs. 4 BGB),
- bei widerrechtlicher Drohung (Buchstabe d)),
- bei der Einwilligung eines Elternteils vor Ablauf der Acht-Wochen-Frist gemäß § 1747 Abs. 2 Satz 1 BGB (Buchstabe e)).

6 MüKo-BGB/*Maurer*, § 1760 Rn. 16
7 OLG Düsseldorf FamRZ 1997, 117

V. Die Heilung von fehlenden oder unwirksamen Erklärungen

Trotz Vorliegens eines Unwirksamkeitsgrundes ist eine Aufhebung aber auch ausgeschlossen, wenn die unwirksame Erklärung **nach Wegfall des entsprechenden Hinderungsgrunds geheilt** worden ist. In welchen Unwirksamkeitsfällen dies möglich ist, wird ausdrücklich in § 1760 Abs. 3 BGB aufgeführt. Eine Heilung ist entweder durch Nachholung der Erklärung möglich oder wenn der Erklärende zu erkennen gegeben hat, dass das Annahmeverhältnis aufrecht erhalten bleiben soll. **15**

Wurde zu Unrecht von der **Einwilligung eines Elternteils nach § 1747 Abs. 4 BGB** abgesehen, so stellt dies zwar grundsätzlich einen Aufhebungsgrund (wegen Fehlens der Einwilligung) dar. Das ursprüngliche Fehlen der Einwilligung kann jedoch **gemäß § 1760 Abs. 5 BGB dadurch geheilt** werden, indem der entsprechende Elternteil die Einwilligung nach § 1747 BGB nachholt oder sonst zu erkennen gibt, dass das Annahmeverhältnis aufrecht erhalten bleiben soll. **16**

War eine Einwilligungserklärung eines Elternteils unwirksam oder hat eine solche komplett gefehlt, so kann dies schließlich **mittels Ersetzung gemäß § 1761 Abs. 1 BGB geheilt** werden. Dies ist möglich, wenn schon im Zeitpunkt der Annahme ein Ersetzungsgrund nach § 1748 BGB vorgelegen hat oder wenn der Ersetzungsgrund im Zeitpunkt des Aufhebungsverfahrens vorhanden ist. **17**

VI. Die Hinderung der Aufhebung aus Kindeswohlgründen

Selbst wenn sämtliche Aufhebungsvoraussetzungen gegeben sind (und keine Heilung des Mangels eintritt), kann eine Aufhebung **immer noch daran scheitern, dass eine Aufhebung zu einer erheblichen Kindeswohlgefährdung führen würde** (§ 1761 Abs. 2 BGB). Dieses Korrektiv greift immer dann ein, wenn die Aufrechterhaltung des Annahmeverhältnisses für das Kind zwingend erforderlich ist. Das kann etwa dann der Fall sein, wenn bei einer Aufhebung der Annahme die Versorgung des Kindes gefährdet wäre oder das Kind die leiblichen Eltern überhaupt nicht kennt.[8] In jedem Fall ist aber eine Interessenabwägung mit den Interessen des Annehmenden vorzunehmen (§ 1761 Abs. 2 a.E. BGB). Ist diesem die Aufrechterhaltung im Vergleich zu den Interessen des Kindes nicht zuzumuten, so kann das Annahmeverhältnis aufgehoben werden. **18**

§ 1763 BGB

Aufhebung von Amts wegen

(1) Während der Minderjährigkeit des Kindes kann das Familiengericht das Annahmeverhältnis von Amts wegen aufheben, wenn dies aus schwerwiegenden Gründen zum Wohl des Kindes erforderlich ist.

(2) Ist das Kind von einem Ehepaar angenommen, so kann auch das zwischen dem Kind und einem Ehegatten bestehende Annahmeverhältnis aufgehoben werden.

(3) Das Annahmeverhältnis darf nur aufgehoben werden,

a) wenn in dem Falle des Absatzes 2 der andere Ehegatte oder wenn ein leiblicher Elternteil bereit ist, die Pflege und Erziehung des Kindes zu übernehmen, und wenn die Ausübung der elterlichen Sorge durch ihn dem Wohl des Kindes nicht widersprechen würde oder

b) wenn die Aufhebung eine erneute Annahme des Kindes ermöglichen soll.

---

8 Weitere Fälle: Grüneberg/*Götz*, § 1761 BGB Rn. 3

Übersicht	Rn.		Rn.
A. Allgemeines	1	I. Anwendungsbereich	6
B. Inhalt der Norm	6	II. Fälle von schwerwiegenden Gründen	8
		III. Vorliegen einer Ersatzbetreuung	9

A. Allgemeines

1 § 1763 BGB betrifft den zweiten Fall einer möglichen Aufhebung einer Minderjährigenadoption. Ist eine Fortführung des Adoptionsverhältnisses **aus schwerwiegenden Gründen dem Wohl des Kindes abträglich**, so kann das entstandene rechtliche Eltern-Kind-Verhältnis wieder aufgehoben werden.

2 Die Aufhebungsmöglichkeit unterliegt **zwei bedeutenden Einschränkungen**. Zum einen kann eine Minderjährigenadoption nur während der Minderjährigkeit des Kindes aufgehoben werden und zum anderen muss eine Ersatzbetreuung i.S.d. Abs. 3 schon bereitstehen oder konkret zu erwarten sein.

3 **Systematisch** steht die Norm **in engem Zusammenhang zum Verbot der Kettenadoption nach § 1742 BGB**. Dies zeigt insbesondere die Vorschrift in § 1763 Abs. 3b) BGB. Darüber hinaus ist der **Maßstab des schwerwiegenden Grundes ähnlich** zu beurteilen wie der unverhältnismäßige Nachteil bei Unterbleiben der Annahme **in § 1748 Abs. 1 BGB**. In beiden Fällen wird schließlich in das grundgesetzlich geschützte natürliche Elternrecht nach Art. 6 Abs. 2 Satz 1 GG eingegriffen.[1]

4 Die Auslegung von § 1763 BGB ist vor diesem Hintergrund äußerst eng vorzunehmen. Insbesondere sind zunächst alternative Eingriffsmaßnahmen (insbesondere § 1666 BGB) zu prüfen oder zu versuchen, um das Kind zu schützen (**Subsidiarität der Aufhebung**).[2] Erst wenn dies erfolglos erscheint, darf – das Vorliegen der weiteren Vorgaben vorausgesetzt – in das durch Adoption geschaffene Band eingegriffen werden. Dies mag der entscheidende Grund dafür sein, dass in der veröffentlichten Rechtsprechung nur äußerst wenige Fälle bekannt geworden sind, in denen eine Aufhebung einer Adoption nach § 1763 BGB erfolgte.

5 Im Gegensatz zur Aufhebung nach § 1760 BGB bedarf die Aufhebung nach § 1763 BGB keines Antrags, sondern **kann auch von Amts wegen erfolgen**.

B. Inhalt der Norm

I. Anwendungsbereich

6 Die Norm findet **nur bei der Aufhebung von Minderjährigenadoptionen** Anwendung. Hinzukommen muss, dass das Kind **im Zeitpunkt des Entscheidungserlasses noch minderjährig** sein muss. Hat das Kind die Volljährigkeit erreicht, so ist eine Aufhebung auch bei schwersten Pflichtverletzungen weder gemäß § 1763 BGB noch nach § 1771 BGB möglich, da letztere Norm nur die Aufhebung einer Volljährigenadoption betrifft.[3]

7 Die Aufhebung kann **auch nur in Bezug auf einen Adoptivelternteil** bei vorheriger gemeinschaftlicher Adoption erfolgen (§ 1763 Abs. 2 BGB). Diese Konstellation kann für das Vorliegen einer Ersatzbetreuung nach § 1763 Abs. 3a) BGB von entscheidender Bedeutung sein,

1 Zum Ganzen MüKo-BGB/*Maurer*, § 1763 Rn. 10 f.
2 BT-Drs. 7/3061, 26
3 BGH NJW 2014, 1663 (sexueller Missbrauch des Kindes)

wenn der verbleibende Adoptivelternteil bereit und geeignet ist, die weitere Betreuung zu übernehmen (hierzu unten Rn. 9).

II. Fälle von schwerwiegenden Gründen

In welchen Fällen ein schwerwiegender Grund vorliegt, ist **im Einzelfall** zu entscheiden. Dabei ist zu berücksichtigen, dass die Aufhebung eindeutig subsidiär gegenüber anderen familienrechtlichen Eingriffen ist. Kommen etwa vorrangig Maßnahmen nach § 1666 BGB oder § 1684 Abs. 4 Satz 1 BGB in Betracht, so sind zunächst diese zu durchdenken oder zu versuchen. Die Aufhebung muss **Ultima Ratio** sein. Eindeutig nicht ausreichen können daher enttäuschte Erwartungen der Adoptiveltern, die Trennung und Scheidung der Annehmenden[4] oder der Missbrauch von Umgangsrechten.[5] Zu fordern ist vielmehr eine **beiderseitige Grundlagenstörung von erheblichem Gewicht**, etwa bei Tötung der Adoptivmutter durch das Adoptivkind,[6] bei dauerhafter Ablehnung der Adoptiveltern durch das Adoptivkind oder bei einem von vornherein nicht beabsichtigten Eltern-Kind-Verhältnis (Scheinadoptionen).[7] 8

III. Vorliegen einer Ersatzbetreuung

Die Norm wird weitergehend dadurch eingeschränkt, als dass eine Aufhebung aus schwerwiegenden Gründen nur möglich ist, wenn eine Ersatzbetreuung i.S.v. Abs. 3 **schon vorhanden ist oder konkret in Aussicht** steht. Folgende Fallkonstellationen sind hier aufgeführt: 9

- Der verbliebene Adoptivelternteil kann bei einer vorhergehenden gemeinschaftlichen Adoption und Aufhebung nur in Bezug auf einen Elternteil die Pflege und Erziehung des Kindes weiter übernehmen, ohne dass dies dem Wohl des Kindes widersprechen würde (§ 1763 Abs. 3a) Alt. 1 BGB).
- Ein leiblicher Elternteil kann die Pflege und Erziehung des Kindes übernehmen, ohne dass dies dem Wohl des Kindes widersprechen würde (§ 1763 Abs. 3a) Alt. 2 BGB), was insbesondere bei Stiefkindkonstellationen denkbar ist.[8]
- Es besteht die begründete Aussicht darauf, dass das Kind nach der Aufhebung von einem oder mehreren anderen Annehmenden adoptiert wird (Mehrfachadoption nach Aufhebung, § 1763 Abs. 3b) BGB). Bei der Aufhebung einer Stiefkindadoption und dem Bereitstehen eines neuen Annehmenden (neuer Ehepartner des leiblichen Elternteils) ist zu beachten, dass bei der Aufhebung dann auch der leibliche Elternteil zu beteiligen ist, auch wenn dieser der erneuten Adoption nicht zustimmen muss.[9]

§ 1764 BGB

Wirkung der Aufhebung

(1) [1]Die Aufhebung wirkt nur für die Zukunft. [2]Hebt das Familiengericht das Annahmeverhältnis nach dem Tode des Annehmenden auf dessen Antrag oder nach dem Tode des Kindes auf dessen Antrag auf, so hat dies die gleiche Wirkung, wie wenn das Annahmeverhältnis vor dem Tode aufgehoben worden wäre.

4 BayObLG NJWE-FER 2000, 5, 6
5 MüKo-BGB/*Maurer*, § 1763 Rn. 13
6 AG Arnsberg FamRZ 1987, 119
7 OLG Oldenburg FamRZ 2004, 399; OLG Frankfurt FamRZ 1982, 848
8 MüKo-BGB/*Maurer*, § 1763 Rn. 21
9 Noch strenger: Staudinger/*Helms*, § 1763 BGB Rn. 19 (sogar ausdrückliches Einverständnis gefordert)

(2) Mit der Aufhebung der Annahme als Kind erlöschen das durch die Annahme begründete Verwandtschaftsverhältnis des Kindes und seiner Abkömmlinge zu den bisherigen Verwandten und die sich aus ihm ergebenden Rechte und Pflichten.

(3) Gleichzeitig leben das Verwandtschaftsverhältnis des Kindes und seiner Abkömmlinge zu den leiblichen Verwandten des Kindes und die sich aus ihm ergebenden Rechte und Pflichten, mit Ausnahme der elterlichen Sorge, wieder auf.

(4) Das Familiengericht hat den leiblichen Eltern die elterliche Sorge zurückzuübertragen, wenn und soweit dies dem Wohl des Kindes nicht widerspricht; andernfalls bestellt es einen Vormund oder Pfleger.

(5) Besteht das Annahmeverhältnis zu einem Ehepaar und erfolgt die Aufhebung nur im Verhältnis zu einem Ehegatten, so treten die Wirkungen des Absatzes 2 nur zwischen dem Kind und seinen Abkömmlingen und diesem Ehegatten und dessen Verwandten ein; die Wirkungen des Absatzes 3 treten nicht ein.

§ 1765 BGB

Name des Kindes nach der Aufhebung

(1) [1]Mit der Aufhebung der Annahme als Kind verliert das Kind das Recht, den Familiennamen des Annehmenden als Geburtsnamen zu führen. [2]Satz 1 ist in den Fällen des § 1754 Abs. 1 nicht anzuwenden, wenn das Kind einen Geburtsnamen nach § 1757 Abs. 1 führt und das Annahmeverhältnis zu einem Ehegatten allein aufgehoben wird. [3]Ist der Geburtsname zum Ehenamen oder Lebenspartnerschaftsnamen des Kindes geworden, so bleibt dieser unberührt.

(2) Auf Antrag des Kindes kann das Familiengericht mit der Aufhebung anordnen, dass das Kind den Familiennamen behält, den es durch die Annahme erworben hat, wenn das Kind ein berechtigtes Interesse an der Führung dieses Namens hat. § 1746 Abs. 1 Satz 2, 3 ist entsprechend anzuwenden.

(3) Ist der durch die Annahme erworbene Name zum Ehenamen geworden, so hat das Familiengericht auf gemeinsamen Antrag der Ehegatten mit der Aufhebung anzuordnen, dass die Ehegatten als Ehenamen den Geburtsnamen führen, den das Kind vor der Annahme geführt hat.

1 Die **Folgen einer Aufhebung** nach § 1760 Abs. 1 BGB oder § 1763 BGB ergeben sich **abschließend** aus § 1764 BGB (bzgl. des Verwandtschaftsverhältnisses und der sich daraus ergebenden Rechte und Pflichten) und aus § 1765 BGB (bzgl. der Namensführung als Folge der Aufhebung). Im Grundsatz soll nach der Aufhebung **wieder der Zustand** hergestellt werden, **welcher vor der Adoption bestanden hat**.

2 **Ausnahme hiervon ist das Sorgerecht gegenüber dem Kind**. Dieses geht mit der Aufhebung der Adoption nicht automatisch an die leiblichen Eltern zurück, sondern es obliegt der **erneuten gerichtlichen Entscheidung**, ob es aus Kindeswohlgründen zurückzuübertragen ist (§ 1764 Abs. 4 BGB).

3 Auch **hinsichtlich des Namens** kann das Bedürfnis bestehen, dass der gemäß § 1757 BGB durch die Adoption erworbene Familienname nach der Aufhebung erhalten bleibt. Dies kann ebenso auf Antrag gerichtlich festgestellt werden (§ 1765 Abs. 2 BGB).

4 Im Übrigen ergeben sich die Wirkungen der Aufhebung direkt aus dem Gesetzeswortlaut.

§ 1766 BGB

Ehe zwischen Annehmendem und Kind

[1]Schließt ein Annehmender mit dem Angenommenen oder einem seiner Abkömmlinge den eherechtlichen Vorschriften zuwider die Ehe, so wird mit der Eheschließung das durch die Annahme zwischen ihnen begründete Rechtsverhältnis aufgehoben. [2]§§ 1764, 1765 sind nicht anzuwenden.

Heiratet ein Annehmender ein angenommenes Kind (auch während dessen Volljährigkeit) oder einen Abkömmling des Angenommenen, so verstoßen die Eheschließenden gegen das Eheverbot in § 1308 Abs. 1 BGB („... *soll nicht geschlossen werden,* ..."). Dennoch sieht der Gesetzgeber nach § 1766 BGB den Bestand der Ehe als vorrangig an und **hebt nicht die Ehe, sondern das Annahmeverhältnis von Gesetzes wegen auf**. Die Vorschriften in §§ 1764, 1765 BGB finden keine Anwendung (§ 1766 Satz 2 BGB). 1

Die Norm gilt auch, wenn **bei vorangegangener gemeinschaftlicher Adoption** die Ehe mit einem der beiden Annehmenden geschlossen wird. Dann bleibt das Adoptionsverhältnis zum anderen (verstorbenen oder geschiedenen) Elternteil aufrecht. 2

§ 1766 BGB hat nichts mit dem **Verfahren auf Befreiung vom Eheverbot nach § 1308 Abs. 2 BGB** (§ 186 Nr. 4 FamFG) zu tun, da es bei der Befreiung trotz des Verbots in § 1308 Abs. 2 BGB um eine Eheschließung von Verwandten in der Seitenlinie geht.[1] 3

§ 1766a BGB

Annahme von Kindern des nichtehelichen Partners

(1) Für zwei Personen, die in einer verfestigten Lebensgemeinschaft in einem gemeinsamen Haushalt leben, gelten die Vorschriften dieses Untertitels über die Annahme eines Kindes des anderen Ehegatten entsprechend.

(2) [1]Eine verfestigte Lebensgemeinschaft im Sinne des Absatzes 1 liegt in der Regel vor, wenn die Personen

1. seit mindestens vier Jahren oder

2. als Eltern eines gemeinschaftlichen Kindes mit diesem

eheähnlich zusammenleben. [2]Sie liegt in der Regel nicht vor, wenn ein Partner mit einem Dritten verheiratet ist.

(3) [1]Ist der Annehmende mit einem Dritten verheiratet, so kann er das Kind seines Partners nur allein annehmen. [2]Die Einwilligung des Dritten in die Annahme ist erforderlich. [3]§ 1749 Absatz 1 Satz 2 und 3 und Absatz 2 gilt entsprechend.

Übersicht Rn.

1 MüKo-BGB/*Maurer*, § 1766 Rn. 3

A. Allgemeines

1 Die Norm ist seit dem 31.3.2020 in Kraft und regelt **die Annahme eines Kindes des Partners einer verfestigten Lebensgemeinschaft**. Hintergrund für die Neunormierung war eine Entscheidung des BVerfG vom 26.3.2019, in welcher die Gleichheitswidrigkeit der vorherigen Regelungen zum grundsätzlichen Ausschluss der Stiefkindadoption für nicht-verheiratete oder nicht-verpartnerte Annehmende festgestellt worden war (sog. **vormaliger Ausschluss der Stiefkindadoption bei nicht-verheirateten Paaren**).[1] Der Gesetzgeber hat sich dabei gegen eine Anpassung der Annahmewirkungen in §§ 1754, 1755 BGB entschieden und eine gänzlich neue Vorschrift ins Adoptionsrecht eingefügt.[2]

2 Gesetzestechnisch verweist die Vorschrift – anders als die Einzelverweise in § 9 Abs. 5 Satz 2 und Abs. 6 Satz 2 LPartG – ganz allgemein auf die Vorgaben der Stiefkindadoption des Kindes eines Ehepartners („... *gelten die Vorschriften dieses Untertitels über die Annahme eines Kindes des anderen Ehegatten entsprechend*"). Für die Frage, welche Qualität die Beziehung der beiden Partner haben muss, wurde der neue Rechtsbegriff der „verfestigten Lebensgemeinschaft" eingeführt, welcher aber nicht legal definiert, sondern im Wege eines Regel-Ausnahme-Verhältnisses im Rahmen des Adoptionsverfahrens vom Familiengericht zu bewerten ist (§ 1766a Abs. 1 und Abs. 2 BGB). Ist der annehmende Partner noch mit einer dritten Person verheiratet, so liegt erstens „in der Regel" keine verfestigte Lebensgemeinschaft mit dem neuen Partner vor (§ 1766a Abs. 2 Satz 2 BGB) und zweitens muss dann auch dieser Dritte in die Annahme einwilligen (§ 1766a Abs. 3 Satz 2 BGB) (vgl. weitergehend hierzu unten Rn. 7 ff.).

3 Die Bestimmungen gelten **auch für Volljährigenadoptionen**, da § 1766a BGB in § 1768 Abs. 1 Satz 2 BGB gerade nicht ausgeschlossen ist.[3] Dies entspricht auch dem Willen des Gesetzgebers.[4]

B. Inhalt der Norm

I. Vorliegen einer verfestigten Lebensgemeinschaft

4 Wann eine verfestigte Lebensgemeinschaft im Rechtssinne feststellbar ist, richtet sich nicht nur nach Abs. 2 der Norm, sondern auch nach Abs. 1. Denn **(zwingende) erste Voraussetzung ist das Leben in einem gemeinsamen Haushalt.** Hiermit soll die Erforderlichkeit einer räumlich engen Verbindung im Sinne eines gemeinsamen Lebensmittelpunkts der beiden Partner verdeutlicht werden. Keine formale Voraussetzung ist, dass auch das Kind im gemeinsamen Haushalt lebt. Allerdings ist dies materiell-rechtlich aus Kindeswohlaspekten und aufgrund von § 1744 BGB in aller Regel zu fordern (vgl. zur Probezeit bei Stiefkindadoptionen *Braun*, § 1744 BGB Rn. 4). Für den gemeinsamen Haushalt kann es nicht allein auf die Meldeadresse ankommen. Entscheidend ist vielmehr der (gemeinsame) soziale Lebensmittelpunkt. Schwierig kann die **Auslegung des gemeinsamen Haushalts** in den Fällen sein, in denen neben dem gemeinsamen Haushalt auch noch weitere Lebensmittelpunkte bestehen (Wochenendbeziehungen). Diese Lebenssituation ist dann im Einzelfall gemäß § 26 FamFG zu ermitteln und im Ergebnis vom Gericht zu bewerten.

5 In § 1766a Abs. 2 Satz 1 BGB wird ein Regel-Ausnahme-Verhältnis zum Vorliegen einer verfestigten Lebensgemeinschaft normiert. **Der erste Regelfall ist das eheähnliche Zusammenleben seit mindestens vier Jahren**. Dabei kommt es nach der hier vertretenen Auffas-

---

1 Ausführlich BVerfG NJW 2019, 1793
2 Zur Begründung im Wesentlichen BT-Drs. 19/15618
3 Zutreffend AG Büdingen, NJW-RR 2020, 888
4 BT-Drs. 19/15618, S. 13

sung nicht darauf an, ob schon während dieses Zeitraums ein gemeinsamer Haushalt i.S.v. Abs. 1 begründet worden war, sondern darauf, ob (auch aus subjektivem Empfinden heraus) die Lebensgemeinschaft tatsächlich über vier Jahre schon eine deutliche Stabilität hat. Entscheidender Zeitpunkt für den Beginn der Frist ist der Zeitpunkt der Adoptionsentscheidung und nicht der Zeitpunkt der Stellung des Annahmeantrags. Da im Übrigen die Vier-Jahres-Frist nur „in der Regel" erfüllt sein muss, können auch kürzere Zeiträume dennoch zur Adoption des Kindes führen.

Das Kriterium des **eheähnlichen Zusammenlebens** ist wiederum wertend zu beurteilen. Welche Art und Qualität des Zusammenlebens nun in der heutigen Gesellschaft als eheähnlich zu beurteilen ist, hängt sehr stark von den individuellen Vorstellungen der bewertenden Person (hier des Richters) ab und ist im Hinblick auf die erheblichen Folgen einer Adoption deutlich zu unbestimmt. Wenn die Gesetzesbegründung – basierend auf der Wertung des BVerfG – im Bestehen einer Ehe einen „Stabilitätsindikator"[5] sieht, ist das Kriterium der „Eheähnlichkeit" nicht aussagekräftig, da diese Stabilität hier gerade nicht durch den Gang zum Standesamt indiziert ist. Wirklich entscheidend ist dies aber im Ergebnis nicht, da durch die Normierung als Regelbeispiele ohnehin eine Gesamtbewertung der Beziehung der Partner durchzuführen ist.

Der **zweite (alternative) Regelfall** für das Vorliegen einer verfestigten Lebensgemeinschaft ist das **eheähnliche Zusammenleben als Eltern eines gemeinschaftlichen Kindes**. Gemeint ist hiermit nicht das Zusammenleben mit dem anzunehmenden Kind, sondern ausdrücklich das Zusammenleben mit einem (schon) gemeinsamen Kind der Partner im Sinne eines Halbgeschwisters des zu adoptierenden Kindes. Dies wiederum ist vergleichsweise leicht zu ermitteln und die Interessen des weiteren Kindes werden im Rahmen der Prüfung der weiteren Voraussetzungen der Stiefkindadoption durch § 1745 BGB geschützt. 6

II. Die Ehe mit einer dritten Person

Auch wenn einer der beiden Regelfälle für das Bestehen einer verfestigten Lebensgemeinschaft erfüllt ist, kann noch die „Rückausnahme" des Abs. 2 Satz 2 eingreifen. Ist **der annehmende Partner mit einem Dritten verheiratet**, so soll „in der Regel" gerade keine gefestigte Lebensgemeinschaft bestehen. Dies wird in der Praxis eher selten vorkommen, sollte aber nach dem Willen des Gesetzgebers als Korrektiv herhalten, und zwar auch dann, wenn die Ehegatten getrennt leben.[6] Über § 21 LPartG gilt dies auch für noch bestehende Lebenspartnerschaften. 7

Das Vorliegen der Ehe (oder Lebenspartnerschaft) ist **kein zwingendes Ausschlusskriterium**, wie nicht nur der Wortlaut von § 1766a Abs. 2 Satz 2 BGB zeigt, sondern auch die Sonderbestimmungen in Abs. 3. Sieht das Gericht die Partnerschaft des Annehmenden zum Elternteil des Kindes trotz Fortbestehen der entsprechenden Ehe oder Lebenspartnerschaft als ausreichend gefestigt an, so muss – zur Wahrung der Rechte des Dritten – dieser grundsätzlich in die Adoption einwilligen, wobei auch hier eine Ersetzung oder ein Verzicht auf die Einwilligung nach den Vorgaben in § 1749 Abs. 1 Sätze 1 und 2, Abs. 2 BGB möglich ist (§ 1766a Abs. 3 Satz 2 BGB). Dies gilt auch bei Volljährigenadoptionen, wobei dann zusätzlich noch zu prüfen ist, ob auch der Anzunehmende verheiratet ist. Ist dies der Fall, dann sind zusätzlich die Vorgaben in § 1767 Abs. 4 und 5 BGB (in der Fassung ab dem 1.5.2025) zu beachten. 8

5 BT-Drs. 19/15618, S. 14
6 Unter Verweis auf das schweizerische und serbische Recht: BT-Drs. 19/15618, S. 15

III. Die Anwendung der Vorgaben einer ehelichen Stiefkindadoption

9 Kann das Gericht eine verfestigte Lebensgemeinschaft feststellen, so finden im Hinblick auf die weiteren Voraussetzungen für die Annahme als Kind sämtliche in §§ 1741 ff. BGB normierten Voraussetzungen für eine eheliche Stiefkindadoption Anwendung (im Erwachsenenbereich dann die Vorgaben nach §§ 1767 ff. BGB mit dem Ausschluss bestimmter Vorschriften aus dem Minderjährigenrecht nach § 1768 Abs. 1 Satz 2 BGB).

10 Maßgeblich gelten bei der Minderjährigen-Stiefkindadoption durch den annehmenden Partner dieselben Kindeswohlmaßstäbe wie bei der ehelichen Stiefkindadoption (§ 1741 Abs. 1 BGB). Auch müssen sämtliche weiteren formalen und materiell-rechtlichen Vorgaben und Verbote in §§ 1742 bis 1745 BGB sowie die Einwilligungen nach §§ 1746 bis 1750 BGB beachtet werden. Die Wirkungen nach §§ 1754 bis 1756 sind dieselben und auch der Name bestimmt sich nach § 1757 BGB[7] (oder bei der Volljährigenadoption nach § 1767 Abs. 3 BGB).

11 Nach wie vor **gar nicht möglich** ist die gemeinschaftliche Adoption eines „fremden" Kindes durch Partner in verfestigter Lebensgemeinschaft (Fall von § 1741 Abs. 2 Satz 2 BGB). § 1766a BGB stellt im Übrigen auch eine Ausnahme von § 1741 Abs. 2 Satz 1 BGB, wonach nichtverheiratete Annehmende „nur" alleine adoptieren dürfen, dar. Denn obwohl der Annehmende bei § 1766a BGB nicht verheiratet ist, darf er ja gerade im Rahmen einer gefestigten Lebensgemeinschaft das Kind seines Partners adoptieren. Aus diesem Grund ist auch eine Sukzessivadoption eines „fremden" Kindes durch Partner einer gefestigten Lebensgemeinschaft möglich. Die erste Adoption ist eine Adoption nach § 1741 Abs. 1 Satz 1 BGB (ohne dass es auf die gefestigte Lebensgemeinschaft ankäme), die zweite Adoption ist dann eine Adoption nach § 1766a BGB i.V.m. § 1741 Abs. 2 Satz 3 BGB, wobei es dann darauf ankommt, ob eine gefestigte Lebensgemeinschaft besteht oder nicht. Im Ergebnis findet damit eine Gleichstellung mit Stiefkindadoptionen im Lebenspartnerschaftsrecht statt.

7 Zutreffend AG Büdingen NJW-RR 2020, 888

Untertitel 2
Annahme Volljähriger

Übersicht: Voraussetzungen einer Volljährigenadoption mit den Wirkungen nach § 1770 BGB

1. **Antrag (§ 1768 Abs. 1 Satz 1 BGB)**
   a. gemeinschaftlich (Annehmende und Anzunehmender gemeinsam)
   b. notariell beurkundet
   c. höchstpersönlich (aber Vertretung des geschäftsunfähigen Anzunehmenden möglich)
2. **Persönliche Voraussetzungen der Annehmenden nach § 1741 Abs. 2 BGB (und ggf. § 9 Abs. 7 LPartG) (Alleinadoption oder gemeinschaftliche Adoption)**
3. **Mindestalter der Annehmenden nach § 1743 BGB**
4. **Einwilligung des Ehegatten des Annehmenden (§ 1749 Abs. 1 Satz 1 BGB)**
   - mit der Möglichkeit der Ersetzung nach § 1749 Abs. 1 Satz 2 und 3 BGB oder des Verzichts auf die Einwilligung nach § 1749 Abs. 2 BGB
5. **Einwilligung des Ehegatten des Anzunehmenden (§ 1767 Abs. 2 Satz 2 BGB)**
6. **Sittliche Rechtfertigung nach § 1767 Abs. 1 BGB**
7. **Kein Entgegenstehen von Interessen der Kinder des Annehmenden oder des Anzunehmenden (§ 1769 BGB)**

Übersicht: Voraussetzungen einer Volljährigenadoption mit den Wirkungen der Minderjährigenannahme (§ 1772 Abs. 1 BGB)

1. **Antrag (§ 1768 Abs. 1 Satz 1 BGB)**
   a. gemeinschaftlich (Annehmende und Anzunehmender gemeinsam)
   b. notariell beurkundet
   c. höchstpersönlich (aber Vertretung des geschäftsunfähigen Anzunehmenden möglich)
   d. auf die Volljährigenadoption mit den Wirkungen gemäß § 1772 Abs. 1 BGB gerichtet
2. **Persönliche Voraussetzungen der Annehmenden nach § 1741 Abs. 2 BGB (und ggf. § 9 Abs. 7 LPartG) (Alleinadoption oder gemeinschaftliche Adoption)**
3. **Mindestalter der Annehmenden nach § 1743 BGB**
4. **Einwilligung des Ehegatten des Annehmenden (§ 1749 Abs. 1 Satz 1 BGB)**
   - mit der Möglichkeit der Ersetzung nach § 1749 Abs. 1 Satz 2 und 3 BGB oder des Verzichts auf die Einwilligung nach § 1749 Abs. 2 BGB
5. **Einwilligung des Ehegatten des Anzunehmenden (§ 1767 Abs. 2 Satz 2 BGB)**
6. **Sittliche Rechtfertigung nach § 1767 Abs. 1 BGB**
7. **Kein Entgegenstehen von Interessen der Kinder des Annehmenden oder des Anzunehmenden (§ 1769 BGB)**

8. **Besondere formale Voraussetzungen nach § 1772 Abs. 1 Satz 1 BGB**
   - minderjähriges Geschwisterkind (Buchstabe a))
   - schon als Minderjähriger in die Familie aufgenommen (Buchstabe b))
   - Stiefkindadoption (Satz 1, Buchstabe c))
   - Eingang des Antrags noch im Zeitpunkt der Minderjährigkeit (Buchstabe d))
9. **Kein Entgegenstehen von Interessen der bisherigen Eltern des Anzunehmenden (§ 1772 Abs. 1 Satz 2 BGB)**

§ 1767 BGB

Zulässigkeit der Annahme, anzuwendende Vorschriften

(1) Ein Volljähriger kann als Kind angenommen werden, wenn die Annahme sittlich gerechtfertigt ist; dies ist insbesondere anzunehmen, wenn zwischen dem Annehmenden und dem Anzunehmenden ein Eltern-Kind-Verhältnis bereits entstanden ist.

(2) [1]Für die Annahme Volljähriger gelten die Vorschriften über die Annahme Minderjähriger sinngemäß, soweit sich aus den folgenden Vorschriften nichts anderes ergibt.

(3) [1]§ 1757 ist mit der Maßgabe anzuwenden, dass

1. **der Angenommene den Familiennamen des Annehmenden nach Absatz 1 nicht erhält, wenn er der Namensänderung widerspricht,**
2. **zusätzlich die Möglichkeit besteht, einen aus dem bisherigen Familiennamen des Angenommenen und dem Familiennamen des Annehmenden gebildeten Doppelnamen zum Geburtsnamen zu bestimmen; § 1617 Absatz 1 Satz 2 und Absatz 2 Nummer 2 gilt entsprechend.**

[2]§ 1757 Absatz 3 Satz 1 Nummer 2 ist nicht anzuwenden.

(4) [1]Zur Annahme eines Verheirateten als Kind ist die Einwilligung seines Ehegatten erforderlich. [2]Die Änderung des Geburtsnamens erstreckt sich auf den Ehenamen des Angenommenen nur dann, wenn sich auch der Ehegatte der Namensänderung anschließt.

(5) Die Erklärungen nach den Absätzen 3 und 4 müssen öffentlich beglaubigt und vor dem Ausspruch der Annahme gegenüber dem Familiengericht abgegeben werden.

Weiterführende Literatur: Becker, Die Erwachsenenadoption als Instrument der Nachlassplanung, ZEV 2009, 25; *Braun*, Neues von der Volljährigenadoption – Klarstellung der Voraussetzungen und Maßstäbe der Volljährigenadoption durch den Bundesgerichtshof, FamRZ 2021, 1858; *Frank,* Rechtsprobleme der Erwachsenenadoption, StAZ 2008, 65; *Grziwotz*, Neudefiniton der Volljährigenadoption?, DNotZ 2024, 412; *Zimmermann*, Die Adoption Erwachsener, NZFam 2015, 1134.

Übersicht Rn.

A. Allgemeines

Die Normen in §§ 1767 ff. BGB regeln die **formellen und materiell-rechtlichen Vorgaben für die Volljährigenadoption**. Das Rechtsinstitut der Volljährigenadoption ist in der deutschen Rechtstradition seit langem verwurzelt und hat trotz immer wieder aufkommender Kritik bislang jede Reform überdauert. Im internationalen Kontext ist die Möglichkeit, einen Volljährigen zu adoptieren, jedoch die Ausnahme.[1] 1

Mit Eintritt der Volljährigkeit **verschieben sich die Interessen** zur Änderung der Verwandtschaftsverhältnisse mittels Adoption. Im Gegensatz zur Annahme eines minderjährigen Kindes steht nicht mehr die Fürsorge, Betreuung und ein beschütztes Aufwachsen in einer Familie im Vordergrund, sondern es geht um die willentliche gegenseitige Bindung aneinander im Wege der **Begründung einer sog. Wahlverwandtschaft**. 2

§ 1767 Abs. 1 BGB bestimmt mit dem **Begriff der sittlichen Rechtfertigung** die zentrale Voraussetzung für den Ausspruch einer Volljährigenadoption. Nach dem Willen des Gesetzgebers soll damit einerseits der Missbrauch des Rechtsinstituts verhindert werden und zum anderen klargestellt werden, dass die Adoption im Volljährigenalter die Ausnahme bleiben soll.[2] Auch die Rechtsprechung übernimmt diese Wertung, zumindest dann, wenn noch kein Eltern-Kind-Verhältnis zwischen Annehmenden und Anzunehmenden entstanden ist.[3] 3

Abs. 2 verweist zwar auf die Vorschriften der Minderjährigenannahme, wonach die Vorgaben in §§ 1741 ff. BGB sinngemäß anzuwenden seien. Allerdings wird diese **allgemeine Verweisung** durch § 1768 Abs. 1 Satz 2 BGB erheblich eingeschränkt, indem bedeutende Vorschriften des Minderjährigenrechts wieder ausgeschlossen werden. Seit dem Gesetz vom 17.7.2017 (BGBl. I S. 2429) befinden sich in Abs. 4 und 5 (vormals Abs. 2 Satz 2 und Satz 3) nun besondere Vorschriften für die Anforderungen an die Einwilligungen des Ehepartners des Anzunehmenden und zu den Folgen der Volljährigenadoption auf den Ehenamen des Angenommenen. Ebenso wurden mit Wirkung zum 1.5.2025 die Namensbestimmungen aufseiten des erwachsenen Anzunehmenden an das moderne Namensrecht angepasst (Abs. 3). 4

B. Inhalt der Norm

I. Abgrenzung zur Minderjährigenadoption

Die Vorschriften in §§ 1767 ff. BGB finden nur dann Anwendung, **wenn der Anzunehmende volljährig ist** („Ein Volljähriger...", § 1767 Abs. 1 BGB). In Deutschland wie in den meisten anderen Ländern der Welt tritt die Volljährigkeit mit Vollendung des 18. Lebensjahrs ein (§ 2 BGB). Es existieren aber durchaus noch Rechtsordnungen, in denen das Volljährigenalter zu einem (meist) späteren Zeitpunkt eintritt.[4] 5

Bei einem Auslandsbezug zu einem dieser Länder ist im Rahmen der international-privatrechtlichen Anknüpfung umstritten, ob sich die Frage der Volljährigkeit nach dem Personalstatut des Anzunehmenden gemäß Art. 7 EGBGB[5] (Staatsangehörigkeit des Anzunehmenden) oder nach dem Adoptionsstatut in Art. 22 EGBGB (und damit nach dem deutschen 6

1 So existiert z.B. im gesamten osteuropäischen Rechtskreis das Rechtsinstitut der Volljährigenadoption nicht.
2 BT-Drs. 7/3061, 52; BT-Drs. III/530, 20 und 21
3 Ausführlich: BGH NJW-RR 2021, 1444, 14449; KG NJW-RR 2024, 492
4 Z.B. einige Bundesstaaten der USA, Ägypten, Kamerun
5 So: Staudinger/*Henrich*, Art. 22 EGBGB Rn. 24; OLG Bremen FamRZ 2007, 930; BayObLG FamRZ 1996, 183

Recht gemäß § 2 BGB)[6] richtet. Überzeugender ist die Anknüpfung an das Recht, welches für die Adoption zur Anwendung kommt. Zum einen regelt Art. 7 EGBGB tatsächlich gar nicht die Volljährigkeit, sondern die Rechts- und Geschäftsfähigkeit einer Person und zum anderen würde die Anknüpfung an Art. 7 EGBGB zu erheblichen Wertungswidersprüchen führen. Ein z.B. 20-jähriger ägyptischer Staatsbürger müsste dann (als nach ägyptischem Recht Minderjähriger) bei einer Adoption in Deutschland die Zustimmung seiner sorgeberechtigten Eltern nach § 1746 Abs. 1 Satz 3 Hs. 2 BGB einholen, obwohl der Anzunehmende nach dem deutschen Recht gar nicht mehr unter elterlicher Sorge steht.

II. Eintritt der Volljährigkeit während des Verfahrens

7 Erhebliche Praxisrelevanz hat die Frage, wie das Verfahren fortzuführen ist, wenn **das Kind während des Verfahrens auf Minderjährigenadoption volljährig wird**. Ein Ausspruch der Annahme als Kind nach §§ 1741 ff. BGB ist nicht mehr möglich, da der verfahrenseinleitende Sachantrag (§ 23 FamFG) eindeutig auf die Minderjährigenannahme gerichtet war. Eine Umdeutung des Antrags auf Minderjährigenadoption in einen Antrag auf Volljährigenadoption kann ebenso nicht stattfinden, da sowohl die Voraussetzungen als auch die Wirkungen (vgl. etwa§ 1770 BGB) unterschiedlich sind. Richtigerweise muss daher in einem solchen Fall zwingend ein neuer (gemeinsamer) Sachantrag nach § 1768 Abs. 1 Satz 1 BGB i.V.m. § 23 FamFG gestellt werden, in welchem dann bestimmt werden kann, welche Wirkungen die Volljährigenadoption haben soll.[7] Verfahrensrechtlich wird damit aber der ursprüngliche verfahrenseinleitende Antrag nicht hinfällig, sondern durch die neue Antragstellung lediglich abgeändert. Das Verfahren bleibt rechtshängig, wird nur mit einem anderen Sachantrag fortgeführt. Dies ist wichtig etwa für die Folgen von § 6 StAG oder für das Vorliegen der Voraussetzung für die Annahme mit den Wirkungen einer Minderjährigenannahme nach § 1772 Abs. 1 Satz 1 d) BGB. Wird trotz Aufforderung des Gerichts in angemessener Frist nach Eintritt der Volljährigkeit kein neuer Sachantrag gestellt, so muss der Antrag auf Minderjährigenadoption verfahrensbeendend zurückgewiesen werden.

III. Der Begriff der sittlichen Rechtfertigung

1. Allgemeines

8 Zentrale Voraussetzung jeder Volljährigenadoption ist die Frage, ob die Adoption **sittlich gerechtfertigt i.S.v. § 1767 Abs. 1 BGB** ist. Die sittliche Rechtfertigung ist ein **unbestimmter Rechtsbegriff**, welcher auslegungsbedürftig und in den Beschwerdeinstanzen rechtlich vollumfänglich überprüfbar ist.

9 Mit dem Begriff der sittlichen Rechtfertigung wollte der Gesetzgeber sicherstellen, dass die Herstellung neuer familienrechtlicher (verwandtschaftlicher) Beziehungen im Erwachsenenalter mittels Adoption nicht der freien Disposition der Antragsteller überlassen bleibt,[8] sondern es **einer objektivierbaren Überprüfung** des Verhältnisses zueinander bedarf.[9] Demnach können allein der subjektive Wunsch zur Adoption oder gut gemeinte Beteuerungen zum gegenseitigen zukünftigen Beistand nicht ausreichen.[10]

6 So MüKo-BGB/*Helms*, Art. 22 EGBGB Rn. 30; offen lassend: BGH NJW-RR 2021, 1444, 1446

7 KG FamRZ 2004, 1315; OLG Karlsruhe FamRZ 2000, 768; OLG Hamm FamRZ 2001, 859; MüKo-BGB/*Maurer*, § 1741 Rn. 26

8 BT-Drs. 7/3061, 52

9 Grüneberg/*Götz*, § 1767 BGB Rn. 2; MüKo-BGB/*Maurer*, § 1767 Rn. 24; KG NJW-RR 2013, 774

10 KG NJW-RR 2013, 774; BayObLG FamRZ 2005, 546, 547; FamRZ 1980, 1158; OLG Zweibrücken FamRZ 2005, 572, 573; OLG Karlsruhe NJW-RR 2006, 364, 365; OLG Frankfurt NJW-FER 2000, 29

Dem Wortlaut der Norm nach bedarf es einer „Rechtfertigung" für die Volljährigenadoption. Damit kommt ein **Ausnahme-Regel-Verhältnis** zum Ausdruck.[11] Im Regelfall bedarf es keiner Änderung des Verwandtschaftsverhältnisses im Erwachsenenalter im Wege der Adoption.[12] Nur wenn aufgrund einer wertenden Gesamtbetrachtung zur Überzeugung des erkennenden Gerichts das intendierte neu entstehende Verwandtschaftsverhältnis sittlich billigenswert erscheint, darf die Volljährigenadoption ausgesprochen werden. Im Ansatz ist es daher in Literatur und Rechtsprechung auch unumstritten, dass **bei verbleibenden Zweifeln an der sittlichen Rechtfertigung der Adoptionsantrag abgelehnt werden muss**.[13] 10

Hierzu im Gegensatz steht die in der Rechtsprechung häufig vorgenommene **Abgrenzung zwischen Haupt- und Nebenmotiv**. Eine Adoption unter Erwachsenen soll möglich sein, obwohl z.B. die Intention der Beteiligten auf die Reduzierung einer Erbschaftssteuerlast gerichtet ist (vgl. hierzu weitergehend unten Rn. 16), solange dies nur „Nebenmotiv" für die Adoption sei.[14] Dies kehrt den o.g. Zweifelssatz jedoch gerade ins Gegenteil um, denn wenn die Ermittlungen ergeben, dass tatsächlich auch ein familienfremdes Motiv eine Rolle spielt, dann liegen doch gerade die genannten Zweifel auf der Hand. Darüber hinaus wäre es allein der subjektiven Wertung der Beteiligten überlassen, zu bestimmen, ab wann die Motivlage nur nachrangig auf ein familienfremdes Motiv ausgerichtet ist und ab wann dies der Hauptzweck der Adoption sein soll.[15] Gerade diese „freie Disposition" über die Erwachsenenadoption wollte der Gesetzgeber aber verhindern. 11

An vielen Stellen in Rechtsprechung und Literatur ist immer wieder davon die Rede, dass das Gericht **eine bloße Missbrauchskontrolle** durchzuführen hat.[16] Auch dies ist so nicht zutreffend, da dies erneut die Gefahr beinhaltet, dass allein das subjektive Vorbringen der Antragsteller Grundlage der Entscheidung wird, ohne dass objektive Umstände für die Adoption ersichtlich wären. Diese Herangehensweise führt dann im Ergebnis zu einer Umkehrung des oben angesprochenen Ausnahme-Regel-Verhältnisses. Denn die Antragsteller werden ihre Motive und ihr Verhältnis zueinander immer im positiven Licht darstellen und versuchen, gegen die Adoption sprechende Gesichtspunkte und Motive zu verschweigen. Richtigerweise müssen die gerichtlichen Ermittlungen nach § 26 FamFG daher darauf gerichtet werden, dass eine **umfassende Abwägung der äußeren objektiven Verhältnisse sowie der subjektiven Motive** der Antragsteller stattfindet.[17] 12

Aus dem Ausnahme-Regel-Verhältnis ergibt sich auch, dass die Voraussetzungen für die Adoption eines Volljährigen **zur Überzeugung des Gerichts positiv feststehen müssen**.[18] Kann sich das Gericht nach Ausschöpfung aller zumutbarer Beweismöglichkeiten nicht von der sittlichen Rechtfertigung der Volljährigenadoption überzeugen, so ist der Antrag zurückzuweisen. 13

11 Ausdrücklich schon: BT-Drs. III/530, 20 und 21
12 Grundsätzlich kritisch zur Erwachsenenadoption: *Frank*, StAZ 2008, 65
13 Statt vieler: KG NJW-RR 2024, 492; OLG München NJW-RR 2009, 591; OLG Köln FGPrax 2007, 121; NJW-RR 2004, 155; BayObLG NJW-RR 1995, 1287
14 Statt vieler: BayObLG NJW 1985, 2094; FamRZ 2005, 546; OLG Hamm FamRZ 2013, 557; OLG Hamburg Beschl v 8.4.2020 – 2 UF 2/20, juris
15 *Frank*, StAZ 2008, 65, 69, bezeichnet die Unterscheidung zwischen Haupt- und Nebenmotiv daher auch zutreffend als „bloße Augenwischerei"
16 BayObLG FamRZ 2005, 546
17 Zutreffend: OLG München NJW-RR 2009, 1156; KG NJW-RR 2013, 774
18 Grüneberg/*Götz*, § 1767 BGB Rn. 1

2. Eltern-Kind-Verhältnis

14 Bei der näheren **Begriffsbestimmung der sittlichen Rechtfertigung** hilft zunächst das Gesetz weiter: § 1767 Abs. 1 Hs. 2 BGB bestimmt, dass die sittliche Rechtfertigung **insbesondere dann** anzunehmen ist, wenn zwischen dem Annehmenden und dem Anzunehmenden **ein Eltern-Kind-Verhältnis bereits entstanden ist**. Ist dies nicht feststellbar, so kann durch die sinngemäße Verweisung in Abs. 2 auf § 1741 Abs. 1 Satz 1 BGB aber auch die prognostische Entstehung eines Eltern-Kind-Verhältnis als Kriterium herangezogen werden, um in der Gesamtabwägung die sittliche Rechtfertigung zu bejahen.[19] Entscheidend ist jedoch, dass dann das in § 1767 Abs. 1 BGB normierte Regelbeispiel nicht mehr greift. Die Prognose des Entstehens eines Eltern-Kind-Verhältnisses ist dann nur ein Kriterium von mehreren, welches in die Gesamtabwägung einzustellen ist.[20]

15 Ein Eltern-Kind-Verhältnis im Erwachsenenalter ist qualitativ etwas anderes als im Minderjährigenalter. Während in der Minderjährigkeit die Versorgung, Vertretung und Hilfe des Kindes durch die (Adoptiv-)Eltern im Vordergrund steht, verschiebt sich dies im Erwachsenenalter auf einen **gegenseitigen Beistand im Sinne einer Begegnungsgemeinschaft**.[21] Auch das Leben in einem gemeinsamen Haushalt ist dann nicht mehr die Regel, sondern eher die Ausnahme. Der Beistand ist damit eher altruistischer Natur. Mit anderen Worten stellt ein Eltern-Kind-Verhältnis im Erwachsenenalter ein **soziales Familienband** dar, welches seinem ganzen Inhalt nach dem durch eine natürliche Abstammung geschaffenen Band ähnelt („**innere familienbezogene Verbindung**") und über eine generationsübergreifende Freundschaft hinausgeht.[22]

3. Fallgruppen

16 Trotz dieser allgemeinen Erwägungen hat sich in der Rechtsprechung eine eher unübersichtliche Kasuistik zur Auslegung der Begriffe der sittlichen Rechtfertigung und des Eltern-Kind-Verhältnisses entwickelt. Dem soll sich im Folgenden in entsprechenden Fallgruppen genähert werden:

- Werden **ausländer- oder staatsangehörigkeitsrechtliche Motive** (v.a. der Anzunehmenden) durch das Gericht ermittelt, so führt häufig schon allein dieses Ermittlungsergebnis zur Ablehnung der sittlichen Rechtfertigung. Begründet wird dies damit, dass die Verschaffung eines besseren Aufenthaltsstatus ein familienfremdes Motiv sei und dass dies *„daher die Annahme eines Volljährigen nicht sittlich rechtfertigen"* könne.[23] Zum Teil scheint schon allein die Tatsache, dass der Anzunehmende Ausländer ist zu genügen, ohne dass überhaupt die Motivlage ermittelt wird.[24] Andererseits existieren aber auch Entscheidungen, die dieses Motiv nicht als (allein) ausschlaggebend erachten.[25] Richtigerweise sollten Adoptionen mit ausländischen Anzunehmenden in der Gesamtabwägung nicht anders beurteilt werden als Adoptionen, bei denen sämtliche Beteiligte deutsche Staatsbürger sind. Denn tatsächlich ist die innere Beziehung zueinander („das soziale Familienband") völlig unabhängig von der Staatsangehörigkeit oder dem Aufenthaltsstatus. Wird das oben beschriebene Ausnahme-Regel-Verhältnis richtig ange-

19 Mittlerweile wohl unbestritten; statt vieler: OLG Zweibrücken FGPrax 2006, 21
20 KG NJW-RR 2024, 492
21 BayObLG FamRZ 2002, 1651, 1652; OLG Köln NJW-RR 2004, 155; OLG Frankfurt NJWE-FER 2000, 56
22 KG NJW-RR 2024, 492; OLG München FGPrax 2009, 168; OLG Zweibrücken NJW-FER 1999, 295, 296; OLG Brandenburg NZFam 2019, 506
23 Ausdrücklich: BGH NJW-RR 2021, 1444; OLG Schleswig FGPrax 2009, 269; OLG Köln NJW-RR 2004, 155; OLG Celle FamRZ 1995, 829; BayObLG NJW-RR 1995, 1287
24 OLG Schleswig FGPrax 2009, 269
25 OLG Hamm FamRZ 2003, 1867; LG Fulda FamRZ 2005, 1277

wandt, so kommt es auch hier allein auf die bestehende oder zu erwartende Beistandsgemeinschaft zwischen Annehmenden und Anzunehmendem an.

- Immer mehr veröffentlichte Gerichtsentscheidungen nehmen nicht das Verhältnis zwischen Annehmenden und Anzunehmenden in den Fokus, sondern das **Verhältnis des Anzunehmenden zu seinen leiblichen Eltern**. Ist dieses intakt (oder war dies zu Lebzeiten der leiblichen Eltern unbelastet), so sei die Annahme unter Volljährigen nicht sittlich gerechtfertigt.[26]
- Werden **finanzielle Motive** ermittelt (insbesondere die Ersparnis von Erbschaftssteuer), so führt dies nach der Rechtsprechung selten zur Ablehnung der Adoption.[27] Der Ausspruch der Adoption wird regelmäßig mit der zu kritisierenden Unterscheidung zwischen Haupt- und Nebenmotiv begründet (siehe oben Rn. 11). Allerdings ist es gerade bei diesem Indiz nicht objektiv ermittelbar, ob nun die Erb- oder Schenkungssteuerentlastung mittels Adoption vordergründiges Motiv ist oder das innere Verhältnis im Vordergrund steht.[28] Es ist bezeichnend, dass gerade die erbschaftsteuerliche Literatur zur „Flucht in die Erbschaftssteuerklasse I" mittels Erwachsenenadoption rät.[29]
- Wird das **Motiv des Beistands (insbesondere Pflege) im Alter** vorgebracht, so führt dies in der Rechtsprechungspraxis häufig zur Stattgabe des Antrags auf Erwachsenenadoption.[30] Teilweise wird dieses Vorbringen jedoch auch noch nicht als ausreichend angesehen, wenn keine weiteren objektiven Anhaltspunkte für eine sittliche Rechtfertigung festzustellen sind.[31] Letzterem ist zuzustimmen, denn allein das subjektive Bekenntnis zueinander führt noch nicht zu einer objektiven Feststellung eines Eltern-Kind-Verhältnisses.
- Uneinheitlich wird auch beurteilt, welcher **Altersabstand** zwischen Annehmendem und Anzunehmendem bestehen muss, um von einem „typischen Eltern-Kind-Verhältnis" zu sprechen. Zum Teil sind Erwachsenenadoptionen auch bei sehr geringen oder sehr großen Altersabständen ausgesprochen worden, da andere Umstände für die sittliche Rechtfertigung sprechen.[32] Dem ist nicht zuzustimmen, sondern zwingend ein **der natürlichen Generationenfolge entsprechender Altersabstand** für die Begründung einer Adoption zu fordern.[33] Anderenfalls würde die Erwachsenenadoption der grenzenlosen Disposition der Antragsteller unterliegen.
- Folgende weitere **objektive Umstände** sprechen **für eine sittliche Rechtfertigung**: das tatsächliche Zusammenleben in einem gemeinsamen Haushalt über einen längeren Zeitraum, auch erst im Erwachsenenalter (sehr häufig bei Stiefkindkonstellationen),[34] das Bestehen eines Dauer- oder sogar Adoptionspflegschaftsverhältnisses im Minderjährigenalter,[35] der Verlust der leiblichen Eltern in frühen Jahren und die tatsächliche, gegenseitige Unterstützung auch in schweren Zeiten über einen erheblichen Zeitraum.

26 Z.B. BGH NJW-RR 2021, 1444; OLG Karlsruhe FamRZ 2022, 1630; OLG Stuttgart OLG Stuttgart NJW 2019, 1385
27 OLG Karlsruhe NJW-RR 2023, 1555; OLG Nürnberg NJW-RR 2012, 5; BayObLG FamRZ 2005, 131
28 Zutreffend OLG München NJW-RR 2009, 1661
29 *Becker*, ZEV 2009, 25
30 BayObLG FamRZ 2005, 131; OLG Zweibrücken FGPrax 2006, 21
31 OLG Nürnberg MDR 2014, 1151
32 BayObLG BayObLGR 1993, 44 (Annahme von neun bzw. zwölf Jahre jüngeren Anzunehmenden); LG Frankenthal FamRZ 1998, 505 (6 Jahre Altersunterschied); LG Bonn FamRZ 2001, 120 (13 Jahre Altersunterschied); OLG Celle Beschl. v. 17.5.2001 –17 W 30/01, beck-online (Altersabstand von 52 Jahren); OLG München BeckRS 2017, 154626
33 Zutreffend OLG Nürnberg MDR 2014, 1151; KG FamRZ 2014, 225
34 LG Fulda FamRZ 2005, 1277
35 Grüneberg/*Götz*, § 1767 BGB Rn. 3; Staudinger/*Helms*, § 1767 BGB Rn. 28

- Folgende **Umstände** sprechen wiederum **gegen die sittliche Rechtfertigung**: das Vorbestehen eines Verwandtschaftsverhältnisses zwischen Annehmendem und Anzunehmendem[36], wirtschaftliche Verbindungen zueinander (z.B. durch Dienstvertrag zur Pflege im Alter[37] oder die Fortführung des Gewerbebetriebs.[38]

IV. Singgemäße Anwendung der Vorschriften der Minderjährigenannahme

17 In Abs. 2 wird „sinngemäß" auf die Vorschriften über die Annahme eines minderjährigen Kindes verwiesen. Allerdings wird diese umfassende Verweisung wiederum durch § 1768 Abs. 1 Satz 2 BGB eingeschränkt, wonach wesentliche Vorschriften des Minderjährigenrechts gerade nicht für anwendbar erklärt werden.

18 Folgende Vorgaben im Recht der Minderjährigenadoption sind uneingeschränkt auch bei der Volljährigenadoption zu beachten:

- **Unverheiratete Personen** können einen Anzunehmenden **nur alleine** annehmen (§ 1741 Abs. 2 Satz 1 BGB). Dies gilt auch für Personen, welche in einer eingetragenen Lebenspartnerschaft oder in einer verfestigten Lebensgemeinschaft leben (§ 9 Abs. 5 Satz 1 LPartG, § 1766a Abs. 1 BGB).
- **Verheiratete Personen** können **nur gemeinsam** einen Anzunehmenden adoptieren (§ 1741 Abs. 2 Satz 2 BGB),[39] **es sei denn**, der Annehmende adoptiert das (volljährige) Kind seines Ehegatten (**Stiefkindadoption**) (§ 1741 Abs. 2 Satz 3 BGB) oder es liegt ein **Fall von § 1741 Abs. 2 Satz 4 BGB** vor.[40] Personen in eingetragener Lebenspartnerschaft oder in verfestigten Lebensgemeinschaften können (nach aktuellem Recht) auch nicht im Wege der Volljährigenadoption einen Anzunehmenden gemeinsam adoptieren (§ 9 Abs. 5 Satz 1 LPartG, § 1766a Abs. 1 BGB). Allerdings kann ein Lebenspartner oder der Partner einer verfestigten Lebensgemeinschaft das volljährige (leibliche oder adoptierte) Kind des anderen (Lebens-)Partners adoptieren.[41] Eine gemeinsame Adoption durch gleichgeschlechtliche Partner kann entweder dadurch realisiert werden, indem eingetragene Lebenspartner vor der Adoption ihre Lebenspartnerschaft in eine Ehe umschreiben lassen (§ 20a LPartG) oder im Wege der erlaubten Sukzessivadoption.
- Auch bei der Volljährigenadoption gelten die **Vorgaben über das Mindestalter in § 1743 BGB** (auch wenn dies praktisch kaum relevant sein dürfte).
- Für die Volljährigenadoption ist neben der in § 1767 Abs. 4 Satz 1 BGB normierten Einwilligung des Ehegatten des Anzunehmenden (siehe hierzu unten Rn. 20) die **Einwilligung des Ehegatten des Annehmenden** (§ 1749 Abs. 1 BGB) erforderlich (§ 1767 Abs. 4 Satz 1 BGB). Für Lebenspartner und Partner in verfestigten Lebensgemeinschaften gilt gemäß § 9 Abs. 5 und 6 LPartG und durch den allgemeinen Verweis in § 1766a BGB dasselbe. In allen Fällen bedürfen die Einwilligungserklärungen mindestens der öffentlich beglaubigten Form (§ 1767 Abs. 5 BGB) und der weiteren Vorgaben des § 1750 BGB. Die Ersetzung der Einwilligung des Ehegatten des Annehmenden (§ 1749 Abs. 1 Satz 2 und 3 BGB) ist ebenso möglich wie der Verzicht auf diese Einwilligung nach § 1749 Abs. 2 BGB.

---

36 OLG Stuttgart FamRZ 2015, 592: BayObLG NJW-RR 1995, 1287; OLG Nürnberg MDR 2014, 1151; a.A. BayObLG FamRZ 2005, 131
37 OLG München NJW-RR 2009, 1156; a.A.: OLG Braunschweig FamRZ 2017, 1240
38 OLG München FamRZ 2011, 1411; NJW-RR 2009, 1156; a.A. BayObLG FamRZ 2005, 131
39 Hierzu OLG Schleswig und OLG Koblenz, beide FamRZ 2014, 1039
40 Letzteres ist bei der Volljährigenadoption aber faktisch kaum denkbar
41 Hierzu AG Büdingen NJW-RR 2020, 888

- Die **Vorgaben zur Antragstellung in § 1752 Abs. 2 BGB** (insbesondere zur notariellen Form) sind auch für den (gemeinschaftlichen) Antrag bei der Volljährigenadoption zu beachten (mit der Ausnahme, dass für den Antrag des Anzunehmenden eine Vertretung nach § 1768 Abs. 2 BGB möglich ist).
- Auch bei der Volljährigenadoption ist unter den Voraussetzungen des § 1753 Abs. 2 BGB eine **Annahme nach dem Tode des Annehmenden** möglich (und häufiger als bei der Minderjährigenadoption).
- Die **Adoptionswirkungen in §§ 1754 bis 1756 BGB** gelten bei der Volljährigenadoption nur dann, **wenn die besonderen Voraussetzungen des § 1772 Abs. 1 BGB** erfüllt sind und ein entsprechender Antrag gestellt worden ist.
- Die **Vorschriften über die Namensführung als Folge der Adoption** nach § 1757 BGB gelten mit der Einschränkung, dass § 1757 Abs. 3 Satz 2 BGB ausdrücklich nicht anwendbar ist, auch bei der Volljährigenadoption (ausführlich hierzu unten Rn. 21).
- Das **Offenbarungs- und Ausforschungsverbot** in § 1758 Abs. 1 BGB gilt uneingeschränkt auch bei der Volljährigenadoption, auch wenn das Geheimhaltungsinteresse im Erwachsenenalter in der bei § 1758 Abs. 1 BGB durchzuführenden Abwägung geringer ist.[42]
- Für die **Aufhebung von Volljährigenadoptionen** wegen fehlender Erklärungen oder Anträge sind die § 1760 Abs. 1 bis 5 BGB sinngemäß anwendbar, was sowohl § 1771 Satz 2 BGB als auch § 1772 Abs. 2 BGB noch einmal eindeutig klarstellen. Auch die Wirkungen der Aufhebung nach §§ 1764, 1765 BGB sind bei der Volljährigenadoption anwendbar, wobei allerdings das Sorgerecht nicht mehr regelungsbedürftig ist.
- **Schließen ein Annehmender und ein Angenommener nach der Volljährigenadoption die Ehe**, so wird auch die Volljährigenadoption von Gesetzes wegen aufgehoben (§ 1766 BGB).

Dass die **Vorschriften über die Namensführung in § 1757 BGB** auch bei der Volljährigenadoption Anwendung finden, wurde in der Rechtsprechung **zum Teil bestritten**.[43] Es müsse den „Besonderheiten der Volljährigenadoption" Rechnung getragen werden und aufgrund des Erwachsenenalters bestehe eine „Identifikation" mit dem bisherigen Geburtsnamen. Spätestens seit der für die Volljährigenadoption speziellen Neuregelung des Abs. 3 mit Wirkung zum 1.5.2025 ist dies aber nun nicht mehr vertretbar (siehe zum Namensrecht weitergehend unten Rn. 21). 19

V. Die erforderlichen Einwilligungen des Ehe- oder Lebenspartners des Anzunehmenden (Abs. 2 Satz 2 und 3)

§ 1767 Abs. 4 BGB regelt die **Pflicht zur Einwilligung in die Adoption durch den Ehe- oder** (über § 21 LPartG) **Lebenspartner des Anzunehmenden**. Durch die entsprechende Anwendbarkeit der Vorgaben gemäß § 1766a BGB, gilt dies auch für die Stiefkindadoption des Partners in der verfestigten Lebensgemeinschaft. Die Einwilligungen bedürfen mindestens der öffentlichen Beglaubigung (§ 1767 Abs. 5 BGB), können aber auch in der notariellen Urkunde bezüglich der Antragstellung mit erklärt werden. 20

42 MüKo-BGB/*Maurer*, § 1758 Rn. 6; a.A. Staudinger/*Helms*, § 1767 BGB Rn. 49
43 So OLG Hamm NJOZ 2012, 1578, 1581 (2. Senat); ebenso: AG Leverkusen FamRZ 2008, 2058; AG Halberstadt RNotZ 2012, 574

21 § 1767 Abs. 3 und Abs. 4 Satz 2 bestimmen die Namensfolgen und die Namensgestaltungsformen als Folge der Volljährigenadoption. Durch die **Namensreform** (in Kraft getreten am 1.5.2025) wurden die Namensfolgen auch bei der Volljährigenadoption völlig neu gefasst. Es wird zwar im Wesentlichen auf § 1757 BGB verwiesen, jedoch gelten wesentliche Unterschiede im Vergleich zur Minderjährigenadoption. Im Einzelnen:

- Der Anzunehmende kann den Namensfolgen oder den Namensbestimmungen nach § 1757 Abs. 1 oder 2 BGB widersprechen (§ 1767 Abs. 3 Satz 1 Nr. 1 BGB). Dies führt dazu, dass der Geburtsname des Anzunehmenden trotz Volljährigenadoption unverändert bleiben kann. Dies ist bei der Minderjährigenadoption nicht möglich.
- Das Voranstellen oder das Hinzufügen des bisherigen Familiennamens des Anzunehmenden im Rahmen der Adoption, wie in § 1757 Abs. 3 Satz 1 Nr. 2 BGB ermöglicht, ist nach § 1767 Abs. 3 Satz 2 BGB ausgeschlossen. Das ist aber auch gar nicht notwendig, da den Antragstellern bei der Volljährigenadoption über § 1767 Abs. 3 Satz 1 Nr. 2 BGB ohnehin die Möglichkeit eröffnet wird, aus dem bisherigen und dem zukünftigen Familiennamen einen Doppelnamen zu bilden. Im Gegensatz zur Minderjährigenadoption ist aber die Bildung von Mehrfachnamen ausgeschlossen. Es kann nur ein – jeweils aus einem Namen bestehender – Doppelname gebildet werden (§ 1767 Abs. 3 Satz 1 Nr. 2 i.V.m. § 1617 Abs. 2 Nr. 2 BGB).
- Das Recht zur Neubestimmung eines Vornamens gemäß § 1757 Abs. 1 Satz 1 Nr. 1 BGB gilt auch im Volljährigenrecht, auch wenn eine Änderung des Vornamens dort wohl seltener in Betracht kommt als bei Kindern.

§ 1768 BGB
Antrag

(1) [1]Die Annahme eines Volljährigen wird auf Antrag des Annehmenden und des Anzunehmenden vom Familiengericht ausgesprochen. [2]§§ 1742, 1744, 1745, 1746 Abs. 1, 2, § 1747 sind nicht anzuwenden.

(2) Für einen Anzunehmenden, der geschäftsunfähig ist, kann der Antrag nur von seinem gesetzlichen Vertreter gestellt werden.

Übersicht

A. Allgemeines

1 Die Vorschrift gibt einerseits Vorgaben für die Antragstellung bei einer Volljährigenadoption und schließt andererseits maßgebliche Vorgaben des Minderjährigenrechts bei der Volljährigenadoption aus.

B. Inhalt der Norm

I. Der gemeinschaftliche Antrag

2 Aus Abs. 1 Satz 1 folgt, dass die Annahme eines Volljährigen eines **gemeinschaftlichen Antrags des (oder der) Annehmenden und des Anzunehmenden** bedarf. Der Antrag muss notariell beurkundet werden (§ 1767 Abs. 2 BGB i.V.m. § 1752 Abs. 2 Satz 2 BGB). Die ein-

zelnen Antragstellungen müssen zwar nicht innerhalb einer gemeinsamen notariellen Urkunde erfolgen.[1] Der gemeinschaftliche Antrag gilt jedoch erst dann als gestellt, wenn alle Einzelanträge dem Familiengericht zugegangen sind.

▶ *Näher zum Wirksamwerden, zur Höchstpersönlichkeit, zur Bedingungs- und Befristungsfeindlichkeit und zur Rücknahme des Antrags siehe Braun, § 1752 BGB Rn. 3 ff.*

3 Allein **hinsichtlich der Höchstpersönlichkeit** der Antragstellung durch den Anzunehmenden **sieht Abs. 2 eine Sonderbestimmung im Vergleich zur Minderjährigenadoption** vor. Ist **der Anzunehmende geschäftsunfähig**, so kann der Antrag nur von seinem gesetzlichen Vertreter (rechtlicher Betreuer) gestellt werden. Eine gewillkürte Stellvertretung (mittels Vollmacht) ist aufgrund des klaren Wortlauts ausgeschlossen. Ist noch kein rechtlicher Betreuer bestellt, so ist vor der Antragstellung die Bestellung eines solchen beim örtlich zuständigen Betreuungsgericht anzuregen. Die Erforderlichkeit der Betreuerbestellung (hier die Geschäftsunfähigkeit) prüft dann das Betreuungsgericht.[2] Ein Prozesspfleger nach § 9 Abs. 5 FamFG i.V.m. § 57 ZPO kann (vonseiten des Familiengerichts) nicht bestellt werden, da in Bezug auf eine Antragstellung für eine Volljährigenadoption keine Gefahr im Verzug denkbar ist. Die von der Literatur vorgeschlagene „analoge" Bestellung eines Ergänzungspflegers nach § 1809 BGB zur Vertretung des volljährigen Anzunehmenden[3] kann nicht richtig sein, da ein Ergänzungspfleger nur für minderjährige Personen vertretungsberechtigt sein kann. Die gesetzlichen Vertretungsbefugnisse für erwachsene Personen werden im deutschen Recht allein durch das Betreuungsrecht geregelt.

4 Der Antrag auf Annahme als Kind kann **mit weiteren Anträgen verbunden** werden. Praxisrelevant sind hierbei insbesondere der Antrag auf Vornamensänderung (§ 1767 Abs. 3 BGB i.V.m. § 1757 Abs. 3 Nr. 1 BGB) und insbesondere der Antrag auf Feststellung der Wirkungen nach § 1772 Abs. 1 BGB. Wird kein Antrag nach § 1772 Abs. 1 BGB gestellt, so können nur die Wirkungen des § 1770 BGB ausgesprochen werden.[4] Die Anträge auf eine Volljährigenadoption mit den Wirkungen des § 1770 BGB und auf eine Volljährigenadoption mit den Wirkungen des § 1772 BGB betreffen andere Verfahrensgegenstände. Allerdings ist die Staffelung als Haupt- und Hilfsantrag zulässig.[5] Eine nachträgliche „Erweiterung" der Adoption nach Abschluss des Adoptionsverfahrens ist nicht möglich.[6]

II. Unanwendbarkeit von Vorschriften aus dem Recht der Minderjährigenadoption

5 Abs. 1 Satz 2 bestimmt, dass einige Vorgaben im Recht der Minderjährigenadoption bei der Volljährigenadoption nicht beachtet werden müssen. Die Auflistung der ausgeschlossenen Vorschriften ist nicht vollständig, da einige Normen (insb. § 1748 BGB) schon per se bei der Volljährigenadoption nicht denkbar sind oder an anderen Stellen besondere Vorgaben zur Volljährigenadoption existieren (vgl. z.B. die Unanwendbarkeit von § 1763 BGB im Volljährigenrecht wegen § 1771 Satz 1 BGB).[7]

6 Demgemäß sind folgende Vorschriften bei der Volljährigenadoption **unanwendbar**:

- § 1742 BGB (Ketten- und Sukzessivadoptionen sind im Volljährigenrecht ohne Einschränkungen zulässig)
- § 1744 BGB (Probezeit)

1 Staudinger/*Helms*, § 1768 BGB Rn. 3
2 MüKo-BGB/*Maurer*, § 1768 Rn. 7
3 So Staudinger/*Helms*, § 1768 Rn. 4
4 Staudinger/*Helms*, § 1768 BGB Rn. 11; OLG Frankfurt FamRZ 2009, 356
5 OLG München FamRZ 2010, 2088
6 OLG Frankfurt FamRZ 2009, 356
7 MüKo-BGB/*Maurer*, § 1768 Rn. 6 und 7

- § 1745 BGB (Interessen der weiteren Kinder, vgl. hierzu § 1769 BGB als *lex specialis*)
- § 1746 BGB (Einwilligung des Kindes – da der Anzunehmende schon antragsberechtigt ist, § 1768 Abs. 1 Satz 1 BGB)
- § 1747 BGB (Einwilligung der bisherigen Eltern – auch nicht bei der Volljährigenadoption mit den Wirkungen des § 1772 Abs. 1 BGB)
- § 1748 BGB (Ersetzung der Einwilligung der bisherigen Eltern)
- § 1751 BGB
- § 1752 Abs. 1 BGB (Antragsbefugnis nur der Annehmenden – vgl. hierzu § 1768 Abs. 1 Satz 1 BGB als *lex specialis*)
- § 1763 BGB (Aufhebung der Adoption von Amts wegen – vgl. hierzu § 1771 Satz 1 BGB als *lex specialis*)

§ 1769 BGB

Verbot der Annahme

Die Annahme eines Volljährigen darf nicht ausgesprochen werden, wenn ihr überwiegende Interessen der Kinder des Annehmenden oder des Anzunehmenden entgegenstehen.

Weiterführende Literatur: Grziwotz, Schützenswerte Interessen der Abkömmlinge des Annehmenden bei der Volljährigenadoption, FamRZ 1991, 1399.

1 Die Vorschrift sichert die **Berücksichtigung der Interessen der Kinder des Annehmenden und der Kinder des Anzunehmenden**. Im Gegensatz zu § 1745 BGB fehlt in § 1769 BGB der Zusatz, dass vermögensrechtliche Interessen nicht ausschlaggebend sein sollen. Das bedeutet im Umkehrschluss, dass bei der Volljährigenadoption tatsächlich die finanziellen Interessen der weiteren Kinder von entscheidender Bedeutung sein können.

2 Bei beiden Arten der Volljährigenadoption (nach § 1770 BGB und nach § 1772 Abs. 1 BGB) sind die Interessen der Kinder der Annehmenden und der Kinder der Anzunehmenden betroffen. Obwohl die Kinder des Annehmenden als Folge der Volljährigenadoption bei der schwachen Volljährigenadoption nicht mit dem Angenommenen verwandt werden (§ 1770 Abs. 1 Satz 1 BGB), verändert sich deren Rechtsposition gegenüber ihren Eltern aber mittelbar.[1]

3 Die Veränderung der Familienkonstellation als Folge der Volljährigenadoption hat für die weiteren Abkömmlinge **vor allem Folgen im gesetzlichen Erb- und Pflichtteilsrecht sowie im Unterhaltsrecht**.[2] So tritt etwa für die Kinder der Annehmenden ein weiterer Erb- und Pflichtteilsberechtigter gegenüber ihren Eltern hinzu, was zu erheblichen finanziellen Nachteilen für die weiteren Abkömmlinge führen kann. Darüber hinaus entsteht ggf. eine weitere Unterhaltspflicht des Annehmenden gegenüber dem Angenommenen (falls dieser z.B. noch in Ausbildung ist), was wiederum die Unterhaltsansprüche der weiteren Kinder des Annehmenden schmälern kann. Die Kinder der Anzunehmenden verlieren durch die Volljährigenadoption mit den Wirkungen nach § 1772 Abs. 1 BGB ihren gesetzlichen Erbanspruch gegenüber ihren bisherigen leiblichen Großeltern. Demgegenüber werden sie (genauso wie die Kinder der Annehmenden bei der Adoption nach § 1770 BGB) grundsätzlich unterhaltspflichtig gegenüber ihren neuen Großeltern (§ 1601 BGB).

4 Bei der Prüfung des Annahmeverbots in § 1769 BGB geht es dann auch im Wesentlichen um die Beurteilung dieser Rechtsfolgen. Dementsprechend ist es von besonderer Bedeu-

---

1 *Grziwotz*, FamRZ 1991, 1399.
2 Ausführlich mit Beispielen: MüKo-BGB/*Maurer*, § 1769 Rn. 8 f.

tung, die weiteren Kinder auch gemäß § 193 FamFG i.V.m. Art. 103 Abs. 1 GG anzuhören.[3] Im Rahmen der Ermittlungen müssen dann die Vorteile, welche durch die Annahme für die Annehmenden und den Anzunehmenden entstehen, mit den Nachteilen für die weiteren Kinder abgewogen werden. Nur falls Letztere überwiegen, greift § 1769 BGB ein.[4] Da sich bei der starken Volljährigenadoption die Familienkonstellation stärker verändert als bei der schwachen Volljährigenadoption, muss bei der starken Volljährigenadoption auch eine genauere Untersuchung der Interessen der weiteren Kinder erfolgen.

Emotionale oder soziale Interessen der weiteren Kinder spielen bei der Volljährigenadoption keine so große Rolle wie bei der Minderjährigenadoption. Näherer Betrachtung bedürfen jedoch Stiefkindkonstellationen, in denen z.B. ein weiteres (minderjähriges) Kind des Annehmenden beim anderen Elternteil lebt und das Hinzutreten des Anzunehmenden zu Loyalitätskonflikten führen kann. 5

§ 1770 BGB

Wirkung der Annahme

(1) [1]Die Wirkungen der Annahme eines Volljährigen erstrecken sich nicht auf die Verwandten des Annehmenden. [2]Der Ehegatte oder Lebenspartner des Annehmenden wird nicht mit dem Angenommenen, dessen Ehegatte oder Lebenspartner wird nicht mit dem Annehmenden verschwägert.

(2) Die Rechte und Pflichten aus dem Verwandtschaftsverhältnis des Angenommenen und seiner Abkömmlinge zu ihren Verwandten werden durch die Annahme nicht berührt, soweit das Gesetz nichts anderes vorschreibt.

(3) Der Annehmende ist dem Angenommenen und dessen Abkömmlingen vor den leiblichen Verwandten des Angenommenen zur Gewährung des Unterhalts verpflichtet.

Übersicht

A. Allgemeines

Die Vorschrift bestimmt die **Wirkungen der sog. „normalen" Volljährigenadoption** (auch **schwache Volljährigenadoption** genannt). Der Gesetzgeber sah es als angemessen an, die Volljährigenadoption anders als die Minderjährigenadoption im Grundsatz nicht als Volladoption auszugestalten, damit volljährige Anzunehmende ihr Verwandtschaftsverhältnis zu ihren bisherigen Verwandten behalten können.[1] Die in §§ 1754 bis 1756 BGB dargestellten Annahmewirkungen werden durch § 1770 BGB erheblich eingeschränkt. 1

Bei der schwachen Volljährigenadoption entsteht aus Sicht des Anzunehmenden nur ein **Verwandtschaftsverhältnis zum Annehmenden und ausdrücklich nicht zu dessen (bisherigen) Verwandten**. Dasselbe gilt hinsichtlich der Verschwägerung mit den Ehegatten oder Lebenspartnern sowohl des Annehmenden als auch des Anzunehmenden (§ 1770 Abs. 1 Satz 2 BGB). Auch die Rechte und Pflichten, welche sich aus der Verwandtschaft des Angenommenen zu seinen bisherigen Verwandten ergeben, werden durch die Adoption nicht berührt (§ 1770 Abs. 2 BGB). Dies führt maßgeblich dazu, dass der Angenommene sowohl seine bisherigen Eltern (Großeltern, usw.) als auch seine bisherigen Kinder (Enkel- 2

3 Vgl. BVerfG FamRZ 2023, 875; NJW 1994, 1053
4 OLG München NJW-RR 2011, 731, 732
1 BT-Drs. 7/3061, 54

kinder, usw.) behält und diesen gegenüber weiterhin Ansprüche geltend machen oder diesen verpflichtet sein kann. Mit den Eltern des Annehmenden oder dessen Abkömmlingen entsteht indes kein Verwandtschaftsverhältnis.

B. Einzelheiten

3 Im Einzelnen sind insbesondere folgende Rechte und Pflichten als Folge der Volljährigenadoption zu nennen:

- **Erbrechtlich** wird der Anzunehmende „Abkömmling" der Annehmenden i.S.v. §§ 1924 Abs. 1 BGB und 2303 Abs. 1 Satz 1 BGB (und damit Erbe 1. Ordnung und Pflichtteilsberechtigter). Die Annehmenden werden die Eltern des Anzunehmenden i.S.v. § 1925 Abs. 1 BGB (gesetzliche Erben 2. Ordnung). Erbschaftsteuerrechtlich kommt der Anzunehmende als Kind eines verstorbenen Annehmenden in die Erbschaftssteuerklasse I (§ 15 Abs. 1 ErbStG) mit dem entsprechenden Freibetrag i.H.v. 400.000 EUR (§ 16 Abs. 1 Nr. 2 ErbStG).
- **Unterhaltsrechtlich** wird der Anzunehmende gegenüber seinen neuen Eltern (Elternunterhalt) und die Annehmenden gegenüber ihrem neuen Kind unterhaltspflichtig (§§ 1601 ff. BGB). Bei der Unterhaltspflicht „nach unten" ist der Annehmende gemäß der **Sondervorschrift in 1770 Abs. 3 BGB** vor den weiteren Verwandten dem Angenommenen und seinen Abkömmlingen zum Unterhalt verpflichtet. Die grundsätzliche Unterhaltspflicht der weiteren Verwandten des Angenommenen besteht aber fort. Es wird durch § 1770 Abs. 3 BGB nur ein Rangverhältnis bestimmt.
- **Staatsangehörigkeitsrechtlich** kann es nach § 6 StAG nur dann zu einer Änderung der Staatsangehörigkeit des Angenommenen kommen, wenn der Antrag auf Volljährigenadoption schon während der Minderjährigkeit gestellt worden ist (zur Antragstellung siehe *Braun*, § 1768 BGB Rn. 4).[2]
- **Aufenthaltsrechtlich** wird die Situation des erwachsenen Angenommenen durch eine Volljährigenadoption nicht wesentlich verändert. Die Adoption führt in der Regel weder zu einer Verbesserung der Chancen einer Einbürgerung noch zu einer Änderung des Aufenthaltstitels noch zur Veränderung der Flüchtlingseigenschaft oder des subsidiären Schutzes (vgl. auch *Braun*, § 1767 BGB Rn. 16).[3]

▶ *Zum Namensrecht siehe ausführlich die Ausführungen bei Braun, § 1767 BGB Rn. 21.*

4 Das Verwandtschaftsverhältnis und die damit zusammenhängenden Rechtsfolgen der Adoption gelten **auch für die Abkömmlinge des Anzunehmenden**. Unterhaltsrechtlich besteht aber der praxisrelevante Unterschied, dass die Ansprüche des Sozialhilfeträgers gemäß § 94 SGB XII nicht gegenüber den Enkeln (und deren Abkömmlingen) geltend gemacht werden können. Eine Unterhaltspflicht der Enkel gegenüber dem Annehmenden ist daher eher unwahrscheinlich.

§ 1771 BGB
Aufhebung des Annahmeverhältnisses

[1]Das Familiengericht kann das Annahmeverhältnis, das zu einem Volljährigen begründet worden ist, auf Antrag des Annehmenden und des Angenommenen aufheben, wenn ein wichtiger Grund vorliegt. [2]Im Übrigen kann das Annahmeverhältnis nur in sinngemäßer Anwendung der Vorschriften des § 1760 Abs. 1 bis 5 aufgehoben werden. [3]An die Stelle der Einwilligung des Kindes tritt der Antrag des Anzunehmenden.

2 BVerwG NJW 2004, 1401
3 Ausführlich: Staudinger/*Helms*, § 1767 BGB Rn. 44

Die Vorschrift bestimmt die Voraussetzungen für **die Aufhebung einer Volljährigenadoption**, wenn sie mit den Wirkungen nach § 1770 BGB ausgesprochen wurde. Die Aufhebung einer Volljährigenadoption mit den Wirkungen nach § 1772 Abs. 1 BGB ist in § 1772 Abs. 2 BGB geregelt. Aus dem eindeutigen Wortlaut folgt auch, dass § 1771 Satz 1 BGB nicht anwendbar ist, wenn die Adoption im Minderjährigenalter ausgesprochen worden ist und der Angenommene mittlerweile volljährig ist. Eine solche Minderjährigenadoption ist aus wichtigem Grund nicht mehr aufhebbar.[1] 1

Das Gesetz sieht zwei Möglichkeiten der Aufhebung nach § 1771 BGB vor: einmal **aus wichtigem Grund** und zum anderen **unter den Voraussetzungen des § 1760 Abs. 1 bis 5 BGB**. 2

Ein **wichtiger Grund** liegt immer dann vor, wenn die Aufrechterhaltung der Adoption für einen oder alle Beteiligten unerträglich geworden ist. Die Voraussetzungen hierfür sind etwas geringer als bei den schwerwiegenden Gründen in § 1763 BGB. Dennoch müssen nachvollziehbare erhebliche objektive Gründe vorgebracht werden.[2] Die spätere bloße Reue, eine Adoption eingegangen zu sein, genügt nicht.[3] 3

Ein Antrag auf Aufhebung der Adoption aus wichtigem Grund kann **nur durch gemeinsamen Antrag des Annehmenden und des Angenommenen** erfolgen. Verfassungsrechtliche Bedenken hierzu sind nicht begründet.[4] 4

Wie eine Minderjährigenadoption kann auch die Volljährigenadoption bei **fehlenden oder fehlerhaften Anträgen oder Einwilligungen aufgehoben werden** (§ 1760 Abs. 1 bis 5 BGB). An die Stelle der Einwilligung des Kindes tritt der Antrag des Angenommenen (§ 1771 Satz 3 BGB). Auch bei der Volljährigenadoption sind dabei die Fristen für die Aufhebung in § 1762 Abs. 2 BGB zu beachten. 5

Die **Folgen der Aufhebung** sind direkt aus §§ 1764, 1765 BGB herauszulesen, allerdings mit der Maßgabe, dass das Sorgerecht aufgrund der Volljährigkeit des Angenommenen nicht mehr regelungsbedürftig ist (vgl. § 1764 Abs. 4 BGB). 6

§ 1772 BGB

Annahme mit den Wirkungen der Minderjährigenannahme

(1) [1]Das Familiengericht kann beim Ausspruch der Annahme eines Volljährigen auf Antrag des Annehmenden und des Anzunehmenden bestimmen, dass sich die Wirkungen der Annahme nach den Vorschriften über die Annahme eines Minderjährigen oder eines verwandten Minderjährigen richten (§§ 1754 bis 1756), wenn

a) ein minderjähriger Bruder oder eine minderjährige Schwester des Anzunehmenden von dem Annehmenden als Kind angenommen worden ist oder gleichzeitig angenommen wird oder

b) der Anzunehmende bereits als Minderjähriger in die Familie des Annehmenden aufgenommen worden ist oder

c) der Annehmende das Kind seines Ehegatten annimmt oder

d) der Anzunehmende in dem Zeitpunkt, in dem der Antrag auf Annahme bei dem Familiengericht eingereicht wird, noch nicht volljährig ist.

---

1 BGH ZKJ 2014, 381
2 Vgl. z.B. OLG Köln, Beschl. v. 10.7.2012 – 4 UF 45/12, juris
3 Grüneberg/*Götz*, § 1771 BGB Rn. 2
4 OLG München FamRZ 2008, 299

[2]Eine solche Bestimmung darf nicht getroffen werden, wenn ihr überwiegende Interessen der Eltern des Anzunehmenden entgegenstehen.

(2) [1]Das Annahmeverhältnis kann in den Fällen des Absatzes 1 nur in sinngemäßer Anwendung der Vorschriften des § 1760 Abs. 1 bis 5 aufgehoben werden. [2]An die Stelle der Einwilligung des Kindes tritt der Antrag des Anzunehmenden.

Übersicht

A. Allgemeines

1 Der Gesetzgeber war der Ansicht, dass in engen Ausnahmen auch eine Volljährigenadoption mit den Wirkungen einer Minderjährigenannahme möglich sein soll (sog. **starke Volljährigenadoption**).[1] § 1772 Abs. 1 BGB normiert hierfür die formellen und materiell-rechtlichen Vorgaben. Da die bisherigen Eltern auch bei der Volljährigenadoption nach § 1772 Abs. 1 BGB nicht in die Adoption einwilligen müssen, ist insbesondere die Wahrung der Interessen der bisherigen Eltern nach § 1772 Abs. 1 Satz 2 BGB von großer Bedeutung.

2 **Abs. 2** der Norm bestimmt die Voraussetzungen für die Aufhebung einer derartigen starken Volljährigenadoption.

B. Inhalt der Norm

I. Die formellen Voraussetzungen

3 In den folgenden Fällen ist eine starke Volljährigenadoption möglich. Die **Aufzählung ist abschließend** und darf nicht durch weitere Fälle erweitert werden:

- Wurde vorher schon ein **minderjähriges Geschwister des Anzunehmenden** adoptiert oder findet gleichzeitig eine Minderjährigenadoption eines Geschwisters des Anzunehmenden statt, so soll der Anzunehmende die gleiche Rechtsstellung erhalten können, wie sein Bruder oder seine Schwester (Abs. 1 Satz 1 Buchstabe a)).
- War der Anzunehmende schon zuzeiten seiner Minderjährigkeit bei (mind.) einem Annehmenden aufgenommen worden, so kann er auch die Wirkungen der Minderjährigenannahme für sich beanspruchen (sog. **nachgeholte Minderjährigenadoption**) (Abs. 1 Satz 1 Buchstabe b)). „Aufnahme" bedeutet die dauerhafte Betreuung des Anzunehmenden im Haushalt des entsprechenden Annehmenden. Es muss schon während der Minderjährigkeit eine Eltern-Kind-Beziehung entstanden sein.[2] Ein bloß zeitweises Zusammenleben oder ein Zuzug kurz vor Eintritt der Volljährigkeit genügt hierfür nicht.
- Soll der Anzunehmende vom Ehegatten eines Elternteils adoptiert werden (**Stiefkindadoption**), so können ebenso die starken Wirkungen des § 1772 Abs. 1 BGB hergestellt werden (Abs. 1 Satz 1 Buchstabe c)). Hierbei spielt es keine Rolle, ob der Anzunehmende schon während seiner Minderjährigkeit mit dem Annehmenden zusammengelebt hat.

1 BT-Drs. 7/3061, 23
2 MüKo-BGB/*Maurer*, § 1772 Rn. 9

Auch wenn die Ehe des Annehmenden erst in hohem Alter geschlossen wird, greift Abs. 1 Satz 1 Buchstabe c) ein.

- Schließlich ist eine starke Volljährigenadoption noch möglich, wenn der **Antrag auf Annahme als Kind noch während der Minderjährigkeit gestellt worden** ist, die Adoption dann aber erst im Volljährigenalter ausgesprochen wird (Abs. 1 Satz 1 Buchstabe d)). Diese Fallgruppe ist v.a. relevant bei der Frage des Staatsangehörigkeitserwerbs als Folge der Adoption nach § 6 StAG (siehe hierzu *Braun,* § 1770 BGB Rn. 3). Der Antrag im Minderjährigenalter kann aber nicht als Antrag auf starke Volljährigenadoption „umgewandelt" werden. Vielmehr sind die entsprechenden Anträge formal erneut zu stellen, wodurch der erstmalige Antrag abgeändert wird (siehe hierzu *Braun*, § 1767 BGB Rn. 7).[3]

II. Die Berücksichtigung der Interessen der bisherigen Eltern

Durch die starke Volljährigenadoption verlieren die bisherigen Eltern des Anzunehmenden sämtliche Rechte und Pflichten gegenüber ihrem vormaligen Kind (§ 1772 Abs. 1 BGB i.V.m. § 1755 Abs. 1 BGB). Demnach ist die Beachtung der Interessen der bisherigen Eltern nach § 1772 Abs. 1 Satz 2 BGB **von großer Bedeutung**. 4

Als mögliche Interessen kommen ähnlich wie bei § 1769 BGB **sowohl finanzielle als auch immaterielle Interessen** infrage. Dabei muss eine **umfassende Abwägung der Interessen** der Annehmenden und des Anzunehmenden einerseits und der Interessen des entsprechenden bisherigen Elternteils stattfinden, wobei die Interessen des bisherigen Elternteils überwiegen müssen. Erneut spielt hier v.a. der Verlust von Erb-, Pflichtteils- und Unterhaltsansprüchen eine große Rolle. Wurde der Anzunehmende etwa während seiner Bedürftigkeit von seinen leiblichen Eltern versorgt, so soll er sich später nicht im Wege der starken Volljährigenadoption von seinen Unterhaltsverpflichtungen befreien können.[4] 5

▶ *Näher zur Beteiligtenstellung und zur Anhörungspflicht der leiblichen Eltern Braun, § 188 FamFG Rn. 8 ff., und Braun, § 192 FamFG Rn. 14 ff.*

III. Die Wirkungen der starken Volljährigenadoption

Indem § 1772 Abs. 1 Satz 1 BGB auf §§ 1754 bis 1756 BGB verweist, hat die starke Volljährigenadoption **dieselben Folgen wie eine Minderjährigenadoption**. Es gelten insbesondere auch die Ausnahmeregelungen in § 1756 BGB, wonach in bestimmten Fällen das Verwandtschaftsverhältnis zur bisherigen Familie aufrecht erhalten bleibt. Praxisrelevant ist dabei der Fall des Fortbestehens der Verwandtschaftsverhältnisse zur Familie des vormaligen Elternteils bei der Stiefkindadoption nach § 1756 Abs. 2 BGB. Hier stellt das Gesetz auf das Sorgerecht des vormaligen Elternteils im Zeitpunkt des Versterbens ab. Die Norm ist nach Ansicht des BGH aber auch darüber hinaus einschlägig, wenn der vorverstorbene Elternteil im Zeitpunkt des Eintritts in die Volljährigkeit noch das Sorgerecht für den Angenommenen hatte. Auch dann bleibt die Verwandtschaft zu den Verwandten des vorverstorbenen Elternteils erhalten.[5] 6

▶ *Zu Einzelheiten der Folgen der Minderjährigenadoption siehe Braun, §§ 1754 bis 1756 BGB Rn. 3 ff.*

---

3 OLG Celle FamRZ 2014, 579; KG FamRZ 2004, 1315; OLG Karlsruhe FamRZ 2000, 768

4 Vgl. z.B. OLG Düsseldorf FamRZ 2014, 1796; OLG Celle FamRZ 2014, 579; OLG München FamRZ 2009, 1337; LG Heidelberg FamRZ 2001, 121; weniger streng: OLG Brandenburg NJW 2019, 1533

5 BGH NJW 2010, 678

IV. Die Aufhebung der starken Volljährigenadoption

7 Eine starke Volljährigenadoption ist nur aufgrund von Verfahrensfehlern (§ 1760 BGB) aufhebbar. Eine Aufhebung aus wichtigem Grund nach § 1771 BGB oder nach § 1763 BGB ist nicht möglich. Die Bestandskraft der starken Volljährigenadoption ist also noch stärker gesichert als die der Minderjährigenadoption.

▶ *Zu den Einzelheiten der Aufhebung der Adoption aufgrund von Verfahrensfehlern siehe Braun, §§ 1760 bis 1762 BGB Rn. 6 ff.*

Abschnitt 3
Vormundschaft, Rechtliche Betreuung, Pflegschaft
Titel 1
Vormundschaft
Untertitel 1
Begründung der Vormundschaft
Kapitel 1.
Bestellte Vormundschaft
Unterkapitel 1
Allgemeine Vorschriften

§ 1773 BGB

Voraussetzungen der Vormundschaft; Bestellung des Vormunds

(1) Das Familiengericht hat die Vormundschaft für einen Minderjährigen anzuordnen und ihm einen Vormund zu bestellen, wenn

1. er nicht unter elterlicher Sorge steht,

2. seine Eltern nicht berechtigt sind, ihn in den seine Person und sein Vermögen betreffenden Angelegenheiten zu vertreten, oder

3. sein Familienstand nicht zu ermitteln ist.

(2) [1]Ist anzunehmen, dass ein Kind mit seiner Geburt einen Vormund benötigt, so kann schon vor der Geburt des Kindes eine Vormundschaft angeordnet und ein Vormund bestellt werden. [2]Die Bestellung wird mit der Geburt des Kindes wirksam.

Übersicht

A. Allgemeines

1 Zum 1.1.2023 ist die Reform des Vormundschafts- und Betreuungsrechts in Kraft getreten,[1] mit welcher sowohl das Vormundschaftsrecht als auch das Betreuungs- und Pflegschaftsrecht insgesamt und umfassend neu strukturiert wurden. In **Umkehrung der bisherigen Verweisungsrichtung** verweist das Gesetz nunmehr für das Vormundschafts- und Pflegschaftsrecht auf die Regelungen des Betreuungsrechts. Verfahrensrechtliche Regelungen wurden zudem aus dem BGB in das FamFG verlagert.

Inhaltlich verfolgt die Reform im Wesentlichen das Ziel, die **Stellung des Mündels** als Subjekt der Vormundschaft zu stärken und es in den Mittelpunkt der Vormundschaft zu rücken und dementsprechend die Verantwortung des Vormunds für die Förderung seiner Entwicklung, Pflege und Erziehung deutlicher hervorzuheben.[2] Die **Rechte des Mündels** auf Pflege und Erziehung, Fürsorge und Förderung seiner Entwicklung wurden gesetzlich verankert (§ 1788 BGB). Spiegelbildlich dazu wurden die **Pflichten des Vormunds** bei der Amtsführung allgemein (§ 1790 BGB) und seine Aufgaben in der Personensorge (§§ 1789, 1795 BGB) ausdrücklich normiert. Ferner wurde das Verhältnis zwischen Vormund und der den Mündel im Alltag erziehenden Pflegeperson näher geregelt; dieser können neben dem Vormund insbesondere Sorgekompetenzen übertragen werden (vgl. §§ 1777, 1792 BGB).

Hinsichtlich der Person des Vormunds verfolgt die Reform das Ziel der weiteren Stärkung des **Vorrangs des ehrenamtlichen Vormunds**. Dem ehrenamtlichen Vormund kann nunmehr ein zusätzlicher Pfleger für bestimmte Angelegenheiten zur Seite gestellt werden (§ 1776 BGB). Die Auswahl des Vormunds hat nach Qualitätsgesichtspunkten zu erfolgen. Um der Suche des für den Mündel am besten geeigneten Vormunds mehr Zeit einzuräumen, wurde das Institut des vorläufigen Vormunds (§ 1781 BGB) eingeführt.

Das betroffene minderjährige Kind wird weiterhin – und entgegen des allgemeinen Sprachgebrauchs[3] – als „der Mündel" (vgl. 1794 BGB) bezeichnet.

2 § 1773 BGB regelt die **materiell-rechtlichen Voraussetzungen** für die Anordnung einer Vormundschaft. Durch die Vormundschaftsreform wurden die §§ 1773, 1774 BGB a.F. zusammengefasst, wobei – bei im Übrigen wesentlich gleichbleibenden Inhalt – die zuvor enthaltene ausdrückliche, jedoch im Ergebnis überflüssige Erwähnung der Anordnung der Vormundschaft von Amts wegen entfallen ist.[4] Die Bestimmung, dass das Familiengericht den Vormund bestellt, verdeutlicht die Verpflichtung des Gerichts, neben der Anordnung der Vormundschaft diese entweder nach Vorgabe durch die Eltern (§ 1782 BGB) oder nach eigener Auswahl (§ 1778 BGB) auch auf einen bestimmten Vormund festzulegen.[5] Die Vormundschaft kommt allgemein dann zum Tragen, wenn Eltern nicht vorhanden sind oder (tatsächlich oder rechtlich) nicht dazu in der Lage sind, das ihnen nach Art. 6 Abs. 2 Satz 1 GG zugewiesene Grundrecht auf Pflege und Erziehung ihrer Kinder einschließlich der Vertretungsbefugnis wahrzunehmen, so dass die staatliche Gemeinschaft in Ausübung ihrer **Wächterfunktion** diese Lücke aus **Fürsorge für das Kind** zu schließen hat.

Das Verhältnis zwischen Vormund und Kind fällt zwar nicht wie die Eltern-Kind-Beziehung unter Art. 6 Abs. 2 GG, gleichwohl nimmt der Vormund in vollem Umfang die elterliche Sorge als ein ihm zustehendes eigenes Recht[6] wahr. Für die Führung seines Amtes gilt der Grundsatz der Selbstständigkeit und Unabhängigkeit (vgl. § 1790 Abs. 1 BGB). Zudem stellt

1 Gesetz zur Reform des Vormundschafts- und Betreuungsrechts vom 4.5.2021, BGBl I 2021, 882
2 BT-Drs. 19/24445, 122
3 *Socha*, Vormundschaft und Pflegschaft, Satz VII; Duden, Die Deutsche Rechtschreibung, 28. Edition 2020: das Mündel
4 BT-Drs. 19/24445, 188; Grüneberg/*Götz*, § 1773 BGB Rn. 1
5 BT-Drs. 19/24445, 188
6 BGH, Beschl. v. 7.3.2018 – XII ZB 422/17, juris, Rn. 12

die Vormundschaft **ein Dauerschuldverhältnis eigener Art** dar, das bei nicht berufs- oder amtsmäßiger Führung wesentliche Elemente des Auftragsrechts (§§ 667 ff. BGB) enthält, aber auch die elterlichen Aufgaben mit einbezieht und dem Eltern-Kind-Verhältnis nachgebildet ist (vgl. §§ 1789 bis 1791, 1795 BGB).[7] Dem ehrenamtlichen Vormund räumt § 1779 Abs. 2 Satz 1 BGB bei der der Anordnung der Vormundschaft folgenden Auswahl des Vormunds einen Vorrang ein, weil „von einem solchen Vormund am ehesten eine familiär geprägte persönliche Beziehung zum Mündel zu erwarten" ist.[8]

In begrenzten Ausnahmefällen tritt eine Vormundschaft **kraft Gesetzes**, d.h. unabhängig von den materiell-rechtlichen Voraussetzungen von § 1773 BGB und ohne familiengerichtliche Anordnung ein, nämlich nach § 1751 Abs. 1 BGB durch Einwilligung der Eltern in die **Adoptionspflege**, bei Fehlen eines sorgeberechtigten Elternteils (§ 1786 BGB) und im Fall einer **vertraulichen Geburt** nach § 25 Abs. 1 Satz 2 SchwangerschaftskonfliktG (§ 1787 BGB). 3

▶ *Näher zur kraft Gesetzes eintretenden Vormundschaft vgl. Braun, § 1751 BGB Rn. 6 ff. und Wierse, §§ 1786 BGB Rn. 1 ff., 1787 BGB Rn. 1 ff.*

Vormundschaftsverfahren zählen nach § 151 Nr. 4 FamFG verfahrensrechtlich zu den den Familiengerichten zugewiesenen **Kindschaftssachen**. Im Unterschied zur Pflegschaft nach § 1809 ff. BGB bezieht sich die **Vormundschaft** auf die **gesamte Sorge** für einen Minderjährigen, während die Pflegschaft lediglich einzelne Angelegenheiten des Sorgerechts erfasst. 4

Zu unterscheiden ist im Vormundschaftsrecht zwischen der **Anordnung** der Vormundschaft (§ 1773 BGB) und der **Bestellung** des Vormunds, d.h. der Auswahl und Bestimmung einer bestimmten Person zum Vormund (§ 1778 BGB, § 168a FamFG).[9] Hierbei handelt es sich grundsätzlich um zwei selbstständige Verfahren. Die bisherige Verpflichtung des Einzelvormunds mittels Handschlags (§ 1789 BGB a.F.) als konstitutives Element der Bestellung ist mit der Reform des Vormundschaftsrechts entfallen. 5

B. Inhalt der Norm

I. Voraussetzungen der Vormundschaft

1. Minderjährigkeit

Gemäß § 1773 Abs. 1 BGB kann nur für einen **Minderjährigen** eine Vormundschaft angeordnet werden, was gleichzeitig bedeutet, dass mit **Eintritt der Volljährigkeit** des Mündels eine bereits angeordnete Vormundschaft kraft Gesetzes endet (vgl. §§ 2, 1806 BGB). Die Frage, bis wann ein Mündel mit ausländischer Staatsangehörigkeit als minderjährig gilt, ist nach den Regeln des internationalen Privatrechts selbständig zu ermitteln. Nach der Neufassung von Art. 7 und 24 EGBGB im Zuge der Vormundschaftsreform knüpfen dabei jedoch alle relevanten Rechtsstatute an das Recht des Staates des gewöhnlichen Aufenthaltes des Betroffenen an. Nach Art. 7 Abs. 2 Satz 1 EGBGB unterliegt die Geschäftsfähigkeit einer Person dem Recht des Staates des gewöhnlichen Aufenthaltes. Entstehung, Änderung und Ende der Vormundschaft und Pflegschaft sowie ihr gesetzlicher Inhalt richten sich nach Art. 24 Abs. 1 Satz 1 EGBGB ebenfalls nach dem **Recht des Staates des gewöhnlichen Aufenthaltes**. Damit laufen die Regelungen des EGBGB konform mit dem im vorgehenden europäischen (Brüssel IIb) und staatsvertraglichen Kollisionsrecht (KSÜ, GFK, MSA) (vgl. hierzu *Wierse*, § 1806 BGB Rn. 3).[10] 6

---

7 Staudinger/*Veit*, (2020), Vorbem. zu § 1773 ff. BGB Rn. 18
8 BT-Drs. 19/24445, 196
9 BGH FamRZ 2018, 513 Rn. 12
10 MüKo-BGB/*Lettmaier*, § 1773 BGB Rn. 8 ff.

Besteht für den vormaligen Mündel ein Fürsorgebedürfnis fort (z.B. wegen einer psychischen Erkrankung), so muss ggf. eine gesetzliche Betreuung (§§ 1814 ff. BGB) angeordnet werden.[11]

7 Die Frage der Minderjährigkeit des Mündels hat in der Praxis vor allem für den Personenkreis der unbegleiteten minderjährigen Flüchtlinge Bedeutung. Bestehen tatsächliche **Zweifel an der Minderjährigkeit** des Betroffenen, wie dies häufig mangels Reisedokumenten bei **unbegleitet eingereisten Minderjährigen** der Fall ist, so hat das Familiengericht im Rahmen seiner **Amtsermittlungspflicht** (§ 26 FamFG) alle verfügbaren und rechtlich zulässigen Maßnahmen zur **Alterseinschätzung** auszuschöpfen.[12] Im Rahmen der vorläufigen Inobhutnahme hat auch das Jugendamt nach § 42f SGB VIII eine Altersfeststellung vorzunehmen. Das Familiengericht ist an die behördliche Feststellung jedoch nicht gebunden und hat die Minderjährigkeit selbstständig zu prüfen.[13] Unterbleibt trotz Bestehens von Zweifeln eine Aufklärung dieser Frage, stellt dies einen schweren Verfahrensfehler dar, der im Beschwerdeverfahren zur Aufhebung der Entscheidung und Zurückverweisung des Verfahrens nach § 69 Abs. 1 Satz 3 FamFG führen kann.[14]

Mittel der **Sachaufklärung** bei Zweifelsfällen sind der persönliche Eindruck vom Betroffenen, Altersangaben des Betroffenen in anderen Verwaltungs- und Gerichtsverfahren und vor allem die Einholung eines rechtsmedizinischen Sachverständigengutachtens.[15] Auch Letztere vermögen mit den gegenwärtigen medizinischen Methoden aber keine exakte Altersbestimmung zu liefern.[16] Gleichwohl können Gutachten, die den insoweit als Standard geltenden Empfehlungen der interdisziplinären Arbeitsgemeinschaft für Forensische Altersdiagnostik der Deutschen Gesellschaft für Rechtsmedizin (AGFAD)[17] folgend auf einer Kombination von körperlicher Untersuchung mit Anamneseerhebung, zahnärztlicher Untersuchung, Röntgenuntersuchung der Hand und Computertomographie der Schlüsselbeine beruhen, wichtige Indizien für eine Alterseinschätzung liefern.[18] Ziel der forensischen Altersdiagnostik ist der Nachweis des Überschreitens juristisch relevanter Altersgrenzen (z.B. 18 Jahre) mit einem bestimmten Beweismaß („mit an Sicherheit grenzender Wahrscheinlichkeit"; sog. **Mindestalterkonzept**).[19] Demgegenüber reicht allein eine Handwurzelknochenuntersuchung ohne Berücksichtigung anderer Untersuchungen im Ergebnis nicht aus, um eine valide Beurteilung des Alters zu ermöglichen.[20] Eine familienrechtliche bzw. zivilrechtliche Befugnisnorm für die Anordnung einer **Röntgenuntersuchung** zur Altersfeststellung besteht allerdings nicht, so dass das Verbot von § 25 Abs. 1 der RöntgenVO greift.[21] Eine mit Einwilligung erfolgte Röntgenuntersuchung ist aber im vormundschaftlichen Verfahren verwertbar.[22]

Verweigert der Betroffene die Mitwirkung an einer ärztlichen Untersuchung, kann diese nicht erzwungen werden. Es dürften in diesem Fall zwar die auch in der freiwilligen Ge-

---

11 Vgl. die Möglichkeit von § 1814 Abs. 5 BGB in diesen Fällen

12 BGH ZKJ 2014, 104; NZFam 2014, 69; OLG Karlsruhe FamRZ 2024, 1790; *Dürbeck*, ZKJ 2014, 266, 267; *ders*., FamRZ 2018, 553, 556

13 BGH JAmt 2018, 476; JAmt 2015, 395; KG JAmt 2023, 597; FamRZ 2020, 842; *Dürbeck*, FamRZ 2018, 553, 556

14 OLG Frankfurt FamRZ 2017, 244; KG ZKJ 2012, 450

15 OLG Hamm JAmt 2019, 112

16 Vgl. OLG Karlsruhe FamRZ 2015, 2182; Oberloskamp/Dürbeck/*Schwarz*, § 10 Rn. 63

17 VG München, Beschl. v. 24.11.2022 – M 18 E 22.5655; OVG Bremen FamRZ 2018, 1467; zu den Empfehlungen der AGFAD: https://www.dgrm.de/forensische-altersdiagnostik/empfehlungen (Abruf: 7.5.2025)

18 Aus der Rspr.: KG FamRZ 2020, 842; OLG Brandenburg, Beschl. v. 6.5.2020 – 9 UF 226/19; OLG Koblenz FamRZ 2017, 1676; OLG Hamm FamRZ 2015, 1635; aus der Rechtsmedizin: *Schmeling* u.a., Deutsches Ärzteblatt 2016, 44

19 KG FamRZ 2020, 842; OLG Hamm JAmt 2019, 112

20 DIJuF Rechtsgutachten JAmt 2023, 288

21 OLG München FamRZ 2012, 1958; AG Schöneberg ZKJ 2014, 486

22 OLG Hamm FamRZ 2015, 1635

richtsbarkeit geltenden Grundsätze der Beweisvereitelung Anwendung finden, im Rahmen der Beweiswürdigung wird dies aber wegen des Amtsermittlungsgrundsatzes nicht zu einer Umkehr der Feststellungslast führen dürfen.[23] Bestehen auch nach Ausschöpfung aller vorhandenen Aufklärungsmöglichkeiten **Zweifel**, ist **zugunsten des Betroffenen** von **Minderjährigkeit** auszugehen.[24]

2. Fallgruppen

a) Keine elterliche Sorge (Abs. 1 Nr. 1)

Nach Abs. 1 Nr. 1 ist Vormundschaft dann anzuordnen, wenn ein Minderjähriger **nicht unter elterlicher Sorge steht**. Das ist zunächst dann der Fall, wenn beide Elternteile **verstorben** oder für **verschollen erklärt** worden sind. Dem steht der Fall gleich, dass beiden ursprünglich sorgeberechtigten Eltern das **Sorgerecht (vollständig) nach § 1666 BGB entzogen** worden ist. 8

▶ *Näher zum Entzug der elterlichen Sorge vgl. Cirullies, § 1666 BGB Rn. 58 ff.*

▶ *Näher zum Ruhen der elterlichen Sorge vgl. Keuter, § 1674 BGB Rn. 1 ff.*

Verstirbt dagegen der **alleinsorgeberechtigte Elternteil** oder wird ihm das Sorgerecht entzogen, so kann die Voraussetzung des § 1773 Abs. 1 Nr. 1 BGB ebenfalls erfüllt sein, allerdings hat das Familiengericht vor Anordnung einer Vormundschaft nach §§ 1680 Abs. 2 und 3, 1681 BGB **vorrangig** zu prüfen, ob eine **Übertragung des Sorgerechts auf den anderen Elternteil** in Betracht kommt.[25] Ähnlich ist die Gesetzeslage bei **Aufhebung einer Adoption**, wonach ebenfalls zunächst eine Rückübertragung des Sorgerechts auf die leiblichen Eltern zu prüfen ist (vgl. § 1764 Abs. 4 BGB). 9

▶ *Näher zur Aufhebung der Adoption vgl. Braun, § 1764 BGB Rn. 2.*

Besteht das Hindernis bei **gemeinsamem Sorgerecht** nur bei **einem Elternteil**, so ist kein Fall für die Anordnung einer Vormundschaft eröffnet (vgl. § 1680 Abs. 1 BGB), weil der verbleibende Elternteil das Sorgerecht kraft Gesetzes alleine ausübt. 10

b) Fehlende Vertretungsberechtigung (Abs. 1 Nr. 2)

Nach Abs. 1 Nr. 2 ist Vormundschaft auch dann anzuordnen, wenn die Eltern in **allen** die Sorge betreffenden Angelegenheiten **nicht zur Vertretung des Kindes berechtigt** sind. Bei teilweisem Vertretungsausschluss greift hingegen § 1809 BGB ein. Bereits von Nr. 1 erfasst ist aber der Fall, dass den Eltern das volle Sorgerecht entzogen worden ist. Nr. 2 kommt daher zum Tragen, wenn beiden sorgeberechtigten Elternteilen die Vertretungsmacht für ihr Kind vollständig nach **§ 1666 BGB entzogen** wurde oder aber die elterliche Sorge beider Elternteile mit der Folge fehlender Ausübungsberechtigung (§ 1675 BGB) **ruht (§§ 1673, 1674, 1751 BGB)**.[26] Bei Entzug der Vertretungsmacht des allein sorgeberechtigten Elternteils gelten die unter Rn. 9 gemachten Ausführungen entsprechend (vgl. §§ 1680 Abs. 3, 1629 Abs. 1 Satz 3 BGB). Ruht bei gemeinsamer Sorge die elterliche Sorge nur eines Elternteils, übt sie der andere Elternteil aus (§ 1678 Abs. 1 BGB), so dass kein Vormund zu bestellen ist. Im Falle des Ruhens der Sorge des alleinsorgeberechtigten Elternteils ist die Übertragung der Sorge auf den anderen Elternteil zu prüfen (§ 1678 Abs. 2 BGB). Nr. 2 ist ferner 11

---

23 BGH FamRZ 2010, 720; *Dürbeck,* FamRZ 2018, 553, 557; a.A. im Erg. OLG Karlsruhe FamRZ 2015, 2182

24 BGH FamRZ 2018, 1795; JAmt 2015, 395; OLG Karlsruhe FamRZ 2024, 1790; Oberloskamp/Dürbeck/*Schwarz*, § 10 Rn. 55; *Dürbeck,* FamRZ 2018, 553, 557; a.A. Heilmann/*Dürbeck*, (Voraufl.), § 1773 BGB Rn. 5

25 BGH NJW 2016, 3303; OLG Dresden ZKJ 2012, 269; OLG Köln ZKJ 2012, 227

26 OLG Hamm, Beschl. v. 28.11.2023 – II-4 UF 108/23 –, juris (Ruhen der elterlichen Sorge eines unbegleiteten minderjährigen Flüchtlings)

erfüllt, wenn beide Elternteile **minderjährig** sind (vgl. §§ 1673 Abs. 2 Satz 2 BGB). Stehen beide Eltern oder der alleinsorgeberechtigte Elternteil unter **Betreuung**, hat dies keine Auswirkungen auf die elterliche Sorge.

▶ *Näher zur elterlichen Sorge bei Betreuung vgl. Keuter, § 1673 BGB Rn. 11.*

c) Fehlende Ermittelbarkeit des Familienstandes des Minderjährigen (Abs. 2)

12 Nach § 1773 Abs. 1 Nr. 3 BGB ist Vormundschaft anzuordnen, wenn der **Familienstand des Minderjährigen nicht zu ermitteln** ist. Erfasst sind hiervon vor allem **Findelkinder** i.S.d. § 24 PStG, insbesondere auch anonym geborene Kinder, etwa bei Ablegen in eine Babyklappe,[27] und unbegleitete minderjährige Flüchtlinge, wenn die Eltern nicht bekannt sind oder unklar ist, ob diese noch leben.[28] Die Feststellung, dass der Familienstand eines Kindes nicht zu ermitteln ist, trifft das Familiengericht im Rahmen seiner Amtsermittlungspflicht. Wird ein Kind **vertraulich geboren** (§ 25 Abs. 1 Satz 2 SchwangerschaftskonfliktG) tritt gemäß § 1787 BGB kraft Gesetzes Amtsvormundschaft ein.

Ist der Familienstand des Kindes lediglich **bestritten**, ist nach allgemeiner Meinung lediglich ein Ergänzungspfleger (§ 1809 BGB) zu bestellen.[29]

II. Verfahren

1. Anordnung von Amts wegen

13 Zur Begründung einer Vormundschaft bedarf es nach § 1773 Abs. 1 BGB – mit Ausnahme der wenigen Fälle der Vormundschaft kraft Gesetzes (Rn. 3) – einer **von Amts wegen** zu treffenden **konstitutiven Anordnung** des Familiengerichts. Auch wenn durch die Vormundschaftsreform der ausdrückliche Hinweis auf die Anordnung der Vormundschaft von Amts wegen (§ 1774 Satz 1 BGB a.F.) entfallen ist, ergibt sich dies zwingend aus dem Wortlaut des § 1773 Abs 1 BGB, wonach das Familiengericht bei Vorliegen der Voraussetzung Vormundschaft anzuordnen hat. Damit zählen Vormundschaftsverfahren zu den amtswegigen Verfahren nach § 24 FamFG. Betroffene oder Dritte können daher nach § 24 Abs. 1 FamFG die Einleitung eines Verfahrens anregen, jedoch keinen verfahrenseinleitenden Antrag gemäß § 23 FamFG stellen. Das Familiengericht ist zur amtswegigen Verfahrenseinleitung bei Kenntniserlangung von hinreichenden tatsächlichen Anhaltspunkten für das Vorliegen der Voraussetzungen des § 1773 Abs. 1 BGB verpflichtet.

14 Die Aufgabe des Familiengerichts wird durch gesetzliche **Hinweispflichten** unterstützt:

- § 42 Abs. 3, Abs. 1 Nr. 3 SGB VIII (Inobhutnahme ausländischer unbegleiteter Kinder und Jugendlicher),
- § 57 SGB VIII (Mitteilungspflichten des Jugendamtes u.a. Eintritt und Wegfall von Voraussetzungen der Vormundschaft),
- § 168g FamFG (Mitteilungspflichten des Standesamtes),
- § 22a FamFG (Mitteilungspflichten anderer Gerichte und Behörden).

15 Obwohl die in § 1773 BGB geregelte **Anordnung der Vormundschaft** von der **Auswahl und Bestimmung des Vormunds** (§ 1778 BGB) zu unterscheiden ist und es sich grundsätzlich um **zwei eigenständige Verfahren** handelt, die sich auch anhand der zu beteiligenden Per-

---

27 Str., wie hier: DIJuF-Rechtsgutachten JAmt 2019, 394; Oberloskamp/Dürbeck/*Strube*, § 10 Rn. 18; BeckOGK/*B. Hoffmann*, § 1773 BGB Rn. 66; MüKo-BGB/*Hennemann*, § 1674 BGB Rn. 9; a.A. OLG Hamburg, Beschl. v. 6.5.2015 – 2 WF 44/15; zu den Aufgaben des Jugendamtes als Amtsvormund für ein in der Babyklappe abgelegtes Kind vgl. DIJuF-Rechtsgutachten JAmt 2024, 35

28 Oberloskamp/Dürbeck/*Strube*, § 10 Rn. 18: § 1773 Abs. 1 Nr. 3 BGB als lex specialis zu § 1674 BGB

29 Grüneberg/*Götz*, § 1773 BGB Rn. 7; Oberloskamp/Dürbeck/*Strube*, § 6 Rn. 19

sonen unterscheiden Verfahren, werden diese in der Praxis regelmäßig insbesondere dann miteinander verbunden, wenn der Eintritt der Voraussetzungen des § 1773 BGB Folge einer familiengerichtlichen Entscheidung zum Sorgerecht ist (vgl. Rn. 18).[30]

2. Zuständigkeit

a) Sachliche und örtliche Zuständigkeit

Vormundschaftssachen sind nach § 151 Nr. 4 FamFG **Kindschaftssachen** und damit als Familiensachen gemäß §§ 23a Abs. 1 Nr. 1, 23b GVG den bei den Amtsgerichten zu bildenden **Familiengerichten** zugewiesen. Die **örtliche Zuständigkeit** folgt aus § 152 FamFG und orientiert sich in Vormundschaftssachen grundsätzlich nach dem **gewöhnlichen Aufenthalt des Kindes** oder nach dem Gericht der Ehesache. 16

▶ *Näher zur örtlichen Zuständigkeit vgl. Keuter, § 152 FamFG Rn. 1 ff.*

b) Funktionale Zuständigkeit

§ 3 Nr. 2a RPflG bestimmt die **Zuständigkeit des Rechtspflegers** grundsätzlich für das gesamte Vormundschaftsverfahren, also Anordnung sowie Auswahl und Bestellung des Vormunds. Dies gilt nach der Vormundschaftsreform auch für die Anordnung der Vormundschaft von ausländischen Kindern; der früher insoweit geltende Richtervorbehalt (§ 14 Nr. 10 RPflG a.F.) wurde aufgehoben. 17

▶ *Näher hierzu Heilmann, Kommentierung zum RPflG.*

Wird die Anordnung der Vormundschaft allerdings wie in der Praxis zumeist infolge einer dem Richter vorbehaltenen **Sorgerechtsentscheidung nach § 1666 BGB** (§ 14 Abs. 1 Nr. 2 RPflG) erforderlich, so sind auch Anordnung und Auswahl des Vormunds durch den **Richter** vorzunehmen (§ 6 RPflG).[31] Dies folgt aus der ständigen Rechtsprechung des BVerfG, nach der die Vormundauswahl unter dem Gesichtspunkt der Verhältnismäßigkeit integraler Bestandteil der Sorgerechtsentscheidung ist, weil sowohl die Eignung als auch die Erforderlichkeit des Sorgerechtsentzugs sowie der Anordnung von Vormundschaft von der konkreten Vormundauswahl abhängen können.[32] Die Bestellung von zur Übernahme der Vormundschaft geeigneten Familienangehörigen stellt dabei regelmäßig einen milderen Eingriff in das Elternrecht dar als die Bestellung familienfremder Personen.[33] 18

3. Internationale Zuständigkeit

Die deutschen Familiengerichte sind nach § 99 Abs. 1 FamFG international auch dann zuständig, wenn der minderjährige Ausländer seinen gewöhnlichen Aufenthalt im Inland hat und insoweit in Ansehung einer Vormundschaft ein Fürsorgebedürfnis besteht. Vorrangig anzuwenden sind nach § 97 FamFG völkerrechtliche, gemeinschaftsrechtliche oder staatsvertragliche Regelungen wie das KSÜ oder die Brüssel IIb-VO. Nach den beiden genannten Rechtsstatuten richtet sich die Zuständigkeit nach dem Ort des gewöhnlichen Aufenthalts des Minderjährigen.[34] 19

▶ *Näher zur internationalen Zuständigkeit Schweppe, § 99 FamFG Rn. 1 ff.*

30 BeckOGK/*B. Hoffmann*, § 1773 BGB Rn. 3
31 BeckOGK/*B. Hoffmann*, § 1773 BGB Rn. 82; MüKo-BGB/*Lettmaier*, § 1773 BGB Rn. 24
32 BVerfG FamRZ 2012, 938; FamRZ 2014, 1435; FamRZ 2015, 208
33 BVerfG ZKJ 2024, 143
34 BeckOGK/*B. Hoffmann*, § 1773 BGB Rn. 86

4. Verfahrensbeteiligung und Anhörung

20 Soweit das Vormundschaftsverfahren **nicht** mit einem Sorgerechtsverfahren (insbesondere nach § 1666 BGB) **verbunden** ist, sondern **isoliert betrieben** wird, sind noch vorhandene **Eltern** und das **Kind** nach § 7 Abs. 2 Nr. 1 FamFG formal beteiligt. In der Praxis wird dabei häufig übersehen, dass ggf. auch der **Vater eines nichtehelich geborenen Kindes** zu **ermitteln** und zu beteiligen ist. Im Verfahren zur Anordnung der Vormundschaft ist im Übrigen das betroffene Kind, auch dann, wenn es das 14. Lebensjahr vollendet hat, nicht verfahrensfähig, da es im Anordnungsverfahren kein ihm nach bürgerlichem Recht zustehendes Recht i.S.d. § 9 Abs. 1 Nr.3 FamFG geltend machen kann.[35] Im Anordnungsverfahren sind die Eltern bzw. ein Elternteil als Sorgeberechtigter regelmäßig (noch) zur Vertretung berechtigt.

▶ *Näher zur Verfahrensfähigkeit des Kindes, siehe Köhler, § 9 FamFG Rn. 4 ff.*

21 Das **Jugendamt** ist nach Maßgabe von § 162 Abs. 2 Satz 2 FamFG auf seinen Antrag hin zu beteiligen, ebenso ggf. die **Pflegepersonen** des Kindes nach §§ 161 Abs. 1 Satz 1, 7 Abs. 3 FamFG.

▶ *Näher zur Beteiligung der Pflegeperson vgl. Heilmann, § 161 FamFG Rn. 11 ff.*

22 Die Person, die das Familiengericht als **Vormund auszuwählen beabsichtigt**, ist erst im Auswahl- und Bestellungsverfahren nach § 1778 BGB, § 168 FamFG im Hinblick auf § 7 Abs. 2 Nr. 1 FamFG zu beteiligen, da erst hier ihre Rechtsstellung betroffen ist.[36] Maßgeblich ist der Zeitpunkt, in dem sich nach erfolgter Eignungsprüfung das Ermessen des Gerichts auf die auszuwählende Person verdichtet hat.[37] Das Auswahlverfahren kann, muss aber (vorbehaltlich des in Rn. 18 genannten Falles) nicht mit dem Anordnungsverfahren verbunden werden. Der bestellte **Verfahrensbeistand** (§ 158 Abs. 2 Nr. 1, Abs. 3 Nr. 1 FamFG) ist zu beteiligen.

23 Da Vormundschaftssachen nach § 151 Nr. 4 FamFG Kindschaftssachen sind, gelten für die **Anhörung** des Kindes, der Eltern, des Jugendamts und der Pflegepersonen im Übrigen §§ 159 bis 162 FamFG. Die Nichtbeachtung dieser Verfahrensnormen kann zur Aufhebung der Entscheidung und Zurückverweisung des Verfahrens an die erste Instanz (Rechtspfleger oder Richter) durch das Beschwerdegericht nach § 69 Satz 3 FamFG führen[38] (vgl. auch *Kischkel*, § 69 FamFG Rn. 7).

5. Entscheidung des Familiengerichts

24 Die Anordnung der Vormundschaft erfolgt in der nach dem Verfahrensrecht vorgesehenen Form, also nach §§ 116 Abs. 1, 38 Abs. 1 FamFG durch gerichtlichen **Beschluss**. Ausgenommen hiervon sind nur die gesetzlichen Vormundschaften (§§ 1751 Abs. 1 Satz 2, 1786, 1787 BGB). Sofern Anordnung- und Bestellungsverfahren nicht miteinander verbunden sind (vgl. dazu oben Rn. 18) sind zwei separate Beschlüsse erforderlich. Der Inhalt des das Auswahlverfahren beendenden Bestellungsbeschlusses wird ergänzend zu §§ 38, 39 FamFG durch § 168a Abs. 1 FamFG geregelt. Der Beschluss wird nach § 40 Abs. 1 FamFG mit der Bekanntgabe an den Beteiligten wirksam, für den er seinem wesentlichen Inhalt nach bestimmt ist. Im Anordnungsverfahren sind dies die Eltern des Minderjährigen;[39] im Bestellungsverfahren ist der Vormund (§ 168a Abs. 2 Satz 1 FamFG).

---

35 BeckOGK/*B. Hoffmann*, § 1773 BGB Rn. 87; MüKo-BGB/*Lettmaier*, § 1773 BGB Rn. 25; BGH FamRZ 2021, 1402 zum Verfahren nach § 1666 BGB

36 BeckOGK/*B. Hoffmann*, § 1773 BGB Rn. 91

37 OLG Frankfurt ZKJ 2016, 189; Dürbeck FamRZ 2018, 553, 562

38 OLG Frankfurt, Beschl. v. 6.1.2025 – 6 UF 239/24; FamRZ 2022, 1800; FamRZ 2015, 1521; OLG Karlsruhe JAmt 2024, 495; OLG Brandenburg FamRZ 2022, 806; KG FamRZ 2016, 649

39 BeckOGK/*B. Hoffmann*, § 1773 BGB Rn. 102

Dem **bereits 14-jährigen Kind** ist die Entscheidung nach § 164 FamFG bekannt zu machen. Zu beachten ist schließlich auch Art. 37 lit. b des Wiener Übereinkommens vom 24.4.1963 über konsularische Beziehungen (BGBl. II 1969, 1585), wonach die **konsularische Vertretung** des Herkunftslands unverzüglich von allen Fällen zu benachrichtigen ist, in denen die Bestellung eines Vormunds oder Pflegers im Interesse eines Minderjährigen ansteht. Hiervon wird auch bei unbegleiteten minderjährigen Ausländern nicht abgesehen werden können.[40] Nach Ziffer XV Nr. 12 MiZi ist der Richter zuständig, auch wenn die Anordnung der Vormundschaft diesem insoweit nicht mehr vorbehalten ist (vgl. Rn. 17) . 25

▶ *Näher zur Bekanntmachung der Entscheidung an das Kind Heilmann, § 164 FamFG*

Soweit das Familiengericht die materiell-rechtlichen **Voraussetzungen von § 1773 BGB zu Unrecht angenommen** hat, ist umstritten, ob und unter welchen Voraussetzungen eine gleichwohl angeordnete Vormundschaft Wirksamkeit entfalten kann.[41] Während nach einer Ansicht jede gegen § 1773 BGB verstoßende Anordnung einer Vormundschaft wirkungslos ist,[42] geht die h.M. von der grundsätzlichen Wirksamkeit der Anordnung aus.[43] Letztere Ansicht steht im Einklang mit den hergebrachten Verfahrensgrundsätzen, nach denen die Unwirksamkeit gerichtlicher Entscheidungen nur in extremen Ausnahmefällen bei Vorliegen eines besonders schweren Mangels in Betracht kommt.[44] Ein solcher wird etwa angenommen bei Anordnung der Vormundschaft für einen Volljährigen (statt Betreuung) oder bei Geschäftsunfähigkeit des Vormunds (§ 1784 Abs. 1 BGB).[45] In allen weiteren Fällen irriger/falscher Annahme der Anordnungsvoraussetzungen geht die wohl überwiegende Meinung von der **Wirksamkeit der Anordnung bis zu ihrer Aufhebung** aus.[46] Für den Fall der Anordnung der Vormundschaft trotz bestehender elterlicher Sorge ist angesichts des damit einhergehenden erheblichen Grundrechtseingriffs von dem sofortigen Ende der wirksamen Vormundschaft nach § 1806 BGB analog auszugehen.[47] Rechtssicherheit ist hier über die Möglichkeit der Herbeiführung eines deklaratorischen Feststellungsbeschlusses nach § 168e FamFG sowie für den handelnden Vormund durch §§ 1807, 1874 BGB gewährleistet. 26

6. Beschwerde

Gegen die **Anordnung der Vormundschaft** nach § 1773 BGB kann nach Maßgabe von **§§ 58 ff. FamFG** Beschwerde eingelegt werden. Beschwerdeberechtigte i.S.d. § 59 Abs. 1 FamFG sind in jedem Fall das verfahrensfähige Kind (§ 60 FamFG), das Jugendamt als anzuhörende oder beteiligte Behörde (§ 162 Abs. 3 Satz 2 FamFG), der Verfahrensbeistand (§ 158b Abs. 3 Satz 2 FamFG) und die in ihren Rechten betroffenen Eltern.[48] Auch der nichtsorgeberechtigte Elternteil kann geltend machen, in seinem Recht auf Berücksichtigung nach §§ 1678, 1680 BGB verletzt zu sein.[49] Nicht beschwerdeberechtigt gegen die **Anord-** 27

40 *Dürbeck,* FamRZ 2018, 553, 562; *Lack,* FS Salgo 2016, 85, 102; a.A.: Oberloskamp/Dürbeck/*Schwarz,* § 10 Rn. 44
41 Vgl. etwa die Darstellung von Oberloskamp/Dürbeck/*Strube,* § 8 Rn. 6 ff.
42 MüKo-BGB/*Lettmaier,* § 1773 BGB Rn. 31
43 BGH NJW 1964, 1855; 1961, 22; Grüneberg/*Götz,* § 1773 BGB Rn. 10; BeckOK-BGB/*Bettin,* § 1773 BGB Rn. 13; Erman/*Schulte-Bunert,* § 1773 BGB Rn. 3; BeckOGK/*Hoffmann,* § 1773 BGB Rn. 113 ff.
44 BGH MDR 2018, 891 Rn. 17; NJW-RR 2014, 903
45 BGH NJW 1964, 1316, 1319; Grüneberg/*Götz,* § 1773 BGB Rn. 10; BeckOK-BGB/*Bettin,* § 1773 Rn. 13; Oberloskamp/Dürbeck/*Strube,* § 8 Rn. 6; vgl. auch aber mit a.A. hinsichtlich Vormundschaft für Volljährigen: BeckOGK/*Hoffmann,* § 1773 BGB Rn. 114
46 VG Gelsenkirchen, Urt. v. 18.2.2021 – 13a K 4356/18.A, BeckRS 2021, 3690; vgl. BGH NJW 1961, 22; 1964, 1855: Bindung des Prozessgerichts an die Anordnung mit Möglichkeit der Verfahrensaussetzung bis zur Klärung; Grüneberg/*Götz,* § 1773 Rn. 10; BeckOK-BGB/*Bettin* § 1773 Rn. 13; Erman/*Schulte-Bunert,* § 1773 Rn. 3
47 Oberloskamp/Dürbeck/*Strube,* § 8 Rn. 7; BeckOGK/*Hoffmann* § 1773 BGB Rn. 113
48 Auch neben dem Kind, vgl. BGH NZFam 2018, 334; BeckOGK/*B. Hoffmann,* § 1773 BGB Rn. 107
49 BGH FamRZ 2016, 1146

nung der Vormundschaft sind diejenigen **Personen, die lediglich von der Auswahlentscheidung betroffen sind**, wie Angehörige, Pflegepersonen und auch das Jugendamt in seiner (späteren) Funktion als **Amtsvormund**.[50]

▶ *Näher zur Beschwerdeberechtigung Kischkel, § 59 FamFG Rn. 1 ff. sowie zur Beschwerde gegen die Auswahl- und Bestellungsentscheidung Wierse, § 168a FamFG Rn. 6 ff.*

III. Vorgeburtliche Vormundschaft (Abs. 2)

28 Gemäß § 1773 Abs. 2 BGB kann schon **vor der Geburt eines Kindes** für dieses ein Vormund bestellt werden, wenn anzunehmen ist, dass das Kind bereits mit seiner Geburt eines Vormunds bedarf. Zu nennen sind etwa Fälle, in denen bereits absehbar ist, dass die Sorge einer nicht verheirateten Mutter wegen Geschäftsunfähigkeit, beschränkter Geschäftsfähigkeit oder Krankheit ruhen wird (§§ 1673 Abs. 2, 1675 BGB). Durch die Bestellung eines Vormunds bereits vor der Geburt des Kindes kann insbesondere vermieden werden, dass Amtsvormundschaft nach § 1786 BGB eintritt und die rechtliche Vertretung des Kindes bereits mit der Geburt gewahrt werden.[51] Nach Abs. 2 Satz 2 wird die Bestellung des Vormundes aber erst **mit der Geburt** des Kindes **wirksam**.

▶ *Näher zur Einleitung eines Kinderschutzverfahrens vor Geburt des Kindes siehe Cirullies, § 1666 BGB Rn. 15.*

§ 1774 BGB
Vormund

(1) Zum Vormund kann bestellt werden:

1. **eine natürliche Person, die die Vormundschaft ehrenamtlich führt,**
2. **eine natürliche Person, die die Vormundschaft beruflich selbständig führt (Berufsvormund),**
3. **ein Mitarbeiter eines vom überörtlichen Träger der Jugendhilfe anerkannten Vormundschaftsvereins, wenn der Mitarbeiter dort ausschließlich oder teilweise als Vormund tätig ist (Vereinsvormund), oder**
4. **das Jugendamt.**

(2) Zum vorläufigen Vormund kann bestellt werden:

1. **ein vom überörtlichen Träger der Jugendhilfe anerkannter Vormundschaftsverein,**
2. **das Jugendamt.**

Übersicht

50 BGH NJW 2012, 685; OLG Frankfurt a.M. FamRZ 2017, 1942; FamRZ 2014, 673
51 BeckOK-BGB/*Bettin*, § 1773 Rn. 6

A. Allgemeines

§ 1774 BGB stellt klar, welche **Typen von Vormündern** bestellt werden können. Die bisherigen Regelungen zur Einzelvormundschaft (§ 1779 Abs. 2 Satz 1 BGB a.F.) und zu Vereins- und Amtsvormundschaft (§§ 1791a, 1791b BGB) wurden zusammengefasst. Dabei wird zwischen der bestellten und der vorläufigen Vormundschaft unterschieden. Mit der Vormundschaftsreform[1] wurde zudem das **Prinzip der persönlichen Vormundschaft natürlicher Personen** gestärkt: Anstelle des Vereins ist mit Ausnahme der vorläufigen Vormundschaft (Abs. 2 Nr. 1) nur noch die Bestellung eines Mitarbeiters des Vereins zum Vormund vorgesehen. Von einer vergleichbaren Regelung für das Jugendamt wurde hingegen abgesehen. 1

B. Inhalt der Norm

I. Mögliche Vormünder (Abs. 1)

Abs. 1 zählt die zur Vormundschaft generell tauglichen Vormünder auf. Bei gleicher Eignung ist die ehrenamtliche Einzelvormundschaft vorrangig vor den anderen Vormundschaftsformen; diese stehen im Übrigen aber ohne Rangverhältnis nebeneinander (§ 1779 Abs. 2 Satz 1 BGB, vgl. *Wierse*, § 1779 BGB Rn. 13), für ihre Auswahl ist der Mündelbedarf maßgeblich.[2] 2

▶ *Näher zur Auswahl Wierse, § 1778 BGB Rn. 4 ff.*

1. Ehrenamtlicher Vormund

Der Vorrang des ehrenamtlichen Einzelvormunds (§ 1779 Abs. 2 Satz 1 BGB) beruht auf der gesetzgeberischen Annahme, dass eine Person, die die Vormundschaft aus bürgerschaftlichem Engagement und nicht im Rahmen einer auf Einkommenserwerb gerichteten beruflichen Tätigkeit übernimmt, am ehesten in der Lage ist, **Zeit und persönliche Zuwendung** für den Mündel aufzubringen.[3] Durch eine Reihe von Maßnahmen soll die nach wie vor zahlenmäßig schwache Ausprägung des **Vorrangs der ehrenamtlichen Einzelvormundschaft** gestärkt und dieser unterstützt werden: So hat das Jugendamt dem Familiengericht einen begründeten Vorschlag zur Person des Vormunds zu unterbreiten (§ 53 SGB VIII) und im Falle seiner eigenen Bestellung jährlich sowie bei Bekanntwerden entsprechender Umstände die Möglichkeit einer ehrenamtlichen Vormundschaft zu prüfen (§ 57 Abs. 4 SGB VIII). 3

Dem ehrenamtlichen Vormund kann nach § 1776 BGB ein **zusätzlicher Pfleger** zur Seite gestellt werden, dem einzelne oder bestimmte Sorgeangelegenheiten übertragen werden. Ferner ist er berechtigt, eine Beistandschaft des Jugendamtes für Vaterschaftsfeststellungen und zur Geltendmachung von Unterhaltsansprüchen in Anspruch zu nehmen (§ 1713 Abs. 1 Satz 3 BGB).

Vor der Bestellung ist eine **Auskunft nach § 41 BZRG** zur ausgewählten Person einzuholen (§ 168 Abs. 2 FamFG), die zudem ihre Übernahmebereitschaft ausdrücklich erklärt haben muss (§ 1785 Abs. 2 BGB). Wenn auch nicht mehr mit konstitutiver Wirkung ist der ehrenamtliche Vormund zudem alsbald nach seiner Bestellung mündlich zu verpflichten und über seine Aufgaben sowie auf die Beratungs- und Unterstützungsangebote hinzuwiesen (§§ 1802 Abs. 1 Satz 2, 1861 Abs. 2 BGB). Für den Einzelvormund gilt das Haftungsprivileg nach § 1664 BGB, wenn dieser den Mündel in seinen Haushalt aufgenommen hat (§ 1794 4

1 Gesetz zur Reform des Vormundschafts- und Betreuungsrechts v. 4.5.2021, BGBl 2021 I, 882
2 OLG Dresden FamRZ 2022, 277; Grüneberg/*Götz*, § 1774 BGB Rn. 2
3 BT-Drs. 19/24445, Satz 129

Abs. 2 BGB). Benennen die Eltern den Vormund (§ 1782 Abs. 1 Satz 1 BGB), können diese ihn zusätzlich von den Beschränkungen in §§ 1845, 1848, 1849 und 1865 BGB befreien (§ 1801 Abs. 3 BGB).

2. Berufsvormund

5 § 1808 Abs. 3 Satz 1 BGB stellt klar, dass die Vormundschaft nur **ausnahmsweise berufsmäßig** geführt wird. Die Beschlussformel muss die Bestellung zum Berufsvormund ausdrücklich ausweisen (§ 168a Abs. 1 Nr. 1 FamFG). Auch für den Berufsvormund ist vor der Bestellung seine Übernahmebereitschaft zu klären (§ 1785 Abs. 2 BGB) und eine Auskunft nach § 41 BZRG einzuholen (§ 168 Abs. 2 FamFG). Vergütung und Aufwendungsersatz des Berufsvormunds richten sich gemäß § 1808 Abs. 3 Satz 2 nach §§ 1 ff. VBVG. Berufsmäßigkeit ist im Regelfall gegeben, wenn der Vormund mehr als zehn Vormundschaften führt oder die für die Führung der Vormundschaft erforderliche Zeit voraussichtlich mindestens 20 Wochenstunden beträgt (§ 1 Abs. 1 Satz 2 VBVG).

3. Vereinsvormund

6 Durch die Vormundschaftsreform wurde als **neuer Vormundtyp** der Vereinsvormund eingeführt und damit die schon vor der Reform mögliche[4] Bestellung eines Mitarbeiters eines anerkannten Vormundschaftsvereins zum Vormund gesetzlich geregelt. Der Verein selbst, der nach dem bis zum 31.12.2022 geltendem Recht als juristische Person zum Vormund bestellt werden konnte, kann nur noch vorläufiger Vormund nach § 1781 BGB sein (siehe *Wierse*, § 1774 Abs. 2 BGB, Rn. 22). Dadurch wird eine weitere **Personalisierung der Vormundschaft** bewirkt, indem dem Mündel auch im Bereich der Vereinsvormundschaft als endgültiger Vormund nur noch eine natürliche Person zur Seite gestellt kann.[5] In beiden Fällen (Vereinsvormund und Vormundschaftsverein als vorläufiger Vormund) setzt die Bestellung voraus, dass der Verein gemäß § 54 SGB VIII durch den überörtlichen Träger der Jugendhilfe als Vormundschaftsverein anerkannt ist. Voraussetzung der Anerkennung sind insbesondere ausreichend qualifizierte Mitarbeiter, Aufsicht und Versicherungsschutz, die Ermöglichung eines Erfahrungsaustauschs zwischen den Mitarbeitern und das planmäßige Bemühen um die Gewinnung von Einzelvormündern.[6]

7 Durch die Vormundschaftsreform neu aufgenommen in die Anerkennungsvoraussetzungen wurde die **Höchstfallzahl** von 50 Vormundschaften pro Vereinsvormund (§ 54 Abs. 1 Nr. 2 SGB VIII), die bislang nur für die Amtsvormundschaft vorgesehen war. Entsprechend normiert § 1780 Abs. 2 BGB eine Verpflichtung des Vereinsvormunds zur Auskunft über Anzahl und Umfang geführter Vormundschaften und Pflegschaften. Während die Festlegung einer Fallobergrenze im Interesse der Qualitätssicherung zu begrüßen ist, verfehlt die festgelegte Zahl für die Vereinsvormundschaft schon deshalb ihr Ziel, weil sie die bisherigen durchschnittlichen Fallzahlen der Vereinsvormünder von 30 bis 39 Fällen übersteigt[7] und so falsche Anreize setzt.[8] Auch für die Amtsvormundschaft wird angesichts der nicht zuletzt durch die Vormundschaftsreform gestiegenen qualitativen Anforderungen an die Ausübung der Vormundschaft (verstärkte Pflichten zu persönlichem Kontakt, Beteiligung, Einbeziehung der Eltern und Kooperation) eine Fallobergrenze von 30 gefordert.[9]

4 BGH FamRZ 2011, 1394; JAmt 2013, 291
5 BT-Drs. 19/24445, 130, 189
6 Einzelheiten bei BeckOGK/*Bohnert*, SGB VIII § 54; Oberloskamp/Dürbeck/*Elmauer*, § 20 Rn. 13 ff.
7 *Elmauer/Kauermann-Walter*, JAmt 2019, 368, 371
8 Vgl. Erman/*Schulte-Bunert*, § 1774 BGB Rn. 12; *Elmauer/Kukielka*, NZ-Fam 2022, 1101, 1102
9 Aufruf „Kinderrechtsbasierte Vormundschaft ermöglichen!", JAmt 2024, 277

Das Familiengericht hat nur das Vorliegen der Anerkennung zu prüfen, nicht deren Rechtmäßigkeit.[10] Bei einem Widerruf oder der Rücknahme der **Anerkennung des Vereins**, ist der Vereinsvormund zwar aus wichtigem Grund zu entlassen (§ 1804 Abs. 1 Nr. 5 BGB), seine Bestellung als Privatperson aber entsprechend § 1805 Abs. 2 BGB im Mündelinteresse zu prüfen. **8**

Die Bestellung zum Vereinsvormunds bedarf neben der **Bereiterklärung des Mitarbeiters** (§ 1785 Abs. 2 BGB) zusätzlich der **Einwilligung des Vereins** (§ 1785 Abs. 3 BGB), die durch den Vorstand oder einen satzungsmäßig bestellten Vertreter zu erklären ist.[11] Sie kann begründungslos verweigert werden, so dass eine Übernahmepflicht nicht besteht.[12] Die Einwilligung unterliegt keinem Formerfordernis, muss sich aber auf eine konkrete Vormundschaft beziehen,[13] wobei die Bestellung auch ohne ihr Vorliegen wirksam und eine nachträgliche Genehmigung der Bestellung durch den Verein möglich ist (§ 184 BGB).[14] Erfolgt keine nachträgliche Genehmigung, liegt ein sonstiger wichtiger Entlassungsgrund i.S.d. § 1804 Abs. 1 Nr. 5 BGB vor[15] bzw. ist bei entsprechender Antragstellung des Vereins der bestellte Vereinsvormund nach § 1804 Abs. 2 Nr. 2 BGB zu entlassen und ggf. seine persönliche Bestellung als Privatperson nach § 1805 Abs. 2 BGB zu prüfen. Der Vereinsvormund kann von den Eltern als Vormund benannt werden (§ 1782 Abs. 1 Satz 1 BGB). **9**

Die Bestellung erfolgt durch **Beschluss des Familiengerichts**, der mit Bekanntgabe an den zum Vormund bestellten Mitarbeiter wirksam wird (§ 168a Abs. 2 Satz 1 FamFG) und die Bezeichnung als Vereinsvormund sowie des Vormundschaftsvereins zu enthalten hat (§ 168a Abs. 1 Nr. 2 FamFG). Der Vereinsvormund ist damit **echter Einzelvormund**, der persönlich die Erziehungsverantwortung für den Mündel trägt und selbst gemäß § 1794 BGB der Haftung unterliegt.[16] Er untersteht unmittelbar der Aufsicht des Familiengerichts (§ 1802 Abs. 2 BGB), das gegen ihn auch Zwangsgelder festsetzen kann (§ 1802 Abs. 2 Satz 3 i.V.m. § 1862 Abs. 3 BGB). Für den Vereinsvormund sieht § 1804 BGB in Abs. 1 Nr. 3 und Abs. 2 Nr. 2 zusätzliche, aus der organisationsrechtlichen Einbettung in den Vormundschaftsverein erwachsende Entlassungsgründe vor. Nach § 1805 Abs. 2 BGB kann das Familiengericht in diesen Fällen feststellen, dass die Vormundschaft als Privatperson fortgeführt wird, wenn dies dem Wohl des Mündels dient. **10**

Der Vereinsvormund selbst kann **weder Vergütung noch Aufwendungsersatz** geltend machen (§ 1808 Abs. 3 Satz 2 BGB i.V.m. § 5 Abs. 2 VBVG). Solches kann nur der Vormundschaftsverein.

4. Jugendamt

Soweit eine **geeignete Einzelperson** als Vormund nicht zur Verfügung steht, ist die staatliche Gemeinschaft schon nach Art. 6 Abs. 2 Satz 2 GG gefordert, diese Lücke zum Schutze des Mündels durch einen **„Reservevormund"**[17] zu schließen. Dem dient die Amtsvormundschaft, die in der Praxis Schätzungen zufolge 70-80 % aller Vormundschaften (und Pflegschaften) ausmacht.[18] Dieser hohen praktischen Bedeutung der Amtsvormundschaft wurde durch die Vormundschaftsreform Rechnung getragen: Sie steht nunmehr gleichran- **11**

10 Vgl. zu § 1791a BGB a.F. Staudinger/*Veit*, § 1791a BGB Rn. 10
11 BeckOGK/*B. Hoffmann*, § 1785 BGB Rn. 25 f.
12 MüKo-BGB/*Lettmaier*, § 1785 BGB Rn. 12
13 BT-Drs. 19/24445, 202; vgl. auch *Hofmann*, JAmt 2013, 554, 555.
14 BeckOGK/*B. Hoffmann*, § 1785 BGB Rn. 27 f.
15 Grüneberg/*Götz*, § 1785 BGB Rn. 6
16 Grüneberg/*Götz*, § 1774 BGB Rn. 4.
17 Vgl. Oberloskamp/*Kunkel*, § 16 Rn. 10
18 *Fronzcek/Pothmann*, Unbekannte Vormundschaft, Expertise, 2021, Satz 7

gig neben den anderen beruflichen Vormundstypen; lediglich die ehrenamtliche Vormundschaft ist nach § 1779 Abs. 2 BGB vorrangig.[19]

12 Der **Vorrang des Ehrenamtes** ist vom Familiengericht zu beachten. Es hat von Amts wegen zu ermitteln (§ 26 FamFG), ob geeignete ehrenamtliche Einzelpersonen zur Übernahme der Vormundschaft vorhanden und bereit sind. Das Jugendamt ist dabei gemäß § 53 Abs. 1 SGB VIII zur Unterstützung verpflichtet und hat dem Familiengericht geeignete Personen vorzuschlagen. Bei erheblichem Ermittlungsaufwand und gleichzeitig bestehendem dringlichen Handlungsbedarf ist ggf. zunächst das Jugendamt oder der Vormundschaftsverein zum vorläufigen Vormund zu bestellen (§§ 1774 Abs. 2, 1781 BGB), dessen Bestellung mit der Bestellung des endgültigen Vormunds endet. Auch dann bleibt jedoch der Vorrang des Ehrenamtes bestehen: Das einmal bestellte Jugendamt hat nach § 57 Abs. 4 SGB VIII in der Regel **jährlich zu prüfen**, ob zwischenzeitlich geeignete ehrenamtliche Einzelpersonen zur Verfügung stehen. Werden dem Jugendamt Umstände bekannt aus denen sich ergibt, dass die Vormundschaft nunmehr ehrenamtlich geführt werden kann, hat es diese dem Familiengericht mitzuteilen. Ist dies der Fall, ist der Amtsvormund nach § 1804 Abs. 1 Nr. 2 BGB zu entlassen. Anders als zuvor bezieht sich die Prüfverpflichtung des § 57 SGB VIII nur noch auf das vorrangige Ehrenamt, wodurch auch die Amtsvormundschaft eine Aufwertung erfährt,[20] gleichzeitig aber dem Mündelinteresse der Kontinuität Rechnung getragen wird.

13 Anders als im Fall des Vereinsvormunds wurde von einer Personalisierung auch der Amtsvormundschaft im Zuge der Vormundschaftsreform abgesehen. Diese wurde nicht als zweckmäßig erachtet, da das **Jugendamt** im Falle des Ausfalls von anderen zur Wahrnehmung der Sorge geeigneten Personen die Aufgabe des staatlichen Wächteramtes hat. Ferner wurde aus staatsorganisationsrechtlichen Gründen von der Möglichkeit eines familiengerichtlichen Durchgriffs auf einen bestimmten Mitarbeiter abgesehen, da dies einen Eingriff in die kommunale Selbstverwaltung (Personalhoheit) bedeutet hätte.[21]

Als juristische Person kann das Jugendamt nicht von den (verstorbenen) Eltern als Vormund benannt oder ausgeschlossen werden (§ 1782 Abs. 1 Satz 1 BGB). Das Vorrangprinzip kann also dadurch nicht unterlaufen werden.[22]

14 Die Bestellung erfolgt durch Bekanntgabe des familiengerichtlichen Beschlusses an das Jugendamt (§ 168 Abs. 2 Satz 1 FamFG). Auf die nach § 55 Abs. 2 Satz 1 SGB VIII folgende **Delegation der Aufgaben an einen bestimmten Mitarbeiter** kommt es nicht an.[23] Der Beschlussformel muss lediglich die Bezeichnung des zuständigen Amtes enthalten (§ 168a Abs. 1 Nr. 3 FamFG). Abweichend zur früheren Rechtslage erhält nunmehr auch der Amtsvormund eine Bestellungsurkunde (§ 168b Abs. 1 Satz 1FamFG; Ausschluss vorher durch: 1791b Abs. 2 2. HS BGB a.F.).

15 Die **örtliche Zuständigkeit** des Jugendamts folgt aus § 87c Abs. 3 SGB VIII, richtet sich also grundsätzlich nach dem **gewöhnlichen Aufenthalt des Mündels** zum Zeitpunkt der Bestellung.[24] Anders als beim Vereinsvormund/Vormundschaftsverein kommt es auf eine Übernahmebereitschaft des zuständigen Jugendamtes nicht an.[25] Auch soweit sachliche Gründe (*insbesondere Mündelwohldienlichkeit*) bestehen, kann nach überwiegender Ansicht jedenfalls bei der erstmaligen Bestellung des nach dem SGB VIII örtlich zuständigen

19 BT-Drs. 19/24445, 3, 124, 130; MüKo-BGB/*Lettmaier*, § 1774 BGB Rn. 17
20 MüKo/*Lettmaier*, § 1774 BGB Rn. 19
21 BT-Drs. 19/24445, 189
22 Vgl. OLG Frankfurt a.M. ZKJ 2012, 451
23 DIJuF-Rechtsgutachten, JAmt 2013, 263
24 KG FamRZ 2024, 196; OLG Saarbrücken FamRZ 2023, 1180
25 OLG Frankfurt a.M. FamRZ 2011, 1671

Jugendamts **nicht abgewichen** werden.[26] Bei einem **Aufenthaltswechsel** des Mündels ist vom bislang zuständigen Amtsvormund nach § 87c Abs. 3 Satz 3 SGB VIII ein **Antrag auf Entlassung** beim Familiengericht zu stellen, über den nach Maßgabe von § 1804 Abs. 3 BGB (*Mündelwohldienlichkeit*) nach Ermessen zu entscheiden ist.[27]

Für **unbegleitete minderjährige Flüchtlinge** enthält § 88a Abs. 4 i.V.m. Abs. 1 bis 3 SGB VIII eine Spezialregelung zur örtlichen Zuständigkeit für die Amtsvormundschaft, an die das Familiengericht bei der Auswahl eines Jugendamts als Vormund strikt gebunden ist.[28] Zweck der Norm ist es ein Auseinanderfallen der Zuständigkeit des Kostenträgers für die Jugendhilfeleistung einerseits und der Wahrnehmung der Amtsvormundschaft andererseits zu vermeiden. Abweichend von den allgemeinen rechtlichen Vorschriften bleibt daher nach § 88 Abs. 4 SGB VIII das In Obhut nehmende Jugendamt auch bei einem Wechsel des tatsächlichen Aufenthalts des Mündels weiter im Rahmen der Amtsvormundschaft zuständig.[29] Ein anderes Jugendamt kann (und muss) – erst – dann als Vormund bestellt werden, wenn es auch die örtliche Zuständigkeit gemäß § 88 a Abs. 2 Satz 3 SGB VIII übernommen hat.[30] In diesem Fall ist § 87c Abs. 3 Satz 3 analog anzuwenden.[31] 16

▶ *Näher zum Wechsel des Amtsvormunds bei einem Umzug des Mündels Wierse, § 1804 BGB Rn. 18 ff.*

Innerhalb des Jugendamtes **überträgt** dieses die Ausübung der Vormundschaft durch einen **behördeninternen Organisationsakt**[32] gemäß § 55 Abs. 2 Satz 1 SGB VIII auf einen seiner Bediensteten, der auf Basis einer Vollzeitbeschäftigung nach Abs. 3 höchstens 50 Vormundschaften/Pflegschaften gleichzeitig besorgen darf (zur Kritik an der Fallobergrenze oben Rn. 7). Eine **Übertragung auf freie Träger** ist nicht möglich.[33] Bei der Auswahl des konkreten Bediensteten sind die für das Familiengericht geltenden Auswahlgrundsätze, d.h. §§ 1778 f., 1784 BGB, zu beachten (§ 55 Abs. 2 Satz 2 SGB VIII). Außerdem ist der Mündel gemäß § 55 Abs. 2 Satz 3 SGB VIII zur Auswahl mündlich anzuhören, soweit dies nach seinem Alter und Entwicklungsstand möglich ist. Die konkret ausgewählte Fachkraft ist dem Familiengericht durch das Jugendamt bereits vor seiner Bestellung zum endgültigen Amtsvormund namentlich mitzuteilen (§ 57 Abs. 2 SGB VIII). Entgegen des missverständlichen Wortlauts von § 55 Abs. 4 Satz 2 SGB VIII bleibt **das Jugendamt** trotz der Übertragung auf einen einzelnen Mitarbeiter selbst **(als Behörde) Vormund und gesetzlicher Vertreter** des Mündels.[34] Die Vertretung des zum Vormund bestimmten Mitarbeiters durch andere Bedienstete des Jugendamts muss amtsintern verbindlich geregelt sein.[35] Die Aufgaben der Vormundschaft sind funktionell, organisatorisch und personell von den übrigen Aufgaben des Jugendamtes zu trennen (§ 55 Abs. 5 SGB VIII). 17

▶ *Näher hierzu Köhler, § 58 SGB VIII Rn. 14.*

---

26 BGH FamRZ 2021, 1885; OLG Hamm, Beschl. v. 31.7.2023 – 2 UF 85/23 –, juris; OLG Brandenburg, Beschl. v. 23.11.2023 – 13 UF 103, 23 –, juris; OLG Celle ZKJ 2018, 196; *Hoffmann*, JAmt 2024, 200 und FamRZ 2014, 1084, 1086; a.A. OLG Brandenburg FamRZ 2014, 1719; OLG Saarbrücken BeckRS 2003, 30331135

27 BT-Drs. 19/24445, 405, 500

28 BGH FamRZ 2021, 1885

29 BGH FamRZ 2021, 1885 Rn. 22; Oberloskamp/Dürbeck/*Schwarz*, § 10 Rn. 128

30 BGH FamRZ 2021, 1885 Rn. 22

31 jurisPK-SGB VIII/*Lange*, § 88a SGB VIII Rn. 53; Wiesner/Wapler/*Steinbüchel*, SGB VIII § 88a Rn. 16

32 Str. wie hier: BeckOGK/*B. Hoffmann*, § 1774 BGB Rn. 69; DIJuF-Rechtsgutachten JAmt 2020, 146; Schellhorn/Fischer/*Mann/Kern/Ivanits*, SGB VIII § 55 Rn. 18; a.A. Verwaltungsakt: LPK-SGB VIII/*Kunkel/Leonhardt/Zapp*, § 55 Rn. 15

33 DIJuF-Rechtsgutachten JAmt 2012, 397

34 BGH NJW 1966, 1808; OLG Bamberg FamRZ 2024, 1049; MüKo-BGB/*Lettmaier*, § 1774 BGB Rn. 22; Erman/*Schulte-Bunert*, § 1774 BGB Rn. 6

35 OVG Bremen JAmt 2019, 418

18 Auch das Jugendamt als Amtsvormund unterliegt der **Aufsicht durch das Familiengericht** (§ 1802 Abs. 2 BGB).[36] Der die Vormundschaft führende Bedienstete hingegen nur der innerbehördlichen Fach- und Dienstaufsicht.[37] Die Amtsvormundschaft ist von zahlreichen sonst vorhandenen **Beschränkungen** des Vormundschaftsrechts **befreit**. Dem Jugendamt stehen nach § 1801 Abs. 1 BGB die Befreiungen nach § 1859 BGB zu. Die Festsetzung eines Zwangsgelds im Rahmen der Aufsicht ist ausgeschlossen (§§ 1802 Abs. 2 Satz 3, 1862 Abs. 3 Satz 3 BGB). § 56 Abs. 2 und 3 SGB VIII normiert weitere Befreiungen im Bereich der Vermögensangelegenheiten. Weitere Ausnahmen bestehen aufgrund des Gesetzesvorbehalts in § 56 Abs. 2 Satz 3 SGB VIII in den Landesgesetzen.[38] Nach § 14 Satz des Hessischen Kinder- und Jugendhilfegesetzbuches (HKJGB) bleiben die Vorschriften des § 1799 i.V.m. den §§ 1835, 1843, 1847, 1851 Nr. 1, § 1852 Nr. 2, den §§ 1853 und 1854 Nr. 2 bis 5 und 7 sowie § 1859 BGB über die Aufsicht des Familiengerichts gegenüber dem Jugendamt außer Anwendung. Dasselbe gilt bezüglich des § 1854 Nr. 6 BGB, soweit es sich um die Aufsicht in vermögensrechtlicher Hinsicht handelt.

▶ *Näher zur Aufsicht Wierse, § 1802 BGB Rn. 1 ff. und Rn. 14 betreffend Zwangsgeld.*

▶ *Näher zu den Befreiungen des Amtsvormunds Köhler, § 58 SGB VIII Rn. 20 ff.*

19 Das Jugendamt erhält für seine Tätigkeit als Amtsvormund weder eine **Vergütung noch Aufwendungsersatz** (§ 1808 Abs. 3 Satz 2 BGB i.V.m. § 6 Abs. 1 VBVG). Ist der Mündel nicht mittellos, kann aber gemäß § 6 Abs. 2 Satz 2, 3 VBVG Aufwendungsersatz nach § 1877 BGB verlangt werden, nicht jedoch für allgemeine Verwaltungskosten.

20 Der Amtsvormund hat im familiengerichtlichen Verfahren in Kindschaftssachen eine vom nach § 162 FamFG anzuhörenden und ggf. zu beteiligenden Jugendamt zu unterscheidende eigenständige Bedeutung.[39] Er ist nach § 9 Abs. 2 FamFG nicht nur (gesetzlicher) **Vertreter** des nicht selbst verfahrensfähigen Kindes, sondern nach § 7 Abs. 2 Nr. 1 FamFG auch **selbst als Inhaber der Personensorge am Verfahren beteiligt**, soweit sein Aufgabenbereich berührt ist.[40] Soweit er nach einer Entscheidung des Familiengerichts, z.B.im Rahmen einer Umgangsregelung, Pflichten zu erfüllen hat, können gegen ihn bei schuldhafter Nichterfüllung auch **Ordnungsmittel** nach § 89 FamFG verhängt werden.[41] Er ist neben dem nach § 162 FamFG anzuhörenden bzw. zu beteiligenden Jugendamt zu allen **Terminen zu laden** und **Zustellungen** in gerichtlichen Verfahren haben an ihn zu erfolgen, wobei hier unmittelbar an den Beamten oder Mitarbeiter zugestellt[42] werden sollte, auf den nach § 55 Abs. 2 SGB VIII die Aufgabe der Wahrnehmung der Vormundschaft übertragen ist (näher hierzu *Köhler*, §§ 55 bis 58 SGB VIII Rn. 6 ff.). Allerdings genügt die Zustellung an das Jugendamt als Behörde, auch um den Lauf von Fristen auszulösen.[43] Im **Rubrum** des gerichtlichen Beschlusses ist das **Jugendamt** in seiner Funktion als Amtsvormund gesondert zu führen unter Angabe der zuständigen Abteilung und Nennung von Aktenzeichen und – soweit bereits bekannt – Namen des nach § 55 Abs. 2 SGB VIII betrauten Mitarbeiters, da das Jugendamt selbst Vormund ist.[44] Der mit der Aufgabe betraute Mitarbeiter ist unter keinem Gesichtspunkt persönlich am Verfahren beteiligt.[45]

---

36 Ausführlich *Gojowczyk*, Rpfleger 2013, 1
37 Erman/*Schulte-Bunert*, § 1774 BGB Rn. 6; BeckOGK/*B. Hoffmann*, § 1774 BGB Rn. 95
38 Vgl. die Übersicht bei jurisPK-SGB VIII/*Fröschle*, § 56 SGB VIII Rn. 41
39 Vgl. OVG Bremen ZKJ 2017, 324; *Hammer*, FamRZ 2017, 1904; *Oberloskamp*, ZKJ 2016, 336
40 BGH FamRZ 2018, 601 (Vormundschaft); ZKJ 2017, 26 (Umgangsrecht); OLG Nürnberg ZKJ 2017, 33 (Umgangsrecht); Oberloskamp/*Dürbeck*, § 3 Rn. 34 und 36; a.A.: *Oberloskamp*, ZKJ 2016, 336, 342
41 BGH JAmt 2014, 230; OLG Frankfurt a.M. ZKJ 2013, 167
42 Zustellung an das Jugendamt als Behörde ist aber unschädlich, vgl. Hess. VGH ZfJ 2001, 389; DIJuF-Rechtsgutachten JAmt 2010, 80
43 BSG NJW 1960, 2071; VGH Hessen FamRZ 2001, 1739; VG Leipzig NZFam 2023, 185; a.A.: VG Schwerin FamRZ 2020, 429: erst ab tatsächlichem Zugang bei dem zuständigen Mitarbeiter
44 OLG Bamberg FamRZ 2024, 1049
45 OLG Bamberg FamRZ 2024, 1049

21 Auch der Amtsvormund hat, soweit durch die Entscheidung seine Rechtsstellung nach § 59 Abs. 1 FamFG unmittelbar betroffen ist, ein **eigenes**, vom Beschwerderecht des Jugendamts nach § 162 Abs. 3 Satz 2 FamFG zu unterscheidendes **Beschwerderecht**.[46] Sein eigenes Beschwerderecht tritt dabei neben sein Recht, als gesetzlicher Vertreter des Mündels (§ 9 Abs. 2 FamFG) für diesen Beschwerde einzulegen.[47] In der Praxis der Familiengerichte wird häufig nicht sorgfältig genug differenziert zwischen dem Jugendamt als anzuhörende bzw. zu beteiligende Behörde nach § 162 FamFG und dem hiervon rechtlich zu unterscheidenden Amtsvormund.[48]

II. Vorläufige Vormundschaft (Abs. 2)

22 Mit der Vormundschaftsreform wurde das Institut der vorläufigen Vormundschaft eingeführt. Mit ihr soll dem Familiengericht mehr Zeit eingeräumt werden, einen geeigneten Vormund zu finden, wenn im Zeitpunkt der Anordnung der Vormundschaft Ermittlungen hierzu noch nicht abgeschlossen sind.[49]

▶ *Näher zur vorläufigen Vormundschaft Wierse, § 1781 BGB Rn. 1 ff.*

Zum vorläufigen Vormund können nach § 1774 Abs. 2 BGB nur das **Jugendamt** oder – anders als bei der endgültigen Vormundbestellung – der **Vormundschaftsverein** selbst als juristische Person bestellt werden. Letzteren qualifiziert zum vorläufigen Vormund, dass in seinem Umfeld personelle Ressourcen vorhanden sind, anhand derer ein für den Mündel geeigneter Einzelvormund (ehrendamtlicher Vormund, Berufsvormund, Vereinsvormund) gefunden werden könnte.[50] Der Verein muss durch den überörtlichen Träger der Jugendhilfe anerkannt sein (§ 54 Abs. 1 SGB VIII) und kann als juristische Person nicht von den Eltern benannt werden (§ 1782 Abs. 1 Satz 1BGB). Die Bestellung ist von seiner Einwilligung abhängig (§ 1785 Abs. 3 BGB).

23 Die Aufgabe als vorläufiger Vormund wird vom Jugendamt (§ 55 Abs. 2 Satz 1, 5 SGB VIII) bzw. dem Verein (§ 1781 Abs. 2 BGB) **einem konkreten Mitarbeiter zugewiesen**, wobei die Auswahlgrundsätze der §§ 1778 f. BGB angesichts des Zwecks der vorläufigen Vormundschaft, die Zeit bis zur Ermittlung der am besten geeigneten Person zu überbrücken, nicht zur Anwendung kommen (§ 55 Abs. 2 Satz 5 SGB VIII). Dem Familiengericht ist alsbald, spätestens jedoch zwei Wochen nach Bestellung die konkret betraute Person mitzuteilen (§ 57 Abs. 2 Satz 2 SGB VIII, § 1781 Abs. 2 Satz 2 BGB). Die Bestellung eines vorläufigen Vormunds kommt auch dann in Betracht, wenn zwar feststeht, dass ein Vereinsvormund oder das Jugendamt bestellt werden soll, aber noch nicht geklärt ist, welche Fachkraft geeignet ist, die Aufgabe zu übernehmen.[51] Die Vergütung des Vereins richtet sich nach § 1808 Abs. 3 i.V.m. §§ 1, 5 VBVG.

§ 1775 BGB

Mehrere Vormünder

(1) Ehegatten können gemeinschaftlich zu Vormündern bestellt werden.

(2) Für Geschwister soll nur ein Vormund bestellt werden, es sei denn, es liegen besondere Gründe vor, jeweils einen Vormund für einzelne Geschwister zu bestellen.

---

46 BGH FamRZ 2018, 601; OLG Nürnberg ZKJ 2017, 33 (Umgangsrecht); zur Abgrenzung OLG Frankfurt ZKJ 2017, 280
47 BGH FamRZ 2018, 601
48 Ausführlich: *Harm/Mix/Opitz/Pütz/Rotax/Rüting*, FamRZ 2012, 1849, 1851 ff.; *Hammer*, FamRZ 2017, 1904
49 BT-Drs. 19/24445, 189
50 BT-Drs. 19/24445, 189
51 BT-Drs. 19/24445, 198

Übersicht

A. Allgemeines

1 § 1775 BGB betrifft die Auswahlentscheidung vor der Bestellung des Vormunds und stellt den **Grundsatz der Einzelvormundschaft** auf. Die Verantwortung für den Mündel soll grundsätzlich ungeteilt bei einem einzigen Vormund liegen (Gebot der **ungeteilten Sorgeverantwortung**).[1] Eine gemeinschaftliche Vormundschaft (sog. **Mitvormundschaft**) ist infolge der Vormundschaftsreform nur noch für **Ehegatten** und Lebenspartner vorgesehen. Die vor der Reform insbesondere für unbegleitet eingereiste minderjährige Flüchtlinge diskutierte Frage der Begründung einer Mitvormundschaft mit unterschiedlichen Wirkungskreisen ist damit endgültig geklärt.[2] Im Interesse des Familienzusammenhalts und der Geschwisterbindung erweitert § 1775 Abs. 2 BGB den Grundsatz der Einzelvormundschaft auch auf **Geschwister**. Über § 1775 Abs. 1 BGB hinaus sieht das Gesetz lediglich zwei weitere Ausnahmen vom Grundsatz der Einzelvormundschaft vor: Neben dem ehrenamtlichen Vormund kann gemäß § 1776 BGB ausnahmsweise für einzelne oder eine bestimmte Art von Sorgeangelegenheiten ein Pfleger bestellt werden. § 1777 BGB erlaubt die Übertragung von einzelnen oder einer bestimmten Art von Sorgeangelegenheiten auf die Pflegeperson als Pfleger.

B. Inhalt der Norm

I. Gemeinschaftliche Vormundschaft von Ehegatten

2 Der Grundsatz der **Einzelvormundschaft** folgt dem Ideal, dass der Mündel wegen der elternähnlichen Aufgabe des Vormunds nicht mehrere Entscheidungsträger haben soll.[3] Dem Ideal entsprechend regelt § 1775 Abs. 1 BGB als Ausnahme vom Einzelvormundschaftsprinzip die Möglichkeit der Bestellung eines **Ehepaars zu gemeinschaftlichen Mitvormündern**. Die Entscheidung über die gemeinschaftliche Bestellung von Ehegatten zu Mitvormündern hat das Familiengericht nach **pflichtgemäßem Ermessen** zu treffen, ohne dass für die gemeinschaftliche Bestellung besondere Gründe vorliegen müssen.[4] Maßstab ist das Kindeswohl.[5] Die Begründung der Mitvormundschaft ist besonders dann naheliegend, wenn das betroffene Kind auch im Haushalt der Ehegatten lebt, weil sich auf diesem Wege Vormundschaft und Elternschaft annähern. Ob dies auch dann gilt, wenn das Kind nicht im Haushalt der Ehegatten lebt, erscheint zweifelhaft.[6] Ein gesetzlicher Vorrang zugunsten der Bestellung eines Ehepaars als Mitvormünder besteht weiterhin nicht.[7] Haben die Eltern ein

1 BT-Drs. 19/24445, 190
2 Zur alten Rechtslage verneinend: BGH ZKJ 2014, 249; ZKJ 2018, 15; OLG Frankfurt FamRZ 2015, 1119; OLG Hamburg NZFam 2017, 1066; OLG Köln FF 2016, 461; OLG Nürnberg NJW 2016, 720; OLG Bamberg FamRZ 2016, 152; OLG Celle FamRZ 2016, 647; OLG Schleswig FamRZ 2016, 1474; a.A. OLG Frankfurt a.M. JAmt 2014, 166 und 542; OLG Bamberg FamRZ 2015, 682
3 BT-Drs. 13/7158, 21
4 BeckOGK/*B. Hoffmann*, § 1775 BGB Rn. 5; Erman/*Schulte-Bunert*, § 1775 BGB Rn. 2
5 BeckOK-BGB/*Bettin* § 1775 BGB Rn. 3; BeckOGK/*B. Hoffmann*, § 1775 BGB Rn. 5
6 A.A. BT-Drs. 13/7158, 21; *Zenz*, DAVorm 2000, 365
7 MüKo-BGB/*Lettmaier*, § 1775 BGB Rn. 7

Ehepaar als gemeinschaftliche Vormünder benannt, können diese nur nach §1783 Abs. 1 BGB ohne ihre Zustimmung übergangen werden.[8] Im Übrigen setzt die Bestellung die Prüfung der Eignung beider Ehegatten zum Vormund voraus (§§ 1778 Abs. 1, 1779 BGB).[9] Für eingetragene **Lebenspartner** gilt §1775 Abs. 1 BGB gemäß §21 LPartG entsprechend.

Nicht miteinander verheiratete Pflegeeltern haben demgegenüber nunmehr keine Möglichkeit mehr, zu gemeinschaftlichen Vormündern bestellt zu werden (vgl. §1775 Satz 2 BGB a.F.), was vor dem Hintergrund des Telos der Regelung, die Vormundschaft dem Eltern-Kind-Verhältnis weiter anzunähern, und dem Umstand, dass (verfestigten) Lebensgemeinschaften außerhalb der Ehe im Hinblick auf Sorge- und Adoptionsrechte inzwischen weitergehende Rechte eingeräumt werden (vgl. §1766a BGB sowie die Reformvorschläge zum Kindschaftsrecht[10]), zu eng gegriffen erscheint.[11] 3

Die gemeinsam zu Vormündern bestellten Ehegatten/Lebenspartner führen die Vormundschaft gemäß §1792 Abs. 1 BGB gemeinschaftlich mit der Folge, dass §1629 Abs. 1 Satz 2 und 4 BGB entsprechend gelten (§1792 Abs. 5 BGB). **Bei Meinungsverschiedenheiten** entscheidet das Familiengericht nach §1793 Abs. 1 Nr. 1 BGB. Das **Gericht entscheidet in der Sache selbst** und überträgt nicht (wie in §1628 Satz 1 BGB) die Entscheidung einem der Vormünder. Kann im Verfahren kein Einvernehmen erzielt werden, kann das Gericht nur einer der widerstreitenden Meinungen beitreten oder alle Meinungen verwerfen, nicht jedoch eine von den Meinungen losgelöste Entscheidung treffen.[12] Sollte der unterlegene Vormund die Umsetzung verweigern, sind Aufsichtsmaßnahmen nach §1802 BGB zu ergreifen. Die Entlassung gemeinschaftlicher Vormünder (§1804 BGB) kann als actus contrarius der Bestellung ebenfalls nur gemeinschaftlich erfolgen, wobei der Ehegatte, für den kein Entlassungsgrund vorliegt, im Anschluss als Einzelvormund neubestellt werden kann, wenn die allgemeinen Voraussetzungen vorliegen (§§ 1778 f., 1805 BGB).[13] Gegenüber dem Mündel besitzt jeder Ehegatte Rechte und Pflichten wie ein sorgeberechtigter Elternteil (z.B. Aufsichtspflichten, strafrechtliche Garantenpflichten).[14] 4

II. Vormundschaft bei Geschwistern

Wird für **Geschwister** Vormundschaft angeordnet, soll nach §1775 Abs. 2 BGB dieselbe Person für die Geschwister zum Vormund bestellt werden, wobei unerheblich ist, ob es sich um Halb- oder Vollgeschwister handelt.[15] Rechtlich und verfahrensmäßig handelt es sich um mehrere, **eigenständige Vormundschaften**. Für das Abweichen vom gesetzlich vorgesehenen Regelfall der Bestellung derselben Vormundsperson bedarf es besonderer Gründe. Diese können sich mit Blick auf Sinn und Zweck der Norm, den Familienzusammenhalt zu bewahren, etwa aus dem Umstand unterschiedlicher Vaterschaften und im Hinblick auf das Mündelwohl und den Grundsatz der persönlichen Amtsführung aus weit entfernt liegenden Wohnorten ergeben.[16] Erfolgt allerdings ein zur Bestellung nachträglicher Wohnsitzwechsel des Mündels, kann das Mündelwohl i.V.m. mit dem Grundsatz des §1775 Abs. 2 BGB gegen die Entlassung des bisher bestellten (gemeinsamen Geschwis- 5

8 MüKo-BGB/*Lettmaier*, §1775 BGB Rn. 6
9 BeckOK-BGB/*Bettin*, §1775 BGB Rn. 3
10 Entwurf eines Gesetzes zur Reform des Kindschaftsrechts vom 9.12.2024, https://www.bmj.de/SharedDocs/Downloads/DE/Gesetzgebung/DiskE/DiskE_Kindschaftsrecht.pdf?__blob=publicationFile&v=2 (Abruf:7.5.2025)
11 Ebenso MüKo-BGB/*Lettmaier*, §1775 BGB Rn. 8; BeckOGK/*B. Hoffmann*, §1775 BGB Rn. 3; AG Erfurt FamRZ 2022, 1213
12 Erman/*Schulte-Bunert*, §1793 BGB Rn. 3; *Dürbeck*, FamRZ 2010, 1789, 1793; *Hoffmann*, JAmt 2022, 62, 67; vgl. auch BGH FamRZ 1956, 223
13 BeckOGK/*B. Hofmann*, §1775 BGB Rn. 8
14 BeckOGK/*B. Hoffmann*, §1775 BGB Rn. 6
15 KGJ 47, 10
16 BT-Drs. 19/24445, 189

ter-)Amtsvormunds sprechen[17] (näher dazu *Wierse*, § 1804 BGB Rn. 20 ff.). Auch können sonstige, überdauernde (Interessen-)Divergenzen der gemeinsamen Vormundsperson entgegenstehen (z.B. Streitigkeiten resultierend aus Mitgliedschaften in derselben Personengesellschaft).[18]

6 Werden für Geschwister verschiedene Vormünder bestellt, so entscheidet bei **Meinungsverschiedenheiten** in Angelegenheiten, die alle/mehrere Geschwister betreffen, nach § 1793 Abs. 1 Nr. 2 BGB das Familiengericht. Insoweit ergibt sich aus §§ 1775 Abs. 2, 1793 Abs. 1 Nr. 2 BGB eine Verpflichtung zu Information, Austausch und Kooperation. Funktionell zuständig ist – da Streitigkeiten zwischen Sorgeberechtigten betroffen sind – der Richter (§ 14 Abs. 1 Nr. 5 RPflG).

C. Bestehende Mitvormundschaft nach altem Recht

7 Eine noch vor dem Inkrafttreten der Vormundschaftsreform eingerichtete Mitvormundschaft nach altem Recht (§ 1775 BGB a.F.) ist weiterhin wirksam.[19] Art. 229 § 54 Abs. 2 BGB bestimmt insoweit nur, dass die Bestellung eines Gegenvormunds und eines Gegenbetreuers zum 1.1.2023 wirkungslos geworden ist. Unter Berücksichtigung der die Vormundschaft leitenden Maximen des Mündelwohls und der Kontinuität besteht keine Veranlassung, abändernde Entscheidungen herbeizuführen.[20] Der Umstand, dass bereits jahrelang eine gemeinsame Mitvormundschaft für Geschwister ausgeübt wurde, stellt zudem einen Ermessensgesichtspunkt im Rahmen einer etwaigen Abänderungsentscheidung dar.[21]

§ 1776 BGB

Zusätzlicher Pfleger

(1) ¹Das Familiengericht kann bei Bestellung eines ehrenamtlichen Vormunds mit dessen Einverständnis einzelne Sorgeangelegenheiten oder eine bestimmte Art von Sorgeangelegenheiten auf einen Pfleger übertragen, wenn die Übertragung dieser Angelegenheiten dem Wohl des Mündels dient. ²Die Übertragung ist auch nachträglich möglich, wenn der Vormund zustimmt.

(2) ¹Die Übertragung ist ganz oder teilweise aufzuheben,

1. **wenn sie dem Wohl des Mündels widerspricht,**
2. **auf Antrag des Vormunds oder des Pflegers, wenn der jeweils andere Teil zustimmt und die Aufhebung dem Wohl des Mündels nicht widerspricht, oder**
3. **auf Antrag des Mündels, der das 14. Lebensjahr vollendet hat, wenn Vormund und Pfleger der Aufhebung zustimmen.**

²Die Zustimmung gemäß Satz 1 Nummer 2 und 3 ist entbehrlich, wenn ein wichtiger Grund für die Aufhebung vorliegt.

(3) ¹Im Übrigen gelten die Vorschriften über die Pflegschaft für Minderjährige entsprechend. ²Neben einem Pfleger nach § 1809 oder § 1777 kann ein Pfleger nach Absatz 1 nicht bestellt werden.

---

17 Vgl. BeckOGK/*B. Hoffmann*, § 1775 BGB Rn. 13
18 Erman/*Schulte-Bunert*, § 1775 BGB Rn. 3; Grüneberg/*Götz*, § 1775 BGB Rn. 3
19 Oberloskamp/Dürbeck/*Strube*, § 3 Rn. 28
20 A.A. BeckOGK/*B. Hoffmann*, § 1775 BGB Rn. 15
21 OLG Karlsruhe FamRZ 2024, 1640

Übersicht

A. Allgemeines

Das Institut des zusätzlichen Pflegers wurde durch die Vormundschaftsreform zum Zweck der **Stärkung der ehrenamtlichen Vormundschaft** eingeführt. Sie ermöglicht, komplexe oder konfliktträchtige Sorgerechtsbereiche bei ehrenamtlich geführter Vormundschaft auf einen zusätzlichen Pfleger zu übertragen, ohne dass dadurch die generelle Eignung des ehrenamtlichen Vormunds in Frage gestellt wird (vgl. § 1779 Abs. 2 BGB).[1] Dadurch sollen die Hürden für die nach § 1779 Abs. 2 Satz 1 BGB vorrangige, nicht berufsmäßige Vormundschaft abgebaut werden.[2] Das Institut des zusätzlichen Pflegers wurde bewusst bei den Regelungen der Vormundschaft angesiedelt und nicht im Rahmen der Pflegschaft verortet, um deutlich zu machen, dass es sich bei der Bestellung **nicht** um eine **Ergänzungspflegschaft** wegen tatsächlicher oder rechtlicher Verhinderung des Vormunds handelt (§ 1809 Abs. 1 Satz 1 BGB), sondern um die Bestellung eines zusätzlichen Pflegers aus Gründen des Mündelwohls.[3] 1

B. Inhalt der Norm

I. Bestellung

1. Ehrenamtliche Vormundschaft

Die Bestellung des zusätzlichen Pflegers ist nur neben einem ehrenamtlichen Vormund möglich. Bei Berufs-, Vereins- und Amtsvormundschaft ist davon auszugehen, dass der Vormund alle anstehenden Angelegenheiten zum Wohl des Mündels regeln kann, andernfalls er mangels Eignung nicht bestellt werden dürfte oder zu entlassen wäre.[4] Verfügt der **berufsmäßige Vormund** nicht über die zur sachgerechten Besorgung einzelner Geschäfte erforderliche **Sachkunde**, ohne dass dadurch seine generelle Eignung in Frage steht, hat er diesen Mangel ohnehin nach der Rechtsprechung des BGH in eigener Verantwortung durch Inanspruchnahme fachspezifischer Hilfen auszugleichen und ggf. für geeignete Rechtsberatung und anwaltliche Vertretung zu sorgen.[5] Während bei der Auswahl eines berufsmäßigen Vormunds die Frage der Eignung daher an den mündelspezifischen Bedarfen zu messen ist,[6] liegt der Fokus bei der Auswahl des ehrenamtlichen Vormunds in der Regel auf der familiären, persönlichen oder sonstigen vergleichbaren Verbindung zum Mündel. 2

1 BT-Drs. 19/24445, 190
2 BT-Drs. 19/24445, 192
3 BT-Drs. 19/24445, 191
4 BT-Drs. 19/24445, 192
5 BGH ZKJ 2018, 15; ZKJ 2013, 413
6 *Bode*, Das neue Vormundschaftsrecht, 112

Für die Bestellung eines zusätzlichen Pflegers ist es dabei unerheblich, ob es sich um eine mit dem Mündel verwandte, familienfremde oder etwa seine Pflegeperson handelt.[7] Ferner setzt die Bestellung eines zusätzlichen Pflegers nicht voraus, dass der Vormund für die vorgesehenen Sorgerechtsangelegenheiten nicht geeignet ist, auch wenn mit der Bestellung etwaigen Defiziten begegnet werden kann.[8] Denn das Institut des zusätzlichen Pflegers dient der **Unterstützung und Entlastung des ehrenamtlichen Vormunds**,[9] was sich auch darin zeigt, dass die Bestellung nur mit seiner Zustimmung (vorheriger Einwilligung, nachträglicher Genehmigung) möglich ist.

2. Einzelne oder bestimmte Arten von Sorgeangelegenheiten

3 Nach § 1776 Abs. 1 Satz 1 BGB können einzelne Sorgeangelegenheiten oder eine bestimmte Art von Sorgeangelegenheiten auf den zusätzlichen Pfleger übertragen werden. Die Formulierung entspricht § 1628 Satz 1 BGB,[10] so dass grundsätzlich auf die dort entwickelten Grundsätze zurückgegriffen werden kann. Die Übertragung muss sich also stets auf **bestimmte einzelne Sorgeangelegenheiten** oder einen **bestimmten abgrenzbaren Bereich** von Angelegenheiten beziehen. Im Gegensatz zu § 1628 Satz 1 BGB und der dortigen Interessen- bzw. Konfliktlage ist der Anwendungsbereich von § 1776 Abs. 1 Satz 1 BGB angesichts von Sinn und Zweck sowie Systematik der Norm – der zusätzliche Pfleger ist zur Unterstützung des Vormunds und nur mit dessen Zustimmung zu bestellen – aber nicht auf situative Entscheidungen zu beschränken. Vielmehr kommt erweiternd zu § 1628 Satz 1 BGB nicht nur die Übertragung mehrerer einzelner Angelegenheiten oder Arten von Angelegenheiten,[11] sondern auch die Übertragung von Teilbereichen der Sorge auf den zusätzlichen Pfleger in Betracht.[12] Allerdings darf durch die Übertragung nicht das Rollengefüge von Vormund und zusätzlichem Pfleger in Frage gestellt werden.

Der **Schwerpunkt der Verantwortung für das Mündel** muss stets **beim Vormund** verbleiben. Daher können nur Teile der Personensorge, jedoch diese nicht in ihrer Gesamtheit auf den zusätzlichen Pfleger übertragen werden.[13] Demgegenüber kommt gerade die Übertragung der Vermögenssorge als komplexer Teilbereich in Betracht.[14] Kommt eine ehrenamtliche Vormundschaft nur bei Übertragung einer Vielzahl an Angelegenheiten auf den Pfleger in Betracht, ist zudem vor dem Hintergrund des Grundsatzes der möglichst ungeteilten Verantwortung in besonderem Maße die Eignung des Vormunds sowie die Mündelwohldienlichkeit der Pflegerbestellung zu prüfen.[15]

4 Anlass zur Bestellung eines zusätzlichen Pflegers werden in der Praxis häufig komplexe oder konfliktträchtige Sorgerechtsangelegenheiten geben.[16] Die Gesetzesbegründung nennt beispielhaft die Beantragung von Sozialleistungen oder **sonstige Verwaltungsverfahren** als für die ehrenamtliche Vormundschaft komplexere Bereiche, wobei die Formulierung sonstige Verwaltungsverfahren ebenso wie der von der Gesetzesbegründung weiter

---

7 BT-Drs. 19/24445, Satz 190; BeckOGK/*B. Hoffmann*, § 1776 BGB Rn. 6
8 *Bode*, Das neue Vormundschaftsrecht, 116; MüKo-BGB/*Lettmaier*, § 1776 BGB Rn. 5
9 MüKo-BGB/*Lettmaier*, § 1776 BGB Rn. 6
10 Auch wenn die Gesetzesbegründung nicht auf § 1628 BGB verweist; vgl. auch MüKo-BGB/*Lettmaier*, § 1776 BGB Rn. 6; Dürbeck/Oberloskamp/*Schmidt*, § 17 Rn. 8
11 BeckOGK/*B. Hoffmann*, § 1776 BGB, Rn. 16; MüKo-BGB/*Lettmaier*, § 1776 BGB Rn. 6
12 Vgl. BT-Drs. 19/24445, 190 f.: die dort genannten Beispiele entsprechen z.T. Teilbereichen; OLG Karlsruhe, Beschl. v. 29.1.2024 – 16 WF 97/23 –, Rn. 62 ff. (Gesundheitssorge, Vermögenssorge, Nachlassangelegenheiten); ebenso: Oberloskamp/Dürbeck/*Schmidt*, § 17 Rn. 9; BeckOGK/*B. Hoffmann*, § 1776 BGB Rn. 15; a.A. Grüneberg/*Götz*, § 1776 BGB Rn. 2
13 Oberloskamp/Dürbeck/*Schmidt*, § 17 Rn. 9
14 Beschl. v. 29.1.2024 – 16 WF 97/23 –, Rn. 62 ff.; *Bode*, Das neue Vormundschaftsrecht, 116
15 BeckOGK/*B. Hoffmann*, § 1776 BGB Rn. 16
16 BT-Drs. 19/24445, 190

genannte „Pfleger für Behördenangelegenheiten“[17] keine tauglichen Bezeichnungen der Aufgabenkreise des zusätzlichen Pflegers darstellen, da diese nicht hinreichend bestimmt sind.[18] In der Praxis sollte – ebenso wie im Betreuungsrecht[19] – unbedingt auf **sachbezogene weitere Konkretisierung der übertragenen Angelegenheit** bzw. des Bereichs geachtet werden. Im Hinblick auf ihre Komplexität kommen als weitere Angelegenheiten etwa die Beantragung von Leistungen nach dem SGB XIV (Opferentschädigungsgesetz), die Regelung von Erbschaftsangelegenheiten nach einem bestimmten Erbfall und die Vertretung des Mündels in ausländerrechtlichen Verfahren in Betracht.[20]

Konfliktträchtige Sorgeangelegenheiten im Verhältnis des ehrenamtlichen Vormunds zu den leiblichen Eltern können z.B. die Geltendmachung von **Unterhaltsansprüchen** insbesondere bei familiär geführter Vormundschaft[21] oder auch die Wahrnehmung des **Umgangsbestimmungsrechts** im Verhältnis zu bestimmten Personen sein.[22] In Betracht kommt auch die Übertragung des Rechts zur **Beantragung von Hilfen zur Erziehung** im Hinblick auf ein möglicherweise konfliktträchtiges Verhältnis zum leistungsgewährenden Jugendamt,[23] wobei hier die Kindeswohldienlichkeit der Übertragung und die Eignung des ehrenamtlichen Vormunds jeweils besonderer Prüfung bedürfen werden.[24] 5

Für die ehrenamtliche Vormundschaft für **unbegleitet eingereiste Minderjährige** eröffnet § 1776 BGB damit nunmehr ausdrücklich und in Abkehr von der vorherigen Rechtsprechung des BGH eine gesetzliche Grundlage zur Bestellung eines zusätzlichen **Pflegers für das Asyl- bzw. ausländerrechtliche Verfahren**.[25] 6

3. Einverständnis/Zustimmung des Vormunds

Die Übertragung von Sorgeangelegenheiten auf einen zusätzlichen Pfleger im Rahmen der Bestellung eines ehrenamtlichen Vormunds setzt nach Abs. 1 Satz 1 dessen **Einverständnis** voraus. Im Fall nachträglicher Übertragung bedarf es nach Abs. 1 Satz 2 seiner Zustimmung. Anlass zur nachträglichen Übertragung besteht vor dem Hintergrund des Zwecks der Norm bereits dann, wenn der ehrenamtliche Vormund um entsprechende Bestellung ersucht. Erweist sich der ehrenamtliche Vormund nachträglich als nicht ausreichend geeignet, stellt die Bestellung eines zusätzlichen Pflegers ein milderes Mittel der Aufsicht gegenüber seiner Entlassung dar.[26] 7

Einverständnis/Zustimmung sind **materiell-rechtliche Voraussetzungen für die Übertragung**, da dem Vormund im Umfang der auf den Pfleger übertragenen Angelegenheiten die Vertretungsmacht für den Mündel entzogen wird.[27] Sie müssen sich auf eine bestimmte natürliche Person bzw. das Jugendamt als zusätzlichen Pfleger beziehen.[28] Denn der Pfleger dient der Unterstützung des Vormunds und das beiderseitige Verhältnis soll von einvernehmlichem Zusammenwirken im Interesse des Mündels geprägt sein (§ 1792 Abs. 2 BGB).[29] Dementsprechend kann ein fehlendes Einverständnis bzw. eine fehlende Zustimmung nicht erzwungen werden. **Erteilt** der designierte ehrenamtliche Vormund **sein Einver-**

17 BT-Drs. 19/24445, 191
18 BeckOGK/*B. Hoffmann*, § 1776 BGB Rn. 16
19 Vgl. zum Betreuungsrecht MüKo-BGB/*Schneider*, § 1815 BGB, Rn. 57
20 BeckOGK/*B. Hoffmann*, § 1776 BGB Rn. 15
21 BT-Drs. 19/24445, 190
22 BeckOGK/*B. Hoffmann*, § 1776 BGB Rn. 15
23 OLG Hamm FamRZ 2024, 785
24 BeckOGK/*B. Hoffmann*, § 1776 BGB Rn. 11
25 MüKo-BGB/*Lettmaier*, § 1776 BGB Rn. 8; zur alten Rechtslage vgl. BGH ZKJ 2018, 15; ZKJ 2013, 413 betreffend nichtehrenamtliche Vormundschaften
26 MüKo-BGB/*Lettmaier*, § 1776 BGB Rn. 10
27 BT-Drs. 19/24445, 191
28 BeckOGK/*B. Hoffmann*, § 1776 BGB Rn. 31
29 BT-Drs. 19/24445, 191; vgl. MüKo-BGB/*Lettmaier*, § 1776 BGB Rn. 7; Grüneberg/*Götz*, § 1776 BGB Rn. 3

ständnis nicht, hat das Familiengericht von seiner Bestellung abzusehen, wenn es ihn ohne gleichzeitige Bestellung eines zusätzlichen Pflegers nicht für geeignet erachtet. Im Fall der nachträglichen Bestellung des zusätzlichen Pflegers wird das Familiengericht nach § 1804 Abs. 1 Nr. 1 BGB die Aufhebung der Bestellung des ehrenamtlichen Vormunds zu prüfen haben, wenn er seine Zustimmung verweigert und im Falle der Nichtbestellung des zusätzlichen Pflegers das Mündelwohl aufgrund bestehender Defizite des Vormunds, zu deren Kompensation der Pfleger beitragen könnte, gefährdet wäre.[30]

4. Mündelwohldienlichkeit

8 Die Übertragung der Sorgeangelegenheit(en) auf den zusätzlichen Pfleger muss nach Abs. 1 Satz 1 dem Kindeswohl dienen. Dies ist der Fall, wenn sich die tatsächliche und/oder rechtliche Situation des Mündels hierdurch insgesamt verbessert.[31] Kindeswohldienlich ist die Übertragung insbesondere dann, wenn der ehrenamtliche Vormund seine Aufgaben bei bestimmten Sorgeangelegenheiten nicht selbst zum Wohl des Mündels wahrnehmen kann, seine Bestellung im Übrigen aber gerade dem Wohl des Mündels dient, er also ansonsten z.B. aufgrund familiärer oder persönlicher Verbundenheit oder wegen seiner Bereitschaft zur Aufnahme des Mündels in seinen Haushalt besonders geeignet erscheint zur Wahrnehmung der übrigen Mündelbelange.[32] Eine sachliche Notwendigkeit der Übertragung wird gleichwohl nicht vorausgesetzt. Vielmehr dient die Bestellung des zusätzlichen Pflegers auch dann dem Mündelwohl, wenn der – am besten geeignete – ehrenamtliche Vormund zwar in der Lage wäre die volle Sorge allein wahrzunehmen, aber **zur eigenen Entlastung** die Bestellung eines zusätzlichen Pflegers wünscht bzw. diese zur Bedingung seiner Bereiterklärung macht.[33]

5. Ausschluss

9 Nach Abs. 3 Satz 2 darf ein zusätzlicher Pfleger **nicht neben einem Ergänzungspfleger** nach § 1809 BGB und **auch nicht neben der Übertragung von Sorgeangelegenheiten auf die Pflegeperson** als Pfleger nach § 1777 BGB bestellt werden. Dadurch soll im Interesse des Mündelwohls die Aufspaltung der Sorgebefugnisse auf einen zu großen Personenkreis vermieden werden. Denn diese führt regelmäßig zu einer Vervielfachung der möglichen Differenzen der beteiligten Personen. Gleichzeitig soll so der Gefahr begegnet werden, dass die nur teilweise Sorgeberechtigten sich zu Lasten des Mündelwohls jeweils auf den anderen verlassen und in der Folge anstehende Angelegenheiten des Mündels nicht besorgt werden.[34]

10 Die mit der Vormundschaftsreform eingeführte Möglichkeit für einen ehrenamtlichen Vormund, eine **Beistandschaft** für die Geltendmachung von Unterhalt oder die Feststellung der Vaterschaft (§§ 1712 f. BGB) beantragen zu können, steht der Bestellung eines zusätzlichen Pflegers weder entgegen, noch ist diese vorrangig.[35] Vielmehr handelt es hierbei ebenso wie bei dem mit der Reform geschaffenen Institut des zusätzlichen Pflegers um Unterstützungsinstrumente zur Förderung der ehrenamtlichen Vormundschaft, die nach Wortlaut, Sinn und Zweck jedoch in keinem Rangverhältnis zueinander stehen. Ist allerdings bereits ein Beistand auf Antrag des ehrenamtlichen Vormunds bestellt, wird die Mün-

30 BeckOGK/*B. Hoffmann*, § 1776 BGB Rn. 32

31 OLG Karlsruhe, Beschl. v. 29.1.2024 – 16 WF 97/23 –, Rn. 64; Oberloskamp/Dürbeck/*Schmidt*, § 17 Rn. 12; MüKo-BGB/*Lettmaier*, § 1776 BGB Rn. 8

32 BT-Drs. 19/24445, 190; MüKo-BGB/*Lettmaier*, § 1776 BGB Rn. 8

33 MüKo-BGB/*Lettmaier*, § 1776 BGB Rn. 9; vgl. auch *Bode*, Das neue Vormundschaftsrecht, 114; Grüneberg/*Götz*, § 1776 BGB Rn. 4

34 BT-Drs. 19/24445, 192; MüKo-BGB/*Lettmaier*, § 1776 BGB Rn. 11

35 Ebenso MüKo-BGB/*Lettmaier*, § 1776 BGB Rn. 11; *Veit*, FamRZ 2021, 1501, 1509; a.A. (Vorrang): Grüneberg/*Götz*, § 1776 BGB Rn. 2; BeckOGK/*B. Hoffmann*, § 1776 BGB Rn. 24

delwohldienlichkeit vor dem Grundsatz der möglichst ungeteilten Vormundschaft zu verneinen sein.

Die Möglichkeit der Einrichtung einer **Umgangspflegschaft** (§ 1684 Abs. 3 Satz 3 BGB) dient der Bearbeitung tatsächlicher Probleme in der Umgangsdurchführung und stellt sich daher als aliud und nicht etwa als Alternative zur Bestellung eines zusätzlichen Pflegers im Bereich der Umgangsbestimmung dar, wenn sich dieser für den ehrenamtliche Vormund etwa aufgrund seiner familiären Verbundenheit schwierig gestaltet.[36] **11**

6. Verfahren der Bestellung

Die Übertragung von Sorgeangelegenheiten auf einen zusätzlichen Pfleger liegt im pflichtgebundenen Ermessen des Familiengerichts. Zuständig ist der **Rechtspfleger** (§ 3 Nr. 2 lit. a RPflG). Für die Auswahl des zusätzlichen Pflegers finden die §§ 1778 ff. BGB Anwendung.[37] D.h. es ist diejenige Person auszuwählen, die am besten geeignet ist, die konkrete Sorgeangelegenheit oder die bestimmte Art von Angelegenheiten zu besorgen.[38] Eltern können einen zusätzlichen Pfleger für einzelne Bereiche nach §§ 1776 Abs. 3 Satz 1, 1782 BGB benennen.[39] Im Übrigen kommt der gesamte in § 1774 BGB genannte Personenkreis als zusätzlicher Pfleger in Betracht, die Auswahl beschränkt sich nicht auf berufsmäßig tätige Personen oder das Jugendamt.[40] Die dem zusätzlichen Pfleger übertragenen Angelegenheiten sind in der Beschlussformel konkret zu bezeichnen (§ 168a Abs. 1 Nr. 4 FamFG). **12**

II. Aufhebung der Bestellung

Die Übertragung auf den Pfleger kann das Gericht in den in Abs. 2 **abschließend** genannten **drei Konstellationen** ganz oder teilweise aufheben: von Amts wegen, wenn die Übertragung dem Wohl des Mündels widerspricht (Nr. 1), auf Antrag des Vormunds oder des Pflegers, wenn der jeweils andere Teil zustimmt und die Aufhebung dem Wohl des Mündels nicht widerspricht (Nr. 2), oder auf Antrag des Mündels, der das 14. Lebensjahr vollendet hat, wenn Vormund und Pfleger der Aufhebung zustimmen (Nr. 3). Aus Gründen der Kontinuität einer einmal übertragenen kindeswohldienlichen Sorgeverantwortung ist die amtswegige Aufhebung nach Nr. 1 nicht schon spiegelbildlich zur Übertragung bereits dann aufzuheben, wenn die Übertragung dem Wohl nicht (mehr) dient, sondern **erst**, wenn sie **dem Wohl des Mündels tatsächlich widerspricht**.[41] Dies ist dann der Fall, wenn sich die Aufteilung der Sorgeverantwortung tatsächlich als nicht praktikabel erweist und dadurch Defizite in der Sorge für den Mündel auftreten oder aber wenn der Pfleger die Regelung der Sorgeangelegenheiten des Mündels vernachlässigt und vom Vormund für notwendig erachtete Maßnahmen nicht ergreift.[42] **13**

Für die auf Antrag und mit Zustimmung des anderen Teils erfolgende Aufhebung nach Nr. 2 ist eine **negative Kindeswohlprüfung** durchzuführen.[43] Die Aufhebung darf dem Wohl des Kindes nicht widersprechen, was der Fall wäre, wenn der Vormund im Bereich der übertragenen Angelegenheit tatsächlich Einschränkungen aufweist und ohne Pflegerbestellung nicht (mehr) als geeignet anzusehen wäre, gleichzeitig aber der Grundsatz der Kontinuität und das Mündelinteresse in besonderem Maße für die Beibehaltung des ansonsten geeig- **14**

36 MüKo-BGB/*Lettmaier*, § 1776 BGB Rn. 11; *Veit*, FamRZ 2021, 1501, 1509; ebenso BeckOGK/*B. Hoffmann*, § 1776 BGB Rn. 24
37 BT-Drs. 19/24445, 192
38 JurisPK-BGB/*B.Hamdan/M. Hamdan*, § 1776 BGB Rn. 25
39 MüKo-BGB/*Lettmaier*, § 1776 BGB Rn. 13
40 *Bode*, Das neue Vormundschaftsrecht, 116; MüKo-BGB/*Lettmaier*, § 1776 BGB Rn. 13
41 BT-Drs. 19/24445, 191
42 BT-Drs. 19/24445, 191
43 Der Maßstab entspricht §§ 1626a Abs. 2 Satz 1, 1671 Abs. 3 Satz 2, 1678 Abs. 2, 1680 Abs. 2 BGB, vgl. MüKo-BGB/*Lettmaier*, § 1776 BGB Rn. 24

neten und bewährten Vormunds sprechen. In diesen Fällen wird nach einer geeigneten Ersatzperson zu suchen sein, der mit Zustimmung des Vormunds die Angelegenheit(en) übertragen werden können.

15 Die erforderlichen Zustimmungen zur Aufhebung in den Fällen Nr. 2 und Nr. 3 sind nach Abs. 2 Satz 2 entbehrlich, wenn für die Aufhebung ein wichtiger Grund besteht. **Wichtige Gründe** können sich wiederholende **Auseinandersetzungen zwischen Pfleger und Vormund** oder dessen fehlende Kooperation sein, aber auch aus persönlichen Belangen des Pflegers, etwa bei einer **ernsthaften Erkrankung** oder einer sonstigen wesentlichen Änderung seiner Lebensverhältnisse, herrühren.[44] Die Aufhebungsentscheidung ist in Fällen der Nr. 2 und 3 an den Antrag gebunden,[45] eine weitergehende Aufhebung als beantragt kommt nicht in Betracht.

Abs. 2 regelt die **Aufhebungsgründe abschließend**. Die Regelungen zur Entlassung des Pflegers nach §§ 1813 Abs. 1, 1804 BGB und zur Aufhebung der Pflegschaft nach § 1812 BGB finden daneben keine Anwendung.[46]

16 **Zuständig** für die Aufhebungsentscheidung als actus contrarius zur Bestellung ist das Familiengericht in Person des **Rechtspflegers** (§§ 3a Nr. 2 lit. a, 14 RPflG). Mit der Aufhebung ist der ehrenamtliche Vormund **ex nunc** uneingeschränkt zur elterlichen Sorge befugt. Das Familiengericht hat daher zu prüfen, ob seine Eignung auch ohne zusätzlichen Pfleger uneingeschränkt fortbesteht. Andernfalls hat es – mit Zustimmung des Vormunds – die Angelegenheit(en) möglichst zeitgleich auf eine andere Person als zusätzlichen Pfleger zu übertragen oder aber die Entlassung des ehrenamtlichen Vormunds zu prüfen (§ 1804 Abs. 1 Nr. 1, 5 BGB) zu prüfen.[47]

C. Rechtsfolgen

I. Stellung des Pflegers

17 Der zusätzliche Pfleger ist entsprechend der Verweisung von Abs. 3 Satz 1 auf §§ 1813 Abs. 1, 1789 Abs. 1 Satz 1 BGB im **Umfang** der ihm **übertragenen Angelegenheiten alleiniger gesetzlicher Vertreter** des Mündels; der Vormund ist spiegelbildlich im Umfang der Übertragung nicht zur Vertretung des Mündels befugt (§§ 1813 Abs. 1, 1789 Abs. 1 Satz 2 BGB). Die Rechte und Pflichten des zusätzlichen Pflegers richten sich aufgrund der Verweisung von Abs. 3 Satz 1 nach §§ 1813 Abs. 1, 1788 ff. BGB nach den allgemeinen Regeln. Der Pfleger führt sein Amt unabhängig (§ 1790 Abs. 1 BGB). Die Pflicht zur Wahrnehmung von Mündelkontakten (§ 1790 Abs. 3 BGB) wird sich aber an den Erfordernissen der konkret übertragenen Angelegenheit(en) ausrichten.[48]

II. Verhältnis zwischen Vormund und Pfleger

18 Vormund und zusätzlicher Pfleger sind nach § 1792 Abs. 2 BGB zur **gegenseitigen Information und Zusammenarbeit** im Interesse des Mündels verpflichtet. Der zusätzliche Pfleger hat gemäß § 1792 Abs. 3 BGB bei seinen Entscheidungen zudem die Auffassung des ehrenamtlichen Vormunds einzubeziehen,[49] d.h. er hat zunächst die Auffassung des Vormunds einzuholen und hat sie bei seiner Entscheidung mit abzuwägen.[50] Dem Vormund

44 BT-Drs. 19/24445, 191
45 MüKo-BGB/*Lettmaier*, § 1776 BGB Rn. 26
46 BeckOGK/*B. Hoffmann*, § 1776 BGB Rn. 45
47 BeckOGK/*B. Hoffmann*, § 1776 BGB Rn. 46
48 Vgl. BeckOGK/*B. Hoffmann*, § 1776 BGB Rn. 34
49 BT-Drs. 19/24445, 190
50 BT-Drs. 19/24445, 206

fehlt im Rahmen der Übertragung zwar eine eigene Entscheidungskompetenz, gleichwohl trägt er weiterhin eine Mitverantwortung als Ausprägung seiner **Gesamtverantwortung** für das Wohl des Mündels.[51] Deshalb ist er durch den zusätzlichen Pfleger im Rahmen der Kooperationspflicht über dessen (anstehende) Entscheidungen zu informieren und hat sich hierzu ein eigenes Urteil aus der Perspektive des Mündels zu bilden.[52]

Da der Pfleger sein Amt – ebenso wie der Vormund – unabhängig ausübt, besteht jedoch **kein Weisungsrecht des Vormunds** gegenüber dem zusätzlichen Pfleger, verlangt wird vielmehr eine gegenseitige Kooperation im Mündelinteresse. Bei fortbestehenden Meinungsverschiedenheiten zwischen Vormund und Pfleger entscheidet das Familiengericht auf Antrag des Vormunds, des Pflegers oder des Mündels, der das 14. Lebensjahr vollendet hat (§ 1793 Abs. 1 Nr. 3 BGB). In seiner Entscheidung tritt das Familiengericht einer der ihm präsentierten Meinungen bei, trifft also selbst keine Entscheidung in der Sache.[53] Vormund und Pfleger haben ihre jeweilige Verantwortung entsprechend der Auffassung des Gerichts wahrzunehmen. Folgen sie dem nicht, kann diese Pflichtverletzung **Maßnahmen der gerichtlichen Aufsicht** bis hin zur Entlassung (§ 1804 BGB) oder Aufhebung der Übertragung (§ 1776 Abs. 2 BGB) nach sich ziehen. Stellt der zusätzliche Pfleger vom Vormund für erforderlich erachtete Anträge nicht oder unterlässt er sonstige, im Mündelwohl erforderliche Maßnahmen kann der Vormund **Aufsichtsmaßnahmen** nach §§ 1776 Abs. 3 Satz 1, 1813 Abs. 1, 1802 BGB **anregen**.[54] Dabei stellt angesichts der Verpflichtung zur unabhängigen Amtsführung (§ 1790 Abs. 1 BGB) nicht die Nichtbefolgung der Vormundsauffassung eine Pflichtverletzung dar, sondern nur das Unterlassen des nach dem objektiven Mündelwohl Erforderlichen.[55] 19

III. Vergütung und Aufwendungsersatz

Vergütung und Aufwandsersatz richten sich nach §§ 1776 Abs. 3 Satz 1, 1813 Abs. 1, 1808 BGB. 20

§ 1777 BGB

Übertragung von Sorgeangelegenheiten auf die Pflegeperson als Pfleger

(1) [1]Das Familiengericht überträgt auf Antrag des Vormunds oder der Pflegeperson einzelne Sorgeangelegenheiten oder eine bestimmte Art von Sorgeangelegenheiten auf die Pflegeperson als Pfleger, wenn

1. **der Mündel seit längerer Zeit bei der Pflegeperson lebt oder bereits bei Begründung des Pflegeverhältnisses eine persönliche Bindung zwischen dem Mündel und der Pflegeperson besteht,**
2. **die Pflegeperson oder der Vormund dem Antrag des jeweils anderen auf Übertragung zustimmt und**
3. **die Übertragung dem Wohl des Mündels dient.**

[2]Ein entgegenstehender Wille des Mündels ist zu berücksichtigen.

(2) Sorgeangelegenheiten, deren Regelung für den Mündel von erheblicher Bedeutung ist, werden der Pflegeperson nur zur gemeinsamen Wahrnehmung mit dem Vormund übertragen.

51 BT-Drs. 19/24445, 190
52 BT-Drs. 19/24445, 190 f., 206
53 BeckOGK/*B. Hoffmann*, § 1776 BGB Rn. 41
54 BT-Drs. 19/24445, 206
55 Vgl. MüKo-BGB/*Lettmaier*, § 1776 BGB Rn. 19

(3) [1]Den Antrag auf Übertragung nach Absatz 1 Satz 1 kann auch der Mündel stellen, wenn er das 14. Lebensjahr vollendet hat. [2]Für die Übertragung ist die Zustimmung des Vormunds und der Pflegeperson erforderlich.

(4) [1]§ 1776 Absatz 2 gilt entsprechend. [2]Im Übrigen gelten die Vorschriften über die Pflegschaft für Minderjährige entsprechend. [3]Neben einem Pfleger nach § 1809 oder § 1776 kann die Pflegeperson nicht zum Pfleger bestellt werden.

Übersicht Rn.

A. Allgemeines

1 § 1777 BGB ermöglicht es im Verhältnis zwischen Vormund und Pflegeperson, bei der der Mündel in der Regel lebt, Sorgeangelegenheiten auf die Pflegeperson als Pfleger zu übertragen. Die Norm wurde durch die Vormundschaftsreform neu eingefügt und stellt zusammen mit § 1776 BGB eine der beiden gesetzlich vorgesehenen **Ausnahmen von dem Grundsatz der ungeteilten Sorgeverantwortung des Vormunds** dar (siehe *Wierse*, § 1775 BGB Rn. 1). Bei stabilen Pflegeverhältnissen mit gefestigter persönlicher Bindung zwischen Mündel und Pflegeperson soll durch die Regelung die **Stellung der Pflegeperson gestärkt** werden. Indem der Mündel die Pflegeperson auch als Erziehungsperson mit rechtlicher Vertretungsbefugnis für seine Angelegenheiten erlebt, sollen so die tatsächlichen Verhältnisse rechtlich abgebildet werden.[1] Die Übertragung von Sorgeangelegenheiten auf die Pflegeperson auf Antrag und mit Zustimmung ist übernommen aus dem Verhältnis von Eltern und Pflegeperson (§ 1630 Abs. 3 BGB).[2] Ebenso wie der zusätzliche Pfleger i.S.d. § 1776 BGB, wurde das Institut der Pflegeperson als Pfleger unmittelbar im Vormundschafts- und nicht im Pflegschaftsrecht angesiedelt, um kenntlich zu machen, dass die Bestellung nicht wegen einer tatsächlichen oder rechtlichen Verhinderung des Vormunds (§ 1809 Abs. 1 BGB) erfolgt.[3]

B. Inhalt der Norm

I. Pflegeperson

2 Der Begriff der Pflegeperson ist gesetzlich nicht definiert. Den Regelungen im Kindschafts-[4] und Vormundschaftsrecht (vgl. auch § 1796 f. BGB) liegt jedoch ein einheitliches Verständnis zugrunde, die Auslegung richtet sich daher nach **§ 1688 BGB**.[5] Pflegeperson ist die Person, bei der das Kind für längere bzw. seit längerer Zeit lebt und bei der es in familienähnlicher Art außerhalb der Herkunftsfamilie gepflegt und erzogen wird, unabhängig von der Art des Pflegeverhältnisses und einer etwaigen Pflegeerlaubnis oder eines Pflegevertrags. Der Begriff erfasst also auch Pflegeverhältnisse außerhalb der §§ 33, 44 SGB VIII.[6]

1 BT-Drs. 19/24445, 192
2 BT-Drs. 19/24445, 192
3 BT-Drs. 19/24445, 192
4 §§ 1630 Abs. 3, 1632 Abs. 4, 1688 BGB
5 BT-Drs. 19/24445, 192 f.; MüKo-BGB/*Lettmaier*, § 1777 BGB Rn. 4
6 BT-Drs. 19/24445, 193

Es genügt mithin **jedes faktische Pflegeverhältnis familienähnlicher Art**, wobei auch Einzelpersonen eine Familie begründen können.[7] Die zeitliche Dauer des Aufenthalts ist kein konstitutives Begriffsmerkmal, maßgeblich ist der Aufenthalt über Tag und Nacht bei und die Erziehung durch die Pflegeperson.[8]

Trotz der durch § 1796 Abs. 3 Nr. 1 BGB erfolgten Gleichstellung der Personen, die den Mündel in einer **Einrichtung** über Tag und Nacht oder in **sonstigen Wohnformen** betreuen und erziehen, mit der Pflegeperson, soll eine Übertragung von Sorgeangelegenheiten auf diese nach § 1777 BGB nicht erfolgen. Dies ergibt sich aus dem Verweis des § 1777 Abs. 4 Satz 2 BGB auf §§ 1813 Abs. 1, 1784 Abs. 2 Nr. 4 BGB, nachdem in der Regel Mitarbeiter oder Leiter der Einrichtung, in der der Mündel lebt, nicht zum Vormund bzw. Pfleger bestellt werden sollen.[9] 3

Mehreren Personen können Sorgeangelegenheiten nur nach Maßgabe des § 1775 Abs. 1 BGB, d.h. wenn sie verheiratet sind, übertragen werden (§§ 1777 Abs. 4 Satz 4, 1813 Abs. 1 BGB).[10]

Neben Ergänzungspfleger (§ 1809 BGB) oder einem **Zusatzpfleger** nach § 1776 BGB ist die Bestellung der Pflegeperson zum Pfleger gemäß § 1777 Abs. 4 Satz 3 BGB **ausgeschlossen**, um eine Aufspaltung der Sorgebefugnisse auf einen zu großen Personenkreis zu vermeiden.[11]

II. Übertragung von Sorgeangelegenheiten

Die Übertragung von Sorgeangelegenheiten setzt nach Abs. 1 **kumulativ** voraus, dass 4

1. der Mündel entweder seit längerer Zeit bei der Pflegeperson lebt oder bereits bei Begründung des Pflegeverhältnisses eine persönliche Bindung zwischen dem Mündel und der Pflegeperson besteht (Nr. 1),
2. die Pflegeperson oder der Vormund die Übertragung beantragt und der jeweils andere dem zustimmt (Nr. 2) und
3. die Übertragung dem Wohl des Mündels dient (Nr. 3).

1. stabiles Pflegeverhältnis

Für die Auslegung der Voraussetzung, dass der Mündel seit längerer Zeit bei der Pflegeperson lebt, kann auf § 1630 Abs. 3 BGB, der Vorbild steht für § 1777 BGB, und auf § 1632 Abs. 4 BGB zurückgegriffen werden. Im Unterschied zu § 1630 Abs. 3 BGB („für längere Zeit") setzt § 1777 Abs. 1 Satz 1 Nr. 1 BGB allerdings – ebenso wie § 1632 Abs. 4 BGB – vom Wortlaut als festzustellendes Faktum voraus, dass der Mündel im Entscheidungszeitpunkt bereits **seit längerer Zeit** bei der Pflegeperson lebt und enthält damit kein prognostisches Element.[12] Der Begriff der „längeren Zeit" ist jedoch nicht absolut zu verstehen, sondern richtet sich vielmehr nach den Umständen des Einzelfalls. Maßgebend ist das **kindliche Zeitempfinden**, das im Verhältnis zu seinem Alter steht.[13] Entscheidend ist, ob die Pflegezeit dazu geführt hat, dass das Kind bei der Pflegeperson seine Bezugswelt gefunden und persönliche Bindungen zur Pflegeperson aufgebaut hat.[14] 5

7 BGH NJW 2001, 3337, 3338
8 BeckOGK/*B. Hoffmann*, § 1777 BGB Rn. 4
9 BT-Drs. 19/24445, 192; BeckOK-BGB/*Bettin*, § 1777 BGB Rn. 7
10 MüKo-BGB/*Lettmaier*, § 1777 BGB Rn. 5
11 BT-Drs. 19/24445, 194
12 MüKo-BGB/*Lettmaier*, § 1777 BGB Rn. 7
13 *Bode*, Das neue Vormundschaftsrecht, 120
14 *Bode*, Das neue Vormundschaftsrecht, 120; jurisPK-BGB/*B.Hamdan/M.Hamdan*, § 1777 BGB Rn. 8; BeckOGK/*B. Hoffmann*, § 1777 BGB Rn. 16

6 Dementsprechend kommt nach der weiteren Alternative der Nr. 1 eine **Übertragungsentscheidung bereits bei Begründung des Pflegeverhältnisses** in Betracht, wenn zu diesem Zeitpunkt bereits eine persönliche Bindung zwischen dem Mündel und der Pflegeperson besteht. Diese Alternative soll nach der Gesetzesintention eine angemessene Lösung in den Fällen bieten, in denen ein Kind aufgrund einer Entscheidung nach § 1666 BGB aus der Familie herausgenommen werden muss und zu einer ihm vertrauten Person, etwa der Großmutter, dem Onkel oder auch einer vertrauten Person aus seinem sozialen Umfeld in Familienpflege kommt.[15] Fehlen persönliche Bindungen, scheidet somit auch bei zeitlich länger bestehendem Pflegeverhältnis eine Übertragung aus;[16] umgekehrt kommt nach Abs. 1 Satz 1 Nr. 1 Alt. 2 bei festzustellender persönlicher Bindung eine Übertragung auch dann in Betracht, wenn das Pflegeverhältnis noch keine längere Zeit besteht.[17]

2. Antrag und Zustimmung

7 **Antragsberechtigt** sind nach Abs. 1 Satz 1 Nr. 2 sowohl die **Pflegeperson** als auch der **Vormund**. Ein eigenes Antragsrecht steht nach Abs. 3 Satz 1 auch dem **Minderjährigen** zu, der das **14. Lebensjahr** vollendet hat. Der Antrag ist formelle Voraussetzung zur Einleitung des Verfahrens und zugleich Sachantrag im eigentlichen Sinne. Er bestimmt den Umfang der möglichen Übertragung von Sorgeangelegenheiten und muss diese deshalb hinreichend genau konkretisieren.[18]

8 Für die Übertragung auf Antrag von **Vormund bzw. Pfleger** ist die **Zustimmung des jeweils anderen** weitere materiell-rechtliche Voraussetzung. Hierin wird zum Ausdruck gebracht, dass das Gelingen des Zusammenwirkens von Vormund und Pflegeperson ganz wesentlich davon abhängt, dass zwischen diesen grundsätzlich Einvernehmen besteht.[19] Für die Übertragung auf Antrag des **Minderjährigen** muss dementsprechend ebenfalls die **Zustimmung von Pflegeperson und Vormund** vorliegen. Antrag und Zustimmung bedürfen keiner bestimmten Form und sind dem Familiengericht gegenüber zu erklären.[20] Eine Zustimmung des Mündels ist nicht erforderlich; sein entgegenstehender Wille ist nach Abs. 1 Satz 2 im Rahmen der Mündelwohlprüfung aber zu berücksichtigen.[21]

3. Mündelwohldienlichkeit

9 Weitere, positiv festzustellende Voraussetzung ist nach Abs. 1 Satz 1 Nr. 3, dass die Übertragung dem Wohl des Mündels dient. Dies ist anzunehmen, wenn sich durch die Übertragung die **Situation** des Mündels **verbessert**. Bei der Beurteilung ist der **Wille des Mündels** – insbesondere ein entgegenstehender – in besonderer Weise zu berücksichtigen (Abs. 1 Satz 2). Die Hervorhebung des Mündelwillens im Rahmen des § 1777 BGB erschließt sich zwingend vor dem Hintergrund der gegenüber § 1776 BGB anders gelagerten Ausgangslage. Während § 1776 BGB der Unterstützung des ehrenamtlichen Vormunds dient, zielt § 1777 BGB darauf ab, die Erfahrungswelt des Mündels zu gestalten, indem seiner Pflegeperson als sozialem Elternteil rechtliche Kompetenzen zugeordnet werden. Insoweit ist insbesondere ein entgegenstehender Wille des Mündels von besonderem Gewicht, gibt er doch Auskunft über die Wahrnehmung seiner Lebenswelt. Steht der Wille des Mündels nicht entgegen, wird in diesem Sinne die Mündelwohldienlichkeit der Übertragung in der Regel anzunehmen sein.[22] Mit der Formulierung, dass der entgegenstehende Wille „zu

15 BT-Drs. 19/24445, 192.
16 BeckOGK/*B. Hoffmann*, § 1777 BGB Rn. 16
17 MüKo-BGB/*Lettmaier*, § 1777 BGB Rn. 9
18 MüKo-BGB/*Lettmaier*, § 1777 BGB Rn. 13; BeckOGK/*B. Hoffmann*, § 1777 BGB RN. 10
19 BT-Drs. 19/24445, 193
20 BeckOGK/*B. Hoffmann*, § 1777 BGB Rn. 11
21 BeckOK-BGB/*Bettin*, § 1777 BGB Rn. 3
22 BeckOGK/*B. Hoffmann*, § 1777 BGB Rn. 22

berücksichtigen" ist, verdeutlicht Abs. 1 Satz 2, dass dem Mündel **kein Veto-Recht** zusteht und stets eine **umfassende Mündelwohlprüfung** durchzuführen ist.[23]

4. Sorgeangelegenheiten

§ 1777 BGB erlaubt die Übertragung einzelner oder einer bestimmten Art von Sorgeangelegenheiten auf die Pflegeperson und übernimmt insoweit den gegenüber der Vorbildnorm des § 1630 Abs. 3 BGB engeren Wortlaut der Regelungen §§ 1628, 1776 BGB. Die **Übertragung sämtlicher Sorgebereiche** – die für § 1630 Abs. 3 BGB für möglich erachtet wird – ist im Rahmen des § 1777 BGB **nicht möglich**. Dies entspricht nicht nur dem Wortlaut, sondern auch der Systematik der Norm, denn ist die Pflegeperson zur Übernahme der vollen Sorgeverantwortung willens und geeignet, so ist ihre Bestellung zum ehrenamtlichen Vormund vorrangig zu prüfen.[24] Anders als im Rahmen von § 1628 BGB ist die Übertragung demgegenüber **nicht auf einzelne, situativ abgrenzbare Sorgeangelegenheiten beschränkt**, da Regelungszweck nicht wie bei § 1628 BGB die Auflösung von Meinungsverschiedenheiten ist, sondern § 1777 BGB auf die dauerhafte Zuteilung von Sorgerechtsbefugnissen zielt.[25] Übertragen werden können daher auch gesamte Teilbereiche der elterlichen Sorge, wie etwa die Regelung der Schulangelegenheiten, die Gesundheitsfürsorge oder auch die Vermögenssorge.[26] 10

Wie sich aus Abs. 2 ergibt, können auch **Angelegenheiten**, die **von erheblicher Bedeutung** für den Mündel sind, auf die Pflegeperson übertragen werden. Allerdings darf bezüglich solcher Angelegenheiten ausschließlich eine Übertragung **zur gemeinsamen Wahrnehmung** der Angelegenheit mit dem Vormund erfolgen. Ob eine Angelegenheit von erheblicher Bedeutung vorliegt, bemisst sich nach den Maßstäben der §§ 1628 Satz 1, 1687 Abs. 1 Satz 1 BGB, so dass auf die dort kommentierten Entscheidungsgrundsätze verwiesen werden kann (hierzu *Fink*, § 1628 BGB Rn. 8; *Bussian*, § 1687 BGB Rn. 5 ff.).[27] 11

Durch die Einschränkung des Abs. 2 bleibt die gesetzliche Regelung hinsichtlich des Umfangs der Verantwortungsübertragung auf die Pflegeperson bewusst hinter den Regelungen der §§ 1630 Abs. 3, 1776 BGB zurück. Der Unterschied ist aus Sicht des Gesetzgebers gerechtfertigt: Gegenüber § 1776 BGB verfolge § 1777 BGB bereits eine andere Zielsetzung, da der Pfleger nicht zur Unterstützung des Vormunds eingesetzt werde, sondern um den Lebensumständen des Mündels Rechnung zu tragen.[28] Im Unterschied zur Konstellation des § 1630 Abs. 3 BGB müsse der Vormund als ein vom Staat eingesetzter und durch das Familiengericht beaufsichtigter Amtsträger stets die **strategische Gesamtverantwortung** in Angelegenheiten von erheblicher Bedeutung für den Mündel behalten und könne deshalb im Verhältnis zur Pflegeperson nicht aus seiner Verantwortung entlassen werden.[29] 12

Die Regelung des § 1777 Abs. 2 BGB hat im Lauf des Gesetzgebungsverfahrens, insbesondere im Hinblick auf ihre praktische Umsetzung, vielfach **Kritik** erfahren.[30] In der Tat werden 13

23 Oberloskamp/Dürbeck/*Schmidt*, § 18 Rn. 16
24 MüKo-BGB/*Lettmaier*, § 1777 BGB Rn. 16, 23; *Bode*, Das neue Vormundschaftsrecht, 121; vgl. (noch zum alten Recht) OLG Frankfurt FamRZ 2022, 867
25 BeckOGK/*B. Hoffmann*, § 1777 BGB Rn. 17; MüKo-BGB/*Lettmaier*, § 1777 BGB Rn. 17
26 BT-Drs. 19/24445, 193; MüKo-BGB/*Lettmaier*, § 1777 BGB Rn. 17; BeckOGK/*B. Hoffmann*, § 1777 BGB Rn. 18
27 BT-Drs. 19/24445, 193
28 BT-Drs. 19/24445, 193
29 BT-Drs. 19/24445, 192 f.; vgl. *Bode*, Das neue Vormundschaftsrecht, 122, die auf Fälle von unsachgemäßer Ausübung der Vormundschaft und fehlender Aufsicht von Betreuungspersonen in der Vergangenheit als Motivationslage verweist
30 Zur Kritik der Literatur: *Hoffmann*, NZFam 2019, 1, 3 f.; *Dürbeck*, FamRZ 2020, 1789; *Wunderlich*, ZKJ 2020, 448

sich zwangsläufig im Fall der Übertragung von Teilbereichen der Sorge bzw. einer bestimmten Art von Angelegenheiten in der Praxis schwierige Abgrenzungsfragen im Einzelfall stellen, ob die konkret zu treffende Entscheidung (noch) als eine – alleinvertretungsberechtigende – Alltagsangelegenheit oder aber als eine die Gesamtvertretung auslösende Angelegenheit von erheblicher Bedeutung einzustufen ist.[31] Da bei der gemeinsamen Wahrnehmung eine Vereinfachung weder für den Vormund, der die Pflegeperson bei Entscheidungen einbeziehen muss, noch für die Pflegeperson gegeben ist, die ebenfalls nicht allein entscheiden kann, erscheint der zu erreichende Mehrwert der Übertragung nach § 1777 BGB gering.[32] Denn nach dem ebenfalls mit der Reform neu eingeführten § 1797 BGB hat die Pflegeperson, bei der der Mündel für längere Zeit lebt, bereits die Berechtigung zur Entscheidung in Angelegenheiten des täglichen Lebens sowie entsprechende Vertretungsbefugnis (§ 1797 Abs. 1 Satz 1 BGB). Die über § 1797 BGB hinausgehende Bedeutung des § 1777 BGB liegt für Alltagsangelegenheiten darin, dass der Vormund diese Befugnis der Pflegeperson nicht mehr durch schlichte Erklärung einschränken oder ausschließen kann (§ 1797 Abs. 3 BGB). Ob sich die Regelung in der Praxis bewähren wird, bleibt abzuwarten.[33]

14 Ist die Pflegeperson geeignet und bereit (§ 1785 Abs. 1 BGB), **substanzielle Sorgeverantwortung** zu tragen, wird sowohl vom Vormund, aber auch vom Familiengericht vorrangig die **Übernahme der ehrenamtlichen Vormundschaft** ggf. mit zusätzlicher Pflegerbestellung nach § 1776 BGB zu **prüfen** sein.[34] Insoweit mag § 1777 BGB als Instrument eines sukzessiven Übergangs der Sorgeverantwortung auf die Pflegeperson zur Geltung kommen.[35]

III. Rechtsfolgen

15 Im Umfang der ihr übertragenen Sorgeangelegenheiten trägt die Pflegeperson die Sorgeverantwortung und vertritt den Mündel (§§ 1777 Abs. 4 Satz 2, 1813 Abs. 1, 1789 Abs. 1 Satz 1 BGB). Im Fall der Übertragung von **Angelegenheiten von erheblicher Bedeutung** ist die Vertretungsbefugnis allerdings insoweit beschränkt, als diese **nur zur gemeinsamen Sorge** mit dem Vormund übertragen sind. Entscheidungen in diesen Angelegenheiten sind nach § 1792 Abs. 4 BGB in gegenseitigem Einvernehmen zu treffen; Vormund und Pflegeperson vertreten den Minderjährigen nach § 1792 Abs. 5 i.V.m. § 1629 Abs. 1 Satz 2 BGB gemeinschaftlich.

Gesamtvertretung erfordert kein gemeinsames und gleichzeitiges Handeln; möglich ist auch eine getrennte und nacheinander erfolgende Erklärungsabgabe sowie das Handeln mit (konkludenter) Zustimmung des jeweils anderen.[36] Das Handeln muss auf einem Einvernehmen im Hinblick auf die Grundrichtung in der betroffenen Angelegenheit beruhen. Pfleger und Vormund sind gemäß § 1792 Abs. 2 BGB zur gegenseitigen Information und Zusammenarbeit verpflichtet. Bei Meinungsverschiedenheiten zwischen ihnen entscheidet das Familiengericht auf Antrag des Vormunds, der Pflegeperson oder des Mündels, der das 14. Lebensjahr vollendet hat. Die Möglichkeit der **Anrufung des Familiengerichts** ist auf Entscheidungen von erheblicher Bedeutung für den Mündel **beschränkt**, in denen das erfor-

31 Vgl. mit instruktivem Beispiel Urlaubsreise: MüKo-BGB/*Lettmaier*, § 1777 BGB Rn. 22
32 *Bode*, Das neue Vormundschaftsrecht, 122
33 *Dürbeck*, FamRZ 2020, 1789, 1793; MüKo-BGB/*Lettmaier*, § 1777 BGB Rn. 23; *Bode*, Das neue Vormundschaftsrecht, 122 f.
34 MüKo-BGB/*Lettmaier*, § 1777 BGB Rn. 23; Oberloskamp/Dürbeck/*Strube*, § 7 Rn. 9; vgl. auch OLG Frankfurt FamRZ 2022, 867; OLG Hamm FamRZ 2024, 785 sowie OLG Brandenburg NZFam 2024, 1273 (zu § 1630 Abs. 3 BGB)
35 *Bode*, Das neue Vormundschaftsrecht, 119
36 MüKo-BGB/*Huber*, § 1629 BGB Rn. 12; BeckOGK/*B. Hoffmann*, § 1777 BGB Rn. 31

derliche Einvernehmen zwischen Vormund und Pflegeperson nicht hergestellt werden kann (§§ 1792 Abs. 4, 1777 Abs. 2 BGB).[37]

Im Hinblick auf die sich aus der Einschränkung des § 1777 Abs. 2 BGB ergebenden praktischen Abgrenzungsschwierigkeiten kann das Familiengericht auch dann angerufen werden, wenn bereits keine Einigkeit darüber besteht, ob überhaupt eine **Angelegenheit von erheblicher Bedeutung** betroffen ist.[38] Das Familiengericht trifft eine Entscheidung in der Sache und überträgt nicht die Entscheidungsbefugnis auf einen Beteiligten. Dabei kann es jedoch nur entweder der Meinung des Vormunds oder der Pflegeperson beitreten und keine eigene Lösung wählen.[39] (Funktionell) **zuständig** für die Entscheidung ist der **Richter**, weil es sich um eine Meinungsverschiedenheit zwischen Sorgeberechtigten handelt (§ 14 Abs. 1 Nr. 5 RPflG). **16**

IV. Aufhebung der Übertragung

Die Übertragung ist gemäß § 1777 Abs. 4 Satz 1 BGB unter den Voraussetzungen des § 1776 Abs. 2 BGB aufzuheben. Die Rückübertragung auf den Vormund wird insbesondere in Betracht kommen, wenn sich die Sorgeaufteilung nicht im Interesse des Mündels als praktikabel erweist. Sie mag aber auch einer sich verändernden tatsächlichen Situation Rechnung tragen, etwa Pubertätsprobleme des Mündels, die das Verhältnis zwischen ihm und der Pflegeperson nachhaltig beeinträchtigen.[40] Siehe hierzu *Wierse*, § 1776 BGB Rn. 13 ff. **17**

C. Verfahren

Zuständig für die **Übertragungsentscheidung** ist der **Rechtspfleger** (§§ 3 Nr. 2 lit. a, 14 RPflG). Es gelten die allgemeinen Verfahrensvorschriften in Kindschaftssachen. Der Mündel ist in jedem Fall persönlich zu hören (§§ 1777 Abs. 1 Satz 2 BGB, 159 FamFG). Die Übertragung erfolgt durch Beschluss, wobei für den Umfang der Übertragung der Sachantrag maßgebend ist. Die Übertragung darf nur im Rahmen des Antrags erfolgen, wobei ein Zurückbleiben hinter dem beantragten Umfang möglich ist. Die Beschlussformel muss die übertragenen Angelegenheiten konkret bezeichnen. Der Beschluss wird gemäß §§ 168 f Satz 1, 168a Abs. 2 FamFG mit Bekanntgabe an Vormund und Pfleger wirksam; maßgeblich ist die letzte Bekanntgabe.[41] **18**

§ 1778 BGB

Auswahl des Vormunds durch das Familiengericht

(1) Ist die Vormundschaft nicht einem nach § 1782 Benannten zu übertragen, hat das Familiengericht den Vormund auszuwählen, der am besten geeignet ist, für die Person und das Vermögen des Mündels zu sorgen.

(2) Bei der Auswahl sind insbesondere zu berücksichtigen:

1. **der Wille des Mündels, seine familiären Beziehungen, seine persönlichen Bindungen, sein religiöses Bekenntnis und sein kultureller Hintergrund,**
2. **der wirkliche oder mutmaßliche Wille der Eltern und**
3. **die Lebensumstände des Mündels.**

37 BT-Drs. 19/24445, 207; MüKo-BGB/*Lettmaier*, § 1777 BGB Rn. 39
38 BeckOGK/*B. Hoffmann*, § 1777 BGB Rn. 35
39 BT-Drs. 19/24445, 206; MüKo-BGB/*Schneider*, § 1793 BGB Rn. 3
40 BT-Drs. 19/24445, 194
41 MüKo-BGB/*Lettmaier*, § 1777 BGB Rn. 31; Sternal/*Jokisch*, § 40 FamFG Rn. 19

Übersicht

A. Allgemeines

1 Die sorgfältige Auswahl des Vormunds ist **Kernanliegen des reformierten Vormundschaftsrechts**.[1] Dieses entspringt der zutreffenden Überzeugung, dass für das Gelingen der Vormundschaft die Auswahl des für den Mündel „richtigen" Vormunds wesentliche Voraussetzung ist[2] und trägt der aus Art. 6 Abs. 2 GG erwachsenden **Schutzverantwortung des Staates** Rechnung, die erfordert, dass ausschließlich geeigneten Personen Sorgeverantwortung übertragen wird.[3] Das Auswahlverfahren hat dementsprechend im Zuge der Vormundschaftsreform durch Regelung in mehreren Normen eine größere Bedeutung erhalten: § 1778 BGB statuiert den Grundsatz der Auswahl des am besten geeigneten Vormunds in Abs. 1 und regelt in Abs. 2 die vorrangig zu berücksichtigen Auswahlkriterien. § 1779 Abs. 1 BGB konkretisiert die persönlichen Eignungsvoraussetzungen. Da § 1778 BGB die Auswahl an die Eignung knüpft, hat die Eignungsprüfung nach § 1779 BGB der Auswahl voranzugehen. § 1779 Abs. 2 BGB normiert als Grundsatz unter der Voraussetzung seiner Eignung den Vorrang des ehrenamtlichen Vormunds. Das Auswahlverfahren wird nunmehr in § 168 FamFG geregelt.

▶ *Zu den Eignungsvoraussetzungen siehe Wierse, Kommentierung zu § 1779 BGB.*

▶ *Zum Auswahlverfahren siehe Wierse, Kommentierung zu § 168 FamFG.*

Bei der **Auswahl** der Person des Vormundes handelt es sich, nachdem zumindest eine juristische Sekunde vorher die Vormundschaft nach § 1773 BGB angeordnet worden ist, um die **2. Stufe des Vormundschaftsverfahrens**. Sie steht im pflichtgemäßen Ermessen des Gerichts,[4] das die erforderlichen Ermittlungen von Amts wegen zu treffen hat (§ 26 FamFG). Es wird unterstützt durch das Jugendamt, das gemäß § 53 SGB VIII einen begründeten Vorschlag für mögliche Vormundspersonen zu unterbreiten hat.[5]

2 Die in § 1778 BGB normierten Auswahlgrundsätze kommen gemäß § 55 Abs. 2 SGB VIII entsprechend bei der den öffentlich-rechtlichen Regelungen unterliegenden Auswahl der Person des Amtsvormunds innerhalb der Behörde zum Tragen.

▶ *Näher hierzu Köhler, § 58 SGB VIII Rn. 7 ff.*

B. Inhalt der Norm

I. Eignungsmaßstab (Abs. 1)

3 Ist kein Vormund durch die Eltern benannt (§ 1782 BGB) oder wird der kraft Benennung Berufene nach den Grundsätzen des § 1783 BGB übergangen, so hat das Familiengericht den Vormund auszuwählen, der am besten geeignet ist, für die Person und das Vermögen des Mündels zu sorgen. Das **elterliche Benennungsrecht** nach § 1782 BGB ist auf die Fälle beschränkt, in denen die elterliche Sorge durch den **Tod** des Sorgerechtsinhabers endet.[6] Es

---

1 *Bode*, Das neue Vormundschaftsrecht, 11
2 BT-Drs. 19/24445, 124
3 BVerfG NZFam 2018, 635
4 BVerfG FamRZ 2012, 938; Grüneberg/*Götz*, § 1778 BGB Rn. 1
5 Zum Vorschlag des Jugendamtes DIJuF Rechtsgutachten JAmt 2022, 268
6 BGH FamRZ 2013, 1380; OLG Saarbrücken NZFam 2014, 962

hat nur insoweit Bedeutung, als beide Elternteile verstorben sind und durch letztwillige Verfügung die Person des Vormunds benannt haben.

Bei der **Eignung** handelt es sich um einen **unbestimmten Rechtsbegriff**,[7] der eine Prognoseentscheidung des Gerichts und eine entsprechend positive Feststellung erfordert und der vollen Überprüfung in der Beschwerdeinstanz unterliegt.[8] Er ist bezogen auf die Aufgaben auszulegen, die im Rahmen der Vormundschaft für den konkret betroffenen Mündel anstehen.[9] Entscheidend ist die Fähigkeit, die Vormundschaft im Interesse des Mündels zu führen. Stellt sich im Rahmen der nach Maßgabe des § 1779 BGB vorzunehmenden Eignungsprüfung heraus, dass neben dem Jugendamt – das grundsätzlich immer geeignet ist – mehrere natürliche Personen zur Übernahme der Vormundschaft geeignet sind, hat das Familiengericht die am besten geeignete auszuwählen.[10] Der Maßstab der Bestenauswahl verlangt, wie auch sonst (vgl. § 1671 BGB),[11] eine **Gesamtabwägung** aller relevanten Kriterien.[12] Maßgeblich ist der **Blickwinkel des Mündels**.[13] Aufgrund der Vermutungsregel des § 1779 Abs. 2 BGB ist bei gleicher Eignung der ehrenamtliche Vormund auszuwählen, wobei nach Satz 2 von der Eignung auch dann auszugehen ist, wenn ein Zusatzpfleger nach § 1776 BGB bestellt wird. Der Vorrang gilt jedoch dann nicht, wenn aufgrund der Gesamtabwägung der Kriterien des § 1778 Abs. 2 BGB ein berufsmäßig tätiger Vormund besser geeignet ist.[14] Auch dann, wenn kein ehrenamtlicher Vormund geeignet ist, hat eine Bestenauswahl zu erfolgen; die teilweise zu beobachtende Praxis, in diesem Fall ohne nähere Prüfung das Jugendamt auszuwählen, ist unzulässig.[15] Ein subjektives Recht auf Bestellung eröffnen §§ 1778, 1779 BGB der geeigneten Person nicht, umgekehrt begründet die Entscheidung nach § 1778 BGB für den Ausgewählten aber die öffentlich-rechtliche **Pflicht zur Übernahme** vorbehaltlich beachtenswerter entgegenstehender Gründe (§ 1785 BGB).[16]

II. Auswahlkriterien (Abs. 2)

4 Kommen nach der persönlichen Eignungsprüfung (§ 1779 BGB) neben dem Jugendamt **mehrere geeignete natürliche Personen** – gleich ob ehrenamtlich oder berufsmäßig – in Betracht, gibt Abs. 2 (wie bisher § 1779 Abs. 2 Satz 2 BGB a.F.) Auswahlkriterien für die konkrete Wahl der Person des Vormunds aus Sicht des Mündels und seiner Familie vor. Der Kriterienkatalog wurde durch die Vormundschaftsreform erweitert und vor allem durch die bewusst erfolgte numerische Aufzählung einer **Gewichtung** unterzogen, die jedoch keine strenge Rangfolge darstellt.[17] Der Katalog ist bewusst nicht abschließend formuliert („insbesondere").

5 An erster Stelle nennt § 1778 BGB die Berücksichtigung des Willens des Mündels (Nr. 1). Hierdurch wird seine Subjektstellung hervorgehoben.[18] Der **Wille des Mündels** ist als Aus-

---

7 BGH FamRZ 2019, 1004: zur Betreuerauswahl; OLG Hamm FamRZ 1996, 1356; KG FamRZ 2008, 2306
8 OLG Dresden FamRZ 2022, 277; KG FamRZ 2008, 2306; BeckOGK/*B. Hoffmann*, § 1779 BGB Rn. 6; *Horn/Kischkel*, § 6 Rn. 13
9 *Strube*, NZFam 2022, 957, 958; Grüneberg/*Götz*, § 1778 BGB Rn. 2
10 Vgl. BVerfG FamRZ 2018, 1092: Auswahl ist Teil der staatlichen Schutzverantwortung; Grüneberg/*Götz*, § 1778 BGB Rn. 2
11 *Bode*, Das neue Vormundschaftsrecht, 127
12 *Strube*, NZFam 2022, 957, 958
13 BT-Drs. 19/24445, 195
14 OLG Hamm FamRZ 2024, 785; OLG Karlsruhe FamRZ 2024, 1640; BeckOGK/*B. Hoffmann*, § 1778 BGB Rn. 20
15 BeckOGK/*B. Hoffmann*, § 1778 BGB Rn. 24
16 MüKo-BGB/*Lettmaier*, § 1778 BGB Rn. 3
17 BT-Drs. 19/24445, 195; MüKo-BGB/*Lettmaier*, § 1778 BGB Rn. 10; BeckOGK/*B. Hoffmann*, § 1778 BGB Rn. 14
18 BT-Drs. 19/24445, 195

druck persönlicher Bindung und mit zunehmenden Alter als Akt der Selbstbestimmung zu berücksichtigen.

▶ *Zur Bedeutung des Kindeswillens vgl. Gottschalk, § 1684 BGB Rn. 32 ff.*

Lehnen nicht nur die Eltern, sondern auch das Kind einen Verwandten oder sonstigen Einzelvormund – wie etwa einen sich anbietenden Verfahrensbeistand – ab, so wird dieser bereits deswegen nicht als geeignet angesehen werden können.[19] Auch wenn der Mündelwille vorrangig zu beachten ist, ist er doch nicht allein maßgeblich.[20] Lehnt der Mündel nach einem Sorgerechtsentzug und seiner Herausnahme aus der Familie die Bestellung eines Vormunds ganz grundsätzlich ab, soll nach der Gesetzesbegründung auch eine vorläufige Vormundschaft (§ 1781 BGB) in Betracht gezogen werden, um behutsam eine Kommunikation mit dem Mündel über die Vormundschaft anzubahnen.[21]

6 Weiter sind die **familiären Beziehungen des Mündels** zu berücksichtigen (Nr. 1). Nach ständiger Rechtsprechung des **BVerfG** sind **nahe Verwandte**, v.a. Großeltern,[22] wegen der Bedeutung von Art. 6 Abs. 1 GG sowie unter Beachtung des Verhältnismäßigkeitsgrundsatzes **vorrangig** bei der Auswahlentscheidung zu berücksichtigen.[23] Das BVerfG gewährt ihnen ein auch aus Art. 6 Abs. 1 GG folgendes Recht, bei der Entscheidung über die Auswahl des Vormunds oder Ergänzungspflegers in Betracht gezogen zu werden. Ihnen komme der Vorrang gegenüber nicht verwandten Personen zu. Der Vorrang bestehe, sofern nicht im Einzelfall konkrete Erkenntnisse darüber bestehen, dass dem Wohl des Kindes durch die Auswahl einer dritten Person besser gedient ist.[24] Sind sie jedoch nicht geeignet (§ 1779 Abs. 1 BGB), kommt ihre Bestellung gleichwohl nicht in Betracht. Die Interessen des Kindes sind insoweit auch nach der Rechtsprechung des BVerfG vorrangig. Der Vorrang der Auswahl von (geeigneten) Verwandten kommt dabei regelmäßig dann zum Tragen, wenn die Eltern verstorben sind oder ihre Sorge ruht. In den in der Praxis im Vordergrund stehenden Fällen des vorangegangenen **Sorgerechtsentzuges**, meist als Folge von Gewalt, Missbrauch oder schwerer Vernachlässigung, kommen Angehörige des Kindes regelmäßig nicht in Betracht, weil sie sich nicht hinreichend von den Interessen der Eltern abgrenzen können und die oft traumatisierten Kinder professioneller Betreuung und Erziehung bedürfen.[25]

7 Den verwandtschaftlichen Beziehungen kommt auch dann geringeres Gewicht zu, wenn diese nicht mit **persönlichen Bindungen des Mündels** einhergehen.[26] Die persönlichen Bindungen können vor allem für die Bestellung der **Pflegeperson**, bei der der Mündel in Dauerpflege lebt, zum Vormund sprechen.[27] Denn eine Vormundschaft erfüllt ihren Sinn aus Sicht des Kindes dann am besten, wenn es erlebt, dass die Person, die es täglich erzieht, auch rechtlich zur Erziehung und zur Entscheidung über die Angelegenheiten von erheblicher Bedeutung befugt ist.[28]

---

19 BVerfG JAmt 2018, 574: Verfahrensbeistand; OLG Düsseldorf ZKJ 2019, 271
20 *Bode*, Das neue Vormundschaftsrecht, 127; Oberloskamp/Dürbeck/*Strube*, § 7 Rn. 26
21 BT-Drs. 19/24445, 195
22 OLG Koblenz FamRZ 2021, 955; vgl. auch OLG Bamberg FamRZ 2023, 613 (Tante)
23 BVerfG FamRZ 2015, 208; ZKJ 2014, 435; FamRZ 2014, 1841; 2014, 1843, vgl. *Keuter*, ZKJ 2015, 67
24 BVerfG NJW 2014, 2853; *Klinkhammer*, ZfPW 2015, 5, 23 ff.
25 OLG Koblenz, Beschl. v. 27.4.2020 – 9 UF 32/20 –, juris; OLG Düsseldorf Rpfleger 2019, 269; OLG Frankfurt FamRZ 2016, 1473; OLG Hamm JAmt 2015, 330; OLG Brandenburg ZKJ 2012, 312; anders im Fall von OLG Saarbrücken ZKJ 2014, 441
26 Oberloskamp/Dürbeck/*Strube*, § 7 Rn. 28
27 Oberloskamp/Dürbeck/*Strube*, § 7 Rn. 27; *Salgo/Zenz*, FamRZ 2009, 1378; *Hoffmann*, FamRZ 2014, 1884, 1889; zum Recht des Pflegekindes auf Verstetigung seines Status innerhalb seiner neuen Familie: *Zitelmann*, ZKJ 2014, 469
28 OLG Brandenburg FamRZ 2020, 349; OLG Rostock FamRZ 2017, 218; OLG Nürnberg ZKJ 2015, 153; FamRZ 2012, 1959; OLG Stuttgart FamRZ 2013, 1318

Das Kriterium des **religiösen Bekenntnisses** ist auch heute noch von Aktualität; die Konfession kann ein Band zu den Eltern darstellen.[29] Der Vormund die durch die Eltern erfolgte Bestimmung einer Konfession nach § 3 Abs. 2 Satz 6 RelKErzG (Gesetz über die religiöse Kindererziehung) nicht ändern. Allein das Bestehen eines Konfessionsunterschieds darf nach gefestigter Rechtsprechung bei besserer Eignung einen Vormund jedoch auch nicht ausschließen.[30] Die Bezugnahme auf den **kulturellen Hintergrund** wurde neu in die gesetzlichen Auswahlkriterien aufgenommen und soll insbesondere bei Mündeln mit Migrationshintergrund sicherstellen, dass auf entsprechende Besonderheiten Rücksicht genommen wird.[31] 8

Bei **unbegleiteten minderjährigen Flüchtlingen** kommen Angehörige sicher dann vorrangig in Betracht, wenn sie bereits längere Zeit hier leben und mit den hiesigen Verhältnissen vertraut sind. Aufgrund des hohen Bedarfs der Betroffenen und der Vielzahl der für sie zu regelnden rechtlichen Angelegenheiten sollten aber Angehörige – wie z.B. erwachsene Geschwister oder Seitenverwandte – nicht berücksichtigt werden, die das Kind auf der Flucht begleitet haben und weder mit der deutschen Sprache noch den hiesigen Verhältnissen vertraut sind.[32] Hier sind im Regelfall berufsmäßig tätige Vormünder oder ggf. ehrenamtlich tätige Personen, die speziell auf die Bedürfnisse von unbegleiteten minderjährigen Flüchtlingen geschult worden sind, vorzugswürdig.[33] 9

Nach § 1778 Abs. 2 Nr. 2 BGB ist der **wirkliche oder mutmaßliche Wille der Eltern** zu berücksichtigen. Der Umstand, dass den Eltern das Sorgerecht entzogen wurde, steht der Berücksichtigung ihres Willens nicht entgegen, da die Elternrechte nach Art. 6 Abs. 1 GG auch nach Verlust des Sorgerechts fortbestehen.[34] Der wirkliche Wille ist gemäß § 160 FamFG durch Anhörung der noch lebenden Eltern zu ermitteln. Er kann sich aus einer formunwirksamen Benennung (§ 1782 BGB),[35] einer vor dem Tod erteilten Sorgerechtsvollmacht[36] oder einer Vorsorgevollmacht[37] ergeben. Unter dem mutmaßlichen Willen ist das zu verstehen, was die Eltern wahrscheinlich oder vermutlich gewollt hätten.[38] Zur Auslegung ist auf die zu §§ 677, 678, 683 BGB entwickelten Grundsätze zurückzugreifen.[39] 10

Ergänzend sind nach § 1778 Abs. 2 Nr. 3 BGB die **allgemeinen Lebensumstände** des Mündels zu berücksichtigen, so etwa wo der Mündel untergebracht ist und seinen derzeitigen Lebensmittelpunkt hat.[40] Die Akzeptanz der Lebensumstände kann vor allem bei Dauerpflegeverhältnissen einen maßgeblichen Gesichtspunkt für die Auswahl der Person des Vormunds sein.[41] Hat der Mündel bereits mehrere Beziehungsabbrüche erlebt, gewinnt der Grundsatz der Kontinuität im Rahmen der Vormundsauswahl an besonderer Bedeutung.[42] Bei unbegleiteten minderjährigen Flüchtlingen können sich aus den Lebensumständen Anforderungen an Sprach-, Rechts- oder sonstiger Kenntnisse ergeben.[43] 11

---

29 BeckOGK/*B. Hoffmann*, § 1778 BGB Rn. 47
30 OLG Frankfurt MDR 1962, 737; BayObLG FamRZ 1966, 323
31 BT-Drs. 19/24445, 195; vgl. OLG Hamm ZKJ 2019, 271
32 Oberloskamp/*Schwarz*, § 10 Rn. 119 f.; *Dürbeck*, FamRZ 2018, 553, 559; a.A.: OLG Hamm FamRZ 2017, 563 (Schwester)
33 Vgl. etwa das Frankfurter Modell des Deutschen Kinderschutzbundes, dazu *Sommer*, FS Salgo 2016, 437; vgl. auch *Alpay*, JAmt 2019, 383
34 OLG Hamm FamRZ 2024, 785; OLG Braunschweig ZKJ 2023, 300; OLG Frankfurt FamRZ 2008, 1554; KG FamRZ 2008, 238; Oberloskamp/Dürbeck/*Strube*, § 17 Rn. 29
35 BGH NJW-RR 2013, 1347
36 OLG Frankfurt FamRZ 2022, 867
37 BT-Drs. 19/24445, 195
38 MüKo-BGB/*Lettmaier*, § 1778 BGB Rn. 27
39 BT-Drs. 19/24445, 195; MüKo-BGB/*Lettmaier*, § 1778 BGB RN. 27
40 BT-Drs. 19/24445, 195
41 BeckOGK/*B. Hoffmann*, § 1778 BGB Rn. 61
42 OLG Braunschweig ZKJ 2023, 300
43 BeckOGK/*B. Hoffmann*, § 1778 BGB Rn. 62; Oberloskamp/Dürbeck/*Schmidt*, § 10 Rn. 107, 108 ff.

§ 1779 BGB

Eignung der Person; Vorrang des ehrenamtlichen Vormunds

(1) Eine natürliche Person muss nach

1. **ihren Kenntnissen und Erfahrungen,**
2. **ihren persönlichen Eigenschaften,**
3. **ihren persönlichen Verhältnissen und ihrer Vermögenslage sowie**
4. **ihrer Fähigkeit und Bereitschaft zur Zusammenarbeit mit den anderen an der Erziehung des Mündels beteiligten Personen**

geeignet sein, die Vormundschaft so zu führen, wie es das Wohl des Mündels erfordert.

(2) [1]Eine natürliche Person, die geeignet und bereit ist, die Vormundschaft ehrenamtlich zu führen, hat gegenüber den in § 1774 Absatz 1 Nummer 2 bis 4 genannten Vormündern Vorrang. [2]Von ihrer Eignung ist auch dann auszugehen, wenn ein zusätzlicher Pfleger nach § 1776 bestellt wird.

Übersicht

A. Allgemeines

1 § 1779 Abs. 1 BGB ist im Zusammenhang mit § 1778 BGB zu lesen: Während § 1778 Abs. 2 BGB die mündelbezogenen Auswahlkriterien normiert, konkretisiert § 1779 Abs. 1 BGB die **vormundbezogenen Eignungskriterien**. Allerdings gehen die maßgeblichen Entscheidungskriterien fließend ineinander über.[1] Die Eignungskriterien gelten für natürliche Personen, finden mittelbar über § 55 Abs. 2 SGB VIII aber auch Anwendung auf die Auswahl des Jugendamtsmitarbeiters, der mit der Aufgabe des Amtsvormunds betraut werden soll. Die Regelung der persönlichen Eignung des Vormunds ist Ausfluss des kindlichen Schutzanspruchs gegenüber dem Staat. Durch die Bestellung eines ungeeigneten Vormunds würde der Staat seiner Schutzverantwortung nicht gerecht.[2]

§ 1779 Abs. 2 BGB normiert den Grundsatz des Vorrangs der ehrenamtlichen Vormundschaft.

B. Inhalt der Norm

2 § 1779 Abs. 1 BGB bindet die Auswahl an die Eignung des Vormunds, die Vormundschaft so zu führen, **wie es das Mündelwohl erfordert** und stellt damit den konkreten Mündel und seine Bedarfe in den Vordergrund. Welche Kenntnisse, Erfahrungen und persönlichen Eigenschaften erforderlich sind, richtet sich damit nach dem Einzelfall. Die in Abs. 1 Nr. 1 bis 4 konkretisierten Eignungskriterien sind im Lichte der Mündelrechte nach § 1788 BGB, insbesondere dessen Recht auf Förderung seiner Entwicklung und Erziehung zu einer eigenverantwortlichen und gemeinschaftsfähigen Persönlichkeit, auszulegen. Die Eignung des Vormunds ist daran zu messen, ob er diesem Recht des Mündels im Rahmen seiner vormundschaftlichen Sorge für die Person und das Vermögen des Mündels gerecht werden kann.[3] Positiv vorausgesetzt wird die Bereitschaft und Fähigkeit, eine persönliche, länger-

1 *Horn/Kischkel*, § 6 Rn. 11; Oberloskamp/Dürbeck/*Strube*, § 7 Rn. 11
2 BVerfG FamRZ 2018, 1092; FamRZ 2017, 524
3 BT-Drs. 19/24445, 196

fristige, tragfähige Beziehung zum Mündel einzugehen.[4] Im Übrigen bietet ein Negativabgleich zwischen vorhandenen Ressourcen/Fähigkeiten eines Vormundschaftskandidaten und den individuellen Mündelbedarfen Gewähr für plausible Resultate der vorzunehmenden Prüfung.[5]

Die erforderlichen Kenntnisse des Vormunds (z.B. Sprachkenntnisse, pädagogische oder juristische Kenntnisse), die Erfahrungen (z.B. mit eigenen Kindern), persönliche Eigenschaften (wie etwa zeitliche und gesundheitliche Ressourcen) und persönlichen Verhältnisse (z.B. starke berufliche, vgl. § 1780 BGB, oder familiäre Belastungen) sind stets für den konkreten Mündel zu beurteilen.[6] 3

Dabei gilt für **ehrenamtliche Vormünder**, dass an ihre Eignung im Grundsatz keine Anforderungen zu stellen sind, denen auch die Eltern des Kindes regelmäßig nicht gerecht werden (können).[7] Bei subjektiv vom Vormund für sich selbst gesehenen Unterstützungsbedarf oder objektiv vorliegenden einzelnen Einschränkung kann dem ehrenamtlichen Vormund ein zusätzlicher Pfleger zur Seite gestellt werden (§ 1776 BGB), ohne dass dies die Annahme der Eignung schmälert (§ 1779 Abs. 2 Satz 2 BGB).[8] Daneben bestehen **Beratungs- und Unterstützungsansprüche** gegenüber Familiengericht und Jugendamt (§§ 1802 Abs. 1 BGB, 53a Abs. 1 SGB VIII). Ferner besteht die Möglichkeit der Errichtung einer Beistandschaft zur Vaterschaftsfeststellung oder Geltendmachung von Unterhaltsansprüchen (§ 1713 Abs. 1 BGB). 4

Demgegenüber sind im Rahmen der **berufsmäßig geführten Vormundschaft** besondere berufliche Qualifikationen ausschlaggebend zu berücksichtigen.[9] Ferner sind hinsichtlich des Berufs- und Vereinsvormunds nach § 1780 Satz 1 BGB die berufliche Belastung, insbesondere die Zahl und der Umfang der bereits zu führenden Vormundschaften und Pflegschaften zu berücksichtigen, worüber der Vormund dem Familiengericht Auskunft zu erteilen hat. 5

Das **Jugendamt** kann sich nicht auf eine zu hohe Belastung und mangelnde Kapazitäten berufen,[10] auch wenn für die Amtsvormundschaft nach § 55 Abs. 3 SGB VIII ebenfalls eine Fallzahlobergrenze gilt. Vielmehr hat der Staat für die erforderliche personelle und sachliche Ausstattung zu sorgen.[11] 6

Ausschlusskriterien für die persönliche Eignung können eine zu geringe Lebenserfahrung,[12] hohes Alter und Gebrechlichkeit[13] oder der Mangel an besonderen Erziehungskompetenzen sein, die im Umgang mit einem geschädigten Mündel erforderlich sind.[14] Vorstrafen, die sich aus der nach § 168a FamFG einzuholenden Auskunft nach § 41 BZRG ergeben, führen nicht grundsätzlich zur Ungeeignetheit.[15] Bei einer Verurteilung wegen Misshandlung oder Missbrauch eines Kindes ist dagegen – entsprechend der Wertung in § 158a Abs. 2 Satz 2 FamFG – stets von einer Ungeeignetheit auszugehen.[16] Zweifel an der Eignung im Hinblick auf die Vermögenssorge ergeben sich bei wirtschaftlicher Unzuverlässig- 7

4 Oberloskamp/Dürbeck/*Strube*, § 7 Rn. 13
5 MüKo-BGB/*Lettmaier*, § 1779 BGB Rn. 6
6 *Bode*, Das neue Vormundschaftsrecht, 134
7 Oberloskamp/Dürbeck/*Strube*, § 7 Rn. 17, 23; *Dürbeck*, FamRZ 2018, 553, 559; a.A. *Socha*, Vormundschaft und Pflegschaft, Rn. 44: Heranziehung der Qualifikationsanforderungen des § 158a FamFG
8 OLG Hamm FamRZ 2024, 785
9 OLG Dresden FamRZ 2022, 277
10 OLG Celle FamRZ 2016, 647
11 BGH FamRZ 2021, 1885; OLG Hamm NJW-RR 2023, 1427; OLG Zweibrücken FamRZ 2021, 1199
12 *Socha*, Vormundschaft und Pflegschaft, Rn. 44
13 MüKo-BGB/*Lettmaier*, § 1779 BGB Rn. 8
14 *Horn/Kischkel*, § 6 Rn. 20
15 OLG Karlsruhe FamRZ 2024, 1640: Verurteilung zu einer Sexualstraftat gegenüber Erwachsenen bei nicht im Haushalt des Vormunds lebenden Mündel; Oberloskamp/Dürbeck/*Strube*, § 7 Rn. 15
16 BT-Drs. 19/24445, 196; BayObLGZ 20, 358; *Horn/Kischkel*, § 6 Rn. 21

keit, Insolvenz oder Abgabe der Vermögensauskunft, insbesondere, wenn der Mündel über erhebliches Vermögen verfügt.[17]

8 Neu in das gesetzliche Anforderungsprofil aufgenommen wurde die für das Gelingen der Vormundschaft wesentliche **Fähigkeit zur Kooperation** mit anderen an der Erziehung des Mündels beteiligten Personen (Kindergarten, Schule, Therapeuten etc.). Der Vormund muss insbesondere einen dem Mündelwohl dienlichen Kontakt zu den die Erziehung im Alltag leistenden Pflegeperson pflegen können (§ 1796 Abs. 1 BGB) und zur Zusammenarbeit mit einem etwa bestellten Zusatzpfleger oder der Pflegeperson als Pfleger bereit und in der Lage sein (§§ 1776, 1777, 1792 BGB).

9 Der Eignung entgegenstehen können schließlich auch **Interessenkonflikte** (vgl. § 1784 Abs. 2 Nr. 4 BGB) und **eigenes Erziehungsversagen**. Beide Aspekte sind im Rahmen der Prüfung, ob nahe Angehörige, etwa die Großeltern des Kindes, zur Übernahme der Vormundschaft geeignet sind, einer genauen Betrachtung zu unterziehen.

10 Bei der **Prüfung einer Bestellung von Pflegeeltern** kommt ebenfalls dem Aspekt möglicher Interessenkonflikte und der erforderlichen Kooperationsbereitschaft mit Jugendamt und den Eltern besondere Bedeutung zu.[18] Zwar können dauerhafte und schwerwiegende Konflikte der Pflegeperson mit den Eltern oder dem Jugendamt gegen deren Eignung sprechen,[19] bei fehlender Rückkehroption zu den leiblichen Eltern wird aber auch dieser Gesichtspunkt aus Gründen des Kindeswohls nicht allein ausschlaggebend sein dürfen.[20] Bei fehlender Bindungstoleranz der Pflegeeltern im Hinblick auf einen kindeswohlförderlichen Umgang des Kindes mit seinen leiblichen Eltern kann dies aber gleichwohl gegen die Eignung als Vormund sprechen.[21] Gewähren Pflegeeltern den leiblichen Eltern ihres Pflegekindes (begleiteten) Umgang mit diesem, stehen unterschiedliche Ansichten der Pflegeeltern und der Eltern des Pflegekindes über die konkrete Frequenz und Ausgestaltung der Umgangskontakte der Eignung der Pflegeeltern zur Führung der Vormundschaft für das Pflegekind jedenfalls dann nicht entgegen, wenn die Pflegeeltern grundsätzlich bereit sind, an einer am Kindeswohl orientierten Umgangsgestaltung mitzuwirken.[22]

11 **Weitere Ausschlussgründe** regelt § 1784 BGB. Danach kann eine Person nicht zum Vormund bestellt werden, die geschäftsunfähig ist (Abs. 1). Nach Abs. 2 soll in der Regel eine Person nicht zum Vormund bestellt werden, die minderjährig ist, für die eine Betreuung mit Einwilligungsvorbehalt oder mit für die Vormundschaft wesentlichen Aufgabenkreisen eingerichtet ist, die von den Eltern nach § 1782 BG wirksam ausgeschlossen wurde oder die zu einer Einrichtung, in der der Mündel lebt, in einem Abhängigkeitsverhältnis oder einer anderen engen Beziehung steht. Treten Ausschlussgründe nach Abs. 1 oder 2 nachträglich zur Bestellung ein oder waren Gründe nach Abs. 2 bei Bestellung vorliegend, aber irrtümlich/fälschlich unerkannt, bleibt die Bestellung wirksam, unterliegt jedoch der Prüfung der Entlassung nach § 1804 Abs. 1 Nr. 4 BGB.[23]

12 Der in § 1779 Abs. 2 BGB statuierte **Vorrang der ehrenamtlichen Vormundschaft** kommt nur **bei gleich guter Eignung** zum Tragen.[24] Der Eignung steht die Bestellung eines zusätzlichen Pflegers nach § 1776 BGB nicht entgegen (§ 1779 Abs. 2 Satz 2 BGB). Der Vorrang beruht auf der Annahme, dass der nicht berufsmäßig tätige Vormund grundsätzlich vor-

17 BT-Drs. 19/24445, 196; *Bode*, Das neue Vormundschaftsrecht, 134
18 OLG Frankfurt FamRZ 2022, 867
19 OLG Karlsruhe FamRZ 2014, 404
20 Str., wie hier *Veit*, FF 2008, 358 und in Staudinger, § 1779 BGB a.F. Rn. 19 ff.; DIJuF-Rechtsgutachten JAmt 2012, 325
21 LG Flensburg FamRZ 2001, 445
22 OLG Bremen, Beschl. v. 22.1.2025 – 5 UF 67/24 –, juris
23 Grüneberg/*Götz*, § 1784 BGB Rn. 4
24 Siehe aber: OLG Hamm FamRZ 2024, 785: Verwandte, bei denen das Kind untergebracht ist, auch dann vorzuziehen, wenn außenstehender Dritter geringfügig besser

zugswürdig ist, da er mehr Zeit, Engagement und persönliche Zuwendung für den Mündel aufbringen könne und aufgrund seiner Motivationslage am ehesten eine familiär geprägte persönliche Beziehung zu erwarten sei.[25] Ist eine geeignete Person vorhanden, die als Vormund ehrenamtlich tätig werden will, ist das Familiengericht an den Vorrang der ehrenamtlich tätigen Person gebunden und muss die Person als Vormund auswählen, es sei denn eine andere Person wäre im konkreten Fall eindeutig besser geeignet.[26]

Hinsichtlich der übrigen Vormundschaftstypen – Berufs-, Vereins- und Amtsvormund – besteht **kein Rangverhältnis**.[27] Durch die Reform wurde damit der unter der alten Rechtslage bestehende Streit hinsichtlich einer Subsidiarität der Amtsvormundschaft geklärt.[28] 13

§ 1780 BGB
Berücksichtigung der beruflichen Belastung des Berufs- und Vereinsvormunds

[1]Soll eine Berufsvormund oder ein Vereinsvormund bestellt werden, ist seine berufliche Arbeitsbelastung, insbesondere die Anzahl und der Umfang der bereits zu führenden Vormundschaften und Pflegschaften zu berücksichtigen. [2]Er ist dem Familiengericht zur Auskunft hierüber verpflichtet.

Übersicht

A. Allgemeines

Im Rahmen der Auswahl und Eignungsprüfung hat das Familiengericht auch die Belastung des Berufs- und Vereinsvormunds zu berücksichtigen, um die Auswahl des am besten geeigneten Vormunds sicherzustellen, der sich auch tatsächlich um die Belange des Mündels effektiv kümmern kann. 1

B. Inhalt der Norm

Die bestehende Inanspruchnahme des künftigen Vormunds durch seine (gesamte) berufliche Arbeitsbelastung, insbesondere die schon übernommenen Vormundschaften und Pflegschaften ist daher in die Eignungsprüfung einzubeziehen.[1] Hierfür sieht Satz 2 eine **Auskunftsverpflichtung** vor, die auch im Fall des Vereinsvormunds diesen persönlich trifft. Eine Fallzahlbegrenzung wird nicht vorgegeben. Als Maßstab verweist die Gesetzesbegründung auf die für die Amtsvormundschaft und den Vormundschaftsverein geltende **Fallzahlobergrenze** von 50 Fällen (§§ 54 Abs. 1 Nr. 2, 55 Abs. 3 SGB VIII),[2] die in Fachkreisen bereits vor der Vormundschaftsreform umstritten war[3] und auch weiterhin ist,[4] da sie eine adäquate Amtswahrnehmung insbesondere unter Beachtung der Vorgabe des monatlich erfol- 2

25 BT-Drs. 19/24445, 196
26 OLG Hamm FamRZ 2024, 785; OLG Karlsruhe FamRZ 2024, 1640
27 OLG Dresden FamRZ 2022, 277
28 Vgl. auch zum Streitstand nach altem Recht MüKo-BGB/*Lettmaier*, § 1779 BGB Rn. 17 f.
1 BT-Drs. 19/24445, 197
2 BT-Drs. 19/24445, 197
3 Oberloskamp/Dürbeck/*Steinbüchel*, § 21 Rn. 153 m.w.N.
4 Aufruf: Kinderrechtsbasierte Vormundschaft ermöglichen, JAmt 2024, 277; *Felix*, NZFam 2025, 369, 372

genden persönlichen Kontakts (§ 1790 Abs. 3 BGB) nicht ermöglicht.[5] Die vom Gesetzgeber durch den Verzicht auf die Festlegung eines abstrakten Belastungsrahmens geschaffene „Flexibilität"[6] der Norm sollte in der Praxis zu einem am Einzelfall orientierten, im Mündelinteresse vorgenommenen kritisch-realistischen Abgleich von konkretem Mündelbedarf und tatsächlicher Kapazität des Vormunds führen.

§ 1781 BGB

Bestellung eines vorläufigen Vormunds

(1) Sind die erforderlichen Ermittlungen zur Auswahl des geeigneten Vormunds insbesondere im persönlichen Umfeld des Mündels im Zeitpunkt der Anordnung der Vormundschaft noch nicht abgeschlossen oder besteht ein vorübergehendes Hindernis für die Bestellung des Vormunds, bestellt das Familiengericht einen vorläufigen Vormund.

(2) [1]Der Vormundschaftsverein überträgt die Aufgaben des vorläufigen Vormunds einzelnen seiner Mitarbeiter; § 1784 gilt entsprechend. [2]Der Vormundschaftsverein hat dem Familiengericht alsbald, spätestens binnen zwei Wochen nach seiner Bestellung zum vorläufigen Vormund mitzuteilen, welchem Mitarbeiter die Ausübung der Aufgaben des vorläufigen Vormunds übertragen worden sind.

(3) [1]Das Familiengericht hat den Vormund alsbald, längstens aber binnen drei Monaten ab Bestellung des vorläufigen Vormunds zu bestellen. [2]Die Frist kann durch Beschluss des Gerichts nach Anhörung der Beteiligten um höchstens weitere drei Monate verlängert werden, wenn trotz eingeleiteter Ermittlungen des Familiengerichts der für den Mündel am besten geeignete Vormund noch nicht bestellt werden konnte.

(4) Die Bestellung des Jugendamtes oder eines Vereinsmitarbeiters zum Vormund ist auch erforderlich, wenn das Familiengericht das Jugendamt oder einen Vormundschaftsverein zuvor als vorläufigen Vormund ausgewählt hat.

(5) Mit der Bestellung des Vormunds endet das Amt des vorläufigen Vormunds.

Übersicht

A. Allgemeines

1 Das Institut des vorläufigen Vormunds wurde durch die Vormundschaftsreform neu eingeführt um dem Familiengericht – unterstützt durch das Jugendamt (§ 53 SGB VIII) – die **erforderliche Zeit zu geben**, den für den Mündel am besten geeigneten Vormund zu ermitteln, wenn im Zeitpunkt der Anordnung der Vormundschaft noch keine Gelegenheit für die Aufnahme von Ermittlungen bestand oder aber die Ermittlungen noch nicht abgeschlossen sind.[1] Damit soll zugleich dem in der Praxis beobachteten Automatismus der ungeprüften, quasi pauschalen Bestellung des Jugendamtes zum Amtsvormund entgegen gewirkt und

5 Vgl. MüKo-BGB/*Lettmaier*, § 1780 BGB Rn. 6
6 BT-Drs. 19/24445, 481
1 BT-Drs. 19/24445, 197

so auch der Vorrang der ehrenamtlichen Vormundschaft (§ 1779 Abs. 2 Satz 1 BGB) gestärkt werden.[2] Bei der Regelung handelt es sich um eine der **am intensivsten kritisierten**[3] **Neuerungen**, da sie sich in die verfassungsrechtlichen Anforderungen an den in der Praxis häufigsten Fall der Anordnung der Vormundschaft nach einem Sorgerechtsentzug gemäß §§ 1666, 1666a BGB nicht ohne Weiteres eingliedern lässt (vgl. unten Rn. 9 ff.).[4]

B. Inhalt der Norm

I. Voraussetzungen für die Bestellung eines vorläufigen Vormunds (Abs. 1)

Das Familiengericht hat von Amts wegen zu ermitteln, wer für den Mündel im Hinblick auf dessen Bedürfnisse im konkreten Einzelfall als Vormund am besten geeignet ist (§ 1778 Abs. 1 BGB). Sind die **Ermittlungen** zum Zeitpunkt der Anordnung der Vormundschaft noch **nicht abgeschlossen** oder besteht ein **vorübergehendes Hindernis** für die Bestellung des bereits ausgewählten, am besten geeigneten Vormunds, ist nach § 1781 Abs. 1 BGB ein vorläufiger Vormund zu bestellen. Die Ermittlungen sind noch nicht abgeschlossen, wenn zum Zeitpunkt der Entscheidung noch keine Gelegenheit bestand, im persönlichen Umfeld des Mündels nach einer geeigneten Person zu suchen, ein Auswahlbericht des Jugendamtes nach § 53 SG VIII noch nicht vorliegt oder aus Sicht des Gerichts ergänzungsbedürftig ist oder die nach § 168 Abs. 1 FamFG gebotene Anhörung noch nicht erfolgt ist.[5] 2

Lehnt der Mündel die Vormundschaft nach einem Sorgerechtsentzug und einer Herausnahme aus der Familie grundsätzlich ab, soll mit der Bestellung eines vorläufigen Vormunds nach der Vorstellung des Gesetzgebers die Möglichkeit zur behutsamen **Kommunikation und Einbeziehung des Mündels** in das Bestellungsverfahren geschaffen werden.[6] Ferner kann sich nach der Gesetzesbegründung die Bestellung des vorläufigen Vormunds dann anbieten, wenn ein Vereinsvormund oder das Jugendamt zum (endgültigen) Vormund bestellt werden sollen, aber noch nicht geklärt ist, welcher Mitarbeiter gemäß § 1774 Abs. 1 Nr. BGB (Vereinsvormund) bzw. § 57 Abs. 2 Satz 1 SGB VIII (Amtsvormundschaft) für die Übernahme der Vormundschaft geeignet ist. 3

Ein **vorübergehendes Hindernis** zur Bestellung des geeigneten Vormunds (§ 1781 Abs. 1 Alt. 2 BGB) kann darin bestehen, dass die ausgewählte, am besten geeignete Person zum Anordnungszeitpunkt noch nicht zur Verfügung steht oder etwa erforderliche Papiere (z.B. die Auskunft nach § 41 BZRG, § 168 Abs. 2 FamFG) noch fehlen.[7] Denkbar ist, dass sich eine Person zur Übernahme der ehrenamtlichen Vormundschaft erst nach einer Übergangsphase bereit erklärt, in der komplexe Fragestellungen (wie etwa eine Erbauseinandersetzung) bereits geklärt wurden.[8] 4

Liegen im Zeitpunkt der Anordnung der Vormundschaft die erforderlichen Erkenntnisse dem Familiengericht vor und konnte der Mündel zur Auswahl des Vormunds beteiligt werden, bedarf es keiner vorläufigen Vormundschaft, vielmehr ist der (endgültige) Vormund 5

---

2 BT-Drs. 19/24445, 197
3 Vgl. *Dürbeck* ZKJ 2019, 208; *ders.*, FamRZ 2020, 1789; *ders.*, NZFam 2022, 1053; *Socha*, FamRZ 2021, 87
4 Vgl. *Dürbeck*, NZFam 2022, 1053; *ders.* FamRZ 2020, 1789; *Socha*, FamRZ 2021, 87; *Wunderlich*, ZKJ 2020, 448
5 BT-Drs. 19/24445, 197; Oberloskamp/Dürbeck/*Strube*, § 7 Rn. 49
6 BT-Drs. 19/24445, 195
7 BT-Drs. 19/24445, 198
8 Vgl. *Bode*, Das neue Vormundschaftsrecht, 144; Oberloskamp/Dürbeck/*Strube*, § 7 Rn. 52; BeckOGK/*B. Hoffmann*, § 1781 BGB Rn. 14

dann unmittelbar zu bestellen.[9] Dies ist etwa der Fall, wenn aufgrund der **Erkenntnisse des vorangegangenen Sorgerechtsverfahrens** feststeht, dass die Bedarfe des Mündels dergestalt sind, dass die Wahrnehmung der Vormundschaft eine gesteigerte fachliche Kompetenz erfordert, die nur das Jugendamt gewährleisten kann.[10] Durch § 1781 BGB wird daher kein gesetzliches Regel-Ausnahme-Verhältnis bei der Frage der Bestellung eines vorläufigen oder endgültigen Vormunds aufgestellt. Ausschlaggebend für die Auswahl des Vormunds bleiben stets **die tatsächlichen Umstände des konkreten Einzelfalls.**[11]

II. Bestellung des vorläufigen Vormunds (Abs. 2)

6 Zum vorläufigen Vormund kann das Familiengericht nach § 1774 Abs. 2 BGB nur das **Jugendamt** und – mit dessen Einwilligung (§ 1785 Abs. 3 BGB) – den **Vormundschaftsverein** bestellen. Auch zwischen diesen beiden ist eine Auswahlentscheidung nach dem Bestmaßstab zu treffen (§ 1778 Abs. 1 BGB). Dabei bietet sich nach der Gesetzesbegründung die Bestellung des Vormundschaftsvereins an, wenn er Mitglieder hat, die als ehrenamtlicher Vormund bestellt werden können, oder er sonst Privatpersonen als Vormund anwirbt, schult und berät (§ 54 Abs. 1 Nr. 3 SGB VIII).[12] Der Vormundschaftsverein hat gemäß § 1781 Abs. 2 BGB die Aufgabe auf einzelne seiner Mitarbeiter zu übertragen und diese alsbald, spätestens binnen zwei Wochen dem Familiengericht gegenüber namentlich zu machen. Dadurch soll die **Personalisierung** auch der vorläufigen Vormundschaft sichergestellt werden. Gleiches gilt gemäß § 57 Abs. 2 Satz 2 SGB VIII für das Jugendamt als vorläufigen Amtsvormund. Abweichend von § 55 Abs. 2 Satz 2 und 3 SGB VIII hat das Jugendamt bei der Übertragung nicht die Grundsätze für die Auswahl durch das Familiengericht zu beachten und muss den Minderjährigen nicht anhören (§ 55 Abs. 2 Satz 5 SGB VIII).

Die rechtliche Stellung des vorläufigen Vormunds unterscheidet sich nicht von der des endgültigen Vormunds.

III. Frist für weitere Ermittlungen (Abs. 3)

7 Nach § 1781 Abs. 3 Satz 1 BGB hat das Familiengericht alsbald, längstens **binnen drei Monaten** ab Bestellung des vorläufigen Vormunds den endgültigen Vormund zu bestellen. Die kurze Frist wurde bewusst gewählt, um der Gefahr entgegenzuwirken, dass der Mündel zu seinem vorläufigen Vormund eine zu intensive Beziehung aufbaut.[13] Die Frist kann nach § 1781 Abs. 3 Satz 2 BGB von Amts wegen durch Beschluss nach Anhörung der Beteiligten (Mündel, Jugendamt, vorläufiger Vormund, Eltern – wenn das Bestellungsverfahren mit dem Anordnungsverfahren verbunden ist, vgl. zur Beteiligtenstellung der Eltern im Bestellungsverfahren *Wierse*, § 168 FamFG Rn. 6) um weitere drei Monate **verlängert** werden, wenn die eingeleiteten Ermittlungen noch nicht abgeschlossen sind oder aber sich abzeichnet, dass Hindernisse, die der Bestellung des geeigneten Vormunds entgegenstehen, binnen der verlängerten Frist behoben werden können.[14] Der Anhörungspflicht wird mit Blick auf die rein verfahrensrechtliche Dimension durch Gelegenheit zur schriftlichen Stellungnahme hinreichend Rechnung getragen. Dem förmlichen Beschluss kommt in erster Linie eine Signalwirkung und Erinnerungsfunktion zu.[15] Das (fruchtlose) Verstreichen (auch der verlängerten) Frist bleibt folgenlos, wie sich aus § 1781 Abs. 5 BGB ergibt.[16]

---

9 BT-Drs. 19/24445, 198
10 Oberloskamp/Dürbeck/*Strube*, § 7 Rn. 50; *Socha*, Vormundschaft und Pflegschaft, Rn. 296; vgl. auch *Veit*, JAmt 2019, 350
11 BT-Drs. 19/24445, 198
12 BT-Drs. 19/24445, 198.
13 BT-Drs. 19/24445, 199
14 BT-Drs. 19/24445, 199; MüKo-BGB/*Lettmaier*, § 1781 BGB Rn. 32
15 *Bode*, Das neue Vormundschaftsrecht, 147
16 Grüneberg/*Götz*, § 1781 BGB Rn. 5; MüKo-BGB/*Lettmaier*, § 1781 BGB Rn. 33

IV. Bestellung des endgültigen Vormunds (Abs. 4, 5)

Nach Abschluss der Ermittlung bzw. Wegfall etwaiger Bestellungshindernisse ist der am besten geeignete Vormund durch **weiteren Beschluss des Familiengerichts** zum endgültigen Vormund zu bestellen. Erst mit seiner Bestellung – und nicht etwa durch Fristablauf (§ 1781 Abs. 3 BGB) – endet gemäß § 1781 Abs. 5 BGB die vorläufige Vormundschaft von Gesetzes wegen. Durch § 1781 Abs. 4 BGB wird klargestellt, dass es auch dann der Bestellung eines endgültigen Vormunds bedarf, wenn sich herausgestellt hat, dass das Jugendamt oder aber der mit der Wahrnehmung der vorläufigen Vormundschaft betraute Mitarbeiter des Vormundschaftsvereins der am besten geeignete Vormund ist. Dies folgt für den Vereinsvormund auch aus § 1774 Abs. 1 Nr. 3 BGB, da nur der Mitarbeiter in Person, nicht aber der Verein selbst endgültiger Vereinsvormund sein kann. **8**

V. Anwendung im Rahmen von Sorgerechtsentzügen nach §§ 1666, 1666a BGB und weitere Verfahrensfragen

In den praktisch häufigen Fällen der Vormundbestellung im Zusammenhang mit einem Sorgerechtsentzug nach §§ 1666, 1666a BGB wirft die Anwendung des Instituts des vorläufigen Vormunds **zahlreiche verfassungs- und verfahrensrechtliche Fragen** auf. Nach der Rechtsprechung des BVerfG ist die Vormundauswahl unter dem Gesichtspunkt der Verhältnismäßigkeit integraler Bestandteil der Sorgerechtsentscheidung. Denn der Sorgerechtsentzug kann sich gerade deshalb als unverhältnismäßig erweisen, weil anstelle eines Verwandten oder einer sozialen Bezugsperson des Kindes ein Außenstehender zum Vormund bestellt wurde.[17] Daher ist es verfassungsrechtlich geboten, dass der Familienrichter nach § 6 RpflG im Rahmen der **Entscheidung nach §§ 1666, 1666a BGB** auch die – verfahrensrechtlich eigenständige (§ 151 Nr. 4 FamFG) – Prüfung der Vormundauswahl an sich zieht und diese mit dem Sorgerechtsverfahren nach § 20 FamFG verbindet.[18] Im Rahmen eines Hauptsacheverfahrens nach §§ 1666, 1666a BGB kommt die Bestellung eines vorläufigen Vormunds wegen noch nicht abgeschlossener Ermittlungen (§ 1781 Abs. 1 Alt. 1 BGB) nur dann in Betracht, wenn die erforderlichen Ermittlungen so weit fortgeschritten sind, dass jedenfalls festgestellt werden kann, dass die Verhältnismäßigkeit der Maßnahme nicht durch die Auswahl des Vormunds tangiert wird,[19] d.h. dass nahe Verwandte und sonstige Bezugspersonen als Vormund nicht als geeignet in Betracht kommen. **9**

Stellt sich der Sachverhalt allerdings so dar, dass der Mündel – wie im Kontext von § 1666 BGB häufig – ein solches Maß an sachkundiger und professioneller Sorgeverantwortung benötigt, dass ohnehin nur das Jugendamt als für den Mündel am besten geeigneter Vormund in Betracht kommt, bedarf es schon nicht der Bestellung eines vorläufigen Vormunds, vielmehr ist dann das Jugendamt unmittelbar zum endgültigen Vormund zu bestellen.[20]

Unklar ist, in welcher **Entscheidungsform** die Bestellung des vorläufigen Vormunds zu erfolgen hat.[21] In seiner Struktur spaltet § 1781 BGB die Bestellung des Vormunds in einen zweiaktigen Vorgang auf (zunächst vorläufige Bestellung, sodann endgültige Bestellung). Dies könnte verfahrensrechtlich ein Vorgehen mittels **Teilbeschlüssen** (§ 301 ZPO analog) **10**

17 BVerfG FamRZ 2015, 208 Rn. 23; FamRZ 2012, 938; FamRZ 2024, 143
18 Vgl. *Dürbeck,* NZFam 2022, 1053, 1055; *Horn/Kischkel*, § 6 Rn. 30; Socha, Vormundschaft und Pflegschaft, Rn. 302; MüKo-BGB/*Lettmaier*, § 1781 BGB Rn. 10; BeckOGK/*B. Hoffmann*, § 1781 BGB Rn. 35
19 Oberloskamp/Dürbeck/*Dürbeck*, § 3 Rn. 198; a.A. Sternal/*Schäder*, § 168 FamFG Rn. 20: kein Raum für § 1781 BGB im Hauptsacheverfahren
20 MüKo-BGB/*Lettmaier*, § 1781 BGB Rn. 12; *Socha*, Vormundschaft und Pflegschaft, Rn. 296
21 *Dürbeck*, FamRZ 2020, 1789, 1791 f.; *Horn/Kischkel*, § 6 Rn. 33; vgl. auch *Socha*, Vormundschaft und Pflegschaft, Rn. 303

nahelegen.[22] Die hierfür erforderlichen Voraussetzungen – selbstständiger Teil eines mehrgliedrigen Verfahrensgegenstandes, Ausschluss der Gefahr einander widersprechender Entscheidungen im Verhältnis zum übrigen Verfahrensgegenstand im Instanzenzug[23] – sind jedoch nicht erfüllt,[24] da bereits derselbe Gegenstand (Auswahl des Vormunds) betroffen ist, der lediglich in zeitlicher Hinsicht eine Aufspaltung erfährt. Es liegt also eher eine Parallelität zum Verhältnis einstweilige Anordnung und Hauptsache vor, die beide mit Endbeschlüssen entschieden werden. Die Mehraktigkeit entspricht der Struktur des Vormundschaftsverfahrens, das unmittelbar mit Anordnung der Vormundschaft beim Familiengericht anhängig wird[25] und den Charakter eines Dauer- bzw. Bestandsverfahrens trägt, in dem sukzessive (End-)Entscheidungen getroffen werden:[26] zunächst Auswahl und Bestellung der Person des Vormunds, im Anschluss daran Beratung und Unterstützung sowie Führung der Vormundschaft (§ 1802 BGB) mit der Möglichkeit, aber auch dem **Erfordernis verschiedener Einzelentscheidungen**.

Insofern und vor dem Hintergrund der verfassungsrechtlichen Vorgaben ist es sachgerecht, über die Bestellung eines vorläufigen Vormunds im Kontext eines Sorgerechtsentzugs nach § 1666 BGB durch einheitlichen richterlichen Endbeschluss zu entscheiden, mit welchem gleichzeitig der Entzug der elterlichen Sorge und die Bestellung des vorläufigen Vormunds angeordnet wird.[27] Die Auswahl des endgültigen Vormunds erfolgt sodann durch nachgelagerte, weitere Endentscheidung im Vormundschaftsverfahren (§ 151 Nr. 4 FamFG), für das grundsätzlich der Rechtspfleger funktionell zuständig ist.[28]

11 Wird gegen den im kombinierten Endbeschluss vorgenommenen Sorgerechtsentzug **Beschwerde** eingelegt, stellt sich allerdings die Problematik potentiell widersprechender Entscheidungen durch die Entscheidung des Beschwerdegerichts zum Sorgerechtsentzug und der im Nachverfahren nach § 1781 Abs. 3 BGB zu treffenden Entscheidung des Rechtspflegers/Familienrichters zur Bestellung des endgültigen Vormunds. Damit ist letztlich auch die **Frage der sachlich-funktionellen Zuständigkeit** für die Vormundbestellung in diesem Kontext aufgeworfen. Denn das Beschwerdegericht hat als zweite Tatsacheninstanz erneut vollständig (§§ 65, 68 Abs. 5 FamFG) den Sorgerechtsentzug auch unter dem verfassungsrechtlichen Gesichtspunkt der Verhältnismäßigkeit zu prüfen, in dem die Frage der Person des Vormunds integraler Bestandteil ist. Der Umstand, dass das Ausgangsgericht die Wahl getroffen hat, nach § 1781 BGB vorzugehen, begrenzt weder die Prüfungs- und noch die Entscheidungsbefugnis des Beschwerdegerichts im Hinblick auf die Person des Vormunds.

Eine strukturell ähnliche Problematik liegt hinsichtlich des Verhältnisses von einstweiliger Anordnung zum in der Hauptsache geführten Beschwerdeverfahren vor, für die § 50 Abs. 1 Satz 2 FamFG eine klare Zuständigkeitszuordnung vorsieht. Auch in der hier diskutierten Konstellation erscheint allein die Herstellung eines Gleichlaufs der inhaltlich mit derselben Frage befassten Verfahren sachgerecht.

12 Grundsätzlich ist ein **Gleichlauf von Beschwerdeverfahren und Nachverfahren** § 1781 BGB insofern **denkbar**, als dass im Hinblick auf die zeitlichen Vorgaben des § 1781 Abs. 3 BGB vor Abschluss des Beschwerdeverfahrens die endgültige Vormundbestellung im Nachverfahren erfolgt ist, gegen die sodann ebenfalls Beschwerde erhoben wird. Ange-

22 So erwogen von *Dürbeck*, FamRZ 2020, 1789, 1791 f. und in Oberloskamp/Dürbeck/*Dürbeck*, § 3 Rn. 199
23 Sternal/*Jokisch*, § 38 FamFG Rn. 29
24 Zweifelnd auch *Horn/Kischkel*, § 6 Rn. 33, aber mit Blick auf mögliche Divergenzen zwischen den Instanzen
25 BeckOGK/*B. Hoffmann*, § 1773 BGB Rn. 111
26 MüKo-FamFG/*A. Fischer*, 4. Aufl. 2025, FamFG § 58 Rn. 22
27 *Horn/Kischkel*, § 6 Rn 33
28 *Horn/Kischkel*, § 6 Rn. 33; ebenfalls für die Abgabe der Entscheidung über die endgültige Vormundbestellung an den Rechtspfleger Oberloskamp/Dürbeck/*Dürbeck*, § 3 Rn. 199

sichts des Umstands, dass die Auswahl des Vormunds jedoch unter dem Gesichtspunkt der verfassungsrechtlich geforderten Verhältnismäßigkeitsprüfung integraler Bestandteil auch des Verfahrens nach § 1666 BGB ist, kann die Herstellung des Gleichlaufs jedoch nicht von der Bedingung der Beschwerdeerhebung durch einen Verfahrensbeteiligten abhängen.

Sachgerecht ist deshalb die **Beiziehung und Verbindung** (§ 20 FamFG) **auch des Nachverfahrens** nach § 1781 Abs. 3 BGB zum Beschwerdeverfahren betreffend den Sorgerechtsentzug durch das Beschwerdegericht, um widerstreitende Entscheidungen zu vermeiden. Einer förmlichen Verweisung durch das Ausgangsgericht bedarf es schon deshalb nicht, weil letztlich derselbe Verfahrensgegenstand „elterliche Sorge" betroffen ist. Denn nicht nur die Frage des „Ob" der (vorläufigen) Vormundschaft, sondern auch die Folgefrage der Auswahl der Person des Vormunds ist integraler Bestandteil der dem Beschwerdegericht angefallenen Überprüfung des Sorgerechtsentzugs.[29] Offen ist in diesem Kontext allerdings die weitere Folgefrage, wie im Fall der Verbindung mit der Frist des § 1781 Abs. 3 BGB umzugehen ist, wobei das fruchtlose Verstreichen der Frist gesetzlich folgenlos ist.

Eine Verfahrensverbindung nach § 20 FamFG wird auch dann vorzunehmen sein, wenn beim Familiengericht ein **Abänderungsverfahren** nach §§ 1696 Abs. 2, 1666 BGB anhängig wird und parallel dazu auf entsprechenden Antrag beim Rechtspfleger ein Verfahren zur Auswechslung des Vormunds nach §§ 1804 Abs. 3, 1805 BGB mit dem Ziel der Bestellung eines nahen Angehörigen zum Vormund geführt wird. Denn auch hier ist integraler Bestandteil der im Rahmen der sorgerechtlichen Abänderungsentscheidung vorzunehmenden Prüfung der fortbestehenden Verhältnismäßigkeit der angeordneten Kinderschutzmaßnahme die Frage der Übertragung der Vormundschaft auf einen nahen Angehörigen.[30] **13**

Erfolgt der **Sorgerechtsentzug nach §§ 1666, 1666a BGB** im Rahmen eines **einstweiligen Anordnungsverfahrens** (§ 49 FamFG), bedarf es des Rückgriffs auf das Institut des vorläufigen Vormunds auch dann nicht, wenn die Ermittlungen zur Person des endgültigen Vormunds noch nicht abgeschlossen sind.[31] Entgegen der Annahme der Gesetzesbegründung[32] haben in diesem Fall sowohl die Anordnung des Sorgerechtsentzugs als auch die gleichzeitig erfolgende Vormundbestellung vorläufigen Charakter.[33] Regelmäßig wird **bei bestehendem Eilbedarf** ohnehin aus Verhältnismäßigkeitsgründen nur ein Entzug von Sorgerechtsteilen (in der Regel Aufenthaltsbestimmungsrecht, Recht zur Antragstellung nach dem SGB VIII und Recht der Gesundheitsfürsorge, ggf. noch Recht zur Regelung schulischer Angelegenheiten) in Betracht kommen, so dass kein Vormund, sondern ein Ergänzungspfleger (§ 1809 Abs. 1 BGB) zu bestellen ist. Dabei gilt, dass in Verfahren des einstweiligen Rechtsschutzes eine gesicherte Ermittlungsgrundlage wegen des typischerweise bestehenden Eilbedürfnisses regelmäßig auch verfassungsrechtlich nicht gefordert ist.[34] Sofern nicht bereits bei Einleitung des Verfahrens Erkenntnisse über geeignete natürliche Personen bekannt sind, werden daher auch im Eilverfahren regelhaft das Jugendamt, ggf. aber auch ein Berufsvormund als geeigneter Vormund bzw. Pfleger zu bestellen sein.[35] **14**

---

29 Vgl. zur Einheitlich des Verfahrensgegenstands Sorgerecht: OLG Frankfurt FamRZ 2024, 1273; FamRZ 2022, 267; KG FamRZ 2023, 602; *Kischkel*, NZFam 2022, 107

30 Vgl. BVerfG FamRZ 2014, 907: Verwandten- statt Heimunterbringung; MüKo-BGB/*Volke*, § 1696 BGB Rn. 52, 53

31 *Socha*, Vormundschaft und Pflegschaft, Rn. 299; *Horn/Kischkel*, § 6 Rn. 31, 33; MüKo-BGB/*Lettmaier*, § 1781 BGB Rn. 14; BeckOK-BGB/*Bettin*, § 1781 BGB Rn. 3; Sternal/*Schäder*, § 168 FamFG Rn. 19; a.A. Grüneberg/*Götz*, § 1781 BGB Rn. 1: „ermöglicht gerade bei bestehendem Eilbedürfnis [...] die konsequente Einhaltung des Gebots des BVerfG"

32 BT-Drs. 19/24445, 202

33 Oberloskamp/Dürbeck/*Dürbeck*, § 3 Rn. 200; *Horn/Kischkel*, § 6 Rn. 31; vgl. KG FamRZ 2016, 649

34 Vgl. BVerfG FamRZ 2018, 1084; Prütting/Helms/*Hammer*, § 168 FamFG Rn. 17: einstweilige Anordnung vor Abschluss der Ermittlungen

35 *Horn/Kischkel*, § 6 Rn. 31

An das einstweilige Anordnungsverfahren hat sich angesichts der Intensität des mit dem Sorgerechtsentzug verbundenen Grundrechtseingriffs stets ein Hauptsacheverfahren anzuschließen,[36] so dass auch die Vormundbestellung einer nochmaligen vollständigen Prüfung unterliegt.[37] Während damit die Bestellung des Vormunds/Pflegers im Verfahren der einstweiligen Anordnung zu keinem anderen Ergebnis als die Bestellung eines vorläufigen Vormunds/Pflegers nach § 1781 BGB (i.V.m. § 1813 Abs. 1 BGB) führt, weist der **Weg der einstweiligen Anordnung** gegenüber der Bestellung nach § 1781 BGB **bedeutende Vorteile** auf: Dadurch, dass – anders als bei § 1781 BGB – sämtliche Vormundtypen nach § 1774 Abs. 1 BGB in Betracht gezogen werden können, erlaubt es „bessere" (geeignetere) Lösungen im Einzelfall.[38] Daneben wird nicht die Frist des § 1781 Abs. 3 BGB ausgelöst, die zu einem schwierigen und unsachgemäßem Nebeneinander von endgültiger Vormundbestellung im Rahmen des einstweiligen Anordnungsverfahrens bei gleichzeitiger offener und umfassender Prüfung der Sachlage zu Entzug und Vormundbestellung im Hauptsacheverfahren führt.[39]

Sollte entgegen der hier vertretenen Auffassung gleichwohl ein Bedürfnis für die Bestellung eines vorläufigen Vormunds/Pflegers im Rahmen einer vorläufigen Regelung durch einstweilige Anordnung gesehen werden, wird die nach § 1781 Abs. 3 BGB geforderte endgültige Vormundbestellung in Beibehaltung der Verfahrensart durch Beschluss nach § 54 FamFG vom Richter zu treffen sein, um divergierende Entscheidungen von Richter und Rechtspfleger zu vermeiden.[40]

§ 1782 BGB

Benennung und Ausschluss als Vormund durch die Eltern

(1) [1]Die Eltern können durch letztwillige Verfügung eine natürliche Person als Vormund oder Ehegatten als gemeinschaftliche Vormünder benennen oder von der Vormundschaft ausschließen, wenn ihnen zur Zeit ihres Todes die Sorge für die Person und das Vermögen des Kindes zusteht. [2]Die Benennung und der Ausschluss können schon vor der Geburt des Kindes erfolgen, wenn dem jeweiligen Elternteil die Sorge für die Person und das Vermögen des Kindes zustünde, falls es vor dem Tod des Elternteils geboren wäre.

(2) Haben die Eltern widersprüchliche letztwillige Verfügungen zur Benennung oder zum Ausschluss von Vormündern getroffen, so gilt die Verfügung durch den zuletzt verstorbenen Elternteil.

§ 1783 BGB

Übergehen der benannten Person

(1) Die benannte Person darf als Vormund ohne ihre Zustimmung nur übergangen werden, wenn

1. sie nach § 1784 nicht zum Vormund bestellt werden kann oder soll,

2. ihre Bestellung dem Wohl des Mündels widersprechen würde,

---

36 Ernst/Lohse/*Ernst*, Satz 99 Rn. 92

37 *Horn/Kischkel*, § 6 Rn. 31

38 Oberloskamp/Dürbeck/*Dürbeck*, § 3 Rn. 200

39 Oberloskamp/Dürbeck/*Dürbeck*, § 3 Rn. 200; *Dürbeck*, FamRZ 1789, 1792; *ders.*, NZFam 2022, 1053, 1055; *Bode*, Das neue Vormundschaftsrecht, 143 erkennt in der Parallelität hingegen einen Vorteil für den Mündel

40 *Socha*, Vormundschaft und Pflegschaft, Rn. 303; vgl. auch MüKo-BGB/*Lettmaier*, § 1781 BGB Rn. 14; a.A. *Dürbeck*, NZFam 2022, 1053, 1055, der eine Abgabe an den Rechtspfleger für empfehlenswert erachtet

3. **der Mündel, der das 14. Lebensjahr vollendet hat, der Bestellung widerspricht,**
4. **sie aus rechtlichen oder tatsächlichen Gründen an der Übernahme der Vormundschaft verhindert ist oder**
5. **sie sich nicht binnen vier Wochen ab der Aufforderung des Familiengerichts zur Übernahme der Vormundschaft bereit erklärt hat.**

(2) Wurde die benannte Person gemäß Absatz 1 Nummer 4 übergangen und war sie nur vorübergehend verhindert, so ist sie auf ihren Antrag anstelle des bisherigen Vormunds zum Vormund zu bestellen, wenn

1. **sie den Antrag innerhalb von sechs Monaten nach der Bestellung des bisherigen Vormunds gestellt hat,**
2. **die Entlassung des bisherigen Vormunds dem Wohl des Mündels nicht widerspricht und**
3. **der Mündel, der das 14. Lebensjahr vollendet hat, der Entlassung des bisherigen Vormunds nicht widerspricht.**

Übersicht

A. Allgemeines

Das Recht der Eltern zur Benennung oder zur Ausschließung bestimmter natürlicher Personen als Vormund durch letztwillige Verfügung ist Ausfluss des Elterngrundrechts nach Art. 6 GG. In der Praxis kommt dem Recht, da es **ausschließlich postmortal** wirkt, gleichwohl wenig tragende Bedeutung zu. Das Benennungsrecht bezieht sich auf die Aufgabe des Vormunds; erfasst wird aber auch der Zusatzpfleger nach § 1776 BGB (§§ 1776 Abs. 3, 1813 Abs. 1, 1782 BGB). Hingegen ist die Benennung eines Ergänzungspflegers nach § 1813 Abs. 2 BGB ausgeschlossen. 1

B. Inhalt der Norm

Das Recht, einen Vormund zu benennen oder eine Person als Vormund auszuschließen, hat der rechtliche Elternteil, wenn ihm im Zeitpunkt seines Todes gemeinsam mit dem anderen Elternteil oder allein die Personen- und Vermögenssorge für das Kind zusteht (Abs. 1 Satz 1). Aus der Konfliktregel des Abs. 2 folgt, dass das **Benennungsrecht** den Eltern nicht gemeinsam, sondern **jedem Elternteil allein** zusteht, auch dann, wenn gemeinsame Sorge besteht.[1] Bei widerstreitenden, formwirksamen Benennungen ist nach Abs. 2 die Verfügung des zuletzt verstorbenen Elternteils maßgeblich. 2

Das Benennungsrecht setzt das **Bestehen der elterlichen Sorgebefugnis** insgesamt voraus, d.h. sowohl im Bereich der Personen- als auch der Vermögenssorge einschließlich der Vertretungsbefugnis. Die Entziehung eines der beiden Sorgerechtsbereiche oder auch der gesetzlichen Vertretung lässt das Benennungsrecht entfallen.[2] Gleiches gilt bei Ruhen der elterlichen Sorge (§§ 1673, 1674 BGB).[3] Der Entzug lediglich von Teilbereichen der elterlichen Sorge (z.B. Aufenthaltsbestimmungsrecht) lässt hingegen das Benennungsrecht unberührt.[4] 3

1 MüKo-BGB/*Lettmaier*, § 1782 BGB Rn. 9
2 MüKo-BGB/*Lettmaier*, § 1782 BGB Rn. 10; Grüneberg/*Götz*, § 1782 BGB Rn. 2
3 OLG Brandenburg FamRZ 2020, 349; Grüneberg/*Götz*, § 1782 BGB Rn. 2
4 MüKo-BGB/*Lettmaier*, § 1782 BGB Rn. 10; BeckOGK/*B. Hoffmann*, § 1782 BGB Rn. 19

4 Benannt und ausgeschlossen werden können nur natürliche Personen, also die Vormünder nach § 1774 Nr. 1 bis 3 BGB und auch Ehegatten nach § 1775 Abs. 1 BGB. Der Ausschluss kann sich auf eine einzelne Person oder auch eine bestimmte Personengruppe (z.B. Geschwister, Verwandte einer Linie) beziehen.[5]

5 Die Benennung muss zu ihrer bindenden Wirksamkeit **in Form der letztwilligen Verfügung** vorliegen, also durch Einzel- oder gemeinschaftliches Testament (§§ 1937, 2231, 2247, 2267 BGB) oder Erbvertrag (§§ 1941, 2274 f. BGB). Eine Ermächtigung Dritter und Stellvertretung sind ausgeschlossen (§§ 2064, 2274).[6] Wurde die Form nicht eingehalten (z.B. Benennung in Form einer Sorgevollmacht), liegt keine wirksame Benennung vor. Es handelt sich aber gleichwohl um eine nach § 1778 Abs. 2 Nr. 2 BGB zu berücksichtigende, wenn auch nicht bindende elterliche Willensbekundung.[7] Bedingungen und Befristungen von Benennung und Ausschluss sind möglich.[8] Ferner ist die Benennung, auch die gemeinsame, jederzeit widerruflich.[9]

6 Abs. 1 Satz 2 ermöglicht die **vorgeburtliche Benennung** und erstreckt das Benennungsrecht damit auf die werdende Mutter.[10] Voraussetzung ist, dass dem Elternteil im Fall der Geburt des Kindes vor seinem Tod die elterliche Sorge vollumfänglich zustünde. Bezogen auf den Vater setzt dies voraus, dass er die Vaterschaft anerkannt hat und im Todeszeitpunkt mit der Mutter verheiratet war oder die Eltern bereits pränatal übereinstimmende Sorgeerklärungen abgegeben hatten (§§ 1626 Abs. 1 Satz 1, 1626a Abs. 1 Nr. 1, 1626b Abs. 2 BGB).[11]

7 Die wirksame Benennung vermittelt ein **subjektives Recht auf Bestellung**, jedoch keine Übernahmeverpflichtung (§ 1783 Abs. 1 HS 1 und Nr. 5 BGB). Der Benannte darf ohne Zustimmung des Benannten vom Gericht nur nach Maßgabe des § 1783 BGB übergangen werden. Ein **Übergehen ist** danach **zulässig, wenn** Ausschlussgründe nach § 1784 BGB vorliegen (Nr. 1), der über 14-jährige Mündel widerspricht (Nr. 3), die benannte Person aus rechtlichen oder tatsächlichen Gründen an der Übernahme der Vormundschaft verhindert ist (Nr. 4) oder sie sich nicht binnen vier Wochen zur Übernahme bereit erklärt (Nr. 5). Ferner ist nach Nr. 2 ein Übergehen der Benennung möglich, wenn die Bestellung dem Wohl des Mündels widersprechen würde. Zum besseren Schutz des Mündels wurde die früher geltende Gefährdungsschwelle abgesenkt.[12] Im Rahmen der einzelfallbezogen vorzunehmenden negativen Mündelwohlprüfung können die Kriterien der §§ 1778, 1779 BGB herangezogen werden.[13]

Da grundsätzlich davon auszugehen ist, dass die von den Eltern ausgewählte Person einen für das Kind geeigneten Vormund abgibt, bedarf es der Feststellung eines konkreten und erheblichen Widerspruchs zum Wohl des Mündels.[14] Nicht ausreichend ist, dass die Wahrnehmung des Kindeswohls durch einen Berufsvormund „besser" oder „professioneller" erfolgen könnte.[15] Ggf. ist zu prüfen, ob dem Benennungsrecht der Eltern dadurch Rechnung getragen werden kann, dass dem benannten Vormund für bestimmte Bereiche – mit dessen Zustimmung – ein Zusatzpfleger (§ 1776 BGB) zur Seite gestellt wird.[16]

---

5 Grüneberg/*Götz*, § 1782 BGB Rn. 2
6 Erman/*Schulte-Bunert*, § 1782 BGB Rn. 3
7 OLG Frankfurt FamRZ 2022, 867
8 MüKo-BGB/*Lettmaier*, § 1782 BGB Rn. 12
9 MüKo-BGB/*Lettmaier*, § 1782 BGB Rn. 16; BeckOGK/*B. Hoffmann*, § 1782 BGB Rn. 56 f.
10 BT-Drs. 19/24445, 200
11 Grüneberg/*Götz*, § 1782 BGB Rn. 2
12 BT-Drs. 19/24445, 200
13 *Bode*, Das neue Vormundschaftsrecht, 152; vgl. zu möglichen Anwendungsfällen MüKo-BGB/*Lettmaier*, § 1783 BGB Rn. 14
14 OLG Karlsruhe JAmt 2024, 489
15 OLG Rostock FamRZ 2022, 279; DIJuF-Rechtsgutachten JAmt 2023, 582, 583
16 BeckOGK/*B. Hoffmann*, § 1783 BGB Rn. 30

Bei **nur vorübergehender Verhinderung** der Übernahme im Fall des Abs. 1 Nr. 4 ist unter den Voraussetzungen des Abs. 2 der bestellte Vormund zu entlassen und der Benannte bei Wegfall des Hindernisses zu bestellen. **8**

Liegen die Voraussetzungen für das Übergehen der benannten Person vor, ist nach Maßgabe der §§ 1778, 1779 BGB die am besten geeignete Person zum Vormund zu bestellen. Zieht das Gericht die Übergehung einer wirksam benannten Person in Betracht, ist diese am Verfahren zu beteiligen (§ 7 Abs. 2 Nr. 1 FamFG) und ihr rechtliches Gehör zu gewähren (§ 34 Abs. 1 Nr. 1 FamFG).[17] Nach § 168 Abs. 1 FamFG sollen auch nahestehende Familienangehörige sowie Personen des Vertrauens des betroffenen Kindes angehört werden. Gegen die (bewusste oder unbewusste) Übergehung steht dem Benannten die **Beschwerde** nach § 58 Abs. 1 FamFG zu.[18] Im Fall der unbewussten Übergehung läuft für den zum Verfahren nicht hinzugezogenen Benannten die Beschwerdefrist des § 63 Abs. 1, Abs. 3 Satz 2 FamFG nicht.[19] **9**

§ 1784 BGB

Ausschlussgründe

(1) Nicht zum Vormund bestellt werden kann, wer geschäftsunfähig ist.

(2) Nicht zum Vormund bestellt werden soll in der Regel eine Person,

1. **die minderjährig ist,**
2. **für die ein Betreuer bestellt ist, sofern die Betreuung die für die Führung der Vormundschaft wesentlichen Angelegenheiten umfasst, oder für die ein Einwilligungsvorbehalt nach § 1825 angeordnet ist,**
3. **die die Eltern gemäß § 1782 als Vormund ausgeschlossen haben, oder**
4. **die zu einer Einrichtung, in der der Mündel lebt, in einem Abhängigkeitsverhältnis oder in einer anderen engen Beziehung steht.**

Übersicht

A. Allgemeines

§ 1784 BGB regelt die Ausschlussgründe für die Vormundbestellung und unterscheidet zwischen einem **absoluten Ausschlussgrund** (Abs. 1) und **Regelausschlussgründen** (Abs. 2), die eine Bestellung im Einzelfall trotzdem zulassen. **1**

B. Inhalt der Norm

Die Bestellung eines **Geschäftsunfähigen** (§ 104 Nr. 1 und 2 BGB) zum Vormund ist nicht möglich und nichtig.[1] Wird der Vormund nach wirksamer Bestellung geschäftsunfähig, ist er zu entlassen (§ 1804 Abs. 1 Nr. 4 BGB). Nimmt der geschäftsunfähige Vormund Rechtsgeschäfte für den Mündel vor, so handelt er als Vertreter ohne Vertretungsmacht (§§ 177 ff., § 179 Abs. 3 Satz 2 BGB). Seine Haftung dem Mündel gegenüber folgt aus Ge- **2**

17 Erman/*Schulte-Bunert*, § 1783 BGB Rn. 5; *Bode*, Das neue Vormundschaftsrecht, 152
18 OLG Karlsruhe JAmt 2024, 489; OLG Rostock FamRZ 2022, 279
19 BGH FamRZ 2017, 727
1 Grüneberg/*Götz* § 1784 BGB Rn. 2; Oberloskamp/Dürbeck/*Strube*, § 8 Rn. 6

schäftsführung ohne Auftrag, ungerechtfertigter Bereicherung oder unerlaubter Handlung, nicht aber aus § 1794 BGB.[2]

3 Liegt einer der in Abs. 2 Nr. 1 bis 4 genannten Gründe vor, soll das Familiengericht in der Regel bereits von der Bestellung dieser Person absehen. Tritt einer der Gründe nachträglich zur Bestellung ein oder wird dann erst bekannt, ist der Vormund gemäß § 1804 Abs. 1 Nr. 4 BGB zu entlassen. Bei Vorliegen besonderer Umstände im Einzelfall, die die Person als besonders geeignet erscheinen lassen, kann die Person trotz des Vorliegens eines Ausschlussgrundes ausgewählt und bestellt werden bzw. ist von ihrer Entlassung abzusehen.[3] Die entgegen § 1784 Abs. 2 BGB vorgenommene Bestellung ist mithin – anders als im Fall des Abs. 1 – wirksam und lediglich aufhebbar.[4] Bis zu seiner Entlassung ist der Vormund gesetzlicher Vertreter des Mündels, mit der Folge der **Haftung nach § 1794 BGB**.[5]

4 **Nr. 1** schließt zunächst **Minderjährige** von der Bestellung zum Vormund aus. Nach **Nr. 2** soll auch eine Person nicht bestellt werden, für die selbst ein Betreuer bestellt ist, wobei nunmehr nicht mehr jede Betreuung zur Untauglichkeit führt, sondern nur eine solche die die für die Führung der Vormundschaft wesentlichen Angelegenheiten umfasst oder für die ein Einwilligungsvorbehalt nach § 1825 BGB angeordnet ist. In allen anderen Fällen hat das Familiengericht im Einzelfall zu prüfen, inwieweit der **Betreute** zur Übernahme der Vormundschaft geeignet ist (§ 1779 BGB). Dabei ist insbesondere auch die Möglichkeit der Bestellung eines zusätzlichen Pflegers (§ 1776 BGB) in Betracht zu ziehen.[6] Zu den für die Führung der Vormundschaft zählenden wesentlichen Angelegenheiten sind in der Regel das Aufenthaltsbestimmungsrecht, die Gesundheitssorge, die Regelung schulischer Angelegenheiten und die Antragsstellung bei Behörden einschließlich der Antragstellung nach dem SGB VIII zu zählen, so eine Person, für die eine Betreuung mit den entsprechenden Aufgabenkreisen bestellt wurde, in der Regel nach § 1784 Abs. 2 Nr. 2 BGB nicht als tauglich anzusehen ist.[7]

5 Nicht zum Vormund bestellt werden sollen nach **Nr. 3** Personen, die von den Eltern wirksam nach § 1782 BGB als Vormund ausgeschlossen wurden. Der **elterliche Ausschluss** gilt damit nicht absolut.

6 Zur Vermeidung von Interessenkollisionen sollen nach **Nr. 4** Personen nicht zum Vormund bestellt werden, die zu einer Einrichtung, in der der Mündel lebt, in einem Abhängigkeitsverhältnis oder in einer anderen engen Beziehung stehen. Sofern nicht die konkrete Gefahr einer **Interessenkollision** besteht, kommt – wie im Betreuungsrecht (§ 1816 Abs. 6 Satz 2 BGB) – eine Bestellung der Person als Vormund gleichwohl in Betracht.[8] Eine dem Abhängigkeitsverhältnis ähnliche enge Beziehung wurde für die Ehefrau und Familienangehörige des Heimleiters angenommen.[9] Kein Ausschlussgrund liegt vor, wenn die Abhängigkeit nur zum Träger der Einrichtung, aber nicht zur Einrichtung selbst besteht.[10] Hier ist im Einzelfall das Bestehen einer Interessenkollision zu prüfen.[11]

2 *Bode*, Das neue Vormundschaftsrecht, 154
3 BT-Drs. 19/24445, 201; BeckOGK/*B. Hoffmann*, § 1784 BGB Rn. 38
4 BeckOK/*Bettin*, § 1784 BGB Rn. 4
5 Grüneberg/*Götz*, § 1784 BGB Rn. 4
6 BT-Drs. 19/24445, 201
7 Oberloskamp/Dürbeck/*Strube*, § 7 Rn. 40
8 BT-Drs. 19/24445, 202
9 OLG Düsseldorf FamRZ 1994, 1416; BayObLG FamRZ 1999, 50; BeckOK/*Bettin*, § 1784 BGB Rn. 8
10 BayObLG FamRZ 1997, 245
11 BeckOK/*Bettin*, § 1784 BGB Rn. 8

§ 1785 BGB

Übernahmepflicht; weitere Bestellungsvoraussetzungen

(1) Die vom Familiengericht ausgewählte Person ist verpflichtet, die Vormundschaft zu übernehmen, wenn ihr die Übernahme unter Berücksichtigung ihrer familiären, beruflichen und sonstigen Verhältnisse zugemutet werden kann.

(2) Die ausgewählte Person darf erst dann zum Vormund bestellt werden, wenn sie sich zur Übernahme der Vormundschaft bereit erklärt hat.

(3) Der Vormundschaftsverein und der Vereinsvormund dürfen nur mit Einwilligung des Vereins bestellt werden.

§ 1785 BGB normiert die Pflicht zur Übernahme der Vormundschaft unabhängig von der Staatsangehörigkeit,[1] stellt diese aber unter den **Vorbehalt der Zumutbarkeit**. In Ermangelung einer Sanktionsmöglichkeit hat die Norm lediglich Appellcharakter.[2] Zur Sicherstellung der Zumutbarkeit darf die ausgewählte Person nach Abs. 2 erst bestellt werden, wenn sie sich zur Übernahme bereit erklärt hat.[3] Die trotz fehlender Bereiterklärung erfolgte Bestellung ist jedoch wirksam und lediglich anfechtbar. Die gegen ihren Willen bestellte Person ist nach § 59 FamFG beschwerdebefugt.[4] 1

Da die Verpflichtung zur Übernahme besteht, muss die ausgewählte Person grundsätzlich **Gründe für ihre Ablehnung** anführen und diese glaubhaft machen.[5] Die in Abs. 1 benannten Gründe sollen dem Vormund Aspekte vor Augen führen, die für oder gegen die Übernahme der Vormundschaft sprechen.[6] Lehnt die ausgewählte Person jedoch – auch ohne Nennung von Gründen – die Übernahme nachhaltig ab, ist sie im Mündelinteresse nicht als geeignet i.S.d. § 1779 BGB in Betracht zu ziehen. Dies folgt bereits aus § 1785 Abs. 2 BGB, der im Interesse der Sicherstellung einer effektiven Wahrnehmung der Mündelinteressen vorsieht, dass die Bestellung erst erfolgen darf, wenn sich die ausgewählte Person bereit erklärt hat. 2

Unzumutbarkeit der Übernahme kann sich aus den familiären, beruflichen oder sonstigen Verhältnissen ergeben und liegt etwa vor, wenn mehrere eigene, Stief- oder Pflegekinder zu betreuen oder erwachsene Familienangehörige zu pflegen sind. Ein hohes Lebensalter, große Entfernung zum Aufenthaltsort des Mündels oder eine starke berufliche Belastung können ebenfalls Unzumutbarkeit begründen.[7] Treten nach der Bestellung Umstände ein, aufgrund derer dem Vormund die Amtsfortführung nicht mehr zugemutet werden kann, hat ihn das Familiengericht auf seinen Antrag hin zu entlassen (§ 1804 Abs. 2 Nr. 1 BGB).

Ein Vormundschaftsverein und auch der Vereinsvormund selbst darf nach § 1785 Abs. 3 BGB nur mit Einwilligung des Vereins bestellt werden. Im Fall des Vereinsvormunds tritt die Einwilligung des Vereins neben die Bereiterklärung des Vormunds selbst.

▶ *Vgl. auch die Kommentierung unter § 1774 BGB Rn. 7 und § 1804 BGB.*

1 Grüneberg/*Götz*, § 1785 BGB Rn. 1
2 *Bode*, Das neue Vormundschaftsrecht, 159
3 BT-Drs. 19/24445, 202
4 BeckOGK/*B. Hoffmann*, § 1785 BGB Rn. 21
5 MüKo-BGB/*Lettmaier*, § 1775 BGB Rn. 6; *Felix*, NZFam 2025, 369, 376
6 *Bode*, Das neue Vormundschaftsrecht, 159
7 Grüneberg/*Götz*, § 1785 BGB Rn. 3; ausführlich zu den Aspekten der Zumutbarkeit MüKo-BGB/*Lettmaier*, § 1785 BGB Rn. 7 ff.; *Felix*, NZFam 2025, 369, 376.

§ 1786 BGB

Amtsvormundschaft bei Fehlen eines sorgeberechtigten Elternteils

[1]Mit der Geburt eines Kindes, dessen Eltern nicht miteinander verheiratet sind und das eines Vormunds bedarf, wird das Jugendamt Vormund, wenn das Kind seinen gewöhnlichen Aufenthalt im Inland hat. [2]Dies gilt nicht, wenn bereits vor der Geburt des Kindes ein Vormund bestellt ist. [3]Wurde die Vaterschaft nach § 1592 Nummer 1 oder 2 durch Anfechtung beseitigt und bedarf das Kind eines Vormunds, so wird das Jugendamt in dem Zeitpunkt Vormund, in dem die Entscheidung rechtskräftig wird.

Übersicht

A. Allgemeines

1 § 1786 BGB regelt neben §§ 1751 Abs. 1, 1787 BGB weitere Fälle, in denen Amtsvormundschaft nicht durch gerichtliche Anordnung, sondern zum Schutze eines nichtehelichen Kindes **kraft Gesetzes** eintritt. Die Vorschrift bezweckt den Schutz des außerhalb der Ehe geborenen Kindes, das nicht unter elterlicher Sorge steht, aber unmittelbar eines gesetzlichen Vertreters bedarf. Um das Jugendamt frühzeitig zu informieren, besteht eine Mitteilungspflicht des Standesbeamten von der Geburt eines nichtehelichen Kindes nach § 168g Abs. 1 FamFG, § 68 PStG.

B. Inhalt der Norm

I. Eintritt gesetzlicher Amtsvormundschaft

1. Kinder nicht miteinander verheirateter Eltern (Satz 1)

2 Gemäß § 1786 Satz 1 FamFG wird das Jugendamt mit der **Geburt eines im Inland aufenthältlichen nichtehelich geborenen Kindes** Amtsvormund, soweit dieses eines Vormundes bedarf. Erfasst sind nur Kinder, die ihren **gewöhnlichen Aufenthalt im Bundesgebiet** haben, die Staatsangehörigkeit ist ohne Bedeutung.[1]

3 Ob ein **Bedürfnis für eine Vormundschaft** besteht, richtet sich nach § 1773 BGB. Das ist insbesondere dann der Fall, wenn das nichteheliche Kind **nicht unter elterlicher Sorge** steht (z.B. Mutter stirbt bei Geburt) oder aber die Mutter **minderjährig oder nicht geschäftsfähig** (vgl. § 1673 BGB) ist.

4 Amtsvormundschaft tritt nach Satz 2 aber dann nicht ein, wenn bereits **vor der Geburt ein anderer Vormund** bestellt wurde, was nach § 1773 Abs. 2 BGB zulässig und zur Durchsetzung des Gebots des Vorranges der Einzelvormundschaft auch geboten ist.[2] Die Frage, welches örtlich zuständige Jugendamt zum Amtsvormund wird, richtet sich anders als in den Fällen der Auswahlentscheidung des Familiengerichts (siehe hierzu *Wierse*, § 1774 BGB Rn. 15) nach § 87c Abs. 1 und 2 SGB VIII, so dass es grundsätzlich auf den **gewöhnlichen**

1 BeckOK-BGB/*Bettin*, § 1786 Rn. 4
2 Vgl. dazu DIJuF-Rechtsgutachten, JAmt 2011, 205

Aufenthalt der **Mutter** ankommt. Bei einem Wechsel des gewöhnlichen Aufenthalts der Mutter kann es gemäß § 87c Abs. 2 Satz 2 SGB VIII zum Wechsel des Amtsvormunds **ipso iure** kommen, soweit sich das bisher zuständige Jugendamt mit dem Jugendamt am neuen Wohnsitz der Mutter einig ist. Nähere Einzelheiten hierzu siehe *Wierse*, § 1804 Rn. 3.

2. Nachträgliche Beseitigung der Vaterschaft (Satz 3)

Nach Satz 3 tritt gesetzliche Amtsvormundschaft auch dann ein, wenn nach der Geburt des Kindes die nach § 1592 Nr. 1 oder 2 BGB bestehende **Vaterschaft durch Anfechtung** (§§ 1600 ff. BGB) **beseitigt** worden ist. Auch hier ist erforderlich, dass zum Zeitpunkt der Rechtskraft der Anfechtungsentscheidung die Voraussetzungen der Vormundschaft nach § 1773 BGB vorliegen, was insbesondere bei Tod, Geschäftsunfähigkeit oder Minderjährigkeit der Kindesmutter der Fall ist. Die örtliche Zuständigkeit für die Amtsvormundschaft richtet sich gemäß § 87c Abs. 1 Satz 2 SG VIII nach dem gewöhnlichen Aufenthalt der Mutter zum Zeitpunkt der Rechtskraft der Entscheidung über die Anfechtung der Vaterschaft. Besteht kein gewöhnlicher Aufenthalt, ist der tatsächliche Aufenthalt maßgebend (§ 87c Abs. 1 Satz 3 SGB VIII). 5

II. Ende der Vormundschaft

Die Vormundschaft endet nach §§ 1806, 1773 BGB, sobald die Mutter volljährig (§ 2 BGB) wird, wenn die minderjährige Mutter den volljährigen Vater heiratet (§ 1678 Abs. 1 HS 1 Atl. 2 BGB) oder wenn dem Vater nach Anerkennung oder gerichtlicher Feststellung der Vaterschaft die elterliche Sorge übertragen wird. Nach § 1303 Satz 1 BGB darf eine Ehe zwar nicht vor Volljährigkeit eingegangen werden. Bei einer Eheschließung ab 16 ist die Ehe nur aufhebbar (§ 1314 Abs. 1 Nr. 1 BGB) und die Aufhebung nach § 1315 Abs. 1 Satz 1 Nr. 1 BGB ggf. ausgeschlossen.[3] 6

III. Rechtsstellung, Mitteilungspflichten, Bescheinigung

Die Amtsvormundschaft des Jugendamts **beginnt**, sobald die in Rn. 3 genannten Voraussetzungen eintreten.[4] Die Rechtsfolgen entsprechen denen der bestellten Amtsvormundschaft, insbesondere gelten für die Delegation des Amtes innerhalb des Jugendamtes die §§ 55 Abs. 2, 57 Abs. 2 Satz 2 SGB VIII.[5] 7

Nach § 168b Abs. 2 FamFG hat das Familiengericht dem Jugendamt über den Eintritt der Amtsvormundschaft unverzüglich eine **Bescheinigung** zu erteilen, die wegen der kraft Gesetzes eintretenden Vormundschaft aber nur deklaratorischen Charakter hat.[6] Das Jugendamt wiederum hat nach § 57 Abs. 1 SGB VIII dem Familiengericht unverzüglich den Eintritt der Vormundschaft mitzuteilen.

§ 1787 BGB

Amtsvormundschaft bei vertraulicher Geburt

Wird ein Kind vertraulich geboren (§ 25 Absatz 1 Satz 2 des Schwangerschaftskonfliktgesetzes), wird das Jugendamt mit der Geburt des Kindes Vormund.

3 Erman/*Schulte-Bunert*, § 1786 BGB Rn. 3
4 DIJuF-Rechtsgutachten, JAmt 2009, 30; Erman/*Schulte-Bunert*, § 1786 BGB Rn. 3
5 MüKo-BGB/*Lettmaier*, § 1786 BGB Rn. 12
6 OLG Karlsruhe FamRZ 1998, 1244

A. Allgemeines

1 § 1787 BGB wurde durch die Vormundschaftsreform neu eingeführt und regelt neben §§ 1751 Abs. 1, 1786 BGB einen Fall der kraft Gesetzes eintretenden Amtsvormundschaft. Die Regelung wurde infolge der zum 1.1.2023 eingetretenen Änderung des § 1674a Satz 1 BGB erforderlich, nach dem nunmehr bei einer vertraulichen Geburt nicht mehr nur die elterliche Sorge der Mutter kraft Gesetzes ruht, sondern die beider Eltern, also auch die des im Zeitpunkt der Geburt des Kindes mit der Mutter verheirateten Vaters.[1]

B. Inhalt der Norm

2 Voraussetzung ist, dass es sich bei der Geburt um eine vertrauliche Geburt i.S.v. § 25 Abs. 1 Satz 2 SchKG handelt, also eine Entbindung, bei der die Schwangere ihre Identität nicht offenlegt und stattdessen die Angaben nach § 26 Abs. 2 Satz 2 SchKG macht. Für ein anonym geborenes oder in einer Babyklappe abgelegtes Kind gilt § 1787 BGB nicht. Diese Konstellationen werden von § 1773 Abs. 1 Nr. 3 BGB erfasst (nicht ermittelbarer Familienstand).[2]

Zuständig ist das Jugendamt, in dessen Bereich der Geburtsort des Kindes liegt (§ 87c Abs. 2a SGB VIII).

▶ *Zu den weiteren Rechtsfolgen vgl. Wierse, § 1786 BGB Rn. 7.*

§ 1788 BGB
Rechte des Mündels

Der Mündel hat insbesondere das Recht auf

1. **Förderung seiner Entwicklung und Erziehung zu einer eigenverantwortlichen und gemeinschaftsfähigen Persönlichkeit,**
2. **Pflege und Erziehung unter Ausschluss von Gewalt, körperlichen Bestrafungen, seelischen Verletzungen und anderen entwürdigenden Maßnahmen,**
3. **persönlichen Kontakt mit dem Vormund,**
4. **Achtung seines Willens, seiner persönlichen Bindungen, seines religiösen Bekenntnisses und kulturellen Hintergrunds sowie**
5. **Beteiligung an ihn betreffenden Angelegenheiten, soweit es nach seinem Entwicklungsstand angezeigt ist.**

Übersicht

1 MüKo-BGB/*Lettmaier*, § 1787 BGB Rn. 1
2 BeckOGK/*B. Hoffmann*, § 1787 BGB Rn. 8; zu den Begrifflichkeiten DIJuF-Rechtsgutachten, JAmt 2019, 394

A. Allgemeines

1 Der im Zuge der Vormundschaftsreform neu aufgenommene § 1788 BGB stellt das **„Herzstück"**[1] der Reform dar. Im Sinne eines „Perspektivwechsels"[2] werden nicht in erster Linie die Pflichten des Vormunds definiert. An die Spitze der Vorschriften über die Führung der Vormundschaft wird vielmehr ein **nicht abschließender Katalog** an Mündelrechten gestellt und so der Mündel stärker als bislang als Subjekt in das Zentrum der treuhänderischen Sorgeverantwortung gestellt. Damit einher geht eine entsprechende Schärfung des Tätigkeitsprofils der Vormundschaft: Den Rechten des Mündels entsprechen spiegelbildlich die in den §§ 1789, 1790, 1795 BGB niedergelegten Pflichten des Vormunds.

2 Die Rechte des Mündels ergaben sich vor der Reform nur mittelbar aus einer Verweisung des Vormundschaftsrechts auf das Recht der elterlichen Sorge (§§ 1800 Abs. 1, 1631 bis 1632 BGB). Da die Stellung des Vormunds – anders als das auf natürlichen Grundlagen beruhende, verfassungsrechtlich nach Art. 6 Abs. 2 GG geschützte Elternrecht – auf einem staatlichen Hoheitsakt fußt, besteht ein größerer Spielraum für gesetzgeberische Vorgaben und sind solche auch geboten, um dem Wohl des dem Vormund anvertrauten Mündels gerecht zu werden.[3] Die Vormundschaftsreform hat mit der Formulierung eines Katalogs spezifischer Mündelrechte langjährigen Forderungen aus der Literatur[4] sowie in der sog. Dresdener Erklärung von 2000,[5] aber auch den Vorgaben der UN-KRK Rechnung getragen.[6]

B. Inhalt der Norm

3 Mit dem Recht des Mündels auf **Förderung seiner Entwicklung und auf Erziehung zu einer eigenverantwortlichen und gemeinschaftsfähigen Persönlichkeit** (Nr. 1) wird das die Tätigkeit des Vormunds als Richtschnur leitende Erziehungsziel festgelegt (vgl. § 1 Abs. 1 SGB VIII). Hierin spiegelt sich zugleich die Erziehungspflicht gemäß § 1626 Abs. 2 Satz 1 BGB wider.[7] Dieses Ziel kann nur erreicht werden, wenn der Mündel in seiner subjektiven und individuellen Persönlichkeit wahrgenommen wird, wozu auch gehört, seine bisherigen Erfahrungen aufgrund seiner Herkunft zu berücksichtigen und in den Erziehungsprozess einzubeziehen.[8]

Nr. 2 führt als ausdrückliches Recht des Mündels das bislang nur über Verweisungen geltende **Gewaltverbot** auf und erstreckt dieses auch auf den Bereich der Pflege.

4 Das Recht auf persönlichen Kontakt mit dem Vormund (Nr. 3) und das Recht auf Achtung des Willens, der persönlichen Bindungen, die religiösen Bekenntnisses und kulturellen Hintergrunds (Nr. 4) stellen spezifisch vomundschaftsbezogene Mündelrechte dar. Das **Recht auf persönlichen Kontakt** verdeutlicht, dass Vormundschaft weit mehr als reine Sorgeorganisation ist und vor allem den Aufbau einer **Beziehung zum Mündel** erfordert, um das übergreifende Erziehungsziel (Nr. 1) erreichen zu können. Nur im persönlichen Kontakt, der nicht durch Fernkommunikationsmittel ersetzt werden kann,[9] können die individuellen Bedürfnisse und Wünsche des Mündels erfahren und die erforderliche Vertrauensbasis aufgebaut werden, die dem Vormund überhaupt erst die individuelle Interessenwahrnehmung ermög-

1 *Bartels*, FamRB 2021, 113, 117
2 *Veit*, JAmt 2019, 350, 354
3 BT-Drs. 19/24445, 203; BeckOGK/*Kerscher*, § 1788 BGB Rn. 3
4 *Salgo/Zenz*, FamRZ 2009, 1378, 1385
5 Dresdener Erklärung DAVorm 2000, 437
6 *Veit*, JAmt 2019, 350, 354
7 BT-Drs. 19/24445, 203
8 *Bode*, Das neue Vormundschaftsrecht, 164
9 OLG Dresden FamRZ 2019, 990 Rn. 22

licht.[10] Das Recht zum Kontakt verpflichtet umgekehrt den Mündel nicht zu einem Kontakt mit dem Vormund. Lehnt der Mündel den Vormund jedoch ab, können die wesentlichen Ziele der Vormundschaft nicht erreicht werden, so dass familiengerichtliche Maßnahmen nach § 1802 BGB[11] oder (auf Antrag) ein Wechsel des Vormunds (§ 1804 Abs. 1 Nr. 5, Abs. 3 BGB) angezeigt sein.

5 Mit der **Achtung des Willens** sowie seiner sonstigen persönlichen Belange (Nr. 4) wird eine augenscheinliche Selbstverständlichkeit normiert, deren besondere Hervorhebung dem Gesetzgeber jedoch im Hinblick darauf erforderlich erschien, dass für den Regelfall der Vormundschaft infolge Sorgerechtsentzugs davon auszugehen ist, dass die betroffenen Kinder bisher insoweit ein Defizit erfahren haben, weil sie gerade nicht im Mittelpunkt der elterlichen Fürsorgeaufmerksamkeit standen und gerade deshalb eines besonderen „Hinhörens" und „Ernstnehmens" bedürfen.[12] „Achtung" ist dementsprechend nicht im Sinne eines obersten Gebots, sondern im Sinne von „beachten", „respektieren" und berücksichtigen (vgl. § 1790 Abs. 2 Satz 1 BGB) zu verstehen.[13]

6 Das **Recht auf Beteiligung** des Mündels an den ihn betreffenden Angelegenheiten (Nr. 5) ist an § 1626 Abs. 2 Satz 2 BGB angelehnt und korrespondiert mit der Pflicht des Vormunds nach § 1790 Abs. 2 Satz 2 BGB. Der Mündel soll über die allgemeine Besprechungspflicht hinaus auch in die Entscheidungsprozesse einbezogen werden, soweit dies seinem Entwicklungsstand nach angezeigt ist. Damit soll vermieden werden, dass „über seinen Kopf hinweg" entschieden wird.[14]

7 Bei den in § 1788 BGB festgehaltenen Rechten handelt es sich zwar **nicht um subjektive Rechte** im Sinne einklagbarer Ansprüche,[15] zu ihrer Durchsetzung wäre kraft seiner Sorgeverantwortung dann auch der Vormund berufen.[16] Da die Rechte jedoch mit entsprechenden Vormundpflichten korrelieren, unterliegt ihre Einhaltung wie die gesamte Tätigkeit des Vormunds der familiengerichtlichen Kontrolle (§§ 1802, 1804 BGB).[17]

§ 1789 BGB

Sorge des Vormunds; Vertretung und Haftung des Mündels

(1) [1]Der Vormund hat die Pflicht und das Recht, für die Person und das Vermögen des Mündels zu sorgen. [2]Ausgenommen sind Angelegenheiten, für die ein Pfleger bestellt ist, es sei denn, die Angelegenheiten sind dem Pfleger mit dem Vormund zur gemeinsamen Wahrnehmung übertragen.

(2) [1]Der Vormund vertritt den Mündel. [2]§ 1824 gilt entsprechend. [3]Das Familiengericht kann dem Vormund die Vertretung für einzelne Angelegenheiten entziehen. [4]Die Entziehung soll nur erfolgen, wenn das Interesse des Mündels zu dem Interesse des Vormunds, eines von diesem vertretenen Dritten oder einer der in § 1824 Absatz 1 Nummer 1 bezeichneten Personen in erheblichem Gegensatz steht.

(3) Für Verbindlichkeiten, die im Rahmen der Vertretungsmacht nach Absatz 2 gegenüber dem Mündel begründet werden, haftet der Mündel entsprechend § 1629a.

---

10 *Bode*, Das neue Vormundschaftsrecht, 165; BeckOGK/*Kerscher*, § 1788 BGB Rn. 6; *Fröschle/Heinz*, Handbuch Vormundschaft und Pflegschaft, 54
11 BeckOGK/*Kerscher*, § 1788 BGB Rn. 7
12 BT-Drs. 19/24445, 203
13 BT-Drs. 19/24445, 203
14 BT-Drs. 19/24445, 203
15 *Bartels*, FamRB 2021, 113, 117
16 *Fröschle/Heinz*, Handbuch Vormundschaft und Pflegschaft, 53
17 BeckOGK/*Kerscher*, § 1788 BGB Rn. 10; BeckOK/*Bettin*, § 1788 BGB Rn. 7

Übersicht

A. Allgemeines

Durch die Vormundschaftsreform wurde § 1789 BGB insgesamt neu gefasst. Er übernimmt im Wesentlichen den Regelungsgehalt der §§ 1793 bis 1796 BGB a.F. 1

§ 1789 Abs. 1 Satz 1 BGB macht es dem Vormund zur Aufgabe, für die **Person und das Vermögen des Mündels zu sorgen.** Ferner obliegt ihm nach § 1789 Abs. 2 Satz 1 die **gesetzliche Vertretung**. Obwohl der Vormund seine Stellung im Gegensatz zu den Eltern nicht aus der Verfassung als natürliches Grundrecht ableitet, sondern aus einem Hoheitsakt der staatlichen Gemeinschaft,[1] zeigt sich hier die Gleichförmigkeit von elterlicher Sorge und Vormundschaft. Durch die Neufassung von Abs. 1 Satz 1 durch die Vormundschaftsreform kommt dies noch klarer zum Ausdruck: Auch für den Vormund handelt es sich zuvörderst um eine **Pflicht** für den Mündel zu sorgen und in zweiter Linie um ein Recht (§ 1793 Abs. 1 Satz 1 BGB a.F.: „Recht und Pflicht").[2]

Hinsichtlich der **Pflichten und Rechte des Vormunds** wird die Vorschrift ergänzt durch §§ 1790, 1791 BGB und insbesondere §§ 1795, 1798 BGB, die den Gegenstand der Personensorge bzw. die Grundsätze und Pflichten des Vormunds in der Vermögenssorge näher regeln. Wie die Eltern (Art. 6 Abs. 2 Satz 1 GG) hat demgemäß auch der Vormund die Sorge fremdnützig **im Mündelinteresse** auszuüben. 2

Auf der anderen Seite unterliegt der Vormund nach § 1789 Abs. 1 Satz 2, Abs. 2 BGB i.V.m. § 1824 BGB im Bereich der Personensorge und nach § 1798 Abs. 1 BGB i.V.m. §§ 1848 bis 1854 BGB vor allem der Vermögenssorge einschließlich seiner **Vertretungsmacht** stärkeren **Einschränkungen** als sorgeberechtigte Eltern und steht zudem unter der **Aufsicht des Familiengerichts** (§§ 1802, 1804 BGB) und auch des **Jugendamts** (vgl. § 53a SGB VIII). Überdies bedarf er zu zahlreichen Rechtsgeschäften der Genehmigung (§§ 1795 Abs. 2, 1799 Abs. 1 BGB i.V.m. §§ 1848 bis 1854 BGB). 3

B. Inhalt der Norm

I. Personen- und Vermögenssorge (Abs. 1 Satz 1)

Der Vormund hat zunächst **die Pflicht und das Recht zur Personensorge**. Diese umfasst gemäß § 1795 Abs. 1 Satz 1 BGB insbesondere die Bestimmung des Aufenthalts sowie die Pflege, Erziehung und Beaufsichtigung des Mündels unter Berücksichtigung seiner Rechte aus § 1788 BGB. Bei der Wahrnehmung der Personensorge sind § 1790 Abs. 2 BGB und insbesondere § 1795 BGB zu beachten, der die Personensorge im Einzelnen und durch Verwei- 4

1 BVerfGE 10, 302, 328 = NJW 1960, 811; Oberloskamp/Dürbeck/*Dürbeck*, § 9 Rn. 4
2 MüKo-BGB/*Schneider*, § 1789 BGB Rn. 1

sung auf die Regelungen der §§ 1631a bis 1632 Abs. 4 Satz 1 BGB näher regelt und personensorgespezifische Genehmigungspflichten vorgibt.

▶ *Zu den die Personensorge betreffenden Genehmigungspflichten vgl. Wierse, § 1795 BGB Rn. 9 ff.*

5 Hinsichtlich der **Vermögenssorge** hat der Vormund im Grundsatz die gleichen Befugnisse wie die Eltern. Es bestehen jedoch zahlreiche **Einschränkungen** und Sonderregelungen gemäß §§ 1798 Abs. 2, 1799 BGB, die nach der durch die Vormundschaftsreform geschaffenen Systematik sich im Wesentlichen aus Verweisungen in das Betreuungsrecht ergeben; vgl. *Wierse*, § 1799 BGB Rn. 2 ff.

▶ *Zu den die Vermögenssorge betreffenden besonderen Genehmigungspflichten vgl. Wierse, Kommentierung zu §§ 1850 ff. BGB.*

Gemäß § 1798 Abs. 1 Satz 1 BGB hat der Vormund die Vermögenssorge zum Wohl des Mündels unter Berücksichtigung der Grundsätze einer wirtschaftlichen Vermögensverwaltung und der wachsenden Bedürfnisse des Mündels zu selbstständigem und verantwortungsbewusstem Handeln wahrzunehmen. Dabei ist er zum Schutz und zur Erhaltung des Mündelvermögens verpflichtet (§ 1798 Abs. 1 Satz 2 BGB). Seine Aufgabe ist es hier, im Wesentlichen das **Vermögen des Mündels zu erhalten und auch zu vermehren**, so dass es dem Mündel bei Eintritt der Volljährigkeit zu Gute kommen kann.[3] Die Verpflichtung, das Vermögen **vor Schäden zu bewahren**, verpflichtet den Vormund für ausreichenden Versicherungsschutz zu sorgen, das Mündelvermögen sicher anzulegen und es ggf. auch in Besitz zu nehmen.[4] Zur Bestreitung des Unterhalts, der Erziehungskosten oder zur Finanzierung einer angemessenen Ausbildung darf er aber auch den Vermögensstamm angreifen, wenn nicht ausreichend Erträge vorhanden sind.[5]

Ebenso wie die Eltern (§ 1641 BGB) unterliegt der Vormund einem **Schenkungsverbot**, um das Mündelvermögen zu erhalten. Ausgenommen hiervon sind nur solche Schenkungen, durch die einer sittlichen Pflicht oder eine auf den Anstand zu nehmenden Rücksicht entsprochen wird (vgl. dazu § 534 BGB). Nach § 1798 Abs. 3 BGB verbotene Schenkungen sind unheilbar nichtig (§ 134 BGB).[6]

II. Beschränkung durch Pflegschaft (Abs. 1 Satz 2)

6 Entsprechend der Regelung der elterlichen Sorge (§ 1630 Abs. 1 BGB) erstrecken sich die Pflichten und Rechte des Vormunds nach Abs. 1 Satz 2 – einschließlich seiner Vertretungsmacht[7] – nicht auf Angelegenheiten des Mündels, für die ein Pfleger bestellt ist (§§ 1776, 1777, 1809 BGB). Hiervon nicht erfasst werden im Wege der Rückausnahme jene Angelegenheiten, die auf die Pflegeperson zur gemeinsamen Wahrnehmung mit dem Vormund übertragen sind (§ 1777 Abs. 2 BGB). Soweit ein Ergänzungspfleger nach § 1809 BGB bestellt ist, weil der Vormund für die betreffende Angelegenheit verhindert ist, hat Abs. 2 Satz 1 nur deklaratorischen Charakter, da die Vormundschaft infolge der Verhinderung bereits vor Anordnung der Pflegschaft und Bestellung des Pflegers insoweit nicht wirksam ausgeübt werden konnte.[8]

---

3 Grüneberg/*Götz*, § 1789 BGB Rn. 3
4 Zu den Einzelheiten Oberloskamp/Dürbeck/*Wunderlich*, § 11 Rn. 1 ff.
5 BGH MDR 1967, 473
6 KG BtPrax 2012, 123
7 Grüneberg/*Götz*, § 1789 BGB Rn. 4
8 MüKo-BGB/*Schneider*, § 1789 BGB Rn. 13

Konstitutive Bedeutung im Sinne einer Beschränkung der Befugnisse des Vormunds hat die Regelung aber, soweit der Pfleger nach §§ 1776, 1777 BGB oder nach § 1811 Abs. 1 BGB (Zuwendungspflegschaft) bestellt worden ist. Der Ausschluss des Vormunds tritt auch dann ein, wenn die Bestellung des Pflegers zu Unrecht erfolgt ist.[9] 7

Für trotz Ausschlusses vorgenommene Rechtsgeschäfte gelten die §§ 177 ff. BGB[10] mit der Möglichkeit der Genehmigung des schwebend unwirksamen Rechtsgeschäfts durch den Pfleger.

Dem Vormund steht gegen die Anordnung der Pflegschaft die Beschwerde nach §§ 58 ff. FamFG zu,[11] soweit diese nicht ohnehin seine Zustimmung voraussetzt (§§ 1776, 1777 BGB). Bei **Meinungsverschiedenheiten** zwischen Vormund und Pfleger nach §§ 1776, 1777 BGB in Angelegenheiten, die in beider Zuständigkeit fallen, entscheidet das Familiengericht nach § 1793 BGB (i.V.m. § 1813 Abs. 1 BGB). Gegen die Ablehnung der Anordnung einer Ergänzungspflegschaft (§ 1809 BGB) steht dem Vormund mangels eigener Rechtsverletzung kein Beschwerderecht zu.[12] Der Vormund kann aber im Namen des Mündels Beschwerde einlegen, da dieser stets in eigenen Rechten nach § 59 FamFG betroffen ist.[13] 8

Nicht selbst beschwerdeberechtigt ist der Vormund gegen die Entscheidung des Familiengerichts zur Genehmigung eines vom Pfleger abgeschlossenen Geschäfts,[14] z.B. nach § 1799 Abs. 1 BGB i.V.m. § 1848 bis 1854 BGB, auch hier besteht aber die Möglichkeit, Beschwerde im Namen des Mündels einzulegen.

III. Gesetzliche Vertretung (Abs. 2)

1. Grundsätze

Abs. 2 Satz 1 beinhaltet die Aufgabe des Vormunds zur **gesetzlichen Vertretung** des Mündels. Damit kann er wie sorgeberechtigte Eltern **Willenserklärungen mit Wirkung für den Mündel** nach Maßgabe von § 164 Abs. 1 BGB abgeben und über das Schicksal vom Mündel selbst abgegebener Willenserklärungen nach §§ 107, 108, 110 BGB (Zustimmung oder Genehmigung) entscheiden. Auch vertritt er den Mündel in **gerichtlichen und behördlichen Verfahren**, soweit dieser nicht selbst verfahrensfähig ist (vgl. § 9 Abs. 2 FamFG), und kann z.B. Strafantrag für den Mündel stellen (§ 77 Abs. 3 StGB). Grundsätzlich kann der Vormund auch **Dauerschuldverhältnisse** für den Mündel begründen, die **über den Eintritt von dessen Volljährigkeit** hinausgehen, wobei der Vormund **pflichtwidrig** handelt, wenn er die Handlungsfähigkeit des Mündels nach Volljährigkeit nicht bedenkt und abwägt.[15] Für Rechtsgeschäfte nach § 1799 Abs. 2 Satz 1 BGB ist allerdings eine familiengerichtliche Genehmigung erforderlich, sofern nicht die Rückausnahme § 1799 Abs. 2 Satz 2 greift.[16] 9

Insbesondere im Bereich der **Personensorge** gelten für den Vormund die gleichen gesetzlichen **Einschränkungen seiner Vertretungsmacht** wie bei sorgeberechtigten Eltern, d.h. die Vertretungsmacht ist ausgeschlossen bzw. (altersabhängig) auf eine Zustimmung beschränkt für höchstpersönliche Rechtsakte wie das religiöse Bekenntnis (§ 5 Abs. 1 Satz 1 RKEG), Testamentserrichtung (§§ 2064, 2229 BGB), Anerkennung und Anfechtung der Vaterschaft und die entsprechende Zustimmung (§§ 1596, 1600a Abs. 2 Satz 2 BGB) oder die 10

---

9 KG NJW 1966, 1320; anders aber bei Nichtigkeit
10 Grüneberg/*Götz*, § 1789 BGB Rn. 4
11 OLG Celle FamRZ 2013, 651
12 KG OLG 1965, 237; MüKo-BGB/*Schneider*, § 1789 BGB Rn. 20
13 OLG Düsseldorf BeckRS 2010, 21268
14 BayObLG FamRZ 1992, 104
15 Vgl. RGZ 41, 263; OLG Hamm FamRZ 2010, 1997: zur Zuwendungspflegschaft; Erman/*Schulte-Bunert*, § 1789 BGB Rn. 11
16 Oberloskamp/Dürbeck/*Wunderlich*, § 11 Rn. 288 ff.

Zustimmung zur Namensänderung (§1617c Abs. 1 Satz 2 BGB).[17] Gegenständlich begrenzt ist die Vertretungsmacht, soweit der Mündel unbeschränkt geschäftsfähig ist (§§ 112, 113 BGB). Ferner fehlt die Vertretungsmacht für Angelegenheiten, die auf einen Pfleger (§§ 1776, 1777 BGB) übertragen sind, es sei denn, es besteht gemeinsame Sorge nach § 1777 Abs. 2 BGB. Beschränkungen ergeben sich zudem auch im Bereich der Personensorge durch Genehmigungserfordernisse in den Fällen des § 1795 Abs. 2 BGB (siehe hierzu *Wierse*, § 1795 BGB Rn. 9 ff.).

2. Ausschluss der Vertretungsmacht

11 Die Vertretungsmacht ist weiter durch die Verweisung in Abs. 2 Satz 2 auf § 1824 BGB in den dort genannten Fällen eingeschränkt. Die Regelung des § 1824 BGB entspricht § 1795 BGB a.F. und gilt gemäß § 1629 Abs. 2 BGB auch für sorgeberechtigte Eltern. Lediglich klarstellende Bedeutung hat der Hinweis in § 1824 Abs. 2 BGB auf § 181 BGB, dass das Verbot des Selbstkontrahierens auch für den Vormund (und über § 1629 Abs. 2 BGB für die Eltern) Geltung beansprucht. Im Übrigen liegen den Fallgruppen von § 1824 Abs. 1 BGB vom Gesetzgeber als **abstrakt für den Mündel gefährlich eingestufte Geschäfte** zu Grunde, die im Einzelfall auch bei fehlender tatsächlicher Gefährdung keine andere Auslegung der Vorschrift erlauben.[18] Für den Fall, dass sich **außerhalb des Anwendungsbereichs von § 1824 BGB und § 181 BGB** nicht hinnehmbare **Interessenskollisionen** zwischen Mündel und Vormund ergeben, ist auf § 1789 Abs. 2 Satz 3 und 4 BGB abzustellen.[19] §§ 1789 Abs. 2 Satz 2, 1824 BGB gelten im Übrigen über den Wortlaut hinaus auch für den vom Jugendamt als **Amtsvormund** mit der Wahrnehmung der Vormundschaft betrauten **Beamten bzw. Mitarbeiter** i.S.v. §§ 55 Abs. 2 SGB VIII.[20]

▶ *Zu den Fallkonstellationen des § 1824 BGB vgl. Wierse, § 1824 BGB Rn. 2 ff.*

12 **Rechtsfolge** des Ausschlusses der Vertretungsmacht ist die Erforderlichkeit der Bestellung eines Ergänzungspflegers nach § 1809 Abs. 1 BGB. Dies gilt auch im Fall der Gesamtvertretung nach §§ 1775, 1777 Abs. 2, 1792 Abs. 1 und 3 BGB. Die Verhinderung eines Vormunds/Pflegers führt nicht zum Erstarken des Mitvertretungsrechts des anderen Teils hin zu einer Alleinvertretungsbefugnis; vielmehr ist ein Ergänzungspfleger zu bestellen, der an die Stelle des ausgeschlossenen Vormunds/Pflegers tritt.[21]

13 Handelt der Vormund entgegen dem Vertretungsverbot der §§ 1789 Abs. 2 Satz 1, 1824 BGB, sind die Rechtsfolgen in **§§ 177 ff. BGB** zu suchen. **Einseitige Rechtsgeschäfte** des Vormunds sind nach § 180 Satz 1 BGB grundsätzlich **nichtig**. Bei **zweiseitigen Rechtsgeschäften** gilt § 177 Abs. 1 BGB, so dass diese **schwebend unwirksam** sind. Das Geschäft kann **genehmigt** werden (§§ 182, 184 Abs. 2 BGB) durch den **volljährig gewordenen Mündel** (§ 108 Abs. 3 BGB) oder von einem bestellten **Ergänzungspfleger**.[22] Im Übrigen besteht eine Haftung des Vormunds als sog. **falsus procurator** nach § 179 BGB.

3. Entziehung der Vertretungsmacht

14 § 1789 Abs. 2 Satz 3, 4 BGB ergänzt die für den Vormund geltenden Vertretungsverbote der §§ 1789 Abs. 2 Satz 2, 1824 BGB und ermöglicht es dem Familiengericht in anderen Fällen einer **Interessenskollision** im Verhältnis zwischen Mündel und Vormund die **Vertretungs-**

17 Grüneberg/*Götz*, § 1789 BGB Rn. 6
18 BGHZ 50, 8 = FamRZ 1968, 245
19 Erman/*Schulte-Bunert*, § 1789 BGB Rn. 16
20 Oberloskamp/Dürbeck/*Wunderlich*, § 11 Rn. 277
21 OLG Celle FamRZ 2019, 40; OLG Karlsruhe FamRZ 2016, 2138; Erman/*Schulte-Bunert*, § 1824 BGB Rn. 1; jurisPK-BGB/*B. Hamdan*/*H. Hamdan*, § 1789 BGB Rn. 107
22 BGH FamRZ 2022, 1190; Erman/*Schulte-Bunert*, § 1824 BGB Rn. 26

macht für einzelne Angelegenheiten zu entziehen. Gemäß § 1629 Abs. 2 Satz 3 BGB gilt die Vorschrift auch für **sorgeberechtigte Eltern** entsprechend.

Anders als bei §§ 1789 Abs. 2, 1824 BGB bedarf es aber der **Feststellung eines konkreten Interessenskonflikts** und der im Einzelfall bestehenden Gefahr, dass der Vormund Eigeninteressen oder Interessen der in der Vorschrift genannten ihm nahe stehenden Personen unter Vernachlässigung der Mündelinteressen den Vorzug gibt.[23] Die Entziehung der Vertretungsmacht des Vormunds in der oder den betreffenden Angelegenheiten soll nach Satz 4 nur erfolgen, wenn das **Interesse des Mündels** zu dem **Interesse des Vormunds** oder eines von diesem vertretenen Dritten oder einer der in § 1824 Abs. 1 Nr. 1 BGB bezeichneten Personen in **erheblichem Gegensatz** steht. Dies ist dann der Fall, wenn die Erfüllung des einen Interesses nur auf Kosten des anderen erfolgen kann.[24] Diese Frage hat das Familiengericht umfassend aufzuklären[25] und unter Berücksichtigung konkreter Anhaltspunkte selbst zu beantworten, es kann sie nicht dem bestellten Pfleger überlassen.[26]

Keinen Interessengegensatz bilden bloße Meinungsverschiedenheiten zwischen Familiengericht und Vormund über die Mündelwohldienlichkeit einer Maßnahme, so dass die Entziehung der Vertretungsmacht nicht in Betracht kommt. Aufsichtsmaßnahmen nach § 1802 BGB bleiben gesondert zu prüfen.[27] **15**

Entgegen des missverständlichen Wortlauts von Abs. 2 Satz 3 („kann“) steht die Entscheidung **nicht im Ermessen** des Familiengerichts. Liegen die Voraussetzungen von Abs. 2 Satz 3 und 4 vor, muss das Familiengericht unter Beachtung des Grundsatzes der **Verhältnismäßigkeit**[28] die Vertretungsmacht des Vormunds beschränken.[29] **16**

Als praktische Anwendungsfälle[30] möglicher Interessenkollisionen betreffend die Vormundschaft und im Eltern-Kind-Verhältnis sind beispielhaft zu nennen die **Ausschlagung einer Erbschaft** des Kindes/Mündels, in deren Folge der Elternteil/Vormund Erbe wird[31] (dazu *Wierse*, § 1824 BGB Rn. 11), die Erbscheinsausstellung als Alleinerben für den überlebenden Elternteil, wenn Miterbenstellung des Kindes in Betracht kommt,[32] die pflichtwidrige Ausübung des Amts des Testamentsvollstreckers durch den allein sorgeberechtigten Elternteil, wenn das Kind Miterbe ist,[33] die Verbindung der Ämter des **Testamentsvollstreckers** und des Vormunds;[34] die **Entbindung von der ärztlichen Schweigepflicht**,[35] und die Heimunterbringung des Mündels, durch die dem Vormund persönliche Vorteile entstehen.[36] Auch die bloße **Untätigkeit** des Vormunds, z.B. bei der Geltendmachung eines Mündelanspruchs gegen sich selbst oder gegen eine ihm nahestehende Person kann eine Entscheidung nach § 1789 Abs. 2 Satz 3, 4 BGB erfordern.[37] Schließlich ist ein **Interessen-** **17**

23 BGH NJW 1955, 217; OLG Brandenburg FamRZ 2019, 1246; OLG Frankfurt FamRZ 2018, 827; MüKo-BGB/*Schneider*, § 1789 BGB Rn. 42
24 OLG Brandenburg FamRZ 2023, 199; OLG Nürnberg FamRZ 2022, 1853; OLG Hamm Rpfleger 1986, 13; Erman/*Schulte-Bunert*, § 1789 BGB Rn. 20
25 BayObLG Rpfleger 1989, 19
26 BGH NJW 1975, 345
27 MüKo-BGB/*Schneider*, § 1789 BGB Rn. 43
28 BGH ZKJ 2011, 465; FamRZ 1999, 738
29 Grüneberg/*Götz*, § 1789 BGB Rn. 11; MüKo-BGB/*Schneider*, § 1789 BGB Rn. 40
30 Siehe die Beispiele bei MüKo-BGB/*Schneider*, § 1789 BRB Rn. 51 ff. und BeckOGK/*Kerscher*, § 1789 BGB Rn. 91 ff.
31 OLG Köln FamRZ 2011, 231; OLG Zweibrücken FamRZ 2012, 1961; kein Fall des §§ 1824 Abs. 2, 181 BGB
32 OLG Brandenburg FamRZ 2023, 199
33 OLG Köln ZEV 2019, 149
34 OLG Nürnberg FamRZ 2002, 72; OLG Hamm FamRZ 1993, 122; Erman/*Schulte-Bunert*, § 1789 BGB Rn. 22; a.A. BGH FamRZ 2008, 1156
35 OLG Brandenburg Beschl. v. 28.10.20213 – 3 WF 107/13 –, juris
36 BayObLGZ 11, 64
37 BayObLG BtPrax 2005, 110; MüKo-BGB/*Schneider*, § 1789 Rn. 47

konflikt auch anzunehmen, wenn die mit der Aufgabe der Amtsvormundschaft betraute Fachkraft eine verwaltungsrechtliche Leistungsklage zur Durchsetzung von Jugendhilfeleistungen/Hilfen zur Erziehung (z.B. begleitetem Umgang nach § 18 Abs. 3 SGB VIII) gegen den Träger der Jugendhilfe erheben will und dieser zugleich auch ihr Dienstherr/Arbeitgeber ist.[38]

Eine Interessenkollision wurde hingegen bei Geltendmachung des Pflichtteilsanspruchs des minderjährigen Kindes durch den alleinerbenden Elternteil im Einzelfall verneint;[39] ebenso im Fall der Frage der Vertretungsbefugnis der potentiellen, rechtlichen Eltern im Anerkennungsverfahren über eine ausländische Sorgerechtsentscheidung bezogen auf ein durch eine Leihmutterschaft entstandenes Kind.[40]

18 Die Frage, ob es bei der familiengerichtlichen Genehmigung nach §§ 1795 Abs. 2, 1799 Abs. 1, 1848 bis 1854 BGB für einen Mündel zur Vertretung im Genehmigungsverfahren und zur **Entgegennahme des Genehmigungsbeschlusses i.S.v. § 41 Abs. 3 FamFG** der Bestellung eines Ergänzungspflegers (§1809 BGB) bedarf, wird weiterhin uneinheitlich beantwortet. Nach der einen Meinung ist dies wegen des verfassungsrechtlich abgesicherten Anspruchs des Mündels auf hinreichendes rechtliches Gehör stets der Fall und deshalb nach Entziehung der Vertretungsmacht nach § 1789 Abs. 2 S. 3, 4 BGB ein Ergänzungspfleger zu bestellen.[41] Nach der Gegenansicht, der sich auch der BGH[42] zu Recht angeschlossen hat, ist ein Ergänzungspfleger nur dann zu bestellen, wenn im Einzelfall konkret festgestellt ist, dass das Interesse des Mündels zu dem Interesse des Vormunds in erheblichem Gegensatz steht;[43] eine abstrakte Betrachtungsweise auf der Grundlage „typischer" Interessenkonflikte genügt nicht.[44] Die erforderliche Einzelfallbetrachtung soll nach einem obiter dictum des BVerfG auch die erb-/haftungsrechtlichen Folgen der Entscheidung über die Ergänzungspflegerbestellung einbeziehen.[45]

19 Ein im Eltern-Kind-Verhältnis typischer Anwendungsfall von § 1789 Abs. 2 Satz 3, 4 BGB i.V.m. § 1629 Abs. 2 Satz 3 BGB ist die immer noch umstrittene Frage der Vertretung des Kindes bei der **Geltendmachung von Unterhaltsansprüchen** im praktizierten **paritätischen Wechselmodell**. Der BGH geht unter ausdrücklicher Aufgabe seiner bisherigen Rechtsprechung[46] im Fall **nicht (mehr) verheirateter Eltern** inzwischen davon aus, dass beide Elternteile hinsichtlich des gegen den jeweils anderen Elternteil gerichteten Unterhaltsteilanspruchs vertretungsbefugt sind.[47] Denn der bei nur einem Elternteil verwirklichte Ausschlussgrund (§§ 1629 Abs. 2 Satz 1, 1824 Abs. 1 Nr. 3 und Nr. 1 BGB) führe nicht zugleich auch zum Ausschluss des anderen, vom Ausschlussgrund nicht betroffenen Elternteils.[48]

---

38 JurisPK-SGB VIII/*Fröschle*, § 55 SGB VIII Rn. 59; FK-SGB VIII/*Hoffmann*, § 55 SGB VIII Rn. 63; DIJuF-Rechtsgutachten, JAmt 2024, 471, 472; zur zu bejahende Klagebefugnis des Amtsvormunds in dieser Konstellation OVG Hamburg, JAmt 2024, 236

39 OLG Köln FamRZ 2024, 1911

40 OLG München FamRZ 2024, 535

41 Musielak/Borth/Frank/*Borth*, § 41 FamFG Rn. 11 und § 9 FamFG Rn. 8; Bumiller/Harders/Schwamb/*Bumiller*, § 41 FamFG Rn. 8; Dutta/Jacoby/Schwab/*Schwab*, § 41 FamFG, Rn. 35 jeweils auch mit Nachweisen zur (älteren) Rechtsprechung

42 BGH FamRZ 2014, 348; 2019, 986

43 OLG MüKo-FamFG/*Ulrici*, § 41 FamFG Rn. 15; Sternal/*Jokisch*, § 41 FamFG Rn. 5; BeckOGK/*Kerscher*, § 41 FamFG Rn. 96 jeweils mit Nachweisen auch zur (älteren) Rechtsprechung

44 BGH NJW-RR 2008, 963

45 BVerfG FamRZ 2023, 641; kritisch mit zutreffendem Hinweis darauf, dass nur die Erbausschlagung, nicht aber ihre Unterlassung, die in dem konkreten Fall zu den kritischen Folgen führte, genehmigungsbedürftig ist MüKo-FamFG/*Ulrici*, § 41 FamFG Rn. 15; vgl. BeckOGK/*Heinemann*, § 1945 Rn. 135.1 mit Verweis auf § 1858 Abs. 3 Satz 2 BGB n.F.

46 BGH FamRZ 2006, 1015; FamRZ 1972, 498

47 BGH FamRZ 2024, 1093 m.Anm. *Langeheine*

48 BGH FamRZ 2021, 1127 (zur Vaterschaftsanfechtung)

Der Bestellung eines Ergänzungspflegers oder einer Entscheidung nach § 1628 BGB bedürfe es daher nicht.[49]

Sind die Eltern allerdings **miteinander verheiratet**, so sind sie beide gemäß § 1629 Abs. 2 S. 1 i. V. mit § 1824 Abs. 1 Nr. 3 BGB an der Vertretung des Kindes gehindert, da es sich um einen Rechtsstreit mit dem jeweiligen Ehegatten handelt. In diesem Fall geht die wohl überwiegende Meinung von einem Wahlrecht zwischen der Übertragung der Entscheidungsbefugnis auf einen Elternteil nach § 1628 BGB und der Bestellung eines Ergänzungspflegers nach § 1789 Abs. 2 Satz 3, 4 BGB aus, wobei die Lösung nach § 1628 BGB – zu Recht aus Gründen der Verhältnismäßigkeit[50] – als vorzugswürdig angesehen wird.[51] Im Verfahren über die familiengerichtliche Genehmigung eines von Eltern als gesetzlichen Vertretern ihres minderjährigen Kindes abzuschließenden Vertrages bedarf es zur Vertretung des nicht verfahrensfähigen Kindes im Verfahren und für die Bekanntgabe der die Genehmigung aussprechenden Entscheidung keines Ergänzungspflegers.[52]

Ein weiterer typischer Anwendungsfall im Eltern-Kind-Verhältnis ist die **Vertretung des Kindes bei der Ausübung seines Zeugnisverweigerungsrechts** nach § 52 StPO im Rahmen **20**
eines strafrechtlichen Ermittlungsverfahrens gegen einen Elternteil (meist wegen des Vorwurfs des sexuellen Missbrauchs oder Kindesmisshandlung).[53] Einer Entscheidung nach § 1789 Abs. 2 Satz 3, 4 BGB bedarf es aber nur dann, wenn die Vertretungsmacht nicht bereits nach **§ 52 Abs. 2 Satz 2 StPO** kraft Gesetzes ausgeschlossen ist.[54] Dies ist dann der Fall, wenn der allein Sorgeberechtigte Beschuldigter ist (§ 52 Abs. 2 Satz 2 StPO) und gilt bei gemeinsamer Sorge auch für den nicht beschuldigten Elternteil (§ 52 Abs. 2 Satz 2 HS 2 StPO). Für die **Zustimmung zur Untersuchung** des Kindes verweist § 81c Abs. 3 S. 2 StPO auf § 52 Abs. 2 StPO. Das Familiengericht hat für die notwendige Anordnung einer Ergänzungspflegschaft weder die Aussagebereitschaft des Kindes noch dessen (fehlende) Verstandesreife zu prüfen.[55]

Nicht, auch nicht entsprechend anzuwenden ist § 52 Abs. 2 Satz 2 StPO nach überwiegender Meinung auf den Fall, dass der nicht beschuldigte Elternteil alleinsorgeberechtigt ist.[56] In dieser Konstellation ist eine mögliche Interessenkollision des alleinsorgeberechtigten Elternteils einzelfallbezogen gem. § 1789 Abs. 2 S. 3, 4 BGB zu prüfen. Dies ist etwa der Fall, wenn der Beschuldigte der Lebensgefährte des Sorgeberechtigten ist. Eine entsprechende Prüfung ist ebenfalls und gesondert für beide vertretungsberechtigte Elternteile, mithin auch den beschuldigten Elternteil erforderlich soweit die **Vertretung des Kindes im Ermittlungsverfahren**,[57] die **Entbindung von der ärztlichen Schweigepflicht,**[58] **Entscheidung über die Videovernehmung des Kindes**[59] und die **Erhebung der Nebenklage**[60] betroffen sind, da insoweit kein gesetzlicher Vertretungsausschluss besteht.

---

49 Ebenso: OLG Hamburg FamRZ 2024, 110; OLG Karlsruhe, Beschl. v. 9.4.2024 – 5 WF 157/23, juris; OLG Nürnberg MDR 2024, 987

50 Vgl. Staudinger/*Dürbeck*, § 1684 BGB Rn. 265

51 OLG Frankfurt FamRZ 2024, 1631; OLG Schleswig FamRZ 2024, 114; OLG Brandenburg NZFam 2022, 1138; OLG Frankfurt FamRZ 2017, 289; den Weg über § 1628 BGB billigend: BGH FamRZ 2017, 235; str., a.A. etwa OLG Stuttgart FamRZ 2023, 1204; OLG Köln FamRZ 2015, 859; eine Übersicht bietet jurisPK-BGB/*Viefhues*, § 1612 BGB Rn. 167 ff.

52 BGH FamRZ 2019, 986

53 OLG Zweibrücken FamRZ 2019, 811; OLG Koblenz NZFam 2014, 716; OLG Hamburg ZKJ 2014, 70; OLG Bremen FamRZ 2011, 232; ausführlich *Splitt*, FamRZ 2019, 507; *Schneider*, FamRZ 2022, 1821, 1825 f.

54 BGH FamRZ 2020, 1197; OLG Frankfurt FamRZ 2023, 1878

55 BGH FamRZ 2020, 1197

56 OLG Brandenburg FamRZ 2011, 528; MüKo-StPO/*Kreicker*, § 52 StPO Rn. 45; BeckOK-StPO/*Huber*, § 52 StPO Rn. 24; a.A. KK-StPO/*Bader*, § 52 Rn. 29; *Köhnlein/Radtke/Scheliha*, NStZ 2025, 1, 5

57 BGH FamRZ 2020, 1197 (Stellung eines Strafantrags)

58 BGH FamRZ 2020, 1197; OLG Frankfurt FamRZ 2023, 1878 (Interessenkonflikt bejaht)

59 OLG Hamburg NJW 2020, 624

60 OLG Bamberg FamRZ 2025, 612 (Interessenkonflikt bejaht); FamRZ 2020, 1382 (verneint)

21 Für das gerichtliche Verfahren ist nach §§ 3 Nr. 2a, 14 RPflG der **Rechtspfleger** funktionell zuständig, der **von Amts wegen** tätig wird. Betroffene können aber die Einleitung eines Verfahrens anregen (§ 24 Abs. 1 FamFG). Erkennt der Vormund einen Interessenkonflikt, hat er dies nach § 1809 Abs. 2 BGB beim Familiengericht **anzuzeigen**. Eine **Mitteilungspflicht anderer Gerichte** folgt aus § 22a FamFG. **Persönlich anzuhören** sind der Vormund, der Mündel, die Eltern und das Jugendamt (§§ 159 ff. FamFG).

22 Die Entscheidung des Familiengerichts ist **konstitutiv**.[61] Erst ab Wirksamkeit der Entscheidung (§ 40 FamFG) fehlt dem Vormund die Vertretungsmacht. Es genügt die **Bestellung eines Pflegers unter genauer Bezeichnung der betreffenden Angelegenheit**; die Entziehung der Vertretungsmacht muss nicht in den Tenor aufgenommen werden, jedoch in den Gründen begründet werden.[62] Vom Vormund nach der Wirksamkeit der Entscheidung getätigte Rechtsgeschäfte sind nach § 177 BGB **schwebend unwirksam** (siehe näher zu den Folgen Rn. 13).

23 **Beschwerdeberechtigt** sind nach § 59 FamFG der Vormund,[63] nach § 60 FamFG der verfahrensfähige Mündel sowie nach § 162 Abs. 3 Satz 2 FamFG das Jugendamt. Nicht beschwerdeberechtigt sind die (nicht sorgeberechtigten) Eltern des Mündels.[64] Der Ergänzungspfleger kann sich nur gegen seine Auswahl, nicht gegen die Anordnung der Pflegschaft beschweren.[65] Der **Staatsanwaltschaft** steht gegen eine ablehnende Entscheidung nach § 1789 Abs. 2 Satz 3, 4 BGB **keine Beschwerde** zu.[66]

61 BGH FamRZ 2007, 538
62 BayObLG FamRZ 2004, 906; siehe auch BGH FamRZ 2020, 1197 Rn. 30; MüKo-BGB/*Schneider*, § 1789 BGB Rn. 55
63 BGH FamRZ 2011, 1788
64 OLG München BtPrax 2009, 237 bzgl. § 1837 BGB; MüKo-BGB/*Schneider*, § 1789 BGB Rn. 56
65 BGH NJW 2012, 685
66 BGH MDR 2014, 1407

Übersicht: Vertretungshindernisse 24

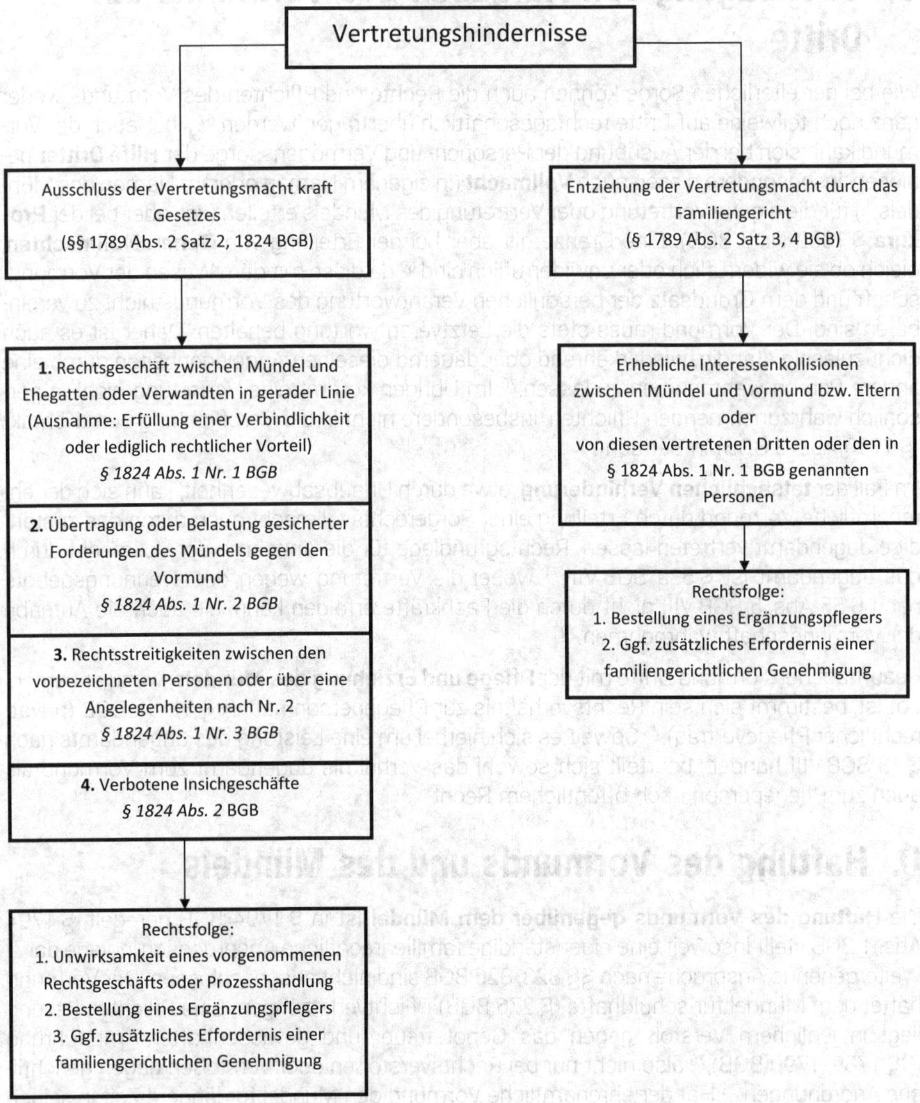

C. Übertragung von Aufgaben des Vormunds auf Dritte

25 Wie bei der elterlichen Sorge können auch die Rechte und Pflichten des Vormunds weder ganz noch teilweise auf Dritte rechtsgeschäftlich übertragen werden.[67] Aber auch der Vormund kann sich bei der Ausübung der Personen- und Vermögenssorge der **Hilfe Dritter** bedienen, insbesondere diesen auch **Vollmacht** (in eigenem Namen oder im Namen des Mündels[68]) für die eigene Vertretung oder Vertretung des Mündels erteilen (vgl. aber bei der **Prokura** § 1852 Nr. 3 BGB). Eine Grenze gilt aber bei der Erteilung von **Generalvollmachten**, gleich ob sie widerruflich oder unwiderruflich sind,[69] da diese mit dem Wesen der Vormundschaft und dem Grundsatz der persönlichen Verantwortung des Vormunds nicht zu vereinbaren sind. Der Vormund muss stets die Letztverantwortung behalten. Daher ist es auch nicht zulässig ständig, wiederkehrend oder dauernd dieselben Angelegenheiten durch eine andere Person wahrnehmen zu lassen.[70] Im Übrigen kommt eine Vertretung nicht in persönlich wahrzunehmenden Pflichten, insbesondere nicht in der Verpflichtung zum Kontakt (§ 1790 Abs. 3 BGB) in Betracht.

Im Fall der **tatsächlichen Verhinderung**, etwa durch Urlaubsabwesenheit, kann sich der ehrenamtliche Vormund durch Erteilung einer Sorgerechtsvollmacht auch durch das zuständige Jugendamt vertreten lassen. Rechtsgrundlage für die Annahme der Vollmacht durch das Jugendamt ist § 53a SGB VIII,[71] wobei die Vertretung wegen des Trennungsgebots nach § 55 Abs. 5 SGB VIII nicht durch die Fachkräfte erfolgen kann, die auch die Aufgabe der Vormundschaft wahrnehmen.[72]

26 Beauftragt der Vormund Dritte mit der **Pflege und Erziehung des Mündels**, wozu er berechtigt ist, bestimmt sich sein Rechtsverhältnis zur Pflegeperson nach §§ 611 ff. BGB (privatrechtlicher Pflegevertrag).[73] Soweit es sich hierbei um eine Leistung des Jugendamts nach § 33 SGB VIII handelt, beurteilt sich sowohl das Verhältnis Jugendamt zum Vormund als auch zur Pflegeperson nach öffentlichem Recht.

D. Haftung des Vormunds und des Mündels

27 Die **Haftung des Vormunds gegenüber dem Mündel** ist in § 1794 BGB geregelt; § 1794 Abs. 1 BGB stellt insoweit eine eigenständige familienrechtliche Anspruchsgrundlage dar.[74] Weitergehende Ansprüche nach §§ 823, 826 BGB sind nicht ausgeschlossen. Der Vormund haftet dem Mündel für schuldhafte (§ 276 BGB) Pflichtverletzungen. Eine Pflichtverletzung liegt in jeglichem Verstoß gegen das Gebot treuer und gewissenhafter Amtsführung (§§ 1789, 1790 BGB),[75] also nicht nur bei Rechtsverstößen oder Verstößen gegen gerichtliche Anordnungen.[76] Hat der ehrenamtliche Vormund den Mündel für längere Zeit in seinen Haushalt aufgenommen (§ 1791 BGB), haftet er nur für eigenübliche Sorgfalt (Abs. 2 i.V.m.

---

67 RGZ 76, 185; MüKo-BGB/*Schneider*, § 1789 BGB Rn. 58
68 Zur Unterscheidung vgl. MüKo-BGB/*Schneider*, § 1789 BGB Rn. 61 f.
69 Str. wie hier MüKo-BGB/*Schneider*, § 1789 BGB Rn. 63 f.; BeckOGK/*Kerscher*, § 1789 BGB Rn. 41; a.A. RGZ 41, 263
70 DIJuF-Rechtsgutachten, JAmt 2024, 649, 650; BeckOGK/*Schmidt-Recla*, § 1817 BGB Rn. 59
71 DIJuF-Rechtsgutachten, JAmt 2024, 649, 650; generell zur Bevollmächtigung des Jugendamtes durch den ehrenamtlichen Vormund nach § 53 Abs. 1, 4 SGB VIII *Hoffmann*, FamRZ 2025, 1171 ff.; a.A. zu § 18 SGB VIII als Rechtsgrundlage für eine Vollmachtsannahme *Lack*, NJW 2024, 805
72 *Hoffmann*, JAmt 2023, 370, 373
73 Vgl. BGHZ 2006, 1264
74 BGH NJW 1955, 867; Grüneberg/*Götz*, § 1794 BGB Rn. 1
75 BGH NJW-RR 2005, 297
76 BeckOK-BGB/*Bettin*, § 1794 BGB Rn. 4

§ 1664 BGB). Das Haftungsprivileg kommt dem Berufs- oder Vereinsvormund nicht zugute, auch wenn er den Mündel in seinen Haushalt aufgenommen hat, es sei denn er entschließt sich, diese Vormundschaft ehrenamtlich zu führen.[77] Erfordert die Erfüllung seiner Aufgaben die Einschaltung Dritter, haftet der Vormund nicht aus dem Gesichtspunkt des § 278 BGB, sondern für ein etwaiges eigenes **Auswahl- und Überwachungsverschulden**.[78]

Der **Mündel haftet Dritten** gegenüber für schuldhaftes Verhalten des Vormunds nach § 278 BGB wie für eigenes Verschulden aus einem rechtsgeschäftlichen oder gesetzlichen **Schuldverhältnis**, nicht aber aus Delikt, weil der Vormund nicht sein Verrichtungsgehilfe ist. Hinzukommen kann in diesen Fällen aber eine eigene rechtsgeschäftliche Haftung des Vormunds als Vertreter.[79] **28**

§ 1790 BGB
Amtsführung des Vormunds; Auskunftspflicht

(1) Der Vormund ist unabhängig und hat die Vormundschaft im Interesse des Mündels zu dessen Wohl zu führen.

(2) [1]Der Vormund hat die wachsende Fähigkeit und das wachsende Bedürfnis des Mündels zu selbständigem und verantwortungsbewusstem Handeln zu berücksichtigen und zu fördern. [2]Der Vormund hat Angelegenheiten der Personen- und der Vermögenssorge mit dem Mündel zu besprechen und ihn an Entscheidungen zu beteiligen, soweit es nach dessen Entwicklungsstand angezeigt ist; Einvernehmen ist anzustreben. [3]Der Vormund soll bei seiner Amtsführung im Interesse des Mündels zu dessen Wohl die Beziehung des Mündels zu seinen Eltern einbeziehen.

(3) [1]Der Vormund ist zum persönlichen Kontakt mit dem Mündel verpflichtet und berechtigt. [2]Er soll den Mündel in der Regel einmal im Monat in dessen üblicher Umgebung aufsuchen, es sei denn, im Einzelfall sind kürzere oder längere Besuchsabstände oder ein anderer Ort geboten.

(4) Der Vormund hat bei berechtigtem Interesse nahestehenden Angehörigen oder sonstigen Vertrauenspersonen auf Verlangen Auskunft über die persönlichen Verhältnisse des Mündels zu erteilen, soweit dies dem Wohl des Mündels nicht widerspricht und dem Vormund zuzumuten ist.

(5) [1]Wird der gewöhnliche Aufenthalt eines Mündels in den Bezirk eines anderen Jugendamts verlegt, so hat der Vormund dem Jugendamt des bisherigen gewöhnlichen Aufenthalts die Verlegung mitzuteilen. [2]Satz 1 gilt nicht für den Vereinsvormund und den Vormundschaftsverein.

Übersicht

77 BT-Drs. 19/24445, 208
78 Erman/*Schulte-Bunert*, § 1789 BGB Rn. 36
79 Erman/*Schulte-Bunert*, § 1789 BGB Rn. 33

A. Allgemeines

1 § 1790 BGB konkretisiert die spiegelbildlich an den Rechten des Mündels gemäß § 1788 BGB ausgerichteten Grundsätze für die Amtsführung des Vormunds.[1] § 1790 Abs. 4 BGB normiert ein Auskunftsrecht für nahestehende Angehörige und sonstige Vertrauenspersonen und schließt damit eine bisher im Verhältnis zum Kindschaftsrecht bestehende Lücke.

B. Inhalt der Norm

I. Amtsführung (Abs. 1 bis 3)

2 Als grundlegendes Prinzip der Amtsführung stellt § 1790 Abs. 1 BGB die **Verpflichtung zur unabhängigen Amtsführung** im **Interesse und zum Wohl des Mündels** heraus und normiert so erstmals den die Vormundschaft gewohnheitsrechtlich prägenden **Grundsatz der Selbstständigkeit**.[2] Damit soll – über die allgemeinen Maßstäbe des § 181 BGB hinaus – verdeutlicht werden, dass der Vormund sein Amt unabhängig von anderen Interessen als denjenigen des Mündels wahrzunehmen hat.[3] Der Vormund handelt damit grundsätzlich **weisungsfrei**.[4] Die staatliche Kontrolle ist zwar durch Genehmigungserfordernisse (§§ 1795 Abs. 2, 1799 Abs. 2 BGB) und die behördliche (§ 53 SGB VIII) wie gerichtliche Aufsicht (§ 1802 BGB) stärker ausgeprägt als im Bereich des durch Art. 6 Abs. 2, 3 GG geschützten natürlichen Elternrechts. Die Aufsicht ist jedoch auf pflichtwidriges Amtshandeln des Vormunds beschränkt und umfasst keine Weisungsbefugnis in Bereichen, die in das Ermessen des Vormunds gestellt sind (vgl. *Wierse*, § 1802 BGB Rn. 3, 7).[5]

3 Der Vormund ist nach § 1790 Abs. 1 BGB allein dem Interesse und dem Wohl des Mündels verpflichtet. Bei dem **Begriff des Mündelwohls** handelt es sich – wie beim Kindeswohl – um einen **unbestimmten Rechtsbegriff**, der eine einzelfallbezogene Abwägung der das Kindeswohl prägender Aspekte verlangt. Als drei das Mündelwohl prägende übergeordnete Prinzipien können abgeleitet aus §§ 1788 Nr. 1, 1697a Abs. 2 BGB die Kontinuität der Lebenswelt des Mündels, die Förderung seiner Anlagen und seiner wachsenden Autonomie angesehen werden.[6]

4 Der Vormund hat die Vormundschaft – dies zeigt der Pflichtkanon der §§ 1789 Abs. 1 Satz 1, 1790, 1795 Abs. 1 BGB – **persönlich** zu führen.[7] Er darf weder sein Amt noch seine Aufgaben im Wesentlichen auf einen Dritten übertragen. Einzelne Angelegenheiten, die nicht der persönlichen Einflussnahme bedürfen, können jedoch einem anderen überlassen werden,[8] wie etwa die alltägliche Erziehung durch Pflegepersonen (§§ 1791, 1795 Abs. 1 Satz 2 BGB). Ebenfalls möglich ist die Erteilung einer **Vollmacht** durch den Vormund oder auch namens des Mündels (vgl. *Wierse*, § 1789 BGB Rn. 25).

5 § 1790 Abs. 2 BGB regelt den Rechten des Mündels nach § 1788 Nr. 1, 4 und 5 BGB korrespondierende Pflichten des Vormunds. Die Regelung entspricht den Grundsätzen zur elterlichen Sorge nach § 1626 Abs. 2 BGB.[9] Leitbild für die Wahrnehmung der Sorgeverantwortung ist danach ein **partnerschaftlicher Erziehungsstil**, der dem Heranwachsen des Kindes zu Selbstständigkeit Rechnung trägt und es altersentsprechend in Entscheidungen einbe-

1 BT-Drs. 19/24445, 204
2 BGH FamRZ 1955, 248; *Wierse*, FamRZ 2024, 1033
3 BT-Drs. 19/24445, 204; MüKo-BGB/*Schneider*, § 1790 BGB Rn. 2
4 Erman/*Schulte-Bunert*, § 1790 BGB Rn. 2
5 Grüneberg/*Götz*, § 1802 BGB Rn. 4; BeckOGK/*Kerscher*, § 1790 BGB Rn. 3
6 *Fröschle/Heinz*, Handbuch Vormundschaft und Pflegschaft, 55
7 BeckOGK/*Kerscher*, § 1790 BGB Rn. 5
8 Grüneberg/*Götz*, § 1790 BGB Rn. 3
9 BeckOK/*Bettin*, § 1790 BGB Rn. 4

zieht.[10] Nach Möglichkeit ist Einvernehmen anzustreben. Die Grenze des mit dem Mündel zu erzielenden Einvernehmens bildet das **Mündelwohl**.[11] Die letzte Entscheidung verbleibt damit beim Vormund, der aber nicht über den Kopf des Mündels hinweg entscheiden soll.[12] Da auch nach einem umfassenden Sorgerechtsentzug nach § 1666 BGB das Kind eine tatsächliche Beziehung zu seinen Eltern hat, soll der Vormund diese bei seiner Amtsführung nach § 1790 Abs. 2 Satz 3 BGB berücksichtigen. Die Einbeziehung erfolgt allein im Interesse des Mündelwohls, so dass Rechte der Eltern hieraus nicht abgeleitet werden können.[13]

Korrespondierend mit dem Recht des Mündels auf persönlichen Umgang mit dem Vormund ist der Vormund gemäß § 1790 Abs. 3 BGB zum **persönlichen Kontakt mit dem Mündel** verpflichtet, der ihn erst in die Lage versetzt, seine Aufgabe, die Pflege, Erziehung und Beaufsichtigung des Mündels zu gewährleisten, sinnvoll wahrzunehmen.[14] Es handelt sich um eine **höchstpersönliche, nicht delegationsfähige** Verpflichtung.[15] Der Kontakt muss in persönlichen Treffen erfolgen; Telefon-, Mail- oder von Dritten wahrgenommene Kontakte reichen nicht aus.[16] Die Vorschrift gilt für den Regelfall, dass der Mündel bei Dritten, nämlich entweder einer Pflegeperson oder in einer Einrichtung, lebt.[17] Sie entspricht dem bisherigen § 1793 Abs. 1a BGB (a.F.), der zur Stärkung des staatlichen Wächteramtes eingefügt wurde und der Abwendung von Vernachlässigungen und Misshandlungen des Mündels durch Pflegepersonen oder Dritten dienen sollte. § 1790 Abs. 3 Satz 2 BGB berechtigt den Vormund aber nicht zum Betreten von Haus und Grund der Pflegeperson oder der Einrichtung gegen deren Willen.[18] Im Hinblick auf die durch die Vormundschaftsreform bewirkte Stärkung der Subjektstellung durch die Normierung expliziter Mündelrechte kann die Norm aber nicht mehr allein vor diesem Hintergrund gelesen werden. Vielmehr dient die Verpflichtung zum persönlichen Kontakt gerade auch der Sicherstellung der **mündelspezifischen Wahrnehmung der Sorgeverantwortung** (vgl. *Wierse*, § 1788 BGB Rn. 1 ff.). 6

§ 1790 Abs. 3 Satz 2 BGB gibt als **Grundregel eine Kontaktaufnahme pro Monat** in der üblichen Umgebung des Mündels vor. Die konkrete Ausgestaltung des Kontaktes nach Häufigkeit, Dauer und **Ort** richtet sich jedoch nach den Umständen und Erfordernissen des konkreten Einzelfalls,[19] so dass kürzere oder längere Besuchsintervalle je nach Einzelfall in Betracht kommen. Letztere (z.B. mit Telefonkontakten) insbesondere dann, wenn der Mündel in stabilen Verhältnissen lebt und nach Alter und Persönlichkeitsstruktur auf seine Anliegen und eventuelle Missstände selbstständig hinweisen kann.[20]

Für Bedienstete des **Jugendamtes** enthält § 55 Abs. 4 SGB VIII, der auf § 1790 Abs. 3 BGB verweist, eine entsprechende Verpflichtung. Der jährliche Bericht des Vormunds muss Angaben zu den persönlichen Kontakten machen (§§ 1802 Abs. 2 Satz 3, 1863 Abs. 3 Satz 3 Nr. 1 BGB).

---

10 Grüneberg/*Götz*, § 1790 BGB Rn. 4; Oberloskamp/Dürbeck/*Dürbeck*, § 9 Rn. 19
11 Vgl. BGH NJW 2020, 1065; Oberloskamp/Dürbeck/*Strube*, § 4 Rn. 4
12 Oberloskamp/Dürbeck/*Dürbeck*, § 9 Rn. 20; BT-Drs. 19/24445, 203
13 BT-Drs. 19/24445, 204
14 BeckOGK/*Kerscher*, § 1790 BGB Rn. 16
15 MüKo-BGB/*Schneider*, §1790 BGB Rn. 10
16 OLG Dresden FamRZ 2019, 990 Rn. 22; Grüneberg/*Götz*, § 1790 BGB Rn. 5
17 BT-Drs. 19/24445, 204
18 BT-Drs. 19/24445, 204
19 OLG Braunschweig FamRZ 2019, 1713; zu einzelnen Kriterien jurisPK-BGB/*B. Hamdan/H. Handan*, § 1790 BGB Rn. 11 f.
20 *Bode*, Das neue Vormundschaftsrecht, 171; Grüneberg/*Götz*, § 1790 BGB Rn. 5

II. Auskunftspflicht (Abs. 4)

7 § 1790 Abs. 4 BGB verpflichtet den Vormund, nahestehenden Angehörigen oder sonstigen Vertrauenspersonen des Mündels auf Verlangen Auskunft über die persönlichen Verhältnisse des Mündels zu erteilen. Die durch die Vormundschaftsreform neu eingeführte Vorschrift trägt der Rechtsprechung des BGH Rechnung, die die Auskunftsverpflichtung nach § 1686 BGB auf einem Elternteil vergleichbare Dritte erstreckte.[21]

8 **Auskunftsberechtigt** sind neben den **Eltern** auch **nahestehende Angehörige** (Großeltern, Onkel, Tante) oder **sonstige Vertrauenspersonen** des Mündels. Maßgeblich ist nicht die formell bestehende Verwandtschaft, sondern die tatsächlich gelebte Beziehung und Verbundenheit zum Mündel.[22] Zur Erfüllung des Merkmals „**nahestehend**" ist insofern eine objektiv bestehende persönliche Nähebeziehung zu verlangen, die durch eine gewisse Kontakthäufigkeit, jedenfalls aber eine erkennbare Anteilnahme gekennzeichnet ist.[23] Interessengrundlage für das erforderliche berechtigte Auskunftsinteresse ist dementsprechend die familiäre oder gelebte Verantwortung, die ohne Kenntnisse über die tatsächliche Lebenssituation nicht ausgeübt werden kann.[24] Diese bestimmt auch Art und Umfang der zu gewährenden Auskunft. Das berechtigte Interesse fehlt, wenn die Information ohne weiteres auf andere Weise erlangt werden kann, etwa über Umgangskontakte.[25]

9 **Auskunftspflichtig** ist der Vormund, nicht jedoch eine insoweit personenverschiedene Obhutsperson oder die Einrichtung.[26] Die Auskunftspflicht besteht nur bei entsprechendem Verlangen einer berechtigten Person. Der Vormund ist nicht verpflichtet, initiativ Auskünfte zu erteilen.[27]

10 **Gegenstand der Auskunftsverpflichtung** sind die **persönlichen Lebensumstände**, zu denen Schule, Ausbildung, soziale Entwicklung und das gesundheitliche und seelische Befinden gehören.[28] Inhalt, Umfang und Häufigkeit der geschuldeten Auskunft richten sich nach den **Umständen des Einzelfalls**. In der Regel können daher die Übersendung der Kopie von Schulzeugnissen, nicht aber die detaillierte Angabe zum Tagesablauf des Kindes, ins Einzelne gehende Erziehungsberichte oder ärztliche Unterlagen und Dokumentationen verlangt werden.[29] Insoweit kann nicht die Bekanntgabe von Arztterminen oder detaillierte Berichte über ärztliche Untersuchungen oder Diagnosen verlangt werden, ebenso wenig die Bekanntgabe von Terminen von Lernentwicklungs- und Elterngesprächen oder deren Ergebnisse. Auch eine Unterrichtung über beantragte und bewilligte Hilfen einschließlich der entsprechenden Anträge und Erklärungen ist nicht geschuldet.[30] Grundsätzlich genügen zur Auskunftserfüllung eigene Berichte, **Belege** sind **nicht erforderlich**.[31]

11 **Begrenzt** wird das Auskunftsverlangen durch das **Mündelwohl** und die **Zumutbarkeit für den Vormund**. Die Auskunft kann wegen Beeinträchtigung des Mündelwohls versagt werden, wenn das Auskunftsverlangen nicht die Verwirklichung der familiären oder persönlichen Verantwortung, sondern das Eindringen in die Intimsphäre eines Jugendlichen oder Eingriffe in die Sorge des Vormunds (Kontrolle, Maßregelung) bezweckt.[32] Dem Auskunftsanspruch steht das Recht des Mündels auf informationelle Selbstbestimmung gegenüber.

---

21 BGH FamRZ 2017, 1666; FamRZ 2017, 378
22 BeckOGK/*Kerscher*, § 1790 BGB Rn. 23
23 MüKo-BGB/*Schneider*, § 1790 BGB Rn. 14; BeckOGK/*Kerscher*, § 1790 BGB Rn. 23 ff.
24 BT-Drs. 19/24445, 205
25 BGH FamRZ 2017, 1666; OLG Bremen FamRZ 2024, 1034; BeckOGK/*Kerscher*, § 1790 BGB Rn. 28
26 OLG Hamm FamRZ 2017, 384; Erman/*Schulte-Bunert*, § 1790 BGB Rn. 5
27 MüKo-BGB/*Schneider*, § 1790 BGB Rn. 12
28 BT-Drs. 19/24445, 205
29 BGH NJW 2017, 1239 Rn. 31
30 OLG Bremen FamRZ 2024, 1034
31 JurisPK-BGB/*B. Hamdan/H. Hamdan*, § 1790 BGB Rn. 22
32 BT-Drs. 19/24445, 205; BeckOGK/*Kerscher*, § 1790 BGB Rn. 30; vgl. auch BGH FamRZ 2017, 1666 Rn. 12

Gegen den ausdrücklich erklärten Willen eines fast volljährigen Mündels wird daher in der Regel keine Auskunft zu erteilen sein.[33] Unzumutbar ist die Auskunftserteilung insbesondere, wenn sie übermäßig oft oder übermäßig detailliert verlangt wird.[34]

Im Fall der Verweigerung kann der Auskunftsanspruch gerichtlich geltend gemacht werden (Antragsverfahren nach § 151 Nr. 4 FamFG). Zuständig ist der Rechtspfleger (§§ 3 Nr. 2 lit. a, 14 RPflG). Die Vollstreckung erfolgt nach §§ 86 f., 95 Abs. 1 Nr. 3 FamFG, 888 ZPO.[35] 12

III. Mitteilungspflicht (Abs. 5)

Von ihm bewirkte **Änderungen des gewöhnlichen Aufenthalts** hat der Vormund dem bisher zuständigen Jugendamt mitzuteilen. Dieses wiederum hat den Wechsel des gewöhnlichen Aufenthalts nach § 57 Abs. 5 SGB VIII dem für den neuen gewöhnlichen Aufenthaltsort zuständigen Jugendamt mitzuteilen. Die Mitteilungspflicht dient der **Gewährleistung der Beratungs- und Kontrollaufgaben des Jugendamtes** (§ 53 Abs. 2 bis 4 SGB VIII), die allerdings nicht gegenüber dem Vereinsvormund oder dem Vormundschaftsverein bestehen, so dass diese ausgenommen sind.[36] 13

§ 1791 BGB

Aufnahme des Mündels in den Haushalt des Vormunds

[1]Der Vormund kann den Mündel zur Pflege und Erziehung in seinen Haushalt aufnehmen. [2]In diesem Fall sind Vormund und Mündel einander Beistand und Rücksicht schuldig; § 1619 gilt entsprechend.

Von einer Kommentierung wird abgesehen.

§ 1792 BGB

Gemeinschaftliche Führung der Vormundschaft, Zusammenarbeit von Vormund und Pfleger

(1) Ehegatten führen die ihnen übertragene Vormundschaft gemeinschaftlich.

(2) Vormünder und Pfleger sind zur gegenseitigen Information und Zusammenarbeit im Interesse des Mündels zu dessen Wohl verpflichtet.

(3) Der nach § 1776 bestellte Pfleger hat bei seinen Entscheidungen die Auffassung des Vormunds einzubeziehen.

(4) Der nach § 1777 bestellte Pfleger und der Vormund entscheiden in Angelegenheiten, für die ihnen die Sorge gemeinsam zusteht, in gegenseitigem Einvernehmen.

(5) In den Fällen der Absätze 1 und 4 gilt § 1629 Absatz 1 Satz 2 und 4 entsprechend.

§ 1793 BGB

Entscheidung bei Meinungsverschiedenheiten

(1) Das Familiengericht entscheidet auf Antrag über die hinsichtlich einer Sorgeangelegenheit bestehenden Meinungsverschiedenheiten zwischen

1. gemeinschaftlichen Vormündern,

---

33 BT-Drs. 19/24445, 205
34 BT-Drs. 19/24445, 205
35 BGH FamRZ 2017, 918
36 BT-Drs. 19/24445, 205

2. **mehreren Vormündern bei Sorgeangelegenheiten, die Geschwister gemeinsam betreffen,**
3. **dem Vormund und dem nach § 1776 oder § 1777 bestellten Pfleger.**

(2) Antragsberechtigt sind der Vormund, der Pfleger und der Mündel, der das 14. Lebensjahr vollendet hat.

▶ *Zu den §§ 1792, 1793 BGB vgl. die Kommentierungen bei*

- *Wierse, § 1775 BGB Rn. 4.*
- *Wierse, § 1776 BGB Rn. 18 ff..*
- *Wierse, § 1777 BGB Rn. 15 f.*

§ 1794 BGB

Haftung des Vormunds

(1) [1]Der Vormund ist dem Mündel für den aus einer Pflichtverletzung entstehenden Schaden verantwortlich. [2]Dies gilt nicht, wenn der Vormund die Pflichtverletzung nicht zu vertreten hat. [3]Im Übrigen gilt § 1826 entsprechend.

(2) Ist der Mündel zur Pflege und Erziehung in den Haushalt des Vormunds, der die Vormundschaft ehrenamtlich führt, aufgenommen, gilt § 1664 entsprechend.

▶ *Vgl. die Kommentierung bei Wierse, § 1789 BGB Rn. 27.*

§ 1795 BGB

Gegenstand der Personensorge; Genehmigungspflichten

(1) [1]Die Personensorge umfasst insbesondere die Bestimmung des Aufenthalts sowie die Pflege, Erziehung und Beaufsichtigung des Mündels unter Berücksichtigung seiner Rechte aus § 1788. [2]Der Vormund ist auch dann für die Personensorge verantwortlich und hat die Pflege und Erziehung des Mündels persönlich zu fördern und zu gewährleisten, wenn er den Mündel nicht in seinem Haushalt pflegt und erzieht. [3]Die §§ 1631a bis 1632 Absatz 4 Satz 1 gelten entsprechend.

(2) Der Vormund bedarf der Genehmigung des Familiengerichts

1. **zu einem Ausbildungsvertrag, der für längere Zeit als ein Jahr geschlossen wird,**
2. **zu einem auf die Eingehung eines Dienst- oder Arbeitsverhältnisses gerichteten Vertrag, wenn der Mündel zu persönlichen Leistungen für längere Zeit als ein Jahr verpflichtet werden soll, und**
3. **zum Wechsel des gewöhnlichen Aufenthalts des Mündels ins Ausland.**

(3) Das Familiengericht erteilt die Genehmigung nach Absatz 2, wenn das Rechtsgeschäft oder der Aufenthaltswechsel unter Berücksichtigung der Rechte des Mündels aus § 1788 dem Wohl des Mündels nicht widerspricht.

(4) [1]Für die Erteilung der Genehmigung gelten die §§ 1855 bis 1856 Absatz 2 sowie die §§ 1857 und 1858 entsprechend. [2]Ist der Mündel volljährig geworden, so tritt seine Genehmigung an die Stelle der Genehmigung des Familiengerichts.

Übersicht

A. Allgemeines

1 § 1795 Abs. 1 BGB umschreibt den Inhalt der Personensorge des Vormunds unter besonderer Berücksichtigung des Umstands, dass der Mündel in der Regel nicht im Haushalt des Vormunds lebt,[1] und betont die **generelle Erziehungsverantwortung** des Vormunds. § 1795 Abs. 2 bis 4 BGB regeln die Genehmigungserfordernisse, denen der Vormund im Rahmen der Personensorge unterliegt.

B. Inhalt der Norm

I. Inhalt und Umfang der Personensorge

2 § 1795 Abs. 1 BGB konkretisiert in nicht abschließender Aufzählung den Gegenstand der Personensorge unter Bezugnahme auf die Rechte des Mündels nach § 1788 BGB. Grundsätzlich umfasst die Personensorge die Regelung aller persönlichen Angelegenheiten des Mündels.[2] Das Gesetz nennt insbesondere die Bestimmung des Aufenthalts sowie die Pflege, Erziehung und Beaufsichtigung des Mündels. Der **nicht abschließende** Charakter der **Aufzählung** wird auch durch den Verweis von § 1795 Abs. 1 Satz 3 BGB auf die §§ 1631a bis § 1632 Abs. 3 Satz 1 BGB deutlich. Der Vormund hat gegenüber dem Mündel damit eine **elternähnliche Stellung** inne.[3] Die Anordnung einer nur entsprechenden Geltung erfolgt vor dem Hintergrund des unterschiedlichen Ursprungs der Sorgeverantwortung: Während die elterliche Sorge, verfassungsrechtlich in Art. 6 Abs. 2 GG verbürgt, natürlichen Ursprungs ist, wird die vormundschaftliche Sorge durch staatlichen Hoheitsakt begründet.[4] Daraus folgt eine stärkere staatliche Kontrolle durch Familiengericht (§§ 1802, 1804 BGB) und Jugendamt (§ 53 Abs. 3 SGB VIII). Vgl. die Kommentierung bei *Wierse*, §§ 1802 BGB und 1804 BGB.

3 Neben den in § 1795 Abs. 1 Satz 1 BGB besonders erwähnten Angelegenheiten erfasst die Personensorge etwa auch die Wahrnehmung der Statusinteressen des Mündels sowie die Verfolgung von Unterhaltsansprüchen des Mündels.[5] § 1713 Abs. 1 BGB ermöglicht dem ehrenamtlichen Vormund für diese Aufgaben eine Beistandschaft zu beantragen.

4 § 1795 Abs. 1 Satz 1 BGB hebt durch Nennung an erster Stelle die **Pflicht und das Recht zur Aufenthaltsbestimmung** bewusst hervor, angesichts der zentralen Bedeutung der Entscheidung darüber, wo und bei wem der Mündel leben soll. Diese für die Entwicklung des Mündels ganz wesentliche Entscheidung darf der Vormund anderen, etwa dem Pflegekinderdienst im Jugendamt, nicht überlassen. Als Personensorgeberechtigter ist der Vormund berechtigt, aber nicht verpflichtet, den Mündel in seinen Haushalt aufzunehmen (§ 1791 Satz 1 BGB). Entscheidet sich der Vormund für die Fremdunterbringung, muss er etwaige ihm im Rahmen der Beratung nach § 53a SGB VIII unterbreitete Vorschläge selbst im Hinblick auf die Vereinbarkeit mit dem Mündelwohl prüfen und erforderlichenfalls eine besser geeignete Unterbringungsmöglichkeit suchen. Dies gilt auch dann, wenn der Mündel sich bereits in einer Pflegefamilie befindet, die sich als nicht geeignet herausstellt.[6]

5 § 1795 Abs. 1 Satz 2 BGB hebt die **fortbestehende Erziehungsverantwortung** des Vormunds auch für den praktischen **Regelfall** hervor, dass der **Mündel nicht beim Vormund lebt**. Auch in diesem Fall hat er die Pflege und Erziehung des Mündels persönlich zu fördern

1 BT-Drs. 19/24445, 208
2 *Fröschle/Heinz*, Handbuch Vormundschaft und Pflegschaft, 55
3 Oberloskamp/Dürbeck/*Dürbeck*, § 9 Rn. 3; MüKo-BGB/*Schneider*, § 1795 BGB Rn. 1
4 BVerfG NJW 1960, 811 (813); vgl. MüKo-BGB/*Schneider*, § 1795 BGB Rn. 1; BeckOGK/*Kerscher*, § 1795 BGB Rn. 3 f.
5 MüKo-BGB/*Schneider*, § 1795 BGB Rn. 3; zur Pflicht die aufenthaltsrechtliche Perspektive des Mündels zu klären: Oberloskamp/Dürbeck/*Schwarz*, § 10 Rn. 113 ff.
6 BT-Drs. 19/24445, 208

und zu gewährleisten.[7] Folglich darf er sich nicht auf die bloße Auswahl und Kontrolle der Pflegestelle beschränken. Die umfangreiche persönliche Erziehungsverantwortung des Vormunds beinhaltet eigene Erziehungsentscheidungen und setzt seinen persönlichen Umgang mit dem Mündel voraus, auch wenn der Mündel bei Dritten lebt (§ 1790 Abs. 2 BGB),[8] damit der Mündel ihn auch als Erziehungsverantwortlichen erleben und in Anspruch nehmen kann.[9] In Ausübung des Aufenthaltsbestimmungsrechts ist der Vormund in Ausnahmefällen und unter Wahrung grundrechtlicher Positionen auch befugt, das Kind **inkognito** unterzubringen, d.h. den Aufenthalt vor Verwandten zu verheimlichen, wenn dies zur Wahrung des Kindeswohls zwingend erforderlich ist.[10] Stets gewahrt bleiben muss allerdings die Möglichkeit effektiven Rechtsschutz zu suchen durch Kenntnis eines zuständigen Gerichts (§ 152 FamFG). Die sich im Fall der anonymen Unterbringung aus der Regelung des § 152 FamFG ergebende Schutzlücke könnte *de lege ferenda* durch die Anknüpfung der Zuständigkeit an den letzten mit den Eltern/einem Elternteil gemeinsamen gewöhnlichen Aufenthaltsort des Kindes sowie im Hinblick auf den Auskunftsanspruch aus § 1790 Abs. 4 BGB durch Begründung eines Gerichtsstands am Wohn- bzw. Dienstsitz des Vormunds geschlossen werden.

6 Aufgrund der Verweisung in § 1795 Abs. 1 Satz 3 BGB auf

- § 1631a BGB hat der Vormund in Angelegenheiten der Ausbildung und des Berufs auf Eignung und Neigung des Mündels Rücksicht zu nehmen,
- § 1631b BGB darf er die freiheitsentziehende Unterbringung nur mit gerichtlicher Genehmigung vornehmen,
- § 1631c BGB muss er das Verbot der Sterilisation beachten,
- § 1631d BGB darf er nur unter den näher geregelten Kautelen in die Beschneidung des männlichen Kindes einwilligen,
- § 1631e BGB muss er die Regelungen zur Behandlung von Kindern mit Geschlechtsvarianten beachten.

7 § 1632 Abs. 1 BGB ermöglicht dem Vormund, die **Herausgabe des Mündels** von jedem zu verlangen, der ihn dem Vormund widerrechtlich vorenthält (Herausgabeanordnung). Lebt der Mündel seit längerer Zeit in Familienpflege und will der Vormund den Mündel von der Pflegeperson wegnehmen, kann die Pflegeperson eine **Verbleibensanordnung** nach § 1632 Abs. 4 Satz 1 BGB erwirken[11] (zu den Einzelheiten vgl. *Fink*, § 1632 BGB Rn. 33 ff.). Der Erlass einer **Dauerverbleibensanordnung** nach § 1632 Abs. 4 Satz 2 BGB ist von der Verweisung allerdings nicht umfasst. Grund hierfür ist, dass die in § 1632 Abs. 4 Satz 2 BGB auf die Erziehungsverhältnisse in der Herkunftsfamilie gemünzten Voraussetzungen nicht auf das Verhältnis zwischen Pflegeeltern und Vormund übertragbar sind.[12] Zu verweisen ist insoweit auf die Möglichkeit der Pflegefamilie, die Vormundschaft selbst zu übernehmen.[13]

8 Nach § 1632 Abs. 2 BGB ist der Vormund auch zur Bestimmung des Umgangs des Mündels mit Dritten einschließlich seiner Eltern berechtigt. Im Bedarfsfall können die Eltern mit Blick auf § 1684 Abs. 3 BGB die Einleitung eines Umgangsverfahrens anregen.

---

7 BT-Drs. 19/24445, 208
8 BT-Drs. 19/24445, 209; BeckOGK/*Kerscher*, § 1795 BGB Rn. 10
9 BT-Drs. 19/24445, 128; *Veit,* FamRZ 2021, 1501, 1506
10 KG v. 29.11.1918 – OLGE 40, 99, 100 f.; BeckOK/*Bettin*, § 1795 BGB Rn. 3; BeckOGK/*Kerscher*, § 1975 BGB Rn. 9
11 BGH FamRZ 2017, 208; OLG Brandenburg FamRZ 2022, 603
12 Beschlussempfehlung und Bericht des Ausschusses für Familie, Senioren, Frauen und Jugend, BT-Drs. 19/28870, 102; BeckOGK/*Kerscher*, § 1795 BGB Rn. 60
13 Beschlussempfehlung und Bericht des Ausschusses für Familie, Senioren, Frauen und Jugend, BT-Drs. 19/28870, 102

II. Genehmigungspflichten

Während nach der durch die Vormundschaftsreform geschaffenen Systematik **Genehmigungserfordernisse** für Rechtsgeschäfte im Bereich der Vermögenssorge überwiegend durch Verweisung auf das Betreuungsrecht geregelt werden (§ 1799 Abs. 1 BGB), normiert § 1795 Abs. 2 BGB die den Bereich der Personensorge tangierenden Genehmigungserfordernisse selbst. 9

Der Genehmigung bedarf der Vormund

- zu einem **Ausbildungsvertrag**, der für längere Zeit als ein Jahr geschlossen wird (Nr. 1),
- zu einem auf die Eingehung eines **Dienst- oder Arbeitsverhältnisses** gerichteten Vertrag, der für länger als ein Jahr Verpflichtungen beinhaltet (Nr. 2) und
- zum **Wechsel** des gewöhnlichen Aufenthaltes **ins Ausland** (Nr. 3).

§ 1795 Abs. 2 Nr. 1 und 2 BGB entsprechen dem früheren § 1822 Nr. 6 und 7 BGB a.F. Die Beurteilung der Dauer der Verträge ist ex ante vorzunehmen. Die Genehmigung entfällt wegen der Bedeutung der Berufswahl auch nicht im Hinblick auf die nach § 22 Abs. 2 Nr. 2 BBiG bestehende Kündigungsmöglichkeit.[14] Die Kündigung eines Dienst- oder Arbeitsverhältnisses ist nicht genehmigungsbedürftig.[15] Das Jugendamt ist nach § 56 Abs. 2 Satz 2 SGB VIII als Amtsvormund vom Genehmigungserfordernis nach Nr. 1 und 2 befreit. 10

Neu hinzugekommen ist die Genehmigungspflicht für den **Wechsel des gewöhnlichen Aufenthalts ins Ausland**, wobei sowohl der geplante dauerhafte als auch der als vorübergehender Wechsel ins Ausland geplante Aufenthalt erfasst werden, da dieser im Hinblick auf z.B. die Unterbringung in einer Einrichtung oder Pflegefamilie von ihm erhebliche Auswirkungen ausgehen können. Das Genehmigungserfordernis greift jedoch nicht bei einem behördlich angeordneten Aufenthaltswechsel (etwa Abschiebung), da diesem keine Entscheidung des Vormunds zugrunde liegt.[16] 11

Die Genehmigung ist nach § 1795 Abs. 3 BGB durch das Familiengericht zu erteilen, wenn das Rechtsgeschäft oder der Aufenthaltswechsel unter Berücksichtigung der Rechte des Mündels aus § 1788 BGB dem Wohl des Mündels nicht widerspricht. Die **negative Mündelwohlprüfung** orientiert sich an § 1644 BGB und fußt auf der Annahme, dass die Vormundentscheidung grundsätzlich genehmigungsfähig ist.[17] 12

Für das **Genehmigungsverfahren** verweist § 1795 Abs. 4 BGB auf die Regelungen des Betreuungsrechts. Zuständig für die Genehmigung ist das Familiengericht (§ 151 Nr. 4 FamFG), funktionell der **Rechtspfleger** (§§ 3 Nr. 2a, 14 RPflG). Der Mündel ist persönlich anzuhören (§ 159 FamFG). Die Genehmigung ist dem Vormund gegenüber zu erklären (§ 1855 BGB). Hat dieser das Rechtsgeschäft ohne Genehmigung geschlossen, bleibt der Vertrag schwebend unwirksam, bis der Vormund die Erteilung der Genehmigung oder deren Versagung dem anderen Teil mitgeteilt hat (§ 1856 BGB). Wird die Genehmigung verweigert, ist der Vertrag nach Nr. 1 und 2 nach den Grundsätzen des fehlerhaften Arbeitsverhältnisses nur mit Wirkung ex nunc unwirksam, so dass Entgeltsansprüche für bereits geleistete Dienste erhalten bleiben.[18] Wird der Mündel volljährig, kann er – sofern das Rechtsgeschäft noch schwebend unwirksam ist – die Genehmigung selbst erteilen. 13

14 BT-Drs. 19/24445, 209
15 *Bode*, Das neue Vormundschaftsrecht, 190
16 BT-Drs. 19/24445, 209
17 BT-Drs. 19/24445, 209; BeckOGK/*Kerscher*, § 1795 BGB Rn. 82; vgl. zu den Anforderungen im Einzelnen Erman/*Schulte-Bunert*, § 1795 BGB Rn. 21, 23
18 Staudinger/*Veit*, § 1822 BGB a.F., Rn. 144

14 *Übersicht: Genehmigungserfordernisse*

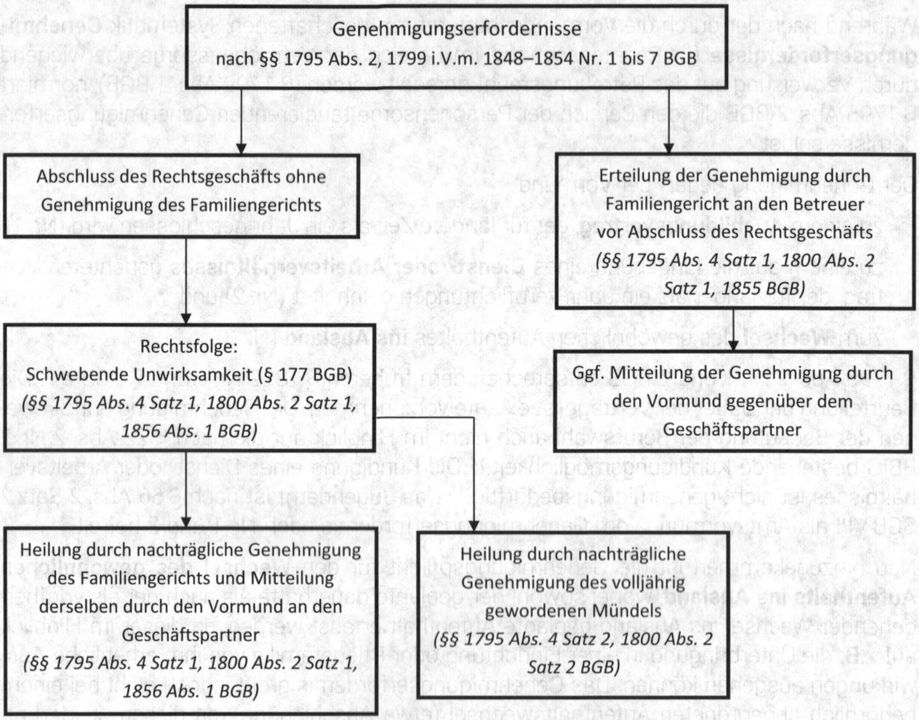

§ 1796 BGB

Verhältnis zwischen Vormund und Pflegeperson

(1) [1]Der Vormund hat auf die Belange der Pflegeperson Rücksicht zu nehmen. [2]Bei Entscheidungen der Personensorge soll er die Auffassung der Pflegeperson einbeziehen.

(2) Für das Zusammenwirken von Vormund und Pflegeperson gilt § 1792 Absatz 2 entsprechend.

(3) Der Pflegeperson steht eine Person gleich, die

1. den Mündel

a) in einer Einrichtung über Tag und Nacht oder

b) in sonstigen Wohnformen

betreut und erzieht oder

2. die intensive sozialpädagogische Betreuung des Mündels übernommen hat.

Übersicht Rn.

A. Allgemeines

Durch § 1796 BGB soll das Verhältnis von Vormund und Pflegeperson besser abgebildet werden, indem dessen Grundzüge geregelt werden.[1] Hiervon unberührt bleibt die Möglichkeit, bei Pflegeverhältnissen von längerer Dauer auch Sorgeangelegenheiten auf die Pflegeperson zu übertragen (§ 1777 BGB) oder aber der Pflegeperson eine Sorgerechtsvollmacht zu erteilen.[2] 1

B. Inhalt der Norm

I. Begriff der Pflegeperson (Abs. 1 und 3)

Der Begriff der Pflegeperson ist gesetzlich **nicht definiert**. Der Gesetzgeber hat auch im Zuge der Vormundschaftsreform von einer gesetzlichen Definition abgesehen.[3] Nach der Gesetzesbegründung soll der Begriff einheitlich in §§ 1777, 1796, 1797 BGB verwendet werden und inhaltlich dem § 1688 BGB entsprechen.[4] Als gemeinsames Substrat der vorgenannten Normen ist unter Pflegeperson die Person zu verstehen, bei der das Kind in familienähnlicher Art außerhalb der Herkunftsfamilie gepflegt und erzogen wird, unabhängig von der Art des Pflegeverhältnisses oder dem Bestehen einer Pflegeerlaubnis.[5] Der Begriff erfasst also **auch Pflegeverhältnisse außerhalb der §§ 33, 44 SGB VIII;** auf die Ausgestaltung des Pflegeverhältnisses oder das Vorliegen einer Pflegeerlaubnis kommt es nicht an.[6] Dass das Kind **seit oder für längere Zeit** bei der Person lebt, ist hingegen **kein Bestandteil der Definition** der Pflegeperson.[7] Hierbei handelt es sich vielmehr um eine zusätzliche, qualifizierende Voraussetzung, die – wenn sie erfüllt sein muss – in den gesetzlichen Bestimmungen gesondert aufgestellt wird (vgl. §§ 1630 Abs. 3 Satz 1, 1632 Abs. 4 Satz 1, 1685 Abs. 2, 1688 Abs. 1 Satz 1, 1777 Abs. 1 Satz 1 Nr. 1, 1797 Abs. 1 BGB, § 161 FamFG).[8] Auch Bereitschafts- und Kurzzeitpflegeeltern können damit Pflegepersonen sein.[9] Allerdings findet auf sie allein § 1796 BGB Anwendung, da alle anderen Vorschriften zusätzlich die Erfüllung des qualifizierenden Zeitmoments erfordern. 2

Die **Einbeziehung auch der Bereitschafts- wie Kurzzeitpflegeeltern** in den Adressatenkreis des § 1796 Abs. 1 und 2 BGB ist sachgerecht und entspricht Sinn und Zweck der Norm: Selbst bei kurzzeitiger Aufnahme in den Haushalt ist es gerade die Pflegeperson, die den Alltag mit dem Mündel verbringt und dadurch viel rascher als der Vormund einen Eindruck von Person, Bedürfnissen und Wünschen des Mündels erhält. Die Einbeziehung dieser im Erziehungsalltag gesammelten Erfahrungen entspricht dem Mündelwohl und soll gerade durch § 1796 BGB für den Vormund nutzbar gemacht werden. Darin kann in Abwä-

1 BT-Drs. 19/24445, 209
2 *Hoffmann,* JAmt 2023, 370, 371
3 *Hoffmann,* JAmt 2022, 62
4 BT-Drs. 19/24445, 209
5 BT-Drs. 19/24445, 193; *Hoffmann,* JAmt 2022, 62
6 BT-Drs. 19/24445, 193
7 Die in der Gesetzesbegründung ausgeführte Definition der Pflegeperson nennt zwar dieses Kriterium, erfolgt jedoch im Rahmen des § 1777 BGB, der als Voraussetzung – ebenso wie die von der Begründung an dieser Stelle referenzierten §§ 1630 Abs. 3, 1632 Abs. 4 BGB – zusätzlich die voraussichtliche bzw. bereits bestehende Dauer des Pflegeverhältnisses enthält, vgl. BT-Drs. 19/24445, 193. *Socha,* Vormundschaft und Pflegschaft, Rn. 177 kritisiert die fehlende Auseinandersetzung des Reformgesetzgebers mit den zu §§ 1630 Abs. 3, 1632 Abs. 3, 1685 Abs. 2 BGB entwickelten Anforderungen in Rechtsprechung und Literatur
8 Str. ebenso: Oberloskamp/Dürbeck/*Strube,* § 2 Rn. 87; *Hoffmann,* JAmt 2022, 62 f.; a.A. BeckOGK/*Schöpflin,* § 1796 BGB Rn. 6 f.; Erman/*Schulte-Bunert,* § 1796 BGB Rn. 2
9 *Hoffmann* JAmt 2022, 62 f.; Oberloskamp/Dürbeck/*Strube,* § 2 Rn. 87

gung mit dem Mündelinteresse und – wohl auch bei kürzeren Pflegeverhältnissen – kein unverhältnismäßiger Aufwand gesehen werden.[10]

3 Abs. 3 stellt der Pflegeperson die Person gleich, die den Mündel in einer Einrichtung über Tag und Nacht oder einer sonstigen Wohnform i.S.d. §§ 34, 35a SGB VIII erzieht und betreut oder für ihn die intensive sozialpädagogische Einzelbetreuung i.S.v. § 35 SGB VIII übernommen hat. Die Regelung entspricht § 1688 Abs. 2 BGB.[11]

II. Rücksichtnahme und Einbeziehung (Abs. 1)

4 Der Vormund ist gemäß § 1795 Abs. 1 Satz 2 BGB auch dann für die Personensorge verantwortlich und hat die Pflege und Erziehung des Mündels persönlich zu fördern und zu gewährleisten, wenn er den Mündel nicht in seinem Haushalt pflegt und erzieht. Da die Pflegeperson durch die Entscheidungen des Vormunds sowie durch den für die Wahrnehmung der Erziehungsverantwortung notwendigen persönlichen Umgang mit dem Mündel (§§ 1788 Nr. 3, 1790 Abs. 3 BGB) unmittelbar betroffen ist, normiert § 1796 Abs. 1 Satz 1 BGB ein Gebot angemessener **Rücksichtnahme auf die Belange der Pflegeperson**.[12] Die Regelung soll verhindern, dass der Vormund unverhältnismäßig in die Privatsphäre der Pflegeperson eingreift und den familiären Alltag bei der Pflegeperson bestimmt.[13] Die berechtigten Interessen der Pflegeperson hat der Vormund abwägend in seine Entscheidung einzubeziehen.[14] Begrenzt wird die gebotene Rücksichtnahme durch das Mündelwohl und die Erfordernisse der Interessenwahrnehmung für den Mündel.[15] Die Rücksichtnahme kann sich im Einzelfall etwa darin ausdrücken, dass Kontakte mit dem Mündel abweichend von § 1790 Abs. 3 BGB nicht im Pflegehaushalt erfolgen.[16]

5 Da die Pflegeperson aufgrund des gelebten Alltags mit dem Mündel naturgemäß dessen Bedürfnisse und Interessen besser kennenlernt, sollen diese **durch den Erziehungsalltag gewonnenen Erkenntnisse** durch die von Abs. 1 Satz 2 vorgegebene Einbeziehung in die die Personensorge betreffenden Entscheidungen des Vormunds nutzbar gemacht werden.[17] Einbeziehen bedeutet auch hier eine Berücksichtigung im Abwägungsprozess seiner am Mündelwohl orientierten Entscheidung. Hierzu muss der Vormund aktiv die Ansicht der Pflegeperson erfragen.[18]

Ansprüche der Pflegeperson gegenüber dem Vormund ergeben sich aus Abs. 1 nicht;[19] diese kann allenfalls Aufsichtsmaßnahmen nach § 1802 BGB anregen.[20]

III. Informations- und Kooperationspflicht (Abs. 2)

6 Im Interesse des Mündelwohls überträgt Abs. 2 die für Vormund und Pfleger nach § 1792 Abs. 2 BGB bestehende Pflicht zu wechselseitiger Kooperation und Information auf das Verhältnis von Vormund und Pflegeperson, auch wenn dieser keine Sorgebefugnisse nach § 1777 BGB übertragen wurden. Ein in den wesentlichen Grundzügen gleichgerichtetes Wirken beider ist Voraussetzung für eine gelingende Vormundschaft. Daher wird der Vormund insbesondere seine von der Ansicht der Pflegeperson abweichenden Entscheidungen dieser zu erläutern haben.[21]

---

10 So aber BeckOGK/*Schöpflin*. § 1796 BGB Rn. 7
11 BT-Drs. 19/24445, 210
12 BT-Drs. 19/24445, 210
13 *Bode*, Das neue Vormundschaftsrecht, 196
14 BeckOGK/*Schöpflin*, § 1796 BGB Rn. 9
15 BT-Drs. 19/24445, 210
16 *Bode*, Das neue Vormundschaftsrecht, 196
17 BT-Drs. 19/24445, 210
18 Grüneberg/*Götz*, § 1786 BGB Rn. 2; BeckOGK/*Schöpflin*, § 1796 BGB Rn. 10
19 *Hoffmann*, JAmt 2022, 62, 63; jurisPK-BGB/*M. Herberger*, § 1796 BGB Rn. 10
20 Grüneberg/*Götz*, § 1796 BGB Rn. 2; BeckOGK/*Schöpflin*, § 1796 BGB Rn. 11
21 Grüneberg/*Götz*, § 1796 BGB Rn. 3; BeckOGK/*Schöpflin*, § 1796 BGB Rn. 12

§ 1797 BGB
Entscheidungsbefugnis der Pflegeperson

(1) [1]Lebt der Mündel für längere Zeit bei der Pflegeperson, ist diese berechtigt, in Angelegenheiten des täglichen Lebens zu entscheiden und den Vormund insoweit zu vertreten. [2]§ 1629 Absatz 1 Satz 4 gilt entsprechend.

(2) Absatz 1 ist auf die Person gemäß § 1796 Absatz 3 entsprechend anzuwenden.

(3) Der Vormund kann die Befugnisse nach den Absätzen 1 und 2 durch Erklärung gegenüber der Pflegeperson einschränken oder ausschließen, wenn dies zum Wohl des Mündels erforderlich ist.

Übersicht

A. Allgemeines

§ 1797 BGB regelt die Entscheidungsbefugnis der Pflegeperson in Angelegenheiten der Alltagssorge. Die der Pflegeperson gesetzlich zukommenden Kompetenzen kann der Vormund unter den Voraussetzungen des Abs. 3 einschränken oder ausschließen. **1**

B. Inhalt der Norm

I. Alleinentscheidungsbefugnis

Unabhängig davon, ob die Pflegeperson als Pfleger nach § 1777 BGB bestellt wurde, steht ihr die Entscheidung in Angelegenheiten des täglichen Lebens für den Mündel zu, wenn dieser bei ihr für längere Zeit lebt. § 1797 Abs. 1 BGB entspricht § 1688 Abs. 1 Satz 1 BGB und soll die **praktikable und unbürokratische Organisation des Erziehungsalltags** für den Mündel sicherstellen. Der Gesetzgeber hat es als sinnvoll erachtet, die Befugnisse der Pflegeperson im Verhältnis zum Vormund nicht nur im Rahmen von Pflegeverträgen zu vereinbaren, sondern sie als gesetzliche Entscheidungs- und Vertretungsbefugnis auszugestalten, so dass sie auch in den Fällen gewährleistet sind, in denen die Pflege ohne die Grundlage eines ausdrücklichen Pflegevertrags stattfindet.[1] **2**

Voraussetzung für die gesetzliche Entscheidungs- und Vertretungsbefugnis ist, dass der Mündel **für längere Zeit bei der Pflegeperson lebt**. Erforderlich ist damit lediglich, dass prognostisch das Pflegeverhältnis von längerer Dauer ist, nicht jedoch, dass dieses bereits seit längerer Zeit besteht.[2] Ist das Pflegeverhältnis auf längere Zeit hin angelegt, bestehen die gesetzlichen **Befugnisse** mithin **bereits von Beginn an**.[3] War es das zunächst nicht, besteht es aber faktisch bereits seit längerer Zeit, stehen der Pflegeperson ab dem Zeitpunkt, indem das Pflegeverhältnis seit längerer Zeit besteht, ebenfalls die Rechte nach Abs. 1 zu. Zur Bestimmung des Zeitpunktes ist maßgeblich abzustellen auf das kindliche Zeitempfinden, das Alter des Kindes und sein Beziehungserleben.[4] **3**

1 BT-Drs. 19/24445, 210
2 Oberloskamp/Dürbeck/*Strube*, § 3 Rn. 88
3 BeckOGK/*Schöpflin*, § 1797 BGB Rn. 5; Grüneberg/*Götz*, § 1797 BGB Rn. 1
4 Oberloskamp/Dürbeck/*Dürbeck*, § 9 Rn. 274; vgl. auch *Socha*, Rn. 179 zu § 1777 Abs. 1 BGB

4 **Entscheidungen des täglichen Lebens** („Alltagssorge") sind nach der Legaldefinition des § 1687 Abs. 1 Satz 3 BGB in der Regel solche, die häufig vorkommen und keine schwer abzuändernden Auswirkungen auf die Entwicklung des Kindes haben.[5] Hierunter fallen z.B. die Teilnahme an Schulveranstaltungen, Nachhilfeunterricht, Bringen und Holen von der Kita/Schule, Bestimmung von Schlafenszeiten, Ernährung und Kleidung, sowie die Gestaltung von Alltagsaktivitäten (vgl. *Bussian*, § 1687 BGB Rn. 11).[6]

5 Die Entscheidungsbefugnis beschränkt sich entsprechend der systematischen Stellung der Norm auf die **Personensorge**.[7] Nicht erfasst werden daher die Verwaltung des Arbeitsverdienstes des Mündels und die Geltendmachung von Unterhalts, Versicherungs-, Versorgungs- und sonstigen Sozialleistungen für den Mündel (vgl. § 1688 Abs. 1 Satz 2 BGB), die der Gesetzgeber der dem Vormund vorbehaltenen Vermögenssorge zuordnet.[8] Erforderlichenfalls kann im Einzelfall insoweit eine Übertragung auf den Pfleger nach § 1777 BGB erfolgen.

6 Durch den Verweis auf § 1629 Abs. 1 Satz 4 BGB steht der Pflegeperson zudem das **Notvertretungsrecht** zu. Gefahr im Verzug besteht dann, wenn die Entscheidung des Vormunds nicht abgewartet werden kann, ohne dass der Zweck der beabsichtigen Maßnahme gefährdet wäre.[9] Von den ergriffenen Maßnahmen ist der Vormund unverzüglich zu unterrichten. Abs. 2 ordnet an, dass die Entscheidungs- und Vertretungsbefugnis auch für die der Pflegeperson nach § 1796 Abs. 3 BGB gleichgestellten Personen gilt.

II. Einschränkungen und Ausschluss

7 Wenn es zur Wahrung des Mündelwohls erforderlich ist, kann der Vormund die Befugnisse nach Abs. 1 und 2 durch Erklärung gegenüber der Pflegeperson **einschränken oder ausschließen**. Ist der Eingriff des Vormunds in die im Rahmen der Alltagssorge bestehenden Befugnisse der Pflegeperson nicht gerechtfertigt, kommt im Rahmen der Aufsicht ein Einschreiten des Familiengerichts nach § 1802 BGB in Betracht. Gleiches gilt, wenn der Vormund bei bestehendem Anlass die Befugnisse der Pflegeperson nicht einschränkt.[10]

8 Weil der Gesetzgeber die Aufsichtsbefugnisse des Familiengerichts (§§ 1802, 1804 BGB) insoweit für ausreichend erachtet, wurde auf eine Übernahme der oder Verweisung auf die Regelungen der § 1688 Abs. 3 Satz 2 und Abs. 4 BGB verzichtet.[11]

§ 1798 BGB

Grundsätze und Pflichten des Vormunds in der Vermögenssorge

(1) [1]Der Vormund hat die Vermögenssorge zum Wohl des Mündels unter Berücksichtigung der Grundsätze einer wirtschaftlichen Vermögensverwaltung und der wachsenden Bedürfnisse des Mündels zu selbständigem und verantwortungsbewussten Handeln wahrzunehmen. [2]Er ist dabei zum Schutz und Erhalt des Mündelvermögens verpflichtet.

(2) [1]Für die Pflichten des Vormunds bei der Vermögenssorge gelten im Übrigen § 1835 Absatz 1 bis 5 sowie die §§ 1836, 1837 und 1839 bis 1847 entsprechend. [2]Das Vermögensverzeichnis soll das bei Anordnung der Vormundschaft vorhandene Vermögen erfassen. [3]Das Familiengericht hat das Vermögensverzeichnis dem Mündel zur Kenntnis zu geben, soweit

5 BeckOGK/*Schöpflin*, § 1797 BGB Rn. 8
6 BeckOGK/*Schöpflin*, § 1797 BGB Rn. 8; vgl. auch die abgrenzende Auflistung von Angelegenheiten bei Oberloskamp/Dürbeck/*Dürbeck*, § 9 Rn. 277 f.
7 *Bode*, Das neue Vormundschaftsrecht, 198; Grüneberg/*Götz*, § 1797 BGB Rn. 2
8 BT-Drs. 19/24445, 210
9 Erman/*Schulte-Bunert*, § 1797 BGB Rn. 2
10 BT-Drs. 19/24445, 210
11 BT-Drs. 19/24445, 210 f.

dies dem Wohl des Mündels nicht widerspricht und der Mündel aufgrund seines Entwicklungsstands in der Lage ist, das Verzeichnis zur Kenntnis zu nehmen.

(3) [1]Der Vormund kann nicht in Vertretung des Mündels Schenkungen machen. [2]Ausgenommen sind Schenkungen, durch die einer sittlichen Pflicht oder einer auf den Anstand zu nehmenden Rücksicht entsprochen wird.

▶ *Zur Kommentierung vgl. Wierse, § 1789 BGB Rn. 5.*

§ 1799 BGB

Genehmigungsbedürftige Rechtsgeschäfte

(1) Der Vormund bedarf der Genehmigung des Familiengerichts in den Fällen, in denen ein Betreuer nach den §§ 1848 bis 1854 Nummer 1 bis 7 der Genehmigung des Betreuungsgerichts bedarf, soweit sich nicht aus Absatz 2 etwas anderes ergibt.

(2) [1]Der Vormund bedarf abweichend von § 1853 Satz 1 Nummer 1 der Genehmigung des Familiengerichts zum Abschluss eines Miet- oder Pachtvertrags oder eines anderen Vertrags, durch den der Mündel zu wiederkehrenden Leistungen verpflichtet wird, wenn das Vertragsverhältnis länger als ein Jahr nach dem Eintritt seiner Volljährigkeit fortdauern soll. [2]Eine Genehmigung ist nicht erforderlich, wenn

1. **der Vertrag geringe wirtschaftliche Bedeutung für den Mündel hat oder**
2. **das Vertragsverhältnis von dem Mündel nach Eintritt der Volljährigkeit spätestens zum Ablauf des 19. Lebensjahres ohne eigene Nachteile gekündigt werden kann.**

Übersicht

A. Allgemeines

1 Die Genehmigungstatbestände der Vermögenssorge wurden durch die Vormundschaftsreform aus dem Vormundschaftsrecht grundsätzlich in das Betreuungsrecht verlagert. Dementsprechend enthält Abs. 1 eine **Generalverweisung** auf die §§ 1848 bis 1854 Nr. 7 BGB. Abs. 2 trifft für Verträge mit wiederkehrenden Leistungen nach § 1853 Satz 1 Nr. 1 BGB hinsichtlich der Dauer eine abweichende Regelung und sieht zudem eine Ausnahme von der Genehmigungsbedürftigkeit vor. Die Erteilung der Genehmigung wird in § 1800 BGB geregelt.

B. Inhalt der Norm

I. Generalverweisung (Abs. 1)

2 Abs. 1 verweist generell auf die **Genehmigungstatbestände des Betreuungsrechts** nach §§ 1848 bis 1854 Nr. 7 BGB. Genehmigungsbedürftig sind danach

- die nicht auf einem Anlagenkonto nach § 1841 Abs. 2 BGB erfolgende Anlage von Geld (§ 1848 BGB),
- Verfügungen über Rechte und Wertpapiere (§ 1849 BGB),
- Rechtsgeschäfte über Grundstücke und Schiffe (§ 1850 BGB),

- Erbrechtliche Rechtsgeschäfte (§ 1851 BGB),
- Handels- und gesellschaftsrechtliche Rechtsgeschäfte (§ 1852 BGB),
- Verträge über wiederkehrende Leistungen (§ 1853 BGB),
- die Verfügung über das Vermögen im Ganzen, die Aufnahme von Geld auf Kredit, die Ausstellung von Inhaberschuldverschreibungen, die Übernahme einer fremden Verbindlichkeit, die Eingehung einer Bürgschaft, die Eingehung eines Vergleichs über einen 6.000 EUR übersteigenden Wert und Rechtsgeschäfte betreffend die Aufhebung von Sicherheiten für Forderungen des Betreuten (§ 1854 Nr. 1 bis 7 BGB).

▶ *Siehe Wierse, Kommentierung der §§ 1850 bis 1854 BGB.*

3 Die genannten Tatbestände **schränken** – wie § 1795 Abs. 2 BGB – die **gesetzliche Vertretungsmacht** des Vormunds für bestimmte als für den Mündel abstrakt gefährlich bzw. nachteilig eingeschätzte Rechtsgeschäfte **ein**, indem sie sie unter den Vorbehalt der Genehmigung des Familiengerichts stellen. Für sorgeberechtigte Eltern verweist § 1643 BGB (mit eigenen Einschränkungen) auf den Katalog §§ 1850 bis 1854 BGB. Für das Jugendamt ist gemäß § 56 Abs. 2 Satz 2 SGB VIII in den Fällen des § 1848 BGB i.V.m. §§ 1799 Abs. 1 und 1795 Abs. 2 Nr. 1 und 2 BGB eine Genehmigung des Familiengerichts nicht erforderlich.

4 Wie bei § 1789 BGB gelten die Beschränkungen der §§ 1848 bis 1854 Nr. 7 BGB auch für den Fall, dass der Vormund einen **Dritten zur Vertretung des Mündels bevollmächtigt**, als auch für den Fall der Entscheidung über eine Genehmigung für ein vom Mündel selbst getätigtes Geschäft nach § 108 BGB.[1] Der Vormund kann das Genehmigungserfordernis auch nicht dadurch umgehen, dass er dem Mündel nach § 110 BGB die zur Vertragserfüllung erforderlichen Mittel überlässt.[2]

5 **Nicht** von der Generalverweisung erfasst ist der **Genehmigungstatbestand des § 1854 Nr. 8 BGB**. Dieser sieht – anders als nach der bis zum 31.12.2022 geltenden Rechtslage – für das Betreuungsrecht nunmehr einen Genehmigungsvorbehalt für Schenkungen des Betreuers vor. Für den Vormund gilt jedoch weiterhin ein **grundsätzliches Schenkungsverbot**. Dieser kann nach § 1798 Abs. 3 BGB in Vertretung des Mündels keine Schenkungen machen, es sei denn es handelt sich um Schenkungen, durch die einer sittlichen Pflicht oder einer auf den Anstand zu nehmenden Rücksicht entsprochen wird. Dies entspricht der für Eltern geltenden Rechtslage (§ 1641 BGB).

II. Durch die Minderjährigkeit bedingte Abweichungen von den Genehmigungspflichten des Betreuungsrechts (Abs. 2)

6 Abs. 2 regelt – analog zu § 1643 Abs. 2 bis 4 BGB – Abweichungen von den Genehmigungspflichten des Betreuungsrechts, die durch die Minderjährigkeit bedingt sind.[3] Abweichend von § 1853 Satz 1 Nr. 1 BGB bedarf der Abschluss eines Miet- oder Pachtvertrags oder eines anderen Vertrags, durch den der Mündel zu wiederkehrenden Leistungen verpflichtet wird, der familiengerichtlichen Genehmigung bereits dann, wenn der Mündel durch sie länger als ein Jahr nach dem Eintritt der Volljährigkeit gebunden wird (beim Betreuten vier Jahre). Diese Erschwerung gegenüber dem Betreuungsrecht entspricht § 1822 Nr. 5 BGB a.F. Das Kriterium ist bei konkret befristeten Verträgen erfüllt, gleichermaßen aber bei Verträgen von ungewisser Dauer als erfüllt anzusehen.[4]

1 KG NJW 2015, 1394; Erman/*Schulte-Bunert*, § 1800 BGB Rn. 8
2 BT-Drs. 19/24445, 187; Erman/*Schulte-Bunert*, § 1800 BGB Rn. 8
3 BT-Drs. 19/24445, 215
4 Erman/*Schulte-Bunert*, § 1799 BGB Rn. 3

Nicht vom Genehmigungserfordernis des § 1853 Satz 1 Nr. 1 BGB **erfasst** werden Ausbildungs-, Dienst- und Arbeitsverträge, die durch die Vormundschaftsreform der Personensorge des Vormunds zugeordnet wurden und den dort in § 1795 Abs. 2 Nr. 1 und 2 BGB geregelten Genehmigungserfordernissen unterliegen (siehe hierzu *Wierse*, § 1795 Rn. 9 f.). 7

Miet- und Pachtverträge über einen gewerblichen oder land- oder forstwirtschaftlichen Betrieb bleiben ausnahmslos genehmigungspflichtig (§ 1853 Abs. 1 Nr. 2 BGB).

Abs. 2 nimmt – wie § 1643 Abs. 4 Satz 2 Nr. 2 und 3 BGB – bestimmte Verträge von der Genehmigungspflicht aus. Hierbei handelt es sich zunächst um solche, die nur geringe wirtschaftliche Bedeutung für den Mündel haben und schon deshalb nicht so stark risikobehaftet sind (Nr. 1). Gemeint sind insbesondere **alterstypische Geschäfte des täglichen Lebens**, deren Gegenwert dem Minderjährigen bereits zugekommen ist bzw. regelmäßig zukommt und bei denen die wirtschaftliche Belastung überschaubar ist.[5] Darüber hinaus werden solche Verträge ausgenommen, die vom Mündel zum Ablauf des 19. Lebensjahres ohne Nachteil für ihn gekündigt werden können. Diese Ausnahme orientiert sich an der gefestigten Auslegung des Anwendungsbereichs des § 1822 Nr. 5 BGB a.F. durch die Rechtsprechung.[6] Zu berücksichtigen ist dabei auch, ob der Mündel im Falle der Kündigung zusätzliche Pflichten zu erfüllen hat oder ob die Kündigung aus anderen Gründen unwirtschaftlich ist, etwa, weil die bisherigen Zahlungen verfallen oder mit Bearbeitungsaufwand verrechnet werden.[7] 8

Als typische, unter Nr. 1 und 2 fallende Verträge nennt die Gesetzesbegründung **Mobilfunkverträge**, Verträge über **Streaming** Dienstleistungen, **Fitnessstudioverträge**, **Vereinsmitgliedschaften** und **ÖPNV-Abonnements**.[8]

§ 1800 BGB

Erteilung der Genehmigung

(1) Das Familiengericht erteilt die Genehmigung, wenn das Rechtgeschäft den Grundsätzen nach § 1798 Absatz 1 nicht widerspricht.

(2) [1]Für die Erteilung der Genehmigung gelten die §§ 1855 bis 1856 Absatz 2 sowie die §§ 1857 und 1858 entsprechend. [2]Ist der Mündel volljährig geworden, so tritt seine Genehmigung an die Stelle der Genehmigung des Familiengerichts.

Übersicht

A. Allgemeines

Da die Genehmigungstatbestände (§§ 1848 bis 1854 BGB) durch die Vormundschaftsreform ihren Standort im Betreuungsrecht erhalten haben, bedarf es auch für die Erteilung der Genehmigung einer **Verweisungsnorm** im Vormundschaftsrecht. § 1800 BGB regelt zudem den vormundschaftsrechtlichen **Genehmigungsmaßstab** und die Rechtsfolgen der Erlangung der Volljährigkeit des Mündels während des laufenden Genehmigungsverfahrens. 1

5 BT-Drs. 19/24445, 186
6 BT-Drs. 19/24445, 186; BGH NJW 1958, 1339
7 BT-Drs. 19/24445, 186
8 BT-Drs. 19/24445, 186

B. Inhalt der Norm

I. Genehmigungsmaßstab (Abs. 1)

2 Die Genehmigung ist gemäß § 1800 Abs. 1 i.V.m. § 1798 Abs. 1 BGB vom Familiengericht zu erteilen, wenn das Rechtsgeschäft dem Wohl des Mündels unter Berücksichtigung der **Grundsätze einer wirtschaftlichen Vermögensverwaltung** und der **wachsenden Bedürfnisse des Mündels** zu selbstständigem und verantwortungsbewusstem Handeln nicht widerspricht. Der Maßstab entspricht dem des § 1644 BGB. Durch die Vormundschaftsreform wurde insoweit mit den niedergelegten Maßstäben in §§ 1644 Abs. 1, 1800 Abs. 1 BGB die bereits zu § 1643 a.F. vertretene Ansicht,[1] dass die Genehmigung grundsätzlich zu erteilen ist, sofern sie dem Wohl des Kindes nicht widerspricht, gesetzlich kodifiziert.[2] In diesem Maßstab verdeutlicht sich, dass die familiengerichtlichen Genehmigungsvorbehalte als Ausnahmen zum Prinzip der gesetzlichen Vertretungsmacht des Vormunds konzipiert sind.[3] Die Entscheidung über die Genehmigung steht im **pflichtgemäßem Ermessen** des Gerichts, das dabei insoweit gebunden ist, als sie am Mündelwohl zu orientieren ist.[4] Sofern nicht die begründete Besorgnis besteht, dass das Rechtsgeschäft dem Interesse des Mündels widerspricht, ist die Genehmigung somit grundsätzlich zu erteilen.[5]

3 Nicht genehmigungsfähig sind gesetz- oder sittenwidrige Geschäfte (§§ 134, 138 BGB), auch wenn diese für den Mündel vorteilhaft wären.[6] Im Übrigen ist ausgehend von der Sachlage zum **Entscheidungszeitpunkt** (nicht Zeitpunkt des Vertragsschlusses) eine **Gesamtabwägung** der Vor- und Nachteile, insbesondere der Risiken und Folgen des Geschäfts vorzunehmen, wobei in die Abwägung in erster Linie **wirtschaftliche Gesichtspunkte** einzubeziehen sind.[7] **Ideelle Interessen** (z.B. Wahrung des Familienfriedens[8]) sind nur ausnahmsweise einzubeziehen und können ein wirtschaftlich nachteiliges Geschäft allein nicht rechtfertigen.[9] Die **Interessen Dritter** sind, soweit sie nicht zum Mündelinteresse parallel laufen, nicht zu berücksichtigen.[10]

II. Erteilung der Genehmigung (Abs.2)

4 Bei den Genehmigungstatbeständen handelt es sich um **Wirksamkeitserfordernisse** für die Vornahme der von ihnen betroffenen Rechtsgeschäfte; sie stellen insoweit Ausnahmen vom Prinzip der vollen Vertretungsmacht des Vormunds dar.[11] Es handelt sich bei den erforderlichen Genehmigungen um **Außengenehmigungen**, mit der Folge, dass die gerichtliche Genehmigung für die Wirksamkeit des Rechtsgeschäfts erforderlich ist.[12] Bei **einseitigen Rechtsgeschäften** muss die Genehmigung bei Vornahme desselben erteilt sein (§ 1858

1 Zum alten Recht: Staudinger/*Heilmann*, (2016) § 1643 Rn. 49
2 BT-Drs. 19/24445, 187, 215; Oberloskamp/Dürbeck/*Wunderlich*, § 11 Rn. 134; BeckOGK/*Kilian*, § 1800 BGB Rn. 4
3 BT-Drs. 19/24445, 187; MüKo-BGB/*Kroll-Ludwigs*, § 1800 BGB Rn. 2 f.
4 H.M.: BGH NJW 1986, 2829; OLG Dresden FamRZ 2019, 535; KG NJW-RR 2020, 681; Grüneberg/*Götz*, § 1800 BGB Rn. 2; BeckOK/*Bettin*, § 1800 BGB Rn. 3; Sternal/*Göbel*, § 72 FamFG Rn. 10; Staudinger/*Heilmann*, (2020) § 1644 BGB Rn. 0_6; a.A. Mündelwohl als unbestimmter Rechtsbegriff: OLG Karlsruhe FamRZ 1973, 378; MüKo-BGB/*Kroll-Ludwigs*, § 1800 BGB Rn. 3; Erman/*Schulte-Bunert*, § 1800 BGB Rn. 3
5 BT-Drs. 19/24445, 187
6 OLG Frankfurt FamRZ 2005, 60; BayObLG FamRZ 1999, 47; Erman/*Schulte-Bunert*, § 1800 BGB Rn. 6
7 BGH FamRZ 2017, 245; FamRZ 2013, 438; NJW 1986, 2829; Erman/*Schulte-Bunert*, § 1800 BGB Rn. 4
8 BayObLG Rpfleger 1989, 455; siehe auch Erman/*Schulte-Bunert*, § 1800 BGB Rn. 5; krit. gegenüber der Berücksichtigung MüKo/*Krolls-Ludwig*, § 1800 BGB Rn. 8
9 OLG Celle FamRZ 12, 1066; Grüneberg/*Götz*, § 1800 BGB Rn. 4
10 BGH FamRZ 2017, 245; Erman/*Schulte-Bunert*, § 1800 BGB Rn. 5
11 BayObLG FamRZ 1990, 1132, 1134; MüKo-BGB/*Kroll-Ludwigs*, § 1800 BGB Rn. 2
12 BT-Drs. 19/2445, 281; Erman/*Schulte-Bunert*, § 1800 Rn. 2

Abs. 1 und 2 BGB).[13] Andere, **vertragliche Rechtsgeschäfte** können durch vorherige oder nachträgliche gerichtliche Entscheidung genehmigt werden. Das ohne Genehmigung des Familiengerichts vorgenommene Rechtsgeschäft ist schwebend unwirksam (§ 1856 Abs. 1 BGB). Bei Eintritt der Volljährigkeit kann es vom vormaligen Mündel nach § 1800 Abs. 2 Satz 2 BGB ohne Mitwirkung des Gerichts genehmigt werden, vor diesem Zeitpunkt nur durch die Nachholung der familiengerichtlichen Genehmigung. Wichtig ist, dass die familiengerichtliche Genehmigung oder deren Verweigerung nach § 1856 Abs. 1 Satz 2 BGB materiell-rechtlich gegenüber dem Vertragspartner erst wirksam wird, wenn sie ihm durch den Vormund mitgeteilt wird. Vor diesem Zeitpunkt steht es dem Vormund frei, von dem Geschäft noch Abstand zu nehmen.[14] Der andere Teil ist an sein Angebot gebunden, kann den Schwebezustand jedoch nach § 1856 Abs. 2 BGB durch die Aufforderung zur fristgebundenen Mitteilung der Genehmigung beenden. Unter den Voraussetzungen des § 1857 BGB kann der Vertragspartner den Vertrag in der Schwebezeit auch widerrufen.

Wird die Genehmigung durch das Familiengericht verweigert, haftet der Vormund nicht als sog. **falsus procurator** nach § 179 Abs. 1 BGB, weil die Genehmigung **gesetzliches Wirksamkeitserfordernis** für das betreffende Rechtsgeschäft ist.[15]

C. Verfahren

Für das Genehmigungsverfahren ist der Rechtspfleger nach § 3 Nr. 2a RPflG zuständig. Es **5** handelt sich um ein **Amtsverfahren** i.S.d. § 24 FamFG, dessen Einleitung auch von Dritten (Vertragspartner) angeregt werden kann. Jedoch kann eine Genehmigung nicht gegen den Willen des Vormunds ausgesprochen werden (Prinzip der Unabhängigkeit, § 1790 Abs. 1 BGB).[16] **Zu beteiligen** sind der **Vormund** und der **Mündel**, nicht jedoch der Vertragspartner des beabsichtigten Geschäfts, da dessen Rechtsposition nur mittelbar betroffen ist.[17] **Anzuhören** sind der Vormund und nach § 159 Abs. 1 FamFG der **Mündel**, wobei nach § 159 Abs. 2 Nr. 4 FamFG von der Anhörung abgesehen werden kann, soweit – wie in der Regel im Genehmigungsverfahren – ausschließlich die Vermögenssorge betroffen ist und eine persönliche Anhörung nach der Art der Angelegenheit nicht angezeigt ist. Ein **Verfahrensbeistand** kann nach § 158 Abs. 1 BGB nur in Angelegenheiten bestellt werden, die die Person des Kindes betreffen, also in Angelegenheiten, die die Lebensführung und Lebensstellung eines Kindes zum Gegenstand haben und nicht ausschließlich vermögensrechtlicher Art sind. Eine analoge Anwendung scheidet mangels planwidriger Regelungslücke aus.[18] Soweit nicht ausschließlich die Vermögenssorge betroffen ist, ist auch das **Jugendamt** anzuhören (§ 162 Abs. 1 Satz 1 BGB).

Grundsätzlich bedarf es zur Vertretung des nicht verfahrensfähigen Kindes weder im Ver- **6** fahren noch für die Bekanntgabe der die Genehmigung aussprechenden Entscheidung an das Kind (§ 41 Abs. 3 FamFG) eines **Ergänzungspflegers**.[19] Die Bestellung eines Ergänzungspflegers ist nur dann und insoweit erforderlich, als im Einzelfall nach § 1629 Abs. 2 Satz 3 i.V.m. § 1789 Abs. 2 Satz 3 und 4 ein konkret bestehender Interessengegensatz festgestellt wird oder wenn Eltern/Vormund kraft Gesetzes nach §§ 1629 Abs. 2 Satz 1, 1789 Abs. 2 Satz 1, 1824 BGB von der Vertretung des Kindes ausgeschlossen sind.[20]

13 Oberloskamp/Dürbeck/*Wunderlich*, § 11 Rn. 121
14 BGHZ 15, 97; FamRZ 1964, 199; MüKo-BGB/*Kroll-Ludwigs*, 9. Aufl. 2024, BGB § 1856 Rn. 10
15 *Fröschle/Heinz*, Vormundschaft und Pflegschaft, 78
16 Oberloskamp/Dürbeck/*Wunderlich*, § 11 Rn. 127
17 Oberloskamp/Dürbeck/*Wunderlich*, § 11 Rn. 131
18 OLG Frankfurt FamRZ 2019, 324; Prütting/Helms/*Hammer*, § 158 FamFG Rn. 3; a.A. Erman/*Schulte-Bunert*, § 1800 BGB Rn. 14
19 BGH FamRZ 2019, 968; FamRZ 2016, 296; FamRZ 2014, 640
20 BGH FamRZ 2019, 968; Prütting/Helms/*Hammer*, § 151 FamFG, Rn. 60

7 Hinsichtlich der Bekanntgabe der Entscheidung ist die Sonderregelung des § 41 Abs. 3 FamFG zu beachten, wonach die Entscheidung, die die Genehmigung eines Rechtsgeschäfts zum Gegenstand hat, auch dem **betroffenen Mündel** bekannt zu geben ist. Die Vorschrift gilt auch für die Genehmigung verweigernde Entscheidungen, nicht aber für sog. Negativatteste (vgl. Rn. 8).[21] Für den mindestens 14-jährigen und damit verfahrensfähigen Mündel folgt dies aber bereits aus § 41 Abs. 1 FamFG und § 164 Satz 1 FamFG. Bei dem nicht verfahrensfähigen Mündel hat die Bekanntmachung nach § 9 Abs. 2 FamFG gegenüber dem gesetzlichen Vertreter zu erfolgen. Hierbei bedarf es grundsätzlich nicht der Bestellung eines Ergänzungspflegers für die Bekanntmachung der Entscheidung (§ 41 Abs. 3 FamFG;[22] näher *Wierse*, § 1789 BGB Rn. 18).

8 Die Entscheidung des Rechtspflegers ist mit der **Beschwerde** nach § 11 Abs. 1 RPflG, § 58 ff. FamFG anfechtbar, wobei hier die **verkürzte Beschwerdefrist nach § 63 Abs. 2 Nr. 2 FamFG** zu beachten ist. Sie ist auch statthaft gegen sog. **Negativatteste**, bei denen das Familiengericht feststellt, dass ein bestimmtes Geschäft keiner Genehmigung bedarf.[23] Umgekehrt ist auch die **Verweigerung eines Negativattests** anfechtbar.[24]

9 Der **Vormund** ist gegen die Verweigerung der Genehmigung beschwerdeberechtigt, da er in eigenen Rechten betroffen ist.[25] Auch kann er als gesetzlicher Vertreter des Mündels (§ 9 Abs. 2 FamFG) Beschwerde für diesen einlegen. **Nicht** beschwerdeberechtigt ist der **Vertragspartner** des Mündels,[26] was auch dann der Fall ist, wenn es sich bei dem Vertragspartner um einen Elternteil des Kindes handelt. Etwas anders gilt nur dann, wenn dieser geltend macht, das betreffende Geschäft sei nicht genehmigungspflichtig oder das Familiengericht habe eine ihm gegenüber bereits wirksame Genehmigung widerrufen oder geändert[27] (vgl. *Kischkel*, § 59 FamFG Rn. 13).

10 Der **bereits 14-jährige Mündel** ist nach § 60 Satz 2 FamFG beschwerdeberechtigt, auch der Vormund kann **in seinem Namen** als gesetzlicher Vertreter Beschwerde einlegen. Gegen die Erteilung der Genehmigung steht dem Vormund grundsätzlich kein Beschwerderecht zu, weil ihm § 1856 Abs. 1 Satz 2 BGB die Möglichkeit eröffnet, von dem Geschäft Abstand zu nehmen. Anders ist es nur, wenn das Gericht gegen oder ohne seinen Willen tätig geworden ist. Kein Beschwerderecht hat der Vormund dagegen gegen eine erteilte Genehmigung, weil es ihm durch die Möglichkeit von § 1856 Abs. 1 Satz 2 BGB noch frei steht, von dem Geschäft Abstand zu nehmen.[28] Etwas anderes soll gelten, wenn das Gericht ohne oder gegen seinen Willen tätig geworden ist oder das Geschäft nicht genehmigungsbedürftig war.[29]

21 MüKo-FamFG/*Ulrici*, § 41 Rn. 13
22 BGH FamRZ 2019, 986; JAmt 2014, 348 m.Anm. *Zorn*
23 BGHZ 44, 325; OLG Schleswig NJW-RR 2020, 805
24 OLG Jena FamRZ 2014, 140; LG Mühlhausen FamRZ 2012, 1324
25 Oberloskamp/Dürbeck/*Wunderlich*, § 11 Rn. 138; Erman/*Schulte-Bunert*, § 1800 BGB Rn. 19; BeckOK/*Bettin*, § 1800 BGB Rn. 10; zum Betreuungsrecht: MüKo-BGB/*Kroll-Ludwigs*, § 1855 BGB Rn. 52; Grüneberg/*Götz*, § 1855 BGB Rn. 14; vgl. auch BGH ZKJ 2017, 26 zum Recht des Vormunds auf Ausübung des Sorgerechts; a.A. OLG Stuttgart FGPrax 2001, 199: nur für den Mündel
26 RGZ 56, 124; BGH NJW 2016, 565; OLG Celle FamRZ 2012, 1066
27 BGH NJW 2016, 565
28 Staudinger/*Veit*, § 1828 BGB Rn. 89
29 BeckOK/*Bettin*, § 1800 BGB Rn. 11; MüKo/*Kroll-Ludwigs*, § 1855 BGB Rn. 55

§ 1801 BGB

Befreite Vormundschaft

(1) Für das Jugendamt, den Vereinsvormund und den Vormundschaftsverein als Vormund gilt § 1859 Absatz 1 entsprechend.

(2) [1]Das Familiengericht kann auf Antrag Vormünder von den Beschränkungen bei der Vermögenssorge befreien, wenn eine Gefährdung des Mündelvermögens nicht zu besorgen ist. [2]§ 1860 Absatz 1 bis 3 gilt entsprechend.

(3) [1]Eltern können unter Beachtung der Voraussetzungen des § 1782 einen von ihnen benannten Vormund von den Beschränkungen nach den §§ 1845, 1848 und 1849 Absatz 1 Satz 1 Nummer 1 und 2, Satz 2 sowie § 1865 Absatz 1 befreien. [2]§ 1859 Absatz 1 Satz 2 und 3 gilt entsprechend.

(4) Das Familiengericht hat die Befreiungen aufzuheben, wenn ihre Voraussetzungen nicht mehr vorliegen oder bei ihrer Fortgeltung eine Gefährdung des Mündelvermögens zu besorgen wäre.

Von einer Kommentierung wird abgesehen.

§ 1802 BGB

Allgemeine Vorschriften

(1) [1]Das Familiengericht unterstützt den Vormund und berät ihn über seine Rechte und Pflichten bei der Wahrnehmung seiner Aufgaben. 2§ 1861 Absatz 2 gilt entsprechend.

(2) [1]Das Familiengericht führt über die gesamte Tätigkeit des Vormunds die Aufsicht. [2]Es hat dabei insbesondere auf die Einhaltung der Pflichten der Amtsführung des Vormunds unter Berücksichtigung der Rechte des Mündels sowie der Grundsätze und Pflichten des Vormunds in der Personen- und Vermögenssorge zu achten. [3]§ 1862 Absatz 3 und 4 sowie die §§ 1863 bis 1867, 1666, 1666a und 1696 gelten entsprechend. [4]Das Familiengericht kann dem Vormund aufgeben, eine Versicherung gegen Schäden, die er dem Mündel zufügen kann, einzugehen.

Übersicht Rn.

A. Allgemeines

1 § 1802 BGB regelt zusammen mit § 1803 BGB die Beratung und Aufsicht durch das Familiengericht. Entsprechend der durch die Vormundschaftsreform geschaffenen Systematik sind die inhaltlich maßgeblichen Normen im Betreuungsrecht angesiedelt, auf die das Vormundschaftsrecht mit den erforderlichen Anpassungen an den hier zentralen Maßstab des Mündelwohls verweist (im Betreuungsrecht: Wunsch und mutmaßlicher Wille des Betreuten).[1] § 1802 BGB regelt dementsprechend die Grundzüge der Beratung und Aufsicht durch eigene Regelungen und Verweisungen (bis 31.12.2022: § 1837 BGB a.F.). Daneben normiert § 1803 BGB Anhörungspflichten des Familiengerichts (vgl. dazu unten Rn. 32).

Dem einfachgesetzlichen **Grundsatz der Selbstständigkeit des Vormunds** (§ 1790 Abs. 1 BGB) steht der aus Art. 6 Abs. 2 Satz 2 GG folgende **verfassungsrechtliche** – und damit vorrangige – **Schutzauftrag des Staates zugunsten des Kindes** gegenüber.

2 Sowohl staatliche Kontrollbefugnis als auch Eingriffsschwelle bei Pflichtwidrigkeiten in der Führung der Vormundschaft sind angesichts der fehlenden Einbeziehung des Vormunds in Art. 6 Abs. 2 Satz 1 GG auf einer **niedrigeren Stufe** als das **Sorgerecht der Eltern** angesiedelt. Unbeschadet dessen soll sich nach der gesetzgeberischen Zielsetzung auch die **gerichtliche Beaufsichtigung** des Vormunds auf das für das Mündelwohl **Notwendige** beschränken.[2] Eingriffe in die Amtsführung sind nur statthaft, wenn andernfalls gewichtige Nachteile für persönliche oder wirtschaftliche Mündelinteressen drohen.[3]

B. Inhalt der Norm

I. Beratung (Abs. 1)

3 Nach Abs. 1 Satz 1 hat das Familiengericht den Vormund zu unterstützen und zu beraten. Die Regelung begründet ein **subjektiv-öffentliches Recht** des Vormunds[4] und ist Ausdruck der fürsorglichen Tätigkeit des Gerichts.[5] Zur Beratung gehört das Äußern einer Empfehlung oder Rechtsauskunft; der rechtsunkundige Vormund kann auf rechtliche Folgen oder etwaige Pflichtwidrigkeiten beabsichtigten Handelns hingewiesen werden.[6] Die Beratung beschränkt sich im Hinblick auf die selbstständige Amtsführung des Vormunds aber auf grundsätzliche Fragen.[7] Dem Familiengericht ist es jenseits des Vorliegens konkreter Pflichtverletzungen verwehrt, durch bindende Anordnungen in die Amtsführung einzugreifen,[8] selbst wenn der Vormund damit einverstanden wäre.[9] Eine **präventive Weisung** ist nur berechtigt, wenn die auf Tatsachen begründete Besorgnis besteht, der Vormund werde pflichtwidrig handeln.[10]

Zur Beratungsfunktion gehört auch die **Vermittlung bei Konflikten** zwischen Mündel und Vormund,[11] soweit dies nicht bereits seitens der staatlichen Kinder- und Jugendhilfe erfolgt

1 BT-Drs. 19/24445, 217
2 BeckOK/*Bettin*, § 1802 BGB Rn. 2
3 MüKo-BGB/*Kroll-Ludwigs*, § 1802 BGB Rn. 5
4 MüKo-BGB/*Kroll-Ludwigs*, § 1802 BGB Rn. 8; BeckOK/*Bettin*, § 1802 BGB Rn. 3; *Hoffmann*, JAmt 2021, 242, 244
5 BT-Drs. 11/4528, 113
6 Grüneberg/*Götz*, § 1802 BGB Rn. 2
7 BT-Drs. 19/24445, 217
8 BGH NJW 1955, 867, 868
9 OLG Karlsruhe FamRZ 2006, 507; BayObLG Rpfleger 1999, 126; OLG Saarbrücken MDR 2004, 1121; MüKo-BGB/*Kroll-Ludwigs*, § 1802 BGB Rn. 7
10 OLG Brandenburg FamRZ 2016, 314; OLG Karlsruhe FGPrax 2005, 155
11 BeckOGK/*Gietl*, § 1802 BGB Rn. 10. MüKo-BGB/*Kroll-Ludwigs*, § 1802 BGB Rn. 10

ist. Dem Mündel kommt insoweit kein eigener Beratungsanspruch zu, seine Anhörung ist jedoch nach Maßgabe des § 1803 BGB geboten.

Im Gegensatz zu § 1802 Abs. 1 BGB stehen bei der Beratung des Vormunds durch das Jugendamt nach § 53a SGB VIII nicht rechtliche und organisatorische Grundfragen, sondern in erster Linie sozialarbeiterische bzw. erzieherische Fragen betreffend das Kind im Vordergrund.[12]

Zuständig für die Aufsicht ist nach § 3 Nr. 2a RPflG der **Rechtspfleger**. Ehrenamtliche Vormünder sind gemäß Abs. 1 Satz 2 i.Vm. § 1861 Abs. 2 BGB alsbald nach ihrer Bestellung im Rahmen eines **Verpflichtungsgesprächs** über ihre Aufgaben zu unterrichten und auf Beratungs- und Unterstützungsangebote hinzuweisen. Dies gilt nicht, wenn der Vormund mehr als eine Vormundschaft führt oder in den letzten zwei Jahren geführt hat. Der Verpflichtung kommt nach der Reform jedoch kein konstitutiver Charakter mehr zu, maßgeblich für die gesetzlichen Vertretungsbefugnisse und Vergütungsansprüche ist allein die Bekanntgabe des Bestellungsbeschlusses (§ 168a Abs. 2 FamFG). 4

II. Aufsicht (Abs. 2 bis 4)

1. Grundsatz

Nach Abs. 2 Satz 1 führt das Familiengericht über die gesamte Tätigkeit des Vormunds die Aufsicht. Sie beginnt mit der Bestellung des Vormunds, endet grundsätzlich mit ihrer Beendigung (§ 1806 BGB)[13] und erfasst alle Vormundschaftstypen (§ 1774 BGB), damit auch **Amts- und Vereinsvormund**.[14] Die Aufsichtspflicht des Familiengerichts wird ergänzt durch die **Genehmigungsvorbehalte** in § 1799 Abs. 1 BGB i.V.m. §§ 1848 bis 1854 Nr. 7 BGB und die **Vertretungsverbote und -einschränkungen** nach § 1789 Abs. 2 i.V.m. § 1824 BGB sowie § 1789 Abs. 2 Satz 3 und 4 BGB. 5

Nach Abs. 2 Satz 2 hat das Familiengericht die gesamte Tätigkeit des Vormunds im Bereich der Personen- und der Vermögenssorge im Hinblick auf die Einhaltung der Pflichten der Amtsführung des Vormunds unter Berücksichtigung der Rechte des Mündels zu beaufsichtigen, mithin zu überwachen, ob der Vormund zum Wohle des Mündels handelt (§ 1790 Abs. 1 BGB), dessen Rechte aus § 1788 BGB achtet und somit seine weiteren Pflichten aus § 1790 BGB wahrt und sich im Rahmen der Vermögenssorge an den Grundsätzen einer wirtschaftlichen Vermögensverwaltung orientiert (§ 1798 Abs. 1 BGB).[15] Im Übrigen verweist Abs. 2 Satz 3 auf die entsprechenden Normen des Betreuungsrechts. 6

2. Gebote und Verbote (Abs. 2 Satz 3 i.V.m. § 1862 Abs. 3 Satz 2 BGB)

Abs. 2 Satz 3 i.V.m. § 1862 Abs. 3 Satz 1 BGB verpflichtet das Familiengericht zum Einschreiten bei Pflichtwidrigkeiten durch geeignete Gebote und Verbote. Der für die Aufsicht zentrale **Begriff der Pflichtwidrigkeit** ist gesetzlich nicht definiert. Bei seiner Bestimmung ist der in § 1790 Abs. 1 BGB normierte Grundsatz der selbstständigen Führung der Vormundschaft zu beachten, der den Vormund verpflichtet, seine Entscheidungen grundsätzlich frei von Einflussnahme Dritter selbstständig im Interesse des Mündels zu dessen Wohl zu treffen.[16] Pflichtwidriges Handeln liegt mithin dann vor, wenn der Vormund gegen **kon-** 7

12 Zur Beratung, Unterstützung und Beaufsichtigung von Einzelvormundschaften nach § 53a SGB VIII vgl. *Bisten/Fritsche*, JAmt 2024, 572 ff.

13 Nachlaufende Pflichten sind Herausgabe von Vermögen und Unterlagen, Einreichung der Schlussrechnung und Rückgabe der Bestellungsurkunde (§§ 1807, 1872, 1873 Abs. 1 Satz 1 BGB; § 168b Abs. 3 FamFG)

14 BeckOGK/*Gietl*, § 1802 BGB Rn. 23

15 BT-Drs. 19/24445, 218

16 BT-Drs. 19/24445, 218; Grüneberg/*Götz*, § 1802 BGB Rn. 1

krete, sich aus dem Gesetz oder (zulässigen) gerichtlichen Anordnungen ergebende Handlungs- oder Unterlassungspflichten verstößt oder er sich bei seinen Entscheidungen zum Nachteil der Mündelinteressen von unsachlichen Erwägungen leiten lässt.[17] Jenseits der sich aus § 1790 Abs. 3 Satz 2 BGB ergebenden konkreten Kontaktverpflichtung bedarf es – in Ermangelung weiterer konkret bestimmter Pflichten – zur Bestimmung des Vorliegens einer Pflichtverletzung damit stets einer am Mündelwohl orientierten Einzelfallbetrachtung,[18] ob sich das Vorgehen des Vormunds als (nicht mehr) vertretbar erweist.[19] Der dem Vormund bei seiner unabhängigen Amtsführung nach § 1790 Abs. 1 BGB zukommende **Entscheidungsspielraum**, der auch vom Gericht zu achten ist, wird dabei häufig als „Ermessen" bezeichnet.[20] Das Gericht darf in Ansehung des Mündels nicht an Stelle des Vormunds entscheiden.[21] Es ist auch nicht zu einer pädagogischen Einschätzung und Entscheidung eines etwaigen Disputs zwischen sozialpädagogischen Fachkräften und Vormund berufen.[22] Pflichtwidrigkeit setzt im Übrigen **kein Verschulden** des Vormunds voraus; ebenso wenig ist erforderlich, dass dem Mündel schon ein Schaden entstanden ist oder ein solcher unmittelbar bevorsteht.[23]

8 Nach Abs. 2 Satz 2 i.V.m. § 1790 Abs. 3 Satz 2 BGB hat das Gericht sich insbesondere der **Einhaltung der erforderlichen persönlichen Kontakte** des Vormunds (vgl. *Wierse*, § 1790 BGB Rn. 6) zu dem Mündel zu vergewissern. Nach § 1780 BGB hat das Familiengericht bei der Bestellung eines Berufsvormunds dessen Arbeitsbelastung, insbesondere die Zahl der betreuten Fälle, zu berücksichtigen, so dass hieran auch aufsichtsrechtliche Konsequenzen bei konkreter Vernachlässigung von Mündelinteressen geknüpft werden können. Die Überwachung der **Einhaltung der Fallobergrenze** durch den Amtsvormund (§ 55 Abs. Abs. 3 SGB VIII) fällt hingegen nicht unter seine Aufsichtsfunktion.[24]

▶ *Näher hierzu Köhler, § 58 SGB VIII Rn. 11 ff.*

Dauerhafte Verstöße hiergegen können aber Anlass sein, den Amtsvormund bei Vorliegen der weiteren Voraussetzungen nach § 1804 Abs. 1 BGB zu entlassen.

9 Stellt das Familiengericht im Rahmen seiner Aufsicht Verstöße gegen Pflichten des Vormunds fest, hat es nach Abs. 2 Satz 3 i.V.m. § 1862 Abs. 3 BGB durch **geeignete Gebote und Verbote** gegenüber dem Vormund einzuschreiten. Abs. 2 Satz 4 nennt als Beispiel für eine Maßnahme das an den Vormund gerichtete Gebot, eine **Haftpflichtversicherung** wegen möglicher Schäden des Mündels durch die Amtsführung abzuschließen. Nicht befugt ist das Familiengericht, **selbst Maßnahmen für den Mündel** zu treffen.[25] Die Auswahl der Maßnahme steht im **pflichtgemäßen Ermessen** des Familiengerichts, nicht aber das **„ob"** bei Bejahung einer Pflichtwidrigkeit.[26] Der Grundsatz der Verhältnismäßigkeit ist zu beachten.[27]

---

17 OLG Karlsruhe ZKJ 2020, 377; OLG Frankfurt JAmt, 2019, 528; Grüneberg/*Götz*, § 1802 BGB Rn. 4; *Socha*, Vormundschaft und Pflegschaft, Rn. 236; *Hoffmann*, JAmt 2021, 242, 246
18 BT-Drs. 19/24445, 218
19 BeckOGK/*Gietl*, § 1802 BGB Rn. 25
20 So z.B. BT-Drs. 19/24445, 218; zur berechtigten Kritik an diesem insbesondere auf die Entscheidungen der Personensorge nicht passenden Rechtsbegriff vgl. NK-BGB/*Heitmann/Katzenstein/Lohse*, § 1837 BGB a.F., Rn. 15; MüKo-BGB/*Kroll-Ludwigs*, § 1802 BGB RN. 16; zur Kritik an dem in diesem Zusammenhang verwendeten Begriff der Zweckmäßigkeit BeckOGK/*Gietl*, § 1802 BGB Rn. 25
21 OLG Frankfurt JAmt 2019, 528; OLG Hamm FamRZ 2012, 1312; OLG München FamRZ 2009, 2119; Grüneberg/*Götz*, § 1802 BGB Rn. 2
22 KG FamRZ 2024, 1030
23 MüKo-BGB/*Kroll-Ludwigs*, § 1802 BGB Rn. 22; Erman/*Schulte-Bunert*, § 1802 BGB Rn. 16
24 FK-SGB VIII/*Hoffmann*, § 55 SGB VIII Rn. 55; vgl. auch BeckOGK/*Gietl*, § 1802 BGB Rn. 37
25 OLG Hamm FamRZ 2012, 1312; Erman/*Schulte-Bunert*, § 1802 BGB Rn. 15
26 MüKo-BGB/*Kroll-Ludwigs*, § 1802 Rn. 24; BeckOGK/*Gietl*, § 1802 BGB Rn. 40, 44; *Hoffmann*, JAmt 2021, 242, 247; a.A. Erman/*Schulte-Bunert*, § 1802 BGB Rn. 17
27 BeckOK/*Bettin*, § 1802 BGB Rn. 2; MüKo-BGB/*Kroll-Ludwigs*, § 1802 BGB Rn. 26

10 Kommt das Familiengericht seiner Aufsichtspflicht nicht nach, kann dies die **Amtshaftung** nach Art. 34 GG, § 839 BGB für Schäden des Mündels begründen.[28]

3. Zwangsgeld (Abs. 2 Satz 3 i.V.m. § 1862 Abs. 3 Satz 2 BGB)

11 Bei Nichtbefolgung von Ge- oder Verboten kann das Familiengericht nach Abs. 2 Satz 3 **i.V.m. § 1862 Abs. 3 Satz 2 BGB** ein **Zwangsgeld** gegen den Vormund festsetzen. Die Anordnung von **Haft** ist gesetzlich nicht vorgesehen. Höhe, Verfahren und Rechtsschutz ergeben sich aus § 35 Abs. 2 bis 5 FamFG. Auf das mögliche Zwangsgeld ist in der Entscheidung, die das Ge- oder Verbot ausspricht, nach § 35 Abs. 2 FamFG **hinzuweisen**. Der **Zwangsgeldrahmen** liegt nach Art. 6 Abs. 1 EGStGB, § 35 Abs. 3 FamFG zwischen 5 und 25.000 EUR. Eine **Umwandlung** des uneinbringlichen Zwangsgeldes in **Zwangshaft** ist nicht vorgesehen.

12 Die Festsetzung kann bis zur Zweckerreichung wiederholt werden. Auf die Möglichkeit der erneuten bzw. wiederholten Festsetzung muss jedoch zuvor hingewiesen worden sein.[29] Gemäß § 35 Abs. 3 Satz 2 FamFG sind dem Verpflichteten auch die **Verfahrenskosten** aufzuerlegen.

13 Nach § 35 Abs. 5 FamFG findet gegen die Entscheidung über das Zwangsgeld die **sofortige Beschwerde** nach §§ 567 ff. ZPO statt.

14 Gegen den **Amtsvormund und den Vormundschaftsverein** kann nach Abs. 2 Satz 3 i.V.m. § 1862 Abs. 3 Satz 3 BGB kein Zwangsgeld festgesetzt werden; gegenüber dem **Vereinsvormund** ist die Zwangsgeldfestsetzung aber möglich.[30] Hinsichtlich des Amtsvormunds verbleibt dem Familiengericht bei Nichtbefolgung seiner Anordnungen insoweit nur die Möglichkeit von **Gegenvorstellung** und **Dienstaufsichtsbeschwerde**.[31]

15 § 1802 Abs. 2 Satz 3 BGB i.V.m. § 1862 Abs. 3 Satz 2 BGB steht im Übrigen der Anordnung eines **Ordnungsgelds gegen den Amtsvormund** nach § 89 FamFG wegen schuldhaften Verstoßes gegen eine vollstreckbare Umgangsregelung nicht entgegen.[32]

4. Kindschaftsrechtliche Maßnahmen nach Abs. 2 Satz 3 i.V.m. §§ 1666 f., 1696 BGB

16 Abs. 2 Satz 3 verweist im Rahmen der Aufsicht über den Vormund zudem auf die entsprechende Anwendung von **§§ 1666, 1666a, 1696 BGB**. Hierbei handelt es sich um eine **Rechtsgrundverweisung**, d.h. bei einer nicht anders abwendbaren Gefahr für das Wohl des Mündels kann das Familiengericht über die Ge- und Verbote des Abs. 2 Satz 3 i.V.m. § 1862 Abs. 3 Satz 2 BGB hinaus – insbesondere bei deren Erfolglosigkeit[33] – auch in die **Sorgebefugnis des Vormunds eingreifen**. Ein vollständiger Entzug des Sorgerechts ist nicht zulässig, da insoweit § 1804 BGB die speziellere Norm darstellt und eine niedrigere Eingriffsschwelle als Abs. 2 Satz 3 i.V.m. §§ 1666, 1666a BGB beinhaltet.[34] Zulässig sind etwa der Teilentzug bestimmter Sorgebefugnisse nach § 1666 Abs. 1, Abs. 3 Nr. 6 BGB, wie der Entzug des Aufenthaltsbestimmungsrechts[35] nebst Bestellung eines Pflegers nach § 1809

28 OLG Oldenburg Rpfleger 1979, 101; Erman/*Schulte-Bunert*, § 1802 BGB Rn. 23
29 Prütting/Helms/*Hammer*, § 35 FamFG Rn. 12
30 BT-Drs. 19/24445, 220
31 BT-Drs. 17/3617, 8
32 BGH ZKJ 2014, 251; OLG Frankfurt a.M. ZKJ 2013, 167
33 BT-Drs. 19/24445, 220
34 BT-Drs. 19/24445, 220; Erman/*Schulte-Bunert*, § 1802 BGB Rn. 17; BeckOGK/*Gietl*, § 1802 BGB Rn. 78; zu Unrecht OLG Köln FamRZ 2009, 724
35 Vgl. den Fall von OLG Saarbrücken ZKJ 2018, 471

BGB, Maßnahmen gegen Dritte gemäß § 1666 Abs. 4 BGB oder die Ersetzung einer Erklärung des Vormunds nach § 1666 Abs. 3 Nr. 5 BGB.[36]

17 Bei **schwerwiegenden Pflichtwidrigkeiten** des Vormunds ist jedoch in der Praxis dessen **Entlassung** nach § 1804 Abs. 1 Nr. 1 BGB zu erwägen, so dass auf Abs. 4 eher bei unaufschiebbaren Eilmaßnahmen zur Verhinderung von Schäden für den Mündel zurückzugreifen sein wird. Zur funktionellen Zuständigkeit vgl. unten Rn. 31.

5. Weitergehende Verweisung auf das Betreuungsrecht (Abs. 2 Satz 3 i.V.m. §§ 1863 bis 1867 BGB)

18 Grundsätzlich wird der Vormund unter Berücksichtigung der vormundschaftsrechtlichen Grundsätze der Berücksichtigung des Wohls des Mündels und des Schutzes und Erhalts des Mündelvermögens wie ein Betreuer durch das Familiengericht beaufsichtigt, weswegen Abs. 2 Satz 3 auf die entsprechenden Normen des Betreuungsrechts verweist. Im Einzelnen:

a) Berichte über die persönlichen Verhältnisse des Mündels (§ 1863 BGB)

19 Der Vormund hat gemäß § 1863 Abs. 1 Satz 1 BGB mit Übernahme der Betreuung einen Bericht über die persönlichen Verhältnisse (**Anfangsbericht**) zu erstellen und diesen in der Regel binnen drei Monaten dem Gericht vorzulegen (§ 1863 Abs. 1 Satz 3 BGB). Mit Blick darauf, dass anders als im Betreuungsrecht nicht der Wunsch und der mutmaßliche Wille des Betreuten, sondern das Wohl des Mündels im Vordergrund steht, soll sich nach der Gesetzesbegründung der notwendige Inhalt des Berichts regelmäßig auf die nach § 1863 Abs. 1 Satz 2 Nr. 1 BGB vorgegebene Darstellung der persönlichen Situation des Mündels beschränken,[37] ohne dass dies durch die Verweisungstechnik klar zum Ausdruck gebracht wird.[38] Im in der Praxis häufigsten Fall der Anordnung der Vormundschaft nach einem Sorgerechtsentzug sind zu Beginn gewichtige Entscheidungen für die weitere Entwicklung des Kindes zu treffen (z.B. Aufenthalt und Unterbringungsform, Therapienotwendigkeit etc.), die wesentliche Kindeswohlbelange betreffen bzw. langfristige Auswirkungen haben können, so dass über diese ebenfalls entsprechend § 1863 Abs. 1 Satz 2 Nr. 2 BGB zu berichten sein wird.[39] Von der Verpflichtung zur Erstellung eines Anfangsberichts ist der **ehrenamtliche Vormund ausgenommen**, der die Vormundschaft aufgrund einer familiären Beziehung oder persönlichen Bindung zum Mündel führt (§ 1863 Abs. 2 Satz 1 BGB). Auch der nur für die Dauer von drei Monaten bestellte vorläufige Vormund hat keinen Anfangsbericht zu erstellen, es sei denn die Vormundschaft wird über die Dreimonatsfrist hinaus fortgeführt.[40]

20 Nachfolgend hat der Vormund gemäß § 1863 Abs. 3 BGB einmal jährlich über die persönlichen Verhältnisse des Mündels zu berichten (**Jahresbericht**). Der Bericht hat die in nicht abschließender Aufzählung nach § 1863 Abs. 3 Satz 3 BGB genannten Inhalte, mit Ausnahme der nur auf die Situation der Betreuung anwendbaren Nr. 3, zu enthalten.[41] Wurde das Jugendamt zum Amtsvormund bestellt, sind die Berichte durch die Fachkraft zu erstellen, auf die die Aufgaben nach § 55 Abs. 2 Satz 1 SGB VIII delegiert wurden.[42]

36 MüKo-BGB/*Kroll-Ludwigs*, § 1802 BGB Rn. 38
37 BT-Drs. 19/24445, 219
38 Kritisch MüKo-BGB/*Kroll-Ludwigs*, § 1802 BGB Rn. 31
39 *Hoffmann* JAmt 2021, 242, 244 unter Verweis auf die detaillierten Vorgaben für die Hilfeplanung nach § 37c SGB VIII; BeckOGK/*Gietl*, § 1802 BGB Rn. 50; DIJuF-Rechtsgutachten, JAmt 2023, 228, 229
40 *Hoffmann*, JAmt 2021, 242, 244
41 BT-Drs. 19/24445, 219
42 *Hoffmann*, JAmt 2021, 242, 243

b) Auskunfts- und Mitteilungspflichten des Betreuers (§ 1864 BGB)

§ 1864 BGB fasst die Auskunfts- und Mitteilungspflichten zusammen. Nach Abs. 1 gilt eine jederzeitige Auskunftspflicht des Vormunds auf gerichtliches Verlangen. Über die jährliche Berichtspflicht (§ 1863 Abs. 3 BGB) hinaus hat der Vormund vor allem eigeninitativ dem Familiengericht wesentliche Änderungen der persönlichen und wirtschaftlichen Verhältnisse des Mündels unverzüglich mitzuteilen (Abs. 2 Satz 1), damit das Gericht zeitnah in die Lage versetzt wird, seiner Aufsichtspflicht nachzukommen.[43] Im Rahmen der Pflegschaft nach § 1809 BGB wird auch das Bedürfnis für eine Erweiterung des Aufgabenkreises mitzuteilen sein.[44] 21

c) Rechnungslegung (§ 1865 BGB)

Aufgrund des Verweises auf § 1865 BGB überwacht das Gericht auch die Rechnungslegung des Vormunds. Die Verpflichtung zur Rechnungslegung folgt aus der allgemeinen Vermögensverwaltungspflicht nach § 1798 Abs. 1 BGB, die durch den – wenn auch lediglich im Rahmen der gerichtlichen Aufsicht erfolgten – Verweis auf § 1865 BGB konkretisiert wird.[45] Ausgenommen von der Verpflichtung sind der Amts- und der Vereinsvormund sowie der Vormundschaftsverein (§§ 1801 Abs. 1, 1859 Abs. 1 Nr. 3 BGB). Die auf die Betreuung zugeschnittenen Regelungen des § 1865 Abs. 3 Satz 4 und 5 sowie Abs. 4 BGB finden keine Anwendung.[46] 22

d) Rechnungsprüfung (§ 1866 BGB)

Die Prüfung der Rechnungslegung nach § 1865 BGB (§ 1843 BGB a.F.) ist wesentlicher Aspekt der gerichtlichen Aufsicht im Bereich der Vermögenssorge. Das Familiengericht hat die vom Vormund eingereichte Rechnung[47] **rechnungsmäßig und sachlich** zu **prüfen** und, soweit erforderlich, ihre **Berichtigung und Ergänzung** herbeizuführen. Die zuerst genannte **rechnerische Prüfung** ist rein **formell** zu verstehen und bezieht sich auf die **zahlenmäßige Übereinstimmung** der Rechnungsposten und Belege und die mathematische Richtigkeit des Abschlusses.[48] 23

Die **sachliche, materielle Prüfungspflicht** beinhaltet dagegen die Fragen der Einhaltung der gesetzlichen Vorschriften, die Einholung der erforderlichen Genehmigungen, die vollständige Auflistung von Einnahmen und Ausgaben und die Pflichtgemäßheit der Verfügungen über das Mündelvermögen.[49] Dabei kann das Gericht ergänzend Auskunft nach § 1864 Abs. 1 BGB verlangen und sich zur Prüfung der rechnerischen Richtigkeit auch der Hilfe Dritter, insbesondere **Sachverständiger** bedienen, soweit dies sachlich im Einzelfall gerechtfertigt ist.[50] 24

Wegen der **Selbstständigkeit des Vormunds** darf das Familiengericht **nicht selbst** Berichtigungen und Ergänzungen vornehmen,[51] sondern den Vormund mit den Mitteln von § 1802 Abs. 2 Satz 3 BGB i.V.m. § 1862 Abs. 3 Satz 1 und 2 BGB, also mit **Ge- und Verboten sowie Zwangsgeld** anhalten, diese selbst vorzunehmen. 25

---

43 BT-Drs. 19/24445, 219
44 *Hoffmann*, JAmt 2021, 242, 245
45 Vgl. auch zur Kritik an der Verweisungstechnik MüKo-BGB/*Kroll-Ludwigs*, § 1802 BGB Rn. 34; ausführlich zur Rechnungslegung Oberloskamp/Dürbeck/*Wunderlich*, § 11 Rn. 228 ff.
46 BT-Drs. 19/24445, 219
47 Für ein Beispiel Oberloskamp/Dürbeck/*Wunderlich*, § 11 Rn. 249, 250
48 Grünewald/*Götz*, § 1866 BGB Rn. 1
49 BT-Drs. 19/24445, 306; Oberloskamp/Dürbeck/*Wunderlich*, § 11 Rn. 262
50 Grüneberg/*Götz*, § 1866 BGB Rn. 1; OLG Naumburg FamRB 2012, 85 m.Anm. *Schmid*
51 BT-Drs. 19/24445, 305; LG Hannover Rpfleger 1987, 247

Erkennt das Familiengericht die Rechnung als ordnungsgemäß an, führt dies nicht zu einer Haftungsfreistellung des Vormunds gegenüber dem Mündel.[52]

26 Für die Prüfung des Berichts ist nach § 3 Nr. 2a RPflG der **Rechtspfleger** zuständig. Gegen seine Entscheidung im Rahmen der Rechnungsprüfung ist die **Beschwerde** nach §§ 11 Abs. 1 RPflG, 58 ff. FamFG statthaft.

27 Abs. 2 Satz 2 stellt klar, dass **streitige Ansprüche** aus dem Verhältnis Vormund und dem Mündel schon **vor Beendigung der Vormundschaft** (und auch unabhängig von der Prüfung des Familiengerichts nach Abs. 1) im **Rechtsweg** geltend gemacht werden können.

Den vor der Reform bestehenden Streit, ob sachlich die Zivil- oder die Familiengerichte (analog § 266 Abs. 1 Nr. 4 FamFG) zuständig sind, hat der Gesetzgeber in den Materialien zugunsten des Familiengerichts entschieden.[53] Es besteht für den Vormund in solchen Verfahren ein **Vertretungsverbot** nach §§ 1789 Abs. 2 Satz 2, 1824 Abs. 2, 181 BGB, so dass für das Verfahren ein **Ergänzungspfleger** für den Mündel nach § 1908 Abs. 1 Satz 1 BGB zu bestellen ist.

▶ *Näher zu den für den Vormund in gerichtlichen Verfahren geltenden Vertretungsverboten Wierse, § 1824 BGB Rn. 8 ff.*

e) Einstweilige Maßnahmen (§ 1867 BGB)

28 In Abweichung vom Grundsatz der Selbstständigkeit des Vormunds und den Grundsätzen der Aufsicht nach Abs. 2 ermöglicht die Verweisung des Abs. 2 Satz 3 auf § 1867 BGB (§ 1846 a.F.) dem Familiengericht, im Interesse des Mündels **selbst die erforderlichen Maßnahmen** zu treffen, soweit **noch kein Vormund bestellt** ist oder dieser **an der Erfüllung seiner Pflichten verhindert** ist. Fehlt es an der Bestellung eines Vormunds, hat das Gericht nach § 1867 Alt. 1 BGB zunächst zu prüfen, ob dringende Gründe für die Annahme bestehen, dass die Voraussetzungen für die Bestellung eines Vormunds gegeben sind.

Das **Fehlen eines Vormunds** kann darauf beruhen, dass ein solcher nach Wegfall sorgeberechtigter Eltern (z.B. durch Tod) **noch nicht bestellt** ist oder ein bereits bestellter erster Vormund **verstorben** ist.

Eine **Verhinderung des Vormunds** kann veranlasst sein durch **tatsächliche** (Krankheit, Abwesenheit) oder **rechtliche Gründe** (z.B. Interessenkollision nach § 1789 Abs. 2 BGB). Eine **pflichtwidrige Säumnis** des Vormunds fällt nicht darunter.[54]

29 Weitere Tatbestandvoraussetzung ist, dass eine Maßnahme wegen **Dringlichkeit** zu treffen sein muss, also im Interesse des Mündels **kein Aufschub** der Angelegenheit möglich ist.[55] Bei Auslegung und Anwendung der Norm ist ihr besonderer Ausnahmecharakter zu berücksichtigen. Dementsprechend ist bei Fehlen eines Vormunds und besonders dringendem Handlungsbedürfnis die Bestellung eines Vormunds im Wege einstweiliger Anordnung oder eines vorläufigen Vormunds nach § 1781 BGB zu prüfen.[56] Nur wenn auch diese Maßnahmen wegen der benötigten Zeit der Umsetzung und Entscheidung über die dringend erforderliche Maßnahme nicht geeignet sind, Nachteile vom Mündel abzuwenden, darf das Gericht anstelle eines Vormunds eigene Entscheidungen treffen.[57]

30 Liegen die Voraussetzungen vor, so entscheidet das **Familiengericht**, dort der **Rechtspfleger** nach § 3 Nr. 2a RPflG, und trifft die erforderlichen Maßnahmen.

---

52 Grünewald/*Götz*, § 1866 BGB Rn. 2
53 BT-Drs. 19/24445, 218; BeckOGK/*Gietl*, § 1802 BGB Rn. 71.1, 73; Oberloskamp/Dürbeck/*Wunderlich*, § 11 Rn. 263; a.A. MüKo-BGB/*Kroll-Ludwigs*, § 1802 Rn. 35: ordentliches Prozessgericht
54 OLG Düsseldorf FamRZ 1995, 637
55 BayObLG FamRZ 1990, 1154
56 BT-Drs. 19/24445, 306; jurisPK-BGB/*Pammler-Klein*, § 1802 BGB Rn. 218 und § 1805 BGB Rn. 30
57 Vgl. *Socha*, Vormundschaft und Pflegschaft, Rn. 308

Beispiele sind die Einwilligung in einen ärztlichen Eingriff[58] oder auch die Unterbringung des Mündels nach § 1631b BGB, wobei für letztere allein der Richter funktionell zuständig ist.[59]

Nicht erforderlich ist, dass vorher oder zeitgleich eine Vormundschaft angeordnet wird. Allerdings hat das Gericht, wenn es eine entsprechende Maßnahme verhängt, unverzüglich für die Bestellung eines Vormunds Sorge zu tragen.[60]

Irrt sich das Familiengericht über die Verhinderung des Vormunds und treffen Vormund und Familiengericht in der gleichen Angelegenheit **einander widersprechende Maßnahmen**, so entscheidet nicht das Prioritätsprinzip über die Wirksamkeit der Entscheidung, sondern ist wegen des **Vorrangs der Selbstständigkeit der Vormundschaft** die Entscheidung des Vormunds maßgeblich.[61]

C. Verfahren und Rechtsschutz

Funktionell zuständig für Unterstützung, Beratung und Einführung nach Abs. 1 und für die Aufsicht nach Abs. 2, einschließlich der Anordnungen von Ge- und Verbote sowie Zwangsgeldern nach Abs. 2 Satz 3 i.V.m. § 1863 Abs. 3 Satz 1 und 2 BGB, ist nach § 3 Nr. 2a RPflG der **Rechtspfleger**. 31

Für Verfahren nach Abs. 2 Satz 3 i.V.m. §§ 1666, 1666a, 1696 BGB soll nach h.M. dagegen der **Richtervorbehalt** nach § 14 Abs. 1 Nr. 2 RPflG zu beachten sein.[62] Diese Ansicht überzeugt allerdings nicht. Es ist nicht einleuchtend, weshalb der Rechtspfleger dazu befugt ist, den Vormund nach § 1804 Abs. 1 BGB bereits wegen pflichtwidrigen Verhaltens unterhalb der Schwelle einer Kindeswohlgefährdung i.S.d. § 1666 BGB zu entlassen, während für den Entzug von Teilbereichen des Sorgerechts des Vormunds ein Richtervorbehalt bestehen soll.[63] Auch § 14 Abs. 1 Nr. 2 RpflG nötigt nicht zur Annahme eines Richtervorbehalts. Er benennt nicht § 1802 Abs. 2 BGB und nimmt erkennbar Bezug auf Eingriffe in das elterliche Sorgerecht, was im Hinblick auf Art. 6 Abs. 2 GG verfassungsrechtlich geboten ist. Das Amt der Vormundschaft ist dagegen nicht grundrechtlich abgesichert und bedarf als vom Staat verliehenes Amt dieses Schutzes nicht, was auch § 1804 BGB belegt.

§ 14 Abs. 1 Nr. 2 RpflG ist mithin insgesamt auf Maßnahmen nach § 1802 Abs. 2 BGB nicht anzuwenden und ermöglicht es daher auch dem Rechtspfleger, eine Einzelfallabwägung zwischen der Entlassung des Vormunds und einer Beschneidung seiner sorgerechtlichen Kompetenzen vorzunehmen, wozu in Einzelfällen durchaus aus Sicht des Kindeswohls Anlass bestehen kann.[64] Vgl. auch *Heilmann*, § 14 RpflG Rn. 7.

Die gerichtliche Aufsicht unterliegt dem Amtsermittlungsgrundsatz (§ 26 FamFG). Mit der Vormundschaftsreform wurde in § 1803 BGB zudem eine **spezielle Regelung zur Anhörung des Mündels und Besprechung der Berichte des Vormunds mit dem Mündel** geschaffen, um seine Subjektstellung auch im Rahmen der als Daueraufgabe angelegten gerichtlichen Aufsicht hervorzuheben.[65] 32

58 AG Nettetal FamRZ 1996, 1104; Bluttransfusion bei Zeugen Jehovas
59 Zu § 1846 BGB a.F.: Staudinger/*Veit*, § 1846 BGB Rn. 50
60 BT-Drs. 19/24445, 306; BGH FamRZ 2002, 744 zum Betreuungsrecht; jurisPK-BGB/*Pammler-Klein*, § 1802 BGB Rn. 223; BeckOGK/*Gietl*, § 1802 BGB Rn. 74
61 MüKo-BGB/*Kroll-Ludwigs*, § 1867 Rn. 13; Erman/*Schulte-Bunert*, § 1867 BGB Rn. 13
62 BeckOGK/*Gietl*, § 1802 BGB Rn. 90; MüKo-BGB/*Kroll-Ludwigs*, § 1802 Rn. 43; OLG Braunschweig FamRZ 2020, 501
63 Zu Recht kritisch: *Harm/Mix/Opitz/Pütz/Rotax/Rüting*, FamRZ 2012. 1849, 1853 f.
64 Vgl. nur den Fall OLG Saarbrücken ZKJ 2018, 471 mit Anm. *Dürbeck*
65 BT-Drs. 19/24445, 220

Nach § 1803 Nr. 1 BGB hat das Familiengericht den **Mündel persönlich anzuhören**, wenn Anhaltspunkte dafür bestehen, dass der Vormund pflichtwidrig die Rechte des Mündels nicht oder nicht in geeigneter Weise beachtet oder seinen Pflichten als Vormund in anderer Weise nicht nachkommt, soweit dies nach seinem Entwicklungsstand angezeigt ist und sich die Sachlage für eine Anhörung eignet. Letzteres wird der Fall sein, wenn bereits Spannungen zwischen Mündel und Vormund bekannt sind, ein erhebliches Vermögen zu verwalten ist[66] oder aber generell die Aufsicht durch die Einbeziehung des Blickwinkels des Mündels effizienter gestaltet werden kann, d.h. wenn durch die Anhörung die Wahrung des rechtlichen Gehörs des Mündels und/oder die Amtsaufklärung befördert werden können.[67] Sind bereits etwaige Spannungen zwischen Mündel und Vormund bekannt, kann die Anhörung auch der Ausräumung dieser dienen.[68] Schließlich ist eine Anhörungseignung stets dann anzunehmen, wenn der Mündel die Anhörung selbst begehrt. In diesem Fall wird auch das Kriterium des Entwicklungsstandes der Anhörung nicht entgegenstehen können. Im Übrigen kommt es hinsichtlich des Entwicklungsstandes auf die Umstände des Einzelfalls an. Auch ein besonders junges Alter kann je nach aufzuklärender Sachlage infolge der besonderen Vulnerabilität gerade für eine persönliche Anhörung sprechen.[69] Von einer Anhörung wird hingegen abzusehen sein, wenn eine Überforderung des Mündels zu befürchten ist oder der Mündel sie ablehnt.[70]

Anhaltspunkte für Pflichtverletzungen können sich aus vielfältigen Quellen ergeben, wie etwa Hinweisen Dritter (Jugendamt, Pflegeperson, sonstige Bezugspersonen),[71] den Berichten des Vormunds (Abs. 2 Satz 3 i.V.m. § 1863 BGB; vgl. oben Rn. 19 f.), oder auch aus dem nach § 1803 Nr. 2 BGB mit dem Mündel in der Regel zu führenden Gesprächs über die Berichte des Vormunds.

33 Liegen die Voraussetzungen vor (Eignung, Entwicklungsstand, Anhaltspunkte) hat das Gericht den Mündel zwingend persönlich anzuhören; ein Telefonat genügt nicht.[72] Ein Absehen von der Anhörung nach § 159 Abs. 2 FamFG kommt nicht in Betracht,[73] § 1803 BGB ist für die Aufsicht als lex specialis anzusehen.[74] Im Übrigen dürften die Kriterien der Eignung und des Entwicklungsstandes die Mündelbelange hinreichend abdecken, so dass kein Bedarf für einen Rückgriff auf § 159 Abs. 2 FamFG besteht.

34 Für die **Besprechung des Anfangs- und des Jahresberichts** mit dem Mündel enthält § 1803 Nr. 2 BGB eine Sonderregelung zu § 1863 Abs. 1 Satz 5, Abs. 2 Satz 2, Abs. 3 Satz 2 BGB. Danach soll das Familiengericht in geeigneten Fällen, soweit es nach dem Entwicklungsstand des Mündels angezeigt ist, den Anfangs- und Jahresbericht des Vormunds, die Rechnungslegung des Vormunds, wenn der Umfang des zu verwaltenden Vermögens dies rechtfertigt, sowie wesentliche Änderungen der persönlichen oder wirtschaftlichen Verhältnisse des Mündels mit dem Mündel persönlich besprechen. Der Vormund kann hinzugezogen werden. Dem Gericht steht im Unterschied zu § 1803 Nr. 1 BGB hier ein eingeschränktes Ermessen („soll") hinsichtlich des Ob und Wie der Anhörung zu.[75] **Zweck** der Besprechung der Berichte mit dem Mündel ist, dass sich das Gericht ein eigenes Bild von der persönlichen Situation des Mündels und über die Zufriedenheit des Mündels mit der Amts-

66 BT-Drs. 19/24445, 220
67 So BeckOGK/*Gietl*, § 1803 BGB Rn. 10 f.
68 BeckOGK/*Gietl*, § 1803 BGB Rn. 12
69 BeckOGK/*Gietl*, § 1803 BGB Rn. 15
70 *Bode*, Das neue Vormundschaftsrecht, 321
71 BeckOK/*Bettin*, § 1803 BGB Rn. 3
72 BVerfG FamRZ 2022, 694
73 BeckOGK/*Gietl*, § 1803 BGB Rn. 21; jurisPK-BGB/*Pammler-Klein*, § 1803 BGB Rn. 31
74 A.A. *Socha*, Vormundschaft und Pflegschaft, Rn. 247 f.
75 BT-Drs. 19/24445, 220; BeckOGK/*Gietl*, § 1803 BGB Rn. 36: intendiertes Ermessen; a.A. *Socha*, Vormundschaft und Pflegschaft, Rn. 248: Anhörungspflicht nach § 159 FamFG

führung des Vormunds verschafft. Der Mündel soll auch ohne eigene Initiative die Gelegenheit erhalten mitzuteilen, ob das Verhältnis zum Vormund ggf. von Konflikten geprägt ist.[76]

Gegen Entscheidungen des **Rechtspflegers** ist die **Beschwerde** nach § 11 Abs. 1 RPflG, § 58 ff. FamFG statthaft, ebenso nach § 58 FamFG gegen Anordnungen des **Richters**. **Beschwerdeberechtigt** sind insoweit der **Vormund**, der **Mündel** und im Bereich der Personensorge das **Jugendamt** (§§ 59, 60, 162 Abs. 3 Satz 2 FamFG). **Dritte**, insbesondere **nicht sorgeberechtigte Eltern** und Pflegeeltern, haben kein Beschwerderecht gegen Entscheidungen des Familiengerichts im Bereich der Aufsicht über den Vormund,[77] insbesondere dann nicht, wenn es von Ge- und Verboten keinen Gebrauch macht. Entscheidungen über Zwangsgelder nach Abs. 2 Satz 3 i.V.m. § 1862 Abs. 3 Satz 2 BGB sind nach § 35 Abs. 5 FamFG mit der **sofortigen Beschwerde** nach §§ 567 ff. ZPO anfechtbar. 35

§ 1803 BGB

Persönliche Anhörung; Besprechung mit dem Mündel

In geeigneten Fällen und soweit es nach dem Entwicklungsstand des Mündels angezeigt ist,

1. **hat das Familiengericht den Mündel persönlich anzuhören, wenn Anhaltspunkte bestehen, dass der Vormund pflichtwidrig die Rechte des Mündels nicht oder nicht in geeigneter Weise beachtet oder seinen Pflichten als Vormund in anderer Weise nicht nachkommt,**
2. **soll das Familiengericht den Anfangs- und Jahresbericht des Vormunds über die persönlichen Verhältnisse des Mündels, die Rechnungslegung des Vormunds, wenn der Umfang des zu verwaltenden Vermögens dies rechtfertigt, sowie wesentliche Änderungen der persönlichen oder wirtschaftlichen Verhältnisse des Mündels mit dem Mündel persönlich besprechen; der Vormund kann hinzugezogen werden.**

▶ *Vgl. die Kommentierung bei Wierse, § 1802 BGB Rn. 32 ff.*

§ 1804 BGB

Entlassung des Vormunds

(1) Das Familiengericht hat den Vormund zu entlassen, wenn

1. **die Fortführung des Amtes durch ihn, insbesondere wegen Verletzung seiner Pflichten, das Interesse oder Wohl des Mündels gefährden würde,**
2. **er als Vormund gemäß § 1774 Absatz 1 Nummer 2 bis 4 bestellt wurde und jetzt eine andere Person geeignet und bereit ist, die Vormundschaft ehrenamtlich zu führen, es sei denn, die Entlassung widerspricht dem Wohl des Mündels,**
3. **er als Vereinsvormund bestellt wurde und aus dem Arbeitsverhältnis mit dem Verein ausscheidet,**
4. **nach seiner Bestellung Umstände bekannt werden oder eintreten, die seiner Bestellung gemäß § 1784 entgegenstehen oder**
5. **ein sonstiger wichtiger Grund für die Entlassung vorliegt.**

---

76 BT-Drs. 19/24445, 220

77 OLG Koblenz FamRZ 2024, 1561; ZKJ 2020, 377 (auch zu einem Ausnahmefall); OLG Brandenburg, Beschl. v. 14.6.2018 – 13 UF 191/17 –, juris; OLG München BtPrax 2009, 237; MüKo-BGB/*Kroll-Ludwigs*, § 1802 Rn. 45; Staudinger/*Veit*, § 1837 BGB Rn. 82

(2) Das Familiengericht hat den Vormund außerdem zu entlassen, wenn

1. nach dessen Bestellung Umstände eintreten, aufgrund derer ihm die Fortführung des Amtes nicht mehr zugemutet werden kann, und der Vormund seine Entlassung beantragt oder

2. er als Vereinsvormund bestellt wurde und der Verein seine Entlassung beantragt.

(3) [1]Das Familiengericht soll auf Antrag den bisherigen Vormund entlassen, wenn der Wechsel des Vormunds dem Wohl des Mündels dient. [2]Ein entgegenstehender Wille des Mündels und der Vorrang des ehrenamtlichen Vormunds sind zu berücksichtigen. [3]Den Antrag nach Satz 1 können stellen:

1. der Vormund,

2. derjenige, der sich im Interesse des Mündels als neuer Vormund anbietet,

3. der Mündel, der das 14. Lebensjahr vollendet hat, sowie

4. jeder andere, der ein berechtigtes Interesse des Mündels geltend macht.

Übersicht

A. Allgemeines

1 § 1804 BGB regelt die Entlassung des Vormunds und führt die Entlassungsgründe für alle Vormünder in einer Norm zusammen (bisher §§ 1886 bis 1889 BGB a.F.). Die Entlassung des Vormunds erfolgt nach Abs. 1 **von Amts wegen**, nach Abs. 2 und 3 **auf entsprechenden Antrag**, wobei dem Familiengericht nur im Rahmen der Entlassung nach Abs. 3 ein Ermessen eingeräumt wird. Im Übrigen hat diese bei Vorliegen der Voraussetzungen zu erfolgen. Die Entlassung kann dabei jeweils nicht auf einzelne Wirkungskreise beschränkt werden;[1] der Entzug von einzelnen Sorgebefugnissen kann insoweit nur nach §§ 1802 Abs. 2 Satz 3, 1666 BGB erfolgen. Ggf. ist für diese Angelegenheiten ein Pfleger zu bestellen (§§ 1776, 1809 BGB).

1 OLG Saarbrücken ZKJ 2018, 471; Grüneberg/*Götz*, § 1804 BGB Rn. 1

B. Inhalt der Norm

I. Entlassung von Amts wegen (Abs. 1)

1. Gefährdung des Interesses oder des Wohls des Mündels, regelmäßig infolge Pflichtverletzung (Nr. 1)

Die Norm entspricht im Wesentlichen der bisherigen Entlassung aus wichtigem Grund (§ 1886 BGB a.F.). Voraussetzung ist, dass die Fortführung des Amts durch den betreffenden Vormund die Interessen oder – insoweit neu hinzugefügt in Anlehnung an die Grundsätze der Amtsführung in § 1790 Abs. 1 BGB – das Wohl des Mündels gefährden würde, wobei das Gesetz als Regelfall eine Pflichtverletzung verlangt. Anders als bisher gilt dieser Entlassungsgrund nunmehr für alle Vormünder, mithin auch für den Vereinsvormund und das Jugendamt.[2] Maßgeblich sind die in §§ 1789 ff. BGB niedergelegten Amts- und Ausführungspflichten. Als **Pflichtwidrigkeiten** in diesem Sinne kommen etwa 2

- Nichteinhaltung der Pflicht zum persönlichen Kontakt zum Mündel (§ 1790 Abs. 3 BGB),
- Nichtannahme öffentlicher Hilfen trotz massiver Verhaltensauffälligkeiten des Mündels,[3]
- Entfremdung zwischen Vormund und Mündel oder fehlendes Verständnis für seine Pflichten,[4]
- Verstöße gegen die Auskunfts-, Berichts- oder Rechnungslegungspflicht gemäß §§ 1802, 1863 ff. BGB,[5]
- Veruntreuung von Mündelgeld,[6]
- Intoleranz gegenüber Belangen des Mündels (z.B. im Bereich des Umgangs mit seinen Eltern oder Verwandten).[7]

in Betracht.[8]

Auf ein Verschulden des Vormunds kommt es nicht an.[9] Auch ohne Verstoß gegen Pflichten des Vormunds kommt eine Entlassung in Betracht, wenn durch die Fortführung des Amts eine **Gefährdung des Mündelinteresses** oder -wohls hinreichend wahrscheinlich ist.[10] Ein Schadenseintritt ist nicht erforderlich, hinreichend ist, dass eine Schädigung bei Amtsfortführung mit einer gewissen Wahrscheinlichkeit zu erwarten ist.[11] Nicht ausreichend sind gegensätzliche Ansichten zu Zweckmäßigkeitsfragen auch zwischen Familiengericht und Vormund[12] oder die bloße Erschütterung des Vertrauensverhältnisses zu den Eltern oder Verwandten des Mündels.[13] 3

2 BT-Drs. 19/24445, 221; vgl. Erman/*Schulte-Bunert*, § 1804 BGB Rn. 3 mit weiteren Beispielen
3 OLG Braunschweig FamRZ 2020, 501
4 OLG Saarbrücken JAmt 2019, 34
5 OLG Hamm Rpflger 1966, 17; OLG Schleswig, SchlHA 2006, 282
6 OLG Düsseldorf FamRZ 1981, 98
7 RGZ 153, 238; OLG Düsseldorf FamRZ 2010, 308
8 Weitere Beispiele mit Nachweisen zur Rspr. bei MüKo-BGB/*Schneider*, § 1804 Rn. 8
9 OLG Saarbrücken JAmt 2019, 34; OLG Hamm NZFam 2017, 853; BayObLG FamRZ 1991, 1353
10 BayObLG Rpfleger 1977, 254
11 BayObLGR 2003, 361
12 KG FamRZ 2024, 1030
13 OLG Nürnberg FamRZ 2022, 1214; OLG Hamm NZFam 2017, 853: bejaht aber bei Näheverhältnis des Vormunds zur Heimleitung bei im Raum stehendem Missbrauchsvorwurf

4 Nach dem **Verhältnismäßigkeitsgrundsatz** kommt die Entlassung nur in Betracht, wenn diese **erforderlich** ist, d.h. kein anderes, in die Rechtsstellung des Vormundes minder eingreifendes Mittel zum Schutz der Mündelinteressen und des Wohls zur Verfügung steht und dem Mündel durch die Entlassung nicht größerer Schaden entsteht als durch Fortführung des Amts des bestellten Vormunds. Vorrangig sind daher Aufsichtsmaßnahmen nach § 1802 Abs. 2 BGB i.V.m. § 1862 Abs. 3 BGB (Gebote, Verbote oder die Androhung der Entlassung) bzw. i.V.m. § 1666 BGB (Entzug von Sorgerechtsteilen) sowie der Entzug der Vertretung nach § 1789 Abs. 2 Satz 3, 4 BGB.[14] Kann der Gefährdung des Mündels nur durch vollständigen Sorgerechtsentzug begegnet werden, kommt ein Sorgerechtsentzug nicht in Betracht, sondern ist die Entlassung nach § 1804 Abs. 1 Nr. 1 BGB vorrangig (siehe *Wierse*, § 1802 BGB Rn. 16).[15]

2. Entlassung wegen Vorrangs des ehrenamtlichen Vormunds (Nr. 2)

5 Nr. 2 knüpft an die frühere Regelung des § 1889 Abs. 2 BGB a.F. an und sieht – insoweit in Abänderung der Vorgängerregelung – zur Stärkung des Vorrangs der ehrenamtlichen Vormundschaft eine antragsunabhängige, amtswegige Verpflichtung des Familiengerichts zur Entlassung eines berufsmäßig tätigen Einzelvormunds, des Vereinsvormunds oder des Jugendamtes als Vormund vor, wenn sich eine geeignete Person (§ 1779 Abs. 1 BGB) findet, die zur ehrenamtlichen Übernahme der Vormundschaft bereit ist (§ 1785 Abs. 2 BGB).[16] Voraussetzung ist, dass einer Entlassung des bisherigen Vormunds das Wohl des Mündels nicht entgegensteht (**negative Mündelwohlprüfung**). Danach kommt es nicht darauf an, ob der Vormundwechsel dem Wohl des Mündels dient, vielmehr genügt es, wenn die Entlassung seinem Wohl nicht abträglich ist.[17] Das Mündelwohl steht etwa dann entgegen, wenn besonders enge **Bindungen und ein enges Vertrauensverhältnis zum Vormund** bestehen und der Mündel ein Interesse an der kontinuierlichen Beziehung zum Vormund als Bezugsperson hat.[18] Sozialwissenschaftliche Forschungen belegen, dass dies auch bei der Amtsvormundschaft der Fall sein kann.[19]

6 Für das **Jugendamt als Amtsvormund** besteht nach § 57 Abs. 4 Satz 1 SGB VIII die Pflicht, in der Regel **jährlich zu prüfen**, ob im Interesse des Kindes oder des Jugendlichen seine Entlassung als Vormund und die Bestellung einer natürlichen Person, die die Vormundschaft ehrenamtlich führt, angezeigt ist. Unabhängig davon ist das Jugendamt nach § 57 Abs. 4 Satz 2 SGB VIII zur Mitteilung sonstiger Umstände an das Familiengericht verpflichtet, aus denen sich ergibt, dass die Vormundschaft nunmehr ehrenamtlich geführt werden kann.

3. Entlassung des Vereinsvormunds (Nr. 3)

7 Nr. 3 regelt die Entlassung des Vereinsvormunds, wenn dieser aus dem Arbeitsverhältnis mit dem Vormundschaftsverein ausscheidet. Die Regelung ist darauf zurückzuführen, dass durch die Vormundschaftsreform nicht mehr der Verein, sondern ein konkreter Mitarbeiter zum Vormund zu bestellen ist (§ 1774 Abs. 1 Nr. 3 BGB). Im Fall seines **Ausscheidens aus dem Arbeitsverhältnis** mit dem Verein besteht schon im Hinblick auf den Vergütungsanspruch des Vereins (§ 1808 Abs. 3 Satz 2 BGB i.Vm. §§ 1, 5 VBVG) das Interesse an einer Entlassung als Vereinsvormund.[20] Liegt der Entlassungsgrund vor, kann das Familienge-

14 OLG Saarbrücken JAmt 2019, 34; Erman/*Schulte-Bunert*, § 1804 BGB Rn. 6
15 BT-Drs. 19/24445, 220
16 BT-Drs. 19/24445, 221
17 Juris-PK-BGB/*Pamler-Klein*, § 1804 BGB Rn. 57
18 BT-Drs. 19/24445, 221; OLG Dresden JAmt 2001, 492
19 *Zitelmann/Schweppe/Zenz*, Vormundschaft und Kindeswohl, 49 ff.
20 BT-Drs. 19/24445, 222

richt gemäß § 1805 Abs. 2 BGB statt der Entlassung des Vereinsvormunds feststellen, dass dieser die Vormundschaft künftig als Privatperson weiterführt, wenn dies dem Wohl des Mündels entspricht.

4. Vorliegen eines Ausschlussgrundes (Nr. 4)

Nach Nr. 4 ist ein Vormund zu entlassen, wenn nach seiner Bestellung Umstände bekannt werden oder eintreten, die seiner Bestellung gemäß § 1784 BGB entgegenstehen. Der Vormund, der nach § 1784 BGB ausgeschlossen wäre, ist von Amts wegen zu entlassen, ohne dass es einer konkreten Gefährdung der Interessen oder des Wohls des Mündels bedarf. Nach dem Wortlaut der Norm kommt es nicht darauf an, ob der Ausschlussgrund schon vorher vorgelegen hat oder erst nachträglich bekannt wurde, da beide Konstellationen einander gleichgestellt sind. Die Vorschrift dient damit der Korrektur einer jedenfalls zum Entlassungszeitpunkt unzutreffenden Auswahlentscheidung.[21] 8

5. Sonstiger wichtiger Grund (Nr. 5)

Nr. 5 stellt eine **Auffangregelung** für die aus einem sonstigen wichtigen Grund erforderliche Entlassung von Amts wegen dar. Ein sonstiger wichtiger Grund liegt z.B. vor, wenn etwa erforderliche dienstrechtliche Genehmigungen (z.B. § 21 Soldatengesetz) nachträglich zurückgenommen, widerrufen oder erstmals erforderlich werden.[22] Ebenfalls hierüber gelöst werden können Fälle, in denen der bereits neu bestellte Vormund zu entlassen ist, weil die Beschwerde des früheren Vormunds gegen seine Entlassung Erfolg hatte.[23] 9

II. Entlassung auf (eigenen) Antrag (Abs. 2)

1. Unzumutbarkeit der Amtsfortführung (Nr. 1)

Nr. 1 regelt die **Entlassung des Vormunds auf seinen Antrag** hin durch das Familiengericht. Für die Entlassung kommt es allein darauf an, dass die Fortführung des Amts für den Vormund infolge von nach seiner Bestellung eingetretenen Umständen nicht (mehr) zumutbar ist. Der Entlassungstatbestand des § 1889 Abs. 1 BGB a.F. wurde durch die Reform zum Vormundschaftsrecht an die Neuregelung der Übernahmepflicht nach § 1785 BGB angepasst. Damit kommt es auf einen Katalog an Zumutbarkeitsgründen (wie unter der Vorgängerregelung mit Verweis auf § 1786 Nr. 2 bis 7 BGB a.F.) nicht mehr an.[24] Maßgeblich für die Frage der Zumutbarkeit der Amtsfortführung ist nurmehr § 1785 BGB. 10

Da die Einwilligungserklärung nach § 1785 Abs. 2 BGB dazu dient, die Zumutbarkeit der Übernahme sicherzustellen,[25] rechtfertigt bereits die Rücknahme der Einwilligung, d.h. der Entlassungsantrag der ausgewählten Person für die Zukunft ihre Entlassung nach Nr. 1.[26] Eine **Abwägung** mit dem Mündelinteresse hat nach dem Wortlaut der Norm im Rahmen der Entlassungsentscheidung **nicht zu erfolgen**. Letztlich wird aber bei ernsthaft fehlender Fortführungsbereitschaft trotz eines grundsätzlich anzunehmenden Kontinuitätsinteresses des Mündels die gegen den Willen des Vormunds aufrechterhaltene Bestellung auch dem Mündelinteresse nicht mehr entsprechen. Jedenfalls wäre in diesem Fall – wollte man die Voraussetzungen des § 1804 Abs. 2 Nr. 1 BGB entgegen hier vertretener Auffassung nicht

21 Grüneberg/*Götz*, § 1804 BGB Rn. 5; jurisPK-BGB/*Pammler-Klein*, § 1804 BGB Rn. 94; a.A. BeckOK-BGB/*Bettin*, § 1804 BGB Rn. 10: keine Korrektur einer von vornherein fehlerhaften Auswahlentscheidung
22 BT-Drs. 19/24445, 222
23 BayObLG NJW-RR 1988, 643; MüKo-BGB/*Schneider*, § 1804 BGB Rn. 13; BeckOK BGB/*Bettin*, § 1804 Rn. 11
24 BT-Drs. 19/24445, 222
25 BT-Drs. 19/24445, 202
26 Oberloskamp/Dürbeck/*Strube*, § 8 Rn. 21; a.A. BeckOK-BGB/*Bettin*, § 1804 BGB Rn. 12

für gegeben erachten – regelmäßig die Entlassung nach § 1804 Abs. 1 Nr. 1 BGB wegen Gefährdung des Mündelinteresses zu prüfen.[27]

Eine Entlassung des Jugendamtes als Vormund kann nicht auf Nr. 1 gestützt werden, da § 1785 BGB insoweit nicht greift.[28]

2. Entlassung des Vereinsvormunds

11 Nr. 2 regelt die Entlassung des Vereinsvormunds in Anlehnung an die Entlassung des Vormundschaftsvereins nach § 1889 Abs. 2 Satz 2 BGB a.F. Der Vereinsvormund ist auf den Antrag des Vereins zu entlassen. Ein Grund ist nicht anzugeben, die Entscheidung zur Antragstellung unterfällt der Personalhoheit des Vereins.[29] Stellt der Verein allerdings ohne ernsthafte Veranlassung einen Entlassungsantrag, kann dies Zweifel an der Zuverlässigkeit des Vormundschaftsvereins begründen.[30] Der Verein selbst kann nur als vorläufiger Vormund bestellt werden (§ 1774 Abs. 2 Nr. 1 BGB). Treten gewichtige Umstände für seine Entlassung während der Dauer seiner Bestellung auf, sind diese über § 1804 Abs. 1 Nr. 5 BGB zu berücksichtigen.[31]

III. Entlassung aus Gründen des Mündelwohls (Abs. 3)

12 Abs. 3 ermöglicht – auf entsprechenden **Antrag** hin – die Entlassung des bisherigen Vormunds und damit einen Vormundwechsel, wenn sich im Laufe der Vormundschaft herausstellt, dass die Bestellung eines anderen Vormunds dem Wohl des Mündels besser dient. Entsprechend dem gesetzgeberischen Leitbild des § 1778 Abs. 1 BGB soll durch die Regelung sichergestellt werden, dass der für den Mündel am besten geeignete Vormund mit der Sorgeverantwortung betraut wird.[32] Die Regelung knüpft an den Grundgedanken des bisherigen § 1887 BGB a.F. an, gilt jedoch anders als die frühere Norm für alle Vormünder, d.h. nicht nur für den Amts- oder Vereinsvormund, sondern auch für den ehrenamtlichen und Berufsvormund.[33]

1. Vormundwechsel im Mündelwohl

13 Abs. 3 verlangt als **Maßstab** eine Mündelwohlprüfung, wobei die **Vereinbarkeit der Entlassung mit dem Mündelwohl positiv festzustellen** ist: Die Entlassung soll erfolgen, wenn der Wechsel des Vormunds dem Wohl des Mündels dient. Es genügt daher nicht, dass das Wohl des Mündels der Entlassung nicht entgegensteht, die Interessen des Mündels nicht berührt werden oder ein Wechsel des Vormunds dem Wohl des Mündels nicht widerspricht.[34] Umgekehrt setzt die Entlassung **keine Eignungsmängel** des bisherigen Vormunds oder gar eine **Gefährdung der Mündelinteressen** durch dessen Handeln voraus.[35] Es ist vielmehr ausreichend, dass dem Wohl des Mündels unter Abwägung des generellen Interesses des Mündels an der Kontinuität seiner Lebensverhältnisse mit dem Wechsel in der Person des Vormunds besser gedient wird.[36]

27 JurisPK-BGB/*Pammler-Klein*, § 1804 BGB Rn. 116
28 Oberloskamp/Dürbeck/*Strube*, § 8 Rn. 22
29 BT-Drs. 19/24445, 222
30 BT-Drs. 19/24445, 222
31 Grüneberg/*Götz*, § 1804 BGB Rn. 8
32 BT-Drs. 19/2445, 222
33 BT-Drs. 19/2445, 222
34 Juris-PK-BGB/*Pammler-Klein*, 10. Aufl. 2023, § 1804 Rn. 140
35 BT-Drs. 19/2445, 222
36 BT-Drs. 19/2445, 222

Da die Entlassung schon tatbestandlich mit dem Ziel der Auswechslung der Person des Vormunds erfolgt, ist weitere notwendige Voraussetzung das Vorhandensein eines anderen zur Übernahme der Vormundschaft nach §§ 1778 ff. BGB bereiten und geeigneten Vormunds. Nur bei **Vorhandensein einer konkreten Alternative** lässt sich für das Gericht unter Berücksichtigung aller Umstände des Einzelfalls beurteilen, ob der Vormundwechsel zu einer Verbesserung für den Mündel führen kann.[37] Als geeignete Personen kommen in der Praxis vor allem die Pflegepersonen des Kindes[38] und Verwandte in Betracht. 14

Bei der Prüfung durch das Familiengericht sind nach Abs. 3 Satz 2 ein dem Wechsel entgegenstehender Wille des Mündels und der Vorrang des ehrenamtlichen Vormunds zu berücksichtigen. Beide Kriterien schließen eine Entlassung des bisherigen Vormunds nicht aus, verlangen jedoch eine besondere Prüfung der konkreten Umstände des Einzelfalls. So ist im Fall eines dem Wechsel entgegenstehenden Mündelwillens genau zu prüfen, ob unter diesen Umständen tatsächlich eine Verbesserung der Situation des Mündels durch den Wechsel zu prognostizieren ist.[39] Die Vorgabe der Berücksichtigung des Vorrangs des ehrenamtlichen Einzelvormunds ergänzt die Regelung des § 1804 Abs. 1 Nr. 2 BGB, nach der der Wechsel zur ehrenamtlichen Vormundschaft bereits dann vorzunehmen ist, wenn die Entlassung des bisherigen Berufs-, Vereins- oder Amtsvormunds dem Wohl des Mündels nicht widerspricht (negative Mündelwohlprüfung). Im Kontext von Abs. 3 kommt dem Vorrang der ehrenamtlichen Vormundschaft dementsprechend Bedeutung in der Konstellation zu, in der die **Entlassung des bisherigen ehrenamtlichen Vormunds** zu prüfen ist. In diesem Fall muss die im Einzelfall zu erwartende Verbesserung für den Mündel so erheblich sein, dass eine Abkehr vom gesetzgeberischen Leitbild der Ehrenamtlichkeit der Vormundschaft gerechtfertigt ist.[40] Dabei ist insbesondere auch die Möglichkeit der Bestellung eines zusätzlichen Pflegers nach § 1776 BGB zum Erhalt der ehrenamtlichen Vormundschaft in die Prüfung einzustellen.[41] 15

Wird die Entlassung mit dem Ziel beantragt, die (geeigneten und zur Übernahme der Vormundschaft bereiten) **Pflegeeltern zu ehrenamtlichen Vormündern** zu bestellen, wird die Vereinbarkeit des Vormundwechsels mit dem Mündelwohl zu vermuten sein, da eine Vormundschaft ihren Sinn aus Sicht des Kindes dann am besten erfüllt, wenn das Kind erlebt, dass die Person, die es täglich erzieht, auch rechtlich zur Erziehung befugt ist.[42] Das Bestehen erheblicher Spannungen und konkreter Konflikte zwischen Pflegeeltern und leiblichen Eltern kann allerdings gegen einen Vormundwechsel sprechen.[43] Das Bestehen von Konflikten zwischen den Interessen des Kindes und den Interessen des Jugendamtes – etwa bei unterschiedlichen Auffassungen zwischen den Fachkräften des Sozialen Dienstes und den Fachkräften der Amtsvormundschaft über den Verbleib des Kindes in einer Pflegefamilie oder seine Rückkehr zur Herkunftsfamilie oder die Fortführung einer Maßnahme nach § 35 SGB VIII – kann hingegen zur Annahme der Mündelwohldienlichkeit der Entlassung des Amtsvormunds und der Bestellung eines anderen ehrenamtlichen oder berufsmäßigen Vormunds führen.[44] 16

37 JurisPK-BGB/*Pammler-Klein*, 10. Aufl. 2023, § 1804 Rn. 143 f.; BeckOGK-BGB/*Bettin*, § 1804 Rn. 103
38 Vgl. etwa OLG Karlsruhe JAmt 2024, 489; OLG Brandenburg FamRZ 2020, 349; FamRZ 2014, 1863; OLG Celle ZKJ 2016, 135
39 JurisPK-BGB/*Pammler-Klein*, 10. Aufl. 2023, § 1804 Rn. 146
40 JurisPK-BGB/*Pammler-Klein*, 10. Aufl. 2023, § 1804 Rn. 147
41 BT-Drs. 19/2445, 222
42 OLG Karlsruhe JAmt 2024, 489; OLG Brandenburg FamRZ 2020, 349; OLG Rostock FamRZ 2017, 218; OLG Nürnberg ZKJ 2015, 153; FamRZ 2012, 1959; OLG Stuttgart FamRZ 2013, 1318; BeckOGK-BGB/*Bettin*, § 1804 Rn. 101
43 OLG Karlsruhe FamRZ 2014, 404; OLG Bamberg Beschl. v. 17.10.2011 – 7 WF 350/11, BeckRS 2014, 13998
44 Oberloskamp/Dürbeck/*Strube*, § 8 Rn. 25; OLG Brandenburg JAmt 2015, 411; OLG Hamburg FamRZ 2020, 1840

17 Nicht berücksichtigungsfähig im Rahmen der auf das konkrete Mündelwohl bezogenen Prüfung sind allgemeine, nicht mündelbezogene Gesichtspunkte. Daher kann ein **zum Amtsvormund bestelltes Jugendamt** seine Entlassung nicht darauf stützen, „aus strukturellen und organisatorischen Gründen" nicht mehr in der Lage zu sein, die Aufgaben des Vormunds sicherzustellen. Es ist Aufgabe des Staates die fachliche Eignung und ausreichende personelle Ausstattung der Jugendämter sicherzustellen; fehlt es hieran, steht dies weder der Bestellung eines Jugendamts zum Vormund entgegen noch rechtfertigt es seine Entlassung.[45]

Bei Vorliegen der Voraussetzungen soll die Entlassung erfolgen. Erforderlich ist daher eine Ermessensentscheidung, die jedoch auf die Regelfolge der Entlassung hin ausgerichtet ist.

2. Praxisfall: Aufenthaltswechsels des Mündels im Fall der Amtsvormundschaft

18 § 87c SGB VIII regelt die örtliche Zuständigkeit für die Amtsvormundschaft und richtet sich im Fall der gesetzlichen Amtsvormundschaft nach § 1786 BGB nach dem gewöhnlichen Aufenthalt der Mutter bzw. nach § 1787 BGB dem Geburtsort des Kindes und im Fall der bestellten Amtsvormundschaft nach §§ 1773, 1778 BGB nach dem gewöhnlichen Aufenthalt des Mündels zum Zeitpunkt der Bestellung.

Kommt es zu einem Wechsel des gewöhnlichen Aufenthaltes ist zwischen den Fällen gesetzlicher und bestellter Vormundschaft zu differenzieren.[46]

19 Bei der **kraft Gesetzes** nach § 1786 BGB bestehenden Amtsvormundschaft hat das die Amtsvormundschaft führende Jugendamt bei dem Jugendamt des neuen Aufenthaltsorts der Kindesmutter die Weiterführung der Amtsvormundschaft zu beantragen (§ 87c Abs. 2 Satz 1 SGB VIII). Der Antrag kann auch von dem anderen Jugendamt, von jedem Elternteil und von jedem, der ein berechtigtes Interesse des Kindes geltend macht, bei dem die Amtsvormundschaft führenden Jugendamt gestellt werden (§ 87c Abs. 2 Satz 1 HS 2 SGB VIII). Mit der **Annahmeerklärung** des anderen Jugendamtes geht die Amtsvormundschaft nach § 87 Abs. 2 Satz 2 SGB VIII *ipso iure* auf dieses über, was nach Satz 3 vom bisher zuständigen Amtsvormund dem Familiengericht anzuzeigen ist.[47]

Lehnt das Jugendamt am neuen Aufenthaltsort des Mündels den Antrag **ab**, so kann nach § 87c Abs. 2 Satz 4 SGB VIII der bisherige Amtsvormund das **Familiengericht anrufen** und seine Entlassung beantragen. Zur Anrufung berechtigt sind aber auch die weiteren Antragsberechtigten nach § 87c Abs. 2 Satz 1 HS 2 SGB VIII.[48] In diesem Fall hat eine **am Kindeswohl orientierte** familiengerichtliche Prüfung zu erfolgen, ob die Amtsvormundschaft des Jugendamts am Ort des bisherigen gewöhnlichen Aufenthalts aufrechterhalten bleibt oder das Jugendamt am Ort des neuen gewöhnlichen Aufenthalts bestellt wird.[49] Die Regelung des Abs. 2 gilt nach § 87c Abs. 4 SGB VIII entsprechend für die kraft Gesetz bei der **Adoptionspflege** nach § 1751 Abs. 1 Satz 2 BGB eintretende Amtsvormundschaft.

20 Bei der **bestellten Amtsvormundschaft** führt der Wechsel des **gewöhnlichen Aufenthaltsorts** des Mündels nach § 87c Abs. 3 Satz 3 SGB VIII dagegen **in keinem Fall ipso jure** zu einem Austausch des Amtsvormunds. Konsequenz des Bestellungsaktes ist, dass ein **Zuständigkeitswechsel nur durch Justizakt** erfolgen kann.[50] Sobald der gewöhnliche Aufenthalt des Mündels wechselt, hat das bisher zum Vormund bestellte Jugendamt beim Famili-

---

45 BGH FamRZ 2021, 1885; OLG Hamburg NJW-RR 2023, 1427
46 Vgl. ausführlich: *Mix*, JAmt 2014, 242; vgl. auch BeckOGK/*Wentzell*, § 1804 BGB Rn. 119 ff.
47 Wiesner/*Loos*, § 87c SGB VIII Rn. 9
48 Münder/Meysen/*Trenczek*, Frankfurter Kommentar SGB VIII, SGB VIII § 87c Rn. 6
49 OLG Brandenburg FamRZ 2000, 1295; FK-SGB VIII/*Eschelbach*, § 87c SGB VIII Rn. 8
50 LPK-SGB VIII/*Kunkel*, 8. Aufl. 2022, § 87c Rn. 24

engericht einen Antrag auf Entlassung zu stellen (§ 87c Abs. 3 Satz 3 SGB VIII). Dieses hat über den Antrag auf der Grundlage von § 1804 Abs. 3 BGB mit dem **Maßstab der Mündelwohldienlichkeit** über den Wechsel des Amtsvormunds zu entscheiden.[51] Danach kann im Rahmen der zu treffenden Ermessensentscheidung die Entlassung des bisherigen Amtsvormunds aus Gründen des Mündelwohls (Kontinuität, besonderes Vertrauensverhältnis, bevorstehende Volljährigkeit) mit der Konsequenz der Beibehaltung der bereits bestellten Amtsvormundschaft abgelehnt werden,[52] so dass die Zuständigkeit für die Leistungsträgerschaft nach dem SGB VIII und für die Amtsvormundschaft auseinanderfallen.[53]

Die unter dem alten Recht streitige Frage, ob maßgeblicher Entscheidungsmaßstab das Kindeswohl ist oder eine Bindung des Familiengerichts an die Zuständigkeitsnorm des § 87c Abs. 3 SGB VIII besteht,[54] wurde durch die Vormundschaftsreform gelöst.[55] Mit der durch die Neufassung des § 87c Abs. 3 Satz 1 SGB III aufgenommenen **Anknüpfung der Zuständigkeit an den Zeitpunkt der Bestellung** der Vormundschaft hat der Gesetzgeber klargestellt, dass sich die Entscheidung über die Entlassung des bisher bestellten Amtsvormunds allein nach den Vorgaben des § 1804 Abs. 3 BGB und damit dem Mündelwohl richtet.[56] Denn § 87c Abs. 3 Satz 3 SGB VIII enthält für den Fall des Aufenthaltswechsels des Mündels lediglich eine Verfahrensbestimmung (Antragstellung beim Familiengericht), aber keine inhaltlichen Vorgaben für die Behandlung des zu stellenden Entlassungsantrags.[57] Dient die Entlassung des bisher bestellten Vormunds nicht dem Kindeswohl und ist diese mithin abzulehnen, verbleibt es bei der bereits erfolgten Bestellung des bisherigen Amtsvormunds, so dass sich die Frage der Neubestellung eines Vormundes und damit der (erneuten) Anwendbarkeit der Zuständigkeitsregelung des § 87c Abs. 3 Satz 1 SGB VIII gar nicht stellt. Ein inhaltlicher Anwendungsvorrang des Sozialrechts und seiner Zuständigkeitsregelungen vor den Regelungen des BGB nach § 56 Abs. 1 SGB VIII ist daher nicht gegeben. Er besteht aber auch bereits formal schon nicht, da § 56 Abs. 1 SGB VIII nur für die Führung der Vormundschaft (Untertitel 2) einen solchen statuiert, § 1804 BGB jedoch dem Untertitel der Beendigung der Vormundschaft (Untertitel 4) angehört.[58] 21

Um die Ausrichtung der Entscheidung über den **Wechsel der Zuständigkeit** am **Kindeswohl** zu stärken und etwa verbliebenen Interpretationsspielraum in der Auslegung des § 87c Abs. 3 Satz 3 SGB VIII auszuräumen, sah der dem Diskontinuitätsgrundsatz unterfallende Gesetzesentwurf zur Ausgestaltung der Inklusiven Kinder- und Jugendhilfe (Kinder- und Jugendhilfeinklusionsgesetz – IKJHG)[59] vor, dass das Jugendamt bei einem Wechsel des gewöhnlichen Aufenthaltes nur noch dann einen Entlassungsantrag beim Familienge- 22

51 BT-Drs. 19/24445, 405; BeckOGK/*Wentzell*, § 1804 Rn. 123; BeckOK-SozR/*Winkler*, § 87c SGB VIII Rn. 11; a.A.: *Hoffmann*, JAmt 2024, 200, die von § 1804 Abs. 1 Nr. 5 BGB als maßgeblicher Entscheidungsgrundlage ausgeht, aber auch dort eine vorrangige Berücksichtigung des Kindeswohls bei der Entscheidung annimmt

52 BT-Drs. 19/24445, 405

53 *Mix*, JAmt 2014, 242, 243, sieht darin Vorteile in der Unabhängigkeit des Amtsvormunds

54 Für eine strikte Bindung: jurisPK-BGB/*Lange*, SGB VIII § 87 c Rn. 66 ff.; Wiesner/Wapler/*Loos*, SGB VIII § 87c Rn. 15; OLG Celle FamRZ 2018, 1246; für eine Ermessensentscheidung unter Berücksichtigung des Kindeswohls: LPK-SGB VIII/*Kunkel*, § 87c Rn. 25; OLG Dresden FamRZ 2019, 990; OLG Brandenburg FamRZ 2014, 1719); OLG Schleswig JAmt 2016, 631; offengelassen von BGH FamRZ 2021, 1885 Rn. 25.

55 Grüneberg/*Götz*, § 1804 BGB Rn. 6; kritisch Oberloskamp/Dürbeck/*Steinbüchel*, § 21 Rn. 36 f.; *Lange*, JAmt 2021, 122; weiterhin eine familiengerichtliche Bindung an die Zuständigkeitsregel des § 87 Abs. 3 Satz 1 SGB VIII jurisPK-SGBVIII/*Lange*, § 87c SGB VIII Rn. 72 ff.

56 BT-Drs. 19/24445, 405, 500

57 So bereits zum früheren Recht OLG Hamm FamRZ 1995, 830; a.A. jurisPK-SGB VIII/*Lange*, § 87c SGB VIII Rn. 80

58 BGH FamRZ 2021, 1885 Rn. 24; BeckOGK/*Wentzell*, § 1804 Rn. 129; MüKo-BGB/*Tillmanns*, § 1804 Rn. 2, a.A. *Lange*, JAmt 2021, 122 ff.

59 https://www.bmfsfj.de/resource/blob/250588/27a49730b61751994dd4c4dd2ff34243/gesetzentwurf-ikjhg-data.pdf (Abruf am: 8.5.2025)

richt zu stellen hat, wenn es die Voraussetzungen des § 1804 Abs. 3 Satz 1 und 2 BGB für gegeben hält.

Der Wechsel der örtlichen Zuständigkeit des Jugendamts bewirkt aber keinen Wechsel der **örtlichen Zuständigkeit des Familiengerichts**.[60] Die internationale Zuständigkeit deutscher Familiengerichte bleibt auch bei einem Wegzug des Mündels ins Ausland bestehen. Hier ist die Abgabe der Vormundschaft im grenzüberschreitenden Kontext zu prüfen.[61]

3. Antrag

23 Der Vormundwechsel zum Wohl des Mündels setzt einen Antrag voraus. **Antragsberechtigt** sind nach Abs. 3 Satz 3 der **Vormund** (Nr. 1), derjenige, der sich im Interesse des Mündels als **neuer Vormund** anbietet (Nr. 2), der **Mündel, der das 14. Lebensjahr** vollendet hat (Nr. 3), sowie **jeder andere**, der ein **berechtigtes Interesse des Mündels** geltend macht (Nr. 4). Der Begriff des berechtigten Interesses entspricht nicht § 59 FamFG und erfordert insbesondere kein rechtliches Interesse. Ausreichend ist, dass die Person eine so persönliche Beziehung zum Mündel hat, dass sie nachvollziehbaren Anlass hat, für sein Wohl einzutreten und keine mündelfremden Zwecke verfolgt.[62] Es handelt sich mithin um ein **fiduziarisches Recht**. In Betracht kommen hier vor allem Eltern des Mündels, sonstige Verwandte und Pflegepersonen des Kindes. Stellt der Mündel selbst den Antrag, ist er nach § 9 Abs. 1 Nr. 3 FamFG auch verfahrensfähig.[63] Der Antrag stellt nur einen Verfahrensantrag dar. Ein mit einem Antrag verbundener Vorschlag einer anderen Vormundsperson ist weder erforderlich noch für das Familiengericht bindend.

C. Verfahren

24 Für das Verfahren ist nach § 3 Nr. 2a RPflG der **Rechtspfleger** zuständig. Die Verfahrenseinleitung erfolgt entweder von Amts wegen (Abs. 1) oder auf Antrag hin (Abs. 2 und 3). Es gilt uneingeschränkt der **Amtsermittlung** (§ 26 FamFG). Anzuhören sind der Mündel (§ 159 FamFG), seine Eltern (§ 160 FamFG), die Pflegepersonen (§ 161 Abs. 2 FamFG), der Vormund (§§ 37 Abs. 2 FamFG)[64] und das Jugendamt (§ 162 FamFG), da die Entscheidung die Person des Kindes betrifft. Ferner sind gemäß § 168c FamFG nahestehende Familienangehörige zu hören, wenn dies ohne Verzögerung erfolgen kann, da es sich um eine Entscheidung von besonderer Tragweite handelt.

25 Die Entlassungsentscheidung wird mit Bekanntgabe an den Vormund wirksam (§ 168a Abs. 2 FamFG). Das Familiengericht hat gemäß § 1805 Abs. 1 Satz 1 BGB unverzüglich einen neuen Vormund zu bestellen. Dies sollte nach Möglichkeit in einem einheitlichen Beschluss erfolgen. Da die Entlassungsentscheidung wirksam ist und die Beschwerde keine aufschiebende Wirkung hat, darf das Gericht mit der Neubestellung nicht bis zu einer Beschwerdeentscheidung zuwarten.

26 Gegen die Entscheidung des Rechtspflegers kann nach §§ 11, 58 ff. FamFG Beschwerde eingelegt werden. **Beschwerdeberechtigt** sind nach § 59 Abs. 1 FamFG der entlassene **Vormund**,[65] der über **14-jährige Mündel** nach § 60 FamFG und nach § 162 Abs. 3 FamFG das **Jugendamt**. Der Antragsteller, der sich selbst als Vormund anbietet (Abs. 3 Nr. 2) oder ein berechtigtes Interesse i.S.v. Abs. 3 Nr. 4 geltend macht (Eltern, Angehörige, Pflegeperso-

60 OLG Hamm FamRZ 1996, 57; LPK-SGB VIII/*Kunkel*, § 87c SGB VIII Rn. 15
61 Ausführlich *von Bary*, JAmt 2019, 363
62 BVerfG NJW 1986, 3129; OLG Köln FamRZ 1987, 505; Erman/*Schulte-Bunert*, 17. Aufl. 2023, § 1804 BGB Rn. 16
63 OLG Bremen FamRZ 2017, 1701
64 OLG Köln FamRZ 2009, 724; JurisPK-BGB/*Pammler-Klein*, § 1804 BGB Rn. 169
65 OLG Braunschweig JAmt 2019, 629; OLG Hamm NZFam 2017, 853; Grüneberg/*Götz*, § 1804 BGB Rn. 10

nen etc.), ist als **Dritter** mangels eigener Rechtsverletzung in der Regel **nicht beschwerdeberechtigt**[66] (siehe näher hierzu *Kischkel*, § 59 FamFG Rn. 3; *Wierse*, § 168a FamFG Rn. 8). Auch der – im Rahmen einer einheitlich getroffenen Entscheidung – neubestellte Vormund ist im Hinblick auf die Entlassungsentscheidung nicht beschwerdeberechtigt, da er durch diese nicht in eigenen Rechten verletzt wird.[67]

Ist die Beschwerde erfolgreich, entfallen die Wirkungen der Entlassungsentscheidung rückwirkend mit Bekanntgabe des Beschlusses. Einer Neubestellung des bisherigen Vormunds bedarf es nicht.[68] Der neubestellte Vormund ist von Amts wegen zu entlassen (§ 1804 Abs. 1 Nr. 5 BGB); gegen die Beschwerdeentscheidung steht ihm kein Rechtsmittel zu. War nicht nur die Entlassung des bisherigen, sondern auch die Bestellung des neuen Vormunds Gegenstand der Beschwerde (wie dies bei einheitlicher Entscheidung nach § 1805 BGB häufig der Fall sein dürfte), bedarf es im Fall des Beschwerdeerfolgs keiner gesonderten Entlassungsentscheidung.[69]

§ 1805 BGB

Bestellung eines neuen Vormunds

(1) [1]Wird der Vormund entlassen oder verstirbt er, hat das Familiengericht unverzüglich einen neuen Vormund zu bestellen. [2]Die §§ 1778 bis 1785 gelten entsprechend.

(2) Wird der Vereinsvormund gemäß § 1804 Absatz 1 Nummer 3 oder Absatz 2 Nummer 2 entlassen, kann das Familiengericht statt der Entlassung des Vereinsvormunds feststellen, dass dieser die Vormundschaft künftig als Privatperson weiterführt, wenn dies dem Wohl des Mündels dient.

Übersicht

A. Allgemeines

1 Die Norm wurde durch die Vormundschaftsreform neu eingefügt. **Entlassung und Tod des Vormunds** lassen die Notwendigkeit der Vormundschaft nicht entfallen. Abs. 1 soll dementsprechend die lückenlose Wahrnehmung sorgerechtlicher Verantwortung und gesetzlicher Vertretung des Mündels sicherstellen. Abs. 2 trägt dem Grundsatz der Kontinuität in der Person des Vormunds Rechnung.[1]

B. Inhalt der Norm

2 Wird der Vormund entlassen oder verstirbt er, hat das Familiengericht **unverzüglich** einen neuen Vormund zu bestellen. Im Fall der Entlassung erfolgt die Neubestellung folglich idealerweise uno acto mit der Entlassungsentscheidung (vgl. *Wierse*, § 1804 BGB Rn. 25). Die Auswahl des neuen Vormunds hat gemäß §§ 1778 bis 1785 BGB zu erfolgen. Haben die Eltern wirksam Ersatzvormünder benannt (§ 1782 BGB), haben diese Vorrang (§ 1783

66 BGH FamRZ 2013, 1380; OLG Bremen FamRZ 2024, 1891; OLG Köln, Beschl. v. 7.3.2024 – 14 WF 29/24, BeckRS 2024, 4088; OLG Bamberg FamRZ 2025, 184 mit Anm. *Hammer*
67 OLG Hamburg NJW-RR 2014, 579; BeckOGK/*Hoffmann*, § 1778 BGB Rn. 157; a.A. OLG Schleswig, Beschl. v. 12.6.2020 – 15 WF 72/20, NZFam 2022, 556
68 OLG Bamberg FamRZ 2023, 613
69 *Fröschle/Heinz*, Handbuch Vormundschaft und Pflegschaft, 97
1 BeckOK-BGB/*Bettin*, § 1805 BGB Rn. 1

BGB). Sind zur Auswahl noch Ermittlungen erforderlich, kommt wegen der Verweisung in Satz 2 die Bestellung eines Vormundschaftsvereins oder des Jugendamts als **vorläufiger Vormund** (§ 1781 BGB) in Betracht.[2] Diese kommt – neben der vorzugswürdigen Möglichkeit der Bestellung eines Nachfolgevormunds im Wege einstweiliger Anordnung – auch im Fall des Versterbens des bisherigen Vormunds in Betracht. Die Vormundschaft als höchstpersönliches Rechtsgeschäft endet mit dem Tod des Vormunds eo ipso,[3] so dass unmittelbarer Handlungsbedarf zur Sicherung der Mündelvertretung besteht. Daneben bleibt das Familiengericht in der Pflicht, dringend erforderliche Maßnahmen im Zweifel selbst gemäß §§ 1802 Abs. 2 Satz 3, 1867 BGB zu veranlassen.[4] Die bisher bestehende Verpflichtung der Erben bzw. des Gegenvormunds, den Tod des Vormunds dem Gericht anzuzeigen (§ 1894 a.F.), ist durch die Vormundschaftsreform ersatzlos entfallen, da der Gesetzgeber von einer anderweitig sicher erfolgenden Information des Gerichts ausging.

3 Abs. 2 knüpft an die Entlassungsgründe des § 1804 Abs. 1 Nr. 3 und Abs. 2 Nr. 2 BGB an und ermöglicht im Interesse der Wahrung der Kontinuität die bisherige Vormundsperson durch **Wandel des Vormundschaftstypus** als Vormund beizubehalten. Die Entscheidung über die Fortführung der Vormundschaft steht im Ermessen des Gerichts. Voraussetzung ist neben der Bereitschaft (§ 1775 Abs. 2 BGB) der Person auch eine positive Mündelwohlprüfung, wobei sich bei beanstandungsfreier bisheriger Führung der Vormundschaft das Ermessen auf Null reduzieren wird. Die Fortführung der Vormundschaft „als Privatperson" kann sowohl als ehrenamtlicher als auch als Berufsvormund erfolgen[5] und ist im Feststellungsbeschluss auch entsprechend zu tenorieren (§ 168a Abs. 1 FamFG).

§ 1806 BGB

Ende der Vormundschaft

Die Vormundschaft endet, wenn die Voraussetzungen für ihre Begründung gemäß § 1773 nicht mehr gegeben sind.

Übersicht

A. Allgemeines

1 Die Vorschrift regelt den **Wegfall der Vormundschaft** im Sinne einer **Beendigung des staatlichen Fürsorgeverhältnisses**, das abzugrenzen ist vom **Wegfall des Amtes des Vormunds**, der z.B. infolge Todes (§ 1805 Abs. 2 BGB) oder Entlassung des Vormunds (§ 1804 BGB) eintreten kann. Sie bestimmt, dass die Vormundschaft **kraft Gesetzes**, d.h. ohne konstitutive Entscheidung des Familiengerichts,[1] mit dem Wegfall ihrer in § 1773 BGB genannten Entstehungsvoraussetzungen endigt.

2 BT-Drs. 19/24445, 223
3 BeckOGK/*Wentzell*, 1.7.2024, BGB § 1805 Rn. 19; jurisPK-BGB/*Pammler-Klein*, § 1805 BGB Rn. 29
4 JurisPK-BGB/*Pammler-Klein*, § 1805 BGB Rn. 30
5 BT-Drs. 19/24445, 223
1 Grüneberg/*Götz*, § 1804 BGB Rn. 1

B. Inhalt der Norm

Als **Beendigungsgründe** gelten 2

- der Tod des Mündels,[2]
- der Eintritt der Volljährigkeit des Mündels (§ 2 BGB) (siehe Rn. 3),
- die Rückübertragung des Sorgerechts auf einen oder beide Eltern (§ 1696 Abs. 2 BGB),[3]
- die Adoption des Mündels (§ 1754 BGB) oder
- der Wegfall des Ruhens der elterlichen Sorge nach § 1674 BGB.[4]

Praktische Relevanz kam der Frage der Beendigung der Vormundschaft durch Eintritt der Volljährigkeit in der Vergangenheit insbesondere in den Fällen der Vormundschaft für **unbegleitet eingereiste Minderjährige** zu, da einige Heimatstaaten andere Altersgrenzen für die Volljährigkeit vorsehen. Durch die Neufassung des Art. 24 Abs. 1 EGBGB im Zuge der Vormundschaftsreform hat diese Problematik an Bedeutung verloren. Art. 24 Abs. 1 EGBGB verweist seit dem 1.1.2023 nämlich – wie die ihn weitgehend verdrängenden staatsvertraglichen Sonderregelungen des Haager Kinderschutzabkommens (KSÜ) und des Haager Minderjährigenschutzabkommens (MSA) sowie auch Art. 12 der Genfer Flüchtlingskonvention (GFK) – nunmehr nicht mehr auf das Heimatrecht des Betroffenen, sondern auf das Recht des Staates des gewöhnlichen Aufenthaltes. Für die Frage der Beendigung der Vormundschaft ist es damit unerheblich, ob das Heimatrecht der betroffenen Mündel andere Altersgrenzen für die Volljährigkeit vorsieht. Auch bedarf es keiner Klärung mehr durch das Familiengericht, ob der Betroffene Flüchtling i.S.v. Art. 12 GFK ist.[5] 3

Die Behandlung der Fälle, in denen die **Voraussetzungen der Vormundschaft von Anfang an nicht vorlagen** (z.B. irrige/fälschliche Annahme der Minderjährigkeit), ist rechtlich umstritten. Nach einer Ansicht ist die Anordnung der Vormundschaft nichtig,[6] nach anderer Ansicht sind Anordnung und Bestellung bis zu einem gerichtlichen Aufhebungsakt wirksam.[7] Nach vorzugswürdiger, wohl überwiegender Ansicht ist die Anordnung grundsätzlich wirksam, endet jedoch sofort nach § 1806 BGB.[8] 4

▶ *Zur fehlerhaften Vormundbestellung vgl. Wierse, § 1773 BGB Rn. 26.*

Dem Rechtsgedanken des mit der Vormundschaftsreform zur Beseitigung von Rechtsunsicherheiten eingeführten § 168e FamFG folgend, ist das Nichtbestehen der Vormundschaft festzustellen.[9]

Die Voraussetzungen nach § 1806 BGB sind vom Familiengericht (zuständig ist der Rechtspfleger nach § 3 Nr. 2a RPflG) **jederzeit von Amts wegen** zu prüfen. Von einer **persönlichen Anhörung** der Beteiligten, denen aber rechtliches Gehör zu gewähren ist, kann abgesehen werden. Im Übrigen gelten die verfahrensrechtlichen Vorschriften des Verfahrens in Kindschaftssachen, insbesondere hinsichtlich der örtlichen Zuständigkeit. 5

---

2 BayObLG NJW 1965, 397

3 Ende der Vormundschaft auch bei lediglich Teilrückübertragung, dann aber Bestellung eines Pflegers (§ 1809 BGB) erforderlich, Grüneberg/*Götz*, § 1806 BGB Rn. 4

4 Etwa bei Einreise der Eltern eines unbegleiteten minderjährigen Flüchtlings – hier ist aber ein konstitutiver Beschluss über den Wegfall des Hindernisses nach § 1674 Abs. 2 BGB erforderlich, vgl. DIJuF-Rechtsgutachten JAmt 2019, 31

5 Oberloskamp/Dürbeck/*Schwarz*, § 10 Rn. 99 ff.; zur Rechtslage vor der Reform: BGH FamRZ 2018, 457; *Dürbeck* FamRZ 2018, 553, 561 f.

6 MüKo-BGB/*Schneider*, § 1806 BGB Rn. 4; MüKo-BGB/*Lettmaier*, § 1773 BGB Rn. 31

7 VG Gelsenkirchen BeckRS 2021, 3690; Staudinger/*Veit*, 2020, § 1774 Rn. 33

8 Oberloskamp/Dürbeck/*Strube*, § 8 Rn. 7; BeckOGK/*B. Hoffmann*, 1.10.2024, BGB § 1773 Rn. 113

9 Oberloskamp/Dürbeck/*Strube*, § 8 Rn. 7; jurisPK-BGB/*Pammler-Klein*, § 1806 BGB Rn. 10

6 Liegen die Voraussetzungen der Vorschrift vor, hat der Rechtspfleger die Beendigung der Vormundschaft mit **deklaratorischer Wirkung** durch Beschluss nach § 168e FamFG festzustellen.[10]

▶ *Siehe Wierse, Kommentierung zu § 168e FamFG.*

§ 1807 BGB
Vermögensherausgabe, Schlussrechnungslegung und Fortführung der Geschäfte

Bei Beendigung der Vormundschaft finden die §§ 1872 bis 1874 mit der Maßgabe entsprechende Anwendung, dass § 1872 Absatz 5 für Vormünder gilt, die bei Beendigung ihres Amtes gemäß § 1801 Absatz 1 und 3 befreit waren.

Von einer Kommentierung wird abgesehen.

10 Vgl. zur Rechtslage vor der Reform: BGH ZKJ 2018, 227

Untertitel 5
Vergütung und Aufwendungsersatz

§ 1808 BGB

Vergütung und Aufwendungsersatz

(1) Die Vormundschaft wird grundsätzlich unentgeltlich geführt.

(2) [1]Der ehrenamtliche Vormund kann vom Mündel für seine zur Führung der Vormundschaft erforderlichen Aufwendungen Vorschuss oder Ersatz gemäß § 1877 oder stattdessen die Aufwandspauschale gemäß § 1878 verlangen; die §§ 1879 und 1880 gelten entsprechend. [2]Das Familiengericht kann ihm abweichend von Absatz 1 eine angemessene Vergütung bewilligen. 3§ 1876 Satz 2 gilt entsprechend.

(3) [1]Die Vormundschaft wird ausnahmsweise berufsmäßig geführt. [2]Die Berufsmäßigkeit sowie Ansprüche des berufsmäßig tätigen Vormunds und des Vormundschaftsvereins auf Vergütung und Aufwendungsersatz bestimmen sich nach dem Vormünder- und Betreuervergütungsgesetz.

Gesetz über die Vergütung von Vormündern und Betreuern (Vormünder- und Betreuervergütungsgesetz – VBVG)

Abschnitt 1
Vergütung und Aufwendungsersatz des Vormunds

§ 1 VBVG

Berufsmäßigkeit; Vergütung und Aufwendungsersatz

(1) [1]Das Familiengericht stellt die Berufsmäßigkeit im Sinne von § 1808 Absatz 3 des Bürgerlichen Gesetzbuchs fest, wenn dem Vormund in einem solchen Umfang Vormundschaften übertragen sind, dass er sie nur im Rahmen seiner Berufsausübung führen kann, oder wenn zu erwarten ist, dass ihm in absehbarer Zeit in einem solchen Umfang Vormundschaften übertragen sein werden. [2]Berufsmäßigkeit liegt im Regelfall vor, wenn der Vormund mehr als zehn Vormundschaften führt oder für die Führung der Vormundschaft voraussichtlich mindestens 20 Wochenstunden erforderlich sind.

(2) Unabhängig von den Voraussetzungen nach Absatz 1 liegt Berufsmäßigkeit vor, wenn ein Vereinsvormund oder das Jugendamt als Vormund oder ein Vormundschaftsverein oder das Jugendamt als vorläufiger Vormund bestellt wird.

(3) [1]Stellt das Familiengericht die Berufsmäßigkeit nach Absatz 1 Satz 1 fest oder liegt Berufsmäßigkeit gemäß Absatz 2 vor, kann der Vormund vom Mündel Vergütung und Aufwendungsersatz nach Maßgabe der nachstehenden Bestimmungen verlangen. [2]Das Gericht hat die Zahlung zu bewilligen.

§ 2 VBVG

Zahlung aus der Staatskasse und Rückgriff, Erlöschen und Geltendmachung der Ansprüche

(1) Ist der Mündel mittellos im Sinne von § 1880 des Bürgerlichen Gesetzbuchs, so kann der Vormund Vergütung sowie Vorschuss oder Ersatz der Aufwendungen aus der Staatskasse verlangen.

(2) [1]Die Ansprüche auf Vergütung und Aufwendungsersatz erlöschen, wenn sie nicht binnen 15 Monaten nach ihrer Entstehung gerichtlich geltend gemacht werden. [2]§ 1877 Absatz 4 Satz 2 und 3 sowie Absatz 5 des Bürgerlichen Gesetzbuchs gilt entsprechend.

§ 3 VBVG

Stundensatz des Vormunds

(1) [1]Die dem Vormund nach § 1 Absatz 3 zu bewilligende Vergütung beträgt für jede Stunde der für die Führung der Vormundschaft aufgewandten und erforderlichen Zeit 23 Euro [ab 1.1.2026: 26 Euro]. [2]Verfügt der Vormund über besondere Kenntnisse, die für die Führung der Vormundschaft nutzbar sind, so erhöht sich der Stundensatz

1. **auf 29,50 Euro [ab 1.1.2026: 33 Euro], wenn diese Kenntnisse durch eine abgeschlossene Lehre oder eine vergleichbare abgeschlossene Ausbildung erworben sind;**
2. **auf 39 Euro [ab 1.1.2026: 44 Euro], wenn diese Kenntnisse durch eine abgeschlossene Ausbildung an einer Hochschule oder durch eine vergleichbare abgeschlossene Ausbildung erworben sind.**

[3]Eine auf die Vergütung anfallende Umsatzsteuer wird, soweit sie nicht nach § 19 Absatz 1 des Umsatzsteuergesetzes unerhoben bleibt, zusätzlich ersetzt.

(2) [1]Bestellt das Familiengericht einen Vormund, der über besondere Kenntnisse verfügt, die für die Führung der Vormundschaft allgemein nutzbar und durch eine Ausbildung im Sinne des Absatzes 1 Satz 2 erworben sind, so wird vermutet, dass diese Kenntnisse auch für die Führung der dem Vormund übertragenen Vormundschaft nutzbar sind. [2]Dies gilt nicht, wenn das Familiengericht aus besonderen Gründen bei der Bestellung des Vormunds etwas anderes bestimmt.

(3) [1]Soweit die besondere Schwierigkeit der vormundschaftlichen Angelegenheiten dies ausnahmsweise rechtfertigt, kann das Familiengericht einen höheren als den in Absatz 1 vorgesehenen Stundensatz der Vergütung bewilligen. [2]Dies gilt nicht, wenn der Mündel mittellos ist.

(4) Der Vormund kann Abschlagszahlungen verlangen.

§ 4 VBVG
Aufwendungsersatz des Vormunds

(1) Für seine anlässlich der Führung der Vormundschaft erforderlichen Aufwendungen kann der Berufsvormund Vorschuss oder Ersatz in entsprechender Anwendung des § 1877 Absatz 1 des Bürgerlichen Gesetzbuchs verlangen.

(2) Für solche Dienste, die zu seinem Gewerbe oder seinem Beruf gehören, kann der Berufsvormund anstelle der Vergütung nach § 1 Absatz 3 als Aufwendung Ersatz in entsprechender Anwendung des § 1877 Absatz 3 des Bürgerlichen Gesetzbuchs verlangen.

§ 5 VBVG
Vergütung und Aufwendungsersatz für Vormundschaftsvereine

(1) [1]Ist ein Vereinsvormund bestellt oder führt der Verein eine Beistandschaft, so ist dem Verein eine Vergütung in entsprechender Anwendung von § 3 zu bewilligen. [2]Ist der Verein als vorläufiger Vormund bestellt, ist ihm eine Vergütung nach § 3 Absatz 1 Nummer 2 zu bewilligen. [3]Zusätzlich zu der Vergütung nach Satz 1 oder Satz 2 kann der Verein Vorschuss oder Ersatz der Aufwendungen in entsprechender Anwendung von § 1877 Absatz 1 des Bürgerlichen Gesetzbuchs verlangen; § 4 Absatz 2 ist nicht anwendbar. [4]Allgemeine Verwaltungskosten werden nicht ersetzt.

(2) Der Vereinsvormund selbst kann keine Vergütung und keinen Aufwendungsersatz geltend machen.

§ 6 VBVG
Vergütung und Aufwendungsersatz für das Jugendamt

(1) Dem Jugendamt als Vormund steht keine Vergütung zu.

(2) [1]Für seine Aufwendungen kann das Jugendamt keinen Vorschuss verlangen. [2]Es kann in entsprechender Anwendung von § 1877 Absatz 1 des Bürgerlichen Gesetzbuchs Ersatz nur insoweit verlangen, als der Mündel nicht mittellos im Sinne von § 1880 des Bürgerlichen Gesetzbuchs ist. [3]Allgemeine Verwaltungskosten werden nicht ersetzt.

Übersicht	Rn.		Rn.
A. Allgemeines	1	3. Ermessensvergütung	12
B. Inhalt der Norm	3	II. Berufsmäßige Vormundschaft	14
I. Ehrenamtliche Vormundschaft	3	1. Vergütungsanspruch	14
1. Aufwendungsersatz	6	2. Aufwendungsersatz	22
2. Aufwandspauschale	10	III. Geltendmachung und Erlöschen	24

A. Allgemeines

1 § 1808 Abs. 1 BGB normiert den Grundsatz der Unentgeltlichkeit der Vormundschaft, zu dem die berufsmäßige Führung nach Abs. 3 Satz 1 die Ausnahme darstellt. Durch die Vormundschaftsreform[1] neugestaltet als „Scharniernorm" ersetzt § 1808 BGB die §§ 1835 ff. BGB a.F und die möglichen Ansprüche auf Vergütung und Aufwendungsersatz durch Verweisung: Für die Ansprüche des **ehrenamtlichen Vormunds** auf Aufwendungsersatz und Aufwandsentschädigung sowie die ggf. zu bewilligende Ermessensvergütung verweist Abs. 2 auf die Regelungen des Betreuungsrechts nach **§§ 1876 Satz 2 bis 1879 BGB**. Für die Ansprüche der **beruflich tätigen Vormünder** verweist Abs. 3 auf die Regelungen der **§§ 1 bis 6 VBVG**. Durch das Kosten- und Betreuervergütungsänderungsgesetz 2025[2] wurden mit Wirkung zum 1.1.2026 die Vergütungssätze des VBVG angehoben.

Das Vergütungsfestsetzungsverfahren ist in § 168d FamFG geregelt.

2 **Voraussetzung** des Anspruchs auf Aufwendungsersatz und Vergütung ist die **wirksame Bestellung** des Vormunds.[3] Für Tätigkeiten, die er vor seiner wirksamen Bestellung entfaltet, steht ihm selbst dann kein Anspruch zu, wenn diese auf Veranlassung des Gerichts vorgenommen wurden oder sie denknotwendig der wirksamen Bestellung vorgelagert sind.[4] Die Bestellung wird gemäß § 168a BGB mit Bekanntgabe an den Vormund wirksam; dem Verpflichtungsgespräch kommt keine konstitutive Wirkung mehr zu. Ohne Belang für den Vergütungsanspruch ist hingegen, ob die rechtlichen Voraussetzungen für die Anordnung der Vormundschaft vorgelegen haben; auch sonstige Mängel bei der Bestellung bleiben ebenso wie die nachträgliche Aufhebung dieser Bestellung ohne Einfluss auf den Vergütungsanspruch.[5]

B. Inhalt der Norm

I. Ehrenamtliche Vormundschaft

3 Auch wenn die Vormundschaft entsprechend dem gesetzgeberischen Leitbild ehrenamtlich ausgeübt wird, steht dem Vormund aufgrund der Verweisung in Abs. 2 Satz 1 nach § 1877 BGB ein Anspruch auf Ersatz der aus der Führung der Vormundschaft entstandenen Aufwendungen nebst Vorschuss zu. Der ehrenamtliche Vormund kann zwischen der Geltendmachung des Ersatzes von **im Einzelnen darzulegenden Aufwendungen** einschließlich eines Vorschussanspruchs (§§ 1808 Abs. 2 Satz 1, 1877 BGB) und der Geltendmachung einer **Aufwandspauschale** (§§ 1808 Abs. 2 Satz 1, 1878 BGB) wählen.

1 Gesetz zur Reform des Vormundschafts- und Betreuungsrechts vom 4.5.2021, BGBl 2021 I, 882
2 Vom 7.4.2025, BGBl I 2025 Nr. 109
3 BGH FamRZ 2017, 1846
4 BGH FamRZ 2020, 601; FamRZ 2018, 513
5 BGH FamRZ 2014, 1778; MüKo-BGB/*Fröschle*, § 1808 BGB Rn. 10

Den Anspruch auf Ersatz seiner Aufwendungen behält der ehrenamtliche Vormund auch dann, wenn ihm im Einzelfall nach §§ 1808 Abs. 2 Satz 2, 1876 Satz 2 BGB durch das Familiengericht eine Vergütung bewilligt wird. Die Bewilligung dieser lässt auch den Charakter der Vormundschaft als ehrenamtlich unberührt.[6] 4

Anspruchsgegner ist grundsätzlich der Mündel (Abs. 2 Satz 1), im Fall seiner **Mittellosigkeit** haftet subsidiär die Staatskasse (Abs. 2 Satz 2 i.V.m. §§ 1879, 1880 BGB). Ein Rückgriff der Staatskasse auf den Mündel findet nicht statt. Von einem Verweis auf § 1881 BGB wurde abgesehen, da der Mündel nicht nachträglich mit Rückforderungsansprüchen der Staatskasse belastet werden soll, wenn er die Kosten der Vormundschaft im Zeitpunkt der Inanspruchnahme nicht aus eigenen Mitteln tragen konnte.[7] 5

1. Aufwendungsersatz

Gemäß §§ 1808 Abs. 2 Satz 1, 1877 Abs. 1 Satz 1 BGB kann der Vormund für ihm bei der Führung der Vormundschaft entstandene Aufwendungen nach Maßgabe der §§ 669, 670 BGB von dem Mündel Vorschuss oder Ersatz verlangen. Der Anspruch ist zudem nach §§ 256, 246 BGB zu verzinsen. Zu erstatten sind nach § 670 BGB dabei nur solche **Aufwendungen**, die der Vormund nach den Umständen **für erforderlich** halten durfte. Es handelt sich dabei um eine Ex-ante-Betrachtung aus der **subjektiven Sicht** des Vormunds. Hieran fehlt es, wenn die Aufwendung überflüssig war, sie durch kostenfreie oder billigere Alternativen vermeidbar war oder sie aus einer **pflichtwidrigen Tätigkeit** des Vormunds resultiert.[8] Es gilt das **Gebot der kostensparenden Amtsführung**.[9] 6

Die **Höhe des Ersatzanspruchs** bestimmt sich nach § 670 BGB; zu erstatten sind die **tatsächlich entstandenen Kosten** der Amtsführung. Darüber hinaus **konkret geregelt** sind in § 1877 Abs. 1 Satz 2 BGB lediglich die **Fahrtkosten** des Vormunds. Diese bestimmen sich nach der in **§ 5 JVEG** für **Sachverständige** getroffenen Regelung (Fahrkarte bei öffentl. Verkehrsmitteln, 0,42 EUR/km bei Benutzung des PKW zzgl. Parkgebühren). Im Übrigen nennt das Gesetz in § 1877 Abs. 2 BGB Kosten einer **angemessenen Haftpflichtversicherung** gegen Schäden des Mündels und von Dritten im Rahmen der Ausübung der Vormundschaft. Für ehrenamtlich tätige Vormünder haben die Länder Sammelhaftpflichtversicherungen abgeschlossen.[10] Ehrenamtliche Vormünder sind kraft Gesetzes unfallversichert (§ 2 Abs. 1 Nr. 9 oder 10 SGB VII). Nicht unter die erstattungsfähigen Aufwendungen fallen die Kosten der Kfz-Haftpflichtversicherung (§ 1877 Abs. 2 Satz 2 BGB). 7

Weitere Beispiele erstattungsfähiger Aufwendungen sind **Fotokopierkosten**,[11] Kosten für die **Lebensführung des Mündels** (soweit nicht durch Unterhalt oder Sozialleistungen rechtzeitig gedeckt)[12] oder **Kosten für die Inanspruchnahme notwendiger Beratung oder Vertretung durch Dritte** (z.B. Rechtsanwälte, Steuerberater). Auch Kosten für die Hinzuziehung eines **Dolmetschers** sind im Rahmen von § 1835 BGB zu erstatten.[13] Nicht zu erstatten sind Aufwendungen für die Fort- und Weiterbildung des Vormunds und für eine Supervision.[14]

6 BeckOKG/*Bohner*, § 1808 BGB Rn. 6, 9
7 BT-Drs. 19/24445, 224
8 BayObLG FamRZ 2005, 550; MüKo-BGB/*Fröschle*, § 1877 Rn. 12
9 BGH FamRZ 2007, 670; NJW 2014, 865
10 BeckOGK/*Bohnert*, § 1877 BGB Rn. 89
11 BGH MDR 2014, 431, auch zur Möglichkeit der Schätzung analog § 287 ZPO
12 BayObLG FamRZ 2003, 405; MüKo-BGB/*Fröschle*, § 1808 BGB Rn. 13
13 OLG Frankfurt a.M. BeckRS 2015, 1292; FamRZ 2012, 1890; Oberloskamp/Dürbeck/*Strube*, § 4 Rn. 22
14 OLG München, Beschl. v. 11.7.2017 – 33 WF 559/17, juris

Mangels Freiwilligkeit ihrer Entstehung können **Schäden des Vormunds**, die dieser bei der Ausübung der Vormundschaft erlitten hat, nicht beansprucht werden.[15]

8 Machen **Pflegeeltern**, die für das Kind als Ergänzungspfleger für einen Teilbereich der elterlichen Sorge, z.B. die Gesundheitssorge, bestellt worden sind, Ersatz von Aufwendungen gegen die Staatskasse wegen Mittellosigkeit des Kindes geltend, ist ein Anspruch nur begründet, wenn die Aufwendungen den **Aufgabenkreis der Pflegschaft** betreffen. Aufwendungen, die das **Pflegefamilienverhältnis** betreffen sind nicht erstattungsfähig.[16]

9 Infolge der Unentgeltlichkeit des Amtes ist die eigene Arbeitskraft grundsätzlich nicht erstattungsfähig. Eine Ausnahme hierzu sieht § 1877 Abs. 3 BGB vor. Danach gelten auch solche Dienste des Vormunds als Aufwendungen, die zu seinem Gewerbe oder Beruf gehören (z.B. Besorgung einer Rechtsanwaltsleistung für den Mündel). Für die **Höhe** des Aufwendungsersatzes gelten die jeweiligen **Gebührenordnungen**, wie z.B. **RVG**, GOÄ, HOAI etc. Bei **mittellosen Mündeln**, wie dies bei **unbegleitet eingereisten minderjährigen Flüchtlingen** regelmäßig der Fall ist, gilt aber bei der anwaltlichen Vertretung und Beratung durch den Vormund wegen des **Gebots der kostensparenden Amtsführung** eine Begrenzung des Vergütungsanspruchs auf die Sätze der **Prozesskosten- und Beratungshilfe**.[17] Voraussetzung für den Anspruch ist dabei bereits nach § 670 BGB, dass auch ein nicht selbst beruflich qualifizierter Vormund die Dienstleistung eines Dritten (z.B. Rechtsanwalt) in Anspruch genommen hätte.[18]

2. Aufwandspauschale

10 Abs. 2 i.V.m. § 1878 BGB bezweckt die Förderung der ehrenamtlichen Vormundschaft und ermöglicht es dem ehrenamtlichen Vormund, statt der Dokumentation und Abrechnung jeder einzelnen Aufwendung (Aufwendungsersatz, Abs. 2 Satz 1 i.V.m. § 1877 BGB) seine notwendigen Aufwendungen pauschal als sog. Aufwandspauschale geltend zu machen. Der Vormund hat dabei ein **Wahlrecht**. Er kann seinen Anspruch konkret nach Abs. 2 Satz 1 i.V.m. § 1877 BGB oder pauschal nach Abs. 2 i.V.m. § 1878 BGB geltend machen. Eine **Kumulation** der Ansprüche ist **ausgeschlossen**;[19] die Kombination der Ansprüche in der Reihenfolge Aufwendungsersatz und nachfolgend Pauschale hingegen nicht. Auch wenn der Vormund zunächst konkret Aufwendungsersatz oder Vorschuss geltend gemacht und erhalten hat, kann er für den Rest des Abrechnungsjahres von seinem Wahlrecht Gebrauch machen und zur Aufwandspauschale wechseln. Die bereits als Vorschuss oder Ersatz erhaltenen Beträge sind nach § 1878 Abs. 1 Satz 3 BGB auf die Pauschale anzurechnen. Erreichen sie nicht die Summe der Pauschale, kann der Vormund die Restpauschale geltend machen.[20] Hat der Vormund sich umgekehrt zuerst für die Geltendmachung der Pauschale entschieden, können Aufwendungsersatz oder Vorschuss nicht mehr geltend gemacht werden.[21]

11 Die Pauschale beläuft sich nach § 1878 Abs. 1 Satz 2 BGB auf das **17-fache (ab 1.1.2026: 18-fache) des Höchstbetrags der Zeugenentschädigung** nach § 22 JVEG (derzeit 25 EUR/Stunde), d.h. insgesamt 425 EUR im Jahr.

---

15 LG Hamburg BtPrax 2002, 270
16 OLG Schleswig FamRZ 2015, 770
17 BGH NJW 2014, 865; FamRZ 2007, 670; MüKo-BGB/*Fröschle*, § 1877 BGB Rn. 37; Oberloskamp/Dürbeck/*Strube*, § 4 Rn. 27; a.A.: OLG Frankfurt a.M. BeckRS 2015, 1292; FamRZ 2013, 1160; vgl. dazu ausführlich *Dürbeck*, ZKJ 2014, 266
18 BGH FamRZ 2011, 203; MüKo-BGB/*Fröschle*, § 1877 BGB Rn. 35 f.
19 OLG Brandenburg BtPrax 2003, 265
20 MüKo-BGB/*Fröschle*, § 1808 BGB Rn. 14 und § 1878 BGB Rn. 6; BeckOK-KostR/*Thiel*, § 1878 BGB Rn. 4
21 BeckOK-KostR/*Thiel*, § 1878 BGB Rn. 4; HK-BetrR/*Maier*, § 1878 BGB Rn. 8

Übt der Vormund das Amt für **mehrere Geschwister** aus, kann er die Pauschale **pro Kind** abrechnen. Werden **Ehegatten** gemeinsam zu Vormündern bestellt oder wird neben dem Vormund ein Pfleger bestellt, steht nach § 1878 Abs. 2 Satz 1 BGB jedem von ihnen, soweit er ehrenamtlich tätig ist, die volle Aufwandspauschale zu. Etwas anderes gilt nach § 1878 Abs. 2 Satz 2 BGB nur in dem Fall, in dem wegen tatsächlicher **Verhinderung des Vormunds** ein Ergänzungspfleger nach § 1809 BGB bestellt wird. Da der Ergänzungspfleger in diesem Fall anstelle des Vormunds tätig wird, kann für die Zeit der Verhinderung des Vormunds nur der Ergänzungspfleger die Pauschale geltend machen. Im Fall der rechtlichen Verhinderung des Vormunds steht beiden, Vormund und Pfleger, ein Anspruch zu.[22]

Nach § 1878 Abs. 3 BGB ist die Pauschale **jährlich** zu zahlen, erstmals nach Ablauf von einem Jahr nach Bestellung des Vormunds. Eine Anbindung an das Kalenderjahr erfolgt nicht.

3. Ermessensvergütung

12 Nach § 1808 Abs. 2 Satz 2 und 3 i.V.m. § 1876 Satz 2 BGB kann auch einem ehrenamtlich tätigen Vormund ausnahmsweise aus besonderen Gründen eine Vergütung bewilligt werden, soweit der **Umfang und die Schwierigkeit der zu erledigenden Geschäfte** dies rechtfertigen und der Mündel nicht mittellos ist. Anspruchsgegner ist ausschließlich der nicht mittellose Mündel, eine **Ausfallhaftung der Staatskasse** besteht anders als beim Berufsvormund **nicht**. Eine solche im Ermessen stehende Vergütung kann angenommen werden, wenn der Umfang und die Schwierigkeit der Tätigkeit über das hinausgehen, was üblicherweise ohne Anspruch auf Vergütung zu leisten ist und diese ein Ausmaß annimmt, dass eine unentgeltliche Amtsführung billigerweise nicht mehr erwartet werden kann.[23] Dies wird in der Rechtsprechung etwa dann angenommen, wenn der wöchentliche Zeitaufwand **mehr als zwei Stunden** in Anspruch nimmt.[24] Für eine besondere Schwierigkeit der Tätigkeit des Vormunds spricht, dass er gerade wegen seiner speziellen Fachkenntnisse und Qualifikationen bestellt wurde.[25]

13 Werden die Voraussetzungen bejaht, so ist die Vergütung des nicht berufsmäßigen Vormunds nach § 1808 Abs. 2 Satz 2 und 3 BGB nach pflichtgemäßen Ermessen unter Berücksichtigung aller Umstände des Einzelfalls festzusetzen und **nicht an die Mindest- und Höchstsätze des VBVG gebunden** und kann in extrem schwierigen Ausnahmefällen sogar die Vergütung des Berufsvormunds überschreiten.[26]

Neben der Vergütung behält der ehrenamtliche Vormund seinen Anspruch auf Ersatz seiner Aufwendungen oder die Aufwandspauschale.[27]

II. Berufsmäßige Vormundschaft

1. Vergütungsanspruch

14 Für den Fall, dass die Vormundschaft ausnahmsweise (Abs. 3 Satz 1) berufsmäßig geführt wird, verweist Abs. 3 Satz 2 sowohl hinsichtlich der Voraussetzungen der Berufsmäßigkeit als auch der daraus erwachsenden Ansprüche auf Vergütung und Aufwendungsersatz auf

22 MüKo-BGB/*Fröschle*, § 1808 BGB Rn. 17
23 Grüneberg/*Götz*, § 1876 BGB Rn. 3; MüKo-BGB/*Fröschle*, § 1808 BGB Rn. 25; OLG Hamm FGPrax 2020, 136: bei versehentlich unterbliebener Feststellung der Berufsmäßigkeit
24 OLG Frankfurt a.M. FamRZ 2008, 2153; Grüneberg/*Götz*, § 1876 BGB Rn. 3
25 MüKo-BGB/*Fröschle*, § 1876 Rn. 7 f.
26 OLG München NJOZ 2009, 516; OLG Karlsruhe FamRZ 2007, 1270; LG Mainz Rpfleger 2013, 395; BeckOK-KostR/*Thiel*, § 1876 BGB Rn. 8; HK-BetrR/*Maier*, 5 § 1876 BGB Rn. 12 f.
27 BeckOGK/*Bohner*, § 1808 BGB Rn. 9

die **Regelungen des Vormünder- und Betreuervergütungsgesetz (VBVG)**, wobei hier für den Vormund §§ 1 bis 6 VBVG von Bedeutung sind.

15 Nach § 1 Abs. 2 VBVG liegt Berufsmäßigkeit vor, wenn ein Vereinsvormund, das Jugendamt oder aber der Vormundschaftsverein zum (vorläufigen) Vormund bestellt worden sind. Ist ein Einzelvormund bestellt, bedarf es nach § 1 Abs. 1 Satz 1 VBVG der konstitutiven **Feststellung der Berufsmäßigkeit** der Amtsführung durch das Familiengericht.[28] Unterbleibt die Feststellung im Bestellungsbeschluss, kann sie zwar nachgeholt werden, jedoch nur mit Wirkung für die Zukunft und nicht erst im späteren Kostenfestsetzungsverfahren mit Rückwirkung.[29] Die Unterlassung der Feststellung der Berufsmäßigkeit kann der Vormund mit der Beschwerde nach § 58 FamFG angreifen. Unterlässt er dies, ist er in vergütungsrechtlicher Hinsicht ehrenamtlicher Vormund und kann – bis zu einer etwaigen Abänderung des Bestellungsbeschlusses – eine Vergütung lediglich ausnahmsweise nach § 1808 Abs. 2 Satz 2 und 3 BGB beanspruchen, die aber nur gegen den **nicht mittellosen Mündel** geltend gemacht werden kann. Ein Anspruch gegen die Staatskasse steht ihm dann nicht zu.

16 Allerdings kommt eine **Berichtigung** des Bestellungsbeschlusses nach § 42 Abs. 1 FamFG in Betracht, wenn die Feststellung der Berufsmäßigkeit versehentlich unterblieben ist und sich diese aus den Gründen des Beschlusses ergibt oder aus sonstigen Begleitumständen offensichtlich ist.[30] Berichtigt das Familiengericht den Beschluss in rechtswidriger Weise gleichwohl, so besteht eine Bindungswirkung im anschließenden Kostenfestsetzungsverfahren nach § 168d FamFG.[31] Ein Rechtsmittel gegen die zu Unrecht ergangene Berichtigung steht der Staatskasse nicht zu.[32]

17 Die materiellen Kriterien für die Frage, wann eine Vormundschaft berufsmäßig ausgeübt wird, sind in § 1 Abs. 1 VBVG geregelt. Als **Regelbeispiele** sind in § 1 Abs. 1 Satz 2 VBVG vorgesehen, dass das Amt dann berufsmäßig geführt wird, wenn der Betreffende **mehr als zehn Vormundschaften** führt oder aber in einem Umfang von **mindestens zwanzig Wochenstunden** für die Führung der Vormundschaft tätig ist. Auch bei **Nichterfüllung der Regelbeispiele** kann Berufsmäßigkeit vorliegen, wobei hier nach § 1 Abs. 1 Satz 1 VBVG vorrangig auf Umfang und nachrangig Schwierigkeit der Tätigkeit wertend abzustellen ist. Auch eine **nebenberufliche Berufsvormundschaft** ist anzuerkennen.[33] Weiterhin kommt auch einem für die Ausübung des Vormundschaftsamts **besonders qualifizierenden Beruf** indizielle Bedeutung (Erzieher für Personensorge, Rechtsanwalt oder Steuerberater für Vermögenssorge) zu.[34]

18 Ist die Berufsmäßigkeit festgestellt, so kann der Einzelvormund eine Vergütung nach Maßgabe von § 3 VBVG für **zur Ausübung der Vormundschaft aufgewendete Tätigkeit** verlangen, die vom Familiengericht nach § 1 Abs. 3 Satz 2 VBVG zu bewilligen ist. Diese ist **stundenmäßig** zu veranschlagen, liegt derzeit bei 23 EUR (ab 1.1.2026: 26 EUR) und kann bei Vorhandensein besonderer Kenntnisse je nach Qualifikation und Art der Ausbildung auf 29,50 EUR (ab 1.1.2026: 33 EUR) bzw. **höchstens auf 39 EUR** (ab 1.1.2026: 44 EUR) pro Stunde **zzgl. Umsatzsteuer**[35] erhöht werden. In Ausnahmefällen erlaubt § 3 Abs. 3 VBVG bei besonderer Schwierigkeit der Vormundstätigkeit gegenüber dem **nicht mittellosen Mündel** eine **weitere Erhöhung** des Stundensatzes.

---

28 BGH FamRZ 2018, 1006

29 BGH FamRZ 2018, 1006; FamRZ 2014, 736; FamRZ 2014, 653; FamRZ 2014, 1283; BeckOK-KostR/*Thiel*, § 1 VBVG Rn. 12

30 BGH FamRZ 2014, 1283; FamRZ 2014, 653

31 BGH FamRZ 2018, 2047; FamRZ 2018, 1006; OLG Frankfurt, Beschl. v. 23.8.2017 – 3 WF 145/17, juris

32 Vgl. OLG Frankfurt FGPrax 2004, 122

33 BVerfG FamRZ 1999, 568; BeckOGK/*Bohnert*, § 1 VBVG Rn. 27

34 OLG Frankfurt a.M. FGPrax 2001, 76; MüKo-BGB/*Fröschle*, § 1 VBVG Rn. 7

35 Zur Umsatzsteuerbefreiung des berufsmäßigen Ergänzungspflegers nach § 4 Nr. 25 Satz 3c UStG vgl. OLG Frankfurt a.M. JurBüro 2015, 420

19 Abrechenbar ist die zur Erfüllung der sich aus der Vormundschaft ergebenden Aufgaben **erforderliche Zeit**. Der zeitliche Aufwand für persönliche Kontakte zum Mündel steht im Ermessen des Vormunds und hat sich an den individuellen Bedürfnissen des Kindes zu orientieren, wobei im Einzelfall auch Wochenendbesuche eines in einer weit entfernten Einrichtung der Jugendhilfe untergebrachten Kindes notwendig sein können.[36]

Der Anspruch entsteht nach wirksamer **Bestellung** (§ 168a Abs. 2 FamFG) mit der Ausübung der Tätigkeit.[37] Er ist aber erst fällig mit Festsetzung durch das Familiengericht nach §§ 168d, 292 FamFG.

20 Die Vergütung und der Aufwendungsersatz für **Vormundschaftsvereine** regelt § 5 VBVG. Danach ist dem Verein in entsprechender Anwendung von § 3 VBVG eine Vergütung zu bewilligen, wenn ein Vereinsvormund bestellt wurde oder der Verein selbst zum vorläufigen Vormund bestimmt wurde. Ihm steht auch der Anspruch auf Vorschuss und Ersatz nach § 1877 BGB zu, wobei allgemeine Verwaltungskosten nicht ersetzt werden (§ 5 Abs. 1 Satz 4 VBVG). Der Vereinsvormund selbst hat keinen eigenen Anspruch auf Vergütung oder Aufwendungsersatz (§ 5 Abs. 2).

21 Dem **Jugendamt** steht nach § 6 VBVG keine Vergütung zu, auch kann es keinen Vorschuss verlangen (§ 6 Abs. 2 Satz 1 VBVG). Es kann Ersatz von Aufwendungen nach § 1877 Abs. 1 BGB nur verlangen, soweit der Mündel nicht mittellos ist, wobei auch hier allgemeine Verwaltungskosten nicht erstattungsfähig sind (§ 6 Abs. 2 Satz 2 und 3 VBVG).

2. Aufwendungsersatz

22 Neben der Vergütung hat auch der Berufsvormund nach § 4 Abs. 1 VBVG i.V.m. § 1877 Abs. 1 BGB Anspruch auf Vorschuss oder Ersatz seiner Aufwendungen und kann etwa Ersatz von **Fahrtkosten, Kopier-, Porto- und Telefonkosten sowie Reisekosten** geltend machen. Mangels Verweises auf § 1877 Abs. 2 BGB kann er die dort aufgeführten Versicherungskosten jedoch nicht als Aufwendungsersatz geltend machen.

23 Für solche Dienste, die zu seinem Gewerbe oder seinem Beruf gehören (z.B. außergerichtliche Vertretung als Rechtsanwalt), kann der Berufsvormund nach § 4 Abs. 2 VBVG anstelle der Vergütung nach § 1 Abs. 3 VBVG Ersatz seiner Aufwendungen entsprechend § 1877 Abs. 3 BGB verlangen. Eine spezifisch anwaltliche Tätigkeit liegt vor, wenn ein Vormund, der selbst rechtsunkundiger Laie ist, in gleicher Lage zur Erledigung der betreffenden Angelegenheiten berechtigterweise einen Rechtsanwalt hinzuziehen würde bzw. wenn und soweit sich die zu bewältigende Aufgabe als eine für den Beruf des Rechtsanwalts spezifische Tätigkeit darstellt.[38] Dem Vormund steht dann ein **Wahlrecht** zwischen **Aufwendungsersatz nach § 1877 Abs. 3 BGB i.V.m. RVG, HOAI, GOÄ** (siehe oben Rn. 9) und der **stundenweisen Abrechnung der Vergütung seiner Tätigkeit nach § 3 VBVG** zu.[39] Hier kann gerade bei mittellosen Mündeln wegen der Begrenzung des Aufwendungsersatzanspruchs auf die Sätze der **Beratungshilfe** (oben Rn. 9) die Abrechnung nach § 3 VBVG günstiger für den anwaltlichen Berufsvormund sein.[40] Im Übrigen schließt ein Antrag des anwaltlichen Vormunds auf Festsetzung pauschaler Vergütung nach § 1836 BGB die nachträgliche Geltendmachung von Aufwendungsersatz nach § 1835 Abs. 3 BGB für in dem betreffenden Zeitraum erbrachte anwaltliche Dienste nicht aus.[41]

---

36 OLG Braunschweig FamRZ 2019, 1713
37 BGH NJOZ 2020, 1099; FamRZ 2018, 513; ZKJ 2018, 62
38 BGH Beschl. v. 16.4.2025 – XII ZB 227/24; FamRZ 2021, 549; OLG München, FamRZ 2024, 1566
39 OLG München FamRZ 2024, 1566; OLG Frankfurt a.M. JurBüro 2015, 420; ZKJ 2013, 212; KG FamRZ 2012, 63
40 Vgl. OLG Frankfurt a.M. JurBüro 2015, 420; ZKJ 2013, 212; *Dürbeck*, ZKJ 2014, 266, 272
41 BGH FamRZ 2014, 1628 OLG Frankfurt a.M. JurBüro 2015, 420

III. Geltendmachung und Erlöschen

24 Der Anspruch auf Aufwendungsersatz sowie der Vergütungsanspruch bestehen **gegen den Mündel** (§§ 1808 Abs. 2, 1877 Abs. 1 BGB, § 1 Abs. 3 VBVG). Der Vormund kann den Ersatz für Aufwendungen oder die Aufwandspauschale dadurch geltend machen, dass er diese unmittelbar dem Mündelvermögen entnimmt, soweit dieses nach §§ 1808 Abs. 2 Satz 1, 1880 Abs. 2 BGB haftet (beschränkt auf das nach Maßgabe des § 90 SGB XII einzusetzenden Vermögens)[42]. Der Vormund unterliegt hierbei der familiengerichtlichen Aufsicht nach § 1802 BGB. Ist der Mündel mittellos oder gehört die Vermögenssorge nicht zum Kreis der dem Pfleger übertragenen Aufgaben ist der Anspruch gerichtlich nach §§ 168d, 292 FamFG festsetzen zu lassen.[43]

25 Der Ersatz- und Vorschussanspruch sowie der Vergütungsanspruch des Berufsvormunds sind **binnen 15 Monaten** seit ihrer Entstehung geltend zu machen. Dies folgt für den ehrenamtlichen Vormund aus §§ 1808 Abs. 2 Satz 1, 1877 Abs. 4 BGB und für den Berufsvormund aus § 1808 Abs. 3 BGB i.V.m. § 2 Abs. 2 VBVG. Es handelt sich hierbei um **Ausschlussfristen**. Nach Ablauf der Frist erlischt der Anspruch nach § 1877 Abs. 4 Satz 1 BGB bzw. § 2 Abs. 2 Satz 1 VBVG, was von Amts wegen zu berücksichtigen ist.[44] Das Familiengericht kann jedoch die Frist auf Antrag verlängern oder verkürzen (§§ 1877 Abs. 5 BGB, § 2 Abs. 2 Satz 2 VBVG). Die Geltendmachung beim Familiengericht gilt als Geltendmachung gegen den Mündel (§ 1877 Abs. 4 Satz 2 BGB, § 2 Abs. 2 Satz 2 VBVG). Die Frist wird gewahrt durch Einreichung eines bezifferten und inhaltlich überprüfbaren[45] Erstattungsantrags beim Familiengericht.

Keiner Ausschlussfrist unterliegt die Ermessensvergütung nach §§ 1808 Abs. 2 Satz 1, 1876 BGB.[46]

Der Anspruch auf **Aufwandspauschale** erlischt nach §§ 1808 Abs. 2 Satz 1, 1878 Abs. 4 Satz 1 BGB, wenn er nicht **binnen sechs Monaten nach Ablauf des Jahres**, in dem er entsteht, gerichtlich geltend gemacht wird. Nach gerichtlicher Geltendmachung gilt in den Folgejahren die Einreichung des Jahresberichts als Antrag, es sei denn der Vormund verzichtet ausdrücklich auf weitere Geltendmachung (§ 1878 Abs. 4 Satz 3 BGB).

26 Nach §§ 1808 Abs. 2 Satz 1, 1879 BGB bzw. § 1808 Abs. 3 BGB, § 2 Abs. 1 VBVG tritt die **Staatskasse** subsidiär in die Haftung für die Ansprüche des Vormunds ein, wenn der Mündel mittellos i.S.d. § 1880 BGB ist. Gegenüber dem Amtsvormund haftet die Staatskasse nicht (§ 6 Abs. 2 Satz 2 VBVG).

Der Anspruch gegen die Staatskasse ist durch das Familiengericht festzusetzen (§§ 168d, 292 FamFG). Ein Forderungsübergang findet mangels Verweises auf § 1881 BGB nicht statt, denn der Mündel soll wegen der an seinen Vormund geleisteten Zahlungen später nicht mehr in Anspruch genommen werden können.[47] Die Zahlung aus der Staatskasse bewirkt die Erfüllung des Vormundanspruchs (§ 362 Abs. 1 BGB).[48]

Hat sich ein **Dritter** (etwa die Eltern) zur **Übernahme der Kosten** der Vormundschaft bzw. Pflegschaft vertraglich verpflichtet, kann die Vergütung in entsprechender Anwendung der § 24 Nr. 2 FamGKG, § 29 Nr. 2 GKG und § 27 Nr. 2 GNotKG auch gegen diesen festgesetzt werden.[49]

42 OLG Karlsruhe FamRZ 2024, 1729: Schmerzensgeld als Schonvermögen
43 Oberloskamp/Dürbeck/*Strube*, § 4 Rn. 36; MüKo-BGB/*Fröschle*, § 4 VBVG Rn. 18
44 Grüneberg/*Götz*, § 1877 BGB Rn. 10
45 OLG München FamRZ 2006, 891
46 MüKo-BGB/*Fröschle*, § 1876 BGB Rn. 17
47 BT-Drs. 19/24445, 224
48 MüKo-BGB/*Fröschle*, § 1808 BGB Rn. 22
49 BGH, Beschl. v. 16.4.2025 – XII ZB 227/24 –, juris; OLG München FamRZ 2024, 1384

§ 1809 BGB

Ergänzungspflegschaft

(1) [1]Wer unter elterlicher Sorge oder unter Vormundschaft steht, erhält für Angelegenheiten, an deren Besorgung die Eltern oder der Vormund verhindert sind, einen Pfleger. [2]Der Pfleger hat die Pflicht und das Recht, die ihm übertragenen Angelegenheiten im Interesse des Pfleglings zu dessen Wohl zu besorgen und diesen zu vertreten.

(2) Wird eine Pflegschaft erforderlich, so haben die Eltern oder der Vormund dies dem Familiengericht unverzüglich anzuzeigen.

Übersicht

A. Allgemeines

1 Durch die zum 1.1.2023 in Kraft getretene Reform des Vormundschaftsrechts[1] wurde auch das Pflegschaftsrecht – ohne wesentliche inhaltliche Veränderungen – neu geordnet. Dieses unterscheidet nunmehr zwischen **Pflegschaften für Minderjährige**, die im unmittelbaren Anschluss an die Vormundschaft geregelt werden, um die systematische Nähe zu dieser zu betonen,[2] und sonstigen Pflegschaften (§§ 1882 ff. BGB), auf die überwiegend die Regelungen des Betreuungsrechts entsprechend anzuwenden sind und die deshalb als Titel 4 nach dem Betreuungsrecht angeordnet wurden.[3]

§ 1809 BGB regelt die **Ergänzungspflegschaft für einen Minderjährigen** und setzt die elterliche Sorge oder das Bestehen einer Vormundschaft voraus. In Abgrenzung zum Vormund, der grundsätzlich (vorbehaltlich gesetzlicher Einschränkungen) für alle Bereiche der Sorge für ein Kind zuständig ist, ist der Ergänzungspfleger nur für **Teilbereiche der elterlichen Sorge**, in denen sorgeberechtigte Eltern oder der Vormund **verhindert** sind, bestellt und rechtlich zuständig, so dass nur ein **partielles Fürsorgebedürfnis** für den Staat besteht.

2 Die durch die Reform neu eingeführten Rechtsfiguren des **Zusatzpflegers (§ 1776 BGB)** und **der Pflegeperson als Pfleger (§ 1777 BGB)** stellen keine Ergänzungspfleger dar, da ihre Anwendbarkeit keine Verhinderung des Vormunds voraussetzt. Vielmehr werden diese Pfleger bestellt, weil ihre Bestellung dem Wohl des Mündels dient. Dies drückt sich im Standort der Regelungen im Vormundschaftsrecht aus. Die Vorschriften zur Pflegschaft gelten aufgrund von Verweisungsregelungen zudem nur entsprechend.[4]

3 **Gesetzestechnisch** gelten für die Minderjährigenpflegschaft über die **Verweisung in § 1813 Abs. 1 Satz 1 BGB** die Vorschriften über die **Vormundschaft** nach §§ 1773 ff. BGB entsprechend, soweit nicht § 1809 ff. BGB **Sonderregelungen** für die Pflegschaft enthalten. Wie bei der Vormundschaft (vgl. *Wierse*, § 1773 BGB Rn. 5, § 1778 BGB Rn. 1) ist bei der Pflegschaft verfahrensmäßig zwischen den **beiden Stufen** der **Anordnung** der Pflegschaft einerseits sowie der **Auswahl und Bestellung** der konkreten Person des Pflegers andererseits zu unterscheiden.

4 **Abweichungen** zum Vormundschaftsrecht und Sondervorschriften für den Pfleger bestehen in der Frage der **Vergütung** des Zuwendungspflegers (§ 1811 Abs. 4 BGB), dem Ausschluss des Benennungsrechts der Eltern (§ 1813 Abs. 2 BGB) und der **Aufhebung und dem Ende** der Pflegschaft (§ 1812 BGB).

1 BGBl. I 2021, 882
2 BT-Drs. 19/24445, 225
3 BT-Drs. 19/24445, 150
4 BT-Drs. 19/24445, 225

B. Inhalt der Norm

6 Gemäß § 1809 Abs. 1 Satz 1 BGB ist bei einem unter elterlicher Sorge oder Vormundschaft stehenden Kind ein Pfleger für diejenigen Angelegenheiten zu bestellen, in denen die (sorgeberechtigten) Eltern oder der Vormund **verhindert** sind. Die Verhinderung kann tatsächlicher oder rechtlicher Natur sein und nur einzelne Angelegenheiten oder auch einen Kreis von Angelegenheiten erfassen. Eine **tatsächliche Verhinderung** kann wie bei §§ 1674 BGB im Fall der Krankheit, Abwesenheit oder Haft[5] vorliegen.[6] Erforderlich ist jedoch stets, dass aufgrund dieser Umstände der Sorgeberechtigte tatsächlich an der Wahrnehmung der Sorgeverantwortung in der betroffenen Angelegenheit gehindert ist, was etwa dann nicht der Fall ist, wenn zu ihrer Regelung ein Kontakt mittels Fernkommunikationsmitteln ausreicht.[7]

7 Schon begrifflich keinen Fall einer tatsächlichen Verhinderung stellt es dar, wenn der Sorgeberechtigte zur Besorgung bestimmter Angelegenheit des Kindes nur **tatsächlich ungeeignet** ist, wie dies in der Vergangenheit vor allem bei der Frage einer **Verhinderung des Amtsvormunds an der Vertretung unbegleitet eingereister minderjähriger Flüchtlinge** in deren **ausländer- und asylrechtlichen Angelegenheiten** kontrovers diskutiert wurde.[8] Mangelnde Sachkunde oder fehlende Geschäftsgewandtheit begründen keine tatsächliche Verhinderung. Verfügt der Vormund, dessen generelle Eignung nicht in Frage steht, nicht über die zur sachgerechten Besorgung einzelner Geschäfte des Mündels erforderliche Sachkunde, ist es vielmehr seine Sache, diesen Mangel an Eignung in eigener Verantwortung durch Inanspruchnahme fachspezifischer Hilfen auszugleichen.[9] Bei ehrenamtlicher Vormundschaft kann dem grundsätzlich zur Führung der Vormundschaft geeigneten, jedoch partiell sachunkundigen Vormund mit seinem Einvernehmen aber in einzelnen Bereichen zur Wahrung des Mündelwohls nunmehr ein **Zusatzpfleger** nach § 1776 BGB unterstützend zur Seite gestellt werden.

▶ *Siehe hierzu Wierse, Kommentierung § 1776 BGB.*

8 Eine **rechtliche Verhinderung** liegt vor, wenn die Eltern oder der Vormund aus Rechtsgründen von der Vertretung des Kindes ausgeschlossen sind. Hauptanwendungsfälle sind die rechtliche Verhinderung von Eltern infolge **partiellem Sorgerechtsentzug** nach § 1666 Abs. 1 und 3 Nr. 6 BGB, **Vertretungsausschluss** wegen Interessenskollisionen nach §§ 1629 Abs. 2 und 2a, 1789 Abs. 2 Satz 2, 181, 1824 BGB, § 52 Abs. 2 Satz 2 StPO und **Beschränkungen der Vertretungsmacht** nach § 1789 Abs. 2 Satz 3 und 4 BGB.

9 Auch die Bestellung eines **Ergänzungspflegers** mit dem Aufgabenkreis **„Regelung des Umgangs" (sog. Umgangsbestimmungspfleger)** ist gemäß § 1809 BGB i.V.m. § 1666 BGB möglich.[10] Der **Umgangspfleger** nach § 1684 Abs. 3 Satz 3 BGB ist dagegen kein Ergänzungspfleger i.S.d. § 1809 Abs. 1 Satz 1 BGB;[11] die Voraussetzungen seiner Anordnung sind in § 1684 Abs. 3 BGB geregelt und knüpfen nicht an eine bestehende Verhinderung der Sorgeberechtigten an. Auf den Umgangspfleger finden gleichwohl §§ 1812, 1813, 1778, 1779 BGB hinsichtlich Auswahl, Bestellung und Beendigung entsprechende Anwendung.[12]

▶ *Näher zum Umgangspfleger Gottschalk, § 1684 BGB Rn. 58 ff.*

5 BayObLG NJW 1975, 1082
6 *Erman/Roth*, § 1809 BGB Rn. 9
7 BGH NJW 2005, 221; BeckOGK/*Schöpflin*, § 1809 BGB Rn. 36
8 Vgl. zur Diskussion *Dürbeck*, FamRZ 2018, 553, 560 f.
9 BGH FamRZ 2013, 1206
10 BGH ZKJ 2016, 419
11 A.A. die Gesetzesbegründung zur Vormundschaftsreform BT-Drs. 19/24445, 226, die jedoch auch auf die eigeständigen tatbestandlichen Voraussetzungen verweist
12 OLG Stuttgart ZKJ 2012, 491; Staudinger/*Dürbeck*, § 1684 BGB Rn. 130; Grünewald/*Götz*, § 1684 BGB Rn. 23

Kein Bedürfnis für eine Pflegschaft besteht dagegen, wenn der Minderjährige nach §§ 112, 113 BGB selbst handeln kann oder wegen Verhinderung nur eines Elternteils dem anderen das Sorgerecht kraft Gesetzes alleine zufällt (§§ 1678, 1680 BGB). 10

Abs. 1 Satz 2 verdeutlicht, dass der Ergänzungspfleger in seinem Aufgabenkreis **Sorgeberechtigter für den Pflegling** ist.[13] Er hat – wie der Vormund gemäß § 1789 BGB – die Pflicht und das Recht, die ihm übertragenen Angelegenheiten im Interesse des Pfleglings zu dessen Wohl zu besorgen und diesen zu vertreten. 11

Abs. 2 verpflichtet die Eltern und den Vormund dazu, das Familiengericht unverzüglich (§ 121 BGB) über das ihnen durch Tatsachen bekannt gewordene Bedürfnis einer Pflegschaft zu informieren. Entsprechende **Informationspflichten** haben auch der Pfleger (§ 1813 Abs. 1 BGB), der Beistand (§ 1716 Satz 2 BGB), Gerichte (§ 22a FamFG) und das Jugendamt (§ 57 Abs. 6 SGB VIII).[14] 12

C. Verfahren und Rechtsschutz

Pflegschaftsverfahren zählen nach § 151 Nr. 5 FamFG wie Vormundschaftssachen zu den **Kindschaftssachen**. In Ansehung des Verfahrens ergeben sich insoweit grundsätzlich keine Besonderheiten, so dass hinsichtlich **Beteiligung, Anhörung**,[15] **Entscheidung** und **Rechtsschutz** auf die jeweiligen Ausführungen in den vormundschaftlichen Bestimmungen Bezug zu nehmen ist. 13

▶ *Näher hierzu Wierse, § 1773 BGB Rn. 13 ff. und § 168 FamFG Rn. 3 ff.*

Im Rahmen des Verfahrens zur Bestellung eines Ergänzungspflegers für die Entscheidung über die Ausübung des **Zeugnisverweigerungsrechts** für einen Minderjährigen gemäß **§ 52 Abs. 2 Satz 2 StPO** hat das Familiengericht weder die Aussagebereitschaft des Kindes noch dessen (fehlende) Verstandesreife zu prüfen.[16] Auch bedarf es in diesem Fall nicht der Bestellung eines Verfahrensbeistandes und der persönlichen Anhörung des Kindes.[17] Dies gilt jedoch nicht, wenn die Voraussetzungen des Vertretungsausschlusses kraft Gesetzes nach § 52 Abs. 2 Satz 2 StPO nicht vorliegen und bezogen auf das Strafverfahren zunächst über eine Entziehung der Vertretungsmacht nach § 1789 Abs. 2 Satz 3, 4 BGB zu befinden ist (vgl. *Wierse*, § 1789 BGB Rn. 20).[18] In diesem Fall kann nicht auf eine Anhörung des Kindes (§ 159 FamFG) und Bestellung eines Verfahrensbeistandes (§ 158 Abs. 2 Nr. 1 FamFG) verzichtet werden. Auch die Eltern und das Jugendamt sind zu beteiligen (§§ 160, 162 FamFG). Bei Ablehnung der Bestellung eines Ergänzungspflegers steht der **Staatsanwaltschaft** mangels eigener Rechtsverletzung nach § 59 FamFG kein Beschwerderecht zu.[19] Vgl. dazu *Kischkel*, § 59 FamFG Rn. 12. 14

Die Anordnung der Pflegschaft erfolgt nach §§ 1813 Abs. 1 Satz 1, 1773 BGB **von Amts wegen**. Funktionell zuständig ist nach § 3 Nr. 2a RPflG der **Rechtspfleger**. 15

▶ *Näher zur funktionellen Zuständigkeit des Rechtspflegers Heilmann, §§ 3, 14 RPflG Rn. 1 ff.*

---

13 BT-Drs. 19/24445, 226
14 BeckOK/*Bettin*, § 1809 BGB Rn. 14
15 OLG Frankfurt FamRZ 2023, 1217
16 BGH FamRZ 2020, 1197; BVerfG FamRZ 2020, 1000
17 BGH FamRZ 2020, 1197; vgl. *Köhnlein/Radtke/Scheliha*, NStZ 2025, 1, 5 ff.
18 OLG Frankfurt FamRZ 2023, 1216
19 BGH MDR 2014, 1407

16 Für die Auswahl und Bestellung des Pflegers ergeben sich ebenfalls keine Besonderheiten, so dass über § 1813 Abs. 1 BGB die Vorschriften der §§ 1778 ff. BGB anzuwenden sind. Bei der **Auswahl des Pflegers** ist nach § 1778 Abs. 2 BGB der grundsätzliche **Vorrang von (geeigneten) nahen Angehörigen** zu berücksichtigen, allerdings darf in Fällen von **Interessenkollisionen** (z.B. §§ 1629 Abs. 2, 1789 Abs. 2 BGB) der Schutz des Kindes nicht dadurch beeinträchtigt werden, dass als Pfleger eine dem Sorgeberechtigten nahestehende bzw. beeinflussbare Person zum Pfleger bestellt wird.[20]

Wegen der immanenten Gefahr des Rollenkonfliktes ist der **Verfahrensbeistand**, auch wenn er dem Kind vertraut ist, nicht zur Übernahme der Ergänzungspflegschaft, insbesondere der Umgangspflegschaft geeignet anzusehen.[21] Etwas anderes mag gelten, wenn er gleichzeitig erklärt, künftig für die Rolle des Verfahrensbeistandes nicht mehr zur Verfügung zu stehen.

Zur Verhinderung von Interessenskollisionen gelten nach § 1813 Abs. 2 BGB auch §§ 1782, 1783 BGB über das **Benennungsrecht der Eltern** nicht. Der mutmaßliche Wille der Eltern ist aber gemäß §§ 1813 Abs. 1, 1778 Abs. 2 Nr. 2 BGB zu beachten.[22]

17 Grundsätzlich ist **nur ein Pfleger** zu bestellen (§§ 1813 Abs. 1, 1775 BGB). Dies gilt auch, wenn beide Elternteile von der Vertretung ausgeschlossen oder Geschwisterkinder betroffen sind (§ 1775 Abs. 2 BGB).[23] Die gemeinschaftliche Führung der Pflegschaft ist Ehegatten vorbehalten (§§ 1813 Abs. 1, 1775 Abs. 1 BGB). Ist für ein Kind bereits ein Ergänzungspfleger nach § 1809 BGB für Teilbereiche der Sorge bestellt, kann bei Auftreten zusätzlicher Verhinderungsgründe in der Person des Sorgeberechtigten nur die Bestellung des bereits ernannten Ergänzungspflegers erweitert werden. Die Bestellung eines zweiten Ergänzungspflegers ist auch dann ausgeschlossen, wenn die ins Auge gefasste Person für die zusätzliche Sorgeangelegenheit geeigneter erscheint als der bereits bestellte Ergänzungspfleger.[24] Dies gilt auch bei ehrenamtlich geführter Ergänzungspflegschaft. Neben einem Ergänzungspfleger nach § 1809 BGB kann weder ein Zusatzpfleger nach § 1776 BGB, noch die Pflegeperson als Pfleger (§ 1777 BGB) bestellt werden (§§ 1776 Abs. 3 Satz 2, 1777 Abs. 4 Satz 3 BGB). Eine fachliche Unterstützung bei der Wahrnehmung der Tätigkeit eröffnet (insbesondere auch dem ehrenamtlichen) Pfleger der Anspruch auf Beratung durch das Jugendamt nach § 53a SGB VIII.[25]

18 Allerdings kommt in Fällen, in denen eine Pflegschaft mit größerem Wirkungskreis des Pflegers (z.B. Vermögenssorge) angeordnet wurde, nach §§ 1813 Abs. 1, 1809 Abs. 1 Satz 1 BGB bei Vorliegen einer tatsächlichen oder rechtlichen Verhinderung des Pflegers eine „Pflegschaft zur Pflegschaft" („**Unterpflegschaft**") in Betracht.[26] Vorzugswürdig ist jedoch die Entlassung des Pflegers nach § 1804 Abs. 1 Nr. 5 BGB bei Interessengegensatz in Angelegenheiten von besonderer Bedeutung für den Pflegling oder erheblichem, dauerndem Interessenwiderstreit.[27]

▶ *Zur Beschwerdeberechtigung bzgl. der Anordnung der Pflegschaft vgl. Wierse, § 1773 BGB, Rn. 27. Bzgl. der Bestellung des Pflegers vgl. Wierse, § 168 FamFG Rn. 7 ff.*

---

20 OLG München FamRZ 2016, 1475; MittBayNot 2018, 159; OLG Bremen FamRZ 2013, 477; OLG Köln FamRZ 2011, 1305; OLG Düsseldorf FamRZ 2011, 742
21 OLG Karlsruhe FamRZ 2019, 1937; MüKo-BGB/*Hennemann*, § 1684 BGB Rn. 68
22 BT-Drs. 19/24445, 229
23 JurisPK-BGB/*Locher*, § 1809 BGB Rn. 52
24 OLG Frankfurt FamRZ 2023, 1878
25 Vgl. DIJuF-Rechtsgutachten, JAmt 2024, 589, 590
26 MüKo-BGB/*Schneider*, § 1809 BGB Rn. 11; Grüneberg/*Götz*, § 1813 BGB Rn. 2
27 MüKo-BGB/*Schneider*, § 1809 BGB Rn. 11

§ 1810 BGB
Pflegschaft für ein ungeborenes Kind

[1]Für ein bereits gezeugtes Kind kann zur Wahrung seiner künftigen Rechte ein Pfleger bestellt werden, sofern die Eltern an der Ausübung der elterlichen Sorge verhindert wären, wenn das Kind bereits geboren wäre. [2]Mit der Geburt des Kindes endet die Pflegschaft.

Übersicht Rn.

A. Allgemeines

1 Die Norm verfolgt den Schutz des noch nicht geborenen Kindes, wobei durch die Vormundschaftsreform[1] der bisher in § 1912 BGB a.F. verwendete, aber überkommene Begriff der „Leibesfrucht" aufgegeben wurde, ohne dass damit eine Rechtsänderung verbunden wäre.[2] § 1810 BGB ermöglicht es bereits dem **noch nicht geborenen Kind** einen Pfleger zu bestellen, um ihm so **Teilrechtsfähigkeit** zum Zwecke des Erwerbes von Rechten mit der Geburt zu verschaffen.[3] Die Einsetzung eines Pflegers ist auch bei vorgeburtlicher Bestellung eines Vormunds gemäß § 1773 Abs. 2 BGB erforderlich, weil diese erst mit der Geburt wirksam wird.[4]

B. Inhalt der Norm

2 Voraussetzung ist zunächst, dass einem **bereits gezeugten** Kind **künftige Rechte zustehen können** und diese einer **Fürsorge** bedürfen. Beispiele sind Rechte aus einer Erbschaft oder aus unerlaubten Handlungen.[5] Die Möglichkeit des Entstehens solcher Rechte reicht aus.[6] Dabei fällt es grundsätzlich in den Aufgabenbereich der Eltern, künftige Rechte ihres ungeborenen Kindes selbst wahrzunehmen. Nur dann, wenn sie an der **Fürsorge rechtlich oder tatsächlich gehindert** sind, kommt die Bestellung eines Pflegers für das ungeborene Kind in Betracht. Eine tatsächliche Verhinderung liegt auch bei einer **hirntoten Mutter** vor[7] und im Übrigen immer dann, wenn bei **unterstellter Geburt** sogleich ein Ergänzungspfleger nach § 1809 Abs. 1 BGB zu bestellen wäre (z.B. §§ 181, 1629 Abs. 2 Satz 1 und 3, 1673, 1674, 1789 Abs. 2, 1824 BGB).

Für ein vor der Geburt beabsichtigtes Abstammungsverfahren kann eine Pflegschaft nach § 1810 BGB nicht begründet werden, weil ein Verfahren zur Feststellung der Vaterschaft vor der Geburt des Kindes nicht eingeleitet werden kann.[8]

3 Für das **Verfahren** gelten keine Besonderheiten, es sind §§ 151 ff. FamFG zu beachten. Insbesondere sind die Vorschriften über die persönliche Anhörung der Eltern (§ 160 FamFG) und die Einbeziehung des Jugendamtes (§ 162 FamFG) zu berücksichtigen. Der Wirkungskreis des Pflegers ist in der Entscheidung genau zu bestimmen. Für die Auswahl des

1 Gesetz zur Reform des Vormundschafts- und Betreuungsrechts vom 4.5.2021 (BGBl. 2021 I 882)
2 BT-Drs. 19/24445, 226
3 MüKo-BGB/*Schwab*, § 1912 Rn. 1 und 4
4 Grüneberg/*Götz*, § 1810 BGB Rn. 1
5 Vgl. BGH FamRZ 1972, 202; DIJuF-Rechtsgutachten, JAmt 2001, 34
6 Grüneberg/*Götz*, § 1810 BGB Rn. 2
7 MüKo-BGB/*Schneider*, § 1810 BGB Rn. 7; AG Hersbruck FamRZ 1992, 1471
8 BGH ZKJ 2017, 69; OLG Düsseldorf FamRZ 2015, 1979

Pflegers gelten §§ 1813 Abs. 1 BGB, 1778, 1779 BGB. Mit der Bestellung wird der Pfleger nach § 1810 BGB **gesetzlicher Vertreter des ungeborenen Kindes** und vertritt dieses im Rahmen des übertragenen Aufgabenbereichs gerichtlich und außergerichtlich, wobei die Wirkungen von Rechtshandlungen erst mit der Geburt des Kindes für dieses eintreten.[9] Die Pflegschaft nach § 1810 BGB **endet** nach § 1810 Satz 2 BGB mit der Geburt des Kindes **kraft Gesetzes**, auch wenn die betreffende Angelegenheit **noch nicht beendet** ist.[10]

§ 1811 BGB

Zuwendungspflegschaft

(1) Der Minderjährige erhält einen Zuwendungspfleger, wenn

1. der Minderjährige von Todes wegen, durch unentgeltliche Zuwendung auf den Todesfall oder unter Lebenden Vermögen erwirbt und

2. der Erblasser durch letztwillige Verfügung, der Zuwendende bei der Zuwendung bestimmt hat, dass die Eltern oder der Vormund das Vermögen nicht verwalten sollen.

(2) [1]Der Erblasser kann durch letztwillige Verfügung, der Zuwendende bei der Zuwendung

1. einen Zuwendungspfleger benennen,

2. den Zuwendungspfleger von den Beschränkungen gemäß den §§ 1843, 1845, 1846, 1848, 1849 Absatz 1 Satz 1 Nummer 1 und 2 und Satz 2 sowie § 1865 befreien.

[2]In den Fällen des Satzes 1 Nummer 1 gilt § 1783 entsprechend. 3In den Fällen des Satzes 1 Nummer 2 gilt § 1859 Absatz 1 Satz 2 und 3 entsprechend.

(3) [1]Das Familiengericht hat die Befreiungen nach Absatz 2 Satz 1 Nummer 2 aufzuheben, wenn sie das Vermögen des Pfleglings erheblich gefährden. [2]Solange der Zuwendende lebt, ist zu einer Abweichung der von ihm erteilten Befreiungen seine Zustimmung erforderlich und genügend. [3]Ist er zur Abgabe einer Erklärung dauerhaft außerstande oder ist sein Aufenthalt dauerhaft unbekannt, so hat das Familiengericht unter Beachtung der Voraussetzung des Satzes 1 die Zustimmung zu ersetzen.

(4) [1]Sofern der Pflegling nicht mittellos ist, bestimmt sich die Höhe des Stundensatzes des Zuwendungspflegers nach seinen für die Führung der Pflegschaftsgeschäfte nutzbaren Fachkenntnissen sowie nach dem Umfang und der Schwierigkeit der Pflegschaftsgeschäfte. [2]§ 1881 gilt entsprechend.

Übersicht

A. Allgemeines

1 § 1811 BGB regelt den Zuwendungspfleger als einen **Spezialfall der Ergänzungspflegschaft** (§ 1809 BGB) und ergänzt die Regelung des § 1638 BGB. Für die Vergütung des Zuwendungspflegers sieht Abs. 4 eine Sonderregelung vor.

9 MüKo-BGB/*Schneider*, § 1810 BGB Rn. 16
10 Grüneberg/*Götz*, § 1810 BGB Rn. 4

B. Inhalt der Norm

Dem Minderjährigen ist auch dann einen Pfleger zur Verwaltung des Vermögens zu bestel- 2
len, das er von Todes wegen, durch unentgeltliche Zuwendung auf den Todesfall oder durch unentgeltliche Zuwendung unter Lebenden erwirbt, wenn der Erblasser durch **letztwillige Verfügung**, der Zuwendende bei der Zuwendung bestimmt hat, dass die Eltern oder der Vormund das Vermögen nicht verwalten sollen. Nach § 1809 Abs. 2 BGB haben bei Kenntniserlangung die Eltern oder der Vormund dem Familiengericht unverzüglich die Erforderlichkeit der Pflegschaft anzuzeigen. Da der Ausschluss von Anfang an wirkt, erfasst er auch die Ausschlagung der Erbschaft.[1]

Abs. 2 regelt die Voraussetzungen der Benennung des Zuwendungspflegers und die gleich- 3
zeitig bestehende Möglichkeit zur Anordnung von Befreiungen für diesen durch den Erblasser bzw. Zuwendenden, während Abs. 3 Vorgaben für Aufhebung der Befreiung enthält. Der Zuwendende kann einen Dritten oder sich selbst benennen und auch Personen von der Pflegschaft ausschließen.[2] Das Familiengericht ist an die Benennung gebunden, die Rechtsfolgen des Übergehens ergeben sich aus § 1773 BGB (Abs. 2 Satz 2).

Für den Zuwendungspfleger sieht Abs. 4 als **Ausnahme** der sonst bei Vormundschaft und 4
Pflegschaft geltenden Regelungen zu **Vergütung und Aufwendungsersatz** vor, dass im Falle eines vermögenden Pfleglings sich der Stundensatz des Pflegers einzelfallabhängig nach Umfang und Schwierigkeit der Pflegschaft bestimmt. Hintergrund ist, dass der Gesetzgeber die Tätigkeit des Zuwendungspflegers als vergleichbar zu derjenigen des Nachlasspflegers einstuft, wohingegen die Tätigkeit des Pflegers nach §§ 1776, 1777, 1809 und 1810 BGB der des Vormunds entspreche und daher auch die Vergütung parallel laufen soll.[3]

§ 1812 BGB

Aufhebung und Ende der Pflegschaft

(1) Die Pflegschaft ist aufzuheben, wenn der Grund für die Anordnung der Pflegschaft weggefallen ist.

(2) Die Pflegschaft endet mit der Beendigung der elterlichen Sorge oder der Vormundschaft, im Falle der Pflegschaft zur Besorgung einer einzelnen Angelegenheit mit deren Erledigung.

A. Allgemeines

§ 1812 BGB regelt in Abs. 1 die Aufhebung der Pflegschaft durch **konstitutive gerichtliche** 1
Entscheidung und in Abs. 2 das **kraft Gesetzes** eintretende Ende der Pflegschaft. Im letzteren Fall hat ein gleichwohl ergehender Beschluss lediglich deklaratorischen Charakter.[1] Von der Aufhebung der Pflegschaft ist die Entlassung des Pflegers nach §§ 1813 Abs. 1, 1804 BGB zu unterscheiden, bei der die Pflegschaft selbst fortbesteht und lediglich ein neuer Pfleger zu bestellen ist (§ 1805 BGB).

1 BGH FamRZ 2016, 1660
2 Grüneberg/*Götz*, § 1811 BGB Rn. 3
3 BT-Drs. 19/24445, 228
1 BT-Drs. 19/24445, 228

B. Inhalt der Norm

I. Aufhebung der Pflegschaft

2 Die Pflegschaft ist nach Abs. 1 aufzuheben, wenn der **Grund für ihre Anordnung weggefallen** ist. Dies ist dann der Fall, wenn der ursprünglich vorhandene Grund der Anordnung (z.B. bei § 1809 BGB eine Interessenskollision nach §§ 1789 Abs. 2 Satz 2, 1824 BGB; bei § 1811 BGB das Fürsorgebedürfnis etwa durch Verbrauch des Vermögens für die Ausbildung des Mündels) **nachträglich** in Wegfall geraten ist. Die h.M. wendet die Vorschrift aber zu Recht auch auf die Fälle an, in denen die Voraussetzungen für die **Anordnung von vornherein nicht gegeben** waren.[2]

3 Für die Aufhebung der Pflegschaft ist nach § 3 Nr. 2a RPflG der **Rechtspfleger** funktionell zuständig.

Ist die **Anordnung** der Pflegschaft **durch den Richter** erfolgt und lagen die Anordnungsvoraussetzung von vornherein nicht vor, ist auch die Aufhebung der Pflegschaft dem Richter vorbehalten, weil andernfalls der Rechtspfleger zum Kontrollorgan des Richters werden würde.[3] Hebt der Rechtspfleger die vom Richter angeordnete Pflegschaft mit der Begründung auf, bereits ihre Anordnung sei zu Unrecht erfolgt, hat dies demgemäß nach § 8 Abs. 4 Satz 1 RPflG in jedem Fall die **Unwirksamkeit der Entscheidung** zur Folge,[4] ohne dass es auf die Rechtmäßigkeit der Anordnung der Pflegschaft ankäme. Trotz Unwirksamkeit ist die Entscheidung des unzuständigen Rechtspflegers aus Gründen der Rechtssicherheit im Beschwerdeverfahren aufzuheben.[5]

▶ *Näher hierzu Heilmann, § 8 RPflG Rn. 9 ff.*

4 Gegen die Entscheidung nach § 1812 Abs. 1 BGB ist die **Beschwerde** nach §§ 11 Abs. 1 RPflG, 58 ff. FamFG statthaft. Beschwerdeberechtigt sind nach §§ 59, 60, 162 Abs. 3 Satz 2 FamFG insbesondere der Pflegling, der Pfleger (auch bei Ablehnung der Aufhebung)[6] und im Bereich der Personensorge das Jugendamt. Zu einer Vertretung des Kindes bei der Einlegung der Beschwerde ist der Pfleger aber nicht befugt.[7] Wird die auf § 1812 Abs. 1 BGB gestützte Entscheidung im Beschwerdeverfahren aufgehoben, lebt die Pflegschaft kraft Gesetzes wieder auf, eine neuerliche Bestellung des Pflegers ist nicht erforderlich.[8]

II. Ende der Pflegschaft

5 Nach Abs. 2 endet die Pflegschaft **kraft Gesetzes** mit der **Beendigung der elterlichen Sorge** oder der **Vormundschaft**, im Falle der Pflegschaft zur Besorgung einer einzelnen Angelegenheit mit deren Erledigung.

Gründe für eine Beendigung der elterlichen Sorge oder Vormundschaft können sein

- das Erreichen der **Volljährigkeit** des Pfleglings,
- der **Tod der Eltern,**
- die **Adoption** des Kindes,
- die **Aufhebung der Vormundschaft** sowie
- der **Wechsel in der Person des Sorgerechtsinhabers**.[9]

---

2 OLG Frankfurt a.M. ZKJ 2013, 503; BayObLG Rpfleger 1990, 119; Grüneberg/*Götz*, § 1812 BGB Rn. 2; MüKo-BGB/*Schneider*, § 1812 BGB Rn. 10
3 OLG Frankfurt a.M. ZKJ 2013, 503
4 OLG Frankfurt a.M. ZKJ 2013, 503; OLG Dresden ZKJ 2012, 269
5 BGH NJW-RR 2005, 1299
6 KG FamRZ 1962, 482; Oberloskamp/*Mix*, § 11 Rn. 18
7 BGH NJW 1953, 1666; OLG Koblenz FamRZ 2017, 1075; MüKo-BGB/*Schneider*, § 1812 BGB Rn. 25
8 A.A.: KG RJA 15, 101; MüKo-BGB/*Schneider*, § 1812 BGB Rn. 25
9 BT-Drs. 19/24445, 229; KG FamRZ 1972, 44; MüKo-BGB/*Schneider*, § 1812 BGB Rn. 15 ff.

6 Wird etwa das Sorgerecht von einem Elternteil nach § 1671 Abs. 2 BGB **auf den anderen Elternteil übertragen**, so endet die Pflegschaft kraft Gesetzes nach Abs. 2. Dies gilt auch dann, wenn beim neuen Sorgerechtsinhaber die Notwendigkeit einer Pflegerbestellung fortbesteht. Es ist dann eine neue Pflegschaft zu begründen.[10] Das elterliche Sorgerecht endet auch, wenn es nach § 1666 BGB in vollem Umfang **entzogen** wird.[11]

7 Die Pflegschaft zur Besorgung einer **einzelnen Angelegenheit** endet nach Abs. 2 mit deren **Erledigung**. Ist ein Pfleger etwa für die Vertretung eines Kindes zur Entscheidung über die Ausübung eines Zeugnisverweigerungsrechts nach § 52 StPO bestellt, endet die Pflegschaft mit der entsprechenden Kundgabe der Entscheidung gegenüber der Vernehmungsperson.

8 Eine förmliche Aufhebung der Anordnung ist in den Fällen des Abs. 2 nicht erforderlich, aber deklaratorisch möglich. Bei Zweifeln über die Beendigung der Pflegschaft hat das Familiengericht einen **deklaratorisch wirkenden Beschluss** zu erlassen (§ 168e FamFG analog), der nach zutreffender Ansicht auch nach Maßgabe von § 11 Abs. 1 RPflG, § 58 ff. FamFG mit der Beschwerde **anfechtbar** ist.[12]

§ 1813 BGB

Anwendung des Vormundschaftsrechts

(1) Auf die Pflegschaften nach diesem Titel finden die für die Vormundschaft geltenden Vorschriften entsprechende Anwendung, soweit sich aus dem Gesetz nichts anderes ergibt.

(2) Für Pflegschaften nach § 1809 Absatz 1 Satz 1 gelten die §§ 1782 und 1783 nicht.

Übersicht

A. Allgemeines

1 Auf die Pflegschaft finden grundsätzlich die für die Vormundschaft geltenden Regelungen wegen ihrer strukturellen Ähnlichkeit Anwendung.[1] Das gilt nach § 168f FamFG auch für die verfahrensrechtlichen Vorschriften.

B. Inhalt der Norm

2 Für die Pflegschaft gelten aufgrund Abs. 1 die Vorschriften über

- die amtswegige **Anordnung** der Vormundschaft nach § 1773 BGB,
- die **Auswahl und Bestellung** der Person nach §§ 1778, 1779 BGB,
- die Bereiterklärung nach § 1785 BGB,
- die Vorschriften über die **Führung** der Vormundschaft (§§ 1788 ff. BGB),
- die Vorschriften zu familiengerichtlichen Genehmigungserfordernissen (§§ 1795 Abs. 2, 1799 BGB),

---

10 MüKo-BGB/*Schneider*, § 1812 BGB Rn. 15 f.
11 MüKo-BGB/*Schneider*, § 1812 Rn. 15; nicht aber bei Entzug von Teilen des Sorgerechts oder bei Entzug nur betreffend ein Elternteil, vgl. OLG Stuttgart FamRZ 1976, 538; OLG Karlsruhe FamRZ 1974, 661
12 Grüneberg/*Götz*, § 1812 BGB Rn. 3; vgl. auch BGH FamRZ 2018, 601 (zu § 1882 BGB a.F.); a.A. OLG Stuttgart ZKJ 2012, 491 (Umgangspflegschaft)
1 BT-Drs. 19/24445, 150; Grüneberg/*Götz*, § 1813 BGB Rn. 1

- die Unterstützung, Beratung und **Aufsicht** des Familiengerichts (§§ 1802, 1803 BGB),
- die **Haftung** nach § 1794 BGB,
- die **Entlassung** nach §§ 1804 ff. BGB,
- die **gesetzliche Vertretung** des Kindes (z.B. §§ 1789 Abs. 2, 1824) und
- den Aufwendungsersatz und die Vergütung (§ 1808 BGB).[2]

Sonderregelungen bestehen für die Vergütung des Zuwendungspflegers (§ 1811 Abs. 4 BGB). Eigene Regelungen mit Ausnahmen enthalten die Vorschriften zu den Rechtsfiguren des Zusatzpflegers (§ 1776 BGB) und der Pflegeperson als Pfleger (§ 1777 BGB), die auf eine entsprechende Anwendung des Pflegschaftsrechts verweisen.

Es gilt nach § 1779 Abs. 2 BGB insbesondere der Vorrang der ehrenamtlichen Pflegschaft.

§§ 1814 bis 1823 BGB

[...]

Von Abdruck und Kommentierung wird abgesehen.

§ 1824 BGB

Ausschluss der Vertretungsmacht

(1) Der Betreuer kann den Betreuten nicht vertreten:

1. **bei einem Rechtsgeschäft zwischen seinem Ehegatten oder einem seiner Verwandten in gerader Linie einerseits und dem Betreuten andererseits, es sei denn, dass das Rechtsgeschäft ausschließlich in der Erfüllung einer Verbindlichkeit besteht,**
2. **bei einem Rechtsgeschäft, das die Übertragung oder Belastung einer durch Pfandrecht, Hypothek, Schiffshypothek oder Bürgschaft gesicherten Forderung des Betreuten gegen den Betreuer oder die Aufhebung oder Minderung dieser Sicherheit zum Gegenstand hat oder die Verpflichtung des Betreuten zu einer solchen Übertragung, Belastung, Aufhebung oder Minderung begründet,**
3. **bei einem Rechtsstreit zwischen den in Nummer 1 bezeichneten Personen sowie bei einem Rechtsstreit über eine Angelegenheit der in Nummer 2 bezeichneten Art.**

(2) § 181 bleibt unberührt.

Übersicht Rn.

2 BT-Drs. 19/24445, 229

A. Allgemeines

Der bisher im Vormundschaftsrecht in § 1795 BGB a.F. geregelte gesetzliche Vertretungsausschluss wurde im Zuge der Vormundschaftsreform unter sprachlicher Anpassung in das Betreuungsrecht verschoben, ist inhaltlich jedoch unverändert geblieben.[1] Für das Vormundschaftsrecht wird in § 1789 Abs. 2 Satz 2 BGB auf § 1824 BGB verwiesen (siehe zu den Voraussetzungen der Verweisung *Wierse*, § 1789 BGB Rn. 11). Über § 1813 Abs. 1 BGB gilt die Norm auch für die Pfleger nach §§ 1776, 1777, 1809 BGB. Ferner gilt die Vorschrift im Wege der Verweisung in § 1629 Abs. 2 Satz 1 BGB auch für die gesetzliche Vertretung des Kindes durch die Eltern. 1

Die Kommentierung erfolgt im Hinblick auf das Vormundschaftsrecht. Die genannten Beispiele haben für die verschiedenen von der Vorschrift erfassten gesetzlichen Vertreter Gültigkeit, soweit dies nicht anders gesondert erwähnt wird.

B. Inhalt der Norm

I. Rechtsgeschäfte mit dem Ehegatten oder Verwandten (Abs. 1 Nr. 1)

Gemäß § 1824 Abs. 1 Nr. 1 kann der Vormund den Mündel **nicht** bei einem **Rechtsgeschäft** zwischen dem Mündel und **seinem Ehegatten, seinem Lebenspartner (gemäß § 21 LPartG) oder einem Verwandten des Vormunds in gerader Linie** vertreten. Erfasst ist nur der **gegenwärtige Ehegatte** des Vormunds, nicht derjenige aus einer geschiedenen oder aufgehobenen Ehe.[2] Auf ein Getrenntleben oder die Rechtshängigkeit eines Ehescheidungsverfahrens kommt es insoweit nicht an. Verwandte in **gerader Linie** sind nach der Legaldefinition von § 1589 Satz 1 BGB Personen, von denen zumindest einer von dem anderen **abstammt**, also in erster Linie Eltern, Großeltern, Kinder und Enkel des Vormunds. Geschäfte mit **Seitenverwandten** sind nicht erfasst, können aber unter § 1789 Abs. 2 Satz 3, 4 BGB fallen.[3] 2

Unter den Begriff des Rechtsgeschäfts fallen auch **einseitige Rechtsgeschäfte**, wie Kündigungen, die namens des Mündels oder gegenüber diesem erfolgen.[4] Weiterhin werden auch Verträge erfasst, bei denen der Ehegatte etc. des Vormunds zwar nicht Vertragspartei ist, aber **unmittelbar von dessen Rechtswirkungen betroffen** ist, wie beim echten Vertrag zugunsten Dritter gemäß § 328 BGB.[5] § 1824 Abs. 1 Nr. 1 BGB kann auch nicht dadurch umgangen werden, dass der Vormund einem Dritten **Untervollmacht** für die Vertretung des Mündels erteilt oder aber ein selbst vom Mündel geschlossenes Rechtsgeschäft nach §§ 108, 184 BGB **genehmigt**.[6] 3

Eine **gesetzliche Ausnahme** vom Vertretungsverbot liegt bei Rechtsgeschäften vor, die ausschließlich in der **Erfüllung einer Verbindlichkeit** bestehen. Hierunter fällt auch die **Aufrechnung**, nicht aber sonstige Erfüllungssurrogate.[7] Nach zutreffender Ansicht kann der Vormund den Mündel auch bei der Erfüllung einer gesetzlichen Verbindlichkeit vertreten, die nach der Gesetzeslage mit nachteiligen rechtlichen Nebenfolgen für den Mündel verbunden 4

1 BT-Drs. 19/24445, 259
2 OLG Düsseldorf NJW 1965, 400; OLG Stuttgart NJW 1955, 1721
3 Vgl. BGH FamRZ 1955, 100; Oberloskamp/Dürbeck/*Wunderlich*, § 11 Rn. 279
4 Grüneberg/*Götz*, § 1824 BGB Rn. 3
5 Grüneberg/*Götz*, § 1824 BGB Rn. 3; BeckOGK/*Schmidt-Recla*, § 1824 BGB Rn. 35
6 Erman/*Schulte-Bunert*, § 1824 BGB Rn. 4
7 Grüneberg/*Götz*, § 1824 BGB Rn. 3

ist, wie dies insbesondere bei der Übereignung eines Grundstücks **aufgrund eines Vermächtnisses** an den Mündel im Hinblick auf den Eintritt in ein bestehendes Mietverhältnis nach § 566 BGB der Fall ist.[8]

5 Als **ungeschriebene Ausnahme** sind, wie bei § 181 BGB, Rechtsgeschäfte anerkannt, die dem Mündel einen **lediglich rechtlichen Vorteil** verschaffen.[9] Hier haben vor allem Fälle der **Schenkung und Übereignung von Grundstücken** an den Mündel in der Praxis Bedeutung.[10] Dabei hat der **dingliche Rechtserwerb** für sich gesehen keine Rechtsnachteile für den Mündel, die mit ihm verbundenen Lasten, wie **Steuern oder Abgaben** oder ein **Nießbrauch** oder eine **Grundschuld** gelten als unschädlich.[11] Gleiches gilt, wenn im schuldrechtlichen Grundgeschäft ein **Rücktrittsvorbehalt** zugunsten des Schenkers besteht.[12] Dementsprechend stuft der BGH den Erwerb eines Miteigentumsanteils an einem nicht vermieteten oder verpachteten Grundstück durch einen Minderjährigen als lediglich rechtlich vorteilhaft i.S.v. § 107 BGB ein. Für die Übertragung bedarf die von den Eltern des Minderjährigen in dessen Namen erklärte Auflassung nicht der Genehmigung durch einen Ergänzungspfleger.[13] Anders als in dem in Rn. 4 erwähnten Fall der Erfüllung eines Vermächtnisses sieht der BGH die Rechtslage – auch nach Aufgabe seiner Gesamtbetrachtungslehre (vgl. Rn. 12)[14] – bei der **schenkweisen Übereignung eines vermieteten Grundstücks**, weil der Mündel nach **§ 566 BGB** in das Mietverhältnis eintritt (nicht lediglich rechtlich vorteilhaft).[15]

6 Als nicht lediglich vorteilhaft gilt auch der schenkweise Erwerb von **Wohnungseigentum** wegen der damit nach dem WEG bestehenden Mitgliedschaft in der Wohnungseigentümergemeinschaft und den damit einhergehenden Lasten und Verpflichtungen.[16]

II. Verfügung über in bestimmter Weise gesicherte Forderungen des Mündels gegen den Vormund (Abs. 1 Nr. 2)

7 Gemäß § 1824 Abs. 1 Nr. 2 BGB besteht ein Vertretungsverbot auch bei einem Rechtsgeschäft, das die **Übertragung oder Belastung einer durch Pfandrecht, Hypothek, Schiffshypothek oder Bürgschaft gesicherten Forderung** des Mündels gegen den Vormund zum Gegenstand hat oder die Aufhebung oder Minderung dieser Sicherheit betrifft oder die Verpflichtung des Mündels zu einer solchen Übertragung, Belastung, Aufhebung oder Minderung begründet. § 181 BGB ist insoweit nicht tangiert, da der Vormund das Geschäft mit einem Dritten abschließt. Hauptanwendungsfall ist die **Verfügung über eine hypothekarisch gesicherte Forderung** des **Mündels gegen den Vormund**. Da bei abstrakten (nicht akzessorischen) Sicherungsrechten ein vergleichbares Gefahrenpotential nicht ersichtlich ist, kann der Vormund den Mündel vertreten, wenn Geschäftsgegenstand eine durch Grundschuld (Sicherungseigentum) gesicherte Forderung ist.[17]

8 BayObLG Rpfleger 2004, 564; OLG München NJW-RR 2012, 137; FamRZ 2013, 494; Grüneberg/*Götz*, § 1824 BGB Rn. 3; a.A: noch OLG München ZEV 2011, 263; *Jänicke/Braun*, NJW 2013, 2474 unter Berufung auf BGH NJW 2010, 3643

9 BGH FamRZ 1985, 804; FamRZ 1975, 480; OLG Frankfurt a.M. FPR 2013, 397; Erman/*Schulte-Bunert*, § 1824 BGB Rn. 10

10 Vgl. dazu *Althaus/Horndasch*, FuR 2019, 15

11 BGH FamRZ 2005, 359; OLG Celle FamRZ 2014, 673; Erman/*Schulte-Bunert*, § 1824 BGB Rn. 12

12 OLG Brandenburg NJW-RR 2014, 1045

13 BGH FamRZ 2024, 1098; RPfleger 2024, 590

14 Vgl. dazu *Heuser*, JR 2013, 125

15 BGH FamRZ 2022, 1190; NJW 2010, 3643; 2005, 1430

16 BGH FamRZ 2010, 2065; dazu auch die zust. Anm. von *Medicus*, JZ 2011, 159

17 Str., wie hier: Erman/*Schulte-Bunert*, § 1824 BGB Rn. 15; Grüneberg/*Götz*, § 1824 BGB Rn. 4; HK-BetrR/*Kieß*, BGB § 1824 Rn. 18; a.A. für eine Anwendung auf die Sicherungsgrundschuld MüKo-BGB/*Schneider*, § 1824 BGB Rn. 22; BeckOK-BGB/*Müller-Engels*, § 1824 Rn. 8; Soergel/*Zimmermann*, § 1795 BGB a.F., Rn. 36. Die Vormundschaftsreform hat in § 1824 Abs. 1 Nr. 2 BGB den Wortlaut des § 1795 Abs. 1 Nr. 2 BGB a.F. ohne Veränderung übernommen, BT-Drs. 19/24445, 2203, 259.

Erfasst sind auch die Kündigung und Einziehung einer betroffenen Forderung in diesem Sinn.[18]

III. Vertretung in Rechtsstreitigkeiten (Abs. 1 Nr. 3)

Schließlich verbietet §1824 Abs. 1 Nr. 3 BGB dem Vormund auch, den Mündel bei einem **Rechtsstreit** zwischen den in Nr. 1 bezeichneten Personen sowie bei einem Rechtsstreit über eine Angelegenheit der in Nr. 2 bezeichneten Art **zu vertreten**. Erfasst sind **Zivilverfahren** jeder Art, gleich ob Zivilprozesse einschließlich der Zwangsvollstreckung,[19] Familienstreitverfahren und echte Familiensachen, in denen sich die Beteiligten wie in **kontradiktorischen Verfahren** gegenüberstehen, wie dies bei **Abstammungs**[20]- oder **Gewaltschutzverfahren** anzunehmen ist. Zu nennen sind auch Prozesse über Haftungsfragen in Bezug auf eine Schädigung des Mündelvermögens.[21] Nicht streitig geführte Rechtsfürsorgeverfahren sind dagegen von §1824 Abs. 1 Nr. 3 nicht erfasst – wie etwa Adoptions-,[22] Nachlass-,[23] Betreuungs- und auch Kindschaftsverfahren[24].[25] 8

Hinsichtlich des Vertretungsausschlusses von **gemeinsam sorgeberechtigten Eltern** nach §1824 Abs. 1 Nr. 1 und Nr. 3 BGB ist nach neuerer Rechtsprechung des BGH danach zu unterscheiden, ob diese miteinander verheiratet sind. Ist dies der Fall, greift für beide Elternteile der gesetzliche Vertretungsausschluss. Sind sie jedoch **nicht miteinander verheiratet**, bleibe es mangels eines vom Gesetz angeordneten Vertretungsausschlusses bei der vom Gesetz begründeten – und von Art. 6 Abs. 2 GG gewährleisteten – elterlichen Vertretungsbefugnis des anderen Elternteils.[26] Insofern sind im Fall **des paritätischen Wechselmodells** beide nicht miteinander verheiratete und gemeinsam sorgeberechtigte Eltern hinsichtlich des gegen den jeweils anderen Elternteil gerichteten Unterhaltsanspruchs vertretungsbefugt (vgl. *Wierse*, §1789 BGB Rn. 19; *Fink*, §1629 Rn. 32).[27] Auch ist die mitsorgeberechtigte, nicht mit dem Vater verheiratete Mutter im Vaterschaftsanfechtungsverfahren nicht von der Vertretung des Kindes ausgeschlossen.[28]

Für eine **strafprozessuale Nebenklage** des Kindes gegen einen nahen Angehörigen des Vormunds ist Nr. 3 ebenfalls nicht anwendbar,[29] auch nicht bei der Frage der **Ausübung eines Zeugnisverweigerungsrechts** nach §52 Abs. 1 StPO bei einer gegen das Kind gerichteten Straftat durch einen Elternteil.[30] Hier ist – soweit nicht §52 Abs. 2 Satz 2 StPO unmittelbar einschlägig ist[31] – auf §1789 Abs. 2 Satz 3, 4 BGB abzustellen (vgl. *Wierse*, §1789 BGB Rn. 20).[32] Zum Beschwerderecht der Staatsanwaltschaft vgl. *Kischkel*, §59 FamFG Rn. 12. 9

18 Grüneberg/*Götz*, §1824 BGB Rn. 4
19 OLG Oldenburg FamRZ 2010, 660
20 BGH FamRZ 2021, 1127; 2012, 859
21 Vgl. OLG Koblenz FamRZ 2017, 969 zum Eltern-Kind-Verhältnis
22 BGH NJW 1980, 1746
23 OLG Brandenburg FamRZ 2019, 1246
24 BGH FamRZ 2018, 1512 Rn. 10
25 Erman/*Schulte-Bunert*, §1824 BGB Rn. 16; BeckOGK/*Schmidt-Recla*, §1824 Rn. 42 BGB
26 BGH FamRZ 2024, 1093; FamRZ 2021, 1127
27 BGH FamRZ 2024, 1093; die Instanzrechtsprechung versucht z.T. die sich ergebende Ungleichbehandlung von verheirateten und nichtverheirateten gemeinsam sorgeberechtigten Eltern durch Auslegung aufzulösen: OLG Dresden NZFam 2025, 816 (teleologische Reduktion von §1629 Abs. 2 BGB i.V.m. §1824 Abs. 1 Nr. 1 und 3 BGB); OLG Karlsruhe FamRZ 2024, 1096 und 1634 (analoge Anwendung §1629 Abs. 3 Satz 1 BGB); a.A. OLG Frankfurt FamRZ 2024, 1631 (keine Analogie)
28 BGH FamRZ 2021, 1127; OLG Frankfurt, Beschl. v. 30.4.2025 – 6 UF 72/25 –, juris
29 OLG Frankfurt a.M. FamRZ 2009, 1227
30 OLG Zweibrücken FamRZ 2019, 811; OLG Saarbrücken NJW 2011, 2306; OLG Hamburg JAmt 2013, 345
31 Ausführlich *Splitt*, FamRZ 2019, 507
32 OLG Bamberg FamRZ 2020, 1382: Nebenklage; OLG Frankfurt FamRZ 2023, 1878: §52 StPO

IV. Verbot von Insichgeschäften (§ 1824 Abs. 2 BGB)

10 Schließlich besteht nach §§ 1789 Abs. 2 Satz 2, 1824 Abs. 2, 181 BGB für den Vormund – wie für die Eltern auch – das **Verbot des Selbstkontrahierens**. Dies ist dann anzunehmen, wenn der Vormund bei einem Geschäft mit dem Mündel **auf beiden Seiten** beteiligt ist. Unerheblich ist, ob der Vormund das Geschäft für sich selbst oder in **Vertretung eines Dritten** abschließt. Über den Wortlaut von § 181 BGB hinaus gilt das Verbot auch für die **Prozessvertretung**.[33]

11 Keinen Anwendungsfall des unzulässigen Insichgeschäfts stellt die Vertretung des Mündels bei **Ausschlagung einer Erbschaft** dar, in deren Folge der Vormund Alleinerbe wird, da Empfänger der Erklärung das Nachlassgericht ist. Nach zutreffender Ansicht ist § 181 BGB hier nicht anzuwenden,[34] die Interessen des Mündels sind insoweit nach §§ 1799 Abs. 1, 1851 Nr. 1 BGB geschützt. Auch kann § 1789 Abs. 2 Satz 3, 4 BGB in Betracht zu ziehen sein (vgl. *Wierse*, § 1789 BGB Rn. 17).[35]

12 Wie bei § 1824 Abs. 1 Nr. 1 BGB besteht auch bei § 181 BGB die gesetzliche **Ausnahme** der Zulässigkeit des Insichgeschäfts, wenn dies ausschließlich der **Erfüllung einer Verbindlichkeit des Mündels** dient, was insbesondere dann zum Tragen kommt, wenn der Vormund gegen den Mündel eine Forderung hat, insbesondere Aufwendungsersatz nach §§ 1808 Abs. 2, 1877 BGB und ggf. Vergütung (§§ 1808 Abs. 2, 1876 BGB), und sich aus dem Mündelvermögen befriedigt.[36] Als ungeschriebene Ausnahme ist, wie bei § 1824 Abs. 1 Nr. 1 BGB, ein Rechtsgeschäft anerkannt, dass dem Mündel einen **lediglich rechtlichen Vorteil** verschafft.[37] Hier haben ebenfalls vor allem Fälle der **Schenkung und Übereignung von Grundstücken** an den Mündel in der Praxis die größte Bedeutung.[38] Der BGH hat inzwischen die früher von ihm vertretene **Lehre der Gesamtbetrachtung** von Verpflichtungs- und Verfügungsgeschäft aufgegeben und bezieht bei der Prüfung der Vorteilhaftigkeit des Erfüllungsgeschäfts das Grundgeschäft grundsätzlich nicht mehr mit ein.[39] Als nicht lediglich rechtlich vorteilhaft werden in der Rechtsprechung beispielsweise die Schenkung einer Photovoltaikanlage[40] wegen der damit verbundenen Verkehrssicherungspflichten und steuerlichen Folgen und die schenkweise Übertragung eines Erbteils[41] wegen der damit verbundenen Haftung für Nachlassschulden gesehen.

§§ 1825 bis 1847 BGB

[...]

Von Abdruck und Kommentierung wird abgesehen.

33 BGH NJW 1996, 658; Grüneberg/*Ellenberger* § 181 BGB Rn. 5
34 BayObLG Rpfleger 1983, 482; a.A. BeckOGK/*Schmidt-Recla*, § 1824 BGB Rn. 11 unter Außerachtlassung, dass § 1796 BGB a.F. in § 1789 Abs. 2 Satz 3, 4 BGB wortgleich übernommen wurde und somit kein Rückgriff auf entsprechende Anwendung des § 181 BGB erforderlich ist
35 OLG Köln FamRZ 2011, 231
36 BayObLG Rpfleger 1981, 302
37 BGH NJW 1982, 84; ausführlich zur Teleologie von § 181 BGB: *Heuser*, JR 2013, 125
38 Dazu *Althaus/Horndasch*, FuR 2019, 15
39 BGHZ 161, 170; anders noch BGHZ 78, 28; vgl. die Darstellung bei Erman/*Schulte-Bunert*, § 1824 BGB Rn. 11
40 OLG Dresden NJW 2016, 1027
41 OLG Frankfurt NJW-RR 2015, 842

Unterkapitel 4
Genehmigungsbedürftige Rechtsgeschäfte

Vorbemerkung zu Unterkapitel 4

§§ 1850 ff. BGB schränken die Vertretungsmacht des Betreuers für bestimmte, vom Gesetzgeber als für den Betreuten abstrakt gefährlich bzw. nachteilig eingeschätzte Rechtsgeschäfte ein, indem sie diese unter den Vorbehalt der Genehmigung des Familiengerichts stellen. Entsprechend der durch die Reform des Vormundschafts- und Betreuungsrechts[1] etablierten Systematik wurden die zuvor im Vormundschaftsrecht normierten **Genehmigungstatbestände im Betreuungsrecht angesiedelt** und nach Lebenssachverhalten neu geordnet. Die Struktur einer Einzelaufzählung von für das Vermögen besonders riskanten Umständen ist jedoch beibehalten worden. 1

Für die Vormundschaft verweist § 1799 Abs. 1 BGB auf die Genehmigungstatbestände – die gesetzliche Vertretungsmacht des Vormunds ist entsprechend eingeschränkt. Für das Eltern-Kind-Verhältnis ist die entsprechende Anwendung durch Verweis in § 1643 BGB angeordnet. 2

Die Kommentierung erfolgt sprachlich für den Anwendungsfall der Vormundschaft, gilt aber gleichermaßen für das Eltern-Kind-Verhältnis.

Das **Verfahren** richtet sich für die Vormundschaft und die Pflegschaft nach § 1800 BGB (i.V.m. § 1813 Abs. 1 BGB). Das Familiengericht erteilt die Genehmigung, wenn das Rechtsgeschäft den Grundsätzen des § 1798 Abs. 1 BGB nicht widerspricht (§ 1800 Abs. 1 BGB). Zuständig ist der Rechtspfleger (§ 3 Nr. 2 lit. a RPflG). Für die Erteilung der Genehmigung gelten die §§ 1855 bis 1856 Abs. 2 und 1857 bis 1858 BGB kraft Verweisung in § 1800 Abs. 2 BGB entsprechend. 3

▶ *Zum Verfahren siehe Wierse, § 1800 BGB Rn. 5 ff.*

Für das Eltern-Kind-Verhältnis regelt § 1644 BGB das Verfahren zur Erteilung der familiengerichtlichen Genehmigung. Auch diese Kindschaftssache (§ 151 Nr. 1 FamFG)[2] fällt in die funktionale Zuständigkeit des Rechtspflegers nach § 3 Nr. 2 lit. a RPflG. 4

▶ *Zum Eltern-Kind-Verhältnis siehe Fink, Kommentierung zu § 1644 BGB.*

§§ 1848 bis 1849 BGB

[...]

Von Abdruck und Kommentierung wird abgesehen.

§ 1850 BGB

Genehmigung für Rechtsgeschäfte über Grundstücke und Schiffe

Der Betreuer bedarf der Genehmigung des Betreuungsgerichts

1. **zur Verfügung über ein Grundstück oder über ein Recht an einem Grundstück, sofern die Genehmigung nicht bereits nach § 1833 Absatz 3 Satz 1 Nummer 4 erforderlich ist,**
2. **zur Verfügung über eine Forderung, die auf Übertragung des Eigentums an einem Grundstück, auf Begründung oder Übertragung eines Rechts an einem Grundstück oder auf Befreiung eines Grundstücks von einem solchen Recht gerichtet ist,**

---

1 Gesetz zur Reform des Vormundschafts-und Betreuungsrechts v. 4.5.2021, BGBl I 2021, 882
2 OLG Bandenburg FamRZ 2022, 65

3. zur Verfügung über ein eingetragenes Schiff oder Schiffsbauwerk oder über eine Forderung, die auf Übertragung des Eigentums an einem eingetragenen Schiff oder Schiffsbauwerk gerichtet ist,

4. zu einem Rechtsgeschäft, durch das der Betreute unentgeltlich Wohnungs- oder Teileigentum erwirbt,

5. zur Eingehung einer Verpflichtung zu einer der in den Nummern 1 bis 3 bezeichneten Verfügungen oder des in Nummer 4 bezeichneten Erwerbs sowie

6. zu einem Rechtsgeschäft, durch das der Betreute zum entgeltlichen Erwerb eines Grundstücks, eines eingetragenen Schiffes oder Schiffsbauwerks oder eines Rechts an einem Grundstück verpflichtet wird, sowie zur Verpflichtung zum entgeltlichen Erwerb einer Forderung auf Übertragung des Eigentums an einem Grundstück, an einem eingetragenen Schiff oder Schiffsbauwerk oder auf Übertragung eines Rechts an einem Grundstück.

Übersicht

A. Allgemeines

1 § 1850 BGB entspricht im Wesentlichen unverändert den Regelungen des § 1821 BGB a.F. Dabei entsprechen § 1850 Nr. 1 bis 3 der bisherigen Regelung des § 1821 Abs. 1 Nr. 1 bis 3, § 1850 Nr. 5 entspricht § 1821 Abs. 1 Nr. 4, § 1850 Nr. 6 entspricht § 1821 Abs. 1 Nr. 5. § 1850 BGB ist gemäß § 1799 Abs. 1 BGB auf die Vormundschaft und gemäß §§ 1813 Abs. 1, 1799 Abs. 1 BGB auf die Pflegschaft anwendbar. Ebenso besteht für Eltern kraft Verweisung in § 1643 Abs. 1 BGB in den Fällen des § 1850 eine Genehmigungspflicht. Ausgenommen sind für sie aber nach § 1643 Abs. 2 BGB Verfügungen über Grundpfandrechte sowie Verpflichtungen zu einer solchen Verfügung.

B. Inhalt der Norm

2 Der Vormund bedarf der Genehmigung des Familiengerichts in folgenden **Fällen**:

I. Verfügung über ein Grundstück oder über ein Recht an einem Grundstück (Nr. 1)

3 Gemeint sind hier Grundstücke des Mündels, wobei Alleineigentum nicht vorausgesetzt wird.[1] Erfasst sind auch Anteile an Bruchteils- und Gesamthandsgemeinschaften und Wohnungseigentum.[2] Die Teilung nach § 8 WEG erfordert keine Genehmigung,[3] anders aber die

1 Grüneberg/*Götz*, § 1850 BGB Rn. 2
2 Erman/*Schulte-Bunert*, § 1850 BGB Rn. 5
3 KG MDR 2015, 269; BeckOK-BGB/*Kadelbach*, § 1850 BGB Rn. 5

Bewilligung der Eintragung einer Änderung der Gemeinschaftsordnung in das Grundbuch.[4] **Nicht erfasst** ist der Fall, in dem der Mündel ein Grundstück **erwirbt**,[5] hier kann aber das Kausalgeschäft nach Nr. 6 genehmigungspflichtig sein. Genehmigungsbedürftige Verfügungen über Rechte an einem Grundstück sind – anders als nach altem Recht – ohne Unterschied Verfügungen über Hypotheken, Grund- und Rentenschulden (auch Eigentümerhypothek und Eigentümergrundschuld), **Dienstbarkeiten**, **Nießbrauch**, **Dauerwohnrechte** und **Reallasten**. Für Eltern wird über § 1643 Abs. 2 BGB die bisher bestehende Genehmigungsfreiheit bei Verfügungen über Grundpfandrechte des Kindes jedoch fortgeführt.

Verfügungen sind nach allgemein gängiger Definition die Übertragung, Belastung, Aufhebung, Inhalts- oder Rangänderung eines Rechts.[6] Nicht erfasst ist die Annahme einer geschuldeten Leistung.[7]

Hauptanwendungsfall von Nr. 1 ist die **Auflassung eines dem Mündel gehörenden Grundstücks**. **Belastungen** des Grundstücks sind genehmigungspflichtig, aber dann **nicht**, **wenn** sie **im Rahmen** eines – genehmigungsfreien – **Erwerbs eines Grundstücks** erfolgen und sich bei wirtschaftlicher Betrachtung als Teil des Erwerbsvorgangs darstellen und die Auflassung und die dingliche Einigung über die Belastung gleichzeitig erfolgen.[8] Anwendbar ist Nr. 1 schließlich auf die **Bewilligung einer Auflassungs- und Löschungsvormerkung**[9] und die **Einräumung eines Vorkaufsrechts**.[10] 4

Nach h.M. ist bei Veräußerung eines Grundstückes des Kindes neben der Genehmigung der Veräußerung eine **zusätzliche familiengerichtliche Genehmigung für die Bestellung eines Grundpfandrechts** (des Erwerbers) zur Finanzierung des Kaufpreises auch dann erforderlich, wenn für deren Bestellung in dem notariellen Kaufvertrag eine **Belastungsvollmacht** erteilt und bereits familiengerichtlich genehmigt wurde.[11] Die Einräumung einer jederzeit widerruflichen Belastungsvollmacht ist hingegen genehmigungsfrei, da sie (noch) keine Verfügung über ein Grundstücksrecht darstellt.[12] Eine derartige Vollmachtserteilung beinhaltet keine Verpflichtung des Bevollmächtigten i.S.d. § 1850 Nr. 4 zu einer Grundpfandbestellung.[13] 5

II. Verfügung über grundstücksbezogene Forderungen (Nr. 2)

Erfasst sind hier vor allem **Verfügungen** (insbesondere durch Abtretung) **über den Auflassungsanspruch**, die wirtschaftlich der Übertragung des Grundstücks selbst gleichkommen. Weiterhin fallen auch Verfügungen über übertragbare Vorkaufsrechte und das **Recht aus dem Meistgebot** nach § 81 Abs. 2 ZVG darunter.[14] Nicht erfasst ist der **dingliche Vollzug eines schuldrechtlichen Geschäfts**, insbesondere durch Annahme des Auflassungsangebotes durch den Mündel, obwohl es sich tatbestandsmäßig um eine Verfügung handelt.[15] 6

4 OLG Hamm FGPrax 2016, 81
5 MüKo-BGB/*Kroll-Ludwigs*, § 1850 BGB Rn. 23
6 Erman/*Schulte-Bunert*, § 1850 BGB Rn. 2
7 Erman/*Schulte-Bunert*, § 1850 BGB Rn. 2
8 BGH FamRZ 2021, 951; NJW 1998, 453
9 KG RPfleger 2017, 266; OLG Frankfurt a.M. BeckRS 2015, 1292; NJW-RR 1997, 719
10 BeckOK-BGB/*Bettin*, § 1821 BGB Rn. 8
11 OLG Frankfurt RPfleger 2025, 272; OLG Hamm FamRZ 2014, 492; OLG Frankfurt a.M. BeckRS 2015, 1292; BeckRS 2012, 02364; a.A. OLG Düsseldorf FamRZ 2023, 1817 Rn. 26; LG Saarbrücken Rpfleger 1982, 25
12 OLG Düsseldorf FamRZ 2023 Rn. 18; OLG Zweibrücken FGPrax 2005, 59
13 BeckOK-BGB/*Kadelbach*, § 1850 BGB Rn. 6
14 Grüneberg/*Götz*, § 1850 BGB Rn. 5
15 RGZ 108, 356; BGH FamRZ 2010, 2065

III. Verfügungen über Schiffe und Schiffswerke (Nr. 3)

7 Anwendbar ist die Regelung nur auf im Schiffsregister eingetragene Schiffe und Schiffsbauwerke.

IV. Unentgeltlicher Erwerb von Wohnungs- und Teileigentum (Nr. 4)

8 Nr. 4 wurde durch die Vormundschaftsreform neu eingefügt. Im Unterschied zum unentgeltlichen Erwerb von Grundstückseigentum, der genehmigungsfrei ist, unterstellt Nr. 4 das Rechtsgeschäft, durch das unentgeltlich Wohnungs- oder Teileigentum erworben wird, der Genehmigungspflicht. Die besondere **Gefährlichkeit** dieser Rechtsgeschäfte wird vom Gesetzgeber in den **möglichen umfangreichen Haftungsfolgen** (§ 10 Abs. 8 WEG) sowie der Tatsache verortet, dass im Gegensatz zu Grundstücken keine Möglichkeit der Eigentumsaufgabe besteht.[16] Der entgeltliche Erwerb wird vom Genehmigungstatbestand Nr. 6 erfasst. Während die Fallkonstellationen der Nr. 1 bis 3 ausdrücklich Verfügungen erfassen, bezieht sich Nr. 4 auf Rechtsgeschäfte. Letztlich kann dahinstehen, ob damit nur das Verfügungs-[17] oder auch das Verpflichtungsgeschäft[18] gemeint ist, da Letzteres jedenfalls durch Nr. 5 einer Genehmigungspflicht unterstellt ist.[19]

V. Eingehung einer Verpflichtung zu einer Verfügung (Nr. 5)

9 Nr. 5 führt zum Genehmigungserfordernis für alle **schuldrechtlichen Rechtsgeschäfte**, wie z.B. Kaufverträge, aus denen für den Mündel die **Verpflichtung zu einer der in Nr. 1 bis 3 genannten Verfügungen** oder des in Nr. 4 bezeichneten Erwerbs entsteht. Die Genehmigungspflicht für die entsprechende Verpflichtung tritt neben die bestehende Genehmigung für das Verfügungsgeschäft. Hier soll insbesondere eine Umgehung der Genehmigungsvorbehalte von Nr. 1 bis 4 vermieden werden, die dadurch eintreten würde, dass die Mitwirkung des Mündels an einer Verfügung bzw. dem Erwerb durch eine gerichtliche Entscheidung (§ 894 ZPO) ohne Beteiligung des Familiengerichts erreicht werden könnte.

10 Vom Regelungsgehalt dieser Ziffer nicht erfasst sind **Schenkungen zugunsten des Mündels**, auch wenn sie mit einer Belastung des Grundstücks verbunden sind oder sich der Schenker die Rückübertragung nach §§ 528, 530 BGB unter bestimmten Voraussetzungen vorbehält und zur Sicherung dieses Anspruchs eine Vormerkung vorbehält.[20]

VI. Zum entgeltlichen Erwerb verpflichtende Rechtsgeschäfte (Nr. 6)

11 Betroffen sind alle **schuldrechtlichen Rechtsgeschäfte**, die auf den **entgeltlichen Erwerb von Grundstücken, Schiffen etc. oder Rechte an diesen Gegenständen gerichtet** sind. Auch das Gebot in einer Zwangsversteigerung wird erfasst.[21] Entgeltlichkeit ist dann zu bejahen, wenn der Mündel eine Gegenleistung – gleich welcher Art und Höhe – zu erbringen hat.[22]

16 BT-Drs. 19/24445, 286
17 So *Zorn* FamRZ 2023, 915, 918
18 So MüKo-BGB/*Kroll-Ludwigs*, § 1850 BGB Rn. 43
19 Grüneberg/*Götz*, § 1850 BGB Rn. 7
20 MüKo/*Kroll-Ludwigs*, § 1850 BGB Rn. 47 m.w.N.
21 *Brüggemann*, FamRZ 1990, 5, 10
22 BGH NJW 2009, 2737; Grüneberg/*Götz*, § 1850 BGB Rn. 9

Erfasst sind daher auch **Tauschverträge** und **gemischte Schenkungen**.[23] **Schenkungen unter Auflage** sind genehmigungspflichtig, wenn sie sich in Wahrheit als verschleierte Gegenleistung darstellen.[24] Nicht als entgeltlich eingestuft werden Schenkungen, die mit einer **gleichzeitigen Übernahme einer dinglichen Belastung** des Grundstücks[25] und mit der **gesetzlichen Übernahme von Mietverhältnissen nach § 566 BGB** einhergehen. Anders aber, wenn sich der Mündel über § 566 BGB hinaus vertraglich zur Übernahme sämtlicher Pflichten aus Mietverhältnissen des Rechtsvorgängers verpflichtet.[26] Die schenkweise Übertragung eines Grundstücks ist im Übrigen nicht allein deshalb als teilentgeltlich zu behandeln, weil die schuldrechtliche Vereinbarung den Hinweis darauf enthält, dass der Minderjährige künftig kraft Gesetzes in bestehende Vertragsverhältnisse aus der Vermietung des übertragenen Grundbesitzes (§ 566 BGB) eintreten wird.[27] 12

§ 1851 BGB

Genehmigung für erbrechtliche Rechtsgeschäfte

Der Betreuer bedarf der Genehmigung des Betreuungsgerichts

1. **zur Ausschlagung einer Erbschaft oder eines Vermächtnisses, zum Verzicht auf die Geltendmachung eines Vermächtnisses oder Pflichtteilsanspruchs sowie zu einem Auseinandersetzungsvertrag,**
2. **zu einem Rechtsgeschäft, durch das der Betreute zu einer Verfügung über eine ihm angefallene Erbschaft, über seinen künftigen gesetzlichen Erbteil oder seinen künftigen Pflichtteil verpflichtet wird,**
3. **zu einer Verfügung über den Anteil des Betreuten an einer Erbschaft oder zu einer Vereinbarung, mit der der Betreute aus der Erbengemeinschaft ausscheidet,**
4. **zu einer Anfechtung eines Erbvertrags für den geschäftsunfähigen Betreuten als Erblasser gemäß § 2282 Absatz 2,**
5. **zum Abschluss eines Vertrags mit dem Erblasser über die Aufhebung eines Erbvertrags oder einer einzelnen vertragsmäßigen Verfügung gemäß § 2290,**
6. **zu einer Zustimmung zur testamentarischen Aufhebung einer in einem Erbvertrag mit dem Erblasser geregelten vertragsmäßigen Anordnung eines Vermächtnisses, einer Auflage sowie einer Rechtswahl gemäß § 2291,**
7. **zur Aufhebung eines zwischen Ehegatten oder Lebenspartnern geschlossenen Erbvertrags durch gemeinschaftliches Testament der Ehegatten oder Lebenspartner gemäß § 2292,**
8. **zu einer Rücknahme eines mit dem Erblasser geschlossenen Erbvertrags, der nur Verfügungen von Todes wegen enthält, aus der amtlichen oder notariellen Verwahrung gemäß § 2300 Absatz 2,**
9. **zum Abschluss oder zur Aufhebung eines Erb- oder Pflichtteilsverzichtsvertrags gemäß §§ 2346, 2351 sowie zum Abschluss eines Zuwendungsverzichtsvertrags gemäß § 2352.**

---

23 OLG Düsseldorf FamRZ 2017, 1217; KG FamRZ 2011, 736
24 OLG Köln Rpfleger 1996, 446; ausführlich Staudinger/*Veit*, § 1821 BGB Rn. 77 bis 79
25 OLG Dresden FGPrax 2021, 61: Nießbrauch; BayObLGZ 1968, 1; Rpfleger 1968, 18
26 KG FamRZ 2011, 736
27 OLG Hamm NJW-RR 2014, 1350

Übersicht

A. Allgemeines

1 Im Zuge der zum 1.1.2023 in Kraft getretenen Reform des Vormundschafts- und Betreuungsrechts[1] wurden die erbrechtlichen Genehmigungstatbestände, die zuvor in § 1822 Nr. 1 und 2 BGB a.F. und verschiedenen Normen des 5. Buchs des BGB geregelt waren, in der neugefassten Norm des § 1851 BGB zusammengefasst. Nr. 1 bis 3 entsprechen § 1822 Nr. 1 und 2 BGB a.F. Nr. 4 bis 9 enthalten die zuvor im 5. Buch geregelten Genehmigungserfordernisse.

B. Inhalt der Norm

2 Der Vormund bedarf der Genehmigung in folgenden **Fällen**:

I. Ausschlagung einer Erbschaft oder eines Vermächtnisses (Nr. 1)

3 Von dem Genehmigungserfordernis umfasst ist die Ausschlagung der Erbschaft als Ganzes (§ 1942 BGB) bzw. die eines Erbteils (§ 1922 Abs. 2 BGB). Da es sich bei einem Vermächtnis um einen schuldrechtlichen Anspruch handelt, wird auch der Verzicht auf die Geltendmachung eines Vermächtnisses erfasst; ebenso der Teilverzicht, wenn das Vermächtnis mehrere Gegenstände umfasst. Gleiches gilt für den Verzicht auf die Geltendmachung eines entstandenen Pflichtteilanspruchs, da der Verzicht auf den Pflichtteil nicht möglich ist.[2] Nicht genehmigungspflichtig ist die Annahme der Erbschaft, deren Anfechtung unterfällt jedoch wieder der Genehmigungspflicht, da sie wegen der in § 1957 Abs. 1 BGB angeordneten Ausschlagungswirkung dieser gleichzusetzen ist.[3] Schließlich nennt Nr. 1 auch den Auseinandersetzungsvertrag. Das ist jeder – schuldrechtliche oder dingliche – Vertrag, durch den sich Miterben über den Nachlass auseinandersetzen, gleichgültig, ob er im gerichtlichen Vermittlungsverfahren (§§ 361 ff. FamFG) oder außergerichtlich abgeschlossen wird.[4]

Im Eltern-Kind-Verhältnis wird die Anwendung des § 1851 Nr. 1 BGB in § 1643 Abs. 3 BGB für erbrechtliche Geschäfte modifiziert.

▶ *Siehe hierzu Fink, Kommentierung von § 1643 BGB.*

4 Die Genehmigung des Familiengerichts kann auch noch **nach Ablauf der Ausschlagungsfrist** erteilt werden.[5] Es genügt, wenn innerhalb der Ausschlagungsfrist des § 1944 Abs. 1

1 Gesetz zur Reform des Vormundschafts- und Betreuungsrechts v. 4.5.2021, BGBl I 2021, 882
2 BT-Drs. 19/24445, 287
3 *Bode*, Das neue Vormundschaftsrecht, 274
4 MüKo-BGB/*Kroll-Ludwigs*, § 1851 BGB Rn. 7
5 BayObLGZ 1969, 14; MüKo-BGB/*Kroll-Ludwigs*, § 1851 BGB Rn. 4

BGB sowohl die **Ausschlagungserklärung** bei dem Nachlassgericht eingereicht wird als auch die **Genehmigung des Familiengerichts** beantragt wird.[6]

Es besteht im Übrigen hinsichtlich der **Werthaltigkeit einer Erbschaft** eine umfassende **Amtsermittlungspflicht** (§ 26 FamFG) des Familiengerichts.[7] Die von dem Vormund für das betroffene Kind erklärte Ausschlagung der Erbschaft ist im Regelfall **familiengerichtlich zu genehmigen**, wenn der Nachlass überschuldet ist und die Erbausschlagung somit im wirtschaftlichen Interesse des Mündels liegt.[8] Umgekehrt kommt bei Werthaltigkeit des Nachlasses eine Genehmigung der Ausschlagung oder des Verzichts wohl nur bei Vorhandensein besonderer Gründe in Betracht. 5

II. Verpflichtung zur Verfügung über eine Erbschaft, einen Erb-/Pflichtteil (Nr. 2)

Genehmigungspflichtig sind Verpflichtungen zur Verfügung über eine dem Mündel angefallene Erbschaft, also deren Veräußerung oder die Bestellung eines Nießbrauchs (§§ 2371 ff., 2385, 1089 BGB), sowie über den künftigen gesetzlichen Erbteil oder den künftigen Pflichtteil durch Veräußerung, Belastung oder Verzicht zugunsten eines Erben. Eine solche Verpflichtung ist ohnehin nur unter künftigen gesetzlichen Erben und in notariell beurkundeter Form (§§ 311b Abs. 5 Satz 2, 2033 BGB) zulässig.[9] 6

III. Verfügung über den Anteil an einer Erbschaft oder Vereinbarung über Ausscheiden aus der Erbengemeinschaft

Nr. 3 erfasst erbrechtliche Verfügungsgeschäfte. Genehmigungsbedürftig ist danach die Verfügung über den Anteil an einer Erbschaft und – nunmehr auch ausdrücklich – eine Vereinbarung, mit der der Mündel aus der Erbengemeinschaft ausscheidet, sog. **Abschichtungsvertrag**. Hierbei scheidet der Mündel formlos gegen Zahlung einer Abfindung aus der Erbengemeinschaft aus.[10] 7

IV. Weitere erbrechtliche Genehmigungstatbestände nach Nr. 4 bis 9

Die Nrn. 4 bis 9 enthalten weitere erbrechtliche Genehmigungstatbestände, die bisher im 5. Buch des BGB angesiedelt waren. Nach Nr. 5 ist die Aufhebung des Erbvertrags oder einzelner Verfügungen genehmigungsbedürftig. Nr. 6 stellt die Zustimmung des Mündels zur Aufhebung einer ehevertraglichen Anordnung eines Vermächtnisses, einer Auflage oder einer Rechtswahl unter Genehmigungsvorbehalt. Die Nr. 4 und 7 hingegen haben für den Bereich des Vormundschaftsrechts keine praktische Bedeutung, da der Mündel als Minderjähriger weder einen Erbvertrag abschließen kann (§ 2275 BGB) noch in der Regel wirksam verheiratet sein dürfte.[11] Während der schuldrechtliche Vertrag unter künftigen Erben über die Verpflichtung zu einer Verfügung über die (bereits angefallene) Erbschaft oder eines künftigen gesetzlichen Erb- oder Pflichtteils unter Nr. 2 fällt, wird der dingliche Teil eines solchen Rechtsgeschäfts von Nr. 9 erfasst, da in ihm in aller Regel ein Erbverzicht liegt.[12] 8

6 *Mayer*, Rpfleger 2013, 657
7 Vgl. zu den Anforderungen OLG Saarbrücken FamRZ 2016, 260; OLG Schleswig ZKJ 2013, 261; Oberloskamp/*Dürbeck*, § 10 Rn. 154
8 OLG Brandenburg NJW-Spezial 2014, 136
9 MüKo-BGB/*Kroll-Ludwigs*, § 1851 BGB Rn. 10
10 BeckOGK/*Schöpflin*, 1 § 1851 BGB Rn. 25
11 Oberloskamp/Dürbeck/*Wunderlich*, § 11 Rn. 186
12 Oberloskamp/Dürbeck/*Wunderlich*, § 11 Rn. 186

§ 1852 BGB

Genehmigung für handels- und gesellschaftsrechtliche Rechtsgeschäfte

Der Betreuer bedarf der Genehmigung des Betreuungsgerichts

1. zu einer Verfügung und zur Eingehung der Verpflichtung zu einer solchen Verfügung, durch die der Betreute

a) ein Erwerbsgeschäft oder

b) einen Anteil an einer Personen- oder Kapitalgesellschaft, die ein Erwerbsgeschäft betreibt,

erwirbt oder veräußert,

2. zu einem Gesellschaftsvertrag, der zum Betrieb eines Erwerbsgeschäfts eingegangen wird, und

3. zur Erteilung einer Prokura.

Übersicht

A. Allgemeines

1 § 1852 BGB fasst alle Fälle genehmigungspflichtiger Rechtsgeschäfte des Handels- und Gesellschaftsrechts zusammen. Der Erwerb von **Aktien** gilt **nicht** als handels- oder gesellschaftsrechtliches Geschäft, sondern wird von § 1848 BGB erfasst.[1]

B. Inhalt der Norm

I. Erwerb oder Veräußerung eines Erwerbsgeschäfts oder Gesellschaftsanteils (Nr. 1)

2 Nr. 1 entspricht im Kern § 1822 Nr. 3 Alt. 1 BGB a.F., erweitert diesen jedoch. Der Mündel bedarf danach zu einer Verfügung oder zu einer Verpflichtung zu einer Verfügung, die auf den Erwerb oder die Veräußerung eines Erwerbsgeschäfts gerichtet ist, der familiengerichtlichen Genehmigung. Genehmigungspflichtig ist somit sowohl der entgeltliche als auch – nunmehr neu – der unentgeltliche Erwerb, so dass **Schenkungen nicht genehmigungsfrei** sind. Denn trotz der Unentgeltlichkeit können für den Mündel entsprechende Haftungsrisiken entstehen.[2] Nach der Vorstellung des Gesetzgebers soll sich die Genehmigungspflicht auf das Verpflichtungsgeschäft beziehen.[3] Sprachlich bildet dies die Vorschrift jedoch insbesondere im Vergleich zu § 1850 BGB nicht klar ab, da die Norm als genehmigungsbedürftig die „Verfügung" und die „Eingehung der Verpflichtung zu einer Verfügung" benennt.[4]

1 BT-Drs. 19/24445, 288
2 BT-Drs. 19/24445, 288
3 BT-Drs. 19/24445, 288
4 Vgl. zur Kritik Erman/*Schulte-Bunert*, § 1852 BGB Rn. 2; Grünewald/*Götz*, § 1852 BGB Rn. 2

Der **Erwerb kraft Erbfalls** (§1922 BGB) stellt keinen rechtsgeschäftlichen Erwerb dar, so dass er genehmigungsfrei ist.[5]

Ein Erwerbsgeschäft liegt vor bei jeder **mit Gewinnerzielungsabsicht**, auf einen **regelmäßigen und selbstständigen Erwerb gerichteten Tätigkeit**, gleich ob im Handel, Produktion, oder Handwerk, Kunst, Wissenschaft oder Landwirtschaft.[6] Erfasst sind damit auch Angehörige **freier Berufe**, Künstler oder Wissenschaftler. Die **Rechtsform** des Erwerbsgeschäfts ist unerheblich, die **Beteiligung** einer Personengesellschaft genügt, auch wenn der Mündel an der Geschäftsführung nicht teilhat.[7] Durch die Neufassung der Regelung ist nunmehr explizit auch der Erwerb und die Veräußerung von Beteiligungen an bestehenden, ein Erwerbsgeschäft betreibenden Personen- und Kapitalgesellschaften erfasst, ohne dass es – wie nach alter Rechtslage – auf die Übernahme eines Unternehmerrisikos durch den Mündel ankommt.[8] 3

Nicht genehmigungspflichtig ist die reine Vermögensverwaltung.[9]

II. Gesellschaftsvertrag zum Betrieb eines Erwerbsgeschäfts (Nr. 2)

Nr. 2 erfasst den **Abschluss von Gesellschaftsverträgen**, die **zum Betrieb eines Erwerbsgeschäfts** eingegangen werden. Beinhaltet ist insoweit auch der **Beitritt zu einer bereits bestehenden Personen- oder Kapitalgesellschaft**,[10] auch genügt der Erwerb der **Kommanditistenstellung**.[11] Nicht genehmigungsbedürftig sind Beteiligungen an Gesellschaften, deren Zweck nicht der gewerblichen, sondern der reinen (privaten) Vermögensverwaltung dient.[12] 4

Durch die Neufassung der Norm nicht geklärt und weiterhin **umstritten** ist, ob auch Änderungen des Gesellschaftsvertrages der Genehmigungspflicht unterfallen.[13] Der BGH geht in ständiger Rechtsprechung von der Genehmigungsfreiheit aus.[14] Dies wird von der nach der Reform veröffentlichten Literatur überwiegend ebenso eingestuft.[15] Die Änderung des Gesellschaftsvertrages kann jedoch nach §1854 Nr. 4 BGB die Genehmigungspflicht auslösen, wenn durch die Änderung das unternehmerische Risiko erweitert wird, etwa durch Wechsel in die Komplementärstellung oder Erhöhung der Haftsumme.[16] 5

III. Erteilung einer Prokura (Nr. 3)

Anwendbar ist die Vorschrift nur, wenn der Mündel **selbst Inhaber des Handelsgeschäfts** ist, die Beteiligung an einer Personen- oder Kapitalgesellschaft reicht insoweit nicht aus.[17] Nicht, auch nicht entsprechend, anwendbar ist die Norm auf den **Widerruf der Prokura** 6

5 BeckOGK/*Schöpflin*, §1852 BGB Rn. 12
6 OLG Schleswig NJW-RR 2020, 805; RGZ 133, 7
7 RGZ 87, 100; BGH ZEV 2003, 375
8 Grüneberg/*Götz*, §1852 BGB Rn. 2
9 OLG Dresden BeckRS 2018, 13655; OLG München NJW-RR 2009, 152; BeckOK BGB/*Kadelbach*, §1852 BGB Rn. 4
10 BayObLG FamRZ 1990, 208
11 BGH NJW 1955, 1067; OLG Oldenburg, Beschl. v. 17.7.2019 – 12 W 53/19, FamRZ 2019, 1934
12 OLG Dresden FGPrax 2018, 214: Beitritt zu einer Vermögensverwaltungs-KG; OLG Zweibrücken NJW-RR 1999, 1174; Erman/*Schulte-Bunert*, §1852 BGB Rn. 18; Grüneberg/*Götz*, §1852 BGB Rn. 6
13 Zum Streitstand vor der Reform: MüKo/*Kroll-Ludwigs*, §1852 BGB Rn. 26
14 BGH WM 1972, 1368 (1370); NJW 1961, 724; NJW 1962, 2344; ebenso LG Stuttgart BWNotZ 2001, 91
15 *Lamberz*, NJW 2023, 249 (254); *Baßler/Frese*, NZG 2023, 1302 (1305 f.); BeckOGK/*Schöpflin*, §1852 BGB Rn. 46; a.A.: MüKo/*Kroll-Ludwigs*, §1852 BGB Rn. 26
16 BGH NJW 1992, 300; HK-BetrR/*vom Felde*, §1852 BGB Rn. 9
17 KG OLGE 27, 369; BeckOGK/*Schöpflin*, §1852 BGB Rn. 52

(§ 52 HGB), auf die **Handlungsvollmacht** nach § 54 HGB[18] und auf die **Bestellung eines Geschäftsführers** einer GmbH.[19] Fehlt die familienrechtliche Genehmigung oder ist sie verweigert, ist die Erteilung der Prokura unwirksam.[20] Aus Gründen der Vorrangigkeit des Minderjährigenschutzes wird auch der gute Glaube des Rechtsverkehrs an eine etwaige **Eintragung in das Handelsregister und deren Bekanntmachung** trotz der Regelung in § 15 Abs. 3 HGB nach richtiger Ansicht nicht zu schützen sein.[21]

§ 1853 BGB

Genehmigung bei Verträgen über wiederkehrende Leistungen

[1]Der Betreuer bedarf der Genehmigung des Betreuungsgerichts

1. **zum Abschluss eines Miet- oder Pachtvertrags oder zu einem anderen Vertrag, durch den der Betreute zu wiederkehrenden Leistungen verpflichtet wird, wenn das Vertragsverhältnis länger als vier Jahre dauern soll, und**
2. **zu einem Pachtvertrag über einen gewerblichen oder land- oder forstwirtschaftlichen Betrieb.**

[2]Satz 1 Nummer 1 gilt nicht, wenn der Betreute das Vertragsverhältnis ohne eigene Nachteile vorzeitig kündigen kann.

1 Die durch die Reform des Vormundschafts- und Betreuungsrechts neugefasste Norm fasst § 1907 Abs. 3 BGB a.F. und § 1822 Nr. 4 BGB a.F. zusammen.

Für das Vormundschaftsrecht und das Eltern-Kind-Verhältnis wird sie **durch Sonderregelungen modifiziert**. § 1799 Abs. 2 BGB regelt die Genehmigungspflicht abweichend von § 1853 Satz 1 Nr. 1 BGB. Im Eltern-Kind-Verhältnis ist § 1643 Abs. 4 BGB zu beachten.

▶ *Hinsichtlich der Kommentierung wird dementsprechend verwiesen auf Wierse, § 1799 BGB Rn. 6 ff.; Fink,§ 1643 BGB Rn. 12 ff.*

§ 1854 BGB

Genehmigung für sonstige Rechtsgeschäfte

Der Betreuer bedarf der Genehmigung des Betreuungsgerichts

1. **zu einem Rechtsgeschäft, durch das der Betreute zu einer Verfügung über sein Vermögen im Ganzen verpflichtet wird,**
2. **zur Aufnahme von Geld auf den Kredit des Betreuten mit Ausnahme einer eingeräumten Überziehungsmöglichkeit für das auf einem Girokonto des Betreuten bei einem Kreditinstitut bereitzuhaltende Verfügungsgeld (§ 1839 Absatz 1),**
3. **zur Ausstellung einer Schuldverschreibung auf den Inhaber oder zur Eingehung einer Verbindlichkeit aus einem Wechsel oder einem anderen Papier, das durch Indossament übertragen werden kann,**
4. **zu einem Rechtsgeschäft, das auf Übernahme einer fremden Verbindlichkeit gerichtet ist,**
5. **zur Eingehung einer Bürgschaft,**
6. **zu einem Vergleich oder einer auf ein Schiedsverfahren gerichteten Vereinbarung, es sei denn, dass der Gegenstand des Streites oder der Ungewissheit in Geld schätzbar ist und**

---

18 Grüneberg/*Götz*, § 1852 BGB Rn. 7
19 OLG Düsseldorf AGS 2006, 244
20 RGZ 127, 153; Erman/*Schulte-Bunert*, § 1852 BGB Rn. 23
21 RGZ 127, 153; Erman/*Schulte-Bunert*, § 1852 BGB Rn. 23

den Wert von 6 000 Euro nicht übersteigt oder der Vergleich einem schriftlichen oder protokollierten gerichtlichen Vergleichsvorschlag entspricht,

7. **zu einem Rechtsgeschäft, durch das die für eine Forderung des Betreuten bestehende Sicherheit aufgehoben oder gemindert oder die Verpflichtung dazu begründet wird, und**
8. **zu einer Schenkung oder unentgeltlichen Zuwendung, es sei denn, diese ist nach den Lebensverhältnissen des Betreuten angemessen oder als Gelegenheitsgeschenk üblich.**

Übersicht

A. Allgemeines

§ 1854 BGB erfasst als Auffangtatbestand all diejenigen Rechtsgeschäfte und Sachverhalte, die sich nicht unter einem Oberbegriff zusammenfassen lassen. Sie entstammen der bisherigen Regelung in § 1822 Nr. 1 Alt. 1, Nr. 8 bis 10, 12 und 13 BGB a.F. und schließen damit den Katalog der Genehmigungspflichten des Betreuers ab.[1] 1

Für den Vormund findet sich nunmehr in § 1795 BGB die bisher unter § 1822 Nr. 6 und 7 BGB geregelte Genehmigungspflicht für den für länger als ein Jahr geltenden Abschluss von Lehr-, Dienst- und Arbeitsverträgen.

B. Inhalt der Norm

I. Rechtsgeschäft über das Vermögen im Ganzen (Nr. 1)

Anders als bei der zu §§ 1365, 311b Abs. 2 und 3 BGB vorherrschenden **Einzelakttheorie** muss im Rahmen von Nr. 1 das Geschäft ausdrücklich darauf gerichtet sein, das **gesamte Vermögen** des Mündels mit einzubeziehen[2] (sog. **Gesamttheorie**). Ansonsten wäre die Vertretungsmacht des Betreuers bei fast jedem Verpflichtungsgeschäft über wertvolle Einzelgegenstände in Frage zu stellen (MüKo-BGB/Kroll-Ludwigs, § 1854 Rn. 5 BGB). Es genügt also nicht, dass der Verpflichtungswille nur auf einzelne Vermögensgegenstände gerichtet ist, auch wenn sie tatsächlich das ganze Vermögen ausmachen. Dem gesamten Vermögen des Mündels gleichgestellt sind Erbschaften und Anteile an solchen. 2

II. Kreditaufnahme (Nr. 2)

Erfasst ist jede Form der **Kreditaufnahme** durch den Mündel, gleich ob in Form des **Darlehensvertrages** (§§ 488 ff. BGB), des **Kontokorrents** (§ 355 HGB), der **Schuldanerkenntnisse** (§§ 780, 781 BGB) und jede Form des finanzierten Abzahlungskaufs bzw. drittfinan- 3

1 BT-Drs. 19/24445, 288
2 BGH FamRZ 1957, 121; Grüneberg/*Götz*, § 1854 BGB Rn. 2; a.A. Gernhuber/*Coester-Waltjen*, Rn. 102 (Einzelakt)

zierter Kauf.[3] In letzterem Fall führt bei Verweigerung der Genehmigung des Kreditvertrages dies nach § 139 BGB im Regelfall auch zur Unwirksamkeit des (selbst nicht genehmigungsbedürftigen) Kaufvertrages.[4] Nicht erfasst ist hingegen der (gewöhnliche) **Abzahlungskauf**.[5] Unerheblich ist im Übrigen, ob der Kredit **verzinslich** oder **gesichert** ist.[6]

4 **Ausdrücklich ausgenommen** von der Genehmigungsbedürftigkeit ist seit dem 1.1.2023 die Wahrnehmung der eingeräumten Überziehungsmöglichkeit für das auf einem Girokonto bei einem Kreditinstitut bereitzuhaltende Verfügungsgeld (§ 1839 Abs. 1 BGB). Die Ausnahme gilt auch für den Vormund kraft Verweises in § 1789 Abs. 2 Satz 1 BGB, nicht jedoch für das Eltern-Kind-Verhältnis in Ermangelung einer entsprechenden Verweisung auf § 1839 BGB.[7] Die Ausstellung einer Kreditkarte für das Girokonto des Betreuten, auf dem der Betreuer nach § 1839 Abs. 1 Satz 1 Verfügungsgeld bereithält, bedarf aber der Genehmigung.[8]

III. Schuldverschreibung, Wechsel oder Orderpapiere (Nr. 3)

5 Erfasst sind die Ausstellung von **Inhaberschuldverschreibungen** nach §§ 793 ff. BGB, die Eingehung jedweder **Wechselschulden** und solche aus **anderen Orderpapieren** (§§ 363 ff., 444 ff., 513 ff., 526 HGB). Nach zutreffender Auffassung gilt Nr. 3 nicht für den **Inhaberscheck**.[9] Eine erteilte Genehmigung kann auf dem Wertpapier vermerkt werden, um so die Möglichkeit des Urkundenprozesses nach §§ 592 ff. ZPO zu ermöglichen.

IV. Übernahme einer fremden Verbindlichkeit (Nr. 4)

6 Die Vorschrift bezweckt den Schutz des Betreuten (und durch Verweisung in § 1799 Abs. 1 BGB auch des Mündels) vor der Enttäuschung der Erwartung, er werde nicht in Anspruch genommen oder könne beim Schuldner der Primärverbindlichkeit Regress nehmen. Von der Norm erfasst werden daher nur Fälle der Schuldübernahme, in denen dem Mündel im Falle einer Inanspruchnahme ein **Ersatz- bzw. Ausgleichsanspruch gegen den Erstschuldner** zustehen würde. Nicht erfasst sind danach Fälle, in denen er die Schuld eines Dritten als eigene Schuld übernimmt und auch nicht bei einem anderen Regress nehmen kann.[10] Danach ist etwa der Schuldbeitritt bzw. die Schuldmitübernahme erfasst, da der Mündel einen Ersatzanspruch gegen den ursprünglichen Schuldner erwirbt.[11]

Weitere Beispiele sind die Verpfändung für fremde Schuld durch Hypothek (§ 1113)[12] und Grundschuld (§ 1191), die Sicherungsübereignung und -abtretung wegen fremder Schuld[13] und die Erfüllungsübernahme (§ 329), es sei denn, der Regress gegenüber dem Schuldner ist ausgeschlossen.[14] Die privative (befreiende) Schuldübernahme ist hingegen nur erfasst, wenn der Mündel im Innenverhältnis einen Rückgriffs- oder Befreiungsanspruch gegen den ursprünglichen Schuldner hat.[15] Eine befreiende Schuldübernahme kann sich jedoch als Schenkung darstellen, die nach Nr. 8 genehmigungspflichtig ist.[16]

3 BGH NJW 1961, 166
4 LG Bremen FamRZ 1963, 658; Erman/*Schulte-Bunert*, § 1854 BGB Rn. 5
5 BGH WM 1972, 698
6 MüKo-BGB/*Kroll-Ludwigs*, § 1854 BGB Rn. 8
7 Erman/*Schulte-Bunert*, § 1854 BGB Rn. 5
8 BT-Drs. 19/24445, 274
9 MüKo-BGB/*Kroll-Ludwigs*, § 1854 BGB Rn. 15; Grüneberg/*Götz*, § 1854 BGB Rn. 4
10 BT-Drs. 19/24445, 289
11 BT-Drs. 19/24445, 289
12 RGZ 63, 76, 77
13 RGZ 76, 89, 93
14 RGZ 158, 210, 216; siehe auch die ausführliche Übersicht bei BeckOGK/*Schöpflin*, § 1854 BGB Rn. 19.1
15 BT-Drs. 19/24445, 289
16 BeckOK BGB/*Kadelbach*, § 1854 BGB Rn. 8

Ebenfalls nicht erfasst sind Fälle des **gesetzlichen oder vertraglichen Übergangs einer Schuld** anlässlich eines Erwerbsvorgangs, z.B. nach § 566 BGB[17] oder eines Grundpfandrechts.[18]

V. Bürgschaft (Nr. 5)

Genehmigungspflichtig ist nicht nur die Übernahme einer fremden Verbindlichkeit (Nr. 4), sondern auch die Begründung einer eigenen Verbindlichkeit durch Bürgschaft. Die Gefährdungslage ist der der Fälle der Nr. 4 vergleichbar, daher wurden beide Fallgestaltungen nach altem Recht durch § 1822 Nr. 10 BGB a.F. erfasst. Um den Unterschied zwischen der Übernahme einer fremden und einer eigenen Verbindlichkeit deutlich zu machen, wurden die Fallgestaltungen aber nunmehr in Nr. 4 und 5 getrennt geregelt.[19] Da sich der Mündel durch die Bürgschaft gegenüber dem Gläubiger eines Dritten verpflichtet, für die Erfüllung der Verbindlichkeit des Dritten einzustehen, handelt es sich auch bei der Bürgschaft um ein „gefährliches Geschäft". Auch hier besteht wegen des Forderungsübergangs (§ 774 BGB) die Gefahr, dass der Bürge (Mündel) leichtfertigt auf Rückgriffsmöglichkeit (§ 670 BGB) vertraut und die Bürgschaft eingeht.[20] 7

VI. Vergleich oder eine auf Schiedsverfahren gerichtete Vereinbarung (Nr. 6)

Anwendbar ist die Regelung auf **Vergleiche nach § 779 BGB** jeder Art einschließlich des Prozess-[21] und Unterhaltsvergleichs. Sie gilt damit auch für die vor dem **Güterichter** (§ 36 Abs. 5 FamFG) geschlossenen Vergleiche. Ferner werden auch auf ein Schiedsverfahren gerichtete Vereinbarungen (§§ 1025 ff. ZPO) erfasst. 8

Eine Ausnahme besteht nur dann, wenn der Wert des Streits oder der Ungewissheit (es gelten §§ 3 ff. ZPO) **6.000 EUR** nicht übersteigt oder der Prozessvergleich einem schriftlichen oder im gerichtlichen Protokoll festgestellten gerichtlichen **Vergleichsvorschlag** entspricht.

Im Eltern-Kind-Verhältnis gilt Nr. 6 nicht, da diese vom Verweis in § 1643 Abs. 5 BGB ausgenommen ist.

VII. Aufhebung oder Minderung einer Sicherheit (Nr. 7)

Betroffen sind Rechtsgeschäfte, durch die für eine Forderung des Mündels bestehende **Sicherheiten aufgehoben oder gemindert** werden, wobei das Gesetz auch das **schuldrechtliche Verpflichtungsgeschäft** unter Genehmigungsvorbehalt stellt. Erfasst sind damit **dingliche und persönliche Sicherheiten** jeder Art, wie z.B. Bürgschaften, Grundpfandrechte, Sicherungsabtretung und Sicherungszession. Auch die Aufgabe von Rechtspositionen in der **Zwangsvollstreckung**, wie die Rücknahme eines Versteigerungsantrages oder des Beitritts zum Verfahren, sind erfasst.[22] 9

Mangels Verweisung in § 1643 Abs. 5 BGB gilt Nr. 7 nicht im Eltern-Kind-Verhältnis.

17 BGH NJW 1983, 1780
18 RGZ 110, 173
19 BT-Drs. 19/24445, 289
20 BeckOGK/*Schöpflin*, § 1854 BGB Rn. 30
21 RGZ 56, 333
22 MüKo-BGB/*Kroll-Ludwigs*, § 1854 BGB Rn. 29

VIII. Schenkung oder unentgeltliche Zuwendung (Nr. 8)

10 Nr. 8 findet weder auf die Vormundschaft noch auf das Eltern-Kind-Verhältnis Anwendung, da die Regelung von den Verweisungsnormen der §§ 1799 Abs. 1, 1643 Abs. 5 BGB ausgenommen ist. Für das Vormundschaftsrecht regelt § 1798 Abs. 3 BGB ein Schenkungsverbot mit Ausnahme der Pflicht- und Anstandsschenkungen. Im Eltern-Kind-Verhältnis regelt § 1641 BGB ein entsprechendes Schenkungsverbot.

▶ *Siehe Wierse, § 1789 BGB Rn. 5.*

§§ 1855 bis 1862 BGB bleiben unkommentiert.

▶ *Zur Kommentierung von §§ 1863 bis 1867 BGB vgl. Wierse, § 1802 BGB Rn. 18 ff.*

§§ 1868 bis 1875 BGB bleiben unkommentiert.

▶ *Zur Kommentierung von §§ 1876 bis 1879 BGB vgl. Wierse, § 1808 BGB.*

§§ 1880 bis 1888 BGB bleiben unkommentiert.

Gesetz zum zivilrechtlichen Schutz vor Gewalttaten und Nachstellungen (Gewaltschutzgesetz – GewSchG)

vom 11. Dezember 2001 (BGBl. I S. 3513), zuletzt geändert durch
Artikel 2 G v. 10.8.2021 (BGBl. I S. 3513)

§ 1 GewSchG

Gerichtliche Maßnahmen zum Schutz vor Gewalt und Nachstellungen

(1) [1]Hat eine Person vorsätzlich den Körper, die Gesundheit, die Freiheit oder die sexuelle Selbstbestimmung einer anderen Person widerrechtlich verletzt, hat das Gericht auf Antrag der verletzten Person die zur Abwendung weiterer Verletzungen erforderlichen Maßnahmen zu treffen. [2]Die Anordnungen sollen befristet werden; die Frist kann verlängert werden. [3]Das Gericht kann insbesondere anordnen, dass der Täter es unterlässt,

1. **die Wohnung der verletzten Person zu betreten,**
2. **sich in einem bestimmten Umkreis der Wohnung der verletzten Person aufzuhalten,**
3. **zu bestimmende andere Orte aufzusuchen, an denen sich die verletzte Person regelmäßig aufhält,**
4. **Verbindung zur verletzten Person, auch unter Verwendung von Fernkommunikationsmitteln, aufzunehmen,**
5. **Zusammentreffen mit der verletzten Person herbeizuführen,**

soweit dies nicht zur Wahrnehmung berechtigter Interessen erforderlich ist.

(2) [1]Absatz 1 gilt entsprechend, wenn

1. **eine Person einer anderen mit einer Verletzung des Lebens, des Körpers, der Gesundheit, der Freiheit oder der sexuellen Selbstbestimmung widerrechtlich gedroht hat oder**
2. **eine Person widerrechtlich und vorsätzlich**
   a) **in die Wohnung einer anderen Person oder deren befriedetes Besitztum eindringt oder**
   b) **eine andere Person dadurch unzumutbar belästigt, dass sie ihr gegen den ausdrücklich erklärten Willen wiederholt nachstellt oder sie unter Verwendung von Fernkommunikationsmitteln verfolgt.**

[2]Im Falle des Satzes 1 Nr. 2 Buchstabe b liegt eine unzumutbare Belästigung nicht vor, wenn die Handlung der Wahrnehmung berechtigter Interessen dient.

(3) In den Fällen des Absatzes 1 Satz 1 oder des Absatzes 2 kann das Gericht die Maßnahmen nach Absatz 1 auch dann anordnen, wenn eine Person die Tat in einem die freie Willensbestimmung ausschließenden Zustand krankhafter Störung der Geistestätigkeit begangen hat, in den sie sich durch geistige Getränke oder ähnliche Mittel vorübergehend versetzt hat.

Weiterführende Literatur: Bruns, Verfahren der einstweiligen Anordnung nach § 1 GewSchG – Grundlagen und ausgewählte Praxisprobleme, FamRZ 2012, 1024; *Cirullies*, Stalker ohne Schuld – Opfer ohne Schutz?, FamRZ 2014, 1901; *ders.*, Gewaltschutz und Versöhnung – wie verträgt sich das?, FamRZ 2016, 953; *ders.*, Der Vergleich in Gewaltschutzsachen – vergleichsweise kompliziert, FamRB 2019, 407; *ders.*, Verlängerung befristeter Gewaltschutztitel – kein Problem?, FamRZ 2021, 1176; *ders.*, 20 Jahre Gewaltschutzgesetz – ein Lagebericht, NZFam 2022, 333; *ders.*, Rechtsprechungsübersicht zum Gewaltschutzrecht (2022–2023), NZFam 2024, 392; *Cirullies/Cirullies,* Verbesserter Schutz für Opfer von Gewalt und Nachstellungen, FamRZ 2021, 1785; *Giers*, Verfahren und Vollstreckung in Gewaltschutzsachen, FPR 2011, 224; *Krüger*, Gewaltschutz und Umgang, NZFam 2016, 294.

Übersicht

A. Allgemeines

I. Schutz bei Gewalt und Nachstellung

1. „Drei-Säulen-Schutz"

1 Gewalt- und Opferschutz wird umfassend im **Zivil- und Familienrecht**, im **Polizeirecht** und im **Strafrecht** gewährt:

- Dabei sind die **zivilrechtlichen** Ansprüche vornehmlich in dem **„Gewaltschutzgesetz"**[1] geregelt. Es bildet die rechtliche Grundlage für verschiedene Schutzanordnungen (§ 1 GewSchG) und die Wohnungsüberlassung (§ 2 GewSchG).
- Für das Opfer ist die **Polizei** häufig die erste Adresse zur Gefahrenabwehr. Entsprechend dieser besonderen Verantwortlichkeit hat der Gewaltschutz auch in den Polizei- und Ordnungsgesetzen der Bundesländer seinen Niederschlag gefunden. Vor allem die

1 Gesetz zum zivilrechtlichen Schutz vor Gewalttaten und Nachstellungen (Gewaltschutzgesetz – GewSchG) vom 11.12.2001 (BGBl. I S. 3513)

dort verankerte **Wohnungsverweisung** mit Rückkehrverbot soll dem Opfer „Luft" zur Einholung zivilrechtlichen Rechtsschutzes verschaffen.[2]

- Die **strafrechtliche** Ahndung des Verhaltens gewalttätiger oder nachstellender Personen wird insbesondere durch die speziellen Regelungen in **§ 4 GewSchG** sowie § 238 StGB ermöglicht (vgl. *Cirullies*, § 4 GewSchG Rn. 1 ff.).

▶ *Zu dem Anwendungsbereich des Gewaltschutzgesetzes bei dem* **Kind als Opfer** *siehe Cirullies, § 3 GewSchG Rn. 2.*

2. Gefahren durch Stalking

Häusliche Gewalt und **„Stalking"** sind oftmals zwei Seiten derselben Medaille: Nach der Trennung schlägt die während des Zusammenlebens verübte Gewalt in Verfolgen und Belästigen des Ex-Partners um. Wenn sich der Täter in seine Liebes-, Rache- oder Wutgefühle hineinsteigert, besteht mitunter Gefahr für Leib und Leben des Opfers.[3] Eine energische Ahndung ist dann angezeigt. Insoweit hat das OLG Hamm[4] bei einem Intensiv- und Wiederholungstäter die originäre Anordnung von fast zwei Jahren(!) **Ordnungshaft** für angemessen gehalten. Voraussetzung hierfür ist allerdings die **Schuldfähigkeit** des Täters (siehe Rn. 27). 2

II. Zivil- und Verfahrensrecht

Im Regelfall kann das Opfer seine **zivilrechtlichen** Ansprüche aus dem **Gewaltschutzgesetz** herleiten. Nur in Ausnahmefällen ist das **BGB** einschlägig. 3

▶ *Vgl. Cirullies, § 3 GewSchG Rn. 3.*

Einen Sonderfall stellt dort das Familienrecht dar mit seinen Vorschriften zum Schutz des **Kindeswohls**; wegen des Wächteramtes des Staates muss hier – insbesondere betreffend Sorge- und Umgangsrecht – ein Einschreiten auch von Amts wegen möglich sein.

Das **Verfahren** in Gewaltschutzsachen richtet sich – wie in Kindschaftssachen – nach den Vorschriften des **FamFG** (§§ 210 ff. FamFG). Diese Verfahren sind in § 111 FamFG als Familiensachen definiert, für die die **Familiengerichte** zuständig sind. Die Normen der ZPO sind lediglich einschlägig, soweit das FamFG hierauf ausdrücklich verweist. 4

III. Europäischer Gewaltschutz

Inzwischen findet auch **grenzüberschreitender Gewaltschutz** in der Europäischen Union statt: Durch eine **EU-Gewaltschutzrichtlinie**[5] sowie eine **EU-Gewaltschutzverordnung**[6] wurden Systeme geschaffen, mit deren Hilfe Gewaltschutzanordnungen der Mitgliedstaaten auch in anderen Mitgliedstaaten der Europäischen Union anerkannt und die getroffenen Schutzmaßnahmen auf einen anderen Mitgliedstaat ausgedehnt werden können. 5

Der Umsetzung der EU-Richtlinie in nationales Recht und Durchführung der EU-Verordnung dient das **EU-Gewaltschutzverfahrensgesetz**.[7] Es ermöglicht die Transformation ausländi-

2 Eingehend *Cirullies*, FamRB 2014, 229
3 Eingehend *Cirullies/Cirullies*, Schutz bei Gewalt und Nachstellung, Rn. 6
4 OLG Hamm FamRZ 2013, 1507 (LS), dazu *Alberts*, FamFR 2013, 208
5 Richtlinie 2011/99/EU des Europäischen Parlaments und des Rates über die Europäische Schutzanordnung vom 13.12.2011 (ABl. 2011 Nr. L 338 S. 2)
6 Verordnung (EU) Nr. 606/2013 des Europäischen Parlaments und des Rates über die gegenseitige Anerkennung von Schutzmaßnahmen in Zivilsachen vom 12.6.2013 (ABl. 2013 Nr. L 181 S. 4)
7 Gesetz zum Europäischen Gewaltschutzverfahren (EU-Gewaltschutzverfahrensgesetz – EUGewSchVG) als Art. 1 des Gesetzes zur Umsetzung der Richtlinie 2011/99/EU über die Europäische Schutzanordnung und zur Durchführung der Verordnung (EU) Nr. 606/2013 über die gegenseitige Anerkennung von Schutzmaßnahmen in Zivilsachen vom 5.12.2014 (BGBl. I S. 1964)

scher zivilrechtlicher Gewaltschutzmaßnahmen und schafft insoweit ein **weiteres Gewaltschutzgesetz** für internationale Fälle.[8] Erkennt das Gericht die Europäische Schutzanordnung (grundsätzlich) an, erlässt es zugleich eine geeignete Maßnahme nach § 1 GewSchG, die in höchstmöglichem Maße der angeordneten Schutzmaßnahme entspricht (§ 9 EU-GewSchVG). Für die Vollstreckung bedarf es einer Vollstreckungsklausel zwar nicht mehr, gleichwohl sind noch immer viele bürokratische Hürden zu überwinden, so dass es vorzugswürdig erscheint, im **Inland** eine inhaltsgleiche Schutzanordnung zu beantragen.[9]

6 Von großer praktischer Bedeutung ist demgegenüber das Übereinkommen des Europarats vom 11.5.2011 zur Verhütung und Bekämpfung von **Gewalt gegen Frauen und häuslicher Gewalt** (sog. **Istanbul-Konvention**).[10] Hiermit sollen auf europäischer Ebene einheitliche Schutzstandards in den Bereichen Prävention, des Opferschutzes, der Strafverfolgung und einer grenzüberschreitenden Zusammenarbeit geschaffen werden, um Gewalt gegen Frauen und Mädchen sowie häusliche Gewalt zu verhindern. Die Konvention gilt unmittelbar und ist auf allen staatlichen Ebenen zu beachten und anzuwenden.[11] Gemäß Art. 3 lit. b Istanbul-Konvention umfasst der Begriff „häusliche Gewalt" alle Handlungen körperlicher, sexueller, psychischer oder wirtschaftlicher Gewalt, die innerhalb der Familie oder des Haushalts oder zwischen früheren oder derzeitigen Ehegatten oder Partnern vorkommen.[12] Damit legt die Konvention einen **weiten Gewaltbegriff** zugrunde, der über den engeren des Gewaltschutzgesetzes hinausgeht.[13] Im Übrigen spielt häusliche Gewalt auch im **Kindschaftsrecht** eine erhebliche Rolle.[14]

B. Inhalt der Norm

I. Voraussetzungen

1. Verfahrensvorschrift

7 Im Falle näher bezeichneter Verstöße des Täters kann das Gericht zum Schutz des Opfers geeignete Maßnahmen anordnen. Die Regelung ist aus verschiedenen Gründen **verfahrensrechtlich** ausgestaltet.[15] Sie enthält also – nach der Gesetzesbegründung[16] und nach ganz h.M.[17] – keine materiell-rechtliche Anspruchsgrundlage. Normiert ist lediglich die gerichtliche Befugnis, zur Abwendung weiterer Verletzungen von Körper, Gesundheit, Freiheit oder sexueller Selbstbestimmung der verletzten Person die erforderlichen Schutzmaßnahmen in Bezug auf den Täter zu treffen. Diese Schutzanordnungen können nur ergehen, sofern ein **materiell-rechtlicher Anspruch auf Unterlassung** der (zumindest bedingt) vorsätzlichen widerrechtlichen Verletzung der genannten Rechtsgüter besteht (sog. **„quasi-**

---

8 Ausführlich dazu *Dutta*, FamRZ 2015, 85; *Pietsch*, NZFam 2014, 726; *Campbell*, NJW-Spezial 2014, 708
9 Vgl. *Dutta*, FamRZ 2015, S. 92
10 Am 1.2.2018 in Kraft getreten; umgesetzt in deutsches Recht durch Gesetz zu dem Übereinkommen des Europarates zur Verhütung und Bekämpfung von Gewalt gegen Frauen und häuslicher Gewalt, BGBl. II 2017 S. 1026 ff.; BT-Drs. 18/12037, 47 f., 76 f.
11 Dazu *Volke*, FamRZ 2022, 1907; *Lack*, FamRZ 2021, 1406, 1410; *Uerpmann-Wittzack*, FamRZ 2017, 1812
12 Näher *Volke*, a.a.O.; *Steinl*, ZStW 2021, 819; *Henneberger*, djbZ 2018, 206
13 Eingehend *Schmahl/Neidinger*, GSZ 2023, 53
14 Hierzu OLG Köln v. 3.6.2025, 14 UF 4/25, BeckRS 2025, 11980; OLG Saarbrücken NJW 2025, 668; KG FamRZ 2023, 131 m. Anm. *Kischkel* = FamRB 2023, 63 (*Cirullies*); OLG Köln FamRZ 2022, 1933; ferner *Cirullies/Cirullies*, Schutz bei Gewalt und Nachstellung, Rn. 367 m.w.N.
15 „... hat das Gericht auf Antrag ... Maßnahmen zu treffen."
16 BT-Drs. 14/5429, 17
17 BGH FamRZ 2014, 825 = NZFam 2014, 555 mit Anm. *Cirullies*; OLG Brandenburg BeckRS 2018, 34917, dazu *Cirullies*, NZFam 2019, 144; Grüneberg/*Götz*, § 1 GewSchG Rn. 4

negatorischer Unterlassungsanspruch" nach §§ 823, 1004 BGB).[18] Auch wenn das Gewaltschutzbegehren meist auf die Pflicht zu künftiger **Unterlassung** gerichtet ist, kann auch die **Beseitigung** einer fortwirkenden Beeinträchtigung (z.B. Verlassen der Wohnung des Opfers, Aufgabe des Wohnsitzes) verlangt werden.[19] Ist insoweit das Rechtsgut der sexuellen Selbstbestimmung (hierzu Rn. 11) verletzt, kann ein **Löschungsanspruch** bezüglich **intimer Fotos** bestehen.[20] Erst recht gilt dies bei Nachstellungen und Gewalt im digitalen Raum.[21]

2. Verletzungshandlungen

Die in Abs. 1 Satz 3 genannten Schutzanordnungen sind bei Vorliegen bestimmter **Handlungen** möglich, die in Absatz 1 und Absatz 2 aufgeführt sind. Im Wesentlichen geht es um folgende **Verstöße**: 8

- **Abs. 1:** Verletzung einer Person an **Körper** oder **Gesundheit** oder in ihrer **Freiheit** oder **sexuellen Selbstbestimmung**,
- **Abs. 2:**
  - widerrechtliche **Drohung** mit Verletzung dieser Rechtsgüter sowie des **Lebens**,
  - **Eindringen** in die Wohnung oder das befriedete Besitztum,
  - **unzumutbare Belästigung** durch wiederholtes **Nachstellen** oder Verfolgung durch Fernkommunikationsmittel.

a) Körper- und Gesundheitsverletzungen

Körper- und Gesundheitsverletzungen gehen häufig ineinander über. **Psychische Gewalt** wird als Körper- und Gesundheitsverletzung erfasst, wenn sie sich beim Opfer physisch auswirkt, wobei die Beeinträchtigung eine gewisse Erheblichkeit erreichen muss.[22] Es müssen nennenswerte körperliche Reaktionen wie Schlafstörungen,[23] Zittern oder Appetitlosigkeit[24] feststellbar sein. Das bloße Zurückschieben einer Person genügt nicht.[25] 9

b) Freiheitsverletzung

Verletzung der **Freiheit** bedeutet Entziehung der körperlichen Bewegungsfreiheit, etwa durch Einsperren oder Festhalten der Person. Insoweit kann auch eine **kurzzeitige** Entziehung genügen.[26] Für die Begriffsbestimmung kann auf die Definition einer Freiheitsberaubung i.S.v. § 239 StGB zurückgegriffen werden. Hierunter fallen nur Vorgänge, die das Opfer am Verlassen eines bestimmten Ortes hindern. Die Beeinträchtigung der allgemeinen Handlungs- und Entschlussfreiheit genügt nicht.[27] Auch das bloße **Aussperren** aus der Wohnung stellt keine Freiheitsverletzung dar.[28] 10

18 Also ein Anspruch, mit dem Störungen bestimmter Rechte wie etwa des allgemeinen Persönlichkeitsrechts abgewehrt werden können, und zwar in Analogie zu gesetzlich geregelten Unterlassungsansprüchen
19 BGH, a.a.O.
20 BGH NJW 2016, 1094 = FamRZ 2016, 220 (LS).
21 Dazu *Cirullies/Cirullies*, Schutz bei Gewalt und Nachstellung, Rn. 6a.
22 OLG Karlsruhe FamRZ 2012, 460; MüKo-FamFG/*Erbarth*, § 210 Rn. 14
23 BT-Drs. 14/5429, 19
24 OLG Rostock FamRZ 2007, 921
25 OLG Frankfurt, Beschl. v. 15.12.2014 – 4 WF 262/14, juris
26 OLG Brandenburg NJW-RR 2006, 220 = FamRZ 2006, 947 (LS)
27 OLG Brandenburg v. 11.1.2023 – 13 WF 198/22, juris (Rn. 18) = NZFam 2023, 235 (*Cirullies*)
28 H.M., vgl. Grüneberg/*Götz*, § 1 GewSchG Rn. 5; MüKo-FamFG/*Erbarth*, § 210 Rn. 16 m.w.N.

c) Sexuelle Selbstbestimmung

11 Zusätzlich ist das Rechtsgut der **sexuellen Selbstbestimmung** in § 1 GewSchG aufgenommen worden.[29] Die Reichweite des Schutzes der sexuellen Selbstbestimmung – so die Gesetzesverfasser[30] – wird im Wege der Auslegung durch den Rückgriff auf die einschlägigen Normen der **§§ 174 bis 184l StGB** bestimmt: Auf der einen Seite kann das Opfer etwa im Falle einer sexuellen Belästigung nach § 184i StGB bei Wiederholungsgefahr eine Gewaltschutzanordnung beantragen, ohne zugleich eine Körper- oder Gesundheitsverletzung darlegen zu müssen. Auf der anderen Seite werden reine Distanzlosigkeiten auch im Gewaltschutzgesetz weiterhin nicht erfasst.[31] Das Recht auf sexuelle Selbstbestimmung umfasst auch, selbst darüber zu befinden, ob und in welcher Weise man durch Abbildung seines Intimbereichs zum Gegenstand sexuell konnotierter Betrachtung durch andere werden will.[32] Dies betrifft auch und gerade Maßnahmen gegen die Veröffentlichung von **Nacktbildern** des Opfers im Internet.[33] Insoweit können sogar Selbstaufnahmen des Tatopfers Gegenstand einer unbefugten Weitergabe sein.[34] Für entsprechende Schutzmaßnahmen ist nunmehr das Familiengericht zuständig.

d) Drohung mit Rechtsverletzung

12 Der Täter muss mit einer Verletzung der in Abs. 2 Satz 1 Nr. 1 bezeichneten Rechtsgüter **gedroht** haben. Es muss sich um eine ernst gemeinte und vom Opfer auch vernünftigerweise ernst genommene Drohung i.S.d. §§ 240, 241 StGB handeln (in Abgrenzung zu einer bloßen Warnung[35]). Insoweit genügt etwa die Ankündigung, ursprünglich einvernehmlich überlassene **Nacktaufnahmen** im Internet zu veröffentlichen.[36] Die Drohung kann auch durch **Drohgebärden** und Gesten (z.B. das Andeuten des „Kehle-Durchschneidens") geäußert werden. Je nach den Umständen des Einzelfalls soll auch in der **Zerstörung von Sachen** des Opfers eine Drohung zu sehen sein.[37]

Schwieriger ist häufig die Abgrenzung zu bloßen **Beschimpfungen**, Beleidigungen, Verwünschungen oder Prahlereien. Entscheidend sind dabei die Gesamtumstände des Einzelfalls. So ist die Formulierung „Es wird ein totaler Krieg stattfinden" nicht schon ohne weiteres als rechtswidrige Drohung zu werten, sondern bedarf der Auslegung.[38] Beinhaltet das einheitliche Geschehen (Bemerkung nebst etwaiger Gestik) sowohl eine **Beleidigung**[39] als auch eine ernsthafte Drohung, ist das FamG gemäß § 17 Abs. 2 Satz 1 GVG gehalten, die Ehrverletzung ebenfalls in seine Prüfung der Maßnahmen nach § 1 GewSchG einzubeziehen. Hat das Familiengericht im Gewaltschutzverfahren ein **Beleidigungsverbot** ausgesprochen, ist es bei einem Verstoß hiergegen nicht gehindert, Ordnungsmitteln zu verhängen.[40] Aller-

---

29 Art. 19 des Gesetzes v. 25.6.2021, BGBl. I 2099, m.W.v. 1.7.2021; näher *Cirullies/Cirullies*, FamRZ 2021, 1785

30 BT-Drs. 19/27654 S. 127.

31 Vgl. auch BT-Drs. 18/9097 S. 29 f.; MüKo-FamFG/*Erbarth*, § 210 Rn. 16a

32 BT-Drs. 19/20668, S. 15 zu § 184k StGB (Verletzung des Intimbereichs durch Bildaufnahmen); MüKo-BGB/*Duden*, § 1 GewSchG Rn. 16

33 Hierzu OLG Hamm FamRZ 2023, 1894 = NZFam 2023, 861 (*Cirullies*); MüKo-FamFG/*Erbarth*, § 210 Rn. 16b

34 BGH NJW 2020, 3608 (betr. § 201a StGB); LG Düsseldorf MMR 2024, 198; näher *Cirullies/Cirullies*, Schutz bei Gewalt und Nachstellung, Rn. 29, auch zu Beseitigungs- und Schadensersatzansprüchen

35 BGH NStZ-RR 2001, 171

36 OLG Hamm FamRZ 2023, 1894 = NZFam 2023, 861 (*Cirullies*)

37 So KG FF 2023, 208 = FamRB 2023, 197 (*Cirullies*)

38 BGH NStZ 2004, 33; wegen weiterer Beispielsfälle vgl. *Cirullies/Cirullies*, Schutz bei Gewalt und Nachstellung, Rn. 32

39 Hierzu OLG Hamburg FamRZ 2025, 286 = NZFam 2025, 133 mit Anm. *Cirullies*; OLG Brandenburg BeckRS 2015, 02398

40 OLG Hamburg a.a.O.

dings eröffnet die Verwirklichung des Beleidigungstatbestandes i.S.v. § 185 StGB (jedenfalls in einem Einzelfall) noch nicht den Schutzbereich des § 1 GewSchG.[41]

e) Nachstellungen

Schutz vor **Nachstellungen** bietet das Gesetz ferner, wenn der Täter in die Wohnung **eindringt**[42] oder das Opfer dadurch **unzumutbar belästigt**, dass er 13

- ihm gegen den ausdrücklich erklärten Willen **wiederholt nachstellt** *oder*
- es verfolgt unter Verwendung von **Fernkommunikationsmitteln** wie Telefon, SMS, E-Mail oder soziale Netzwerke im Internet (z.B. Facebook).[43] Entsprechend den vielfältigen Formen des **Stalkings** ist der Gesetzeswortlaut weit gefasst. Meist wird es um **Verhaltensweisen** gehen, wie sie überwiegend auch in der korrespondierenden Strafvorschrift des **§ 238 Abs. 1 StGB**[44] aufgelistet sind.[45]

Allerdings nimmt das Gesetz zwei **Einschränkungen** vor: Die **Nachstellungen** müssen

- **gegen den** ausdrücklich erklärten **Willen** des Opfers erfolgen und
- die Qualität einer **unzumutbaren Belästigung** haben.

Grundsätzlich muss das Opfer also im Streitfall nachweisen, dass es den **Täter aufgefordert** hat, die Nachstellungen zu unterlassen. Dessen bloßes Bemühen um Kontaktvermeidung genügt insoweit nicht. Auf Alter oder Entwicklungsstand des Opfers kommt es dabei nicht an.[46] Das Opfer muss vielmehr dem Täter unmissverständlich verdeutlicht haben, dass es den Kontakt ablehnt; die entsprechende Erklärung muss dem Täter zugehen.[47] Dies ist nur dann entbehrlich, wenn die Belästigungen so offensichtlich unerwünscht sind, dass der Antragsgegner mit einem Einverständnis des Antragstellers von vorneherein nicht rechnen konnte (z.B. bei nächtlichem Telefonterror).[48] Ob dies der Fall ist und es zu einer **Umkehr der Feststellungslast** kommt, bedarf jeweils der Aufklärung; die Nichterweislichkeit geht zu Lasten des Antragstellers, der die Feststellungslast trägt.[49] 14

Die Frage, ob eine **unzumutbare Belästigung**[50] durch wiederholte Nachstellungen vorliegt, richtet sich nach den Umständen des Einzelfalls. Dabei sind auch die rechtlichen und persönlichen Beziehungen der Beteiligten zueinander einzubeziehen.[51] Die Schwelle wird nach der Rechtsprechung unterschiedlich leicht überschritten.[52]

3. Widerrechtlichkeit und Vorsatz

Die aufgeführten (Verletzungs-)Handlungen des Täters lassen nur im Fall der **Widerrechtlichkeit** die Verhängung von Schutzanordnungen zu. Allerdings wird die Widerrechtlichkeit 15

41 OLG Brandenburg NZFam 2019, 144 *(Cirullies)*
42 Hierzu OLG Brandenburg BeckRS 2021, 10758; MüKo-FamFG/*Erbarth*, § 210 Rn. 38. Der Versuch des Eindringens genügt nicht, ebenso wenig das weitere Verweilen in der Wohnung trotz Aufforderung zum Verlassen, vgl. OLG Brandenburg FamRZ 2019, 1325
43 Dazu OLG Hamm BeckRS 2013, 11035, dazu *Finke*, FamFR 2013, 378
44 Zu dem vom Gesetzgeber gewünschten Gleichlauf zwischen Gewaltschutz- und Strafrecht vgl. *Cirullies/Cirullies*, FamRZ 2021, 1785, 1788.
45 Näher *Cirullies/Cirullies*, Schutz bei Gewalt und Nachstellung, Rn. 37
46 OLG Frankfurt FamRB 2024, 154 (*Neumann*) = NZFam 2024, 91 (*Cirullies*) betreffend ein 15-jähriges Mädchen
47 OLG Brandenburg NZFam 2021, 143 (*Cirullies*); ferner OLG Brandenburg BeckRS 2024, 28486
48 OLG Braunschweig NJOZ 2018, 911 = FamRB 2018, 363 (*Neumann*); OLG Köln FamRZ 2015, 1976
49 OLG Brandenburg BeckRS 2023, 170 (Rn. 22) = NZFam 2023, 235 (*Cirullies*)
50 Zum Begriff vgl. OLG Brandenburg FamRZ 2019, 1325, dazu *Cirullies*, NZFam 2019, 323
51 OLG Brandenburg BeckRS 2024, 28486
52 Zu Beispielsfällen vgl. BeckOGK-BGB/*Schulte-Bunert*, § 1 GewSchG Rn. 48; *Cirullies/Cirullies*, Schutz bei Gewalt und Nachstellung, Rn. 39 m.w.N.

grundsätzlich **vermutet** – es sei denn, der Täter kann einen Rechtsfertigungsgrund dartun und so die Vermutung widerlegen.[53]

16 § 1 GewSchG ist nur bei **vorsätzlicher** Rechtsgutsverletzung anwendbar.[54] Der Täter muss den rechtswidrigen Erfolg zumindest billigend in Kauf genommen haben. Bei **fahrlässigem** Verhalten bleiben jedoch weitergehende Ansprüche nach dem allgemeinen Deliktsrecht unberührt.[55]

Die Anordnung von Schutzmaßnahmen nach dem GewSchG setzt neben dem Vorsatz die **Schuldfähigkeit** (oder auch Zurechnungsfähigkeit)[56] des Täters voraus (dazu Rn. 27).

4. Wiederholungsgefahr

17 Das Gericht hat die zur **Abwendung weiterer Verletzungen** erforderlichen Maßnahmen zu treffen. Es muss also Wiederholungsgefahr bestehen, die jedoch grundsätzlich aufgrund der Ereignisse **vermutet** wird. Folglich obliegt es dem Täter, das Indiz aus einem vorangegangenen rechtswidrigen Verhalten zu widerlegen. An die Widerlegung dieser Vermutung sind hohe Anforderungen zu stellen. Das bloße Bestreiten des Vortrags des Antragstellers genügt nicht.[57] Sind allerdings die räumliche Nähe und die damit verbundenen persönlichen Spannungen – etwa durch den **Wegzug** eines Beteiligten – entfallen, werden Schutzmaßnahmen nicht mehr erforderlich sein.[58] Ähnliches kann gelten, wenn der Antragsgegner nach Einleitung des Verfahrens über Monate von Kontaktaufnahmen abgesehen hat und im Erörterungstermin auch für die Zukunft Wohlverhalten gelobt.[59]

II. Maßnahmen

1. Erforderlichkeit

18 Das Gericht darf nach Abs. 1 Satz 1 entsprechend dem Grundsatz der **Verhältnismäßigkeit** nur die zur Abwendung **erforderlichen** Maßnahmen treffen. Es hat also unter Berücksichtigung der Rechte des Täters das mildeste Mittel zu wählen, um der Wiederholungsgefahr zu begegnen. So rechtfertigt ein einmaliger Vorfall (Beleidigung, Tätlichkeit) regelmäßig nicht ein umfassendes Kontaktverbot.[60] Die Schutzmaßnahmen sind an den glaubhaft gemachten Rechtsverletzungen auszurichten.[61] Andererseits setzt die **Auswahl** einzelner Unterlassungsverpflichten nicht voraus, dass eine Wiederholungs- oder Begehungsgefahr gerade hinsichtlich der untersagten Verhaltensweise festgestellt ist.

Auch können aus dem nur beispielhaften, **nicht abschließenden** Katalog möglicher Maßnahmen in Abs. 1 Satz 3 **mehrere Anordnungen** miteinander **kombiniert** werden, um einen hinreichenden Schutz des Opfers zu bewirken.[62] Den Bedürfnissen des Einzelfalls angepasst kann das Gericht „maßgeschneiderte" Anordnungen treffen. An die oft recht weit gefassten Anträge des Opfers ist das Gericht nicht gebunden. Umgekehrt darf das Gericht nicht „sicherheitshalber" eine Vielzahl von Verboten verhängen. Vielmehr gilt: Bestehen

---

53 OLG Koblenz BeckRS 2016, 18362; OLG Brandenburg NJW-RR 2006, 220
54 MüKo-FamFG/*Erbarth*, § 210 Rn. 24
55 § 3 Abs. 2 GewSchG; jurisPK-BGB/*Breidenstein*, § 1 GewSchG Rn. 24
56 Vgl. MüKo-FamFG/*Erbarth*, § 210 Rn. 20 m.w.N.
57 OLG Karlsruhe FamRZ 2016, 1193; ferner OLG Celle FamRZ 2009, 1751
58 OLG Brandenburg BeckRS 2018, 26473; jurisPK-BGB/*Breidenstein*, § 1 GewSchG Rn. 30 m.w.N.
59 OLG Frankfurt NZFam 2024, 91 (*Cirullies*); vgl. auch OLG Hamm BeckRS 2021, 11075
60 OLG Brandenburg BeckRS 2018, 34917, dazu *Cirullies*, NZFam 2019, 144; LG Oldenburg BeckRS 2008, 11514
61 OLG Karlsruhe BeckRS 2019, 7399, dazu *Reinken*, NZFam 2019, 560
62 Allerdings erhöht sich bei mehreren Maßnahmen nicht der Verfahrenswert, vgl. *Schneider*, NZFam 2014, 751

ernsthafte Anhaltspunkte nur für bestimmte Arten von Verletzungsformen, verbietet es der Grundsatz der **Verhältnismäßigkeit**, darüberhinausgehende Verbote anzuordnen.[63]

2. Bestimmtheit der Maßnahme

19 Wie bei jedem Vollstreckungstitel ist auch in Gewaltschutzverfahren auf die nötige **Bestimmtheit** zu achten. Gebote und Verbote müssen hinreichend deutlich umrissen und aus sich heraus verständlich sein. Grundsätzlich darf eine **Unterlassungsverpflichtung** nicht zu weit gefasst sein.[64] Zwar gebietet die Zielsetzung des Verfahrens nach dem **Gewaltschutzgesetz** im Interesse eines effektiven Schutzes des Betroffenen, insoweit geringere Anforderungen zu stellen. Jedoch darf das begehrte oder ausgesprochene Verbot nicht lediglich in einer Wiedergabe des Gesetzestextes bestehen, weil sonst die Klärung der Frage, ob ein Verhalten unzulässig ist, vom Erkenntnis- in das Vollstreckungsverfahren verlagert würde.[65] Es sollte gleichwohl so formuliert sein, dass auch leicht **abgewandelte Verhaltensweisen** des Täters hiervon erfasst sind, der Täter also nicht unter formaler Einhaltung der gerichtlichen Verbote das Opfer weiter belästigen kann.[66] Dementsprechend ist die Zwangsvollstreckung wegen unerwünschter **Telefonanrufe** nur zulässig, wenn der Vollstreckungstitel diese verbietet; ein allgemeines **Belästigungsverbot** ist nicht ausreichend.[67] Hingegen sind die Antragsformulierungen „die Antragstellerin nicht **körperlich** zu **attackieren** und nicht zu **beschimpfen**" noch hinnehmbar.[68] Gleiches gilt für die Regelung, „sich nicht zu bedrohen, zu verletzen oder sich sonst körperlich zu misshandeln".[69] Besondere Probleme mit der hinreichenden Konkretisierung können bestehen bei der Unterlassung **digitaler** Verletzungshandlungen.[70]

20 Die an einen Gewalttäter, Stalker oder Sexualstraftäter gerichtete generelle **Ausschließung der Kontaktaufnahme** bezieht sich auf jedwede Kontakte, also etwa auch im Wege der **Ferntelekommunikation**. Eine Kontaktsuche seitens des Kindes lässt sich mitunter nicht verhindern, muss jedoch von dem betreuenden Elternteil im Fall der Kindeswohlgefährdung unterbunden werden. Bei Schwierigkeiten sollte das Jugendamt bzw. Familiengericht eingeschaltet werden.

3. Wahrnehmung berechtigter Interessen

21 Sämtliche Schutzanordnungen stehen unter dem Vorbehalt der **Wahrnehmung berechtigter Interessen** des Täters (Abs. 1 Satz 3 letzter Hs.). So kann für diesen etwa die Notwendigkeit bestehen, seine persönlichen Gegenstände aus der Wohnung des Opfers zu holen. Dagegen rechtfertigen Geldschulden des Opfers Belästigungen nicht.[71] In der Regel erscheint die in Beschlüssen stereotyp anzutreffende Wiedergabe der gesetzlichen Einschränkung[72] entbehrlich. Sie provoziert vielfach Ausreden auf Seiten des Täters, die eine Zuwiderhandlung rechtfertigen können sollen.[73]

---

63 OLG Karlsruhe NJOZ 2019, 1656; ähnlich OLG Hamm BeckRS 2021, 11075
64 BGH NJW 1994, 2820, 2822
65 OLG Köln FamRZ 2015, 163; *Cirullies/Cirullies*, Schutz bei Gewalt und Nachstellung, Rn. 255 m.w.N.
66 jurisPK-BGB/*Breidenstein*, § 1 GewSchG Rn. 32
67 OLG Karlsruhe FamRZ 2008, 291
68 OLG Köln FamRZ 2015, 163
69 OLG Hamburg FamRZ 2019, 1449, dazu *Cirullies*, NZFam 2019, 730
70 Etwa BGH NJW 2016, 1094; ferner *Cirullies/Cirullies*, Schutz bei Gewalt und Nachstellung, Rn. 6a, 232
71 OLG Brandenburg BeckRS 2019, 11059; OLG Köln FamRZ 2015, 1976
72 „Dies gilt nicht, soweit es zur Wahrnehmung berechtigter Interessen erforderlich ist"
73 Wie etwa die „dringende" Überreichung eines Formulars zur Einkommensteuererklärung, vgl. OLG Hamburg FamRZ 2021, 296 = NZFam 2020, 1065 m. Anm. *Cirullies*; vgl. auch OLG Brandenburg v. 3.7.2025, 9 UF 86/25, BeckRS 2025, 20398 (Herausgabe einer Waffe)

Der Vorbehalt erscheint insbesondere dann problematisch, wenn es – wie häufig – um **Umgangskontakte** des Täters zu den Kindern geht: Er sorgt in der Praxis oft für Unsicherheit und unter den Beteiligten für Unruhe, wenn sich der Täter unter Hinweis auf sein Umgangsrecht gegen Kontaktverbote zur Wehr setzt oder einfach darüber hinweggeht.[74] Einer expliziten Regelung des Umgangs in der gerichtlichen Schutzanordnung bedarf es nicht, zumal dem Gericht bei Erlass häufig die genauen Umstände und Bedürfnisse der Beteiligten unbekannt sind. Überdies sind konkrete **Umgangsregelungen** in einem Beschluss nach §§ 1, 2 GewSchG fehl am Platz, weil die Verfahrensregeln in Gewaltschutz- und Kindschaftssachen durchaus unterschiedlich gestaltet sind.[75] Probleme des Umgangsrechts können nicht im Rahmen eines Gewaltschutzverfahrens gelöst werden.[76] Vielmehr ist in solchen Fällen, ggf. von Amts wegen, die Einleitung eines familiengerichtlichen Umgangsverfahrens geboten.[77] Auch kann der Umgangsberechtigte etwaige Terminabsprachen zumutbarerweise über Dritte (Verwandte oder Jugendamtsmitarbeiter) treffen.[78]

4. Betretungsverbot (Abs. 1 Nr. 1)

22 Das Gericht kann anordnen, dass der Täter die **Wohnung** des Opfers nicht betreten darf. Ein solches Betretungsverbot tritt an die Stelle einer etwa zuvor ergangenen polizeilichen Wohnungsverweisung mit Rückkehrverbot. Meist dient es als flankierende Maßnahme einer **Wohnungsüberlassung** gemäß § 2 GewSchG. Als isolierte Anordnung kommt das Betretungsverbot in Betracht, wenn Täter und Opfer keinen gemeinsamen Haushalt (mehr) führen.[79]

5. Näherungs- und Aufenthaltsverbot (Abs. 1 Nr. 2 und 3)

23 Das Gericht kann dem Täter nach Nr. 2 und 3 ferner verbieten,

- sich in einem bestimmten Umkreis der Wohnung der verletzten Person **aufzuhalten** *und/oder*
- zu bestimmende andere Orte **aufzusuchen**, an denen sich das Opfer regelmäßig aufhält.

So kann dem Täter, der in der Vergangenheit einem jungen Mädchen nachgestellt hat, untersagt werden, sich an bestimmten Orten aufzuhalten, die das Mädchen üblicherweise aufsucht.[80]

Alle in der Schutzanordnung aufgelisteten verbotenen Plätze müssen **exakt bezeichnet** sein.[81] Die Bemessung der **„Bannmeile"** richtet sich nach den örtlichen Verhältnissen. In vielen Fällen wird ein Mindestabstand zwischen 200 m und 50 m, im Wohnungs- oder Grundstücksnahbereich ausnahmsweise auch nur 5 m[82] oder gar 2 m[83] angemessen sein.

74 Vgl. BT-Drs. 14/5429 S. 29; OLG Brandenburg FamRZ 2021, 1214; FamRZ 2019, 1325 = NZFam 2019, 323 (*Cirullies*); Johannsen/Henrich/Althammer/*Dürbeck*, § 1 GewSchG Rn. 14 m.w.N.

75 Ausführlich *Cirullies/Cirullies*, Schutz bei Gewalt und Nachstellung, Rn. 127, 183, 357

76 AG Flensburg NJOZ 2005, 270

77 Zur Vereinbarkeit von Gewaltschutz und Umgangsrecht vgl. *Cirullies/Cirullies*, Schutz bei Gewalt und Nachstellung, Rn. 366 ff; zum Umgangsausschluss bei miterlebter häuslicher Gewalt OLG Saarbrücken NJW 2025, 668; OLG Jena FamRZ 2025, 531; KG FamRZ 2025, 533 (LS); ferner OLG Köln NZFam 2025, 552 (Opitz) nach Tötung der Mutter

78 Bedenklich daher OLG Brandenburg FamRZ 2019, 1325 = NZFam 2019, 323 (*Cirullies*)

79 JurisPK-BGB/*Breidenstein*, § 1 GewSchG Rn. 34; ferner Johannsen/Henrich/Althammer/*Dürbeck*, § 1 GewSchG Rn. 26

80 OLG Celle FamRZ 2015, 263, dazu *Ebert*, NZFam 2014, 958

81 OLG Zweibrücken FamRZ 2022, 1528 = NZFam 2022, 840 m. Anm. *Cirullies*

82 OLG Frankfurt v. 16.1.2025, 6 WF 164/24, juris; AG Frankfurt NZFam 2022, 282 (*Cirullies*)

83 AG Solingen BeckRS 2024, 8002

Bei Festlegung einer übergroßen Distanz (z.B. 500 m) können Probleme bestehen einen Verstoß hiergegen hinreichend nachzuweisen.[84]

Den Zutritt zu seinem **Arbeitsplatz** kann man dem Täter nur in extremen Ausnahmefällen untersagen. Hier muss vorrangig der Arbeitgeber oder Dienstherr im Rahmen seiner Fürsorgepflicht für den nötigen Opferschutz sorgen.[85]

Grundsätzlich ist der Täter auch nicht verpflichtet, dass er seine eigene **Wohnung** zur Vermeidung von Konflikten **aufzugeben**. Anders kann der Fall zu beurteilen sein, wenn er eine Wohnung bewusst in direkter Nähe des Opfers anmietet.[86]

6. Kontaktverbot (Abs. 1 Nr. 4 und 5)

Die Regelungen in Nr. 4 und 5 ermöglichen es, gegen den Täter ein **Kontaktverbot** zu verhängen. Es betrifft jede Art der Kommunikation, auch durch körperliche Gestik,[87] insbesondere aber durch **Fernkommunikationsmittel**. Allerdings setzt die in Nr. 4 geforderte **Verbindungsaufnahme** ein entsprechendes zielgerichtetes Verhalten des Täters voraus. Nicht ausreichend ist, dass der Kontakt erst durch eigenes Zutun des **Opfers** hergestellt wird. Daher genügt nicht das bloße Einstellen bestimmter Inhalte in das eigene Profilbild oder den eigenen Status bei dem Messenger-Dienst **„WhatsApp"**.[88] Probleme bei der Titelauslegung können zudem bestehen bezüglich des Versendens von Nachrichten innerhalb einer größeren WhatsApp-Gruppe, der auch der Gläubiger angehört.[89] 24

Ferner kann dem Täter verboten werden, ein **Zusammentreffen** mit der verletzten Person herbeizuführen – verbunden mit der Auflage, bei einem zufälligen Zusammentreffen mit dem Opfer unverzüglich einen näher zu bestimmenden **Abstand** einzunehmen. Dies gilt auch für gemeinsam besuchte Großveranstaltungen.[90]

Gestattet das Opfer wieder eine gerichtlich untersagte **Kontaktaufnahme** oder erwidert diese, kann der durch die Gewaltschutzanordnung Verpflichtete deren Aufhebung bei Gericht beantragen. Eine **Vollstreckung** des Kontaktaufnahmeverbots kommt auch ohne förmliche Aufhebung der Gewaltschutzanordnung nicht mehr in Betracht.[91]

▶ *Cirullies, § 4 GewSchG Rn. 5 zu den* ***strafrechtlichen*** *Auswirkungen des Einverständnisses des Opfers.*

7. Anordnung eines sozialen Trainingskurses

Zum Schutz des Opfers und etwaiger gemeinsamer Kinder kann das Familiengericht grundsätzlich den gewalttätigen Antragsgegner verpflichten, an einem **sozialen Trainingskurs** (auch Anti-Gewalt-Training oder „Täterarbeit" genannt) teilzunehmen, wie er bereits zur Gewaltprävention im strafrechtlichen Kontext verankert ist.[92] Erforderlich hierfür ist bislang die **Zustimmung** des Täters. Doch zeichnet sich insoweit eine **Gesetzesneuregelung** ab: 25

84 KG FamRZ 2021, 707 = FamRB 2021, 26 (*Cirullies*)
85 Dazu *Bieszk/Sadtler*, NJW 2007, 3382, 3383
86 BGH FamRZ 2014, 825 = NZFam 2014, 555 mit Anm. *Cirullies*
87 OLG Zweibrücken BeckRS 2019, 17800, dazu *Kischkel*, NZFam 2019, 748 (Zeigen des sog. Stinkefingers)
88 OLG Frankfurt FamRZ 2022, 958; ebenso OLG Hamburg BeckRS 2024, 29158 = NZFam 2025, 133 (*Cirullies*)
89 OLG Hamm MDR 2025, 256
90 OLG Hamm MDR 2025, 256
91 OLG Koblenz FamRZ 2019, 629; zum Selbstbestimmungsrecht des Opfers im Polizeirecht vgl. *Cirullies*, FamRB 2014, 229
92 Vgl. § 56c Abs. 2 Nr. 3 StGB, § 153 Abs. 1 Satz 2 Nr. 6 StPO

Nach § 1 Abs. 4 GewSchG (neu) gemäß Art. 12 des Familienrechtsreformgesetzes[93] soll das Gericht **verpflichtend** anordnen können, dass der Täter binnen einer bestimmten Frist an einem sozialen Trainingskurs teilnimmt und eine entsprechende Bestätigung vorlegt.[94] In jedem Fall kann eine solche Verpflichtung in einen **Gewaltschutzvergleich** nach § 214a FamFG eingebunden werden. Allerdings fehlt es vielerorts an geeigneten **Therapieplätzen**.[95]

Zukünftig soll ferner die Möglichkeit der elektronischen Aufenthaltsüberwachung (EAÜ) zwecks Einhaltung einer „Bannmeile" durch den Täter eröffnet werden – unter Verweis auf „gute Erfahrungen" mit diesem Instrument in Spanien.[96]

7. Befristung der Anordnungen

26 Nach Abs. 1 Satz 2 ist – entsprechend dem Grundsatz der Verhältnismäßigkeit – eine Schutzmaßnahme im Regelfall[97] zu **befristen**.[98] In der Praxis üblich sind Fristen von drei bis zwölf Monaten. Meist werden – stereotyp – **sechs Monate** als angemessen angesehen. Eine Obergrenze von sechs Monaten für einstweilige Anordnungen[99] besteht nicht.

Mit der Befristung korrespondiert die gleichzeitig eröffnete Möglichkeit der (auch mehrfachen) **Fristverlängerung** für den Fall, dass nach Ablauf der ursprünglich gesetzten Frist weitere Verletzungen der Rechtsgüter des Verletzten zu befürchten sind.[100] Jeder Antrag auf Verlängerung der Geltungsdauer leitet ein **neues Verfahren** mit entsprechender Kostenentscheidung ein.[101] Für die Anerkennung des **Verlängerungsbedürfnisses** des Opfers reicht es aus, **Indizien** für die Gefahr einer künftigen Zuwiderhandlung des Täters glaubhaft zu machen. Einer tatsächlichen Zuwiderhandlung bedarf es nicht.[102]

In besonderen Situationen sind Schutzanordnungen auch **unbefristet** möglich. Gerade in **Stalking-Fällen** ist eine Befristung eher untunlich und aus Verhältnismäßigkeitsgründen selten erforderlich.[103] Im Übrigen stellt die unterbliebene Befristung der Anordnung nicht die **Strafbarkeit** nach § 4 GewSchG infrage.[104]

III. Schuldfähigkeit des Täters

27 Die Anordnung von Schutzmaßnahmen setzt grundsätzlich Vorsatz (vgl. Rn. 16) und Schuldfähigkeit des Täters voraus.[105] Die Frage der **Schuldfähigkeit** (oder auch Zurech-

93 Entwurf eines Gesetzes zur Reform des Familienrechts v. 17.12.2024, BT-Drs. 20/14263; ebenso Art. 1 Nr. 2 des vom BMJ als „Formulierungshilfe" verfassten Entwurfs eines Ersten Gesetzes zur Änderung des Gewaltschutzgesetzes v. 8.1.2025
94 Unter dem Dach der Bundesarbeitsgemeinschaft Täterarbeit Häusliche Gewalt (BAG-TäHG e.V.) besteht ein entsprechendes Netzwerk an Täterarbeitseinrichtungen in Deutschland
95 *Unger*, AnwBl 2023, 275; hierzu *Cirullies/Cirullies*, Schutz bei Gewalt und Nachstellung, Rn. 364, 672
96 § 1a GewSchG (neu) gemäß Art. 1 Nr. 3 der „Formulierungshilfe" des BMJ; vgl. auch TOP I.31 der Frühjahrskonferenz der Justizminister 2025; kritisch zu dem Vorhaben *Kinzig/Rebmann*, ZRP 2025, 48; *Henneberger/Çelebi*, ZRP 2024, 181
97 BT-Drs. 14/5429, 28; OLG Hamm BeckRS 2013, 11035; zu Problemen bei fehlender Befristung vgl. OLG Karlsruhe, BeckRS 2015, 07632, ferner OLG Hamm BeckRS 2015, 08429
98 Ausführlich *Cirullies/Cirullies*, Schutz bei Gewalt und Nachstellung, Rn. 52 ff.
99 So OLG Koblenz FamRZ 2016, 1795; *Breidenstein*, NZFam 2017, 612, 613
100 BT-Drs. 14/5429, S. 28; OLG Brandenburg FamRZ 2021, 1214
101 OLG Hamburg FamRZ 2023, 1897 = NZFam 2023, 858 (*Schneider*); OLG Zweibrücken FamRZ 2013, 324; Johannsen/Henrich/Althammer/*Dürbeck*, § 1 GewSchG Rn. 33
102 Eingehend zum Ganzen *Cirullies*, FamRZ 2021, 1176
103 *v. Pechstaedt*, NJW 2007, 1233, 1235; BeckOGK-BGB/*Schulte-Bunert*, § 1 GewSchG Rn. 66; jurisPK-BGB/*Breidenstein*, § 1 GewSchG Rn. 42
104 BGH NStZ-RR 2018, 328
105 H.M., vgl. etwa OLG Frankfurt FamRZ 2014, 1956; FamRZ 2010, 1812; OLG Celle FamRZ 2012, 456; Grüneberg/*Götz*, § 1 GewSchG Rn. 5; Johannsen/Henrich/Althammer/*Dürbeck*, § 1 GewSchG Rn. 18

nungsfähigkeit)[106] ist bereits im **Erkenntnisverfahren** zu klären.[107] Ausgehend von dem Grundsatz der Eigenverantwortlichkeit des Handelnden trägt dieser grundsätzlich die **Darlegungs- und Feststellungslast** für seine Schuldunfähigkeit.[108] Ergeben sich jedoch aus dem Akteninhalt oder sonstigen Umständen wegen einer möglichen psychischen Erkrankung **offenkundige Zweifel** an der Schuldfähigkeit des Verpflichteten, so hat das Familiengericht dies **von Amts wegen** aufzuklären.[109] Verweigert der Täter die Mitwirkung an der gerichtlich angeordneten Begutachtung, kommt eine „Beweislast-Entscheidung" zu seinem Nachteil in Betracht.

Nimmt das Gericht aufgrund bereits vorliegender ärztlicher Atteste oder Sachverständigengutachten oder aber nach eigenen Ermittlungen **Schuldunfähigkeit** bei Begehung der Anlasstaten an, können Schutzmaßnahmen auf der Grundlage des Gewaltschutzgesetzes **nicht** angeordnet werden. Sie können jedoch auch dann verhängt werden, wenn die Taten in einem **vorübergehenden Zustand der Unzurechnungsfähigkeit** begangen wurden, in den sich der Täter durch Alkohol, Drogen oder andere berauschende Mittel selbst versetzt hat **(Abs. 3)**. 28

Nicht anwendbar hingegen ist das GewSchG auf Personen, die **aus anderem Grund** (vor allem einer psychiatrischen Erkrankung) vorübergehend oder dauerhaft unzurechnungsfähig bzw. schuldunfähig sind. In diesem Fall können Unterlassungsansprüche gleichwohl materiell-rechtlich auf §§ 823, 1004 BGB analog gestützt werden.[110] Auf solche Weise kann – wenn auch umständlich – eine Schutzanordnung gegen einen **Schuldunfähigen** erwirkt werden, die zwar nicht die Festsetzung von ein Verschulden voraussetzenden Ordnungsmitteln (dazu hier *Cirullies*, § 95 FamFG Rn. 9), wohl aber die Anwendung **unmittelbaren Zwangs** gemäß § 96 Abs. 1 FamFG analog durch den Gerichtsvollzieher ermöglicht (dazu hier *Cirullies*, § 96 FamFG Rn. 14). Die Schaffung eines solchen Titels ist für das Opfer auch deswegen von Bedeutung, weil eine freiwillige Befolgung der Unterlassungspflicht trotz Verschuldensunfähigkeit nicht völlig von der Hand zu weisen ist oder aber Dritte (Betreuer, Angehörige) im Rahmen der Personensorge dann besondere Anstrengungen entfalten, um ein titelkonformes Verhalten des Täters sicherzustellen.[111]

Maßnahmen nach dem GewSchG können hingegen nicht erlassen werden, wenn der Täter zur Tatzeit aufgrund einer (geistigen) **Krankheit** vorübergehend oder dauerhaft nicht schuldhaft gehandelt hat. Dieser Umkehrschluss erscheint nach dem Gesetzeswortlaut zwingend. In einem solchen Fall bleiben Schutzanordnungen aufgrund des **allgemeinen Unterlassungsanspruchs** analog §§ 823 Abs. 1, 1004 BGB möglich, der kein Verschulden des Störers voraussetzt. Auch hierüber haben die **Familiengerichte** zu befinden – jedenfalls dann, wenn sich erst im Verlauf des familiengerichtlichen Verfahrens die fehlende Zurechnungsfähigkeit des Antragsgegners ergibt (§ 17 Abs. 2 Satz 1 GVG analog; dazu Rn. 30). 29

▶ *Vgl. auch Cirullies, § 3 GewSchG Rn. 5.*

106 Vgl. etwa MüKo-FamFG/*Erbarth*, § 210 Rn. 20 m.w.N.
107 OLG Hamburg FamRZ 2021, 1411; AG Frankfurt NZFam 2022, 282 (*Cirullies*)
108 OLG Koblenz FamRZ 2017, 1933; KG BeckRS 2012, 07256 (betreffend § 890 ZPO)
109 OLG Hamburg FamRZ 2021, 1411; näher *Cirullies/Cirullies*, Schutz bei Gewalt und Nachstellung, Rn. 42b
110 Johannsen/Henrich/Althammer/*Dürbeck*, § 1 GewSchG Rn. 18, auch zu den verfahrensrechtlichen Komplikationen
111 OGH Österreich BeckRS 2023, 27246 (Rn. 29)

IV. Verfahren

1. Zuständigkeit

30 Das **Familiengericht** ist zuständig für alle Gewaltschutzsachen, also die Verfahren, in denen Ansprüche nach den §§ 1, 2 GewSchG geltend gemacht werden. Die **Zivilgerichte** bleiben grundsätzlich **funktionell zuständig** für Unterlassungsansprüche mit gleicher Zielrichtung nach §§ 823 Abs. 1, 1004 Abs. 1 BGB analog und § 238 Abs. 1 StGB i.V.m. §§ 823 Abs. 2, 1004 Abs. 1 BGB analog sowie entsprechende Schadenersatz- oder Schmerzensgeldansprüche.[112] Allerdings soll dies nicht gelten, wenn die Geltendmachung von Ansprüchen nach dem Gewaltschutzgesetz daran scheitert, dass der **Täter nicht zurechnungsfähig** ist (vgl. § 1 Abs. 3 GewSchG). In diesen Fällen könne auch das **Familiengericht** Schutzmaßnahmen unter dem rechtlichen Gesichtspunkt des allgemeinen zivilrechtlichen Unterlassungsanspruches auch bei Unzurechnungsfähigkeit des Täters anordnen (§ 17 Abs. 2 Satz 1 GVG analog).[113]

Nach Wahl des Antragstellers ist **örtlich zuständig** das Gericht, in dessen Bezirk die Tat begangen wurde, sich die gemeinsame Wohnung des Antragstellers und des Antragsgegners befindet oder der Antragsgegner seinen gewöhnlichen Aufenthalt hat (§ 211 FamFG). Mit Ausübung der **Wahl** wird das gewählte Gericht **ausschließlich zuständig**. Über dieses Wahlrecht ist der Antragsteller zu belehren.[114]

2. Antragsverfahren

31 Das Gewaltschutzverfahren wird **nur auf Antrag** eingeleitet (vgl. Abs. 1). Dabei handelt es sich um einen **Verfahrensantrag** (nur) zum Zwecke der Verfahrenseinleitung; ein bestimmter Sachantrag ist nicht erforderlich.[115] Lediglich das Rechtschutzziel muss deutlich werden.

Der Antrag ist grundsätzlich **schriftlich** zu stellen.[116] Es besteht **kein Anwaltszwang**.[117] Daher kann das Opfer seinen Antrag gemäß § 25 FamFG auch persönlich bei Gericht stellen (Geschäftsstelle oder **Rechtsantragsstelle**), vgl. auch Rn. 41.[118]

Das Gericht ist an die gestellten Anträge **nicht gebunden**. Es kann sogar – entsprechend dem **Amtsermittlungsgrundsatz** – darüber hinausgehen, wenn es dies für sachgerecht und geboten erachtet (hierzu Rn. 18). Ferner kann (und soll) das Gericht – unabhängig von dem konkreten Antrag – im Einzelfall vollstreckungserleichternde **Durchführungsmaßnahmen** anordnen. Der Antrag ist andererseits **hinreichend bestimmt** zu fassen, da er sonst nicht positiv beschieden werden kann. Er muss erkennen lassen, dass das Gericht „... die zur Abwendung weiterer Verletzungen erforderlichen Maßnahmen ...“[119] treffen soll; ein bloßer Antrag auf Unterlassung eines bestimmten Verhaltens genügt nicht.[120]

Inhaltlich ist ferner zu beachten, dass der Vortrag des **Sachverhalts** hinreichend **detailliert** ist. Die Verletzungshandlung(en), Zeitpunkt und Tatort müssen umfassend und möglichst genau genannt werden. Unsubstantiierter Vortrag kann zur Zurückweisung des Antrags

---

112 AG Tempelhof-Kreuzberg FamRZ 2010, 919; *Löhnig*, FPR 2011, 65, 67
113 OLG Celle FamRZ 2012, 456; Johannsen/Henrich/Althammer/*Dürbeck*, § 1 GewSchG Rn. 18; a.A. OLG Hamburg NZFam 2025, 133 mit Anm. *Cirullies*
114 OLG Brandenburg FamRZ 2019, 1729
115 Ganz h.M., vgl. Dutta/Jacoby/Schwab/*Cirullies*, Vor § 210 FamFG Rn. 6 m.w.N.
116 Hierbei sind die Neuerungen im elektronischen Rechtsverkehr zu beachten, insbesondere § 14b FamFG, dazu *Fritzsche*, NZFam 2022, 1
117 § 114 FamFG; OLG Brandenburg FamRZ 2011, 56
118 Ferner *Cirullies/Cirullies*, Schutz bei Gewalt und Nachstellung, Rn. 118
119 Vgl. Abs. 1 Satz 1
120 OLG Frankfurt BeckRS 2015, 7906

führen. Auch etwaige **Verletzungsfolgen** sollten genau und ggf. unter Vorlage von Attesten oder Nennung des behandelnden Arztes geschildert werden.

Praxishinweis: Sofern ausnahmsweise keine andere Möglichkeit besteht, die beanstandete Handlung hinreichend konkret darzustellen als durch die Nutzung von digitalen Speichermedien, ist auch die Bezugnahme in der Antragsschrift auf einen beigefügten USB-Stick zulässig.[121]

Der **Antrag** (und Tenor einer Entscheidung) nach **§ 1 GewSchG** könnte in einem **Stalking-** 32
Fall – gestützt auf entsprechende Vorfälle, die eine Wiederholung befürchten lassen – wie folgt lauten:[122]

Tenorierungsbeispiel: Stalking-Fall

1. Der Antragsgegnerin wird verboten,

a) den Antragsteller zu bedrohen oder zu beschimpfen,

b) Verbindung zum Antragsteller, auch unter Verwendung von Fernkommunikationsmitteln, aufzunehmen,

c) sich dem Antragsteller, seiner Wohnung in … (genaue Bezeichnung) sowie seinem Arbeitsplatz in … (genaue Bezeichnung) auf eine Entfernung von weniger als 50 m zu nähern,

d) Zusammentreffen mit dem Antragsteller herbeizuführen; im Falle eines zufälligen Zusammentreffens hat die Antragsgegnerin sofort einen Abstand von 50 m herzustellen.

[Dies gilt nicht, soweit es zur Wahrnehmung berechtigter Interessen erforderlich ist; siehe dazu Rn. 21.]

2. Die Dauer der Anordnung ist befristet bis zum … .

3. Die sofortige Wirksamkeit und die Zulässigkeit der Vollstreckung vor der Zustellung an die Antragsgegnerin werden angeordnet. [Siehe dazu Rn. 37 und 44.]

3. Der Antragsgegnerin wird darauf hingewiesen, dass das Gericht gegen sie für jeden Fall der Zuwiderhandlung gegen eine der genannten Verpflichtungen ein Ordnungsgeld bis zu 250.000 EUR, ersatzweise Ordnungshaft, oder unmittelbar Ordnungshaft bis zu sechs Monaten anordnen kann. Sie wird ferner darauf hingewiesen, dass die Zuwiderhandlung auch nach § 4 GewSchG bestraft werden kann.

4. Die Beteiligten werden darauf hingewiesen, dass diese Anordnung der zuständigen Polizeibehörde mitgeteilt wird (§ 216a FamFG).

5. Die Kosten des Verfahrens trägt die Antragsgegnerin.

Zum Schutz des Opfers kann es mitunter angezeigt sein, dessen **Anschrift geheim** zu hal- 33
ten. Hierfür bedarf es eines schutzwürdigen **Geheimhaltungsinteresses**, das dem Gericht näher dargelegt werden muss.[123] Ob ein solche Ausnahmesituation vorliegt, ist eine Frage des jeweiligen Einzelfalls.[124] Zur Geheimhaltung des aktuellen Aufenthaltsorts der Gewaltbetroffenen ist dem Gegner eine **Akteneinsicht** nur eingeschränkt zu gewähren (dazu hier *Köhler*, § 13 FamFG Rn. 5).[125] Allerdings muss sich das Opfer im Rahmen von Schutzmaßnahmen nach § 1 GewSchG entscheiden, ob ihm die Geheimhaltung der neuen Anschrift

121 BGH MDR 2022, 1492
122 Vgl. auch *Schulte-Bunert*, FuR 2011, 263; *Viefhues*, ZFE 2003, 16, 18
123 BGH FamRZ 2023, 1802 m.w.N.
124 BVerwG NJW 2012, 1527 m.w.N.
125 Vgl. BT-Drs. 19/7816 S. 14 v. 15.2.2019 (betr. Umsetzung der „Istanbul-Konvention")

oder die Verhängung eines Näherungsverbots (mit der dann erforderlichen Adressenangabe) wichtiger ist. Zu seinem Schutz kann das Opfer bei der Meldebehörde die Eintragung einer **Auskunftssperre** im Melderegister beantragen.[126]

3. Verfahrensfähigkeit

34 Bei außergewöhnlichen Verhaltensweisen des **Antragsgegners**, die auf erhebliche psychische Störungen schließen lassen, kann im Erkenntnisverfahren bereits die **Verfahrensfähigkeit** zweifelhaft sein. Die Frage der Verfahrensfähigkeit knüpft im Wesentlichen an die Geschäftsfähigkeit nach bürgerlichem Recht an (§ 9 Abs. 1 FamFG). Zweifeln an der Verfahrensfähigkeit hat das Gericht **von Amts wegen** nachzugehen,[127] und zwar in jeder Lage des Verfahrens.[128] Auf Antrag des Antragstellers kann für den verfahrensunfähigen Antragsgegner, der ohne gesetzlichen Vertreter ist, gemäß § 57 Abs. 1 ZPO ein **Verfahrenspfleger** bestellt werden, wenn **Gefahr im Verzug** besteht.[129]

4. Kindeswohl und Opferschutz

35 Sind **Kinder** (mittelbar) betroffen von **häuslicher Gewalt**, wird in der Regel von Amts wegen ein Kinderschutzverfahren (§ 1666 BGB) oder ein Umgangsverfahren (§ 1684 BGB) einzuleiten sein. Insoweit sind auch die Vorgaben der sog. Istanbul-Konvention zu beachten (vgl. hier Rn. 6).

Zum **Schutz des Gewaltopfers** in dem anzuberaumenden Termin können besondere **Sicherungsmaßnahmen** (getrennte Anhörung, Zeugenschutzzimmer etc.) angebracht sein.

5. Einstweilige Anordnung

a) Voraussetzungen

36 Das Gericht kann gemäß § 49 Abs. 1 FamFG durch eine einstweilige Anordnung eine **vorläufige Maßnahme** treffen, soweit dies nach den für das Rechtsverhältnis maßgebenden Vorschriften gerechtfertigt ist **(Anordnungsanspruch)** und ein dringendes Bedürfnis für ein sofortiges Tätigwerden besteht **(Anordnungsgrund)**.[130] Ein solches Bedürfnis ist in **Gewaltschutzsachen** gemäß § 214 Abs. 1 FamFG regelmäßig anzunehmen, wenn bereits eine **Tat** i.S.d. § 1 GewSchG **begangen** worden sein muss oder aufgrund konkreter Umstände mit einer solchen zu rechnen ist.[131] Zweifel können hier bestehen, wenn die vorgeworfene Tat bereits längere Zeit zurückliegt.

Im Rahmen dieses vorläufigen Rechtsschutzes muss der Antragsteller seinen Vortrag besonders untermauern: Nach § 51 Abs. 1 Satz 2 FamFG obliegt es ihm, seinen Antrag zu begründen und die Voraussetzungen für die Anordnung (zumindest) **glaubhaft zu machen**.[132] Hierfür kann er sich aller Beweismittel bedienen und auch zur Versicherung an Eides statt zugelassen werden (§ 31 Abs. 1 FamFG).[133]

Praxishinweis: Im Einzelfall können auch Audio- und Videoaufzeichnungen zur Glaubhaftmachung im Verfahren der einstweiligen Anordnung zugelassen werden.[134]

---

126 Nach § 51 Bundesmeldegesetz, näher *Cirullies/Cirullies*, Schutz bei Gewalt und Nachstellung, Rn. 660
127 § 9 Abs. 5 FamFG, § 56 Abs. 1 ZPO
128 BGH FamRZ 2010, 548
129 Ausführlich *Cirullies*, FamRZ 2014, 1901
130 Eingehend *Schulte-Bunert*, FuR 2014, 566
131 Musielak/Borth/*Frank*, Vorbem. §§ 49 ff. FamFG Rn. 1
132 Eingehend *Cirullies/Cirullies*, Schutz bei Gewalt und Nachstellung, Rn. 148 ff.
133 Zur Erschütterung der Glaubhaftmachung durch den Antragsgegner vgl. KG NZFam 2024, 44 (*Cirullies*); OLG Dresden FamRZ 2019, 533
134 OLG Brandenburg FamRZ 2020, 1833 m. Anm. *Cirullies*; OLG Saarbrücken FamRZ 2011, 985

Das Verfahren der einstweiligen Anordnung ist stets ein **selbstständiges Verfahren**, und zwar auch dann, wenn gleichzeitig das Hauptsacheverfahren anhängig ist (§ 51 Abs. 3 FamFG).[135] Dies hat in der Praxis dazu geführt, dass – entsprechend der Erwartung des Gesetzgebers[136] – ein Hauptsacheverfahren nur noch selten eingeleitet werden muss.

b) Sofortige Wirksamkeit

Einstweilige Anordnungen sind – nach der Natur der Sache und im Gegensatz zum Hauptsacheverfahren – **sofort wirksam**, so dass es der Anordnung der sofortigen Wirksamkeit nicht bedarf.[137] Diese Formulierung ist jedoch zumindest missverständlich: Wirksam wird ein Beschluss grundsätzlich erst mit **Bekanntgabe** an den betroffenen Beteiligten (§ 40 Abs. 1 FamFG); dies bedeutet – wegen der Anfechtbarkeit des Beschlusses durch den Antragsgegner – mit der **Zustellung** (§ 41 Abs. 1 FamFG).[138] 37

Bei **Gewaltschutzverfahren** wird zum Schutz des Opfers anzuordnen sein, dass die **Vollstreckung** der einstweiligen Anordnung **vor der Zustellung** an den Antragsgegner zulässig ist. In diesem Fall wird die einstweilige Anordnung mit Erlass wirksam (§ 53 Abs. 2 FamFG).[139] Allerdings sollte diese Anordnung nicht stereotyp ergehen. Denn sie kann sich nachteilig auswirken, wenn es auf die positive Kenntnis des Täters von dem titulierten Unterlassungsgebot ankommt, so beim Nachweis einer **schuldhaften Zuwiderhandlung** im Rahmen der Ordnungsmittelvollstreckung nach § 890 ZPO[140] oder für eine Strafbarkeit nach § 4 GewSchG.[141]

6. Vergleich in Gewaltschutzsachen

a) Aufwertung des Vergleichs

Das gesamte FamFG ist dadurch charakterisiert, dass das Gericht auf eine **gütliche Einigung** der Beteiligten hinwirken soll. Eine Ausnahme macht der Gesetzgeber lediglich in **Gewaltschutzsachen** wegen deren Schutzzweck (§ 36 Abs. 1 Satz 2 FamFG). Zur Begründung wurde ursprünglich auf § 4 Satz 1 GewSchG verwiesen, wonach ein Verstoß gegen eine in einem Vergleich eingegangene Verpflichtung **nicht strafbewehrt** ist. Doch dieses Argument ist nach Einführung des gerichtlich bestätigten Vergleichs (siehe Rn. 39) obsolet, so dass für die nach wie vor geltende Einschränkung in § 36 Abs. 1 Satz 2 FamFG eine Rechtfertigung nicht mehr erkennbar ist.[142] Tatsächlich ist eine **Vereinbarung** in Gewaltschutzverfahren im Einzelfall durchaus **sachgerecht** und in der Praxis auch gang und gäbe.[143] Denn ein solcher Vergleich kann den konkreten Bedürfnissen der Beteiligten vielfach besser Rechnung tragen als eine gerichtliche Anordnung. Er wird gemeinhin von dem Täter auch eher akzeptiert und eingehalten.[144] 38

Praxishinweis: Im Falle einer Verfahrenserledigung durch Vergleich ist bezüglich der Kosten die Sonderregelung des § 83 Abs. 1 FamFG zu beachten.[145]

135 Eine Verquickung beider Verfahren ist unzulässig, OLG Frankfurt FamRZ 2024, 449 = NZFam 2023, 1051 (*Cirullies*)
136 BT-Drs. 16/6308, 199
137 BGH NJW 2018, 1317 (Rn. 14) betr. einstweilige Verfügungen; OLG Hamm FamRZ 2011, 830 (LS); Sternal/*Giers*, FamFG, § 53 Rn. 2
138 Ausführlich *Cirullies*, DGVZ 2022, 249, 252; FamRZ 2012, 1854, 1855 m.w.N.
139 Eine ähnliche Regelung für Hauptsacheverfahren findet sich in § 216 Abs. 2 FamFG
140 Hierzu OLG Brandenburg FamRZ 2019, 1269 mit Anm. *Cirullies*
141 Vgl. KG FamRZ 2023, 275 = NZFam 2022, 332 (*Cirullies*)
142 So auch Bumiller/Harders/*Schwamb*, § 214a FamFG Rn. 3
143 Vgl. etwa *Billhardt*, jurisPR-FamR 12/2022 Anm. 1: „in erheblichem Umfang"; *Breidenstein*, NZFam 2015, 680 („häufig"); ferner *Altrogge*, FamRB 2024, 215, 217 („zahlreich")
144 Prütting/Helms/*Neumann*, § 214a FamFG Rn. 2; *Cirullies/Cirullies*, FamRZ 2017, 493, 497 m.w.N.
145 Hierzu OLG Brandenburg NZFam 2023, 235 (*Cirullies*)

b) Bestätigter Vergleich

39 Um eine strafrechtliche Schutzlücke zu schließen, wurde der durch Beschluss **gerichtlich bestätigte Vergleich (§ 214a FamFG)** eingeführt und § 4 GewSchG ergänzt.[146] Danach muss das Familiengericht von Amts wegen einen Vergleich, den die Beteiligten in Gewaltschutzverfahren schließen, in dem Maße bestätigen, wie es die im Vergleich festgelegten Schutzmaßnahmen auch im Einzelfall vom Gericht nach § 1 GewSchG hätte anordnen können. Diese mit der **Bestätigungspflicht** einhergehende zwingende Folge der Strafbewehrung kann sich allerdings in bestimmten Fallkonstellationen durchaus negativ auf die Vergleichsbereitschaft auswirken. Zu bedenken ist, dass der Bestätigungsbeschluss zwangsläufig eine Schuldfeststellung impliziert, so dass die Zustimmung des Antragsgegners zum Vergleich als **Schuldeingeständnis** verstanden werden kann.[147] Da dieses neue Institut schon wegen seiner offensichtlichen Nachteile[148] in der Praxis nur geringe Bedeutung erlangt hat und erlangen wird, kann auf eine nähere Darstellung verzichtet werden.[149] Im Übrigen ist es den Beteiligten unbenommen, wie bisher einen **einfachen Vergleich** zu schließen, der auch ohne gerichtliche Bestätigung Vollstreckungstitel nach § 86 Abs. 1 Nr. 3 FamFG bleibt, nur eben nicht strafbewehrt nach § 4 GewSchG (zum Unterschied zu einem gerichtlich gebilligten Vergleich vgl. hier § 86 FamFG Rn. 13).[150] Immerhin bietet das Zivilrecht dem Gewaltschutzopfer im Wege der Zwangsvollstreckung auch für den (unbestätigten) Vergleich wirkungsvollen Schutz durch die mögliche Verhängung von strafähnlichen **Ordnungsmitteln** (vgl. Rn. 45).

7. Verfahrenskostenhilfe

a) Erfolgsaussicht und Mutwilligkeit

40 In Gewaltschutzverfahren suchen die Beteiligten vielfach um die Bewilligung von **Verfahrenskostenhilfe** nach. Voraussetzung hierfür ist, dass die beabsichtigte Rechtsverfolgung hinreichende Aussicht auf Erfolg bietet und nicht mutwillig erscheint (§ 76 FamFG i.V.m. § 114 ZPO).

An die **Erfolgsaussicht** dürfen nicht zu hohe Anforderungen gestellt werden. Sie ist auch dann gegeben, wenn beide Seiten eines Gewaltschutzverfahrens den maßgeblichen Vorfall aus ihrer Sicht hinreichend substantiiert schildern und dies durch Vorlage einer eidesstattlichen Versicherung glaubhaft machen.[151]

Wenn der Antragsteller seinen **Hauptsacheantrag** weitgehend zeit- und inhaltsgleich mit einem Antrag auf Erlass einer **einstweiligen Anordnung** stellt, wird die Rechtsverfolgung mitunter als **mutwillig** i.S.d. § 114 ZPO erachtet.[152] Andererseits muss den Beteiligten grundsätzlich ein nicht bloß summarisches Verfahren zur Verfügung stehen, in dem sie streitig gebliebene, lediglich glaubhaft zu machende Tatsachen mit **besseren Erkenntnismöglichkeiten**, höherem richterlichen Überzeugungsgrad und größerer Bestandskraft der Entschei-

146 Dazu *Cirullies*, FamRB 2019, 407

147 Zu einem solchen Fall OLG Karlsruhe FamRZ 2024, 483 = NZFam 2023, 459 (*Cirullies*); ferner *Cirullies*, FamRB 2019, 407, 410 m.w.N.

148 Vgl. Bumiller/Harders/*Schwamb*, § 214a FamFG Rn. 3; eingehend MüKo-FamFG/*Erbarth*, § 214a Rn. 6 ff.

149 Wegen Einzelheiten der komplizierten Regelung vgl. *Cirullies/Cirullies*, Schutz bei Gewalt und Nachstellung, Rn. 206 ff.

150 BT-Drs. 18/9946, S. 14; dazu OLG Hamburg FamRZ 2019, 1449 = NZFam 2019, 730 *(Cirullies)*. Damit besteht ein wesentlicher Unterschied zu einem gerichtlich gebilligten Vergleich gemäß § 156 Abs. 2 FamFG

151 OLG Celle FamRZ 2024, 1629 = FamRB 2024, 340 (*Cirullies*)

152 OLG Hamm FamRZ 2014, 585 m.w.N.; Sternal/*Giers*, § 51 FamFG Rn. 25b

dung klären lassen können.[153] Insoweit ist zu differenzieren und auf die konkreten Umstände des **Einzelfalls** abzustellen: Die Einleitung des Hauptsacheverfahrens ist dann als **mutwillig** zu bewerten, wenn dieses Vorgehen ohne Zweifel sinnlos oder nicht ersichtlich ist, welche Nachteile sich für den Beteiligten ergeben, wenn er zunächst abwartet, ob die Situation mit der Anordnungsregelung hinreichend geklärt werden kann.[154]

b) Beiordnung eines Rechtsanwalts

Ist eine Vertretung durch einen Rechtsanwalt nicht vorgeschrieben (wie in Gewaltschutzsachen), so wird dem Beteiligten auf seinen Antrag ein **Rechtsanwalt** seiner Wahl **beigeordnet**, wenn wegen der **Schwierigkeit der Sach- und Rechtslage** die Vertretung durch einen Rechtsanwalt erforderlich erscheint (§ 78 Abs. 2 FamFG). Hierbei sind auch subjektive Umstände auf Seiten des Antragstellers zu berücksichtigen.[155] Entscheidend ist, ob ein bemittelter Rechtsuchender in der Lage des Unbemittelten vernünftigerweise einen Rechtsanwalt mit der Wahrnehmung seiner Interessen beauftragt hätte.[156] **41**

Gerade in **Gewaltschutzsachen** wird ganz überwiegend[157] ein großzügiger Maßstab befürwortet: Es handele sich dabei um eilbedürftige und **emotional aufgeladene Verfahren**. Sie seien schon in ihrer Struktur aufgrund der materiellen Regelungen gemäß §§ 1 ff. GewSchG nicht einfach gelagert,[158] aber auch deshalb, weil in der Regel komplexe Sachverhalte zu unterbreiten seien. Ein nicht rechtskundiger Beteiligter sei damit regelmäßig überfordert, erst recht ein Beteiligter mit **Migrationshintergrund**.[159] Auch die gerichtlichen Rechtsantragstellen vermögen anwaltliche Hilfe nicht zu ersetzen.[160]

V. Vollstreckung

1. Allgemeine Vollstreckungsvoraussetzungen

a) Titel

Als **Vollstreckungstitel** i.S.d. § 86 FamFG kommen in Gewaltschutzsachen **Beschlüsse** in Hauptsache- oder (meist) Eilverfahren sowie **Vergleiche** in Betracht. **Beschlüsse** werden mit ihrem Wirksamwerden **vollstreckbar** (§ 86 Abs. 2 FamFG). Ein **Vergleich** wird grundsätzlich mit seinem Abschluss wirksam, sofern bei der **Protokollierung** alle Formvorschriften eingehalten sind (vgl. *Cirullies*, § 86 FamFG Rn. 26). **42**

b) Klausel

Nach § 86 Abs. 3 FamFG ist eine **Vollstreckungsklausel** nur erforderlich, wenn die Vollstreckung nicht durch das Gericht erfolgt, das den Titel in der Hauptsache erlassen hat.[161] Denn die Klausel soll dem Vollstreckungsorgan außerhalb des „Prozessgerichts" (insbesondere Gerichtsvollzieher, Vollstreckungsgericht, Grundbuchamt) die Prüfung abnehmen, ob der **43**

153 OLG Stuttgart FamRZ 2019, 298; OLG München BeckRS 2015, 5579; MüKo-FamFG/*Erbarth*, § 214 Rn. 5
154 OLG Karlsruhe BeckRS 2017, 121376; Dutta/Jacoby/Schwab/*Cirullies*, Vor § 210 FamFG Rn. 8
155 BGH FamRZ 2010, 1427 mit Anm. *Stößer*; OLG Frankfurt FamRZ 2015, 947
156 So auch OLG Frankfurt FamRZ 2016, 394.
157 A.A. OLG Brandenburg MDR 2015, 298; *OLG Celle* FamRZ 2014, 1046 (LS), dazu *Cirullies*, NZFam 2014, 181
158 Musielak/Borth/*Frank*, § 76 FamFG Rn. 16
159 OLG Zweibrücken FamRZ 2010, 579; ähnlich OLG Saarbrücken FamRZ 2011, 1609
160 *BeckOK-FamFG/Weber § 78 Rn. 16; Bruns*, FamRZ 2012, 1024, 1025; *Cirullies*, NZFam 2014, 181 m.w.N.
161 Dies gilt auch für gerichtliche Vergleiche, vgl. OLG Brandenburg FamRZ 2019, 1946; *Cirullies*, FamRB 2019, 407, 408 m.w.N.

Titel bereits vollstreckbar ist. Dementsprechend hängt bei der Vollstreckung in **Gewaltschutzsachen** das Erfordernis der Klausel davon ab, welche **Vollstreckungsart** das Opfer wählt (näher hier § 86 FamFG Rn. 27):

- Für die Vollstreckung einer Unterlassungsverpflichtung durch **Ordnungsmittel**[162] ist das Gericht zuständig, das den Titel erlassen hat. Mithin ist hier eine Klausel **nicht** geboten.
- Soll hingegen der **Gerichtsvollzieher** als Vollstreckungsorgan **unmittelbaren Zwang** (§ 96 Abs. 1 FamFG; dazu Rn. 48) gegen den Zuwiderhandelnden anwenden oder im Fall des § 2 GewSchG eine **Räumung** durchführen, muss der Antragsteller einen mit **Klausel** versehenen Titel vorlegen.

Eine Besonderheit betrifft die **einstweilige Anordnung**: Sie bedarf der Vollstreckungsklausel nur, wenn die Vollstreckung für oder gegen eine nicht im Beschluss genannte Person erfolgen soll (§ 53 Abs. 1 FamFG).

c) Zustellung

44 Für die Vollstreckung ist im Grundsatz gemäß § 87 Abs. 2 FamFG die **Zustellung** des Beschlusses erforderlich, und zwar von Amts wegen (siehe Rn. 42). Diese Regelung gilt entsprechend für die übrigen in § 86 Abs. 1 FamFG aufgeführten Vollstreckungstitel, insbesondere einen **Vergleich**.[163] Auch aus einer **einstweiligen Anordnung** kann grundsätzlich erst nach Zustellung vollstreckt werden.

In **Gewaltschutzsachen** kann jedoch das Gericht mit der Anordnung der sofortigen Wirksamkeit auch die Zulässigkeit der **Vollstreckung vor der Zustellung** an den Antragsgegner anordnen (§ 216 Abs. 2 FamFG). Eine ähnliche Regelung findet sich für die **einstweilige Anordnung** in § 53 Abs. 2 FamFG. Auf Verlangen des Antragstellers darf die Zustellung einer schriftlich ergangenen einstweiligen Anordnung nicht vor der Vollstreckung erfolgen (§ 214 Abs. 2 Satz 3 FamFG).

Die Wirksamkeit der Zustellung ist auch für eine etwaige **Strafbarkeit** gemäß § 4 GewSchG von Bedeutung.

▶ *Siehe hierzu Cirullies, § 4 GewSchG Rn. 3.*

45 Die nach § 41 FamFG erforderliche Bekanntgabe des **Beschlusses** hat das **Gericht von Amts wegen** förmlich nach den Vorschriften der ZPO zu veranlassen. Dies gilt auch für die in Gewaltschutzsachen erlassene **einstweilige Anordnung**, wobei die **Geschäftsstelle** des Familiengerichts den Gerichtsvollzieher mit der Zustellung beauftragt (§ 214 Abs. 2 Satz 1 und 2 FamFG). Diese Regeln gelten auch für einen **Vergleich**.

▶ *Näher hierzu Cirullies, § 87 FamFG Rn. 3, 4.*

2. Vollstreckungsverfahren

a) Grundsätze

46 Während sich das Erkenntnisverfahren in **Gewaltschutzsachen** nach dem FamFG, also nach den Regeln der freiwilligen Gerichtsbarkeit vollzieht, richtet sich die Vollstreckung aus den entsprechenden Titeln nach der **ZPO** (§§ 95, 96 FamFG).

162 Nach §§ 95 Abs. 1 Nr. 4, 96 Abs. 1 Satz 3 FamFG, § 890 Abs. 1 ZPO
163 OLG Hamburg FamRZ 2019, 1449 mit eingehender Begründung

Geht es um die Vollstreckung der **Schutzmaßnahmen**, hat das Opfer die **Wahl:**[164] Es kann im Falle der Zuwiderhandlung gegen eine gerichtliche **Unterlassungsanordnung**

- zur Beseitigung einer andauernden Zuwiderhandlung einen **Gerichtsvollzieher** zuziehen (sog. **unmittelbarer Zwang**, § 96 Abs. 1 FamFG) *und/oder*
- die Festsetzung von **Ordnungsmitteln** (Ordnungsgeld oder Ordnungshaft) beantragen (§ 95 Abs. 1 Nr. 4 FamFG i.V.m. § 890 ZPO).

▶ *Eingehend hierzu Cirullies, § 95 FamFG Rn. 7 ff.*

b) Unmittelbarer Zwang

Handelt ein Verpflichteter einer nach **§ 1 GewSchG** ergangenen Anordnung[165] zuwider, eine Handlung zu unterlassen, kann der Berechtigte zur Beseitigung der noch andauernden Zuwiderhandlung einen **Gerichtsvollzieher** hinzuziehen (§ 96 Abs. 1 FamFG). Insbesondere bei Fällen intensiven Stalkings handelt es sich nicht selten um **zurechnungsunfähige** Täter. Gerade hier kann die Anwendung unmittelbaren Zwangs angebracht sein. Denn dieser setzt – im Gegensatz zu § 890 ZPO – **nicht** eine **schuldhafte** Zuwiderhandlung voraus. **47**

▶ *Cirullies, § 90 FamFG Rn. 2 ff., § 96 FamFG Rn. 1*

c) Ordnungsmittel

Die Vollstreckung einer Gewaltschutzanordnung wird in keinem Fall nach § 888 ZPO oder nach § 35 FamFG durchgeführt;[166] es dürfen also **nicht Zwangsmittel**, sondern nur **Ordnungsmittel** festgesetzt werden.[167] Die Verhängung solcher Ordnungsmittel setzt ein **schuldhaftes** Handeln voraus.[168] **48**

▶ *Siehe dazu Cirullies, § 95 FamFG Rn. 9.*

Der Ahndung muss eine entsprechende **Androhung** vorausgegangen sein (§ 890 Abs. 2 ZPO). Diese kann (und sollte) bereits in dem die Verpflichtung aussprechenden Beschluss enthalten sein.

d) Vollstreckung trotz Ablaufs der Titelbefristung

In Gewaltschutzsachen kann sich das **Ordnungsmittelverfahren** längere Zeit hinziehen und über die im Ausgangstitel bestimmte **Frist** hinaus andauern. Hierdurch wird jedoch die **Vollstreckung** des festgesetzten Ordnungsmittels **nicht unzulässig**.[169] Im Übrigen wird der Verpflichtete im Vollstreckungsverfahren nicht mit dem Einwand gehört, dass es an einer **Befristung fehle**.[170] **49**

---

164 Vgl. § 96 Abs. 1 Satz 3 FamFG
165 Gleiches gilt für die Unterlassungsverpflichtung in einem gerichtlichen Vergleich.
166 Vgl. OLG Naumburg BeckRS 2010, 33319
167 OLG Bremen FamRZ 2007, 1033; OLG Zweibrücken FamRZ 2010, 1369
168 BVerfG 2017, 957; OLG Hamburg FamRZ 2021, 1411
169 BGH FamRZ 2017, 1329; OLG Zweibrücken BeckRS 2019, 17800, dazu *Kischkel*, NZFam 2019, 748; eingehend *Cirullies/Cirullies*, Schutz bei Gewalt und Nachstellung, Rn. 279
170 OLG Karlsruhe FamRZ 2015, 1405

§ 2 GewSchG

Überlassung einer gemeinsam genutzten Wohnung

(1) Hat die verletzte Person zum Zeitpunkt einer Tat nach § 1 Abs. 1 Satz 1, auch in Verbindung mit Abs. 3, mit dem Täter einen auf Dauer angelegten gemeinsamen Haushalt geführt, so kann sie von diesem verlangen, ihr die gemeinsam genutzte Wohnung zur alleinigen Benutzung zu überlassen.

(2) [1]Die Dauer der Überlassung der Wohnung ist zu befristen, wenn der verletzten Person mit dem Täter das Eigentum, das Erbbaurecht oder der Nießbrauch an dem Grundstück, auf dem sich die Wohnung befindet, zusteht oder die verletzte Person mit dem Täter die Wohnung gemietet hat. [2]Steht dem Täter allein oder gemeinsam mit einem Dritten das Eigentum, das Erbbaurecht oder der Nießbrauch an dem Grundstück zu, auf dem sich die Wohnung befindet, oder hat er die Wohnung allein oder gemeinsam mit einem Dritten gemietet, so hat das Gericht die Wohnungsüberlassung an die verletzte Person auf die Dauer von höchstens sechs Monaten zu befristen. [3]Konnte die verletzte Person innerhalb der vom Gericht nach Satz 2 bestimmten Frist anderen angemessenen Wohnraum zu zumutbaren Bedingungen nicht beschaffen, so kann das Gericht die Frist um höchstens weitere sechs Monate verlängern, es sei denn, überwiegende Belange des Täters oder des Dritten stehen entgegen. [4]Die Sätze 1 bis 3 gelten entsprechend für das Wohnungseigentum, das Dauerwohnrecht und das dingliche Wohnrecht.

(3) Der Anspruch nach Absatz 1 ist ausgeschlossen,

1. **wenn weitere Verletzungen nicht zu besorgen sind, es sei denn, dass der verletzten Person das weitere Zusammenleben mit dem Täter wegen der Schwere der Tat nicht zuzumuten ist oder**
2. **wenn die verletzte Person nicht innerhalb von drei Monaten nach der Tat die Überlassung der Wohnung schriftlich vom Täter verlangt oder**
3. **soweit der Überlassung der Wohnung an die verletzte Person besonders schwerwiegende Belange des Täters entgegenstehen.**

(4) Ist der verletzten Person die Wohnung zur Benutzung überlassen worden, so hat der Täter alles zu unterlassen, was geeignet ist, die Ausübung dieses Nutzungsrechts zu erschweren oder zu vereiteln.

(5) Der Täter kann von der verletzten Person eine Vergütung für die Nutzung verlangen, soweit dies der Billigkeit entspricht.

(6) [1]Hat die bedrohte Person zum Zeitpunkt einer Drohung nach § 1 Abs. 2 Satz 1 Nr. 1, auch in Verbindung mit Abs. 3, einen auf Dauer angelegten gemeinsamen Haushalt mit dem Täter geführt, kann sie die Überlassung der gemeinsam genutzten Wohnung verlangen, wenn dies erforderlich ist, um eine unbillige Härte zu vermeiden. [2]Eine unbillige Härte kann auch dann gegeben sein, wenn das Wohl von im Haushalt lebenden Kindern beeinträchtigt ist. [3]Im Übrigen gelten die Absätze 2 bis 5 entsprechend.

Weiterführende Literatur: Cirullies, Der Gerichtsvollzieher im Gewaltschutzverfahren – Vollstreckung des Anspruchs auf Wohnungsüberlassung, DGVZ 2018, 77; *Ehinger*, Die Ehewohnungszuweisung nach dem Gewaltschutzgesetz, FPR 2010, 567; *Frauenknecht*, Häusliche Gewalt und Anspruch auf Wohnungsüberlassung, NJW-Spezial 2019, 68.

1 Grundsätzlich kann das Opfer von dem Täter gemäß § 2 GewSchG die **Überlassung**[1] **der gemeinsam genutzten Wohnung** zur alleinigen Benutzung verlangen. Hierfür müssen insbesondere folgende Voraussetzungen erfüllt sein:

- Führung eines auf Dauer angelegten **gemeinsamen Haushalts**

und

- Vorliegen einer **Rechtsgutverletzung** nach § 1 Abs. 1 Satz 1 *oder* einer **Drohung** nach § 1 Abs. 2 Satz 1 Nr. 1 GewSchG.

2 Das Merkmal des auf Dauer angelegten **gemeinsamen Haushalts** ist nicht erfüllt, wenn die Partner nach dem Auszug des Opfers bereits seit mehreren Monaten voneinander getrennt lebten, ehe es zu behaupteten Gewalttaten in der vormals gemeinsamen Wohnung kam.[2] Liegen die Voraussetzungen des § 2 GewSchG nicht vor, so sollen sich Ansprüche auf die Überlassung der Wohnung bei Gewalttaten und Drohungen „aus den allgemeinen Grundsätzen für Schuldverhältnisse" ergeben.[3] Eine entsprechende Rechtsgrundlage existiert indes nicht. Das Grundrecht des Gewaltopfers auf körperliche Unversehrtheit wird allein durch die Regelungen des **GewSchG** gesichert.[4]

3 Ein geschädigter **Ehegatte** kann in Fällen von Gewaltanwendung und Bedrohung grundsätzlich nach **§ 2 GewSchG** oder nach **§ 1361b BGB** die Überlassung der Ehewohnung[5] an sich verlangen. Die Vorschriften unterscheiden sich inhaltlich durchaus in einigen Teilbereichen, etwa bei der Befristung und der unbilligen Härte.[6] Das Verhältnis der beiden gesetzlichen Regelungen zueinander ist umstritten. Doch dürfte ein **Wahlrecht** anzunehmen sein.[7] Ist eine Trennung durch die Ehegatten nicht beabsichtigt, sind Fälle häuslicher Gewalt in jedem Fall nach § 2 GewSchG zu entscheiden.

4 Die **Vollstreckung** einer Wohnungsüberlassung nach § 2 GewSchG oder § 1361b BGB oder eines entsprechenden Vergleichs wird im Wege der **Besitzeinweisung („Räumung")** durch den Gerichtsvollzieher vorgenommen, § 885 ZPO i.V.m. § 95 Abs. 1 Nr. 2 FamFG.[8] Dies bedeutet im Rahmen eines solchen Verfahrens: Der Gerichtsvollzieher setzt (lediglich) den **Schuldner nebst persönlicher Habe** wie Kleidung etc. aus der Wohnung; gemeinsame eheliche Haushaltsgegenstände verbleiben grundsätzlich in der Wohnung.

Eigentlich ist der Räumungstitel nach vollständiger Durchführung der Räumung **„verbraucht"**. Eine Ausnahme besteht jedoch während der Geltungsdauer (Befristung!) einer **einstweiligen Anordnung**: Hier ist die **mehrfache Einweisung** des Berechtigten in den Besitz zulässig (§ 96 Abs. 2 FamFG), und zwar auch dann, wenn das Opfer den Täter **freiwillig** wieder in die Wohnung aufgenommen hat.

▶ *Näher hier Cirullies, § 96 FamFG Rn. 2.*

---

1 Neben dem Ausdruck „Wohnungsüberlassung", der dem Gesetzeswortlaut entspricht, wird vielfach noch der Begriff „Wohnungszuweisung" verwendet. Inhaltlich sind damit keine Unterschiede verbunden
2 OLG Frankfurt NZFam 2024, 1077 mit Anm. *Cirullies*
3 So die Gesetzesverfasser (BT-Drs. 14/5429, 19) bei der Neufassung des § 940a ZPO und Schaffung des GewSchG im Jahr 2001
4 Ausführlich *Cirullies*, NZFam 2024, 1077, 1080
5 Zum Begriff vgl. BGH, FamRZ 2017, 22; *Erbarth*, NJW 2019, 1169
6 *Cirullies*, NZFam 2024, 1077, 1081 m.w.N.
7 So etwa OLG Oldenburg BeckRS 2017, 155307; OLG Bamberg FamRZ 2011, 1419; ausführlich *Cirullies/Cirullies*, Schutz bei Gewalt und Nachstellung, Rn. 60
8 Eingehend *Cirullies*, DGVZ 2018, 77 ff. mit Schaubild; zum Räumungsschutz im Fall einer Schwangerschaft vgl. BVerfG NZFam 2025, 822 (*Cirullies*)

§ 3 GewSchG
Geltungsbereich, Konkurrenzen

(1) Steht die verletzte oder bedrohte Person im Zeitpunkt einer Tat nach § 1 Abs. 1 oder Abs. 2 Satz 1 unter elterlicher Sorge, Vormundschaft oder unter Pflegschaft für Minderjährige, so treten im Verhältnis zu den Eltern und zu sorgeberechtigten Personen an die Stelle von §§ 1 und 2 die für das Sorgerechts-, Vormundschafts- oder Pflegschaftsverhältnis maßgebenden Vorschriften.

(2) Weitergehende Ansprüche der verletzten Person werden durch dieses Gesetz nicht berührt.

Übersicht

A. Allgemeines

1 Die Norm regelt das **Konkurrenzverhältnis** des Gewaltschutzgesetzes zu anderen Vorschriften. Dabei geht es vor allem um die Abgrenzung zu den Regelungen des **BGB:** gegenüber dem (oft vorrangigen) Kindschaftsrecht und gegenüber weiteren zivilrechtlichen Ansprüchen. Im Zuge der Reform des Vormundschafts- und Betreuungsrechts[1] ist in Abs. 1 das Wort „Pflegschaft" mit Blick auf § 1773 Abs. 1 BGB n.F. durch den Passus „Pflegschaft für Minderjährige" ohne inhaltliche Änderung ersetzt worden.

B. Inhalt der Norm

I. Geltungsbereich des GewSchG

2 Das Gewaltschutzgesetz ist in erster Linie konzipiert zum Schutz **erwachsener** Opfer vor gewalttätigen **Erwachsenen**. Doch gelten folgende Besonderheiten:

- Nach Abs. 1 findet das Gesetz dann **keine Anwendung**, wenn das unter elterlicher Sorge, Vormundschaft oder Pflegschaft stehende Kind von seinen **Eltern** (oder dem Vormund oder Pfleger) verletzt wird. Hierzu zählt auch der nichtsorgeberechtigte Elternteil, denn bei dieser Abgrenzung wird ausdrücklich auf die Elternschaft abgestellt[2] (näher hier *Cirullies*, § 1666 BGB Rn. 17). Im **Eltern-Kind-Verhältnis** gelten grundsätzlich nur die Bestimmungen des **Kindschaftsrechts**, insbesondere § 1666 BGB bzw. § 1684 Abs. 4 BGB.[3]
- Wird das Kind dagegen Opfer von Gewalt bzw. Nachstellungen **Dritter** (auch: neuer Lebensgefährte, Stiefelternteil, Großeltern), ist die Anwendung des Gewaltschutzgesetzes nicht ausgeschlossen. Es besteht insoweit ein **zweispuriger gerichtlicher Rechtsschutz:** Die Sorgeberechtigten können wahlweise im Namen des Kindes eine **Gewaltschutzanordnung** beantragen oder aber im eigenen Namen durch einen Antrag nach **§ 1632 Abs. 2, 3 BGB** den Umgang des Kindes steuern.[4] Ist durch die Kontaktanbahnung das **Kindeswohl gefährdet**, kann zudem ein Annäherungsverbot nach **§ 1666**

1 G. v. 4.5.2021 (BGBl I S. 882, 936)
2 OLG Hamm NZFam 2024, 743 (*Volke*)
3 Bzw. nach den Regelungen des Vormundschafts- oder Pflegschaftsrechts, §§ 1802, 1813 BGB i.V.m. §§ 1666, 1666a BGB; vgl. auch BT-Drs. 14/5429, 32
4 OLG Frankfurt FamRZ 2024, 1027 = FamRB 2024, 154 (*Neumann*) = NZFam 2024, 91 (*Cirullies*)

Abs. 3 Nr. 4, Abs. 4 BGB angeregt werden. Ein solches Kinderschutzverfahren hat wegen seiner besonderen Regeln[5] Vorrang vor einem Antragsverfahren nach § 1632 Abs. 2, 3 BGB.[6]

- Wird ein **Erwachsener** von einem (fremden) **Kind** attackiert, ist grundsätzlich das Gewaltschutzgesetz anwendbar. Werden **Eltern** (oder Sorgeberechtigte) Opfer von Gewalt bzw. Nachstellungen durch die unter ihrer Sorge stehenden **minderjährigen Kinder**, kann das **GewSchG** ebenfalls angewendet werden, wenn kindschaftsrechtliche Regelungen nicht angemessen oder ausreichend sind.
- Gewalttätigkeiten unter **minderjährigen Kindern** (auch bei Geschwistern) ist ausschließlich mit **kindschaftsrechtlichen** Maßnahmen zu begegnen.

Danach ergibt sich folgende **Übersicht**: 3

Übersicht: Gesetzeskonkurrenz

Täter	Opfer	anzuwendendes Gesetz
Erwachsener	Erwachsener	GewSchG
Eltern	Kind	BGB (§ 1666 oder § 1684 Abs. 4)
sonstiger Erwachsener	Kind	GewSchG *oder* BGB (§1666 oder ggf. § 1685)
Kind	Eltern/Sorgeberechtigter	BGB, hilfsweise GewSchG
Kind	sonstiger Erwachsener	GewSchG
Kind	Kind	BGB

Die jeweilige rechtliche Einordnung ist insofern von Belang, als das Gericht im Kindschaftsrecht auch **von Amts wegen** eingreifen kann und zudem die besonderen Verfahrensvorschriften nach §§ 151 ff. FamFG zu beachten sind. Hinsichtlich der Rechtsfolge sind die praktischen Auswirkungen gering, weil die wichtigsten Maßnahmen gegenüber Gewalttätern (insbesondere Wegweisung, Näherungs- und Kontaktverbot) nach § 1666 Abs. 3 BGB und § 1 Abs. 1 Satz 3 GewSchG gleichermaßen getroffen werden können[7] (siehe auch *Cirullies,* § 1666 BGB Rn. 10).

Für die Anwendbarkeit des Gewaltschutzgesetzes muss im Übrigen eine besondere **Beziehung** zwischen Opfer und Täter **nicht** bestehen. Erfasst werden *Gewalttaten* im **häuslichen** wie im **außerhäuslichen** *Bereich.*[8] Allerdings ist außerhalb des sozialen Nahbereichs, zu dem beispielsweise die Wohnung in einem Mehrfamilienhaus, die Nachbarschaft,[9] der Arbeitsplatz oder der Sport- oder Gartenverein[10] zu rechnen sind, eine **Wiederholungsgefahr** nicht ohne weiteres zu vermuten (siehe *Cirullies*, § 1 GewSchG Rn. 17). 4

II. Weitergehende Ansprüche

Die Abgrenzung der Regelungen des Gewaltschutzgesetzes von denen des BGB wird dadurch erschwert, dass § 1 GewSchG nur eine **verfahrensrechtliche Vorschrift** darstellt, die das Gericht zum Erlass von Schutzanordnungen befugt, indes keine materiell-rechtliche An- 5

5 Vgl. §§ 157, 158 Abs. 2 Satz 1, 162 Abs. 2 Satz 1 FamFG.
6 Johannsen/Henrich/Althammer/*Dürbeck*, § 1632 BGB Rn. 20
7 jurisPK-BGB/*Breidenstein*, § 3 GewSchG Rn. 4
8 MüKo-FamFG/*Erbarth*, § 210 Rn. 10
9 Etwa OLG Bremen FamRB 2020, 70 (*Frank*); OLG Karlsruhe FamRB 2019, 444 (*Neumann*)
10 OLG Brandenburg BeckRS 2020, 35764

spruchsgrundlage enthält. Voraussetzung für den Erlass solcher Schutzanordnungen ist danach zunächst das Bestehen eines Anspruchs nach §§ 823, 1004 BGB analog auf **Unterlassung** von vorsätzlichen widerrechtlichen Verletzungen der in § 1 GewSchG genannten Rechtsgüter (siehe *Cirullies*, § 1 GewSchG Rn. 7).

6 **Weitergehende Ansprüche** des Opfers können nach **Abs. 2** über das Gewaltschutzgesetz hinaus geltend gemacht werden, insbesondere Ansprüche

- auf **Schadensersatz** (beispielsweise Kosten einer ärztlichen Behandlung oder für Telefon-Fangschaltungen) und **Schmerzensgeld**,[11]
- auf **Wohnungsüberlassung nach § 1361b BGB** (vgl. hier § 2 GewSchG Rn. 3),
- auf **Wiedereinräumung des Mitbesitzes** (§ 861 BGB),[12]
- wegen **Verletzung weiterer Rechtsgüter** des Opfers, etwa des Eigentums oder sonstiger durch § 823 Abs. 1 und 2 BGB geschützter Rechte, insbesondere des **allgemeinen Persönlichkeitsrechts**.

Dabei kann sich die **Abgrenzung** zwischen von § 1 GewSchG erfassten Sachverhalten und der (bloßen) Verletzung des **allgemeinen Persönlichkeitsrechts** als schwierig erweisen. So wurde mit der Aufnahme des Schutzguts der **sexuellen Selbstbestimmung** ein bedeutender Bereich des allgemeinen Persönlichkeitsrechts dem Gewaltschutzgesetz unterstellt. Folglich ist etwa die Veröffentlichung von **Nacktbildern** im Internet nunmehr nach § 1 GewSchG zu beurteilen (vgl. hier § 1 GewSchG Rn. 12). Zudem werden durch die Erweiterung des Tatbestandes des **§ 238 Abs. 1 StGB** (Nachstellung) mit der Möglichkeit der Ahndung des sog. Cyber-Stalkings weitere Teilbereiche des allgemeinen Persönlichkeitsrechts nun durch das Gewaltschutzgesetz geschützt.

7 Diese materiell-rechtliche Abgrenzung zwischen Gewaltschutzgesetz und BGB kann sich freilich wesentlich auf das **gerichtliche Verfahren** und hier speziell auf die **funktionelle Zuständigkeit** des Gerichts auswirken (doppelrelevante Tatsachen): Solche Ansprüche wegen Verletzung des allgemeinen Persönlichkeitsrechts, auch wegen Beleidigung[13] (ferner hier § 1 GewSchG Rn. 12), sind grundsätzlich keine vor dem **Familiengericht** zu verhandelnden **Gewaltschutzsachen** (vgl. zur rechtswegübergreifenden Entscheidungskompetenz des Familiengerichts nach § 17 Abs. 2 Satz 1 GVG analog hier *Cirullies*, § 1 GewSchG Rn. 29, 30).

8 Doch damit ist die **Zuständigkeit der „Nicht-Gewaltschutzsachen"** noch nicht automatisch bei der streitigen Zivilgerichtsbarkeit angesiedelt:

- Sofern es nämlich um Auseinandersetzungen zwischen (ehemals) **Verlobten** oder (ehemaligen) **Eheleuten** geht, kann eine **„sonstige Familiensache"** nach § 266 Abs. 1 Nr. 1, 2 oder 3 FamFG und damit eine Familienstreitsache nach § 112 Nr. 3 FamFG vorliegen.[14] Sie werden ebenfalls vor dem **Familiengericht**,[15] jedoch gemäß § 113 Abs. 1 FamFG – mit den sich aus §§ 113 ff. FamFG ergebenden Abweichungen – teils nach den Regeln der ZPO, teils nach denen des FamFG verhandelt. So wird vorläufiger Rechtsschutz stets durch einstweilige Anordnungen gewährt.
- Auch die Abgrenzung von sonstigen Familiensachen zu **allgemeinen Zivilsachen** stellt die Praxis häufig vor Probleme. Dies gilt vornehmlich bei der Anwendung des § 266

11 Dazu BGH FamRZ 2021, 113 m. Anm. *Hüßtege*; OLG Frankfurt FamRZ 2014, 1481
12 Dazu Dutta/Jacoby/Schwab/*Cirullies*, § 200 FamFG Rn. 7
13 OLG Hamburg NZFam 2025, 133 mit Anm. *Cirullies*
14 *Kemper*, FamRB 2009, 53, 54; Prütting/Helms/*Neumann*, § 211 FamFG Rn. 1
15 Vgl. §§ 23a Abs. 1, 23b Abs. 1 GVG i.V.m. § 111 Nr. 10 FamFG; zur Abgrenzung vgl. OLG Karlsruhe FamRZ 2012, 455

Abs. 1 Nr. 3 FamFG. Dabei ist der Begriff des geforderten inhaltlichen **Zusammenhangs** mit Trennung und Beendigung der Ehe großzügig zu beurteilen.[16]

- Liegt keiner der Sonderfälle vor, handelt es sich um **Zivilsachen**.[17] Dies bedeutet: Zuständig ist insoweit nicht das Familiengericht, sondern je nach Streitwert die Zivilprozessabteilung des Amtsgerichts (bis 5.000 Euro, §§ 23 Nr. 1, 71 GVG) oder das Landgericht. Das Verfahren folgt dann den (strengeren) Regeln der **ZPO**, nicht jenen des FamFG. Vorläufiger Rechtsschutz wird gewährt durch eine **einstweilige Verfügung**.

§ 4 GewSchG

Strafvorschriften

[1]Mit Freiheitsstrafe bis zu einem Jahr oder mit Geldstrafe wird bestraft, wer einer bestimmten vollstreckbaren

1. **Anordnung nach § 1 Absatz 1 Satz 1 oder 3, jeweils auch in Verbindung mit Absatz 2 Satz 1, zuwiderhandelt oder**
2. **Verpflichtung aus einem Vergleich zuwiderhandelt, soweit der Vergleich nach § 214a Satz 1 des Gesetzes über das Verfahren in Familiensachen und in den Angelegenheiten der freiwilligen Gerichtsbarkeit in Verbindung mit § 1 Absatz 1 Satz 1 oder 3 dieses Gesetzes, jeweils auch in Verbindung mit § 1 Absatz 2 Satz 1 dieses Gesetzes, bestätigt worden ist.**

[2]Die Strafbarkeit nach anderen Vorschriften bleibt unberührt.

Übersicht

Weiterführende Literatur: Brilla/Weiß, „Strafbarer" Vergleich – der § 214a FamFG, jM 2018, 10; *Cirullies/Cirullies*, Das neue Gesetz zur Verbesserung des Schutzes gegen Nachstellungen – eine Reform mit überschätzter Wirkung, FamRZ 2017, 493; *Krumm*, Der bestätigte Vergleich im Gewaltschutzrecht als Strafbarkeitsvoraussetzung, FamRB 2017, 153; *Onstein*, Was der Familienrechtler vom Strafrecht wissen sollte, FuR 2017, 308.

A. Allgemeines

Die Möglichkeit strafrechtlicher Ahndung dient – schon wegen der präventiven Wirkung der Strafrechtsnormen – auch dem Schutz des Opfers. Dabei stellt die Vorschrift im Zusammenhang mit **Gewaltschutz und Nachstellung** – neben § 238 StGB (Nachstellung) – die wesentliche Strafvorschrift dar. Inzwischen kann auch der Verstoß gegen die in einem **gerichtlich bestätigten Vergleich** niedergelegte Verpflichtung bestraft werden. Allerdings bestehen auf dem Weg zu einer Verurteilung einige formale Anforderungen, die die Strafge- **1**

16 BGH FamRZ 2018, 1853, dazu *Cirullies*, NZFam 2018, 1050
17 OLG Celle FamRZ 2012, 456

richte häufig missachten. Konsequenz solcher Nachlässigkeit ist dann eine Aufhebung des entsprechenden Urteils[1] oder eine Einstellung des Verfahrens[2] durch das Revisionsgericht.

B. Inhalt der Norm

I. Schutzanordnung oder Vergleich

2 Der Beschuldigte muss entweder einer bestimmten **vollstreckbaren Schutzanordnung** gemäß § 1 GewSchG oder einem gerichtlich **bestätigten Vergleich** (§ 214a FamFG) zuwidergehandelt haben.

Ist die übliche **Befristung** (siehe *Cirullies*, § 1 GewSchG Rn. 26) der Schutztitel **unterblieben**, steht dies einer Strafbarkeit nach § 4 GewSchG nicht entgegen.[3] Gleiches gilt, wenn das Familiengericht gegen den Beschuldigten wegen der Zuwiderhandlung bereits **Ordnungsmittel** verhängt haben sollte.[4]

Bei **mehrfachen Verstößen** gegen eine Schutzanordnung nach § 1 GewSchG können einzelne Zuwiderhandlungen aufgrund einer natürlichen Handlungseinheit oder im Falle einer Verklammerung durch ein fortdauerndes Delikt der Nachstellung **tateinheitlich** verwirklicht werden.[5]

II. Zustellung des Titels

3 Die Strafbarkeit gemäß § 4 GewSchG setzt eine „bestimmte vollstreckbare Anordnung" voraus. Für die Feststellung dieses Tatbestandsmerkmals bedarf es der Prüfung, ob die Schutzanordnung **ordnungsgemäß zugestellt** worden ist. Erst mit der Bekanntgabe nämlich ist der Gewaltschutztitel nach §§ 40 Abs. 1, 41 FamFG wirksam und hiermit gemäß § 86 Abs. 2 FamFG „vollstreckbar".[6] Die bloße Kenntnis von dem Inhalt des Titels steht dem nicht gleich[7] – auch wenn sie durch die Polizei vermittelt wurde.[8] Diese Anforderungen gelten entsprechend für den Beschluss, mit dem das Gericht einen **Vergleich** gemäß § 214a FamFG bestätigt.[9]

III. Keine Bindung des Strafrichters an Vorentscheidung

4 Bei § 4 GewSchG handelt es sich um eine sog. **Blankettnorm:** Ihr Verbotsgehalt ergibt sich (erst) aus der zugrunde liegenden zivilgerichtlichen Entscheidung. Dies bedeutet nicht, dass das Gericht im Strafverfahren die familiengerichtliche Entscheidung einfach „hinzunehmen" hat. Vielmehr setzt hier die Verurteilung voraus, dass das **Strafgericht** die materielle Rechtmäßigkeit der Anordnung **überprüft** und dabei deren tatbestandliche Voraussetzungen eigenständig feststellt; an die Entscheidung des Familiengerichts ist es insoweit nicht gebunden.[10] Auch muss den Urteilsgründen zu entnehmen sein, ob die grundsätzlich zu befristende Gewaltschutzanordnung im Zeitpunkt der Tatbegehung noch **wirksam**

1 BGH NStZ-RR 2024, 357
2 Etwa BGH BeckRS 2024, 29079
3 BGH NStZ-RR 2018, 328
4 *Hofmann*, NJW 2019, 2126, 2131
5 BGH NZFam 2022, 1146 (*B. Cirullies*); OLG Karlsruhe NZFam 2025, 675 (*Dürbeck*)
6 BGH NJW 2019, 2713
7 Vgl. BGH NStZ-RR 2024, 357; BeckRS 2020, 10612
8 Vgl. BGH FamRZ 2007, 812
9 BGH NJW 2025, 1216 (Rn. 35); Dutta/Jacoby/Schwab/*Cirullies*, § 214a FamFG Rn. 10
10 BGH NStZ-RR 2024, 357; BeckRS 2022, 31924; KG FamRZ 2023, 275 = NZFam 2022, 332 (*Cirullies*); OLG Brandenburg BeckRS 2023, 6020; hierzu auch *Krumm*, FamRB 2020, 450, 452

war.[11] Entsprechend setzt eine Verurteilung wegen Verstoßes gegen einen nach § 214a Satz 1 FamFG **gerichtlich bestätigten Vergleich** voraus, dass das erkennende Gericht im Strafverfahren eigenständig und unabhängig von der vorangegangenen Beurteilung durch das Familiengericht die materielle **Rechtmäßigkeit** des Bestätigungsbeschlusses geprüft und bejaht hat.[12] Divergierende Entscheidungen sind demnach möglich. Dies entspricht ständiger Rechtsprechung des BGH.[13]

IV. Einverständnis des Opfers

In Fällen häuslicher Gewalt kommt es nach der Einschaltung von Polizei und Gericht oftmals wieder zu einer **Annäherung der Beteiligten**. Nimmt das Opfer den Täter erneut in die Wohnung auf, obwohl das gerichtliche Betretungsverbot nicht aufgehoben wurde, liegt ein strafbares Verhalten des Täters gemäß **§ 4 GewSchG** durch das Verweilen in der Wohnung **nicht** vor. Denn das Opfer kann eigenständig, d.h. ohne vorherige gerichtliche Aufhebungsentscheidung, darüber bestimmen, ob es den zivilrechtlichen Schutz, der auf einer erst auf seinen Antrag hin ergangenen Anordnung beruht, weiter in Anspruch nehmen oder auf ihn verzichten will (rechtfertigende Einwilligung).[14] 5

▶ *Cirullies, § 1 GewSchG Rn. 24, zu den* **zivilrechtlichen** *Auswirkungen der Versöhnung der Beteiligten.*

---

11 BGH BeckRS 2024, 29079; andererseits stellt die unterbliebene Befristung die Strafbarkeit nach § 4 GewSchG nicht in Frage, BGH NStZ-RR 2018, 328

12 BGH NJW 2025, 1216

13 BGH StV 2024, 124 m.w.N.

14 OLG Hamm StV 2005, 502; *Krumm*, NZFam 2016, 61, 63; Johannsen/Henrich/Althammer/*Dürbeck*, § 4 GewSchG Rn. 8 m.w.N.; ausführlich zu der Problematik *Bergmann/Kroke*, ZIS 2013, 234

Das gerichtliche Verfahren

Kapitel 1

Gesetz über das Verfahren in Familiensachen und in den Angelegenheiten der freiwilligen Gerichtsbarkeit (FamFG)

vom 17. Dezember 2008 (BGBl. I S. 2586, 2587), zuletzt geändert durch Art. 3 des Gesetzes vom 7. April 2025 (BGBl. I 2025 Nr. 109).

Buch 1
Allgemeiner Teil
Abschnitt 1
Allgemeine Vorschriften

§ 1 FamFG

Anwendungsbereich

Dieses Gesetz gilt für das Verfahren in Familiensachen sowie in den Angelegenheiten der freiwilligen Gerichtsbarkeit, soweit sie durch Bundesgesetz den Gerichten zugewiesen sind.

Übersicht

A. Allgemeines

1 Die Vorschrift bestimmt den Geltungsbereich des FamFG. Die sog. **ordentliche Gerichtsbarkeit**[1] umfasst – wie sich aus § 13 GVG ergibt – neben den bürgerlichen Rechtsstreitigkeiten und den Strafsachen als dritte Verfahrensart die **Familiensachen** und die Angelegenheiten der **freiwilligen Gerichtsbarkeit (fG)**.[2] Verfahrensordnung für die Familiensachen und alle Angelegenheiten der freiwilligen Gerichtsbarkeit ist das **FamFG**, das die Vorgängervorschriften in der ZPO, dem FGG sowie der HausratsVO ersetzt.

2 **Viele der Vorschriften** des allgemeinen Teils des FamFG sind **nur auf die Verfahren der freiwilligen Gerichtsbarkeit** (also etwa die im vorliegenden Werk dargestellten Kindschafts-, Abstammungs-, Adoptions- und Gewaltschutzsachen), nicht aber auf Ehesachen und Familienstreitsachen **anzuwenden**. § 113 Abs. 1 Satz 1 FamFG schließt mit §§ 2 bis 22, 23 bis 37, 40 bis 45, 46 Satz 1 und 2 sowie §§ 47 und 48 sowie 76 bis 96 FamFG viele Vorschriften des Allgemeinen Teils des FamFG für Ehesachen (definiert in § 121 FamFG) und Familienstreitsachen (definiert in § 112 FamFG) aus. Über § 113 Abs. 1 Satz 2 FamFG ist dafür in Ehe- und Familienstreitsachen eine Vielzahl der Vorschriften der ZPO anwendbar.

Im Ergebnis sind unabhängig von der Art des Verfahrens damit

- **nur** die Vorschriften über die einstweilige Anordnung (§§ 49 bis 57 FamFG)
- **sowie** die Beschwerde- und Rechtsbeschwerdevorschriften (§§ 58 bis 75 FamFG)

für alle Verfahren anzuwenden.

1 Der Begriff „ordentliche" Gerichtsbarkeit stammt aus früherer Zeit, als nur Zivil- und Strafgerichte mit unabhängigen Richtern besetzt waren, die Verwaltungsgerichtsbarkeit dagegen Teil der Verwaltungsbehörden und dementsprechend (nur) mit Beamten besetzt war

2 Z.B. § 8 HGB (Führung des Handelsregisters), § 312 Satz 1 Nr. 3 FamFG (Unterbringung Volljähriger)

B. Inhalt der Norm

I. Familiensachen

3 **Familiensachen** sind in § 111 FamFG abschließend legal definiert. Zu ihnen zählen u.a. die Kindschafts-, Abstammungs-, Adoptions- und Gewaltschutzsachen. Sie werden ausschließlich vor dem Familiengericht[3] und grundsätzlich nach der Verfahrensordnung des **FamFG** verhandelt.

II. Angelegenheiten der freiwilligen Gerichtsbarkeit

4 Der Ausdruck „freiwillige Gerichtsbarkeit" ist irreführend und bereits im römischen Recht (*iurisdictio voluntaria*) historisch gewachsen in Abgrenzung zur streitigen Zivilgerichtsbarkeit (*iurisdictio contentiosa*). Zur freiwilligen Gerichtsbarkeit zählen so viele Tätigkeitsfelder,[4] dass eine genaue Begriffsbestimmung schwierig ist. Es geht einerseits um **Fürsorgeverfahren („vorsorgende Rechtspflege")** wie etwa Kindschafts-, Adoptions-, Betreuungs-, Nachlass-, Register- und Grundbuchsachen, aber auch um **streitige Verfahren**, die einem Zivilprozess ähneln, jedoch wegen des besonderen Verfahrensgegenstandes nicht nach dessen strengen Regeln geführt werden sollen, z.B. in Ehewohnungs-, Haushalts- und Gewaltschutzsachen.

Die **Abgrenzung zur streitigen Gerichtsbarkeit** erfolgt durch eine formelle Zuweisung in § 23a Abs. 2 GVG. Nach dem Ausschlussprinzip liegt, soweit ein den ordentlichen Gerichten zugewiesenes Verfahren nicht den §§ 23, 71 GVG zugeordnet werden kann, eine Angelegenheit der freiwilligen Gerichtsbarkeit vor.

5 *Übersicht: Einordnung der freiwilligen Gerichtsbarkeit*

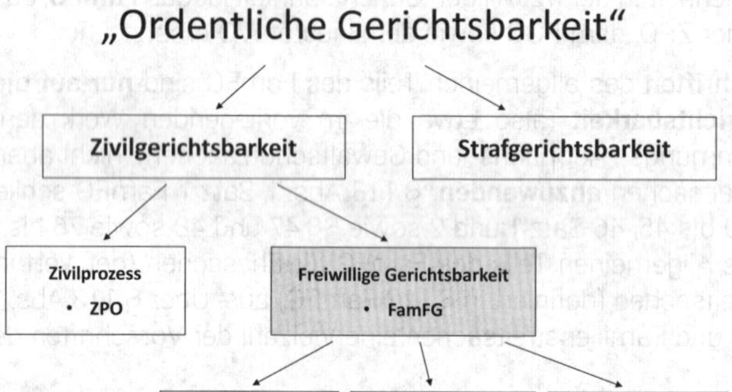

§ 2 FamFG

Örtliche Zuständigkeit

(1) Unter mehreren örtlich zuständigen Gerichten ist das Gericht zuständig, das zuerst mit der Angelegenheit befasst ist.

(2) Die örtliche Zuständigkeit eines Gerichts bleibt bei Veränderung der sie begründenden Umstände erhalten.

3 Vgl. hier *Keuter*, §§ 23a Abs. 1 GVG Rn. 3, § 23b Abs. 1 GVG i.V.m. § 111 FamFG
4 Vgl. die Aufzählung von *Keuter* zu § 23a Abs. 2 GVG Rn. 8 ff.

(3) Gerichtliche Handlungen sind nicht deswegen unwirksam, weil sie von einem örtlich unzuständigen Gericht vorgenommen worden sind.

Übersicht

A. Allgemeines

Entgegen der amtlichen Überschrift bestimmt § 2 FamFG inhaltlich nicht die örtliche Zu- 1
ständigkeit, sondern regelt lediglich Fragen, die sich bei aufgrund anderer Vorschriften bereits bestehender örtlicher Zuständigkeit stellen können. Die Vorschrift ist nicht auf Ehe- und Familienstreitsachen anzuwenden.[1]

Die örtliche Zuständigkeit wird im FamFG **für jede Angelegenheit gesondert** bestimmt, so für **Kindschaftssachen** in §§ 152 bis 154 FamFG, für **Abstammungssachen** in § 170 FamFG, für **Adoptionssachen** in § 187 FamFG und für **Gewaltschutzsachen** in § 211 FamFG.

B. Inhalt der Norm

I. Mehrere örtlich zuständige Gerichte (Abs. 1)

Die Regelung mit ihrem **Prioritätsgrundsatz** soll Doppelbehandlungen derselben Sache 2
vermeiden und einander widersprechende Entscheidungen ausschließen. **Voraussetzung** für die Anwendung der Vorschrift ist die tatsächliche **Zuständigkeit mehrerer Gerichte**. Nicht anwendbar ist die Vorschrift, wenn eines von mehreren angerufenen Gerichten unzuständig ist. Dann hat das unzuständige Gericht sich für unzuständig zu erklären und die Sache an das zuständige Gericht zu verweisen (§ 3 Abs. 1 Satz 1 FamFG). **Maßgeblicher Zeitpunkt für das Befasstsein** i.S.d. § 2 Abs. 1 FamFG ist in Antragsverfahren der Eingang des Antrags bei Gericht[2] bzw. in Amtsverfahren die Kenntnis des Gerichts von Tatsachen, die eine Verpflichtung zum Tätigwerden auslösen,[3] spätestens der Eingang einer Anregung zur Einleitung eines Verfahrens i.S.d. § 24 Abs. 1 FamFG.[4]

Die Zuständigkeit kann gerade bei Anknüpfung an das Merkmal des **gewöhnlichen Aufenthalts** zweifelhaft sein.

Beispiel

Die gemeinsam sorgeberechtigten Eltern leben getrennt in Essen. Die Mutter zieht mit dem bei ihr wohnenden Kind ohne Absprache unvermittelt nach Düsseldorf zu ihrem neuen Lebensgefährten und meldet das Kind dort in der Schule an. Der Vater begehrt umgehend beim Familiengericht in Essen die Übertragung des Aufenthaltsbestimmungsrechts. Den spiegelbildlichen (Gegen-)Antrag hat die Mutter beim Familiengericht in Düsseldorf gestellt.

1 § 113 Abs. 1 Satz 1 FamFG
2 BT-Drucks. 16/6308, 175; OLG Hamburg FamRZ 2024, 207; OLG Stuttgart FamRZ 2016, 1002
3 BT-Drucks. 16/6308, 175
4 Sternal/*Sternal*, § 2 Rn. 16

Mangels gewöhnlichen Aufenthalts des Kindes dürfte das AG Essen nicht mehr und das AG Düsseldorf noch nicht gemäß § 152 Abs.2 FamFG zuständig sein.[5] *Allerdings ist in solchen Fällen gemäß § 152 Abs. 3 FamFG das Gericht zuständig, in dessen Bezirk das* **Bedürfnis der Fürsorge** *bekannt wird.*[6] *Dies gilt hier für beide Gerichtsbezirke, so dass nach § 2 Abs. 1 FamFG grundsätzlich dasjenige Gericht zuständig ist, bei dem der Antrag zuerst eingegangen ist. Sollte dies das Gericht des neuen „ertrotzten" Aufenthaltsortes sein, besteht die Verweisungsmöglichkeit nach § 154 FamFG.*

II. Grundsatz der perpetuatio fori (Abs. 2)

3 In Abs. 2 ist – wie in § 261 Abs. 3 Nr. 2 ZPO – der **Grundsatz der perpetuatio fori** (Fortdauer der Gerichtszuständigkeit) für das FamFG-Verfahren normiert. Ansatzpunkt für das Fortbestehen der Zuständigkeit ist der Zeitpunkt des erstmaligen Befassens mit der Angelegenheit i.S.d. § 2 Abs. 1 FamFG. Damit soll grundsätzlich verhindert werden, dass bei einer Änderung der für die Zuständigkeit maßgeblichen Umstände sich ein neues Gericht mit der Sache befassen muss und dadurch unnötige Verzögerungen auftreten. Die Regelung gilt grundsätzlich bezüglich der Änderung aller zuständigkeitsbegründenden Tatsachen, jedoch nicht bei Änderung des Verfahrensgegenstands.[7] Aufgrund der unterschiedlichen Voraussetzungen und Rechtsfolgen liegen beispielsweise unterschiedliche Verfahrensgegenstände vor bei der Minderjährigen- im Vergleich zur Volljährigenadoption (§§ 1741 ff. BGB bzw. §§ 1767 ff. BGB).[8]

Die Fortdauer der Gerichtszuständigkeit nach § 2 Abs. 2 FamFG kommt in Kindschaftssachen etwa dann zur Anwendung, wenn der betreuende Elternteil mit dem minderjährigen **Kind in einen anderen Gerichtsbezirk umzieht**.

4 Dabei sind verschiedene Verfahrenssituationen auseinanderzuhalten:

- Während des **laufenden** Verfahrens bleibt die Zuständigkeit des befassten Gerichts auch im Falle eines Wegzugs des Kindes bestehen.
- Ist das Verfahren durch eine Endentscheidung bereits förmlich **abgeschlossen** und soll hieraus nach einem Wohnortwechsel des Kindes nunmehr **vollstreckt** werden, ist ein neues selbständiges Verfahren einzuleiten, für das das Wohnsitzgericht des Kindes zuständig ist (§ 88 Abs. 1 FamFG; siehe hierzu *Kischkel*, § 88 FamFG Rn. 2).
- Soll nach förmlichem Abschluss eines **Umgangsverfahrens** der vollstreckbare Titel nach dem Wegzug des Kindes modifiziert werden durch Einrichtung einer **Umgangspflegschaft**, ist ein **Abänderungsverfahren** i.S.v. § 166 Abs. 1 FamFG nach den Zuständigkeitsbestimmungen des § 152 FamFG einzuleiten.
- Hat das Gericht einen Umgangstitel mit einer **befristeten Umgangspflegschaft** geschaffen, ist dieser Titel eine Endentscheidung i.S.d. § 38 Abs. 1 Satz 1 FamFG. Soll die Frist nach einem Aufenthaltsortwechsel des Kindes **verlängert** werden, ist das Verfahren über die Verlängerung ein vor dem Richter, nicht dem Rechtspfleger, zu führendes[9] **neues Verfahren**, für das die örtliche Zuständigkeit nach den allgemeinen Vorschriften (insbesondere § 152 Abs. 2 FamFG) zu prüfen ist und für das **§ 2 Abs. 2 FamFG nicht**

5 Die Auffassung, bereits unmittelbar mit der Ortsveränderung werde ein neuer gewöhnlicher Aufenthalt begründet (so etwa KG FamRZ 2013, 648), grenzt nicht hinreichend zum tatsächlichen Aufenthalt ab. Näher zum gewöhnlichen Aufenthalt siehe *Keuter*, § 152 FamFG Rn. 12

6 Vgl. OLG Hamburg FamRZ 2024, 207; OLG Hamm FamRZ 2013, 2004, dazu *Grün*, FamFR 2013, 252

7 Vgl. BGH FamRZ 2013, 1113; OLG Karlsruhe NZFam 2019, 189

8 OLG Karlsruhe FamRZ 2019, 905, zustimmend *Eckebrecht*, NZFam 2019, 189; OLG Stuttgart FamRZ 2007, 839

9 OLG München FamRZ 2013, 1155

gilt.[10] Denn § 2 Abs. 2 FamFG gilt nur für laufende, nicht auch für abgeschlossene Verfahren.

Allerdings ermöglicht § 4 FamFG in bestimmten Fällen die **Abgabe** an ein anderes Gericht mit dessen Zustimmung (siehe hierzu *Köhler*, § 4 FamFG Rn. 2). Bei einem Streit verschiedener Gerichte über die örtliche Zuständigkeit entscheidet das nächsthöhere gemeinsame Gericht (§ 5 FamFG). 5

§ 3 FamFG
Verweisung bei Unzuständigkeit

(1) [1]Ist das angerufene Gericht örtlich oder sachlich unzuständig, hat es sich, sofern das zuständige Gericht bestimmt werden kann, durch Beschluss für unzuständig zu erklären und die Sache an das zuständige Gericht zu verweisen. [2]Vor der Verweisung sind die Beteiligten anzuhören.

(2) [1]Sind mehrere Gerichte zuständig, ist die Sache an das vom Antragsteller gewählte Gericht zu verweisen. [2]Unterbleibt die Wahl oder ist das Verfahren von Amts wegen eingeleitet worden, ist die Sache an das vom angerufenen Gericht bestimmte Gericht zu verweisen.

(3) [1]Der Beschluss ist nicht anfechtbar. [2]Er ist für das als zuständig bezeichnete Gericht bindend.

(4) Die im Verfahren vor dem angerufenen Gericht entstehenden Kosten werden als Teil der Kosten behandelt, die bei dem im Beschluss bezeichneten Gericht anfallen.

Übersicht

A. Allgemeines

Von der in § 2 FamFG genannten, dort aber nicht geregelten örtlichen ist die **sachliche Zuständigkeit** zu unterscheiden. Die sachliche Zuständigkeit betrifft die Zuständigkeit des Gerichts des ersten Rechtszuges und regelt, ob das Amts- oder Landgericht das Eingangsgericht ist. Das Gesetz geht in § 71 GVG im Wege des Regel-Ausnahme-Prinzips grundsätzlich von der sachlichen Zuständigkeit des Landgerichts aus, falls nicht Streitigkeiten gesetzlich den Amtsgerichten zugewiesen sind (§§ 23, 23a GVG). Alle Familiensachen sind gemäß § 23a Abs. 1 Satz 1 Nr. 1 GVG den Amtsgerichten zugewiesen, so dass die Amtsgerichte erstinstanzlich für alle Familiensachen, darunter Kindschaftssachen, sachlich zuständig sind. 1

10 So auch hier *Gottschalk*, § 1684 BGB Rn. 60; vgl. auch § 295 Abs. 1 Satz 1 FamFG für die Verlängerung einer Betreuung, wo auch alle Vorschriften der erstmaligen Anordnung entsprechend gelten; a.A. ohne nähere Begründung OLG Zweibrücken FamRZ 2015, 520; Staudinger/*Dürbeck*, § 1684 BGB Rn. 129; Sternal/*Sternal*, § 2 Rn. 31; BeckOK-FamFG/*Perleberg-Kölbel*, § 2 Rn. 10a

B. Inhalt der Norm

I. Verweisungsverfahren

2 Ist das angerufene Gericht örtlich oder sachlich unzuständig, muss es sich **durch Beschluss** für unzuständig erklären und die Sache an das zuständige Gericht **verweisen** (§ 3 Abs. 1 Satz 1 FamFG). Ein bloßes Internum genügt hierfür nicht. Das Gericht muss mit Außenwirkung die eigene Zuständigkeit verneint und das jeweils andere Gericht für zuständig erachtet haben.[1] Im Gegensatz zu § 281 ZPO **setzt** die Norm **keinen Antrag voraus**. Das angerufene Gericht hat also auch in Antragsverfahren wie Sorgerechtsstreitigkeiten nach § 1626a oder 1671 BGB **von Amts wegen** über die Verweisung an das zuständige Gericht zu entscheiden, darf also auch bei einem Antragsverfahren den Antrag nicht wegen Unzuständigkeit als unzulässig zurückweisen.[2] Eine Verweisung ist auch ohne oder gegen den Willen der Beteiligten möglich.

Allen Beteiligten i.S.d. § 7 FamFG (näher hierzu *Köhler*, § 7 FamFG Rn. 1 ff.) ist vor der Entscheidung **rechtliches Gehör** zu gewähren (Abs. 1 Satz 2). Umstritten ist, wie weit die gerichtliche Amtsermittlungspflicht des unzuständigen Gerichts gemäß § 26 FamFG geht, vor der Verweisung von Amts wegen zum Zwecke der Gewährung des rechtlichen Gehörs umfassend sämtliche Muss- und Kannbeteiligten gemäß § 7 FamFG zu ermitteln. Während zum Teil vertreten wird, das angerufene Gericht habe die Muss-Beteiligten i.S.d. § 7 Abs. 2 FamFG jedenfalls in dem Umfang zu ermitteln, wie es für eine Entscheidung über die Zuständigkeit maßgebend ist,[3] geht die Gesetzesbegründung davon aus, dass vor einer Verweisung nur diejenigen Beteiligten anzuhören sind, die dem Gericht zur Zeit der Verweisung namentlich bekannt sind.[4] Die Ermittlung aller Beteiligten obliegt danach allein dem zuständigen Gericht, auch aus verfahrensökonomischen Gründen.

II. Bindungswirkung

3 Der Verweisungsbeschluss ist **nicht anfechtbar** (Abs. 3 Satz 1) und für das als zuständig bezeichnete Gericht grundsätzlich **bindend** (Abs. 3 Satz 2).[5] Sinn und Zweck der Bindung und der Nichtanfechtbarkeit ist es, im Interesse der Verfahrensökonomie einer Verzögerung und Verteuerung der Verfahren durch Zuständigkeitsstreitigkeiten vorzubeugen.[6] Die **Bindungswirkung** eines Verweisungsbeschlusses **tritt auch dann ein, wenn** der **Beschluss auf einem Rechtsirrtum beruht oder ansonsten inhaltlich fehlerhaft ist**. Bindung für das als zuständig bezeichnete Gericht bedeutet, dass dieses Gericht an einer Rück- oder Weiterverweisung gehindert ist.[7]

4 Die **Bindungswirkung entfällt** nur **ausnahmsweise**. Dies gilt zum einen dann, wenn der Verweisungsbeschluss jeglicher Rechtsgrundlage entbehrt, er also nicht nur auf unrichtiger Rechtsanwendung beruht, sondern er bei verständiger Würdigung nicht mehr verständlich erscheint und offensichtlich unhaltbar ist, sich also als objektiv **willkürlich** erweist.[8] Dies wird auch angenommen, wenn sich das verweisende Gericht über die Zuordnung des Gerichts, an das es verweist, zu dem für die Zuordnung maßgeblichen Wohnsitz eines Beteilig-

1 OLG Frankfurt FamRZ 2024, 467
2 OLG Saarbrücken FamRZ 2017, 235; OLG Frankfurt FamRZ 2014, 1479; KG FamRZ 2012, 908
3 OLG Frankfurt FamRZ 2024, 467; Haußleiter/*Gomille* § 3 Rn. 8; MüKo-FamFG/*Pabst* § 3 Rn. 11
4 BT-Drs. 16/6308, S. 175; so auch Sternal/*Sternal*, § 3 Rn. 48
5 OLG Karlsruhe NZFam 2019, 189; BGH NJW-RR 2015, 1016 zu § 281 ZPO
6 BGH NJW 1988, 1794
7 BayObLG NJOZ 2001, 1461 zu § 281 ZPO
8 BGH NJW-RR 2015, 1016; keine Willkür bei Abweichung von überwiegender Rechtsauffassung: BGH FamRZ 2002, 88; OLG Karlsruhe FamRZ 2019, 1729: Willkür, wenn keine Auseinandersetzung mit herrschender Meinung

ten offensichtlich geirrt hat.[9] Zum anderen entfällt die Bindungswirkung, wenn das Gericht den im Zeitpunkt der Entscheidung namentlich bekannten[10] (vgl. auch oben Rn. 2) Verfahrensbeteiligten vor der Entscheidung **kein rechtliches Gehör** gewährt hat[11] **und an ein örtlich oder sachlich unzuständiges Gericht verwiesen** hat.[12] Ein Verstoß gegen das verfassungsrechtliche Gebot auf rechtliches Gehör nach Art. 103 Abs. 1 GG und auf den gesetzlichen Richter nach Art. 101 Abs. 1 Satz 2 GG ist insoweit der objektiven Willkür gleichzustellen.

Fehlt die Bindungswirkung ausnahmsweise nach den in Rn. 4 genannten Fallgruppen, ist die Sache zwar bei dem Gericht, an das verwiesen wurde, anhängig geworden und dort zu behandeln, das Gericht kann aber seinerseits bei Annahme der eigenen Unzuständigkeit zurück- bzw. weiterverweisen.[13] Wurde einem Beteiligten **kein rechtliches Gehör gewährt**, kann er die **Gehörsrüge nach § 44 FamFG** erheben; § 44 Abs. 1 Satz 2 FamFG ist insoweit verfassungskonform zu reduzieren, weil ansonsten fachgerichtlicher Schutz gegen die Verweisungsentscheidung nicht mehr erreicht werden kann.[14] 5

III. Funktionelle Unzuständigkeit

Von der örtlichen und sachlichen Zuständigkeit wiederum abzugrenzen ist die **funktionelle** Zuständigkeit. Sie gibt an, welcher Spruchkörper innerhalb eines Gerichts zuständig ist (z.B. die Abgrenzung Richter-/Rechtspflegerzuständigkeit[15] oder beim Amtsgericht die Abgrenzung zwischen Zivilgericht und Familiengericht). Insoweit besteht eine Besonderheit für die funktionelle Unzuständigkeit: Die **Verweisung** eines Verfahrens von dem Zivilgericht an das Familiengericht (und umgekehrt) erfolgt nach § 17a Abs. 6 GVG und ist gemäß § 17a Abs. 6 GVG i.V.m. § 17a Abs. 4 Satz 3 GVG mit der sofortigen Beschwerde anfechtbar.[16] 6

§ 4 FamFG

Abgabe an ein anderes Gericht

[1]Das Gericht kann die Sache aus wichtigem Grund an ein anderes Gericht abgeben, wenn sich dieses zur Übernahme der Sache bereit erklärt hat. [2]Vor der Abgabe sollen die Beteiligten angehört werden.

A. Allgemeines

Grundsätzlich behält das angerufene Gericht seine Zuständigkeit (§ 2 Abs. 2 FamFG). Doch aus Zweckmäßigkeitserwägungen hat das Gericht trotz eigener Zuständigkeit die Möglich- 1

9 KG FamRZ 2022, 973

10 Für Muss-Beteiligte i.S.d. § 7 Abs. 2 FamFG werden gewisse Ermittlungsbemühungen als erforderlich angesehen, ohne die ebenfalls ein Verstoß gegen das rechtliche Gehör angenommen wird: OLG Frankfurt FamRZ 2024, 467

11 OLG Frankfurt FamRZ 2024, 467; OLG Hamm ZKJ 2022, 150; OLG Brandenburg FamRZ 2019, 1729

12 OLG Düsseldorf FuR 2019, 115; OLG Karlsruhe FamRZ 2018, 1168; BGH NJW 2006, 847; NJW 1978, 1163

13 BGH NJW 1989, 461

14 MüKo-FamFG/*Pabst*, § 3 Rn. 16

15 Vgl. etwa § 14 RPflG, dazu hier *Heilmann*, § 14 RPflG Rn. 3 ff.

16 Dazu BGH FamRZ 2017, 1599; näher hierzu *Keuter*, § 17a GVG

keit der **Abgabe des Verfahrens** an ein anderes Gericht, wenn ein beachtlicher Grund hierfür gegeben ist. Eine solche Abgabe ist auch dann angezeigt, wenn der Vater wegen einer **Auskunftssperre** seinen „Antrag" auf Umgangsregelung nicht bei dem tatsächlich nach § 152 FamFG örtlich zuständigen Gericht einreichen kann.[1]

B. Inhalt der Norm

I. Abgabe aus wichtigem Grund

2 Die Abgabe spielt gerade in **Kindschaftssachen** bei einem **Wohnortwechsel** eine erhebliche Rolle, wenn das Gericht, in dessen Nähe sich die Beteiligten nach einem Umzug befinden, nunmehr besser zur Sachverhaltsaufklärung in der Lage ist.[2] Freilich stellt die inzwischen bestehende Zuständigkeit des übernehmenden Gerichts im Zeitpunkt der Abgabe allein keinen **wichtigen Grund** dar. Denn dies wäre mit dem grundsätzlichen Fortbestehen der örtlichen Zuständigkeit gemäß § 2 Abs. 2 FamFG (siehe oben *Köhler,* § 2 FamFG Rn. 3) nicht vereinbar.[3] So liegt der erforderliche wichtige Grund für eine Abgabe im Falle des Aufenthaltswechsels des Kindes (nur) dann vor, wenn besondere Erschwernisse es **aus Kindeswohlgesichtspunkten notwendig erscheinen lassen**, dass das Verfahren am Gericht des neuen Aufenthaltsortes des Kindes weitergeführt wird.[4] Dies kann etwa der Fall sein, wenn Eltern und Kind oder Vormund und Mündel dauerhaft (nicht nur vorübergehend) den gewöhnlichen Aufenthalt in den Bezirk eines anderen Familiengerichts verlagern.[5] Im Rahmen der Prüfung ist auch zu berücksichtigen, ob das Beschleunigungsgebot einem Wechsel der örtlichen Zuständigkeit des mit der Sache befassten Gerichts entgegensteht.[6]

3 Ein wichtiger Grund kann auch bei einem **engen Sachzusammenhang** mit einem bei einem anderen Gericht geführten Verfahren gegeben sein, wie er gerade in Gewaltschutz- und Kindschaftssachen naheliegt.[7]

4 Eine Abgabe kommt **auch von Beschwerdegericht zu Beschwerdegericht** in Betracht.[8] Dies gilt insbesondere dann, wenn vor einem anderen Beschwerdegericht eine weitere, dasselbe Kind betreffende Kindschaftssache geführt wird (z.B. eine Sorgerechtsstreitigkeit bei einem OLG und eine Umgangsrechtsstreitigkeit bei einem anderen OLG) und das Kind im Gerichtsbezirk des aufnehmenden Gerichts seinen gewöhnlichen Aufenthalt hat. Zum einen folgt aus § 68 Abs. 3 Satz 1 FamFG, dass für das Verfahren der Beschwerdeinstanz alle Vorschriften des Verfahrens im ersten Rechtszug gelten, mithin auch § 4 FamFG. Zum anderen kann der Regelungszweck des § 4 FamFG, den Beteiligten und gerade dem Kind mehrfache Anhörungen und Erörterungen vor verschiedenen Senaten zu ersparen, auch in der Beschwerdeinstanz gegeben sein.[9] Der Auffassung, die eine Abgabe zwischen zwei Beschwerdegerichten ablehnt,[10] steht die Gesetzessystematik entgegen.

---

1 Dazu OVG Münster ZKJ 2015, 162
2 Vgl. OLG München NJW-RR 2011, 661; OLG Hamm FamRZ 2014, 411 (LS), dazu *Ernst*, FamFR 2013, 516; vgl. auch OLG Köln FamRZ 2011, 318 für Adoptionssachen
3 MüKo-FamFG/*Pabst*, § 4 Rn. 13
4 OLG Hamm FamRZ 2015, 1924; OLG Hamm FamRZ 2011, 55
5 Vgl. BT-Drucks. 16/6308, 176
6 OLG Hamm FamRZ 2011, 55
7 AG Ludwigslust FamRZ 2010, 1754; vgl. zur Führung von Gewaltschutz- und Kindschaftssache durch ein Gericht auch die beabsichtigte Neuregelung in § 23b Abs. 2 Satz 1 GVG im RefE des BMJ eines Gesetzes zur Verbesserung des Schutzes von gewaltbetroffenen Personen im familiengerichtlichen Verfahren, S. 54
8 OLG Schleswig BeckRS 2021, 62778; OLG Frankfurt FamRZ 2018, 1854; vgl. auch BGH FamRZ 2017, 130
9 Musielak/Borth/Frank/*Frank*, § 4 Rn. 8
10 OLG Bremen FamRZ 2014, 1394; Sternal/*Sternal*, § 4 Rn. 10

Beispiel

Das Familiengericht A, bei dem bereits mehrere eine Familie betreffende Kindschaftssachen anhängig waren, überträgt schließlich die alleinige elterliche Sorge auf den im Gerichtsbezirk B wohnhaften Vater. Dies verkraften die Eltern der Mutter nicht und bedrohen den Vater heftig. Dieser wehrt sich mit Schutzanträgen nach § 1 GewSchG bei seinem nach § 211 FamFG (auch) zuständigen Heimatgericht B. Hier bietet sich eine Abgabe des Gewaltschutzverfahrens an das mit der gesamten Familiendynamik bereits vertraute Gericht A an.

Das Gesetz sieht für die Abgabe **keine** bestimmte **Form** vor. Sie kann formlos, durch Verfügung, durch Beschluss oder stillschweigend durch Aktenübersendung erfolgen.[11] Vor der Abgabe sollen die Beteiligten gemäß Satz 2 gehört werden. Die Abgabe kann nicht angefochten werden, eine Überprüfung ist nur gemäß § 58 Abs. 2 FamFG innerhalb eines Beschwerdeverfahrens gegen die Endentscheidung möglich.[12] Mit der Abgabe wird das Verfahren in dem Stand des Verfahrens des Abgabegerichts bei dem übernehmenden Gericht anhängig. Durch die Abgabe tritt – anders als bei der Verweisung – **keine Bindungswirkung** ein.[13] Das übernehmende Gericht kann seinerseits weiter abgeben oder verweisen. 5

II. Hinderungsgründe

Vor der Abgabe einer **Kindschaftssache** ist stets zu prüfen, ob das **Beschleunigungsgebot** einem Wechsel der örtlichen Zuständigkeit des mit der Sache befassten Gerichts entgegensteht.[14] Die Abgabe einer Kindschaftssache an ein anderes Familiengericht ist unzulässig, solange die ausschließliche Zuständigkeit des Gerichts der Ehesache § 152 Abs. 1 FamFG besteht.[15] 6

Besteht **Streit** verschiedener Gerichte, ob eine Abgabe aus wichtigem Grund gerechtfertigt ist, entscheidet das nächsthöhere gemeinsame Gericht (§ 5 Abs. 1 Nr. 5 FamFG). Jedoch ist – wenn der BGH das nächsthöhere gemeinsame Gericht ist – gemäß § 5 Abs. 2 FamFG das Oberlandesgericht des erstbefassten Gerichts zur Entscheidung berufen, nicht der BGH.[16]

§ 5 FamFG

Gerichtliche Bestimmung der Zuständigkeit

(1) Das zuständige Gericht wird durch das nächsthöhere gemeinsame Gericht bestimmt:

1. **wenn das an sich zuständige Gericht in einem einzelnen Fall an der Ausübung der Gerichtsbarkeit rechtlich oder tatsächlich verhindert ist;**
2. **wenn es mit Rücksicht auf die Grenzen verschiedener Gerichtsbezirke oder aus sonstigen tatsächlichen Gründen ungewiss ist, welches Gericht für das Verfahren zuständig ist;**
3. **wenn verschiedene Gerichte sich rechtskräftig für zuständig erklärt haben;**
4. **wenn verschiedene Gerichte, von denen eines für das Verfahren zuständig ist, sich rechtskräftig für unzuständig erklärt haben;**

11 Sternal/*Sternal*, § 4 Rn. 35
12 Prütting/Helms/*Prütting*, § 4 Rn. 30
13 Prütting/Helms/*Prütting*, § 4 Rn. 32
14 OLG Hamm FamRZ 2011, 55
15 OLG Bremen MDR 2013, 794
16 BGH FamRZ 2017, 130

5. **wenn eine Abgabe aus wichtigem Grund (§ 4) erfolgen soll, die Gerichte sich jedoch nicht einigen können.**

(2) Ist das nächsthöhere gemeinsame Gericht der Bundesgerichtshof, wird das zuständige Gericht durch das Oberlandesgericht bestimmt, zu dessen Bezirk das zuerst mit der Sache befasste Gericht gehört.

(3) Der Beschluss, der das zuständige Gericht bestimmt, ist nicht anfechtbar.

Übersicht

A. Allgemeines

1 Ähnlich wie § 36 ZPO, an den die Vorschrift angeglichen wurde,[1] regelt § 5 FamFG die Fälle, bei denen das (örtlich bzw. sachlich)[2] zuständige Gericht durch das im Rechtszug nächsthöhere Gericht bestimmt wird. Auf Konflikte im Rahmen der internationalen Zuständigkeit ist die Vorschrift nicht anwendbar (hier gibt es kein höheres Gericht und es fehlt auch an der Bindungswirkung einer Entscheidung über die Staatsgrenze hinaus). Durch die Regelung sollen im Interesse der **Rechtssicherheit** und **Verfahrensökonomie** etwaige in einem Verfahren auftretende Zuständigkeitsschwierigkeiten zügig geklärt werden.[3] Ein **Streit um die Zuständigkeit** zwischen verschiedenen Gerichten ist **gerade in Kindschaftssachen**, in denen der Beschleunigungsgrundsatz nach § 155 Abs. 1 FamFG gilt, **besonders misslich** wegen der damit zwangsläufig verbundenen Verzögerungen und sollte bei vertretbarer eigener Zuständigkeit **möglichst vermieden** werden. § 5 zählt abschließend die Fälle auf, in denen das nächsthöhere Gericht zur Bestimmung des zuständigen Gerichts berufen ist.

B. Inhalt der Norm

I. Verhinderung des Gerichts

2 Abs. 1 Nr. 1 FamFG bestimmt, dass ein Fall der Zuständigkeitsbestimmung vorliegt, wenn das an sich **zuständige Gericht** in einem einzelnen Fall an der Ausübung der Gerichtsbarkeit **rechtlich oder tatsächlich gehindert** ist. Die Vorschrift entspricht § 36 Abs. 1 Nr. 1 ZPO, wobei das FamFG die Ausübung der Gerichtsbarkeit statt der Ausübung des Richteramts benennt, um bereits im Wortlaut klarzustellen, dass neben Richtern auch Rechtspfleger erfasst sind. Eine Verhinderung aller Rechtspfleger des zuständigen Gerichts im Sinne der Vorschrift liegt wegen § 8 Abs. 1 RPflG aber erst vor, wenn bei dem Gericht (auch) kein Richter vorhanden ist, der die Aufgaben des Rechtspflegers wahrnehmen kann.

Rechtliche Verhinderung liegt vor, wenn **sämtliche Richter eines Gerichts** einschließlich ihrer Vertreter kraft Gesetzes nach § 6 FamFG i.V.m. § 41 ZPO von der Ausübung des Rich-

1 BT-Drucks. 16/6308, 176
2 Vgl. Sternal/*Sternal*, § 5 Rn. 6
3 Vgl. BGH NJW 2002, 1425 zu § 36 ZPO

teramtes **ausgeschlossen oder erfolgreich** gemäß §6 Abs. 1 Satz 1 FamFG i.V.m. §42 oder 48 ZPO **wegen Befangenheit abgelehnt** worden sind.[4]

Tatsächliche Verhinderung liegt vor, wenn sämtliche Richter eines Gerichts einschließlich ihrer Vertreter wegen langfristiger Krankheit, Tod oder Ausscheiden aus Altersgründen (ohne Wiederbesetzung) verhindert sind.

Eine generelle rechtliche Verhinderung eines Gerichts kennt das Gesetz nicht. Eine Entscheidung muss für jeden einzelnen Fall ergehen.

II. Ungewisse Zuständigkeit

Abs. 1 Nr. 2 FamFG entspricht in der ersten Alternative §36 Abs. 1 Nr. 2 ZPO. Die zweite Alternative erfasst solche Fälle, in denen die rechtliche Beurteilung der gerichtlichen Zuständigkeit aus tatsächlichen Gründen unmöglich ist, weil die tatsächlichen Umstände unklar und nicht aufklärbar sind.[5] Die Vorschrift hat für Kindschaftssachen keine praktische Relevanz. Für die Anknüpfung der örtlichen Zuständigkeit in Gewaltschutzsachen an den Tatort gemäß §211 Nr. 1 FamFG kann die Vorschrift Bedeutung erlangen. 3

III. Positiver/Negativer Kompetenzkonflikt

Abs. 1 Nr. 3 FamFG regelt den positiven, Abs. 1 Nr. 4 den negativen Kompetenzkonflikt, also, dass in einem Rechtsstreit Gerichte, von denen mindestens eines zuständig ist, von ihrer Zuständigkeit (Nr. 3) bzw. Unzuständigkeit (Nr. 4) ausgehen und dies rechtskräftig festgestellt haben. Die Vorschrift entspricht §36 Abs. 1 Nr. 5 bzw. Nr. 6 ZPO. Voraussetzung ist zum einen, dass **verschiedene Gerichte** über ihre Zuständigkeit **streiten**. Das bedeutet, dass ein Streit innerhalb eines Gerichts etwa zwischen verschiedenen Abteilungen (z.B. Betreuungs- und Familiengericht oder zwischen Haupt- und Zweigstelle) oder zwischen verschiedenen funktional zuständigen Organen (z.B. Richter und Rechtspfleger) über ihre Zuständigkeit nicht zur Anwendung des §5 führen kann.[6] Denn bei einem Streit zwischen verschiedenen Abteilungen eines Gerichts ist nach §17a Abs. 6 GVG mit anfechtbarem Beschluss zu verweisen; den Streit zwischen Richter und Rechtspfleger eines Gerichts entscheidet der Richter durch unanfechtbaren Beschluss nach §7 RPflG. Weiter müssen die streitenden Gerichte sich jeweils **„rechtskräftig" für zuständig (Nr. 3) bzw. unzuständig (Nr. 4) erklärt** haben. Da die entsprechenden Beschlüsse eine Rechtskraft im klassischen Sinne nicht kennen, bedeutet diese Formulierung in diesem Zusammenhang, dass die Gerichte einen **Beschluss gegenüber jedenfalls einem Beteiligten nach §40 Abs. 1 FamFG bekannt gemacht** haben müssen, der abschließend die **Zuständigkeit bzw. Unzuständigkeit feststellt**. Gerichtsinterne Abgaben, Verfügungen, Hinweise oder die bloße Aktenübersendung an ein anderes Gericht genügen dem Merkmal der „rechtskräftigen" Zuständigkeitserklärung nicht.[7] Auch ein Verweisungsbeschluss muss, um die entsprechende Außenwirkung zu haben, den Beteiligten bekannt gemacht worden sein.[8] 4

Gerade in Kindschaftssachen kann ein solcher Kompetenzkonflikt (positiver oder negativer Art) auftreten. 5

4 BGH, Beschl. v. 23.8.2016 – X ARZ 292/16, juris
5 So die Gesetzesbegründung BT-Drucks. 16/6308, 176, die als Beispiel den Sterbeort eines wohnsitzlosen Erblassers nennt
6 Sternal/*Sternal*, §5 Rn. 24
7 Sternal/*Sternal*, §5 Rn. 25
8 OLG Frankfurt FamRZ 2016, 1691

Beispiel:

Die Eltern wohnen in verschiedenen Städten, A-Stadt und B-Stadt, und leben mit ihrem Kind ein paritätisches Wechselmodell.

1. ***Alt.:*** *Der Vater stellt beim Familiengericht A-Stadt einen Antrag auf Übertragung des Aufenthaltsbestimmungsrechts für das Kind auf ihn, die Mutter stellt beim Familiengericht B-Stadt ebenfalls einen (spiegelbildlichen) Antrag auf Übertragung des Aufenthaltsbestimmungsrechts auf sie. Sowohl das Amtsgericht in A-Stadt als auch das Amtsgericht in B-Stadt stellen durch Beschluss ihre Unzuständigkeit fest und verweisen das Verfahren an das jeweils andere Gericht.*

2. ***Alt.:*** *Die Mutter regt beim Familiengericht B-Stadt an, den Umgang des Vaters wegen des Verdachts auf sexuellen Missbrauch des Kindes auszuschließen, hilfsweise den Umgang nur begleitet durchzuführen. Der Vater wendet sich an das Familiengericht in A-Stadt, teilt mit, dass die Mutter ihm den Umgang mit dem Kind verweigere, und will das bisher gelebte paritätische Wechselmodell gerichtlich angeordnet wissen. Sowohl das Amtsgericht in A-Stadt als auch das Amtsgericht in B-Stadt stellen durch Beschluss ihre Zuständigkeit fest.*

Da sich die örtliche Zuständigkeit des Amtsgerichts sowohl in Sorgerechtsstreitigkeiten als auch in Umgangsrechtsverfahren gemäß § 152 Abs. 2 FamFG in der Regel nach dem gewöhnlichen Aufenthalt des Kindes bestimmt, kann gerade bei ausgeübtem paritätischem Wechselmodell die Bestimmung des gewöhnlichen Aufenthalts des Kindes – jedenfalls bei unterschiedlichen Wohnorten der Eltern – schwierig sein und es müssen für die Klärung weitere Anhaltspunkte neben dem Wohnort (Schule, Freundeskreis, andere Bezugspersonen des Kindes) herangezogen werden. In der 1. Alt. liegt ein negativer Kompetenzkonflikt, d.h. ein Fall des Abs. 1 Nr. 4 FamFG, in der 2. Alt. ein positiver Kompetenzkonflikt, d.h. ein Fall des Abs. 1 Nr. 3 FamFG vor.

IV. Streit bei Abgabe nach § 4 FamFG

6 Abs. 1 Nr. 5 FamFG hat keine Entsprechung in § 36 ZPO, weil es im förmlichen Zivilprozess die Möglichkeit der formlosen Abgabe nicht gibt. Voraussetzung ist, dass das Gericht, das die Abgabe beabsichtigt, mit dem anderen Gericht i.S.d. § 4 FamFG korrespondiert hat, **das andere Gericht** aber die **Übernahme ablehnt**. Erst dann ist das Merkmal „nicht einigen können" nach Abs. 1 Nr. 5 FamFG erfüllt. Insbesondere kann **nicht vor einem Versuch der Einigung zwischen den Gerichten** sofort das nächsthöhere Gericht angerufen werden.

V. Zuständiges Bestimmungsgericht

7 Nach Abs. 1 FamFG ist das Bestimmungsgericht grundsätzlich das **nächsthöhere gemeinsame Gericht**. Maßgeblich ist insoweit nicht der allgemeine Gerichtsaufbau, sondern die **Rechtsmittelzuständigkeit in der konkreten Verfahrensart**.[9] Steht also die Zuständigkeit von zwei Familiengerichten im Streit, so ist das im Rechtsmittelzug übergeordnete Oberlandesgericht zuständig für die Zuständigkeitsbestimmung. Wegen § 5 Abs. 2 FamFG ist, wenn zwei Familiengerichte streiten, die kein gemeinsames übergeordnetes Oberlandesgericht haben, nicht der Bundesgerichtshof, sondern das Oberlandesgericht Bestimmungsgericht, zu dessen Bezirk das zuerst mit der Sache befasste Gericht gehört (**Prioritätsprinzip**). Auch wenn der Zuständigkeitskonflikt erstmals zwischen zwei Oberlandesgerichten auftritt, ist Bestimmungsgericht wegen § 5 Abs. 2 FamFG nicht der Bundesgerichtshof, son-

9 OLG Hamm FamRZ 2016, 1692; jeweils zu § 36 ZPO: BGH NJW 1988, 2739; NJW 1979, 2249

dern das zuerst mit der Sache befasste Oberlandesgericht (dann aber ein anderer Senat des Gerichts).[10]

VI. Verfahren

Im Rahmen des Bestimmungsverfahrens legt das nächsthöhere Gericht das zuständige Gericht durch zu begründenden Beschluss bindend fest. Das Bestimmungsverfahren wird regelmäßig durch Aktenvorlage eines der im Zuständigkeitskonflikt befindlichen Gerichte eingeleitet. Das Bestimmungsgericht prüft, ob die Voraussetzungen der Bestimmung vorliegen. Liegen diese nicht vor, lautet die Beschlussformel: „Die Bestimmung des zuständigen Gerichts wird abgelehnt." Wenn mehrere Gerichte zuständig sind, hat die **Zuständigkeitsbestimmung** im Rahmen einer Gesamtschau nach Zweckmäßigkeitsgesichtspunkten zu erfolgen. Sollte keines der streitenden Gerichte zuständig sein, kann das Bestimmungsgericht nach vorheriger Anhörung auch ein drittes zuständiges Gericht bestimmen, wenn dem bestimmenden Gericht auch die Zuständigkeit für das dritte Gericht zukommt.[11] Die Entscheidung enthält keine Kostenentscheidung und wird mit Bekanntgabe an das als zuständig bestimmte Gericht wirksam, wobei die Bekanntgabe an alle Beteiligten und auch das/die anderen im Bestimmungsverfahren beteiligten Gerichte zu erfolgen hat.[12] 8

VII. Unanfechtbarkeit des Beschlusses

Gemäß § 5 Abs. 3 FamFG ist der **Beschluss des Bestimmungsgerichts**, mit dem das zuständige Gericht bestimmt wird, **unanfechtbar**. Dies gilt auch für den die Bestimmung ablehnenden Beschluss, welcher keine Endentscheidung nach § 38 Abs. 1 Satz 1 FamFG, sondern eine nicht anfechtbare Zwischenentscheidung darstellt (vgl. § 58 Abs. 2 FamFG). 9

§ 6 FamFG

Ausschließung und Ablehnung der Gerichtspersonen

(1) [1]Für die Ausschließung und Ablehnung der Gerichtspersonen gelten die §§ 41 bis 49 der Zivilprozessordnung entsprechend. [2]Ausgeschlossen ist auch, wer bei einem vorausgegangenen Verwaltungsverfahren mitgewirkt hat.

(2) Der Beschluss, durch den das Ablehnungsgesuch für unbegründet erklärt wird, ist mit der sofortigen Beschwerde in entsprechender Anwendung der §§ 567 bis 572 der Zivilprozessordnung anfechtbar.

Übersicht

A. Allgemeines

In besonderen Fällen kann eine **Gerichtsperson**, die nicht die an sie gestellten Anforderungen der Neutralität und Objektivität erfüllt, von ihrem Amt **ausgeschlossen** bzw. mit entsprechendem Antrag **abgelehnt** werden. Die Regelung dient dem fairen Verfahren und der 1

10 Vgl. BGH FamRZ 2017, 130
11 Sternal/*Sternal*, § 5 Rn. 46
12 BeckOK FamFG/*Perleberg-Kölbel*, § 5 Rn. 18

gerechten Entscheidung des Einzelfalles ebenso wie der Integrität der Rechtsprechung und der funktionierenden Rechtspflege.[1] Andererseits darf die Justizgewährung nicht durch missbräuchliche Ablehnungsgesuche querulatorisch veranlagter Beteiligter eingeschränkt werden.

B. Inhalt der Norm

I. Gerichtspersonen

2 Der gesetzliche Richter i.S.d. Art. 101 Abs. 1 Satz 2 GG ist nur dann gewährleistet, wenn der einzelne Richter objektiv entscheidet und der Rechtsuchende nicht vor einem Richter steht, der aus bestimmten Gründen die gebotene **Neutralität, Unparteilichkeit , Unabhängigkeit und Distanz** vermissen lässt.[2] Durch den Begriff „Gerichtspersonen" werden nicht nur **Richter** (auch ersuchte oder ehrenamtliche), sondern wegen § 10 Satz 1 RPflG auch **Rechtspfleger** und wegen des Verweises in § 6 Abs. 1 Satz 1 FamFG auf § 49 ZPO auch **Urkundsbeamte der Geschäftsstelle** erfasst, genauso wie **Dolmetscher** über die Verweisung des § 191 Satz 1 GVG. Ein **Gerichtsvollzieher** kann wegen der Sondervorschrift des § 155 GVG nicht abgelehnt werden.[3]

Abgelehnt werden kann nur der einzelne Richter, nicht aber das Gericht oder eine Gerichtsabteilung als solches.[4] Wird ein Spruchkörper insgesamt abgelehnt – wenn auch die Richterinnen und Richter namentlich einzeln aufgeführt sind – ohne dass konkrete, auf eine Befangenheit der einzelnen Mitglieder des Spruchkörpers hinweisende Anhaltspunkte benannt werden, ist das Ablehnungsgesuch unzulässig.[5]

Abgelehnt werden kann nur die aktuell zuständige Gerichtsperson. Eine **vorsorgliche Ablehnung** des im theoretischen Vertretungsfall zuständigen Richters ist mangels Rechtsschutzbedürfnisses **unzulässig**.[6]

3 **Nicht** zu dem Personenkreis der Gerichtspersonen zählen **Mitarbeiter des Jugendamts**, da diese entweder Anhörungspersonen i.S.d. § 162 FamFG oder Vertreter des beteiligten Jugendamts sind.[7] Denn das jeweils zuständige Jugendamt ist – anders als etwa ein Sachverständiger – nicht vom Gericht ausgewählt, sondern gesetzlich in §§ 87b, 86 SGB VIII festgelegt und ihm ist in § 50 SGB VIII eine eigenständige unterstützende Mitwirkung zugewiesen; bei dieser ist es aus eigener gesetzlicher Verpflichtung neben dem Gericht selbstständig tätig. Obwohl sie vom Gericht bestellt sind, können auch **Verfahrensbeistände** und **Umgangspfleger nicht** abgelehnt werden. Denn sie werden durch die Bestellung Beteiligte nach § 7 FamFG (vgl. § 158b Abs. 3 Satz 1 FamFG). Auf Verfahrensbeteiligte ist eine Ablehnung wegen Befangenheit aber nicht anwendbar.[8] Beteiligte vertreten im Verfahren Interessen (vgl. § 158b Abs. 1 Satz 1 FamFG) und sind nicht gehalten, sich gegenüber anderen Beteiligten neutral zu verhalten. Gegebenenfalls ist ein Befangenheitsantrag gegen einen Verfahrensbeistand oder Umgangspfleger aber zum Anlass zu nehmen, die Geeignetheit der bestellten Person zu überprüfen (vgl. § 158 Abs. 4 Satz 2 Nr. 2 FamFG) und bei Feststellung der Nichteignung eine andere Person zu bestellen.[9]

---

1 MüKo-FamFG/*Pabst*, § 6 Rn. 1
2 BVerfG NJW 1971, 1029
3 BGH FamRZ 2004, 1960; BVerfG NJW-RR 2005, 365
4 BGH FamRZ 2015, 1698
5 BGH, Beschl. v. 8.1.2015 – V ZB 184/14, juris; BGH, Beschl. v. 1.7.2014 – VIII ZB 27/14, juris
6 Verfassungsgericht Brandenburg, Beschl. v. 15.2.2019 – VfGBbg 183/17, juris; OLG Brandenburg FamRZ 2013, 1600; OLG Karlsruhe FamRZ 2005, 1260; OLG Zweibrücken FamRZ 2000, 1287
7 OLG Celle ZKJ 2011, 229 = FamRZ 2011, 1532
8 OLG Celle FGPrax 2003, 128; OLG München FamRZ 2005, 635
9 OLG Saarbrücken NJW-RR 2019, 327; OLG Hamburg FamRZ 2016, 1694

Sachverständige sind **keine Gerichtspersonen**, § 6 FamFG ist auf sie also nicht anwendbar. Sachverständige können aber gemäß § 30 Abs. 1 FamFG i.V.m. §§ 406 Abs. 1 Satz 1, 42 ff. ZPO aus denselben Gründen, die zur Ablehnung eines Richters berechtigen, abgelehnt werden. 4

Zu der Ablehnung eines Sachverständigen hat sich gerade in Kindschaftssachen eine umfangreiche Kasuistik herausgebildet.[10]

▶ *Hierzu eingehend Heilmann, § 163 FamFG Rn. 31 ff.*

Das Ablehnungsrecht steht gem. §§ 6 Abs. 1 Satz 1 FamFG, 42 Abs. 3 ZPO grundsätzlich nur **Beteiligten** des Verfahrens i.S.d. § 7 FamFG zu. Am Verfahren nicht beteiligte Dritte sind nicht ablehnungsberechtigt.[11] Ob das Jugendamt, das nicht gemäß § 162 Abs. 2 Satz 1 FamFG Muss-Beteiligter ist und keinen Antrag auf Beteiligung gestellt hat, ablehnungsberechtigt ist, wurde bisher nicht entschieden. A maiore ad minus wird man mit § 162 Abs. 2 Satz 2 FamFG argumentieren können, wenn dem Jugendamt auch als nicht förmlich Beteiligtem ein Beschwerderecht in der Sache zusteht, muss es einen Antrag auf Besorgnis der Befangenheit stellen können. 5

II. Ausschluss- und Ablehnungsgründe

§ 6 FamFG verweist hinsichtlich der Gründe für den Ausschluss oder die Ablehnung der betreffenden Person auf die entsprechenden Regelungen der ZPO: § 41 ZPO nennt auf die Person des Richters bezogene Ausschlussgründe. Wenn ein **Ausschlussgrund nach § 41 ZPO** vorliegt, ist der **Richter kraft Gesetzes von jedweder Tätigkeit**, auch einer bloß vorbereitenden, **in dem betreffenden Verfahren ausgeschlossen**, ohne dass es einer gerichtlichen Entscheidung darüber bedarf. Ist die Rechtslage zweifelhaft, kann auf Selbstanzeige nach § 48 ZPO oder Antrag eines Beteiligten nach § 42 Abs. 1 ZPO eine gerichtliche Entscheidung eingeholt werden. Die **Ausschlussgründe nach § 41 ZPO sind** (anders als Befangenheitsgründe nach § 42 ZPO) nicht verzichtbar, § 43 ZPO, und **von Amts wegen zu beachten**, unabhängig von der Kenntnis der Beteiligten. In der **Praxis** sollte bei Vorliegen eines Ausschlussgrundes die Akte nicht wortlos an den geschäftsplanmäßigen Vertreter abgegeben, sondern ein **Aktenvermerk über das Vorliegen des Ausschlussgrundes** niedergelegt und den Beteiligten zur Kenntnis übersandt werden, da die Beteiligten auch aus Art. 101 Abs. 1 Satz 2 GG Anspruch auf Information über ihren gesetzlichen Richter und den Grund des Richteraustausches haben.[12] 6

§ 42 ZPO regelt die **Ablehnung** eines Richters wegen der Besorgnis der Befangenheit.

Gemäß § 42 Abs. 2 ZPO findet die Ablehnung wegen **Besorgnis der Befangenheit** statt, wenn ein Grund vorliegt, der geeignet ist, Misstrauen gegen die Unparteilichkeit eines Richters zu rechtfertigen. Es kommt hierfür nicht darauf an, ob das Misstrauen des jeweiligen Beteiligten tatsächlich gerechtfertigt ist. Entscheidend ist allein, dass aus seiner Sicht ein sachlicher Anlass für ein Misstrauen gegenüber der abgelehnten Gerichtsperson besteht. Maßgeblich sind also **allein objektive Gründe**, die aus Sicht eines verständigen Verfahrensbeteiligten berechtigte Zweifel an der Unparteilichkeit oder Unabhängigkeit des abgelehn- 7

---

10 Vgl. etwa OLG Düsseldorf FamRZ 2020, 523 (Ergreifen von Maßnahmen außerhalb des Gutachtenauftrags); OLG Stuttgart FamRZ 2018, 455 (Begutachtung des Kindes ohne vorherige Zustimmung der sorgeberechtigten Eltern); OLG Frankfurt FamRZ 2017, 914 (eigene Sachverhaltsermittlung des Sachverständigen bei Drittpersonen ohne ausdrückliche Anordnung des Familiengerichts); OLG Düsseldorf ZKJ 2017, 238 (Überschreitung des Gutachtenauftrags); OLG Hamm ZKJ 2015, 198 (Teilnahme einer Begleitperson am Explorationstermin); OLG Brandenburg FamRZ 2014, 68 (Äußerungen des Sachverständigen); OLG Hamm FamRZ 2012, 894 (unzureichende Information der Beteiligten)

11 BGH NJW-RR 2020, 1321

12 MüKo-ZPO/*Stackmann*, § 41 Rn. 32

ten Richters wecken können.[13] Im Ablehnungsverfahren geht es **allein** um die **Parteilichkeit** der Gerichtsperson und **nicht** um die **inhaltliche Richtigkeit** ihrer Handlungen und Entscheidungen, deren Überprüfung allein dem Rechtsmittelgericht vorbehalten ist. Die Befangenheitsablehnung stellt **kein Instrument zur Fehler- und Verfahrenskontrolle** dar.[14]

8 Ein Ablehnungsgesuch kann daher grundsätzlich **nicht auf** die **Verfahrensweise**, die **Rechtsauffassung** einer Gerichtsperson **oder** die **vermeintliche Fehlerhaftigkeit einer gerichtlichen Entscheidung** gestützt werden.[15] Ebenso wenig kann ein Ablehnungsgesuch gegen die Gerichtsperson erfolgreich auf vermeintlich „fehlende Fortbildung" oder behauptete „fachliche Unkenntnis" oder fehlende Fortbildung gestützt werden.[16] Die amtswegige Einleitung eines Verfahrens nach §§ 1666, 1666a BGB ist, wenn in einem Umgangsverfahren Anhaltspunkte für eine Kindeswohlgefährdung auftreten, kein Befangenheitsgrund, sondern im Gegenteil die zutreffende Ausübung des staatlichen Wächteramts im Rahmen des § 26 FamFG.[17] Auch auf die Anordnung der Kindesanhörung im Beisein eines gerichtlich bestellten Sachverständigen bei Ablehnung der Begutachtung des Kindes durch den sorgeberechtigten Elternteil kann ein Ablehnungsgesuch gegen den Richter nicht erfolgreich gestützt werden.[18] Eine richterliche **Vorbefasstheit** in einer anderen Sache ist grundsätzlich **kein Befangenheitsgrund**[19] ebenso wenig die (einfache) **Verweigerung einer Terminsverlegung**, weil diese nur bei Vorliegen erheblicher Gründe in Betracht kommt (§§ 32 Abs. 1 Satz 2 FamFG, 227 Abs. 1, 2 ZPO),[20] oder das **Setzen einer kurzen Stellungnahmefrist von drei Tagen** in einem Eilverfahren.[21] Die **schlichte Untätigkeit des Gerichts** stellt regelmäßig ebenfalls keinen Befangenheitsgrund dar;[22] unabhängig davon ist das Befangenheitsgesuch selbst geeignet, das Verfahren zu verzögern. Im Übrigen gibt es in beschleunigt zu führenden Kindschaftssachen mit §§ 155b, 155c FamFG Abhilfemöglichkeiten.

Da **gerichtliche Hinweise** im Rahmen der materiellen Verfahrensleitung vorgeschrieben sind, liegt darin regelmäßig ebenfalls kein Befangenheitsgrund.[23]

9 Eine **Ausnahme** von diesem Grundsatz ist bezogen auf das Verfahren bzw. die Entscheidungen nur dann geboten, wenn die Gestaltung des Verfahrens oder die Entscheidungen des Richters sich so weit von den anerkannten (verfassungs-)rechtlichen Grundsätzen entfernen, dass sie **aus der Sicht des Beteiligten nicht mehr verständlich und offensichtlich unhaltbar** erscheinen und dadurch den Eindruck einer willkürlichen oder doch jedenfalls sachfremden Einstellung des Richters erwecken.[24] Dazu gehört eine gerichtliche Anordnung ohne gesetzliche Grundlage[25], Fälle gehäufter bzw. grober Verfahrensverstöße wie unzulässige Selbstentscheidung über die Befangenheitsablehnung bzw. Beharren auf einer

13 BGH, Beschl. v. 10.10.2017 – III ZA 12/17, juris
14 OLG Celle NZFam 2024, 744; OLG Brandenburg, Beschl. v. 26.1.2024 – 9 WF 18/24, juris
15 BGH, Beschl. v. 10.4.2018 – VIII ZR 127/17, juris; OLG Brandenburg FamRZ 2019, 1796; BGH NJW 2002, 2396; OLG Köln FamRZ 2012, 318
16 OLG Hamm FamRZ 2021, 365; OLG Celle FamRZ 2013, 1751 jeweils zu einer Sachverständigenablehnung
17 OLG Brandenburg FamRZ 2018, 1088
18 OLG Celle FamRZ 2019, 1930
19 BGH NJW-RR 2017, 189; BGH FamRZ 2015, 746; BGH MDR 2012, 363
20 BGH FamRZ 2006, 944, Rn. 31; OLG Köln NJW-RR 1997, 828; zur Ausnahme siehe sogleich
21 OLG Brandenburg FamRZ 2020, 183
22 OLG Köln FamRZ 2017, 1764; OLG Brandenburg FamRZ 2015, 2074
23 OLG Frankfurt, Beschl. v. 19.4.2017 – 2 U 174/16, juris; BGH FamRZ 2006, 261
24 BVerfG NJW 2019, 505: wenn passwortgeschützt nur zur Einsicht für das Gericht staatsanwaltliche Ermittlungsakten auf einer CD von einem Beteiligten übersandt werden und das Gericht daraufhin von dem Beteiligten das Passwort anfordert, kann schon diese Vorbereitungshandlung die Besorgnis der Befangenheit begründen, weil der Eindruck der einseitigen Auswertung von Erkenntnisquellen entsteht; OLG Hamm FamRZ 2014, 324; OLG Dresden FamRZ 2014, 1654
25 OLG Stuttgart FamRZ 2016, 2144: Einforderung eines Auslagenvorschusses für ein amtswegig einzuholendes Gutachten in Kindschaftssachen entgegen § 16 FamGKG

rechtlich grob falschen Position trotz entsprechender Gegenvorstellung[26] oder die Verweigerung einer beantragten Terminsverlegung, wenn erhebliche Verlegungsgründe offensichtlich vorliegen und die Zurückverweisung des Terminsverlegungsantrags sich als Verletzung rechtlichen Gehörs darstellte oder sich aus der Verweigerung der Terminsverlegung der Eindruck einer sachwidrigen Benachteiligung eines Beteiligten aufdrängt[27] (vgl. aber auch unten Rn. 16 zur Terminsverlegung).

Ein Befangenheitsgrund kann auch vorliegen, wenn trotz Terminsverlegung die **Anhörung nur eines Beteiligten im aufgehobenen Termin** erfolgt.[28] Eine Befangenheit kann sich auch **aus einer unzulässigen Verknüpfung** ergeben, z.B. wenn die VKH aufgehoben wird, weil sich ein Elternteil einer Begutachtung seiner Erziehungsfähigkeit durch einen Sachverständigen verweigert.[29] Ein Befangenheitsvorwurf kann sich zudem aus der wiederholt mangelnden Bereitschaft des Richters ergeben, Beteiligtenvorbringen zur Kenntnis zu nehmen.[30] Auch wenn sich das Ablehnungsgesuch nur auf das betreffende Verfahren und nicht auf Parallelverfahren bezieht,[31] lässt eine **erfolgreiche Ablehnung** eines Richters **in einem Parallelverfahren** bei Vorliegen eines verfahrensübergreifenden Ablehnungsgrundes (wie Voreingenommenheit gegen die Person des Ablehnenden) darauf schließen, dass eine Ablehnung in dem anderen Verfahren ebenfalls begründet ist.[32]

Besondere persönliche Beziehungen des Richters **zu einem Verfahrensbeteiligten** können einen Grund für **objektives Misstrauen** in die Unparteilichkeit eines Richters darstellen.[33] Dafür genügt eine Bekanntschaft oder eine lockere Freundschaft allerdings in der Regel nicht.[34] Allgemeine berufliche Kontakte, private Bekanntschaften, die gemeinsame Mitgliedschaft in einer Partei, einem Verein oder anderen Organisationen genügen in der Regel nicht. Ein **Kollegialitätsverhältnis** kann für sich genommen nur dann eine Ablehnung rechtfertigen, wenn damit eine sehr enge berufliche Zusammenarbeit verbunden ist.[35] 10

Eine **emotional geprägte Beziehung des Richters zu einem Beteiligten** (z.B. enge Freundschaft, Feindschaft, früheres oder aktuelles Liebesverhältnis) begründet hingegen in der Regel eine **Besorgnis der Befangenheit**.[36] Ist ein **anderer Richter desselben Gerichts Beteiligter** in einem Verfahren, besteht bei kleinen Gerichten (oder gar bei einem Kollegen aus derselben Kammer/demselben Senat) in der Regel die Besorgnis der Befangenheit, nicht aber bei größeren Gerichten.[37] Dass eine Richterin die erstinstanzliche Entscheidung getroffen hat und nunmehr Vorsitzende des zuständigen Beschwerdesenats geworden ist, begründet für die übrigen Mitglieder dieses Beschwerdesenats nicht die Besorgnis der Befangenheit.[38]

Zwischen **Richter und Verfahrensbevollmächtigten eines Beteiligten** gelten großzügigere Maßstäbe als zwischen Richter und Beteiligtem, weil schon aufgrund der jeweiligen Berufs-

26 OLG Celle FamRZ 2023, 148
27 OLG Saarbrücken FamRZ 2019, 375 (existenzielle Bedeutung eines EA-Verfahrens nach § 1666 BGB bei zuvoriger Inobhutnahme des Kind nach jahrelangen gerichtlichen, dem aktuellen Verfahren vorangehenden Streitigkeiten, wo anwaltliche Vertretung zwingend angezeigt ist); BGH FamRZ 2006, 944, Rn. 31
28 OLG Karlsruhe NZFam 2020, 179
29 OLG Oldenburg FamRZ 2021, 1135
30 OLG Hamm FamRZ 2014, 324
31 Stein/*Bork*, § 47 Rn. 2
32 KG FamRZ 2016, 995; OLG Brandenburg FamRZ 2016, 650; OLG München FamRZ 2014, 958
33 BGH, Beschl. v. 2.12.2015 – RiZ (R) 1/15, juris
34 BGH, Beschl. v. 2.12.2015 – RiZ (R) 1/15, juris; BayObLG NJW-RR 1987, 127
35 BGH FamRZ 2022, 466
36 BGH NJW-RR 2023, 431; BGH FamRZ 2020, 847 (jeweils Ehegatte befangen als Entscheider über Rechtsmittel gegen Entscheidung des anderen Ehegatten); BGH, Beschl. v. 2.12.2015 – RiZ (R) 1/15, juris (enge Freundschaft)
37 OLG Zweibrücken MDR 2014, 1171; BVerfG NJW 2004, 3550
38 OLG Karlsruhe FamRZ 2020, 939

pflichten eine Trennung zwischen beruflicher und privater Beziehung geboten ist.[39] Dabei kann die Besorgnis der Befangenheit begründet sein, wenn der Richter in einer Sache aktuell noch selbst Mandant des Verfahrensbevollmächtigten eines Beteiligten ist[40] oder wenn ein Beteiligter von einer Kanzlei vertreten wird, deren Inhaber der Vater des Richters ist und dieser selbst zuvor in der Kanzlei tätig war.[41] Jedenfalls, wenn der Richter das eigene Mandat nicht von sich aus rechtzeitig anzeigt, kann allein darin ein eigenständiger Befangenheitsgrund liegen.[42]

11 Wird der Ablehnungsgrund **im Erörterungstermin bekannt**, muss das Ablehnungsgesuch spätestens bis zum Schluss des Erörterungstermins (d.h. zu Protokoll bzw. zum Vermerk nach § 28 Abs. 4 Satz 1 FamFG) angebracht werden, § 44 Abs. 4 ZPO.[43]

Nach vollständigem Abschluss einer Instanz ist ein Ablehnungsgesuch gegen den Richter dieser Instanz unzulässig, weil damit die beteiligten Richter ihre richterliche Tätigkeit im konkreten Verfahren beendet haben und ihre getroffene Entscheidung nicht mehr ändern können.[44]

Das **Rechtsschutzbedürfnis für ein Ablehnungsverfahren entfällt** mit der Folge der Unzulässigkeit des Befangenheitsgesuchs, wenn die jeweilige Gerichtsperson nicht mehr mit der Sache befasst ist (z.B. Dezernatswechsel im selben Gericht, Wechsel des Gerichts, Ausscheiden durch Pensionierung).[45]

III. Verfahren

12 Das Verfahren richtet sich nach **§§ 44 ff. ZPO**.

- Das **Ablehnungsgesuch** ist bei dem Gericht, dem der Richter angehört, anzubringen. Die Ablehnung ist bedingungsfeindlich. Die Geltendmachung kann schriftlich, mündlich, zu Protokoll der Geschäftsstelle oder im gerichtlichen Sitzungsprotokoll erfolgen. Anwaltliche Vertretung ist nicht erforderlich. Bei Erklärung zu Protokoll ist sofortige Begründung erforderlich, jedenfalls insoweit, dass eine Individualisierung des Ablehnungsgrundes möglich ist.[46] Es müssen Angaben dazu erfolgen, aus welchen tatsächlichen Gründen der Richter abgelehnt wird. Ein **Ablehnungsgesuch ohne Begründung ist unzulässig**, denn eine Ablehnung wegen Besorgnis der Befangenheit erfolgt nur auf Antrag, eine amtswegige Überprüfung findet nicht statt;[47] die amtswegige Überprüfung nach § 48 Alt. 2 ZPO gilt nur für Ausschlussgründe nach § 41 ZPO. Der Ablehnungsgrund ist glaubhaft zu machen, § 44 Abs. 2 Satz 1 ZPO. Die Glaubhaftmachung kann durch Bezugnahme auf das Zeugnis des abgelehnten Richters erfolgen, § 44 Abs. 2 Satz 2 ZPO.

13
- Der abgelehnte Richter hat eine **dienstliche Äußerung** zu dem Ablehnungsgesuch abzugeben, § 44 Abs. 3 ZPO. Entbehrlich ist eine solche Äußerung nur bei unzulässigen bzw. rechtsmissbräuchlichen Ablehnungsgesuchen.[48] Die dienstliche Äußerung hat sich **allein zu den vorgebrachten inneren und äußeren Tatsachen** in der Begründung des Ablehnungsgesuchs zu verhalten. Eine **Bezugnahme auf** den **Akteninhalt** genügt, wenn sich die Tatsachen (z.B. zur Verfahrensführung, zum Inhalt des Erörterungstermins) aus

39 OLG Naumburg, Beschl. v. 19.7.2012 – 3 WF 156/12, juris
40 OLG Düsseldorf FamRZ 2018, 932; KG NJW-RR 2014, 572
41 OLG Frankfurt FamRZ 2024, 1378
42 OLG Köln, Beschl. v. 26.4.2017 – 16 W 26/17, juris; vgl. auch OLG Köln NJW-RR 2019, 885
43 BGH NJW-RR 2008, 800
44 BGH FamRZ 2007, 1734; BVerfG NJW 2011, 2191
45 BGH NJW-RR 2016, 127 bei Abordnung eines Richters an ein anderes Gericht und Neubesetzung des vorigen Dezernats
46 OLG Schleswig, Beschl. v. 24.9.2001 – 16 W 210/01, juris
47 OLG Hamburg NJW-RR 2018, 831
48 BGH, Beschl. v. 10.10.2017 – III ZA 12/17, juris; BGH NJW-RR 2012, 61

den Akten ergeben. Der Richter hat sich jeder inhaltlichen Würdigung des Gesuchs zu enthalten, die Prüfung obliegt dem Gericht nach § 45 Abs. 1 ZPO. Da es auf die Gefühle des Richters nicht ankommt, ist der Satz „Ich fühle mich nicht befangen" überflüssig.[49] Unsachliche und polemische Erklärungen in der dienstlichen Äußerung können ihrerseits einen Befangenheitsgrund darstellen,[50] ggf. auch unzulängliche dienstliche Äußerungen trotz beschwerdegerichtlicher Bitte um Ergänzung.[51] Zu der dienstlichen Äußerung des Richters ist den Beteiligten rechtliches Gehör zu gewähren, unabhängig vom Inhalt der Erklärung.

- Ein Richter kann sich auch **selbst ablehnen**, § 48 Alt. 1 ZPO. **14**

Liegen Gründe nach § 41 oder § 42 Abs. 2 ZPO vor, ist die Selbstablehnung Amtspflicht des Richters und wegen Art. 101 Abs. 1 Satz 2, Art. 103 Abs. 1 GG auch **eine den Verfahrensbeteiligten gegenüber bestehende Pflicht**.[52] Die Selbstablehnung nach § 48 Alt. 1 tritt an die Stelle der dienstlichen Äußerung nach § 44 Abs. 3 ZPO und muss die tatsächlich und rechtlich maßgeblichen Umstände umfassen. Zu der Selbstablehnung ist den Beteiligten rechtliches Gehör zu gewähren und auch hier gilt § 47 ZPO[53] Pflichtwidriges Unterlassen einer Selbstanzeige kann selbst die Besorgnis der Befangenheit begründen.[54]

- Über das Ablehnungsgesuch **entscheidet** das (Kollegial-)**Gericht**, **dem der Abgelehnte angehört ohne dessen Mitwirkung**. Wird ein Richter beim Amtsgericht abgelehnt, so befindet ein anderer Richter des Amtsgerichts über das Gesuch, § 45 Abs. 2 Satz 1 ZPO. Einer Entscheidung bedarf es dann nicht, wenn der abgelehnte Richter selbst das Gesuch für begründet hält, § 45 Abs. 2 Satz 2 ZPO. Nach einer im Vordringen befindlichen Auffassung gebietet die Bedeutung des Rechts auf den gesetzlichen Richter nach Art. 101 Abs. 1 Satz 2 GG, dass auch die stattgebende Entscheidung nach § 45 Abs. 2 Satz 2 ZPO begründet wird.[55] Beim Oberlandesgericht entscheidet der gesamte Senat über das Ablehnungsgesuch gegen einen Einzelrichter am Kollegialgericht, auch wenn der abgelehnte Einzelrichter originär zuständig ist.[56] **15**

Bei Ablehnung eines Rechtspflegers entscheidet der Richter, § 10 Satz 2 RPflG, bei Ablehnung eines Urkundsbeamten der Spruchkörper, für den der Urkundsbeamte tätig war, § 49 ZPO.

- Zu einer **eigenen Entscheidung über** das **Ablehnungsgesuch** ist der abgelehnte Richter **ausnahmsweise befugt**, wenn es sich um ein unzulässiges, insbesondere der Verschleppung dienendes, nur verfahrensfremde Zwecke verfolgendes und damit **rechtsmissbräuchliches Ablehnungsgesuch** handelt.[57] So verhält es sich, wenn das Ablehnungsgesuch offensichtlich lediglich dazu dient, das Verfahren zu verschleppen, oder verfahrensfremde Ziele verfolgt.[58] Dies kann etwa der Fall sein, wenn ein Ablehnungsgesuch nur gestellt wird, um in einer Kindschaftssache eine **Terminsverlegung** zu erreichen, die trotz eines zuvor gestellten Terminsverlegungsantrags nicht bewilligt wurde.[59] Unzulässig ist ein Ablehnungsgesuch aber nur dann, wenn es sich um eine reine Formalentscheidung ohne Eingehen auf den Verfahrensgegenstand handelt.[60] Ansonsten darf **16**

49 MüKo-ZPO/*Stackmann*, § 44 Rn. 10
50 OLG Brandenburg NZFam 2016, 567
51 OLG Frankfurt, Beschl. v. 9.6.2017 – 4 WF 103/17, juris
52 BGH NJW 1995, 1677
53 Vgl. dazu Rn. 10
54 OLG Bremen MDR 2008, 283; KG NJW-RR 2000, 1164
55 Zöller/*G. Vollkommer*, § 45 ZPO Rn. 7; OLG Frankfurt FamRZ 98, 378
56 BGH NJW-RR 2007, 776; BGH FamRZ 2006, 944
57 OLG Brandenburg, Beschl. v. 13.8.2021 – 9 UF 143/21, juris
58 VerfGH NRW NJW-RR 2020, 631
59 OLG Hamm FamRZ 2019, 1150
60 BVerfG NJW 2013, 1665, Rn. 30

der Richter nicht in eigener Sache entscheiden und das nach § 45 Abs. 1 ZPO vorgeschriebene Gericht ist zur Entscheidung berufen.

17 • Nach dem mit Wirkung vom 1.1.2020 eingeführten § 44 Abs. 4 Satz 2 ZPO ist das Ablehnungsgesuch **unverzüglich**, also ohne schuldhaftes Zögern, § 121 Abs. 1 Satz 1 BGB, anzubringen. Das Ablehnungsgesuch ist nicht mehr unverzüglich angebracht, wenn der Beteiligte nach Ablauf einer ihm nach den Umständen des Einzelfalls zuzubilligenden Überlegungsfrist mit dem Gesuch zuwartet, obwohl bei verspäteter Antragstellung eine unnötige Verfahrensverzögerung für ihn erkennbar und vermeidbar war.[61] Wenn ein Ablehnungsgesuch sich allein auf die Gründe einer Entscheidung stützt, ist die Einlegung des Ablehnungsgesuchs zusammen mit dem Rechtsmittel noch unverzüglich im Sinne der Vorschrift.[62] Ein Verstoß gegen § 44 Abs. 4 Satz 2 ZPO führt zur Unzulässigkeit des Ablehnungsgesuchs.[63]

18 • Die **Entscheidung** über das Ablehnungsgesuch erfolgt **ohne Kostenentscheidung**. Regelmäßig ist die **Entscheidung zu begründen**, auch bei Stattgabe wegen Art. 101 Abs. 1 Satz 2 GG (vgl. Rn. 15). Bei Zurückweisung bzw. Verwerfung des Ablehnungsgesuchs hat eine **Rechtsmittelbelehrung** über die sofortige Beschwerde nach §§ 6 Abs. 2 FamFG, 567 ff. ZPO zu erfolgen.

IV. Handlungsverbot und § 155 Abs. 1 FamFG

19 Bis zur rechtskräftigen Entscheidung über das Befangenheitsgesuch bleibt der abgelehnte Richter der **gesetzliche Richter** nach Art. 101 Abs. 1 Satz 2 GG, unterliegt aber – von der Ausnahme nach § 47 Abs. 1, Abs. 2 ZPO abgesehen – **einem Handlungsverbot**. Das bedeutet, dass der abgelehnte Richter ab Eingang des Ablehnungsgesuchs (bzw. ab Anzeige der Selbstablehnung) bis zur rechtskräftigen Entscheidung über das Gesuch in der Sache[64] bzw. den Ablauf der Rechtsmittelfrist grundsätzlich nicht tätig werden darf.[65]

Faktisch bedeutet ein – zulässiges – Befangenheitsgesuch also bis zur rechtskräftigen Entscheidung einen Verfahrensstillstand.[66] Denn auch der geschäftsplanmäßige Vertreter des abgelehnten Richters ist in der Zwischenzeit nicht zur Fortführung des Verfahrens berufen, sondern erst nach Stattgabe des Ablehnungsgesuchs, denn erst dann wird er zum gesetzlichen Richter nach Art. 101 Abs. 1 Satz 2 GG.[67] Entscheidet der geschäftsplanmäßige Vertreter vor Entscheidung über das Ablehnungsgesuch – ohne dass aus sonstigen Gründen ein Vertretungsfall vorläge – im laufenden Zwischenverfahren in der Sache, ist eine solche Entscheidung aus Zuständigkeitserwägungen offensichtlich rechtsfehlerhaft und damit willkürlich.[68]

Trotz Ablehnungsgesuchs weiterhin **zulässig** sind die **reine Aktenverwaltung** durch den abgelehnten Richter (z.B. Wiedervorlageverfügungen)[69] und solche Maßnahmen, die auf das Handlungsverbot des § 47 Abs. 1 ZPO reagieren, etwa terminierte Anhörungen oder Erörterungen aufzuheben.[70]

---

61 OLG Brandenburg FamRZ 2020, 1853
62 BGH FamRZ 2022, 644
63 OLG Hamburg FamRZ 2020, 1283
64 BGH NJW-RR 2011, 427: zulässige Anhörungsrüge gegen Zurückweisung des Ablehnungsgesuchs ist auch abzuwarten
65 Vgl. dazu *Köhler*, FamRZ 2020, 1070
66 Zöller/*G. Vollkommer*, § 47 ZPO Rn. 4; *Köhler*, FamRZ 2020, 1070
67 VerfGH BW NJW 2020, 603
68 *Windau*, NJW 2018, 3206, 3208 m.w.N.; *Köhler*, FamRZ 2020, 1070
69 MüKo-ZPO/*Stackmann*, § 47 Rn. 5; Stein/*Bork*, § 47 ZPO Rn. 2; *Köhler*, FamRZ 2020, 1070
70 Stein/*Bork*, § 47 ZPO Rn. 2

Die gesetzlich geregelte **Ausnahme von dem Handlungsverbot** des abgelehnten Richters vor Erledigung des Ablehnungsgesuchs stellen solche Handlungen dar, die keinen Aufschub gestatten, § 47 ZPO. Diese Voraussetzung liegt jedenfalls dann vor, wenn **Gefahr im Verzug** gegeben ist. Gefahr im Verzug ist gegeben, wenn einem Beteiligten durch die Untätigkeit des Gerichts wesentliche Nachteile entstehen können.[71]

Besonders in den **Kindschaftssachen nach § 155 Abs. 1 FamFG** besteht ein Spannungsverhältnis zwischen dem Vorrang- und Beschleunigungsgebot einerseits und dem grundsätzlichen Handlungsverbot nach § 47 Abs. 1 ZPO andererseits. Das Vorrang- und Beschleunigungsgebot des § 155 Abs. 1 FamFG gebietet bereits, das Zwischenverfahren über das Befangenheitsgesuch ebenfalls vorrangig und beschleunigt – mit zügiger dienstlicher Äußerung, kurzer Frist zur Stellungnahme der Beteiligten und zügiger Entscheidung über das Gesuch – durchzuführen. Vorbehaltlich Besonderheiten des Einzelfalls sollte die dienstliche Äußerung in drei bis vier Tagen erstellt und den Beteiligten eine Frist von maximal einer Woche zur Stellungnahme zur dienstlichen Äußerung gesetzt werden. **20**

Die allgemeine Eilbedürftigkeit von Kindschaftssachen nach § 155 Abs. 1 FamFG[72] reicht ohne Ansehung des konkreten Einzelfalls nicht aus, eine Tätigkeitsberechtigung des abgelehnten Richters nach § 47 Abs. 1 ZPO zu begründen, andernfalls könnte der Richter unabhängig vom Ablehnungsgesuch alle dort genannten Verfahren uneingeschränkt weiterführen.

Wenn in den in § 155 Abs. 1 FamFG genannten Kindschaftssachen im laufenden Befangenheitsverfahren aber **ein besonderes Eilbedürfnis** auftritt, dann darf der abgelehnte Richter nach § 47 Abs. 1 ZPO auch in der Sache im Wege einer einstweiligen Anordnung entscheiden,[73] wenn bei Untätigkeit des Gerichts wesentliche **Nachteile für das Kind drohen** würden Dies ist jedenfalls dann der Fall, wenn in Verfahren nach § 155 Abs. 1 FamFG ein dringendes Bedürfnis für ein gerichtliches Tätigwerden nach § 49 Abs. 1 FamFG vorliegt. Zu denken ist insbesondere an eine akute Kindeswohlgefährdung, die dringende Maßnahmen nach §§ 1666, 1666a BGB oder § 1684 BGB erfordert. Wesentliche Nachteile für das Kind und das umgangsbegehrende Elternteil ergäben sich auch, wenn ohne eine gerichtliche Entscheidung über einen längeren Zeitraum keine Umgangskontakte stattfänden. Insoweit ein solches dringendes Bedürfnis für ein gerichtliches Tätigwerden gegeben ist, kann der abgelehnte Richter – soweit ein Hauptsacheverfahren geführt wird – amtswegig ein neues einstweiliges Anordnungsverfahren eröffnen[74] bzw. im laufenden einstweiligen Anordnungsverfahren in der Sache entscheiden. Im Rahmen dieser besonderen Dringlichkeit gilt der Grundsatz, dass eine Endentscheidung niemals nach § 47 Abs. 1 ZPO getroffen werden dürfe,[75] nicht. Die nach § 47 Abs. 1 ZPO getroffene einstweilige Anordnung durch den abge-

71 Stein/*Bork*, § 47 ZPO Rn. 2; BPatG GRUR 1985, 373

72 Die Vorschrift gebietet in den in Abs. 1 genannten Verfahren eine kritische Prüfung von Ablehnungsgesuchen als rein taktisches Mittel im Hinblick auf ihre Rechtsmissbräuchlichkeit: OLG Hamm FamRZ 2019, 1150; OLG München, Beschl. v. 22.6.2017 – 33 WF 238/17, juris; in diesem Punkt bestätigt von BayVerfGH, Entscheidung v. 23.10.2018 – Vf. 65-VI-17, juris

73 Sternal/*Sternal*, § 6 Rn. 57; *Köhler*, FamRZ 2020, 1070

74 Hier ist bereits problematisch, ob das eingelegte Befangenheitsgesuch für das neu eingeleitete Verfahren überhaupt gilt, da von einem in einem bestimmten Verfahren eingelegten Befangenheitsgesuch andere Parallelverfahren grundsätzlich nicht miterfasst sind, nur, wenn ein verfahrensübergreifender Ablehnungsgrund geltend gemacht würde, OLG Karlsruhe FamRZ 2015, 871; Zöller/*G. Vollkommer*, § 42 Rn. 19. Ein amtswegig nach Einlegung des Befangenheitsgesuchs eingeleitetes Parallelverfahren mit im Übrigen – außer der Eilbedürftigkeit – identischem Verfahrensgegenstand dürfte das Befangenheitsgesuch aber erfassen; im Sinne der Transparenz gerichtlichen Handelns sollte bei der amtswegigen Einleitung des Verfahrens darauf hingewiesen werden, welche Auffassung das Gericht zum Umfang des Befangenheitsgesuchs vertritt

75 Stein/*Bork*, § 47 ZPO Rn. 2. Dieser Grundsatz wird auch bei ZPO-Verfahren grundsätzlich nur in Bezug auf Endurteile verwandt und gilt für Arreste und einstweilige Verfügungen nach §§ 916 ff. ZPO, so dass der Grundsatz jedenfalls auch für einstweilige Anordnungen nach §§ 49 ff. FamFG nicht anwendbar ist

lehnten Richter muss nicht zeitlich begrenzt auf das voraussichtliche Ende des Zwischenverfahrens über das Ablehnungsgesuch erfolgen,[76] denn § 47 Abs. 1 ZPO gibt bei entsprechender Dringlichkeit die volle Kompetenz für eine einstweilige Anordnung nach §§ 49 ff. FamFG.

21 Die Sondervorschrift des **§ 47 Abs. 2 Satz 1 ZPO** gilt über § 6 Abs. 2 FamFG auch für alle Anhörungs- und Erörterungstermine. Ab Aufruf der Sache bzw. Eintritt der Beteiligten in den Sitzungssaal/das Dienstzimmer/das Kindesanhörungszimmer greift die Vorschrift ein. Der Termin kann durchgeführt werden, wenn der Richter erst im Termin abgelehnt wird. Erfolgt die Ablehnung vor dem Termin, gilt § 47 Abs. 1 ZPO. **Maßgeblich** dafür ist, **wann** der **Ablehnungsantrag in** den **Einflussbereich des Gerichts gelangt** ist.[77] Das bedeutet, dass z.B. auch bei Eingang eines Ablehnungsantrags per Fax am Terminstag kein Fall des § 47 Abs. 2 Satz 1 ZPO, sondern ein Fall des § 47 Abs. 1 ZPO vorliegt, wenn bei Faxeingang die Terminsstunde noch nicht erreicht war. Führt der Richter in Unkenntnis des ihm noch nicht vorgelegten, kurz vor dem Termin eingegangenen Ablehnungsantrags den Termin trotzdem durch, ohne Bezug auf den Ablehnungsantrag zu nehmen oder diesen zu stellen, liegt ein Fall des § 43 ZPO vor, d.h., der Ablehnungsgrund kann wegen Einlassung in den Termin nicht mehr geltend gemacht werden. Einlassung in diesem Sinne ist in Amtsverfahren, in denen keine Anträge gestellt werden, jede dem Verfahren dienende Handlung des jeweiligen Beteiligten unter Mitwirkung des Richters, z.B. Beantworten von richterlichen Fragen.[78]

Wird das Ablehnungsgesuch **erst im Termin gestellt**, fordert § 47 Abs. 2 Satz 1 ZPO – anders als § 47 Abs. 1 ZPO – eine Unaufschiebbarkeit der Terminsdurchführung nicht. Es steht **im pflichtgemäßen Ermessen des Richters**, ob er den Termin durchführt oder die Anhörung bzw. Erörterung vertagt. Eine Entscheidung in der Sache ist über § 47 Abs. 2 Satz 1 ZPO – mit Ausnahme einer einstweiligen Anordnung nach § 47 Abs. 1 ZPO – grundsätzlich nicht möglich.[79] Bei einer besonderen Dringlichkeit, die sich im Rahmen einer durchgeführten Erörterung in Verfahren nach § 155 Abs. 1 FamFG ergibt, dürfte auch von diesem Grundsatz eine Ausnahme zu machen sein.[80] Wird der Richter für befangen erklärt, sind die Erörterungen bzw. Anhörungen, die nach § 47 Abs. 2 Satz 1 ZPO durchgeführt wurden, zu wiederholen, § 47 Abs. 2 Satz 2 ZPO.

22 Die **Nichtbeachtung** des Handlungsverbots des § 47 ZPO stellt einen **Verfahrensfehler** dar, der bei rechtskräftiger Zurückweisung oder Verwerfung des Ablehnungsgesuchs nachträglich geheilt wird.[81] Der Verstoß gegen das Tätigkeitsverbot des § 47 ZPO kann aber einen eigenständigen Befangenheitsgrund darstellen.[82] Wird dem Befangenheitsantrag stattgegeben, bleiben vorherige Verfahrenshandlungen wirksam (Gegenschluss aus §§ 48 Abs. 2 FamFG, 579 Abs. 1 Nr. 1, Nr. 3 ZPO). Die Entscheidung in der Sache durch den für befangen erklärten Richter kann mit den allgemeinen Rechtsmitteln, also Beschwerde nach §§ 58 ff. FamFG, angegriffen werden, was regelmäßig zu einer Aufhebung und Zurückverweisung an das Ausgangsgericht führen wird.[83]

---

76 Gegebenenfalls mit Zeitfenster bis zur Rückkehr der Akten vom Beschwerdegericht und der möglicherweise daran anschließenden Notwendigkeit der Terminierung durch das erstinstanzliche Gericht in der Sache

77 MüKo-ZPO/*Stackmann*, § 47 Rn. 2

78 Sternal/*Sternal*, § 6 Rn. 38

79 BGH NJW-RR 2008, 216

80 Stein/*Bork*, § 47 ZPO Rn. 2, sieht selbst in ZPO-Sachen die Möglichkeit einer Endentscheidung über § 47 Abs. 2 Satz 1 ZPO als gegeben an, wenn der Termin nach § 47 Abs. 2 Satz 1 ZPO trotz Befangenheitsantrag im Termin durchgeführt wurde. Erst recht muss dies dann in Hauptsacheverfahren nach § 155 Abs. 1 FamFG gelten

81 BGH, Beschl. v. 15.7.2004 – IX ZB 280/03, juris

82 OLG Frankfurt NZFam 2022, 708; OLG Köln NJW-RR 2000, 591

83 MüKo-ZPO/*Stackmann*, § 47 Rn. 8

V. Rechtsmittel

Beschlüsse hinsichtlich eines Befangenheitsgesuchs sind Zwischenentscheidungen und daher nach der allgemeinen Regel des § 58 Abs. 1 FamFG, wonach nur Endentscheidungen i.S.d. § 38 Abs. 1 Satz 1 FamFG anfechtbar sind, nur auf besondere gesetzliche Anordnung anfechtbar. 23

Das Rechtsmittelverfahren richtet sich nach §§ 6 Abs. 2 FamFG, 567 bis 572 ZPO. Die sofortige Beschwerde ist binnen einer Notfrist von zwei Wochen, § 569 Abs. 1 Satz 1 ZPO, beim Ausgangs- oder Beschwerdegericht einzulegen. Da in Kindschafts-, Abstammungs- und Adoptionsverfahren kein Anwaltszwang herrscht, kann die Beschwerde durch Einreichung einer Beschwerdeschrift oder durch Erklärung zu Protokoll der Geschäftsstelle eingelegt werden, § 568 Abs. 2, Abs. 3 Nr. 1 ZPO. Die Einlegung der sofortigen Beschwerde zu richterlichem Sitzungsprotokoll steht der Erklärung zu Protokoll der Geschäftsstelle gleich; eine Pflicht des Gerichts, Beschwerden zu Protokoll zu nehmen, besteht nicht.[84] Im Rahmen des Beschwerdeverfahrens können **keine neuen Ablehnungsgründe** geltend gemacht werden; Gegenstand der Beschwerde sind nur die im Ablehnungsgesuch vorgebrachten Ablehnungsgründe.[85] Das Ausgangsgericht hat ein **Abhilfeverfahren gemäß § 572 Abs. 1 Satz 1 Hs. 1 ZPO** durchzuführen; § 68 Abs. 1 Satz 2 FamFG gilt nicht, da die Entscheidung zum Befangenheitsgesuch eine Zwischen-, keine Endentscheidung ist. Hilft das Ausgangsgericht nicht ab, hat es die Sache gemäß § 572 Abs. 1 Satz 1 Hs. 2 ZPO dem Beschwerdegericht vorzulegen, welches durch den originären Einzelrichter entscheidet, § 568 Abs. 1 Satz 1 ZPO.

Gemäß § 6 Abs. 2 FamFG sind nur solche Beschlüsse mit der sofortigen Beschwerde anfechtbar, die dem Ablehnungsgesuch nicht stattgeben,[86] und nicht Beschlüsse, die dem Befangenheitsantrag stattgeben. Trotz des Wortlauts „unbegründet" ist die sofortige Beschwerde auch statthaft, wenn der Befangenheitsantrag als unzulässig verworfen wurde.[87] Dies folgt aus dem Willen des historischen Gesetzgebers, der eine Harmonisierung mit den Befangenheitsvorschriften der ZPO erreichen wollte;[88] die Vorschrift soll – wie § 46 Abs. 2 ZPO – alle Fälle erfassen, mit der einem Ablehnungsgesuch nicht stattgegeben wurde, egal ob als unzulässig oder unbegründet. Ein **stattgebender Beschluss ist sofort wirksam** und für das Gericht bindend. Seine **Wirkungen sind auf das einzelne Verfahren**, in dem er ergangen ist, **beschränkt**. 24

Die Entscheidung des Beschwerdegerichts ergeht durch zu begründenden Beschluss, § 572 Abs. 4 ZPO. Wird die Beschwerde zurückgewiesen oder verworfen, sind die **Kosten des Beschwerdeverfahrens gemäß § 84 FamFG** dem Beschwerdeführer aufzuerlegen, der auch die außergerichtlichen Kosten des Beschwerdegegners zu tragen hat.[89] Die Kosten einer erfolgreichen sofortigen Beschwerde sind solche des Verfahrens, d.h., in diesen Fällen hat keine Kostenentscheidung und keine Beschwerdewertfestsetzung zu erfolgen.[90]

Entscheidungen des OLG (egal ob als Beschwerde- oder Erstinstanz) sind nicht anfechtbar, nur bei ausdrücklicher Zulassung der Rechtsbeschwerde durch das OLG, § 574 Abs. 1 Satz 1 Nr. 2 ZPO.

---

84 Zöller/*Heßler*, § 569 ZPO Rn. 9
85 Prütting/Helms/*Prütting*, § 6 Rn. 56; Sternal/*Sternal*, § 6 Rn. 65; MüKo-ZPO/*Stackmann*, § 46 Rn. 9; BayObLG FamRZ 1986, 291
86 Dies gilt auch bei Zurückweisung einer Selbstablehnung nach § 48 ZPO: OLG Karlsruhe NJW-RR 2000, 591
87 BeckOK FamFG/*Perleberg-Kölbel*, § 6 Rn. 27
88 BT-Drucks. 16/6380, 177
89 BGH NJW 2005, 2233; Sternal/*Sternal*, § 6 Rn. 55
90 Sternal/*Sternal*, § 6 Rn. 55

§ 7 FamFG

Beteiligte

(1) In Antragsverfahren ist der Antragsteller Beteiligter.

(2) Als Beteiligte sind hinzuzuziehen:

1. diejenigen, deren Recht durch das Verfahren unmittelbar betroffen wird,

2. diejenigen, die auf Grund dieses oder eines anderen Gesetzes von Amts wegen oder auf Antrag zu beteiligen sind.

(3) Das Gericht kann von Amts wegen oder auf Antrag weitere Personen als Beteiligte hinzuziehen, soweit dies in diesem oder einem anderen Gesetz vorgesehen ist.

(4) [1]Diejenigen, die auf ihren Antrag als Beteiligte zu dem Verfahren hinzuzuziehen sind oder hinzugezogen werden können, sind von der Einleitung des Verfahrens zu benachrichtigen, soweit sie dem Gericht bekannt sind. [2]Sie sind über ihr Antragsrecht zu belehren.

(5) [1]Das Gericht entscheidet durch Beschluss, wenn es einem Antrag auf Hinzuziehung gemäß Absatz 2 oder Absatz 3 nicht entspricht. [2]Der Beschluss ist mit der sofortigen Beschwerde in entsprechender Anwendung der §§ 567 bis 572 der Zivilprozessordnung anfechtbar.

(6) Wer anzuhören ist oder eine Auskunft zu erteilen hat, ohne dass die Voraussetzungen des Absatzes 2 oder Absatzes 3 vorliegen, wird dadurch nicht Beteiligter.

Übersicht

A. Allgemeines

1 Anders als im Zivilprozess mit den sich antagonistisch gegenüberstehenden Parteien (Kläger, Beklagter) geht es bei der freiwilligen Gerichtsbarkeit darum, aus der Vielzahl betroffener oder interessierter Personen diejenigen einzubinden, denen im Verfahren Mitwirkungsfunktionen zustehen sollen. Das FamFG nennt diese Personen Beteiligte. § 7 FamFG bestimmt als Generalvorschrift, wer in FamFG-Verfahren Beteiligter ist. Da im Abschnitt der Kindschaftssachen nach § 151 FamFG mit Ausnahme der Regelungen des § 162 FamFG für das Jugendamt und des § 158b Abs. 3 Satz 1 FamFG für den Verfahrensbeistand keine Sondervorschriften existieren, richtet sich die **Beteiligtenstellung in Kindschaftssachen** im Übrigen auch **nach § 7 FamFG**.

Ob ein Beteiligter **beteiligtenfähig** (in der Diktion der ZPO parteifähig) ist, bestimmt **§ 8 FamFG**. Ob ein Beteiligter **verfahrensfähig** (in der Diktion der ZPO prozessfähig) ist, richtet sich nach **§ 9 FamFG**.

B. Inhalt der Norm

I. Bedeutung der Beteiligtenstellung

Den Beteiligten sind verschiedene **Rechte und Pflichten** eingeräumt.[1] Sie haben beispielsweise ein Recht auf Bekanntgabe von Beschlüssen (§ 41 Abs. 1 Satz 1 FamFG) und Dokumenten (§ 15 Abs. 1, Abs. 3 FamFG) und auf Akteneinsicht (§ 13 Abs. 1 FamFG). Sie können gemäß § 25 Abs. 1 FamFG Anträge stellen und ihnen gegenüber sind gerichtliche Hinweise zu erteilen, § 28 Abs. 1 Satz 1, Satz 2 FamFG. Der Termin zur Erörterung der Sache hat mit den Beteiligten stattzufinden, §§ 32 Abs. 1 Satz 1, 155 Abs. 2 Satz 1 FamFG. Nur Beteiligte können für das Verfahren die Bewilligung von Verfahrenskostenhilfe beantragen[2], sich durch einen Rechtsanwalt oder einen Beistand vertreten lassen (§§ 77 Abs. 1, 10 Abs. 2 Satz 1, 12 Satz 1 FamFG). Die Beteiligten haben bestimmte Anhörungs- und Äußerungsrechte (§§ 3 Abs. 1 Satz 2, 4 Satz 2, 30 Abs. 4, 37 Abs. 2 FamFG). Die Beteiligten müssen bei der Aufklärung des Sachverhalts mitwirken (§ 27 Abs. 1, Abs. 2 FamFG). Das Nichterscheinen eines Beteiligten zum Termin kann mit Ordnungsmitteln geahndet werden (§ 33 Abs. 3 FamFG). 2

In der Praxis sollte der Begriff „Beteiligte" im Sinne der gesetzlichen Vorschrift verwendet und nicht weiter gefasst werden. Denn **§ 7 Abs. 6 FamFG** stellt klar, dass allein die Anhörung eines Dritten oder dessen Auskunftserteilung nicht mit dem Status einer Beteiligtenstellung verbunden ist. 3

Im Übrigen ist die differenzierte Bestimmung der jeweiligen Verfahrensbeteiligten von erheblicher Bedeutung für zahlreiche **verfahrensrechtliche Konsequenzen**, etwa für das **Wirksamwerden einer Entscheidung** (§ 40 FamFG – siehe dazu hier *Kischkel*, § 40 FamFG Rn. 1) **oder eines gerichtlich gebilligten Vergleichs** (§§ 36 Abs. 1 Satz 1, 156 Abs. 2 FamFG – siehe dazu hier *Wegener*, § 156 FamFG Rn. 1), die **Beteiligung an den Verfahrenskosten** (§ 81 FamFG) sowie das **Beschwerderecht**.[3] Da die Beteiligten gemäß § 38 Abs. 2 Nr. 1 FamFG auch im **Rubrum** einer Entscheidung aufgeführt werden müssen (siehe hier *Kischkel*, § 38 FamFG Rn. 5) und die Nichtbeteiligung eines Muss-Beteiligten im Beschwerdeverfahren zur Aufhebung und Zurückverweisung des Verfahrens nach § 69 Abs. 1 FamFG führen kann,[4] sollte an dieser Stelle besonders genau geprüft werden. 4

II. Begriff

1. Abgrenzung

Wer Beteiligter ist, bestimmt sich nach § 7 FamFG sowie zahlreichen Sonderregelungen (z.B. §§158b, 162, 172, 188, 204, 212, 219 FamFG). Die Sonderregelungen sind zumeist nicht abschließend, so dass daneben auf § 7 FamFG zurückzugreifen ist. Innerhalb des Beteiligtenbegriffes nach § 7 sind grundsätzlich zu **unterscheiden**: 5

- **„Muss-Beteiligte":** Sie müssen vom Gericht am Verfahren beteiligt werden, z.B. in Antragsverfahren der Antragsteller (§ 7 Abs. 1), ferner die Beteiligten kraft Hinzuziehung (§ 7 Abs. 2): 6

---

1 *Zimmermann*, FPR 2009, 5; *Bruns*, NJW 2009, 2797; *Reinken*, ZFE 2009, 164

2 OLG Hamm FamRZ 2024, 1124, unabhängig davon, ob er durch das Verfahren auch in materiellen Rechten beeinträchtigt werden kann

3 Die Beteiligung im erstinstanzlichen Verfahren allein führt aber nicht automatisch zur Beschwerdeberechtigung, gemäß § 59 Abs. 1 FamFG ist eine Beeinträchtigung in eigenen Rechten zusätzlich erforderlich, BGH FamRZ 2017, 623

4 OLG Frankfurt FamRZ 2021, 776; OLG Brandenburg FamRB 2012, 343. Die Nichtbeteiligung eines Muss-Beteiligten macht die Entscheidung zwar nicht nichtig, aber anfechtbar, BGH NJW-RR 2014, 1030

- gemäß § 7 Abs. 2 Nr. 1 diejenigen, deren Recht durch das Verfahren unmittelbar betroffen wird (z.B. der Elternteil, dem das Sorgerecht entzogen werden soll),
- gemäß § 7 Abs. 2 Nr. 2 diejenigen, die auf Grund des FamFG oder eines anderen Gesetzes von Amts wegen oder auf Antrag zu beteiligen sind. Beispiel: **Jugendamt** in Kindschafts-, Abstammungs-, Adoptions- und bestimmten Ehewohnungssachen (§§ 162 Abs. 2 Satz 2, 172 Abs. 2, 188 Abs. 2, 204 Abs. 2 FamFG).

Die Muss-Beteiligten und ihre Anschriften sind grundsätzlich durch das zuständige Gericht im Rahmen der Amtsermittlung nach § 26 FamFG festzustellen.[5]

Die durch **Hinzuziehung** als Beteiligter nach § 7 Abs. 2, Abs. 3 FamFG begründete Beteiligtenstellung **wirkt in den weiteren Instanzen fort,**[6] was sich auch aus der Möglichkeit der Anschlussbeschwerde nach § 66 Satz 1 FamFG ergibt. Dies gilt jedenfalls dann, wenn das Gericht gesetzlich vorgesehene Personen als Beteiligte hinzugezogen hat. Eine erneute Antragstellung auf Beteiligung (nach § 7 Abs. 2, Abs. 3 FamFG) ist für das Rechtsmittelverfahren nicht erforderlich. Beispielsweise bleibt das Jugendamt in Verfahren nach § 1671 oder § 1684 BGB – wenn es erstinstanzlich einen Antrag nach § 162 Abs. 2 Satz 2 FamFG gestellt hat – im Beschwerdeverfahren Beteiligter und muss nicht erneut einen Antrag auf Beteiligung stellen. Genauso wirkt die Bestellung eines **Verfahrensbeistands** in der zweiten Instanz fort, solange sie nicht vom Beschwerdegericht aufgehoben oder eingeschränkt wird, was auch für die Übertragung des erweiterten Aufgabenkreises gilt.[7]

7 • **„Kann-Beteiligte":** Das Gericht kann von Amts wegen oder auf Antrag weitere Personen als Beteiligte hinzuziehen, soweit dies im FamFG oder einem anderen Gesetz vorgesehen ist (fakultative Beteiligung, § 7 Abs. 3 FamFG).

2. Beteiligte in Kindschaftssachen

8 In Kindschaftssachen spielen überwiegend „Muss-Beteiligte" eine Rolle, also die **Antragsteller** nach § 7 Abs. 1 und die **in ihrem Recht unmittelbar Betroffenen** als Beteiligte nach § 7 Abs. 2 Nr. 1 FamFG.

a) Antragsteller, Abs. 1

9 In **Antragsverfahren**, also Verfahren i.S.d. § 23 FamFG, die nach einer ausdrücklichen gesetzlichen Regelung auf Antrag eingeleitet werden können, ist der Antragsteller Beteiligter nach § 7 Abs. 1 FamFG. Dies trifft etwa auf den Antragsteller in Abstammungssachen zu, da eine Abstammungssache nach § 171 Abs. 1 FamFG nur auf Antrag eingeleitet wird. Im Rahmen von Kindschaftssachen sind Antragsverfahren Verfahren nach § 1628 BGB, § 1630 Abs. 3 BGB, § 1631 Abs. 3 BGB, § 1632 Abs. 1 und 2 BGB sowie nach § 1671 Abs. 1 bis 3 BGB. Aber **auch in den Verfahren, die** nach der Systematik des § 23 FamFG nicht zu den reinen Antragsverfahren gehören, aber neben der amtswegigen Einleitung **auch auf Antrag eingeleitet werden können** und damit dogmatisch zu den Amtsverfahren i.S.d. § 24 FamFG gehören, **ist** – soweit das Verfahren auf Antrag eingeleitet werden – der Antragsteller Beteiligter nach § 7 Abs. 1 FamFG. Dazu gehören der Antragsteller nach § 1632 Abs. 4 Satz 1 BGB, also die Pflegepersonen[8], sowie der Antragsteller nach § 1682 BGB.

In **Amtsverfahren** nach § 24 FamFG stellt ein – ggf. auch so bezeichneter – „Antrag" lediglich eine Anregung zur Verfahrenseinleitung dar. Dazu gehören insbesondere Verfahren wegen Kindeswohlgefährdung nach § 1666 BGB, aber auch Umgangsverfahren nach §§ 1684, 1685 BGB. Personen, die ein Amtsverfahren – etwa wegen Kindeswohlgefährdung nach

---

5 Sternal/*Sternal*, § 3 Rn. 48
6 BGH FamRZ 2012, 1049 zum Betreuungsverfahren nach § 303 Abs. 2 FamFG
7 OLG München FamRZ 2012, 728; OLG Stuttgart ZKJ 2011, 309
8 OLG Hamm FF 2020, 317

§ 1666 BGB – anregen, sind **nicht** nach § 7 Abs. 1 FamFG Beteiligte, weil die Vorschrift nur für reine Antragsverfahren gilt.[9]

b) Beteiligte kraft Hinzuziehung

aa) Unmittelbar Betroffene (Abs. 2 Nr. 1)

Die Vorschrift des § 7 Abs. 2 Nr. 1 FamFG knüpft an den materiellen Beteiligtenbegriff an und entspricht damit inhaltlich den Voraussetzungen für die Beschwerdeberechtigung in § 59 Abs. 1 FamFG.[10] Eine **unmittelbare Betroffenheit** eines Rechts im Sinne der Vorschrift liegt vor, wenn die zu erwartende Beschlussformel unmittelbar in ein der Person zustehendes Recht eingreift, es also aufhebt, beschränkt, mindert, ungünstig beeinflusst oder gefährdet, die Ausübung dieses Rechts stört oder die mögliche Verbesserung der Rechtsstellung vorenthält oder erschwert; eine Beeinträchtigung lediglich wirtschaftlicher, rechtlicher oder sonstiger berechtigter Interessen genügt dagegen nicht.[11] 10

Zu den **unmittelbar betroffenen „Muss-Beteiligten"** gehören insbesondere: 11

- das minderjährige **Kind** in allen seine Person oder sein Vermögen betreffenden Verfahren;[12]
- die sorgeberechtigten **Eltern** in allen Kindschaftsverfahren, die ihr Kind betrifft;
- in Verfahren wegen Kindeswohlgefährdung nach § 1666 BGB auch der **nicht sorgeberechtigte Elternteil** des Kindes im Hinblick auf § 1680 Abs. 2, 3 FamFG;[13]
- die **Eltern** oder der **Vormund** als Inhaber der elterlichen Sorge in dem Verfahren betreffend die Regelung des Umgangs mit einem Elternteil oder einer Bezugsperson nach § 1685 BGB mit dem beteiligten Kind, und zwar auch dann, wenn das beteiligte Kind in einer Pflegefamilie lebt;[14]
- der **Elternteil**, dem unter anderem das Aufenthaltsbestimmungsrecht entzogen worden ist, der aber noch über **Teilbereiche des Sorgerechts** verfügt, in dem von den Pflegeeltern und dem Ergänzungspfleger geführten Verfahren auf Anordnung des Verbleibs des Kindes in der Pflegefamilie nach § 1632 Abs. 4 BGB;[15]
- Der **Dritte**, gegen den Maßnahmen nach § 1666 Abs. 4 BGB verhängt werden sollen (siehe *Cirullies*, § 1666 BGB Rn. 17);
- die **Person**, **der durch die Beschlussformel Pflichten auferlegt wurden**[16] (z.B. in Umgangsverfahren Pflegeeltern oder Großeltern, die das Kind an bestimmten Tagen herausgeben oder wieder entgegennehmen müssen, oder der Pfleger oder Vormund, der mit dem Beschluss zum Pfleger bzw. Vormund bestellt wird).

Die **Beteiligtenstellung fehlt** hingegen: 12

- den Eltern in Verfahren auf bloßen Wechsel des Vormunds/Pflegers (§ 1886 BGB), da durch dieses Verfahren ihr bereits zuvor gerichtlich beschränktes/ausgeschlossenes materielles (Sorge-)Recht nicht berührt wird;[17]

---

9 OLG Hamburg FamRZ 2016, 151; OLG Frankfurt FamRZ 2013, 1412
10 BGH FamRZ 2017, 623; FamRZ 2017, 50; FamRZ 2015, 1019
11 BGH FamRZ 2021, 1357; FamRZ 2017, 50; FamRZ 2015, 1019
12 BGH ZKJ 2011, 465 = FamRZ 2011, 1788
13 BVerfG FamRZ 2010, 1403; OLG Hamm FamRZ 2013, 1989; OLG Frankfurt FamRZ 2013, 46; OLG Schleswig ZKJ 2011, 395
14 BGH ZKJ 2017, 26 (Muss-Beteiligtenstellung des Jugendamts als Amtsvormund in einem Umgangsverfahren); OLG Hamm FamRZ 2011, 1889; Staudinger/*Dürbeck*, § 1685 BGB Rn. 55
15 BGH FamRZ 2014, 1357
16 Staudinger/*Dürbeck*, § 1684 BGB Rn. 407 bezüglich Pflegepersonen
17 OLG Koblenz FamRZ 2016, 1004; OLG Hamm ZKJ 2016, 369; OLG Frankfurt FamRZ 2012, 570

- den Großeltern in Sorgerechtsverfahren,[18] und zwar auch im Verfahren betreffend Maßnahmen nach § 1666 BGB;[19] das Verfahren auf Auswahl eines Vormundes begründet auch dann keine unmittelbare Rechtsbetroffenheit der Großeltern des Kindes, wenn die Kindeseltern ihr Einverständnis damit erklären, dass die Großeltern als Vormund bestellt werden sollen.[20]

bb) Aufgrund gesetzlicher Sonderregelung (Abs. 2 Nr. 2)

13 Daneben kann durch gesetzliche Sonderregelung vorgesehen sein, dass eine Hinzuziehung von Amts wegen (Nr. 2 Alt. 1) oder auf Antrag (Nr. 2 Alt. 2) vorzunehmen ist. So ist der **Verfahrensbeistand** bereits durch seine Bestellung Beteiligter (§ 158b Abs. 3 Satz 1 FamFG) ohne gesonderten Antrag. Das **Jugendamt** ist in Kindschaftssachen **von Amts wegen** in Sorgerechtsverfahren nach §§ 1666, 1666a BGB,[21] ansonsten lediglich **auf Antrag** zu beteiligen, § 162 Abs. 2 Satz 2 FamFG. Im vereinfachten Verfahren zur Übertragung des gemeinsamen Sorgerechts ist § 162 FamFG nicht anzuwenden, das Jugendamt kann in diesen Verfahren also keinen Antrag auf Beteiligung stellen, § 155a Abs. 3 Satz 2 FamFG.

cc) Kann-Beteiligte (Abs. 3)

14 Neben den Muss-Beteiligten nach Abs. 1 und Abs. 2 gibt es Kann-Beteiligte, die erst durch einen gerichtlichen Hinzuziehungsakt zu Beteiligten werden. Eine Hinzuziehung kann von Amts wegen oder auf Antrag erfolgen. Auch **nach § 7 Abs. 3 FamFG** können nicht alle Personen hinzugezogen werden, deren Beteiligung ggf. wünschenswert wäre, sondern **nur die gesetzlich berechtigten Personen** („soweit dies in diesem oder einem anderen Gesetz vorgesehen ist"). Zieht das Gericht Personen als Beteiligte hinzu, deren Hinzuziehung nicht gesetzlich vorgesehen ist, ist die Entscheidung zwar unzutreffend, aber wirksam und im Gegenschluss zu Abs. 5 Satz 2 nicht anfechtbar. Dies ist rechtsstaatlich insbesondere aufgrund möglicher Kostenfolgen bedenklich. Das erstinstanzliche Gericht kann die Hinzuziehung innerhalb der Instanz aufheben, etwa wenn es erkennt, dass es einen Nichtbeteiligten hinzugezogen hat.[22] Eine **Überprüfung** außerhalb der reinen Beteiligtenfragestellung **durch** das **Beschwerdegericht** ist aber möglich, wenn die Entscheidung in der Sache etwa bezüglich der Kosten oder in der Hauptsache angegriffen wurde. Eine Bindung der Rechtsmittelinstanzen an die Beteiligung von Personen, die nach den gesetzlichen Vorgaben gar nicht, auch nicht als Kann-Beteiligte, hinzugezogen werden können, besteht nicht (vgl. näher unten Rn. 28). Wurde vor dem Amtsgericht etwa eine Person hinzugezogen, die nach den gesetzlichen Vorgaben gar nicht Beteiligter sein kann, und ihr die Kosten des Verfahrens nach § 81 FamFG auferlegt, kann die Kostenentscheidung und damit letztlich auch die Verfahrensbeteiligung im Rahmen des Beschwerdeverfahrens überprüft werden, weil die Kostenpflicht nur solche Personen treffen kann, die zutreffend als Verfahrensbeteiligte hinzugezogen wurden.[23]

In **Kindschaftssachen** sind Kann-Beteiligte die Pflegeeltern (soweit sie nicht bereits ausnahmsweise Muss-Beteiligte sind, vgl. unten Rn. 16, 17) oder bestimmte Bezugspersonen, § 161 Abs. 1 Satz 1, Satz 2 FamFG, in **Unterbringungssachen** die Angehörigen, Vertrauenspersonen oder Leiter der Einrichtung des Betroffenen (§§ 167 Abs. 1 Satz 1, 315 Abs. 4 FamFG).

---

18 OLG Koblenz ZKJ 2018, 195; OLG Bremen FamRZ 2016, 1006; OLG Hamm FamRZ 2011, 1671
19 BGH FamRZ 2011, 552: kein Beschwerderecht
20 OLG Hamm FamRZ 2012, 799
21 Ferner als Beschwerdeführer in einem Beschwerdeverfahren, OLG Frankfurt ZKJ 2013, 167 = FamRZ 2013, 809
22 Sternal/*Sternal*, § 7 Rn. 31
23 OLG Frankfurt ZKJ 2018, 320

Soweit Personen nicht zu dem Kreis der Beteiligten nach § 7 Abs. 1 bis 3 FamFG zählen, besteht keine Möglichkeit der Beteiligung. Andere Personen als Beteiligte können ggf. angehört oder als Zeugen vernommen werden, was nicht zu einer Beteiligtenstellung führt, § 7 Abs. 6 FamFG.

dd) Hinzuziehung durch Beschluss oder konkludent

Die Hinzuziehung sollte – schon zur Klarstellung – **regelmäßig durch Beschluss oder entsprechenden gerichtlichen Hinweis** erfolgen. Sie kann aber **auch konkludent** erfolgen, etwa durch Übersendung von Schriftstücken oder durch Ladung zu Terminen[24] (Gegenschluss aus Abs. 5 Satz 1). Die Gewährung von Akteneinsicht sowie die förmliche Zustellung der Entscheidung allein begründen die Beteiligtenstellung durch konkludentes Verhalten nicht; das Gericht muss für die Annahme einer Hinzuziehung durch schlüssiges Verhalten konkludent zum Ausdruck bringen, dass es der Person eine Einflussnahme auf das Verfahren (vor der Entscheidung) ermöglichen will.[25] Weil im Rubrum aber alle Beteiligten aufzuführen sind, § 38 Abs. 2 Nr. 1 FamFG, und die Übersendung von Schriftstücken oder die Ladung zu einem Termin **mehrdeutig** sein kann (Anhörung, Freibeweis, Zeugeneinvernahme o.Ä.), sollte das Gericht mit einem entsprechenden Hinweis die **verfahrensrechtliche Bedeutung** der gerichtlichen Handlung **klarstellen.**[26] 15

Für die Ausübung des gerichtlichen Ermessens zur Entscheidung über die Hinzuziehung ist von Bedeutung, ob die Hinzuziehung im Interesse vor allem des Kindes, aber auch der sonstigen Beteiligten ist und auch, ob die Person hinzugezogen werden möchte, weshalb eine vorherige Anhörung geboten sein kann.[27] Ein **Beschwerderecht gegen die Hinzuziehung** trotz entgegenstehenden Willens des Hinzugezogenen **besteht nicht**.[28]

3. Einzelne Verfahren

- **Umgangsverfahren** 16

Beteiligte sind gemäß § 7 Abs. 2 Nr. 1 **das Kind** und **derjenige, der Umgang begehrt** (gemäß § 1684 BGB also das Elternteil oder gemäß § 1685 Abs. 1 BGB Großeltern oder Geschwister, gemäß § 1685 Abs. 2 BGB die sonstige Bezugsperson, die den Umgang begehrt[29]), sowie die **Person(en), denen das Umgangsbestimmungsrecht zusteht**[30] (z.B. rechtliche Eltern, Ergänzungspfleger oder Vormund[31]). Der erstinstanzlich **eingesetzte Umgangspfleger** ist im Beschwerdeverfahren zu beteiligen, in einem Abänderungsverfahren nur, wenn er nach der im Ausgangsverfahren angeordneten Umgangspflegschaft zum Zeitpunkt der Einleitung des Abänderungsverfahrens noch eingesetzt ist, die Anordnung also zeitlich noch nicht abgelaufen ist. Eltern, denen das Aufenthalts- und Umgangsbestimmungsrecht entzogen wurde, sind in Umgangsverfahren nach § 1685 BGB grundsätzlich nicht zu beteiligen;[32] sie sind ausnahmsweise nur dann Beteiligte, wenn durch die Umgangsregelung nach § 1685 BGB ihr eigenes Umgangsrecht nach § 1684 BGB tangiert werden könnte.[33] Aus dem Anhörungsrecht der Eltern gemäß § 160 FamFG, das auch für Eltern

24 OLG München ZKJ 2024, 27; OLG Frankfurt ZKJ 2021, 114 (jeweils zur Bestellung eines Verfahrensbeistands durch schlüssiges Verhalten); BGH FamRZ 2018, 1607; FamRZ 2018, 197; FamRZ 2015, 572
25 BGH FamRZ 2019, 915
26 Bumiller/Harders/Schwamb/*Bumiller*, § 7 Rn. 31
27 Prütting/Helms/*Prütting*, § 7 Rn. 47
28 Prütting/Helms/*Prütting*, § 7 Rn. 47
29 Staudinger/*Dürbeck*, § 1685 Rn. 55
30 Staudinger/*Dürbeck*, § 1685 Rn. 55
31 BGH ZKJ 2017, 26 (Muss-Beteiligtenstellung des Jugendamts als Amtsvormund in einem Umgangsverfahren)
32 Vgl. OLG Frankfurt FamRZ 2015, 1312
33 OLG Frankfurt FamRZ 2015, 1312; Staudinger/*Dürbeck*, § 1685 Rn. 55; hier *Gottschalk*, § 1685 BGB Rn. 29

gilt, denen das Sorgerecht entzogen wurde, folgt keine Muss-Beteiligtenstellung, § 7 Abs. 6 FamFG. Wenn im Verfahren ein Verfahrensbeistand bestellt wurde, ist auch der **Verfahrensbeistand** Beteiligter, § 158b Abs. 3 Satz 1 FamFG, und **auf Antrag das Jugendamt**, § 162 Abs. 2 Satz 2 FamFG.

Wenn mit dem Umgangsbeschluss voraussichtlich **Dritten Pflichten** im Zusammenhang mit der Ausübung des Umgangs etwa zur Abholung oder Herausgabe **auferlegt** werden, sind **auch diese Personen als Muss-Beteiligte** nach § 7 Abs. 2 Nr. 1 FamFG zu beteiligen (z.B. die Pflegemutter, der Holen, Bringen oder Bereithalten des Kindes nach der Beschlussformel auferlegt wird,[34] oder der Großvater, der das Kind abzuholen und zu den Umgangskontakten des Vaters zu bringen hat, oder auch die nichtsorgeberechtigten Eltern in Verfahren nach § 1685 BGB, wenn ihnen Pflichten wie das Bereithalten des Kindes auferlegt werden)[35] Wenn das Kind längere Zeit in Familienpflege lebt, kann das Gericht nach § 161 Abs. 1 Satz 1 FamFG die **Pflegeperson** als Beteiligte hinzuziehen. Der Begriff der Pflegeperson meint hier nur ein faktisches Pflegeverhältnis zwischen dem Kind und den Personen, dies es tatsächlich versorgen, und geht damit über die enge Legaldefinition einer Pflegeperson nach § 44 Abs. 1 Satz 1 SGB VIII hinaus.[36] Lebt das Kind im Verhältnis zu seinem Alter seit langer Zeit in einer Pflegefamilie und sind die Pflegepersonen die Hauptbezugspersonen des Kindes, dürfte sich das gerichtliche Ermessen nach § 161 Abs. 1 Satz 1 FamFG in der Regel auf null reduzieren mit der Folge, dass die Pflegepersonen als Beteiligte hinzuziehen sind.[37] In Verfahren bezüglich des Umgangsrechts der Eltern nach § 1684 BGB sind Pflegepersonen (soweit ihnen durch den Beschluss keine Pflichten auferlegt werden, vgl. oben) aber nicht in eigenen Rechten unmittelbar betroffen und keine Muss-Beteiligten nach § 7 Abs. 2 Nr. 1 FamFG.[38]

17 • **Sorgerechtsverfahren**

Beteiligte sind **das Kind** und **die Eltern**. Dies gilt sowohl in Verfahren nach § 1626a, § 1671 BGB als auch in Verfahren nach § 1666 BGB. Wegen § 1680 BGB gilt die Beteiligtenstellung der Eltern auch für das Elternteil, das zum Zeitpunkt der Einleitung des Verfahrens keine elterliche Sorge innehat. Denn nach § 1680 BGB ist stets auch zu prüfen, ob dem nichtsorgeberechtigten Elternteil das Sorgerecht oder ein Teil davon (rück-) zu übertragen ist.[39] Wenn im Verfahren ein Verfahrensbeistand bestellt wurde, ist auch der **Verfahrensbeistand** Beteiligter, § 158b Abs. 3 Satz 1 FamFG, und in Verfahren nach § 1671 BGB nur auf Antrag, in Verfahren nach § 1666 BGB von Amts wegen **das Jugendamt**, § 162 Abs. 2 Satz 2, Abs. 2 Satz 1 FamFG. Mit dem Jugendamt ist stets das für die Mitwirkung im familiengerichtlichen Verfahren nach §§ 50, 87b SGB VIII zuständige Jugendamt gemeint. Ein für andere Leistungen der Jugendhilfe (z.B. Inobhutnahme) zuständige Jugendamt ist nicht Muss-Beteiligter des familiengerichtlichen Verfahrens. Ist im Zeitpunkt der Einleitung des Verfahrens nach § 1666 BGB für einen Bereich des Sorgerechts bereits ein **Ergänzungspfleger oder Vormund** bestellt, ist auch diese Person zu beteiligen. Sobald sich die Entscheidungsfindung des zur Auswahl eines Pflegers oder Vormunds berufenen Gerichts nach einer Eignungsprüfung auf eine Person verdichtet (und die Bestellung, wie zumeist, im Sorgerechtsverfahren durch den Richter, nicht in einem daran anschließenden Verfahren durch den Rechtspfleger erfolgt), ist diese am Sorgerechtsverfahren zu beteiligen, weil ihre Rechts-

34 Staudinger/*Dürbeck*, § 1684 Rn. 407
35 Staudinger/*Dürbeck*, § 1684 Rn. 403
36 OLG Hamburg FamRZ 2015, 2188
37 OLG Frankfurt ZKJ 2022, 23 (zum Sorgerecht); OLG Bremen FamRZ 2014, 414; OLG Saarbrücken ZKJ 2014, 117; Prütting/Helms/*Hammer*, § 161 Rn. 6
38 BGH FamRZ 2005, 975 (zur gleichgelagerten Frage der unmittelbaren Betroffenheit von Pflegepersonen in eigenen Rechten im Rahmen der Beschwerdebefugnis)
39 BGH NJW 2016, 3303; BVerfG FamRZ 2010, 1403; OLG Schleswig FamRZ 2012, 725; OLG Hamm FamRZ 2011, 1971

stellung durch die in Aussicht genommene Auswahl unmittelbar betroffen würde.[40] Wenn das Kind längere Zeit in Familienpflege lebt, kann das Gericht nach § 161 Abs. 1 Satz 1 FamFG die **Pflegeperson** als Beteiligte hinzuziehen. Lebt das Kind im Verhältnis zu seinem Alter seit langer Zeit in einer Pflegefamilie und sind die Pflegepersonen die Hauptbezugspersonen des Kindes, dürfte sich das gerichtliche Ermessen nach § 161 Abs. 1 Satz 1 FamFG in der Regel auf null reduzieren mit der Folge, dass die Pflegepersonen als Beteiligte hinzuzuziehen sind.[41] Dies gilt auch für solche Pflegepersonen, bei denen das Kind aktuell nicht (mehr) lebt, wenn ein unmittelbarer zeitlicher Zusammenhang zwischen der Herausnahme des Kindes aus deren Haushalt und der Einleitung des Kinderschutzverfahrens besteht.[42] In Verfahren bezüglich des Sorgerechts der Eltern nach § 1666 BGB oder §§ 1696, 1666 BGB sind Pflegepersonen aber nicht in eigenen Rechten unmittelbar betroffen und keine Muss-Beteiligten nach § 7 Abs. 2 Nr. 1 FamFG,[43] ebenso wenig wie Großeltern.[44] Pflegeeltern sind auch dann nicht unmittelbar in ihren subjektiven Rechten betroffen, wenn das Kind längere Zeit in Familienpflege lebt und in einem Überprüfungsverfahren nach §§ 1696, 1666 BGB die Frage der Rückführung des Kindes zu den Eltern im Raum steht.[45] Aber auch in diesen Fällen wird sich das gerichtliche Ermessen für die Frage der Heranziehung der Pflegeeltern als Beteiligte nach § 161 Abs. 1 Satz 1 FamFG regelmäßig auf null reduzieren.

Dritte, denen das Gericht gemäß **§ 1666 Abs. 4 BGB** in seiner Beschlussformel **Pflichten auferlegen will**, sind Muss-Beteiligte gemäß § 7 Abs. 2 Nr. 1 FamFG.

- **Kindesherausgabeverfahren** 18

Beteiligte in Verfahren nach § 1632 Abs. 1 und Abs. 4 BGB sowie nach § 1682 BGB sind **das Kind** und **die Person oder Institution** (z.B. Amtsvormund), **gegen die sich der Herausgabeantrag richtet**, da durch die zu erwartende Beschlussformel auch in deren Rechte eingegriffen wird. Denn insoweit liegt durch einen Titel, der dieser Person/Institution die Leistungspflicht Herausgabe auferlegt, auch eine unmittelbare Betroffenheit der Person/Institution i.S.d. § 7 Abs. 2 Nr. 1 FamFG vor. **Die Eltern** sind jedenfalls dann zu beteiligen, solange ihnen noch Teile der elterlichen Sorge zustehen, auch wenn ihnen bereits zuvor das Aufenthaltsbestimmungsrecht entzogen wurde, weil das Erziehungsrecht nach § 1631 Abs. 1 BGB durch eine Verbleibensanordnung berührt sein kann.[46] Im Rahmen eines Verfahrens auf Erlass einer Verbleibensanordnung nach § 1632 Abs. 4 BGB sind die **Pflegeeltern** bei eigener Antragstellung gemäß § 7 Abs. 1 FamFG als Antragsteller bei einem von Amts wegen eingeleiteten Verfahren Muss-Beteiligte nach § 7 Abs. 2 Nr. 1 FamFG.[47] Die Bindungen zwischen Kind und Pflegeeltern stellen eine verfassungsrechtlich nach Art. 6 Abs. 1 und 3 GG geschützte subjektive Rechtsposition der Pflegeeltern dar.[48] Die einfachrechtlich im Amtsverfahren nach § 1632 Abs. 4 BGB geregelte Antragsbefugnis der Pflegeeltern ist Ausdruck dieser Rechtsposition und des subjektiven Rechts der Pflegeeltern. § 161 FamFG regelt nur die Kann-Beteiligung nach § 7 Abs. 3 FamFG; neben § 161 FamFG ist aber vorrangig zu prü-

40 OLG Brandenburg FamRZ 2017, 1252; OLG Frankfurt ZKJ 2016, 189
41 OLG Bremen FamRZ 2014, 414; OLG Saarbrücken ZKJ 2014, 117; Prütting/Helms/*Hammer*, § 161 Rn. 6
42 OLG Frankfurt ZKJ 2022, 23
43 BGH FamRZ 2011, 552; OLG Köln FamRZ 2011, 233; BGH FamRZ 2004, 102; FamRZ 2000, 219 (jeweils zur gleichgelagerten Frage der unmittelbaren Betroffenheit von Pflegepersonen in eigenen Rechten im Rahmen der Beschwerdebefugnis)
44 OLG Hamm FamRZ 2013, 140; BGH FamRZ 2011, 552 (jeweils zur gleichgelagerten Frage der unmittelbaren Betroffenheit von Großeltern in eigenen Rechten im Rahmen der Beschwerdebefugnis)
45 Vgl. OLG Saarbrücken ZKJ 2016, 269 (wo nur § 161 FamFG geprüft wird)
46 BGH FamRZ 2014, 1357 = ZKJ 2014, 380
47 BeckOK FamFG/*Perleberg-Kölbel*, § 7 Rn. 14d; OLG Hamm JAmt 2021, 158
48 BVerfG FamRZ 2000,1489; BGH FamRZ 2017, 208; FamRZ 2000, 219; BeckOK FamFG/*Perleberg-Kölbel*, § 7 Rn. 14d

fen, ob die Pflegeeltern nicht bereits Muss-Beteiligte nach § 7 Abs. 1, Abs. 2 FamFG sind.[49] (Vgl. näher *Heilmann*, § 161 Rn. 11 ff.)

19 • **Vormundschafts- und Pflegschaftsverfahren**

Beteiligte sind **das Kind** und der nach einer Eignungsprüfung durch das Gericht zur Bestellung in Betracht kommende[50] **Pfleger** bzw. (Amts-)**Vormund**. Schließt sich das bei dem Rechtspfleger geführte Vormundschafts- bzw. Pflegschaftsverfahren unmittelbar an das (noch nicht bestandskräftige) richterliche Verfahren, das zur Entziehung der elterlichen Sorge geführt hat, an, sind auch **die Eltern** zu beteiligen. Das **Jugendamt** ist unabhängig von der Amtsvormundschaft oder -pflegschaft auf seinen Antrag zu beteiligen, § 162 Abs. 2 Satz 2 FamFG. Geht es in dem Vormundschafts- oder Pflegschaftsverfahren nach bestandskräftiger Sorgerechtsentscheidung **nur um** einen **Wechsel** des Vormunds oder Pflegers, sind die **Eltern nicht Muss-Beteiligte** nach Abs. 2 Nr. 1, weil durch eine solche Entscheidung ihr materielles Sorgerecht nicht tangiert werden kann, denn durch den bloßen Wechsel in der Person des Vormunds oder Pflegers wird nicht in den Teil des elterlichen Sorgerechts eingegriffen, über den bereits bestandskräftig entschieden wurde.[51] Die auch in diesen Verfahren erforderliche Anhörung der Eltern nach § 160 FamFG führt nicht zu einer Beteiligtenstellung, Abs. 6.

Ist **nach Bestellung eines Ergänzungspflegers** für das Kind wegen Ausschlusses der Vertretungsmacht der Eltern noch eine familiengerichtliche Genehmigung nach § 1643 BGB erforderlich, sind das Kind und der Ergänzungspfleger, aber die Eltern nicht Beteiligte des familiengerichtlichen Genehmigungsverfahrens, weil bereits durch die Ergänzungspflegschaft in ihre Rechtsposition eingegriffen wurde, und ihnen können deshalb auch keine Kosten des Genehmigungsverfahrens auferlegt werden. Diese Kosten hat in der Regel das stets am Verfahren beteiligte Kind zu tragen. § 81 Abs. 3 FamFG steht dem nicht entgegen, weil es im Genehmigungsverfahren nur um vermögensrechtliche Fragen geht, nicht um die Person des Kindes.[52] Bei familiengerichtlichen Genehmigungsverfahren ohne Vorschaltung einer Ergänzungspflegschaft sind die Eltern Beteiligte des Verfahrens.

Die Eltern sind bei einem Verfahren auf bloßen Wechsel des Jugendamts oder Vereins als Vormund – wenn sie einen Antrag gemäß § 1804 Abs. 3 BGB stellen – als Antragsteller gemäß § 7 Abs. 1 FamFG zu beteiligen. Bei einem Wechsel des Vormunds oder Pflegers sind Vormund bzw. Pfleger zu beteiligen, jedoch nur dann beschwerdebefugt, wenn die Vormundschaft bzw. Pflegschaft fortgesetzt wird, nicht aber bei gänzlicher Aufhebung.[53] In diesen Fällen des Wechsels können Beteiligtenstellung nach § 7 und Beschwerdebefugnis nach § 59 Abs. 1 FamFG der Eltern bzw. des Pflegers/Vormunds auseinanderfallen. Die **Großeltern** sind – soweit sie nicht selbst zum Vormund bestellt werden sollen oder zugleich Pflegeeltern nach § 161 FamFG sind – **nicht Beteiligte** des Verfahrens auf Vormundbestellung.[54] Der Schutz der Familie nach Art. 6 Abs. 1 GG, der anders als das Elternrecht nach Art. 6 Abs. 2 Satz 1 GG auch für Großeltern gilt, umfasst zwar auch familiäre Bindungen der Großeltern mit ihrem Enkelkind und die Großeltern haben das Recht, bei der Entscheidung über die Auswahl eines Vormunds in Betracht gezogen zu werden.[55] Das nach Art. 6 Abs. 1 GG **geschützte Recht der Großeltern auf Schutz der Familie** wird aber **durch** die **Anhörung der Großeltern** im Auswahlverfahren nach § 1779 Abs. 3 BGB hinreichend

49 Prütting/Helms/*Hammer*, § 161 FamFG Rn. 6; Staudinger/*Dürbeck*, § 1684 BGB Rn. 407
50 Vgl. OLG Brandenburg FamRZ 2017, 1252; OLG Frankfurt ZKJ 2016, 189
51 OLG Hamm FamRZ 2016, 1003; OLG Koblenz FamRZ 2016, 1004; OLG Celle FamRZ 2012, 1826; OLG Frankfurt FamRZ 2012, 570; Grüneberg/*Götz*, § 1809 BGB Rn. 6
52 Vgl. auch Vorbemerkung 1.3.1, Abs. 2 zu KV Nr. 1310 FamGKG
53 BGH FamRZ 2015, 1178 für einen Betreuer
54 OLG Koblenz ZKJ 2018, 195; OLG Bremen FamRZ 2016, 1006; OLG Hamm ZKJ 2012, 195; BGH FamRZ 2011, 552; FamRZ 2013, 1380 (BGH jeweils zu § 59 Abs. 1 FamFG)
55 BVerfG ZKJ 2014, 435

berücksichtigt; die danach durchzuführende Anhörung führt nicht zur Beteiligtenstellung der Großeltern, Abs. 6.

- **Adoptionsverfahren** 20

Beteiligte sind jedenfalls **der Anzunehmende** und **der bzw. die Annehmenden**, § 188 Abs. 1 Nr. 1 lit. a FamFG. Bei Minderjährigkeit des Anzunehmenden können dessen **Eltern** zu beteiligen sein, § 188 Abs. 1 Nr. 1 lit. b FamFG, und ggf. auch die **Ehegatten oder Lebenspartner** des Anzunehmenden bzw. des Annehmenden, § 188 Abs. 1 Nr. 1 lit. c FamFG. **Jugendamt und Landesjugendamt** sind auf ihren Antrag zu beteiligen, § 188 Abs. 2 FamFG. Weiter ist der **bestellte Verfahrensbeistand** zu beteiligen, §§ 191 Satz 2, 158b Abs. 3 Satz 1 FamFG. **Kinder des Annehmenden** sind zwar anzuhören, § 193 FamFG, werden dadurch aber **nicht Beteiligte**, § 7 Abs. 6 FamFG.[56] Etwaige Einschränkungen der unterhaltsrechtlichen Leistungsfähigkeit des Annehmenden oder der künftigen Erbquote der Kinder sind bloß mittelbare Wirkungen und führen nicht zu einer unmittelbaren Betroffenheit der Kinder des Annehmenden i.S.d. § 7 Abs. 2 Nr. 1 FamFG.[57]

▶ *Hierzu umfassend Braun, § 188 FamFG Rn. 1 ff.*

- **Abstammungsverfahren** 21

Beteiligte sind **das Kind**, **die Mutter** und **der rechtliche Vater**, § 172 Abs. 1 FamFG, sowie in den Fällen des § 176 Abs. 1 Satz 1 FamFG das **Jugendamt** auf seinen Antrag. Weiter beteiligt ist der **bestellte Verfahrensbeistand**, §§ 174 Satz 2, 158b Abs. 3 Satz 1 FamFG. Ferner kann der **potenzielle leibliche Vater** als Antragsteller, § 7 Abs. 1 FamFG, oder als benannter biologischer Vater unmittelbar betroffen sein gemäß § 7 Abs. 2 Nr. 1 FamFG. Stirbt der Vater im laufenden Vaterschaftsanfechtungsverfahren, sind dessen Erben (Eltern, Ehefrau) oder dessen Nachlasspfleger nicht Beteiligte des Verfahrens.[58]

▶ *Hierzu umfassend Langer, § 172 FamFG Rn. 1 ff.*

- **Verfahren zur Unterbringung Minderjähriger** 22

Beteiligte sind **das Kind**, der **gesetzliche Vertreter des Kindes** (Eltern, Vormund, Pfleger), §§ 167 Abs. 1 Satz 1, 315 Abs. 1 Nr. 1, Nr. 2 FamFG, weiter der **bestellte Verfahrensbeistand**, §§ 167 Abs. 1 Satz 2, 315 Abs. 2 FamFG und auf seinen Antrag das **Jugendamt**, §§ 167 Abs. 1 Satz 1, 315 Abs. 3 FamFG. Auch nicht sorgeberechtigte Eltern oder Pflegeeltern können als Kann-Beteiligte hinzugezogen werden, §§ 167 Abs. 1 Satz 1, 315 Abs. 4 Satz 1 FamFG.

▶ *Hierzu umfassend Fink, § 167 FamFG Rn. 14 ff.*

III. Benachrichtigungs- und Belehrungspflicht bei Beteiligten auf Antrag (Abs. 4)

23 Zu den in der Praxis gelegentlich übersehenen Vorschriften gehört die Regelung in § 7 Abs. 4 FamFG. Die Vorschrift bezieht sich nur auf die Beteiligten, die kraft Antrags hinzuzuziehen sind, also **die Muss-Beteiligten auf Antrag** nach § 7 Abs. 2 Nr. 2 Alt. 2 und die Kann-Beteiligten auf Antrag nach § 7 Abs. 3 Alt. 2 FamFG. Eine **Benachrichtigungs- und Belehrungspflicht** besteht **nur bezüglich Kann-Beteiligten**, „soweit sie dem Gericht bekannt sind", § 7 Abs. 4 Satz 1 FamFG a.E. Das bedeutet, dass das Gericht hier nicht umfassend ermitteln muss. Unbekannt ist eine Person, wenn der Name der Person nicht aktenkundig

56 OLG Karlsruhe FamRZ 2024, 371; BGH FamRZ 2020, 1481; OLG Brandenburg FamRZ 2020, 39; hier *Braun*, § 188 Rn. 26
57 BGH FamRZ 2020, 1481; OLG Düsseldorf FamRZ 2011, 925; BT-Drucks. 16/6308, 248; a.A.: OLG Stuttgart FamRZ 2012, 145 (unterscheidet nicht hinreichend zwischen Anhörung und Beteiligung)
58 BGH FamRZ 2018, 764; BVerfG FamRZ 2016, 199; BGH FamRZ 2015, 1787

ist. Grundrechtlich geschützte Interessen können es aber im Einzelfall verfassungsrechtlich gebieten, Name und Anschrift einer Person zu ermitteln, wenn erst dadurch eine verfahrensrechtliche Mitwirkung möglich wird.[59] Ist der Name der Person bekannt, nicht aber die Anschrift, sollte bei den übrigen Beteiligten hinsichtlich der Anschrift nachgefragt werden, § 27 FamFG. Weil sich das gerichtliche Ermessen hinsichtlich der Hinzuziehung von Pflegeeltern als Beteiligte nach § 161 Abs. 1 Satz 1 FamFG auf null reduzieren kann (vgl. oben Rn. 15, 16) bzw. Pflegeeltern in gewissen Konstellationen zwingend anzuhören sind, § 161 Abs. 2 FamFG, sollte das Gericht – soweit Name und/oder Anschrift der Pflegeeltern nicht aktenkundig sind – diesbezüglich stets bei dem Jugendamt nachfragen, um diese anhören bzw. am Verfahren beteiligen zu können.

Die **Formulierung der Belehrung** über das Antragsrecht gemäß Abs. 4 Satz 2, die mit der Benachrichtigung gemäß Abs. 4 Satz 1 gemeinsam erfolgen sollte, könnte gemeinsam mit der Benachrichtigung wie folgt lauten:

„In der Anlage erhalten Sie einen Schriftsatz, mit dem das Gericht ein Verfahren betreffend das Kind [hier Name des Kindes einfügen] bezüglich [hier Verfahrensgegenstand einfügen, z.B. Umgang des Kindes mit ...] eingeleitet hat. Sie werden darauf hingewiesen, dass Sie die verfahrensrechtliche Stellung eines Beteiligten nach § 7 Abs. 3 FamFG erlangen können, soweit Sie einen Antrag auf Beteiligung stellen, § 162 Abs. 2 Satz 2 FamFG [bei Jugendämtern] bzw. § 161 Abs. 1 Satz 1 FamFG [bei Pflegeeltern]."

IV. Beschluss über die Nicht-Hinzuziehung (Abs. 5)

24 Stellen Muss- oder Kann-Beteiligte einen Antrag auf Beteiligung nach § 7 Abs. 2 Nr. 2 Alt. 2 bzw. Abs. 3 Alt. 2 FamFG, kann das Gericht diese – durch Beschluss, aber auch formlos möglich, vgl. oben Rn. 14 – als Beteiligte hinzuziehen. Will das Gericht diese Personen nicht als Beteiligte hinzuziehen, muss es **den Antrag** auf Beteiligung **durch förmlichen Beschluss mit Rechtsmittelbelehrung** zur nach § 7 Abs. 5 Satz 2 FamFG statthaften sofortigen Beschwerde **zurückweisen**. Ein Antrag auf Heranziehung als Kann-Beteiligter kann nur von demjenigen gestellt werden, der selbst beteiligt werden will. Andere „Anträge" sind als Anregungen auf Beteiligung von Amts wegen auszulegen und bedürfen keiner förmlichen Bescheidung. Der zu begründende **Beschluss**, der den Antrag auf Hinzuziehung zurückweist, **ist mit der sofortigen Beschwerde** gemäß § 7 Abs. 5 Satz 2 FamFG, § 567 ff. ZPO **anfechtbar**. Die Rechtskraft einer die Hinzuziehung ablehnenden Entscheidung nach Abs. 5 erstreckt sich allein darauf, dass der Antragsteller des Beteiligungsantrags nicht zu beteiligen ist.[60] **Beschlüsse über** die **positive Hinzuziehung** sind nach dem Wortlaut des § 7 Abs. 5 Satz 2 FamFG **nicht anfechtbar** (aber durch die Rechtsmittelinstanz bei Anfechtung etwa der Kosten überprüfbar). Im Rahmen des Beschwerdeverfahrens hat das Amtsgericht gemäß § 572 Abs. 1 Satz 1 Hs. 1 ZPO ein **Abhilfeverfahren** durchzuführen. § 68 Abs. 1 Satz 2 FamFG gilt hier nicht, weil es sich bei dem Beschluss nach § 7 Abs. 5 Satz 1 FamFG um keine Endentscheidung gemäß § 38 Abs. 1 Satz 1 FamFG, sondern eine Zwischenentscheidung handelt.

V. Anhörung von Nicht-Beteiligten (Abs. 6)

25 § 7 Abs. 6 FamFG stellt klar, dass die **bloße Anhörung** von Personen im Verfahren **allein nicht zu** einer **Beteiligtenstellung führt**. Nur, wenn darüber hinaus die Voraussetzungen von § 7 Abs. 2 oder Abs. 3 FamFG vorliegen, ist eine Person Beteiligter. Wenn also das Ge-

59 BGH, Beschl. v. 31.7.2024 – XII ZB 147/24, juris; BGH ZKJ 2015, 231 (jeweils zu einem Adoptionsverfahren bei nicht anonymer Samenspende und der Notwendigkeit der Mitwirkung des möglichen leiblichen Vaters)
60 BGH FamRZ 2014, 1099 zu § 303 Abs. 2 FamFG

richt im Rahmen der Amtsermittlung nach §26 FamFG in einer Kindschaftssache Lehrer, Erzieherinnen oder sonstige Betreuungspersonen des Kindes anhört, sind diese Personen nicht Beteiligte und werden dies auch durch die Anhörung nicht.

Aber auch die Anhörung der Pflegeeltern (§161 Abs. 1 Satz 1 FamFG) oder sonstiger Bezugspersonen (§161 Abs. 1 Satz 2 FamFG) nach §161 Abs. 2 FamFG führt per se nicht zur Beteiligung dieser Personen. Nur wenn sie ausnahmsweise Muss-Beteiligte nach Abs. 2 Nr. 1 sind oder auf Antrag oder von Amts wegen nach Abs. 3 hinzugezogen werden, sind sie Beteiligte des Verfahrens.

VI. Folgen fehlerhafter Beteiligung

Es ist zu unterscheiden, ob zu Beteiligende **fehlerhaft nicht herangezogen** wurden oder ob Personen, für deren Beteiligung es keine gesetzliche Grundlage gibt, **fälschlich** als Beteiligte **herangezogen** wurden. **26**

Die **Nichtbeteiligung eines zu Beteiligenden** ist ein Verfahrensfehler. In der Nichtbeteiligung liegt jedenfalls ein Verstoß gegen das rechtliche Gehör nach Art. 103 Abs. 1 GG. Ein solcher Verstoß macht die Entscheidung anfechtbar, lässt den sachlichen Gehalt der Entscheidung aber unbeeinträchtigt; der Verfahrensverstoß kann zur Aufhebung und Zurückverweisung nach §69 Abs. 1 Satz 3 FamFG führen.[61] Die Nichtbeteiligung eines zu Beteiligenden macht die **Endentscheidung aber nicht** zu einer **Nichtentscheidung**. Es wird teilweise zwar vertreten, dass eine Entscheidung in der Sache nicht getroffen sei, wenn ein zu Beteiligender fehlerhaft nicht beteiligt wurde.[62] Etwa sei ein Kind nicht ordnungsgemäß am Verfahren beteiligt, wenn ein **Verfahrensbeistand** entgegen §158 Abs. 2 FamFG nicht beigezogen wurde mit der Folge, dass dem Kind gegenüber auch keine Sachentscheidung getroffen worden sei.[63] Dem kann im Hinblick auf §158b Abs. 3 Satz 3 FamFG, wonach der Verfahrensbeistand auch im Gerichtsverfahren nicht gesetzlicher Vertreter des Kindes ist, nicht gefolgt werden. Die Nichtbestellung eines Verfahrensbeistands trotz Vorliegen eines Regelbeispiels nach §158 Abs. 2 FamFG stellt zwar einen Verfahrensfehler dar; dieser kann aber durch Bestellung eines Verfahrensbeistands im Beschwerdeverfahren geheilt werden und stellt in der Regel keinen Grund für eine Aufhebung und Zurückverweisung nach §69 Abs. 1 Satz 2, 3 FamFG dar. **27**

Bei Nichtbeteiligung eines Muss-Beteiligten laufen für diesen **keine Rechtsmittelfristen**, wenn er im ersten Verfahren nicht als Beteiligter hinzugezogen wurde und ihm der instanzabschließende Beschluss nicht bekannt gegeben wurde, denn vor der Möglichkeit der Kenntnisnahme einer Endentscheidung können keine Rechtsmittelfristen zu laufen beginnen; diesbezüglich gilt auch nicht die fünfmonatige Auffangfrist des §63 Abs. 3 Satz 2 FamFG.[64]

Die **Beteiligung eines Nichtbeteiligten**, d.h. einer Person, die nach den gesetzlichen Vorgaben nicht als Beteiligter herangezogen werden kann (z.B. eines Dritten, etwa einer Erzieherin oder Kinderärztin, der eine mögliche Kindeswohlgefährdung dem Gericht zur Kenntnis gibt, als Antragsteller in dem Amtsverfahren nach §1666 BGB, wobei die Person im gesamten Verfahren als Beteiligte behandelt wird), stellt **auch** einen **Verfahrensfehler** dar. Der Fehler kann jederzeit dadurch behoben werden, dass künftig eine Beteiligung am Verfahren unterbleibt. Erkennt also das Gericht, dass keine Beteiligtenstellung vorliegt, muss es von der weiteren Beteiligung absehen und sollte dies – zur Wahrung des rechtlichen Gehörs – den **28**

---

61 BeckOK FamFG/*Obermann*, §69 Rn. 6

62 OLG Jena, Beschl. v. 13.1.2014 – 1 WF 597/13, juris; OLG Brandenburg FamRB 2012, 343 (Nichtbestellung eines Verfahrensbeistands trotz Vorliegen eines Regelbeispiels sei Nichtbeteiligung des Kindes); OLG Köln FamRZ 2011, 753 (Versorgungsausgleich)

63 OLG Rostock FamRZ 2014, 2020

64 BGH FamRZ 2017, 727

Beteiligten, vor allem aber auch der zuvor fälschlich als Beteiligte geführten Person kundtun. An die fehlerhafte Beteiligung eines Nichtbeteiligten ist die **Rechtsmittelinstanz** – anders als bei Beteiligung eines möglichen Kann-Beteiligten[65] – **nicht gebunden**.[66] Die Rechtsmittelinstanz kann dies (soweit nicht bereits nach Abs. 5 förmlich über einen Beteiligungsantrag zu entscheiden ist) auch in der Beschlussformel der Rechtsmittelentscheidung klarstellen, etwa wie folgt: Person X war nicht nach § 7 FamFG am Verfahren beteiligt.[67]

§ 8 FamFG

Beteiligtenfähigkeit

Beteiligtenfähig sind

1. **natürliche und juristische Personen,**
2. **Vereinigungen, Personengruppen und Einrichtungen, soweit ihnen ein Recht zustehen kann,**
3. **Behörden.**

Übersicht

A. Allgemeines

1 Vergleichbar mit § 50 ZPO, der für die ZPO-Verfahren – und über § 113 Abs. 1 Satz 2 FamFG auch für die Familienstreitsachen – die Parteifähigkeit regelt, bestimmt § 8 FamFG für die Verfahren der freiwilligen Gerichtsbarkeit, wer beteiligtenfähig ist, d.h., wer **Subjekt in einem Verfahren** sein kann. Die hinter der Beteiligtenfähigkeit stehende Rechtsfähigkeit wird dabei nur in § 8 Nr. 2 a.E. erwähnt. § 8 FamFG zählt vergleichbar mit § 61 VwGO die beteiligtenfähigen Rechtssubjekte enumerativ auf. Die Beteiligtenfähigkeit ist eine von Amts wegen zu prüfende Sachentscheidungsvoraussetzung (§ 9 Abs. 5 FamFG i.V.m. § 56 ZPO).

B. Inhalt der Norm

2 Die Beteiligten in Kindschaftssachen sind in der Regel **natürliche Personen** und als solche gemäß § 8 Nr. 1 Var. 1 FamFG **beteiligtenfähig** ab Geburt, § 1 BGB, bis zum Tod. Der **nasciturus** ist nicht rechtsfähig und daher **grundsätzlich nicht beteiligtenfähig**.[1] Auch wenn kinderschutzrechtliche Verfahren bereits vor Geburt eines Kindes eingeleitet werden können[2] und der nasciturus als Grundrechtssubjekt allgemein-verfassungsrechtlichen Schutz genießt und als künftiges Kind dem besonderen Schutzsystem des Art. 6 Abs. 2 GG unterfällt,[3] ist der nasciturus nicht Beteiligter des Verfahrens. Der verfassungsrechtlich gebotene Schutz kann ggf. aber schon vorgeburtlich durch Bestellung eines Verfahrensbeistands zu

65 BGH FamRZ 2012, 1049 zum Betreuungsverfahren nach § 303 Abs. 2 FamFG
66 Vgl. BAG NZA 2007, 999 Rn. 39 zum insoweit vergleichbaren, auch der Amtsermittlung nach § 83 Abs. 1 Satz 1 ArbGG unterliegenden arbeitsgerichtlichen Beschlussverfahren
67 So zum arbeitsrechtlichen Beschlussverfahren BAG a.a.O.
1 BVerwG NJW 1992, 1524 zum verwaltungsgerichtlichen Verfahren
2 OLG Hamm ZKJ 2020, 371; OLG Frankfurt ZKJ 2017, 381; AG Bad Iburg ZKJ 2017, 383
3 Ausführlich zum Streitstand, auch mit Nachweisen zur verfassungsgerichtlichen Rechtsprechung: Staudinger/*Coester*, § 1666 Rn. 22 ff.

gewährleisten sein.[4] Etwas anderes gilt für den nasciturus dann, wenn das materielle Recht vorgeburtliche Verfahren vorsieht, z.B. in § 1594 Abs. 4 BGB. Dann ist der nasciturus bezüglich dieser Verfahren auch beteiligtenfähig, vertreten durch künftige Eltern, Pfleger etc. gemäß §§ 1810, 1882 BGB.[5]

Beteiligte, die nicht natürliche Personen sind, treten in Kindschaftssachen insbesondere mit dem **Jugendamt** in Erscheinung, sowohl im Rahmen der Mitwirkung im gerichtlichen Verfahren nach § 162 FamFG, § 50 SGB VIII als auch als Amtsvormund/-pfleger gemäß §§ 1786 BGB, § 55 SGB VIII. Das Jugendamt ist **gemäß § 8 Nr. 3 FamFG** als Behörde[6] **beteiligtenfähig**, ebenso das Landesjugendamt (§ 195 FamFG) in Adoptionssachen. 3

Der rechtsfähige **Verein** ist im Rahmen der Vereinsvormundschaft, § 1774 Abs. 1 Nr. 3 BGB, beteiligtenfähig als juristische Person nach Nr. 1 Alt. 2.

Die **Staatskasse** ist in Verfahrenskostenhilfeverfahren gemäß §§ 76 Abs. 2 FamFG, 127 Abs. 3 ZPO stets beteiligt und insoweit auch Behörde nach Nr. 3.

§ 9 FamFG
Verfahrensfähigkeit

(1) Verfahrensfähig sind

1. die nach bürgerlichem Recht Geschäftsfähigen,

2. die nach bürgerlichem Recht beschränkt Geschäftsfähigen, soweit sie für den Gegenstand des Verfahrens nach bürgerlichem Recht als geschäftsfähig anerkannt sind,

3. die nach bürgerlichem Recht beschränkt Geschäftsfähigen, soweit sie das 14. Lebensjahr vollendet haben und sie in einem Verfahren, das ihre Person betrifft, ein ihnen nach bürgerlichem Recht zustehendes Recht geltend machen,

4. diejenigen, die auf Grund dieses oder eines anderen Gesetzes dazu bestimmt werden.

(2) Soweit ein Geschäftsunfähiger oder in der Geschäftsfähigkeit Beschränkter nicht verfahrensfähig ist, handeln für ihn die nach bürgerlichem Recht dazu befugten Personen.

(3) Für Vereinigungen sowie für Behörden handeln ihre gesetzlichen Vertreter und Vorstände.

(4) Das Verschulden eines gesetzlichen Vertreters steht dem Verschulden eines Beteiligten gleich.

(5) Die §§ 53 bis 58 der Zivilprozessordnung gelten entsprechend.

Weiterführende Literatur: Jahani, Die Rechtsstellung minderjähriger Kinder im familiengerichtlichen Verfahren zwischen Beteiligung und Repräsentation, Berlin 2024; *Güssow*, Die Beteiligung und Vertretung des Kindes in Kindschaftssachen, Baden-Baden 2022; *Burghart*, Die Verfahrensfähigkeit Jugendlicher, FamRZ 2019, 1029 ff.; *Heiter*, Verfahrensfähigkeit des Kindes in personenbezogenen Verfahren nach dem FamFG, FamRZ 2009, 85 ff.; *Köhler*, Jugendliche ab 14 Jahren in Kindschaftssachen; ZKJ 2018, 50 ff.; *Schauberger*, Die Partizipation Minderjähriger im Verfahren der freiwilligen Gerichtsbarkeit, Frankfurt 2015; *Sommer*, Die Rechtsstellung des Kindes im familiengerichtlichen Verfahren, FPR 2012, 374; *Heiter*, Verfahrensfähigkeit des Kindes in personenbezogenen Verfahren nach dem FamFG, FamRZ 2009, 85.

4 AG Bad Iburg ZKJ 2017, 383
5 Sternal/*Sternal*, § 8 Rn. 7
6 Sternal/*Sternal*, § 8 Rn. 14; Musielak/*Borth*, § 8 Rn. 2. Behörde ist gemäß § 1 Abs. 4 VwVfG jede Stelle, die Aufgaben öffentlicher Verwaltung wahrnimmt

Übersicht

A. Allgemeines

1 Die Beteiligtenfähigkeit (§ 8 FamFG) ist von der **Verfahrensfähigkeit** abzugrenzen. Die Verfahrensfähigkeit des FamFG ist das **Pendant zur Prozessfähigkeit** in **der** Terminologie der **ZPO** nach §§ 51 Abs. 1, 52 ZPO. Verfahrensfähigkeit ist die Fähigkeit, Verfahrenshandlungen selbst oder durch selbst bestellte Vertreter wirksam vornehmen zu können (verfahrensrechtliche Handlungsfähigkeit).

Die Frage der Verfahrensfähigkeit hat insbesondere **zwei praktische Konsequenzen**: Eine wirksame Verfahrenshandlung (Antragstellung, Antragsrücknahme, VKH-Antragstellung, Beschwerdeeinreichung, Beschwerderücknahme) setzt ein Handeln durch einen verfahrensfähigen Beteiligten voraus (d.h. durch den Beteiligten selbst oder durch das entsprechende Organ bzw. den gesetzlichen Vertreter) und im Rubrum der Entscheidung sind die Beteiligten entsprechend mit gesetzlichem Vertreter bzw. Bevollmächtigten zu bezeichnen, § 38 Abs. 2 Nr. 1 FamFG.

B. Inhalt der Norm

I. Anknüpfung an die Geschäftsfähigkeit

2 Das Gesetz knüpft die Verfahrensfähigkeit für den Regelfall im Wesentlichen an die **Geschäftsfähigkeit** nach bürgerlichem Recht an (§§ 104 ff. BGB) an. Alle voll Geschäftsfähigen nach bürgerlichem Recht, also alle Volljährigen, die nicht dauerhaft in ihrer Geistestätigkeit eingeschränkt sind (§§ 2, 104 Nr. 2 BGB), sind gemäß Abs. 1 Nr. 1 FamFG verfahrensfähig. Nach Abs. 1 Nr. 2 sind auch beschränkt Geschäftsfähige in den Verfahren verfahrensfähig, in denen sie als geschäftsfähig anerkannt sind. Dies bezieht sich auf die Regelungen nach §§ 112, 113 BGB und ist für Kindschaftssachen nicht einschlägig. Eine etwa gegebene Deliktsfähigkeit (als Haftungsvoraussetzung eines auf Verschulden beruhenden Anspruchs nach § 828 Abs. 2, 3 BGB) führt nicht zur Geschäftsfähigkeit; diese ist abschließend in §§ 104 ff. BGB geregelt.

Zweifeln an der Verfahrensfähigkeit hat das Gericht **von Amts wegen nachzugehen** (§ 9 Abs. 5 FamFG, § 56 Abs. 1 ZPO), und zwar in jeder Lage des Verfahrens.[1] Hinsichtlich eines Streits um die Frage der Geschäftsfähigkeit ist der Betroffene als verfahrensfähig anzusehen.[2]

1 BGH FamRZ 2010, 548
2 BGH NJW-RR 2011, 284

II. Verfahrensfähigkeit und Vertretung des Kindes (Abs. 2)

Der Grundsatz für alle im FamFG-Verfahren beteiligten Kinder ist – entgegen dem Gesetzesaufbau – in Abs. 2 geregelt. Danach handeln für das Kind die nach bürgerlichem Recht dazu befugten Personen, d.h., **Kinder** bedürfen grundsätzlich der gesetzlichen Vertretung, um wirksame Verfahrenshandlungen vornehmen zu können, sind also in der Regel **nicht selbst verfahrensfähig**. In der Regel handeln für die Kinder gemäß § 1629 Abs. 1 Satz 2 Hs. 1 BGB die Eltern gemeinschaftlich. 3

Zwar besteht in streitigen Kindschaftssachen ein erheblicher Interessengegensatz zwischen Kind und Eltern. Bei **erheblichem Interessengegensatz** sieht das bürgerliche Recht grundsätzlich den Ausschluss der Vertretungsmacht der Eltern und die Notwendigkeit der Bestellung eines Ergänzungspflegers für das Kind vor, §§ 1629 Abs. 2 Satz 3 Hs. 1, 1795, 1796 BGB. Jedoch bedarf es in Kindschaftssachen regelmäßig nicht der Bestellung eines Ergänzungspflegers für das Kind, wenn dem Kind ein **Verfahrensbeistand** zur Seite gestellt wurde, weil originäre Aufgabe des Verfahrensbeistands die Interessenvertretung des Kindes im kindschaftsrechtlichen Verfahren ist, auch bei erheblichem Interessengegensatz der Eltern, auch wenn der Verfahrensbeistand durch die Bestellung nicht gesetzlicher Vertreter des Kindes im Verfahren wird.[3] Die Bestellung eines Verfahrensbeistands ist als milderes Mittel gegenüber dem (teilweisen) Entzug der elterlichen anzusehen, das eine Entziehung der elterlichen Vertretungsbefugnis und die Anordnung einer Ergänzungspflegschaft entbehrlich macht.

Folglich bleiben für die **Vertretung** des Kindes im Verfahren weiter die **Eltern** (oder der allein sorgeberechtigte Elternteil) zuständig.[4] Dies ist etwa für die Zustellung von Ladungen und Entscheidungen an das noch nicht verfahrensfähige Kind, aber auch für die Zustimmung zu einem gerichtlich gebilligten Vergleich (dazu *Wegener*, § 156 FamFG Rn. 26) von Bedeutung. Daher können die Eltern ungeachtet ihrer eigenen Verfahrensbeteiligung in Kindschaftssachen auch im Namen des Kindes einen **Rechtsanwalt zur Vertretung des Kindes** beauftragen.[5]

▶ *Zur Anwaltsbeauftragung durch das verfahrensfähige Kind selbst Köhler, § 9 FamFG Rn. 7.*

III. Verfahrensfähigkeit des Kindes ab 14 Jahren (Abs. 1 Nr. 3)

Als **Ausnahmevorschrift zu Abs. 2** ist gemäß **Abs. 1 Nr. 3** das **ab 14 Jahre alte Kind** unter mehreren kumulativen Voraussetzungen selbst verfahrensfähig: Es muss in einem Verfahren, das seine Person betrifft, ein ihm nach bürgerlichem Recht zustehendes Recht geltend machen. Die Vorschrift dient dazu, die notwendige **Akzessorietät zwischen materiellem Recht** und **Verfahrensrecht herzustellen**.[6] Wenn dem 14 Jahre alten Kind also das materielle Recht ein Widerspruchs- oder Anhörungsrecht etc. gibt, soll das Kind dieses Recht auch ohne gesetzliche Vertretung geltend machen können. 4

3 BGH FamRZ 2012, 436; ZKJ 2011, 465

4 Jedenfalls solange die Eltern nicht von der Vertretung des Kindes ausgeschlossen sind oder ihnen die Vertretung wegen einer bestehenden Interessenkollision durch gerichtliche Entscheidung entzogen wurde, BGH FamRZ 2019, 986 = NJW 2019, 1814; FamRZ 2011, 1788

5 BGH ZKJ 2018, 424 = FamRZ 2018, 1512 Rn. 10; bei Uneinigkeit der Eltern hinsichtlich der Anwaltsbeauftragung ist ein Antrag eines gemeinsam sorgeberechtigten Elternteils auf Übertragung des Rechts zur Beauftragung eines Anwalts für das Kind nach § 1628 BGB in einem Kindschaftsverfahren aber zurückzuweisen, wenn dem Kind bereits ein Verfahrensbeistand bestellt wurde, BGH ZKJ 2018, 424 = FamRZ 2018, 1512

6 BT-Drucks. 16/9733, 208; ausführlich *Köhler*, ZKJ 2018, 50

Liegen die Voraussetzungen des Abs. 1 Nr. 3 nicht vor (z.B. es ist kein subjektives Recht betroffen, das Kind macht sein Recht nicht geltend etc.), gilt Abs. 2.[7]

5 Zu den Verfahren, welche die Person des Kindes betreffen, gehören jedenfalls **alle Kindschaftssachen** i.S.d. § 151 FamFG und daneben **auch Abstammungs- und Adoptionssachen**. Die Einschränkung „nach bürgerlichem Recht" bedeutet, dass nur subjektive Rechte des Kindes nach dem BGB davon umfasst sind. Rechtspositionen des Verfassungs-, Verwaltungs- oder Verfahrensrechts fallen nicht darunter. Auch **subjektive Rechtspositionen des Kindes im BGB**, die nicht als Mitwirkungs- oder Widerspruchsrechte ausgestaltet sind, gehören dazu, etwa das Umgangsrecht des Kindes mit den Eltern, nicht aber mit den Großeltern, weil der Wortlaut des § 1685 BGB, anders als § 1684 Abs. 1 BGB, nicht als subjektives Recht ausgestaltet ist. Im Rahmen der amtswegigen Prüfung eines Umgangsausschlusses gemäß § 1684 Abs. 4 BGB geht es um die Ausübung des staatlichen Wächteramts, regelmäßig nicht um ein subjektives bürgerliches Recht des Kindes, weshalb das Kind diesbezüglich nicht verfahrensfähig ist.[8] Der Auskunftsanspruch nach § 1686 BGB stellt ein Recht eines Elternteils dar (vgl. Wortlaut), aber kein subjektives Recht des Kindes.[9] Ebenso geht es im Rahmen eines Herausgabeverfahrens nach § 1632 BGB nicht um ein subjektives Recht des Kindes.[10] Auch **bei der Ausübung des staatlichen Wächteramts** in Sorgerechtssachen wegen Kindeswohlgefährdung **nach §§ 1666, 1666a BGB geht es nicht um** ein konkretes **subjektives Recht des Kindes**,[11] weshalb das Kind diesbezüglich nicht verfahrensfähig ist.[12]

Im Ergebnis kommen als subjektive Rechtspositionen des Kindes in Betracht:

- die positive Umgangsregelung nach § 1684 Abs. 1 BGB und
- ausdrücklich normierte Mitwirkungs- und Umgangsrechte gemäß §§ 1596 Abs. 2 Satz 1, Satz 2 Hs. 1, 1617c Abs. 1 Satz 2 Hs. 1, 1671 Abs. 1 Satz 2 Nr. 1, 1671 Abs. 2 Satz 2 Nr. 1, 1746 Abs. 1 Satz 2, Satz 3. Hs. 1, 1762 Abs. 1 Satz 1, 2 BGB.[13]

6 Schließlich muss das Kind sein bürgerliches Recht auch geltend machen. Dies erfordert eine **aktive Mitwirkung** des Jugendlichen, reine Untätigkeit oder die bloße Möglichkeit der Geltendmachung genügen nicht. Das Merkmal zeigt, dass die Verfahrensfähigkeit dem Jugendlichen nicht aufoktroyiert werden soll. Auch im laufenden Verfahren kann der Jugendliche seine Meinung wieder ändern, was zu einer gewissen Unsicherheit führen kann. Es gibt aber **keine Verfahrensfähigkeit gegen den Willen des Kindes**.

7 Ist das Kind gemäß § 9 Abs. 1 Nr. 3 FamFG verfahrensfähig, hat es ohne gesetzliche Vertretung die volle Stellung eines Beteiligten und **alle verfahrensrechtlichen Befugnisse und Handlungsmöglichkeiten**. Die Verfahrensfähigkeit umfasst dabei das gesamte Verfahren, so dass dem betroffenen Kind insoweit alle Befugnisse eines Geschäftsfähigen zur Verfügung stehen.[14] Das bedeutet etwa, dass das Kind alle Schriftstücke erhalten muss und zu einem etwaigen Termin zu laden ist. Eine vergleichsweise Regelung, z.B. gemäß § 156 Abs. 2 Satz 1 FamFG, bedarf der Zustimmung des Kindes. Ab dem Zeitpunkt der Verfahrensfähigkeit kann es selbst einen Antrag auf Bewilligung von VKH stellen[15] und sich im

7 A.A. *Burghart*, FamRZ 2019, 1029, der entgegen dem Wortlaut der Norm und entgegen der Gesetzesbegründung zu dem Ergebnis kommt, dass jedes Kind ab 14 Jahren verfahrensfähig sei
8 *Schauberger*, S. 60, 61; Prütting/Helms/*Prütting*, § 9 Rn. 14
9 So zutreffend *Hammer*, FamRZ 2019, 708 (ablehnende Anmerkung zu OLG Dresden FamRZ 2019, 707)
10 OLG Koblenz FamRZ 2019, 706
11 OLG München FamRZ 2019, 1706; Prütting/Helms/*Prütting*, § 9 Rn. 14; *Schauberger*, S. 60, 61; a.A. (subjektives Recht des Kindes) OLG Schleswig FamRZ 2019, 1700
12 BGH ZKJ 2021, 417; ausführlich mit Beispielen *Köhler*, ZKJ 2018, 50
13 Näher hierzu *Köhler*, ZKJ 2018, 50
14 BGH FamRZ 2014, 110 Rn. 7 zum insoweit gleichgelagerten § 275 FamFG
15 So schon BT-Drucks. 16/9733, 294

Rahmen der VKH einen Verfahrensbevollmächtigten beiordnen lassen. Aufgrund der Verfahrensfähigkeit kann ein **verfahrensfähiges Kind** – unabhängig von den Voraussetzungen der Geschäftsfähigkeit nach §§ 104 ff. BGB – **einem Anwalt** für das jeweilige Kindschaftsverfahren **eine wirksame Verfahrensvollmacht erteilen**;[16] die Befugnis zur Erteilung einer Verfahrensvollmacht folgt nicht aus §§ 104 ff. BGB, sondern aus der jeweiligen Verfahrensfähigkeit.[17] Ohne die Möglichkeit, selbst einen Verfahrensbevollmächtigten zu bestellen, würde der vom Gesetzgeber (auch) verfolgte Zweck einer Stärkung der verfahrensrechtlichen Position durch die Regelung einer Verfahrensfähigkeit unabhängig von der Geschäftsfähigkeit in vielen Fällen verfehlt.[18] Ob das verfahrensfähige Kind – insoweit entgegen §§ 106 ff. BGB – über die Verfahrensvollmacht hinaus auch wirksam einen Rechtsanwaltsvertrag schließen kann, ist umstritten.[19] Zwar würde die Möglichkeit der Verfahrensvollmacht faktisch leerlaufen, wenn ohne Rechtsanwaltsvertrag kein Anwalt zur Vertretung im Verfahren bereit ist. Andererseits sind die §§ 106 ff. BGB hier eindeutig, so dass der Gesetzgeber gefordert ist, eine Regelung zu schaffen.

Auch bei einem verfahrensfähigen Kind sind die **verfahrensrechtlichen Schutzvorschriften für das Kind zu beachten**. Nach Sinn und Zweck sollten auch im laufenden Verfahren bis zur Entscheidung bei Vorliegen der Voraussetzungen des § 164 Satz 2 FamFG (also bei zu befürchtenden Nachteilen für die Entwicklung, Erziehung oder die Gesundheit des Kindes) entsprechende Schriftstücke dem Kind nicht übersandt werden[20] (siehe dazu hier *Heilmann*, § 164 FamFG Rn. 10.).

IV. Sondervorschriften zu Abs. 1 Nr. 3

In **verschiedenen Konstellationen** bestimmt sich die Verfahrensfähigkeit des mindestens 14 Jahre alten Kindes nicht nach Abs. 1 Nr. 3, sondern **nach anderen Regelungen**, die nach der Regel *lex specialis derogat legi generali* der Bestimmung des Abs. 1 Nr. 3 vorgehen. 8

Gemäß **§ 164 Satz 1 FamFG** hat die **Bekanntgabe einer Endentscheidung** – unabhängig von den sonstigen Voraussetzungen des § 9 Abs. 1 Nr. 3 FamFG – stets **an das bei Erlass der Entscheidung mindestens 14 Jahre alte Kind selbst** zu erfolgen, wenn das Kind (wie im Regelfall) nicht geschäftsunfähig ist. Hintergrund ist, dass das Kind ab dem Alter von 14 Jahren gemäß § 60 Satz 1, 2 FamFG unabhängig von seinem gesetzlichen Vertreter das Beschwerderecht auch selbst ausüben kann. 9

Eine Ersatzzustellung an Eltern, Vormund oder Pfleger scheidet gemäß § 15 Abs. 2 Satz 1 Alt. 1 FamFG, § 178 Abs. 2 ZPO aus, wenn diese selbst am Verfahren beteiligt sind. Der Urkundsbeamte der Geschäftsstelle hat hierauf in dem nach § 15 Abs. 2 Satz 1 Alt. 1 FamFG, § 176 Abs. 1 ZPO zu fertigenden Zustellungsauftrag durch den **Vermerk** „Keine Ersatzzustellung an die Eltern! [den Vormund X, den Pfleger X]" hinzuweisen.[21]

Gemäß **§ 167 Abs. 3 FamFG** ist **das mindestens 14 Jahre alte Kind in Verfahren nach § 151 Nr. 6 und Nr. 7 FamFG** unabhängig von seiner Geschäftsfähigkeit **stets selbst** unabhängig von einer gesetzlichen Vertretung **verfahrensfähig**. 10

16 BGH ZKJ 2021, 417 (Folge der Verfahrensfähigkeit ist, dass das Kind selbst einen Anwalt beauftragen kann); *Moelle*, ZKJ 2020, 7, 10
17 Staudinger/*Klumpp*, § 107 BGB Rn. 718; BeckOGK/*Duden*, § 107 BGB Rn. 123
18 BGH FamRZ 2014, 110 Rn. 9 zum insoweit gleichgelagerten § 275 FamFG
19 Dafür OLG Dresden FamRZ 2014, 1042; BeckOGK/*Duden*, § 107 BGB Rn. 123; *DIJuF*-Rechtsgutachten DRG 1198 v. 27.1.2016 – V1.220; dagegen AG Münster, Urt. v. 21.3.1994 – 6 C 886/93, juris, zum Asylrecht; offenlassend Staudinger/*Klumpp*, § 107 BGB Rn. 72
20 *Köhler*, ZKJ 2018, 50; *Heiter*, FamRZ 2009, 85
21 Dutta/Jacoby/Schwab/*Lack*, § 164 Rn. 7

11 Im **Beschwerdeverfahren** ist das **mindestens 14 Jahre alte Kind als Beschwerdeführer** – unabhängig von den sonstigen Voraussetzungen nach § 9 Abs. 1 Nr. 3 FamFG – wenn es nicht geschäftsunfähig ist, stets **selbst verfahrensfähig gemäß § 60 Satz 1 FamFG**. Das bedeutet, dass das Kind ohne Mitwirkung und auch gegen den ausdrücklichen Willen seiner gesetzlichen Vertreter selbst Beschwerde einlegen kann. Ist das Kind nicht selbst Beschwerdeführer, gilt Abs. 1 Nr. 3, Abs. 2.

V. Verfahrensfähigkeit von juristischen Personen und Behörden (Abs. 3)

12 Gemäß Abs. 3 handeln für Vereinigungen und Behörden ihre gesetzlichen Vertreter und Vorstände. Die Vorschrift ist an § 62 Abs. 3 VwGO angelehnt und hinsichtlich des Begriffes Vereinigung weit zu verstehen.[22] Insbesondere deckt die Vorschrift **alle Beteiligten** nach § 8 Nr. 1 Alt. 2, Nr. 2 und Nr. 3 FamFG ab, also alle Beteiligten, **die nicht natürliche Personen sind**. Im Kindschaftsrecht ist die Vorschrift insbesondere für das Jugendamt, das Landesjugendamt (§ 195 FamFG) und den Vereinsvormund von Bedeutung. Das Jugendamt wird vertreten durch den Leiter, dessen Vertreter oder einen von diesem beauftragten Sachbearbeiter[23] der Verein durch den Vorstand, § 26 Abs. 2 BGB.

VI. Verschuldenszurechnung (Abs. 4)

13 Nach Abs. 4, der § 51 Abs. 2 ZPO entspricht, wird das **Verschulden des gesetzlichen Vertreters dem vertretenen Beteiligten zugerechnet**. Relevanz hat die Vorschrift in Kindschaftssachen etwa für Wiedereinsetzungsgesuche im Rahmen der Verschuldensprüfung nach § 17 Abs. 1 FamFG. Bedenklich ist, dass der BGH die Verschuldenszurechnung nicht nur für Fälle gelten lässt, die über Schadensersatz geregelt werden können, sondern auch für Statusverfahren im Abstammungsrecht.[24] Hinsichtlich des Verschuldens des Verfahrensbevollmächtigten gilt nicht Abs. 4, sondern über § 11 Abs. 5 die Regelung des § 85 Abs. 2 ZPO.

VII. Entsprechende Geltung von ZPO-Vorschriften (Abs. 5)

14 Die verwiesenen Vorschriften können in Kindschaftssachen vor allem in folgenden Fällen relevant werden:

- Ist einem **Elternteil** ein **Betreuer auch für den Aufgabenkreis gerichtliches Verfahren**/ Prozessführung bestellt, so obliegt die Verfahrensführung auch für den geschäftsfähigen (nicht unter Einwilligungsvorbehalt stehenden) Elternteil aus Gründen der Rechtsklarheit allein dem Betreuer, **Abs. 5, § 53 ZPO.**
- Das **Vorliegen aller Verfahrensvoraussetzungen**, d.h. insbesondere Beteiligten- und Verfahrensfähigkeit, ist in jeder Lage des Verfahrens und in jedem Rechtszug **von Amts wegen zu prüfen**, d.h., die Prüfung ist unabhängig von einer entsprechenden Rüge, aber nur bei entsprechenden Anhaltspunkten zu ermitteln, **Abs. 5, § 56 ZPO**, bei Zweifeln kann das Gericht dem im Streng- oder Freibeweisverfahren nachgehen. Bei Unaufklärbarkeit ist der Beteiligte als nicht verfahrensfähig anzusehen.[25]

22 BT-Drucks. 16/6308, 180
23 Sternal/*Sternal*, § 9 Rn. 24
24 BGH FamRZ 1993, 308
25 BGH NJW 2000, 289

§ 10 FamFG
Bevollmächtigte

(1) Soweit eine Vertretung durch Rechtsanwälte nicht geboten ist, können die Beteiligten das Verfahren selbst betreiben.

(2) [1]Die Beteiligten können sich durch einen Rechtsanwalt als Bevollmächtigten vertreten lassen. [2]Darüber hinaus sind als Bevollmächtigte, soweit eine Vertretung durch Rechtsanwälte nicht geboten ist, vertretungsbefugt nur

1. **Beschäftigte des Beteiligten oder eines mit ihm verbundenen Unternehmens (§ 15 des Aktiengesetzes); Behörden und juristische Personen des öffentlichen Rechts einschließlich der von ihnen zur Erfüllung ihrer öffentlichen Aufgaben gebildeten Zusammenschlüsse können sich auch durch Beschäftigte anderer Behörden oder juristischer Personen des öffentlichen Rechts einschließlich der von ihnen zur Erfüllung ihrer öffentlichen Aufgaben gebildeten Zusammenschlüsse vertreten lassen;**
2. **volljährige Familienangehörige (§ 15 der Abgabenordnung, § 11 des Lebenspartnerschaftsgesetzes), Personen mit Befähigung zum Richteramt und die Beteiligten, wenn die Vertretung nicht im Zusammenhang mit einer entgeltlichen Tätigkeit steht;**
3. **Notare.**

(3) [1]Das Gericht weist Bevollmächtigte, die nicht nach Maßgabe des Absatzes 2 vertretungsbefugt sind, durch unanfechtbaren Beschluss zurück. [2]Verfahrenshandlungen, die ein nicht vertretungsbefugter Bevollmächtigter bis zu seiner Zurückweisung vorgenommen hat, und Zustellungen oder Mitteilungen an diesen Bevollmächtigten sind wirksam. [3]Das Gericht kann den in Absatz 2 Satz 2 Nr. 1 und 2 bezeichneten Bevollmächtigten durch unanfechtbaren Beschluss die weitere Vertretung untersagen, wenn sie nicht in der Lage sind, das Sach- und Streitverhältnis sachgerecht darzustellen.

(4) [1]Vor dem Bundesgerichtshof müssen sich die Beteiligten, außer im Verfahren über die Ausschließung und Ablehnung von Gerichtspersonen und im Verfahren über die Verfahrenskostenhilfe, durch einen beim Bundesgerichtshof zugelassenen Rechtsanwalt vertreten lassen. [2]Behörden und juristische Personen des öffentlichen Rechts einschließlich der von ihnen zur Erfüllung ihrer öffentlichen Aufgaben gebildeten Zusammenschlüsse können sich durch eigene Beschäftigte mit Befähigung zum Richteramt oder durch Beschäftigte mit Befähigung zum Richteramt anderer Behörden oder juristischer Personen des öffentlichen Rechts einschließlich der von ihnen zur Erfüllung ihrer öffentlichen Aufgaben gebildeten Zusammenschlüsse vertreten lassen. [3]Für die Beiordnung eines Notanwaltes gelten die §§ 78b und 78c der Zivilprozessordnung entsprechend.

(5) [1]Richter dürfen nicht als Bevollmächtigte vor dem Gericht auftreten, dem sie angehören.

1 In Verfahren nach dem FamFG besteht im Regelfall kein Anwaltszwang. Die Beteiligten können wahlweise das Verfahren selbst betreiben, Abs. 1, oder sich durch einen Rechtsanwalt als Bevollmächtigten vertreten lassen, Abs. 2 Satz 1. **Anwaltszwang** besteht gemäß § 114 FamFG **ausnahmsweise in** Familiensachen für **Ehe- und Folgesachen** (§§ 121, 137 FamFG) **sowie** für **Familienstreitsachen** (§ 112 FamFG). Wenn also eine Kindschaftssache gemäß § 137 Abs. 3 FamFG im Scheidungsverbund verhandelt wird, müssen sich die Ehegatten und Eltern durch einen Rechtsanwalt vertreten lassen. Anderenfalls sind ihre Erklärungen im Verfahren unwirksam. Das Verfahren der Verfahrenskostenhilfe unterliegt auch bezüglich einer Ehe-, Folge- oder Familienstreitsache keinem Anwaltszwang.[1] In einer isolierten Kindschaftssache besteht kein Anwaltszwang.

1 BVerfG FamRZ 2018, 1524

2 Vergleichbar mit der Regelung des § 79 ZPO, der in Abs. 2 Satz 2 aufführt, wer in einem Prozess, der nicht dem Anwaltszwang nach § 78 ZPO unterliegt, die Partei als Bevollmächtigter vertreten kann, regelt § 10 FamFG, wer in Verfahren nach dem FamFG, die nicht dem Anwaltszwang unterliegen, die Beteiligten als Bevollmächtigte vertreten kann. Ein **Bevollmächtigter vertritt** den Beteiligten **und handelt für den Beteiligten**. Der Kreis der Bevollmächtigten ist gesetzlich eingeschränkt auf Beschäftigte des Beteiligten (Nr. 1), unentgeltlich tätige näher bezeichnete Personen (Nr. 2) und Notare (Nr. 3). Aus dem Verweis von Nr. 2 auf § 15 AO folgt, dass neben Verlobten, Ehegatten, Lebenspartnern (und deren Geschwistern) und allen Verwandten in gerader Linie auch Geschwister und deren Ehegatten und Lebenspartner, Nichten und Neffen, Onkel und Tanten sowie Pflegeeltern und Pflegekinder (§ 15 Abs. 1 Nr. 8 AO) als Bevollmächtigte auftreten können. Sowohl der **Bevollmächtigende** als auch der **Bevollmächtigte** selbst **müssen verfahrensfähig sein**.[2] Andere als die in Nr. 1 bis 3 bezeichneten Personen (Bekannte, Freunde, Nachbarn ohne die besonderen Voraussetzungen) können nicht als Bevollmächtigte nach § 10 FamFG tätig werden.

3 Eine **Behörde**, etwa das Jugendamt, kann sich im gerichtlichen Verfahren gemäß Abs. 2 Satz 2 Nr. 1 **durch eigene Beamte oder Angestellte vertreten lassen**. Für die Wirksamkeit einer Verfahrenshandlung ist es dabei unerheblich, ob dies in Vertretung oder im Auftrag geschieht. Auch der **Vorlage einer Vollmacht** bei Gericht bedarf es **insoweit nicht**.[3]

4 Gemeinsames Merkmal der in **Nr. 2** genannten Personen ist das **unentgeltliche Tätigwerden**. Die entgeltliche Tätigkeit erfasst dabei nicht nur die Bezahlung für die konkrete Tätigkeit, sondern alle Arten von Vermögensvorteilen als Gegenleistung für das Tätigwerden. Auch wenn die Tätigkeit im Zusammenhang mit einer anderen (entgeltlichen) beruflichen Tätigkeit erbracht wird, liegt keine unentgeltliche Tätigkeit vor, die Vorschrift erlaubt nur uneigennütziges Tätigwerden.[4] Unentgeltlichkeit ist gegeben, wenn die Vertretung uneigennützig vorgenommen wird. Dagegen liegt eine Vertretung im Zusammenhang mit einer entgeltlichen Tätigkeit vor, wenn eine Vergütung zwar nicht explizit im Hinblick auf die Verfahrensvertretung, aber im Zusammenhang mit anderen beruflichen Tätigkeiten des Bevollmächtigten anfällt oder auch nur anfallen kann.[5] Reiner Auslagenersatz, etwa für Schreib-, Portoauslagen oder Fahrtkosten, ist unschädlich für das Merkmal der Unentgeltlichkeit.[6]

5 Hat das Gericht nach § 33 FamFG das **persönliche Erscheinen** eines Beteiligten angeordnet oder ist der Beteiligte **persönlich anzuhören**, ist eine Vertretung insoweit ausgeschlossen. Jedoch kann ein Beteiligter auch bei Anordnung des persönlichen Erscheinens bzw. in einem Termin zur persönlichen Anhörung in Begleitung eines Bevollmächtigten erscheinen.[7]

6 Ein besonderes Problem kann sich **in grenzüberschreitenden Fallkonstellationen** stellen, wenn ein Beteiligter in Kindschaftssachen – zumeist ein Elternteil – einen **konsularischen Vertreter** zu einem Erörterungs- oder Anhörungstermin **hinzuziehen** möchte. Zu den konsularischen Aufgaben gehört nach Art. 5 lit. i des Wiener Konsularübereinkommens, vorbehaltlich der im Empfangsstaat geltenden Gepflogenheiten und Verfahren, die Angehörigen des Entsendestaates vor den Gerichten und Behörden des Empfangsstaates zu vertreten oder für ihre angemessene Vertretung zu sorgen, wenn diese wegen Abwesenheit oder aus einem anderen Grund ihre Rechte und Interessen nicht selbst rechtzeitig verteidigen kön-

2 MüKo-ZPO/*Toussaint*, § 80 Rn. 6 (zur Prozessfähigkeit)
3 BVerwG NVwZ 1994, 266 zu § 67 Abs. 1 Satz 3 VwGO a.F. (vergleichbar mit § 10 Abs. 2 Satz 2 Nr. 1 Hs. 2 FamFG)
4 Vgl. BT-Drucks. 16/3655, 57 zu § 6 Abs. 1 RDG, wo die unentgeltlichen Rechtsdienstleistungen legal definiert sind
5 OLG Frankfurt FamRZ 2023, 1383
6 Vgl. BT-Drucks. 16/3655, 57
7 Insoweit handelt der Bevollmächtigte als Beistand nach § 12: Bumiller/Harders/Schwamb/*Bumiller*, § 10 Rn. 4

nen. Weil diese Aufgabenbeschreibung von Vertretung spricht, ist § 12 FamFG nicht anwendbar. Insoweit der konsularische Vertreter nicht die Befähigung zum Richteramt hat, ist § 10 FamFG seinem Wortlaut nach eigentlich auch nicht anwendbar. Um mögliche diplomatische Verwicklungen oder einen Streit darum, ob ein anderer Grund vorliegt, warum ein Beteiligter nicht für seine eigene angemessene Vertretung sorgen kann, zu vermeiden, sollte Abs. 2 in dem Falle **völkerrechtsfreundlich** dahingehend **ausgelegt** werden, dass der konsularische Vertreter als Bevollmächtigter tätig sein kann.

Sind die Voraussetzungen für das Tätigwerden eines Bevollmächtigten nach § 10 Abs. 2 FamFG erfüllt, muss das Gericht darüber nicht förmlich entscheiden, sondern nimmt die Anwesenheit des Bevollmächtigten in dem entsprechenden Termin schlicht auf (ähnlich einer anwaltlichen Tätigkeit). Sind diese **Voraussetzungen nicht erfüllt**, weist das Gericht die **Person durch unanfechtbaren Beschluss als Bevollmächtigten zurück, § 10 Abs. 3 Satz 1 FamFG**, was auch gilt, wenn die Bevollmächtigten nicht in der Lage sind, das Sach- und Streitverhältnis sachgerecht darzustellen, § 10 Abs. 3 Satz 3 FamFG. War der Beteiligte an dem Termin selbst nicht anwesend – was in Kindschaftssachen, da persönliches Erscheinen in der Regel angeordnet wird, selten vorkommen dürfte –, muss der Termin abgebrochen und zu einem neuen Termin geladen werden.[8] Bis zur Zurückweisung sind die Verfahrenshandlungen des Bevollmächtigten dem Beteiligten gegenüber wirksam, § 10 Abs. 3 Satz 2 FamFG.[9] Ein Rechtsmittel, das durch einen vor Rechtsmitteleinlegung gemäß § 10 Abs. 3 Satz 1 FamFG zurückgewiesenen Bevollmächtigten eingelegt wird, ist unwirksam.[10] 7

Im **Einzelfall** kann eine Person zwar **als Bevollmächtigter ausgeschlossen** sein, weil sie die besonderen Voraussetzungen nach Abs. 2 Nr. 2 nicht erfüllt, aber die Voraussetzungen für ein **Auftreten als Beistand** können gegeben sein, § 12 Satz 3 FamFG. 8

§ 11 FamFG

Verfahrensvollmacht

[1]Die Vollmacht ist schriftlich zu den Gerichtsakten einzureichen. [2]Sie kann nachgereicht werden; hierfür kann das Gericht eine Frist bestimmen. [3]Der Mangel der Vollmacht kann in jeder Lage des Verfahrens geltend gemacht werden. [4]Das Gericht hat den Mangel der Vollmacht von Amts wegen zu berücksichtigen, wenn nicht als Bevollmächtigter ein Rechtsanwalt oder Notar auftritt. [5]Im Übrigen gelten die §§ 81 bis 87 und 89 der Zivilprozessordnung entsprechend.

Die Vorschrift regelt, wann und in welcher **Form** die von vertretenen Beteiligten erteilte **Vollmacht nachzuweisen** ist. Die Vollmacht ist **schriftlich** bei Gericht einzureichen. Gemäß § 126 Abs. 3 BGB kann die schriftliche durch die elektronische Form ersetzt werden. Für die Wirksamkeit bedarf es einer eigenhändigen Unterschrift auf der Vollmachtsurkunde. Eine per Fax versandte Vollmacht genügt nicht.[1] 1

Der **Mangel der Vollmacht** kann in jeder Lage des Verfahrens gerügt werden. Bei Zweifeln an dem Bestehen oder der Wirksamkeit der Vollmacht muss das Gericht die Wirksamkeit von Amts wegen klären. Ausnahmsweise darf es auch die Wirksamkeit der Bevollmächtigung eines **Rechtsanwalts** von Amts wegen prüfen, wenn es begründete Zweifel hieran hat, zum Beispiel weil der Rechtsanwalt selbst solche Zweifel erweckt hat.[2] 2

---

8 Sternal/*Sternal*, § 10 Rn. 39
9 OLG Karlsruhe FamRZ 2018, 1830 Rn. 36
10 OLG Frankfurt FamRZ 2023, 1383
1 BGH NJW 1994, 2298
2 OLG Schleswig FamRZ 2012, 320

3 In den Verfahren der freiwilligen Gerichtsbarkeit – anders als in Verfahren, die dem Anwaltszwang unterliegen – kann die Vollmacht beschränkt werden, etwa als Terminsvollmacht auf den Termin oder auf den Abschluss eines Vergleichs, § 11 Satz 5 FamFG, § 83 Abs. 2 ZPO. Ein Verschulden des Bevollmächtigten ist dem jeweiligen Beteiligten gemäß § 11 Satz 5 FamFG, § 85 Abs. 2 ZPO zuzurechnen, was insbesondere im Rahmen von Wiedereinsetzungsgesuchen von Bedeutung sein kann.[3]

4 Haben sich für einen Beteiligten **mehrere Verfahrensbevollmächtigte** mit umfassender Zustellungsvollmacht bestellt, so genügt wegen der aus § 11 Satz 5 FamFG i.V.m. § 84 Satz 1 ZPO folgenden Einzelvertretungsbefugnis die Zustellung an einen von ihnen; auch für den Beginn des Laufs von verfahrensrechtlichen Fristen ist daher die zeitlich erste Zustellung an einen der Verfahrensbevollmächtigten ausschlaggebend.[4]

§ 12 FamFG
Beistand

[1]Im Termin können die Beteiligten mit Beiständen erscheinen. [2]Beistand kann sein, wer in Verfahren, in denen die Beteiligten das Verfahren selbst betreiben können, als Bevollmächtigter zur Vertretung befugt ist. [3]Das Gericht kann andere Personen als Beistand zulassen, wenn dies sachdienlich ist und hierfür nach den Umständen des Einzelfalls ein Bedürfnis besteht. [4]§ 10 Abs. 3 Satz 1 und 3 und Abs. 5 gilt entsprechend. [5]Das von dem Beistand Vorgetragene gilt als von dem Beteiligten vorgebracht, soweit es nicht von diesem sofort widerrufen oder berichtigt wird.

Übersicht

A. Allgemeines

1 In besonders belastenden oder komplizierteren Verfahren kann es für einen Beteiligten sinnvoll sein, sich der Unterstützung eines befähigten, ihm nahestehenden Dritten zu versichern. Im Gegensatz zu einem Bevollmächtigten, der den Beteiligten vertritt und ersetzt, tritt ein solcher **Beistand** lediglich an dessen Seite. In der Praxis wird ein Beistand nur selten bestellt.

B. Inhalt der Norm

2 Ein Beistand unterstützt einen Beteiligten **im Termin** und tritt **neben einem Beteiligten** auf, **nicht an dessen Stelle**. Dies unterscheidet den Beistand von einem Verfahrensbevollmächtigten. In Abwesenheit des Beteiligten ist der Beistand nicht mehr legitimiert. Der Beistand benötigt im Gegensatz zum Bevollmächtigten keine Vollmacht, da die Anwesenheit des Beteiligten ihn legitimiert. Das Gericht muss prüfen, welche **Funktion die Begleitperson nach dem Willen des Beteiligten** haben soll, Bevollmächtigter nach § 10 FamFG oder Beistand nach § 12 FamFG. Als Beistand kann das Gericht neben Personen, die als Bevollmächtigte auftreten können (Satz 2), gemäß § 12 Satz 3 FamFG auch solche Personen zulassen, die

3 BGH FamRZ 2023, 1380: keine Wiedereinsetzung aufgrund fälschlich nicht elektronisch eingelegtem Rechtsmittel, weil sich ein anwaltlicher Verfahrensbevollmächtigter bewusst sein muss, dass ab dem 1.1.2022 die schriftliche Rechtsmitteleinlegung durch einen Rechtsanwalt nur im Wege der Übermittlung als elektronisches Dokument möglich war
4 BGH FamRZ 2021, 635

nicht nach § 10 Abs. 2 FamFG als Bevollmächtigte auftreten dürfen. Insbesondere volljährige Familienangehörige können sowohl Beistand als auch Bevollmächtigter sein, § 10 Satz 2 Nr. 2 Var. 1 FamFG. Zu unterscheiden ist der Beistand weiter von Personen, die als Hilfskraft des Beteiligten im Rahmen der Verfahrensführung unterstützend tätig werden sollen, ohne dass sie nach dem Willen des Beteiligten Erklärungen oder Verfahrenshandlungen für ihn abgeben sollen, etwa ein Privatgutachter oder sonstige Fachleute.[1] Diese haben dann kein Anwesenheitsrecht im Termin.

Lediglich **Beteiligte** können sich eines Beistands bedienen. Zwar können Zeugen ihre Aussage vor Gericht von der Anwesenheit eines Rechtsbeistands abhängig machen;[2] ein solcher Rechtsbeistand des Zeugen stellt aber keinen Beistand i.S.d. § 12 FamFG dar. Der Zeuge ist aber in einem Ordnungsmittelverfahren gegen ihn selbst Beteiligter und kann insoweit auch einen Beistand hinzuziehen. 3

Die Aufwendungen des Beistands können im Einzelfall als notwendige Aufwendungen des Beteiligten anerkannt und als **Auslagen** nach §§ 80, 81 FamFG erstattet werden.[3] Allerdings ist es Sache des jeweiligen Beteiligten, nicht Aufgabe des Gerichts, für einen der deutschen Sprache nicht mächtigen Beistand einen **Dolmetscher** zu bestellen.[4] 4

Der in §§ 158, 167, 174 FamFG genannte **Verfahrensbeistand**[5] ist kein Beistand i.S.d. § 12 FamFG, sondern wie ein Verfahrenspfleger ein mit der Bestellung kraft Gesetzes Beteiligter mit eigenen Rechten.[6] Ferner zählt nicht hierzu die **Beistandschaft** des Jugendamtes nach § 55 SGB VIII, §§ 1712 ff. BGB (siehe hierzu *Köhler*, §§ 55 bis 58 SGB VIII Rn. 1 ff.).

Aus der Formulierung des § 12 Satz 1 FamFG „**im Termin**" ergibt sich, dass eine Begleitung durch einen Beistand nur bei gerichtlichen Terminen, d.h. Erörterungs-, Anhörungs- und Verkündungsterminen, zulässig ist. Außerhalb gerichtlicher Termine – etwa vor Ort bei einem **Sachverständigen** – kann ein Beistand i.S.d. § 12 FamFG nicht hinzugezogen werden.[7] Ein Beteiligter kann bei einem Untersuchungsgespräch bzw. einem Explorationstermin bei einem Sachverständigen auch keine Begleitperson hinzuziehen.[8] Gegen die Anwesenheit Dritter an der Untersuchung, die von den Beteiligten meist zu Beweiszwecken gewünscht wird, spricht regelmäßig der Grundsatz der Waffengleichheit und der sog. Beobachtereffekt, d.h. die negative Beeinflussung des Untersuchungsergebnisses bei bloßer Anwesenheit eines Dritten, der insbesondere bei testpsychologischen Untersuchungen anerkannt ist.[9] 5

Der **Beistand kann im Termin** die **Beteiligtenrechte ausüben**, kann Erklärungen abgeben und auch Verfahrenshandlungen für den Beteiligten vornehmen und das von einem Beistand Vorgebrachte gilt als von dem Beteiligten vorgebracht, soweit es nicht vom Beteiligten sofort widerrufen oder berichtigt wird, Satz 5. Aus der Legitimation durch Anwesenheit des Beteiligten folgt, dass Vorbringen des Beteiligten außerhalb eines Gerichtstermins (z.B. Schriftsätze) dem Beteiligten nicht zugerechnet wird.[10] 6

1 BT-Drucks. 16/3655, 90 zu § 90 ZPO
2 BVerfG NJW 1975, 103
3 MüKo-FamFG/*Pabst*, § 12 Rn. 18
4 Sternal/*Sternal*, § 12 Rn. 6
5 Mitunter als „Anwalt des Kindes" bezeichnet
6 Sternal/*Sternal*, § 12 Rn. 5
7 MüKo-FamFG/*Pabst*, § 12 Rn. 8a
8 KG NZFam 2021, 416 m. Anm. *Köhler*; OLG Brandenburg NZFam 2020, 44; a.A. in der Vorauflage und OLG Hamm FamRZ 2015, 1126
9 Sternal/*Schäder*, § 163 Rn. 17; *Köhler*, NZFam 2021, 418 (Anm. zu KG NZFam 2021, 416)
10 MüKo-FamFG/*Pabst*, § 12 Rn. 6; LG Arnsberg, Beschl. v. 17.12.2020 – 5 T 119/20, juris

7 Soweit ein Beteiligter eine **Begleitperson** als Beistand mitbringt, die **auch Bevollmächtigter nach § 10 FamFG sein könnte**, ist dies gemäß § 12 Satz 2 FamFG jederzeit möglich und solche Beistände bedürfen nicht der Zulassung durch das Gericht. Will der Beteiligte durch eine andere Person als Beistand unterstützt werden, die **nicht Bevollmächtigter nach § 10 FamFG sein kann**, bedarf dieser Beistand der **Zulassung durch das Gericht nach § 12 Satz 3 FamFG**. Der Beistand ist zuzulassen, wenn dies sachdienlich ist und hierfür nach den Umständen des Einzelfalls ein Bedürfnis besteht. Sachdienlichkeit ist gegeben, wenn die Zulassung verfahrensfördernd ist. Ein Bedürfnis im Einzelfall liegt vor bei Hilfebedürftigkeit oder Geschäftsungewandtheit des Beteiligten, im Einzelfall auch bei einem besonderen Nähe- oder Vertrauensverhältnis des Beteiligten zu dem gewünschten Beistand. Über die Zulassung entscheidet das Gericht gemäß §§ 12 Satz 4, 10 Abs. 3 Satz 1 FamFG durch **unanfechtbaren Beschluss**. Wurde ein gewünschter Beistand zurückgewiesen, muss er schweigen und – soweit die übrigen Beteiligten nicht alle seiner Anwesenheit zustimmen und das Gericht sein Ermessen nicht anderweitig ausübt, § 170 Abs. 1 Satz 2 GVG – den Gerichtssaal verlassen. Wenn der Beistand das Sach- und Streitverhältnis nicht sachgerecht darstellen kann, kann das Gericht dem Beistand sein Auftreten gemäß §§ 12 Satz 4, 10 Abs. 3 Satz 3 FamFG **untersagen**. Regelmäßig gebietet die gerichtliche Ermessensausübung, dass vor einer Untersagung eine Verwarnung des Beistands erfolgt.

§ 13 FamFG

Akteneinsicht

(1) Die Beteiligten können die Gerichtsakten auf der Geschäftsstelle einsehen, soweit nicht schwerwiegende Interessen eines Beteiligten oder eines Dritten entgegenstehen.

(2) [1]Personen, die an dem Verfahren nicht beteiligt sind, kann Einsicht nur gestattet werden, soweit sie ein berechtigtes Interesse glaubhaft machen und schutzwürdige Interessen eines Beteiligten oder eines Dritten nicht entgegenstehen. [2]Die Einsicht ist zu versagen, wenn ein Fall des § 1758 des Bürgerlichen Gesetzbuchs vorliegt.

(3) [1]Soweit Akteneinsicht gewährt wird, können die Berechtigten sich auf ihre Kosten durch die Geschäftsstelle Ausfertigungen, Auszüge und Abschriften erteilen lassen. [2]Die Abschrift ist auf Verlangen zu beglaubigen.

(4) [1]Einem Rechtsanwalt, einem Notar oder einer beteiligten Behörde kann das Gericht die Akten in die Amts- oder Geschäftsräume überlassen. [2]Ein Recht auf Überlassung von Beweisstücken in die Amts- oder Geschäftsräume besteht nicht. [3]Die Entscheidung nach Satz 1 ist nicht anfechtbar.

(5) Werden die Gerichtsakten elektronisch geführt, gilt § 299 Abs. 3 und 4 der Zivilprozessordnung entsprechend.

(6) Die Entwürfe zu Beschlüssen und Verfügungen, die zu ihrer Vorbereitung gelieferten Arbeiten sowie die Dokumente, die Abstimmungen betreffen, werden weder vorgelegt noch abschriftlich mitgeteilt.

(7) Über die Akteneinsicht entscheidet das Gericht, bei Kollegialgerichten der Vorsitzende.

Übersicht

Weiterführende Literatur: Müller, § 13 FamFG – Das statthafte Rechtsmittel gegen Entscheidungen über Akteneinsichtsgesuche Dritter, FamRZ 2021, 480; *Bieresborn*, Die Auswirkungen der DSGVO auf das gerichtliche Verfahren, DRiZ 2019, 18 ff.; *Deinert*, Rechtsfragen des Datenschutzes im Betreuungswesen, BtPrax 2019, 19 ff.; *Gietl*, Akteneinsicht durch am Verfahren nicht Beteiligte, NZFam 2017, 681 ff.

A. Allgemeines

Die Vorschrift regelt als Ausprägung des verfassungsrechtlich geschützten Anspruchs auf rechtliches Gehör gemäß Art. 103 Abs. 1 GG und auf ein faires Verfahren gemäß Art. 2 Abs. 1 i.V.m. Art. 20 Abs. 3 GG die Akteneinsicht für die Verfahren der **freiwilligen Gerichtsbarkeit**. Hinsichtlich **Verfahrenskostenhilfeunterlagen** trifft § 76 Abs. 1 FamFG i.V.m. § 117 Abs. 2 Satz 2 ZPO eine vorrangige Regelung, nicht jedoch im Sinne eines Akteneinsichtsrechts. § 117 Abs. 2 Satz 2 ZPO regelt nur die Modalitäten, unter denen das Gericht Informationen aus dem VKH-Verfahren dem Gegner zugänglich machen kann; insoweit geht es nur um eine verbesserte Amtsaufklärung durch das Gericht, nicht um ein subjektives Recht des Gegners des VKH-Verfahrens.[1] Geht es um **behördliche** Akten, etwa des Jugendamtes, beurteilt sich das Akteneinsichtsrecht nach § 25 SGB X.[2] 1

▶ *Zur Akteneinsicht in Jugendamtsakten vgl. näher Köhler, §§ 61 bis 68 SGB VIII Rn. 4.*

Im Verhältnis zu den Datenschutzgesetzen des Bundes und der Länder stellt § 13 eine auf FamFG-Verfahren bezogene, bereichsspezifische Spezialregelung dar. Aufgrund der Subsidiarität der **Datenschutzgesetze** (vgl. § 1 Abs. 2 Satz 1 BDSG und entsprechende Vorschriften des Landesrechts) ist § 13 vorrangig. Dies gilt aber nur bei sog. Tatbestandskongruenz der Vorschriften, also nur insoweit, als von § 13 eine Regelung getroffen wird (vgl. § 1 Abs. 2 Satz 2 BDSG). Außerhalb des Regelungsbereichs von § 13 (etwa bezüglich nicht erfasster Personengruppen, hinsichtlich anderer als gerichtlicher Verfahren etc.) bleiben die Datenschutzgesetze daher grundsätzlich anwendbar. 2

Die **EU-Datenschutzgrundverordnung** (DSGVO)[3] gilt grundsätzlich auch im Rahmen der Gerichtsverfahren, vgl. Erwägungsgrund 20, Art. 55 Abs. 3, Art. 37 Abs. 1 lit. a DSGVO, wo Gerichte ausdrücklich erwähnt sind. Die Datenverarbeitung durch die Gerichte ist rechtmäßig gemäß Art. 6 Abs. 1 lit. e DGSVO, wonach die Verarbeitung rechtmäßig ist, wenn sie für die Wahrnehmung einer Aufgabe erforderlich ist, die im öffentlichen Interesse liegt oder in Ausübung öffentlicher Gewalt erfolgt, die dem Verantwortlichen übertragen ist. Für die besonderen, in Art. 9 Abs. 1 DGSVO einzeln aufgeführten personenbezogenen Daten, deren Verarbeitung grundsätzlich untersagt ist, macht Art. 9 Abs. 2 lit. f DGSVO eine Ausnahme, 3

1 BGH FamRZ 2015, 1176

2 Dazu *DIJuF*-Rechtsgutachten TG-1129, Akteneinsichtsrecht der Beteiligten und Auskunftsrecht der Betroffenen; *Roller*, NZS 2013, 761; *Peschel-Gutzeit*, FPR 2012, 443, 445

3 Dazu *Bieresborn*, DRiZ 2019, 18; *Deinert*, BtPrax 2019, 19

wenn die Verarbeitung zur Geltendmachung, Ausübung oder Verteidigung von Rechtsansprüchen oder bei Handlungen der Gerichte im Rahmen ihrer justiziellen Tätigkeit erforderlich ist.

B. Inhalt der Norm

I. Verfahren

4 Die Voraussetzungen für die Gewährung der Akteneinsicht und ihre Durchführung sind in § 13 FamFG beschrieben. Zu **unterscheiden** ist grundsätzlich danach, ob **ein Beteiligter oder ein Dritter** Akteneinsicht verlangt und ob das **Verfahren**, in dem Akteneinsicht begehrt wird, bereits **abgeschlossen** ist **oder** noch **läuft**.

II. Einsichtsberechtigte

1. Beteiligte

5 Da der Anspruch auf rechtliches Gehör gemäß Art. 103 Abs. 1 GG und das Recht auf ein faires Verfahren gemäß Art. 2 Abs. 1 i.V.m. Art. 20 Abs. 3 GG die Kenntnis der Beteiligten von den Informationen voraussetzt, die der Entscheidung des Gerichts zugrunde liegen, besteht das Akteneinsichtsrecht für alle **Beteiligten** i.S.d. § 7 FamFG **grundsätzlich uneingeschränkt**. Denn das Gericht darf seine Entscheidung nicht auf Informationen stützen, zu denen die Beteiligten sich nicht äußern konnten, § 37 Abs. 2 FamFG. Das Akteneinsichtsrecht kann nach Abs. 1 jedoch **eingeschränkt** sein bei **schwerwiegenden entgegenstehenden Interessen** eines Beteiligten oder Dritten. Es genügt dafür nicht jedes Interesse aus der Privat- oder Vermögenssphäre; vielmehr muss das entgegenstehende Interesse so schwerwiegend sein, dass das grundsätzlich zu gewährende Akteneinsichtsrecht demgegenüber ausnahmsweise zurücksteht. Solche Ausnahmefälle können vorliegen, wenn es in einem Gewaltschutzverfahren um die gebotene Geheimhaltung der Anschrift eines Beteiligten (z.B. bei neuem Aufenthalt des Opfers im Frauenhaus) geht oder um sensible, höchstpersönliche Angaben in einem psychologischen oder psychiatrischen Gutachten.[4] Es bedarf dafür einer individuellen Abwägung bezogen auf die konkret betroffenen Aktenbestandteile bzw. Schriftstücke. Auch wenn das Gericht zu dem Ergebnis kommt, dass ausnahmsweise für einzelne Unterlagen keine Akteneinsicht zu gewähren ist, hat es dafür Sorge zu tragen, dass der Antragsteller des Akteneinsichtsgesuchs dann über den wesentlichen Verfahrensverlauf in geeigneter Form in Kenntnis gesetzt wird, etwa durch Erstellung von Auszügen oder eine Zusammenfassung des Verfahrensverlaufes in schriftlicher Form.[5] Kann auf diese Weise **das rechtliche Gehör nicht hinreichend gewährt werden**, dürfen die **Erkenntnisse** aus den betroffenen Unterlagen grundsätzlich **nicht zur Grundlage der Entscheidung** gemacht werden.[6]

2. Nicht beteiligte Dritte

6 Ferner kann nicht am Verfahren beteiligten Dritten, die ein berechtigtes Interesse glaubhaft gemacht haben, Einsicht in die Akten gewährt werden, Abs. 2.

Ein **berechtigtes Interesse** ist gegeben, wenn die Kenntnis vom Akteninhalt ein künftiges Verhalten des Antragstellers beeinflussen kann. Dies gilt insbesondere, wenn sich der Antragsteller des Akteneinsichtsgesuchs gegen ihn erhobene Ansprüche zur Wehr setzen oder selbst Ansprüche gerichtlich durchsetzen will.[7] Sind die Informationen dem Dritten bereits bekannt, besteht kein Akteneinsichtsrecht. Ein berechtigtes Interesse eines Dritten

---

4 BT-Drucks. 16/6308, 181
5 Musielak/*Borth/Grandel*, § 13 FamFG Rn. 3
6 BT-Drucks. 16/6308, 181
7 OLG Düsseldorf FamRZ 2014, 1480

kann beispielsweise gegeben sein bei nicht bereits gemäß § 161 Abs. 1 Satz 1 FamFG beteiligten **Pflegepersonen** im Zusammenhang mit dem Einblick in die Umgangsakte der Umgang begehrenden Mutter[8] oder in die Vormundschaftsakte bei einem Verfahren auf Entlassung des Vormunds.[9] Ein Akteneinsichtsrecht kann auch für nichtbeteiligte **nicht sorgeberechtigte Elternteile** gegeben sein, wenn die Gefahr einer Kindeswohlgefährdung droht[10] oder im Hinblick auf das Informationsbedürfnis der Eltern zu den aktuellen Lebensumständen des Kindes.[11]

3. Nicht beteiligte Behörden, andere Gerichte und die Staatsanwaltschaft

Wenn eine **Behörde** wie etwa das Jugendamt am Verfahren beteiligt ist, steht ihr ein Akteneinsichtsrecht nach Abs. 1 zu. Stellt das Jugendamt aber keinen Antrag auf Beteiligung nach § 162 Abs. 2 Abs. 2 FamFG und ist nicht von Amts wegen zu beteiligen nach § 162 Abs. 2 Satz 1 FamFG, ist das Jugendamt zwar im Verfahren anzuhören, § 162 Abs. 1 Satz 1 FamFG, und es hat die Rechte nach § 162 Abs. 3 FamFG, es ist aber nicht beteiligt.[12] Die **Akteneinsicht nicht beteiligter Behörden** ist **in § 13 nicht geregelt**. Denn Abs. 2 nennt nur „Personen", denen als Nichtbeteiligten Akteneinsicht gewährt werden kann.[13] Nach § 13 kann Akteneinsicht an nicht beteiligte Behörden oder Gerichte nicht gewährt werden. Unabhängig von § 13 ist die Überlassung von Akten an nicht beteiligte Behörden **als Justizverwaltungsakt** (näher unten Rn. 12) aber grundsätzlich im Wege der **Amtshilfe** gemäß Art. 35 Abs. 1 GG in Verbindung mit den Bundes- bzw. Landesdatenschutzgesetzen möglich.[14] Andere **Gerichte** können wegen der Einbeziehung des Verfahrens nach dem FamFG in das GVG auch Akteneinsicht im Wege der **Amtshilfe** verlangen.[15] Allerdings muss gegen die Übermittlung von Daten aus Gerichtsakten **effektiver Rechtsschutz** (bei Justizverwaltungsakten nach §§ 23 ff. EGGVG) gewährt werden. Die richterliche Mitteilung von Informationen an nichtverfahrensbeteiligte Dritte ist nicht allein deshalb eine der Rechtsschutzgarantie des Art. 19 Abs. 4 GG entzogene spruchrichterliche Tätigkeit, weil sie aus einem laufenden Rechtsstreit heraus erfolgt.[16] 7

Daten in Kindschaftssachen unterliegen einer gesteigerten Geheimhaltung, da sie den innersten Bereich der Privatsphäre von Kind und Eltern betreffen.[17] Wenn Behörden (wie z.B. die Staatsanwaltschaft) im Wege der Amtshilfe gemäß Art. 35 Abs. 1 GG die Überlassung der Akten begehren, sind die besonderen Voraussetzungen für die Überlassung einer grundsätzlich geheimhaltungsbedürftigen Akte (d.h. das besondere Informationsinteresse) darzulegen.[18] Ein besonderes Informationsinteresse, welches ausnahmsweise das Geheimhaltungsinteresse der Beteiligten überwiegt, kann darin liegen, dass es im staatsanwaltlichen Ermittlungsverfahren um eine Tat zulasten des im Kindschaftsverfahren betrof- 8

8 OLG Celle FamRZ 2011, 1080
9 OLG Hamm FamRZ 2002, 1126
10 AG Freiburg FamRZ 2014, 231 (LS)
11 OLG Köln FamRZ 1998, 307
12 Zu den Konsequenzen der Nichtbeteiligung des Jugendamts auf die Übersendung von Schriftsätzen und Gutachten in laufenden Kindschaftsverfahren: *Dürbeck*, § 162 Rn. 23; *Heilmann*, FamRZ 2010, 1391, 1393; *Lack*, ZKJ 2010, 189
13 OLG Bamberg NJOZ 2019, 257; MüKo-FamFG/*Pabst*, § 13 Rn. 16; Sternal/*Sternal*, § 13 Rn. 47; BT-Drucks. 16/6308, 181: „Absatz 2 lässt andere gesetzliche Vorschriften, nach denen am Verfahren nicht beteiligte Behörden Akteneinsicht verlangen können, unberührt"; a.A. *Hoffmann*, FPR 2011, 304, 306
14 OLG Bamberg NJOZ 2019, 257; Prütting/Helms/*Ahn-Roth*, § 13 Rn. 18, 19 m.w.N.
15 BT-Drucks. 16/6308, 181, 182, dort Rechtshilfe genannt; OLG Hamburg FamRZ 2019, 1730: keine Rechtshilfe nach §§ 156 ff. GVG, sondern Amtshilfe bei nur informatorischer Beiziehung von Akten eines anderen Gerichts
16 BVerfG NJW 2017, 1939; NJW 2015, 610
17 OLG Naumburg FamRZ 2018, 846
18 OLG Naumburg FamRZ 2018, 846; OLG Köln FamRZ 2014, 788

fenen Kindes geht. Geht es hingegen um mit dem Kind nicht in Verbindung stehende Taten oder nur um die Feststellung der persönlichen Verhältnisse des Beschuldigten, wird im Regelfall das Geheimhaltungsinteresse der Betroffenen das Informationsinteresse der Behörde für eine Überlassung der Kindschaftsakte überwiegen.[19] In jedem Fall dürfen **schutzwürdige Interessen** eines Beteiligten oder Dritten dem Einsichtsrecht nicht entgegenstehen. Ein besonderer Versagungsgrund besteht nach Abs. 2 Satz 2 in **Adoptionssachen**. Hiernach erstreckt sich das Geheimhaltungsgebot des § 1758 BGB auch auf die Akteneinsicht.

IIII. Zeitpunkt des Einsichtsbegehrens

9 Maßgeblich für die Frage der Entscheidung über die Akteneinsicht ist insbesondere auch, ob zum Zeitpunkt der Entscheidung über das Akteneinsichtsgesuch das gerichtliche **Verfahren schon abgeschlossen ist oder noch läuft**. Denn nach zutreffender, aber (insbesondere wegen des Wortlauts des § 13 Abs. 7 FamFG im Vergleich zu § 299 Abs. 2 ZPO) umstrittener Ansicht ist die Akteneinsicht nach Abschluss des Verfahrens stets Verwaltungshandeln. Eine spruchrichterliche Tätigkeit findet nach Verfahrensabschluss nicht mehr statt.[20] Die **Aufbewahrung und Verwaltung von Gerichtsakten nach Abschluss eines Verfahrens ist** grundsätzlich nicht Aufgabe des Spruchkörpers, der mit ihm befasst war, sondern der **Gerichtsverwaltung**.[21] Die Zuweisung einer Aufgabe durch Gesetz (hier § 13 Abs. 7 FamFG) ändert daran nichts. Justizverwaltungshandeln der Gerichte ist von rechtsprechender Tätigkeit nach funktionellen Gesichtspunkten abzugrenzen; bei der Qualifikation einer Maßnahme als Justizverwaltungsakt kommt es maßgeblich darauf an, welche Art von Aufgabe wahrgenommen wird und nicht darauf, welche Stelle handelt.[22]

Das bedeutet, auch wenn § 13 Abs. 7 FamFG – anders als § 299 Abs. 2 ZPO – die Aufgabe der Entscheidung über die Akteneinsicht für alle Verfahren der freiwilligen Gerichtsbarkeit auch nach Abschluss des Verfahrens dem Gericht, nicht dem Vorstand des Gerichts zuweist, handelt es sich nach zutreffender Ansicht bei der insoweit ergehenden Entscheidung um einen Justizverwaltungsakt.[23]

IV. Ort der Einsichtnahme

10 Grundsätzlich beschränkt sich der Ort der Einsichtnahme aufgrund der Gefahr des Verlusts von Aktenteilen und der praktischen Anforderungen an den Geschäftsbetrieb auf die Akten führende **Geschäftsstelle**, Abs. 1. Nur den in Abs. 4 bezeichneten Antragstellern kann das Gericht nach seinem (als Zwischenentscheidung nicht anfechtbaren, Abs. 4 Satz 3) pflichtgemäßen Ermessen grundsätzlich die Vorgänge in die Amts- oder Geschäftsräume überlassen. Indes besteht **kein Anspruch auf Übersendung** von Gerichtsakten zur Einsichtnahme in eine Rechtsanwaltskanzlei.[24]

V. Gegenstand der Akteneinsicht

11 Die Akteneinsicht umfasst den **gesamten Akteninhalt**, also alles das, was das Gericht seiner Entscheidung zugrunde legt bzw. zugrunde gelegt hat.[25] Dazu gehören etwa alle in den

---

19 OLG Naumburg FamRZ 2018, 846; OLG Köln FamRZ 2014, 788
20 BGH FamRZ 2024, 453
21 BGH FamRZ 2024, 453 (zu § 13 Abs. 2 FamFG); BGH FamRZ 2015, 1176 (zu § 299 Abs. 2 ZPO); Sternal/*Göbel*, § 58 Rn. 35 str., a.A. Sternal/*Sternal*, § 13 Rn. 84 m.w.N.
22 BGH FamRZ 2024, 453
23 BGH FamRZ 2024, 453; Prütting/Helms/*Ahn-Roth*, § 13 Rn. 48a; OLG Hamm, Beschl. v. 3.11.2020 – 4 WF 192/20, juris; OLG Köln, Beschl. v. 4.2.2019 – 7 VA 11/18, juris; a.A. (spruchrichterliche Tätigkeit) BayObLG FamRZ 2020, 942; BayObLG FamRZ 2020, 621; Sternal/*Sternal*, § 13 Rn. 84
24 OLG Brandenburg NJW-RR 2008, 512
25 BT-Drucks. 16/6308, 181

Akten befindlichen Schriftsätze nebst Anlagen, die von dem Gericht angefertigten Vermerke und Niederschriften, die Urschriften der Beschlüsse und Verfügungen als auch **ein gerichtlich eingeholtes Sachverständigengutachten**, unabhängig davon, ob dies in der Hauptakte oder in einem Sonderband geführt wird. Zur Akte gehören **auch die Berichte des Jugendamts**, weil dieses gemäß § 162 FamFG als zuständige Fachbehörde im Verfahren mitwirkt, und solche fachlichen Stellungnahmen. **Beigezogene Akten anderer Gerichte oder Behörden** (etwa staatsanwaltliche Ermittlungsakten, Betreuungsakten oder die Familie betreffende Akten anderer Familiengerichte), die das Gericht seiner Entscheidung zugrunde gelegt hat bzw. zugrunde legen will, sind grundsätzlich vom Akteneinsichtsrecht mitumfasst. Da aber über die Akteneinsicht die aktenführende Behörde entscheidet, muss das entscheidende Gericht vor der Gewährung von Akteneinsicht in beigezogene Akten das **Einverständnis der aktenführenden Behörde** und ggf. auch anderer Betroffener (etwa dem vormaligen Ehegatten bei Einsicht in eine Scheidungsakte) einholen. Wird das Einverständnis nicht erteilt, darf das Gericht die betroffene beigezogene Akte nicht zum Gegenstand der Entscheidung machen. Nicht zur Gerichtsakte des Familiengerichts gehören aber solche Akten, die nie beigezogen wurden. Ein Akteneinsichtsgesuch vermittelt **kein Recht zur Beiziehung weiterer Akten** (etwa vollständiger Jugendamtsakten).

▶ *Näher zur Akteneinsicht in Jugendamtsakten siehe Köhler, §§ 61 bis 68 SGB VIII Rn. 4 ff.*

Nicht zur Akte gehören Entwürfe, Voten, richterliche Aktenauszüge und sonstige Dokumente zur Vorbereitung eines Termins oder einer Entscheidung, Abs. 6. Da die Einsicht in die **Unterlagen zur Verfahrenskostenhilfe** in § 76 Abs. 1 FamFG, § 117 Abs. 2 Satz 1 ZPO speziell geregelt ist, ist die Akte über die Verfahrenskostenhilfe gesondert zu führen und die VKH-Akte gehört nicht zur Hauptakte und sie ist nicht vom Akteneinsichtsgesuch umfasst.

VI. Entscheidung

12 Die Entscheidung über das Akteneinsichtsgesuch auf Antrag eines Beteiligten nach Abs. 1 und auf Antrag einer dritten Personen nach Abs. 2 trifft gemäß Abs. 7 das **Gericht** in der jeweiligen Verfahrensinstanz, und zwar der für das Verfahren selbst zuständige Richter (bei Kollegialgerichten der Vorsitzende) oder Rechtspfleger.[26] Dies gilt sowohl für laufende wie auch für abgeschlossene Verfahren.[27] Bei laufendem Verfahren handelt es sich dabei um spruchrichterliche Tätigkeit, nach Abschluss des Verfahrens, unabhängig davon, dass auch das Gericht, nicht der Vorstand des Gerichts wie bei § 299 Abs. 2 ZPO entscheidet, um einen Justizverwaltungsakt (vgl. oben Rn. 9, auch zum Streitstand). Weil § 13 in Ehesachen und Familienstreitsachen nicht gilt, diesbezüglich vielmehr über §§ 113 Abs. 1 Satz 2 FamFG § 299 ZPO anzuwenden ist,[28] hängt es auch innerhalb der Familiensachen nach § 111 FamFG vom jeweiligen Verfahrensgegenstand ab, wer zu entscheiden hat (Gericht oder Justizverwaltung) und welches Rechtsmittel statthaft ist.

Werden Akten im Wege der **Amtshilfe** einer **nicht** am Verfahren **beteiligten Behörde** überlassen, stellt dies einen Justizverwaltungsakt dar, über den der Vorstand der Justizbehörde gemäß § 23 EGGVG entscheidet.[29]

26 OLG Celle ZKJ 2012, 157 = FamRZ 2012, 727
27 BGH FamRZ 2024, 453
28 Zum Akteneinsichtsrecht nach § 299 ZPO i.V.m. § 113 Abs. 1 Satz 2 FamFG: BGH NJW 2015, 1827
29 OLG Hamburg FamRZ 2019, 1730; OLG Bamberg NJOZ 2019, 257; OLG Naumburg FamRZ 2018, 846; Prütting/Helms/*Ahn-Roth*, § 13 Rn. 48; Sternal/*Sternal*, § 13 Rn. 537

VII. Rechtsmittel

13 Es ist zu unterscheiden:

Wird einem **Beteiligten** die Akteneinsicht während des **laufenden** Verfahrens versagt, ist diese Entscheidung als Zwischenentscheidung nicht anfechtbar, sondern nur im Rahmen einer Beschwerde gegen die Endentscheidung nach § 58 FamFG.[30] Ebenso ist die Entscheidung, einem Rechtsanwalt oder Notar die Akten nur in der Geschäftsstelle oder in dessen Amts- oder Geschäftsräumen zur Einsicht zu überlassen, nicht anfechtbar, Abs. 4 Satz 3.

14 Die Ablehnung des Gesuchs eines Beteiligten nach Abschluss des Verfahrens sowie des Gesuchs einer nicht beteiligten dritten Person nach Abs. 2 wird von dem Gericht als Justizverwaltungsakt getroffen. Insoweit ist eine funktionale Betrachtung geboten. Nach Abschluss des Verfahrens ist die Aktenverwaltung nicht mehr Aufgabe des Spruchkörpers, sondern Aufgabe der Gerichtsverwaltung. Eine solche Entscheidung ist mittels **Antrag auf gerichtliche Entscheidung gemäß §§ 23 ff. EGGVG anfechtbar**.[31] Aus der Zuständigkeit des verfahrensführenden Gerichts für die Entscheidung über ein durch Dritte oder nach Verfahrensbeendigung erfolgtes Gesuch folgt nicht, dass damit ein eigenständiger FamFG-Rechtsmittelzug eröffnet würde.[32]

15 Die nicht von § 13 FamFG geregelte Entscheidung über die **Überlassung** der Akte **an** eine **nicht beteiligte Behörde** nach Art. 35 Abs. 1 GG ist als Justizverwaltungsakt **gemäß §§ 23 ff. EGGVG überprüfbar**.[33]

16 Gegen Entscheidungen des **Rechtspflegers** ist das statthafte Rechtsmittel die Erinnerung, da ein ordentliches Rechtsmittel nicht vorgesehen ist. Hilft der Rechtspfleger nicht ab, so hat er die Sache dem Richter vorzulegen (§ 11 Abs. 2 Satz 6 RPflG).

§ 14 FamFG

Elektronische Akte; elektronisches Dokument; Verordnungsermächtigung

(1) [1]Die Gerichtsakten können elektronisch geführt werden. [2]§ 298a Absatz 2 der Zivilprozessordnung gilt entsprechend.

(2) [1]Anträge und Erklärungen der Beteiligten sowie schriftlich einzureichende Auskünfte, Aussagen, Gutachten, Übersetzungen und Erklärungen Dritter können als elektronisches Dokument übermittelt werden. [2]Für das elektronische Dokument gelten § 130a der Zivilprozessordnung, auf dieser Grundlage erlassene Rechtsverordnungen sowie § 298 der Zivilprozessordnung entsprechend.

(3) Für das gerichtliche elektronische Dokument gelten die §§ 130b und 298 der Zivilprozessordnung entsprechend.

(4) [1]Die Bundesregierung und die Landesregierungen bestimmen für ihren Bereich durch Rechtsverordnung den Zeitpunkt, von dem an elektronische Akten geführt werden können. [2]Die Bundesregierung und die Landesregierungen bestimmen für ihren Bereich durch Rechtsverordnung die geltenden organisatorisch-technischen Rahmenbedingungen für die Bildung, Führung und Aufbewahrung der elektronischen Akten. [3]Die Landesregierungen können die Ermächtigung durch Rechtsverordnung auf die jeweils zuständige oberste Landesbehörde übertragen. [4]Die Zulassung der elektronischen Akte kann auf einzelne Gerichte oder Verfahren beschränkt werden; wird von dieser Möglichkeit Gebrauch gemacht, kann in der Rechts-

30 Sternal/*Sternal*, § 13 Rn. 79
31 Sternal/*Göbel*, § 58 Rn. 35; BGH FamRZ 2024, 453; str., a.A.: Sternal/*Sternal*, § 13 Rn. 84 m.w.N.
32 Sternal/*Göbel*, § 58 Rn. 35
33 OLG Bamberg NJOZ 2019, 257; OLG Naumburg FamRZ 2018, 846; Prütting/Helms/*Ahn-Roth*, § 13 Rn. 48a; Sternal/*Sternal*, § 13 Rn. 53

verordnung bestimmt werden, dass durch Verwaltungsvorschrift, die öffentlich bekanntzumachen ist, geregelt wird, in welchen Verfahren die Akten elektronisch zu führen sind.

(4a) [1]Die Gerichtsakten werden ab dem 1. Januar 2026 elektronisch geführt. [2]Die Bundesregierung und die Landesregierungen bestimmen jeweils für ihren Bereich durch Rechtsverordnung die organisatorischen und dem Stand der Technik entsprechenden technischen Rahmenbedingungen für die Bildung, Führung und Aufbewahrung der elektronischen Akten einschließlich der einzuhaltenden Anforderungen der Barrierefreiheit. [3]Die Bundesregierung und die Landesregierungen können jeweils für ihren Bereich durch Rechtsverordnung bestimmen, dass Akten, die in Papierform angelegt wurden, in Papierform weitergeführt werden. [4]Die Landesregierungen können die Ermächtigungen nach den Sätzen 2 und 3 durch Rechtsverordnung auf die für die Zivilgerichtsbarkeit zuständigen obersten Landesbehörden übertragen. [5]Die Rechtsverordnungen der Bundesregierung bedürfen nicht der Zustimmung des Bundesrates.

(5) [1]Sind die Gerichtsakten nach ordnungsgemäßen Grundsätzen zur Ersetzung der Urschrift auf einen Bild- oder anderen Datenträger übertragen worden und liegt der schriftliche Nachweis darüber vor, dass die Wiedergabe mit der Urschrift übereinstimmt, so können Ausfertigungen, Auszüge und Abschriften von dem Bild- oder dem Datenträger erteilt werden. [2]Auf der Urschrift anzubringende Vermerke werden in diesem Fall bei dem Nachweis angebracht.

(6) [1]Die Bundesregierung und die Landesregierungen können jeweils für ihren Bereich durch Rechtsverordnung bestimmen, dass Akten, die vor dem 1. Januar 2026 in Papierform angelegt wurden, ab einem bestimmten Stichtag oder Ereignis in elektronischer Form weitergeführt werden. [2]Die Zulassung der Weiterführung in elektronischer Form kann auf einzelne Gerichte oder Verfahren beschränkt werden; wird von dieser Möglichkeit Gebrauch gemacht, kann in der Rechtsverordnung bestimmt werden, dass durch Verwaltungsvorschrift, die öffentlich bekanntzumachen ist, geregelt wird, in welchen Verfahren Akten in elektronischer Form weitergeführt werden. [3]Die Rechtsverordnung der Bundesregierung bedarf nicht der Zustimmung des Bundesrates. [4]Die Ermächtigung kann durch Rechtsverordnung auf die jeweils zuständige oberste Landesbehörde übertragen werden.

(7) [1]Dokumente und Aktenteile, die nach den Verschlusssachenanweisungen des Bundes oder der Länder als Verschlusssache höher als VS-NUR FÜR DEN DIENSTGEBRAUCH eingestuft sind, dürfen bis zum 31. Dezember 2035 in Papierform erstellt, geführt und übermittelt werden. [2]Dokumente und Aktenteile, die nach den Verschlusssachenanweisungen des Bundes oder der Länder als Verschlusssache VS-NUR FÜR DEN DIENSTGEBRAUCH eingestuft sind, dürfen bis zum 31. Dezember 2035 in Papierform übermittelt werden. [3]Die für die Handhabung von Verschlusssachen geltenden Geheimschutzvorschriften bleiben unberührt.

(8) [1]Die Bundesregierung und die Landesregierungen können jeweils für ihren Bereich durch Rechtsverordnung bestimmen, dass Akten, die elektronisch angelegt wurden, ab einem bestimmten Ereignis bis zum 31. Dezember 2025 in Papierform weitergeführt werden. [2]Die Zulassung der Weiterführung in Papierform kann auf einzelne Gerichte oder Verfahren beschränkt werden; wird von dieser Möglichkeit Gebrauch gemacht, kann in der Rechtsverordnung bestimmt werden, dass durch Verwaltungsvorschrift, die öffentlich bekanntzumachen ist, geregelt wird, in welchen Verfahren Akten in elektronischer Form weitergeführt werden. [3]Die Rechtsverordnung der Bundesregierung bedarf nicht der Zustimmung des Bundesrates. [4]Die Ermächtigung kann durch Rechtsverordnung auf die jeweils zuständige oberste Landesbehörde übertragen werden.

(9) Die Bundesregierung kann durch Rechtsverordnung mit Zustimmung des Bundesrates die für die Übermittlung elektronischer Akten zwischen Behörden und Gerichten geltenden Standards bestimmen.

Von einer Kommentierung wird abgesehen.

§ 14a FamFG

Formulare; Verordnungsermächtigung

[1]Das Bundesministerium der Justiz und für Verbraucherschutz kann durch Rechtsverordnung mit Zustimmung des Bundesrates elektronische Formulare einführen. [2]Die Rechtsverordnung kann bestimmen, dass die in den Formularen enthaltenen Angaben ganz oder teilweise in strukturierter maschinenlesbarer Form zu übermitteln sind. [3]Die Formulare sind auf einer in der Rechtsverordnung zu bestimmenden Kommunikationsplattform im Internet zur Nutzung bereitzustellen. [4]Die Rechtsverordnung kann bestimmen, dass eine Identifikation des Formularverwenders abweichend von § 130a Absatz 3 der Zivilprozessordnung auch durch Nutzung des elektronischen Identitätsnachweises nach § 18 des Personalausweisgesetzes, § 12 des eID-Karte-Gesetzes oder § 78 Absatz 5 des Aufenthaltsgesetzes erfolgen kann.

1 Die in § 14a Satz 1 FamFG genannte Rechtsverordnung wurde noch nicht erlassen, weshalb die Vorschrift noch keine praktische Bedeutung hat.

§ 14b FamFG

Nutzungspflicht für Rechtsanwälte, Notare und Behörden

(1) [1]Bei Gericht schriftlich einzureichende Anträge und Erklärungen sind durch einen Rechtsanwalt, durch einen Notar, durch eine Behörde oder durch eine juristische Person des öffentlichen Rechts einschließlich der von ihr zur Erfüllung ihrer öffentlichen Aufgaben gebildeten Zusammenschlüsse als elektronisches Dokument zu übermitteln. [2]Ist dies aus technischen Gründen vorübergehend nicht möglich, so bleibt die Übermittlung nach den allgemeinen Vorschriften zulässig. [3]Die vorübergehende Unmöglichkeit ist mit der Ersatzeinreichung oder unverzüglich danach glaubhaft zu machen; auf Anforderung ist ein elektronisches Dokument nachzureichen.

(2) [1]Andere Anträge und Erklärungen, die durch einen Rechtsanwalt, durch einen Notar, durch eine Behörde oder durch eine juristische Person des öffentlichen Rechts einschließlich der von ihr zur Erfüllung ihrer öffentlichen Aufgaben gebildeten Zusammenschlüsse eingereicht werden, sollen als elektronisches Dokument übermittelt werden. [2]Werden sie nach den allgemeinen Vorschriften übermittelt, so ist auf Anforderung ein elektronisches Dokument nachzureichen.

Übersicht

A. Allgemeines

1 Die Vorschrift wurde durch Art. 2 Nr. 4 des Gesetzes zur Förderung des elektronischen Rechtsverkehrs mit den Gerichten in das FamFG und Umsetzung der Einführung des elektronischen Rechtsverkehrs vom 10.10.2013 eingefügt. In seiner jetzigen, geänderten Form trat die Regelung gemäß Art. 26 Abs. 7 des Gesetzes zur Förderung des elektronischen Rechtsverkehrs i.V.m. Art. 34 Abs. 1 des Gesetzes vom 5.10.2021 am 1.1.2022 in Kraft.

Seit dem 1.1.2018 besteht für Rechtsanwälte die Pflicht zur Einreichung eines besonderen elektronischen Anwaltspostfachs zur Entgegennahme gerichtlicher Zustellungen (passive Nutzungspflicht). **Seit dem 1.1.2022** besteht umgekehrt die **Pflicht, bestimmte Schriftsätze und Erklärungen bei Gericht als elektronisches Dokument einzureichen** (aktive Nutzungspflicht).

Die Vorschrift gilt nur für die Verfahren der freiwilligen Gerichtsbarkeit. Für Ehe- und Familienstreitsachen gilt § 130d ZPO unmittelbar über die Verweisung des § 113 Abs. 1 Satz 2 FamFG. Danach sind alle vorbereitenden Schriftsätze und deren Anlagen sowie schriftlich einzureichende Anträge und Erklärungen elektronisch zu übermitteln.

Abs. 1 lehnt sich an § 130d ZPO an und ordnet eine Nutzungspflicht des elektronischen Rechtsverkehrs für die dort genannten Personengruppen an. Abs. 2 ist zugeschnitten auf die Besonderheiten des fG-Verfahrens, bei denen kein allgemeines Schriftformerfordernis für Anträge und Erklärungen besteht. Dadurch werden die Gerichte insbesondere in eiligen Verfahren von der ggf. erforderlichen Einzelfallprüfung entlastet, ob der Einreichende zu den von der Nutzungspflicht umfassten Personenkreis gehört und damit der Antrag in der gestellten Form zulässig ist.[1]

B. Inhalt der Norm

I. Nutzungspflicht

Im Rahmen der Nutzungspflicht ist zwischen **sachlicher und persönlicher Nutzungspflicht** zu unterscheiden.[2] 2

Persönlich sind von der Nutzungspflicht in kindschaftsrechtlichen Verfahren **insbesondere Rechtsanwälte und Jugendämter** (als Behörde i.S.d. Abs. 1 Satz 1) erfasst, aber auch die **Staatskasse** als juristische Person des öffentlichen Rechts i.S.d. Abs. 1 Satz 1.[3] Die Nutzungspflicht bedeutet, dass auch das Jugendamt ein Rechtsmittel in elektronischer Form einzureichen hat; eine Einrichtung mittels Papierform, Computerfax oder Telefax genügt also seit 1.1.2022 nicht mehr.[4]

Für die in Abs. 1 Satz 1 **nicht ausdrücklich genannten Personengruppen** (nicht anwaltliche Verfahrensbeistände, Sachverständige, nicht anwaltlich vertretene Beteiligte etc.) besteht keine Nutzungspflicht, aber ein **Nutzungsrecht** der Einreichung in elektronischer Form gemäß § 14 Abs. 2 Satz 1 FamFG.

Sachlich sind von der Nutzungspflicht alle Erklärungen erfasst, bezüglich derer das Gesetz die zwingende Schriftform vorsieht. Dazu gehören **alle Rechtsmittel**, so die Rechtsbeschwerde, die Beschwerde nach § 58 FamFG[5], die sofortige Beschwerde nach § 569 ZPO[6], Erinnerung etc. Davon erfasst sind auch Kostenfestsetzungsanträge.[7] 3

Sieht das Gesetz **keine zwingende Schriftform** vor, etwa bei verfahrensleitenden Anträgen gemäß § 23 FamFG oder Verfahrensanregungen nach § 24 FamFG, besteht **keine Pflicht zur Nutzung** der elektronischen Form, Abs. 2 Satz 1. Insoweit darf auch ein Rechtsanwalt solche Anträge daher gemäß Abs. 2 Satz 1 in gewöhnlicher Schriftform stellen; er ist in diesem Fall allerdings gemäß Abs. 2 Satz 2 verpflichtet, auf Anforderung des Gerichts ein elektronisches Dokument nachzureichen.[8] Machen landesrechtliche Vorschriften für fG-Verfahren strengere Vorgaben als das FamFG selbst und ist Schriftform (nur) nach Landesrecht vorgesehen, dürfte dies zulässig sein und hinsichtlich der gesetzgeberischen Kompe-

1 BT-Drucks. 19/28399, S. 39
2 Vgl. ausführlich *Fritzsche*, NZFam 2022, 1
3 BGH FamRZ 2024, 452
4 OLG Frankfurt ZKJ 2022, 189
5 BGH FamRZ 2023, 1577; FamRZ 2022, 1957 (unabhängig davon, ob alternativ eine Erklärung zu Protokoll der Geschäftsstelle hätte abgegeben werden können)
6 BGH FamRZ 2023, 1380
7 OLG Frankfurt NJW-RR 2024, 544 (zu § 130d ZPO)
8 BGH FamRZ 2023, 1577

tenz nicht der Sperrwirkung nach Art. 72 Abs. 1 GG unterliegen, auch weil § 23 Abs. 1 FamFG nur Mindestanforderungen regelt.[9]

II. Ausnahmen von der Nutzungspflicht

4 Ist zwingende gesetzliche Schriftform vorgesehen, besteht nur im engen Rahmen des Abs. 1 Satz 2 eine Ausnahme. Danach muss die Zusendung eines elektronischen Dokuments an das Gericht aus technischen Gründen vorübergehend unmöglich sein. Diese Tatsache hat der Rechtsanwalt zwingend mit Ersatzeinreichung oder unverzüglich danach glaubhaft zu machen. Fehlt die **(unverzügliche) Glaubhaftmachung,** so ist auch die **Ersatzeinreichung** unwirksam.[10]

§ 15 FamFG

Bekanntgabe; formlose Mitteilung

(1) Dokumente, deren Inhalt eine Termins- oder Fristbestimmung enthält oder den Lauf einer Frist auslöst, sind den Beteiligten bekannt zu geben.

(2) [1]Die Bekanntgabe kann durch Zustellung nach den §§ 166 bis 195 der Zivilprozessordnung oder dadurch bewirkt werden, dass das Schriftstück unter der Anschrift des Adressaten zur Post gegeben wird. [2]Soll die Bekanntgabe im Inland bewirkt werden, gilt das Schriftstück vier Tage nach Aufgabe zur Post als bekannt gegeben, wenn nicht der Beteiligte glaubhaft macht, dass ihm das Schriftstück nicht oder erst zu einem späteren Zeitpunkt zugegangen ist.

(3) Ist eine Bekanntgabe nicht geboten, können Dokumente den Beteiligten formlos mitgeteilt werden.

Übersicht

A. Allgemeines

1 Die Vorschrift regelt die **Form der Bekanntgabe von Dokumenten** als Oberbegriff für alle Arten von gerichtlichen Verfügungen. **Für Beschlüsse gilt § 41 FamFG**, der in Abs. 1 Satz 2 ausdrücklich die Zustellung eines anfechtbaren Beschlusses an den Beteiligten anordnet, dessen erklärtem Willen er nicht entspricht. Wird ein Beschluss bei entgegenstehendem Willen eines Beteiligten diesem entgegen § 41 Abs. 1 Satz 2 nicht förmlich zugestellt, ist die Bekanntgabe des Beschlusses unwirksam,[1] kann aber ggf. gemäß § 15 Abs. 2 FamFG, § 189 ZPO mit tatsächlicher Kenntnis geheilt werden. Dies gilt aber dann nicht, wenn das Gericht nur formlos mitteilen wollte und nicht mit Zustellungswillen gehandelt hat.[2] Für eine Heilung muss die formgerechte Zustellung vom Gericht wenigstens angestrebt worden sein. Am erforderlichen Zustellungswillen fehlt es, wenn das Gericht von vornherein be-

9 *Fritzsche,* NZFam 2022, 421 (Anm. zu LG Lübeck); a.A. *Gietl,* NZFam 2022, 267 (Anm. zu LG Lübeck NZFam 2022, 266)
10 BGH FamRZ 2022, 1957
1 BGH FamRZ 2019, 477; FamRZ 2017, 1151; FamRZ 2015, 1374
2 BGH FamRZ 2022, 226; 2021, 1662

wusst von einer förmlichen Zustellung der Entscheidung absieht und eine schriftliche Bekanntgabe durch Aufgabe zur Post anordnet.[3] Ein Beschluss ist nach der Legaldefinition von § 38 Abs. 3 Satz 3 FamFG **erlassen**, wenn er – bei in Kindschaftsverfahren üblicher schriftlicher Bekanntgabe – der Geschäftsstelle übergeben wird oder – in einem Termin, § 41 Abs. 2 Satz 1 FamFG – gegenüber (jedenfalls einem) anwesenden Beteiligten die Beschlussformel verlesen wird. Auch bei Bekanntgabe durch Verlesen hat stets noch schriftliche Bekanntgabe zu erfolgen, § 41 Abs. 2 Satz 4 FamFG. Mit **Bekanntgabe** an den Beteiligten, für den er seinem wesentlichen Inhalt nach bestimmt ist, wird ein Beschluss **wirksam**, § 40 Abs. 1 FamFG.

B. Inhalt der Norm

I. Notwendigkeit der Bekanntgabe (Abs. 1)

Abs. 1 benennt die Fälle, wann eine Bekanntgabe eines Dokuments – im Gegensatz zur bloß formlosen Mitteilung nach Abs. 3 – erforderlich ist. Das Wort **Dokument** ist dabei weitgehend gleichbedeutend mit dem Wort Schriftstück, welches in den §§ 173 ff. ZPO verwendet wird, und meint sämtliche schriftlich abgefassten Texte unabhängig davon, ob es vom Gericht oder einem Beteiligten kommt und unabhängig von Erstellungs- und Speicherform, einschließlich elektronischer Dokumente. 2

Die Bekanntgabe eines Dokuments ist einerseits erforderlich, wenn das Gericht einen **Termin** bestimmt. Termin meint dabei jede Art von Termin, also etwa den Termin nach § 155 Abs. 2 FamFG ebenso wie einen Erörterungstermin nach §§ 157 Abs. 1, Abs. 2 Satz 1, 32 FamFG und auch einen Termin zur Anhörung nach §§ 160, 159, 34 FamFG. Unerheblich ist für die Notwendigkeit der Bekanntgabe, ob es um die Bestimmung, Verlegung oder Aufhebung des Termins geht.

Weiter ist die Bekanntgabe erforderlich, wenn mit dem Zugang des Dokuments **Fristen** in Gang gesetzt werden, z.B. Ladungsfristen (gesetzliche Fristen), oder diese Fristen vom Gericht angeordnet werden (richterliche Fristen), z.B. eine Frist zur Stellungnahme oder eine Fristsetzung nach § 52 Abs. 2 Satz 1 FamFG. Eine richterliche (gerichtliche) Frist kann auch eine vom Rechtspfleger im VKH-Überprüfungsverfahren gesetzte Frist nach § 120a Abs. 1 Satz 3 ZPO sein, die zur Folge der VKH-Aufhebung nach § 124 Abs. 1 Nr. 2 Alt. 2 ZPO führen kann.[4]

Wurde der Termin nicht bekannt gemacht, können keine Rechtsfolgen aus der Versäumung des Termins hergeleitet werden; eine **nicht bekannt gemachte Frist beginnt nicht zu laufen.**[5]

II. Formen der Bekanntgabe (Abs. 2)

§ 15 Abs. 2 Satz 1 FamFG benennt zwei alternative Formen der Bekanntgabe, die **förmliche Zustellung nach den §§ 166 bis 195 ZPO** und die Aufgabe zur Post. Zwischen diesen beiden Alternativen wählt das Gericht im Rahmen seines pflichtgemäßen Ermessens. Die förmliche Zustellung nach den Vorschriften der ZPO wird in der Praxis überwiegend genutzt, die alternative Bekanntgabeart **Aufgabe zur Post**, die durch einfachen Brief erfolgt, hingegen eher selten. Das mag neben der bekannten und bewährten förmlichen Zustellung nach der ZPO, die zudem für die Bekanntgabe von Beschlüssen nach § 41 FamFG vorgeschrieben ist, auch den zwingend einzuhaltenden Erfordernissen für eine wirksame Auf- 3

3 BGH FamRZ 2022, 226; 2021, 1662
4 OLG Hamm FuR 2023, 500; OLG Stuttgart FamRZ 2018, 1340
5 MüKo-FamFG/*Pabst*, § 15 Rn. 11

gabe zur Post geschuldet sein. So muss der **Adressat** in dem bekannt zu gebenden Schriftstück **ausdrücklich darauf hingewiesen werden**, dass das Schriftstück durch Aufgabe zur Post bekannt gemacht wird, um den Eindruck einer bloß formlosen Mitteilung zu vermeiden.[6] Weiterhin bedarf es – zur Rechtssicherheit des gesicherten Nachweises eines etwaigen Fristbeginns – eines **Aktenvermerks** des Urkundsbeamten mit der verwendeten Anschrift des Adressaten und dem Datum der Übergabe an die Post.[7] Dieser Vermerk ist eine öffentliche Urkunde mit der Beweiskraft des § 418 ZPO und ersetzt die Zustellungsurkunde nach § 182 ZPO.[8] Für die Bekanntgabe mittels Aufgabe zur Post sieht das Gesetz bei Bekanntgabe im Inland eine – widerlegbare – Fiktion der Bekanntgabe drei Tage nach Aufgabe zur Post vor, § 15 Abs. 2 Satz 2 FamFG. Bei Aufgabe zur Post ins Ausland gilt die Zugangsfiktion des § 184 Abs. 2 Satz 1 ZPO (Zweiwochenfrist).[9]

III. Adressat der Bekanntgabe

4 **Adressat** der Bekanntgabe sind **alle Beteiligten des Verfahrens nach § 7 FamFG**. Die Bekanntgabe hat an alle gemäß § 9 FamFG verfahrensfähigen Beteiligten selbst zu erfolgen. Sind einzelne Beteiligte – wie etwa Kinder – nicht verfahrensfähig, hat die Bekanntgabe an den gesetzlichen Vertreter zu erfolgen, § 170 Abs. 1 ZPO; bei gemeinsamer Vertretung durch die Eltern genügt Bekanntgabe nur an ein Elternteil, § 170 Abs. 3 Alt. 1 ZPO.[10] Ist das Kind aber selbst nach § 9 Abs. 1 Nr. 3 FamFG verfahrensfähig, ist eine trotzdem erfolgte Bekanntgabe an den gesetzlichen Vertreter dem Kind gegenüber nicht wirksam, § 178 Abs. 2 ZPO. Handelt es sich um eine anfechtbare Entscheidung und ist das Kind bei Erlass der Entscheidung 14 Jahre alt, ist die Entscheidung dem Kind unabhängig von seiner Verfahrensfähigkeit die Entscheidung selbst bekannt zu machen, § 164 Satz 1 FamFG. Hat ein Beteiligter einen bestellten Verfahrensbevollmächtigten, hat die Bekanntgabe an diesen zu erfolgen, § 172 Abs. 1 Satz 1 ZPO.

▶ *Näher zur Bekanntgabe der Entscheidung an das Kind Heilmann, § 164 FamFG Rn. 4 ff.*

IV. Bekanntgabe im Ausland

5 Vorrangig vor nationalem Recht sind völkerrechtliche Vereinbarungen (multi- und bilaterale Verträge) und Regelungen der Europäischen Union, § 97 Abs. 1 Satz 1, 2 FamFG, § 183 Abs. 1, Abs. 2 ZPO. Für **Zustellungen ins EU-Ausland** ist die **VO (EU) 2020/1784 (EuZVO 2022)** vom 25.11.2020 über die Zustellung gerichtlicher und außergerichtlicher Schriftstücke in Zivil- und Handelssachen in den Mitgliedstaaten der Europäischen Union zu beachten (mit Ausnahme Dänemarks, in dem Verhältnis gilt weiter das Abkommen vom 19.10.2005 zwischen der EU und Dänemark). Die EUZVO 2022 ist zum 1.7.2022 in Kraft getreten. Nach der autonomen Qualifikation **gilt** diese Verordnung **auch in FamFG-Verfahren**.[11] Nach Art. 14 EuZVO 2022 kann in allen Mitgliedstaaten auf dem Postweg durch **Einschreiben mit Rückschein** (Wortlaut der VO ist Empfangsbestätigung) oder mittels eines gleichwertigen Nachweises zugestellt werden. Die Zustellung ist bewirkt, wenn das Schriftstück an den Adressaten, Ehepartner, Postbevollmächtigten oder eine Person, die nach den jeweiligen Vorschriften des Empfängerlandes als Postempfänger auftreten kann, übergeben wird; der Nachweis der Zustellung wird mit dem Rückschein geführt.[12] Für die Durchführung gelten §§ 1067 bis 1071 ZPO.

6 OLG München NJW-RR 2012, 523 (LS)
7 BGH FamRZ 2016, 296 (LS)
8 BGH FamRZ 2016, 296
9 Sternal/*Sternal*, § 15 Rn. 84; BT-Drucks. 16/6308, 182; a.A.: keine Fiktion MüKo-FamFG/*Pabst*, § 15 Rn. 19
10 Sternal/*Sternal*, § 15 Rn. 28
11 Sternal/*Sternal*, § 15 Rn. 63
12 Sternal/*Sternal*, § 15 Rn. 65

Für die **Zustellung ins Nicht-EU-Ausland** sind das Haager Übereinkommen über den Zivilprozess und das Haager Übereinkommen über die Zustellung gerichtlicher und außergerichtlicher Schriftstücke im Ausland in Zivil- und Handelssachen maßgeblich. Die praktische Durchführung bestimmt die Rechtshilfeordnung für Zivilsachen (ZRHO). Der Gesetzestext sowie Vordrucke finden sich auf dem Justizportal NRW unter www.ir-online.nrw.de.

Hinsichtlich der Zustellung an ein **Mitglied der NATO-Streitkräfte**, wozu Mitglieder der Truppe, ziviles Gefolge und Angehörige gehören,[13] ist das **Zusatzabkommen zum NATO-Truppenstatut (NTS-ZA)** zu beachten. Antragsschriften oder sonstige gerichtliche Verfügungen sind einem Mitglied der NATO-Streitkräfte nicht direkt, sondern über eine speziell eingerichtete Verbindungsstelle zuzustellen (vgl. Art. 32 NTS-ZA), was grundsätzlich auch für Terminsladungen gilt (vgl. Art. 37 NTS-ZA).Für Heer, Marine und Marineinfanteriekorps der US-Nato-Streitkräfte ist Verbindungsstelle:

Office of the Judge Advocate HQ USAREUR and Seventh Army
Postfach 104323
69033 Heidelberg
Fax: 06221-576744

Für die Luftwaffe der US-Nato-Streitkräfte ist Verbindungsstelle:

HQ USAFE/JAIS
Gebäude 527
66877 Ramstein/Flugplatz

Wenn der US-Soldat nicht mehr in Deutschland stationiert sein sollte, besteht die Möglichkeit, unter Angabe des vollständigen Namens des Soldaten, des Dienstgrads, der Sozialversicherungsnummer und der letzten bekannten Dienstanschrift einen Suchdienst in den USA zu bemühen.[14]

Das **bekannt zu gebende Dokument** ist – auch im Ausland – **nicht zu übersetzen**. Insoweit gilt § 184 GVG, wonach die Gerichtsprache Deutsch ist. Deshalb müssen sich sprachunkundige Verfahrensbeteiligte selbst um eine Übersetzung von allen schriftlichen Äußerungen des Gerichts kümmern; eine Ausnahme von diesem Grundsatz besteht nur nach Art. 6 Abs. 3 EMRK i.V.m. § 187 GVG für das Strafverfahren.[15] Die Zustellung einer in deutscher Sprache verfassten Entscheidung an einen Ausländer ist deshalb wirksam und zwar selbst dann, wenn die Nachricht über die Niederlegung bei der Post in deutscher Sprache verfasst ist.[16] Im Rahmen eines Termins, in dem die wesentlichen Fragen zu erörtern sind, gewährleistet der nach § 185 GVG hinzuzuziehende Dolmetscher, dass auch der deutschen Sprache nicht hinreichend mächtige Beteiligte ihre Beteiligungsrechte wahrnehmen können, selbst wenn die Beteiligten nicht anwaltlich vertreten sind. Falls mit einem Dokument eine Frist gesetzt und nach Fristversäumung glaubhaft gemacht wurde, dass aufgrund fehlender Sprachkenntnisse die Frist nicht gewahrt werden konnte, ist grundsätzlich Wiedereinsetzung in den vorigen Stand zu gewähren.[17]

---

13 Vgl. Wortlaut des Art. 32 Abs. 1 lit. a: „Deutsche Gerichte und Behörden können in nicht strafrechtlichen Verfahren eine Verbindungsstelle, die von jedem Entsendestaat errichtet oder bestimmt wird, um die Durchführung der Zustellung von Schriftstücken an Mitglieder einer Truppe, eines zivilen Gefolges oder an Angehörige ersuchen."

14 Zu den Anschriften siehe *Kraatz*, NJW 1987, 1126, 1127 unter II.2

15 BGH, Beschl. v. 21.3.2023 – XIII ZB 22/22, juris

16 Stein/Jonas/*Jacobs*, § 184 GVG Rn. 14

17 MüKo-ZPO/*Pabst*, § 184 GVG Rn. 11

V. Formlose Mitteilung (Abs. 3)

6 Ist eine Bekanntgabe nicht vorgeschrieben, so kann das Dokument den Beteiligten formlos mitgeteilt werden, sei es per zu Protokoll, per E-Mail, per Fax, mittels einfachen Briefs, mündlich oder telefonisch.[18] Das **Gericht ist in der Wahl der Mitteilungsform frei**. Die Mitteilung kann auch förmlich erfolgen.

§ 16 FamFG

Fristen

(1) Der Lauf einer Frist beginnt, soweit nichts anderes bestimmt ist, mit der Bekanntgabe.

(2) Für die Fristen gelten die §§ 222 und 224 Abs. 2 und 3 sowie § 225 der Zivilprozessordnung entsprechend.

Übersicht

A. Allgemeines

1 Die Norm regelt den Beginn des Fristlaufs einer gesetzlichen oder richterlichen Frist und verweist für die Fristberechnung im Einzelnen auf die entsprechenden Vorschriften der ZPO.

B. Inhalt der Norm

2 Eine Frist im Sinne der Vorschrift ist zum einen eine im Gesetz ausdrücklich bestimmte Frist, d.h. eine **gesetzliche Frist**, z.B. §§ 18 Abs. 1 Satz 1, Satz 2, 52 Abs. 2 Satz 2, 63 Abs. 1, Abs. 2, 71 Abs. 1 Satz 1, Abs. 2 Satz 1, 165 Abs. 5 Satz 3 FamFG. Eine Änderung dieser Fristen (etwa durch gerichtliche Anordnung oder durch Vereinbarung der Beteiligten) ist regelmäßig nicht möglich (§ 16 Abs. 2 FamFG, § 224 Abs. 2 ZPO). Der Ablauf der Frist führt in der Regel zum Ausschluss der entsprechenden Handlung des Beteiligten.[1] Zum anderen gehört zu den Fristen im Sinne der Vorschrift auch die vom Richter oder Rechtspfleger festgelegte, d.h. **gerichtlich bestimmte Frist**. Dazu gehören sowohl Stellungnahmefristen als auch gesetzlich vorgesehene, aber im Gesetz der Dauer nach nicht näher bestimmte Fristen (z.B. nach § 65 Abs. 2 FamFG). Hinsichtlich dieser Fristen muss auch ein nach Fristablauf eingehender Schriftsatz berücksichtigt werden; wird eine unangemessen kurze Frist gesetzt und direkt nach Fristablauf entschieden, kann darin ein Verstoß gegen den Grundsatz auf rechtliches Gehör nach Art. 103 Abs. 1 GG liegen.[2]

3 Die Fristberechnung (Abs. 2 i.V.m. §§ 222 ZPO, 187 bis 193 BGB) und die Friständerung (Fristverkürzung oder -verlängerung, §§ 224, 225 ZPO) bestimmen sich nach den Vorschriften der ZPO.

18 Sternal/*Sternal*, § 15 Rn. 92
1 Sternal/*Sternal*, § 16 Rn. 5
2 Sternal/*Sternal*, § 16 Rn. 6

C. Rechtsmittel

Gegen die **Ablehnung eines Antrags auf Fristverlängerung** findet **kein Rechtsmittel** statt, Abs. 2 i.V.m. § 225 Abs. 3 ZPO. Eine inzidente Überprüfung – wegen möglichen Verstoßes gegen Art. 103 Abs. 1 GG – kann bei Rechtsmitteleinlegung im Rahmen der Prüfung der Endentscheidung erfolgen, § 58 Abs. 2 FamFG. Werden Fristen antragsgemäß abgekürzt oder verlängert, ist dies nicht anfechtbar. Hingegen soll die Ablehnung der Abkürzung einer Frist anfechtbar sein mit der sofortigen Beschwerde.[3] **4**

Entscheidungen des Rechtspflegers über Friständerungen sind stets mit der Erinnerung anfechtbar, § 11 Abs. 1, Abs. 2 RPflG.

§ 17 FamFG

Wiedereinsetzung in den vorigen Stand

(1) War jemand ohne sein Verschulden verhindert, eine gesetzliche Frist einzuhalten, ist ihm auf Antrag Wiedereinsetzung in den vorigen Stand zu gewähren.

(2) Ein Fehlen des Verschuldens wird vermutet, wenn eine Rechtsbehelfsbelehrung unterblieben oder fehlerhaft ist.

§ 18 FamFG

Antrag auf Wiedereinsetzung

(1) [1]Der Antrag auf Wiedereinsetzung ist binnen zwei Wochen nach Wegfall des Hindernisses zu stellen. [2]Ist der Beteiligte verhindert, die Frist zur Begründung der Rechtsbeschwerde einzuhalten, beträgt die Frist einen Monat.

(2) Die Form des Antrags auf Wiedereinsetzung richtet sich nach den Vorschriften, die für die versäumte Verfahrenshandlung gelten.

(3) [1]Die Tatsachen zur Begründung des Antrags sind bei der Antragstellung oder im Verfahren über den Antrag glaubhaft zu machen. [2]Innerhalb der Antragsfrist ist die versäumte Rechtshandlung nachzuholen. [3]Ist dies geschehen, kann die Wiedereinsetzung auch ohne Antrag gewährt werden.

(4) Nach Ablauf eines Jahres, von dem Ende der versäumten Frist an gerechnet, kann Wiedereinsetzung nicht mehr beantragt oder ohne Antrag bewilligt werden.

§ 19 FamFG

Entscheidung über die Wiedereinsetzung

(1) Über die Wiedereinsetzung entscheidet das Gericht, das über die versäumte Rechtshandlung zu befinden hat.

(2) Die Wiedereinsetzung ist nicht anfechtbar.

(3) Die Versagung der Wiedereinsetzung ist nach den Vorschriften anfechtbar, die für die versäumte Rechtshandlung gelten.

---

3 Zöller/*Feskorn*, § 225 Rn. 8; MüKo-ZPO/*Stackmann*, § 225 Rn. 10; Sternal/*Sternal*, § 16 Rn. 40

Übersicht Rn.

A. Allgemeines

1 Die Vorschriften regeln die Möglichkeit der Wiedereinsetzung in den vorigen Stand bei Versäumung einer gesetzlichen Frist. Sie dienen dem Grundsatz des fairen Verfahrens und dem Anspruch auf rechtliches Gehör. Die Vorschriften stimmen im Wesentlichen überein mit den §§ 233 bis 238 ZPO, welche für Familienstreitsachen gelten (§ 113 Abs. 1 Satz 2 FamFG), für den die §§ 17 bis 19 FamFG nicht gelten (§ 113 Abs. 1 Satz 1 FamFG).

B. Inhalt der Normen

I. Gesetzliche Frist

2 Gemäß § 17 Abs. 1 ist eine Wiedereinsetzung in den vorigen Stand **nur in eine gesetzliche Frist** möglich. **Dazu gehören** neben allen Rechtsmittel- und Rechtsmittelbegründungsfristen (§§ 63, 71 Abs. 1, Abs. 2, 73 FamFG, § 569 Abs. 1 Satz 1 ZPO) auch solche Fristen, deren Versäumung den Ausschluss der Verfahrenshandlung zur Folge hat (z.B. §§ 18 Abs. 1 Satz 1, 44 Abs. 2 FamFG). **Nicht dazu gehören** gesetzliche Ausschlussfristen (z.B. § 18 Abs. 4 FamFG, §§ 1617b Abs. 1 Satz 1, 1835 Abs. 1 Satz 3 BGB), richterliche Fristen oder vereinbarte Widerrufsfristen eines gerichtlich protokollierten Vergleichs nach § 36 FamFG.[1]

II. Ohne Verschulden

3 Ist eine gesetzliche Frist versäumt, kann Wiedereinsetzung nur bewilligt werden, wenn der Beteiligte **ohne sein Verschulden an der Einhaltung der gesetzlichen Frist gehindert** war (§ 17 Abs. 1 FamFG). Dabei muss der als Wiedereinsetzungsgrund angegebene, hindernde Umstand kausal für die Versäumung der Frist sein. Ohne Verschulden des Beteiligten ist ein Hindernis eingetreten, wenn er dieses bei Anwendung der Sorgfalt, welche unter Berücksichtigung der konkreten Sachlage im Verkehr erforderlich war und ihm vernünftigerweise zugemutet werden konnte, nicht abzuwenden imstande war.[2] Das Fehlen des Verschuldens wird bei unterbliebener oder fehlerhafter Rechtsbehelfsbelehrung vermutet, § 17 Abs. 2. Ein Verschulden des Verfahrensbevollmächtigten wird dem Beteiligten zugerechnet (§ 11 Satz 5 FamFG, § 85 Abs. 2 ZPO). Durch eine **fehlerhafte Rechtsbehelfsbelehrung** wird ein **Vertrauenstatbestand** geschaffen, auf den sich auch ein Rechtsanwalt grundsätzlich verlassen darf,[3] was insbesondere gilt, wenn in der gerichtlichen Rechtsbehelfsbelehrung die im Regelfall anwendbare, dem Rechtsanwalt geläufige Rechtsbehelfsfrist von einem Monat aus § 63 FamFG genannt wird.[4] Nach der kritikwürdigen,[5] stetig strenger werdenden ober- und höchstrichterlichen Rechtsprechung fehlt es bei einem Rechtsanwalt und auch bei ei-

1 Sternal/*Sternal*, § 17 Rn. 7
2 Sternal/*Sternal*, § 17 Rn. 12
3 BGH NJW 2020, 1525 (zum WEG)
4 BVerfG FamRZ 2021, 40
5 Vgl. dazu ausführlich *Köhler*, FamRZ 2021, 574

ner sach- und rechtskundigen Behörde[6] regelmäßig am ursächlichen Zusammenhang zwischen Belehrungsmangel und Fristversäumung, weil ein anwaltlich vertretener Beteiligter für die zutreffende Information über seine Rechtsmittelmöglichkeiten keiner Unterstützung durch eine Rechtsbehelfsbelehrung bedürfe.[7] Denn das Vertrauen in die Richtigkeit einer Rechtsbehelfsbelehrung könne ein Rechtsanwalt oder eine Behörde nicht uneingeschränkt, sondern nur in solchen Fällen in Anspruch nehmen, in denen die inhaltlich fehlerhafte Rechtsbehelfsbelehrung zu einem unvermeidbaren, zumindest aber zu einem nachvollziehbaren und daher verständlichen Rechtsirrtum geführt habe.[8] Ein Rechtsirrtum des Anwalts sei nur dann entschuldbar, wenn die Rechtsmittelbelehrung nicht offenkundig fehlerhaft und der durch sie verursachte Irrtum nachvollziehbar sei. Offenkundige Fehlerhaftigkeit der Rechtsmittelbelehrung liege aber nur dann vor, wenn die Rechtsmittelbelehrung – ausgehend von dem bei einem Rechtsanwalt vorauszusetzenden Kenntnisstand – nicht einmal den Anschein der Richtigkeit zu erwecken vermöge.[9]

Diese sehr strenge Rechtsprechung gegenüber Rechtsanwälten dürfte, auch vor dem Hintergrund der verfassungsrechtlichen Vorgaben,[10] bei fehlerhafter Rechtsmittelbelehrung nicht mehr haltbar sein. Sie macht die Regel der Wiedereinsetzung, die auch für Rechtsanwälte gilt, zur absoluten Ausnahme. Verfassungsrechtlich ist zu berücksichtigen, dass die Wiedereinsetzung unmittelbar der Gewährleistung rechtlichen Gehörs nach Art. 103 Abs. 1 GG dient und ein Gericht aufgrund des Gebots eines fairen Verfahrens aus eigenen oder ihm zuzurechnenden Fehlern keine Verfahrensnachteile ableiten darf. Eine Rechtsbehelfsbelehrung, die der im Regelfall anwendbaren, dem Rechtsanwalt geläufigen Rechtsmittelfrist entspricht (etwa der Monatsfrist des § 63 Abs. 1 FamFG) kann bei Anlegung dieses Maßstabs nicht offensichtlich unrichtig sein, sondern begründet regelmäßig einen zwar möglicherweise vermeidbaren, aber entschuldbaren Rechtsirrtum des Anwalts, weshalb in diesen Fällen grundsätzlich Wiedereinsetzung in die versäumte Frist zu gewähren ist.

Wurde **gar keine Rechtsmittelbelehrung** oder eine Rechtsbehelfsbelehrung erteilt, wonach (fälschlich) kein Rechtsmittel statthaft sei, gibt es **keinen von einem Gericht gesetzten Vertrauenstatbestand**, in den der Rechtsanwalt entschuldbar sein Vertrauen hätte setzen können, sodass in diesen Fällen eine Wiedereinsetzung nicht geboten erscheint.

III. Wiedereinsetzungsfrist

Die Wiedereinsetzung in den vorigen Stand ist auch bei fehlendem Verschulden nicht unbe- 4
fristet möglich, sondern ihrerseits **nur in der gesetzlichen Frist von zwei Wochen ab Wegfall des Hindernisses**, § 18 Abs. 1 Satz 1 FamFG (bzw. einem Monat, § 18 Abs. 1 Satz 2 FamFG, hinsichtlich der Begründung der Rechtsbeschwerdefrist nach § 71 Abs. 2 Satz 1 FamFG). Da auch diese Frist eine gesetzliche Frist i.S.d. § 17 Abs. 1 FamFG darstellt, ist auch eine Wiedereinsetzung in die Wiedereinsetzung bei Vorliegen der Voraussetzungen im Übrigen möglich.

Nach der **Ausschlussfrist des § 18 Abs. 4 FamFG** kann nach Ablauf eines Jahres vom Ende der versäumten Frist an gerechnet **Wiedereinsetzung nicht mehr beantragt oder ohne Antrag bewilligt werden**. Die Vorschrift dient der Rechtssicherheit. Nach einem gewissen Zeitraum soll Klarheit über die Frage der Rechts- bzw. Bestandskraft herrschen. Die Bewilligung einer vor Ende der Ausschlussfrist beantragten Wiedereinsetzung nach der Jahresfrist bleibt möglich. Insoweit darf eine verzögerte Bearbeitung durch das Gericht nicht zulasten des Antragstellers gehen.

---

6 BGH FamRZ 2013, 779; FamRZ 2012, 367
7 BGH FamRZ 2013, 779; FamRZ 2012, 367; FamRZ 2010, 1425
8 BGH NJW 2012, 2443
9 BGH NJW 2017, 3002; NJW 2017, 1112; FamRZ 2014, 643; FamRZ 2012, 1287; NJW 2012, 2443
10 Vgl. BVerfG FamRZ 2021, 40

5 Ein **Muss-Beteiligter**, der keine Kenntnis vom Verfahren erlangt hat und vom Gericht nicht förmlich am Verfahren beteiligt worden ist, hat keine Pflicht, sich nach dem Stand des Verfahrens zu erkundigen; für ihn beginnt keine Frist zu laufen.[11] Eine Pflicht zum Tätigwerden besteht für den übergangenen Muss-Beteiligten aber, wenn ihm die Entscheidung in Textform vorliegt und er Kenntnis von ihrem Inhalt nehmen konnte.[12] Insoweit läuft für ihn die Monatsfrist des § 63 Abs. 3 FamFG analog ab Kenntnis vom Inhalt der Entscheidung.

Wenn ein **übergangener Muss-Beteiligter** von der bloßen Existenz einer Entscheidung Kenntnis erlangt, ohne deren Inhalt zu kennen, wird ab dem Zeitpunkt der Kenntnis von der Existenz der Entscheidung für den übergangenen Muss-Beteiligten jedenfalls eine Beschwerdefrist von einem Jahr in entsprechender Anwendung von Abs. 1 Satz 2, Abs. 4 in Gang gesetzt.[13]

IV. Nachholung der versäumten Verfahrenshandlung

6 Voraussetzung einer jeden Wiedereinsetzung in den vorigen Stand ist die **Nachholung der versäumten Verfahrenshandlung** (§ 18 Abs. 3 Satz 2 FamFG). Die Vorschrift ist an § 236 Abs. 2 Satz 2 Hs. 1 ZPO angelehnt. Diese Nachholung muss innerhalb der Wiedereinsetzungsfrist des § 18 Abs. 1 erfolgen. Ohne Nachholung ist der Wiedereinsetzungsantrag unzulässig.[14] Die Verfahrenshandlung muss in der für sie bestimmten Form vorgenommen werden. Es ist durch Auslegung zu ermitteln, ob die Verfahrenshandlung im Wiedereinsetzungsantrag selbst enthalten ist.

V. Wiedereinsetzungsantrag

7 Grundsätzlich bedarf es eines **Antrag**s **auf Wiedereinsetzung** (§ 17 Abs. 1 FamFG) in der **Form**, die für die versäumte Verfahrenshandlung vorgeschrieben ist (§ 18 Abs. 2 FamFG). Die Tatsachen zur Begründung des Antrags, insbesondere also das für die Versäumung der Frist kausale Hindernis und (soweit nicht § 17 Abs. 2 FamFG eingreift) das fehlende Verschulden, sind **glaubhaft zu machen** (§ 18 Abs. 3 Satz 1 FamFG).

Eines ausdrücklichen Antrags bedarf es nicht (§ 18 Abs. 3 Satz 3 FamFG), wenn die versäumte Verfahrenshandlung nachgeholt wurde und die Wiedereinsetzungsgründe aktenkundig sind oder glaubhaft gemacht wurden.[15]

VI. Verfahren und Entscheidung

8 Über den Antrag auf Wiedereinsetzung entscheidet das Gericht, das über die versäumte Rechtshandlung zu befinden hat (§ 19 Abs. 1 FamFG). **Wenn** es um die **Wiedereinsetzung in die Beschwerdefrist** geht, **ist das Beschwerdegericht zuständig**, auch wenn bei einer sofortigen Beschwerde nach §§ 567 ff. ZPO das Amtsgericht noch nicht über die Abhilfe nach § 572 Abs. 1 Satz 1 ZPO entschieden hat.[16] Vor der Entscheidung ist den **übrigen Beteiligten rechtliches Gehör** zu gewähren. Die Entscheidung ergeht durch **Beschluss**, der zusammen mit der Entscheidung in der Sache ergehen kann. Die positive Entscheidung über den Wiedereinsetzungsantrag – die nicht im Ermessen des Gerichts steht, sondern bei Vorliegen der Voraussetzungen zu erfolgen hat – führt zu der Fiktion, dass die Verfahrenshandlung rechtzeitig vorgenommen wurde.[17]

---

11 BGH FamRZ 2021, 1357
12 BGH FamRZ 2021, 1357
13 OLG Bremen NZFam 2024, 949
14 BGH, Beschl. v. 26.5.1986 – VIII ZB 18/86, Rn. 11, juris; MüKo-FamFG/*Pabst*, § 18 Rn. 4
15 BGH FamRZ 2011, 30 zu § 236 ZPO
16 Sternal/*Sternal*, § 19 Rn. 3
17 BeckOK-FamFG/*Perleberg-Kölbel*, § 19 Rn. 7

VII. Anfechtbarkeit

Die **positive Entscheidung** über den Antrag auf Wiedereinsetzung ist **nicht anfechtbar** (§ 19 Abs. 2 FamFG). 9

Die **Ablehnung der Wiedereinsetzung** ist gemäß § 19 Abs. 3 FamFG nach den Vorschriften anfechtbar, die für die versäumte Rechtshandlung gelten. Für den Hauptanwendungsfall der Wiedereinsetzung in Beschwerdefristen führt dies **regelmäßig** zur **Nichtanfechtbarkeit** der Ablehnungsentscheidung, weil gegen die Zurückweisung einer (sofortigen) Beschwerde in Familiensachen der freiwilligen Gerichtsbarkeit durch das Beschwerdegericht kein Rechtsmittel gegeben ist (§ 70 Abs. 1 FamFG, § 574 ZPO). Nur bei Zulassung durch das Beschwerdegericht ist ein Rechtsmittel gegeben (§ 70 Abs. 1 FamFG, § 574 Abs. 1 Satz 1 Nr. 2 ZPO).[18]

§ 20 FamFG

Verfahrensverbindung und -trennung

Das Gericht kann Verfahren verbinden oder trennen, soweit es dies für sachdienlich hält.

Übersicht

A. Allgemeines

Die Verfahrensverbindung oder -trennung hilft, ein Verfahren sachgerecht zu führen. Der Verfahrensstoff soll hierdurch geordnet, die Übersichtlichkeit gefördert werden. Mit einer **Verbindung** kann eine einheitliche Beweisaufnahme und Beweiswürdigung gesichert, unnötige Doppelarbeit vermieden und ggf. Kosten gesenkt, bei einer **Trennung** eine Verfahrensverschleppung verhindert werden.[1] 1

B. Inhalt der Norm

I. Verfahrensverbindung

1. Grundsätze

Verfahren können aus verfahrensökonomischen Gründen und zur Vermeidung widerstreitender Entscheidungen **verbunden** werden (**Sachdienlichkeit**). Es entsteht ein einheitliches Verfahren mit grundsätzlich gemeinsamer Verhandlung und Entscheidung. 2

Vor einer Entscheidung über eine Verbindung ist zu **prüfen, ob** überhaupt **verschiedene Verfahrensgegenstände** vorliegen. Insbesondere in Sorgerechtsverfahren können Abgren-

18 Sternal/*Sternal*, § 19 Rn. 11
1 MüKo-FamFG/*Pabst*, § 20 Rn. 1

zungsprobleme hinsichtlich des Verfahrensgegenstands auftreten. So ist etwa das Sorgerecht für ein Kind ein einheitlicher Verfahrensgegenstand; geht in einem auf Antrag eines Elternteils eingeleiteten, laufenden Verfahren nach § 1671 BGB eine Gefährdungsmeldung des Jugendamts bezüglich desselben Kindes ein, darf kein weiteres Verfahren nach § 1666 BGB eröffnet werden, sondern das Verfahren bezüglich der elterlichen Sorge für dieses Kind ist in einem Verfahren zu führen (§ 1671 Abs. 4 BGB).[2] Wurde amtswegig bereits ein Verfahren nach § 1666 BGB eingeleitet, können Anträge nach § 1671 BGB oder § 1628 BGB in diesem Verfahren gestellt werden; daneben darf ein weiteres sorgerechtliches Verfahren aber grundsätzlich nicht eingeleitet werden. Genauso ist aufgrund des umfassenderen Verfahrensgegenstandes in einem Antragsverfahren nach § 1671 BGB als Minus ein Antrag nach § 1628 BGB enthalten, jedenfalls wenn das gesamte Sorgerecht vom Antrag nach § 1671 BGB umfasst ist bzw. thematisch identische Teilbereiche (wie etwa die schulischen Angelegenheiten insgesamt bei § 1671 BGB im Vergleich etwa zur Meinungsverschiedenheit bei Wechsel der Grundschule bei § 1628 BGB) betroffen sind.[3] Hauptsacheverfahren sind im Vergleich zu Verfahren auf einstweilige Anordnung stets getrennte Verfahrensgegenstände. **Fälschlich getrennt geführte Verfahren sind (klarstellend) zu verbinden**.

Die Sachdienlichkeit einer Verfahrensverbindung ist in der Regel zu verneinen, wenn nur für eines der Verfahren der Vorrang- und Beschleunigungsgrundsatz des § 155 Abs. 1 FamFG gilt.[4]Die Verbindung ist in manchen Fällen **unzulässig**, etwa **bei Adoptionssachen** (§ 196 FamFG) oder **im Verhältnis einstweilige Anordnung – Hauptsacheverfahren** (§ 51 Abs. 3 Satz 1 FamFG).[5] Zur verfahrensordnungsübergreifenden Verbindung sogleich Rn. 8.

Verfahren können **von Amts wegen oder auf Antrag** verbunden werden. Die Entscheidung über die Verbindung liegt im pflichtgemäßen Ermessen des Gerichts und erfolgt durch Beschluss.[6] Mit der Verbindung der Verfahren wird aus vormals selbstständigen Verfahren nunmehr ein einheitliches Verfahren mit gleichzeitiger Erörterung, ggf. Beweisaufnahme und Entscheidung. Bis zur Anordnung der Verbindung getätigte Maßnahmen behalten ihre Wirkung, erstrecken sich jedoch nur auf den bisherigen Verfahrensgegenstand.[7]

Praktisch häufiger als eine echte, förmliche Verbindung der Verfahren kommt die **gemeinsame Durchführung einzelner Verfahrenshandlungen** im Rahmen verschiedener Verfahren vor. Diese Möglichkeit, aus Gründen der Verfahrensökonomie etwa Anhörungen, Erörterungen oder Einholung von Sachverständigengutachten gemeinsam durchzuführen, ist anerkannt.[8] Darin liegt regelmäßig **keine Verbindung i.S.d. § 20 FamFG** und dafür ist ein förmlicher Beschluss nicht erforderlich, eine gerichtliche Verfügung oder ein Hinweis an die Beteiligten genügt.

2. Scheidungsverbund

3 Einen Sonderfall der Verfahrensverbindung stellt der sog. Verbund von Scheidung und Folgesachen dar. Über sie ist zusammen zu verhandeln und zu entscheiden (§ 137 Abs. 1 FamFG). Zu den **Folgesachen** können nach § 137 Abs. 3 **auch Kindschaftssachen** gehören, die die Übertragung oder Entziehung der elterlichen Sorge, das Umgangsrecht oder die

2 OLG Nürnberg FamRZ 2013, 1993 (LS); Grüneberg/*Götz*, § 1671 Rn. 53; Staudinger/*Coester*, § 1671 Rn. 278; BeckOGK-BGB/*Burghardt*, § 1666 Rn. 29

3 Vgl. OLG Frankfurt FamRZ 2019, 1244; OLG Stuttgart FamRZ 2019, 802; zur Abgrenzung MüKo-BGB/*Huber*, § 1628 Rn. 11; vgl. auch *Köhler*, Anmerkung zu KG FamRZ 2018, 502; zur Möglichkeit der Umdeutung eines Antrags nach § 1671 BGB in einen Antrag nach § 1628 BGB vgl. BGH FamRZ 2018, 1512; zu einer umgekehrten Umdeutung *Dürbeck*, Anmerkung zu OLG Stuttgart, ZKJ 2019, 150

4 OLG Brandenburg FamRZ 2017, 311; OLG Bremen FamRZ 2015, 2171; MüKo-FamFG/*Pabst*, § 20 Rn. 5a

5 MüKo-FamFG/*Pabst*, § 20 Rn. 3

6 Sternal/*Sternal*, § 20 Rn. 6

7 MüKo-FamFG/*Pabst*, § 20 Rn. 12

8 OLG Nürnberg FamRZ 2023, 792; Zöller/*Feskorn*, § 20 Rn. 2; MüKo-FamFG/*Pabst*, § 20 Rn. 15

Herausgabe eines gemeinschaftlichen Kindes der Ehegatten oder das Umgangsrecht eines Ehegatten mit dem Kind des anderen Ehegatten betreffen. Erforderlich ist in jedem Fall ein entsprechender fristgerechter **Antrag** auf Einbeziehung in den Verbund.[9] Allerdings wird das Gericht die Einbeziehung häufig aus Gründen des **Kindeswohls** ablehnen, insbesondere wenn ein langes Zuwarten bis zur Rechtskraft des Scheidungsbeschlusses nicht vertretbar erscheint (§ 137 Abs. 3 FamFG). Soweit eine Kindschaftssache in den Verbund einbezogen wird, regelt § 139 FamFG, wie die anderen Beteiligten außer den Ehegatten (Kind, Verfahrensbeistand, Jugendamt) an dem Verfahren teilnehmen.

Wird ein Verfahren unzulässigerweise in den Scheidungsverbund verbunden, beispielsweise ein Verfahren auf vorzeitigen Zugewinnausgleich gemäß §§ 1385 ff. BGB, hat das Beschwerdegericht den Verbindungsbeschluss von Amts wegen aufzuheben.[10]

3. Sorgerechts- und Umgangsverfahren

4 Soweit auch das Sorgerechtsverfahren gemäß § 155 Abs. 1 FamFG dem Vorrang- und Beschleunigungsgrundsatz unterliegt, kann eine Verfahrensverbindung von Sorgerechts- und Umgangsverfahren sachdienlich sein, um kohärente Entscheidungen zu ermöglichen[11] und mehrfache Anhörungen von Eltern und Kind(ern) zu vermeiden. **Zumeist genügt** zu diesem Zweck aber auch eine einfache **gemeinsame Durchführung einzelner Verfahrenshandlungen**, ohne dass eine förmliche Verbindung der Verfahren geboten ist.

5 Rein kostenrechtliche Argumente zum Gebot kostensparender Verfahrensführung im Rahmen der Verfahrenskostenhilfe, die zur gemeinsamen Beantragung eines Sorge- und Umgangsrechtsverfahrens vorgebracht werden,[12] helfen für die im pflichtgemäßen Ermessen zu treffende Entscheidung über die Verbindung von Verfahren nicht weiter. Die **gesonderte Verfahrensführung** ist besser dazu geeignet, die **Wahrung der Partizipationsrechte aller Beteiligten** sowie die – regelmäßig gebotene – individuelle Betrachtung der Verfahrensgegenstände im Hinblick auf Notwendigkeit der Bestellung eines Verfahrensbeistands, die unterschiedliche Stellung von Personen im Verfahren sowie die unterschiedliche Erfolgsaussichten etwaiger Verfahrenskostenhilfeanträge zu gewährleisten.[13] **Vorzuziehen** ist daher die **gemeinsame Durchführung einzelner Verfahrenshandlungen ohne förmliche Verbindung.**

4. Verschiedene Beteiligte

6 Die Verbindung kommt auch grundsätzlich bei verschiedenen Beteiligten in Betracht, wenn die Gegenstände der Verfahren in einem Zusammenhang stehen oder in einem Verfahren hätten geltend gemacht werden können.[14] Dabei muss jedoch auch den Anforderungen des Datenschutzes Rechnung getragen werden.

Beispiel

In einem Verfahren nach § 1666 BGB regt das Jugendamt an, der allein sorgeberechtigten Mutter die elterliche Sorge für ihre drei bei ihr lebenden, von verschiedenen Vätern abstammenden Kinder zu entziehen.

9 Die Einbeziehung von Amts wegen ist unzulässig: OLG Dresden FamRZ 2015, 74
10 OLG Bamberg FamRZ 2024, 64
11 So auch zur Begründung für ein zukünftiges einheitliches Kindschaftsverfahren ohne Trennung der verschiedenen Verfahrensgegenstände als Ausübung der elterlichen Verantwortung de lege ferenda: *Hammer*, FamRZ 2018, 229, 231
12 OLG Brandenburg FamRZ 2017, 311; OLG Hamm FamRZ 2014, 1880 (LS)
13 *Heilmann*, Anmerkung zu KG v. 28.2.2012, ZKJ 2012, 267, 269
14 Entsprechend § 147 ZPO, Prütting/Helms/*Ahn-Roth*, § 20 Rn. 6 m.w.N.

7 Hier handelt es sich grundsätzlich um drei **verschiedene Verfahren** mit unterschiedlichen Beteiligten. Eine Verfahrensverbindung erscheint zwar möglich, aber nicht angezeigt. Im Fall der Trennung der Verfahren müssen das Jugendamt und der regelmäßig zu bestellende Verfahrensbeistand zwar strikt getrennte Berichte einreichen. Ähnliches gilt für ein Sachverständigengutachten. Es kann auch im Sachverständigengutachten bei der Exploration die Einbeziehung der Geschwister – und ggf. auch anderen Väter – angezeigt sein. Aus verfahrensökonomischen Gründen können **einzelne gemeinsame Verfahrenshandlungen** – etwa die Beweisaufnahme durch Einholung des Sachverständigengutachtens – gemeinsam durchgeführt werden. Auch eine **gemeinsame Erörterung** ist **bei Einwilligung aller Beteiligten** (§ 170 Abs. 1 Satz 2 GVG) möglich. Aus Gründen des **Datenschutzes** und der Wahrung der unterschiedlichen Partizipationsrechte der Beteiligten erscheint trotzdem die Beibehaltung getrennter Verfahren geboten.

5. Verfahrensordnungsübergreifende Verbindung

8 Eine **verfahrensordnungsübergreifende Verbindung** ist grundsätzlich **unzulässig, wenn** in den Verfahren **verschiedene Verfahrensgrundsätze** gelten[15] (etwa Amtsermittlungsgrundsatz einerseits und Beibringungsgrundsatz andererseits). So kann ein FamFG-Verfahren nicht mit einem (echten) ZPO-Verfahren verbunden werden, ebenfalls nicht mit einem FamFG-Verfahren, auf das gemäß § 113 Abs. 1 Satz 2 FamFG die Vorschriften der ZPO entsprechende Anwendung finden. Werden solche Verfahren dennoch verbunden, müssen sie in der Beschwerdeinstanz wieder getrennt werden.[16] Mit Kindschaftssachen – bei denen der Amtsermittlungsgrundsatz herrscht – kann also grundsätzlich keine Familienstreitsache (wie etwa Kindesunterhalt) verbunden werden. Eine **Ausnahme** gilt nur dann, wenn das Gesetz es ausdrücklich vorsieht.

9 Auch in **Kindschaftssachen** kann sich das Problem stellen, dass FamFG-Verfahren und Familienstreitsachen in einem Verfahren geltend gemacht werden sollen.

Beispiel

Im Rahmen eines Umgangsverfahrens nach § 1684 BGB begehrt ein Elternteil wegen der weiten Entfernung die Verpflichtung des anderen zur Kostentragung[17] oder Schadensersatz[18] wegen vergeblicher Fahrten oder aber die Zahlung eines Verfahrenskostenvorschusses (Familienstreitsachen nach § 266 Abs. 1 Nr. 5 FamFG).

Oder: Ein Elternteil beantragt neben der Kindesherausgabe auch die Erstattung der zur Zurückführung eines entführten Kindes erforderlichen Kosten.

10 Das FamFG lässt nur ausnahmsweise eine Verbindung von Verfahren zu, in denen verschiedene Grundsätze gelten (Beibringungsgrundsatz einerseits, Amtsermittlungsgrundsatz andererseits). In § 237 Abs. 1 und 2 FamFG (**Vaterschaftsfeststellung und Unterhalt**) und § 265 FamFG (verschiedene güterrechtliche Ansprüche) ist eine solche verfahrensordnungsübergreifende Verbindung zugelassen. Über die ausdrücklichen gesetzlichen Verbindungsmöglichkeiten hinaus ist eine verfahrensordnungsübergreifende Verbindung nicht zulässig. Sonderregelungen zu Verfahren, in denen dieselben Verfahrensgrundsätze gelten, finden sich auch. § 179 Abs. 1 Satz 1 FamFG lässt eine Verbindung von mehreren Abstammungssachen zu, die dasselbe Kind betreffen, im Übrigen aber keine Verbindung (§ 179 Abs. 2 FamFG). § 196 FamFG spricht ein Verbot von Adoptionssachen mit anderen Verfahren aus.

15 Prütting/Helms-*Ahn-Roth*, § 20 Rn. 8
16 OLG Hamm NZFam 2024, 285 (zur Nutzungsentschädigung vor und nach Rechtskraft der Scheidung)
17 Vgl. OLG Nürnberg NJW-RR 2014, 644, dazu *Erdrich*, NZFam 2014, 666
18 Dazu MüKo-BGB/*Hennemann*, § 1684 Rn. 1085; BGH FamRZ 2002, 1099

II. Verfahrenstrennung

Ziel der **Verfahrenstrennung** ist es, den Verfahrensstoff zu ordnen und übersichtlicher zu gestalten, so wenn dessen Verständnis durch Anspruchshäufung erschwert wird, ferner um einer Verfahrensverschleppung wegen Streits in einzelnen Punkten entgegenzuwirken.[19] Auch zuvor verbundene Verfahren kann das Gericht wieder trennen. Unter bestimmten Voraussetzungen können auch Folgesachen aus dem **Scheidungsverbund** abgetrennt werden (§ 140 FamFG). 11

III. Rechtsmittel

Entscheidungen über die Verfahrensverbindung oder -trennung sind **als Zwischenentscheidungen** i.S.d. § 58 Abs. 2 FamFG **nicht selbstständig anfechtbar**. Im Rechtsmittelverfahren gegen die Entscheidung in der Hauptsache kann aber ggf. überprüft werden, ob die Entscheidung zur Verbindung oder Trennung willkürlich erfolgt ist.[20] 12

§ 21 FamFG

Aussetzung des Verfahrens

(1) [1]Das Gericht kann das Verfahren aus wichtigem Grund aussetzen, insbesondere wenn die Entscheidung ganz oder zum Teil von dem Bestehen oder Nichtbestehen eines Rechtsverhältnisses abhängt, das den Gegenstand eines anderen anhängigen Verfahrens bildet oder von einer Verwaltungsbehörde festzustellen ist. [2]§ 249 der Zivilprozessordnung ist entsprechend anzuwenden.

(2) Der Beschluss ist mit der sofortigen Beschwerde in entsprechender Anwendung der §§ 567 bis 572 der Zivilprozessordnung anfechtbar.

Übersicht

A. Allgemeines

Die **Aussetzung** bedeutet den **Stillstand des Verfahrens** kraft richterlicher Anordnung.[1] Im Hinblick auf die Interessenlage der Beteiligten, denen meist an einem zügigen Verfahrensfortgang gelegen ist, sollte von der Möglichkeit der Aussetzung nur zurückhaltend Gebrauch gemacht werden. Vereinzelt finden sich im FamFG Sonderregelungen hierzu, etwa in § 36a Abs. 2 FamFG betreffend die Durchführung einer **Mediation**. Im Fall des § 36a Abs. 2 FamFG hat die Aussetzung zwingend zu erfolgen und steht – anders als die Aussetzung nach § 21 – nicht im Ermessen des Gerichts.[2] 1

Im Bereich des **einstweiligen Rechtsschutzes** kommt eine Aussetzung grundsätzlich **nicht** in Betracht, weil es nach § 49 Abs. 1 FamFG um die Sicherung eines Rechtszustandes oder eines Rechtsanspruchs geht.[3] Dieses Ziel hat Vorrang vor einer Aussetzung.[4] Sollte ein

19 BGH NJW 1995, 3120
20 Musielak/Borth/Frank/*Borth*, § 20 Rn. 4
1 MüKo-FamFG/*Pabst*, § 20 Rn. 1
2 Prütting/Helms/*Hammer*, § 155 Rn. 50
3 KG FamRZ 2011, 1747 (LS)
4 Musielak/Borth/*Borth*, § 21 Rn. 1

Hauptsacheverfahren ausgesetzt werden, ist der Beteiligte nicht gehindert, den Erlass einer einstweiligen Anordnung zu beantragen.

B. Inhalt der Norm

I. Aussetzung aus wichtigem Grund

2 Das Gericht kann **nach seinem pflichtgemäßen Ermessen** das Verfahren **aus wichtigem Grund** aussetzen. Das gilt insbesondere im Fall der **Vorgreiflichkeit**, wenn also die Entscheidung von dem Bestehen oder Nichtbestehen eines Rechtsverhältnisses abhängt, das den Gegenstand eines anderen anhängigen und nicht seinerseits ausgesetzten[5] Verfahrens bildet. Eine bloße Beeinflussung der Entscheidung genügt nicht.[6] Die **fehlende Mitwirkung eines Beteiligten** in einem Kindschaftsverfahren **rechtfertigt die Aussetzung nicht**. Denn der Amtsermittlungsgrundsatz entbindet das Gericht nicht davon, nach Ausschöpfung aller ihm möglichen Ermittlungen eine Sachentscheidung zu treffen.[7] Vor jeder Aussetzung muss sich das Gericht klarmachen, welchen Erkenntnisgewinn es erwartet, und stets ist zu **prüfen,** ob den Beteiligten eine Verzögerung durch die **Aussetzung zugemutet** werden kann.[8]

In einer Kindschaftssache, die gemäß § 155 Abs. 1 FamFG vorrangig und beschleunigt durchzuführen ist, sollte eine Aussetzung aufgrund des dort geltenden Beschleunigungsgrundsatzes vermieden werden.[9] Eine Aussetzung eines Verfahrens nach § 155 Abs. 1 FamFG liefe der gesetzlichen **Vorgabe der beschleunigten Verfahrensführung** zuwider.[10] Aus § 155 Abs. 4 FamFG ergibt sich nichts anderes, weil diese Vorschrift nur dazu dient, das Vorrang- und Beschleunigungsgebot zu wahren und in dem Konflikt zwischen Konfliktbeilegung und Beschleunigung eine zeitnahe Fortführung des Verfahrens sicherzustellen.[11] Auch in den Kindschaftssachen, die nicht dem Beschleunigungsgrundsatz unterliegen, ist stets zu prüfen, welche Ermittlungen das Familiengericht selbst tätigen kann, um eine hinreichende Grundlage für eine am Kindeswohl orientierte Entscheidung zu erlangen.

3 In einem Umgangsverfahren oder einem Verfahren wegen Kindeswohlgefährdung hat das Familiengericht von Amts wegen die entscheidungserheblichen Tatsachen zu ermitteln und dabei ist auch die Beiziehung etwaiger staatsanwaltlicher Ermittlungsakten geboten; eine **Aussetzung wegen** eines **staatsanwaltschaftlichen Ermittlungsverfahrens** (etwa wegen Verdachts auf sexuellen Kindesmissbrauch) **scheidet jedoch** regelmäßig **aus**.[12] Neben dem Beschleunigungsgebot des § 155 Abs. 1 FamFG spricht dagegen, dass die Kindschaftssache und das staatsanwaltliche Ermittlungsverfahren einen anderen Fokus sowie eine andere Beweis- bzw. Feststellungslast haben und eine Gefährdung des Kindes unab-

5 BGH NJW-RR 2005, 925
6 Prütting/Helms/*Ahn-Roth*, § 21 Rn. 8; zu weitgehend für eine „Vorgreiflichkeit im weiteren Sinne" OLG Braunschweig FamRZ 2018, 1157
7 OLG Köln FamRZ 2013, 719
8 BeckOK FamFG/*Perleberg-Kölbel*, § 21 Rn. 9
9 Staudinger/*Dürbeck*, § 1684 Rn. 332 zu Umgangsverfahren bei Verdacht auf sexuellem Missbrauch in Bezug auf staatsanwaltliches Ermittlungsverfahren
10 So zutreffend *Keuter*, JAmt 2011, 373, 375 zu Umgangsverfahren in Bezug auf ein verwaltungsgerichtliches Verfahren wegen Durchsetzung einer Umgangsbegleitung durch das Jugendamt nach § 18 Abs. 3 Satz 3 SGB VIII; Staudinger/*Dürbeck*, § 1684 Rn. 332; a.A.: in Sorgerechtsstreitigkeiten könne in Einzelfällen ausnahmsweise eine Aussetzung zulässig sein, wenn die Familienverhältnisse noch in der Entwicklung seien, Prütting/Helms/*Ahn-Roth*, § 21 Rn. 10 unter Bezugnahme auf ältere Rechtsprechung und KG NJW-RR 2011, 220, wo verkannt wird, dass das Beschwerdegericht volle zweite Tatsacheninstanz ist, nicht nur Ermessensfehler des Ausgangsgerichts überprüft
11 MüKo-FamFG/*Heilmann*, § 155 Rn. 73;a.A.: OLG Schleswig FamRZ 2015, 1040, § 155 Abs. 4 zeige, dass eine Aussetzung auch in Verfahren nach § 155 Abs. 1 nicht nur ausnahmsweise möglich sei
12 Staudinger/*Dürbeck*, § 1684 Rn. 332

hängig von strafrechtlicher Beweisbarkeit gegeben sein kann. Wird das staatsanwaltschaftliche Ermittlungsverfahren nach § 170 Abs. 2 StPO wegen des Grundsatzes *in dubio pro reo* eingestellt und bleibt es nach den Ermittlungen des Familiengerichts offen, ob tatsächlich ein Missbrauch stattgefunden hat, so ist eine **kindeswohlorientierte Risikoabschätzung** vorzunehmen, die sich am Verdachtsgrad und den **Folgen** eines Umgangs **für das Kind** zu orientieren hat.[13]

Auch in einer – gemäß § 155 Abs. 1 FamFG beschleunigt zu führenden – Umgangsrechtsstreitigkeit kommt eine **Aussetzung wegen eines verwaltungsgerichtlichen Verfahrens** auf Durchsetzung des Anspruchs auf Unterstützung eines begleiteten Umgangs gemäß § 18 Abs. 3 Satz 3 SGB VIII regelmäßig nicht in Betracht.[14] Neben dem Beschleunigungsgrundsatz spricht dagegen, dass eine Aussetzung nur bei einem anhängigen, nicht aber erst einem einzuleitenden Verfahren in Betracht kommt, Abs. 1 Satz 1. Eine Aussetzung ist unzulässig, wenn sie zu dem Zweck erfolgt, die Klärung eines präjudiziellen Rechtsverhältnisses durch die Beteiligten in einem erst anhängig zu machenden Verfahren herbeizuführen.[15] 4

Verweigert das Jugendamt eine Umgangsbegleitung, hat das Familiengericht zu entscheiden, ob statt des begleiteten Umgangs unbegleiteter Umgang in Betracht kommt; ist dies nicht der Fall, das Jugendamt zur Begleitung nicht bereit und ein anderer bereiter und geeigneter Umgangsbegleiter findet sich trotz entsprechender Ermittlungen des Familiengerichts nicht, ist der Umgang befristet nach § 1684 Abs. 4 Satz 2 BGB auszuschließen.[16]

Auch in einem Vollstreckungsverfahren nach **§§ 86 ff. FamFG** wegen Verstoßes gegen eine gerichtliche Umgangsregelung kommt eine **Aussetzung des Vollstreckungsverfahrens** gemäß § 21 regelmäßig nicht in Betracht.[17] Im Vollstreckungsverfahren gilt zum einen auch der Beschleunigungsgrundsatz (§ 88 Abs. 3 Satz 1 FamFG). Zum anderen wird im Vollstreckungsverfahren die im Erkenntnisverfahren gefundene Umgangsregelung nicht erneut inhaltlich geprüft[18] und nach Abschluss des Erkenntnisverfahrens neu hinzutretende Gründe sind nur dann beachtlich, wenn diese triftig sind und hierauf ein zulässiger Abänderungsantrag (§ 166 FamFG, § 1696 BGB) mit einem Antrag auf vorläufige Einstellung der Vollstreckung gemäß § 93 Abs. 1 Nr. 4 FamFG gestützt wurde[19] (im Rahmen einer einstweiligen Anordnung gemäß §§ 54 Abs. 1, 55 Abs. 1 Satz 1 FamFG[20]). Eine – grundsätzlich mögliche (§ 87 Abs. 1 Satz 1 FamFG) – amtswegige vorläufige Einstellung der Zwangsvollstreckung kommt nur in engen Ausnahmefällen (z.B. konkreter und substanziierter Verdacht sexuellen Missbrauchs) in Betracht.[21]

In **Abstammungssachen** ist ein **spezieller Aussetzungsgrund** in **§ 1598a Abs. 3 BGB** geregelt. Danach ist das Verfahren auszusetzen, wenn und solange die Klärung der leiblichen Abstammung eine erhebliche Beeinträchtigung des Wohls des minderjährigen Kindes be- 5

13 Staudinger/*Dürbeck*, § 1684 Rn. 332; OLG Karlsruhe NZFam 2017, 1132 Rn. 86

14 *Keuter*, JAmt 2011, 373, 375; MüKo-BGB/*Hennemann*, § 1684 Rn. 76: „Dass dies das Beschleunigungsgebot konterkariert, ist offensichtlich"; Staudinger/*Dürbeck*, § 1684 Rn. 340; a.A.: OLG Schleswig FamRZ 2015, 1040, ohne sich damit auseinanderzusetzen, dass eine Aussetzung nur bei anhängigen Verfahren in Betracht kommt; BVerfG FamRZ 2015, 1686 Rn. 6 bezieht sich auf OLG Schleswig, ohne sich mit § 155 Abs. 1 oder der Notwendigkeit vorheriger Anhängigkeit auseinanderzusetzen

15 Sternal/*Sternal*, § 21 Rn. 10

16 OLG Frankfurt FamRZ 2020, 1117; ZKJ 2015, 240 (LS); FamRZ 2013, 1824; Staudinger/*Dürbeck*, § 1684 Rn. 340; *Dürbeck*, ZKJ 2015, 457

17 Staudinger/*Dürbeck*, § 1684 Rn. 544; *Dürbeck*, Anmerkung zu OLG Braunschweig, ZKJ 2018, 279; a.A: OLG Braunschweig ZKJ 2018, 277

18 BVerfG ZKJ 2023, 258; BGH FamRZ 2015, 2147 Rn. 30; FamRZ 2012, 533 Rn. 22

19 BGH FamRZ 2012, 533 Rn. 23; Prütting/Helms/*Hammer*, § 89 Rn. 42; Staudinger/*Dürbeck*, § 1684 Rn. 544; einschränkend: OLG Braunschweig ZKJ 2018, 277

20 BGH FamRZ 2015, 2147 Rn. 29

21 OLG Karlsruhe ZKJ 2014, 482 (LS); Staudinger/*Dürbeck*, § 1684 Rn. 544

gründen würde, die auch unter Berücksichtigung der Belange des Klärungsberechtigten für das Kind unzumutbar wäre. Die Formulierung „wenn und solange" zeigt, dass auch hier nur ein vorübergehender Aufschub zulässig ist. Die Vorschrift bezweckt den Schutz des minderjährigen Kindes in besonderen Lebenslagen und Entwicklungsphasen zu verwirklichen.[22]

▶ *Siehe näher hierzu Keuter, § 1598a BGB Rn. 14.*

Daneben kommt die Aussetzung des Verfahrens ferner in Betracht, wenn die Feststellung des rechtlichen Vaters wegen Eheschließung schwierig ist und diese Frage in einer **parallel laufenden Ehesache** geklärt wird. Dies gilt aber dann nicht, wenn – etwa aufgrund mehrerer Beteiligter – weitere, davon in jedem Fall unabhängige Fragen im Abstammungsverfahren zu klären sind.[23]

6 Auch bei Durchführung einer konkreten Normenkontrolle nach Art. 100 Abs. 1 GG hat eine Aussetzung des Verfahrens zu erfolgen. Die diesbezügliche Aussetzungspflicht bei Annahme der Verfassungswidrigkeit einer entscheidungserheblichen Norm folgt nicht aus § 21 FamFG, sondern direkt aus Art. 100 Abs. 1 GG.[24] Ein **wichtiger Grund zur Aussetzung** kann gegeben sein, wenn die **Entscheidung des BVerfG** in einer anderen, dort anhängigen Sache **abgewartet** werden soll, wenn die dort zu entscheidende Frage der Verfassungswidrigkeit einer Vorschrift wegen ihrer Wirkung für und gegen alle im auszusetzenden Verfahren rechtliche Bedeutung erlangt,[25] wobei die Aussetzung dann auch ohne eigene Vorlage an das BVerfG zulässig sein kann.[26]

II. Rechtsmittel

7 Der Aussetzungsbeschluss ist mit der **sofortigen Beschwerde** binnen zwei Wochen anfechtbar (§ 21 Abs. 2 FamFG). Das gilt auch für die Ablehnung der beantragten Aussetzung.[27]

Ein **Rechtsmittel** ist **grundsätzlich nur gegen einen förmlichen Beschluss** des Gerichts gegeben. Betreibt das Gericht – etwa durch Nichtbetreiben, Nichtterminierung trotz entsprechender Anregung etc. – das Verfahren nur rein faktisch nicht, kann § 21 Abs. 2 FamFG auf diese Konstellationen grundsätzlich nicht analog angewendet werden. Denn insoweit fehlt es an einer planwidrigen Regelungslücke. Für die Untätigkeit des Gerichts hat der Gesetzgeber § 198 GVG geschaffen und diesen für bestimmte Verfahren aufgrund einer Entscheidung des EMRK[28] um Beschleunigungsrüge und -beschwerde nach §§ 155b, 155c FamFG erweitert.

▶ *Näher hierzu Keuter zu §§ 155b, c FamFG.*

8 Für andere Verfahren als die in § 155 Abs. 1 FamFG genannten gibt es nach dem ausdrücklichen Willen des Gesetzgebers nur die Entschädigungslösung des § 198 GVG. Auf reine Untätigkeit des Gerichts kann daher § 21 Abs. 2 FamFG nicht analog angewendet werden.[29]

22 MüKo-BGB/*Wellenhofer*, § 1598a Rn. 36
23 OLG Frankfurt FamRB 2019, 184
24 MüKo-FamFG/*Pabst*, § 21 Rn. 14
25 OLG Brandenburg FamRZ 2012, 563; MüKo-FamFG/*Pabst*, § 21 Rn. 15
26 BGH FamRZ 2013, 1888 zum Versorgungsausgleich
27 BGH FamRZ 2013, 118, dazu *Grün*, FamFR 2013, 118, auch zur Aussetzung wegen Verfassungswidrigkeit eines entscheidungserheblichen Gesetzes
28 Urt. v. 15.1.2015, FamRZ 2015, 469
29 So auch *Jox/Fröschle*, Praxiskommentar Betreuungs- und Unterbringungsverfahren, § 21 Rn. 2; a.A.: OLG Hamburg FamRZ 2013, 238 für einen Fall der bloß faktischen Untätigkeit; für eine Analogie bei § 252 ZPO ohne Begründung der Planwidrigkeit der Regelungslücke auch Zöller/*Greger*, § 252 Rn. 1

Geht das **Verhalten des Familiengerichts** aber **über eine bloße Untätigkeit hinaus** und das Gericht begründet seine Untätigkeit mit Hinweis auf ein vorgreifliches Verfahren **ohne förmlichen Aussetzungsbeschluss**, kann gegen dieses gerichtliche Vorgehen **sofortige Beschwerde** wie gegen einen Aussetzungsbeschluss eingelegt werden.[30] Denn insoweit kommt – mit der einzigen Ausnahme der Beschlussform – das Verhalten des Gerichts einem Aussetzungsbeschluss gleich; dass sich das Gericht aber der gesetzlich vorgesehenen Form nicht bedient hat, darf nicht zulasten der Überprüfbarkeit des gerichtlichen Verhaltens durch die Beteiligten gehen. Hat das Rechtsmittel Erfolg, ist der Aussetzungsbeschluss aufzuheben; klarstellend kann tenoriert werden, dass dem Verfahren Fortgang zu geben ist.[31] 9

§ 22 FamFG

Antragsrücknahme; Beendigungserklärung

(1) [1]Ein Antrag kann bis zur Rechtskraft der Endentscheidung zurückgenommen werden. [2]Die Rücknahme bedarf nach Erlass der Endentscheidung der Zustimmung der übrigen Beteiligten.

(2) [1]Eine bereits ergangene, noch nicht rechtskräftige Endentscheidung wird durch die Antragsrücknahme wirkungslos, ohne dass es einer ausdrücklichen Aufhebung bedarf. [2]Das Gericht stellt auf Antrag die nach Satz 1 eintretende Wirkung durch Beschluss fest. [3]Der Beschluss ist nicht anfechtbar.

(3) Eine Entscheidung über einen Antrag ergeht nicht, soweit sämtliche Beteiligte erklären, dass sie das Verfahren beenden wollen.

(4) Die Absätze 2 und 3 gelten nicht in Verfahren, die von Amts wegen eingeleitet werden können.

Übersicht

Weiterführende Literatur: Keuter, Fallstricke bei der Beendigung kindschaftsrechtlicher Verfahren, FamRZ 2022, 1003 ff.; *Köhler,* Zurückweisung eines „Antrags" im Amtsverfahren?, ZKJ 2018, 9 ff.; *Osthold,* Antrags- und Amtsverfahren in Kindschaftssachen nach dem FamFG, FamRZ 2017, 1643 ff.

A. Allgemeines

Im Rahmen ihrer Dispositionsbefugnis haben die Beteiligten die Möglichkeit, ein Verfahren auch ohne gerichtliche Entscheidung zu beenden. Das Gesetz regelt in der Vorschrift explizit die **Antragsrücknahme**, aber auch die **Beendigungserklärung**, die der übereinstimmenden Erledigterklärung des Zivilprozesses entspricht. Als dritte Möglichkeit ist der Abschluss eines Vergleichs (§ 36 FamFG) zu nennen. Für **Amtsverfahren** ist die **Einschränkung des Abs. 4 zu beachten**. 1

30 OLG Frankfurt FamRB 2019, 184
31 OLG Frankfurt FamRB 2019, 184

B. Inhalt der Norm

I. Antragsrücknahme

2 Ein Antrag kann bis zur Rechtskraft der Endentscheidung zurückgenommen werden, Abs. 1 Satz 1. Die Rücknahme ist **gegenüber dem zuständigen Gericht** zu erklären, bedarf **keiner bestimmten Form** und kann auch konkludent erklärt werden.[1] Als verfahrensgestaltende Erklärung ist die Antragsrücknahme **bedingungsfeindlich**, **unwiderruflich** und **nicht anfechtbar**.[2] Eine bereits ergangene, noch nicht rechtskräftige Endentscheidung wird hierdurch ohne weitere gerichtliche Handlung automatisch wirkungslos (Abs. 2 Satz 1). Dies gilt auch für eine bereits ausgesprochene Kostenentscheidung.[3] Auf Antrag kann diese kraft Gesetzes eintretende Wirkungslosigkeit deklaratorisch durch gerichtlichen, nicht anfechtbaren Beschluss festgestellt werden (Abs. 2 Satz 2, Satz 3). Nach wirksamer Rücknahme ist eine **erneute Antragstellung möglich**. Nach der Rücknahme entscheidet das Gericht nur noch über die Kosten des Verfahrens (§ 83 Abs. 2 FamFG).

Der verfahrenseinleitende Antrag kann bei zulässigem Rechtsmittel auch noch in der Rechtsmittelinstanz zurückgenommen werden;[4] bei Rücknahme in der Rechtsmittelinstanz wird die vorinstanzliche Entscheidung mit der Antragsrücknahme wirkungslos. War zum Zeitpunkt der Rücknahmeerklärung **bereits eine Endentscheidung erlassen** i.S.d. § 38 Abs. 3 Satz 3 FamFG (typischerweise bei Rücknahme in der Rechtsmittelinstanz), **bedarf die Rücknahme** gemäß Abs. 1 Satz 2 zu ihrer Wirksamkeit der **Zustimmung aller übrigen Beteiligten** i.S.d. § 7 FamFG. Diese auch formlos mögliche Zustimmung ist gegenüber dem zuständigen Gericht zu erklären und ebenfalls bedingungsfeindlich, unwiderruflich und nicht anfechtbar. Erklären nicht alle übrigen Beteiligten ihre Zustimmung, ist die Rücknahme des Antrags nicht wirksam und die erlassene Endentscheidung bleibt bestehen.

3 Nach Abs. 4 besteht die Möglichkeit der Antragsrücknahme aber **nur** für verfahrenseinleitende Anträge **in echten Antragsverfahren**, weil nur dort eine **Dispositionsfreiheit** der Beteiligten besteht (siehe dazu *Kischkel*, § 23 FamFG Rn. 4, § 36 FamFG Rn. 3). Nur in echten Antragsverfahren ist § 22 anwendbar (z.B. in Verfahren gemäß §§ 1626a Abs. 2, 1628, 1632 Abs. 1 und Abs. 2, 1671, 1748 Abs. 1 Satz 1, 1749 Abs. 1 Satz 2, 1752 Abs. 1, 1762, 1768, 1817 Abs. 1 Satz 1, 1889 Abs. 1 BGB und §§ 1, 2 GewSchG – siehe *Kischkel*, § 23 FamFG Rn. 4), wobei dies für die Sorgerechtsstreitigkeiten dann nicht mehr gilt, wenn Anhaltspunkte für eine gerichtliche Eingriffsnotwendigkeit nach §§ 1666, 1666a BGB gegeben sind, § 1671 Abs. 4 BGG, denn ab diesem Zeitpunkt handelt es sich bei der sorgerechtlichen Streitigkeit (vormals etwa gemäß § 1628 oder § 1671 BGB) um ein Amtsverfahren (vgl. oben *Köhler*, § 20 FamFG Rn. 2 zum einheitlichen Verfahrensgegenstand). Gerade in **Kindschaftssachen** handelt es sich jedoch **meist** um Verfahren, die (auch) **von Amts wegen eingeleitet** werden. So haben die Beteiligten in Umgangsrechtsstreitigkeiten nach §§ 1684, 1685 BGB[5], in Verfahren wegen Kindeswohlgefährdung nach §§ 1666, 1666a BGB oder auf Verbleibensanordnung nach § 1632 Abs. 4 BGB nicht die Befugnis, das Verfahren durch eigene Erklärung zu beenden. Stets ist **in diesen Verfahren** zu beachten, dass eine Rücknahme des „Antrags" das Gericht nicht der Pflicht enthebt, eine **Sachentscheidung zu treffen**.[6]

---

1 Sternal/*Sternal*, § 22 Rn.10
2 MüKo-FamFG/*Pabst*, § 22 Rn. 7; Sternal/*Sternal*, § 22 Rn.12
3 OLG Karlsruhe FamRZ 2024, 436
4 Sternal/*Sternal*, § 22 Rn. 8
5 Auch die Verfahren nach § 1685 BGB sind Amtsverfahren, vgl. BGH FamRZ 2017, 1668; hier *Gottschalk*, § 1685 Rn. 28; Staudinger/*Dürbeck*, § 1685 Rn. 53
6 OLG Rostock NZFam 2024, 706; OLG Köln FamRZ 2022, 369; OLG Braunschweig FamRZ 2020, 1189; OLG Brandenburg FamRZ 2014, 2019; *Köhler*, ZKJ 2018, 9, 10

II. Beendigungserklärung

1. Echte Antragsverfahren

4 Eine Entscheidung über einen Antrag ergeht nicht, soweit alle Beteiligten **gegenüber dem zuständigen Gericht** das Verfahren für aus ihrer Sicht **beendet** erklären, Abs. 3. Die Erklärung ist wiederum formlos möglich und kann konkludent erfolgen. Bloßes Schweigen eines Beteiligten wird regelmäßig nicht als Beendigungserklärung gewertet werden können mangels einer dem § 91a Abs. 1 Satz 2 ZPO vergleichbaren Regelung.[7] Das Gericht kann in entsprechender Anwendung von Abs. 2 die Erledigung durch Beschluss mit **verfahrensbeendender** Wirkung feststellen. Eine hiergegen gerichtete **Beschwerde** ist unzulässig, Abs. 2 Satz 3 entsprechend.

Erklären beispielsweise die Eltern das erstinstanzliche Verfahren nach § 1671 BGB übereinstimmend für erledigt, ist ein erneut gestellter Sorgerechtsantrag in einem neuen Verfahren zu verfolgen.[8]

Die Möglichkeit der Beendigungserklärung besteht **lediglich in echten Antragsverfahren**, nicht in unechten Antrags- und Amtsverfahren, Abs. 4. Insoweit gelten die Ausführungen in Rn. 2 entsprechend.

2. Amtsverfahren

5 In den **unechten Antrags-** und den **Amtsverfahren** besteht – wie bei der Antragsrücknahme – die Pflicht des Gerichts zu einer **inhaltlichen Sachentscheidung** (vgl. oben Rn. 2).

Beispiel

Der Vater „beantragt" die Regelung des Umgangsrechts mit seinen bei der Mutter lebenden Kindern, die vom Gericht persönlich angehört werden. Dabei lehnen die Kinder Umgangskontakte vehement ab.

1. ***Alt.:** Der Vater hält den „Antrag" nach Anhörung der Kinder trotz deren ablehnender Haltung aufrecht.*
2. ***Alt.:** Der Vater verfolgt den „Antrag" wegen deren ablehnender Haltung nicht mehr weiter.*

Weder kann der „Antrag" einfach zurückgewiesen[9] noch das Verfahren wegen Nichtbetreibens als erledigt weggelegt werden. Vielmehr ist das Umgangsverfahren als Amtsverfahren einer Sachentscheidung zuzuführen.[10] Denn lehnte das Gericht einfach eine Regelung des Umgangsrechtes ab, käme dies in der Wirkung einem ***Umgangsrechtsausschluss*** *gleich, ohne dass der Umgangsberechtigte erkennen kann, wann er eine erneute Prüfung des Umgangsrechtes begehren kann.[11]*
In der Praxis empfiehlt sich in der Sache die ***ausdrückliche Feststellung****, dass es einer Regelung des Umgangs von Amts wegen nicht bedarf, etwa dergestalt:*

„Es wird festgestellt, dass ein Umgang des Kindes [Name] mit [Name(n) der [Groß-] Eltern] nicht familiengerichtlich zu regeln ist."[12]

---

7 MüKo-FamFG/*Pabst*, § 22 Rn. 18
8 OLG Brandenburg FamRZ 2013, 1328
9 BGH FamRZ 2017, 532 Rn. 10; OLG Schleswig NJW 2018, 559; OLG Frankfurt NZFam 2014, 283; *Köhler*, ZKJ 2018, 9. Im Fall eines Umgangsbegehrens nach § 1685 BGB hält der BGH aber die Zurückweisung eines Antrags trotz Vorliegens eines Amtsverfahrens für möglich, BGH FamRZ 2017, 532. Dies erscheint dogmatisch nicht zutreffend, vgl. *Köhler*, ZKJ 2018, 9
10 *Köhler*, ZKJ 2018, 9
11 BVerfG FamRZ 2006, 1005; *Heilmann*, NJW 2012, 16, 20
12 Hier *Gottschalk*, § 1685 Rn. 21, 26; *Köhler*, ZKJ 2018, 9, 10

III. Kosten

6 Bei einer Antragsrücknahme ist über die Kosten nach den allgemeinen Grundsätzen des § 81, also nach billigem Ermessen zu entscheiden, § 83 Abs. 2 FamFG. In dieses Ermessen kann das Gericht die übereinstimmende Beendigungserklärung mit einbeziehen. Jedoch ist in gleicher Weise zu berücksichtigen, wenn allein eine Antragsrücknahme des Antragstellers erfolgt, diese aber durch eine entsprechende Einigung zwischen den Beteiligten veranlasst wird.[13]

§ 22a FamFG

Mitteilungen an die Familien- und Betreuungsgerichte

(1) Wird infolge eines gerichtlichen Verfahrens eine Tätigkeit des Familien- oder Betreuungsgerichts erforderlich, hat das Gericht dem Familien- oder Betreuungsgericht Mitteilung zu machen.

(2) [1]Im Übrigen dürfen Gerichte und Behörden dem Familien- oder Betreuungsgericht personenbezogene Daten übermitteln, wenn deren Kenntnis aus ihrer Sicht für familien- oder betreuungsgerichtliche Maßnahmen erforderlich ist, soweit nicht für die übermittelnde Stelle erkennbar ist, dass schutzwürdige Interessen des Betroffenen an dem Ausschluss der Übermittlung das Schutzbedürfnis eines Minderjährigen oder Betreuten oder das öffentliche Interesse an der Übermittlung überwiegen. [2]Die Übermittlung unterbleibt, wenn ihr eine besondere bundes- oder entsprechende landesgesetzliche Verwendungsregelung entgegensteht.

1 Die dem Kinderschutz dienende[1] Vorschrift gewährt Gerichten und Behörden eine **Rechtsgrundlage** zur **Übermittlung personenbezogener Daten** auch an die Familiengerichte, z.B. wenn sich in einem gerichtlichen Verfahren Anzeichen für eine **Kindeswohlgefährdung** nach § 1666 BGB ergeben. Abs. 1 bestimmt eine **Mitteilungspflicht** für Gerichte der ordentlichen Gerichtsbarkeit oder auch der Fachgerichtsbarkeiten. Hingegen regelt Abs. 2 eine **Übermittlungsbefugnis** und damit einhergehende datenschutzrechtliche Probleme und fordert von der übermittelnden Stelle eine Abwägung zwischen dem Schutzbedürfnis eines Betroffenen und dem öffentlichen Interesse an der Datenweitergabe.

Spezielle Regelungen (etwa für das Jugendamt nach SGB VIII bzw. § 162 FamFG) gehen der allgemeinen Regelung vor.

▶ *Zur Anrufung des Familiengerichts durch das Jugendamt siehe Köhler, § 8a SGB VIII Rn. 11 ff.*

2 Aufgrund § 1 FamFG gilt die **gerichtliche Pflicht nach Abs. 1** nur für FamFG-Verfahren. Jedoch muss die Vorschrift in jedem gerichtlichen Verfahren unabhängig von der Gerichtsbarkeit zumindest analog angewandt werden, weil die generelle Anwendbarkeit für die Vorgängervorschrift des § 35 FGG a.F. auch galt.[2] Abs. 1 gilt mithin (jedenfalls entsprechend) **für alle Gerichte aller Instanzen**.

Das Familiengericht, dem die Mitteilung nach Abs. 1 oder Abs. 2 zugeht, prüft in eigener Zuständigkeit und **eigenverantwortlich**, **ob** aufgrund der (gerichtlichen oder behördlichen) Mitteilung ein **Verfahren einzuleiten** ist **bzw. familiengerichtliche Maßnahmen erforderlich** sind. Ergebnis dieser Prüfung kann auch sein, dass kein familiengerichtliches Verfahren einzuleiten ist, § 24 Abs. 2 FamFG, bzw. im eingeleiteten Verfahren nach Verfahrensdurchführung festgestellt wird, dass keine familiengerichtlichen Maßnahmen zu treffen

13 MüKo-FamFG/*Pabst*, § 22 Rn. 22
1 BT-Drucks. 16/9733, 288
2 MüKo-FamFG/*Pabst*, § 22a Rn. 4

sind. Die mitteilende Behörde bzw. das mitteilende Gericht hat bezüglich der familiengerichtlichen Entscheidung **kein Beschwerderecht**.[3]

3 Die **Übermittlungsbefugnis** nach Abs. 2 erfordert einen Abwägungsvorgang der übermittelnden Behörde. Die übermittelnde Behörde hat im pflichtgemäßen Ermessen abzuwägen, ob die **schutzwürdigen Interessen des Betroffenen** an der Geheimhaltung seiner Daten die **schutzwürdigen Interessen des Minderjährigen** an dem Tätigwerden des Familiengerichts **überwiegen**. Wenn eine Kindeswohlgefährdung vorliegt, dürften regelmäßig die schutzwürdigen Interessen des Minderjährigen überwiegen.

4 Der **Rechtsschutz gegen die Übermittlung von personenbezogenen Daten** richtet sich nach dem jeweiligen Verfahrensrecht, das für die übermittelnde Behörde/das übermittelnde Gericht gilt. Fehlen solche Regelungen, greift § 22 Abs. 1 EGGVG mit dem Rechtsschutz nach §§ 22 Abs. 2, 3, 23 ff. EGGVG.[4]

3 Sternal/*Sternal*, § 22a Rn. 8
4 Prütting/Helms/*Ahn-Roth*, § 22a Rn. 8

Abschnitt 2
Verfahren im ersten Rechtszug

§ 23 FamFG

Verfahrenseinleitender Antrag

(1) [1]Ein verfahrenseinleitender Antrag soll begründet werden. [2]In dem Antrag sollen die zur Begründung dienenden Tatsachen und Beweismittel angegeben sowie die Personen benannt werden, die als Beteiligte in Betracht kommen. [3]Der Antrag soll in geeigneten Fällen die Angabe enthalten, ob der Antragstellung der Versuch einer Mediation oder eines anderen Verfahrens der außergerichtlichen Konfliktbeilegung vorausgegangen ist, sowie eine Äußerung dazu, ob einem solchen Verfahren Gründe entgegenstehen. [4]Urkunden, auf die Bezug genommen wird, sollen in Urschrift oder Abschrift beigefügt werden. [5]Der Antrag soll von dem Antragsteller oder seinem Bevollmächtigten unterschrieben werden.

(2) Das Gericht soll den Antrag an die übrigen Beteiligten übermitteln.

§ 24 FamFG

Anregung des Verfahrens

(1) Soweit Verfahren von Amts wegen eingeleitet werden können, kann die Einleitung eines Verfahrens angeregt werden.

(2) Folgt das Gericht der Anregung nach Absatz 1 nicht, hat es denjenigen, der die Einleitung angeregt hat, darüber zu unterrichten, soweit ein berechtigtes Interesse an der Unterrichtung ersichtlich ist.

§ 25 FamFG

Anträge und Erklärungen zur Niederschrift der Geschäftsstelle

(1) Die Beteiligten können Anträge und Erklärungen gegenüber dem zuständigen Gericht schriftlich oder zur Niederschrift der Geschäftsstelle abgeben, soweit eine Vertretung durch einen Rechtsanwalt nicht notwendig ist.

(2) Anträge und Erklärungen, deren Abgabe vor dem Urkundsbeamten der Geschäftsstelle zulässig ist, können vor der Geschäftsstelle eines jeden Amtsgerichts zur Niederschrift abgegeben werden.

(3) [1]Die Geschäftsstelle hat die Niederschrift unverzüglich an das Gericht zu übermitteln, an das der Antrag oder die Erklärung gerichtet ist. [2]Die Wirkung einer Verfahrenshandlung tritt nicht ein, bevor die Niederschrift dort eingeht.

Übersicht Rn.

A. Allgemeines

I. Antrags- und Amtsverfahren

1 Das FamFG unterscheidet zwischen Amts- und Antragsverfahren. Während § 23 FamFG zentrale Norm für solche Verfahren ist, die nur auf **Antrag** eingeleitet werden können, regelt § 24 FamFG das **Amtsverfahren**. Kindschaftssachen sind wie alle Verfahren der freiwilligen Gerichtsbarkeit grundsätzlich Amtsverfahren, in denen das Familiengericht die für die Entscheidung maßgeblichen Tatsachen von Amts wegen ermittelt (§ 26 FamFG). Allerdings können Kindschaftsverfahren in bestimmten Fällen ausschließlich durch einen Antrag in Gang gesetzt werden (etwa nach § 1671 BGB). Im Rahmen einer **Ehescheidung** können Kindschaftssachen aber auch **Folgesachen** sein, über die dann nur mit der Scheidung zusammen im Verbund verhandelt und entschieden werden kann (§ 137 Abs. 1 und 3 FamFG).

2 Daneben können Kindschaftssachen jedoch auch **von Amts wegen** eingeleitet werden (§ 24 FamFG); dies gilt insbesondere in Kindesschutzverfahren, also in Fällen einer **Kindeswohlgefährdung** nach § 1666 BGB. Hier fehlt den Beteiligten jegliche Dispositionsbefugnis; ob sie einen Antrag stellen oder diesen zurücknehmen (§ 22 FamFG), ist daher für die Einleitung oder Fortsetzung des Verfahrens ohne Bedeutung.[1] Sofern ein Sorgeberechtigter, das **Jugendamt** oder auch ein Dritter (Angehöriger, Nachbar, Lehrer etc.) ein solches Verfahren initiiert, handelt es sich nur um eine bloße **Anregung** i.S.d. § 24 FamFG (siehe auch Rn. 18).[2] Sie sind in solchen Verfahren nicht „Antragsteller". Das gilt auch für das Jugendamt, wenn es nach der Inobhutnahme eines Kindes eine familiengerichtliche Entscheidung einholt (siehe dazu *Köhler*, § 42 SGB VIII Rn. 5).

3 Bei den auf **Antrag** betriebenen Kindschaftssachen handelt es sich nur ausnahmsweise um **echte Antragsverfahren**, die nur auf Antrag eröffnet werden können (insbesondere solche nach §§ 1628 Satz 1 und 1671 Abs. 1 BGB,[3] ähnlich in Gewaltschutz-[4] und Adoptionssachen[5]). Das **Antragserfordernis** ergibt sich hier jeweils aus den materiell-rechtlichen Vorschriften, meist aus dem BGB.

4 Überwiegend liegen jedoch sog. **doppeltypische Verfahren** vor, die sowohl auf Antrag wie auch von Amts wegen eingeleitet werden können (auch bezeichnet als **unechte Antragsverfahren**). Entscheidend für die Verfahrenseinleitung ist in diesen Fällen nicht der Antrag als solcher, sondern die durch die Antragsbegründung vermittelte Kenntnis des Gerichts von Umständen, die eine Verfahrenseinleitung erfordern.[6] So sind **Umgangssachen** grundsätzlich **Amtsverfahren**, die – abgesehen von einem gerichtlich gebilligten Vergleich (§ 156 Abs. 2 FamFG) und trotz der üblichen Einleitung durch eine als „Antrag" bezeichnete Anregung – nicht der Disposition der Beteiligten unterliegen (zur Entscheidung siehe auch *Gottschalk*, § 1684 BGB Rn. 88 ff.).[7] Umgangsverfahren können also auch ohne Anregung von Amts wegen eröffnet werden, wie sich gerade im Fall der Trennung des Kindes von den

---

1 OLG Zweibrücken FamRZ 2023, 1305; OLG Saarbrücken FamRZ 2015, 436
2 OLG Braunschweig FamRZ 2020, 1189; OLG Frankfurt FamRZ 2013, 1237 (LS) = JAmt 2013, 656, dazu *Heiß*, FamFR 2013, 258
3 OLG Brandenburg FamRZ 2013, 1328; ebenso MDR 2014, 163, dazu *Fiedler*, NZFam 2014, 183; BeckOK-BGB/*Veit*, BGB § 1628 Rn. 2-2.2
4 § 1 GewSchG
5 §§ 1752 Abs. 1, 1768 Abs. 1 Satz 1 BGB
6 Vgl. *Lies-Benachib*, NZFam 2018, 581, 582; Prütting/Helms/*Ahn-Roth*, vor §§ 23, 24 FamFG Rn. 3
7 BGH FamRZ 2017, 532; OLG Frankfurt FamRZ 2021, 205; KG FamRZ 2018, 1329; OLG Brandenburg FamRZ 2015, 1818; Staudinger/*Dürbeck*, § 1684 BGB Rn. 175, und 381 m.w.N.; *Heilmann* NJW 2012, 16, 20; a.A. *Osthold*, FamRZ 2017, 1643, 1648

Eltern zeigt,[8] oder bei der Ausübung häuslicher Gewalt durch den umgangsberechtigten Elternteil.[9] In Umgangssachen darf ein „Antrag" deshalb nicht einfach zurückgewiesen werden, sondern es bedarf stets einer Sachentscheidung im Sinne einer konkreten, vollstreckbaren Regelung oder eines Ausschlusses des Umgangs.[10]

Übersicht: Antragsverfahren – Amtsverfahren

Echte Antragsverfahren	(Unechte) Antrags- und Amtsverfahren	Amtsverfahren
§ 1626a Abs. 2 BGB	§ 1632 Abs. 4 BGB	§ 1666 BGB
§ 1628 BGB	§ 1684 BGB	§§ 1674, 1674a BGB
§ 1632 Abs. 1 bis 3 BGB		§ 1688 Abs. 3 BGB
§ 1671 BGB		
§§ 1762, 1768 BGB		
§§ 1, 2 GewSchG		

II. Antragsberechtigung

5 Jeder Antragsteller muss **antragsbefugt** sein. Diese Befugnis ergibt sich aus dem materiellen Recht (z.B. §§ 1626a Abs. 2, 1671 Abs. 1 und 2 BGB), aber auch aus anderen gesetzlichen Regelungen. So steht insbesondere allen **Beteiligten** ein Antragsrecht zu (§ 7 Abs. 4 Satz 2 FamFG). Dritte sind hingegen nicht antragsbefugt.

6 Die Befugnis, das **Recht eines Dritten in eigenem Namen** geltend zu machen, wenn der Antragsteller hieran ein eigenes schutzwürdiges Interesse hat (sog. Verfahrensstandschaft), kommt im Bereich der **Kindschaftssachen** regelmäßig nicht in Betracht, weil es um die Geltendmachung eines eigenen, auf die Person bezogenen Rechts des Beteiligten geht.[11] Zudem ist auch das Kind selbst Inhaber eigener Beteiligtenrechte.[12]

B. Inhalt der Normen

I. Verfahrenseinleitender Antrag

1. Verfahrens- und Sachantrag

7 Setzt die Einleitung des Verfahrens einen **Antrag** voraus, soll dieser Antrag den **inhaltlichen** Anforderungen des § 23 Abs. 1 FamFG entsprechen, also begründet werden, und die im Gesetz genannten Angaben (vor allem zu den relevanten Tatsachen, Personen und ggf. Beweismitteln) enthalten.

Bei dem Antrag handelt es sich einerseits um einen auf Einleitung des Verfahrens gerichteten **Verfahrensantrag**, andererseits auch um einen bestimmten **Sachantrag**, der das Recht-

8 Dazu OLG Brandenburg FamRZ 2010, 1743 = ZKJ 2010, 251
9 Vgl. OLG Nürnberg FamRZ 2024, 1369; *Krüger,* NZFam 2016, 294, 296
10 BGH FamRZ 2016, 1058 m. Anm. *Heilmann;* FamRZ 1994, 158, 159; OLG Koblenz FamRZ 2017, 898; eingehend Staudinger/*Dürbeck*, a.a.O., Rn. 381; *Lies-Benachib*, NZFam 2018, 581 m.w.N.; problematisch insoweit BGH FamRZ 2017, 532 („Antrag" der Großeltern auf Umgang) mit abl. Stellungnahme *Köhler*, ZKJ 2018, 9
11 Musielak/Borth/Frank/*Borth*, FamFG § 23 Rn. 9
12 Vgl. BVerfG FamRZ 2009, 399; OLG Karlsruhe FamRZ 2024, 1795

schutzziel verdeutlicht.[13] Allerdings ist der Sachantrag für das Gericht nur dann **bindend**, wenn die Beteiligten hinsichtlich der betroffenen Rechte dispositionsbefugt sind. Dies ist in Kindschaftssachen nur selten der Fall. Beantragt beispielsweise die Mutter gemäß §1671 BGB die Übertragung der alleinigen elterlichen Sorge auf sich, kann sich das Gericht nach seinem Ermessen auf die Übertragung von Teilbereichen des Sorgerechts beschränken und den Antrag im Übrigen zurückweisen. Im Verfahren nach §1628 BGB kann das Gericht die Entscheidungsbefugnis über einzelne Angelegenheiten der elterlichen Sorge sogar dem auf Antragsgegnerseite stehenden Elternteil übertragen.

Ähnliches gilt auch in **Gewaltschutzverfahren**. Hier kann das Gericht über die Sachanträge hinausgehen, wenn es dies für sachgerecht und geboten erachtet.[14] 8

2. Antragstellung

a) Form

Die **Formerfordernisse** für den Antrag ergeben sich aus §23 Abs. 1 FamFG. Gefordert werden dort insbesondere eine Antragsbegründung und eine Unterschrift des Antragstellers, die Benennung der Beweismittel und der in Betracht kommenden Verfahrensbeteiligten sowie die Beifügung von Urkunden, auf die in der Antragsschrift Bezug genommen wird. Die Frage, ob die **Schriftform** (die nach §25 Abs. 1 FamFG auch eine Antragstellung zur Niederschrift der Geschäftsstelle des Gerichts einschließt) zwingend geboten ist, wird zwar unterschiedlich beantwortet.[15] Dafür sprechen aber die Regelungen in §§23 Abs. 1 Satz 5 (Unterschrift), 25 Abs. 1 FamFG, die sonst ins Leere gehen würden.[16] Möglich ist aber in jedem Fall die Einreichung eines Schriftsatzes per **Computerfax**.[17] 9

Schwierigkeiten können sich dabei aber ergeben, wenn **fristgebundene** Schriftsätze am letzten Tag der Frist eingereicht werden: Möglichen Engpässen bei der Übermittlung – die vor allem dadurch entstehen können, dass eine Vielzahl von Absendern in letzter Minute noch einen Schriftsatz einreichen will – ist durch eine zusätzliche **Zeitreserve** Rechnung zu tragen. Das BVerfG[18] bemisst diesen Zeitraum für dortige Eingaben mit 20 Minuten.[19] Bei umfangreichen Anlagen zum Schriftsatz kann sich eine getrennte Übersendung empfehlen. Wird von den dazu berechtigten Personen oder Institutionen der elektronische Übermittlungsweg gewählt (§14b Abs. 2 FamFG), ergeben sich diese Schwierigkeiten in der Regel nicht. 10

Der Antrag kann von dem Beteiligten selbst oder durch einen **Rechtsanwalt** bei Gericht eingereicht werden. Das ist – außer in Ehe- und Familienstreitsachen – aber (nur) dann erforderlich, wenn es um Verfahren i.S.d. §137 Abs. 3 FamFG als Folgesachen im Scheidungsverbund geht. Grundsätzlich jedoch besteht in Kindschafts-, Adoptions- und auch Gewaltschutzsachen **kein Anwaltszwang** (§114 FamFG).[20] Daher kann der Beteiligte seinen Antrag gemäß §25 FamFG auch **persönlich** bei Gericht stellen. Hierfür kann er sich zu jedem Amtsgericht begeben, das dann den aufgenommenen Antrag an das zuständige Gericht weiterzuleiten hat. Anlaufstelle ist nach dem Gesetzeswortlaut der Urkundsbeamte 11

13 Vgl. *Obermann* NJW 2024, 2161, und *Kretzschmar* NZFam 2014, 908, jeweils mit einem „Musterantrag" auf Regelung des Umgangs bzw. Abänderung einer Umgangsregelung
14 Näher dazu *Cirullies/Cirullies*, Rn. 115 ff. m. Beispielen
15 Vgl. ebenso MüKo-FamFG/*Ulrici*, §23 Rn. 38; a.A.: Sternal/*Sternal*, FamFG §23 Rn. 21, 22, jeweils m.w.N.
16 Vgl. OLG Nürnberg FamRZ 2014, 63 (keine telefonische Antragstellung mit Aktenvermerk); MüKo-FamFG/*Ulrici*, §23 FamFG Rn. 38 m.w.N.
17 Dazu BGH FamRZ 2015, 253
18 BVerfG NVwZ 2014, 1084; ferner BGH FamRZ 2019, 228
19 Dazu *Bacher*, MDR 2019, 851
20 OLG Brandenburg FamRZ 2011, 56; Prütting/Helms/*Hammer*, §151 FamFG Rn. 64

der Geschäftsstelle. Zur Geschäftsstelle gehört jedoch auch die bei Gericht regelmäßig eingerichtete **Rechtsantragsstelle**. Dort nehmen Rechtspfleger Anträge der Rechtsuchenden auf. Sie helfen beim Formulieren und Erteilen sachdienliche Hinweise, leisten jedoch keine Rechtsberatung.

12 Nicht empfehlenswert, doch unter bestimmten Umständen zulässig, ist auch die **Antragstellung per E-Mail**. Erst dann, wenn ein solcher Antrag **ausgedruckt** wird, liegt ein schriftlicher Antrag i.S.d. § 23 FamFG vor.[21] Allerdings ist die Antragstellung per E-Mail **riskant**, denn es liegt zunächst nur ein elektronisches Dokument vor. Das Gericht ist derzeit nicht verpflichtet, durch Ausdrucken des Dokuments die Zulässigkeit des Antrags erst herbeizuführen.

13 Die Übermittlung einer **PDF-Datei per E-Mail** ist zur Fristwahrung in der Regel auch dann **nicht** geeignet, wenn die Datei mit einer **qualifizierten elektronischen Signatur** versehen wird. Eine solche Signatur genügt zwar den Anforderungen des § 130a Abs. 3 ZPO, so dass es der Einreichung auf einem sicheren Übermittlungsweg i.S.v. § 130a Abs. 4 ZPO nicht bedarf. Gemäß § 130a Abs. 2 Satz 1 ZPO muss das elektronische Dokument aber zusätzlich für die Bearbeitung durch das Gericht geeignet sein. Die hierfür geeigneten technischen Rahmenbedingungen für Übermittlung und Bearbeitung hat die Bundesregierung aufgrund der Ermächtigung in § 130a Abs. 2 Satz 2 ZPO in der Verordnung über die technischen Rahmenbedingungen des elektronischen Rechtsverkehrs (ERVV) festgelegt. In § 4 Abs. 1 ERVV ist für ein elektronisches Dokument, das mit einer qualifizierten elektronischen Signatur versehen ist, als Alternative zu einem sicheren Übermittlungsweg nur die Übersendung an das Elektronische Gerichts- und Verwaltungspostfach (EGVP) vorgesehen. Hierzu ist, sofern nicht das **besondere elektronische Anwaltspostfach (beA)** zum Einsatz kommt, ein spezielles EGVP-Client-Programm erforderlich. Die Übermittlung per E-Mail genügt daher nicht.[22] Schließlich ist zu beachten, dass die im EGVP-Verfahren eingesetzte **qualifizierte Container-Signatur** seit dem 1.1.2018 nicht mehr den Anforderungen des § 130a ZPO genügt.[23] Im Einzelfall kann aber ausnahmsweise auch die Einreichung eines elektronischen Dokuments zulässig sein, das nicht der Form der ERVV entspricht, wenn es prozessrechtlich oder materiell-rechtlich nicht der Schriftform unterliegt und faktisch für das Gericht lesbar ist oder wenn das elektronische Dokument nur eine „Soll-Vorschrift" der ERVV verletzt (z.B. §§ 2 Abs. 2, 3, 5 ERVV).[24]

b) Inhalt

aa) Antragsbegründung

14 Der Antrag soll das Rechtsschutzziel deutlich erkennen lassen. Er soll, d.h. muss nach Abs. 1 vor allem die zur **Begründung** dienenden Tatsachen und Beweismittel enthalten. Bei der Abfassung der Antragsschrift ist freilich Fingerspitzengefühl gefordert. Der „Antrag" (in Wirklichkeit die Anregung) auf Gewährung von **Umgangsrecht** sollte lediglich den wesentlichen Sachverhalt sowie die eigene Position wiedergeben und sich insbesondere herabsetzender Äußerungen über den Umgangsverpflichteten (Obhutselternteil) enthalten, wie dies in den Leitfäden einzelner Gerichte bereits postuliert wird. Geht es hingegen um die Übertragung der elterlichen Sorge, ist umfassender Vortrag angezeigt.

21 BGH NJW 2019, 2096; FamRZ 2015, 919
22 *Bacher*, MDR 2019, 851, 852
23 BGH NJW 2019, 2230 mit Anm. *Ulrich/Schmieder* = NZFam 2019, 622 mit Anm. *Schwamb*
24 BGH NJW 2024, 2456, bespr. von *Müller*, NJW 2024, 2437

bb) Namen der möglichen Beteiligten

Ferner sollen im Antrag die Personen benannt werden, die als **Beteiligte** in Betracht kommen. 15

Dabei wird in Kindschaftssachen mitunter übersehen, dass auch dem **nicht sorgeberechtigten Vater** als Beteiligtem rechtliches Gehör zu gewähren ist.[25]

Schwierig wird die Bekanntgabe der Person des Antragstellers im Zusammenhang mit Fällen **häuslicher Gewalt** (siehe dazu *Kischkel,* hier § 32 FamFG Rn. 6), in denen das Opfer ein **Geheimhaltungsinteresse** hat. So läuft die vor dem Täter mit dem Kind in ein Frauenhaus geflohene Mutter bei einem Sorgerechtsantrag wegen der Zuständigkeitsregelung in § 152 FamFG Gefahr, dass wegen der dortigen Anknüpfung an den gewöhnlichen Aufenthaltsort des Kindes ihr aktueller Aufenthaltsort aufgedeckt wird. Es steht zu befürchten, dass sie deshalb ebenso vor einem Antrag zurückschrecken wird, wie das Gewaltschutzopfer, das eigentlich ein Näherungsverbot nach § 1 Abs. 1 Satz 3 Nr. 2 GewSchG anstrebt, jedoch seine Wohnanschrift aus Angst vor dem Täter nicht offenbaren möchte.[26] 16

Besteht in **Gewaltschutzfällen** für einen Elternteil und die gemeinsamen Kinder eine **Auskunftssperre** im Melderegister,[27] so ist es dem anderen Elternteil kaum möglich, einen Antrag an das örtlich zuständige Familiengericht zu richten. Er kann sich in diesem Fall an das für den bisherigen gewöhnlichen Aufenthalt des Kindes zuständige Gericht wenden, das dann von Amts wegen (§ 26 FamFG) die zur Bestimmung der örtlichen **Zuständigkeit** erforderlichen Daten zu ermitteln und ggf. das Verfahren an das örtlich zuständige Gericht zu verweisen hat.[28] 17

II. Anregung des Verfahrens

Weil die Einleitung von **Amtsverfahren** nicht beantragt, sondern lediglich **angeregt** werden kann (§ 24 Abs. 1 FamFG), sind die Beteiligten im weiteren Verfahren auch nicht als „Antragsteller" bzw. „Antragsgegner" zu führen, sondern mit ihrer jeweiligen Funktion (Mutter, Vater, Jugendamt, Verfahrensbeistand etc.). Das ist vor allem in Sorgerechtsverfahren von Bedeutung, wenn Dritte (z.B. Angehörige, Nachbarn, Lehrer, Kindergartenmitarbeiter oder behandelnde Ärzte) das Gericht über eine **Kindeswohlgefährdung** in Kenntnis setzen. Solche Informationen können in jeder Form, also auch telefonisch, weitergegeben werden. Die Anregung führt aber nur unter den Voraussetzungen des § 7 FamFG auch zu einer förmlichen Beteiligung des Anregenden am gerichtlichen Verfahren. Allerdings sind die Daten des Informanten in diesen Fällen im Wege des Vermerks festzuhalten, schon um der etwaigen **Mitteilungspflicht** an den Anregenden nach § 24 Abs. 2 FamFG genügen zu können. 18

▶ *Näher hierzu Köhler, § 7 FamFG.*

Lehnt das Gericht die Einleitung eines amtswegigen Verfahrens **ab**, kann derjenige, der die Einleitung des Verfahrens i.S.d. § 24 FamFG angeregt hat, dagegen grundsätzlich mit der **Beschwerde** nach §§ 58, 59 FamFG vorgehen. Dies setzt aber voraus, dass er durch die Entscheidung in **eigenen subjektiven Rechten** betroffen ist.[29] Damit wird vermieden, dass 19

25 OLG Schleswig FamRZ 2012, 725

26 Dazu *Cirullies/Cirullies*, Rn. 120; vgl. dazu aber auch die Bestrebungen zur Geheimhaltung des Aufenthaltsorts des Gewaltopfers im Referentenentwurf eines Gesetzes zur Verbesserung des Schutzes von gewaltbetroffenen Personen im familiengerichtlichen Verfahren, zur Stärkung des Verfahrensbeistands und zur Anpassung sonstiger Verfahrensvorschriften des BMJ vom Juli 2024, Art. 1; online abrufbar unter https://www.bmj.de/SharedDocs/Downloads/DE/Gesetzgebung/RefE/RefE_FamFG_Aend.pdf?__blob=publicationFile&v=2 (Abruf am: 11.7.2025).

27 Näher dazu *Cirullies/ Cirullies*, Rn. 660

28 Vgl. OVG Münster FamRZ 2015, 1816 = ZKJ 2015, 162 mit Anm. *Gottschalk*

29 OLG Frankfurt FamRZ 2024, 1046; FamRZ 2024, 1039; FamRZ 2022, 545

auch ein **nicht** in eigenen Rechten betroffener Dritter, beispielsweise der Nachbar, der mit der Anzeige einer Kindeswohlgefährdung die Einleitung eines Verfahrens nach § 1666 BGB anregt, gegen die Ablehnung einer Verfahrenseinleitung vorgehen und damit die eigentlich betroffenen Personen ohne Not in ein Rechtsmittelverfahren hineinziehen kann.[30]

§ 26 FamFG

Ermittlung von Amts wegen

Das Gericht hat von Amts wegen die zur Feststellung der entscheidungserheblichen Tatsachen erforderlichen Ermittlungen durchzuführen.

§ 27 FamFG

Mitwirkung der Beteiligten

(1) Die Beteiligten sollen bei der Ermittlung des Sachverhalts mitwirken.

(2) Die Beteiligten haben ihre Erklärungen über tatsächliche Umstände vollständig und der Wahrheit gemäß abzugeben.

Übersicht

A. Allgemeines

1 Während im Zivilprozess (und damit gemäß § 113 Abs. 1 FamFG auch in Familienstreitsachen) der Beibringungsgrundsatz gilt, unterliegt das Verfahren der freiwilligen Gerichtsbarkeit – darunter auch Kindschafts- und Gewaltschutzverfahren – dem **Untersuchungsgrundsatz** (§ 26 FamFG). Das bedeutet: Das Gericht ist „Herr der Sachverhaltsaufklärung" und leitet diese.[1] Daher hat das Gericht bei der Feststellung des Sachverhalts auch in Antragsverfahren **von Amts wegen** die Wahrheit zu ermitteln; es ist grundsätzlich nicht an das Vorbringen und an die Beweisangebote der Beteiligten gebunden (§ 29 Abs. 1 Satz 2 FamFG). Auch trifft das Gericht insoweit besondere Hinweispflichten (§ 28 FamFG).

2 Allerdings haben auch die **Beteiligten** an der Aufklärung mitzuwirken (§ 27 FamFG) – mit erheblichen Konsequenzen für das Verfahren: Tragen alle Beteiligte einen **übereinstimmenden** Sachverhalt vor, hat dies – wie sich schon aus § 30 Abs. 3 FamFG a.E. ergibt – eine einzelfallabhängig mehr oder weniger starke Indizwirkung für die Wahrheit dieses Vortrags.[2] Ergeben sich aus dem sonstigen Verfahrensgeschehen keine gegenteiligen Anhaltspunkte, wird das Gericht in diesem Fall die übereinstimmend vorgebrachte Tatsache als Ergebnis freier Beweiswürdigung gemäß § 37 Abs. 1 FamFG feststellen und von weiteren Beweiserhebungen absehen.[3]

30 *Gottschalk*, ZKJ 2015, 276
1 MüKo-FamFG/*Ulrici*, FamFG § 27 Rn. 3
2 Vgl. zum Abstammungsverfahren OLG Frankfurt NZFam 2022, 1000 m. Anm. *Siede*
3 *Gomille*, NZFam 2014, 100, 101

B. Inhalt der Normen

I. Grundsatz der Amtsermittlung

Der Amtsermittlungsgrundsatz verpflichtet das Gericht auch nicht, allen nur denkbaren Möglichkeiten nachzugehen. Insbesondere besteht keine Pflicht zu einer Amtsermittlung „ins Blaue“ hinein.[4] Daher geben bloße **Verdachtsäußerungen**, die jeglicher tatsächlichen Grundlage entbehren, keinen Anlass zur Vornahme weiterer Ermittlungen.[5] Allerdings sind in **kindschaftsrechtlichen** Verfahren, insbesondere im Rahmen einer Sorgerechtsentziehung oder eines Umgangsausschlusses, besondere Anforderungen an die tatrichterliche Sachaufklärung zu stellen.[6] Dazu gehört grundsätzlich die möglichst zuverlässige Feststellung des wahren **Kindeswillens**, ohne dass es insoweit zwingend der Einholung eines Sachverständigengutachtens bedarf.[7] 3

Umgekehrt darf das Gericht seiner Entscheidung bei Nichtteilnahme eines Elternteils am Verfahren nicht einseitig die Ausführungen des anderen Elternteils zugrunde legen, sondern muss **weitere Ermittlungen** tätigen, etwa durch Bestellung eines Verfahrensbeistandes.[8] 4

II. Mitwirkungspflicht

1. Einschränkung der Amtsermittlung

Die Amtsermittlungspflicht des Gerichts wird allerdings ergänzt und begrenzt durch die **Mitwirkungspflicht** der Beteiligten (§ 27 FamFG).[9] In den **Antragsverfahren** obliegt den Beteiligten insofern eine Darlegungslast, als sie durch Vorbringen des ihnen (besser als dem Gericht) bekannten Sachverhalts und Angabe geeigneter **Beweismittel** Anhaltspunkte dafür geben sollen, in welche Richtung die Ermittlungen des Gerichts gehen können.[10] Deshalb entfällt die gerichtliche Ermittlungspflicht in dem Umfang, in dem einem Beteiligten die **Glaubhaftmachung** seiner Behauptung obliegt.[11] Die Mitwirkungspflicht der Beteiligten **erhöht** sich in gleichem Maß, wie das Gericht auf deren Mitwirkung bei der Sachaufklärung angewiesen ist, insbesondere bei Informationen aus dem höchstpersönlichen Lebensbereich eines Beteiligten.[12] Zwar ist eine Verletzung dieser Mitwirkungspflicht **nicht sanktionsfähig**,[13] der betreffende Beteiligte läuft indes Gefahr, in dem Verfahren zu unterliegen. Zudem kann die Kostenentscheidung zu seinem Nachteil ausfallen.[14] 5

Die Beteiligten sind zwar nicht zur Mitteilung ihnen **nachteiliger Tatsachen** verpflichtet, da sich kein Beteiligter eines Verfahrens selbst belasten muss. Verboten ist jedoch aufgrund der Wahrheitspflicht nach § 27 Abs. 2 FamFG eine bewusste Lüge; auch darf der Beteiligte 6

4 Vgl. BGH FamRZ 2011, 1047; OLG Karlsruhe FamRZ 2015, 2182
5 BGH FamRZ 2011, 1047; OLG Frankfurt NZFam 2022, 261 m. Anm. *Splitt;* OLG Saarbrücken NZFam 2015, 44 m. Anm. *Reinken*
6 Vgl. BVerfG FamRZ 2023, 946; BGH FamRZ 2012, 99; OLG Frankfurt FamRZ 2024, 1289
7 OLG Brandenburg NZFam 2025, 39 m. Anm. *Schmidt;* OLG Jena NZFam 2017, 535 m. Anm. *Engelmann*; OLG Saarbrücken NZFam 2015, 44; OLG Schleswig ZKJ 2015 466
8 OLG Oldenburg NZFam 2017, 1161 m. Anm. *Erbarth;* vgl. auch Sternal/*Sternal*, FamFG § 27 Rn. 6
9 Vgl. OLG Karlsruhe FamRZ 2016, 1958; Sternal/*Sternal,* FamFG § 27 Rn. 1; mitunter wird lediglich eine Mitwirkungslast angenommen, dazu MüKo-FamFG/*Ulrici*, § 27 Rn. 7 m.w.N.
10 Bumiller/Harders/Schwamb/*Bumiller*, § 26 FamFG Rn. 1 m.w.N.
11 OLG Bremen FamRZ 2013, 1916 m.w.N.; Oberloskamp/Dürbeck/*Dürbeck*, § 3 Rn. 83
12 OLG Frankfurt FamRZ 2022, 1530 = ZKJ 2022, 191; FamRZ 2018, 1319 mit Anm. *Hammer*
13 Auch nicht nach § 35 FamFG, vgl. KG FamRZ 2016, 485, 486; OLG Frankfurt FamRZ 2015, 1521, 1522; Prütting/Helms/*Prütting*, § 27 FamFG Rn. 56
14 OLG Brandenburg FamRZ 2019, 2023; dazu auch *Prinz*, FF 2019, 482, 485 m.w.N.

durch lückenhaftes Vorbringen von Behauptungen nicht den Sachverhalt bewusst und absichtlich verfälschen.[15]

▶ *Zur Mitwirkungspflicht in den Fällen des begleiteten Umgangs siehe Gottschalk, § 1684 BGB Rn. 72 ff.*

2. Sonderfall: Medizinische Untersuchung

a) Untersuchung der Eltern

7 Auch stellt § 27 FamFG keine Rechtsgrundlage für die Verpflichtung der Beteiligten zur Mitwirkung an **medizinischen Untersuchungen** dar. Mit Ausnahme von Abstammungssachen (§ 178 Abs. 1 FamFG) kann ein Beteiligter grundsätzlich nicht gezwungen werden, den Sachverständigen aufzusuchen und die Untersuchung zu dulden (zu Ausnahmen bei minderjährigen Flüchtlingen vgl. unten Rn. 10). So kann das Gericht in einem Verfahren wegen Kindeswohlgefährdung nach § 1666 BGB nicht die Einholung einer sachverständigen Stellungnahme einholen zu der Frage, ob bei einem Elternteil eine Suchterkrankung mit Alkoholabusus vorliegt, und diesem gleichzeitig aufgeben, bei der Untersuchung mitzuwirken. Denn die Anordnung stellt einen erheblichen Eingriff in das allgemeine **Persönlichkeitsrecht** (Art. 2 Abs. 1 GG i.V.m. Art. 1 Abs. 1 GG) dar, für die es keine Rechtsgrundlage gibt.[16] Daher ist eine solche Anordnung objektiv willkürlich und ausnahmsweise bereits während des laufenden Verfahrens mit der Beschwerde angreifbar.[17]

▶ *Zur Anfechtbarkeit von Beweisbeschlüssen siehe näher Kischkel, § 58 FamFG Rn. 10.*

8 Verweigert ein Elternteil im Kindesschutzverfahren nach § 1666 BGB die eigene Mitwirkung an der Begutachtung, kann dieses Verhalten auch **nicht** nach den Grundsätzen der **Beweisvereitelung** gewürdigt werden. Allerdings bleibt dem Gericht die Möglichkeit, den die Begutachtung verweigernden Elternteil in Anwesenheit eines Sachverständigen **gerichtlich anzuhören** und zu diesem Zweck das persönliche Erscheinen des Elternteils anzuordnen und ggf. gemäß § 33 FamFG durchzusetzen.[18] Dafür kann der Gerichtstermin in zur Begutachtung geeigneten Räumlichkeiten (d.h. in der Regel nicht im Gerichtssaal) durchgeführt werden. Aussagen des Beteiligten bei diesem Termin können aber nicht erzwungen werden.[19] Ungeachtet dessen gilt aber, dass eine krankheits- und persönlichkeitsbedingte Einschränkung der Erziehungsfähigkeit eines Elternteils bei hinreichenden anderweitigen Anhaltspunkten selbst dann festgestellt werden kann, wenn dieser die Mitwirkung an einer sachverständigen Exploration verweigert.[20]

b) Begutachtung des Kindes

9 Die **psychologische Begutachtung** eines **Kindes** durch einen gerichtlich bestellten Sachverständigen bedarf der **Zustimmung** des einsichtsfähigen Kindes oder der Sorgeberechtigten.[21] Bei einer **Weigerung des Sorgeberechtigten**, das minderjährige Kind einer solchen gerichtlich angeordneten Begutachtung zuzuführen, kann die fehlende **Zustimmung** nach § 1666 Abs. 3 Nr. 5 BGB – in einem gesonderten **Eilverfahren** – ersetzt werden, sofern hin-

15 Prütting/Helms/*Prütting*, § 27 FamFG Rn. 5

16 Vgl. BVerfG FamRZ 2004, 523; BGH FamRZ 2010, 720, 721; OLG Schleswig NZFam 2020, 719, 725, m. Anm. *Salzgeber*

17 OLG Frankfurt FamRZ 2015, 1521; OLG Nürnberg FamRZ 2014, 677, dazu *Breidenstein*, FamFR 2013, 519; vgl. auch *Fahl*, NZFam 2015, 848

18 BGH FamRZ 2010, 720 mit Anm. *Stößer* = NJW 2010, 1351 mit Anm. *Peschel-Gutzeit*; vgl. zum Ganzen auch MüKo-FamFG/*Schumann*, FamFG § 163 Rn. 14 m.w.N.

19 *Bohnert*, NZFam 2014, 107, 112

20 OLG Celle FamRZ 2019, 1930, dazu *Zempel*, NZFam 2018, 528

21 OLG Jena FamRZ 2018, 1677

reichende Anhaltspunkte für eine Kindeswohlgefährdung vorliegen.[22] Diese Maßnahme reicht allerdings nicht aus, wenn zur Durchführung der Begutachtung die persönliche Mitwirkung des gesetzlichen Vertreters erforderlich ist. In solchen Fällen ist dem sorgeberechtigten Elternteil gemäß § 1666 BGB für die Durchführung der Begutachtung das **Aufenthaltsbestimmungsrecht zu entziehen** und dieses auf einen Pfleger zu übertragen, der anstelle des Elternteils über die Möglichkeit einer Exploration des Kindes durch einen Sachverständigen entscheidet.[23] Im Einzelfall kann es aber auch ausreichen, wenn das Gericht als milderes Mittel einen Termin zur Kindesanhörung im Gericht im Beisein des Sachverständigen und des Umgangselternteils anberaumt und den betreuenden Elternteil zum Mitbringen des Kindes veranlasst.[24]

c) Feststellung des Kindesalters

Reisen **unbegleitete Jugendliche** als Flüchtlinge ein, stellt sich mangels gültiger Ausweis- 10
papiere häufig die Frage nach ihrer Minder- oder Volljährigkeit. Die erforderliche **Alterseinschätzung** ist gemäß § 26 FamFG unter Ausschöpfung aller verfahrensrechtlich zulässigen sowie nach den Umständen veranlassten Aufklärungsmöglichkeiten vorzunehmen.[25] Doch treffen den Betroffenen auch Darlegungs- und Mitwirkungspflichten, insbesondere muss er an zumutbaren **medizinischen Untersuchungen** teilnehmen.[26] Zu diesen zählt auch die **Röntgendiagnostik**, die allerdings nur mit Einwilligung des Betroffenen oder seines Vertreters zulässig ist.[27]

§ 28 FamFG

Verfahrensleitung

(1) [1]Das Gericht hat darauf hinzuwirken, dass die Beteiligten sich rechtzeitig über alle erheblichen Tatsachen erklären und ungenügende tatsächliche Angaben ergänzen. [2]Es hat die Beteiligten auf einen rechtlichen Gesichtspunkt hinzuweisen, wenn es ihn anders beurteilt als die Beteiligten und seine Entscheidung darauf stützen will.

(2) In Antragsverfahren hat das Gericht auch darauf hinzuwirken, dass Formfehler beseitigt und sachdienliche Anträge gestellt werden.

(3) Hinweise nach dieser Vorschrift hat das Gericht so früh wie möglich zu erteilen und aktenkundig zu machen.

(4) [1]Über Termine und persönliche Anhörungen hat das Gericht einen Vermerk zu fertigen; für die Niederschrift des Vermerks kann ein Urkundsbeamter der Geschäftsstelle hinzugezogen werden, wenn dies auf Grund des zu erwartenden Umfangs des Vermerks, in Anbetracht der Schwierigkeit der Sache oder aus einem sonstigen wichtigen Grund erforderlich ist. [2]In den Vermerk sind die wesentlichen Vorgänge des Termins und der persönlichen Anhörung aufzunehmen. [3]Über den Versuch einer gütlichen Einigung vor einem Güterichter nach § 36 Ab-

---

22 BGH FamRZ 2010, 720 mit Anm. *Stößer*

23 OLG Frankfurt v. 28.8.2019 – 4 UF 189/19, juris Rz. 12 = FamRZ 2020, 177 (LS); OLG Celle FamRZ 2019, 1930; OLG Stuttgart FamRZ 2018, 455, 456; Prütting/Helms/*Hammer*, § 163 FamFG Rn. 22; a.A.: OLG Rostock FamRZ 2017, 215 = NZFam 2017, 325 mit Anm. *Opitz;* MüKo-FamFG/*Schumann*, § 163 Rn. 11 (Sorgerechtsentzug unverhältnismäßig)

24 OLG Hamm FamRZ 2021, 109; Prütting/Helms/*Hammer*, § 163 FamFG Rn. 22

25 KG FamRZ 2020, 842; OLG Frankfurt FamRZ 2017, 244; OLG Koblenz FamRZ 2017, 1676; vgl. auch BGH JAmt 2015, 395

26 OLG Karlsruhe FamRZ 2015, 2182, dazu *Kemper*, NZFam 2015, 1028

27 KG FamRZ 2020, 842; OVG Bremen NVwZ 2018, 1899; OLG Frankfurt FamRZ 2017, 244; OLG Hamm FamRZ 2015, 1635; aber streitig, a.A. OLG Karlsruhe FamRZ 2015, 2182; eingehend zur Problematik *Dürbeck*, FamRZ 2018, 553, 556 m.w.N.

satz 5 wird ein Vermerk nur angefertigt, wenn alle Beteiligten sich einverstanden erklären. [4]Die Herstellung durch Aufzeichnung auf Datenträger in der Form des § 14 Abs. 3 ist möglich.

Übersicht

A. Allgemeines

1 Die Norm weist dem Gericht eine Fürsorgepflicht und Mitverantwortung für ein faires, willkürfreies und möglichst auf die Wahrheitsermittlung ausgerichtetes Verfahren zu.[1] Eine Überraschungsentscheidung soll vermieden und die Transparenz des Verfahrens erhöht werden. Diese Grundsätze gelten in gleicher Weise im Antrags- wie im Amtsverfahren.

B. Inhalt der Norm

I. Hinweispflichten

2 Unabhängig davon, ob ein Beteiligter selbst handelt oder durch einen Anwalt vertreten wird, hat das Gericht nach § 28 FamFG bestimmte **Hinweis- und Hinwirkungspflichten**. Sie betreffen

- den **Antrag**, der sachdienlich und frei von Formmängeln zu sein hat,
- den **Tatsachenvortrag** der Beteiligten, der alle erheblichen Fakten umfassen soll,
- die **rechtlichen Gesichtspunkte**, auf die das Gericht bei abweichender Beurteilung hinweisen muss.

Die entsprechenden Hinweise sind **aktenkundig** zu machen (§ 28 Abs. 3 FamFG).

II. Dokumentationspflicht

3 Nach § 28 Abs. 4 FamFG ist das Gericht verpflichtet, über Termine und persönliche Anhörungen einen **Vermerk** aufzunehmen.[2] Dieser hat die Funktion eines Protokolls, ohne dabei die strengeren Anforderungen des § 160 ZPO für das zivilprozessuale Verfahren erfüllen zu müssen. Die Gestaltung der Dokumentation ist in das **Ermessen** des Gerichts gestellt und an den Anforderungen des Einzelfalls auszurichten.[3] Eine umfassende Protokollierung des Termins ist grundsätzlich nicht erforderlich; nur das **wesentliche Ergebnis** muss festgehalten werden.[4]

4 Besondere Bedeutung erlangt ein solcher Vermerk bei einer in Abwesenheit der Eltern durchgeführten **Kindesanhörung**, weil er wesentliche Informationen für die Eltern über den Inhalt der Anhörung enthält.[5] Der Vermerk soll sich daher auf die Dokumentation objektiver Abläufe beschränken und keine eigenen Wertungen des Gerichts enthalten.[6]

1 Prütting/Helms/*Prütting*, § 28 FamFG Rn. 3
2 Dazu OLG Frankfurt FamRZ 2022, 1800; OLG Saarbrücken FamRZ 2018, 1001; OLG Karlsruhe FamRZ 2018, 196; KG FamRZ 2017, 1854
3 Vgl. BGH FamRZ 2017, 996; OLG Brandenburg FamRZ 2020, 848; KG FamRZ 2017, 1854
4 BGH FamRZ 2015, 40; Prütting/Helms/*Prütting*, § 28 FamFG Rn. 22
5 OLG Frankfurt FamRZ 2022, 1800
6 BVerfG ZKJ 2019, 361 = FamRZ 2019, 1437, dazu *Giers*, FamRB 2019, 390

§ 29 FamFG
Beweiserhebung

(1) [1]Das Gericht erhebt die erforderlichen Beweise in geeigneter Form. [2]Es ist hierbei an das Vorbringen der Beteiligten nicht gebunden.

(2) Die Vorschriften der Zivilprozessordnung über die Vernehmung bei Amtsverschwiegenheit und das Recht zur Zeugnisverweigerung gelten für die Befragung von Auskunftspersonen entsprechend.

(3) Das Gericht hat die Ergebnisse der Beweiserhebung aktenkundig zu machen.

§ 30 FamFG
Förmliche Beweisaufnahme

(1) Das Gericht entscheidet nach pflichtgemäßem Ermessen, ob es die entscheidungserheblichen Tatsachen durch eine förmliche Beweisaufnahme entsprechend der Zivilprozessordnung feststellt.

(2) Eine förmliche Beweisaufnahme hat stattzufinden, wenn es in diesem Gesetz vorgesehen ist.

(3) Eine förmliche Beweisaufnahme über die Richtigkeit einer Tatsachenbehauptung soll stattfinden, wenn das Gericht seine Entscheidung maßgeblich auf die Feststellung dieser Tatsache stützen will und die Richtigkeit von einem Beteiligten ausdrücklich bestritten wird.

(4) Den Beteiligten ist Gelegenheit zu geben, zum Ergebnis einer förmlichen Beweisaufnahme Stellung zu nehmen, soweit dies zur Aufklärung des Sachverhalts oder zur Gewährung rechtlichen Gehörs erforderlich ist.

(5) [1]In geeigneten Fällen und soweit ausreichende Kapazitäten zur Verfügung stehen, kann das Gericht auf Antrag oder von Amts wegen die Vernehmung eines Zeugen oder Sachverständigen per Bild- und Tonübertragung gestatten. [2]Das Antragsrecht steht den Beteiligten, Zeugen und Sachverständigen zu. [3]§ 128a Absatz 1, 5 und 6 der Zivilprozessordnung gilt entsprechend. [4]Entscheidungen über die Gestattung oder Ablehnung der Vernehmung per Bild- und Tonübertragung sind unanfechtbar.

§ 31 FamFG
Glaubhaftmachung

(1) Wer eine tatsächliche Behauptung glaubhaft zu machen hat, kann sich aller Beweismittel bedienen, auch zur Versicherung an Eides statt zugelassen werden.

(2) Eine Beweisaufnahme, die nicht sofort erfolgen kann, ist unstatthaft.

Übersicht

Weiterführende Literatur: Dölling, Eid und eidesstattliche Versicherung, NZFam 2014, 112; *van Els*, § 31 FamFG – behutsam auszulegen, FamRZ 2012, 496; *Osthold*, Sachverhaltsermittlung, Beweismaß und die Dispositionsmöglichkeiten der Beteiligten über den Verfahrensgegenstand in Familiensachen, Teil 1, FF 2024, 108.

A. Allgemeines

1 Die Ermittlung der Tatsachen, die der familiengerichtlichen Entscheidung zu Grunde zu legen sind, kann eine **Beweisaufnahme** erforderlich machen. Diese wird nach pflichtgemäßem Ermessen des Gerichts entweder formlos (vgl. § 29 FamFG, sog. **Freibeweis**) oder **förmlich** nach den Vorschriften der ZPO (vgl. § 30 FamFG; sog. **Strengbeweis**) durchgeführt.[1]

Für die Tatsachenfeststellung kann auch die **Glaubhaftmachung** (§ 31 FamFG) eine wichtige Rolle spielen, vor allem im Zusammenhang mit dem Erlass einer einstweiligen Anordnung.

Unabhängig von der Form der Beweiserhebung ist bei der Tatsachenermittlung ein mögliches **Zeugnisverweigerungsrecht** eines Beteiligten oder einer Auskunftsperson zu beachten.

B. Inhalt der Normen

I. Grundsätze der Beweiserhebung

1. Freibeweis

2 Im Regelfall gelangt im gerichtlichen Verfahren der **Freibeweis** mit freierer Gestaltung des Beweisverfahrens zur Anwendung. Damit wird dem Gericht ein zügiges, effizientes und ergebnisorientiertes Arbeiten ermöglicht.[2] Es bedarf keines förmlichen Beweisbeschlusses und die Beteiligten haben bei der Beweiserhebung kein Anwesenheitsrecht. Allerdings ist das Ergebnis der Beweiserhebung aktenkundig zu machen (§ 29 Abs. 3 FamFG). Im Wege des Freibeweises kann das Gericht Personen informatorisch anhören, Akten beiziehen, telefonische oder schriftliche Auskünfte bei Behörden oder Privatpersonen einholen oder eine Wohnung besichtigen. Auch die **Glaubhaftmachung** (durch eine eidesstattliche Versicherung oder Indizien) eignet sich grundsätzlich als Mittel des Freibeweises.[3]

2. Strengbeweis

3 Vom Freibeweis ist der **Strengbeweis** zu unterscheiden, der eine **förmliche Beweisaufnahme** voraussetzt. Diese ist zwingend durchzuführen in den gesetzlich vorgeschriebenen Fällen, z.B. bei der **Unterbringung** Minderjähriger mit freiheitsentziehenden Maßnahmen (§ 321 Abs. 1 FamFG i.V.m. §§ 312 Nr. 4, 167 Abs. 1 FamFG, § 1631b BGB) und in **Abstammungsverfahren** (§ 177 Abs. 2 Satz 1 FamFG i.V.m. § 169 Nr. 1 und 4 FamFG).[4]

Darüber hinaus soll eine förmliche Beweisaufnahme über die Richtigkeit einer Tatsachenbehauptung stattfinden, wenn das Gericht seine Entscheidung maßgeblich auf die Feststellung dieser Tatsache stützen will und die Richtigkeit von einem Beteiligten ausdrücklich be-

1 Ausführlich *Osthold*, FF 2024, 108; *Gomille*, NZFam 2014, 100, 102; *Meyer-Wehage*, NZFam 2014, 126
2 BT-Drs. 16/6308, 188
3 Prütting/Helms/*Prütting*, § 31 FamFG Rn. 9
4 Dazu *Wellenhofer*, NZFam 2014, 117, 118

stritten wird (§30 Abs. 3 FamFG).[5] Ein schriftliches **Sachverständigengutachten** ist in der Regel im Strengbeweisverfahren einzuholen.[6]

4 Die förmliche Beweisaufnahme wird gemäß § 30 Abs. 1 FamFG grundsätzlich nach den Vorschriften der **ZPO** (insbesondere §§ 355 ff. ZPO) vorgenommen. Allerdings kann das Gericht von den strengen Formvorschriften abweichen und den Beweis in einer ihm geeignet erscheinenden Art aufnehmen, wenn die Beteiligten damit einverstanden sind (§ 284 Abs. 1 Satz 2 ZPO). Zu den stets zu beachtenden Regeln zählt allerdings § 163a FamFG (Unzulässigkeit der Vernehmung eines Kindes als Zeuge oder als Beteiligter).

Auch bedarf die Einholung ein schriftliches **Sachverständigengutachtens** gemäß § 30 Abs. 1 FamFG, § 358 ZPO nach zutreffender Ansicht jedenfalls in Kindschaftssachen eines förmlichen **Beweisbeschlusses**.[7] Dieser muss das Beweisthema so konkret wie möglich bezeichnen und darf sich nicht auf die Widergabe des Gesetzestextes beschränken.[8] Auch dürfen die an dem jeweiligen Sachverhalt auszurichtenden Beweisfragen nicht die Beantwortung von Rechtsfragen auf den Gutachter übertragen, vor allem nicht die Ausfüllung des unbestimmten Rechtsbegriffs „Kindeswohl".[9]

▶ *Näher dazu Heilmann, § 163 FamFG Rn. 17 ff.*

3. Beweisantrag

5 Stellen die Beteiligten förmliche **Beweisanträge**, ist das Gericht daran zwar nicht gebunden, muss aber nach pflichtgemäßem Ermessen unter Beachtung des Untersuchungsgrundsatzes (§ 26 FamFG) prüfen, inwieweit ihnen nachzugehen ist.[10] Auch bei ausdrücklich als solchen bezeichneten „Anträgen" handelt es sich lediglich um eine Anregung an das Gericht, seine Ermittlungen und Bemühungen um eine Sachverhaltsaufklärung in eine bestimmte Richtung zu lenken.[11] **Beweisbeschlüsse** in Kindschaftssachen sind grundsätzlich nicht isoliert **anfechtbar**. Sie können erst im Rahmen des Rechtsmittels gegen die Endentscheidung des Familiengerichts zur Überprüfung des Beschwerdegerichts gestellt werden.[12]

▶ *Näher hierzu Kischkel, § 58 FamFG Rn. 10.*

4. Feststellungslast

6 Ist eine entscheidungserhebliche Tatsache nicht feststellbar, richten sich die Folgen nach den Grundsätzen der **Feststellungslast**, die denen der Beweislast weitgehend entsprechen.[13] Die Feststellungslast betrifft allerdings – anders als die Beweislast – nur die Frage, wer die Folgen der Nichtfeststellbarkeit einer rechtserheblichen Tatsache zu tragen hat und nicht, wer Beweisanträge stellen muss, um nicht bereits wegen Beweisfälligkeit zu unterliegen.[14] Die Feststellungslast trägt derjenige Beteiligte, der aus dem materiellen Recht eine für ihn günstige Rechtsfolge herleiten möchte. Können die tatsächlichen Grundlagen des

5 OLG Saarbrücken FamRZ 2024, 1269
6 OLG Frankfurt FamRZ 2017, 914; *Köhler*, NZFam 2014, 97, 98
7 Vgl. KG FamRZ 2021, 1226; *Ernst*, FamRB 2016, 361 und *Bergmann*, FamRB 2016, 364; Staudinger/*Dürbeck*, § 1684 BGB Rn. 449 m.w.N.; vgl. auch MüKo-FamFG/*Ulrici*, FamFG § 30 Rn. 3 m.w.N.; a.A. zu Betreuungs- und Unterbringungssachen BGH FamRZ 2023, 1904; FamRZ 2015, 2047; Dutta/Jacoby/Schwab/*Lack*, § 163 FamFG Rn 8
8 Staudinger/*Dürbeck*, § 1684 BGB Rn. 449; *Bergmann*, FamRB 2016, 364, 365
9 *Ernst*, FamRB 2016, 361, 363
10 BayVerfGH FamRZ 2013, 1234; OLG Düsseldorf FamRZ 2021, 395; siehe auch OLG Rostock FamRZ 2021, 640.; Musielak/Borth/Frank/*Borth*, FamFG § 29 Rn. 4
11 MüKo-FamFG/*Ulrici*, § 29 Rn. 9
12 OLG Brandenburg FamRZ 2023, 462; OLG Frankfurt FamRZ 2018, 453, auch zu Ausnahmen von dieser Regel; Prütting/Helms/*Prütting*, § 30 FamFG Rn. 17
13 Vgl. auch *Erbarth*, NZFam 2014, 515, 520
14 *Osthold*, FF 2024, 108, 112; Sternal/*Sternal*, § 29 FamFG Rn 41.

geltend gemachten Anspruchs nicht festgestellt werden, kann er diesen im Verfahren nicht durchsetzen.

7 Diese Regel kommt in Kindschaftssachen wegen des dort besonders ausgeprägten Amtsermittlungsgrundsatzes zwar kaum zum Tragen,[15] wohl aber in **Gewaltschutzsachen**: Kann das potenzielle Opfer den von ihm vorgetragenen und glaubhaft gemachten Sachverhalt im Falle des Bestreitens und der Gegenglaubhaftmachung nicht durch Zeugen, Fotos oder andere präsente Mittel (§ 31 Abs. 2 FamFG) unter Beweis stellen, droht seinen Schutz- und Unterlassungsanträgen die Zurückweisung.[16]

II. Glaubhaftmachung

1. Einstweiliger Rechtsschutz

8 Insbesondere im Rahmen des vorläufigen Rechtsschutzes kommt der **Glaubhaftmachung** große Bedeutung zu. Glaubhaft gemacht ist ein Sachverhalt dann, wenn ein nicht zu vernachlässigender Grad an Wahrscheinlichkeit für das Vorliegen der behaupteten Anordnungsgründe spricht.[17] Dabei **bedarf es nicht der vollen gerichtlichen Überzeugung;** ausreichend ist, dass bei freier Würdigung der Umstände eine höhere Wahrscheinlichkeit dafür besteht, dass die behaupteten Tatsachen vorliegen, als dagegen.[18] Gerade im Eilverfahren wäre ohne das Mittel der Glaubhaftmachung ein effektiver Schutz häufig nicht zu erreichen.[19] Nach § 51 Abs. 1 Satz 2 FamFG obliegt es dem Antragsteller, seinen Antrag zu begründen und die Voraussetzungen für die beantragte einstweilige Anordnung (zumindest) **glaubhaft zu machen**. Hierfür kann er sich aller Beweismittel bedienen und auch zur Versicherung an Eides statt zugelassen werden (§ 31 Abs. 1 FamFG).[20] Eine Glaubhaftmachung kann **erschüttert** werden, indem der Gegner substanziierte Einwendungen erhebt und diese ebenfalls glaubhaft macht, z.B. durch Abgabe einer eidesstattlichen Versicherung (sog. **Gegenglaubhaftmachung**).[21]

2. Eingeschränkte Beweisaufnahme

9 Zwar kann sich derjenige, der eine tatsächliche Behauptung glaubhaft zu machen hat, aller Beweismittel des Freibeweises bedienen, § 31 Abs. 1 FamFG. Eine Beweisaufnahme ist nach § 31 Abs. 2 FamFG aber **unstatthaft**, wenn sie **nicht sofort** erfolgen kann, ihre Durchführung also die Anberaumung eines weiteren gerichtlichen Termins erfordern würde. Der Beweisführer muss folglich die entsprechenden Beweismittel zum Termin herbeischaffen, um dem Gericht eine sofortige Beweiserhebung zu ermöglichen.

Zu den **Mitteln der Glaubhaftmachung** zählen insbesondere (nicht abschließend)

- die Aussage zum Termin bereitgehaltener (präsenter) Zeugen,
- Urkunden (auch unbeglaubigte Kopien)[22] und Lichtbilder,
- ärztliche Atteste, Erste-Hilfe-Protokolle, Aufnahme- und Entlassberichte von Krankenhäusern,
- Auskünfte von Behörden und Sachverständigen, private Sachverständigengutachten,

---

15 *Osthold*, FF 2024, 108, 112 f.
16 Dazu OLG Hamburg NZFam 2020, 19 mit Anm. *Cirullies*
17 OLG Köln FamRZ 2011, 1080
18 OLG Brandenburg FamRZ 2020, 1833.
19 *Dölling*, NZFam 2014, 112, 115
20 Eingehend *Cirullies/Cirullies*, Rn. 148 ff.
21 Dazu OLG Köln FamRZ 2021, 1228; OLG Dresden FamRZ 2019, 533
22 Vgl. BGH NJW 2003, 3558

- schriftliche Zeugenerklärungen,
- die dem erkennenden Gericht vorliegenden Akten, rechtskräftige gerichtliche Entscheidungen,
- die uneidliche Beteiligtenvernehmung sowie
- die eidesstattliche Versicherung.

Die Untersuchung mit einem **Polygraphen** („Lügendetektor") ist im Sorge- und Umgangsverfahren **kein geeignetes Mittel**, um einen Unschuldigen zu entlasten oder um behauptete Tatsachen zu beweisen, weil es sich dabei nach zutreffender Ansicht – auch im familiengerichtlichen Verfahren – um ein völlig ungeeignetes Beweismittel i.S.d. § 244 Abs. 3 Satz 2 Nr. 4 StPO handelt.[23] Stattdessen dürfte, falls erforderlich, ein **aussagepsychologisches Sachverständigengutachten** einzuholen sein. 10

3. Möglichkeiten der Glaubhaftmachung

Von der **Glaubhaftmachung** einer Tatsache ist dann auszugehen, wenn bei freier Würdigung des gesamten Verfahrensstoffes eine **überwiegende Wahrscheinlichkeit** dafür besteht, dass sie zutrifft. Der vollen richterlichen Überzeugung bedarf es nicht; bereits ein geringerer Grad der Überzeugungsbildung reicht aus.[24] Daher tritt eine Wahrscheinlichkeitsfeststellung an die Stelle des Vollbeweises, die jedoch ebenfalls dem Grundsatz der freien Würdigung des gesamten Sachverhalts unterliegt. Über die ausreichende Glaubhaftmachung entscheidet das Gericht nach freier Überzeugung. 11

Als Mittel der Glaubhaftmachung kommt auch die Vernehmung von **Zeugen** in Betracht. Deren bloße **Benennung** in Schreiben der Beteiligten oder anwaltlichen Schriftsätzen **reicht nicht** aus, denn sie stehen dem Gericht dadurch noch nicht im Termin zur Vernehmung zu Verfügung. Sie müssen zum Termin **präsentiert** werden. Der Amtsermittlungsgrundsatz verpflichtet das Gericht vor allem in Verfahren des einstweiligen Rechtsschutzes weder zur Ladung der benannten noch zur Vernehmung der präsenten Zeugen.[25] Allerdings ist das Gericht berechtigt, Beweisangeboten nachzugehen, soweit ihm dies sachdienlich erscheint. Als Mittel der Glaubhaftmachung kommen weiter in Betracht u.a. der richterliche Augenschein, Lichtbilder, schriftliche Erklärungen von Zeugen und ein vorliegendes Sachverständigengutachten (siehe oben Rn. 9). Im Einzelfall können auch **Bild-, Ton- und Videoaufzeichnungen** im Verfahren der einstweiligen Anordnung zur Glaubhaftmachung zugelassen werden.[26] 12

Ob Bild-, Ton- und Videoaufzeichnungen – vor allem, wenn sie heimlich entstanden sind – einem **Beweisverwertungsverbot** unterliegen oder aber ihre Verwertung durch das Gericht von den anderen Verfahrensbeteiligten (dem Gegner) hinzunehmen ist, kann nur unter Würdigung aller Umstände des Einzelfalls und Vornahme einer unter Berücksichtigung aller rechtlich, insbesondere auch verfassungsrechtlich geschützten Positionen der Beteiligten durchgeführten Güter- und Interessenabwägung ermittelt werden.[27] Allerdings kennt die ZPO selbst für rechtswidrig erlangte Informationen oder Beweismittel kein – ausdrückliches – prozessuales Verwendungs- bzw. Beweisverwertungsverbot; dieses ergibt sich auch nicht unmittelbar aus der Verfassung.[28] Aus § 286 ZPO i.V.m. Art. 103 Abs. 1 GG folgt 13

23 Vgl. BGH FamRZ 2003, 1379; FamRZ 1999, 587; KG FamRZ 2011, 839; a.A.: OLG Dresden FamRZ 2013, 1747 (LS), dazu *Schmid*, FamFR 2013, 501; AG Schwäbisch-Hall NZFam 2022, 1125
24 OLG Köln FamRZ 2011, 1080; *van Els*, FPR 2012, 480 je m.w.N.
25 OLG Bremen FamRZ 2012, 142 (LS) = NJW-RR 2011, 1511, dazu *Riegner*, FamFR 2011, 495
26 OLG Saarbrücken FamRZ 2011, 985
27 BGH NJW 2003, 1727; OLG München FamRZ 2021, 1716; vgl. auch BVerfG FamRZ 2003, 21, und zu Beweisverwertungsverboten im Familienrecht *Bruns*, NZFam 2021, 913
28 BVerfG NJW 2011, 2417, Rn. 43

dagegen eine grundsätzliche Verpflichtung der Gerichte, den von den Beteiligten vorgetragenen Sachverhalt und die von ihnen angebotenen Beweise zu berücksichtigen.[29] Eine Verwertung heimlich angefertigter Bild-, Ton- und Videoaufzeichnungen kann jedenfalls dann in Betracht kommen, wenn die Belange des heimlich Aufnehmenden oder Abhörenden – z.B. des Opfers häuslicher Gewalt – das Selbstbestimmungsrecht des davon Betroffenen am eigenen Wort oder Bild im Rahmen einer Güterabwägung überwiegen (vgl. aber § 201 StPO).[30]

4. Eidesstattliche Versicherung

14 Meist genügt für die Glaubhaftmachung – gerade im Verfahren der einstweiligen Anordnung (§§ 49 ff. FamFG) – bereits, dass der Beteiligte die Richtigkeit seiner Tatsachenbehauptungen an Eides statt versichert (und ggf. ergänzend weitere Mittel der Glaubhaftmachung wie Urkunden o.ä. vorlegt). Die **eidesstattliche Versicherung** ist schlicht die Beteuerung der Richtigkeit einer Erklärung durch ihren Urheber. Sie bedarf keiner besonderen Form[31] und kann nicht nur von den Beteiligten selbst, sondern auch von Dritten (Zeugen) abgegeben werden. Wird sie schriftlich abgegeben, muss der Versichernde das Schriftstück nicht selbst verfassen, aber unterzeichnen. Sie ist deshalb zur Glaubhaftmachung einer Tatsache geeignet, weil die Abgabe einer falschen Versicherung an Eides Statt in §§ 156, 161 StGB **unter Strafe** gestellt wird und darauf die Vermutung gründet, dass sich der die Richtigkeit seiner Erklärung Versichernde nicht mutwillig der Strafverfolgung aussetzen möchte.

15 Die eidesstattliche Versicherung muss sich inhaltlich auf **eigene Wahrnehmungen** oder Handlungen des Erklärenden beziehen. Dieser Anforderung **genügt nicht** die in der familiengerichtlichen Praxis nicht selten anzutreffende pauschale Erklärung eines Beteiligten, die von seinem Bevollmächtigten in einem Schriftsatz gemachten Angaben, auf die Bezug genommen wird, entsprächen der Wahrheit.[32] Umgekehrt liegt eine eidesstattliche Versicherung auch dann nicht vor, wenn lediglich der Verfahrensbevollmächtigte für den von ihm vertretenen Beteiligten eine umfangreiche Darstellung des Geschehensablaufs aus dessen Perspektive abgibt.[33]

Versichert allerdings auch der Antragsgegner die Richtigkeit der seinem substantiierten Gegenvortrag zugrundeliegenden Tatsachen an Eides statt, wird die Glaubhaftmachung des Antragstellers durch die **Gegenglaubhaftmachung** des Antragsgegners erschüttert.[34] Damit spricht nicht mehr eine überwiegende Wahrscheinlichkeit für das Vorbringen des Antragstellers und es erfolgt eine denselben Grundsätzen wie im Hauptsacheverfahren folgende Beweislastentscheidung (dann in der Regel zu Lasten des Antragstellers). Macht der Antragsgegner seinen Vortrag nicht glaubhaft, besteht für ihn das Risiko, dass das Gericht in freier Beweiswürdigung seiner Entscheidung ausschließlich den glaubhaft gemachten und schlüssigen Sachvortrag des Antragstellers zugrunde legt und dieser alleine deshalb obsiegt.[35]

---

29 BAG NJW 2014, 810 unter Hinweis auf BVerfG NJW 2002, 361
30 BGH NJW 1982, 277; KG FamRZ 2021, 1800; OLG München FamRZ 2021, 1716; OLG Brandenburg FamRZ 2020, 1833
31 BGH WRP 2002, 1082, 1083
32 BGH NJW 1988, 1682
33 Vgl. KG FamRB 2023, 197
34 Vgl. BGH, Beschl. v. 16.5.2013 – IX ZB 284/11, juris, zur InsO; OLG Köln FamRZ 2021, 1228; OLG Dresden FamRZ 2019, 533 zum GewSchG
35 Vgl. BGH FamRZ 2007, 552

III. Zeugnisverweigerung

Ist die Durchführung einer förmlichen Beweisaufnahme nicht erforderlich, kann das Gericht die erforderlichen Beweise in geeigneter Form erheben, ohne dabei an die strengen Beweisregeln und -mittel der ZPO gebunden zu sein (sog. **Freibeweis**). Dabei können die Ermittlungstätigkeit des Gerichts und die Beweiserhebung ohne Erlass eines Beweisbeschlusses durchaus fließend ineinander übergehen.[36] Aber auch wenn das Gericht im Rahmen des Freibeweises keine förmliche Beweisaufnahme durchführt, sondern lediglich Auskunftspersonen befragt (§ 29 Abs. 2 FamFG), gelten für diese die Vorschriften der ZPO über die **Amtsverschwiegenheit** (§ 376 ZPO) und über das **Zeugnisverweigerungsrecht** (§§ 383 f. ZPO) entsprechend. **16**

Das Gesetz nennt hier **persönliche Gründe** in Bezug auf näher bezeichnete nahestehende Personen (§ 383 ZPO: Ehe, Verwandtschaft etc.),[37] aber auch **sachliche Gründe** (§ 384 ZPO: Gefahr eines Vermögensschadens oder der Strafverfolgung). In Kindschaftssachen kann dem in § 384 Nr. 2 ZPO genannten sachlichen Grund eine besondere Bedeutung zukommen. Danach kann die Auskunftsperson über Fragen, deren Beantwortung ihr oder einer der in § 383 ZPO genannten Personen **zur Unehre gereichen** oder die Gefahr der **Strafverfolgung** nach sich ziehen würde, das Zeugnis verweigern.[38] Die in § 383 Abs. 1 Nr. 1 bis 3 ZPO bezeichneten Personen sind auch im Rahmen des Freibeweises (auch bei lediglich schriftlicher oder telefonischer Befragung) auf ihr Zeugnisverweigerungsrecht hinzuweisen.

§ 32 FamFG
Termin

(1) [1]Das Gericht kann die Sache mit den Beteiligten in einem Termin erörtern. [2]Die §§ 219, 227 Abs. 1, 2 und 4 der Zivilprozessordnung gelten entsprechend.

(2) Zwischen der Ladung und dem Termin soll eine angemessene Frist liegen.

(3) [1]In geeigneten Fällen und soweit ausreichende Kapazitäten zur Verfügung stehen, soll das Gericht zur Erörterung der Sache auf Antrag eines Beteiligten oder von Amts wegen die Teilnahme per Bild- und Tonübertragung für einen Beteiligten, mehrere oder alle Beteiligte gestatten. [2]§ 128a Absatz 1, Absatz 5 und Absatz 6 der Zivilprozessordnung gilt entsprechend. [3]Die Ablehnung eines Antrags auf Teilnahme per Bild- und Tonübertragung ist kurz zu begründen. [4]Entscheidungen über die Gestattung oder Ablehnung der Erörterung per Bild- und Tonübertragung sind unanfechtbar.

Übersicht

Weiterführende Literatur: Greger, Zeitgerechte Kommunikation im familiengerichtlichen Verfahren: mündlich, schriftlich, elektronisch?, FF 2020, 387; *Lorenz,* Die Videokonferenz im familiengerichtlichen Verfahren, MDR 2016, 956; *Zorn*, Das Verfahren in Kindschaftssachen nach dem FamFG, Rpfleger 2009, 421.

36 Sternal/*Sternal,* FamFG § 29 Rn. 19
37 Siehe dazu OLG Stuttgart MDR 2015, 225
38 A.A. wohl OLG Schleswig FamRZ 2013, 571

A. Allgemeines

1 § 32 FamFG gelangt nur in Verfahren der freiwilligen Gerichtsbarkeit zur Anwendung, zu denen auch die Kindschaftssachen zählen und in denen das **Mündlichkeitsprinzip grundsätzlich keine Geltung** hat.[1] Anders als in den streitigen Familiensachen, die im Wesentlichen der ZPO folgen, trifft das Gericht seine Entscheidung nämlich auf der Grundlage des gesamten Verfahrensinhalts und nicht nur des Inhalts der mündlichen Verhandlung. Allerdings ist die persönliche Anhörung einzelner Beteiligter obligatorisch (vgl. §§ 159, 160 FamFG); auch soll in Kindesschutzverfahren ein Erörterungstermin stattfinden (§ 157 Abs. 1 FamFG). § 32 FamFG stellt darüber hinaus in Abs. 1 Satz 1 aber klar, dass das Gericht in jedem Verfahren nach pflichtgemäßem Ermessen berechtigt ist, die Angelegenheit mit den Beteiligten in einem mündlichen Termin zu erörtern.

Im Übrigen wird den Beteiligten im Rahmen einer mündlichen Erörterung effektiv und gleichzeitig rechtliches Gehör gewährt und – nicht zuletzt – kann sich das Gericht im Termin einen persönlichen Eindruck von den Beteiligten verschaffen und den Sachverhalt weiter aufklären.[2] Eine **Vermischung von schriftlichem und mündlichem Verfahren** ist allerdings **nicht zulässig** und führt vor allem im Hinblick auf die Frage der Zulässigkeit der Beschwerde im Eilverfahren (vgl. § 57 Satz 2 FamFG) zu Abgrenzungsproblemen.[3]

2 Die gesetzliche Terminologie ist etwas uneinheitlich: Grundsätzlich ist allerdings der Unterschied zwischen einem **Erörterungstermin** i.S.d. § 32 FamFG und einem Termin zur **persönlichen Anhörung** der Beteiligten gemäß §§ 33, 34 FamFG zu beachten.[4] Im Zusammenhang mit der **einstweiligen Anordnung** verwendet das Gesetz mit der „mündlichen Erörterung" (z.B. § 57 FamFG) und der „mündlichen Verhandlung" (z.B. §§ 51 Abs. 1 Satz 2 und 54 Abs. 2 FamFG) unterschiedliche Begrifflichkeiten mit synonymem Inhalt.[5]

Darüber sieht das Gesetz für das **Kindschaftsverfahren** weitere **differenzierte Terminsarten** vor (die in der Praxis allerdings häufig zusammengefasst werden):[6]

- früher Termin (§ 155 Abs. 2 FamFG),
- Erörterungstermin in Verfahren zur Abwehr einer Kindeswohlgefährdung (§ 157 FamFG),[7]
- Termine zur persönlichen Anhörung der Eltern und des Kindes (§§ 159, 160 FamFG),
- Termin zur Erörterung des Erlasses einer einstweiligen Anordnung (§ 57 Abs. 2 FamFG).

Alle Termine sind grundsätzlich **nicht öffentlich** (§ 170 Abs. 1 Satz 1 GVG).

B. Inhalt der Norm

I. Anberaumung eines Termins

3 Über die Frage, ob ein Erörterungstermin nach § 32 FamFG abgehalten wird, entscheidet das Gericht grundsätzlich zwar nach pflichtgemäßem **Ermessen**. Unberührt von § 32 FamFG bleiben allerdings Sondervorschriften, die eine **Pflicht** des Gerichts zur Durchfüh-

1 Vgl. zum Folgenden auch Ernst/Lohse/*Ernst*, Praxishandbuch Familiengerichtlicher Kinderschutz, 2022, Teil 2 Rn. 150 ff.
2 MüKo-FamFG/*Ulrici*, FamFG § 32 Rn. 1
3 Vgl. OLG Frankfurt FamRZ 2023, 1042; OLG Saarbrücken FamRZ 2023, 1645; OLG Brandenburg FamRZ 2020, 1664; zum Ganzen auch *Grohmann*, FamRZ 2024, 251
4 Dazu KG FamRZ 2018, 765
5 Vgl. OLG Frankfurt FamRZ 2013, 316; Dutta/Jacoby/Schwab/*Cirullies*, § 207 FamFG Rn. 3
6 Vgl. *Heilmann*, NJW 2012, 887, 888 f.
7 Vgl. Ernst/Lohse/*Ernst*, Praxishandbuch Familiengerichtlicher Kinderschutz, 2022, Teil 2 Rn. 150 ff.

rung einer mündlichen Verhandlung statuieren (z.B. §§ 155 Abs. 2 Satz 1, 165 Abs. 2 Satz 1 FamFG). Ferner sehen die §§ 157 Abs. 1, 175 Abs. 1 Satz 1 FamFG für die dort genannten Kindesschutz- bzw. Abstammungsverfahren vor, dass ein Termin stattfinden soll, grundsätzlich also ebenfalls durchzuführen ist.[8] Im Übrigen ist ein Termin aber anzuberaumen, sobald seine Durchführung **sachgerecht** ist.[9]

Ungeachtet der gesetzlichen Regelungen ist die Anberaumung eines Erörterungstermins aber schon deshalb angezeigt, weil das Gericht nach § 36 Abs. 1 Satz 2 FamFG außer in **Gewaltschutzsachen** (siehe dazu *Cirullies,* § 1 GewSchG Rn. 38) – und Kinderschutzverfahren (§ 156 Abs. 1 Satz 1 FamFG; siehe dazu *Wegener,* § 156 FamFG Rn. 10) – auf eine gütliche Einigung der Beteiligten hinwirken soll. Diese setzt aber regelmäßig eine persönliche Kommunikation mit den Verfahrensbeteiligten voraus.

Wird ein Erörterungstermin anberaumt, ist – in Abgrenzung zur persönlichen Anhörung nach § 34 FamFG (bzw. nach §§ 159, 160 FamFG) – grundsätzlich die **Ladung aller Beteiligten** erforderlich, um ihnen damit unter den Gesichtspunkten der Gewährung des rechtlichen Gehörs und eines fairen Verfahrens die gleichzeitige Anwesenheit im Termin zu ermöglichen.[10] Erscheint ein Beteiligter trotz Ladung unentschuldigt nicht, steht dies der Erörterung gemäß § 32 Abs. 1 FamFG nicht entgegen.[11]

II. Terminsverlegung

Nach § 32 Abs. 1 Satz 2 FamFG gelten die Vorschriften der §§ 219, 227 Abs. 1, 2 und 4 ZPO über Terminsort und Terminsaufhebung oder -verlegung entsprechend. Danach kann das Gericht den Erörterungstermin aus **erheblichen Gründen** aufheben oder verlegen. Ein erheblicher Grund kann insbesondere bei einer Erkrankung des Beteiligten oder bei urlaubsbedingter Abwesenheit vorliegen, wenn die Urlaubsreise bereits vor Zugang der Ladung gebucht wurde.[12] 4

Allerdings ist in **Kindschaftssachen** die Regelung in 155 Abs. 2 Satz 4 und 5 FamFG zu beachten: Danach ist eine Terminsverlegung ist im Hinblick auf das Beschleunigungsgebot nur aus zwingenden, mit dem Verlegungsgesuch **glaubhaft zu machenden** Gründen zulässig. Der bloße Hinweis des Verfahrensbevollmächtigten auf ein bereits anderweitig terminiertes Verfahren (auch eine andere „Familiensache") reicht hier zur Begründung des Verlegungsgesuchs nicht aus. Sollte der kollidierende Termin ein ebenso dringliches Verfahren betreffen, ist dies näher darzulegen.[13] Auf der anderen Seite kann die **Verweigerung** einer aus zwingenden Gründen beantragten Terminsverlegung die Besorgnis der **Befangenheit** des Richters begründen.[14]

III. Videoanhörung

Nach § 32 Abs. 3 FamFG[15] i.V.m. § 128a ZPO besteht die Möglichkeit, die Erörterung unter Einsatz der **Videotechnik** an verschiedenen Orten durchzuführen.[16] Nach der Legaldefinition des entsprechend anzuwendenden § 128a Abs. 1, 5 und 6 ZPO findet die mündliche 5

8 Prütting/Helms/*Hammer*, § 157 FamFG Rn. 16
9 Dutta/Jacoby/Schwab/*Jacoby*, § 32 FamFG Rn. 7
10 KG FamRZ 2018, 765; Prütting/Helms/*Abramenko*, § 32 FamFG Rn. 3
11 OLG Frankfurt a.M. FamRZ 2013, 1831 und 316
12 Sternal/*Jokisch*, FamFG § 32 Rn. 22
13 Dazu OLG Brandenburg FamRZ 2019, 822
14 Vgl. OLG München FamRZ 2024, 378
15 Abs. 3 neugefasst und erweitert durch Gesetz v. 15.7.2024 (BGBl. 2024 I Nr. 237) mit Wirkung zum 19.7.2024
16 Näher MüKo-FamFG/*Ulrici*, § 32 Rn. 11; kritisch zu der Regelung Prütting/Helms/*Abramenko*, § 32 FamFG Rn. 28

Verhandlung als **Videoverhandlung** statt, wenn an ihr mindestens ein Verfahrensbeteiligter oder mindestens ein Mitglied des Gerichts per Bild- und Tonübertragung teilnimmt. Verfahrensbeteiligte sind die Beteiligten i.S.d. § 7 FamFG, ihre Bevollmächtigten sowie ihre Vertreter und Beistände. Die Videoverhandlung leitet der Richter oder der Vorsitzende des Kollegialgerichts von der Gerichtsstelle aus. Er hat die Beteiligten zu Beginn der Verhandlung darauf hinzuweisen, dass es untersagt ist, die Verhandlung aufzuzeichnen. Ein Anspruch der Beteiligten auf eine Videoverhandlung besteht aber ebenso wenig, wie auf Ausstattung des Gerichts mit der erforderlichen Technik.

Videoverhandlungen haben infolge der zurzeit der Corona-Pandemie eingeschränkten Kontaktmöglichkeiten erheblich an praktischer Bedeutung gewonnen. Gleichwohl wird von dieser Möglichkeit in der familiengerichtlichen Praxis, speziell in Kindschaftssachen, nur zurückhaltend Gebrauch gemacht. **Ausgeschlossen** sein dürfte im Hinblick auf § 34 Abs. 4 Satz 1 FamFG (*e contrario*) der Einsatz der Videotechnik bei der **Durchführung der persönlichen Anhörung** der betroffenen Kinder und Eltern (§§ 159, 160 FamFG).[17] Im Übrigen gilt, dass sich die Frage nach den Grenzen einer Videoanhörung und nach der Geeignetheit der Maßnahme umso dringlicher stellt, je mehr der persönliche Eindruck der Beteiligten im Vordergrund steht.[18] In Einzelfällen, etwa zur Vermeidung von Vorführungen aus der **Justizvollzugsanstalt** oder in Fällen **drohender Gewaltausübung**, mag der Einsatz dieser Technik ausnahmsweise sinnvoll sein.[19] Die bei einer Kindesanhörung nicht im Vernehmungszimmer anwesenden **Eltern** haben jedenfalls keinen Anspruch darauf, diese im Wege der Videoübertragung zu verfolgen.[20] Eine Anhörung des Kindes per Telefon schließlich ist mit den Anforderungen des § 159 FamFG nicht in Einklang zu bringen und reicht daher nicht aus.[21]

C. Vorbereitung des Termins bei Gewaltbefürchtung

6 Gerade vor dem Hintergrund einer virulenten **Gewaltproblematik** erfordert die Vorbereitung des Termins besonderer Aufmerksamkeit des Gerichts. Hier können je nach Einzelfall unterschiedliche **Maßnahmen** in Betracht kommen:[22]

- bei akuter Gefährdung von Personen die Anordnung der Anwesenheit eines **Wachtmeisters** zum Schutz der Beteiligten während und in unmittelbarem zeitlichen Zusammenhang mit der Teilnahme an der Sitzung,
- in Ausnahmefällen kommt auch eine zeitversetzte **getrennte Anhörung** der Eltern nach § 33 Abs. 1 Satz 2 FamFG oder im Wege der **Videoübertragung** (vgl. oben Rn. 5) in Betracht,
- Erteilung eines Hinweises mit der Ladung, dass im Notfall ggf. im **Zeugenschutzzimmer** des Gerichts Zuflucht genommen werden kann,[23]

---

17 Differenzierend *Frank*, FamRZ 2024, 1593, 1595 f.; vgl. auch BGH Beschl. v. 5.12.2023 – XIII ZB 46/22, BeckRS 2023, 39944, zur Anhörung nach § 420 Abs. 1 FamFG; a.A.: OLG Celle FamRZ 2022, 1640, Rn. 26

18 Daher ablehnend zu einer Anhörung per Videoübertragung in Betreuungssachen BVerfG FamRZ 2016, 1041 Rn. 14; BGH FamRZ 2021, 222 Rn. 11; vgl. auch *Socha*, FamRZ 2020, 731, 733; *Frank*, FuR 2020, 331, 334

19 Vgl. AG Offenburg FamRZ 2023, 640 (zum Betreuungsverfahren) m. abl. Anm. *Gietl*; AG Darmstadt FamRZ 2015, 271 m. Anm. *Viefhues*; ferner *Lorenz*, MDR 2016, 956

20 BVerfG FamRZ 2019, 1437

21 BverfG FamRZ 2022, 694; BeckOGK/*Amend-Traut/Bongartz*, BGB § 1626 Rn. 233

22 Vgl. *Völker/Clausius*, Rn. 459; eingehend *Scharl/Schmid*, NZFam 2014, 1078

23 Vgl. hierzu (im Gewaltschutzverfahren) *Cirullies/Cirullies*, Rn. 133, 140

- die Aufforderung an einen in Kindschaftssachen in der Regel zu bestellenden **Verfahrensbeistand**, rechtzeitig vor dem Termin eine schriftliche Einschätzung der Konfliktlage einzureichen,
- die Anforderung eines aktuellen Berichts des **Jugendamts** nebst **Ladung** und Anordnung des persönlichen Erscheinens,[24] damit eventuelle Schutz- und Hilfemaßnahmen sowie deren Realisierbarkeit im Termin unverzüglich besprochen werden können,
- u.U. die Einholung von **Aussagegenehmigungen**,[25]
- die Beiziehung von **Strafakten**, ggf. Polizeiberichten und Vernehmungsprotokollen,
- die Einholung eines Auszugs aus dem **Bundeszentralregister**,
- die vorsorgliche Ladung von Mitarbeitern der **Schutzeinrichtung** (Frauenhaus, Kinderheim etc.), in der das Kind und/oder der betroffene Elternteil leben, um eine fachliche Einschätzung professionell beteiligter Dritter zur Bedeutung der Gewalterfahrung und eventuell gebotenen Schutzmaßnahmen zu erhalten.

§ 33 FamFG

Persönliches Erscheinen der Beteiligten

(1) [1]Das Gericht kann das persönliche Erscheinen eines Beteiligten zu einem Termin anordnen und ihn anhören, wenn dies zur Aufklärung des Sachverhalts sachdienlich erscheint. [2]Sind in einem Verfahren mehrere Beteiligte persönlich anzuhören, hat die Anhörung eines Beteiligten in Abwesenheit der anderen Beteiligten stattzufinden, falls dies zum Schutz des anzuhörenden Beteiligten oder aus anderen Gründen erforderlich ist. [3]Als persönliches Erscheinen gilt auch die Teilnahme an einem Termin per Bild- und Tonübertragung nach § 32 Absatz 3.

(2) [1]Der verfahrensfähige Beteiligte ist selbst zu laden, auch wenn er einen Bevollmächtigten hat; dieser ist von der Ladung zu benachrichtigen. [2]Das Gericht soll die Zustellung der Ladung anordnen, wenn das Erscheinen eines Beteiligten ungewiss ist.

(3) [1]Bleibt der ordnungsgemäß geladene Beteiligte unentschuldigt im Termin aus, kann gegen ihn durch Beschluss ein Ordnungsgeld verhängt werden. [2]Die Festsetzung des Ordnungsgeldes kann wiederholt werden. [3]Im Falle des wiederholten, unentschuldigten Ausbleibens kann die Vorführung des Beteiligten angeordnet werden. [4]Erfolgt eine genügende Entschuldigung nachträglich und macht der Beteiligte glaubhaft, dass ihn an der Verspätung der Entschuldigung kein Verschulden trifft, werden die nach den Sätzen 1 bis 3 getroffenen Anordnungen aufgehoben. [5]Der Beschluss, durch den ein Ordnungsmittel verhängt wird, ist mit der sofortigen Beschwerde in entsprechender Anwendung der §§ 567 bis 572 der Zivilprozessordnung anfechtbar.

(4) Der Beteiligte ist auf die Folgen seines Ausbleibens in der Ladung hinzuweisen.

§ 34 FamFG

Persönliche Anhörung

(1) Das Gericht hat einen Beteiligten persönlich anzuhören,

1. **wenn dies zur Gewährleistung des rechtlichen Gehörs des Beteiligten erforderlich ist oder**
2. **wenn dies in diesem oder in einem anderen Gesetz vorgeschrieben ist.**

24 Vgl. §§ 157 Abs. 1 Satz 2, 162 Abs. 3 Satz 1 FamFG
25 Vgl. § 29 Abs. 2 FamFG i.V.m. § 376 ZPO

(2) Die persönliche Anhörung eines Beteiligten kann unterbleiben, wenn hiervon erhebliche Nachteile für seine Gesundheit zu besorgen sind oder der Beteiligte offensichtlich nicht in der Lage ist, seinen Willen kundzutun.

(3) [1]Bleibt der Beteiligte im anberaumten Anhörungstermin unentschuldigt aus, kann das Verfahren ohne seine persönliche Anhörung beendet werden. [2]Der Beteiligte ist auf die Folgen seines Ausbleibens hinzuweisen.

(4) [1]Im Anwendungsbereich des Absatzes 1 Nummer 1 kann das Gericht die persönliche Anhörung eines Beteiligten per Bild- und Tonübertragung gestatten. [2]§ 32 Absatz 3 gilt entsprechend.

Übersicht Rn.

A. Allgemeines

1 In Verfahren der freiwilligen Gerichtsbarkeit, zu denen auch die Kindschaftssachen i.S.d §§ 111 Nr. 2, 151 FamFG zählen, gilt das Mündlichkeitsprinzip nicht. Daran ändert auch § 32 FamFG nichts.[1] Vielmehr ordnet § 37 Abs. 1 FamFG an, dass das Gericht nach seiner freien, aus dem gesamten Inhalt des Verfahrens gewonnenen Überzeugung entscheidet, dass also – anders als im Verfahren nach der ZPO – der gesamte Inhalt des Verfahrens die tatsächliche Entscheidungsgrundlage bildet. Daher steht die Durchführung einer mündlichen Erörterung grundsätzlich im Ermessen des Gerichts.[2] Allerdings sehen §§ 155 Abs. 2 Satz 1, 157 FamFG vor, dass das Gericht **Kindschaftssachen**, die den Aufenthalt des Kindes, das Umgangsrecht oder die Herausgabe des Kindes betreffen, sowie Verfahren wegen Gefährdung des Kindeswohls grundsätzlich **mit den Beteiligten** in einem Termin zu **erörtern** hat. Dies setzt aber wiederum das **persönliche Erscheinen** der insoweit ordnungsgemäß zu ladenden Beteiligten voraus, denn nur so ist neben der Sachverhaltsaufklärung auch die in § 155 Abs. 1 FamFG vorgeschriebene mündliche Erörterung möglich.[3] Daher kann ein Fernbleiben eines Beteiligten auch durch die Verhängung eines Ordnungsgeldes geahndet werden (§ 33 Abs. 3 FamFG).

Auf der anderen Seite, aus Sicht der Beteiligten, gilt aber, dass ihr verfassungsrechtlich geschützter Anspruch auf Gewährung **rechtlichen Gehörs** grundsätzlich ebenfalls durch ihre **persönliche Anhörung** im Termin zu gewährleisten ist. So darf das Gericht eine Entscheidung, die die Rechte eines Beteiligten beeinträchtigt, nur auf Tatsachen und Beweisergebnisse stützen, zu denen sich dieser äußern konnte (§ 37 Abs. 2 FamFG).

Daraus leitet sich folgende **Differenzierung** ab: **§ 33 FamFG** betrifft die Anordnung des persönlichen Erscheinens eines Beteiligten zum Zwecke der Sachaufklärung (ähnlich § 141 ZPO), während **§ 34 FamFG** die persönliche Anhörung der Beteiligten zur Gewährleistung rechtlichen Gehörs oder entsprechend gesetzlicher Anordnung regelt.[4]

1 Vgl. BT-Drs. 16/6308, 191
2 Vgl. BT-Drs. 16/6308, 191
3 Sternal/*Schäder*, FamFG § 155 Rn. 22
4 Zöller/*Feskorn*, 33 FamFG, Rn. 4

B. Inhalt der Normen

I. Persönliches Erscheinen

1. Pflicht der Beteiligten

2 Die Anordnung des persönlichen Erscheinens zur Anhörung eines Beteiligten und deren zwangsweise Durchsetzung nach § 33 FamFG sind nur gegenüber **Beteiligten** i.S.d. § 7 FamFG zulässig. Hierzu zählen allerdings auch **Dritte** i.S.d. § 1666 Abs. 4 BGB, gegen die Maßnahmen zum Schutz der betroffenen Kinder erlassen werden sollen (vgl. *Cirullies*, § 1666 BGB Rn. 17). Auf andere Dritte, insbesondere Zeugen, ist die Vorschrift nicht anwendbar.[5]

2. Folgen des Ausbleibens

3 Bleibt ein Beteiligter dem Termin trotz **ordnungsgemäßer Ladung** (mit der auch hinreichend auf die möglichen Folgen des Fernbleibens hingewiesen wurde, § 33 Abs. 4 FamFG)[6] **unentschuldigt** fern, muss das Gericht über das weitere Vorgehen entscheiden.

In diesen Fällen *kann* das Gericht nach seinem Ermessen gemäß **§ 33 Abs. 3 FamFG**

- gegen den Beteiligten – auch wiederholt – ein **Ordnungsgeld** (aber nicht Ordnungshaft!)[7] verhängen, und
- im Falle des wiederholten, unentschuldigten Ausbleibens die **Vorführung** des Beteiligten durch einen Gerichtsvollzieher anordnen.

Dies gilt allerdings nicht im Verhältnis zu minderjährigen und nicht verfahrensfähigen Kindern, deren Erscheinen primär durch ein gegen die nicht mitwirkungsbereiten Eltern gerichtetes **Zwangsgeld** nach § 35 Abs. 1 FamFG bewirkt werden kann.[8]

Weil die Festsetzung des Ordnungsgelds (zur Abgrenzung zum Zwangsgeld vgl. *Kischkel*, § 35 FamFG Rn. 4) nicht primär wegen einer Missachtung des Gerichts erfolgt, sondern der **Verfahrensförderung** dient, ist die Verhängung von Ordnungsgeld nach zutreffender Ansicht **ermessensfehlerhaft**, wenn sich das Nichterscheinen des Beteiligten in der Sache nicht auswirkt.[9] Dies ist der Fall, wenn das Verfahren auch ohne die Anhörung des geladenen, aber nicht erschienenen Beteiligten entscheidungsreif ist und abschließend in der Sache entschieden werden könnte[10] oder wenn in einem Termin zur Abänderung einer Umgangsregelung das Verfahren trotz des persönlichen Nichterscheinens ausreichend gefördert werden kann.[11]

▶ *Zum Absehen von der persönlichen Anhörung siehe Rn. 9.*

5 Insoweit gilt § 380 ZPO i.V.m. § 30 Abs. 1 FamFG
6 Vgl. zur Formulierung des Hinweises OLG Braunschweig FamRZ 2024, 960
7 Vgl. Sternal/*Jokisch*, FamFG § 33 Rn. 15
8 OLG Celle FamRZ 2019, 1875; Prütting/Helms/*Hammer*, § 35 Rn. 7 und § 159 Rn. 36; MüKo-FamFG/*Schumann*, FamFG § 159 Rn. 12; Sternal/*Schäder*, § 159 Rn. 24; a.A.: OLG Karlsruhe FamRZ 2023, 544 m. abl. Anm. *Jokisch*
9 Vgl. BAG NJW 2008, 252; OLG Frankfurt FamRZ 2017, 1332; OLG Brandenburg, Beschl. v. 18.3.2014 – 10 WF 9/14, BeckRS 2014, 14892 = FamRZ 2014, 270 (Ls.); OLG Hamm FamRZ 2012, 150; Sternal/*Jokisch*, § 33 Rn. 15; MüKo-FamFG/*Ulrici*, FamFG § 33 Rn. 12; a.A.: OLG München NJW-RR 1992, 827, 828; Dutta/Jacoby/Schwab/*Jacoby*, § 33 FamFG Rn. 10
10 OLG Hamm FamRZ 2012, 150
11 OLG Frankfurt FamRZ 2017, 1332

a) Festsetzung von Ordnungsgeld

4 Die Höhe des Ordnungsgeldes richtet sich nach Art. 6 Abs. 1 EGStGB und liegt zwischen 5 EUR und 1.000 EUR.[12] Die konkrete Höhe bestimmt das Gericht nach pflichtgemäßem Ermessen unter Berücksichtigung vor allem von Art, Umfang und Dauer des Verstoßes und des Verschuldensgrades.[13]

Eine **Kostenregelung** zu Lasten des Beteiligten wie in § 380 Abs. 1 Satz 1 ZPO, nach der er die durch sein Ausbleiben verursachten Kosten zu tragen hat, sieht das FamFG für Angelegenheiten der freiwilligen Gerichtsbarkeit (darunter Kindschaftsverfahren) **nicht** vor.[14] Auch fallen weder nach dem GNotKG noch nach dem FamGKG für die Festsetzung von Zwangs- oder Ordnungsmitteln Gerichtsgebühren gegen Beteiligte an. Wird jedoch ein Rechtsmittel gegen die Verhängung eines Ordnungsmittels verworfen oder zurückgewiesen, entsteht nach Nr. 1912 KV FamGKG bzw. Nr. 19116 KV GNotKG eine Festgebühr in Höhe von 66 EUR.

Das Ordnungsgeld wird **von Amts wegen** durch den Rechtspfleger nach dem Justizbeitreibungsgesetz vollstreckt.[15]

Kann das Ordnungsgeld nicht beigetrieben werden, ist eine Verhängung von **Ordnungshaft** nicht – auch nicht ersatzweise – zulässig.

b) Zwangsweise Vorführung

5 Nur im Falle des **wiederholten, unentschuldigten Ausbleibens** kann das Gericht ausnahmsweise auch die Vorführung des Beteiligten durch den für seinen Wohnsitz zuständigen **Gerichtsvollzieher** anordnen (§ 33 Abs. 3 Satz 3 FamFG, § 149 GVGA). Im Hinblick auf den Grundsatz der Verhältnismäßigkeit sollte von dieser Möglichkeit nur dann Gebrauch gemacht werden, wenn dies zur **Sachverhaltsklärung** und zur Wahrung des Grundsatzes des **rechtlichen Gehörs** geboten erscheint.[16]

c) Aufhebung und Rechtsmittel

6 Im Falle einer nachträglichen **Entschuldigung** sind die Ordnungsmittel oder die Anordnung der Vorführung von Amts wegen **aufzuheben** (§ 33 Abs. 3 Satz 4 FamFG). Ein Ermessen ist dem Gericht hierbei nicht eingeräumt („*werden… aufgehoben*").

Nicht gegen die Anordnung des persönlichen Erscheinens, wohl aber gegen die Ordnungsgeldfestsetzung und die Vorführungsanordnung kann der Betroffene binnen zwei Wochen **sofortige Beschwerde** entsprechend §§ 567 ff. ZPO einlegen (§ 33 Abs. 3 Satz 5 FamFG). Eine Mindestbeschwer ist hierfür nicht vorgesehen.[17]

3. Getrennte Anhörung

7 Nach § 33 Abs. 1 Satz 2 FamFG[18] hat die Anhörung eines Beteiligten in **Abwesenheit** der anderen Beteiligten stattzufinden, falls dies zum Schutz des anzuhörenden Beteiligten oder aus anderen Gründen erforderlich ist.[19] Hiervon sollte allerdings nur in besonderen Ausnahmefällen Gebrauch gemacht werden. Denn bei einer abweichenden Sachverhaltsschilde-

---

12 BT-Drs. 16/6308, 191
13 Vgl. BGH NJW 2004, 506
14 Dazu OLG Frankfurt FamRZ 2017, 1332; OLG Hamm FamRZ 2012, 150; vgl. zu Familienstreitsachen dagegen *Prinz*, NZFam 2019, 911
15 Vgl. *Cirullies*, FamRZ 2023, 489, 490
16 Sternal/*Jokisch*, FamFG § 33 Rn. 23
17 BeckOK-FamFG/*Perleberg-Kölbel*, FamFG § 33 Rn. 25
18 Siehe auch § 157 Abs. 2 Satz 2 FamFG
19 Dazu KG FamRZ 2018, 765

rung des Antragsgegners in dem Erörterungstermin fehlt eine wichtige Möglichkeit, das Geschehen unmittelbar aufzuklären. Im Übrigen ermöglicht diese Regelung der Intention des Gesetzgebers nach nur den Ausschluss des oder der anderen Beteiligten selbst, nicht aber ihrer Bevollmächtigten und Beistände.[20]

II. Persönliche Anhörung

Grundsätzlich sind die Beteiligten vor Gericht **persönlich anzuhören** (§ 34 FamFG Abs. 1 FamFG; vgl. auch §§ 159 Abs. 1, 160 Abs. 1 FamFG).[21] Hiervon kann nur ausnahmsweise, namentlich in **Eilfällen**, abgesehen werden. Ferner kann die persönliche Anhörung eines Beteiligten unterbleiben, wenn hiervon **erhebliche Nachteile** für seine Gesundheit zu besorgen sind oder der Beteiligte offensichtlich nicht in der Lage ist, seinen Willen kundzutun (§ 34 Abs. 2 FamFG). Diese Vorschrift normiert eine Einschränkung des rechtlichen Gehörs und gilt allgemein für das Verfahren in Familiensachen, soweit nicht für einzelne Angelegenheiten Sondervorschriften die verfahrensrechtliche Entbehrlichkeit einer Anhörung von zusätzlichen Kriterien abhängig machen (vgl. vor allem zu Kindesanhörung § 159 Abs. 2 FamFG; näher hierzu *Heilmann*, § 159 FamFG Rn. 21 ff.). 8

Wie die **Durchführung** der persönlichen Anhörung im Einzelfall zu gestalten ist (getrennte persönliche Anhörung, Teilnahme der weiteren Beteiligten etc.) und an welchem Ort sie erfolgen soll, hat das Gericht nach pflichtgemäßem Ermessen zu entscheiden. Häufig ist eine Anhörung im Rahmen eines Erörterungstermins (§ 32 FamFG) und somit in Anwesenheit der übrigen Beteiligten nicht erforderlich. Das gilt vor allem für die Anhörung minderjähriger Kinder, aber auch in Gewaltschutzsachen. Diese kann (auch bei Erwachsenen) in einem gesondert anzuberaumenden Anhörungstermin (§ 33 Abs. 1 Satz 2 FamFG) durchgeführt werden. Dient die Anhörung allein der Gewährung rechtlichen Gehörs – also nicht auch der Sachverhaltsaufklärung – ist die Anwesenheit der übrigen Beteiligten und ihrer Bevollmächtigten ohnehin nicht geboten. Jedenfalls sind die übrigen Beteiligten über die vorgesehene persönliche Anhörung zu informieren und durch Übermittlung des **Anhörungsvermerks** (§ 28 Abs. 4 FamFG) über Verlauf und Ergebnis der Anhörung zu unterrichten; ferner ist ihnen hinreichend Gelegenheit zur Stellungnahme zu geben.[22]

Bleibt ein Elternteil dem **Anhörungstermin** nach § 160 FamFG unentschuldigt fern, kann das Verfahren entgegen § 34 Abs. 3 FamFG in der Regel nicht ohne seine persönliche Anhörung beendet werden, auch wenn zuvor ein Hinweis auf die Folgen des Ausbleibens erfolgt ist.[23] § 34 Abs. 3 FamFG wird durch § 160 Abs. 3 FamFG verdrängt. Ohnehin sollte das Verfahren bereits wegen des Amtsermittlungsgrundsatzes nicht **ohne persönliche Anhörung** der Beteiligten beendet werden.[24] Jedenfalls ist der Erlass einer **einstweiligen Anordnung** in Kindschaftssachen bei Vorliegen eines dringenden Bedürfnisses für ein unverzügliches Einschreiten auch ohne Anhörung zulässig. 9

Der mit Wirkung zum 19.7.2024 eingeführte § 34 Abs. 4 FamFG sieht vor, dass das Gericht nach pflichtgemäßem Ermessen die lediglich zur Gewährung des rechtlichen Gehörs erforderliche persönliche Anhörung eines Beteiligten per **Bild- und Tonübertragung** gestatten kann. In Betracht kommen hier insbesondere auslandsabwesende oder aus anderen Gründen an der persönlichen Anwesenheit an der Gerichtsstätte gehinderte Beteiligte. Allerdings wird die Möglichkeit der Anhörung per Bild- und Tonübertragung nicht für Anhörungen nach 10

20 Vgl. BT-Drs. 16/9733, 289
21 Zur Bedeutung der Kindesanhörung vgl. BGH FamRZ 2019, 115 mit Anm. *Köhler*; ferner *Kischkel*, FamRZ 2021, 1595; *Balloff*, FamRZ 2019, 938
22 Vgl. BGH FamRZ 1986, 895; KG FamRZ 2018, 765
23 Vgl. OLG Bamberg FamRZ 2022, 652; OLG Bremen FamRZ 2015, 1219; Johannsen/Henrich/Althammer/*Döll*, FamFG § 160 Rn. 4
24 OLG Bremen FamRZ 2015, 1219; *Heilmann*, NJW 2012, 887, 888

Abs. 1 Nr. 2 eröffnet, also für die Fälle, in denen die persönliche Anhörung nicht nur der Gewährleistung rechtlichen Gehörs, sondern der Sachverhaltsaufklärung und der Gewinnung eines persönlichen Eindrucks dient und daher kraft gesetzlicher Anordnung erforderlich ist (z.B. nach § 159 Abs. 1 FamFG).[25]

§ 35 FamFG

Zwangsmittel

(1) [1]Ist auf Grund einer gerichtlichen Anordnung die Verpflichtung zur Vornahme oder Unterlassung einer Handlung durchzusetzen, kann das Gericht, sofern ein Gesetz nicht etwas anderes bestimmt, gegen den Verpflichteten durch Beschluss Zwangsgeld festsetzen. [2]Das Gericht kann für den Fall, dass dieses nicht beigetrieben werden kann, Zwangshaft anordnen. [3]Verspricht die Anordnung eines Zwangsgeldes keinen Erfolg, soll das Gericht Zwangshaft anordnen.

(2) Die gerichtliche Entscheidung, die die Verpflichtung zur Vornahme oder Unterlassung einer Handlung anordnet, hat auf die Folgen einer Zuwiderhandlung gegen die Entscheidung hinzuweisen.

(3) [1]Das einzelne Zwangsgeld darf den Betrag von 25 000 Euro nicht übersteigen. [2]Mit der Festsetzung des Zwangsmittels sind dem Verpflichteten zugleich die Kosten dieses Verfahrens aufzuerlegen. [3]Für den Vollzug der Haft gelten § 802g Abs. 1 Satz 2 und Abs. 2, die §§ 802h und 802j Abs. 1 der Zivilprozessordnung entsprechend.

(4) [1]Ist die Verpflichtung zur Herausgabe oder Vorlage einer Sache oder zur Vornahme einer vertretbaren Handlung zu vollstrecken, so kann das Gericht, soweit ein Gesetz nicht etwas anderes bestimmt, durch Beschluss neben oder anstelle einer Maßnahme nach den Absätzen 1, 2 die in §§ 883, 886, 887 der Zivilprozessordnung vorgesehenen Maßnahmen anordnen. [2]Die §§ 891 und 892 der Zivilprozessordnung gelten entsprechend.

(5) Der Beschluss, durch den Zwangsmaßnahmen angeordnet werden, ist mit der sofortigen Beschwerde in entsprechender Anwendung der §§ 567 bis 572 der Zivilprozessordnung anfechtbar.

Übersicht

Weiterführende Literatur: Cirullies, Rückzahlung beigetriebener Zwangsgelder, FamRZ 2017, 1952; *ders.*, Zwangsmittel und Haftbefehl – Die Anordnung von Ersatzzwangshaft, NJW 2013, 203; *Kleinbauer*, Die Festsetzung von Zwangsmitteln gem. § 35 FamFG im familiengerichtlichen Verfahren, NZFam 2020, 510; *Schulte-Bunert*, Die Vollstreckung von verfahrensleitenden gerichtlichen Anordnungen nach § 35 FamFG, FuR 2009, 125; *Ulrici*, Rückzahlung beigetriebenen Zwangsgelds, FGPrax 2017, 286.

25 Zöller/*Feskorn*, § 34 FamFG Rn. 4a f.

A. Allgemeines

I. Verfahrensleitende Anordnungen

Die Vorschrift bezieht sich nur auf **verfahrensleitende** Anordnungen des Gerichts während des laufenden Verfahrens. Mit den dort genannten Zwangsmitteln sollen vornehmlich **Mitwirkungspflichten** eines Beteiligten oder auch eines anderen Verpflichteten in Angelegenheiten der freiwilligen Gerichtsbarkeit durchgesetzt werden.[1] Sie haben insoweit keinen Sanktionscharakter, sondern dienen als **Beugemittel** ausschließlich der Einwirkung auf den Willen des Verpflichteten zur Durchsetzung gerichtlicher Anordnungen, sind also nicht Sühne für begangenes Unrecht.[2] 1

Dementsprechend findet §35 FamFG **nicht** Anwendung auf die Vollstreckung von Instanz abschließenden **Endentscheidungen** i.S.v. §38 Abs. 1 FamFG, deren Vollstreckung sich nach §§86 ff. FamFG richtet.

Allerdings gibt die Vorschrift dem Gericht **nicht** die Befugnis, einem Beteiligten bei der Verfahrensleitung **Verpflichtungen beliebigen Inhalts** aufzuerlegen und deren Befolgung mit Hilfe von Zwangsmitteln durchzusetzen.[3] Vielmehr bedarf die – nach Abs. 2 mit einem Hinweis auf die Folgen des Zuwiderhandelns zu versehende – gerichtliche Anordnung stets einer gesetzlichen Regelung, die eine Verpflichtung zur Vornahme oder Unterlassung einer Handlung vorsieht. Solche **Rechtsgrundlagen** für verfahrensleitende Anordnungen sieht das Gesetz in verschiedenen Vorschriften vor, etwa in §220 FamFG für das Versorgungsausgleichsverfahren,[4] ferner in §285 FamFG die Herausgabe einer Betreuungsverfügung, in §§1865 ff. BGB die Herausgabe der Abschrift einer Vorsorgevollmacht oder die Vorlage von Bericht und Rechnungslegung sowie schließlich die Einreichung der Schlussrechnung sowie Rückgabe der Bestallungsurkunde des Betreuers, Pflegers oder Vormunds nach §1807 BGB i.V.m. §§1872 ff. BGB. 2

In Kindschafts-, Abstammungs-, Adoptions- und Gewaltschutzsachen finden sich entsprechende Regelungen dagegen eher selten.[5] Allerdings kann auf Grundlage des §159 FamFG nach zutreffender Ansicht auch eine gerichtliche Anordnung zur Durchsetzung der Pflicht der Eltern ergehen, das Kind zur **Anhörung** zu bringen, die mit Zwangsmitteln nach §35 FamFG vollstreckbar ist.[6]

Zwangsmittel nach §35 FamFG sind dagegen u.a. in folgenden Fällen **unzulässig**:
- zur Vollstreckung von **Umgangstiteln** (**nur** nach Maßgabe der §86 ff. FamFG),[7]
- zur Erzwingung der **Auskunftserteilung nach §1686 BGB** (**nur** nach §95 Abs. 1 Nr. 3 FamFG i.V.m. §888 ZPO),[8]
- zur Vollstreckung von **Anordnungen nach dem Gewaltschutzgesetz** (Vollstreckung nach §96 FamFG),[9]

1 OLG Zweibrücken FamRZ 2010, 1369; Bumiller/Harders/Schwamb/*Bumiller,* FamFG §35 Rn. 3
2 Vgl. Sternal/*Jokisch,* FamFG §35 Rn. 2
3 OLG Karlsruhe FamRZ 2016, 1958; Bumiller/Harders/Schwamb/*Bumiller,* FamFG §35 Rn. 1
4 Dazu OLG Koblenz FamRZ 2019, 386; ferner Sternal/*Jokisch,* FamFG §35 Rn. 10 mit Beispielsfällen
5 Zu nennen sind hier vor allem die §§1640, 1667 Abs. 1 BGB (Vorlegung eines Vermögensverzeichnisses)
6 OLG Celle FamRZ 2019, 1875; KG FamRZ 2019, 1702; Prütting/Helms/*Hammer,* §159 FamFG Rn. 36 m.w.N.; *Moelle,* ZKJ 2020, 7, 9
7 OLG Jena FuR 2016, 664; OLG Saarbrücken ZKJ 2013, 507
8 BGH FamRZ 2019, 1056 mit Anm. *Rake*; OLG Saarbrücken FamRZ 2015, 162
9 OLG Hamburg FamRZ 2019, 1448; OLG Celle FamRZ 2010, 1593

- zur Vollstreckung von **Anordnungen** des Gerichts, dass die Eltern an einem **Informationsgespräch** über eine Mediation oder an einer **Beratung** teilnehmen sollen (§ 156 Abs. 1 Satz 3 bis 5 FamFG).[10]

3 Ferner sind **Sondervorschriften** zu beachten, die der Auffangnorm des § 35 FamFG vorgehen und einen abweichenden **Ahndungsrahmen** festlegen. So kann gemäß §§ 1802 Abs. 2 Satz 3, 1862 Abs. 3 Satz 1 BGB gegen den **Vormund** wegen Nichtbefolgung gerichtlicher Anordnungen lediglich **Zwangsgeld** verhängt werden, nicht aber Zwangshaft, weil die Regelung in ihrem Anwendungsbereich § 35 Abs. 1 FamFG verdrängt.[11] Bleibt der ordnungsgemäß geladene Beteiligte unentschuldigt dem Termin fern, kommt nur eine Ahndung durch **Ordnungsgeld** in Betracht (§ 33 Abs. 3 FamFG).

II. Abgrenzung Zwangsmittel – Ordnungsmittel

4 Mit der Verhängung von **Zwangsmitteln** (Zwangsgeld und -haft) soll ein bestimmtes Verhalten des Betroffenen erzwungen werden. Sie haben daher ausschließlich **Beugecharakter**. Kommt der Betroffene der entsprechenden Anordnung nach, ist das Zwangsmittel **aufzuheben**.[12]

Demgegenüber kommt einem **Ordnungsmittel** nicht nur ein Beuge-, sondern auch repressiver, strafähnlicher **Sanktionscharakter** zu.[13] Das bedeutet: Ordnungsmittel dürfen auch noch festgesetzt und vollstreckt werden, wenn die geschuldete Handlung wegen Zeitablaufs nicht mehr vorgenommen werden kann. In Kindschaftssachen hat dabei im Falle einer Zuwiderhandlung gegen einen Vollstreckungstitel zur Herausgabe von Personen und zur Regelung des Umgangs **§ 89 FamFG** besondere Bedeutung.

B. Inhalt der Norm

I. Festsetzung des Zwangsmittels

5 Für die Verhängung von Zwangsmitteln bedarf es keines Antrags, jedoch eines vorherigen **Hinweises auf die Folgen** einer Zuwiderhandlung (Abs. 2). Dieser Hinweis kann (wie bei § 89 Abs. 2 FamFG) auch noch nach Erlass der gerichtlichen Entscheidung ergehen, mit der die Verpflichtung zur Vornahme oder Unterlassung einer Handlung angeordnet wird, also **nachgeholt** werden.[14] Bei **wiederholter** Verhängung von Zwangsmitteln bedarf es allerdings eines **erneuten** Hinweises.[15] Der Hinweis ist als Zwischenentscheidung nach § 58 Abs. 1 FamFG nicht anfechtbar.[16]

Das Ob und das Wie der Ahndung ist in das Ermessen des Gerichts gestellt. Dieses *kann* **Zwangsgeld** festsetzen und für den Fall der Nichtbeitreibbarkeit **(Ersatz-)Zwangshaft** anordnen. Es *soll* allerdings bei absehbarer Erfolglosigkeit (sofort) Zwangshaft anordnen (Abs. 1 Satz 3). Der Vollzug einer angeordneten Haft richtet sich nach §§ 802g ff. ZPO.[17]

Eine **Wiederholung** des Zwangsmittels ist erst möglich, wenn die vorangehende Anordnung des Zwangsmittels vollstreckt wurde und nicht zum angestrebten Erfolg geführt hat.[18]

---

10 KG FamRZ 2018, 1324 Rn. 42; Sternal/*Schäder*, FamFG § 156 Rn. 11; vgl. dazu auch *Gartenhof/Schmid/Normann/v. Thüngen/Wolf*, NZFam 2014, 972
11 Grüneberg/*Götz*, § 1862 BGB Rn. 5; BeckOGK/*Gietl*, BGB § 1862 Rn. 62 m.w.N.
12 BGH FamRZ 2017, 1948; OLG Braunschweig FamRZ 2018, 614; OLG Frankfurt FGPrax 2011, 322
13 BGH NJW 2004, 506, 509
14 OLG Naumburg FamRZ 2015, 1222
15 OLG Schleswig FamRZ 2019, 1267, dazu *Schuldei*, NZFam 2019, 552; OLG Karlsruhe FamRZ 2016, 1103
16 BGH FamRZ 2012, 1204
17 Vgl. Musielak/Borth/Frank/*Borth*, FamFG § 35 Rn. 4, 7
18 Musielak/Borth/Frank/*Borth*, FamFG § 35 Rn. 7

Die Anordnung von Zwangsmitteln erfordert nach zutreffender h.M. einen **schuldhaften Verstoß** gegen die gerichtliche Anordnung, da Zwangsgeld oder-haft als Beugemittel andernfalls in Leere liefen.[19] Dem steht auch nicht die Erwägung entgegen, dass die Vollstreckung durch Befolgung der Anordnung jederzeit abgewendet werden kann.[20] Hinreichend ist ein zumindest fahrlässiger Verstoß. 6

Das Gericht kann ein **Zwangsgeld** im Rahmen zwischen 5 EUR und 25.000 EUR verhängen.[21] Die Bemessung der **Höhe** steht in seinem pflichtgemäßen Ermessen. Dabei sind die Umstände des Einzelfalles zu berücksichtigen, insbesondere die Stärke der Missachtung des gerichtlichen Willens, das Maß des Verschuldens, die wirtschaftlichen Verhältnisse sowie ggf. die Wirkungslosigkeit bisheriger Zwangsvollstreckungen.[22] Die Dauer der festzusetzenden **Zwangshaft** beträgt mindestens einen Tag[23] und maximal **sechs Monate**.[24] Anhaltspunkt für die Dauer der anzuordnenden Haft kann das vom Verpflichteten je Tag erzielte Netto-Einkommen sein (§ 40 Abs. 2 Satz 2 StGB analog).[25] Mit der Festsetzung des Zwangsmittels sind dem Verpflichteten zugleich die **Kosten** dieses Verfahrens aufzuerlegen (Abs. 3 Satz 2). 7

II. Vollstreckung

1. Zwangsgeld

Das vom Gericht festgesetzte **Zwangsgeld** wird wie ein Ordnungsgeld **von Amts wegen** durch den zuständigen Rechtspfleger (§§ 20 Abs. 1 Nr. 17, 31 Abs. 3 RPflG) nach §§ 1 bis 3 und 6 Justizbeitreibungsgesetz vollstreckt,[26] also nicht durch einen Beteiligten. Besondere Anforderungen an die Vollstreckbarkeit der gerichtlichen Anordnung (z.B. Rechtskraft, Klausel, Zustellung) bestehen nicht. Das beigetriebene Zwangsgeld steht allein der **Staatskasse** zu.[27] Ist auf der Grundlage eines rechtskräftigen Festsetzungsbeschlusses das Zwangsgeld bereits beigetrieben worden, führen die anschließende Erfüllung der gerichtlichen Anordnung und die Aufhebung des Festsetzungsbeschlusses **nicht** zur **Rückerstattung** des Zwangsgelds.[28] 8

2. Zwangshaft

Für den **Vollzug** der (Ersatz-)Zwangshaft gelten §§ 802g ff. ZPO entsprechend (Abs. 3 Satz 3). Die Vollstreckung der Haft setzt demzufolge einen richterlichen **Haftbefehl** voraus (§ 4 Abs. 2 Nr. 2 RPflG), für dessen Erlass das Familiengericht als Prozessgericht zuständig ist, also nicht das Vollstreckungsgericht.[29] Die **Verhaftung** des Schuldners nimmt auf Antrag des Rechtspflegers der Gerichtsvollzieher vor (Abs. 3 Satz 3 i.V.m. § 802g Abs. 2 ZPO). Ein Vollzug der Haft kommt nach Abs. 3 Satz 3 i.V.m. § 802h Abs. 1 ZPO nicht mehr in Betracht, wenn seit Erlass des Haftbefehls zwei Jahre vergangen sind. 9

19 OLG Köln FamRZ 2021, 551; OLG Naumburg FGPrax 2013, 158; OLG Hamm FGPrax 2010, 276; Sternal/*Jokisch,* FamFG § 35 Rn. 17; Zöller/*Feskorn,* § 35 FamFG Rn. 3; a.A.: Prütting/Helms/*Hammer,* § 35 Rn. 11 sowie Voraufl.
20 So aber MüKo-FamFG/*Ulrici,* § 35 FamFG Rn. 12
21 Die Untergrenze folgt aus Art. 6 Abs. 1 Satz 1 EGStGB, die Obergrenze aus § 35 Abs. 3 Satz 1 FamFG
22 OLG Karlsruhe FamRZ 2005, 1698, 1700; Musielak/Borth/Frank/*Borth,* FamFG § 35 Rn. 7
23 Art. 6 Abs. 2 EGStGB
24 § 35 Abs. 3 Satz 3 FamFG i.V.m. § 802j Abs. 1 ZPO
25 Sternal/*Jokisch,* FamFG § 35 Rn. 23
26 BGH NJW 2017, 3592
27 BGH FamRZ 1983, 578
28 BGH FamRZ 2017, 1948 mit Anm. *Cirullies;* BeckOK-FamFG/*Perleberg-Kölbel,* FamFG § 35 Rn. 20
29 Eingehend zu den Modalitäten der Vollstreckung *Cirullies,* NJW 2013, 203

III. Rechtsmittel

10 Weder die durchzusetzende verfahrensleitende Anordnung selbst noch die Folgenankündigung nach Abs. 2 sind selbstständig anfechtbar.[30] Lediglich gegen den Beschluss, durch den Zwangsmaßnahmen **angeordnet** werden, ist das Rechtsmittel der **sofortigen Beschwerde** (§§ 567 ff. ZPO) gegeben (dazu *Kischkel*, § 58 FamFG Rn. 9). Dieses hat nach § 570 Abs. 1 ZPO aufschiebende Wirkung mit der Folge, dass bis zur Rechtskraft (§ 45 FamFG) der Zwangsmittelfestsetzung keine Vollstreckungshandlungen erfolgen dürfen und bereits begonnene einzustellen sind.[31] § 567 Abs. 2 ZPO findet allerdings keine Anwendung; die dortige Mindestbeschwer von 200 EUR ist nicht zu beachten.[32] Die sofortige Beschwerde findet analog zu § 793 ZPO schließlich auch gegen den Haftbefehl statt, sofern ein solcher neben dem Zwangshaftbeschluss ausdrücklich erlassen wird.[33]

§ 36 FamFG

Vergleich

(1) [1]Die Beteiligten können einen Vergleich schließen, soweit sie über den Gegenstand des Verfahrens verfügen können. [2]Das Gericht soll außer in Gewaltschutzsachen auf eine gütliche Einigung der Beteiligten hinwirken.

(2) [1]Kommt eine Einigung im Termin zustande, ist hierüber eine Niederschrift anzufertigen. [2]Die Vorschriften der Zivilprozessordnung über die Niederschrift des Vergleichs sind entsprechend anzuwenden.

(3) Ein nach Absatz 1 Satz 1 zulässiger Vergleich kann auch schriftlich entsprechend § 278 Abs. 6 der Zivilprozessordnung geschlossen werden.

(4) Unrichtigkeiten in der Niederschrift oder in dem Beschluss über den Vergleich können entsprechend § 164 der Zivilprozessordnung berichtigt werden.

(5) [1]Das Gericht kann die Beteiligten für den Versuch einer gütlichen Einigung vor einen hierfür bestimmten und nicht entscheidungsbefugten Richter (Güterichter) verweisen. [2]Der Güterichter kann alle Methoden der Konfliktbeilegung einschließlich der Mediation einsetzen. [3]Für das Verfahren vor dem Güterichter gelten die Absätze 1 bis 4 entsprechend.

Übersicht Rn.

Weiterführende Literatur: Benesch, Der Güterichter nach § 36 Abs. 5 FamFG – Erfahrungen und Möglichkeiten im familiengerichtlichen Verfahren, NZFam 2015, 807; *Cirullies*, Der Vergleich in Gewaltschutzsachen – vergleichsweise kompliziert, FamRB 2019, 407; *Wegener*, 10 Jahre Güterichterverfahren: Weiter so!, NZFam 2022, 621; *Fischer*, Die Mediation durch den Güterichter: Win-Win-Ergebnis statt „fauler" Kompromiss, FuR 2018, 461;

30 BGH FamRZ 2012, 1204
31 Sternal/*Jokisch*, FamFG § 35 Rn. 44
32 BGH FamRZ 2017, 1948 Rn. 10.
33 Vgl. *Kleinbauer*, NZFam 2020, 510, 512; *Cirullies*, FamRZ 2012, 157, 159

Zorn, Gesetz zur Förderung der Mediation und anderer Verfahren der außergerichtlichen Konfliktbeilegung – Änderungen der Familiensachen betreffenden FamFG-Vorschriften, FamRZ 2012, 1265.

A. Allgemeines

Das gesamte FamFG ist dadurch charakterisiert, dass das Gericht auf eine **gütliche Einigung** der Beteiligten hinwirken soll. Eine Ausnahme macht der Gesetzgeber in **Gewaltschutzsachen** wegen deren Schutzzweck (Abs. 1 Satz 2). Mit Blick auf Art. 31 der Istanbul-Konvention sind den Bemühungen des Familiengerichts zum Schutz der von häuslicher Gewalt betroffenen Beteiligten Grenzen gesetzt. 1

▶ *Vgl. hierzu Wegener, § 156 FamFG Rn. 47.*

B. Inhalt der Norm

I. Wirksamkeit des Vergleichs

1. Dispositionsbefugnis der Beteiligten

a) Grundsatz

Gerichtliche Vergleiche können lediglich insoweit wirksam geschlossen werden, als die Beteiligten über den Gegenstand des Verfahrens **verfügen** können. Nur dann sind sie auch **vollstreckbar**.[1] 2

Diese **Dispositionsbefugnis** besteht – mit Einschränkungen – in **Antragsverfahren**, etwa in **Gewaltschutzsachen**.[2] Sie **fehlt** hingegen in **Amtsverfahren**, z.B. in Umgangsverfahren[3] und teilweise in Sorgerechtsverfahren (dazu unten Rn. 4). Diese können grundsätzlich nur durch Beschluss beendet werden. 3

Umgangssachen und Kindesherausgabeverfahren können – in Erweiterung des § 36 Abs. 1 FamFG[4] – jedoch durch einen **gerichtlich gebilligten Vergleich** (§ 156 Abs. 2 FamFG) abgeschlossen werden, wobei die Billigung durch das Familiengericht konstitutiv für die Beendigung des Verfahrens ist.

▶ *Zu den Grenzen der Bemühungen um Einvernehmen in den Fällen häuslicher Gewalt siehe auch Wegener, § 156 FamFG Rn. 47.*

▶ *Zu Einzelheiten des gerichtlich gebilligten Vergleichs siehe Cirullies, § 86 FamFG Rn. 12 ff., sowie Wegener, § 156 FamFG Rn. 72.*

b) Sorgerechtsverfahren

Auch wenn es den Verfahrensbeteiligten nicht immer klar ist: Ebenfalls **nicht** verfügen können die Eltern bezüglich der **elterlichen Sorge** (oder auch eines Teilbereichs wie das Aufent- 4

1 Vgl. § 86 Abs. 1 Nr. 3 FamFG, dazu hier *Cirullies*, § 86 FamFG Rn. 18
2 OLG Brandenburg BeckRS 2014, 07036, dazu *Többen*, NZFam 2014, 656. In Gewaltschutzsachen ist der Abschluss eines Vergleichs im Einzelfall durchaus sachgerecht und in der Praxis auch üblich, vgl. hier *Cirullies*, § 1 GewschG Rn. 31
3 OLG Schleswig FamRZ 2012, 895
4 BT-Drucks. 16/6308, 237

haltsbestimmungsrecht).[5] Dies gilt trotz der Regelungsmöglichkeit bei Übereinstimmung der Eltern nach § 1671 Abs. 1 Satz 2 Nr. 1 BGB, denn es sind eine Überprüfung nach § 1671 Abs. 4 BGB und ein gerichtlicher Übertragungsakt erforderlich. Zwar umfasst die Pflicht zur Hinwirkung auf Einvernehmen nach § 36 Abs. 1 Satz 2 FamFG auch Verfahren der elterlichen Sorge.[6] Gleichwohl kann die elterliche Sorge nur durch gerichtlichen Beschluss, **nicht** aber im Wege der **Elternvereinbarung** wirksam geregelt werden. Insoweit genügt nicht ein bloßer gerichtlicher Billigungsbeschluss[7] oder ein Beschluss nach § 36 Abs. 3 FamFG i.V.m. § 278 Abs. 6 ZPO, mit dem das Zustandekommen eines Vergleichs festgestellt wird.[8] Dessen ungeachtet sind Vereinbarungen zur Ausübung der elterlichen Sorge im Rahmen von **Umgangsvergleichen** durchaus üblich und auch möglich – nur eben ohne Außenwirkung.[9]

5 Hierbei sollten sich die Beteiligten bewusst sein, dass die **Abänderung** einer solchen (deklaratorischen) Vereinbarung grundsätzlich keiner gerichtlichen Entscheidung bedarf. Entsteht jedoch hiernach Regelungsbedarf, dann ist in einem folgenden Gerichtsverfahren Entscheidungsmaßstab des Gerichts nicht § 1696 Abs. 1 BGB („*triftige … Gründe*"), sondern die geringeren Anforderungen des § 1671 Abs. 1 Satz 2 Nr. 2 BGB. Für die Abänderung von Gerichtsentscheidungen hingegen gelten die höheren Hürden des § 1696 Abs. 1 BGB; abgeschlossene Sorgerechtsverfahren sollen eben nicht beliebig wieder aufgerollt werden können.[10]

▶ *Näher hierzu Bussian, Kommentierung zu § 1696 BGB.*

2. Formvorschriften

6 Auch im Verfahren nach dem FamFG sind bei der **Protokollierung** eines Vergleichs die Formvorschriften der ZPO einzuhalten (Abs. 2 Satz 2). Folglich ist der im Protokoll festgestellte Vergleich den Beteiligten laut **vorzulesen**, zur Durchsicht vorzulegen oder aber vorzuspielen; ferner ist in dem Protokoll zu vermerken, dass dies geschehen und die **Genehmigung erteilt** ist (§ 162 Abs. 1 Satz 1 und 3 ZPO).

Nicht ausreichend ist hingegen der Protokollvermerk „Laut diktiert und genehmigt".[11] Auch der Zusatz „Auf Vorspielen wird verzichtet" genügt den Anforderungen nicht.[12]

Sind die Formerfordernisse nicht erfüllt, ist der Vergleich **unwirksam**.[13] Das Verfahren ist nicht beendet.[14] Auch die nachfolgende Androhung von Ordnungsmitteln durch das Gericht ersetzt die fehlende Genehmigung nicht.[15] Damit unterscheidet sich der „einfache" Vergleich wesentlich von dem gerichtlich gebilligten Vergleich nach § 156 Abs. 2 FamFG, bei dem eine formnichtig protokollierte Umgangsvereinbarung die Wirksamkeit des für die Vollstreckung maßgeblichen Billigungsbeschlusses nicht berührt.[16]

5 BGH FamRZ 1982, 156; OLG Köln FamRZ 2018, 1015 (LS); OLG Stuttgart FamRZ 2014, 1653, dazu *Leipold*, NZFam 2014, 919; derzeit gibt es aber Bestrebungen des Gesetzgebers, die Elternautonomie im Rahmen eines Kindschaftsrechtsmodernisierungsgesetzes (KiMoG) auch im Bereich des Sorgerechts zu stärken, die Entwicklung bleibt hier abzuwarten.
6 Zu den Grenzen vgl. *Schmid*, NZFam 2015, 292
7 OLG Stuttgart a.a.O.
8 OLG Jena FamRZ 2019, 821, dazu *Giers*, NZFam 2019, 46
9 Insofern missverständlich Musielak/Borth/*Borth/Grandel*, § 36 FamFG Rn. 5
10 KG FamRZ 2013, 46 (LS), dazu *Cirullies*, FamFR 2012, 305; vgl. auch OLG Düsseldorf BeckRS 2014, 20303, dazu *Luthin*, NZFam 2014, 1152
11 OLG Saarbrücken BeckRS 2019, 22002, dazu *Cirullies*, FamRB 2020, 18
12 OLG Karlsruhe FamRZ 2019, 1451 mit Anm. *Hammer*, dazu *Jesgarzewski*, NZFam 2019, 495
13 OLG Hamm FGPrax 2011, 209
14 OLG Naumburg FamRZ 2007, 1178
15 OLG Hamm FGPrax 2011, 209, dazu *Poppen*, FamFR 2011, 302
16 OLG Karlsruhe FamRZ 2019, 1451 mit Anm. *Hammer*, dazu *Jesgarzewski*, NZFam 2019, 495

§ 36 Abs. 3 FamFG lässt ferner einen **schriftlichen Vergleichsabschluss** entsprechend § 278 Abs. 6 ZPO zu, sofern die Beteiligten dispositionsbefugt sind (vgl. oben Rn. 3). Nach § 278 Abs. 6 Satz 2 ZPO stellt das Gericht das Zustandekommen und den Inhalt des Vergleichs durch **Beschluss** fest; erst diese (deklaratorische) Entscheidung führt die Wirksamkeit und Vollstreckbarkeit des Vergleichs herbei.[17] 7

II. Aufhebung und Abänderung

Mit Abschluss eines wirksamen Vergleichs ist das **Verfahren beendet**. Weicht der Inhalt der vergleichsweisen Einigung vom Willen eines oder mehrerer Beteiligter ab, kommt keine Berichtigung nach § 36 Abs. 4 FamFG, sondern nur eine **Anfechtung** des Vergleichs nach §§ 119 ff. BGB in Betracht. Diese führt ggf. zur Beseitigung des Vergleichs und zur Fortführung des Verfahrens. 8

Nach überwiegender Auffassung unterliegen im Verfahren der freiwilligen Gerichtsbarkeit geschlossene Vergleiche, wenn nicht vorrangig § 1696 BGB, § 166 FamFG greifen, der **Abänderung** durch das Gericht gemäß § 48 FamFG analog (dazu *Kischkel*, § 48 FamFG Rn. 3). Diese nachträgliche Abänderung erfolgt in einem **neuen Verfahren**.

III. Verweisung vor den Güterichter (Abs. 5)

In geeigneten Fällen soll das Gericht nach der mit Wirkung vom 26.7.2012 in Kraft getretenen Regelung den Beteiligten vorschlagen, dass sie für den Versuch einer gütlichen Einigung vor den Güterichter des Gerichts verwiesen werden. Die Vorschrift findet in allen Verfahren der **freiwilligen Gerichtsbarkeit Anwendung**. In den **Familienstreitsachen** gilt über § 113 Abs. 1 Satz 2 FamFG die fast gleichlautende Vorschrift des **§ 278 Abs. 5 ZPO**.[18] In Ehesachen scheidet eine Verweisung vor den Güterichter aus, da § 113 Abs. 4 Ziffer 4 FamFG die Güteverhandlung und damit auch weitere Güteversuche i.S.v. § 278 Abs. 5 ZPO ausschließt.[19] Bei der Entscheidung über die Frage, ob ein Fall für den Güterichter geeignet ist, sind grundsätzlich dieselben Kriterien heranzuziehen, wie bei der Mediation. 9

▶ *Näher hierzu Wegener, § 156 FamFG Rn. 57.*

Ein Vorteil des Güterichterverfahrens besteht darin, dass es den Beteiligten die Möglichkeit einer Mediation eröffnet, ohne dass sie den eingeschlagenen Weg zum Gericht verlassen müssen.[20]

▶ *Zum Vorschlag einer außergerichtlichen Mediation durch das Gericht siehe Wegener, § 36a FamFG Rn. 2.*

Insbesondere in Kindschaftssachen ist zu beachten, dass das Verfahren vor dem Güterichter vom Grundsatz der **Eigenverantwortlichkeit** der Beteiligten geprägt ist. Dies schränkt den Kreis der Verfahren, die für eine Verweisung geeignet sind, erheblich ein, denn dieser Grundsatz bringt es mit sich, dass eine Verweisung vor den Güterichter die **Dispositionsmöglichkeit** der Beteiligten über den Verhandlungsgegenstand voraussetzt. Erfordert ein Verfahren die richterliche Autorität und ist das **staatliche Wächteramt** i.S.v. Art. 6 Abs. 2 Satz 2 GG aktiviert, so ist das Verfahren eher nicht geeignet für eine Verweisung vor den Güterichter. 10

17 *Cirullies*, FPR 2012, 473, 476
18 Prütting/Helms/*Abramenko*, § 36 FamFG Rn. 24
19 *Zorn*, FamRZ 2012, 1265, 1269; Fritz/Pielsticker/*Fritz*, § 36 FamFG Rn. 9
20 *Greger*, Verweisung, MDR 2014, 993; *Fritz/Schroeder*, NJW 2014, 1910; Prütting/Helms/*Abramenko*, § 36 FamFG Rn. 36

Hinweis:

Grundsätzlich gilt: Je mehr das staatliche Wächteramt aufgerufen ist, desto weniger ist das Verfahren geeignet für den Güterichter. Und: Je größer das Interesse der Beteiligten an einem vollstreckungsfähigen Titel, desto weniger eignet sich das Verfahren für eine Verweisung vor den Güterichter.[21]

11 Auch bei einem extremen und durch eine gleichgeordnete Verhandlungssituation nicht zu beeinflussenden Machtungleichgewicht der Beteiligten ist das Verfahren nicht für eine Verweisung vor den Güterichter geeignet. Ein eigenverantwortliches Handeln setzt auch voraus, dass die Beteiligten hierzu insbesondere von ihrer gesundheitlichen Situation und von ihrer intellektuellen Veranlagung her grundsätzlich in der Lage sind. Zwar kann eine gut angeleitete Mediation im Güterichterverfahren hier Hilfestellung leisten und die Beteiligten ein Stück weit auch in die Lage versetzen, autonom ihre Interessen zu vertreten. Dem sind aber im Falle von erheblichen gesundheitlichen Beeinträchtigungen, insbesondere psychischen Erkrankungen, und in den Fällen häuslicher Gewalt **Grenzen** gesetzt (vgl. § 36 Abs. 1 Satz 2 FamFG, näher siehe Rn. 1).

12 Die Verweisung erfolgt durch **Beschluss**, wenn die Beteiligten, denen zuvor rechtliches Gehör zu gewähren ist, einer solchen zustimmen. Zwar ist die Verweisung nach dem Gesetzeswortlaut nicht von der Zustimmung der Beteiligten abhängig, die Durchführung eines Güterichterverfahrens ist aber bei erklärter Ablehnung der Beteiligten oder ihrer Anwälte wenig sinnvoll;[22] jedenfalls erschwert eine (fortdauernde) Ablehnungshaltung die Durchführung eines vom Prinzip der **Freiwilligkeit** geprägten Mediationsverfahrens.[23] Der Beschluss wird in der ersten Instanz vom Familienrichter und im Beschwerdeverfahren, sofern eine Übertragung auf den Einzelrichter (noch) nicht erfolgt ist, vom Senat gefasst.

Der **Teno**r lautet: *„In pp. werden die Beteiligten für den Versuch einer gütlichen Einigung vor den Güterichter verwiesen."*

Einer Aussetzung des Hauptverfahrens bzw. einer Anordnung des Ruhens bedarf es nicht, da das Güterichterverfahren Teil des Gerichtsverfahrens ist.[24]

13 Der Güterichter sollte in den verschiedenen Methoden der Konfliktbeilegung, insbesondere der Mediation und in einer Reihe von Kommunikationstechniken besonders geschult sein, denn er ist **frei** in der **Verhandlungsgestaltung und Methodenwahl**.[25] Er ist in der Sache **nicht entscheidungsbefugt**, auch nicht in Bezug auf Nebenentscheidungen. Daher gilt auch das **Gebot des gesetzlichen Richters** für ihn **nicht** und die Fallzuteilung im Geschäftsverteilungsplan kann flexibel gehandhabt werden.[26] Als Teil der rechtsprechenden Gewalt unterliegt er nicht dem Mediationsgesetz.[27] Er verabredet mit den Beteiligten möglichst zeitnah einen Verhandlungstermin und schafft eine gute äußere Gesprächsatmosphäre, die es den Beteiligten unter seiner Anleitung ermöglicht, **freiwillig, eigenverantwortlich, vertraulich, informiert, ergebnisoffen und auf Augenhöhe** miteinander zu verhandeln.

▶ *Zum Ablauf einer Mediation siehe Wegener, § 156 FamFG Rn. 61 sowie NZFam 2022, 621, 626 ff.*

▶ *Zur Verhandlungsführung siehe Wegener, Kommentierung von § 160 FamFG (Anhang).*

---

21 Vgl. *Wegener*, NZFam 2022, 621, 623

22 *Greger*, Verweisung, MDR 2014, 993, 995; *Greger*, Das neue Güterichterverfahren, MDR, Sonderheft 2012, Prütting/Helms/*Abramenko*, § 36 FamFG Rn. 27; a.A. MüKoFamFG/*Ulrici*, § 36 FamFG Rn. 7

23 Fritz/Pielsticker/*Fritz*, § 36 FamFG Rn. 15 ff., 18, spricht daher auch von einem ungeschriebenen Tatbestandsmerkmal der Freiwilligkeit

24 *Fischer*, FuR 2018, 461 f.

25 Greger/Unberath/*Greger*, Teil 4 Rn. 98; Fritz/Pielsticker/*Fritz*, § 36 FamFG Rn. 13

26 *Zöller/Greger*, § 278 Rn. 26; *Frank*, Anm. zu OLG Bamberg, FamRB 2018, 485

27 *Fischer*, FuR 2018, 461 f.

Ein **Vermerk** über den Einigungsversuch vor dem Güterichter wird nur dann angefertigt, wenn sich alle Beteiligten zuvor damit einverstanden erklären (§ 28 Abs. 4 Satz 3 FamFG) oder wenn Verfahrenshandlungen bzw. ein Vergleich protokolliert werden sollen.[28] Die Beteiligten können vor dem Güterichter einen Vergleich schließen wie vor dem erkennenden Gericht.[29] **14**

Da der Güterichter keine Entscheidungsbefugnis hat (vgl. § 36 Abs. 5 Satz 1 FamFG), kann er jedoch **keine Billigung** z.B. eines Vergleichs zum Umgang i.S.v. § 156 Abs. 2 FamFG vornehmen. Diese ist ggf. durch das erkennende Gericht nachzuholen.[30] Das erkennende Gericht wird allerdings zunächst zu prüfen haben, ob eine hinreichende Grundlage für eine am Kindeswohl orientierte Entscheidung gegeben ist, d.h. insbesondere, ob alle am Verfahren Beteiligten und somit auch der über 14-jährige, von dem Verfahren betroffene Jugendliche persönlich angehört wurden. **15**

Das Zustandekommen und der Inhalt eines Vergleichs können zwar nach dem Wortlaut der Vorschrift **auch schriftlich** im Beschlusswege festgestellt werden (§ 36 Abs. 5 Satz 3 i.V.m. § 36 Abs. 3 FamFG, § 278 Abs. 6 Satz 2 ZPO),[31] denn bei der Feststellung des Inhalts eines Vergleichs handelt es sich nicht um eine dem Güterichter verwehrte Entscheidung, sondern lediglich um eine besondere Form der Dokumentation.[32] Angesichts der eingeschränkten Dispositionsmöglichkeit der Beteiligten, der von Amts wegen vorzunehmenden Kindeswohlprüfung und der einzuhaltenden Verfahrensvorschriften (z.B. betreffend die Anhörung des Jugendamts oder die Bestellung eines Verfahrensbeistandes) sind allerdings kaum Fallkonstellationen denkbar, in denen durch den Güterichter ein vollstreckungsfähiger Titel erstellt werden könnte.[33]

Im Falle eines erfolglosen Güterichterverfahrens sind die persönlichen Anhörungen der Beteiligten vor dem erkennenden Gericht (erneut) vorzunehmen, da sich das Gericht dadurch einen persönlichen Eindruck von den Beteiligten verschaffen soll. Eine **Einbeziehung** und Anhörung **des Kindes** im Güterichtertermin sollte daher, um eine übermäßige Belastung des Kindes durch eine wiederholte Anhörung vor Gericht zu vermeiden, regelmäßig unterbleiben. Vorstellbar wäre aber eine Einbeziehung eines schon älteren Kindes (etwa ab einem Alter von sieben Jahren) in einem Folgetermin nach guter Vorbereitung und bei bereits weitgehend erzieltem Einvernehmen zwischen den Eltern im vorausgegangenen Güterichtertermin.

▶ *Zur Einbeziehung des Kindes in die Bemühungen des Familiengerichts um ein Einvernehmen siehe Wegener, § 156 FamFG Rn. 24.*

Gesonderte **Kosten** entstehen im Güterichterverfahren nicht, denn das Güterichterverfahren ist Teil des gerichtlichen Verfahrens und das FamGKG sieht keinen besonderen Gebührentatbestand vor.[34] Die Gerichtskosten reduzieren sich im Falle eines Vergleichs, der das gesamte Verfahren beendet, auf eine halbe Gerichtsgebühr (außer in selbstständigen Kindschaftssachen, hier entsteht ohnehin nur eine halbe Gebühr nach Ziffer 1310 des Kostenverzeichnisses). **16**

Im Falle eines **Mehrvergleichs**, d.h. im Falle eines in der Praxis häufig vorkommenden Vergleichs auch über verfahrensfremde sonstige Gegenstände, die nicht bereits in einem anderen gerichtlichen Verfahren anhängig sind, entsteht zusätzlich eine Viertelgebühr nach **17**

28 MüKo-FamFG/*Ulrici*, § 36 FamFG Rn. 12; PK Familienverfahrensrecht/*Ernst*, § 36 FamFG Rn. 8
29 Prütting/Helms/*Abramenko*, § 36 FamFG Rn. 39
30 *Frank*, Anm. zu OLG Bamberg, FamRB 2018, 484, 485
31 AG Bersenbrück v. 7.2.2019, NZFam 2019, 316 (Unterhalt); *Zöller/Greger*, § 278 ZPO Rn. 32
32 AG Bersenbrück NZFam 2019, 316 mit Anm. *Schneider*
33 Siehe auch zu § 36 Abs. 3 FamFG i.V.m. § 278 Abs. 6 ZPO OLG Thüringen FamRZ 2019, 821
34 OLG Bamberg NZFam 2019, 315 mit Anm. *Schneider*

Nr. 1500 des Kostenverzeichnisses.[35] Die **Wertfestsetzung** erfolgt durch das erkennende Gericht, denn der Güterichter ist schon nach dem Wortlaut des Gesetzes nicht zu einer Entscheidung berufen. Es empfiehlt sich aber, dass der Güterichter einen Vorschlag der Beteiligten zur Höhe des Wertes des Mehrvergleichs in den Vermerk bzw. in das Protokoll der Güterichterverhandlung aufnimmt.

18 Hatte noch kein Termin in der Instanz stattgefunden, so erhalten die Rechtsanwälte für die Teilnahme an der Güterichterverhandlung eine **Terminsgebühr**. Diese fällt allerdings in dem Verfahren in jeder Instanz nur einmal an. Kommt ein Vergleich zustande, so erhalten die begleitenden Rechtsanwälte eine **Einigungsgebühr (Nr. 1003, 1004 VV RVG)**. Die an einem Mehrvergleich über nicht anhängige Verfahrensgegenstände mitwirkenden Rechtsanwälte erhalten hierfür neben einer zusätzlichen Verfahrensgebühr (Nr. 3100, 3101 Ziffer 2 VV RVG) und ggf. einer zusätzlichen (Differenz-)Terminsgebühr (Nr. 3104 Abs. 2 VV RVG und Vorbem. 3 Abs. 3 VV RVG) eine zusätzliche Einigungsgebühr nach Nr. 1000 VV RVG..[36] Eine einheitliche Einigung führt aber immer nur zu einer (einzigen) Einigungsgebühr, zusammengesetzt aus den Einzelgebühren für die verschiedenen Gegenstandswerte, begrenzt durch den Wert aus dem Gesamtbetrag sämtlicher Verfahrensgegenstände (§ 15 Abs. 3 RVG)[37] Die Einigungsgebühr entsteht auch für die Mitwirkung an einer Vereinbarung, über deren Gegenstand die Beteiligten nicht vertraglich verfügen dürfen (Nr. 1000 Abs. 5 Satz 3 VV RVG; Nr. 1003 Abs. 2 VV RVG), wie z.B. an einer Umgangsvereinbarung. Eine Einigungsgebühr entsteht auch dann, wenn durch eine Zwischenvereinbarung in einem Umgangsverfahren der Erlass einer einstweiligen Anordnung entbehrlich geworden ist.[38]

19 Im Falle eines Mehrvergleichs über nicht anhängige Verfahrensgegenstände bedarf es ggf. einer Erstreckung der bewilligten Verfahrenskostenhilfe auf diesen Mehrvergleich, während es einer Erstreckung der Verfahrenskostenhilfe auf das Güterichterverfahren an sich nicht bedarf. Zuständig für die Entscheidung über die Bewilligung von Verfahrenskostenhilfe ist das erkennende Gericht, denn der Güterichter ist kein zur Entscheidung berufener Richter.[39]

§ 36a FamFG

Mediation, außergerichtliche Konfliktbeilegung

(1) [1]Das Gericht kann einzelnen oder allen Beteiligten eine Mediation oder ein anderes Verfahren der außergerichtlichen Konfliktbeilegung vorschlagen. [2]In Gewaltschutzsachen sind die schutzwürdigen Belange der von Gewalt betroffenen Person zu wahren.

(2) [1]Entscheiden sich die Beteiligten zur Durchführung einer Mediation oder eines anderen Verfahrens der außergerichtlichen Konfliktbeilegung, setzt das Gericht das Verfahren aus.

(3) [1]Gerichtliche Anordnungs- und Genehmigungsvorbehalte bleiben von der Durchführung einer Mediation oder eines anderen Verfahrens der außergerichtlichen Konfliktbeilegung unberührt.

Weiterführende Literatur: Fritz/Pielsticker, Handbuch Mediationsrecht, 3. Aufl. 2024; *Friedman/Himmelstein*, Konflikte fordern uns heraus, Frankfurt am Main 2013; *Krabbe/Thomsen*, Familienmediation mit Kindern und Jugendlichen, 4. Aufl. 2017; *Trenczek/Berning/Lenz/Will (Hrsg.)*, Mediation und Konfliktmanagement, 2. Aufl. 2017.

35 *Sternal/Jokisch*, § 36 FamFG Rn. 86; *Wegener*, NZFam 2022, 621, 634 f.
36 BGH, Beschl. v. 17.1.2018 – XII ZB 248/16, FamRZ 2018, 602, Rn. 11; OLG Stuttgart FamRZ 2017, 317
37 *Gerold/Schmidt/Müller-Rabe*, VV 1003, 1004 Rn. 71
38 OLG Koblenz FamRZ 2017, 319
39 OLG Bamberg, a.a.O. mit Anm. *Schneider* = FamRB 2018, 484, 485 mit Anm. *Frank*; *Fischer*, FuR 2018, 461, 463

A. Anwendungsbereich

§ 36a FamFG gilt in allen Verfahren der freiwilligen Gerichtsbarkeit, und zwar sowohl in Antrags- als auch in Amtsverfahren. Sie gilt nicht in den Ehe- und Familienstreitsachen; in diesen findet aber der fast gleichlautende § 278a ZPO über die Verweisungsvorschrift des § 113 Abs. 1 Satz 2 FamFG Anwendung.[1] **1**

B. Inhalt der Norm

Die Norm erweitert und konkretisiert die generelle Verpflichtung des Gerichts nach § 36 Abs. 1 Satz 2 FamFG, auf eine gütliche Einigung der Beteiligten hinzuwirken. **2**

▶ *Zu den Grenzen dieses Hinwirkens siehe Wegener, § 36 FamFG Rn. 1 ff., und Wegener, § 156 FamFG Rn. 41 ff.*[2]

Anders als die Vorschrift des **§ 36 Abs. 5 FamFG** (hierzu *Wegener*, § 36 FamFG Rn. 9 ff.) will sie die Herstellung eines Einvernehmens zwischen den Beteiligen durch den Vorschlag des Gerichts fördern, eine **außergerichtliche Mediation** oder eine andere Form der außergerichtlichen Konfliktbeilegung durchzuführen (zu den **Eignungskriterien**[3] eines Verfahrens für eine Mediation an sich siehe *Wegener*, § 156 FamFG Rn. 57). Für eine außergerichtliche Mediation eignen sich insbesondere diejenigen Verfahren, in denen die Beteiligten freiwillig und eigenverantwortlich eine umfassende Lösung ihres Konflikts unter Einbeziehung einer Vielzahl von Konfliktthemen erarbeiten wollen. Eine solche Mediation erfordert in der Regel mehrere Sitzungen (in der Praxis üblicherweise zwischen drei und zehn) und kann im Güterichterverfahren nach § 36 Abs. 5 FamFG bzw. nach § 113 Abs. 1 Satz 2 FamFG, § 278 Abs. 5 ZPO, welches grundsätzlich von nur einem Termin ausgeht, nicht geleistet werden. Für die Beauftragung eines Mediators durch das Gericht fehlt es aber an einer gesetzlichen Grundlage.[4] **3**

Während der Dauer eine Mediation setzt das Familiengericht das Verfahren zwingend aus. Die Durchführung einer Mediation ist also ein gesetzlich normierter „wichtiger Grund" i.S.d. des § 21 Abs. 1 FamFG.[5] Der Beschluss ist gemäß **§ 21 Abs. 2 FamFG anfechtbar** mit der sofortigen Beschwerde. Weist das Gericht einen Antrag auf Aussetzung zurück, so ist die Entscheidung **entsprechend § 21 Abs. 2 FamFG** anfechtbar.[6] **4**

Abs. 3 stellt sicher, dass das Gericht im Rahmen seines staatlichen Wächteramtes handlungsfähig bleibt, indem es insbesondere Anordnungen erlassen oder im Falle einer Kindeswohlgefährdung Maßnahmen nach § 1666 BGB ergreifen kann. Zugleich stellt er klar, dass die Mediation außerhalb von Kindesschutzverfahren **keinen Einfluss auf die Dispositionsbefugnis der Beteiligten** hat, d.h. das Erfordernis von gerichtlichen Entscheidungen, z.B. in Bezug auf das Sorgerecht (§ 1671 BGB) oder die Billigung von Umgangsregelungen (§ 156 Abs. 2 Satz 2 FamFG) bleibt erhalten.[7] **5**

▶ *Näher hierzu Wegener, § 36 FamFG Rn. 4 ff.*

1 Prütting/Helms/*Prütting*, § 36a FamFG Rn. 6
2 *Salgo*, FF 2010, 352, 358
3 Fritz/Pielsticker/*Fritz*, § 36a FamFG Rn.10 ff.
4 OLG Koblenz v. 21.1.2014 – 13 WF 43/14 = FamRZ 2015, 437
5 Prütting/Helms/*Prütting*, § 36a FamFG Rn. 14
6 MüKo-FamFG/*Ulrici*, § 36a FamFG Rn. 16; MüKo-FamFG/*Pabst*, § 21 Rn. 33; vgl. auch § 252 ZPO
7 MüKo-FamFG/*Schumann*, § 156 FamFG Rn. 13

6 In Kindschaftssachen nimmt das Gericht das Verfahren gemäß **§ 155 Abs. 4 FamFG** in der Regel nach Ablauf von drei Monaten wieder auf, wenn die Beteiligten keine einvernehmliche Regelung erzielen.[8]

- *Näher hierzu Fink, § 155 FamFG Rn. 34 ff.*
- *Näher zur Mediation Wegener, § 156 FamFG Rn. 60 ff.*

§ 37 FamFG
Grundlage der Entscheidung

(1) Das Gericht entscheidet nach seiner freien, aus dem gesamten Inhalt des Verfahrens gewonnenen Überzeugung.

(2) Das Gericht darf eine Entscheidung, die die Rechte eines Beteiligten beeinträchtigt, nur auf Tatsachen und Beweisergebnisse stützen, zu denen dieser Beteiligte sich äußern konnte.

Übersicht

A. Allgemeines

1 § 37 FamFG regelt die tatsächlichen Grundlagen der familiengerichtlichen Entscheidung. Die Vorschrift statuiert zwei Grundsätze: Nach Abs. 1 entscheidet das Gericht in **freier Würdigung** des **gesamten Verfahrensinhalts**, von welchem Sachverhalt es als feststehend ausgeht und diesen damit seiner Entscheidung zu Grunde legen kann. Abs. 2 sieht vor, dass das Gericht bei seiner Entscheidung nur solche Ermittlungsergebnisse berücksichtigen darf, zu denen den Beteiligten zuvor Gelegenheit zu Stellungnahme gegeben wurde; dies dient der Verwirklichung des Anspruchs der Beteiligten auf **rechtliches Gehör**.

B. Inhalt der Norm

I. Entscheidungsgrundlage

2 Während sich das Urteil im Zivilprozess auf den Vortrag in der mündlichen Verhandlung und das Ergebnis der förmlichen Beweisaufnahme stützt,[1] ist Entscheidungsgrundlage im FamFG-Verfahren der **gesamte Inhalt des Verfahrens**. Eine Tatsache wird dadurch Verfahrensgegenstand, dass ein Beteiligter, ein Dritter oder das Gericht selbst sie in das Verfahren einführt. Dazu zählen alle im Wege des **Freibeweises** erlangten Erkenntnisse des Gerichts, die es im Rahmen seiner Ermittlungen oder einer nichtförmlichen oder förmlichen Beweisaufnahme mit Bezug zum Verfahren erlangt hat. Dies schließt (gerade in Kindschaftssachen) auch den persönlichen Eindruck von den Beteiligten, ihren Vertretern und ihres Verhaltens ein,[2] nach zutreffender Ansicht allerdings nur dann, wenn dieser nach § 29 Abs. 3

8 Fritz/Pielsticker/*Fritz*, § 36a FamFG Rn. 63
1 Vgl. § 286 Abs. 1 ZPO: „Inhalt der Verhandlungen"
2 Sternal/*Jokisch*, FamFG § 37 Rn. 11; MüKo-FamFG/*Ulrici*, § 37 FamFG Rn. 3

FamFG aktenkundig in das Verfahren eingeführt wurde.[3] Ausgenommen sind lediglich dem Gericht privat bekannt gewordene Tatsachen, sofern diese noch nicht Verfahrensgegenstand geworden sind.[4]

3 Der Grundsatz der **Freiheit der Beweiswürdigung** beinhaltet, dass der Richter (grundsätzlich) nicht an zivilprozessuale Beweisregeln gebunden ist.[5] Er unterliegt daher auch keinen Vorgaben darüber, welche Beweismittel im Rahmen der Amtsermittlung und der freien Beweiswürdigung heranzuziehen sind und ist vor allem frei in der Abwägung der verschiedenen Beweismittel.[6] So kann auch die Aussage eines Zeugen vom Hörensagen Berücksichtigung finden.[7] Ferner kann das Gericht im Einzelfall der Einlassung eines Beteiligten oder einer Auskunftsperson mehr Glauben schenken, als der Aussage eines förmlich vernommenen Zeugen.[8] Schließlich ist auch denkbar, dass das Gericht bereits (allein) auf Grund der Anhörung der Beteiligten und ohne weitere Beweisaufnahme zu einer vollen Überzeugung gelangt.[9]

II. Rechtliches Gehör

1. Bedeutung

4 Das in § 37 Abs. 2 FamFG genannte Äußerungsrecht regelt nur einen Teilaspekt des den Beteiligten nach Art. 103 Abs. 1 GG zu gewährenden **rechtlichen Gehörs**.[10] Grundsätzlich beinhaltet die Gewährung rechtlichen Gehörs, dass das Gericht den Beteiligten hinreichend Gelegenheit zur **Orientierung** (Information) und zur **Äußerung** (Beteiligung) gewähren muss und darüber hinaus die Äußerungen der Beteiligten auch zur **Kenntnis nehmen** und bei der Entscheidungsfindung in **Erwägung ziehen** muss.[11]

2. Form

5 Das Recht der Beteiligten auf **Information** schließt ein, dass sie über die Einleitung des Verfahrens und die Äußerungen anderer Verfahrensbeteiligter in Kenntnis zu setzen sind. Dies setzt zunächst voraus, dass das Gericht den übrigen Beteiligten den verfahrenseinleitenden Antrag (§ 23 Abs. 2 FamFG) oder – im Amtsverfahren – seine verfahrenseinleitende Verfügung übermittelt. Zwar genügt grundsätzlich die formlose Mitteilung, um allerdings den Zugang einer Antragsschrift an den Antragsgegner sicherzustellen, sollte regelmäßig die förmliche **Zustellung** gewählt werden, vor allem dann, wenn die beteiligten Eltern oder Ehepartner (noch) in einer gemeinsamen Wohnung leben.[12]

6 Weiterhin sind den Beteiligten alle entscheidungserheblichen Aktenbestandteile **zur Kenntnis zu bringen**, wie z.B. Stellungnahmen von Jugendamt oder Verfahrensbeistand, Ergebnisse einer Beweisaufnahme, Anhörungsvermerke[13] und Sachverständigengutachten.[14] Von der vollständigen Mitteilung eines **Sachverständigengutachtens** an das verfahrensfä-

3 Vgl. BVerfG NJW-RR 1996, 183; BGH MDR 1994, 359; Sternal/*Jokisch*, FamFG § 37 Rn. 13; a.A.: MüKo-FamFG/*Ulrici*, § 37 FamFG Rn. 3
4 Prütting/Helms/*Prütting*, § 37 FamFG Rn. 9 f.
5 BGH FamRZ 2021, 1995 Rn. 17.
6 Prütting/Helms/*Prütting*, § 37 FamFG Rn. 14
7 Vgl. BGH FamRZ 2018, 930
8 Vgl. BGH FamRZ 2018, 280
9 BGH FamRZ 2018, 280; Prütting/Helms/*Prütting*, § 37 FamFG Rn. 14
10 Vgl. BeckOK-FamFG/*Perleberg-Kölbel*, FamFG § 37 Rn. 27; Prütting/Helms/*Prütting*, § 37 FamFG Rn. 26
11 BVerfG NJW 2000, 1480; Prütting/Helms/*Prütting*, § 37 FamFG Rn. 26
12 Eine Ersatzzustellung an den Antragsteller wäre nach§ 178 Abs. 2 ZPO unwirksam
13 OLG Koblenz ZKJ 2021, 65
14 Sternal/*Jokisch*, FamFG § 37 Rn. 8

hige Kind sollte in Kindschaftssachen unter den Voraussetzungen des § 164 Satz 2 FamFG allerdings abgesehen werden.[15]

▶ *Näher hierzu Heilmann, § 164 FamFG Rn. 6.*

Wird den Beteiligten wesentlicher Verfahrensstoff vorenthalten, darf ein Eingriff in ihre subjektiven Rechte darauf nicht gestützt werden; insoweit besteht ein Verwertungsverbot.

3. Gelegenheit zur Stellungnahme

7 Der wesentliche Verfahrensstoff ist den Beteiligten aber nicht nur zur Kenntnis zu bringen, ihnen ist auch hinreichende Gelegenheit zur **Äußerung** zu geben (Abs. 2). Dies kann im Rahmen eines Erörterungstermins (§ 32 FamFG) geschehen, wenn den Beteiligten – meist bei einfach gelagerten Zusammenhängen – eine sofortige **mündliche Stellungnahme** zumutbar ist.[16] Die **Erörterung der Sache** kann der Gehörsgewährung vor allem dann dienen, wenn dadurch eine umfassende Unterrichtung aller Beteiligten über den entscheidungserheblichen Verfahrensstoff erfolgt oder wenn die schriftliche Information eines Beteiligten aufgrund seiner persönlichen Umstände (z.B. bei fehlenden sprachlichen oder intellektuellen Kompetenzen) nicht ausreichend erscheint.[17] Bei komplexeren Sachverhalten, insbesondere bei Einholung eines schriftlichen Sachverständigengutachtens, ist dagegen stets Gelegenheit zur **schriftlichen Äußerung** innerhalb angemessener Frist zu gewähren.

4. Berücksichtigung der Äußerungen der Beteiligten

8 Ist den Beteiligten nach den vorgenannten Maßstäben hinreichend rechtliches Gehör gewährt worden, ist das Gericht auch verpflichtet, die Äußerungen der Beteiligten zur Kenntnis zu nehmen und bei seiner Entscheidungsfindung angemessen zu berücksichtigen. **Kenntnisnahme** als innerer Vorgang erfordert, dass das Gericht das mündliche, schriftliche oder in anderer Form erfolgende Vorbringen der Beteiligten wahrnimmt und den Beteiligten dabei seine volle und ungeteilte Aufmerksamkeit zuwendet.[18] Weiter hat das Gericht das zur Kenntnis genommene Vorbringen bei der Entscheidungsfindung zu **berücksichtigen**.[19] Allerdings heißt dies nicht, dass das Gericht der Argumentation des Beteiligten inhaltlich zu folgen und jedes Vorbringen ausdrücklich zu bescheiden hat.[20] So muss das Gericht bei seiner Entscheidung zwar zu erkennen geben, dass es die zur Kenntnis genommenen Äußerungen in seine Erwägungen mit einbezogen hat (vgl. § 38 Abs. 3 FamFG). Auf der anderen Seite hat dies aber nicht zur Folge, dass unerheblicher Tatsachenvortrag oder Rechtsausführungen im Einzelfall nicht gänzlich übergangen werden dürfen.

5. Gehörsrüge

9 Hat das Gericht den Anspruch auf rechtliches Gehör allerdings in entscheidungserheblicher Weise verletzt, und steht kein anderer Rechtsschutz unterhalb der Verfassungsbeschwerde zur Verfügung (z.B. Einspruch, Widerspruch, Erinnerung, Beschwerde, Rechtsbeschwerde), ist das Verfahren auf die **Rüge** des durch eine Entscheidung beschwerten Beteiligten fortzuführen (§ 44 FamFG).

▶ *Näher hierzu Kischkel, Kommentierung zu § 44 FamFG.*

---

15 Vgl. jeweils zum Unterbringungsverfahren BGH FamRZ 2012, 1556 Rn. 16 und FamRZ 2019, 309 Rn. 6
16 Vgl. dazu BT-Drs. 16/6308, 194
17 Sternal/*Jokisch*, FamFG § 34 Rn. 16
18 Prütting/Helms/*Prütting*, § 37 FamFG Rn. 37
19 Vgl. BVerfG NJW 2022, 3413 Rn. 26 ff.; NJW 2000, 1480; MDR 1960, 734
20 BVerfG NJW 2022, 3413 Rn. 27; NJW 2006, 976

Abschnitt 3
Beschluss

§ 38 FamFG

Entscheidung durch Beschluss

(1) [1]Das Gericht entscheidet durch Beschluss, soweit durch die Entscheidung der Verfahrensgegenstand ganz oder teilweise erledigt wird (Endentscheidung). [2]Für Registersachen kann durch Gesetz Abweichendes bestimmt werden.

(2) Der Beschluss enthält

1. die Bezeichnung der Beteiligten, ihrer gesetzlichen Vertreter und der Bevollmächtigten;

2. die Bezeichnung des Gerichts und die Namen der Gerichtspersonen, die bei der Entscheidung mitgewirkt haben;

3. die Beschlussformel.

(3) [1]Der Beschluss ist zu begründen. [2]Er ist zu unterschreiben. [3]Das Datum der Übergabe des Beschlusses an die Geschäftsstelle oder der Bekanntgabe durch Verlesen der Beschlussformel (Erlass) ist auf dem Beschluss zu vermerken.

(4) Einer Begründung bedarf es nicht, soweit

1. die Entscheidung auf Grund eines Anerkenntnisses oder Verzichts oder als Versäumnisentscheidung ergeht und entsprechend bezeichnet ist,

2. gleichgerichteten Anträgen der Beteiligten stattgegeben wird oder der Beschluss nicht dem erklärten Willen eines Beteiligten widerspricht oder

3. der Beschluss in Gegenwart aller Beteiligten mündlich bekannt gegeben wurde und alle Beteiligten auf Rechtsmittel verzichtet haben.

(5) Absatz 4 ist nicht anzuwenden:

1. in Ehesachen, mit Ausnahme der eine Scheidung aussprechenden Entscheidung;

2. in Abstammungssachen;

3. in Betreuungssachen;

4. wenn zu erwarten ist, dass der Beschluss im Ausland geltend gemacht werden wird.

(6) Soll ein ohne Begründung hergestellter Beschluss im Ausland geltend gemacht werden, gelten die Vorschriften über die Vervollständigung von Versäumnis- und Anerkenntnisentscheidungen entsprechend.

Übersicht

Weiterführende Literatur: Götz, Das neue Familienverfahrensrecht – erste Praxisprobleme, NJW 2010, 897; *Hammer,* Die gerichtliche Billigung von Vergleichen nach § 156 Abs. 2 FamFG, FamRZ 2011, 1268; *Metzger,* „Urteilsähnliche" Beschlüsse im FamFG?, FamRZ

2010, 703; *Wohlgemuth*, Der Abschluss der Instanz durch das Gericht und durch den Anwalt: Entscheidungserlass, Rechtsbehelfsbelehrung und -beratung, FamRZ 2013, 674; *Zorn*, Das Verfahren in Kindschaftssachen nach dem FamFG, Rpfleger 2009, 421.

A. Allgemeines

1 Während im früheren Familienrecht gerichtliche Handlungen einer heterogenen Terminologie unterworfen waren (die Rede war z.B. von „Anordnungen", „Entscheidungen", „Beschlüssen" oder „Urteilen"), sieht § 38 Abs. 1 FamFG für alle **Endentscheidungen** im Verfahren nach dem FamFG die Entscheidungsform des **Beschlusses** vor. Dies schließt auch die weitgehend den Vorschriften der ZPO folgenden Familienstreitsachen ein (§ 113 FamFG). **Aufbau und Inhalt** des Beschlusses sind allerdings an die des Urteils in der ZPO angelehnt. Den formellen Mindestinhalt regelt **Abs. 2** (Bezeichnung der Beteiligten und des Gerichts, Beschlussformel), die Pflicht zur Begründung und Unterzeichnung des Beschlusses sowie zur Angabe des Erlasszeitpunkts finden sich in **Abs. 3**. **Abs. 4** regelt Ausnahmen von der Begründungspflicht, die wiederum auf die in **Abs. 5** genannten Verfahren keine Anwendung finden sollen. **Abs. 6** schließlich ermöglicht die Vervollständigung nicht mit Gründen versehener Beschlüsse. Obwohl die Gründe des Beschlusses in einem ersten Abschnitt (meist unter Ziffer I.) in der Regel auch Ausführungen zu den der Entscheidung zugrunde zu legenden Tatsachen enthalten, ist **kein förmlicher Tatbestand** erforderlich (dazu auch Rn. 11).[1]

B. Inhalt der Norm

I. Endentscheidung

2 Die **Endentscheidung** ist nach der Legaldefinition des Abs. 1 dadurch charakterisiert, dass sie den Verfahrensgegenstand ganz oder teilweise erledigt. Trifft das Gericht eine Endentscheidung, entscheidet es zwingend durch Beschluss. Zu den Endentscheidungen zählen nicht **Zwischen- und Nebenentscheidungen,** die sich nicht auf die Hauptsache beziehen bzw. erst der Herbeiführung ihrer Entscheidungsreife dienen und deshalb der Endentscheidung vorausgehen. Diese sind nur dann im Beschlusswege zu treffen, wenn dies im Gesetz ausdrücklich vorgesehen ist (z.B. bei der Verhängung von Zwangs- und Ordnungsmitteln, §§ 33 Abs. 3 Satz 1, 35 Abs. 1, 89 Abs. 1 Satz 3 FamFG). Zu den Endentscheidungen zählen auch isolierte Kostenentscheidungen nach Erledigung der Hauptsache oder nach Antragsrücknahme (§§ 83 Abs. 2, 84 FamFG). Im **Amtsverfahren** (§ 24 FamFG) ist die gerichtliche Entscheidung, von der Einleitung eines Verfahrens abzusehen (vgl. § 24 Abs. 2 FamFG), grundsätzlich keine anfechtbare Endentscheidung.[2] Etwas anderes gilt allerdings nach zutreffender Ansicht dann, wenn durch die Verweigerung von Amts wegen zu treffender Maßnahmen in subjektive Rechte des Anregenden (z.B. aus Art. 6 Abs. 2 GG) eingegriffen wird.[3]

3 Daneben lässt das Gesetz auch den Erlass einer **Teilentscheidung** zu („teilweise erledigt"). Eine Teilentscheidung kommt aber insbesondere **in Kindschaftssachen nur in Ausnahmefällen** in Betracht. In Sorgerechtsverfahren steht dem nach zutreffender Ansicht der Grundsatz der **Einheitlichkeit des Verfahrensgegenstands** entgegen, der grundsätzlich auch eine einheitliche Regelung der **elterlichen Sorge** erfordert.[4] Dies hat konkret u.a. zur Folge,

1 OLG Frankfurt NZFam 2019, 584 mit Anm. *Burschel*

2 Vgl. OLG Nürnberg FamRZ 2021, 1635; OLG Köln Beschl. v. 12.7.2021 – 14 UF 90/21, BeckRS 2021, 21078; Sternal/*Jokisch*, FamFG § 38 Rn. 4

3 OLG Frankfurt a. M. NJW 2024, 2926 m. Anm. *Kemper;* FamRZ 2024, 1046; FamRZ 2024, 1039; OLG Karlsruhe FamRZ 2024, 1041; vgl. auch BVerfG FamRZ 2016, 1917 Rn. 39 1

4 Vgl. OLG Frankfurt a. M. NZFam 2024, 669; FamRZ 2022, 699; KG FamRZ 2023, 602 m. Anm. *Rake*; eingehend dazu *Kischkel*, NZFam 2022, 107; BeckOGK/*Fuchs*, BGB § 1671 Rn. 20 m.w.N.; differenzierend *Obermann*, FamRZ 2022, 997

dass über Verfahren nach §§ 1628, 1666 und 1671 Abs. 1 BGB nur einheitlich entschieden werden kann;[5] ergeht in diesen Fällen gleichwohl eine auf einzelne Aspekte der elterlichen Sorge beschränkte Teilentscheidung, ist diese im Hinblick auf § 301 ZPO unzulässig und unterliegt im Rechtsmittelverfahren deshalb der Aufhebung und Zurückverweisung an das Ausgangsgericht.[6]

Im **Umgangsverfahren** hat das Familiengericht bei der Ausgestaltung des Umgangs nach § 1684 Abs. 3 Satz 1 BGB eine konkrete, vollständige und nach Art, Ort und Zeit des Umgangs vollstreckbare Regelung zu treffen oder, wenn dies zum Wohl des Kindes erforderlich ist, die Umgangsbefugnis ebenso konkret einzuschränken oder auszuschließen. Es darf sich deshalb nicht darauf beschränken, einen Antrag auf Regelung des Umgangs lediglich zurückzuweisen,[7] eine Umgangsregelung nur für einen Teil eines insgesamt regelungsbedürftigen Zeitraums zu treffen und den Umgang im Übrigen ungeregelt lassen[8] oder die Entscheidung über die genauen Modalitäten des Umgangs ganz oder teilweise in die Hände eines Dritten zu legen.[9] Andernfalls bestünde auch hier die Gefahr einander widersprechender und damit unzulässiger Teilentscheidungen, weil das Rechtsmittelgericht oder ein anderer Richter erster Instanz die entschiedene Teilfrage anders als das Familiengericht beurteilen könnte.[10] In Betracht kommt in diesen Fällen allerdings eine vorläufige Regelung des Umgangs im Wege der einstweiligen Anordnung.[11]

II. Inhalt des Beschlusses

1. Aufbau

Die Entscheidung des Familiengerichts wird – nach der Angabe des Zuordnungszwecken dienenden Aktenzeichens – mit „Beschluss" überschrieben, in Ehescheidungs- und Familienstreitsachen ggf. durch die Formel „Im Namen des Volkes" ergänzt.[12] Dem folgt der Beschlusseingang, das sog. **Rubrum**, mit Nennung der Verfahrensbeteiligten (§ 7 FamFG) und der an der Entscheidung mitwirkenden Gerichtsperson(en). Daran schließt sich die dem Urteilstenor entsprechende **Beschlussformel** an, d.h. die konkrete gerichtliche Entscheidung zur Hauptsache, z.B. die Regelung des Umgangs oder die Übertragung der elterlichen Sorge, sowie die Nebenentscheidungen zu Kosten, Verfahrenswert etc. Darauf folgen die **Gründe** (Ausnahmen von der Begründungspflicht regelt Abs. 4). Abgeschlossen wird die Entscheidung mit der in § 39 FamFG vorgesehenen **Rechtsbehelfsbelehrung** und der **Unterschrift** des/der Richter/s. 4

2. Rubrum

Die Verfahrensbeteiligten und ihre gesetzlichen Vertreter (§ 9 Abs. 2 und 3 FamFG) und Bevollmächtigten (§ 10 FamFG) sind im Rubrum so genau bezeichnen, dass ihre **eindeutige Identifizierung** möglich ist. Dies erfordert die Angabe ihrer Vor- und Zunamen und der genauen Wohnanschrift (nicht Postfach o.ä.).[13] Die Anschrift muss „ladungs- und zustellungsfähig" sein, d.h. so konkret angegeben werden, dass eine Ladung der Beteiligten bzw. ihrer 5

5 *Kischkel*, NZFam 2022, 107
6 OLG Frankfurt a. M. NZFam 2024, 669; FamRZ 2022, 699; KG FamRZ 2023, 602
7 BVerfG FamRZ 2006, 1005; OLG Brandenburg NZFam 2023, 80
8 OLG Frankfurt a. M. FamRZ 2023, 305
9 OLG Brandenburg NJW-RR 2020, 458; OLG Saarbrücken Beschl. v. 11.10.2013 – 6 UF 128-13, BeckRS 2013, 18509 = FamRZ 2014, 402 (Ls.); OLG Hamm FamRZ 2013, 310
10 Vgl. OLG Frankfurt a. M. FamRZ 2024, 191; OLG Karlsruhe FamRZ 2023, 1876; OLG Düsseldorf FamRZ 2000, 1291; Staudinger/*Dürbeck*, (2023) BGB § 1684 Rn. 467a m.w.N.
11 Staudinger/*Dürbeck*, (2023) BGB § 1684 Rn. 467a
12 Vgl. Sternal/*Jokisch*, FamFG § 38 Rn. 43
13 Vgl. OLG Saarbrücken FamRZ 2022, 551

gesetzlichen Vertreter und Bevollmächtigten zum Termin sowie die schriftliche Bekanntgabe des Beschlusses an sie möglich sind. Ferner ist im Rubrum die Stellung der Beteiligten im Verfahren anzugeben, im **echten Antragsverfahren** meist mit „Antragsteller" oder „Antragsgegner". In den **unechten Antrags- und Amtsverfahren** dagegen, namentlich in Kindschafts- und Abstammungssachen, finden sich häufig die Bezeichnungen „Vater", „Mutter" „Verfahrensbeistand" etc.

Da Amtsverfahren unabhängig von einem Antrag geführt werden, ist die in der familiengerichtlichen Praxis immer noch anzutreffende Bezeichnung der Beteiligten als Antragsteller oder -gegner schlicht falsch. Vor allem sollte in Kindesschutzverfahren das Jugendamt nicht als „Antragsteller" und die Eltern nicht als „Antragsgegner" geführt werden.

6 Das **Jugendamt** ist lediglich in Verfahren nach §§ 1666, 1666a BGB von Gesetzes wegen, ansonsten nur auf Antrag Beteiligter (§ 162 Abs. 2 FamFG) und nur in diesen Fällen im Rubrum auch als solcher zu bezeichnen. In den übrigen Kindschaftssachen empfiehlt sich im Anschluss an die Auflistung der Beteiligten der Zusatz: „zuständiges Jugendamt: ...". Dies trägt dem Umstand Rechnung, dass die Entscheidung dem Jugendamt stets bekannt zu machen ist (§ 162 Abs. 3 Satz 1 FamFG) und dass es unabhängig von seiner Beteiligtenstellung beschwerdeberechtigt ist (§ 162 Abs. 3 Satz 2 FamFG). Der familiengerichtlichen Praxis, Dritte, die zwar in der Sache eine wesentliche Rolle spielen, aber keine formellen Beteiligten sind (z.B. Pflege- oder Großeltern), als **„weitere Beteiligte"** im Rubrum aufzuführen, sollte jedenfalls nicht gefolgt werden. Im Hinblick auf § 161 FamFG kann dies den Rechtsschein der Einräumung einer förmlichen Beteiligtenstellung – mit den entsprechenden Rechtsfolgen – erwecken (vgl. hierzu *Heilmann,* § 161 FamFG Rn. 11 ff.).

7 Ist das Jugendamt als **Amtsvormund**[14] beteiligt, ist es auch als solcher zu bezeichnen. Auch wenn die Behörde die Ausübung der Aufgaben des Beistands, des Pflegers oder des Vormunds einzelnen seiner Bediensteten überträgt (§ 55 Abs. 2 SGB VIII), führt nicht dieser, sondern „das Jugendamt" die Vormundschaft (§ 55 Abs. 1 SGB VIII). In der Praxis ist allerdings darauf zu achten, dass den unterschiedlichen Beteiligtenpositionen des Jugendamts (Allgemeiner Sozialer Dienst und Amtspfleger oder -vormund) nicht nur im Beschlussrubrum, sondern auch bei Zustellungen und Ladungen Rechnung getragen wird.

▶ *Zur Amtsvormundschaft siehe Wierse, Kommentierung von §§ 1786, 1787 BGB.*

3. Beschlussformel

8 Die **Beschlussformel** (der sog. „Tenor") umfasst in Kindschaftssachen in der Regel

- die Hauptsacheentscheidung (über den Verfahrensgegenstand),
- die Kostengrundentscheidung (über die Verteilung der im Verfahren angefallenen gerichtlichen und außergerichtlichen Kosten),
- die Festsetzung des Verfahrenswerts.

Im Einzelfall sind zum Vollzug der Entscheidung **Durchführungsanordnungen**[15] als flankierende Maßnahmen erforderlich, etwa bei Ge- und Verboten im Rahmen einer Sorgerechts- oder Umgangsregelung, bei der Anordnung einer Kindesherausgabe, im Rahmen der Verhängung eines Ausreiseverbots[16] oder bei Erlass von Anordnungen in Gewaltschutzsachen (dazu hier *Cirullies*, § 1 GewSchG Rn. 31).[17] Diese sind ebenfalls in die Beschlussformel auf-

---

14 Zur Abgrenzung zwischen Amtsvormundschaft und Sozialem Dienst des Jugendamts vgl. *Harm/Mix u.a.,* FamRZ 2012, 1849

15 Vor allem im Verfahren der einstweiligen Anordnung, vgl. § 49 Abs. 2 Satz 3 FamFG

16 Vgl. OLG Schleswig FamRZ 2020, 1835 m. Anm. *Müther;* OLG Frankfurt a. M. FamRZ 2018, 1319 m. Anm. *Hammer*

17 Ausführlich *Cirullies/Cirullies*, Rn. 178 ff.

zunehmen. Das Gleiche gilt für die Androhung von **Ordnungsmitteln** in Kindesherausgabe- und Umgangssachen gemäß§ 89 Abs. 2 FamFG oder in Gewaltschutzsachen nach § 890 Abs. 2 ZPO.

In Betracht kommt im Einzelfall – regelmäßig aber nicht in Kindschaftssachen – auch die Anordnung der **sofortigen Wirksamkeit** der Entscheidung oder der Zulässigkeit der **Vollstreckung vor der Zustellung** an den Antragsgegner (dazu hier *Kischkel*, § 40 FamFG Rn. 3 sowie § 41 FamFG Rn. 2). Auf die Vorschläge zur **Tenorierung** in den einzelnen **Kindschaftssachen** in der Kommentierung zu den entsprechenden materiell-rechtlichen Normen wird verwiesen auf z.B. *Keuter*, § 1671 BGB Rn. 4 und *Gottschalk*, § 1684 BGB Rn. 54.

4. Gründe

§ 38 Abs. 3 Satz 1 FamFG sieht eine **allgemeine Begründungspflicht** für erstinstanzliche Beschlüsse vor, Ausnahmen sind in Abs. 4 geregelt. Für die Begründung einer Beschwerdeentscheidung gilt § 69 Abs. 2 FamFG. Umfang und Tiefe der Gründe richten sich dabei nach den Umständen des Einzelfalls.[18] Jedenfalls müssen die Gründe dem Anspruch der Beteiligten auf ein faires Verfahren und dem Grundsatz einer geordneten Rechtspflege entsprechen. Das bedeutet, dass mindestens Angaben zu den **Rechtsnormen** erforderlich sind, auf die die Entscheidung gestützt wird und auch zu der Frage, aufgrund welcher **Tatsachenfeststellungen** das Gericht die tatbestandlichen Voraussetzungen der Normen als erfüllt ansieht.[19] Fehlt eine (ausreichende) Begründung, hindert dies nicht den Eintritt der Wirksamkeit der Entscheidung, kann im Rechtsmittelverfahren aber zu Aufhebung und Zurückverweisung der erstinstanzlichen Entscheidung führen.[20] 9

Nach Abs. 6 schließlich gelten die Vorschriften über die – antragsabhängige – Vervollständigung von Versäumnis- und Anerkenntnisentscheidungen entsprechend, wenn ein ohne Begründung erlassener Beschluss im Ausland geltend gemacht werden soll.

5. Unterschrift

Nach § 38 Abs. 3 Satz 2 FamFG muss die **Urschrift des Beschlusses** von seinem Urheber, d.h. vom erkennenden Richter oder Rechtspfleger, **handschriftlich unterzeichnet** oder – bei elektronischer Aktenführung – **qualifiziert elektronisch signiert** werden. (§ 14 Abs. 3 FamFG i.V.m. § 130b Satz 1 ZPO). War ein Kollegialgericht tätig, müssen sämtliche mitwirkenden Richter der Kammer oder des Senats unterzeichnen bzw. elektronisch signieren. Die Unterschriftsleistung grenzt den Beschluss vom bloßen Entwurf ab und ermöglicht den Verfahrensbeteiligten zudem die Prüfung, ob gegen das Gebot des gesetzlichen Richters (Art. 101 Abs. 1 Satz 2 GG) verstoßen wurde. Fehlt die Unterschrift, ist die Entscheidung als gerichtlicher Erkenntnisakt nicht existent und damit nicht wirksam.[21] 10

III. Ergänzung und Berichtigung

Hat das Gericht bei seiner Entscheidung einen beantragten Regelungsgegenstand versehentlich nicht beschieden oder eine Kostenentscheidung **vergessen**, kann dies auf Antrag nachgeholt werden. Diese **Ergänzung** ist binnen zwei Wochen ab schriftlicher Bekanntgabe des Beschlusses zu beantragen (§ 43 FamFG). Anders stellt sich die Rechtslage allerdings dar, wenn über den Regelungsgegenstand nur einheitlich entschieden werden kann, das Familiengericht aber eine Teilregelung trifft. In diesen Fällen sind die Beteiligten auf die Einle- 11

18 Vgl. NJW 1999, 2429; Sternal/*Jokisch*, FamFG § 38 Rn. 63
19 Sternal/*Jokisch*, FamFG § 38 Rn. 65
20 §§ 69 Abs. 1 Satz 3 bzw. 117 Abs. 2 Satz 1 FamFG i.V.m. § 538 Abs. 2 Satz 1 Nr. 1 ZPO
21 Vgl. BGH NJW-RR 1986, 412

gung eines Rechtsmittels zu verweisen.[22] Dies gilt z.B. im Versorgungsausgleichsverfahren, kann aber auch für das Sorgerechts- und das Umgangsverfahren eine Rolle spielen.[23]

Bloße Schreibfehler, Rechenfehler und ähnliche offenbare **Unrichtigkeiten** im Beschluss kann das Gericht nach § 42 FamFG auch von Amts wegen **berichtigen**. Die inhaltliche Berichtigung des Tatbestands (vgl. zum Urteil § 320 ZPO) ist dagegen nicht möglich, weil der familiengerichtliche Beschluss zwar eine Sachverhaltsdarstellung, aber keinen echten Tatbestand i.S.d. § 313 Abs. 1 Nr. 5 ZPO enthält. Die Überprüfung der Sachverhaltsdarstellung ist allein Sache des Beschwerdegerichts.[24]

IV. Erlass des Beschlusses

12 Nach § 38 Abs. 3 FamFG ist **„Erlass"** definiert als **Übergabe** des unterschriebenen Beschlusses an die Geschäftsstelle oder als **Bekanntgabe** durch Verlesen der Beschlussformel (Verkündung). Der Beschluss wird hierdurch als Rechtsprechungsakt existent und kann danach vom Gericht außerhalb des gesetzlich dafür vorgesehenen Verfahrens nicht mehr zurückgezogen oder verändert werden.[25]

13 Der **Erlass** eines Beschlusses ist von dem Eintritt seiner **Wirksamkeit** zu unterscheiden. Diese richtet sich nach den Regeln des § 40 FamFG, der u.a. auf die Bekanntgabe der Entscheidung abstellt. Beide Zeitpunkte können also, müssen aber nicht zusammenfallen (vgl. *Kischkel*, § 40 FamFG Rn. 2 ff.).

§ 39 FamFG

Rechtsbehelfsbelehrung

[1]Jeder Beschluss hat eine Belehrung über das statthafte Rechtsmittel, den Einspruch, den Widerspruch oder die Erinnerung sowie das Gericht, bei dem diese Rechtsbehelfe einzulegen sind, dessen Sitz und die einzuhaltende Form und Frist zu enthalten. [2]Über die Sprungrechtsbeschwerde muss nicht belehrt werden.

Übersicht

Weiterführende Literatur: Götz, Die Rechtsbehelfsbelehrung, FPR 2011, 1; *Hartmann*, Die neue Rechtsbehelfsbelehrung im Zivilprozess, MDR 2013, 60; *Köhler*, Wiedereinsetzung bei falscher Rechtsbehelfsbelehrung des Gerichts und anwaltlicher Vertretung, FamRZ 2021, 574; *Ulrici*, Wiedereinsetzung bei fehlender oder fehlerhafter Rechtsbehelfsbelehrung, ZZP 124 (2011), 219; *Vogel*, Die Rechtsbehelfsbelehrung, FPR 2012, 294.

A. Allgemeines

1 Die Einführung der Pflicht zur Rechtsbehelfsbelehrung ist gerade in den Verfahren der freiwilligen Gerichtsbarkeit Ausdruck besonderer **gerichtlicher Fürsorge** für die Beteiligten und

22 Sternal/*Jokisch*, FamFG § 43 Rn. 6
23 Vgl. OLG Frankfurt a. M., Beschl. v. 27.2.2024 – 6 UF 24/24, BeckRS 2024, 3106 = NZFam 2024, 669 m. Anm. *Thormeyer*; FamRZ 2022, 267
24 OLG Frankfurt a. M. NZFam 2019, 584 mit Anm. *Burschel;* Sternal/*Jokisch*, FamFG § 42 Rn. 25
25 BGH FamRZ 2015, 1698; zum Erlass einer nicht verkündeten Beschwerdeentscheidung vgl. BGH FamRZ 2018, 1593

soll zugleich Gerechtigkeit und Rechtssicherheit fördern.[1] Allerdings gilt § 39 FamFG grundsätzlich in allen Verfahren nach dem FamFG, d.h. einschließlich der dem Anwaltszwang unterworfenen Ehe- und Familienstreitsachen. Konkret dient die Rechtsbehelfsbelehrung dem Zweck, die Beteiligten unverzüglich und zuverlässig über die in Betracht kommenden **Möglichkeiten der Anfechtung** einer gerichtlichen Entscheidung zu informieren, und soll ihnen dadurch helfen, die Einlegung unzulässiger Rechtsbehelfe zu vermeiden. Allerdings ist das Rechtsbehelfssystem unübersichtlich – und die Fehlerquote bei den erteilten Rechtsmittelbelehrungen der Instanzgerichte immer noch (zu) hoch.[2]

B. Inhalt der Norm

I. Rechtsbehelfsbelehrung

Die **Rechtsbehelfsbelehrung** ist obligatorischer Bestandteil jeder familiengerichtlichen Endentscheidung oder nach dem Gesetz anfechtbaren Zwischenentscheidung. Sie muss neben dem statthaften Rechtsmittel oder Rechtsbehelf im engeren Sinne (Einspruch, Widerspruch, Erinnerung) auch das Gericht nennen, bei dem diese Rechtsbehelfe einzulegen sind, dessen Sitz und die einzuhaltende Form und Frist. Dazu zählt auch die Information über einen ggf. bestehenden **Anwaltszwang**. Die Belehrung muss mit diesem zwingenden **Inhalt** aus sich heraus verständlich sein und jeden Beteiligten in die Lage versetzen, auch ohne Hinzuziehung eines Rechtsanwalts den für ihn im jeweiligen Einzelfall zulässigen Rechtsbehelf gegen die ergangene Entscheidung einzulegen.[3] Nur wenn eine Entscheidung unanfechtbar ist, erfordert die Gewährung effektiven Rechtsschutzes keine entsprechende „Negativ-Belehrung“.[4] 2

Auch über die nach Erlass einer **einstweiligen Anordnung** in Betracht kommenden **Antragsrechte** ist nach zutreffender Ansicht in der Rechtsbehelfserklärung aufzuklären. Dazu zählen insbesondere der Antrag auf Einleitung des Hauptsacheverfahrens (§ 52 Abs. 1 und 2 FamFG), auf erneute Entscheidung aufgrund mündlicher Verhandlung (§ 54 Abs. 2 FamFG) und schließlich auf Aufhebung oder Änderung der ergangenen Entscheidung (§ 54 Abs. 1 Satz 2 FamFG).[5] Dies folgt aus dem Regelungszweck des § 39 FamFG, der zur Sicherung des Rechtsstaatsprinzips (Art. 19 Abs. 4 GG) unabhängig von der Art des Verfahrens und der Befristung der Rechtsmittelmöglichkeit eine Rechtsbehelfsbelehrung verlangt; dafür spricht im Hinblick auf den im Verfahren der einstweiligen Anordnung fehlenden Anwaltszwang auch die gerichtliche Fürsorgepflicht.[6] 3

Ist die Rechtsbehelfsbelehrung fehlerhaft, unvollständig oder fehlt sie gänzlich, beeinträchtigt dieser Mangel nicht die Wirksamkeit der Entscheidung und hat auch keinen Einfluss auf den Lauf der Rechtsmittelfrist, der auch in diesen Fällen mit der schriftlichen Bekanntgabe des Beschlusses beginnt (§ 63 Abs. 3 Satz 1 FamFG).[7] 4

Auch besteht für anwaltlich vertretene Beteiligte **kein uneingeschränkter Vertrauensschutz** in die inhaltliche Richtigkeit der erteilten Rechtsbehelfsbelehrung. Vielmehr obliegt dem Rechtsanwalt die Aufgabe, den zutreffenden Rechtsbehelf nach eigenverantwortlicher Prüfung selbstständig zu ermitteln und den Mandanten richtig zu „belehren“.[8] Dies kann für 5

1 Vgl. MüKo-FamFG/*Ulrici*, FamFG § 39 Rn. 1
2 Dazu BGH NJW 2014, 3731 mit Anm. *Fölsch*
3 BGH FamRZ 2011, 1389; FamRZ 2010, 1425
4 BGH NJW 2002, 2171, 2173; BeckOK-FamFG/*Obermann*, § 39 Rn. 4
5 Vgl. Bumiller/Harders/Schwamb/*Bumiller*, § 39 FamFG Rn. 3; Sternal/*Jokisch*, FamFG § 39 Rn. 10; Musielak/Borth/Frank/*Borth*, FamFG § 39 Rn. 3; a.A.: MüKo-FamFG/*Ulrici*, § 39 Rn. 6
6 Musielak/Borth/Frank/*Borth*, FamFG § 39 Rn. 3
7 Musielak/Borth/Frank/*Borth*, FamFG § 39 Rn. 5
8 Dazu *Wohlgemuth*, FamRZ 2013, 674, 676

die Frage der Gewährung einer Wiedereinsetzung in den vorigen Stand von Bedeutung sein (siehe Rn. 7). Näher zu den Zulässigkeitsvoraussetzungen der Beschwerde siehe hier *Kischkel,* § 58 FamFG Rn. 3 ff.

6 Ist ein Beteiligter allerdings erst durch eine **fehlerhafte Rechtsmittelbelehrung** zur Einlegung des Rechtsmittels veranlasst worden, kann dies im Einzelfall rechtfertigen, im Rechtsmittelverfahren **keine Gerichtskosten** zu erheben.[9]

II. Wiedereinsetzungsantrag

7 Bei fehlender oder unzureichender Rechtsbehelfsbelehrung kommt grundsätzlich eine **Wiedereinsetzung in den vorigen Stand** in Betracht (§ 17 FamFG). Denn nach § 17 Abs. 2 FamFG ist jedenfalls bei **Rechtsunkundigen** zu vermuten, dass die Nichteinhaltung der versäumten gesetzlichen Frist unverschuldet erfolgt ist, wenn eine Rechtsbehelfsbelehrung unterblieben oder fehlerhaft ist. Für **anwaltlich** vertretene Beteiligte gelten dagegen strengere Anforderungen.

8 Obwohl nach dem Wortlaut des § 17 Abs. 2 FamFG bei fehlerhafter oder unterlassener Rechtsbehelfsbelehrung ein **Fehlen des Verschuldens** gesetzlich vermutet wird, setzt die Norm darüber eine **Kausalität** zwischen der fehlerhaften oder fehlenden Rechtsbehelfsbelehrung und der Fristversäumung voraus. Ist dem Beteiligten nämlich positiv bekannt oder hätte ihm bekannt sein müssen, dass die Belehrung fehlerhaft ist, genießt er keinen Vertrauensschutz. Daher entfällt die Vermutungswirkung des § 17 Abs. 2 FamFG regelmäßig dann, wenn sich ein Beteiligter wegen vorhandener oder ihm zumindest zuzurechnender Kenntnis des zutreffenden Rechtsmittels, etwa bei **anwaltlicher Vertretung**, nicht auf die Richtigkeit der Rechtsbehelfsbelehrung verlassen durfte. Zwar kann auch ein **Rechtsanwalt** grundsätzlich auf die Richtigkeit der Rechtsbehelfsbelehrung vertrauen, allerdings kann von ihm erwartet werden, dass er sich über die Voraussetzungen für die Einlegung eines Rechtsmittels, und damit auch über die einzuhaltende Frist, selbst und eigenverantwortlich vergewissert.[10] Darüber hinaus gehört es zu den allgemeinen Pflichten des Rechtsanwalts, mögliche Fehlleistungen des Gerichts zu erkennen und ihnen entgegenzuwirken.[11] Daher kann sich ein anwaltlich vertretener Beteiligter jedenfalls nicht auf eine **offenkundig falsche** Rechtsbehelfsbelehrung verlassen, die nicht einmal den Anschein der Richtigkeit zu erwecken vermag.[12] Wegen des ihm nach §§ 11 Satz 5 FamFG, 85 Abs. 2 ZPO zuzurechnenden anwaltlichen Verschuldens kann ihm in diesem Fall auch **keine Wiedereinsetzung** in die versäumte Frist gewährt werden.[13] Auf der anderen Seite kann – auch wenn von einem Rechtsanwalt zu erwarten ist, dass er die Grundzüge des Verfahrensrechts und des Rechtsmittelsystems kennt – ein kausaler, die Wiedereinsetzung rechtfertigender Rechtsirrtum im Einzelfall aber dann angenommen werden, wenn dieser nachvollziehbar und deshalb verständlich erscheint.[14]

9 Wird Wiedereinsetzung beantragt, ist die **Zwei-Wochen-Frist** des § 18 Abs. 1 Satz 1 FamFG zu beachten;[15] innerhalb dieser Frist ist auch die versäumte **Verfahrenshandlung nachzu-**

9 Vgl. OVG Münster BeckRS 2019, 1429 = JurBüro 2019, 372; s. aber auch OLG Nürnberg FamRZ 2024, 58, und FamRZ 2022, 711

10 Dies kann ebenfalls für Behörden gelten, vgl. BGH FamRZ 2013, 779; zum Jugendamt OLG Frankfurt a. M. FamRZ 2017, 539

11 BGH FamRZ 2012, 1287 Rn. 8; NJW-RR 1989, 1109

12 Dazu BGH FamRZ 2021, 444 und FamRZ 2017, 1151 mit Anm. *Fischer* = NZFam 2017, 556 m. Anm. *Schwamb*

13 OLG Bremen FamRZ 2021, 1140; OLG Stuttgart FamRZ 2020, 774; OLG Nürnberg FamRZ 2018, 1102; OLG Naumburg FuR 2018, 96; vgl. auch *Köhler,* FamRZ 2021, 574

14 BGH FamRZ 2015, 743 Rn. 23 ff.

15 Zur Fristversäumung vgl. OLG Dresden Beschl. v. 7.4.2014 – 22 UF 168/14, BeckRS 2014, 9880

holen (§ 18 Abs. 3 Satz 2 FamFG).[16] Um „auf der sicheren Seite" zu sein, empfiehlt sich grundsätzlich die (auch vorsorgliche) **Einlegung von Rechtsmitteln** binnen der kürzesten Frist von **zwei Wochen**.

§ 40 FamFG

Wirksamwerden

(1) Der Beschluss wird wirksam mit Bekanntgabe an den Beteiligten, für den er seinem wesentlichen Inhalt nach bestimmt ist.

(2) [1]Ein Beschluss, der die Genehmigung eines Rechtsgeschäfts zum Gegenstand hat, wird erst mit Rechtskraft wirksam. [2]Dies ist mit der Entscheidung auszusprechen.

(3) [1]Ein Beschluss, durch den auf Antrag die Ermächtigung oder die Zustimmung eines anderen zu einem Rechtsgeschäft ersetzt oder die Beschränkung oder Ausschließung der Berechtigung des Ehegatten oder Lebenspartners, Geschäfte mit Wirkung für den anderen Ehegatten oder Lebenspartner zu besorgen (§ 1357 Abs. 2 Satz 1 des Bürgerlichen Gesetzbuchs, auch in Verbindung mit § 8 Abs. 2 des Lebenspartnerschaftsgesetzes), aufgehoben wird, wird erst mit Rechtskraft wirksam. [2]Bei Gefahr im Verzug kann das Gericht die sofortige Wirksamkeit des Beschlusses anordnen. [3]Der Beschluss wird mit Bekanntgabe an den Antragsteller wirksam.

Übersicht

A. Allgemeines

1 Die Vorschrift regelt einheitlich, wann die im FamFG-Verfahren ergangenen Entscheidungen – ungeachtet ihrer unterschiedlichen Bekanntgabezeitpunkte – gegenüber den Beteiligten ihre **verfahrensrechtliche Wirksamkeit** erlangen.[1] Erst ab diesem Zeitpunkt entfaltet der Beschluss im Außenverhältnis Wirkungen gegenüber den Beteiligten oder Dritten und erst dann kann auch aus ihm **vollstreckt** werden (§ 86 Abs. 2 FamFG).

Von der Wirksamkeit eines Beschlusses ist seine Existenz zu unterscheiden, die bereits durch seinen **Erlass** eintritt (§ 38 Abs. 3 Satz 3 FamFG; vgl. dazu *Kischkel*, § 38 FamFG Rn. 12). Wird er durch mündliche Bekanntgabe gegenüber den anwesenden Adressaten bekanntgegeben, fallen beide Zeitpunkte zusammen (vgl. § 41 Abs. 2 FamFG).[2]

2 Je nach Fallgestaltung im familiengerichtlichen Verfahren kann die Wirksamkeit zu **vier verschiedenen Zeitpunkten** eintreten,[3] wobei in **Kindschaftssachen** vor allem drei von Belang sind. Beschlüsse werden danach wirksam:

- in der Praxis am häufigsten mit **Bekanntgabe** (§ 40 Abs. 1 FamFG), d.h. entweder schriftlich durch Zustellung oder mündlich durch Verkündung (§ 41 Abs. 1 und 2 FamFG);

16 Vgl. dazu OLG Celle MDR 2014, 1226
1 MüKo-FamFG/*Ulrici*, FamFG § 40 Rn. 1
2 Sternal/*Jokisch*, FamFG § 40 Rn. 3
3 Ausführlich *Cirullies*, FPR 2012, 473, 476

- ausnahmsweise mit **Erlass**, nämlich nach § 53 Abs. 2 FamFG bei einer einstweiligen Anordnung in Gewaltschutzsachen und vergleichbaren Fällen (etwa dringende Kindesherausgabe), wenn das Gericht die Zulässigkeit der Vollstreckung vor der Zustellung anordnet;
- mit **Rechtskraft** der Entscheidung in den Sonderfällen des § 40 Abs. 2 und 3 FamFG; ferner für den Fall der Geltendmachung als **Folgesache** im Scheidungsverbund nach § 137 FamFG mit **Rechtskraft des Scheidungsausspruchs** (§ 148 FamFG).

3 Abweichend hiervon werden Endentscheidungen in **Gewaltschutzsachen** grundsätzlich mit **Rechtskraft** wirksam. Allerdings soll das Gericht die **sofortige Wirksamkeit anordnen** (216 Abs. 1 FamFG). Dann tritt die Wirksamkeit mit **Bekanntgabe** (§ 40 Abs. 1 FamFG) ein. Sie erfolgt bereits mit der **Übergabe an die Geschäftsstelle** des Gerichts, sofern neben der sofortigen Wirksamkeit auch die Zulässigkeit der Vollstreckung vor der Zustellung angeordnet wird (§ 216 Abs. 2 FamFG).[4]

Eine wiederum im Detail abweichende Regelung findet sich für das **Adoptionsverfahren** in § 198 FamFG.

Übersicht: Mögliche Wirksamkeitszeitpunkte – chronologisch geordnet

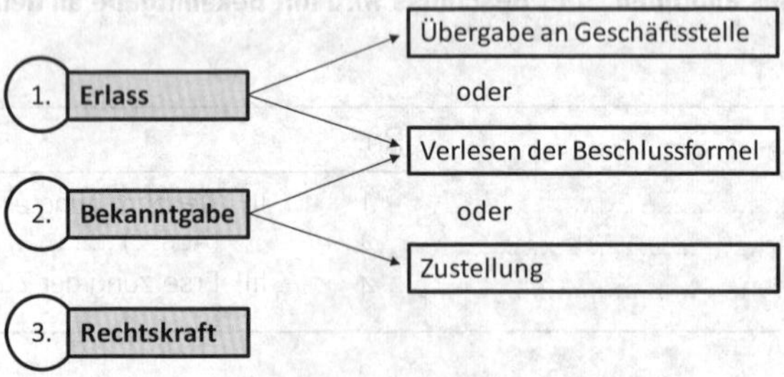

B. Inhalt der Norm

I. Wirksamwerden

4 Abs. 1 stellt klar, dass Beschlüsse nicht erst mit Eintritt der formellen Rechtskraft, sondern bereits mit ihrer **Bekanntgabe** an den Beteiligten **wirksam** werden, für den sie ihrem wesentlichen Inhalt nach bestimmt sind. Damit soll einem im Bereich der Rechtsfürsorge bestehenden Bedürfnis nach einem schnellen Wirksamwerden der Entscheidung Rechnung getragen werden, etwa bei Bestellung eines Pflegers oder Vormunds.[5]

Maßgebliche **Adressaten** sind diejenigen Beteiligten, die von dem Beschluss tatsächlich in ihrer Rechtssphäre unmittelbar betroffen werden und deren Kenntnis nach dem Zweck der Entscheidung vordringlich ist.[6] Entscheidend sind die Umstände des Einzelfalls. Im Antragsverfahren kommt es bei **Zurückweisung des Antrags** auf die Bekanntgabe an den Antragsteller und im Fall der – auch teilweisen – **Entziehung einer Rechtsstellung** auf die Bekanntgabe an denjenigen an, der durch die Entscheidung in seiner Rechtsstellung beeinträchtigt wird.[7]

4 BeckOK-FamFG/*Schlünder*, FamFG § 216 Rn. 3 ff.
5 BT-Drs. 16/6308, 196
6 MüKo-FamFG/*Ulrici*, § 40 Rn. 6 m.w.N.
7 Prütting/Helms/*Abramenko*, § 40 FamFG Rn. 6

Das Familiengericht darf bei der Entscheidung in einer Kindschaftssache **nicht** einen **abweichenden Zeitpunkt der Wirksamkeit** (insbesondere der Rechtskraft der Entscheidung) aussprechen, etwa um zu vermeiden, dass das Kind bei einer divergierenden Entscheidung des Beschwerdegerichts mehrfach den Aufenthaltsort wechseln muss. Für eine solche Verlagerung des Zeitpunkts der Wirksamkeit in die Zukunft fehlt die Rechtsgrundlage. In dieser Konstellation kommt nur eine **Aussetzung** der Vollziehung bzw. der Wirksamkeit durch das Beschwerdegericht nach § 64 Abs. 3 FamFG in Betracht.[8] 5

▶ *Näher hierzu Kischkel, § 64 FamFG Rn. 8.*

II. Genehmigung eines Rechtsgeschäfts (Abs. 2)

Die **Genehmigung** eines Rechtsgeschäfts, insbesondere in den Fällen der (familien-) gerichtlichen Genehmigung nach §§ 112, 1411 Abs. 1 Satz 2, Abs. 2 Satz 2, 1484 Abs. 2 Satz 2, 1491 Abs. 3, 1492 Abs. 3, 1596 Abs. 1 Satz 3, 1643, 1795 Abs. 2, 1799, 1820 Abs. 5 Satz 2, 1833, 1848 ff. BGB,[9] wird nach Abs. 2 in Abweichung von Abs. 1 erst mit Eintritt der **Rechtskraft** der Entscheidung wirksam. Dabei geht es um die formelle Rechtskraft i.S.d. § 45 FamFG. Diese Regelung dient dem Schutz des Rechtsinhabers und sollte – am besten im **Beschlusstenor** – zur Klarstellung ausdrücklich erwähnt werden. In Ergänzung dazu wurde die **Beschwerdefrist** in § 63 Abs. 2 Nr. 2 FamFG aus Beschleunigungsgründen auf zwei Wochen **verkürzt**. Schließlich finden gegen einen Beschluss, durch den die Genehmigung für ein Rechtsgeschäft erteilt oder verweigert wird, eine Wiedereinsetzung in den vorigen Stand, eine Rüge nach § 44 FamFG, eine Abänderung oder eine Wiederaufnahme nicht statt, wenn die Genehmigung oder deren Verweigerung einem Dritten gegenüber wirksam geworden ist (§ 48 Abs. 3 FamFG). 6

Anders als nach Abs. 3 Satz 2 kann das Gericht bei Genehmigung eines Rechtsgeschäfts auch bei besonderer Dringlichkeit **keinen vorgezogenen Wirksamkeitszeitpunkt** anordnen. Nach zutreffender Ansicht fehlt es insoweit an einer Gesetzeslücke.[10] Bedarf die Durchführung des genehmigten Rechtsgeschäftes einer **Beschleunigung**, können die Beteiligten den zeitnahen Eintritt der Rechtskraft durch einen **Rechtsmittelverzicht** herbeiführen.

III. Ersetzung der Zustimmung (Abs. 3)

Abs. 3 regelt weitere Sonderfälle, in denen der Beschluss ebenfalls erst **mit Rechtskraft wirksam** wird. In **Kindschaftssachen** ist diese Regelung u.a. von Belang, wenn aufgrund eines Antrags die Ermächtigung oder die Zustimmung eines anderen ersetzt werden soll, beispielsweise im Fall der Einbenennung (§ 1617e Abs. 2 Satz 2 BGB). Analog anzuwenden ist die Vorschrift auf Entscheidungen, welche Meinungsverschiedenheiten mehrerer Vertreter verbindlich entscheiden und hierdurch ein wirksames Handeln im Außenverhältnis ermöglichen, etwa nach §§ 1630 Abs. 2, 1793, 2224 Abs. 1 Satz 1 BGB.[11] 7

Besteht **Gefahr im Verzug**, kann das Gericht die **sofortige Wirksamkeit** nach Abs. 3 Satz 2 des Beschlusses anordnen.

8 Vgl. Anm. *Kischkel* zu OLG Karlsruhe, Beschl. v. 29.6.2023 – 20 UF 69/23, NZFam 2023, 1081; OLG Celle FamRZ 2013, 2001, dazu *Tomfort*, FamFR 2013, 299
9 Vgl. MüKo-FamFG/*Ulrici*, FamFG § 40 Rn. 9
10 H.M., vgl. OLG Celle FamRZ 2013, 2001; MüKo-FamFG/*Ulrici*, § 40 Rn. 11; Zöller/*Feskorn*, § 40 FamFG Rn. 9; a.A.: Prütting/Helms/*Abramenko*, § 40 FamFG Rn. 14
11 Vgl. MüKo-FamFG/*Ulrici*, § 40 Rn. 13 m.w.N.

§ 41 FamFG

Bekanntgabe des Beschlusses

(1) [1]Der Beschluss wird den Beteiligten in beglaubigter Abschrift bekannt gegeben; Ausfertigungen werden nur auf Antrag und nur in Papierform erteilt. [2]Ein anfechtbarer Beschluss ist demjenigen zuzustellen, dessen erklärtem Willen er nicht entspricht.

(2) [1]Anwesenden kann der Beschluss auch durch Verlesen der Beschlussformel bekannt gegeben werden. [2]Dies ist in den Akten zu vermerken. [3]In diesem Fall ist die Begründung des Beschlusses unverzüglich nachzuholen. [4]Der Beschluss ist im Fall des Satzes 1 auch schriftlich bekannt zu geben.

(3) Ein Beschluss, der die Genehmigung eines Rechtsgeschäfts zum Gegenstand hat, ist auch demjenigen, für den das Rechtsgeschäft genehmigt wird, bekannt zu geben.

Übersicht Rn. Rn.

Weiterführende Literatur: Beetz, Sicherstellung des effektiven Rechtsschutzes für Menschen mit Behinderungen im Betreuungsverfahren – Anmerkung zu Bundesverfassungsgericht vom 6.7.2020 – 1 BvR 2843/17, BtPrax 2021, 135; *Büte*, Der vergessene Beteiligte, FuR 2011, 361; *Cirullies*, Der Gerichtsvollzieher im Gewaltschutzverfahren – Probleme bei der Zustellung, DGVZ 2015, 33; *ders.*, Zustellungsprobleme in Gewaltschutzsachen, FamRZ 2012, 1854; *Schneider*, Bekanntgabe und Zustellungen in Familiensachen, Rpfleger 2011, 1.

A. Allgemeines

I. Amtszustellung

1 Die Vorschrift regelt für das Verfahren der freiwilligen Gerichtsbarkeit[1] und damit auch für Kindschaftssachen die **Möglichkeiten der Bekanntgabe** einer Entscheidung. In jedem Fall hat das **Gericht** die Bekanntgabe zu veranlassen.[2] Eine Kundgabe durch Beteiligte oder sonstige Dritte genügt der Bekanntgabepflicht nicht.[3] Eine „Parteizustellung" heilt nicht die eigentlich gebotene Amtszustellung; die Zustellung bleibt unwirksam.[4] Im FamFG fehlt eine § 750 Abs. 1 Satz 2 ZPO entsprechende Regelung, wonach auch eine Zustellung im Parteibetrieb oder eine sonstige Kenntniserlangung (z.B. durch Abschluss eines gerichtlichen Vergleichs)[5] ausreicht. Dies wird in der Praxis mitunter verkannt.[6] Wegen dieser Amtshandlung ist der Nachweis über die Zustellung (oder die Mitteilung über erfolglose Zustellungs-

1 D.h. nicht für Familienstreitsachen, vgl. § 113 Abs. 1 Satz 1 FamFG
2 So auch *Giers*, DGVZ 2009, 127, 129
3 MüKo-FamFG/*Ulrici*, § 41 Rn. 6; vor § 23 Rn. 20
4 BGH FamRZ 2010, 1328; *Cirullies/Cirullies*, Rn. 445
5 OLG Brandenburg Beschl. v. 29.5.2024 – 13 WF 72/24, BeckRS 2024, 12696 = NZFam 2024, 1051
6 Vgl. etwa OLG Oldenburg NJW-RR 2018, 1416, oder OLG Celle FamRZ 2011, 1971 (Zustellung im – durch das Gericht lediglich vermittelten – „Parteibetrieb")

versuche) auch dem **Familiengericht** und nicht dem Antragsteller(-Vertreter) zu übersenden.[7]

Die Frage, ob auch **Vergleiche von Amts wegen** zuzustellen sind, ist zwar umstritten, im Ergebnis jedoch zu bejahen.[8] Dies entspricht zudem gängiger Praxis.

II. Zustellung in Gewaltschutzsachen

Die Zustellung einer **Gewaltschutzanordnung** (vgl. hier *Cirullies,* § 1 GewSchG Rn. 44) an den der Wohnung verwiesenen Antragsgegner bereitet in der Praxis immer wieder Schwierigkeiten, wenn dessen ladungsfähige (neue) **Anschrift** dem Gericht **nicht bekannt** ist. Auch wenn die **Vollstreckung vor der Zustellung** zulässig ist (§ 214 Abs. 2 FamFG), muss die Zustellung der Vollstreckung nachfolgen. Sie ist dann alsbald **nachzuholen**, was sich in der Praxis oft als schwierig erweist: Eine **Ersatzzustellung** an den antragstellenden Beteiligten scheidet aus, da dieser an dem Verfahren beteiligt ist (§ 178 Abs. 2 ZPO). Das Gleiche gilt für eine Ersatzzustellung in der früheren Wohnung, die der Antragsgegner aufgrund polizeilicher oder gerichtlicher Weisung nicht mehr betreten darf.[9] Kommt eine Ersatzzustellung – auch durch Einlegung in ein **Postfach**[10] oder an der **Arbeitsstelle**[11] – nicht in Betracht, ist eine Zustellung an den **Antragsgegner persönlich** erforderlich, die an jedem Ort erfolgen kann, an dem er angetroffen wird (§ 177 ZPO). Da die Zustellung **von Amts wegen** durchgeführt wird, muss auch der Gerichtsvollzieher Erkundigungen einziehen, insbesondere bei der Polizei, dem Opfer oder – im Falle telefonischer Erreichbarkeit – bei dem Antragsgegner selbst.[12] Als letztes Mittel ist eine **öffentliche Zustellung** zu erwägen, die auch in Verfahren der freiwilligen Gerichtsbarkeit grundsätzlich zulässig ist. 2

III. Anwendungsbereich

Die Vorschrift gilt für alle **Beschlüsse** i.S.d. § 38 Abs. 1 FamFG (Endentscheidungen) unabhängig von ihrer Bezeichnung. Auf sonstige gerichtliche **Zwischen- oder Neben-Entscheidungen** ist sie nach überwiegender Auffassung dagegen nicht anwendbar (vgl. § 15 Abs. 3 FamFG).[13] 3

B. Inhalt der Norm

I. Adressaten der Bekanntgabe

Abs. 1 Satz 1 regelt die Pflicht zur Bekanntgabe des Beschlusses an **Beteiligte** i.S.d. § 7 FamFG. In Kindschaftssachen ergehende Entscheidungen sind unter den Voraussetzungen des § 164 FamFG auch dem **Kind** selbst bekannt zu machen. 4

▶ *Näher hierzu Heilmann, Kommentierung zu § 164 FamFG.*

Sofern ein Beteiligter **verfahrensunfähig** ist (vgl. dazu *Köhler,* Kommentierung von § 9 FamFG), muss die Entscheidung, wenn es sich nicht um eine Kindschaftssache handelt und dem Kind ein Verfahrensbeistand bestellt wurde, seinem **gesetzlichen Vertreter** bekannt gegeben werden (zu den Ausnahmen siehe jedoch unten Rn. 10). Hat der Beteiligte

7 Die nicht vorschriftsmäßig durchgeführte Zustellung kann eine Amtspflichtverletzung darstellen, BGH NJW 2019, 1374
8 Ausführlich dazu *Cirullies/Cirullies*, Rn. 447
9 Zur Wirksamkeit einer Ersatzzustellung vgl. auch BVerfG FamRZ 2019, 1798
10 Vgl. BGH NJW-RR 2012, 1012; Musielak/Voit/*Wittschier,* ZPO § 180 Rn. 2
11 Dazu BGH NJW 2001, 885: Es muss die ernsthafte Möglichkeit bestehen, dass dort eine ordnungsgemäße Zustellung vorgenommen werden kann.
12 Dazu *Cirullies*, FamRZ 2012, 1854; *ders.*, DGVZ 2015, 33
13 MüKo-FamFG/*Ulrici,* § 41 Rn. 4 m.w.N.; Prütting/Helms/*Abramenko*, § 41 FamFG Rn. 2

einen rechtsgeschäftlichen Vertreter oder einen **Verfahrensbevollmächtigten**, müssen die Zustellungen stets an diesen erfolgen (§ 15 Abs. 2 Satz 1 FamFG i.V.m. §§ 171, 172 Abs. 1 Satz 1 ZPO). Aufgrund spezialgesetzlicher Regelung kann der Beschluss auch Dritten bekannt zu geben sein, etwa dem **Jugendamt** nach § 162 Abs. 3 FamFG.

II. Form der Bekanntgabe

5 Die **Form** der Bekanntgabe bestimmt sich nach § 15 Abs. 2 FamFG. Danach ist die Bekanntgabe an die Beteiligten durch **förmliche Zustellung** nach §§ ZPO 166 bis 195 ZPO oder durch einfache **Versendung per Post** grundsätzlich in das Ermessen des Gerichts gestellt. Dies schließt die Möglichkeit der Zustellung als elektronisches Dokument gemäß § 173 ZPO ein. Ausreichend ist nach § 41 Abs. 1 Satz 1 FamFG die Bekanntgabe einer beglaubigten Abschrift; Ausfertigungen werden nur auf Antrag erteilt.[14]

6 Allerdings bedarf es nach § 41 Abs. 1 Satz 2 FamFG stets der **förmlichen** Zustellung eines **anfechtbaren Beschlusses** an denjenigen, dessen **erklärtem Willen** er nicht entspricht.[15] Denn bei diesem wird ein besonderes Interesse vermutet, den Ablauf von Rechtsbehelfsfristen sicher feststellen zu können. Entsprechend dem Wortlaut der Norm wird überwiegend vertreten, dass auf einen bloß mutmaßlichen Willen des Beteiligten nicht abzustellen ist und ein bloßes **Schweigen** daher nicht ausreicht. Vielmehr muss der Betroffene, insbesondere durch Stellung eines Antrags oder durch eine Äußerung im Rahmen der Wahrnehmung rechtlichen Gehörs, zum Ausdruck gebracht haben, dass ein bestimmter Entscheidungsinhalt seinem Willen nicht entspricht.[16] Da bei der Art der Bekanntgabe ohnehin ein Ermessensspielraum besteht und eine mögliche Überforderung der Geschäftsstelle mit dieser Fragestellung zu vermeiden ist, sollte das Gericht allerdings schon bei einem lediglich **denkbaren Widerspruch** zu den Interessen eines Beteiligten die **Zustellung** des Beschlusses an diesen anordnen.[17]

7 Das **Unterbleiben** einer nach Abs. 1 Satz 2 erforderlichen Zustellung führt zur **Unwirksamkeit** der Bekanntgabe mit der Folge, dass Rechtsmittelfristen nicht zu laufen beginnen.[18] Allerdings kann nach§ 15 Abs. 2 Satz 1 FamFG i.V.m. § 189 ZPO eine **Heilung** der Zustellungsmängel in Betracht kommen.[19]

8 Abs. 2 Satz 1 ermöglicht die **Bekanntgabe durch Verlesen** der bloßen Beschlussformel in einem Termin. Ist der Beschluss in den Gründen noch nicht abgefasst, muss dies unverzüglich nachgeholt werden (Abs. 2 Satz 2). In jedem Fall ist der vollständige Beschluss auch **schriftlich** bekannt zu geben.

III. Bekanntgabe bei Genehmigung eines Rechtsgeschäfts

9 Unabhängig von der Regelung der Bekanntgabe nach Abs. 1 bestimmt Abs. 3, dass ein Beschluss, der die **Genehmigung eines Rechtsgeschäfts** zum Gegenstand hat, auch demjenigen bekannt zu geben ist, für den das Rechtsgeschäft genehmigt wird. Mit der Bekanntgabe an den **vertretenen Rechtsinhaber** selbst (und nicht an seinen Vertreter) soll sichergestellt werden, dass dieser in der verfassungsrechtlich gebotenen Weise Kenntnis von der gerichtlichen Entscheidung erlangt und selbst Rechtsmittel einzulegen vermag. Denn im Regelfall kann das rechtliche Gehör nicht durch denjenigen vermittelt werden, dessen Handeln im Genehmigungsverfahren überprüft werden soll.[20] Dieses Ziel wird allerdings bereits

---

14 MüKo-FamFG/*Ulrici*, § 41 Rn. 6
15 BGH NJW-RR 2022, 1010 Rn. 13; 2022, 146 Rn. 5
16 MüKo-FamFG/*Ulrici*, § 41 Rn. 7
17 BGH NJW 2020, 2959 Rn. 22; Prütting/Helms/*Abramenko*, § 41 FamFG Rn. 9
18 BGH FamRZ 2015, 1374
19 BGH NJW 2019, 1374
20 BVerfG FamRZ 2000, 731 mit Anm. *Gottwald*, FamRZ 2000, 1477

dadurch erreicht, dass der Rechtsinhaber Muss-Beteiligter i.S.d. § 7 Abs. 2 Nr. 1 FamFG und daher schon im Verfahren und nicht erst bei Bekanntgabe der verfahrensabschließenden Entscheidung zu beteiligen ist.

Schwierigkeiten bereitet die Anwendung von Abs. 3 allerdings bei **Geschäftsunfähigen** und bei **Minderjährigen unter 14 Jahren**, die nach § 60 Satz 3 FamFG ihr Beschwerderecht nicht selbst ausüben können. Hier genügt die Zustellung an einen Verfahrensbeistand nicht, da dieser nach § 158 Abs. 4 Satz 6 FamFG nicht Vertreter des Kindes ist. Es ist eigentlich ein **Ergänzungspfleger** (§ 1909 BGB) als gesonderter Bekanntgabevertreter zu bestellen. Doch besteht dieses Erfordernis – wie der BGH nun geklärt hat – lediglich bei einem **Ausschluss der Vertretungsmacht** gemäß § 1795 BGB oder einer bestehenden **Interessenkollision** nach § 1796 BGB.[21] **10**

§ 42 FamFG

Berichtigung des Beschlusses

(1) Schreibfehler, Rechenfehler und ähnliche offenbare Unrichtigkeiten im Beschluss sind jederzeit vom Gericht auch von Amts wegen zu berichtigen.

(2) [1]Der Beschluss, der die Berichtigung ausspricht, wird auf dem berichtigten Beschluss und auf den Ausfertigungen vermerkt. [2]Erfolgt der Berichtigungsbeschluss in der Form des § 14 Abs. 3, ist er in einem gesonderten elektronischen Dokument festzuhalten. [3]Das Dokument ist mit dem Beschluss untrennbar zu verbinden.

(3) [1]Der Beschluss, durch den der Antrag auf Berichtigung zurückgewiesen wird, ist nicht anfechtbar. [2]Der Beschluss, der eine Berichtigung ausspricht, ist mit der sofortigen Beschwerde in entsprechender Anwendung der §§ 567 bis 572 der Zivilprozessordnung anfechtbar.

Übersicht

A. Allgemeines

§ 42 FamFG entspricht § 319 ZPO. Abs. 1 eröffnet die Möglichkeit der jederzeitigen Korrektur offenbarer Unrichtigkeiten eines Beschlusses durch das Gericht, die nach Abs. 2 zu dokumentieren ist.[1] Abs. 3 schließlich regelt die Anfechtbarkeit des Berichtigungsbeschlusses und statuiert die Unanfechtbarkeit der Zurückweisung eines Berichtigungsantrags. § 42 FamFG gilt in allen Angelegenheiten der freiwilligen Gerichtsbarkeit einschließlich der Kindschaftssachen. In Ehesachen und Familienstreitsachen dagegen findet § 319 ZPO entsprechende Anwendung (§ 113 Abs. 1 Satz 2 FamFG). **1**

21 BGH FamRZ 2019, 986 mit Anm. *Münch* = FGPrax 2019, 130 mit Anm. *Ulrici*, dazu auch *Hachenberg*, NZFam 2019, 545; Zöller/*Feskorn*, § 41 FamFG, Rn. 7 m.w.N.

1 Sternal/*Jokisch*, FamFG § 42 Rn. 1

B. Inhalt der Norm

I. Unrichtigkeit

2 Von einer Unrichtigkeit i.S.d. Abs. 1 ist auszugehen, wenn die im Beschluss verlautbarte gerichtliche Entscheidung **durch technische oder andere**, im Justizalltag vorkommende **Fehlleistungen oder Irrtümer** verfälscht wird. Es ist also eine **Abweichung des Erklärten vom ersichtlich Gewollten** erforderlich.[2] Berichtigt werden können das Rubrum des Beschlusses, der Tenor und die Gründe, ebenso Unterschrift und Rechtsbehelfsbelehrung,[3] nicht dagegen die Sachverhaltsdarstellung, weil diese nicht die Beweiskraft des Tatbestands nach § 314 ZPO hat.[4]

II. Verfahren

3 Das Berichtigungsverfahren ist ein **Amtsverfahren**, Berichtigungsanträge der Beteiligten sind daher als bloße Anregung auszulegen, von Amts wegen tätig zu werden. Die Berichtigung ist **unbefristet** möglich, also auch noch nach Eintritt der formellen Rechtskraft der Entscheidung.[5] Eine mündliche Verhandlung ist dem Gericht freigestellt; den Beteiligten ist vor Vornahme der Berichtigung grundsätzlich aber **rechtliches Gehör** zu gewähren.[6] Gemäß Abs. 2 erfolgt die Berichtigung **durch Beschluss**. Der **Berichtigungsvermerk** ist sowohl auf der Urschrift als auch auf den Ausfertigungen anzubringen (Abs. 2 Satz 1).[7]

III. Rechtsmittel

4 Die **Anfechtbarkeit des Berichtigungsbeschlusses** wird in § 42 Abs. 3 Satz 2 FamFG geregelt. Statthaftes Rechtsmittel ist die sofortige Beschwerde entsprechend §§ 567 ff. ZPO. Daher findet die **Zwei-Wochen-Frist des § 569 Abs. 1 ZPO** und nicht die Monatsfrist des § 63 Abs. 1 FamFG Anwendung.[8] Wird der Zurückweisungs-„Antrag" dagegen seinerseits **zurückgewiesen**, ist die Entscheidung gemäß Abs. 3 Satz 1 **unanfechtbar.**

§ 43 FamFG

Ergänzung des Beschlusses

(1) Wenn ein Antrag, der nach den Verfahrensakten von einem Beteiligten gestellt wurde, ganz oder teilweise übergangen oder die Kostenentscheidung unterblieben ist, ist auf Antrag der Beschluss nachträglich zu ergänzen.

(2) Die nachträgliche Entscheidung muss binnen einer zweiwöchigen Frist, die mit der schriftlichen Bekanntgabe des Beschlusses beginnt, beantragt werden.

Übersicht Rn.

2 BGH NJW 1985, 742; Sternal/*Jokisch*, FamFG § 42 Rn. 3 ff.
3 Vgl. BeckOK FamFG/*Obermann*, FamFG § 42 Rn. 10 ff. m.w.N.
4 Vgl. BGH MDR 2015, 1004
5 BT-Drs. 16/6308, 197
6 BGH NJW-RR 2002, 712
7 BeckOK-FamFG/*Obermann*, FamFG § 42 Rn. 26
8 BeckOK-FamFG/*Obermann*, FamFG § 42 Rn. 28

A. Allgemeines

Ähnlich wie § 321 ZPO im zivilprozessualen Verfahren regelt § 43 FamFG die Ergänzung eines Beschlusses (§ 38 FamFG), die nach Abs. 1 beim Übergehen eines Antrags oder Unterbleiben der Kostenentscheidung auf Antrag zulässig ist. Abs. 2 verhält sich zur Antragsfrist. § 43 FamFG gilt in allen Angelegenheiten der freiwilligen Gerichtsbarkeit einschließlich der Kindschaftssachen. In Ehesachen und Familienstreitsachen findet dagegen § 321 ZPO entsprechende Anwendung (§ 113 Abs. 1 Satz 2 FamFG).[1] 1

B. Inhalt der Norm

Voraussetzung für eine Ergänzung nach § 43 Abs. 1 FamFG ist eine **Entscheidungslücke**; erforderlich ist eine unbeabsichtigte Unvollständigkeit der Entscheidung, weil das Gericht ein nach Aktenlage (§ 37 Abs. 1 FamFG) erforderliches Erkenntnis **versehentlich** nicht getroffen hat.[2] Daher ermöglicht die Norm auch **keine Korrektur fehlerhafter Rechtsanwendung**.[3] Ein Antrag gilt mithin nur als „übergangen" i.S.v. Abs. 1 Satz 1, 1. Alt., wenn er – ganz oder teilweise – versehentlich nicht beachtet wurde, nicht dagegen, wenn er **rechtsirrtümlich bewusst nicht beschieden** wurde.[4] Das Gleiche gilt auch für eine unterbliebene Kostenentscheidung; hier dürfte in Familiensachen allerdings regelmäßig von einer Entscheidungslücke auszugehen sein, da dort nach § 81 Abs. 1 Satz 2 FamFG stets über die Kosten zu entscheiden ist. 2

Nach Abs. 1 erfolgt die Entscheidung **nur auf Antrag**, der nach Abs. 2 **binnen einer zweiwöchigen Frist,** die mit der schriftlichen Bekanntgabe des Beschlusses beginnt, gestellt werden muss. Der Ergänzungsbeschluss ist mit der **Beschwerde nach § 58 FamFG** anfechtbar.[5] Zu beachten ist in diesem Zusammenhang, dass von der Zustellung des Ergänzungsbeschlusses an auch die Rechtsmittelfrist hinsichtlich des ursprünglichen Beschlusses von Neuem zu laufen beginnen kann (vgl. § 518 ZPO).[6] 3

§ 44 FamFG
Abhilfe bei Verletzung des Anspruchs auf rechtliches Gehör

(1) [1]Auf die Rüge eines durch eine Entscheidung beschwerten Beteiligten ist das Verfahren fortzuführen, wenn

1. **ein Rechtsmittel oder ein Rechtsbehelf gegen die Entscheidung oder eine andere Abänderungsmöglichkeit nicht gegeben ist und**
2. **das Gericht den Anspruch dieses Beteiligten auf rechtliches Gehör in entscheidungserheblicher Weise verletzt hat.**

[2]Gegen eine der Endentscheidung vorausgehende Entscheidung findet die Rüge nicht statt.

(2) [1]Die Rüge ist innerhalb von zwei Wochen nach Kenntnis von der Verletzung des rechtlichen Gehörs zu erheben; der Zeitpunkt der Kenntniserlangung ist glaubhaft zu machen. [2]Nach Ablauf eines Jahres seit der Bekanntgabe der angegriffenen Entscheidung an diesen Beteiligten kann die Rüge nicht mehr erhoben werden. [3]Die Rüge ist schriftlich oder zur Niederschrift bei dem Gericht zu erheben, dessen Entscheidung angegriffen wird. [4]Die Rüge

1 Sternal/*Jokisch*, FamFG § 43 Rn. 1 ff
2 Sternal/*Jokisch*, FamFG § 43 Rn. 3
3 Vgl. BGH NJW 2014, 2879 Rn. 12 f.
4 BGH NJW 2006, 1351; BeckOK-FamFG/*Obermann*, FamFG § 43 Rn. 7
5 BGH NJW 2000, 3008; Sternal/*Jokisch*, FamFG § 43 Rn. 17
6 Zöller/*Feskorn*, ZPO § 321 Rn. 14

muss die angegriffene Entscheidung bezeichnen und das Vorliegen der in Absatz 1 Satz 1 Nr. 2 genannten Voraussetzungen darlegen.

(3) Den übrigen Beteiligten ist, soweit erforderlich, Gelegenheit zur Stellungnahme zu geben.

(4) [1]Ist die Rüge nicht in der gesetzlichen Form oder Frist erhoben, ist sie als unzulässig zu verwerfen. [2]Ist die Rüge unbegründet, weist das Gericht sie zurück. [3]Die Entscheidung ergeht durch nicht anfechtbaren Beschluss. [4]Der Beschluss soll kurz begründet werden.

(5) Ist die Rüge begründet, hilft ihr das Gericht ab, indem es das Verfahren fortführt, soweit dies auf Grund der Rüge geboten ist.

Übersicht

Weiterführende Literatur: Abramenko, Die Anhörungsrüge nach dem neuen FamFG: Praktische Probleme und Lösungen, FGPrax 2009, 198; *auf der Heiden*, Haftungsfallen der Anhörungsrüge, NJW 2023, 480; *Simon*, Wenn der Richter nicht richtig zuhört – die Gehörsrüge nach § 44 FamFG, FamFR 2012, 340.

A. Allgemeines

1 Die §§ 29a FGG a.F., 321a ZPO nachgebildete Vorschrift regelt die sog. **Anhörungsrüge** (auch: **Gehörsrüge**). Sie trägt dem verfassungsrechtlich gesicherten Anspruch auf Beseitigung einer Verletzung des rechtlichen Gehörs durch die Fachgerichte Rechnung.[1] Sinn der Anhörungsrüge ist es, dem Gericht eine Möglichkeit zur Selbstkontrolle und -korrektur von Endentscheidungen zu geben, die unter Verletzung rechtlichen Gehörs ergangen sind[2] (und damit zugleich das BVerfG von darauf gestützten Verfassungsbeschwerden zu entlasten).[3] Denn nach § 90 Abs. 2 BVerfGG ist eine **Verfassungsbeschwerde** erst nach Erschöpfung des Rechtswegs zulässig, d.h. erst dann, wenn das in gehöriger Weise betriebene[4] Rügeverfahren nach § 44 FamFG nicht zur Beseitigung der Gehörsverletzung geführt hat.[5] Dies soll nach Ansicht des BVerfG auch dann gelten, wenn die Statthaftigkeit eines solchen Rechtsbehelfs nach dem aktuellen Stand von Rechtsprechung und Lehre umstritten ist.[6] Andererseits sei eine vorherige Durchführung des Rügeverfahrens jedenfalls dann **nicht** geboten, wenn der Beschwerdeführer vor dem Fachgericht bereits **singemäß** eine Gehörsverletzung gerügt habe; damit habe er der Intention des Gesetzgebers hinsichtlich § 44 FamFG bereits entsprochen.[7]

2 Die Gehörsrüge ist **kein Rechtsmittel**. Das Anhörungsrügeverfahren ist demgemäß **kein selbstständiges Verfahren**, sondern Teil des vorangegangenen Hauptsacheverfahrens.[8]

1 Dazu BVerfG FamRZ 2003, 995
2 MüKo-FamFG/*Ulrici*, § 44 Rn. 1
3 BGH FamRZ 2008, 1348
4 Vgl. zum Grundsatz der materiellen Subsidiarität BVerfG Beschl. v. 22.5.2017 – 2 BvR 1107/16, BeckRS 2017, 112183
5 MüKo-FamFG/*Ulrici*, § 44 Rn. 4
6 So BVerfG in St. Rspr.: Beschl. v. 26.2.2019 – 1 BvR 340/19, BeckRS 2019, 2938 Rn. 6; Beschl. v. 26.2.2019 – 1 BvR 340/19, BeckRS 2019, 2938; NJW 2019, 987
7 BVerfG FamRZ 2010, 1970; vgl. Prütting/Helms/*Abramenko*, § 44 FamFG Rn. 1
8 BGH FamRZ 2014, 1362

B. Inhalt der Norm

I. Voraussetzungen

Die Anhörungsrüge kann zur Vermeidung von Verfahrensverzögerungen grundsätzlich nur gegen eine **Endentscheidung**, nicht gegen bloße Zwischenentscheidungen, erhoben werden (vgl. Abs. 1 Satz 2). Etwas anderes gilt aber dann, wenn eine Nachholung des rechtlichen Gehörs vor Erlass der Endentscheidung nicht möglich ist (z.B. Richterablehnung).[9] 3

Die Anhörungsrüge findet nur gegen **unanfechtbare** Entscheidungen statt.[10] Solange eine Möglichkeit zur Überprüfung der Entscheidung in einer höheren Instanz besteht, kann der Verfahrensfehler dort geheilt und das rechtliche Gehör nachgeholt oder die Entscheidung aufgehoben und das Verfahren an die Ausgangsinstanz zurückverwiesen werden.[11] 4

Die Gehörsrüge ist nach Abs. 2 binnen **zwei Wochen** ab Kenntniserlangung **schriftlich** oder zur Niederschrift bei Gericht zu erheben. Sie muss die angegriffene Endentscheidung bezeichnen sowie eine **Rügebegründung** beinhalten. 5

Ferner ist eine **entscheidungserheblicheGehörsverletzung** schlüssig und substanziiert darzulegen.[12] Maßgeblich ist danach der Vortrag des Rügeführers, dass das Gericht bei seiner Entscheidung nach § 44 Abs. 1 Satz 1 Nr. 2 FamFG seinen (erheblichen) Vortrag **nicht zur Kenntnis** genommen hat. Keine Gehörsverletzung liegt deshalb – entgegen einer in der anwaltlichen Praxis nicht selten anzutreffenden Auffassung – vor, wenn das Gericht Verfahrensanträge oder -anregungen eines Beteiligten zwar zur Kenntnis nimmt, ihnen aber nicht folgt. Sieht es z.B. in einem Sorgerechtsverfahren trotz entsprechender Anregung eines Beteiligten bewusst davon ab, ein psychologisches Sachverständigengutachten einzuholen, liegt darin **keine** Gehörsverletzung.[13] Auch wenn die Gerichte nach Art. 103 Abs. 1 GG verpflichtet sind, das Vorbringen der Beteiligten zur Kenntnis zu nehmen und in Erwägung zu ziehen, ist es **nicht** erforderlich, alle Einzelpunkte des Vortrags in den Gründen der Entscheidung ausdrücklich zu bescheiden.[14] 6

II. Entscheidung

Wenn es an den erforderlichen Zulässigkeitsvoraussetzungen (Statthaftigkeit) fehlt oder die Rüge unbegründet ist, ist sie, in der Regel nach Gewährung rechtlichen Gehörs (Abs. 3), entweder als **unzulässig** zu verwerfen oder als **unbegründet** zurückzuweisen. Anderenfalls ist das Verfahren gemäß Abs. 5 insoweit fortzuführen, wie es von der Gehörsverletzung betroffen ist.[15] Eine Entscheidung im Beschlusswege ist nicht erforderlich, allerdings muss das Gericht gegenüber den Beteiligten den Umfang der Fortsetzung zu erkennen geben.[16] 7

Umstritten sind die Möglichkeiten der Gewährung von **Eilrechtsschutz** im Anhörungsrügeverfahren analog § 95 FamFG, § 707 ZPO bzw. analog § 64 Abs. 3 FamFG. Eine Analogie dürfte nach hier vertretener Ansicht hinsichtlich § 95 FamFG, § 707 ZPO mangels ausfüllungsbedürftiger Regelungslücke und vergleichbarer Interessenlage jedenfalls für Kind-

9 Sternal/*Göbel*, FamFG § 44 Rn. 15
10 MüKo-FamFG/*Ulrici*, § 44 Rn. 5
11 MüKo-FamFG/*Ulrici*, § 44 Rn. 10
12 BGH Beschl. v. 4.7.2018 – XII ZA 58/17, BeckRS 2018, 15634
13 Vgl. OLG Jena Beschl. v. 2.2.2017 – 3 UF 42/16, BeckRS 2017, 106576 = NZFam 2017, 535 m. Anm. *Engelmann*
14 BGH NJW 2005, 1432; OLG Celle Beschl. v. 9.1.2018 – 19 UF 121/17, BeckRS 2018, 26593; OLG Dresden Beschl. v. 26.9.2016 – 22 UF 306/16, BeckRS 2016, 132977
15 Näher zum Gang des Verfahrens vgl. BVerfG Nichtannahmebeschluss v. 27.11.2019 – 1 BvR 1716/19, BeckRS 2019, 32320
16 MüKo-FamFG/*Ulrici*, § 44 Rn. 23

schaftssachen zu verneinen sein. Im Hinblick auf § 64 Abs. 3 FamFG dagegen kann das Gericht von Amts wegen sogleich ein neues Verfahren eröffnen, indem es eine einstweilige Anordnung erlässt. Geschieht dies nicht, würden die Vorschriften des Vollstreckungsrechts ohnehin unmittelbar gelten.[17]

III. Kosten und Gebühren

8 Wird die Anhörungsrüge in vollem Umfang zurückgewiesen oder verworfen, entsteht nach KV 1800 FamGKG eine **Festgebühr** von 72 EUR. Ist die Rüge auch nur teilweise begründet oder wird der Antrag vor Erlass der Entscheidung zurückgenommen, ist das Verfahren gerichtskostenfrei. Der Festsetzung eines **Verfahrenswertes** bedarf es daher **nicht**. Besondere **Anwaltsgebühren** fallen in der Regel durch die Erhebung der Anhörungsrüge nicht an, weil diese zum Rechtszug zählt (§ 19 Abs. 1 Satz 2 Nr. 5 b) RVG).[18]

§ 45 FamFG

Formelle Rechtskraft

[1]Die Rechtskraft eines Beschlusses tritt nicht ein, bevor die Frist für die Einlegung des zulässigen Rechtsmittels oder des zulässigen Einspruchs, des Widerspruchs oder der Erinnerung abgelaufen ist. [2]Der Eintritt der Rechtskraft wird dadurch gehemmt, dass das Rechtsmittel, der Einspruch, der Widerspruch oder die Erinnerung rechtzeitig eingelegt wird.

Übersicht

Weiterführende Literatur: Harders, Der „unbekannte Beteiligte" – Ein Beitrag zum Eintritt der Rechtskraft bei Genehmigungsbeschlüssen, DNotZ 2009, 725; *Kirchmeier*, Rechtskraftwirkungen der Entscheidung zum Versorgungsausgleich, NZFam 2019, 782; *Terp*, Die Rechtskraft in Familiensachen, FuR 2014, 454.

A. Allgemeines

I. Formelle Rechtskraft

1 Die Vorschrift entspricht inhaltlich § 705 ZPO und bestimmt, zu welchem Zeitpunkt die Endentscheidungen i.S.v. § 38 Abs. 1 FamFG **formell rechtskräftig** werden, also nicht mehr mit einem Rechtsmittel angegriffen werden können. Zum Nachweis der formellen Rechtskraft erteilt die Geschäftsstelle des Gerichts auf Antrag ein entsprechendes **Rechtskraftzeugnis** (§ 46 FamFG).

2 **Wirkungen** der formellen Rechtskraft sind insbesondere:

- **Beendigung** des Verfahrens.
- Möglichkeit der **Vollstreckung**, sofern die Entscheidung einen vollstreckungsfähigen Inhalt hat. (Maßgeblich für die Vollstreckbarkeit ist nach § 86 Abs. 2 FamFG allerdings das

17 Vgl. Dutta/Jacoby/Schwab/*Bartels*, § 44 FamFG Rn. 52; a.A.: MüKo-FamFG/*Ulrici*, § 44 Rn. 25; Sternal/*Göbel*, FamFG § 44 Rn. 59

18 Prütting/Helms/*Dürbeck*, § 44 FamFG Rn. 29

Wirksamwerden der Entscheidung, also meist ein früherer Zeitpunkt; vgl. dazu hier *Kischkel*, § 40 FamFG Rn. 1.)

- **Ausschluss der Rücknahme** eines verfahrenseinleitenden Antrags (§ 22 Abs. 1 Satz 1 FamFG).
- Wirksamkeit eines Beschlusses, der die **Genehmigung eines Rechtsgeschäfts** zum Gegenstand hat (§ 40 Abs. 2 FamFG).
- **Außerkrafttreten** einer zu demselben Verfahrensgegenstand ergangenen **einstweilige Anordnung** (§ 56 FamFG).

Eine **inhaltliche Änderung** der Entscheidung ist nach Eintritt der formellen Rechtskraft nur noch ausnahmsweise zulässig, nämlich aufgrund einer Wiedereinsetzung (§ 17 FamFG), Wiederaufnahme (§ 48 Abs. 2 FamFG), Anhörungsrüge (§ 44 FamFG) oder im Wege der Abänderung im Rahmen eines neuen Verfahrens (§ 48 Abs. 1 FamFG).

II. Materielle Rechtskraft

Die formelle Rechtskraft ist abzugrenzen von der materiellen Rechtskraft. Diese hat zur Folge, dass die in einer Entscheidung entschiedene Frage nicht einer erneuten richterlichen Prüfung unterzogen werden kann. **Voraussetzungen** der materiellen Rechtskraft sind zum einen die **formelle** Rechtskraft und zum anderen die **Identität der Beteiligten**.[1] 3

In Verfahren nach dem FamFG ist allerdings im Einzelfall zu entscheiden, ob die Entscheidung einer materiellen Rechtskraft überhaupt fähig sein kann. Dies ist wegen der rechtsgestaltenden Wirkung der Entscheidung z.B. in echten Streitsachen wie in **Gewaltschutzsachen** oder in **Abstammungssachen** gegeben. Für Beschlüsse in **Kindschaftssachen** ist der Eintritt einer materiellen Rechtskraft dagegen zu verneinen.[2] Hier trifft das Gericht häufig auf besonders schützenswerte Personen, in deren Grundrechte es mit seinen Entscheidungen ggf. gravierend eingreift. Daraus folgt eine gesteigerte Einstandspflicht für materiell richtige Entscheidungen. Insoweit überwiegt hier das Interesse an der jederzeitigen Korrektur- und Abänderungsmöglichkeit aufgrund geänderter Verhältnisse das Bedürfnis nach Rechtsfrieden.[3]

▶ *Zur Abänderung von Entscheidungen siehe insbesondere Bussian, Kommentierung zu § 1696 BGB bzw. § 166 FamFG.*

B. Inhalt der Norm

Soweit ein Beschluss aufgrund gesetzlicher Regelung **unanfechtbar** ist oder sämtliche Beteiligte auf ein **Rechtsmittel verzichtet**[4] haben, tritt die formelle Rechtskraft sogleich mit Erlass der Entscheidung ein. Im Übrigen beurteilt sich der Eintritt der formellen Rechtskraft nach den **Beschwerdefristen** des § 63 Abs. 1 und 2 FamFG (ein Monat oder zwei Wochen), soweit kein Rechtsmittel oder ein vergleichbarer Rechtsbehelf gegen die Entscheidung eingelegt wird. Formell rechtskräftig werden auch **einstweilige Anordnungen**, die allerdings nach § 54 FamFG aufgehoben oder abgeändert werden können.[5] 4

Satz 2 legt schließlich auch fest, dass der **Eintritt der Rechtskraft** durch die rechtzeitige Einlegung des Rechtsmittels **gehemmt** wird.

1 Prütting/Helms/*Abramenko*, § 45 FamFG Rn. 9 mwN.
2 Vgl. Prütting/Helms/*Abramenko*, § 45 FamFG Rn. 11 mwN.
3 Vgl. BGH NJW 2004, 1805; BeckOK FamFG/*Obermann* FamFG § 45 Rn. 2a; Sternal/*Jokisch*, FamFG § 45 Rn. 28; a.A. MüKo-FamFG/*Ulrici*, § 45 Rn. 38 ff.
4 Vgl. § 67 Abs. 1 FamFG
5 Musielak/Borth/Frank/*Borth*, § 45 FamFG Rn. 8

§§ 46 bis 47 FamFG

Von Abdruck und Kommentierung wird abgesehen.

§ 48 FamFG
Abänderung und Wiederaufnahme

(1) [1]Das Gericht des ersten Rechtszugs kann eine rechtskräftige Endentscheidung mit Dauerwirkung aufheben oder ändern, wenn sich die zugrunde liegende Sach- oder Rechtslage nachträglich wesentlich geändert hat. [2]In Verfahren, die nur auf Antrag eingeleitet werden, erfolgt die Aufhebung oder Abänderung nur auf Antrag.

(2) Ein rechtskräftig beendetes Verfahren kann in entsprechender Anwendung der Vorschriften des Buches 4 der Zivilprozessordnung wiederaufgenommen werden.

(3) Gegen einen Beschluss, durch den die Genehmigung für ein Rechtsgeschäft erteilt oder verweigert wird, findet eine Wiedereinsetzung in den vorigen Stand, eine Rüge nach § 44, eine Abänderung oder eine Wiederaufnahme nicht statt, wenn die Genehmigung oder deren Verweigerung einem Dritten gegenüber wirksam geworden ist.

Übersicht

Weiterführende Literatur: Cirullies, Verlängerung befristeter Gewaltschutztitel – kein Problem?, FamRZ 2021, 1176; *Maurer*, Zur Anwendung von § 48 Abs. 1 FamFG in Familiensachen, FamRZ 2009, 1792; *Obermann*, Materielle Rechtskraft im FamFG – Gedanken zum Anwendungsbereich von § 48 FamFG, NZFam 2016, 961.

A. Allgemeines

1 Die materielle Entscheidungsrichtigkeit kann im Einzelfall die Aufhebung oder Abänderung einer formell rechtskräftigen erfordern. Da dies jedoch dem mit der Rechtskraft verknüpften Grundsatz der Rechtssicherheit widerspricht, sieht das Gesetz eine Abänderungsmöglichkeit nur für **Endentscheidungen mit Dauerwirkung**[1] und dies auch nur im Falle einer **wesentlichen Änderung** der zugrunde liegenden Verhältnisse vor.

Die Vorschrift findet grundsätzlich auf alle **Endentscheidungen** in Hauptsacheverfahren Anwendung. In den Verfahren der **einstweiligen Anordnung** richtet sich die Abänderung nach § 54 Abs. 1 FamFG.

Im Übrigen sind vorrangige **Sondervorschriften** zu beachten, die das Recht zur Aufhebung und Abänderung modifizieren. Dies gilt gerade in **Kindschaftssachen** (vgl. § 166 Abs. 1 FamFG i.V.m. § 1696 BGB), **Abstammungssachen** (§§ 184 Abs. 1, 185 FamFG) und **Adoptionssachen** (§§ 197 Abs. 3 Satz 2, 198 FamFG). Überdies besteht in Fällen einer **Kindeswohlgefährdung** (§§ 1666, 1666a BGB) ohnehin eine Pflicht des Familiengerichts zur Überprüfung der Entscheidung nach § 166 Abs. 2 und 3 FamFG. Auch ist im materiellen Recht vereinzelt geregelt, dass eine Umstandsänderung automatisch zur Unwirksamkeit der ge-

1 Vgl. zum Begriff der Dauerwirkung ausführlich MüKo-FamFG/*Ulrici*, § 48 Rn. 7 ff

richtlichen Entscheidung führt, etwa bei **Vormundschaft und Pflegschaft** (§§ 1806, 1810 Satz 2, 1812 Abs. 2 BGB). Einer Aufhebung oder Abänderung bedarf es hier nicht.[2]

B. Inhalt der Norm

I. Abänderung

1. Grundsätze

2 Nach Abs. 1 kann eine rechtskräftige Endentscheidung mit **Dauerwirkung** wegen **wesentlich veränderter Umstände** abgeändert oder sogar aufgehoben werden. Die veränderten Umstände können sich auf eine neue **Tatsachengrundlage**, aber auch auf eine veränderte **Rechtslage** beziehen; dies gilt auch für eine Änderung der höchstrichterlichen Rechtsprechung.[3] Die wesentliche Änderung muss allerdings **nachträglich**, also nach Erlass des abzuändernden Beschlusses eingetreten sein.

Die Abänderung ist grundsätzlich von Amts wegen möglich. Lediglich in echten Antragsverfahren (vgl. dazu oben *Kischkel,* § 23 FamFG Rn. 3) bedarf es hierfür eines **Antrags**. Die Überprüfung erfolgt in einem neuen **selbstständigen Verfahren**. Die örtliche Zuständigkeit richtet sich dabei nach den allgemeinen Bestimmungen (vgl. §§ 152, 170 FamFG). Bei der Abänderung handelt es sich um eine **eigenständige neue Entscheidung zur Hauptsache** i.S.d. §§ 38 ff. FamFG. In die Beschlussformel ist die abgeänderte Entscheidung aufzunehmen.[4] Die Anfechtbarkeit der Abänderungsentscheidung richtet sich nach den allgemeinen Vorschriften.

2. Vergleich

3 Umstritten ist, ob auch im **Hauptsacheverfahren** der freiwilligen Gerichtsbarkeit geschlossene **Vergleiche** der **Abänderung** durch das Gericht unterliegen, denn § 48 Abs. 1 FamFG regelt lediglich die Abänderbarkeit von Beschlüssen. Allerdings lassen § 166 Abs. 1 FamFG (gerichtlich gebilligter Vergleich) und § 227 Abs. 2 FamFG (Versorgungsausgleich) die gerichtliche Abänderbarkeit von Vergleichen explizit zu. Da zudem in §§ 36 und 96a Abs. 1 FamFG der Vergleich einer Endentscheidung gleichgestellt wird und auch als Vollstreckungstitel genannt wird (§ 86 Abs. 1 Nr. 2, 3 FamFG), ist **§ 48 FamFG** nach zutreffender Ansicht **analog** auch auf Vergleiche i.S.d. § 36 FamFG anzuwenden.[5] Dementsprechend kann das Gericht auf Antrag eines Beteiligten durch eine Entscheidung auch einen Vergleich an **veränderte tatsächliche Verhältnisse** anpassen.

II. Wiederaufnahme

4 Abs. 2 sieht vor, dass ein Verfahren entsprechend den §§ 578 bis 591 ZPO unter den dort genannten Voraussetzungen (bei besonders gravierenden Fehlern) **wieder aufgenommen** werden kann. Die Regelung hat nur eine sehr geringe praktische Bedeutung, so dass an dieser Stelle auf die einschlägige Kommentarliteratur verwiesen werden kann.[6]

2 MüKo-FamFG/*Ulrici*, § 48 Rn. 4
3 Vgl. BGH FamRZ 2003, 1821; Musielak/Borth/Frank/*Borth*, § 48 FamFG Rn. 11
4 Prütting/Helms/*Abramenko*, § 48 FamFG Rn. 19
5 H.M., vgl. Sternal/*Jokisch*, FamFG § 36 FamFG Rn. 57; Zöller/*Feskorn*, § 48 FamFG Rn. 3; Bumiller/Harders/Schwamb/*Bumiller*, § 36 FamFG Rn. 15; BeckOK-FamFG/*Perleberg-Kölbel*, § 36 Rn. 42; *Maurer*, FamRZ 2009, 1792, 1796; a.A.: Prütting/Helms/*Abramenko*, § 36 FamFG Rn. 22; MüKo-FamFG/*Ulrici*, § 48 Rn. 6
6 Prütting/Helms/*Abramenko*, § 48 FamFG Rn. 23 ff.; Sternal/*Jokisch*, FamFG § 48 FamFG Rn. 27 ff.; BeckOK-FamFG/*Obermann*, FamFG § 48 Rn. 27 ff.

III. Genehmigung eines Rechtsgeschäftes

5 **Ausgeschlossen** ist nach Abs. 3 die Abänderbarkeit eines Beschlusses, durch den die Genehmigung für ein Rechtsgeschäft erteilt oder versagt wurde, wenn die **Genehmigung** oder deren Verweigerung **gegenüber einem Dritten wirksam** geworden ist. Denn der am Rechtsgeschäft beteiligte Dritte hat ein schutzwürdiges Interesse am dauerhaften Bestand der Entscheidung.[7]

7 Prütting/Helms/*Abramenko*, § 48 FamFG Rn. 26

Abschnitt 4
Einstweilige Anordnung

§ 49 FamFG

Einstweilige Anordnung

(1) Das Gericht kann durch einstweilige Anordnung eine vorläufige Maßnahme treffen, soweit dies nach den für das Rechtsverhältnis maßgebenden Vorschriften gerechtfertigt ist und ein dringendes Bedürfnis für ein sofortiges Tätigwerden besteht.

(2) [1]Die Maßnahme kann einen bestehenden Zustand sichern oder vorläufig regeln. [2]Einem Beteiligten kann eine Handlung geboten oder verboten, insbesondere die Verfügung über einen Gegenstand untersagt werden. [3]Das Gericht kann mit der einstweiligen Anordnung auch die zu ihrer Durchführung erforderlichen Anordnungen treffen.

Übersicht

Weiterführende Literatur: Bißmaier, FamFG: Einstweilige Anordnungen in Unterhaltssachen, JAmt 2010, 209; *Brenner,* Der Begriff des Einleitens eines Hauptsacheverfahrens nach § 52 Abs. 2 FamFG nach Erlass einer einstweiligen Anordnung, FamRZ 2022, 414; *Cirullies,* Vollstreckung einstweiliger Anordnungen in Familiensachen, DGVZ 2022, 249; *van Els,* Die Vollstreckung von einstweiligen Anordnungen, FPR 2012, 480; *Finger,* Einstweilige Anordnungen nach §§ 49 ff. FamFG, MDR 2012, 1197; *Giers,* Einstweilige Anordnung, NZFam 2014, 207; *ders.,* Einstweiliger Rechtsschutz in der familienrechtlichen Praxis, 3. Aufl. 2023; *ders.,* Die Rechtsprechung zur einstweiligen Anordnung nach dem FamFG, FGPrax 2013, 93; *Grohmann,* Der Anspruch auf Durchführung einer mündlichen Verhandlung und Neuentscheidung in Familiensachen gemäß § 54 Abs. 2 FamFG und seine Grenzen, FamRZ 2023, 666; *Löhnig/Heiß,* Die Neuregelung des einstweiligen Rechtsschutzes nach dem FamFG – die einstweilige Anordnung nach §§ 49 ff. FamFG, FamRZ 2009, 1101; *Weber,* Das Verhältnis zwischen der einstweiligen Anordnung im Familienverfahren nach den §§ 49 ff. FamFG und dem deckungsgleichen Hauptsacheverfahren, 2012.

A. Allgemeines

I. Normzweck

1 Gerade in Kindschaftssachen erfordert das Interesse der Beteiligten, vor allem der betroffenen Kinder selbst, oft eine **schnelle Entscheidung** des Familiengerichts. Diese kann bereits vor Abschluss der im Hauptsacheverfahren gebotenen Ermittlungen nach bloß **summarischer Prüfung** im Wege der einstweiligen Anordnung ergehen. Die einstweilige Anordnung ist das Standardinstrument des vorläufigen Rechtsschutzes in Familiensachen.[1] Da § 49 Abs. 2 FamFG als Rechtsfolge aber nur **die vorläufige Sicherung oder Regelung** eines Zustandes vorsieht, darf die Entscheidung in der Hauptsache durch die gerichtliche Maßnahme grundsätzlich nicht vorweggenommen werden.[2] Diese gesetzliche Vorgabe lässt sich aber in dringend regelungsbedürftigen Kindschaftssachen selbst durch eine Befristung der Maßnahme nicht immer umsetzen (siehe Rn. 41).[3] Auch deshalb muss sich die einstweilige Anordnung auf den **geringstmöglichen Eingriff** in die durch Art. 6 Abs. 2 GG geschützten Grundrechte der Beteiligten beschränken. Dabei ist stets eine **Abwägung der Folgen** vorzunehmen (siehe Rn. 9), die entweder mit dem Erlass oder ohne den Erlass der einstweiligen Anordnung voraussichtlich eintreten werden.[4] Eine Eilentscheidung soll danach nur dann ergehen, wenn die Folgen für die Beteiligten weniger nachteilig sind, als die Aufrechterhaltung der derzeitigen Lage.

2 Gelangen keine vorrangigen Sondervorschriften zur Anwendung (siehe hierzu Rn. 7), gelten in Kindschaftssachen ausschließlich die §§ 49 bis 57 FamFG.

II. Selbstständiges Verfahren

3 Das Verfahren der einstweiligen Anordnung wird selbstständig geführt, d.h. **unabhängig von einem möglichen Hauptsacheverfahren** (vgl. § 51 Abs. 3 Satz 1 FamFG).[5] Allerdings tritt eine einstweilige Anordnung mit dem Wirksamwerden einer anderweitigen Regelung im Hauptsacheverfahren oder einer sonstigen Erledigung des Verfahrens **außer Kraft** (§ 56 FamFG).

Mit dem **Antrag** auf Erlass einer einstweiligen Anordnung kann zugleich das Verfahren in der Hauptsache anhängig gemacht oder eine einstweilige Anordnung erst nach dessen Einleitung beantragt werden. In Verfahren, die **von Amts wegen** eröffnet werden, hat das Gericht stets zu prüfen, ob die Einleitung eines Hauptsacheverfahrens bzw. eine Eilentscheidung erforderlich ist (vgl. § 156 Abs. 3, § 157 Abs. 3 FamFG).

▶ *Näher zur Abgrenzung von Antrags- und Amtsverfahren Kischkel, Kommentierung zu §§ 23 ff. FamFG.*

---

1 BT-Drs. 16/6308, 199; dies schließt den Erlass einer einstweiligen Verfügung gem. §§ 935 ff. ZPO aus, nur in Familienstreitsachen kann auch ein Arrest beantragt werden

2 Vgl. BVerfG NJW 2023, 148; OLG Karlsruhe FamRZ 2017, 40; OLG Hamm FamRZ 2012, 236; OLG Saarbrücken FamRZ 2011, 1087

3 Vgl. OLG München FamRZ 2022, 1200, zur Corona-Impfung

4 Vgl. BVerfG FamRZ 2013, 103; FamRZ 2015, 1466; OLG Koblenz Beschl. v. 26.3.2021 – 13 UF 111/21, BeckRS 2021, 7169 = FamRZ 2021, 1306 (Ls.); OLG Brandenburg Beschl. v. 3.4.2020 – 13 UFH 2/20, BeckRS 2020, 8555 = COVuR 2020, 255

5 Vgl. OLG Stuttgart FamRZ 2010, 1678; OLG Brandenburg FamRZ 2010, 662

B. Inhalt der Norm

I. Voraussetzungen (Abs. 1)

Das Gericht kann nach Abs. 1 durch eine einstweilige Anordnung vorläufigen Rechtsschutz gewähren, soweit 4

- dies nach den für das Rechtsverhältnis maßgebenden Vorschriften gerechtfertigt ist (entsprechend einem **Anordnungsanspruch**, siehe Rn. 5) und
- ein **dringendes Bedürfnis** für ein sofortiges Tätigwerden besteht (**Anordnungsgrund**, siehe Rn. 6).[6]

1. Rechtfertigung der Maßnahme

Die einstweilige Anordnung muss eine Stütze im **materiellen Recht** finden. Insoweit sind die materiell-rechtlichen Normen daraufhin zu überprüfen, ob im konkreten Fall ein zu schützendes Recht oder Rechtsverhältnis besteht (sog. materielle Akzessorietät).[7] Dies gilt sowohl für Amts- als auch für Antragsverfahren. 5

2. Regelungsbedürfnis

a) Grundsatz

Für ein sofortiges Tätigwerden verlangt Abs. 1 ein **dringendes Bedürfnis**. Es liegt vor, wenn ein Zuwarten bis zur Entscheidung in einer etwaigen Hauptsache nicht ohne Eintritt erheblicher Nachteile möglich wäre.[8] Ist ein solches Regelungsbedürfnis gegeben, hat das Gericht kein freies Handlungsermessen, sondern **muss** eine vorläufige Maßnahme treffen.[9] Vergeht jedoch längere Zeit, bis der Erlass einer einstweiligen Anordnung begehrt wird, kann das Bedürfnis für ein sofortiges Tätigwerden allein dadurch bereits widerlegt werden.[10] Steht der Verfahrensgegenstand zur Disposition der Beteiligten (z.B. Sorgerechtsvollmacht, Vereinbarung über den Lebensmittelpunkt des Kindes oder ggf. auch vorläufige Umgangsregelung), ist der Erlass einer einstweiligen Anordnung auch dann nicht (mehr) erforderlich, wenn die Beteiligten im Rahmen eines Hauptsacheverfahrens selbst eine **(Teil-)Vereinbarung** zur vorläufigen Regelung bis zur Entscheidung der Hauptsache treffen.[11] 6

b) Sonderregelungen

Im Übrigen sind folgende **Sonderregelungen** zu beachten, die die Vorschrift des § 49 FamFG überlagern: 7

- So soll das Gericht in **Umgangssachen** eine einstweilige Anordnung erlassen, wenn es eine Beratung oder schriftliche Begutachtung anordnet (§ 156 Abs. 3 Satz 2 FamFG).
- In **Gewaltschutzsachen** wird gemäß § 214 Abs. 1 Satz 2 FamFG ein dringendes Regelungsbedürfnis **vermutet**, wenn eine Tat nach § 1 GewSchG begangen wurde oder auf Grund konkreter Umstände mit einer Begehung zu rechnen ist.[12]

---

6 Der Begriff Anordnungs-„Anspruch" ist gerade in den meist von Amts wegen zu führenden Kindschaftssachen ungenau, da es dort gerade nicht um die gerichtliche Durchsetzung vermeintlicher Ansprüche geht; er ist aber etabliert und soll daher im Folgenden auch weiter Verwendung finden
7 MüKo-FamFG/*Soyka*, § 49 Rn. 4; vgl. OLG Brandenburg FamRZ 2015, 1515
8 BT-Drs. 16/6308, 199; BVerfG NJW 2023, 148; OLG Brandenburg ZKJ 2010, 251
9 Prütting/Helms/*Dürbeck*, § 49 Rn. 5; Zöller/*Feskorn*, § 49 FamFG Rn. 6
10 Vgl. OLG Hamburg FamRZ 2021, 296 Prütting/Helms/*Dürbeck*, § 49 Rn. 5 m.w.N.
11 Vgl. OLG Frankfurt FamRZ 2018, 1679; BeckOK BGB/*Veit*, BGB § 1629 Rn. 32
12 Ausführlich *Cirullies/Cirullies*, Rn. 146 ff.

- In **Unterhaltssachen** kann das Gericht durch einstweilige Anordnung abweichend von § 49 FamFG auf Antrag die Verpflichtung zur Zahlung von Unterhalt oder zur Zahlung eines Kostenvorschusses für ein gerichtliches Verfahren regeln.

c) Eilbedürfnis in Kindschaftssachen trotz des Vorrang- und Beschleunigungsgrundsatzes

8 Das dringende Regelungsbedürfnis kann in Kindschaftssachen aufgrund des im Hauptsacheverfahren geltenden **Vorrang- und Beschleunigungsgrundsatzes** (§§ 155 Abs. 1, 155a Abs. 2 Satz 1 FamFG) fehlen, wenn die Hauptsache bereits **entscheidungsreif** ist oder die Entscheidung zumindest hinreichend zügig herbeigeführt werden kann.[13] Allerdings kann das Gericht ein besonderes Eilbedürfnis für ein sofortiges Tätigwerden i.S.d. § 49 FamFG nicht pauschal unter Hinweis auf § 155 FamFG verneinen.[14] Nicht zuletzt wegen der Unterschiede zwischen Eil- und Hauptsacheverfahren (u.a. im Hinblick auf die Glaubhaftmachung und die unterschiedlichen Anforderungen an die Sachverhaltsermittlung) bedarf es stets einer **Einzelfallprüfung**. Das für den Erlass einer einstweiligen Anordnung vorausgesetzte dringende **Bedürfnis** ist in den Fällen des § 155 Abs. 1 FamFG jedenfalls dann **zu bejahen**, wenn

- das aus Vorverfahren bekannte, hochkonflikthafte Verhalten der Eltern ein sofortiges familiengerichtliches Tätigwerden gebietet,[15]
- die Hauptsache noch nicht entscheidungsreif ist (vgl. §§ 155b Abs. 2 Satz 2, 156 Abs. 3 Satz 1, 157 Abs. 3 FamFG) oder
- eine Beschleunigungsrüge begründet ist (§ 155b Abs. 2 Satz 2 FamFG).

9 Konkret ist in allen Kindschaftssachen auch die Frage des dringenden Regelungsbedürfnisses im Hinblick auf das **Kindeswohl** zu beantworten. Dabei ist regelmäßig eine **Folgenabwägung** vorzunehmen: Wiegen die **Nachteile**, die für die Rechte und Interessen der Beteiligten entstehen, schwerer, wenn die **einstweilige Anordnung unterbleibt**, die Hauptsache aber zu einem späteren Zeitpunkt (anders) entschieden würde, als die **Nachteile**, die durch die **vorläufige Maßnahme** eintreten können, die aber aufzuheben und rückabzuwickeln ist, wenn sich das Begehren in der Hauptsache als erfolglos erweisen sollte?[16] Darüber hinaus sind bei einer in Betracht kommenden **Trennung eines Kindes** von seinen Eltern strenge Kriterien zu beachten und auch im Eilverfahren hohe Anforderungen an die Ermittlung des Sachverhalts zu stellen (siehe Rn. 14 ff.).

d) Eilbedürfnis in Kindschaftssachen bei Inobhutnahme

10 Ist ein Minderjähriger in Obhut genommen worden, ist das Jugendamt während der **Inobhutnahme** berechtigt, alle Rechtshandlungen vorzunehmen, die zum Wohl des Kindes oder Jugendlichen notwendig sind (§§ 42 Abs. 2 Satz 4, 42a Abs. 3 Satz 1 SGB VIII).[17] Auch steht dem Herausgabeverlangen der Eltern der **Verwaltungsakt** der Inobhutnahme entgegen, da das Vorenthalten des Kindes bis zu einer (Eil-)Entscheidung des Familiengerichts **nicht wi-**

---

13 Vgl. OLG Brandenburg Beschl. v. 1.8.2019 – 9 UF 158/19, BeckRS 2019, 23025 = FamRZ 2020, 183 (Ls.) und FamRZ 2014, 784; OLG Hamm Beschl. v. 24.11.2015 – 14 UF 156/15, BeckRS 2016, 10376 = Streit 2016, 39; Prütting/Helms/*Dürbeck*, § 49 Rn. 11 m.w.N.

14 So OLG Stuttgart Beschl. v. 30.9.2010 – 16 WF 189/10, BeckRS 2010, 24645

15 KG Beschl. v. 5.4.2012 – 17 UF 50/12, BeckRS 2012, 10137 = ZKJ 2012, 358 (LS) mit Anm. *Heilmann*; dazu *Cirullies*, FamFR 2012, 305; vgl. ferner *Schmid*, FPR 2011, 5, 8

16 OLG Frankfurt a. M. MDR 2024, 986 = NZFam 2024, 848 m. Anm. *Kerscher;* OLG Karlsruhe Beschl. v. 27.7.2023 – 16 UF 86/23, BeckRS 2023, 25785 = NZFam 2024, 507 m. Anm. *Runge-Rannow;* vgl. auch BVerfG Beschl. v. 15.6.2023 – 1 BvR 1076/23, BeckRS 2023, 16308 = NZFam 2023, 894 m. Anm. *Kriewald*

17 KG FamRZ 2016, 649; vgl. zur Abgrenzung der Zuständigkeit von Jugendamt und Familiengericht auch OLG Frankfurt a. M. FamRZ 2022, 1530

derrechtlich i.S.v. § 1632 Abs. 1 BGB ist.[18] Dies lässt – ebenso wie die rechtliche Möglichkeit der Inobhutnahme an sich – das Eilbedürfnis für einen (teilweisen) Sorgerechtsentzug aber nicht entfallen, denn grundsätzlich ist das Jugendamt gehalten, bereits vor der Inobhutnahme (vgl. § 42 Abs. 1 Satz 1 Nr. 2 lit. b SGB VIII), bei Widerspruch der Personensorgeberechtigten aber jedenfalls unverzüglich nach erfolgter Inobhutnahme, eine gerichtliche Entscheidung herbeizuführen (§ 42 Abs. 3 Satz 2 SGB VIII).[19] Bedarf es noch weiterer Sachverhaltsaufklärung, ist ein dringendes Bedürfnis für ein sofortiges Tätigwerden regelmäßig gegeben. Das Familiengericht hat dann nach pflichtgemäßem Ermessen zu entscheiden, ob es einen Termin zur mündlichen Erörterung anberaumt oder eine sog. eilige einstweilige Anordnung (vgl. § 51 Abs. 2 Satz 2 FamFG) erlässt.

II. Inhalt der Entscheidung (Abs. 2)

11 Abs. 2 umschreibt den Inhalt einer zulässigen Anordnung. Hierzu zählen **Sicherungs- und Regelungsanordnungen**, ferner **Ge- und Verbote**. Die dazu zählenden **Näherungs- und Kontaktverbote** spielen vor allem bei Schutzmaßnahmen nach dem Gewaltschutzgesetz, aber auch in Kindschaftssachen (z.B. nach §§ 1684 Abs. 4 oder 1666 Abs. 3 BGB) eine Rolle. Darüber hinaus kann das Gericht mit der einstweiligen Anordnung weitere zu ihrer **Durchführung** erforderliche, sog. **flankierende Anordnungen**, treffen (§ 49 Abs. 2 Satz 3 FamFG).[20] Eines Antrags bedarf es ungeachtet des Verfahrensgegenstandes dafür nicht, sie müssen aber nach dem materiellen Recht zulässig sein.[21] Insbesondere unterliegen sie dem Grundsatz der materiellen Akzessorietät, so dass z.B. Regelungen zur elterlichen Sorge im Verfahren nach § 1671 BGB ohne entsprechenden Antrag nicht in Betracht kommen.[22]

C. Beispiele für einstweilige Anordnungen in Kindschaftssachen

I. Elterliche Sorge

12 Hohe Hürden für die Annahme eines Regelungsbedürfnisses bestehen im Bereich der elterlichen Sorge: An einem dringenden Bedürfnis für ein sofortiges Tätigwerden wird es regelmäßig fehlen, wenn die **gesamte elterliche Sorge** entzogen oder übertragen werden soll. Denn im Hinblick auf den Verhältnismäßigkeitsgrundsatz genügen meist schon **der Entzug oder die Übertragung von Teilbereichen** (siehe Rn. 23 ff.).[23] Dies gilt grundsätzlich sowohl für das Amts- als auch für das Antragsverfahren.

1. Maßnahmen bei Kindeswohlgefährdung

13 **Kindesschutzverfahren nach §§ 1666, 1666a BGB** sind wegen der hier vorausgesetzten akuten Gefährdung des Kindeswohls regelmäßig eilbedürftig, so dass häufig auch der Erlass einer einstweiligen Anordnung in Betracht zu ziehen ist (vgl. auch § 157 Abs. 3 FamFG).[24] Zu Eilentscheidungen aufgrund einer Kindeswohlgefährdung i.S.v. §§ 1666,

18 OLG Frankfurt a. M. FamRZ 2019, 1059 = ZKJ 2019, 185
19 Ausführlich *Köhler*, ZKJ 2019, 12 (12 f.)
20 Vgl. *Schürmann*, FamRB 2008, 375, 378; Prütting/Helms/*Dürbeck*, § 49 FamFG Rn. 9.
21 OLG Brandenburg FamRZ 2015, 1515
22 OLG Brandenburg FamRZ 2015, 293
23 Vgl. OLG Brandenburg Beschl. v. 28.6.2011 – 10 WF 229/10, BeckRS 2011, 17725 = FamFR 2011, 379 m. Anm. *Holldorf* = FamRZ 2012, 236 (Ls.); OLG Nürnberg NJW-RR 2011, 219; OLG München Beschl. v. 13.7.1998 – 12 WF 966/98, BeckRS 1998, 10310 = FamRZ 99, 111; Zöller/*Feskorn*, § 49 FamFG Rn. 17; a.A.: OLG Hamburg NJW-RR 1986, 1329 = FamRZ 86, 481
24 Zöller/*Feskorn*, § 49 FamFG Rn. 18

1666a BGB kommt es häufig aufgrund einer entsprechenden Anregung des Jugendamts (sog. „8a-Meldung", bezogen auf § 8a Abs. 2 SGB VIII). Hier steht der Anspruch des Kindes, vor nachhaltigen Gefahren geschützt zu werden, dem Recht der Eltern, von einem unberechtigten Sorgerechtsentzug verschont zu bleiben, gegenüber.[25] Nur wenn ein Abwarten bis zur Entscheidung in der Hauptsache nicht in Betracht kommt, weil diese zu spät ergehen würde, um das Kindeswohl zu wahren, bedarf es des Erlasses der einstweiligen Anordnung. Dabei ist diese Abwägung nicht von einem bestimmten Ausmaß der Aufklärung des Sachverhalts abhängig.[26]

14 Zu berücksichtigen ist bei der Abwägung ferner, dass auch eine bloß **vorläufige Regelung der Herausgabe des Kindes oder seines Aufenthalts** vor allem unter Kontinuitätsgesichtspunkten **präjudizielle Wirkung** haben und damit den Ausgang des Hauptsacheverfahrens maßgeblich beeinflussen kann: Es werden u.U. Tatsachen geschaffen, die nicht mehr rückgängig gemacht werden können.[27] Daher hat das Gericht die ihm im Eilverfahren zu Gebote stehenden **Ermittlungsmöglichkeiten möglichst auszuschöpfen**.[28] Diese Anforderungen an das Gericht wachsen umgekehrt proportional zur Schwere des dem Kind drohenden Schadens: Wiegt der drohende Schaden nur gering, liegt der zu erwartende Schadenseintritt noch in größerer zeitlicher Ferne und ist ein Eintritt eher weniger wahrscheinlich, hat das Gericht besonders sorgfältig zu ermitteln und im Zweifel vom Erlass einer Eilentscheidung abzusehen.[29]

Für einen **vorläufigen Sorgerechtsentzug** kommt es darauf an, ob die Gefährdungslage nach Ausmaß und Wahrscheinlichkeit aufgrund der vorhandenen Erkenntnisse bereits derart verdichtet ist, dass ein **sofortiges Einschreiten** auch ohne weitere gerichtliche Ermittlungen geboten ist.[30] Hier ist aber auch der Grundsatz zu berücksichtigen, dass die Tatsachengrundlage für den Grundrechtseingriff umso gesicherter sein muss, je schwerer die im Einzelnen auferlegte Belastung wiegt und je mehr die Maßnahme Unabänderliches bewirkt.[31] Daher kommt jedenfalls ein mit einer Herausnahme des Kindes aus dem mütterlichen Haushalt verbundener Teilentzug der elterlichen Sorge ausschließlich auf der Grundlage eines vom familiengerichtlich beauftragten Sachverständigen mit der Mutter unternommenen – und von dieser abgelehnten – Gesprächsversuchs im Sinne einer Momentaufnahme, der keine Exploration oder Interaktionsbeobachtung zugrunde liegt, ohne weitere Anhaltspunkte für eine erhebliche Kindeswohlgefährdung nicht in Betracht.[32]

15 Auf der anderen Seite gilt aber auch, dass die praktisch verfügbaren Aufklärungsmöglichkeiten in Eilsachen angesichts der spezifischen Eilbedürftigkeit dieser Verfahren regelmäßig hinter den im Hauptsacheverfahren bestehenden Möglichkeiten zurückbleiben. Deshalb kann das Gericht gemäß § 51 Abs. 2 Satz 2 FamFG im Einzelfall auch ohne mündliche Verhandlung entscheiden und Anhörungen ggf. nachholen. Auch kann in Eilverfahren in der Regel **kein Sachverständigengutachten** eingeholt werden[33] (siehe hierzu auch *Heilmann*, § 163 FamFG Rn. 4).

16 Der Erlass einer einstweiligen Anordnung ohne weitergehende Sachverhaltsaufklärung kommt etwa bei Hinweisen auf **körperliche Misshandlungen, sexuellen Missbrauch oder**

25 Vgl. BVerfG ZKJ 2018, 59; FamRZ 2015, 2120
26 OLG Brandenburg NZFam 2015, 1170 m. Anm. *Grandke*
27 Vgl. BVerfG FamRZ 2009, 189; NJW 1996, 915
28 Vgl. BVerfG FamRZ 2002, 1021
29 BVerfG ZKJ 2018, 59; ZKJ 2014, 281
30 BVerfG ZKJ 2018, 59; ZKJ 2018, 312; FamRZ 2015, 2120
31 BVerfG FamRZ 2021, 672; ZKJ 2014, 281; *Köhler*, ZKJ 2021, 251
32 OLG Frankfurt a. M. Beschl. v. 28.8.2019 – 4 UF 189/19, BeckRS 2019, 23189 = FamRZ 2020, 177 (Ls.); *Salzgeber*, Familienpsychologische Gutachten, Rn. 1395
33 BVerfG ZKJ 2018, 312; vgl. hierzu auch BerfVG FamRZ 2015, 2120, und *Lack/Heilmann*, ZKJ 2014, 308, 310

auf gravierende, gesundheitsgefährdende Formen der Vernachlässigung in Betracht.[34] Demgegenüber fehlt es an einem dringenden Bedürfnis für einen sofortigen Sorgerechtsentzug, wenn sich die drohende Beeinträchtigung in einem über längere Zeiträume währenden Entwicklungsprozess befindet und sich zum Zeitpunkt der Entscheidung noch nicht derart verdichtet hat, dass ein sofortiges Einschreiten geboten wäre.[35] An der erforderlichen Dringlichkeit für den Erlass einer einstweiligen Anordnung fehlt es auch dann, wenn das Kind bereits fremduntergebracht ist und die Sorgeberechtigten die Fremdunterbringung mittragen und unterstützen.[36] Bestehen Zweifel an der Zuverlässigkeit der Sorgeberechtigten hinsichtlich der erklärten Mitwirkungsbereitschaft, bedarf es in der familiengerichtlichen Entscheidung Ausführungen zur Wahrscheinlichkeit der Abkehr der Sorgeberechtigten von ihrer Zusage.[37] An einem dringenden Bedürfnis für ein sofortiges Tätigwerden fehlt es regelmäßig auch, wenn das Kind (mit Zustimmung des in erster Instanz gerichtlich bestellten Pflegers oder Vormunds) ohnehin weiter in der Obhut seiner Personensorgeberechtigten verbleibt[38] oder sich mit deren Zustimmung bei Verwandten aufhält, in deren Haushalt keine Kindeswohlgefährdung droht.[39]

Kann der durch den anderen Elternteil oder Lebensgefährten eines Elternteils geäußerte **Verdacht des sexuellen Missbrauchs** des Kindes nach Ausschöpfung aller im Eilverfahren zulässigerweise zur Verfügung stehenden Erkenntnisquellen nicht geklärt werden, ist eine **umfassende Risikoabwägung** unter Berücksichtigung des Kindeswohls vorzunehmen, wobei es auf den **Grad der Wahrscheinlichkeit** für die Richtigkeit der erhobenen Anschuldigungen ankommt.[40] Bereits ein einmaliger Missbrauch begründet jedoch (natürlich) die Gefahr einer schwerwiegenden Schädigung des Kindes.[41] Beim **Besitz kinderpornographischer Schriften** dagegen kommt es auf die Umstände des konkreten Falles an; im Einzelfall können sich hier Abwägungsschwierigkeiten ergeben.[42] **17**

Hilfen zur Erziehung nach den §§ 27 ff. SGB VIII werden grundsätzlich nur auf Antrag oder jedenfalls im Einverständnis mit den Personensorgeberechtigten gewährt. Eine ohne wirksamen Antrag gewährte Hilfe ist rechtswidrig.[43] Deshalb kann auch der Entzug des **Rechts zur Antragstellung für Leistungen nach dem SGB VIII und Mitwirkung an der Hilfeplanung** in Betracht kommen. Dies gilt vor allem für die Fälle der Fremdplatzierung des Kindes gegen den Willen der Personensorgeberechtigten (Inobhutnahme) oder wenn zu befürchten ist, dass die erklärte Hilfeakzeptanz nicht nachhaltig ist und der Antrag zurückgenommen werden wird. Allein der Entzug des Aufenthaltsbestimmungsrechts genügt nicht, um die Gewährung erforderlicher Hilfen z.B. in Form einer Vollzeitpflege sicherzustellen.[44] Verbleibt das Kind in der Herkunftsfamilie und sollen ambulante Hilfen (z.B. in Form einer sozialpädagogischen Familienhilfe) geleistet werden, sind diese in der Regel nur bei bestehender Hilfeakzeptanz und Mitwirkungsbereitschaft geeignet. Eines Entzugs des Rechts zur Antragstellung für Leistungen nach dem SGB VIII bedarf es dann nicht. Im Übrigen wird hier ein Gebot zur Inanspruchnahme von Leistungen der Kinder- und Jugendhilfe gemäß § 1666 Abs. 3 Nr. 1 BGB als milderes Mittel einem Teilsorgerechtsentzug vorzuziehen sein. Ein drin- **18**

34 BVerfG ZKJ 2014, 281
35 BVerfG ZKJ 2014, 281
36 BVerfG ZKJ 2018, 59; FamRZ 2015, 2120
37 BVerfG FamRZ 2015, 2120
38 OLG Schleswig-Holstein ZKJ 2014, 330
39 OLG Frankfurt a. M. Beschl. v. 27.5.2024 – 6 UF 86/24, BeckRS 2024, 11487 = NJW-RR 2024, 938
40 KG Beschl. v. 5.4.2012 – 17 UF 50/12, BeckRS 2012, 10137 = FamRZ 2013, 46 (Ls.); *Cirullies*, FamFR 2012, 305; OLG Frankfurt ZKJ 2018, 926; vgl. auch OLG Frankfurt a. M. FamRZ 2019, 1425
41 OLG Brandenburg, Beschl. v. 13.8.2015 – 13 UF 135/15, BeckRS 2015, 16353 = NZFam 2015, 1170 m. Anm. *Grandke*; vgl. auch OLG Frankfurt a. M. FamRZ 2018, 926, zum Fall der Anfertigung kinderpornografischer Fotografien der Tochter
42 BVerfG FamRZ 2023, 1542; BGH FamRZ 2023, 57 m. Anm. *Rake*
43 BVerwG NJW 2002, 232
44 Vgl. BVerwG NJW 2002, 232

gendes Bedürfnis i.S.d. § 49 Abs. 1 FamFG wird in diesen Fällen regelmäßig zu verneinen sein.

19 Weiter stellt sich bei der **Fremdplatzierung** des Kindes die Frage, ob den Personensorgeberechtigten ergänzend auch das **Umgangsbestimmungsrecht** (vorläufig) zu entziehen ist; der Entzug des Aufenthaltsbestimmungsrechts schließt den Entzug des Umgangsbestimmungsrechts nicht ein. Das Umgangsbestimmungsrecht ist selbstständiger Teil der Personensorge, der im Fall der Kindeswohlgefährdung grundsätzlich auch gesondert entzogen werden kann.[45] Verbleibt das Umgangsbestimmungsrecht bei den Personensorgeberechtigten, würden sie „aus der Ferne" entscheiden, mit wem das Kind Kontakt hat. Bei widerstreitenden Interessen der Personensorgeberechtigten und der Einrichtung oder der Pflegeeltern kann dies zu Unruhe und Verunsicherung des Kindes führen, die möglichst zu vermeiden sind.[46] Allerdings stellt sich zum einen die Frage, ob eine Abschätzung dieser – künftigen – negativen Folgen dem Eilgericht bereits mit der erforderlichen Zuverlässigkeit möglich ist, zum anderen, ob nicht unter Verhältnismäßigkeitsgesichtspunkten eine Regelung umgangsrechtlicher Probleme grundsätzlich dem Umgangsverfahren, ggf. mit der Anordnung von Umgangsbegleitung oder -pflegschaft (§ 1684 Abs. 3 BGB), vorzubehalten ist.[47]

20 Bei Vorliegen einer Kindeswohlgefährdung wegen **eines Konflikts der Eltern** jedenfalls sind eine gerichtliche Umgangsregelung und die Bestimmung eines Umgangspflegers als mildere Mittel stets vorrangig[48] (zum in der Regel fehlenden Eilbedürfnis siehe aber Rn. 29).

▶ *Näher zur Abgrenzung der Umgangspflegschaft von der Umgangsbestimmungspflegschaft Gottschalk, § 1684 BGB Rn. 58 ff., 63 f.*

21 Auch die **Gesundheitssorge** (auch als „Gesundheitsfürsorge" bezeichnet) kann im Eilverfahren aus Kindeswohlgründen entzogen werden, wenn dafür ein dringender Regelungsbedarf besteht, etwa weil das Kind andernfalls einen notwendigen Therapieplatz nicht erhält und lange Wartezeiten für einen neuen Therapieplatz abzusehen wären, oder auch, wenn der allein sorgeberechtigte Elternteil eine gegengeschlechtliche Hormontherapie für sein Kind durchführen lassen möchte, obwohl die Frage der Transsexualität des Kindes noch nicht hinreichend gutachterlich geklärt wurde[49] (zur vorläufigen Übertragung beim Elternstreit siehe Rn. 28).

22 Wird eine Kindeswohlgefährdung i.S.d. § 1666 Abs. 1 BGB infolge einer beabsichtigten zeitnahen Verbringung des Kindes ins Ausland ohne Rückkehrabsicht bejaht, kann dies dem/den Personensorgeberechtigten und auch einem Dritten im Wege der einstweiligen Anordnung verboten werden (sog. **Ausreiseverbot bzw. Grenzsperre**).[50] Hierfür genügt eine glaubhafte Drohung, eine bereits in der Vergangenheit versuchte Entführung des Kindes oder sonst eine konkrete Gefahr, dass der Umgangsberechtigte das Kind nicht mehr zurückbringt.[51] Je unwahrscheinlicher eine Rückführung – auch unter Inanspruchnahme staatlicher Hilfe – ist, desto niedriger sind die Anforderungen an die Glaubhaftmachung eines dringenden Bedürfnisses für ein sofortiges Tätigwerden. Zu berücksichtigen ist dabei auch, ob der Staat, in den das Kind verbracht werden soll, Mitgliedstaat des Haager Überein-

45 OLG Frankfurt FamRZ 2023, 541; ZKJ 2015, 154, bestätigt durch BGH ZKJ 2016, 419
46 OLG Frankfurt a. M., Beschl. v. 29.6.2023 – 6 UF 58/23, BeckRS 2023, 19687 = NZFam NZFam 2023, 895
47 So OLG Frankfurt a. M. FamRZ 2017, 1841; vgl. auch BeckOGK/*Burghart*, BGB § 1666 Rn. 47
48 BGH FamRZ 2016, 1752 m. Anm. *Lack*; OLG Frankfurt FamRZ 2017, 1841
49 OLG Dresden ZKJ 2018, 149
50 OLG Frankfurt FamRZ 2018, 1319; zur Rechtsgrundlage vgl. OLG Karlsruhe FamRZ 2002, 1273
51 Staudinger/*Dürbeck*, § 1684 BGB Rn. 214 m.w.N.

kommens über die zivilrechtlichen Aspekte internationaler Kindesentführung ist[52] oder ob dort Art. 22 ff. der Brüssel IIb-Verordnung[53] zur Anwendung gelangen.

2. Übertragung (von Teilbereichen) der elterlichen Sorge auf einen Elternteil

Unabhängig davon, ob eine Kindeswohlgefährdung oder ein Elternkonflikt vorliegt, ist unter Verhältnismäßigkeitsgesichtspunkten stets zu prüfen, ob die **Übertragung von Teilbereichen** der elterlichen Sorge ausreicht oder – in den Fällen des § 1671 BGB bei Erteilung einer **Sorgerechtsvollmacht** – sogar ganz entbehrlich ist. 23

In der familiengerichtlichen Praxis wird häufig die vorläufige Übertragung des **Aufenthaltsbestimmungsrechts** nach §§ 1666, 1666a BGB angeregt oder nach § 1671 Abs. 1 Satz 2 Nr. 2 BGB beantragt. Ferner sieht § 156 Abs. 3 Satz 1 BGB in Kindschaftssachen, die den Aufenthalt des Kindes betreffen, die Erörterung des Erlasses einer einstweiligen Anordnung ausdrücklich vor, wenn eine einvernehmliche Regelung im frühen Termin nach § 155 Abs. 2 FamFG nicht erreicht werden kann. Hier ist aber vorab zu prüfen, ob – nicht zuletzt wegen des **Vorrang- und Beschleunigungsgrundsatzes** – eine vorrangig zu treffende zeitnahe Entscheidung in einem Hauptsacheverfahren möglich ist (siehe Rn. 8 f.). 24

Da mit der Übertragung des Aufenthaltsbestimmungsrechts oftmals ein Ortswechsel des Kindes verbunden ist, wird ein dringendes Bedürfnis für ein sofortiges Tätigwerden des Gerichts nur bejaht werden können, wenn das **Kindeswohl unmittelbar und akut gefährdet** ist bzw. eine **erhebliche Gefährdung des Kindeswohls bevorsteht** oder **zwingende Gründe des Kindeswohls die Maßnahme erforderlich machen**; eine bloß latente Gefährdung genügt nicht.[54] Problematisch ist hier vor allem das Verbot der Vorwegnahme der Hauptsache, denn eine auch nur vorläufige Regelung der Herausgabe des Kindes oder seines Aufenthalts kann unter Kontinuitätsgesichtspunkten präjudiziell wirken, d.h. den Ausgang des Hauptsacheverfahrens maßgeblich beeinflussende Fakten schaffen.[55] Auch sind **mehrfache Wechsel** des Kindes zu **vermeiden**.[56] Die Gefahr wiederholter Wechsel besteht vor allem dann, wenn im noch nicht abgeschlossenen Hauptsacheverfahren eine andere Entscheidung getroffen werden kann als im Verfahren der einstweiligen Anordnung.[57] Umgekehrt können sich bei Erlass der einstweiligen Anordnung Bindungen am neuen Wohnort des Kindes derart verfestigen, dass eine abändernde Entscheidung im Hauptsacheverfahren aus Kindeswohlgründen ausscheiden könnte und in der Folge mit dem Erlass der einstweiligen Anordnung die Hauptsache – wenn auch unbeabsichtigt – vorweggenommen wird. 25

Eine Übertragung des Aufenthaltsbestimmungsrechts auf einen Elternteil im Wege der einstweiligen Anordnung kann im Einzelfall allerdings dann in Betracht kommen, **wenn das Kind bereits bei dem Elternteil lebt** und der andere Elternteil schon mit der Betreuung wei- 26

---

52 Vgl. OLG Karlsruhe FamRZ 1996, 424

53 Verordnung (EU) 2019/1111 des Rates über die Zuständigkeit, die Anerkennung und Vollstreckung von Entscheidungen in Ehesachen und in Verfahren betreffend die elterliche Verantwortung und über internationale Kindesentführungen

54 OLG Schleswig-Holstein ZKJ 2014, 1383; MüKo-FamFG/*Soyka*, § 49 Rn. 6; a.A.: OLG Jena, FamRZ 2010, 1830: Regelungsbedürfnis bei räumlich getrennt lebenden Elternteilen mit Rücksicht auf das Herausgabebegehren der Eltern nach § 1632 Abs. 1 BGB

55 Vgl. BVerfG FamRZ 2009, 189, aber auch NJW 1996, 915

56 BVerfG FamRZ 2021, 595 m. Anm. *Köhler*; OLG Brandenburg FamRZ 2015, 1216; *Heilmann*, NJW 2012, 887, 890

57 OLG Celle ZKJ 2012, 446 mit Anm. *Gottschalk*; vgl. auch OLG Brandenburg FamRZ 2015, 1515

terer Geschwisterkinder überfordert ist oder versucht, das Kind im Rahmen des Sorgerechtsverfahrens im Sinne seiner eigenen Interessen zu instrumentalisieren.[58]

27 Eine Entscheidung über das Aufenthaltsbestimmungsrecht kann auch bei **eigenmächtiger Veränderung des Aufenthaltsorts des Kindes** in der ersten Phase der räumlichen Trennung dringend erforderlich werden, um eine sog. **ertrotzte Kontinuität** zu verhindern.[59]

28 Die vorläufige Übertragung der **Gesundheitssorge** im Wege der einstweiligen Anordnung ist im Rahmen eines Elternkonflikts dann in Betracht zu ziehen, wenn eine vollständige Sachverhaltsaufklärung aus zeitlichen Gründen nicht möglich ist und ohne die gerichtliche Entscheidung nicht rückgängig zu machende Fakten geschaffen würden.[60]

29 Ein Entzug von Teilbereichen der elterlichen Sorge im Wege der einstweiligen Anordnung im Falle von **Problemen bei der Umsetzung eines Umgangs („Umgangsboykott")** scheidet dagegen regelmäßig aus, weil die drohende Gefahr für die Beziehung zwischen Kind und Umgangsberechtigtem nicht so kurzfristig entsteht, dass ihr nicht mit einer Entscheidung in der Hauptsache ausreichend begegnet werden könnte.[61]

30 An einem dringenden Bedürfnis für eine vorläufige Regelung fehlt es aber, wenn eine **Sorgerechtsvollmacht** erteilt wird.[62] Erteilt ein Sorgerechtsinhaber dem anderen eine Vollmacht, mit der diesem gegenüber Dritten die Ausübung der elterlichen Sorge ohne Beteiligung des Vollmachtgebers ermöglicht wird, entfällt in der Regel das für den Erlass der einstweiligen Anordnung nach § 1671 Abs. 1 Satz 2 Nr. 2 BGB erforderliche Eilbedürfnis[63] ebenso wie für einen Entzug der elterlichen Sorge nach §1666 BGB.[64]

3. Begründung der gemeinsamen elterlichen Sorge nach § 1626a Abs. 2 Satz 1 BGB

31 Die Begründung der gemeinsamen elterlichen Sorge nicht miteinander verheirateter Eltern nach § 1626a Abs. 2 Satz 1 BGB im Wege der einstweiligen Anordnung ist **auf kindeswohlrelevante Extremfälle zu beschränken**. Verfahren nach § 1626a Abs. 2 S. 1 BGB unterliegen ohnehin dem Vorrang- und Beschleunigungsgrundsatz (§ 155a Abs. 2 Satz 1 i.V.m. § 155 Abs. 1 FamFG; siehe hierzu Rn. 8 f.). Vor allem aber stellt die Entscheidung über die Begründung der gemeinsamen elterlichen Sorge keine vorläufige, sondern bereits eine endgültige Regelung dar.[65] Hierfür bedarf es neben einer über den Beschleunigungsgrundsatz hinausgehenden Eilbedürftigkeit einer **Gefährdung des Kindeswohls**.[66] Extremfälle könnten je nach konkreten Umständen im Einzelfall z.B. in Fragen der Gesundheit, der Taufe und der Beschneidung des Kindes zu bejahen sein. Ein beabsichtigter Umzug des allein sorgeberechtigten Elternteils mit dem Kind genügt dagegen nicht.[67]

---

58 OLG Brandenburg, Beschl. v. 15.10.2013 – 3 UF 90/12 = BeckRS 2013, 19331= FamRZ 2014, 1124 (Ls.)
59 OLG Saarbrücken FamRZ 2011, 1739; vgl. auch *Fischer*, NZFam 2014, 475
60 Vgl. OLG Köln, Beschl. v. 6.3.2023 – 14 UF 27/23, BeckRS 2023, 11697 = NZFam 2024, 315 m. Anm. *Wierse;* siehe auch OLG Hamm ZKJ 2013, 497, zur Beschneidung
61 KG FamRZ 2010, 1749
62 OLG Frankfurt a. M. FamRZ 2018, 1679
63 OLG Frankfurt a. M. FamRZ 2018, 1679
64 OLG Karlsruhe FamRZ 2022, 115; Prütting/Helms/*Dürbeck*, § 49 FamFG Rn. 11
65 OLG München FamRZ 2016, 245; OLG Hamm ZKJ 2012, 225
66 OLG München FamRZ 2016, 245; *Fink/Bitter*, ZKJ 2012, 172, 173; *Dürbeck*, ZKJ 2013, 330, 333, jeweils unter Hinweis auf § 155a Abs. 2 S. 2 FamFG und die damit beabsichtigte Schonung der Mutter in den ersten sechs Wochen nach der Geburt des Kindes; siehe aber auch *Heilmann*, NJW 2013, 1473, 1476: Begründung der gemeinsamen elterlichen Sorge im Eilverfahren, wenn dies mit Blick auf § 1626a Abs. 2 BGB gerechtfertigt ist
67 OLG München FamRZ 2016, 245

4. Übertragung der Entscheidungsbefugnis nach § 1628 BGB

Ein dringendes Regelungsbedürfnis kann auch hinsichtlich der Entscheidung über einzelne Angelegenheiten der elterlichen Sorge zu bejahen sein, die für das Kind von erheblicher Bedeutung sind (§ 1628 BGB). In Betracht kommen hier u.a. Entscheidungen über die **Tagesbetreuung** oder die **Schulanmeldung**, insbesondere wenn das Versäumen einer Anmeldefrist droht, unmittelbar bevorstehende **Urlaubsreisen**, wenn diese nicht ungefährlich sind und damit keine Angelegenheit des täglichen Lebens i.S.d. § 1687 BGB darstellen,[68] eine (Corona-)**Impfung**[69] oder **Behördenangelegenheiten** wie die Verlängerung einer Aufenthaltserlaubnis o.ä. Die Entscheidung über einen **Umzug** des Kindes ist dagegen keine punktuell-sachbezogene Angelegenheit i.S.d. § 1628 BGB, sondern ein Aspekt des Aufenthaltsbestimmungsrechts, über das im Streitfall nach § 1671 BGB zu entscheiden ist (siehe dazu Rn. 24 ff.).[70] Etwas anderes kann aber für den Fall einer bislang lediglich beabsichtigten Trennung der Eltern gelten.[71] 32

Die Einräumung des **Bestimmungsrechts über den Vornamen** nach § 1628 BGB kommt im Wege der einstweiligen Anordnung grundsätzlich nicht in Betracht, da die Entscheidung zu einer Vorwegnahme der Hauptsache führen würde; etwas anderes gilt nur dann, wenn besondere Gründe des Kindeswohls, insbesondere eine konkret drohende erhebliche Gefahr, eine unverzügliche Entscheidung erforderlich erscheinen lassen.[72] 33

II. Umgang

Aufgrund des Vorrang- und Beschleunigungsgrundsatzes und des Erfordernisses der persönlichen Anhörung der Beteiligten können Entscheidungen im Wege der einstweiligen Anordnung in **Umgangssachen nur selten schneller** getroffen werden **als** im **Hauptsacheverfahren** (siehe Rn. 8 f.). Der Gesetzgeber betont aber, dass gerade in Umgangssachen regelmäßig ein besonderes Bedürfnis für eine zeitnahe Regelung besteht, weil nur damit eine dem Kindeswohl abträgliche längere Unterbrechung der persönlichen Beziehung zu dem nicht betreuenden Elternteil vermieden werden kann. Die einstweilige Anordnung sei dafür ein geeignetes Mittel.[73] So sieht auch § 156 Abs. 3 FamFG die Erörterung des Erlasses einer einstweiligen Anordnung in Umgangssachen ausdrücklich vor, wenn eine einvernehmliche Regelung im Termin nach § 155 Abs. 2 FamFG nicht erreicht werden kann. Wenn die Teilnahme an einer Beratung, an einem kostenfreien Informationsgespräch über Mediation oder einer sonstigen Möglichkeit der außergerichtlichen Konfliktbeilegung oder eine schriftliche Begutachtung angeordnet werden, soll das Gericht in Kindschaftssachen, die das Umgangsrecht betreffen, den Umgang durch einstweilige Anordnung regeln oder ausschließen. 34

Als problematisch erweist sich hierbei aber erneut das **Verbot der Vorwegnahme der Hauptsache**, denn der Umgang wird für den von der einstweiligen Anordnung betroffenen Zeitraum bereits abschließend geregelt; eine nachträgliche Korrektur kommt naturgemäß nicht mehr in Betracht. Auch kann selbst eine nur vorläufige Regelung der Herausgabe des Kindes oder seines Aufenthalts unter Kontinuitätsgesichtspunkten präjudiziell wirken, d.h. den Ausgang des Hauptsacheverfahrens maßgeblich beeinflussende Fakten schaffen.[74] Al- 35

68 OLG Koblenz Beschl. v. 5.8.2024 – 13 UF 334/24, BeckRS 2024, 21192 = NJW-RR 2024, 1259; OLG Frankfurt ZKJ 2016, 361; Fallgruppen zur Abgrenzung von Angelegenheiten des täglichen Lebens zu Angelegenheiten von erheblicher Bedeutung finden sich bei Staudinger/*Salgo*, § 1687 BGB Rn. 35 ff.
69 OLG München FamRZ 2022, 1200; OLG Frankfurt FamRZ 2021, 1533
70 OLG Koblenz FamRZ 2019, 804; OLG Stuttgart ZKJ 2019, 150 mit Anm. *Dürbeck*
71 MüKoBGB/*Huber*, § 1628 Rn. 12; Staudinger/*Lettmaier*, § 1628 BGB Rn. 29
72 OLG Karlsruhe FamRZ 2016, 40
73 BT-Drs. 16/6308, 199
74 Vgl. BVerfG FamRZ 2009, 189; NJW 1996, 915

lerdings kann das Gericht eine vorläufige Regelung treffen, wenn eine abschließende Entscheidung in der Hauptsache noch nicht möglich ist, aber **keinen Teilbeschluss** analog § 301 ZPO erlassen, weil dieser in Umgangssachen angesichts der Einheitlichkeit des Verfahrensgegenstandes unzulässig ist und im Beschwerdeverfahren zur Aufhebung der Entscheidung und Zurückverweisung der Sache an das Familiengericht führt.[75]

36 Auch kann ein vollständiger Kontaktabbruch aufgrund der **ablehnenden Haltung des Kindes und/oder des betreuenden Elternteils** zu einer unerwünschten Solidarisierung des Kindes mit dem betreuenden Elternteil führen, der mithilfe einer einstweiligen Anordnung entgegengewirkt werden kann.[76] Bedarf es einer **Regelung zum Schutz des Kindes**, kann auch ein dringendes Bedürfnis für eine Einschränkung oder einen Ausschluss des Umgangsrechts bestehen (§ 1684 Abs. 3 BGB). Bei **im Hauptsacheverfahren noch aufzuklärenden Risiken** für das Kindeswohl im Falle der Durchführung unbegleiteter Umgänge, z.B. infolge suizidaler Krisen des Umgangsberechtigten, sind **begleitete Umgänge** als Option zu prüfen, die ebenfalls durch einstweilige Anordnung zu regeln wären.[77]

37 Vorläufig geregelt werden kann – wie auch im Hauptsachverfahren – vor allem der Umfang des Umgangs des Berechtigten mit dem betroffenen Kind (§ 1684 Abs. 3 BGB) einschließlich der Begründung eines (paritätischen) **Wechselmodells**.[78] Dafür kommt es in erster Linie aber darauf an, ob eine bereits praktizierte paritätische Betreuung des Kindes lediglich beibehalten oder erstmals angeordnet werden soll. **Wird das Kind bereits** über einen längeren Zeitraum **paritätisch betreut**, ist es weiter sicher an beide Elternteile gebunden, sind beide in der Lage, die Bedürfnisse des Kindes zu befriedigen, und hat das Wechselmodell das Kind bislang nicht belastet, kann der Kontinuitätsaspekt dafür sprechen, die getroffene Regelung vorläufig beizubehalten.[79] Soll das Wechselmodell hingegen **neu begründet** werden – was im Einzelfall u.U. auch gegen den Willen eines Elternteils in Betracht kommt[80] –, ist Zurückhaltung geboten. Im Eilverfahren sollte dies nur in Ausnahmefällen bei erhöhter Kooperation und Kommunikation der Eltern und positiver Haltung des Kindes in Betracht gezogen werden. In Frage kommen hier allenfalls Konstellationen, in denen bereits ein erweiterter Umgang praktiziert wird und auch das Kind eine paritätische Aufteilung der Betreuung wünscht.[81]

III. Herausgabe und Verbleibensanordnung

38 Der Erlass einer einstweiligen Anordnung zur Herausgabe eines Kindes ist nach § 156 Abs. 3 FamFG zu erörtern, wenn im Termin nach § 155 Abs. 2 FamFG keine einvernehmliche Regelung erreicht werden kann.

39 Im Einzelfall kann auch die **Herausgabe des Reisepasses** (bis zum 31.12.2023 des Kinderreisepasses) eilbedürftig sein, wenn das Dokument z.B. für eine unmittelbar bevorstehende Urlaubsreise benötigt wird. Die Herausgabe kann in entsprechender Anwendung der

75 Vgl. OLG Karlsruhe FamRZ 2023, 1876; OLG Hamburg FamRZ 2022, 360 = NZFam 2021, 928 m. Anm. *Kischkel;* OLG Frankfurt FamRZ 2021, 1718; zum Eilverfahren Prütting/Helms/*Dürbeck,* § 49 FamFG Rn. 13a.

76 *Schmid*, FPR 2011, 5, 8

77 OLG Koblenz FamRZ 2018, 593

78 Vgl. zur Hauptsache BGH FamRZ 2017, 532; zum Eilverfahren Prütting/Helms/*Dürbeck,* § 49 FamFG Rn. 13a.

79 AG Duisburg FamRZ 2015, 1305; Staudinger/*Dürbeck*, § 1684 BGB Rn. 258

80 BGH FamRZ 2017, 532; OLG Frankfurt a. M. FamRZ 2022, 362

81 Vgl. OLG Frankfurt a. M. FamRZ 2022, 362; OLG Stuttgart FamRZ 2018, 35

§§ 1632 Abs. 1, 1684 Abs. 2 BGB verlangt werden, wenn sie für die Ausübung der Personensorge oder des Umgangsrechts tatsächlich erforderlich ist.[82]

Der **Herausgabeanspruch der Pflegeeltern** zum Schutz der Bindungen des Kindes und zur Vermeidung einer Kindeswohlgefährdung in Folge der Herausnahme muss zeitnah nach der Herausnahme geltend gemacht werden.[83] Wird eine **Verbleibensanordnung** begehrt, muss ein **zeitlicher Zusammenhang** zwischen der Herausnahme des Kindes und der abschließenden gerichtlichen Sachentscheidung bestehen, weil bei einer bereits erfolgten Integration des Kindes in eine neue Umgebung der Schutzzweck von § 1632 Abs. 4 BGB nicht mehr greift.[84] Durch einen Antrag auf Entscheidung im Wege der einstweiligen Anordnung kann dieser zeitliche Zusammenhang gewahrt werden. 40

IV. Geschlossene Unterbringung bzw. freiheitsentziehende Maßnahmen

Hält der Sorgeberechtigte die geschlossene Unterbringung eines Minderjährigen (§ 1631b Abs. 1 BGB) oder die Ergreifung freiheitsentziehender Maßnahmen (§ 1631b Abs. 2 BGB) für dringend erforderlich, können diese Maßnahmen durch einstweilige Anordnung familiengerichtlich genehmigt werden. Auf das Eilverfahren finden dabei gemäß § 167 Abs. 1 FamFG die Sonderregelungen der §§ 331 ff. FamFG Anwendung.[85] 41

▶ *Näher hierzu Fink, Kommentierung zu § 167 FamFG und § 1631 BGB Rn. 1 ff.*

D. Verhältnis der einstweiligen Anordnung zur Hauptsache

I. Keine Begrenzung durch Hauptsacheantrag

Der **Regelungsgehalt** der einstweiligen Anordnung ist nach zutreffender Ansicht angesichts der Unabhängigkeit des Eilverfahrens vom Hauptsachverfahren frei disponibel, also **nicht an den Gegenstand des Hauptsacheverfahrens** gebunden oder durch diesen begrenzt. Soweit aus § 56 FamFG teilweise gefolgert wird, dass sich der Regelungsgehalt der Eilentscheidung zumindest im **Antragsverfahren** in dem durch einen etwaigen Hauptsacheantrag vorgegebenen Bereich halten müsse, weil der einstweilige Rechtsschutz nur bis zum Wirksamwerden der Hauptsacheentscheidung gelte,[86] überzeugt dies nicht. Nach zutreffender Ansicht erfordert § 56 Abs. 1 Satz 1 FamFG neben der Wirksamkeit der anderweitigen Regelung lediglich, dass diese (auch) denselben Verfahrensgegenstand wie die vorangegangene Eilentscheidung betrifft (sog. **Deckungsgleichheit**). Ist dies nur teilweise der Fall (z.B. bei der Titulierung laufender Unterhaltsansprüche), behält die einstweilige Anordnung in dem nicht erfassten Umfang schlicht weiterhin ihre Wirksamkeit. In diesem Fall empfiehlt sich im Antragsverfahren zur Klärung des Umfangs der Fortgeltung der Eilentscheidung und zur Vermeidung von Missverständnissen die Beantragung eines Feststellungsbeschlusses nach § 56 Abs. 3 FamFG.[87] Im Übrigen kann bei zeitlich versetzter Antragstellung im Eil- und Hauptsachverfahren – praktisch häufig – der Gegenstand des 42

82 BGH FamRZ 2019, 1056; MüKo-BGB/*Huber*, BGB § 1632 Rn. 23; vgl. zum Schadensersatzanspruch bei Pflichtverletzung gemäß §§ 1684, 280 Abs. 1 BGB analog OLG Hamburg ZKJ 2018, 103; zur Vollstreckung OLG Frankfurt a. M. FamRZ 2023, 1203
83 BGH NJW 2017, 427, mit krit. Anm. *Lack* = FamRZ 2017, 208, mit krit. Anm. *Salgo; ebenso OLG Frankfurt a. M. FamRZ 2020, 348*
84 OLG Koblenz ZKJ 2019, 181 mit Anm. *Dürbeck = FamRZ 2019, 362 (Ls.)*
85 Vgl. Musielak/Borth/Frank/*Frank*, FamFG § 167 Rn. 2 ff.
86 MüKo-FamFG/*Soyka*, § 49 Rn. 2; *Cirullies/Cirullies*, 2. Kap. Fn. 144; ebenso *Lack* in der Vorauflage
87 Zöller/*Feskorn*, § 56 FamFG Rn. 3.

Hauptsacheverfahrens zum Zeitpunkt des Erlasses der einstweiligen Anordnung noch nicht bestimmt werden, so dass schon deshalb eine Begrenzung ihres Regelungsgehalts nicht stattfinden kann.

43 Im **Amtsverfahren** ergibt sich die Disponibilität des Regelungsgegenstands des Eilverfahrens bereits daraus, dass hier ohnehin keine Bindung des Gerichts an Sachanträge der Beteiligten besteht. Schwierigkeiten können sich im Hinblick auf § 56 FamFG zudem bei der Beurteilung der **Deckungsgleichheit in Kindschaftssachen** ergeben. Ist in Eil- und Hauptsacheverfahren die elterliche Sorge für ein Kind betroffen, tritt eine einstweilige Anordnung auch dann außer Kraft, wenn die Entscheidung in der Hauptsache hinter dem Regelungsgegenstand der Eilentscheidung zurückbleibt. Denn die Gestaltungswirkung der Hauptsacheentscheidung umfasst im Hinblick auf den Grundsatz der Einheitlichkeit des Verfahrensgegenstandes „elterliche Sorge“[88] stets die gesamte elterliche Sorge.[89] Die sich angesichts des früher ungeklärten Verhältnisses von Umgangs- und Sorgerecht beim Wechselmodell ergebenden Abgrenzungsschwierigkeiten dürften dagegen nach Klarstellung durch den BGH, dass das Wechselmodell ausschließlich im Umgangsverfahren zu regeln ist, nicht mehr bestehen.[90]

44 Da mit der einstweiligen Anordnung nur eine vorläufige Regelung des Verfahrensgegenstands getroffen wird, entfällt das **Rechtsschutzbedürfnis für einen Hauptsacheantrag** nicht, wenn bereits eine dem Hauptsacheantrag entsprechende einstweilige Anordnung vorliegt.[91] **In Kindschaftssachen** ist die **Einleitung des Hauptsacheverfahrens sogar regelmäßig geboten**, weil dort eine erweiterte Ermittlungspflicht besteht, für die im summarischen Verfahren der einstweiligen Anordnung kein Raum ist. Dies gilt mit Blick auf Art. 6 Abs. 2 Satz 2 GG insbesondere in Kindesschutzverfahren (§§ 1666, 1666a BGB), vor allem dann, wenn mit der Eilentscheidung erheblich in die Elternrechte eingegriffen wird.[92]

45 Umgekehrt ergibt sich daraus für Sorgerechtsverfahren i.S.d. § 151 Nr. 1 FamFG im Hinblick auf das Vorrang- und Beschleunigungsgebot des § 155 Abs. 1 FamFG die Konsequenz, dass der Erlass einer einstweiligen Anordnung nicht mehr zulässig ist, wenn die Hauptsache bereits entscheidungsreif ist.[93]

II. Verbot der Vorwegnahme der Hauptsache

46 Für den Erlass einer einstweiligen Anordnung gilt das aus § 49 Abs. 1 Satz 1 FamFG hergeleitete **Verbot der Vorwegnahme der Hauptsache**, grundsätzlich sind nur vorläufige Maßnahmen zulässig. Doch gerade in Kindschaftssachen kann dieser Grundsatz nur mit Einschränkungen umgesetzt werden: Der **Umgang** wird für den von der einstweiligen Anordnung betroffenen Zeitraum bereits endgültig geregelt; eine nachträgliche Korrektur kommt naturgemäß nicht mehr in Betracht. Zum anderen kann auch eine nur vorläufige **Regelung der Herausgabe des Kindes oder seines Aufenthalts** unter Kontinuitätsgesichtspunkten **präjudiziell** wirken, d.h. den Ausgang des Hauptsacheverfahrens maßgeblich beeinflus-

88 Vgl. dazu Staudinger/*Dürbeck*, BGB § 1687 Rn. 38; Prütting/Helms/*Hammer*, § 151 FamFG Rn. 7a; *Kischkel*, NZFam 2022, 107

89 Vgl. OLG Frankfurt a. M., Beschl. v. 27.2.2024 – 6 UF 24/24, BeckRS 2024, 3106 = FamRZ 2024, 1273 (Ls.); FamRZ 2022, 267; KG FamRZ 2023, 602; OLG Hamburg FamRZ 2020, 1840; a.A.: OLG Oldenburg FamRZ 2024, 1394 = NZFam 2024, 811 m. krit. Anm. *Fritzsche*

90 BGH FamRZ 2020, 255; FamRZ 2017, 532

91 OLG Nürnberg FamRZ 2010, 1679

92 OLG Brandenburg, Beschl. v. 13.8.2015 – 13 UF 135/15, BeckRS 2015, 16353 = NZFam 2015, 1170 m.Anm. *Grandke*, Rn. 29; MüKo-BGB/*Lugani*, BGB § 1666 Rn. 244; BeckOGK/*Burghart*, BGB § 1666 Rn. 184.

93 OLG Brandenburg, Beschl. v. 1.8.2019 – 9 UF 158/19, BeckRS 2019, 23025 = FamRZ 2020, 183 (Ls.) und FamRZ 2014, 784; OLG Hamm, Beschl. v. 24.11.2015 – 14 UF 156/15, BeckRS 2016, 10376 = Streit 2016, 39; vgl. dazu auch *Fiedler*, NZFam 2014, 183

sende Fakten schaffen.[94] Eine einstweilige Anordnung sollte in diesen Fällen daher nur dann ergehen, wenn nach der vorhandenen Erkenntnislage mit hoher Wahrscheinlichkeit davon auszugehen ist, dass auch ein Hauptsacheverfahren zu einer dahingehenden Regelung führen würde.[95] Ist dies nicht möglich, ist zumindest eine **Folgenabwägung** zwischen Vor- und Nachteilen des Erlasses und des Nichterlasses der Eilentscheidung vorzunehmen, insbesondere im Hinblick auf die Folgen der Rückabwicklung bereits getroffener Eilmaßnahmen, wenn die Hauptsache ohne oder mit einer milderen Maßnahme beendet würde (z.B. mehrfache Aufenthaltswechsel des Kindes o.ä.).[96]

III. Abänderung der Hauptsacheentscheidung

Ist eine Hauptsacheentscheidung bereits getroffen, kann sie nach überwiegender Ansicht grundsätzlich nicht im Wege der einstweiligen Anordnung abgeändert werden. Hier wäre nach Ablauf der Beschwerdefrist ein Hauptsacheverfahren zur Überprüfung der ursprünglich getroffenen Entscheidung durchzuführen (vgl. § 166 FamFG, § 1696 BGB). Eine Ausnahme gilt jedoch bei Vorliegen einer Kindeswohlgefährdung i.S.v. § 1666 Abs. 1 BGB, da zum effektiven Schutz eines gefährdeten Kindes jederzeit Eilmaßnahmen möglich sein müssen.[97] Die gerichtliche Zuständigkeit ergibt sich in diesen Fällen aus § 50 FamFG. **47**

E. Verfahrenskostenhilfe

Anträge und Anregungen in Kindschafts- und Gewaltschutzsachen werden in der Praxis häufig mit Anträgen auf Bewilligung von Verfahrenskostenhilfe verbunden. Für das Verfahren der einstweiligen Anordnung als eigenständiges Verfahren kann Verfahrenskostenhilfe unabhängig von der Hauptsache beantragt werden. Allerdings richten sich die Voraussetzungen für die Bewilligung grundsätzlich nach denen des Hauptsachverfahrens (§§ 51 Abs. 2, 76 Abs. 1 FamFG, § 114 ZPO bzw. §§ 51 Abs. 2, 113 Abs. 1 FamFG, § 114 ZPO). **48**

Nach § 14 Abs. 2 FamGKG kann die Einleitung eines Eilverfahrens **nicht von der Zahlung eines Gebührenvorschusses abhängig** gemacht werden; die Antragsschrift bzw. die Anregung sind daher sofort nach Einreichung zuzustellen. Sofern die Zustellung der Antragsschrift ausnahmsweise erst nach Bewilligung von Verfahrenskostenhilfe erfolgen soll, muss dies im Antrag hinreichend deutlich gemacht werden.
Auch ist die gleichzeitige Einleitung von Hauptsache- und Anordnungsverfahren schon angesichts der unterschiedlichen Zielrichtung und der Unabhängigkeit von Eil- und Hauptsacheverfahren **nur ausnahmsweise mutwillig** i.S.d. § 76 FamFG, § 114 ZPO.[98] In den von Amts wegen geführten Kindesschutzverfahren gilt darüber hinaus, dass den (Pflicht-) Beteiligten des Verfahrens unabhängig von der Erfolgsaussicht etwaiger Sachanträge, an die das bei seiner Entscheidung in erster Linie dem Kindeswohl verpflichtete Gericht ohnehin nicht gebunden ist, regelmäßig Verfahrenskostenhilfe zu bewilligen ist.[99] Daher kommt auch in diesen Fällen die Bejahung von Mutwilligkeit regelmäßig nicht in Betracht. Unzutreffend ist nach überwiegender Ansicht de lege lata schließlich auch die vor allem im erstinstanzlichen Umgangsverfahren immer wieder anzutreffende Praxis, den Verfahrenskosten-

---

94 Vgl. BVerfG, Beschl. v. 27.6.2008 – 1 BvR 1265/08, BeckRS 2008, 29802 = FamRZ 2009, 189, aber auch NJW 1996, 915
95 OLG Frankfurt ZKJ 2016, 361
96 Vgl. OLG Koblenz, Beschl. v. 26.3.2021 – 13 UF 111/21, BeckRS 2021, 7169 = FamRZ 2021, 1306 (Ls.); OLG Brandenburg, Beschl. v. 3.4.2020 – 13 UFH 2/20, BeckRS 2020, 8555 = COVuR 2020, 255; Prütting/Helms/*Dürbeck*, § 49 Rn. 12
97 OLG Hamm FamRZ 2010, 120; Sternal/*Giers*, FamFG § 51 Rn. 30
98 Zöller/*Feskorn*, § 49 FamFG Rn. 4
99 Vgl. OLG Frankfurt a. M. NJW-RR 2024, 1261; FamRZ 2021, 1985 (zum Umgang); OLG Hamm FamRZ 2016, 1948

hilfeantrag als mutwillig zurückzuweisen, wenn nicht vor Einleitung des Eilverfahrens **das Jugendamt** um Vermittlung gebeten wurde.[100]

49 Entscheidungen über die Verfahrenskostenhilfe in den Verfahren nach §§ 49 ff. FamFG unterliegen nach zutreffender Ansicht nicht der Überprüfung durch das Beschwerdegericht, wenn die Entscheidung ohne mündliche Verhandlung bzw. Erörterung ergangen ist und nicht auf wirtschaftliche Gründe gestützt wird. Für das Verfahren über die Verfahrenskostenhilfe steht nach zutreffender Ansicht kein weitergehender Instanzenzug zur Verfügung als in der Hauptsache, weil sonst die Gefahr widersprüchlicher Entscheidungen bestehen würde.[101]

§ 50 FamFG
Zuständigkeit

(1) [1]Zuständig ist das Gericht, das für die Hauptsache im ersten Rechtszug zuständig wäre. [2]Ist eine Hauptsache anhängig, ist das Gericht des ersten Rechtszugs, während der Anhängigkeit beim Beschwerdegericht das Beschwerdegericht zuständig.

(2) [1]In besonders dringenden Fällen kann auch das Amtsgericht entscheiden, in dessen Bezirk das Bedürfnis für ein gerichtliches Tätigwerden bekannt wird oder sich die Person oder die Sache befindet, auf die sich die einstweilige Anordnung bezieht. [2]Es hat das Verfahren unverzüglich von Amts wegen an das nach Absatz 1 zuständige Gericht abzugeben.

Übersicht

A. Allgemeines

1 § 50 FamFG enthält **Regelungen zur örtlichen, sachlichen und funktionellen gerichtlichen Zuständigkeit** im Verfahren der einstweiligen Anordnung.[1] Grundsätzlich richtet sich die Zuständigkeit des Eilverfahrens dabei nach der Zuständigkeit des erstinstanzlichen Gerichts der (hypothetischen) Hauptsache (§ 50 Abs. 1 Satz 1 FamFG). In besonders dringlichen Fällen besteht darüber hinaus eine (vorübergehende) **Eilzuständigkeit** des Amtsgerichts, in dessen Bezirk sich die von der Anordnung betroffene Person oder Sache befinden (§ 50 Abs. 2 FamFG).

2 Weil die einstweilige Anordnung nicht mehr – wie vor Inkrafttreten des FamFG – von der Existenz eines Hauptsacheverfahrens abhängig ist (Akzessorietät), bedarf es einer eigenständigen Regelung der Zuständigkeit für das nunmehr selbstständig zu führende Eilverfahren. Anknüpfungspunkt ist dafür allerdings die **Zuständigkeit für die Hauptsache**, um nach Möglichkeit – schon aus Gründen der Verfahrensökonomie – einen Gleichlauf zwischen Hauptsache- und Eilverfahren zu erzielen. Dabei handelt es sich um eine ausschließliche Zuständigkeit, so dass eine abweichende Zuständigkeit auch nicht durch rügelose Einlassung begründet werden kann.[2] Die Entscheidung eines örtlich unzuständigen Gerichts

100 OLG Frankfurt a. M. FamRZ 2021, 205; OLG München FamRZ 2008, 1089; a.A.: OLG Hamburg FamRZ 2021, 201 m. abl. Anm. *Dürbeck*
101 Vgl. grds. BGH NJW 2005, 1659 Rn. 13 ff.; OLG Zweibrücken FamRZ 2022, 546; Sternal/*Giers*, FamFG § 57 Rn. 16; zum Streitstand vgl. Prütting/Helms/*Dürbeck*, § 76 FamFG Rn. 13a m.w.N.
1 Zur sachlichen und funktionellen Zuständigkeit vgl. Sternal/*Giers*, § 50 FamFG Rn. 2
2 OLG Stuttgart FamRZ 2010, 1828; MüKo-FamFG/*Soyka*, FamFG § 50 Rn. 1

ist nicht unwirksam (§ 2 Abs. 3 FamFG), führt im Beschwerdeverfahren aber zur Aufhebung.

Die **internationale Zuständigkeit** richtet sich vorrangig nach völkerrechtlichen Vereinbarungen, sofern diese auch innerstaatliche Geltung haben, und nach den einschlägigen EU-Verordnungen (in Kindschaftssachen Art. 7 Abs. 1 Brüssel IIb-VO, in Unterhaltssachen EuUntVO, in Ehewohnungs-, Haushalts- und Güterrechtssachen Art. 5 Abs. 1 und 6 EuGüVO), im Übrigen für Familienstreitsachen nach §§ 113 Abs. 1 Satz 1, 97 ff. FamFG und für die Verfahren der freiwilligen Gerichtsbarkeit unmittelbar nach den §§ 97 ff. FamFG.[3] Darüber hinausgehend begründet die VO (EU) Nr. 2019/1111 (Brüssel IIb-VO)[4] innerhalb der Mitgliedsstaaten der EU eine **erweiterte internationale Zuständigkeit** für einstweilige Maßnahmen einschließlich ggf. erforderlicher Schutzmaßnahmen. In Kindschaftssachen kann das Familiengericht nach Art. 15 Abs. 1 Brüssel IIb-VO in dringenden Fällen unter Anwendung nationalen Rechts einstweilige Maßnahmen in Bezug auf Kinder, die sich in diesem Staat aufhalten oder die deren dort befindliche Vermögensgegenstände betreffen, auch dann treffen, wenn für die Hauptsacheentscheidung ein Gericht eines anderen EU-Mitgliedstaates zuständig wäre.

▶ *Näher hierzu Schweppe, Kommentierung der Brüssel IIb-VO.*

B. Inhalt der Norm

I. Gericht der Hauptsache (Abs. 1)

3 Ist eine **Hauptsache nicht anhängig**, ist nach § 50 Abs. 1 Satz 1 FamFG für den Erlass der einstweiligen Anordnung dasjenige Gericht zuständig, das auch für die Entscheidung in der Hauptsache in erster Instanz zuständig wäre. Hierbei sind die allgemeinen **Zuständigkeitsvorschriften** zu beachten.[5]

4 Die **sachliche Zuständigkeit** richtet sich daher nach §§ 22, 23a, 23c GVG. Ausschließlich zuständig für Familien- und Betreuungssachen sind das Familien- und das Betreuungsgericht als **besondere Abteilungen des Amtsgerichts**. Die Zuständigkeit des Familiengerichts für die Familiensachen ergibt sich aus § 23a Abs. 1 Nr. 1 GVG, die Zuständigkeit (anderer Abteilungen) des Amtsgerichts für die übrigen Verfahren der freiwilligen Gerichtsbarkeit, soweit diese im FamFG geregelt sind, ergibt sich aus § 23a Abs. 1 Nr. 2 i.V.m. Abs. 2 Nr. 2 bis 7 GVG sowie aus § 23c GVG (für Betreuungssachen).

5 Die **örtliche Zuständigkeit** dagegen wird in den Abschnitten 2 bis 11 des 2. Buchs des FamFG jeweils an zweiter Stelle geregelt. Im Einzelnen sind folgende Normen maßgeblich:

- § 122 FamFG für Ehesachen,
- **§ 152 FamFG für Kindschaftssachen,**
- § 170 FamFG für Abstammungssachen,
- § 187 FamFG für Adoptionssachen,
- § 201 FamFG für Ehewohnungs- und Haushaltssachen,
- **§ 211 FamFG für Gewaltschutzsachen,**

3 OLG Karlsruhe FamRZ 2014, 1565; MüK-oFamFG/*Soyka*, FamFG, § 50 Rn. 15

4 Verordnung (EU) 2019/1111 des Rates vom 25. Juni 2019 über die Zuständigkeit, die Anerkennung und Vollstreckung von Entscheidungen in Ehesachen und in Verfahren betreffend die elterliche Verantwortung und über internationale Kindesentführungen; bis zum 31.7.2022 galt die VO (EG) 2201/2003 (Brüssel IIa)

5 In Kindschaftssachen also § 152 FamFG, in Abstammungssachen § 170 FamFG, in Adoptionssachen § 187 FamFG, in Gewaltschutzsachen § 211 FamFG

- § 218 FamFG für Versorgungsausgleichsachen,
- § 232 Abs. 1 FamFG für Unterhaltssachen und
- § 262 Abs. 1 FamFG für Güterrechtssachen.

Auf Lebenspartnerschaftssachen sind die vorgenannten Regelungen entsprechend anzuwenden (§ 270 FamFG). Diese Zuständigkeiten sind **ausschließlich**, eine Gerichtsstandsvereinbarung der Beteiligten oder eine Zuständigkeitsbegründung durch rügelose Einlassung kommen daher nicht in Betracht.[6]

▶ *Näher hierzu insbesondere Keuter, Kommentierung zu § 152 FamFG.*

6 Ist ein **deckungsgleiches Hauptsacheverfahren** allerdings schon **anhängig**, ist das mit der **Hauptsache** befasste Familiengericht auch für die einstweilige Anordnung zuständig, es besteht eine weitgehende **Parallelität von Eil- und Hauptsacheverfahren**. Daraus ergibt sich zugleich, dass das Verfahren der einstweiligen Anordnung auch ohne Antrag der Beteiligten an das Gericht der Hauptsache zu verweisen ist, wenn im Eilverfahren zunächst ein anderes Gericht angerufen wurde.[7] Im Einzelfall kann die Zuständigkeit für die Entscheidung in der Hauptsache nach § 5 FamFG durch das nächsthöhere Gericht zu bestimmen sein; dieser folgt dann auch die Zuständigkeit für das Eilverfahren. Dasselbe gilt im Falle der Verweisung der Hauptsache.[8] Im Übrigen kann die Abgabe aus wichtigem Grund nach § 4 FamFG in Betracht zu ziehen sein, die jedoch nicht zu einer effektiven rechtsschutzverweigernden Verfahrensverzögerung führen darf.[9]

In besonders dringenden Fällen greift § 50 Abs. 2 FamFG (siehe dazu Rn. 8 ff.).

Ist eine Beschwerde bereits anhängig, ist das Beschwerdegericht auch für das Verfahren der einstweiligen Anordnung zuständig.

7 Unter „Hauptsache" i.S.d. § 50 Abs. 1 FamFG ist allerdings nicht jeder beliebige, dem Gegenstand des Eilverfahrens ggf. nur ähnliche, gerichtlich geltend gemachte Anspruch zu verstehen, sondern nur genau der Anspruch, dessen Rechtsverwirklichung und -durchsetzung das einstweilige Rechtsschutzverfahren auch sichern soll.[10] Erforderlich ist daher eine **Deckungsgleichheit der Verfahrensgegenstände** von Hauptsache- und Eilverfahren,[11] d.h. eine Kongruenz oder Identität des jeweiligen **Gegenstands**. Hierfür reicht es aber bereits aus, wenn diese teilweise oder in wesentlichen Punkten übereinstimmen, vor allem auch, wenn sich der Eilantrag als **Minus im Vergleich zur Hauptsache** darstellt.[12]

8 Allerdings können sich im Kontext der Diskussion um den einheitlichen Verfahrensgegenstand des **familiengerichtlichen Sorgerechtsverfahrens** (§ 151 Nr. 1 FamFG) Abgrenzungsschwierigkeiten zwischen Eil- und Hauptsacheverfahren ergeben.[13] Nach ganz h.M. bilden im Hinblick auf die Regelung des § 1671 Abs. 4 BGB jedenfalls Verfahren nach §§ 1671 BGB und 1666 BGB einen **einheitlichen Verfahrensgegenstand „elterliche**

---

6 Musielak/Borth/Frank/*Borth*, FamFG § 2 Rn. 2.
7 OLG Saarbrücken FamRZ 2017, 235; OLG Frankfurt a. M. FamRZ 2014, 1479; Prütting/Helms/ *Prütting*, § 3 FamFG Rn. 14
8 Sternal/*Giers*, § 50 FamFG Rn. 5
9 Prütting/Helms/*Dürbeck*, § 50 FamFG Rn. 3
10 Vgl. MüKo-ZPO/*Drescher*, ZPO § 937 Rn. 3, zum vergleichbaren Hauptsachebegriff des § 937 ZPO
11 Vgl. OLG Koblenz FamRZ 2016, 1097; Prütting/Helms/*Dürbeck*, § 50 FamFG Rn. 3.
12 MüKo-FamFG/*Soyka*, § 50 Rn. 3
13 Vgl. dazu Prütting/Helms/*Hammer* ,§ 151 FamFG, Rn. 7a; BeckOK-BGB/*Veit*, BGB § 1626 Rn. 120; *Obermann*, FamRZ 2022, 997; *Kischkel*, NZFam 2022, 107; OLG Frankfurt FamRZ 2022, 699 m. Anm. *Billhardt*

Sorge",[14] aber auch Verfahren nach §§ 1666 und 1680 Abs. 3 i.V.m. Abs. 2 BGB.[15] Daher ist als Gericht der Hauptsache i.S.d. § 50 Abs. 1 Satz 2 FamFG das bereits in erster oder zweiter Instanz in der Hauptsache mit einem Verfahren nach § 1666 BGB befasste Gericht auch für das mit einem Antrag nach § 1671 Abs. 1 BGB eingeleitete Eilverfahren örtlich und sachlich zuständig. Obwohl auch Verfahren nach §§ 1671 BGB und 1628 BGB nach hier vertretener Auffassung unter den weit gefassten einheitlichen Verfahrensgegenstand „elterliche Sorge" fallen,[16] wird damit allerdings eine Zuständigkeit des Hauptsachegerichts nach § 50 Abs. 1 Satz 2 FamFG wegen der fehlenden Übereinstimmung in der Zielrichtung des jeweiligen Antrags (Übertragung der Entscheidungsbefugnis im Einzelfall, Teilübertragung der elterlichen Sorge) nicht begründet.[17]

Auch in Umgangssachen (§ 151 Nr. 2 FamFG) gilt Ähnliches: Hier ist von einem einheitlichen und daher grds. **unteilbaren Verfahrensgegenstand „Umgangsregelung"** auszugehen.[18] Ferner handelt es sich beim Umgangsverfahren um ein reines Amtsverfahren (§ 24 FamFG), in dem auch einstweilige Verfügungen nur von Amts wegen, aber nicht auf „Antrag" eines der Verfahrensbeteiligten erlassen werden. Bereits daraus folgt eine zwingende Parallelität der gerichtlichen Zuständigkeit im Eil- und im Hauptsacheverfahren und damit auch die Anwendbarkeit des § 50 Abs. 1 Satz 2 FamFG.

Sorgeverfahren nach § 151 Nr. 1 FamFG einerseits und Umgangsverfahren nach § 151 Nr. 2 FamFG andererseits dagegen haben **unterschiedliche Verfahrensgegenstände**, so dass hier für das umgangsrechtliche Eil- und das sorgerechtliche Hauptverfahren grds. verschiedene Zuständigkeiten in Betracht kommen, eine Anwendung des § 50 Abs. 1 Satz 2 FamFG also ausscheidet (siehe aber § 152 FamFG).

Die nach § 50 Abs. 1 Satz 2 FamFG erforderliche **Anhängigkeit** des Hauptsacheverfahrens tritt sowohl im **Antrags-, als auch im Amtsverfahren** mit Eingang der Antragsschrift bei Gericht ein. Als ausreichend wird nach zutreffender Ansicht in beiden Fällen der Eingang eines Antrags auf Bewilligung von **Verfahrenskostenhilfe beim Amtsgericht** angesehen.[19] 9

Zweitinstanzlich tritt **Anhängigkeit** nicht schon mit dem Eingang der Beschwerdeschrift beim Amtsgericht ein, sondern erst **mit dem Eingang der Akten beim Beschwerdegericht**. Daher führt auch ein Verfahrenskostenhilfeantrag für eine beabsichtigte Beschwerde noch nicht zur Anhängigkeit der Hauptsache beim Rechtsmittelgericht.[20] 10

Wird der Erlass einer einstweiligen Anordnung **während der Anhängigkeit einer Hauptsache** beim Beschwerdegericht angeregt, bleibt dieses nach hier vertretener, aber umstrittener Auffassung nach dem Grundsatz der *perpetuatio fori* entsprechend § 261 Abs. 3 Nr. 2 11

---

14 Vgl. OLG Frankfurt a. M. Beschl. v. 28.3.2024 – 4 WF 57/24, BeckRS 2024, 21458; FamRZ a. M. 2022, 1037; FamRZ 2022, 267; KG FamRZ 2023, 602; OLG Nürnberg FamRZ 2023, 605; FamRZ 2013, 1993; Staudinger/*Coester*, § 1671 BGB Rn. 278; MüKo-BGB/*Hennemann*, § 1671 BGB Rn. 160; *Keuter*, FamRZ 2022, 1003; *Kischkel*, NZFam 2022, 107; a.A.: *Obermann*, FamRZ 2022, 997

15 Vgl. BGH FamRZ 2010, 1242; OLG Karlsruhe FamRZ 2018, 196

16 Einen einheitlichen Verfahrensgegenstand bejahen OLG Frankfurt FamRZ 2022, 699 m. Anm. *Billhardt*, FamRZ 2019, 1244 = NZFam 2019, 588 m.Anm. *Pätzold; Kischkel*, NZFam 2022, 107; a.A.: OLG Stuttgart FamRZ 2019, 802; vgl. zum Ganzen auch *Hammer*, FamRZ 2021, 905 (909 ff.). Der BGH billigt jedenfalls die Umdeutung eines Antrags nach § 1671 BGB in einen Antrag nach § 1628 BGB (NJW 2018, 2962 = FamRZ 2018, 1512)

17 Prütting/Helms/*Dürbeck*, § 50 FamFG Rn. 4

18 Vgl. BGH NJW 2017, 1815 = FamRZ 2017, 532; OLG Brandenburg, Beschl. v. 3.7.2015 – 10 UF 173/14, BeckRS 2015, 12386 = FamRZ 2015, 1818 (Ls.); OLG Frankfurt a. M., Beschl. v. 19.3.2013 – 4 UF 261/12, BeckRS 2013, 10988 = FamRZ 2013, 1994 (Ls.); Staudinger/*Dürbeck*, BGB § 1684 Rn. 175.

19 Sternal/*Giers*, § 50 Rn. 4; Prütting/Helms/*Dürbeck*, § 50 FamFG Rn. 6; Schulte-Bunert/Weinreich/*Schwonberg*, § 50 Rn. 11; *Dose*, Einstweiliger Rechtsschutz, Rn. 181; a.A.: MüKo-FamFG/*Soyka*, § 50 Rn. 4; BeckOK-FamFG/*Schlünder*, FamFG § 50 Rn. 13.

20 Sternal/*Giers*, § 50 FamFG Rn. 6a; Prütting/Helms/*Dürbeck*, § 50 FamFG Rn. 6

ZPO für das Eilverfahren auch dann zuständig, wenn es das Hauptsacheverfahren bereits vor der Entscheidung über den Erlass einer einstweiligen Anordnung abgeschlossen hat.[21]

II. Auseinanderfallen der Zuständigkeit

12 Wegen der verfahrensrechtlichen Selbstständigkeit des Eilverfahrens kann es zu einem **Auseinanderfallen der Zuständigkeit** kommen, wenn

- das Anordnungsverfahren bereits abgeschlossen ist und erst danach das Hauptsacheverfahren anhängig gemacht wird oder
- die Anhängigkeit der Hauptsache in erster Instanz endet oder
- während des noch laufenden Hauptsacheverfahrens eine mündliche Erörterung bei dem die einstweilige Anordnung erlassenden Gericht beantragt wird (§ 54 Abs. 2 FamFG).

Endet die Anhängigkeit der Sache in erster Instanz (durch gerichtliche Entscheidung in der Hauptsache, Antragsrücknahme oder Erledigung), endet auch die durch § 50 Abs. 1 Satz 2 FamFG begründete Zuständigkeit des Gerichts. Damit tritt wieder die Zuständigkeit des fiktiven Hauptsachegerichts i.S.d. § 50 Abs. 1 Satz 1 FamFG ein, die sich durchaus von der des zuvor angerufenen Gerichts unterscheiden kann.[22] Dieser Fall kann in **Kindschaftssachen nach einem Umzug des Kindes** wegen der Anknüpfung an dessen gewöhnlichen Aufenthalt in § 152 Abs. 2 FamFG auftreten. Der nach wie vor anzustrebende Gleichlauf kann dann nur durch eine **Abgabe** aus wichtigem Grund nach § 4 FamFG erreicht werden.

III. Eilzuständigkeit (Abs. 2)

13 § 50 Abs. 2 Satz 1 FamFG begründet über die beiden vorgenannten Fallkonstellationen (Zuständigkeit bei isolierter einstweiliger Anordnung und während anhängiger Hauptsache) hinaus **für besonders dringende Fälle** eine Zuständigkeit des Amtsgerichts, in dessen Bezirk das Bedürfnis für ein gerichtliches Tätigwerden bekannt wird oder in dessen Bezirk sich die von der einstweiligen Anordnung betroffene Person oder Sache befinden. Da § 49 Abs. 1 FamFG für den Erlass einer Eilentscheidung ohnehin ein dringendes Regelungsbedürfnis erfordert, muss die hier vom Gesetzgeber vorausgesetzte Dringlichkeit deutlich über dieses Bedürfnis hinausgehen.[23] Eine solche besondere Dringlichkeit liegt daher **ausnahmsweise** nur dann vor, wenn die Anrufung des nach § 50 Abs. 1 FamFG zuständigen Gerichts zu einer den Zweck des einstweiligen Anordnungsverfahrens gefährdenden erheblichen Verzögerung führen würde.[24] In Zeiten digitaler Kommunikation und einer flächendeckend erfolgten Implementierung von Bereitschaftsdiensten bei den Amtsgerichten dürfte eine derartige Konstellation aber kaum noch vorstellbar sein.[25]

14 § 50 Abs. 2 Satz 2 FamFG macht ferner deutlich, dass die besondere Eilzuständigkeit nicht auf Dauer besteht, sondern die Abgabe der Sache an das für das Eilverfahren zuständige Gericht unverzüglich zu erfolgen hat. Anders als nach § 4 FamFG bedarf es für die Abgabe nach § 50 Abs. 2 FamFG weder einer Abgabebereitschaft des angerufenen Gerichts noch einer Übernahmebereitschaft des anderen Gerichts. Dies ergibt sich aus dem unterschiedli-

21 Vgl. OLG Hamm NJW-RR 2024, 749 = NZFam 2024, 605 m. Anm. *Kischkel;* Prütting/Helms/*Dürbeck*, § 50 FamFG Rn. 6; Johannsen/Henrich/Althammer/*Kohlenberg*, FamFG § 50 Rn. 6; *Dose/Kraft*, Einstweiliger Rechtsschutz, Kap. 3.2 Rn. 146; a.A.: Sternal/*Giers*, FamFG § 50 Rn. 7; Zöller/*Feskorn* ,§ 50 FamFG Rn. 4.

22 Sternal/*Giers*, § 50 Rn. 9; Prütting/Helms/*Dürbeck*, § 50 Rn. 6; a.A.: BeckOK-FamFG/*Schlünder*, § 50 Rn. 12.

23 *Löhnig*, FamRZ 2009, 1102

24 Sternal/*Giers*, FamFG § 50 Rn. 12; vgl. zu § 942 ZPO Musielak/Voit/*Huber*, § 942 Rn. 2.

25 Ebenso Prütting/Helms/*Dürbeck*, Rn. 9; Johannsen/Henrich/Althammer/*Kohlenberg*, § 50 Rn. 8.

chen Wortlaut der beiden Vorschriften. Auch bedarf es keiner vorherigen Anhörung der Beteiligten.[26] Für das Verfahren der einstweiligen Anordnung ist § 50 Abs. 2 FamFG *lex specialis* gegenüber § 4 FamFG. Dies kann Auswirkungen auf die Zuständigkeit der Abänderung nach § 54 FamFG und ggf. auch auf die Zuständigkeit des Beschwerdegerichts haben (zur Zuständigkeit im Abänderungsverfahren siehe *Kischkel*, § 54 FamFG Rn. 3).

Übersicht: Prüfung der Zuständigkeit **15**

1. Gericht der (anhängigen) Hauptsache
- Verfahrensgegenstand identisch mit dem der eAO?
- im Beschwerdeverfahren: Beschwerdegericht

2. Hauptsache nicht anhängig
- hypothetische Prüfung der Hauptsache-Zuständigkeit
- in Kindschaftssachen: § 152 FamFG

3. Eilzuständigkeit
- besondere Dringlichkeit
- Auftreten des Fürsorgebedürfnisses

§ 51 FamFG

Verfahren

(1) [1]Die einstweilige Anordnung wird nur auf Antrag erlassen, wenn ein entsprechendes Hauptsacheverfahren nur auf Antrag eingeleitet werden kann. [2]Der Antragsteller hat den Antrag zu begründen und die Voraussetzungen für die Anordnung glaubhaft zu machen.

(2) [1]Das Verfahren richtet sich nach den Vorschriften, die für eine entsprechende Hauptsache gelten, soweit sich nicht aus den Besonderheiten des einstweiligen Rechtsschutzes etwas anderes ergibt. [2]Das Gericht kann ohne mündliche Verhandlung entscheiden. [3]Eine Versäumnisentscheidung ist ausgeschlossen.

(3) [1]Das Verfahren der einstweiligen Anordnung ist ein selbständiges Verfahren, auch wenn eine Hauptsache anhängig ist. [2]Das Gericht kann von einzelnen Verfahrenshandlungen im Hauptsacheverfahren absehen, wenn diese bereits im Verfahren der einstweiligen Anordnung vorgenommen wurden und von einer erneuten Vornahme keine zusätzlichen Erkenntnisse zu erwarten sind.

(4) Für die Kosten des Verfahrens der einstweiligen Anordnung gelten die allgemeinen Vorschriften.

26 Sternal/*Giers*, § 50 FamFG Rn. 13

Übersicht

A. Allgemeines

1 Nach der Regelung des Grundtatbestandes der einstweiligen Anordnung in § 49 FamFG und der Klärung der gerichtlichen Zuständigkeit in § 50 FamFG geht es in § 51 FamFG um die wesentlichen **Verfahrensregeln** für den einstweiligen Rechtsschutz. Dabei wird zunächst zwischen Amtsverfahren (§ 23 FamFG) und Antragsverfahren (§ 24 FamFG) unterschieden. Weiter wird klargestellt, dass der verfahrenseinleitende Antrag keiner besonderen Form bedarf, aber zu begründen ist (§ 50 Abs. 1 Satz 2 FamFG), ferner sind die Voraussetzungen für die Anordnung (Anordnungsgrund und -anspruch) glaubhaft zu machen. Zu beachten ist in diesem Zusammenhang, dass im Eilverfahren generell **kein Anwaltszwang** besteht (§ 114 Abs. 4 Nr. 1 FamFG). Die Einleitung des Eilverfahrens darf nicht von der Einzahlung eines **Gerichtskostenvorschusses** abhängig gemacht werden (§ 14 Abs. 2 FamGKG). Im Übrigen ist das Eilverfahren an die für das Hauptsacheverfahren geltenden Bestimmungen angelehnt (§ 51 Abs. 2 Satz 1 FamFG). Gleichwohl ist das Verfahren der einstweiligen Anordnung stets ein **selbstständiges Verfahren** (§ 50 Abs. 3 Satz 1 FamFG).

B. Inhalt der Norm

I. Verfahrenseinleitung (Abs. 1)

1. Antragserfordernis in Antragsverfahren

2 In **Antragsverfahren** kann eine einstweilige Anordnung nur auf entsprechenden Antrag ergehen. Hierzu zählen auch die **Kindschaftsverfahren**, soweit im sorgerechtlichen Verfahren nach materiellem Recht ein **Antragserfordernis** besteht (§§ 1626c Abs. 2 Satz 3, 1628, 1630 Abs. 3, 1631 Abs. 3, 1632 Abs. 3, 1671 Abs. 1 und 2, 1681 BGB). Im Übrigen handelt es sich bei den Sorgerechts- und Umgangsverfahren aber ganz überwiegend um Amtsverfahren oder um Verfahren, die sowohl von Amts wegen als auch auf Antrag eingeleitet werden können. Auch Verfahren nach dem Gewaltschutzgesetz bedürfen für die Verfahrenseinleitung eines Antrags (§ 1 GewSchG).

Weil dies dem Beschleunigungszweck zuwiderlaufen würde, kann die Einleitung eines Eilverfahrens gemäß § 14 Abs. 2 FamGKG nicht von der vorherigen Einzahlung eines **Gerichtskostenvorschusses** abhängig gemacht werden.[1]

▶ *Näher zur Abgrenzung von Antrags- und Amtsverfahrens Kischkel, Kommentierung zu §§ 23 ff. FamFG.*

1 BeckOK-KostR/*Boiczenk,o* FamGKG § 14 Rn. 14a; *Giers*, NZFam 2014, 207, 210

2. Einleitung in Amtsverfahren

In **Amtsverfahren** dagegen bedarf es auch für den Erlass einer einstweiligen Anordnung keines Antrags. Das Verfahren kann auf Anregung oder aufgrund anderweitig erlangter Vorkenntnisse des Gerichts (z.B. aufgrund der in anderen Verfahren oder in einem bereits anhängigen Hauptsachverfahren erworbener Erkenntnisse) von Amts wegen eingeleitet werden. Zu den Amtsverfahren zählen u.a. Verfahren wegen möglicher Kindeswohlgefährdung nach §§ 1666, 1666a BGB und Umgangsverfahren nach § 1684 Abs. 3 und 4 BGB, deren Einleitung allerdings angeregt werden kann (§ 24 FamFG).[2] Dementsprechend hat das Gericht auch während eines Hauptsacheverfahrens den Erlass einer einstweiligen Anordnung zu prüfen (vgl. §§ 156 Abs. 3, 157 Abs. 3 FamFG). 3

Schließlich kennt die freiwillige Gerichtsbarkeit mehrere **Verfahren, die sowohl auf Antrag als auch von Amts wegen** eingeleitet werden können. Zu diesen zählen, soweit Kindschaftssachen betroffen sind, u.a. Verbleibensanordnungen nach §§ 1632 Abs. 4 und 1682 Satz 1 BGB, die Einschränkung oder Ausschließung der Befugnis zur alleinigen Entscheidung in Angelegenheiten des täglichen Lebens und der tatsächlichen Betreuung nach §§ 1687 Abs. 2, 1687a BGB und die Entlassung des Vormunds nach § 1804 BGB. In diesen Verfahren ist die Dispositionsbefugnis des Antragstellers eingeschränkt; das auf seinen Antrag eingeleitete Verfahren kann von ihm nicht mehr durch Antragsrücknahme (§ 22 Abs. 1 FamFG) oder übereinstimmende Erklärung der Beteiligten (§ 22 Abs. 3 FamFG) beendet werden.

3. Glaubhaftmachung in Antragsverfahren

Nach § 51 Abs. 1 Satz 2 FamFG muss der Antragsteller seinen Antrag nicht nur **begründen**, sondern auch die Voraussetzungen für die Anordnung – Anordnungsanspruch und dringendes Regelungsbedürfnis im Sinne eines Anordnungsgrundes (vgl. *Kischkel*, § 49 FamFG Rn. 6 ff.) – **glaubhaft machen**, soweit die anspruchsbegründenden Tatsachen streitig sein können. Eine Tatsache ist glaubhaft gemacht, wenn eine **überwiegende Wahrscheinlichkeit** für ihr Vorliegen spricht.[3] Die Beschränkung der Beweiserhebung auf die Glaubhaftmachung hat wegen des verringerten Beweismaßes einerseits zur Folge, dass eine überwiegende Wahrscheinlichkeit bereits für die Annahme ausreicht, dass der bestrittene Tatsachenvortrag zutrifft; der vollen Überzeugung des Gerichts bedarf es nicht.[4] Daher ist der Antragsteller auch zur eidesstattlichen Versicherung (§ 294 ZPO) zuzulassen. Diese darf sich allerdings nicht in einer bloßen Bezugnahme auf die anwaltlich gefertigte Antragsschrift erschöpfen, sondern muss eine **eigene Sachverhaltsschilderung** des Beteiligten enthalten.[5] 4

Im Übrigen kann sich der Antragsteller für die Glaubhaftmachung aller **präsenten Beweismittel** (vgl. § 31 Abs. 2 FamFG) bedienen. Ein lediglich angebotener Zeugenbeweis genügt daher nicht und ist unstatthaft,[6] jedoch können auch eidesstattliche Versicherungen Dritter zur Glaubhaftmachung vorgelegt werden. Auch hat das Gericht grundsätzlich im Erörterungstermin von den Beteiligten präsentierte Zeugen – sofern entscheidungserheblich – zu vernehmen. Als weitere präsente Mittel der Glaubhaftmachung im Termin kommen in Betracht Bild- oder Tonaufzeichnungen, ärztliche Atteste, Behördenauskünfte, Lichtbilder oder Urkunden sowie sonstige Freibeweismittel aller Art.[7]

2 BeckOK-FamFG/*Schlünder*, FamFG § 51 Rn. 3
3 OLG Dresden FamRZ 2019, 533
4 Vgl. OLG Hamm, Beschl. v. 6.4.2021 – 1 WF 153/20, BeckRS 2021, 11075; OLG Hamm NJW 2013, 3662.
5 BGH NJW 1988, 2045
6 Vgl. OLG Zweibrücken FamRZ 2022, 358 = NZFam 2021, 942 m .Anm. *Cirullies; Bruns*, FamRZ 2012, 1024
7 Prütting/Helms/*Dürbeck*, § 51 FamFG Rn. 5

5 Bei **fehlender oder unzureichender Glaubhaftmachung** stehen dem Gericht mehrere Möglichkeiten offen: Es kann den Antrag (wohlgemerkt: nur im Antragsverfahren) ohne mündliche Verhandlung als unzulässig **zurückweisen**. Dies kann allerdings im Hinblick auf den im familiengerichtlichen Verfahren grundsätzlich geltenden Amtsermittlungsgrundsatz (§ 26 FamFG), die Hinwirkungs- und Hinweispflichten des Gerichts (§ 28 FamFG) und das ihm übertragene staatliche Wächteramt (Art. 6 Abs. 2 Satz 2 GG) fragwürdig sein; dies gilt vor allem für das Verfahren nach § 1671 Abs. 1 und 2 BGB, da hier stets auch das Erfordernis anderweitiger Maßnahmen z.B. nach §§ 1666, 1666a BGB zu prüfen ist (§ 1671 Abs. 4 BGB). Im Allgemeinen wird das Gericht deshalb vor Zurückweisung des Antrags dem Antragsteller einen entsprechenden **Hinweis** erteilen und/oder einen **Termin** zur Anhörung und Erörterung anberaumen.[8] Dies gilt auch bei Zweifeln an der Richtigkeit des Vortrags in der Antragsschrift. Unterbleibt auch dann die Glaubhaftmachung oder ist die Begründung im Übrigen offensichtlich unzureichend, ist der Antrag allerdings zurückzuweisen.[9]

6 Schließlich kann eine Glaubhaftmachung des Antragstellers durch eine **Gegenglaubhaftmachung** des Antragsgegners erschüttert werden.[10] Wenn auch der Antragsgegner die Richtigkeit der von ihm streitig vorgetragenen Tatsachen an Eides statt versichert, steht Aussage gegen Aussage. In diesem Fall spricht nicht mehr eine überwiegende Wahrscheinlichkeit für das Vorbringen des Antragstellers und das Gericht erlässt ein den Grundsätzen des Hauptsacheverfahrens folgende Beweislastentscheidung – in der Regel zu Lasten des Antragstellers.

7 Da im **Amtsverfahren** der Amtsermittlungsgrundsatz (§ 26 FamFG) gilt, das Gericht also selbst zu ermitteln hat, welche Tatsachen seiner Entscheidung zu Grunde zu legen sind, findet § 51 Abs. 1 Satz 2 FamFG dort keine Anwendung.

II. Verfahrensgrundsätze (Abs. 2)

8 § 51 Abs. 2 Satz 1 FamFG verweist für das Anordnungsverfahren auf die Verfahrensvorschriften, die für eine entsprechende **Hauptsache** anzuwenden sind, wie etwa den Amtsermittlungsgrundsatz nach § 26 FamFG in Familiensachen, die Bindung an gestellte Anträge im Antragsverfahren und die Pflicht zur Begründung des verfahrensbeendenden Beschlusses (§ 38 Abs. 3 S. 1 FamFG) nebst Rechtsbehelfsbelehrung (§ 39 FamFG). Jedoch gelten für die Gestaltung des Verfahrens einige Besonderheiten.

Die Verweisung auf die Vorschriften des Hauptsacheverfahrens erfährt wegen der Besonderheiten des einstweiligen Rechtsschutzes durch § 51 Abs. 2 Satz 1 FamFG eine ausdrückliche **Einschränkung**; sie gelangen nur insoweit zur Anwendung, wie sie nicht der Eilbedürftigkeit des Verfahrens einschließlich des daraus abgeleiteten nur summarischen Prüfungsumfangs entgegenstehen. So kann angesichts des in § 49 Abs. 1 FamFG vorausgesetzten dringenden Bedürfnisses für ein sofortiges Tätigwerden des Gerichts wegen des damit verbundenen Zeitaufwands regelmäßig **kein schriftliches Sachverständigengutachten** eingeholt werden.[11] Dies gilt trotz des massiven Grundrechtseingriffs auch für das auf den vorläufigen Entzug der elterlichen Sorge gerichtete kindschaftsrechtliche Eilverfahren.[12] Weiter ist von der Anberaumung eines Fortsetzungstermins in der Regel ebenso abzusehen, wie von einer Aussetzung oder der Anordnung des Ruhens des Verfahrens.[13]

---

8 So zu Maßnahmen nach dem GewSchG im Ergebnis auch *Bruns*, FamRZ 2012, 1024 (1025)
9 Sternal/*Giers*, § 51 FamFG Rn. 7, 11
10 Vgl. BGH, Beschl. v. 16.5.2013 – IX ZB 284/11, BeckRS 2013, 9461 zur InsO; OLG Köln FamRZ 2021, 1228; OLG Dresden FamRZ 2019, 533 zum GewSchG
11 Vgl. BVerfG FamRZ 2018, 1084 Rn. 19 ff.; OLG Jena FamRZ 2010, 1830; Musielak/Borth/Frank/*Borth*, FamFG § 51 Rn. 13; *Lack/Heilmann*, ZKJ 2014, 308, 310
12 Vgl. BVerfG FamRZ 2020, 1562 Rn. 25; FamRZ 2018, 1084
13 Prütting/Helms/*Dürbeck*, § 51 FamFG Rn. 9

1. Mündliche Verhandlung

Ob das Gericht einen **Termin** zur mündlichen Verhandlung bestimmt **oder aufgrund der Aktenlage im schriftlichen Verfahren** entscheidet, steht nach Abs. 2 Satz 2 grundsätzlich in seinem Ermessen und hängt von den Umständen des Einzelfalls ab, insbesondere auch von der Eilbedürftigkeit der Entscheidung. Nicht abgesehen werden kann aufgrund der Verweisung auf die Vorschriften der jeweiligen Hauptsache allerdings von den für das jeweilige Verfahren vorgeschriebenen Anhörungen (z.B. nach §§ 159, 160; siehe dazu Rn. 10).[14] 9

Zwischen der Ladung und dem Termin soll eine angemessene Frist liegen (§ 32 Abs. 2 FamFG). Eine **Ladungsfrist** von einer Woche ist in besonders eilbedürftigen Verfahren als ausreichend anzusehen.[15] Auch bei einer unangemessen kurz anmutenden Frist kann eine Entscheidung aufgrund mündlicher Erörterung ergehen. Erscheint ein ordnungsgemäß geladener Beteiligter nicht zur mündlichen Verhandlung bzw. Erörterung, kann der Termin ohne ihn durchgeführt werden, da auf der einen Seite nach § 51 Abs. 2 Satz 3 FamFG eine **Säumnisentscheidung nicht zulässig** ist, auf der anderen Seite aber ein Anspruch des erschienenen Beteiligten auf Erlass einer Sachentscheidung besteht.[16] Führt das Gericht die Erörterung verfahrensfehlerhaft in Abwesenheit eines der Beteiligten durch, handelt es sich um ein sog. **gemischt mündlich-schriftliches Verfahren**, das jedenfalls den Anforderungen des § 57 Satz 2 FamFG nicht genügt.[17]

2. Anhörung der Beteiligten

Auch im Verfahren der einstweiligen Anordnung sind grundsätzlich die für das jeweilige Verfahren vorgesehenen **Anhörungen durchzuführen**. Insbesondere muss das Gericht die Pflicht zur persönlichen Anhörung des **Kindes** nach § 159 FamFG, aber auch der Eltern (§ 160 FamFG), des Jugendamtes (§ 162 FamFG) und ggf. der Pflegeeltern (§ 161 FamFG) beachten, wobei das Gesetz Abweichungen nur bei Gefahr im Verzug zulässt und dann nach einer unverzüglichen Nachholung verlangt.[18] Dies gilt mit den Einschränkungen des § 68 Abs. 3 FamFG grundsätzlich auch im **Beschwerdeverfahren** und erst recht, wenn das Kind erstinstanzlich nicht angehört worden ist oder das Beschwerdegericht von der erstinstanzlichen Entscheidung abweichen möchte.[19] Daran ändert es nichts, dass § 68 Abs. 5 FamFG, der nach einer Wiederholungen der Anhörungen im Beschwerdeverfahren bei besonders grundrechtsintensiven Eingriffen verlangt, im einstweiligen Anordnungsverfahren nicht anzuwenden ist.[20] Auch der ggf. zu bestellende Verfahrensbeistand[21] muss als Verfahrensbeteiligter grundsätzlich angehört werden. Ist eine Entscheidung **ohne** eine nach dem Gesetz **notwendige Anhörung** ergangen, kann sie von Amts wegen geändert werden, wenn die Anhörung nachgeholt wird (§ 54 Abs. 1 FamFG). Dies gilt ausnahmsweise auch für das Antragsverfahren § 54 Abs. 1 Satz 3 FamFG).[22] 10

Hinsichtlich der Anhörung beabsichtigt der Gesetzgeber aktuell allerdings mit dem Referentenentwurf eines **Gesetzes zur Verbesserung des Schutzes von gewaltbetroffenen Personen im familiengerichtlichen Verfahren**, zur Stärkung des Verfahrensbeistands und 11

14 Vgl. OLG Frankfurt a. M. FamRZ 1999, 247; Sternal/*Schäder*, FamFG § 159 Rn. 5
15 OLG Frankfurt a. M. FamRZ 2013, 316 (betreffend Gewaltschutzsachen) unter Hinweis auf § 217 ZPO
16 Musielak/Borth/*Grandel*, § 51 FamFG Rn. 10; OLG Koblenz FamRZ 2017, 726
17 OLG Zweibrücken FamRZ 2008, 1265; KG FamRZ 2008, 1265; BeckOK-FamFG/*Schlünder*, FamFG § 57 Rn. 7.
18 OLG Schleswig-Holstein FamRZ 2014, 1383
19 *Kischkel*, FamRZ 2021, 1595; *Fischer*, NZFam 2014, 475 mit krit. Anm. zu OLG Brandenburg NZFam 2014, 475 = FamRZ 2014 1038 (LS)
20 Vgl. nur BVerfG FamRZ 2023, 781 und 941
21 OLG Brandenburg FamRZ 2019, 906; OLG Saarbrücken ZKJ 2019, 68 mit Anm. *Dürbeck*
22 GForm-FamFG/*Kischkel*, FamFG § 51 Rn. 9.

zur Anpassung sonstiger Verfahrensvorschriften,[23] den für die Ausgestaltung des Beschwerdeverfahrens maßgeblichen § 68 Abs. 3 FamFG durch zwei weitere Sätze zu ergänzen. Danach soll künftig unter den dort näher definierten Voraussetzungen – vor allem bei offensichtlich unbegründeten Beschwerden ohne erkennbare Erfolgsaussicht – von einer erneuten mündlichen Erörterung, einer persönlichen Anhörung oder weiteren Verfahrenshandlungen abgesehen werden können.[24]

3. Absehen von Verfahrenshandlungen

12 Sofern es die Besonderheiten des einstweiligen Rechtsschutzes gebieten, darf im Einzelfall von Verfahrenshandlungen abgesehen werden (§ 51 Abs. 2 Satz 1 FamFG). So kann das Gericht **ohne mündliche Verhandlung** (§ 51 Abs. 2 Satz 2 FamFG) und in besonderen Ausnahmefällen sogar ohne vorherige Gewährung rechtlichen Gehörs entscheiden, wenn der Zweck der Maßnahme andernfalls nicht erreicht werden kann (z.B. in den Fällen des § 1 GewSchG oder der §§ 1666, 1684 Abs. 4 BGB).[25] § 51 Abs. 2 FamFG trägt dabei dem Umstand Rechnung, dass die praktisch verfügbaren Aufklärungsmöglichkeiten im Eilverfahren angesichts der spezifischen Eilbedürftigkeit dieser Verfahren regelmäßig hinter den im Hauptsacheverfahren bestehenden Möglichkeiten zurückbleiben. Das **Absehen von der Gewährung rechtlichen Gehörs** ist insbesondere bei kindesschutzrechtlichen Maßnahmen zu erwägen, wenn dadurch dem Kind in der konkreten Situation Schaden droht. Unterbleiben **Anhörungen** allein wegen Gefahr im Verzug, müssen sie allerdings **nachgeholt** werden (vgl. §§ 159 Abs. 3 Satz 2, 160 Abs. 4, 162 Abs. 1 Satz 2 FamFG).[26] Im Anschluss an die nachgeholte Anhörung kann das Gericht die getroffene einstweilige Anordnung aufheben oder ändern. Hierfür bedarf es weder im Antrags- noch im Amtsverfahren eines gesonderten Antrages (§ 54 Abs. 1 Satz 3 FamFG).

III. Selbstständiges Verfahren (Abs. 3)

13 § 51 Abs. 3 Satz 1 FamFG stellt klar, dass das Verfahren der einstweiligen Anordnung ein selbstständiges Verfahren ist, das unabhängig von einem Hauptsacheverfahren geführt wird. Abs. 3 Satz 2 sichert die Übertragung von Verfahrensergebnissen in ein Hauptsacheverfahren und damit auch ihre dortige Verwertung. Danach müssen einzelne Verfahrenshandlungen im Hauptsacheverfahren nicht wiederholt werden, wenn von deren erneuter Vornahme keine zusätzlichen Erkenntnisse zu erwarten sind. Die Vorschrift dient der Verfahrensökonomie. Auf Termine und mündliche Verhandlungen sollte jedoch, sofern sie gesetzlich vorgeschrieben sind, in einem erstinstanzlichen Hauptsacheverfahren nicht verzichtet werden. Dies gilt insbesondere für den Termin in Kindschaftssachen nach § 155 Abs. 2 FamFG[27] und für die erneute Anhörung nach Einholung eines Sachverständigengutachtens in Unterbringungssachen (§§ 167, 319 FamFG).[28]

14 Ist die **Bestellung eines Verfahrensbeistands** geboten, muss diese im Hinblick auf die Selbstständigkeit der beiden Verfahren sowohl im Eil- als auch im Hauptsacheverfahren mit zwei gesonderten Beschlüssen erfolgen.[29] Dem bestellten Verfahrensbeistand steht dann für jedes Verfahren ein Vergütungsanspruch zu.[30] Werden Eil- und Hauptsachverfahren unter einem gemeinsamen Aktenzeichen oder – in der Praxis nicht selten – mit unterschiedli-

23 Online abrufbar unter https://www.bmj.de/SharedDocs/Downloads/DE/Gesetzgebung/RefE/RefE_FamFG_Aend.pdf?__blob=publicationFile&v=2 (Abruf am: 11.7.2025)
24 Vgl. dazu *Köhler*, NZFam 2024, 865
25 Prütting/Helms/*Dürbeck*, § 51 FamFG Rn. 11; *van Els*, FPR 2012, 480
26 Vgl. AG Berlin-Pankow/Weißensee, Beschl. v. 25.4.2012 – 24 F 3392/12 = BeckRS 2014, 04969
27 BT-Drs. 16/6308, 200
28 BGH FamRZ 2012, 1556; Sternal/*Schäder*, FamFG § 163 Rn. 21
29 OLG Saarbrücken ZKJ 2019, 68; vgl. auch VerfG Potsdam FamRZ 2011, 305
30 BGH FamRZ 2011, 199

chen Aktenzeichen in einer einheitlichen Akte geführt, liegt zwar die Annahme einer konkludenten Bestellung des Verfahrensbeistandes für beide Verfahren nahe.[31] Allerdings führt eine solche Vorgehensweise zu Unsicherheiten im Hinblick auf den konkreten Umfang der Bestellung (die Person des Kindes und den Umfang des Aufgabenkreis betreffend),[32] die ebenso wie damit einhergehende Risiken auch für den Vergütungsanspruch des Verfahrensbeistandes durch gesonderte Bestellungsbeschlüsse vermieden werden.

Hat das Beschwerdegericht das **Hauptsacheverfahren auf den Einzelrichter übertragen** (§ 63 Abs. 4 FamFG, § 526 ZPO), gilt dies nicht zugleich für ein späteres Eilverfahren. Aufgrund der Selbstständigkeit von Hauptsache- und Eilverfahren bedarf es auch für das Verfahren der einstweiligen Anordnung einer ausdrücklichen Übertragung auf den Einzelrichter. Soll allerdings nur die Vollziehung oder Wirksamkeit nach § 64 Abs. 3 FamFG ausgesetzt werden, handelt es sich nicht um ein eigenständiges Verfahren der einstweiligen Anordnung, es bleibt Teil des Hauptsacheverfahrens, so dass ein weiterer Übertragungsbeschluss entbehrlich ist.[33] 15

IV. Kostenentscheidung (Abs. 4)

Wegen der Selbstständigkeit des Verfahrens der einstweiligen Anordnung muss das Gericht stets auch über die Kosten des Eilverfahrens entscheiden. § 51 Abs. 4 FamFG verweist dazu für die Familiensachen der Freiwilligen Gerichtsbarkeit auf die allgemeinen Vorschriften (siehe §§ 80 ff. FamFG). Daher ist **in Kindschaftssachen stets eine Kostengrundentscheidung zu treffen** (§ 81 Abs. 1 Satz 3 FamFG). Diese richtet sich unter Berücksichtigung der jeweiligen Umstände des Einzelfalls nach billigem Ermessen. Da Kindschaftssachen grundsätzlich unter besonderer Berücksichtigung der Belange des Kindeswohls und weniger im Interesse der erwachsenen Beteiligten zu führen sind (§ 1697a BGB), ist bei der Anordnung einer Kostenerstattung **Zurückhaltung geboten**.[34] Jedenfalls stehen solche Kindschaftssachen, deren Einleitung eines Antrags bedarf bzw. allein aufgrund Anregung eines Elternteils erfolgt, Familienstreitsachen nach zutreffender Ansicht nicht so nahe, dass der Erfolg des Antrags oder der Anregung das maßgebliche Kriterium der Kostenverteilung bildet.[35] Dem Kind selbst können schon im Hinblick auf § 81 Abs. 3 FamFG in Verfahren, die seine Person betreffen, keine Kosten auferlegt werden. Dies gilt zutreffender Auffassung zufolge auch im Falle der erfolglosen Rechtsmitteleinlegung des Kindes, denn § 81 Abs. 3 FamFG ist gegenüber § 84 FamFG vorrangig. 16

Die Selbstständigkeit des einstweiligen Anordnungsverfahrens steht unter kostenrechtlichen Gesichtspunkten in Übereinstimmung mit der Wertung des § 17 Nr. 4 lit. b RVG, wonach Hauptsacheverfahren und Verfahren der einstweiligen Anordnung als verschiedene Angelegenheiten anzusehen sind.[36] Die Kosten des Eilverfahrens können sogleich abgerechnet werden. Im Verfahren der einstweiligen Anordnung ist der **Verfahrenswert** in der Regel unter Berücksichtigung der geringeren Bedeutung gegenüber der Hauptsache[37] auf die **Hälfte des Hauptsachewerts** zu ermäßigen (§ 41 FamGKG). Die **Gerichtskosten** schließlich richten sich nach Teil 1 Hauptabschnitt 6 KV GNotKG (Nrn. 16110 bis 16224) bzw. nach Hauptabschnitt 4 KV FamGKG (Nrn. 1410 bis 1424).[38] Da das Eilverfahren ein 17

---

31 Vgl. OLG Frankfurt a. M. FamRZ 2021, 48; OLG Zweibrücken FamRZ 2015, 1928
32 Hierzu OLG München FamRZ 2017, 466
33 Vgl. BGH FamRZ 2010, 639
34 *Völker/Clausius*, Sorge- und Umgangsrecht, § 10 Rn. 9 m.w.N.
35 So auch *Keuter*, Anm. zu OLG Brandenburg FamRZ 2015, 1050; a.A.: OLG Brandenburg FamRZ 2019, 2023
36 Sternal/*Giers*, FamFG § 51 Rn. 34
37 Vgl. OLG Frankfurt a. M., Beschl. v. 9.10.2017 – 1 WF 174/17, BeckRS 2017, 155572
38 Sternal/*Giers*, FamFG § 51 Rn. 32

selbstständiges Verfahren ist, findet keine Anrechnung auf die Gebühren der Hauptsache statt.

▶ *Näher zur Wertfestsetzung in Eilverfahren Kischkel, § 80 FamFG Rn. 22.*

18 *Übersicht: Verfahren der einstweiligen Anordnung*

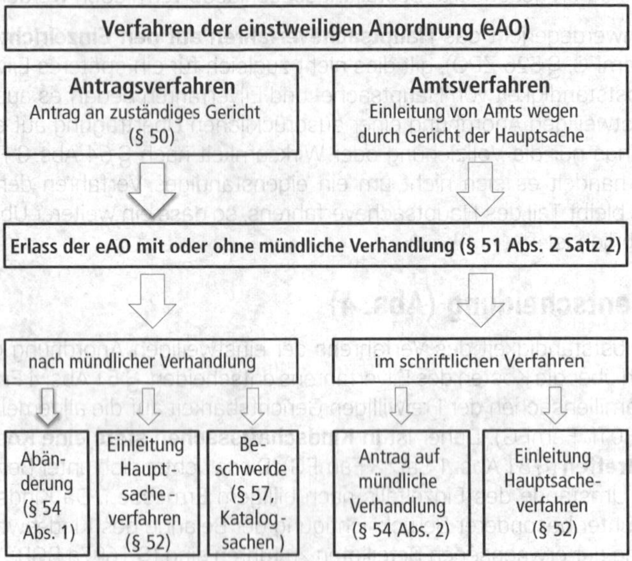

§ 52 FamFG
Einleitung des Hauptsacheverfahrens

(1) [1]Ist eine einstweilige Anordnung erlassen, hat das Gericht auf Antrag eines Beteiligten das Hauptsacheverfahren einzuleiten. [2]Das Gericht kann mit Erlass der einstweiligen Anordnung eine Frist bestimmen, vor deren Ablauf der Antrag unzulässig ist. [3]Die Frist darf drei Monate nicht überschreiten.

(2) [1]In Verfahren, die nur auf Antrag eingeleitet werden, hat das Gericht auf Antrag anzuordnen, dass der Beteiligte, der die einstweilige Anordnung erwirkt hat, binnen einer zu bestimmenden Frist Antrag auf Einleitung des Hauptsacheverfahrens oder Antrag auf Bewilligung von Verfahrenskostenhilfe für das Hauptsacheverfahren stellt. [2]Die Frist darf drei Monate nicht überschreiten. [3]Wird dieser Anordnung nicht Folge geleistet, ist die einstweilige Anordnung aufzuheben.

Übersicht

A. Allgemeines

1 Durch die Ausgestaltung des Verfahrens der einstweiligen Anordnung als selbstständiges Verfahren bedarf es grundsätzlich nicht mehr der Durchführung eines Hauptsacheverfahrens. Die Beteiligten können sich mit dem im summarischen Verfahren erwirkten Titel ab-

finden,[1] wie dies in der Praxis in Gewaltschutzsachen nahezu durchweg der Fall ist. § 52 FamFG gibt ihnen aber bei Erlass einer Eilentscheidung auch die Möglichkeit, durch einen entsprechenden Antrag die Einleitung des Hauptsacheverfahrens erzwingen. In Amtsverfahren dagegen bleibt es bei der Pflicht des Gerichts, ein Hauptsacheverfahren von Amts wegen zu eröffnen, wenn dies zur endgültigen Regelung des Verfahrensgegenstandes erforderlich erscheint.[2] Das Hauptsacheverfahren ermöglicht in der Regel eine sorgfältigere Prüfung der Sach- und Rechtslage und bietet häufig die Gewähr einer nachhaltigen Regelung des Verfahrensgegenstandes.[3]

Bei dem Erzwingungsverfahren wird zwischen **Amtsverfahren** (Abs. 1) und **Antragsverfahren** (Abs. 2) unterschieden: Im Amtsverfahren muss das Gericht das Hauptsacheverfahren zwar auf Antrag eines Beteiligten einleiten, kann aber bei Erlass der einstweiligen Anordnung eine Frist (von höchstens dreimonatiger Dauer) setzen, innerhalb derer der Antrag **unzulässig** ist. Allerdings hat das Gericht ohnehin vom Amts wegen zu prüfen, ob es ein Hauptsacheverfahren einleitet. Auch im Antragsverfahren hat das Gericht auf Antrag eines Beteiligten anzuordnen, dass der Antragsteller des Anordnungsverfahrens das Hauptsacheverfahren innerhalb einer (ebenfalls höchstens drei Monate währenden) Frist einleiten muss (§ 52 Abs. 2 FamFG). Leistet er dieser Anordnung keine Folge, ist die einstweilige Anordnung auf Antrag eines Beteiligten mit unanfechtbarem Beschluss aufzuheben. 2

Daraus folgt, dass eine **Frist** gemäß Abs. 1 Satz 2 **nur in Amtsverfahren** gesetzt werden kann, während die **Aufhebung der einstweiligen Anordnung** nach Abs. 2 Satz 3 **nur in Antragsverfahren** möglich ist.[4] Im Übrigen ist der Antrag sowohl im Amts-, als auch im Antragsverfahren nur dann zulässig, wenn eine **einstweilige Anordnung erlassen** wurde **und noch fortbesteht**. Der Antrag kann also nicht vor Erlass der Eilentscheidung gestellt werden.[5] Umgekehrt fehlt einem Antrag nach § 52 FamFG bei vorherigem Ablauf einer mit der einstweiligen Anordnung vorgenommenen Befristung das erforderliche Rechtsschutzbedürfnis;[6] das Gleiche gilt für den Fall der Aufhebung der einstweiligen Anordnung im Beschwerdeverfahren,[7] der – amtswegigen – Einleitung eines Hauptsachverfahrens im Amtsverfahren und schließlich bei Erlass einer Hauptsacheentscheidung (§ 56 Abs. 1 FamFG).

3 **Zuständig** für das Hauptsacheverfahren bleibt das Gericht, das die einstweilige Anordnung erlassen hat, nach zutreffender Ansicht – insoweit allgemeinen Grundsätzen folgend – aber nur dann, wenn sich die zuständigkeitsbegründenden Umstände seitdem nicht geändert haben (z.B. durch einen zwischenzeitlichen **Aufenthaltswechsel** eines Kindes in einer Kindschaftssache).[8] Dies ergibt sich auch aus dem Wortlaut der Norm („Einleitung") und aus der bewussten Anlehnung des§ 52 FamFG an § 926 ZPO,[9] die beide für eine vom Gesetzgeber gewollte Differenzierung zwischen Erzwingungs- und eigentlichem Hauptsachverfahren sprechen. Daher kann das Familiengericht die Sache nach § 3 FamFG an das für die Durchführung des Hauptsachverfahrens zuständige Gericht **verweisen**.[10]

1 So auch die Absicht des Gesetzgebers; vgl. BT-Drs. 16/6308, 201
2 Vgl. dazu *Hammer,* FamRZ 2014, 1005; *Socha,* FamRZ 2010, 947
3 Vgl. OLG Koblenz FamRZ 2020, 1209; OLG Saarbrücken NJW-RR 2012, 1092; OLG Jena FamRZ 2010, 1830
4 OLG Brandenburg FamRZ 2011, 1872; Sternal/*Giers*, § 52 FamFG Rn. 2
5 Johannsen/Henrich/Althammer/*Kohlenberg,* § 52 FamFG Rn. 6; Dutta/Jacoby/Schwab/*Heiß,* § 52 FamFG Rn. 14.
6 Prütting/Helms/*Dürbeck,* § 52 FamFG Rn. 1.
7 Sternal/*Giers*, § 52 FamFG Rn. 3
8 Vgl. OLG Frankfurt a. M. FamRZ 2017, 1146; Prütting/Helms/*Dürbeck,* § 52 Rn. 2; GForm-FamFG/*Kischkel,* FamFG § 53 Rn. 3; a.A.: OLG Koblenz FamRZ 2020, 1209; OLG München FamRZ 2011, 1078; Zöller/*Feskorn,* § 52 FamFG Rn. 4; MüKo-ZPO/*Soyka,* FamFG, § 52 Rn. 2
9 Vgl. BT-Drs. 16/6308, 201
10 OLG Frankfurt a. M. FamRZ 2017, 1146; a.A.: OLG München FamRZ 2011, 1078; Musielak/Borth/Frank/*Borth,* FamFG § 52 Rn. 2; BeckOK-FamFG/*Schlünder,* FamFG § 52 Rn. 2a; nur Abgabe aus wichtigem Grund gemäß § 4 FamFG

B. Inhalt der Norm

I. Amtsverfahren (Abs. 1)

4 In **Amtsverfahren** muss das Gericht grundsätzlich von Amts wegen prüfen, ob die Einleitung eines Hauptsacheverfahrens geboten ist. Doch kann es in der Regel zunächst die Wirkung der erlassenen Anordnung und die Reaktionen der Beteiligten abwarten.[11] Gemäß § 52 Abs. 1 Satz 1 FamFG kann auch ein Beteiligter beantragen, dass das Gericht das Hauptsacheverfahren von Amts wegen einleitet. Entgegen dem Wortlaut der Norm ist dieser Antrag aufgrund der Natur des Verfahrens als Amtsverfahren allerdings als bloße **Anregung** zu verstehen.[12] Kommt das Gericht der Anregung nach, erlässt es im Amtsverfahren eine Verfügung, durch die das Hauptsacheverfahren eingeleitet wird und in der die wesentlichen Gesichtspunkte darzulegen sind, die für die Einleitung des Hauptsacheverfahrens sprechen.[13] Folgt das Gericht der Anregung dagegen nicht, hat es denjenigen, der die Einleitung angeregt hat, darüber zu unterrichten, soweit ein berechtigtes Interesse an der Unterrichtung ersichtlich ist (§ 24 Abs. 2 FamFG). Eine Begründung der Nichteinleitung ist jedenfalls im Sinne der Transparenz und Nachvollziehbarkeit gerichtlicher Entscheidungen zu befürworten.[14]

Bei der Entscheidung, die Einleitung eines Verfahrens abzulehnen, handelt es sich nach zutreffender Ansicht um eine **beschwerdefähige Entscheidung** i.S.v. § 58 FamFG. Von der Statthaftigkeit der Beschwerde ist gemäß § 38 Abs. 1 Satz 1 FamFG regelmäßig zwar nur dann auszugehen, wenn und soweit durch die Entscheidung der Verfahrensgegenstand ganz oder teilweise erledigt wird; dies ist bei Nichteinleitung eines Verfahrens mangels Sachentscheidung jedoch nicht der Fall. Wird aber durch die Verweigerung von Amts wegen zu treffender Maßnahmen in subjektive Rechte des Anregenden (insbesondere aus Art. 6 Abs. 2 GG) eingegriffen, kommt eine Beschwerde gegen die ablehnende Entscheidung in Betracht.[15]

In Verfahren nach § 155 Abs. 1 FamFG kann ggf. auch Beschleunigungsrüge bzw. -beschwerde erhoben werden (vgl. §§ 155b und 155c FamFG).

▶ *Näher hierzu Keuter, Kommentierung zu §§ 155b, 155c FamFG.*

In Verfahren nach **§§ 1666, 1666a BGB** ist mit Blick auf das staatliche Wächteramt des Familiengerichts regelmäßig die unverzügliche Einleitung eines **Hauptsacheverfahrens** geboten, wenn es im Verfahren der einstweiligen Anordnung mangels Eilbedürfnis gerichtliche Maßnahmen (noch) nicht für erforderlich hält oder im Gegenteil bereits eine kindesschutzrechtliche Maßnahme erlassen hat, die mit einem erheblichen Eingriff in die elterliche Sorge verbunden ist. Dies gilt insbesondere dann, wenn die erlassene einstweilige Anordnung rechtliche Grundlage für eine **Fremdunterbringung** des Kindes ist. Bereits aus organisatorischen Gründen ist möglichst schnell zu klären, von welcher Dauer der Sorgerechtsentzug ist und ob für das betroffene Kind ggf. eine Dauerpflegestelle gesucht werden muss oder andere Maßnahmen (Ummeldung, Schul- oder Kitawechsel, Einleitung einer Therapie o. ä.) vorzubereiten sind.[16]

5 Das Gericht hat im Amtsverfahren die Möglichkeit, im Rahmen der einstweiligen Anordnung eine Wartefrist von höchstens drei Monaten zu bestimmen, innerhalb derer ein Antrag auf

---

11 Zöller/*Feskorn*, § 52 FamFG Rn. 2 m.w.N.
12 OLG Frankfurt a. M. FamRZ 2017, 1146
13 GForm-FamFG/*Kischkel*, FamFG § 53 Rn. 10
14 So auch MüKo-FamFG/*Ulrici*, § 24 Rn. 12
15 OLG Frankfurt a. M. NJW 2024, 2926; FamRZ 2024, 1039; FamRZ 2024, 1046; OLG Karlsruhe FamRZ 2024, 1041; vgl. auch BVerfG FamRZ 2016, 1917 Rn. 39
16 *Schmid*, FPR 2011, 5, 8

Durchführung des Hauptsacheverfahrens unzulässig ist (Abs. 1 Satz 2 und 3).[17] Die Entscheidung hierüber hat das Gericht entsprechend dem Wortlaut („kann") nach pflichtgemäßem Ermessen zu treffen. Im Einzelfall kann der Verfahrensgegenstand der einstweiligen Anordnung die Bestimmung einer Wartefrist ausschließen (etwa in Kindesschutzverfahren, vgl. Rn. 4) oder jedenfalls die Anordnung einer kürzeren Frist erfordern. Dies ist regelmäßig dann der Fall, wenn die einstweilige Anordnung nicht anfechtbar ist (z.B. im Umgangsverfahren, § 57 Satz 1 FamFG), aber gleichwohl in die Rechte eines Beteiligten eingreift: Je schwerwiegender der Eingriff, desto kürzer sollte die Frist bemessen sein.[18] Weitere **Kriterien für die Bestimmung der Frist** können die potentiellen Auswirkungen des Hinausschiebens der Wartefrist auf die Beziehungen der Beteiligten untereinander und deren Kontinuität sein (insbesondere in Sorge- und Umgangsrechtsverfahren im Hinblick auf das Verhältnis zwischen Eltern und Kindern), aber auch die Chancen auf eine Deeskalation des Streits.[19]

Die **Wartefrist beginnt** mit Wirksamwerden der Entscheidung, in der Regel also mit der Bekanntgabe durch Zustellung; erlässt das Beschwerdegericht die einstweilige Anordnung, beginnt der Fristablauf entsprechend mit Wirksamwerden der Beschwerdeentscheidung (§§ 40 Abs. 1, 41 Abs. 1 Satz 2 FamFG).[20] Die **Bestimmung der Wartefrist** kann nach Erlass der einstweiligen Anordnung **nicht nachgeholt** werden. Wenn das Gericht bei Erlass der einstweiligen Anordnung ohnehin schon zur Einleitung des Hauptsacheverfahrens entschlossen ist, bedarf es der Fristsetzung nicht.[21] 6

Wird der **Antrag** unter Außerachtlassung der Wartefrist des § 52 Abs. 1 FamFG **zu früh gestellt**, ist er grundsätzlich durch Beschluss als unzulässig zu verwerfen.[22] Im Einzelfall kommt aber auch eine **Umdeutung in eine Anregung** zur Aufhebung bzw. Änderung der einstweiligen Anordnung (vgl. § 54 FamFG) in Betracht. Nach Ablauf der Wartefrist kann der Antrag jedenfalls erneut gestellt werden. Besteht die einstweilige Anordnung zum Zeitpunkt der Entscheidung nicht mehr, etwa weil das Gericht sie aufgehoben oder sie sich erledigt hat, entfällt damit eine Voraussetzung für den Rechtsbehelf des § 52 Abs. 1 FamFG.[23] 7

II. Antragsverfahren (Abs. 2)

Gemäß § 52 Abs. 2 FamFG kann der Antragsgegner des Antragsverfahrens (z.B. nach § 1626a Abs. 2 oder § 1671 Abs. 1 und 2 BGB) nach Erlass einer (aufgrund mündlicher Verhandlung ergangenen) einstweiligen Anordnung verlangen, dass der Antragsteller innerhalb einer vom Gericht zu bestimmenden **Frist** das **Hauptsacheverfahren einleitet**. Diese Vorgehensweise kann sich empfehlen, wenn die vom Antragsteller im Eilverfahren glaubhaft gemachten Tatsachen im Hauptsacheverfahren voraussichtlich nicht bewiesen werden können bzw. sich prognostisch als unwahr herausstellen. Entsprechend ihrem klaren Wortlaut gilt die Vorschrift aber **lediglich im Fall des Erlasses** einer einstweiligen Anordnung, nicht bei ihrer Ablehnung.[24] **Antragsberechtigt** ist ausschließlich der durch die einstweilige Anordnung beschwerte Beteiligte.[25] 8

Fristwahrende Wirkung hat nur ein Hauptsacheantrag, dessen Verfahrensgegenstand den im Anordnungsverfahren gesicherten oder geregelten Anspruch unmittelbar betrifft.

17 *Langheim*, FamRZ 2014, 1413, 1417
18 BT-Drs. 16/6308, 201
19 Johannsen/Henrich/Althammer/*Kohlenberg*, FamFG § 52 Rn. 5
20 Johannsen/Henrich/Althammer/*Kohlenberg*, FamFG § 52 Rn. 5
21 BT-Drs. 16/6308, 201
22 Musielak/Borth/Frank/*Borth*, FamFG § 52 Rn. 5; Johannsen/Henrich/Althammer/*Kohlenberg*, FamFG § 52 Rn. 5
23 *van Els*, FPR 2012, 480 , 482
24 So aber OLG Karlsruhe FamRZ 2011, 571 mit krit. Anm. *van Els*
25 *Vgl. Brenner, FamRZ 2022, 414; van Els*, FPR 2012, 480, 482 m.w.N.

Der **fruchtlose Ablauf der vom Gericht bestimmten Frist** (max. drei Monate) hat gemäß Satz 3 **die rückwirkende Aufhebung** der einstweiligen Anordnung durch unanfechtbaren Beschluss[26] zur Folge. Die Aufhebung aber kommt mit Blick auf die systematische Stellung dieser gesetzlichen Regelung **nur bei Antragsverfahren** in Betracht, nicht dagegen bei Verfahren, die vom Amts wegen eingeleitet werden können.[27] Weil die Aufhebung rückwirkend erfolgt, hat der mit einer Kostenentscheidung und Rechtsbehelfsbelehrung zu versehende Aufhebungsbeschluss (§§ 38, 39 FamFG) zugleich zur Folge, dass damit auch die Grundlage für bereits beigetriebene Zahlungen rückwirkend entfällt.[28]

9 Im Einzelfall kann das **Rechtsschutzbedürfnis** für die Fristsetzung zur Durchführung eines Hauptsacheverfahrens fehlen, wenn von der einstweiligen Anordnung für den Antragsgegner keine Gefahr mehr ausgeht,[29] oder die Anordnung keinen Bestand mehr hat.[30] Dies gilt in Gewaltschutzsachen etwa, wenn die für die angeordneten Schutzmaßnahmen geltende Befristung abgelaufen ist.

10 Gegen die Anordnung, dass der Antragsteller binnen bestimmter Frist einen Antrag auf Einleitung des Hauptsacheverfahrens zu stellen hat, ist ein **Rechtsmittel nicht statthaft**.[31] Wird dem Antrag nach Abs. 1 Satz 2 nicht entsprochen, handelt es sich nach zutreffender Ansicht dagegen um eine gerichtliche Endentscheidung i.S.d. § 38 Abs. 1 FamFG, gegen die nach mündlicher Verhandlung (vgl. § 57 Satz 2 FamFG) die Beschwerde stattfindet, im Übrigen aber der Antrag nach § 54 FamFG.[32]

Eine Entscheidung nach § 52 Abs. 2 Satz 3 FamFG, mit der die Aufhebung einer einstweiligen Anordnung ausgesprochen oder abgelehnt wird, ist dagegen nach zutreffender Ansicht ebenfalls unanfechtbar.[33] Auch für die hier ausgesprochene Ablehnung der Aufhebung gilt nichts Anderes.[34]

11 Die **Verfahrenskosten** sind nach dem Rechtsgedanken des § 81 Abs. 2 Nr. 1 und Nr. 4 FamFG regelmäßig dem säumigen Antragsteller aufzuerlegen.[35]

§ 53 FamFG

Vollstreckung

(1) Eine einstweilige Anordnung bedarf der Vollstreckungsklausel nur, wenn die Vollstreckung für oder gegen einen anderen als den in dem Beschluss bezeichneten Beteiligten erfolgen soll.

(2) [1]Das Gericht kann in Gewaltschutzsachen sowie in sonstigen Fällen, in denen hierfür ein besonderes Bedürfnis besteht, anordnen, dass die Vollstreckung der einstweiligen Anordnung vor Zustellung an den Verpflichteten zulässig ist. [2]In diesem Fall wird die einstweilige Anordnung mit Erlass wirksam.

---

26 BT-Drs. 16/6308, 201
27 OLG Brandenburg FamRZ 2011, 1872
28 Prütting/Helms/*Dürbeck*, § 52 FamFG Rn. 7
29 OLG Karlsruhe FamRZ 2011, 571
30 *van Els*, FPR 2012, 480, 482
31 OLG Brandenburg FamRZ 2017, 1248
32 OLG Stuttgart FamRZ 2015, 2078; Sternal/*Giers*, FamFG § 52 Rn. 7; MüKo-FamFG/*Soyka*, § 52 Rn. 7; a.A.: OLG Frankfurt a. M. FamRZ 2018, 519 mit ausführlicher Darstellung des Meinungsstreits
33 Vgl. BT-Drs. 16/6308, 201, sowie OLG Frankfurt a. M., Beschl. v. 14.6.2024 – 4 UF 77/24, BeckRS 2024, 21459 = NJW-RR 2024, 1328, mit Darstellung des Streitstandes; differenzierend dagegen Sternal/*Giers*, FamFG § 52 Rn. 13
34 Prütting/Helms/*Dürbeck*, § 52 FamFG Rn. 9; Zöller/*Feskorn*, § 52 FamFG Rn. 6
35 Johannsen/Henrich/Althammer/*Kohlenberg*, FamFG § 52 Rn. 8; Sternal/*Giers*, FamFG § 52 Rn. 13

Übersicht

A. Allgemeines

1 Die §§ 53 ff. FamFG regeln neben den allgemeinen Vorschriften der §§ 86 ff. FamFG – bzw. über § 120 Abs. 1 FamFG der §§ 704 ff. ZPO –, die auch im Eilverfahren Geltung behalten, die Vollstreckung aus einer einstweiligen Anordnung. § 53 FamFG soll dem Titelgläubiger die Vollstreckung erleichtern. Mit den besonderen Vorschriften zur Einschränkung des Klausel- (Abs 1) und des Zustellungserfordernisses (Abs 2) wird eine Beschleunigung des Vollstreckungsverfahrens angestrebt.[1]

Entscheidungen, die im Verfahren der freiwilligen Gerichtsbarkeit ergehen, darunter auch Beschlüsse in Kindschaftssachen, sind nach den §§ 86 ff. FamFG zu vollstrecken. Dabei gilt zunächst, dass gerichtliche Beschlüsse und gerichtlich gebilligte Vergleiche bereits **mit ihrem Wirksamwerden vollstreckbar** sind (§ 86 Abs. 2 FamFG). Die Wirksamkeit tritt grundsätzlich mit Bekanntgabe an den Betroffenen ein (§ 40 Abs. 1 FamFG). Daher ist die Anordnung der sofortigen Wirksamkeit bei einer einstweiligen Anordnung nicht erforderlich.

Um Verzögerungen zu vermeiden, statuiert § 53 Abs. 1 FamFG für das Eilverfahren ferner den Grundsatz eines **Wegfalls der Klauselpflicht**; der Titel bedarf also keiner Vollstreckungsklausel. Eine Ausnahme sieht nur § 86 Abs. 3 FamFG für den Fall der Vollstreckung durch ein anderes als das in der Sache erkennende Gericht vor.[2]

Grundsätzlich ist auch die **Zustellung** der einstweiligen Anordnung Vollstreckungsvoraussetzung (vgl. für Angelegenheiten der freiwilligen Gerichtsbarkeit § 87 Abs. 2 FamFG). Für den Fall, dass dafür ein besonderes Bedürfnis besteht, kann das Gericht nach § 53 Abs. 3 Satz 1 FamFG schließlich anordnen, dass die **Vollstreckung vor Zustellung zulässig** ist.

Rechtsgestaltende einstweilige Anordnungen wie z.B. die Übertragung (von Teilbereichen) der elterlichen Sorge bedürfen allerdings keines besonderen Vollstreckungsakts, weil ihre Wirkungen mit Wirksamwerden der Entscheidung von selbst eintreten.[3]

B. Inhalt der Norm

I. Vollstreckungsklausel (Abs. 1)

2 Eine Vollstreckungsklausel ist nur dann erforderlich, wenn die Vollstreckung durch ein anderes als das erkennende Gericht für oder gegen einen anderen als den in dem Beschluss bezeichneten Beteiligten erfolgen soll (Abs. 1). Diese Voraussetzung kann u.a. im Falle einer Rechtsnachfolge i.S.d. § 727 ZPO gegeben sein, aber auch bei der Vollstreckung einer Kindesherausgabe, wenn sich das Kind inzwischen in der Obhut eines Dritten befindet. Dies bedeutet zugleich aber auch, dass es bei der Vollstreckung gegen im Beschluss genannte Beteiligte keiner Vollstreckungsklausel bedarf. Diese ist auch dann nicht erforderlich, wenn die Vollstreckung durch das den Titel erlassende Gericht erfolgt (§ 86 Abs. 3 FamFG). In der

1 BT-Drs. 16/6308, 201
2 Prütting/Helms/*Dürbeck*, § 53 FamFG Rn. 3; *Cirullies*, DGVZ 2022, 249, 251
3 Prütting/Helms/*Dürbeck*, § 53 FamFG Rn. 1

Praxis ist daher die **Klausel** für die Vollstreckung aus einer einstweiligen Anordnung in Kindschafts- und Gewaltschutzsachen regelmäßig **entbehrlich**.[4]

II. Vollstreckung vor Zustellung (Abs. 2)

3 Ausnahmsweise kann das Gericht anordnen, dass die Vollstreckung der einstweiligen Anordnung vor Zustellung an den Verpflichteten zulässig ist (Abs. 2). Dies betrifft im Einklang mit § 214 Abs. 1 Satz 2 und Abs. 2 FamFG Eilbeschlüsse in **Gewaltschutzsachen**, weil hier die Gefahr eines zwischenzeitlichen Einwirkens des Täters auf das Opfer besteht,[5] aber auch in anderen Verfahren, in denen hierfür ein **besonderes Bedürfnis** besteht, wie z.B. in Kindesschutzverfahren nach § 1666 BGB zur Abwendung einer akuten Kindeswohlgefährdung,[6] für titulierte Ansprüche auf Kindesherausgabe, um eine vorherige Verbringung des Kindes durch die herausgabepflichtige Person zu verhindern[7] oder für Unterbringungsbeschlüsse (§§ 331, 427 FamFG).[8] Ziel der Regelung ist die Vermeidung den Antragsteller belastender Situationen, die durch die Bekanntmachung einer gerichtlichen Entscheidung an den Verpflichteten entstehen können.

4 Die einstweilige Anordnung ist in diesen Fällen **bereits mit ihrem Erlass** (nicht wie sonst erst mit ihrer Bekanntgabe) wirksam. Nach der Legaldefinition in § 38 Abs. 3 Satz 3 FamFG ist für die Bestimmung des Erlasszeitpunkts der frühere von zwei möglichen Zeitpunkten maßgeblich, entweder die Übergabe des Beschlusses an die Geschäftsstelle oder die Bekanntgabe durch Verlesen der Beschlussformel.[9]

5 Die zunächst unterbliebene **Zustellung** ist jedoch unverzüglich **nachzuholen**. Gerade in Gewaltschutzsachen hat die Zustellung erhebliche Bedeutung, weil sie dort unerlässliche Voraussetzung für die Festsetzung von Ordnungsmitteln (§ 890 ZPO) oder Strafen (§ 4 GewSchG) ist.[10]

6 Obwohl mit § 53 FamFG die Regelung des § 929 Abs. 1 ZPO zum zivilprozessualen Eilverfahren für alle Fälle der familiengerichtlichen einstweiligen Anordnung übernommen wurde, schließt dies nach zutreffender h.M. **nicht** (auch nicht entsprechend) **die einmonatige Vollziehungsfrist** der §§ 929 Abs. 2 und 3, 936 ZPO ein.[11] Besondere Kosten und Gebühren fallen für die Anordnung nach § 53 Abs. 2 FamFG nicht an.

§ 54 FamFG

Aufhebung oder Änderung der Entscheidung

(1) [1]Das Gericht kann die Entscheidung in der einstweiligen Anordnungssache aufheben oder ändern. [2]Die Aufhebung oder Änderung erfolgt nur auf Antrag, wenn ein entsprechendes Hauptsacheverfahren nur auf Antrag eingeleitet werden kann. [3]Dies gilt nicht, wenn die Entscheidung ohne vorherige Durchführung einer nach dem Gesetz notwendigen Anhörung erlassen wurde.

(2) Ist die Entscheidung in einer Familiensache ohne mündliche Verhandlung ergangen, ist auf Antrag auf Grund mündlicher Verhandlung erneut zu entscheiden.

4 Bumiller/Harders/Schwamb/*Bumiller*, FamFG § 53 Rn. 1
5 Johannsen/Henrich/Althammer/*Kohlenberg*, FamFG § 53 Rn. 6; Sternal/*Giers*, FamFG § 86 Rn. 7
6 Prütting/Helms/*Dürbeck*, § 53 FamFG Rn. 6
7 BT-Drs. 16/6308, 201
8 Prütting/Helms/*Dürbeck*, § 53 FamFG Rn. 3
9 Für Gewaltschutzsachen besteht auch die ähnlich lautende Vorschrift des § 216 Abs. 2 FamFG
10 Eingehend dazu *Cirullies*, FamRZ 2012, 1854
11 Sternal/*Giers*, FamFG § 86 Rn. 1; *Weber*, FamRZ 2018, 238, zur Eintragung einer Vormerkung; *Cirullies*, DGVZ 2022, 249; a.A.: AG Herford FamRZ 2013, 970

(3) [1]Zuständig ist das Gericht, das die einstweilige Anordnung erlassen hat. [2]Hat es die Sache an ein anderes Gericht abgegeben oder verwiesen, ist dieses zuständig.

(4) Während eine einstweilige Anordnungssache beim Beschwerdegericht anhängig ist, ist die Aufhebung oder Änderung der angefochtenen Entscheidung durch das erstinstanzliche Gericht unzulässig.

Übersicht

A. Allgemeines

Im **vorläufigen Rechtsschutz** ergehen die gerichtlichen Entscheidungen auf Grundlage einer lediglich summarischen Prüfung, mitunter sogar ohne vorherige Gewährung rechtlichen Gehörs, sind in der Regel aber gleichwohl nicht anfechtbar (§ 57 Satz 1 FamFG). § 54 FamFG räumt daher dem Ausgangsgericht (Abs. 3) die Möglichkeit ein, seine eigenen Eilentscheidungen, die nicht in materielle Rechtskraft erwachsen, zu überprüfen und ggf. zu korrigieren oder sogar aufzuheben.[1] Die Regelung **gilt für sämtliche einstweiligen Anordnungen**, also im Amts- und im Antragsverfahren und sowohl in Angelegenheiten der streitigen als auch der freiwilligen Gerichtsbarkeit. Allerdings enthält Abs. 2 eine Sonderregelung für Familiensachen. 1

Ist die Beschwerde gegen die einstweilige Anordnung nach § 57 FamFG zulässig, ist das **Beschwerdeverfahren vorrangig**. Solange das Beschwerdeverfahren anhängig ist, scheidet eine Abänderung oder Aufhebung durch das erstinstanzliche Gericht aus (Abs. 4).[2] Hat das Gericht die einstweilige Anordnung wegen der Dringlichkeit im schriftlichen Verfahren erlassen, muss es aber zunächst auf Antrag die **mündliche Verhandlung** nachholen und auf dieser Grundlage neu entscheiden. Ggf. kann eine nach diesen Maßstäben unzulässige Beschwerde in einen Aufhebungs- oder Änderungsantrag oder einen Antrag nach § 54 Abs. 2 FamFG umgedeutet werden.[3] Erst nach Durchführung der mündlichen Erörterung kann überhaupt eine Beschwerde statthaft sein (§ 57 FamFG). Daher erwachsen gerichtliche Entscheidungen im Eilverfahren auch nicht in Rechtskraft und können auch zu einem späteren Zeitpunkt unter den erleichterten Voraussetzungen des § 54 FamFG wieder **aufgehoben oder abgeändert** werden.[4]

Das Abänderungsverfahren kann grundsätzlich **wiederholt** werden. Sofern allerdings keine neuen Umstände vorgetragen werden, die auf eine Änderung der Sach- und Rechtslage hindeuten, fehlt einem solchen Änderungsantrag nicht nur die Erfolgsaussicht, sondern bereits das **Rechtsschutzbedürfnis**.[5] Gleichwohl erfolgt die Abänderung einer einstweiligen Anord-

1 BT-Drs. 16/6308, 201
2 Sternal/*Giers*, § 54 FamFG Rn. 8
3 Sternal/*Giers*, § 54 FamFG Rn. 5
4 Sternal/*Giers*, § 54 FamFG Rn. 1
5 OLG Hamm FamRZ 2018, 830; Sternal/*Giers*, § 54 FamFG Rn. 11; Prütting/Helms/*Dürbeck*, § 54 FamFG Rn. 3

nung nicht nach den Maßstäben des § 1696 Abs. 1 BGB, da **§ 1696 BGB nur Endentscheidungen in Hauptsacheverfahren** betrifft. Die Änderung einstweiliger Anordnungen dagegen richtet sich ausschließlich nach § 54 FamFG.[6] Eine aufgrund mündlicher Verhandlung ergangene einstweilige Anordnung wird mit dem ungenutzten Ablauf der Beschwerdefrist unanfechtbar.

B. Inhalt der Norm

I. Verfahren

1. Antrag

2 Im Amtsverfahren ist die Abänderung **von Amts wegen**, im Antragsverfahren grundsätzlich nur **auf Antrag** zulässig (Abs. 1 Satz 2). Dies gilt sowohl für positiv regelnde als auch eine einstweilige Anordnung ablehnende Entscheidungen.[7] Im Amtsverfahren ist ein Antrag nicht erforderlich, aber als Anregung (vgl. § 24 Abs. 1 FamFG) auf Einleitung eines Abänderungsverfahrens auszulegen.[8] **Antragsberechtigt** ist in einem Antragsverfahren nur derjenige, der durch die einstweilige Anordnung beschwert ist.[9] Das Antragserfordernis besteht gemäß Satz 3 nicht, wenn in dem bisherigen Verfahren von gesetzlich vorgeschriebenen Anhörungen (z.B. des Kindes, eines Elternteils oder eines anderen Beteiligten) abgesehen wurde; in diesem Fall kann das Gericht die Entscheidung ebenfalls von Amts wegen aufheben oder ändern. Da das Verfahren nach § 54 FamFG zum Verfahren der einstweiligen Anordnung zählt, besteht gemäß § 114 Abs. 4 Nr. 1, 10 Abs. 1 FamFG auch hier **kein Anwaltszwang**.

Eine Veränderung der Sach- oder Rechtslage ist für die Änderung in Kindschaftssachen nicht erforderlich, weil die Fürsorge gegenüber dem Minderjährigen stets Vorrang vor der Endgültigkeit einer einmal getroffenen Entscheidung hat. Es genügt deshalb, dass das Gericht eine andere Würdigung vornimmt,[10] z.B. nach dem Hinweis eines Beteiligten auf einen bislang unberücksichtigten Umstand. Hinsichtlich einer **bereits außer Kraft getretenen Anordnung** kommt **mangels Rechtsschutzbedürfnis** eine Abänderung nach Abs. 1 ebenso wenig in Betracht wie die Einleitung eines Hauptsacheverfahrens mit dem Ziel der Feststellung der Rechtswidrigkeit der einstweiligen Anordnung.[11]

3 Obgleich in Abs. 1 lediglich von „Entscheidung" die Rede ist, kann auch ein im Verfahren der einstweiligen Anordnung geschlossener gerichtlich gebilligter **Vergleich** gemäß § 54 Abs. 1 FamFG abgeändert werden, wenn er den Verfahrensgegenstand – wie ein entsprechender Beschluss – nur **vorläufig regelt**.[12] Für **endgültige Vereinbarungen** dagegen[13] kommt in Kindschaftssachen eine Abänderung nach den Maßstäben von § 1696 Abs. 1 BGB, § 166 FamFG in Betracht, im Übrigen aber nach § 48 FamFG. § 166 FamFG ist *lex specialis* gegenüber § 48 FamFG.

---

6 BVerfG FamRZ 2009, 1389; OLG Hamm FamRZ 2018, 830; Staudinger/*Coester,* (2023), § 1696 BGB Rn. 42
7 BT-Drs. 16/6308, 201
8 *van Els,* FPR 2012, 480, 481
9 Sternal/*Giers*, § 54 FamFG Rn. 5
10 BVerfG FamRZ 2014, 1772, 1774; Zöller/*Feskorn*, § 54 FamFG Rn. 3; a.A.: OLG Hamm FamRZ 2018, 830: Erforderlich ist eine Veränderung tatsächlicher Lebensverhältnisse
11 *Musielak/Borth/Frank/Borth, FamFG § 54 Rn. 5; Bruns*, FamRZ 2012, 1024, 1026
12 BGH FamRZ 2018, 1343; OLG Hamburg FamRZ 2022, 877; OLG Jena FamRZ 2012, 54; *Langheim*, FamRZ 2014, 1413 (1419)
13 BT-Drs. 16/6308, 242

2. Zuständigkeit

Zuständig ist nach § 54 Abs. 3 Satz 1 FamFG das Gericht, das die einstweilige Anordnung erlassen, einen Vergleich (siehe Rn. 3) protokolliert bzw. gebilligt oder bestätigt oder aber den Erlass der einstweiligen Anordnung verweigert hat. Denn auch die Ablehnung des Erlasses einer einstweiligen Anordnung ist eine Entscheidung des Gerichts i.S.d. Norm und kann daher abgeändert werden.[14] Wurde die Sache an ein anderes Gericht abgegeben oder verwiesen, ist dieses nach Abs. 3 Satz 2 zuständig. War das Beschwerdegericht nach § 50 Abs. 1 Satz 2 FamFG zuständig, bleibt es auch für die Entscheidung nach § 54 FamFG zuständig.[15] Abs. 4 regelt das Verhältnis der Abänderung nach § 54 FamFG zu einem Beschwerdeverfahren nach §§ 57, 58 FamFG. Die Entscheidung über die Beschwerde geht hier vor und das Amtsgericht darf die einstweilige Anordnung nicht abändern oder aufheben. 4

Beschwerdeentscheidungen des OLG nach §§ 57, 58 ff. FamFG über eine erstinstanzlich getroffene Eilentscheidung begründen **keine Abänderungszuständigkeit** des Beschwerdegerichts. Dies gilt auch dann, wenn in der Beschwerdeentscheidung erstmalig Anordnungen getroffen wurde.[16]

3. Neues Verfahren

Die Frage, ob mit dem Abänderungsantrag ein **neues Verfahren** eingeleitet oder lediglich das **ursprüngliche Verfahren fortgesetzt** wird, ist umstritten, da ungeachtet des konkreten Sachantrags letztlich stets derselbe Verfahrensgegenstand betroffen ist.[17] **Kostenrechtlich** bilden die Anträge jedenfalls eine Einheit (Vorbem. 1.4 Satz 1 KV FamGKG; § 16 Nr. 5 RVG)[18] mit der Folge, dass sich die im Anordnungsverfahren bewilligte **Verfahrenskostenhilfe** auch auf das Änderungsverfahren erstreckt.[19] 5

Im Ergebnis dürfte – entsprechend der gängigen Praxis – wie folgt zu **differenzieren** sein:

- Hat das **Gericht im schriftlichen Verfahren entschieden** und soll nunmehr auf Antrag nach Abs. 2 eine erneute Entscheidung aufgrund mündlicher Verhandlung getroffen werden, wird das **bisherige Verfahren** fortgesetzt. Da § 54 FamFG keine zeitliche Grenze für die Aufhebung oder Abänderung vorsieht, ist die ggf. bereits weggelegte Akte wieder aufzurufen.
- Ist der Antrag auf Erlass einer einstweiligen Anordnung dagegen **nach Durchführung einer mündlichen Verhandlung** beschieden worden, leitet ein Abänderungsantrag nach Abs. 1 ein **neues Verfahren** ein, das dann ggf. im Fall der Verweisung oder Abgabe des Ursprungsverfahrens an ein anderes Gericht dorthin weitergeleitet werden kann.

In jedem Fall besteht (weiterhin) **kein Anwaltszwang** (§ 114 Abs. 4 Nr. 1 FamFG).

4. Beschluss

Das Gericht entscheidet durch einen (weiteren) **Beschluss** i.S.d. § 38 FamFG, der in den Grenzen des § 57 FamFG **anfechtbar** ist. Besteht danach die Möglichkeit der Beschwerde, ist diese gegenüber § 54 FamFG vorrangig.[20] Auf die Möglichkeit der Antragstellung nach 6

14 BT-Drs. 16/6308, 201; *Langheim*, FamRZ 2014, 1413, 1418 (Fn. 96) m.w.N.; *van Els*, FamRZ 2011, 573 (Anm. zu OLG Karlsruhe FamRZ 2011, 571), Fn. 7
15 OLG Karlsruhe FamRZ 2020, 265; BeckOK-FamFG/*Schlünder*, § 54 Rn. 7
16 Vgl. OLG Karlsruhe FamRZ 2020, 265
17 Vgl. OLG Hamburg FamRZ 2022, 877; OLG Frankfurt NJW-RR 2015, 326; Zöller/*Feskorn*, § 54 FamFG Rn. 6
18 Vgl. OLG Frankfurt a. M. NJW-RR 2015, 326
19 *Langheim*, FamRZ 2014, 1413 , 1419
20 Sternal/*Giers*, § 54 FamFG Rn. 8

§ 54 Abs. 2 FamFG und die Anfechtbarkeit nach § 57 FamFG ist mit der gemäß § 39 FamFG zu erteilenden Rechtsbehelfsbelehrung hinzuweisen.[21] Nach zutreffender Ansicht findet die Beschwerde auch gegen die **Ablehnung des Antrags nach § 54 Abs. 2 FamFG** statt.[22] Andernfalls bliebe der beschwerte Beteiligte in diesem Fall trotz der besonderen verfahrensrechtlichen Bedeutung der mündlichen Erörterung rechtsschutzlos. Gerade **in Kindschaftssachen** ist daher angesichts des durch die Verweigerung von Amts wegen zu treffender Eilmaßnahmen erfolgten Eingriffs in subjektive Rechte des beschwerten Beteiligten eine weite Auslegung des § 57 FamFG geboten. Auch war schon nach früherer Rechtslage (§§ 644, 620c Satz 2 ZPO a.F.) die sofortige Beschwerde als Ersatz für die Unanfechtbarkeit der einstweiligen Anordnung zulässig.[23]

Entscheidet das Gericht ohne mündliche Verhandlung bzw. Erörterung über den Abänderungsantrag, ist ein Antrag auf Durchführung der mündlichen Verhandlung nach § 54 Abs. 2 FamFG zulässig; auch kommt bei neuen triftigen Gründen die – auch wiederholte – Einleitung eines weiteren Abänderungsverfahrens in Betracht.[24]

7 Das Gericht kann die Ausgangsentscheidung oder den Ausgangsvergleich abändern oder aufheben oder – im Falle der vorherigen Ablehnung des Erlasses einer Eilentscheidung – erstmals eine einstweilige Anordnung erlassen. Die Entscheidung, die im Falle der Aufhebung des Ausgangsbeschlusses ohnehin *ex tunc* wirkt, kann, sofern noch kein Vollzug der ursprünglichen Entscheidung erfolgt ist, auch **rückwirkende Geltung** entfalten oder erst mit Wirkung **für die Zukunft** ausgesprochen werden, sofern noch kein Vollzug der ursprünglichen Entscheidung erfolgt ist.[25]

II. Aufhebungs- und Abänderungsgründe

8 Die Aufhebung oder Abänderung einer von Amts wegen getroffenen Entscheidung im Eilverfahren **setzt keine Veränderung der Sach- oder Rechtslage voraus** (Rn. 2). Das Gericht ist nicht an seine ursprüngliche Entscheidung gebunden, es hat den Sachverhalt vielmehr umfassend neu zu würdigen und kann ihn daher auch abweichend von der Erstentscheidung beurteilen.[26] Hierdurch erhält das Gericht insbesondere die Möglichkeit, die Auswirkungen der ursprünglichen Entscheidung bei seiner Beschlussfindung angemessen zu berücksichtigen.

9 Die Abänderung einer einstweiligen Anordnung, die zu einer neuerlichen **Aufenthaltsveränderung des Kindes** führen würde, entspricht in der Regel nicht dessen Wohl, weil ihm ein mehrfacher Wechsel von Aufenthaltsort und Bezugsperson(en) nicht zuzumuten ist. Etwas anderes gilt nur, wenn die Aufhebung der angegriffenen Entscheidung aus Gründen der **Kindeswohlgefährdung** erforderlich ist.[27]

10 Die Beurteilung der Sach- bzw. Rechtslage aufgrund neu hinzugetretener Umstände bleibt dem Erkenntnisverfahren unter umfassender Beachtung der Vorgaben des materiellen Rechts vorbehalten. Jene Umstände können der **Vollstreckung** eines durch einstweilige Anordnung geschaffenen Titels nur dann zur Wahrung des Kindeswohls entgegenstehen,

---

21 Zöller/*Feskorn*, § 51 FamFG Rn. 11; *Schürmann*, FamRB 2008, 375, 379
22 Bejahend OLG Karlsruhe FamRZ 2014, 1317; Dutta/Jacoby/Schwab/*Langheim*, § 246 FamFG, Rn. 40; verneinend OLG Brandenburg FamRZ 2017, 1248; Zöller/*Feskorn*, § 51 FamFG Rn. 11
23 Vgl. OLG Karlsruhe FamRZ 2014, 1317
24 *Musielak/Borth/Frank/Borth, FamFG § 54 Rn. 9*
25 Vgl. zum Unterhaltsrecht OLG Köln FamRZ 2004, 39; allgemein Prütting/Helms/*Dürbeck*, § 54 FamFG, Rn. 16
26 BVerfG FamRZ 2014, 1772, 1774; Zöller/*Feskorn*, § 51 FamFG Rn. 3; a. A. OLG Hamm FamRZ 2018, 830
27 Vgl. KG FamRZ 2014, 1790 m.w.N.

wenn darauf auch ein zulässiger Antrag auf Aufhebung der Abänderung der Entscheidung nach § 54 FamFG und auf Aussetzung der Vollstreckung nach § 55 FamFG gestützt ist.[28]

III. Antrag auf mündliche Verhandlung (Abs. 2)

§ 54 Abs. 2 FamFG sieht in Ergänzung zu Abs. 1 vor, dass im Eilverfahren auf Antrag auf Grund mündlicher Verhandlung erneut zu entscheiden ist, wenn die einstweilige Anordnung in einer Familiensache aufgrund mündlicher Verhandlung ergangen ist. Der Begriff **mündliche Verhandlung** in § 54 Abs. 2 FamFG unterscheidet sich allerdings von der Terminologie des § 57 Abs. 2 FamFG, der – obwohl mit demselben Begriffsinhalt – lediglich eine **mündliche Erörterung** als Voraussetzung für die Zulässigkeit der Beschwerde in den dort genannten Familiensachen nennt. Daraus lässt sich aber folgern, dass der Begriff „mündliche Verhandlung" im Kontext des § 54 FamFG auch die mündliche Erörterung in nichtstreitigen Familiensachen einschließt.[29] 11

Mit dem Antrag nach Abs. 2 kann eine erneute Entscheidung nach mündlicher Verhandlung erzwungen werden. Dies gilt unabhängig davon, ob das Gericht eine einstweilige Anordnung erlassen hat oder nicht.[30] Der Antrag empfiehlt sich, wenn eine mündliche Erörterung Aussicht bietet, den Sachverhalt besser ermitteln zu können, so dass das Gericht möglicherweise zu einer abweichenden Entscheidung gelangt. Ungeachtet dessen eröffnet erst eine Entscheidung aufgrund mündlicher Verhandlung ein Rechtsmittel (vgl. § 57 FamFG). Der Antrag ist nicht fristgebunden und daher auch noch nach Vollziehung der einstweiligen Anordnung und nach Erledigung der Hauptsache zulässig, selbst wenn die Anordnung schon einige Zeit zurückliegt.[31] **Antragsbefugt** ist derjenige, der durch die vorangegangene Entscheidung im Sinne einer fortdauernden Rechtsbetroffenheit beschwert ist.[32] 12

Voraussetzung für den Antrag nach § 54 Abs. 2 FamFG ist ferner, dass die Ausgangsentscheidung **ohne mündliche Verhandlung** ergangen ist. Beraumt das Gericht keinen Termin zur mündlichen Verhandlung an, ist dieses Erfordernis natürlich erfüllt; aber selbst wenn ein Termin stattfindet, ist mitunter zweifelhaft, ob er in einer Weise durchgeführt wurde, die die Annahme rechtfertigt, die einstweilige Anordnung sei „auf Grund" der Verhandlung ergangen. Nur dann findet in den Fällen des § 57 Satz 2 FamFG aber ein Rechtsmittel gegen die Entscheidung statt. 13

Wichtig ist daher zunächst eine **ordnungsgemäße Ladung**. Allen Beteiligten i.S.d. § 7 FamFG muss die tatsächliche Möglichkeit zur Teilnahme am oder Vertretung im Termin und zur Verwirklichung ihres Anspruchs auf rechtliches Gehör gegeben werden (Art. 103 Abs. 1 GG, § 37 Abs. 2 FamFG). Hierfür ist die bloße persönliche Anhörung der Beteiligten (§ 160 FamFG) nicht ausreichend.[33] Auch fehlt es an einer mündlichen Verhandlung, wenn ein Beteiligter nicht rechtzeitig und verfahrensordnungsgemäß von dem Termin und dessen Gegenstand unterrichtet wurde.[34] Ist ein Beteiligter **ordnungsgemäß geladen worden, aber unentschuldigt nicht erschienen**, ist die Entscheidung gleichwohl aufgrund mündli-

28 BGH FamRZ 2015, 2147
29 Vgl. Johannsen/Henrich/Althammer/*Kohlenberg*, § 54 FamFG Rn. 7; *Dürbeck*, NJW 2020, 1822; Sternal/*Giers*, FamFG § 54 Rn. 13
30 Vgl. BVerfG FamRZ 2005, 966; BT-Drs. 16/6308, 201; Johannsen/Henrich/Althammer/*Kohlenberg*, § 54 FamFG Rn. 2
31 Vgl. OLG Hamburg, Beschl. v. 6.9.2022 – 10 UF 53/22, BeckRS 2022, 44342; OLG Karlsruhe, FamRZ 2014, 1317; Zöller/*Feskorn*, § 54 FamFG Rn.7; *Grohmann*, FamRZ 2023, 666, 667
32 Musielak/Borth/Frank/*Borth*, FamFG § 54 Rn. 5
33 OLG Frankfurt a. M. FamRZ 2012, 571
34 OLG Saarbrücken NZFam 2023, 845 m. Anm. *Kischkel*; OLG Frankfurt a. M. FamRZ 2013, 1831; OLG Koblenz FamRZ 2017, 726; vgl. dazu auch *Hachenberg*, FamFR 2012, 566

cher Verhandlung ergangen.[35] Davon ist auch dann auszugehen, wenn der Verfahrensgegenstand in einem zwischen den Beteiligten geführten **Parallelverfahren bzw. in einem Hauptsacheverfahren mit demselben Gegenstand unter dem Blickwinkel der einstweiligen Anordnung** erörtert worden ist.[36] Vor diesem Hintergrund ergeht z.B. eine einstweilige Anordnung aufgrund mündlicher Verhandlung, wenn in einem zur Hauptsache geführten Kindesschutzverfahren ein Erörterungstermin durchgeführt und der Erlass einer einstweiligen Anordnung thematisiert wurde (vgl. auch § 157 Abs. 3 FamFG).

14 Zweifelhaft kann das Vorliegen einer Eilentscheidung aufgrund mündlicher Erörterung sein, wenn dem **Terminsverlegungsantrag** eines ferngebliebenen Beteiligten nicht stattgegeben worden ist.[37] Liegt allerdings objektiv kein Grund für eine Terminsverlegung vor, ergeht die Entscheidung gleichwohl „auf Grund" mündlicher Erörterung. Dabei ist von Bedeutung, dass an eine Terminsverlegung in Kindschaftssachen, die ja dem Beschleunigungsgebot des § 155 Abs. 1 FamFG unterliegen, besonders strenge Anforderungen zu stellen sind (vgl. dazu *Fink*, § 155 FamFG Rn. 14). Auch muss ein Beteiligter, der aus beruflichen Gründen längere Zeit abwesend ist, Vorsorge treffen, dass er von amtlichen Schriftstücken rechtzeitig Kenntnis erlangt.[38]

Nach zutreffender Ansicht ergeht eine Entscheidung auch dann nicht aufgrund mündlicher Erörterung, wenn das Gericht den Erörterungstermin zwar ordnungsgemäß durchgeführt hat, jedoch **nach mündlicher Erörterung weitere Ermittlungen** anstellt (Kindesanhörung, Einholung ärztlicher Stellungnahmen oder Berichte der Jugendhilfe, z.B. der SPFH) und seine Entscheidung (auch) auf die gewonnenen Erkenntnisse stützt.[39] Dann kann allenfalls von einem **gemischt mündlich-schriftlichen Verfahren** ausgegangen werden,[40] das den Erfordernissen des § 57 Satz 2 FamFG aber gerade nicht gerecht wird.

15 Eine **nicht zeitnahe Terminierung** verletzt den verfahrensrechtlichen Anspruch des Beteiligten auf erneute Entscheidung nach § 54 Abs. 2 FamFG. Gleichwohl kommt die Einleitung eines Hauptsachverfahrens, dass sich auf einen Antrag auf **Feststellung der Rechtswidrigkeit** der Entscheidung nach § 62 FamFG beschränkt, nicht in Betracht.[41] Allerdings kann in Verfahren mit den in § 155 Abs. 1 FamFG benannten Verfahrensgegenständen eine Beschleunigungsrüge geboten sein (vgl. § 155b FamFG).

16 Der Antrag auf erneute Entscheidung nach mündlicher Verhandlung ist **nicht fristgebunden**, sondern unterliegt lediglich der Verwirkung gemäß § 242 BGB.[42] Auch steht eine zwischenzeitliche Erledigung nicht entgegen.[43] Für das Verhältnis zwischen Anträgen nach § 54 Abs. 1 und 2 FamFG gilt, dass das Rechtsschutzbedürfnis für den Antrag gemäß § 54 Abs. 1 FamFG entfällt, wenn ein anderer Beteiligter den Antrag nach § 54 Abs. 2 FamFG

35 OLG Frankfurt a. M. NJW 2014, 1393; FamRZ 2013, 316; OLG Hamm, Beschl. v. 4.6.2013 – II-2 UF 67/13 = FamFR 2013, 401 m. Anm. *Cirullies*; OLG München v. 19.5.2004 – 26 WF 900/04 = FamRB 2004, 395

36 OLG Zweibrücken Beschl. v. 2.3.2011 – 6 WF 222/10, BeckRS 2011, 6256 = FamRZ 2011, 1243 (Ls.); OLG Hamm Beschl. v. 14.11.2011 – 8 UF 172/11, BeckRS 2013, 13769

37 Vgl. OLG Köln FamRZ 2022, 368; KG FamRZ 2021, 533; OLG Koblenz FamRZ 2017, 726; Prütting/Helms/*Dürbeck*, FamFG, § 57 Rn. 13; *Heilmann*, NJW 2012, 887, 890

38 OLG Frankfurt a. M. FamRZ 2013, 316

39 Ebenso OLG Frankfurt a. M. FamRZ 2023, 1042; OLG Brandenburg FamRZ 2020, 1664; OLG Braunschweig NJW 2020, 1819 = FamRZ 2020, 1113; OLG Bamberg NJW 2020, 1819 = FamRZ 2019, 1943; MüKo-FamFG/*Soyka*, FamFG § 57 Rn. 2 m.w.N.; Zöller/*Feskorn*, § 57 FamFG, Rn. 4; a.A.: OLG Düsseldorf FamRZ 2024, 795 = NZFam 2024, 799 m. abl. Anm. *Kischkel;* Sternal/*Giers*, FamFG § 57 Rn. 7

40 Vgl. Prütting/Helms/*Dürbeck*, FamFG, § 57 Rn. 13

41 *Bruns*, FamRZ 2012, 1024, 1026; a.A.: OLG München FamRZ 2010, 1755

42 Vgl. OLG Hamburg, Beschl. v. 6.9.2022 – 10 UF 53/22, BeckRS 2022, 44342; OLG Karlsruhe, FamRZ 2014, 1317; Zöller/*Feskorn*, § 54 FamFG Rn.7; *Grohmann*, FamRZ 2023, 666, 667

43 OLG Karlsruhe FamRZ 2011, 571

stellt.[44] Im Übrigen besteht aber kein Vorrang des Antrags nach Abs. 2 im Sinne einer gesetzlichen Spezialität.[45]

Hat eine **mündliche Erörterung** im Rechtssinne (vgl. oben Rn. 14 f.) tatsächlich **nicht stattgefunden**, ist eine gleichwohl eingelegte – dann aber nach § 57 Satz 2 FamFG unzulässige – „Beschwerde" gegen die einstweilige Anordnung vom Beschwerdegericht nach vorherigem Hinweis regelmäßig in einen **Antrag auf Neuentscheidung** aufgrund mündlicher Verhandlung gemäß § 54 Abs. 2 FamFG umzudeuten.[46]

IV. Abänderung und Rechtsbehelfe

1. Antragsteller

Eine ablehnende Entscheidung kann der **Antragsteller** (in Amtsverfahren derjenige, der eine Regelung begehrt) mit der Beschwerde anfechten, sofern eine **mündliche Erörterung** vorangegangen ist (§ 57 FamFG). Anderenfalls kann (nur) die Durchführung einer solchen Verhandlung beantragt werden (Abs. 2). 17

2. Antragsgegner

Für die Frage, wie sich der **Antragsgegner** (in Amtsverfahren derjenige, gegen den sich eine Regelung richtet) gegen die erlassene einstweilige Anordnung zur Wehr setzen kann, ist ebenfalls nach dem bisherigen **Verfahrensgang** zu unterscheiden: 18

a) Ohne mündliche Verhandlung

Hat das Gericht ohne Erörterungstermin im **schriftlichen Verfahren** entschieden, stehen dem Antragsgegner wahlweise folgende Rechtsbehelfe zur Verfügung: 19

- der Antrag auf **mündliche Verhandlung** (§ 54 Abs. 2 FamFG),
- sofern noch kein Antrag nach § 54 Abs. 2 FamFG gestellt wurde, der Antrag auf **Abänderung** (§ 54 Abs. 1 FamFG),
- der Antrag auf **Fristsetzung** zur Einleitung eines Verfahrens zur **Hauptsache** (§ 52 FamFG).

Nicht zulässig sind dagegen:

- wenn bereits ein Antrag nach § 54 Abs. 2 FamFG gestellt wurde, der Antrag auf **Abänderung** (§ 54 Abs. 1 FamFG),
- die **Beschwerde**, §§ 57 Satz 2, 58 FamFG, weil diese grundsätzlich eine **mündliche Erörterung** voraussetzt.

b) Nach mündlicher Verhandlung

Hat bereits ein **Erörterungstermin stattgefunden**, kommen folgende Rechtsbehelfe in Betracht: 20

- der Antrag auf Fristsetzung zwecks **Einleitung des Hauptsacheverfahrens** (§ 52 Abs. 2 FamFG),
- in den gesetzlich festgelegten Fällen (darunter auch **Sorgerechts- und Gewaltschutzverfahren**) die **Beschwerde** (§§ 57 Satz 2, 58 FamFG),

44 GForm-FamFG/*Kischkel*, FamFG § 55 Rn. 17; Zöller/*Feskorn*, FamFG § 54 Rn. 8
45 Sternal/*Giers*, FamFG § 54 Rn. 13
46 Vgl. OLG Frankfurt a. M. FamRZ 2013, 1831; OLG Stuttgart NJW 2009, 3733; Sternal/*Giers*, FamFG § 54 Rn. 5

- bei statthafter Beschwerde nach Ablauf der Beschwerdefrist der Antrag auf **Abänderung** (§ 54 Abs. 1 FamFG).

§ 55 FamFG
Aussetzung der Vollstreckung

(1) [1]In den Fällen des § 54 kann das Gericht, im Fall des § 57 das Rechtsmittelgericht, die Vollstreckung einer einstweiligen Anordnung aussetzen oder beschränken. [2]Der Beschluss ist nicht anfechtbar.

(2) Wenn ein hierauf gerichteter Antrag gestellt wird, ist über diesen vorab zu entscheiden.

Übersicht

A. Allgemeines

1 Anträge nach § 54 Abs. 1 und 2 FamFG sowie nach § 57 FamFG zulässige Beschwerden haben keine aufschiebende Wirkung und können daher die Vollstreckung einer einstweiligen Anordnung nicht hemmen. Nach zutreffender Ansicht kommt auch im Beschwerdeverfahren betreffend eine einstweilige Anordnung eine Einstellung durch (weitere) einstweilige Anordnung nach § 64 Abs. 3 FamFG nicht in Betracht, weil § 55 FamFG vorrangig ist.[1] Deshalb ermöglicht § 55 FamFG, die **Vollstreckung auszusetzen oder zu beschränken**, bis über den Rechtsbehelf oder die Beschwerde entschieden ist.[2] Einer **mündlichen Verhandlung** bedarf es nicht, jedoch sollte den Beteiligten – je nach Eilbedürfnis – rechtliches Gehör gewährt werden.[3] Abs. 2 Satz 2 legt die **Unanfechtbarkeit** einer nach Abs. 1 Satz 1 im Beschlusswege ergangenen Entscheidung ausdrücklich fest. Dies gilt unabhängig davon, ob die Vollstreckung ausgesetzt wird oder nicht.[4] Eine **Abänderung oder Aufhebung** des Beschlusses ist aber von Amts wegen möglich. Mangels Endentscheidung bedarf es **keiner Kostenentscheidung**.[5] Abs. 1 Satz 1 ist vorrangig gegenüber § 93 Abs. 1 Nr. 4 FamFG.[6]

B. Inhalt der Norm

2 Nach § 55 Abs. 1 Satz 1 FamFG ist folgender **Anwendungsbereich** der Norm eröffnet:

- bei Antrag auf Aufhebung oder Abänderung einer einstweiligen Anordnung nach § 54 Abs. 1 oder Abs. 2 FamFG,
- im Falle der Abänderung der einstweiligen Anordnung von Amts wegen nach § 54 Abs. 1 FamFG,
- während eines Beschwerdeverfahrens i.S.d. § 57 FamFG.

Durch die Entscheidung kann die sofortige Herausgabe eines Kindes verhindert werden. In Umgangssachen kann z.B. aufgegeben werden, sich auf eine Beratung einzulassen.[7]

1 Vgl. OLG Koblenz FamRZ 2020, 2017; OLG Frankfurt a. M. FamRZ 2016, 1595 m. Anm. *Hammer*; a. A. OLG Brandenburg FamRZ 2020, 38
2 Eingehend dazu *van Els*, FamRZ 2011, 1706
3 *van Els*, FamRZ 2011, 1706, 1708
4 *van Els*, FPR 2012, 480, 482
5 Prütting/Helms/*Dürbeck*, § 55 FamFG Rn. 3; *van Els*, FamRZ 2011, 1706, 1708
6 BGH FamRZ 2015, 2147
7 *van Els*, FamRZ 2011, 1706, 1709

§ 55 FamFG betrifft in erster Linie Eilentscheidungen mit vollstreckungsfähigem Inhalt; geht es dagegen um rechtsgestaltende einstweilige Anordnungen, insbesondere **im Zusammenhang mit der elterlichen Sorge**, kann in entsprechender Anwendung der Vorschrift nur **die Wirksamkeit der Entscheidung ausgesetzt werden**.[8] Allerdings wird die unterschiedliche Terminologie in der Praxis häufig nicht beachtet.[9]

Vor Einleitung des Beschwerdeverfahrens ist das Gericht, das die einstweilige Anordnung erlassen hat, für die Entscheidung über den Antrag **zuständig**. Während des laufenden Beschwerdeverfahrens i.S.v. § 57 FamFG, d.h. mit Eingang der Beschwerde beim OLG, ist dagegen das Beschwerdegericht zuständig.[10]

Für die Aussetzung oder Beschränkung der Vollstreckung bedarf es keines Antrags. Sie kann daher auch **von Amts wegen** erfolgen.[11] Ist jedoch ein solcher **Antrag** ausdrücklich gestellt, ist hierüber nach Abs. 2 **„vorab" zu entscheiden**, mithin noch zügiger als ohnehin im Verfahren der einstweiligen Anordnung.[12] Weil die Antragsmöglichkeiten nach § 55 Abs. 1 FamFG in der gerichtlichen Praxis allerdings noch kaum in das Bewusstsein der Beteiligten gerückt sind, sollte mit dem Aussetzungsantrag auch die „Vorabentscheidung" angeregt werden. Die Aussetzung der Vollstreckung kann von **Bedingungen oder Auflagen** abhängig gemacht werden, insbesondere auch von der Leistung einer Sicherheit.[13] 3

Die **Wirksamkeit rechtsgestaltender einstweiliger Anordnungen** wie die Übertragung (von Teilbereichen) der elterlichen Sorge oder die Übertragung der Entscheidungsbefugnis nach § 1628 BGB kann nach Abs. 1 Satz 1 **vorläufig ausgesetzt** werden, wenn eine Aufhebung oder Abänderung der einstweiligen Anordnung ernsthaft in Betracht kommt bzw. eine Beschwerde Aussicht auf Erfolg hat.[14] Weiter sind die Folgen der Vollstreckung bzw. der bestehenbleibenden Wirksamkeit der Entscheidung in die zu treffende Ermessensentscheidung einzubeziehen: Abzuwägen sind die Nachteile, die eintreten würden, wenn die Vollstreckung/Wirksamkeit nicht eingestellt oder ausgesetzt würde (ggf. **Irreparabilität der Folgen**), der Rechtsbehelf aber Erfolg hätte, gegen die Nachteile, die entstehen würden, wenn die Vollstreckung/Wirksamkeit eingestellt oder ausgesetzt würde, der Rechtsbehelf aber keinen Erfolg hätte.[15] 4

Mit Erlass einer abschließenden Entscheidung nach § 54 FamFG oder im Beschwerdeverfahren tritt die vorläufige Entscheidung nach § 55 FamFG **außer Kraft**. Einer gesonderten Aufhebung bedarf es nicht.[16] 5

§ 56 FamFG

Außerkrafttreten

(1) [1]Die einstweilige Anordnung tritt, sofern nicht das Gericht einen früheren Zeitpunkt bestimmt hat, bei Wirksamwerden einer anderweitigen Regelung außer Kraft. [2]Ist dies eine Endentscheidung in einer Familienstreitsache, ist deren Rechtskraft maßgebend, soweit nicht die Wirksamkeit zu einem späteren Zeitpunkt eintritt.

---

8 Sternal/*Giers*, § 55 FamFG Rn. 2
9 Vgl. OLG Karlsruhe FamRZ 2024, 127 = NZFam 2023, 1081 m. Bespr. *Kischkel;* Zöller/*Feskorn*, § 64 FamFG Rn. 17
10 *van Els*, FamRZ 2011, 1706, 1707
11 BT-Drs. 16/6308, 202
12 Dutta/Jacoby/Schwab/*Heiß*, § 55 FamFG Rn. 5; MüKo-FamFG/*Soyka*, FamFG § 55 Rn. 5
13 BT-Drs. 16/6308, 202
14 OLG Frankfurt a. M. FamRZ 2016, 1595 ; Prütting/Helms/*Dürbeck*, § 55 FamFG Rn. 2
15 Johannsen/Henrich/Althammer/*Kohlenberg*, FamFG § 55 Rn. 2.2
16 Zöller/*Feskorn*, § 55 FamFG Rn. 4

(2) Die einstweilige Anordnung tritt in Verfahren, die nur auf Antrag eingeleitet werden, auch dann außer Kraft, wenn

1. der Antrag in der Hauptsache zurückgenommen wird,

2. der Antrag in der Hauptsache rechtskräftig abgewiesen ist,

3. die Hauptsache übereinstimmend für erledigt erklärt wird oder

4. die Erledigung der Hauptsache anderweitig eingetreten ist.

(3) [1]Auf Antrag hat das Gericht, das in der einstweiligen Anordnungssache im ersten Rechtszug zuletzt entschieden hat, die in den Absätzen 1 und 2 genannte Wirkung durch Beschluss auszusprechen. [2]Gegen den Beschluss findet die Beschwerde statt.

Übersicht

A. Allgemeines

1 § 56 FamFG regelt die für das Verfahren des Eilrechtsschutzes wesentliche Frage, wann eine einmal erlassene einstweilige Anordnung wieder außer Kraft tritt. Da sie ihrem Wesen nach nur eine Zwischenlösung für eine Übergangszeit bieten soll, tritt sie nach Abs. 1 Satz 1 grundsätzlich **außer Kraft**

- zu dem vom Gericht bestimmten Zeitpunkt (bei einer **Befristung**),
- anderenfalls bei Wirksamwerden einer **anderweitigen Regelung** (gerichtliche Entscheidung, siehe Rn. 3, oder Vergleich, siehe Rn. 4).

Diese Rechtsfolge muss vom Gericht nicht gesondert ausgesprochen werden. Die nach Abs. 3 auf Antrag zu treffende Feststellung ist daher nur deklaratorischer Natur.

Weitere Gründe für ein Außerkrafttreten sieht Abs. 2 für das Antragsverfahren vor. Abs. 1 und 3 gelten demgegenüber für sämtliche einstweilige Anordnungen sowohl im Amts-, als auch im Antragsverfahren.[1]

Zu beachten ist schließlich, dass die einstweilige Anordnung nur **mit Wirkung für die Zukunft** außer Kraft tritt.[2]

B. Inhalt der Norm

I. Befristung (Abs. 1 Satz 1, 1. Alt.)

2 Im summarischen Verfahren regelt das Gericht den Verfahrensgegenstand nur vorläufig und in vielen Fällen nur für die Dauer eines konkret bestimmten Zeitraums. Wird bereits mit dem Erlass der Eilentscheidung eine Frist gesetzt, **endet die Wirksamkeit** der einstweiligen Anordnung **automatisch mit Fristablauf** (§ 56 Abs. 1 Satz 1, 1. Alt FamFG). Ausdrücklich

1 Sternal/*Giers*, § 56 FamFG Rn. 2
2 Vgl. OLG Hamm FamRZ 2006, 50

geregelt ist die Befristung der Anordnung im Gewaltschutzverfahren (§ 1 Abs. 1 Satz 1 GewSchG; vgl. hier *Cirullies,* § 1 GewSchG Rn. 26); auch sehen die §§ 333 Satz 1, 334 FamFG eine Befristung von einstweiligen Anordnungen und Maßregeln in Betreuungssachen und § 427 Abs. 1 Satz 2 FamFG für die vorläufige Freiheitsentziehung auf eine Dauer von (zunächst) sechs Wochen vor. Eine große Rolle spielen Befristungen in der Praxis aber auch im Umgangsverfahren.

II. Anderweitige Regelung (Abs. 1 Satz 1, 2. Alt.)

1. Gerichtliche Entscheidung

Hat das Gericht von einer Fristsetzung abgesehen, tritt die einstweilige Anordnung nach § 56 Abs. 1 Satz 1, 2. Alt FamFG bei Wirksamwerden einer **anderweitigen Regelung** außer Kraft. Diese muss wirksam sein und darüber hinaus den Gegenstand der Anordnung erfassen (Deckungsgleichheit, vgl. Rn. 5).[3] Eine anderweitige Regelung stellt insbesondere der im **Hauptsacheverfahren** ergangene Beschluss des Gerichts dar, sofern er auch den Gegenstand des Eilverfahrens betrifft. Liegt eine solche Regelung vor, entfällt mit deren Wirksamwerden (siehe Rn. 7) auch das Rechtsschutzbedürfnis für eine ggf. nach § 57 FamFG zulässige Beschwerde gegen die Eilentscheidung. Dagegen stellt eine aufgrund der Durchführung einer mündlichen Verhandlung oder als **Abänderungsentscheidung** gemäß § 54 FamFG ergangene Entscheidung **keine anderweitige Regelung** dar, weil diese lediglich an die Stelle der ursprünglichen Anordnung tritt.[4] 3

2. Vergleich

Auch bei einem zur endgültigen Streitbeilegung geschlossenen **Vergleich** kann es sich ebenso wie bei einer außergerichtlichen Einigung der Beteiligten um eine anderweitige Regelung handeln. In Umgangssachen und Verfahren zur Kindesherausgabe bedarf der Vergleich jedoch der **gerichtlichen Billigung** nach § 156 Abs. 2 FamFG, weil die Beteiligten über den Verfahrensgegenstand nicht selbstständig disponieren können.[5] Daran fehlt es auch in Verfahren nach §§ 1666, 1666a BGB wegen einer möglichen Kindeswohlgefährdung. 4

3. Deckungsgleichheit

Weitere Voraussetzung für das Außerkrafttreten der einstweiligen Anordnung ist, dass **derselbe Verfahrensgegenstand** betroffen ist. Der Regelungsgehalt der Hauptsacheentscheidung oder des Vergleichs muss mit demjenigen der einstweiligen Anordnung inhaltlich und zeitlich im Grundsatz **kongruent** sein. Ist dies nur teilweise der Fall, behält die einstweilige Anordnung in dem nicht erfassten Umfang weiterhin ihre Wirksamkeit. 5

In **Kindschaftssachen** gilt das Kongruenzerfordernis allerdings nur eingeschränkt. Vorrang hat hier die **Hauptsacheentscheidung**, auch wenn sie von dem Regelungsumfang des Eilbeschlusses abweicht. Wenn etwa durch eine einstweilige Anordnung einem Elternteil nur **Teilbereiche der elterlichen Sorge** zugesprochen worden sind, tritt die vorläufige Entscheidung im Hinblick auf die Einheitlichkeit des Verfahrensgegenstandes „elterliche Sorge"[6]

3 Zöller/*Feskorn,* 56 FamFG Rn. 3

4 Johannsen/Henrich/Althammer/*Kohlenberg,* FamFG § 56 Rn. 7

5 Sternal/*Giers,* § 56 FamFG Rn. 4; MüKo-FamFG/*Soyka,* § 56 Rn. 2

6 Vgl. dazu Staudinger/*Dürbeck,* BGB § 1687 Rn. 38; Prütting/Helms/*Hammer,* § 151 FamFG Rn. 7a; *Kischkel,* NZFam 2022, 107

schon durch eine Hauptsacheentscheidung außer Kraft, mit der die **elterliche Sorge** für das betreffende Kind insgesamt übertragen wird und umgekehrt.[7]

In **Umgangssachen** ist dagegen darauf abzustellen, ob die im Hauptsacheverfahren und im Eilverfahren getroffenen Entscheidungen tatsächlich denselben Gegenstand abdecken. Werden mit der einstweiligen Anordnung der Ferienumgang **und** der regelmäßige Umgang geregelt, während die Hauptsache **nur** den regelmäßigen Umgang betrifft, gilt die einstweilige Anordnung hinsichtlich des Ferienumgangs fort, wenn sie insoweit nicht ausdrücklich mit der Hauptsacheentscheidung aufgehoben bzw. anderweitig geregelt wird.[8]

Im Hinblick auf die Klarstellung des BGH, dass das Wechselmodell ausschließlich im Umgangsverfahren zu regeln ist,[9] dürften die sich angesichts des früher ungeklärten Verhältnisses von Umgangs- und Sorgerecht beim **Wechselmodell** ergebenden Abgrenzungsschwierigkeiten nicht mehr bestehen.[10] Daraus folgt, dass in einem sorgerechtlichen Eilverfahren, in dessen Rahmen ursprünglich nur die vorläufige Übertragung des Aufenthaltsbestimmungsrechts zur alleinigen Ausübung begehrt und in dem sodann ein gerichtlich gebilligter Vergleich geschlossen wurde, mit dem die Eltern eine (umgangsrechtliche) **paritätische Betreuung** des Kindes und die Rücknahme des Sorgerechtsantrags für das Eilverfahren vereinbart haben, hinsichtlich der Umgangsregelung **keine Deckungsgleichheit** vorliegt, wenn zu einem späteren Zeitpunkt in der Hauptsache nur über das Aufenthaltsbestimmungsrecht entschieden wird. Ungeachtet der sorgerechtlichen Regelung besteht die vergleichsweise vereinbarte Umgangsregelung daher fort. Die Regelung des Aufenthaltsbestimmungsrechts entfaltet keine übergreifende Bindungswirkung für die Umgangsregelung und umgekehrt.[11]

III. Wirksamwerden

6 Die **Wirksamkeit der anderweitigen gerichtlichen Entscheidung** tritt in Angelegenheiten der freiwilligen Gerichtsbarkeit mit der Bekanntgabe (§ 41 FamFG) an die Beteiligten ein, für die sie ihrem wesentlichen Inhalt nach bestimmt ist (§ 40 Abs. 1 FamFG). In unterschiedlichen familienrechtlichen Verfahren kann darüber hinaus die sofortige Wirksamkeit gesondert angeordnet werden (§§ 200 Abs. 1 Nr. 1, 209 Abs. 2 Satz 2, 216 Abs. 1 Satz 2, 287 Abs. 2, 324 Abs. 2, 422 Abs. 2 FamFG).[12]

▶ *Näher zur Abgrenzung von Antrags- und Amtsverfahren Kischkel, Kommentierung zu § 40 FamFG.*

IV. Antragsverfahren (Abs. 2)

7 Nach Abs. 2 tritt in Antragsverfahren die einstweilige Anordnung auch dann außer Kraft, wenn

- der Antrag in der **Hauptsache zurückgenommen** wird (Ausnahme: Antragstellung aufgrund Anordnung nach § 52 Abs. 2 S. 1 BGB) oder rechtskräftig **zurückgewiesen** wird,
- die **Hauptsache erledigt** ist.

Auf Verfahren, die auf Antrag oder von Amts wegen eingeleitet werden können (z.B. nach §§ 1632 Abs. 4, 1686, 1687 Abs. 2, 1687a, 1688 Abs. 3 Satz 2 BGB) findet § 56 Abs. 2

---

7 OLG Hamburg FamRZ 2020, 1840; Musielak/Borth/Frank/*Borth*, FamFG § 56 Rn. 5; Sternal/*Giers*, § 56 FamFG Rn. 3
8 Vgl. Sternal/*Giers*, § 56 FamFG Rn. 3
9 BGH FamRZ 2020, 255; FamRZ 2017, 532
10 Vgl. dazu Prütting/Helms/*Dürbeck*, § 56 FamFG Rn. 2
11 Konstellation nach BGH FamRZ 2020, 255
12 Sternal/*Giers*, FamFG § 56 Rn. 6

FamFG nur Anwendung, wenn das Verfahren tatsächlich durch den Antrag eines Beteiligten eingeleitet wurde.[13] Nach zutreffender Ansicht ist entsprechend dem Wortlaut der Norm der Grund für die Zurückweisung des Hauptsacheantrags und damit auch die Frage, ob in der Hauptsache mit Sach- oder Prozessbeschluss (z.B. bei Unzulässigkeit des Antrags) entschieden wurde, für das Außerkrafttreten nach Abs. 2 Nr. 2 ohne Bedeutung.[14]

Auch wenn der Antrag auf Erlass einer einstweiligen Anordnung zurückgenommen oder das Verfahren auf Erlass einer einstweiligen Anordnung übereinstimmend für erledigt erklärt wird, tritt die einstweilige Anordnung außer Kraft.[15] Soweit eine einstweilige Anordnung durch das Beschwerdegericht erlassen worden ist, tritt diese mit Rücknahme der Beschwerde ebenfalls außer Kraft. § 56 Abs. 2 Nr. 1 FamFG ist hier entsprechend anzuwenden.[16]

V. Feststellung des Außerkrafttretens (Abs. 3)

Die Wirkung des Außerkrafttretens hat das **erstinstanzliche Gericht** auf Antrag durch Beschluss auszusprechen (Abs. 3), der aber nur deklaratorische Wirkung hat. Dies gilt auch für das Amtsverfahren. In Gewaltschutzsachen allerdings ist es wegen der Gefahr einer ungerechtfertigten Strafverfolgung (vgl. § 4 GewSchG) angezeigt, das Außerkrafttreten einer Schutzanordnung nach § 1 Abs. 1 GewSchG auch ohne Antrag auszusprechen.[17] **Antragsberechtigt** ist derjenige, der durch die einstweilige Anordnung beschwert ist.[18] Die **Zuständigkeit** des erstinstanzlichen Gerichts bleibt auch dann erhalten, wenn das Beschwerdegericht die einstweilige Anordnung nach § 50 Abs. 1 Satz 2 FamFG erlassen hat. **8**

Konkret hat das Gericht auf Antrag auszusprechen, **ob und ggf. ab welchem Zeitpunkt** die einstweilige Anordnung außer Kraft getreten ist. Dementsprechend sollte dem Antrag zu entnehmen sein, wann, wodurch und in welchem Umfang die einstweilige Anordnung außer Kraft getreten ist.[19] Gegen den Beschluss findet die **Beschwerde** statt (Abs. 3 Satz 2). Nach zutreffender Ansicht gilt hier die allgemeine Beschwerdefrist des § 63 Abs. 1 FamFG von einem Monat, weil Gegenstand der Beschwerde im Hinblick auf den rein deklaratorischen Charakter des Beschlusses gerade nicht eine „Endentscheidung über eine einstweilige Anordnung" ist (vgl. § 63 Abs. 2 Nr. 1 FamFG).[20]

§ 57 FamFG
Rechtsmittel

[1]Entscheidungen in Verfahren der einstweiligen Anordnung in Familiensachen sind nicht anfechtbar. [2]Dies gilt nicht in Verfahren nach § 151 Nummer 6 und 7 und auch nicht, wenn das Gericht des ersten Rechtszugs auf Grund mündlicher Erörterung

1. **über die elterliche Sorge für ein Kind,**
2. **über die Herausgabe des Kindes an den anderen Elternteil,**

13 Sternal/*Giers*, § 56 FamFG Rn. 8
14 Sternal/*Giers*, § 56 FamFG Rn. 10; Prütting/Helms/*Dürbeck*, § 56 Rn. 7; *van Els*, FPR 2012, 480; a.A.: mit Darstellung des Streitstandes Johannsen/Henrich/Althammer/*Kohlenberg*, FamFG § 56 Rn. 5
15 Vgl. OLG Hamm FamRZ 2003, 1307; Prütting/Helms/*Dürbeck*, § 56 FamFG Rn. 8; *van Els*, FPR 2012, 480
16 Prütting/Helms/*Dürbeck*, § 56 FamFG Rn. 8
17 Prütting/Helms/*Dürbeck*, § 56 FamFG Rn. 10
18 Sternal/*Giers*, § 56 FamFG Rn. 12
19 *van Els*, FPR 2012, 480, 485 m.w.N.; *Langheim*, FamRZ 2014, 1413, 1415
20 Sternal/*Giers*, FamFG § 56 Rn. 13; Prütting/Helms/*Dürbeck*, § 56 Rn. 11; *Schürmann*, FamRB 2009, 375, 382; a.A.: (2 Wochen-Frist, die aus Gründen anwaltlicher Sorgfalt vorsorglich eingehalten werden sollte): OLG Zweibrücken FamRZ 2011, 987; BeckOK-FamFG/*Schlünder*, FamFG § 56 Rn. 6

3. über einen Antrag auf Verbleiben eines Kindes bei einer Pflege- oder Bezugsperson,

4. über einen Antrag nach den §§ 1 und 2 des Gewaltschutzgesetzes oder

5. in einer Ehewohnungssache über einen Antrag auf Zuweisung der Wohnung

entschieden hat.

Übersicht

A. Allgemeines

1 Einstweilige Anordnungen in Familiensachen sind grundsätzlich nicht anfechtbar (Abs. 1 Satz 1). Der Anfechtung mit der **Beschwerde** unterliegen wegen des besonders schwerwiegenden Grundrechtseingriffs und im Gleichklang mit den Regelungen zur Unterbringung Volljähriger[1] Entscheidungen in Verfahren der freiheitsentziehenden Unterbringung und über die in Satz 2 Nr. 1 bis 5 enumerativ aufgezählten Verfahrensgegenstände (sog. „Katalogsachen"), sofern sie **aufgrund mündlicher Erörterung** ergangen sind. Dazu zählen insbesondere auch Entscheidungen über die elterliche Sorge für ein Kind und über die Kindesherausgabe. Dass Umgangssachen, die ebenso wie Entscheidungen über die elterliche Sorge einen schwerwiegenden Eingriff in Grundrechte bedeuten können (insbesondere ein Umgangsausschluss), bislang nicht in dem Katalog des Satz 2 aufgeführt sind, ist verfassungsrechtlich bedenklich.[2]

Die beschränkte Anfechtbarkeit von Eilentscheidungen schließt nach ganz h.M. auch die darauf bezogenen Nebenentscheidungen (Kostenentscheidung, Verfahrenskostenhilfeantrag) ein, weil der Rechtsschutz in einem Nebenverfahren nicht über den in der Hauptsache hinausgeht.[3]

Die überwiegende Unanfechtbarkeit der Eilentscheidungen wird dadurch kompensiert, dass die Beteiligten unmittelbar oder über § 52 FamFG die Einleitung eines **Hauptsacheverfahrens** oder eine **Abänderung** nach § 54 FamFG beantragen können. Nach Ausschöpfung

1 Vgl. BT-Drs. 17/10490, 18

2 Vgl. auch BT-Drs. 16/9733, 289 (Beschlussempfehlung und Bericht des Rechtsausschusses zu dem Gesetzentwurf der Bundesregierung – Drucksache 16/6308 –); zur Verfassungsmäßigkeit dieser Einschränkung des Rechtsschutzes (nach früherer Rechtslage) BVerfG NJW 1980, 386 (Ls.). Allerdings beabsichtigt der Gesetzgeber, diesem Missstand durch eine Ergänzung des Katalogs abzuhelfen. Der Entwurf eines Gesetzes zur Reform des Kindschaftsrechts – Modernisierung von Sorgerecht, Umgangsrecht und Adoptionsrecht (Kindschaftsrechtsmodernisierungsgesetz – KiMoG) – Diskussionsentwurf des BMJ vom Dezember 2024 sieht vor, dass Eilentscheidungen über den vollständigen Ausschluss des Umgangs des Kindes mit einem Elternteil künftig anfechtbar sein sollen, sofern dieser nicht nur auf eine kurze und vorübergehende Aussetzung des Umgangs beschränkt ist; online abrufbar unter https://www.bmjv.de/SharedDocs/Downloads/DE/Gesetzgebung/DiskE/DiskE_Kindschaftsrecht.pdf?__blob=publicationFile&v=3 (Abruf am: 11.7.2025)

3 Vgl. grds. BGH NJW 2005, 1659 Rn. 13 ff.; zur Unanfechtbarkeit der isolierten Kostenentscheidung: OLG Frankfurt a. M. FamRZ 2024, 1313; OLG Hamburg FamRZ 2022, 877; OLG Karlsruhe FamRZ 2020, 945; *Dürbeck*, NZFam 2023, 733, 734 m.w.N.

des Rechtswegs kommen zudem noch die Anhörungsrüge nach § 44 FamFG und schließlich die Verfassungsbeschwerde in Betracht.

B. Inhalt der Norm

I. Mündliche Erörterung

Der angefochtene Beschluss muss **aufgrund mündlicher Erörterung**[4] ergangen sein. 2

▶ *Näher hierzu Kischkel, § 54 FamFG Rn. 13 f.*

Andernfalls ist die Beschwerde unzulässig; in diesen Fällen hat der Antrag auf erneute Entscheidung nach mündlicher Verhandlung gemäß § 54 Abs. 2 FamFG grundsätzlich Vorrang gegenüber der Beschwerde.

II. Verfahrensgegenstände

Nur in den in Satz 2 abschließend aufgeführten Verfahrensgegenständen (sog. Katalogsachen) ist nach mündlicher Erörterung im Ausgangsverfahren die Beschwerde statthaft, unabhängig davon, ob die angefochtene Entscheidung positiv oder negativ ist.[5] Da Unterhalts- und Umgangssachen in Satz 2 nicht aufgeführt werden, sind in diesen Verfahren ergangene Eilentscheidungen unanfechtbar. 3

1. Elterliche Sorge

Die Beschwerde gegen eine aufgrund mündlicher Erörterung erlassene einstweilige Anordnung ist nach Satz 2 Nr. 1 zulässig, wenn das Gericht über die **elterliche Sorge für ein Kind** als einheitlichen, unteilbaren Verfahrensgegenstand entschieden hat.[6] Beschwerde kann auch dann eingelegt werden, wenn nicht nur über die elterliche Sorge **insgesamt**, sondern lediglich über **Teilbereiche** entschieden worden ist. Nach zutreffender Ansicht verbietet sich daher auch eine Abgrenzung danach, ob die einstweilige Anordnung den Kernbereich der elterlichen Sorge berührt (dann § 57 Satz 2 Nr. 1 FamFG) oder lediglich Teil- oder Randbereiche (dann § 57 Satz 1 FamFG).[7] 4

Der Beschwerde unterliegen damit u.a. einstweilige Anordnungen, mit denen

- lediglich das Aufenthaltsbestimmungsrecht geregelt wird,[8]
- die Vermögenssorge für das Kind auf ein Elternteil übertragen wird,[9]
- einem Elternteil die Entscheidungsbefugnis über die Schul- und Berufsausbildung eines Kindes zugewiesen wird,[10]

---

4 Hier gleichbedeutend mit mündlicher Verhandlung
5 BT-Drs. 16/6308, 202 f.
6 Vgl. OLG Frankfurt a. M. FamRZ 2022, 699 m. Anm. *Billhardt*
7 Ebenso BeckOK-FamFG/*Schlünder*, FamFG § 57 Rn. 12; Sternal/*Giers*, FamFG § 57 Rn. 8; Musielak/Borth/Frank/*Frank*, FamFG § 57 Rn. 16; a.A.: KG NJW-RR 1996, 455; Dutta/Jacoby/Schwab/*Heiß*, § 57 FamFG Rn. 8, 9
8 Vgl. BVerfG FamRZ 2009, 189; OLG Hamm FamRZ 2012, 236; OLG Karlsruhe FamRZ 2004, 656; Zöller/*Feskorn*, § 57 Rn. 6
9 OLG Karlsruhe FamRZ 1998, 501; Johannsen/Henrich/Althammer/*Kohlenberg*, FamFG § 57 Rn. 7
10 OLG Hamburg FamRZ 2022, 107, Rn. 21 = NZFam 2021, 876 m. Anm. *Kischkel*

- einem Elternteil die Entscheidungsbefugnis über die Durchführung einer gemeinsamen Urlaubsreise in ein Risikogebiet[11] einschließlich der Beantragung eines (Kinder-)Reisepasses[12] zugewiesen wird,
- aber auch vorläufige Entscheidungen über die Verhängung einer Grenzsperre, selbst wenn diese im Umgangsverfahren erfolgen.[13]

Gerade in Kindschaftssachen ist bei der Entscheidung über das Rechtsmittel auch die nach Vollzug der einstweiligen Anordnung eingetretene Entwicklung in die Abwägung miteinzubeziehen. Vor allem ist bei einer vorläufigen Übertragung des **Aufenthaltsbestimmungsrechts** zu beachten, dass ein mehrfacher Wechsel des Wohnorts und der unmittelbaren Bezugspersonen das Kindeswohl in nicht unerheblichem Maße beeinträchtigen. Daher entspricht es regelmäßig nicht dem Wohl des Kindes, eine bereits vollzogene einstweilige Anordnung über das Aufenthaltsbestimmungsrecht ohne schwerwiegende Gründe abzuändern und noch vor einer etwaigen Entscheidung des Amtsgerichts in der Hauptsache über einen erneuten Ortswechsel zu befinden.[14]

▶ *Näher hierzu Kischkel, § 49 FamFG Rn. 24 ff.*

Die Beschwerde findet auch gegen die vorläufige **Übertragung der Entscheidungsbefugnis** nach § 1628 BGB, sofern die Entscheidung aufgrund mündlicher Erörterung ergangen ist.

5 Probleme kann im Einzelfall aber die **Abgrenzung** einer Eilentscheidung über die **elterliche Sorge** für ein Kind zu einer (nicht der Beschwerde unterliegenden) einstweiligen Anordnung über das **Umgangsrecht** bereiten:

- Wird dem Umgangsberechtigten im Rahmen eines Umgangsverfahrens verboten (oder gestattet), mit dem Kind ins **Ausland zu verreisen**, liegt eine unanfechtbare **Umgangsregelung** vor;[15] ergehen Erlaubnis oder Verbot dagegen im Sorgerechtsverfahren gegenüber dem Sorgeberechtigten, handelt es sich um eine anfechtbare **Sorgerechtsregelung**.[16]
- Wird ein Elternteil zur **Herausgabe des (Kinder-)Reisepasses** verpflichtet, handelt es sich um eine Sorgerechtsregelung, wenn der betreuende Elternteil die Herausgabe verlangt, und um eine Umgangsregelung, wenn der umgangsberechtigte Elternteil den Pass zum Zwecke der Durchführung einer Reise fordert.
- Wird eine **Umgangspflegschaft** angeordnet, handelt es sich um eine unanfechtbare Umgangsregelung (§ 1684 Abs. 3 Satz 3 BGB).[17] Wird hingegen **Umgangsbestimmungspflegschaft** angeordnet, handelt es sich um eine Regelung über die elterliche Sorge (§ 1666 Abs. 3 Nr. 6 Alt. 1 BGB).[18]

▶ *Näher hierzu Gottschalk, § 1684 BGB Rn. 58 ff., 63 f.*

---

11 OLG Frankfurt a. M., Beschl. v. 27.6.2018 – 4 UF 110/18, BeckRS 2018, 25321 = FuR 2019, 39; KG FamRZ 2017, 1061
12 OLG Naumburg FamRZ 2010, 139; OLG Köln FamRZ 2002, 404
13 Zöller/*Feskorn*, § 57 FamFG Rn. 6 m.w.N.
14 Vgl. OLG Brandenburg, Beschl. v. 9.9.2013 – 3 UF 64/13, BeckRS 2014, 07024 = NZFam 2014, 667 m. Anm. *Reinken* = FamRZ 2014, 1124 (Ls.)
15 KG FamRZ 2017, 1062
16 Vgl. Zöller/*Feskorn*, § 57 FamFG Rn. 6 m.w.N.
17 OLG Frankfurt a. M. NZFam 2024, 1036 m. Anm. *Frank*
18 OLG Hamburg FamRZ 2022, 1047; OLG Hamm FamRZ 2017, 47; BeckOK FamFG/*Schlünder*, FamFG § 57 Rn. 12a; a.A.: OLG Schleswig-Holstein FamRZ 2012, 151

- Eine im Umgangsverfahren getroffene vorläufige Regelung zum **Wechselmodell** ist nicht anfechtbar.[19]
- Auch bei **Kontakt- und Näherungsverboten** kann fraglich sein, ob sie dem Sorge- oder dem Umgangsrecht zuzuordnen sind. Dies gilt insbesondere für Schutzmaßnahmen gegenüber einem nicht oder nicht mehr sorgeberechtigten Elternteil. Werden die Verbote auf **§ 1684 Abs. 4 BGB** gestützt,[20] besteht keine Beschwerdemöglichkeit, anders hingegen, wenn die Rechtsgrundlage in **§ 1666 Abs. 4 BGB**[21] oder aber in **§ 1 GewSchG**[22] gesehen wird.

▶ *Näher hierzu Gottschalk, § 1684 BGB Rn. 85.*

2. Herausgabe des Kindes

Ebenfalls der Anfechtung unterliegen gemäß Satz 2 Nr. 2 einstweilige Anordnungen über die **Herausgabe des Kindes an den anderen Elternteil** nach § 1632 Abs. 1 BGB. Bereits nach dem Wortlaut der Norm ist eine Beschwerde gegen eine einstweilige Anordnung über die Herausgabe eines Kindes an das als Vormund oder Pfleger zuständige **Jugendamt** unzulässig.[23] Gleiches gilt für die Herausgabe zum Zwecke der Durchführung des **Umgangs**.[24] Nach zutreffender Ansicht ist die Beschwerde auch **nach Herausgabe** des Kindes nicht mehr statthaft, weil sich die Hauptsache damit erledigt hat und das Rechtsmittel mangels Beschwer unzulässig ist.[25] In diesem Fall sind nur sorgerechtliche Anträge bzw. Rechtbehelfe gegen die Entscheidung über das Aufenthaltsbestimmungsrecht eröffnet. **6**

3. Verbleibensanordnung

Satz 2 Nr. 3 regelt die Anfechtbarkeit einer Entscheidung (Stattgabe oder Zurückweisung) über eine Verbleibensanordnung nach §§ 1632 Abs. 4, 1682 BGB. Über den Wortlaut der Nr. 3 hinaus sind Eilentscheidungen wegen der identischen Eingriffsintensität auch dann anfechtbar, wenn das Gericht die Herausgabe nicht auf Antrag der Eltern, sondern von Amts wegen angeordnet hat.[26] **7**

4. Gewaltschutzsachen

Nach Satz 2 Nr. 4 sind ferner anfechtbar alle Eilentscheidungen, die Maßnahmen nach §§ 1, 2 GewSchG i.V.m. §§ 111 Nr. 6, 210 FamFG betreffen (vgl. §§ 49 ff. FamFG i.V.m. § 214 Abs. 1 GewSchG).[27] Davon wird die Anordnung von Schutzmaßnahmen nach § 1 GewSchG ebenso erfasst wie die Wohnungszuweisung nach § 2 GewSchG. Allerdings ist § 1361b BGB im Rahmen seines Anwendungsbereichs Spezialvorschrift im Verhältnis zu § 2 GewSchG (dann § 57 Satz 2 Nr. 5 FamFG).[28] **8**

19 Vgl. BGH FamRZ 2020, 255, Rn. 15; FamRZ 2017, 584; OLG Frankfurt a. M. FamRZ 2022, 614 m. Anm. *Hammer; Hammer,* FamRZ 2021, 37; BeckOK-FamFG/*Schlünder,* FamFG § 57 Rn. 12a; a.A.: OLG München FamRZ 2016, 2120

20 OLG Frankfurt FamRZ 2013, 1237; Staudinger/*Dürbeck,* § 1684 BGB Rn. 335

21 Grüneberg/*Götz,* § 1666 BGB Rn. 41; BeckOGK/*Burghart,* BGB § 1666 Rn. 113 ff.

22 So *Heiß,* FamFR 2013, 258

23 OLG Düsseldorf FamRZ 2020, 1180; OLG Oldenburg FamRZ 2014, 1929; OLG Saarbrücken FamRZ 2013, 1153

24 OLG Köln Beschl. v. 26.11.2019 – 10 UF 184/19, BeckRS 2019, 42832 = FamRZ 2020, 775 (Ls.); Zöller/*Feskorn,* § 57 FamFG Rn. 7 mwN.

25 Prütting/Helms/*Dürbeck,* § 57 FamFG Rn. 8; Sternal/*Sternal,* FamFG § 22 Rn. 37; a.A.: BayObLG FamRZ 2000, 1235

26 OLG Frankfurt a. M. FamRZ 2016, 1801

27 BeckOK-FamFG/*Schlünder,* FamFG § 57 Rn. 15

28 Vgl. OLG Nürnberg FamRZ 2021, 1799

Ergeht die Entscheidung allerdings ohne mündliche Verhandlung, ist nur der Antrag auf Neuentscheidung nach mündlicher Verhandlung gemäß § 54 Abs. 2 FamFG statthaft, nicht dagegen die Beschwerde.[29]

III. Verfahren

1. Zuständiges Gericht

9 Beschwerdegericht ist in allen von den Familiengerichten entschiedenen Sachen grundsätzlich das **übergeordnete OLG** (§ 119 Abs. 1 Nr. 1a GVG); einzulegen ist die Beschwerde aber **bei dem Gericht, dessen Beschluss angefochten wird**.[30] Dies gilt ebenso bei einem Antrag auf Verfahrenskostenhilfe für eine beabsichtigte Beschwerde (§ 64 Abs. 1 FamFG). Das Verfahren ist nach Eingang beim Amtsgericht unverzüglich dem Beschwerdegericht zuzuleiten. Bei Einlegung der Beschwerde gilt das **Abhilfeverbot** des § 68 Abs. 1 Satz 2 FamFG nach zutreffender (ganz herrschender) Meinung **auch für die einstweilige Anordnung**, da es sich bei ihr um eine Endentscheidung i.S.d. §§ 38, 58 FamFG handelt.[31]

2. Form und Frist

10 Im Beschwerdeverfahren besteht **kein Anwaltszwang** (§ 114 Abs. 4 Nr. 1 FamFG); die Beschwerde kann nicht nur durch Einreichung einer Beschwerdeschrift, sondern auch zur Niederschrift der Geschäftsstelle eingelegt werden (§ 64 Abs. 2 Satz 1 und 2 FamFG). Sie muss die Bezeichnung des angefochtenen Beschlusses enthalten und zumindest erkennen lassen, dass gegen diesen Beschwerde eingelegt wird; schließlich ist sie vom Beschwerdeführer oder seinem Bevollmächtigten zu unterzeichnen (§ 64 Abs. 2 Satz 3 und 4 FamFG). Die Beschwerde soll auch begründet werden (§ 65 Abs. 1 FamFG); ein Begründungszwang besteht jedoch nicht.

Die **Beschwerdefrist** beträgt in Abweichung von der Regelfrist des § 63 Abs. 1 FamFG wegen des Eilcharakters des Verfahrens der einstweiligen Anordnung nur **zwei Wochen** (§ 63 Abs. 2 Nr. 1 FamFG), unabhängig davon, ob dem Antrag stattgegeben oder dieser zurückgewiesen wurde. Sie beginnt mit der **schriftlichen Bekanntgabe der Anordnungsentscheidung** (§ 63 Abs. 3 FamFG), spätestens jedoch fünf Monate nach ihrem Erlass (§ 63 Abs. 3 Satz 2 FamFG).

3. Beschwerdebefugnis

11 Nach § 59 Abs. 1 FamFG ist beschwerdebefugt, wer durch den Beschluss **in seinen Rechten beeinträchtigt** ist; daher kommt es nicht auf eine (ggf. versehentlich unterbliebene) förmliche Beteiligung am Verfahren erster Instanz an.[32] Die **Beschwerdebefugnis** erstreckt sich auch auf **Nebenentscheidungen** wie die **Kostengrundentscheidung**,[33] aber auch auf zur Durchführung der Entscheidung getroffene **ergänzende Anordnungen** nach § 49 Abs. 2 Satz 3 FamFG. Voraussetzung für die Anfechtbarkeit ist allerdings stets eine vorherige **mündliche Erörterung**.[34]

---

29 BeckOK-FamFG/*Schlünder* ,FamFG § 57 Rn. 15
30 Musielak/Borth/Frank/*Frank*, FamFG § 64 Rn. 1; Ausnahmen sehen §§ 72 Abs. 1 Satz 2, 119 Abs. 1 Nr. 1b GVG für Rechtsmittel in Freiheitsentziehungssachen und in Betreuungssachen vor
31 MüKo-FamFG/*Soyka*, FamFG § 57 Rn. 10; Bumiller/Harders/Schwamb/*Bumiller*, FamFG § 68 Rn. 1; Johannsen/Henrich/Althammer/*Althammer*, FamFG § 68 Rn. 3; Zöller/*Feskorn*, FamFG § 68 Rn. 2; a.A.: OLG Hamm FamRZ 2011, 234; Sternal/*Sternal*, FamFG § 68 Rn. 33
32 BT-Drs. 16/6308, 204; BGH FamRZ 2013, 1035
33 Vgl. OLG Frankfurt a. M., Beschl. v. 26.6.2014 – 1 WF 48/14, BeckRS 2014, 17019; OLG Dresden FamRZ 2016, 318; OLG Bremen FamRZ 2022, 1125; Sternal/*Giers*, FamFG § 57 Rn. 3
34 KG FamRZ 2014, 1929; OLG Koblenz FamRZ 2014, 496

Nach diesen Grundsätzen steht dem nicht sorgeberechtigten Vater, bei dem das Kind lebt, gegen eine Entscheidung, mit der der bislang allein sorgeberechtigten Mutter das Sorgerecht teilweise entzogen und auf einen Ergänzungspfleger übertragen worden ist, eine Beschwerdebefugnis mangels Beschwer nicht zu. Das Gleiche gilt, wenn die elterliche Sorge nach vorläufiger Übertragung der elterlichen Sorge auf einen Dritten wieder auf die Mutter zurückübertragen wird.[35]

▶ *Näher zur Beschwerdebefugnis Kischkel, Kommentierung zu § 59 FamFG.*

Die Entscheidung über einen Antrag auf Bewilligung von **Verfahrenskostenhilfe** für das Eilverfahren ist nach Satz 1 unanfechtbar, wenn die Zurückweisung mangels hinreichender Erfolgsaussichten in der Hauptsache erfolgt.[36] Denn der Rechtsmittelzug im Verfahrenskostenhilfeverfahren kann grundsätzlich nicht weiter gehen als derjenige in der Hauptsache.[37] Die sofortige Beschwerde gegen die Versagung von Verfahrenskostenhilfeverfahren mangels Erfolgsaussicht ist daher nicht nur dann unzulässig, wenn die Hauptsacheentscheidung unanfechtbar wäre, sondern auch dann, wenn es sich um ein einstweiliges Anordnungsverfahren handelt, dessen Gegenstand nicht zu den Katalogverfahren des § 57 Satz 2 FamFG zählt. Daraus folgt im Umkehrschluss, dass die sofortige Beschwerde gegen eine die Bewilligung der Verfahrenskostenhilfe wegen mangelnder Erfolgsaussichten ablehnende Entscheidung in einem Katalogverfahren nach § 57 Satz 2 FamFG statthaft ist. Dies gilt auch dann, wenn noch keine mündliche Erörterung stattgefunden hat.[38] 12

IV. Isolierte Anfechtung der Kostenentscheidung

Für Eilentscheidungen **in Angelegenheiten der freiwilligen Gerichtsbarkeit** ist grundsätzlich von einer isolierten Anfechtbarkeit der Kostenentscheidung auszugehen,[39] erneut jedoch mit Ausnahme der Fälle, in denen auch die Hauptsache nicht anfechtbar wäre (§ 57 Satz 1 FamFG, z.B. in Umgangssachen).[40] 13

Hat das Amtsgericht im Verfahren der einstweiligen Anordnung **ohne mündliche Erörterung entschieden**, ist die Kostenentscheidung auch in den Katalogsachen des § 57 Satz 2 FamFG nicht isoliert anfechtbar. Dasselbe gilt für den Fall der **Erledigung oder Antragsrücknahme**, auch wenn anschließend noch (nur) über die Kosten mündlich verhandelt wurde.[41]

Wenn eine einstweilige Anordnung während des Beschwerdeverfahrens **außer Kraft tritt**, kann der Beschwerdeführer sein Rechtsmittel auf den **Kostenpunkt** beschränken.[42] Die Kostenbeschwerde ist innerhalb der Zwei-Wochen-Frist des § 63 Abs. 2 Nr. 1 FamFG einzulegen.[43]

35 Vgl. KG FamRZ 2014, 1317
36 Prütting/Helms/*Dürbeck*, § 57 FamFG Rn. 15
37 Vgl. BGH FamRZ 2013, 1326; OLG Hamm FamRZ 2010, 1467
38 OLG Frankfurt a. M. FamRZ 2014, 676; OLG Bremen FamRZ 2013, 1916
39 BGH FamRZ 2013, 1876; Prütting/Helms/*Dürbeck*, § 57 Rn. 21
40 OLG Hamburg FamRZ 2022, 877
41 OLG Nürnberg, Beschl. v. 18.9.2015 – 7 WF 1073/15, BeckRS 2015, 128856 = FF 2016, 42 (Ls.); OLG Frankfurt FamRZ 2014, 593; FamRZ 2013, 569
42 KG FamRZ 2012, 1323
43 OLG Hamburg FamRZ 2022, 877; Prütting/Helms/*Dürbeck*, § 57 Rn. 22

Abschnitt 5
Rechtsmittel

Unterabschnitt 1
Beschwerde

§ 58 FamFG
Statthaftigkeit der Beschwerde

(1) Die Beschwerde findet gegen die im ersten Rechtszug ergangenen Endentscheidungen der Amtsgerichte und Landgerichte in Angelegenheiten nach diesem Gesetz statt, sofern durch Gesetz nichts anderes bestimmt ist.

(2) Der Beurteilung des Beschwerdegerichts unterliegen auch die nicht selbständig anfechtbaren Entscheidungen, die der Endentscheidung vorausgegangen sind.

Übersicht

A. Allgemeines

1 § 58 FamFG sieht für alle im ersten Rechtszug ergangenen **Endentscheidungen** der Familiengerichte grundsätzlich das Rechtsmittel einer befristeten **Beschwerde** vor.

Abs. 1 und 2[1] bestimmen im Grundsatz, dass

1. **Endentscheidungen** der Familiengerichte mit der **Beschwerde nach §§ 58 ff. FamFG** anfechtbar sind, soweit dies für das betreffende Verfahren nicht durch das Gesetz ausgeschlossen ist,

und dass

2. **Zwischenentscheidungen** grundsätzlich **nicht selbstständig anfechtbar** sind, sondern nur zusammen mit der Endentscheidung vom Beschwerdegericht überprüft werden können (Abs. 2), soweit sie nicht – durch das FamFG ausdrücklich normiert – mit der
3. **sofortigen Beschwerde nach §§ 567 ff. ZPO** selbstständig angefochten werden können (vgl. Rn. 9).

2 Zusammen mit der Entscheidung in der Hauptsache getroffene **Nebenentscheidungen** (z.B. die **Kostengrundentscheidung** oder die Anordnung der sofortigen Wirksamkeit) sind

---

1 Vgl. ausführlich *Fischer*, FuR 2014, 645; 2014, 700; 2015, 28

entgegen der Gesetzesbegründung[2] grundsätzlich nicht den Zwischenentscheidungen des § 58 Abs. 2 FamFG gleichzustellen, da sie der Endentscheidung nicht vorausgehen und der Gesetzgeber insbesondere hinsichtlich der Anfechtbarkeit der Kostenentscheidung bewusst auf einen Ausschluss, wie nach § 20a Abs. 1 Satz 1 FGG a.F., § 99 ZPO, verzichtet hat.[3] Hier ist für die Frage der Anfechtbarkeit je nach Einzelfall zu differenzieren (vgl. Rn. 6 ff.).

B. Inhalt der Norm

I. Anfechtbarkeit von Endentscheidungen (Abs. 1)

1. Endentscheidungen in Hauptsacheverfahren

Endentscheidungen in Hauptsacheverfahren sind in Kindschaftssachen grundsätzlich mit der Beschwerde nach §§ 58 ff. FamFG anfechtbar. Es handelt sich dabei um solche gerichtlichen **Beschlüsse**, durch die der Verfahrensgegenstand **im ersten Rechtszug ganz oder teilweise erledigt** wird (§ 38 Abs. 1 Satz 1 FamFG). Dies schließt auch Entscheidungen im Verfahren der einstweiligen Anordnung ein, weil es sich dabei nach § 51 Abs. 3 Satz 1 FamFG um ein selbstständiges Verfahren handelt. Aus dem Bereich der Kindschaftssachen (Umgangs- und Sorgerechtsverfahren) zählen zu den Endentscheidungen u.a. auch Entscheidungen über die Einbenennung eines Kindes (§ 1617e BGB),[4] die Übertragung der Entscheidungsbefugnis auf einen Elternteil gemäß § 1628 Abs. 1 BGB sowie die (ggf. teilweise) Übertragung der elterlichen Sorge nach §§ 1678 Abs. 2, § 1680 f. BGB auf einen Elternteil zur alleinigen Ausübung,[5] aber auch die Anordnung einer Ergänzungspflegschaft,[6] die Genehmigung der Unterbringung eines Kindes gemäß § 1631b BGB und Maßnahmen nach §§ 1666, 1666a BGB[7] sowie schließlich der Erlass einer Verbleibensanordnung nach § 1632 Abs. 3, 4 BGB.[8] 3

Weil ein Teil des Verfahrensgegenstandes mit ihnen erledigt wird, sind auch **Teilbeschlüsse**, die nach § 38 Abs. 1 Satz 1 FamFG auch in Nichtstreitsachen grundsätzlich zulässig sind – in Kindschaftssachen aber so gut wie nicht vorkommen[9] – selbstständig anfechtbar. Gleiches gilt für **Ergänzungsbeschlüsse** i.S.v. § 43 Abs. 1 FamFG, sofern auch gegen die zu ergänzende Endentscheidung ein Rechtsmittel statthaft ist.[10] Anfechtbar ist in von Amts wegen geführten Verfahren nach § 24 FamFG, in denen ein „Antrag" als Anregung zur Einleitung eines Verfahrens zu verstehen ist, die **Ablehnung der Verfahrenseinleitung** durch das Familiengericht, da es sich aus Sicht der Betroffenen um eine Endentscheidung handelt.[11] Selbstständig anfechtbar sind in Familiensachen der freiwilligen Gerichtsbarkeit – inzwischen unstreitig (Vgl. dazu Rn. 5) – auch mit der Hauptentscheidung ergangene (dann als Nebenentscheidung) oder isolierte **Kostenentscheidungen** (dann als Endentscheidung) (vgl. Rn. 2 und Rn. 6 f.).

---

2 BT-Drs. 16/6308, 162, 203
3 BT-Drs. 16/6308, 216; vgl. PK Familienverfahrensrecht/*Finke*, § 58 FamFG Rn. 7 ff.
4 BGH FamRZ 2002, 94
5 Musielak/Borth/Frank/*Frank*, FamFG § 58 Rn. 3
6 OLG Bamberg FamRZ 2005, 1500
7 Musielak/Borth/Frank/*Frank*, FamFG § 58 Rn. 3
8 Vgl. BVerfG FamRZ 2005, 783; OLG Hamm FamRZ 2005, 814
9 Hier gelten aber die strengen Voraussetzungen des § 301 ZPO entsprechend, wonach bei Teilbeschlüssen die Gefahr einander widersprechender Entscheidungen ausgeschlossen sein muss; vgl. OLG Frankfurt a. M. FamRZ 2023, 305; FamRZ 2022, 699; Sternal/*Jokisch*, FamFG § 38 Rn. 29
10 BGH Beschl. v. 3.2.2011 – V ZB 128/10, BeckRS 2011, 4823 = FGPrax 2011, 148; Sternal/*Jokisch*, FamFG § 43 FamFG 17
11 OLG Frankfurt a. M. NJW 2024, 2926; FamRZ 2024, 1039; FamRZ 2024, 1046; OLG Karlsruhe FamRZ 2024, 1041; vgl. auch BVerfG FamRZ 2016, 1917 Rn. 39

Ausgeschlossen ist die Anfechtbarkeit von Endentscheidungen in Kindschaftssachen bei der Adoption (§ 197 Abs. 3 Satz 1 FamFG) und bei der Befreiung vom Eheverbot (§ 198 Abs. 3 FamFG).

Obwohl das FamFG im Gegensatz zu Ehe- und Familienstreitsachen (§ 113 Abs. 1 Satz 2 FamFG, § 280 Abs. 2 ZPO) **Zwischenentscheidungen** über die Zulässigkeit eines Antrages bzw. Verfahrens nicht vorsieht,[12] sind vom Familiengericht in einem Verfahren der freiwilligen Gerichtsbarkeit getroffene Zwischenentscheidungen über die internationale Zuständigkeit zulässig und nach zutreffender Auffassung mit der Beschwerde gemäß § 58 Abs. 1 FamFG anfechtbar.[13]

Die Anfechtbarkeit von Endentscheidungen, die in rechtlich selbstständigen (§ 51 Abs. 3 Satz 1 FamFG) Verfahren der **einstweiligen Anordnung** nach §§ 49 ff. FamFG ergangen sind, ist dagegen eingeschränkt und richtet sich nach § 57 Satz 1 und 2 FamFG (vgl. Rn. 4).

Nach § 58 Abs. 1 FamFG in Kindschaftssachen anfechtbare Endentscheidungen sind auch **Festsetzungen der Vergütung des Vormunds oder Pflegers** nach §§ 168d, 292 Abs. 1, 3 bis 6 FamFG[14] oder des **Verfahrensbeistandes** nach §§ 158c Abs. 3 Satz 3, 292 Abs. 1, 3 bis 6 FamFG.[15] Denn sie beenden das Vergütungsfestsetzungsverfahren.

Auch die nach § 156 Abs. 2 FamFG von Familiengericht im Wege eines Beschlusses zu erteilende **Billigung einer Umgangsvereinbarung** ist – unbeschadet des früheren Meinungsstreits über die Form der Billigung (siehe näher hierzu *Wegener*, § 156 FamFG Rn. 72) – als Endentscheidung nach § 58 Abs. 1 FamFG anfechtbar, da erst sie den Titel nach § 86 Abs. 1 Nr. 2 FamFG vollstreckbar macht.[16] Nicht anfechtbar ist dagegen die **Verweigerung der Billigung** des Vergleichs, da damit das Verfahren gerade nicht erledigt wird.[17] Selbstständig anfechtbar ist aber die **Erteilung oder Verweigerung des gerichtlichen Warnhinweises** nach § 89 Abs. 2 FamFG in einem Umgangsbeschluss.[18] Auch eine auf § 1684 Abs. 3 Satz 2 BGB oder (zu Unrecht) auf § 156 Abs. 1 Satz 4 FamFG gestützte **Beratungsanordnung** in einer Endentscheidung ist selbstständig anfechtbar, obwohl sie nach § 156 Abs. 1 Satz 5 FamFG analog nicht vollstreckbar ist.[19]

Selbstständig als Endentscheidungen anfechtbar sind auch die **Anordnung oder Ablehnung einer Pflegschaft** sowie die Bestellung oder Auswechslung eines Ergänzungspflegers[20] und die Anordnung einer Umgangspflegschaft,[21] nicht aber die **Bestellung eines Verfahrensbeistands** (§ 158 Abs. 5 FamFG).[22] Eine Ausnahme besteht bei der Bestellung eines Verfahrensbeistands aber dann, wenn diese durch den Rechtspfleger erfolgt ist. Hier ist die Erinnerung nach § 11 Abs. 2 RPflG vorrangig,[23] die sofortige Beschwerde zum OLG findet nicht statt.[24]

12 A.A. Sternal/*Göbel*, FamFG § 58 Rn. 16, 17, § 58 FamFG Rn. 17: § 280 Abs. 2 ZPO analog
13 OLG Stuttgart FamRZ 2014, 1930 (Sorgerecht zur Brüssel IIa-VO) mit weiteren Einzelheiten; *Dimmler*, FamRB 2023, 388, 391
14 OLG Frankfurt FamRZ 2013, 894; Sternal/*Göbel*, FamFG § 58 Rn. 22
15 OLG Frankfurt FamRZ 2010, 666; Sternal/*Göbel*, FamFG § 58 Rn. 22
16 BGH FamRZ 2019, 1616; OLG Frankfurt a. M. FamRZ 2019, 214; OLG Hamm FamRZ 2015, 273; *Hammer*, FamRZ 2011, 1268; *Cirullies*, ZKJ 2011, 448, 450; vgl. aber zur Anfechtbarkeit der Billigung im Eilverfahren OLG Karlsruhe FamRZ 2024, 1560 = NZFam 2024, 940 m. Anm. *Kischkel*
17 OLG Frankfurt a. M. FamRZ 2011, 394
18 BVerfG FamRZ 2011, 957; BGH FamRZ 2019, 1616; OLG Köln FamRZ 2011, 574
19 KG FamRZ 2019, 982
20 MüKo-FamFG/*A. Fischer*, § 58 Rn. 23
21 OLG Celle FamRZ 2011, 574; MüKo-FamFG/*A. Fischer*, § 58 Rn. 13, nicht aber im Eilverfahren, vgl. § 57 Satz 1 und 2 FamFG
22 BGH FamRZ 2017, 979 m. Anm. *Zorn*
23 BGH FamRZ 2017, 979 m. Anm. *Zorn;* Sternal/*Schäder*, FamFG § 158 Rn. 43
24 Vgl. *Dürbeck*, ZKJ 2018, 390; a.A. OLG München FamRZ 2018, 1003

Soweit der **Rechtspfleger** nach § 3 Nr. 2a RPflG funktionell für eine Kindschaftssache zuständig ist, findet gegen seine Endentscheidungen über **§ 11 Abs. 1 RPflG** ebenfalls die Beschwerde nach §§ 58 ff. FamFG unmittelbar zum OLG statt. Kann gegen die Entscheidung des Rechtspflegers ein Rechtsmittel nicht eingelegt werden, ist nach § 11 Abs. 2 Satz 1 RPflG die **Erinnerung** statthaft, über die der Familienrichter des ersten Rechtszugs nach § 11 Abs. 2 Satz 3 RPflG zu entscheiden hat. Nach Auffassung des BGH ist die Voraussetzung „kann nicht eingelegt werden" weit auszulegen und nicht nur dann zu bejahen, wenn kein Rechtsmittel stattfindet (z.B. bei einer Entscheidung des Rechtspflegers über einstweilige Anordnung im Verfahren nach § 1686 BGB, vgl. § 57 Satz 1 FamFG), sondern auch, wenn es sonst nicht zulässig ist, z.B. weil der Betroffene nicht beschwert i.S.d. § 59 FamFG ist.[25] 4

▶ *Näher hierzu Heilmann, § 11 RPflG Rn. 12 ff.*

2. Endentscheidungen in Verfahren der einstweiligen Anordnung

Eingeschränkt ist die Statthaftigkeit der Beschwerde nach §§ 58 ff. FamFG aber bei Endentscheidungen, die im **einstweiligen Anordnungsverfahren** nach §§ 49 ff. FamFG getroffen wurden. Hier ist die Beschwerde nach § 57 Satz 1 FamFG grundsätzlich nicht statthaft, soweit sich nicht nach Satz 2 Ausnahmen ergeben. Ohne Einschränkungen ist nach § 57 Satz 2 FamFG die Beschwerde in Kindesunterbringungssachen nach § 151 Nr. 6 und 7 FamFG statthaft, auch ohne vorherige mündliche Erörterung. In Kindschaftssachen findet nach § 57 Satz 2 Nr. 1 bis 3 FamFG die Beschwerde gegen Endentscheidungen in **Sorgerechtsangelegenheiten** (Nr. 1), über die **Herausgabe des Kindes an einen Elternteil** (Nr. 2, **nicht** an einen sonstigen Dritten, wie das Jugendamt als Vormund oder Pfleger[26]) und über einen Antrag auf **Verbleib des Kindes bei einer Pflege- oder Bezugsperson** (Nr. 3) statt, aber nur unter der Einschränkung, dass bereits eine **mündliche Erörterung** mit den Beteiligten stattgefunden hat (siehe näher hierzu *Kischkel*, § 57 FamFG Rn. 2). Damit ist die Beschwerde im einstweiligen Anordnungsverfahren insbesondere in allen Umgangssachen nach § 151 Nr. 2 FamFG und Vormundschafts- und Pflegschaftssachen nach § 151 Nr. 4 und 5 FamFG ausgeschlossen, was bei Umgangssachen in der Praxis immer noch häufig, auch von Rechtsanwälten und Jugendämtern, übersehen wird.[27] Unanfechtbar nach § 57 Satz 1 FamFG ist auch die Anordnung einer Umgangspflegschaft nach § 1684 Abs. 3 Satz 3 BGB im Wege einstweiliger Anordnung.[28] 5

3. Kostenentscheidungen

(a) Die Beschwerde ist nach heute einhelliger Auffassung auch statthaft gegen **Kostenentscheidungen**,[29] sei es, dass sie **isoliert** ergangen sind, z.B. nach Antragsrücknahme in nicht 6

---

25 BGH FamRZ 2013, 1380: Großeltern bei der Auswahl des Vormunds; Sternal/*Göbel*, FamFG Anh. § 58 Rn. 2

26 OLG Düsseldorf FamRZ 2020, 1180; OLG Oldenburg FamRZ 2014, 1929; OLG Saarbrücken FamRZ 2013, 1153

27 Allerdings will der Gesetzgeber diesem Missstand durch eine Ergänzung des Katalogs des § 57 Satz 2 FamFG abhelfen. Der Referentenentwurf eines Gesetzes zur Verbesserung des Schutzes von gewaltbetroffenen Personen im familiengerichtlichen Verfahren, zur Stärkung des Verfahrensbeistands und zur Anpassung sonstiger Verfahrensvorschriften des BMJ vom Juli 2024 sieht vor, dass Eilentscheidungen über den vollständigen Ausschluss des Umgangs des Kindes mit einem Elternteil künftig anfechtbar sein sollen, sofern dieser nicht nur auf eine kurze und vorübergehende Aussetzung des Umgangs beschränkt ist; online abrufbar unter https://www.bmj.de/SharedDocs/Downloads/DE/Gesetzgebung/RefE/RefE_FamFG_Aend.pdf?__blob=publicationFile&v=2 (Abruf am: 11.7.2025).

28 OLG Frankfurt a. M. NZFam 2024, 1036 m. Anm. *Frank;* OLG Hamm NJOZ 2013, 1201; *Heilmann*, FamRZ 2014, 1753, 1755; 2012, 16, 21

29 BGH FamRZ 2011, 1933; Sternal/*Göbel*, FamFG § 58 Rn. 117; Zöller/*Herget*, § 81 Rn. 14; vgl. ausführlich *Götsche*, FuR 2012, 510

amtswegigen Verfahren, oder aber als Nebenentscheidung einer Entscheidung über die Hauptsache (vgl. Rn. 2). Streitig war hier vor allem die Frage, ob auch bei der Anfechtung der Kostenentscheidung in einer nichtvermögensrechtlichen Familiensache die **Mindestbeschwerdesumme** von § 61 Abs. 1 FamFG erreicht sein muss (siehe näher hierzu *Kischkel*, § 61 FamFG Rn. 5 f.) und ob die Überprüfung einer Kostenentscheidung durch das OLG wegen des **Ermessensspielraumes** des Familienrichters eingeschränkt ist (siehe näher hierzu *Kischkel*, § 68 FamFG Rn. 19).

7 **(b)** Eine Ausnahme gilt hier allerdings dann, wenn die **Hauptsache selbst nicht anfechtbar** ist oder es bei einer isolierten Kostenentscheidung nicht wäre, da der Rechtszug bei einer Nebenentscheidung nicht weiter gehen kann, als bei der ihr zugrundeliegenden Sachentscheidung.[30] Dies folgt aus dem Rechtsgedanken der §§ 127 Abs. 2 Satz 2, 91a Abs. 2 ZPO.[31] Damit entfällt zunächst die Anfechtbarkeit aller Kostenentscheidungen in **einstweiligen Anordnungsverfahren**, die unter § 57 Satz 1 FamFG fallen (Umgangs-, Vormundschafts- und Pflegschaftssachen).[32] Ebenfalls unanfechtbar ist die Kostenentscheidung in einer grundsätzlich nach § 57 Satz 2 Nr. 1 bis 3 FamFG anfechtbaren Kindschaftssache dann, sofern noch keine mündliche Erörterung stattgefunden hat[33] oder sie, z.B. nach Erledigung oder Antragsrücknahme, isoliert nach mündlicher Erörterung ergangen ist.[34] Ist die Kostenentscheidung zusammen mit der Endentscheidung in der Sache ergangen, besteht aber kein Grund, die Statthaftigkeit der gesonderten Anfechtung der Kostenentscheidung zu verneinen.[35] Ist die Kostenbeschwerde nicht statthaft, vermag auch eine fälschlich erteilte Rechtsmittelbelehrung, die auf eine vermeintlich zulässige Beschwerde verweist, an der fehlenden Statthaftigkeit nichts zu ändern, da eine unrichtige Rechtsbehelfsbelehrung einen gesetzlich nicht vorgesehenen Rechtsweg nicht eröffnen kann.[36]

8 **(c)** Schließlich sind auch im **Vollstreckungsverfahren** nach §§ 87 Abs. 5, 81 ff. FamFG ergangene Kostenentscheidungen – wie die Hauptentscheidung selbst – isoliert mit dem Rechtsmittel der sofortigen Beschwerde nach § 87 Abs. 4 FamFG, § 567 ff. ZPO anfechtbar,[37] so dass nach § 567 Abs. 2 ZPO der Beschwerdewert von 200 EUR erreicht sein muss.

C. Anfechtbarkeit von Zwischenentscheidungen

I. Systematik

9 Aus § 58 Abs. 1 und 2 FamFG kann der Grundsatz entnommen werden, dass der Endentscheidung vorausgegangene **Zwischenentscheidungen**, die – materiell als verfahrensleitende Verfügungen zu qualifizieren – nur dazu dienen, die Endentscheidung vorzubereiten,[38] nur dann selbständig anfechtbar sind, wenn das Gesetz dies ausdrücklich zulässt.[39] Soweit dies der Fall ist, verweist das FamFG im Regelfall auf die Statthaftigkeit der **sofortigen Beschwerde nach §§ 567 ff. ZPO** (vgl. Rn. 12).

30 BGH NJW-RR 2003, 1075; OLG Frankfurt a. M. BeckRS 2012, 10146; KG BeckRS 2010, 30434; Prütting/Helms/*Dürbeck*, § 57 FamFG Rn. 21; a.A.: *Keske*, FPR 2010, 339, 340
31 OLG Hamburg FamRZ 2022, 877
32 OLG Hamburg FamRZ 2022, 877; OLG Frankfurt a. M. Beschl. v. 24.1.2012 – 3 UF 495/11, BeckRS 2012, 10146; OLG München FamRZ 2011, 496; *Götsche*, FuR 2012, 510, 515
33 OLG Frankfurt a. M. NZFam 2016, 276; FamRZ 2013, 569; OLG Koblenz FamRZ 2014, 1930; Prütting/Helms/*Dürbeck*, § 57 FamFG Rn. 22
34 OLG Dresden FamRZ 2016, 318; KG NZFam 2014, 750; OLG Frankfurt a. M. FamRZ 2014, 593; 2013, 569
35 OLG Frankfurt a. M. NZFam 2015, 517; Prütting/Helms/*Dürbeck*, § 57 FamFG Rn. 22
36 BGH FGPrax 2011, 320; NJW-RR 2007, 1071; OLG Koblenz FamRZ 2022, 198; OLG Frankfurt a. M. FamRZ 2014, 593; Sternal/*Jokisch*, FamFG § 39 Rn. 18
37 BGH FamRZ 2011, 1729; OLG Hamm FamRZ 2010, 1838; *Keske*, FPR 2010, 339, 340 f.
38 MüKo-FamFG/*A. Fischer*, § 58 Rn. 49
39 BGH FamRZ 2015, 743; FamRZ 2011, 282; Sternal/*Göbel*, § 58 FamFG Rn. 26

II. Unanfechtbare Zwischenentscheidungen

Kraft ausdrücklicher gesetzlicher Bestimmung sind **Zwischenentscheidungen** – soweit sie für Kindschaftssachen und in der Praxis relevant sind – **nicht anfechtbar,** wenn sie folgende Gegenstände betreffen: 10

- die **Zuständigkeitsbestimmung** durch das OLG (§ 5 Abs. 3 FamFG),
- die einem **Ablehnungsgesuch wegen Befangenheit stattgebenden Entscheidung** (§ 6 Abs. 1 Satz 1 FamFG, § 46 Abs. 2 ZPO – Richter – bzw. § 30 Abs. 1 FamFG, § 406 Abs. 5 ZPO – Sachverständiger –),
- die **Zurückweisung eines nicht vertretungsberechtigten Bevollmächtigten** (§ 10 Abs. 3 Satz 1 FamFG),
- die **Zurückweisung eines Fristverlängerungsantrags** (§ 16 Abs. 2 FamFG, § 225 Abs. 3 ZPO)
- **Beweisbeschlüsse** (§ 30 Abs. 1 FamFG, § 355 Abs. 2 ZPO);[40] dies gilt auch dann, wenn sie die Einholung eines medizinischen oder psychologischen Sachverständigengutachtens anordnen[41] (vgl. aber die Möglichkeit der Einleitung eines Zwischenverfahrens nach §§ 167a Abs. 3, 178 Abs. 2 FamFG, § 386 ff. ZPO für den Fall der Einholung eines Abstammungsgutachtens[42]). Eine Ausnahme ist aber geboten, wenn durch eine richterliche Zwischenentscheidung, die sich als objektiv willkürlich darstellt, in existentieller Weise in höchstpersönliche Rechte des Betroffenen eingegriffen wird.[43] Nach der Neuregelung der Frage der Anhörung der Beteiligten bei der Auswahl der Person des Sachverständigen in § 404 Abs. ZPO kann die Anfechtbarkeit eines Beweisbeschlusses in Kindschaftssachen nicht mehr auf eine Verletzung des rechtlichen Gehörs gestützt werden.[44] Gleichwohl verlangt das BVerfG für Verfassungsbeschwerden, die sich gegen erstinstanzliche Beweisbeschlüsse richten, unter dem Aspekt der Ausschöpfung des Rechtswegs deren vorherige Anfechtung.[45]
- **Wiedereinsetzung** (§ 19 Abs. 2 FamFG, vgl. aber Abs. 3),
- Anberaumung eines Termins, Aufhebung oder Verlegung eines gerichtlichen **Termins** (§ 32 Abs. 1 FamFG, § 227 Abs. 4 Satz 2 ZPO),
- Ablehnung einer **Beschlussberichtigung** (§ 42 Abs. 3 Satz 1 FamFG),
- Verwerfung oder Zurückweisung einer **Gehörsrüge** (§ 44 Abs. 4 Satz 3 FamFG),
- Entscheidungen über die **Aussetzung oder Beschränkung der Vollstreckung einer einstweiligen Anordnung** nach § 55 Abs. 1 Satz 2 FamFG,
- Übertragung des Beschwerdeverfahrens auf den **Einzelrichter** oder **Rückübertragung** auf den Senat (§ 68 Abs. 4 FamFG i.V.m. § 526 Abs. 3 ZPO),[46]
- **Abtrennung** einer Kindschaftsfolgesache gemäß § 140 Abs. 2 Nr. 3 FamFG aus dem **Scheidungsverbund** (§ 140 Abs. 6 FamFG),

40 OLG Frankfurt a. M. FamRZ 2015, 1521; OLG Koblenz FamRZ 2013, 798

41 BGH FamRZ 2008, 774 m. Anm. *Bienwald;* OLG Frankfurt a. M. FamRZ 2015, 1521; OLG Braunschweig FGPrax 2004, 281

42 Vgl. BVerfG, Beschl. v. 24.3.2014 – 1 BvR 734/14, BeckRS 2014, 49409 = FuR 2014, 708, für ein Verfahren nach § 1686a BGB

43 Vgl. OLG Frankfurt a. M. FamRZ 2018, 453; FamRZ 2015, 1521 (Anordnung einer ärztlichen Alkoholuntersuchung in Sorgerechtssachen); OLG Nürnberg FamRZ 2014, 677; OLG Köln MDR 2013, 286; Sternal/*Schäder,* FamFG § 163 Rn. 12

44 So aber noch zur früheren Rechtslage OLG Frankfurt a. M. FamRZ 2016, 1799

45 BVerfG NJW 2019, 987 = FamRZ 2019, 548

46 BT-Drs. 16/6308, 204

- Anordnung der **Teilnahme an einer Mediation oder Erziehungsberatung** (§ 156 Abs. 1 Satz 5 FamFG),
- Bestellung eines **Verfahrensbeistands** bzw. deren Aufhebung oder Ablehnung (§ 158 Abs. 3 Satz 4 FamFG),
- **Abgabe einer Kindschaftssache** an das Gericht der Ehesache (§ 153 Satz 1 und 2 FamFG, § 281 Abs. 2 Satz 2 ZPO),
- **Feststellung des Scheiterns eines Umgangsvermittlungsverfahrens** (§ 165 Abs. 5 Satz 1 FamFG).

11 Ohne ausdrückliche Regelung nicht anfechtbare Entscheidungen sind ferner die im Beschwerdeverfahren ergangenen oder abgelehnten einstweiligen Anordnungen des OLG, z.B. über die **Aussetzung der Vollstreckung** nach § 64 Abs. 3 FamFG, **Verbindungs- und (sonstige) Abtrennungsbeschlüsse** (vgl. § 20 FamFG)[47] sowie Entscheidungen nach § 55 FamFG über die **Vollstreckung von einstweiligen Anordnungen**.[48] Gleiches gilt für **verfahrensbegleitende Anordnungen**, wie z.B. über die **persönliche Anhörung** der Beteiligten oder sonstiger Personen und auch Fragen der Versagung oder Gewährung von **Akteneinsicht** gegenüber Beteiligten während des laufenden Verfahrens nach § 13 FamFG (vgl. § 13 Abs. 4 Satz 3 FamFG).[49] Betrifft die Entscheidung über ein Akteneinsichtsgesuch aber **während des laufenden Verfahrens** nicht formell beteiligte Dritte (wie z.B. Groß- oder Pflegeeltern), handelt es sich nach heute wohl h.M. bei den betreffenden Entscheidungen der Familiengerichte nicht um Justizverwaltungsakte, sondern um selbstständig nach § 58 FamFG anfechtbare gerichtliche Endentscheidungen.[50]

▶ *Näher hierzu Köhler, § 13 FamFG Rn. 12.*

Anfechtbar sind in Familiensachen der freiwilligen Gerichtsbarkeit auch Entscheidungen, die die **Bekanntgabe von Beschlüssen** betreffen oder Verfügungen gemäß § 15 FamFG, wie z.B. die Anordnung der **öffentlichen Zustellung** nach § 15 Abs. 2 FamFG, § 185 ZPO, obgleich dort ein Verweis auf § 567 Abs. 1 Nr. 2 ZPO fehlt.[51]

III. Anfechtbare Zwischenentscheidungen

12 Zwischenentscheidungen des Familiengerichts sind auch in Kindschaftssachen dann mit dem Rechtsmittel der **sofortigen Beschwerde nach §§ 567 ff. ZPO** anfechtbar, wenn das FamFG dies ausdrücklich anordnet. Dies gilt aber nicht für Zwischenentscheidungen des **OLG** im Beschwerdeverfahren, da § 567 Abs. 1 ZPO die sofortige Beschwerde nur **gegen erstinstanzliche Entscheidungen** eröffnet.

1. Praktisch relevante Fälle

13 In der familiengerichtlichen Praxis ergehende anfechtbare Zwischenentscheidungen von besonderer Relevanz sind

- die ein **Ablehnungsgesuch** zurückweisende Entscheidung (§ 6 Abs. 2 FamFG – Richter – bzw. § 30 Abs. 1 FamFG, § 406 Abs. 5 ZPO – Sachverständiger –),
- die Zurückweisung eines Antrags auf **formelle Beteiligung** am Verfahren (§ 7 Abs. 5 S. 2 FamFG),

---

47 BT-Drs. 16/6308, 184
48 Sternal/*Giers*, § 53 FamFG Rn. 9
49 MüKo-FamFG/*Pabst*, § 13 Rn. 13; Sternal/*Sternal*, § 13 FamFG Rn. 79
50 BayObLG FamRZ 2020, 942; OLG Karlsruhe FamRZ 2022, 1867; OLG Frankfurt a. M., Beschl. v. 25.6.2019 – 5 UF 35/19, BeckRS 2019, 13209; OLG Düsseldorf FamRZ 2014, 1480; Sternal/*Sternal*, § 13 FamFG Rn. 84; Prütting/Helms/*Ahn-Roth*, § 13 FamFG Rn. 50
51 BGH NJW 2015, 1308; Sternal/*Sternal*, FamFG § 15 Rn. 77

- die **Aussetzung** des Verfahrens (§ 21 Abs. 2 FamFG),
- die Feststellung der Rechtmäßigkeit einer **Zeugnisverweigerung** oder der **Verweigerung der Mitwirkung an einem Abstammungsgutachten** in einem **Zwischenverfahren** (§§ 29 Abs. 2, 178 Abs. 2 Satz 1, 167a Abs. 3 FamFG[52], § 387 Abs. 3 ZPO),
- die Festsetzung eines **Ordnungsmittels** gegen einen nicht erschienenen **Beteiligten** (§ 33 Abs. 3 Satz 5 FamFG),
- die Festsetzung eines **Ordnungsmittels** gegen einen nicht erschienenen **Zeugen oder Sachverständigen** (§ 30 Abs. 1 FamFG, §§ 380 Abs. 3, 390 Abs. 3, 409 ZPO) – auch im Falle der Verweigerung des Zeugnisses oder Gutachtens,
- die Anordnung von **Zwangsmitteln** zur Durchsetzung einer Handlung oder eines Unterlassens aufgrund einer gerichtlichen Anordnung (§ 35 Abs. 5 FamFG),
- ein **Berichtigungsbeschluss** (§ 42 Abs. 3 Satz 2 FamFG),
- die Entscheidung über einen Antrag auf Bewilligung von **Verfahrenskostenhilfe** (§ 76 Abs. 2 FamFG, § 127 Abs. 2 ZPO; siehe näher hierzu *Gottschalk*, § 76 FamFG Rn. 37 ff.),
- die **Kostenfestsetzung** (§ 85 FamFG, § 104 Abs. 3 ZPO),
- Beschlüsse im **Vollstreckungsverfahren** (§ 87 Abs. 4 FamFG), z.B. gegen die Anordnung von Ordnungsmitteln wegen Verstoßes gegen eine Umgangsregelung.

2. Verfahren der sofortigen Beschwerde

Hinsichtlich des Verfahrens der sofortigen Beschwerde bei Entscheidungen im Rahmen der **Verfahrenskostenhilfe** kann auf die Ausführungen bei *Gottschalk*, § 76 FamFG Rn. 37 ff. Bezug genommen werden. 14

Für die anderen Rechtsmittelverfahren gegen Zwischenentscheidungen ergeben sich Besonderheiten im Vergleich zum Verfahren der **VKH-Beschwerde** nach § 76 Abs. 2 FamFG, § 127 Abs. 2 bis 4 ZPO nur insoweit, als die Frist der sofortigen Beschwerde nach § 569 Abs. 1 Satz 1 ZPO **zwei Wochen** (statt eines Monats) beträgt und das Familiengericht (abweichend von § 127 Abs. 4 ZPO) eine Entscheidung über die Kosten des Beschwerdeverfahrens zu treffen hat. Weiterhin muss in Kostensachen nach § 567 Abs. 2 ZPO ein Beschwerdewert von mehr als 200 EUR erreicht sein.

3. Rechtsschutz gegen unanfechtbare Zwischenentscheidungen

Ist gegen eine Zwischenentscheidung des Familiengerichts ein isoliertes Rechtsmittel nicht statthaft (hierzu Rn. 8), so unterliegt sie gemäß § 58 Abs. 2 FamFG grundsätzlich gleichwohl der **(inzidenten) Überprüfung** des Beschwerdegerichts, wenn es über die Endentscheidung zu befinden hat.[53] Soweit allerdings auch eine inzidente Überprüfung durch das Beschwerdegericht gesetzlich ausgeschlossen ist oder es um unanfechtbare Zwischenentscheidungen des OLG selbst geht, verbleiben den Betroffenen nur die **Gegenvorstellung** und auch die **Gehörsrüge** nach § 44 FamFG. Die Gegenvorstellung ist auch nach gesetzlicher Einführung der Gehörsrüge vom BVerfG für weiterhin statthaft erachtet worden, soweit die Entscheidung nicht der materiellen Rechtskraft fähig ist.[54] Wird mit ihr eine Verlet- 15

52 Vgl. dazu BVerfG FamRZ 2015, 212, zur Anfechtung einer Zwischenentscheidung zur Anordnung einer Abstammungsuntersuchung im Rahmen von § 167a FamFG
53 Vgl. BGH FGPrax 2011, 101; BeckOK FamFG/*Obermann*, FamFG § 58 Rn. 73
54 Vgl. BVerfG NJW 2009, 829; NJW-RR 2007, 1654 Rn. 5 unter Hinweis auf BT-Drs. 15/3706, 14

zung rechtlichen Gehörs gerügt, ist sie innerhalb der **zweiwöchigen Frist** analog § 44 Abs. 1 Satz 1 FamFG einzulegen.[55]

Die **Gehörsrüge** nach § 44 FamFG ist nach dem Wortlaut und auch aus verfassungsrechtlichen Gründen[56] nicht beschränkt auf Endentscheidungen, so dass sie grundsätzlich auch auf nicht mehr anfechtbare Zwischenentscheidungen, wie VKH-Beschlüsse,[57] anzuwenden ist. Sie gilt aber nicht für Zwischenentscheidungen, die nach § 58 Abs. 2 FamFG noch mit der Endentscheidung überprüft werden können, wie z.B. Beweisbeschlüsse[58] oder Beschlüsse zur Überprüfung der Verfahrensfähigkeit eines Beteiligten.[59] Ist die Gehörsrüge in der Sache **begründet**, ist das Verfahren nach § 44 Abs. 1 und 5 FamFG **fortzuführen**. Ist sie **unzulässig oder unbegründet**, ist sie nach Maßgabe von § 44 Abs. 4 FamFG durch unanfechtbaren Beschluss kostenpflichtig (vgl. Nr. 1800 KV FamGKG: 72 EUR) zu **verwerfen oder zurückzuweisen**.

4. Rechtsschutz gegen die Untätigkeit der Familiengerichte

16 Gerade in Kindschaftssachen, in denen auch wegen des kindlichen Zeitempfindens ein besonderes Bedürfnis[60] für eine besondere Beschleunigung des Verfahrens besteht, hat die Frage, wie sich Verfahrensbeteiligte gegen eine **Verzögerung des Verfahrens** durch die Familiengerichte zur Wehr setzen können, besondere Bedeutung erlangt. Die deutsche Gerichtspraxis wurde in diesem Zusammenhang in der Vergangenheit bereits mehrfach vom **EGMR** beanstandet.[61] Die früher in Ausnahmefällen für zulässig gehaltene **Untätigkeitsbeschwerde**[62] ist seit Einführung der **Verzögerungsrüge** und des **Entschädigungsverfahrens** nach §§ 198 ff. GVG[63] nicht mehr statthaft.[64] Unter den Voraussetzungen des § 198 Abs. 3 GVG konnte daher bei einer Verzögerung des Verfahrens zunächst nur **Verzögerungsrüge** in dem betreffenden Verfahren erhoben und sodann die spezielle **Entschädigungsklage nach §§ 198 ff. GVG** vor dem in erster Instanz zuständigen OLG eingereicht werden.[65] Dazu sind bereits zahlreiche höchst- und obergerichtliche Entscheidungen ergangen.[66] Dieser Rechtslage war jedoch der EGMR erneut entgegen getreten. In seiner Entscheidung vom 15.1.2015[67] hat der EGMR in einem Umgangsverfahren beanstandet, dass das deutsche Verfahrensrecht im Hinblick auf den bloß kompensatorischen Charakter der §§ 198 ff. GVG keinen Rechtsbehelf vorsehe, der geeignet sei, überlange Verfahren in Umgangssachen effektiv zu beschleunigen und hierin einen Verstoß gegen Art. 8 EMRK (Recht auf Achtung des Privat- und Familienlebens) und Art. 13 EMRK (Recht auf wirksame Beschwerde) gesehen. Dies hat zur Einführung der Rechtsbehelfe der Beschleunigungsrüge (§ 155b FamFG) und der Beschleunigungsbeschwerde (§ 155c FamFG) in den in § 155 Abs. 1 FamFG genannten Kindschaftssachen geführt. Außerhalb dieser abschließend genannten Verfahren

---

55 OLG Frankfurt a. M. FamRZ 2013, 1678; Musielak/Borth/Frank/*Borth*, FamFG § 44 Rn. 8; differenzierend BeckOK-FamFG/*Obermann*, FamFG § 58 Rn. 27
56 Vgl. BVerfG FamRZ 2011, 272
57 BGH Beschl. v. 24.6.2009 – IV ZB 2/09, BeckRS 2009, 20753; OLG Naumburg FamRZ 2007, 917
58 Sternal/*Göbel*, § 58 FamFG Rn. 14
59 BGH NJW-RR 2011, 284 = FamRZ 2011, 289 (Ls.); Sternal/*Göbel*, § 58 FamFG Rn. 14; a.A.: jedoch BGH NJW-RR 2009, 1223
60 *Heilmann*, Kindliches Zeitempfinden und Verfahrensrecht, S. 21 ff.
61 EGMR EGMR Urt. v. 1.7.2014 – 54443/10, BeckRS 2015, 9938 = NZFam 2015, 626 (Ls.); FamRZ 2011, 1283; 2010, 1721; 2009, 1037; 2006, 2389
62 Vgl. zuletzt noch OLG Saarbrücken ZKJ 2012, 75 (Umgangsrecht)
63 BGBl. I 2011, 2302
64 BGH FamRZ 2014, 1285; NJW 2013, 385; OLG Düsseldorf NJW 2012, 1455
65 Zu den Einzelheiten des Verfahrens vgl. Saenger/*Rathmann*, GVG § 201 Rn. 1 ff.; *Althammer/Schäuble*, NJW 2012, 1
66 BGH FamRZ 2021, 1302; FamRZ 2017, 1071; 2014, 1462; 2014, 933; OLG Hamm FamRZ 2023, 974; OLG Bremen FamRZ 2018, 450; KG Urt. v. 9.5.2017 – 7 SchH 3/12, BeckRS 2017, 149486
67 EGMR FamRZ 2015, 469

existiert jedoch **kein statthafter primärer Rechtsbehelf** gegen die Verzögerung von Verfahren.

▶ *Näher hierzu Keuter, Kommentierung zu §§ 155b und 155c FamFG.*

Neben dem Verfahren nach §§ 198 ff. GVG verbleibt aber auch die Möglichkeit, wegen überlanger Verfahrensdauer **Schadensersatzansprüche wegen Amtspflichtverletzung** nach Maßgabe des § 839 BGB i.V.m. Art. 34 GG geltend zu machen.[68] Während des laufenden Verfahrens allerdings kann mangels Statthaftigkeit der Untätigkeitsbeschwerde allenfalls der für eine etwaige Verfahrensverzögerung verantwortliche Richter oder Rechtspfleger wegen der **Besorgnis der Befangenheit** abgelehnt werden.[69]

Übersicht: Das Beschwerdeverfahren nach §§ 58 ff. FamFG

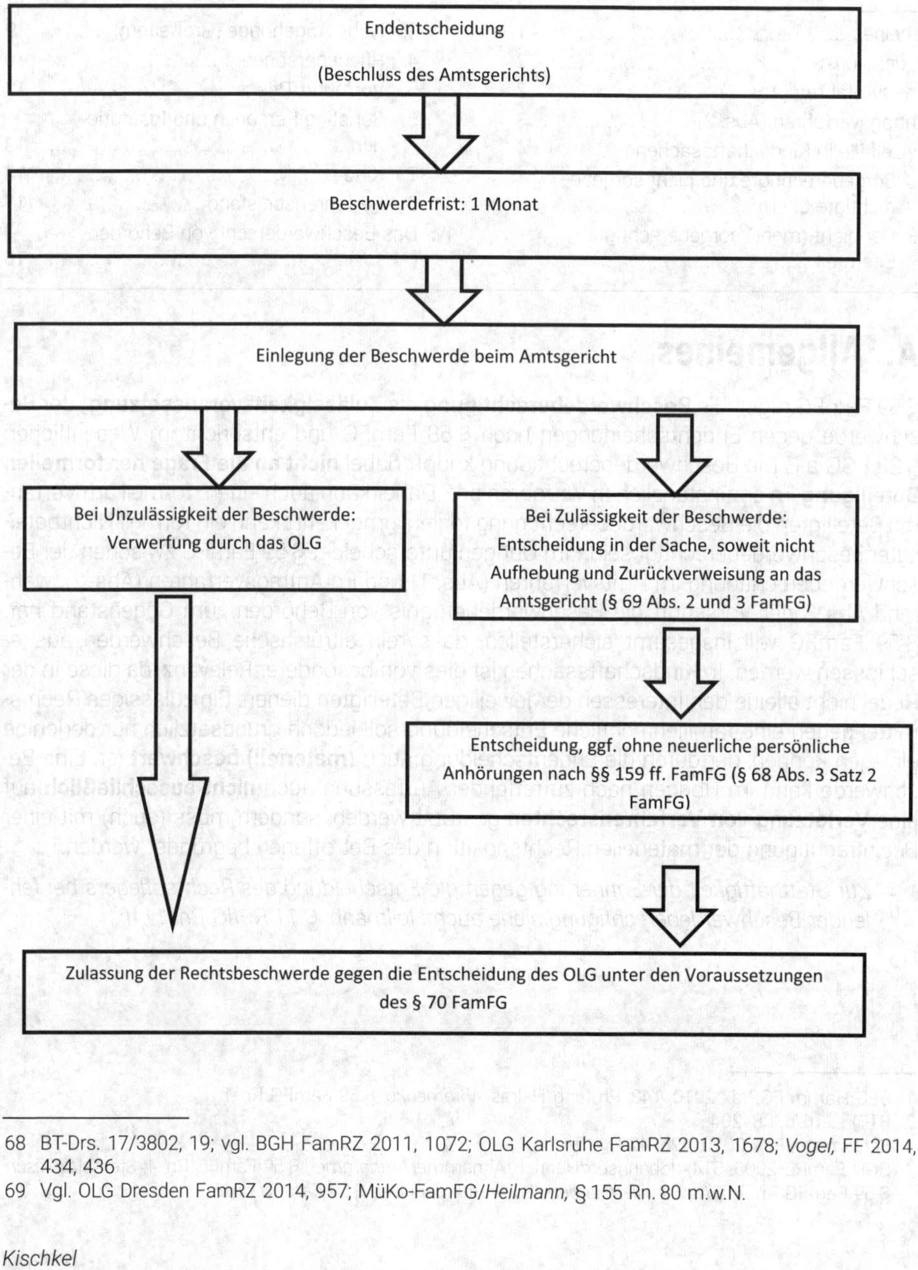

68 BT-Drs. 17/3802, 19; vgl. BGH FamRZ 2011, 1072; OLG Karlsruhe FamRZ 2013, 1678; *Vogel,* FF 2014, 434, 436

69 Vgl. OLG Dresden FamRZ 2014, 957; MüKo-FamFG/*Heilmann,* § 155 Rn. 80 m.w.N.

§ 59 FamFG

Beschwerdeberechtigte

(1) Die Beschwerde steht demjenigen zu, der durch den Beschluss in seinen Rechten beeinträchtigt ist.

(2) Wenn ein Beschluss nur auf Antrag erlassen werden kann und der Antrag zurückgewiesen worden ist, steht die Beschwerde nur dem Antragsteller zu.

(3) Die Beschwerdeberechtigung von Behörden bestimmt sich nach den besonderen Vorschriften dieses oder eines anderen Gesetzes.

Übersicht Rn.

A. Allgemeines

1 § 59 FamFG regelt die **Beschwerdeberechtigung** als **Zulässigkeitsvoraussetzung**[1] der Beschwerde gegen Endentscheidungen nach § 58 FamFG und entspricht im Wesentlichen § 20 FGG a.F. Die Beschwerdeberechtigung knüpft dabei **nicht an die Frage der formellen Beteiligung** im erstinstanzlichen Verfahren an.[2] Daher kann auch einem formell am Verfahren Beteiligten die Beschwerdeberechtigung fehlen, umgekehrt kann ein formell Nichtbeteiligter beschwerdeberechtigt sein.[3] Im Übrigen unterscheidet § 59 FamFG zwischen der Beschwerdeberechtigung im Amtsverfahren (Abs. 1) und im Antragsverfahren (Abs. 2), während Abs. 3 der Vorschrift die Beschwerdebefugnis von Behörden zum Gegenstand hat. § 59 FamFG will insgesamt sicherstellen, dass rein altruistische Beschwerden ausgeschlossen werden. In Kindschaftssachen ist dies von besonderer Relevanz, da diese in der Regel nicht alleine den Interessen der jeweiligen Beteiligten dienen. Ein zulässiges Rechtsmittel gegen eine familienrechtliche Entscheidung soll jedoch grundsätzlich nur derjenige einlegen können, der durch die Endentscheidung auch **(materiell) beschwert** ist. Eine Beschwerde kann im Übrigen nach zutreffender Auffassung auch **nicht ausschließlich** auf eine **Verletzung von Verfahrensrechten** gestützt werden, sondern muss (auch) mit einer Beeinträchtigung der materiellen Rechtsposition des Betroffenen begründet werden.[4]

▶ *Zur Statthaftigkeit der Erinnerung gegen die Entscheidung des Rechtspflegers bei fehlender Beschwerdeberechtigung siehe auch Heilmann, § 11 RPflG Rn. 11 ff.*

1 OLG Hamm FGPrax 2010, 143; Prütting/Helms/*Abramenko*, § 59 FamFG Rn. 1
2 BT-Drs. 16/6308, 204
3 *Schürmann*, FuR 2010, 425, 429
4 BGH FamRZ 2005, 514; Johannsen/Henrich/Althammer/*Althammer*, § 59 FamFG Rn. 4; Sternal/*Jokisch*, § 59 FamFG Rn. 7; a.A.: *Bumiller/Harders/Schwamb/Bumiller*, § 59 FamFG Rn. 6

B. Inhalt der Norm

I. Amtsverfahren (Abs. 1)

2 Da die Beteiligten in **vom Amts wegen geführten Verfahren** (siehe näher *Kischkel*, § 24 FamFG Rn. 1 ff.) keine **förmlichen Anträge** stellen können (vgl. § 24 Abs. 1 FamFG), kommt es für die Beschwerdeberechtigung auch **nicht auf eine formelle Beschwer** im Sinne einer (teilweisen) Verwerfung oder Zurückweisung des Antrags an. Daher bestimmt § 59 Abs. 1 FamFG, dass die Beschwerde (nur) demjenigen zusteht, der durch den Beschluss **in seinen Rechten beeinträchtigt** und damit **materiell** durch die Entscheidung beschwert ist; unerheblich für die Beurteilung diese Frage ist, ob er formell am Verfahren beteiligt war oder nicht (vgl. Rn. 1).[5] Die Rechtsbeeinträchtigung muss sich unmittelbar aus der Entscheidung, regelmäßig aus der **Beschlussformel** selbst, ergeben. Soweit sich die Rechtsfolgen nicht bereits aus der Beschlussformel ergeben, können zu ihrer Auslegung die **Entscheidungsgründe** mit herangezogen werden.[6] Eine Rechtsbeeinträchtigung allein aus der Beschlussbegründung reicht dagegen in der Regel nicht aus.[7] Auch begründen mittelbare oder künftig zu befürchtende Beeinträchtigungen der Rechtssphäre des Betroffenen noch nicht seine Beschwerdebefugnis.[8] Besonderheiten bestehen bei der Frage der eigenen Rechtsbeeinträchtigung **in Kindschaftssachen** aber beim Jugendamt (vgl. Abs. 3 i.V.m. § 162 Abs. 3 Satz 2 FamFG) und beim Verfahrensbeistand (§ 158 Abs. 4 Satz 5 FamFG), die – ihrer verfahrensrechtlichen Position entsprechend – allein im Interesse des Kindes beschwerdeberechtigt sind (siehe näher hierzu *Heilmann*, § 162 FamFG Rn. 22 f.).

II. Antragsverfahren (Abs. 2)

3 Für (reine) **Antragsverfahren** i.S.d. § 23 FamFG (siehe näher hierzu *Kischkel*, § 23 FamFG Rn. 1 ff.) bestimmt § 59 Abs. 2 FamFG dagegen, dass bei Zurückweisung eines Antrages nur derjenige Beschwerde einlegen kann, dessen Antrag zurückgewiesen wurde, der also auch **formell** durch die Entscheidung **beschwert** ist. Die Vorschrift begründet aber insoweit keine eigenständige Beschwerdebefugnis für das Antragsverfahren. Auch der nach § 59 Abs. 2 FamFG formell Beschwerte bedarf nämlich einer **materiellen Beschwer** durch die Entscheidung[9] i.S.d. § 59 Abs. 1 FamFG, der hier Abs. 1 ergänzt.[10] Die (eigene) materielle Beschwer fehlt etwa den in § 1804 Abs. 3 Satz 3 BGB genannten Berechtigten („jeder, der ein berechtigtes Interesse des Mündels geltend macht"), die im Interesse des Mündels die Entlassung des Amtsvormunds oder Vereinsvormunds beantragen.[11]

Es reicht aber aus, dass der Antragsberechtigte den (zurückgewiesenen Antrag) in erster Instanz hätte stellen können, was insbesondere auf der Seite des Antragsgegners, der sich im Verfahren nach § 1671 Abs. 1 BGB auf einen Antrag auf Zurückweisung des Antrags des Antragstellers beschränkt hat, von Bedeutung sein kann.[12] Im Übrigen kann aber in reinen Antragsverfahren nur der Antragsteller Beschwerde gegen die Zurückweisung seines An-

---

5 Vgl. BT-Drs. 16/6308, 204; BGH FamRZ 1981, 132, 133; OLG Brandenburg FamRZ 2012, 461; Johannsen/Henrich/Althammer/*Althammer*, § 59 FamFG Rn. 3
6 BGH FamRZ 2018, 1184; NJW-RR 2002, 136
7 OLG Celle FamRZ 1985, 812; Johannsen/Henrich/Althammer/*Althammer*, § 59 FamFG Rn. 3
8 Vgl. zur Abgrenzung BGH FamRZ 2011, 552; 2005, 975; NJW 1994, 1413; BayObLG NJW-RR 2002, 440; Sternal/*Jokisch*, § 59 FamFG Rn. 9
9 OLG Düsseldorf MDR 2013, 114; OLG Hamm NJW-RR 2012, 388
10 OLG Brandenburg FamRZ 2013, 1328
11 MüKo-BGB/*Schneider*, BGB § 1804 Rn. 32
12 BGH FamRZ 1990, 1264 (zum alten Recht); OLG Brandenburg FGPrax 2021, 18; Prütting/Helms/*Abramenko*, § 59 FamFG Rn. 20

trags einlegen.[13] In Kindschaftssachen bleibt jedoch das Beschwerderecht von Jugendamt, Verfahrensbeistand und ggf. auch des Kindes (§ 60 FamFG) unberührt.

III. Einzelfälle in Kindschaftssachen

4 § 59 Abs. 1 FamFG und die Frage einer **Beschwerdeberechtigung** von Betroffenen, Beteiligten bzw. Anzuhörenden haben gerade in Kindschaftssachen, in denen neben den Eltern häufig weitere Personen oder Behörden zu beteiligen oder anzuhören sind, zentrale Bedeutung für die Prüfung der Zulässigkeit einer Beschwerde. Die wichtigsten Konstellationen sind folgende:

1. Sorgeberechtigte und nicht sorgeberechtigte Eltern

5 **Sorgeberechtigte Eltern** sind sowohl durch den Entzug oder die Beschränkung ihres Sorgerechts nach § 1666 Abs. 3 Nr. 1 bis 6 BGB als auch durch die Anordnung einer Vormundschaft bzw. Pflegschaft und die (erstmalige) **Auswahl des Vormunds oder Pflegers** unmittelbar in eigenen Rechten betroffen.[14] Gegen die Erteilung der familiengerichtlichen Genehmigung einer Erbausschlagung besteht dagegen kein Beschwerderecht der sorgeberechtigten Eltern, weil noch von der Genehmigung durch Erklärung der Ausschlagung gegenüber dem Nachlassgericht Gebrauch gemacht und darauf auch verzichtet werden kann.[15]

Nach wohl h.M. sind nicht sorgeberechtigte Eltern durch die erstmalige Auswahlentscheidung im Rahmen einer Vormundschaft oder Pflegschaft in eigenen Rechten betroffen und daher beschwerdeberechtigt.[16] Bei der erstmaligen Auswahl des Vormunds oder Pflegers nach vorangegangenem Sorgerechtsentzug folgt dies schon daraus, dass wegen des Vorrangs von Verwandten das Elternrecht nach Art. 6 Abs. 2 GG verletzt werden könnte.[17]

Dies gilt aber nicht für auf §§ 1802, 182 Abs. 3 BGB beruhende Entscheidungen des Familiengerichts im Zusammenhang mit der **Beratung und der Aufsicht des Vormunds**.[18] Auch gegen die **Ablehnung von Aufsichtsmaßnahmen** gegenüber dem Vormund durch das Familiengericht steht nicht sorgeberechtigten Eltern kein Beschwerderecht zu.[19] An einer Beeinträchtigung eigener Rechte fehlt es den nicht mehr sorgeberechtigten Eltern ferner, wenn es um den **Austausch eines Ergänzungs- oder Umgangspflegers** geht.[20] Dies gilt nach zutreffender Meinung aber nicht für die **Genehmigung der Unterbringung** des Kindes nach § 1631b BGB durch den Vormund oder Pfleger.[21] Eine Beschwerdeberechtigung der sorgerechtslosen Eltern und sonstiger naher Angehöriger ergibt sich bei der Unterbringung

---

13 OLG Brandenburg FamRZ 2019, 629 (GewSchG)

14 BGH FamRZ 2020, 498; FamRZ 2016, 1660; OLG Brandenburg FamRZ 2012, 237; OLG Celle JAmt 2012, 674; OLG Köln FamRZ 2011, 1305; MüKo-FamFG/*A. Fischer,* § 59 Rn. 27

15 OLG Koblenz FamRZ 2014, 1037

16 BGH FamRZ 2016, 1660; OLG Brandenburg FamRZ 2012, 237; 2013, 54; OLG Celle JAmt 2012, 674; Sternal/*Jokisch,* FamFG § 59 Rn. 71; MüKo-FamFG/*A. Fischer,* § 59 Rn. 27; a.A.: OLG Brandenburg FamRZ 2012, 1578

17 BVerfG FamRZ 2015, 208

18 OLG Zweibrücken NJW-RR 2003, 870; OLG Hamm ZKJ 2012, 74; BeckOK BGB/*Bettin,* BGB § 1802 Rn. 17

19 Vgl. OLG Celle NJW-RR 2012, 73; OLG Hamm ZKJ 2012, 74 m. abl. Anm. *Heilmann*; *Völker/Clausius,* § 9 Rn. 22

20 OLG München FamRZ 2016, 1475; OLG Hamm FamRZ 2016, 1003; OLG Koblenz NZFam 2016, 763; OLG Düsseldorf FamRZ 2015, 1046; Musielak/Borth/Frank/*Frank* FamFG § 59 Rn. 9; Sternal/*Jokisch* FamFG § 59 Rn. 71; a. A. (Beschwerdeberechtigung bejaht) *Völker/Clausius,* § 9 Rn. 22

21 OLG Köln, Beschl. v. 8.11.2012 – 26 UF 158/12, juris; OLG Karlsruhe FamRZ 2008, 428; Johannsen/Henrich/Althammer/*Althammer,* § 59 FamFG Rn. 5b; Bumiller/Harders/Schwamb/*Bumiller,* FamFG § 59 Rn. 21; a.A.: OLG Hamm FamRZ 2007, 1577; MüKo-FamFG/*A. Fischer,* § 59 Rn. 29

des Kindes nach §§ 167 Abs. 1 Satz 1 FamFG i.V.m. § 335 Abs. 1 Nr. 1 und 2 FamFG.[22] Gegen die Festsetzung der Vergütung des Umgangspflegers steht den am Verfahren beteiligten Eltern mangels eigener Rechtsverletzung kein Beschwerderecht zu, da insoweit nur die Staatskasse und der Umgangspfleger am Vergütungsfestsetzungsverfahren beteiligt sind und die Entscheidung keine Bindungswirkung gegenüber den Eltern entfaltet.[23] Einwendungen können von den Eltern, soweit ihnen die Verfahrenskosten zumindest anteilig auferlegt worden sind, im Wege der Erinnerung gegen den Kostenansatz nach § 57 FamGKG geltend gemacht werden.[24] Gleiches gilt im Hinblick auf die Vergütung des Verfahrensbeistands.

2. Der nicht (mehr) sorgeberechtigte Elternteil

Im Verfahren nach **§§ 1671 Abs. 1 und 2, 1626a Abs. 2 BGB** ist der Elternteil in seinen Rechten beeinträchtigt, der die alleinige oder gemeinsame Sorge für das Kind verliert bzw. dem diese vorenthalten wird. Hat ein Elternteil der Übertragung des Sorgerechts auf den anderen Elternteil nach § 1671 Abs. 1 Nr. 1 oder Abs. 2 Nr. 1 BGB **zugestimmt**, kann er gleichwohl gegen die erfolgte Übertragung des Sorgerechts auf den anderen Elternteil Beschwerde einlegen, da die **Zustimmung auch noch im Beschwerdeverfahren frei widerruflich** ist.[25] Ihm wird zwar bei entsprechender Bedürftigkeit und Erfolgsaussicht Verfahrenskostenhilfe zu bewilligen sein, sein (widersprüchliches) Verhalten wird jedoch ggf. bei der Entscheidung über die Kosten des Beschwerdeverfahrens zu berücksichtigen sein. 6

Problematisch ist aber die Frage, ob im **Verfahren nach § 1666 BGB** gegen den alleine sorgeberechtigten Elternteil der nicht sorgeberechtigte Elternteil berechtigt ist, Beschwerde gegen die Entscheidung einzulegen. Dies ist zu bejahen, wenn er das Sorgerecht nach **§ 1680 Abs. 3, 2 BGB** oder nach § 1696 Abs. 2 BGB begehrt und das Familiengericht dem anderen Elternteil das Sorgerecht (teilweise) entzogen und einen Vormund bzw. Pfleger bestellt hat.[26] Dies gilt aber auch dann, wenn das Sorgerecht von einem Vormund nur auf den anderen Elternteil zurückübertragen wurde und der beschwerdeführende Elternteil selbst das Sorgerecht begehrt.[27] Streitig ist hingegen, ob der nichtsorgeberechtigte Elternteil die Entscheidung mit Erfolg anfechten kann, **ohne selbst das Sorgerecht zu beanspruchen**. Die Beschwerdebefugnis wird hier von Teilen der Rechtsprechung mit dem Argument bejaht, es genüge eine mögliche Verletzung des Elternrechts nach § 1680 Abs. 3 BGB.[28] Dieser Auffassung kann aber nicht gefolgt werden, denn nur derjenige Elternteil, der das Sorgerecht ganz oder teilweise für sich selbst beansprucht, kann in eigenen Rechten unmittelbar betroffen sein. Im Übrigen betrifft das Verfahren nach § 1666 BGB aber den Schutzanspruch des Kindes gegenüber dem Staat.[29] Der nicht sorgeberechtigte Elternteil ist daher in diesen Fällen weder berechtigt, gegen den Entzug des Sorgerechts des anderen Elternteils noch gegen dessen Ablehnung Beschwerde einzulegen.[30] 7

Auch im Bereich des **Umgangsrechts** steht einem nicht sorgeberechtigten Elternteil kein Beschwerderecht gegen die Regelung des Umgangs des (fremduntergebrachten) Kindes mit dem anderen Elternteil zu, soweit nicht sein eigenes Umgangsrecht hierdurch beein- 8

22 BGH FamRZ 2013, 115; Zöller/*Feskorn* § 59 FamFG, Rn. 3
23 OLG Nürnberg Beschl. v. 29.10.2014 – 7 WF 1308/14, BeckRS 2014, 22545
24 Vgl. zum Rechtsweg OLG Düsseldorf RPfleger 2020, 196 = NZFam 2020, 495 m. Anm. *Schneider*
25 BGH Beschl. v. 24.5.2000 – XII ZB 72/97, BeckRS 2000, 7001 = DAVorm 2000, 704; OLG Düsseldorf FamRZ 2018, 512; *Völker/Clausius*, § 1 Rn. 237
26 BGH NJW 2016, 3303; FamRZ 2010, 1242
27 BGH ZKJ 2016, 299; FamRZ 2010, 1242, Rn. 7; Musielak/Borth/Frank/*Frank*, FamFG § 59 Rn. 9; beschwerdebefugt ist in diesem Fall jedenfalls das Kind, vgl. OLG Brandenburg, FamRZ 2014, 1649, Rn. 19
28 OLG Hamm FamRZ 2013, 1989; OLG Frankfurt a. M. FamRZ 2013, 46
29 Sternal/*Jokisch*, FamFG § 59 Rn. 71
30 BGH FamRZ 2009, 220; OLG Brandenburg FamRZ 2022, 1036; FamRZ 2022, 1034; KG NJW 2014, 1457; MüKo-FamFG/*A. Fischer*, § 59 Rn. 29

trächtigt wird.[31] Im Übrigen sind nicht sorgeberechtigte Eltern auch gegen Entscheidungen zum Umgangsrecht des Kindes mit Dritten i.S.d. § 1685 BGB nicht in eigenen Rechten betroffen, weil sie mangels elterlicher Sorge auch nicht mehr das Recht zur Bestimmung des Umgangs besitzen (§ 1632 Abs. 2 BGB).[32] Etwas anderes gilt nur dann, wenn die gerichtliche Umgangsregelung nach § 1685 BGB ihr eigenes Umgangsrecht beeinträchtigt. Wird nach einer Umgangsvereinbarung der **gerichtliche Billigungsbeschluss** nach § 156 Abs. 2 FamFG angefochten, sind auch die beteiligten Eltern zur Beschwerde berechtigt, weil sie ungeachtet ihrer Zustimmung zu dem Vergleich wegen der treuhänderischen Bindung des Elternrechts (jederzeit) geltend machen können, die gerichtliche Billigung widerspreche dem Kindeswohl.[33]

Gegen eine **Verbleibensanordnung** nach § 1632 Abs. 4 BGB steht dem nicht sorgeberechtigten Elternteil kein Beschwerderecht zu.[34] Etwas anderes gilt, wenn auch die Rückübertragung des Sorgerechts auf die Eltern nach § 1696 Abs. 2 BGB Gegenstand des Verfahrens ist.

3. Nahe Angehörige (Großeltern)

9 Da nahe Angehörige, insbesondere **Großeltern** durch tatsächliche Übernahme von Verantwortung nicht selten intensive Bindungen zu ihren Enkelkindern aufbauen, stellt sich in der Gerichtspraxis neben der Frage nach ihrer **Beteiligung** nach § 7 FamFG und **Anhörung** nach § 161 FamFG mitunter auch die nach ihrer **Beschwerdeberechtigung**. **Nicht** beschwerdeberechtigt sind sie – auch bei tatsächlicher Verantwortungsübernahme – jedenfalls in **Verfahren nach § 1671 Abs. 1 Nr. 2 BGB** zwischen den gemeinsam sorgeberechtigten Eltern.[35] Dies gilt aber auch in **Verfahren nach § 1666 BGB,** soweit eine Entscheidung betroffen ist, mit der dem eigenen Kind das Sorgerecht für den Enkel entzogen wird.[36] Hieran ändert auch die (zu Unrecht erfolgte) formelle Beteiligung und Einbeziehung in ein familienpsychologisches Sachverständigengutachten nichts.[37] Auch wenn ein Verwandter ohne Erfolg den Entzug des elterlichen Sorgerechts erstrebt, steht ihm gegen die ablehnende Entscheidung kein Beschwerderecht zu.[38]

Schließlich steht den Großeltern trotz des in §§ 1778 Abs. 2, 1779 Abs. 2, 1813 BGB enthaltenen Vorrangs naher Angehöriger nach der obergerichtlichen Rechtsprechung auch kein Beschwerderecht gegen ihre **Nichtberücksichtigung bei der Auswahl des Vormunds bzw. Pflegers** zu, da es auch hier an der erforderlichen Verletzung in eigenen Rechten fehlt.[39] Die Auffassung des BGH,[40] gleichwohl eingelegte Beschwerden seien zumindest als Rechtspflegererinnerung nach § 11 Abs. 2 RPflG auszulegen und einer Überprüfung in der Sache durch den Richter zugänglich, entspricht nicht dem bisherigen Verständnis, dass auch für die Erinnerung nach § 11 Abs. 2 Satz 1 und 3 RPflG dieselben Voraussetzungen wie für die

---

31 KG NJW-RR 2014, 522; OLG Bremen ZKJ 2012, 405; Sternal/*Jokisch,* FamFG § 59 Rn. 71
32 OLG Frankfurt a. M. FamRZ 2015, 1312
33 BGH FamRZ 2019, 1616 = ZKJ 2019, 417; OLG Frankfurt a. M. FamRZ 2019, 214; vgl. auch OLG Karlsruhe FamRZ 2024, 285
34 OLG Koblenz FamRZ 2014, 1393; OLG Hamm FamRZ 2011, 1666; Musielak/Borth/Frank/*Frank,* FamFG § 59 Rn. 9; vgl. aber für den Fall, dass die Sorge nur teilweise entzogen wurde BGH FamRZ 2014, 1357, Rn. 11
35 OLG Frankfurt a. M. FamRZ 2013, 1230
36 BGH FamRZ 2011, 552; OLG Nürberg NJW-RR 2022, 1016 = NZFam 2022, 892 m. Anm. *Kriewald*
37 OLG Hamm ZKJ 2011, 394
38 OLG Frankfurt a. M. FamRZ 2017, 1250
39 BVerfG NZFam 2014, 734; FamRZ 2014, 1841; 2013, 1380; OLG Hamm NJW-RR 2015, 1094; OLG Brandenburg FamRZ 2018, 1767; OLG Frankfurt a. M. JAmt 2013, 226; Sternal/*Jokisch,* FamFG § 59 Rn. 71
40 BGH FamRZ 2013, 1380

Beschwerde in Bezug auf die Erinnerungsbefugnis gelten.[41] Nach Auffassung des BGH sollen an das Vorliegen einer Erinnerungsbefugnis nach § 11 Abs. 2 Satz 4 RPflG aber insoweit geringere Anforderungen zu stellen sein als an die Beschwerdebefugnis nach § 59 FamFG.[42] Die Auffassung des BGH in Bezug auf die fehlende Beschwerdebefugnis naher Angehöriger bei der Auswahl zum Vormund bzw. Pfleger wurde in der Zwischenzeit insoweit durch das BVerfG bestätigt.[43]

Beschwerdeberechtigt sind im Übrigen nahe Angehörige des Kindes in Verfahren, die ihr **Umgangsrecht nach § 1685 Abs. 1 BGB** betreffen.[44] Sind Großeltern gleichzeitig auch die Pflegepersonen des Kindes, lebt das Kind bei den **Großeltern** und werden diesen mit einer gerichtlichen **Umgangsregelung Verpflichtungen auferlegt** (z.B. das Kind an bestimmten Terminen bereit zu halten und an den Umgangsberechtigten zu übergeben), sind sie natürlich auch wegen der Beeinträchtigung eigener Rechte beschwerdeberechtigt.[45]

4. Pflegepersonen

Lebt das Kind nicht im Haushalt seiner Eltern, sondern in einer Pflegestelle, stellt sich die Frage der Beschwerdebefugnis von **Pflegepersonen**. Hier dürfte im Rahmen einer dringend nötigen Reform des Pflegekinderwesens erheblicher Bedarf für eine gesetzliche Festschreibung und Ausweitung des Beschwerderechts von Pflegeeltern bestehen.[46] Den Pflegeeltern des Kindes ist die Beschwerde derzeit nur in den Fällen der §§ 1630 Abs. 3 (Übertragung von Angelegenheiten der elterlichen Sorge auf die Pflegeperson), 1632 Abs. 4 (Verbleibensanordnung bei Familienpflege), 1688 (Entscheidungsbefugnis in Angelegenheiten des täglichen Lebens) und schließlich 1685 Abs. 2 BGB (Umgang des Kindes mit engen Bezugspersonen) eröffnet.[47] **Kein Beschwerderecht** besteht dagegen gegen die Entscheidung des Familiengerichts zum **Sorgerechtsentzug der Eltern** nach § 1666 BGB, da die Rechte der Pflegeeltern ungeachtet des Schutzes auch der Pflegefamilie durch Art. 6 Abs. 1 GG[48] in diesem Fall als nicht unmittelbar betroffen gelten.[49] Das betrifft auch die Frage der Anfechtung der Auswahl des Vormunds.[50] Allerdings sollte nach hier vertretener Ansicht in Ausnahmenfällen aus **verfassungsrechtlicher Notwendigkeit** dann etwas anderes gelten, wenn das nicht verfahrensfähige Kind ohne ein eigenes Beschwerderecht der Pflegeperson keine Möglichkeit hätte, Beschwerde gegen die Auswahl des Vormunds einzulegen.[51] Beschwerdeberechtigt sind Pflegepersonen aber immer bei Entscheidungen über **Verbleibensanordnungen** nach § 1632 Abs. 4 BGB,[52] die im Verfahren nach §§ 1666, 1696 Abs. 2 BGB von den Pflegepersonen beantragt werden können und dann auch von Amts wegen zu prüfen sind. 10

Entgegen der wohl h.M.[53] ist Pflegepersonen nach hier vertretener Ansicht zudem ein Beschwerderecht gegen Entscheidungen zur **Regelung oder Beschränkung des Umgangs der Kinder mit ihren rechtlichen Eltern** zuzubilligen, da in diesem Fall die Rechtssphäre der 11

41 *Schürmann*, FuR 2010, 493, 494; vgl. dazu auch OLG Jena FamRZ 2015, 1513
42 BGH FamRZ 2013, 1380; ihm folgend OLG Hamm BeckRS 2014, 17376
43 BVerfG NZFam 2014, 734
44 OLG Frankfurt a. M. FamRZ 2013, 1994; OLG München FamRZ 2011, 1804; Johannsen/Henrich/Althammer/*Althammer*, § 59 FamFG Rn. 5a; a.A.: Prütting/Helms/*Abramenko*, § 59 FamFG Rn. 29
45 OLG München ZKJ 2015, 116 mit Anm. *Dürbeck*
46 KRK FamRZ 2014, 891
47 BGH FamRZ 2004, 102; FamRZ 2000, 219; Sternal/*Jokisch*, FamFG § 59 Rn. 71, Stichwort „Pflegeeltern"
48 BVerfG FamRZ 1989, 31; 1985, 39
49 BGH FamRZ 2004, 102; NJW 1999, 3718; OLG Hamm FamRZ 2013, 140; OLG Köln FamRZ 2011, 233
50 BGH FamRZ 2013, 1380; OLG Nürnberg ZKJ 2015, 153; NZFam 2014, 619
51 OLG Karlsruhe FamRZ 2013, 1665; vgl. auch die zust. Anm. von *Salgo*, FamRZ 2013, 1668
52 OLG Frankfurt a. M. ZKJ 2014, 292; OLG Hamm FamRZ 2005, 2081; OLG Köln FamRZ 2000, 635
53 BGH FamRZ 2005, 975; OLG Köln FamRZ 2011, 233; Johannsen/Henrich/Althammer/*Althammer*, § 59 FamFG Rn. 5a

von Art. 6 Abs. 1 GG geschützten Pflegefamilie unmittelbar betroffen ist; vor allem aber können die Pflegeeltern bei einer notwendigen Beteiligung am Verfahren nach § 7 Abs. 2 Nr. 1 FamFG ja auch zum Verpflichteten einer vollstreckbaren Umgangsregelung werden.[54] Ferner steht umgangsberechtigten Pflegepersonen im Rahmen von § 1685 Abs. 2 BGB ein eigenes Beschwerderecht zu, wenn das Kind zu den Eltern zurückgeführt worden ist.[55]

5. Vormund/Pfleger

12 Der Vormund – auch das Jugendamt in seiner Funktion als Amtsvormund – ist (ebenso wie der vorläufige Vormund i.S.d. § 1781 BGB) berechtigt, gegen seine **Bestellung** zum Vormund (§ 1773 BGB) Beschwerde einzulegen.[56] Dies gilt auch für den Fall seiner Entlassung nach § 1804 BGB.[57] Der Vormund kann im Übrigen auch geltend machen, dass er durch eine gerichtliche Entscheidung an der Ausübung des Sorgerechts gehindert wird, wie dies bei der deklaratorischen Feststellung angenommen wird, dass die Vormundschaft wegen Erreichens der Volljährigkeit des Mündels endet.[58] Nicht beschwerdeberechtigt ist der Vormund (natürlich abgesehen von der Beschwerdebefugnis des Jugendamts nach § 162 Abs. 3 Satz 2 FamFG) dagegen in Bezug auf die seiner Auswahl vorangegangene Sorgerechtsentscheidung.[59]

Gegen eine **familiengerichtliche Weisung** kann der Vormund dagegen selbst Beschwerde einlegen.[60]

6. Sonstige Personen und Institutionen

13 Als sonstige Beschwerdeberechtigte kommen auch dritte, dem Kind **nicht nahestehende Personen**, wie etwa die **Adressaten von Weisungen oder Auflagen** nach § 1666 Abs. 3 Nr. 3 und 4 und Abs. 4 BGB[61] oder eines **Kontaktverbots** nach § 1632 Abs. 2 BGB,[62] in Betracht.

Die Regelung des Umgangs eines Kindes mit seiner Großmutter stellt keine unmittelbare Beeinträchtigung eigener Rechte des Ehemanns der Kindesmutter dar, wenn dieser nicht der leibliche Vater ist, so dass für ihn keine Beschwerdeberechtigung besteht.[63]

Soweit der **Staatskasse** zu Unrecht die Kosten des Verfahrens auferlegt worden sind, kann sie diese Entscheidung anfechten, auch wenn sie nicht selbst am Verfahren beteiligt ist.[64]

Sofern sich dagegen die **Staatsanwaltschaft** gegen eine Entscheidung des Familiengerichts wendet, mit der dem im Ermittlungsverfahren beschuldigten Kindesvater Teile des Sorgerechts nicht entzogen wurden und kein Ergänzungspfleger bestellt wurde, fehlt es ihr an der erforderlichen Beschwerdebefugnis. Eine Rechtsbeeinträchtigung liegt nicht vor, weil

54 Vgl. OLG Hamburg FamRZ 2009, 1001; Staudinger/*Dürbeck,* (2023) BGB § 1684 Rn. 407; ebenso *Heilmann*, ZKJ 2014, 48, 54, jeweils für den Fall, dass die Pflegeeltern verpflichtet werden
55 Vgl. BGH NJW 2001, 3337
56 OLG Hamburg NZFam 2017, 1066; KG JAmt 2016, 100; OLG München FamRZ 2012, 1071; OLG Frankfurt a. M. JAmt 2014, 170; MüKo-BGB/*Lettmaier,* BGB § 1773 Rn. 29; zur Pflegschaft BGH NJW 2012, 685 Rn. 12.
57 OLG Saarbrücken FamRZ 2019, 51 (Beschwerde des Amtsvormunds); OLG Brandenburg JAmt 2019, 528; BeckOK-BGB/*Bettin,* BGB § 1804 Rn. 21
58 BGH Beschl. v. 7.3.2018 – XII ZB 422/17, BeckRS 2018, 6043; NZFam 2018, 334
59 OLG Brandenburg Beschl. v. 4.1.2019 – 13 WF 217/18 umA, BeckRS 2019, 1113 = FF 2019, 126 (Ls.); OLG Frankfurt a. M. FamRZ 2017, 1942; *Dürbeck,* FamRZ 2018, 553; *Hammer,* FamRZ 2017, 1904
60 DIJuF-Rechtsgutachten JAmt 2014, 204
61 Vgl. OLG Zweibrücken NJW 1994, 1741; Grüneberg/*Götz,* § 1666 BGB Rn. 47
62 BGH FamRZ 2010, 1975
63 KG FamRZ 2000, 1520
64 OLG Düsseldorf ZKJ 2018, 154

die Entscheidung nicht ein der Staatsanwaltschaft zustehendes Recht tangiert und die bloße Beeinträchtigung öffentlicher Strafverfolgungsinteressen hier nicht genügt.[65]

Dem **Erwerber eines Grundstückes** steht kein Beschwerderecht gegen die Versagung des familiengerichtlichen Genehmigung der Verträge nach §§ 1643 Abs. 1, 1799 Abs. 1, 1850 Nr. 1 BGB zu, weil insoweit nur die Interessen des Kindes unmittelbar betroffen sind und ein bloßes wirtschaftliches Interesse nicht zu einer Beschwerdebefugnis nach § 59 Abs. 1 FamFG führt.[66] Dies gilt auch dann, wenn es sich bei dem Erwerber um einen alleinsorgeberechtigten Elternteil handelt.[67] Ausnahmsweise besteht aber ein Beschwerderecht, wenn durch das Verhalten des Familiengerichts ein Rechtsschein begründet wird, der zu einer Rechtsbeeinträchtigung führen kann. Dies ist dann der Fall, wenn eine bereits nach §§ 1800 Abs. 2, 1856 Abs. 1 BGB wirksam gewordene Genehmigung abgeändert wird[68] oder wenn der Erwerber geltend macht, das Geschäft habe überhaupt keiner Genehmigung bedurft.[69]

7. Kind

14 Zum Beschwerderecht des Kindes siehe *Kischkel*, § 60 FamFG Rn. 7 ff.

8. Verfahrensbeistand

15 Das Beschwerderecht des Verfahrensbeistands folgt aus § 158b Abs. 3 Satz 2 FamFG. Danach kann er „im Interesse" des Kindes **in eigenem Namen** Rechtsmittel einlegen[70] und bedarf insoweit **keiner eigenen Rechtsbeeinträchtigung** i.S.d. § 59 Abs. 1 FamFG. Er vertritt dabei das Kind nicht (wie ein Rechtsanwalt) in rechtlicher Hinsicht, sondern ist ein **gesetzlicher Vertreter „eigener Art"**.[71] Die Vertretungsbefugnis der sorgeberechtigten Eltern bleibt insoweit unberührt.[72] Der Verfahrensbeistand dürfte allerdings aus eigenem Recht im Hinblick auf Art. 12 Abs. 1 GG berechtigt sein, die nach §§ 158 Abs. 1, 158c Abs. 1 FamFG a. F. unterbliebene Feststellung der berufsmäßigen Führung der Verfahrensbeistandschaft anzufechten, da dies die Höhe seines Vergütungsanspruchs unmittelbar betrifft und die Feststellung auch im späteren Vergütungsfestsetzungsverfahren nicht mehr nachgeholt werden kann.[73] Die Gegenansicht, die ein Anfechtungsrecht verneint, weil es sich insoweit um eine Zwischenentscheidung handle,[74] basiert auf der durch die Rechtsprechung des BGH inzwischen überholten Annahme, die unterbliebene Feststellung der Berufsmäßigkeit der Ausübung des Amtes könne später noch nachgeholt werden. Der Meinungsstreit hat sich durch die Änderung des § 158c FamFG mit Wirkung vom 11.4.2025 (BGBl. 2025 I Nr. 109) allerdings erledigt.

IV. Das Beschwerderecht von Behörden (Abs. 3)

16 Zum **Beschwerderecht von Behörden** verweist § 59 Abs. 3 FamFG auf die besonderen Bestimmungen des FamFG oder anderer Gesetze. Die Beschwerdeberechtigung besteht un-

65 BGH FamRZ 2015, 42 m. Anm. *Müther*; OLG Hamm JAmt 2016, 88; OLG Frankfurt a. M. FamRZ 2014, 678
66 Vgl. BGH NJW 2016, 565; OLG München MDR 2009, 1001; OLG Rostock NJW-RR 2006, 1229
67 OLG Celle FamRZ 2012, 1066; MüKo-FamFG/*A. Fischer*, § 59 Rn. 30
68 BGH NJW 2016, 565
69 OLG Hamm FamRZ 1984, 1036; *Staudinger/Veit*, (2020), § 1828 BGB Rn. 87
70 BGH ZKJ 2019, 265; FamRZ 2019, 1077
71 BVerfG FamRZ 2000, 1280; Sternal/*Schäder* FamFG § 158b Rn. 20; *Schael*, FamRZ 2009, 265
72 BGH FamRZ 2011, 1788
73 Vgl. BGH FamRZ 2014, 468 (zum Betreuer); 2014, 736 (zum Ergänzungspfleger); 2014, 1283 (zum Umgangspfleger); Sternal/*Schäder*, FamFG § 158 Rn. 33; a. A. Prütting/Helms/*Hammer*, § 158 FamFG Rn. 29; BeckOK-KostR/*von Bülow*, FamFG § 158c Rn. 11
74 Prütting/Helms/*Hammer*, § 158 FamFG Rn. 29

abhängig von einer Beeinträchtigung eigener Rechte **im öffentlichen Interesse**.[75] Von Bedeutung in Kindschaftssachen ist insoweit das Beschwerderecht des **Jugendamtes** nach § 162 Abs. 3 Satz 2 FamFG in allen Verfahren, die die Person des Kindes betreffen,[76] wobei allerdings nur die **sachlich und örtlich zuständige Behörde** beschwerdebefugt ist (§§ 85, 87b SGB VIII).[77] In **Abstammungssachen** besteht ein (eingeschränktes) Beschwerderecht des Jugendamtes nach § 176 Abs. 2 Satz 2 FamFG in den Fällen der Anfechtung der Vaterschaft durch den potentiellen Erzeuger (§ 1600 Abs. 1 Nr. 2 BGB) und durch das Kind, wenn die Anfechtung durch den gesetzlichen Vertreter erfolgt (§ 1600 Abs. 1 Nr. 4 BGB). Führt das Familiengericht in anderen Abstammungsverfahren eine nach § 176 Abs. 1 Satz 2 FamFG fakultative Anhörung des Jugendamts durch, besteht nach Abs. 2 Satz 2 ebenfalls ein Beschwerderecht. Ein Beschwerderecht des Jugendamtes besteht auch in **Adoptionssachen** nach § 194 Abs. 2 Satz 2 FamFG; für das **Landesjugendamt** ergibt sich ein Beschwerderecht nach § 195 Abs. 2 Satz 2 FamFG. Die Beschwerdebefugnis des Jugendamts folgt insoweit aus den ihm durch das SGB VIII zugewiesenen Aufgaben. Ein Anfechtungsrecht in den **(öffentlich-rechtlichen) Unterbringungsverfahren** nach § 151 Nr. 7 FamFG besteht nach §§ 167 Abs. 1 Satz 1, 335 Abs. 4 FamFG für die nach dem jeweiligen **Landesrecht zuständige Polizei- oder Ordnungsbehörde**.

Der zuständigen Verwaltungsbehörde steht hinsichtlich der familiengerichtlichen Anhörung eines Antragstellers im Verfahren über die Änderung des Vornamens nach §§ 11, 2 NamÄndG allerdings kein Beschwerderecht nach § 59 FamFG zu.[78]

§ 60 FamFG
Beschwerderecht Minderjähriger

[1]Ein Kind, für das die elterliche Sorge besteht, oder ein unter Vormundschaft stehender Mündel kann in allen seine Person betreffenden Angelegenheiten ohne Mitwirkung seines gesetzlichen Vertreters das Beschwerderecht ausüben. [2]Das Gleiche gilt in sonstigen Angelegenheiten, in denen das Kind oder der Mündel vor einer Entscheidung des Gerichts gehört werden soll. [3]Dies gilt nicht für Personen, die geschäftsunfähig sind oder bei Erlass der Entscheidung das 14. Lebensjahr nicht vollendet haben.

Übersicht

A. Allgemeines

1 Gemäß § 60 FamFG können minderjährige Kinder, die zum Zeitpunkt des Erlasses (§ 38 Abs. 3 Satz 3 FamFG i.V.m. § 60 Satz 3 FamFG) der Entscheidung das **14. Lebensjahr vollendet** haben, die unter elterlicher Sorge oder Vormundschaft stehen und auch nicht geschäftsunfähig (§ 104 Nr. 2 BGB) sind, in allen **ihre Person** betreffenden Angelegenheiten **ohne Mitwirkung ihres gesetzlichen Vertreters** das **Beschwerderecht** ausüben (Satz 1

75 Sternal/*Jokisch*, FamFG § 59 Rn. 55
76 KG FamRZ 2024, 1030 m. Anm. *Wierse*
77 Vgl. BGH FamRZ 2015, 1699; ZKJ 2014, 104; OLG Saarbrücken FamRZ 2021, 1223 = NZFam 2021, 564 m. Anm. *Dürbeck*; vgl. auch *Dürbeck*, ZKJ 2014, 266;
78 BGH FamRZ 2018, 937

und 3). Nach Satz 2 der Vorschrift gilt dies auch in sonstigen Angelegenheiten, in denen das Kind vor der Entscheidung des Gerichts gehört werden soll. Während sich Satz 1 über die nur in Kindschaftssachen anwendbare Regelung in § 160 FamFG hinaus auch auf alle das Kind selbst betreffenden weiteren Verfahren wie **Adoptions- und Abstammungssachen** bezieht, die sich nicht ausschließlich auf sein Vermögen beziehen,[1] ist der Anwendungsbereich der in Satz 2 erwähnten Verfahren enger. Hierunter fallen etwa Adoptionsverfahren (Anhörung von Kindern des Annehmenden nach § 193 Abs. 1 FamFG) oder **Vermögenssorgerechtsangelegenheiten**, wenn das Kind dort nach § 159 Abs. 1 Satz 2 FamFG **angehört** worden ist.[2] § 60 FamFG gilt analog auch für die **Rechtsbeschwerde**[3] und sonstige Rechtsmittel, wie etwa die sofortige Beschwerde nach §§ 567 ff. ZPO.[4]

§ 60 FamFG ergänzt und modifiziert dabei § 9 Abs. 1 Nr. 3 FamFG, wonach beschränkt Geschäftsfähige in Verfahren der freiwilligen Gerichtsbarkeit, die ihre Person betreffen, mit Vollendung des 14. Lebensjahres verfahrensfähig sind, soweit sie ein ihnen nach dem BGB zustehendes Recht geltend machen. Ist das Kind ausnahmsweise bereits im ersten Rechtszug nach § 9 Abs. 1 Nr. 3 FamFG verfahrensfähig, weil es ein ihm nach dem BGB zustehendes Recht geltend gemacht hat (z.B. Widerspruch nach § 1671 Abs. 1 Satz 2 Nr. 1 BGB), so ist es auch bei einer ihm nachteiligen Entscheidung zur Beschwerde nach §§ 58, 59 FamFG berechtigt, ohne dass es auf § 60 FamFG ankäme. 2

▶ *Näher zur Verfahrensfähigkeit Köhler, § 9 FamFG Rn. 4 ff.*

Ist dies nicht der Fall, ist das Kind also nicht verfahrensfähig, folgt das eigene Beschwerderecht des Kindes aus § 60 FamFG. Aus § 60 FamFG folgt dann auch, dass das Kind im Beschwerdeverfahren verfahrensfähig ist, also z.B. einen eigenen Verfahrenskostenhilfe- oder Ablehnungsantrag wegen Befangenheit[5] stellen kann (zur VKH für Minderjährige vgl. *Gottschalk*, § 76 FamFG Rn. 5).[6] Aus § 60 FamFG ergibt sich demgegenüber nicht, dass das bereits 14-jährige Kind im zweiten Rechtszug auch dann unabhängig von § 9 Abs. 1 Nr. 3 FamFG verfahrensfähig ist, wenn es nicht selbst, sondern ein anderer Beteiligter Beschwerde eingelegt hat.[7] 3

Soweit aus §§ 9 Abs. 1 Nr. 3, 60 FamFG abgeleitet wird, dass verfahrensfähige Minderjährige **analog § 107 BGB** auch insoweit einen **Geschäftsbesorgungsvertrag mit einem Rechtsanwalt** schließen und diesem **Vollmacht** erteilen können,[8] erscheint dies nicht unproblematisch, setzt sich der Minderjährige doch mit Abschluss des Anwaltsvertrages einem Vergütungsanspruch des Anwalts aus.[9] Zudem bestimmt § 111 Satz 1 BGB die Unwirksamkeit einseitiger Rechtsgeschäfte durch einen beschränkt Geschäftsfähigen, zu denen eben auch die Erteilung der Vollmacht an den Rechtsanwalt gehört.[10] Soweit danach ein rechtswirksamer Anwaltsvertrag ohne Einwilligung des gesetzlichen Vertreters des Minderjährigen nicht geschlossen werden kann,[11] ist das verfahrensfähige Kind gleichwohl 4

---

1 Johannsen/Henrich/Althammer/*Althammer*, § 60 FamFG Rn. 6; Sternal/*Jokisch*, § 60 FamFG Rn. 6, 9: a.A. Prütting/Helms/*Abramenko*, § 60 FamFG Rn. 7: mittelbarer Bezug zur Person reicht
2 Sternal/*Jokisch*, § 60 FamFG Rn. 11
3 Prütting/Helms/*Abramenko*, § 60 FamFG Rn. 5
4 OLG Karlsruhe FamRZ 2016, 567
5 OLG Karlsruhe FamRZ 2016, 567
6 Bork/Jacoby/Schwab/*Müther*, § 60 FamFG Rn. 2
7 A.A. *Köhler*, ZKJ 2018, 50, 55
8 BGH NJW 2021, 2734, Rn. 17 m. Anm. *Lack = FamRZ 2021, 1402 m. Anm. Zorn;* OLG Hamburg FamRZ 2018, 105; OLG Karlsruhe FamRZ 2016, 567; OLG Dresden FamRZ 2014, 1042; *Heiter*, FamRZ 2009, 85; Sternal/*Sternal*, § 9 FamFG Rn. 16
9 Zu diesem Problem vgl. *Naczinsky*, NZFam 2018, 713, bezogen auf die Testierfähigkeit von Minderjährigen
10 MüKo-BGB/*Spickhoff*, § 111 Rn. 10; Sternal/*Sternal*, § 9 FamFG Rn. 16
11 OLG Braunschweig InfAuslR 2016, 367; AG Münster NJW 1994, 1124; Erman/*Müller*, § 106 BGB Rn. 3; *Naczinsky*, NZFam 2018, 713, 716 f; a. A. OLG Dresden MDR 2014, 477

dazu imstande, einem Rechtsanwalt eine Verfahrensvollmacht zu erteilen, da sich deren Wirksamkeit nicht an §§ 106 ff. BGB orientiert, sondern an seine Prozess- bzw. Verfahrensfähigkeit geknüpft ist.[12] Die sachgerechte Wahrnehmung der mit der Verfahrensfähigkeit eröffneten verfahrensrechtlichen Möglichkeiten wäre zumindest erheblich eingeschränkt, wenn dem Minderjährigen nicht die für das Verfahren erforderlichen Hilfsmittel zur Verfügung stehen würden.[13] Das sich daraus ergebende Problem des Vergütungsanspruchs des Anwalts lässt sich nur bei mittellosen Minderjährigen, die insbesondere über keinen Verfahrenskostenvorschussanspruch gegenüber ihren Eltern verfügen, über die Verfahrenskostenhilfe nach §§ 76, 78 FamFG lösen, wobei aber auch dies nicht das rechtliche Problem der Unwirksamkeit des Geschäftsbesorgungsvertrages beheben kann.

5 Im Zusammenhang mit § 60 FamFG ist auch § 164 FamFG zu sehen, wonach Entscheidungen, die von § 60 FamFG umfasst sind, dem Kind selbst bekannt zu machen sind, wenn es das 14. Lebensjahr vollendet hat und nicht geschäftsunfähig ist. Hierbei ist **§ 178 Abs. 2 ZPO** analog **(Verbot der Ersatzzustellung an verfahrensbeteiligte Eltern)** anzuwenden, wenn das Kind noch bei seinen Eltern lebt.[14] Nach § 164 Satz 2 FamFG kann aber im Interesse des Kindeswohls von der **vollständigen Übersendung der Beschlussgründe** ganz oder zum Teil **abgesehen** werden.

▶ *Näher zur Bekanntmachung Heilmann, Kommentierung zu § 164 FamFG.*

6 Die Möglichkeit der Einlegung einer eigenen Beschwerde durch das Kind schließt nicht aus, dass auch die **gesetzlichen Vertreter Rechtsmittel im Namen des Kindes** einlegen können,[15] die insbesondere dann zum Tragen kommen können, wenn der Minderjährige seine Beschwerde zurücknimmt oder auf sie verzichtet hat.[16] Zur Frage der Bewilligung von Verfahrenskostenhilfe und der Beiordnung eines Rechtsanwaltes nach §§ 76 ff. FamFG vgl. *Gottschalk*, § 76 FamFG Rn. 7.

B. Inhalt der Norm

I. Umfang des Beschwerderechts des Kindes

7 Nach zutreffender Auffassung[17] regelt § 60 FamFG selbst **nicht** die **Beschwerdebefugnis** des Kindes in den dort genannten Verfahren, sondern ergänzt lediglich die Regelungen zur Verfahrensfähigkeit des Minderjährigen in§ 9 Abs. 1 Nr. 3 FamFG. Die Beschwerdeberechtigung muss sich vielmehr aus § 59 Abs. 1 und 2 FamFG ergeben und setzt das **Betroffensein in eigenen Rechten** auch bei der Beschwerde des Kindes voraus.[18] Ein Beschwerderecht besteht daher grundsätzlich bei Entscheidungen zum Sorge- und Umgangsrecht und zu seiner Herausgabe.[19]

12 BGH FamRZ 2014, 110; NJW 1993, 1170; Staudinger/*Klumpp*, (2021) BGB § 107 Rn. 71 m.w.N.
13 BGH NJW 2021, 2734, Rn. 17 m. Anm. *Lack = FamRZ 2021, 1402 m. Anm. Zorn;* Sternal/*Sternal*, § 9 FamFG Rn. 16
14 OLG Saarbrücken Urt. v. 12.11.2009 – 8 U 518/08, BeckRS 2009, 88513 = DGVZ 2010, 83
15 BGH NZFam 2018, 334; MüKo-FamFG/*A. Fischer*, § 60 Rn. 20
16 Zu möglichen Interessenkonflikten vgl. BGH NJW 2012, 1150; *Sommer*, FPR 2012, 374, 375 f.
17 OLG Düsseldorf FamRZ 2011, 1081; Zöller/*Feskorn*, § 60 FamFG Rn. 2
18 OLG Brandenburg FamRZ 2014, 1649; OLG Nürnberg FamRZ 2012, 804; Prütting/Helms/*Abramenko*, § 60 FamFG Rn. 1
19 MüKo-FamFG/*A. Fischer*, § 59 Rn. 33

II. Einzelfälle

1. Unterbringungssachen

Beschwerden von Kindern, die das 14. Lebensjahr vollendet haben, kommen in der Praxis vor allem in **Unterbringungsverfahren** nach § 151 Nr. 6 FamFG vor, in denen das Kind aufgrund der ergangenen Endentscheidung – meist in einem einstweiligen Anordnungsverfahren – gegen seinen Willen in einer geschlossenen psychiatrischen Klinik untergebracht ist und sich in dieser für ihn schwierigen Situation gegen die familiengerichtliche Genehmigung der freiheitsentziehenden Unterbringung oder gegen eine freiheitsentziehende Maßnahme wendet. Hier ist die Beschwerde im Verfahren der **einstweiligen Anordnung** nach § 57 Satz 1 und 2 FamFG bereits **vor mündlicher Erörterung** statthaft. Anders ist die Rechtslage aber, wenn vom Familiengericht vor Vollzug einer Unterbringung des Kindes deren **Genehmigung verweigert** wird. Hier sind lediglich die Personensorgeberechtigten in ihren Rechten unmittelbar betroffen, das Kind dagegen **nur mittelbar**.[20] 8

Die Verfahrensfähigkeit von Kindern ab dem 14. Lebensjahr ergibt sich in **Unterbringungssachen** im Übrigen bereits aus § 167 Abs. 3 FamFG. Der Minderjährige kann dabei auch den Verfahrensbeistand beauftragen, für ihn Beschwerde einzulegen,[21] wobei dieser dann aber die Beschwerde in eigenem Namen nach § 158b Abs. 3 Satz 2 FamFG einzulegen hat, da er nicht gesetzlicher Vertreter des Kindes ist (vgl. § 158b Abs. 3 Satz 3 FamFG).[22] Legt er die Beschwerde als rechtsgeschäftlich Bevollmächtigter des Kindes für dieses ein, muss sich aber aus der Beschwerdeschrift hinreichend deutlich ergeben, dass der Verfahrensbeistand – mit der Folge der Aufhebung seiner Bestellung (vgl. § 158 Abs. 4 Satz 2 Nr. 2 FamFG) – seine bisherige Rolle im Verfahren aufgeben und als Verfahrensbevollmächtigter für den Betroffenen handeln will.[23] 9

2. Kinderschutzverfahren

In Verfahren nach **§ 1666 BGB** kann das verfahrensfähige Kind unzweifelhaft Beschwerde gegen eine Entscheidung einlegen, bei der das Familiengericht von Maßnahmen nach § 1666 BGB abgesehen hat, weil das in seinem Wohl gefährdete Kind dadurch in eigenen Rechten verletzt sein kann.[24] Daher ist es auch dann, wenn es einen Sorgerechtsentzug gegenüber seinen Eltern erstrebt, beschwerdeberechtigt.[25] Streitig ist die Frage aber, wenn das Familiengericht **den Eltern das Sorgerecht ganz oder zum Teil entzogen** hat. Hier vertritt insbesondere das OLG Düsseldorf die Auffassung, das Kind könne sich nach § 59 Abs. 1 FamFG nicht auf die Verletzung eigener Rechte berufen.[26] Dem ist mit der ganz h.M. aber entgegenzutreten, da das Kind ein aus Art. 6 Abs. 2 GG folgendes **Grundrecht auf Erziehung und Pflege**[27] durch seine Eltern hat und folglich von einem Sorgerechtsentzug auch in eigenen Rechten betroffen wird.[28] 10

Auch eine **minderjährige Mutter**, die sich mit der Beschwerde gegen den Verlust der ihr bis zum Erlass der angefochtenen Entscheidung nach § 1673 Abs. 2 Satz 2 BGB zustehenden tatsächlichen Personensorge wendet, ist selbst beschwerdeführungsbefugt.[29] Bei der Re- 11

20 MüKo-FamFG/*A. Fischer,* § 59 Rn. 33
21 OLG Dresden FamRZ 2017, 621
22 BGH FamRZ 2019, 1077; Sternal/*Schäder,* FamFG § 158b Rn. 20
23 BGH FamRZ 2019, 1077; NJW-RR 2019, 129 (zum Betreuungsrecht)
24 BayObLG DAVorm 1981, 987; Dutta/Jacoby/Schwab/*Müther,* § 60 FamFG Rn. 7.1
25 OLG Brandenburg FamRZ 2014, 1649; OLG Stuttgart FamRZ 2010, 1166
26 OLG Düsseldorf ZKJ 2011, 185 mit abl. Anm. *Heilmann*
27 BVerfG FamRZ 2008, 845
28 Staudinger/*Coester,* § 1666 BGB Rn. 302; *Völker/Clausius,* § 9 Rn. 25; Sternal/*Jokisch,* § 59 FamFG Rn. 70
29 OLG Frankfurt a. M. FamRZ 2023, 1970 = NZFam 2023, 889 m. zust. Anm. *Preisner*

gelung der Personensorge für ein minderjähriges Kind handelt es sich sowohl für das betroffene Kind als auch für beide, ggf. minderjährige Elternteile um eine ihre Person betreffende Angelegenheit. Andernfalls ergäbe sich die absurde Situation, dass ein mindestens 14-jähriger minderjähriger Beteiligter in einer die Personensorge betreffenden Kindschaftssache nur dann beschwerdeführungsbefugt wäre, wenn er als Kind am Verfahren beteiligt ist, nicht jedoch als Elternteil.[30]

3. Adoptionssachen

12 In Verfahren über die **Adoption eines Minderjährigen** ist bei Zurückweisung des Antrags aufgrund der Regelung in § 59 Abs. 2 FamFG dagegen nur der antragstellende (vgl. § 1752 Abs. 1 BGB) Annehmende und nicht das anzunehmende Kind, das kein Antragsrecht besitzt, beschwerdeberechtigt.[31]

§ 61 FamFG

Beschwerdewert; Zulassungsbeschwerde

(1) In vermögensrechtlichen Angelegenheiten ist die Beschwerde nur zulässig, wenn der Wert des Beschwerdegegenstandes 600 Euro übersteigt.

(2) Übersteigt der Beschwerdegegenstand nicht den in Absatz 1 genannten Betrag, ist die Beschwerde zulässig, wenn das Gericht des ersten Rechtszugs die Beschwerde zugelassen hat.

(3) [1]Das Gericht des ersten Rechtszugs lässt die Beschwerde zu, wenn

1. **die Rechtssache grundsätzliche Bedeutung hat oder die Fortbildung des Rechts oder die Sicherung einer einheitlichen Rechtsprechung eine Entscheidung des Beschwerdegerichts erfordert und**
2. **der Beteiligte durch den Beschluss mit nicht mehr als 600 Euro beschwert ist.**

[2]Das Beschwerdegericht ist an die Zulassung gebunden.

Übersicht

A. Allgemeines

1 Gemäß § 61 Abs. 1 FamFG ist die Beschwerde nur zulässig, wenn der Wert des Beschwerdegegenstands 600 EUR übersteigt, sofern sie eine **vermögensrechtliche Angelegenheit** betrifft. Die Regelung ist § 511 ZPO nachgebildet und bezweckt die Entlastung der Rechtspflege bei der Verfolgung lediglich geringfügiger wirtschaftlicher Interessen;[1] dabei besteht allerdings die Möglichkeit der Beschwerdezulassung zur Korrektur dieser gesetzlichen Interessenabwägung. Weil es sich bei dem Mindestwert des Beschwerdegegenstands um eine **Zulässigkeitsvoraussetzung** handelt, ist die Beschwerde bei Unterschreiten dieser Wertgrenze nach § 68 Abs. 2 Satz 2 FamFG als unzulässig zu verwerfen.

30 BeckOK FamFG/*Obermann,* FamFG § 60 Rn. 10a
31 OLG Nürnberg FamRZ 2012, 804; Grüneberg/*Götz,* § 1752 BGB Rn 5
1 BT-Drs. 16/6308, 205

Der Anwendungsbereich der Vorschrift in Kindschaftssachen ist begrenzt. Vermögensrechtliche Angelegenheiten sind nur solche, die ein **vermögensrechtliches Rechtsverhältnis** der Beteiligten betreffen oder auf einem nichtvermögensrechtlichen Rechtsverhältnis beruhen, aus dem sich aber ein vermögensrechtlicher Anspruch oder sonstige Folge ergibt.[2] Entscheidend ist, ob das Rechtsmittel in wesentlicher Weise auch der **Wahrung wirtschaftlicher Belange** des Beschwerdeführers dient.[3] Dazu gehören im Bereich der Kindschaftssachen z.B. Fälle der familienrechtlichen **Genehmigung von Rechtsgeschäften** nach §§ 1643 Abs. 1, 1799 Abs. 1, 1850 Nr. 1 BGB, Ansprüche des Kindes gegen seine Eltern nach § 1664 Abs. 1 BGB im Zusammenhang mit der **Verwaltung des Kindesvermögens**,[4] Beschwerden gegen die **Festsetzung der Vergütung von Vormund oder Pfleger** nach § 168 FamFG,[5] des Umgangspflegers nach § 1684 Abs. 3 BGB[6] oder des Verfahrensbeistands oder das Verfahren zur Bestimmung des Kindergeldbezugsberechtigten.[7] 2

Die **Beschwer** ist **analog §§ 3 ff. ZPO** zu schätzen. Entscheidend ist das **wirtschaftliche Interesse des Beschwerdeführers am Verfahrensgegenstand**.[8] Bei einer Beschwerde gegen die Vergütungsfestsetzung des Vormunds, Pflegers oder Verfahrensbeistands ist die Differenz zwischen begehrtem und festgesetztem Betrag maßgeblich.[9] 3

Die Wertgrenze des § 61 Abs. 1 FamFG muss grundsätzlich **bei Einlegung der Beschwerde** erreicht sein.[10] Sie ist vom Beschwerdegericht zu ermitteln, das an eine abweichende Feststellung des Familiengerichts nicht gebunden ist.[11] Erledigt sich die Hauptsache nach Einlegung der Beschwerde dadurch, dass die Beschwer unter die Grenze des § 61 Abs. 1 FamFG fällt, wird die Beschwerde unzulässig, es sei denn, die verbliebene Beschwer **ohne Berücksichtigung der insoweit entstandenen Kosten** erreicht den Beschwerdewert.[12] 4

B. Inhalt der Norm

I. Kostenbeschwerden in Nichtstreitsachen

Häufigster Anwendungsfall des § 61 Abs. 1 FamFG in Verfahren der freiwilligen Gerichtsbarkeit waren nach Inkrafttreten des FamFG zum 1.9.2009 **isolierte Beschwerden gegen die Kostenentscheidung**, wenn die Beschwer unter 600 EUR lag; dies war insbesondere bei Verfahrenswerten im Bereich von nicht mehr als 3.000 EUR häufig der Fall. Eine Mindermeinung vertrat zunächst die Auffassung, § 61 Abs. 1 FamFG finde bei einer Kostenbeschwerde keine Anwendung, wenn die Hauptsache eine nichtvermögensrechtliche Streitigkeit zum Gegenstand habe.[13] Demgegenüber vertrat die früher h.M.[14] die Ansicht, § 61 Abs. 1 FamFG sei auch auf **Kostenbeschwerden** in **Nichtstreitsachen** anzuwenden, da 5

2 Sternal/*Göbel*, § 61 FamFG Rn. 2
3 Vgl. BGH NJW 1986, 3143
4 Vgl. OLG Köln FamRZ 1997, 1351
5 OLG Frankfurt a. M. FamRZ 2013, 894
6 OLG Koblenz FamRZ 2019, 1437; OLG Celle FamRZ 2011, 307
7 Vgl. dazu BGH FamRZ 2014, 646: Beschwer im Regelfall unter 600 EUR; ebenso OLG Hamm FamRZ 2024, 276, Rn. 10; OLG Brandenburg Beschl. v. 28.10.2022 – 9 WF 113/22, BeckRS 2022, 29519 = FamRZ 2023, 308 (Ls.)
8 BeckOK-Streitwert/*Dürbeck*, „Familienrecht-Sorgerechtsverfahren" Rn. 13; Johannsen/Henrich/Althammer/*Althammer*, § 61 FamFG Rn. 5
9 BGH MDR 2012, 1242
10 BGH NJW-RR 2001, 1571
11 BGH FamRZ 2014, 1100; OLG Jena FamRZ 2016, 661; Sternal/*Göbel*, § 61 FamFG Rn. 11 f.
12 Vgl. BGH NJW-RR 2011, 1026; Sternal/*Göbel*, § 61 FamFG Rn. 17; anders bei vollständiger Erledigung, weil dann das Kosten- anstelle des Sachinteresses tritt (vgl. BGH NJW 2011, 529)
13 OLG Düsseldorf FamRZ 2012, 1827; OLG Nürnberg FamRZ 2010, 998; *Fölsch*, SchlHA 2011, 264, 267
14 OLG Frankfurt a. M. FamRZ 2011, 752; OLG Stuttgart FamRZ 2010, 664, 665; OLG Hamburg FamRZ 2010, 665, 666; vgl. BeckOK-FamFG/*Obermann*, FamFG § 61 Rn. 5

Kostenentscheidungen ein vermögensrechtliches Rechtsverhältnis zum Gegenstand hätten. Der Gegenstand des Beschwerdeverfahrens bestimme sich nämlich nicht nach dem Verfahrensgegenstand im ersten Rechtszug, sondern danach, was in der Beschwerde verlangt werde.

6 Der **BGH** hat sich in seiner Entscheidung vom 25.9.2013[15] jedoch mit überzeugender Begründung der Mindermeinung angeschlossen und aus systematischen und teleologischen Gründen hergeleitet, dass isolierte Kostenbeschwerden in Familienverfahren der freiwilligen Gerichtsbarkeit **keines Erreichens einer Beschwerdegrenze** bedürfen. Daher hat derzeit auch über Kostenbeschwerden in Kindschaftssachen mit einer Beschwer in Höhe von Kleinstbeträgen der Familiensenat beim OLG in voller Besetzung zu entscheiden (§ 122 Abs. 1 GVG), vorbehaltlich einer Übertragung der Sache auf den Einzelrichter. Hier bedürfte es dringend einer gesetzlichen Neuregelung, die sich aus Gründen der Gleichstellung aller Familiensachen an der Wertgrenze des § 567 Abs. 2 ZPO (200 EUR) orientieren sollte.

II. Zulassungsbeschwerde

7 Liegt die **analog §§ 3 ff. ZPO** (vgl. Rn. 3) zu bestimmende Beschwer nicht über 600 EUR, ist die Beschwerde in vermögensrechtlichen Angelegenheiten nach § 61 Abs. 2 FamFG nur zulässig, wenn das Familiengericht die **Beschwerde zugelassen** hat. Nach § 61 Abs. 3 Nr. 1 FamFG lässt das Familiengericht die Beschwerde zu, wenn die **Rechtssache grundsätzliche Bedeutung** hat oder die **Fortbildung des Rechts oder die Sicherung einer einheitlichen Rechtsprechung** eine Entscheidung des Beschwerdegerichts erfordern. Die Zulassungsgründe entsprechen insoweit denjenigen der Rechtsbeschwerde in § 70 FamFG, weshalb auf die Kommentierung zu § 70 FamFG verwiesen wird.

8 Die Zulassungsentscheidung selbst ist **in der Endentscheidung** des Familiengerichts zu treffen. Ausreichend ist es, wenn sich die Zulassung aus den **Gründen** ergibt.[16] Enthält die Endentscheidung weder im Tenor noch in den Gründen einen Hinweis auf die Zulassung der Beschwerde, kann allerdings nicht von einer Zulassung ausgegangen werden, dies auch dann nicht, wenn irrtümlich eine Rechtsmittelbelehrung erteilt worden ist.[17] **Schweigen bedeutet also Nichtzulassung**. Nur dann, wenn das Familiengericht bewusst keine Veranlassung für eine Zulassungsentscheidung gesehen hat, weil es **erkennbar** von einer Beschwer **über 600 EUR** ausgegangen ist, kann die Zulassungsentscheidung **vom Beschwerdegericht nachgeholt** werden.[18]

9 Lässt das Familiengericht die Beschwerde zu, ist das OLG nach § 61 Abs. 3 Satz 2 FamFG an die Entscheidung **gebunden**. Lässt es sie nicht zu, kann die Entscheidung von den Beteiligten **nicht angefochten** werden.[19] Es verbleiben hier nur die **Anhörungsrüge** nach § 44 FamFG oder die Verfassungsbeschwerde. Hat allerdings der Rechtspfleger die Entscheidung getroffen, ist die befristete Erinnerung nach § 11 Abs. 2 Satz 1 FamFG statthaft, über die der Familienrichter abschließend zu entscheiden hat.[20] Im Rahmen der Entscheidung über die Abhilfe der Erinnerung nach § 11 Abs. 2 Satz 5 RPflG kann der Rechtspfleger eine unterbliebene Entscheidung über die Zulassung der Beschwerde durch Teilabhilfe nachholen,[21] was zur Zulässigkeit der Beschwerde führt (siehe näher hierzu *Heilmann*, § 11 RPflG

15 BGH NJW 2013, 3523, Rn. 12 ff.; ebenso NJW-RR 2014, 129 Rn. 4; diesem folgend u. a. OLG Karlsruhe, Beschl. v. 25.1.2024 – 5 WF 147/23, BeckRS 2024, 1237 = FuR 2024, 401; OLG Brandenburg, Beschl. v. 30.8.2023 – 9 WF 114/23, BeckRS 2023, 26140
16 BGH FamRZ 2008, 1339; 1989, 376
17 BGH MDR 2014, 977
18 BGH MDR 2014, 977; FamRZ 2011, 882; 2012, 961; Sternal/*Göbel*, § 61 FamFG Rn. 41
19 BT-Drs. 16/6308, 205; MüKo-FamFG/*A. Fischer*, § 61 Rn. 40
20 Oberloskamp/*Dürbeck*, Vormundschaft, § 3 Rn. 161
21 OLG Stuttgart ZKJ 2010, 163

Rn. 23 ff.). Lässt das Familiengericht die Beschwerde zu, ist diese Entscheidung für die anderen Beteiligten ebenfalls unanfechtbar.

§ 62 FamFG

Statthaftigkeit der Beschwerde nach Erledigung der Hauptsache

(1) Hat sich die angefochtene Entscheidung in der Hauptsache erledigt, spricht das Beschwerdegericht auf Antrag aus, dass die Entscheidung des Gerichts des ersten Rechtszugs den Beschwerdeführer in seinen Rechten verletzt hat, wenn der Beschwerdeführer ein berechtigtes Interesse an der Feststellung hat.

(2) Ein berechtigtes Interesse liegt in der Regel vor, wenn

1. schwerwiegende Grundrechtseingriffe vorliegen oder

2. eine Wiederholung konkret zu erwarten ist.

Übersicht

A. Allgemeines

1 Hat sich die angefochtene Entscheidung in der **Hauptsache erledigt**, spricht das Beschwerdegericht gemäß § 62 Abs. 1 FamFG **auf Antrag** aus, dass die angefochtene Entscheidung den Beschwerdeführer **in seinen Rechten verletzt** hat, wenn der Beschwerdeführer ein **berechtigtes Interesse an der Feststellung** hat. Dies ist nach Absatz 2 dann der Fall, wenn **schwerwiegende Grundrechtseingriffe** vorliegen (Abs. 2 Nr. 1) oder eine **Wiederholung konkret** zu erwarten ist (Abs. 1 Nr. 2). Die Vorschrift erinnert an die Fortsetzungsfeststellungsklage des Verwaltungsprozesses (§ 113 Abs. 1 Satz 4 VwGO). Mit ihr hat der Gesetzgeber die in Abschiebehaftsachen entwickelte Rechtsprechung des BVerfG über die Zulässigkeit von Feststellungsanträgen bei erledigter Freiheitsentziehung[1] gesetzlich fortgeschrieben. Der BGH hatte zuvor eine nachträgliche Überprüfung einer erledigten Freiheitsentziehung in der Beschwerde oder Rechtsbeschwerde mangels Rechtsschutzbedürfnis wegen „prozessualer Überholung" abgelehnt.[2]

2 Der Hauptanwendungsbereich des § 62 FamFG liegt auch nach der gesetzlichen Normierung im FamFG in der Praxis im Bereich der **Freiheitsentziehungen** (Abschiebehaft,[3] Unterbringung[4]). Im Bereich der Kindschaftsverfahren hat die Vorschrift Bedeutung für Unterbringungsverfahren nach § 151 Nr. 6 und 7 FamFG, aber auch für Sorgerechts- und Umgangssachen, weil diese regelmäßig mit erheblichen staatlichen Eingriffen in das Elternrecht (Art. 6 Abs. 2 Satz 1 GG) verbunden sind,[5] sowie allgemein für Verfahren, in denen es zu schweren Eingriffen in Verfahrensrechte eines Beteiligten kommt.

3 Liegen die Voraussetzungen des § 62 Abs. 1 FamFG vor, kann über die vom Antragsteller begehrte Feststellung **nur im Beschwerdeverfahren** durch das Beschwerdegericht ent-

---

1 BVerfG NJW 2002, 2456; zur Entwicklung der Rspr. vgl. *Heidebach*, NJW 2011, 1708
2 BGH NJW 1998, 2829
3 Vgl. *Schmidt-Räntsch*, NVwZ 2014, 110
4 So etwa BGH FamRZ 2018, 1361
5 Jedoch zu Recht verneint in einer Umgangssache bei KG FamRZ 2017, 1061

schieden werden, ein isoliertes Feststellungsverfahren vor dem Gericht des ersten Rechtszuges findet nicht statt.[6]

4 Nach zutreffender Auffassung findet § 62 FamFG auch im Verfahren der **sofortigen Beschwerde** nach §§ 567 ff. ZPO entsprechende Anwendung, soweit das FamFG hierauf verweist, wie in § 87 Abs. 4 FamFG im Vollstreckungsverfahren.[7] Nicht anwendbar ist § 62 FamFG hingegen auf die Beschleunigungsbeschwerde nach § 155c FamFG, wenn diese sich infolge der Nachholung der gebotenen Verfahrensförderung, insbesondere durch Erlass der Endentscheidung, erledigt hat.[8]

B. Inhalt der Norm

I. Anwendungsvoraussetzungen

1. Erledigung

5 Zu einer Erledigung der Hauptsache kommt es nach herkömmlichem verfahrensrechtlichem Verständnis dann, wenn **nach Einleitung des Verfahrens** der **Verfahrensgegenstand** durch ein Ereignis, welches eine **Änderung der Sach- oder Rechtslage bewirkt, weggefallen** ist, so dass die Weiterführung des Verfahrens keinen Sinn mehr hätte, weil eine Sachentscheidung nicht mehr ergehen kann.[9] Häufigste Anwendungsfälle sind der **zeitliche Ablauf einer vom Familiengericht befristeten Maßnahme** (z.B. Unterbringung, Umgangsausschluss, Kontaktverbot), die bereits erfolgte **Vollziehung** einer angeordneten Maßnahme (z.B. Herausgabe des Kindes), der Eintritt der **Volljährigkeit des Kindes**[10] oder der **Tod** eines Betroffenen.[11] Ohne § 62 FamFG wäre in solchen Fällen mangels Rechtsschutzbedürfnisses an der Aufhebung der angegriffenen Entscheidung die **Beschwerde unzulässig** und daher nach § 68 Abs. 2 Satz 2 FamFG – soweit sie nicht auf die Kosten beschränkt wird – zu verwerfen.[12]

6 Im Rahmen des § 62 FamFG ist der **Zeitpunkt der Erledigung** von besonderer Bedeutung. Erledigt sich der Verfahrensgegenstand im ersten Rechtszug noch vor Erlass einer Entscheidung in der Sache, ist § 62 FamFG nicht anwendbar und in erster Instanz nur noch nach §§ 83, 81 FamFG über die Kosten zu entscheiden (siehe näher hierzu *Kischkel*, § 83 FamFG Rn. 6 f.).[13] Tritt die Erledigung **nach Erlass** der erstinstanzlichen Entscheidung, aber noch **vor Einlegung der Beschwerde** ein, kann gleichwohl ein Antrag auf Feststellung der Rechtswidrigkeit nach § 62 FamFG gestellt werden,[14] obwohl der Wortlaut der Norm davon spricht, dass die Erledigung nach Einlegung der Beschwerde erfolgt. Der (in der familiengerichtlichen Praxis seltene) Antrag ist in diesem Fall aber innerhalb der Frist des § 63 Abs. 1 oder 2 FamFG zu stellen.[15]

---

6 BGH FGPrax 2013, 44; BayObLG FamRZ 2004, 485; Johannsen/Henrich/Althammer/*Althammer*, § 62 FamFG Rn. 1
7 OLG Brandenburg ZKJ 2012, 495; vgl. Sternal/*Göbel*, § 58 FamFG Rn. 110
8 OLG Frankfurt a. M., Beschl. v. 24.3.2022 – 5 WF 25/22, BeckRS 2022, 6014 OLG = NZFam 2022, 615 m. Anm. *Schlünder;* OLG Karlsruhe ZKJ 2018, 66
9 BGH FGPrax 2011, 39; OLG Köln FGPrax 2011, 44; BeckOK-FamFG/*Obermann*, § 62 Rn. 1
10 BGH FamRZ 1993, 314; Sternal/*Sternal*, FamFG § 22 Rn. 37
11 BGH FamRZ 2013, 29
12 BGH FamRZ 2019, 1615; NJW-RR 2012, 997
13 OLG Frankfurt a. M,. Beschl. v. 9.5.2019 – 2 UF 124/19, BeckRS 2019, 15431; KG FamRZ 2016, 932
14 BGH FamRZ 2012, 211; OLG Stuttgart FamRZ 2014, 234
15 MüKo-FamFG/*A. Fischer*, § 62 Rn. 27

2. Antrag

§ 62 Abs. 1 FamFG setzt schon seinem Wortlaut nach voraus, dass der Beschwerdeführer die Feststellung der Rechtswidrigkeit der erledigten Entscheidung **beantragt**, was vor Inkrafttreten des FamFG noch umstritten war,[16] inzwischen aber auch durch den BGH bestätigt worden ist.[17] Eine **konkludente Antragstellung** genügt,[18] nicht ausreichend ist es aber, lediglich die Erledigung der Beschwerde zu erklären. Allerdings ist der Beschwerdeführer nach Erledigung der Hauptsache im Beschwerdeverfahren auf die Möglichkeit eines Antrags nach § 62 FamFG **hinzuweisen**, falls er **nicht anwaltlich** vertreten ist.[19] Dazu wird aber nur Veranlassung bestehen, wenn das Beschwerdegericht zu diesem Zeitpunkt selbst von der Rechtswidrigkeit der angefochtenen Entscheidung ausgeht. Hat sich das Verfahren durch den Tod des Beschwerdeführers erledigt, können **nahe Angehörige** den Antrag – außerhalb des Bereichs der Abschiebe- und Zurückschiebehaft[20] – nicht stellen.[21] Gleiches gilt für die **Eltern eines nach § 1631b BGB untergebrachten Kindes** nach Beendigung der Unterbringung. Hier ist der Antrag vom gesetzlichen Vertreter des Kindes in dessen Namen zu stellen.[22] Auch der Verfahrensbeistand dürfte hier antragsberechtigt sein. 7

3. Feststellungsinteresse

§ 62 Abs. 1 FamFG beschränkt die Möglichkeit des Antrags auf Feststellung der Rechtswidrigkeit einer Gerichtsentscheidung trotz Erledigung auf besondere Fälle, in denen ein **berechtigtes Interesse** des Betroffenen vorliegt. 8

§ 62 Abs. 2 FamFG nennt als Regelbeispiel in Nr. 1 zunächst einen **schwerwiegenden Grundrechtseingriff**, der vor allem bei staatlichen Eingriffen in die (körperliche) Freiheit angenommen wird (vgl. Rn. 1), so dass im Bereich des Kindschaftsrechts vor allem Unterbringungsverfahren nach § 151 Nr. 6 und 7 FamFG als klassischer Anwendungsbereich zu nennen sind.[23] Daneben sind Fälle denkbar, in denen in schwerwiegender Weise in das Elternrecht nach Art. 6 Abs. 2 Satz 1 GG eingegriffen wurde, wie z.B. bei einem (Teil-) Entzug der elterlichen Sorge und bei Beschränkungen oder einem Ausschluss des Umgangsrechts nach §§ 1666, 1684 Abs. 4 BGB. In Verfahren mit geringerer Eingriffsintensität (z.B. nach §§ 1671, 1626a, 1628, 1684,[24] 1685, 1686 BGB) kann sich ein schutzwürdiges Feststellungsinteresse dagegen allenfalls aus der **schwerwiegenden Verletzung von Verfahrensrechten** ergeben.[25]

Nach § 62 Abs. 2 Nr. 2 FamFG kann auch eine **konkrete Wiederholungsgefahr** das besondere Feststellungsinteresse begründen. Dieses Regelbeispiel hat eher Bedeutung für Dauerverfahren, wie z.B. für Betreuungsverfahren, veröffentlichte Rechtsprechung zur Anwendung der Norm in Kindschaftsverfahren fehlt dagegen. In Unterbringungsverfahren, die chronisch kranke Minderjährigen betreffen, wird bereits das Regelbeispiel des Abs. 2 Nr. 1 erfüllt sein. Nicht ausreichend ist bei Abs. 2 Nr. 2 jedenfalls das bloße Interesse an der grundsätzlichen Klärung einer Rechtsfrage.[26] 9

---

16 Vgl. *Heidebach*, NJW 2011, 1728
17 BGH FamRZ 2011, 1390; vgl. auch OLG Düsseldorf FamRZ 2011, 921
18 BGH FamRZ 2019, 1816; 2014, 649; 2012, 619
19 BGH FamRZ 2018, 1361; OLG München BeckRS 2005, 10402; Sternal/*Göbel*, § 62 FamFG Rn. 12
20 BGH FamRZ 2012, 211
21 BGH FamRZ 2013, 29 (Betreuung)
22 BGH ZKJ 2014, 69
23 BGH FamRZ 2021, 145; 2014, 649; OLG Bremen FamRZ 2013, 1244; Prütting/Helms/*Abramenko*, § 60 FamFG Rn. 7
24 KG FamRZ 2017, 1061
25 OLG Naumburg FamRZ 2013, 66: Keine Anhörung der Eltern (§ 160 FamFG); kritisch: MüKo-FamFG/*A. Fischer*, § 62 Rn. 34
26 BGH FamRZ 2019, 555; KG FGPrax 2021, 210;

C. Einzelfälle

10 § 62 FamFG hat die Rechtsprechung der Familiensenate der Oberlandesgerichte in Kindschaftssachen bisher eher selten beschäftigt. Im Bereich der freiheitsentziehenden Unterbringung des Kindes werden in Verfahren nach § 151 Nr. 6 FamFG, § 1631b BGB Anträge des Kindes nach § 62 FamFG selten gestellt. Soweit hier Anträge von den Eltern gestellt worden sind, betraf dies meist nichtsorgeberechtigte Eltern, denen ein eigenes Antragsrecht nach § 62 FamFG mangels Antragsbefugnis entsprechend § 59 FamFG verwehrt ist.[27] Denkbar sind Anträge von **personensorgeberechtigten** Eltern aber bei der **öffentlich-rechtlichen Unterbringung** des Kindes in Verfahren nach § 151 Nr. 7 FamFG nach den jeweiligen Freiheitsentziehungsgesetzen der Bundesländer.

11 In einem Verfahren wegen der Verpflichtung zur **Auskunftserteilung** nach § 1686 BGB besteht im Regelfall kein berechtigtes Feststellungsinteresse;[28] dagegen kann bei schwerwiegenden Eingriffen in Verfahrensrechte auch im Verfahren nach § 1628 BGB ein schwerwiegender Grundrechtseingriff zu bejahen sein.[29]

12 Im Bereich der **Kindesherausgabe** (§ 1632 Abs. 1 BGB) liegt ein hinreichendes Feststellungsinteresse selbst bei der Anordnung unmittelbaren Zwangs zur Herausgabe (§ 90 FamFG) nicht vor, wenn die angefochtene Entscheidung infolge vorheriger freiwilliger Übergabe des Kindes nicht mehr vollzogen wurde.[30]

13 In **Gewaltschutzsachen** kommt es auf die Eingriffsintensität der getroffenen Maßnahmen und ihrer Folgen für den Betroffenen an, ein bloßes Näherungsverbot genügt – anders als bei einer Wohnungszuweisung nach § 2 GewSchG – nicht.[31]

§ 63 FamFG
Beschwerdefrist

(1) Die Beschwerde ist, soweit gesetzlich keine andere Frist bestimmt ist, binnen einer Frist von einem Monat einzulegen.

(2) Die Beschwerde ist binnen einer Frist von zwei Wochen einzulegen, wenn sie sich gegen folgende Entscheidungen richtet:

1. Endentscheidungen im Verfahren der einstweiligen Anordnung oder

2. Entscheidungen über Anträge auf Genehmigung eines Rechtsgeschäfts.

(3) [1]Die Frist beginnt jeweils mit der schriftlichen Bekanntgabe des Beschlusses an die Beteiligten. [2]Kann die schriftliche Bekanntgabe an einen Beteiligten nicht bewirkt werden, beginnt die Frist spätestens mit Ablauf von fünf Monaten nach Erlass des Beschlusses.

---

27 BGH FamRZ 2013, 29; OLG Bremen FamRZ 2013, 1244; OLG Hamm FamRZ 2007, 1577; a.A. OLG Karlsruhe FamRZ 2008, 428; Sternal/*Göbel*, FamFG § 62 Rn. 27
28 OLG Stuttgart FamRZ 2014, 234
29 OLG Naumburg FamRZ 2013, 66
30 OLG Brandenburg ZKJ 2012, 495; *Jennissen*, FGPrax 2009, 93, 98; vgl. auch BGH FamRZ 2008, 866
31 OLG Rostock FamRZ 2017, 619

Übersicht

A. Allgemeines

I. Anwendungsbereich

Die in §63 FamFG aufgeführten Fristen gelten für alle unter §58 FamFG fallenden Beschwerden gegen Endentscheidungen in Kindschaftsverfahren. Damit sieht das FamFG im Gegensatz zum früheren FGG **nur noch die fristgebundene Beschwerde** vor. Die Norm gilt im Übrigen auch in Familienstreitsachen, also z.B. auch in Verfahren betreffend den Kindesunterhalt. Soweit in Kindschaftsverfahren Zwischenentscheidungen mit der **sofortigen Beschwerde** kraft Verweisung nach §§ 567 ff. ZPO anfechtbar sind, gilt allerdings – mit Ausnahme der VKH-Beschwerde nach §76 Abs. 2 FamFG, §127 Abs. 2 ZPO – die Zwei-Wochen-Frist des §569 Abs. 1 ZPO. Eine von §63 FamFG abweichende Regelung der Beschwerdefrist findet sich in §40 Abs. 2 Satz 2 IntFamRVG für Verfahren nach dem HKÜ (vgl. *Schweppe*, §40 IntFamRVG Rn. 6 f.). 1

Hat der **Rechtspfleger** die Endentscheidung getroffen, gelten für die Beschwerde, sofern sie in diesem Fall statthaft ist, über §11 Abs. 1 RPflG ebenfalls die Fristen des §63 FamFG. Ist ein Rechtsmittel gegen seine Entscheidung dagegen nicht statthaft oder sonst nicht zulässig, unterliegt sie der **Erinnerung** nach §11 Abs. 2 RPflG, für die nach dessen Satz 1 eine zweiwöchige Frist gilt (vgl. *Heilmann*, §11 RPflG Rn. 18). 2

II. Fristberechnung

Für die Berechnung der in §63 FamFG vorgesehenen Fristen gelten nach §16 Abs. 1 FamFG die Vorschriften der §§ 222, 224 Abs. 2 und 3, 225 ZPO entsprechend, wobei §222 Abs. 1 ZPO wiederum auf die Vorschriften des BGB, insbesondere §§ 187, 188 BGB verweist. Das hat insbesondere zur Folge, dass der Tag der Bekanntgabe der Entscheidung nicht in die Frist eingerechnet wird (vgl. §187 Abs. 1 BGB). Bei einer Monatsfrist endet bei einem am 1. des Monats zugestellten Beschluss diese gemäß §188 Abs. 2 BGB folglich am 1. des darauffolgenden Monats. Fällt das Fristende (nicht die Bekanntgabe) auf einen Samstag, Sonntag oder gesetzlichen Feiertag, endet die Frist nach §16 Abs. 1 FamFG, §222 Abs. 2 ZPO erst am darauffolgenden Werktag. Die **kurze Zwei-Wochen-Frist** des §63 Abs. 2 FamFG endet mit Ablauf des Tages der zweiten Woche, der durch seine Benennung dem Tag der Bekanntmachung entspricht, so z.B. bei einem am Mittwoch, dem 1. Tag des Monats bekanntgemachten Beschluss am Mittwoch, dem 15. Tag des Monats. 3

Gemäß §61 Abs. 3 Satz 1 FamFG beginnt die Frist mit der **schriftlichen Bekanntgabe** an den jeweiligen Beteiligten. Wie die Bekanntgabe des Beschlusses zu erfolgen hat, ist dabei in §41 FamFG geregelt. Ob die Zustellung förmlich nach §15 Abs. 2 FamFG i.V.m. §§ 166 ff. ZPO erfolgt (vgl. §41 Abs. 1 Satz 2 FamFG) oder formlos zur Post (nicht: Aufgabe zur Post i.S.d. §15 Abs. 2 FamFG), ist insoweit zwar ohne Belang; der Nachweis des Zugangs oder des Tages der Bekanntmachung lässt sich ohnehin nur bei der förmlichen Zustellung führen. Besteht aber eine gesetzliche Verpflichtung zur förmlichen Zustellung, wie nach §41 Abs. 1 Satz 2 FamFG, kann die Beschwerdefrist nur durch eine solche in Gang 4 gesetzt werden.[1] Wegen des fehlenden Zustellungswillens kommt auch keine Heilung (vgl. § 189 ZPO) aufgrund des tatsächlichen Zugangs in Betracht.[2]

5 Wird förmlich zugestellt, ist § 15 Abs. 2 FamFG i.V.m. § 172 ZPO zu beachten, wonach bei **anwaltlicher Vertretung** zwingend an den Verfahrensbevollmächtigten des Beteiligten zuzustellen ist. Soweit der Antragsteller im Verfahren der Kindesrückführung nach dem **HKÜ** sowohl vom Bundesamt für Justiz als auch von einem Rechtsanwalt vertreten wird, beginnt die Frist erst mit Zustellung an einen der beiden Bevollmächtigten.[3] **Zustellungsmängel** können im Rahmen von § 15 Abs. 2 FamFG, § 189 ZPO **geheilt** werden. Die Zustellung selbst muss aber wirksam sein, woran es bei einer **öffentlichen Zustellung** an einen Beteiligten insbesondere dann fehlt, wenn das Familiengericht keine hinreichenden Anstrengungen unternommen hat, um seinen Aufenthalt zu ermitteln.[4] § 189 ZPO findet auch dann keine Anwendung, wenn seitens des Gerichts keine förmliche Zustellung beabsichtigt und veranlasst worden war (siehe oben).[5] Auch ist die nach § 178 Abs. 2 ZPO eingeschränkte Möglichkeit der Ersatzzustellung zu beachten, wenn mehrere Beteiligte – wie häufig das Kind bei einem Elternteil – im gleichen Haushalt leben.

6 Wird den Beteiligten keine **beglaubigte Ausfertigung** des Beschlusses oder eine von der Urschrift abweichende Ausfertigung übersandt, läuft die Frist ebenfalls nicht,[6] zumindest sofern diese formell und inhaltlich nicht geeignet ist, dem Beteiligten die Entschließung über die Notwendigkeit der Einlegung eines Rechtsmittels zu ermöglichen.[7] Das Fehlen einer nach § 39 FamFG erforderlichen **Rechtsbehelfsbelehrung** dagegen hindert den Beginn der Frist nicht,[8] sondern kann allenfalls Wiedereinsetzungsgrund sein (vgl. hierzu *Kischkel*, § 39 FamFG Rn. 7).

Voraussetzung für den Fristbeginn ist aber weiterhin der wirksame Erlass der Endentscheidung. An diesem fehlt es dann, wenn es an einer gesetzlich erforderlichen Verkündung der Entscheidung (wie z.B. bei einer Kindschaftssache als Folgesache im Scheidungsverbund) fehlt.[9]

B. Inhalt der Norm

I. Monatsfrist (Abs. 1)

7 Nach § 63 Abs. 1 FamFG ist die Beschwerde gegen Endentscheidungen in allen Familiensachen grundsätzlich – d.h. soweit kein Fall des Abs. 2 vorliegt – binnen **eines Monats ab Bekanntgabe** der Entscheidung (vgl. Rn. 5) einzulegen. § 63 FamFG hindert aber nicht, die Beschwerde bereits vor der Bekanntgabe des Beschlusses und damit vor Beginn der Beschwerdefrist (vgl. Abs. 3 Satz 1) einzulegen.[10] Ist die Bekanntgabe erfolgt, hat auch eine spätere Berichtigung des Beschlusses nach § 42 FamFG grundsätzlich keinen Einfluss auf den Lauf der Frist.[11] Gleiches gilt für die Ergänzung eines Beschlusses (§ 43 FamFG), wenn zum Zeitpunkt seiner Bekanntgabe die Beschwerdefrist bereits abgelaufen ist.[12]

1 BGH FamRZ 2022, 226: Zustellung des Unterbringungsbeschlusses nur an den Betroffenen persönlich; NJW 2013, 3310; BeckOK-FamFG/*Perleberg-Kölbel*, FamFG § 16 Rn. 9
2 BGH FamRZ 2022, 226; FamRZ 2021, 1662
3 OLG Karlsruhe FamRZ 2012, 468
4 BGH FamRZ 2012, 1376; NJW 2002, 827
5 BGH FamRZ 2022, 226; FamRZ 2021, 1662; MDR 2003, 407
6 BGH NJW 1998, 1959; BeckOK-FamFG/*Obermann*, FamFG § 63 Rn. 29
7 Vgl. BGH FamRZ 2024, 1557
8 BGH NJW 2011, 522; Sternal/*Sternal*, FamFG § 63 Rn. 36
9 Vgl. BGH FamRZ 2012, 106
10 MüKo-FamFG/*A. Fischer*, § 63 Rn. 33
11 BGH NJW-RR 2009, 1443; NJW 2003, 2991; OLG Düsseldorf FamRZ 2013, 1915
12 OLG Brandenburg FGPrax 2016, 191; Sternal/*Sternal*, FamFG § 63 Rn. 36

II. Zweiwochenfrist (Abs. 2)

Gemäß § 63 Abs. 2 FamFG beträgt die Beschwerdefrist **zwei Wochen**, wenn sich die Beschwerde gegen eine Entscheidung im Verfahren der **einstweiligen Anordnung** richtet (Nr. 1) oder wenn sie einen Antrag auf **Genehmigung eines Rechtsgeschäfts** (Nr. 2, z.B. nach §§ 1643 Abs. 1, 1799 Abs. 1, 1850 Nr. 1 BGB) betrifft. Der Gesetzgeber hat hier wegen des Beschleunigungsbedürfnisses in beiden Verfahrensarten die Beschwerdefrist des Abs. 1 auf zwei Wochen verkürzt. Vor der zum 1.1.2013 erfolgten Neufassung der Nr. 1[13] war noch streitig, ob diese kurze Beschwerdefrist auch den Fall erfasst, dass sich die Beschwerde gegen die **Ablehnung einer einstweiligen Anordnung** richtet.[14] Hieran besteht heute aber infolge der Änderung der Vorschrift kein Zweifel mehr. Nicht von § 63 Abs. 2 Nr. 2 FamFG erfasst werden jedoch Fälle der Ersetzung der **Einwilligung in eine genetische Untersuchung** zur Klärung der Abstammung nach § 1598a Abs. 2 BGB.[15] Die Zweiwochenfrist nach Nr. 2 gilt darüber hinaus auch dann, wenn sich die Beschwerde gegen die Ablehnung eines Antrags auf **Ersetzung einer Zustimmung** richtet.[16] 8

III. „Fünf-Monats-Frist" (Abs. 3 Satz 2)

Gemäß § 63 Abs. 3 Satz 2 FamFG beginnt die nach Abs. 1 oder 2 maßgebliche Frist spätestens mit Ablauf von **fünf Monaten** nach Erlass des Beschlusses, wenn die schriftliche Bekanntgabe an einen Beteiligten nicht bewirkt werden kann. Kaum eine andere Vorschrift des Beschwerderechts hat bis heute zu mehr Kontroversen in Rechtsprechung und Literatur geführt.[17] Dabei beinhaltet die Regelung keine dritte Rechtsmittelfrist, sondern lediglich die Anordnung der **Fiktion der Bekanntgabe** eines Beschlusses an einen Beteiligten.[18] Die zugrundeliegende Frage der Rechtsmittelfristen für übergangene Verfahrensbeteiligte war in der Vergangenheit vor allem in Versorgungsausgleichssachen kontrovers diskutiert worden, wenn ein zu beteiligender Versorgungsträger von einem der Eheleute „vergessen" worden war.[19] Hier hat der Gesetzgeber reagiert und mit der Schaffung des § 142 Abs. 3 FamFG verhindert, dass ein Beschluss noch Jahre nach der Ehescheidung durch eine Anschlussbeschwerde eines Ehegatten angefochten werden kann.[20] Es kommt aber auch in Kindschaftssachen häufig vor, dass Muss-Beteiligte, wie z.B. nicht sorgeberechtigte Elternteile, etwa der rechtliche Vater, nicht formal beteiligt wurden[21] und ihnen auch die Entscheidung nicht bekanntgemacht wird, z.B. weil ihr Aufenthalt unbekannt ist oder das Familiengericht rechtsirrig annimmt, sie seien nicht zu beteiligen. 9

Ist der **Aufenthalt** eines Muss-Beteiligten **nicht bekannt**, wird das Familiengericht, nachdem es hinreichende Ermittlungen zum Verbleib des Beteiligten getätigt hat (z.B. durch Anfragen beim Jugend- und Einwohnermeldeamt, der Ausländerbehörde), die **öffentliche Zustellung** des Beschlusses nach § 15 Abs. 2 FamFG, § 185 ZPO zu erwägen haben, so dass insoweit kein Raum für die Anwendung des § 63 Abs. 2 Satz 3 FamFG besteht. Bejaht das 10

13 BGBl. I 2013, S. 2418
14 Vgl. auch Prütting/Helms/*Abramenko*, § 63 FamFG Rn. 4
15 OLG München FamRZ 2011, 1878; Staudinger/*Rauscher*, (2011) BGB § 1598a, Rn. 37
16 OLG Düsseldorf NJW-RR 2014, 890; OLG Frankfurt a. M., Beschl. v. 23.5.2013 – 20 W 96/13, BeckRS 2013, 19359 = NJOZ 2014, 324; OLG Köln FGPrax 2014, 139
17 Vgl. Prütting/Helms/*Abramenko*, § 63 FamFG Rn. 11 m.w.N.; Sternal/*Sternal*, FamFG § 63 Rn. 56 ff.
18 BGH FamRZ 2013, 1566
19 Vgl. dazu *Büte*, FuR 2011, 361
20 Vgl. dazu aber BGH FamRZ 2021, 1357 Rn 33 ff.; NJW-RR 2017, 970 Rn. 23; hierzu ist der im Juli 2024 vom BMJ vorgestellte Referentenentwurf eines Gesetzes zur Verbesserung des Schutzes von gewaltbetroffenen Personen im familiengerichtlichen Verfahren, zur Stärkung des Verfahrensbeistands und zur Anpassung sonstiger Verfahrensvorschriften zu beachten, mit dem eine Ergänzung des § 20 Abs. 1 Satz 1 VersAusglG beabsichtigt ist, die den nachträglichen schuldrechtlichen Ausgleich übersehener Anrechte ermöglich soll
21 BGH NJW 2019, 2435 Rn. 55 zu § 1666 BGB; vgl. auch MüKo-FamFG/*A. Fischer*, FamFG § 63 Rn. 45

Gericht allerdings zu Unrecht die Voraussetzungen für eine öffentliche Zustellung, ist diese jedenfalls insoweit unwirksam, dass sie für den Beginn von Rechtsmittelfristen nicht maßgeblich sein kann.[22]

11 **Unterbleibt** dagegen versehentlich die **Bekanntgabe** der Entscheidung an einen Beteiligten – gleich, ob er zuvor formal im Verfahren beteiligt worden war –, findet § 63 Abs. 3 Satz 2 FamFG nach zutreffender Auffassung ebenfalls keine Anwendung, weil dies mit seinem Wortlaut und dem Bedürfnis nach einem **effektiven Rechtsschutz** für den betroffenen Beteiligten nicht zu vereinbaren ist.[23] Streitig ist hier aber, ob im Falle unterbliebener Beteiligung eines nach § 59 FamFG Beschwerdeberechtigten gar keine Frist läuft[24] oder aber in einem solchen Fall die Rechtsmittelfrist für den Übergangenen dann abläuft, wenn die Rechtsmittelfrist für den letzten formell Beteiligten abgelaufen ist.[25] Das Bedürfnis nach einem umfassenden und lückenlosen Rechtsschutz lässt nur die zuerst genannte Auslegung zu. Der BGH hat insoweit entschieden, dass die Frist jedenfalls vor einer Kenntnisnahme der Entscheidung durch den vergessenen Beteiligten nicht zu laufen beginnt.[26]

Ist dagegen die Bekanntgabe an den Beteiligten versucht worden, leidet sie aber an **formalen Mängeln** (falsche Adresse, nicht hinreichende Ermittlungen bei § 185 ZPO, unzulässige Ersatzzustellung), findet § 63 Abs. 2 Satz 3 FamFG Anwendung.[27] In diesem Fall ist dem Betroffenen aber nach Ablauf der Beschwerdefrist Wiedereinsetzung in den vorigen Stand in die nach Abs. 1 oder 2 versäumte Frist zu gewähren.[28] Der BGH hat ferner entschieden, dass zwar die Frist des § 63 Abs. 3 Satz 1 FamFG nicht zu laufen beginnt, wenn die **Zustellung** an einen bereits förmlich Beteiligten **gänzlich unterblieben** ist und diese auch nicht versucht wurde, § 63 Abs. 3 Satz 2 FamFG aber gleichwohl zur Anwendung gelangt; es besteht in diesem Fall die Möglichkeit, Wiedereinsetzung in den vorigen Stand zu gewähren.[29]

C. Wahrung der Beschwerdefrist

I. Verfahrenskostenhilfeantrag

12 a) Die Beschwerdefrist nach § 63 FamFG wird nicht gewahrt, wenn ein von der Entscheidung Betroffener **Verfahrenskostenhilfe** für eine von ihm **beabsichtigte Beschwerde** einlegt. Auch in diesem Fall ist nach § 64 Abs. 1 Satz 2 FamFG der VKH-Antrag beim Amtsgericht einzureichen. Zu beachten ist hier, dass es sich um eine **vollständig ausgefüllte aktuelle formularmäßige Erklärung** über die persönlichen und wirtschaftlichen Verhältnisse des Beteiligten nebst den notwendigen Belegen handeln muss (§ 76 Abs. 1 FamFG, § 117 Abs. 4 ZPO).[30] Auch wenn die Frist damit nicht gewahrt ist, muss dem Beteiligten im Hinblick auf die nach **Art. 3 GG gebotenen Gleichstellung von wirtschaftlich Minderbemittelten bei der Rechtswahrnehmung** die Möglichkeit eröffnet werden, zur Vermeidung von Kostennachteilen und zur Sicherung anwaltlichen Beistands für das Beschwerdeverfahren zunächst auch eine isolierte Entscheidung des Beschwerdegerichts, vor allem über die Erfolgsaussicht der Beschwerde als objektive Voraussetzung der VKH (§ 114 ZPO), herbeizuführen. Dies wird dadurch erreicht, dass im Falle von Bewilligung oder Ablehnung von VKH **Wiedereinsetzung in den vorigen Stand**

22 OLG Brandenburg, Beschl. v. 16.10.2019 – 13 UF 98/19, BeckRS 2019, 28540 = FuR 2020, 175
23 OLG Zweibrücken FamRZ 2014, 1394; OLG Dresden FamRZ 2014, 681; OLG Köln FamRZ 2013, 1913
24 So die zuvor genannte Rspr. und MüKo-FamFG/*A. Fischer,* § 63 Rn. 41 ff.
25 OLG Celle FamRZ 2012, 321; OLG Hamm FamRZ 2011, 396; *Büte*, FuR 2011, 361
26 BGH FamRZ 2017, 727; OLG Saarbrücken FamRZ 2016, 1797; MüKo-FamFG/*A. Fischer,* § 63 Rn. 45
27 BGH FamRZ 2017, 754, Rn. 6; 2015, 1374; FamRZ 2013, 1566; Sternal/*Sternal,* § 63 FamFG Rn. 27
28 BGH FamRZ 2013, 1566
29 BGH FamRZ 2015, 1006
30 Vgl. BGH NJW-RR 2013, 1527; FamRZ 2009, 217; FamRZ 2004, 1548

bei dem OLG[31] in die versäumte Beschwerdefrist binnen 2 Wochen (§ 18 Abs. 1 FamFG) beantragt werden kann und muss und die Beschwerde binnen derselben Frist (§ 18 Abs. 3 Satz 2 FamFG) beim Amtsgericht (§ 64 Abs. 1 Satz 1 FamFG) einzulegen ist. Mit Blick auf das Vorrang- und Beschleunigungsgebot dürfte diese Vorgehensweise einem Beteiligten insbesondere in den Verfahren, in denen der **Aufenthalt des Kindes** oder der **Umgang** betroffen ist, jedoch nicht zu empfehlen sein, denn der Zeitablauf kann in diesen Konstellationen präjudiziell wirkende neue Tatsachen schaffen.

▶ *Näher hierzu Fink, § 155 FamFG Rn. 13 ff.*

b) Wird VKH beantragt und **gleichzeitig Beschwerde** eingelegt, ergeben sich hinsichtlich der Beschwerdefrist keine Besonderheiten oder Ausnahmen, insbesondere bedarf es auch keiner späteren Wiedereinsetzung.[32]

c) Wird Beschwerde **für den Fall der Bewilligung** der beantragten Verfahrenskostenhilfe eingelegt, so handelt es sich wegen der **Bedingungsfeindlichkeit von Verfahrenshandlungen** um eine **unzulässige Beschwerde,** die deshalb ohne Sachprüfung zu verwerfen ist.[33] Allerdings ist auch in diesem Fall zunächst über den VKH-Antrag zu entscheiden, um dem Betroffenen sodann die Möglichkeit zu eröffnen, später ordnungsgemäß und unbedingt Beschwerde einzulegen.[34] Der VKH-Antrag ist dann wie ein Antrag für eine beabsichtigte Beschwerde zu behandeln. Mit der Entscheidung über den VKH-Antrag muss kein gerichtlicher Hinweis auf die unzulässige bedingte Beschwerde ergehen.[35] Wird innerhalb der Wiedereinsetzungsfrist nicht (erneut) Beschwerde eingelegt, ist die (vormalige bedingte) Beschwerde zu verwerfen.[36]

II. Einlegung der Beschwerde bei dem dafür zuständigen Gericht

Die Beschwerdefrist des § 63 FamFG wird nur dann gewahrt, wenn die Beschwerde fristgerecht bei dem gesetzlichen vorgesehenen Gericht eingelegt wird,[37] gemäß § 64 Abs. 1 Satz 2 FamFG also bei dem **Amtsgericht**, das die Entscheidung erlassen hat. Wird die Beschwerde bei dem OLG eingelegt, genügt dies nicht. Allerdings verlangt der BGH zu Recht, dass die betroffenen Oberlandesgerichte die bei ihnen eingegangenen Beschwerden **im ordentlichen Geschäftsgang** (eine Übersendung per Telefax oder Beauftragung eines besonderen Gerichtswachtmeisters ist danach nicht erforderlich) an das zuständige Amtsgericht weiterleiten.[38] Eine Beschwerde, die erst zwei bis drei Werktage vor Ablauf der Beschwerdefrist bei dem OLG (und nicht beim Amtsgericht) eingegangen ist, kann daher als unzulässig zu verwerfen sein. Es besteht auch keine Pflicht zur **telefonischen Benachrichtigung** des Beschwerdeführers oder seines Anwalts.[39] Verletzt das OLG seine Pflicht zur Weiterleitung der Beschwerdeschrift, ist dem Beschwerdeführer – auch von Amts wegen – mangels Ursächlichkeit seines Verschuldens an der Fristversäumung **Wiedereinsetzung in den vorigen Stand** nach § 17 FamFG zu gewähren, wenn die Beschwerde sonst noch innerhalb der Frist beim Amtsgericht eingegangen wäre.[40] Allerdings dürfte das Problem zumindest in zeitlicher Hinsicht im Hinblick auf die mit der Einführung der elektronischen Akte verbun- 13

31 BGH NJW-RR 2014, 1; OLG Celle NJW 2014, 1828
32 BGH FamRZ 2023, 1982; MDR 2012, 731
33 BGH NJW 1999, 2823; vgl. auch BGH FamRZ 2023, 1982 zur (bejahten) Zulässigkeit einer mit dem Verfahrenskostenhilfeantrag verknüpften Beschwerde, wenn lediglich ein Sachantrag im Umfang der gewährten Verfahrenskostenhilfe angekündigt wird
34 BGH MDR 2017, 419; FamRZ 2013, 696
35 BGH FamRZ 2019, 1155 m. Anm. *Born*
36 BGH FamRZ 2019, 1155 m. Anm. *Born*
37 Vgl. dazu ausführlich: *Müther,* FamRZ 2010, 1952
38 BGH NJW-RR 2014, 2; NJW 2012, 1205; 2011, 3240
39 BGH MDR 2013, 994
40 BGH FamRZ 2012, 1205; MüKo-FamFG/*A. Fischer,* FamFG § 63 Rn. 58

dene Beschleunigung der gerichtsinternen Abläufe erheblich an praktischer Relevanz verloren haben.

III. Versäumung der Beschwerdefrist – Wiedereinsetzung in den vorigen Stand

14 a) Wird die Beschwerdefrist versäumt und auch keine Wiedereinsetzung in den vorigen Stand gewährt, ist die Beschwerde nach § 68 Abs. 2 Satz 2 FamFG – nach vorheriger Gewährung rechtlichen Gehörs[41] – als unzulässig zu **verwerfen**.

b) Trifft weder den Beschwerdeführer selbst noch seinen Rechtsanwalt (§ 11 Satz 5 FamFG, § 85 ZPO) ein **Verschulden** an der Versäumung der Beschwerdefrist, ist ihm in Kindschaftssachen **Wiedereinsetzung in den vorigen Stand** nach § 17 FamFG zu gewähren. Hinsichtlich der umfangreichen und kaum mehr überschaubaren Rechtsprechung zur Verschuldensfrage wird auf die einschlägigen Kommentierungen zu § 233 ZPO Bezug genommen.[42]

15 In Kindschaftssachen praktisch bedeutsam ist die Frage, ob eine **unterbliebene oder unrichtige Rechtsbehelfsbelehrung** zu einer unverschuldeten Fristversäumung führen kann. Zu nennen sind etwa fehlerhafte Belehrungen über Hauptsacherechtsmittel im einstweiligen Anordnungsverfahren (ein Monat statt zwei Wochen Beschwerdefrist) oder über die sofortige Beschwerde anstelle der einfachen Hauptsachebeschwerde. Auch die Belehrungen über die Beschwerde nach § 40 IntFamRVG ist leider häufig unzutreffend (vgl. *Schweppe*, § 40 IntRVG Rn. 3 ff.). Ist der Beschwerdeführer **anwaltlich nicht vertreten**, bestimmt das Gesetz schon in § 17 Abs. 2 FamFG selbst, dass bei unterbliebener oder fehlerhafter Rechtsmittelbelehrung ein **fehlendes Verschulden** an der Fristversäumung **vermutet** wird, so dass Wiedereinsetzung zu gewähren ist.

16 Ist der Beschwerdeführer dagegen **anwaltlich vertreten**, ist im Regelfall von einem **Verschulden des Anwalts** auszugehen, das dem Beschwerdeführer zuzurechnen ist. Denn der Anwalt darf nicht auf die Rechtsmittelbelehrung vertrauen, sondern muss in eigener Verantwortung die Modalitäten und Voraussetzungen des Rechtsmittels überprüfen.[43] Dabei ist von ihm zu verlangen, dass er das Verfahrensrecht kennt und bei Zweifeln den sichersten Weg wählt.[44] Nur dann, wenn in einer Rechtsfrage divergierende Auffassungen in der obergerichtlichen Rechtsprechung bestehen, kann für ihn Veranlassung bestehen, das Rechtsmittel entsprechend der erteilten Belehrung einzulegen, was ihn im Einzelfall bei einem Rechtsirrtum entschuldigen kann.[45]

17 Ähnliche Grundsätze gelten auch für das **Jugendamt**. Wurde in der Rechtsbehelfsbelehrung irrtümlich der Hinweis erteilt, die Entscheidung sei unanfechtbar, und legt das Jugendamt Beschwerde nach Ablauf der für das jeweilige Rechtsmittel geltenden gesetzlichen Frist ein, ist diese unzulässig, da die fehlerhafte Belehrung nicht ursächlich für die Versäumung der Frist ist und das Jugendamt die gesetzlichen Fristen kennen muss.[46]

41 BGH NJW-RR 2007, 1718; Sternal/*Sternal*, § 68 FamFG Rn. 108
42 Etwa Zöller/*Greger*, § 233 ZPO Rn. 11 ff. m.w.N.; Stein/Jonas/*Roth*, ZPO § 233 Rn. 20 ff. m.w.N.; zur Rspr. vgl. auch *Bernau*, NJW 2013, 2001; 2014, 2007
43 BGH FGPrax 2018, 96; NJW 2013, 1308; FamRZ 2012, 367
44 BGH FamRZ 2014, 826; 2011, 100
45 BGH FamRZ 2013, 1567; OLG Frankfurt a.M. NJW 2012, 3250
46 BGH NJW 2013, 1308; FamRZ 2012, 367; OLG Frankfurt ZKJ 2017, 117

§ 64 FamFG

Einlegung der Beschwerde

(1) [1]Die Beschwerde ist bei dem Gericht einzulegen, dessen Beschluss angefochten wird. [2]Anträge auf Bewilligung von Verfahrenskostenhilfe für eine beabsichtigte Beschwerde sind bei dem Gericht einzulegen, dessen Beschluss angefochten werden soll.

(2) [1]Die Beschwerde wird durch Einreichung einer Beschwerdeschrift oder zur Niederschrift der Geschäftsstelle eingelegt. [2]Die Einlegung der Beschwerde zur Niederschrift der Geschäftsstelle ist in Ehesachen und in Familienstreitsachen ausgeschlossen. [3]Die Beschwerde muss die Bezeichnung des angefochtenen Beschlusses sowie die Erklärung enthalten, dass Beschwerde gegen diesen Beschluss eingelegt wird. [4]§ 25 Absatz 2 bis 4 gilt entsprechend.

(3) Das Beschwerdegericht kann vor der Entscheidung eine einstweilige Anordnung erlassen; es kann insbesondere anordnen, dass die Vollziehung des angefochtenen Beschlusses auszusetzen ist.

Übersicht

A. Einlegung von Beschwerde und Verfahrenskostenhilfeantrag

Gemäß § 64 Abs. 1 FamFG ist die Beschwerde ausnahmslos in allen Familiensachen bei dem Gericht, dessen Entscheidung nach § 58 FamFG angefochten werden soll, einzulegen, also beim **Amtsgericht**. Der vom Gesetzgeber verfolgte Vereinfachungs- und Beschleunigungszweck[1] wird aber bei Familiensachen insoweit verfehlt, als dort eine **Abhilfeentscheidung** des Ausgangsgerichts nicht möglich ist (§ 68 Abs. 1 Satz 2 FamFG). Von Vorteil ist aber, dass Beschwerdeschrift und Verfahrensakte sofort zusammengeführt werden und daher eine separate Anforderung der Akte beim Amtsgericht nicht notwendig ist. Gleichwohl hat die von § 519 Abs. 1 ZPO, § 621e Abs. 3 ZPO a.F. (Einlegung beim Rechtsmittelgericht) abweichende Regelung anfänglich sehr viel Verwirrung gestiftet und zu einer hohen Anzahl von unzulässigen Beschwerden geführt, weil die Beschwerde von den Anwälten bzw. Beteiligten häufig gleich beim OLG eingelegt wurde. Geht die Beschwerde beim OLG ein, wahrt dies jedoch nicht die Beschwerdefrist des § 63 FamFG (vgl. *Kischkel*, § 63 FamFG Rn. 7). Das Beschwerdegericht trifft aber die **Pflicht, die Beschwerdeschrift im ordentlichen Geschäftsgang** (keine Übersendung per Telefax, jedenfalls keine Beauftragung eines besonderen Gerichtswachtmeisters oder Pflicht zur telefonischen Benachrichtigung des Beschwerdeführers) **an das zuständige Amtsgericht weiterzuleiten**.[2] Verletzt das OLG diese Pflicht, ist dem Beschwerdeführer – auch von Amts wegen – mangels Ursächlichkeit seines Verschuldens an der Fristversäumung **Wiedereinsetzung in den vorigen Stand** nach § 17 FamFG zu gewähren, wenn davon ausgegangen werden kann, dass die Be- 1

1 BT-Drs. 16/6308, 206
2 BGH NJW-RR 2014, 2; MDR 2013, 994; NJW 2012, 1205; 2011, 3240

schwerde bei rechtzeitiger Weiterleitung noch innerhalb der gesetzlichen Frist beim Amtsgericht eingegangen wäre.[3]

2 Bis zum 31.12.2012 war im FamFG nicht geregelt, bei welchem Gericht **Verfahrenskostenhilfe-Anträge** für eine **beabsichtigte Beschwerde** (siehe näher hierzu *Kischkel,* § 63 FamFG Rn. 12 ff.) einzureichen waren; diese Frage war auch in Literatur und obergerichtlicher Rechtsprechung umstritten.[4] Der BGH hat den Streit dahingehend entschieden, dass VKH-Anträge nach der bis 31.12.2012 bestehenden Rechtslage beim OLG einzureichen waren, ist aber bei einem Verstoß wegen der ungeklärten Rechtslage von einem unvermeidbaren Rechtsirrtum des Rechtsanwalts ausgegangen und hat daher Wiedereinsetzung in die versäumte Beschwerdefrist gewährt.[5] Seit der zum 1.1.2013 wirksamen Gesetzesänderung[6] dagegen bestimmt der neu eingefügte Satz 2 in § 64 Abs. 1 FamFG, dass VKH-Anträge für beabsichtigte Beschwerden ebenfalls beim Amtsgericht einzulegen sind (zu dem sich anschließenden Verfahren siehe näher *Kischkel*, § 63 FamFG Rn. 12 ff.). Heute gilt daher, dass ein von einem Rechtsanwalt beim OLG eingelegter VKH-Antrag für eine beabsichtigte Beschwerde die Beschwerdefrist nicht mehr wahrt und ihm auch Wiedereinsetzung in den vorigen Stand wegen eines nicht unverschuldeten Rechtsirrtums nicht mehr gewährt werden kann.[7]

B. Inhalt der Norm

I. Einlegung der Beschwerde

3 Die Beschwerde gegen eine Entscheidung in Kindschaftssachen ist bei demselben **Amtsgericht (Familiengericht)** einzulegen, das die angefochtene Entscheidung erlassen hat. Der Antrag auf Bewilligung von **Verfahrenskostenhilfe** ist bei dem Gericht anhängig zu machen, dessen Entscheidung angefochten werden soll, mithin in Kindschaftssachen ebenfalls bei dem **Amtsgericht**.

II. Form

4 Gemäß § 64 Abs. 2 Satz 1 und 4 FamFG ist die Beschwerde durch Einreichung einer vom Beschwerdeführer oder seinem Bevollmächtigten unterzeichneten, in **deutscher Sprache** abgefassten[8] **Beschwerdeschrift** oder **zur Niederschrift der Geschäftsstelle** einzulegen. Damit sind mündliche Erklärungen oder auch die Übermittlung mittels E-Mail grundsätzlich ausgeschlossen. Die zwingend erforderliche **Unterschrift** muss **eigenhändig** sein, so dass etwa ein Faksimile[9] oder eine eingescannte Unterschrift nicht genügt.[10]

Für den von § 14b FamFG erfassten Personenkreis gilt für das Verfahren der freiwilligen Gerichtsbarkeit (ebenso nach § 113 Abs. 1 Satz 2 FamFG i.V.m § 130d ZPO für Familienstreitsachen) aber seit dem 1.1.2022 die Pflicht, die Beschwerdeschrift **als elektronisches Dokument** zu übermitteln.[11] Da zu diesem Personenkreis **Rechtsanwälte, Notare und Behör-**

3 BGH FamRZ 2012, 1205
4 Vgl. OLG Bamberg FamRZ 2012, 49 (Amtsgericht) und OLG Frankfurt a. M., Beschl. v. 19.5.2011 – 7 UF 23/11, BeckRS 2013, 1554 (OLG)
5 BGH FamRZ 2013, 1567
6 BGBl. I 2012, S. 2418
7 OLG Dresden NJW 2014, 1826; OLG Zweibrücken NJW-Spezial 2013, 742
8 Vgl. § 184 GVG; dazu Sternal/*Sternal,* § 64 FamFG Rn. 28
9 BGH FamRZ 2015, 919
10 OLG Celle FamRZ 2012, 1894; MüKo-FamFG/*A. Fischer,* § 64 Rn. 24
11 BGH FamRZ 2023, 461 = NZFam 2023, 277 m. krit. Anm. *Schwamb*

den (und auch die Staatskasse)[12] zählen, dürfte dies in der Praxis die ganz überwiegende Zahl aller Rechtsmittel betreffen.[13] Zu beachten ist ferner, dass die Pflicht zur elektronischen Einlegung der Beschwerde auch in den Verfahren besteht, in denen sie auch zur Niederschrift durch die Geschäftsstelle eingelegt werden kann.[14]

III. Anwaltszwang?

Da § 64 Abs. 2 Satz 1 FamFG die Beschwerdeeinlegung zur Niederschrift der Geschäftsstelle gestattet – nach Satz 2 ist dies nur in Ehe- und Familienstreitsachen ausgeschlossen – bedarf es nach § 114 Abs. 4 Nr. 6 FamFG, § 78 Abs. 3 ZPO in Kindschaftssachen der freiwilligen Gerichtsbarkeit weder für die Einlegung der Beschwerde noch für ihre Durchführung einer **anwaltlichen Vertretung** der Beteiligten. Streitig war die Frage der Notwendigkeit der anwaltlichen Vertretung bei Einlegung der Beschwerde und deren Durchführung aber bei im **Scheidungsverbund stehenden Folgesachen** der freiwilligen Gerichtsbarkeit, wie dies gerade auch in Kindschaftssachen der Fall sein kann, wenn die Voraussetzungen des § 137 Abs. 3 FamFG erfüllt sind.[15] 5

Nach einer in der Rechtsprechung überwiegend vertretenen Auffassung soll die Regelung in § 64 Abs. 2 Satz 2 FamFG sprachlich missglückt sein, weshalb nach § 114 Abs. 1 FamFG die Beschwerde in den dort genannten Fällen wirksam nur durch einen Rechtsanwalt eingelegt werden kann.[16] Die Gegenansicht geht generell – aufgrund des insoweit eindeutigen Wortlauts des § 64 Abs. 2 Satz 2 FamFG – sowohl für die Einlegung der Beschwerde als auch deren Durchführung nicht von der Notwendigkeit einer anwaltlichen Vertretung aus.[17] Eine dritte Ansicht schließlich verneint den Anwaltszwang für die Einlegung der Beschwerde, bejaht ihn aber für die Durchführung des Beschwerdeverfahrens.[18] Der BGH hat sich der zuerst genannten Ansicht angeschlossen; danach gilt für die **Einlegung der Beschwerde in einer Scheidungsfolgesache** der freiwilligen Gerichtsbarkeit **Anwaltszwang**.[19] 6

IV. Inhaltliche Anforderungen

Nach § 64 Abs. 2 Satz 3 FamFG muss die Beschwerde den **angefochtenen Beschluss bezeichnen** sowie die **Erklärung** enthalten, dass **Beschwerde** gegen diesen Beschluss eingelegt wird. Dabei ist es nicht zwingend erforderlich, das Aktenzeichen des betreffenden erstinstanzlichen Verfahrens zu nennen, es muss aber unzweifelhaft sein, in welchem von ggf. mehreren familiengerichtlichen Verfahren Beschwerde eingelegt werden soll.[20] Dabei können zur Aufklärung dieser Frage auch außerhalb der Beschwerdeschrift liegende, für das Gericht erkennbare Umstände herangezogen werden.[21] Auch ist nicht zwingend der Begriff „Beschwerde" zu verwenden, sofern sich dem Schriftstück entnehmen lässt, dass der Betroffene die Nachprüfung der erstinstanzlichen Entscheidung wünscht. Hier stellen sich ggf. Abgrenzungsfragen zum Antrag auf Abänderung einer Entscheidung aufgrund neu eingetretener Umstände (z.B. nach § 166 FamFG) und zu Gegenvorstellung oder Dienstaufsichtsbeschwerde. Auch muss sich der Erklärung entnehmen lassen, wer Beschwerdefüh- 7

12 BGH FamRZ 2024, 452; vgl. auch OLG Frankfurt a. M. FamRZ 2024, 200, zum Rentenversicherungsträger im Versorgungsausgleichsverfahren
13 BeckOK-FamFG/*Obermann,* FamFG § 64 Rn. 11
14 BGH FamRZ 2023, 461; OLG Frankfurt a. M. FamRZ 2022, 804
15 Ausführlich dargestellt bei *Schwamb*, FamRB 2014, 111
16 OLG Frankfurt a. M. FamRZ 2016, 1802; OLG Bremen FamRZ 2014, 596; OLG Köln FamRZ 2013, 1604; OLG Hamm FamRZ 2011, 130; ebenso Sternal/*Weber*, § 114 FamFG Rn. 6
17 OLG Frankfurt FamRZ 2014, 681; OLG Brandenburg NJW 2014, 2370; *Frank*, FamRZ 2011, 1021
18 *Schwamb*, FamRB 2014, 111 unter Berufung auf OLG Nürnberg NJW 2011, 1613
19 BGH FamRZ 2017, 1151; OLG Brandenburg FamRZ 2017, 983, BeckOK-FamFG/*Obermann,* FamFG § 64 Rn. 8
20 BeckOK-FamFG/*Obermann,* FamFG § 64 Rn. 16
21 BGH NJW-RR 2000, 1371

rer ist.[22] Einen **Sachantrag** muss die Beschwerde in FamFG-Verfahren nicht zwingend enthalten. Zulässig sind in Antragsverfahren aber Änderungen und Erweiterungen der Sachanträge analog §§ 525, 263, 264 ZPO.[23] Unzulässig sind dagegen bedingte Beschwerden (siehe näher hierzu *Kischkel*, § 63 FamFG Rn. 13).

▶ *Zur Begründung der Beschwerde siehe Kischkel, § 65 FamFG Rn. 1 ff.*

C. Einstweilige Anordnungen/Aussetzung der Vollziehung (Abs. 3)

8 Gemäß § 64 Abs. 3 FamFG kann das Beschwerdegericht vor der abschließenden Entscheidung über das Rechtsmittel eine **einstweilige Anordnung** erlassen, insbesondere die **Aussetzung der Vollziehung** der angefochtenen Entscheidung anordnen. Die Vorschrift gilt entsprechend für das Rechtsbeschwerdeverfahren vor dem BGH.[24] Nicht entsprechend anwendbar sind allerdings die für das Verfahren der einstweiligen Anordnung geltenden Verfahrensvorschriften der §§ 51, 54 FamFG,[25] so dass die Beteiligten weder persönlich anzuhören sind noch eine mündliche Erörterung vor dem Beschwerdegericht erzwungen werden kann.

Bei der dem Beschwerdegericht hier eingeräumten Möglichkeit, nach pflichtgemäßem Ermessen – auch von Amts wegen[26] – einstweilige Anordnungen im Beschwerdeverfahren zu erlassen, ist zu beachten, dass diese – anders als in § 50 Abs. 1 Satz 2 FamFG – **vom Hauptsacheverfahren abhängig** sind und auf den Beschwerdegegenstand begrenzt sein müssen. Sie sind, anders als Verfahren nach §§ 49 ff. FamFG, nicht selbstständig, sondern sowohl vom Gegenstand her als auch kostenrechtlich Teil des Hauptsacheverfahrens.[27] Es sind daher beim OLG keine neuen Akten unter einem neuen Aktenzeichen anzulegen; ferner gelten eine etwaige Bewilligung von Verfahrenskostenhilfe oder die Bestellung eines Verfahrensbeistands auch für das Eilverfahren innerhalb des Beschwerdeverfahrens (zu Ausnahmen Rn. 10).

9 Weitgehend geklärt dürfte inzwischen die Frage sein, ob § 64 Abs. 3 FamFG auch nach Erlass der unanfechtbaren Beschwerdeentscheidung für den Fall Anwendung findet, dass ein durch die Entscheidung beschwerter Beteiligter **Gehörsrüge** nach § 44 FamFG einlegt. Das BVerfG hat die Frage offengelassen und eine bei ihm eingelegte Verfassungsbeschwerde in Kindschaftssachen verworfen, weil seiner Ansicht nach der Subsidiaritätsgrundsatz (§ 90 Abs. 2 Satz 1 BVerfGG) es auch in diesem Fall gebietet, zunächst eine Entscheidung über einen Antrag auf Erlass einer einstweiligen Anordnung beim Beschwerdegericht einzuholen.[28] Nach zutreffender Ansicht kann das Beschwerdegericht jedoch die Vollziehung der Entscheidung nach § 64 Abs. 3 FamFG in entsprechender Anwendung aussetzen,[29] auf jeden Fall aber dann, wenn es der Anhörungsrüge stattgibt.

10 Soweit es sich bei der angefochtenen Entscheidung um eine einstweilige Anordnung nach §§ 49 ff. FamFG handelt, ist für die Frage der Aussetzung der Vollstreckbarkeit § 55 Abs. 2

22 Vgl. z.B. BGH FamRZ 2012, 211
23 BayObLG WuM 1989, 451; Sternal/*Sternal*, § 64 FamFG Rn. 58
24 BGH FamRZ 2019, 115 mit Anm. *Köhler*
25 Sternal/*Sternal*, § 64 FamFG Rn. 75; MüKo-FamFG/*A. Fischer*, § 64 Rn. 48; a.A. Prütting/Helms/*Abramenko*, § 64 FamFG Rn. 25 ff.
26 BGH FGPrax 2010, 97
27 BGH FGPrax 2010, 102; OLG Frankfurt a. M. FuR 2018, 92
28 BVerfG Beschl. v. 26.2.2019 – 1 BvR 340/19, BeckRS 2019, 2938
29 Ebenso Sternal/*Göbel*, (21. Aufl.), § 44 FamFG Rn. 66; MüKo-FamFG/*Ulrici*, § 44 Rn. 25; Prütting/Helms/*Abramenko*, § 44 FamFG Rn. 23; a.A.: Keidel/*Meyer-Holz*, (20. Aufl.), § 44 FamFG Rn. 64 für § 93 FamFG, sowie *Dürbeck* in der Vorauflage

FamFG vorrangig,[30] der auch auf rechtsgestaltende, nicht vollstreckungsbedürftige Anordnungen wie im Sorgerecht anwendbar ist.[31] Noch nicht hinreichend geklärt ist allerdings das Verhältnis zu § 93 Abs. 1 Satz 1 Nr. 3 und Satz 2 FamFG.

Soweit eine Anordnung nach Abs. 3 in Betracht kommt, fehlt für einen Antrag auf Erlass einer **einstweiligen Anordnung nach §§ 49 ff. FamFG** das Rechtsschutzbedürfnis.[32] § 64 Abs. 3 FamFG ermöglicht dabei auch, die angefochtene Entscheidung um positive Regelungen zu ergänzen und z.B. zusätzliche Schutzanordnungen nach § 1666 Abs. 3 BGB zu erlassen oder vorläufig einen anderen Vormund für das Kind zu bestimmen. Nur dann, wenn der **Verfahrensgegenstand** der einstweiligen Anordnung ein anderer als der der Hauptsacheentscheidung ist, hat nach §§ 49 ff. FamFG das erstinstanzliche Hauptsachegericht im Wege einer verfahrens- und kostenrechtlich selbstständigen einstweiligen Anordnung zu entscheiden.[33] 11

Häufigster Anwendungsfall des § 64 Abs. 3 FamFG ist das in der Vorschrift selbst genannte Regelbeispiel der **Aussetzung der Vollziehung** der angefochtenen Entscheidung, z.B. einer Umgangsregelung[34] oder einer Kindesherausgabe, die nach § 40 Abs. 1 FamFG bereits mit der Bekanntgabe der Entscheidung an die Beteiligten wirksam und damit vollziehbar werden. Da Sorgerechtsentscheidungen keiner Vollziehung bedürfen, kann hier lediglich die **Aussetzung der Wirksamkeit** der Entscheidung in Betracht kommen. Die gerichtliche Entscheidung nach § 64 Abs. 3 FamFG steht im Ermessen des Beschwerdegerichts, das eine summarische Prüfung der Erfolgsaussichten der Beschwerde vorzunehmen[35] und darüber hinaus insbesondere zu prüfen hat, ob dem Beschwerdeführer infolge der Wirksamkeit der Entscheidung oder deren Vollziehung schwerwiegende Nachteile entstehen würden;[36] dabei haben in Kindschaftssachen naturgemäß Fragen des Kindeswohls im Mittelpunkt zu stehen.[37] In Kindschaftssachen sind insbesondere die Folgen einer Vollziehung oder der Wirksamkeit der Entscheidung, z.B. durch die Herausgabe des Kindes oder den Wegzug eines Elternteils mit dem Kind ins Ausland, mit etwaigen nachteiligen Folgen für die anderen Beteiligten und vor allem für das Kind abzuwägen. Zu vergleichen ist im Rahmen einer **Folgenabwägung**, ob bei Vollzug der amtsgerichtlichen Entscheidung und einem späteren Erfolg der Beschwerde schwerwiegendere Folgen entstehen als bei einer Aussetzung der Wirksamkeit bzw. Vollziehung der amtsgerichtlichen Entscheidung und einer späteren Zurückweisung der Beschwerde.[38] Soweit möglich, ist insbesondere ein mehrmaliger Aufenthaltswechsel des Kindes zu vermeiden, so dass bei der Bejahung von hinreichenden Erfolgsaussichten der Beschwerde die Vollziehung bzw. Wirksamkeit der angefochtenen Entscheidung auszusetzen sein kann.[39] Sprechen Anhaltspunkte dafür, dass das Kindeswohl durch den Vollzug einer Umgangsregelung gefährdet werden könnte und überwiegen diese Umstände das Elternrecht des Umgangsberechtigten, ist die Aussetzung der Regelung geboten.[40] 12

---

30 OLG Koblenz FamRZ 2020, 2017; OLG Frankfurt a. M. FamRZ 2016, 1595; Prütting/Helms/*Dürbeck*, § 55 FamFG Rn. 1; Sternal/*Giers*, § 55 FamFG Rn. 1
31 *van Els*, FamRZ 2011, 1706
32 OLG Frankfurt a. M. NZFam 2017, 967; Dutta/Jacoby/Schwab/*Müther*, § 64 FamFG Rn. 18
33 BGH FamRZ 2010, 639; OLG Frankfurt a. M. NZFam 2017, 967; OLG Saarbrücken MDR 2014, 1326; MüKo-FamFG/*A. Fischer*, § 64 Rn. 50
34 BGH FamRZ 2019, 115
35 BVerfG BeckRS 2010, 46097
36 BGH FamRZ 2019, 115; FGPrax 2010, 97; OLG Hamm FamRZ 2011, 578
37 Vgl. BVerfG NJW-RR 2009, 721
38 OLG Brandenburg, Beschl. v. 20.8.2018 – 13 UF 101/18, BeckRS 2018, 26465
39 Vgl. OLG Hamm FamRZ 2013, 47; OLG Brandenburg FamRZ 2009, 445; BayObLG 1963, 191; MüKo-FamFG/*A. Fischer*, § 64 Rn. 55
40 Vgl. BVerfG FamRZ 2013, 103; BeckOK-FamFG/*Obermann*, FamFG § 64 Rn. 29b

13 In jedem Fall darf durch die Entscheidung nach Abs. 3 FamFG die Hauptsache **nicht vorweggenommen** werden. Die Entscheidung ist nicht anfechtbar, aber auf Anregung hin oder von Amts wegen jederzeit abänderbar.[41] Abs. 3 ermächtigt das Beschwerdegericht im Übrigen nicht, in einem Sorgerechtsverfahren durch einstweilige Anordnung den Umgang zu regeln (da anderer Verfahrensgegenstand).

▶ *Vgl. aber zum HKÜ-Verfahren Schweppe, Art. 12 HKÜ Rn. 9 ff.*

§ 65 FamFG
Beschwerdebegründung

(1) Die Beschwerde soll begründet werden.

(2) Das Beschwerdegericht oder der Vorsitzende kann dem Beschwerdeführer eine Frist zur Begründung der Beschwerde einräumen.

(3) Die Beschwerde kann auf neue Tatsachen und Beweismittel gestützt werden.

(4) Die Beschwerde kann nicht darauf gestützt werden, dass das Gericht des ersten Rechtszugs seine Zuständigkeit zu Unrecht angenommen hat.

Übersicht

A. Allgemeines

1 Anders als in Ehe- und Familienstreitsachen (vgl. § 117 Abs. 1 FamFG) ist die Begründung der Beschwerde **nicht als Zulässigkeitsvoraussetzung** ausgestaltet; die Nichtbeachtung der Soll-Regelung bleibt daher letztlich – wie im Zivilverfahren bei § 571 Abs. 1 ZPO, der dem Gesetzgeber hier als Vorbild diente[1] – ohne Konsequenzen.

Verdrängt wird die Norm von der Sondervorschrift des § 40 Abs. 2 S. 2 IntFamRVG für Verfahren nach dem **Haager Kindesentführungsabkommen**. Wird die Beschwerde im dortigen Anwendungsbereich innerhalb der Beschwerdefrist nicht begründet, führt dies zur Verwerfung der Beschwerde als unzulässig (siehe näher hierzu *Schweppe*, § 40 IntFamRVG Rn. 8).[2]

B. Inhalt der Norm

I. Begründung der Beschwerde (Abs. 1 und 2)

2 Gemäß § 65 Abs. 1 FamFG **soll** die **Beschwerde begründet** werden. Enthält die Beschwerdeschrift bereits eine Begründung, bestimmt sich das weitere Verfahren nach §§ 68, 69 FamFG. Insbesondere hat der Vorsitzende des Senats den anderen Beteiligten rechtliches Gehör zu gewähren, wobei gerade in den Kindschaftssachen betreffend den **Aufenthalt ei-**

41 OLG Hamm FamRZ 1995, 1209; Sternal/*Sternal*, § 64 FamFG Rn. 88
1 BT-Drs. 16/6308, 206
2 OLG Jena FamRZ 2024, 1224; FamRZ 2022, 711; OLG Koblenz FamRZ 2017, 135; a.A.: OLG Stuttgart FamRB 2015, 459

nes Kindes, in Verfahren nach §§ 1666, 1666a BGB und in Umgangssachen, wenn **kein Umgang** gewährt wird, aufgrund des **Beschleunigungsgrundsatzes** eine Frist von **zwei Wochen** angemessen sein dürfte.[3] Enthält die Beschwerdeschrift keine Begründung, kann das Beschwerdegericht nach Abs. 2 eine Frist zur Begründung der Beschwerde einräumen, die in vorrangigen Kindschaftssachen ebenfalls nicht länger als zwei Wochen währen sollte. Dabei kann das Beschwerdegericht – z.B. soweit es die Beschwerde zu diesem Zeitpunkt für offenkundig unbegründet hält – bereits zu diesem Zeitpunkt eine **Entscheidung ohne weitere persönliche Anhörungen** nach § 68 Abs. 3 Satz 2 FamFG ankündigen, was dem erklärten Willen des Gesetzgebers entspricht.[4]

Eine **Verlängerung der Frist** ist auf Antrag gemäß §§ 16 Abs. 2 FamFG, 224 Abs. 2 ZPO möglich, sollte aber in Kindschaftssachen – jedenfalls in den Fällen des § 155 Abs. 1 FamFG – nur bei **besonders triftigen Gründen** gewährt werden. Die engen Grenzen der §§ 117 Abs. 1 Satz 4, 520 Abs. 2 Satz 2, 3 ZPO gelten hier allerdings nicht. Wird die Beschwerde auch nach Fristsetzung **nicht begründet**, darf sie alleine deswegen **weder verworfen** werden, noch führt dies zur **Präklusion** weiteren (verspäteten) Vorbringens.[5] Wurde keine Frist zur Begründung der Beschwerde nach Abs. 2 gesetzt, ist eine später eingegangene Begründung auch dann zu berücksichtigen, wenn die Entscheidung bereits von den Senatsmitgliedern unterschrieben worden ist, aber noch nicht der Geschäftsstelle übergeben wurde (§ 38 Abs. 3 Satz 3 FamFG).[6] 3

Im **einstweiligen Anordnungsverfahren** kann eine unterbliebene Beschwerdebegründung des beschwerdeführenden Antragstellers aber indizieren, dass kein Eilbedürfnis i.S.d. § 49 Abs. 1 FamFG besteht.[7] Auch kann eine Endentscheidung nach § 68 Abs. 3 Satz 2 FamFG **ohne vorherige Ankündigung** ergehen, weil es eines vorherigen Hinweises wie bei Ehe- und Familienstreitsachen (§ 117 Abs. 3 FamFG) nicht bedarf.

II. Neue Tatsachen und Beweismittel (Abs. 3)

Gemäß § 65 Abs. 3 FamFG kann die Beschwerde auf **neue Tatsachen und Beweismittel** gestützt werden, was in familiengerichtlichen Verfahren schon wegen des Amtsermittlungsgrundsatzes (§ 26 FamFG), der auch für das Beschwerdegericht gilt (§ 68 Abs. 3 Satz 1 FamFG), selbstverständlich ist. Denn das OLG hat seine Entscheidung auf der Grundlage der zum Zeitpunkt der Entscheidungsreife maßgeblichen Sach- und Rechtslage zu treffen.[8] Deshalb steht es aber auch den anderen Beteiligten frei, neue Tatsachen vorzutragen und Beweiserhebungen anzuregen.[9] Auch können von Amts wegen zu treffende Ermittlungen des Beschwerdegerichts zur Ermittlung neuer Tatsachen und damit zu einer veränderten Entscheidungsgrundlage führen.[10] Anders als im Zivilprozess (vgl. § 531 Abs. 2 ZPO) kommt es auch nicht darauf an, ob diese dem Beschwerdeführer erst nach der erstinstanzlichen Entscheidung bekannt geworden sind.[11] Dieser Gesichtspunkt kann sich aber bei der Kostenentscheidung nachteilig für den Vortragenden auswirken (siehe näher hierzu *Kischkel*, § 81 FamFG Rn. 12 ff.). Aus § 65 Abs. 3 FamFG folgt auch, dass das Beschwerdegericht bei der Überprüfung von Entscheidungen des Amtsgerichts, denen eine **Ermessensaus-** 4

3 Ebenso Prütting/Helms/*Abramenko*, § 65 FamFG Rn. 6, und Sternal/*Sternal*, § 68 FamFG Rn. 68 für alle FamFG-Verfahren
4 BT-Drs. 16/6308, 206
5 Johannsen/Henrich/Althammer/*Althammer*, § 65 FamFG Rn. 6
6 BGH FamRZ 2015, 1698
7 Vgl. OLG Bamberg, Beschl. v. 20.10.2011 – 7 WF 361/11, BeckRS 2014, 14118; OLG Köln ZKJ 2010, 289
8 BGH NJW-RR 2013, 1473 = FamRZ 2013, 1724 (Ls.); BeckOK-FamFG/*Obermann*, FamFG § 65 Rn. 14
9 BeckOK-FamFG/*Obermann*, FamFG § 65 Rn. 17
10 Vgl. OLG Rostock FamRZ 2014, 1047
11 Vgl. BGH NZI 2008, 391 Rn. 6; BeckOK-FamFG/*Obermann*, FamFG § 65 Rn. 14

übung zugrunde liegt (z.B. bei Kostenentscheidungen nach § 81 Abs. 1 FamFG)[12], eine eigene Ermessensentscheidung zu treffen hat (vgl. *Kischkel*, 68 FamFG Rn. 19).[13]

Hat sich ein Verfahren in erster Instanz erledigt und hat das Familiengericht dies festgestellt, können allerdings neue Tatsachen i.S.d. § 65 Abs. 3 FamFG nicht eine Beschwer für eine vom Beschwerdeführer begehrte geänderte Sachentscheidung begründen.[14]

III. Ausschluss der Zuständigkeitsrüge (Abs. 4)

5 Nach § 65 Abs. 4 FamFG kann die Beschwerde auch nicht darauf gestützt werden, dass das Gericht des ersten Rechtszugs seine **Zuständigkeit** zu Unrecht angenommen hat. Damit will der Gesetzgeber in Anlehnung an § 571 Abs. 2 Satz 2 ZPO Rechtsmittel vermeiden, die ausschließlich Zuständigkeitsmängel rügen und die Beschwerdegerichte dadurch von rein verfahrensrechtlichen Streitigkeiten entlasten.[15] Die Vorschrift ist nicht auf die **örtliche Zuständigkeit** beschränkt, sondern betrifft auch die **sachliche und funktionelle Zuständigkeit**.[16] Für das **Verhältnis** zwischen **Familiengericht** und **Zivilabteilung des Amtsgerichts** folgt dies aber schon aus § 17a Abs. 5 und 6 GVG. Fehlt es allerdings an der funktionellen Zuständigkeit des in erster Instanz entscheidenden Rechtspflegers, führt dies gleichwohl zum Erfolg der Beschwerde, weil die Entscheidung nach § 8 Abs. 4 RPflG rechtsunwirksam ist.[17]

▶ *Zum Konflikt um die funktionelle Zuständigkeit siehe Heilmann, § 8 RPflG Rn. 1 ff., um die örtliche Zuständigkeit Keuter, § 152 FamFG Rn. 12 ff., und um die sachliche Zuständigkeit Keuter, § 17a GVG Rn. 22 ff.*

6 Nicht anwendbar ist § 65 Abs. 4 FamFG für die **internationale Zuständigkeit**, die im Beschwerdeverfahren in jeder Lage des Verfahrens von Amts wegen zu prüfen ist.[18]

§ 66 FamFG

Anschlussbeschwerde

[1]Ein Beteiligter kann sich der Beschwerde anschließen, selbst wenn er auf die Beschwerde verzichtet hat oder die Beschwerdefrist verstrichen ist; die Anschließung erfolgt durch Einreichung der Beschwerdeanschlussschrift bei dem Beschwerdegericht. [2]Die Anschließung verliert ihre Wirkung, wenn die Beschwerde zurückgenommen oder als unzulässig verworfen wird.

Übersicht

12 OLG Karlsruhe, Beschl. v. 25.1.2024 – 5 WF 147/23, BeckRS 2024, 1237 = FuR 2024, 401
13 Vgl. BGH FamRZ 2017, 97 zu § 18 VersAusglG
14 OLG Brandenburg MDR 2013, 1105
15 BT-Drs. 16/6308, 206
16 Johannsen/Henrich/Althammer/*Althammer*, § 65 FamFG Rn. 10; Sternal/*Sternal*, § 65 FamFG Rn. 18
17 OLG Frankfurt ZKJ 2013, 503; MüKo-FamFG/*A. Fischer*, § 65 Rn. 31; vgl. dazu auch *Dürbeck*, ZKJ 2014, 266, 269
18 BGH FamRZ 2015, 479; NJW-RR 2007, 1509; OLG Hamm FuR 2015, 58; MüKo-FamFG/*A. Fischer*, § 65 Rn. 31

A. Allgemeines

Gemäß § 66 Satz 1 FamFG kann sich ein Beteiligter der Beschwerde anschließen, auch wenn er auf Rechtsmittel verzichtet hat oder die Beschwerdefrist verstrichen ist. Nach Satz 2 der Vorschrift **verliert** die Anschließung aber dann – **kraft Gesetzes** – **ihre Wirkung**, wenn die Beschwerde **zurückgenommen** oder als **unzulässig verworfen** wird. Hintergrund der Zulässigkeit sog. **unselbständiger Anschlussbeschwerden** ist der Umstand, dass in **Antragsverfahren** (siehe näher hierzu *Kischkel*, § 23 FamFG Rn. 1) der Beschwerdeführer durch das **Verbot der** *reformatio in peius* grundsätzlich vor einer Verschlechterung der angefochtenen Entscheidung zu seinem Nachteil geschützt ist, der Gesetzgeber es im Hinblick auf die „Waffengleichheit" der Beteiligten aber für erforderlich hält, dem Beschwerdegegner eine Durchbrechung dieses Grundsatzes zu ermöglichen; dies ist insbesondere dann sinnvoll, wenn die Beteiligten widersprechende Interessen verfolgen.[1] 1

Im Bereich der **von Amts wegen zu führenden Kindschaftsverfahren**, wie etwa in Kindesschutzsachen nach §§ 1666, 1666a BGB oder in Umgangssachen nach § 1684 BGB, spielt die Anschlussbeschwerde in der Praxis keine allzu große Rolle. Das Gericht hat die Tatsachengrundlage ohnehin unter Berücksichtigung auch des Vorbringens der weiteren Beteiligten des Rechtsmittelverfahrens von Amts wegen zu ermitteln. Abzugrenzen ist die (unselbstständige) Anschlussbeschwerde von der **selbstständigen Beschwerde** eines weiteren Beteiligten nach § 58 Abs. 1 FamFG, die **innerhalb der Frist des § 63 FamFG** erhoben worden ist. 2

B. Inhalt der Norm

I. Voraussetzungen der Anschlussbeschwerde

Die Einlegung einer Anschlussbeschwerde ist nach § 66 FamFG schon dann möglich und rechtswirksam, wenn ein **anderer Beteiligter Beschwerde** nach § 58 Abs. 1 FamFG eingelegt hat. Nicht zu prüfen ist vom Beschwerdegericht insoweit, ob die Beschwerde zulässig ist, da nach § 66 Satz 2 FamFG die Anschlussbeschwerde ihre Wirkung erst dann verliert, wenn die Beschwerde (nach § 68 Abs. 2 Satz 2 FamFG) durch Beschluss des OLG **verworfen** wird. Eine **Frist für die Einlegung der Anschlussbeschwerde** sieht § 66 FamFG – anders als in Familienstreitsachen, vgl. § 117 Abs. 2 Satz 1 FamFG, § 524 Abs. 2 Satz 2 und 3 ZPO – in Kindschaftssachen **nicht** vor. 3

Nach dem Wortlaut des§ 64 Satz 1 Hs. 2 FamFG kann die Anschlussbeschwerde nur durch **Einreichung einer Anschlussbeschwerdeschrift** eingelegt werden, eine **Erklärung zur Niederschrift der Geschäftsstelle** sieht § 66 FamFG dagegen (anders als § 64 Abs. 2 FamFG für die Beschwerde) nicht vor. Es handelt sich dabei nach zutreffender Ansicht jedoch um eine Regelungslücke, die nach Sinn und Zweck der Norm dahingehend zu schließen ist, dass auch die Anschlussbeschwerde zur Niederschrift der Geschäftsstelle oder zu **richterlichem Protokoll** nach § 28 Abs. 4 FamFG erklärt werden kann.[2] Die Notwendigkeit der **Begründung** der Anschlussbeschwerde sieht das Gesetz nicht vor, aus der Schrift muss sich aber erkennen lassen, in welchem Umfang eine Abänderung der erstinstanzlichen Entscheidung begehrt wird. 4

Hat ein Beteiligter eine **selbständige Beschwerde** eingelegt, ist diese aber, z.B. wegen der Versäumung der Beschwerdefrist, unzulässig, kommt im Regelfall eine **Umdeutung** in Be- 5

---

1 Vgl. BT-Drs. 16/6308, 206

2 OLG Karlsruhe FamRZ 2018, 196; OLG Nürnberg NJW-RR 2017, 1286; Sternal/*Sternal*, FamFG § 66 Rn. 24; a.A.: MüKo-FamFG/*A. Fischer*, § 66 Rn. 28

tracht, dass eine **unselbständige Anschlussbeschwerde** gewollt ist.[3] Obwohl die Anschlussbeschwerde wegen ihrer Unselbständigkeit kein echtes Rechtsmittel ist und insoweit auch keine eigene Beschwer des Anschlussbeschwerdeführers voraussetzt,[4] bedarf sie doch eines **Rechtsschutzbedürfnisses**, das gerade in Kindschaftssachen häufig fehlen wird. Dies gilt etwa in amtswegigen Verfahren, in denen das Beschwerdegericht, wie bei §§ 1666, 1684 BGB, ohnehin nicht an das Verbot der *reformatio in peius* gebunden ist.[5] Denn in diesem Fall kann das Rechtsmittelgericht die Entscheidung auch ohne Anschließung zu Gunsten des betroffenen Ehegatten oder Drittbeteiligten abändern. Dies betrifft regelmäßig die **Beschwerde in den Sorgerechtsangelegenheiten des § 151 Nr. 1 bis 3 FamFG**;[6] ein Anschlussrechtsmittel in diesen Verfahren hat deshalb nur die Bedeutung einer bloßen Anregung, im Sinne des Anschlussbeschwerdeführers zu entscheiden. Werden aber in erster Instanz die wechselseitigen Anträge der gemeinsam sorgeberechtigten Eltern auf Alleinsorge nach § 1671 BGB oder auf Übertragung der Alleinentscheidungsbefugnis nach § 1628 BGB zurückgewiesen und legt nur ein Elternteil rechtzeitig Beschwerde ein, könnte die Zurückweisung des materiell-rechtlichen Antrags des anderen Elternteils möglicherweise wirksam sein, so dass das Rechtsschutzbedürfnis für eine (unselbständige) Anschlussbeschwerde nicht ohne Weiteres verneint werden kann.[7] So ist etwa die Anschlussbeschwerde eines nicht sorgeberechtigten Elternteils gegen den ausschließlich das Sorgerecht des anderen Elternteils betreffenden Sorgerechtsentzug nach § 1666 BGB unzulässig. Das Rechtsschutzbedürfnis für eine Anschlussbeschwerde fehlt im Übrigen allgemein dann, wenn mit der Anschließung lediglich das gleiche Ziel wie mit dem Hauptrechtsmittel verfolgt wird.[8]

6 Fraglich ist, ob das Beschwerdegericht in Fallkonstellationen, in denen beiden Elternteilen das Sorgerecht nach § 1666 BGB entzogen worden ist und nur einer von beiden (selbstständig) Beschwerde einlegt, gehalten ist, im Rahmen seiner materiellen Prüfung nach § 1680 Abs. 3 und 2 BGB bei Erfolglosigkeit der Beschwerde eine Sorgerechtsübertragung auf den anderen Elternteil auch dann in Erwägung zu ziehen, wenn dieser keine Anschlussbeschwerde eingelegt hat[9] oder ob auf die Möglichkeit der Einlegung einer Anschlussbeschwerde hinzuwirken ist. Diese Frage ist im Hinblick auf den Amtsermittlungsgrundsatz zwar im Sinne der erstgenannten Alternative zu beantworten, kann in der Praxis aber letztlich dahinstehen; maßgeblich ist bei beiden Alternativen, dass der nichtbeschwerdeführende Elternteil Interesse an der Wiedererlangung des Sorgerechts hat, weil die Prüfung der Voraussetzungen des § 1680 Abs. 2 und 3 BGB andernfalls (d.h. auch bei Einlegung der Anschlussbeschwerde) ohnehin negativ ausfallen würde.[10]

II. Verwerfung oder Rücknahme der Beschwerde

7 Nach § 66 Satz 2 FamFG verliert die unselbständige Anschlussbeschwerde **kraft Gesetzes** ihre Wirkung, wenn die (Haupt-)Beschwerde mangels Zulässigkeit (z.B. wegen Verfristung oder mangelnder Beschwerdebefugnis) **verworfen** wird (§ 68 Abs. 2 Satz 2 FamFG) oder aber **zurückgenommen** wird (vgl. § 67 Abs. 4 FamFG). Darin zeigt sich ihre Abhängigkeit vom Hauptrechtsmittel (Akzessorietät). Ein **gesonderter Beschluss** des Beschwerdege-

---

3 MüKo-FamFG/*A. Fischer*, § 66 Rn. 32
4 BGH NJW-RR 2004, 1502; NJW 1994, 944; Musielak/*Borth*/Frank/*Frank*, § 66 FamFG Rn. 5
5 BGH FamRZ 2011, 547; OLG Stuttgart FamRZ 2011, 1086: Johannsen/Henrich/Althammer/*Althammer*, § 66 FamFG Rn. 3
6 OLG Köln FamRZ 2002, 1053; Johannsen/Henrich/Althammer/*Althammer*, § 66 FamFG Rn. 3
7 Musielak/*Borth*/Frank/*Frank*, § 66 FamFG Rn. 9
8 BGH FamRZ 2014, 827 = NZFam 2014, 460 mit Anm. *Grün;* OLG München FamRZ 2012, 1503; OLG Bremen FamRZ 2011, 1296; Johannsen/Henrich/Althammer/*Althammer*, § 66 FamFG Rn. 3
9 So ausdrücklich OLG Karlsruhe FamRZ 2018, 196; *Völker/Clausius*, § 9, Rn. 53; Wiesner/Wapler/*Dürbeck*, Anhang: Weitere Erläuterungen, Hinweise und Materialien 3 Rn. 68
10 Vgl. OLG Frankfurt a. M., Beschl. v. 1.2.2013 – 5 UF 315/12, BeckRS 2013, 17057

richts ist in diesen Fällen nicht erforderlich, aber zur Klarstellung zulässig und ggf. auch praktikabel.[11]

III. Entscheidung

Über die Anschlussbeschwerde hat das Beschwerdegericht nach Maßgabe des § 69 FamFG zu entscheiden. Zulässig ist es, über die Beschwerde zunächst durch **Teilentscheidung** zu befinden und über die Anschlussbeschwerde erst danach durch **Schlussbeschluss**, im Hinblick auf § 66 Satz 2 FamFG aber nicht umgekehrt.[12] Erfolgt – wie in der Regel – eine gemeinsame Entscheidung über Beschwerde und Anschlussbeschwerde, hat dies auch in Ansehung der Kosten zu gelten, wobei sich in Kindschaftssachen die Einlegung des Anschlussrechtsmittels im Regelfall **nicht verfahrenswerterhöhend** auswirkt, da z.B. im Verfahren zur elterlichen Sorge oder in Umgangssachen auch dann nur jeweils ein einheitlicher Verfahrensgegenstand betroffen ist, wenn um unterschiedliche Bestandteile der elterlichen Sorge oder einerseits um die Ausweitung und andererseits um eine Einschränkung des Umgangs gestritten wird.[13] Wird die Beschwerde **zurückgenommen oder verworfen**, trägt der **Beschwerdeführer nach § 84 FamFG auch die Kosten der Anschlussbeschwerde**.[14] 8

Verfahrenskostenhilfe muss für eine Anschlussbeschwerde grundsätzlich allerdings gesondert beantragt und bewilligt werden.[15]

§ 67 FamFG

Verzicht auf die Beschwerde; Rücknahme der Beschwerde

(1) Die Beschwerde ist unzulässig, wenn der Beschwerdeführer hierauf nach Bekanntgabe des Beschlusses durch Erklärung gegenüber dem Gericht verzichtet hat.

(2) Die Anschlussbeschwerde ist unzulässig, wenn der Anschlussbeschwerdeführer hierauf nach Einlegung des Hauptrechtsmittels durch Erklärung gegenüber dem Gericht verzichtet hat.

(3) Der gegenüber einem anderen Beteiligten erklärte Verzicht hat die Unzulässigkeit der Beschwerde nur dann zur Folge, wenn dieser sich darauf beruft.

(4) Der Beschwerdeführer kann die Beschwerde bis zum Erlass der Beschwerdeentscheidung durch Erklärung gegenüber dem Gericht zurücknehmen.

11 Sternal/*Sternal*, § 66 FamFG Rn. 30
12 Prütting/Helms/*Abramenko*, § 66 FamFG Rn. 10
13 Vgl. OLG Frankfurt a. M. FamRZ 2025, 471; FamRZ 2022, 1037; FamRZ 2022, 267; OLG Nürnberg FamRZ 2023, 605; FamRZ 2013, 1993; Staudinger/*Coester*, § 1671 BGB Rn. 278; MüKo-BGB/*Hennemann*, § 1671 BGB Rn. 160; *Keuter* FamRZ 2022, 1003; *Kischkel* NZFam 2022, 107; a.A.: *Obermann*, FamRZ 2022, 997
14 Zöller/*Feskorn*, § 66 FamFG Rn. 7; vgl. auch BGH MDR 2005, 704 für die Anschlussberufung
15 Zöller/*Schultzky*, § 119 ZPO Rn. 3.2; Sternal/*Sternal*, § 66 FamFG Rn. 29; MüKo-FamFG/*A. Fischer*, § 66 Rn. 34

A. Allgemeines

1 §§ 67 Abs. 1 bis 3 FamFG beinhaltet Regelungen über den **Verzicht auf Haupt- oder Anschlussbeschwerde**, der in Kindschaftssachen von geringer praktischer Relevanz ist. Abs. 4 enthält eine an § 516 Abs. 1 ZPO orientierte Regelung der (freien) Möglichkeit und zeitlichen Begrenzung der **Beschwerderücknahme**.

B. Inhalt der Norm

I. Rechtsmittelverzicht (Abs. 1 bis 3)

2 Gemäß § 67 Abs. 1 FamFG ist die Beschwerde **unzulässig**, wenn der Beschwerdeführer nach Bekanntgabe des angefochtenen Beschlusses durch Erklärung gegenüber dem jeweils mit der Sache befasstem Gericht (meist das Gericht erster Instanz) hierauf **verzichtet** hat. Ob einer Erklärung ein dahin gehender Willen zu entnehmen ist, ist durch Auslegung zu ermitteln, wobei die Rechtsprechung hier – vor allem im Bereich der Abschiebungshaftsachen –[1] strenge Anforderungen stellt.[2] Soweit das **Kind verfahrensfähig** und damit selbst beschwerdeberechtigt nach § 60 FamFG ist, kann es – für sich selbst – ebenfalls auf das Rechtsmittel verzichten, allerdings ohne Auswirkung auf die Berechtigung des oder der gesetzlichen Vertreter, Beschwerde im Namen des Kindes einzulegen.[3] Gleiches gilt für das eigene Beschwerderecht des **Verfahrensbeistands**. Eine **besondere Form** der Verzichtserklärung ist nicht vorgesehen, allerdings schließt § 25 FamFG auch insoweit mündliche Erklärungen gegenüber dem Gericht aus. Ein in der mündlichen Verhandlung erklärter Verzicht ist zwar in die Sitzungsniederschrift aufzunehmen (§ 28 Abs. 4 FamFG),[4] kann im Einzelfall aber auch dann wirksam sein, wenn davon versehentlich abgesehen wurde.[5] Der Verzicht kann im Übrigen auch noch nach bereits erfolgter Rechtsmitteleinlegung – dann gegenüber dem Rechtsmittelgericht – erklärt werden.[6]

3 Umstritten ist, ob entgegen dem Wortlaut von § 67 Abs. 1 FamFG ein **Rechtsmittelverzicht bereits vor Erlass und Bekanntgabe der Entscheidung** zulässig ist; dies wird in der Gesetzesbegründung erstaunlicher Weise (allerdings wohl auf Grundlage eines anderslautenden Referentenentwurfs) bejaht[7] und deshalb auch von einem Teil der Literatur für möglich gehalten.[8] Eine vermittelnde Ansicht hält den Rechtsmittelverzicht jedenfalls nach Erlass der Entscheidung, aber noch vor Bekanntgabe der Entscheidung für zulässig, weil zu diesem Zeitpunkt auch schon die Entscheidung angefochten werden kann.[9] Richtigerweise dürfte wegen des insoweit eindeutigen Wortlauts des Gesetzes ein Verzicht aber erst ab Bekanntgabe der Entscheidung an den Beteiligten zulässig sein.[10]

---

1 Vgl. BGH, Beschl. v. 17.1.2013 – V ZB 193/12, BeckRS 2013, 2434
2 BGH NJW 2006, 3498; MüKo-FamFG/*A. Fischer,* § 67 Rn. 6
3 BGH, Beschl. v. 7.3.2018 – XII ZB 422/17, BeckRS 2018, 6043, zum Amtsvormund; NZFam 2018, 334; MüKo-FamFG/*A. Fischer,* § 67 Rn. 10
4 Johannsen/Henrich/Althammer/*Althammer,* § 67 FamFG Rn. 3
5 Vgl. OLG Jena NJOZ 2019, 574
6 BGH NJW 1994, 737
7 BT-Drs. 16/6308, 207; vgl. Musielak/Borth/Frank/*Frank,* FamFG § 67 Rn. 2
8 *Heinemann,* DNotZ 2009, 6, 18
9 MüKo-FamFG/*A. Fischer,* § 67 Rn. 18; Sternal/*Sternal,* § 67 FamFG Rn. 12
10 OLG Hamm FamRZ 2017, 367; Johannsen/Henrich/Althammer/*Althammer,* FamFG § 67, Rn. 2; Prütting/Helms *Abramenko,* § 67 Rn. 2; Zöller/*Feskorn,* FamFG § 67 Rn. 4; *Maurer,* FamRZ 2009, 465, 468

Ein einmal rechtswirksam erklärter Rechtsmittelverzicht führt zur **Unzulässigkeit und Verwerfung einer gleichwohl eingelegten Beschwerde** nach § 68 Abs. 2 Satz 2 FamFG.[11] Der Verzicht kann als Verfahrenshandlung nicht widerrufen werden und unterliegt auch nicht der Anfechtung analog §§ 119 ff. BGB.[12] 4

Abs. 3 ermöglicht auch die Erklärung eines **Rechtsmittelverzichts gegenüber einem anderen Beteiligten**, der aber – abweichend von Abs. 1 – nur dann zur Unzulässigkeit einer gleichwohl eingelegten Beschwerde führt, wenn der andere Beteiligte sich (im Sinne einer Einrede) darauf beruft.[13] Gleichwohl ist der Anwendungsbereich der Vorschrift auch in den von Amts wegen geführten Verfahren eröffnet.[14] Ein nur mündlich gegenüber einem (formell) Beteiligten erklärter Verzicht ist zwar formwirksam, dürfte aber im Bestreitensfalle nur schwer nachweisbar sein. Im Übrigen ist auch der gegenüber einem Beteiligten erklärte Verzicht als Verfahrenshandlung weder widerruflich noch anfechtbar.[15] 5

Abs. 2 eröffnet schließlich noch den **Verzicht auf ein Anschlussrechtsmittel**, wenn der Anschlussrechtsmittelführer diesen nach Einlegung des Hauptrechtsmittels gegenüber dem Gericht erklärt. Eine Ausnahme hiervon bietet für Scheidungs- und Folgesachen§ 144 FamFG, der den Beteiligten einen gleich- und vorzeitigen Verzicht auf eine Anschlussbeschwerde ermöglicht, um die Rechtskraft der Ehescheidung herbeizuführen. 6

II. Rücknahme der Beschwerde (Abs. 4)

Nach § 67 Abs. 4 FamFG kann die **Beschwerde bis zum Erlass der Beschwerdeentscheidung** durch Erklärung gegenüber dem Gericht **zurückgenommen** werden. Diese im **freien Ermessen** des Beschwerdeführers liegende Entscheidung besteht auch in Amtsverfahren[16] und ist in keinem Fall von der Zustimmung der anderen Beteiligten abhängig. Die Rücknahme kann frühestens nach Einlegung des Rechtsmittels und spätestens bis zum Erlass der Entscheidung (Übergabe des Beschlusses an die Geschäftsstelle oder Verlesen der Beschlussformel gem. § 38 Abs. 3 Satz 3 FamFG oder aber Verkündung in Ehe- und Streitsachen) erklärt werden. Eine nach diesem Zeitpunkt erklärte Rücknahme hat keine Rechtswirkung mehr.[17] Die Rücknahme braucht zwar nicht ausdrücklich als solche bezeichnet zu werden, muss aber klar und unzweideutig sein. In Zweifelsfällen ist diejenige Auslegung maßgeblich, die die am wenigsten nachteiligen Folgen für den Beschwerdeführer hat.[18] 7

Als Verfahrenshandlung ist die Rücknahme **bedingungsfeindlich** und weder **widerruflich noch anfechtbar**.[19] Sie beendet das Beschwerdeverfahren unmittelbar. In Familiensachen ist nach § 81 Abs. 1 Satz 3 FamFG zwingend über die **Kosten des Beschwerdeverfahrens** zu entscheiden. Diese trägt grundsätzlich der **Beschwerdeführer** nach § 84 FamFG, wobei Ausnahmen denkbar sind (siehe näher hierzu *Kischkel*, § 84 FamFG Rn. 3). Infolge der Rücknahme **reduzieren sich die Gerichtskosten** für das Beschwerdeverfahren in **isolierten Kindschaftssachen** nach Nr. 1315, 1314 KV FamGKG von 1,0 auf 0,5, was bei einem Wert von 5.000 EUR eine Kostenersparnis von 85,25 EUR bedeutet. Bei den **Anwaltsgebühren** 8

11 BGH FamRZ 1985, 801; OLG Zweibrücken FamRZ 2016, 569; OLG Brandenburg, Beschl. v. 22.7.2013 – 3 UF 52/13, BeckRS 2014, 7023: Scheidungsverbund

12 BGH NJW 1985, 2334; OLG Jena Beschl. v. 16.5.2018 – 1 UF 1/18, BeckRS 2018, 27714; KG FGPrax 2003, 205; Sternal/*Sternal*, § 67 FamFG Rn. 104 Johannsen/Henrich/Althammer/*Althammer*, § 67 FamFG Rn. 3; a.A.: OLG Hamm FamRZ 2014, 772, im Fall der arglistigen Täuschung nach § 123 BGB

13 Vgl. BGH NJW 2002, 2108; 1997, 1288

14 Johannsen/Henrich/Althammer/*Althammer*, § 67 FamFG Rn. 5

15 BGH NJW 1985, 2334; Sternal/*Sternal*, § 67 FamFG Rn. 10: a.A.: BeckOK-FamFG/*Obermann*, FamFG § 67 Rn. 10

16 Sternal/*Sternal*, § 67 FamFG Rn. 11; ggf. ist bei Notwendigkeit gerichtlicher Maßnahmen, z.B. nach § 1666 BGB, dann vom Amtsgericht ein neues Verfahren einzuleiten

17 OLG Karlsruhe FamRZ 2014, 1050

18 BGH FamRZ 2019, 465

19 BGH FamRZ 2008, 43; Musielak/Borth/Frank/*Frank*, § 67 FamFG Rn. 8

kann bei einer Rücknahme der Beschwerde vor einer mündlichen Verhandlung oder Anhörung die **Terminsgebühr** (1,2 nach Nr. 3202 VV RVG = 425,40 EUR netto bei einem Wert von 5.000 EUR) gespart werden.

Ein **Verlust des Rechtsmittels** ist anders als in Ehe- und Familienstreitsachen (vgl. § 117 Abs. 2 FamFG, § 516 Abs. 3 ZPO) in Kindschaftssachen nicht festzustellen.

§ 68 FamFG
Gang des Beschwerdeverfahrens

(1) [1]Hält das Gericht, dessen Beschluss angefochten wird, die Beschwerde für begründet, hat es ihr abzuhelfen; anderenfalls ist die Beschwerde unverzüglich dem Beschwerdegericht vorzulegen. [2]Das Gericht ist zur Abhilfe nicht befugt, wenn die Beschwerde sich gegen eine Endentscheidung in einer Familiensache richtet.

(2) [1]Das Beschwerdegericht hat zu prüfen, ob die Beschwerde an sich statthaft und ob sie in der gesetzlichen Form und Frist eingelegt ist. [2]Mangelt es an einem dieser Erfordernisse, ist die Beschwerde als unzulässig zu verwerfen.

(3) [1]Das Beschwerdeverfahren bestimmt sich im Übrigen nach den Vorschriften über das Verfahren im ersten Rechtszug. [2]Das Beschwerdegericht kann von der Durchführung eines Termins, einer mündlichen Verhandlung oder einzelner Verfahrenshandlungen absehen, wenn diese bereits im ersten Rechtszug vorgenommen wurden und von einer erneuten Vornahme keine zusätzlichen Erkenntnisse zu erwarten sind.

(4) [1]Das Beschwerdegericht kann die Beschwerde durch Beschluss einem seiner Mitglieder zur Entscheidung als Einzelrichter übertragen; § 526 der Zivilprozessordnung gilt mit der Maßgabe entsprechend, dass eine Übertragung auf einen Richter auf Probe ausgeschlossen ist. [2]Zudem kann das Beschwerdegericht die persönliche Anhörung des Kindes durch Beschluss einem seiner Mitglieder als beauftragtem Richter übertragen, wenn es dies aus Gründen des Kindeswohls für sachgerecht hält oder das Kind offensichtlich nicht in der Lage ist, seine Neigungen und seinen Willen kundzutun. [3]Gleiches gilt für die Verschaffung eines persönlichen Eindrucks von dem Kind.

(5) Absatz 3 Satz 2 und Absatz 4 Satz 1 finden keine Anwendung, wenn die Beschwerde ein Hauptsacheverfahren betrifft, in dem eine der folgenden Entscheidungen in Betracht kommt:

1. die teilweise oder vollständige Entziehung der Personensorge nach den §§ 1666 und 1666a des Bürgerlichen Gesetzbuchs,

2. der Ausschluss des Umgangsrechts nach § 1684 des Bürgerlichen Gesetzbuchs oder

3. eine Verbleibensanordnung nach § 1632 Absatz 4 oder § 1682 des Bürgerlichen Gesetzbuchs.

Übersicht Rn.

A. Allgemeines

§ 68 FamFG bestimmt den Gang des Beschwerdeverfahrens. Die Norm gilt für alle Familiensachen und damit auch in Kindschaftssachen. Abs. 1 regelt die Frage der Notwendigkeit einer **Abhilfeentscheidung** des Amtsgerichts, Abs. 2 die (zeitlich) **vorrangige Prüfung der Zulässigkeit** der Beschwerde, Abs. 3 den **näheren Verfahrensablauf** mit **Erleichterungen im zweiten Rechtszug,** Abs. 4 die Möglichkeit der **Übertragung** der Beschwerde zur Entscheidung auf den **Einzelrichter** und Abs. 5 **(Rück-)Ausnahmen von den** in Abs. 3 und 4 vorgesehenen **Möglichkeiten der Verfahrensvereinfachung**. Für Ehe- und Familienstreitsachen sehen §§ 117 Abs. 2 und 3 FamFG weitere Modifikationen vor, die für kindschaftsrechtliche Verfahren aber nicht von Relevanz sind. 1

B. Inhalt der Norm

I. Kein Abhilfeverfahren

Nach § 68 Abs. 1 Satz 2 FamFG ist das Gericht des ersten Rechtszugs in Kindschaftssachen **nicht** zur **Abhilfe der Beschwerde** befugt, was in der Praxis vor allem im Rechtspflegerbereich noch häufig übersehen wird. Letztlich fungiert das Familiengericht hier nur als „Posteingangsstelle für das Oberlandesgericht".[1] Von dieser Regelung unberührt bleiben aber notwendige Abhilfeentscheidungen bei Zwischenentscheidungen, die mit der **sofortigen Beschwerde** anfechtbar sind (vgl. § 572 Abs. 1 ZPO) oder im Rahmen der bei unstatthaften oder unzulässigen Beschwerden gegen Entscheidungen des Rechtspflegers gegebenen Erinnerung nach § 11 Abs. 2 RPflG (siehe näher hierzu *Heilmann*, § 11 RPflG Rn. 23 ff.). Entgegen der vormaligen Ansicht des OLG Hamm und eines Teils der Literatur[2] gilt das Abhilfeverbot auch im **einstweiligen Anordnungsverfahren**.[3] Familiensachen in diesem Zusammenhang sind nach zutreffender Ansicht auch Entscheidungen nach dem AdWirkG zur Anerkennung ausländischer Adoptionen[4] (näher hierzu *Braun*, Anh. zu § 199 FamFG – AdWirkG Rn. 1 ff.). 2

II. Vorrangige Zulässigkeitsprüfung (Abs. 2)

Gemäß § 68 Abs. 2 FamFG hat das Beschwerdegericht nach Eingang der Beschwerde zunächst zu prüfen, ob die Beschwerde an sich **statthaft** ist und ob sie in der **gesetzlichen Form und Frist** eingelegt wurde (Satz 1). Fehlt es an einem dieser Erfordernisse, ist die Beschwerde nach Satz 2 als **unzulässig zu verwerfen**. Trotz der etwas missglückten Formulierung in Satz 1 bezieht sich die Regelung auf **alle Zulässigkeitsvoraussetzungen** der Beschwerde.[5] Praktisch bedeutsame Fälle von unzulässigen Beschwerden in Kindschaftsverfahren liegen in der fehlenden **Beschwerdeberechtigung nach § 59 FamFG** und in der **Versäumung der Beschwerdefris**t (§ 63 FamFG). 3

1 MüKo-FamFG/*A. Fischer,* § 68 Rn. 12
2 OLG Hamm FamRZ 2011, 234; Sternal/*Sternal,* § 68 FamFG Rn. 13
3 Musielak/Borth/*Frank,* FamFG § 68 Rn. 6 ; Johannsen/Henrich/Althammer/*Althammer,* § 68 FamFG Rn. 5; MüKo-FamFG/*A. Fischer,* § 68 Rn. 12
4 OLG Frankfurt a. M. FamRZ 2024, 1498; NZFam 2017, 536; OLG Hamm FamRZ 2017, 1583, 1584; OLG Bremen FamRZ 2015, 425;OLG Düsseldorf FamRZ 2012, 1233; *Braun*, ZKJ 2012, 216; *Maurer*, FamRZ 2013, 90; a.A.: OLG Hamm NJW 2012, 582; OLG Köln FamRZ 2012, 1234; *Dürbeck* in der Vorauflage
5 BT-Drs. 16/6308, 207; Zöller/*Feskorn*, § 68 FamFG Rn. 3

4 Ist die Beschwerde unzulässig, erfordert Art. 103 Abs. 1 GG, dem Beschwerdeführer vor der Verwerfung seines Rechtsmittels **rechtliches Gehör** zu gewähren, z.B. um ihm die Möglichkeit einer kostensparenden Rücknahme der Beschwerde oder (bei Fristversäumung) die Stellung eines Wiedereinsetzungsantrags zu ermöglichen.[6] Zur Vermeidung zusätzlicher Kosten (etwa der Gebühr des Verfahrensbeistands) sollte in diesen Fällen die Zustellung der Beschwerdeschrift an die weiteren Beteiligten zunächst unterbleiben.

5 Mit der Verwerfung ist zugleich über die **Kosten des Beschwerdeverfahrens** zu entscheiden, die nach § 84 FamFG grundsätzlich dem Beschwerdeführer aufzuerlegen sind. Anders als in Ehe- und Familienstreitsachen (§ 117 Abs. 1 Satz 4 FamFG, § 522 Abs. 1 Satz 4 ZPO) ist die **Rechtsbeschwerde** im Falle der Verwerfung der Beschwerde als unzulässig nicht grundsätzlich statthaft, sondern nur bei **besonderer Zulassung** unter den Voraussetzungen des § 70 Abs. 1 und 2 FamFG.[7] Etwas anderes gilt nach § 70 Abs. 3 Nr. 2 FamFG in **Unterbringungssachen** nach § 151 Nr. 6 und 7 FamFG, wenn die Unterbringung eines Kindes angeordnet wurde, nach § 70 Abs. 4 FamFG jedoch nicht in einstweiligen Anordnungsverfahren.

III. Beschwerdeverfahren (Abs. 3)

1. Geltung des erstinstanzlichen Verfahrensrechts (Abs. 3 Satz 1)

6 Gemäß § 68 Abs. 3 Satz 1 FamFG bestimmt sich das **Beschwerdeverfahren** (nach Bejahung der Zulässigkeit der Beschwerde) nach den **Vorschriften über das Verfahren im ersten Rechtszug**, also nach den §§ 23 bis 37 FamFG. Die §§ 1 bis 22a FamFG gelten auch ohne Verweisung unmittelbar für das Beschwerdeverfahren,[8] ebenso die besonderen (verfahrensartabhängigen) Vorschriften des zweiten Buchs des FamFG, in Kindschaftssachen also insbesondere §§ 151 ff. FamFG.[9] Damit gelten auch im Beschwerdeverfahren der **Amtsermittlungsgrundsatz** (§ 26 FamFG), das **Vorrang- und Beschleunigungsgebot** des § 155 FamFG,[10] die Regelungen über die Beschleunigungsrüge und die Beschleunigungsbeschwerde nach §§ 155b, 155c FamFG, die **Anhörungsvorschriften** der §§ 159 ff. FamFG und die allgemeinen Vorschriften über die **Beweiserhebung** der §§ 29 ff. FamFG. Den anderen Beteiligten ist die Beschwerdebegründung, sofern das Rechtsmittel nicht offensichtlich unzulässig ist, zur **Gewährung rechtlichen Gehörs** zu übermitteln (§ 23 Abs. 2 FamFG). Dabei dürfte in Kindschaftsverfahren wegen des im Regelfall gebotenen Beschleunigungsbedürfnisses eine Frist zur Stellungnahme von zwei Wochen ausreichend sein[11] (siehe näher hierzu *Kischkel*, § 65 FamFG Rn. 2). Ist das Jugendamt Beteiligter nach § 162 FamFG und – ggf. durch den angegriffenen erstinstanzlichen Beschluss – auch als Ergänzungspfleger oder Vormund beteiligt, hat die Übermittlung der Beschwerdeschrift sowohl an den Allgemeinen Sozialen Dienst als auch an die Vormundschaftsabteilung des Jugendamts, also zweimal, zu erfolgen. Im Übrigen gilt auch im 2. Rechtszug § 7 Abs. 4 Satz 2 FamFG, wonach Personen oder Behörden, die auf **Antrag zu beteiligen** sind oder beteiligt werden können, über ihr **Antragsrecht zu belehren** sind, was insbesondere für das Jugendamt gemäß § 162 Abs. 2 Satz 2 FamFG von praktischer Relevanz ist.

6 BGH FamRZ 2013, 1569
7 BGH FamRZ 2018, 1765
8 BT-Drs. 16/6308, 207
9 Johannsen/Henrich/*Althammer*, § 68 FamFG Rn. 7
10 MüKo-FamFG/*Heilmann*, § 155 Rn. 16
11 Ebenso Sternal/*Sternal*, § 68 FamFG Rn. 68

2. Entscheidung ohne mündliche Verhandlung oder persönliche Anhörung (Abs. 3 Satz 2, Abs. 5)

Gemäß § 68 Abs. 3 Satz 2 FamFG kann das Beschwerdegericht von der **Durchführung eines Termins, mündlicher Verhandlung oder einzelnen Verfahrenshandlungen absehen**, wenn diese bereits im ersten Rechtszug vorgenommen wurden und von einer erneuten Vornahme keine zusätzlichen Erkenntnisse zu erwarten sind. Mit dieser im **pflichtgemäßen Ermessen** des Beschwerdegerichts stehenden Verfahrensnorm will der Gesetzgeber gerichtliche Ressourcen in der Beschwerdeinstanz effizient nutzen und insbesondere erreichen, dass die Durchführung weiterer Termine unterbleiben kann, wenn diese bereits in der ersten Instanz im erforderlichen Umfang mit den Beteiligten durchgeführt worden sind. Der Gesetzgeber hat insoweit ausdrücklich auf die nach seiner Auffassung bestehende Vereinbarkeit der Norm mit den Vorgaben des Art. 6 EMRK hingewiesen.[12] Auch das BVerfG hat keine Bedenken gegen die Anwendung von § 68 Abs. 3 Satz 2 FamFG in Kindschaftssachen.[13] Allerdings wurde kritisiert, die damit eröffneten prozessualen Möglichkeiten, von einzelnen Verfahrenshandlungen – insbesondere von den in §§ 159 bis 162 FamFG geregelten Anhörungen – abzusehen oder das Verfahren auf den Einzelrichter zu übertragen, werde der Grundrechtsrelevanz und Tragweite der Entscheidung für die Betroffenen in Kindschaftssachen nicht gerecht;[14] die Regelung des § 68 Abs. 5 FamFG soll diesen Bedenken gerecht werden. 7

§ 68 Abs. 3 FamFG erfasst insbesondere auch die **persönliche Anhörung der Beteiligten**[15] und ermöglicht – außer in den in Abs. 5 genannten Konstellationen – nicht nur, von allen persönlichen Anhörungen (z.B. §§ 159, 160 FamFG), sondern auch von einzelnen Anhörungen (z.B. der Kindesanhörung) abzusehen.[16] Voraussetzung im Hinblick auf Art. 6 EMRK ist insbesondere, dass die Schwierigkeit der Sach- und Rechtslage und die Bedeutung der Angelegenheit für die Betroffenen nicht eine mündliche Verhandlung bzw. persönliche Anhörung erfordern. Kam es aber bereits im ersten Rechtszug zu **Mängeln bei der Sachverhaltsermittlung** oder wurden **zwingende Anhörungsvorschriften**, wie die Kindesanhörung nach § 159 FamFG nicht beachtet, so kann das Beschwerdegericht nicht nach § 68 Abs. 3 Satz 2 FamFG verfahren,[17] sondern hat die Anhörung/Ermittlung selbst nachzuholen oder aber unter den Voraussetzungen des § 69 Abs. 1 Satz 2 und 3 FamFG das Verfahren unter Aufhebung der Entscheidung an das Amtsgericht zurückzuverweisen.[18] Gleiches kann gelten, wenn sich bei der Akte kein (aussagekräftiger) Vermerk über das Ergebnis der vom Amtsgericht durchgeführten persönlichen Anhörung befindet. 8

Anhörungsmängel im ersten Rechtszug sind insbesondere eine unterbliebene Anhörung des Kindes in Gegenwart des Verfahrensbeistands[19] oder das Unterlassen der erneuten persönlichen Anhörung des Kindes im Unterbringungsverfahren nach Einholung eines Sachverständigengutachtens.[20] Auch neue Tatsachen – wie eine Änderung der Lebensum- 9

12 BT-Drs. 16/6308, 207; kritisch *Herr*, FF 2013, 147
13 BVerfG FamRZ 2018, 1084
14 Vgl. im Kontext der Einführung des Gesetzes zur Bekämpfung sexualisierter Gewalt gegen Kinder v. 16.6.2021 BT-Drs. 19/23707, S. 52; *Strube*, NZFam 2021, 901; im Zusammenhang mit dem Staufener Missbrauchsfall: *Heilmann*, FamRZ 2018, 1797
15 BGHZ 184, 323 = FamRZ 2010, 809 (Ls.)
16 BGH NZFam 2017, 988
17 BGH FamRZ 2012, 869; 2011, 805; zum Betreuungsverfahren BGH FamRZ 2022, 135, Rn. 8; 2022, 56, Rn. 8; zur Bestellung des Verfahrensbeistands OLG Frankfurt a. M. FamRZ 2021, 879
18 OLG Frankfurt a. M. FamRZ 2022, 1800
19 BGH NJW 2012, 2584; 2011, 2365
20 BGH MDR 2021, 1023, Rn. 5; FamRZ 2021, 1555, Rn. 10

stände des Kindes – können eine neuerliche Anhörung erfordern, wenn sie entscheidungserheblich sind.[21]

10 Beabsichtigt das OLG, nach § 68 Abs. 3 Satz 2 FamFG von einzelnen Verfahrensschritten abzusehen, ist zwar **kein vorheriger Hinweis des Beschwerdegerichts** auf diese Vorgehensweise erforderlich, wie der lediglich auf Ehe- und Familienstreitsachen anwendbare § 117 Abs. 3 FamFG zeigt, der eine Information der Beteiligten verlangt. Dies gilt auch nicht nur für die Fälle, in denen das Beschwerdegericht das Rechtsmittel für unbegründet hält.[22] Auf der anderen Seite entspricht es in der Regel jedoch den Grundsätzen des fairen Verfahrens, die Beteiligten über die Einschätzung des Gerichts in Kenntnis zu setzen und ihnen Gelegenheit zur Reaktion (Rücknahme) zu geben. Jedenfalls dann, wenn das Beschwerdegericht die angefochtene Entscheidung abändern will, erfordert das Grundrecht auf rechtliches Gehör (Art. 103 Abs. 1 GG) einen vorherigen Hinweis auf die beabsichtigte Vorgehensweise.

11 Das Beschwerdegericht hat bei einer Anwendung von § 68 Abs. 3 Satz 2 FamFG die **Gründe**, aus denen es von einer persönlichen Anhörung der Beteiligten bzw. des Kindes absehen will, **in seiner Entscheidung** nachprüfbar darzulegen; diese können sich aber auch aus den weiteren Entscheidungsgründen ergeben.[23]

IV. Übertragung auf den Einzelrichter (Abs. 4)

1. Voraussetzungen (Abs. 4 Satz 1, § 526 ZPO)

12 Gemäß § 68 Abs. 4 FamFG kann das Beschwerdegericht, in Familiensachen also der zuständige Senat des OLG, die Beschwerde zur Entscheidung **auf den Einzelrichter übertragen**, wobei dessen Hs. 2 mit der Maßgabe auf § 526 ZPO verweist, dass eine Übertragung auf einen Richter auf Probe unzulässig ist. Hierzu müssen in Familiensachen die in § 526 Abs. 1 Nr. 2 bis 4 ZPO geregelten Übertragungsvoraussetzungen (Nr. 1 hat in Kindschaftssachen keine eigene Bedeutung) gegeben sein, insbesondere darf keine besondere tatsächliche oder rechtliche Schwierigkeit bestehen (Nr. 2), die Rechtssache keine grundsätzliche Bedeutung haben (Nr. 3) und nicht bereits eine mündliche Verhandlung vor dem Senat stattgefunden haben (Nr. 4).[24]

13 Die **unanfechtbare** (vgl. auch § 526 Abs. 3 ZPO) Entscheidung steht im **Ermessen des Senats** und erfolgt nach Anhörung der Beteiligten.[25] Hiervon sollte in Kindschaftssachen, in denen ein weitreichender Grundrechtseingriff im Raume steht (Kindesschutzfälle, Entscheidungen über den Elternkonflikt hinsichtlich des künftigen Lebensmittelpunkts des Kindes, Umgangsausschlüsse), allerdings nur zurückhaltend Gebrauch gemacht werden.[26] Hat bereits ein Termin vor dem Senat stattgefunden, kommt eine Übertragung auf den Einzelrichter nicht mehr in Betracht (§ 526 Abs. 1 Nr. 4 ZPO).

Auch in Familiensachen ist eine **Rückübertragung** vom Einzelrichter auf den Senat nach Maßgabe von § 68 Abs. 4 FamFG, § 526 Abs. 2 ZPO möglich. Eine Übertragung des Beschwerdeverfahrens auf den **vorbereitenden Einzelrichter** nach § 527 ZPO sieht das Ge-

---

21 BVerfG ZKJ 2018, 312; BGH ZKJ 2017, 463; FamRZ 2017, 477; OLG Köln FamRZ 2014, 64; MüKo-FamFG/*A. Fischer,* FamFG § 68 Rn. 55
22 BGH FamRZ 2014, 1992
23 BGH FamRZ 2014, 828; 2012, 968; OLG Frankfurt a. M. FamRZ 2022, 1800; vgl. auch *Kischkel,* FamRZ 2021, 1595
24 Vgl. zu den Einzelheiten Sternal/*Sternal,* § 68 FamFG Rn. 126 ff.
25 Sternal/*Sternal,* § 68 FamFG Rn. 131; zur Vermeidung von Verzögerungen empfiehlt es sich, bereits im Rahmen der Einleitungsverfügung des Senatsvorsitzenden für den Fall einer etwaigen Übertragung rechtliches Gehör zu gewähren
26 *Ernst,* NZFam 2019, 145; *Heilmann,* FamRZ 2018, 1797, 1802

setz in FamFG-Verfahren – anders als § 117 Abs. 2 FamFG in Ehe- und Familienstreitsachen – dagegen nicht vor.[27] Zulässig ist aber die Übertragung einer Beweisaufnahme auf den **beauftragten Richter** (§ 30 Abs. 1 FamFG, § 361 ff., 371 Abs. 2, 375, 402, 451, 479 ZPO).[28]

2. Übertragung der Kindesanhörung auf den beauftragten Richter (Abs. 4 Satz 2 und 3, Abs. 5)

§ 68 Abs. 4 Satz 2 und 3 FamfG enthält eine Sonderregelung zur **Kindesanhörung durch den beauftragten Richter**, wenn der Senat diese aus Gründen des Kindeswohls für sachgerecht hält oder das Kind offensichtlich nicht in der Lage ist, seine Neigungen und seinen Willen kundzutun. Daraus folgt im Umkehrschluss, dass eine Übertragung auf den beauftragten Richter – entgegen einer verbreiteten Praxis – **ausgeschlossen** ist, **wenn es für die Entscheidung auf den Willen des Kindes ankommt**.[29] So dürfte eine Übertragung der Anhörung eines elfjährigen Kindes auf den Berichterstatter in einem Rechtsmittelverfahren nicht in Betracht kommen, wenn über einen zweijährigen Umgangsausschluss zu entscheiden ist.[30] Nach diesen Maßstäben dürfte die Anhörung in der Beschwerdeinstanz **im Regelfall in Senatsbesetzung** durchzuführen sein.[31] 14

Allerdings darf in beiden Fällen auch in der Beschwerdeinstanz nach § 159 Abs. 2 Satz 1 Nr. 1 FamFG von der erneuten Anhörung des Kindes ausnahmsweise abgesehen werden, wenn hierfür ein schwerwiegender Grund vorliegt; dies ist gemäß § 159 Abs. 3 Satz 1 FamFG zu begründen.[32]

Darüber hinaus hat der Gesetzgeber § 68 FamFG mit dem Gesetz zur Bekämpfung sexualisierter Gewalt gegen Kinder vom 16.6.2021[33] unter dem Eindruck mehrerer schwerer Missbrauchsfälle mit dem Ziel einer Verbesserung des Kindesschutzes ergänzt und den fünften Absatz eingefügt.[34] Danach gelangen § 68 Abs. 3 Satz 2 und Abs. 4 Satz 1 **nicht zur Anwendung, wenn die Beschwerde ein Hauptsacheverfahren betrifft,** in dem die teilweise oder vollständige **Entziehung der Personensorge** nach den §§ 1666 und 1666a BGB in Betracht kommt, der **Ausschluss des Umgangsrechts** nach § 1684 BGB oder der **Erlass einer Verbleibensanordnung** nach §§ 1632 Abs. 4 oder 1682 BGB. Mangels Differenzierungsmöglichkeit wird den Oberlandesgerichten damit – auch bei offensichtlich unbegründeten Beschwerden ohne erkennbare Erfolgsaussicht – eine Wiederholung sämtlicher Verfahrensschritte erster Instanz einschließlich der persönlichen Anhörung der betroffenen Kinder auferlegt.[35] Das Verfahren wird dadurch, wie *Heilmann* zutreffend ausführt, (auch zu Lasten der betroffenen Kinder) unnötig aufgebläht.[36] 15

Der nahezu einhelligen Kritik aus Fachwelt und Justiz[37] wollte der Gesetzgeber in 2024 mit einer Ergänzung des § 68 Abs. 3 und Abs. 5 FamFG durch Einfügung weiterer Sätze begeg- 16

27 BGH NJW 2013, 2516
28 BGH NJW 2012, 317 Rn. 27; BeckOK-FamFG/*Obermann*, § 68 FamFG Rn. 47
29 Vgl. BGH FamRZ 2010, 1060; *Schweppe, FamRZ 2024, 333, 336*
30 So aber OLG Brandenburg NZFam 2022, 699, m. abl. Anm. *Jokisch*; vgl. auch *Schweppe, FamRZ 2024, 333, 336*
31 Ebenso *Wierse*, JAmt 2022, 186, 188; *Volke/Kriewald*, FamRB 2021, 436, 439
32 BVerfG FamRZ 2023, 946; *Kischkel*, FamRZ 2021, 1595
33 BGBl. I, 1810
34 Vgl. BT-Drs. 19/24901, m. Verweis auf BT-Drs. 19/23707, 23
35 Sternal/*Sternal*, FamFG § 68 Rn. 83; Musielak/Borth/*Frank* , FamFG § 68 Rn. 16; *Witt*, FamRZ 2021, 1510, 1513; für eine einschränkende Auslegung i.S. einer teleologischen Reduktion *Schweppe, FamRZ 2024, 333, 336*
36 *Heilmann*, ZKJ 2021, 209
37 Vgl. nur Familiensenate des OLG Stuttgart NZFam 2023, 738; *Götz*, NJW 2022, Editorial Heft 42; *Heilmann*, ZKJ 2021, 209

nen, die unter den dort näher definierten Voraussetzungen im Einzelfall ein Absehen von einer erneuten mündlichen Erörterung, einer persönlichen Anhörung oder weiteren Verfahrenshandlungen ermöglichen.[38] Dieses Vorhaben ist uneingeschränkt zu befürworten,[39] konnte bislang (Juli 2025) wegen des Endes der Legislaturperiode aber nicht mehr umgesetzt werden.

17 Da § 68 Abs. 5 FamFG nicht auf § 68 Abs. 4 Satz 2 FamFG verweist, kommt eine **Übertragung auf den beauftragten Richter** auch in den in § 68 Abs. 5 FamFG genannten Fallgruppen in Betracht. Die dort genannten Tatbestandsvarianten knüpfen einerseits an Belange des Kindeswohls an, die eine Anhörung durch nur eine Person u.U. vorzugswürdig erscheinen lassen. Andererseits wird als Grund für die Übertragung auf den Einzelrichter die geringere Bedeutung der Amtsaufklärungspflicht genannt, wenn es nur um die Verschaffung eines persönlichen Eindrucks geht, weil eine Willensäußerung des Kindes nicht zu erwarten ist.[40] Dann darf allerdings das Ergebnis der persönlichen Anhörung des Kindes nur in seinem objektiven Ertrag und damit als persönlicher Eindruck des Berichterstatters verwertet werden (näher hierzu *Heilmann*, § 159 FamFG Rn. 19 m.w.N.).

18 Soweit § 68 Abs. 3 Satz 2 FamFG in **Umgangsverfahren** anwendbar ist, liegen die Voraussetzungen für das Absehen von einer erneuten Anhörung des Kindes insbesondere dann vor, wenn die erstinstanzliche Anhörung nur kurze Zeit zurückliegt, sich nach dem Akteninhalt keine neuen entscheidungserheblichen Tatsachen oder rechtlichen Gesichtspunkte ergeben, das Beschwerdegericht das in den Akten dokumentierte Ergebnis der erstinstanzlichen Anhörung nicht abweichend werten will und es auf den persönlichen Eindruck des Gerichts von dem Betroffenen nicht ankommt.[41]

C. Umfang der Prüfung der Begründetheit – Ermessensentscheidungen

19 Gegenstand des Beschwerdeverfahrens ist bei einem unbeschränkten Rechtsmittel der Verfahrensgegenstand, wie er dem Verfahren im ersten Rechtszug zugrunde gelegen hat.[42] Da im Beschwerdeverfahren nach § 65 Abs. 3 FamFG neue Tatsachen und Beweise ohne Einschränkung zu berücksichtigen sind, hat der Gesetzgeber die Beschwerdeinstanz als **volle und gleichwertige Tatsacheninstanz** ausgestaltet. Gleichwohl wird von einem großen Teil der Rechtsprechung immer noch vertreten, dass **Ermessensentscheidungen des Amtsgerichts**, wie sie z.B. bei der Kostenentscheidung nach § 81 Abs. 1 FamFG,[43] beim Absehen von der Teilung von Versorgungsanrechten gemäß § 18 FamFG[44] oder bei der Aus-

38 Entwurf eines Gesetzes zur Verbesserung des Schutzes von gewaltbetroffenen Personen im familiengerichtlichen Verfahren, zur Stärkung des Verfahrensbeistands und zur Anpassung sonstiger Verfahrensvorschriften v. 23.7.2024, Art. 1, Nr. 3 (S. 5), abrufbar unter www.bmj.de; vgl. dazu *Köhler*, NZFam 2024, 865; *Fischer*, MDR 2024, 1223.

39 Vgl. dazu *Kischkel*, Stellungnahme der Wissenschaftlichen Vereinigung für Familienrecht e.V. vom 21.8.2024; online abrufbar unter https://www.bmj.de/SharedDocs/Downloads/DE/Gesetzgebung/Stellungnahmen/2024/1105_FamFg_Aenderung_Stellungnahmen.pdf?__blob=publicationFile&v=1, S. 316 ff. (Abruf am: 11.7.2025)

40 Vgl. BT-Drs. 19/27928, 27 f.; BeckOK-FamFG/*Obermann*, § 68 FamFG Rn. 47; differenzierend *Strube*, NZFam 2021, 901; ablehnend Bumiller/Harders/Schwamb/*Bumiller*, FamFG § 68 Rn. 9; vgl. zur Verschaffung des persönlichen Eindrucks *Kischkel*, FamRZ 2021, 1595, 1596

41 BVerfG FamRZ 2020, 1579 Rn. 12, unter Verweis auf BGH, FamRZ 2014, 293 Rn. 11

42 BGH FGPrax 2021, 239; 2011, 202; Sternal/*Sternal*, § 68 FamFG Rn. 112

43 BGH FamRZ 2007, 893; OLG Düsseldorf FamRZ 2021, 877; OLG Hamm MDR 2013, 469; OLG Düsseldorf FamRZ 2014, 685; OLG Brandenburg BeckRS 2013, 17122; OLG Frankfurt a.M. FamRZ 2013, 1979; KG FamRZ 2011, 393; vgl. zum Ganzen Prütting/Helms/*Feskorn*, § 81 FamFG, Rn. 36

44 Vgl. BGH NJW-RR 2016, 1478; OLG Stuttgart, Beschl. v. 26.8.2024 – 17 UF 49/24, BeckRS 2024, 29296, Rn. 18 = NZFam 2025, 89; OLG Hamm, Beschl. v. 29.10.2024 – 13 UF 134/24, BeckRS 2024, 34849, Rn. 26; OLG Frankfurt a.M. FamRZ 2013, 551

wahl eines Vormunds/Pflegers[45] zu treffen sind, nur **in beschränkter Weise vom Beschwerdegericht auf einen Ermessensfehlgebrauch nachzuprüfen** sein sollen.

Diese Rechtsprechung überzeugt jedoch nicht. Sie nimmt erkennbar Bezug auf die ältere Rechtsprechung des BGH zu seiner als Rechtsbeschwerdegericht eingeschränkten Befugnis zur Nachprüfung von Ermessensentscheidungen,[46] da der BGH selbst eben keine Tatsacheninstanz ist. Auch soweit auf eine grundlegende Entscheidung des BGH aus dem Jahr 2007[47] Bezug genommen wird, in der dieser im Rahmen einer sofortigen Beschwerde nach §§ 93a, 567 ff. ZPO die Auffassung vertreten hat, auch das Beschwerdegericht unterliege bei Ermessensentscheidungen des Amtsgerichts der oben erwähnten beschränkten Überprüfungskompetenz, kann dem jedenfalls für die Beschwerde nach §§ 58 ff. FamFG nicht gefolgt werden.[48] Denn weder das Gesetz selbst noch die Gesetzesbegründung legen eine beschränkte Überprüfungsmöglichkeit des Beschwerdegerichts nahe. Aus Vorschriften wie den §§ 65 Abs. 3, 115, 69 Satz 1 und 3 FamFG kann im Gegenteil sogar der Schluss gezogen werden, dass dem Gesetzgeber an einer möglichst umfassenden und abschließenden Überprüfung von erstinstanzlichen Endentscheidungen durch das Beschwerdegericht als volle zweite Tatsacheninstanz gelegen war. Auch aus den nach Inkrafttreten des FamFG ergangenen Entscheidungen des BGH zu oben genannten Ermessensentscheidungen ergibt sich nicht, dass dieser davon ausgeht, dass das OLG nur in beschränkter Weise dazu befugt sei, eigenes Ermessen auszuüben.[49] In mehreren weiteren Entscheidungen zur Kostenbeschwerde in Streit- und Nichtstreitsachen betont der BGH sogar ausdrücklich das vom Beschwerdegericht selbst auszuübende Ermessen bei der Kostenentscheidung.[50]

Ermessensentscheidungen der Familiengerichte unterliegen daher nach zutreffender Meinung – und auch nach einer im Vordringen befindlichen obergerichtlichen Rechtsprechung – in **vollem Umfang der Nachprüfung des Beschwerdegerichts**, das als zweite vollwertige Tatsacheninstanz nicht nur berechtigt, sondern verpflichtet ist, eine **eigene Ermessensentscheidung** zu treffen.[51]

Eine von der ersten Instanz abweichende Entscheidung ist dem Beschwerdegericht schließlich auch in den Fällen eines Ermessensfehlgebrauchs durch das Familiengericht eröffnet.

§ 69 FamFG

Beschwerdeentscheidung

(1) [1]Das Beschwerdegericht hat in der Sache selbst zu entscheiden. [2]Es darf die Sache unter Aufhebung des angefochtenen Beschlusses und des Verfahrens nur dann an das Gericht des ersten Rechtszugs zurückverweisen, wenn dieses in der Sache noch nicht entschieden hat. [3]Das Gleiche gilt, soweit das Verfahren an einem wesentlichen Mangel leidet und zur Entscheidung eine umfangreiche oder aufwändige Beweiserhebung notwendig wäre und ein Beteiligter die Zurückverweisung beantragt. [4]Das Gericht des ersten Rechtszugs hat die rechtli-

45 OLG Brandenburg NZFam 2014, 476; OLG Köln FamRZ 2011, 1305
46 Vgl. BGH FamRZ 2014, 744; 2012, 960; FamRZ 2007, 893
47 BGH NJW-RR 2007, 1586, zu§ 93a I 2 ZPO aF
48 Ebenso Bumiller/Harders/*Schwamb*, FamFG § 150 Rn. 15, der die revisionsrechtliche Perspektive der BGH-Entscheidung unterstreicht
49 Vgl. etwa BGH FamRZ 2014, 744, zu § 81 Abs. 1 FamFG, und FamRZ 2012, 694 zu § 18 VersAusglG
50 BGH FamRZ 2015, 570; NJW 2013, 3523; 2011, 3654
51 OLG Frankfurt a. M. NZFam 2023, 511 m. zust. Anm. *Obermann;* FamRZ 2020, 1109 Rn. 9; OLG Hamm NZFam 2021, 1070; OLG Brandenburg FamRZ 2020, 1763; OLG Düsseldorf FamRZ 2021, 876; 2019, 1351; Bumiller/Harders/*Schwamb,* FamFG § 150 Rn. 15; BeckOK-FamFG/*Gutjahr,* § 69 Rn. 31 ff.; a.A.: OLG Stuttgart FamRZ 2019, 607; OLG Köln FamRZ 2018, 1015

che Beurteilung, die das Beschwerdegericht der Aufhebung zugrunde gelegt hat, auch seiner Entscheidung zugrunde zu legen.

(2) Der Beschluss des Beschwerdegerichts ist zu begründen.

(3) Für die Beschwerdeentscheidung gelten im Übrigen die Vorschriften über den Beschluss im ersten Rechtszug entsprechend.

Übersicht Rn. Rn.

A. Allgemeines

1 Gemäß § 69 Abs. 1 Satz 1 FamFG hat das Beschwerdegericht grundsätzlich in der Sache **selbst zu entscheiden** und darf das Verfahren im Sinne eines Regel-Ausnahme-Verhältnisses nur in den in Satz 2 und 3 genannten Fällen an das Erstgericht **zurückverweisen**. Hierdurch verspricht sich der Gesetzgeber Beschleunigungseffekte.[1] Gerade im Gegensatz zur Rechtslage vor Inkrafttreten des FamFG, nach der im FGG-Verfahren auch ohne Antrag bei schweren Verfahrensfehlern eine Zurückverweisung möglich war,[2] erscheint es zumindest in amtswegigen Verfahren, wie z.B. in Kinderschutzverfahren nach §§ 1666, 1684 Abs. 4 BGB, befremdlich, die Frage der Zurückverweisung vom **Antrag eines Beteiligten** abhängig zu machen, doch ändert dies nichts an der eindeutigen gesetzlichen Regelung. Die Folgen einer Zurückverweisung an das Erstgericht sind in Abs. 1 Satz 4 geregelt. Abs. 2 enthält das Begründungserfordernis für Endentscheidungen des Beschwerdegerichts, während Abs. 3 für die Beschwerdeentscheidung auf die entsprechende Anwendung der Vorschriften über den Beschluss im ersten Rechtszug verweist.

B. Inhalt der Norm

I. Beschwerdeentscheidung

1. Sachentscheidung (Abs. 1 Satz 1)

2 Gemäß § 69 Abs. 1 Satz 1 FamFG hat das Beschwerdegericht grundsätzlich **selbst in der Sache zu entscheiden**. Der Gesetzgeber hat das Beschwerdegericht im FamFG-Verfahren – anders als das Berufungsgericht in den der ZPO unterliegenden Rechtsstreitigkeiten – als volle zweite Tatsacheninstanz ausgestaltet, vor dem nach § 65 Abs. 3 FamFG auch unbeschränkt neue Tatsachen und Beweismittel vorgebracht werden können (vgl. *Kischkel* § 65 FamFG Rn. 4) und das sein eigenes Ermessen an Stelle des Gerichts des ersten Rechtszugs ohne Einschränkungen selbst ausüben kann und muss (siehe näher hierzu *Kischkel*, § 68 FamFG Rn. 19). Der **Beschwerdegegenstand** wird aber durch den Gegenstand des Verfahrens des **ersten Rechtszugs** begrenzt,[3] so dass das OLG z.B. in einem Sor-

1 BT-Drs. 16/6308, 208
2 Vgl. Keidel/Kuntze/*Winkler-Sternal*, 15. Aufl., § 25 FGG Rn. 21
3 BGH FamRZ 2015, 486, 488; KG FamRZ 2012, 1167; Prütting/Helms/*Abramenko*, § 69 FamFG Rn. 3

gerechtsverfahren nicht den **Umgang regeln** darf[4] und damit auch keinen **Vergleich über den Umgang nach § 156 Abs. 2 FamFG billigen** kann.[5] Insoweit würde den Beteiligten auch eine Instanz genommen (zur Anfechtung der Billigungsentscheidung siehe *Kischkel*, § 58 FamFG Rn. 3, und *Wegener*, § 156 FamFG Rn. 72 f.). Auch im Sorgerechtsverfahren ist allerdings der Grundsatz der **Einheitlichkeit des Verfahrensgegenstandes der „elterlichen Sorge"** zu beachten,[6] so dass in Kindesschutzsachen nach § 1666 BGB auch über einen Antrag nach § 1671 BGB zu entscheiden sein kann[7] oder im Verfahren nach § 1671 BGB auch über einen Antrag nach § 1628 BGB (vgl. dazu unten Rn. 3).[8] Betrifft die Beschwerde dagegen nur eines von mehreren Kindern, ist dem Beschwerdegericht eine Entscheidung in Ansehung der nicht von der Beschwerde betroffenen Kinder – selbst im Falle einer Kindeswohlgefährdung – verwehrt.

Hält das Beschwerdegericht die Beschwerde für unbegründet, so weist es sie zurück und entscheidet nach Maßgabe des § 84 FamFG über die Kosten des Beschwerdeverfahrens. Hält es die Beschwerde für begründet, ändert es die erstinstanzliche Entscheidung ab und trifft eine eigene Entscheidung über den Antrag im Antragsverfahren oder von Amts wegen eine Sachentscheidung im amtswegigen Verfahren.

Ist beiden Elternteilen das Sorgerecht nach § 1666 BGB entzogen worden, hat aber nur ein Elternteil Beschwerde eingelegt, kann das Beschwerdegericht den Sorgerechtsentzug desjenigen Elternteils nicht aufheben, der keine Beschwerde eingelegt hat.[9] Sind allerdings die Voraussetzungen von § 1680 Abs. 2 und 3 BGB erfüllt, wird das Beschwerdegericht den betreffenden Elternteil anhalten, **Anschlussbeschwerde** (§ 66 FamFG) einzulegen (vgl. *Kischkel*, § 66 FamFG Rn. 5 f.). **3**

Im Übrigen ist bei die elterliche Sorge betreffenden Beschwerden darauf zu achten, dass darüber nur einmal entschieden werden kann. Hat das Amtsgericht etwa im ersten Rechtszug über einen Antrag nach § 1671 Abs. 1 oder 2 oder nach § 1626a Abs. 2 BGB entschieden und ergeben sich im Beschwerdeverfahren Hinweise auf eine Kindeswohlgefährdung, hat das Beschwerdegericht selbstständig zu prüfen, ob die Voraussetzungen des § 1666 BGB erfüllt sind und zu diesem Zweck entsprechende Ermittlungen zu tätigen. Das Amtsgericht ist wegen der Rechtshängigkeit der elterlichen Sorge im Beschwerdeverfahren zugleich daran gehindert, ein neues Sorgerechtsverfahren nach § 1666 BGB zu eröffnen. Hat es dies gleichwohl getan, so hat es sein Verfahren wegen anderweitiger Rechtshängigkeit einzustellen und die Akten unverzüglich an das Beschwerdegericht abzugeben. Wurde umgekehrt im ersten Rechtszug beiden Eltern nach § 1666 BGB das Sorgerecht entzogen, kann das Beschwerdegericht (auf Antrag eines Elternteils) auch nach § 1671 Abs. 1 oder 2 BGB entscheiden, wenn dies dazu dient, einen Sorgerechtsentzug und eine Fremdunterbringung der Kinder zu vermeiden.[10]

4 OLG Brandenburg, Beschl. v. 10.4.2019 – 13 WF 171/18, = FamRZ 2019, 1328 (Ls.); Staudinger/*Dürbeck*, § 1684 BGB Rn. 502a

5 OLG Köln ZKJ 2012, 29

6 Vgl. dazu Staudinger/*Dürbeck*, BGB § 1687 Rn. 38; Prütting/Helms/*Hammer*, § 151 FamFG Rn. 7a; *Kischkel*, NZFam 2022, 107

7 *KG FamRZ 2023, 602; OLG Frankfurt a. M. FamRZ 2022, 267; MüKo-FamFG/A. Fischer, FamFG § 69 Rn. 71; Kischkel*, NZFam 2022, 107, 111

8 *Vgl. OLG Frankfurt a. M., Beschl. v. 27.2.2024 – 6 UF 24/24, BeckRS 2024, 3106 = FamRZ 2024, 1273 (Ls.)*

9 OLG Frankfurt a.M. BeckRS 2013, 17057; a.A.: OLG Karlsruhe FamRZ 2018, 196

10 OLG Karlsruhe, Beschl. v. 17.5.2024 – 16 UF 187/23, BeckRS 2024, 22529 = NZFam 2024, 1133 m Anm. *Kischkel;* OLG Braunschweig NZFam 2022, 1083; MüKo-BGB/*Volke*, § 1666 Rn. 9; Staudinger/*Coester*, (2020) BGB § 1666 Rn. 39; Grüneberg/*Göt,z* BGB § 1666 Rn. 2

2. Reformatio in peius

4 In Kindschaftssachen besteht nur in **Antragsverfahren** nach § 23 FamFG (z.B. §§ 1626a Abs. 2, 1628, 1632 Abs. 3, 1671 Abs. 1 und 2, 1686a BGB) ein **Verböserungsverbot** (Verbot der *reformatio in peius*) für das Beschwerdegericht. Hat z.B. das Amtsgericht der antragstellenden Kindesmutter nur das Aufenthaltsbestimmungsrecht statt des ganzen Sorgerechts nach § 1671 Abs. 1 Nr. 2 BGB übertragen und legt die Kindesmutter Beschwerde ein, ist das Beschwerdegericht daran gehindert, zum Nachteil der Beschwerdeführerin auch über das Aufenthaltsbestimmungsrecht zu entscheiden. Möglich sind aber nachteilige Entscheidungen für den Beschwerdeführer im Bereich der **Kostengrundentscheidung** und des **Verfahrenswertes**.[11]

5 In **Amtsverfahren** (z.B. nach §§ 1684, 1685, 1666, 1632 Abs. 1 und 4 BGB) sind dagegen nachteilige Entscheidungen gegenüber dem Beschwerdeführer möglich, da diese überwiegend (auch) in Wahrnehmung des staatlichen Wächteramtes und zum Wohl des Kindes geführt werden.[12] Hat z.B. das Amtsgericht der Kindesmutter das Aufenthaltsbestimmungsrecht nach § 1666 BGB entzogen und diese hiergegen Beschwerde eingelegt, kann ihr das OLG – soweit die gesetzlichen Voraussetzungen vorliegen – im Beschwerdeverfahren darüber hinaus weitere Teile des Sorgerechts, wie z.B. die Gesundheitssorge, entziehen.[13] Dem kann die Kindesmutter in diesem Fall nur durch Beschwerderücknahme entgegenwirken.

II. Zurückverweisung (Abs. 1 Satz 2 bis 4)

1. Ohne Antrag (Abs. 1 Satz 2)

6 Gemäß § 69 Abs. 1 S. 2 FamFG darf das Beschwerdegericht die Sache – **antragsunabhängig** (!), vgl. Satz 3 – unter Aufhebung des angefochtenen Beschlusses und Verfahrens an das Erstgericht zurückverweisen, wenn dieses **in der Sache noch nicht entschieden** hat. Das ist etwa dann der Fall, wenn das Amtsgericht wegen Unzulässigkeit bzw. aus rein verfahrensrechtlichen Erwägungen einen Antrag zurückgewiesen oder die Einleitung eines Verfahrens abgelehnt hat.[14] Hat das Amtsgericht in einer Kindschaftssache einen Antrag zurückgewiesen, weil es sich **nicht für örtlich zuständig** hielt und dabei übersehen, dass die Sache auch von Amts wegen gemäß § 3 Abs. 1 Satz 1 FamFG an das zuständige Amtsgericht verweisen kann und muss, kann das OLG im Beschwerdeverfahren von einer Zurückverweisung absehen und unter Aufhebung der angefochtenen Entscheidung **selbst das Verfahren an das örtlich zuständige Amtsgericht verweisen**.[15] Im Übrigen liegt die Entscheidung im **pflichtgemäßen Ermessen** des Beschwerdegerichts.[16] In die Abwägung sind dabei auch die Gründe einzubeziehen, die zur Einführung des Vorrang- und Beschleunigungsgebotes i.S.d. § 155 FamFG geführt haben. Die mit dem Verfahren einhergehenden Belastungen für die Beteiligten, insbesondere für das Kind, und die Gefahren der faktischen Präjudizierung können im Einzelfall gegen eine Zurückverweisung sprechen (siehe näher

11 Vgl. Sternal/*Sternal*, FamFG § 69 Rn. 32 m.w.N., und § 55 Abs. 3 Nr. 2 FamGKG
12 Vgl. BGH NJW 2017, 1032; FamRZ 2016, 1752; FamRZ 2011, 45; NJW-RR 1998, 1473; OLG Frankfurt a.M. FamRZ 2012, 1882; OLG Saarbrücken ZKJ 2012, 118; FamRZ 2011, 826; BeckOK-FamFG/*Obermann*, FamFG § 69 Rn. 44; Johannsen/Henrich/Althammer/*Althammer*, § 69 FamFG Rn. 7
13 Vgl. BGH FamRZ 2016, 1752 Rn. 52; FamRZ 2008, 45; OLG Frankfurt a.M. ZKJ 2015, 154; OLG Karlsruhe FamRZ 2011, 1514; *Fischer*, FuR 2014, 700, 705
14 OLG Bamberg FamRZ 2025, 1207; OLG Frankfurt a.M. NJW 2024, 2926; OLG Schleswig FamRZ 2012, 895; MüKo-FamFG/*A. Fischer*, § 69 Rn. 69
15 OLG Brandenburg FamRZ 2021, 1982; OLG Frankfurt a.M. FamRZ 2014, 1479
16 MüKo-FamFG/*A. Fischer*, § 69 Rn. 65

hierzu *Fink*, § 155 FamFG Rn. 14 f.). Der Anwendungsbereich der Vorschrift ist in Kindschaftssachen weiter, als es auf den ersten Blick erscheint. Beispielhaft seien folgende Fälle genannt:

- Das Familiengericht hat in einem Umgangsverfahren den vermeintlichen **„Antrag" auf Regelung des Umgangs „zurückgewiesen"** und dadurch den Umgang weder geregelt noch ausgeschlossen. Dies ist gesetzlich aber nicht vorgesehen und führt im Regelfall zur Anwendung des § 69 Abs. 1 Satz 2 FamFG.[17] Ähnliches kann gelten, wenn das Familiengericht trotz Regelungsbedarfs im Hinblick auf den dem Umgang entgegenstehenden Kindeswillen lediglich feststellt, dass eine Umgangsregelung nicht erforderlich ist.[18]
- Das Familiengericht hat eine Umgangsvereinbarung nach § 156 Abs. 2 FamFG gebilligt, obwohl dieser **nicht alle Beteiligten** (z.B. der Verfahrensbeistand wegen Abwesenheit im Termin) **zugestimmt** haben.[19] Gleichgestellt ist der Fall, dass nach Abschluss einer Vereinbarung nach § 156 Abs. 2 FamFG ein Beteiligter seine Zustimmung vor gerichtlicher Billigung widerrufen hat.[20]
- Das Familiengericht hat in Verkennung des Umstands, dass ein amtswegiges Umgangsverfahren nicht durch eine **übereinstimmende Erledigung**[21] oder **Antragsrücknahme**[22] oder durch eine **nicht vollstreckungsfähige Umgangsvereinbarung**[23] der Beteiligten beendet werden kann, keine Umgangsregelung getroffen und nur über die Kosten des Verfahrens entschieden. Gleichgestellt ist der Fall, dass eine nicht vollstreckungsfähige[24] Umgangsregelung, z.B. über die Durchführung begleiteter Umgänge getroffen wurde[25] oder aber wesentliche Umgangsmodalitäten nicht getroffen wurden, so z.B. die Übergabe des Kindes, wenn gegen den Kindesvater ein Kontaktaufnahme- und Betretensverbot nach § 1 GewSchG gegenüber der Kindesmutter besteht.[26] Auch darf die Entscheidung über Art und Umfang der Umgangskontakte nicht einem Dritten, auch nicht einem Ergänzungs-[27] oder Umgangspfleger[28] überlassen werden oder ohne vorherige Feststellung der Mitwirkungsbereitschaft des Dritten ergehen.[29]
- Kein Fall des § 69 Abs. 1 Satz 2 FamFG liegt nach zutreffender Ansicht dagegen vor, wenn die im ersten Rechtszug nach § 1671 Abs. 1 Nr. 1 FamFG erteilte Zustimmung zur Übertragung des alleinigen **Sorgerechts** auf den anderen Elternteil mit der Beschwerde widerrufen wird.[30] Zu weit geht auch die teilweise vertretene Auffassung, § 69 Satz 2 FamFG erfasse auch den Fall, dass eine gebotene umfassende Prüfung des der Ent-

17 BGH ZKJ 2019, 417 zu § 69 Abs. 1 Satz 3 FamFG; OLG Brandenburg FamRZ 2022, 358; OLG Schleswig ZKJ 2018, 23; OLG Frankfurt a.M. FamRZ 2016, 482; vgl. auch BVerfG FamRZ 2006, 1005; BeckOK-BGB/*Veit*, BGB § 1684 Rn. 79
18 OLG Frankfurt a.M. FamRZ 2024, 1295
19 OLG Brandenburg FamRZ 2019, 1454; OLG Hamm FamRZ 2018, 1844; OLG München ZKJ 2015, 116 mit Anm. *Dürbeck; Kischkel* NZFam 2019, 907, 909
20 OLG Oldenburg NZFam 2019, 363; OLG Düsseldorf ZKJ 2018, 68; *Schlünder,* FamRZ 2020, 1150, 1151 f.
21 OLG Frankfurt a. M. FamRZ 2014, 53; OLG Schleswig FamRZ 2012, 895; MüKo-FamFG/*A. Fischer,* § 59 Rn. 164
22 OLG Zweibrücken FamRZ 2023, 1305; OLG Koblenz FamRZ 2020, 1109
23 OLG Brandenburg FamRZ 2014, 2019; OLG Frankfurt a.M. NZFam 2014, 610; ZKJ 2013, 127
24 Zu den Anforderungen vgl. BGH ZKJ 2012, 190
25 OLG Brandenburg NJW-RR 2020, 458; OLG Frankfurt a.M. FuR 2014, 307; OLG Celle FamRZ 2013, 1237
26 Vgl. OLG Frankfurt a. M,. Beschl. v. 21.2.2013 – 5 UF 25/13, BeckRS 2014, 17407
27 OLG Stuttgart NJW 2014, 3525
28 OLG Frankfurt a.M. FamFR 2013, 381
29 OLG Schleswig FamRZ 2015, 1040
30 A.A. OLG Zweibrücken FamRZ 2022, 36; OLG Düsseldorf, Beschl. v. 24.8.2017 – 5 UF 162/17, BeckRS 2017, 144826 = FamRZ 2018, 512 (Ls.)

scheidung zugrunde liegenden Sachverhalts unterblieben ist.[31] Solche Fälle beinhalten zwar schwere Verfahrensfehler infolge mangelnder Sachaufklärung, sind aber nach § 69 Satz 3 FamFG **nur auf Antrag** zurückzuverweisen. Hat das Gericht dagegen bei einem Elternstreit über das Aufenthaltsbestimmungsrechts über dieses nicht abschließend entschieden, liegt ebenfalls ein Fall des Abs. 1 Satz 2 vor.[32]

- Ein zur Zurückverweisung führender Fall liegt dagegen vor allem im Bereich des Sorgerechts im Falle einer unzulässigen Teilentscheidung analog § 301 ZPO vor, wenn in der Folge bzgl. der Schlussentscheidung die Gefahr einander widersprechender Entscheidungen besteht.[33] Auch die unzulässige Abtrennung einer in § 137 Abs. 3 FamFG genannten Kindschaftssache aus dem Scheidungsverbund führt zu einer unzulässigen Teilentscheidung im Scheidungsbeschluss, die auf die Beschwerde hin gemäß § 117 Abs. 2 FamFG, 538 Abs. 2 Nr. 7 ZPO – zwingend – zur Zurückverweisung führt.[34]
- Ein Fall der Zurückverweisung liegt auch dann vor, wenn ein **notwendig zu Beteiligender** nicht hinzugezogen wurde, was insbesondere auch dann der Fall ist, wenn die gesetzlich nach § 158 Abs. 1 und 2 FamFG notwendige **Bestellung eines Verfahrensbeistands** unterblieben ist.[35]

2. Auf Antrag: Wesentlicher Verfahrensmangel (Abs. 1 Satz 3)

7 Gemäß § 69 Abs. 1 Satz 3 FamFG kann das Beschwerdegericht auf **Antrag** die Entscheidung aufheben und das Verfahren an das Familiengericht zurückverweisen, wenn

1. das erstinstanzliche **Verfahren** an einem **wesentlichen Mangel** leidet und
2. zur Entscheidung eine **umfangreiche oder aufwändige Beweiserhebung** notwendig wäre.

8 Als Verfahrensmängel kommen nur Verstöße gegen **formelle Verfahrensvorschriften** in Betracht, nicht Fehler, die auf einer **Anwendung des materiellen Rechts** beruhen.[36] Im Bereich der Kindschaftssachen sind wesentliche Mängel vor allem die unterbliebene **persönliche Anhörung** der Eltern[37] (§ 160 FamFG), des Kindes[38] (§ 159 FamFG), und zwar auch bei der gerichtlichen Billigung einer Umgangsvereinbarung nach § 156 Abs. 2 FamFG,[39] des Jugendamts[40] (§ 162 FamFG) und von Pflegepersonen[41] (§ 161 FamFG). Weiter zu nennen sind die unterbliebene **Bestellung eines Verfahrensbeistands** nach § 158 Abs. 1 und 2

31 A.A. OLG Karlsruhe, Beschl. v. 30.10.2014 – 5 UF 169/14: Entscheidung über Vaterschaftsanfechtung ohne Einholung eines Sachverständigengutachtens und Beteiligung des Kindes; OLG Naumburg FuR 2012, 150: Entscheidung nach § 1671 Abs. 1 BGB ohne Prüfung von Abs. 4 i.V.m. § 1666 BGB; vgl. MüKo-FamFG/*A. Fischer*, FamFG § 69 Rn. 84 m.w.N.

32 OLG Hamm FamRZ 2018, 1844; OLG Brandenburg NZFam 2016, 571

33 Vgl. zum Sorgerecht OLG Frankfurt a. M., Beschl. v. 27.2.2024 – 6 UF 24/24, BeckRS 2024, 3106 = FamRZ 2024, 1273 (Ls.); FamRZ 2022, 699; FamRZ 2022, 267; OLG Nürnberg FamRZ 2023, 605; zum Umgang OLG Hamburg FamRZ 2022, 360; OLG Brandenburg NJW-RR 2020, 458; OLG Hamm ZKJ 2014, 393 und OLG Zweibrücken ZKJ 2014, 75; allgemein zur Zulässigkeit von Teilentscheidungen im FamFG-Verfahren *Götsche*, MDR 2005, 1086

34 BGH FamRZ 2013, 1300; 2012, 863

35 OLG Bamberg FamRZ 2024, 61; OLG Hamm FamRZ 2018, 456; OLG Rostock FamRZ 2014, 2020

36 BGH NJW-RR 2003, 131; Sternal/*Sternal*, § 69 FamFG Rn. 22

37 OLG Bamberg FamRZ 2022, 652; OLG Frankfurt a.M. FamRZ 2022, 549; OLG Bremen MDR 2015, 338

38 OLG Zweibrücken FamRZ 2022, 1117; OLG Saarbrücken FamRZ 2022, 963; OLG Schleswig ZKJ 2019, 187; OLG Oldenburg NZFam 2017, 1161

39 BGH NJW 2020, 687 = FamRZ 2019, 1616

40 BGH NJW 1987, 1024; OLG Frankfurt a.M. FamRZ 2017, 244; OLG Oldenburg NZFam 2017, 1161; Sternal/*Schäder*, § 162 FamFG Rn. 15

41 OLG Schleswig ZKJ 2019, 187; OLG Saarbrücken ZKJ 2014, 209

FamFG[42] (vgl. aber oben Rn. 6) und Verstöße gegen die **Amtsermittlungspflicht** des § 26 FamFG, z.B. bei mangelnder Aufklärung des zweifelhaften Alters eines vermeintlichen Kindes im Rahmen von § 1674 BGB[43] oder im Kindeswohlgefährdungsverfahren durch eine nicht hinreichende Vernehmung von Zeugen oder das Absehen von der gebotenen Einholung eines **Sachverständigengutachtens**.[44] Auch Fehler bei der Auswahl eines geeigneten Sachverständigen sind hier relevant.[45] Auch eine wegen der Benennung erheblicher Gründe gegen die Herstellung gemeinsamer elterlicher Sorge zu Unrecht ergangene Sorgerechtsentscheidung im **vereinfachten Verfahren nach § 155a FamFG** beruht auf einem wesentlichen Verfahrensmangel und ist auf Antrag in jedem Fall zurückzuverweisen.[46]

Die weiterhin für eine Zurückverweisung notwendige Voraussetzung – dass infolge eines schweren Verfahrensmangels eine **umfangreiche oder aufwändige Beweiserhebung** notwendig wird – bedarf einer Prognose durch das Beschwerdegericht, an die keine strengen Anforderungen zu stellen sind.[47] Unter den Begriff der Beweiserhebung in diesem Sinn fallen nach der unter Rn. 7 erwähnten Rechtsprechung auch Anhörungen von Beteiligten,[48] da in FamFG-Verfahren, anders als in Familienstreitsachen, die Tatsachenfeststellung nicht auf die in der ZPO genannten förmlichen Beweismittel beschränkt ist und auch persönliche Anhörungen sehr aufwändig sein können. Ist eine zwingend notwendige Anhörung unterblieben, ist bei der Prognose, ob eine aufwändige Beweiserhebung droht, auch zu berücksichtigen, dass die Nachholung einer unterbliebenen Anhörung neue Erkenntnisse bringen kann, die wiederum zu einer neuerlichen Anhörung der anderen Beteiligten und Anzuhörenden führen können. **9**

Liegen die Voraussetzungen des § 69 Abs. 1 Satz 2 oder 3 FamFG vor, hebt das OLG die angefochtene Entscheidung auf und weist das Verfahren zur erneuten Entscheidung an das Familiengericht zurück. Dabei ist es üblich (und zulässig), dem Familiengericht auch die Entscheidung über die Kosten des Beschwerdeverfahrens zu überlassen.[49] Liegt der Entscheidung des Ausgangsgerichts allerdings eine unrichtige Sachbehandlung zugrunde, sollte in der Regel gemäß § 20 FamGKG von der Erhebung gerichtlicher Kosten für das Beschwerdeverfahren abgesehen werden. **10**

3. Bindungswirkung (Abs. 1 Satz 4)

Im Falle der Zurückverweisung hat das Familiengericht nach Abs. 1 Satz 4 in Kindschaftssachen die **rechtliche Beurteilung**, die das OLG der Aufhebungsentscheidung zugrunde gelegt hat, auch seiner eigenen Entscheidung zugrunde zu legen. Es hat dabei insbesondere die vom Beschwerdegericht beanstandete unterbliebene **Beweiserhebung nachzuholen**. Keine Bindungswirkung besteht für bloße *obiter dicta* des Beschwerdegerichts, also Hinweise für die Weiterführung des Verfahrens.[50] **11**

42 OLG Karlsruhe FamRZ 2024, 1050; OLG Bamberg FamRZ 2024, 61; OLG Saarbrücken NZFam 2018, 1041; OLG Oldenburg NZFam 2017, 1161
43 BGH ZKJ 2014, 104; NZFam 2014, 69; OLG München FamRZ 2012, 1958; KG ZKJ 2012, 450; vgl. dazu auch *Dürbeck*, ZKJ 2014, 266
44 OLG Karlsruhe, Beschl. v. 30.10.2024 – 20 UF 63/24, BeckRS 2024, 31609, und OLG Bremen FuR 2017, 215 zum Sorgerecht; OLG Zweibrücken FamRZ 2022, 1117, und OLG Saarbrücken MDR 2012, 1231: Umgangsausschluss ohne Gutachten; OLG Frankfurt a.M. ZKJ 2014, 292: Ablehnung einer Verbleibensanordnung ohne Gutachten
45 OLG Saarbrücken NZFam 2018, 1102: Pädagoge statt Psychologe
46 OLG Zweibrücken FamRZ 2022, 36; OLG Jena NZFam 2015, 1521; OLG Karlsruhe FamRZ 2014, 1797; *Heilmann*, NJW 2013, 1473, 1477; *Dürbeck*, ZKJ 2013, 330, 334
47 So wohl auch BGH ZKJ 2014, 104
48 Vgl. MüKo-FamFG/*A. Fischer*, § 69 Rn. 86; a.A. OLG Schleswig NJW-RR 2013, 777; Sternal/*Sternal*, § 69 FamFG Rn. 26
49 Vgl. Sternal/*Sternal*, § 69 FamFG Rn. 57
50 Johannsen/Henrich/Althammer/*Althammer*, § 69 FamFG Rn. 9

III. Begründung (Abs. 2)

12 Gemäß § 69 Abs. 2 FamFG ist die Beschwerdeentscheidung ausnahmslos zu **begründen**. Ein Absehen von einer Begründung nach Maßgabe des § 38 Abs. 4 FamFG ist nicht zulässig; dies folgt aus der systematischen Stellung des Abs. 2 vor der Verweisung in Abs. 3.[51] Nur soweit das OLG nach § 70 Abs. 1 und 2 FamFG die **Rechtsbeschwerde zulässt**, bedürfen die Beschlussgründe zwingend auch des der Entscheidung zugrunde liegenden **Sachverhalts**, da der BGH an die Tatsachenfeststellung des Beschwerdegerichts gebunden ist (vgl. § 74 Abs. 3 Satz 4 FamFG, § 559 ZPO).

IV. Erstinstanzliche Vorschriften über den Beschluss (Abs. 3)

13 Nach § 69 Abs. 3 FamFG gelten für die Beschwerdeentscheidung im Übrigen die Vorschriften über den Beschluss im ersten Rechtszug entsprechend, so dass hier z.B. die Regelungen zur **Wirksamkeit** (§ 40 FamFG), zur Bekanntgabe (§ 41 FamFG) oder zur Notwendigkeit einer **Rechtsbehelfsbelehrung** (§ 39 FamFG) bei Zulassung der Rechtsbeschwerde oder deren Statthaftigkeit nach § 70 Abs. 3 Nr. 2 FamFG zur Anwendung gelangen.

51 MüKo-FamFG/*A. Fischer*, § 69 Rn. 110

Unterabschnitt 2
Rechtsbeschwerde

§ 70 FamFG
Statthaftigkeit der Rechtsbeschwerde

(1) Die Rechtsbeschwerde eines Beteiligten ist statthaft, wenn sie das Beschwerdegericht oder das Oberlandesgericht im ersten Rechtszug in dem Beschluss zugelassen hat.

(2) [1]Die Rechtsbeschwerde ist zuzulassen, wenn

1. die Rechtssache grundsätzliche Bedeutung hat oder

2. die Fortbildung des Rechts oder die Sicherung einer einheitlichen Rechtsprechung eine Entscheidung des Rechtsbeschwerdegerichts erfordert.

[2]Das Rechtsbeschwerdegericht ist an die Zulassung gebunden.

(3) [1]Die Rechtsbeschwerde gegen einen Beschluss des Beschwerdegerichts ist ohne Zulassung statthaft in

1. Betreuungssachen zur Bestellung eines Betreuers, zur Aufhebung einer Betreuung, zur Anordnung oder Aufhebung eines Einwilligungsvorbehalts,

2. Unterbringungssachen und Verfahren nach § 151 Nr. 6 und 7 sowie

3. Freiheitsentziehungssachen.

[2]In den Fällen des Satzes 1 Nr. 2 und 3 gilt dies nur, wenn sich die Rechtsbeschwerde gegen den Beschluss richtet, der die Unterbringung oder die Freiheitsentziehung anordnet. [3]In den Fällen des Satzes 1 Nummer 3 ist die Rechtsbeschwerde abweichend von Satz 2 auch dann ohne Zulassung statthaft, wenn sie sich gegen den eine freiheitsentziehende Maßnahme ablehnenden oder zurückweisenden Beschluss in den in § 417 Absatz 2 Satz 2 Nummer 5 genannten Verfahren richtet.

(4) Gegen einen Beschluss im Verfahren über die Anordnung, Abänderung oder Aufhebung einer einstweiligen Anordnung oder eines Arrests findet die Rechtsbeschwerde nicht statt.

Übersicht

A. Allgemeines

§ 70 FamFG regelt die Statthaftigkeit der **Rechtsbeschwerde** zum Rechtsbeschwerdegericht, d.h. zum **BGH** (§ 133 GVG), gegen vom Beschwerdegericht nach §§ 68 Abs. 2 Satz 2, 69 Abs. 1 FamFG getroffene Entscheidungen. Dabei wird differenziert zwischen der **Statthaftigkeit** der Rechtsbeschwerde aufgrund einer **Zulassungsentscheidung** des Beschwerdegerichts (Abs. 1 und 2) und der generellen und **zulassungsunabhängigen** Statthaftigkeit kraft Gesetzes für die in Abs. 3 genannten Verfahren. Ausgeschlossen ist die Rechtsbeschwerde generell im **einstweiligen Anordnungsverfahren** (Abs. 4). 1

Der BGH wird – das zeigt die Entwicklung in den letzten Jahren – in Kindschaftssachen immer häufiger tätig. Seit Erscheinen der beiden Vorauflagen dieses Kommentars sind rich- 2 tungsweisende Entscheidungen zum Wechselmodell, zum Umgangsrecht nach §§ 1685, 1686a BGB, zum Auskunftsanspruch nach § 1686 BGB, zur Umgangsbestimmungspflegschaft, zur Begleitung des Umgangs durch den Umgangspfleger, zur Übertragung der gemeinsamen Sorge nach § 1626a Abs. 2 BGB, zur Vormundschaft für unbegleitete minderjährige Flüchtlinge und zur Kindeswohlgefährdung in Fällen pädophil veranlagter Personen nach § 1666 BGB ergangen. Demgegenüber hat sich die Bedeutung von Entscheidungen des **BVerfG in Kindschaftssachen in den letzten Jahren eher verringert, obwohl** dieses – dafür zu Recht kritisiert[1] – seine **Prüfungskompetenz** bei **Verfassungsbeschwerden** im Jahr 2014 ausgeweitet hat.

B. Inhalt der Norm

I. Keine Rechtsbeschwerde im Verfahren der einstweiligen Anordnung

3 Ausgeschlossen ist die Rechtsbeschwerde nach § 70 Abs. 4 ZPO ausnahmslos[2] im **einstweiligen Anordnungsverfahren**, da der Gesetzgeber wegen der Eilbedürftigkeit und Vorläufigkeit von Eilentscheidungen keine Notwendigkeit für ihre Zulassung gesehen hat.[3] Daran vermag auch eine rechtsirrtümlich zugelassene Rechtsbeschwerde nichts zu ändern.[4] Gleiches gilt natürlich auch für den Fall der irrtümlichen Erteilung einer Rechtsmittelbelehrung zur Statthaftigkeit der Rechtsbeschwerde.[5]

II. Unterbringungsverfahren

4 In Hauptsacheverfahren betreffend die **Unterbringung eines Kindes** (§ 151 Nr. 6 und 7 FamFG) ist die Rechtsbeschwerde gemäß § 70 Abs. 3 Nr. 2 FamFG ausnahmslos kraft Gesetzes statthaft, allerdings nach Satz 2 nur, wenn die Unterbringung des Kindes angeordnet bzw. genehmigt worden ist.

III. Zulassung der Rechtsbeschwerde

5 Gemäß § 70 Abs. 1 FamFG ist die Rechtsbeschwerde im Übrigen nur statthaft, wenn sie das Beschwerdegericht in seiner nach § 68 Abs. 2 Satz 2 oder § 69 Abs. 1 FamFG ergangenen Endentscheidung **zugelassen** hat. Nach § 70 Abs. 2 Nr. 1 FamFG lässt das OLG (auch) in Kindschaftsverfahren die Beschwerde nur zu, wenn die **Rechtssache grundsätzliche Bedeutung** (Nr. 1) hat oder die **Fortbildung des Rechts oder die Sicherung einer einheitlichen Rechtsprechung** (Nr. 2) eine Entscheidung des BGH als Rechtsbeschwerdegericht erfordern. Hinzukommen muss als ungeschriebene Voraussetzung, dass der im Raum stehende rechtliche Gesichtspunkt entscheidungserheblich sein muss.[6]

6 Die Voraussetzungen des Zulassungsgrunds nach Nr. 1 liegen vor, wenn eine **klärungsbedürftige Rechtsfrage** zu entscheiden ist, die in einer unbestimmten Anzahl von Fällen auftreten kann.[7] Die **Fortbildung des Rechts** i.S.d. Nr. 2 Alt. 1 rechtfertigt die Zulassung der Rechtsbeschwerde dann, wenn der Einzelfall Veranlassung gibt, Leitsätze für die Auslegung von formellen oder materiellen Gesetzen aufzustellen oder vorhandene Lücken durch Rich-

1 Vgl. dazu *Heilmann*, FamRZ 2015, 92, und NJW 2014, 2904; *Hammer*, FF 2014, 428
2 BGH, Beschl. v. 10.9.2014 – V ZA 15/14, BeckRS 2014, 19723: Abschiebehaft
3 BT-Drs. 16/6308, 209
4 BGH FamRZ 2013, 1878
5 BGH, Beschl. v. 10.9.2014 – V ZA 15/14, BeckRS 2014, 19723
6 BGH, NJW 2003, 1125; Bork/Jacoby/*Müther*, § 70 FamFG Rn. 9
7 BGH, Beschl. v. 26.9.2018 – XII ZA 10/18, BeckRS 2018, 25625 = MDR 2018, 1393; NJW 2004, 2222

terrecht zu schließen.[8] Die **Sicherung einer einheitlichen Rechtsprechung** erfordert eine Entscheidung des BGH nur dann, wenn die getroffene Entscheidung von der Entscheidung eines höher- oder gleichrangigen Gerichts in derselben Rechtsfrage abweicht.[9]

Die Zulassungsentscheidung selbst ist **in der Endentscheidung** des OLG zu treffen. Ausreichend ist es, wenn sich die Zulassung aus den **Gründen** des Beschlusses ergibt,[10] aus Gründen der Rechtsklarheit sollte sie aber in den Tenor aufgenommen werden. Enthält die Endentscheidung weder im Tenor noch in den Gründen einen Hinweis auf die Zulassung der Beschwerde, kann nicht von einer Zulassung ausgegangen werden, dies auch dann nicht, wenn irrtümlich eine entsprechende Rechtsmittelbelehrung erteilt worden ist.[11] **Schweigen bedeutet also Nichtzulassung**, mögen auch die Voraussetzungen für eine Zulassung vorliegen.[12] Hat das OLG irrtümlich nicht über die Zulassung entschieden, kommt weder eine Berichtigung noch eine Ergänzung des Beschlusses in Betracht, da es ein Recht auf Zulassung nicht gibt.[13] Eine Nachholung kommt allenfalls bei einer Fortsetzung des Verfahrens aufgrund einer **Anhörungsrüge** nach § 44 FamFG in Betracht.[14] Wird dabei aber nicht festgestellt, dass die Nichtzulassung der Rechtsbeschwerde objektiv willkürlich war oder den Instanzenzug unzumutbar und in sachlich nicht zu rechtfertigender Weise verkürzt hat, ist die nachträglich auf § 44 FamFG gestützte Zulassungsentscheidung fehlerhaft und bindet den BGH nicht.[15] Auch bei einer unzulässigen Berichtigung des Tenors verneint der BGH seine Bindung an die nachträgliche Zulassung der Rechtsbeschwerde.[16] 7

Die Entscheidung über die Zulassung der Rechtsbeschwerde kann auch der nach § 68 Abs. 4 FamFG zuständige **Einzelrichter** treffen, die für § 574 ZPO entwickelten Grundsätze zur Aufhebung einer Einzelrichterzulassungsentscheidung wegen fehlerhafter Besetzung des Beschwerdegerichts[17] lassen sich auf § 70 FamFG nicht übertragen.[18] Gleichwohl ist der Einzelrichter verpflichtet, die Sache dem Senat zur Entscheidung über die Rückübertragung nach § 68 Abs. 4 FamFG, § 526 Abs. 2 Nr. 1 ZPO vorzulegen, wenn sich die Bedeutung der Angelegenheit erst nach der Übertragung ergibt. 8

Gemäß § 70 Abs. 2 Satz 2 FamFG ist der **BGH** an die Zulassung der Rechtsbeschwerde **gebunden**. Erfolgte sie aus seiner Sicht zu Unrecht, kann er sie bei **Verneinung der Erfolgsaussicht** der Rechtsbeschwerde gemäß § 74a FamFG allerdings in **vereinfachter Form zurückweisen**.

Lehnt das OLG – wie meist in **Kindschaftssachen**, da es sich insbesondere um das einzelne Kind betreffende und am individuellen Kindeswohl orientierte Einzelfallentscheidungen handelt – die Zulassung der Rechtsbeschwerde ab, sieht das Gesetz hiergegen keinen § 544 ZPO entsprechenden Rechtsbehelf vor, insbesondere auch keine **Nichtzulassungsbeschwerde**.[19] Bei Verletzung der Rechtsschutzgarantie der Art. 2 Abs. 1, 20 Abs. 3 GG bleibt aber bei zu Unrecht erfolgter Versagung der Zulassung die Verfassungsbeschwerde zum **BVerfG**.[20] In Kindesschutzverfahren hat das BVerfG mit seinen Entscheidungen zu § 1666 BGB seit dem Jahre 2014 den Prüfungsmaßstab erweitert und sich damit faktisch 9

8 BGH NJW 2002, 3029; BeckOK-FamFG/*Obermann*, FamFG § 70 Rn. 16
9 BVerfG NJW 2011, 1276; BGH NJW 2014, 456; 2002, 3029
10 BGH FamRZ 2011, 1728, Rn. 15; 2008, 1339
11 BGH MDR 2014, 977; MDR 2011, 1065; MüKo-FamFG/*A. Fischer*, § 70 Rn. 19
12 BGH FamRZ 2011, 1728
13 BGH FamRB 2014, 462; Johannsen/Henrich/Althammer/*Althammer*, § 70 FamFG Rn. 5: Berichtigung nur, wenn Anhaltspunkte in den Beschlussgründen vorhanden
14 MüKo-FamFG/*A. Fischer*, § 70 Rn. 37; Prütting/Helms/*Abramenko*, § 70 FamFG Rn. 11
15 BGH FamRZ 2018, 936; 2017, 1608
16 BGH, Beschl. v. 16.12.2010 – V ZB 150/10, BeckRS 2011, 1157; NJW-RR 2009, 1349
17 Vgl. BGHZ 154, 200; NJW-RR 2012, 125; OLG Celle FamRZ 2015, 438 zu § 4 Abs. 5 JVEG
18 BGH NJW 2004, 2301; 2003, 2900; Zöller/*Feskorn*, § 70 FamFG Rn. 6
19 Kritisch dazu u.a. *Herr*, FF 2013, 147
20 BVerfG FamRZ 2015, 2123 (Versorgungsausgleich); NJW 2011, 2276 zu § 574 ZPO

die Möglichkeit geschaffen, Entscheidungen der Oberlandesgerichte als eine Art „Superrevisionsinstanz" auch auf „deutliche Fehler bei der Feststellung und Würdigung des Sachverhalts" hin und damit inhaltlich zu überprüfen.[21]

C. Weiteres Verfahren

10 Ist die Rechtsbeschwerde statthaft, ergeben sich die weiteren Zulässigkeitsvoraussetzungen der Rechtsbeschwerde aus den §§ 71 ff. FamFG. Gemäß §§ 114 Abs. 2, 10 Abs. 4 FamFG müssen sich die Beteiligten durch einen beim BGH zugelassenen Rechtsanwalt vertreten lassen, der auch die Rechtsbeschwerde nach § 71 FamFG einzulegen hat. Dies gilt auch für den (anwaltlichen) Verfahrensbeistand nach § 158 FamFG.[22] In diesem Fall kann der Verfahrensbeistand Verfahrenskostenhilfe nach § 76 FamFG beantragen, wobei es für die Frage der Bedürftigkeit nach §§ 114, 115 ZPO auf die Einkommens- und Vermögensverhältnisse des betroffenen Kindes ankommt.[23]

Bei der **Vertretung von Behörden**, wie der Landeskasse oder des Jugendamts, besteht zwar kein Anwaltszwang, aber gemäß § 114 Abs. 3 Satz 2 FamFG die Notwendigkeit der Vertretung durch einen **Volljuristen** mit der Befähigung zum Richteramt.[24]

Das Verfahren vor dem BGH und dessen Entscheidung über die Rechtsbeschwerde sind in § 74 FamFG geregelt.

§§ 71 bis 75 FamFG

[…]

Von Abdruck und Kommentierung wird abgesehen.

21 BVerfG FamRZ 2014, 907; ZKJ 2014, 242; FamRZ 2014, 1177; NJW 2014, 2936; vgl. dazu auch die Kritik von *Hammer*, FF 2014, 428; *Heilmann*, NJW 2014, 2904; *Lack/Heilmann*, ZKJ 2014, 308
22 BGH NJW 2019, 1815; ZKJ 2019, 265 und NZFam 2017, 864
23 BGH ZKJ 2019, 265
24 BGH ZKJ 2010, 410: Trotz Fachkunde auch keine Ausnahme für den Bezirksrevisor

Abschnitt 6
Verfahrenskostenhilfe

§ 76 FamFG

Voraussetzungen

(1) Auf die Bewilligung von Verfahrenskostenhilfe finden die Vorschriften der Zivilprozessordnung über die Prozesskostenhilfe entsprechende Anwendung, soweit nachfolgend nichts Abweichendes bestimmt ist.

(2) Ein Beschluss, der im Verfahrenskostenhilfeverfahren ergeht, ist mit der sofortigen Beschwerde in entsprechender Anwendung der § 567 bis 572, 127 Abs. 2 bis 4 der Zivilprozessordnung anfechtbar.

Übersicht — Rn.

A. Allgemeines

Art. 3 Abs. 1, 20 Abs. 3 GG gebieten es, dass wirtschaftliche kostenarme Verfahrensbeteiligte Bemittelte bei der **Verwirklichung der Rechtsdurchsetzung** weitgehend und in allen Rechtszweigen und Verfahrensarten **gleichgestellt** werden.[1] Im Zivilprozess geschieht dies durch die Vorschriften über die Bewilligung von Prozesskostenhilfe nach §§ 114 ff. ZPO, im außergerichtlichen Bereich durch die gesetzlichen Regelungen der Beratungshilfe im BerHG.[2] Für alle dem FamFG unterfallenden Familiensachen, also auch für Kindschaftssachen, hat der Gesetzgeber zum 1.9.2009 den Begriff **„Verfahrenskostenhilfe"** eingeführt. 1

1 BVerfG FamRZ 2009, 1811; NJW-RR 2003, 1216
2 BGBl. I 1980 S. 689, zuletzt geändert durch Verordnung vom 31. August 2015 (BGBl. I S. 1474)

Während das Gesetz bezüglich Ehe- und Familienstreitsachen mit der Verweisung von § 113 Abs. 1 Satz 2 FamFG auf die ZPO (§§ 114 ff.) keine vom Zivilverfahren abweichende Regelung getroffen hat, regeln **§§ 76 bis 78 FamFG** zumindest teilweise Besonderheiten für Familienverfahren der freiwilligen Gerichtsbarkeit, zu denen Kindschaftssachen[3] ausnahmslos gehören.

B. Inhalt der Norm

2 Regelungstechnisch verweist § 76 Abs. 1 FamFG für die Bewilligung von Verfahrenskostenhilfe auf §§ 114 bis 127 Abs. 1 ZPO, soweit §§ 77, 78 FamFG nicht Besonderheiten für Familienverfahren enthalten. § 76 Abs. 2 FamFG verweist bzgl. der Anfechtbarkeit von VKH-Entscheidungen auf das Rechtsmittel der sofortigen Beschwerde nach Maßgabe der §§ 127 Abs. 2 bis 4, 567 bis 572 ZPO. Im Einzelnen bedeutet dies, dass für die subjektiven und objektiven Voraussetzungen der Verfahrenskostenhilfe in Familiensachen keine Abweichungen gegenüber den Regeln der Prozesskostenhilfe in §§ 114 ff. ZPO bestehen. Abweichende Vorschriften bestehen für das Bewilligungsverfahren (§ 77 FamFG modifiziert §§ 118, 119 ZPO) und für die Beiordnung von Rechtsanwälten (§ 78 FamFG statt § 121 ZPO).

I. Bewilligungsverfahren

1. Kreis der Antragsberechtigten

3 Während in § 114 ZPO die Bewilligung von PKH der „Partei" vorbehalten ist, knüpft das FamFG die Bewilligung von Verfahrenskostenhilfe an die Frage der Beteiligung (vgl. § 78 Abs. 1 FamFG) im Verfahren. Es können mithin nur **formell** i.S.d. § 7 FamFG am Verfahren **Beteiligte** Verfahrenskostenhilfe erhalten,[4] die zudem in **eigenen Rechten betroffen** sein müssen.[5] Damit sind etwa in Sorge- und Umgangsrechtsverfahren die **Kindeseltern** stets als Beteiligte i.S.d. § 7 Abs. 2 Nr. 1 FamFG berechtigt, Verfahrenskostenhilfe zu beantragen, müssen aber zudem in eigenen Rechten betroffen sein. Hieran kann es fehlen, wenn ein nicht mehr sorgeberechtigter Elternteil Verfahrenskostenhilfe im Umgangsverfahren betreffend den anderen Elternteil begehrt, da die Wahrnehmung fremdnütziger Interessen nicht zur Beanspruchung staatlicher Verfahrenskostenfinanzierung berechtigt.[6] Dies gilt auch für den nicht sorgeberechtigten Vater im Verfahren nach § 1666 BGB.[7] Nicht mehr sorgeberechtigte Eltern können mangels Beteiligung im Verfahren zur Auswechslung des Vormunds ebenfalls nicht Verfahrenskostenhilfe beanspruchen.[8] Strebt der nicht mehr sorgeberechtigte Elternteil dagegen die (Rück-)Übertragung des Sorgerechts an, so ist er in eigenen Rechten betroffen (§ 7 Abs. 2 Nr. 1 FamFG) und auch am Verfahren beteiligt.[9]

4 Der **Verfahrensbeistand** kann nicht Verfahrenskostenhilfe beantragen, weil er selbst nach § 158 c Abs. 4 FamFG keine Kosten schuldet. Eine Ausnahme muss aber dann gelten, wenn der Verfahrensbeistand eines mittellosen Kindes **Rechtsbeschwerde** zum BGH nach §§ 70 ff. FamFG einlegt, weil auch er der Vertretung durch einen beim BGH zugelassenen Rechtsanwaltes bedarf (§ 10 Abs. 4 FamFG), was nunmehr auch der BGH bestätigt hat.[10]

---

3 Speziell zur VKH in Kindschaftssachen: *Nickel*, NJW 2011, 1117; *Büte*, FPR 2011, 17
4 BT-Drs. 16/6308, 213; OLG Frankfurt a.M. FamRZ 2012, 570
5 BGH FamRZ 2017, 1700; NJW 2017, 2622; FamRZ 2015, 133; OLG Frankfurt a.M. FamRZ 2015, 1312; Prütting/Helms/*Dürbeck*, § 76 FamFG Rn. 10
6 OLG Frankfurt a.M. BeckRS 2015, 00241
7 OLG Frankfurt a.M. FamRZ 2013, 46; OLG Karlsruhe MDR 2012, 529
8 OLG Frankfurt a.M. FamRZ 2012, 570
9 BGH NJW 2016, 3303
10 BGH ZKJ 2019, 265

Allerdings bedarf es insoweit einer Erklärung über die persönlichen und wirtschaftlichen Verhältnisse des Kindes, welche die sorgeberechtigten Eltern bzw. der Vormund des Kindes zu erstellen haben. VKH ist dem Kind aber nicht zu gewähren, wenn es einen Verfahrenskostenvorschuss von seinen unterhaltspflichtigen Eltern beanspruchen kann oder sonst über Vermögen verfügt.

Bei absehbarer Mittellosigkeit des Kindes sollte der Verfahrensbeistand beim BGH zunächst **Verfahrenskostenhilfe für eine von ihm selbst beabsichtigte Rechtsbeschwerde** binnen der Monatsfrist des §71 FamFG einlegen. Hierzu bedarf er keiner anwaltlichen Vertretung (§10 Abs. 4 Satz 1 FamFG). Nach Vorlage der persönlichen Erklärung über die persönlichen und wirtschaftlichen Verhältnisse des Kindes, an der die sorgeberechtigten Eltern mitzuwirken haben und für die eine vereinfachte Erklärung nach §2 Abs. 1 PKH-FormularVO genügen dürfte, kann bei Bewilligung von VKH der nach §78 FamFG beigeordnete und beim BGH zugelassene Anwalt in Vertretung des Verfahrensbeistands Rechtsbeschwerde einlegen und Wiedereinsetzung in den vorigen Stand in Bezug auf die versäumten Fristen beantragen. 5

Ist das Kind erkennbar nicht kostenarm oder lehnt es, wie dies bei Unterbringungen durchaus vorkommen kann, die Beschwerde des Verfahrensbeistands ab, lässt sich das Problem der Finanzierung der Anwaltskosten des Verfahrensbeistands nach geltendem Recht kaum lösen. Es könnte dann allenfalls über §158c Abs. 3 FamFG hinaus erwogen werden, dem Verfahrensbeistand in diesem Ausnahmefall im Hinblick auf die Grundrechtsposition des Kindes einen Anspruch auf Ersatz seiner Auslagen für die Vergütung des Anwalts gegenüber der Staatskasse zu gewähren. 6

▶ *Näher hierzu Keuter, §158b FamFG Rn. 21 ff.*

Kinder sind in Verfahren, die ihre Person oder ihr Vermögen betreffen, stets Beteiligte i.S.d §7 Abs. 2 Nr. 1 FamFG,[11] (siehe *Köhler,* §7 FamFG Rn. 11). Sie können daher durch ihren gesetzlichen Vertreter VKH beanspruchen, was in der Praxis trotz der Bestellung eines Verfahrensbeistands immer häufiger vorkommt.[12] Hiervon zu unterscheiden ist aber die Frage, ob das über 14-jährige Kind selbst einen Antrag auf Bewilligung von VKH und Beiordnung eines Anwalts stellen kann.[13] Dies ist nur dann der Fall, wenn das Kind nach §9 Abs. 1 Nr. 3 FamFG oder §60 FamFG **verfahrensfähig** ist, weil es eigene Rechte in Bezug auf seiner Person, die ihm nach dem BGB zustehen, geltend macht. Solche subjektiven Rechte des Kindes sieht das BGB aber in Kindschaftssachen nur an wenigen Stellen vor, etwa bei der Erhebung eines Widerspruchs in Fällen der Sorgerechtsübertragung nach §1671 Abs. 1 Satz 2 Nr. 1 und Abs. 2 Nr. 1,[14] bei der (seltenen) Geltendmachung eines Umgangsrechts des Kindes gegenüber einem Elternteil nach §1684 Abs. 1 BGB[15] der Einwilligung des Kindes zu seiner Adoption nach §1746 BGB, dem Umgangsrecht mit einem Geschwisterteil nach §1685 Abs. 1 BGB[16] und bei einem Antrag auf Entlassung des Amtsvormunds nach §1887 Abs. 2 Satz 2 BGB.[17] Generell verfahrensfähig ist das mindestens 14-jährige Kind darüber hinaus in allen Unterbringungssachen nach §167 Abs. 3 FamFG und in den Fällen, in denen es selbst Beschwerde nach §60 FamFG einlegt (vgl. *Kischkel*, §60 FamFG Rn. 2). In den weit überwiegenden Fällen, etwa in sonstigen Fällen des Umgangs- und Sorgerechts sowie der Kindesherausgabe,[18] gewährt lediglich die Verfassung dem Kind subjektive 7

11 Vgl. BGH ZKJ 2018; JAmt 2011, 535
12 Vgl. aber BGH ZKJ 2018, 424; KG ZKJ 2019, 305.
13 Dazu Staudinger/*Dürbeck*, §1684 BGB Rn. 408 für Umgangssachen; *Köhler,* ZKJ 2018, 50
14 OLG Stuttgart ZKJ 2014, 289
15 Staudinger/*Dürbeck*, §1684 Rn. 408
16 KG FamRZ 2017, 899
17 OLG Bremen FamRZ 2017, 1701
18 Zutreffend OLG Koblenz FamRZ 2019, 706

Rechte, die für § 9 Abs. 1 Nr. 3 FamFG nicht genügen.[19] Ist das Kind verfahrensfähig, kann es auch einen Anwalt **bevollmächtigen**, weil sich die Wirksamkeit der Verfahrensvollmacht nicht nach §§ 106 ff. BGB richtet, sondern sich an der Verfahrensfähigkeit orientiert (vgl. ausführlich *Kischkel,* § 60 FamFG Rn. 2, auch zur Frage des Abschlusses des Anwaltsvertrages). Für seine Erklärung über die persönlichen und wirtschaftlichen Verhältnisse genügt nach § 2 Abs. 1 PKH-Formular-VO eine vereinfachte Erklärung. Ihm ist bei Mittellosigkeit und soweit die Voraussetzungen nach § 78 Abs. 2 FamFG vorliegen, auch dann ein Anwalt beizuordnen, wenn für ihn bereits ein **Verfahrensbeistand** bestellt worden ist.[20] Dessen Bestellung ist ggf. nach § 158 Abs. 4 FamFG aufzuheben (vgl. *Keuter,* § 158 FamFG Rn. 31 ff.).

Eine Sonderstellung nimmt der nicht selbst bedürftige **Vormund** ein. Aufgrund seiner fremdnützigen Tätigkeit und seiner § 116 Satz 1 Nr. 1 ZPO vergleichbaren Stellung kommt es hier selbst dann ausschließlich auf die Einkommens- und Vermögensverhältnisse des Mündels an, wenn er selbst als Inhaber der Personensorge am Verfahren beteiligt ist.[21]

8 Im Übrigen führt allein der Umstand, dass eine Person im Verfahren **anzuhören** ist, nicht zu einer Beteiligung nach § 7 FamFG, so dass etwa die nach § 161 Abs. 2 FamFG als Pflegeperson des Kindes Anzuhörenden ohne formelle Beteiligung nach § 7 Abs. 3 FamFG nicht Verfahrenskostenhilfe erhalten können (§ 7 Abs. 6 FamFG). Damit scheiden – nicht formell beteiligte – **Pflegepersonen**, **Angehörige** (die z.B. Vormund werden möchten[22]) und sonstige **Dritte**, wie der Anregende nach § 1666 BGB,[23] als Berechtigte aus. Ausnahmen sind hier nicht – wie nach früherer Rechtsprechung[24] – zu machen.[25] Als nicht beteiligt und damit auch nicht VKH-berechtigt gilt auch der Vertragspartner des Kindes im familiengerichtlichen Genehmigungsverfahren nach §§ 1643 Abs 1, 1850 ff. BGB.[26] Bei Anträgen auf Beteiligung von Verwandten oder Pflegepersonen in Verfahren betreffend die Auswahl von Vormündern oder Pflegern auf Beteiligung am Verfahren nach § 7 Abs. 3 FamFG und anschließende VKH-Bewilligung ist aber der grundrechtliche Schutz der Familie nach Art. 6 Abs. 1 GG bei der Entscheidung zu berücksichtigen.[27]

2. Für ein gerichtliches Verfahren

9 Verfahrenskostenhilfe kann, was aus § 76 Abs. 1 FamFG i. V. m. § 114 ZPO folgt, auch in Kindschaftssachen nur für ein **familiengerichtliches Verfahren** bewilligt werden. Es scheiden damit aus der gesamte außergerichtliche Bereich, **Mediationsverfahren**[28] (vgl. aber dort die Möglichkeit des § 7 MediationsG), das **Verfahrenskostenhilfeprüfungsverfahrens** selbst einschließlich des Verfahrens der **sofortigen Beschwerde** nach §§ 76 Abs. 2 FamFG, 127 Abs. 2 ZPO[29] und auch **außergerichtliche Vergleiche**.[30] Für das **Vermittlungsverfah-**

19 BGH ZKJ 2021, 417; OLG Koblenz FamRZ 2019, 706; *Hammer,* FamRZ 2019, 708; *Köhler,* ZKJ 2018, 50; *Dürbeck,* ZKJ 2018, 194; a.A.: OLG Dresden FamRZ 2019, 707 zu § 1686 BGB; OLG Hamburg ZKJ 2018, 193 zu § 1684 Abs. 4 BGB; OLG Hamburg ZKJ 2017, 429 zu § 1666 BGB; OLG Braunschweig InfAuslR 2016, 367: alle Kindschaftssachen

20 OLG Dresden FamRZ 2014, 1042; OLG Stuttgart ZKJ 2014, 289; OLG Naumburg BeckRS 2012, 24088; Gottschalk/Schneider/*Gottschalk,* Rn. 688; a.A. OLG Naumburg BeckRS 2012, 24088

21 BGH NJW-RR 2011, 397; FamFR 2011, 181 jeweils zum Umgangsrecht; DIJuF-Rechtsgutachten JAmt 2019, 79 zur Beanspruchung von Erziehungshilfen nach §§ 27 ff. SGB VIII

22 OLG Koblenz FamRZ 2018, 1012; OLG Hamm BeckRS 2012, 01110; MüKo-FamFG/*Viefhues,* § 76 Rn. 8

23 OLG Koblenz FamRZ 2018, 1012; OLG Celle FamRZ 2004, 1879

24 OLG Köln FamRZ 1992, 199 (Großmutter)

25 Zutreffend *Götsche,* FamRZ 2009, 383

26 OLG Rostock NJW-RR 2006, 1229

27 OLG Hamm FamRZ 2015, 950

28 Ausführlich: Gottschalk/Schneider/*Gottschalk,* Rn. 18 ff.; *Effer-Uhe,* NJW 2013, 3333

29 BVerfG NJW 2012, 3293; BGH FamRZ 2004, 1708; BVerwG Rpfleger 1991, 63

30 OLG Köln FamRZ 2011, 1742; OLG Karlsruhe MDR 2008, 293; a.A. für den Fall, dass vor Abschluss einer notariellen Vereinbarung ein VKH-Antrag gestellt worden war: OLG Frankfurt a.M. FamRZ 2009, 137

ren nach § 165 FamFG kann den Beteiligten dagegen Verfahrenskostenhilfe gewährt werden (vgl. *Gottschalk*, § 78 FamFG Rn. 7).[31]

3. Antrag

10 Verfahrenskostenhilfe wird nach §§ 76 Abs. 1 FamFG, 114 ZPO – auch in amtswegigen Kindschaftssachen (hierzu *Cirullies*, § 24 FamFG Rn. 1) – einem Verfahrensbeteiligten lediglich auf **Antrag** gewährt. Der Antrag muss vor Abschluss der Instanz gestellt sein.[32] Gemäß § 76 Abs. 1 FamFG i. V. m. § 117 Abs. 1 Satz 1 ZPO ist der Antrag im ersten Rechtszug bei dem **Familiengericht** zu stellen, ein Antrag für eine **beabsichtigte Beschwerde** ist nach § 64 Abs. 1 Satz 2 FamFG ebenfalls bei dem Amtsgericht einzulegen, dessen Entscheidung angefochten wird. Er kann nach § 117 Abs. 1 Satz 1 HS 2 ZPO **zu Protokoll der Geschäftsstelle** erklärt werden. Mit dem Antrag hat der Beteiligte eine **Erklärung über die persönlichen und wirtschaftlichen Verhältnisse nach § 117 Abs. 2 ZPO** abzugeben, für die nach § 117 Abs. 4 ZPO für natürliche Personen **Formularzwang** besteht. Einzelheiten bestimmt die auf der Grundlage von § 117 Abs. 3 ZPO ergangene Verordnung eines Formulars für die Erklärung über die persönlichen und wirtschaftlichen Verhältnisse bei Prozess- und Verfahrenskostenhilfe (PKHFV) v. 6.1.2014.[33] Außerdem sind aussagekräftige **Belege**, wie z.B. zeitnahe Gehaltsnachweise, Mietvertrag, Kontoauszüge, Versicherungsscheine, Kreditverträge beizufügen. Sind diese in fremdländischer Sprache verfasst, hat das Familiengericht sie von Amts wegen übersetzen zu lassen.[34] Hat der Antragsteller die Übersetzungskosten vorab verauslagt, sind ihm diese bei Bewilligung von VKH zu erstatten.[35] Sowohl im ersten Rechtszug als auch im Beschwerdeverfahren kann der VKH-Antrag für ein vom Antragsteller **beabsichtigtes Verfahren oder Rechtsmittel** (zur anschließenden Notwendigkeit der Beantragung von Wiedereinsetzung in den vorigen Stand vgl. *Kischkel*, § 63 FamFG Rn. 12) gestellt werden, was unmissverständlich klar zu stellen ist.[36] Es ist dann insoweit zur Prüfung der Erfolgsaussichten (vgl. Rn. 20 ff.) der Entwurf eines Antrages bzw. einer Anregung im Amtsverfahren oder Beschwerdeschrift beizufügen. Nicht zulässig ist es, einen Antrag i.S.d. § 23 FamFG oder ein Rechtsmittel **unter der Bedingung der Bewilligung von Verfahrenskostenhilfe** zu stellen.[37] Der Antrag wird aber auch im Kindschaftsrecht meist gleichzeitig mit dem Antrag/Anregung oder der Einlegung des Rechtsmittels in der Hauptsache gestellt.

4. Funktionelle Zuständigkeit

11 **Funktionell zuständig** für das VKH-Verfahren und die Entscheidung über den Antrag ist im ersten Rechtszug grundsätzlich derjenige Familienrichter oder Rechtspfleger, dem auch das Erkenntnisverfahren zugewiesen ist. An der richterlichen Zuständigkeit im VKH-Verfahren hat sich auch durch das zum 1.1.2014 in Kraft getretene Gesetz zur Änderung des Prozesskosten- und Beratungshilferechts[38] nichts geändert.[39]

31 OLG Frankfurt a.M. FamRZ 2009, 1079; str. ist hier die Möglichkeit der Beiordnung eines Anwalts
32 BAG MDR 2004, 415; OLG Karlsruhe FamRZ 2011, 1608
33 BGBl. I 2014 S. 34
34 BGH Rpfleger 2018, 690, im Anschluss an EuGH EuGRZ 2017, 585
35 BAG NJW 2017, 3741; EuGH EuGRZ 2017, 585
36 BGH FamRZ 2005, 1537; Gottschalk/Schneider/*Gottschalk*, Rn. 132
37 BGH FamRZ 2011, 29; FamRZ 2008, 978; FamRZ 1996, 1142
38 BGBl. I 2013 S. 3533
39 Allerdings enthält § 20 Abs. 2 RechtspflegerG eine Länderöffnungsklausel, wonach die Landesregierungen ermächtigt werden, eine Regelung zu schaffen, die es ermöglicht den Rechtspflegern die Prüfung der persönlichen und wirtschaftlichen Verhältnisse des Antragstellers nach §§ 114, 115 ZPO zu übertragen, womit sich der Gesetzgeber Einspareffekte bei den Kosten der Prozesskostenhilfe versprochen hat. In der Praxis haben bislang nur einige Länder hiervon Gebrauch gemacht (vgl. hierzu Zöller/*Schultzky*, ZPO, 35. Aufl., § 118 ZPO Rn. 31

12 Auch in **Eilfällen**, die vor allem in Kindschaftssachen häufig vorkommen (z.B. früher Termin in Kindschaftssachen nach § 155 FamFG, vereinfachtes Verfahren nach § 155a FamFG oder einstweilige Anordnungsverfahren nach §§ 49 ff. FamFG), wird eine zeitnahe Entscheidung auch über das VKH-Gesuch durch den Richter veranlasst sein, weil es vor allem den Verfahrensbevollmächtigten kaum zumutbar sein dürfte, gerichtliche Termine wahrzunehmen, ohne dass vorher über die Frage ihrer Beiordnung nach §§ 121 ZPO, 78 FamFG entschieden worden ist.[40] Legt der Richter dem Rechtspfleger den Antrag zur Prüfung der persönlichen und wirtschaftlichen Verhältnisse des Antragstellers vor, so **entscheidet der Rechtspfleger über die Verfahrenskostenhilfe selbst**, wenn er zu dem Ergebnis gelangt, dass es an der **Bedürftigkeit fehlt**. Gegen die Entscheidung des Rechtspflegers ist dann die sofortige Beschwerde nach § 11 Abs. 1 RPflG, § 127 Abs. 2 Satz 2 und 3 ZPO statthaft. Ergibt die Prüfung des Rechtspflegers dagegen, dass die wirtschaftlichen Voraussetzungen für die Bewilligung von Prozesskostenhilfe **vorliegen**, so fertigt er einen Aktenvermerk, aus dem sich ergibt, ob dem Antragsteller ratenfreie Prozesskostenhilfe zu gewähren ist oder die Höhe der Raten unter Einschluss der relevanten Angaben zu Einkommen und Vermögen des Antragstellers, und **legt das VKH-Heft dem Richter vor**. Eine Vorabentscheidung durch den Rechtspfleger hat der Gesetzgeber hier nicht vorgesehen. Sodann prüft der Richter die Frage der Erfolgsaussichten der Rechtsverfolgung oder Rechtsverteidigung und die Mutwilligkeit und entscheidet schließlich selbst über den Antrag. Dabei ist der Richter hinsichtlich der Frage der persönlichen und wirtschaftlichen Verhältnisse **nicht an die Auffassung des Rechtspflegers gebunden**.

5. Verfahren

13 Die Regelung in § 118 Abs. 1 ZPO, wonach dem „Gegner" Gelegenheit zur Stellungnahme zu den Voraussetzungen von Verfahrenskostenhilfe zu geben ist und damit vor der Entscheidung **rechtliches Gehör** zu gewähren ist, wird in Kindschaftssachen – in denen es im Regelfall keinen Antragsgegner, sondern andere Beteiligte gibt – modifiziert durch § 77 FamFG (vgl. dort Rn. 1 ff.). Nach der zum 1.1.2014 geltenden Neufassung von § 118 Abs. 1 ZPO erstreckt sich die Anhörung der anderen Beteiligten nunmehr auch auf die **subjektiven Voraussetzungen der Verfahrenskostenhilfe**.[41] Ohne Zustimmung des Antragstellers darf aber den anderen Beteiligten nach §§ 76 Abs. 1 FamFG, 117 Abs. 2 Satz 2 ZPO dessen **Erklärung über die persönlichen und wirtschaftlichen Verhältnisse nebst Belegen** nicht zugänglich gemacht werden, es sei denn – was bei den Beteiligten in Kindschaftssachen häufig der Fall ist –, ein Beteiligter hat gegen den Antragsteller einen materiell-rechtlichen Auskunftsanspruch (z.B. nach §§ 1361 Abs. 4 Satz 4, 1580, 1605, 1379 BGB) hinsichtlich Einkommen und/oder Vermögen. Dabei reicht das Bestehen eines abstrakten Auskunftsanspruchs außerhalb eines Unterhalts- oder Güterrechtsverfahrens aus.[42] Verweigert das Familiengericht einem Beteiligten die Übermittlung der Erklärung über die persönlichen und wirtschaftlichen Verhältnisse des Antragstellers, so findet gegen die Entscheidung die sofortige Beschwerde nicht statt.[43] Nach Bewilligung von VKH bestehen Rechte auf Akteneinsicht in die VKH-Unterlagen nur noch nach Maßgabe von § 13 FamFG, wobei andere Beteiligte insoweit Dritte i.S.d. Abs. 2 sind.[44]

14 Der zuständige Richter oder Rechtspfleger hat das VKH-Verfahren – das verlangen Gleichheitsgrundsatz und Sozialstaatsprinzip[45] – in **beschleunigter Weise** zu führen, wofür in

40 Vgl. Prütting/Helms/*Dürbeck*, § 76 FamFG Rn. 71
41 BT-Drs. 17/11472, 44
42 OLG Koblenz NJW-RR 2011, 509; OLG Bremen FamFR 2011, 545
43 OLG Oldenburg FamRZ 2013, 805; OLG Bremen FamRZ 2012, 649; Gottschalk/Schneider/*Gottschalk*, Rn. 168
44 Vgl. BGH NJW 2015, 1827; OLG Frankfurt FamRZ 2018, 608
45 OLG Stuttgart DAVorm 1975, 312; Zöller/*Schultzky*, § 118 ZPO Rn. 1

Kindschaftssachen ein besonderes Bedürfnis für die Beteiligten besteht (vgl. § 155 FamFG). Dem Antragsteller obliegt im VKH-Prüfungsverfahren eine **Mitwirkungspflicht** (vgl. §§ 117 Abs. 2, 118 Abs. 2 Satz 4 ZPO). Er hat alle zur Prüfung seines Gesuches erforderlichen Angaben zu machen und zu belegen und seine Angaben nach § 118 Abs. 2 Abs. 1 Satz 2 ZPO auf Verlangen **an Eides statt** zu versichern. Macht er seine Angaben nicht hinreichend glaubhaft oder beantwortet er ihm vom Gericht gestellte Fragen nicht, so ist der Antrag nach **Setzung einer Frist** gemäß § 118 Abs. 2 Satz 4 ZPO abzulehnen. Fehlende Angaben oder auch die Erklärung über die persönlichen und wirtschaftlichen Verhältnisse selbst können im Beschwerdeverfahren nachgeholt werden (§ 571 Abs. 2 ZPO), wobei es auf ein Verschulden nicht ankommt.[46] Eine **Beweisaufnahme** soll im Prüfungsverfahren nur in Ausnahmenfällen (vgl. § 118 Abs. 2 Satz 2 ZPO) stattfinden. Eine **mündliche Erörterung mit den Beteiligten** – beschränkt auf den Verfahrenskostenhilfeantrag – ist nach § 118 Abs. 1 Satz 3 ZPO nur ausnahmsweise zulässig, wenn eine Einigung zu erwarten ist. Kommt es zu einem **Vergleich**, ist ausnahmsweise Verfahrenskostenhilfe für den **im Prüfungsverfahren geschlossenen Vergleich** zu bewilligen.[47]

II. Materielle Bewilligungsvoraussetzungen

1. Subjektive Voraussetzungen

a) Grundsätze

Gemäß §§ 76 Abs. 1 FamFG, 114 Abs. 1 Satz 1 ZPO kann nur dann einem Verfahrensbeteiligten Verfahrenskostenhilfe bewilligt werden, wenn er nach **seinen persönlichen und wirtschaftlichen Verhältnissen** die Kosten der Verfahrensführung nicht, nur zum Teil oder nur in Raten aufbringen kann. § 115 Abs. 1 und 3 ZPO konkretisieren dies, indem sie bestimmen, dass Beteiligte grundsätzlich ihr **Einkommen und ihr Vermögen zur Finanzierung der Verfahrenskosten einzusetzen** haben. Die Berechnung des Einkommens und die Frage, wann der Einsatz von Vermögen zumutbar ist, folgt nach § 115 ZPO im Wesentlichen nach **sozialrechtlichen Grundsätzen**. Wegen der Einzelheiten muss auf die einschlägige ZPO-Kommentarliteratur[48] und Spezialliteratur[49] verwiesen werden. Hier soll nur ein Überblick zum Aufbau der Prüfung und zu vor allem im Zusammenhang mit der Betreuung von Kindern stehenden Fragen der Einkommensberechnung und des Vermögenseinsatzes gegeben werden. 15

b) Prüfungsreihenfolge

§ 115 ZPO gibt den Aufbau der Prüfung der wirtschaftlichen Verhältnisse des Antragstellers vor:[50] 16

1. Stufe: Ermittlung des Vermögens (§ 115 Abs. 3 ZPO)

§ 115 Abs. 3 ZPO bestimmt insoweit, dass vorhandenes Vermögen nach Maßgabe der **sozialhilferechtlichen** Bestimmung des § 90 SGB XII einzusetzen ist, wobei ergänzend auch die zu § 90 Abs. 2 Nr. 9 SGB XII ergangene DurchführungsVO[51] heranzuziehen ist. Aus § 1 dieser Verordnung folgt etwa, dass nur vorhandenes Bargeld oder Bankguthaben **ab einem Betrag von 10.000 EUR** (erhöht bei Unterhaltspflichten) einzusetzen ist. Ein **Auto** des An-

46 BGH, Beschl. v. 9.10.2018 – VIII ZB 44/18, juris; BAG MDR 2004, 597
47 BGH NJW 2004, 2595. Str. ist, ob dies auch für das VKH-Verfahren selbst gilt, was der BGH ablehnt, zum Streitstand und der Gegenmeinung vgl. Gottschalk/Schneider/*Gottschalk*, Rn. 187
48 Etwa Zöller/*Schultzky* und Anders/Gehle/*Dunkhase*, jeweils zu §§ 114, 115 ZPO
49 Etwa Gottschalk/Schneider/*Gottschalk*, Rn. 241 ff.
50 Der Darstellung von Gottschalk/Schneider/*Gottschalk*, Rn. 243 im Wesentlichen folgend
51 BGBl. I 1988 S. 150, zuletzt geändert durch die Verordnung vom 22. März 2017 (BGBl. I S. 519)

tragstellers bleibt seit der Einführung des Bürgergeldes[52] **unberücksichtigt**, wenn es sich um ein **angemessenes** Fahrzeug handelt gem. § 90 Abs. 2 Nr. 10 SGB XII. Dabei geht der Gesetzgeber davon aus, dass Angemessenheit vorliegt, wenn der Wert des Kfz 7.500 EUR nicht übersteigt.[53] Übersteigt der Wert 7.500 EUR, ist der übersteigende Betrag auf den allgemeinen Freibetrag nach § 90 Abs. 2 Nr. 9 SGB XII anzurechnen.[54] **Grundstücke, Gebäude und Eigentumswohnungen**, die nicht Wohnzwecken dienen (sonst Angemessenheitsprüfung nach § 90 Abs. 2 Nr. 8 SGB XII), sind grundsätzlich zur Verfahrensfinanzierung einzusetzen und ggf. zu verkaufen oder zu beleihen.[55] Einzusetzen sind schließlich grundsätzlich auch **Lebensversicherungen**, soweit nicht im Einzelfall eine unbillige Härte vorliegt.[56] Ausgenommen sind aber nach § 90 Abs. 2 Nr. 2 SGB XII **staatlich geförderte Lebensversicherungen**, die der Altersvorsorge dienen („Riester"). Natürlich schließt auch das Bestehen einer **Rechtsschutzversicherung**, die für das betreffende Kindschaftsverfahren Deckung bietet, Verfahrenskostenhilfebewilligung aus.[57]

Zum einzusetzenden Vermögen zählt schließlich auch ein Anspruch auf Leistung eines **Verfahrenskostenvorschusses** des Beteiligten gegen einen Ehegatten oder Lebenspartner (§ 1360a Abs. 4 BGB während des ehelichen Zusammenlebens, § 1361 Abs. 4 Satz 4 BGB während des Getrenntlebens) oder eines Kindes gegen seine Eltern nach §§ 1610 Abs. 2, 1615a BGB.[58] Dieser besitzt auch in Kindschaftssachen durchaus praxisrelevante Bedeutung. Begehrt etwa das über 14-jährige Kind im Unterbringungsverfahren Verfahrenskostenhilfe zum Zwecke der Beiordnung eines Rechtsanwaltes, so ist bei eigener Vermögenslosigkeit zunächst das Bestehen eines Verfahrenskostenvorschussanspruches gegen seine Eltern zu prüfen. Kindschaftsverfahren zählen auch zu den persönlichen Angelegenheiten i.S.d. § 1360a Abs. 4 BGB.[59] Die Prüfung eines Verfahrenskostenvorschussanspruches erfolgt nach unterhaltsrechtlichen Grundsätzen, im Prinzip reicht es im Ergebnis aus, dass der betreffende Beteiligte bedürftig ist und der Verpflichtete unterhaltsrechtlich leistungsfähig ist. Kann der Verpflichtete den Vorschuss nicht in einer Summe aufbringen, ist dem bedürftigen Beteiligten Verfahrenskostenhilfe mit der (fiktiven) Rate des Unterhaltsverpflichteten zu bewilligen und der Verfahrenskostenvorschuss ratenweise durchzusetzen.[60] Diese Vorgehensweise scheidet naturgemäß dann aus, wenn der Vorschusspflichtige (z.B. der Kindesvater) selbst verfahrensbeteiligt ist und Verfahrenskostenhilfe beantragt hat. In Betracht kommt schließlich auch die Zurechnung **fiktiven Vermögens**, vor allem wenn der Antragsteller in Kenntnis des bevorstehenden Verfahrens Ausgaben tätigt, die nicht lebensnotwendig bzw. unvermeidbar sind.[61]

---

52 Vom 16.12.2022, BGBl. I 2022, 2328

53 BT-Drs. 20/3873, S. 117; OLG Oldenburg BeckRS 2023, 3320, OLG Saarbrücken BeckRS 2023, 5293; OLG; abweichend: OLG Nürnberg MDR 2023, 1345, das einen Verkauf eines nicht beruflich genutzten Pkw mit einem Wert von mehr als 11.000,– Euro im Hinblick auf ein Schonvermögen in Höhe von 11.000,– Euro (Freibetrag Antragsteller zzgl. zwei x 500,– Euro für zwei unterhaltsberechtigte Kinder → Rn. 373) und den Ankauf eines preiswerteren Fahrzeugs für nicht zumutbar erachtet. Ausführlich zum Ganzen: *Sieper*, jurisPR-SozR 9/2023 Anm. 1

54 OLG Oldenburg BeckRS 2023, 3320, OLG Saarbrücken BeckRS 2023, 5293; kritisch *Dürbeck*, NZFam 2023, 379 (Anm. zu OLG Oldenburg)

55 OLG Celle FamRZ 2018, 607: Immobilie im Ausland; Einzelheiten bei *Zimmermann*, Rn. 146, 150, und Gottschalk/Schneider/*Gottschalk*, Rn. 381

56 BGH NJW 2010, 2887 (umstr.)

57 BGH JurBüro 1992, 48

58 BGH FamRZ 2008, 337; KG NZFam 2018, 701 mit Anm. *Dürbeck*; OLG Dresden MDR 2013, 529; *Zimmermann*, Rn. 158

59 Gottschalk/Schneider/*Gottschalk*, Rn. 439

60 BGH FamRZ 2004, 1633; Prütting/Helms/*Dürbeck*, § 76 FamFG Rn. 44

61 BGH VersR 2018, 1149; FamRZ 2018, 1525

2. Stufe: Ermittlung des Bruttoeinkommens (§ 115 Abs. 1 Satz 1 und ZPO) 17

Die Ermittlung des **Bruttoeinkommens** bereitet bei Nichtselbständigen keine allzu großen Probleme, maßgeblich ist 1/12 des aktuellen Jahresarbeitseinkommens einschließlich Weihnachts- und Urlaubsgeld. Gleichgestellt sind Einkünfte mit Lohnersatzfunktion, wie Krankengeld und Arbeitslosengeld I, aber auch Leistungen nach SGB II.[62] Schwieriger ist dagegen die Einkommensermittlung bei Gewerbetreibenden oder sonstigen Selbständigen.[63] Hinzukommen andere Einkunftsarten, wie insbesondere Erträge aus Vermietung und Verpachtung oder aus der Nutzung von Kapitalvermögen.

Auch regelmäßige **freiwillige Zuwendungen Dritter** zählen zum Einkommen i.S.d. § 115 ZPO und sind durch eidesstattliche Versicherungen der Dritten über Umfang und Grund der Hilfeleistung zu belegen.[64] Liegt das behauptete Einkommen unterhalb der Grenze eines denkbar bescheidenen Lebensunterhalts, so besteht eine Vermutung, dass Einkünfte nicht angegeben werden. Wird die Vermutung nicht widerlegt, so ist der Antrag wegen Rechtsmissbrauchs zurückzuweisen.[65]

3. Stufe: Berücksichtigung von Abzügen vom Bruttoeinkommen (§ 115 Abs. 1 Satz 3 ZPO) 18

Zu nennen sind vor allem:

(1) **Einkommenssteuer**, Solidaritätszuschlag und **Sozialversicherungsbeiträge** § 115 Abs. 1 Satz 3 Nr. 1a ZPO, § 82 Abs. 2 Nr. 1 und 2 SGB XII.

(2) **Freibetrag für Erwerbstätige** § 115 Abs. 1 Satz 3 Nr. 1b ZPO: ab 1.1.2025 282 EUR.

(3) **Freibetrag für den Beteiligten** § 115 Abs. 1 Satz 3 Nr. 2a ZPO: ab 1.1.2025 619 EUR.

(4) Unterhaltsfreibetrag für den (mittellosen) Ehegatten (wie Ziffer 2a): 619 EUR.

(5) Unterhaltsfreibetrag für weitere unterhaltsberechtigte Personen § 115 Abs. 1 Satz 3 Nr. 2b ZPO:

Hier kommen vor allem unterhaltsberechtigte, einkommenslose Kinder in Betracht. Die Freibeträge betragen (jeweils ab 1.1.2025) 393 EUR für Kinder von einem bis sechs Jahren, 429 EUR im Alter von sieben bis 14 und 518 EUR für Jugendliche von 15 bis 18 Jahren. Die Freibeträge kommen vor allem dann zum Tragen, wenn die Kinder beim Antragsteller leben und er keinen Barunterhalt oder staatliche Leistungen für die Kinder erhält. **Kindergeld** ist aber grundsätzlich einkommenserhöhend[66] zu berücksichtigen, soweit es nicht zur Bestreitung des notwendigen Unterhalts des minderjährigen Kindes zu verwenden ist. Leistet der nichtbetreuende Antragsteller für die Kinder Barunterhalt, so ist dieser Betrag, soweit er angemessen ist, maßgeblich.[67] Erhält der Antragsteller und betreuende Elternteil Barunterhalt für die Kinder, ist dieser bis zur Höhe der Freibeträge in Abzug zu bringen, so dass im Ergebnis bei Leistung von Kindesunterhalt mindestens in Höhe der Freibeträge dieser im Ergebnis bei dem allein betreuenden Elternteil wegfällt.[68] Beim Barunterhaltspflichtigen ist der Zahlbetrag in voller Höhe Abzugsposten.

62 Bei Nebeneinkünften können hier Raten in Betracht kommen, vgl. BGH NJW-RR 2011, 3
63 Vgl. dazu Zöller/*Schultzky*, § 115 ZPO Rn. 11
64 BGH FamRZ 2019, 547; NJW-RR 2018, 190
65 BGH FamRZ 2019, 547; NJW-RR 2008, 953
66 BGH FamRZ 2017, 633; FamRZ 2005, 605 (str.), vgl. *Nickel*, FamRB 2014, 347 und *Zimmermann*, FPR 2009, 388, 389
67 Gottschalk/Schneider/*Gottschalk*, Rn. 269
68 Kritisch: *Nickel*, FamRB 2014, 347, 349 f., der den Barunterhalt nur insoweit auf den Freibetrag anrechnen will, als er diesen übersteigt.

(6) Freibetrag wegen eines **Mehrbedarfs** wegen der **alleinigen Betreuung** eines oder mehrerer Kinder § 115 Abs. 1 Satz 3 Nr. 4 ZPO, § 28 Abs. 3 SGB XII oder sonstige Mehrbedarfe. Der Abzug eines Mehrbedarfs kommt nicht in Betracht, wenn der betreffende Elternteil mit seinem Kind und einer weiteren erwachsenen Person als Familie zusammenlebt.[69]

(7) Kosten der **Unterkunft und Heizung** § 115 Abs. 1 Satz 3 Nr. 3 ZPO.

Hierunter fallen die Kosten für die Miete einer Wohnung einschließlich Heizkosten und nunmehr auch die Kosten der Wasserversorgung,[70] nicht aber die Strom- und Gaskosten.[71]

(8) **Angemessene Beiträge für öffentliche und private Versicherungen** § 115 Abs. 1 Satz 3 ZPO, § 82 Abs. 2 Nr. 3 SGB XII, wie z.B. Kfz-Haftpflichtversicherung, wenn der PKW im Zusammenhang mit der Einkommenserzielung steht,[72] Hausrat-, Unfall-, Rechtsschutz-, Privathaftpflicht- oder Privatkrankenversicherung. Hier gilt es aber im Rahmen der Angemessenheitsprüfung eine vernünftige Grenze zu ziehen, da im Ergebnis die Versicherungsbeiträge bei Bewilligung ratenfreier Verfahrenskostenhilfe von der Allgemeinheit getragen werden.[73]

(9) **Werbungskosten** § 115 Abs. 1 Satz 3 ZPO, § 82 Abs. 2 Nr. 4 SGB XII

Hier kommt vor allem die Geltendmachung von Fahrtkosten eines Nichtselbständigen von seiner Wohnung zur Arbeitsstelle in Betracht. Wird berechtigterweise hierfür ein PKW genutzt, so kann zur Berechnung § 3 Abs. 6 Nr. 2a der DurchführungsVO zu § 82 SGB XII herangezogen werden (5,20 EUR pro Entfernungs-Km zzgl. Haftpflicht- und Kaskoversicherung sowie etwaige Finanzierungskosten).[74] Nach zutreffender Auffassung besteht kein Wahlrecht zu einer Berechnung der Fahrtkosten nach den jeweiligen Unterhaltsleitlinien der Oberlandesgerichte.[75] Eine Werbungskostenpauschale, wie im Unterhaltsrecht, besteht im Recht der Verfahrenskostenhilfe nicht. Die Geltendmachung weiterer Werbungskosten, wie z.B. Gewerkschaftsbeiträgen, ist natürlich möglich.

(10) **Besondere Belastungen** § 115 Abs. 1 Satz 3 Nr. 4 ZPO

Die Vorschrift stellt insoweit eine Härteklausel dar, als sie es dem bedürftigen Beteiligten ermöglichen soll, sich bei der Einkommensermittlung auf weitere besondere, von ihm zu tragende Belastungen zu berufen. Sie gilt z.B. unproblematisch für ratenweise zu zahlende Anwalts- und Gerichtskosten aus früheren Verfahren[76] oder außergewöhnlich hohe Medikamentenzuzahlungen.[77] In der Praxis steht die Frage im Vordergrund, ob und wenn ja in welcher Höhe **Kreditkosten** des Antragstellers zu berücksichtigen sind. Hier ist die Angemessenheit jedes einzelnen Kredits vom Antragsteller nach Anschaffungszweck, Ratenhöhe und Laufzeit des Vertrages darzulegen und zu belegen und sodann eine Angemessenheitsprüfung durchzuführen.[78]

69 OLG Bamberg FamRZ 2021, 614; OLG Brandenburg, Beschl. v. 13.3.2019 – 13 WF 54/19, juris = FamRZ 2019, 1153; FamRZ 2015, 946
70 OLG Frankfurt a.M. BeckRS 2013, 10879; a.A. noch BGH NJW-RR 2008, 595
71 OLG Karlsruhe FamRZ 2007, 1995; Zöller/*Schultzky*, ZPO, § 115 Rn. 38
72 OLG Brandenburg FamRZ 2009, 202; OLG Dresden OLGR 2002, 55
73 OLG Brandenburg JurBüro 2009, 202; *Zimmermann*, Rn. 84
74 BGH FamRZ 2012, 1374; 2012, 1629
75 OLG Karlsruhe FamRZ 2009, 1165; Gottschalk/Schneider/*Gottschalk*, Rn. 300
76 OLG Köln FamRZ 1993, 579
77 OLG Bamberg OLGR 1999, 343
78 Vgl. ausführlich Gottschalk/Schneider/*Gottschalk*, Rn. 339

4. Stufe: Festsetzung einer Monatsrate

Verbleibt nach obiger Berechnung ein Resteinkommen, so ist dieses gemäß § 115 Abs. 2 ZPO auf volle EUR abzurunden und (höchstens 48) Monatsraten auf die zu leistenden Verfahrenskosten in Höhe der **Hälfte des einzusetzenden Einkommens** zu bestimmen. Für Altfälle (vgl. § 40 EGZPO) gilt die Tabelle zu § 115 Abs. 2 ZPO a. F. Nach § 115 Abs. 4 ZPO ist Verfahrenskostenhilfe nicht zu bewilligen, wenn die Kosten der Verfahrensführung vier Monatsraten und die aus dem Vermögen aufzubringenden Teilbeträge voraussichtlich nicht übersteigen. 19

2. Erfolgsaussichten

a) Inhaltliche Maßstäbe

Als objektive Voraussetzung der Verfahrenskostenhilfe nennt § 114 Abs. 1 Satz 1 ZPO, dass die beabsichtigte Rechtsverfolgung oder Rechtsverteidigung **Aussicht auf Erfolg** besitzt. In höheren Rechtszügen wird die Bestimmung durch § 119 Satz 2 ZPO dahin eingeschränkt, dass es hinsichtlich des **Beschwerdegegners** keiner Prüfung der Erfolgsaussicht **seiner Verteidigung der angefochtenen Entscheidung** bedarf. 20

Die Prüfung der Erfolgsaussicht eines VKH-Antrages in Kindschaftssachen bereitet insoweit – zumindest im ersten Rechtszug – Probleme, als gerade bei Entscheidungen im Bereich des Sorge- und Umgangsrechts nicht die Rechtsposition der Beteiligten im Vordergrund steht, sondern das Wohl des betroffenen Kindes (vgl. §§ 1697a BGB, 1666, 1671, 1626a Abs. 2, 1684 ff. BGB) und es sich bei den Verfahren um **amtswegige Verfahren** nach § 24 FamFG handelt, in denen, wie z.B. in Umgangsverfahren nach §§ 1684, 1685 BGB, „Anträge" der Beteiligten als Anregungen an das Familiengericht zu verstehen sind, ein entsprechendes Verfahren einzuleiten.[79] Leitet das Familiengericht auf die Anregung eines Beteiligten oder von Amts wegen ein Kindschaftsverfahren (z.B. nach §§ 1666, 1684, 1685 BGB) ein, können sich die Verfahrensbeteiligten schon aufgrund des Umstandes ihrer Beteiligung einer Mitwirkung im Verfahren regelmäßig nicht entziehen, so dass es auf die Erfolgsaussichten ihrer Rechtsverfolgung nicht maßgeblich ankommen kann.[80] Schließlich gebieten auch verfassungsrechtliche Gründe in besonders grundrechtsintensiven Verfahren, wie dem Sorgerechtsentzug nach Art. 6 Abs. 3 GG, § 1666 BGB, eine großzügige Prüfung der „Erfolgsaussichten".[81] Eine hinreichende Erfolgsaussicht ist für die Kindeseltern in Verfahren nach §§ 1666, 1666a BGB jedenfalls bereits dann als gegeben anzusehen, wenn mit der Verfahrensbeteiligung eines Elternteils das Kindeswohl zumindest gefördert wird.[82] In **Umgangsverfahren** ist es ausreichend, dass überhaupt eine Regelung zugunsten des, den Umgang bei Gericht anregenden Elternteils in Betracht kommt; mit einer fehlenden Erfolgsaussicht einer „beantragten"[83] Umgangsregelung (ausführlich: *Gottschalk*, § 1684 BGB Rn. 92 ff.), ist eine Ablehnung des Verfahrenskostenhilfegesuchs regelmäßig nicht zu rechtfertigen.[84] 21

---

79 BGH ZKJ 2017, 190; ZKJ 2017, 463; OLG Frankfurt a.M. FamRZ 2014, 53

80 OLG Schleswig FamRZ 2019, 48; OLG Brandenburg FamRZ 2017, 310; OLG Hamm ZKJ 2016, 466; OLG Frankfurt a.M. BeckRS 2014, 06420; a.A. für Umgangsverfahren: MüKo-FamFG/*Viefhus,* § 76 FamFG Rn. 40

81 OLG Brandenburg FamRZ 2006, 1775; OLG Karlsruhe FamRZ 2004, 706

82 OLG Schleswig-Holstein Beschl. v. 20.11.2015, 10 WF 184/15, NZFam 2016, 132; OLG Karlsruhe FamRZ 2015, 1903; *Splitt,* SchlHA 2017, 126

83 Verfahren nach § 1684 BGB sind keine Antragsverfahren. An das Gericht herangetragene Anträge sind keine Sachanträge im formellen Sinne, sondern reine Anregungen, an die das Gericht nicht gebunden ist

84 OLG Nürnberg FamRZ 2016, 251; *Splitt,* SchlHA 2017, 126

22 Anders ist zu verfahren, wenn das Familiengericht die **Einleitung eines amtswegigen Verfahrens ablehnt**, weil z.B. einem Abänderungsbegehren nach §§ 1696 BGB, 166 FamFG ein hinreichender Abänderungsgrund nicht zu entnehmen und dieser auch sonst nicht ersichtlich ist. In einem solchen Fall ist Verfahrenskostenhilfe mangels Erfolgsaussicht zu verweigern.

23 Auch im **Beschwerdeverfahren** hat eine inhaltlich nicht eingeschränkte Prüfung der Erfolgsaussicht des Rechtsmittels des Rechtsmittelführers stattzufinden. In reinen Antragsverfahren, wie §§ 1626a Abs. 2, 1671, 1628, 1686a BGB ist die Erfolgsaussicht der Anträge der beteiligten Kindeseltern und sonstigen Beteiligten (wie z.B. Pflegepersonen) in allen Rechtszügen – eingeschränkt durch § 119 Satz 2 ZPO – zu prüfen. Fehlt **der Beschwerde gegen einen Sorgerechtsentzug oder Umgangsausschluss die Erfolgsaussicht**, ist die Bewilligung von Verfahrenskostenhilfe für das Rechtsmittelverfahren auch dann zu verweigern, wenn das Beschwerdegericht aufgrund der in § 68 Abs. 5 Nr. 1 und Nr. 3 FamFG normierten Regelung, sowohl das Kind als auch die Eltern wird persönlich anhören müssen.[85]

24 Hinreichende Erfolgsaussicht bedeutet eine gewisse Wahrscheinlichkeit eines Erfolges bei summarischer und rechtlicher Prüfung.[86] Diese Überprüfung darf aber nach gefestigter Rechtsprechung des BVerfG nicht dazu führen, dass die Rechtsverfolgung oder Rechtsverteidigung in das summarische Verfahren der Prozesskostenhilfe **vorverlagert** wird und dieses an die Stelle des Hauptverfahrens tritt.[87] Auch schwierige und bislang ungeklärte Rechtsfragen dürfen nicht im VKH-Prüfungsverfahren geklärt werden.[88] Ist eine sorgerechtliche Frage aber höchstrichterlich bereits geklärt, so kann im Verfahrenskostenhilfeprüfungsverfahren auf fehlende Erfolgsaussicht auch dann erkannt werden, wenn dies im ersten Rechtszug verkannt wurde.[89] Diesem Umstand kommt auch in kindschaftsrechtlichen Antragsverfahren insoweit besondere Bedeutung zu, als sich die Erfolgsaussichten eines Antrages – zumindest im ersten Rechtszug – häufig nicht alleine aus den gewechselten Schriftsätzen, sondern auch aus dem in den persönlichen Anhörungen nach §§ 159 ff. FamFG gewonnenen Eindrücken und Ergebnissen hinreichend beurteilen lassen.

b) Maßgeblicher Zeitpunkt

25 Erledigt sich ein Verfahren vor Entscheidung über den VKH-Antrag, z.B. durch Antragsrücknahme oder übereinstimmender Erledigung in einem Antragsverfahren, stellt sich die Frage, auf welchen **Zeitpunkt für die Bewilligung von Verfahrenskostenhilfe** abzustellen ist. Die Rechtsprechung stellt hier zwar grundsätzlich auf den **Zeitpunkt der Entscheidung** ab, weil nach Beendigung des Verfahrens nicht rückwirkend Verfahrenskostenhilfe bewilligt werden kann. Anders ist aber zu verfahren, wenn das Gericht die Entscheidung über den Antrag **pflichtwidrig verzögert** hat. In diesem Fall kommt es auf die Bewilligungsreife an, d. h. auf den Zeitpunkt, in dem das Gericht über einen vollständigen VKH-Antrag nach Anhörung der anderen Beteiligten (§ 77 FamFG) hätte entscheiden können und müssen.[90] Liegt dieser Zeitpunkt vor der Beendigung des Verfahrens, so kommt es auf die (hypothetischen) Erfolgsaussichten zum Zeitpunkt der Bewilligungsreife an.

85 OLG Koblenz FamRZ 2023, 455
86 BGH NJW 1994, 1161; Zöller/*Schultzky*, § 114 ZPO Rn. 19, 22
87 BVerfG NJW 2016, 1377; NZFam 2014, 1104; FamRZ 2009, 1654; FamRZ 1993, 664
88 BVerfG MDR 2008, 518; NJW 2006, 3412; BGH BeckRS 2023, 40570; BGH NJW 2013, 1310
89 OLG Celle BeckRS 2014, 16486
90 St. Rspr. des BGH, vgl. NZFam 2015, 179; FamRZ 2012, 964; FamRZ 2010, 197; zum Streitstand: Gottschalk/Schneider/*Gottschalk*, Rn. 483 ff.

3. Keine Mutwilligkeit

a) Allgemeiner Maßstab

Verfahrenskostenhilfe soll **nicht bewilligt** werden bei **Mutwilligkeit der Rechtsverfolgung oder Verteidigung**. Dies soll dann gegeben sein, wenn der nicht mittellose Beteiligte bei verständiger Würdigung aller Umstände von der Rechtsverfolgung oder Rechtsverteidigung absehen würde, obwohl eine hinreichende Aussicht auf Erfolg besteht. Mutwilligkeit liegt allgemein etwa dann vor, wenn ein einfacherer oder billigerer Weg zum gleichen Erfolg führen würde.[91] 26

Nach Ansicht des BGH soll es nicht mutwillig sein, wenn ein inhaftierter Kindesvater nach vorsätzlicher Tötung der Kindesmutter und rechtskräftiger Verurteilung wegen Totschlags ein Umgangsrecht mit seinem Kind verfolgt.[92]

b) Pflicht zur Inanspruchnahme vorheriger Beratung?

In Kindschaftssachen ist höchst streitig, ob der Antragsteller in einem Umgangs- oder Sorgerechtsverfahren (vor allem Verfahren nach §§ 1626a Abs. 2 BGB, 155a FamFG) mutwillig handelt, wenn er nicht **vor Stellung seines VKH-Antrages beim Jugendamt um Beratung und Vermittlung** nachgesucht hat. Eine weit verbreitete Ansicht bejaht dies, da dies ein kostenfreier Weg sei, das vom Antragsteller erstrebte Ziel zu erreichen.[93] Nach anderer Auffassung sei dies in Sorgerechtsverfahren abzulehnen, in Umgangsverfahren aber bei Verfügbarkeit des zuständigen Jugendamts zu bejahen.[94] Die Möglichkeit der Beratung und Vermittlung durch das Jugendamt stellt aber keinen vorrangig zu beschreitenden Weg dar, das von einem Beteiligten erstrebte Anliegen im Sorge- oder Umgangsrecht zu erreichen, da der Gesetzgeber darauf verzichtet hat, dies als Voraussetzung für die Inanspruchnahme der Familiengerichte zu normieren und das Familiengericht zudem nicht dazu in der Lage sein wird zu beurteilen, ob die vom Jugendamt zu leistenden Vermittlungsbemühungen tatsächlich erbracht worden wären und auch zum Erfolg geführt hätten.[95] Auch ist zu berücksichtigen, dass es für die Frage der Mutwilligkeit nicht auf den Zeitpunkt der Einleitung des Verfahrens, sondern auf den der Entscheidung über den VKH-Antrag ankommt, so dass allein schon der Umstand, dass der andere Elternteil dem Umgangsbegehren des Antragstellers entgegentritt, Mutwilligkeit ausschließt.[96] Die Bewilligung von Verfahrenskostenhilfe soll daher **nicht alleine mit der Begründung** versagt werden, eine vorhergehende Einschaltung des Jugendamts sei unterblieben. 27

c) Zeitgleiche Einleitung von Hauptsache- und Eilverfahren

Auch ein zeitgleicher ein Antrag in der **Hauptsache und auf Erlass einer einstweiligen Anordnung** ist nicht mutwillig, da wegen der begrenzten Erkenntnismöglichkeiten und der je- 28

91 OLG Zweibrücken FamRZ 2000, 756; Anders/Gehle/*Dunkhase*, § 114 ZPO Rn. 36
92 BGH NJW 2016, 2188; zu Recht kritisch *Heilmann*, FamRZ 2016, 1058
93 OLG Karlsruhe NZFam 2019, 459; OLG Brandenburg FamRZ 2015, 1040; FuR 2014, 181; OLG Köln FamRZ 2013, 1241; OLG Rostock MDR 2011, 790: OLG Schleswig NJW-Spezial 2011, 518; OLG Saarbrücken FamRZ 2010, 310; *Keuter*, FamRZ 2009, 1891; MüKo-FamFG/*Viefhues*, § 76 Rn. 54
94 Gottschalk/Schneider/*Gottschalk*, Rn. 552: Einzelfall; so auch OLH Hamburg FuR 2023, 199
95 OLG Frankfurt FamRZ 2017, 1585; Köln FamRZ 2016, 1193; OLG Karlsruhe ZKJ 2016, 109; OLG Stuttgart FamRZ 2011, 1160; OLG Hamm NJW-RR 2011, 1577; OLG München FamRZ 2008, 1089; *Dürbeck*, ZKJ 2013, 330 (zu § 1626a Abs. 2 BGB); Prütting/Helms/*Dürbeck*, § 76 FamFG Rn. 51; vgl. auch einschränkend OLG Schleswig ZKJ 2014, 77
96 OLG BrandenburgFamRZ 2019, 1632

derzeitigen Abänderbarkeit (§ 54 FamFG) des einstweiligen Anordnungsverfahren immer auch ein Rechtsschutzbedürfnis für eine Hauptsacheentscheidung besteht.[97]

d) Scheidungsverbund

29 Nach zutreffender Auffassung ist es ungeachtet der kostengünstigeren Möglichkeit (vgl. §§ 44 FamGKG, 16 Nr. 4 RVG), Sorge- und Umgangssachen im Rahmen des **Scheidungsverbundverfahrens** als Folgesachen (§ 137 Abs. 3 FamFG) geltend zu machen, nicht als mutwillig anzusehen, wenn ein bedürftiger Ehegatte eine **isolierte Sorge- oder Umgangsregelung** begehrt.[98] Hierfür spricht in Kindschaftssachen schon der Umstand, dass diese im Interesse des Kindes vorrangig und beschleunigt zu führen sind (vgl. § 155 FamFG) und sich dies mit der Ausgestaltung des Scheidungsverfahrens, in dem insbesondere in der Folgesache Versorgungsausgleich oft langwierige Ermittlungen zu führen sind, regelmäßig nicht vereinbaren lässt. Aus dem Gebot der kostensparenden Verfahrensführung ergibt sich auch für den Rechtsanwalt entgegen der Ansicht des OLG Hamm[99] keine Pflicht, Umgangs- und Sorgerechtsanträge in einem gemeinsamen, zu verbindenden Verfahren zu stellen.

e) Mehrere Kinder

30 Die Einleitung getrennter Sorgerechtsverfahren für **mehrere Kinder** ist dagegen – jedenfalls bei identischen Eltern – als mutwillig anzusehen,[100] bei unterschiedlichen Vätern ist sie dagegen schon aus datenschutzrechtlichen Gründen geboten.

f) VKH im Beschwerdeverfahren

31 Soweit ein Beteiligter in einer Kindschaftssache Beschwerde einlegt, kann den in der Vorinstanz anwaltlich vertretenen weiteren Beteiligten trotz der Regelung von § 119 Abs. 1 Satz 2 ZPO im allgemeinen Verfahrenskostenhilfe erst dann gewährt werden, wenn das Rechtsmittel begründet worden ist und die Voraussetzungen für eine Verwerfung nicht vorliegen.[101] Das ist im Hinblick auf den fehlenden Begründungszwang in Kindschaftssachen problematisch; es wird hier auf den Einzelfall ankommen.

III. Entscheidung

1. Zeitpunkt, Form und Inhalt

32 Das Familiengericht hat nach Eintritt der **Bewilligungsreife** über den VKH-Antrag zu entscheiden, wobei nach § 119 Satz 1 ZPO Verfahrenskostenhilfe für jeden Rechtszug gesondert bewilligt werden muss. Voraussetzung ist, dass ein **vollständiger Antrag** einschließlich der **Erklärung über die persönlichen und wirtschaftlichen Verhältnisse** des Antragstellers nebst allen erforderlichen **Belegen** spätestens zum Zeitpunkt der Instanzbeendigung vorliegt. Ist dies nicht der Fall kann die Zurückweisung des Antrages nur dadurch vermieden werden, dass das Gericht dem Antragsteller eine letzte Frist zur Nachreichung der Unterla-

97 OLG Stuttgart FamRZ 2019, 298; OLG München AGS 2015, 142; FamRZ 2012, 1234; OLG Frankfurt am Main FamRZ 2011, 661; OLG Köln FamRZ 2011, 1157; OLG Nürnberg NJW 2011, 319; a.A. OLG Karlsruhe AGS 2017, 527; OLG Saarbrücken FamRZ 2013, 564 (Sorgerecht); OLG Frankfurt a.M. FamRZ 2012, 144 (Gewaltschutz)

98 BGH NJW 2005, 1497 mit ausführlicher Darstellung des Streitstandes; OLG Brandenburg, Beschl. v. 23.4.2019 – 13 WF 87/19, juris; OLG Hamm FamRZ 2014, 1879; *Völker/Clausius*, § 8 Rn. 19

99 OLG Hamm FF 2014, 215

100 OLG Hamm BeckRS 2013, 02315

101 BGH FamRZ 2013, 1322; OLG Brandenburg FamRZ 2021, 290

gen gestattet.[102] Wird diese aber versäumt, ist Verfahrenskostenhilfe nach Instanzbeendigung abzulehnen.[103]

33 Der Beschluss über die bewilligte Verfahrenskostenhilfe kann nicht stillschweigend erfolgen und muss zumindest hinsichtlich der subjektiven Voraussetzungen im Hinblick auf das potentielle Beschwerderecht der Staatskasse und auch des Beteiligten bei der Anordnung von Ratenzahlungen eine **Begründung** enthalten.[104]

34 Eine **Kostenentscheidung** im VKH-Verfahren ist nicht zu treffen, auch **Auslagen anderer Beteiligter** können nicht erstattet werden (§§ 118 Abs. Satz 4, 127 Abs. 4 ZPO). Im Hinblick auf die Statthaftigkeit der sofortigen Beschwerde nach § 76 Abs. 2 FamFG ist der Verfahrenskostenhilfe ablehnende oder durch die Anordnung von Ratenzahlungen einschränkende Beschluss dem Antragsteller oder seinem Verfahrensbevollmächtigten förmlich zuzustellen (§ 41 Abs. 1 Satz 2 FamFG). Bei uneingeschränkter Bewilligung genügt die formlose Bekanntgabe (§ 15 FamFG).

2. Rechtskraft und Abänderung

35 Die Entscheidung über die Verfahrenskostenhilfe erwächst **nicht in materielle Rechtskraft**,[105] so dass etwa auch bei Ablehnung der Verfahrenskostenhilfe nach Ablauf der Rechtsmittelfrist ein **neuer VKH-Antrag** gestellt werden kann, soweit das Verfahren in dem betreffenden Rechtszug noch nicht beendet ist. Dies gilt auch dann, wenn die VKH zuvor wegen vorsätzlicher Falschangaben nach § 124 Abs. 1 Nr. 1 oder 2 Alt. 1 ZPO aufgehoben worden ist.[106] Ohne eine Änderung der sachlichen Voraussetzungen wird der Antrag aber als rechtsmissbräuchlich zurückzuweisen sein.[107] § 124 Abs. 1 Nr. 1 und Nr. 2 Alt. 1 ZPO sind im Übrigen im Bewilligungsverfahren nicht analog anzuwenden.[108]

Bei einer **nachträglichen Änderung der wirtschaftlichen Verhältnisse** kann – vor allem bei ursprünglich angeordneten Ratenzahlungen – eine Änderung der Entscheidung durch den insoweit funktionell zuständigen **Rechtspfleger** nach §§ 76 Abs. 1 FamFG, 120a Abs. 1 ZPO beantragt werden.[109] Für die ebenfalls mögliche Aufhebung der Verfahrenskostenhilfe gelten die Bestimmungen der §§ 120a, 124 ZPO auch für Kindschaftssachen über die Verweisung in § 76 Abs. 1 FamFG ohne Besonderheiten.[110]

3. Kostenbefreiung

36 Wurde Verfahrenskostenhilfe **ratenfrei** bewilligt ist der betreffende Beteiligte gemäß §§ 76 Abs. 1 FamFG, 122 Abs. 1 Nr. 1 und 3 ZPO von der Zahlung der von ihm zu **tragenden Verfahrenskosten befreit**, solange die Verfahrenskostenhilfe nicht aufgehoben wird oder nachträglich Ratenzahlungen angeordnet werden, was nach § 120a Abs. 1 Satz 4 ZPO nur binnen 4 Jahren nach Rechtskraft oder sonstiger Beendigung der Hauptsache möglich ist. Bei einer Übernahme der Verfahrenskosten **durch Vergleich** durch den bedürftigen Beteiligten gilt § 122 Abs. 1 Nr. 1a ZPO nicht für den sog. **Übernahmeschuldner** (§ 24 Nr. 2 FamGKG). Es kann hier zur Kostenhaftung des kostenarmen Beteiligten kommen. Zur Vermeidung dieses Ergebnisses muss auf eine exakte **Protokollierung des Vergleichs** i.S.d.

102 OLG Frankfurt a.M. FamRZ 2011, 126; OLG Karlsruhe FamRZ 2011, 1608; 2004, 1217
103 Gottschalk/Schneider/*Gottschalk*, Rn. 92
104 BVerfGE 71, 122 (136); Zöller/*Schultzky*, § 127 ZPO Rn. 22
105 BVerfGE 56, 139, 145; BGH NJW-RR 2018, 257; FamRZ 2004, 940
106 BGH NJW-RR 2018, 257
107 BGH MDR 2009, 401; FamRZ 2004, 940; *Schneider*, MDR 1985, 441, 442
108 BGH NJW-RR 2015, 1338
109 Zur Abgrenzung zur sofortigen Beschwerde: Gottschalk/Schneider/*Gottschalk*, Rn. 1034
110 Vgl. etwa die Darstellung von Gottschalk/Schneider/*Gottschalk*, Rn. 957 ff.

zum 1.8.2013 neu eingefügten § 26 Abs. 4 FamGKG geachtet werden.[111] Keinen Einfluss hat die Verfahrenskostenhilfe auf die Kostenhaftung gegenüber einem anderen erstattungsberechtigten Beteiligten.

IV. Rechtsschutz

1. Vorbemerkung

37 § 76 Abs. 2 FamFG verweist für die Frage der Anfechtbarkeit von Beschlüssen in Verfahrenskostenhilfesachen, die in Familienverfahren der freiwilligen Gerichtsbarkeit ergehen, auf die Regelungen der **sofortigen Beschwerde** nach Maßgabe der §§ 127 Abs. 2 bis 4, 567 bis 572 ZPO. Das bedeutet zunächst, dass die uneingeschränkte Bewilligung von Verfahrenskostenhilfe für die Beteiligten – anders nur die **Staatskasse** § 127 Abs. 3 ZPO – nach § 127 Abs. 1 ZPO nicht anfechtbar wäre. Hat der Rechtspfleger die Entscheidung getroffen, ist gegen seine Entscheidung gemäß § 11 Abs. 1 RPflG ebenfalls die sofortige Beschwerde gegeben, soweit nicht eine Ausnahme nach § 11 Abs. 2 Satz 1 RPflG vorliegt.

2. Zulässigkeitsvoraussetzungen der sofortigen Beschwerde

a) Statthaftigkeit

aa) Antragsteller

38 Für den **Antragsteller** sind alle Entscheidungen über die Verfahrenskostenhilfe gemäß §§ 76 Abs. 2 FamFG, 127 Abs. 2 ZPO anfechtbar, die für ihn **ungünstig** sind, also insbesondere bei Zurückweisung seines Antrages – gleich aus welchem Grund – bei Anordnung einer Ratenzahlung nach § 115 Abs. 2 ZPO oder bei Versagung der von ihm beantragten Beiordnung eines Rechtsanwaltes nach § 78 FamFG.[112] Statthaft ist auch die Beschwerde des Antragstellers gegen die Entscheidung nach § 117 Abs. 2 Satz 2 ZPO, einem anderen Beteiligten während des noch laufenden Bewilligungsverfahrens die Erklärung über die persönlichen und wirtschaftlichen Verhältnisse zu übersenden.[113] Nicht zulässig ist bei einer infolge von Nichttätigkeit verzögerten Entscheidung des Gericht die sog. **Untätigkeitsbeschwerde**, da diese durch Einführung der Verzögerungsrüge (§ 198 GVG) unstatthaft geworden ist.[114]

39 **Unstatthaft** ist die Beschwerde für den Antragsteller gegen **gerichtliche Verfahrensanordnungen im VKH-Prüfungsverfahren** nach § 118 Abs. 2 ZPO[115] und gegen **alle vom Oberlandesgericht getroffenen Entscheidungen zur Verfahrenskostenhilfe**, sei es als für die Entscheidung über eine sofortige Beschwerde nach § 127 Abs. 2 ZPO zuständiges Beschwerdegericht nach § 568 ZPO oder als Beschwerdegericht in der Hauptsache nach §§ 58 ff. FamFG bei der Entscheidung über die Bewilligung von VKH für den zweiten Rechtszug, da Entscheidungen der Oberlandesgerichte nach § 567 Abs. 1 ZPO nicht anfechtbar sind, es sei denn es hat im ersten Fall die Rechtsbeschwerde nach § 574 Abs. 1 Satz 1 Nr. 2 ZPO zugelassen.[116]

40 Nicht statthaft ist die sofortige Beschwerde gegen eine VKH-Entscheidung auch dann, wenn die **Hauptsacheentscheidung nicht rechtsmittelfähig** ist,[117] was z.B. in einer vermö-

111 Vgl. *Fölsch*, SchlHA 2013, 2
112 Gottschalk/Schneider/*Gottschalk*, Rn. 1042
113 OLG Frankfurt FamRZ 2018, 608; OLG Koblenz FamRZ 2011, 389; OLG Brandenburg FamRZ 2011, 125; str., vgl. auch BGH NJW 2015, 1827
114 BGH NJW 2013, 385; siehe auch den Rechtsbehelf der Beschleunigungsrüge in ausgewählten Kindschaftssachen (vgl. § 155b FamFG)
115 OLG Zweibrücken FamRZ 2004, 35; *Zimmermann*, Rn. 693
116 BGH BeckRS 2011, 19480
117 OLG Frankfurt a.M. OLGR 2002, 60; OLG Jena BeckRS 2011, 06704

gensrechtlichen Kindschaftssache dann der Fall wäre, wenn die **Beschwerdesumme von § 61 Abs. 1 FamFG** nicht erreicht ist, weil der Rechtsschutz im VKH-Verfahren nicht weiter als in der Hauptsache reichen soll. Gleiches gilt für den Fall, dass eine Beschwerde des VKH-Antragstellers in der Hauptsache **mangels Beschwerdeberechtigung nach § 59 FamFG** unzulässig wäre[118] (z.B. Verwandte oder Pflegepersonen, die Vormund werden wollen, vgl. *Kischkel*, § 59 FamFG Rn. 8 und 9). Dieser Grundsatz gilt aber in dem Fall **nicht**, dass die VKH wegen **Fehlens der subjektiven Voraussetzungen oder wegen Mutwilligkeit** verweigert wurde oder aber die **nicht gewährte Anwaltsbeiordnung** nach § 78 FamFG angegriffen wird.[119]

Unstatthaft ist die VKH-Beschwerde aber auch im **einstweiligen Anordnungsverfahren**, wenn in einer nach § 57 Satz 1 FamFG **unanfechtbaren Sache** (z.B. Umgangsverfahren) die VKH mangels Erfolgsaussicht verweigert wurde.[120] Dies gilt im einstweiligen Anordnungsverfahren nach zutreffender Ansicht aber auch dann, wenn in einer nach § 57 Satz 2 FamFG grundsätzlich anfechtbaren Sache (Sorgerecht, Kindesherausgabe an Elternteil) die VKH-Entscheidung **ohne mündliche Erörterung** ergangen war, da § 57 FamFG – mit Ausnahme von Unterbringungssachen – die Beschwerde erst nach mündlicher Erörterung eröffnet.[121] Die Gegenansicht, die vor allem im Hinblick auf die Rechtswahrnehmungsgleichheit die Beschwerde für statthaft hält,[122] überzeugt nicht, da auch dem nicht kostenarmen Beteiligten der Weg zum Beschwerdegericht vor Durchführung einer mündlichen Erörterung versperrt ist und zumindest in der Beschwerdeinstanz die Gefahr widersprechender Entscheidungen im VKH-Beschwerdeverfahren und Hauptsacheverfahren nach §§ 57 Satz 2, 58 FamFG besteht. **41**

bb) Antragsgegner bzw. andere Beteiligte

Anderen Beteiligten steht ein Beschwerderecht gegen die Bewilligung von VKH für den Antragsteller oder deren Versagung **nicht** zu,[123] da es an einer Beschwer für sie fehlt. Dies gilt auch für die Versagung einer Entscheidung nach § 117 Abs. 2 Satz 2 ZPO.[124] **42**

cc) Verfahrensbevollmächtigter des Antragstellers

Dem **Anwalt des Antragstellers** steht ein eigenes Beschwerderecht gegen eine VKH-Entscheidung zu, soweit er dadurch unmittelbar **in eigenen Rechten betroffen** ist. Verneint wird dies bei der Ablehnung des VKH-Antrages,[125] der Ablehnung der Anwaltsbeiordnung,[126] der Aufhebung der Ratenzahlungsanordnung[127] oder der Aufhebung der VKH.[128] Beschwerdeberechtigt ist er dagegen gegen die Aufhebung einer bereits erfolgten Beiordnung,[129] die **43**

118 OLG Hamm FamRZ 2015, 950
119 BGH NJW 2011, 2434; FamRZ 2010, 790; FamRZ 2005, 1477; Gottschalk/Schneider/*Gottschalk*, Rn. 1053
120 BGH FamRZ 2011, 1138; NJW 2005, 1659; OLG Stuttgart FamRZ 2009, 531
121 OLG Frankfurt a.M. (6. Familiensenat) BeckRS 2014, 16457; OLG Hamm FamRZ 2012, 53; 2011, 234; OLG Köln JurBüro 2011, 41; OLG Celle FamRZ 2011, 918; Gottschalk/Schneider/*Gottschalk*, Rn. 1052; Prütting/Helms/*Dürbeck*, § 76 FamFG Rn. 13a
122 OLG Frankfurt a.M. (5., 8. und 4. Familiensenat) FamRZ 2014, 676; FamFR 2012, 545; NZFam 2019, 366; ; OLG Bremen FamRZ 2013, 1916; OLG Köln BeckRS 2011, 23985
123 BGH NJW 2002, 3554; OLG Düsseldorf JurBüro 2011, 655
124 OLG Frankfurt a.M. FuR 2015, 244; OLG Nürnberg FamRZ 2015, 684; OLG Oldenburg FamRZ 2013, 805; OLG Bremen FamRZ 2012, 649
125 OLG Celle JurBüro 2012, 207; OLG Frankfurt a.M. FamRZ 2011, 385
126 OLG Celle FamRZ 2012, 1661; OLG Hamm MDR 2011, 628; OLG Frankfurt a.M. FamRZ 2011, 385
127 OLG Celle FamRZ 2015, 355; OLG Stuttgart FamRZ 2012, 650
128 OLG Saarbrücken OLGR 2001, 190
129 OLG Brandenburg FamRZ 2004, 213; a.A. OLG Naumburg FamRZ 2007, 916

Beschränkung seiner Beiordnung nach § 78 Abs. 3 FamFG[130] und die Einstellung der Ratenzahlungen nach § 120 Abs. 3 Satz 1 ZPO.[131]

dd) Staatskasse

44 Der **Staatskasse** steht ein **(eingeschränktes)** eigenes Beschwerderecht nach § 127 Abs. 3 ZPO zu, soweit dem Antragsteller ratenfreie VKH bewilligt wurde und die Staatskasse die **Anordnung von Ratenzahlungen** begehrt. Sie kann also nicht geltend machen, VKH sei mangels der subjektiven Voraussetzungen ganz zu versagen[132] oder es seien bei angeordneter Ratenzahlung höhere Raten zu entrichten.[133] Zulässig ist weiter eine Beschwerde gegen die Ablehnung einer Nachzahlungsanordnung nach § 120a Abs. 1 ZPO durch den Rechtspfleger.[134]

b) Beschwerdefrist

45 Hinsichtlich der Beschwerdefrist gilt nach § 127 Abs. 2 Satz 3 ZPO für die VKH-Beschwerde die Besonderheit, dass die Frist zur Einlegung der beim Amts- oder Oberlandesgericht einzulegenden Beschwerde **einen Monat ab Zustellung** der Entscheidung (§§ 127 Abs. 2 Satz 3, 569 ZPO) beträgt. Für die Beschwerde der Staatskasse sieht das Gesetz vor, dass diese nach Ablauf von **drei Monaten seit Verkündung der Entscheidung oder der Übergabe an die Geschäftsstelle** unstatthaft ist (§ 127 Abs. 3 Satz 4 und 5 ZPO). Bei Versäumung der Frist durch den Antragsteller kann Wiedereinsetzung in den vorigen Stand nach § 76 Abs. 2 FamFG, §§ 233 ff. ZPO beantragt werden bzw. von Amts wegen zu gewähren sein.

c) Form

46 Die Beschwerde ist in Kindschaftssachen nach § 569 Abs. 2 und 3 ZPO durch Einreichung einer **Beschwerdeschrift** bei dem Amtsgericht oder OLG einzulegen oder **zu Protokoll der Geschäftsstelle** zu erklären und nach § 571 Abs. 1 ZPO soll sie begründet werden.

3. Beschwerdeverfahren

47 Das Familiengericht hat nach § 568 Abs. 1 ZPO zunächst über die **Abhilfe der Beschwerde** zu entscheiden. Hält es die Beschwerde für unzulässig oder unbegründet – was im Einzelnen unter Eingehung auf das Beschwerdevorbringen zu begründen ist[135] – hilft es ihr durch Beschluss nicht ab, teilt es die **Nichtabhilfeentscheidung** dem Beschwerdeführer mit und legt sie unverzüglich dem OLG als nach § 119 Abs. 1 Nr. 1b GVG zuständiges Beschwerdegericht zur Entscheidung vor.

48 Zuständig ist im OLG gemäß § 568 Satz 1 ZPO der **Einzelrichter** mit der **Möglichkeit der Übertragung auf den Senat** unter den in Satz 2 genannten Voraussetzungen. Für die Beurteilung der Bedürftigkeit kommt es stets auf den Zeitpunkt der Beschwerdeentscheidung an,[136] in der ersten Instanz versäumte Angaben können im Beschwerdeverfahren nachgeholt werden, da die sofortige Beschwerde nach § 571 Abs. 2 ZPO auf neue Angriffs- und Verteidigungsmittel gestützt werden kann. § 118 Abs. 2 Satz 4 ZPO wird insoweit ver-

130 OLG Stuttgart FamRZ 2007, 1111; OLG Köln FamRZ 2005, 2008
131 Str., zum Streitstand Gottschalk/Schneider/*Gottschalk*, Rn. 1058
132 BGH FamRZ 2013, 123 a.A. bei unterlassener Berücksichtigung eines Verfahrenskostenvorschusses OLG Celle FamRZ 2015, 1420
133 BGH NJW-RR 2009, 494
134 BGH NJW 2013, 2289; weitere Einzelheiten: Gottschalk/Schneider/*Gottschalk*, Rn. 1061 ff.
135 Zur möglichen Aufhebung und Zurückverweisung wegen ungenügender Begründung: OLG Saarbrücken BeckRS 2011, 21795; OLG Schleswig BeckRS 2011, 21448
136 BGH FamRZ 2006, 548

drängt.[137] Hinsichtlich der Erfolgsaussichten kann das Beschwerdegericht diese nicht abweichend von einer inzwischen rechtskräftigen Hauptsacheentscheidung beurteilen.[138]

4. Beschwerdeentscheidung

Ist die Beschwerde **unstatthaft oder sonst unzulässig**, so ist sie nach § 572 Abs. 2 Satz 2 ZPO zu **verwerfen**. Ist sie zulässig, hat das OLG in der Sache zu entscheiden. Soweit es weiterer Tatsachenfeststellungen bedarf (z.B. das Amtsgericht hat die VKH mangels Erfolgsaussichten zu Unrecht verweigert), kann die **Entscheidung aufgehoben werden** und an das Amtsgericht (z.B. zur Prüfung der Bedürftigkeit) **zurückverwiesen** werden. **49**

Im Übrigen gilt grundsätzlich das **Verbot der reformatio in peius**. Bei einer Beschwerde gegen die Ratenhöhe dürfen etwa keine höheren Raten angeordnet werden und VKH nicht entgegen der angefochtenen Entscheidung wegen § 115 Abs. 4 ZPO (Kosten übersteigen nicht vier Monatsraten) versagt werden.[139] **50**

Bleibt die Beschwerde **erfolglos**, trifft den Beschwerdeführer eine gerichtliche **Beschwerdegebühr in Höhe von 66 EUR** gemäß Nr. 1912 KV FamGKG. Bei einem **Teilerfolg** der Beschwerde kann das Beschwerdegericht die Gebühr auf die Hälfte und mehr (auch bis auf null) **ermäßigen**. Im Übrigen **unterbleibt aber eine Kostenentscheidung** bei erfolgloser Beschwerde, da der Beschwerdeführer hinsichtlich der Gerichtskosten für seine erfolglose Beschwerde **kraft Gesetzes** haftet und § 127 Abs. 4 ZPO die **Erstattung außergerichtlicher Auslagen** auch im Beschwerdeverfahren nicht gestattet.[140] **51**

Gleiches gilt bei einer **erfolgreichen Beschwerde**. Hier fallen aber keine Gerichtsgebühren an. Dem Rechtsanwalt steht für das Beschwerdeverfahren gemäß Nr. 3500 VV RVG eine 0,5-Gebühr zu. Weder dem Beschwerdeführer noch den anderen Beteiligten kann VKH für das Beschwerdeverfahren bewilligt werden (siehe Rn. 9). **52**

Die **Rechtsbeschwerde zum BGH** ist gegen die Beschwerdeentscheidung nur eröffnet, wenn sie das Oberlandesgericht nach § 574 ZPO zugelassen hat, was nur wegen Fragen, die die persönlichen und wirtschaftlichen Verhältnisse des Antragstellers, die Mutwilligkeit oder das Verfahren betreffen, zulässig ist.[141] Die Zulassung darf dabei nicht durch den Einzelrichter des OLG erfolgen.[142] Im Übrigen ist gegen die Entscheidung des OLG nur die Gehörsrüge oder Gegenvorstellung statthaft. **53**

▶ *Zur Gehörsrüge und Gegenvorstellung näher Kischkel, § 58 FamFG Rn. 11.*

§ 77 FamFG

Bewilligung

(1) [1]Vor der Bewilligung der Verfahrenskostenhilfe kann das Gericht den übrigen Beteiligten Gelegenheit zur Stellungnahme geben. [2]In Antragsverfahren ist dem Antragsgegner Gelegenheit zur Stellungnahme zu geben, ob er die Voraussetzungen für die Bewilligung von Verfahrenskostenhilfe für gegeben hält, soweit dies aus besonderen Gründen nicht unzweckmäßig erscheint.

(2) Die Bewilligung von Verfahrenskostenhilfe für die Vollstreckung in das bewegliche Vermögen umfasst alle Vollstreckungshandlungen im Bezirk des Vollstreckungsgerichts einschließlich des Verfahrens auf Abgabe der Versicherung an Eides statt.

137 BGH, Beschl. v. 9.10.2018 – VIII ZB 44/18, juris; BAG MDR 2004, 597
138 BGH NJW 2012, 117; BFHE 141, 494
139 OLG Bremen FamRZ 2009, 306; MüKo-FamFG/*Viefhues*, § 76 Rn. 148
140 BGH ZfSch 2010, 284
141 BGH FamRZ 2007, 1720; BAG FamRZ 2006, 1117
142 BGH, Beschl. v. 9.10.2018 – VIII ZB 44/18, juris

Übersicht

A. Allgemeines

1 § 77 Abs. 1 FamFG knüpft an die das VKH-Bewilligungsverfahren regelnde Vorschrift des § 118 Abs. 1 ZPO an und modifiziert diese für Familiensachen der freiwilligen Gerichtsbarkeit geringfügig. Abs. 2 befasst sich dagegen mit den Besonderheiten der Verfahrenskostenhilfe in Vollstreckungsverfahren.

B. Inhalt der Norm

I. Gewährung rechtlichen Gehörs (Abs. 1)

2 Während nach § 118 Abs. 1 Satz 1 ZPO dem **Gegner** als Regelfall vor der Entscheidung über die Voraussetzungen der VKH **rechtliches Gehör** zu gewähren ist, soweit dies nicht aus besonderen Gründen unzweckmäßig erscheint, stellt § 77 Abs. 1 Satz 1 FamFG die Frage der Anhörung der Beteiligten in Amtsverfahren in das **freie Ermessen des Familiengerichts**, für **Antragsverfahren** gilt dagegen der § 118 Abs. 1 Satz 1 FamFG wörtlich entsprechende § 77 Abs. 1 Satz 2 FamFG. Das bedeutet insbesondere, dass jedenfalls in Antragsverfahren den Beteiligten im Regelfall auch rechtliches Gehör zu den **subjektiven Voraussetzungen der VKH** zu gewähren ist (vgl. § 76 FamFG Rn. 15 ff.) und unter den Voraussetzungen von § 117 Abs. 2 Satz 2 ZPO auch die **Erklärung des Antragstellers über die persönlichen und wirtschaftlichen Verhältnisse** nebst Belegen zu überlassen ist.[1] § 77 FamFG hat in Familiensachen der freiwilligen Gerichtsbarkeit keine eigenständige Bedeutung erlangt. Im Regelfall besteht hier keine Veranlassung, bei der Gewährung von rechtlichem Gehör im VKH-Prüfungsverfahren anders zu verfahren als in Familienstreitsachen, in denen nach § 113 Abs. 1 Satz 2 FamFG ausschließlich § 118 ZPO gilt. Im Übrigen ist bzgl. des VKH-Prüfungsverfahrens Bezug zu nehmen auf die Anmerkungen zu § 76 FamFG Rn. 3 ff.

II. Bewilligung vor der Vollstreckung (Abs. 2)

3 § 77 Abs. 2 FamFG entspricht wörtlich § 119 Abs. 2 ZPO und bestimmt, dass die Bewilligung von Verfahrenskostenhilfe für die **Vollstreckung in das bewegliche Vermögen** alle Vollstreckungshandlungen im Bezirk des Vollstreckungsgerichts einschließlich des Verfahrens auf Abgabe der Versicherung an Eides statt umfasst. Die Vorschrift hat in **Kindschaftssachen** keine praktische Bedeutung. Ihr ist allenfalls zu entnehmen, dass auch in Kindschaftssachen für das Vollstreckungsverfahren (§§ 86 ff. FamFG) **gesondert VKH** zu beantragen und zu bewilligen ist. Insoweit bedarf es auch hier Erfolgsaussichten i.S.d. § 114 ZPO und für die Frage der Anwaltsbeiordnung gilt § 78 FamFG.[2]

1 BT-Drs. 17/11472, 47; Prütting/Helms/*Dürbeck*, § 77 FamFG Rn. 4; a.A. Sternal/*Weber*, § 77 FamFG Rn. 3
2 BGH FamRZ 2010, 288; FamRZ 2012, 1637

Bewilligung von Verfahrenskostenhilfe und Beiordnung eines Rechtsanwalts

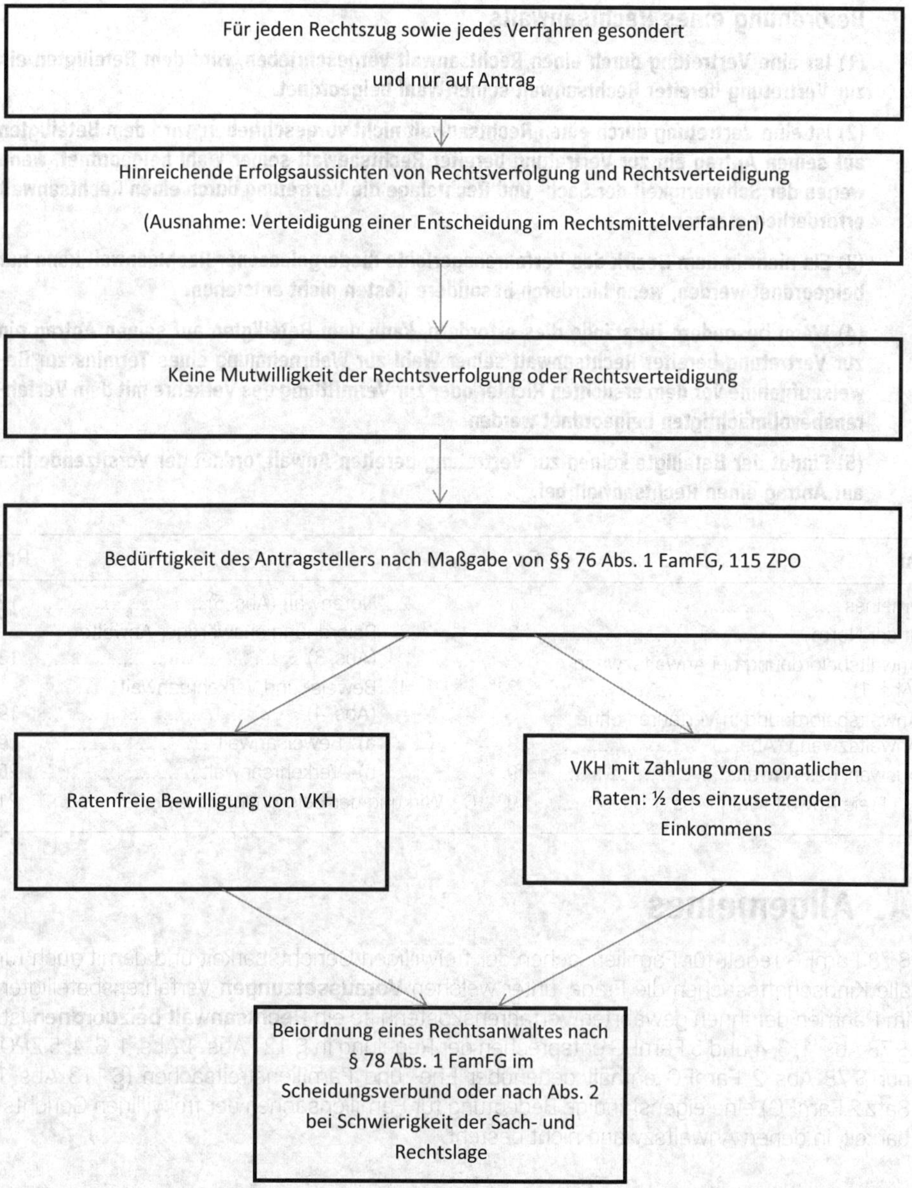

§ 78 FamFG

Beiordnung eines Rechtsanwalts

(1) Ist eine Vertretung durch einen Rechtsanwalt vorgeschrieben, wird dem Beteiligten ein zur Vertretung bereiter Rechtsanwalt seiner Wahl beigeordnet.

(2) Ist eine Vertretung durch einen Rechtsanwalt nicht vorgeschrieben, wird dem Beteiligten auf seinen Antrag ein zur Vertretung bereiter Rechtsanwalt seiner Wahl beigeordnet, wenn wegen der Schwierigkeit der Sach- und Rechtslage die Vertretung durch einen Rechtsanwalt erforderlich erscheint.

(3) Ein nicht in dem Bezirk des Verfahrensgerichts niedergelassener Rechtsanwalt kann nur beigeordnet werden, wenn hierdurch besondere Kosten nicht entstehen.

(4) Wenn besondere Umstände dies erfordern, kann dem Beteiligten auf seinen Antrag ein zur Vertretung bereiter Rechtsanwalt seiner Wahl zur Wahrnehmung eines Termins zur Beweisaufnahme vor dem ersuchten Richter oder zur Vermittlung des Verkehrs mit dem Verfahrensbevollmächtigten beigeordnet werden.

(5) Findet der Beteiligte keinen zur Vertretung bereiten Anwalt, ordnet der Vorsitzende ihm auf Antrag einen Rechtsanwalt bei.

Übersicht

A. Allgemeines

1 § 78 FamFG regelt für Familiensachen der freiwilligen Gerichtsbarkeit und damit auch für alle Kindschaftssachen die Frage, unter welchen **Voraussetzungen** Verfahrensbeteiligten im Rahmen der ihnen gewährten Verfahrenskostenhilfe ein **Rechtsanwalt beizuordnen** ist. § 78 Abs. 1, 3, 4 und 5 FamFG entsprechen der Regelung in § 121 Abs. 1 Abs. 1, 3, 4, 5 ZPO, nur § 78 Abs. 2 FamFG enthält gegenüber Ehe- und Familienstreitsachen (§ 113 Abs. 1 Satz 2 FamFG) eine eigenständige Bedeutung für Familiensachen der freiwilligen Gerichtsbarkeit, in denen Anwaltszwang nicht besteht.

B. Inhalt der Norm

I. Anwaltsbeiordnung bei Anwaltszwang (Abs. 1)

2 § 78 Abs. 1 FamFG bestimmt für Verfahren, die dem **Anwaltszwang** unterliegen, dass Beteiligten, denen Verfahrenskostenhilfe gewährt worden ist, **zwingend** ein Rechtsanwalt beizuordnen ist. Da Kindschaftssachen grundsätzlich nicht dem Anwaltszwang unterliegen (vgl. § 114 Abs. 1 FamFG), ist sie hier nicht von nennenswerter Bedeutung. Eine Ausnahme besteht nur dann, wenn eine Kindschaftssache nach § 137 Abs. 3 FamFG im **Scheidungsverbund** geführt werden soll. Hier bedarf zumindest der **Antragsteller** i.S.d. § 137 Abs. 3 FamFG der anwaltlichen Vertretung. Der **andere Ehegatte** bedarf dagegen der anwaltlichen

Vertretung dagegen nur, wenn er Verfahrenshandlungen, insbesondere **Anträge**, wie z.B. auf Übertragung des Sorgerechts nach § 1671 Abs. 1 Nr. 2 BGB stellt.[1] Will der andere Ehegatte seine **Zustimmung zur Sorgerechtsübertragung** nach § 1671 Abs. 1 Nr. 1 BGB erteilen, bedarf er dafür keiner anwaltlichen Vertretung, da es sich um keine Verfahrenshandlung handelt (vgl. *Kischkel*, § 64 FamFG Rn. 5 f.).[2] Legt ein Elternteil gegen eine im Scheidungsverbund befindliche Kindschaftssache Beschwerde ein, so bedarf er hierfür anwaltlicher Vertretung.[3]

II. Anwaltsbeiordnung in Verfahren ohne Anwaltszwang (Abs. 2)

Die Frage, wann in **(isolierten) Kindschaftssachen** dem bedürftigen Beteiligten eines Kindschaftsverfahrens ein Rechtsanwalt beizuordnen ist, gehörte zu den am meist diskutierten verfahrensrechtlichen Fragen seit Inkrafttreten des FamFG zum 1.9.2009. Die hierzu ergangene Rechtsprechung,[4] vor allem der Oberlandesgerichte, war fast unüberschaubar geworden. Nach § 78 Abs. 2 FamFG wird Beteiligten in Verfahren ohne Anwaltszwang auf **Antrag** ein zur Vertretung bereiter Rechtsanwalt beigeordnet, wenn wegen **Schwierigkeit der Sach- und Rechtslage** die Vertretung durch einen Rechtsanwalt erforderlich erscheint. Eine von § 121 Abs. 2 ZPO abweichende Regelung erschien dem Gesetzgeber aber angezeigt, weil in **Amtsermittlungsverfahren** das Gebot der Waffengleichheit, das in dem kontradiktorischen und dem Beibringungsgrundsatz unterliegenden Zivilprozess die Beiordnung eines Rechtsanwaltes für die kostenarme Partei erfordert, nicht (allein) die Notwendigkeit anwaltlicher Vertretung begründen kann.[5] 3

Der **BGH** hat zwischenzeitlich mehrfach zur Auslegung von § 78 Abs. 2 FamFG Stellung genommen.[6] Seine zuerst ergangene Entscheidung[7] betraf dabei die Frage der Anwaltsbeiordnung in einem Umgangsverfahren und damit einer Kindschaftssache nach § 151 Nr. 2 FamFG. Nach Auffassung des BGH sei entscheidend für die Auslegung von § 78 Abs. 2 FamFG, ob auch ein **bemittelter Rechtssuchender** in der Lage des Unbemittelten **vernünftigerweise** einen Rechtsanwalt mit der Wahrnehmung seiner Interessen beauftragt hätte. Im Gegensatz zu Vaterschaftsanfechtungsverfahren[8] hat der BGH ein **Regel-Ausnahme-verhältnis** für die Anwendung von § 78 Abs. 2 FamFG in Kindschaftssachen als **nicht mit dem Gesetz vereinbar** abgelehnt. Die Schwere eines Grundrechtseingriffs, wie sie in Kindschaftssachen im Hinblick auf Art. 6 Abs. 1 und 2 GG regelmäßig drohen, soll nach Auffassung des BGH kein Kriterium für eine Anwaltsbeiordnung bilden, weil nicht davon ausgegangen werden könne, dass sich auch ein nicht bedürftiger Beteiligter bei Umgangsstreitigkeiten im Regelfall anwaltlichen Beistands versichert hätte. Die Frage, ob ein Verfahren eine schwierige Sach- oder Rechtslage für den kostenarmen Beteiligten darstelle, beurteile sich vielmehr nach dessen **subjektiven Fähigkeiten**.[9] Entgegen der Gesetzesbegründung misst der BGH dem **Grundsatz der Waffengleichheit** schon aus verfassungsrechtlichen Gründen[10] insoweit Bedeutung zu, dass der Umstand der anwaltlichen Vertretung anderer Beteiligter ein Kriterium für die Erforderlichkeit zur Beiordnung eines Rechtsanwalts wegen der 4

1 MüKo-BGB/*Hennemann*, § 1671 BGB Rn. 85
2 Prütting/Helms/*Helms*, § 114 FamFG Rn. 21
3 BGH FamRZ 2017, 1151 zum Versorgungsausgleich
4 Vgl. die Auswertung von *Nickel*, NJW 2011, 1117
5 BT-Drs. 16/6308, 214
6 Vgl. Prütting/Helms/*Dürbeck*, § 78 FamFG Rn. 6
7 BGH FamRZ 2010, 1427
8 BGH FamRZ 2012, 1290
9 So bereits damals: OLG Zweibrücken NJW 2010, 1212; FamRZ 2010, 579; OLG Celle FamRZ 2010, 582; a.A. KG NJW-RR 2010, 1157; *Götsche*, FamRZ 2009, 383, 386
10 Vgl. BVerfG NJW-RR 2007, 1713 zur Bedeutung der Amtsermittlung für die Herstellung von Rechtsschutzgleichheit

Schwierigkeit der Sach- oder Rechtslage sein soll. Bei **inhaftierten** Elternteilen soll eine Beiordnung nach Ansicht des BGH im Regelfall erfolgen.[11]

5 Die Rechtsprechung der **Oberlandesgerichte** zur Anwaltsbeiordnung in Kindschaftssachen hat sich nicht einheitlich entwickelt. Gleichwohl ist zu konstatieren, dass in der Mehrheit der Fälle in Verfahren wie nach §§ 1684, 1685, 1686a, 1671 Abs. 1 Satz 2 Nr. 2, Abs. 2 Nr. 2, 1666, 1632 Abs. 4 BGB die Frage der Notwendigkeit der Anwaltsbeiordnung bejaht wurde.[12] Dabei wurden in einigen Entscheidungen **eingeschränkte subjektive Fähigkeiten**, wie mangelnde Deutschkenntnisse des Antragstellers, betont.[13] Entgegen der Auffassung des BGH und des Gesetzgebers haben viele Entscheidungen zu §§ 1666, 1684 Abs. 4 BGB schon aus **verfassungsrechtlicher Notwendigkeit** zu Recht darauf abgestellt, dass die Schwere eines drohenden Grundrechtseingriffs die Schwierigkeit der Sach- und Rechtslage begründen könne und daher den Betroffenen ein Anwalt beizuordnen sei.[14] Hierfür spricht auch der Umstand, dass ein bemittelter Beteiligter, dem ein **schwerer Grundrechtseingriff** wie der Entzug der elterlichen Sorge droht, im Regelfall eher einen Rechtsanwalt hinzuziehen würde, wie etwa in einem Verfahren nach § 165 FamFG oder § 1671 Abs. 1 Nr. 1 BGB. In anderen Entscheidungen wurde der Schwerpunkt der Argumentation auf das Prinzip der Waffengleichheit gelegt.[15] Auch Kriterien wie die Eilbedürftigkeit des Verfahrens oder mangelnde Unterstützung durch das Jugendamt sind in Kindschaftssachen zu nennen.[16]

6 Für **Verfahren nach § 155a FamFG, § 1626a BGB** ist die Notwendigkeit einer Beiordnung regelmäßig zu bejahen.[17]

7 In **Umgangsverfahren** dürften auch Umstände wie die Notwendigkeit der Begleitung des Umganges[18] oder seiner Durchführung in einer Justizvollzugsanstalt[19] anwaltliche Vertretung der Beteiligten erfordern. Im **Umgangsvermittlungsverfahren** nach § 165 FamFG ist dem Antragsteller regelmäßig ein Anwalt beizuordnen.[20] Auf der anderen Seite kommt in Verfahren nach § 1671 Abs. 1 Nr. 1 BGB bei bereits außergerichtlich erklärter Zustimmung des anderen Elternteils zur Begründung alleiniger Sorge die Beiordnung eines Rechtsanwaltes eher nicht in Betracht.[21] Einem Rechtsanwalt, der zum Ergänzungspfleger eines minderjährigen Kinds bestellt worden ist, ist im Regelfall in einer Kindschaftssache keine Verfahrenskostenhilfe unter Beiordnung seiner selbst zu bewilligen.[22]

---

11 BGH FamRZ 2016, 1058; OLG München FamRZ 2011, 1240

12 Vgl. die Auswertung von *Nickel*, NJW 2011, 1113, nach in etwa 2/3 der Fälle Anwälte beigeordnet wurden, speziell zu Kindschaftssachen auch *Büte*, FPR 2011, 17; *Götsche*, ZFE 2010, 100

13 OLG Hamm BeckRS 2014, 06525 (§ 1674 BGB); OLG Koblenz BeckRS 2011, 17480; verneint im konkreten Fall von OLG Düsseldorf FuR 2013, 597

14 OLG Bamberg FamRZ 2014, 1041; OLG Düsseldorf FamRZ 2013, 897; OLG Brandenburg FamRZ 2013, 1593; OLG Saarbrücken ZKJ 2012, 230; OLG Frankfurt a.M. BeckRS 2012, 16091; FamRZ 2010, 1094

15 OLG Brandenburg NZFam 2015, 329; OLG Celle MDR 2011, 1178 (Umgang), im konkreten Fall Beiordnung verneint

16 OLG Brandenburg AGS 2017, 481

17 OLG Frankfurt FamRZ 2021, 967; OLG Stuttgart FamRZ 2014, 1045; OLG Jena NZFam 2015, 326; vgl. dazu ausführlich *Hamdan/Hamdan*, MDR 2015, 249

18 OLG Schleswig FamRZ 2011, 1241

19 BGH FamRZ 2018, 1058; OLG München FamRZ 2011, 1240

20 OLG Bremen FamRZ 2017, 1144; OLG Zweibrücken BeckRS 2015, 11587; OLG Köln FamRZ 2015, 1921; *Rehberg*, JurBüro 2023, 344; a.A.: OLG Frankfurt a.M. NJW-RR 2013, 962; OLG Hamm FamRZ 2013, 565; OLG Oldenburg FamRZ 2011, 916; OLG Karlsruhe MDR 2011, 107

21 OLG Hamm MDR 2012, 1045; a.A. OLG Karlsruhe FamRZ 2013, 895 wegen eines unterbliebenen Hinweises des Familienrichters

22 OLG Schleswig FamRZ 2012, 808

Im Übrigen sind für die Auslegung von § 78 Abs. 2 FamFG die **Umstände des Einzelfalles** maßgeblich, wobei der Grad der Zerrüttung der sozialen Beziehung der Eltern,[23] der Umfang etwaiger Meinungsverschiedenheiten[24] und etwaige konkrete subjektive Defizite des Betroffenen (Sprachkenntnisse, Bildungsstand, kulturelle Besonderheiten, Gerichtserfahrung) von Bedeutung sind. 8

▶ *Zur Beiordnung nach § 78 Abs. 2 FamFG in Abstammungssachen[25] vgl. auch Langer, § 169 FamFG Rn. 13 ff.*

III. Auswahl des Anwalts

1. Freie Anwaltswahl (Abs. 1 und 2)

Der **Grundsatz freier Anwaltswahl** gewährt und erfordert, wie sich aus § 78 Abs. 1 und 2 FamFG ergibt, die **Benennung des gewählten Anwalts** durch den Antragsteller. Gewählt werden kann jeder zur Anwaltstätigkeit generell berechtigte Anwalt (vgl. § 45 BRAO), der für das konkret beabsichtigte Verfahren – das ist nur noch vor dem BGH nötig, vgl. § 114 Abs. 2 FamFG – postulationsfähig ist. Erforderlich ist zudem, dass der gewählte Anwalt **zur Vertretung des Antragstellers bereit** ist. Von einer Vertretungsbereitschaft des Anwalts kann nicht ausgegangen werden, wenn die dem Anwalt erteilte Vollmacht eine Vertretung im Nachprüfungsverfahren nach §§ 120a, 124 ZPO ausschließt.[26] Soweit in solchen Fällen bereits vorformulierte Vollmachten nicht bereits nach §§ 305c Abs. 1, 307 Abs. 1 Satz 1 und 2 BGB unwirksam sind,[27] wäre eine auf die VKH-Antragstellung und das Hauptsacheverfahren beschränkte Beiordnung weder mit dem Rechtszugsbegriff von § 119 Abs. 1 Satz 1 ZPO noch mit den anwaltlichen Berufspflichten im Zusammenhang mit der öffentlich-rechtlichen Beiordnung (§ 48 BRAO) vereinbar. Ein entsprechend beschränkter Beiordnungsantrag ist daher zurückzuweisen.[28] 9

Zu beachten ist in diesem Zusammenhang aber das in § 43a Abs. 4 BRAO geregelte **Verbot der Vertretung widerstreitender Interessen**, das in Sorgerechtsverfahren nach § 1666 BGB tangiert sein kann, wenn beide Eltern bei Verfolgung unterschiedlicher Verfahrensziele von einem gemeinsamen Rechtsanwalt vertreten werden.[29]

Eingeschränkt wird die Anwaltswahl auch durch § 78 Abs. 3 FamFG, wonach grundsätzlich zur Schonung der Staatskasse **kein auswärtiger Rechtsanwalt** gewählt werden soll (vgl. Rn. 13 ff.). 10

Ein einmal beigeordneter Anwalt kann nur bei Vorliegen eines **wichtigen Grundes** durch **Aufhebung der Beiordnung entpflichtet** werden (vgl. § 48 Abs. 2 BRAO). Ein wichtiger Grund für einen Anwaltswechsel liegt dann vor, wenn dieser auch dem nicht bedürftigen Beteiligten Anlass zu einem Anwaltswechsel gegeben hätte.[30] Dies setzt aus Sicht des Mandanten im Regelfall eine **nachhaltige Zerstörung des Vertrauensverhältnisses** zwischen Anwalt und Beteiligten voraus, die aber nicht durch vorwerfbares Verhalten des Beteiligten entstanden sein darf.[31] Die **Kündigung des Mandates** durch den Beteiligten stellt in-

23 OLG Hamm FamRZ 2011, 389; zu Recht verneint wegen weitgehender Einigkeit zum Sorgerecht: OLG Celle MDR 2011, 1006
24 Zu Recht verneint wegen noch zu regelnder Randfragen des Umgangs: OLG Saarbrücken FamRZ 2010, 1690
25 Vgl. BGH NJW 2012, 2586: Für Antragsteller im Vaterschaftsanfechtungsverfahren immer; anders zu Recht OLG Karlsruhe BeckRS 2014, 21837 für den anderen Elternteil, der dem nicht entgegentritt
26 LAG Köln, Beschl. v. 25.7.2019 – 9 Ta 101/19, juris; a.A.: *Nickel*, MDR 2017, 499, 505
27 So LAG Köln, Beschl. v. 30.4.2019 – 1 Ta 17/19, juris
28 LAG Köln, Beschl. v. 25.7.2019 – 9 Ta 101/19, juris
29 OLG Frankfurt, Beschl. v. 18.12.2014 – 5 WF 186/14, juris
30 OLG Köln FamRZ 2010, 747
31 BGH NJW-RR 1992, 189; BFH/NV 2012, 954

soweit immer einen triftigen Grund für einen Aufhebungsantrag durch den Rechtsanwalt nach § 48 Abs. 2 BRAO dar.[32]

11 Nach Aufhebung der Beiordnung ist dem Beteiligten nur dann ein **neuer Anwalt** beizuordnen, wenn aus Sicht des Beteiligten ein **triftiger Grund zur Kündigung des Mandatsverhältnisses** gegeben war.[33] Etwaige Mehrkosten sind dann hinzunehmen und von der Staatskasse zu tragen. Liegen aber – wie in den meisten Fällen – **keine triftigen Gründe** zur Mandatsbeendigung vor, so kann ein neuer Anwalt nur dann beigeordnet werden, wenn der Staatskasse hierdurch **keine Mehrkosten** entstehen.[34] Das ist dann der Fall, wenn der erste Anwalt die Erklärung abgibt, auf die Vergütung zu verzichten oder der zweite Anwalt erklärt, nur bereits noch nicht entstanden Gebühren (z.B. Vergleichs- und Terminsgebühr) geltend zu machen.[35] Eine Beschränkung im Beiordnungsbeschluss setzt aber **entsprechende Erklärungen der Anwälte** voraus, sie kann **nicht von Amts wegen angeordnet** werden.[36] Wird sie – wie in der Praxis häufig – dennoch angeordnet und nicht vom Rechtsanwalt angefochten, ist sie aber im Vergütungsfestsetzungsverfahren nach §§ 45 ff. RVG bindend. Ordnet das Familiengericht einen zweiten Anwalt (ohne triftigen Grund für die Mandatsbeendigung) ohne eine ausdrücklich zu tenorierende vergütungsmäßige Einschränkung bei, stehen diesem uneingeschränkte Vergütungsansprüche zu. Lehnen der erste und zweite Anwalt eine Einschränkung ihrer Vergütungsansprüche ab, so hat die Beiordnung eines zweiten Rechtsanwaltes – bei vorheriger Mandatsbeendigung ohne triftigen Grund bei bereits entstandener anwaltlicher Verfahrens- und Terminsgebühr – zu unterbleiben.[37] Erfolgt die Einschränkung gleichwohl, so ist sie auf die Beschwerde des betroffenen Rechtsanwalts aufzuheben.

2. Notanwalt (Abs. 5)

12 Findet der bedürftige Beteiligte keinen zur Vertretung bereiten Anwalt, ordnet nach § 78 Abs. 5 FamFG das Familiengericht bzw. in höheren Rechtszügen der Senatsvorsitzende ihm auf Antrag einen zur Übernahme verpflichteten (vgl. § 48 Abs. 1 BRAO) Anwalt bei, **sog. Notanwalt**. Die Vorschrift hat in der Praxis keine nennenswerte Bedeutung. Denkbar sind Fälle im Rechtsbeschwerdeverfahren wegen der begrenzten Zahl von beim BGH zugelassenen Rechtsanwälten[38] oder aber auch bei querulatorischen Rechtssuchenden, die (auch) der Anwaltschaft hinreichend bekannt sind. In letztgenannten Fällen dürfte oft zweifelhaft sein, ob die übrigen Voraussetzungen für eine Bewilligung von Verfahrenskostenhilfe (Erfolgsaussicht, fehlende Mutwilligkeit) gegeben sind.

3. Beiordnung auswärtiger Anwälte (Abs. 3)

13 Gemäß § 78 Abs. 3 FamFG kann ein nicht in dem **Bezirk des Verfahrensgerichts** niedergelassener Rechtsanwalt nur beigeordnet werden, wenn hierdurch besondere Kosten – das Gesetz meint insoweit hier die Reisekosten des Rechtsanwaltes nach § 46 RVG – nicht entstehen. Die Anwendung der Vorschrift erfordert bei der Wahl eines nicht im Bezirk des Gerichts niedergelassenen Anwalts einen **Kostenvergleich**, bei dem diejenigen (Mehr-)Kosten, die dem auswärtigen Rechtsanwalt tatsächlich entstehen würden (Reisekosten, Tage- und Abwesenheitsgelder) denjenigen Kosten gegenüber gestellt werden, die entstehen würden, wenn die Kanzlei des Anwalts an dem **am weitesten vom Verfahrensgericht entfernten**

32 OLG Nürnberg MDR 2003, 713; *Groß*, § 121 ZPO Rn. 5
33 BGH NJW-RR 1992, 189; Prütting/Helms/*Dürbeck*, § 78 FamFG Rn. 25
34 OLG Koblenz MDR 2015, 1077; OLG Brandenburg FamRZ 2002, 39; OLG Frankfurt a.M. MDR 1988, 501
35 OLG Hamm FamRZ 2010, 1268; OLG Celle FamRZ 2004, 1881; *Zimmermann*, Rn. 355
36 OLG Hamm FamRZ 2010, 1268; 2006, 1551; Zöller/*Schultzky*, § 121 ZPO Rn. 39
37 BGH NJW-RR 1992, 189; Gottschalk/Schneider/*Gottschalk*, Rn. 647
38 MüKo-FamFG/*Viefhues*, § 76 FamFG Rn. 34

Ort des Bezirk des Instanzgerichts gelegen wäre.[39] Hier kann sich wegen der Größe eines OLG-Bezirkes daraus schon ergeben, dass tatsächlich keine Mehrkosten entstehen.[40]

Übersteigen die zusätzlichen Reisekosten die sonst gegebenen Kosten, erfolgt die Beiordnung auch **ohne ausdrücklich erklärtes Einverständnis** des Rechtsanwalts[41] nur *„zu den Bedingungen eines im Gerichtsbezirk niedergelassenen Rechtsanwalts"*, was die spätere Geltendmachung erhöhter Reisekosten ausschließt. In einem weiteren Schritt ist aber zu prüfen, ob dem Bedürftigen im Falle einer Beauftragung eines Rechtsanwaltes mit Sitz im Bezirk des Verfahrensgerichts nicht zusätzlich ein **Verkehrsanwalt** (mit Sitz an seinem Wohnort) nach § 78 Abs. 4 FamFG hätte beigeordnet werden müssen (zu den Voraussetzungen vgl. Rn. 20).[42] Ist dies der Fall, muss in einer **weiteren Vergleichsberechnung** ermittelt werden, ob die Mehrkosten des auswärtigen Anwalts – wie meist der Fall – unter denjenigen Kosten eines **fiktiv beigeordneten Verkehrsanwaltes** (vgl. Nr. 3400 VV RVG: 1,0 Gebühr) liegen. Liegt eine solche Konstellation vor, so ist streitig, ob der auswärtige Anwalt ohne Einschränkungen i.S.d. § 78 Abs. 3 FamFG beizuordnen ist[43] oder aber – wie von den Familiengerichten in der Praxis aus verständlichen Gründen der Vereinfachung bevorzugt – im Beiordnungsbeschluss auszusprechen ist, dass die Vergütung des auswärtigen Anwalts begrenzt wird auf die gesamte Vergütung, die durch die Beiordnung eines Verkehrsanwaltes entstehen würde.[44] Die zuletzt genannte Verfahrensweise ist vorzugswürdig, weil sie insbesondere auch dann einfach zu handhaben ist, wenn sich im Nachhinein höhere Mehrkosten des auswärtigen Anwalts (z.B. wegen der Durchführung mehrerer Termine) ergeben. 14

Die Praxis der Familiengerichte und der im Familienrecht tätigen Anwälte verfährt aber insoweit anders, als zunächst eine volle Beschränkung nach § 78 Abs. 3 FamFG für die Beiordnung des auswärtigen Anwalts ergeht und auch hingenommen wird, aber sodann unmittelbar vor oder im Termin zur mündlichen Verhandlung ein **unterbevollmächtigter, bezirksansässiger Terminsvertreter beigeordnet** wird, was der BGH unter den Voraussetzungen von § 78 Abs. 4 FamFG für zulässig hält[45] (vgl. Rn. 19 f.). Zu Unrecht wird dieser aber in der Praxis als Verkehrs- bzw. Korrespondenzanwalt i.S.d. § 78 Abs. 4 FamFG bezeichnet. Er ist in dieser Form vom Wortlaut der Vorschrift nicht umfasst. Dies offenbart, dass die Regelung der Beiordnung auswärtiger Rechtsanwälte in § 78 Abs. 3 und 4 FamFG völlig verfehlt ist und dringend einer gesetzgeberischen Anpassung an die Realitäten und Bedürfnissen der Praxis bedarf.[46] 15

Die **Vergütung des unterbevollmächtigten Terminsvertreters** richtet sich im Übrigen nach Nr. 3401, 3402 VV RVG (1,85 Gebühren im ersten Rechtszug), was insgesamt zu Mehrkosten von 0,65 Gebühren führt, wenn die Terminsgebühr nicht auch bei dem Hauptbevollmächtigten entstanden ist. 16

Eine dritte und einfach zu handhabende Variante besteht in der Möglichkeit der **Beauftragung einer Terminsvertreters durch den Hauptbevollmächtigten**, der mit diesem eine Ver-

---

39 OLG Brandenburg MDR 2017, 791; FamRZ 2014, 230; OLG Frankfurt a.M. FamRZ 2009, 1615

40 Vgl. den Fall von OLG Bamberg NZFam 2014, 1103

41 BGH NJW 2006, 3783; OLG Karlsruhe FamFR 2010, 541; *Zimmermann*, Rn. 309: im Antrag liege ein konkludentes Einverständnis; a.A. OLG Zweibrücken FamRZ 2002, 107: nur bei ausdrücklichem Einverständnis

42 BGH NJW 2004, 2749; OLG Brandenburg BeckRS 2018, 32968

43 BGH FamRZ 2004, 1362; OLG Brandenburg FamRZ 2013, 548; OLG Frankfurt a.M. AGS 2010, 33; Gottschalk/Schneider/*Gottschalk*, Rn. 693

44 OLG Frankfurt MDR 2016, 234; OLG Dresden FamRZ 2008, 164; OLG Schleswig OLGR 2007, 576

45 BGH FamRZ 2004, 1362; OLG Frankfurt AGS 2016, 300; OLG Düsseldorf, Beschl. v. 27.2.2014 – II-1 WF 13/14 juris; a.A. BVerwG FamRZ 1994, 1138; OLG Celle FamRZ 2012, 1321

46 So auch PK Familienverfahrensrecht/*Finke*, § 78 FamFG Rn. 30; konsequent insoweit bei der Auslegung von § 78 Abs. 3 FamFG: OLG Celle FamRZ 2012, 1321: Beiordnung eines unterbevollmächtigten ortsansässigen Anwalts nicht vom Wortlaut gedeckt.

gütungsvereinbarung trifft, die maximal die Mehrkosten eines fiktiven Verkehrsanwalts betragen sollten. Nach Wahrnehmung des Termins erhält der Terminsvertreter die vereinbarte Vergütung durch den Hauptbevollmächtigten, der diese sodann als Auslagen nach § 46 Abs. 1, 5 RVG mit der Staatskasse abrechnet.[47]

17 Hat das Gericht in seinem Beiordnungsbeschluss eine nach § 78 Abs. 3 FamFG an sich notwendige Beschränkung unterlassen, ist der Kostenbeamte im späteren Vergütungsfestsetzungsverfahren nach §§ 45 ff. RVG daran gebunden und hat insbesondere die Reisekosten voll zu erstatten.[48]

18 Der eingeschränkt beigeordnete auswärtige Anwalt kann seine Reisekosten zur Teilnahme an Anhörungsterminen bis zur größtmöglichen Entfernung eines Ortes im Bezirk des Verfahrensgerichts zum Sitz des Verfahrensgerichts geltend machen.

4. Beweis- und Verkehrsanwalt (Abs. 4)

a) Beweisanwalt

19 Gemäß § 78 Abs. 4 FamFG kann dem Beteiligten, wenn besondere Umstände es erfordern, ein zur Vertretung bereiter Rechtsanwalt seiner Wahl zur Wahrnehmung eines **Termins zur Beweisaufnahme vor dem ersuchten Richter** beigeordnet werden. Sie kommt in Kindschaftssachen nur insoweit in Betracht, als eine persönliche Anhörung eines Elternteils nach § 160 FamFG, z.B. wegen großer Entfernung seines Wohnortes zum Familiengericht, vor dem ersuchten Richter stattfindet, was grundsätzlich zulässig,[49] wenngleich aus guten Gründen nicht üblich ist. Besondere Umstände können sich vor allem ergeben aus subjektiven Einschränkungen des Bedürftigen, einer schwierigen Sach- und Rechtslage oder besonderer Bedeutsamkeit der Beweiserhebung.[50]

b) Verkehrsanwalt

20 Ebenfalls bei Vorliegen besonderer Umstände kann nach § 78 Abs. 4 FamFG ein (zusätzlicher) **Verkehrsanwalt** (auch Korrespondenzanwalt genannt) beigeordnet werden **zur Vermittlung des Verkehrs** mit dem Verfahrensbevollmächtigten. Gemeint ist der Fall, dass der nicht im Bezirk des Gerichts wohnhafte Beteiligte einen Anwalt mit Sitz im Bezirk des Verfahrensgerichts beauftragt, es sich aber für ihn die Notwendigkeit ergibt, nicht nur telefonisch oder schriftlich mit diesem zu kommunizieren. Dem dient die Möglichkeit, dass der betroffene Beteiligte die Angelegenheit mit einem Verkehrsanwalt am Sitz seines Wohnortes persönlich bespricht und dieser sodann den Hauptbevollmächtigten informiert. Besondere Umstände können sich hier ebenfalls ergeben aus subjektiven Einschränkungen wie Alter und Krankheit,[51] die Bedeutung und Emotionalität für den Beteiligten, die vor allem bei Kindschaftssachen regelmäßig vorliegt,[52] oder die große Entfernung zum Gerichtsort.[53]

47 So *N. Schneider*, NZFam 2016, 1094
48 OLG Düsseldorf AGS 2014, 196; KG Rpfleger 2011, 217; OLG Düsseldorf FamRZ 2008, 1358
49 Sternal/*Schäder*, § 160 FamFG Rn. 11
50 Prütting/Helms/*Dürbeck*, § 78 FamFG Rn. 20
51 Sternal/*Weber*, § 78 FamFG Rn. 31
52 OLG Dresden FamRZ 2008, 164; OLG Köln FamRZ 2008, 525; Johannsen/Henrich/*Markwardt*, § 121 ZPO Rn.29; a.A. Horndasch/Viefhues/*Götsche*, § 78 FamFG Rn. 56
53 OLG Karlsruhe FamRZ 2013, 1596; Prütting/Helms/*Dürbeck*, § 78 FamFG Rn. 21

C. Wirkung der Beiordnung

21 Die Beiordnung eines Rechtsanwaltes nach § 78 FamFG hat in dreifacher Hinsicht Auswirkungen auf die Rechtsverhältnisse zwischen Antragsteller, Staatskasse und denjenigen Beteiligten, denen die außergerichtlichen Kosten des bedürftigen VKH-Empfängers auferlegt wurden.

- Im Verhältnis zum **eigenen Mandanten** bewirkt die Beiordnung, dass der Anwalt gemäß §§ 76 Abs. 1 FamFG, 122 Abs. 1 Nr. 3 ZPO die an sich entstandenen Wahlanwaltsgebühren gegen diesen so lange nicht geltend machen kann, wie die VKH nicht aufgehoben ist.
- Gegenüber der Staatskasse besitzt der Rechtsanwalt gemäß §§ 45 ff. RVG einen Vergütungsanspruch bezüglich seiner Gebühren und Auslagen, wobei die Höhe der Gebühren nach § 49 RVG reduziert gegenüber den Wahlanwaltsgebühren (Auswirkung aber erst ab einem Verfahrenswert über 4.000,00 EUR) sind.[54] Erfüllt die Staatskasse den Vergütungsanspruch, geht der Vergütungsanspruch des Anwalts gegen den eigenen Beteiligten oder den erstattungspflichtigen anderen Beteiligten kraft Gesetzes gemäß § 59 RVG auf die Staatskasse über.
- Gegenüber dem kostenerstattungspflichtigen Gegner erhält der Anwalt gemäß §§ 76 Abs. 2 FamFG, 126 Abs. 1 ZPO ein eigenes Beitreibungsrecht, soweit er (hinsichtlich seiner Wahlanwaltsvergütung) noch nicht von der Staatskasse nach §§ 45 ff. RVG entschädigt wurde.[55]

§ 79 FamFG
(weggefallen)

§ 80 FamFG
Umfang der Kostenpflicht

[1]Kosten sind die Gerichtskosten (Gebühren und Auslagen) und die zur Durchführung des Verfahrens notwendigen Aufwendungen der Beteiligten. [2]§ 91 Abs. 1 Satz 2 der Zivilprozessordnung gilt entsprechend.

Übersicht Rn.

54 Einzelheiten bei Gottschalk/Schneider/*Gottschalk*, Rn. 883 ff.
55 Vgl. *Groß*, § 126 ZPO Rn. 1 ff.

A. Allgemeines

I. Anwendungsbereich

1 Die Vorschriften des 7. Abschnitts des FamFG in §§ 80 bis 85 gelten nur für (selbstständige) Familiensachen der freiwilligen Gerichtsbarkeit, also auch für alle nicht im Ehescheidungsverbund (§ 137 Abs. 3 FamFG) geführten **Kindschaftssachen** i.S.d. § 151 FamFG. Zur Anwendung gelangen diese Normen nicht nur im Hauptsacheverfahren, sondern über § 51 Abs. 4 FamFG auch im **einstweiligen Anordnungsverfahren** und über § 87 Abs. 5 FamFG im **Vollstreckungsverfahren**.

Nicht anzuwenden sind die §§ 80 ff. FamFG dagegen in Ehe- und Familienstreitsachen (§ 112 FamFG), hier gelten über § 113 Abs. 1 Satz 2 FamFG die §§ 91 ff. ZPO bzw. Sonderregelungen des FamFG nach § 150 FamFG für die Ehescheidung oder § 243 FamFG für Unterhaltssachen, d.h. auch für gerichtliche Streitigkeiten über den Kindesunterhalt einschließlich des vereinfachten Verfahrens nach §§ 249 ff. FamFG. Auch soweit Kindschaftssachen nach § 137 Abs. 3 FamFG auf Antrag im **Scheidungsverbund** geführt werden, ergeht eine einheitliche Kostenentscheidung über Scheidung und Folgesachen nach der dann vorrangigen Regelung in § 150 FamFG.[1] Durch Schaffung des FamFG zum 1.9.2009 hat der Gesetzgeber den früheren Zustand der Zersplitterung des Kostenrechts im Bereich der zu den vormaligen Verfahren der freiwilligen Gerichtsbarkeit zählenden Kindschaftssachen (vgl. §§ 13a FGG a.F., 94 KostO a.F.) beendet und die Regelung der Kosten mit den §§ 80 ff. FamFG harmonisiert.[2]

II. Normzweck und Inhalt

2 Entgegen dem missverständlichen Wortlaut des § 80 FamFG („Umfang der Kostenpflicht") verhält sich die Vorschrift nicht zur Frage der Haftung bzw. der Erstattung von gerichtlichen oder außergerichtlichen Kosten. Satz 1 enthält vielmehr die im Kostenrecht übliche, § 162 Abs. 1 VwGO nachgebildete[3] **Definition der Kosten** einerseits als **Gebühren und Auslagen** – im FamGKG geregelt – und andererseits als die zur Durchführung des Verfahrens **notwendigen Auslagen der Beteiligten**. § 80 Satz 2 FamFG klärt durch den Verweis auf § 91 Abs. 1 Satz 2 ZPO, dass eigene Reisekosten und der Verdienstausfall eines Beteiligten für die Wahrnehmung von Gerichtsterminen im Rahmen der Kostenfestsetzung erstattungsfähig sind. Ein Verweis auf § 91 Abs. 2 ZPO, wonach die Rechtsanwaltskosten eines Beteiligten ausnahmslos zu erstatten sind, erfolgt dagegen nicht, so dass die **Notwendigkeit anwaltlicher Vertretung** im Kindschaftsverfahren i.S.d. § 80 Satz 1 FamFG stets im Kostenfestsetzungsverfahren zu prüfen ist (siehe näher hierzu *Kischkel*, § 85 FamFG Rn. 6).

1 Prütting/Helms/*Helms*, § 150 FamFG Rn. 2
2 Ein Vergleich mit dem alten Recht findet sich bei *Finke*, FPR 2010, 331
3 BT-Drs. 16/6308, 215

B. Gerichtskosten

I. Vorschuss in Kindschaftssachen?

Noch nicht abschließend geklärt ist in der Rechtsprechung die Frage, ob in Kindschaftssachen die verfahrenseinleitende Tätigkeit des Familiengerichts von der Zahlung eines **Vorschusses** an die Gerichtskasse für die Gerichtsgebühren durch den nicht Verfahrenskostenhilfe (vgl. § 15 Nr. 1 FamGKG) begehrenden Elternteil abhängig gemacht werden darf.[4] Gemäß § 14 Abs. 3 FamGKG soll in Familienverfahren der freiwilligen Gerichtsbarkeit, in denen der **Antragsteller die Kosten schuldet**, vor Zahlung der Gebühr für das Verfahren im Allgemeinen keine gerichtliche Handlung vorgenommen werden. Nach § 21 Abs. 1 Satz 1 FamGKG schuldet in Verfahren, die **nur auf Antrag** eingeleitet werden, derjenige die Kosten gegenüber der Staatskasse, der das Verfahren des Rechtszugs beantragt hat. Damit scheiden Antragstellerhaftung und Vorschusspflicht jedenfalls in allen Kindschaftsverfahren aus, die auch **von Amts wegen** nach § 24 FamFG eingeleitet werden können, so dass jedenfalls bei Umgangsverfahren,[5] Herausgabeverfahren nach § 151 Nr. 3 FamFG, Kindesschutzverfahren nach § 1666 BGB, Abänderungsverfahren nach § 166 FamFG, § 1696 BGB[6] und auch in Vormundschaftssachen nach §§ 1643 Abs. 1, 1799, 1850 ff. BGB[7] Vorschüsse nicht gefordert werden dürfen. 3

Reine Antragsverfahren, für die in Kindschaftssachen allenfalls eine Vorschusspflicht diskutiert werden kann, sind dagegen vor allem Anträge von Elternteilen nach §§ 1626a Abs. 2, 1628 und 1671 Abs. 1 und 2 BGB[8] sowie die Umgangs- und Auskunftsverfahren nach §§ 1686, 1686a BGB, so dass vom Wortlaut her die Voraussetzungen der§§ 14 Abs. 3, 21 Abs. 1 Satz 1 FamGKG erfüllt sind. Dem steht aber die Erwägung entgegen, dass auch die vorbezeichneten Antragsverfahren im Einzelfall im Interesse des Kindeswohls besonderer Beschleunigung bedürfen, wie dies nach § 155 Abs. 1 und 2 FamFG etwa bei einem Streit der Eltern um den Aufenthalt des Kindes der Fall ist. Ob der andere Elternteil auch das Aufenthaltsbestimmungsrecht für das Kind begehrt, wird sich oft erst aus der Antragserwiderung ergeben, so dass bei Eingang der Antragsschrift weder Kostenbeamter noch Familienrichter die Eilbedürftigkeit des Verfahrens abschätzen können. Schon allein dieser Umstand rechtfertigt es, generell alle Kindschaftsverfahren von der Gerichtskostenvorschusspflicht auszunehmen.[9] Rechtsdogmatisch kann dies über eine erweiternde Auslegung der Ausnahmeregelung des § 15 Nr. 3b FamGKG hergeleitet werden.[10] 4

II. Begriff der Gerichtskosten

§ 80 Satz 1 FamFG unterteilt die Gerichtskosten in Anlehnung an andere Verfahrensordnungen und auch Kostengesetze, insbesondere das Gesetz über Gerichtskosten in Familiensachen[11] (FamGKG, vgl. dort § 1 Abs. 1 Satz 1), in **Gerichtsgebühren** und **Auslagen des Gerichts**. §§ 1 Abs. 1 Satz 1, 3 Abs. 2 FamGKG sehen vor, dass Gerichtskosten in diesem Sinne ausschließlich in den im Kostenverzeichnis (KV) der Anlage 1 zum FamGKG geregelten Fällen erhoben werden dürfen. 5

4 Vgl. dazu ausführlich *H. Schneider*, FamRB 2012, 164
5 KG FamRZ 2019, 708; OLG Frankfurt a.M. ZKJ 2013, 127; OLG Saarbrücken NJW 2012, 163; Sternal/*Schäder*, FamFG § 151 Rn. 38
6 KG FamRZ 2019, 708
7 BeckOK-BGB/*Veit*, § 1644 Rn. 12
8 KG AGS 2013, 195 mit Anm. *Volpert*
9 So auch Prütting/Helms/*Dürbeck*, § 151 Rn. 65; *Keske*, FPR 2012, 241; *Volpert*, FPR 2010, 327, 330
10 Staudinger/*Dürbeck*, § 1684 BGB Rn. 486; *Volpert*, FPR 2010, 327, 330
11 BGBl. I 2008, S. 2586

III. Gerichtsgebühren

1. Höhe und Fälligkeit

6 Für Kindschaftssachen hat der Gesetzgeber aus sozialpolitischen Erwägungen deutlich niedrigere Gerichtsgebühren als in anderen Familiensachen vorgesehen.[12] Nach der Vorbem. 1.3.1 Abs. 1 KV FamGKG sind Kindschaftssachen, die die **Pflegschaft für ein bereits gezeugtes Kind** betreffen, die Genehmigung der freiheitsentziehenden **Unterbringung** eines Minderjährigen und freiheitsentziehende Maßnahmen (§ 151 Nr. 6 und 7 FamFG) sowie schließlich die **Aufgaben nach dem JGG** (§ 151 Nr. 8 FamFG), deshalb sogar **gebührenfrei**.

7 Im Übrigen bestehen in Kindschaftssachen nach § 28 FamGKG **wertabhängige Gerichtsgebühren** (zur Wertbestimmung vgl. Rn. 13 ff.), deren Höhe zudem vom jeweiligen Instanzenzug abhängig ist. Für **erstinstanzliche Kindschaftssachen** (mit Ausnahme von **Vormundschaften und Pflegschaften**, für die nach Nr. 1310 Abs. 1 Nr. 1 bis 3, 1311 bis 1313 KV FamGKG Sonderregelungen bestehen) entsteht nach der zum 1.8.2013 durch das 2. KostenrechtsmodernisierungsG[13] neu gefassten Nr. 1310 KV FamGKG eine **0,5 Verfahrensgebühr**. Bei einem nach § 45 Abs. 1 Nr. 1 bis 4 FamGKG anzunehmenden Regelverfahrenswert von 5.000,00 EUR ergibt sich nach der Berechnungsregelung in § 28 Abs. 1 FamGKG im Allgemeinen eine Gebühr für das (Hauptsache-) Verfahren in Höhe von 70,25 EUR.

8 In Sorgerechtssachen, in denen es zum (teilweisen) **Entzug des Sorgerechts** und zur Anordnung einer **Pflegschaft** kommt, bestimmt KV FamGKG Nr. 1310 Abs. 1 Nr. 3, dass Gerichtsgebühren insoweit nicht entstehen, weil diese für das Vormundschafts- bzw. Pflegschaftsverfahren nach Nr. 1311, 1312 erhoben werden. KV FamGKG Nr. 1310 Abs. 1 Nr. 3 ist dabei analog auf die **Vormundschaft** anzuwenden.[14]

9 Für **erstinstanzliche einstweilige Anordnungsverfahren** nach §§ 49 ff. FamFG sieht Nr. 1410 KV FamGKG in Kindschaftssachen eine Verfahrensgebühr von 0,3 vor, bei einem Regelverfahrenswert von 2.500,00 EUR (§§ 41, 45 FamGKG) ergeben sich danach Gerichtsgebühren in Höhe von 37,65 EUR. Keine gesonderten Gebühren werden nach § 4 FamGKG, Nr. 1310 Abs. 2 KV FamGKG für eine **Umgangspflegschaft** (§ 1684 Abs. 3 BGB) erhoben, sie sind kostenrechtlich Teil des betreffenden Umgangsverfahrens.[15] Zur Verfahrensgebühr nach Nr. 1310 KV FamGKG kann die besondere **0,25 Gebühr** nach Nr. 1500 für den **Abschluss eines gerichtlichen Vergleichs über einen nicht gerichtlich anhängigen Gegenstand** hinzukommen (z.B. der Abschluss einer gerichtlich gebilligten Umgangsvereinbarung im Rahmen eines Sorgerechtsverfahrens erster Instanz). Zur Beschwerdebefugnis gegen die gerichtliche Billigung einer Umgangsvereinbarung vgl. *Wegener*, § 156 FamFG Rn. 79.

10 Für das **Beschwerdeverfahren** in Kindschaftssachen sieht Nr. 1314 KV FamGKG für das Hauptsacheverfahren eine erhöhte Verfahrensgebühr von 1,0 vor (bei einem Beschwerdewert von 5.000 EUR also 170,50 EUR), für das **Rechtsbeschwerdeverfahren** steigt sie nach Nr. 1316 KV FamGKG auf 1,5. Eine **Reduzierung der Verfahrensgebühr im Beschwerdeverfahren auf 0,5** erfolgt nach Nr. 1315 KV dagegen für den Fall der **Beendigung des gesamten Verfahrens ohne Endentscheidung**, wobei hier insbesondere die Beschwerderücknahme, die Antragsrücknahme und die vergleichsweise Erledigung des Verfahrens in Betracht kommen. Meist steht dem aber entgegen, dass das OLG doch noch eine Kostenentscheidung, z.B. nach Rücknahme der Beschwerde, zu treffen hat.[16] Eine **Reduzie-**

12 BT-Drs. 16/6308, 311
13 BGBl. I 2013, S. 2586
14 Vgl. *Dürbeck,* ZKJ 2016, 357 m.w.N.
15 HK-FamGKG/*Türck-Brocker,* § 4 Rn. 2
16 OLG Celle FamRZ 2012, 1969

rung der Verfahrensgebühr nach Nr. 1315 Abs. 2 KV FamGKG erfolgt nur dann, wenn die Beteiligten zuvor eine **Einigung über die Kostentragung** mitgeteilt haben,[17] oder eine Kostenübernahmeerklärung eines Beteiligten vorliegt.

Schließen die Beteiligten im Beschwerdeverfahren eine **Umgangsvereinbarung,** steht die Notwendigkeit, über die Billigung des Vergleichs nach § 156 Abs. 2 FamFG zu entscheiden, nach Nr. 1315 Abs. 3 KV FamGKG der Reduzierung der Verfahrensgebühr nicht entgegen. Für **Beschwerden im einstweiligen Anordnungsverfahren** in Kindschaftssachen (vgl. § 57 Satz 2 FamFG) beträgt die Verfahrensgebühr nach Nr. 1411 0,5. Betrifft die Beschwerde nach §§ 58 ff. FamFG allerdings nur die Kostenentscheidung (siehe näher hierzu *Kischkel*, § 61 FamFG Rn. 5), ist nicht Nr. 1314 KV FamGKG anwendbar, sondern es fällt die Festgebühr des Nr. 1912 KV FamGKG von 72,00 EUR an.[18] 11

Vermittlungsverfahren i.S.d. § 165 FamFG sind seit Inkrafttreten des FamFG nicht mehr gebührenbefreit.[19] Bleibt das Vermittlungsverfahren erfolglos und kommt es anschließend zu einem neuen Umgangsverfahren nach § 151 Nr. 2 FamFG, bestimmt § 165 Abs. 5 Satz 3 FamFG, dass die Kosten des Vermittlungsverfahrens als Teil der Kosten des nachfolgenden Verfahrens gelten. Streitig ist aber, ob diese Regelung auch zur Folge hat, dass die 0,5 Verfahrensgebühr nach Nr. 1310 KV FamGKG insgesamt nur einmal anfällt,[20] oder aber – wie nach zutreffender Auffassung – zweimal.[21] 12

Werden Kindschaftssachen i.S.d. § 151 Nr. 1 bis 3 FamFG nach § 137 Abs. 3 FamFG dagegen – auf einen entsprechenden (hier unverzichtbaren)[22] Antrag – im **Scheidungsverbund** geführt, werden sie kostenrechtlich nicht selbständig behandelt, sondern sind **Teil des Kostenverbundes**. Die Gerichtsgebühr für das Ehescheidungsverfahren (2,0 Verfahrensgebühr nach Nr. 1110 KV FamGKG) wird nach § 44 Abs. 1 und 2 FamGKG aus einem **Gesamtverfahrenswert** aus der **Summe der Werte der Ehescheidung** (§ 43 FamGKG) und **aller im Verbund geführter Folgesachen** berechnet. Für **Kindschaftssachen** besteht hier die Besonderheit, dass sie nur mit **20 % des Wertes der Ehescheidung** nach § 43 FamGKG, maximal aber mit jeweils 5.000,00 EUR den Gesamtwert erhöhen.[23] Dies gilt auch dann, wenn sie mit der **Beschwerde nach §§ 58 ff. FamFG** angefochten werden, weil der Beschwerdewert nach § 40 Abs. 2 Satz 1 FamGKG nicht höher als der Wert des ersten Rechtszugs ist.[24] Die Gegenansicht, die im Beschwerdeverfahren § 45 Abs. 1 FamGKG anwenden will[25] ist mit dem Wortlaut des Gesetzes nicht vereinbar. Werden zunächst im Verbund geführte Kindschaftssachen abgetrennt, werden sie gemäß § 137 Abs. 5 Satz 2 FamFG sowohl in verfahrensrechtlicher als auch kostenrechtlicher Hinsicht selbstständig geführt und abgerechnet.[26] 13

Die Verfahrensgebühr **entsteht** in erstinstanzlichen Kindschaftsverfahren, die nach § 23 FamFG nur auf Antrag eingeleitet werden können (also vor allem in Sorgerechtsverfahren nach §§ 1671 Abs. 1 und 2, 1628, 1626a Abs. 2, 1686a BGB), mit der Einreichung des An- 14

17 OLG Karlsruhe FamRZ 2024, 1568
18 NK-GK/*H. Schneider,* KV FamGKG Nr. 1314–1315 Rn. 2
19 OLG Frankfurt a. M., Beschl. v. 29.8.2024 – 7 WF 92/24, BeckRS 2024, 30817, Rn. 11; OLG Düsseldorf FamRZ 2021, 881; OLG Karlsruhe FamRZ 2013, 722; *N. Schneider,* NZFam 2014, 906, 907; *Sternal/Schäder, FamFG § 165 Rn. 19; a.A.: Bumiller/Harders/Schwamb/Bumiller, FamFG § 165 Rn. 14*
20 HK-FamGKG/*Volpert,* Nr. 1310 KV Rn. 57b
21 *N. Schneider*, Gebühren in Familiensachen, Rn. 2422
22 OLG Dresden FamRZ 2015, 74; MüKo-FamFG/*Heiter,* FamFG § 137 Rn. 89
23 Vgl. dazu *Enders*, FPR 2012, 273, 275
24 OLG Saarbrücken Beschl. v. 2.11.2018 – 6 UF 82/18, BeckRS 2018, 30092 = FamRZ 2019, 985 (Ls.); OLG Frankfurt a. M. FamRZ 2015, 953; BeckOK-Streitwert/*Dürbeck*, „Familienrecht-Verbund" Rn. 3a
25 OLG München NJW 2006, 383; HK-FamGKG/*N. Schneider,* § 40 Rn. 38 (§ 40 Abs. 2 Satz 2 FamGKG analog)
26 BeckOK-Streitwert/*Dürbeck*, „Familienrecht-Verbund" Rn. 5

trags.[27] Bei den anderen Kindschaftssachen, die nach § 24 FamFG auch von Amts wegen eingeleitet werden können (z.B. §§ 1666, 1632, 1684 f. BGB), kommt es nicht auf den Eingang des Antrages bzw. der Anregung an, sondern auf die Verfahrenseinleitung durch das Familiengericht,[28] z.B. durch Anforderung eines Berichts des Jugendamts. Von der Frage der Entstehung der Gerichtsgebühren abzugrenzen ist deren **Fälligkeit**. Diese richtet sich nach § 11 FamGKG. Da in Kindschaftssachen gemäß § 81 Abs. 1 Satz 3 FamFG stets über die Kosten zu entscheiden ist, werden die Gerichtsgebühren nach § 11 Abs. 1 Nr. 1 FamGKG im Regelfall nach Erlass einer unbedingten Kostenentscheidung in der jeweiligen Instanz fällig, im Ausnahmefall des § 11 Abs. 1 Nr. 2 FamGKG durch anderweitige Erledigung, z.B. durch einen Vergleich, der eine Kostenverteilung beinhaltet.

2. Verfahrenswertbestimmung

a) Allgemeines und Verfahren

15 In Kindschaftssachen sind die Familiengerichte grundsätzlich nach § 55 Abs. 2 FamGKG zu einer (endgültigen) **Wertfestsetzung** verpflichtet, sobald eine **verfahrensabschließende Entscheidung** ergeht oder sich das Verfahren anderweitig erledigt und sich, wie z.B. bei Nr. 1310 KV FamGKG, die Gebühren gemäß § 3 FamGKG nach dem Verfahrenswert richten. Dies gilt aber nicht, wenn das Verfahren ausnahmsweise gebührenfrei ist (wie z.B. bei Unterbringungssachen nach Vorbem. 1.3.1 Abs. 1 KV FamGKG) oder Festgebühren vorgesehen sind (z.B. nach Nr. 1912 KV FamGKG für eine isolierte Kostenbeschwerde). In diesem Fall verbietet sich in Ansehung der Gerichtskosten eine Wertfestsetzung; verstößt das Familiengericht gegen diesen Grundsatz, ist die Wertfestsetzung auf eine Beschwerde hin aufzuheben.[29]

Einer **vorläufigen Wertfestsetzung** nach § 55 Abs. 1 Satz 1 FamGKG bedarf es in Kindschaftssachen nur, wenn nicht ein fester Wert nach dem FamGKG anzusetzen ist, was bei den Werten nach § 45 Abs. 1 Nr. 1-4 FamGKG aber grundsätzlich der Fall ist. Die Festsetzung des Werts kann von dem Gericht, das sie getroffen hat oder vom Rechtsmittelgericht, das über ein Rechtsmittel in der Hauptsache, den Verfahrenswert, den Kostenansatz oder die Kostenfestsetzung zu entscheiden hat, gemäß § 55 Abs. 3 FamGKG **binnen sechs Monaten nach Rechtskraft** oder **anderweitiger Erledigung** (z.B. Vergleich) von Amts wegen geändert werden. Das bedeutet, dass z.B. auch das OLG im Rahmen des Beschwerdeverfahrens berechtigt ist, den Verfahrenswert der ersten Instanz binnen der in § 55 Abs. 3 FamGKG genannten Frist von Amts wegen zu korrigieren. Das Verbot der *reformatio in peius* steht dem nicht entgegen.[30] Dies gilt aber dann nicht, wenn das Familiengericht im ersten Rechtszug überhaupt keinen Wert festgesetzt hat.[31] Hier beginnt die 6-Monatsfrist des § 55 Abs. 3 FamGKG nicht zu laufen; die Wertfestsetzung ist durch die Vorinstanz nachzuholen.[32] Auch bei einer Rücknahme der Beschwerde kann das OLG den erstinstanzlichen Wert abändern.[33]

27 HK-FamGKG/*Volpert*, Nr. 1310 KV FamGKG Rn. 30
28 OLG Düsseldorf FamRZ 1998, 114; HK-FamGKG/*Volpert*, Nr. 1310 KV FamGKG Rn. 31
29 OLG Nürnberg MDR 2019, 61; zur Kritik an der anderweitigen Praxis: *N. Schneider/Thiel*, NJW 2013, 25
30 OLG Brandenburg FamRZ 2022, 554
31 BeckOK-Streitwert/*Dürbeck*, „Familienrecht-Verfahren der Wertfestsetzung" Rn. 5a
32 OLG Brandenburg, Beschl. v. 18.1.2018 – 15 WF 258/17, BeckRS 2018, 35297; OLG Frankfurt a. M., Beschl. v. 13.2.2012 – 19 W 7/12, BeckRS 2012, 7011
33 OLG Koblenz, Beschl. v. 1.2.2024 – 9 UF 283/23, BeckRS 2024, 1256, RN. 7; OLG Stuttgart NJW 2015, 421; BeckOK-Streitwert/*Dürbeck*, „Familienrecht- Verfahren der Wertfestsetzung" Rn. 5

b) Beschwerde

Gemäß § 59 Abs. 1 Satz 1 FamGKG kann gegen den Beschluss des Familiengerichts, durch den der Verfahrenswert nach § 55 Abs. 2 FamGKG festgesetzt wurde, **Beschwerde** eingelegt werden, wenn der Wert des Beschwerdegegenstandes **200 EUR** übersteigt oder das Familiengericht die Beschwerde wegen **grundsätzlicher Bedeutung zugelassen** hat. Wertbeschwerden gegen Entscheidungen der Oberlandesgerichte sind bereits nach dem Wortlaut des § 59 Abs. 1 FamGKG („Familiengericht") **unanfechtbar**; dies folgt auch aus §§ 59 Abs. 1 Satz 5, 57 Abs. 7 FamGKG.[34] Hier bleibt nur die Gegenvorstellung als außerordentlicher Rechtsbehelf.[35] 16

Beschwerdeberechtigt sind im Rahmen des § 59 FamGKG die Verfahrensbeteiligten, soweit sie wertabhängige Gerichts- oder Rechtsanwaltskosten zu tragen haben. Zur Beschwerde berechtigt sind nach § 59 FamGKG grundsätzlich auch die Verfahrensbevollmächtigten, soweit sich die Gebühren für die eigene Tätigkeit nach dem gerichtlich bestimmten Wert orientieren (vgl. § 32 Abs. 1 und 2 RVG). Auch die Staatskasse ist zur Beschwerde berechtigt.[36]

Die Wertbeschwerde ist nach § 59 Abs. 1 Satz 3 FamGKG binnen der **6-Monatsfrist** des § 55 Abs. 3 Satz 2 FamGKG (d.h. innerhalb von sechs Monaten nach Rechtskraft oder Erledigung der Hauptsache) einzulegen. Das OLG entscheidet darüber nach §§ 59 Abs. 1 Satz 5, 57 Abs. 5 Satz 1 FamGKG durch den **Einzelrichter**. Dieser kann das Verfahren nach §§ 59 Abs. 1 Satz 5, 57 Abs. 5 Satz 2 FamGKG auf den Senat übertragen, wenn die Sache besondere Schwierigkeiten tatsächlicher oder rechtlicher Art aufweist oder die Rechtssache grundsätzliche Bedeutung hat. Die Entscheidung des OLG ist nach §§ 59 Abs. 1 Satz 5, 57 Abs. 7 FamGKG unanfechtbar, es besteht aber die Möglichkeit einer Gehörsrüge nach § 61 FamGKG oder ggf. einer Gegenvorstellung als außerordentlicher Rechtsbehelf.[37] Das Beschwerdeverfahren ist nach § 59 Abs. 3 FamGKG **gerichtsgebührenfrei**, Nr. 1912 KV FamGKG gilt mithin nicht. Trotz fehlender Rechtsgrundlage im FamGKG kann für das Beschwerdeverfahren nach hier vertretener Ansicht auch Verfahrenskostenhilfe bewilligt werden.[38] 17

c) Kindschaftssachen nach § 45 Abs. 1 Nr. 1 bis 4 FamGKG

aa) Grundsätze

Für Kindschaftssachen, die nach § 45 Abs. 1 Nr. 1 FamGKG die **Übertragung oder Entziehung der elterlichen Sorge** (§§ 1626a Abs. 2, 1671 Abs. 1 und 2, 1666, 1628, 1629 Abs. 2 Satz 3, 1630 Abs. 3, 1673 Abs. 2 Satz 3, 1678 Abs. 2, 1680 Abs. 2 und 3, 1681, 1751 Abs. 3, 1764 Abs. 4, 1696 BGB), nach Nr. 2 das **Umgangsrecht** (§§ 1684, 1685, 1686a, 1696 BGB), nach Nr. 3 das Recht auf **Auskunft über die persönlichen Verhältnisse des Kindes** (§§ 1686, 1686a BGB) und nach Nr. 4 die **Herausgabe des Kindes** (§ 1632 Abs. 1 und 4 BGB) betreffen, bestimmt § 45 Abs. 1 FamGKG einen Regelverfahrenswert von einheitlich 5.000,00 EUR. Zu betonen ist dabei, dass von § 45 Abs. 1 Nr. 1 FamGKG nicht sämtliche Sorgerechtsverfahren umfasst sind. Sind **mehrere Kinder** betroffen, bestimmt § 45 Abs. 2 FamGKG, dass insoweit **keine Wertaddition** zu erfolgen hat.[39] Ein für das Gericht und die 18

34 KG JurBüro 2014, 481
35 BGH NJW 2013, 470
36 OLG Düsseldorf MDR 2000, 789
37 Vgl. dazu Schneider/Volpert/Fölsch/*Fölsch*, FamGKG, § 61, Rn. 64 ff.; zur Wertfestsetzung nach dem GKG BGH FamRZ 2018, 1104
38 OLG Frankfurt a. M. NZFam 2017, 622; Beschl. v. 6.4.2016 – 5 WF 287/15, BeckRS 2016, 6612 = FamRZ 2017, 467 (Ls.); a.A. OLG Düsseldorf JurBüro 2012, 534 sowie Voraufl.
39 Vgl. OLG Koblenz FamRZ 2017, 55; OLG Frankfurt a. M., Beschl. v. 16.8.2011 – 1 WF 168/11, BeckRS 2014, 1628; OLG Karlsruhe ZKJ 2009, 174

Verfahrensbevollmächtigten entstehender Mehraufwand kann aber u.U. durch eine angemessene Werterhöhung nach § 45 Abs. 3 FamGKG berücksichtigt werden, wenn die Kinder z.B. bei verschiedenen Elternteilen leben und unterschiedliche Interessenlagen bestehen.

bb) Wertaddition?

19 Eine **Wertaddition** nach § 33 Abs. 1 Satz 1 FamGKG findet auch dann nicht statt, wenn **beide Elternteile Anträge nach § 1671 Abs. 1 Nr. 2 BGB** stellen, weil es sich nach § 39 Abs. 1 Satz 3 FamGKG um dieselbe Sorgerechtsangelegenheit handelt.[40] Gleiches gilt für den Fall einander **widersprechender wechselseitiger „Anträge"** der Eltern in Verfahren nach § 1666 BGB[41] oder nach § 1684 BGB.[42] Eine Addition nach § 33 Abs. 1 Satz 1 FamGKG findet aber statt, wenn das Gericht **ein Sorgerechtsverfahren mit einem Umgangsverfahren** nach § 45 Abs. 1 Nr. 2 FamGKG oder mit einem **Kindesherausgabeverfahren** nach § 45 Abs. 1 Nr. 4 FamGKG kombiniert oder das Verfahren nach § 1666 BGB einheitlich mit dem Verfahren auf Vormundbestellung in einem einheitlichen Verfahren (ggf. nach einer Verbindung nach § 20 FamFG) führt.[43]

Wird der Auskunftsanspruch des leiblichen, nicht rechtlichen Vaters nach § 1686a Abs. 1 Nr. 2 BGB im Verfahren kumulativ zum Umgangsrecht nach § 1686a Abs. 1 Nr. 1 BGB geltend gemacht, hat eine Wertaddition der Einzelwerte nach § 45 Abs. 1 Nr. 2 und 3 FamGKG gemäß § 33 Abs. 1 Satz 1 FamGKG zu erfolgen, so dass sich ein Gebührenverfahrenswert von 10.000 EUR ergibt.[44] Wird der Auskunftsanspruch **hilfsweise für den Fall der Nichtregelung des Umgangsrechts** geltend gemacht, gilt § 39 Abs. 1 Satz 2 FamGKG, so dass eine Addition dann erfolgt, wenn das Familiengericht über den hilfsweise gestellten Auskunftsantrag entschieden hat.[45]

Zu keiner Wertaddition kommt es bei einer **subjektiven Beteiligtenhäufung**, wie sie etwa in Umgangssachen nach § 1685 BGB (zwei Großelternteile) oder in Sorgerechtssachen nach § 1666 BGB (zwei betroffene Elternteile) vorkommen kann.[46]

cc) Abweichungen vom Regelwert

20 Im Vordergrund der Gerichtspraxis steht bei Sorgerechtsverfahren nach § 45 Abs. 1 Nr. 1 FamGKG und Umgangsverfahren nach § 45 Abs. 1 Nr. 2 FamGKG die Frage, wann **Abweichungen vom Regelwert nach oben oder unten gemäß § 45 Abs. 3 FamGKG** vorzunehmen sind.[47] Nach § 45 Abs. 3 FamGKG kann das Familiengericht einen höheren oder niedrigeren Wert bestimmen, soweit der in Abs. 1 bestimmte Regelwert nach den besonderen Umständen des Einzelfalles unbillig ist. Umstände, die für eine **Erhöhung** des Regelwerts sprechen, können u.a. eine **ungewöhnlich lange Verfahrensdauer** sein, ein **erheblicher Mehraufwand** für das Familiengericht und die Verfahrensbevollmächtigten, z.B. durch die Anberaumung mehrerer Anhörungstermine[48] oder einen großen Aktenumfang[49] sowie die Einholung eines **kinderpsychologischen Sachverständigengutachtens** in Verfahren nach

---

40 OLG Brandenburg, Beschl. v. 8.9.2020 – 9 WF 208/20, BeckRS 2020, 22565 = FamRZ 2020, 2025 (Ls.); OLG Bamberg FamRZ 2017, 1082; OLG Celle FamRZ 2012, 1746

41 OLG Schleswig FamRZ 2014, 237

42 OLG Koblenz FamRZ 2020, 2024

43 OLG Zweibrücken FamRZ 2021, 1145; *Vogel*, FPR 2010, 313, 314

44 OLG Frankfurt a. M. NZFam 2017, 1114

45 BeckOK-Streitwert/*Dürbeck*, „Familienrecht-Auskunft (Kind)" Rn. 2

46 BeckOK-Streitwert/*Dürbeck*, „Familienrecht-Umgangsverfahren" Rn. 4a; im Erg. auch BGH NJW 2017, 2908; a.A.: OLG Brandenburg, Beschl. v. 8.6.2020 – 13 UF 182/19, BeckRS 2020, 13775; NJW-RR 2018, 584

47 Vgl. KG JurBüro 2014, 479

48 OLG Celle NZFam 2018, 528; KG FamRZ 2013, 723; OLG Schleswig FamRZ 2012, 241

49 OLG Brandenburg FamRZ 2021, 53; Beschl. v. 8.8.2019 – 9 UF 107/19, BeckRS 2019, 42056

§ 1671 Abs 1 und 2 BGB.[50] In Verfahren nach **§ 1666 BGB** sind die Durchführung zweier Anhörungstermine und die Einholung eines Sachverständigengutachtens aber eher der Regelfall; ohne Hinzutreten weiterer Umstände (z.B. besondere Verfahrensdauer, Aktenumfang, Intensität der Verfahrensführung durch Beteiligte, Einholung eines Obergutachtens) ist hier keine Werterhöhung angezeigt.

Eine erschwerte Kommunikation mit den Verfahrensbeteiligten, z.B. wegen **fehlender Deutschkenntnisse der Eltern und der Kinder,** kann ebenfalls eine Werterhöhung indizieren.[51] Im Bereich der Vermögenssorge kann die Höhe des Kindesvermögens eine Werterhöhung erfordern.[52] In Umgangsverfahren können etwa schwerwiegende psychische Erkrankungen von Elternteilen[53] oder schwerwiegende Verfehlungen der Umgangsberechtigten (z.B. sexueller Missbrauch) eine Werterhöhung rechtfertigen, wenn sie die Führung des Verfahrens und vor allem die Beweiserhebung nachhaltig erschwert haben. In **Verfahren nach § 1686a BGB** über Umgang oder Auskunft führt allein der Umstand, dass zur Klärung der **Abstammung des Kindes** ein Sachverständigengutachten eingeholt worden ist, nicht zu einer Erhöhung des Verfahrenswerts.[54]

Für eine **Absenkung** des Regelwerts sprechen dagegen das von Anfang an vorhandene **Einverständnis des anderen Elternteiles** bei einer Übertragung nach § 1671 Abs. 1 und 2 Nr. 1 BGB[55] oder die **Ablehnung der Beiordnung** eines Verfahrensbevollmächtigten im Rahmen der Verfahrenskostenhilfe nach § 78 FamFG mangels Schwierigkeit der Sach- und Rechtslage.[56] Auch der Umstand, dass lediglich ein begrenzter **Teilbereich** der elterlichen Sorge, wie z.B. die Vermögenssorge für das Kind, Gegenstand des Verfahrens ist, kann u.U. eine Herabsetzung des Wertes veranlassen, zumindest wenn das Verfahren weder umfangreich noch schwierig ist.[57] Schließlich kann eine Absenkung des Regelwerts im Einzelfall auch bei der Durchführung des **vereinfachten schriftlichen Verfahrens nach § 155a Abs. 2 und 3 FamFG** bei der Begründung der gemeinsamen elterlichen Sorge für nichteheliche Kinder in Betracht kommen, da das Verfahren ohne mündliche Erörterung und ohne großen Aufwand in beschleunigter Form durchgeführt wird.[58] 21

dd) Einstweiliges Anordnungsverfahren

Im Verfahren der **einstweiligen Anordnung** nach §§ 49 ff. FamFG beträgt der Verfahrenswert in den unter § 45 Abs. 1 FamGKG fallenden Kindschaftssachen gemäß § 41 FamGKG grundsätzlich **die Hälfte des Hauptsachewerts**, also 2.500 EUR. Der Ansatz der vollen Werte des § 45 Abs. 1 FamGKG kommt auch dann nicht in Betracht, wenn die einstweilige Anordnung ein Hauptsacheverfahren entbehrlich macht, da das Eilverfahren seiner Natur nach auch im Bereich der Leistungsanordnungen nur auf eine vorläufige Regelung ausgerichtet ist und es den Beteiligten offensteht, eine endgültige Regelung in einem Hauptverfahren zu erreichen, ohne dass eine Bindung an die vorläufige Entscheidung im Eilverfahren bestünde.[59] Daher ist im Regelfall bei einer Verfahrensbeendigung durch eine gerichtliche Entscheidung eine Ermäßigung auf den halben Wert vorzunehmen. Schließen die Beteilig- 22

50 OLG Brandenburg FamRZ 2015, 1750; OLG Celle NJW 2011, 1373; OLG Düsseldorf RVGreport 2011, 347; a.A.: OLG Düsseldorf MDR 2015, 38
51 *Thiel/N. Schneider*, FPR 2010, 323
52 BeckOK-Streitwert/*Dürbeck*, „Familienrecht-Sorgerechtsverfahren" Rn. 10a
53 Vgl. AG Flensburg, Beschl. v. 10.10.2018 – 90 F 145/17, BeckRS 2018, 44237
54 BeckOK-Streitwert/*Dürbeck*, „Familienrecht-Umgangsverfahren" Rn. 6; a.A.: *Keuter*, ZKJ 2014, 16
55 OLG Schleswig FamRZ 2012, 241; BeckOK-Streitwert/*Dürbeck*, „Familienrecht-Sorgerechtsverfahren" Rn. 10b
56 OLG Celle MDR 2012, 779
57 OLG Brandenburg JurBüro 2012, 589
58 *Dürbeck*, ZKJ 2013, 330 (334); a.A.: OLG Karlsruhe NJW 2014, 3044; OLG Frankfurt a.M. FamRZ 2014, 852
59 OLG Stuttgart AGS 2010, 617

ten einen Vergleich, der z.B. das Sorge- oder Umgangsrecht nicht nur vorläufig, sondern endgültig regeln soll und legt das Gericht seiner Entscheidung diesen Vergleich zugrunde, ist der volle Wert nach §§ 41, 45 FamGKG **nur für den Vergleichswert** anzusetzen.[60]

23 Eine Wertfestsetzung ist dagegen dann nicht vorzunehmen, wenn das OLG als Beschwerdegericht über den Erlass einer **einstweiligen Anordnung gemäß § 64 Abs. 3 FamFG** zur vorläufigen Aussetzung der Vollziehung bzw. Wirksamkeit der angefochtenen Entscheidung entscheidet. Anders als einstweilige Anordnungen nach §§ 49 ff. FamFG sind Eilentscheidungen nach § 64 Abs. 3 FamFG auch in kostenrechtlicher Hinsicht **Teil des Hauptsacheverfahrens** und lösen weder gesonderte Gerichts- noch Anwaltsgebühren aus (vgl. § 64 Rn. 8). Daher ist auch eine Kostenentscheidung nicht veranlasst.[61] Nur dann, wenn das Beschwerdegericht eine selbstständige, von der angefochtenen Entscheidung abgrenzbare einstweilige Anordnung nach §§ 49 ff. FamFG trifft, ist diese auch kostenrechtlich selbstständig und nach § 41 FamGKG gesondert zu bewerten.

d) Genehmigung einer Erklärung oder deren Ersetzung (§ 36 FamGKG)

24 In Kindschaftssachen vorgesehene Fälle der **Erteilung einer richterlichen Genehmigung einer Erklärung** oder der **gerichtlichen Ersetzung einer Erklärung** des Sorgeberechtigten existieren vor allem im Bereich des Sorge-, Vormundschafts- und Pflegschaftsrechts. Zu nennen sind die familiengerichtliche Genehmigung von Rechtsgeschäften für das Kind durch die sorgeberechtigten Eltern, Vormund oder Pfleger (§§ 1643 Abs. 1 und 2, 1799 Abs. 1, 1850 ff. BGB), die Genehmigung zum Betrieb eines Erwerbsgeschäfts nach § 112 BGB oder die Ersetzung der Genehmigung nach § 113 Abs. 3 BGB. § 36 FamGKG erfasst nur Fälle, in denen es um **Vermögensangelegenheiten des Kindes** geht. Die Fälle der Erteilung einer Genehmigung einer Erklärung oder deren Ersetzung in nichtvermögensrechtlichen Angelegenheiten, wie z.B. bei der Einbenennung nach § 1617e Abs. 2 Satz 2 BGB, fallen unter die Auffangwertbestimmungsnorm des § 42 Abs. 2 und 3 FamGKG (vgl. Rn. 26).

Der Wert für die gerichtliche Genehmigung einer Erklärung oder deren Ersetzung bestimmt sich nach § 36 Abs. 1 Satz 1 FamGKG in vermögensrechtlichen Angelegenheiten nach dem **Wert des der Genehmigung oder Ersetzung** zugrunde liegenden Geschäfts, also z.B. nach dem Wert eines Nachlasses (abzüglich Schulden) bei der **Ausschlagung einer Erbschaft** für das Kind im Falle der §§ 1643 Abs. 1, 1851 Nr. 1 BGB[62] oder nach dem Wert einer Wohnung bei einem **notariellen Kaufvertrag** im Falle des§ 1850 Nr. 1 BGB.[63] Für die Wertermittlung im Einzelnen verweist § 36 Abs. 1 Satz 2 FamGKG auf **§ 38 Gerichts- und Notarkostengesetz (GNotKG)** und auf die für die Beurkundung geltenden besonderen Geschäftswert- und Bewertungsvorschriften des GNotKG.[64]

e) Übrige Kindschaftssachen nach § 46 FamGKG

25 Die Überschrift in § 46 FamGKG „Übrige Kindschaftssachen" ist missverständlich und suggeriert, dort seien alle von § 45 FamGKG nicht erfassten Kindschaftssachen des § 151 Nr. 1, 6 bis 8 FamFG geregelt. § 46 FamGKG erfasst grds. aber nur die **vermögensrechtlichen Kindesangelegenheiten**, die nicht bereits in §§ 45 Abs. 1 Nr. 1, 36 FamGKG geregelt sind. Eine Wertbestimmung enthält § 46 Abs. 2 FamGKG für **Pflegschaften betreffend einzelne Rechtshandlungen**. § 46 Abs. 1 FamGKG selbst verweist nur auf § 38 GNotKG und die für die Beurkundung geltenden besonderen Geschäftswert- und Bewertungsvorschrif-

60 OLG Nürnberg FamRZ 2011, 756; BeckOK-Streitwert/*Dürbeck*, „Familienrecht-Sorgerechtsverfahren" Rn. 11
61 BGH FamRZ 2010, 639; Sternal/*Sternal*, FamFG § 64 Rn. 77
62 Vgl. zu § 1643 Abs. 2 BGB a.F. OLG Zweibrücken FamRZ 2019, 1084; OLG München FamRZ 2013, 904
63 OLG Hamm FamRZ 2014, 1222 (zu § 1821 Abs. 1 Nr. 1 BGB a.F.)
64 Vgl. dazu *Diehn*, DNotZ 2013, 406; *Keske*, FuR 2013, 546

ten des GNotKG, die aber ihrerseits keine eigenständige Bewertungsvorschrift für die hier in Betracht kommenden Fälle enthalten. Darüber hinaus erfasst § 46 Abs. 1 FamGKG lediglich solche Kindschaftsverfahren, die die **Vermögenssorge** betreffen, wegen des Vorrangs von § 45 Abs. 1 Nr. 1 FamGKG aber nicht die Fälle, in denen es um die Übertragung der Vermögenssorge nach § 1671 Abs. 2 BGB oder deren Entzug nach § 1666 BGB geht.[65] Für alle von §§ 45, 46, 36 FamGKG nicht erfassten Kindschaftssachen nicht vermögensrechtlicher Art ist auf die Auffangregelung in **§ 42 Abs. 2 und 3 FamGKG** zurückzugreifen (vgl. dazu Rn. 26).

f) Nicht von §§ 36, 45, 46 FamGKG erfasste Kindschaftssachen

Nicht von §§ 45 Abs. 1 Nr. 1, 46 Abs. 1 und 2, 36 FamGKG erfasste Angelegenheiten des Kindes **nichtvermögensrechtlicher Art**, wie z.B. Verfahren über die Ersetzung der Einwilligung eines Elternteiles in die **Einbenennung** nach § 1617e Abs. 2 Satz 2 BGB, die Genehmigung der (erstmaligen) **Religionsbestimmung für das Pflegekind** durch den Vormund/Pfleger gemäß § 3 Abs. 2 RKEG oder die Erteilung einer familiengerichtlichen Genehmigung für die Beantragung einer **Namensänderung** gemäß § 2 NamÄndG sind **nach § 42 Abs. 2 und 3 FamGKG** zu bewerten, soweit für sie Wertgebühren anfallen. Dies gilt auch für die Bewertung von **HKÜ-Verfahren**, die insbesondere nicht unter § 45 Abs. 1 Nr. 4 FamGKG fallen.[66] 26

Nach § 42 Abs. 2 FamGKG ist bei nichtvermögensrechtlichen Angelegenheiten der Wert unter Berücksichtigung aller Umstände des Einzelfalles, insbesondere des **Umfanges und der Bedeutung der Sache** und der **Einkommens- und Vermögensverhältnisse der Beteiligten** nach **billigem Ermessen** zu bestimmen, wobei als **Höchstwert 500.000,00 EUR** anzunehmen sind. Nach § 42 Abs. 3 FamFG ist der Wert auf **5.000,00 EUR** festzusetzen, sofern keine hinreichenden Anhaltspunkte i.S.d. Kriterien des § 42 Abs. 2 FamGKG vorliegen.[67] Hierbei ist aber auch die Bewertung der Kindschaftssachen in § 45 Abs. 1 FamGKG (5.000,00 EUR) mit zu berücksichtigen.[68]

Keiner Bewertung in Ansehung der Gerichtskosten bedürfen dagegen **gebührenfreie Kindschaftsverfahren** wie Unterbringungsverfahren nach § 151 Nr. 6 und 7 FamFG (Vorb. 1.3.1 Abs. 1 Nr. 2 KV FamGKG) und Verfahren nach § 151 Nr. 8 FamFG, die Aufgaben nach dem JGG betreffen (KV Vorb. 1.3.1. Nr. 3 FamGKG), sowie solche Kindschaftssachen, in denen **Festgebühren** entstehen, wie sie bei Vormundschaft und Dauerpflegschaft (Nr. 1311 KV FamGKG) vorgesehen sind.

65 *Toussaint/Zevier*, FamGKG, § 46 FamGKG Rn. 2
66 OLG Karlsruhe, Beschl. v. 28.10.2019 – 2 UF 125/19, BeckRS 2019, 44401, Rn. 19; OLG Frankfurt a. M. NZFam 2018; OLG Bremen NJW-RR 2013, 1351; OLG Düsseldorf FamRZ 2011, 1575; a.A.: OLG Brandenburg NZFam 2022, 564; OLG Karlsruhe FamRZ 2015, 1627; OLG Hamm NJW-RR 2013, 69
67 OLG Karlsruhe FamRZ 2023, 75; OLG Nürnberg NZFam 2014, 619
68 OLG Frankfurt a. M. NJW 2014, 3111; OLG Koblenz FamRZ 2014, 1122; BeckOK-Streitwert/*Dürbeck*, „Familienrecht-Kindschaftsverfahren (Übrige)" Rn. 4 m.w.N.

Übersicht: Gebührenverfahrenswert

Festsetzung

von Amts wegen, falls die Höhe der Gerichtskosten wertabhängig sind

oder

auf Antrag zur Wertbestimmung der anwaltlichen Tätigkeit nach § 33 RVG

Unterscheidung Hauptsache und einstweiliges Anordnungsverfahren (e.A.)

⇨ Für e.A. ½ Wert, § 41 FamGKG

HÖHE DES VERFAHRENSWERTES IN EINZELNEN KINDSCHAFTSSACHEN:

1. § 45 FamGKG: Regelwert 5.000,00 EUR für Kindschaftssachen der Übertragung oder Entziehung des Sorgerechts, des Umgangsrechts, des Rechts auf Auskunft über das Kind oder Kindesherausgabe

(A u s n a h m e: Erhöhung oder Absenkung des Regelwertes bei besonderen Umständen)

2. § 36 FamGKG bei Genehmigung einer vermögensrechtlichen Erklärung oder deren Ersetzung: Verkehrswert des Grundgeschäfts i.V.m. GNotKG

3. § 46 FamGKG übrige vermögensrechtliche Kindschaftssachen: Bestimmungen des GNotKG

4. Sonstige Kindschaftssachen (z.B. Verfahren nach dem HKÜ): § 42 FamGKG im Zweifel 5.000,00 EUR

IV. Gerichtliche Auslagen

Die erstattungspflichtigen **Auslagen des Familiengerichts** sind in Teil 2 des KV FamGKG unter Nr. 2000 bis 2015 abschließend geregelt. Zu nennen sind dabei zunächst **pauschale Aufwendungen** für die Herstellung und Überlassung von **Dokumenten** (Nr. 2000 KV), Aufwendungen für vom Gericht veranlasste **Zustellungen** (Nr. 2002 KV), für die **Versendung der Akten** (Nr. 2003), für die **Entschädigung von Zeugen, Sachverständigen und Dolmetschern** nach dem JVEG (Nr. 2005), **Reisekosten von Gerichtspersonen** für Handlungen außerhalb der Gerichtsstelle (z.B. die Kindesanhörung bei Unterbringung in einer Klinik, Nr. 2006 KV) und in Kindschaftssachen vor allem Aufwendungen für die **Vergütung des Verfahrensbeistands** (Nr. 2013 KV) und des **Umgangspflegers** (Nr. 2014 KV). Zu den gerichtlichen Auslagen gehören nunmehr auch Aufwendungen für die **Begleitung des Umgangs**, wenn diese Aufgabe dem berufsmäßigen Umgangspfleger übertragen worden ist (vgl. *Gottschalk*, § 1684 BGB Rn. 62).[69] 27

Für die gebührenfreien Kindschaftssachen nach § 151 Nr. 6 und 7 FamFG werden mit Ausnahme der Kosten für den Verfahrensbeistand keine Auslagen erhoben (vgl. Vorbem. 2 Abs. 3 KV). In den gebührenfreien Beschwerdeverfahren gilt dies aber nur, wenn das Beschwerdegericht sie nicht dem Gegner auferlegt hat (Vorb. 2 Abs. 1 KV).[70]

V. Kostenhaftung

Ebenfalls im FamGKG geregelt ist die Frage, wer gegenüber der Staatskasse für die Gerichtskosten einzustehen hat. Hier ist zunächst derjenige Beteiligte zu nennen, dem durch die familiengerichtliche Entscheidung die Kosten des Verfahrens nach Maßgabe von §§ 81 ff. FamFG auferlegt worden sind (sog. **Entscheidungsschuldner**, § 24 Nr. 1 FamGKG). Die Gerichtskosten schuldet darüber hinaus derjenige, der durch eine von ihm abgegebene Erklärung die Kosten übernommen hat (sog. **Übernahmeschuldner**, § 24 Nr. 2 FamGKG). Hauptanwendungsfall der Übernahmeschuldnerschaft ist hier die im verfahrensbeendigenden **Vergleich** von den Beteiligten selbst getroffene Kostenregelung.[71] Solche Fälle sind in Kindschaftssachen aber zum einen eher selten und zum anderen allenfalls dann gegeben, wenn das Verfahren nur auf Antrag eingeleitet werden kann. Darüber hinaus müssen die Beteiligten über den Verfahrensgegenstand verfügen können, was z.B. in einem Antragsverfahren nach § 1671 Abs. 1 und 2 BGB regelmäßig nicht der Fall ist, da nur das Familiengericht das Sorgerecht übertragen kann. Im Regelfall bedarf es daher in Kindschaftssachen zwingend einer Kostenentscheidung (§ 81 Abs. 1 Satz 3 FamFG). Denkbar wäre eine durch Vergleich getroffene Kostenübernahme hingegen, wenn im Rahmen eines Verfahrens nach § 1671 Abs. 1 BGB vergleichsweise geregelt wird, dass es bei dem gemeinsamen Sorgerecht verbleiben soll und eine hälftige Teilung der Gerichtskosten zwischen den Eltern vereinbart wird. In diesem Fall bedarf es keiner abschließenden gerichtlichen Entscheidung über den Verfahrensgegenstand und die Kosten. 28

Von Bedeutung ist schließlich noch die Regelung in § 21 Abs. 1 S. 1 FamGKG, wonach in **reinen Antragsverfahren** derjenige als **Veranlasser** für die Kosten haftet, der das Verfahren des jeweiligen Rechtszugs beantragt hat. In der ersten Instanz betrifft dies nur solche Kindschaftssachen, die ausschließlich auf Antrag eines Beteiligten eingeleitet werden können, wie z.B. Verfahren nach §§ 1671 Abs. 1 und 2, 1626a Abs. 2, 1686, 1686a BGB.[72] Da zweitinstanzliche Verfahren nicht von Amts wegen eingeleitet werden können, sondern die Einle- 29

---

69 BGH FamRZ 2019, 199; vgl. dazu *Dürbeck*, ZKJ 2019, 141, 143
70 Zu weiteren Auslagen vgl. *Keske*, FPR 2012, 241, 248
71 Zum Problem der Haftung bei Bewilligung von Verfahrenskostenhilfe *Gottschalk/Schneider*, PKH/VKH Rn. 761.
72 Weitere Beispiele bei NK-GK/*Hagen Schneider*, § 21 FamGKG Rn. 29

gung einer Beschwerde voraussetzen, kommt für die Gerichtskosten des Beschwerdeverfahrens **immer** eine Kostenhaftung des Beschwerdeführers nach § 21 Abs. 1 FamGKG in Betracht. Mehrere Kostenschuldner haften nach § 26 Abs. 1 FamGKG grundsätzlich als **Gesamtschuldner**. Soweit ein Kostenschuldner nach § 24 Nr. 1 und 2 FamGKG als Erstschuldner haftet, soll die Haftung eines anderen Schuldners (sog. Zweitschuldner, vor allem der Veranlasser nach § 21 Abs. 1 FamGKG) nur dann in Anspruch genommen werden, wenn eine Zwangsvollstreckung in das bewegliche Vermögen des Erstschuldners erfolglos geblieben ist oder aussichtslos erscheint (§ 26 Abs. 2 Satz 1 FamGKG).[73]

VI. Gerichtliches Verfahren zur Beitreibung der Gerichtskosten

1. Kostenansatz

30 Der Kostenansatz bei den Gerichtskosten erfolgt durch den **Kostenbeamten**. Der notwendige Inhalt der Kostenrechnung ist in § 24 KostVfg geregelt und soll dem Schuldner die erforderliche Transparenz zur Überprüfung des Kostenansatzes ermöglichen.[74]

2. Rechtsschutz

31 Gegen den Kostenansatz kann der von der Staatskasse in Anspruch genommene Schuldner nach § 57 Abs. 1 Satz 1 FamGKG **Erinnerung** einlegen. Darüber entscheidet der Richter (beim OLG nach § 57 Abs. 5 FamGKG der Einzelrichter) des jeweiligen Rechtszugs. Gegen die Entscheidung des Familienrichters über die Erinnerung kann nach § 57 Abs. 2 FamGKG **Beschwerde** zum OLG eingelegt werden, wenn der Beschwerdegegenstand 200,00 EUR übersteigt oder wenn sie der Familienrichter wegen der grundsätzlichen Bedeutung der Angelegenheit zugelassen hat. Gemäß § 57 Abs. 6 FamGKG haben Erinnerung und Beschwerde grundsätzlich keine aufschiebende Wirkung. Entscheidungen des OLG sind in jedem Fall gemäß § 57 Abs. 7 FamGKG unanfechtbar. Erinnerungs- und Beschwerdeverfahren sind nach § 57 Abs. 8 Satz 1 FamGKG gebührenfrei, nach Satz 2 werden (außergerichtliche) Kosten nicht erstattet. Nicht gerügt werden kann im Verfahren der Erinnerung oder Beschwerde nach § 57 FamGKG, dass der Verfahrenswert zu hoch angesetzt worden sei.[75] Allerdings ist der Familienrichter oder der Einzelrichter des jeweiligen Senats innerhalb der 6-Monatsfrist des § 55 Abs. 3 Satz 2 FamGKG berechtigt, den festgesetzten Wert abzuändern (§ 55 Abs. 3 Satz 1 FamGKG). Eine Erinnerung gegen den Kostenansatz kann z.B. dann begründet sein, wenn zu Unrecht ein Verfahrensbeistand nach § 158 Abs. 1 und 2 FamFG oder nach § 174 FamFG bestellt worden ist.[76]

VII. Rechtsanwaltskosten

1. Begriff und Höhe

32 Die Frage, ob und welche Vergütung der Beteiligte eines Kindschaftsverfahrens dem von ihm für das Verfahren beauftragten Rechtsanwalt schuldet, richtet sich nach dem RVG. Einzelheiten hierzu können an dieser Stelle nicht dargestellt werden, es ist hier speziell im Bereich der Familiensachen etwa auf die Werke von *Schneider/Dürbeck*[77] und *Jungbauer*[78] zu verweisen. Wie das FamGKG unterscheidet auch das RVG bei den Anwaltskosten zwischen

73 OLG Frankfurt a. M. JurBüro 2021, 595; OLG Celle JurBüro 2018, 534; BeckOK-KostR/*Siede*, FamGKG § 26 Rn. 18

74 Vgl. OLG Schleswig SchlHA 2012, 111; weitere Einzelheiten bei BeckOK-KostR/*H. Gerlach/K. Gerlach*, KostVfg § 24 Rn. 4 ff.

75 HK-FamGKG/*Volpert*, § 57 Rn. 9

76 OLG Köln FamRZ 2019, 630; OLG Karlsruhe Rpfleger 2019, 111; OLG Celle JurBüro 2018, 534; vgl. auch OLG Frankfurt a. M. FamRZ 2021, 879

77 Gebühren in Familiensachen, 2. Aufl., 2021

78 Das familienrechtliche Mandat – Abrechnung in Familiensachen, 5. Aufl., 2023

den Gebühren des Rechtsanwalts für seine Tätigkeit und seinen Auslagen. Nach § 2 Abs. 1 RVG bestimmt sich die Höhe einer Gebühr – vorbehaltlich einer nach § 3a RVG grundsätzlich zulässigen Vergütungsvereinbarung – nach dem Wert des Gegenstands der anwaltlichen Tätigkeit. Dieser Wert entspricht im Regelfall dem für die Gerichtsgebühren vom Familiengericht festgesetzten Wert (§§ 23 Abs. 1, 32 Abs. 1 RVG), so dass etwa bei einem Umgangsverfahren der nach § 45 Abs. 1 Nr. 2 FamGKG für die Gerichtskosten festgesetzte Wert von 5.000,00 EUR dem Wert der anwaltlichen Tätigkeit entspricht. Nur soweit vom Familiengericht kein Wert für die Gerichtskosten festzusetzen ist, z.B. weil das Verfahren gerichtsgebührenfrei ist, keine Gerichtskosten erhoben werden oder Festgebühren anfallen, wie im Verfahren der sofortigen Beschwerde oder in Dauervormundschaften, ist der Wert der anwaltlichen Tätigkeit auf Antrag nach §§ 32 Abs. 2, 33 RVG vom Familiengericht gesondert festzusetzen.[79]

Für die Vertretung des Beteiligten im (isolierten) Kindschaftsverfahren erhält der Rechtsanwalt nach Nr. 3100 VV RVG zunächst eine **1,3 Verfahrensgebühr**. Hinzu kommt für die Wahrnehmung eines gerichtlichen Anhörungstermins nach Nr. 3104 VV RVG eine **1,2 Terminsgebühr**, so dass sich in einer Kindschaftssache nach § 151 Nr. 1 bis 3 FamFG regelmäßig – auch für den im Rahmen der Verfahrenskostenhilfe beigeordneten Rechtsanwalt, allerdings nicht für den im Rahmen der Verfahrenskostenhilfe beigeordneten Rechtsanwalt, für den nach § 49 RVG bereits ab einem Wert von mehr als 4.000,00 EUR niedrigere Gebühren bestehen – Anwaltsgebühren in Höhe von netto 737,50 EUR ergeben (vgl. Tabelle Anlage 2 zu § 13 Abs. 1 Satz 3 RVG). **33**

Weiter hinzukommen kann in Kindschaftssachen noch eine **1,0 Einigungsgebühr** nach Nr. 1000, 1003 Abs. 2 VV RVG (354,50 EUR netto bei einem Wert von 4.000,00 EUR) für die Mitwirkung beim Abschluss eines gerichtlichen Vergleichs. Vor Inkrafttreten des 2. Kostenrechtsmodernisierungsgesetzes zum 31.8.2013 war streitig, ob mangels Verfügungsbefugnis der Beteiligten bei einer Einigung über das Sorge- oder Umgangsrecht überhaupt die Einigungsgebühr für den Rechtsanwalt entstehen kann.[80] Mit Nr. 1003 Abs. 2 VV RVG hat der Gesetzgeber inzwischen jedoch klargestellt, dass die Gebühr in Kindschaftssachen auch für die Mitwirkung am Abschluss eines gerichtlich noch zu billigenden Vergleichs (§ 156 Abs. 2 FamFG) und an einer Vereinbarung entsteht, über deren Gegenstand nicht vertraglich verfügt werden kann, sofern hierdurch eine gerichtliche Entscheidung entbehrlich wird oder wenn die gerichtliche Entscheidung der Vereinbarung folgt. Die zweite Voraussetzung kommt bei einem der Disposition der Beteiligten gänzlich entzogenen Verfahren nach § 1666 BGB jedoch nicht in Betracht.[81]

Geklärt hat der BGH inzwischen allerdings, dass die Einigungsgebühr auch für die Mitwirkung an einem **Zwischenvergleich** entsteht, wie er mitunter in Umgangssachen geschlossen wird (z.B. in Form einer z.B. vorläufigen Feiertags- oder Ferienregelung).[82] Zu beachten ist hier, dass als Wert der anwaltlichen Tätigkeit für den Abschluss der Zwischenvereinbarung naturgemäß nicht der volle Hauptsachewert anzusetzen ist, sondern nur ein Bruchteil.[83]

Einen häufigen Streitpunkt bilden darüber hinaus gerichtliche Vergleiche in Kindschaftssachen (z.B. zum Sorgerecht), in denen in einem sog. **Mehrvergleich** ein anderer Verfahrensgegenstand (z.B. der Umgang mit dem Kind) mitgeregelt wird. Hier entsteht für den Wahl- **34**

79 Einzelheiten zum Verfahren: BeckOK-Streitwert/*Dürbeck*, „Familienrecht – Verfahren der Wertfestsetzung", Rn. 13

80 Vgl. zum früheren Streitstand: *Jungbauer*, 4. Aufl., 4 Rn. 280 f.

81 OLG Brandenburg AGS 2019, 268; OLG Düsseldorf, JurBüro 2017, 308; OLG Saarbrücken NZFam 2014, 1001

82 BGH FamRZ 2023, 1576

83 BGH FamRZ 2023, 1576, Rn. 18; in Betracht kommt analog § 41 FamGKG die Hälfte des Hauptsachewerts, vgl. OLG Celle AGS 2015, 446; *N. Schneider*, AGS 2014, 272

anwalt hinsichtlich der Umgangssache unzweifelhaft eine 0,8 Differenzverfahrensgebühr nach Nr. 3101 Nr. 2 VV RVG (begrenzt nach § 15 Abs. 3 RVG auf eine 1,3 Gebühr aus 10.000,00 EUR), eine 1,5 Einigungsgebühr nach Nr. 1000 VV RVG (begrenzt nach § 15 Abs. 3 RVG auf eine 1,5 Gebühr aus 10.000,00 EUR) und insgesamt eine erhöhte 1,2 Terminsgebühr aus 10.000,00 EUR (Nr. 3104 Abs. 1 und 2 VV RVG, 15 Abs. 5 Satz 1 RVG). Höchst umstritten war in der Vergangenheit aber, ob auch der Rechtsanwalt, der nach § 78 FamFG im Rahmen der Verfahrenskostenhilfe beigeordnet war, die erhöhten Gebühren (Verfahrensdifferenz- und erweiterte Terminsgebühr) ebenfalls für die – im vorstehenden Beispiel „mitverglichene" Umgangssache – von der Staatskasse beanspruchen kann. Der BGH hat die Frage entgegen der vormaligen herrschenden Meinung inzwischen bejaht.[84]

35 Schließlich kann nach Nr. 1010 VV RVG auch in Kindschaftssachen die zum 1.8.2013 neu eingeführte **0,3 Zusatzgebühr für besonders umfangreiche Beweisaufnahmen** entstehen, wenn mindestens drei Beweisaufnahmetermine stattgefunden haben, in denen Zeugen oder Sachverständige vernommen worden sind, was in schwierigen Verfahren nach § 1666 BGB mitunter vorkommen kann. Kindschaftssachen allerdings, die nach Maßgabe des § 137 Abs. 3 FamFG als Folgesachen im **Ehescheidungsverbund** geführt werden, gelten auch in Bezug auf die Anwaltsgebühren nicht als selbstständig, sondern nach § 16 Nr. 4 RVG mit den anderen im Verbund geregelten Folgesachen als eine Angelegenheit. Die wertabhängige Berechnung der Anwaltsgebühren erfolgt nach § 23 Abs. 1 Satz 1 RVG wie bei den Gerichtsgebühren im Rahmen einer begrenzten Addition der Einzelwerte von Ehescheidung und aller Folgesachen (vgl. Rn. 7 und § 44 Abs. 2 FamGKG). Im Übrigen gilt für den **Wert des Gegenstands der anwaltlichen Tätigkeit** eine Besonderheit bei einem (teilweisen) Entzug des Sorgerechts nach § 1666 BGB und der Anordnung von Vormundschaft bzw. Pflegschaft im ersten Rechtszug. Da es sich gebührenrechtlich um verschiedene Gegenstände handelt, ist nach § 23 Abs. 1 Satz 2 RVG, § 33 FamGKG eine Wertaddition vorzunehmen,[85] so dass sich im Regelfall der Wert für die Anwaltsgebühren auf 10.000 EUR beläuft; dies ist in der Praxis wenig bekannt.

36 Im **Beschwerdeverfahren** nach §§ 58 ff. FamFG erhält der Rechtsanwalt nach Nr. 3200 RVG eine **1,6 Verfahrensgebühr**, die **Terminsgebühr** beläuft sich auch hier auf eine **1,2 Gebühr** (vgl. Nr. 3202 VV RVG). Trifft das OLG eine Entscheidung ohne erneute persönliche Anhörung der Beteiligten nach **§ 68 Abs. 3 Satz 2 FamFG**, entsteht die Terminsgebühr für die Anwälte nicht, da § 68 Abs. 3 FamFG in Nr. 3202 Abs. 2 VV RVG nicht erwähnt wird.[86]

37 Zu den Gebühren des Rechtsanwalts kommen seine (erstattungsfähigen) **Auslagen** hinzu. Diese sind in Teil 7 des VV RVG unter Nr. 7000 ff. geregelt. Zu nennen sind **pauschale Aufwendungen** für die Herstellung und Überlassung von **Dokumenten** (Nr. 7000 VV), Entgelte für **Post- und Telekommunikationsdienstleistungen** (Nr. 7001, 7002) und **Fahrtkosten** sowie Tage- und Abwesenheitsentgelt (Nr. 7003 bis 7006). Häufig wird in der Praxis aber nur die **Pauschale von 20,00 EUR** nach Nr. 7002 VV RVG abgerechnet. Hinzu kommt schließlich noch die **Umsatzsteuer** in Höhe von 19% auf Gebühren und Auslagen (Nr. 7008 VV RVG).

2. Geltendmachung der Anwaltskosten

a) Gegenüber dem Mandanten

38 Der Anspruch des Rechtsanwalts gegenüber dem Mandanten auf Zahlung der vereinbarten Vergütung ergibt sich aus dem Anwaltsvertrag (§§ 611, 675 Abs. 1 BGB). Bereits vor Fällig-

84 BGH FamRZ 2018, 602; OLG Bamberg FamRZ 2023, 155; vgl. auch OLG Oldenburg FamRZ 2023, 1898, zur Erstreckung auf außergerichtlich geschlossene Vergleiche
85 OLG Frankfurt a. M. FamRZ 2021, 136; OLG Nürnberg ZKJ 2016, 374; *Dürbeck*, ZKJ 2016, 357
86 OLG Hamburg FamRZ 2021, 455; KG FamRZ 2012, 812; *Dürbeck/Schneider*, NZFam 2021, 820

keit des Anspruchs kann der Wahlanwalt nach § 9 RVG einen **Vorschuss** verlangen. Nach Fälligkeit (§ 8 RVG) kann der Rechtsanwalt nach **§ 11 RVG Festsetzung seiner Vergütung** bei dem zuständigen Rechtspfleger des Gerichts des ersten Rechtszuges beanspruchen. In diesem Verfahren sind Einwendungen oder Einreden des Mandanten statthaft, die ihren Grund im Gebührenrecht haben (vgl. § 11 Abs. 5 RVG). Macht der Mandant dagegen sonstige Einwendungen oder Einreden geltend, die ihren Grund **nicht** im Gebührenrecht haben (z.B. Erfüllung, Aufrechnung, Schlechtleistung), ist der Festsetzungsantrag nach § 11 Abs. 5 Satz 1 RVG zurückzuweisen und der Rechtsanwalt auf die Gebührenklage vor den ordentlichen Gerichten zu verweisen. Solange aber eine Vergütungsfestsetzung nach § 11 RVG noch möglich ist, fehlt einer Gebührenklage das Rechtsschutzbedürfnis.[87] Dies gilt auch für ein vorgeschaltetes Mahnverfahren.[88] Allerdings ist das Rechtsschutzbedürfnis im Mahnantrag nicht darzulegen und auch nicht von Amts wegen zu prüfen, so dass der Erlass eines Mahnbescheids über einen Vergütungsanspruch nicht mangels Rechtsschutzbedürfnisses abgelehnt werden kann.[89] Der Festsetzungsbeschluss ist **Vollstreckungstitel** i.S.d. §§ 11 Abs. 2 Satz 3 RVG, 794 Nr. 2 ZPO. Wurde dem Mandanten Verfahrenskostenhilfe bewilligt, ist der Anwalt nach §§ 76 Abs. 1 FamFG, 122 Abs. 1 Nr. 3 ZPO so lange daran gehindert, seine Vergütung gegenüber dem Mandanten geltend zu machen, wie die Verfahrenskostenhilfe nicht aufgehoben worden ist.

b) Gegenüber anderen Beteiligten

Einen Kostenerstattungsanspruch gegen einen anderen Verfahrensbeteiligten hat der Rechtsanwalt auch in Kindschaftsverfahren dann, wenn nach einer **gerichtlichen Kostenentscheidung** oder einem **Vergleich** ein Beteiligter auch die **außergerichtlichen Kosten** des von ihm vertretenen Beteiligten zu tragen hat. Dies ist in Kindschaftssachen im ersten Rechtszug eher die Ausnahme (siehe näher hierzu *Kischkel*, § 81 FamFG Rn. 3 ff.), im Beschwerdeverfahren nach § 84 FamFG im Falle der Rücknahme, Verwerfung oder Zurückweisung der Beschwerde dagegen häufiger der Fall. Trägt etwa der Kindesvater nach der Entscheidung des OLG die Kosten des Beschwerdeverfahrens, kann der Rechtsanwalt der Kindesmutter nach § 85 FamFG i.V.m. §§ 103 ff. ZPO die Rechtsanwaltsgebühren gegen den Kindesvater festsetzen lassen und nach § 794 Nr. 2 ZPO aus dem Kostenfestsetzungsbeschluss vollstrecken. Ein Beitreibungsrecht gegen den erstattungspflichtigen Beteiligten hat der Anwalt nach § 126 Abs. 1 ZPO auch dann, wenn er seinem Mandanten im Rahmen der Verfahrenskostenhilfe nach § 78 FamFG beigeordnet wurde. 39

c) Gegenüber der Staatskasse

Gegenüber der Staatskasse hat der Rechtsanwalt in Kindschaftssachen nur einen Anspruch auf Erstattung seiner Kosten nach §§ 45 ff. RVG, wenn er nach § 78 FamFG im Rahmen der **Verfahrenskostenhilfe beigeordnet** wurde. Das Familiengericht ist im Übrigen nicht berechtigt, die außergerichtlichen Auslagen von Beteiligten nach §§ 81 ff. FamFG der **Staatskasse** aufzuerlegen.[90] 40

87 BGHZ 21, 199; Toussaint/*Toussaint*, RVG § 11 Rn. 108
88 Hartmann/*Hartmann*, Kostengesetze, § 11 RVG Rn. 138a
89 BGH NJW 1981, 875
90 BGH FamRZ 2024, 1406, Rn. 31; OLG Düsseldorf ZKJ 2018, 154; OLG Nürnberg JAmt 2013, 647

§ 81 FamFG
Grundsatz der Kostenpflicht

(1) [1]Das Gericht kann die Kosten des Verfahrens nach billigem Ermessen den Beteiligten ganz oder zum Teil auferlegen. [2]Es kann auch anordnen, dass von der Erhebung der Kosten abzusehen ist. [3]In Familiensachen ist stets über die Kosten zu entscheiden.

(2) Das Gericht soll die Kosten des Verfahrens ganz oder teilweise einem Beteiligten auferlegen, wenn

1. **der Beteiligte durch grobes Verschulden Anlass für das Verfahren gegeben hat;**
2. **der Antrag des Beteiligten von vornherein keine Aussicht auf Erfolg hatte und der Beteiligte dies erkennen musste;**
3. **der Beteiligte zu einer wesentlichen Tatsache schuldhaft unwahre Angaben gemacht hat;**
4. **der Beteiligte durch schuldhaftes Verletzen seiner Mitwirkungspflichten das Verfahren erheblich verzögert hat;**
5. **der Beteiligte einer richterlichen Anordnung zur Teilnahme an einem kostenfreien Informationsgespräch über Mediation oder über eine sonstige Möglichkeit der außergerichtlichen Konfliktbeilegung nach § 156 Absatz 1 Satz 3 oder einer richterlichen Anordnung zur Teilnahme an einer Beratung nach § 156 Absatz 1 Satz 4 nicht nachgekommen ist, sofern der Beteiligte dies nicht genügend entschuldigt hat.**

(3) Einem minderjährigen Beteiligten können Kosten in Kindschaftssachen, die seine Person betreffen, nicht auferlegt werden.

(4) Einem Dritten können Kosten des Verfahrens nur auferlegt werden, soweit die Tätigkeit des Gerichts durch ihn veranlasst wurde und ihn ein grobes Verschulden trifft.

(5) Bundesrechtliche Vorschriften, die die Kostenpflicht abweichend regeln, bleiben unberührt.

Übersicht Rn.

A. Allgemeines

1 § 81 FamFG regelt als zentrale Vorschrift – auch für Kindschaftssachen – die Frage, **ob** das Familiengericht überhaupt **eine Kostenentscheidung zu treffen** hat und **nach welchen Grundsätzen** in diesem Fall die **Kosten zu verteilen** sind. Damit hat der Gesetzgeber die im früheren Recht bestehende zersplitterte Regelung in der KostO und in § 13a FGG zugunsten

einer Harmonisierung des Verfahrensrechts aufgegeben.[1] Ergänzt wird § 81 FamFG durch die ihm folgenden Vorschriften über den Zeitpunkt der zu treffenden Kostenentscheidung (§ 82 FamG), über die Kostenverteilung bei Vergleich, Antragsrücknahme und Erledigung (§ 83 FamFG) und zur Kostentragung bei erfolglosen Rechtsmitteln.

Schließlich gilt § 81 FamFG wegen der Verweisung in § 51 Abs. 4 FamFG auch für **einstweilige Anordnungsverfahren** nach §§ 49 ff. FamFG. Eine Sondervorschrift besteht für bestimmte **Vaterschaftsanfechtungsverfahren** in § 183 FamFG. Für Familienstreitsachen, zu den auch Verfahren betreffend den Kindesunterhalt zählen, gelten §§ 81 ff. FamFG nicht. Hier kommen vielmehr nach § 113 Abs. 1 Satz 2 FamFG die Vorschriften der ZPO (§§ 91 ff. ZPO) zur Anwendung, für Unterhaltssachen gilt die spezielle Regelung in § 243 FamFG. Befinden sich **Kindschaftssachen** nach § 137 Abs. 3 FamFG als Folgesachen im **Scheidungsverbund**, gilt für die einheitlich zu treffende Kostenentscheidung die gesetzliche Regelung des § 150 FamFG. Im Beschwerdeverfahren gelangen hier im Rahmen der nach § 150 Abs. 4 FamFG vorzunehmenden Billigkeitsabwägung auch die Grundsätze des § 84 FamFG zur Anwendung, wenn die Beschwerde erfolglos ist.[2] Zur Kostenentscheidung in **Abstammungssachen** siehe näher *Langer*, § 183 FamFG Rn. 11 ff.

B. Inhalt der Norm

I. Obligatorische Kostenentscheidung

2 Abs. 1 Satz 3 bestimmt, dass in **Familiensachen** (der freiwilligen Gerichtsbarkeit), zu denen Kindschaftssachen ausnahmslos zählen, **stets** vom Familiengericht **über die Kosten zu entscheiden** ist. Eine Ausnahme besteht nur dann, wenn die Beteiligten selbst in einem Vergleich die Frage der Kostentragung geregelt haben; dies ist in Kindschaftssachen aber selten der Fall, weil ein Vergleichsschluss nur in reinen Antragsverfahren (§ 23 FamFG) möglich ist, deren Gegenstand zudem der Disposition der Beteiligten unterliegen muss (siehe näher hierzu *Kischkel*, § 83 FamFG Rn. 2).[3]

Eine Kostenentscheidung ist nach § 82 FamFG in der die **Instanz abschließenden Entscheidung** zu treffen, Zwischenentscheidungen dürfen daher keine Kostenregelungen enthalten.[4] Soweit in reinen Antragsverfahren die Akte nach den Vorschriften der AktO wegen Nichtbetreibens nach sechs Monaten weggelegt wird, steht dieser gerichtsinterne Verwaltungsvorgang der Beendigung des Verfahrens durch eine Entscheidung oder einen Vergleich **nicht gleich**, so dass in diesem Fall auch keine Kostenentscheidung getroffen werden darf.[5]

II. Inhalt der Kostenentscheidung

1. Ermessen (Abs. 1)

3 Gemäß Abs. 1 Satz 1 kann das Familiengericht die Kosten des Verfahrens den Beteiligten nach **billigem Ermessen** ganz oder zum Teil auferlegen. Mit dieser allgemeinen Regelung, die ein Regel-Ausnahmeverhältnis nicht erkennen lässt, räumt die Vorschrift den Gerichten einen **weiten Gestaltungsspielraum** darüber ein, welchen Beteiligten die Kosten des Verfahrens nach den Umständen des jeweiligen Einzelfalles in welchem Umfang aufzuerlegen

1 Ausführlich zum Vergleich mit dem früheren Recht *Finke*, FPR 2010, 331
2 OLG Karlsruhe FamRZ 2015, 754; BeckOK-FamFG/*Weber* FamFG § 150 Rn. 17
3 BGH FamRZ 2017, 532 Rn. 23; vgl. auch OLG Frankfurt a. M. FamRZ 2014, 53, zur Frage der noch zu treffenden Kostenentscheidung bei einer Umgangsvereinbarung
4 *Götsche*, FuR 2012, 510
5 OLG Zweibrücken FamRZ 2011, 1750; *Vogel*, FPR 2013, 116, 117

sind.[6] Entgegen dem vormaligen Recht (§ 13a Abs. 1 FGG a. F.) stellt die Vorschrift damit auch die Verteilung der Gerichtskosten in das pflichtgemäße Ermessen des Gerichts. Das Familiengericht kann auch in Kindschaftssachen die Kosten ganz oder teilweise zwischen den beteiligten Eltern aufteilen, sie gegeneinander aufheben oder getrennt nach Gerichtskosten und außergerichtlichen Kosten der Beteiligten aufteilen. Eine Ermessensbeschränkung enthält Abs. 2, wonach in den dort genannten fünf Regelbeispielen die Kosten einem Beteiligten ganz oder teilweise auferlegt werden sollen.

Ein uneingeschränktes Ermessen hinsichtlich der Überprüfung von Kostenentscheidungen im Beschwerdeverfahren besteht auch für das Beschwerdegericht (vgl. zum Streitstand *Kischkel*, § 68 FamFG Rn. 19).

a) Absehen von der Erhebung von Gerichtskosten

4 Abs. 1 Satz 2 sieht auch die Möglichkeit vor, dass das Familiengericht von der **Erhebung von Gerichtskosten absehen** kann. Diese Möglichkeit betrifft naturgemäß nur die Gerichtskosten und **nicht die außergerichtlichen Auslagen** der Beteiligten.[7] Nach der Gesetzesbegründung soll dies der Fall sein, wenn es nach Verlauf oder Ausgang des Verfahrens unbillig erscheint, die Beteiligten mit den Gerichtskosten zu belasten.[8] Die Vorschrift ermöglicht dabei auch eine Differenzierung zwischen Gerichtsgebühren und einzelnen Auslagen, so dass z.B. auch angeordnet werden kann, dass bestimmte Auslagen, wie die Kosten eines **Sachverständigengutachtens**[9] oder Dolmetscherkosten[10] nicht erhoben werden.[11]

Die erstinstanzliche Praxis macht in Kindschaftssachen aber zu häufig von Abs. 1 Satz 2 Gebrauch. Kein ausreichendes Kriterium ist es in diesem Zusammenhang, allein auf die schlechten wirtschaftlichen Verhältnisse der Beteiligten abzustellen, da dieses Problem nicht über § 81 FamFG zu lösen ist, sondern durch die Gewährung von Verfahrenskostenhilfe.[12] Bedenken begegnet im Einzelfall auch die Erwägung, von der Erhebung von Gerichtskosten abzusehen, weil Eltern das Verfahren oder Rechtsmittel ausschließlich oder zumindest auch im Interesse des Kindes veranlasst hätten,[13] da in Kindschaftssachen häufig eher eine Berufung auf das Elternrecht nach Art. 6 Abs. 2 GG im Vordergrund steht.[14] Andernfalls wäre das Absehen von der Erhebung von Gerichtskosten in Kindschaftssachen entgegen der Absicht des Gesetzgebers der Regelfall.

Gerechtfertigt erscheint dagegen ein Absehen von der Kostenerhebung – wie bereits nach früherer Rechtslage – in Verfahren, die in **Ausübung des staatlichen Wächteramts** eingeleitet wurden (vor allem nach § 1666 BGB), wenn ein **unverschuldetes** Erziehungsversagen der Eltern (z.B. infolge von Krankheit) vorliegt.[15] Auch in Kindschaftssachen, in denen nach dem Versterben der Eltern von Amts wegen Vormundschaft angeordnet worden ist und in der Folge ein Verfahren unter Beteiligung mehrerer zur Übernahme der rechtlichen Verantwortung für das Kind bereiter Beteiligter geführt wird, erscheint es in der Regel unbillig, ei-

6 BT-Drs. 16/6308, 215; BGH FamRZ 2017, 50; FamRZ 2014, 744; Prütting/Helms/*Feskorn*, § 81 FamFG Rn. 6
7 MüKo-FamFG/*Schindler*, § 81 Rn. 19; *Feskorn*, FPR 2012, 254, 256
8 BR-Drs. 309/07, 475 f.
9 OLG Frankfurt a. M. FamRZ 2016, 479: analog § 20 FamGKG; Sternal/*Weber*, FamFG § 81 Rn. 14
10 BGH FGPrax 2010, 154 = FamRZ 2010, 809 (Ls.); OLG Frankfurt a. M., Beschl. v. 3.11.2014 – 5 UF 332/14, BeckRS 2014, 20878
11 Sternal/*Weber*, FamFG § 81 Rn. 13 ff.
12 KG FamRZ 2012, 1162; Musielak/Borth/Frank/*Frank*, FamFG § 81 Rn. 17
13 So OLG Hamm NJW 2012, 790; OLG Frankfurt a. M. FamRZ 2012, 1163; OLG Saarbrücken FamRZ 2011, 1805; BeckOK FamFG/*Weber*, FamFG § 81 Rn. 15 m.w.N.
14 Vgl. OLG Bremen NJW-RR 2013, 963
15 Prütting/Helms/*Feskorn*, § 81 FamFG Rn. 16

nen der Beteiligten mit den Gerichtskosten zu belasten.[16] Im zweiten Rechtszug trägt dieser Gedanke bei einem erfolglos eingelegten Rechtsmittel jedoch nicht (§ 84 FamFG).

Bedenken begegnet auch die Auffassung, bei der notwendigen Entstehung von Dolmetscherkosten sei *stets* von deren Erhebung nach Abs. 1 Satz 2 abzusehen,[17] da dies in Kindschaftssachen losgelöst von den finanziellen Verhältnissen der Beteiligten nicht sachgerecht ist und diese in Nr. 2005 KV FamGKG ausdrücklich in die von den Beteiligten zu tragenden Auslagen aufgenommen worden ist.[18] Im Übrigen sollte die Vorschrift in Kindschaftssachen restriktiv gehandhabt werden.

Eine weitere Vorschrift, die ein Absehen von Gerichtskosten ermöglicht, enthält § 20 Abs. 1 FamGKG für den Fall unrichtiger Sachbehandlung durch das Gericht. Sie kann vor allem im Beschwerdeverfahren herangezogen werden, wenn eine formell oder materiell offensichtlich fehlerhafte Sachbehandlung des Familiengerichts ein erfolgreiches Rechtsmittel veranlasst hat. Das Kriterium der **unrichtigen Sachbehandlung** ist aber auch bereits bei der Ausübung des Ermessens im Rahmen der Prüfung von Abs. 1 Satz 2 zu beachten.[19]

b) Von der Kostentragung ausgenommene Beteiligte

aa) Minderjährige

Nicht mit den Kosten belastet werden dürfen nach Abs. 3 **minderjährige Beteiligte** in Verfahren, die ihre Person betreffen. Damit sind Kinder nicht generell von der Belastung mit Verfahrenskosten ausgeschlossen. Diese kommt insbesondere in Betracht, wenn das Verfahren ausschließlich das Vermögen des Kindes oder seine Abstammung betrifft (vgl. *Langer*, § 183 FamFG Rn. 8). 5

bb) Verfahrensbeistand

Gemäß §§ 81 Abs. 5, 158c Abs. 4 FamFG können auch dem **Verfahrensbeistand** des Kindes – in allen Instanzen – keine Kosten auferlegt werden. 6

cc) Jugendamt

Wie § 2 Abs. 3 FamGKG zeigt, schließt die in § 2 Abs. 1 FamGKG vorgesehene Kostenfreiheit des Bundes und der Länder bzw. der Jugendämter nach § 2 Abs. 2 FamGKG i.V.m. § 64 Abs. 3 Satz 2 SGB X nicht aus, dem **Jugendamt** als anzuhörender oder beteiligter Behörde i.S.d. § 162 FamFG[20] oder dem am Verfahren beteiligten **Amtsvormund**[21] die Kosten des Verfahrens, z.B. für ein unzulässiges Rechtsmittel nach § 84 FamFG, aufzuerlegen. Soweit das Jugendamt nach § 162 Abs. 1 FamFG nur anzuhören ist und nicht nach § 162 Abs. 2 FamFG formell beteiligt ist, können ihm im Hinblick auf Abs. 4 aber als Drittem grundsätzlich keine Kosten auferlegt werden. 7

Auch wenn wegen §§ 2 Abs. 2 FamGKG, 64 Abs. 3 Satz 2 SGB X Gerichtskosten tatsächlich nicht in Rechnung gestellt werden, trifft das Jugendamt ggf. die Haftung für die außergerichtlichen Kosten der anderen Beteiligten. Der BGH hat jedoch der Auferlegung der Kosten

16 OLG Frankfurt a. M., Beschl. v. 22.11.2018 – 6 WF 169/18, BeckRS 2018, 41133 = FamRB 2019, 223

17 BGHZ 184, 323 für das Abschiebehaftverfahren; MüKo-FamFG/*Schindler*, § 81 Rn. 19a, unter Verweis auf Art. 6 Abs. 3 lit. e EMRK, der sich jedoch nur auf Strafverfahren bezieht; vgl. auch OLG Frankfurt a. M., Beschl. v. 3.11.2014 – 5 UF 332/14, BeckRS 2014, 20878

18 Vgl. dort unter Abs. 2 auch die Differenzierung zu den Auslagen für Übersetzer für seh- und hörbehinderte Personen, die nicht erhoben werden

19 BGH FamRZ 2017, 50; FamRZ 2015, 570; OLG Brandenburg, Beschl. v. 30.8.2023 – 9 WF 114/23, BeckRS 2023, 26140; OLG Frankfurt a. M. FamRZ 2016, 479

20 OLG Nürnberg FamRZ 2022, 878

21 BGH FamRZ 2017, 50; Oberloskamp/*Dürbeck*, § 3 Rn. 190; differenzierend bei Rücknahme der Beschwerde OLG Karlsruhe FamRZ 2024, 1973

auf das Jugendamt und dem Amtsvormund außerhalb der Fälle von Abs. 2 enge Grenzen gesetzt und verlangt, dass auch gesetzliche Kostenbefreiungstatbestände in die Ermessensausübung miteinfließen müssen.[22] Eine Kostenauferlegung auf das Jugendamt kommt aber gleichwohl in Betracht, wenn es durch eine offenkundig rechtswidrige Inobhutnahme nach §§ 42, 8a SGB VIII die Einleitung eines einstweiligen Anordnungsverfahrens veranlasst hat,[23] wobei hier aber auf Abs. 2 Nr. 1 abgestellt werden sollte. Bei nicht vorwerfbarer Veranlassung des Verfahrens durch eine Inobhutnahme, die später nicht zu einem Sorgerechtsentzug führt, gilt dies aber nicht.[24]

dd) Sonstige

8 Grundsätzlich können Institutionen oder Personen, die **nicht formell i.S.d. § 7 FamFG beteiligt** sind, die Kosten nicht auferlegt werden.[25] Die gilt auch für die **Staatskasse**.[26] Eine Ausnahme sieht Abs. 4 aber für solche Dritte vor, die die Tätigkeit des Familiengerichts infolge eines groben Verschuldens veranlasst haben. Die Bestimmung hat in der Praxis jedoch keine Bedeutung. Sie käme etwa in dem Fall in Betracht, wenn ein Nachbar durch eine vorsätzliche oder grob fahrlässige falsche Tatsachenbehauptung (böswillige Denunziation) die amtswegige Einleitung eines Verfahrens nach § 1666 BGB oder § 1684 Abs. 4 BGB veranlassen würde. Auch das Jugendamt ist, wenn es nicht nach § 162 Abs. 2 FamFG am Verfahren beteiligt ist, Dritter in diesem Sinne.

c) Ermessenskriterien bei Abs. 1 Satz 1

9 In Kindschaftssachen stellt sich auch bei Nichtvorliegen der Regelbeispiele des § 81 Abs. 2 FamFG die Frage, inwieweit das **Obsiegen oder Unterliegen eines Elternteils** oder sonstigen Beteiligten (z.B. in Verfahren nach §§ 1671, 1628, 1626a BGB) von Bedeutung für die Ausübung des Ermessens bei der Kostenverteilung ist. Dies ist zumindest im Regelfall (auch in reinen Antragsverfahren) zu verneinen. Kindschaftssachen sind insoweit nicht mit anderen Familiensachen vergleichbar, in denen der Ausgang des Verfahrens für die Frage der Kostenverteilung regelmäßig von entscheidender Bedeutung ist (z.B. in Unterhaltsverfahren oder Gewaltschutzsachen), da in diesen Verfahren nicht die (nach Art. 6 Abs. 2 GG pflichtengebundenen) Rechte der Eltern im Vordergrund stehen, sondern das **Kindeswohl oberste Richtschnur** für den Ausgang des jeweiligen Verfahrens ist (vgl. § 1697a BGB). Es erscheint daher jedenfalls in Sorgerechts- und Umgangssachen im Regelfall gerechtfertigt, dass jeder Beteiligte seine außergerichtlichen Kosten selbst trägt und die Gerichtskosten den beiden Elternteilen jeweils hälftig auferlegt werden.[27] Unterschiedliche wirtschaftliche Verhältnisse der Eltern rechtfertigen eine Abweichung von diesem Grundsatz nicht.[28]

10 Eine Abweichung vom Grundsatz, dass sich gemeinsame elterliche Verantwortung für ein Kind auch in der Kostenentscheidung niederschlagen soll, ist etwa dann gerechtfertigt, wenn ein Elternteil außerhalb der Regelbeispiele des Abs. 2 durch ein **vorwerfbares Verhalten** Anlass zur Einleitung des Verfahrens gegeben hat;[29] gleichwohl sollte auch hier sehr zurückhaltend verfahren werden. Dem **Jugendamt** werden im Regelfall die Kosten des Ver-

22 BGH FamRZ 2017, 50, zum Amtsvormund
23 So AG Frankfurt a. M. FamRZ 2019, 296
24 OLG Frankfurt JAmt 2015, 568
25 Zöller/*Feskorn*, § 81 FamFG Rn. 2
26 OLG Düsseldorf FamRZ 2018, 450; OLG München FamRZ 2014, 236; OLG Nürnberg FamRZ 2013, 2006
27 OLG Karlsruhe FamRZ 2024, 1966; FamRZ 2021, 1821; OLG Brandenburg, Beschl. v. 8.10.2021 – 9 WF 226/21, BeckRS 2021, 38485; OLG Düsseldorf FamRZ 2021, 876; OLG Jena FuR 2018, 432; OLG Köln FuR 2017, 221; OLG Naumburg FamRZ 2014, 687; OLG Bremen NJW-RR 2013, 963; KG FamRZ 2012, 1162; OLG Nürnberg FamRZ 2010, 98; Prütting/Helms/*Feskorn*, § 81 FamFG Rn. 14a
28 OLG Bremen FamRZ 2013, 1926; BeckOK-KostR/*Siede*, FamGKG § 21 Rn. 64
29 *Finke*, FPR 2010, 331, 333

fahrens nach Maßgabe von Abs. 1 Satz 1 nicht aufzuerlegen sein.[30] Anderes kann aber in den Fällen der §§ 81 Abs. 2, 84 FamFG gelten. In Verfahren nach § 1632 Abs. 4 BGB und sonstigen Verfahren, an denen sie nach §§ 7, 161 FamFG beteiligt sind, werden den **Pflegepersonen** des Kindes im Regelfall Gerichtskosten nicht aufzuerlegen sein.[31] Anders wird aber bei einer erfolglosen Beschwerde nach § 84 FamFG zu verfahren sein, sofern nicht anderweitige Ermessenskriterien eine andere Betrachtung verlangen.

Im Einzelfall können **Pflegepersonen** auch nach Abs. 2 an den Kosten zu beteiligen sein.[32] 11
Auch (ehrenamtliche) **Vormünder**, die im Interesse des Kindes Verfahren führen, werden im Regelfall – außerhalb von §§ 81 Abs. 2, 84 FamFG – nicht zur Tragung der Gerichtskosten heranzuziehen sein.[33]

2. Regelbeispiele nach Abs. 2

a) Allgemeines

§ 81 Abs. 2 FamFG[34] enthält als **ermessensreduzierende Sanktionsvorschrift** fünf bei der 12
Ermessensausübung zu beachtende Regelbeispiele. Sind die Voraussetzungen eines dieser Beispiele erfüllt, bedarf die Kostenauferlegung auf einen Beteiligten keiner darüber hinausgehenden Begründung.[35] Nicht gefordert ist ein ursächlicher Zusammenhang zwischen dem Verursachungsbeitrag des Beteiligten und der Kostenentstehung im Einzelnen.[36] Allerdings erfordert auch diese Regelung in Kindschaftssachen, in denen Eltern nicht nur eigene, sondern eben auch die Interessen ihrer Kinder wahrnehmen, eine behutsame Anwendung durch die Familiengerichte.[37]

b) § 81 Abs. 2 Nr. 1 FamFG

Nach Abs. 2 Nr. 1 soll das Familiengericht die Kosten des Verfahrens einem Beteiligten 13
ganz oder teilweise auferlegen, wenn dieser durch **grobes Verschulden Anlass für das Verfahren gegeben** hat. Grobes Verschulden erfordert **Vorsatz oder grob fahrlässige Nichtbeachtung der erforderlichen Sorgfalt** des betreffenden Beteiligten.[38] In Betracht kommt das Regelbeispiel in Kindschaftssachen vor allem in Verfahren nach § 1666 BGB und § 1684 Abs. 4 BGB, wenn die Eltern oder ein Elternteil das Verfahren durch **vorsätzliche Taten** (z.B. sexueller Missbrauch, gewaltsame Erziehung) oder grob fahrlässig herbeigeführte Kindeswohlgefährdungen (z.B. durch Unterlassen von Pflege oder Erziehung) verursacht haben.[39] Auch eigenmächtige Verfügungen über das Kindesvermögen sind in diesem Zusammenhang zu nennen.[40] Nicht ausreichend sind bloßes Desinteresse gegenüber dem Kind,[41] der

30 BGH FamRZ 2017, 50; OLG Frankfurt a. M. JAmt 2015, 568; OLG Celle ZKJ 2012, 321
31 OLG Hamburg, Beschl. v. 15.6.2018 – 2 UF 44/18, BeckRS 2018, 24270 = FamRZ 2019, 296 (Ls.); OLG München ZKJ 2015, 433; OLG Stuttgart FamRZ 2012, 1401; BeckOGK/*Kerscher*, BGB § 1632 Rn. 146 f.
32 Zurückhaltend OLG Karlsruhe FamRZ 2024, 1968, und OLG Hamm FamRZ 2015, 1226; vgl. aber OLG Bamberg FamRZ 2023, 1054, sowie OLG Frankfurt FamRZ 2013, 900
33 OLG Frankfurt a. M., Beschl. v. 22.11.2018 – 6 WF 169/18, juris = FamRB 2019, 223: Streit der Angehörigen um die Vormundschaft nach Tod der Eltern
34 Ausführlich dazu *Nickel*, FamFR 2013, 529
35 MüKo-FamFG/*Schindler*, § 81 Rn. 33
36 Vgl. *Fölsch*, SchlHA 2011, 264, 265
37 Vgl. etwa OLG Hamm FamRZ 2015, 1226 (Pflegeeltern); a. A. OLG Brandenburg FamRZ 2015, 1050, zum Antragsverfahren
38 OLG Stuttgart BeckRS 2012, 09114; OLG Jena BeckRS 2012, 08402; OLG Naumburg BeckRS 2011, 08487; *Vogel*, FPR 2013, 116, 117
39 MüKo-FamFG/*Schindler*, § 81 Rn. 42
40 OLG Koblenz FamRZ 2017, 969
41 OLG Saarbrücken FamFR 2011, 426

Verzicht auf eine vorherige Kontaktaufnahme zum Jugendamt[42] oder allgemein schuldhafte Erziehungsmängel.

In Antragsverfahren nach §§ 1626a Abs. 2, 1628, 1671 BGB ist eine Anwendung des § 81 Abs. 2 Nr. 1 FamFG, ebenso wie in Umgangsverfahren außerhalb des Anwendungsbereichs des § 1684 Abs. 4 BGB, nur schwer vorstellbar. Auch in Abänderungsverfahren nach § 1696 BGB, § 166 FamFG dürfte Abs. 2 Nr. 1 jedenfalls in erster Instanz keine Anwendung finden, wenn ein neuerliches Verfahren **ohne hinreichende Änderung der Sachlage** eingeleitet wird;[43] denn die Eröffnung des Abänderungsverfahrens erfolgt zumindest im Amtsverfahren ja erst nach vorheriger Prüfung und Bejahung der Änderungsvoraussetzungen durch das Familiengericht.[44]

c) § 81 Abs. 2 Nr. 2 FamFG

14 Nach Abs. 2 Nr. 2 sollen einem Beteiligten die Kosten dann ganz oder teilweise auferlegt werden, wenn er den **verfahrenseinleitenden Antrag** – **grob schuldhaft**[45] – trotz für ihn **von vornherein erkennbar fehlender Erfolgsaussichten** gestellt hat. Dies ist durch eine *ex ante*-Betrachtung festzustellen.[46] Nach ihrem Wortlaut gilt die Vorschrift nur in **reinen Antragsverfahren** i.S.d. § 23 FamFG (also z.B. §§ 1626a Abs. 2, 1671, 1628 BGB),[47] so dass die meisten Kindschaftssachen, die auch von Amts wegen eingeleitet werden können, von dieser Norm nicht erfasst werden. In Amtsverfahren nach § 24 FamFG, zu denen regelmäßig auch Umgangssachen gehören (Ausnahme § 1686a BGB),[48] kann nur auf Abs. 2 Nr. 1 abgestellt werden. Gegen die Annahme bereits anfänglich fehlender Erfolgsaussichten spricht die Aufnahme von Ermittlungen durch das Familiengericht.[49] Umgekehrt indiziert der Umstand, dass ein Antrag ohne Anhörungen nach §§ 159 ff. FamFG zurückgewiesen wurde, von vornherein fehlende Erfolgsaussichten.[50] Allein die spätere Rücknahme des verfahrenseinleitenden Antrages indiziert dagegen nicht, dass der Antragsteller von vornherein die Aussichtslosigkeit seines Antrages erkennen musste.[51] Bei einem anwaltlich vertretenen Beteiligten kommt es für die Frage der subjektiven Erkennbarkeit – wie beim Verschulden in Nr. 1 – auf die vorauszusetzende Kenntnis des Rechtsanwalts an.[52]

d) § 81 Abs. 2 Nr. 3 FamFG

15 Ein weiteres Regelbeispiel für eine einseitige Kostenverteilung ist gegeben, wenn ein Beteiligter zu einer wesentlichen Tatsache **schuldhaft unwahre Angaben** macht. Auch Abs. 2 Nr. 3 ist Konkretisierung des Grundsatzes der Haftung eines Beteiligten für grobes Verschulden.[53] Für die Wesentlichkeit einer Tatsache reicht es aus, dass der Tatsache Indizwirkung für ein Tatbestandsmerkmal zukommt, das den Verfahrensausgang beeinflusst.[54] Vorsatz ist nicht erforderlich, es genügt grobe Fahrlässigkeit. Die Rücknahme eines Antrages kann Indiz für ein Verschulden sein.[55]

---

42 OLG Schleswig SchlHA 2017, 39 = FamRZ 2016, 2144 (Ls.); a.A.: AG Ebersberg Familienrecht kompakt 2015, S. 12
43 A.A.: *Dürbeck* in der Vorauflage
44 Vgl. dazu (im VKH-Verfahren) OLG Frankfurt a. M. FamRZ 2021, 1985
45 Auch wenn im Gesetz nicht ausdrücklich genannt, vgl. BR-Drs. 309/07, 476
46 MüKo-FamFG/*Schindler,* § 81 Rn. 46; *Nickel*, FamFR 2013, 529, 530
47 KG FamRZ 2021, 1143; OLG Frankfurt a. M. FamRZ 2021, 1142; OLG Brandenburg FamRZ 2019, 1350; Sternal/*Weber,* FamFG § 81 Rn. 39; Prütting/Helms/*Feskorn,* § 81 FamFG Rn. 23
48 BGH FamRZ 2017, 532
49 OLG Braunschweig NJW-RR 2025, 69; OLG Jena FuR 2018, 432; OLG Hamm FamRZ 2014, 686
50 OLG Brandenburg FamRZ 2019, 1350
51 OLG Saarbrücken BeckRS 2011, 08487; a.A.: OLG Schleswig NJW-RR 2011, 576
52 OLG Brandenburg FamRZ 2019, 1350; Prütting/Helms/*Feskorn,* § 81 FamFG Rn. 23
53 Zöller/*Feskorn,* § 81 FamFG Rn. 10
54 MüKo-FamFG/*Schindler,* § 81 Rn. 50
55 OLG Hamm, Beschl. v. 9.2.2012 – 8 WF 154/11, BeckRS 2012, 7143

Beispielhaft sei der vorsätzlich oder grob fahrlässig erhobene, nachweislich falsche Vorwurf der Kindesmutter im Umgangsverfahren genannt, der Vater habe das Kind sexuell missbraucht. Auch das Verschweigen eines Drogenkonsums[56] oder von Mehrverkehr durch die Kindesmutter in Abstammungssachen ist hier zu nennen.[57] Im Übrigen ist bei Prüfung der Anwendung des Abs. 2 Nr. 3 zu berücksichtigen, dass durch unterschiedliche Sichtweisen geprägter Vortrag der Eltern, z.B. zu ihrem sozialen Verhältnis, nicht zwangsläufig als Falschaussage zu werten ist.

e) § 81 Abs. 2 Nr. 4 FamFG

Ein in der veröffentlichten Gerichtspraxis noch wenig zur Anwendung gelangter Regelfall der einseitigen Kostenbelastung liegt nach Abs. 2 Nr. 4 dann vor, wenn ein Beteiligter durch **schuldhaftes Verletzen seiner Mitwirkungspflicht das Verfahren erheblich verzögert** hat. Die Vorschrift knüpft an die in § 27 FamFG geregelte – mit Zwangsmitteln nicht durchsetzbare[58] – Mitwirkungspflicht der Beteiligten an der Sachverhaltsaufklärung an. Ein einmaliges nicht entschuldigtes Fernbleiben an einem Anhörungstermin wird hier noch keine erhebliche Verzögerung des Verfahrens bedingen. Aber auch, wenn – in der gerichtlichen Praxis zunehmend zu beobachten – Elternteile die Mitwirkung an der Erstellung familienpsychologischer Sachverständigengutachten in Sorge- und Umgangsverfahren verweigern, zu Untersuchungsterminen unentschuldigt nicht erscheinen und dies zu einer erheblichen Verzögerung des Verfahrens führt, sollte von Abs. 2 Nr. 4 restriktiv Gebrauch gemacht werden, und nur dann, wenn die für die Verweigerung geltend gemachten Gründe den Verschuldensvorwurf nicht entfallen lassen.[59] 16

Der Begriff der Verzögerung bedarf einer Prognose, wann das Verfahren hätte erledigt werden können, wenn der Beteiligte pflichtgemäß mitgewirkt hätte und eines anschließenden Vergleichs dieses Zeitraums mit der tatsächlichen Erledigungsdauer. In Kindschaftssachen wird hier zudem das Gebot der Beschleunigung (§ 155 FamFG) mit in die Abwägung mit einzubeziehen sein. Abs. 1 Nr. 4 ermöglicht es aber auch, dem betreffenden Beteiligten nicht die gesamten Verfahrenskosten aufzuerlegen, sondern diese auf die Kosten zu begrenzen, auf die sich das Verhalten konkret ausgewirkt hat.[60]

f) § 81 Abs. 2 Nr. 5 FamFG

Ein weiteres Regelbeispiel enthält Abs. 2 Nr. 5 bei **schuldhaften Verstößen** eines Beteiligten gegen familiengerichtlich nach §§ 156 Abs. 1 Satz 4 FamFG angeordnete **Mediations- und Beratungsauflagen**. Mit dieser in der Praxis wenig bedeutsamen Vorschrift können aber nur Zusatzkosten, die infolge der Nichtteilnahme des Beteiligten entstanden sind, einseitig auf diesen abgewälzt werden, nicht aber Verfahrens- und Anwaltskosten, die ohnehin angefallen wären.[61] 17

3. Mehrere Kostenschuldner

Ordnet das Familiengericht an, dass **mehrere Beteiligte die Kosten zu tragen** haben (Hauptfall: beide Elternteile im Verfahren nach § 1666 BGB), muss es auch darüber eine Entscheidung treffen, ob sie gegenüber der Staatskasse oder sonstigen erstattungsberechtigten Beteiligter **nach Kopfteilen** oder als **Gesamtschuldner** haften; das wird in der Praxis 18

56 Vgl. OLG Hamburg FamRZ 2022, 1298
57 OLG Brandenburg FamRZ 2018, 1020
58 Prütting/Helms/*Prütting*, § 27 FamFG Rn. 6 ff.
59 Zutreffend OLG Saarbrücken Beschl. v. 18.3.2019 – 6 UF 36/19, BeckRS 2019, 6058 = NZFam 2019, 461; OLG Schleswig FamRZ 2016, 1481; KG FamRZ 2016, 485
60 OLG Jena FamRZ 2012, 1898; Prütting/Helms/*Feskorn*, § 81 FamFG Rn. 25
61 BeckOK-FamFG/*Weber*, § 81 Rn. 27

häufig nicht beachtet. Obwohl eine § 100 Abs. 1 und 4 ZPO nachgebildete Vorschrift im FamFG fehlt, besteht kein vernünftiger Zweifel daran, dass das weite Ermessen in Abs. 1 dem Familiengericht auch die Befugnis gibt, eine gesamtschuldnerische Haftung von Beteiligten für die Kosten anzuordnen.[62] In Kindschaftssachen wird dies vor allem bei Fällen einer gemeinsamen Verwirklichung von Regelbeispielen nach Abs. 2 anzunehmen sein. Unterbleibt eine Klarstellung durch das Familiengericht, besteht eine Erstattungspflicht **im Zweifel nur nach Kopfteilen**.[63]

4. Anfechtung der Kostenentscheidung

19 Zur früher umstrittener Frage der Anfechtbarkeit der Kostenentscheidung und zur Frage der Überprüfung von Ermessensentscheidungen im Beschwerdeverfahren vgl. näher *Kischkel*, § 58 FamFG Rn. 5 und § 68 FamFG Rn. 19.

§ 82 FamFG
Zeitpunkt der Kostenentscheidung

Ergeht eine Entscheidung über die Kosten, hat das Gericht hierüber in der Endentscheidung zu entscheiden.

Übersicht

A. Allgemeines

1 Ergeht eine Entscheidung über die Kosten, hat das Gericht nach § 82 FamFG hierüber in der **Endentscheidung** zu befinden. Damit wollte der Gesetzgeber erreichen, dass die Beteiligten mit der Bekanntgabe der Endentscheidung auch Gewissheit über ihre Kostentragungspflicht erhalten.[1]

Die Frage, ob das Gericht überhaupt über die Kosten zu entscheiden hat, ist nicht in § 82 FamFG, sondern für Familiensachen der freiwilligen Gerichtsbarkeit und damit auch für Kindschaftssachen in § 81 Abs. 1 Satz 3 FamFG geregelt, so dass das Familiengericht grundsätzlich sowohl im Hauptsacheverfahren als auch im **einstweiligen Anordnungsverfahren** (§ 51 Abs. 4 FamFG) immer gleichzeitig mit der Endentscheidung eine Kostenentscheidung zu treffen hat. Dies bestimmen § 92 Abs. 2 FamFG auch für **Vollstreckungsverfahren** betreffend die Regelung des Umgangs und die Herausgabe eines Kindes und § 87 Abs. 5 FamFG für sonstige Vollstreckungsverfahren.

B. Inhalt der Norm

2 § 82 FamFG regelt zum einen, dass mit **Zwischenentscheidungen**, wie z.B. Beweis- oder Ablehnungsbeschlüssen, grundsätzlich keine Kostenregelung getroffen wird. Ausnahmen ergeben sich bei Entscheidungen im Rahmen **förmlicher Beweisaufnahmen** über die Berechtigung von Zeugnisverweigerungen und über die Folgen einer unberechtigten Zeugnis-

---

62 MüKo-FamFG/*Schindler*, § 81 Rn. 89; a.A.: Sternal/*Weber*, FamFG § 81 Rn. 12 m.w.N.; Dutta/Jacoby/Schwab/*Bartels*, § 81 FamFG Rn. 16
63 MüKo-FamFG/*Schindler*, § 81 Rn. 89;
1 BT-Drs. 16/6308, 216

verweigerung (§§ 29 Abs. 2, 30 Abs. 1 FamFG, §§ 387, 390 ZPO) bzw. der Gutachtenverweigerung durch Sachverständige (§§ 402, 409 ZPO).[2] Wird gegen eine Zwischenentscheidung ein **Rechtsmittel** eingelegt, stellt allerdings die Entscheidung über das Rechtsmittel wiederum eine Endentscheidung dar, die daher auch eine Entscheidung über die Kosten des Beschwerdeverfahrens enthalten muss. Der rein gerichtsinterne Vorgang der Austragung der für das Verfahren angelegten Zählkarte wegen sechsmonatigen Nichtbetreibens führt ebenfalls nicht zu einer Kostenentscheidung, da das Verfahren ja jederzeit fortgeführt werden kann.[3]

Zum anderen ist auch bei (horizontalen) **Teilentscheidungen**, wie sie gelegentlich in Sorge- oder Umgangsverfahren von den Familiengerichten getroffen werden, erst in der Schlussentscheidung nach §§ 81 ff. FamFG über die Kosten zu befinden.[4] Keine Kostenentscheidungen sind darüber hinaus im **Verfahrenskostenhilfeverfahren**[5] (vgl. auch § 118 Abs. 1 Satz 4 ZPO) und bei gesonderten Entscheidungen zum **Verfahrenswert**[6] und bei der **Kostenfestsetzung** zu treffen.[7] Keine gerichtliche Kostenentscheidung ergeht auch in reinen Antragsverfahren (§ 23 FamFG), wenn die Beteiligten über den Verfahrensgegenstand verfügen können und die Kosten selbst in einem **Vergleich** geregelt haben (z.B. in einem Verfahren nach § 1686 BGB, siehe näher hierzu *Kischkel*, § 83 FamFG Rn. 2). 3

Können die Beteiligten dagegen nicht über den amtswegigen Gegenstand verfügen (z.B. im Umgangsverfahren nach § 1684 BGB), hat auch bei einer **„Rücknahme"** des „Antrags" bzw. der Anregung den Umgang zu regeln oder bei einer **überstimmenden Erklärung der Erledigung** des Verfahrens noch eine Kostenentscheidung zu ergehen[8] (vgl. auch § 83 Abs. 2 FamFG). Schließlich findet sich noch eine weitere Ausnahme von der Regel, dass über die Kosten des betreffenden Verfahrens in der jeweiligen Endentscheidung zu befinden ist, beim **Vermittlungsverfahren** nach § 165 Abs. 5 Satz 3 FamFG. Danach ist bei Erfolglosigkeit des Verfahrens über dessen Kosten erst in dem nachfolgenden Umgangs- oder Sorgerechtsverfahren eine Regelung zu treffen (vgl. *Bussian*, § 165 FamFG Rn. 12). 4

C. Korrektur und Nachholung einer Kostenentscheidung

Enthält eine vom Familiengericht getroffene Kostenentscheidung einen Schreib- oder Rechenfehler oder eine sonstige offenbare Unrichtigkeit, kann diese jederzeit nach Maßgabe des § 42 FamFG **berichtigt** werden.[9] Enthält der Tenor **keinen Kostenausspruch**, finden sich aber in den Beschlussgründen Ausführungen zur Kostenverteilung, hat ebenfalls antragsunabhängig eine Berichtigung des Beschlusses nach § 42 FamFG – und keine Ergänzung nach § 43 FamFG – zu erfolgen.[10] 5

Hat das Familiengericht in der Endentscheidung allerdings **gänzlich versäumt**, eine Kostenentscheidung zu treffen, wäre an sich eine **Ergänzung des Beschlusses** nach Maßgabe von § 43 Abs. 1 und 2 FamFG nur auf Antrag eines Beteiligten und **binnen einer Frist von zwei Wochen** zulässig.[11] Nach zutreffender Auffassung gilt dies jedoch **nicht für amtswegige Verfahren**, für die nach § 81 Abs. 1 Satz 3 FamFG zwingend eine Kostenentscheidung zu 6

2 MüKo-FamFG/*Schindler*, FamFG § 81 Rn. 30
3 OLG Zweibrücken FamRZ 2011, 1750
4 MüKo-FamFG/*Schindler*, § 82 Rn. 3
5 OLG Hamburg MDR 2002, 910; *Gottschalk/Schneider* PKH/VKH Rn. 230
6 Toussaint/*Toussaint*, GKG § 63 Rn. 56
7 BeckOK-FamFG/*Weber*, § 82 Rn. 4
8 OLG Frankfurt a.M. FamRZ 2022, 798; OLG Bremen FamRZ 2013, 1926
9 Sternal/*Weber*, § 82 FamFG Rn. 8; MüKo-FamFG/*Schindler*, FamFG § 81 Rn. 32
10 Prütting/Helms/*Feskorn*, § 82 FamFG Rn. 3
11 OLG Frankfurt a. M. FamRZ 2016, 1097

treffen ist. Es kann nicht zu Lasten der Beteiligten gehen, wenn dem Gericht Fehler unterlaufen. In solchen Fällen ist daher eine antragsunabhängige und nicht fristgebundene **Ergänzung des Beschlusses von Amts wegen** möglich.[12]

7 Hat das Familiengericht dagegen die Kostenentscheidung in seiner Endentscheidung bewusst unterlassen, kann dagegen **Beschwerde nach § 58 FamFG** eingelegt werden.[13] Hat das Familiengericht in einem Amtsverfahren zu Unrecht bei einer Rücknahme oder Erledigungserklärung der Beteiligten das Verfahren ohne eine Kostenentscheidung „weggelegt" bzw. nicht weiter betrieben, kann und muss die Kostenentscheidung jederzeit nachgeholt werden.[14] Eine Beschwerde gegen die Weglegung der Akten ist aber nicht eröffnet.[15]

§ 83 FamFG
Kostenpflicht bei Vergleich, Erledigung oder Rücknahme

(1) [1]Wird das Verfahren durch Vergleich erledigt und haben die Beteiligten keine Bestimmung über die Kosten getroffen, fallen die Gerichtskosten jedem Teil zu gleichen Teilen zur Last. [2]Die außergerichtlichen Kosten trägt jeder Beteiligte selbst.

(2) Ist das Verfahren auf sonstige Weise erledigt oder wird der Antrag zurückgenommen, gilt § 81 entsprechend.

Übersicht

A. Allgemeines

1 § 83 FamFG regelt die Kostenfolgen, wenn das Verfahren durch **Vergleich** (Abs. 1) bzw. **Antragsrücknahme** oder auf **sonstige Weise erledigt** wird (Abs. 2). Nicht erfasst von § 83 Abs. FamFG ist die Rücknahme einer Beschwerde (siehe näher hierzu *Kischkel*, § 84 FamFG Rn. 3). Da der Verfahrensgegenstand in Kindschaftssachen häufig nicht der **Disposition der Beteiligten** unterliegt, kommt die Vorschrift hier eher selten zum Tragen.

B. Inhalt der Norm

I. Vergleich (Abs. 1)

2 § 83 Abs. 1 FamFG regelt nur den Fall, dass die Beteiligten bei einer Verfahrensbeendigung durch **Vergleich** keine Bestimmung über die Kosten getroffen haben. Die Norm ist § 98 ZPO nachgebildet, der über § 113 Abs. 1 Satz 2 FamFG in Familienstreitsachen Anwendung findet, und bestimmt in Satz 1 zunächst, dass die **Gerichtskosten** jedem Teil zu gleichen Teilen zur Last fallen sollen. Hinsichtlich der **außergerichtlichen Kosten** der Beteiligten sieht Abs. 1 Satz 2 vor, dass diese jeder Beteiligte selbst tragen soll und damit eine Erstattung nicht stattfindet. Ein Verfahren kann aber nur dann durch einen Vergleich der Beteiligten beendet werden, wenn es sich um ein **reines Antragsverfahren** (§ 23 FamFG) handelt und es

12 Zutreffend BeckOK-FamFG/*Weber*, § 82 Rn. 8; a.A.: Prütting/Helms/*Feskorn*, § 82 FamFG Rn. 3 m.w.N.
13 Vgl. BGH NJW 2006, 1351 zu § 321 ZPO
14 Vgl. OLG Frankfurt a.M. FamRZ 2014, 53
15 OLG Düsseldorf FamRZ 2018, 49; BeckOK-FamFG/*Obermann*, FamFG § 58 Rn. 57

zudem der **Disposition der Beteiligten** unterliegt. Damit scheiden hier schon alle Umgangsverfahren mit Ausnahme der §§ 1686a BGB (vgl. § 167a Abs. 1 FamFG) und 1632 Abs. 3 BGB aus, weil es sich um amtswegige Verfahren i.S.d. § 24 FamFG handelt.[1]

3 Auch unterfallen **antragsabhängige Sorgerechtsverfahren** nach §§ 1671 Abs. 1 und 2, 1626a Abs. 2, 1628 BGB dann nicht der Regelung des § 83 Abs. 1 FamFG, wenn die im Vergleich vereinbarte Sorgerechtsregelung mangels Dispositionsbefugnis der Rechtsinhaber noch der **Umsetzung durch einen Beschluss** des Familiengerichts bedarf[2] (z.B.: Im Verfahren nach § 1671 Abs. 1 Nr. 2 BGB vereinbaren die Eltern in einem Vergleich, dass der Antragsteller nur einen Teil der alleinigen Sorge erhält). Nur dann, wenn ein verfahrensbeendigender gerichtlicher Beschluss aufgrund des Vergleichs nicht mehr notwendig ist (z.B.: Vereinbarung im Verfahren über die Auskunft nach § 1686 BGB oder im Verfahren nach § 1671 Abs. 1 BGB, dass es bei der gemeinsamen Sorge verbleiben soll), kann § 83 Abs. 1 FamFG zur Anwendung gelangen. Ist dies aber der Fall, verbietet § 83 Abs. 1 FamFG eine Kostenentscheidung des Familiengerichts.[3]

II. Antragsrücknahme oder sonstige Erledigung (Abs. 2)

4 Ist das Verfahren durch **Antragsrücknahme** oder in **sonstiger Weise erledigt**, so verweist § 83 Abs. 2 FamFG auf eine entsprechende Anwendung von § 81 FamFG.

1. Antragsrücknahme

5 Nur **reine Antragsverfahren** (§ 23 FamFG) können durch Rücknahme des Sachantrages beendet und damit erledigt werden. In Kindschaftssachen zählen hierzu die Sorgerechtssachen nach §§ 1626a Abs. 2, 1628, 1671 BGB, Umgangs- und Auskunftsverfahren nach § 1686a BGB, Auskunftsverfahren nach § 1686 BGB (siehe *Gottschalk*, § 1686 BGB Rn. 31), nicht aber Unterbringungsverfahren nach §§ 151 Nr. 6 FamFG i.V.m. § 1631b BGB.[4] Auch Abstammungsverfahren (§ 169 FamFG) zählen hierzu, vgl. § 171 Abs. 1 FamFG.[5] Kommt es in diesen Verfahren zur Rücknahme des Antrags, so hat der Gesetzgeber auf eine § 269 Abs. 3 Satz 2 ZPO entsprechende Vermutungsregel verzichtet und auch für diesen Fall bestimmt, dass grundsätzlich nach § 81 Abs. 1 Satz 1 FamFG nach billigem Ermessen über die Kosten zu entscheiden ist, es sei denn, es liegt ein Regelfall des § 81 Abs. 2 FamFG vor. Dies hat praktisch zur Folge, dass es in Kindschaftssachen im Regelfall auch bei Antragsrücknahme der Billigkeit entspricht, den Eltern die Gerichtskosten gemeinsam aufzuerlegen und von einer Erstattung außergerichtlicher Auslagen abzusehen.[6]

6 Eine Ausnahme ist allerdings dann veranlasst, wenn der Antrag gemäß § 81 Abs. 2 Nr. 2 FamFG **von vornherein ohne Erfolgsaussicht** war;[7] dies ist in Kindschaftsverfahren wegen der Notwendigkeit der Anhörung des Kindes und der Beteiligten, die zu einer Änderung der Beurteilung der Sach- und Rechtslage führen können, aber eher selten der Fall.[8] Eine weitere Ausnahme regelt § 81 Abs. 2 Nr. 1 FamFG für den Fall, dass der Antragsteller durch

---

1 OLG Frankfurt a. M. FamRZ 2014, 53; *Heilmann*, NJW 2012, 16, 20
2 Vgl. BGH Beschl. v. 24.5.2000 – XII ZB 72/97, BeckRS 2000, 7001 = DAVorm 2000, 704; OLG Stuttgart FamRZ 2014, 1653: eine gerichtliche Billigung der Sorgerechtsvereinbarung nach § 156 Abs. 2 FamFG reicht insoweit nicht
3 OLG Brandenburg, Beschl. v. 16.2.2011 – 13 WF 20/11, BeckRS 2011, 16892
4 BT-Drs. 18/11278, 16; Prütting/Helms/*Hammer*, § 167 FamFG Rn. 7; a.A.: OLG Frankfurt FamRZ 2015, 1991
5 BGH Beschl. v. 20.11.2014 – XII ZB 44/12, BeckRS 2014, 23024: Antragsrücknahme nach Erlass der Endentscheidung nur mit Zustimmung der anderen Beteiligten, vgl. § 22 Abs. 1 Satz 2 FamFG
6 OLG München FF 2015, 79; OLG Naumburg FamRZ 2014, 687; OLG Hamm FamRZ 2014, 686
7 OLG Köln FuR 2017, 221; OLG Frankfurt a. M. NZFam 2015, 682 (Abstammung)
8 Vgl. OLG München FF 2015, 79; OLG Brandenburg, Beschl. v. 10.9.2013 – 3 WF 41/13, BeckRS 2013, 17122

grobes Verschulden Anlass für das Verfahren gegeben hat. Hierzu reicht es aber nicht aus, dass ein Elternteil ohne vorherige Konsultation des Jugendamts einen Antrag beim Familiengericht gestellt hat.[9]

2. Sonstige Erledigung

7 Fälle sonstiger Erledigung in einem Verfahren der freiwilligen Gerichtsbarkeit liegen vor, wenn nach seinem Beginn ein Ereignis eingetreten ist, das den Verfahrensgegenstand hat wegfallen lassen, so dass dessen Weiterführung obsolet wäre.[10] Als Beispiele in Kindschaftssachen sind hier zu nennen der **Tod des antragstellenden Elternteils**, der Tod oder der Eintritt der **Volljährigkeit des Kindes**, die **Herausgabe des Kindes** im Verfahren nach § 1632 Abs. 1 BGB oder die **Erteilung** der gemäß § 1686 BGB geschuldeten **Auskunft**. Das Familiengericht hat dies im Rahmen seiner Amtsermittlungspflicht in jedem Stadium des Amts- oder Antragsverfahrens zu prüfen.[11]

8 An eine **übereinstimmende Erledigungserklärung** der Beteiligten ist das Familiengericht (auch in Kindschaftssachen) dagegen nur in **reinen Antragsverfahren** gebunden, weil die Beteiligten nur dort über den Verfahrensgegenstand disponieren können.[12] (Nur) in diesem Fall führen die Erklärungen auch zu einer Erledigung des Verfahrens; es bedarf dann keines konstitutiven Ausspruchs der Erledigung des Verfahrens durch das Familiengericht mehr.[13] Erforderlich ist nur noch eine Kostenentscheidung, die sich gemäß § 83 Abs. 2 FamFG nach § 81 FamFG richtet, ohne dass hier Besonderheiten bestünden.[14]

In **amtswegigen Verfahren** wie den Umgangssachen des § 1684 BGB kommen Dispositionsakte wie übereinstimmende Erledigungserklärungen der Eltern grundsätzlich nicht in Betracht; diese allein können das Verfahren nicht beenden. Vielmehr muss auch weiterhin eine Sachentscheidung (vollstreckbare Umgangsregelung, Umgangsausschluss) ergehen.[15] Schließen die Beteiligten z.B. in einem Umgangsverfahren nach § 1684 BGB einen vollstreckbaren Umgangsvergleich, beendet dieser das Verfahren erst, wenn die gerichtliche Billigung gemäß §§ 86 Abs. 1 Nr. 2, 156 Abs. 2 FamFG und ggf. ein Vollstreckungshinweis nach § 89 Abs. 2 FamFG erteilt wird.[16] Schließen die Beteiligten in einem Umgangsverfahren einen außergerichtlichen Vergleich oder eine gerichtliche Umgangsvereinbarung mit nicht vollstreckungsfähigem Inhalt und erklären das Verfahren danach übereinstimmend für erledigt, kann eine solche Vereinbarung vom Familiengericht zwar nicht gebilligt werden.[17] Es hat aber gleichwohl zu prüfen, ob angesichts der Einigung noch eine Regelung des Umgangs veranlasst ist. Kommt es zu dem Ergebnis, dass dies nicht der Fall ist, hat es dies durch Beschluss festzustellen und nach §§ 83 Abs. 2, 81 FamFG über die Kosten zu entscheiden.[18]

---

9 OLG Schleswig SchlHA 2017, 39 = FamRZ 2016, 2144 (Ls.); OLG Hamm BeckRS 2013, 18095; *Völker/Clausius*, § 10 Rn. 11

10 BGH FamRZ 1982, 156; BeckOKFamFG/*Nickel*, § 83 Rn. 8 mwN.

11 BayObLG FamRZ 1991, 846

12 BGH NZFam 2015, 179; FamRZ 1982, 156; BT-Drs. 16/6308, 365

13 BayObLG NJW-RR 1987, 9; MüKo-FamFG/*Schindler*, § 83 Rn. 17

14 Vgl. OLG Jena, Beschl. v. 28.3.2018 – 1 WF 79/18, BeckRS 2018, 5143 = FuR 2018, 432

15 OLG Köln FamRZ 2022, 369; OLG Brandenburg FamRZ 2014, 2019; übersehen von OLG Bremen NJW-RR 2013, 963

16 OLG Frankfurt a. M. NZFam 2014, 610; *Kischkel*, NZFam 2019, 907

17 OLG Braunschweig FamRZ 2020, 1189; KG FamRZ 2011, 588; *Hammer*, FamRZ 2011, 1268, 1270

18 BGH FamRZ 2017, 50

§ 84 FamFG

Rechtsmittelkosten

Das Gericht soll die Kosten eines ohne Erfolg eingelegten Rechtsmittels dem Beteiligten auferlegen, der es eingelegt hat.

Übersicht Rn. Rn.

A. Allgemeines

1 Nach § 84 FamFG **soll** das Gericht die Kosten eines **ohne Erfolg** eingelegten **Rechtsmittels** dem Rechtsmittelführer auferlegen. Die Vorschrift enthält damit im Grundsatz eine **ermessensreduzierende Regelung** für erfolglose, d.h. unzulässige oder unbegründete Rechtsmittel (in Kindschaftssachen nahezu ausschließlich auf das Rechtsmittel der Beschwerde nach §§ 57, 58 FamFG bezogen). Danach soll bei der Zurückweisung einer Beschwerde oder Rechtsbeschwerde nur in außergewöhnlichen Konstellationen eine anderweitige Verteilung der Kosten erfolgen.[1] Wird eine Kindschaftssache nach § 137 Abs. 3 FamFG im **Scheidungsverbund** geführt, gilt für die Kostenentscheidung vorrangig § 150 FamFG.[2] Bei einer erfolglosen Beschwerde in der im Verbund geführten Kindschaftssache fließen aber die Wertungen des § 84 FamFG in die nach § 150 Abs. 4 FamFG vorzunehmende Billigkeitsabwägung mit ein.[3]

B. Inhalt der Norm

I. Erfolglosigkeit

2 Es ist heute unbestritten, dass bei der Frage der Erfolglosigkeit eines Rechtsmittels nicht mehr danach zu differenzieren ist, ob dieses **unzulässig oder unbegründet** war.[4] Ist ein Rechtsmittel nur teilweise erfolglos, ist § 84 FamFG nicht anwendbar.[5] Hat das Beschwerdegericht gemäß § 69 Abs. 1 Satz 2 und 3 FamFG die angefochtene Entscheidung aufgehoben und das Verfahren an das Amtsgericht **zurückverwiesen**, **unterbleibt** nach gängiger Praxis eine Kostenentscheidung, weil diese der Vorinstanz nach Maßgabe der §§ 81 ff. FamFG mitüberlassen werden soll.[6] Wurden **mehrere Beschwerden** von verschiedenen Beteiligten erhoben (z.B.: Mutter begehrt alleiniges Sorgerecht, Vater die Beibehaltung des gemeinsamen Sorgerechts, in erster Instanz erhält Kindesmutter nur die Vermögenssorge, beide Eltern legen Beschwerde ein) und sind diese allesamt ohne Erfolg, kann wegen des Grundsatzes der Einheitlichkeit der Kostenentscheidung nicht jedem Beteiligten die Kosten-

1 BT-Drs. 16/6308, 216
2 Vgl. (jeweils zur Folgesache Versorgungsausgleich) BGH FamRZ 2023, 117, Rn. 43; OLG Frankfurt a. M. FamRZ 2024, 479; OLG Karlsruhe FamRZ 2015, 754; a.A.: (Vorrang des § 84 FamFG) Zöller/*Feskorn*, § 150 FamFG Rn. 10
3 OLG Karlsruhe FamRZ 2015, 754
4 MüKo-FamFG/*Schindler*, FamFG § 84 Rn. 6
5 BGH NJW-RR 2018, 709
6 OLG Frankfurt a. M. NZFam 2014, 610; OLG Zweibrücken FGPrax 2003, 220; Einzelheiten bei MüKo-FamFG/*Schindler*, FamFG § 84 Rn. 8

tragung seines Rechtsmittels auferlegt werden. Hier ist vielmehr eine **Quotelung** (im obigen Beispiel wohl eine Aufhebung) der Kosten vorzunehmen.[7]

II. Rücknahme der Beschwerde

3 Umstritten ist dagegen die Frage, ob § 84 FamFG auch für die **Rücknahme eines Rechtsmittels** gilt. Hier wird in der Literatur zum Teil vertreten, dass aufgrund der vormaligen Praxis bei der Handhabung des § 13a Abs. 1 FGG a.F. eine Anwendung des § 81 FamFG vorzugswürdig sei, weil dies im Einzelfall eine flexiblere und gerechtere Kostenverteilung ermögliche.[8] Dies vermag jedoch nicht zu überzeugen, da auch ein zurückgenommenes Rechtsmittel erfolglos ist und die Anwendung des § 84 FamFG auch dem Willen des Gesetzgebers entspricht.[9] Wird die Beschwerde **zurückgenommen oder verworfen**, trägt der Beschwerdeführer daher nach § 84 FamFG auch die Kosten der **Anschlussbeschwerde**.[10]

III. Ausnahmen der Kostentragung des Rechtsmittelführers

4 Allein der Umstand, dass das Rechtsmittel in einer Kindschaftssache eingelegt wurde, rechtfertigt für sich allein nicht, von der Kostenfolge des § 84 FamFG abzusehen. Soweit die Praxis hier vor dem Inkrafttreten des FamFG auch bei erfolglosen Beschwerden in großzügiger Weise von der Erhebung von Gerichtskosten unter Heranziehung des § 94 Abs. 3 KostO a.F. und des Gedankens, dass Eltern Rechtsmittel zumindest auch im Interesse ihrer Kinder einlegen würden, abgesehen hat, kann § 84 FamFG eine solche grundsätzliche Sonderbehandlung von Rechtsmitteln in Kindschaftssachen nicht mehr entnommen werden.[11]

5 Gründe, die es ausnahmsweise rechtfertigen können, von der Kostentragung durch den Rechtsmittelführer abzusehen, sind etwa **veränderte Umstände**, die erst **nach Einlegung** des Rechtsmittels entstanden sind und zu dessen Erfolglosigkeit geführt haben.[12] Weiterhin ist § 84 FamFG wegen der Sonderregelung in § 81 Abs. 3 FamFG nicht auf erfolglose Beschwerden von Minderjährigen anzuwenden. Auch für den Verfahrensbeistand gilt § 84 FamFG im Hinblick auf § 158 Abs. 8 FamFG nicht.[13] Auf unzulässige oder unbegründete Rechtsmittel des **Jugendamts** bzw. Amtsvormunds ist § 84 FamFG hingegen anzuwenden; die im Rahmen der Prüfung der Voraussetzungen des § 81 FamFG vom BGH[14] zu Recht geforderte Einschränkung des Ermessens bei der Kostenauferlegung auf das Jugendamt findet hier keine Rechtfertigung.[15] Die außergerichtlichen Kosten von Beteiligten, denen vor Zurückweisung oder Rücknahme der Beschwerde (noch) kein rechtliches Gehör gewährt wurde, brauchen in einem solchen Fall allerdings nicht dem Rechtsmittelführer auferlegt zu werden.[16] Anders ist aber hinsichtlich der außergerichtlichen Kosten der anderen Beteiligten zu verfahren, wenn die Beschwerde nur fristwahrend eingelegt wurde und nach Zustellung und noch vor einer Begründung zurückgenommen wurde.[17]

7 Prütting/Helms/*Feskorn*, § 84 FamFG Rn. 2
8 MüKo-FamFG/*Schindler*, § 84 Rn. 21 ff.; *Bumiller/Harders/Schwamb/Bumiller*, § 84 FamFG Rn. 1
9 BT-Drs. 16/6308, 216; OLG Hamm NJW-Spezial 2016, 135; OLG Frankfurt a.M. FamRZ 2014, 688; OLG Nürnberg NJOZ 2011, 678; BeckOK-FamFG/*Nickel*, § 84 Rn. 4a
10 Zöller/*Feskorn*, § 66 FamFG Rn. 7; vgl. auch BGH MDR 2005, 704 zur Anschlussberufung
11 A.A.: BeckOK-FamFG/*Weber*, FamFG § 84 Rn. 5 m.w.N.; Prütting/Helms/*Feskorn*, § 84 FamFG Rn. 3
12 OLG Karlsruhe, Beschl. v. 22.1.2019 – 20 UF 130/18, BeckRS 2019, 800; FamRZ 2013, 213 (Verdacht sexuellen Missbrauchs); KG FamRZ 2014, 50 (Wechselmodell); Zöller/*Feskorn*, § 84 FamFG Rn. 7
13 Johannsen/Henrich/Althammer/*Döll*, FamFG § 158 Rn. 30
14 BGH FamRZ 2017, 50; ebenso OLG Karlsruhe FamRZ 2024, 1973
15 OLG Brandenburg, Beschl. v. 4.1.2019 – 13 WF 217/18 umA, BeckRS 2019, 1113; OLG Frankfurt a. M. FamRZ 2017, 1942; *Dürbeck*, ZKJ 2017, 19, 20
16 KG FamRZ 2006, 511
17 BGH NJW 2003, 756

Stirbt der Rechtsmittelführer, hat sich das Beschwerdeverfahren insoweit **erledigt**, ist aber in Ansehung der noch nach § 81 Abs. 1 Satz 3 FamFG zu treffenden Kostenentscheidung **mit den Erben fortzusetzen**. Die Kostenentscheidung richtet sich auch in einem solchen Fall nach § 84 FamFG, wenn das Rechtsmittel voraussichtlich ohne Erfolg geblieben wäre, im Übrigen aber nach §§ 83 Abs. 2, 81 FamFG. Kommt § 84 FamFG zur Anwendung, ist bei einer Kostenentscheidung zu Lasten der Erben des Rechtsmittelführers **der Vorbehalt der beschränkten Erbenhaftung analog § 780 ZPO** von Amts wegen anzufügen.[18] 6

§ 85 FamFG
Kostenfestsetzung

Die § 103 bis 107 der Zivilprozessordnung über die Festsetzung des zu erstattenden Betrags sind entsprechend anzuwenden.

Übersicht

A. Allgemeines

Nach § 85 FamFG gelten die Vorschriften der **§§ 103 bis 107 ZPO** über die **Kostenfestsetzung** auch für Kindschaftssachen entsprechend.[1] Das **Kostenfestsetzungsverfahren** nach §§ 103 ff. ZPO ist ein selbstständiges Verfahren, das als Annex zur Hauptsache voraussetzt, dass dort eine **Kostengrundentscheidung** getroffen wurde, aus der sich für einen Beteiligten ein **verfahrensrechtlicher Kostenerstattungsanspruch** ergibt.[2] Da gerade in Kindschaftssachen – vor allem im ersten Rechtszug – eine Kostenauferlegung auf einen Beteiligten eher die Ausnahme ist (siehe näher hierzu *Kischkel*, § 81 FamFG Rn. 9 ff.), hat das Verfahren hier nur eine begrenzte Bedeutung. Eine Überprüfung oder gar Korrektur der Kostengrundentscheidung erfolgt im Kostenfestsetzungsverfahren nicht.[3] 1

Das Verfahren nach §§ 103 ff. ZPO ist abzugrenzen von dem **Vergütungsfestsetzungsverfahren nach § 11 RVG** (vereinfachtes Verfahren zur Titulierung des anwaltlichen Vergütungsanspruchs gegen den eigenen Mandanten),[4] dem Verfahren zur **Festsetzung der Vollstreckungskosten** nach § 95 Abs. 1 FamFG, § 788 ZPO,[5] dem Verfahren zur Festsetzung der Vergütung des im Rahmen der **Verfahrenskostenhilfe beigeordneten Rechtsanwalts** gegen die Staatskasse nach §§ 55 f., 45 ff. RVG,[6] dem Verfahren zur **Festsetzung des Verfahrenswertes** bzw. Gegenstands der anwaltlichen Tätigkeit nach §§ 53 ff. FamGKG, §§ 33 ff. RVG (siehe näher hierzu *Kischkel*, § 80 FamFG Rn. 15 ff.) und dem Verfahren über den **Kostenansatz** nach §§ 18 ff. FamGKG (siehe näher hierzu *Kischkel*, § 80 FamFG Rn. 30 f.). 2

---

18 BayObLGZ 1964, 433, 443; MüKo-FamFG/*Schindler*, § 84 Rn. 18

1 Vgl. ausführlich zur Bedeutung für Familiensachen *N. Schneider*, FPR 2010, 343, und *Dörndorfer*, FPR 2012, 261

2 Vgl. Musielak/Voit/*Flockenhaus*, § 104 ZPO Rn. 1

3 OLG Bremen FamRZ 2013, 147; OLG Köln, Beschl. v. 4.12.2012 – 4 WF 85/12, BeckRS 2013, 1066; Vgl. Musielak/Voit/*Flockenhaus*, § 104 ZPO Rn. 2

4 Vgl. dazu *Hansens*, ZAP 2004, 831 ff., 847 ff.

5 Vgl. dazu *Goebel*, FoVo 2013, 181

6 Vgl. dazu *Gottschalk/Schneider*, Rn. 826 ff.; *Volpert*, FuR 2013, 262

B. Inhalt der Norm

I. Kostenfestsetzungsantrag und Antragsberechtigung

3 Das Kostenfestsetzungsverfahren nach §§ 103 ff. ZPO setzt zunächst neben einem **zur Vollstreckung geeigneten Titel** (§ 103 Abs. 1 ZPO), der eine **Kostengrundentscheidung** als Nebenentscheidung enthält oder der eine isolierte Kostengrundentscheidung z.B. nach Antragsrücknahme beinhaltet, einen **Antrag des Erstattungsberechtigten auf Festsetzung** (§ 103 Abs. 2 ZPO) voraus. Der Antrag ist bei dem **Gericht des ersten Rechtszuges** einzureichen (§ 104 Abs. 1 ZPO; im Falle des § 50 Abs. 1 Satz 2 FamFG also beim OLG); funktionell zuständig ist dort nach § 21 Nr. 1 RPflG der **Rechtspfleger**.

4 **Antragsberechtigt** ist grundsätzlich nur derjenige Verfahrensbeteiligte, dem nach der vollstreckbaren Kostengrundentscheidung ein (formeller) **Kostenerstattungsanspruch** gegen einen anderen Beteiligten oder Dritten zusteht,[7] nicht dagegen der Wahlanwalt selbst. Über § 126 Abs. 1 ZPO, der nach § 76 Abs. 1 FamFG auch für Familiensachen der freiwilligen Gerichtsbarkeit gilt, ist aber der im Rahmen der Verfahrenskostenhilfe beigeordnete Rechtsanwalt des von der Kostenentscheidung begünstigten Beteiligten berechtigt, seine (Wahlanwalts-)Gebühren nach dem RVG gegen den Kostenpflichtigen festsetzen zu lassen,[8] soweit er noch nicht von der Staatskasse nach §§ 55, 56 RVG entschädigt worden ist.

5 Dem kostenpflichtigen Beteiligten ist vor der Entscheidung rechtliches Gehör zu gewähren.[9] Vom Rechtspfleger zu beachten sind vor allem **Einwendungen des Kostenschuldners**, die ihre Grundlage im Gebührenrecht haben,[10] aber ausnahmsweise auch materiellrechtliche Einwendungen, wie die **Aufrechnung** des Kostenpflichtigen mit einer unstreitigen oder rechtskräftig festgestellten Gegenforderung.[11]

II. Umfang der Kostenerstattung

6 Gegenstand der Kostenfestsetzung nach §§ 103 ff. ZPO sind auch in Familiensachen nur die **Verfahrenskosten** (vgl. § 103 Abs. 1 ZPO), so dass etwa außergerichtlich entstandene Rechtsanwaltsgebühren nicht festgesetzt werden können.[12] Der **Umfang der Kostenpflicht** ist der Regelung in § 80 FamFG zu entnehmen, so dass insbesondere verauslagte Gerichtskosten, erstattungsfähige Auslagen des Beteiligten sowie die erstattungsfähigen Rechtsanwaltsgebühren und Auslagen nach dem RVG festzusetzen sind (siehe näher hierzu *Kischkel*, § 80 FamFG Rn. 31 ff.). Hat das Familiengericht in einem Antragsverfahren den Antrag „kostenpflichtig" zurückgewiesen, umfasst diese Entscheidung auch bei Fehlen weiterer Ausführungen in den Gründen im Hinblick auf den Kostenbegriff des § 80 FamFG auch die Erstattung der notwendigen Auslagen der anderen Beteiligten.[13] Die Frage, ob die **Beauftragung eines Rechtsanwalts** im jeweiligen Einzelfall **notwendig i.S.d. § 80 Satz 1 FamFG** war, wird also erst hier geprüft.

Hinsichtlich der Frage der Notwendigkeit der Anwaltsbeauftragung kann nicht ausschließlich der Maßstab des § 78 Abs. 2 FamFG für die Beiordnung eines Rechtsanwalt im Rahmen der Bewilligung von Verfahrenskostenhilfe gelten, da diese Norm an den fiskalischen

7 MüKo-ZPO/*Schulz*, § 103 Rn. 28
8 Vgl. dazu *Gottschalk/Schneider*, Rn. 913 ff.; zur Gefahr einer Doppelfestsetzung zugunsten des Beteiligten und dessen Anwalt siehe dort Rn. 920
9 Zöller/*Herget*, § 104 ZPO Rn. 21.73, Stichwort „rechtliches Gehör"
10 Vgl. dazu ausführlich MüKo-FamFG/*Schindler*, § 85 Rn. 20 ff.
11 BGHZ 3, 381; MDR 1963, 388; OLG Düsseldorf JurBüro 1989, 225; KG JurBüro 1984, 605
12 OLG Düsseldorf RPfleger 2024, 404
13 OLG Hamm FamRZ 2020, 279; a. A. OLG Düsseldorf RPfleger 2024, 404; OLG München FamRZ 2022, 1127

Interessen des Staates orientiert ist.[14] Es kommt daher darauf an, ob das betreffende Verfahren in tatsächlicher oder rechtlicher Hinsicht Anlass zur Hinzuziehung anwaltlichen Beistandes bietet, was in Kindschaftssachen im Regelfall zu bejahen sein wird.[15] Dafür ist entscheidend, ob ein verständiger und wirtschaftlich vernünftig denkender Beteiligter die Beauftragung eines Anwalts als sachdienlich ansehen durfte, wobei der Grundsatz der sparsamen Verfahrensführung gilt.[16] Maßgeblich sind insoweit die subjektiven Fähigkeiten und Kenntnisse des Betreffenden.[17] (Nur) in ganz einfach gelagerten Fällen, wie etwa bei der Zustimmung zu einer Sorgerechtsübertragung nach § 1671 Abs. 1 Nr. 1 BGB, wird die Notwendigkeit der Beauftragung eines Anwalts in Zweifel zu ziehen sein. Ist der Betroffene selbst Rechtsanwalt, können fiktive Anwaltskosten im Regelfall nicht erstattet werden.[18]

Hat das Gericht auf die mangelnden Erfolgsaussichten eines Antrags oder Rechtsmittels hingewiesen, wird im Regelfall für die anderen Beteiligten keine Notwendigkeit bestehen, einen Rechtsanwalt zu beauftragen.[19] Notwendig und damit erstattungsfähig sind jedenfalls im Rahmen von § 80 FamFG auch die Anwaltskosten anderer Beteiligter des Beschwerdeverfahrens, wenn die **Beschwerde zurückgenommen** worden ist, der Gegner aber **vor Kenntniserlangung** einen Anwalt mit der Verteidigung der angefochtenen Entscheidung beauftragt hat und dieser bereits nach außen hin tätig geworden ist, sich insbesondere zur Akte gemeldet hat.[20]

Kosten, die ein Beteiligter einer Kindschaftssache für die Einholung eines **Privatgutachtens** aufgewendet hat, sind im Hinblick auf den dort geltenden Amtsermittlungsgrundsatz nicht erstattungsfähig.[21]

Sind die Verfahrenskosten zwischen den Beteiligten – in Kindschaftssachen eher unüblich – nach Quoten aufgeteilt, findet nach Maßgabe des § 106 ZPO eine **Saldierung wechselseitiger Kostenerstattungsansprüche** statt.[22] Nach § 104 Abs. 1 Satz 2 ZPO ist auf Antrag auch eine Verzinsung auszusprechen.

Ein vom Pflichtigen geleisteter **Verfahrenskostenvorschuss** ist bei einer Kostenquotelung 7
nur dann anzurechnen, wenn und soweit die Gesamtsumme aus Erstattungsanspruch und Vorschuss die Summe der den Berechtigten treffenden Gesamtkosten übersteigt.[23] Bei fehlender Quotelung ist er nur für die Kosten der Instanz anzurechnen, für die er entrichtet wurde.[24] Im Übrigen sind **materiell-rechtliche Einwendungen** vom Schuldner aber im Verfahren nach § 767 ZPO geltend zu machen.

Soweit der **Verfahrenswert** angegriffen und darüber noch nicht abschließend entschieden 8
wurde, ist das Kostenfestsetzungsverfahren analog § 11 Abs. 4 RVG auszusetzen.[25] Im Verfahren der sofortigen Beschwerde nach § 85 FamFG i.V.m. § 11 Abs. 1 RPflG, § 104 Abs. 3, 567 ff. ZPO kann das OLG den Verfahrenswert aber gemäß § 55 Abs. 3 Nr. 2 FamGKG auch von Amts wegen ändern.

---

14 Vgl. OLG Nürnberg FamRZ 2012, 735

15 OLG Nürnberg FamRZ 2012, 735; *Dürbeck/Schneider*, FamRZ 2021, 1341; Sternal/*Weber*, § 80 FamFG Rn. 16

16 BGH FamRZ 2017, 643

17 OLG Celle FamRZ 2016, 82

18 OLG Karlsruhe, Beschl. v. 28.7.2016 – 18 WF 166/15, BeckRS 2016, 115904

19 OLG Brandenburg FamRZ 2015, 1743

20 BGH FamRZ 2017, 643

21 BGH MDR 2019, 961; OLG Köln FamRZ 2013, 319; Prütting/Helms/*Feskorn*, § 80 FamFG Rn. 7

22 Vgl. *N. Schneider*, FPR 2010, 343, 346

23 BGH NJW-RR 2010, 718 mit ausführlichen Angaben zum Streitstand; Sternal/*Weber*, FamFG § 85 Rn. 9; a.A.: OLG Celle FamRZ 1985, 731 (nur die Quote); OLG Düsseldorf Rpfleger 2005, 483 (immer in voller Höhe)

24 BGH NJW-RR 2010, 718; OLG Koblenz AGS 2017, 246

25 Vgl. BGH NJW-RR 2014, 765

III. Entscheidung und Rechtsschutz

9 Soweit der Rechtspfleger dem Antrag wenigstens zum Teil stattgibt, ist der Beschluss dem Pflichtigen nach § 104 Abs. 1 Satz 3 ZPO von Amts wegen **förmlich zuzustellen**. Die Entscheidung im Kostenfestsetzungsverfahren ist – einschließlich des Erinnerungsverfahrens (§ 11 Abs. 4 RPflG) – **gerichtsgebührenfrei**. Auch entstehen dabei **keine gesonderten Anwaltsgebühren** (§ 19 Abs. 1 Nr. 14 RVG).

10 Gegen die Entscheidung des Rechtspflegers findet nach § 85 FamFG i.V.m. § 104 Abs. 3 Satz 1 ZPO das Rechtsmittel der **sofortigen Beschwerde** zum OLG statt, soweit der **Beschwerdewert von 200,00 EUR** erreicht ist (§ 11 Abs. 1 RPflG, § 567 Abs. 1 Nr. 1 und Abs. 2 ZPO). Nach der Entscheidung über die **Abhilfe** durch den Rechtspfleger (§ 572 Abs. 1 ZPO), die durch Beschluss zu erfolgen hat, entscheidet in Familiensachen bei dem **OLG** nach § 568 ZPO grundsätzlich der Einzelrichter. Soweit er oder der Senat die **Rechtsbeschwerde** zugelassen haben (§ 574 Abs. 1 Nr. 2 ZPO), ist der Weg zum BGH auch im Kostenfestsetzungsverfahren eröffnet.[26] Wird die sofortige Beschwerde verworfen oder zurückgewiesen, entsteht nach Nr. 1912 KV FamGKG eine Festgebühr von 72,00 EUR; für den Rechtsanwalt entsteht im Beschwerde- oder Erinnerungsverfahren (vgl. § 18 Abs. 1 Nr. 3 RVG) eine 0,5 Gebühr nach Nr. 3500, 3513 VV RVG aus dem Wert des angefochtenen Beschlusses.

Ist der Beschwerdewert nicht erreicht, findet gegen die Entscheidung des Rechtspflegers nur die **befristete Erinnerung** nach § 11 Abs. 2 Satz 1 RPflG statt, über die bei Nichtabhilfe der Instanzrichter abschließend entscheidet (§ 11 Abs. 2 Satz 6 RPflG).

IV. Vereinfachtes Kostenfestsetzungsverfahren

11 Nach § 105 ZPO gibt es auch in Familiensachen über die Verweisung in § 85 FamFG die Möglichkeit der **vereinfachten Kostenfestsetzung**, die jedoch in Kindschaftssachen in der Praxis kaum Bedeutung hat.[27]

---

26 BGH NJW-RR 2014, 186

27 Vgl. *N. Schneider*, FPR 2010, 343, 346, und wegen der Einzelheiten Anders/Gehle/*Bünnigmann*, ZPO § 105 Rn. 1 ff.

Abschnitt 8
Vollstreckung

Unterabschnitt 1
Allgemeine Vorschriften

§ 86 FamFG

Vollstreckungstitel

(1) Die Vollstreckung findet statt aus

1. gerichtlichen Beschlüssen;

2. gerichtlich gebilligten Vergleichen (§ 156 Abs. 2);

3. weiteren Vollstreckungstiteln im Sinne des § 794 der Zivilprozessordnung, soweit die Beteiligten über den Gegenstand des Verfahrens verfügen können.

(2) Beschlüsse sind mit Wirksamwerden vollstreckbar.

(3) Vollstreckungstitel bedürfen der Vollstreckungsklausel nur, wenn die Vollstreckung nicht durch das Gericht erfolgt, das den Titel erlassen hat.

Übersicht

Weiterführende Literatur: Cirullies, Vollstreckung einstweiliger Anordnungen in Familiensachen, DGVZ 2022, 249; *Giers*, Die Vollstreckung nach §§ 86 ff. FamFG, NZFam 2020, 4; *Hennemann*, Der gerichtlich gebilligte Vergleich in Umgangsverfahren gemäß § 156 Abs. 2 FamFG, NZFam 2021, 910; *Jokisch/Brandt*, Der Vergleich in Kindschaftssachen, FuR 2020, 509, 626 ff.; *Krekeler*, Die Vollstreckung von Umgangstiteln, FuR 2017, 240; *Rake*, Kindesschutzeinwände in der Vollstreckung der internationalen Kindesherausgabe, FamRZ 2024, 88.

A. Allgemeines

I. Bedeutung der Vollstreckung

Bei der Vollziehung von Titeln in **Kindschaftssachen** stößt das Gericht schon wegen des 1
stets zu wahrenden Kindeswohls häufig an Grenzen – was manche Beteiligte durchaus zu

ihrem (vermeintlichen) Vorteil zu nutzen wissen. Dies gilt vor allem für die Vollstreckung **umgangsrechtlicher** Regelungen. Hier erlangen auch formale Voraussetzungen eine (mitunter übertrieben) große Bedeutung. So sollte bereits bei Schaffung des Titels eine mögliche Vollstreckung in Erwägung gezogen und insbesondere geprüft werden, ob die Regelung hinreichend bestimmt ist. In diesen ohnehin problematischen Verfahren sollten Formfehler, die mitunter zur Zurückverweisung durch das Beschwerdegericht führen,[1] und entsprechende **Verzögerungen vermieden** werden. Auch ist zu bedenken, dass die Betrachtung des **Kindeswohls** dem Erkenntnisverfahren vorbehalten ist und grundsätzlich nicht in das Vollstreckungsverfahren verlagert werden darf.[2]

2 Im Übrigen sollte primäres Ziel sein, dem Titel zur Durchsetzung zu verhelfen.[3] Das Familiengericht ist verpflichtet, die vorgesehenen Vollstreckungsmittel ausreichend **schnell**[4] **und systematisch** einzusetzen. Dies gilt insbesondere, wenn die mangelnde Umsetzung des Umgangsrechts in erster Linie auf der offensichtlichen Ablehnung des Verpflichteten sowie des von ihm beeinflussten Kindes beruht.[5]

3 Auch bei Verstößen gegen **Schutzanordnungen nach § 1 GewSchG** spielt die Vollstreckung durch Verhängung von Ordnungsmitteln (§ 890 ZPO) oder durch unmittelbaren Zwang (§ 96 FamFG) eine erhebliche Rolle.

In **Abstammungssachen** kann der Pflicht zur Duldung einer Speichel- oder Blutprobe Nachdruck verliehen werden durch eine zwangsweise Vorführung des Verpflichteten (§ 96a Abs. 2 FamFG).

II. Terminologie

4 Im Vollstreckungsrecht werden die Begriffe **„Zwangsvollstreckung"**, **„Vollstreckung"** und **„Vollziehung"** teils synonym, teils in unterschiedlicher Bedeutung gebraucht. Bereits das **FGG** verwendete alle drei Begriffe.[6] Auch der Gesetzgeber des **FamFG** vermochte sich nicht zu einer einheitlichen Terminologie durchzuringen: Die einstweilige Anordnung wird „vollstreckt"[7] wohingegen das Beschwerdegericht die „Vollziehung" des angefochtenen Beschlusses aussetzen kann.[8] Grundsätzlich bestehen jedoch keine inhaltlichen Unterschiede.[9]

III. Gesetzessystematik

5 Die Gesetzessystematik in Familiensachen zu verstehen wird erschwert durch die grundsätzliche Beibehaltung zweier Verfahrensarten (freiwillige Gerichtsbarkeit – Zivilprozess) mit jeweiliger Verfahrensordnung (FamFG – ZPO) und zahlreichen Verweisungen. Dies gilt nicht minder für das Vollstreckungsrecht:

- Bei Verfahrensgegenständen der **freiwilligen Gerichtsbarkeit** ist das Thema „Vollstreckung" schwerpunktmäßig in **§§ 86 bis 96a FamFG** geregelt. Diese Vorschriften sind von Bedeutung vor allem in **Kindschafts-, Gewaltschutz- und Abstammungssachen**.

1 Vgl. OLG Hamm FamRZ 2013, 310; OLG Frankfurt BeckRS 2014, 17407
2 BGH FamRZ 2014, 732 mit Anm. *Hammer*; ferner hier *Cirullies*, § 89 FamFG Rn. 27
3 EGMR FamRZ 2015, 469
4 Beschleunigungsgebot nach § 88 Abs. 3 FamFG
5 EGMR FamRZ 2008, 1059 mit Anm. *Rixe*
6 Exemplarisch in § 64b FGG
7 §§ 53, 55 FamFG
8 § 64 Abs. 3 FamFG
9 *Cirullies*, Vollstreckung in Familiensachen, Rn. 4 m.w.N.

- Für bestimmte Vollstreckungsfälle (z.B. Vollstreckung von Auskunftsansprüchen) verweist § 95 Abs. 1 FamFG auf die **ZPO**, allerdings nur soweit §§ 86 ff. FamFG nichts Abweichendes regeln.
- **Familienstreitsachen** (§ 112 FamFG) werden gemäß § 120 Abs. 1 FamFG stets entsprechend den Vorschriften der ZPO vollstreckt – mit den Besonderheiten des § 120 Abs. 2 FamFG.
- Daneben regelt § 35 FamFG die Vollstreckung **verfahrensleitender Anordnungen** des Gerichts.

Die Vorschriften zur **Vollstreckung nach dem FamFG** widmen sich neben dem allgemeinen Verfahren (§§ 86 – 87) schwerpunktmäßig der Vollstreckung von Beschlüssen über die **Kindesherausgabe** und die Regelung des **Umgangs** (§§ 88 bis 94) mit der Möglichkeit, Verstöße durch die Verhängung von **Ordnungsmitteln** zu ahnden.

Übersicht: Grundlagen der Vollstreckung **6**

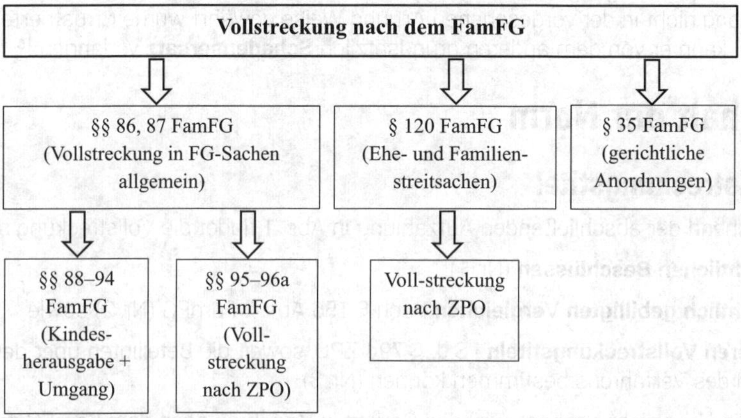

IV. Vollstreckungsvoraussetzungen

Grundsätzlich gilt auch im **FamFG**, dass als allgemeine Vollstreckungsvoraussetzungen erforderlich sind: **Titel, Klausel und Zustellung**.[10] Allerdings bestehen in Kindschaftssachen einige Besonderheiten (etwa bezüglich der Vollstreckungsklausel, vgl. Rn. 27). So ist hier von besonderer Bedeutung der **gerichtlich gebilligte Vergleich** (§ 156 Abs. 2 FamFG), der nur bei Einhaltung formeller Kriterien vollstreckbar ist (näher dazu Rn. 12 ff.). Jeder Titel muss einen hinreichend bestimmten **vollstreckungsfähigen Inhalt** haben, was insbesondere bei Umgangsregelungen Schwierigkeiten bereiten kann. **7**

Die Vollstreckungsanträge leiten grundsätzlich **selbstständige** Verfahren ein.[11] Diese werden nach den Aktenordnungen der Länder in der Regel in gesonderten „Vollstreckungsheften" geführt.

V. Vollstreckungsalternativen in Umgangssachen

Die zwangsweise Durchsetzung von **Umgangsregelungen** ist schwierig und dem Kindeswohl nicht immer dienlich. Daher kann im Einzelfall der Versuch lohnen, über **alternative** **8**

10 Vgl. §§ 86 Abs. 1 und 3, 87 Abs. 2 FamFG
11 BGH FamRZ 2011, 1729; OLG Jena FamRZ 2024, 1890

Strategien[12] zum Erfolg zu gelangen. Gleichwohl kommt das Gericht mitunter nicht umhin, einen oft mehrjährigen **Umgangsausschluss** anzuordnen, etwa wegen übermäßig hoher seelischer Belastung des Kindes.[13] Insoweit gebietet es allerdings der **Verhältnismäßigkeitsgrundsatz**, zunächst eine Einschränkung des Umgangsrechts (insbesondere einen **begleiteten** Umgang) zu prüfen.[14]

▶ *Näher hierzu Gottschalk, § 1684 BGB Rn. 72.*

Unbeschadet dessen soll auch das **Vermittlungsverfahren** dazu dienen, die Vollstreckung eines Umgangstitels zu vermeiden.

▶ *Näher hierzu Gottschalk, § 165 FamFG Rn. 1 ff.*

9 Bei fortgesetzter massiver und schuldhafter Vereitelung des Umgangsrechts kann neben den Sanktionen, die direkt die Ausübung des Umgangsrechts bzw. die elterliche Sorge beeinflussen, auch eine (vollständige oder teilweise) **Verwirkung** des Anspruchs auf **Ehegattenunterhalt** nach § 1579 Nr. 7 BGB infrage kommen.[15]

Erwachsen dem umgangsberechtigten Elternteil dadurch finanzielle Nachteile, dass ihm der Umgang nicht in der vorgesehenen Art und Weise gewährt wurde („frustrierte Aufwendungen"), kann er von dem anderen grundsätzlich **Schadensersatz** verlangen.[16]

B. Inhalt der Norm

I. Vollstreckungstitel

10 Entsprechend der abschließenden Aufzählung in Abs. 1 findet die Vollstreckung statt aus:

- **gerichtlichen Beschlüssen** (Nr. 1),
- **gerichtlich gebilligten Vergleichen** nach § 156 Abs. 2 FamFG (Nr. 2) sowie
- **weiteren Vollstreckungstiteln** i.S.d. § 794 ZPO, soweit die Beteiligten über den Gegenstand des Verfahrens bestimmen können (Nr. 3).

Urteile sind hier nicht genannt, weil das Gericht in Verfahren nach dem FamFG grundsätzlich durch **Beschluss** entscheidet (§ 38 FamFG).

1. Gerichtliche Beschlüsse

11 Zu den Beschlüssen nach Abs. 1 Nr. 1 zählen in erster Linie **Endentscheidungen** i.S.d. § 38 Abs. 1 FamFG, ferner sonstige im fG-Verfahren ergangene **verfahrensabschließende Beschlüsse** mit einem vollstreckbaren Inhalt, insbesondere

- Beschlüsse im Verfahren der **einstweiligen Anordnung**
- **Kostenfestsetzungsbeschlüsse**[17]
- Zwangsmittelbeschlüsse nach **§ 888 ZPO**[18]

12 Eingehend hierzu *Gottschalk*, FPR 2007, 308; *Cirullies*, Vollstreckung in Familiensachen, Rn. 656 ff.
13 OLG Brandenburg ZKJ 2012, 356
14 BVerfG FamRZ 2009, 399
15 BGH FamRZ 2007, 882; vgl. auch OLG Saarbrücken BeckRS 2015, 00275
16 BGH FamRZ 2002, 1099; OLG Hamburg FamRZ 2018, 599; KG FamRZ 2018, 270; OLG Bremen NZFam 2018, 28 mit Anm. *Löhnig*; eingehend *Mayer*, FamRZ 2019, 1969
17 § 85 FamFG i.V.m. § 104 ZPO
18 *Cirullies*, FPR 2012, 473

Nicht zu den Beschlüssen i.S.d. Abs. 1 Nr. 1 gehören u.a.:

- **verfahrensleitende Verfügungen** und Anordnungen, auch wenn sie in Form eines Beschlusses ergehen. Sie werden nach der insoweit spezielleren Vorschrift des § 35 FamFG vollstreckt;
- Entscheidungen über **Ordnungsmittel;**[19]
- gerichtliche **Entscheidungen ohne vollzugsfähigen Inhalt**, z.B. Regelungen der **elterlichen Sorge**; Grundlage für den Vollzug sind erst die Entscheidungen, die zur Durchsetzung der Regelung der elterlichen Sorge angeordnet werden, z.B. eine Herausgabeanordnung nach § 1632 Abs. 2 BGB (hier *Cirullies*, § 1666 BGB Rn. 74).
- im Eilverfahren getroffene **Vollstreckungsanordnungen**, insbesondere zur Durchführung einer Kindesherausgabevollstreckung. Solche lediglich flankierenden Maßnahmen sind **Durchführungsanordnungen** nach § 49 Abs. 2 Satz 3 FamFG[20] und nur zusammen mit dem Hauptsacheanspruch anfechtbar.[21]

2. Gerichtlich gebilligter Vergleich

a) Gesetzesregelung

Vor allem in **Umgangsverfahren** ist eine Vereinbarung der Beteiligten zwecks Abschlusses des Verfahrens vielfach sinnvoll. Hierfür sieht § 156 Abs. 2 FamFG ausdrücklich den **gerichtlich gebilligten Vergleich** vor, falls die Beteiligten **Einvernehmen** über den Umgang oder die Herausgabe des Kindes erzielen und das **Gericht** dieser Regelung nach Kindeswohlprüfung **zustimmt**.[22] Bei Erlass der gerichtlichen Billigungsentscheidung muss das Einvernehmen aller Verfahrensbeteiligten tatsächlich vorliegen.[23] Bis dahin ist eine zuvor bereits erteilte Zustimmung frei widerruflich.[24] Im Fall des **Widerrufs** kann das Gericht nach seinem Ermessen einen neuen Erörterungstermin anberaumen oder aber eine Umgangsregelung per Beschluss treffen.[25] 12

Nur für die in der Vorschrift genannten Verfahrensgegenstände gilt die Regelung, nicht etwa für Gewaltschutzsachen.[26] Es handelt sich um eine Sonderregelung zu § 36 FamFG, denn die Regelungsgegenstände Kindesherausgabe und Umgang unterliegen eigentlich nicht der Disposition der Beteiligten (siehe hierzu *Wegener*, § 36 FamFG Rn. 3).

▶ *Näher zum gerichtlich gebilligten Vergleich Wegener, § 156 FamFG Rn. 65.*

b) Grundlage der Vollstreckung

Die **Beschlussform** für die Billigung ist entsprechend den Vorgaben zahlreicher obergerichtlicher Entscheidungen[27] inzwischen gängige Gerichtspraxis. Es spricht vieles für die Ansicht, dass sich der Vollstreckungstitel bei einem Vergleich nach § 156 Abs. 2 FamFG aus der Kombination von **Vergleich und Billigungsbeschluss** zusammensetzt. Kein Be- 13

19 Für ihre Vollziehung ist stets das Gericht nach den Regeln des Justizbeitreibungsgesetzes zuständig
20 BT-Drs. 16/6308, 199; dem folgend die Rechtsprechung und h.M., vgl. Prütting/Helms/*Dürbeck*, FamFG § 57 Rn. 8 m.w.N.
21 Näher *Cirullies*, NZFam 2024, 950; a.A.: OLG Karlsruhe FamRZ 2024, 1956
22 Eingehend zu den Voraussetzungen *Hennemann*, NZFam 2021, 910; *Grandel*, FF 2019, 55
23 OLG Brandenburg NZFam 2021, 1110 (*Hennemann*)
24 BGH FamRZ 2019, 1616 (Rn. 22); OLG Karlsruhe FamRZ 2024, 285
25 Näher hierzu *Cirullies*, FamRB 2023, 498
26 Auch wenn der wohl auf einem Schreibversehen beruhende Leitsatz des OLG Brandenburg BeckRS 2018, 26473 („§ 86 Abs. 1 Nr. 2" statt „Nr. 3") dies suggeriert; entsprechend unzutreffend *Henn*, jurisPR-FamR 13/2019 Anm. 5
27 Vgl. insbesondere BGH FamRZ 2019, 1616; OLG Hamm FamRZ 2025, 53

standteil ist für sich alleine in der Lage, einen Vollstreckungstitel zu begründen.[28] Entscheidend ist dabei allerdings der (beschwerdefähige) **Beschluss**, denn erst durch den gerichtlichen Beschluss mit obligatorischer **Kindeswohlprüfung** wird das Verfahren beendet.[29] Eine familiengerichtliche Billigung eines Umgangsvergleiches genügt jedenfalls dann nicht den Anforderungen des § 156 Abs. 2 FamFG, wenn sich hieraus nicht entnehmen lässt, dass die erforderliche Kindeswohlprüfung stattgefunden hat.[30]

14 Damit **unterscheidet** sich der **gerichtlich gebilligte Vergleich** wesentlich von dem im **Zivilprozess** nach § 794 ZPO geschlossenen Vergleich wie auch von einem **„einfachen" Vergleich** nach §§ 36, 86 Abs. 1 Nr. 3 FamFG, bei denen das Verfahren durch den Vergleich abgeschlossen wird.[31] Da sich der Billigungsbeschluss auf eine ganz konkrete Umgangsregelung bezieht, ist im Übrigen Vorsicht geboten bei späteren **außergerichtlichen Modifizierungen** eines gebilligten Vergleichs (z.B. einvernehmlicher Tausch der vor Gericht vereinbarten Umgangstermine). Dann liegt insoweit keine gerichtlich gebilligte Vereinbarung vor; die Umgangsregelung ist nicht mehr vollstreckbar.[32] Ebenfalls unvollstreckbar ist die im Rahmen einer einvernehmlich getroffenen Umgangsvereinbarung eingegangene Verpflichtung der Eltern zur Teilnahme an einer **Erziehungsberatung**; sie wird nicht von der familiengerichtlichen Billigung des Umgangsvergleichs nach § 156 Abs. 2 FamFG umfasst.[33]

c) Fehlerhafter Billigungsbeschluss

15 Ist etwa die Vereinbarung der Eltern **fehlerhaft protokolliert**[34] oder der Verfahrensbeistand am Verfahren **nicht beteiligt** worden[35] oder lag bei Erlass des Billigungsbeschlusses das **Einvernehmen** der Beteiligten nicht (mehr) vor,[36] so ist fraglich, welche Auswirkungen solche Verfahrensfehler haben. Mitunter wird die Auffassung vertreten, der Billigungsbeschluss gehe dann „ins Leere"[37] der Vergleich sei unwirksam.[38] Tatsächlich jedoch machen Verfahrensfehler den gebilligten Vergleich lediglich **anfechtbar**,[39] nicht hingegen unwirksam. Er ist bis zu seiner Aufhebung oder Abänderung nach §§ 64, 93 FamFG vollstreckbar.[40] Gleiches gilt, wenn – wie häufig – der Vergleich **ohne persönliche Anhörung des Kindes** geschlossen wurde, was nach Meinung des BGH[41] das Verdikt der Verfahrensfehlerhaftigkeit der Billigung nach sich zieht. In all diesen Fällen ist der gebilligte Vergleich mit Bekanntgabe wirksam und wie ein gerichtlicher Beschluss in vollem Umfang vollstreckbar.[42] Sofern der Verpflichtete etwa in einem Ordnungsmittelverfahren einwendet, die bisherige Regelung entspreche nicht dem Kindeswohl, kann und muss er insoweit ein **Abänderungsverfahren** nach § 1696 Abs. 1 BGB einleiten, sinnvollerweise in Verbindung mit einem **Einstellungsantrag** gemäß § 93 Abs. 1 Nr. 4 FamFG.

---

28 *Grandel*, FF 2019, 55,58
29 OLG Hamm FamRZ 2025, 53; OLG Brandenburg FamRZ 2021, 627
30 OLG Zweibrücken FamRZ 2021, 1564
31 Dies wird gelegentlich verkannt, vgl. OLG Saarbrücken, BeckRS 2019, 22002 = FamRB 2019, 18 mit Anm. *Cirullies*
32 OLG Karlsruhe FamRZ 2024, 1638 = NZFam 2024, 604 (*Bruns*); OLG Brandenburg FamRZ 2021, 217 = NZFam 2020, 1022 (*Cirullies*)
33 OLG Frankfurt FamRZ 2022, 210
34 Entgegen den Vorschriften in §§ 36 Abs. 2 Satz 2 FamFG, 162 Abs. 1, 160 Abs. 3 Nr. 1 ZPO; dazu OLG Frankfurt NJW-RR 2025, 643; OLG Brandenburg FamRZ 2021, 217 = NZFam 2020, 1022 (*Cirullies*)
35 OLG Brandenburg BeckRS 2021, 16992
36 Dazu OLG Brandenburg FamRZ 2021, 217 = NZFam 2020, 1022 (*Cirullies*); OLG Oldenburg FamRZ 2019, 1159
37 So OLG Saarbrücken a.a.O.
38 Etwa OLG Brandenburg FamRZ 2017, 391
39 Mit der befristeten Beschwerde nach § 58 FamFG
40 Dazu *Hammer*, FamRZ 2019, 1451, 1454
41 BGH FamRZ 2019, 1616 = FamRB 2019, 392; zu Recht kritisch dazu *Wache*, NZFam 2019, 818, 821
42 OLG Brandenburg FamRZ 2021, 217 = NZFam 2020, 1022 (*Cirullies*)

Bezüglich der **Anfechtbarkeit** ist zu beachten: Mit der Beschwerde gegen den gerichtlich gebilligten Vergleich ist auch der **Umgangsvergleich widerrufen**; ein nach § 1696 Abs. 1 BGB abzuändernder gerichtlich gebilligter Vergleich liegt nicht vor.[43] Wird ein Umgangsvergleich im Verfahren der **einstweiligen Anordnung** gerichtlich gebilligt, ist er nach § 57 Satz 1 FamFG **nicht** anfechtbar.[44]

Hinweis: Die Möglichkeit der Anfechtung des Billigungsbeschlusses selbst durch die Eltern, die der Vereinbarung zugestimmt haben,[45] bringt einige **Ungewissheit** für die Beteiligten mit sich, auch bezüglich der **Umgangstermine, die innerhalb der einmonatigen Beschwerdefrist liegen.** Daher kann es sich im Anschluss an die mündliche Bekanntgabe des Billigungsbeschlusses empfehlen, dass alle anwesenden Beteiligten einen **Rechtsmittelverzicht** aussprechen. Er kann formlos im Termin erklärt werden (§ 67 Abs. 1 FamFG, mit entsprechendem Vermerk nach § 25 Abs. 4 FamFG) und führt die Rechtskraft des Vollstreckungstitels herbei.[46]

d) Vollstreckungsvoraussetzungen

Auch bei einem gerichtlich gebilligten Vergleich sind die allgemeinen Vollstreckungsvoraussetzungen (vgl. Rn. 7) zu beachten. So muss die Vereinbarung der Eltern, auf die sich die Billigung bezieht, **hinreichend bestimmt** sein (vgl. Rn. 19 ff.). Einer **Vollstreckungsklausel** bedarf es nur dann, wenn – etwa nach einem Umzug des Kindes – ein anderes Gericht mit der Vollstreckung befasst wird.[47] Besonderes Augenmerk ist auf die richtige **Zustellung** zu legen: Sowohl die Vereinbarung (Protokoll) wie auch der Billigungsbeschluss müssen **von Amts wegen** zugestellt werden.[48] 16

Soweit die Vollstreckung des Vergleichs – wie regelmäßig – nach § 89 FamFG durch Verhängung von **Ordnungsmitteln** vorgenommen werden soll, muss der Verpflichtete zuvor auf die Folgen einer Zuwiderhandlung nach § 89 Abs. 2 FamFG **hingewiesen** worden sein (vgl. *Cirullies*, § 89 FamFG Rn. 2 ff.). Für eine Vollstreckung durch Anwendung unmittelbaren Zwangs (§ 90 FamFG) ist dies nicht erforderlich.

Bei Abschuss eines **gebilligten Vergleichs** empfiehlt sich ein **„Checkliste"** mit den folgenden Stichworten: 17

Checkliste: Abschluss eines gebilligten Vergleichs

- *hinreichend bestimmte Regelung*
- *Zustimmung aller Beteiligten*
- *formwirksame Protokollierung und Genehmigung*
- *Billigungsbeschluss (nach Kindeswohlprüfung)*
- *Folgenankündigung (§ 89 Abs. 2 FamFG)*

Nach korrekter **Zustellung** (Vereinbarung und Beschluss) ist der Titel vollstreckbar.

43 A. A. OLG Frankfurt v. 17.9.2018 – 4 UF 62/18, FamRZ 2019, 214 mit krit. Anm. der Redaktion
44 OLG Nürnberg FamRZ 2024, 58 = FamRB 2023, 498 (*Cirullies*) = NZFam 2023, 1039 (*Kischkel*)
45 So BGH FamRZ 2019, 1616
46 OLG Saarbrücken BeckRS 2019, 32703 (Rn. 15); so auch *Kischkel*, NZFam 2019, 907, 908; *Götsche*, jurisPR-FamR 5/2020 Anm. 2; *Cirullies*, FamRB 2019, 392; eingehend *H. Schneider*, FamRB 2018, 371, 374
47 Dazu OLG Brandenburg NZFam 2019, 694, bespr. v. *Dürbeck*
48 Eingehend OLG Oldenburg, FamRZ 2018, 1943 mit Anm. *Cirullies*

3. Weitere Titel i.S.d. § 794 ZPO

18 Vollstreckungstitel können auch solche nach § 794 ZPO sein, soweit die Beteiligten über den Verfahrensgegenstand verfügen können (Nr. 3). Sie spielen im Verfahren der freiwilligen Gerichtsbarkeit – abgesehen von **Gewaltschutzsachen** (hier *Cirullies*, § 1 GewSchG Rn. 38)[49] – eine eher untergeordnete Rolle, weil es sich häufig um Amtsverfahren handelt, in denen die Dispositionsbefugnis in der Regel fehlt.

II. Bestimmtheit

1. Grundsatz

19 Die Durchsetzung eines Vollstreckungstitels nach § 86 FamFG setzt einen vollstreckungsfähigen Inhalt voraus. Der Titel muss aus sich heraus für eine Auslegung **genügend bestimmt** sein oder jedenfalls sämtliche Kriterien für seine Bestimmbarkeit eindeutig festlegen.[50] Die Regelung soll so präzise und erschöpfend sein, dass sie erforderlichenfalls auch zwangsweise vollzogen werden kann.[51] Mangelnde Konkretisierung kann die Aufhebung der Vollstreckungsmaßnahme und damit zu erheblichen Verzögerungen führen.[52] Weichen die Kindeseltern einvernehmlich von einer titulierten (Umgangs-)Regelung ab und treffen eine davon neue Vereinbarung, ist der Titel mangels hinreichender Bestimmtheit nicht (mehr) nach § 89 FamFG vollstreckbar.[53]

2. Kindesherausgabe

20 **Herausgabeansprüche** können sich insbesondere aus § 1632 Abs. 1 und 4 BGB ergeben. Die Durchsetzung erfordert stets einen **Gerichtsbeschluss**, der die Pflicht zur Herausgabe des Kindes ausdrücklich bestimmt. Dieser Beschluss kann auch in der Billigung eines **Vergleichs** bestehen, mit dem der Herausgabeanspruch wirksam tituliert werden kann (§§ 86 Abs. 1 Nr. 2, 156 Abs. 2 FamFG). Aus dem Herausgabetitel muss sich genau ergeben, wer welches Kind an wen zu übergeben hat. Zu beachten ist, dass die Herausgabevollstreckung in den Händen des **Familiengerichts**, nicht des Herausgabeberechtigten liegt.

3. Umgangsregelung

a) Notwendige Regelungen

21 An die Bestimmtheit eines gerichtlichen **Umgangsbeschlusses** stellt die Rechtsprechung erhebliche Anforderungen: Die Vollstreckung eines Umgangstitels durch Festsetzung eines Ordnungsmittels gegen den betreuenden Elternteil setzt eine hinreichend bestimmte und konkrete Regelung des Umgangsrechts voraus.[54] Dafür ist eine genaue und erschöpfende Bestimmung über **Art, Ort und (Uhr-)Zeit des Umgangs** erforderlich.[55] **Nicht** geboten sind hingegen detailliert bezeichnete Verpflichtungen des betreuenden Elternteils, etwa zum **Bereithalten und Abholen** des Kindes.[56] Dabei sollte nach Möglichkeit eine Formulierung ge-

49 Ferner OLG Hamburg FamRZ 2019, 1448; OLG Karlsruhe FamRZ 2015, 1405
50 KG FamRZ 2011, 588
51 Eingehend zu der Problematik *Cirullies*, ZKJ 2011, 448 m.w.N.
52 Dazu OLG Hamm FamRZ 2013, 310; OLG Frankfurt BeckRS 2014, 17407
53 OLG Frankfurt FuR 2019, 547, dazu *Engelmann*, NZFam 2019, 276
54 BGH FamRZ 2012, 533 mit Anm. *Hammer* = ZKJ 2012, 219 mit Anm. *Spangenberg*; dazu ferner *Spieker*, FamFR 2012, 158
55 Sternal/*Giers*, § 89 FamFG Rn. 4. Ist kein Ort des Umgangs geregelt, hat der Umgangsberechtigte das Kind bei dem anderen Elternteil abzuholen und dorthin wieder zurückzubringen, OLG Koblenz FamRZ 2017, 42
56 BGH a.a.O.; Prütting/Helms/*Hammer*, § 89 FamFG Rn. 7 m.w.N.

wählt werden, die es dem Betreuungselternteil für den Fall einer Verhinderung ausdrücklich freistellt, das Kind entweder persönlich herauszugeben oder sich hierzu der Hilfe von Dritten zu bedienen.[57] Sofern dem Umgangsberechtigten während der Besuchszeiten eine **Fremdbetreuung** des Kindes untersagt sein soll, sollte sich dies eindeutig aus dem Titel ergeben.[58]

▶ *Zur Formulierung einer Umgangsentscheidung siehe Gottschalk, § 1684 BGB Rn. 54.*

Nicht vollstreckbar ist eine Umgangsregelung, in der zeitlich näher bestimmte Besuchstermine **„alle 14 Tage"** ohne eine kalendermäßige Festlegung des Anfangstermins vorgesehen sind[59] oder nur ein Umgang **„in der Hälfte der Ferienzeiten"** festgelegt ist.[60] Gleiches gilt, wenn zwar der Tag des Beginns und des Endes des **Ferienumgangs** festgelegt sind, nicht jedoch die jeweilige **Uhrzeit** für das Abholen und Zurückbringen des Kindes.[61] Auch komplexe Umgangsregelungen mit Überschneidung der Besuchskontakte an Wochenenden, Feiertagen und in den Ferien stellen die Beteiligten gelegentlich vor große Herausforderungen.[62] 22

Zu bedenken ist, dass **übertrieben detaillierte Umgangsregelungen** dem Kindeswohl auch abträglich sein können.[63] Teilweise sind sie gar nicht vollstreckbar.[64] Damit laufen die von der Rechtsprechung aufgestellten Vollstreckbarkeitsanforderungen dem Verfahrensziel einer flexiblen, eigenverantwortlichen Umgangsregelung eigentlich zuwider.[65] Mitunter können und wollen sich die beteiligten Eltern nicht auf genaue Daten festlegen, weil etwa die konkrete Berufssituation dies nicht ermöglicht. Dann kann selbstverständlich auch eine entsprechende – allerdings nicht vollstreckbare – Umgangsregelung geschaffen werden, in der nur die Grundzüge (Intervalle, Übernachtungen, Feiertage usw.) bestimmt sind. 23

Umstritten ist, ob eine gerichtliche Umgangsbestimmung, durch die der Umgang positiv geregelt wird, stets das konkludente Gebot an den Umgangsberechtigten beinhaltet, sich **außerhalb der festgelegten Umgangszeiten** eines **Kontaktes** zum Kind zu enthalten.[66] Nach Meinung des **BGH**[67] ist einer „klassischen" Umgangsregelung mit Zuweisung bestimmter Umgangszeiten an den umgangsberechtigten Elternteil ein solches Gebot **nicht** mit für eine Vollstreckung hinreichender Deutlichkeit zu entnehmen. Es bedürfe vielmehr eines entsprechenden „ausdrücklichen und eindeutigen" Verbots, das auch von dem nach § 89 Abs. 2 FamFG zu erteilenden Hinweis umfasst sein müsse. Unklar bleibt, welche Anforderungen an die Formulierung einer solchen Umgangsbeschränkung gestellt werden.[68] Entsprechend stehen auch die Beteiligten im Rahmen einer Umgangsvereinbarung bei der hinreichenden Bestimmung eines Kontaktverbots vor einer schwierigen Aufgabe.[69] Inzwischen ist allerdings höchstrichterlich geklärt, dass sich bereits aus einem angeordneten 24

57 OLG Brandenburg FamRZ 2017, 1845 (LS), dazu *Groeneveld*, NZFam 2017, 813
58 Hierzu OLG Brandenburg FamRZ 2024, 705 = NZFam 2024, 508 (*Cirullies*)
59 OLG Brandenburg v. 17.6.2025, 9 WF 25/25, BeckRS 2025, 15248; OLG Hamm FamRZ 2014, 1792
60 OLG Brandenburg FamRZ 2021, 217 = NZFam 2020, 1022 (*Cirullies*); zur Umgangsregelung „Freitag nach der Schule" vgl. OLG Karlsruhe FamRZ 2023, 1026 m. Anm. *Rake*
61 OLG Brandenburg FamRZ 2024, 475 = NZFam 2024, 606 (*Dürbeck*); wegen der Pflicht zur Herausgabe des Reisepasses des Kindes vgl. OLG Frankfurt FamRZ 2023, 1203
62 OLG Brandenburg BeckRS 2016, 8416, dazu *Schneider*, NZFam 2016, 766
63 Vgl. *van Els*, FF 2013, 458, 459
64 *Cirullies*, ZKJ 2011, 448 m.w.N.
65 Vgl. *Spangenberg*, FamRZ 2007, 13, 14
66 KG FamRZ 2015, 940; *Kemper*, NZFam 2015, 331 mit der Begründung, ein solcher Schluss liege in der „Natur" einer solchen Regelung
67 FamRZ 2024, 950 m. Anm. *Giers* = NZFam 2024, 689 m. kritischer Anm. *Cirullies*; ebenso OLG Brandenburg FamRZ 2024, 475; vermittelnd KG FamRZ 2023, 1390 = NZFam 2024, 24 bespr. v. *Rake*
68 Kritisch auch *Menne*, NJ 2024, 429, 434; vgl. hierzu OLG Köln BeckRS 2025, 11980 mit klarstellendem Tenor
69 Wie der Fall des OLG Karlsruhe FamRZ 2024, 1636 verdeutlicht; zur Zulässigkeit zusätzlicher digitaler Kontakte vgl. OLG Karlsruhe FamRB 2025, 284

Umgangsausschluss ergibt, dass während seiner Dauer dem betroffenen Elternteil jedwede Form der **Kontaktaufnahme** mit dem Kind **untersagt** ist.[70]

b) Umgangspflegschaft

25 Ferner soll das Gericht nach der Rechtsprechung die Entscheidung über die Frage zu der **Häufigkeit**, der **Art** und der **Zeit des Umgangs** eines Elternteils mit dem gemeinsamen Kind **nicht** einem **Umgangspfleger**[71] überlassen (ferner hier *Gottschalk*, § 1684 BGB Rn. 64); vielmehr hat es hierüber selbst eine Entscheidung zu treffen.[72] Lediglich hinsichtlich **untergeordneter Aspekte des Umgangs** kann sich das Familiengericht auf die Vorgabe von Höchstgrenzen bzw. eines ausfüllungsfähigen Rahmens beschränken und die „Feinabstimmung" dem Umgangspfleger nach Maßgabe der Verhältnisse vor Ort überlassen.[73] Diese Maßstäbe werden in gleicher Weise an die gerichtliche Anordnung von **begleiteten Umgangskontakten** (§ 1684 Abs. 4 Satz 3 BGB) angelegt.[74] Eingehend hier *Gottschalk*, § 1684 BGB Rn. 76.

▶ *Näher zum Umfang der Umgangspflegschaft Gottschalk, § 1684 BGB Rn. 58 ff.*

Wenn sich alle Beteiligten hierüber einig sind, kann (und sollte) immer eine Regelung getroffen werden, die das Wohl des Kindes angemessen berücksichtigt. Die fehlende Vollstreckbarkeit sollte ein solches Einvernehmen dann nicht hindern. In solchen Fällen ist das **Verfahren** – auch im Falle einer Kostenentscheidung – noch **nicht abgeschlossen**.[75] Daher kann für den Ausnahmefall, dass die bisherige Regelung nicht tragfähig ist, ein vollstreckbarer, hinreichend bestimmter Beschluss „nachgeschoben" werden.[76]

III. Vollstreckbarkeit

26 Die **Beschlüsse** werden mit ihrem **Wirksamwerden** vollstreckbar (Abs. 2). Sie bedürfen hierzu nicht einer Vollstreckbarerklärung des Gerichts. Für die Wirksamkeit eines Beschlusses knüpft das Gesetz gerade in familienrechtlichen Verfahren an viele **unterschiedliche Zeitpunkte** an.[77] Meistens ist der Zeitpunkt der **Bekanntgabe** entscheidend.[78] Dies betrifft auch den **Billigungsbeschluss** nach § 156 Abs. 2 BGB (siehe Rn. 13). Ausnahmsweise werden Beschlüsse wirksam mit **Erlass**,[79] nämlich nach § 53 Abs. 2 FamFG bei einer **einstweiligen Anordnung** in Gewaltschutzsachen und vergleichbaren Fällen (etwa dringende Kindesherausgabe),[80] wenn das Gericht die Zulässigkeit der Vollstreckung vor der Zustellung anordnet.[81] Auch ein entgegen § 38 Abs. 3 FamFG nicht mit Gründen versehener Beschluss ist grundsätzlich wirksam.[82]

Bei **Vergleichen** sind zum einen formelle Voraussetzungen für die Wirksamkeit bei der **Protokollierung** zu beachten (dazu *Wegener*, § 36 FamFG Rn. 6). Darüber hinaus gelten für den **gerichtlich gebilligten Vergleich** weitere Anforderungen (siehe oben Rn. 12).

---

70 BVerfG FamRZ 2025, 757 m. Anm. *Röder* = NZFam 2025, 430 m. Anm. *Dürbeck*; ebenso OLG Köln BeckRS 2025, 5489 (Rn. 72)
71 Ausführlich *Vogel*, FamRB 2023, 510; zur Abgrenzung gegenüber der Umgangsbestimmungspflegschaft vgl. BGH FamRZ 2016, 1752
72 Dazu OLG Saarbrücken FamRZ 2015, 1928; OLG Hamm FamRZ 2014, 1792
73 KG FamRZ 2016, 1780 (LS) mit Anm. *Dürbeck*, dazu *Luthin*, FamRB 2016, 390, *Kemper*, NZFam 2016, 957
74 OLG Frankfurt FamRZ 2016, 1787, dazu *Bülow*, NZFam 2016, 952; KG a.a.O.
75 OLG Frankfurt BeckRS 2014, 02061, dazu *Opitz*, NZFam 2014, 610
76 Vgl. OLG Oldenburg ZKJ 2009, 462 = FamRZ 2010, 44
77 Hierzu *Giers*, NZFam 2020, 4
78 OLG Celle FamRZ 2023, 1224
79 Zur Definition vgl. § 38 Abs. 3 Satz 3 FamFG; ferner BGH FamRZ 2022, 189
80 BT-Drs. 16/6308, 201
81 Näher *Cirullies*, DGVZ 2022, 249, 251
82 OLG Frankfurt FamRZ 2022, 958

IV. Vollstreckungsklausel

27 Nach Sinn und Zweck des Klauselerfordernisses soll das **Vollstreckungsorgan** von eigenen Prüfungen hinsichtlich der Vollstreckbarkeit entlastet werden. Dementsprechend ist gemäß Abs. 3 eine **Vollstreckungsklausel** nur erforderlich, wenn die Vollstreckung nicht durch das Gericht erfolgt, das den Titel in der Hauptsache erlassen hat. Das gilt auch für die Vollstreckung aus einem gerichtlich gebilligten Vergleich.[83]

Folglich wird eine Klausel benötigt, wenn ein **anderes Vollstreckungsorgan** vollstreckt, insbesondere

- ein anderes **Gericht** in Kindschaftssachen,
- der **Gerichtsvollzieher** bei der Anwendung unmittelbaren Zwangs (nach § 96 Abs. 1 FamFG, dazu hier *Cirullies*, § 96 FamFG Rn. 1) oder
- ein **Beteiligter**, etwa zwecks Herausgabe oder Räumung.

Nicht einer Klausel bedarf also die Vollstreckung einer Unterlassungsverpflichtung durch **Ordnungsmittel**,[84] denn hier ist das Gericht zuständig, das den Titel erlassen hat.

Eine Besonderheit ist zudem für die **einstweilige Anordnung** bestimmt: Sie bedarf der Vollstreckungsklausel nur, wenn die Vollstreckung für oder gegen eine nicht im Beschluss genannte Person erfolgen soll (§ 53 Abs. 1 FamFG).

Das bedeutet im Ergebnis, dass in den von Amts wegen zu vollstreckenden **Kindschaftssachen** eine Vollstreckungsklausel in der Regel **nicht erforderlich** ist.

83 OLG Karlsruhe v. 24.7.2025, 5 WF 49/25, BeckRS 2025, 19493; OLG Brandenburg FamRZ 2019, 1946
84 Nach §§ 95 Abs. 1 Nr. 4, 96 Abs. 1 Satz 3 FamFG, 890 Abs. 1 ZPO

28 *Übersicht: Vollstreckung nach dem FamFG, §§ 86 ff.*

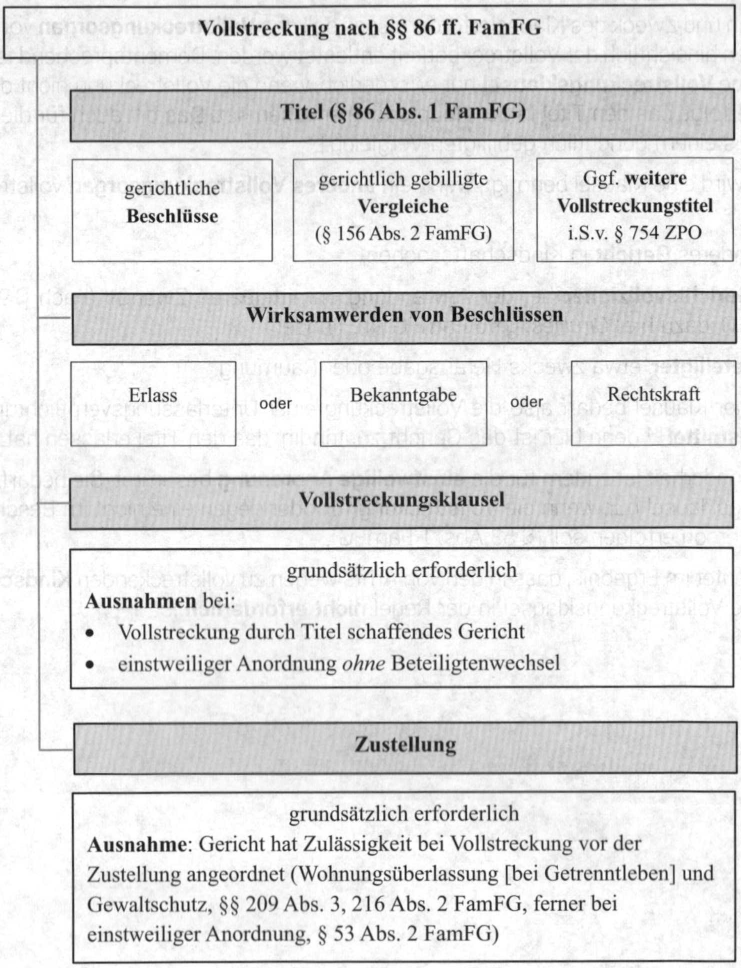

§ 87 FamFG

Verfahren; Beschwerde

(1) [1]Das Gericht wird in Verfahren, die von Amts wegen eingeleitet werden können, von Amts wegen tätig und bestimmt die im Fall der Zuwiderhandlung vorzunehmenden Vollstreckungsmaßnahmen. [2]Der Berechtigte kann die Vornahme von Vollstreckungshandlungen beantragen; entspricht das Gericht dem Antrag nicht, entscheidet es durch Beschluss.

(2) Die Vollstreckung darf nur beginnen, wenn der Beschluss bereits zugestellt ist oder gleichzeitig zugestellt wird.

(3) [1]Der Gerichtsvollzieher ist befugt, ein Auskunfts- und Unterstützungsersuchen nach § 757a der Zivilprozessordnung zu stellen. [2]§ 758 Abs. 1 und 2 sowie die §§ 759 bis 763 der Zivilprozessordnung gelten entsprechend.

(4) Ein Beschluss, der im Vollstreckungsverfahren ergeht, ist mit der sofortigen Beschwerde in entsprechender Anwendung der §§ 567 bis 572 der Zivilprozessordnung anfechtbar.

(5) Für die Kostenentscheidung gelten die §§ 80 bis 82 und 84 entsprechend.

A. Allgemeines

Da das Vollstreckungsverfahren als **selbstständiges** Verfahren ausgestaltet ist, bedarf es insoweit auch besonderer Regelungen. Die Vorschrift beschäftigt sich allerdings nur mit Teilaspekten des Verfahrens. Ergänzend ist auf die allgemeinen Bestimmungen des FamFG zurückzugreifen, etwa bezüglich der Pflicht zur Anhörung (§ 34 FamFG).[1] Das Beschleunigungsgebot ist inzwischen in § 88 Abs. 3 FamFG erfasst. In § 92 FamFG finden sich weitere Verfahrensvorschriften speziell für die Vollstreckung von **Kindesherausgabe- und Umgangstiteln**. Der Bestellung eines **Verfahrensbeistands** im Ordnungsmittelverfahren nach § 89 FamFG bedarf es nicht.[2] **1**

Abs. 1 legt fest, unter welchen Voraussetzungen die Vollstreckung durch das Gericht von Amts wegen und in welchen Verfahren die Vollstreckung nur auf **Antrag** durchgeführt wird. Die Frage der **Zustellung** (Abs. 2) gehört systematisch in den Kontext mit Titel und Klausel in § 86 FamFG. Die Regelungen betreffend den **Gerichtsvollzieher** (Abs. 3) beziehen sich eigentlich nur auf das Verfahren nach §§ 88 ff. FamFG, da §§ 95 und 96 FamFG auf die Vorschriften der ZPO (u.a. §§ 758 ff.) verweisen.[3]

B. Inhalt der Norm

I. Amts- und Antragsverfahren

Die **Vollstreckung** erfolgt **von Amts wegen**, sofern das Gericht im **Erkenntnisverfahren** (auch) von Amts wegen tätig werden kann. Das Gericht, nicht der Berechtigte bestimmt im Falle der Zuwiderhandlung die vorzunehmenden Vollstreckungsmaßnahmen. Darüber hinaus kann der Berechtigte deren Vornahme beantragen. Im Fall der Ablehnung entscheidet das Gericht durch Beschluss (Abs. 1). **2**

In reinen Antragsverfahren bedarf es zur Einleitung des Vollstreckungsverfahrens hingegen ebenfalls eines **Antrages** des Berechtigten.[4]

Ein **Anwaltszwang** besteht auch in Vollstreckungsverfahren **nicht** (§ 114 FamFG).

II. Zustellung

Weitere Voraussetzung der Vollstreckung ist – wie nach § 750 Abs. 1 Satz 1 ZPO – die Zustellung des Titels (Abs. 2). Grundsätzlich muss der Titel spätestens mit Beginn der Vollstreckung zugestellt sein,[5] und zwar **förmlich**[6] und – soweit erforderlich (§ 86 Abs. 3 **3**

1 Sternal/*Giers*, § 87 FamFG Rn. 10
2 OLG Jena FamRZ 2024, 1890 = NZFam 2025, 84 (*Lack*)
3 Zöller/*Feskorn*, § 87 FamFG Rn. 6
4 BT-Drs. 16/6308, 217
5 Zu Ausnahmen vgl. *Cirullies*, FPR 2012, 473
6 §§ 15 Abs. 2 Satz 1, 41 Abs. 1 Satz 2 FamFG; dazu *Tenner*, DGVZ 2019, 224; zur Wirksamkeit einer Ersatzzustellung BVerfG FamRZ 2019, 1798

FamFG) – mit **Klausel**.[7] Dabei werden **Beschlüsse** gemäß § 41 FamFG **von Amts wegen** zugestellt.[8] Im FamFG fehlt eine § 750 Abs. 1 Satz 2 ZPO entsprechende Regelung, wonach auch eine Zustellung im Parteibetrieb ausreicht.[9]

In Verfahren der **einstweiligen Anordnung** kann das Gericht allerdings von der – auch in Kindschaftssachen bestehenden – Möglichkeit einer Zusatzanordnung nach § 53 Abs. 2 FamFG Gebrauch machen und anordnen, dass die **Vollstreckung** der einstweiligen Anordnung **vor Zustellung** an den Verpflichteten zulässig ist. Damit ist das gerichtliche Unterlassungsgebot – in Abweichung von § 40 Abs. 1 FamFG ohne Bekanntgabe an den Verpflichteten – bereits mit dem Erlass i.S.d. § 38 Abs. 3 Satz 3 FamFG wirksam und auch vollstreckbar (§ 86 Abs. 2 FamFG).[10]

4 Die Regeln über die **Amtszustellung** sind auf einen **Vergleich** entsprechend anzuwenden.[11] Eine Zustellung im Beteiligtenbetrieb wird insoweit zwar – wohl in Anlehnung an das im Zivilprozess übliche Verfahren – häufig gefordert, ist jedoch schlicht unwirksam.[12] Dementsprechend muss auch ein **gebilligter Vergleich** zu Beginn der Zwangsvollstreckung **zugestellt** sein, obgleich § 87 Abs. 2 FamFG dem Wortlaut nach die Zustellung nur für die Vollstreckung aus **Beschlüssen** verlangt.[13] Doch wie die Beschränkung des Hinweiserfordernisses nach § 89 Abs. 2 FamFG ist auch die Beschränkung des Zustellungserfordernisses auf Beschlüsse in § 87 Abs. 2 FamFG als gesetzgeberisches Redaktionsversehen anzusehen.[14] Dementsprechend schweigt das Gesetz auch zu den Zustellungsmodalitäten. Schon im Hinblick auf den gerichtlichen Billigungsbeschluss, der den Vergleich erst vollstreckbar macht, ist eine Zustellung **von Amts wegen** geboten (§ 41 FamFG), und zwar sowohl der Vereinbarung als auch des Billigungsbeschlusses.[15] Ist ausnahmsweise der vollständige Vergleichsinhalt in dem Billigungsbeschluss enthalten, bedarf es nur dessen Zustellung. Wegen einer unzureichenden Zustellung kommt es nicht selten zu Verzögerungen im Vollstreckungsverfahren. Eine unterbliebene Zustellung kann jederzeit nachgeholt werden, so dass grundsätzlich ab dann vollstreckt werden kann.[16] Vgl. auch hier *Cirullies*, § 89 FamFG Rn. 9.

III. Gerichtsvollzieher

5 Vollstreckungsorgan ist der **Gerichtsvollzieher**. Nur er ist befugt, erforderlichenfalls **Polizeibeamte** zur Unterstützung anzufordern, nicht etwa das Jugendamt.[17] So kann er an die Polizei ein Auskunfts- und Unterstützungsersuchen nach § 757a ZPO zu richten;[18] einer gerichtlichen Gestattung bedarf es hierfür nicht.[19] Ferner darf er eine Haustüröffnung und

7 OLG Oldenburg FamRZ 2018, 1943 mit Anm. *Cirullies*
8 OLG Oldenburg a.a.O.; BeckOK-FamFG/*Sieghörtner*, § 87 Rn. 9 m.w.N.
9 KG FamRZ 2020, 852
10 OLG Brandenburg FamRZ 2019, 1269 mit Anm. *Cirullies*
11 OLG Brandenburg NZFam 2024, 1051 (*Dürbeck*); FamRZ 2019, 1454; Sternal/*Giers*, § 87 FamFG Rn. 12
12 OLG Oldenburg FamRZ 2018, 1943 mit Anm. *Cirullies*
13 OLG Brandenburg FamRZ 2025, 462; OLG Frankfurt FamRZ 2021, 377; KG FamRZ 2020, 852; *Hennemann*, NZFam 2021, 910, 913 m.w.N.
14 H.M., vgl. OLG Hamburg FamRZ 2019, 1449 (mit eingehender Begründung) = NZFam 2019, 730 mit Anm. *Cirullies*; OLG Saarbrücken FamRZ 2020, 701
15 OLG Hamburg FamRZ 2024, 140 = FamRB 2023, 458 (*Cirullies*); OLG Frankfurt FamRZ 2021, 377; OLG Brandenburg FamRZ 2021, 627
16 OLG Frankfurt FamRZ 2012, 573; Besonderheiten sind insoweit bei der Vollstreckung von Ordnungsmitteln zu beachten
17 So aber im Fall des VG Gießen FamRZ 2019, 1328; näher hierzu *Corcilius*, DGVZ 2020, 41, auch zur Verteilung der Verantwortlichkeiten
18 Vgl. auch § 156 Abs. 3 Satz 1 GVGA (Befugnis, erforderlichenfalls die Unterstützung der polizeilichen Vollzugsorgane in Anspruch zu nehmen)
19 Vgl. OLG Hamm FamRZ 2020, 1490; a.A.: OLG Braunschweig FamRZ 2019, 119; AG Augsburg BeckRS 2022, 41329 mit entsprechender Gestaltung des Beschlusstenors.

– mit richterlicher Genehmigung[20] – eine Wohnungsdurchsuchung vornehmen (§ 758 Abs. 1 und 2 ZPO).

Die Einschaltung des Gerichtsvollziehers ist vor allem im Rahmen der Vollstreckung einer **Kindesherausgabe** geboten. Die Vorgehensweise hierfür ist in § 156 GVGA[21] detailliert geregelt. So kann die Vollstreckung nur durchgeführt werden, wenn der Berechtigte das Kind an Ort und Stelle übernimmt (§ 156 Abs. 4 GVGA).

IV. Rechtsmittel

1. Gerichtliche Entscheidungen

Gerichtliche Beschlüsse im Vollstreckungsverfahren – auch ablehnende (Abs. 1 Satz 2) – sind ausschließlich mit der **sofortigen Beschwerde** binnen (nur) **zwei Wochen** anfechtbar (Abs. 4 i.V.m. §§ 567 ff. ZPO). Auf diesem Wege kann die **Kostenentscheidung** im Ordnungsgeldverfahren auch isoliert angefochten werden,[22] ebenso die **Androhung** nach § 890 Abs. 2 ZPO.[23] Bei **verspätet** eingelegter Beschwerde wird für **anwaltlich** vertretene Beteiligte trotz falscher Rechtsmittelbelehrung **Wiedereinsetzung** grundsätzlich **nicht** gewährt.[24] Dies gilt insbesondere bei offenkundigen Fehlern[25] und auch für **Behörden** (Jugendamt).[26] **Nicht** anfechtbar sind im Eilverfahren getroffene **Durchführungsanordnungen** nach § 49 Abs. 2 Satz 3 FamFG.[27] Ferner *Cirullies*,§ 86 FamFG Rn. 11. 6

Die Beschwerde hat **aufschiebende Wirkung** (lediglich) hinsichtlich der Festsetzung von Ordnungs- und Zwangsmitteln (§ 570 Abs. 1 ZPO). Das gilt nach Ansicht des BGH[28] auch für **Maßnahmen** der Zwangsvollstreckung, insbesondere für Beschlüsse nach §§ 888, 890 ZPO. Fraglich bleibt, ob zu den Zwangsmitteln i.S.d. § 570 Abs. 1 ZPO auch die Anordnung unmittelbaren Zwangs (§ 90 FamFG) zu rechnen ist.[29] 7

Im Gegensatz zu der Beschwerde nach §§ 58 ff. FamFG gegen eine Endentscheidung im Hauptsacheverfahren[30] besteht im Vollstreckungsverfahren die Möglichkeit der **Abhilfe** durch das Ausgangsgericht (§ 572 Abs. 1 ZPO). Es ist daher ein Abhilfeverfahren durchzuführen und dieses mit einem Beschluss zu beenden.

Nach § 570 Abs. 2 ZPO kann das Ausgangsgericht, dessen Entscheidung angefochten wird, (nicht: Vollstreckungsgericht)[31] oder aber nach § 570 Abs. 3 ZPO das Beschwerdegericht die **Vollziehung** (zur Begrifflichkeit vgl. hier § 86 FamFG Rn. 4) von Amts wegen **aussetzen**. Ein entsprechender **Antrag** des Beschwerdeführers ist zu empfehlen, auch wenn er lediglich den Charakter einer Anregung hat. Es handelt sich hierbei um eine Spezialregelung gegenüber § 64 Abs. 3 FamFG und auch § 93 Abs. 1 FamFG.[32] 8

---

20 Gemäß § 91 FamFG, dazu *Cirullies/Cirullies*, Schutz bei Gewalt und Nachstellung, 2024, Rn. 478.
21 Geschäftsanweisung für Gerichtsvollzieher, neu gefasst zum 1.5.2024
22 OLG Zweibrücken BeckRS 2016, 15187, dazu *Schneider*, NZFam 2016, 1003; OLG Hamm FamRZ 2010, 1838
23 OLG Hamburg FamRZ 2019, 1448
24 OLG Naumburg FuR 2018, 96; OLG Zweibrücken FamRZ 2013, 1329
25 BGH FamRZ 2021, 444
26 OLG Frankfurt FamRZ 2024, 457
27 Hierzu *Cirullies*, NZFam 2024, 950;
28 BGH NJW 2011, 3791
29 *Feskorn*, FamRB 2012, 162
30 Vgl. § 68 Abs. 1 Satz 2 FamFG
31 So aber Musielak/Borth/*Frank*, § 87 FamFG Rn. 5
32 Vgl. Zöller/*Feskorn*, § 93 FamFG Rn. 2

2. Verfahren des Gerichtsvollziehers

9 Will sich ein Beteiligter gegen einzelne **Vollstreckungsmaßnahmen**, insbesondere die Vorgehensweise des **Gerichtsvollziehers** wenden, etwa wegen einer unzulässigen Durchsuchung, so ist die **Erinnerung** nach § 766 ZPO der richtige Rechtsbehelf.[33] Hierfür wendet er sich an das Amtsgericht, allerdings nicht an das Familiengericht, sondern an die Abteilung **Vollstreckungsgericht**. Es kann bis zur Entscheidung über die Erinnerung die in § 732 Abs. 2 ZPO bezeichneten **einstweiligen Anordnungen** erlassen.

V. Kosten

10 Abs. 5 verweist wegen der Kostenentscheidung in Vollstreckungsverfahren auf die entsprechend anwendbaren §§ 80 bis 82 und 84 FamFG. Nach **§ 81 Abs. 1 FamFG kann** das Gericht die Verfahrenskosten nach billigem Ermessen den Beteiligten ganz oder teilweise auferlegen oder aber von der Erhebung der Kosten absehen. Es **soll** die Kosten einem Beteiligten auferlegen, wenn dieser durch **grobes Verschulden** Anlass für das Verfahren gegeben hat,[34] ferner in einer Reihe weiterer im Gesetz aufgeführter Fälle (**§ 81 Abs. 2 FamFG**).

Abweichend hiervon sind bei der Festsetzung von **Ordnungsmitteln** oder der Anordnung des **unmittelbaren Zwangs** die Kosten des Verfahrens zwingend dem **Verpflichteten** aufzuerlegen (§ 92 Abs. 2 FamFG). Eine Differenzierung nach den getroffenen Maßnahmen oder nach den Anteilen des „Obsiegens und Verlierens" von Berechtigtem und Verpflichtetem ergibt sich dabei nicht.[35] Es genügt, dass dem Verpflichteten ein einziger Verstoß anzulasten ist.[36] Weist das Gericht (nur in reinen Antragsverfahren, siehe oben Rn. 2) die entsprechenden Anträge jedoch zurück, ist § 87 Abs. 5 FamFG anzuwenden.

Hinweis: Für den Ordnungsgeldantrag ist eine **Festgebühr** nach Nr. 1602 KV-FamGKG vorgesehen.[37] Einer gerichtlichen Wertfestsetzung bedarf es nicht.[38] Dies wird häufig übersehen.[39]

33 MüKo-FamFG/*Zimmermann*, § 87 Rn. 10
34 Dazu OLG Jena BeckRS 2015, 17853 (Rn. 19)
35 OLG Hamm FamRZ 2017, 1580.
36 Näher *Cirullies*, NZFam 2023, 791 m.w.N.
37 Bzw. Nr. 1912 KV-FamGKG im Beschwerdeverfahren; für Zwangsgeldbeschlüsse nach § 35 FamFG gilt Nr. 1502 KV-FamGKG
38 OLG Brandenburg FamRZ 2019, 2026 (LS) = NZFam 2019, 455 (*Schneider*)
39 Etwa OLG Celle FamRZ 2022, 1640 = NZFam 2022, 905 (*Cirullies*); OLG Hamm FamRZ 2022, 812; OLG Karlsruhe FamRZ 2023, 1026 m. Anm. *Rake*; KG FamRZ 2022, 48 = NZFam 2021, 893 (*Schneider*)

Unterabschnitt 2
Vollstreckung von Entscheidungen über die Herausgabe von Personen und die Regelung des Umgangs

§ 88 FamFG

Grundsätze

(1) Die Vollstreckung erfolgt durch das Gericht, in dessen Bezirk die Person zum Zeitpunkt der Einleitung der Vollstreckung ihren gewöhnlichen Aufenthalt hat.

(2) Das Jugendamt leistet dem Gericht in geeigneten Fällen Unterstützung.

(3) [1]Die Verfahren sind vorrangig und beschleunigt durchzuführen. [2]Die §§ 155b und 155c gelten entsprechend.

Übersicht

Weiterführende Literatur: Cirullies, Zur Vollstreckbarkeit von Umgangstiteln, ZKJ 2011, 448; *Völker*, Vollstreckung einer Entscheidung zur Herausgabe von Personen und zur Regelung des Umgangs, FPR 2012, 485.

A. Allgemeines

§§ 88 bis 94 FamFG regeln ausführlich die Vollstreckung von Entscheidungen über die **Herausgabe von Personen** (Kind oder Betreuter) und die Regelung des **Umgangs**. Sofern es um die Kindesherausgabe aufgrund **internationaler** Übereinkommen geht, beurteilt sich die Vollstreckung nach § 44 IntFamRVG.[1] Dazu *Schweppe*, § 44 IntFamRVG Rn. 1 ff. 1

Im Gesetz ungeregelt ist der Anspruch auf Herausgabe der **Sachen**, die das Kind zum **persönlichen Gebrauch** benötigt.[2] Der BGH[3] leitet einen solchen Anspruch nunmehr aus einer entsprechenden Anwendung der §§ 1632 Abs. 1, 1684 Abs. 2 BGB her. Gleiches gilt für andere **persönliche Unterlagen** wie Schulsachen, Impfausweis, Untersuchungsheft, aber auch Kleidung, Medikamente und Spielsachen des Kindes.[4] Noch ungeklärt ist hingegen die **Vollstreckung** eines entsprechenden Herausgabetitels. Während die Vollstreckung wegen Kindesherausgabe nach §§ 88 ff. FamFG durch das **Familiengericht** von Amts wegen erfolgt, wird die Herausgabe von Gegenständen gemäß § 95 Abs. 1 Nr. 2 FamFG nach der ZPO (§§ 883 ff.) im Auftrag des Berechtigten durch den **Gerichtsvollzieher** vollstreckt (ferner *Cirullies*, § 95 FamFG Rn. 3).[5] Um etwaige unterschiedliche Vollstreckungszuständigkeiten zu vermeiden, wird vereinzelt eine **Annexkompetenz** des nach § 88 Abs. 1 FamFG zu-

1 OLG Brandenburg NZFam 2023, 138 (*Markwardt*)
2 Dazu *Cirullies*, Vollstreckung in Familiensachen, Rn. 623
3 BGH FamRZ 2019, 1056 mit Anm. *Rake* = NZFam 2019, 568 mit Anm. *Pursian-Woorth* (betreffend Kinderreisepass)
4 OLG Koblenz FamRB 2023, 500 (*Clausius*)
5 BT-Drs. 16/6308, 219; *Rake*, FamRZ 2019, 1056, 1059; a.A. (Vollstreckung nach §§ 88 ff. FamFG): OLG Frankfurt v. 12.6.2025, 7 WF 38/25, juris; vgl. auch § 156 Abs. 6 Satz 2 GVGA

ständigen Gerichts für die gesamte Vollstreckung gemäß §§ 88 ff. FamFG angenommen, wenn beide Vollstreckungen gleichzeitig durchzuführen sind.[6]

Die Vorschrift befasst sich mit drei Einzelaspekten des Vollstreckungsverfahrens, nämlich mit der **örtlichen Zuständigkeit**, der Mitwirkung des **Jugendamtes sowie dem Vorrang- und Beschleunigungsgebot**. Zu beachten ist, dass die **sachliche Zuständigkeit** für Vollstreckungsmaßnahmen grundsätzlich beim Familiengericht liegt, also auch dann, wenn eine im Beschwerdeverfahren ergangene Entscheidung des OLG zu vollziehen ist. Etwas anderes gilt nur in Kindesentführungsfällen nach dem HKÜ. Dazu hier *Schweppe*, § 44 IntFamRVG Rn. 4.

B. Inhalt der Norm

I. Örtliche Zuständigkeit

2 Das Vollstreckungsverfahren ist gegenüber dem Hauptsacheverfahren **selbstständig**.[7] Demgemäß ist die **örtliche Zuständigkeit** bei Einleitung des Verfahrens neu zu prüfen: Die Vollstreckung führt dasjenige Gericht durch, in dessen Bezirk das Kind zum Zeitpunkt der Einleitung der Vollstreckung seinen **gewöhnlichen Aufenthalt** hat (Abs. 1). Wegen der erforderlichen Ermittlungen im Vollstreckungsverfahren hat der Gesetzgeber der Ortsnähe den Vorrang eingeräumt gegenüber dem im Erkenntnisverfahren gewonnenen Wissen um die konkrete Familienproblematik.

Unter **gewöhnlichem Aufenthalt** ist der Ort zu verstehen, der Ausdruck einer gewissen sozialen und familiären Integration des Kindes ist.[8] Zu den entsprechenden Kriterien zählt auch der Ort, an dem das **Umgangsrecht** ausgeübt wird.[9] Der gewöhnliche Aufenthalt eines **Kleinkindes** wird durch die Integration derjenigen Person bestimmt, die das Kind betreut.[10]

Im Falle eines **Aufenthaltswechsels** auf Seiten des Kindes und einer entsprechenden **Änderung der Zuständigkeit** sind grundsätzlich nur die Akten des (eigenständigen) Ordnungsmittelverfahrens dem nunmehr zuständigen Gericht zu übersenden.

3 Die deutschen Gerichte sind für die Vollstreckung eines Umgangstitels auch dann **international zuständig**, wenn das Kind Deutscher ist, aber seinen gewöhnlichen Aufenthalt im **Ausland** hat und vorgehende Bestimmungen i.S.d. § 97 Abs. 1 FamFG fehlen.[11]

II. Unterstützungspflicht des Jugendamtes

4 Abs. 2 bestimmt die Pflicht des **Jugendamts**, dem Gericht in geeigneten Fällen zur Seite zu stehen.[12] Die Unterstützungspflicht umfasst auch die Tätigkeit des **Gerichtsvollziehers**, soweit dieser im Auftrag des Gerichts tätig wird.[13] Die Hilfe kann in einer schlichten **Beratung** der Eltern bestehen. Insbesondere in Fällen der **Kindesherausgabe** soll durch die Mitwirkung der Aufenthalt des Kindes gesichert werden. Auch kann die Anwesenheit eines Mitarbeiters zur Deeskalation und Vermeidung unmittelbaren Zwangs beitragen. Für die **Unterbringung Minderjähriger** besteht eine Sonderregelung in § 167 Abs. 5 FamFG.

6 Sternal/*Giers*, § 88 Rn. 3; Grüneberg/*Götz* § 1632 Rn. 7
7 BGH FamRZ 2015, 2147; OLG Brandenburg NZFam 2024, 1001 (*Bruns*) = jurisPR-FamR 25/2024 Anm. 4 (*Giers*)
8 Näher hier *Keuter*, § 152 FamFG Rn. 12; vgl. auch
9 EuGH FamRZ 2018, 1426
10 EuGH FamRZ 2019, 132 mit Anm. *Siehr*
11 BGH FamRZ 2015, 2147 (betreffend Volksrepublik China); OLG Karlsruhe FamRZ 2019, 1882 (bestätigt durch BGH MDR 2020, 120)
12 Diese Mitwirkungspflicht ergibt sich auch aus § 50 Abs. 1 Satz 2 SGB VIII, für internationale Fälle zudem aus der Spezialregelung in § 9 Abs. 1 Satz 2 Nr. 4 IntFamRVG
13 BT-Drs. 16/6308, 218

Nicht hingegen kann und darf das Gericht die Vollstreckung der **Kindesherausgabe** auf das **Jugendamt** übertragen. Vielmehr hat es den **Gerichtsvollzieher** zu beauftragen (siehe dazu unten *Cirullies,* § 90 FamFG Rn. 11). Nur er – nicht das Jugendamt – ist befugt, polizeiliche Unterstützung anzufordern. Vgl. hier § 87 FamFG Rn. 5 m.w.N.

▶ *Näher zu den Aufgaben des Jugendamtes Köhler, Kommentierung zum SGB VIII.*

III. Beschleunigungsgebot

BGH,[14] BVerfG[15] und EGMR[16] haben wiederholt betont, dass ein vollstreckbarer Umgangstitel der **effektiven Durchsetzungsmöglichkeit** bedarf. Hierauf hat der Gesetzgeber inzwischen reagiert: Gemäß Abs. 3 ist ausdrücklich auch die **Vollstreckung** in Umgangs- und Kindesherausgabeverfahren **vorrangig und beschleunigt** durchzuführen. Dieses Gebot ist im gesamten Vollstreckungsverfahren zu beachten, d.h. von der Einleitung des Verfahrens bis zur Vollziehung von Ordnungsmitteln,[17] aber auch bei einem Tätigwerden des Gerichtsvollziehers.[18] Auf die Vollstreckung von Titeln wegen **Gefährdung des Kindeswohls** nach § 1666 Abs. 3 Nr. 1 bis 4 BGB (insbesondere Wohnungszuweisungen und Kontaktverbote gegen Dritte), die nicht nach §§ 88 ff. FamFG, sondern nach § 95 FamFG vollstreckt werden, ist Abs. 3 Satz 1 analog anzuwenden.[19] 5

Im Übrigen gelten die neuen **Rechtsbehelfe** der Beschleunigungsrüge (§ 155b FamFG) und Beschleunigungsbeschwerde (155c FamFG)[20] auch für das Vollstreckungsverfahren. Auch eine **Entschädigung** wegen überlanger Verfahrensdauer ist möglich.[21]

§ 89 FamFG

Ordnungsmittel

(1) [1]Bei der Zuwiderhandlung gegen einen Vollstreckungstitel zur Herausgabe von Personen und zur Regelung des Umgangs kann das Gericht gegenüber dem Verpflichteten Ordnungsgeld und für den Fall, dass dieses nicht beigetrieben werden kann, Ordnungshaft anordnen. [2]Verspricht die Anordnung eines Ordnungsgelds keinen Erfolg, kann das Gericht Ordnungshaft anordnen. [3]Die Anordnungen ergehen durch Beschluss.

(2) Der Beschluss, der die Herausgabe der Person oder die Regelung des Umgangs anordnet, hat auf die Folgen einer Zuwiderhandlung gegen den Vollstreckungstitel hinzuweisen.

(3) [1]Das einzelne Ordnungsgeld darf den Betrag von 25 000 EUR nicht übersteigen. [2]Für den Vollzug der Haft gelten § 802g Abs. 1 Satz 2 und Abs. 2, die §§ 802h und 802j Abs. 1 der Zivilprozessordnung entsprechend.

(4) [1]Die Festsetzung eines Ordnungsmittels unterbleibt, wenn der Verpflichtete Gründe vorträgt, aus denen sich ergibt, dass er die Zuwiderhandlung nicht zu vertreten hat. [2]Werden Gründe, aus denen sich das fehlende Vertretenmüssen ergibt, nachträglich vorgetragen, wird die Festsetzung aufgehoben.

---

14 BGH FamRZ 2014, 732
15 BVerfG FamRZ 2011, 957
16 EGMR NJW 2017, 3699; FamRZ 2015, 469; dazu auch *Splitt*, FF 2019, 94
17 Hierzu OLG Braunschweig FamRZ 2022, 1804 = NZFam 2022, 1135 (*Cirullies*).
18 Vgl. § 156 Abs. 1 Satz 4 GVGA n.F.
19 Prütting/Helms/*Hammer,* § 88 FamFG Rn. 14 (Annahme eines Redaktionsversehens); ebenso Johannsen/Henrich/Althammer/*Dürbeck*, Familienrecht, § 88 FamFG Rn. 5; a.A.: Sternal/*Giers*, § 88 FamFG Rn. 9 (es gilt § 155 Abs. 1 FamFG)
20 Kritisch dazu *Keuter*, FamRZ 2016, 1817, 1819; vgl. auch *Heilmann/Salgo*, FamRZ 2016, 432; *Schneider*, FamRB 2016, 479; zu den Voraussetzungen vgl. OLG Bremen FamRZ 2017, 984, dazu *Erbarth*, NZFam 2017, 278
21 § 155b Abs. 3 FamFG i.V.m. § 198 GVG; ferner BGH FamRZ 2021, 1302 = NZFam 2021, 682 m. Anm. *Prinz*

Übersicht Rn.

Weiterführende Literatur: Cirullies, Elterliche Obstruktion bei Anordnungen in Kindschaftssachen – wie hilflos ist das Gericht?, FamRZ 2023, 489; *ders.*, Keine Vollstreckung ohne Hinweis – Stolpersteine bei § 89 Abs. 2 FamFG, ZKJ 2016, 450; *Ernst*, Umgang und Unwilligkeit, NZFam 2015, 641; *Grandel*, „Minenfeld Ordnungsgeld" – zur Vollstreckbarkeit gerichtlicher Umgangsregelungen, FF 2019, 55; *Keuter*, Unwissenheit schützt vor Strafe nicht!?, FamRZ 2016, 1732; *Splitt*, Maßnahmen gegen die Vereitelung von Umgangskontakten, FF 2019, 94.

A. Allgemeines

1 Das Gericht kann gemäß Abs. 1 zur Durchsetzung von Kindesherausgabetiteln und Umgangsregelungen **Ordnungsgeld**, ersatzweise oder auch unmittelbar **Ordnungshaft** verhängen, um eine bereits erfolgte Zuwiderhandlung zu ahnden[1] (dazu hier *Cirullies*, § 95 FamFG Rn. 7). Abs. 3 regelt insoweit einzelne Modalitäten.

Wesentliche Besonderheit für die Vollstreckung in Umgangs- und Kindesherausgabesachen ist die sog. **Folgenankündigung** nach Abs. 2: Bereits in dem Beschluss, der die Regelung des Umgangs oder die Herausgabe einer Person anordnet, ist auf die Folgen der Zuwiderhandlung **hinzuweisen**. Diese Belehrung ist als Teil des Erkenntnisverfahrens der Vollstreckung vorgeschaltet und für die Vollstreckung der Ordnungsmittel unerlässlich.

Um die Vollstreckung effektiver zu gestalten, wird das **Verschulden** des Verpflichteten grundsätzlich **vermutet** (Abs. 4).

Hinweis: Nach den Landesaktenordnungen ist für das Ordnungsmittelverfahren nach § 89 FamFG ein **Sonderheft** anzulegen.[2]

1 Kein Zwangsgeld nach § 35 FamFG – dies wird gelegentlich übersehen, vgl. OLG Jena FuR 2016, 664; ebenso keine Zwangsmaßnahme nach § 95 Abs. 1 Nr. 4 FamFG i.V.m. § 890 ZPO

2 Wie für das Zwangsmittelverfahren nach § 35 FamFG und im Gegensatz zu Verfahren nach §§ 888, 890 ZPO

B. Inhalt der Norm

I. Hinweis auf Folgen einer Zuwiderhandlung (Abs. 2)

1. Belehrung statt Androhung

Die – häufig verfahrensverzögernde – Androhung des Zwangsmittels nach altem Recht wird nun durch eine frühzeitige **Belehrung** ersetzt: Gemäß § 89 Abs. 2 FamFG ist bereits in dem Beschluss, der die Herausgabe einer Person oder die Regelung des Umgangs anordnet, auf die **Folgen der Zuwiderhandlung** hinzuweisen. Ohne eine solche Folgenankündigung können selbst gravierende Verstöße gegen die Umgangsregelung nicht sanktioniert werden.[3] Wird der Fehler erst im Falle einer Zuwiderhandlung erkannt, kann die Belehrung zwar noch **nachgeholt** werden, jedoch lediglich mit Wirkung für die Zukunft (vgl. Rn. 9). 2

2. Hinweispflicht

Der Hinweis nach Abs. 2 steht nicht im Ermessen des Gerichts, sondern ist **zwingend** zu erteilen.[4] Diese Pflicht gilt nicht nur für gerichtliche Beschlüsse, sondern auch für **gerichtlich gebilligte Vergleiche** nebst Billigungsentscheidung nach § 156 Abs. 2 FamFG[5] sowie für negative Umgangsregelungen wie einen **Umgangsausschluss**.[6] Ein Beschluss, der einen Umgangsausschluss und ein damit verbundenes ausdrückliches **Näherungsverbot** ausspricht, ist mit dem Hinweis auf die Folgen einer Zuwiderhandlung zu verbinden.[7] Auch wenn dem Umgangsberechtigten außerhalb der festgelegten Besuchszeiten jedwede **Kontaktaufnahme** mit dem Kind **untersagt** sein soll, muss sich dies aus dem Tenor der Umgangsregelung zweifelsfrei ergeben und der Hinweis nach § 89 Abs. 2 FamFG eindeutig darauf bezogen sein.[8] Vgl. hier § 86 FamFG Rn. 24. In der **Umgangsregelung** muss – von Amts wegen – Niederschlag finden, dass § 1684 Abs. 1 BGB zur Wahrnehmung des Umgangs nicht nur berechtigt, sondern auch **verpflichtet**. Dementsprechend ist die Folgenankündigung auch auf den **Umgangsberechtigten** zu erstrecken, um ihm vor Augen zu führen, dass das Kind auch seine Zuverlässigkeit benötigt.[9] **Ohne** eine ordnungsgemäß **zugestellte Folgenankündigung** können auch erhebliche Verstöße gegen die Umgangsregelung nicht sanktioniert werden.[10] 3

3. Form und Inhalt

Da § 89 Abs. 2 FamFG den Warnhinweis zum **Beschlussinhalt** erklärt, ist es ungenügend, wenn die Geschäftsstelle ein Formblatt beifügt.[11] Der Hinweis ist auch bei einem gerichtlich gebilligten Umgangsvergleich in **Beschlussform** zu erteilen und den Beteiligten zuzustellen; ein im Protokoll erteilter Hinweis genügt nicht.[12] Die Folgenankündigung ist grundsätzlich in den Tenor der Entscheidung aufzunehmen. Wird der Hinweis erst an das Ende eines Beschlusses gesetzt, muss er sich deutlich von der Begründung absetzen.[13] 4

---

3 OLG Köln FamRZ 2015, 163 (LS)
4 BGH FamRZ 2011, 1729
5 BVerfG FamRZ 2011, 957; OLG Nürnberg FamRZ 2021, 283; OLG Naumburg FamRZ 2015, 777 (LS) = NZFam 2015, 182 (*Cirullies*)
6 OLG Saarbrücken FF 2019, 121 = NZFam 2019, 84 (*Riegner*); *Völker*, FPR 2012, 485, 487
7 OLG Celle FuR 2011, 574
8 BGH FamRZ 2024, 950 m. Anm. *Giers* = NZFam 2024, 689 m. Anm. *Cirullies*, aber streitig
9 BGH FamRZ 2011, 1729 = FamFR 2011, 491 (*Cirullies*); ferner OLG Oldenburg FuR 2016, 41; Prütting/Helms/*Hammer*, § 89 Rn. 27
10 OLG Celle FamRZ 2024, 476.
11 MüKo-FamFG/*Zimmermann*, § 89 Rn. 7a
12 OLG Nürnberg FamRZ 2021, 283 m. Anm. der Redaktion
13 Dazu OLG Oldenburg FamRZ 2016, 845

Der Hinweis ist so zu **formulieren**, dass er für die Adressaten, also Laien verständlich ist. Notwendig ist ein ausdrücklicher Hinweis auf die möglichen vom Gesetz vorgeschriebenen Folgen einer Zuwiderhandlung.[14] Wendungen wie: „Die Beteiligten werden gemäß § 89 FamFG belehrt" und auch die bloße Wiederholung des Gesetzestextes reichen mithin nicht aus.[15] Desgleichen ist die Verhängung eines Ordnungsgeldes unzulässig, wenn das Gericht zuvor infolge eines Versehens nur die „Verhängung von **Zwangsgeld**" angedroht hat.[16]

5 Die obergerichtliche Rechtsprechung neigt zu sehr umfänglichen Belehrungen. Auslöser hierfür ist folgender **„Musterhinweis" des BGH**,[17] auf den häufig Bezug genommen wird:[18]

Beispiel: Belehrung

Bei schuldhafter Zuwiderhandlung gegen die sich aus dem Beschluss des ... vom ... ergebenden Verpflichtungen kann das Gericht gegenüber dem Verpflichteten Ordnungsgeld bis zur Höhe von 25.000 EUR und für den Fall, dass dieses nicht beigetrieben werden kann, Ordnungshaft bis zu sechs Monaten anordnen. Verspricht die Anordnung eines Ordnungsgeldes keinen Erfolg, kann das Gericht Ordnungshaft bis zu sechs Monaten anordnen. Die Festsetzung eines Ordnungsmittels unterbleibt, wenn der Verpflichtete Gründe vorträgt, aus denen sich ergibt, dass er die Zuwiderhandlung nicht zu vertreten hat.

Ob sich allerdings die erstrebte Warnfunktion nur durch derlei umfassende Hinweise erreichen lässt, kann bezweifelt werden, da aufgrund der Komplexität die geforderte Verständlichkeit leidet. Insbesondere ist die Belehrung für den Fall einer **schuldhaften** Zuwiderhandlung entbehrlich, da das Verschulden in § 89 Abs. 4 FamFG vermutet wird.[19] Auch sollte der Verpflichtete schon aus psychologischen Gründen nicht von vornherein auf Ausweichmöglichkeiten gestoßen werden.

6 Wird gleichwohl ein Hinweis auf die **Exkulpationsmöglichkeit** gegeben, sollte auch – um Ausreden und einem etwaigen Verbotsirrtum der Verpflichteten entgegenzuwirken – erwähnt werden, dass im Falle einer erforderlichen Neubewertung der Vollstreckungslage die **Anrufung des Gerichts geboten** ist.[20] Der **Zusatz** könnte etwa lauten:

Beispiel

„Wegen neu hinzutretender Umstände, die der Vollstreckung ausnahmsweise zur Wahrung des Kindeswohls entgegenstehen, darf der Umgang (die Kindesherausgabe) nicht eigenmächtig, sondern grundsätzlich erst aufgrund einer entsprechenden Entscheidung des Gerichts ausgesetzt oder abgeändert werden."[21]

7 Das Ordnungsgeld muss **nicht betragsmäßig** konkretisiert werden.[22] Ausreichend, aber auch erforderlich soll es sein, die theoretisch zulässigen gesetzlichen **Höchstgrenzen** für

14 OLG Hamm FamRZ 2016, 1105; OLG Schleswig FamRZ 2016, 845
15 Dazu OLG Brandenburg FamRZ 2015, 693
16 OLG Zweibrücken FamRZ 2024, 1650
17 BGH FamRZ 2011, 1729
18 OLG Oldenburg FamRZ 2014, 145; OLG Naumburg BeckRS 2014, 23398, dazu *Cirullies*, NZFam 2015, 182
19 Wohl h.M., vgl. OLG Hamm FamRZ 2022, 812 m. Anm. *Cirullies* = NZFam 2022, 275 (*Rake*); OLG Naumburg FamRZ 2016, 1106 (LS) = BeckRS 2016, 2688; Prütting/Helms/*Hammer*, § 89 FamFG Rn. 31; Johannsen/Henrich/Althammer/*Rake*, § 89 FamFG Rn. 6
20 Vgl. *Cirullies*, FamRB 2021, 416, 418
21 Vgl. auch Prütting/Helms/*Hammer*, § 89 FamFG Rn. 30
22 OLG Naumburg FamRZ 2016, 1106

Ordnungsgeld und Ordnungshaft zu bezeichnen.[23] Ob dies allerdings dem Sinn und Zweck der Folgenankündigung entspricht, erscheint zweifelhaft.[24]

4. Unzureichender Hinweis

Der **ordnungsgemäße Hinweis** ist Voraussetzung für die Verhängung von Ordnungsmitteln. Fraglich ist, ob die Festsetzung von **Ordnungsgeld** tatsächlich ausscheidet, wenn einzelne Elemente der „Komplett-Belehrung" fehlen, wenn etwa die Möglichkeit der Exkulpation oder der isolierten Verhängung von Ordnungshaft (Abs. 1 Satz 2) unerwähnt bleibt. Durch den Hinweis soll dem Pflichtigen vor Augen geführt werden, welche konkreten Rechtsfolgen ein Verstoß gegen den vorliegenden Titel haben kann.[25] Wenn bezüglich der möglichen Ordnungsgeldfestsetzung beanstandungsfrei belehrt wurde, kann das Gericht eine Zuwiderhandlung (eben nur) durch dieses konkrete Ordnungsmittel ahnden.[26] **8**

Sogar der **EGMR** hat die Schwerfälligkeit des deutschen Vollstreckungsrechts in Umgangssachen gerügt.[27] Zu den Verzögerungsgründen gehören auch übertriebene Anforderungen mancher Obergerichte an die Gestaltung des Warnhinweises.[28]

5. Nachholung des Hinweises

Eine etwa unzureichende Belehrung kann nach einhelliger Auffassung **nachgeholt** werden, auch in der Beschwerdeinstanz.[29] Stets zu beachten ist allerdings, dass dann der Hinweis seine **Wirkung lediglich für die Zukunft** entfaltet: Eine Nachholung erst im Vollstreckungsverfahren reicht nicht aus, da es bei der Festsetzung von Ordnungsgeld um die Sanktionierung eines zurückliegenden Verhaltens geht und deshalb ein später erfolgender Hinweis seinen Zweck hinsichtlich des insoweit bereits abgeschlossenen Sachverhalts nicht mehr erfüllen kann.[30] Eine Festsetzung von Ordnungsmitteln kann also lediglich diejenigen Verstöße gegen Verpflichtungen aus dem Umgangstitel ahnden, die **nach ordnungsgemäßer Bekanntgabe** der Belehrung (als Bestandteil des Titels) vorgenommen worden sind.[31] Daher sollte das Gericht die Belehrung bereits bei Titelerlass erteilen, um sofort eine Ahndung zu ermöglichen. **9**

6. Wiederholung des Hinweises

Spätere gerichtliche **Modifizierungen** des Umgangstitels führen dazu, dass die bereits erfolgte **Belehrung wiederholt** werden muss. Denn der vormals erteilte Hinweis ist gegenstandslos geworden. Darauf, wie viel Zeit seit der Erteilung des Hinweises vergangen ist, kommt es nicht an.[32] **10**

7. Unterlassener Hinweis

Der **Hinweis** selbst ist nicht isoliert, sondern erst für den Fall der Festsetzung von Ordnungsmitteln hiergegen mit der sofortigen Beschwerde **anfechtbar**.[33] Wird er allerdings **11**

---

23 So die h.M., vgl. OLG Naumburg FamRZ 2022, 1803 = NZFam 2023, 124 m. Anm. *Cirullies*; OLG Saarbrücken NZFam 2021, 981 (*Meyer-Wehage*); OLG Brandenburg FamRZ 2019, 1454
24 Näher *Cirullies*, FamRZ 2022, 812, 814
25 BGH FamRZ 2011, 1729
26 OLG Frankfurt FamRZ 2021, 218; OLG Hamm FamRZ 2022, 812 m. Anm. *Cirullies*
27 EGMR NJW 2017, 3699; FamRZ 2015, 469
28 Ausführlich zu Problemen der Folgenankündigung *Keuter*, FamRZ 2016, 1732; *Cirullies*, ZKJ 2016, 450
29 Etwa BVerfG FamRZ 2011, 957; OLG Brandenburg FamRZ 2018, 1690
30 OLG Hamm FamRZ 2010, 1838
31 OLG Oldenburg FamRZ 2018, 1943 mit Anm. *Cirullies*
32 BGH FamRZ 2016, 1763 mit Anm. *Keuter*, FamRZ 2016, 1732, dazu *Cirullies*, ZKJ 2016, 450
33 OLG Köln FamRZ 2011, 574; OLG Frankfurt FamRZ 2010, 917

trotz Gegenvorstellung **unterlassen**, ist dies wegen der damit verbundenen Einschränkung der Vollstreckung mit der sofortigen Beschwerde anfechtbar.[34]

II. Anordnung der Ordnungsmittel (Abs. 1)

1. Zuwiderhandlung

12 Die Anordnung von Ordnungsmitteln setzt die gerichtliche Feststellung voraus, dass der Verpflichtete dem Titel **zuwidergehandelt** hat. Nicht ausreichend ist ein **Versuch** der Zuwiderhandlung.[35] Der betreuende Elternteil handelt dem Umgangstitel zuwider, wenn er dem Kind im Ergebnis freistellt, ob es den Umgang mit dem anderen Elternteil wahrnimmt oder nicht.[36] Im Übrigen muss der Verpflichtete die Zuwiderhandlung **zu vertreten** haben (siehe unten Rn. 22 ff.).

2. Verpflichteter

a) Grundsatz

13 Verpflichtete können nur **Beteiligte** des Erkenntnisverfahrens i.S.d. § 7 FamFG sein. In erster Linie sind hier die Eltern zu nennen. In Betracht kommen aber auch die Pflegeeltern, der Vormund oder der Ergänzungspfleger mit entsprechendem Aufgabenkreis.[37] Grundsätzlich ist auch der **Umgangsberechtigte** Verpflichteter, da ihn zum einen auch eine **Umgangspflicht** trifft (§ 1684 Abs. 1 BGB).[38] Dies betrifft vor allem die Fälle, in denen der Umgangselternteil die im Titel festgelegten Umgangstermine wiederholt grundlos absagt oder das Kind erst nach Ende der Umgangszeit abholt oder deutlich zu spät zurückbringt.[39]

b) Umgangsunwilliger Elternteil

14 Grundsätzlich können auch gegen den **unwilligen Umgangsberechtigten** wegen Verweigerung von Umgangskontakten Ordnungsmittel verhängt werden.[40] So bekräftigte das BVerfG, die sich aus § 1684 Abs. 1 BGB ergebende Pflicht zum Umgang sei grundsätzlich mit der Verfassung vereinbar. Es sei einem Elternteil zumutbar, zum Umgang mit seinem Kind verpflichtet zu werden, wenn dies dem Wohl des Kindes diene.[41] Ohnehin gehört zum Wohl des Kindes in der Regel der Umgang mit beiden Elternteilen (§ 1626 Abs. 3 Satz 1 BGB). Allerdings besteht weitgehend Einigkeit, dass ein Umgang, der nur mit Ordnungsmitteln gegen den umgangsunwilligen Elternteil vollstreckt werden kann, in aller Regel nicht dem **Kindeswohl** dient.[42] Ob die erzwungenen Kontakte ausnahmsweise dem Kindeswohl entsprechen, wird sich vielfach erst nach Einschaltung eines Verfahrensbeistands, mitunter auch eines Sachverständigen, beantworten lassen. Bei Verweigerung der Wahrnehmung gerichtlich angeordneter Umgangstermine können Ordnungsmittel jedenfalls dann verhängt werden, wenn die Gründe der Verweigerung (hier: Kosten des Umgangs) bereits im Erkenntnisverfahren berücksichtigt wurden.[43]

---

34 BVerfG FamRZ 2011, 957; Musielak/Borth/*Frank*, § 89 FamFG Rn. 7, 9
35 OLG Brandenburg FamRZ 2019, 1269 m. Anm. *Cirullies*
36 OLG Saarbrücken FamRZ 2013, 48 (LS), dazu *Schmid*, FamFR 2012, 358
37 Prütting/Helms/*Hammer*, § 89 FamFG Rn. 14
38 OLG Oldenburg FamRZ 2017, 390; a.A. noch OLG Frankfurt FamRZ 2014, 403
39 Prütting/Helms/*Hammer*, § 89 FamFG Rn. 14
40 OLG Brandenburg BeckRS 2021, 23924
41 BVerfG FamRZ 2022, 794 m. Anm. *Hammer* (Bestätigung von FamRZ 2008, 845)
42 OLG Frankfurt FamRZ 2022, 551 = NZFam 2021, 606 (*Cirullies*); OLG Hamm FamRZ 2018, 111; KG FamRZ 2017, 919; OLG Frankfurt FamRZ 2014, 403
43 OLG Frankfurt FamRZ 2022, 1961 = NZFam 2022, 989 (*Keuter*)

c) Jugendamt

Im Rahmen der Vollstreckung, insbesondere aufgrund eines gerichtlich gebilligten Vergleichs, kann unter bestimmten Umständen Ordnungsgeld grundsätzlich auch gegen das **Jugendamt** festgesetzt werden, sofern es Umgangskontakte zwischen dem (etwa bei einer Pflegefamilie lebenden) Kind und den Eltern nicht hinreichend fördert. Voraussetzung für die Ahndung ist ein **Beteiligtenstatus** gemäß § 7 FamFG. Dies ist beispielsweise der Fall, wenn das Jugendamt als **Beschwerdeführer** auftritt[44] oder in seiner Eigenschaft als **Amtsvormund** oder Ergänzungspfleger an einem gerichtlich gebilligten Umgangsvergleich beteiligt ist.[45] Dies gilt **nicht**, wenn das Jugendamt (lediglich) als **Umgangsbegleiter** eingebunden ist.[46] Vorsorglich empfiehlt es sich in derartigen Fällen für das Jugendamt, bei Gericht eine **Abänderung** des Vergleichs nebst **Einstellung der Vollstreckung** anzuregen. 15

3. Auswahl des Ordnungsmittels

Auch wenn das Gericht nach § 89 FamFG Ordnungsmittel anordnen „kann", verdichtet sich das dem Gericht eingeräumte **Entschließungsermessen** im Falle einer schuldhaften Zuwiderhandlung regelmäßig zu einer **Pflicht** zur Verhängung von Ordnungsmitteln.[47] Denn die Vollstreckung dient der effektiven Durchsetzung einer gerichtlichen Entscheidung, die auch und gerade unter Berücksichtigung des Kindeswohls getroffen wurde.[48] Eine Bindung an den **Antrag** besteht allerdings nicht.[49] Vielmehr steht dem Gericht bei der Bestimmung des konkreten Ordnungsmittels ein breites **Auswahlermessen** zu.[50] Daher bedarf es auch **nicht** einer **Bezifferung** des Ordnungsgeldes. Sowohl die Wahl zwischen Ordnungsgeld und Ordnungshaft wie auch die Bestimmung der Höhe des Ordnungsmittels stehen im Ermessen des Gerichts.[51] Es kann folglich auch dann Haft angeordnet werden, wenn das Opfer lediglich die Festsetzung von **Ordnungsgeld beantragt** hat. In einem solchen Falle ist das Gericht gehalten, den Schuldner im Rahmen der nach § 92 Abs. 1 FamFG erforderlichen (schriftlichen) Anhörung auf eine beabsichtigte Verhängung von Ordnungshaft **hinzuweisen**.[52] 16

In der Regel wird zunächst ein **Ordnungsgeld** festgesetzt.[53] Dies gilt auch im Falle weitgehender Mittellosigkeit des Schuldners.[54]

Das Gericht kann aber (auch) **Ordnungshaft** anordnen, und zwar entweder bei **Nichtbeitreibbarkeit** des Ordnungsgeldes (Ersatzordnungshaft) oder sofort im Fall der bereits feststehenden oder absehbaren **Erfolglosigkeit** der Ordnungsgeldfestsetzung. Letzteres ist z.B. anzunehmen, wenn bereits früher ein Ordnungsgeld erfolglos festgesetzt wurde oder die Vermögenslosigkeit offenkundig ist oder ein Ordnungsgeld den Verpflichteten erkennbar nicht beeindrucken würde.[55] Selbstverständlich müssen bei der Entscheidung die Aspekte des **Kindeswohls** mit berücksichtigt werden.[56] So wird die Festsetzung von **Ord-**

---

44 OLG Frankfurt FamRZ 2013, 809 = ZKJ 2013, 167 mit Anm. *Gottschalk*
45 BGH, FamRZ 2014, 732 mit Anm. *Hammer*; OLG Schleswig FamRZ 2021, 1643 = jurisPR-FamR 22/2021 Anm. 3 (*Billhardt*)
46 BGH FamRZ 2021, 1622; eingehend Prütting/Helms/*Hammer*, § 89 FamFG Rn. 14
47 Nicht etwa „Zwangsmittel", dies wird gelegentlich begrifflich vermengt, vgl. etwa OLG Brandenburg FamRZ 2023, 546
48 OLG Celle FuR 2023, 386 = BeckRS 2023, 3780; OLG Brandenburg FamRZ 2021, 217 = NZFam 2020, 1022 (*Cirullies*)
49 OLG Koblenz FamRZ 2016, 1104
50 OLG Koblenz FamRZ 2016, 1104; OLG Frankfurt FamRZ 2013, 812
51 BGH NJW 2015, 1829 (Rn. 14); näher dazu *Cirullies*, NZFam 2022, 905
52 OLG Celle FamRZ 2021, 625 = BeckRS 2020, 45170 (Rn. 20)
53 OLG Jena BeckRS 2015, 17853
54 OLG Koblenz FamRZ 2016, 1104
55 OLG Saarbrücken BeckRS 2019, 32703
56 Dazu *Diehl*, FPR 2008, 426,428; *Salgo*, FPR 2008, 401, 405 m.w.N.

nungshaft am ehesten dann angezeigt sein, wenn der **Herausgabeverpflichtete** das Kind versteckt hält.[57] Doch ist Ordnungshaft auch in **Umgangsverfahren** möglich. Dabei wird es auf die Umstände in jedem Einzelfall ankommen. So muss das Gericht auch das **Elternrecht** des umgangsberechtigten Elternteils und seinen Anspruch auf Justizgewährung im Blick haben. In Fällen nicht nachvollziehbarer und **dauerhafter Umgangsverweigerung** kann daher eine Ordnungshaft – ungeachtet der Notwendigkeit einer Fremdunterbringung des Kindes – durchaus als zulässig anzusehen sein.[58]

4. Ahndung mehrfacher Zuwiderhandlungen

17 Häufig wird ein Verfahren nach § 89 FamFG wegen einer **Vielzahl von Verstößen** gegen einen bestehenden Umgangstitel eingeleitet. Gleichwohl verhängen die Gerichte fast regelmäßig lediglich ein einziges Ordnungsmittel.[59] Für die Festsetzung eines solchen **„Gesamtordnungsmittels"** fehlt es indes – ähnlich wie im Rahmen des § 890 ZPO[60] – an einer entsprechenden gesetzlichen Regelung.[61] Demgemäß darf das Gericht **nicht** sämtliche Zuwiderhandlungen ohne Beurteilung der Einzelfälle für eine **„Einheitssanktion"** zusammenfassen und damit schematisch einen „Massenrabatt" einräumen.[62] Vielmehr ist insoweit nicht nur das Gewicht der jeweiligen Zuwiderhandlung zu berücksichtigen, sondern auch zu erwägen, welcher Sanktionsintensität es im Einzelnen wie auch in der Gesamtheit bedarf, den Willen des Täters dahin zu beeinflussen, zukünftig von weiteren Verfehlungen abzusehen.[63] Ebenfalls unzulässig ist eine **Gesamtstrafenbildung** analog §§ 53 ff. StGB.[64] Allerdings ist eine **zusammenfassende Betrachtung** mehrerer Verhaltensweisen unter bestimmten Voraussetzungen möglich, sofern sie gegen dasselbe gerichtliche Verbot verstoßen und aufgrund ihres räumlich-zeitlichen Zusammenhangs so eng miteinander verbunden sind, dass sie bei natürlicher Betrachtungsweise als einheitliches zusammengehörendes Tun erscheinen („natürliche Handlungseinheit").[65]

Auch wenn dem Verpflichteten letztendlich nur eine einzige Zuwiderhandlung anzulasten ist, sind ihm die **Kosten** des Vollstreckungsverfahrens insgesamt aufzuerlegen (§ 92 Abs. 2 FamFG);[66] ferner hier *Cirullies*, § 92 FamFG Rn. 4. Bilden **mehrere** behauptete Verstöße gegen eine Gewaltschutzanordnung eine natürliche Handlungseinheit, so handelt es sich auch **gebührenrechtlich** um eine Angelegenheit.[67]

---

57 Zu einem solchen Fall OLG Naumburg FamRZ 2022, 1803 = NZFam 2023, 124 m. Anm. *Cirullies*; vgl. auch EGMR FamRZ 2008, 1317; OLG Hamm FamRZ 2018, 1938

58 OLG Jena NZFam 2015, 1174 *(Niederl)*; ferner *Völker*, FPR 2012, 485, 487 f.

59 Etwa OLG Karlsruhe FamRZ 2024, 1638; OLG Braunschweig FamRZ 2022, 1804 = NZFam 2022, 1135 (*Cirullies*); differenzierend OLG Frankfurt NZFam 2024, 885 m. eingehender Anm. *Schneider/Dürbeck*

60 Dazu *Cirullies*, NZFam 2022, 840, 841

61 Prütting/Helms/*Hammer*, § 89 FamFG Rn. 20; eingehend *Cirullies*, FamRB 2020, 241, 245

62 *Hofmann* NJW 2019, 2126, 2130.

63 Näher *Cirullies*, NZFam 2022, 840, 841

64 OLG Stuttgart BeckRS 2017, 156865 (Rn. 36); *Schneider/Dürbeck*, NZFam 2024, 885, 889; *Cirullies/Cirullies*, FamRB 2021, 152, 153; a.A.: OLG Karlsruhe FamRZ 2021, 704; OLG Brandenburg BeckRS 2022, 39754

65 BGH NJW 2021, 1098 (Rn. 34); OLG Karlsruhe FamRZ 2025, 1396; OLG Frankfurt FamRZ 2025, 287 = NZFam 2024, 885 m. Anm. *Schneider/Dürbeck*; OLG Hamburg NZFam 2022, 747 (*Prinz*); OLG Brandenburg BeckRS 2022, 39754

66 Näher *Cirullies*, NZFam 2023, 791 m.w.N.

67 OLG Frankfurt v. 16.1.2025, 6 WF 164/24, juris

III. Ordnungsgeld (Abs. 3 Satz 1)

1. Höhe

18 Die **Höhe** des Ordnungsgeldes liegt je Zuwiderhandlung zwischen mindestens 5 EUR (Art. 6 Abs. 1 EGStGB) und höchstens 25.000 EUR (89 Abs. 3 Satz 1 FamFG). Auch die **Bemessung** der Höhe nach pflichtgemäßem Ermessen des Gerichts wird sich in erster Linie am Einkommen des Verpflichteten orientieren.[68] Maßgeblich sind ferner Art und Intensität des Verstoßes sowie der Grad des Verschuldens des Verpflichteten, aber auch und vor allem spezialpräventive Aspekte.[69] Üblich sind Beträge zwischen 300 und 500 EUR, bei beengten wirtschaftlichen Verhältnissen auch darunter,[70] bei wiederholtem Verstoß auch deutlich darüber.[71] Allerdings sollte von dem bestehenden **Sanktionsrahmen** auch Gebrauch gemacht werden.[72] So hat der EGMR[73] bei einem Ordnungsgeld von 300 EUR, das gegen eine die Umgangskontakte beharrlich verweigernde Mutter festgesetzt worden war, zu Recht Zweifel an der Wirksamkeit eines solchen „Druckmittels" geäußert.

Hinweis: Im Falle eines als zu gering erachteten Ordnungsgeldes kann der Gläubiger trotz eines unbezifferten Antrags gegen die Entscheidung Beschwerde einlegen, sofern er schriftsätzlich eine ungefähre Größenordnung des Ordnungsgelds genannt hat.[74]

2. Ersatzordnungshaft

19 Mit dem Ordnungsgeldbeschluss wird in der Regel die **Ersatzordnungshaft** festgesetzt für den Fall, dass das **Ordnungsgeld nicht beigetrieben** werden kann. Tritt diese „Bedingung" ein, so erlangt der Ordnungsgeldbeschluss nicht etwa automatisch den Charakter einer Haftanordnung. Der Rechtspfleger kann also nicht nach Vorliegen einer „Fruchtlosigkeitsbescheinigung" des Gerichtsvollziehers diesen unmittelbar mit der Verhaftung beauftragen. Vielmehr bedarf es jetzt noch eines weiteren Beschlusses des Richters, der nicht nur die Frage der Uneinbringlichkeit des Ordnungsgeldes, sondern auch die Vollstreckungsvoraussetzungen prüft und dann über die Haft (endgültig) entscheidet.[75] Für die Bemessung der Ersatzordnungshaft gibt es keine starren Vorgaben; sie muss aber in einem angemessenen Verhältnis zum uneinbringlichen Ordnungsgeld stehen.[76] Ist die (eigentlich gebotene) Festsetzung der Ersatzordnungshaft unterblieben, kann das nicht beitreibbare Ordnungsgeld nachträglich in Ordnungshaft umgewandelt werden (Art. 8 Abs. 1 EGStGB).

3. Beitreibung

20 Ordnungsgeld wird stets **von Amts wegen** durch das Gericht **beigetrieben**. Die Vollstreckung erfolgt also nicht durch den Berechtigten, sondern auf Veranlassung des Familiengerichts durch den Rechtspfleger nach den Vorschriften des Justizbeitreibungsgesetzes. Das beigetriebene Ordnungsgeld ist in jedem Fall an die **Staatskasse** (Gerichtskasse) abzuführen und steht nicht dem Berechtigten zu.[77]

Auch noch im Beitreibungsverfahren kann das Gericht dem Verpflichteten **Zahlungserleichterungen** gewähren und eine Stundung oder Teilzahlung bewilligen, wenn ihm die so-

68 Dazu OLG Saarbrücken FamRZ 2013, 48 (LS), dazu *Schmid*, FamFR 2012, 358
69 Eingehend OLG Brandenburg FamRZ 2023, 546; ferner OLG Köln FamRZ 2015, 163
70 OLG Brandenburg FamRZ 2021, 217 (50 Euro); KG BeckRS 2016, 08685 (100 EUR)
71 Sternal/*Giers*, § 89 FamFG Rn. 18 m.w.N.
72 So auch Prütting/Helms/*Hammer*, § 89 FamFG Rn. 20
73 FamRZ 2015, 469 = NJW 2015, 1433
74 BGH MDR 2024, 255
75 Eingehend *Cirullies*, DGVZ 2017, 81, 83
76 BGH NJW-RR 2017, 382
77 BGH FamRZ 1983, 578

fortige Zahlung wirtschaftlich nicht zumutbar ist (Art. 7 EGStGB).[78] Wegen dieser Spezialvorschrift verbietet sich insoweit der Rückgriff auf die Auffangklausel des § 765a ZPO.[79]

Übersicht: Beitreibung von Ordnungs- und Zwangsgeld

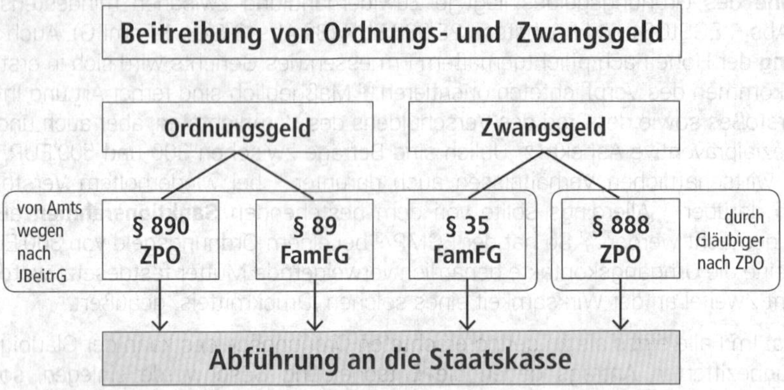

IV. Ordnungshaft

21 Die **Ordnungshaft** dauert entsprechend Art. 6 Abs. 2 EGStGB mindestens **einen Tag** und darf nach § 89 Abs. 3 Satz 2 FamFG i.V.m. § 802j Abs. 1 ZPO nicht **sechs Monate** übersteigen. Wegen dieser divergierenden Gesetzesformulierungen kann die Haft in Tagen[80] oder auch in Monaten[81] bestimmt werden. Einer vorherigen persönlichen Anhörung des Schuldners bedarf es nicht (vgl. hier § 92 FamFG Rn. 2). Für die **Bemessung** gelten ähnliche Kriterien wie bei der Festsetzung von Ordnungsgeld, insbesondere Art und Intensität des Verstoßes sowie der Grad des Verschuldens des Verpflichteten. In Fällen hartnäckigen **Umgangsboykotts** wird mitunter eine (Gesamt-)Ordnungshaft von fünf Tagen[82] oder sechs Tagen[83] verhängt. Zu bedenken ist, dass eine Ordnungshaft von nur wenigen Tagen eher Fremdbetreuungsmöglichkeiten eröffnet und damit etwaige Nachteile für das Kind vermeidet.

Die **Haftvollstreckung** liegt ebenfalls in der Hand des **Familiengerichts**, nicht des berechtigten Elternteils, und erfolgt nach Abs. 3 Satz 2 gemäß §§ 802g ff. ZPO. Der Vollzug der Ordnungshaft setzt dementsprechend den Erlass eines **Haftbefehls** durch den Richter voraus. Die Ausfertigung des Beschlusses über die (endgültige) Festsetzung der (Ersatz-)Ordnungshaft ist bereits der Haftbefehl i.S.d. § 802g Abs. 1 und 2 ZPO. Eines gesonderten „Haftbefehls" bedarf es nicht.

Bei der Haftvollstreckung besteht eine „Zuständigkeitskette": Der **Richter** erlässt einen Ordnungshaftbefehl, den der **Rechtspfleger** zu vollstrecken hat, und zwar indem er den zuständigen **Gerichtsvollzieher** mit der Verhaftung beauftragt.[84] Den **Verhaftungsauftrag** erteilt also nicht etwa der andere Elternteil. Der Gerichtsvollzieher hat bei der Verhaftung dem Verpflichteten den richterlichen **Haftbefehl** in beglaubigter Form **auszuhändigen** (§ 802g

78 OLG Hamm FamRZ 2020, 1490
79 Dazu *Cirullies*, NZFam 2022, 428
80 So OLG Naumburg FamRZ 2022, 1803 = NZFam 2023, 124 m. Anm. *Cirullies*
81 So OLG Bremen FamRZ 2025, 963; OLG Celle FamRZ 2024, 289 = NZFam 2024, 184 (*Cirullies*)
82 OLG Saarbrücken BeckRS 2019, 32703; OLG Schleswig FamRZ 2015, 1222
83 OLG Jena BeckRS 2015, 17853
84 *Cirullies*, FamRB 2020, 241, 246

Abs. 2 Satz 2 ZPO)[85] und kann notfalls polizeiliche Unterstützung in Anspruch nehmen (§ 87 Abs. 3 Satz 1 FamFG). Die eigentliche Vollstreckung obliegt also nicht dem Rechtspfleger,[86] sondern dem Gerichtsvollzieher. Er ist es, der zum Haftantritt lädt. Die **Vollziehung der Haft** richtet sich grundsätzlich nach den Vorschriften über den Vollzug einer Freiheitsstrafe (§ 171 StVollzG).

Der Ablauf des **Verhaftungsverfahrens** ergibt sich grundsätzlich aus § 145 GVGA. Ungeregelt ist, wie sich der Gerichtsvollzieher bei der Inhaftierung eines Schuldners verhält, der **Kinder** zu betreuen hat. Im Zweifelsfall wird er das Jugendamt um Unterstützung bitten und den Zeitpunkt der Inhaftierung abstimmen mit den zeitlichen Möglichkeiten der Betreuungsperson.[87]

Die Vollstreckung der **Ersatzordnungshaft** hat zu unterbleiben, wenn die weitere Vollziehung aufgrund der Geschehnisse und Entwicklungen, die nach der Rechtskraft des Ordnungsmittelbeschlusses eingetreten sind, eine **unbillige Härte** darstellen würde (Art. 8 Abs. 2 EGStGB). Auf Antrag des Schuldners trifft das **Familiengericht** (als Prozessgericht)[88] eine entsprechende Anordnung.

85 Gleichwohl bedarf es der förmlichen Zustellung der Ordnungshaftanordnung vor ihrer Vollziehung, weil die Vorschrift des § 802g Abs. 1 S. 3 ZPO (Entbehrlichkeit der Zustellung vor Vollziehung) gemäß § 89 Abs. 3 S. 2 FamFG nicht analog anwendbar ist.
86 So zumindest missverständlich Sternal/*Giers*, § 89 FamFG Rn. 24 unter Verweis auf BayObLG Rpfleger 2002, 254
87 Näher *Cirullies*, FamRB 2020, 241, 247
88 Nicht das Vollstreckungsgericht

Schaubild Vollstreckung der Ordnungshaft (in Anlehnung an DGVZ 2017, 85)

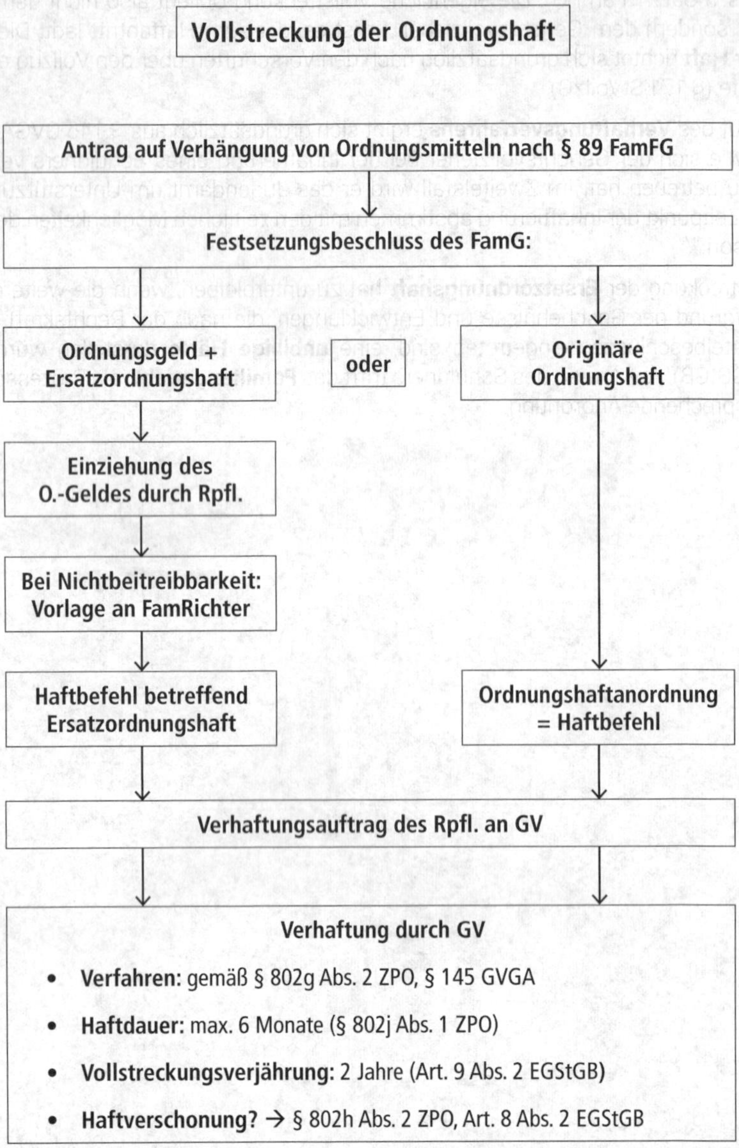

V. Verschulden (Abs. 4)

1. Vermutetes Verschulden

22 Die Festsetzung eines Ordnungsmittels setzt voraus, dass der Verpflichtete die Zuwiderhandlung zu **vertreten** hat, d.h. vorsätzlich oder fahrlässig gegen den Titel verstoßen hat. Dabei wird ein solches **Verschulden vermutet**. Nur wenn der Verpflichtete hinreichende Gründe zu seiner Entlastung vorbringt, kann die Festsetzung eines Ordnungsmittels unterbleiben oder wieder rückgängig gemacht werden. Er trägt die **Darlegungs- und Beweislast**

für fehlendes Vertretenmüssen.[89] Dabei obliegt es dem zur Umgangsgewährung verpflichteten Elternteil, seine familiären und beruflichen Verhältnisse so einzurichten, dass er seiner Verpflichtung nachkommen kann. Anderenfalls ist er gehalten, im Wege der **Abänderung** auf eine Neuregelung des Umgangs zu drängen.[90] Gegebenenfalls kann er hier im Eilwege vorgehen (vgl. § 93 FamFG).[91]

2. Darlegungslast

a) Grundsatz

23 Der aus dem Titel Verpflichtete hat die **Umstände**, die den Grund für das Scheitern der Umgangskontakte oder der Kindesherausgabe darstellen, **im Einzelnen darzulegen**.[92] Denn solche Umstände liegen regelmäßig in seiner Sphäre und sind daher im Nachhinein häufig nur eingeschränkt objektiv feststellbar. Überdies besteht in Umgangssachen eine **Wohlverhaltenspflicht** nach § 1684 Abs. 2 BGB.[93] Gelingt es dem Verpflichteten nicht, detailliert zu erläutern (und im Falle des Bestreitens nachzuweisen), aus welchen Gründen er an der Befolgung der gerichtlichen Anordnung gehindert war, kommt ein Absehen von der Festsetzung des Ordnungsmittels oder die nachträgliche Aufhebung des Ordnungsmittels nicht in Betracht.[94]

Unterbleibt der gerichtlich angeordnete Umgang wegen einer **Krankheit des Kindes**, muss der betreuende Elternteil zur Vermeidung einer Ordnungsgeldfestsetzung ein aussagekräftiges **ärztliches Attest** vorlegen, das die Transportunfähigkeit des Kindes ausweist.[95] Ähnliches gilt bei einer pauschalen Berufung der umgangsverpflichteten Mutter auf die Belastung durch das **Wochenbett**.[96] Ein titulierter Umgang des Kindes mit dem anderen Elternteil darf auch nicht schlicht unter Hinweis auf die Kontaktbeschränkungen wegen der Verbreitung des **Coronavirus** verweigert werden.[97] Es kommt auf die Umstände des Einzelfalls an, ob die Ausübung des Umgangs pandemiebedingt nicht möglich ist.[98]

Doch auch der **Umgangsberechtigte** muss darlegen und beweisen, aus welchen Gründen er beispielsweise an der pünktlichen **Rückgabe des Kindes** gehindert war. Hierzu zählt auch der Nachweis einer behaupteten abweichenden Vereinbarung mit dem Obhutselternteil.[99] Auch **berufliche** Hinderungsgründe exkulpieren den Umgangsberechtigten nicht ohne Weiteres.[100]

24 Grundsätzlich sind auch im Rahmen des Ordnungsmittelverfahrens **Beweiserhebungen** zulässig und im Einzelfall geboten – sei es auf Grund konkreter Beweisangebote der Beteiligten oder wegen des Amtsermittlungsgrundsatzes von Amts wegen.[101] Hat etwa der Verpflichtete konkrete Anhaltspunkte für Gewaltanwendungen oder sexuellen Missbrauch durch den Umgangsberechtigten dargelegt, muss das Familiengericht von sich aus diesen

89 BGH FamRZ 2014, 732; OLG Saarbrücken FamRZ 2015, 863; Prütting/Helms/*Hammer*, § 89 FamFG Rn. 14
90 OLG Brandenburg v. 20.5.2025, 13 WF 176/24, BeckRS 2025, 12786; OLG Köln FF 2012, 504, dazu *Leipold*, FamFR 2012, 397
91 OLG Brandenburg FamRZ 2020, 44; FamRZ 2019, 1269 m. Anm. *Cirullies*
92 BT-Drs. 16/6308 S. 218; OLG Brandenburg FamRZ 2019, 628 (LS)
93 Dazu OLG Brandenburg NZFam 2021, 228 (*Opitz*); OLG Köln FamRZ 2015, 151
94 BGH FamRZ 2014, 732; OLG Brandenburg FamRZ 2020, 44
95 OLG Schleswig FamRZ 2018, 1946
96 Hierzu OLG Brandenburg FamRZ 2022, 1551
97 OLG Frankfurt FamRZ 2021, 198; OLG Brandenburg FamRZ 2021, 217 = NZFam 2020, 1022 (*Cirullies*)
98 OLG Nürnberg FamRZ 2021, 283
99 Hierzu OLG Karlsruhe FamRZ 2024, 1638, dazu *Billhardt*, jurisPR-FamR 6/2024 Anm. 1.
100 Vgl. OLG Brandenburg BeckRS 2025, 12786; OLG Jena NZFam 2025, 460 (*Bruns*)
101 Dazu *Cirullies*, Vollstreckung in Familiensachen, Rn. 474

Vorwürfen nachgehen.[102] Ohne entsprechende Beweiserhebungen kann auch der Antrag des Umgangsberechtigten auf Bewilligung von **Verfahrenskostenhilfe** für den Ordnungsgeldantrag nicht negativ beschieden werden.[103]

Ein Verschulden ist vor allem dann schwierig festzustellen, wenn der verpflichtete Elternteil **seelisch erkrankt** ist, etwa an einer schweren **Depression** mit Antriebsschwäche leidet. In solchen Fällen wird es meist unmöglich sein, aus objektiv feststellbaren Verstößen gegen Umgangsvereinbarungen ein erforderliches subjektives Verschulden des erkrankten Elternteils herzuleiten.[104] In diesen Fällen ist es jedoch geboten, dass die Erkrankung des Elternteils und die sich hieraus ergebenden Folgen nachgewiesen sind.

b) Entgegenstehender Wille des Kindes

25 Häufig beruft sich der Verpflichtete im Umgangsverfahren auf einen entgegenstehenden **Willen des Kindes**.[105] Dann obliegt es ihm, gehaltvoll darzulegen, auf welche Weise er auf das Kind **erzieherisch eingewirkt** hat, um es zum Umgang zu bewegen.[106] An den Vortrag, der **Wohlverhaltenspflicht** nachgekommen zu sein, sind hohe Anforderungen zu stellen.[107] Es genügt nicht, dem Kind im Ergebnis freizustellen, ob es den Umgang mit dem anderen Elternteil wahrnimmt oder nicht.[108] Vielmehr muss der Verpflichtete gegenüber dem Kind, das einen Umgang mit dem umgangsberechtigten Elternteil ablehnt, aufgrund seiner elterlichen Autorität ähnlich strenge erzieherische Maßnahmen zur Herstellung der Umgangskontrolle ergreifen wie bei einer Verweigerung des Schulbesuchs.[109] Dazu gehört, das Kind eindringlich und überzeugend zu ermahnen und ihm zu verdeutlichen, dass es mit den Umgangskontakten nicht nur einverstanden ist, sondern diese ausdrücklich auch selbst wünscht. Eine darüber hinausgehende Androhung oder Verhängung von altersangemessenen Strafen (etwa Taschengeldkürzung, Verbot der „Handy"-Nutzung oder bestimmter Freizeitgestaltungen) erscheint demgegenüber problematisch, weil hierdurch das Verhältnis zum Umgangsberechtigten noch mehr belastet würde.

26 Dabei ist freilich das **Alter des Kindes** zu beachten. Seinem Willen kommt mit zunehmendem Alter und gesteigerter Einsichtsfähigkeit vermehrt Bedeutung zu.[110] Bei **jüngeren Kindern** wird im Allgemeinen davon auszugehen sein, dass die Durchsetzung des Umgangs mit erzieherischen Mitteln erreicht werden kann.[111] Die Grenze für diese Vermutung wird bei ca. **zehn Jahren** zu ziehen sein.[112] Dabei müssen die Gerichte der wachsenden Fähigkeit eines Kindes zu eigener Willensbildung und selbstständigem Handeln Rechnung tragen.[113] So hat der ernsthafte Wille eines fast **14 Jahre** alten Kindes, mit dem umgangsberechtigten Elternteil auch keinen begleiteten Umgang mehr zu pflegen, erhebliches Gewicht und kann

102 *Cirullies*, NZFam 2014, 794
103 OLG Naumburg FamRZ 2014, 145 (LS) = NJOZ 2013, 2045
104 KG FamRZ 2017, 919
105 Eingehend *Schäder*, FamRZ 2019, 1120
106 BT-Drs. 16/6308, 218; BGH FamRZ 2015, 2147, 2149; OLG Brandenburg FamRZ 2023, 546
107 OLG Karlsruhe FamRZ 2011, 1669; OLG Frankfurt FamRZ 2013, 812 (LS), dazu *Többen*, FamFR 2013, 113
108 OLG Köln FamRZ 2015, 1734; OLG Saarbrücken, FamRZ 2013, 48 (LS), dazu *Schmid*, FamFR 2012, 358; ferner *Burschel*, NZFam 2015, 623
109 OLG Saarbrücken BeckRS 2015, 00275, dazu *Clausius*, jurisPR-FamR 4/2015 Anm. 3
110 BVerfG FamRZ 2015, 1093.
111 OLG Brandenburg BeckRS 2023, 14094 (4 Jahre); NZFam 2021, 228 (*Opitz*) (unter 10 Jahre); OLG Saarbrücken BeckRS 2019, 32703 (8 Jahre); OLG Frankfurt FamRZ 2013, 475 (4 Jahre)
112 OLG Köln BeckRS 2015, 00599; OLG Saarbrücken, FamRZ 2013, 48 (LS); Prütting/Helms/*Hammer*, § 89 Rn. 40; Sternal/*Giers*, § 89 FamFG Rn. 13 m.w.N.
113 VerfG Brandenburg BeckRS 2014, 47360, dazu *Rogalla*, NZFam 2014, 473

im Einzelfall einen längerfristigen Umgangsausschluss rechtfertigen.[114] Bei erkennbaren **Loyalitätskonflikten** des Kindes darf das Gericht nicht ohne Einholung eines kinderpsychologischen **Sachverständigengutachtens** entscheiden.[115] Im Übrigen ist auch ein **beeinflusster** Kindeswille beachtlich, soweit er den wirklichen Bindungen des Kindes entspricht.[116]

Praxishinweis: Bei beharrlicher Verweigerungshaltung des Kindes sollte eine geeignete Dokumentation der gleichwohl durchgeführten Bemühungen erfolgen, notfalls unter Beteiligung des Jugendamtes. Eltern haben Anspruch auf Beratung und Unterstützung bei der Ausübung des Umgangsrechts (§ 18 Abs. 3 Satz 3 SGB VIII).[117]

c) Vorwurf des sexuellen Missbrauchs

Wird der Vorwurf des sexuellen Missbrauchs eines Kindes erhoben, stellt sich oft die Frage, **27** **ob und inwieweit** dem verdächtigten Elternteil **Umgang** gewährt werden kann.[118] Fälle nachgewiesenen sexuellen Missbrauchs von Kindern sind in der Praxis eher selten.[119] Einem hinreichend substanziierten Vorwurf muss das Gericht grundsätzlich in dem von dem Umgangsberechtigten angestrengten **Ordnungsmittelverfahren** von Amts wegen nachgehen. Gegebenenfalls hat das Familiengericht hinsichtlich des Umgangstitels eine (abändernde) einstweilige Anordnung zu erlassen.

Gerade im Falle des Vorwurfs des sexuellen Missbrauchs des Kindes soll der betreuende Elternteil i.S.d. § 89 Abs. 4 FamFG **exkulpiert** sein können, wenn sein Rechtsberater oder in den Fall eingebundene Institutionen (Fachkräfte des Jugendamts oder der Kinderschutzambulanz) ihn in seiner ablehnenden Haltung bestärkt haben; insoweit unterliege er einem **unvermeidbaren Verbotsirrtum** analog § 17 StGB.[120] Eine solche Gesetzesauslegung beschwört allerdings beträchtliche Missbrauchsgefahren herauf, wenn allein die Bezugnahme auf eine (falsche) Auskunft eine Sanktionierung der Umgangsverweigerung verhindert.[121] Daher wird bezüglich der Falschberatung durch einen anwaltlichen Vertreter vereinzelt angenommen, dessen **Verschulden** sei dem Titelschuldner im Vollstreckungsverfahren **zuzurechnen**.[122] Im Übrigen wird die Unvermeidbarkeit der irrigen Vorstellung infrage gestellt bei einer Verfahrenseinstellung durch die Strafverfolgungsbehörde, aber auch bei Einleitung eines Ordnungsmittelverfahrens.[123]

3. Kindeswohlprüfung

Eine **erneute Prüfung** der Rechtmäßigkeit der zu vollstreckenden Entscheidung findet im **28** Vollstreckungsverfahren grundsätzlich **nicht** statt.[124] Dies verdeutlicht bereits der Umkehr-

114 OLG Saarbrücken FamRZ 2011, 122 (LS), dazu *Hoffmann*, FamFR 2010, 503; ferner OLG Koblenz FamRZ 2019, 298 (LS) = BeckRS 2018, 39528 (13 Jahre); OLG Saarbrücken, FF 2019, 121 (16 Jahre), dazu *Riegner*, NZFam 2019, 84
115 OLG Saarbrücken FamRZ 2013, 48 (LS), dazu *Voges-Wallhöfer*, FamFR 2012, 285; vgl. auch OLG Frankfurt FamRZ 2022, 551 = NZFam 2021, 606 (*Cirullies*)
116 BVerfG FamRZ 2016, 1917; OLG Brandenburg FamRZ 2024, 1030 (LS) = NZFam 2024, 223 (*Volke*)
117 Hierzu OVG Münster FamRZ 2017, 808
118 Anschaulich OLG Braunschweig FamRZ 2022, 1804 = NZFam 2022, 1135 (*Cirullies*); FamRZ 2019, 119; eingehend *Cirullies*, Vollstreckung in Familiensachen, Rn. 478
119 *Dürbeck*, ZKJ 2018, 317, 319
120 OLG Brandenburg FamRZ 2022, 552 = FamRB 2021, 416 (*Cirullies*); OLG Frankfurt FamRZ 2021, 218; KG FamRZ 2011, 588; Prütting/Helms/*Hammer*, § 89 Rn. 38a; Sternal/*Giers*, § 89 FamFG Rn. 11; a.A.: OLG Düsseldorf NZFam 2022, 611 (*Prinz*)
121 *Dürbeck*, ZKJ 2021, 70, 71
122 Gemäß §§ 10, 11 Satz 5 FamFG, § 85 Abs. 2 ZPO, vgl. OLG Brandenburg FamRZ 2021, 217; vgl. auch Zöller/*Althammer*, § 85 ZPO Rn. 2
123 Hierzu *Cirullies*, FamRB 2021, 416, 417; ferner *Prinz*, NZFam 2022, 611
124 BVerfG FamRZ 2023, 283 m. Anm. *Cirullies* = NZFam 2023, 87 (*Keuter*); BGH FamRZ 2014, 732 mit Anm. *Hammer*; OLG Celle FamRZ 2023, 1224; OLG Hamburg FamRZ 2021, 1406 m. Anm. *Lack*

schluss aus § 90 Abs. 2 Satz 2 FamFG.[125] Auch haben gerichtliche Entscheidungen zum Sorge- und Umgangsrecht stets das **Kindeswohl** zu berücksichtigen (§ 1697a BGB). Im Übrigen bedarf der mit seiner Wirksamkeit vollstreckbare Titel einer effektiven Durchsetzungsmöglichkeit.[126] Dementsprechend rechtfertigen bloße Bedenken des Vollstreckungsschuldners gegen die Kindeswohldienlichkeit der titulierten Umgangsregelung nicht eine Missachtung des Umgangstitels.[127] Eine solche Überprüfung erfolgt daher nur in **Ausnahmefällen**, beispielsweise wenn der Umgangsberechtigte trotz einer längeren Zeit des ausbleibenden Umgangs auf eine Vollstreckung verzichtet hatte oder wenn der titulierte Umgang offenkundig mit einer Gefährdung des körperlichen, geistigen oder seelischen Wohls i.S.d. § 1666 Abs. 1 BGB verbunden wäre.[128] In solchen Fällen ist jedoch unverzüglich – auf Antrag oder von Amts wegen – ein **Abänderungsverfahren** (nebst Einstellung der Vollstreckung; nach. 93 Abs. 1 Nr. 4 FamFG, siehe auch Rn. 29) einzuleiten, da die Beteiligten sich auch in Kindschaftssachen an gerichtliche Entscheidungen zu halten haben und das Recht nicht selbst in die Hand nehmen dürfen.[129]

Mangels Prüfung des Kindeswohls ist im **Ordnungsmittelverfahren** in der Regel weder ein Verfahrensbeistand zu bestellen[130] (anders bei Anwendung unmittelbaren Zwangs, vgl. *Cirullies*, § 90 FamFG Rn. 7) noch das Jugendamt anzuhören.[131]

▶ *Näher zum Vollstreckungsverfahren Cirullies, Kommentierung zu § 92 FamFG.*

29 Mitunter bestehen Zweifel daran, dass die Umgangsregelung noch dem **Kindeswohl** entspricht, weil **neue Umstände** hinzugetreten sind oder seit dem Zeitpunkt des Titelerlasses ein **längerer Zeitraum** verstrichen ist, mitunter mehrere Jahre.[132] Hier kann es je nach den Umständen des Einzelfalls angezeigt sein, dass die beteiligten Eltern oder das Gericht von Amts wegen[133] ein **Abänderungsverfahren** einleiten, was grundsätzlich vorrangig ist.[134] Im Rahmen dessen kann nach § 93 Abs. 1 Nr. 4 FamFG die Vollstreckung des ursprünglichen Titels eingestellt werden.[135] Dies gilt auch bei der Verpflichtung zur **Herausgabe** des Kindes aufgrund einer Sorgerechtsentscheidung.[136]

Eine Prüfung der Rechtmäßigkeit der zu vollstreckenden Entscheidung erfolgt im Vollstreckungsverfahren im Übrigen auch dann nicht, wenn diese im Wege der **Beschwerde** angefochten worden ist. Denn die Einlegung der Beschwerde hemmt die Vollstreckbarkeit einer wirksamen gerichtlichen Umgangsregelung nicht. Eine etwaige **Einstellung der Zwangsvollstreckung** bis zur Entscheidung über die Beschwerde bleibt den Verfahren nach § 64 Abs. 3 FamFG bzw. § 93 Abs. 1 Nr. 3 FamFG vorbehalten (vgl. *Cirullies*, § 93 FamFG Rn. 3). Verstöße, die **vor** Wirksamwerden der Einstellung der Zwangsvollstreckung oder der Abänderung begangen worden sind, können also noch sanktioniert werden; festgesetzte Ordnungsmittel haben weiterhin Bestand.[137] Ausnahmsweise kann sich jedoch eine Ahndung

---

125 OLG Hamm FamRZ 2018, 1938 mit Anm. *Schweppe*
126 BGH FamRZ 2015, 2147; OLG Schleswig FamRZ 2015, 1222
127 OLG Brandenburg FamRZ 2019, 628 (LS), dazu *Opitz*, NZFam 2019, 132
128 OLG Frankfurt FamRZ 2013, 475
129 BVerfG FamRZ 2023, 283 m. Anm. *Cirullies* = NZFam 2023, 87 (*Keuter*); OLG Braunschweig FamRZ 2022, 1804 = NZFam 2022, 1135 (*Cirullies*) m.w.N.
130 Vgl. BGH FamRZ 2015, 1011; OLG Jena FamRZ 2024, 1890 = NZFam 2025, 84 (*Lack*); anders bei Anwendung unmittelbaren Zwangs
131 OLG Hamm FamRZ 2018, 1938
132 Vgl. OLG Naumburg BeckRS 2014, 23398 (über zwei Jahre), dazu *Cirullies*, NZFam 2015, 182
133 Dazu OLG Brandenburg BeckRS 2019, 19624 (Auslegung eines laienhaft formulierten Wunsches nach Abänderung)
134 OLG Brandenburg FamRZ 2023, 546; OLG Naumburg NZFam 2019, 181 (*Opitz*)
135 OLG Celle ZKJ 2011, 433, dazu *Leipold*, FamFR 2011, 448; ferner OLG Karlsruhe NZFam 2014, 793 mit Anm. *Cirullies*
136 OLG Koblenz FamRZ 2016, 1860
137 OLG Celle FamRZ 2023, 1224; OLG Jena FamRZ 2021, 628, 630

verbieten, wenn der betreuende Elternteil die erst im weiteren Verfahren ermittelte, durch die Besuchskontakte ausgelöste **Kindeswohlgefährdung** bereits vermutet und daher im Ergebnis zu Recht gegen die Umgangsregelung verstoßen hatte.[138] Im Ergebnis kann folglich die Kindeswohlmaxime trotz der Formalisierung des Vollstreckungsverfahrens bei offenkundiger Gefährdungslage der Vollstreckung eines Umgangstitels entgegenstehen.[139]

VI. Checkliste für Vollstreckung aus Umgangstitel

Es bedarf einiger Umsicht, einen **„fehlerfreien" Umgangstitel** zu erstellen und die Festsetzung von Ordnungsmitteln nicht durch Verfahrensmängel in Frage zu stellen. **30**

Zu beachten sind insbesondere:

- hinreichende **Bestimmtheit** des Titels
- **Hinweis** auf die Folgen der Zuwiderhandlung
- Besonderheiten beim **gerichtlich gebilligten Vergleich**:
  - Anhörung der Kinder
  - Einvernehmen aller Beteiligten
  - Genehmigung des Protokolls
  - Billigungsbeschluss
- **Zustellung** des Titels von Amts wegen

In der Regel bedarf es **nicht** einer **Vollstreckungsklausel** (nur bei Wohnortwechsel des Kindes).

Im Übrigen gilt: Verfahrensfehler machen den **gebilligten Vergleich** lediglich anfechtbar,[140] nicht hingegen unwirksam (vgl. *Cirullies*, § 86 FamFG Rn. 15).

§ 90 FamFG

Anwendung unmittelbaren Zwanges

(1) Das Gericht kann durch ausdrücklichen Beschluss zur Vollstreckung unmittelbaren Zwang anordnen, wenn

1. die Festsetzung von Ordnungsmitteln erfolglos geblieben ist;

2. die Festsetzung von Ordnungsmitteln keinen Erfolg verspricht;

3. eine alsbaldige Vollstreckung der Entscheidung unbedingt geboten ist.

(2) [1]Anwendung unmittelbaren Zwanges gegen ein Kind darf nicht zugelassen werden, wenn das Kind herausgegeben werden soll, um das Umgangsrecht auszuüben. [2]Im Übrigen darf unmittelbarer Zwang gegen ein Kind nur zugelassen werden, wenn dies unter Berücksichtigung des Kindeswohls gerechtfertigt ist und eine Durchsetzung der Verpflichtung mit milderen Mitteln nicht möglich ist.

138 Näher *Cirullies*, FamRZ 2023, 283, 285
139 *Rake*, FamRZ 2024, 88, 90
140 Mit der befristeten Beschwerde nach § 58 FamFG

Übersicht

A. Allgemeines

1 Zur Durchsetzung einer **Umgangsregelung** oder der **Kindesherausgabe** kommt neben der Verhängung von Ordnungsmitteln (§ 89 FamFG) als letztes Mittel die Anwendung **unmittelbaren Zwangs** in Betracht (Abs. 1). Die Vorschrift betrifft in erster Linie Fälle der Vollstreckung von Entscheidungen über die **Herausgabe von Personen**, insbesondere Kindern, und nur selten die Vollstreckung einer **Umgangsregelung** (wegen Abs. 2). Sie ist auch anwendbar, wenn es um die **grenzüberschreitende Rückführung** von Kindern geht. Denn in § 44 IntFamRVG finden sich keine Bestimmungen über den unmittelbaren Zwang.[1]

▶ *Näher hierzu Schweppe, § 44 IntFamRVG.*

B. Inhalt der Norm

I. Unmittelbarer Zwang

2 Für die Anwendung **unmittelbaren Zwanges** bedarf es einer entsprechenden Anordnung (besser: Gestattung) des Gerichts durch „ausdrücklichen Beschluss". Insofern unterscheidet sich die Regelung von **§ 96 Abs. 1 FamFG**, wonach der Berechtigte in **Gewaltschutzverfahren** gestützt auf die Schutzanordnung im Fall der Zuwiderhandlung sofort die Anwendung unmittelbaren Zwangs durch den Gerichtsvollzieher begehren kann. Zulässig ist die Anwendung gegen die Eltern und gegen Dritte, gegenüber Kindern nur mit den Einschränkungen des Abs. 2 (dazu Rn. 4).

Der **Begriff** stammt aus dem Polizeirecht und ersetzt in moderneren Gesetzen[2] den noch in der Vorgängervorschrift § 33 Abs. 2 FGG verwendeten Ausdruck „Gewalt", ohne allerdings nennenswerte inhaltliche Unterschiede aufzuweisen. Nach § 2 Abs. 1 und 2 UZwG ist **unmittelbarer Zwang** definiert als Einwirkung auf Personen oder Sachen durch körperliche Gewalt, ihre Hilfsmittel und durch Waffen. Unter **körperlicher Gewalt** ist jede unmittelbare körperliche Einwirkung auf Personen oder Sachen zu verstehen.[3]

Typische **Zwangshandlungen** sind insbesondere das Festhalten und Fernhalten sowie das Fixieren an der Wand oder auf dem Boden. Zwangshandlungen gegenüber dem Kind sind auch ein Versperren des Weges, ein kurzzeitiges Festhalten bzw. ein Wegtragen, soweit damit ein geleisteter oder erwarteter Widerstand des Kindes überwunden werden soll.[4]

1 OLG Hamm FamRZ 2020, 1490; FamRZ 2018, 1938 mit Anm. *Schweppe*; *Rake*, FamRZ 2024, 88
2 Etwa in den Landespolizeigesetzen oder in § 42 Abs. 6 SGB VIII
3 Vgl. *Hammer*, FPR 2008, 413, 414 m.w.N.
4 Prütting/Helms/*Hammer*, § 90 FamFG Rn. 3

II. Verhältnismäßigkeit

Bei der Wahl der Zwangsmaßnahmen ist der Grundsatz der **Verhältnismäßigkeit** zu beachten. Nach den Vorstellungen des Gesetzgebers[5] sollte grundsätzlich zunächst das **Gespräch** des Familienrichters mit den Beteiligten[6] gesucht und das **Jugendamt** um Unterstützung (§ 88 Abs. 2 FamFG) gebeten werden. In einem nächsten Schritt sollen regelmäßig **Ordnungsmitteln** nach § 89 FamFG verhängt werden, und zwar nicht gleichzeitig mit der Ausübung unmittelbaren Zwangs.[7] 3

Dementsprechend kann das Gericht nach § 90 Abs. 1 FamFG zur Vollstreckung erst dann unmittelbaren Zwang gestatten, wenn

- die Festsetzung von Ordnungsmitteln (also auch **Ordnungshaft**)[8] **erfolglos** geblieben ist[9] *oder*
- die Festsetzung **keinen Erfolg verspricht**[10] *oder*
- eine alsbaldige Vollstreckung der Entscheidung **unbedingt geboten** ist.

Die letztgenannte besondere **Eilbedürftigkeit** zur **Gefahrenabwehr** gibt in der Praxis am ehesten Veranlassung, körperliche Gewalt zum Schutz des Kindes einzusetzen. Dies gilt etwa bei drohender Entführung oder Verbringung des Kindes in das Ausland (etwa zwecks Genitalverstümmelung[11] oder Zwangsverheiratung)[12] oder bei einer gewalttätigen oder psychisch auffälligen Obhutsperson.[13] Ob allerdings die Verhängung von **Ordnungshaft** nach § 89 FamFG gegenüber der Anwendung unmittelbaren Zwangs das mildere Mittel darstellt, kann zweifelhaft sein.[14]
In jedem Fall ist eine gewaltsame Kindeswegnahme unter **größtmöglicher Schonung** des betroffenen Kindes durchzuführen.[15] Sie sollte nach Möglichkeit in Abwesenheit des Herausgabepflichtigen versucht werden (etwa in Schule oder Kindergarten). Bei unerwarteten Problemen vor Ort hat der beauftragte **Gerichtsvollzieher** noch die Möglichkeit, die **Vollstreckung auszusetzen** (dazu unten Rn. 12).

Gleichwohl kann im konkreten Einzelfall die Anwendung unmittelbaren Zwangs durchaus das Gebot der Stunde sein: „Zeitfressende Maßnahmen" können sich für das Kind und die übrigen Beteiligten häufig schädlicher auswirken als ein beherzter und dennoch umsichtiger „Zugriff".[16] Sind vorrangige, intensive Bemühungen aller am Verfahren beteiligten Professionen um eine konsensuale Lösung gescheitert, muss der Staat Eltern, die ihren Willen gegenüber dem nicht rückkehrwilligen Kind nicht durchsetzen können (und dürfen), grundsätzlich helfen.[17]

---

5 BT-Drs. 16/6308 S. 218
6 In einem nach § 32 FamFG anzuberaumenden Termin
7 OLG Hamm FamRZ 2018, 1938 mit Anm. *Schweppe*
8 OLG Hamm a.a.O.
9 Die Vollziehung muss nicht versucht worden sein, vgl. MüKo-FamFG/*Zimmermann*, § 90 Rn. 8
10 Etwa bei offenkundiger Nichtbeitreibbarkeit eines Ordnungsgeldes
11 BGH FamRZ 2005, 672
12 MüKo-FamFG/*Zimmermann*, § 90 Rn. 10
13 OLG Celle NZFam 2020, 221 (*Schmidt*)
14 Hierzu OLG Naumburg FamRZ 2022, 1803 = NZFam 2023, 124 m. Anm. *Cirullies*
15 BVerfG FamRZ 2006, 537 a.E.
16 *Gaul*, Festschrift für Ishikawa, S. 87, 122; ähnlich *Völker*, FPR 2012, 485, 489 („Lieber ein Ende mit Schrecken als ein Schrecken ohne Ende")
17 AG Bad Hersfeld FamRZ 2018, 1515 (LS)

III. Gewalt gegen Kinder

4 Bei der Anwendung unmittelbaren Zwanges besteht eine wesentliche Einschränkung: Gegen ein **Kind** darf Gewaltanwendung **nicht** zugelassen werden, wenn das Kind herausgegeben werden soll, um das **Umgangsrecht** auszuüben (Abs. 2 Satz 1). Hingegen können die Kinder einem eigensinnigen Umgangsberechtigten nach Beendigung des Besuchskontakts grundsätzlich gewaltsam wieder weggenommen werden.[18] Zulässig ist zudem die Gewaltanwendung gegen den **Herausgabepflichtigen**.

5 Gestattet werden kann die **Gewaltanwendung gegen das Kind** vor allem in Fällen der **Kindeswohlgefährdung** (§ 1666 BGB), aber auch zur Durchsetzung bei einer Verbleibensanordnung (§ 1632 Abs.4 BGB).

Nach Abs. 2 Satz 2 sind das Kindeswohl und in ganz besonderem Maße der **Verhältnismäßigkeitsgrundsatz** zu berücksichtigen.[19] Dabei spielt im Hinblick auf § 1626 Abs. 2 Satz 1 BGB auch das Alter des Kindes eine wichtige Rolle.[20] Es gelten ähnliche Maßstäbe wie bei der Exkulpation nach § 89 Abs. 4 FamFG (siehe dazu *Cirullies*, § 89 FamFG Rn. 25). Entscheidend sind aber letztlich die Umstände des Einzelfalls.

IV. Verfahren

1. Selbstständiges Verfahren

6 Das Gericht kann die Gewaltanwendung in Fällen absehbarer Dringlichkeit bereits in der Hauptsacheentscheidung (z.B. Herausgabeanordnung nach § 1632 BGB) gestatten. Stellt sich die entsprechende Notwendigkeit erst im Verlauf des Vollstreckungsverfahrens heraus, ergeht die Anordnung – wie bei der Festsetzung von Ordnungsmitteln[21] – in einem selbstständigen Verfahren.[22] Falls die Vollstreckungsbedingungen es zulassen, ist der Verpflichtete zuvor anzuhören (§ 92 Abs. 1 Satz 2 FamFG). Insoweit kann im Einzelfall auch die Anberaumung eines Termins (§ 32 FamFG) sinnvoll sein.

2. Antragsverfahren

7 Sofern es sich um ein reines **Antragsverfahren** handelt (insbesondere nach § 1632 Abs. 1 BGB), kann die Vollstreckung nur auf entsprechenden Antrag eingeleitet werden (§ 87 Abs. 1 FamFG). In den übrigen Fällen, insbesondere in Umgangssachen, wird das Gericht von Amts wegen tätig. Auch in dem **Kindesherausgabeverfahren** nach § 1632 Abs. 1 BGB liegt die Durchführung der Vollstreckung, insbesondere die Beauftragung des Gerichtsvollziehers, in der Hand des Gerichts (dazu unten Rn. 11).

3. Sachverhaltsermittlung

8 Im Rahmen des § 90 Abs. 2 Satz 2 FamFG (Gewalt gegen das Kind) ist lediglich zu prüfen, ob der unmittelbare Zwang als solcher mit dem **Kindeswohl** zu vereinbaren ist. Nicht hingegen ist die umfassende Kindeswohlprüfung des Erkenntnisverfahrens zu wiederholen. Daher ist hier eine **persönliche Anhörung** des betroffenen Kindes im Regelfall **nicht** erforderlich.[23] Für diese (eingeschränkte) **Kindeswohlprüfung** wird jedoch das Gericht – jedenfalls soweit jüngere Kinder betroffen sind – regelmäßig einen **Verfahrensbeistand** zu bestellen

18 Dazu VG Berlin FamRZ 2012, 1665 (LS) = BeckRS 2012, 48775
19 Hierzu EGMR FamRZ 2025, 510 m. Anm. *Witt*
20 So auch die Gesetzesbegründung, BT-Drs. 16/6308, 482
21 BGH FamRZ 2011, 1729
22 Ganz h.M., a.A.: OLG Hamm FamRZ 2018, 1938 (wohl Erkenntnis- und Vollstreckungsverfahren verwechselnd)
23 OLG Hamm FamRZ 2020, 1490.

und eine Stellungnahme des **Jugendamtes** einzuholen haben[24] (anders als im Ordnungsmittelverfahren, vgl. hier § 89 FamFG Rn. 28).

4. Entscheidung

Die Beschlussformel muss die **Gestattung** und den konkreten **Zweck** der **Gewaltanwendung** erkennen lassen, **nicht** jedoch notwendig die **Personen**, gegen die Gewalt angewendet werden darf.[25] Dies hat der Gerichtsvollzieher als Vollstreckungsorgan selbst vor Ort zu beurteilen, denn die Person des Herausgabepflichtigen, dessen Widerstand er überwinden darf (§ 156 Abs. 2 Satz 2 GVGA), kann wechseln. Etwas anderes gilt, wenn die Gewaltanwendung sich ausnahmsweise (auch) gegen das Kind richten soll. 9
Der Gerichtsvollzieher kann, aber muss nicht bereits in dem Beschlusstenor „beauftragt" werden (dazu unten Rn. 11).

Ist zur Vollstreckung voraussichtlich die zwangsweise Öffnung einer Wohnung bzw. deren Betreten vonnöten, muss das Gericht zusätzlich einen **Durchsuchungsbeschluss** nach § 91 FamFG erlassen. Gleiches gilt für eine etwa erforderliche Vollstreckung außerhalb der **üblichen Vollstreckungszeiten**.[26]

Sofern der Beschluss in einem **selbstständigen Verfahren** ergeht, bedarf er wie jede Endentscheidung der Kostenentscheidung,[27] Begründung, Rechtsmittelbelehrung und Zustellung. Eine **Vollstreckungsklausel** ist **nicht** erforderlich, da es sich bereits um eine Vollstreckungsmaßnahme handelt.[28] Hierzu folgendes Tenorierungsbeispiel:[29]

Tenorierungsbeispiel (selbstständiges Verfahren):

1. *Zur Durchsetzung der Herausgabeanordnung des Familiengerichts vom … betreffend das Kind … wird dem zuständigen Gerichtsvollzieher gestattet, erforderlichenfalls*
   a) *unmittelbaren Zwang anzuwenden, und zwar – falls nach den konkreten Umständen geboten – auch gegen das Kind,*
   b) *die Behältnisse der Kindesmutter oder anderer Personen, bei denen sich das Kind aufhält, zu durchsuchen und hierbei verschlossene Haustüren, Zimmertüren und Behältnisse gewaltsam öffnen zu lassen sowie*
   c) *die Vollstreckung auch zur* ***Nachtzeit*** *sowie an* ***Sonn- und Feiertagen*** *durchzuführen.*
2. *Die Kosten des Verfahrens werden der Kindesmutter auferlegt.*[30]

24 OLG Hamm FamRZ 2018, 1938; anders als im Ordnungsmittelverfahren
25 MüKo-FamFG/*Zimmermann*, § 90 Rn. 6; Prütting/Helms/*Hammer*, § 90 FamFG Rn. 7 m.w.N.
26 Dazu *Cirullies*, § 91 FamFG Rn. 3
27 Vgl. § 92 Abs. 2 FamFG
28 Näher dazu Sternal/*Giers*, § 90 FamFG Rn. 7
29 Vgl. auch AG Bergisch-Gladbach BeckRS 2018, 39585; AG Bad Hersfeld FamRZ 2018, 1515 (LS) = BeckRS 2017, 147971; ferner Gottwald/*Cirullies*, Münchener Prozessformularbuch Familienrecht, R. III. 4
30 Vgl. § 92 Abs. 2 FamFG. Der Festsetzung eines Verfahrenswertes bedarf es nicht, da die Anordnung unmittelbaren Zwangs keine Gerichtsgebühren, sondern lediglich Kosten des Gerichtsvollziehers auslöst.

5. Anfechtbarkeit

10 Gegen Beschlüsse nach § 90 FamFG ist nach § 87 Abs. 4 FamFG i.V.m. §§ 567 ff. ZPO die **sofortige Beschwerde** zulässig. Umstritten ist, ob das Rechtsmittel wegen des Verweises auf § 570 Abs. 1 ZPO **aufschiebende Wirkung** hat[31] oder ob wegen der der Anordnung unmittelbaren Zwangs immanenten Eilbedürftigkeit eine aufschiebende Wirkung abzulehnen ist.[32] Ebenfalls streitig ist, ob Anordnungen nach §§ 90, 91 FamFG separat angreifbar sind, sofern sie lediglich als flankierende Maßnahmen der raschen Umsetzung einer **einstweiligen Anordnung** dienen.[33]

Wurde unmittelbarer Zwang angewendet, ist wegen des gravierenden Grundrechtseingriffs gemäß § 62 FamFG analog die **Feststellung der Rechtswidrigkeit** als nachträglicher Rechtsschutz statthaft[34] und auch ausreichend.[35] Gleiches gilt für eine **Durchsuchungsanordnung** nach § 91 FamFG.[36]

6. Vollstreckungsauftrag

11 Die Anwendung unmittelbaren Zwangs obliegt dem **Gerichtsvollzieher**. Das **Familiengericht**, nicht der Herausgabeberechtigte, **ersucht** ihn um die Vollstreckung (§ 156 Abs. 1 GVGA). Hierzu bedarf es grundsätzlich eines **konkreten Auftrages** des Familiengerichts. Mitunter überreicht der herausgabeberechtige Elternteil (oder sein Vertreter) dem Gerichtsvollzieher den **Herausgabetitel**, in dessen Tenor das Familiengericht – wie recht häufig – den Gerichtsvollzieher bereits mit der Herausnahme des Kindes „beauftragt" hat. Diese Übermittlung durch einen „Boten" genügt nicht. Denn es ist allein Sache des Familiengerichts, unter Kindeswohlgesichtspunkten abzuwägen, ob, zu welchem Zeitpunkt und in welchem Rahmen die Herausgabe erzwungen wird. Hierbei berücksichtigt es auch Einwendungen, die der Verpflichtete möglicherweise nach Beschlussfassung, die schon längere Zeit zurückliegen kann, vorgetragen hat. Überreicht der Berechtigte den Herausgabebeschluss zur Vollziehung dem Gerichtsvollzieher, sollte dieser den Auftrag nicht einfach ablehnen, sondern das Familiengericht telefonisch auf das fehlende Ersuchen hinweisen. Im Falle der Nichterreichbarkeit, etwa nach Dienstschluss, sollte im Regelfall bis zum nächsten Tag gewartet werden. Ausnahmen gelten freilich in erkennbaren Fällen einer akuten **Kindeswohlgefährdung**.

7. Vollstreckung der Kindesherausgabe

12 Die Vollstreckung eines Titels (Entscheidung oder gerichtlich gebilligter Vergleich) über die **Kindesherausgabe** vollzieht sich nach §§ 88 ff. FamFG. Sie ist von einer **Inobhutnahme** durch das Jugendamt gemäß § 42 SGB VIII zu unterscheiden.[37] Im Zuge der Herausgabevollstreckung ist der **Gerichtsvollzieher** befugt, erforderlichenfalls **Polizeibeamte** zur Unterstützung anzufordern. Entsprechend der Verweisung auf §§ 758 ff. ZPO darf er beispielsweise eine **Haustüröffnung** und (richterlich genehmigte) **Wohnungsdurchsuchung** vornehmen und hat hierüber Protokoll zu führen (§ 87 Abs. 3 FamFG).

---

31 Etwa Prütting/Helms/*Hammer*, § 90 FamFG Rn. 12; Musielak/Borth/*Frank*, § 90 FamFG Rn. 6

32 MüKo-FamFG/*Zimmermann* § 90 FamFG Rn. 25; Sternal/*Giers*, § 90 FamFG Rn. 7 je m.w.N.

33 Hierzu OLG Karlsruhe FamRZ 2024, 1956 = NZFam 2024, 950 (*Cirullies*)

34 Etwa Prütting/Helms/*Hammer*, § 90 FamFG Rn. 12; MüKo-FamFG/*Zimmermann* § 90 FamFG Rn. 25

35 Vgl. BVerfG NJW 2015, 3432 Rn. 19: „effektiver Rechtsschutz zumindest in der Form nachträglicher gerichtlicher Kontrolle"

36 OLG Karlsruhe FamRZ 2024, 1956 = NZFam 2024, 950 (*Cirullies*); Sternal/*Giers*, § 91 FamFG Rn. 3

37 Hierzu VGH München NZFam 2025, 52 (*Schmidt*); NZFam 2023, 48 (*Cirullies*); eingehend zur Abgrenzung der Kompetenzbereiche *Hammer*, Festschrift Dose 2022, S. 249, 252 ff.

Im Übrigen gibt **§ 156 GVGA** eine ausführliche **Handlungsanweisung:** 13

Der Gerichtsvollzieher

- ist befugt, die **Vollstreckung** in sinngemäßer Anwendung des § 65 GVGA i.V.m. § 765a Abs. 2 ZPO bis zu einer Woche **aufzuschieben** (etwa bei einer Suizid-Drohung),[38]
- weist den Herausgabeberechtigten darauf hin, dass die Vollstreckung nur durchgeführt werden kann, wenn der **Berechtigte** das **Kind an Ort und Stelle übernimmt**,[39]
- prüft, ob zur Vermeidung und notfalls Überwindung eines Kindeswiderstandes von vornherein ein Vertreter des **Jugendamts** zur Unterstützung des Herausgabeberechtigten zuzuziehen ist,
- darf gleichzeitig **Sachen, die das Kind sofort benötigt**, wie z.B. angemessene Kleidung für eine Reise sowie Schulsachen, wegnehmen. Zum Anspruch auf Herausgabe persönlicher Sachen vgl. hier § 88 FamFG Rn. 1 sowie § 95 FamFG Rn. 3.

Übersicht: Vollstreckung der Kindesherausgabe nach FamFG 14

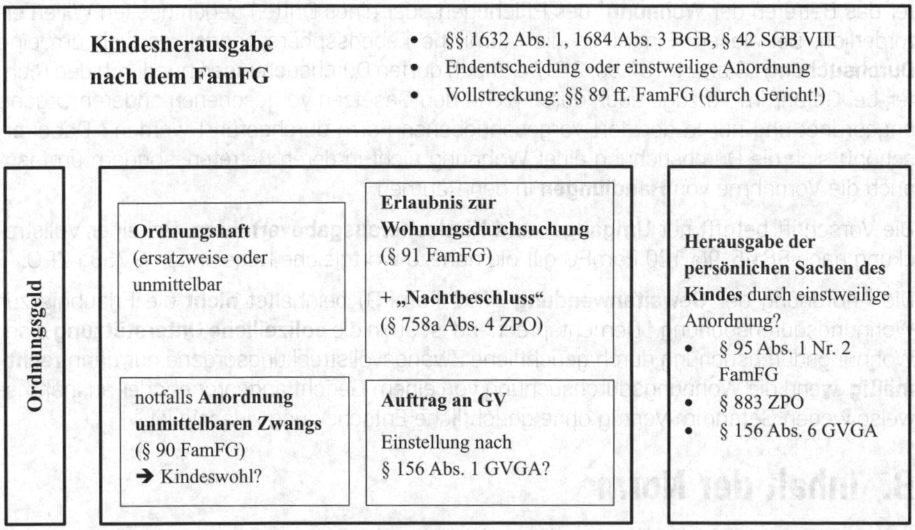

§ 91 FamFG

Richterlicher Durchsuchungsbeschluss

(1) [1]Die Wohnung des Verpflichteten darf ohne dessen Einwilligung nur auf Grund eines richterlichen Beschlusses durchsucht werden. [2]Dies gilt nicht, wenn der Erlass des Beschlusses den Erfolg der Durchsuchung gefährden würde.

(2) Auf die Vollstreckung eines Haftbefehls nach § 94 in Verbindung mit § 802g der Zivilprozessordnung ist Absatz 1 nicht anzuwenden.

---

38 H.M., vgl. MüKo-FamFG/*Zimmermann*, § 90 Rn. 18; Prütting/Helms/*Hammer*, § 90 FamFG Rn. 8; Keidel/*Giers*, § 90 FamFG Rn. 8a; a.A.: Zöller/*Feskorn*, § 90 FamFG Rn. 10 (Vorrang der richterlichen Vollstreckungseinstellung nach § 93 FamFG)

39 Es ist also nicht Aufgabe des Gerichtsvollziehers oder des Jugendamtes, das Kind zum Berechtigten „zurückzubringen“.

(3) [1]Willigt der Verpflichtete in die Durchsuchung ein oder ist ein Beschluss gegen ihn nach Absatz 1 Satz 1 ergangen oder nach Absatz 1 Satz 2 entbehrlich, haben Personen, die Mitgewahrsam an der Wohnung des Verpflichteten haben, die Durchsuchung zu dulden. [2]Unbillige Härten gegenüber Mitgewahrsamsinhabern sind zu vermeiden.

(4) Der Beschluss nach Absatz 1 ist bei der Vollstreckung vorzulegen.

Übersicht

A. Allgemeines

1 Um den titulierten Anspruch auf Kindesherausgabe oder Umgang zu vollstrecken, ist mitunter das Betreten der **Wohnung**[1] des Pflichtigen oder eines Dritten gegen dessen Willen erforderlich. Bei diesem Eingriff in die räumliche Lebenssphäre handelt es sich um eine **Durchsuchung** i.S.d. Art. 13 Abs. 2 GG. Danach dürfen Durchsuchungen nur durch den Richter, bei Gefahr im Verzuge auch durch die in den Gesetzen vorgesehenen anderen Organe angeordnet und nur in der dort vorgeschriebenen Form durchgeführt werden.[2] Dabei erschöpft sich die Durchsuchung einer Wohnung nicht in deren Betreten, sondern umfasst auch die Vornahme von **Handlungen** in den Räumen.[3]

Die Vorschrift betrifft nur **Umgangs- und Kindesherausgabeverfahren**. Bei einer Vollstreckung nach §§ 95, 96, 120 FamFG gilt die nahezu wortgleiche Regelung in § 758a ZPO.

Die Anordnung der **Gewaltanwendung** (§ 90 FamFG) beinhaltet **nicht** die Erlaubnis zur Wohnungsdurchsuchung.[4] Dementsprechend ist auch die **polizeiliche Unterstützung** einer Wohnungsdurchsuchung durch gerichtliche Zwangsvollstreckungsorgane nur dann **rechtmäßig**, wenn die Wohnungsdurchsuchung von einem Gericht angeordnet oder ausnahmsweise wegen Gefahr im Verzug ohne gerichtliche Entscheidung zulässig ist.[5]

B. Inhalt der Norm

I. Durchsuchungsbeschluss

2 Sofern nicht **Gefahr im Verzug**[6] vorliegt (oder der Wohnungsinhaber einwilligt), bedarf es für die Durchsuchung eines entsprechenden **Gerichtsbeschlusses** (Abs. 1). Ist bei der Vollstreckung eines Herausgabetitels oder einer Inobhutnahmeverfügung eine Wohnungsdurchsuchung notwendig, gilt in jedem Fall der Richtervorbehalt des Art. 13 Abs. 2 GG, der auch von der **Polizei** zu beachten ist.[7]

1 Der Begriff ist weit auszulegen, MüKo-FamFG/*Zimmermann,* § 91 Rn. 2
2 BVerfG FamRZ 2000, 411
3 BVerwG NVwZ 2023, 1750
4 Eingehend *Cirullies*, ZKJ 2010, 174, 178
5 VGH München FamRZ 2023, 224 m. Anm. *Hammer* = NZFam 2023, 48 (*Cirullies*).
6 Zum Begriff BVerfG FamRZ 2000, 411; vgl. auch BGH NStZ 2024, 307 (betr. § 105 Abs. 1 StPO)
7 VGH München FamRZ 2023, 224 = NZFam 2023, 48 (*Cirullies*)

Diese **richterliche** Anordnung hat Rahmen, Grenzen und Ziel der Durchsuchung zu definieren. Sie muss

- so **bestimmt** zu sein, dass Missverständnisse ausgeschlossen sind,
- mit der erforderlichen Sicherheit erkennen lassen, wozu die **Vollstreckungsorgane** befugt sind, *und*
- klar umreißen, was der Inhaber der Wohnung **dulden** muss.[8]

Dementsprechend sind in der **Beschlussformel** genau zu bezeichnen:

- die **Wohnung** (mit genauer Anschrift, bei Mehrfamilienhaus Stockwerk, und etwa dazu gehörenden Nebenräumen),
- die zu vollstreckende **Maßnahme** (Herausgabe der namentlich benannten Person) *sowie*
- der **zeitliche Rahmen**.[9]

Mitgewahrsamsinhaber müssen die Durchsuchung dulden (Abs. 3).

II. Verfahren

Die örtliche Zuständigkeit des Gerichts für den Erlass des richterlichen Durchsuchungsbeschlusses folgt aus § 88 Abs. 1 FamFG. Die Entscheidung ergeht **von Amts wegen**; ob dies auch in Antragsverfahren gilt, ist umstritten.[10] Die duldungspflichtige Person ist nach Maßgabe von § 92 Abs. 1 FamFG vor Erlass der Durchsuchungsanordnung **anzuhören**. Der Beschluss bedarf wie jede Endentscheidung der Kostenentscheidung,[11] Begründung, Rechtsmittelbelehrung und Zustellung. Eine Vollstreckungsklausel ist nicht erforderlich, da es sich bereits um eine Vollstreckungsmaßnahme handelt.[12] 3

Dem Betroffenen ist der Durchsuchungsbeschluss unaufgefordert **vorzulegen** (Abs. 4). Dies ersetzt nicht die förmliche Zustellung nach § 41 Abs. 1 FamFG, ermöglicht jedoch die Durchsuchung bereits vorher.[13]

Für den **Vollzug** der Durchsuchung durch den **Gerichtsvollzieher** sind die Bestimmungen des § 87 Abs. 3 FamFG i.V.m. §§ 758 Abs. 1 und 2, 759 bis 763 ZPO zu beachten. Im Übrigen richtet sich das Verfahren grundsätzlich nach § 61 GVGA, in Umgangs- und Kindesherausgabeverfahren jedoch nach der Sonderregelung des § 156 GVGA.[14]

Die Durchsuchungsanordnung ist vor der Vollziehung mit der **sofortigen Beschwerde** anfechtbar (§ 87 Abs. 4 FamFG; vgl. hier § 90 FamFG Rn. 10). Nach beendeter Durchsuchung kommt ein Antrag auf Feststellung der Rechtswidrigkeit nach § 62 Abs. 1 FamFG in Betracht.[15] Gegen die Art und Weise der Zwangsvollstreckung durch den Gerichtsvollzieher kann **Vollstreckungserinnerung** (§ 766 ZPO) eingelegt werden.[16]

---

8 BVerfG a.a.O.
9 Musielak/Borth/*Frank*, § 91 FamFG Rn. 3 mit Formulierungsbeispiel
10 Dafür: Prütting/Helms/*Hammer*, § 91 FamFG Rn. 4; Sternal/*Giers*, § 91 FamFG Rn. 4; a.A.: MüKo-FamFG/*Zimmermann*, § 91 Rn. 5; zweifelnd Dutta/Jacoby/Schwab/*Althammer*, § 91 FamFG Rn. 8
11 Nach § 92 Abs. 2 FamFG analog, Sternal/*Giers*, § 91 FamFG Rn. 4; aber streitig
12 Näher dazu Sternal/*Giers*, § 90 FamFG Rn. 7
13 Prütting/Helms/*Hammer*, § 91 FamFG Rn. 8
14 Vgl. § 61 Abs. 12 GVGA
15 Musielak/Borth/*Frank*, § 91 FamFG Rn. 9
16 Sternal/*Giers*, § 91 FamFG Rn. 4

III. Sonderfälle

4 Soll gegen den Betroffenen ein **Haftbefehl** zur Erzwingung der Abgabe der eidesstattlichen Versicherung[17] vollstreckt werden, impliziert dieser Beschluss bereits die Durchsuchungsanordnung (Abs. 2). Dies muss gleichfalls für die **Ordnungshaft** nach § 89 Abs. 3 FamFG i.V.m. § 802g ZPO gelten.[18] Vorsorglich sollte in diesem Fall der Richter den entsprechenden Haftbefehl um die Durchsuchungsanordnung ergänzen.[19]

Dagegen beinhaltet die **Anordnung unmittelbaren Zwangs** (§ 90 FamFG) **nicht** die Erlaubnis zur Wohnungsdurchsuchung.[20] Insoweit bedarf es eines ergänzenden Beschlusses, der mit der Gestattung der Kindeswegnahme und Gewaltanwendung kombiniert werden kann.[21]

Die in § 758a Abs. 4 ZPO enthaltene Einschränkung der Vollstreckung durch den Gerichtsvollzieher zur **Nachtzeit** sowie an **Sonn- und Feiertagen** nennt § 91 FamFG nicht. Ob die Vorschrift **entsprechend angewende**t werden muss,[22] erscheint zweifelhaft, da nicht ersichtlich ist, dass der Gesetzgeber diese Regelung versehentlich nicht übernommen habe.[23] Der Gerichtsvollzieher kann daher nach pflichtgemäßem Ermessen und unter Beachtung des Grundsatzes der Verhältnismäßigkeit eine Wohnungsdurchsuchung auch zu den vorgenannten Zeiten vornehmen, sofern eine Vollstreckung zu diesen Zeiten eine größere Erfolgsaussicht bietet.[24]

§ 92 FamFG
Vollstreckungsverfahren

(1) ¹Vor der Festsetzung von Ordnungsmitteln ist der Verpflichtete zu hören. ²Dies gilt auch für die Anordnung von unmittelbarem Zwang, es sei denn, dass hierdurch die Vollstreckung vereitelt oder wesentlich erschwert würde.

(2) Dem Verpflichteten sind mit der Festsetzung von Ordnungsmitteln oder der Anordnung von unmittelbarem Zwang die Kosten des Verfahrens aufzuerlegen.

(3) ¹Die vorherige Durchführung eines Verfahrens nach § 165 ist nicht Voraussetzung für die Festsetzung von Ordnungsmitteln oder die Anordnung von unmittelbarem Zwang. ²Die Durchführung eines solchen Verfahrens steht der Festsetzung von Ordnungsmitteln oder der Anordnung von unmittelbarem Zwang nicht entgegen.

Übersicht

17 Nach § 94 Satz 2 FamFG i.V.m. §§ 883 Abs. 2 Satz 3, 802g ZPO
18 Ganz h.M. („Redaktionsversehen"), vgl. Sternal/*Giers*, § 91 FamFG Rn. 3 m.w.N.
19 MüKo-FamFG/*Zimmermann*, § 91 Rn. 20
20 Eingehend *Cirullies*, ZKJ 2010, 174, 178
21 OLG Zweibrücken FamRZ 2004, 1592; Prütting/Helms/*Hammer*, § 91 FamFG Rn. 2; zur Tenorierung vgl. *Cirullies*, § 90 FamFG Rn. 9
22 So Dutta/Jacoby/Schwab/*Althammer*, § 91 FamFG Rn. 9; *Schlünder*, FamRZ 2009, 1636, 1639
23 So etwa Sternal/*Giers*, § 91 FamFG Rn. 2; Musielak/Borth/*Frank*, § 91 FamFG Rn. 3
24 Zöller/*Feskorn*, § 91 FamFG Rn. 8

A. Allgemeines

Die Vorschrift macht für das Umgangs- und Kindesherausgabeverfahren (zusammenhanglose) einzelne Vorgaben betreffend die **Anhörungspflicht**, die **Kostentragung** und das Verhältnis zum **Vermittlungsverfahren**. 1

B. Inhalt der Norm

I. Anhörung der Beteiligten

Der Verpflichtete ist vor der Festsetzung von **Ordnungsmitteln** grundsätzlich **anzuhören** (Abs. 1). Es handelt sich hierbei um eine **Spezialregelung** für das Vollstreckungsverfahren gegenüber den Anhörungsvorschriften des Erkenntnisverfahrens (insbesondere §§ 159, 160 FamFG).[1] Der Berechtigte hat keinen Anspruch darauf, gehört zu werden.[2] 2

Allerdings ist streitig, ob diese Anhörung nicht nur schriftlich, sondern auch persönlich zu erfolgen hat. Für die Ansicht, die **schriftliche Anhörung** sei ausreichend, spricht der Wortlaut der Vorschrift, wonach – wie bei § 891 Satz 1 ZPO – der Verpflichtete „zu hören" ist. Diese Formulierung ist im FamFG von der „persönlichen Anhörung" zu unterscheiden, die in anderen Vorschriften[3] ausdrücklich vorgesehen ist.[4] Einer persönlichen Anhörung des Schuldners bedarf es auch **nicht** vor der Festsetzung von **Ordnungshaft**.[5] Insbesondere in **Kindschaftssachen** ist aber jeweils im Einzelfall sorgfältig zu prüfen, ob durch die persönliche Anhörung der Beteiligten die Vollstreckung im Interesse des Kindeswohls schonender durchgeführt werden kann.[6]

Im Übrigen ist im Ordnungsmittelverfahren mangels Prüfung des Kindeswohls grundsätzlich weder ein **Verfahrensbeistand** zu bestellen[7] (anders bei der Gestattung unmittelbaren Zwangs, siehe hier § 90 FamFG Rn. 7) noch das **Jugendamt** förmlich anzuhören.[8] Freilich sollte das **Jugendamt** in problematischen Fällen schon im Hinblick auf die wünschenswerte Hilfestellung (§ 88 Abs. 2 FamFG) eingebunden werden. Überhaupt kann im Einzelfall die Anberaumung eines **Termins** angebracht erscheinen, um etwaigen neuen, nach Schaffung des Umgangs- oder Kindesherausgabetitels entstandenen Entwicklungen Rechnung tragen zu können. Für weitere Ermittlungen von Amts wegen ist im Vollstreckungsverfahren grundsätzlich kein Raum.

Die Anhörungspflicht im Fall der Anordnung von **unmittelbarem Zwang** ist eingeschränkt, wenn – wie meistens – hierdurch die Vollstreckung vereitelt oder wesentlich erschwert würde (Abs. 1 Satz 2). Denn dies könnte etwa dazu führen, dass die Kinder wieder an einen anderen Ort gebracht und damit der Vollstreckung entzogen werden.[9] 3

1 OLG Hamm FamRZ 2018, 1938; Prütting/Helms/*Hammer*, § 92 FamFG Rn. 2 m.w.N.
2 OLG Nürnberg FamRZ 2018, 595
3 Vgl. etwa §§ 34, 160 FamFG
4 Ganz h.M., vgl. OLG Nürnberg FamRZ 2018, 595; OLG Karlsruhe FamRZ 2015, 2000; Dutta/Jacoby/Schwab/*Althammer*, § 92 FamFG Rn. 1; Prütting/Helms/*Hammer*, § 92 FamFG Rn. 2; Zöller/*Feskorn*, § 92 FamFG Rn. 2; a.A.: Sternal/*Giers*, § 92 FamFG Rn. 2
5 So aber OLG Celle FamRZ 2021, 625, kritisch dazu *Cirullies*, NZFam 2021, 471; NZFam 2022, 333, 338 m. w. N.; offen gelassen von OLG Celle FamRZ 2022, 1640 = NZFam 2022, 905 (*Cirullies*).
6 Musielak/Borth/*Frank*, § 92 FamFG Rn. 2; Johannsen/Henrich/Althammer/*Dürbeck*, § 92 FamFG Rn. 2;
7 Vgl. BGH FamRZ 2015, 1011
8 OLG Hamm FamRZ 2018, 1938
9 OLG Zweibrücken FamRZ 2004, 1592

II. Kostenpflicht

4 Ordnet das Gericht Ordnungsmittel oder unmittelbaren Zwang an, hat es dem **Verpflichteten** zwingend die **Kosten des Vollstreckungsverfahrens** aufzuerlegen. Eine Differenzierung nach den getroffenen Maßnahmen oder nach den Anteilen des „Obsiegens und Verlierens" von Berechtigtem und Verpflichtetem ergibt sich dabei nicht.[10] Es genügt, dass dem Verpflichteten ein einziger Verstoß anzulasten ist.[11] Diese gegenüber § 87 Abs. 5 FamFG vorrangige **Sonderregelung** ist entsprechend anzuwenden bei einer Durchsuchungsanordnung oder einer Entscheidung nach § 94 FamFG.[12]

Weist das Gericht die entsprechenden Anträge zurück, verbleibt es bei der Kostenfolge gemäß § 87 Abs. 5 FamFG.

III. Vermittlungsverfahren

5 Die Durchführung eines **Vermittlungsverfahrens** nach § 165 FamFG ist nicht Voraussetzung für die Anordnung von Zwangsmaßnahmen. Abs. 3 stellt klar, dass das Vermittlungsverfahren und das Vollstreckungsverfahren zwei voneinander unabhängige Verfahrensarten sind. Mit Einleitung eines Vermittlungsverfahrens kann jedoch gemäß § 93 Abs. 1 Nr. 5 FamFG die einstweilige **Einstellung der Vollstreckung** beantragt werden.

§ 93 FamFG
Einstellung der Vollstreckung

(1) [1]Das Gericht kann durch Beschluss die Vollstreckung einstweilen einstellen oder beschränken und Vollstreckungsmaßregeln aufheben, wenn

1. Wiedereinsetzung in den vorigen Stand beantragt wird;

2. Wiederaufnahme des Verfahrens beantragt wird;

3. gegen eine Entscheidung Beschwerde eingelegt wird;

4. die Abänderung einer Entscheidung beantragt wird;

5. die Durchführung eines Vermittlungsverfahrens (§ 165) beantragt wird.

[2]In der Beschwerdeinstanz ist über die einstweilige Einstellung der Vollstreckung vorab zu entscheiden. [3]Der Beschluss ist nicht anfechtbar.

(2) Für die Einstellung oder Beschränkung der Vollstreckung und die Aufhebung von Vollstreckungsmaßregeln gelten § 775 Nr. 1 und 2 und § 776 der Zivilprozessordnung entsprechend.

Übersicht

10 OLG Hamm FamRZ 2017, 1580.
11 Näher *Cirullies*, NZFam 2023, 791 m.w.N.
12 Sternal/*Giers*, § 92 FamFG Rn. 4, aber streitig

A. Allgemeines

I. Terminologie

1 Die Durchsetzung einer gerichtlichen Entscheidung hat häufig eine endgültige, nicht mehr umkehrbare Wirkung. Daher wird auch hier für bestimmte typische Konstellationen die rechtliche Handhabe geboten, die Vollstreckung zu unterbrechen, einzuschränken oder einzelne Maßnahmen gänzlich aufzuheben. Die Überschrift der Norm spricht von **Einstellung** der Vollstreckung. Dieser Begriff deckt sich inhaltlich mit demjenigen der **Aussetzung** der Vollziehung (etwa in §64 Abs. 3 FamFG) oder dem **Aufschub** der Vollstreckung in §156 Abs. 1 Satz 3 GVGA.[1]

II. Anwendungsbereich

2 Nach der systematischen Stellung im Unterabschnitt 2 betrifft die Vorschrift lediglich Verfahren über die Herausgabe von Personen und die Regelung des Umgangs.[2] Für **einstweilige Anordnungen** gilt die Sondervorschrift des §55 FamFG.[3] Im Falle einer **Beschwerde** gegen eine entsprechende Hauptsache-Entscheidung ist die **Abgrenzung** zwischen §64 Abs. 3 FamFG und §93 Abs. 1 Satz 1 Nr. 3 FamFG **umstritten**.

Abs. 1 Satz1 nennt fünf Einstellungsgründe, von denen nur **Nr. 3 und 4** von größerer praktischer Relevanz sind. Allerdings soll der Regelungskatalog nicht abschließend sein.[4]

B. Inhalt der Norm

I. Einlegung der Beschwerde (Nr. 3)

3 Hier geht es um die Einlegung einer **Beschwerde** gegen den Vollstreckungstitel selbst nach §58 FamFG. Die Beschwerde gegen ein Ordnungsmittel hat nach §87 Abs. 4 FamFG i.V.m. §570 Abs. 1 ZPO ohnehin aufschiebende Wirkung, so dass es einer Einstellung nicht bedarf (siehe *Cirullies*, §87 FamFG Rn. 7).

Auch nach §64 Abs. 3 FamFG kann das Beschwerdegericht die Vollziehung des angefochtenen Beschlusses einstweilen unterbinden. Die Abgrenzung zwischen den beiden Vorschriften liegt nicht klar auf der Hand. Entsprechend wird vage formuliert, die Einstellung (oder Aussetzung) der Vollstreckung sei den „Verfahren nach §§64 Abs. 3 bzw. 93 Abs. 1 Nr. 3 FamFG" vorbehalten.[5] Jedenfalls gibt es eine Überschneidung.[6]

Praxishinweis: Bedarf es der Aufhebung einzelner Vollstreckungsmaßnahmen (z.B. eines Ordnungsmittelbeschlusses oder der Anordnung unmittelbaren Zwangs), ermöglicht dies allein §93 FamFG, und zwar unabhängig davon, ob das Ordnungsmittel bereits (rechtskräftig) verhängt ist oder nicht. Eine Antragstellung – auch bezüglich der Vorabentscheidung nach Abs. 1 Satz 2 – ist nicht erforderlich, jedoch zu empfehlen.[7]

---

1 Eingehend zum Ganzen *Cirullies*, Anm. zu BVerfG FamRZ 2023, 283 m.w.N.
2 OLG Rostock BeckRS 2024, 19130; OLG Celle FamRZ 2023, 148 (je betr. elterliche Sorge); Zöller/*Feskorn*, §93 FamFG Rn. 1; Sternal/*Giers*, §93 FamFG Rn. 1
3 BGH FamRZ 2015, 2147 m. Anm. *Giers*; OLG Koblenz FamRZ 2020, 2017; *Stockmann*, FamRB 2020, 272, 273
4 Musielak/Borth/*Frank*, §93 FamFG Rn. 3
5 OLG Frankfurt FamRZ 2013, 812 (LS) = ZKJ 2013, 263; meist wird auf §64 FamFG zurückgegriffen, etwa OLG Köln NJW 2025, 674
6 Eingehend zum Ganzen *Cirullies*, Anm. zu BVerfG FamRZ 2023, 283 m.w.N.
7 Zöller/*Feskorn*, §64 FamFG Rn. 14; HB-VB/*Heilmann*, 4. Aufl., Rn. 1562; *Giers*, NZFam 2021, 651; *Engelmann*, NZFam 2017, 967

II. Abänderungsantrag (Nr. 4)

4 Auch wenn die Abänderung einer Entscheidung **beantragt** wird, kann das für die **Abänderungsentscheidung** zuständige Gericht die Vollstreckung einstellen oder beschränken. Dieses Vorgehen ist gerade bei **Umgangstiteln** von Bedeutung, wenn der betreuende Elternteil aufgrund neuer Umstände Umgangskontakte für nicht (mehr) vertretbar hält. Da eine Überprüfung der Rechtmäßigkeit der gerichtlichen Entscheidung, insbesondere des Kindeswohls, im Vollstreckungsverfahren grundsätzlich nicht mehr stattfindet (hier § 89 FamFG Rn. 28), kann die Vollziehung des Ausgangstitels nur in einem Abänderungsverfahren in Verbindung mit einem Antrag auf **Einstellung** der Zwangsvollstreckung unterbunden werden. Die hierfür darzulegenden neuen Umstände stehen einer Vollstreckung des Umgangstitels entgegen.[8]

Dabei besteht die Möglichkeit der Vollstreckungseinstellung nach einhelliger Auffassung auch im Falle des nach § 166 Abs. 1 Satz 1 FamFG i.V.m. § 1696 BGB **von Amts wegen** eingeleiteten Abänderungsverfahrens.[9] So kann das Gericht auch **Umgangsregelungen** – etwa bei dem Vorwurf des sexuellen Missbrauchs durch den Umgangsberechtigten – von Amts wegen überprüfen und vorläufig aussetzen.[10] Gleiches gilt bei der Verpflichtung zur **Herausgabe** des Kindes aufgrund einer Sorgerechtsentscheidung.[11]

III. Anfechtbarkeit

5 Der Beschluss – der einstellende wie auch der eine Einstellung ablehnende – ist **nicht anfechtbar** (Abs. 1 Satz 3). Bei Änderung der Sachlage kann jedoch ein neuer Einstellungsantrag gestellt werden.

§ 94 FamFG
Eidesstattliche Versicherung

[1]Wird eine herauszugebende Person nicht vorgefunden, kann das Gericht anordnen, dass der Verpflichtete eine eidesstattliche Versicherung über ihren Verbleib abzugeben hat. [2]§ 883 Abs. 2 und 3 der Zivilprozessordnung gilt entsprechend.

1 Wird das herauszugebende Kind vom Gerichtsvollzieher nicht vorgefunden, kann das Gericht – von Amts wegen oder auf Antrag – den Verpflichteten anhalten, eine eidesstattliche Versicherung über den Verbleib des Kindes abzugeben. Die Regelungen in §§ 883 Abs. 2 und 3 i.V.m. §§ 478 ff., 802g ff. ZPO gelten entsprechend. Demgemäß hat der Verpflichtete dann zu Protokoll **an Eides statt zu versichern**, dass er das Kind nicht bei sich oder in seinem Haushalt habe und auch nicht wisse, wo es sich befinde.[1] Gegen die Anordnung des Gerichts und ihre Ablehnung ist die **sofortige Beschwerde** (§ 87 Abs. 4 FamFG) gegeben.

8 Dazu OLG Naumburg FamRZ 2019, 628 (LS), 36694, dazu *Opitz*, NZFam 2019, 181
9 OLG Brandenburg FamRZ 2020, 44 (Auslegung einer laienhaft formulierten Beschwerdebegründung); OLG Celle ZKJ 2011, 433, dazu *Leipold*, FamFR 2011, 448; Zöller/*Feskorn*, § 93 FamFG Rn. 3; Prütting/Helms/*Hammer*, § 93 FamFG Rn. 2
10 Vgl. OLG Karlsruhe NZFam 2014, 793 mit Anm. *Cirullies*
11 OLG Koblenz FamRZ 2016, 1860; auch bei ausländischen Entscheidungen: BVerfG FamRZ 2023, 1798 = NZFam 2024, 210 mit Anm. *Rieländer*, NZFam 2024, 203; vgl. auch *Coester-Waltjen*, IPRax 2024, 213; ferner OLG Rostock FamRZ 2024, 129
1 Dazu *Cirullies*, ZKJ 2010, 174, 178

Funktionell zuständig für die Abnahme der eidesstattlichen Versicherung ist der **Gerichtsvollzieher**.[2] Er lädt den Verpflichteten unmittelbar[3] zum **Termin** und nimmt die Erklärungen zu **Protokoll**.[4] 2

Falls der Verpflichtete zu dem Termin nicht erscheint oder die Abgabe der eidesstattlichen Versicherung grundlos verweigert, kann das Gericht gegen ihn einen **Erzwingungshaftbefehl** erlassen. Dies gilt erst recht, wenn der Verpflichtete gegenüber dem Gerichtsvollzieher ausdrücklich erklärt, die Herausgabe des Kindes zu verweigern, oder gar aktiv die Vollstreckung der Herausgabeverpflichtung verhindert.[5] Der Haftbefehl beinhaltet nach § 91 Abs. 2 FamFG zugleich einen richterlichen **Durchsuchungsbeschluss**. Auch bei diesem „Haftbefehl" handelt es sich – wie bei der Festsetzung von Zwangs- und Ordnungshaft – um die beglaubigte Abschrift des entsprechenden Anordnungsbeschlusses. 3

Zuständig für den Erlass ist das **Familiengericht**, in dessen Hand die Vollstreckung der Kindesherausgabe liegt.[6] Die Verhaftung wird wie bei der Ordnungshaft durchgeführt.

▶ *Zur Ordnungshaft siehe Cirullies, § 89 FamFG Rn. 21.*

2 Und nicht etwa der Rechtspfleger, wie § 883 Abs. 2 Satz 2 ZPO eindeutig ausweist, dazu *Cirullies*, Vollstreckung in Familiensachen, Rn. 505

3 Auch wenn ein Verfahrensbevollmächtigter bestellt ist (§ 802f Abs. 2 ZPO)

4 Sternal/*Giers*, § 94 Rn. 2

5 Zu einem solchen Fall OLG Celle FamRZ 2023, 527

6 Zu den unterschiedlichen Zuständigkeiten *Cirullies*, Vollstreckung in Familiensachen, Rn. 506

Unterabschnitt 3
Vollstreckung nach der Zivilprozessordnung

§ 95 FamFG

Anwendung der Zivilprozessordnung

(1) Soweit in den vorstehenden Unterabschnitten nichts Abweichendes bestimmt ist, sind auf die Vollstreckung

1. **wegen einer Geldforderung,**
2. **zur Herausgabe einer beweglichen oder unbeweglichen Sache,**
3. **zur Vornahme einer vertretbaren oder nicht vertretbaren Handlung,**
4. **zur Erzwingung von Duldungen und Unterlassungen oder**
5. **zur Abgabe einer Willenserklärung**

die Vorschriften der Zivilprozessordnung über die Zwangsvollstreckung entsprechend anzuwenden.

(2) An die Stelle des Urteils tritt der Beschluss nach den Vorschriften dieses Gesetzes.

(3) [1]Macht der aus einem Titel wegen einer Geldforderung Verpflichtete glaubhaft, dass die Vollstreckung ihm einen nicht zu ersetzenden Nachteil bringen würde, hat das Gericht auf seinen Antrag die Vollstreckung vor Eintritt der Rechtskraft in der Entscheidung auszuschließen. [2]In den Fällen des § 707 Abs. 1 und des § 719 Abs. 1 der Zivilprozessordnung kann die Vollstreckung nur unter derselben Voraussetzung eingestellt werden.

(4) Ist die Verpflichtung zur Herausgabe oder Vorlage einer Sache oder zur Vornahme einer vertretbaren Handlung zu vollstrecken, so kann das Gericht durch Beschluss neben oder anstelle einer Maßnahme nach den §§ 883, 885 bis 887 der Zivilprozessordnung die in § 888 der Zivilprozessordnung vorgesehenen Maßnahmen anordnen, soweit ein Gesetz nicht etwas anderes bestimmt.

Übersicht

Weiterführende Literatur: Cirullies, Zwangsmittel und Haftbefehl – Die Anordnung von Ersatzzwangshaft, NJW 2013, 203; *ders.*, Der Gerichtsvollzieher im Gewaltschutzverfahren – Vollstreckung der Ordnungshaft, DGVZ 2017, 81; *Schulte-Bunert*, Die Vollstreckung nach der ZPO gemäß §§ 95 f. FamFG, FPR 2012, 491.

A. Allgemeines

1 Diese **Auffangnorm** ordnet für die Vollstreckung bestimmter Verpflichtungen die entsprechende Anwendung der **Vorschriften der ZPO** an, soweit nicht die Spezialregelungen in

§§ 88 ff. FamFG eingreifen. Dabei tritt begrifflich der **Beschluss** nach § 38 FamFG an die Stelle des Urteils, um die Einheitlichkeit des FamFG-Verfahrens zu wahren (Abs. 2). Auch beurteilen sich die **allgemeinen Vollstreckungsvoraussetzungen** nach §§ 86, 87 FamFG, nicht nach der ZPO.[1] Aufgrund des Verweises auf die ZPO kann das **Vollstreckungsgericht** in besonderen Härtefällen Schuldnerschutz nach § 765a ZPO gewähren.

B. Inhalt der Norm – Regelungsgegenstände (Abs. 1)

I. Geldforderung (Nr. 1)

Die Bestimmung spielt in **Kindschaftssachen** im Wesentlichen nur für die **Vergütung** des Pflegers und Vormunds (§ 168d FamFG n.F.) sowie für den **Kostenfestsetzungsbeschluss** eine Rolle. Dann bedarf es regelmäßig einer Vollstreckungsklausel nach § 86 Abs. 3 FamFG. Vollstreckt wird gemäß §§ 803 ff. ZPO in der Regel durch Sachpfändung (§ 803 ZPO) oder Forderungspfändung (§ 829 ZPO). 2

II. Herausgabe von Sachen (Nr. 2)

Hat das Gericht mit der **Kindesherausgabe** die Herausgabe der zum persönlichen Gebrauch des Kindes bestimmten **Sachen** angeordnet, erfolgt die Vollstreckung dieses Titels nach §§ 883 ff. ZPO analog.[2] Dies gilt auch bei einer **separaten** Entscheidung, etwa betreffend die Herausgabe des Kinderreisepasses[3] oder eines Impfausweises. Erforderlich ist ein entsprechender **Vollstreckungsauftrag** des Berechtigten gemäß § 754 ZPO an den **Gerichtsvollzieher**. 3

Räumungstitel, etwa in Gewaltschutzsachen, werden nach § 885 ZPO ebenfalls durch den Gerichtsvollzieher vollstreckt.[4]

Nach Abs. 4 kann das Gericht anstelle einer Herausgabevollstreckung (oder zusätzlich) **Zwangsgeld bzw. Zwangshaft** nach § 888 Abs. 1 ZPO verhängen, wenn der berechtigte Beteiligte diesen Weg ausnahmsweise für effektiver erachtet und einen entsprechenden Antrag stellt.

III. (Nicht) vertretbare Handlungen (Nr. 3)

Vertretbare Handlungen, deren Vornahme durch einen **Dritten** erfolgen können, sind in Kindschaftssachen selten und dann nach **§ 887 ZPO** im Wege der Ersatzvornahme zu vollstrecken.[5] 4

Meist geht es um **unvertretbare Handlungen**, die nur durch den Verpflichteten selbst, nicht von einem Dritten ausgeführt werden können. Hierzu zählt vor allem die **Auskunftserteilung**. In Kindschaftssachen kommen insoweit Ansprüche auf Auskunft über die persönlichen Verhältnisse des Kindes nach §§ 1686, 1686a Abs. 1 Nr. 2 BGB in Betracht.[6] Gleiches gilt für Ansprüche gegen die Kindesmutter auf Auskunft über die Identität des biologischen oder des rechtlichen Vaters,[7] ferner für Ansprüche des Kindes über die Identität seines ano-

1 Mangels spezieller Regelungen zu den besonderen Vollstreckungsvoraussetzungen gelten insoweit die Vorschriften der ZPO (etwa § 751 Abs. 1)
2 Aber str. dazu hier *Cirullies*, § 88 FamFG Rn. 1
3 Dazu BGH FamRZ 2019, 1056 mit Anm. *Rake* = ZKJ 2019, 303 mit Anm. *Dürbeck*
4 Ausführlich *Cirullies*, DGVZ 2018, 77
5 Z.B. Entfernung neu eingebauter Türschlösser; wegen der Einzelheiten vgl. *Cirullies*, Vollstreckung in Familiensachen, Rn. 268 ff.
6 Vgl. BGH FamRZ 2017, 918; OLG Saarbrücken FamRZ 2015, 162; *Dürbeck*, ZKZ 2017, 457, 461; ausführlich *Cirullies*, Vollstreckung in Familiensachen, Rn. 557 ff.
7 Vgl. etwa BGH FamRZ 2014, 1440 (Anspruch des Scheinvaters); OLG Oldenburg FamRZ 2010, 1819 (Anspruch des biologischen Vaters)

nymen Samenspenders.[8] Auch die vom Gericht verhängten **Gebote** nach § 1666 Abs. 3 BGB (z.B. Inanspruchnahme öffentlicher Hilfen oder Mitwirkung bei der Schulpflicht; ferner hier *Cirullies*, § 1666 BGB Rn. 28, 45)[9] gehören hierzu, desgleichen **Auflagen** nach § 1667 BGB (Vermögensverzeichnis, Rechnungslegung). Solche Pflichten zur **Belegvorlage**, meist als Annex zu Auskunftsansprüchen, können ebenfalls nach § 888 ZPO durchgesetzt werden.[10] Auch Begleitanordnungen im Zuge einer **Wohnungsräumung** können hierzu gehören.[11]

5 Die Vollstreckung der unvertretbaren Handlungen erfolgt nach **§ 888 ZPO** durch Verhängung von **Zwangsmitteln**. Nicht in Betracht kommt die Vollstreckung nach § 89 FamFG,[12] da diese Vorschrift lediglich Umgangs- und Kindesherausgabetitel betrifft.

Die Bestimmung der **Höhe** des **Zwangsgeldes** (5 bis 25.000 EUR)[13] sowie der **Dauer** der **Zwangshaft** (bis zu sechs Monaten)[14] liegt im pflichtgemäßen **Ermessen** des Gerichts. Wie stets bei Zwangsmitteln kann der Verpflichtete die Vollstreckung jederzeit durch Vornahme der zu erzwingenden Handlung **abwenden**. Ein **Verschulden** des Verpflichteten ist – wie bei § 35 FamFG und im Gegensatz zu § 890 ZPO (dazu unten Rn. 7) – **nicht** erforderlich, denn es handelt sich um ein reines Beugemittel, dessen Vollstreckung jederzeit abgewendet werden kann.

Die Durchführung ähnelt der Vollstreckung nach **§ 35 FamFG** (siehe dazu hier *Kischkel*, § 35 FamFG Rn. 8),[15] doch gibt es einige Unterschiede:

- grundsätzlich nur auf Antrag[16] und Betreiben des Berechtigten (Gläubigers), in Amtsverfahren (insbesondere § 1666 BGB) auch von Amts wegen,
- keine Androhung (Abs. 2),
- kein Ermessen des Gerichts,[17]
- zwingend Verhängung von Zwangsgeld *und* Ersatzzwangshaft.

Das **Zwangsgeld** wird vollstreckt entsprechend den Vorschriften über die Zwangsvollstreckung wegen Geldforderungen (§§ 803 bis 882a ZPO).[18]

Der **Erfüllungseinwand** des Schuldners ist im Verfahren gemäß § 888 ZPO zu berücksichtigen, kann jedoch auch im Verfahren nach § 767 ZPO geltend gemacht werden.[19]

6 Wie bei § 35 FamFG kann das Gericht originär oder in Ergänzung der Zwangsgeldfestsetzung **Zwangshaft** anordnen:

- unmittelbar (Zwangsgeldfestsetzung absehbar erfolglos) *oder*
- für den Fall der Wirkungslosigkeit der Zwangsgeldfestsetzung *oder*
- bei Nichtbeitreibbarkeit des Zwangsgeldes (Ersatzzwangshaft).[20]

---

8 BGH FamRZ 2015, 642
9 KG FamRZ 2024, 1876
10 Verfassungsgericht Brandenburg NZFam 2022, 691 mit Anm. *Cirullies*
11 Eingehend *Cirullies*, DGVZ 2018, 77, 82; zur Abgrenzung der Vollstreckung nach §§ 883, 887, 888 ZPO vgl. OLG Brandenburg FamRB 2024, 115 (*Giers*)
12 So MüKo-BGB/*Volke*, § 1666 Rn. 269
13 Die Untergrenze folgt aus Art. 6 Abs. 1 Satz 1 EGStGB, die Obergrenze aus § 888 Abs. 1 Satz 2 ZPO
14 Das Mindestmaß von einem Tag ergibt sich aus Art. 6 Abs. 1 EGStGB, das Höchstmaß von sechs Monaten aus § 888 Abs. 1 Satz 3 i.V.m. § 802j Abs. 1 ZPO.
15 Ausführlich *Cirullies*, FamRZ 2012, 157
16 Dazu *Cirullies*, Vollstreckung in Familiensachen, Rn. 285 mit Formulierungsbeispiel
17 „ist … zu erkennen, …"
18 So auch § 196 Abs. 2 Satz 1 GVGA
19 VerfG Brandenburg NZFam 2022, 691 mit Anm. *Cirullies*
20 Eingehend *Cirullies*, NJW 2013, 203

Auch den **Verhaftungsauftrag** an den **Gerichtsvollzieher** erteilt der Gläubiger (oder in Amtsverfahren das Gericht).

IV. Duldung und Unterlassung (Nr. 4)

1. Anwendungsbereich

Klassischer Anwendungsfall ist die Vollstreckung von **Schutzanordnungen nach § 1 GewSchG**.[21] Doch auch in Kindschaftssachen sind gelegentlich Verstöße gegen Unterlassungspflichten zu ahnden. So können in Fällen von Kindeswohlgefährdung bestimmte Maßnahmen angeordnet werden, vor allem die **Wegweisung** eines Elternteils oder eines Dritten (nebst Platzverweis), ferner ein **Kontakt- und Näherungsverbot**. Die Vollstreckung dieser auf Duldung und Unterlassen gerichteten Anordnungen erfolgt in erster Linie nach **§ 890 ZPO**, also durch Verhängung von **Ordnungsmitteln**. Doch ist auch die – häufig effektivere – Anwendung **unmittelbaren Zwangs** möglich (vgl. Rn. 14). 7

Hingegen ist die (auch nur konkludente) Anordnung, dass ein Elternteil außerhalb der festgelegten **Umgangsbefugnis** Kontakte zu dem Kind zu unterlassen hat, mit Ordnungsmitteln nach § 89 FamFG zu ahnden (vgl. *Cirullies*, § 89 FamFG Rn. 13).[22]

2. Zuwiderhandlung

Die Ahndung setzt nach § 890 Abs. 1 ZPO eine „Zuwiderhandlung" voraus. Der bloße Versuch der Zuwiderhandlung genügt nicht.[23] Die entsprechende Feststellung ist nur möglich, wenn der Vollstreckungstitel **hinreichend bestimmt**, die Verpflichtung des Schuldners – notfalls im Wege der Auslegung – also eindeutig erkennbar ist (siehe *Cirullies*, § 86 FamFG Rn. 19). Zudem muss das Vorliegen einer Zuwiderhandlung unter Beachtung der sog. **Kerntheorie** geprüft werden: Danach beschränkt sich der Schutzumfang eines Unterlassungstitels nicht auf Handlungen, die mit der tenorierten Verpflichtung identisch sind; vielmehr erstreckt er sich auf alle Verletzungshandlungen, die als **gleichwertig** anzusehen sind.[24] Der Betroffene kann sich also nicht nur gegen eine exakte Wiederholung der Verletzungshandlung wehren, sondern auch gegen zwar leicht abgewandelte, aber **in ihrem Kern gleiche Eingriffe**, die von der im Titel bezeichneten Verletzungsform geringfügig abweichen.[25] 8

Mehrere Zuwiderhandlungen sind grundsätzlich **je** mit Ordnungsgeld oder entsprechender Ordnungshaft zu ahnden, können allerdings unter bestimmten Voraussetzungen zu einer **natürlichen Handlungseinheit** zusammengefasst werden (vgl. *Cirullies*, § 89 FamFG Rn. 17).

3. Verschulden

Ordnungsmittel haben im Gegensatz zu den Zwangsmitteln nicht nur Beuge-, sondern auch repressiven, strafähnlichen Sanktionscharakter.[26] Daher setzt deren Verhängung **Verschulden** sowie den entsprechenden **Vollbeweis** voraus.[27] Das Kennen oder Kennenmüssen des Unterlassungsgebots ist auch im Fall der nach § 53 Abs. 2 FamFG fingierten **Wirksamkeit** und Vollstreckbarkeit einer einstweiligen Anordnung **vor Zustellung** erforderlich.[28] Eine 9

21 Dazu hier *Cirullies*, § 1 GewSchG Rn. 39 ff.
22 KG FamRZ 2015, 940; a.A. BT-Drs. 16/6308 220
23 OLG Brandenburg FamRZ 2019, 1269 m. Anm. *Cirullies*
24 BGH MDR 2013, 1118; KG BeckRS 2007, 17344; BeckOK-ZPO/*Stürner*, § 890 Rn. 13
25 BGH NJW 2014, 2870; NJW 1994, 2820; ferner OLG Köln FamRZ 2015, 163
26 BVerfG NJW 2018, 531
27 KG FamRZ 2021, 1800 = NZFam 2021, 501 mit Anm. *Cirullies*; OLG Koblenz FamRZ 2019, 1947
28 OLG Brandenburg FamRZ 2019, 1269 mit Anm. *Cirullies*; OLG Hamburg FamRZ 2019, 1449 = NZFam 2019, 730 mit Anm. *Cirullies*

bloße Glaubhaftmachung der Zuwiderhandlung reicht auch dann nicht aus, wenn das Erkenntnisverfahren eines des **einstweiligen Rechtsschutzes** gewesen ist.[29]

Der Verpflichtete trägt im Übrigen grundsätzlich die **Feststellungslast** für seine **Schuldunfähigkeit**, die eine Ausnahme vom Grundsatz der Eigenverantwortlichkeit des Handelns darstellt.[30] Gegen einen schuldunfähigen Täter kann **unmittelbarer Zwang** angewendet werden (dazu Rn. 14).

4. Androhung

10 Ferner bedarf es nach § 890 Abs. 2 ZPO einer **vorherigen Androhung**, die zur Vermeidung von Verzögerungen bereits bei **Anordnung** der Maßnahme ausgesprochen werden sollte. Ein Ordnungsmittel kann nur festgesetzt werden, wenn der Schuldner den Verstoß zeitlich **nach** Eintritt der Zulässigkeit der Zwangsvollstreckung und nach der erforderlichen Androhung begangen hat.[31]

Verfahrensrechtlich sind einige Besonderheiten zu beachten:

- Die Androhung muss, um wirksam zu sein, **Art und Höchstmaß** des angedrohten hoheitlichen Zwangs bestimmt angeben.[32]
- Die Androhung kann nicht in einem **Vergleich** enthalten sein, sondern setzt in diesem Fall eine gerichtliche Androhung durch einen **separaten Beschluss** voraus.
- Wurde **nur Ordnungsgeld** angedroht, kann nicht ersatzweise Ordnungshaft verhängt werden.[33]
- Wurde (versehentlich) die Festsetzung eines **Zwangsgeldes** angedroht, liegt darin nicht (auch) die Androhung eines Ordnungsgeldes.[34]

Vor der Entscheidung muss der Schuldner im Übrigen (schriftlich) **angehört** werden, § 891 ZPO.

5. Ordnungsmittelfestsetzung

11 Beantragt der Berechtigte die Vollstreckung nach § 890 ZPO, so „verurteilt" das Familiengericht den Schuldner wegen jeder Zuwiderhandlung zu

- einem **Ordnungsgeld, ersatzweise Ordnungshaft** (zur Festsetzung der Ersatzordnungshaft im Einzelnen vgl. *Cirullies*, § 89 FamFG Rn. 19), *oder*
- unmittelbar zur **Ordnungshaft**.

Das **Ordnungsgeld** beträgt pro Zuwiderhandlung 5 bis 250.000 EUR.[35] Die mögliche Dauer einer **Ordnungshaft** liegt zwischen einem Tag und sechs Monaten (vgl. hier § 89 FamFG Rn. 21)[36] für jede Zuwiderhandlung (bei mehreren Verstößen maximal zwei Jahre).[37] Wiederholte, über mehrere Monate andauernde Verstöße gegen ein gemäß dem Gewaltschutzgesetz verhängtes Kontaktverbot sollen insgesamt 720 Tage Ordnungshaft rechtfertigen

29 KG FamRZ 2021, 707 = FamRB 2021, 26 (*Cirullies*); insoweit missverständlich OLG Brandenburg BeckRS 2021, 35700 (Glaubhaftmachung ausreichend bei schlichtem Bestreiten)
30 OLG Hamburg FamRZ 2021, 1411; OLG Koblenz FamRZ 2017, 1933, 1934; zur Problematik bei schuldunfähigen Tätern eingehend *Cirullies*, FamRZ 2014, 1901
31 BGH WM 2012, 1489 = FamRZ 2012, 1563 (LS)
32 BGH NJW 2004, 506
33 OLG Hamm MDR 1992, 411
34 OLG Zweibrücken BeckRS 2024, 18545 (betr. § 89 FamFG); OLG Brandenburg FamRZ 2009, 1084
35 Art. 6 Abs. 1 Satz 1 EGStGB, § 890 Abs. 1 Satz 2 ZPO
36 Die Haft kann in Tagen oder auch in Monaten bestimmt werden, OLG Celle FamRZ 2024, 289 = NZFam 2024, 184 (*Cirullies*)
37 § 890 Abs. 1 Satz 2 ZPO

können.[38] Lässt das Verhalten des Schuldners erkennen, dass ihn die Verhängung und Vollstreckung eines Ordnungsgeldes von weiteren Verstößen nicht abhalten würde, kommt auch die sofortige Festsetzung von Ordnungshaft in Betracht.[39]

6. Vollziehung

Ordnungsgeld wird stets **von Amts wegen durch das Gericht** beigetrieben und ist an die Staatskasse abzuführen (siehe *Cirullies,* § 89 FamFG Rn. 20). Die Haftvollstreckung liegt ebenfalls in der Hand des **Familiengerichts** (siehe *Cirullies,* § 89 FamFG Rn. 21). Sie wird durch den Gerichtsvollzieher vorgenommen.[40] 12

7. Vollstreckungsschutz

Auch noch im Beitreibungsverfahren kann das Gericht dem Verpflichteten **Zahlungserleichterungen** gewähren und eine Stundung oder Teilzahlung bewilligen, wenn ihm die sofortige Zahlung wirtschaftlich nicht zumutbar ist (Art. 7 EGStGB).[41] Die Gestattung solcher Zahlungserleichterungen soll lediglich verhindern, dass ein Ordnungsgeld vorschnell in **Ersatz-Ordnungshaft** umgewandelt wird, nicht aber den weiteren Fortgang der Vollstreckung lähmen.[42] 13

Die Vollstreckung der **Ersatzordnungshaft** hat zu unterbleiben, wenn die weitere Vollziehung aufgrund der Geschehnisse und Entwicklungen, die nach der Rechtskraft des Ordnungsmittelbeschlusses eingetreten sind, eine **unbillige Härte** darstellen würde (Art. 8 Abs. 2 EGStGB). Auf Antrag des Schuldners trifft das Familiengericht (als Prozessgericht) eine entsprechende Anordnung.

8. Anwendung von Gewalt

Unterlassungsgebote können nach § 96 FamFG mit **unmittelbarem Zwang** (siehe dazu hier § 90 FamFG Rn. 2) durchgesetzt werden, jedoch lediglich in Gewaltschutzsachen und nicht bei Anordnungen aufgrund von § 1666 BGB. Insoweit käme nur bei (recht seltenen) **Duldungstiteln** die ähnliche Regelung in § 892 ZPO in Betracht. Um jedoch dem Kind wirksamen Schutz zu gewähren, unabhängig davon, ob ein inhaltlich identisches **Näherungs- und Kontaktverbot** auf § 1 GewSchG oder auf § 1666 BGB beruht, muss unmittelbarer Zwang auch gegen die Eltern und gegen Dritte zulässig sein. Insoweit ist von einer planwidrigen Gesetzeslücke auszugehen.[43] Folglich kann auch hier der **Gerichtsvollzieher entsprechend § 96 Abs. 1 FamFG** eingeschaltet werden, allerdings nur auf Veranlassung des Gerichts, da die Vollstreckung von Amts wegen erfolgt. 14

Eine solche analoge Anwendung der Vorschrift ist auch geboten, wenn gegen einen **Schuldunfähigen** ein auf §§ 823, 1004 BGB analog gestützter Unterlassungstitel besteht (vgl. hier *Cirullies*, § 1 GewSchG Rn. 28).

V. Abgabe einer Willenserklärung (Nr. 5)

Lautet der Titel auf Abgabe einer **Willenserklärung**, erfolgt die Vollstreckung nach **§ 894 ZPO:** Die Willenserklärung gilt (erst) mit Rechtskraft des Titels als abgegeben; einer weite- 15

38 So OLG Hamm BeckRS 2013, 06006, dazu *Alberts*, FamFR 2013, 208; vgl. auch OLG Bremen FamRZ 2018, 289 (Ordnungshaft von 40 Tagen wegen zweier Verstöße)
39 OLG Celle FamRZ 2022, 1640 = NZFam 2022, 905 (*Cirullies*): Ordnungshaft von vier Monaten
40 Zum Verfahren bei der Verhaftung vgl. §§ 145, 146 GVGA
41 Wegen dieser Spezialvorschrift verbietet sich insoweit der Rückgriff auf die Auffangklausel des § 765a ZPO, dazu *Cirullies*, NZFam 2022, 428.
42 OLG Hamm FamRZ 2020, 1490.
43 BeckOGK/*Burghart*, § 1666 BGB Rn. 241

ren Vollstreckung bedarf es nicht. Dazu gehören **Zustimmungen und Einwilligungen**, etwa die nach § 1598a Abs. 2 BGB vom Gericht zu ersetzende Einwilligung in eine genetische Abstammungsuntersuchung[44] oder die Zustimmung zur Ausstellung eines Reisepasses.[45] Hiervon zu unterscheiden ist die Möglichkeit der **Ersetzung** von Erklärungen gemäß § 1666 Abs. 3 Nr. 5 BGB (vgl. *Cirullies*, § 1666 BGB Rn. 54).

§ 96 FamFG

Vollstreckung in Verfahren nach dem Gewaltschutzgesetz und in Ehewohnungssachen

(1) [1]Handelt der Verpflichtete einer Anordnung nach § 1 des Gewaltschutzgesetzes zuwider, eine Handlung zu unterlassen, kann der Berechtigte zur Beseitigung einer jeden andauernden Zuwiderhandlung einen Gerichtsvollzieher zuziehen. [2]Der Gerichtsvollzieher hat nach § 758 Abs. 3 und § 759 der Zivilprozessordnung zu verfahren. [3]Die §§ 890 und 891 der Zivilprozessordnung bleiben daneben anwendbar.

(2) [1]Bei einer einstweiligen Anordnung in Gewaltschutzsachen, soweit Gegenstand des Verfahrens Regelungen aus dem Bereich der Ehewohnungssachen sind, und in Ehewohnungssachen ist die mehrfache Einweisung des Besitzes im Sinne des § 885 Abs. 1 der Zivilprozessordnung während der Geltungsdauer möglich. [2]Einer erneuten Zustellung an den Verpflichteten bedarf es nicht.

Weiterführende Literatur: Cirullies, Der Gerichtsvollzieher im Gewaltschutzverfahren – Anwendung unmittelbaren Zwangs, DGVZ 2016, 17; *ders*, Der Gerichtsvollzieher im Gewaltschutzverfahren – Vollstreckung des Anspruchs auf Wohnungsüberlassung, DGVZ 2018, 77.

1 Geht es um die Vollstreckung von **Schutzmaßnahmen nach § 1 GewSchG**, hat das Opfer die Wahl: Es kann im Falle der Zuwiderhandlung gegen eine gerichtliche Unterlassungsanordnung

- die Festsetzung von **Ordnungsmitteln** beantragen (Abs. 1 Satz 3 oder § 95 Abs. 1 Nr. 4 FamFG je i.V.m. § 890 ZPO) *und/oder*
- zur Beseitigung einer andauernden Zuwiderhandlung einen **Gerichtsvollzieher** zuziehen (sog. **unmittelbarer Zwang**, Abs. 1 Satz 1 und 2; zu dem Begriff hier§ 90 FamFG Rn. 2).

Welchen Weg der Berechtigte beschreiten will, kann er nach freiem Ermessen situationsabhängig selbst entscheiden.[1] Insbesondere bei **schuldunfähigen** Tätern kann die Anwendung unmittelbaren Zwangs angebracht sein, denn dieser setzt – im Gegensatz zu § 890 ZPO – nicht eine schuldhafte Zuwiderhandlung voraus.[2]

Erläuternde Vorschriften zum **Verfahren** finden sich in §§ 62, 133, 134 GVGA. So wird der Gerichtsvollzieher zu der Vollstreckungshandlung ermächtigt durch den Besitz einer **Ausfertigung** der gerichtlichen Schutzanordnung.[3] Im Falle des **Widerstandes** kann er entweder selbst **Gewalt** anwenden oder die **Polizei** zur Unterstützung einschalten (§ 758 Abs. 3 ZPO i.V.m. § 96 Abs. 1 Satz 2 FamFG).[4] Einer gesonderten Gestattung der Gewaltanwendung – wie bei § 90 FamFG[5] – bedarf es hier nicht.[6]

44 Musielak/Borth/*Frank*, § 95 FamFG Rn. 7
45 Dazu EuGH FamRZ 2016, 438
1 Eingehend *Cirullies/Cirullies*, Schutz bei Gewalt und Nachstellung, Rn. 251 ff.
2 *Cirullies*, FamRZ 2014, 1901, 1903
3 § 134 Abs. 2 Satz 1 und 2 GVGA
4 Hierzu *Corcilius*, DGVZ 2020, 41
5 Zur Abgrenzung *Cirullies*, NZFam 2022, 668
6 Zum Verfahren ausführlich *Cirullies*, DGVZ 2016, 17 (mit Schaubild)

Grundsätzlich ist ein **Titel auf Wohnungsüberlassung** nach vollständiger Durchführung der Räumung „verbraucht".[7] Eine Ausnahme besteht nach **Abs. 2** jedoch während der Geltungsdauer (Befristung!) einer einstweiligen Anordnung: Hier ist die mehrfache Einweisung des Berechtigten in den Besitz i.S.d. § 885 Abs. 1 ZPO zulässig. Gleiches gilt für einen im Verfahren der einstweiligen Anordnung geschlossenen **Vergleich** (nicht jedoch analog bei Hauptsache-Entscheidungen).[8] Einer erneuten Zustellung an den Schuldner bedarf es nicht. 2

Die **mehrfache Einweisung** in den Besitz aufgrund einer einstweiligen Anordnung ist nicht nur bei eigenmächtigem Handeln des Täters, sondern nach dem Willen des Gesetzgebers[9] auch dann zulässig, wenn das Opfer den Täter – aus welchen Gründen auch immer – **freiwillig** wieder in die Wohnung aufgenommen hat.[10] Solange der Titel nicht herausgegeben ist, bleibt er vollstreckbar.[11] Der Schuldner muss dementsprechend auf eigenen Antrag die **Aufhebung des Titels** (oder dessen freiwillige Herausgabe) anstreben:

- bei einer endgültigen Regelung im Wege des Vollstreckungsgegenantrags gemäß § 95 FamFG i.V.m. § 767 ZPO,
- bei Vorliegen einer einstweiligen Anordnung mit Anträgen nach §§ 54 oder 55 FamFG.[12]

§ 96a FamFG
Vollstreckung in Abstammungssachen

(1) Die Vollstreckung eines durch rechtskräftigen Beschluss oder gerichtlichen Vergleich titulierten Anspruchs nach § 1598a des Bürgerlichen Gesetzbuchs auf Duldung einer nach den anerkannten Grundsätzen der Wissenschaft durchgeführten Probeentnahme, insbesondere die Entnahme einer Speichel- oder Blutprobe, ist ausgeschlossen, wenn die Art der Probeentnahme der zu untersuchenden Person nicht zugemutet werden kann.

(2) Bei wiederholter unberechtigter Verweigerung der Untersuchung kann auch unmittelbarer Zwang angewendet, insbesondere die gewaltsame Vorführung zur Untersuchung angeordnet werden.

A. Allgemeines

Während die Pflicht zur **Duldung von Probenentnahmen** für familiengerichtliche Abstammungsverfahren bereits in §§ 167a Abs. 2, 178 Abs. 1 FamFG verankert ist,[1] muss das Gericht in dem grundsätzlich außergerichtlichen „Klärungsverfahren" nach **§ 1598a BGB** ge- 1

7 Zum Titelverbrauch näher *Duchstein*, jM 2024, 94

8 Näher *Cirullies/Cirullies*, Schutz bei Gewalt und Nachstellung, Rn. 293 m.w.N.

9 BT-Drs. 14/5429, S. 23: „Nimmt das Opfer den Täter wieder in die Wohnung auf, obliegt es diesem, nach den allgemeinen Grundsätzen eine Aufhebung des Titels herbeizuführen."

10 H.M., vgl. MüKo-FamFG/*Zimmermann*, § 96 Rn. 7; Sternal/*Giers*, § 96 Rn. 6; Zöller/*Feskorn*, § FamFG 96 Rn. 7; a.A.: (vielfach unter unzutreffender Berufung auf BT-Drs. 14/5429 S. 35) Johannsen/Henrich/Althammer/*Dürbeck*, Familienrecht, § 96 FamFG Rn. 4; Musielak/Borth/*Frank*, § 96 Rn. 5; *Sieghörtner* in: BeckOK-FamFG, § 96 Rn. 10

11 Prütting/Helms/*Hammer*, § 96 Rn. 11

12 Näher *Cirullies/Cirullies*, Schutz bei Gewalt und Nachstellung, Rn. 294

1 Zur Vollstreckung eingehend *Cirullies*, Vollstreckung in Familiensachen, Rn. 544

mäß dessen Abs. 2 eine entsprechende **Duldung** erst noch **anordnen**. Verweigert in einem solchen Fall der Verpflichtete die Probenentnahme, kann grundsätzlich die **Vollstreckung** eines rechtskräftigen Beschlusses oder gerichtlichen Vergleichs gemäß **§ 96a** eingeleitet werden. Hierfür gibt die Vorschrift kein bestimmtes Verfahren vor. Abs. 1 zeigt allein die Grenzen der Duldungspflicht wegen Unzumutbarkeit auf. Abs. 2 stellt lediglich klar, dass bei beharrlicher Verweigerung der Untersuchung – wie im Fall des § 178 Abs. 2 Satz 2 FamFG – auch ein **zwangsweises Vorgehen** gegen den Verpflichteten zulässig ist.

B. Inhalt der Norm

I. Ausschluss der Probeentnahme (Abs. 1)

2 Aus Gründen der Rechtssicherheit ist hier (ausnahmsweise) die **Rechtskraft** des Duldungsbeschlusses erforderlich. Es muss nach § 1598a Abs. 1 BGB um die Entnahme einer für die Untersuchung geeigneten **genetischen Probe** gehen, die nach den anerkannten Grundsätzen der Wissenschaft entnommen werden soll. Abs. 1 betrifft in erster Linie die Entnahme einer **Blutprobe**, die bei Einführung der Vorschrift noch allein üblich war. Inzwischen sind jedoch **Mundspeichelproben** ebenso zur Untersuchung geeignet wie Blutproben und in der Praxis inzwischen der Regelfall. Gründe für eine Unzumutbarkeit sind insoweit kaum denkbar.[2]

II. Unmittelbarer Zwang (Abs. 2)

3 **Verweigert** der Verpflichtete mehrfach unberechtigt die Probeentnahme, kann das Gericht – neben der Verhängung von **Ordnungsmitteln** nach § 890 ZPO i.V.m. § 95 Abs. 1 Nr. 4 FamFG – auf **Antrag**[3] **Zwangsmaßnahmen**, insbesondere die **zwangsweise Vorführung** zur Untersuchung anordnen (Abs. 2). **Zuständig** ist entsprechend § 890 Abs. 1 Satz 1 ZPO das Familiengericht, das den Titel erlassen hat und auch für die Anordnung der Ordnungsmittel zuständig wäre. Vor der Entscheidung durch Beschluss ist dem Verpflichteten **rechtliches Gehör** zu gewähren (§ 37 Abs. 2 FamFG), sofern hierdurch nicht der Vollstreckungserfolg gefährdet ist (§ 92 Abs. 1 FamFG analog). Mit der zwangsweisen Vorführung des Betroffenen zur Probenentnahme wird der **Gerichtsvollzieher** beauftragt, und zwar – wie stets bei der Anwendung unmittelbaren Zwangs – durch das **Gericht**.[4] Eine **gerichtliche** Ladung ist hier – anders als bei einem durch das Gericht im Rahmen der Beweiserhebung in Auftrag gegebenen Abstammungsgutachten[5] – **nicht** erforderlich, da das Gutachten privat durch den Berechtigten eingeholt wird.[6]

4 Zweifelhaft ist, ob vor solchen Zwangsmaßnahmen **vorrangig** die Vollstreckung durch Verhängung von **Ordnungsmitteln** beantragt und versucht werden muss.[7] Das Gesetz gibt hierfür wenig her. Immerhin weicht § 96a Abs. 2 FamFG von der Regelung in § 178 Abs. 2 FamFG insoweit ab, als dort ausdrücklich Ordnungsmittel als erster Schritt zur Durchsetzung vorgesehen sind. Eine § 90 Abs. 1 FamFG entsprechende Regelung fehlt.[8] Die zügige Gestattung unmittelbaren Zwangs ist schon deshalb sinnvoll, weil hier eine Fiktion der Va-

---

2 Prütting/Helms/*Hammer*, § 96a FamFG Rn. 3 m.w.N.
3 Vgl. § 87 Abs. 1 Satz 1 i.V.m. §§ 169 Nr. 2, 171 FamFG
4 OLG Celle FamRZ 2022, 371 = NZFam 2021, 1075 (*Cirullies*); vgl. zum Verfahren § 149 Satz 1 GVGA
5 OLG Bamberg FamRZ 2024, 1960 = NZFam 2024, 951 (*Keuter*)
6 Zöller/*Feskorn*, § 96a FamFG Rn. 4; unzutreffend insoweit OLG Celle a.a.O.; MüKo-FamFG/*Zimmermann*, § 96a Rn. 8
7 So die h.M., vgl. Sternal/*Giers*, § 96a FamFG Rn. 2; MüKo-FamFG/*Zimmermann*, § 96a Rn. 4; Prütting/Helms/*Hammer*, § 96a FamFG Rn. 8; Dutta/Jacoby/Schwab/*Althammer*, § 96a FamFG Rn. 6
8 Zöller/*Feskorn*, § 96a FamFG Rn. 4

terschaft wegen „Beweisvereitelung“[9] mangels Beweisaufnahme im gerichtlichen Verfahren nicht in Betracht kommt und der Berechtigte somit auf eine effektive Abgabe der Blutprobe dringend angewiesen ist.[10] Das schwerfällige Ordnungsmittelverfahren (vorherige Androhung nach § 890 Abs. 2 ZPO!) verträgt sich hiermit nicht und ist überhaupt wenig geeignet, ein zukünftiges Verhalten zu erzwingen. Auch dürfte unter dem Gesichtspunkt der **Verhältnismäßigkeit** die zwangsweise Vorführung den geringeren Eingriff darstellen als die Verhängung von Ordnungshaft.

§ 97 FamFG
Vorrang und Unberührtheit

(1) [1]Regelungen in völkerrechtlichen Vereinbarungen gehen, soweit sie unmittelbar anwendbares innerstaatliches Recht geworden sind, den Vorschriften dieses Gesetzes vor. [2]Regelungen in Rechtsakten der Europäischen Gemeinschaft bleiben unberührt.

(2) Die zur Umsetzung und Ausführung von Vereinbarungen und Rechtsakten im Sinne des Absatzes 1 erlassenen Bestimmungen bleiben unberührt.

Übersicht

A. Allgemeines

1 Abschnitt 9 des FamFG enthält für Verfahren mit Auslandsbezug Regelungen zur internationalen Zuständigkeit sowie zur Anerkennung und Vollstreckung ausländischer Entscheidungen. Zur Anwendung gelangen diese Normen jedoch nur subsidiär, wie sich bereits aus § 97 FamFG ergibt. Weiter sind die vorrangigen Verfahrensregelungen des IntFamRVG (siehe *Schweppe*, Auslandsbezüge, Kapitel 5, IntFamRVG) zu beachten.

2 § 97 FamFG enthält einen allgemeinen Hinweis auf den Vorrang völkerrechtlicher und europarechtlicher Verfahrensregelungen für Verfahren mit Auslandsbezug, ohne die entsprechenden Rechtsgrundlagen im Einzelnen zu benennen.

B. Inhalt der Norm

I. Völkerrechtliche Übereinkommen

3 Zu nennen sind hier für das Kindschaftsrecht

- Haager Übereinkommen vom 19.10.1996 über die Zuständigkeit, das anzuwendende Recht, die Anerkennung, Vollstreckung und Zusammenarbeit auf dem Gebiet der elterlichen Verantwortung und der Maßnahmen zum Schutz von Kindern **(Kinderschutzübereinkommen) – KSÜ**
- Haager Minderjährigenschutzübereinkommen vom 5.10.1961– **MSA**

9 Wie in gerichtlichen Abstammungsverfahren, vgl. BGH FamRZ 1993, 691
10 Ausführlich *Cirullies*, Vollstreckung in Familiensachen, Rn. 548

- Europäisches Übereinkommen über die Anerkennung und Vollstreckung von Entscheidungen über das Sorgerecht für Kinder und die Wiederherstellung des Sorgeverhältnisses vom 20.5.1980 **(Sorgerechtsübereinkommen) – ESÜ**
- Haager Übereinkommen über die zivilrechtlichen Aspekte internationaler Kindesentführung vom 25.10.1980 – **HKÜ**

▶ *Zu Einzelheiten der Übereinkommen und Kommentierung der einschlägigen Vorschriften siehe Schweppe, Auslandsbezüge, Kapitel 3.*

4 Soweit völkerrechtliche Übereinkommen nicht ausdrücklich den Vorrang eines Übereinkommens, etwa gegenüber älteren Übereinkommen regeln, so Art. 51 KSÜ für das Verhältnis zwischen KSÜ und MSA (siehe *Schweppe,* Art. 51 KSÜ Rn. 1), gelten sie bei einander überschneidenden Anwendungsbereichen nebeneinander.

II. EU-Recht

5 Abs. 1 Satz 2 verweist auf Rechtsakte der europäischen Union, wobei für den Bereich des Kindschaftsrechts allein die Brüssel IIb-VO maßgeblich ist, enthält aber keinen Vorrang des EU-Rechts gegenüber völkerrechtlichen Verträgen. Das entsprechende Verhältnis zu den jeweiligen internationalen Übereinkommen regeln Art. 95 ff. Brüssel IIb-VO.

▶ *Zur Kommentierung der einschlägigen Vorschriften der Brüssel IIb-VO siehe Schweppe, Auslandsbezüge, Kapitel 2.*

6 Gegenüber den Normen des nationalen Rechts ergibt sich der Vorrang des EU-Rechts aus der unmittelbaren Geltung von EU-Verordnungen nach allgemeinen Grundsätzen.

III. Ausführungsbestimmungen

7 Unter Abs. 2 fällt das IntFamRVG als Ausführungsgesetz für den Bereich des internationalen Kindschaftsrechts.

▶ *Zur Kommentierung der einschlägigen Vorschriften des IntFamRVG siehe Schweppe, Auslandsbezüge, Kapitel 5.*

Unterabschnitt 2
Internationale Zuständigkeit

§ 98 FamFG

Ehesachen; Verbund von Scheidungs- und Folgesachen

(1) Die deutschen Gerichte sind für Ehesachen zuständig, wenn

1. ein Ehegatte Deutscher ist oder bei der Eheschließung war;

2. beide Ehegatten ihren gewöhnlichen Aufenthalt im Inland haben;

3. ein Ehegatte Staatenloser mit gewöhnlichem Aufenthalt im Inland ist;

4. ein Ehegatte seinen gewöhnlichen Aufenthalt im Inland hat, es sei denn, dass die zu fällende Entscheidung offensichtlich nach dem Recht keines der Staaten anerkannt würde, denen einer der Ehegatten angehört.

(2) [1]Für Verfahren auf Feststellung der Unwirksamkeit der Ehe nach Artikel 13 Absatz 3 Nummer 1 des Einführungsgesetzes zum Bürgerlichen Gesetzbuche sind die deutschen Gerichte auch dann zuständig, wenn die bei Eheschließung noch nicht 16-jährige Person den Antrag stellt und eine der beiden beteiligten Personen ihren gewöhnlichen Aufenthalt im Inland hat. [2]Für Verfahren auf Aufhebung der Ehe nach Artikel 13 Absatz 3 Nummer 2 des Einführungsgesetzes zum Bürgerlichen Gesetzbuche sind die deutschen Gerichte auch zuständig, wenn der Ehegatte, der im Zeitpunkt der Eheschließung das 16., aber nicht das 18. Lebensjahr vollendet hatte, seinen Aufenthalt im Inland hat.

(3) Die Zuständigkeit der deutschen Gerichte nach Absatz 1 erstreckt sich im Fall des Verbunds von Scheidungs- und Folgesachen auf die Folgesachen.

Übersicht Rn.

A. Inhalt der Norm

1 Abs. 1 regelt die internationale Zuständigkeit für Ehesachen. Abs. 2 dient der Umsetzung des Verfahrens zur Feststellung der Unwirksamkeit bzw. der Aufhebung einer Minderjährigenehe nach Art. 13 Abs. 3 EGBGB.[1]

B. Anwendungsbereich

I. Zuständigkeit in Ehesachen

2 Abs. 1 der Norm wird durch Art. 3 ff. Brüssel IIb-VO verdrängt. Denkbar ist eine Zuständigkeit nach Abs. 1 Nr. 4 jedoch, sofern kein Ehepartner die deutsche Staatsangehörigkeit besitzt, ein Ehepartner seit weniger als einem Jahr seinen gewöhnlichen Aufenthalt in Deutschland hat, der andere Ehepartner Angehöriger eines Drittstaates ist und die Entscheidung in zumindest einem Heimatstaat anerkannt wird.[2]

1 Siehe Gesetz zum Schutz Minderjähriger bei Auslandsehen vom 24.6.2024, BGBl. 2024 I Nr. 212
2 Hierzu Sternal/*Dimmler*, § 98 FamFG Rn. 49; im Einzelnen Musielak/Borth/*Frank*, § 98 FamFG Rn. 15 bis 22

II. Minderjährigenehe

3 Die in Abs. 2 geregelten Zuständigkeiten, die zwischen Verfahren auf Feststellung der Unwirksamkeit (Art. 13 Abs. 3 Nr. 1 EGBGB) und der Aufhebung einer Minderjährigenehe (Art. 13 Abs. 3 Nr. 2 EGBGB) (hierzu *Köhler,* Art. 13 EGBGB) differenzieren, gelangen aufgrund des auch insoweit zu beachtenden Vorrangs der Zuständigkeiten nach der Brüssel IIb-VO nur dann zur Anwendung, wenn die Eheleute weder in Deutschland noch einem anderen Mitgliedstaat der EU (außer Dänemark) einen gewöhnlichen Aufenthalt haben.[3]

III. Verbundzuständigkeit

4 Für die Regelung von Sorgerecht bzw. Umgang im Scheidungsverbund besteht eine Verbundzuständigkeit nach Abs. 3 unter den in § 137 Abs. 3 FamFG genannten Voraussetzungen.

▶ *Zu den Voraussetzungen für die Aufnahme von Kindschaftssachen in den Scheidungsverbund siehe Keuter, § 137 FamFG Rn. 3 f.*

Auch diese Zuständigkeit ist gegenüber den Regelungen in Brüssel IIb-VO und KSÜ nachrangig[4] und beschränkt auf im Scheidungsverbund anhängige Folgesachen, eine weitergehende selbstständige isolierte Verbundzuständigkeit sieht das Gesetz nicht vor.[5]

5 Bei gewöhnlichem Aufenthalt des Kindes in einem EU-Mitgliedstaat besteht eine internationale Zuständigkeit für Regelungen zur elterlichen Verantwortung (elterliche Sorge und Umgang) im Scheidungsverbund nur bei Abschluss einer Gerichtsstandsvereinbarung nach Art. 10 Brüssel IIb-VO (siehe *Schweppe,* Art. 10 Brüssel IIb-VO).

6 Vorrangig ist auch eine etwaige Zuständigkeit nach Art. 5 ff. KSÜ. Zur Verbundzuständigkeit nach Art. 10 KSÜ siehe *Schweppe*, Art. 10 KSÜ.

§ 99 FamFG

Kindschaftssachen

(1) [1]Die deutschen Gerichte sind außer in Verfahren nach § 151 Nr. 7 zuständig, wenn das Kind

1. Deutscher ist oder

2. seinen gewöhnlichen Aufenthalt im Inland hat.

[2]Die deutschen Gerichte sind ferner zuständig, soweit das Kind der Fürsorge durch ein deutsches Gericht bedarf.

(2) Sind für die Anordnung einer Vormundschaft sowohl die deutschen Gerichte als auch die Gerichte eines anderen Staates zuständig und ist die Vormundschaft in dem anderen Staat anhängig, kann die Anordnung der Vormundschaft im Inland unterbleiben, wenn dies im Interesse des Mündels liegt.

(3) [1]Sind für die Anordnung einer Vormundschaft sowohl die deutschen Gerichte als auch die Gerichte eines anderen Staates zuständig und besteht die Vormundschaft im Inland, kann das Gericht, bei dem die Vormundschaft anhängig ist, sie an den Staat, dessen Gerichte für die Anordnung der Vormundschaft zuständig sind, abgeben, wenn dies im Interesse des Mündels liegt, der Vormund seine Zustimmung erteilt und dieser Staat sich zur Übernahme bereit erklärt. [2]Verweigert der Vormund oder, wenn mehrere Vormünder die Vormundschaft gemeinschaftlich führen, einer von ihnen seine Zustimmung, so entscheidet an Stelle des Gerichts,

---

3 BeckOK-FamFG/*Sieghörtner*, § 98 Rn. 22a; *Kohler/Pintens*, FamRZ 2024, 1413, 1415
4 Sternal/*Dimmler*, § 98 FamFG Rn. 55; *Winter*, Rn. 482
5 Sternal/*Dimmler*, § 98 FamFG Rn. 61; Musielak/Borth/*Frank*, § 98 FamFG Rn. 24

bei dem die Vormundschaft anhängig ist, das im Rechtszug übergeordnete Gericht. [3]Der Beschluss ist nicht anfechtbar.

(4) Die Absätze 2 und 3 gelten entsprechend für Verfahren nach § 151 Nr. 5 und 6.

Übersicht

A. Allgemeines

I. Normzweck

§ 99 FamFG regelt die internationale Zuständigkeit deutscher Gerichte für Kindschaftssachen im Sinne des § 151 FamFG mit Ausnahme von § 151 Abs. 7 FamFG, der die Anordnung der freiheitsentziehenden Unterbringung nach den Landesgesetzen über die Unterbringung psychisch Kranker betrifft. 1

II. Anwendungsbereich

Der Anwendungsbereich von § 99 FamFG wird durch den Vorrang der Zuständigkeit nach der Brüssel IIb-VO und dem KSÜ beschränkt. 2

B. Inhalt der Norm

I. Zuständigkeit in Kindschaftssachen

1. Grundsatz

Der Wortlaut des § 99 Abs. 1 FamFG stellt für die Zuständigkeit deutscher Gerichte gleichberechtigt auf die deutsche Staatsangehörigkeit und den gewöhnlichen Aufenthalt des Kindes ab. 3

2. Vorrang des EU-Rechts

Aufgrund des Vorrangs der Brüssel IIb-VO und des KSÜ ist das FamFG zur Bestimmung der internationalen Zuständigkeit deutscher Gerichte nur heranzuziehen, 4

- wenn das Kind seinen gewöhnlichen Aufenthalt (hierzu siehe *Schweppe*, Art. 7 Brüssel IIb-VO Rn. 3 ff.) in einem Drittstaat (kein Mitgliedstaat der Brüssel IIb-VO oder des KSÜ) hat und
- entweder die deutsche Staatsangehörigkeit besitzt (§ 99 Abs. 1 Satz 1 Ziffer 1 FamFG),
- der „Fürsorge durch ein deutsches Gericht bedarf" (§ 99 Abs. 1 Satz 2 FamFG)[1] oder
- ein Scheidungsverfahren hier anhängig ist (§ 98 Abs. 3 FamFG).

1 Zu Anwendungsfällen siehe Sternal/*Dimmler*, § 99 FamFG Rn. 76. Für minderjährige unbegleitete Flüchtlinge greift jedoch vorrangig die Zuständigkeit nach Art. 6 KSÜ, vgl. *Schulz*, FamRZ 2018, 797, 798

5 Demnach besteht etwa auf Grundlage des § 99 FamFG die Zuständigkeit deutscher Familiengerichte für die Regelung der elterlichen Sorge bei gewöhnlichem Aufenthalt des Kindes in einem Drittstaat, der weder Mitglied der EU ist noch Vertragsstaat des KSÜ (Nichtvertragsstaat), wobei in dieser Konstellation materiell nicht deutsches, sondern das Recht des gewöhnlichen Aufenthalts zur Anwendung gelangt.[2] Die innerstaatliche örtliche Zuständigkeit folgt in diesen Fällen aus § 152 Abs. 3 FamFG. Zudem ist in einem solchen Fall zu prüfen, ob der Ausübung der Zuständigkeit die Rechtshängigkeit eines Verfahrens im Aufenthaltsstaat des Kindes entgegensteht.[3]

6 In den Anwendungsbereich von § 99 FamFG fällt auch die familiengerichtliche Genehmigung von Rechtsgeschäften nach § 1643 BGB (hierzu *Fink*, Kommentierung von § 1643 BGB), soweit ein Minderjähriger seinen gewöhnlichen Aufenthalt in einem Drittstaat hat, der nicht Mitgliedstaat der EU oder Vertragsstaat des KSÜ ist.[4]

7 Abs. 1 regelt zunächst die Zuständigkeit für das Erkenntnisverfahren, nach der Rechtsprechung des BGH aber auch die internationale Zuständigkeit für die Vollstreckung von Entscheidungen über das Umgangsrecht. Danach sind deutsche Gerichte für die Vollstreckung eines Umgangstitels international zuständig, wenn das Kind die deutsche Staatsangehörigkeit besitzt (§ 99 Abs. 1 Satz 1 Ziffer 1 FamFG), aber seinen gewöhnlichen Aufenthalt in einem anderen Staat hat.[5]

II. Vormundschaft

8 Die Abs. 2 bis 3 FamFG regeln für den Anwendungsbereich des § 99 FamFG das Vorgehen bei konkurrierender Zuständigkeit verschiedener Staaten für die Anordnung einer Vormundschaft und für die Abgabe einer Vormundschaft.[6]

1. Anordnung einer Vormundschaft (Abs. 2)

9 Sofern für die Anordnung einer Vormundschaft sowohl die deutschen Gerichte als auch die Gerichte eines anderen Staates zuständig sind, kann die Anordnung einer Vormundschaft durch das deutsche Gericht unterbleiben, wenn

- die Vormundschaft in dem anderen Staat anhängig ist
- und dies im Interesse des Kindes liegt.

Maßgeblich ist, ob die im Ausland bestehende Vormundschaft dem Kind den gleichen Schutz gewährt wie die Vormundschaft nach deutschem Recht, insbesondere in Deutschland anzuerkennen ist.[7]

2. Abgabe einer Vormundschaft (§ 99 Abs. 3)

10 Abs. 3 regelt die Voraussetzungen und das Verfahren zur Abgabe einer im Inland angeordneten Vormundschaft (auch Amtsvormundschaft[8]).

2 Sternal/*Dimmler*, § 99 FamFG Rn. 71; vgl. zu einem solchen Fall OLG Bremen NZFam 2017, 765 (Zulässigkeit eines Sorgerechtsantrags nach Rückführung des Kindes nach Mexiko); sowie *Schulz*, FamRZ 2018, 797, 803 f.

3 Siehe hierzu jeweils in entsprechender Anwendung von § 261 Abs. 3 Nr. 1 ZPO OLG Düsseldorf ZKJ 2020, 109 (Israel) m Anm. *Schweppe* sowie OLG Bremen FamRZ 2016, 1189 (USA)

4 Hierzu OLG Bamberg FamRZ 2023, 783 (USA)

5 BGH FamRZ 2020, 272 (Irland) unter Hinweis auf EuGH FamRZ 2015, 1866; sowie BGH FamRZ 2015, 2147 (Volksrepublik China)

6 Vgl. Oberloskamp/Dürbeck/*Schweppe*, § 5 Rn. 127 ff.

7 Sternal/*Dimmler*, § 99 FamFG Rn. 78

8 Hierzu Oberloskamp/Dürbeck/*Schweppe*, § 5 Rn. 128; Sternal/*Dimmler*, § 99 FamFG Rn. 80

Danach erfolgt die Abgabe durch das inländische Gericht

- an den Staat, dessen Gerichte für die Anordnung der Vormundschaft zuständig sind,
- wenn die Abgabe im Interesse des Mündels liegt,
- der Vormund die Zustimmung erteilt und
- der andere Staat sich zur Übernahme bereit erklärt.

Wird die Zustimmung des Vormunds/der Vormünder nicht erteilt, so entscheidet das für das jeweilige Familiengericht zuständige OLG, dessen Entscheidung nicht anfechtbar ist (§ 99 Abs. 3 Satz 2 und 3 FamFG). 11

Die Abgabe der Vormundschaft bewirkt ihre Beendigung im Inland. Die im Inland bestehende Vormundschaft ist aufzuheben und der Vormund zu entlassen.[9] 12

III. Pflegschaft und freiheitsentziehende Unterbringung

Das zu Abs. 2 und 3 geschilderte Verfahren und dessen Voraussetzungen gelten nach Abs. 4 auch für die Pflegschaft und die Genehmigung der mit Freiheitsentziehung verbundenen Unterbringung nach § 1631b BGB. 13

Praxistipp:

Die Regelungen in § 99 Abs. 2 bis 4 FamFG greifen nur, wenn sich die internationale Zuständigkeit nicht aus der Brüssel IIb-VO oder dem KSÜ bzw. anderen vorrangigen Konventionen ergibt.[10]

§ 100 FamFG

Abstammungssachen

Die deutschen Gerichte sind zuständig, wenn das Kind, die Mutter, der Vater oder der Mann, der an Eides statt versichert, der Mutter während der Empfängniszeit beigewohnt zu haben,

1. Deutscher ist oder

2. seinen gewöhnlichen Aufenthalt im Inland hat.

Übersicht

A. Allgemeines

Die Norm regelt die internationale Zuständigkeit in Abstammungssachen. Die Zuständigkeit ist gemäß § 106 FamFG nicht ausschließlich. Daher steht insbesondere der Anerkennung ausländischer Entscheidungen in Abstammungssachen nicht die (ebenfalls) bestehende internationale Zuständigkeit deutscher Gerichte entgegen (vgl. § 109 Abs. 1 Nr. 1 FamFG).[1] 1

Die Bestimmung gilt in allen Abstammungssachen i.S.v. § 169 FamFG. Vorrangige völkerrechtliche Verträge oder europarechtliche Bestimmungen zur internationalen Zuständigkeit 2

9 Sternal/*Dimmler*, § 99 FamFG Rn. 82
10 Prütting/Helms/*Hau*, § 99 FamFG Rn. 40
1 MüKo-FamFG/*Rauscher*, FamFG § 100 Rn. 23

bestehen derzeit in Abstammungssachen nicht.[2] Die Brüssel IIb-VO betrifft die elterliche Verantwortung, nimmt aber Abstammungssachen aus ihrem Anwendungsbereich ausdrücklich heraus (Art. 1 Abs. 4 lit. a Brüssel IIb-VO).

Die **Brüssel IIb-VO und das KSÜ** können in Abstammungssachen jedoch mittelbare Bedeutung erlangen. Soll der sorgeberechtigten Person etwa im Abstammungsverfahren wegen Interessengegensatz das Vertretungsrecht entzogen werden (§ 1629 Abs. 2 Satz 3 BGB i.V.m. § 1789 Abs. 2 Satz 4 BGB) und ein Ergänzungspfleger (§ 1809 BGB) bestellt werden, handelt es sich dabei um ein die elterliche Verantwortung betreffendes Verfahren. Hat das Kind seinen gewöhnlichen Aufenthalt in einem Mitgliedstaat, sind die dortigen Gerichte nach Art. 7 Abs. 1 Brüssel IIb-VO international zuständig. Dabei haben sie nach Art. 15 KSÜ ihr eigenes Sachrecht anzuwenden.[3]

3 Maßgebend für die internationale Zuständigkeit ist, dass es sich um einen in § 169 FamFG geregelten Verfahrensgegenstand handelt. Die Regelung betrifft nur die internationale Zuständigkeit und hat keine Auswirkungen auf das anwendbare Sachrecht. Das anzuwendende Recht wird in Art. 19 und 20 EGBGB geregelt.

▶ *Näher dazu Köhler, Kommentierung von Art. 19 und Art. 20 EGBGB.*

Damit kann ein nach § 100 FamFG (auch) zuständiges deutsches Gericht unter der Geltung ausländischen Sachrechts abstammungsrechtliche Feststellungen treffen, die das deutsche materielle Recht nicht kennt – wie etwa die Feststellung oder die Anfechtung der Mutterschaft.[4] Bei der Anwendung ausländischen Sachrechts sind ggf. auch abweichende Fristen für die Anfechtung zu beachten.[5]

B. Inhalt der Norm

4 Die internationale Zuständigkeit deutscher Gerichte ist in Abstammungssachen weit gefasst. Sie knüpft an die **Beteiligtenstellung** der lebenden Personen an. Darauf, dass eine bei Einleitung des Verfahrens bereits verstorbene Person, die Beteiligte des Verfahrens wäre, wenn sie noch leben würde, die deutsche Staatsangehörigkeit oder ihren gewöhnlichen Aufenthalt zuletzt in Deutschland hatte, kann die internationale Zuständigkeit nicht gestützt werden.[6] Ferner gilt die Einschränkung, dass die in der Regelung genannten Personen nach dem konkreten Verfahrensgegenstand auch materiell-rechtlich Beteiligte sind. Dies ist bei der Mutter, dem rechtlichen Vater und dem Kind immer der Fall, gilt aber bei der Feststellung der Vaterschaft auch für den Mann, der als Vater festgestellt werden soll.[7] An den in der Regelung ebenfalls benannten Mann, der versichert, der Mutter in der Empfängniszeit beigewohnt zu haben, kann die Zuständigkeit nur geknüpft werden, wenn das anwendbare Sachrecht diesem Mann eine Rechtsstellung einräumt. Dies gilt unter der Geltung deutschen Sachrechts nur bei Anfechtung der Vaterschaft durch den potentiellen leiblichen Vater (§ 1600 Abs. 1 Nr. 2 BGB).[8] Bei Anwendung ausländischen Sachrechts ist der Kreis der möglichen Antragsteller nach dem anzuwendenden Recht zu bestimmen, womit ein Antragsrecht – soweit dieses Recht die Anfechtbarkeit oder Feststellung der Mutterschaft bzw. der Elternschaft grundsätzlich vorsieht – insbesondere der Person zustehen kann, welche die Feststellung der Mutter- bzw. Elternstellung begehrt.[9]

2 Keidel/*Dimmler*, § 100 FamFG Rn. 2; MüKo-FamFG/*Rauscher*, § 100 Rn. 6
3 BeckOGK-KSÜ/*Markwardt*, Art. 15 Rn. 10
4 Kemper/*Schreiber*, § 100 FamFG Rn. 4; MüKo-FamFG/*Coester-Waltjen/Lugani*, § 169 Rn. 23
5 OLG Karlsruhe FamRZ 2017, 2026, zum ukrainischen Recht
6 Prütting/Helms/*Hau*, § 100 FamFG Rn. 5; OLG Düsseldorf, Beschl. v. 22.2.2023 – II-1 UF 100/22
7 Vgl. BGH FamRZ 2016, 1849; OLG Frankfurt, Beschl. v. 8.10.2019 – 8 UF 137/19, sog. „Putativvater"
8 Prütting/Helms/*Hau*, § 100 FamFG Rn. 4; MüKo-FamFG/*Rauscher*, § 100 Rn. 12
9 Vgl. MüKo-FamFG/*Rauscher*, § 100 Rn. 12

Die internationale Zuständigkeit deutscher Gerichte ist immer dann gegeben, wenn zumindest einer dieser Beteiligten (auch) die **deutsche Staatsangehörigkeit** hat[10] bzw. – wie Flüchtlinge mit einem inländischen Status aus Art. 12 Genfer Flüchtlingskonvention, anerkannte Asylberechtigte sowie Staatenlose mit gewöhnlichem Aufenthalt im Inland – deutschen Staatsangehörigen gleichgestellt ist.[11] Bei Mehrstaatigkeit kommt es nicht auf die Effektivität der Staatsangehörigkeit an,[12] weshalb – wenn nur ein Beteiligter (auch) die deutsche Staatsangehörigkeit hat – die deutschen Gerichte auch dann international zuständig sind, wenn sich keiner der Beteiligten in Deutschland aufhält.[13] 5

Auch wenn keiner der Beteiligten die deutsche Staatsangehörigkeit hat, sind die deutschen Gerichte dann international zuständig, wenn zumindest einer der Beteiligten seinen **gewöhnlichen Aufenthalt** in Deutschland hat. Für die Beurteilung, wann ein Aufenthalt als gewöhnlicher Aufenthalt zu qualifizieren ist, gelten im Abstammungsrecht keine Besonderheiten. Es wird insoweit auf die Kommentierung zu §§ 99, 152 FamFG und Art. 7 Brüssel IIb-VO verwiesen. 6

In **zeitlicher Hinsicht** reicht es aus, wenn eine der Anknüpfungstatsachen des § 100 FamFG zum Entscheidungszeitpunkt gegeben ist. Lag ein die Zuständigkeit begründender Umstand bei Einleitung des Verfahrens vor und fällt er später weg – etwa weil der einzige Beteiligte mit gewöhnlichem Aufenthalt in Deutschland nach Einleitung des Verfahrens ins Ausland verzieht – so beseitigt dies die einmal begründete internationale Zuständigkeit nach dem Grundsatz der *perpetuatio fori* in entsprechender Anwendung von § 261 Abs. 3 Nr. 2 ZPO nicht.[14] 7

§ 101 FamFG

Adoptionssachen

Die deutschen Gerichte sind zuständig, wenn der Annehmende, einer der annehmenden Ehegatten oder das Kind

1. Deutscher ist oder
2. seinen gewöhnlichen Aufenthalt im Inland hat.

Übersicht

A. Allgemeines

Die Vorschrift bestimmt die **internationale Zuständigkeit in Adoptionssachen**. Sie gilt für sämtliche Verfahrensgegenstände in § 186 FamFG und darüber hinaus durch die Verwei- 1

10 Vgl. BGH ZKJ 2017, 69; FamRZ 2016, 1849 (1850) mit Anm. *Dutta/Hammer*
11 MüKo-FamFG/*Rauscher*, § 100 Rn. 14
12 MüKo-FamFG/*Rauscher*, § 100 Rn. 13
13 Örtlich Zuständigkeit ist in diesen Fällen das AG Schöneberg, § 170 Abs. 3 FamFG
14 MüKo-FamFG/*Rauscher*, § 100 Rn. 22; Prütting/Helms/*Hau*, § 100 FamFG Rn. 5; OLG Frankfurt NJW-RR 2023, 12

sung in § 5 Abs. 1 Satz 2 AdWirkG auch für die Verfahren nach dem Adoptionswirkungsgesetz.

2 Es existieren **keine multi- oder bilateralen Staatsverträge oder Rechtsakte der Europäischen Gemeinschaft**, welche der Zuständigkeitsbestimmung in § 101 FamFG vorgehen würden (vgl. § 97 FamFG).[1] Insbesondere finden sich im (ansonsten äußerst praxisrelevanten) Haager Adoptionsübereinkommen vom 29.5.1993 keine Bestimmungen zur internationalen Zuständigkeit.

3 **Anknüpfungspunkte** für die internationale Zuständigkeit sind einerseits die deutsche Staatsangehörigkeit (Nr. 1) und andererseits der gewöhnliche Aufenthalt (Nr. 2).

4 **Anknüpfungspersonen** sind sowohl der Annehmende (bei Adoption durch eine Person), einer der Annehmenden (bei gemeinschaftlichen Adoptionen) als auch das Kind. Es genügt, wenn nur eine dieser Personen die Voraussetzungen für die internationale Zuständigkeit vermittelt.

B. Inhalt der Norm

I. Die Anknüpfung an die deutsche Staatsangehörigkeit

5 Unabhängig vom (tatsächlichen und gewöhnlichen) Aufenthalt der Beteiligten ist schon immer dann eine internationale Zuständigkeit von deutschen Gerichten eröffnet, wenn mindestens eine der in § 101 aufgeführten Personen die **deutsche Staatsangehörigkeit** besitzt. Dabei spielt es keine Rolle, ob die betreffende Person neben der deutschen auch eine oder mehrere weitere Staatsangehörigkeiten besitzt (**Mehrstaater**).[2]

II. Die Anknüpfung an den gewöhnlichen Aufenthalt in Deutschland

6 Besitzt keine der betreffenden Personen die deutsche Staatsangehörigkeit, so kann eine internationale Zuständigkeit deutscher Gerichte **auch aus dem gewöhnlichen Aufenthalt in Deutschland** folgen. Anknüpfungspersonen sind auch hier der oder mindestens einer von mehreren Annehmenden sowie alternativ das Kind. Ein bloß tatsächlicher (oder „schlichter“) Aufenthalt genügt nicht zur Eröffnung des deutschen Gerichtsstands. Die Feststellung des gewöhnlichen Aufenthalts unterliegt der Qualifikation im deutschen Recht (vgl. zum Begriff des gewöhnlichen Aufenthalts: *Braun*, § 187 FamFG Rn. 6 f.).

III. Abgabe von Adoptionssachen ins Ausland

7 Eine **Abgabe einer Adoptionssache ins Ausland** aus Zweckmäßigkeitsgründen (z.B. weil sich Annehmende und Kind im Ausland aufhalten) ist **nicht möglich**. Zwar sehen internationale Übereinkommen außerhalb des Adoptionsrechts solche Möglichkeiten durchaus vor.[3] In Adoptionssachen existieren jedoch keine vorrangigen Staatsverträge oder internationale Rechtsakte zu dieser Frage und auch eine analoge Anwendung von § 4 FamFG scheidet aus.[4]

1 Ausführlich: Sternal/*Dimmler*, § 101 FamFG Rn. 2
2 Sternal/*Dimmler*, § 101 FamFG Rn. 6
3 Vgl. z.B. Art. 8 KSÜ
4 Prütting/Helms/*Prütting*, § 4 FamFG Rn. 6

IV. Wegfall der internationalen Zuständigkeit während des Verfahrens

War ein deutsches Gericht bei Antragseingang zunächst international zuständig und fällt die internationale Zuständigkeit im Laufe des Verfahrens weg (z.B. wegen Umzugs der ausländischen Beteiligten ins Ausland), so darf das deutsche Gericht das Verfahren nicht weiter betreiben. Für eine **sog. perpetuatio fori internationalis** besteht in Adoptionssachen weder ein Bedürfnis noch eine Rechtsgrundlage.[5] 8

V. Anhängigkeit von Adoptionssachen in mehreren Ländern

§ 106 FamFG bestimmt ausdrücklich, dass die internationale Zuständigkeit **keine ausschließliche Zuständigkeit** ist. Es ist daher prinzipiell möglich, dass ein Adoptionsverfahren nicht nur in Deutschland, sondern auch **parallel vor einem ausländischen Gericht anhängig** gemacht wird. Dieses Szenario ist in Adoptionssachen durchaus realistisch, versuchen doch viele Adoptionswillige wegen mangelnder Chancen einer Adoptionsvermittlung in Deutschland, ein Kind aus dem Ausland oder im Ausland zu adoptieren. Dann existiert auch im Heimatland des Kindes regelmäßig eine internationale Zuständigkeit. 9

Erfährt das deutsche Gericht, dass vor einem ausländischen Gericht im Ausland ebenso ein Adoptionsverfahren geführt wird, dann kann es **das Verfahren im Inland gemäß § 21 FamFG aussetzen**. Voraussetzung hierfür ist jedoch einerseits, dass **das ausländische Verfahren zeitlich vor dem deutschen Verfahren anhängig gemacht worden ist** und andererseits, dass die ausländische Entscheidung nach einer durchzuführenden **Prognose anerkennungsfähig** ist.[6] **Zudem darf das Verfahren vor dem ausländischen Gericht nicht bereits ausgesetzt sein**. Im Ergebnis muss also schon während des Aussetzungsverfahrens überprüft werden, ob Anerkennungshindernisse nach § 109 Abs. 1 FamFG in Betracht kommen.[7] Kann das deutsche Verfahren nach diesen Vorgaben nicht ausgesetzt werden, so muss das Verfahren (bei fortbestehender internationaler Zuständigkeit) regulär in Deutschland weitergeführt werden (Justizgewährungsanspruch). 10

§§ 102 bis 105 FamFG

Von Abdruck und Kommentierung der §§ 102 bis 105 FamFG wird abgesehen.

§ 106 FamFG

Keine ausschließliche Zuständigkeit

Die Zuständigkeiten in diesem Unterabschnitt sind nicht ausschließlich.

§ 106 FamFG stellt klar, dass auch bei Annahme der internationalen Zuständigkeit deutscher Gerichte die Zuständigkeit eines ausländischen Gerichts nicht ausgeschlossen ist. 1

Hieraus resultierende Zuständigkeitskonflikte oder eine doppelte Rechtshängigkeit sind über die entsprechenden Sonderregelungen oder allgemeine Grundsätze zu lösen.[1]

---

5 So auch: MüKo/FamFG/*Rauscher*, § 101 Rn. 22; vgl. ausführlich zum Streitstand: Prütting/Helms/*Hau*, Vor §§ 98 bis 106 FamFG Rn. 9 ff.

6 Vgl. BGH NJW-RR 2008, 1169, 1170

7 Ausführlich: Prütting/Helms/*Hau*, Vor §§ 98 bis 106 FamFG Rn. 53 f.

1 Hierzu MüKo-FamFG/*Rauscher*, § 106 Rn. 5 f.

§ 107 FamFG

Anerkennung ausländischer Entscheidungen in Ehesachen

Von Abdruck und Kommentierung wird abgesehen.

§ 108 FamFG

Anerkennung anderer ausländischer Entscheidungen

(1) Abgesehen von Entscheidungen in Ehesachen sowie von Entscheidungen nach § 1 Absatz 2 des Adoptionswirkungsgesetzes werden ausländische Entscheidungen anerkannt, ohne dass es hierfür eines besonderen Verfahrens bedarf.

(2) [1]Beteiligte, die ein rechtliches Interesse haben, können eine Entscheidung über die Anerkennung oder Nichtanerkennung einer ausländischen Entscheidung nicht vermögensrechtlichen Inhalts beantragen. [2]§ 107 Abs. 9 gilt entsprechend. [3]Für die Anerkennung oder Nichtanerkennung einer Annahme als Kind gelten jedoch die Bestimmungen des Adoptionswirkungsgesetzes, wenn der Angenommene zur Zeit der Annahme das 18. Lebensjahr nicht vollendet hatte.

(3) [1]Für die Entscheidung über den Antrag nach Absatz 2 Satz 1 ist das Gericht örtlich zuständig, in dessen Bezirk zum Zeitpunkt der Antragstellung

1. **der Antragsgegner oder die Person, auf die sich die Entscheidung bezieht, sich gewöhnlich aufhält oder**
2. **bei Fehlen einer Zuständigkeit nach Nummer 1 das Interesse an der Feststellung bekannt wird oder das Bedürfnis der Fürsorge besteht.**

[2]Diese Zuständigkeiten sind ausschließlich.

Übersicht

A. Allgemeines

1 § 108 FamFG, der allgemein die Anerkennung ausländischer Entscheidungen regelt, gilt nicht für Ehe- und Adoptionssachen, da dort § 107 FamFG bzw. § 1 Abs. 2 AdWirkG greifen.[1]

2 § 108 FamFG umfasst auch die Anerkennung von Entscheidungen in Kindschaftssachen, wobei der Vorrang der entsprechenden Regelungen zu beachten ist:

- Art. 30 ff. Brüssel IIb-VO,
- Art. 23 KSÜ und
- Art. 7 ESÜ.

1 Zu den Übergangsregelungen im AdWirkG siehe Thomas/Putzo/*Hüßtege*, § 108 FamFG Rn. 1, 4

B. Inhalt der Norm

I. Grundsatz der Anerkennung

3 Aus Abs. 1 folgt, dass für ausländische Sorge- und Umgangsentscheidungen ein förmliches Anerkennungsverfahren nicht vorgesehen ist.[2]

II. Fakultatives Anerkennungsverfahren

4 Abs. 2 Satz 1 enthält ein fakultatives Verfahren für die Anerkennung ausländischer Entscheidungen. Die Norm ist auch auf ausländische Sorgerechtsentscheidungen anzuwenden. Als Gegenstand dieser Anerkennung kommen neben Gerichtsentscheidungen auch Entscheidungen ausländischer Behörden in Betracht, sofern diese mit staatlicher Autorität ausgestattet sind und funktional deutschen Gerichten entsprechen.[3]

5 Ein rechtliches Interesse i.S.d. § 108 Abs. 2 Satz 1 FamFG hat, wessen Rechtsstellung durch die ausländische Entscheidung betroffen ist.[4]

6 Die entsprechende Zuständigkeit ist in Abs. 3 geregelt, eine besondere Zuständigkeitskonzentration greift nicht.

Die Anerkennung einer ausländischen Entscheidung in Kindschaftssachen darf nur aus den in § 109 Abs. 1 i.V.m. Abs. 5 FamFG aufgeführten Gründen versagt werden.

III. Inzidentprüfung

7 Außerhalb isolierter Verfahren auf Anerkennung einer im Ausland ergangenen Entscheidung zur elterlichen Sorge oder zum Umgangsrecht ist die Anerkennungsfähigkeit solcher Entscheidungen in Verfahren vor deutschen Gerichten inzident zu prüfen, etwa wenn ein Elternteil einen Antrag auf Übertragung der elterlichen Sorge stellt und der andere Elternteil einwendet, es liege bereits eine Entscheidung eines ausländischen Gerichts vor.

8 Dabei gilt auch für Entscheidungen ausländischer Gerichte, selbst wenn diese nach dortigem Recht rechtskräftig sind, dass Regelungen über die elterliche Sorge oder das Umgangsrecht nicht in materielle Rechtskraft erwachsen, sondern eine Abänderung möglich ist, sofern die Zuständigkeit des deutschen Gerichts besteht und die Abänderungsvoraussetzungen nach § 1696 BGB (siehe *Bussian*, § 1696 BGB Rn. 18 ff.) vorliegen.[5] Die internationale Zuständigkeit für die Abänderung von Entscheidungen richtet sich nach den allgemeinen Zuständigkeitsvoraussetzungen, eine fortdauernde Zuständigkeit des Erstgerichts besteht nicht.[6]

---

2 Anderes gilt nach § 107 FamFG etwa für die Anerkennung ausländischer Entscheidungen in Ehesachen

3 Thomas/Putzo/*Hüßtege*, § 108 FamFG Rn. 1; verneint für einen Bescheid des georgischen Justizministeriums durch OLG Celle FamRZ 2023, 1126, sowie die Eintragung im ukrainischen Geburtsregister durch BGH FamRZ 2019, 890 sowie FamRZ 2019, 892, 893; anders BGH FamRZ 2022, 629 zu einer ein Verwandtschaftsverhältnis der Wunscheltern feststellenden kalifornischen Entscheidung; vgl. auch BGH FamRZ 2018, 1846 (Colorado) sowie FamRZ 2015, 240 (Kalifornien)

4 Sternal/*Dimmler*, FamFG § 108 Rn. 92

5 OLG Nürnberg FamRZ 2021, 600 (Ägypten); OLG Stuttgart FamRZ 2018, 39 (LS); vgl. *Winter*, Rn. 552; Sternal/*Dimmler*, § 108 FamFG Rn. 14; Staudinger/*Coester*, § 1696 BGB Rn. 168

6 Vgl. EuGH FamRZ 2017, 734

§ 109 FamFG

Anerkennungshindernisse

(1) Die Anerkennung einer ausländischen Entscheidung ist ausgeschlossen,

1. **wenn die Gerichte des anderen Staates nach deutschem Recht nicht zuständig sind;**
2. **wenn einem Beteiligten, der sich zur Hauptsache nicht geäußert hat und sich hierauf beruft, das verfahrenseinleitende Dokument nicht ordnungsgemäß oder nicht so rechtzeitig mitgeteilt worden ist, dass er seine Rechte wahrnehmen konnte;**
3. **wenn die Entscheidung mit einer hier erlassenen oder anzuerkennenden früheren ausländischen Entscheidung oder wenn das ihr zugrunde liegende Verfahren mit einem früher hier rechtshängig gewordenen Verfahren unvereinbar ist;**
4. **wenn die Anerkennung der Entscheidung zu einem Ergebnis führt, das mit wesentlichen Grundsätzen des deutschen Rechts offensichtlich unvereinbar ist, insbesondere wenn die Anerkennung mit den Grundrechten unvereinbar ist.**

(2) – (4) […]

(5) Eine Überprüfung der Gesetzmäßigkeit der ausländischen Entscheidung findet nicht statt.

Übersicht

A. Allgemeines

1 § 109 FamFG regelt abschließend die Gründe, aus denen einer ausländischen Entscheidung die Anerkennung zu versagen ist.

2 Die veröffentlichten Entscheidungen betreffen überwiegend die Frage der Anerkennung von im Ausland ausgesprochenen Adoptionen (siehe *Braun*, Anhang zu § 199 FamFG), Fragen des Familiennachzugs[1] und zunehmend auch die rechtlichen Konsequenzen von Leihmutterschaftsverhältnissen[2] (hierzu *Keuter*, § 1591 BGB Rn. 16 ff.).

B. Inhalt der Norm

I. Versagung der Anerkennung

3 Abs. 1 regelt allgemein und insoweit auch abschließend die Gründe für die Versagung der Anerkennung ausländischer Entscheidungen, worunter auch Entscheidungen in Kindschaftssachen fallen, da insoweit keine besonderen Anforderungen bestehen, wie sie etwa in Abs. 2 bis 4 für die Anerkennung von Entscheidungen in Ehesachen, Lebenspartnerschaftssachen, Familienstreitsachen etc. geregelt sind.

---

1 Vgl. BVerwG ZKJ 2013, 165, sowie OVG Berlin-Brandenburg NZFam 2017, 530
2 Hierzu BGH FamRZ 2022, 629; FamRZ 2018, 1846

Die Anerkennungshindernisse des § 109 Abs. 1 FamFG sind im Einzelnen: 4

1. Fehlende internationale Zuständigkeit

Abs. 1 Nr. 1 beinhaltet (anders als Art. 69 Brüssel IIb-VO) die Überprüfung der Zuständigkeit des Gerichts für den Erlass der anzuerkennenden Entscheidung nach dem „Spiegelbildprinzip", wobei zu prüfen ist, ob die Gerichte des Staates, in dem die anzuerkennende Entscheidung erlassen wurde, nach deutschem Recht für den Erlass dieser Entscheidung zuständig wären oder nicht.[3] Dies gilt nicht, soweit das inländische Recht von einer ausschließlichen Zuständigkeit der eigenen Gerichte ausgeht.[4] Eine konkurrierende, d.h. nebeneinander bestehende, Zuständigkeit steht der Anerkennung nicht entgegen.[5] 5

2. Verletzung rechtlichen Gehörs

Abs. 1 Nr. 2 schließt die Anerkennung ausländischer Entscheidungen wegen Verletzung des Grundsatzes rechtlichen Gehörs aus, ist in seiner Anwendung aber beschränkt auf die fehlende Möglichkeit zur Einlassung in der Hauptsache, greift also nicht für einstweilige Anordnungen. 6

Zudem ist Abs. 1 Nr. 2 als Einrede ausgestaltet und greift damit nur, wenn der Beteiligte sich darauf beruft. 7

Grobe Verletzungen des rechtlichen Gehörs und des Anspruchs auf Beteiligung am Verfahren (etwa die fehlende Kindesanhörung) sind aber als Verstoß gegen den *ordre public* unter Abs. 1 Nr. 4 von Amts wegen zu prüfen.[6] 8

3. Konkurrierende Entscheidungen

Abs. 1 Nr. 3 betrifft die Frage der Anerkennung ausländischer Entscheidungen im Falle konkurrierender Entscheidungen oder Verfahren. 9

Danach haben Entscheidungen deutscher Gerichte stets Vorrang vor damit unvereinbaren Entscheidungen ausländischer Gerichte und zwar selbst dann, wenn die deutsche Entscheidung unter Missachtung einer ausländischen Entscheidung oder Rechtshängigkeit des Verfahrens im Ausland ergangen ist.[7] 10

Auch die frühere Rechtshängigkeit eines Verfahrens vor deutschen Gerichten steht der Anerkennung entgegen. 11

Im Verhältnis der Entscheidungen ausländischer Gerichte untereinander gilt hingegen das Prioritätsprinzip, so dass einer ausländischen Entscheidung die Anerkennung zu versagen ist, wenn sie mit einer ebenfalls anerkennungsfähigen früheren Entscheidung, die in einem weiteren Staat ergangen ist, unvereinbar ist.[8] 12

3 Thomas/Putzo/*Hüßtege*, § 109 FamFG Rn. 3; Sternal/*Dimmler*, § 109 FamFG Rn. 3; OLG Nürnberg FamRZ 2021, 600 Rn. 147
4 BGH FamRZ 2020, 1481 Rn. 34; Thomas/Putzo/*Hüßtege*, § 109 FamFG Rn. 4
5 Sternal/*Dimmler*, § 109 FamFG Rn. 3 m.w.N.
6 Vgl. Sternal/*Dimmler*, § 109 FamFG Rn. 9
7 Hierzu Sternal/*Dimmler*, § 109 Rn. 14 ff.
8 Sternal/*Dimmler*, § 109 FamFG Rn. 16

4. ordre public

a) Grundlagen

13 Abs. 1 Nr. 4 enthält einen *Ordre-public*-Vorbehalt, der in seinem Wortlaut Art. 6 EGBGB entspricht, weshalb zunächst auf die dortigen Ausführungen verwiesen werden kann (siehe *Schweppe*, Auslandsbezüge, Art. 6 EGBGB).

14 Allerdings ist der anerkennungsrechtliche *Ordre-public*-Vorbehalt des Abs. 1 Nr. 4 in der Anwendung nicht mit dem kollisionsrechtlichen Vorbehalt des Art. 6 EGBGB gleichzusetzen, den die deutschen Gerichte bei Anwendung ausländischen Rechts zu beachten haben. Es ist vielmehr zu differenzieren, ob ausländisches Recht selbst durch ein deutsches Gericht anzuwenden oder eine ausländische Entscheidung anzuerkennen ist.[9]

15 Mit dem großzügigeren anerkennungsrechtlichen *ordre public international* ist ein ausländisches Urteil nicht schon dann unvereinbar, wenn der deutsche Richter – hätte er den Prozess entschieden – aufgrund zwingenden deutschen Rechts zu einem anderen Ergebnis gekommen wäre (Verbot der *révision au fond*). Maßgeblich ist vielmehr, ob das Ergebnis der Anwendung ausländischen Rechts im konkreten Fall zu den Grundgedanken der deutschen Regelungen und den in ihnen enthaltenen Gerechtigkeitsvorstellungen in so starkem Widerspruch steht, dass es nach deutscher Vorstellung auch unter Berücksichtigung der Rechtsprechung des Europäischen Gerichtshofs für Menschenrechte untragbar erscheint.[10]

16 So steht § 1591 BGB der Anerkennung ausländischer Gerichtsentscheidungen, welche im Falle der Leihmutterschaft die rechtliche Elternschaft den Wunscheltern zuordnen, nicht entgegen. Ein Verstoß gegen den *ordre public* ist zu verneinen, sofern ein Wunschelternteil – im Unterschied zur Leihmutter – mit dem Kind genetisch verwandt ist und die Anerkennung der rechtlichen Elternschaft aus Gründen des Kindeswohls geboten ist, insbesondere im Hinblick auf das Recht des Kindes auf Begründung einer rechtlichen Eltern-Kind-Verbindung und der rechtlichen Zuordnung zu beiden Eltern.[11]

17 Eine Anerkennung ist ausgeschlossen, wenn die Entscheidung des ausländischen Gerichts aufgrund eines Verfahrens ergangen ist, das von den Grundsätzen des deutschen Verfahrensrechts in einem solchem Maße abweicht, dass die Entscheidung als nicht in einem geordneten rechtsstaatlichen Verfahren ergangen angesehen werden kann, mithin im ausländischen Gerichtsverfahren grundlegende verfahrensrechtliche Garantien außer Acht gelassen wurden.[12]

▶ *Zur Bedeutung des ordre public bei der Anerkennung von Adoptionen siehe Braun, Anhang zu § 199 FamFG Rn. 15 ff.*

b) Rechtliches Gehör

18 Abs. 1 Nr. 4 eröffnet über Abs. 1 Nr. 2 hinaus die Überprüfung der Gewährung rechtlichen Gehörs sowie speziell für Kindschaftsverfahren die Überprüfung der Kindesanhörung und in begrenztem Umfang des Kindeswohls.[13] Hier gilt, dass die Anhörung nicht zwingend

9 Thomas/Putzo/*Hüßtege*, § 109 FamFG Rn. 5; Prütting/Helms/*Hau*, § 109 FamFG Rn. 45
10 BGH FamRZ 2022, 629 (Leihmutterschaft); FamRZ 2020, 1481 (Volljährigenadoption); OLG Nürnberg FamRZ 2021, 600 (Abänderung einer ägyptischen Entscheidung zur elterlichen Sorge)
11 BGH FamRZ 2022, 629; FamRZ 2018, 1846; FamRZ 2015, 240; weitergehend unter Aufgabe des Erfordernisses der genetischen Elternschaft: AG Sinsheim FamRZ 2023, 1122
12 BGH FamRZ 2009, 1816, 1818 (Feststellung der Vaterschaft allein auf Grundlage einer Zeugenaussage)
13 Vgl. *Völker/Clausius*, § 11 Rn. 80; zu Beispielen aus der Rechtsprechung siehe Sternal/*Dimmler*, § 109 Rn. 19

durch das Gericht selbst zu erfolgen hat (vgl. zu dieser Frage auch *Schweppe*, Art. 21 Brüssel IIb-VO Rn. 4 f.);[14] bei Jugendlichen ist eine persönliche Anhörung erforderlich.[15]

Die Anerkennung einer ausländischen Entscheidung wäre etwa zu versagen, wenn alle Beteiligten ihren gewöhnlichen Aufenthalt in Deutschland haben und die Regelung der elterlichen Sorge im Rahmen eines im Heimatstaat der Eltern durchgeführten Scheidungsverfahrens ohne persönliche Anhörung erfolgte. **19**

Da Maßstab für die Anerkennung das Kindeswohl ist, kann ausnahmsweise eine Sorgerechtsentscheidung, die unter Verletzung von Beteiligungsrechten zustande gekommen ist, anzuerkennen sein, wenn die Nichtanerkennung das Kindeswohl gefährdet.[16] **20**

II. Verbot der révision au fond

Abs. 5 verbietet die inhaltliche Überprüfung der ausländischen Entscheidung (*révision au fond*). **21**

§ 110 FamFG
Vollstreckbarkeit ausländischer Entscheidungen

(1) Eine ausländische Entscheidung ist nicht vollstreckbar, wenn sie nicht anzuerkennen ist.

(2) [1]Soweit die ausländische Entscheidung eine in § 95 Abs. 1 genannte Verpflichtung zum Inhalt hat, ist die Vollstreckbarkeit durch Beschluss auszusprechen. [2]Der Beschluss ist zu begründen.

(3) [1]Zuständig für den Beschluss nach Absatz 2 ist das Amtsgericht, bei dem der Schuldner seinen allgemeinen Gerichtsstand hat, und sonst das Amtsgericht, bei dem nach § 23 der Zivilprozessordnung gegen den Schuldner Klage erhoben werden kann. [2]Der Beschluss ist erst zu erlassen, wenn die Entscheidung des ausländischen Gerichts nach dem für dieses Gericht geltenden Recht die Rechtskraft erlangt hat.

Übersicht

A. Allgemeines

§ 110 FamFG regelt die Vollstreckbarkeit ausländischer Entscheidungen, mithin die Frage, wie die Entscheidung eines ausländischen Gerichts durchgesetzt werden kann. Dabei ist auch hier der Vorrang der Brüssel IIb-VO sowie entsprechender kollisionsrechtlicher Übereinkommen zu beachten. Spezielle Regelungen zur Zulassung der Zwangsvollstreckung enthalten die §§ 16 ff. IntFamRVG. **1**

14 Vgl. OLG Nürnberg FamRZ 2021, 600 Rn. 158 f. (unterbliebene Kindesanhörung); OLG Oldenburg, FamRZ 2012, 1887, 1888 f. (Anhörung durch eine Gutachterin)
15 BVerwG FamRZ 2013, 547, 549
16 BVerwG, FamRZ 2013, 547, 549

B. Inhalt der Norm

I. Grundsatz

2 Aus Abs. 1 folgt, dass ein förmliches Exequaturverfahren für außerhalb des Wirkungsbereichs der Brüssel IIb-VO bzw. kollisionsrechtlicher Übereinkommen ergangene Entscheidungen zur Herausgabe eines Kindes bzw. zum Umgang nicht erforderlich ist, sondern über die Vollstreckbarkeit als Zwischenentscheidung in dem jeweiligen Vollstreckungsverfahren befunden wird.

▶ *Näher zur Anerkennung und Vollstreckung nach der Brüssel IIb-VO siehe Schweppe, Auslandsbezüge, Kommentierung zu Brüssel IIb-VO Art. 30, Art. 34.*

II. Ausnahme

3 Ein gesonderter Beschluss, in dem die Vollstreckbarkeit ausgesprochen wird, ist nach Abs. 2 erforderlich, soweit die ausländische Entscheidung eine in § 95 Abs. 1 FamFG genannte Verpflichtung zum Inhalt hat. Dies betrifft nicht die Verpflichtung zur Herausgabe eines Kindes, kann aber die Verpflichtung zur Herausgabe persönlicher Sachen des Kindes umfassen.[1]

1 Zur Abgrenzung der Anwendungsbereiche sowie zum Verfahren nach § 110 Abs. 2 i.V.m. 3 FamFG siehe Sternal/*Dimmler*, § 110 Rn. 70 ff.

Buch 2
Verfahren in Familiensachen
Abschnitt 1
Allgemeine Vorschriften

§ 111 FamFG

Familiensachen

Familiensachen sind

1. Ehesachen,

2. Kindschaftssachen,

3. Abstammungssachen,

4. Adoptionssachen,

5. Ehewohnungs- und Haushaltssachen,

6. Gewaltschutzsachen,

7. Versorgungsausgleichssachen,

8. Unterhaltssachen,

9. Güterrechtssachen,

10. sonstige Familiensachen,

11. Lebenspartnerschaftssachen.

Von einer Kommentierung wird abgesehen.

§§ 112 bis 113 FamFG

Von Abdruck und Kommentierung wird abgesehen.

§ 114 FamFG

Vertretung durch einen Rechtsanwalt; Vollmacht

(1) Vor dem Familiengericht und dem Oberlandesgericht müssen sich die Ehegatten in Ehesachen und Folgesachen und die Beteiligten in selbständigen Familienstreitsachen durch einen Rechtsanwalt vertreten lassen.

(2) Vor dem Bundesgerichtshof müssen sich die Beteiligten durch einen bei dem Bundesgerichtshof zugelassenen Rechtsanwalt vertreten lassen.

(3) [1]Behörden und juristische Personen des öffentlichen Rechts einschließlich der von ihnen zur Erfüllung ihrer öffentlichen Aufgaben gebildeten Zusammenschlüsse können sich durch eigene Beschäftigte oder Beschäftigte anderer Behörden oder juristischer Personen des öffentlichen Rechts einschließlich der von ihnen zur Erfüllung ihrer öffentlichen Aufgaben gebildeten Zusammenschlüsse vertreten lassen. [2]Vor dem Bundesgerichtshof müssen die zur Vertretung berechtigten Personen die Befähigung zum Richteramt haben.

(4) Der Vertretung durch einen Rechtsanwalt bedarf es nicht

1. **im Verfahren der einstweiligen Anordnung,**
2. **in Unterhaltssachen für Beteiligte, die durch das Jugendamt als Beistand, Vormund oder Ergänzungspfleger vertreten sind,**
3. **für die Zustimmung zur Scheidung und zur Rücknahme des Scheidungsantrags und für den Widerruf der Zustimmung zur Scheidung,**
4. **für einen Antrag auf Abtrennung einer Folgesache von der Scheidung,**
5. **im Verfahren über die Verfahrenskostenhilfe,**
6. **in den Fällen des § 78 Abs. 3 der Zivilprozessordnung sowie**
7. **für den Antrag auf Durchführung des Versorgungsausgleichs nach § 3 Abs. 3 des Versorgungsausgleichsgesetzes und die Erklärungen zum Wahlrecht nach § 15 Abs. 1 und 3 sowie nach § 19 Absatz 2 Nummer 5 des Versorgungsausgleichsgesetzes.**

(5) [1]Der Bevollmächtigte in Ehesachen bedarf einer besonderen auf das Verfahren gerichteten Vollmacht. [2]Die Vollmacht für die Scheidungssache erstreckt sich auch auf die Folgesachen.

Übersicht

A. Allgemeines

1 Die Vorschrift regelt die Frage, inwieweit für die Beteiligten eines Verfahrens **Anwaltszwang** besteht. Sie wird nachfolgend nur kommentiert, soweit dies für eine Kindschaftssache im Scheidungsverbund von Bedeutung ist.

▶ *Zu Bevollmächtigten in Kindschaftssachen siehe auch Köhler, § 10 FamFG Rn. 1 ff.*

B. Inhalt der Norm

2 Nach § 114 Abs. 1 FamFG besteht für die Ehegatten vor dem Familiengericht und dem Oberlandesgericht nur in Ehesachen und *Folgesachen* die Verpflichtung, sich durch einen Rechtsanwalt vertreten zu lassen. Will mithin ein Ehegatte eine **Kindschaftssache im Scheidungsverbund** mit geregelt wissen, so ist Vertretung durch einen Rechtsanwalt vorgeschrieben.

Außerhalb des Scheidungsverbundes gilt dagegen kein Anwaltszwang, weil insoweit eine Vertretung durch einen Rechtsanwalt nicht geboten ist (vgl. § 10 Abs. 1 FamFG). Der Antrag auf Einbeziehung der Kindschaftssache in den Scheidungsverbund kann nur durch einen Rechtsanwalt gestellt werden.

3 Der Anwaltszwang gilt für die **Ehegatten**. Am einbezogenen Kindschaftsverfahren beteiligte Dritte, insbesondere das betroffene Kind, Jugendamt und Verfahrensbeistand, bedürfen keiner anwaltlichen Vertretung.[1]

4 Der **Antrag** auf **Abtrennung** einer in den Verbund einbezogenen Kindschaftssache unterliegt jedoch nicht dem Anwaltszwang (vgl. § 114 Abs. 4 Nr. 4 FamFG). Wird eine Kindschaftssache aus dem Scheidungsverbund abgetrennt, wird das Verfahren nach § 137

1 Zöller/*Feskorn*, § 114 FamFG Rn. 4

Abs. 5 Satz 2 FamFG als selbstständige Kindschaftssache fortgeführt, der Anwaltszwang entfällt damit insgesamt.[2]

Lässt sich ein Ehegatte in einer Kindschaftsfolgesache entgegen § 114 FamFG nicht anwaltlich vertreten, ändert dies nichts an der Verpflichtung des Gerichts, ihn persönlich **anzuhören** (vgl. § 160 FamFG). Er kann allerdings keine wirksamen Anträge stellen. Will also ein anwaltlich nicht vertretener Ehegatte die Aufhebung der Alleinsorge für ein gemeinschaftliches Kind im Verbund erreichen, so geht dies nur, wenn er einen Rechtsanwalt beauftragt. 5

Die in der obergerichtlichen Rechtsprechung und Literatur streitige Frage, ob ein Ehegatte für die Einlegung einer Beschwerde und deren Durchführung in einer Folgesache der freiwilligen Gerichtsbarkeit, also insbesondere auch in einer Kindschaftsfolgesache, eines Anwaltes bedarf, hat der BGH[3] für die Praxis entschieden und abweichend vom Wortlaut des § 64 Abs. 2 Satz 2 FamFG bejaht. Hierfür sprächen Sinn und Zweck des Anwaltszwangs und die Vermeidung eines Widerspruches zu § 114 FamFG, der für die erste Instanz Anwaltszwang vorschreibt. 6

▶ *Näheres siehe Kischkel, § 64 FamFG Rn. 5.*

§§ 115 bis 132 FamFG

Von Abdruck und Kommentierung wird abgesehen.

2 OLG Rostock FamRZ 2007, 1352; Prütting/*Helms*, § 137 Rn.71
3 BGH FamRZ 2017, 1151

Abschnitt 2
Verfahren in Ehesachen, Verfahren in Scheidungssachen und Folgesachen

Unterabschnitt 2
Verfahren in Scheidungssachen und Folgesachen

§ 133 FamFG

Inhalt der Antragsschrift

(1) Die Antragsschrift muss enthalten:

1. **Namen und Geburtsdaten der gemeinschaftlichen minderjährigen Kinder sowie die Mitteilung ihres gewöhnlichen Aufenthalts,**
2. **die Erklärung, ob die Ehegatten eine Regelung über die elterliche Sorge, den Umgang und die Unterhaltspflicht gegenüber den gemeinschaftlichen minderjährigen Kindern sowie die durch die Ehe begründete gesetzliche Unterhaltspflicht, die Rechtsverhältnisse an der Ehewohnung und an den Haushaltsgegenständen getroffen haben, und**
3. **die Angabe, ob Familiensachen, an denen beide Ehegatten beteiligt sind, anderweitig anhängig sind.**

(2) Der Antragsschrift sollen die Heiratsurkunde und die Geburtsurkunden der gemeinschaftlichen minderjährigen Kinder beigefügt werden.

Übersicht

A. Allgemeines

1 Die Vorschrift regelt als Ergänzung der allgemeinen Vorschrift des § 124 FamFG in Abs. 1 die zwingend notwendigen Bestandteile einer **Scheidungsantragsschrift**, Abs. 2 ergänzt diese als Soll-Vorschrift hinsichtlich beizufügender Urkunden. Die Vorschrift wird nur erläutert, soweit sie für Kindschaftssachen als Folgesachen von Bedeutung ist.

B. Inhalt der Norm

2 Die nach § 133 Abs. 1 Nr. 1 FamFG mitzuteilenden **Namen und Geburtsdaten der gemeinsamen Kinder** werden benötigt, um nach entsprechender Information durch das Gericht die Beratung der Eheleute durch das Jugendamt nach § 17 Abs. 3 SGB VIII sicherzustellen. Der ferner mitzuteilende gewöhnliche Aufenthalt des bzw. der Kinder dient der frühzeitigen Überprüfung der gerichtlichen Zuständigkeit. Schon deshalb ist auch die Mitteilung etwaiger Kinderlosigkeit empfehlenswert.

3 Die nach § 133 Abs. 1 Nr. 2 FamFG notwendige Mitteilung, ob und ggf. über welche mögliche **Folgesache** die Eheleute bereits eine außergerichtliche **Einigung** erzielt haben, dient der Information des Gerichts, welches mögliche Streitpotential besteht, damit es frühzeitig auf entsprechende Beratungsmöglichkeiten zur Erzielung einer auch im Kindesinteresse

ausgewogenen Scheidungsfolgenregelung hinweisen kann.[1] Der Inhalt der Einigung braucht nicht mitgeteilt zu werden.[2]

§ 133 Abs. 1 Nr. 3 FamFG schließlich dient ebenfalls der Aufklärung bestehender Streitpunkte,[3] in erster Linie aber der Herstellung der Zuständigkeitskonzentration. 4

▶ *Zur örtlichen Zuständigkeit in Kindschaftssachen vgl. Keuter, §§ 152, 153 FamFG.*

Enthält die Antragsschrift nicht die nach § 133 Abs. 1 FamFG notwendigen Angaben und Erklärungen und werden diese auch nach Fristsetzung nicht nachgeholt, ist der Scheidungsantrag als **unzulässig** abzuweisen.[4] In der Praxis wird vielfach insbesondere die Erklärung zu § 133 Abs. 1 Nr. 2 FamFG nur unvollständig oder gar nicht abgegeben mit entsprechend negativen Folgen für den Antragsteller.[5] Allerdings wird man eine Formulierung, dass die Folgesachen von den Beteiligten außergerichtlich einvernehmlich geklärt werden, ausreichen lassen müssen, weil aus ihr zugleich ersichtlich ist, dass bislang noch keine Regelung erzielt worden sei.[6] 5

Sind Kinder aus der Ehe hervorgegangen, empfiehlt sich eine Formulierung wie: 6

Formulierungsbeispiel

„Aus der Ehe sind die Kinder X, geb. … und Y, geb. … hervorgegangen. Sie leben bei … [der Mutter/dem Vater]. Die Ehegatten haben sich darauf verständigt, die elterliche Sorge weiterhin gemeinsam ausüben zu wollen. Ebenso haben sie eine Einigung über den Umgang mit den Kindern erzielt."

§ 133 Abs. 2 FamFG sieht als Soll-Vorschrift die Beifügung der **Heirats- und etwaiger Geburtsurkunden** der Kinder vor. Dies dient der Verfahrensbeschleunigung und macht weitere Ermittlungen des Gerichts nach den korrekten Daten überflüssig.[7] Kann der Antragsteller die Urkunden nicht beifügen, z.B. bei Heirat im Ausland und späterer Flucht aus diesem Staat, so obliegt die Tatsachenfeststellung weiterhin im Rahmen der **Amtsermittlung** dem Gericht;[8] der Antrag darf also insoweit nicht als unzulässig abgewiesen werden. Dies setzt allerdings plausiblen und substantiierten Vortrag des Antragstellers zur Unmöglichkeit der Urkundenvorlage voraus.[9] 7

§§ 134 bis 136 FamFG

Von Abdruck und Kommentierung wird abgesehen.

§ 137 FamFG

Verbund von Scheidungs- und Folgesachen

(1) Über Scheidung und Folgesachen ist zusammen zu verhandeln und zu entscheiden (Verbund).

1 Sternal/*Weber*, § 133 FamFG Rn. 6
2 Bumiller/Harders/*Schwamb*, § 133 FamFG Rn. 3
3 Prütting/Gehrlein/*Jokisch*, § 133 FamFG Rn. 5 m.w.N.
4 OLG Saarbrücken FamRZ 2014, 2021; Sternal/*Weber* § 133 FamFG Rn. 9 m.w.N.
5 OLG Hamm FamRZ 2010, 1581; OLG Saarbrücken FamRZ 2014, 2021
6 OLG Stuttgart NJW-RR 2020, 260; a.A.: OLG Hamm FamRZ 2010, 1582
7 Bahrenfuss/*Blank*, § 133 FamFG Rn. 3
8 BT-Drucks. 16/6308, 413
9 OLG Düsseldorf FamRZ 2021, 1461

(2) [1]Folgesachen sind

1. **Versorgungsausgleichssachen,**
2. **Unterhaltssachen, sofern sie die Unterhaltspflicht gegenüber einem gemeinschaftlichen Kind oder die durch Ehe begründete gesetzliche Unterhaltspflicht betreffen mit Ausnahme des vereinfachten Verfahrens über den Unterhalt Minderjähriger,**
3. **Ehewohnungs- und Haushaltssachen und**
4. **Güterrechtssachen,**

wenn eine Entscheidung für den Fall der Scheidung zu treffen ist und die Familiensache spätestens zwei Wochen vor der mündlichen Verhandlung im ersten Rechtszug in der Scheidungssache von einem Ehegatten anhängig gemacht wird. [2]Für den Versorgungsausgleich ist in den Fällen der §§ 6 bis 19 und 28 des Versorgungsausgleichsgesetzes kein Antrag notwendig.

(3) Folgesachen sind auch Kindschaftssachen, die die Übertragung oder Entziehung der elterlichen Sorge, das Umgangsrecht oder die Herausgabe eines gemeinschaftlichen Kindes der Ehegatten oder das Umgangsrecht eines Ehegatten mit dem Kind des anderen Ehegatten betreffen, wenn ein Ehegatte vor Schluss der mündlichen Verhandlung im ersten Rechtszug in der Scheidungssache die Einbeziehung in den Verbund beantragt, es sei denn, das Gericht hält die Einbeziehung aus Gründen des Kindeswohls nicht für sachgerecht.

(4) Im Fall der Verweisung oder Abgabe werden Verfahren, die die Voraussetzungen des Absatzes 2 oder des Absatzes 3 erfüllen, mit Anhängigkeit bei dem Gericht der Scheidungssache zu Folgesachen.

(5) [1]Abgetrennte Folgesachen nach Absatz 2 bleiben Folgesachen; sind mehrere Folgesachen abgetrennt, besteht der Verbund auch unter ihnen fort. [2]Folgesachen nach Absatz 3 werden nach der Abtrennung als selbständige Verfahren fortgeführt.

Übersicht

A. Allgemeines

1 Der Scheidungsverbund soll den wirtschaftlich schwächeren Ehegatten schützen und den Eheleuten die Auswirkungen ihres Scheidungsentschlusses vor Augen führen.[1] Die Vorschrift wird nur kommentiert, soweit sie für Kindschaftssachen von Bedeutung ist.

B. Inhalt der Norm

2 § 137 Abs. 3 FamFG benennt die als **Folgesachen** infrage kommenden **Kindschaftssachen**, nämlich

- Sorgerecht ein gemeinsames Kind betreffend (§§ 1671, ggf. 1666 BGB),
- Umgangsrecht eines Ehegatten mit einem gemeinsamen Kind (§ 1684 Abs.1 BGB) oder mit dem Kind des anderen Ehegatten (§ 1685 Abs. 2 BGB),
- Herausgabe eines gemeinsamen Kindes (§ 1632 Abs. 1, 4 BGB);

1 Sternal/*Weber*, § 137 FamFG Rn. 1

▶ *Zum möglichen Zuständigkeitskonflikt in den Fällen des § 12 IntFamRVG siehe Keuter, § 23b GVG Rn 5.*

- Sorgerechts- und Umgangsrechtsabänderungsverfahren (§ 1696 BGB), da diese die genannten Gegenstände ebenfalls „betreffen".

In den Scheidungsverbund gelangt eines der vorgenannten Verfahren anders als nach früherem Recht nicht von Gesetzes wegen, sondern nur auf **Antrag** eines Ehegatten. Unzulässig ist es etwa, **von Amts wegen** ein Verfahren auf Entzug der elterlichen Sorge einzuleiten und ohne ausdrücklichen Antrag eines Ehegatten als Folgesache zu behandeln; diese nach § 623 Abs. 3 ZPO a.F. früher bestehende Möglichkeit ist unter der Geltung des FamFG entfallen.[2] Sie würde ohnehin regelmäßig dem Sinn und Zweck des Vorrang- und Beschleunigungsgebots (§ 155 FamFG) zuwiderlaufen. 3

Für den Antrag gilt **Anwaltszwang**, § 114 Abs. 1 FamFG, weil er eine Folgesache prozessual einleitet.[3] Anders als bei den Folgesachen des § 137 Abs. 2 FamFG kann der Antrag noch bis zum Schluss der mündlichen Verhandlung in der Scheidungssache im ersten Rechtszug gestellt werden. Für das Scheidungsverfahren bewilligte **Verfahrenskostenhilfe** erstreckt sich nicht automatisch auf die neu eingestellte Folgesache, sondern ist gesondert **neu zu beantragen** und ggf. auszudehnen.[4] 4

Ist bereits ein Scheidungsverfahren rechtshängig, werden vielfach Kindschaftssachen als Folgesachen zum Verbund eingereicht, obwohl in Wahrheit eine sofortige und vom Ausgang des Scheidungsverfahrens unabhängige Entscheidung gewünscht wird und nicht erst eine „für den Fall der Scheidung". Stellt beispielsweise ein Anwalt einen Antrag auf Regelung des Umgangsrechts als Folgesache und begründet diesen damit, seinem Mandanten werde schon seit einigen Wochen ein Umgangsrecht versagt, so sollte das Gericht umgehend den Beteiligten den Hinweis geben, dass es den formal lediglich als „Anregung" anzusehenden „Antrag" als selbstständige Familiensache behandeln wird, sofern nicht umgehend klargestellt wird, warum eine Umgangsregelung erst ab Rechtskraft der Scheidung begehrt wird. 5

Die Aufnahme der Kindschaftssache in den Verbund darf nur abgelehnt werden, wenn das Gericht eine Einbeziehung aus Gründen des **Kindeswohls** als nicht sachgerecht ansieht, nicht aber deshalb, weil der Antrag – möglicherweise aus verfahrenstaktischen Gründen – erst kurz vor oder im Scheidungstermin eingereicht wird.[5] Die Ablehnung der Einbeziehung als Folgesache kann aber nicht isoliert angefochten werden, sondern nur durch Beschwerde gegen den Scheidungsbeschluss.[6] 6

Grundsätzlich liegt es im Interesse der Kinder, alsbald eine Regelung zum ständigen Aufenthalt (Lebensmittelpunkt) und zum Umgang und dessen Modalitäten zu treffen, damit sie insoweit Sicherheit und Stabilität erfahren. Insbesondere in den **Anwendungsfällen des § 155 Abs. 1 FamFG** ist den Kindern ein Abwarten bis zur Rechtskraft der Scheidung nicht zuzumuten, so dass das Gericht die **Einbeziehung** der Kindschaftssache in den **Verbund** hier regelmäßig ablehnen wird.[7] Denn es ist auch zu berücksichtigen, dass eine familiengerichtliche Regelung im Rahmen eines isolierten Verfahrens bereits mit Bekanntgabe Wirksamkeit entfaltet (vgl. § 40 Abs. 1 FamFG) und nicht erst mit Rechtskraft der Scheidung (vgl. § 148 FamFG).[8] 7

---

2 OLG Dresden FamRZ 2015, 74
3 Prütting/*Helms*, § 137 FamFG Rn. 60 m.w.N.
4 Prütting/*Helms*, § 149 FamFG Rn. 5
5 OLG Brandenburg FamRZ 2012, 56
6 OLG Brandenburg FamRZ 2012, 56
7 Sternal/*Weber*, § 137 FamFG Rn. 28
8 Dies übersieht OLG Brandenburg FamRZ 2012, 56

8 Stellt sich erst nach Aufnahme der Kindschaftssache in den Verbund heraus, dass wegen veränderter Umstände das Kindeswohl dem Verbleib des Verfahrens im Verbund widerspricht, besteht die Möglichkeit der **Abtrennung** gemäß § 140 Abs. 2 Nr. 3 FamFG. Dies ist im Hinblick auf das Beschleunigungsgebot des § 155 Abs. 1 FamFG, das auch bei Kindschaftssachen im Verbund gilt, und zur Vermeidung einer Beschleunigungsrüge bzw. -beschwerde nach §§ 155b, 155c FamFG sogar **geboten**, wenn Handlungsbedarf – insbesondere in Umgangsverfahren – erkennbar ist.[9]

9 Erfolgt die Abtrennung der Kindschaftssache aus dem Verbund, so wird das Verfahren als **selbstständige Familiensache fortgeführt** (Abs. 5 Satz 2). Die Sache erhält damit ein neues Aktenzeichen, bereits für das Verfahren als Folgesache bewilligte Verfahrenskostenhilfe ist neu zu beantragen und zu bewilligen.[10] Eine bestellte Verfahrensbeistandschaft wirkt hingegen ebenso fort wie bereits vorgenommene sonstige Verfahrenshandlungen, die nicht wiederholt werden müssen. Die Kostenentscheidung nach Verfahrensbeendigung richtet sich nunmehr nach § 81 FamFG.

10 Der **Verfahrenswert** einer Kindschaftssache als Folgesache beträgt nach § 44 Abs. 2 FamGKG 20% des Werts der Ehesache, höchstens 5.000 EUR, nach Abtrennung und Fortführung richtet sich der Wert nach § 45 FamGKG (regelmäßig 5.000 EUR). Gebührenrechtlich gilt die frühere Folgesache als Teil der nunmehr selbstständig fortgeführten Kindschaftssache, § 6 Abs. 2 FamGKG. Bei der Gebührenberechnung für den Scheidungsverbund bleibt die frühere Folgesache mithin unberücksichtigt.[11] Der Rechtsanwalt erhält seine **Gebühren** nach dem Wert der nunmehr selbstständigen Folgesache. Ist bereits über die Scheidung unter Einbeziehung der abgetrennten Folgesache abgerechnet, hat sich der Anwalt bereits für die Folgesache erhaltene Gebühren anrechnen zu lassen,[12] weil es sich i.S.v. § 21 Abs. 3 RVG bei der abgetrennten und nunmehr selbstständigen Folgesache um eine Angelegenheit handelt.

▶ *Näher hierzu Kischkel, § 80 FamFG Rn. 13 f.*

§§ 138 bis 139 FamFG

Von Abdruck und Kommentierung wird abgesehen.

§ 140 FamFG

Abtrennung

(1) Wird in einer Unterhaltsfolgesache oder Güterrechtsfolgesache außer den Ehegatten eine weitere Person Beteiligter des Verfahrens, ist die Folgesache abzutrennen.

(2) [1]Das Gericht kann eine Folgesache vom Verbund abtrennen. [2]Dies ist nur zulässig, wenn

1. **in einer Versorgungsausgleichsfolgesache oder Güterrechtsfolgesache vor der Auflösung der Ehe eine Entscheidung nicht möglich ist,**
2. **in einer Versorgungsausgleichsfolgesache das Verfahren ausgesetzt ist, weil ein Rechtsstreit über den Bestand oder die Höhe eines Anrechts vor einem anderen Gericht anhängig ist,**

9 OLG Brandenburg FamRZ 2018, 128
10 OLG Hamm FamRZ 2011, 662; Sternal/*Weber*, § 137 FamFG Rn. 35; Prütting/*Helms*, § 137 FamFG Rn. 71
11 Sternal/*Weber*, § 137 FamFG Rn. 35
12 OLG Zweibrücken FamRZ 2012, 1413 (LS); OLG Hamm AGS 2013, 387; OLG Celle NJW 2010, 3791

3. in einer Kindschaftsfolgesache das Gericht dies aus Gründen des Kindeswohls für sachgerecht hält oder das Verfahren ausgesetzt ist,

4. seit der Rechtshängigkeit des Scheidungsantrags ein Zeitraum von drei Monaten verstrichen ist, beide Ehegatten die erforderlichen Mitwirkungshandlungen in der Versorgungsausgleichsfolgesache vorgenommen haben und beide übereinstimmend deren Abtrennung beantragen oder

5. sich der Scheidungsausspruch so außergewöhnlich verzögern würde, dass ein weiterer Aufschub unter Berücksichtigung der Bedeutung der Folgesache eine unzumutbare Härte darstellen würde, und ein Ehegatte die Abtrennung beantragt.

(3) Im Fall des Absatzes 2 Nr. 3 kann das Gericht auf Antrag eines Ehegatten auch eine Unterhaltsfolgesache abtrennen, wenn dies wegen des Zusammenhangs mit der Kindschaftsfolgesache geboten erscheint.

(4) [1]In den Fällen des Absatzes 2 Nr. 4 und 5 bleibt der vor Ablauf des ersten Jahres seit Eintritt des Getrenntlebens liegende Zeitraum außer Betracht. [2]Dies gilt nicht, sofern die Voraussetzungen des § 1565 Abs. 2 des Bürgerlichen Gesetzbuchs vorliegen.

(5) Der Antrag auf Abtrennung kann zur Niederschrift der Geschäftsstelle oder in der mündlichen Verhandlung zur Niederschrift des Gerichts gestellt werden.

(6) Die Entscheidung erfolgt durch gesonderten Beschluss; sie ist nicht selbständig anfechtbar.

Übersicht

A. Allgemeines

1 Die Vorschrift regelt die Möglichkeiten einer **Auflösung** des **Scheidungsverbundes**. Mit der Abtrennung entfällt die Notwendigkeit einer einheitlichen Entscheidung nach § 142 FamFG. Die Vorschrift wird nur kommentiert, soweit sie für Kindschaftssachen im Verbund von Bedeutung ist.

B. Inhalt der Norm

2 Die **Abtrennung** einer Kindschaftssache kann von Amts wegen oder auf Antrag erfolgen. Der Antrag auf Abtrennung unterliegt nicht dem Anwaltszwang (vgl. Abs. 5 bzw. § 114 Abs. 4 Nr. 4 FamFG).

3 Die Kindschaftssache kann aus dem Verbund abgetrennt werden, wenn das Gericht dies aus Gründen des **Kindeswohls** für sachgerecht hält. Erfasst sind insbesondere die Fälle, in denen zum einen nicht ohnehin bereits einer Aufnahme der Kindschaftsfolgesache in den Scheidungsverbund Gründe des Kindeswohls entgegenstanden (siehe *Keuter,* § 137 Abs. 3 Rn. 6, 7) und zum anderen eine beschleunigte Regelung für ein Kind notwendig wird, um ihm die erforderliche Klarheit und Stabilität zu vermitteln, das Gericht aber wegen anderweitiger Folgesachen an einer Verbundentscheidung innerhalb eines aus Sicht des Kindes vertretbaren Zeitrahmens gehindert ist. Eine solche Abtrennung kann das Beschleunigungsgebot des § 155 FamFG geradezu gebieten.[1]

1 OLG Brandenburg FamRZ 2018, 128

Eine Abtrennung kann im Einzelfall dann (zunächst) unterbleiben, wenn es tragfähige Anzeichen gibt, dass die Eltern zeitnah zu einer einvernehmlichen Regelung gelangen.[2]

4 Eine weitere Abtrennungsmöglichkeit besteht, wenn „das Verfahren ausgesetzt ist". Gemeint ist die **Aussetzung der Kindschaftssache**, was ausnahmsweise denkbar ist, wenn z. B. die Eltern ihre Bereitschaft zu außergerichtlichen Beratungs- und Einigungsgesprächen mit hinreichender Aussicht auf einvernehmliche Regelung erklärt haben.[3]

5 Der Beschluss über die Abtrennung beinhaltet eine nur begrenzt überprüfbare **Ermessensentscheidung**.[4] Vorheriges rechtliches Gehör ist selbstverständlich zu gewähren.[5] Auch wenn der Abtrennungsbeschluss als solcher nicht anfechtbar ist (§ 140 Abs. 6 FamFG), muss er begründet werden. Denn eine unzulässige Abtrennung kann mit der Beschwerde gegen die Verbundentscheidung angefochten werden.[6]

6 Lagen die Abtrennungsvoraussetzungen nicht vor, hat das Gericht mit dem Verbundbeschluss eine **unzulässige Teilentscheidung** getroffen; das Beschwerdegericht hebt dann regelmäßig die Verbundentscheidung auf und verweist das Verfahren an die erste Instanz zur Wiederherstellung des Verbundes zurück.[7] Etwas anderes gilt dann, wenn das Familiengericht inzwischen über die abgetrennte Folgesache entschieden hat.[8]

7 Teilweise stehen Kindschaftsfolgesachen in engem sachlichen Zusammenhang mit einer **Unterhaltsfolgesache**, insbesondere mit Verfahren auf nachehelichen Unterhalt wegen Kindesbetreuung (§ 1570 BGB) oder mit Verfahren auf Kindesunterhalt. § 140 Abs. 3 FamFG bietet bei entsprechendem Sachzusammenhang die Möglichkeit, auch die Unterhaltsfolgesache aus dem Verbund zu trennen, allerdings nur auf Antrag hin. Der **Sachzusammenhang** mit Kindschaftsfolgesachen, die den Lebensmittelpunkt des Kindes und die Obhut eines Elternteils für das Kind betreffen, ist regelmäßig gegeben.

8 Wird neben der Kindschaftsfolgesache auch die Unterhaltsfolgesache aus dem Verbund getrennt, besteht zwischen den abgetrennten Verfahren **kein Restverbund**.[9] Der Anwaltszwang entfällt für die Kindschaftssache (§ 114 Abs. 1 FamFG), nicht aber für das Unterhaltsverfahren als nunmehr selbstständige Familienstreitsache (§§ 112 Nr. 1, 114 Abs. 1 FamFG).

▶ *Zu den weiteren Auswirkungen der Abtrennung hinsichtlich Verfahrenskostenhilfe, Kostenentscheidungen und Gebühren siehe Keuter, § 137 FamFG Rn. 9 ff.*

§§ 141 bis 150 FamFG

Von Abdruck und Kommentierung wird abgesehen.

2 Sternal/*Weber*, § 140 FamFG Rn. 6
3 OLG Celle FamRZ 2011, 673 (Ls.); Bumiller/Harders/*Schwamb*, § 140 FamFG Rn. 14
4 OLG Celle ZKJ 2011,396 = NJW-RR 2012, 133
5 BGH NJW 1987, 1772, 1773
6 BGH NJW 1987, 1772, 1773
7 OLG Koblenz FamRZ 2008, 166
8 Sternal/*Weber*, § 140 FamFG Rn. 21
9 Museliak/Borth/Frank, § 140 FamFG Rn. 15

Abschnitt 3
Verfahren in Kindschaftssachen

§ 151 FamFG

Kindschaftssachen

Kindschaftssachen sind die dem Familiengericht zugewiesenen Verfahren, die

1. **die elterliche Sorge,**
2. **das Umgangsrecht und das Recht auf Auskunft über die persönlichen Verhältnisse des Kindes,**
3. **die Kindesherausgabe,**
4. **die Vormundschaft,**
5. **die Pflegschaft oder die gerichtliche Bestellung eines sonstigen Vertreters für einen Minderjährigen oder für ein bereits gezeugtes Kind,**
6. **die Genehmigung von freiheitsentziehender Unterbringung und freiheitsentziehenden Maßnahmen nach § 1631b des Bürgerlichen Gesetzbuchs, auch in Verbindung mit § 1795 Absatz 1 Satz 3 und § 1813 Absatz 1 des Bürgerlichen Gesetzbuchs,**
7. **die Genehmigung oder Anordnung einer freiheitsentziehenden Unterbringung, freiheitsentziehenden Maßnahme oder ärztlichen Zwangsmaßnahme bei einem Minderjährigen nach den Landesgesetzen über die Unterbringung psychisch Kranker oder**
8. **die Aufgaben nach dem Jugendgerichtsgesetz**

betreffen.

Übersicht

A. Allgemeines

§ 151 FamFG schafft abweichend von der alten Terminologie des § 640 Abs. 2 ZPO a. F. eine Legaldefinition für die unter die Sammelbezeichnung **„Kindschaftssachen"** fallenden Verfahren. Da zeitgleich mit dem Inkrafttreten des FamFG das Vormundschaftsgericht abgeschafft wurde, obliegen sämtliche Entscheidungen in Kindschaftssachen dem Familiengericht. Angepasst wurden zugleich die §§ 23a bis 23c GVG. **1**

Soweit ein Verfahren mehrere Kindschaftssachen umfasst – z. B. einen Antrag auf Übertragung des gemeinsamen Sorgerechts und einen Antrag auf Regelung des Umgangsrechts –, kann das Gericht nach seinem Ermessen die Verfahren trennen oder bei isolierter Einreichung miteinander verbinden (§ 20 FamFG). Dies gilt dann nicht, wenn Verfahrensgegenstände inhaltlich nicht trennbar sind, z.B. zeitgleiche Verfahren nach §§ 1671 und 1666 BGB.[1] Werden Verfahren miteinander verbunden (§ 20 FamFG) oder vom Antragsteller ku- **2**

1 OLG Nürnberg FamRZ 2023, 605; OLG Frankfurt NJOZ 2024, 424

mulativ in einer Antragsschrift mehrere Verfahren zugleich anhängig gemacht (z.B. eine Umgangssache nach § 1684 BGB sowie ein Auskunftsanspruch nach § 1686 BGB), ist bei späterer Festsetzung des Verfahrenswertes die gebührenrechtliche Selbstständigkeit der Verfahren zu beachten.[2]

▶ *Zur Verfahrensfähigkeit des Kindes siehe ausführlich Köhler, § 9 FamFG Rn. 4 ff.*

B. Inhalt der Norm

I. Elterliche Sorge (Nr. 1)

3 Zu den die elterliche Sorge betreffenden Kindschaftssachen gehören in erster Linie alle Verfahren, in welchen es um die **(Mit-)Inhaberschaft** der elterlichen Sorge geht, also insbesondere Verfahren nach

- § 1626a Abs. 2 BGB auf Begründung der gemeinsamen elterlichen Sorge
- § 1671 BGB auf Übertragung der alleinigen elterlichen Sorge
- §§ 1666, 1666a BGB auf Entzug der elterlichen Sorge
- §§ 1673, 1674, 1674a BGB betreffend das Ruhen der elterlichen Sorge
- § 1680 BGB betreffend Sorgerechtsregelung nach dem Tod eines Elternteils oder nach Sorgerechtsentzug gegenüber einem Elternteil
- § 1630 Abs. 3 BGB betreffend Sorgerechtsübertragung auf Pflegeeltern
- § 1629 Abs. 2 Satz 3 BGB betreffend Entzug der elterlichen Vertretungsbefugnis
- § 1696 BGB Abänderungsverfahren

Kind i.S.v. § 151 FamFG kann in Fällen von Auslandsberührung eine Person sein, die das 18. Lebensjahr bereits vollendet hat, sofern nach dem anwendbaren ausländischen Recht damit nicht zugleich die Volljährigkeit verbunden ist.[3]

4 Ferner gehören zu den Kindschaftssachen i.S.v. Nr. 1 auch einzelne Angelegenheiten, z.B.:

- § 1628 BGB Entscheidung bei elterlichen Meinungsverschiedenheiten
- §§ 1687, 1687a, 1688 BGB Einschränkung von Erziehungsbefugnissen
- §§ 1643 BGB Genehmigung von Rechtsgeschäften
- §§ 1640 Abs. 3, 1667 BGB Vermögensverzeichnis
- § 1618 Satz 4 BGB Einwilligungsersetzung bei Einbenennung[4]
- § 1303 Abs. 2 bis 4 Gestattung der Eheschließung eines Minderjährigen

5 Erfasst sind schließlich die **früher** den **Vormundschaftsgerichten** zugeordneten Entscheidungen, insbesondere:

- §§ 2 Abs. 3, 3, 7 RelKErzG betreffend Streit um die religiöse Erziehung
- § 112 Abs. 2 BGB betreffend Rücknahme einer Ermächtigung zum Betrieb eines Erwerbsgeschäftes durch einen Minderjährigen
- § 2 NamensänderungG betreffend Genehmigung für Antrag auf Namensänderung

---

2 OLG Frankfurt FamRZ 2018, 204
3 BGH FamRZ 2018, 457
4 BGH FamRZ 1999, 1648

- §16 Abs. 3 VerschollenheitsG betreffend Genehmigung eines Antrages auf Erklärung eines Kindes als tot

II. Umgangs- und Auskunftsrecht (Nr. 2)

Unter Nr. 2 fallen sämtliche Verfahren, die das **Umgangsrecht** mit einem **minderjährigen** Kind betreffen, also insbesondere Verfahren nach §§ 1684, 1685, 1686a Abs. 1 Nr. 1 BGB. Der Antrag eines Elternteils auf Umgang mit dem unter Betreuung stehenden **volljährigen** Kind ist dagegen keine Kindschaftssache, sondern fällt in die Zuständigkeit des Betreuungsgerichts.[5] Ob ein Kontaktverbot gegen einen Dritten nach § 1632 Abs. 2 BGB als Umgangsverfahren nach § 151 Nr. 2 FamFG anzusehen ist oder als Kindschaftssache nach § 151 Nr. 1 BGB,[6] ist für die Zuständigkeit des Familiengerichts ohne praktische Bedeutung. Zu den Verfahren betreffend das Recht auf **Auskunft** über die persönlichen Verhältnisse des Kindes zählen die Verfahren nach § 1686 BGB (Auskunftsansprüche zwischen rechtlichen Elternteilen) sowie nach § 1686a BGB (Auskunftsanspruch des leiblichen, nicht rechtlichen Vaters). 6

III. Kindesherausgabe (Nr. 3)

Erfasst werden Verfahren auf Herausgabe des Kindes nach § 1632 Abs. 1 BGB ebenso wie Verbleibensanordnungen nach §§ 1632 Abs. 4, 1682 BGB. 7

IV. Vormundschaft (Nr. 4)

Alle Verfahren, welche die Auswahl des Vormunds sowie die Bestimmung seiner Rechte und Pflichten nach §§ 1773 ff. BGB betreffen, sind von der Vorschrift umfasst. Hierzu gehören Anordnung und Aufhebung einer Vormundschaft, die Beaufsichtigung des Vormunds, seine Überwachung und die Abrechnung etwaiger Kostenrechnungen.[7] Auch Verfahren, in denen es um die Untersuchung eines möglicherweise Minderjährigen geht zur Prüfung, ob eine Vormundschaft angeordnet werden kann oder muss, zählen dazu.[8] 8

V. Pflegschaft (Nr. 5)

Die Vorschrift wurde durch das Gesetz zur Reform des Vormundschafts- und Betreuungsrechts[9] sprachlich neu gefasst. Unter diese Vorschrift fallen alle Entscheidungen, die Auswahl, Bestellung und Abberufung eines Ergänzungspflegers oder dessen Rechte, Pflichten oder Abrechnung betreffen.[10] Weil die Anordnung einer Ergänzungspflegschaft einen Eingriff in die elterliche Sorge darstellt, gelten insbesondere die gesetzlichen Verfahrensgarantien wie die Anhörungs- und Begründungspflichten (vgl. §§ 159, 160, 38 Abs. 3 Satz 1 FamFG).[11] 9

VI. Unterbringungsverfahren (Nr. 6 und 7)

Die Vorschrift wurde durch das Gesetz zur Reform des Vormundschafts- und Betreuungsrechts[12] sprachlich neu gefasst. Zu den Kindschaftssachen werden sowohl die Anträge auf Genehmigung einer geschlossenen Unterbringung eines Minderjährigen (§ 1631b BGB) ge- 10

5 OLG Hamm, Beschl. v. 6.1.2014 – 8 WF 179/13, juris
6 So BGH FamRZ 2010, 1975
7 OLG Stuttgart FamRZ 2011, 237
8 OLG Köln MDR 2013, 286
9 BGBl. 2021 Nr. 21
10 Thomas/Putzo/*Hüßtege* § 151 FamFG Rn. 13
11 OLG Frankfurt NZFam 2018, 285
12 BGBl. I 2021 Nr. 21

zählt (Nr. 6) wie auch Anträge auf Anordnung einer solchen Maßnahme nach den jeweiligen landesrechtlichen Unterbringungsvorschriften (Nr. 7). Für beide Gruppen enthält § 167 FamFG den weitgehenden Verweis auf die Vorschriften in Unterbringungssachen nach §§ 312 ff. FamFG. Als Konsequenz aus der Entscheidung des BGH,[13] die Fixierung eines Kindes sei nicht genehmigungsbedürftig, ist nach § 1631b Abs. 2 BGB auch eine regelmäßige oder über einen längeren Zeitraum andauernde Freiheitsentziehung genehmigungspflichtig, wenn die Freiheitsentziehung in nicht altersgerechter Weise erfolgt und sich das Kind in einem Krankenhaus, einem Heim oder in einer sonstigen Einrichtung aufhält.

VII. Aufgaben nach dem JGG (Nr. 8)

11 Gemäß §§ 53, 104 Abs. 4 JGG kann der Jugendrichter dem Familiengericht Auswahl und Anordnung von Erziehungsmaßregeln überlassen. Unter Nr. 8 fällt aber auch die Bestellung eines Pflegers zur Vertretung des Kindes im Strafverfahren sowie die Wahrnehmung übertragener Aufgaben nach § 34 JGG durch das Jugendgericht.[14]

§ 152 FamFG

Örtliche Zuständigkeit

(1) Während der Anhängigkeit einer Ehesache ist unter den deutschen Gerichten das Gericht, bei dem die Ehesache im ersten Rechtszug anhängig ist oder war, ausschließlich zuständig für Kindschaftssachen, sofern sie gemeinschaftliche Kinder der Ehegatten betreffen.

(2) Ansonsten ist das Gericht zuständig, in dessen Bezirk das Kind seinen gewöhnlichen Aufenthalt hat.

(3) Ist die Zuständigkeit eines deutschen Gerichts nach den Absätzen 1 und 2 nicht gegeben, ist das Gericht zuständig, in dessen Bezirk das Bedürfnis der Fürsorge bekannt wird.

(4) [1]Für die in den §§ 1693 und 1846 des Bürgerlichen Gesetzbuchs und in Artikel 24 Abs. 3 des Einführungsgesetzes zum Bürgerlichen Gesetzbuche bezeichneten Maßnahmen ist auch das Gericht zuständig, in dessen Bezirk das Bedürfnis der Fürsorge bekannt wird. [2]Es soll die angeordneten Maßnahmen dem Gericht mitteilen, bei dem eine Vormundschaft oder Pflegschaft anhängig ist.

Übersicht

A. Allgemeines

I. Zuständigkeitskriterien

1 Mit Einführung des FamFG ist der frühere Geschwistergerichtsstand ebenso entfallen wie die Maßgeblichkeit des Wohnsitzes des Kindes. Die Zuständigkeit wird nunmehr nach **drei**

13 BGH FamRZ 2013, 1646 = ZKJ 2013,449 m.w.N. auch für die Gegenmeinung
14 PK Familienverfahrensrecht/*Meysen*, § 151 FamFG Rn. 11

Kriterien bestimmt: der **Anhängigkeit einer Ehesache**, dem **gewöhnlichen Aufenthalt des Kindes** und dem **Fürsorgebedürfnis**. Die verschiedenen Zuständigkeiten nach Abs. 1 bis 3 stehen nicht zur Auswahl, sondern sind in der **Reihenfolge der Absätze maßgeblich**.[1] Die in Abs. 4 normierte Eilzuständigkeit tritt neben die im Übrigen **ausschließliche** Zuständigkeit nach Abs. 1 bis 3.[2]

II. Zeitpunkt der Zuständigkeitsbestimmung

Maßgeblicher Zeitpunkt für die Zuständigkeitsbestimmung ist in **Antragsverfahren** der Eingang des Antrags, wobei das bloße Einreichen eines Verfahrenskostenhilfegesuches nicht ausreicht.[3] Dies gilt auch, wenn zwar der Antrag mit eingereicht wird, der Antragsteller jedoch erklärt, der Antrag solle nur für den Fall der Bewilligung von Verfahrenskostenhilfe gestellt werden, weil in diesem Fall der Antragsteller zunächst lediglich sein Verfahrenskostenhilfegesuch zur Prüfung des Gerichts stellt. 2

In **Amtsverfahren**, insbesondere solchen nach § 1666 BGB, ist maßgeblicher Zeitpunkt für die Zuständigkeitsbestimmung derjenige, in welchem das Gericht Kenntnis von Tatsachen erhält, die ihm Veranlassung zum Einschreiten geben können, z.B. durch eine Anregung.[4]

Geht dem Hauptverfahren ein Eilverfahren voraus, ist für die Klärung der örtlichen Zuständigkeit § 52 Abs. 1 FamFG zu beachten. Dies kann zu Schwierigkeiten führen, wenn zwischen Erlass der Eilregelung und der Anhängigkeit des Hauptverfahrens der gewöhnliche Aufenthalt des Kindes in einen anderen Gerichtsbezirk verlegt wird. Nach einer Ansicht[5] ist das Gericht, das die Eilanordnung erlassen hat, auch in diesem Fall für Einleitung und Durchführung des Hauptverfahrens zuständig, vor allem in den Fällen eines erzwungenen Hauptverfahrens nach § 52 FamFG, wobei die zwischenzeitliche Veränderung des gewöhnlichen Aufenthaltes Anlass für eine Abgabe des Hauptverfahrens nach § 4 FamFG sein kann. Nach anderer Ansicht[6] beinhaltet die Zuständigkeit für die **Einleitung** des Hauptverfahrens nicht automatisch auch die Zuständigkeit für dessen **Durchführung**. Gegen die Annahme einer fortgeltenden Zuständigkeit für die Verfahrensdurchführung sprächen der Wortlaut des § 52 Abs. 1 FamFG („Hauptverfahren einzuleiten"), die Selbstständigkeit von Eil- und Hauptverfahren sowie Sinn und Zweck der Zuständigkeitsvorschriften, insbesondere des § 152 FamFG. Werde der gewöhnliche Aufenthalt des Kindes nach Abschluss des Eilverfahrens in einen anderen Gerichtsbezirk verlegt, sei deshalb dieses Gericht nunmehr für das Hauptverfahren zuständig. 3

Die letztgenannte Meinung ist im Ergebnis vorzugswürdig.[7] Während die erstgenannte Auffassung von einer *perpetuatio fori* zwischen Eilanordnung und Hauptverfahren ausgeht,[8] wird eine solche von der Gegenmeinung ausdrücklich verneint. Nimmt man den in § 51 Abs. 3 Satz 1 FamFG ausdrücklich formulierten Grundsatz der Selbstständigkeit von Eil- und Hauptverfahren ernst, kann es eine solche fortdauernde Zuständigkeit des Gerichts der Eilsache auch für die Durchführung des Hauptverfahrens nicht geben. Für die Auffassung des OLG Frankfurt spricht insbesondere der Gesichtspunkt, dass sich danach stets[9] die speziellen und nach § 50 Abs. 1 Satz 1 FamFG grundsätzlich maßgeblichen[10] Zuständig- 4

1 OLG Frankfurt FamRZ 2017, 1146
2 OLG Bremen MDR 2017, 1127; Sternal/*Schäder*, § 152 FamFG Rn. 15
3 OLG Bremen NJW-RR 2017, 1155 Rn. 17 f.; Prütting/Helms/*Hammer*, § 152 FamFG Rn. 3
4 OLG Hamm FamRZ 2016, 1391; Sternal/*Schäder*, § 152 FamFG Rn. 2
5 OLG München NJW-RR 2011, 661; Zöller/*Feskorn*, § 52 Rn. 4; Bahrenfuss/*Socha*, § 52 FamFG Rn. 7; Musielak/*Borth/Frank*, § 52 FamFG Rn. 2
6 OLG Frankfurt FamRZ 2017, 1146; kritisch: *Stockmann*, jurisPR-FamR 9/2017 Anm. 5
7 Ebenso Prütting/Helms/*Hammer*, § 152 Rn. 7; Prütting/Helms/*Dürbeck*, § 52 Rn. 2
8 Museliak/*Borth/Frank*, § 52 FamFG Rn. 2
9 *Stockmann*, JurisPR-FamR 9/2017 Anm. 5
10 Prütting/Helms/*Hammer*, § 152 Rn. 7

keitsvorschriften der §§ 152 ff. FamFG durchsetzen, und zwar ohne Rücksicht auf etwaige Abgabegründe nach § 4 FamFG. Wenn selbst für die Abänderung einer Hauptsacheentscheidung nach § 166 FamFG, 1696 BGB die Zuständigkeit trotz der Vorkenntnisse des Ausgangsgerichts neu zu bestimmen ist,[11] kann auch das Argument der Vorkenntnisse aus dem Eilverfahren nicht für die Zuständigkeit des Gerichts der Eilsache auch für das Hauptverfahren ausschlaggebend sein, zumal fehlende Vorkenntnisse zum einen durch die Beiziehung der Akten des Eilverfahrens weitgehend ausgeglichen werden können und zum anderen die Eilanordnung regelmäßig auf einer nur summarisch ermittelten Grundlage ergeht.

5 Nach überwiegender Auffassung gilt § 152 FamFG nicht für Kindschaftssachen nach § 151 Nr. 6 und 7 FamFG, weil § 167 FamFG insoweit insgesamt auf die Vorschriften über die Unterbringung verweist und damit auf § 313 FamFG.[12]

6 Erachtet sich das in einer Kindschaftssache angerufene Familiengericht für örtlich unzuständig, darf es den Antrag auch dann nicht als unzulässig zurückweisen, wenn – in Antragsverfahren – der Antragsteller **keinen Verweisungsantrag** stellt, sondern es hat sich nach Anhörung der Beteiligten durch Beschluss für unzuständig zu erklären und das Verfahren von Amts wegen an das zuständige Gericht zu verweisen (§ 3 Abs. 1 Satz 1 FamFG).[13]

▶ *Zu weiteren Kompetenzkonflikten siehe Übersicht Keuter, § 17a GVG Rn. 24 und Keuter, § 154 FamFG Rn. 5 ff.*

7 Kennt ein Elternteil wegen einer Auskunftssperre nicht den gewöhnlichen Aufenthalt seiner Kinder und kann er diesen Ort deshalb auch nicht kennen, so kann er gleichwohl ein Umgangsverfahren z.B. beim Familiengericht, welches für den früheren gewöhnlichen Aufenthalt des Kindes zuständig war, beantragen. Es ist Aufgabe dieses Familiengerichts, von Amts wegen die für die Zuständigkeit maßgebenden Umstände zu ermitteln und sodann ggf. das Verfahren nach § 3 FamFG an das zuständige Gericht zu verweisen.[14]

11 Siehe *Gottschalk*, § 166 Rn. 12
12 OLG Frankfurt, Beschl. v. 18.12.2009 – 1 UFH 15/09, juris; MüKo FamFG/*Heilmann*, § 152 FamFG Rn. 9
13 OLG Frankfurt FamRZ 2014, 1479; *Hammer*, FamRZ 2021, 1983
14 OVG Münster, Beschl. v. 9.12.2014 – 16 A 1049/14, ZKJ 2015, 162

III. Übersicht örtliche Zuständigkeit in Kindschaftssachen

Übersicht: örtliche Zuständigkeit in Kindschaftssachen

8

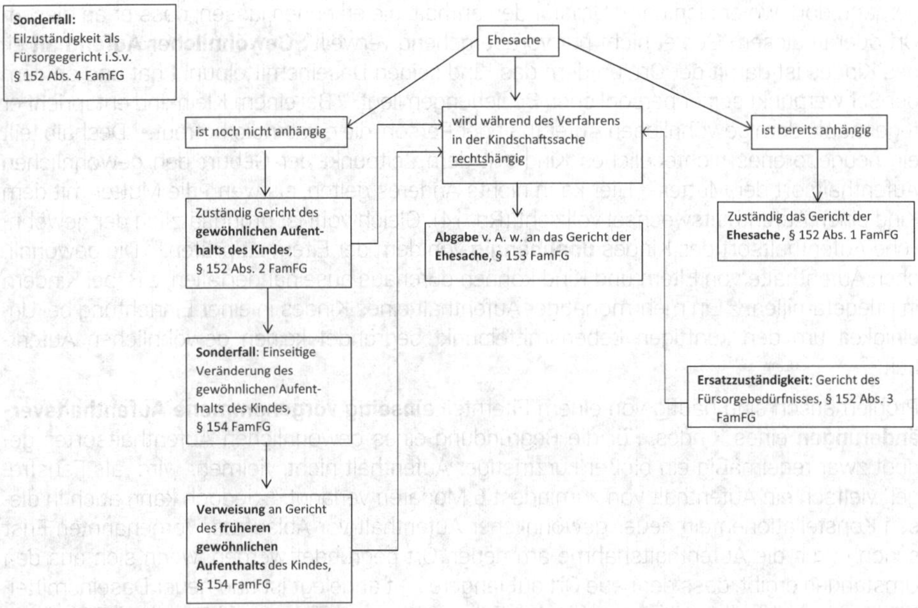

B. Inhalt der Norm

I. Anhängigkeit einer Ehesache (Abs. 1)

Ehesachen sind die in § 121 FamFG aufgezählten Verfahren. Die **Anhängigkeit** eines Verfahrens beginnt mit Eingang des Antrags bei Gericht (§ 124 Abs. 1 FamFG). Ein bloßes Verfahrenskostenhilfegesuch genügt nicht.[15] Die Anhängigkeit endet mit Rücknahme (§ 141 FamFG), rechtskräftiger Entscheidung (§ 148 FamFG), Tod eines Ehegatten (§ 131 FamFG) oder übereinstimmender Erledigung. Ein Ruhen des Verfahrens oder ein bloßes Nichtbetreiben mit der Folge, dass die Akten nach § 10 Abs. 1 Nr. 2 AktO weggelegt werden, beendet die Anhängigkeit nicht.[16] 9

Die Zuständigkeitskonzentration beim Gericht der Ehesache gilt nur für **gemeinschaftliche** Kinder; sie gilt z.B. nicht für ein Umgangsverfahren ein Stiefkind betreffend, vielmehr richtet sich hier die Zuständigkeit nach Abs. 2.[17] 10

Die vorrangige Zuständigkeit des Gerichts der Ehesache gilt zwar für die Dauer der Anhängigkeit. Ist aber die **Kindschaftssache anhängig** geworden, **bevor die Ehesache rechtshängig** wurde, so greift § 152 FamFG **nicht** ein; vielmehr zieht in dieser Situation erst die Rechtshängigkeit der Ehesache über **§ 153 FamFG** die Kindschaftssache an das Gericht der Ehesache.[18] Wenn während der Anhängigkeit einer Ehesache der gewöhnliche Aufent- 11

15 OLG Köln FamRZ 1999,29; Musielak/Borth/*Frank*, § 152 FamFG Rn. 3
16 BGH NJW-RR 1993, 898
17 Musielak/Borth/*Frank*, § 152 FamFG Rn. 2
18 OLG Hamm FamRZ 2011, 58

halt des Kindes wechselt, kann gleichwohl zur Wahrung der Verfahrenskonzentration beim Gericht der Ehesache **keine Abgabe nach § 4 FamFG** erfolgen.[19]

II. Gewöhnlicher Aufenthalt des Kindes (Abs. 2)

12 Nach der Legaldefinition des § 30 Abs. 3 Satz 2 SGB I (AT) hat den gewöhnlichen Aufenthalt „jemand dort, wo er sich unter Umständen aufhält, die erkennen lassen, dass er an diesem Ort oder in diesem Gebiet nicht nur vorübergehend verweilt". **Gewöhnlicher Aufenthalt** eines Kindes ist damit der Ort, an dem das Kind seinen Daseinsmittelpunkt hat und an dem der Schwerpunkt seiner persönlichen Beziehungen liegt.[20] Bei einem Kleinkind entspricht er regelmäßig dem gewöhnlichen Aufenthalt der Person, die es ständig betreut.[21] Deshalb teilt ein neugeborenes nichteheliches Kind mit dem Zeitpunkt der Geburt den gewöhnlichen Aufenthaltsort der Mutter.[22] Hier kann nichts Anderes gelten, als wenn die Mutter mit dem Kind einen Aufenthaltswechsel vollzieht (Rn. 14). Gleichwohl ist grundsätzlich der gewöhnliche Aufenthaltsort des Kindes **unabhängig** von dem der Eltern zu prüfen.[23] Die gewöhnlichen Aufenthalte von Eltern und Kind können durchaus auseinanderfallen, z.B. bei Kindern in Pflegefamilien.[24] Ein mehrmonatiger Aufenthalt eines Kindes in einer Einrichtung bei Uneinigkeit um den künftigen Lebensmittelpunkt begründet keinen gewöhnlichen Aufenthalt.[25]

13 Problematisch sind häufig von einem Elternteil **einseitig vorgenommene Aufenthaltsveränderungen** eines Kindes: Für die Begründung eines gewöhnlichen Aufenthaltsortes genügt zwar regelmäßig ein bloßer kurzfristiger Aufenthalt nicht, vielmehr wird „als Faustregel" vielfach ein Aufenthalt von zumindest 6 Monaten verlangt.[26] Jedoch kann auch in diesen Konstellationen ein neuer gewöhnlicher Aufenthalt vor Ablauf der vorgenannten Frist schon durch die Aufenthaltsnahme am neuen Ort begründet werden, wenn sich aus den Umständen ergibt, dass der neue Ort auf längere Zeit angelegt ist und neuer Daseinsmittelpunkt sein soll;[27] dies gilt sogar für den Fall der Kindesentführung.[28] Für diese Fälle kann die Möglichkeit einer Rückverweisung bestehen (siehe *Keuter*, § 154 FamFG).

14 Wenn sich ein über 14-jähriges Kind aus eigenem Antrieb und ohne Zustimmung des obhutsberechtigten Elternteils beim anderen Elternteil aufhält, liegt hierin i.d.R. trotz Beachtlichkeit des jugendlichen Willens noch keine Aufgabe des bisherigen gewöhnlichen Aufenthaltes.[29] Ebenso wenig reicht die Fremdunterbringung eines Kindes aufgrund der Entscheidung des lediglich durch einstweilige Anordnung bestellten Vormunds bzw. Ergänzungspflegers zur Begründung eines neuen gewöhnlichen Aufenthaltes.[30] Regelmäßig begründet auch die Unterbringung eines Kindes in einer Bereitschaftspflegefamilie noch keinen neuen gewöhnlichen Aufenthalt.[31] Gleiches gilt wegen der nur zur Krisensituation gedachten Aufenthaltsdauer eines Kindes gemeinsam mit der Mutter in einem Frauenhaus.[32]

19 OLG Bremen FamRZ 2013, 1680; zu etwaigen nachteiligen Folgen siehe *Stockmann*, jurisPR-FamR 25/2013 Anm. 4
20 PK Familienverfahrensrecht/*Meysen*, § 152 FamFG Rn. 4; *Grohmann*, FamRZ 2024,209 je m.w.N.
21 OLG Köln FamRZ 2012, 1406
22 A.A. OLG Hamburg FamRZ 2024, 207 mit Anm. *Grohmann*
23 BGH NJW 1997, 3024
24 OLG München FamRZ 2012, 1071; OLG Düsseldorf FamRZ 2010, 1178
25 OLG Hamm ZKJ 2013, 307
26 OLG Hamm ZKJ 2013, 35
27 OLG Brandenburg FamRZ 2021, 1982 mit Anm. *Hammer*
28 BVerfG Beschl. V. 9.4.2025 – 1 BvR 1618/24, juris; BGH ZKJ 2006, 212 = FamRZ 2005, 1540
29 Zempel NZFam 2022, 34; a.A. OLG Brandenburg FamRZ 2021, 1982 mit Anm. *Hammer*
30 OLG Hamburg FamRB 2024, 106
31 OLG Hamm ZKJ 2022, 150
32 OLG Hamm FamRZ 2021, 1126

Hat sich der einseitig veränderte Aufenthalt eines Kindes noch nicht zu einem neuen gewöhnlichen Aufenthalt verdichtet, ist die **Auffangzuständigkeit des § 152 Abs. 3 FamFG** zu beachten (siehe Rn. 15 f. und *Keuter,* § 154 FamFG Rn. 4 bis 7).

III. Fürsorgebedürfnis (Abs. 3)

Die Vorschrift ist als Auffangtatbestand weit auszulegen.[33] Denn insbesondere in Kind- **15**
schaftssachen sollen negative Kompetenzkonflikte durch zügiges und fürsorgeorientiertes Tätigwerden des Gerichts tunlichst vermieden werden.[34] Ist keine Zuständigkeit aus § 152 Abs. 1 oder 2 FamFG zu begründen, ist das Gericht örtlich zuständig, in dessen Bezirk das **Bedürfnis der Fürsorge offenbar** wird. Dies betrifft insbesondere die Fälle, in denen der gewöhnliche Aufenthalt des Kindes im **Ausland** liegt oder **unbekannt** ist,[35] oder in denen sich der Aufenthalt eines Kindes **noch nicht zu einem gewöhnlichen Aufenthalt verdichtet** hat.[36] Wo immer ein Gericht amtlich von Tatsachen Kenntnis erlangt, die Anlass zu gerichtlichen Maßnahmen sein können, besteht das Bedürfnis der Fürsorge gemäß § 152 Abs. 3 FamFG.[37]

Ist ein **Fürsorgebedürfnis in mehreren Gerichtsbezirken** offenbar geworden, ist die Zu- **16**
ständigkeit nach Zweckmäßigkeitsgesichtspunkten, insbesondere einer etwaigen **Vorbefassung** des Gerichts mit weiteren Eil- oder Hauptverfahren, zu bestimmen.[38] § 152 Abs. 3 FamFG gilt insbesondere für Verfahren ein noch **ungeborenes Kind** betreffend.[39]

Auch für § 152 Abs. 3 FamFG gilt der Grundsatz der **perpetuatio fori** nach § 2 Abs. 2 **17**
FamFG. Das ursprünglich nach § 152 Abs. 3 FamFG zuständige Gericht darf also nicht untätig bleiben, wenn inzwischen sich eine anderweitige Zuständigkeit nach § 152 Abs. 2 FamFG ergeben hat. Insbesondere ist auch eine Verweisung an das Gericht des während des Verfahrens begründeten gewöhnlichen Aufenthaltes ausgeschlossen.[40] Unbeschadet dessen können die Voraussetzungen einer Abgabe nach § 4 FamFG zu prüfen sein.

IV. Eilzuständigkeit (Abs. 4)

Für Maßnahmen nach §§ 1693, 1846 BGB, Art. 24 Abs. 3 EGBGB schafft § 152 Abs. 4 **18**
FamFG eine **zusätzliche**[41] **Eilzuständigkeit**. Diese dauert indes nur so lange an, bis das nach § 152 Abs. 1 bis 3 zuständige Gericht selbst tätig geworden oder das Bedürfnis nach Eilregelungen weggefallen ist.[42] § 152 Abs. 4 Satz 2 FamFG normiert die Mitteilungspflicht des eine Eilmaßnahme treffenden Gerichts an das Gericht, bei dem eine Vormundschaft oder Pflegschaft anhängig ist.

33 BT-Drucks. 16/6308, 234
34 OLG Bremen MDR 2017, 1127
35 OLG Karlsruhe FamRZ 2011, 1888 m.w.N.
36 OLG Hamm ZKJ 2013, 307
37 OLG Hamburg FamRZ 2024, 207 mit Anm. *Grohmann* m.w.N.
38 OLG Hamburg FamRZ 2024, 207 mit Anm. *Grohmann* ; OLG Hamburg FamRB 2024, 106; OLG Hamm ZKJ 2013, 307
39 BT-Drucks. 16/6308, 235
40 OLG Frankfurt FamRZ 2016, 1691
41 BT-Drucks. 16/6308, 235; PK Familienverfahrensrecht/*Meysen,* § 152 FamFG Rn. 6 spricht von „subsidiärer" Zuständigkeit
42 Sternal/*Schäder,* § 152 FamFG Rn. 15

§ 153 FamFG
Abgabe an das Gericht der Ehesache

[1]Wird eine Ehesache rechtshängig, während eine Kindschaftssache, die ein gemeinschaftliches Kind der Ehegatten betrifft, bei einem anderen Gericht im ersten Rechtszug anhängig ist, ist diese von Amts wegen an das Gericht der Ehesache abzugeben. [2]§ 281 Abs. 2 und 3 Satz 1 der Zivilprozessordnung gilt entsprechend.

Übersicht Rn. Rn.

A. Allgemeines

1 Die Vorschrift verfolgt das Ziel, sämtliche ein gemeinschaftliches Kind betreffende Kindschaftssachen – mit Ausnahme der Unterbringungsverfahren (siehe *Keuter,* § 152 FamFG Rn. 5) – beim Gericht der Ehesache zu **konzentrieren**. Sie ergänzt § 152 Abs. 1 FamFG. Entsprechende Parallelvorschriften finden sich in §§ 202, 233 und 263 FamFG.

B. Inhalt der Norm

I. Abgabevoraussetzungen (Satz 1)

2 Voraussetzung für die Anwendung des § 153 FamFG ist zunächst, dass zeitlich vorrangig eine **Kindschaftssache** beim Gericht A **anhängig** wird und nachfolgend eine **Ehesache** beim Gericht B **rechtshängig; die bloße Einreichung** eines **Verfahrenskostenhilfeantrages** für die Ehesache genügt nicht.[1] Für die umgekehrte Konstellation gilt die Zuständigkeit nach § 152 Abs. 1 FamFG (siehe auch *Keuter,* § 152 FamFG Rn. 11). Rechtshängigkeit setzt bereits erfolgte wirksame Zustellung der Antragsschrift in der Ehesache voraus (§§ 261, 253 ZPO).

3 Die Kindschaftssache muss ein **gemeinschaftliches Kind** der Eheleute betreffen. Das kann zu unterschiedlichen Zuständigkeiten führen, wenn z.B. der Ehemann ein Umgangsrecht mit einem gemeinschaftlichen Kind nach § 1684 Abs. 1 BGB begehrt und zugleich über § 1685 Abs. 2 BGB mit einem weiteren von der Ehefrau in die Ehe mitgebrachten Kind. Auseinanderfallenden Zuständigkeiten kann notfalls über § 4 FamFG Rechnung getragen werden, wobei wegen der hohen Bedeutung der Entscheidungskonzentration im Zweifel das Gericht der Ehesache das Verfahren betreffend das nicht gemeinsame Kind mit übernehmen sollte.

4 Die Kindschaftssache muss noch **erstinstanzlich anhängig** sein. Die Anhängigkeit in erster Instanz endet mit Rücknahme (§ 22 FamFG), Vergleich (§ 156 FamFG) oder Wirksamkeit (§ 40 FamFG) der erstinstanzlichen Endentscheidung (§ 38 FamFG). Ist bereits ein Rechtsmittel in der Kindschaftssache eingelegt, kommt eine Abgabe nicht mehr in Betracht, es sei denn, das Verfahren wird vom Beschwerdegericht an die erste Instanz zurückverwiesen, wobei in diesen Fällen die Zurückverweisung an das nunmehr zuständige Gericht der Ehesache erfolgt.[2] Wird gegen eine nicht Instanz beendende Entscheidung in der Kindschafts-

1 OLG Hamm FamRZ 2011, 58
2 BGH FamRZ 1980, 444; Prütting/Helms/*Hammer,* § 153 FamFG Rn. 4

sache eine Beschwerde eingelegt, z.B. gegen einen Verfahrenskostenhilfebeschluss, so ist für die Beschwerde das dem Gericht der Ehesache übergeordnete Gericht zuständig, wenn inzwischen die Ehesache rechtshängig wurde.[3]

Die Abgabe erfolgt **von Amts wegen**, auch ohne Antrag eines Beteiligten.[4] Die Beteiligten sind zuvor anzuhören.[5] 5

II. Verweisung auf ZPO-Vorschriften (Satz 2)

Der **Verweis auf § 281 Abs. 2 und 3 Satz 1 ZPO** hat zur Folge: Die Verweisung kann ohne mündliche Verhandlung ergehen. Der Beschluss ist grundsätzlich unanfechtbar und für das Gericht der Ehesache bindend. Beim abgebenden Gericht entstandene Kosten gelten als Teil der Kosten, die bei dem Gericht entstehen, an das abgegeben wird. 6

§ 154 FamFG
Verweisung bei einseitiger Änderung des Aufenthalts des Kindes

[1]Das nach § 152 Abs. 2 zuständige Gericht kann ein Verfahren an das Gericht des früheren gewöhnlichen Aufenthaltsorts des Kindes verweisen, wenn ein Elternteil den Aufenthalt des Kindes ohne vorherige Zustimmung des anderen geändert hat. [2]Dies gilt nicht, wenn dem anderen Elternteil das Recht der Aufenthaltsbestimmung nicht zusteht oder die Änderung des Aufenthaltsorts zum Schutz des Kindes oder des betreuenden Elternteils erforderlich war.

Übersicht

A. Allgemeines

Die Vorschrift schafft die Möglichkeit, auf **einseitig herbeigeführte Wechsel** des Aufenthaltsortes durch einen Elternteil im Inland reagieren zu können. Ein eigenmächtiges Handeln eines Elternteils ohne Rücksicht auf die bisherigen sozialen Bindungen des Kindes schadet regelmäßig dem Kindeswohl und soll nicht noch dem unrechtmäßig Handelnden Vorteile in Gestalt eines ortsnahen Gerichts bringen.[1] Der trennungswillige Elternteil hat vielmehr im Regelfall zunächst eine einverständliche Lösung und nach deren Scheitern eine umgehende gerichtliche Regelung bei dem für den gewöhnlichen Aufenthaltsort des Kindes zuständigen Gericht zu suchen.[2] 1

3 BGH FamRZ 2001, 618; OLG Hamburg NJW-RR 1993, 1286
4 Sternal/*Schäder*, § 153 FamFG Rn. 5
5 MüKo-FamFG/*Heilmann*, § 153 Rn. 9
1 BT-Drucks. 6/1308, 235
2 BT-Drucks. 16/6308, 235

B. Inhalt der Norm

I. Verweisungsvoraussetzungen

2 Die Verweisung setzt voraus:

- **gemeinsam aufenthaltsbestimmungsberechtigte Elternteile** (Satz 2 erste Alternative)[3]
- **fehlende Anhängigkeit einer Ehesache** (weil andernfalls Zuständigkeit bereits nach § 152 Abs. 1, nicht § 152 Abs. 2 FamFG, besteht)
- **Begründung eines neuen gewöhnlichen Aufenthaltes** (was im Einzelfall auch bereits durch die bloße Aufenthaltsnahme erfolgen kann, wenn sich aus den Umständen ergibt, dass der neue Ort der künftige Lebensmittelpunkt sein soll (vgl. *Keuter,* § 152 Rn. 13))
- **Fehlende Zustimmung** des anderen Elternteils

3 Dagegen ist die **Verweisung ausgeschlossen**, wenn die Änderung des Aufenthaltsortes zum Schutz des Kindes oder des fortziehenden Elternteils erforderlich war. Diese Einschränkung ist vom Gesetzgeber aus Opferschutzgründen eingeführt worden.[4]

II. Ermessensentscheidung

4 Liegen die vorgenannten Voraussetzungen vor, so **kann** das Gericht nach **pflichtgemäßem Ermessen** das Verfahren an das Gericht des früheren gewöhnlichen Aufenthalts des Kindes verweisen. Dabei hat das Gericht aber im Hinblick auf das Beschleunigungsgebot nach § 155 FamFG auch zu berücksichtigen, welche Nachteile durch die Verzögerung des Verfahrens infolge einer Verweisung entstehen.[5] Stimmt der andere Elternteil nachträglich dem Umzug des Kindes zu, scheidet im Regelfall eine Verweisung an das Gericht des früheren Aufenthaltsortes aus.[6] Auch dürfen Erkenntnisse, die im Rahmen einer zur Prüfung der Zuständigkeit erfolgten Beweisaufnahme gewonnen werden (siehe unten Rn. 6), nicht verloren gehen. Die Verweisung nach § 154 FamFG an das Gericht des früheren gewöhnlichen Aufenthaltsortes ist auch dann möglich, wenn Letzteres zuvor das Verfahren an das Gericht des aktuellen gewöhnlichen Aufenthaltsortes verwiesen hatte.[7]

III. Streit über Verweisungsvoraussetzungen

5 Beim in der Praxis häufiger auftauchenden Streit über die Voraussetzungen des § 154 Satz 2 FamFG muss das Gericht notfalls bereits zur Klärung der Zuständigkeit in eine – **regelmäßig vorrangig und beschleunigt durchzuführende – Beweisaufnahme** eintreten, weil auch die Zuständigkeit zu den vom Gericht im Rahmen des Amtsermittlungsgrundsatzes zu klärenden Verfahrensvoraussetzungen zählt.[8] Eine Beweisaufnahme zu der Frage, ob der verbleibende Elternteil mit dem Umzug einverstanden war oder dem fortziehenden Elternteil Gewalt drohte, vermittelt jedoch zugleich bereits wichtige Erkenntnisse über die Frage, wo künftig der Lebensmittelpunkt des Kindes liegt. Je (zeit-)intensiver sich das Gericht im Rahmen der Zuständigkeitsprüfung bereits mit der inhaltlichen Problematik beschäftigt hat, desto mehr spricht im Rahmen der Ermessensausübung (dazu oben Rn. 4) gegen eine Verweisung.

---

3 OLG Hamm FamRZ 2011, 55
4 BT-Drucks. 16/9733, 293
5 MüKo-FamFG/*Heilmann*, § 154 Rn. 11
6 Sternal/*Schäder,* § 154 FamFG Rn. 6
7 OLG Frankfurt FamRZ 2017, 236
8 Sternal/*Sternal,* § 26 FamFG Rn. 48

Bleibt die Frage, ob der verbleibende Elternteil mit dem Wegzug des Kindes einverstanden war, **ungeklärt**, kommt eine Verweisung nicht in Betracht, weil das Fehlen der Zustimmung des anderen Elternteils nach Satz 1 positive Verweisungsvoraussetzung ist; die **Feststellungslast** trägt also derjenige, der sich auf die Ausnahmevorschrift beruft.[9] Lässt sich dagegen auch durch die Beweisaufnahme nicht klären, ob die Änderung des Aufenthaltsortes aus Schutzgründen erforderlich war, kann grundsätzlich unter Beachtung der Bedenken (siehe oben Rn. 4 und 5) eine Verweisung erfolgen, weil § 154 Satz 2 FamFG als Ausnahme konzipiert ist, deren Vorliegen nicht festgestellt werden konnte. 6

IV. Verweisungsfolgen

Die Verweisung ist nach § 3 Abs. 3 FamFG[10] **nicht anfechtbar** und für das Gericht des früheren gewöhnlichen Aufenthaltsortes des Kindes bindend, wenn sie nicht unter Verletzung rechtlichen Gehörs oder willkürlich ergangen ist. Der Verweisungsbeschluss enthält keine Kostenentscheidung, vielmehr gilt § 3 Abs. 4 FamFG. 7

§ 155 FamFG

Vorrang- und Beschleunigungsgebot

(1) Kindschaftssachen, die den Aufenthalt des Kindes, das Umgangsrecht oder die Herausgabe des Kindes betreffen, sowie Verfahren wegen Gefährdung des Kindeswohls sind vorrangig und beschleunigt durchzuführen.

(2) [1]Das Gericht erörtert in Verfahren nach Absatz 1 die Sache mit den Beteiligten in einem Termin. [2]Der Termin soll spätestens einen Monat nach Beginn des Verfahrens stattfinden. [3]Das Gericht hört in diesem Termin das Jugendamt an. [4]Eine Verlegung des Termins ist nur aus zwingenden Gründen zulässig. [5]Der Verlegungsgrund ist mit dem Verlegungsgesuch glaubhaft zu machen.

(3) Das Gericht soll das persönliche Erscheinen der verfahrensfähigen Beteiligten zu dem Termin anordnen.

(4) Hat das Gericht ein Verfahren nach Absatz 1 zur Durchführung einer Mediation oder eines anderen Verfahrens der außergerichtlichen Konfliktbeilegung ausgesetzt, nimmt es das Verfahren in der Regel nach drei Monaten wieder auf, wenn die Beteiligten keine einvernehmliche Regelung erzielen.

Übersicht Rn.

9 MüKo FamFG/*Heilmann*, § 154 Rn. 18 m.w.N.
10 BT-Drucks. 16/9733, 293; Bahrenfuss/*Schlemm*, § 154 FamFG Rn. 1

A. Allgemeines

1 Die Vorschrift soll im Interesse des Kindeswohls, insbesondere unter Berücksichtigung des kindlichen Zeitempfindens,[1] zur Vermeidung der Gefahr einer faktischen Präjudizierung[2] und zur Verringerung von Unsicherheiten und Belastungen[3] eine Verkürzung der Verfahrensdauer in ausgewählten Kindschaftssachen bewirken. Sie normiert daher ein umfassendes Vorrang- und Beschleunigungsgebot und sieht eine schnelle Terminierung vor, um eine Eskalierung des Elternkonflikts zulasten des Kindes zu vermeiden. Durch eine grundsätzliche Anordnung des persönlichen Erscheinens der verfahrensfähigen Beteiligten soll gewährleistet werden, dass die der Kindschaftssache zugrunde liegenden Probleme gemeinsam erörtert und ggf. einer einvernehmlichen Lösung zugeführt werden können.[4] Die Vorschrift regelt ferner das Spannungsverhältnis zwischen der Pflicht, das Verfahren zu beschleunigen, und der Pflicht, auf eine einvernehmliche Lösung hinzuwirken (§ 156 FamFG).

B. Inhalt der Norm

I. Anwendungsbereich

2 Der Anwendungsbereich der Vorschrift erstreckt sich auf alle in § 155 Abs. 1 FamFG aufgezählten Kindschaftssachen, die

- den Aufenthalt,
- das Umgangsrecht,[5]
- die Herausgabe des Kindes,
- Verfahren wegen Gefährdung des Kindeswohls betreffen.

1. Aufenthalt

3 Verfahren, die den Aufenthalt des Kindes betreffen, sind solche des

- § 151 Nr. 1 FamFG, wenn das Aufenthaltsbestimmungsrecht im Streit steht (wie §§ 1628, 1671, 1680 Abs. 2, 1693, 1696 BGB),
- § 151 Nr. 4 FamFG, wenn das Aufenthaltsbestimmungsrecht eines Vormunds betroffen ist,
- § 151 Nr. 5 FamFG, wenn ein Pfleger mit dem Aufgabenkreis Aufenthaltsbestimmungsrecht bestellt ist (so auch für Regelungen nach §§ 1630 Abs. 3, 1632 Abs. 4 BGB),
- sowie alle Abänderungsverfahren (§ 166 FamFG) bei einer Entscheidung in Kindschaftssachen in den vorerwähnten Fällen nach § 151 Nr. 1, Nr. 4, Nr. 5 FamFG.

---

1 BVerfG NJW 2001, 961 f.; *Heilmann*, S. 18 ff. m.w.N.

2 BGH FamRZ 2021, 1302; OLG Köln Beschl. v. 3.5.2023 – 26 WF 51/23 (juris); OLG Brandenburg FamRZ 2024, 211; *Heilmann*, S. 55 ff. m.w.N.; MüKo-FamFG/*Heilmann*, § 155 Rn. 3; *Coester*, FF 2009, 269, 271; *Salgo*, FF 2010, 352, 354; vgl. BT-Drs. 18/9092, 19

3 BVerfG NJW 2001, 961, 962; OLG Brandenburg FamRZ 2024, 211; MüKo-FamFG/*Heilmann*, § 155 Rn. 4

4 BT-Drs. 16/6308, 235 f.

5 BGH FamRZ 2021, 1302, 1304 f. (14-monatige Gutachtenerstellung); OLG Frankfurt FamRZ 2020, 1117 (faktische Verfahrensaussetzung wegen fehlender Umgangsbegleitung); OLG Brandenburg FamRZ 2024, 211 (faktische Verfahrensaussetzung wegen parallel geführtem Sorgerechtsverfahren)

4 Der Aufenthalt ist immer dann betroffen, wenn Regelungen zur Festlegung von **Wohnort und Wohnung** des Kindes – auch bei Dritten wie Verwandten, Pflegefamilien, Heim, Kindergarten, Kur, Krankenhaus oder Internat[6] – getroffen werden müssen.[7] Das betrifft aber nicht die Begründung des Wohnsitzes i.S.d. § 11 BGB.[8]

5 Von der Bestimmung des Aufenthalts ist ebenfalls eine **Beschränkung der Freiheit** erfasst in Form von Hausarrest, des Verbots, sich an einen bestimmten Ort zu begeben, der Festlegung von Ausgehzeiten oder der Wegnahme des Personalausweises oder Reisepasses, um eine Ausreise ins Ausland zu verhindern.[9]

2. Umgangsrecht

6 Verfahren, die das Umgangsrecht betreffen, sind solche des § 151 Nr. 2 FamFG. Das sind die Verfahren auf Regelung des Umgangs des Kindes mit den Eltern (§ 1684 Abs. 3 Satz 1, Abs. 4 BGB), mit anderen Bezugspersonen (§ 1685 Abs. 3 BGB) und dem leiblichen, nicht rechtlichen Vater (§ 1685a Abs. 2 BGB) bzw. deren jeweiliges Abänderungsverfahren (§ 166 FamFG).

3. Herausgabe des Kindes

7 Verfahren, die die Herausgabe des Kindes betreffen, sind solche des § 151 Nr. 3 FamFG i.V.m. § 1632 Abs. 1 BGB bzw. deren jeweiliges Abänderungsverfahren (§ 166 FamFG).

4. Verfahren wegen Gefährdung des Kindeswohls

8 Verfahren wegen Gefährdung des Kindeswohls sind alle Verfahren nach **§§ 1666**, 1666a BGB und solche, die Maßnahmen wegen Gefährdung des Kindeswohls gegen den Vormund (§ 1802 Abs. 2 BGB) oder gegen den Pfleger (§ 1813 Abs. 1 i.V.m. § 1802 Abs. 2 BGB) betreffen, bzw. deren jeweiliges Abänderungsverfahren (§ 166 FamFG).

9 Ferner sind die Verfahren nach § 151 Nr. 6 und Nr. 7 FamFG i.V.m. § 1631b BGB, welche die Genehmigung bzw. Anordnung der geschlossenen **Unterbringung** und die Genehmigung **freiheitsentziehender Maßnahmen** regeln, von der Vorschrift erfasst.

5. Sonstige Verfahren

10 Die Vorschrift gilt erst recht in Verfahren auf **Erlass einer einstweiligen Anordnung**, die einen der in § 155 Abs. 1 FamFG aufgezählten Regelungsgegenstände aufweisen. Ein Erlass kommt unter den Voraussetzungen der §§ 49 ff. FamFG in Betracht, wenn der beantragende Elternteil einen Anordnungsanspruch und einen Anordnungsgrund glaubhaft gemacht hat und ein dringendes Bedürfnis für ein sofortiges Tätigwerden besteht, § 49 Abs. 1 FamFG.[10]

11 Ebenso gilt die Vorschrift in **Vollstreckungsverfahren**, § 88 Abs. 3 Satz 1 FamFG, bei **Zuständigkeitskonflikten** nach § 5 FamFG oder in **Befangenheitsverfahren** i.S.d. § 6 FamFG, wenn sich diese Verfahren auf Verfahren i.S.d. § 155 Abs. 1 FamFG beziehen.[11]

6 Staudinger/*Salgo*, § 1631 BGB Rn. 53, mit weiteren Beispielen; MüKo-FamFG/*Heilmann*, § 155 Rn. 20
7 OLG Düsseldorf FamRZ 2023, 373, 375; OLG Bamberg FamRZ 2024, 135; MüKo-FamFG/*Heilmann*, § 155 Rn. 19
8 Staudinger/*Salgo*, § 1631 BGB Rn. 50
9 BeckOK-BGB/*Veit*, § 1631 BGB Rn. 15.1
10 BT-Drs. 16/6308, 235; MüKo-FamFG/*Heilmann*, § 155 Rn. 14
11 EGMR FamRZ 2008, 1059, 1060 f.; *Salgo*, FF 2010, 352, 356; MüKo-FamFG/*Heilmann*, § 155 Rn. 15 f.

12 Darüber hinaus ist bei Verfahren i.S.d. § 155 Abs. 1 FamFG die Durchführung nicht von der Einholung eines **Kostenvorschusses** abhängig zu machen,[12] und bei der Prüfung der Bewilligung von **Verfahrenskostenhilfe** ist eine Mutwilligkeit jedenfalls dann zu verneinen, wenn das Jugendamt nicht binnen eines Monats einen Vermittlungs- bzw. Beratungstermin angeboten hat.[13]

▶ *Näher zu den Voraussetzungen der Bewilligung von Verfahrenskostenhilfe Gottschalk, § 76 FamFG Rn. 15 ff.*

II. Vorrang- und Beschleunigungsgebot (Abs. 1)

13 Das **Vorranggebot** bedeutet, dass alle Verfahren i.S.d. § 155 Abs. 1 FamFG gegenüber anderen familiengerichtlichen Verfahren (wie Ehesachen, Unterhaltssachen, Güterrechtssachen, sonstigen Familiensachen) bevorzugt und damit im Notfall auf Kosten anderer anhängiger Familiensachen zu erledigen sind.[14] Auf gleicher Stufe, wenn auch nicht von § 155 Abs. 1 FamFG erfasst, können jedoch die zivilrechtlichen und öffentlich-rechtlichen Unterbringungen Minderjähriger, Gewaltschutzverfahren oder Verfahren nach dem Haager Kindesentführungsübereinkommen sein.[15] Das Vorranggebot gilt in jeder Lage des Verfahrens, insbesondere auch für die Terminierung. Termine sind entweder vorzuhalten oder es sind ggf. nicht vorrangige Verfahren aufzuheben oder zu verschieben.[16] Bei Terminkollisionen hat ein anderes Gericht, wenn es sich dort nicht um eine vorrangige Kindschaftssache handelt, seinen Termin zu verlegen, unabhängig davon, ob der dortige Termin zeitlich früher anberaumt war oder ob es sich um ein aufwendiges Verfahren handelt.[17]

14 Das **Beschleunigungsgebot** bedeutet, dass das gesamte Verfahren – ohne Preisgabe der rechtsstaatlichen Verfahrensgarantien und des Gebots der Einhaltung der einfachgesetzlichen Verfahrensvorschriften – zügig durchzuführen ist.[18] Zwar müssen unabdingbare Verfahrensverzögerungen hingenommen werden,[19] jedoch kann den dadurch entstehenden Gefahren einer faktischen Präjudizierung oder einer den Kindesinteressen zuwiderlaufenden Unsicherheit und Belastung durch den Abschluss eines Zwischenvergleichs oder den Erlass einer einstweiligen Anordnung – bei Richterablehnung, wenn dies eine unaufschiebbare Handlung darstellt (§ 6 Abs. 1 Satz 1 FamFG i.V.m. § 47 Abs. 1 ZPO)[20] – begegnet werden.[21] Dabei kann eine Befristung der einstweiligen Anordnung und deren vorzeitiges Außer-Kraft-Treten erwogen werden, vgl. § 56 Abs. 1 Satz 1 FamFG.

---

12 OLG Saarbrücken ZKJ 2012, 75; MüKo-FamFG/*Heilmann*, § 155 Rn. 17
13 OLG Schleswig, FamRZ 2011, 1881, 1883
14 BT-Drs. 16/6308, 235; MüKo-FamFG/*Heilmann*, § 155 Rn. 26 ff.; *Salgo*, FF 2010, 352, 356
15 MüKo-FamFG/*Heilmann*, § 155 Rn. 28
16 BT-Drs. 16/6308, 235
17 BT-Drs. 16/6308, 236; OVG Bautzen, Beschl. v. 19.8.2020 – 2 A 900/17.A, Rn. 8, juris; OLG Brandenburg FamRZ 2022, 211; MüKo-FamFG/*Heilmann*, § 155 Rn. 27
18 EGMR, Urt. v. 21.1.2021 – 46766/18 – Pago/Deutschland, juris; Urt. v. 12.10.2021 – 15437/19 – Schrader/Österreich, juris; OLG Stuttgart FamRZ 2017, 1254; OLG Braunschweig FamRZ 2022, 37; MüKo-FamFG/*Heilmann*, § 155 Rn. 29 ff.; Prütting/Helms/*Hammer*, § 155 FamFG Rn. 15; *Salgo*, FF 2010, 352, 356 f.
19 BVerfG ZKJ 2015, 319 (unentschuldigtes Fernbleiben von Terminen); OLG Karlsruhe FamRZ 2014, 1136 (Abberufung eines Verfahrensbeistands); OLG Braunschweig FamRZ 2022, 37 (Anwaltswechsel, Erforderlichkeit eines Zweitgutachtens); OLG Köln, Beschl. v. 3.5.2023 – 26 WF 51/23, juris (Richterablehnung); OLG Hamm FamRZ 2023, 974 (Richterablehnung)
20 *Köhler*, FamRZ 2020, 1070, 1071 f.
21 MüKo-FamFG/*Heilmann*, § 155 Rn. 29

Zur **Gewährleistung** eines zügigen Verfahrens[22] 15

- sind **Zuständigkeitsfragen** (insbesondere örtliche) unmittelbar zu klären,[23]
- ist unmittelbar zu prüfen, ob eine **Verfahrensbeiständin** bzw. ein **Verfahrensbeistand** zu bestellen sind (§ 158 Abs. 2 Nr. 2 und 3 FamFG), denn die Verfahrensbeiständin bzw. der Verfahrensbeistand sind „so früh wie möglich" zu bestellen, § 158 Abs. 3 Satz 1 FamFG,[24]
- ist den weiteren Verfahrensbeteiligten unverzüglich Gelegenheit zur **Stellungnahme** unter **Fristsetzung** zu geben **und zugleich** ein **früher Termin** anzuberaumen, der spätestens einen Monat nach Beginn des Verfahrens stattfinden soll, § 155 Abs. 2 FamFG,
- sind kurze **Stellungnahmefristen**, zwischen drei Tagen und maximal zwei Wochen, einzuräumen,
- ist eine **Verlegung** des Termins **nur** aus **zwingende**n **Gründe**n zulässig, § 155 Abs. 2 Satz 4 FamFG,
- sind die **Eltern** und ggf. das **Kind** unverzüglich **persönlich anzuhören** (hierzu §§ 159, 160 FamFG),[25] wenn die Anhörung nicht bereits mit dem frühen Termin verbunden wird,
- ist das **Jugendamt** unverzüglich anzuhören und auf seinen Antrag hin zu beteiligen (§ 162 FamFG),
- ist bei Einholung eines **Sachverständigengutachten**s der bzw. dem Sachverständigen **zugleich** eine **Frist zu setzen**, binnen derer sie bzw. er das Gutachten einzureichen hat, § 30 Abs. 1 FamFG i.V.m. § 411 Abs. 1 ZPO.[26] Wird das Gutachten nicht fristgemäß eingereicht, soll ein Ordnungsgeld angedroht bzw. festgesetzt werden, § 30 Abs. 1 FamFG i.V.m. § 411 Abs. 2 ZPO,[27]
- ist bei Folgesachen eine Verfahrensabtrennung nach § 140 Abs. 2 Satz 2 Nr. 3 FamFG vorzunehmen, wenn eine Entscheidung im Ehescheidungsverbundverfahren in absehbarer Zeit nicht zu erwarten ist,[28]
- sind bei anzuordnendem begleiteten Umgang zügig Maßnahmen zur Suche eines begleitenden Trägers vorzunehmen,[29]
- ist bei Einlegung einer Beschwerde beim Amtsgericht (§ 64 Abs. 1 FamFG) die Akte **unverzüglich**, also ohne schuldhaftes Zögern (§ 121 Abs. 1 Satz 1 BGB), **an** das **Beschwerdegericht** zu übersenden,[30]
- hat die **Beschwerdeinstanz** genauso wie die erste Instanz das **Vorrang- und Beschleunigungsgebot** zu beachten (vgl. § 68 Abs. 3 Satz 1 FamFG) und sorgfältig zu prüfen, ob tatsächlich zusätzliche Ermittlungen erforderlich sind oder nicht bereits eine zuverlässige Grundlage für eine kindeswohlorientierte Entscheidung vorhanden ist,[31]

22 Hierzu MüKo-FamFG/*Heilmann*, § 155 Rn. 39 ff.; *Strube*, NJW 2022, 3486
23 Prütting/Helms/*Hammer*, § 155 FamFG Rn. 16
24 Dazu *Coester*, FF 2009, 269, 278 ff.; *Salgo*, FF 2010, 352, 359; *Rüntz/Viefhues*, FamRZ 2010, 1285, 1287; *Müller-Magdeburg*, ZKJ 2009, 184, 185; zur Abberufung einer Verfahrensbeiständin: OLG Bamberg FamRZ 2023, 375; kritisch dazu Keuter NZFam 2023, 32
25 OLG Frankfurt, Beschl. v. 11.6.2021 – 6 UF 55/21, juris = NZFam 2021, 748
26 OLG Braunschweig FamRZ 2022, 37
27 BT-Drs. 16/6308, 242; OLG Hamburg FamRZ 2017, 986
28 OLG Brandenburg NJW 2019, 3315; *Strube*, NJW 2022, 3486, 3487
29 OLG Frankfurt FamRZ 2020, 1117, 1118; *Strube*, NJW 2022, 3486, 3487
30 MüKo-FamFG/*Heilmann*, § 155 Rn. 44
31 MüKo-FamFG/*Heilmann*, § 155 Rn. 46

- ist in der **Beschwerdeinstanz** nach Ablauf der Monatsfrist des § 63 Abs. 1 FamFG eine **weitere** Einräumung einer **Begründungsfrist** in der Regel **nicht möglich**,[32]
- trifft das **Beschwerdegericht** eine Pflicht zur **zügigen Entscheidung** bei Entscheidungsreife; eine **Zurückverweisung** kommt nur in Ausnahmefällen nach § 69 Abs. 1 Satz 2, Satz 3 FamFG in Betracht.[33]

III. Früher Termin (Abs. 2)

1. Erfordernis der Durchführung eines Termins (Satz 1)

16 Bei allen Verfahren i.S.d. § 155 Abs. 1 FamFG **ist** ein **früher Termin** durchzuführen, § 155 Abs. 2 Satz 1 FamFG. Allein in der Beschwerdeinstanz ist ein früher Termin dann nicht erforderlich, wenn das Beschwerdegericht die Durchführung des Termins nicht für notwendig erachtet, weil ein solcher erstinstanzlich durchgeführt worden ist und von einer erneuten Durchführung keine zusätzlichen Erkenntnisse zu erwarten sind, § 68 Abs. 3 Satz 2 FamFG.

17 Der frühe Termin ist zu **unterscheiden** von einem **Erörterungstermin nach § 157 FamFG** in Verfahren wegen Gefährdung des Kindeswohls und den Terminen zu der **persönlichen Anhörung** des Kindes und der Eltern nach §§ 159, 160 FamFG. Die persönliche Anhörung der Eltern dient in erster Linie der Feststellung des Sachverhalts und der Gewährung des rechtlichen Gehörs. Die Regelung des § 157 FamFG gilt nur bei Verfahren wegen einer Kindeswohlgefährdung. Jedoch können der frühe Termin und der Erörterungstermin nach § 157 FamFG in Verfahren wegen Kindeswohlgefährdung verbunden werden.[34] Ebenso kann die persönliche Anhörung des Kindes und der Eltern mit dem frühen Termin verbunden werden.[35] Bei der Terminsladung wird dann zur Anhörung und Erörterung geladen.

▶ *Näher zum Erörterungstermin nach § 157 FamFG Cirullies, § 157 FamFG Rn. 4 f.*

18 In **einstweiligen Anordnungsverfahren** und **Vollstreckungsverfahren**, die einen in § 155 Abs. 1 FamFG aufgezählten Regelungsgegenstand aufweisen, gelten die jeweiligen Sondervorschriften und eine Terminierung ist nicht immer erforderlich (vgl. § 51 Abs. 2 Satz 2 FamFG).

19 **Inhalt** eines frühen Termins kann sein:

- auf eine **einvernehmliche Regelung** des Konflikts hinzuwirken, § 156 Abs. 1 Satz 1 FamFG,
- die **Hilfs- und Beratungsangebote** der Träger der Kinder- und Jugendhilfe aufzuzeigen, § 156 Abs. 1 Satz 2 FamFG – wie beispielsweise die Erziehungsberatung, § 28 SGB VIII,
- auf die Möglichkeit der **außergerichtlichen Streitbeilegung**, insbesondere Mediation, hinzuweisen, § 156 Abs. 1 Satz 3, Satz 4 FamFG,
- bei erzieltem Einvernehmen über den Umgang oder die Herausgabe des Kindes die einvernehmliche Regelung als **Vergleich** aufzunehmen, § 156 Abs. 2 FamFG,
- die Frage des Erlasses einer **einstweiligen Anordnung** mit den Beteiligten zu erörtern, § 156 Abs. 3 FamFG; dabei ist zu beachten, dass das Kind vor dem Erlass einer einstweiligen Anordnung angehört werden soll, § 156 Abs. 3 Satz 3 FamFG,

32 MüKo-FamFG/*Heilmann*, § 155 Rn. 45; vgl. OLG Köln ZKJ 2010, 289
33 MüKo-FamFG/*Heilmann*, § 155 FamFG Rn. 47
34 BT-Drs. 16/6308, 237; *Salgo*, FF 2010, 352, 359
35 BT-Drs. 16/6308, 236; MüKo-FamFG/*Heilmann*, § 155 Rn. 50

- die weiteren für notwendig erachteten **Verfahrensschritte** (wie Anhörung des Kindes (§159 FamFG), Einholung eines Sachverständigengutachtens) den Beteiligten – auch in zeitlicher Hinsicht – transparent darzulegen.

2. Zeitraum (Satz 2)

Die Vorschrift sieht vor, dass der frühe Termin **spätestens einen Monat** nach Beginn des Verfahrens stattfinden soll.[36] Die Monatsfrist beginnt mit der Anhängigkeit der Kindschaftssache durch Antragstellung oder Anregung, auch wenn für die jeweilige Hauptsache nur ein Antrag auf Verfahrenskostenhilfebewilligung gestellt wird. In letzterem Fall ist ggf. die Frage der Bedürftigkeit im frühen Termin zu klären.[37] **20**

Bei der Monatsfrist handelt es sich um eine grundsätzlich **verpflichtende Zeitvorgabe** für das Gericht, die nur in Ausnahmefällen überschritten werden kann, beispielsweise wenn eine öffentliche Zustellung des Antrags erforderlich ist oder in dem dazugehörigen einstweiligen Anordnungsverfahren bereits ein Termin innerhalb des letzten Monats stattgefunden hat.[38] **21**

Das **Beschwerdegericht** sollte die Monatsfrist bei seiner Terminierung als zeitliche Orientierung zugrunde legen.[39] **22**

Zu berücksichtigen ist, dass zwischen **Ladung** und Termin eine **angemessene Frist** liegen soll (§32 Abs. 2 FamFG), wobei die Ladungsfristen von mindestens drei Tagen bzw. mindestens einer Woche nach §217 ZPO nicht zur Anwendung kommen.[40] **23**

3. Anhörung des Jugendamts (Satz 3)

Die Vorschrift legt fest, dass im frühen Termin eine Mitarbeiterin bzw. ein Mitarbeiter des Jugendamts persönlich angehört werden muss (vgl. §162 Abs. 1 Satz 1 FamFG). Diese Verpflichtung hat insbesondere den Vorteil, dass sich die Jugendamtsmitarbeiterin bzw. der -mitarbeiter zum aktuellen Sachstand fachlich äußern kann, so wie er sich im Termin darstellt.[41] Die Mitarbeiterin bzw. der Mitarbeiter können über etwaige bereits angebotene und erbrachte Leistungen berichten, erzieherische und soziale Gesichtspunkte zur Entwicklung des Kindes einbringen, auf mögliche Hilfen hinweisen (§50 Abs. 2 Satz 1 SGB VIII) und über den etwaigen Stand des Beratungsprozesses informieren (§50 Abs. 2 Satz 2 SGB VIII). Ein vorheriger **schriftlicher Bericht** des Jugendamts ist nur erforderlich, wenn das Jugendamt das Gericht im Rahmen seines Schutzauftrags bei Kindeswohlgefährdung nach §8a SGB VIII anruft.[42] **24**

► *Näher hierzu Köhler, §8a SGB VIII Rn. 9 ff.*

4. Terminsverlegung (Satz 4 und 5)

Die Vorschriften stellen in Ergänzung zu §32 Abs. 1 Satz 2 FamFG klar, dass eine Terminsverlegung nur aus **zwingenden Gründen** zulässig ist. Eine Verlegung wegen erheblicher Gründe (vgl. §32 Abs. 1 Satz 2 FamFG i.V.m. §227 Abs. 1 ZPO) ist nicht möglich.[43] Das gilt **25**

36 OLG Brandenburg, Beschl. v. 28.7.2020 – 15 WF 166/20 (juris); zu Verfahren während der Corona-Pandemie: AG Frankfurt ZKJ 2020, 193; KG ZKJ 2020, 477
37 BT-Drs. 16/6308, 236
38 BT-Drs. 16/6308, 236
39 MüKo-FamFG/*Heilmann*, §155 Rn. 72
40 MüKo-FamFG/*Heilmann*, §155 Rn. 56
41 BT-Drs. 16/6308, 236
42 *Salgo*, FF 2010, 352, 360; *Rüntz/Viefhues*, FamRZ 2010, 1285, 1287; *Müller-Magdeburg*, ZKJ 2009, 184, 185; MüKo-FamFG/*Heilmann*, §155 Rn. 64
43 BT-Drs. 16/6308, 236

für die erste und zweite Instanz sowie für den Erörterungstermin nach § 157 FamFG und die Termine der persönlichen Anhörung des Kindes (§ 159 FamFG) und der Eltern (§ 160 FamFG).[44]

26 **Zwingende Gründe** sind nur solche, die eine Teilnahme am Termin tatsächlich unmöglich machen, wie beispielsweise eine Erkrankung.[45] Ebenso kann die **kurzfristige Erkrankung** der zuständigen Richterin bzw. des zuständigen Richters eine Terminsverlegung rechtfertigen. Bei voraussichtlich **langfristiger Erkrankung** hat die geschäftsplanmäßige Vertreterin bzw. der Vertreter den Termin wahrzunehmen, soweit sie bzw. er nicht durch andere Termine in vorrangig zu behandelnden Kindschaftssachen verhindert ist.[46] Kein ausreichender Grund ist das Vorliegen einer Terminkollision für einen Beteiligtenvertreter in einem anderen Verfahren, sofern es sich nicht ebenfalls um eine der in § 155 Abs. 1 FamFG aufgeführten Angelegenheiten handelt.[47] Terminsverlegungsanträge von Beteiligtenvertretern wegen Urlaub, Kur, Fortbildung etc. sind insbesondere dann abzulehnen, wenn dies bei Mandatsübernahme in Kenntnis des gerichtlichen Termins bereits bekannt war. Hat der Beteiligtenvertreter einen Elternteil jedoch bereits in früheren Verfahren vertreten, ist ggf. wegen erfolgter Einarbeitung und des bestehenden Vertrauensverhältnisses großzügiger zu verfahren.[48]

27 Mit dem Verlegungsgesuch ist gleichzeitig der **Verlegungsgrund** – die zwingende Erforderlichkeit der Terminsverlegung – **glaubhaft** (§ 31 Abs. 1 FamFG) zu machen. Zur Glaubhaftmachung geeignet sind insbesondere die **eidesstattliche Versicherung** oder ein **ärztliches Attest**. Das ärztliche Attest muss dabei über die bloße Attestierung einer Arbeitsunfähigkeit hinausgehen.

IV. Anordnung des persönlichen Erscheinens (Abs. 3)

28 Die Vorschrift sieht vor, dass das Gericht das persönliche Erscheinen der verfahrensfähigen Beteiligten anordnen soll. Neben der Aufklärung des Sachverhalts ist ein wesentliches Ziel des Termins, die der Kindschaftssache zugrunde liegende Problematik gemeinsam zu erörtern. Die Erörterung kann im Hinblick auf die Regelung des § 156 FamFG zur gemeinsamen Konfliktlösung regelmäßig nur dann zu einem sinnvollen Ergebnis führen, wenn sich die Beteiligten im Termin nicht vertreten lassen können.[49]

29 **Verfahrensfähige Beteiligte** sind in der Regel:

- beide **Elternteile**; bei einem nicht sorgeberechtigten Elternteil mit der Maßgabe des § 160 Abs. 2 Satz 2 FamFG,
- das **Kind**, soweit es das 14. Lebensjahr vollendet hat und es in einem Verfahren, das seine Person betrifft, ein ihm nach bürgerlichem Recht zustehendes Recht geltend macht (das Kind hat für ein Verfahren nach § 1666 BGB keine Verfahrensfähigkeit nach § 9 Abs. 1 Nr. 3 FamFG)[50],
- die **Verfahrensbeiständin**, als Beteiligte aus eigenem Recht, § 158 Abs. 3 Satz 2 FamFG,
- die **Pflegeperson**, § 161 FamFG.

44 MüKo-FamFG/*Heilmann*, § 155 Rn. 58
45 BT-Drs. 16/6308, 236
46 MüKo-FamFG/*Heilmann*, § 155 Rn. 60
47 BT-Drs. 16/6308, 236; OLG Brandenburg FamRZ 2019, 822; OLG Koblenz, Beschl. v. 6.8.2021 – 7 WF 513/21, Rn. 12, juris
48 OLG Saarbrücken FamRZ 2019, 375; OLG München FamRZ 2024, 378; Prütting/Helms/*Hammer*, § 155 FamFG Rn. 36
49 BT-Drs. 16/6308, 236
50 BGH ZKJ 2021, 417 m.w.N.

Auch wenn ein **Kind** verfahrensfähiger Beteiligter ist, erscheint eine gleichzeitige Teilnahme des Kindes im frühen Termin aus Kindeswohlgesichtspunkten grundsätzlich nicht angezeigt.[51] 30

Das **Jugendamt** ist zwar zu laden und ist zum Erscheinen verpflichtet. Die Anordnung des persönlichen Erscheinens einer bestimmten Mitarbeiterin bzw. eines bestimmten Mitarbeiters kann aber nicht erfolgen, da allein die Institution Jugendamt zur Teilnahme am Termin verpflichtet ist.[52] 31

Von der Anordnung des persönlichen Erscheinens zu einem gemeinsamen frühen Termin kann ausnahmsweise – wie in Fällen erkennbarer familiärer Gewalt – abgesehen und es kann eine **getrennte Erörterung** vorgenommen werden. 32

Bleibt ein verfahrensfähiger Beteiligter dem Termin trotz Anordnung fern, kann gegen ihn ein **Ordnungsgeld** verhängt oder die **Vorführung** angeordnet werden, § 33 Abs. 3 FamFG. Auf die Folgen des Fernbleibens muss in der Ladung hingewiesen werden, § 33 Abs. 4 FamFG. 33

▶ *Näher hierzu Cirullies, §§ 33, 34 FamFG Rn. 3 ff.*

V. Wiederaufnahme der Aussetzung wegen Mediation oder außergerichtlicher Konfliktbeilegung (Abs. 4)

Die durch das Mediationsgesetz 2012 eingeführte Vorschrift soll das Spannungsverhältnis lösen zwischen der Pflicht, das Verfahren zu beschleunigen, und der Pflicht, auf eine einvernehmliche Lösung – auch durch außergerichtliche Konfliktbeilegung, insbesondere Mediation – hinzuwirken (§ 156 FamFG). 34

▶ *Näher hierzu Wegener, § 156 FamFG.*

Steht bei den verfahrensfähigen Beteiligten eine außergerichtliche Streitbeilegung im Raum, kann das Gericht das **Verfahren aussetzen** (§ 21 FamFG). Das Gericht ist jedoch verpflichtet, die Nachteile der mit der Aussetzung verbundenen Verfahrensverzögerung möglichst gering zu halten, indem es ggf. eine **Befristung** der Aussetzung oder den **Erlass einer einstweiligen Anordnung** für die Dauer der Aussetzung anordnet.[53] 35

Erzielen die verfahrensfähigen Beteiligten keine einvernehmliche Lösung, ist das Gericht verpflichtet, das Verfahren in der Regel **nach drei Monaten** wieder aufzunehmen und mit der Aufnahme verbundene verfahrensfördernde Maßnahmen unter Beachtung des Vorrang- und Beschleunigungsgebots vorzunehmen. Die Vorschrift gibt den Beteiligten wie auch dem Gericht eine zeitliche Orientierung. Im Einzelfall kann das Gericht nach pflichtgemäßem Ermessen das Verfahren **auch früher oder später** wieder aufnehmen. Allein der Erlass einer einstweiligen Anordnung rechtfertigt eine Hinauszögerung der Wiederaufnahme nicht.[54] 36

Der Aussetzungsbeschluss wie auch die Ablehnung der Wiederaufnahme nach erfolgter Aussetzung ist mit der sofortigen Beschwerde **anfechtbar**, § 21 Abs. 2 FamFG i.V.m. §§ 567 ff. ZPO. Beschwerdeberechtigt sind die Eltern, die Verfahrensbeiständin bzw. der Verfahrensbeistand und das förmlich beteiligte Jugendamt.[55] 37

51 BT-Drs. 16/6308, 236
52 MüKo-FamFG/*Heilmann*, § 155 Rn. 70
53 MüKo-FamFG/*Heilmann*, § 155 Rn. 37
54 BR-Drs. 60/11, 35; MüKo-FamFG/*Heilmann*, § 155 Rn. 74
55 MüKo-FamFG/*Heilmann*, § 155 Rn. 75

§ 155a FamFG
Verfahren zur Übertragung der gemeinsamen elterlichen Sorge

(1) [1]Die nachfolgenden Bestimmungen dieses Paragrafen gelten für das Verfahren nach § 1626a Absatz 2 des Bürgerlichen Gesetzbuchs. [2]Im Antrag auf Übertragung der gemeinsamen Sorge sind Geburtsdatum und Geburtsort des Kindes anzugeben.

(2) [1]§ 155 Absatz 1 ist entsprechend anwendbar. [2]Das Gericht stellt dem anderen Elternteil den Antrag auf Übertragung der gemeinsamen Sorge nach den §§ 166 bis 195 der Zivilprozessordnung zu und setzt ihm eine Frist zur Stellungnahme, die für die Mutter frühestens sechs Wochen nach der Geburt des Kindes endet.

(3) [1]In den Fällen des § 1626a Absatz 2 Satz 2 des Bürgerlichen Gesetzbuchs soll das Gericht im schriftlichen Verfahren ohne Anhörung des Jugendamts und ohne persönliche Anhörung der Eltern entscheiden. [2]§ 162 ist nicht anzuwenden. [3]Das Gericht teilt dem nach § 87c Absatz 6 Satz 2 des Achten Buches Sozialgesetzbuch zuständigen Jugendamt seine Entscheidung unter Angabe des Geburtsdatums und des Geburtsorts des Kindes sowie des Namens, den das Kind zur Zeit der Beurkundung seiner Geburt geführt hat, zu den in § 58 des Achten Buches Sozialgesetzbuch genannten Zwecken formlos mit.

(4) [1]Werden dem Gericht durch den Vortrag der Beteiligten oder auf sonstige Weise Gründe bekannt, die der gemeinsamen elterlichen Sorge entgegenstehen können, gilt § 155 Absatz 2 mit der Maßgabe entsprechend, dass der Termin nach Satz 2 spätestens einen Monat nach Bekanntwerden der Gründe stattfinden soll, jedoch nicht vor Ablauf der Stellungnahmefrist der Mutter nach Absatz 2 Satz 2. [2]§ 155 Absatz 3 und § 156 Absatz 1 gelten entsprechend.

(5) [1]Sorgeerklärungen und Zustimmungen des gesetzlichen Vertreters eines beschränkt geschäftsfähigen Elternteils können auch im Erörterungstermin zur Niederschrift des Gerichts erklärt werden. [2]§ 1626d Absatz 2 des Bürgerlichen Gesetzbuchs gilt entsprechend.

Weiterführende Literatur: Fink/Bitter, Eine unendliche Geschichte – Kommt endlich die verfassungsgemäße Reform des Sorgerechts für nichteheliche Kinder?, ZKJ 2012, 172; *Heilmann*, Die Reform des Sorgerechts nicht miteinander verheirateter Eltern – Das Ende eines Irrwegs? NJW 2013, 1473; *Kinderrechtekommission des Deutschen Familiengerichtstags*, Stellungnahme zum Referentenentwurf (RefE) eines Gesetzes zur Reform des Sorgerechts vom 28.3.2012, ZKJ 2012, 263.

Übersicht Rn.

A. Allgemeines

Die Norm ist 2013 im Zuge der Neuregelung des Sorgerechts für nicht miteinander verheiratete Eltern geschaffen worden und bildet die verfahrensrechtliche Ergänzung zur Übertragung der gemeinsamen elterlichen Sorge nach § 1626a Abs. 1 Nr. 3, Abs. 2 BGB. Neben der Möglichkeit der Durchführung eines – mit einigen Besonderheiten – regulären Sorgerechtsverfahrens und der Abgabe von Sorgeerklärungen zur Niederschrift des Gerichts, ist insbesondere die Möglichkeit eines vereinfachten, beschleunigten Verfahrens geschaffen worden, um dem „neuen Leitbild" – dem zufolge die gemeinsame elterliche Sorge grundsätzlich den Bedürfnissen des Kindes nach Beziehungen zu beiden Elternteilen entspricht und beide Elternteile gleichermaßen bereit sind, für das Kind Verantwortung zu tragen[1] – effektiv zu seiner Durchsetzung zu verhelfen. 1

B. Inhalt der Norm

Die Norm beinhaltet drei Alternativen zur Übertragung der gemeinsamen elterlichen Sorge. 2

1 BT-Drs. 17/11048, 12, 17

3 *Übersicht: Voraussetzungen und Ablauf des Verfahrens nach § 155a FamFG*

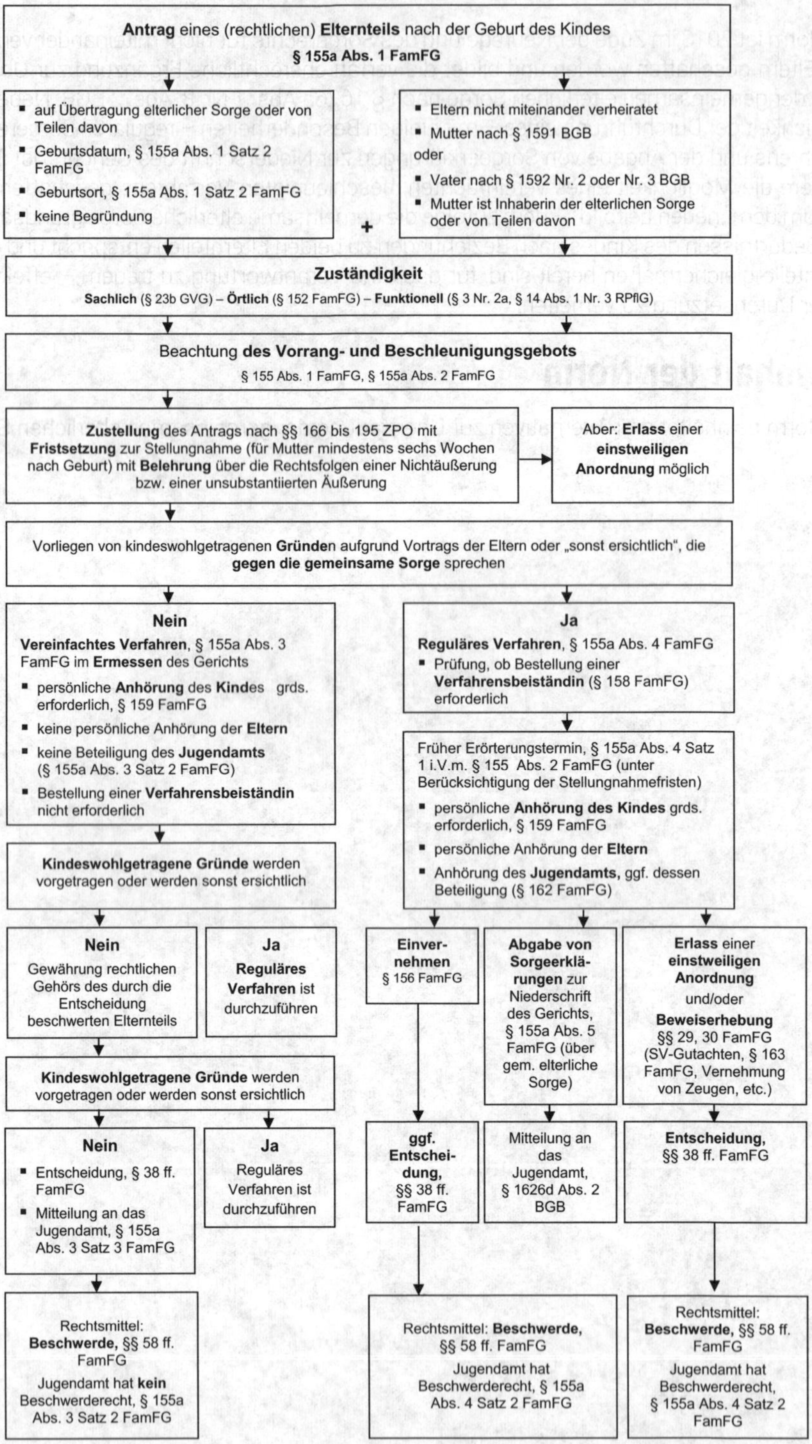

I. Allgemeine Voraussetzungen (Abs. 1)

1. Verfahren nach § 1626a Abs. 1 Nr. 3, Abs. 2 BGB (Satz 1)

Die Vorschrift gilt für alle Verfahren einer gerichtlichen Übertragung der gemeinsamen elterlichen Sorge oder von Teilen davon für im Zeitpunkt der Geburt des Kindes nicht miteinander verheiratete Eltern, § 1626 Abs. 1 Nr. 3, Abs. 2 BGB. 4

Voraussetzungen für die Anwendung der Norm sind demnach: 5

- die Eltern sind bei Geburt des Kindes nicht miteinander verheiratet,
- die Elternschaft ist rechtlich etabliert,
- die Mutter ist Inhaberin der elterlichen Sorge oder von Teilen davon.

Eine zum Zeitpunkt der Geburt des Kindes **fehlende eheliche Bindung** der Eltern liegt vor, wenn beide Elternteile nicht miteinander verheiratet sind, eine Eheschließung nicht wirksam ist oder eine Ehe mit Rechtskraft eines Beschlusses aufgelöst ist (§ 1313 Satz 2 i.V.m. § 1564 Satz 2 BGB). Eine eheliche Bindung mit einer dritten Person ist irrelevant.[2] 6

Die **Elternschaft** beider Elternteile steht rechtlich fest, wenn die Voraussetzung des § 1591 BGB bei der Mutter und die Voraussetzung des § 1592 Nr. 2 oder Nr. 3 BGB beim Vater vorliegen. Eine nachgewiesene biologische Vaterschaft allein reicht nicht aus.[3] 7

Die Mutter muss **Inhaberin der elterlichen Sorge** oder von Teilen davon sein. Liegt ein gerichtlicher Sorgerechtseingriff bei der Mutter nach § 1666 BGB vor, kann nur der noch bei der Mutter verbliebene Sorgerechtsteil zur gemeinsamen Sorge werden.[4] 8

2. Antragsverfahren (Satz 2)

Das Verfahren zur Übertragung der gemeinsamen elterlichen Sorge oder von Teilen davon ist als **Antragsverfahren** ausgestaltet und erfolgt nur auf Antrag der Mutter oder des (rechtlichen) Vaters.[5] Wird der Antrag zurückgenommen, endet das Verfahren mit der Rücknahme, § 22 Abs. 1 Satz 1 FamFG.[6] Beantragt der Vater die Übertragung der alleinigen elterlichen Sorge oder von Teilen auf sich, ist § 155a FamFG nicht einschlägig, weil über einen solchen Antrag nach § 1671 BGB zu entscheiden ist.[7] 9

Der **Zeitraum**, innerhalb dessen die Eltern den Antrag stellen können, beginnt **nach der Geburt** des Kindes und endet mit dem 18. Geburtstag des Kindes (§ 2, § 1626 Abs. 1 Satz 1 BGB) oder dessen Tod (§ 1698b BGB). 10

Der Antrag muss auf **Übertragung der elterlichen Sorge oder von Teilen** davon gerichtet sein und das **Geburtsdatum und** den **Geburtsort** des Kindes enthalten. Der Antrag bedarf **keiner Begründung**.[8] 11

Es ist auch **nicht erforderlich**, dass der antragstellende Elternteil zuvor eine **Sorgeerklärung** abgegeben[9] oder von dem **Beratung**sangebot des Jugendamts nach § 18 Abs. 2 SGB VIII Gebrauch gemacht hat.[10] 12

---

2 BT-Drs. 13/4899, 59
3 BT-Drs. 17/11048, 16 f.; BGH FamRZ 2004, 802, 803; OLG Frankfurt FamRZ 2012, 1735
4 Vgl. BGH ZKJ 2006, 44
5 Zum Antrag beschränkt geschäftsfähiger Elternteile: OLG Frankfurt ZKJ 2023, 303, 305
6 *Heilmann*, NJW 2013, 1473, 1475
7 OLG Frankfurt, Beschl. v. 18.12.2018 – 5 UF 234/18 (juris)
8 MüKo-FamFG/*Schumann*, § 155a Rn. 13; BeckOK-BGB/*Veit*, § 1626a Rn. 46
9 BT-Drs. 17/11048, 16; *Heilmann*, NJW 2013, 1473, 1475
10 BeckOK-BGB/*Veit*, § 1626a BGB Rn. 51

13 Ist der antragstellende Elternteil bedürftig, kann er um Bewilligung von **Verfahrenskostenhilfe** nachsuchen, wenn die beabsichtigte Rechtsverfolgung nicht mutwillig ist (§ 76 Abs. 1 FamFG i.V.m. § 114 ZPO). Die Frage der Erfolgsaussicht ist – mangels Begründungs- und vorheriger Beratungspflicht – großzügig zu behandeln.[11] Ob die Beiordnung eines Rechtsanwalts wegen der Schwierigkeit der Sach- und Rechtslage erforderlich erscheint (§ 78 Abs. 2 FamFG), hängt vom Einzelfall ab.[12]

II. Allgemeine Voraussetzungen (Abs. 2)

1. Vorrang- und Beschleunigungsgebot nach § 155 Abs. 1 FamFG (Satz 1)

14 Das **Vorranggebot** bedeutet, dass das gesamte Verfahren gegenüber anderen familiengerichtlichen Verfahren (wie Ehesachen, Unterhaltssachen, Güterrechtssachen, sonstigen Familiensachen) bevorzugt und damit im Notfall auf Kosten anderer anhängiger Familiensachen zu erledigen ist.[13]

15 Das **Beschleunigungsgebot** bedeutet, dass das gesamte Verfahren – ohne Preisgabe der rechtsstaatlichen Verfahrensgarantien und des Gebots der Einhaltung der einfachgesetzlichen Verfahrensvorschriften – zügig durchzuführen ist.[14]

▶ *Näher zum Vorrang- und Beschleunigungsgebot Fink, § 155 FamFG.*

2. Zustellung und Stellungnahmefrist (Satz 2)

16 Das Gericht hat den (vollständigen) Antrag dem anderen Elternteil förmlich nach den Vorschriften der §§ 166 bis 195 ZPO **zuzustellen**. Damit kann der Antrag nicht nach § 15 Abs. 2 Satz 1 Alt. 2 FamFG einfach „zur Post gegeben" werden. Leben die Eltern zusammen, ist keine wirksame Ersatzzustellung nach § 178 Abs. 1 ZPO durch Übergabe an den Antragsteller, nach § 180 ZPO durch Einlegung in den Briefkasten oder nach § 181 ZPO durch Niederlegung möglich. Die Zustellung hat **unverzüglich** (ohne schuldhaftes Zögern, § 121 Abs. 1 Satz 1 BGB) zu erfolgen (vgl. § 155 Abs. 1 FamFG).

17 Mit der Zustellung des Antrags an den anderen Elternteil hat das Gericht eine **Frist zur** (schriftlichen) **Stellungnahme** festzusetzen. Die Fristdauer ist nach pflichtgemäßem Ermessen zu bestimmen und sollte grundsätzlich nicht über zwei Wochen hinausgehen.[15] Zu berücksichtigen ist die Frist zur Stellungnahme der Mutter, die mindestens **sechs Wochen** nach der Geburt des Kindes betragen muss. Ist das Kind bereits älter als sechs Wochen, ist der Mutter eine Stellungnahmefrist unter Beachtung der Wertung des § 155 Abs. 1 FamFG zu gewähren. Bei der Stellungnahmefrist handelt es sich nicht um eine Ausschlussfrist. Geht nach Fristablauf und vor Wirksamwerden der Entscheidung eine Stellungnahme ein, ist deren Inhalt zu berücksichtigen. Eine Verlängerung der Frist ist nach den allgemeinen Vorschriften gemäß § 16 Abs. 2 FamFG i.V.m. § 224 Abs. 2 ZPO möglich.[16] Eine Wiedereinsetzung in die versäumte Frist nach § 17 FamFG ist nicht möglich.

---

11 BVerfG FamRZ 2020, 1559, 1560
12 OLG Frankfurt FamRZ 2021, 967, 968 m.w.N.; *Heilmann*, NJW 2012, 887, 890 m.w.N.
13 MüKo-FamFG/*Heilmann*, § 155 Rn. 26 ff.
14 MüKo-FamFG/*Heilmann*, § 155 Rn. 29 ff.; *Strube*, NJW 2022, 3486
15 *Heilmann*, NJW 2013, 1473, 1476
16 *Heilmann*, NJW 2013, 1473, 1476

3. Erlass einer einstweiligen Anordnung

18 Innerhalb der Stellungnahmefrist, insbesondere der Karenzfrist von sechs Wochen, besteht die Möglichkeit des **Erlasses einer einstweiligen Anordnung** unter den Voraussetzungen der §§ 49 ff. FamFG, wenn der beantragende Elternteil einen Anordnungsanspruch und einen Anordnungsgrund glaubhaft gemacht hat. Das Gericht kann dann dem beantragenden Elternteil die gemeinsame elterliche Sorge (teilweise) übertragen, wenn dies mit Blick auf § 1626a BGB gerechtfertigt ist. Es ist nämlich verfassungsrechtlich nicht gerechtfertigt, den Vater in der wichtigen Zeit nach der Geburt des Kindes von für das Kind zum Teil existenziellen Entscheidungen auszuschließen, wie beispielsweise bei Fragen der Gesundheit, des Aufenthalts, der Namensgebung oder der Religion.[17]

▶ *Näher hierzu Kischkel, § 49 FamFG Rn. 4 ff.*

4. Belehrungspflicht

19 Mit der Zustellung und Fristsetzung zur Stellungnahme sollte eine **Belehrung über die Rechtsfolgen** einer Nichtäußerung bzw. einer unsubstantiierten Äußerung verbunden werden (vgl. § 91a Abs. 1 Satz 2, § 276 Abs. 2 Satz 1 ZPO).[18]

III. Vereinfachtes Verfahren (Abs. 3)

1. Voraussetzungen und Durchführung des vereinfachten Verfahrens (Satz 1, Satz 2)

20 Werden von keinem Elternteil **Gründe**[19] gegen die gemeinsame Sorge **vorgetragen** und sind solche Gründe auch **sonst nicht ersichtlich**, greift die gesetzliche Vermutung, dass die gemeinsame elterliche Sorge dem Kindeswohl nicht widerspricht (§ 1626a Abs. 2 Satz 2 BGB), und es **soll** eine gerichtliche Entscheidung im vereinfachten, schriftlichen Verfahren ergehen.

21 **Gründe**, die der Übertragung der gemeinsamen elterlichen Sorge entgegenstehen können, müssen **kindeswohlgetragen** sein.[20] Rein paarbezogene Gründe genügen nicht, soweit sie sich nicht auf das Kindeswohl auswirken (hierzu *Fink*, § 1626a BGB Rn. 29 ff.). Dem Elternteil, der die gemeinsame Sorge ablehnt, obliegt die **Darlegungslast**, konkrete Anhaltspunkte darzutun, dass sich die gemeinsame Sorge negativ auf das Kind auswirken würde.[21]

a) Anhörung Kind, Eltern, Jugendamt

22 Eine persönliche **Anhörung der Eltern** und eine schriftliche und persönliche Anhörung des **Jugendamts** sind vor einer Entscheidung im vereinfachten Verfahren nicht erforderlich.

23 Ein **Erörterungstermin** i.S.v. § 155 Abs. 2, Abs. 3 FamFG findet nicht statt. Die Regelung des § 162 FamFG ist nicht anzuwenden, § 155a Abs. 3 Satz 2 FamFG. Die Bestellung einer **Verfahrensbeiständin** bzw. eines **Verfahrensbeistands** (§ 158 Abs. 1 FamFG) wird in der Regel nicht erforderlich sein.[22]

---

17 Bundesrat, BT-Drs. 17/11048, 28; *Fink/Bitter*, ZKJ 2012, 172, 173 f.; *Heilmann*, NJW 2013, 1473, 1476; a.A. *Dürbeck*, ZKJ 2013, 330, 333; Prütting/Helms/*Hammer*, § 155a FamFG Rn. 4

18 Stellungnahme Kinderrechtekommission DFGT, ZKJ 2012, 263, 264; Prütting/Helms/*Hammer*, § 155a FamFG Rn. 20

19 BT-Drs. 17/11048, 18

20 BT-Drs. 17/11048, 18

21 BT-Drs. 17/11048, 17 f.

22 BT-Drs. 17/11048, 23; *Heilmann*, NJW 2013, 1473, 1476; *Schneider*, MDR 2013, 309, 312; a.A. *Keuter*, FamRZ 2012, 825, 827

24 Jedoch ist vor einer Entscheidung im vereinfachten Verfahren das **Kind** unter den Voraussetzungen des § 159 FamFG **altersunabhängig persönlich anzuhören**.[23]

25 Vor einer Entscheidung im vereinfachten Verfahren hat das Gericht ferner den Elternteil, gegen den eine nachteilige Entscheidung ergehen soll, darauf hinzuweisen, dass aus dem bisherigen Vortrag keine Gründe ersichtlich werden, die der Übertragung der gemeinsamen elterlichen Sorge entgegenstehen können, und ihm – binnen kurzer Frist – **rechtliches Gehör** (vgl. Art. 103 Abs. 1 GG) zu gewähren. Denn jeder Beteiligte muss die Möglichkeit haben, sich zur rechtlichen Einschätzung des Gerichts zu äußern und darf durch die gerichtliche Entscheidung nicht überrascht werden (vgl. auch § 37 Abs. 2 FamFG).[24]

b) Ermessensspielraum des Gerichts

26 Die nach § 155a Abs. 3 Satz 1, Satz 2 FamFG eingeräumte Möglichkeit einer Entscheidung mit eingeschränkter Amtsermittlungspflicht steht mit der Formulierung **„soll"** im **Ermessen des Gerichts**,[25] solange tatsächlich keine kindeswohlgetragenen Gründe gegen eine gemeinsame Sorge vorgetragen oder ersichtlich sind.[26] Dies wird bereits nach der persönlichen Anhörung des Kindes und dem unmittelbaren Eindruck, den das Gericht zwangsläufig von dem Elternteil gewinnt, der das Kind zum Anhörungstermin bringt, nur noch selten der Fall sein.[27] Sind nämlich dem Gericht – unabhängig von dem Vortrag der Eltern – **sonstige Gründe i.S.v. § 1626a Abs. 2 Satz 2 BGB ersichtlich**, die der Übertragung der gemeinsamen Sorge entgegenstehen können, muss es ihnen nachgehen. Dabei ist das Tatbestandmerkmal weit zu interpretieren.[28] Der Amtsermittlungsgrundsatz gilt dann (wieder) uneingeschränkt.

27 Aber auch für den Fall, dass tatsächlich die Voraussetzungen des § 1626a Abs. 2 Satz 2 BGB vorliegen, kommt eine Entscheidung im vereinfachten Verfahren unter Berücksichtigung folgender – auch verfassungsrechtlicher – Aspekte **nicht in Betracht**.[29] Die folgenden Aspekte sollten jedenfalls – aufgrund des gegebenen Ermessenspielraums – bei der Entscheidung bedacht werden:[30]

- für jede am Kindeswohl orientierte Entscheidung benötigt das Gericht eine möglichst zuverlässige Grundlage[31] – der Antrag bedarf jedoch einerseits keiner Begründung, andererseits kann es unterschiedlichste Gründe geben, warum sich ein Elternteil zum Antrag des anderen nicht oder nur unzureichend äußert, z.B. aufgrund von Gewalt oder Drohung des Antragstellers oder aufgrund eines fehlenden legalen Aufenthalts;[32]
- mangels Vortrags könnte die gemeinsame Sorge auch dann begründet werden, wenn objektiv betrachtet ein Mindestmaß an Kooperationswilligkeit und Kooperationsfähigkeit der Eltern fehlt – das widerspräche aber dem Kindeswohl;[33]

---

23 BT-Drs. 19/23707, 56; OLG Brandenburg NZFam 2021, 271; NZFam 2022, 320

24 BVerfGE 84, 188, 190; 98, 218, 263; *Heilmann*, NJW 2013, 1473, 1477; *Burschel*, NZFam 2022, 320

25 *Heilmann*, NJW 2013, 1473, 1476; *Schneider*, MDR 2013, 309, 311

26 BGH ZKJ 2016, 414, 418; Beispiele für Fälle, in denen das erstinstanzliche Gericht die Anforderungen an den Vortrag, der erforderlich ist, um einer Entscheidung im vereinfachten Verfahren entgegenzustehen, überspannt haben: OLG Jena NZFam 2015, 521; OLG Frankfurt, Beschl. v. 18.12.2018 – 5 UF 234/18, juris; a.A. OLG Hamm FuR 2016, 722

27 So auch *Heilmann*, NJW 2013, 1473, 1476 f.

28 OLG Zweibrücken FamRZ 2022, 36, 37; OLG Karlsruhe FamRZ 2022, 1053; OLG Brandenburg NZFam 2022, 1131; *Huber/Antomo*, FamRZ 2013, 665, 670; BeckOK-BGB/*Veit*, § 1626a BGB Rn. 73

29 *Fink/Bitter*, ZKJ 2012, 172, 174

30 OLG Frankfurt ZKJ 2014, 123, 124; *Heilmann*, NJW 2013, 1473, 1475; *Dürbeck*, ZKJ 2013, 330, 333

31 BVerfGE 55, 171, 182; BVerfG NZFam 2014, 1109; ZKJ 2022, 182

32 *Salgo*, FPR 2012, 409, 410

33 Vgl. BT-Drs. 17/11048, 12, 17, unter Bezugnahme auf BVerfGE 107, 150, 155

- das Schweigen im Rechtsverkehr gilt nur unter ganz engen Voraussetzungen als Zustimmung – wer schweigt, setzt im Allgemeinen keinen Erklärungstatbestand, er bringt weder Zustimmung noch Ablehnung zum Ausdruck;[34]
- im Einzelfall kann fraglich sein, ob der Vortrag eines Elternteils tatsächlich keine kindeswohlgetragenen Gründe enthält oder ob doch Gründe ersichtlich sind, die – jedenfalls im Ansatz – im Bezug zum gemeinsamen Kind, zum Eltern-Kind-Verhältnis und/oder konkret zum Verhältnis der beteiligten Eltern und somit im Zusammenhang mit der Einrichtung des Sorgerechts stehen können;[35]
- ebenfalls muss sorgfältig geprüft werden, welche Anforderungen an den Vortrag des darlegungspflichtigen Elternteils überhaupt gestellt werden dürfen, unter Berücksichtigung evtl. bestehender Verständigungs- oder Sprachschwierigkeiten und des sprachlichen Ausdrucksvermögens;[36]
- die bestehende körperliche und psychische Verfassung der Mutter kurz nach der Geburt des Kindes ist ebenso zu berücksichtigen
- wie eine fehlende Rechtskenntnis der Beteiligten;
- das Gericht soll in jeder Lage des Verfahrens auf eine einvernehmliche Lösung zwischen den Eltern hinwirken, vgl. § 156 FamFG;[37]
- die Ursachen der Uneinigkeit der Eltern über die Sorgetragung für das Kind und – damit verbunden – mögliche kinderschutzrelevante Aspekte bleiben bei der Durchführung des vereinfachten Verfahrens grundsätzlich unerkannt;[38]
- bei allen Maßnahmen, die Kinder betreffen, ist das Wohl des Kindes ein Gesichtspunkt, der vorrangig zu berücksichtigen ist, vgl. Art. 3 Abs. 1 Übereinkommen über die Rechte des Kindes.

c) Rechtsmittel

Die im vereinfachten Verfahren ergangene Entscheidung ist nach den allgemeinen Voraussetzungen der §§ 58 ff. FamFG mit der binnen Monatsfrist einzulegenden **Beschwerde** anfechtbar. Das Jugendamt ist nicht beschwerdeberechtigt, § 155a Abs. 3 Satz 2 FamFG. **28**

Ist das Familiengericht **fehlerhafter** Weise davon ausgegangen, dass keine kindeswohlgetragenen Gründe vorgetragen wurden oder sonst ersichtlich waren und hat es insbesondere keine persönliche Anhörung des Kindes vorgenommen, obwohl dies erforderlich war, dürften regelmäßig die Voraussetzungen gegeben sein, die Sache unter Aufhebung der angefochtenen Entscheidung an das Familiengericht **zurückzuverweisen**, wenn ein Beteiligter dies beantragt, § 69 Abs. 1 Satz 3 FamFG.[39] **29**

Die **Kosten** des Beschwerdeverfahrens können nach § 81 FamFG auch bei Erfolg des Rechtsmittels dem Beschwerdeführer auferlegt werden, insbesondere wenn er die Einlegung durch unbegründetes Schweigen auf den verfahrenseinleitenden Antrag hin erst veranlasst hat.[40] In einem solchen Fall dürfte auch die Bewilligung von Verfahrenskostenhilfe **30**

---

34 BGH NJW 2002, 3629, 3630; *Salgo*, FPR 2012, 409, 410
35 OLG Karlsruhe ZKJ 2014, 446, 448
36 BT-Drs. 17/12198, 8; *Huber/Antomo*, FamRZ 2013, 665, 669; *Dürbeck*, ZKJ 2013, 330, 333; *Schneider*, MDR 2013, 309, 311
37 Dazu *Salgo*, FPR 2012, 409, 410
38 Vgl. BeckOK-BGB/*Veit*, § 1626a BGB Rn. 72 m.w.N.
39 OLG Frankfurt, ZKJ 2014, 123; OLG Bremen FamRZ 2015, 2170; OLG Brandenburg NZFam 2022, 320; *Keuter*, FamRZ 2012, 825, 827; MüKo-FamFG/*Schumann*, § 155a Rn. 34; a.A. unter Zurückweisung ohne Antrag und trotz regulärem Verfahren OLG Rostock, Beschl. v. 27.9.2024 – 10 UF 50/24, juris; kritisch dazu *Köhler*, NZFam 2025, 86
40 *Heilmann*, NJW 2013, 1473, 1477; MüKo-FamFG/*Schumann*, § 155a Rn. 35

wegen Mutwilligkeit (§ 76 Abs. 1 FamFG i.V.m. § 114 ZPO) zu verneinen sein, auch wenn die Beschwerde Aussicht auf Erfolg hat.[41]

2. Mitteilungspflicht an das zuständige Jugendamt (Satz 3)

31 Kommt es zu einer Entscheidung im vereinfachten Verfahren, ist das Gericht verpflichtet, dem zuständigen Jugendamt, das für den Geburtsort des Kindes zuständig ist (§ 87c Abs. 6 Satz 2 SGB VIII), unter Angabe von Geburtsdatum, Geburtsort des Kindes und seines bei Geburtsbeurkundung geführten Namens **unverzüglich** – ohne schuldhaftes Zögern (§ 121 Abs. 1 Satz 1 BGB) – seine Entscheidung formlos mitzuteilen. Ist das Kind im Ausland geboren oder mit unbekanntem Geburtsort, ist das Landesjugendamt Berlin zuständig (§ 87c Abs. 6 Satz 2 i.V.m. § 88 Abs. 1 Satz 2 SGB VIII i.V.m. § 33 Abs. 1 Satz 2 Alt. 2 AG KJHG Berlin).

IV. Reguläres Verfahren (Abs. 4)

32 Werden von einem Elternteil oder beiden Elternteilen **kindeswohlgetragene Gründe** gegen die gemeinsame Sorge **vorgetragen** oder sind solche Gründe **sonst ersichtlich**, hat das Gericht ein reguläres Verfahren unter Beachtung der allgemeinen Regeln durchzuführen.[42]

▶ *Näher zu den kindeswohlgetragenen Gründen Fink, § 1626a BGB Rn. 28 ff.*

33 Zum **regulären Verfahren** gehört insbesondere:[43]

- zu prüfen, ob die **Bestellung einer Verfahrensbeiständin** bzw. eines **Verfahrensbeistand**s (§ 158 FamFG) erforderlich ist,
- die Durchführung eines **frühen Erörterungstermin**s, § 155a Abs. 4 Satz 1 i.V.m. § 155 Abs. 2 FamFG, mit der Maßgabe, dass der Termin nicht innerhalb von sechs Wochen nach der Geburt des Kindes und nicht vor Ablauf der Stellungnahmefrist der Mutter stattfindet,
- das **Jugendamt** anzuhören und es auf seinen Antrag hin zu beteiligen (§ 162 FamFG),
- die **Kindeseltern** persönlich anzuhören (§ 160 FamFG),
- ggf. das **Kind** persönlich anzuhören (§ 159 FamFG),
- das Hinwirken auf eine einvernehmliche Lösung (§ 156 FamFG).

34 Das Familiengericht kann die persönliche Anhörung der Eltern und des Jugendamts mit der Erörterung der Sache im **frühen Erörterungstermin** verbinden. Zu diesem Termin sollte das Gericht das persönliche Erscheinen der verfahrensfähigen Beteiligten anordnen, § 155a Abs. 4 i.V.m. § 155 Abs. 2 Satz 3, Abs. 3 FamFG. Der Termin soll **spätestens einen Monat** nach Bekanntwerden der Gründe stattfinden, die der gemeinsamen Sorgetragung entgegenstehen können, vgl. § 155 Abs. 2 Satz 2 FamFG. Zu berücksichtigen ist jedoch, dass der Termin nicht innerhalb von sechs Wochen nach der Geburt des Kindes und nicht vor Ablauf der Stellungnahmefrist der Mutter stattfinden darf.[44]

35 Das Gericht soll in jeder Lage des Verfahrens auf eine **einvernehmliche Lösung** zwischen den Eltern hinwirken, wenn dies dem Kindeswohl nicht widerspricht, und auf die Möglichkeiten der Beratung durch die Beratungsstellen und -dienste der Träger der Kinder- und Jugendhilfe insbesondere zur Entwicklung einer einvernehmlichen Lösung hinweisen, § 155a Abs. 4 Satz 2 i.V.m. § 156 Abs. 1 FamFG.

---

41 *Heilmann*, NJW 2013, 1473, 1477
42 OLG Karlsruhe ZKJ 2014, 446; OLG Bremen FamRZ 2015, 2170; OLG Frankfurt, Beschl. v. 18.12.2018 – 5 UF 234/18, juris
43 *Heilmann*, NJW 2013, 1473, 1477
44 *Heilmann*, NJW 2013, 1473, 1477

Das **Gericht** ist im regulären Verfahren **nicht verpflichtet**, dem zuständigen Jugendamt die **Entscheidung mitzuteilen**. Vielmehr hat das Gericht dem am Verfahren mitwirkenden Jugendamt die Entscheidung nach § 162 Abs. 3 Satz 1 FamFG bekanntzugeben. Dieses Jugendamt hat dann eine Mitteilungspflicht (§ 50 Abs. 3 SGB VIII) gegenüber demjenigen Jugendamt, das für den Geburtsort des Kindes zuständig ist (§ 87c Abs. 6 Satz 2 SGB VIII). 36

V. Abgabe von Sorgeerklärungen und Zustimmungen im Erörterungstermin (Abs. 5)

Die Norm stellt klar, dass Sorgeerklärungen (§ 1626a Abs. 1 Nr. 1 BGB) und die ggf. erforderliche Zustimmung des gesetzlichen Vertreters eines beschränkt geschäftsfähigen Elternteils (§ 1626c Abs. 2 BGB) auch **in** einem **Erörterungstermin** abgegeben werden können. Die Sorgeerklärungen können dabei **nur** die **gesamte elterliche Sorge** umfassen. Eine nur auf Teilbereiche der elterlichen Sorge beschränkte Abgabe ist nicht möglich.[45] Die Abgabe der Erklärungen zur Niederschrift des Gerichts ersetzt die nach § 1626d Abs. 1 BGB erforderliche öffentliche Beurkundung. 37

Die Bezugnahme auf § 1626d Abs. 2 BGB in § 155a Abs. 2 Satz 2 FamFG soll sicherstellen, dass das **Gericht verpflichtet** ist,[46] die Abgabe der Sorgeerklärungen und Zustimmungen unter Angabe von Geburtsdatum, Geburtsort des Kindes und seines bei Geburtsbeurkundung geführten Namens **unverzüglich** – ohne schuldhaftes Zögern (§ 121 Abs. 1 Satz 1 BGB) – demjenigen **Jugendamt mitzuteilen**, das für den Geburtsort des Kindes zuständig ist (§ 87c Abs. 6 Satz 2 SGB VIII). Ist das Kind im Ausland geboren oder mit unbekanntem Geburtsort, ist das Landesjugendamt Berlin zuständig (§ 87c Abs. 6 Satz 2 i.V.m. § 88 Abs. 1 Satz 2 SGB VIII i.V.m. § 33 Abs. 1 Satz 2 Alt. 2 AG KJHG Berlin). 38

§ 155b FamFG

Beschleunigungsrüge

(1) [1]Ein Beteiligter in einer in § § 155 Absatz 1 bestimmten Kindschaftssache kann geltend machen, dass die bisherige Verfahrensdauer nicht dem Vorrang- und Beschleunigungsgebot nach der genannten Vorschrift entspricht (Beschleunigungsrüge). [2]Er hat dabei Umstände darzulegen, aus denen sich ergibt, dass das Verfahren nicht vorrangig und beschleunigt durchgeführt worden ist.

(2) [1]Das Gericht entscheidet über die Beschleunigungsrüge spätestens innerhalb eines Monats nach deren Eingang durch Beschluss. [2]Hält das Gericht die Beschleunigungsrüge für begründet, hat es unverzüglich geeignete Maßnahmen zur vorrangigen und beschleunigten Durchführung des Verfahrens zu ergreifen; insbesondere ist der Erlass einer einstweiligen Anordnung zu prüfen.

(3) [1]Die Beschleunigungsrüge gilt zugleich als Verzögerungsrüge im Sinne des § 198 Absatz 3 Satz 1 des Gerichtsverfassungsgesetzes.

Weiterführende Literatur: Herberger, Die Beschleunigungsrüge (§ 155b FamFG) und die Beschleunigungsbeschwerde (§ 155c FamFG), FuR 2017, 654; *Keuter*, Beschleunigungsrüge und Beschleunigungsbeschwerde: Präventive Rechtsbehelfe bei überlanger Verfahrensdauer in Kindschaftssachen, FamRZ 2016, 1817; *Kinderrechtekommission des Deutschen Familiengerichtstages (Heilmann/Salgo)*, FamRZ 2016, 432; *Schneider*, Die Beschleunigungsrüge in Kindschaftssachen – Verfahren und Kosten, FamRB 2016, 479; *Schneider*, Kosten in Verfahren der Beschleunigungsrüge und -beschwerde, NZFam 2020, 431;

45 BT-Drs. 17/11048, 30; BGH FamRZ 2008, 251, 255; a.A. Staudinger/*Coester*, § 1626a BGB Rn. 60
46 BT-Drs. 17/11048, 24

Schweppe, Verfahren in Kindschaftssachen zwischen Beschleunigungsgebot, Praktikabilitätserwägungen und Verfahrensgarantien, FamRZ 2024, 333.

Übersicht

A. Allgemeines

1 Die Vorschrift wurde wie § 155c FamFG eingefügt durch das Gesetz zur Änderung des Sachverständigenrechts und zur weiteren Änderung des FamFG sowie zur Änderung weiterer Gesetze vom 11.10.2016.[1] Anlass war die Entscheidung des EuGHMR vom 15.1.2015,[2] in der dieser erklärte, weder die Verzögerungsrüge noch eine Entschädigungsklage (§ 198 GVG) würden in ausreichendem Maße die Anforderungen an einen Beschleunigungsrechtsbehelf gemäß Art. 13 i.V.m. Art. 8 EMRK erfüllen, und zwar auch nicht in Verbindung mit dem Beschleunigungsgebot des § 155 FamFG und/oder einer – gesetzlich nicht geregelten – Untätigkeitsbeschwerde. Die Vorschrift schafft entsprechend den Vorgaben des EuGHMR einen präventiven Rechtsbehelf zur Durchsetzung des Vorrang- und Beschleunigungsgebots des § 155 FamFG. Die Verfassungsbeschwerde ist gegenüber der Beschleunigungsrüge subsidiär.[3]

2 Abs. 1 der Vorschrift definiert die Beschleunigungsrüge und normiert deren Voraussetzungen. Abs. 2 regelt die Behandlung der Rüge durch das Gericht. Der dritte Absatz bestimmt die Beschleunigungsrüge zugleich als Verzögerungsrüge nach § 198 GVG. Die Beschleunigungsrüge gilt gemäß § 88 Abs. 3 FamFG auch für das Vollstreckungsverfahren.

B. Inhalt der Norm

I. Voraussetzungen der Beschleunigungsrüge (Abs. 1)

1. Anwendungsbereich

3 Die Beschleunigungsrüge kann erhoben werden in Verfahren nach § 155 Abs. 1 FamFG, also in **Kindschaftssachen, die den Aufenthalt eines Kindes, das Umgangsrecht, die Kindesherausgabe oder eine Kindeswohlgefährdung zum Gegenstand** haben. Der Gesetzgeber ist damit einerseits über die Vorgaben des EuGHMR hinausgegangen, da das dortige Verfahren allein das Umgangsrecht betraf, andererseits hat er ebenfalls eilbedürftige Kindschaftssachen wie z.B. Unterbringungsverfahren nicht in den Kreis des § 155b Abs. 1 FamFG einbezogen. Die Vorschrift gilt analog auch für o. g. Kindschaftssachen, die vor Inkrafttreten des FamFG eingeleitet wurden.[4] Streiten die Eltern zwar über die Aufhebung der

1 BGBl. I 2016, S. 2222
2 EuGHMR FamRZ 2015, 469
3 BVerfG FamRZ 2017, 620
4 OLG Bremen FamRZ 2018, 450

gemeinsamen elterlichen Sorge im Hinblick auf das Aufenthaltsbestimmungsrecht, ist zugleich aber der Aufenthalt des Kindes bei einem Elternteil nicht im Streit, so liegt bereits kein Verfahren nach § 155 Abs. 1 FamFG vor, eine Beschleunigungsrüge ist deshalb insoweit unzulässig,[5] zumindest aber unbegründet.[6]

Die Beschleunigungsrüge kann **in Haupt- und Eilverfahren** sowie **in jeder Instanz**[7] erhoben werden, auch in Verfahren betreffend die Vollstreckung aus Ordnungsmittelbeschlüssen betreffend ein Ausgangsverfahren des § 155 FamFG.[8] Ein **Rechtsschutzbedürfnis** besteht allerdings nur so lange, wie im Ausgangsverfahren noch keine verfahrensbeendende Entscheidung ergangen ist.[9] Nach einer solchen kann das Ziel einer Verfahrensbeschleunigung nicht mehr erreicht werden, auf die Wirksamkeit der Entscheidung kommt es nicht an.[10] Nach einer verfahrensbeendenden Entscheidung entfällt das Rechtsschutzbedürfnis sowohl für eine Beschleunigungsrüge bzw. -beschwerde als auch für eine Verfassungsbeschwerde gegen einen die Beschleunigungsrüge zurückweisenden Beschluss.[11] § 62 FamFG ist nicht anwendbar.[12] Während des Beschwerdeverfahrens getroffene verfahrensfördernde Maßnahmen des Gerichts lassen das Rechtsschutzbedürfnis für eine Beschleunigungsrüge nicht entfallen.[13] Das soll allerdings anders sein, wenn das Ausgangsgericht zum Zeitpunkt der Entscheidung über die Beschwerde nichts weiter veranlassen könnte, um dem Verfahren beschleunigt Fortgang zu geben[14] (nicht überzeugend, vgl. *Keuter*, § 155c Rn. 8).

2. Formalien

Rügebefugt ist jeder Verfahrensbeteiligte,[15] also insbesondere das betroffene (verfahrensfähige) Kind, die Eltern und der Verfahrensbeistand, aber auch als Beteiligte hinzugezogene Pflegepersonen sowie das Jugendamt.[16] Die Rüge ist schriftlich oder zur Niederschrift der Geschäftsstelle einzureichen, § 25 Abs. 1 FamFG, und zwar bei dem Gericht, dessen Verfahrensweise als unangemessen lang gerügt wird. Soweit ausnahmsweise das Ausgangsverfahren dem Anwaltszwang unterliegt (Verbundverfahren nach § 137 FamFG, Anhängigkeit beim BGH), kann die Rüge wirksam nur durch einen Rechtsanwalt erhoben werden. Es besteht bis zum Verfahrensabschluss keine Rügefrist und auch keine Mindestverfahrensdauer.[17] Die Bezeichnung „Beschleunigungsrüge" muss nicht verwendet werden; es reicht, wenn aus dem Schriftsatz ersichtlich ist, dass der betreffende Verfahrensbeteiligte mit der bisherigen Dauer des Verfahrens nicht einverstanden ist.[18] Nach neuerer Rechtsprechung[19] soll die Beschleunigungsrüge auch auf bestimmte Verfahrensabschnitte (z.B. Hauptverfahren einerseits, Zwischenverfahren über Ablehnungsgesuch andererseits) beschränkt werden können, wobei es sich insoweit um verschiedene Verfahrensgegenstände handele. Die systematische Stellung der §§ 155b, 155c FamFG und ihre Zulässigkeit nur in ganz be- 4

5 *Heußler*, NZFam 2024, 174
6 OLG Bamberg FamRZ 2024, 135
7 BT-Drucks. 18/9092, 16
8 OLG Köln FamRZ 2024, 474
9 BVerfG FamRZ 2018, 1761 m.w.N.
10 OLG Frankfurt NZFam 2022, 615
11 BVerfG FamRZ 2022, 709
12 OLG Frankfurt NZFam 2022, 615
13 OLG Hamburg FamRZ 2017, 986; a.A. OLG Köln FamRZ 2022, 881
14 OLG Köln Beschl. v. 31.1.2025 – 14 WF 8/25, juris
15 MüKo-FamFG/*Schumann*, § 155b Rn. 4 m.w.N.
16 MüKo-FamFG/*Schumann*, § 155b Rn. 4 m.w.N. auch für Gegenmeinung, die für das Jugendamt und den Verfahrensbeistand die Rügebefugnis verneint.
17 *Keuter*, FamRZ 2016, 1817, 1819
18 Sternal/*Schäder*, § 155b FamFG Rn. 4 m.w.N.
19 OLG Rostock Beschl. v. 15.4.2025 – 11 WF 47/25, juris

stimmten Kindschaftssachen sprechen aber gegen eine isolierte Beschleunigungsrüge bezogen auf ein Zwischenverfahren.

3. Notwendiger Sachvortrag

5 Nach § 155b Abs. 1 Satz 2 FamFG hat der Rügende Umstände vorzutragen, aus denen sich ergibt, dass das Verfahren nicht vorrangig und beschleunigt behandelt worden ist. Diese **Darlegungspflicht** ist im Gesetzgebungsverfahren mit Blick auf die Verpflichtung des Gerichts, Grundrechtsschutz von Amts wegen zu gewährleisten, durchaus kritisch gesehen worden.[20] Gleichwohl hat sich der Gesetzgeber zu diesem Darlegungserfordernis entschlossen, was dem Gericht eine zielgerichtete Überprüfung ermöglicht und möglichem Missbrauch der Rüge vorbeugt.[21] Die Einreichung einer erneuten Beschleunigungsrüge, ohne dass neue Umstände i.S.v. § 155 Abs. 1 Satz 2 FamFG vorgetragen oder ersichtlich sind, ist wegen fehlenden Rechtsschutzbedürfnisses unzulässig.[22]

Umstände, die ein Verfahren unangemessen verzögern können, sind z.B.

- verspätete Zuständigkeitsprüfung,
- unterlassene oder verspätete Terminierung,
- unterlassene, zu großzügige oder nicht kontrollierte Fristen für die Erstellung eines Sachverständigengutachtens.[23]

Gerügt werden kann aber nur eine **tatsächlich bereits eingetretene Verfahrensverzögerung**,[24] nicht eine lediglich befürchtete, weil andernfalls Missbrauchsmöglichkeiten Tür und Tor geöffnet wäre.

II. Entscheidung des Gerichts (Abs. 2)

1. Entscheidungsfrist

6 Das Gericht prüft die Zulässigkeit und Begründetheit der Rüge. Auch eine unzulässige Rüge, z.B. eine erst nach Abschluss des Ausgangsverfahrens erhobene Rüge oder die wiederholte Rüge ohne neuen Sachvortrag,[25] ist zu bescheiden. Die Entscheidung über die Beschleunigungsrüge hat so rasch wie möglich zu erfolgen, die in § 155b Abs. 2 Satz 1 FamFG genannte **Monatsfrist ist als Höchstfrist** zu verstehen.[26] Zur Fristwahrung ist die Übergabe des vollständig verfassten und unterschriebenen Beschlusses an die Geschäftsstelle, nicht die Zustellung an den Beschwerdeführer maßgeblich.[27] Wird die Frist nicht eingehalten, berechtigt dies zur Beschleunigungsbeschwerde nach § 155c Abs. 4 Satz 1 FamFG. Eine unzulässige Beschleunigungsbeschwerde ist durch einen mit Rechtsmittelbelehrung versehenen Beschluss als unzulässig zu verwerfen.

2. Entscheidungskriterien

7 Hält das Gericht die Beschwerde für begründet, stellt es dies durch Beschluss fest. Der **Tenor** könnte lauten: „Die bisherige Verfahrensdauer war unangemessen lang" oder „Es wird festgestellt, dass die bisherige Verfahrensbehandlung nicht ausreichend dem Vorrang- und

20 Stellungnahme Kinderrechtekommission DFGT/*Heilmann/Salgo*, FamRZ 2016, 432, 433
21 BT-Drucks. 18/9092, 17
22 OLG Köln Beschl. v. 2.6.2023 – 26 WF 51/23, juris
23 Weitere Beispiele: *Keuter*, FamRZ 2016, 1817, 1819
24 OLG Bremen ZKJ 2017, 198, 199
25 Beispiele aus der Gesetzesbegründung, BT-Drucks. 18/9092, 17
26 Stellungnahme Kinderrechtekommission des DFGT/*Heilmann/Salgo*, FamRZ 2016, 432, 433
27 Formulierungshilfe der Bundesregierung, BT-Drucks. 18/6985, 6

Beschleunigungsgebot des § 155 Abs. 1 FamFG entspricht".[28] Bei der Entscheidung über die Angemessenheit der bisherigen Verfahrensdauer ist eine **Gesamtabwägung** aller verfahrens- und sachbezogenen Faktoren sowie der subjektiven, personenbezogenen Umstände vorzunehmen. Zu berücksichtigen sind Schwierigkeit und Bedeutung des Verfahrens, das Verhalten der Verfahrensbeteiligten[29] und die Verfahrensführung durch das Gericht.[30] Vom Rügenden selbst verursachte Verfahrensverzögerungen sind für die Frage, ob das Gericht das Verfahren beschleunigt bearbeitet hat, außer Acht zu lassen.[31] Bei Beschleunigungsrüge erst in der Beschwerdeinstanz kommt es auf die bisherige **Gesamtverfahrensdauer** an, weil diese maßgeblichen Einfluss darauf hat, wie beschleunigt das Verfahren in zweiter Instanz zu bearbeiten ist.[32] In Umgangssachen treffen das Gericht wegen der aus dem fortschreitenden Zeitablauf resultierenden Gefahr einer faktischen Entscheidung besondere Sorgfaltspflichten.[33]

Insgesamt prägt und begrenzt das Kindeswohl den Beschleunigungsgrundsatz.[34] Dieser ist kein Selbstzweck, sondern soll verhindern, dass eine Entscheidung durch Zeitablauf präjudiziert wird.[35]

Eine **generelle Festlegung einer Verfahrensverzögerung** ist nach Auffassung des Gesetz- **8**
gebers **nicht möglich**.[36]

Beispiele aus der Rechtsprechung für fehlenden Verstoß gegen § 155 FamFG:

- Allein aus der Dauer eines Umgangsverfahrens von 2,5 Jahren lässt sich noch kein Verstoß gegen das Beschleunigungsgebot entnehmen.[37] Es gibt auch keinen Anspruch auf eine Endentscheidung innerhalb eines Monats nach Erörterungstermin.[38] Ebenso rechtfertigt nicht jede **unterlassene Terminierung innerhalb der Monatsfrist** des § 155 FamFG die Beschleunigungsrüge,[39] schon weil in Ausnahmefällen (z.B. nur geringfügige Änderung des Umgangsrechts) die Nichteinhaltung der vorgenannten Sollvorschrift gestattet ist.[40] Auch kann eine **Terminsverlegung** mit der Folge einer Überschreitung der Monatsfrist sachlich gerechtfertigt sein, z.B. bei Erkrankung des Verfahrensbeistands.[41] Ist der ordentliche Dezernent krankheits- oder urlaubsbedingt verhindert, darf dessen Rückkehr in überschaubarer Zeit insbesondere dann abgewartet werden, wenn dieser in die Sache eingearbeitet ist und bereits mehrere Verfahren die Familie betreffend entschieden hat; dies entspricht auch dem Rechtsgedanken des § 23b Abs. 2 Satz 1 GVG („eine Familie, ein Richter").[42] Dies kann jedoch nur ein Abwarten von wenigen Wochen, nicht jedoch Monaten rechtfertigen. Gegebenenfalls ist das Verfahren zeitnah von seinem Vertreter in angemessener Weise zu fördern. In Pandemiezeiten ist nicht zu bean-

---

28 OLG Karlsruhe NZFam 2018, 282
29 Zu von Beteiligten durch Ablehnungsgesuche verursachten Verzögerungen siehe BVerfG FamRZ 2025, 126 m.w.N.; EuGMR, Entscheidung v. 21.2.2017 – 13240/15, juris = FamRZ 2017, 895 (LS)
30 OLG Bremen FamRZ 2018, 450
31 OLG Köln Beschl. v. 3.5.2023 – 26 WF 51/23, juris
32 OLG Karlsruhe FamRZ 2020, 1214; Sternal/*Schäder*, § 155b FamFG Rn. 8
33 BVerfG FuR 2023, 250
34 OLG Stuttgart ZKJ 2017, 200 (LS) = FamRZ 2017, 1254; OLG Braunschweig FamRZ 2022, 37
35 OLG Bremen ZKJ 2017, 198, 199; OLG Stuttgart ZKJ 2017, 200 (LS) = FamRZ 2017, 1254
36 BVerfG FamRZ 2019, 1929; OLG Stuttgart ZKJ 2017, 200 (LS) = FamRZ 2017, 1254; OLG Frankfurt FamRZ 2020, 1117
37 KG ZKJ 2017, 193
38 OLG Brandenburg FamRZ 2018, 284
39 OLG Düsseldorf, Beschl. v. 9.1.2018 – 1 WF 276/17, juris; siehe aber sehr streng OLG Rostock Beschl. v. 14.4.2025 -11 WF 37/25, juris
40 MüKo-FamFG/*Heilmann*, § 155 Rn. 57
41 OLG Bremen FamRZ 2017, 1855 Rn. 10; *Herberger*, JurisPR-FamR 19/2017, Anm. 5
42 OLG Bremen FamRZ 2017, 1855 Rn. 11

standen, wenn wegen des Notbetriebs im Familiengericht der Bericht eines Verfahrensbeistands erst nach einem Monat bearbeitet wird.[43]

- Ein Zeitraum von vier Wochen zwischen Verfügung des Richters und deren Ausführung ist in Kindschaftssachen auch in Krankheits- und Vertretungszeit aber grundsätzlich zu lang.[44] Wird eine **Kindschaftssache im Verbund** geführt und kann diese nicht in absehbarer Zeit entschieden werden, ist die Kindschaftssache zur Verfahrensförderung aus dem Verbund zu trennen.[45] Einem Sachverständigen, der über Monate hinweg trotz Erinnerung sein Gutachten nicht erstellt, ist ein Ordnungsgeld anzudrohen und gegen ihn festzusetzen[46] (siehe auch § 411 Abs. 2 ZPO). Die Ablehnung einer Terminsbestimmung in einem Umgangsverfahren kann nicht durch Hinweis nach § 156 FamFG auf Vermittlungsmöglichkeiten durch das Jugendamt gerechtfertigt werden.[47] Mit einer Entscheidung im Umgangsverfahren darf nicht zur Vermeidung eines Abänderungsverfahrens bis zur Entscheidung im parallel laufenden Sorgerechtsverfahren zugewartet werden.[48] Die Beauftragung eines Sachverständigen erst drei Monate nach Erlass eines Beweisbeschlusses und der erst ein Jahr nach Verfahrensbeginn unternommene Versuch einer Kindesanhörung sind ebenfalls deutliche Verstöße gegen das Beschleunigungsgebot.[49]

3. Begründete Rüge

9 Bei begründeter Rüge hat das Gericht nach § 155b Abs. 2 Satz 2 FamFG unverzüglich geeignete Maßnahmen zur vorrangigen und beschleunigten Durchführung des Verfahrens zu ergreifen, insbesondere den Erlass einer Eilanordnung zu prüfen, § 155b Abs. 2 Satz 2 FamFG. Hierzu gehören insbesondere die Nachholung einer bislang unterlassenen Terminierung, Erinnerungen an den Sachverständigen zur beschleunigten Gutachtenerstellung, wenn möglich natürlich auch die Entscheidung in der Sache selbst. Der Anwendungsbereich des § 155b Abs. 2 Satz 2 FamFG dürfte im Hinblick auf §§ 156 Abs. 3, 157 Abs. 3 FamFG relativ eingeschränkt sein[50] und ins Leere gehen, wenn die Beschleunigungsrüge innerhalb eines Eilverfahrens erhoben wird. Wird von einer einstweiligen Anordnung abgesehen, empfiehlt sich, die Gründe hierfür aktenkundig zu machen, auch wenn dies gesetzlich nicht vorgeschrieben ist.[51] Leitet das Gericht ein Eilverfahren ein, ist dieses als neues Verfahren einzutragen, Verfahrenskostenhilfe ist gesondert zu beantragen, ein Verfahrensbeistand gesondert zu bestellen.[52]

10 Neben der unverzüglichen Förderung des Ausgangsverfahrens hat das Gericht auch die Beschleunigungsrüge zu bescheiden, und zwar selbst dann, wenn das Ausgangsverfahren inzwischen erledigt ist. Eine gesetzliche Regelung, wonach zumindest der Abschluss des Ausgangsverfahrens eine Entscheidung über die Beschleunigungsrüge oder -beschwerde erübrigt, hätte diesen Mehraufwand leicht vermeiden können.[53]

43 KG FuR 2020, 585
44 OLG Bremen ZKJ 2017, 198, 199, das im konkreten Fall gleichwohl die Beschleunigungsbeschwerde zurückwies.
45 OLG Brandenburg FamRZ 2018, 128
46 OLG Hamburg NJW 2017, 1485 Rn. 5
47 OLG Bremen FamRZ 2020, 694
48 OLG Brandenburg FamRZ 2024, 211
49 OLG Hamm FamRZ 2024, 204
50 MüKo-FamFG/*Schumann*, § 155b Rn. 13 m.w.N.
51 Stellungnahme Kinderrechtekommission DFGT/*Heilmann/Salgo*, FamRZ 2016, 432, 433
52 *Keuter*, FamRZ 2016, 1817, 1821 m.w.N.
53 Stellungnahme Kinderrechtekommission DFGT/*Heilmann/Salgo*, FamRZ 2016, 432, 433

4. Unbegründete Rüge

Eine unbegründete Rüge ist durch einen mit Rechtsbehelfsbelehrung versehenen (§ 39 FamFG) und begründeten Beschluss (§ 38 FamFG) zurückzuweisen. Die Rechtsbehelfsbelehrung verweist auf die Möglichkeit der Beschleunigungsbeschwerde nach § 155c Abs. 1 FamFG innerhalb von zwei Wochen. Die Begründung kann und sollte sich auf die konkret vom Beschwerdeführer gerügten Verzögerungsursachen beschränken. Soweit gefordert wird, den gesamten bisherigen Verfahrensablauf einzubeziehen,[54] bindet dies Arbeitskraft des Gerichts, die besser in die Bearbeitung des Ausgangsverfahrens investiert ist. Gegen einen solchen Begründungsaufwand spricht auch die Streichung des ursprünglich im Gesetzentwurf enthaltenen Passus, die Begründung müsse darlegen, inwieweit der Verfahrensablauf seit Verfahrensbeginn den Vorgaben des § 155 FamFG entspreche. 11

5. Nebenentscheidungen

Die Beschleunigungsbeschwerde ist Teil des Ausgangsverfahrens (siehe § 19 Abs. 1 Satz 2 Nr. 3 RVG), sodass für sie keine gesonderten Anwaltsgebühren anfallen.[55] Das gilt nicht, wenn sich das Anwaltsmandat auf die Beschleunigungsrüge beschränkt.[56] Auch Gerichtsgebühren fallen nicht an.[57] Verfahrenskostenhilfe braucht und kann im Hinblick auf fehlende Zusatzkosten für die Beschleunigungsrüge nicht beantragt und bewilligt werden.[58] 12

III. Beschleunigungsrüge als Verzögerungsrüge (Abs. 3)

§ 155b Abs. 3 FamFG normiert die Beschleunigungsrüge zugleich als Verzögerungsrüge i.S.d. § 198 GVG. Durch diese gesetzliche Fiktion erhält der Rügende die Möglichkeit einer späteren Entschädigungsklage. Allerdings stehen beide Rechtsbehelfe unabhängig nebeneinander. Ob die Voraussetzungen für einen Entschädigungsanspruch vorliegen, ist erst durch das später mit der Entschädigungsklage befasste Gericht zu entscheiden.[59] Eine erhebliche Verfahrensverzögerung in Sorge- und Umgangsverfahren kann im Einzelfall auch eine Erhöhung der Entschädigungspauschale des § 198 Abs. 2 Satz 3 GVG rechtfertigen.[60] 13

§ 155c FamFG

Beschleunigungsbeschwerde

(1) [1]Der Beschluss nach § 155b Absatz 2 Satz 1 kann von dem Beteiligten innerhalb einer Frist von zwei Wochen nach der schriftlichen Bekanntgabe mit der Beschwerde angefochten werden. [2]§ 64 Absatz 1 gilt entsprechend. [3]Das Gericht ist zur Abhilfe nicht befugt; es hat die Akten unverzüglich dem Beschwerdegericht nach Absatz 2 vorzulegen.

(2) [1]Über die Beschleunigungsbeschwerde entscheidet das Oberlandesgericht, wenn das Amtsgericht den Beschluss nach § 155b Absatz 2 Satz 1 gefasst hat. [2]Hat das Oberlandesgericht oder der Bundesgerichtshof den Beschluss gefasst, so entscheidet ein anderer Spruchkörper desselben Gerichts.

(3) [1]Das Beschwerdegericht entscheidet unverzüglich nach Aktenlage; seine Entscheidung soll spätestens innerhalb eines Monats ergehen. [2]§ 68 Absatz 2 gilt entsprechend. [3]Das Beschwerdegericht hat festzustellen, ob die bisherige Dauer des Verfahrens dem Vorrang- und

---

54 BeckOK-FamFG/*Schlünder*, § 155b Rn. 14
55 *Schneider*, FamRB 2016, 479, 482
56 Sternal/*Schäder*, § 155b FamFG Rn. 13
57 BT-Drs. 18/9092, 20
58 MüKo-FamFG/*Schumann*, § 155b Rn. 16 m.w.N.
59 MüKo-FamFG/*Schumann*, § 155b Rn. 15
60 BGH FamRZ 2021, 1302

Beschleunigungsgebot des § 155 Absatz 1 entspricht. [4]Stellt es fest, dass dies nicht der Fall ist, hat das Gericht, dessen Beschluss angefochten worden ist, das Verfahren unter Beachtung der rechtlichen Beurteilung des Beschwerdegerichts unverzüglich vorrangig und beschleunigt durchzuführen.

(4) [1]Hat das Gericht innerhalb der Monatsfrist des § 155b Absatz 2 Satz 1 keine Entscheidung über die Beschleunigungsrüge getroffen, kann der Beteiligte innerhalb einer Frist von zwei Monaten bei dem Beschwerdegericht nach Absatz 2 die Beschleunigungsbeschwerde einlegen. [2]Die Frist beginnt mit Eingang der Beschleunigungsrüge bei dem Gericht. [3]Die Absätze 2 und 3 gelten entsprechend.

Weiterführende Literatur: siehe hierzu die Kommentierung zu § 155b FamFG.

Übersicht

A. Allgemeines

1 Die Vorschrift stellt eine Ausnahme zur Regel dar, dass grundsätzlich nur Endentscheidungen anfechtbar sein sollen. Es handelt sich um einen eigenständigen Rechtsbehelf allein zur Durchsetzung des Beschleunigungsgebots des § 155 FamFG.[1] Die Beschleunigungsbeschwerde ist möglich bei erfolgloser Beschleunigungsrüge (§ 155c Abs. 1 FamFG) oder bei deren nicht fristgemäßer Bescheidung (§ 155c Abs. 4 FamFG).

2 Abs. 1 der Vorschrift regelt Form und Frist der Beschleunigungsbeschwerde und untersagt die Abhilfe durch das Ausgangsgericht. Abs. 2 bestimmt das zuständige Beschwerdegericht, Abs. 3 regelt dessen Verfahrensweise. Der vierte Absatz normiert den Sonderfall einer vom Ausgangsgericht nicht fristgemäß beschiedenen Beschleunigungsrüge.

B. Inhalt der Norm

I. Formalien

1. Form und Frist

3 Die Beschleunigungsbeschwerde ist **schriftlich oder zur Niederschrift** der Geschäftsstelle (§§ 155c Abs. 1 Satz 2, 64 Abs. 2 Satz 1 FamFG) einzureichen, und zwar innerhalb einer Frist von zwei Wochen. Die Frist **beginnt mit der schriftlichen Bekanntgabe** der Entscheidung. Sie kann nicht verkürzt oder verlängert werden.[2] Es besteht **kein Anwaltszwang**, es sei denn, die Kindschaftssache wird im Verbund geführt (§ 114 FamFG). Die Beschwerde

1 BT-Drs. 18/9092, 18
2 BT-Drs. 18/9092, 18

ist einzulegen beim **Ausgangsgericht**, dessen (unterbliebene) Entscheidung über die Beschleunigungsrüge angegriffen wird (§§ 155c Abs. 1 Satz 2, 64 Abs. 1 Satz 1 FamFG).

2. Beschwerdeberechtigung

Beschwerdebefugt ist nur der Verfahrensbeteiligte, der im Ausgangsverfahren die Beschleunigungsrüge erhoben hat („von dem Beteiligten").[3] 4

3. Keine Abhilfebefugnis

Das Ausgangsgericht ist zu einer Abhilfe nicht befugt, sondern hat vielmehr unverzüglich die Akten dem Beschwerdegericht zur Entscheidung vorzulegen (§ 155c Abs. 1 Satz 3 FamFG). **Trotz fehlender Abhilfebefugnis ist das Ausgangsverfahren weiter zu fördern.** Insbesondere kann der weiter geltende Beschleunigungsgrundsatz die Anlegung eines Aktendoppels gebieten.[4] Nicht recht verständlich ist indes, warum angesichts der fehlenden Abhilfebefugnis der Gesetzgeber nicht auch die Einlegung der Beschwerde unmittelbar beim Beschwerdegericht gestattet hat.[5] 5

II. Zuständiges Beschwerdegericht (Abs. 2)

Für Beschleunigungsbeschwerden gegen Entscheidungen des Amtsgerichts ist das Oberlandesgericht entsprechend dem üblichen Instanzenzug zuständig (§ 155c Abs. 2 Satz 1 FamFG). Da aber auch Verfahrensverzögerungen in der Rechtsmittelinstanz angegriffen werden können, ergab sich die Notwendigkeit für die Zuständigkeitsregelung aus § 155c Abs. 2 Satz 2 FamFG: Hat das OLG oder der BGH über die Beschleunigungsrüge entschieden, so ist jeweils ein anderer Spruchkörper des Gerichts für die Entscheidung über die Beschwerde zuständig. Wird die Beschwerde beim unzuständigen Gericht eingereicht, wahrt dies die Beschwerdefrist nicht. Das unständige Gericht ist aber verpflichtet, die Beschwerde im Rahmen des ordentlichen Geschäftsganges an das zuständige Gericht weiterzuleiten.[6] 6

III. Beschwerdeentscheidung (Abs. 3)

1. Entscheidungsfrist

Das Beschwerdegericht hat „unverzüglich nach Aktenlage" zu entscheiden (§ 155c Abs. 3 Satz 1 FamFG). Eine mündliche Verhandlung ist damit im Beschleunigungsinteresse ausgeschlossen. Rechtliches Gehör ist zu gewähren.[7] „Unverzüglich" bedeutet „so schnell wie möglich", die Höchstfrist bestimmt § 155c Abs. 3 Satz 1 mit einem Monat. Fristbeginn insoweit ist der Eingang der Akte beim Beschwerdegericht. Sanktionsmöglichkeiten bei Fristüberschreitung hat der Gesetzgeber nicht vorgesehen. Aufhebung und Zurückverweisung widersprechen Sinn und Zweck der Beschleunigungsbeschwerde und scheiden deshalb aus.[8] 7

2. Unzulässige Beschwerde

Ist die Beschwerde nicht form- und fristgerecht eingelegt, wird sie gemäß §§ 155c Abs. 3 Satz 2, 68 Abs. 2 FamFG als unzulässig verworfen. Teilweise wird die Beschleunigungsbeschwerde wegen zwischenzeitlichen Wegfalls des Rechtsschutzbedürfnisses für unzuläs- 8

3 BT-Drs. 18/9092, 18
4 MüKo-FamFG/*Schumann*, § 155c Rn. 7
5 Stellungnahme Kinderrechtekommission des DFGT/*Heilmann/Salgo*, FamRZ 2016, 432, 434
6 BGH NJW-RR 2014, 1
7 Bahrenfuss/*Schlemm*, § 155c FamFG Rn. 9 m.w.N.
8 A.A. OLG Rostock Beschl. v. 15.4.2025 – 11 WF 47/25, juris

sig erachtet, wenn das erstinstanzliche Gericht zwischenzeitlich alle zur Verfahrensbeschleunigung notwendigen Maßnahmen getroffen hat.[9] Doch überzeugt die Gleichsetzung zwischenzeitlich getroffener verfahrensbeschleunigender Maßnahmen mit einer Verfahrensbeendigung nicht.[10]

3. Zulässige Beschwerde

9 Bei zulässiger Beschwerde entscheidet das Beschwerdegericht allein, ob „die bisherige Dauer des Verfahrens dem Vorrang- und Beschleunigungsgebot des § 155 Absatz 1 entspricht" (§ 155c Abs. 3 Satz 3 FamFG). **Nicht Gegenstand der Beschwerdeentscheidung** sind damit insbesondere die **Verfahrensführung des Ausgangsgerichts im Übrigen**,[11] z.B. dessen Auffassung, es sei die Einholung eines (weiteren) Sachverständigengutachtens erforderlich.[12] Derartige Entscheidungen sind solche im Rahmen der Amtsermittlung des Ausgangsgerichts mit einem weiten, der Bewertung im Rahmen der Beschleunigungsbeschwerde weitgehend entzogenen Gestaltungsspielraum.[13]

10 Der Maßstab, ob ein Verstoß gegen § 155 FamFG vorliegt, ist derselbe wie der für das Ausgangsgericht bei Prüfung der Begründetheit der Beschleunigungsrüge.

▶ *Näher hierzu Keuter, § 155b FamFG Rn. 7.*

▶ *Zu Beispielen aus der Rechtsprechung siehe Keuter, § 155b FamFG Rn. 8.*

11 Erkennt das Beschwerdegericht keinen Verstoß gegen das Vorrang- und Beschleunigungsgebot, weist es die Beschwerde als unbegründet zurück. Andernfalls trifft es durch begründeten Beschluss die Feststellung, dass die bisherige Verfahrensführung dem Vorrang- und Beschleunigungsgebot nicht entspricht (§ 155c Abs. 3 Satz 3 FamFG). Das Ausgangsgericht hat dann unter Beachtung der Rechtsauffassung des Beschwerdegerichts unverzüglich die vom Beschwerdegericht für erforderlich erachteten verfahrensfördernden Maßnahmen zu prüfen und diese oder ggf. andere Beschleunigungsmaßnahmen zu ergreifen. **Eine direkte Anweisung des Beschwerdegerichts an das Ausgangsgericht sieht das Gesetz ausdrücklich nicht vor**.[14]

IV. Untätigkeit des Ausgangsgerichts (Abs. 4)

12 § 155c Abs. 4 FamFG regelt den denkbaren Fall, dass das Ausgangsgericht über die Beschleunigungsrüge nicht fristgerecht entscheidet. Der Rügende kann sich in dieser Situation mit seinen Beanstandungen – anders als nach der Regelung in § 155c Abs. 1 Satz 2 FamFG – **unmittelbar an das Beschwerdegericht** wenden. Hierfür steht ihm eine Frist von zwei Monaten zur Verfügung, die allerdings bereits mit dem Eingang der Beschleunigungsrüge beim Ausgangsgericht beginnt (§ 155c Abs. 4 Satz 2 FamFG). Es empfiehlt sich deshalb, sich diesen **Eingangszeitpunkt** der Beschleunigungsrüge frühzeitig vom Ausgangsgericht **bestätigen zu lassen**. Im Übrigen gelten für die Zuständigkeit des Beschwerdegerichts und sein Verfahren die Ausführungen zu Rn. 6 bis 11.

13 Eine analoge Anwendung des § 155c Abs. 4 FamFG wird in der Literatur[15] für den wohl eher seltenen Fall befürwortet, dass das Ausgangsgericht zwar der Beschleunigungsrüge stattgibt, gleichwohl aber keine weiteren Maßnahmen zur Verfahrensförderung ergreift. Ob dies

---

9 OLG Hamburg FamRZ 2022, 881; Sternal/*Schäder*, § 155c FamFG Rn.3
10 OLG Hamburg NJW 2017, 1485
11 OLG Brandenburg FamRZ 2018, 284
12 OLG Stuttgart FamRZ 2017, 1254 Rn. 67; KG ZKJ 2017, 193, 198
13 MüKo-FamFG/*Schumann*, § 155c Rn. 16 m.w.N.
14 KG ZKJ 2017, 193
15 Prütting/Helms/*Hammer*, § 155c FamFG Rn. 26; Bahrenfuss/*Schlemm*, § 155c FamFG Rn. 17

zur „zur Gewährleistung effektiven Rechtsschutzes"[16] aber geboten ist, erscheint zweifelhaft, weil kaum vorstellbar ist, dass ein Gericht einerseits seine bisherige Verfahrensführung als nicht dem Vorrang- und Beschleunigungsgebot entsprechend einstuft, andererseits sich aber grundlos weigert, verfahrensfördernde Maßnahmen zu ergreifen.

V. Kosten, Gebühren, Wert

Eine begründete Beschleunigungsbeschwerde bleibt gebührenfrei.[17] Bleibt sie dagegen erfolglos, löst dies eine Festgebühr nach Nr. 1912 KV-FamGKG in Höhe von 60 € aus. Bei Teilerfolg kann nach dieser Bestimmung die Gebühr ermäßigt oder gestrichen werden. 14

Der **Anwalt erhält eine wertabhängige halbe Verfahrensgebühr** nach Nr. 3500 VV-RVG nebst Postpauschale und Mehrwertsteuer, da nach § 18 Abs. 1 Nr. 3 RVG die Beschleunigungsbeschwerde eine gesonderte Angelegenheit darstellt.[18] Die Festsetzung des Gegenstandswertes erfolgt nur auf Antrag (§ 33 RVG), ein Verfahrenswert muss im Hinblick auf die gerichtlichen Festgebühren nicht festgesetzt werden.[19] Regelmäßig wird der Wert für die anwaltliche Tätigkeit gemäß § 23 Abs. 3 Nr. 2 RVG auf 5.000 € festzusetzen sein.

Verfahrenskostenhilfe ist gesondert beim Ausgangsgericht (§ 64 Abs. 1 Satz 2 FamFG) zu beantragen und ggf. vom Beschwerdegericht zu bewilligen. Sie kann bei fehlender Erfolgsaussicht, z.B. bei Verzögerungen aufgrund eigenen Verhaltens des Beschwerdeführers, versagt werden.[20]

§ 156 FamFG

Hinwirken auf Einvernehmen

(1) [1]Das Gericht soll in Kindschaftssachen, die die elterliche Sorge bei Trennung und Scheidung, den Aufenthalt des Kindes, das Umgangsrecht oder die Herausgabe des Kindes betreffen, in jeder Lage des Verfahrens auf ein Einvernehmen der Beteiligten hinwirken, wenn dies dem Kindeswohl nicht widerspricht. [2]Es weist auf Möglichkeiten der Beratung durch die Beratungsstellen und -dienste der Träger der Kinder- und Jugendhilfe insbesondere zur Entwicklung eines einvernehmlichen Konzepts für die Wahrnehmung der elterlichen Sorge und der elterlichen Verantwortung hin. [3]Das Gericht kann anordnen, dass die Eltern einzeln oder gemeinsam an einem kostenfreien Informationsgespräch über Mediation oder über eine sonstige Möglichkeit der außergerichtlichen Konfliktbeilegung bei einer von dem Gericht benannten Person oder Stelle teilnehmen und eine Bestätigung hierüber vorlegen. [4]Es kann ferner anordnen, dass die Eltern an einer Beratung nach Satz 2 teilnehmen. [5]Die Anordnungen nach den Sätzen 3 und 4 sind nicht selbständig anfechtbar und nicht mit Zwangsmitteln durchsetzbar.

(2) [1]Erzielen die Beteiligten Einvernehmen über den Umgang oder die Herausgabe des Kindes, ist die einvernehmliche Regelung als Vergleich aufzunehmen, wenn das Gericht diese billigt (gerichtlich gebilligter Vergleich). [2]Das Gericht billigt die Umgangsregelung, wenn sie dem Kindeswohl nicht widerspricht.

(3) [1]Kann in Kindschaftssachen, die den Aufenthalt des Kindes, das Umgangsrecht oder die Herausgabe des Kindes betreffen, eine einvernehmliche Regelung im Termin nach § 155 Abs. 2 FamFG nicht erreicht werden, hat das Gericht mit den Beteiligten und dem Jugendamt den Erlass einer einstweiligen Anordnung zu erörtern. [2]Wird die Teilnahme an einer Beratung,

16 Bahrenfuss/*Schlemm*, § 155c FamFG Rn. 17
17 *H. Schneider*, FamRB 2016, 479, 482
18 *N. Schneider*, NZFam 2020, 431, 432
19 *N. Schneider*, NZFam 2020, 431, 432 m.w.N. auch für Gegenmeinung
20 OLG Köln Beschl. v. 3.5.2023 – 26 WF 51/23, juris

an einem kostenfreien Informationsgespräch über Mediation oder einer sonstigen Möglichkeit der außergerichtlichen Konfliktbeilegung oder eine schriftliche Begutachtung angeordnet, soll das Gericht in Kindschaftssachen, die das Umgangsrecht betreffen, den Umgang durch einstweilige Anordnung regeln oder ausschließen. [3]Das Gericht soll das Kind vor dem Erlass einer einstweiligen Anordnung persönlich anhören.

Weiterführende Literatur: Fritz/Pielsticker, Handbuch Mediationsrecht, 3. Aufl. 2024; *Dettenborn*, Hochkonflikthaftigkeit bei Trennung und Scheidung, ZKJ 2013, 231 ff., 272 ff.; *Fichtner*, Gut beraten oder doch lieber entschieden?, ZKJ 2018, 257; *Krabbe*, Einvernehmen herstellen – Eine gute Idee mit offenen Fragen in der Praxis, ZKJ 2016, 392; *Krabbe/Thomsen*, Familienmediation mit Kindern und Jugendlichen, Grundlagen – Methodik – Techniken, 4. Aufl. 2017; *Trenczek/Berning/Lenz/Will (Hrsg.)*, Mediation und Konfliktmanagement, 2. Aufl. 2017.

Übersicht Rn.

A. Allgemeines

I. Normzweck

Eine einverständliche Konfliktlösung ist „auch in einem Rechtsstaat grundsätzlich vorzugswürdig gegenüber einer richterlichen Streitentscheidung".[1] Dementsprechend heißt es auch in **§ 278 Abs. 1 ZPO**, dass das Gericht in jeder Lage des Verfahrens auf eine gütliche Beilegung des Rechtsstreits oder einzelner Streitpunkte bedacht sein soll. Ähnlich lautet **§ 36 Abs. 1 Satz 2 FamFG**, nach dem das Gericht – außer in Gewaltschutzsachen – auf eine **gütliche Einigung** der Beteiligten hinwirken soll. 1

Über diese allgemeine Pflicht zur gütlichen Beilegung von rechtlichen Konflikten geht die in § 156 Abs. 1 FamFG angesprochene Verpflichtung des Gerichts, in Verfahren, die die Person eines Kindes betreffen, im Interesse des Kindes auf ein Einvernehmen der Beteiligten hinzuwirken, hinaus, indem sie die **verschiedenen Möglichkeiten des Hinwirkens auf ein Einvernehmen** durch das Gericht selbst und durch den Verweis auf die Möglichkeiten der Beratung, der Mediation und anderer Formen der außergerichtlichen Konfliktbeilegung konkret benennt. Zum Wohle der Kinder sollen die Eltern nach Möglichkeit in die Lage versetzt werden, wieder miteinander zu kommunizieren.[2] 2

Die Vorschrift entspricht weitgehend dem früheren, durch das **KindRG von 1997**[3] eingeführten **§ 52 Abs. 1 FGG**,[4] mit dem der Gedanke der selbständigen und eigenverantwortlichen Konfliktlösung durch die Eltern gestärkt werden sollte.[5] Ziel des Gesetzgebers war es schon damals, die Belastung durch das Gerichtsverfahren sowohl der Kinder als auch der sich im Konflikt befindlichen Eltern zu vermindern. Durch die **Förderung der gerichtlichen und außergerichtlichen Konfliktbeilegung** sollte eine Belastung insbesondere des betroffenen Kindes durch die richterliche Anhörung, die Ermittlungen des Jugendamts, durch die Erstellung eines Sachverständigengutachtens und durch die Dauer des Verfahrens – vor allem bei Inanspruchnahme einer weiteren Instanz und sich dadurch wiederholende Verfahrenshandlungen – verringert werden.[6] 3

Auch der Belastung des Kindes durch einen **Loyalitätskonflikt** soll eine von beiden Elternteilen einvernehmlich erarbeitete Lösung entgegenwirken. Ebenso sind die Akzeptanz und die Nachhaltigkeit einer solchen, selbst getroffenen Vereinbarung in der Regel höher als im Falle einer gerichtlichen Entscheidung,[7] zumal die individuellen Interessen der Beteiligten in eine auf dem Verhandlungsweg erzielte Vereinbarung besser einfließen können. Dies gilt jedenfalls dann, wenn die Vereinbarung tatsächlich auf einem erzielten Einvernehmen der Eltern beruht. Sie sollte also nicht lediglich das Ergebnis einer mit Druck auf eine Einigung hinzielenden Verhandlungsführung sein.[8] Schließlich trägt die Vorschrift auch dem Umstand Rechnung, dass der eigentliche emotionale Konflikt ohnehin durch eine richterliche Entscheidung häufig nicht zu lösen ist. 4

Das Ziel eines Einvernehmens zwischen den Beteiligten ist auch in weiteren Regelungen des Kindschaftsrechts verankert. Im materiellen Recht erlegt **§ 1626 Abs. 2 Satz 2 BGB** den Eltern die Pflicht auf, Fragen der elterlichen Sorge je nach Entwicklungsstand des Kin- 5

1 BVerfG NJW-RR 2007, 1073
2 *Fichtner/Salzgeber*, FPR 2009, 348, 349; *Vogel*, FamRZ 2010, 1870
3 Kindschaftsrechtsreformgesetz v. 16.12.1997
4 *Sternal/Schäder*, § 156 FamFG Rn. 1
5 BT-Drucks. 13/4899, 133; Prütting/Helms/*Hammer*, § 156 FamFG Rn. 3
6 BT-Drucks. 13/4899, 133
7 Prütting/Helms/*Hammer*, § 156 FamFG Rn. 2; Johannsen/Henrich/Althammer/*Döll*, § 156 FamFG Rn. 1; kritisch *Ivanits*, ZKJ 2012, 98, 101
8 *Ivanits*, ZKJ 2012, 98, 101

des mit diesem zu besprechen und ein Einvernehmen anzustreben. In verfahrensrechtlicher Hinsicht kann dem **Verfahrensbeistand** und dem **Sachverständigen** in geeigneten Fällen durch das Gericht aufgegeben werden, auf ein Einvernehmen zwischen den Beteiligten hinzuarbeiten (§§ 158 Abs. 4 Satz 3, 163 Abs. 2 FamFG).[9] Dem gleichen Zweck dient das gerichtliche **Vermittlungsverfahren** bei Umgangskonflikten (§ 165 FamFG).[10]

6 Abs. 2 regelt die Form der Vereinbarung im Falle eines erzielten Einvernehmens über den Umgang oder die Herausgabe des Kindes und unterstellt die elterliche Vereinbarung über diese, nicht der Disposition der Eltern unterliegenden Verfahrensgegenstände dem Erfordernis der **gerichtlichen Billigung**.

7 Abs. 3 ist Ausdruck des in § 155 Abs. 1 FamFG normierten **Beschleunigungsgebotes** und schreibt in den dort genannten Fällen zwingend die Erörterung einer **einstweiligen Anordnung** vor, wenn im Termin nach § 155 Abs. 2 FamFG eine einvernehmliche Regelung nicht getroffen werden kann. Ist das Umgangsrecht betroffen und verzögert sich das Verfahren durch den Versuch einer außergerichtlichen Konfliktlösung oder durch die Einholung eines Gutachtens, soll das Gericht den Umgang durch Erlass einer einstweiligen Anordnung regeln oder ausschließen.

II. Anwendungsbereich

8 § 156 FamFG stellt eine **Spezialvorschrift für Kindschaftssachen** im Kontext von Trennung und Scheidung dar und ergänzt die Vorschrift des § 155 Abs. 2 FamFG, nach der das Gericht in den Kindschaftssachen, die den Aufenthalt des Kindes (§§ 1631 Abs. 1, 1671 BGB), das Umgangsrecht (§§ 1684 ff. BGB) oder die Herausgabe des Kindes betreffen (§ 1632 Abs. 1 BGB), die Sache in einem frühen Termin mit den Beteiligten erörtert.

9 Der Anwendungsbereich ist in **Abs. 1** erweitert und erfasst auch den Verfahrensgegenstand der elterlichen Sorge bei Trennung und Scheidung (§§ 1626 ff., 1671 ff. BGB) sowie bei nicht miteinander verheirateten Eltern (§ 1626a Abs. 2 BGB; vgl. § 155a Abs. 4 Satz 2 FamFG) einschließlich der entsprechenden einstweiligen Anordnungs- und Abänderungsverfahren. Im Bereich des Umgangsrechts ist der Anwendungsbereich von demjenigen des § 165 FamFG abzugrenzen (hierzu *Gottschalk*, § 165 Rn. 2). *De lege ferenda* wird diskutiert, ob getrennt lebende Eltern nicht auch einen gerichtlich gebilligten Vergleich schließen können sollen über sorgerechtliche Fragen.[11]

10 Die Verpflichtung zum Hinwirken auf ein Einvernehmen gilt **„in jeder Lage des Verfahrens"** und somit auch in zweiter Instanz;[12] es ist aber auch im Beschwerdeverfahren darauf zu achten, dass nicht eine – weitere – Verzögerung des Verfahrens eintritt. Voraussetzung des Hinwirkens auf ein Einvernehmen ist, dass die Beteiligten über den Gegenstand des Verfahrens verfügen können (vgl. § 36 Abs. 1 Satz 1 FamFG). Im Kinderschutzverfahren nach §§ 1666, 1666a BGB findet die Norm daher keine Anwendung. Denn dieses hat im Rahmen des staatlichen Wächteramtes von Amts wegen zu treffende Maßnahmen zum Gegenstand, die der **Disposition** der Beteiligten entzogen sind.[13] Insofern ist die Vorschrift des § 156 FamFG in ihrem Anwendungsbereich **abzugrenzen** von der Vorschrift des **§ 157**

---

9 Hierzu „Fachgruppe Familienrecht", NZFam 2018, 976

10 MüKo-FamFG/*Schumann*, § 156 Rn. 1

11 *Schumann*, Gemeinsam getragene Elternverantwortung nach Trennung und Scheidung – Reformbedarf im Sorge-, Umgangs- und Unterhaltsrecht) Gutachten B zum 72. Deutschen Juristentag, S. B 52; *Hammer*, FamRZ 2018, 229, 233; *Keuter*, FamRZ 2018, 1125, 1127; Beschlüsse 72. Deutscher Juristentag Leipzig 2018 – Familienrecht – B. 6.; *Scheiwe*, NZFam 2018, 830; Coester-Waltjen/Lipp/Schumann/Veit/*Hammer*, S. 92; *Damljanovic*, S. 89

12 MüKo-FamFG/*Schumann*, § 156 Rn. 6; *Sternal/Schäder*, § 156 FamFG Rn. 4; Prütting/Helms/*Hammer*, § 156 FamFG Rn. 12

13 Keidel/*Engelhardt*, § 156 FamFG Rn. 4; MüKo-FamFG/*Schumann*, § 156 Rn. 6; HB-VB/*Heilmann*, Rn. 1451

FamFG, dem **Erörterungstermin** bei Kindeswohlgefährdung.[14] Ebenfalls nicht anwendbar ist die Vorschrift in den Kindschaftssachen des § 151 Nr. 6, 7 FamFG. Insoweit gelten gemäß § 167 Abs. 1 FamFG die Vorschriften über die Unterbringung Volljähriger nach § 312 Nr. 3 FamFG.

Der Anwendungsbereich in den Absätzen 2 und 3 der Vorschrift ist jeweils ein anderer. 11
Abs. 2 betrifft nur die Verfahren, die den **Umgang** oder die **Herausgabe** des Kindes zum Gegenstand haben. Einer Ausdehnung der Möglichkeit der gerichtlichen Billigung eines Vergleichs auch auf Sorgerechtsangelegenheiten stehen die entsprechenden materiell-rechtlichen Vorschriften entgegen, die eine gerichtliche Entscheidung in der Sache verlangen, z.B. § 1671 BGB.[15]

Wollen die Eltern sich umgekehrt **im Rahmen eines Sorgerechtsverfahrens** auch über eine 12
Umgangsregelung verständigen, so steht einer gerichtlichen Billigung des Vergleichs zum Umgang zumeist entgegen, dass ein Umgangsverfahren mit den entsprechenden notwendigen Verfahrensschritten nicht durchgeführt wurde (etwa die persönliche Anhörung des Kindes zum Umgang) und das Familiengericht – in Bezug auf die Frage des Umgangs – dann **keine hinreichende Grundlage für eine am Kindeswohl orientierte Entscheidung** hat. Hier kommt in einem solchen Verfahren allenfalls die Protokollierung einer Vereinbarung der Eltern mit dem ausdrücklichen Hinweis darauf in Betracht, dass es sich nicht um einen gerichtlich gebilligten und damit nicht um einen vollstreckungsfähigen Vergleich handelt (hierzu *Cirullies*, § 86 FamFG Rn. 12 ff.). Im Beschwerdeverfahren **fällt** dem OLG bei einer Beschwerde gegen eine sorgerechtliche Entscheidung des Amtsgerichts die Entscheidung über den Umgang **nicht an**, so dass bereits aus diesem Grund eine Billigungsentscheidung i.S.v. § 156 Abs. 2 FamFG nicht möglich ist.

Abs. 3 gilt ausschließlich für die Verfahren, die den **Aufenthalt**, das **Umgangsrecht** oder die 13
Herausgabe des Kindes zum Gegenstand haben (§§ 1631 Abs. 1, 1684 f., 1632 Abs. 1 BGB).

B. Inhalt der Norm

I. Hinwirken auf Einvernehmen (Abs. 1)

1. Durch das Familiengericht (Satz 1)

a) Verhandlungsführung des Gerichts

Das Gericht wirkt auf ein Einvernehmen hin, indem es seine Verhandlungsführung in beson- 14
derer Weise darauf ausrichtet, dass die Beteiligten in die Lage versetzt werden, ein solches Einvernehmen zu erzielen. Hier kann es hilfreich sein, wenn der Richter[16] Kenntnis von mediativen Gesprächstechniken hat und diese in seine Verhandlung einfließen lässt.[17]

▶ *Zu Einzelheiten der Verhandlungsführung siehe Wegener, Anhang zu § 160 FamFG.*

aa) Vorbereitung

Das Gericht bereitet die Verhandlung vor, indem es die **wesentlichen Informationen** über 15
die Geschehnisse in der Vergangenheit, die bisherigen Ermittlungen, Inhalt und Ergebnisse evtl. bereits eingeholter Gutachten und Versuche gütlicher Einigungen in der Vergangenheit zusammenträgt und die **rechtlichen Grundlagen** des Konflikts zwischen den Beteiligten

14 BT-Drucks. 16/6308, 237; Johannsen/Henrich/*Büte*, § 156 FamFG Rn. 2
15 Prütting/Helms/*Hammer*, § 156 FamFG Rn. 8
16 Zur besseren Lesbarkeit wird im Folgenden nur die männliche Form des Begriffs verwendet
17 Prütting/Helms/*Hammer*, § 156 FamFG Rn. 15

prüft. Es überlegt, **welche Personen** zu dem Termin zu laden sind, auch damit eine einvernehmliche Regelung erleichtert wird, und sorgt für einen angemessenen **zeitlichen Rahmen**.

- *Zur Frage, ob das Kind, welches gemäß § 159 FamFG – je nach Alter – grundsätzlich persönlich anzuhören ist, zum frühen Termin geladen wird, siehe unten Rn. 26.*
- *Näher zur Kindesanhörung siehe Heilmann, § 159 FamFG.*
- *Zur Frage des Zustimmungserfordernisses des verfahrensfähigen Kindes zu einem gerichtlich gebilligten Vergleich siehe Cirullies, § 86 FamFG Rn. 13.*

bb) Haltung, Begrüßung und Einführung zu Beginn des Termins

16 Die Menschen, die an einem kindschaftsrechtlichen Verfahren persönlich beteiligt sind, befinden sich in einer hochemotionalen Ausnahmesituation und sehr wahrscheinlich in einer schweren **Lebenskrise**: Es droht fast immer der Verlust einer wichtigen Bindung und der Zugehörigkeit zu einem Familienverbund. Ein Lebensentwurf ist gescheitert. Die emotional belasteten und mit der Neuorganisation ihrer Lebensumstände beschäftigten Eltern haben es in dieser Umbruchphase oft schwer, ihren Kindern die Unterstützung zu geben, die diese dringend bräuchten.[18] Die Eltern trotz dieser Situation für eine konstruktive Mitarbeit zu gewinnen, ist eine oftmals nur schwer zu bewältigende Aufgabe, gleichwohl lohnt sich die Mühe, denn möglicherweise lässt sich eine gütliche Vereinbarung erzielen oder es kann jedenfalls eine Entscheidung des Gerichts von den Eltern anschließend besser umgesetzt und in ihre Lebenswirklichkeit übertragen werden. Zumindest kann erreicht werden, dass sie das **Kind** wieder (mehr) **in den Blick** nehmen.

17 Eine Verhandlungsatmosphäre, die ein Einvernehmen zwischen den Beteiligten fördert, erfordert vor allem anderen eine innere **Haltung** des Richters, die durch Ruhe und Präsenz sowie den Beteiligten gegenüber durch Offenheit, Respekt, grundsätzliche Akzeptanz und ein gewisses Maß an **Empathie** gekennzeichnet ist.[19] Empathie bedeutet in diesem Zusammenhang, die Welt des Beteiligten zu spüren, als ob es die eigene wäre, ohne jemals die Qualität des „als ob" zu verlieren.[20]

18 Zu Beginn der Verhandlung **begrüßt** der Richter die Beteiligten freundlich und mit Namen. Evtl. stellt er sich auch selbst vor, zumal dann, wenn sein Name nicht bereits aus der Terminsladung oder aus dem Terminsaushang hervorgeht. Eine Einschränkung seiner richterlichen Autorität ist damit nicht verbunden. Es wird empfohlen, mit Robe und in einem Sitzungssaal zu verhandeln. Andererseits sollte der Richter als Person sichtbar werden und die Beteiligten durch eine bestimmte, aber **offene Kommunikation** unmittelbar ansprechen. Wichtig ist es, unter Beibehaltung aller Ressourcen, die die **richterliche Autorität** auch für ein kindschaftsrechtliches Verfahren und einen Termin nach § 156 FamFG bedeuten kann, durch eine freundliche, klare und verbindliche Kommunikation eine **gute Verhandlungsatmosphäre** zu schaffen, in der die Beteiligten sich sicher, geführt, gehört und in den wesentlichen Bereichen akzeptiert fühlen, denn nur dann können sie sich wirklich gut auf eine Verhandlung einlassen.

19 Nach der Begrüßung und Vorstellung kann zunächst die Feststellung der Anwesenheit in das Protokoll bzw. den Vermerk diktiert werden. Daraufhin legt der Richter die **Regeln für die Kommunikation** im Termin fest und informiert über den **Ablauf** des Termins, d.h., er teilt

---

18 HB-VB/*Kostka*, 4. Aufl., Rn. 1172 ff.

19 Vgl. HB Mediation/*Trossen*, Rn. 40 ff.; zur Haltung des Rechtsanwalts gegenüber seinem Mandanten als Grundlage einer gelungenen Kommunikation *Hohmann*, FPR 2013, 457, 458. Verschiedene psychologische Studien haben gezeigt, dass die fehlende Zugehörigkeit zu einer Gruppe und die wie auch immer geartete Zurückweisung durch andere Menschen stärkster und wichtigster Auslöser für Aggressionen ist (*Bielecke*, FPR 2013, 471, 472 m.w.N.)

20 Trenczek u.a./*Ripke*, Haltung des Mediators, Rn. 39 unter Verweis auf Carl Rogers

den Beteiligten und sonstigen Anwesenden mit, dass sie nacheinander in einer von ihm bestimmten Reihenfolge angehört werden, dass er sie unterbrechen wird, wenn sie beginnen, im Termin Anwesende zu beschimpfen und zu beleidigen, und dass er ebenfalls eingreifen wird, wenn sich die Beteiligten nicht ausreden lassen oder der anderen Seite nicht zuhören. Es empfiehlt sich, die **Rolle der Rechtsanwälte** als **Interessenvertreter und Rechtsberater**[21] zu unterstreichen, damit diese sich jedenfalls bei der persönlichen Anhörung ihres Mandanten zurückhalten. Auch der **zeitliche Rahmen** ist zu besprechen, damit alle Anwesenden sich darauf einstellen können bzw. die Möglichkeit besteht, dass die Beteiligten eine eventuell bestehende zeitliche Einschränkung mitteilen können. Schließlich kann es sinnvoll sein, den Beteiligten mitzuteilen, dass sie, wenn nötig, auch um eine Pause bitten dürfen und dass dieser Bitte nachgekommen werden kann, wenn die Verhandlung dadurch nicht gestört oder unnötig in die Länge gezogen wird. Wichtig ist auch der Hinweis auf die Art und Weise der Protokollierung, die der Richter vorzunehmen beabsichtigt. Im Anschluss holt sich der Richter die **Zustimmung** ein für die soeben festgelegten Regeln: „Können wir so verfahren?"

Ein wesentlicher Vorteil der Vereinbarung solcher Regeln zu Beginn des Termins liegt darin, 20
dass der Richter im Verlauf der Verhandlung bei Störungen immer wieder auf sie **zurückgreifen** kann, was u.U. wesentlich für einen klaren und strukturierten Ablauf, aber auch hilfreich sein kann für eine **Deeskalation** im Verlauf des Verfahrens, so z.B. bei Unterbrechungen, übermäßigem Reden, Vorpreschen der Anwälte usw. Auch für das Verhältnis von Anwalt zu Mandant ist es hilfreich, wenn dem Anwalt vom Gericht klar seine Rolle und der Zeitpunkt für seine Ausführungen zur Unterstützung seines Mandanten deutlich gemacht werden.

cc) Anhörung der Beteiligten

Nach der Begrüßung folgt zunächst die **persönliche Anhörung der Beteiligten** in der zuvor 21
festgelegten **Reihenfolge**, regelmäßig zuerst der Antragsteller bzw. Beschwerdeführer und dann die andere Seite. Zur Ermittlung der Tatsachengrundlagen können dann weitere geladene, nicht formell am Verfahren beteiligte Personen angehört werden, die anschließend den Sitzungssaal wieder verlassen, da das Verfahren nicht öffentlich geführt wird. Dann geben der Vertreter bzw. die Vertreterin des Jugendamts (§ 162 Abs. 1 Satz 1 FamFG), der Verfahrensbeistand des Kindes, soweit einer bestellt ist, und schließlich die Anwälte ihre Stellungnahmen ab.

▶ *Näher zur persönlichen Anhörung der Eltern siehe Wegener, § 160 FamFG Rn. 6.*

Der Richter schreibt das Gehörte, so gut er kann, mit und nimmt es anschließend in einen 22
Vermerk auf, oder er fertigt den Vermerk nach der Sitzung (§ 28 Abs. 4 FamFG). Er kann auch das Gehörte in kurzen Abständen direkt in das Protokoll diktieren (Hören-Diktieren-Hören). Dies führt zur Verlangsamung und der Redefluss des Sprechenden wird unterbrochen, was im Einzelfall erwünscht sein kann. Im Falle von Beleidigungen und Beschimpfungen unterbricht er und erinnert zur Deeskalation an die eingangs aufgestellten Regeln, es sei denn, die Möglichkeit eines Einvernehmens erscheint ausgeschlossen und er möchte sich ein Bild machen vom Grad der fehlenden Kommunikations- und Kooperationsfähigkeit der Beteiligten untereinander.

dd) Erörterung und Lösungssuche

Nachdem Eltern, Jugendamt, ggf. Verfahrensbeistand und Rechtsanwälte gehört wurden 23
bzw. ihre Stellungnahmen abgegeben haben, erörtert der Richter mit ihnen erste Lösungsansätze, die sich vielleicht in der Anhörung ergeben haben. Jetzt ist der Zeitpunkt gekom-

21 Zur Rolle des Anwalts in einem auf Einvernehmen ausgerichteten Verfahren: *Offermann-Burckart*, FPR 2010, 431 ff.

men, in dem die **Rechtsanwälte** in besonderer Weise ihre **Erfahrungen und Ideen** für eine Lösung einbringen können. Denn auch die Rechtsanwälte sind trotz ihrer Rolle als Interessenvertreter der Mandanten nach ihrer Berufsordnung verpflichtet, ihre Mandanten, so weit möglich, konfliktvermeidend und streitschlichtend zu begleiten.[22] Das Jugendamt und der Verfahrensbeistand werden einbezogen und nach evtl. noch fehlenden Informationen sowie nach **Ressourcen für eine Lösung** befragt. Am Schluss steht im günstigsten Falle eine zu protokollierende Vereinbarung, die im Falle einer Vereinbarung betreffend die elterliche Sorge, die nicht der Disposition der Beteiligten unterliegt, anschließend in eine Entscheidung des Familiengerichts einfließt. Betrifft die Vereinbarung den Umgang oder die Herausgabe des Kindes, so ist der Vergleich, wenn er vollstreckbar sein soll, nach h.M. noch im Wege eines Beschlusses familiengerichtlich zu billigen.[23]

▶ *Zur gerichtlichen Billigung einer Vereinbarung betreffend Umgang oder Herausgabe siehe Rn. 65 sowie Cirullies, § 86 FamFG Rn. 12.*

b) Einbeziehung des Kindes

24 Das Kind ist beteiligt gemäß § 7 Abs. 2 Ziffer 1 FamFG, da es in eigenen Rechten betroffen ist. Es ist – je nach Alter – auch grundsätzlich persönlich anzuhören gemäß § 159 FamFG.[24] Dies gilt jedenfalls im Vorfeld einer familiengerichtlichen Entscheidung. Die konkrete **Ausgestaltung der Anhörung** unterliegt dem **pflichtgemäßen Ermessen des Familiengerichts** (§ 159 Abs. 4 Satz 4 FamFG).[25]

▶ *Zu den Einzelheiten der Beteiligtenstellung siehe Köhler, § 7 FamFG Rn. 11 ff.*

▶ *Zu den Einzelheiten der Anhörung siehe Heilmann, § 159 FamFG Rn. 29 ff.*

25 Die Frage, ob das Kind, unabhängig vom Verfahrensausgang, auch schon in die Versuche des Gerichts nach § 156 Abs. 1 FamFG, ein Einvernehmen zwischen den Eltern herzustellen, bzw. in die Beratung oder Mediation einbezogen werden sollte, wird in der Literatur nicht einheitlich beantwortet. Teilweise wird – auch unter Verweis auf Art. 3 und Art. 12 der UN-Kinderrechtekonvention[26] sowie Art. 103 Abs. 1 GG – sehr weitgehend vertreten, dass das Kind unabhängig von seinem Alter und unabhängig von einer Zustimmung der Eltern immer und in jede Art von Vermittlungsbemühungen, sei es durch das Gericht, durch eine Beratungsstelle oder im Wege der Mediation einbezogen werden sollte.[27] Um das Kindeswohl zu bestimmen und zu wahren, sei die Kenntnis der Meinung des Kindes erforderlich. Ohne eine Anhörung des Kindes blieben seine Rechte und Bedürfnisse unberücksichtigt. Da Art. 12 der UN-Konvention insoweit keine Beschränkung vorsehe, seien auch außergerichtliche Verfahren zur Entscheidungsfindung erfasst.[28] Die Einbeziehung und Anhörung des Kindes stelle grundsätzlich eine Bereicherung bei der Entscheidungsfindung dar, und es würden bessere Ergebnisse durch die Beteiligung des Kindes erzielt. Dies gelte auch dann, wenn sich die Eltern einigten.[29] Wenn schließlich sowohl die Eltern (§ 1626 Abs. 2 BGB) als auch die Jugendhilfe (§ 8 SGB VIII[30]) gehalten seien, das Kind grundsätzlich einzubeziehen und ein Einvernehmen mit ihm anzustreben, so könne auch für das Gericht nichts anderes

22 § 1 Abs. 3 BORA; *Vogel*, FF 2014, 399, 404; *Offermann-Burckart*, FPR 2012, 431
23 BGH, Beschl. v. 10.7.2019 – XII ZB 507/18, juris, Rn. 11 ff.; Prütting/Helms/*Hammer*, § 156 Rn. 68
24 vgl. auch Art. 21 Brüssel IIb-VO und ErwG 57
25 *Heilmann*, NJW 2012, 888, 889
26 UN-Konvention über die Rechte des Kindes vom 20.11.1989
27 *Ivanits*, NZFam 2016, 7; HB-VB/*Ivanits*, 4. Aufl., Rn. 1223 ff.; ZKJ, 2012, 98 ff., 102
28 HB-VB/*Ivanits*, 4. Aufl., Rn. 1223 ff.
29 HB-VB/*Ivanits*, 4. Aufl., Rn. 1223 ff.
30 § 8 Abs. 4 SGB VIII: Beteiligung von Kindern in einer für sie verständlichen, nachvollziehbaren und wahrnehmbaren Form, siehe auch §§ 10a Abs. 1, 36 Abs. 1 Satz 2, 42 Abs. 2 Satz 1 SGB VIII; Ziel ist u.a. die Selbstbestimmung, siehe §§ 1 Abs. 1, Abs. 3 Nr. 2, 24 Abs. 1 Nr. 1 SGB VIII

gelten. Zudem könnten die Vorteile einer einvernehmlichen Lösung nur zum Tragen kommen, wenn ein gesamtfamiliäres Einvernehmen vorliege.[31]

So weitgehend kann dem nicht gefolgt werden. In der Praxis sollte vielmehr eine Differenzierung erfolgen:

aa) Einbeziehung in die Einigungsbemühungen durch das Familiengericht

Das **über 14 Jahre** alte Kind sollte in der Regel in die Einigungsbemühungen des Familiengerichts nach § 156 Abs. 1 FamFG einbezogen werden. Dies folgt bereits aus § 159 Abs. 1 Satz 1 FamFG. **26**

Macht das über 14 Jahre alte Kind in einem Verfahren, das seine Person betrifft (das ist im Anwendungsbereich des § 156 FamFG der Fall), ein ihm nach bürgerlichem Recht zustehendes Recht geltend, so ist es gemäß § 9 Abs. 1 Nr. 3 FamFG **verfahrensfähig** und **zwingend** in die Einigungsbemühungen des Familiengerichts **einzubeziehen**. Voraussetzung ist also, dass dem minderjährigen, über 14 Jahre alten Kind nach materiellem Recht ein Widerspruchs- oder Mitwirkungsrecht zusteht oder dem Kind materiell-rechtlich eine subjektive Rechtsposition zugesprochen ist und das Kind sein **Recht** auch im Verfahren **geltend macht**, d.h. am Verfahren mitwirkt.

Das in diesem Sinne verfahrensfähige Kind ist dann auch bereits zum frühen Termin nach § 155 Abs. 2 FamFG zu laden.

▶ *Zu den Einzelheiten der Verfahrensfähigkeit des über 14 Jahre alten Kindes siehe Köhler, § 9 FamFG Rn. 4 ff.*

Ob das **über 14 Jahre** alte Kind, das **nicht verfahrensfähig** ist, z.B. weil es in einem Umgangsverfahren kein Recht geltend macht oder weil es sich um ein Herausgabeverfahren handelt,[32] in die Einigungsbemühungen des Familiengerichts einbezogen und zum Termin geladen wird, liegt im **pflichtgemäßen Ermessen des Gerichts**. Das Gericht hat bei der Ausübung dieses Ermessens die Kindeswohlzentrierung nicht nur einer möglichen Entscheidung, sondern auch des Verfahrens zu beachten.[33] In jedem Fall ist mit Blick auf § 159 Abs. 1 Satz 1 FamFG die Anhörung des über 14 Jahre alten Kindes nachzuholen, wenn ein gerichtlich gebilligter Vergleich gemäß § 156 Abs. 2 FamFG geschlossen werden soll (hierzu siehe unten Rn. 72 ff.)[34] oder die Umsetzung der erzielten Einigung der Eltern noch einer familiengerichtlichen Entscheidung bedarf.

Das nicht verfahrensfähige, **unter 14-jährige** Kind **kann** in die Einigungsbemühungen des Familiengerichts zur Information hinsichtlich seiner Wünsche und Vorstellungen einbezogen werden,[35] wobei die Autonomie der Bildung und der Äußerung des Kindeswillens im Rahmen des Spannungsfeldes eines gerichtlich ausgetragenen Elternkonflikts grundsätzlich in Frage zu stellen ist.[36]

Abzuwägen sind im Einzelfall die **Vorteile** der Einbeziehung für das Kind, nämlich, dass es seine konkreten Wünsche und Vorstellungen äußern und auf diese Weise die zu treffende Vereinbarung der Eltern mitgestalten kann, was sich möglicherweise positiv auf sein Selbstwertgefühl und das Gefühl, selbst etwas bewirken zu können, auswirkt.[37] Zudem kann das Kind im Rahmen der Anhörung über den Ablauf und die Inhalte des gerichtlichen **27**

31 Staudinger/*Coester*, 2020, § 1671 Rn. 275
32 OLG Koblenz, Beschl. v. 12.12.2018 – 13 WF 986/18 = FamRZ 2019, 706 mit Anm. *Hammer*, S. 708
33 HB-VB/*Heilmann*, 4. Aufl., Rn. 1596 ff.
34 *Hammer*, FamRZ 2011, 1268, 1269
35 *Ivanits*, ZKJ 2012, 98 ff.; HB-VB/*Ivanits*, 4. Aufl., Rn. 1223 ff.
36 Weber/Alberstötter/Schilling/*Alberstötter*, Beratung von Hochkonflikt-Familien, Im Kontext des FamFG, 122
37 Prütting/Helms/*Hammer*, § 156 FamFG Rn. 44; vgl. auch §§ 1 Abs. 1, Abs. 3 Nr. 2, 24 Abs. 1 Satz 1 Nr. 1 SGB VIII

Verfahrens durch einen objektiven Dritten, in diesem Fall durch den Richter informiert werden. Eine – kindgerechte – Beteiligung kann somit eine entlastende Funktion haben.[38] Schließlich besteht die Möglichkeit, dass die zuweilen in ihrem Konflikt behafteten Eltern das Kind wieder mehr in den Blick nehmen, wenn es im Verfahren gehört wird. Es entsteht ein Perspektivwechsel, der den Eltern Gelegenheit gibt, ihre Annahmen in Bezug auf das Kind zu korrigieren und etwaige Projektionen zurückzunehmen.[39] Dem gegenüber stehen die potentiellen **Nachteile** für das Kind, wie die mögliche Belastung durch die richterliche Anhörung, auch schon im Vorfeld und ggf. auch im Anschluss daran, und das „Hineingezogenwerden" in den Elternkonflikt mit dem damit einhergehenden Risiko, selbst in einen Loyalitätskonflikt[40] oder gar in einen inneren Spaltungsprozess zu geraten.[41]

28 Einigkeit besteht zwar dahingehend, dass das Kind in der Anhörung keine Wahl oder Entscheidung treffen soll, vielmehr geht es vor allem darum, die Perspektive des Kindes in den Prozess der Entscheidungsfindung bzw. in den Prozess der Einigung einzubringen (**voice not choice**);[42] ob dies jedoch in der gelebten Praxis von den Eltern, die das Kind auf die richterliche Anhörung vorbereiten, von den nahen Bezugspersonen und von den anzuhörenden Kindern selbst auch so gesehen wird, erscheint fraglich. Oft stehen die Kinder bei ihren Aussagen unter dem Druck eines Elternteils[43] sie haben aufgrund von lückenhaften, z.T. aus den Medien erhaltenen Informationen Angst, dass sie als Zeuge vernommen werden, dass sie in der Anhörung einen Elternteil belasten oder sich für einen Elternteil entscheiden müssen, sie stehen unter dem Druck, alles richtig machen zu müssen, zweifeln an sich selbst oder entwickeln im Anschluss an eine Anhörung sogar Schuldgefühle bzw. übernehmen die Verantwortung für eine Entwicklung oder gar Entscheidung.[44]

29 Mit Blick auf diese – möglichen und ex ante nicht auszuschließenden – Nachteile sollte daher **in jedem Einzelfall** und auch dann, wenn noch eine Entscheidung des Familiengerichts zu treffen ist (z.B. eine Sorgerechtsentscheidung oder die Billigung eines gerichtlichen Vergleichs), **geprüft und abgewogen werden**, ob ein **unter 14-jähriges Kind** bei einer Einigung der Eltern vom Familiengericht noch persönlich angehört werden muss. Steht beispielsweise der Lebensmittelpunkt des Kindes bei einem Elternteil fest und geht es lediglich um die Frage der alleinigen oder gemeinsamen elterlichen Sorge, so kann i.d.R. auf eine persönliche Anhörung des unter 14-jährigen Kindes verzichtet werden. **Wiederholte Anhörungen** des Kindes in den unterschiedlichen Settings sollten möglichst **vermieden werden**.

▶ *Zur Angemessenheit der Kindesanhörung im Einzelnen siehe näher Heilmann, § 159 FamFG Rn. 20 ff.*

30 Führen die Einigungsbemühungen des Familiengerichts in einem Kindschaftsverfahren, welches als **Antragsverfahren** der **Disposition** der Eltern unterliegt, z.B. in einem Verfahren nach § 1671 BGB, zu einer Einigung der Eltern und wird das Verfahren in formeller Hinsicht durch die Rücknahme des Antrags oder durch Erledigungserklärungen zum Abschluss gebracht, so ist eine Anhörung auch des verfahrensfähigen Kindes entbehrlich und unterbleibt in der Praxis auch regelmäßig.[45]

31 Wird in einem – **amtswegigen** – Umgangs- oder Herausgabeverfahren eine Einigung der Eltern erzielt und geben die Eltern an, es bedürfe keiner vollstreckungsfähigen Regelung durch einen gerichtlich gebilligten Vergleich, so steht es im Ermessen des Familiengerichts,

---

38 *Ivanits*, NZFam 2016, 7 ff., 11
39 *Ivanits*, NZFam 2016, 7 ff., 12
40 HB-VB/*Maywald*, 4. Aufl., Rn. 706
41 *Schimke*, in: HB Elterliche Sorge und Umgang Rn. 1130 unter Verweis auf *Figdor*
42 HB-VB/*Salgo*, 4. Aufl., Rn. 75; *Ivanits*, NZFam 2016, 7 ff., 11; HB-VB/*Ivanits*, 4. Aufl., Rn. 1150
43 *Schimke*, in: HB Elterliche Sorge und Umgang Rn. 1132
44 HB-VB/*Heilmann*, 4. Aufl., Rn. 1577 ff.
45 *Schimke*, in: HB Elterliche Sorge und Umgang Rn. 1151

das Verfahren im Beschlusswege zu beenden, indem es zum Ausdruck bringt, dass es einer familiengerichtlichen Regelung des Umgangs nicht (mehr) bedarf. Jedenfalls dem über 14-jährigen, verfahrensfähigen Jugendlichen ist vor einer das Verfahren auf diese Weise abschließenden Entscheidung rechtliches Gehör zu gewähren. Vor der gerichtlichen Billigung einer Vereinbarung der Eltern gemäß § 156 Abs. 2 FamFG ist das Kind nach Maßgabe des § 159 FamFG zu hören, denn bei der Billigungsentscheidung handelt es sich um eine Entscheidung, die eine – wenn auch nur eingeschränkte – Kindeswohlprüfung erfordert.[46]

Grundsätzlich gilt die Vorschrift des § 159 FamFG betreffend die persönliche Anhörung des 32
Kindes.

Übersicht: Einbeziehung des Kindes in die Einigungsbemühungen durch das Familiengericht (§ 156 Abs. 1 und 2 FamFG)

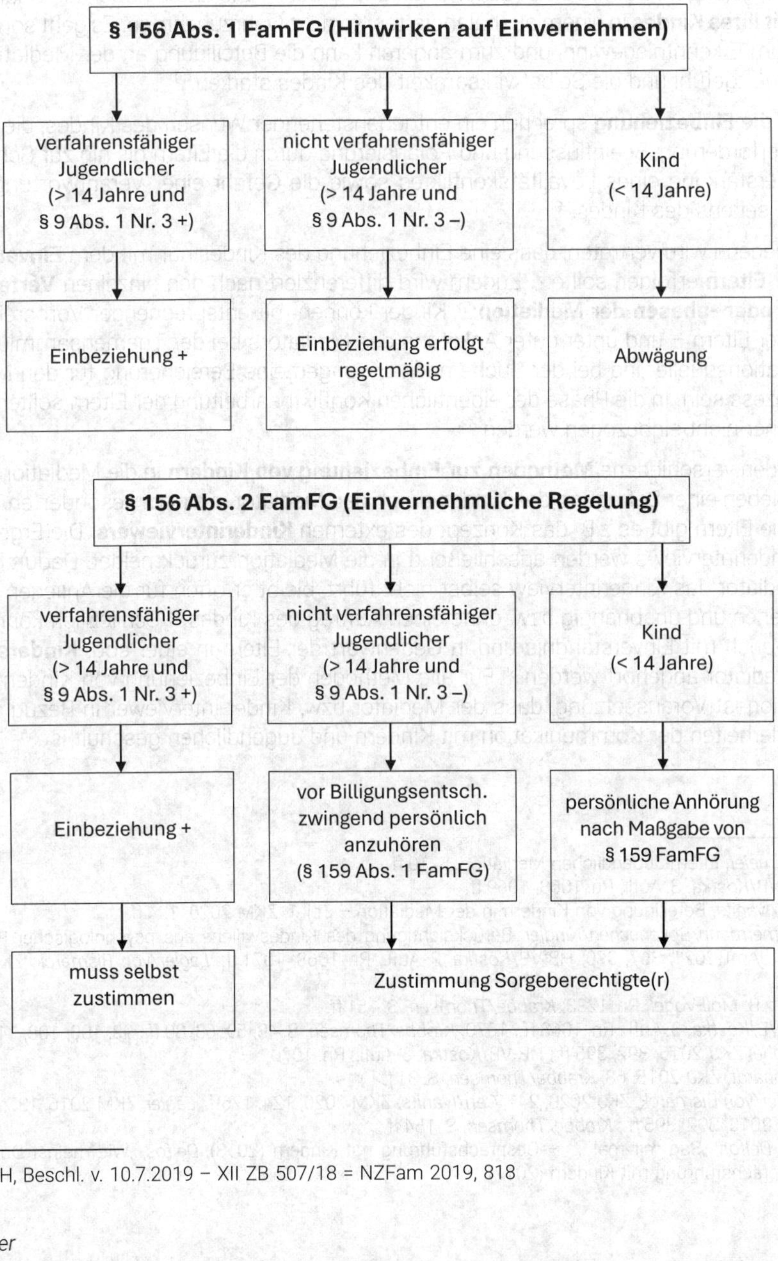

46 BGH, Beschl. v. 10.7.2019 – XII ZB 507/18 = NZFam 2019, 818

bb) Einbeziehung in die Mediation bzw. in den Kontext der Beratung

33 Ob die direkte **Teilnahme** von Kindern an einer **Familien-Mediation**[47] zur Sicherung der Kindesinteressen und zur Verbesserung sowohl des Mediationsprozesses als auch des -ergebnisses beitragen kann, ist offen und vom Einzelfall und nicht zuletzt von der Qualifikation und Methodensicherheit des Mediators abhängig.

34 **Für eine direkte Einbeziehung** können – ähnlich wie bei der Einbeziehung in die Einigungsbemühungen des Familiengerichts (hierzu oben Rn. 26 ff.) – sprechen ein dahingehender Wunsch des Kindes, die Möglichkeit des Kindes, sich in einem geschützten Rahmen zu äußern, seine Interessen und Bedürfnisse zum Ausdruck zu bringen sowie Ideen zur Lösung eines das Kind persönlich betreffenden Konflikts der Eltern mitzuteilen. Zudem kann das Kind informiert werden über das Verfahren der Mediation und die von den Eltern beabsichtigten Regelungen. Es wird ernst genommen und gehört.[48] Die Eltern haben die Chance, die **Realität ihres Kindes** in einem ausbalancierten Kontext wahrzunehmen. Es geht somit zum einen um Erkenntnisgewinn, und zum anderen kann die Beteiligung an der Mediation das Selbstwertgefühl und die Selbstwirksamkeit des Kindes stärken.[49]

35 **Gegen die Einbeziehung** sprechen ein entgegenstehender Wunsch des Kindes, die Gefahr der Überforderung, Beeinflussung und Polarisierung durch die Eltern bis hin zur Schaffung oder Verstärkung eines Loyalitätskonfliktes sowie die Gefahr einer Verantwortungsübernahme seitens des Kindes.[50]

36 Überwiegend wird vertreten, dass eine Einbeziehung des Kindes nur mit dem **Einverständnis der Eltern** erfolgen sollte.[51] Zudem wird differenziert nach den einzelnen **Verfahrensstufen oder -phasen der Mediation:**[52] Kinder können mit entsprechender Vorbereitung – auch der Eltern – und unter guter Anleitung des Mediators bei der Themensammlung, als Informationsquelle und bei der Suche nach Lösungen eine Bereicherung für den Mediationsprozess sein. In die Phase der eigentlichen Konfliktbearbeitung der Eltern sollten sie jedoch eher nicht einbezogen werden.[53]

37 Es wurden verschiedene **Methoden zur Einbeziehung von Kindern** in die Mediation entwickelt. Neben einer Befragung des Kindes durch den Mediator in einem gesonderten Termin ohne die Eltern gibt es z.B. das Konzept des externen **Kinderinterviewers**. Die Ergebnisse des Kinderinterviews werden anschließend in die Mediation zurückmeldet. Dadurch, dass der Mediator das Kinderinterview selbst nicht führt, bleibt er offen für die Anliegen der Erwachsenen und unabhängig bzw. ohne einen Auftrag des Kindes.[54] Schließlich können die Kinder auch mit Einverständnis und in Gegenwart der Eltern in einer sog. **Kindersitzung** vom Mediator angehört werden.[55] Für alle Methoden der Einbeziehung von Kindern in die Mediation ist Voraussetzung, dass der Mediator bzw. Kinder-Interviewer in Bezug auf die Besonderheiten der Kommunikation mit Kindern und Jugendlichen geschult ist.[56]

---

47 *Kulemeier*, Eltern-Jugendlichen Mediation, S. 10 ff.
48 HB-VB/*Kostka*, 3. Aufl., Rn. 1068, 1069 ff.
49 *Carl/Ivanits*, Beteiligung von Kindern in der Mediation – Teil 1, ZKM 2020, 124 ff.
50 *Zimmermann/Bovenschen/Kindler*, Berücksichtigung des Kindeswillens aus psychologischer Perspektive, JAmt 2021, 367, 370; HB-VB/*Kostka*, 3. Aufl., Rn. 1068, 1071 ff.; *Lägler/von Bismarck*, ZKJ 2020, 241
51 Vgl. z.B. *Moll-Vogel*, Rn. 1233; *Krabbe/Thomsen*, S. 151 ff.
52 HB-VB/*Kostka*, 3. Aufl., Rn. 1068 ff., 1070; *Krabbe/Thomsen*, S. 48, 59, 68, 80 ff., 93, 100, 108, 116, 126
53 *Krabbe*, ZKJ 2016, 392, 395 ff.; HB-VB/*Kostka*, 3. Aufl., Rn. 1070
54 *Bernhardt*, ZKJ 2015, 68; *Krabbe/Thomsen*, S. 31 f.
55 *Lägler/von Bismarck*, ZKJ 2020, 241; *Carl/Ivanits*, ZKM 2020, 124, 126ff.; *Lägler*, ZKM 2016, 137; *Krabbe*, ZKJ 2016, 392, 395 ff.; *Krabbe/Thomsen*, S. 154 ff.
56 Z.B. *Delfos*, „Sag mir mal …" – Gesprächsführung mit Kindern (2013); *Delfos*, „Wie meinst Du das" – Gesprächsführung mit Kindern (2012)

Im **Beratungskontext der Jugendhilfe** normieren insbesondere die Vorschriften der §§ 8 Abs. 1, 17 Abs. 2 und 18 Abs. 3, 28 SGB VIII unter den dort genannten Voraussetzungen eine Verpflichtung zur Einbeziehung und zur **angemessenen Beteiligung des Kindes**, und zwar in einer für das Kind verständlichen, nachvollziehbaren und wahrnehmbaren Form (siehe §§ 8 Abs. 4, 10a Abs. 1, 36 Abs. 1 Satz 2, 42 Abs. 2 Satz 1 SGB VIII). Ziel ist u.a. die Selbstbestimmung des Kindes (siehe §§ 1 Abs. 1, Abs. 3 Nr. 2, 24 Abs. 1 Nr. 1 SGB VIII). 38

c) Maßstab des Kindeswohls und Beschleunigungsgrundsatz

Satz 1 richtet die verpflichtende Aufgabe des Gerichts, in seinem Anwendungsbereich und in jeder Lage des Verfahrens auf ein Einvernehmen zwischen den Beteiligten hinzuwirken, am **Maßstab des Kindeswohls** aus, dem die Einigungsversuche **nicht widersprechen** dürfen (negative Kindeswohlprüfung).[57] Das Kindeswohl hat also **Vorrang vor der Elternautonomie**.[58] Das Gericht hat aufgrund seines staatlichen Wächteramts darauf zu achten, dass das zwischen den Beteiligten erzielte Einvernehmen nicht in Widerspruch zum Wohl des Kindes steht, so z.B., wenn die Eltern einen dauernden Umgangsausschluss zwischen dem Kind und einem Elternteil vereinbaren, ohne dass ein solcher zwingend zur Wahrung des körperlichen, psychischen oder seelischen Wohls des Kindes wäre. Vereinbarungen, die dem Kindeswohl widersprechen, soll das Gericht nicht protokollieren.[59] 39

Die Erwähnung des Maßstabs des Kindeswohls in dieser Vorschrift bedeutet auch, dass bei den Versuchen, ein Einvernehmen zu erzielen, das Zeitmoment in besonderer Weise zu beachten ist. Auch die Vermittlungsbemühungen des Gerichts unterliegen also dem **Beschleunigungsgrundsatz** des § 155 Abs. 1 FamFG und dem darin enthaltenen Gebot, effektiven Rechtsschutz in angemessener Zeit zu gewähren.[60] Über einen langen Zeitraum hinweg währende Versuche der gütlichen Einigung mit immer neuen Zwischenvereinbarungen und Probephasen werden regelmäßig schon allein aufgrund der Belastung des Kindes durch ein laufendes Verfahren dem Kindeswohl widersprechen. In diesen Fällen ist somit eine Konfliktbeilegung durch eine – zeitnahe – richterliche Entscheidung angezeigt und vorzuziehen.[61] 40

d) Mögliche Grenzen des Hinwirkens auf Einvernehmen: Hochkonflikthaftigkeit und häusliche Gewalt

Eine unbedingte Verpflichtung des Gerichts, auf ein Einvernehmen hinzuwirken, besteht nicht in Fällen **häuslicher Gewalt** (vgl. auch § 36 Abs. 1 Satz 2 FamFG)[62] und je nach Einzelfall auch nicht den Fällen, in denen die Eltern auf einem hohen Konfliktniveau streiten.[63] Bei **Hochkonflikthaftigkeit** sind möglicherweise gerichtliche oder außergerichtliche Bemühungen um die Herstellung von Einvernehmen nicht angezeigt.[64] Soll die Herstellung von Einvernehmen versucht werden, so ist zu entscheiden, welche Interventionsmethode indiziert ist.[65] In einem ersten Schritt sollte sich das Familiengericht jedoch im Wege einer Konfliktdiagnose[66] darüber klar werden, ob überhaupt ein Fall von Hochkonflikthaftigkeit gegeben ist. 41

57 Prütting/Helms/*Hammer*, § 156 FamFG Rn. 18, Keidel/*Engelhardt*, § 156 FamFG Rn. 14
58 *Zorn*, Rpfleger 2009, 421, 429
59 A.A. Zöller/*Lorenz*, § 156 FamFG Rn. 1: Protokollierung, aber Beschluss des Gerichts, dass die Vereinbarung nicht vereinbar ist mit dem Kindeswohl
60 Prütting/Helms/*Hammer*, § 156 FamFG Rn. 18; *Heilmann*, NJW 2012, 887, 888
61 Prütting/Helms/*Hammer*, § 156 FamFG Rn. 19
62 BT-Drucks. 16/6308, 236; Schulte-Bunert/Weinreich/*Ziegler*, § 156 FamFG Rn. 2; *Schmid*, NZFam 2015, 292 ff.
63 *Salgo*, FF 2010, 352, 358; vgl. auch die Kriterien für Hochkonflikthaftigkeit nach *Dettenborn*; ZKJ 2013, 231 ff.; 272 ff., und *Fichtner*, ZKJ 2012, 46 ff.
64 *Fichtner*, ZKJ 2018, 257, 263
65 Siehe hierzu *Fichtner*, ZKJ 2012, 46 ff.
66 *Glasl*, Konfliktdiagnose Rn. 1 ff.

42 Nach Fichtner[67] meint **Hochkonflikthaftigkeit** ein so hohes Konfliktniveau, dass Beeinträchtigungen

1. auf den Ebenen des Verhaltens und/oder der Persönlichkeit mindestens eines Elternteils,
2. der Beziehung zwischen den Eltern untereinander und der Elternteile mit dem Kind sowie
3. der Nutzung von institutioneller Hilfe zur Klärung der Konflikte
4. so erheblich sind, dass
5. eine Reduktion der Konflikte zur Klärung von Alltagsfragen mit herkömmlichen rechtlichen und/oder beraterischen Hilfen nicht angemessen möglich erscheint und
6. eine erhebliche Belastung der Kinder wahrscheinlich ist.

Die Gründe für das Entstehen von Hochkonflikthaftigkeit sind vielfältig. Meist fehlt den am Konflikt unmittelbar Beteiligten gänzlich die Fähigkeit, etwas zu akzeptieren, was man subjektiv als ungerecht empfindet, und es wird nach dem Motto: „Ohne Gerechtigkeit gibt es keinen Frieden" weiter gestritten.

aa) Eskalationskriterien bei Hochkonflikthaftigkeit

43 Neben vielen anderen Ansätzen zur Strukturierung von Konflikten[68] unterscheidet *Dettenborn* zur Definition der Konfliktintensität drei Stufen, die sich am realen, beobachtbaren Konfliktverhalten der Konfliktparteien orientieren und stellt für diese drei Stufen Kriterien auf, nach denen sich die Stufen unterscheiden und einteilen lassen.[69] Die folgende Übersicht zeigt die Einteilung in die **drei Stufen**, nämlich Wortkonflikte, Konflikthandeln, Hochkonflikthaftigkeit mit ihren jeweiligen **Eskalationskriterien:**

Übersicht: Stufen der Konfliktintensität

Stufe 1: Wortkonflikte • Meinungsverschiedenheiten • feindselige Polemik • Drohungen ohne Ultimatum
Stufe 2: Konflikthandeln • Setzen von Einschränkungen ohne Schikanetendenz • informelle Negativdarstellung von Verhaltensweisen des Konfliktpartners bei Dritten • behördlich-formelle Externalisierung
Stufe 3: Hochkonflikthaftigkeit • Schikanehandeln • gegenseitiges Drohverhalten mit Ultimatum (Eskalationsdialog) • Verharren im Vorwurfskreislauf • Allianzbildung • Behinderung der Kommunikation zwischen den Konfliktpartnern • überhöhte Kontrollansprüche in Bezug auf das Verhalten des Konfliktpartners • Gewaltanwendung in der jüngeren Vergangenheit • Pathologisierung des Konfliktpartners • Kriminalisierung des Konfliktpartners

67 Trennungsfamilien – lösungsorientierte Begutachtung und gerichtsnahe Beratung 2015, S. 65.
68 Vgl. z.B. die 9 Eskalationstufen nach *Glasl* (von 1.) Verhärtung bis 9.) gemeinsam in den Abgrund), Eskalationsdynamik Rn. 18 ff.
69 *Dettenborn/Walter*, Familienrechtspsychologie, S. 145; *Dettenborn*, ZKJ 2013, 231 ff.

- Selbstschädigung (Verlustignoranz)
- häufig wechselnde Rechtsvertretung
- ausgeprägte Gerichtsanhängigkeit
- Nichteinhaltung von Maßnahmen
- mangelnde Bereitschaft zur Nutzung professioneller Hilfe
- hohe Anzahl von Konfliktthemen
- Drohverhalten gegenüber professionellen Dritten
- Belastung des Kindes (in Abwesenheit des Konfliktpartners)
- Belastung des Kindes (in Anwesenheit beider Konfliktpartner)

Die Liste umfasst 18 Kriterien, die für eine Beurteilung der Konfliktausprägung herangezogen werden können. Sie können einzeln oder kumulativ auftreten und sind je nach konkretem Einzelfall unterschiedlich ausgeprägt.[70] Der Kriterienkatalog bildet daher auch nur eine Unterstützung bei der Einschätzung des Konfliktniveaus, die aber in der Praxis für die Entscheidung, welche Intervention angezeigt ist, sehr hilfreich sein kann.[71]

Ein in der Praxis ebenfalls bewährtes Modell ist das **dreistufige Modell der Konflikteskalation** von *Alberstötter*, der unterscheidet:[72] 44

Übersicht: Stufen der Konflikteskalation

Stufe 1
Zeitweilig gegeneinander gerichtetes Reden und Tun

Stufe 2
Verletzendes Agieren und Ausweitung des Konfliktfeldes

Stufe 3
Beziehungskrieg: Kampf um jeden Preis

bb) Grenzen der Bemühungen um Einvernehmen bei Hochkonflikthaftigkeit

Zwar schließt Hochkonflikthaftigkeit ein Hinwirken auf Einvernehmen im familiengerichtlichen Verfahren nicht aus, jedoch sind die Erfolgschancen erheblich gemindert, wenn die Beteiligten aufgrund der hohen Eskalationsstufe des Konflikts nicht bereit oder auch nur nicht in der Lage sind, ihre Einstellungen und ihr Verhalten zu reflektieren und zu verändern.[73] Während die Eltern, die sich im dreistufigen Modell von *Alberstötter* auf Stufe 1 der Konflikteskalation befinden, noch deutliche Ressourcen aufweisen im Hinblick auf konfliktreduzierende Einsichten und Dritte (Berater, Mediatoren, Richter) noch als neutral akzeptieren können, gilt dies für die Stufe 2 nach diesem Modell nur noch in reduziertem Maß und für die Stufe 3 in der Regel nicht mehr.[74] Insgesamt besteht die Gefahr, dass die Selbstregulierungskräfte und die Fähigkeit, eigenverantwortlich zu handeln, überschätzt werden und sich der Konflikt durch die Bemühungen um ein Einvernehmen zeitlich in die Länge zieht. 45

70 *Dettenborn*, ZKJ 2013, 231, 234
71 *Dettenborn*, ZKJ 2013, 272, 273
72 Bundeskonferenz für Erziehungsberatung e.V., Beratung von Hochkonflikt-Familien, Fachliche Standards in: *Weber/Alberstötter/Schilling*, 437 f.
73 *Dettenborn*, ZKJ 2013, 272, 273; *Krabbe*, ZKJ 2016, 392 f.
74 Bundeskonferenz für Erziehungsberatung e.V., Beratung von Hochkonflikt-Familien, Fachliche Standards in: *Weber/Alberstötter/Schilling*, 437 f.

Gleichwohl besteht auch die Gefahr, dass die Selbstregulierungskräfte unterschätzt werden und die Chance für eine einvernehmliche Lösung verpasst wird.[75]

46 In diesem Spannungsfeld ist vom Familiengericht die Entscheidung über das Verfahren und die Art und Weise der Intervention zu treffen, wobei insbesondere darauf zu achten ist, dass das Wohl des Kindes durch die Einigungsbemühungen und eine zeitliche Ausdehnung des Konflikts der Eltern nicht gefährdet wird. In der Anhörung und Erörterung kann der Hochkonflikthaftigkeit – neben den sonstigen Methoden der Verhandlungsführung (siehe Rn. 14 ff.) – durch die folgenden Kommunikationstechniken begegnet werden:[76]

- besonders auf klare Struktur des Verhandlungsablaufs achten
- Entschleunigung der Verhandlungsführung
- Pausen machen
- kurze Redephasen der Beteiligten
- Themenbereiche partialisieren
- begrenzte Lösungen für kurze Zeiträume, ggf. im Wege von Zwischen- bzw. Teilvereinbarungen oder -entscheidungen

cc) Grenzen der Bemühungen um Einvernehmen in den Fällen häuslicher Gewalt

47 In Fällen häuslicher Gewalt ist neben § 36 Abs. 1 Satz 2 FamFG insbesondere auch Art. 31 **Istanbul-Konvention** zu beachten.[77] Das Hinwirken auf ein Einvernehmen verbietet sich in der Regel, wenn ein Elternteil und/oder das mit im Haushalt lebende Kind erheblicher häuslicher Gewalt ausgesetzt war oder noch ist. In diesen Fällen geht der Schutz des von Gewalt betroffenen Elternteils bzw. in besonderem Maße des Kindes vor, und es darf insbesondere eine ablehnende Haltung dieses Elternteils auch gegenüber den Einigungsbemühungen des Gerichts nicht als mangelnde Kooperationsbereitschaft ausgelegt werden.[78]

dd) Fazit

48 Der Grundsatz, dass eine einvernehmliche Lösung der Beteiligten einer gerichtlichen Entscheidung vorzuziehen ist, stößt dort an seine **Grenzen**, wo die Situation des Kindes eine **gerichtliche**, dem Wohl des Kindes am besten entsprechende **Regelung erfordert**, die die Eltern – aus welchem Grund auch immer – nicht oder nicht befriedigend selbst herzustellen in der Lage sind.[79] Gehen die konflikthaften Verhaltensweisen der Eltern, insbesondere im Kontext häuslicher Gewalt, mit einer Einschränkung ihrer Erziehungsfähigkeit einher und zeigt das Kind bereits Verhaltensauffälligkeiten oder psychische bzw. psychosomatische Beeinträchtigungen, so dürften die Grenzen der Bemühungen um ein Einvernehmen erreicht und eine Entscheidung des Familiengerichts angezeigt sein (§ 1697a BGB).[80] Ist die Schwelle der Kindeswohlgefährdung erreicht, wird das Familiengericht Maßnahmen nach §§ 1666, 1666a BGB zu prüfen haben.

---

75 *Dettenborn*, ZKJ 2013, 272, 273
76 Vgl. *Krabbe*, ZKJ 2016, 392 f.; *Krabbe/Thomsen*, S. 189 ff.
77 EGMR v. 10.11.2022 – 25426/20 = FamRZ 2023, 277
78 vgl. EGMR v. 10.11.2022 – 25426/20 = FamRZ 2023, 277
79 MüKo-FamFG/*Schumann*, § 156 Rn. 8; *Vogel*, Kommunikation im familiengerichtlichen Verfahren, FF 2014, 399, 403; HB-VB/*Heilmann*, 4. Aufl., Rn. 1405 ff.
80 Prütting/Helms/*Hammer*, § 156 FamFG Rn. 19

2. Hinweis auf Möglichkeiten der Beratung (Satz 2)

a) Beratungsangebote der Jugendhilfe

Unabhängig davon, ob ein Einvernehmen zwischen den Eltern erzielt werden konnte, weist das Gericht immer, auch für die Zukunft, auf die Möglichkeiten der Beratung durch die Beratungsstellen der öffentlichen und freien Träger der Kinder- und Jugendhilfe (§ 3 Abs. 2 SGB VIII) hin. Es empfiehlt sich hier, ein **Informationsblatt** zusammen mit den Trägern der Kinder- und Jugendhilfe zu erarbeiten, das möglichst konkret ist und Postanschriften, E-Mail-Adressen, Telefonnummern und persönliche Ansprechpartner in den verschiedenen Stellen nennt. Bewährt hat sich in der Praxis in geeigneten Fällen auch die **Teilnahme der Beratungsstelle im frühen Termin**, um ein gegenseitiges Kennenlernen zwischen Eltern und Beratungsperson zu ermöglichen und so die Schwelle der Inanspruchnahme von Beratung abzusenken, ggf. sogar mit dem Ergebnis konkreter Terminvereinbarungen.[81] 49

Die folgenden, in diesem Zusammenhang einschlägigen **Beratungsangebote** unterbreiten die Träger der Kinder- und Jugendhilfe: 50

1. **Beratung bei Trennung und Scheidung** (§ 17 Abs. 1 und 2 SGB VIII). Ziel dieser Beratung ist es, den Familien dabei zu helfen, Konflikte und Krisen zu bewältigen, gute Bedingungen für die Wahrnehmung der gemeinsamen Elternverantwortung zu schaffen sowie die Eltern dabei zu unterstützen, einvernehmlich ein Konzept für die Wahrnehmung ihrer elterlichen Verantwortung und der elterlichen Sorge zu entwickeln.
2. Beratung und Unterstützung bei der Ausübung des Umgangsrechts (§ 18 Abs. 1 und 3 SGB VIII).
3. **Erziehungsberatung, auch bei Trennung und Scheidung** (§ 28 SGB VIII) durch die Erziehungsberatungsstellen.

▶ *Ausführlich hierzu Köhler, Kommentierung zu §§ 17, 18 und 28 SGB VIII.*

b) Abgrenzung der Indikation: Beratung, Therapie, Mediation

Die **Beratung** bietet **Rat und Hilfe** bei der Klärung von belastenden Problemen und beim Abbau von Ängsten und Verletzungen durch gemeinsame oder einzeln geführte Gespräche. Sie umfasst auch **praktische und organisatorische Hilfen**. Von der Therapie, mit der sie die Klärung der Ursachen von Konflikten gemeinsam hat, grenzt sie sich durch ihre Ausrichtung auf eine konstruktive Arbeit an Lösungen ab. Die **Therapie** arbeitet an den **tiefer liegenden psychischen Problemen** des Klienten und an seiner Persönlichkeit, setzt also eine Bereitschaft des Klienten, sich dem Therapeuten gegenüber zu öffnen, voraus. Sie zielt weniger auf die Lösung konkreter sachlicher Probleme.[82] 51

Die **Mediation** hingegen zeichnet sich gerade durch das Ziel einer **Lösung des Konflikts** aus.[83] Sie arbeitet in erster Linie zukunftsorientiert und ist immer auf die Konfliktlösung zwischen zwei oder mehr Konfliktbeteiligten gerichtet. Die Mediation geht immer nur so weit in die Tiefe oder in die Vergangenheit zurück, wie es zur gemeinsamen Lösungsfindung nötig ist („So viel wie nötig, so wenig wie möglich"). In der Mediation fehlt das Element des Beratens, da der Mediator klassischerweise keinen Rat erteilt und auch nicht, wie im Falle der Beratung durch die Jugendhilfe, praktische und organisatorische Hilfen anbietet.

Die Indikation von Beratung, Therapie oder Mediation ist abhängig von der Art und Weise des Konflikts, der **Eskalationsstufe** (zur Hochkonflikthaftigkeit siehe oben Rn. 42 ff.) und – 52

81 Vgl. Münchener Modell, ZKJ 2008, 199; *Gartenhof/Schmid/Normann/v. Thüngen/Wolf*, NZFam 2014, 972, 973
82 Prütting/Helms/*Hammer*, § 156 FamFG Rn. 23
83 *Mähler/Mähler*, HB Mediation, Rn. 21

bei Trennung und Scheidung – von der Phase, in der sich die Eltern in Bezug auf die Trennung befinden.[84] Zu diesen **Trennungsphasen** gibt es unterschiedliche Modelle. Orientiert man sich an den Phasen, die nach den Beobachtungen von John Bowlby ein Kleinkind im allgemeinen durchläuft, welches im frühkindlichen Stadium von seiner Mutter getrennt wurde, so lassen sich auch bei Erwachsenen die folgenden Phasen modellhaft unterscheiden: eine erste Phase des **Protests**, eine zweite Phase der **Verzweiflung** und eine dritte Phase der **Gleichgültigkeit**[85] oder Depression, gefolgt von einer vierten Phase der **Trauer**.[86] Allgemeinverbindliche Regeln der Indikation lassen sich kaum aufstellen, vielmehr ist diese von den Umständen des Einzelfalls abhängig. Generell wird man aber in einer frühen und gleichzeitig hochemotional erlebten, wütenden **Trennungsprotestphase** nur **Kriseninterventionen**, gerichtet auf **kurzfristige Zwischenlösungen** wirkungsvoll durchführen können (Beratung, wie es in den nächsten Monaten weitergeht, Kurzzeittherapie zur Krisenbewältigung oder Mediation zu Themen, die nur unmittelbar anstehende Teilkonflikte betreffen). Längerfristige Therapien oder eine Mediation, die eine vollständige Vereinbarung über die Trennungs- und Scheidungsfolgen zum Ziel hat, sind hingegen eher dann indiziert, wenn entweder die Trennung noch nicht weit zurückliegt, jedoch von beiden Seiten bereits dem Grunde nach akzeptiert wird, oder die Trennung schon etwas länger andauert, die Beteiligten schon die ersten, von starken Emotionen begleiteten Phasen durchlaufen haben und nun bereit sind, sich konkret mit ihren Zukunftsperspektiven zu beschäftigen.

3. Informationsgespräch über Mediation oder eine sonstige Möglichkeit der außergerichtlichen Konfliktbeilegung (Satz 3)

a) Anordnung eines Informationsgesprächs

53 Eine Mediation kann das Gericht auch nach der Neufassung der Norm durch das Gesetz zur Förderung der Mediation und anderer Formen der außergerichtlichen Konfliktbeilegung vom 21.7.2012 nicht anordnen, wohl aber kann es nach seinem Ermessen anordnen, dass die Beteiligten in Kindschaftssachen **wie auch in Ehesachen nach § 135 FamFG** einzeln oder gemeinsam an einem **kostenfreien Informationsgespräch** über Mediation oder eine andere Form der außergerichtlichen Konfliktbeilegung teilnehmen. Hierzu benennt das Gericht eine Stelle oder Person, die ein solches kostenfreies Informationsgespräch anbietet, wobei die Auswahl der Stelle oder Person im lediglich willkürfrei auszuübenden Ermessen steht[87] oder verweist auf die Internetseiten der Dachverbände der Mediatoren, auf denen die Mediatoren nach Ort (PLZ) oder Alphabet und ggf. Spezialisierung gelistet sind.[88] Vor der Anordnung der Teilnahme an einem solchen Informationsgespräch ist den Beteiligten rechtliches Gehör einzuräumen.[89]

54 Die **Dachverbände der Mediatoren** haben ihren Mitgliedern empfohlen, solche kostenfreien Informationsgespräche anzubieten und teilweise Informationsblätter für Richter, Mediatoren, Anwälte und Beteiligte entwickelt, die sich im Internet abrufen lassen.[90] Ein **Informationsgespräch** stellt regelmäßig noch nicht den Beginn der Mediation dar, sondern die Beteiligten werden in einem ca. 30 Minuten dauernden Gespräch über Inhalt, Ablauf, Sinn und

84 *Fichtner*, ZKJ 2012, 46, 51
85 HB-VB/*Maywald*, 4. Aufl., Rn. 1161 f. unter Verweis auf *Bowlby*, 1983, S. 20, S. 34; *Petri*, S. 59
86 *Petri*, a.a.O., S. 107 ff.; vgl. auch die von *Kübler-Ross* unterschiedenen Phasen bei Ablöseprozessen: (1) Verleugnung, (2) Auflehnung und Zorn, (3) Kampf um die Beziehung, (4) Niedergeschlagenheit und (5) Hinnahme der Trennung, Loslassen, *Bielecke*, FPR 2013, 471, 472 m.w.N.; *v. Luxburg*, Rn. 4 ff.; *Krabbe/Thomsen*, S. 202
87 *Greger/Unberath*, MediationsG 2012, Teil 4, Rn. 76
88 Z.B. www.bafm-mediation.de/mediatorensuche; www.bmev.de; www.centrale-fuer-mediation.de
89 *Greger/Unberath*, Teil 4 Rn. 66
90 Vgl. www.bafm-mediation.de/mitgliedschaft/informationsgesprache-135-famfg

Zweck einer Mediation und deren Möglichkeiten und evtl. auch Grenzen einschließlich der zu erwartenden Kosten, die derzeit noch von den Beteiligten selbst zu tragen sind, informiert.[91] Die Teilnehmer an dem Informationsgespräch erhalten anschließend eine schriftliche Teilnahmebestätigung.[92] Diese legen sie dem Gericht vor.[93]

Die **Kosten einer Mediation** reichen von der kostenfreien oder auf Spendenbasis gewährten Mediation der freien Träger (Caritas, Pro Familia usw.) bis hin zu einer Mediation mit einem Stundensatz von 70 EUR bis ca. 150 EUR oder mehr.[94] Eine Mediationskostenhilfe sieht das Gesetz – bislang – noch nicht vor, wurde aber im Gesetzgebungsverfahren zum Mediationsgesetz von 2012 diskutiert. § 61a FamGKG gibt den Ländern die Möglichkeit, durch Rechtsverordnung eine Ermäßigung der Gerichtskosten zu regeln, wenn die Beteiligten eine Mediation durchgeführt haben. 55

b) Ermessen

Bei der Vorschrift des § 156 Abs. 1 Satz 3 FamFG handelt es sich um eine Kann-Vorschrift, d.h. es steht im **pflichtgemäßen Ermessen** des Familiengerichts, ob es die Eltern verpflichtet, an einem solchen Informationsgespräch teilzunehmen.[95] Bei der Ausübung dieses Ermessens kommt es darauf an, ob der Fall sich für eine Mediation überhaupt eignen könnte (vgl. auch die allgemeinen Eignungskriterien für die Herstellung von Einvernehmen, oben Rn. 8, und die Abgrenzung der Indikation einer bestimmten Interventionsmethode, hierzu Rn. 51). Zeichnet sich eine Kindeswohlgefährdung ab, so ist eine Mediation in der Regel nicht angezeigt.[96] 56

Kriterien der Eignung eines kindschaftsrechtlichen Verfahrens für eine Mediation können sein: 57

- **Komplexität** des Konflikts und der zu behandelnden Problemfelder
- Der verfahrensgegenständliche Konflikt stellt nur die „**Spitze des Eisbergs**" dar, d.h. der eigentliche Konflikt liegt tiefer und ist vielgestaltiger.
- Die Eltern sind jedenfalls **ansatzweise bereit, miteinander zu verhandeln**[97] und die Delegation an Anwälte und Gericht zurückzunehmen.
- Die Eltern sind von ihrer gesundheitlichen und psychischen Verfassung her grundsätzlich **in der Lage, eigenverantwortlich zu verhandeln**.
- Das staatliche Wächteramt steht nicht in einer Weise im Vordergrund, die eine Rückgabe des Konflikts an die eigenverantwortlich handelnden Eltern ausschließt. Grundregel: **Je mehr staatliches Wächteramt, desto weniger ist das Verfahren geeignet für eine Mediation.**
- Eine Mediation und die damit einhergehende Verfahrensverzögerung sind auch mit Blick auf die durch den Zeitablauf möglicherweise entstehende Faktenlage vertretbar. Grundregel: **Keine Fakten schaffen durch Zeitablauf** (z.B. wenn es um den Aufenthalt eines Kindes bei einem Elternteil geht; näher hierzu *Fink*, § 155 FamFG Rn. 14). Ggf. legt das Familiengericht in einem solchen Fall einen zeitlichen Rahmen für die Mediation fest und nimmt das Verfahren nach Fristablauf von Amts wegen wieder auf.

91 Fritz/Pielsticker/*Pielsticker*, § 156 FamFG Rn. 13
92 Fritz/Pielsticker/*Pielsticker*, § 156 FamFG Rn. 15
93 *Greger*, FPR 2011, 115; *Grabow*, FPR 2011, 33
94 *Greger*, FPR 2011, 115, 116
95 Greger/Unberath/*Greger*, Teil 4, Rn. 65; *Grabow*, FPR 2011, 33, 35
96 Siehe auch *Schermaier-Stöckl*, FamRB 2018, 496
97 Zu den Grenzen der Mediation siehe auch *Montada/Kals*, S. 294 ff.

- Ein **hochstrittiger Elternkonflikt**[98] (zur Hochkonflikthaftigkeit siehe oben Rn. 41 ff.) schließt Mediation nicht aus, **erschwert** diese aber.[99] In diesen Fällen ist von der Anordnungskompetenz des § 156 Abs. 1 Satz 3 angesichts der hohen Eskalationsstufe des Konflikts, zumal er sich schon bei Gericht befindet, nur eingeschränkt Gebrauch zu machen. Möglicherweise ergibt eine Konfliktdiagnose[100] bei hochstrittigen Eltern, dass der strukturgebende Rahmen der gerichtlichen Verhandlung mit der Möglichkeit der Delegation seitens der Eltern einerseits und der Ressource staatlicher, d.h. richterlicher Autorität und Verhandlungsführung andererseits die geeignetere Verfahrensweise zur Konfliktbeilegung ist.[101]

c) Verfahren und Durchsetzung

58 Ordnet das Gericht an, dass die Beteiligten an einem Informationsgespräch über Mediation teilnehmen, so ist fraglich, ob es – wie im Falle der Durchführung einer außergerichtlichen Mediation gemäß § 36a FamFG – das laufende Verfahren aussetzen muss. Da die Aussetzung des Verfahrens nach § 36a Abs. 2 FamFG lediglich zum Gelingen der Mediation beitragen soll, indem während der Mediation keine neuen gerichtlichen Schritte eingeleitet und laufende Verfahren nicht betrieben werden, ist es im Falle der Anordnung nur eines Informationsgesprächs über die Mediation, ohne dass feststeht, dass sich die Eltern für das Verfahren der Mediation entscheiden, in diesem Stadium mit Blick auf den Beschleunigungsgrundsatz des § 155 Abs. 1 FamFG **nicht angezeigt, das Verfahren auszusetzen**.

59 Die Anordnung des Informationsgesprächs kann man zwar **nicht** mit **Ordnungs- und Zwangsmitteln** durchsetzen (§ 156 Abs. 1 Satz 5 FamFG in Abweichung zu § 35 FamFG); die Verweigerung der Teilnahme kann aber eine **negative Kostenfolge** nach sich ziehen (§ 81 Abs. 2 Ziffer 5 FamFG).

d) Mediation

60 § 1 Abs. 1 MediationsG formuliert: „Mediation ist ein vertrauliches und strukturiertes Verfahren, bei dem Parteien mit Hilfe eines oder mehrerer Mediatoren freiwillig und eigenverantwortlich eine einvernehmliche Beilegung ihres Konfliktes anstreben." Abs. 2 lautet:

> „Ein Mediator ist eine unabhängige und neutrale Person ohne Entscheidungsbefugnis, die die Parteien durch die Mediation führt."

Die Grundprinzipien der Mediation lauten: Eigenverantwortlichkeit, Freiwilligkeit, Vertraulichkeit, Informiertheit, Ergebnisoffenheit und Allparteilichkeit (des Mediators).[102]

61 Das Verfahren ist strukturiert. Je nach Ausbildung des Mediators werden **fünf Stufen** unterschieden:[103]

- In Stufe 1 wird der **Auftrag** mit den Beteiligten geklärt.
- In Stufe 2 werden alle **Themen** aufgelistet, die die Beteiligten in der Mediation besprechen wollen.
- In Stufe 3 wird – gesondert nach den aufgelisteten Themen – an dem eigentlichen Konflikt gearbeitet, d.h., es wird herausgearbeitet, welche **Interessen**, Anliegen und Bedürfnisse sich bei den Beteiligten hinter den Themen verbergen.

---

98 Zu den Merkmalen von Hochkonflikthaftigkeit vgl. *Dettenborn*, ZKJ 2013, Heft 6 und 7
99 *Krabbe*, Mediation in hocheskalierten Partnerkonflikten, in: Trenczek, 5.4, Rn. 1 ff.
100 *Brändle/Schreiber*, WzS 2014, 35, 39
101 Prütting/Helms/*Hammer*, § 156 FamFG Rn. 14; *Dettenborn*, ZKJ 2013, 271, 274
102 *Kracht*, in: HB Mediation, Rn. 98; Fritz/Pielsticker/*Fritz*, § 1 Rn. 16 ff.
103 *Kessen/Troja*, in: HB Mediation, Rn. 4 ff.; *Moll-Vogel*, in: HB Elterlicher Sorge und Umgang Rn. 1190 ff.; Greger/Unberath/*Unberath*, § 2 Rn. 50 m.w.N.; *Krabbe/Thomsen*, S. 40 ff.

- In Stufe 4 wird – wiederum gesondert nach Themen – möglichst frei und kreativ nach möglichen **Lösungen** gesucht und
- in Stufe 5 wird eine **Vereinbarung** geschlossen, die alle gefundenen Lösungen umfasst.

Der Mediator sollte in einer umfassenden Ausbildung geschult sein und neben der Lehre von dem Verfahren der Mediation auch mit Konflikttheorien, dem Umgang mit Machtungleichgewichten, mit den wichtigsten Kommunikationstechniken, mit der Technik der Visualisierung und der passenden Fragestellung vertraut sein. Regelmäßige Fallsupervisionen tragen zum Aufbau und Erhalt der Qualität des Mediators bei. **62**

4. Anordnung einer Beratung (Satz 4)

a) Indikation

Das Gericht kann bei – zunächst – beratungsunwilligen Beteiligten auch die Inanspruchnahme von Beratung anordnen, wenn es sich hiervon für die Konfliktbearbeitung oder für die Hilfestellung bei der Erziehung und der Wahrnehmung der elterlichen Verantwortung eine positive Einwirkung verspricht.[104] Zielgruppe sind diejenigen Eltern, die einer Beratung skeptisch gegenüberstehen, die aber doch über eine gewisse Offenheit und vor allem über eine **gewisse Einigungsbereitschaft** verfügen. Studien und Modellversuche haben gezeigt, dass auch eine angeordnete Beratung einen positiven Einfluss haben kann, so dass die Möglichkeiten der Beratung auch bei anfangs geringer Eigenmotivation der Beteiligten ausgeschöpft werden konnten.[105] Das **Prinzip der Freiwilligkeit** drückt sich dann nicht in einer freiwilligen Aufnahme, wohl aber in einer **freiwilligen Fortführung der Beratung** aus. Die Aufgabe zu Beginn des Beratungsprozesses besteht also darin, aus der **Fremdmotivation** eine **Eigenmotivation** zu entwickeln.[106] Förderlich für das Gelingen der Beratung durch die Träger der Jugendhilfe kann es sein, dass diese grundsätzlich, außer in den Fällen der Kindeswohlgefährdung (vgl. § 8a SGB VIII), der **Schweigepflicht** unterliegt (§§ 203 StGB, 65 SGB VIII).[107] Ob die Schweigepflicht der Beratungsstelle auch so weit geht, dass sie dem Gericht keine Mitteilung über den Verlauf der Beratung machen darf bzw. darüber, ob sie ggf. gescheitert ist, ist umstritten.[108] In der Praxis sollte sich das Gericht in angemessenen Zeitabständen bei den Beteiligten oder ihren Rechtsanwälten erkundigen, ob die Beratung noch andauert und ernsthaft wahrgenommen wird. **63**

b) Zusammenarbeit mit den Trägern der Jugendhilfe

Ordnet das Gericht an, dass die Eltern an einer Beratung teilnehmen, so werden die Eltern hierdurch verpflichtet, die Beratungsleistung eines Trägers der Jugendhilfe anzunehmen.[109] Da das Gericht jedoch de lege lata gegenüber dem Jugendamt oder einem anderen Träger der Jugendhilfe nach verbreiteter Ansicht **keine Anordnungskompetenz** hat (näher hierzu *Heilmann*, § 162 FamFG Rn. 28), sondern die Beratungsstellen eigenständig die Indikation prüfen und über die Art und Weise der Beratung entscheiden[110] sind in der Praxis eine gute **Vernetzung und Kooperation** zwecks Abstimmung von Art und Weise, Ablauf und Umfang der Beratung zwischen dem Familiengericht, dem Jugendamt und den Beratungsstellen **64**

104 Vgl. Empfehlung des DFGT FamRZ 2005, 1962, 1964
105 *Fichtner*, ZKJ 2018, 257 f.; Prütting/Helms/*Hammer*, § 156 FamFG Rn. 4
106 *Gartenhof u.a.*, NZFam 2014, 972, 975
107 *Gartenhof u.a.*, NZFam 2014, 972, 975
108 Prütting/Helms/*Hammer*, § 156 FamFG Rn. 31; *Bergmann*, ZKJ 2010, 56, 58
109 MüKo-FamFG/*Schumann*, § 156 Rn. 10
110 Prütting/Helms/*Hammer*, § 156 FamFG Rn. 32; *Bergmann*, ZKJ 2010, 56, 58; Stellungnahme der Bundeskonferenz für Erziehungsberatung, ZKJ 2009, 121, 122; Wiesner/*Mörsberger/Wapler*, § 50 SGB VIII Rn. 73

notwendig, auch um eine angeordnete Beratung gut auf den Weg zu bringen.[111] Die Mitwirkungsverpflichtung des Jugendamts im familiengerichtlichen Verfahren ergibt sich aus § 50 SGB VIII bzw. § 162 FamFG.

65 Mit der Anordnung einer Beratung nach Satz 4 soll das Gericht schon aus praktischen und organisatorischen Bedürfnissen heraus festlegen, bei welcher Beratungsstelle und binnen welcher Frist die Eltern sich beraten lassen sollen.[112] Allerdings sind mangels Vollstreckbarkeit (vgl. Satz 5) an die Bestimmtheit der Anordnung keine zu hohen Anforderungen zu stellen.[113] **Gegenstand der Anordnung** können neben den Beratungs- und Unterstützungsangeboten der Jugendhilfe nach den §§ 17, 18 und 28 SGB VIII auch andere Unterstützungsangebote sein, sofern sie eine ähnliche Intensität und Konzeptionalität aufweisen, wie z.B. Anti-Gewalt-Trainings oder Elternkurse.[114] Da sie stark an der Person arbeitet, eine Selbstöffnung des Elternteils verlangt und somit in das Persönlichkeitsrecht des Elternteils eingreift, kann eine **Therapie nicht angeordnet**, sondern nur empfohlen werden.[115]

c) Verfahren und Durchsetzung

66 Auch hier gilt, wie schon in der Anordnung nach Satz 3, dass die Verpflichtung zur Beratung **nicht** zu einer **Verzögerung** des Verfahrens führen darf; entsprechend wurde die Vorschrift des § 52 Abs. 2 FGG, die eine Aussetzung des Verfahrens vorsah, nicht übernommen. Eine Aussetzung kommt somit nur nach § 21 FamFG in Betracht.[116] Das Gericht wird sich spätestens nach Ablauf von 3 Monaten (vgl. § 155 Abs. 4 FamFG) bei den Eltern oder bei dem Jugendamt erkundigen, ob die Beratung noch andauert. Im Zweifel und wenn Verzögerungen zu befürchten sind, sollte das Gericht unverzüglich einen weiteren Erörterungstermin bestimmen oder eine andere, verfahrensleitende Verfügung treffen, z.B. – soweit noch nicht geschehen – die Bestellung eines Verfahrensbeistands (§ 158 FamFG) bzw. sollte nach abschließender Stellungnahmefrist, einen Beschluss erlassen, wenn eine hinreichende Grundlage für eine am Kindeswohl orientierte Entscheidung gegeben ist, insbesondere alle Beteiligten, namentlich die Eltern (§ 160 FamFG) und das Kind (§ 159 FamFG) sowie das Jugendamt (§ 162 FamFG) angehört wurden.[117]

67 Die auf § 156 FamFG gestützte Anordnung der Beratung stellt eine **nicht anfechtbare Zwischenentscheidung** dar und kann nicht im Zusammenhang mit einer Endentscheidung erlassen werden.[118] Sie ist **nicht** mit **Zwangsmitteln** durchsetzbar (§ 156 Abs. 1 Satz 5 FamFG). Dies gilt jedenfalls dann auch für eine im Wege eines Vergleichs übernommene Verpflichtung, Beratung in Anspruch zu nehmen, wenn die Beteiligten über den Gegenstand des Vergleichs nicht verfügen können, z.B. wenn die Vereinbarung das Umgangsrecht betrifft.[119] Mit dem Ziel einer Beratung wäre es auch unvereinbar, wenn diese unter Zwang erfolgte. Ebenso wenig ist die Anordnung nach den §§ 58 ff. FamFG isoliert anfechtbar (§ 156 Abs. 1 Satz 5 FamFG); sie kann allenfalls inzidenter im Rahmen eines Rechtmittels gegen die Endentscheidung angefochten werden. In einem Umgangsverfahren könnte eine mit der Endentscheidung verfügte Beratungsanordnung auf die Vorschrift des § 1684 Abs. 2,

---

111 PK Familienverfahrensrecht/*Meysen*, § 156 FamFG Rn. 15; *Gartenhof u.a.*, NZFam 2014, 972, 974; Wiesner/*Mörsberger/Wapler*, § 50 SGB VIII, Rn. 73 ff.

112 BT-Drs. 16/6308, 237; Prütting/Helms/*Hammer*, § 156 FamFG Rn. 31; Schulte-Bunert/Weinreich/*Ziegler*, § 156 FamFG Rn. 3

113 Prütting/Helms/*Hammer*, § 156 FamFG Rn. 31

114 Prütting/Helms/*Hammer*, § 156 FamFG Rn. 30; www.kinderimblick.de

115 Prütting/Helms/*Hammer*, § 156 FamFG Rn. 30; MüKo-FamFG/*Schumann*, § 156 Rn. 10

116 BT-Drucks. 16/6308, 237; Schulte-Bunert/Weinreich/*Ziegler*, § 156 FamFG Rn. 3

117 Prütting/Helms/*Hammer*, § 156 FamFG Rn. 37

118 OLG Frankfurt am Main, Beschl. v. 26.2.2024 – 1 UF 227/23 = ZKJ 2024, 360 m. Anm. *Köhler*; OLG Düsseldorf, Beschl. v. 12.2.2020 – 1 UF 182/19 = NZFam 2020, 448

119 OLG Frankfurt FamRZ 2015, 2001

Abs. 3 Satz 2 BGB gestützt werden,[120] die dann aber in entsprechender Anwendung des § 156 Abs. 1 Satz 5 FamFG nicht mit Zwangsmitteln durchsetzbar wäre.[121]

▶ *Näher zur Anfechtbarkeit von Zwischenentscheidungen Kischkel, § 58 FamFG Rn. 9 ff.*

5. Umsetzung einer einvernehmlichen Regelung in Sorgerechtsverfahren

a) Aufrechterhaltung der gemeinsamen elterlichen Sorge

Erzielen die Beteiligten in einem Antragsverfahren, z.B. nach § 1671 BGB ein Einvernehmen, so bleibt es entweder bei der **gemeinsamen elterlichen Sorge** und ggf. wird noch eine **Sorgevereinbarung** getroffen und protokolliert, welche die Ausübung der elterlichen Sorge in Teilfragen näher regelt, z. B. den Lebensmittelpunkt des Kindes. Oder der Antrag wird, anders als in Amtsverfahren möglich, gemäß § 22 Abs. 1 FamFG zurückgenommen bzw. gemäß § 22 Abs. 3 FamFG übereinstimmend für erledigt erklärt. Das Gericht trifft lediglich noch eine Kostenentscheidung nach den §§ 83 Abs. 2, 81 FamFG.[122] **68**

Eine Möglichkeit, bei fortbestehender gemeinsamer elterlicher Sorge den betreuenden Elternteil handlungsfähig zu machen, ist die Erteilung einer **Sorgerechtsvollmacht** durch den anderen Elternteil.[123] Diese ist widerruflich, so dass der betreuende Elternteil sie in der Regel nicht zum Nachteil des anderen Elternteils oder gar des Kindes ausnutzen wird. Es ist jedoch sorgfältig zu prüfen, ob die Erteilung einer Sorgerechtsvollmacht allein bereits dazu führen kann, die Voraussetzungen für eine Aufhebung der gemeinsamen elterlichen Sorge zu verneinen (siehe hierzu *Keuter*, § 1671 BGB Rn. 22).[124] **69**

b) Entscheidung des Familiengerichts

Finden die Eltern gerichtlich oder außergerichtlich, z.B. im Rahmen einer Beratung nach § 17 Abs. 2 SGB VIII oder mittels Mediation eine einvernehmliche Regelung, die die Übertragung des Sorgerechts oder von Teilbereichen des Sorgerechts zum Inhalt hat, bedarf es in jedem Fall noch einer **gerichtlichen Entscheidung**, da die Eltern über das Sorgerecht **nicht disponieren** können.[125] Das Familiengericht unternimmt die notwendigen Verfahrensschritte (Beteiligungen, Anhörungen, Kindeswohlprüfung) und erlässt einen Beschluss nach § 38 FamFG unter Berücksichtigung dessen, was die Eltern vereinbart haben.[126] **70**

Bezieht sich das zwischen den Eltern erzielte Einvernehmen auf das Umgangsrecht mit dem Kind oder auf die Herausgabe des Kindes, so knüpft § 156 Abs. 2 FamFG die Wirksamkeit eines entsprechenden Vergleichs an das Erfordernis der **gerichtlichen Billigung**, da auch die Regelung des Umgangsrechts und der Herausgabe nicht der **Disposition** der Eltern unterliegt. Insofern erweitert § 156 Abs. 2 FamFG den Anwendungsbereich der Vorschrift des § 36 Abs. 1 Satz 1 FamFG.[127] **71**

---

120 KG ZKJ 2019, 234, mit Anm. *Dürbeck*; KG ZKJ 2018, 381 mit Anm. *Dürbeck*; anders noch KG ZKJ 2018, 230; Staudinger/*Dürbeck*, BGB, 2023, § 1684 Rn. 121; a.A. OLG Düsseldorf, Beschl. v. 12.2.2020 – 1 UF 182/19 = NZFam 2020, 448 unter Verweis auf das allg. Persönlichkeitsrecht

121 OLG Frankfurt am Main, Beschl. v. 26.2.2024 – 1 UF 277/23 = ZKJ 2024, 360 m. Anm. *Köhler*; OLG Düsseldorf, Beschl. v. 12.2.2020 – 1 UF 182/19 = ZKJ 2020, 375, 376 mit Anm. *Dürbeck*

122 Prütting/Helms/*Hammer*, § 156 FamFG Rn. 75

123 *Geiger/Kirsch*, FamRZ 2009, 1879

124 OLG Frankfurt ZKJ 2019, 230, wendet im Rahmen dieser Prüfung den Verhältnismäßigkeitsgrundsatz an.

125 *Zöller/Lorenz*, § 156 FamFG Rn. 2

126 OLG Hamm FamRZ 2018, 1844 mit Anm. *Hammer*; vgl. OLG Frankfurt, Beschl. v. 20.4.2018 – 1 UF 82/18 nicht veröff.; OLG Frankfurt ZKJ 2013, 127 mit Anm. *Gottschalk*

127 BT-Drucks. 16/6308, 237; Musielak/*Borth*, § 156 FamFG Rn. 5

- *Zur Verweisung der Beteiligten vor den Güterichter siehe Wegener, § 36 FamFG Rn. 9 ff.*
- *Zur Verweisung in die außergerichtliche Mediation siehe Wegener, Kommentierung von § 36a FamFG.*
- *Zur Mediation in internationalen Kindschaftskonflikten siehe Wegener, Auslandsbezüge, Kapitel 6.*

II. Gerichtlich gebilligter Vergleich (Abs. 2)

72 Erzielen die Beteiligten gerichtlich oder außergerichtlich ein Einvernehmen über die Regelung des Umgangs (§§ 1684 f. BGB) oder die Frage der Herausgabe des Kindes (§ 1632 Abs. 1 BGB), so nimmt das Gericht die einvernehmliche Regelung als Vergleich auf, wenn es diese billigt (§ 36 Abs. 2, 3 FamFG i.V.m. § 156 Abs. 2 FamFG). Es handelt sich gemäß § 36 Abs. 2 Satz 2 FamFG i.V.m. §§ 159 ff. ZPO um eine **förmliche Protokollierung.**[128] Eine Umgangsregelung wird vom Gericht gebilligt, wenn sie dem Kindeswohl nicht widerspricht (**negative Kindeswohlprüfung**).[129]

Neben der Protokollierung bedarf es noch eines gesonderten **Beschlusses über die gerichtliche Billigung** des Vergleichs, der dann, soweit dieser noch nicht in den Vergleich aufgenommen wurde, auch den **Warnhinweis nach § 89 Abs. 2 FamFG** enthält.[130] Die gerichtliche Billigung des Vergleichs hat nach der Entscheidung des BGH aus 2019 konstitutive Wirkung, denn das Gericht darf die Vereinbarung erst dann billigen, wenn es die notwendige (negative) Kindeswohlprüfung vorgenommen und zudem geprüft hat, ob alle notwendigen Verfahrenshandlungen, insbesondere die persönlichen Anhörungen der Beteiligten, vorgenommen wurden.[131]

73 **Gegenstand** eines gerichtlich gebilligten Vergleichs kann nur eine Regelung des Umgangs oder der Herausgabe des Kindes sein (vgl. § 156 Abs. 2 Satz 1 FamFG). Eine Verfahrensbeendigung durch gerichtlich gebilligten Vergleich in Sorgerechtssachen scheidet nach geltendem Recht aus.[132]

Grundsätzlich können auch ein begleiteter Umgang oder gar ein **Umgangsausschluss** Gegenstand eines Billigungsbeschlusses sein (letzteres str.).[133] Jedenfalls ein zeitlich befristeter Umgangsausschluss, dem alle Beteiligten zustimmen, sollte Eltern, die sich auch außergerichtlich darauf einigen könnten, dass kein Umgang stattfindet, offenstehen und einer gerichtlichen Billigung zugänglich sein, um das Verfahren konsensual beenden zu können.[134]

---

128 OLG Saarbrücken, Beschl. v. 10.9.2019 – 9 UF 21/19 = FamRB 2020, 18

129 Keidel/*Engelhardt*, § 156 FamFG Rn. 14

130 BGH, Beschl. v. 10.7.2019 – ZKJ 2019, 417 m. Anm. *Dürbeck*, m.w.N. (Bestätigung OLG Frankfurt ZKJ 2019, 214); OLG Oldenburg, Beschl. v. 18.3.2019 – 11 UF 35/19 = NZFam 2019, 363; OLG Frankfurt am Main, Beschl. v. 26.2.2018 – 8 WF 22/18, hefam; Prütting/Helms/*Hammer*, § 156 FamFG Rn. 68; *Zöller/Lorenz*, § 156 FamFG Rn. 3; *Bumiller/Harders/Schwamb*, § 156 Rn. 8

131 BGH ZKJ 2019, 417; OLG Brandenburg v. 11.7.2022 – 13 UF 19/22, juris sowie v. 10.3.2020 – 13 UF 12/20, juris; OLG München FamRZ 2015, 1422

132 OLG Düsseldorf, Beschl. v. 20.10.2020 – 3 UF 116/20 = FamRZ 2022, 471; *Keuter*, Fallstricke bei der Beendigung kindschaftsrechtlicher Verfahren, FamRZ 2022, 1003, 1005; zu den Reformbestrebungen hin zu mehr Elternautonomie auch in Sorgerechtssachen vgl. Eckpunkte des BMJ für eine Reform des Kindschaftsrechts mit Stellungnahme der Kinderrechtekommission des DFGT, ZKJ 2024, 163 sowie *Bussian*, ZKJ 2024, 171 und *Volke/Kriewald*, NZFam 2024, 241

133 *Hennemann*, Der gerichtlich gebilligte Vergleich in Umgangsverfahren gemäß § 156 II FamFG, NZFam 2021, 910, 911; *Keuter*, FamRZ 2022, 1003, 1006; anders OLG Braunschweig, Beschl. v. 13.5.2020 – FamRZ 2020, 1189 Anm. *Hammer*

134 Vgl. *Keuter*, FamRZ 2022, 1003, 1006; zur Notwendigkeit einer gerichtlichen Regelung vgl. OLG Frankfurt am Main v. 8.1.2024 – 6 UF 196/23 = FamRZ 2024, 1295

Wegen des damit verbunden sorgerechtlichen Bezugs ist die Vereinbarung einer **Umgangspflegschaf**t einer gerichtlichen Billigung gemäß § 156 Abs. 2 FamFG hingegen nicht zugänglich.[135]

Das Erfordernis der gerichtlichen Billigung als Vollstreckungsvoraussetzung einer Umgangsvereinbarung können die Eltern nicht dadurch umgehen, dass sie für den Fall der Zuwiderhandlung gegen die vereinbarte Umgangsregelung eine **Vertragsstrafe** festlegen.[136] 74

Wollen die Eltern einen in einem früheren Verfahren geschlossenen und gerichtlich gebilligten Vergleich einvernehmlich abändern, so ist die Änderungsschwelle auf eine Negativkontrolle abzusenken, d.h. das Gericht prüft nur, ob der Elternkonsens dem Kindeswohl erheblich widerspricht (str.[137]). Hier den Maßstab des § 1696 BGB anzuwenden wäre mit der Elternautonomie des Art. 6 Abs. 2 Satz 1 GG kaum vereinbar. Dem Schutzzweck des § 166 Abs. 1 FamFG i.V.m. § 1696 BGB, nämlich zu erreichen, dass der Fall nicht immer wieder neu aufgerollt werden kann, ist dadurch Rechnung getragen, dass bereits die Schwelle für die Verfahrenseinleitung heraufgesetzt ist.

Bei der familiengerichtlichen Billigung eines Vergleichs i.S.v. § 156 Abs. 2 FamFG handelt es sich somit um eine Endentscheidung i.S.d. § 58 FamFG.[138] Dies schließt – vollstreckbare – Zwischenvereinbarungen zum Umgang aus. In Betracht kommen jedoch Teilvergleiche über kurze Zeiträume von einigen Wochen (etwa über einen begleiteten Umgang), die dann auch gebilligt werden können (vgl. § 38 Abs. 1 Satz 1 „teilweise"). Im Zeitpunkt der gerichtlichen Billigung muss das Einvernehmen der Beteiligten noch gegeben sein.[139] **Die Zustimmung zum Vergleich** ist widerruflich, denn es muss den Beteiligten möglich sein, ihre Verfahrenshandlungen in Ausübung ihrer am Kindeswohl zu orientierenden Rechte und Pflichten an veränderte Umstände anzupassen.[140] 75

Erforderlich ist in jedem Fall, dass alle gemäß § 7 FamFG am Verfahren Beteiligten dem Vergleichsschluss **zustimmen.** Dies gilt auch für den am Verfahren beteiligten **verfahrensfähigen**, d.h. über 14-jährigen Jugendlichen, der ein ihm nach bürgerlichem Recht zustehendes Recht geltend macht (vgl. § 9 Abs. 1 Nr. 3 FamFG; näher hierzu *Köhler*, § 9 FamFG Rn. 4). Sofern der Jugendliche zwar über 14 Jahre alt ist, jedoch kein ihm nach bürgerlichem Recht zustehendes Recht geltend macht, oder ein Kind unter 14 Jahren beteiligt ist, wird das Kind im Hinblick auf das **Zustimmungserfordernis** durch seine sorgeberechtigten Eltern vertreten. Der Bestellung eines Ergänzungspflegers bedarf es insoweit nicht.[141] 76

Gemäß **§ 36 Abs. 3 i.V.m. § 278 Abs. 6 ZPO** ist es grundsätzlich nicht ausgeschlossen, dass das Einvernehmen der Beteiligten auch **schriftlich**, im Wege eines Beschlusses, festgestellt wird, der dann auch die Billigungsentscheidung enthält. Da jedoch das Gericht in jedem Fall die Beteiligten persönlich anhören muss, ist der praktische Anwendungsbereich dieser Verfahrensweise gering. Allenfalls dann, wenn die Zustimmung eines Verfahrensbeteiligten, der im Termin nicht anwesend war, noch nachgeholt wurde, kann das Zustandekommen der Vereinbarung über den Umgang oder die Herausgabe des Kindes im schriftlichen Wege festgestellt werden.[142] 77

---

135 So auch *Keuter*, FamRZ 2022, 1003, 1006; *Hennemann*, NZFam 2021, 910, 911
136 BGH, Beschl. v. 31.1.2024 – XII ZB 385/23 = FamRZ 2024, 603 m. Anm. *Rake* = ZKJ 2024, 186 m. Anm. *Köhler*; *Obermann*, Neuer Umgang mit dem Umgang, NJW 2024, 2161
137 BeckOK-BGB/*Veit*, § 1696 BGB Rn. 30; Staudinger/*Coester*, BGB (2019), § 1696 BGB, Rn. 74
138 BGH ZKJ 2019, 423 Rn. 13; OLG Oldenburg FamRZ 2019, 1159
139 OLG Oldenburg a.a.O.
140 BGH ZKJ 2019, 423; OLG Karlsruhe, Beschl. v. 17.10.2023 – 2 UF 129/23 = FamRZ 2024, 285; OLG Brandenburg, Beschl. v. 26.10.2021 – 10 UF 22/21 = NZFam 2021, 1110 m. Anm. *Hennemann*; KG, Beschl. v. 26.11.2020 – 16 UF 138/19 = FamRZ 2021, 609 m. Anm. *Kischkel*; OLG Düsseldorf ZKJ 2018, 68 mit Anm. *Dürbeck*
141 Vgl. BGH FamRZ 2019, 986
142 Prütting/Helms/*Hammer*, § 156 Rn. 56

Liegt im Zeitpunkt der gerichtlichen Entscheidung nicht die Zustimmung von allen Beteiligten vor, so entscheidet das Familiengericht in der Sache durch **Beschluss**. Es kann dann die getroffene, aber nicht von allen Beteiligten unterstützte Vereinbarung berücksichtigen, muss dies aber nicht.[143] Lehnt das Gericht in einem gesonderten Beschluss die Billigung ab, so handelt es sich dabei um eine nicht anfechtbare Entscheidung.[144] Es hat dann – ebenso wie im Falle der Versagung der Zustimmung durch einen oder mehrere Beteiligte – im Wege einer streitigen Endentscheidung gemäß § 38 Abs. 1 Satz 1 FamFG den Umgang zu regeln bzw. die Herausgabe anzuordnen.

78 Voraussetzung einer Vollstreckung ist es, dass der gerichtlich gebilligte Vergleich dem Vollstreckungsschuldner zugestellt wurde, und zwar sowohl der Vergleichstext, also in der Regel das Protokoll der mündlichen Verhandlung, als auch der Billigungsbeschluss des Gerichts, der auch direkt in das Protokoll diktiert werden kann.[145] Die Zustellungen erfolgen von Amts wegen.[146] Die gerichtlich gebilligte Umgangsregelung muss zudem hinreichend bestimmt sein.[147] Eine in die Vereinbarung aufgenommene Verpflichtung der Eltern zur Teilnahme an einer **Beratung** wird von der familiengerichtlichen Billigung mit Blick auf den Verfahrensgegenstand nicht erfasst und ist daher nicht vollstreckbar.[148]

Ergeht der Billigungsbeschluss gesondert und wurde der Inhalt der gebilligten Regelung in den Tenor des Billigungsbeschlusses aufgenommen, so genügt als Grundlage der Vollstreckung die Zustellung des Billigungsbeschlusses.[149] Grundlage der Vollstreckung ist der Beschluss über die gerichtliche Billigung des Vergleichs.[150] Sofern der Warnhinweis gemäß § 89 Abs. 2 FamFG noch nicht in den Vergleichstext selbst aufgenommen wurde, ist er in den Billigungsbeschluss aufzunehmen, in der Regel in den Tenor, jedenfalls aber deutlich abgegrenzt und sichtbar die Gründe der Entscheidung.[151]

Ändern die Eltern eine gerichtlich gebilligte Umgangsregelung einvernehmlich **ab**, so entfällt deren Vollstreckbarkeit.[152]

▶ *Zu den Vollstreckungsvoraussetzungen aus einem gerichtlich gebilligten Vergleich siehe auch Cirullies, § 86 FamFG Rn. 16.*

79 Der Beschluss, der die familiengerichtliche Billigung des zwischen den Beteiligten geschlossenen Vergleichs enthält, ist nach der Entscheidung des BGH v. 10.7.2019[153] mit der Beschwerde gemäß §§ 58 ff. FamFG anfechtbar, insbesondere weil es sich dabei um eine Endentscheidung handelt und nicht lediglich um die deklaratorische Bestätigung eines vorangegangenen Vergleichsschlusses.[154] Für die Frage der Beschwerdebefugnis kommt es

143 *Heilmann*, FamRZ 2010, 1391, NJW 2012, 887, 889; a.A. *Vogel*, FamRZ 2010, 1870, der die Möglichkeit einer Billigung des Vergleichs durch das Gericht auch in diesen Fällen annimmt; Schulte-Bunert/Weinreich/*Ziegler*, § 156 FamFG Rn. 5

144 OLG Frankfurt FamRZ 2011, 394; Musielak/*Borth*, § 156 FamFG Rn. 8

145 OLG Hamburg, Beschl. v. 11.7.2023 – 12 WF 58/23 = FamRZ 2024, 140; OLG Frankfurt am Main, Beschl. v. 11.9.2020 – 7 WF 84/20 = FamRZ 2021, 377

146 OLG Karlsruhe ZKJ 2019, 421 = FamRZ 2019, 1451, Rn. 40 ff.; OLG Oldenburg FamRZ 2018, 1943; OLG Frankfurt ZKJ 2012, 119; *Grandel*, FF 2019, 55, 59

147 OLG Karlsruhe, Beschl. v. 17.4.2023 – 5 WF 29/23 = FamRZ 2023, 1026

148 OLG Frankfurt am Main, Beschl. v. 24.5.2021 – 4 WF 57/21 = NZFam 2021, 641 m. Anm. *Opitz*

149 OLG Brandenburg ZKJ 2019, 424; vgl. zur Tenorierung Prütting/Helms/*Hammer*, § 156 Rn. 69

150 OLG Karlsruhe ZKJ 2019, 421 = FamRZ 2019, 1451 mit Anm. *Hammer;* zu den Reformbestrebungen und die Möglichkeit der privatautonomen Schaffung eines Vollstreckungstitels über den Umgang vgl. Eckpunkte des BMJ für eine Reform des Kindschaftsrechts mit Stellungnahme der Kinderrechtekommission des DFGT, ZKJ 2024, 163, 165 (insoweit kritisch) sowie *Bussian*, ZKJ 2024, 171, 172 und *Volke/Kriewald*, NZFam 2024, 241, 243; *Hammer*, FamRZ 2024, 582

151 BGH FamRZ 2011, 1729

152 OLG Karlsruhe, Beschl. v. 6.2.2024 – 5 WF 166/23 = ZKJ 2024, 309 m. Anm. *Köhler*

153 ZKJ 2019, 417 m. Anm. *Dürbeck*

154 *Schlünder*, Die Billigung nach § 156 Abs. 2 FamFG als beschwerdefähige Entscheidung, FamRZ 2020, 1150

auch nicht auf eine formelle Beschwerdebefugnis an. Die Zustimmung eines Elternteils zu dem vereinbarten Umgang lässt die Beschwerdebefugnis nicht entfallen. Die Beteiligten können mit einer Beschwerde geltend machen, dass der Billigungsbeschluss verfahrensfehlerhaft zustande gekommen ist, oder anführen, die gerichtliche Billigung widerspreche dem Kindeswohl.[155] Kein Rechtsmittel ist allerdings eröffnet gegen einen Umgangsbilligungsbeschluss im Eilverfahren.[156]

Der Tenor eines Billigungsbeschlusses könnte lauten: 80

Tenorierungsbeispiel für einen Billigungsbeschluss

Der zwischen den Beteiligten am ... (Datum) geschlossene Vergleich zum Umgang des Kindesvaters mit dem minderjährigen Kind ... (Name) mit folgendem Inhalt ... (Text des Vergleichs einfügen) wird familiengerichtlich gebilligt.

Die Beteiligten werden gemäß § 89 Abs. 1, 2 FamFG darauf hingewiesen, dass bei Zuwiderhandlung gegen die Verpflichtung aus der Umgangsvereinbarung vom ... (Datum) gegen sie ein Ordnungsgeld bis zu einem Betrag von 25.000 EUR und für den Fall, dass dieses nicht beigetrieben werden kann, Ordnungshaft verhängt werden kann. Für den Fall, dass die Anordnung eines Ordnungsgeldes keinen Erfolg hat, kann das Gericht auch Ordnungshaft anordnen.

Treffen die Beteiligten bewusst eine Umgangsregelung, die das Gericht nicht billigen kann, 81
weil sie zu unkonkret und damit nicht vollstreckbar ist oder nur einen begrenzten Zeitraum betrifft (Stichwort: unzulässige Teilentscheidung),[157] und verzichten sie auf die gerichtliche Billigung, so wird der Vergleich – wenn überhaupt – mit dem Hinweis protokolliert, dass es sich nicht um einen Vollstreckungstitel handelt, und das Gericht stellt in einem das **Verfahren abschließenden Beschluss** fest, dass – wenn das Kindeswohl nicht etwas anderes verlangt – ein Regelungsbedürfnis hinsichtlich des Umgangs nicht besteht und trifft eine Kostenentscheidung nach den §§ 83 Abs. 2, 81 FamFG.[158] **Nicht ausreichend** sind hier **Erledigungserklärungen** der Beteiligten oder eine Antragsrücknahme, da es sich um ein Amtsverfahren handelt mit der Folge, dass die Beteiligten nicht über den Abschluss des Verfahrens disponieren können.[159]

- *Zu den weiteren Einzelheiten des gerichtlich gebilligten Vergleichs, vgl. Cirullies, § 86 FamFG Rn. 15.*
- *Näher zur Verfahrensbeendigung in Umgangssachen vgl. Gottschalk, § 1684 BGB Rn. 88 ff.*

III. Einstweilige Anordnung (Abs. 3)

1. Erörterung im frühen Termin (Satz 1)

Die Vorschrift ergänzt die Regelungen der §§ 155 Abs. 2 und 156 Abs. 1 FamFG und hebt 82
für Verfahren, in denen es um den Aufenthalt des Kindes, das Umgangsrecht oder die Herausgabe des Kindes geht, die Bedeutung der Möglichkeit des Erlasses einer einstweiligen Anordnung hervor, indem es das Gericht verpflichtet, den **Erlass einer einstweiligen Anord-**

155 BGH ZKJ 2019, 417; siehe auch *Kischkel*, NZFam 2019, 907
156 OLG Nürnberg, Beschl. v. 28.7.2023 – 11 UF 543/23 = NZFam 2023, 1039 m. Anm. *Kischkel*
157 vgl. hierzu *Keuter*, Fallstricke bei der Beendigung kindschaftsrechtlicher Verfahren, FamRZ 2022, 1003, 1008 sowie OLG Frankfurt am Main, Beschl. v. 22.4.2021 – 8 UF 71/21 = NJW-RR 2021, 869
158 *Keuter*, FamRZ 2022, 1003, 1006; Prütting/Helms/*Hammer*, § 156 FamFG Rn. 65
159 OLG Brandenburg FamRZ 2014, 2019

nung mit den Beteiligten und dem Jugendamt zu **erörtern**.[160] Im Unterschied zu Satz 2, der nur für Umgangsverfahren gilt, erlegt Satz 1 dem Gericht noch keine Pflicht zum Erlass einer Eilentscheidung auf. In Antragsverfahren bedarf es zudem des Antrags eines Elternteils gem. § 51 Abs. 1 Satz 1 FamFG[161] Im Übrigen richten sich die Voraussetzungen nach den §§ 49 ff. FamFG, d.h. es erfolgt eine summarische Prüfung der materiellen Rechtslage,[162] und es muss unter anderem ein **dringendes Bedürfnis für ein sofortiges Tätigwerden des Familiengerichts** festgestellt sein.

▶ *Näher zu den Voraussetzungen der einstweiligen Anordnung vgl. Kischkel, § 49 FamFG.*

2. Einstweilige Anordnung zum Umgang (Satz 2)

83 Satz 2 regelt die Verpflichtung des Gerichts, in Umgangssachen den Umgang im Wege der einstweiligen Anordnung zu regeln oder auszuschließen, wenn eine **Verfahrensverzögerung** durch eine der in Abs. 1 genannten Maßnahmen zur Herstellung eines Einvernehmens oder durch die Erstellung eines Sachverständigengutachtens **zu gewärtigen** ist. Der dieser Vorschrift zugrundeliegende Rechtsgedanke ist, dass es keinen länger andauernden ungeregelten Zustand in Bezug auf das Umgangsrecht geben soll, denn wenn es keine Regelung gibt, bedeutet dies faktisch einen Umgangsausschluss, ohne dass das Gericht hierüber rechtsmittelfähig entschieden hätte. Es sollen **keine „vollendeten Tatsachen"** geschaffen werden,[163] z.B. durch die wachsende Entfremdung des Kindes von dem nicht betreuenden Elternteil,[164] wobei zu berücksichtigen ist, dass jüngere Kinder einen Beziehungsabbruch schneller als endgültig empfinden als ältere Kinder.[165]

84 Satz 2 ist Ausdruck des in § 155 Abs. 2 FamFG normierten **Beschleunigungsgebots**. Es handelt sich um eine Sollvorschrift, von der z.B. dann abgewichen werden kann, wenn feststeht, dass die angeordnete Maßnahme nicht zu einer erheblichen Verzögerung führen wird.[166] Eines Antrags bedarf es nicht, da das Umgangsverfahren (bis auf dasjenige nach § 1686a BGB, vgl. auch § 167a FamFG) auch von Amts wegen eingeleitet werden kann (hierzu *Gottschalk*, § 1684 BGB Rn. 88). § 156 Abs. 3 Satz 2 FamFG normiert in Umgangsverfahren das in § 49 Abs. 1 FamFG geforderte Regelungsbedürfnis.[167]

85 Die materiell-rechtlichen Voraussetzungen sind in den **§§ 1684 f. BGB** geregelt, und die einstweilige Anordnung muss einen vollstreckungsfähigen Inhalt haben, was in den Fällen, in denen das Gericht beabsichtigt, (zunächst) einen begleiteten Umgang nach § 1684 Abs. 4 Satz 3 BGB anzuordnen, gerade im Eilverfahren praktische Probleme der Umsetzung mit sich bringt, denn Ort und Daten der Umgangstermine sowie die Person des mitwirkungsbereiten Dritten müssen im Beschluss konkret festgehalten sein.[168] Gegebenenfalls kommt – als Zwischenentscheidung – die – nicht vollstreckbare – Anordnung einer Beratung bei der Ausübung des Umgangsrechts gemäß § 156 Abs. 1 Satz 4 FamFG i.V.m. § 18 Abs. 3 Satz 3 SGB VIII in Betracht,[169] damit das Jugendamt bis zu einem nächsten, mög-

---

160 Vgl. Anm. *Burschel* zu OLG Düsseldorf NZFam 2019, 919, 920
161 OLG Frankfurt am Main, Beschl. v. 2.9.2022 – 6 UF 148/22 = FamRZ 2023, 303 = NZFam 2022, 1085 m. Anm. *Witt*
162 MüKo-FamFG/*Schumann*, § 156 Rn. 32
163 BT-Drucks. 16/6308, 237
164 BT-Drucks. 16/6308, 237
165 *Heilmann*, NJW 2012, 887, 888; *Heilmann*, Kindliches Zeitempfinden und Verfahrensrecht, 24 ff.
166 BT-Drucks. 16/6308, 237
167 So wohl auch Prütting/Helms/*Hammer*, § 156 FamFG Rn. 84; a.A. MüKo-FamFG/*Schumann*, § 156 Rn. 32 (keine gesetzliche Vermutung des dringenden Bedürfnisses für ein sofortiges Tätigwerden auch in den Fällen des § 156 Abs. 3 Satz 2 FamFG)
168 Prütting/*Helms/Hammer*, § 156 FamFG Rn. 88
169 Zur Mitwirkungsverpflichtung des Jugendamts OVG Saarlouis, ZKJ 2014, 488

lichst bereits mit der Anordnung anzuberaumenden Termin, im Hinblick auf die Installierung des begleiteten Umgangs tätig werden kann.[170]

3. Verfahren

Soll eine einstweilige Anordnung gemäß § 156 Abs. 3 Satz 1 oder 2 FamFG erlassen werden, so wird zunächst, ggf. aus der Sitzung heraus, ein **neues Verfahren** eingeleitet, indem entweder der einstweilige AO-Antrag oder der Hinweis auf die Einleitung des einstw. AO-Verfahrens von Amts wegen in das Terminprotokoll aufgenommen wird. Die Eltern und der Mitarbeiter des Jugendamts, die im Termin nach § 155 Abs. 2 FamFG anwesend sind, werden zur Frage des Erlasses einer einstweiligen Anordnung gehört. Das Kind, welches regelmäßig zum Termin nach § 155 Abs. 2 FamFG noch nicht geladen worden war, soll ebenfalls angehört werden, bevor eine einstweilige Anordnung ergeht (Satz 3). Die Verpflichtung zur Anhörung des Kindes gründet sich zum einen darauf, dass das Kind durch die zu treffende einstweilige Anordnung unmittelbar in einem eigenen materiellen Recht betroffen ist; zum anderen soll sich das Gericht in der Regel einen eigenen persönlichen Eindruck von dem Kind verschaffen. Es gelten insoweit – hinsichtlich Voraussetzungen und Gestaltung – dieselben Grundsätze wie in § 159 FamFG (näher hierzu *Heilmann*, Kommentierung von § 159 FamFG). Ist die Anhörung des Kindes wegen **besonderer Eilbedürftigkeit** vor Erlass der einstweiligen Anordnung nicht möglich, so muss die Anhörung **unverzüglich nachgeholt** werden.[171] Das Verfahren erhält ein eigenes Aktenzeichen, eine Protokollausfertigung des Termins, im Rahmen dessen das einstweilige AO-Verfahren eingeleitet wurde, wird zu der neu anzulegenden Akte genommen. 86

Da es sich bei dem neu eingeleiteten Verfahren um ein **eigenständiges Verfahren** handelt, ist den Beteiligten auch Gelegenheit zu geben, einen **Verfahrenskostenhilfeantrag** nach § 76 FamFG zu stellen. Der **Verfahrensbeistand** ist ggf. gesondert zu bestellen und kann für das einstweilige AO-Verfahren eine gesonderte Vergütung nach § 158 Abs. 7 FamFG verlangen.[172] 87

Die Entscheidung ergeht durch einen Beschluss gemäß § 38 Abs. 1 FamFG, der mit der Bekanntgabe wirksam wird (§ 40 Abs. 1 FamFG). Für die Kostenentscheidung gelten die allgemeinen Vorschriften (§ 51 Abs. 4 FamFG i.V.m. §§ 81 ff. FamFG). 88

- ▶ *Näher zur einstweiligen Anordnung siehe Kischkel, Kommentierung von § 49 FamFG.*
- ▶ *Zur Anhörung des Kindes vor Erlass einer einstweiligen Anordnung siehe Heilmann, § 159 FamG Rn. 10.*

4. Rechtsmittel und Vollstreckung

Die einstweilige Anordnung zum Umgangsrecht erfolgt mit Beschluss aufgrund mündlicher Erörterung und ist nicht mit der Beschwerde anfechtbar (§ 57 Satz 1 FamFG). Dies gilt auch insoweit, als das Gericht mit dem Beschluss den Umgang geregelt und zur Umsetzung der Regel einen Umgangspfleger nach § 1684 BGB eingesetzt hat. Handelt es sich jedoch um die Anordnung einer sog. Umgangsbestimmungspflegschaft mit weitreichenden Befugnissen des Umgangs-(Ergänzungs-)pflegers und einem damit einhergehenden Eingriff in das Sorgerecht des betreuenden Elternteils (näher hierzu *Gottschalk*, § 1684 BGB Rn. 63), so ist die einstweilige Anordnung anfechtbar nach § 57 Satz 2 Ziffer 1 FamFG (*Gottschalk*, § 1684 BGB Rn. 64).[173] Der Beschluss stellt einen Vollstreckungstitel gemäß § 86 Abs. 1 Ziffer 1 89

---

170 Prütting/*Helms/Hammer*, § 156 FamFG Rn. 88
171 *Sternal/Schäder*, § 156 Rn. 32; MüKo-FamFG/*Schumann*, § 156 Rn. 33
172 *Heilmann*, NJW 2012, 887, 890
173 Str.; vgl. *Heilmann*, FamRZ 2014, 1753; NJW 2012, 16, 21; *Völker*, FF 2012, 71, 73; a.A. OLG Celle, FamRZ 2011, 574; Zöller/*Feskorn*, § 57 ZPO Rn. 6

FamFG dar. Die Vollstreckung erfolgt nach § 89 Abs. 1 FamFG. Einstweilige Anordnungen zum Aufenthalt oder zur Herausgabe des Kindes sind anfechtbar nach §§ 57 Satz 2 Nr. 1 und 2, 58 ff. FamFG). Die Vollstreckung erfolgt nach den §§ 86 ff. FamFG.

C. Kosten, Gebühren und Verfahrenskostenhilfe

90 Fraglich ist, ob **Zwischenvereinbarungen**, die nach § 156 Abs. 1 FamFG getroffen werden, eine **Vergleichsgebühr** für die Rechtsanwälte auslösen[174] und ob ein Vergleich zum Umgangsrecht, der zwar nicht gerichtlich gebilligt wird, der aber dennoch zum Abschluss des Verfahrens führt, eine Vergleichsgebühr für die Anwälte auslöst (näher *Kischkel,* § 80 FamFG Rn. 33). Zur Frage der **fiktiven Terminsgebühr** vgl. nun Anm. I Nr. 1 zu Nr. 3104 RVG n.F.

Fraglich ist ferner, ob eine **Vereinbarung**, die einen **nicht anhängigen Verfahrensgegenstand** betrifft, eine **Gerichtsvergleichsgebühr** nach Ziffer 1500 des Kostenverzeichnisses auslöst (näher *Kischkel,* § 80 FamFG Rn. 9) und ob sich der Verfahrenswert dann aus der Summe der Verfahrensgegenstände zusammensetzt.[175] Diskutiert wird auch, ob **Verfahrenskostenhilfe** mit der Begründung versagt werden darf, es liege **Mutwilligkeit** vor, da zunächst das Beratungsangebot der Jugendhilfe hätte in Anspruch genommen werden müssen (näher *Gottschalk*, § 76 FamFG Rn. 27).

91 *Der Ablauf des Termins in Kindschaftssachen*

I. Terminvorbereitung

1. Aktenstudium: Zahlen, Daten, Fakten sammeln
2. Zu welcher Art von Termin wird geladen?
   a) früher Termin (§ 155 Abs. 2 FamFG)
   b) Erörterungstermin wegen Kindeswohlgefährdung (§ 157 FamFG)
   c) mündliche Erörterung (§ 57 Satz 2 HS 1 FamFG)
3. Wer muss geladen werden? Insbes.: Einbeziehung des Kindes?
4. Wer könnte noch zum Termin geladen werden?
5. Wohin wird geladen (Sitzungssaal, Dienstzimmer)
6. Zu wann wird geladen? (Zeitspanne zwischen Ladungsverfügung und Termin beachten)
7. Wieviel Zeit wird eingeplant?
8. Wenn ein Kind zum Termin geladen wird: Ist für eine Kinderbetreuung gesorgt?
9. Robe? im Sitzungssaal eher ja, im Dienstzimmer eher nein.
10. Namen der Beteiligten und der weiteren geladenen Personen merken oder aufschreiben
11. Überlegen, wer wegen der Nichtöffentlichkeit des Verfahrens evtl. zunächst außerhalb des Sitzungszimmers warten muss
12. Ablaufplan erstellen, Reihenfolge der anzuhörenden Personen überlegen, Anhörung allein oder gemeinsam (§ 33 Abs. 1 Satz 2 FamFG)
13. Fragenkatalog zusammenstellen

174 Vgl. BGH, Beschl. v. 25.5.2023 – IX ZR 161/22 = FamRZ 2023, 1576; OLG Hamburg, Beschl. v. 9.7.2020 – 7 WF 61/20 = FamRZ 2021, 451; Vgl. OLG Oldenburg, FamRZ 2014, 1939; OLG Zweibrücken, FamRZ 2014, 1939; KG FamRZ 2014, 1940;

175 So OLG Nürnberg, Beschl. v. 16.1.2020 – 11 WF 1243/19 = MDR 2020, 353; für gesonderte Verfahrenswerte im Hinblick auf die Gebühren des Rechtsanwalts sh. AG Brandenburg an der Havel, Beschl. v. 19.12.2023 – 40 F 116/22 = FamRZ 2024, 1395

II. Durchführung des Termins

1. Innere Haltung (ruhig, offen, respektvoll, akzeptierend, empathisch, präsent)
2. Begrüßung und Regeln
   a) Ablauf mitteilen
   b) Zeitrahmen besprechen
   c) Hinweis, dass jeder Beteiligte, wenn er an der Reihe ist, ausreichend Zeit bekommt zu sprechen und rechtliches Gehör zu allen Punkten gewährt werden wird.
   d) Rolle der Anwälte ansprechen
   e) Zuhören und Ausreden lassen, keine Unterbrechungen
   f) Kommunikation (jedenfalls anfangs) nur im Dreieck, d.h. über den Richtertisch, nicht direkt zwischen den Beteiligten,
   g) Ankündigung, dass man unterbrechen wird, wenn die Beteiligten sich beschimpfen oder beleidigen
   h) Ankündigung, dass bei Bedarf eine Pause gemacht werden kann
   i) Hinweis auf Art und Weise der Protokollierung
   j) Zustimmung zu diesen Regeln einholen
3. Persönliche Anhörung der Beteiligten
   a) in der zuvor überlegten Reihenfolge; evtl. im Termin auf Änderungen reagieren (Beteiligte, Anwälte, ggf. weitere Personen)
   b) Anwälte halten sich zunächst zurück
   c) Eingangsfrage: offene Frage, z.B.: „Was sind Ihre wesentlichen Erwägungen in Bezug auf die Frage des zukünftigen Lebensmittelpunkts Ihrer Kinder?" – Antwort entwickeln lassen
   d) Protokollieren? Wenn ja, wie? Oder anschließender Vermerk?
   e) Zeitrahmen einhalten
4. Stellungnahmen:
   – des Verfahrensbeistands
   – des Jugendamts
   – der Anwälte
5. Erörterung
6. Lösungsoptionen entwickeln (Anwälte, Verfahrensbeistand und Jugendamt unbedingt einbeziehen)
7. ggf. weitere Verfahrensschritte besprechen
8. Vereinbaren oder Treffen bzw. Ankündigen einer Entscheidung

III. Protokoll, Vermerk

1. im Termin (parallel, nach Abschnitten, am Ende); kein Vorspielen notwendig, da lediglich Vermerk nach § 28 Abs. 4 FamFG)
2. als Vermerk nach der Sitzung, dann aber allen rechtliches Gehör gewähren

§ 157 FamFG

Erörterung der Kindeswohlgefährdung; einstweilige Anordnung

(1) In Verfahren nach den §§ 1666 und 1666a des Bürgerlichen Gesetzbuchs soll das Gericht mit den Eltern und in geeigneten Fällen auch mit dem Kind erörtern, wie einer möglichen Gefährdung des Kindeswohls, insbesondere durch öffentliche Hilfen, begegnet werden und welche Folgen die Nichtannahme notwendiger Hilfen haben kann.

(2) [1]Das Gericht hat das persönliche Erscheinen der Eltern zu dem Termin nach Absatz 1 anzuordnen. [2]Das Gericht führt die Erörterung in Abwesenheit eines Elternteils durch, wenn dies zum Schutz eines Beteiligten oder aus anderen Gründen erforderlich ist.

(3) In Verfahren nach den §§ 1666 und 1666a des Bürgerlichen Gesetzbuchs hat das Gericht unverzüglich den Erlass einer einstweiligen Anordnung zu prüfen.

Übersicht

Weiterführende Literatur: Berneiser, Die Erörterung der Kindeswohlgefährdung nach § 157 FamFG, ZKJ 2016, 255, 291; *Schumann*, Das Erörterungsgespräch bei möglicher Kindeswohlgefährdung, FPR 2011, 203.

A. Allgemeines

I. Informationsfluss

1 Hält das Jugendamt das Tätigwerden des Familiengerichts für erforderlich, so hat es das Familiengericht anzurufen (§ 8a Abs. 2 Satz 1 SGB VIII); zudem hat das Jugendamt im Fall einer Inobhutnahme bei einem Widerspruch der Personensorgeberechtigten unverzüglich eine Entscheidung des Familiengerichts herbeizuführen (§ 42 Abs. 3 Satz 2 Nr. 2 SGB VIII)[1] – auf diesen Wegen werden Kinderschutzverfahren fast ausschließlich in Gang gesetzt.[2] Anlass hierfür können unterschiedliche Gefahrensituationen geben – von der Versäumung der Kindervorsorgeuntersuchungen[3] über Schulverweigerung und kleinere Ladendiebstähle bis hin zu gravierender Verwahrlosung und Schädigung des Kindes.

▶ *Zu den Fallgruppen vgl. Cirullies, § 1666 BGB Rn. 22 ff.; siehe auch Köhler, Kommentierung zu § 8a SGB VIII.*

Entsprechende Informationen erhält das **Jugendamt** verstärkt von Mitgliedern der in **§ 4 Abs. 1 KKG** genannten Berufsgruppen,[4] ferner durch Verwandte, Nachbarn oder die Polizei (näher zum KKG siehe hier *Heilmann*, §§ 1 bis 6 KKG Rn. 1 f.). Auch können **Gerichte und Behörden** Gefährdungsmitteilungen unmittelbar an das Familiengericht richten (§ 22a FamFG). Allerdings bedarf es derartiger Anregungen Dritter nicht notwendig: Das Gericht kann auch aufgrund eigener Erkenntnisse – etwa im Rahmen eines Gewaltschutzverfahrens – das Verfahren **von Amts wegen** einleiten.

II. Zweck des Termins

2 Das Gericht ist in solchen Verfahren nach **§§ 1666, 1666a BGB** im Rahmen seines staatlichen Wächteramts gehalten, umgehend einen **Erörterungstermin** unter Einbindung aller Beteiligten durchzuführen, und zwar zur Klärung des Sachverhalts wie auch zur Unterstützung und „Warnung" der Eltern,[5] aber auch zur Erörterung geeigneter Gefahrenabwehrmaß-

1 Zum Verhältnis von Inobhutnahme und familiengerichtlicher Entscheidung vgl. VGH München NZFam 2025, 52 (*Schmidt*); OVG Münster NZFam 2024, 814 (*Schmidt*)
2 *Heilmann*, NJW 2014, 2904, 2908
3 Dazu OLG Frankfurt NJW-RR 2014, 259; ferner *Mortsiefer*, NJW 2014, 3543
4 Zu den Problemen bei der Mitteilung eines Arztes vgl. OLG Naumburg NJOZ 2014, 928
5 BT-Drs. 16/6815, S. 17; OLG Frankfurt FamRZ 2022, 1530, 1532

nahmen.[6] § 156 FamFG findet hier keine Anwendung.[7] Gegenstand der Erörterung kann schon eine **mögliche Gefährdung** des Kindeswohls sein, während der Erlass kinderschutzrechtlicher Maßnahmen nach § 1666 BGB bereits einen Schadenseintritt oder jedenfalls eine **gegenwärtige** Gefahr voraussetzt (siehe hierzu *Cirullies*, § 1666 BGB Rn. 19).[8] Andererseits handelt es sich stets um eine „mögliche Gefährdung", solange eine Gefährdung nicht durch das Gericht festgestellt wurde.[9] Wegen der erstrebten Einwirkung auf die Erziehungsverpflichteten, mitunter auch auf das Kind, handelt sich um einen Sonderfall des frühen Termins nach § 155 Abs. 2 FamFG, der (zunächst) lediglich der Anhörung und Sachverhaltsermittlung dient. Eine Trennung von Erörterung und persönlicher Anhörung nach § 160 FamFG ist kaum möglich und allenfalls in Fällen häuslicher Gewalt zur Sicherheit eines Elternteils sinnvoll. Unabhängig davon ist in jedem Verfahrensstadium zu prüfen, ob der Grad der Kindeswohlgefährdung **vorläufigen Rechtsschutz** erfordert. Insbesondere in Misshandlungs- und Missbrauchsfällen ist eine **anderweitige Unterbringung** des Kindes zu erwägen (siehe dazu *Cirullies*, § 1666 BGB Rn. 73).

Auch wenn die Anwendbarkeit des § 1666 BGB auf den *nasciturus* umstritten ist (dazu *Cirullies*, § 1666 BGB Rn. 15), ist ein **Erörterungstermin** mit der **werdenden Mutter** nach § 157 FamFG zulässig, falls sich ernst zu nehmende Gefahren für das ungeborene Kind abzeichnen.[10]

Im Übrigen steht in dem Erörterungstermin häufig die Frage im Vordergrund, ob und inwieweit den Eltern und dem Kind **öffentliche Hilfen** (weiterhin) zuteilwerden sollen. Hierbei spielt die Positionierung zum Verhältnis von **Jugendamt und Familiengericht** eine wichtige Rolle. **3**

▶ *Ausführlich zur Zusammenarbeit zwischen Jugendamt und Familiengericht siehe Heilmann, § 162 FamFG Rn. 1 ff., sowie zur sog. Anordnungskompetenz Köhler, § 36a SGB VIII Rn. 1, 4, 5.*

Wegen der ablehnenden Haltung des Jugendamts darf das Gericht jedenfalls nicht von der fehlenden Möglichkeit öffentlicher Hilfen ausgehen.[11] Im Übrigen bietet ein Erörterungstermin i.S.d. § 157 FamFG gerade die Möglichkeit, **unterschiedliche Einschätzungen** einer Kindeswohlgefährdung zu diskutieren und zu einer einheitlichen Haltung zu gelangen.[12]

B. Inhalt der Norm

I. Erörterungstermin

1. Anberaumung

Der **Termin** muss in der Praxis spätestens einen Monat nach Einleitung des Verfahrens,[13] meist jedoch – je nach Dringlichkeit und Geschäftslage – erheblich eher stattfinden. Er wird meist auch der persönlichen **Anhörung** nach § 160 FamFG dienen. **4**

▶ *Zum Vorrang- und Beschleunigungsgebot siehe Fink, § 155 FamFG.*

---

6 *Rake*, FamRZ 2022, 1507, 1514 betreffend Interventionen bei medienbezogener Kindeswohlgefährdung
7 *Wegener*, NZFam 2015, 799. Allerdings fällt dem Gericht häufig eine „Mittlerrolle" zwischen den Sichtweisen der Eltern und des Jugendamtes zu (dazu Rn. 5).
8 Vgl. auch BeckOK-BGB/*Veit*, § 1666 Rn. 41
9 *Schmidt*, NZFam 2022, 1124, 1125
10 Vgl. OLG Frankfurt FamRZ 2018, 190; *Cirullies*, FamRB 2022, 17, 19 m.w.N.
11 BVerfG FF 2014, 295, krit. dazu *Riegner*, NZFam 2014, 625, 630; *Heilmann*, NJW 2014, 2904, 2908; *Keuter*, FamRZ 2014, 1354, 1355
12 Hierzu *Wierse*, JAmt 2024, 400; *Flemming*, JAmt 2021, 303
13 § 155 Abs. 2 Satz 2 FamFG

Regelmäßig wird die Erörterung in Anwesenheit **beider Elternteile** durchgeführt. Einzubeziehen ist auch ein **nicht sorgeberechtigter** Elternteil.[14] Das Familiengericht **muss** sogar das **persönliche Erscheinen** der Eltern anordnen (Abs. 2 Satz 1).

Bei unentschuldigtem Fernbleiben kann **Ordnungsgeld** festgesetzt werden (§ 33 Abs. 3 FamFG). Das Gericht kann jedoch nach Abs. 2 Satz 2 von einer gemeinsamen Anhörung absehen, wenn dies zum Schutz eines Elternteils erforderlich ist, vor allem in Fällen von **Gewaltschutz**.

▶ *Zur* **getrennten Anhörung** *vgl. Kischkel, §§ 33, 34 FamFG Rn. 7.*

▶ *Zu Verfahren mit Gewaltbefürchtung siehe hier Kischkel, § 32 FamFG Rn. 6.*

Zu laden sind ferner:

- in geeigneten Fällen auch das **Kind**,[15]
- das stets zu beteiligende **Jugendamt** (§ 162 Abs. 2 FamFG),
- der in diesen Verfahren regelmäßig zu bestellende **Verfahrensbeistand**,
- im Fall des § 161 FamFG (längere Familienpflegezeit) die **Pflegeperson**,[16]
- ein **Dritter**, gegen den Maßnahmen nach § 1666 Abs. 4 BGB verhängt werden sollen; er ist Beteiligter i.S.d. § 7 FamFG.

Zudem kann es in diesen Verfahren der Amtsermittlungsgrundsatz gebieten, den **Lebensgefährten**, der mit der Sorgeberechtigten einen gemeinsamen Haushalt führt, persönlich anzuhören.[17]

2. Inhalt der Erörterung

5 In dem Termin **erörtert** das Gericht mit den Erschienenen

- die Möglichkeiten, eine sich abzeichnende Kindeswohlgefährdung zu vermeiden, insbesondere durch **öffentliche Hilfen**, insbesondere **Hilfe zur Erziehung** nach §§ 27 ff. SGB VIII (dazu *Cirullies*, § 1666 BGB Rn. 43);
- die Folgen der **Nichtannahme** notwendiger Hilfen.

Das Gespräch soll also mehrere Funktionen erfüllen, nämlich Aufklärung, Unterstützung und Warnung. Insbesondere wenn die Sorgeberechtigten bislang gegenüber dem Jugendamt „geblockt" haben, besteht nun die Gelegenheit, mehr über die Familiensituation und die Hintergründe des bisherigen Verhaltens zu erfahren. Die **Möglichkeiten öffentlicher Hilfen** wird das Jugendamt bereits mit den Eltern erörtert haben. Meist geht es nun darum, die Eltern von der Notwendigkeit des Eingreifens zu überzeugen und ihnen etwaige **sorgerechtliche Konsequenzen** vor Augen zu führen. Bei verhärteten Fronten sollte das Gericht zwischen Eltern und Jugendamt vermitteln und Verständnis für die gegenseitigen Sichtweisen wecken.[18] Auch wenn der Gesetzgeber ausdrücklich auf den Begriff des „Erziehungsgesprächs" verzichtet hat, kann dem Gespräch – schon wegen der Warnfunktion – ein **erziehender** Charakter nicht abgesprochen werden.[19]

Über den Termin ist in jedem Fall ein **Vermerk** (Protokoll) zu fertigen, § 28 Abs. 4 FamFG.

14 OLG Frankfurt FamRZ 2013, 46; OLG Schleswig FamRZ 2012, 725, dazu *Maier*, FamFR 2011, 358
15 Etwa bei wiederholter Straffälligkeit, Schulverweigerung oder exzessiver Nutzung elektronischer Medien, Sternal/*Schäder*, § 157 FamFG Rn. 8 m.w.N.
16 OLG Saarbrücken ZKJ 2014, 117 mit Anm. *Heilmann*
17 OLG Saarbrücken a.a.O.
18 Prütting/Helms/*Hammer*, § 157 FamFG Rn. 25; vgl. auch BT-Drs. 16/6815, 12
19 MüKo-FamFG/*Schumann*, § 157 Rn. 26

II. Entscheidung

Besteht nach der Erörterung noch weiterer **Aufklärungsbedarf**, ist das Verfahren nach § 1666 BGB unter Beachtung des Vorrang- und Beschleunigungsgebots **fortzuführen**. In diesem Fall muss das Gericht nach Abs. 3 den Erlass einer **einstweiligen Anordnung** prüfen und ggf. insoweit ein selbstständiges Verfahren einleiten.[20] 6

Im Übrigen bedarf es einer **gerichtlichen Entscheidung**, deren Inhalt vom Ergebnis der Erörterung abhängt: 7

- Sind die Sorgeberechtigten nunmehr bereit, **öffentliche Hilfen anzunehmen**, ist das weitere Vorgehen in dem erforderlichen **Vermerk** festzuhalten. Es empfiehlt sich in solchen Fällen, das Verfahren förmlich zu **beenden** durch einen beschwerdefähigen Beschluss (Tenor: *„Es wird festgestellt, dass es kindesschutzrechtlicher Maßnahmen nicht bedarf"* sowie Kostenentscheidung und Begründung) und eine angemessene Frist (in der Regel drei Monate) zwecks Einleitung eines **Überprüfungsverfahrens nach § 166 Abs. 3 FamFG** zu verfügen. Ohne eine klarstellende „Entscheidung" ist für eine Überprüfung nach § 166 Abs. 3 FamFG kein Raum.[21]
- Lassen die Ermittlungen des Gerichts eine mögliche **Kindeswohlgefährdung nicht erkennen**, ist das **Verfahren ebenfalls ohne kinderschutzrechtliche Maßnahme zu beenden;** einer Überprüfung nach § 166 Abs. 3 FamFG bedarf es dann nicht.
- Bedarf es noch einer **weiteren Sachverhaltsaufklärung**, sollte im Termin klargestellt werden, welche Ermittlungen das Gericht vorzunehmen beabsichtigt und welche Mitwirkung insofern von den Eltern gefordert wird.[22]
- Ist die Schwelle zur **Kindeswohlgefährdung** bereits überschritten, so trifft das Gericht **Maßnahmen** nach §§ 1666 Abs. 1 und 3, 1666a BGB.[23]

§ 158 FamFG

Bestellung des Verfahrensbeistands

(1) [1]Das Gericht hat dem minderjährigen Kind in Kindschaftssachen, die seine Person betreffen, einen fachlich und persönlich geeigneten Verfahrensbeistand zu bestellen, soweit dies zur Wahrnehmung der Interessen des Kindes erforderlich ist. [2]Der Verfahrensbeistand ist so früh wie möglich zu bestellen.

(2) Die Bestellung ist stets erforderlich, wenn eine der folgenden Entscheidungen in Betracht kommt:

1. **die teilweise oder vollständige Entziehung der Personensorge nach den §§ 1666 und 1666a des Bürgerlichen Gesetzbuchs,**
2. **der Ausschluss des Umgangsrechts nach § 1684 des Bürgerlichen Gesetzbuchs oder**
3. **eine Verbleibensanordnung nach § 1632 Absatz 4 oder § 1682 des Bürgerlichen Gesetzbuchs.**

---

20 Vgl. BVerfG FamRZ 2014, 907 mit Anm. *Hammer*, FamRZ 2014, 1005
21 MüKo-FamFG/*Heilmann*, § 166 Rn. 26
22 Prütting/Helms/*Hammer*, § 157 FamFG Rn. 28
23 Dazu hier *Cirullies*, § 1666 FamFG Rn. 39 ff.

(3) [1]Die Bestellung ist in der Regel erforderlich, wenn

1. das Interesse des Kindes zu dem seiner gesetzlichen Vertreter in erheblichem Gegensatz steht,

2. eine Trennung des Kindes von der Person erfolgen soll, in deren Obhut es sich befindet,

3. Verfahren die Herausgabe des Kindes zum Gegenstand haben oder

4. eine wesentliche Beschränkung des Umgangsrechts in Betracht kommt.

[2]Sieht das Gericht in den genannten Fällen von der Bestellung eines Verfahrensbeistands ab, ist dies in der Endentscheidung zu begründen.

(4) [1]Die Bestellung endet mit der Aufhebung der Bestellung, mit Rechtskraft der das Verfahren abschließenden Entscheidung oder mit dem sonstigen Abschluss des Verfahrens. [2]Das Gericht hebt die Bestellung auf, wenn

1. der Verfahrensbeistand dies beantragt und einer Entlassung keine erheblichen Gründe entgegenstehen oder

2. die Fortführung des Amtes die Interessen des Kindes gefährden würde.

(5) Die Bestellung eines Verfahrensbeistands oder deren Aufhebung sowie die Ablehnung einer derartigen Maßnahme sind nicht selbständig anfechtbar.

Weiterführende Literatur (zu §§ 158–158c FamFG): Büchner, Rechte und Pflichten des Verfahrensbeistandes aus der Sicht der Rechtsprechung, NZFam 2020, 234; *Dürbeck,* Die Einlegung der Rechtsbeschwerde beim BGH durch den Verfahrensbeistand, ZKJ 2019, 262; *Ernst,* Das Gesetz zur Bekämpfung sexualisierter Gewalt gegen Kinder, FamRZ 2021, 993; *Freitag/Jokisch,* Die Neuregelungen zur Verfahrensbeistandschaft aufgrund des Gesetzes zur Bekämpfung sexualisierter Gewalt gegen Kinder – eine erste Bestandsaufnahme, FuR 2022, 556; *Jokisch,* Das Gesetz zur Bekämpfung sexualisierter Gewalt gegen Kinder, FuR 2021, 471; *Heilmann,* Der Verfahrensbeistand als Grundrechtsgarant für das Kind, ZKJ 2017, 219; *Keuter,* Die geplante Neuregelung der Verfahrensbeistandschaft, ZKJ 2021, 131; *ders.*, Gebührenrechtliche Stolpersteine für den Verfahrensbeistand, FamRZ 2018, 14; *Lack,* Die Entwicklung der Verfahrensbeistandschaft seit Inkrafttreten des Gesetzes zur Bekämpfung sexualisierter Gewalt gegen Kinder, FamRZ 2023, 1249; *Langer,* Das Recht der Verfahrensbeistandschaft – Teil 1, ZKJ 2023, 407; Teil 2, ZKJ 2023, 445; *Menne,* Wie bekomme ich den Verfahrensbeistand wieder los – Zur Entpflichtung eines Verfahrensbeistands im kindschaftsrechtlichen Verfahren, FF 2020, 276; *ders.*, Neues Recht für die Verfahrensbeistandschaft – Zur Reform des § 158 FamFG durch den Regierungsentwurf eines Gesetzes zur Bekämpfung sexualisierter Gewalt gegen Kinder, NZFam 2020, 1033; *ders.*, Die Entpflichtung des Verfahrensbeistandes wegen Gefährdung der Interessen des Kindes, FF 2024, 134; *Moelle,* Die (anwaltliche) Vertretung Minderjähriger in Kindschaftssachen, ZKJ 2020, 7; *Splitt,* Die Aufhebung der Bestellung zum Verfahrensbeistand, FamRB 2020, 331; *Vogel,* Die Änderungen der Verfahrensbeistandsbestimmungen nach §§ 158–158c FamFG, FamRB 2022, 501; *Witt,* Änderungen im familiengerichtlichen Beschwerdeverfahren durch das Gesetz zur Bekämpfung sexualisierter Gewalt gegen Kinder, FamRZ 2021, 1510; *Zimmermann,* Die Novelle zur Verfahrensbeistandschaft, NZFam 2020, 1001.

Übersicht

A. Allgemeines

Der **Verfahrensbeistand** hat in Kindschaftssachen den durch das Kindschaftsrechtsreformgesetz eingeführten Verfahrenspfleger abgelöst, der letztlich auf das Gebot der sachgemäßen Beteiligung eines Kindes am gerichtlichen Verfahren gemäß Art. 12 UN-Kinderrechtekonvention zurückgeht. Die Einrichtung der Verfahrensbeistandschaft ist Ausdruck der Subjektstellung des Kindes in seiner Individualität als Grundrechtsträger.[1] Das Kind, das sich häufig bei Streit seiner Eltern „zwischen den Stühlen" befindet, soll durch eigenständige Vertretung seiner Interessen im gerichtlichen Verfahren entlastet werden.[2] **1**

Die Zahl der Bestellungen von Verfahrensbeiständen ist steigend.[3] Außer in Kindschaftssachen kann dem Kind auch in **Abstammungsverfahren** nach § 174 FamFG und in **Adoptionssachen** nach § 191 FamFG ein Verfahrensbeistand bestellt werden. In Verfahren betreffend die **Unterbringung eines Minderjährigen** tritt nach § 167 Abs. 1 Satz 2 FamFG der Verfahrensbeistand an die Stelle des Verfahrenspflegers. Die Beiordnung eines Verfahrensbeistandes in anderen Verfahren wie z.B. einem Wohnungszuweisungsverfahren nach § 1361b BGB ist gesetzlich nicht vorgesehen, auch wenn Belange der Kinder u.U. von entscheidender Bedeutung sein können.[4] **2**

Durch das Gesetz zur Bekämpfung sexualisierter Gewalt an Kindern vom 16.6.2021[5] wurde das Recht der Verfahrensbeistandschaft neu gefasst: § 158 FamFG regelt gebündelt nur noch die Bestellung eines Verfahrensbeistands, § 158a FamFG dessen persönliche und fachliche Eignung. § 158b FamFG konkretisiert Aufgaben und Rechtsstellung des Verfahrensbeistands, während § 158c FamFG dessen Vergütung und Auslagenersatz normiert und die Auferlegung von Kosten auf den Verfahrensbeistand untersagt. **3**

§ 158 Abs. 1 FamFG normiert die allgemeine Voraussetzung, unter der die Bestellung eines Verfahrensbeistands zu erfolgen hat und zieht die früher in § 158 Abs. 3 Satz 1 enthaltene Regelung über eine möglichst frühzeitige Bestellung in Abs. 1 Satz 2 vor. Abs. 2 normiert die Fälle einer zwingenden Bestellung eines Verfahrensbeistands; Abs. 3 benennt Fallgruppen, in denen in der Regel eine Bestellung zu erfolgen hat. Abs. 4 regelt das Ende der Verfahrens- **4**

1 BGH FamRZ 2010, 1060 m.w.N.
2 BGH FamRZ 2010, 1060 m.w.N.
3 *Lack/Salgo*, FPR 2012, 353; *Völker/Clausius*, § 5 Rn. 2 m.w.N.
4 KG FamRZ 2020, 831
5 BGBL 2021, 1810

beistandschaft, insbesondere in Satz 2 deren Aufhebung. Abs. 5 schließt die selbstständige Anfechtbarkeit der Bestellung eines Verfahrensbeistands sowie deren Aufhebung aus.

B. Inhalt der Norm

I. Grundnorm: § 158 Abs. 1 Satz 1 FamFG

1. Eigenständige Bedeutung

5 Das Familiengericht muss dem Kind einen Verfahrensbeistand bestellen, wenn dies in einer seine Person betreffenden Kindschaftssache zur Wahrnehmung seiner Rechte erforderlich ist. Diese Grundnorm hat eine **eigenständige Bedeutung**,[6] weil weder die Fälle einer zwingend notwendigen Bestellung nach Abs. 2 noch die Aufzählung der Regelbeispiele für eine Bestellung in Abs. 3 abschließend sind noch zusätzliche Voraussetzungen normieren.

2. Die Person des Kindes betreffende Kindschaftssache

6 Das Verfahren muss zum Kreis der **Kindschaftssachen** nach § 151 FamFG gehören. Zudem muss es die **Person** des Kindes **betreffen**. Damit sind alle ausschließlich die **Vermögenssorge** betreffenden Angelegenheiten **ausgeschlossen**.[7] So kann z.B für ein Verfahren, in welchem die Landeskasse an den Vormund des Kindes gezahlte Beträge zurückfordert, dem Kind kein Verfahrensbeistand bestellt werden.[8] Gleiches gilt für die Genehmigung einer Erbausschlagung.[9] Zwar bedeutet die dann notwendige Bestellung eines Ergänzungspflegers Mehraufwand und Verfahrensverzögerung,[10] gleichwohl kommt eine analoge Anwendung des § 158 FamFG auf ausschließlich die Vermögenssorge betreffende Kindschaftssachen angesichts des klaren Wortlautes nicht in Betracht.[11] Im Verfahren auf Anerkennung bzw. Vollstreckbarerklärung einer Entscheidung nach der Brüssel IIa-Verordnung ist kein Verfahrensbeistand zu bestellen,[12] weil nach Art. 26 Brüssel IIa-VO die anzuerkennende Entscheidung nicht überprüft werden darf und deshalb keine neue materielle Entscheidung getroffen wird.

7 Ein Verfahrensbeistand ist ggf. auch für ein **ungeborenes Kind** zu bestellen. Da Schutzmaßnahmen zugunsten des ungeborenen Lebens nach h.M. entsprechend § 1666 BGB in Betracht kommen, müssen die Rechte des ungeborenen Kindes auch verfahrensrechtlich Beachtung finden.[13]

3. „Muss"-Vorschrift

8 Das Gericht „hat" dem Kind einen Verfahrensbeistand zu bestellen. § 158 Abs. 1 FamFG ist eine **„Muss-Vorschrift"**. Liegen die Bestellungsvoraussetzungen vor, bleibt dem Gericht kein Ermessensspielraum.[14] Insbesondere ist die früher in § 158 Abs. 5 FamFG a.F. enthaltene Bestimmung aufgehoben worden, wonach eine Bestellung unterblieb oder aufgehoben wurde, wenn die Interessen des Kindes von einem Rechtsanwalt oder einem anderen geeigneten Verfahrensbevollmächtigten wahrgenommen wurde.[15] Die Streichung soll ver-

6 Sternal/*Schäder*, § 158 FamFG Rn. 13
7 BGH NJW 2012, 685; BGH ZKJ 2011, 465
8 OLG Hamm FamRZ 2014, 600
9 BGH NJW 2012, 685; KG FamRZ 2010, 1171
10 KG FamRZ 2010, 1171, 117; Sternal/*Schäder*, § 158 FamFG Rn. 7
11 Sternal/*Schäder*, § 158 FamFG Rn. 7 m.w.N. auch für Gegenmeinung
12 BGH FamRZ 2015, 1001 mit Anm. Hau FamRZ 2015, 1101
13 AG Bad Iburg ZKJ 2017, 383 = NJW 2017, 2630; siehe auch OLG Frankfurt ZKJ 2017, 381; AG Bonn NZFam 2021, 505
14 Langer ZKJ 2023, 407, 408; BeckOK FamFG/*Schlünder*, § 158 FamFG Rn. 9
15 Kritisch: *Menne*, NZFam 2020, 1033, 1045

hindern, dass anstelle eines nicht gewünschten Verfahrensbeistands für das Kind ein vom Sorgeberechtigten selbst gewählter Rechtsanwalt oder eine Rechtsanwältin mandatiert wird.[16]

Die Vorschrift gilt **auch für Eilverfahren**.[17] Allerdings kann bei einem Zielkonflikt zwischen der Beschleunigung des Verfahrens und der eigenständigen Interessenvertretung eines Kindes jedenfalls in Fällen des eigenmächtigen Verbringens eines Kindes durch einen Elternteil regelmäßig zugunsten einer besonders straffen Verfahrensführung und raschen Entscheidung im Einzelfall auch auf die Bestellung eines Verfahrensbeistands verzichtet werden, um zu verhindern, dass der eigenmächtig handelnde Elternteil aus der von ihm ertrotzten Kontinuität ungerechtfertigte Vorteile zieht.[18]

4. Erforderlichkeit

Die Bestellung eines Verfahrensbeistands hat auch nach der Neufassung nur zu erfolgen, soweit dies zur Wahrnehmung der Interessen des Kindes erforderlich ist.[19] Dies ist immer der Fall, wenn eine der Konstellationen des § 158 Abs. 2 FamFG eingreift. Darüber hinaus enthält § 158 Abs. 3 FamFG eine Reihe von Regelbeispielen für die erforderliche Bestellung eines Verfahrensbeistands. Diese Vorschriften dienen als Orientierung für eine auf der Grundnorm des § 158 Abs. 1 FamFG basierende Bestellung,[20] die insbesondere in Betracht kommt, wenn zweifelhaft ist, ob ein Interessengegensatz zwischen Eltern und Kind besteht.[21] Die konkrete **Gefahr unzureichender Interessenwahrnehmung** durch die gesetzlichen Vertreter kann bereits durch die Ankündigung unterschiedlicher Anträge indiziert sein,[22] z.B. beim Streit über den Lebensmittelpunkt eines Kindes.[23] 9

Es genügt, dass ein Interessengegensatz in Betracht kommt.[24] Im Zweifel, ob die staatlichen Verfahrensgarantien wirklich zur vollständigen Interessenwahrung des Kindes ausreichen, ist zur Sicherung der Grundrechte des Kindes ein Verfahrensbeistand zu bestellen. Ist ein Elternteil wegen ständig wechselnder Aufenthalte und mangelnder Kooperationsfähigkeit bzw. -bereitschaft für das Gericht nicht erreichbar und wirkt nicht am Verfahren mit, ist dies gerade ein Grund für die Bestellung eines Verfahrensbeistands.[25]

Ebenso können die Regelbeispiele des Abs. 3 als Auslegungshilfen herangezogen werden für die Frage, ob die Angelegenheit für das Kind von solch **erheblicher Bedeutung** ist, dass die Interessenwahrnehmung des Kindes eine Bestellung erfordert. So wird man z.B. beim Begehren eines Vaters, ein 14-jähriges Kind bereits freitags um 16.00 Uhr statt um 18.00 Uhr für ein Umgangswochenende abholen zu können, bei Fehlen von Anhaltspunkten für weitergehende Konflikte auf einen Verfahrensbeistand verzichten können, während bei einem Kleinkind, für das der Vater ein Besuchsrecht von zwei Mal wöchentlich für je eine Stunde hat, die Ausdehnung auf zwei Mal wöchentlich für zwei Stunden – ebenso wie die Frage der Übernachtung – durchaus von erheblicher Bedeutung sein kann. Hinsichtlich des Elternstreits im Rahmen des § 1686 BGB über die Herausgabe eines Porträtfotos des Kindes an den nicht betreuenden Elternteil, ist die Erforderlichkeit einer Verfahrensbeistandsbestellung mit erweitertem Wirkungskreis zu Recht verneint worden.[26] 10

16 *Ernst*, FamRZ 2021, 993, 996 m.w.N.
17 VerfG Brandenburg FamRZ 2011, 305
18 OLG Saarbrücken FamRZ 2011, 1740
19 BT-Drs. 19/23707 S. 52
20 Musielak/*Borth/Frank*, § 158 FamFG Rn. 3
21 Sternal/*Schäder*, § 158 FamFG Rn. 13
22 MüKo-FamFG/*Schumann*, § 158 FamFG Rn. 6 m.w.N.
23 OLG Köln FamRZ 2013, 46; KG FamRZ 2014, 1790
24 BVerfG FamRZ 2008, 845; OLG München FamRZ 1999, 667
25 OLG Oldenburg NZFam 2017, 1161
26 OLG München FamRZ 2018, 1003

11 Ein Verfahrensbeistand braucht nach den Vorstellungen des Gesetzgebers bei Einführung des Verfahrenspflegers nicht bestellt zu werden, wenn der **minderjährige Jugendliche** seine **Interessen selbst** in der Anhörung **hinreichend wahrnehmen** könne.[27] Mit dieser Annahme sollte zurückhaltend umgegangen werden, insbesondere unter Berücksichtigung der Rechtsprechung zur Erforderlichkeit einer Anwaltsbeiordnung im Rahmen der Verfahrenskostenhilfe. Es erscheint kaum sachgerecht, den Eltern auf Staatskosten einen Interessenvertreter beizuordnen, diesen dem Kind dagegen zu versagen.

5. Eignung des Verfahrensbeistands

12 Bestellt werden soll ein „**fachlich und persönlich geeigneter**" Verfahrensbeistand. Die diesbezüglichen Anforderungen sind inzwischen durch § 158a FamFG gesetzlich konkretisiert worden. Insoweit wird auf die dortige Kommentierung (siehe *Keuter*, § 158a FamFG) verwiesen. Unter den fachlich und persönlich geeigneten Verfahrensbeiständen hat das Gericht ein pflichtgemäßes Auswahlermessen.[28] Nicht bestellt werden soll wegen des Rollenkonflikts das Jugendamt.[29]

6. Form der Bestellung

13 Aus dem Beschluss über die Bestellung des Verfahrensbeistands muss sich neben dessen Benennung auch Art und Umfang seiner Bestellung ergeben (siehe § 158b Abs. 2 FamFG). Der Bestellungsbeschluss muss anders als nach bisherigem Recht nicht mehr die Feststellung einer **berufsmäßigen** Führung von Verfahrensbeistandschaften enthalten, weil hiervon ein Vergütungsanspruch nicht mehr abhängt, (§ 158c Abs. 1 FamFG).

Ein förmlicher Verpflichtungsakt seitens des Rechtspflegers ist nicht erforderlich.[30] Hieraus haben zahlreiche Obergerichte geschlossen, ein Verfahrensbeistand könne auch konkludent bestellt werden,[31] auch wenn dies nur im Ausnahmefall angenommen werden könne.[32] Grundsätzlich ergibt schon § 158b Abs. 2 Satz 2 FamFG (ehemals § 158 Abs. 4 Satz 4 FamFG) die Verpflichtung, Art und Umfang der Beauftragung konkret festzulegen und zu begründen.[33]

Verfahrensbeistände sollten schon im eigenen Gebühreninteressen auf einer ausdrücklichen Bestellung bestehen,[34] um nicht später teilweise Vergütungsnachteile zu erleiden, weil das Gericht argumentiert, die Miterörterung z.B. der Umgangsfrage im Sorgerechtsverfahren genüge nicht für eine konkludente Bestellung.[35]

Praxistipp

Für alle Beteiligten schafft ein ausdrücklicher Beschluss, welche Person mit welchem Aufgabenkreis (§ 158b FamFG) für welchen konkreten Verfahrensgegenstand bestellt wird, entsprechende Klarheit und vermeidet spätere Gebührenstreitigkeiten.

27 BT-Drs. 13/4899, 131
28 BeckOK FamFG/*Schlünder*, § 158 FamFG Rn. 10 m.w.N.
29 OLG Naumburg FamRZ 2000, 300; PK-Familienverfahrensrecht/*Stötzel*, § 158 FamFG Rn. 5 m.w.N.; offengelassen, doch dahin tendierend auch OLG Hamm FamRZ 2014, 600
30 BT-Drs.13/4899, S. 129 zum damaligen Verfahrenspfleger
31 OLG München FamRZ 2024, 136 mit Anm. *Keuter*; OLG Nürnberg ZKJ 2015, 77; KG FamRZ 2022, 1052; a.A. Bumiller/Harders/*Schwamb*, § 158 FamFG Rn. 3 m.w.N.
32 OLG München FamRZ 2024, 136
33 OLG Brandenburg FamRZ 2018, 1855
34 *Keuter*, FamRZ 2018, 14, 16
35 OLG Düsseldorf NZFam 2022, 798 abl. bespr. v. *Keuter*

7. Bestellungszeitpunkt

Nach §158 Abs. 1 Satz 2 FamFG ist der Verfahrensbeistand „so früh wie möglich" zu bestellen.[36] Dies entspricht dem früheren §158 Abs. 3 Satz 1 FamFG a.F. Gleichwohl können – und sollten zur Vermeidung unnötiger Bestellungen[37] – vor der Bestellung seitens des Gerichts Vorermittlungen zu tätigen sein, ob überhaupt ein elterlicher Interessenkonflikt besteht.[38] Insbesondere sind die Eltern zur beabsichtigten Bestellung in der Regel anzuhören.[39] Eine „rückwirkende" Bestellung zwecks Begründung eines Vergütungsanspruchs für eine ohne vorherige Bestellung erbrachte Tätigkeit ist unzulässig.[40] 14

Frühzeitige Bestellung eines Verfahrensbeistands und **Beschleunigungsgebot** des §155 FamFG können – insbesondere in Eilverfahren – zu **Konflikten** führen, weil für den Verfahrensbeistand keine hinreichende Einarbeitungszeit zur Verfügung steht.[41] Nimmt man den Gesetzeswortlaut ernst, muss das Gericht vorsorglich – auch zur Wahrung des Beschleunigungsgebots – schon bei Erstübersendung des Antrages bzw. des für ein solches Verfahren gestellten Verfahrenskostenhilfegesuchs Eltern und Jugendamt darauf hinweisen, dass es die Bestellung eines Verfahrensbeistands erwägt und insoweit eine (kurze) Stellungnahmefrist (bei besonderer Eilbedürftigkeit genügen auch drei Tage) einräumen. Nach deren Ablauf ist über die Bestellung zu befinden. In den Fällen obligatorischer Bestellung nach §158 Abs. 2 FamFG kann auf die vorherige Anhörung der Eltern ganz verzichtet werden, weil deren Ablehnung eines Verfahrensbeistandes keine Auswirkung auf die Bestellungsentscheidung hätte und ihnen auch kein Anspruch auf Bestellung eines bestimmten Beistands zusteht.[42] 15

Im Zweifel ist *vorsorglich* ein Verfahrensbeistand zu bestellen. Nur so kann dem Anliegen, den Interessen des Kindes im Verfahren von Anfang an Rechnung zu tragen, ausreichend entsprochen werden.[43] Eine Bestellung, die so spät erfolgt, dass der Verfahrensbeistand die Rechte des Kindes nicht mehr ausreichend wahrnehmen kann, stellt einen mit der Beschwerde anfechtbaren Verfahrensfehler dar.[44] 16

▶ *Zu* ***Zielkonflikten*** *zwischen Verfahrensbeschleunigung und ausreichender eigenständiger Interessenvertretung des Kindes siehe auch Rn. 23.*

Wird im Einzelfall ein Verfahrensbeistand verfrüht, ohne Anhörung der Eltern bestellt, kann dies ausnahmsweise Veranlassung geben, von der Erhebung der auf die Vergütung des Verfahrensbeistandes entfallenden Gerichtskosten abzusehen.[45]

II. Obligatorische Bestellung (Abs. 2)

§158 Abs. 2 benennt abschließend[46] drei Fallgruppen, in denen das Gericht **zwingend** einen Verfahrensbeistand zu bestellen hat. Damit soll ausgeschlossen werden, dass in diesen besonders grundrechtsrelevanten Fällen die Bestellung des Verfahrensbeistandes 17

36 Zum Bestellungszeitpunkt *Keuter*, FamRZ 2024, 138 m.w.N. auch für Gegenmeinung
37 OLG Frankfurt FamRZ 2019, 630; Sternal/*Schäder*, §158 FamFG Rn. 28 m.w.N.
38 OLG Frankfurt FamRZ 2017, 543; OLG Dresden FamRZ 2000, 1296
39 *Menne*, NZFam 2020, 1033, 1046; MüKo-FamFG/*Schumann*, §158 FamFG Rn. 17 m.w.N.
40 OLG München FamRZ 2016, 160 mit Anm. *Menne*; BeckOK-FamFG/*Schlünder*, §158 FamFG Rn. 12 m.w.N.
41 *Bahrenfuss/Schlemm*, §158 FamFG Rn. 10
42 Sternal/*Schäder*, §158 FamFG Rn. 29
43 Die Notwendigkeit möglichst frühzeitiger Bestellung betonen auch *Lack/Salgo*, FPR 2012, 353, 355; ebenso PK-Familienverfahrensrecht/*Stötzel*, §158 FamFG Rn. 12
44 BGH ZKJ 2011, 220
45 OLG Frankfurt FamRZ 2017, 543
46 *Lack*, FamRZ 2023, 1249, 1250 m.w.N.

nicht versehentlich unterbleibt.[47] Trotz teilweiser Kritik[48] ist diese Neuregelung zu begrüßen,[49] da sie ein Absehen von einer Bestellung auch im Ausnahmefall entgegen früherer Rechtsprechung[50] ausschließt. **„In Betracht kommt"** eine Maßnahme nach den in § 158 Abs. 2 Nr. 1 bis 3 genannten Fällen, wenn das Gericht sie ernsthaft in Erwägung zieht,[51] was in der Regel der Fall ist, wenn die Maßnahme von Jugendamt oder einem Verfahrensbeteiligten angeregt wird.[52] Die Fallgruppen obligatorischer Verfahrensbeistandsbestellung gelten auch in **Eilverfahren**.[53] Verfahren auf **Abänderung** einer im Vorverfahren getroffenen Maßnahme aus dem Katalog des § 158 Abs. 2 FamFG nach §§ 166 Abs. 1 FamFG, 1696 BGB werden nach dem eindeutigen Gesetzeswortlaut trotz möglicher ebenso fataler Wirkungen[54] dagegen nicht erfasst, können aber nach §§ 158 Abs. 3 Nr. 1 und 2 oder 158 Abs. 1 FamFG eine Bestellung gebieten.[55]

18 Der teilweise oder völlige **Entzug der Personensorge** (Abs. 2 Nr. 1) greift in besonders schwerem Maß sowohl in das Elterngrundrecht nach Art. 6 Abs. 2 GG ein, zudem wird der Schutzanspruch des Kindes gegenüber dem Staat vor Gefährdungen durch die Eltern sowohl bei der Anordnung von kinderschutzrechtlichem Maße als auch bei deren Unterlassung in besonderem Maße berührt.[56] Bei Einleitung eines Verfahrens nach §§ 1666, 1666a BGB ist zudem ein erheblicher Interessengegensatz zwischen Kind und Elternteil indiziert, denn bestünde nicht die konkrete Möglichkeit einer Kindeswohlgefährdung durch den Elternteil infolge Misshandlung, Missbrauch, Vernachlässigung u.ä., würde ein solches Verfahren nicht in Gang gesetzt. Gerade in diesen Verfahren befinden sich Kinder oft in Loyalitätskonflikten oder auch Angst vor dem Verlust des Elternhauses.[57] Sie sehen möglicherweise auch das Jugendamt nicht als eine Institution, die hilft, sondern die sie nur „ins Heim schicken" will. Umso dringender ist eine eigenständige Interessenvertretung des Kindes geboten. Erfasst sind auch Verfahren nach §§ 1671 Abs. 4, 1666 BGB.[58]

19 Die zweite Fallgruppe zwingender Bestellung eines Verfahrensbeistandes umfasst den **Ausschluss des Umgangsrechts** nach § 1684 BGB. Dies meint den **völligen** Ausschluss, nicht bloße Beschränkungen wie die Anordnung begleiteten Umgangs oder fehlender Übernachtungen.[59] Nach dem klaren Wortlaut gilt die obligatorische Bestellung auch nur für den Ausschluss des elterlichen Umgangsrechts, dagegen nicht für den Ausschluss des Umgangsrechts von Bezugspersonen oder des leiblichen Vaters nach §§ 1685, 1686a BGB, welcher jeweils durch Abweisung des Antrags erfolgt.[60] Auch in diesen Fällen ist aber eine Bestellung aufgrund § 158 Abs. 3 Nr. 1 bzw. 4, Abs. 1 FamFG zu prüfen.

20 Obligatorisch ist schließlich die Beiordnung in Verfahren auf **Erlass einer Verbleibensanordnung** nach §§ 1632 Abs. 4, 1682 BGB. Grund hierfür ist der in diesen Fällen regelmäßig bestehende Interessengegensatz zwischen Eltern und Kind.[61] Wegen der besonderen Be-

---

47 BT-Drs. 19/23707, 53
48 *Menne*, NZFam 2020, 1033, 1036
49 *Keuter*, ZKJ 2021, 131, 132
50 OLG Frankfurt FamRZ 2021, 1817 m.w.N.
51 OLG Saarbrücken FamRZ 2022, 471, 472; *Lack*, FamRZ 2023, 1249, 1250 je m.w.N.
52 Eingehend *Langer*, ZKJ 2023, 445
53 Sternal/*Schäder*, § 158 FamFG Rn. 14
54 Sternal/*Schäder*, § 158 FamFG Rn. 16
55 Prütting/Helms/*Hammer*, § 158 FamFG Rn. 32; a.A. BeckOK FamFG/*Schlünder*, § 158 Rn. 20; Musielak/Borth/*Frank*, § 158 FamFG Rn. 5
56 Sternal/*Schäder* § 158 FamFG Rn. 15
57 Sternal/*Schäder* § 158 FamFG Rn. 15
58 *Ernst*, FamRZ 2022, 269
59 Prütting/Helms/*Hammer*, § 158 FamFG Rn. 33 m.w.N. auch für Gegenmeinung
60 Dutta/Jacoby/Schwab/*Lack*, § 158 FamFG Rn. 35; Thomas/Putzo/*Hüßtege*, ZPO § 158 FamFG Rn. 9; Sternal/*Schäder*, § 158 FamFG Rn. 17; a.A. *Jokisch*, FuR 2021, 471, 473
61 Musielak/Borth/*Frank*, § 158 FamFG Rn. 8

deutung für den Lebensmittelpunkt des Kindes sind aber auch die Fälle von Verbleibensanordnungen gegenüber Vormund oder Ergänzungspfleger erfasst.[62]

Warum der Gesetzgeber die nach früherer Fassung (§ 158 Abs. 2 Nr. 4 FamFG a.F.) mit Verbleibensanordnungen gleich behandelten Herausgabeverfahren „nur" als Regelbeispiel gemäß § 158 Abs. 3 Nr. 3 FamFG einordnet, statt ebenfalls als Fall einer obligatorischen Bestellung, ist den Materialien[63] nicht zu entnehmen, zumal es von einer oft zufälligen Beteiligtenrolle abhängen kann, ob ein Elternteil von Pflegeeltern Herausgabe verlangt oder umgekehrt letztere eine Verbleibensanordnung begehren.[64]

III. Regelbeispiele nach Abs. 3

1. Regel-Ausnahme-Verhältnis

Liegt eine der in Abs. 3 beschriebenen Konstellationen vor, ist regelmäßig ein Verfahrens- **21** beistand zu bestellen. Sieht das Gericht ausnahmsweise von der Bestellung ab, so ist dies gesondert zu begründen (§ 158 Abs. 3 Satz 2 FamFG). Sind mehrere Kinder beteiligt, kann ein Verfahrensbeistand für alle Kinder bestellt werden.[65] Möglich ist aber auch, jedem Kind einen eigenen Verfahrensbeistand zu bestellen.[66] Auch wenn dies im Vergleich zur Bestellung von einem Verfahrensbeistand für alle Kinder keine Mehrkosten verursacht, sollte davon nur bei tatsächlich bestehenden Interessenkonflikten zwischen den einzelnen Geschwistern Gebrauch gemacht werden, um die Zahl der Beteiligten nicht ins Uferlose steigen zu lassen.[67]

2. Die Regelbeispiele im Einzelnen

a) erheblicher Interessenkonflikt (Nr. 1)

Das Regelbeispiel entspricht den Voraussetzungen, unter welchen das Gericht einem El- **22** ternteil nach §§ 1629 Abs. 3 Satz 2, 1796 BGB die Vertretungsbefugnis entziehen kann. Stellt ein Elternteil die eigenen Interessen (z.B. den anderen Elternteil aus seinem Leben zu verbannen) vor die des Kindes (z.B. auf regelmäßigen Kontakt mit dem Elternteil), so ist er nicht in der Lage, die Kindesinteressen objektiv zu vertreten. Gleiches gilt, wenn beide Eltern aufgrund ihres Konfliktes untereinander das Kind aus dem Blick verlieren.[68] Sind beide Elternteile sorgeberechtigt, genügt der Interessenkonflikt zwischen Kind und einem Elternteil.[69]

Ob tatsächlich ein Elternteil aus objektiv vorhandenen Gesichtspunkten handelt oder aus **23** nur subjektiv wahrgenommenen Motiven heraus, ist häufig kaum feststellbar. Die Bestellung des Verfahrensbeistands ist jedoch schon geboten, wenn nach den Umständen des Einzelfalles die **Möglichkeit** besteht, dass die Kindesinteressen den Elterninteressen nachgeordnet werden.[70] Soweit ältere obergerichtliche Entscheidungen die Bestellung eines (damaligen) Verfahrenspflegers von der positiven Feststellung abhängig gemacht haben, dass

---

62 Prütting/Helms/*Hammer*, § 158 FamFG Rn.34; *Witt*, FamRZ 2022, 606; a.A. OLG Brandenburg FamRZ 2022, 603
63 BT-Drs. 19/23707 S. 53
64 Mit Recht kritisch *Menne*, NZFam 2020, 1033, 1037; Prütting/Helms/*Hammer*, § 158 FamFG Rn. 39
65 OLG Brandenburg FamRZ 2011, 1872 (LS)
66 AG Holzminden FamRZ 2010, 322
67 OLG Brandenburg FamRZ 2011, 1872 (LS); wohl eher für unterschiedliche Verfahrensbeistände: PK Familienverfahrensrecht/*Stötzel*, § 158 FamFG Rn. 6
68 OLG Saarbrücken, Beschl. v. 11.6.2019, 9 UF 49/18, juris
69 OLG Brandenburg NZFam 2019, 744; OLG Hamm FamRZ 2018, 456
70 OLG Brandenburg FamRZ 2023, 533; OLG Saarbrücken Beschl. v. 11.6.2019, 9 UF 49/18, juris; *Langer*, ZKJ 2023, 445, 446 je m.w.N.

„der partnerschaftliche Streit der Eltern die Kindeswohlbelange überlagere oder sogar verdränge"[71] und allein widerstreitende Anträge nicht haben ausreichen lassen,[72] kann dem nicht zugestimmt werden. Müsste das Gericht erst positiv den bestehenden Interessengegensatz zwischen Eltern(-teil) und Kind feststellen, käme die von § 158 Abs. 1 Satz 2 FamFG geforderte „frühestmögliche" Bestellung kaum jemals zum Zuge und würde in Fällen, in denen zweifelhaft bleibt, ob der betroffene Elternteil aus Eigeninteressen oder unter Einbeziehung der Kindesinteressen handelt, der Bestellung des Verfahrensbeistands gänzlich entgegenstehen. Eine ordnungsgemäße Beteiligung des Kindes am Verfahren wäre nicht gewährleistet.[73]

24 Ein Verfahrensbeistand muss für das Kind dagegen nicht bestellt werden in einem Verfahren auf Bestellung eines Ergänzungspflegers zwecks Entscheidung über das Zeugnisverweigerungsrecht des Kindes.[74]

b) Trennung des Kindes von Obhutsperson (Nr. 2)

25 Die Trennung eines Kindes von der Obhutsperson stellt regelmäßig einen schwerwiegenden Eingriff in die Zuordnung eines Kindes zur Familie bzw. Pflegefamilie dar, der eine eigenständige verfahrensrechtliche Vertretung des Kindes erfordert.[75] Wer die Trennung des Kindes von der bisherigen Obhutsperson erstrebt, ist unerheblich.[76] Von diesem Regelbeispiel erfasst sind deshalb insbesondere auch Verfahren, in denen ein Elternteil den Wechsel des Kindes aus dem Haushalt des anderen Elternteils in den eigenen erstrebt.[77] Gleiches gilt – auch für ein Eilverfahren –, wenn ein bislang praktiziertes paritätisches **Wechselmodell** zugunsten einer gerichtlichen Entscheidung für den Lebensmittelpunkt bei nur einem Elternteil beendet werden soll.[78]

Ist die **Pflegefamilie** nicht länger bereit, die Pflege fortzuführen, soll das Regelbeispiel mangels Konflikt zwischen Eltern und Pflegeperson nicht zur Anwendung kommen.[79] Diese Auffassung greift zu kurz, weil sie die Kindesinteressen nicht hinreichend berücksichtigt. Gerade in derartigen Fällen, in denen dem Kind eine erneute Entwurzelung droht, wäre eine eigenständige Interessenwahrnehmung für das Kind geboten, zumal ja nicht ohne Weiteres gesichert ist, dass eine Rückkehr ins Elternhaus wirklich die dem Kindeswohl entsprechende Lösung darstellt.

c) Herausgabeverfahren (Nr. 3)

26 Herausgabeverfahren haben für ein Kind häufig existentielle Folgen. Die Herausnahme aus der gewohnten Umwelt bedeutet ein schwer bestimmbares Zukunftsrisiko.[80] Zudem läuft das Kind gerade in Verfahren nach § 1632 Abs. 1 BGB schnell Gefahr zum bloßen Herausgabeobjekt degradiert zu werden. Zur nicht nachvollziehbaren Ungleichbehandlung mit Verbleibensanordnungen siehe oben Rn. 20. Vom Regelbeispiel auch erfasst sind Verfahren nach dem HKÜ.[81]

---

71 OLG Düsseldorf NJW 2000, 1274
72 OLG Köln NJW-RR 2001, 76
73 *Keuter*, ZKJ 2021, 131, 133
74 BGH ZKJ 2020, 309
75 BVerfG FamRZ 1999, 85, 89
76 BT-Drs. 16/6308, 238
77 Musielak/Borth/*Frank*, § 158 FamFG Rn. 12
78 OLG Saarbrücken NZFam 2018, 1041 m.w.N.
79 BayObLG FamRZ 1999, 1455
80 BVerfG FamRZ 2010, 865
81 Dutta/Jacoby/Schwab/*Lack*, § 158 FamFG Rn. 42 m.w.N.

d) Wesentliche Beschränkung des Umgangsrechts (Nr. 4)

27 Soweit ein **Umgangsausschluss** nach § 1684 BGB im Raum steht, ist obligatorisch ein Verfahrensbeistand nach § 158 Abs. 2 Nr. 2 zu bestellen (siehe Rn. 19). **Wesentliche Beschränkungen** des Umgangsrechts sind anzunehmen, wenn Umgang für längere Zeit oder dauerhaft nur in einem solch geringen Ausmaß gewährt wird, das eine kontinuierliche Entwicklung des Eltern-Kind-Verhältnisses gefährdet erscheint[82]. Dies ist stets der Fall, wenn (nur) begleiteter Umgang gewährt wird.[83]

Vom Wortlaut des Regelbeispiels erfasst sind jedenfalls auch Abänderungsverfahren nach § 1696 BGB, wenn das dem Elternteil bereits gerichtlich zugestandene Umgangsrecht erheblich reduziert werden soll. Auch das bewusste Absehen von einer Ferienregelung beim Umgang mit einem schulpflichtigen Kind ist als Umgangsbeschränkung gewertet worden.[84] Ebenso kann es sich bei einer **Umgangsregelung ohne Übernachtung** bereits um eine Umgangseinschränkung i.S.v. § 1684 Abs. 4 BGB handeln.[85]

28 Nach der Neufassung des § 158 FamFG spricht Abs. 3 Nr. 4 – anders als § 158 Abs. 2 Nr. 2 FamFG – nur noch von Einschränkungen des Umgangs, ohne auf § 1684 BGB zu verweisen. Im Umkehrschluss ist deshalb nunmehr davon auszugehen, dass auch wesentliche Beschränkungen des Umgangsrechts der Großeltern oder sonstiger Bezugspersonen nach § 1685 BGB sowie des leiblichen, aber nicht rechtlichen Vaters nach § 1686a BGB erfasst sind, obgleich in diesen Fällen die Kindeswohldienlichkeit zunächst positiv festgestellt werden muss.[86]

3. Begründungserfordernis (Abs. 3 Satz 2)

29 Sieht das Gericht trotz Vorliegen eines Regelbeispiels von der Bestellung eines Verfahrensbeistands ab, so muss es dies in der Entscheidung ausdrücklich begründen. Fehlt die Begründung, stellt dies einen schweren, die Aufhebung und Zurückverweisung rechtfertigenden Verfahrensfehler dar.[87] Der Hinweis auf das junge Alter des Kindes rechtfertigt das Absehen von der Bestellung eines Verfahrensbeistands unter keinem erdenklichen Gesichtspunkt,[88] sondern ist regelmäßig gerade ein für die Bestellung sprechender Gesichtspunkt.

IV. Ende der Verfahrensbeistandschaft (Abs. 4)

30 § 158 Abs. 4 FamFG regelt unter sprachlicher Neufassung das früher in § 158 Abs. 6 FamFG a.F. geregelte Ende der Bestellung. Dieses tritt ein mit Aufhebung der Bestellung, mit „der Rechtskraft der das Verfahren abschließenden Entscheidung" oder mit dem sonstigen Verfahrensabschluss. Eine **erstinstanzliche Bestellung erstreckt sich** daher automatisch **auf die Rechtsmittelinstanz** – unabhängig von der Frage, ob der Verfahrensbeistand selbst oder ein Dritter ein Rechtsmittel eingelegt hat –, sofern das Rechtsmittelgericht keine Änderungen beschließt.[89] Auch hat der Verfahrensbeistand noch zu prüfen, ob er Verfassungsbeschwerde einlegt. Tut er oder auch ein sonstiger Verfahrensbeteiligter dies, wird sich die Bestellung auf die Verfassungsbeschwerde fortsetzen.[90] „Sonstiger Verfahrensab-

82 BVerfG FamRZ 2024, 946 mit Anm. *Mallory*; Prütting/Helms/*Hammer*, § 158 FamFG Rn. 40
83 OLG Saarbrücken FamRZ 2010, 2085
84 OLG Saarbrücken ZKJ 2014, 75
85 OLG Saarbrücken ZKJ 2013, 365
86 Dutta/Jacoby/Schwab/*Lack*, § 158 FamFG Rn. 42; Prütting/Helms/*Hammer*, § 158 FamFG Rn. 40
87 OLG Brandenburg Beschl. v. 21.12.2022, 13 UF 116/22; OLG Brandenburg Beschl. v. 10.11.2021 13, UF 121/21, juris; OLG Naumburg ZKJ 2009, 1037
88 OLG Brandenburg Beschl. v. 21.12.2022, 13 UF 116/22, juris m.w.N.
89 OLG München FamRZ 2012, 728; OLG Stuttgart FamRZ 2011, 1533
90 Dutta/Jacoby/Schwab/*Lack*, § 158 FamFG Rn. 47 m.w.N.

schluss" sind z.B. die Antragsrücknahme oder Erledigung der Hauptsache. Die erstinstanzliche Bestellung erfasst dagegen nicht mehr ein späteres Vollstreckungsverfahren,[91] ein Abänderungsverfahren oder ein Vermittlungsverfahren.[92] Alle diese Verfahren sind vom Ausgangsverfahren unabhängige selbständige Verfahren, für die ggf. ein Verfahrensbeistand neu bestellt werden muss.[93]

31 In § 158 Abs. 4 Satz 2 Nr. 1 und 2 FamFG sind zwei Fallgruppen geregelt, in welchen das Gericht die Bestellung des Verfahrensbeistands wieder aufhebt. Nach Nr. 1 muss der Verfahrensbeistand selbst die Aufhebung beantragen und der Entlassung dürfen keine rechtlich erheblichen Gründe entgegenstehen. Dies soll einer **Entlassung zur Unzeit** vorbeugen.[94] Eine vom Verfahrensbeistand selbst beantragte Aufhebung der Bestellung kommt insbesondere in Betracht, wenn es ihm nicht gelingt, ein Vertrauensverhältnis zum Kind aufzubauen.[95]

Alternativ kommt eine **Aufhebung** nach Nr. 2 in Betracht, wenn die Fortführung des Amtes durch den bisherigen Verfahrensbeistand die Interessen des Kindes gefährden würde.[96] Dies wurde z.B. bejaht in einem Fall einer Rangelei zwischen Verfahrensbeiständin und Kindesmutter mit anschließender Strafanzeige der Verfahrensbeiständin gegen die Mutter;[97] die umgekehrte Anzeige eines Elternteils reicht hierfür regelmäßig nicht aus, da ansonsten Eltern sich sehr leicht eines missliebigen Verfahrensbeistands entledigen könnten.[98]

32 Die Aufhebung der Bestellung wegen angeblicher **Befangenheit** entsprechend den Vorschriften über die Befangenheit von Gerichtspersonen kommt nicht in Betracht,[99] schon weil der Verfahrensbeistand nicht zur Neutralität verpflichtet ist.[100] Der Gesetzgeber räumt auch ausdrücklich dem betroffenen Kind kein Recht auf Ablehnung des bestellten Verfahrensbeistands ein, da dies das Verfahren verzögern und einen Anreiz zur Instrumentalisierung des Kindes durch einen Elternteil bilden könnte.[101]

Fortgesetzte Verstöße eines Verfahrensbeistands gegen seine in § 158b näher beschriebenen Verpflichtungen rechtfertigen die Abberufung,[102] ebenso die krankheitsbedingte Unmöglichkeit der Fortsetzung der Tätigkeit.[103] Grundsätzlich ist ein restriktiver Maßstab für die Aufhebung einer Bestellung nach § 158 Abs. 4 Satz 2 Nr. 2 FamFG anzulegen.[104]

33 Vor einer Abberufung ist **rechtliches Gehör allen Beteiligten**, insbesondere auch dem bisherigen Verfahrensbeistand zu gewähren. Einer vorherigen Abmahnung bedarf es nicht, doch kann eine solche im Sinne des Beschleunigungsgebotes durchaus angezeigt sein, weil sie zu geringeren Zeitverlusten als eine Neubestellung führen dürfte.[105] Welche **kostenrechtlichen Folgen** die vom Verfahrensbeistand verursachte Aufhebung der Bestellung nach sich zieht (Streichung bzw. Kürzung der Vergütung? Niederschlagung oder Nichterhebung der Kosten?)[106] ist bislang von der Rechtsprechung nicht geklärt. Zu Lasten selbstzahlender Eltern darf ein zur Abberufung führender Pflichtenverstoß seitens des Verfah-

91 OLG Karlsruhe BeckRS 2011, 24478
92 MüKo-FamFG/*Schumann*, § 158 FamFG Rn. 44
93 Eingehend *Splitt*, FamRB 2020, 331
94 OLG Bamberg FamRZ 2023, 375 mit Anm. *Splitt*
95 BT-Drs. 19/27928, S. 22
96 Dazu eingehend *Menne*, FF 2024, 134
97 OLG Karlsruhe FamRZ 2014, 1136
98 *Menne*, FF 2024, 134, 135 m.w.N.
99 *Splitt*, FamRB 2020, 331, 332; *Büchner*, NZFam 2020, 234 je m.w.N.
100 OLG Koblenz ZKJ 2019, 181, 184
101 BT-Drs. 19/27928 S. 21
102 *Menne*, FF 2024, 134, 135 m.w.N.
103 Dutta/Jacoby/Schwab/*Lack*, § 158 FamFG Rn. 52
104 KG ZKJ 2022, 35
105 *Menne*, FF 2024, 134, 137 m.w.N.
106 *Menne*, FF 2024, 134, 139

rensbeistandes jedenfalls nicht gehen, weshalb in den Fällen des § 158 Abs. 4 Satz 2 Nr. 2 FamFG viel für die Nichterhebung der entsprechenden Kosten spricht.

V. Unanfechtbarkeit (Abs. 5)

Die Bestellung oder Abberufung eines Verfahrensbeistands sind wie auch entsprechende ablehnende Beschlüsse im Interesse eines zügigen Ablaufs nach § 158 Abs. 5 FamFG, welcher in der Sache § 158 Abs. 3 Satz 4 FamFG a.F. entspricht, grundsätzlich nicht selbständig anfechtbar. Zulässig ist es aber, die Beschwerde gegen die Endentscheidung darauf zu stützen, ein Verfahrensbeistand sei fehlerhaft bestellt bzw. nicht bestellt oder seine Bestellung (nicht) aufgehoben worden (§ 58 Abs. 2 FamFG). Das gilt auch für das mindestens 14 Jahre alte Kind.[107] Gerade weil die Bestellung im Interesse des Kindes erfolgt, muss auch ihm ein **Beschwerderecht** im gleichen Umfang wie den übrigen Verfahrensbeteiligten zustehen. Zudem ist nicht einzusehen, warum es für zulässig erachtet wird, wenn ein Elternteil seine Beschwerde auf eine angeblich falsche Auswahl des Verfahrensbeistands stützt,[108] dem Kind dies aber versagt sein soll. 34

Wird ausnahmsweise der Verfahrensbeistand durch den **Rechtspfleger** bestellt, so ist diese Entscheidung abweichend von § 158 Abs. 3 Satz 4 FamFG mit der **befristeten Erinnerung** nach § 11 Abs. 2 RpflG anfechtbar.[109]

§ 158a FamFG

Eignung des Verfahrensbeistands

(1) [1]Fachlich geeignet im Sinne des § 158 Absatz 1 ist eine Person, die Grundkenntnisse auf den Gebieten des Familienrechts, insbesondere des Kindschaftsrechts, des Verfahrensrechts in Kindschaftssachen und des Kinder- und Jugendhilferechts, sowie Kenntnisse der Entwicklungspsychologie des Kindes hat und über kindgerechte Gesprächstechniken verfügt. [2]Die nach Satz 1 erforderlichen Kenntnisse und Fähigkeiten sind auf Verlangen des Gerichts nachzuweisen. [3]Der Nachweis kann insbesondere über eine sozialpädagogische, pädagogische, juristische oder psychologische Berufsqualifikation sowie eine für die Tätigkeit als Verfahrensbeistand spezifische Zusatzqualifikation erbracht werden. [4]Der Verfahrensbeistand hat sich regelmäßig, mindestens alle zwei Jahre, fortzubilden und dies dem Gericht auf Verlangen nachzuweisen.

(2) [1]Persönlich geeignet im Sinne des § 158 Absatz 1 ist eine Person, die Gewähr bietet, die Interessen des Kindes gewissenhaft, unvoreingenommen und unabhängig wahrzunehmen. [2]Persönlich ungeeignet ist eine Person insbesondere dann, wenn sie rechtskräftig wegen einer Straftat nach den §§ 171, 174 bis 174c, 176 bis 178, 180, 180a, 181a, 182 bis 184c, 184e bis 184g, 184i bis 184l, 201a Absatz 3, den §§ 225, 232 bis 233a, 234, 235 oder § 236 des Strafgesetzbuchs verurteilt worden ist. [3]Zur Überprüfung der Voraussetzungen des Satzes 2 soll sich das Gericht ein erweitertes Führungszeugnis von der betreffenden Person (§ 30a des Bundeszentralregistergesetzes) vorlegen lassen oder im Einverständnis mit der betreffenden Person anderweitig Einsicht in ein bereits vorliegendes erweitertes Führungszeugnis nehmen. [4]Ein solches darf nicht älter als drei Jahre sein. [5]Aktenkundig zu machen sind nur die Einsichtnahme in das erweiterte Führungszeugnis des bestellten Verfahrensbeistands, das Ausstellungsdatum sowie die Feststellung, dass das erweiterte Führungszeugnis keine Eintragung über eine rechtskräftige Verurteilung wegen einer in Satz 2 genannten Straftat enthält.

---

107 *Völker/Clausius*, § 5 Rn. 41; a.A. Musielak/*Borth/Grandel*, § 158 FamFG Rn. 19 mit Hinweis auf OLG Stuttgart MDR 2001, 1242 (zum Verfahrenspfleger)
108 KG ZKJ 2014, 285
109 BGH ZKJ 2017, 273

Übersicht

A. Allgemeines

1 Die Vorschrift konkretisiert die bereits in § 158 Abs. 1 Satz 1 geforderte Eignung des Verfahrensbeistands. Dabei normiert Abs. 1 die fachliche, Abs. 2 die persönliche Eignung. Die letztgenannten Anforderungen sind durch die Ausschussberatungen in den Gesetzestext eingefügt worden zur Verbesserung des Kinderschutzes und als Ausgleich für das fehlende Mitspracherecht der Beteiligten, insbesondere des Kindes bei der Auswahl des Verfahrensbeistands.[1]

B. Inhalt der Norm

I. Fachliche Eignung des Verfahrensbeistands (Abs. 1)

1. Erforderliche Qualifikationen

2 § 158 Abs. 1 Satz 1 normiert die notwendige fachliche Eignung des Verfahrensbeistands. Dieser muss einerseits über verschiedene **Grundkenntnisse** auf den im Gesetzestext vereinzelt genannten **Rechtsgebieten** verfügen und Kenntnisse über die **Entwicklungspsychologie** des Kindes besitzen. Andererseits muss er **kindgerechte Gesprächstechniken** beherrschen. Das anspruchsvolle Anforderungsprofil soll Gewähr dafür bieten, dass der Verfahrensbeistand in einer vielfach für das Kind schwierigen und belastenden Situation die Interessen des Kindes tatsächlich feststellen und ausreichend zur Geltung bringen kann.[2] Die Kombination von juristischen, pädagogischen und psychologischen Kenntnissen bzw. Fertigkeiten bedeutet, dass eine auf einem der genannten Gebiete erworbene Berufsausbildung allein nicht ausreicht, um das gesamte Spektrum der an den Verfahrensbeistand zu stellenden Anforderungen abzudecken, sondern durch entsprechende von der Berufsausbildung nicht abgedeckte **Zusatzqualifikationen** zu ergänzen ist.[3]

3 Soweit familienrechtliche Grundkenntnisse vorausgesetzt werden, bleibt unklar, welchen **Umfang** diese exakt beinhalten sollen.[4] Insbesondere fehlen weiterhin nähere Vorgaben zum zeitlichen Umfang von zu besuchenden Qualifikationsveranstaltungen sowie eine Konkretisierung des zu erwartenden Inhalts, sodass die Beurteilung letztlich dem jeweiligen Familienrichter obliegt.[5] Selbst die Ausbildung als **Volljurist** garantiert die erforderlichen Grundkenntnisse auf den im Gesetz aufgelisteten Gebieten angesichts der geringen Bedeu-

1 BT-Drs. 19/27928 S. 29
2 BT-Drs. 19/23707 S. 54
3 *Langer*, ZKJ 2023, 407, 4; *Freitag/Jokisch*, FuR 2022, 506; *Lack*, FamRZ 2023, 1249, 1251; *Menne*, NZFam 2020, 1033, 1039
4 *Freitag/Jokisch*, FuR 2022, 506
5 *Langer*, ZKJ 2023, 407, 409 m.w.N.

tung des Familienrechts in Studium und Referendariat keineswegs, was auch darin deutlich wird, dass auch für Familienrichter in § 23b Abs. 3 GVG ein besonderes Anforderungsprofil verlangt wird, welches regelmäßig nur durch entsprechende Fortbildungen erfüllt werden kann. Ob aus der unterschiedlichen Wortwahl „Grundkenntnisse" bzgl. rechtlicher Vorschriften bzw. „Kenntnisse" der Entwicklungspsychologie nähere Schlüsse im Hinblick auf das Anforderungsprofil zu entnehmen sind, bleibt ebenso offen.

2. Nachweis der Qualifikation

Auf Verlangen des Gerichts sind die oben erörterten Qualifikationen nachzuweisen (§ 158a Abs. 1 Satz 2 FamFG). Der Nachweis kann insbesondere nach § 158a Abs. 1 Satz 3 FamFG erbracht werden durch das Zeugnis einer der aufgelisteten Berufsqualifikation sowie den Nachweis der nicht hiervon abgedeckten spezifischen Zusatzqualifikation. Auch hier bleibt allerdings unklar, **welche von wem mit welchen Inhalten** und über welche Stundenzahl vermittelte Zusatzqualifikation zur Erfüllung des Anforderungsprofils ausreichen soll.[6] Die langjährige Tätigkeit als Verfahrensbeistand allein soll nach den Vorstellungen des Gesetzgebers nicht ausreichend sein.[7] Die Gerichte, die über viele Jahre gute Erfahrungen mit einem Verfahrensbeistand gemacht haben, sind gleichwohl nicht gehindert, diesen weiterhin zu bestellen, wenn er über die entsprechende Berufsqualifikation verfügt. Es mutet ohnehin merkwürdig an, dass der Gesetzgeber ab Inkrafttreten der Neuregelung ab 1.1.2022 (§ 493a Abs. 4 FamFG) vom Verfahrensbeistand den Nachweis der entsprechenden Qualifikationen verlangt, für die Familienrichter trotz nicht seltener Wechsel in familienrichterlichen Dezernaten es aber ausreichen lässt, wenn der Erwerb „alsbald zu erwarten" ist (§ 23b Abs. 2 Satz 4 GVG). 4

3. Fortbildungspflicht

Nach § 158a Abs. 1 Satz 4 hat der Verfahrensbeistand sich regelmäßig, mindestens alle 2 Jahre, fortzubilden und dies auf Verlangen dem Gericht nachzuweisen. Die Kriterien über Inhalt, Dauer und Träger der Fortbildung sind ebenso unklar wie im Hinblick auf die speziellen Zusatzqualifikationen. Die Nichterfüllung der Fortbildungsverpflichtung kann, muss aber nicht zwingend die Eignung des Verfahrensbeistands und damit seine Bestellung ausschließen.[8] 5

4. Nachweisverlangen

Das Gericht kann den Nachweis der erforderlichen Qualifikationen sowie der regelmäßigen Fortbildung verlangen. Der Gesetzgeber sieht allerdings ausdrücklich auch die Möglichkeit, dass Gerichte von einem solchen Nachweis absehen, wenn sie sich durch vorangegangene Verfahren von der Eignung des Verfahrensbeistands überzeugt haben.[9] Verfahrensbeistände sehen sich durch die „Kann"-Vorschrift einer unterschiedlichen Handhabung der Gerichte eines Bezirks, u.U. sogar desselben Gerichts ausgesetzt und müssen u.U. mehrfach die Nachweise erbringen. 6

6 Vgl. Sternal/*Schäder* § 158 FamFG Rn. 6 m.w.N.
7 BT-Drs. 19/23707 S. 54
8 BT-Drs. 19/23707 S. 55
9 BT-Drs. 19/23707 S. 54

II. Persönliche Eignung (Abs. 2)

1. Allgemeines

7 § 158a Abs. 2 FamFG bestimmt Kriterien der persönlichen Eignung eines Verfahrensbeistands. Diese wird zunächst allgemein in § 158a Abs. 2 Satz 1 FamFG beschrieben. Die Formulierung konkreter Kriterien für die persönliche Eignung des Verfahrensbeistands soll die der Bestellung zugrundeliegende Prognoseentscheidung des Gerichts auf eine noch fundiertere Grundlage stellen sowie das Vertrauen der Beteiligten in seine Person und Arbeit stärken.[10] Als ungeeignet sieht der Gesetzgeber eine Person an, welche rechtskräftig wegen einer der in § 158a Abs. 2 Satz 2 FamFG aufgeführten Straftaten verurteilt wurde. Die Sätze 3 und 4 bestimmen die regelmäßige Verpflichtung des Gerichts, sich zum Nachweis dieser fehlenden Verurteilung ein erweitertes Führungszeugnis vorlegen zu lassen, welches nicht älter als drei Jahre sein darf. Satz 5 enthält Bestimmungen, was das Gericht nach Einsichtnahme in das Führungszeugnis aktenkundig machen darf.

2. Eignungskriterien

8 Der Verfahrensbeistand soll Gewähr dafür bieten, dass er die Interessen des Kindes gewissenhaft, unvoreingenommen und unabhängig wahrnehmen wird (§ 158a Abs. 2 Satz 1 FamFG). Die **gewissenhafte** Vertretung der Kindesinteressen beinhaltet die Pflicht des Verfahrensbeistands, die ihm übertragenen Aufgaben zuverlässig, sorgfältig und zeitnah wahrzunehmen.[11] Eine **unabhängige** Vertretung der Kindesinteressen verlangt eine allein auf das Kind ausgerichtete Interessenwahrnehmung im gerichtlichen Verfahren. Der Verfahrensbeistand soll dem Kind offen und **unvoreingenommen** begegnen, etwa im Hinblick auf soziale Stellung, Bildung, Geschlecht, sexuelle Orientierung, Religion oder Kultur.[12]

3. Ausschlusskriterien

9 Als ungeeignet sieht der Gesetzgeber in Anlehnung an § 72a Abs. 1 Satz 1 SGB VIII eine Person an, die rechtskräftig wegen einer der in § 158a Abs. 2 Satz 2 FamFG aufgelisteten Straftaten verurteilt wurde. Damit soll insbesondere sichergestellt werden, dass von der als Verfahrensbeistand bestellten Person keine Gefahr für das Kind ausgeht, Opfer eines sexuellen Übergriffs zu werden.[13] Auch die Verurteilung wegen einer anderweitigen Straftat kann die Nichteignung eines Verfahrensbeistandes begründen.[14]

4. Überprüfung

10 Das Gericht „soll" sich zur Vermeidung der Bestellung eines ungeeigneten Verfahrensbeistands ein erweitertes Führungszeugnis vorlegen lassen, das nicht älter als drei Jahre ist (§ 158a Abs. 2 Satz 3 und 4 FamFG). Nur im Ausnahmefall soll das Gericht von einer Vorlage des erweiterten Führungszeugnisses absehen können, nämlich dann, wenn anderenfalls eine notwendige Bestellung eines Verfahrensbeistands unterbleiben müsste oder das Verfahren unter Beeinträchtigung des Kindeswohls erheblich verzögert würde.[15] Ein solcher **Ausnahmefall** wird, da die persönlichen Eignungskriterien nunmehr seit mehr als zwei Jahren gelten, kaum mehr in Betracht kommen, da regelmäßig eine ausreichende Zahl über-

---

10 BT-Drs. 19/27928 S. 29
11 BT-Drs. 19/27928 S. 29
12 BT-Drs. 19/27928 S. 29
13 BeckOK-FamFG/*Schlünder*, § 158a FamFG Rn. 10
14 Dutta/Jacoby/Schwab/*Lack*, § 158a FamFG Rn. 13; Sternal/*Schäder*, § 158a FamFG Rn. 11 je m.w.N.
15 BT-Drs. 19/27928 S. 30

prüfter Verfahrensbeistände zur Verfügung stehen dürfte.[16] Die Überprüfungspflicht ist bundesweit von den einzelnen Gerichten sehr unterschiedlich gehandhabt worden.[17]

5. Dokumentation

Nach § 29 Abs. 9 Nr. 2 AktO (1.1.2024) können mit Zustimmung des Verfahrensbeistands ohne Einsichtsmöglichkeit für Dritte Eignungsnachweise in Sammelakten aufbewahrt werden. Aus Gründen der Verfahrenstransparenz[18] sieht das Gesetz in § 158a Abs. 2 Satz 5 FamFG vor, dass das Gericht folgende Umstände in den jeweiligen Verfahrensakten vermerkt: Einsichtnahme in das erweiterte Führungszeugnis des bestellten Verfahrensbeistands, Ausstellungsdatum des Führungszeugnisses, Feststellung fehlender Eintragung einer Katalogstraftat. Aus Gründen des Datenschutzes[19] ist der Vermerk auf diese Punkte beschränkt.[20]Die Beteiligten des kindschaftsrechtlichen Verfahrens haben **keinen Anspruch auf Einsicht** in das Führungszeugnis, ebenso wenig auf Einsicht in die Nachweise zur fachlichen Eignung. 11

Ein solcher Vermerk könnte wie folgt aussehen:[21] 12

Beispiel: Vermerk

Vermerk: Das Führungszeugnis d. Verfahrensbeistands/Verfahrensbeiständin … (Berufsqualifikation, Vorname, Name) vom … (Ausstellungsdatum Führungszeugnis), abgelegt unter Az: … AR … / … wurde eingesehen und wies keine Eintragung wegen einer der in § 158a Abs. 2 FamFG genannten Straftaten aus. Die eingesehenen Fortbildungsnachweise belegen die Erfüllung der regelmäßigen Fortbildungspflicht. An der persönlichen und fachlichen Eignung d. aus zahlreichen Verfahren dem Gericht bekannten Verfahrensbeistands/Verfahrensbeiständin bestehen keine Zweifel.
(Datum, Unterschrift)

Möglich wäre auch die Aufnahme des obigen Vermerks in den Bestellungsbeschluss.[22]

III. Kritik

So sinnvoll die „Fingerzeige" des Gesetzgebers im Hinblick auf fachliche und persönliche Eignung eines zu bestellenden Verfahrensbeistandes sind, bleiben doch viele Fragen offen:[23] Einerseits bleibt das geforderte Niveau an Kenntnissen und Fertigkeiten sowohl hinsichtlich der notwendigen Qualifikationen wie auch der Erfüllung der Fortbildungspflicht unklar und der Einzelfallbeurteilung überlassen (siehe Rn. 3 bis 5). Andererseits erscheint die von jedem Gericht zu erbringende Eignungsüberprüfung „hochgradig streitträchtig und ineffizient",[24] zumal im Fall einer Beschwerde das OLG nicht „blind" auf eine erstinstanzlich ordnungsgemäß erfolgte Eignungsprüfung vertrauen kann, so dass unnötige Wiederholungen erfolgen.[25] Sinnvolle Vorschläge für effektivere und die Justizressourcen schonende Modelle der Eignungsüberprüfung[26] hat der Gesetzgeber leider (!) nicht aufgegriffen. 13

---

16 Prütting/Helms/*Hammer*, § 158a FamFG Rn. 17 m.w.N.
17 *Freitag/Jokisch*, FuR 2022, 556, 561
18 BT-Drs. 19/27928 S. 29
19 BT-Drs. 19/27928 S. 29
20 Sternal/*Schäder*, § 158a Rn. 14; Dutta/Jacoby/Schwab/*Lack*, § 158a FamFG Rn. 14
21 Siehe auch Mustervermerk des AG Leipzig, abgedruckt bei *Freitag/Jokisch* FuR 2022, 556, 561
22 Prütting/Helms/*Hammer*, § 158a FamFG Rn. 18
23 Prütting/Helms/*Hammer*, § 158a FamFG Rn. 21 f.
24 *Menne*, NZFam 2020, 1033, 1042
25 *Freitag/Jokisch*, FuR 2022, 556, 561
26 *Menne*, NZFam 2020, 1033, 1043; *Freitag/Jokisch*, FuR 2022, 556, 561; *Keuter*, ZKJ 2021, 133, 134

§ 158b FamFG
Aufgaben und Rechtsstellung des Verfahrensbeistands

(1) [1]Der Verfahrensbeistand hat das Interesse des Kindes festzustellen und im gerichtlichen Verfahren zur Geltung zu bringen. [2]Er soll zu diesem Zweck auch eine schriftliche Stellungnahme erstatten. [3]Der Verfahrensbeistand hat das Kind über Gegenstand, Ablauf und möglichen Ausgang des Verfahrens in geeigneter Weise zu informieren. [4]Ferner soll er insbesondere

1. **Gespräche mit den Eltern und weiteren Bezugspersonen des Kindes führen, soweit dies erforderlich ist, und**
2. **in geeigneten Fällen am Zustandekommen einer einvernehmlichen Regelung über den Verfahrensgegenstand mitwirken. [5]Endet das Verfahren durch Endentscheidung, soll der Verfahrensbeistand den gerichtlichen Beschluss mit dem Kind erörtern.**

(2) [1]Ist es zur Verständigung mit dem Kind, seinen Eltern oder weiteren Bezugspersonen erforderlich, so gestattet das Gericht dem Verfahrensbeistand die Hinzuziehung eines Dolmetschers oder Übersetzers oder eines anderen geeigneten Sprachmittlers, insbesondere eines Gebärdensprachendolmetschers. [2]Die Gestattung soll zum frühestmöglichen Zeitpunkt erfolgen. [3]Sie ergeht durch nicht selbständig anfechtbaren Beschluss.

(3) [1]Der Verfahrensbeistand wird durch seine Bestellung als Beteiligter zum Verfahren hinzugezogen. [2]Er kann im Interesse des Kindes Rechtsmittel einlegen. [3]Der Verfahrensbeistand ist nicht gesetzlicher Vertreter des Kindes.

Weiterführende Literatur: Köhler, Der Referentenentwurf eines Gesetzes zur Verbesserung des Schutzes von gewaltbetroffenen Personen im familiengerichtlichen Verfahren, zur Stärkung des Verfahrensbeistands und zur Anpassung sonstiger Verfahrensvorschriften NZFam 2024, 865.

Übersicht

A. Allgemeines

1 Die neu konzipierte Vorschrift fasst die Aufgaben und Rechtsstellung des Verfahrensbeistands zusammen. Abs. 1 Satz 4 und Abs. 2 wurden durch Art. 2 des Kosten- und Betreuervergütungsrechtsänderungsgesetz 2025 eingefügt bzw. neu gefasst. Dabei beschreibt Abs. 1 die Aufgaben des Verfahrensbeistands; die bisherige Trennung in originären und erweiterten Aufgabenkreis ist entfallen. Abs. 2 schafft die lange geforderte Möglichkeit einer gerichtlichen Gestattung der Hinzuziehung eines Dolmetschers bzw. Sprachmittlers, dessen Kosten dann der Verfahrensbeistand gemäß § 158c Abs. 2 FamFG neben seiner Pauschalvergütung geltend machen kann. Abs. 3 definiert die Stellung des Verfahrensbei-

stands als Verfahrensbeteiligter, normiert seine Befugnisse zum Einlegen von Rechtsmitteln im Interesse des Kindes und stellt klar, dass der Verfahrensbeistand nicht gesetzlicher Vertreter des Kindes ist.

Übersicht: Aufgaben des Verfahrensbeistands (§ 158b FamFG) 2

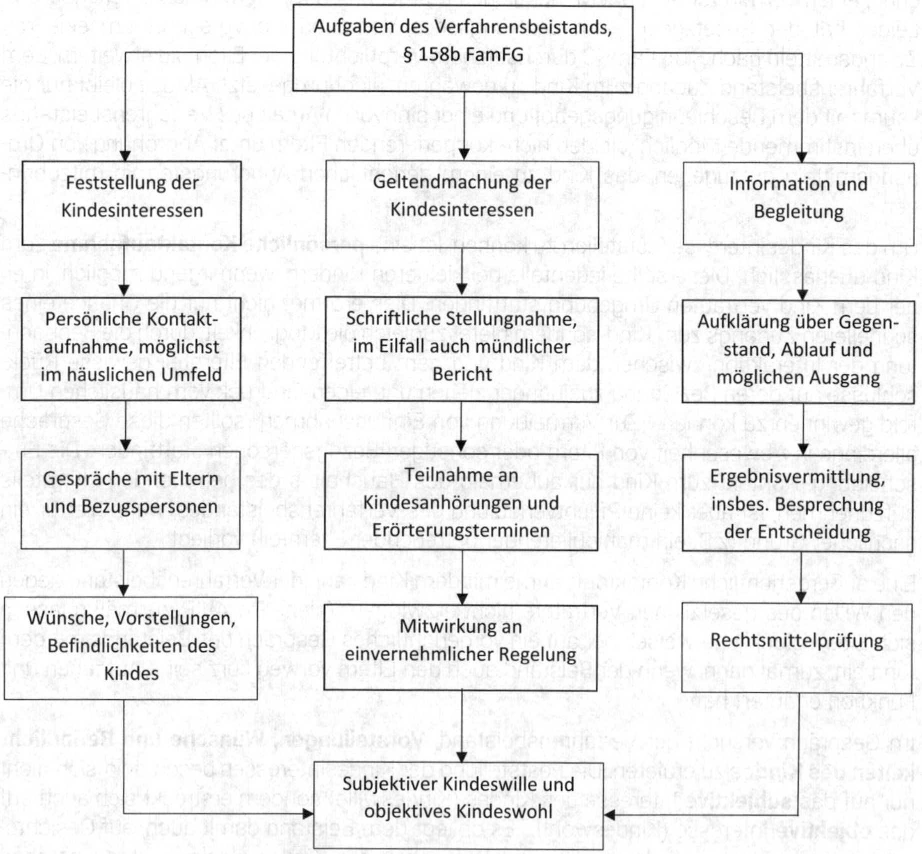

B. Inhalt der Norm

I. Einheitlicher Aufgabenkreis

Die Neufassung des § 158b Abs. 1 FamFG (siehe Rn. 1) hat die bisherige Trennung von originärem und erweitertem Aufgabenkreis aufgehoben. Es gibt jetzt nur noch einen einheitlichen Aufgabenkreis. Dieser umfasst wie bisher 3

- die Feststellung des Interesses des Kindes,
- dessen Geltendmachung im Verfahren sowie
- Information und Begleitung des Kindes im Verfahren,

ferner gemäß Abs. 1 Satz 4 Nr. 1 und 2 die Führung von Gesprächen mit den Eltern und weiteren Bezugspersonen des Kindes sowie die Mitwirkung am Zustandekommen einer einvernehmlichen Regelung.

1. Interessenfeststellung

4 Sobald der Verfahrensbeistand bestellt ist, hat er die **Gerichtsakte** bzw. – in Eilverfahren – ihm vorab übersandte Anträge und Schriftsätze zu studieren, um sich einen Überblick über die Verfahrensproblematik zu verschaffen. Zugleich sollte er so schnell wie möglich versuchen, einen Termin für ein außergerichtliches Erstgespräch mit dem Kind zu vereinbaren.[1] Leider hat der Gesetzgeber sein ursprüngliches Vorhaben die Vorschrift um eine mit Zwangsmitteln nach § 35 FamFG durchsetzbare Verpflichtung der Eltern zu erweitern, dem Verfahrensbeistand Zugang zum Kind zu gewähren, nicht umgesetzt. Aktuell bleibt nur die kaum mit dem Beschleunigungsgebot und einer sinnvollen Arbeit des Verfahrensbeistands übereinstimmende Möglichkeit, den nicht kooperierenden Eltern unter Androhung von Ordnungsmitteln aufzugeben, das Kind zu einem gerichtlichen Anhörungstermin mitzubringen.[2]

5 Um das Kindesinteresse feststellen zu können, ist eine **persönliche Kontaktaufnahme** zum Kind unerlässlich. Diese sollte jedenfalls bei kleineren Kindern, wenn irgend möglich, in einer dem Kind vertrauten Umgebung stattfinden. Dies eröffnet nicht nur die Chance eines schnelleren Zugangs zum Kind, sondern bietet zugleich die Möglichkeit, durch die Beobachtung der Interaktion zwischen dem Kind und dem betreffenden Elternteil gewisse Rückschlüsse auf deren Beziehung zueinander ziehen und einen Eindruck vom häuslichen Umfeld gewinnen zu können.[3] Zur Vermeidung von Einflussnahmen[4] sollten diese Gespräche allerdings in Abwesenheit von Eltern oder sonstigen Bezugspersonen stattfinden. Die Entscheidung, Kontakt zum Kind nur außerhalb des Haushaltes des betreuenden Elternteils aufzunehmen, ist aber keine Pflichtverletzung des Verfahrensbeistandes, wenn hierfür ein sachlicher Grund (z.B. ein manipulierender betreuender Elternteil) vorliegt.[5]

Eine außergerichtliche Kontaktaufnahme mit dem Kind kann der Verfahrensbeistand gegen den Willen des gesetzlichen Vertreters nicht erzwingen[6] (siehe Rn. 4). Regelmäßig lassen sich Eltern glücklicherweise aber auf ein vorgerichtliches Gespräch des Beistands mit dem Kind ein, zumal dann, wenn der Beistand auch den Eltern vorweg kurz seine Aufgaben und Funktion erläutert hat.

6 Im Gespräch versucht der Verfahrensbeistand, **Vorstellungen, Wünsche und Befindlichkeiten des Kindes** zu eruieren. Die Feststellung der Kindesinteressen beschränkt sich nicht nur auf das **subjektive** Interesse des Kindes (Kindeswille) sondern erstreckt sich auch auf das **objektive** Interesse (Kindeswohl).[7] Es obliegt dem Beistand damit auch, auf Gesichtspunkte hinzuweisen, die den subjektiven Wünschen des Kindes objektiv entgegenstehen können.[8] Die Tätigkeit des Verfahrensbeistands umfasst dagegen nicht eine Begutachtung des Kindes (Sachverständigenaufgabe!),[9] die Unterstützung des Jugendamtes[10] sowie erzieherische oder therapeutische Aktivitäten.[11] Die Mitwirkung an Hilfeplänen, Umgangskon-

1 Siehe § 158d FamFG-E in Gestalt des Referentenentwurfs für ein „Gesetz zur Verbesserung des Schutzes von gewaltbetroffenen Personen im familiengerichtlichen Verfahren, zur Stärkung des Verfahrensbeistands und zur Anpassung sonstiger Verfahrensvorschriften", abrufbar mit diversen Stellungnahmen unter www.bmj.de, zuletzt abgerufen am 26.3.2025, im Folgenden zitiert als RefE.VerbesserungsG
2 Prütting/Helms/Hammer § 158b FamFG Rn. 25; OLG Hamm NZFam 2924, 173; a.A. OLG Karlsruhe NZFam 2023, 173.
3 *Johnson*, FPR 2012, 377, 379; Prenzlow/*Kuleisa-Binge/Wacker*, Rn. 724 f.; Standards Verfahrensbeistandschaft Ziffer 3.1.1, abgedruckt in *Salgo* u.a., Verfahrensbeistandschaft, 4. Aufl., Rn. 1697 ff.
4 BVerfG FamRZ 2019, 1437 m.w.N.
5 OLG Braunschweig FamRZ 2019, 119
6 OLG Brandenburg FamRZ 2000, 1295 m.w.N.
7 BVerfG FamRZ 2021, 512 Rn. 28 m.w.N.
8 BT-Drs. 16/6308, 239
9 MüKo-FamFG/*Schumann*, § 158 FamFG Rn. 29 m.w.N.; *Johnson*, FPR 2012, 377, 379
10 OLG Brandenburg FamRZ 2005, 1108 mit Anm. *Menne*
11 OLG München FamRZ 2002, 563

takten und eine eigene beratende Tätigkeit überschreiten die dem Verfahrensbeistand vom Gesetz zugewiesenen Aufgaben.[12]

2. Geltendmachung der Kindesinteressen

Der Verfahrensbeistand fasst die von ihm gewonnenen Erkenntnisse regelmäßig in einem **schriftlichen Bericht** zusammen. Dies sieht § 158b Abs. 1 Satz 2 als „Soll-Vorschrift" ausdrücklich vor und dient insbesondere der Dokumentation seiner Stellungnahme.[13] Eine mündliche Stellungnahme in einem Termin ist aber ausnahmsweise weiterhin möglich, insbesondere in Eilverfahren.[14] An der **Anhörung des Kindes** soll er nach § 159 Abs. 4 Satz 3 FamFG teilnehmen; bei unfreiwilliger Verhinderung ist der Termin in der Regel zu verlegen oder die Anhörung zu wiederholen.[15] In der Anhörung wirkt er soweit nötig auf eine kindgerechte Gestaltung hin.[16] Als Verfahrensbeteiligter hat er auch das Recht auf Teilnahme an sonstigen Anhörungen bzw. Erörterungen.[17] 7

Wünscht das Kind ausnahmsweise eine Anhörung in Abwesenheit des Verfahrensbeistands, sollte das Gericht diesem Wunsch entsprechen. Gleiches gilt, wenn der Verfahrensbeistand zuvor mitgeteilt hat, er halte im Interesse des Kindes dessen Anhörung ohne eigene Teilnahme für sachgerechter.[18] Verzichtet der Verfahrensbeistand von sich aus auf die Teilnahme an der Kindesanhörung, so wird dies im Hinblick auf die Ausgestaltung des § 159 Abs. 4 Satz 3 FamFG als Soll-Vorschrift nicht als Verfahrensfehler angesehen.[19] 8

Hält der Verfahrensbeistand weitere Ermittlungen, insbesondere die Einholung eines Gutachtens für erforderlich, so wirkt er auf entsprechende Umsetzung hin. Dazu gehört ggf. auch die Anregung von Eilmaßnahmen. Im Übrigen gehört es nunmehr zu seinem grundsätzlichen Wirkungskreis, am Zustandekommen einer einvernehmlichen Regelung mitzuwirken, falls eine solche nicht ausnahmsweise aus besonderen Umständen unangebracht ist. 9

3. Information und Begleitung des Kindes

§ 158b Abs. 1 Satz 3 und 5beschreiben die Aufgaben des Verfahrensbeistands im Hinblick auf die Information und Begleitung des Kindes im Verfahren. Er vermittelt dem Kind in altersangemessener Form den Ablauf des Verfahrens, informiert es insbesondere über den Verfahrensgegenstand sowie die Rolle und Aufgaben der verschiedenen Beteiligten.[20] Hierzu gehört auch die Aufklärung über die Bedeutung der Wünsche des Kindes. Vielfach werden leider Kinder im Streit der Eltern von diesen in eine sie überfordernde „Schiedsrichterrolle" hineingedrängt. Hier kann der behutsame Hinweis auf die Verantwortlichkeit der Erwachsenen für die Entscheidung oftmals Entlastung für das Kind bringen. 10

Nach § 158b Abs. 1 Satz 5 soll der Verfahrensbeistand die gerichtliche Endentscheidung mit dem Kind erörtern. Dies soll eine neutrale und kindgerechte Information des Kindes über den Verfahrensausgang gewährleisten.[21] Ebenso wichtig aber ist es, dass nach Möglichkeit der Verfahrensbeistand bereits nach Ende eines Erörterungstermins dessen Ergebnis mit dem Kind bespricht oder noch während des Termins sich andeutende mögliche El- 11

12 OLG Oldenburg FamRZ 2005, 391
13 *Ernst*, FamRZ 2021, 993, 997
14 BT-Drs. 19/23707 S. 55; BayVGH Entscheidung vom 6.6.2024, Vf. 24-VI-23, juris Rn. 66 m.w.N.
15 OLG Naumburg, Beschl. v. 18.10.2011, 8 UF 204/11, juris
16 Prenzlow/*Kuleisa-Binge/Wacker*, Rn.740 ff.
17 *Völker/Clausius* § 5 Rn. 36 m.w.N.
18 MüKo-FamFG/*Schumann*, § 158 FamFG Rn. 31 m.w.N.
19 BVerfG ZKJ 2020, 468; OLG Naumburg, Beschl. v. 18.10.2011, 8 UF 204/11, juris; *Büchner*, NZFam 2020, 234; a.A. *Vogel*, FamRB 2022, 200, 204
20 *Prenzlow*, ZKJ 2011, 128
21 BT-Drs. 19/23707, 55

terneinigungen dem Kind altersgemäß vorstellt; aus der entsprechenden Reaktion des Kindes sind u.U. wichtige Hinweise zu gewinnen, ob eine (vorläufige) Regelung bzw. eine ins Auge gefasste Elterneinigung möglicherweise im Interesse des Kindes abzulehnen bzw. anzufechten ist. Ausnahmsweise kann insbesondere dann von einer Besprechung abgesehen werden, wenn aufgrund des Kindesalters eine Besprechung noch nicht möglich ist oder eine dem Kindeswillen entsprechende Endentscheidung dem verfahrensfähigen Kind selbst zugestellt wird.[22]

4. Einheitlicher Aufgabenkreis nach Abs. 1 Satz 4

12 Soweit erforderlich soll der Verfahrensbeistand regelmäßig auch Gespräche mit den Eltern und weiteren Bezugspersonen (Lehrern, Erziehern, Großeltern, neuen Partnern der leiblichen Eltern, volljährigen Geschwistern, Pflegepersonen usw.) führen (Nr. 1) sowie in geeigneten Fällen am Zustandekommen einer einvernehmlichen Regelung über den Verfahrensgegenstand (Nr. 2) mitwirken. Gesetzgeberischer Grund für die Einführung des einheitlichen Aufgabenkreises war die Erkenntnis, dass ohnehin eine Einschätzung der kindlichen Lebenslage in der Regel nicht ohne Gespräche mit den Eltern und ggf. weiteren Bezugspersonen denkbar ist.[23] Insoweit bedarf es also keiner besonderen Aufgabenübertragung seitens des Gerichts mehr, auch nicht bzgl. der **Mitwirkung beim Zustandekommen an einer einvernehmlichen Regelung**.[24] Die **Einschränkung** „in geeigneten Fällen" beruht darauf, dass insbesondere in Fällen häuslicher Gewalt ein Hinwirken auf Einvernehmen nicht angezeigt ist. Wenn das Gericht eine solche Konstellation für gegeben erachtet, soll es sie dem Verfahrensbeistand mitteilen, der nach Vorstellung des Gesetzgebers dies dann zu beachten habe.[25] Durchsetzbar wird eine solche Verpflichtung aber kaum sein, weil der Verfahrensbeistand kein Gehilfe des Gerichts, sondern eigenständiger Interessenvertreter des Kindes ist.

13 **Mitwirkung** bedeutet: Der Verfahrensbeistand ist „Anreger", aber nicht aktiv Handelnder im Sinne einer Tätigkeit als Berater oder Mediator.[26] Er kann z.B. Wünsche des Kindes an seine Eltern diesen vermitteln, den Blick der Eltern auf die Lage und Befindlichkeit des Kindes richten und an ihre Elternverantwortung appellieren. Zum Mitwirken kann aber auch gehören: die Mitarbeit an einer Elternberatung bzw. gerichtsnahen Mediation durch Weitergabe und Erörterung möglicher Elternvereinbarungen einschließlich der Rückmeldung etwaiger Änderungswünsche des Kindes.[27]

14 Der Beschluss über die Bestellung eines Verfahrensbeistands enthält nach der Neuregelung auch keine Ausführungen mehr zur Berufsmäßigkeit eines Verfahrensbeistands. Hintergrund ist der Umstand, dass nach § 158a ohnehin nur eine Person mit bestimmten Qualifikationen ausgewählt werden kann, die regelmäßig von einer nicht berufsmäßig als Verfahrensbeistand tätigen Person nicht erfüllt werden, so dass entsprechende Ausführungen überflüssig werden.[28]

II. Hinzuziehung eines Dolmetschers

15 Die nunmehr endlich umgesetzte Möglichkeit für den Verfahrensbeistand, über §§ 158b Abs. 2, 158c Abs. 2 FamFG die Auslagen für einen von ihm beauftragten Dolmetscher oder

22 BT-Drs. 19/23707, 55
23 BT-Drs. 20/14264, 68
24 BT-Drs. 20/14264, 69
25 BT-Drs. 20/14264, 69
26 *Prenzlow*, FPR 2012, 366, 367
27 *Prenzlow*, FPR 2012, 366, 369
28 *Köhler* NZFam 2024, 865, 866; BT-Drs. 20/14264, 70

Sprachmittler nicht mehr selbst tragen zu müssen,[29] sondern diese **neben der Pauschalvergütung erstattet** zu erhalten, entspricht einer langjährigen Forderung in der Literatur.[30] Der Gesetzgeber übernimmt nunmehr de facto eine praktisch vielfach geübte Handhabung, nach welcher der Verfahrensbeistand das Gericht auf die Notwendigkeit der Hinzuziehung eines Dolmetschers oder Sprachmittlers hinweist und diesen sodann, wenn das Gericht die Einschätzung teilt, selbst beauftragt. Während in der Vergangenheit vielfach Gerichte sodann entweder direkt die Bezahlung des Dolmetschers übernahmen oder dem Verfahrensbeistand diese unter Einstufung als gerichtliche Auslagen bzw. mit dem Argument des Vertrauensschutzes erstatteten,[31] lehnte der BGH ausdrücklich derartige Handhabungen ab und argumentierte, die Pauschalvergütung umfasse sämtliche Aufwendungen des Verfahrensbeistands.[32]

Die Gesetzesneufassung klärt die widersprüchliche Rechtsprechung zugunsten einer Lösung, welche nach der bisherigen Rechtslage mögliche Benachteiligungen nicht deutschsprachiger Kinder ebenso vermeidet wie eine Absenkung der Standards bei der Interessenwahrnehmung und sorgt für eine bundesweit gleiche Handhabung der Erstattungspraxis. Insbesondere soll der Verfahrensbeistand nicht darauf angewiesen sein, bei bestehenden Verständigungsbarrieren auf Personen aus dem Umfeld des Kindes zurückzugreifen. In einem solchen Fall wäre nicht gewährleistet, dass das Kind frei und ungezwungen über seine Wünsche und seine Situation spricht.[33]

Das Gericht soll „zum frühestmöglichen" Zeitpunkt die Hinzuziehung des Dolmetschers bzw. Sprachmittlers gestatten. Dies bedeutet inhaltlich die Notwendigkeit einer **vorherigen gerichtlichen Zustimmung** der Beauftragung des Dolmetschers.[34] Der Verfahrensbeistand wird sich von der Notwendigkeit der Hinzuziehung eines Dolmetschers/Sprachmittlers im Regelfall durch einen entsprechenden Gesprächsversuch persönlich überzeugen müssen. Das Gericht dagegen kann die Gestattung auf der Grundlage entsprechender Angaben des Verfahrensbeistands erteilen. Weitergehende Nachforschungen des Gerichts im Hinblick auf die Hinzuziehungsnotwendigkeit erscheinen im Praktikabilitätsinteresse und unter Beachtung des Beschleunigungsgrundsatzes nicht geboten. **16**

Der Verfahrensbeistand ist beim Antrag, die Dolmetscherhinzuziehung zu gestatten, ausweislich des Gesetzeswortlautes an keine Form gebunden. Die Gestattung ergeht durch „nicht selbständig anfechtbaren Beschluss". Dies dient der Rechtsklarheit; die Gestattung durch einfache Verfügung wäre aber wohl ausreichend gewesen.[35] Der **Gestattungsbeschluss** wird sich auch nicht auf ein einzelnes Gespräch beschränken, sondern auf sämtliche mit der entsprechenden Person notwendigen, also z.B. nicht nur das Vorbereitungsgespräch mit dem Kind erfassen, sondern auch die Besprechung der Entscheidung nach 158b Abs. 1 Satz 5 FamFG. Da sogar die Bestellung des Verfahrensbeistands die Instanz überdauert (§ 158 Abs. 4 Satz 1 FamFG: *„endet ... mit der Rechtskraft der das Verfahren abschließenden Entscheidung"*), spricht nichts gegen die Fortdauer der Gestattung für die 2. Instanz, so dass insoweit eine erneute Gestattung nicht erforderlich ist. **17**

Anders als § 158 Abs. 5 FamFG für die Ablehnung der Bestellung eines Verfahrensbeistands enthält das Gesetz keine ausdrückliche Regelung für die **Ablehnung** der erbetenen **18**

29 So noch ausdrücklich BGH FamRZ 2025, 128 m. w. N. mit Anm. Streicher; a. A. zuletzt OLG Karlsruhe Beschluss v. 28.10.2024 – 16 WF 46/24, juris.
30 Bork/Jacoby/Schwab/*Lack*, FamFG § 158c Rn. 16; Prütting/Helms/*Hammer*, § 158c Rn. 6; *Keuter*, FamRZ 2014, 1971 je m.w.N.; siehe auch 23. DFGT 2023 AK 19 These 3.
31 OLG Frankfurt FamRZ 2014, 1135; OLG Braunschweig FamRZ 2023, 1307; OLG Karlsruhe, Beschl. v. 28.10.2024 – 16 WF 46/24, juris.
32 BGH FamRZ 2025, 128 m. w. N. mit Anm. *Streicher* = NZFam 2025, 75 mit Anm. *Keuter*
33 BT-Drs. 20/14264, 69.
34 Stellungnahme DFGT zum RefE VerbesserungsG, abrufbar unter Stellungnahmen (Fn. 2), S. 146
35 Stellungnahme DRB zum RefE VerbesserungsG, abrufbar unter Stellungnahmen, S. 148

Gestattung. Für diesen Fall spricht zwar der Charakter als bloße Zwischenentscheidung gegen eine Anfechtbarkeit. Der BGH sieht jedoch auch einen Beweisbeschluss ausnahmsweise dann als selbstständig anfechtbar an, wenn bereits die Zwischenentscheidung einen bleibenden rechtlichen Nachteil zur Folge hätte, der sich im weiteren Verfahren nicht mehr oder jedenfalls nicht mehr vollständig beheben ließe.[36] Da die Gestattung Voraussetzung für den Ersatz der Kosten neben der Pauschalvergütung gemäß § 158c Abs. 2 Satz 1 FamFG ist, und der Verfahrensbeistand Rechtsmittel nur im Interesse des Kindes gegen die Endentscheidung einlegen kann (§ 158b Abs. 3 Satz 2 FamFG), wird man dem Verfahrensbeistand bei Ablehnung der Gestattung trotz des ebenfalls zu berücksichtigenden Beschleunigungsgebots das Recht auf sofortige Beschwerde binnen zwei Wochen zubilligen müssen. Die übrigen Verfahrensbeteiligten können eine unberechtigte Ablehnung (nur) im Rahmen einer Beschwerde gegen die Endentscheidung einlegen. Vertritt ein kostentragungspflichtiger Beteiligter die Auffassung, die Gestattung sei zu Unrecht erfolgt, kann er dies im Rahmen der Erinnerung bzw. Beschwerde nach § 57 FamGKG geltend machen.

III. Rechtsstellung des Verfahrensbeistands

1. Beteiligtenstellung

19 Mit der Bestellung wird der **Verfahrensbeistand selbst Beteiligter** des Verfahrens (§ 158b Abs. 3 Satz 1 FamFG). Er nimmt seine Aufgaben selbstständig und eigenverantwortlich wahr und unterliegt nicht der Aufsicht des Gerichts.[37] Auch an Weisungen des Kindes ist er nicht gebunden.[38] Er hat ein Akteneinsichtsrecht, sämtliche bisherigen und künftigen Entscheidungen und Schriftsätze sind ihm bekannt zu machen, er ist zu allen Terminen zu laden und muss einem gerichtlich gebilligten Vergleich i.S.v. § 156 Abs. 2 FamFG grundsätzlich zustimmen.[39] Wegen Befangenheit kann er nicht abgelehnt werden, weil er nicht ein zur Unparteilichkeit verpflichteter Gehilfe des Gerichts, sondern – auch wenn er bei seinen Empfehlungen objektive Gesichtspunkte zu berücksichtigen hat (siehe Rn. 6) – letztlich einseitiger Interessenvertreter des Kindes im Verfahren ist; insbesondere ist § 6 FamFG nicht auf ihn anwendbar.[40] Allerdings ist die persönliche oder fachliche Eignung des erstinstanzlich bestellten Verfahrensbeistandes im Rechtsmittelverfahren betreffend die Endentscheidung zu überprüfen.[41] Ihm steht ein Zeugnisverweigerungsrecht in Bezug auf Tatsachen, die er in Ausübung seiner Tätigkeit als Beistand zur Kenntnis genommen hat, aus § 383 Abs. 1 Nr. 6 ZPO zu.[42]

2. Rechtsmittel des Verfahrensbeistands

20 § 158b Abs. 3 Satz 2 FamFG verschafft dem Verfahrensbeistand ausdrücklich die Befugnis, **im Interesse** des Kindes Rechtsmittel einlegen zu können, jedoch nicht in Vertretung des Kindes.[43] Dies gilt auch für die Rechtsbeschwerde sowie für die Verfassungsbeschwerde.[44] Spätestens bis zum Ablauf der Rechtsmittelbegründungsfrist hat der Beistand deutlich zu machen, dass die Einlegung des Rechtsmittels im Interesse des Kindes erfolgt.[45] Formulie-

36 BGH NJW-RR 2009, 995, 996
37 OLG Frankfurt FamRZ 2013, 1331
38 BT-Drs. 16/6308, 239
39 BGH FamRZ 2017, 979; Sternal/*Schäder,* § 158b FamFG Rn. 18
40 OLG Celle FGPrax 2003, 128; OLG Braunschweig FamRZ 2019, 119
41 OLG Saarbrücken NZFam 2019, 84
42 Sternal/*Schäder,* § 158b FamFG Rn. 19; BeckOK-FamFG/*Schlünder,* § 158b FamFG Rn. 14 m.w.N.
43 BGH ZKJ 2019, 265
44 BVerfG ZKJ 2017, 104
45 BGH ZKJ 2019, 265

rungen wie „in Vertretung des Kindes", „für das Kind" oder „namens und in Vollmacht des Kindes" genügen hierfür nicht und führen zur Unzulässigkeit des Rechtsmittels.[46]

Auch der Verfahrensbeistand muss sich bei einer **Rechtsbeschwerde** durch einen beim BGH zugelassenen Rechtsanwalt vertreten lassen (§ 10 Abs. 4 FamFG). Er kann aber für die Rechtsbeschwerde Verfahrenskostenhilfe beantragen, wobei hinsichtlich der wirtschaftlichen Verhältnisse auf die des Kindes abzustellen ist.[47] Allerdings ist der Beistand insoweit mangels eigener Kenntnisse auf die Mitwirkung der Eltern angewiesen.[48] Zur Vermeidung des Risikos, die Anwaltskosten selbst aus der Pauschalvergütung zahlen zu müssen, bleibt dem berufsmäßigen Verfahrensbeistand nur die Möglichkeit, einen Antrag auf **Verfahrenskostenhilfe** (VKH) für eine von ihm selbst noch beabsichtigte Rechtsbeschwerde innerhalb der Monatsfrist des § 71 FamFG zu stellen, wobei er diesem Antrag die vollständig ausgefüllte VKH-Erklärung des Kindes ebenfalls innerhalb der Monatsfrist beizufügen hat.[49] Ist ihm letzteres nicht möglich, z.B. weil er selbst die notwendigen Informationen über das Vermögen des Kindes nicht besitzt und die Eltern nicht mitwirken, muss er dies vereinzelt darlegen.[50] Nach Bewilligung der VKH muss er sodann innerhalb der Frist des § 18 FamFG durch den beigeordneten Anwalt Wiedereinsetzung in den vorigen Stand beantragen sowie Rechtsbeschwerde einlegen und begründen. 21

Vorzugswürdig wäre eine teleologische Reduktion des § 158c Abs. 1 Satz 3 FamFG dahingehend, dass im Falle der Einlegung der Rechtsbeschwerde der Verfahrensbeistand gegenüber der Staatskasse einen Anspruch auf Ersatz seiner Aufwendungen in Form der gesetzlichen Wahlanwaltsvergütung besitzt.[51] Angesichts der Rechtsprechung des BGH und des Umstands, dass der Gesetzgeber in Kenntnis des Problems diese Lösung bei der Neuregelung des Aufwendungsersatzes in § 158c FamFG nicht vorgesehen hat, bleibt für die Praxis wohl nur der vorgenannte mühselige Weg über einen Antrag auf Verfahrenskostenhilfe.

Für eine vom Verfahrensbeistand im Interesse des Kindes eingelegte **Verfassungsbeschwerde** gilt: Beauftragt der Verfahrensbeistand einen Rechtsanwalt mit der Einlegung einer Verfassungsbeschwerde, so wird er die hierdurch entstehenden Aufwendungen wohl nur aufgrund einer entsprechenden Kostenentscheidung durch das BVerfG erstattet erhalten, im Übrigen aber trotz Unterdeckung aus der Pauschale entrichten müssen.[52] Denn anders als bei der Rechtsbeschwerde ist für die Verfassungsbeschwerde kein Anwaltszwang vorgeschrieben. Von einem qualifizierten Verfahrensbeistand kann jedoch erwartet werden, dass er die verfassungsrechtlichen Bedenken gegen die letztinstanzliche Entscheidung aufzeigen und so die niedrigschwelligen Hürden des § 92 BVerfGG überwinden kann. Die Kenntnis über die Monatsfrist für die Einlegung der Verfassungsbeschwerde (§ 93 BVerfGG) muss ein qualifizierter Verfahrensbeistand ebenso besitzen wie die Kenntnis seiner Verpflichtung, der Verfassungsbeschwerde die angegriffene Entscheidung, vorangegangene Rechtsschutzanträge sowie sämtliche Unterlagen beizufügen, die für die verfassungsrechtliche Prüfung der vorgetragenen Rügen erforderlich sind. Zudem ist das Verfahren kostenfrei (mit Ausnahme einer – in Kindschaftssachen für den Verfahrensbeistand nicht zu gewärtigenden – Missbrauchsgebühr nach § 34 BVerfGG), so dass der Verfahrensbeistand, wenn er die Verfassungsbeschwerde ohne Zuziehung eines Anwaltes einlegt, kaum kostenrechtliche Risiken eingeht. 22

46 BGH ZKJ 2019, 265; Dutta/Jacoby/Schwab/*Lack*, § 158b FamFG Rn 26
47 BGH ZKJ 2019, 265 für Rechtsbeschwerde des Vormunds im Interesse des Mündels
48 *Dürbeck*, ZKJ 2019, 262, 263
49 *Dürbeck*, ZKJ 2019, 262, 263
50 BGH ZKJ 2019, 265
51 *Dürbeck*, ZKJ 2019, 262, 263
52 *Heilmann*, ZKJ 2017, 219, 220 m.w.N.

3. Kein gesetzlicher Vertreter des Kindes

23 § 158b Abs. 3 Satz 3 FamFG stellt wie die Vorgängerregelung in § 158 Abs. 4 Satz 6 FamFG a.F. ausdrücklich klar, dass der Verfahrensbeistand nicht der gesetzliche Vertreter des Kindes ist. Hierauf ist insbesondere bei der Gestaltung des Rubrums in gerichtlichen Entscheidungen zu achten. Der Eingriff in die Elternrechte soll durch die Bestellung eines Verfahrensbeistands, die im Gegensatz zur Bestellung eines Ergänzungspflegers keinen teilweisen Entzug des Sorgerechts beinhaltet, möglichst gering gehalten werden.[53] Die Vertretungsverhältnisse bleiben durch die Bestellung des Verfahrensbeistands unberührt.[54] **Zustellungen** für das Kind an den Verfahrensbeistand sind daher unwirksam, sie müssen an den gesetzlichen Vertreter erfolgen bzw. an das verfahrensfähige Kind selbst (§ 164 FamFG).[55] Sind die Eltern an der gesetzmäßigen Vertretung des Kindes gehindert, bedarf es der Bestellung eines Ergänzungspflegers, welche nicht durch die Bestellung eines Verfahrensbeistands ersetzt werden kann.[56]

4. Datenschutz

24 Eine spezielle Regelung des Datenschutzes für die Tätigkeit des Verfahrensbeistands gibt es nicht.[57] Nach Art. 2 Abs. 1 DSGVO fällt auch die Tätigkeit des Verfahrensbeistands in den sachlichen Anwendungsbereich der DSGVO,[58] wenn personenbezogene Daten ganz oder teilweise automatisiert verarbeitet werden. Werden die personenbezogenen Daten nicht automatisiert verarbeitet, sind gleichwohl die Regelungen der DSGVO zu beachten, wenn die personenbezogenen Daten in einem Dateisystem gespeichert sind oder werden sollen. Die Erhebung, Verarbeitung und Nutzung personenbezogener Daten ist nur zulässig, wenn sie **ausdrücklich gesetzlich erlaubt oder angeordnet** ist oder der Betroffene **eingewilligt** hat (Art. 5 Abs. 1 lit. a) DSGVO, siehe auch § 4 BDSG). Wegen seiner gegenüber dem Gericht unabhängigen Stellung verarbeitet der Verfahrensbeistand nicht nur als Auftragsverarbeiter Daten im Auftrag des Familiengerichts, sondern ist selbst **Verantwortlicher** i.S.v. Art. 4 Nr. 7 DSGVO.

25 Neben der Einwilligung des Betroffenen ist insbesondere Art. 6 Abs. 1 lit. c) DSGVO i.V.m. §§ 158, 158b FamFG Rechtsgrundlage für die Erhebung und Verarbeitung von Daten durch den Verfahrensbeistand.[59] Der Verfahrensbeistand wird durch seine gerichtliche Bestellung zur Wahrnehmung der Kindesinteressen im Verfahren verpflichtet und unterliegt insoweit einer öffentlichen Verpflichtung.[60] Für diese Rechtsgrundlage spricht auch die Parallele zur Datenverarbeitung durch einen Sachverständigen, bei welchem die Rechtsprechung[61] ebenfalls die genannte Bestimmung der DSGVO als Rechtsgrundlage heranzieht.

Andere stützen die Datenerhebung auf Art. 6 Abs. 1 lit. e) DSGVO.[62] Diese Auffassung kann sich darauf berufen, dass der EuGH[63] nach Art. 6 Abs. 1 Buchst. e DSGVO die Verarbeitung personenbezogener Daten als rechtmäßig einstuft, wenn sie für die Wahrnehmung einer Aufgabe erforderlich ist, die im öffentlichen Interesse liegt; die Wahrung der Kindesinteressen in familiengerichtlichen Verfahren gehört zweifellos hierzu.

---

53 Musielak/Borth/*Frank*, § 158b FamFG Rn. 4
54 BT-Drs. 16/6308 S. 240; *Moelle*, ZKJ 2020, 7, 8
55 Dutta/Jacoby/Schwab/*Lack*, § 158 FamFG Rn. 29
56 Sternal/*Schäder*, § 158 FamFG Rn. 22 m.w.N.
57 DIJuF Rechtsgutachten vom 30.6.2014, JAmt 2014, 444
58 Sternal/*Schäder*, § 158b FamFG Rn. 19 m.w.N.
59 Die abweichende Ansicht der Vorauflage wird aufgegeben
60 *Balloff/Vogel*, ZKJ 2021, 292
61 OLG Düsseldorf FamRZ 2022, 269, 270
62 *Hoffmann*, ZKJ 2020, 249, 251
63 EuGH MDR 2023, 449

Da der Verfahrensbeistand gerade nicht gesetzlicher Vertreter des Kindes ist, hat er allerdings keine Möglichkeit, ohne Einverständnis der Eltern von Ärzten, Lehrern, Erziehern usw. **Informationen** zu erhalten, die dem Datenschutz unterliegen. Hält er die Kenntnis derartiger Informationen für erforderlich, bleibt ihm nur, das Gericht zu bitten diese Informationen im Rahmen der Amtsaufklärung nach § 26 FamFG zu beschaffen, soweit dies dem Gericht im Hinblick auf bestehende Schweigepflichten möglich ist.[64] **26**

Ohne Zustimmung des Sorgeberechtigten hat der Verfahrensbeistand auch kein generelles Recht auf **Einsichtnahme in die Jugendamtsakten**,[65] weil er nur Beteiligter im familiengerichtlichen Verfahren, nicht aber im jugendhilferechtlichen Verwaltungsverfahren ist.[66] Die Jugendamtsmitarbeiter sind im Einzelfall aber durchaus befugt, Sozialdaten an den Verfahrensbeistand weiterzuleiten (§ 64 Abs. 1 SGB VIII). Der Austausch zwischen den Mitarbeitern des ASD und dem Verfahrensbeistand kann dessen Arbeit wesentlich erleichtern und zu einer besseren Wahrnehmung der Kindesinteressen beitragen, so dass im Einzelfall dem Verfahrensbeistand Akteneinsicht gewährt werden darf.[67] Bei der **Datenweitergabe** hat der Verfahrensbeistand § 78 SGB X zu beachten, d.h. er darf Daten, die er in zulässiger Weise z.B. vom Jugendamt erfahren hat, auch nur in dem Umfang weitergeben, wie diese Daten vom Jugendamt Dritten offenbart werden dürfen.[68] **27**

Rechtsgrundlage für die Übermittlung von Daten durch das Gericht an den Verfahrensbeistand ist § 13 Abs. 1 FamFG.[69] Grundlage für die umgekehrte Übermittlung ist wiederum Art. 6 Abs. 1 lit. c) bzw. e) DSGVO i.V.m. §§ 158, 158b FamFG. Soweit allerdings das einwilligungsfähige Kind ausdrücklich wünscht, dass bestimmte Daten, die es dem Verfahrensbeistand offenbart hat, nicht an das Gericht oder Dritte weitergegeben werden, ist dies für den Verfahrensbeistand aufgrund des **Persönlichkeitsrechts des Kindes** (Art. 2 Abs. 1 GG) verbindlich, soweit nicht das Kindeswohl gefährdet ist.[70] **28**

§ 158c FamFG

Vergütung; Kosten

(1) [1]Der Verfahrensbeistand erhält für die Wahrnehmung seiner Aufgaben in jedem Rechtszug jeweils eine einmalige Vergütung von 690 Euro. [2]Bestellt das Gericht denselben Verfahrensbeistand für mehrere in demselben Haushalt lebende Kinder, erhält er ab dem zweiten Kind jeweils eine Pauschale in Höhe von 555 Euro.

(2) [1]Dem Verfahrensbeistand sind die Kosten für die Beauftragung eines Dolmetschers oder Übersetzers oder eines anderen geeigneten Sprachmittlers zu ersetzen, wenn das Gericht die Zuziehung nach § 158b Absatz 2 gestattet hat. [2]Die Höhe der zu ersetzenden Kosten ist auf die nach dem Justizvergütungs- und -entschädigungsgesetz zu zahlenden Beträge beschränkt. [3]Im Übrigen deckt die Vergütung alle weiteren Ansprüche auf Ersatz der anlässlich der Verfahrensbeistandschaft entstandenen Aufwendungen ab.

64 Salgo/*Bauer*, Rn. 394
65 *Hoffmann*, ZKJ 2020, 249, 251
66 Salgo/*Bauer*, Rn. 396
67 DIJuF Rechtsgutachten vom 30.6.2014, JAmt 2014, 444, 446; enger *Hoffmann*, ZKJ 2020, 249, 252 (i.d.R. nur bei Einwilligung)
68 *Kunkel*, FPR, 2013, 487, 490
69 *Hoffmann*, ZKJ 2020, 249, 250
70 Prütting/Helms/*Hammer*, § 158b FamFG Rn. 23; *Hoffmann*, ZKJ 2020, 249, 252 je m.w.N.

(3) [1]Vergütung und Aufwendungsersatz sind stets aus der Staatskasse zu zahlen. [2]Der Vergütungsanspruch und der Anspruch auf Aufwendungsersatz erlöschen, wenn sie nicht binnen 15 Monaten nach ihrer Entstehung beim Gericht geltend gemacht werden. [3]§ 292 Absatz 1 und 5 ist entsprechend anzuwenden. (4) Dem Verfahrensbeistand sind keine Kosten aufzuerlegen.

Übersicht Rn.

A. Allgemeines

1 § 158c FamFG regelt die Vergütung des Verfahrensbeistands. Nach Abs. 1 erhält er eine Pauschalvergütung von 690,00 EUR, bei Bestellung für weitere in demselben Haushalt lebende Kinder ab dem zweiten Kind jeweils von 555 EUR. Diese Vergütung deckt zugleich den Ersatz sämtlicher entstandener Aufwendungen mit Ausnahme der für einen Dolmetscher bzw. Sprachmittler ab. Abs. 2 regelt neu die Voraussetzungen für die Geltendmachung und die Höhe eines dem Verfahrensbeistand zusätzlich neben der Pauschalvergütung zustehenden Anspruchs auf Ersatz von Kosten für einen Dolmetscher bzw. Sprachmittler. Abs. 3 bestimmt die Staatskasse als Schuldner der Vergütung bzw. des Aufwendungsersatzes und verweist hinsichtlich der Festsetzung auf § 292 Abs. 1 und 5 FamFG. Der neu eingeführte Abs. 3 Satz 2 bestimmt ein Erlöschen der Ansprüche auf Vergütung bzw. Auslagenersatz 15 Monate nach Entstehung.
Ohne inhaltliche Veränderung schließt § 158c Abs. 4 FamFG eine Kostentragungspflicht des Verfahrensbeistandes aus.

§ 493 Abs. 4 Satz 2 ordnet die Geltung des neuen § 158c FamFG für alle ab dem Tag nach der Verkündung also ab 11.4.2025 neu bestellten Verfahrensbeistandschaften an. Für alle zu diesem Zeitpunkt schon bestehenden Verfahrensbeistandschaften gilt § 158c FamFG in seiner früheren Form weiter. Es bleibt damit in den „Altfällen" insbesondere bei den bisherigen Fallpauschalen (350 bzw. 550 EUR) sowie der fehlenden Erstattung der Dolmetscherkosten. Im Übrigen wird auf die einschlägigen Kommentierungen zur bisherigen Fassung der Norm verwiesen.

Übersicht: Vergütung des Verfahrensbeistands (§ 158c FamFG) 2

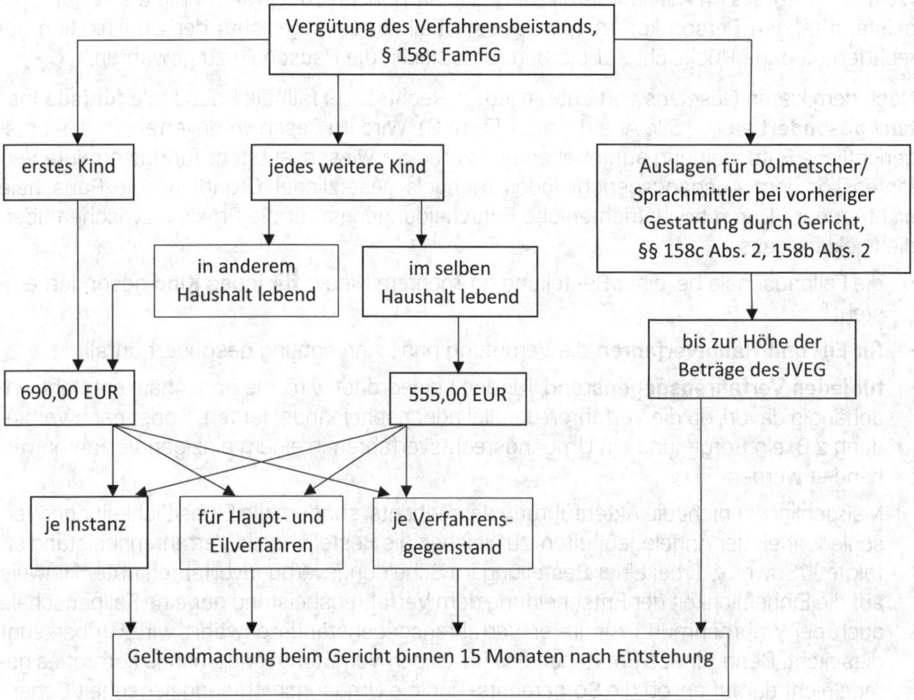

B. Inhalt der Norm

I. Vergütungsanspruch des Verfahrensbeistands (Abs. 1)

1. Pauschalvergütung

3 Die Vergütung des berufsmäßigen Verfahrensbeistands ist eine Pauschalvergütung. Der Gesetzgeber versprach sich davon eine *„unaufwändige und unbürokratische Handhabung.“*[1] Die bisherige Trennung in originären und erweiterten Aufgabenkreis ist entfallen. Die Pauschale beläuft sich auf 690,00 EUR für ein Kind. Wird der Verfahrensbeistand für mehrere Kinder bestellt, kommt nach § 158c Abs. 1 Satz 2 FamFG eine Reduzierung der Pauschale für das zweite und weitere Kinder in Betracht (siehe Rn. 5) Eine auskömmliche Vergütung soll sich für den berufsmäßigen Verfahrensbeistand aus einer – vom BVerfG[2] grundsätzlich gebilligten – **Mischkalkulation** ergeben.[3]

Die Anhebung der Vergütung war dringend geboten,[4] da die Pauschalen seit Inkrafttreten des FamFG 2009, mithin seit mehr als 15 Jahren trotz entsprechender Unkostensteigerung und inflationsbedingtem Kaufkraftverlust nicht angepasst wurden, obgleich hierzu spätestens im Zuge der Änderung des § 158c Abs. 3 FamFG[5] Gelegenheit bestanden hätte. Die Pauschale fällt auch für einen nicht berufsmäßig tätigen Verfahrensbeistand in gleicher Art und Weise an, weshalb es im Bestellungsbeschluss auch keiner Feststellung der Berufsmä-

1 BT-Drs. 16/9733, 294
2 BVerfG ZKJ 2010, 70; siehe auch BGH ZKJ 2014, 21
3 BT-Drs. 16/9733, 294
4 BT-Drs. 20/14264, 69
5 BGBl. 2022, 294

ßigkeit mehr bedarf. Der Gesetzgeber ging davon aus, angesichts des Anforderungsprofils werde es allenfalls im Ausnahmefall zur Bestellung einer nicht berufsmäßig als Verfahrensbeistand tätigen Person kommen; in diesem Fall sei es angesichts der Qualifikation gerechtfertigt, ohne Rücksicht auf die Berufsmäßigkeit die Pauschale zu gewähren.[6]

4 Nach dem klaren Gesetzeswortlaut („in jedem Rechtszug") fällt die Pauschale **für jede Instanz gesondert** an (§ 158c Abs. 1 Satz 1 FamFG). Wird im Beschwerdeverfahren die amtsgerichtliche Entscheidung aufgehoben und zurückverwiesen, entsteht für das erneute Verfahren vor dem Ausgangsgericht indes mangels gesetzlicher Grundlage die Pauschale nicht erneut.[7] Durch höchstrichterliche Entscheidungen ist für die Praxis inzwischen überdies geklärt, dass

- die Fallpauschale bei einer Bestellung für mehrere Kinder **für jedes Kind** gesondert entsteht,[8]
- **für Eil- und Hauptverfahren** die Vergütung ohne Anrechnung gesondert anfällt,[9]
- **für jeden Verfahrensgegenstand**, für den beigeordnet wird, die Pauschale entsteht, unabhängig davon, ob die Verfahren parallel oder nacheinander laufen,[10] oder nach Verbindung z.B. ein Sorge- und ein Umgangsrechtsverfahren in einem einzigen Verfahren verhandelt werden,[11]

  Maßgeblich ist nicht die Aktenführung des Gerichts, sondern die Einheitlichkeit oder Verschiedenheit der Angelegenheiten, zu welchen die Bestellung als Verfahrensbeistand erfolgte.[12] Soweit z.T. bei einer Bestellung im Scheidungsverbundverfahren unter Hinweis auf die Einheitlichkeit der Entscheidung dem Verfahrensbeistand nur eine Fallpauschale auch bei Wahrnehmung mehrerer Verfahrensgegenstände gewährt wird,[13] überzeugt dies nicht. Denn für das Entstehen des jeweiligen Vergütungsanspruches kommt es gerade nicht darauf an, ob die Sorgerechts- und die Umgangsrechtsangelegenheit Gegenstand zweier formal getrennter Verfahren sind.[14]
- für die **Abänderung** eines Hauptverfahrens (§ 166 Abs. 1 FamFG) die Fallpauschale neu entsteht, nicht jedoch für die Abänderung einer Eilanordnung, weil letztere lediglich das Eilverfahren fortführt, das Abänderungsverfahren dagegen ein neues selbstständiges Verfahren darstellt.[15]

Für die Wahrnehmung der Kindesinteressen im Rahmen einer **Verfassungsbeschwerde** gilt § 158c FamFG analog.[16]

2. Mehrere Kinder

5 Wird der Verfahrensbeistand für mehrere in demselben Haushalt lebende Kinder bestellt, so beträgt ab dem zweiten Kind die Pauschalvergütung 555 EUR. Die unterschiedliche Vergütung entspricht einer langjährigen Forderung der Länder.[17] Sie wird begründet mit dem Argument, dass bei mehreren in demselben Haushalt lebenden Kindern in aller Regel gewisse Synergieeffekte entstehen.[18] Diese können nach Meinung des Gesetzgebers jedoch

6 BT-Dr. 20/14264, 70.
7 BGH NJW 2017, 3663 m.w.N. auch für Gegenmeinung
8 BGH FamRZ 2010, 1893 und 1896, jeweils m.w.N.; BGH FamRZ 2011, 468
9 BGH FamRZ 2011, 199
10 BGH FamRZ 2011, 467
11 BGH FamRZ 2012, 1630; OLG München FamRZ 2013, 966
12 OLG Frankfurt ZKJ 2014, 113
13 OLG München FamRZ 2013, 318
14 BGH FamRZ 2012, 1630
15 Dutta/Jacoby/Schwab/*Lack*, § 158c FamFG Rn. 9; Prütting/Helms/*Hammer*, § 158c FamFG Rn. 4
16 Dutta/Jacoby/Schwab/*Lack*, § 158c FamFG Rn. 6 m.w.N.
17 BT-Drs. 20/14264, 71.
18 BT-Drs. 20/14264, 71.

mit nicht mehr als ca. 20 % der Grundvergütung angesetzt werden, weil der Verfahrensbeistand die – womöglich unterschiedlichen – Interessen der Kinder gesondert festzustellen habe. Im Gesetzgebungsverfahren wurde durch die Neuformulierung klargestellt, dass eine Reduzierung der Pauschale auf 555 EUR nur dann in Betracht kommt, wenn die Kinder in demselben Haushalt leben.

II. Auslagenersatz für Kosten eines Dolmetschers (Abs. 2)

1. Anspruchsvoraussetzungen

Der Verfahrensbeistand kann zusätzlich zu seiner Pauschalvergütung die von ihm verauslagten Kosten für die Hinzuziehung eines Dolmetschers bzw. Sprachmittlers geltend machen, wenn das Gericht ihm die Hinzuziehung gestattet hat (§ 158c Abs. 2 Satz 1 FamFG). 6

▶ *Hinsichtlich der Fragen um die gerichtliche Gestattung wird auf Keuter, § 158b Rn. 15 ff. verwiesen.*

Insbesondere genügt nach dem Willen des Gesetzgebers nicht die nachträgliche Genehmigung einer solchen Hinzuziehung, sondern die „vorab" durch förmlichen Beschluss festgestellte Notwendigkeit der Hinzuziehung eines Dolmetschers/Sprachmittlers ist Voraussetzung für die Abrechnung der durch die Hinzuziehung anfallenden Kosten als besondere gerichtliche Auslagen.[19]

Die Notwendigkeit dieser – langjährigen Forderungen entsprechenden (siehe *Keuter*, § 158b FamFG, Rn. 15) – Neuregelung hat der Gesetzentwurf überzeugend begründet.[20] Im Vergleich zu anderen Aufwendungen lässt sich bei der Hinzuziehung eines Sprachmittlers kaum im Vorhinein der Umfang von dessen Tätigwerden bestimmen, und die erwartbaren Auslagen lassen sich nicht pauschal abschätzen. Daher stößt eine Mischkalkulation hier an ihre Grenzen und vermag eine Auskömmlichkeit der Tätigkeit als Verfahrensbeistand nicht mehr sicher zu gewährleisten.[21] 7

2. Anspruchshöhe

§ 158c Abs. 2 Satz 2 FamFG begrenzt den Auslagenersatz auf die nach dem Justizvergütungs- und -entschädigungsgesetz zu zahlenden Beträge. Der Verfahrensbeistand muss also selbst bei Auftragsvergabe und Rechnungserhalt darauf achten, dass der Dolmetscher/Sprachmittler die jeweiligen Stundensätze des JVEG – aktuell gemäß § 9 Abs. 5 JVEG 93,00 EUR – nicht überschreitet. 8

3. Kein weiterer Aufwendungsersatz (Abs. 2 Satz 3)

§ 158c Abs. 1 Satz 3 FamFG schließt einen neben die Vergütung tretenden Anspruch des Verfahrensbeistands auf Aufwendungsersatz ausdrücklich aus. Die Vergütung umfasst deshalb auch sämtliche Büro-, Fortbildungs- und Fahrtkosten pp., selbst wenn dies im Einzelfall dazu führt, dass im konkreten Fall die Vergütung nicht mehr auskömmlich ist.[22] **Umsatzsteuer** fällt nach Entscheidung des BFH[23] für die Tätigkeit des Verfahrensbeistands nicht an, siehe auch § 4 Nr. 25 Satz 3 lit. d UStG. 9

19 BT-Drs. 20/14264, 71.
20 BT-Drs. 20/14264, 71 f.
21 BT-Drs. 20/14264, 71
22 Dutta/Jacoby/Schwab/*Lack*, § 158c FamFG Rn 16; Prütting/Helms/*Hammer*, § 158c FamFG Rn. 6
23 BFH FamRZ 2019, 1931

III. Festsetzung (Abs. 3)

1. Entstehung des Anspruchs

10 Der Anspruch des Verfahrensbeistands auf die Fallpauschale entsteht mit der Aufnahme seiner Tätigkeit im Rahmen des § 158b FamFG. Es genügt, dass der Verfahrensbeistand in irgendeiner Weise im Interesse des Kindes tätig geworden ist.[24] Allein die Entgegennahme des Bestellungsbeschlusses reicht indes nicht aus,[25] ebenso wenig im Beschwerdeverfahren die Entgegennahme und das Lesen einer noch nicht begründeten Beschwerdeschrift,[26] wohl aber Kenntnisnahme einer Beschwerdebegründung,[27] Aktenstudium, Anlage eines eigenen Vorgangs und Vorbereitung von Schriftverkehr.[28] Die Stellungnahme des Verfahrensbeistandes gegenüber dem OLG als Beschwerdegericht in einer Zwischenentscheidung (Befangenheitsantrag) reicht nicht, um die Gebühr für den zweiten Rechtszug auszulösen.[29]

2. Schuldner

11 § 158c Abs. 3 Satz 1 FamFG bestimmt als Schuldner der Vergütung nach Abs. 1 bzw. des Aufwendungsersatzes stets die Staatskasse. Die Ansprüche werden auf Antrag des Verfahrensbeistands durch Beschluss des Rechtspflegers (§ 3 Abs. 1 Nr. 2a RpflG) gerichtlich festgesetzt (§ 158c Abs. 3 Satz 2 i.V.m. § 292 Abs. 1 und 5 FamFG). Der Verfahrensbeistand muss seine Ansprüche auf Vergütung und Auslagenersatz für Dolmetscherkosten binnen 15 Monaten nach Anspruchsentstehung geltend machen.. Diese gesetzliche **Ausschlussfrist** entspricht der Rechtsprechung des BGH.[30] Der Auffassung des KG,[31] der Anspruch erlösche, wenn er nicht binnen drei Monaten nach Beendigung der Tätigkeit geltend gemacht werde, ist mit der gesetzlichen Klarstellung der Boden entzogen.

Jedem Verfahrensbeistand kann nur dringend angeraten werden, den Festsetzungsantrag **zeitnah** nach Beginn seiner Tätigkeit im Kindesinteresse zu stellen. Für den Beginn der 15-Monatsfrist für die in der Beschwerdeinstanz entstandene Vergütung wird auf die in dieser Instanz entfaltete Tätigkeit abzustellen sein, da andernfalls die Möglichkeit besteht, dass die Frist bereits verstrichen ist, bevor der Fall überhaupt die Beschwerdeinstanz erreicht.[32]

IV. Keine Kostentragungspflicht (Abs. 4)

12 Nach § 158c Abs. 4 FamFG dürfen dem Verfahrensbeistand keine Kosten auferlegt werden. Dies betrifft allerdings nur das Verfahren, für welches er beigeordnet wurde. Strengt er dagegen selbst eine Beschwerde seine Vergütung betreffend an, gilt dieses Kostenprivileg nicht, weil ein solches Verfahren allein seine Interessen, nicht die des Kindes betrifft.[33]

24 BGH FamRZ 2019, 1077 Rn. 14 m.w.N.
25 BGH FamRZ 2012, 1630
26 OLG Celle ZKJ 2012, 489
27 OLG Nürnberg ZKJ 2015, 77
28 OLG Köln FamRZ 2018, 1015 (Ls.)
29 OLG München FamRZ 2019, 1733
30 BGH ZKJ 2017, 67
31 KG ZKJ 2017, 38
32 Thomas/Putzo/*Hüßtege*, § 158c FamFG Rn. 7 m.w.N.
33 OLG Celle ZKJ 2012, 489

§ 159 FamFG

Persönliche Anhörung des Kindes

(1) Das Gericht hat das Kind persönlich anzuhören und sich einen persönlichen Eindruck von dem Kind zu verschaffen.

(2) [1]Von der persönlichen Anhörung und der Verschaffung eines persönlichen Eindrucks nach Absatz 1 kann das Gericht nur absehen, wenn

1. ein schwerwiegender Grund dafür vorliegt,

2. das Kind offensichtlich nicht in der Lage ist, seine Neigungen und seinen Willen kundzutun,

3. die Neigungen, Bindungen und der Wille des Kindes für die Entscheidung nicht von Bedeutung sind und eine persönliche Anhörung auch nicht aus anderen Gründen angezeigt ist oder

4. das Verfahren ausschließlich das Vermögen des Kindes betrifft und eine persönliche Anhörung nach der Art der Angelegenheit nicht angezeigt ist.

[2]Satz 1 Nummer 3 ist in Verfahren nach den §§ 1666 und 1666a des Bürgerlichen Gesetzbuchs, die die Person des Kindes betreffen, nicht anzuwenden. [3]Das Gericht hat sich in diesen Verfahren einen persönlichen Eindruck von dem Kind auch dann zu verschaffen, wenn das Kind offensichtlich nicht in der Lage ist, seine Neigungen und seinen Willen kundzutun.

(3) [1]Sieht das Gericht davon ab, das Kind persönlich anzuhören oder sich einen persönlichen Eindruck von dem Kind zu verschaffen, ist dies in der Endentscheidung zu begründen. [2]Unterbleibt eine Anhörung oder die Verschaffung eines persönlichen Eindrucks allein wegen Gefahr im Verzug, ist sie unverzüglich nachzuholen.

(4) [1]Das Kind soll über den Gegenstand, Ablauf und möglichen Ausgang des Verfahrens in einer geeigneten und seinem Alter entsprechenden Weise informiert werden, soweit nicht Nachteile für seine Entwicklung, Erziehung oder Gesundheit zu befürchten sind. [2]Ihm ist Gelegenheit zur Äußerung zu geben. [3]Hat das Gericht dem Kind nach § 158 einen Verfahrensbeistand bestellt, soll die persönliche Anhörung in dessen Anwesenheit stattfinden. [4]Im Übrigen steht die Gestaltung der persönlichen Anhörung im Ermessen des Gerichts.

Weiterführende Literatur: Balloff, Kommunikation mit dem Kind und Anhörung des Kindes im familiengerichtlichen Verfahren, FamRZ 2019, 938; *Bublath/Kannegießer/Salzgeber,* Hinweise für das Gespräch mit dem Kind im familiengerichtlichen Verfahren, NZFam 2021, 477; *Carl/Eschweiler,* Kindesanhörung-Chancen und Risiken, NJW 2005, 1681; *Carl/Karle,* Kindesanhörung und Fortbildung von Familienrichtern, NZFam 2014, 930; *Delfos,* „Sag mir mal ..." – Gesprächsführung mit Kindern, 9. Aufl., Weinheim 2013; *Hennemann,* Die Anhörung des Kindes in Kindschaftsverfahren, NZFam 2014, 871; *Karle/Carl/Clauss,* Kindesanhörung aus psychologischer Sicht, NZFam 2014, 875; *Kischkel,* Die Reform der Kindesanhörung nach § 159 FamFG – Auswirkungen auf die Praxis, FamRZ 2021, 1595; *Rohmann/Karle,* Die Anhörung des Kindes aus kinderpsychologischer und kinderpsychiatrischer Sicht, ZKJ 2010, 434; *Rohmann,* Anhörung des Kindes und der Eltern sowie die Bekanntgabe der Entscheidung an das Kind als kommunikativer Prozess, FPR 2013, 464; *Schweppe/Bussian,* Die Kindesanhörung aus familienrichterlicher Sicht, ZKJ 2012, 13.

Übersicht

A. Allgemeines

I. Normzweck

1 Das Kind hat grundsätzlich ein Recht darauf, vor der gerichtlichen Entscheidung in Kindschaftssachen gehört zu werden. Für das Kind kann **die Durchführung der Anhörung jedoch ambivalent** sein: Einerseits könnte dem Kind die Tragweite des gerichtlichen Verfahrens besonders bewusst werden und diese Erkenntnis das Kind belasten.[1] Andererseits erhält das Kind aber Gelegenheit, die Person kennen zu lernen, die wichtige – seine Person betreffende – Entscheidungen zu treffen hat, so dass es eine Entlastung bedeuten kann, wenn es sich „in guten Händen" weiß. Vor allem hat es aber die Gelegenheit, seinem eigenen Willen unmittelbaren Nachdruck zu verleihen. Eine Vernehmung des Kindes als Zeuge findet in Kindschaftssachen nicht statt (vgl. § 163a FamFG). Fragen anderer Beteiligter sind ihm nicht vorzulegen.[2]

2 Zudem dient die Anhörung der Verwirklichung des Anspruchs auf **Gewährung rechtlichen Gehörs und der Sachaufklärung**, da sie dem Richter ermöglicht, das Kind und seine Lebensverhältnisse kennen zu lernen.[3] Vor diesem Hintergrund sollte eine persönliche Anhörung des Kindes vor dem **ersuchten Richter** eines anderen Gerichts in der Regel nicht erfolgen.[4] Eine solche Anhörung im Wege der Rechtshilfe ist zwar nicht in Gänze ausgeschlossen, sollte wegen der Bedeutung der persönlichen Anhörung aber nur ausnahmsweise erfolgen.[5]

3 Auch sollte die Kindesanhörung in der Regel **durch den erkennenden Richter** erfolgen. Gleichwohl kann nicht außer Betracht bleiben, dass die Kindesanhörung auch mit Blick auf § 163a FamFG keine Beweisaufnahme im Strengbeweisverfahren darstellt und der Grundsatz der Unmittelbarkeit (vgl. § 355 ZPO) vor diesem Hintergrund keine Anwendung findet. Es ist daher nach pflichtgemäßem Ermessen zu prüfen, ob etwa bei einem Wechsel im richterlichen Dezernat vor Abschluss des Verfahrens und nach bereits erfolgter Kindesanhörung diese erneut durch den Dezernatsnachfolger geboten ist. Dies kann im Einzelfall zu bejahen sein, zwingend ist dies aber nicht. Das Ergebnis der Kindesanhörung ist den Beteiligten durch Übermittlung des zu fertigenden Vermerks (hierzu unten Rn. 48) mit Gelegenheit zur Stellungnahme bekannt zu geben (vgl. auch § 37 Abs. 2 FamFG).

4 Mit Wirkung zum 1.7.2021 hat der Gesetzgeber die Regelung zur Kindesanhörung umfassend reformiert. Er bezweckt damit, die bestehende **Pflicht zur persönlichen Anhörung** noch stärker zu betonen und zu erweitern.[6] Eingeführt wurde eine grundsätzliche, altersunabhängige Pflicht zur persönlichen Kindesanhörung und Verschaffung eines persönlichen Eindrucks. In Kinderschutzverfahren sind die Anforderungen besonders streng. Zugleich

1 Vgl. *Lempp* et al., S. 63 ff.
2 KG ZKJ 2014, 285
3 Hierzu auch KG a.a.O.
4 Im Ergebnis ebenso: *Hennemann*, NZFam 2014, 871
5 Vgl. hierzu BVerfG FamRZ 2020, 1579 sowie Prütting/Helms/*Hammer*, § 159 FamFG Rn. 13.
6 BT-Drs. 19/2307, S. 25 f.

führt der Gesetzgeber den **Begriff des „Eindrucks"** wieder ein. Zwar spricht er nun nicht mehr – wie vor dem Inkrafttreten des FamFG im Jahre 2009 noch in § 50b FGG a.F. – von einem „unmittelbaren Eindruck", sondern von einem „persönlichen Eindruck". Gemeint ist aber auch hier wieder eine „Anschauung" des Kindes und seines Verhaltens.[7] Zu weitgehend wäre es jedoch, vom Familienrichter eine Interaktionsbeobachtung zu erwarten, denn diese sollte den hierfür besonders qualifizierten Fachkräften vorbehalten sein.[8]

Mit der **Reform** wurde die Vorschrift zugleich neu strukturiert und sieht nunmehr in Abs. 1 inbesondere die **Altersunabhängigkeit** vor, so dass die Unterscheidung zwischen Kinder über und unter 14 Jahren weggefallen ist. Abs. 2 beinhaltet nun gebündelt die Voraussetzungen für ein Absehen von der Anhörung bzw. Verschaffung eines Eindrucks und Abs. 3 regelt unter anderem die Begründungpflicht und die Vorgehensweise in Eilfällen. Abs. 4 normiert unverändert die Durchführung dieses Termins und findet dabei Unterstützung durch die neu eingeführten Qualifikationsanforderungen für Familienrichter, denn § 23b Abs. 3 Satz 2 GVG erstreckt diese auch auf den Bereich der „Kommunikation mit Kindern". 5

Das Erfordernis der persönlichen Anhörung des Kindes hat nicht im Umkehrschluss zur Folge, dass die Äußerungen bzw. der Wille des Kindes für die Entscheidung des Familiengerichts alleinentscheidungserheblich wären. Vielmehr ist der **Wille des Kindes nur einer von mehreren Gesichtspunkten** im Rahmen der Prüfung des Kindeswohls (näher hierzu etwa *Keuter*, § 1671 BGB Rn. 49, sowie *Gottschalk*, § 1684 BGB Rn. 32). So ist es beispielsweise nicht zu beanstanden, wenn den Willensbekundungen eines sechs Jahre alten und in einem gravierenden Loyalitätskonflikt befindlichen Kindes, das äußert, bei einem Elternteil wohnen zu wollen, keine entscheidende Bedeutung beigemessen wird.[9] 6

Die persönliche Anhörung des Kindes ist ggf. mit **Zwangsmitteln** nach § 35 FamFG durchsetzbar.[10] Ob das Kind unter den Voraussetzungen des § 33 Abs. 3 Satz 3 FamFG, etwa wenn es über 14 Jahre alt ist, polizeilich vorgeführt werden sollte, ist zweifelhaft[11] Die Terminsanberaumung ist als verfahrensleitende Zwischenverfügung jedenfalls unanfechtbar. 7

▶ *Näher zu Ordnungsmaßnahmen siehe Kischkel, §§ 33, 34 FamFG Rn. 2.*

Unterbleibt die Anhörung, obwohl sie geboten ist, dann stellt dies einen schwerwiegenden Verfahrensfehler dar. Dieser kann nur mit dem Rechtsmittel gegen die Endentscheidung geltend gemacht werden. Die Anhörung sollte dann in der Regel im Beschwerdeverfahren nachgeholt werden. Denn eine Zurückverweisung kommt alleine wegen dieses Verfahrensfehlers auch mit Blick auf das Beschleunigungsgebot des § 155 Abs. 1 FamFG häufig nicht in Betracht.[12] 8

II. Anwendungsbereich

Die Norm ist in Kindschaftssachen anwendbar. Sie ist nicht nur in **Verfahren vor dem Richter**, sondern – was in der Praxis häufig nicht beachtet wird – auch in den **Verfahren vor dem Rechtspfleger** zu berücksichtigen, soweit die Anwendungsvoraussetzungen (siehe hierzu Rn. 12 f.) erfüllt sind.[13] 9

Verschiedentlich sind jedoch Sonderregelungen in kindschaftsrechtlichen Verfahren zu beachten: Im Verfahren betreffend die **Namensänderung** kann eine persönliche Anhörung des

---

7 Vgl. zu § 50b FGG bereits Baumeister u.a./*Fehmel*, Familiengerichtsbarkeit, S. 1618 und so nun auch RegE, S. 67

8 So auch Sternal/*Schäder*, Rn. 9

9 BVerfG FamRZ 2015, 210

10 Vgl. OLG Celle FamRZ 2019, 1875; KG FamRZ 2019, 1702; a.A. Vorauflage

11 Hierzu Prütting/Helms/*Hammer*, § 159 FamFG Rn. 36

12 OLG Schleswig ZKJ 2013, 129; a.A. etwa OLG Düsseldorf FamRZ 2008, 1363 (vor Inkrafttreten von § 155 FamFG); ohne Auseinandersetzung mit § 155 Abs. 1 FamFG: OLG Brandenburg, Beschl. v. 29.8.2012 – 3 UF 77/12, juris

13 OLG Schleswig ZKJ 2013, 129

Kindes – auch im Beschwerdeverfahren – bei Kindern unter 16 Jahren mit Blick auf § 2 Abs. 2 NamÄndG unterbleiben, da dieser den Vorschriften der §§ 159, 160 FamFG vorgeht.[14] Das familiengerichtliche Verfahren ist dem behördlichen Verfahren hier lediglich vorgeschaltet und die Verwaltungsbehörde hat gemäß § 3 Abs. 2 NamÄndG ohnehin noch einmal von Amts wegen die für ihre Entscheidung erheblichen Ermittlungen vorzunehmen und in diesem Zusammenhang auch die Beteiligten zu hören. Daneben sieht § 3 Abs. 2 Satz 4 RelKEG eine Anhörung des Kindes vor, wenn es um die **Bestimmung des religiösen Bekenntnisses** geht und das Kind das 10. Lebensjahr vollendet hat. Schließlich enthält § 167 Abs. 1 Satz 1 i.V.m. § 319 FamFG für Verfahren betreffend die **freiheitsentziehende Unterbringung** eine Spezialregelung.

10 Im **Verfahren der einstweiligen Anordnung** ist § 159 FamFG grundsätzlich anwendbar (§ 51 Abs. 2 Satz 1 FamFG). Bei besonderer Eilbedürftigkeit kann jedoch (zunächst) von der persönlichen Anhörung des Kindes abzusehen und diese später nachzuholen sein (§ 159 Abs. 3 Satz 2 FamFG). Ggf. macht die Anhörung im Eilverfahren eine nochmalige Anhörung im Hauptsacheverfahren entbehrlich (vgl. § 51 Abs. 3 Satz 2 FamFG). Dies kann in der Regel nicht mehr gelten, wenn die Anhörung des Kindes im Eilverfahren vor mehr als sechs Monaten erfolgt ist.

11 In einem **Vollstreckungsverfahren** (hierzu *Cirullies*, § 86 ff. FamFG) wird im Regelfall keine erneute Anhörung des Kindes geboten sein, da eine Kindeswohlprüfung nicht mehr zu erfolgen hat.[15]

12 Unabhängig davon ist das Kind auch im **Beschwerdeverfahren** grundsätzlich (ggf. nochmals) anzuhören. Etwas anderes gilt, wenn die Anhörung des Kindes in der gebotenen Weise im ersten Rechtszug vorgenommen wurde und von einer erneuten Vornahme keine zusätzlichen Erkenntnisse zu erwarten sind (vgl. § 68 Abs. 3 Satz 2 FamFG). Dies kann der Fall sein, wenn weder neue entscheidungserhebliche Tatsachen vorgetragen noch eine Änderung des rechtlichen Gesichtspunkts eingetreten sind und auch der Zeitablauf oder sonstige Gründe die nochmalige Anhörung nicht geboten erscheinen lassen.[16] Dies kann auch deswegen der Fall sein, weil etwa der Verfahrensbeistand die aktuelle Sichtweise des Kindes, die sich nicht von der erstinstanzlich festgestellten unterscheidet, in das Beschwerdeverfahren eingebracht hat oder der Verfahrensbeistand sich mit Blick auf mehrfach erfolgte Anhörungen und die Belastung des Kindes ausdrücklich gegen eine erneute Anhörung ausspricht.[17] Eine nochmalige Anhörung durch das OLG ist – auch aus verfassungsrechtlichen Gründen – dann nicht geboten, wenn der Willensbekundung des Kindes im Rahmen der zu seinem Wohl vorzunehmenden Gesamtabwägung ohnehin nur begrenzte Bedeutung zukommen kann.[18]

13 Eine nochmalige persönliche Anhörung des Kindes im Beschwerdeverfahren wird insbesondere dann geboten sein, wenn seit der Anhörung erster Instanz ein erheblicher Zeitraum vergangen ist, sich im Leben des Kindes seit der letzten Anhörung **wesentliche Veränderungen** ergeben haben, wie etwa ein Wechsel des gewöhnlichen Aufenthalts, die erstinstanzliche Anhörung nur unzureichend dokumentiert ist oder die Anhörung erster Instanz in der Weise erfolgt ist, dass mehrere Geschwisterkinder gleichzeitig angehört worden sind.

14 Unbeschadet dessen sieht § 68 Abs. 5 FamFG seit dem 1.7.2021 für das Beschwerdeverfahren nun eine Ausnahme von der Möglichkeit des Absehens einer erneuten persönlichen Anhörung des Kindes in Hauptsacheverfahren vor, wenn die Beschwerde ein Verfahren be-

---

14 BGH FamRZ 2020, 585

15 So auch *Hennemann*, NZFam 2014, 871; Musielak/*Borth/Grandel*, § 92 FamFG Rn. 2; OLG Karlsruhe, Beschl. v. 18.3.2015 – 18 WF 46/14, juris; a.A. MüKo-FamFG/*Zimmermann*, § 92 Rn. 2

16 Näher hierzu (sowie zur Verwertbarkeit der Kindesanhörung): OLG Hamm NZFam 2014, 647; siehe auch BayObLG FamRZ 1985, 522; OLG Koblenz FamRZ 2001, 515

17 KG ZKJ 2019, 234 bzw. BGH, Beschl. v. 27.11.2019 – XII ZB 511/18, FamRZ 2020, 252

18 BVerfG, Beschl. v. 22.9.2014 – 1 BvR 2102/14, BeckRS 2014, 57439

trifft, in welchem eine teilweise oder vollständige Entziehung der Personensorge nach § 1666 BGB, ein Umgangsausschluss oder eine Verbleibensanordnung in Betracht kommt (§ 68 Abs. 5 FamFG). Hier sind de lege lata insbesondere die **persönlichen Anhörungen des Kindes und der Eltern** im Beschwerdeverfahren zu **wiederholen**, auch wenn dem OLG umfassende Anhörungsvermerke des Amtsgerichts vorliegen und eine Erfolgsaussicht der Beschwerde nach Prüfung durch den Senat nicht gegeben ist. Einzige Voraussetzung ist, dass es sich um eine zulässige Beschwerde handelt und auch keine Gründe vorliegen, von einer Anhörung des Kindes im Beschwerdeverfahren nach § 159 Abs. 2 FamFG abzusehen.[19]

Da der Gesetzgeber nur in den Fällen eines zu gewärtigenden besonders grundrechtsintensiven Eingriffs die Entscheidung im Beschwerdeverfahren auf eine breitere Tatsachengrundlage stellen wollte, ist eine restriktive Auslegung dieser Norm teilweise geboten. Insbesondere werden von der Norm die Fälle eines (isolierten) Entzugs des Umgangsbestimmungsrechts nicht erfasst, obwohl dies dem Wortlaut nach unter § 68 Abs. 5 Nr. 1 FamFG subsumiert werden kann.[20] **15**

Jedenfalls sollte mit Blick auf die Umstände des Einzelfalls sorgfältig geprüft werden, ob das Kind in der Rechtsmittelinstanz **durch den Berichterstatter als beauftragten Richter** oder – wie die Rechtsprechung des BGH nahelegt[21] – durch den gesamten Senat (drei Richter) angehört wird. Eine generelle Verpflichtung zur Anhörung des Kindes vor drei Richtern ist jedenfalls auch der Rechtsprechung des BGH nicht zu entnehmen. **16**

§ 68 Abs. 4 Satz 3 und 4 FamFG sehen daher nun vor, dass das Beschwerdegericht die persönliche Anhörung eines Kindes und die Verschaffung eines persönlichen Eindrucks durch Beschluss einem seiner Mitglieder als beauftragtem Richter übertragen kann, wenn es dies aus Gründen des Kindeswohls für sachgerecht hält oder das Kind offensichtlich nicht in der Lage ist, seine Neigungen und seinen Willen kundzutun. Bei der Frage, ob eine **Übertragung auf eine Richterperson** aus Gründen des Kindeswohls sachgerecht ist, ist der Vorteil, den die unmittelbare Wahrnehmung der kindlichen Äußerungen durch alle entscheidenden Berufsrichter haben kann, *„den durch die Anhörungssituation vor dem Kollegialorgan erhöhten Belastungen und der sich daraus ableitenden Gefahr […], dass das Kind nicht in der Lage ist, sich zu öffnen und zu dem Anhörungsgegenstand zu äußern"*, gegenüberzustellen, wozu auch eine wertende Betrachtung der Belastungen gehört, welchen das Kind unter Berücksichtigung seiner familiären Situation, seines Alters und des Sachverhalts, zu dem es angehört werden soll, ausgesetzt ist.[22] **17**

Unbeschadet dessen warnen Psychologen vor der Anhörung gerade jüngerer Kinder vor dem Kollegialorgan.[23] Denn das Kind könnte überfordert werden, wenn es mit mehreren Richtern in Kommunikation treten soll.[24] Es kommt noch hinzu, dass Sinn und Zweck der persönlichen Anhörung des Kindes nicht nach einer anderen Betrachtung und damit nach einer Abkehr von einer Kindeswohlzentrierung des Verfahrens verlangt. Denn die persönliche Anhörung des Kindes stellt **keine förmliche Beweisaufnahme** dar, so dass der – zudem zivilprozessuale – Grundsatz der Unmittelbarkeit der Beweiserhebung keine Anwendung findet (siehe oben Rn. 3). Die Notwendigkeit einer etwaigen Mehrfachanhörung des Kindes wegen eines zwischenzeitlichen Berichterstatterwechsels wird ohnehin mit überzeugenden Erwägungen verneint.[25] **18**

19 Vgl. nur BVerfG FamRZ 2023, 946
20 Hierzu OLG Frankfurt, Beschl. v. 17.5.2022, 1 UF 31/22, juris
21 Vgl. BGH ZKJ 2010, 327 ff.
22 BT-Drs. 19/23707, S. 51
23 Siehe nur *Rohmann/Karle*, ZKJ 2010, 434
24 Ausführlich hierzu *Rohmann*, ZKJ 2010, 434 ff.; vgl. Baumeister u.a./*Fehmel*, Familiengerichtsbarkeit, 1623; *Eschweiler/Carl*, NJW 2005, 1681 ff.; siehe auch BGH FamRZ 1985, 169
25 So OLG Hamm FamRZ 2014, 1789

19 Nach alledem sollte im Einzelfall eine sorgfältige Abwägung vorgenommen werden, ob die Anhörung vor dem Senat in voller Besetzung oder durch den beauftragen Richter erfolgt. Weder sollte generalisierend nach der einen noch nach der anderen Weise vorgegangen werden. Es liegt nahe, jüngere Kinder bis zum Ende der Grundschule oder etwa auf Grund Missbrauchsgeschehens oder Hochkonflikthaftigkeit sehr belastete Kinder in der Regel durch den beauftragten Richter anzuhören und ältere Kinder über 14 Jahre eher durch den Senat insgesamt.[26]

Die Anhörung durch den beauftragten Richter ist jedenfalls bei der Entscheidung des Senats nur in ihrem objektiven Ertrag und als persönlicher Eindruck des als beauftragter Richter tätigen Berichterstatters verwertbar.[27] Dieser hat einen ausführlichen Vermerk zu fertigen (hierzu unten Rn. 48). Keinen Verfahrensverstoß stellt es nach alledem dar, wenn es nach der Kindesanhörung zu einem Besetzungswechsel im Senat kommt und ein neues Senatsmitglied, das an der Anhörung nicht teilgenommen hat (aber auf einen ausführlichen Vermerk zurückgreifen kann), an der Entscheidung mitwirkt.

B. Inhalt der Norm

I. Voraussetzungen (Abs. 1)

20 Das Kind ist stets zu hören. Dabei kommt es nicht mehr, wie nach altem Recht, darauf an, dass das Kind das **14. Lebensjahr vollendet** hat, denn es besteht nunmehr eine **vom Alter des Kindes unabhängige Pflicht** des Familiengerichts, das Kind persönlich anzuhören und sich einen persönlichen Eindruck zu verschaffen. Hat das Verfahren ausschließlich die **Vermögenssorge** zum Gegenstand, kann das Gericht von einer persönlichen Anhörung absehen, wenn eine solche nach der Art der Angelegenheit nicht angezeigt ist (vgl. § 159 Abs. 2 Satz 1 Nr. 4 FamFG).

II. Absehen von der persönlichen Anhörung (Abs. 2, 3)

21 Das Gericht kann aus **schwerwiegenden Gründen** von der Anhörung absehen (vgl. § 159 Abs. 2 Satz 1 Nr. 1 FamFG). § 34 Abs. 3 Satz 1 FamFG, wonach das Verfahren auch ohne persönliche Anhörung beendet werden kann, wenn ein Beteiligter zu einem Termin **nicht erscheint**, findet keine Anwendung und wird von der Regel in Abs. 2 verdrängt. Auch ein **Einvernehmen der Eltern** oder der Wunsch eines Elternteils, von der persönlichen Anhörung des Kindes abzusehen, machen diese nicht entbehrlich, wenn das Gericht noch eine Entscheidung zu treffen hat.[28] Dies gilt auch in den Fällen des **gerichtlich gebilligten Vergleichs** i.S.v. § 156 Abs. 2 FamFG, da das Gericht hier eine Kindeswohlprüfung vorzunehmen hat.

22 **Schwerwiegende Gründe, zu denen ggf. konkrete tatsächliche Feststellungen zu treffen und in der Endentscheidung darzulegen sind, liegen vor**, wenn das Kind durch die Anhörung psychisch geschädigt werden könnte oder in sonstiger Weise eine Beeinträchtigung seines Gesundheitszustandes zu besorgen ist.[29] Damit muss es sich um triftige, das Kindeswohl nachhaltig berührende Gründe handeln.[30] Dies ist regelmäßig der Fall, wenn die Anhörung des Kindes zu einer erheblichen Beeinträchtigung seiner körperlichen oder seelischen Gesundheit führen könnte.[31] Regelmäßig mit einer persönlichen Anhörung (auch)

26 So auch *Witt*, FamRZ 2021, 1510, 1516
27 Vgl. BGH ZKJ 2010, 327 ff.; gebilligt von BVerfG, Beschl. v. 25.4.2015 – 1 BvR 3326/14; siehe auch OLG Karlsruhe ZKJ 2017, 114
28 Hierzu nur *Hennemann*, NZFam 2014, 871, 874 m.w.N.
29 Vgl. BGH FamRZ 2019, 115 sowie NJW-RR 1986, 1130; hierzu etwa OLG Stuttgart FamRZ 2013, 1318
30 BayObLG FamRZ 1988, 871
31 BGH FamRZ 2019, 115

einhergehende Belastungen des Kindes erreichen diese Schwelle nicht.[32] Nach Ansicht des BGH muss insoweit eine Abwägung zwischen den Kindesinteressen und der Pflicht zur Sachverhaltsaufklärung vorgenommen werden, wobei auch zu berücksichtigen sei, inwieweit Letzterer auch durch die Stellungnahmen anderer Beteiligter, etwa des Jugendamtes oder des Verfahrensbeistandes, Genüge getan werde.[33] Dabei ist jedoch auch einzubeziehen, dass die Kindesanhörung gerade auch der Gewährung rechtlichen Gehörs und damit auch der Wahrung der Subjektstellung des Kindes im Verfahren dient. Es ist daher zweifelhaft, ob aus schwerwiegenden Gründen deshalb von einer erstinstanzlichen persönlichen Anhörung des Kindes abgesehen werden sollte, weil sich das Kind wegen des von einem Elternteil ausgehenden Drucks in einem schweren Loyalitätskonflikt befindet.[34] Zumal die mit der persönlichen Anhörung einhergehenden Entlastungseffekte (siehe Rn. 1) ebenfalls nicht außer Betracht bleiben sollten.

Damit hat das Kind insbesondere dann ein Recht darauf, gehört zu werden, wenn seine **Neigungen, Bindungen und sein Wille** für die Entscheidung von Bedeutung sind. Dies wird in Kindschaftssachen in der Regel der Fall sein, zumal die Verfahren betreffend die Vermögenssorge in Abs. 2 Satz 1 Nr. 4 bereits Berücksichtigung gefunden haben. Insbesondere wenn es um die Frage der Aufrechterhaltung der gemeinsamen elterlichen Sorge geht, wird eine Anhörung des Kindes regelmäßig vorzunehmen sein, weil das Gericht im Rahmen der Kindeswohlprüfung auch zu beantworten hat, ob die Gefahr besteht, dass Konflikte der Eltern auf dem Rücken des Kindes ausgetragen werden.[35] Es kann hieran aber fehlen, wenn es um primär rechtliche Fragestellungen, wie etwa sich aus dem Gesetz ergebende Vertretungshindernisse und die Notwendigkeit einer Ergänzungspflegerbestellung, oder um tatsächliche Problemfelder auf Elternebene in Umgangssachen, wie berufliche Verhinderungen etc., geht. Nach alledem ist es folgerichtig, wenn das Gesetz in Abs. 2 Nr. 2 etwa bei Sorgerechtsstreitigkeiten i.S.v. § 1671 BGB oder in Umgangssachen ein Absehen von der persönlichen Anhörung und der Verschaffung eines persönlichen Eindrucks dann erlaubt, wenn das Kind offensichtlich nicht in der Lage ist, seine Neigungen und seinen Willen kundzutun. Dies betrifft – wie auch nach der bisherigen Rechtslage – vor allem Säuglinge und Kleinkinder unter drei Jahren, denn erst ab einem Alter von drei Jahren sind Kinder in der Lage, ihre Bedürfnisse, Wünsche, Gefühle und Ängste zu äußern oder durch ihr Verhalten auszudrücken.[36] **23**

Jedoch darf das Gericht in Verfahren des Kinderschutzes (§§ 1666, 1666a BGB) in den Fällen des Abs. 2 Nr. 2 und 3 nicht von der persönlichen Anhörung bzw. von der Verschaffung eines persönlichen Eindrucks absehen (vgl. § 159 Abs. 2 Satz 2 und 3 FamFG), wobei Abänderungs- und Überprüfungsverfahren (§§ 1696 BGB, 166 FamFG) hiervon nach dem Wortlaut sowie Sinn und Zweck der Regelung nicht erfasst sind. Nach Ansicht des Gesetzgebers trägt die weite Anhörungspflicht in Kinderschutzverfahren dem Gebot der umfassenden Amtsermittlung und der Subjektstellung des Kindes Rechnung. Durch den **persönlichen Eindruck** könnten sich für das Gericht etwa bei einem Säugling oder Kleinkind Anhaltspunkte für eine Verwahrlosung, Entwicklungsverzögerungen oder Verängstigung des Kindes ergeben und entsprechende Angaben im Verfahren besser beurteilt werden.[37] **24**

Offensichtlich hat der Gesetzgeber hier schon den nach § 23b Abs. 3 Satz 2 GVG qualifizierten Richter vor Auge. Regelmäßig werden entsprechende Mitteilungen schon im Bericht

32 OLG Schleswig ZKJ 2019, 187
33 BGH, a.a.O. mit krit. Anm. *Köhler*; siehe auch BGH FamRZ 2020, 252
34 BGH, a.a.O.; zustimmend: *Götsche*, jurisPR-FamR 9/2019 Anm. 3; *Giers*, FamRB 2019, 12; a.A. *Köhler*, FamRZ 2019, 118; zur Bedeutung der Kindesanhörung bei Loyalitätskonflikten siehe auch HB VB/*Ivanits*, 4. Aufl., Rn. 1246 ff.
35 BGH FamRZ 2016, 1439
36 Vgl. Prütting/Helms/*Hammer*, § 159 Rn. 20 m.w.Nachw.
37 BT-Drs, 19/23707, S. 58

des Jugendamtes, der Stellungnahme des Verfahrensbeistandes und ggf. auch über einen Sachverständigen dem Gericht vermittelt worden sein. Es erscheint sehr zweifelhaft, dass das Gericht auf Grund weitergehender Sachkunde hier einen zusätzlichen Erkenntnisgewinn haben wird.

25 Aus einem Umkehrschluss ergibt sich mit Blick auf Abs. 3 Satz 2, dass eine Anhörung auch bei **Gefahr im Verzug** (vorerst) unterbleiben kann, doch ist sie dann unverzüglich nachzuholen, wenn nicht ein anderer Grund vorliegt, der nach einem Absehen von der Kindesanhörung verlangt. Eine Gefahr im Verzug in diesem Sinne liegt insbesondere dann vor, wenn durch die mit der Anhörung verbundenen Verzögerung der Entscheidung des Familiengerichts ein erheblicher Nachteil einhergehen würde, wie es etwa bei einem unaufschiebbaren medizinischen Eingriff oder einer zu gewärtigenden Verbringung des Kindes ins Ausland der Fall sein kann.[38]

26 Befindet sich das Kind im Ausland, sollte der Versuch einer persönlichen Anhörung grundsätzlich unternommen werden, da der Auslandsaufenthalt nicht per se einen schwerwiegenden Grund darstellt, der ein Absehen von der persönlichen Anhörung zu rechtfertigen vermag. Bleibt jedoch eine Ladung erfolglos oder kann diese nicht zugestellt werden, dann wird ein Absehen von der persönlichen Anhörung in der Regel gerechtfertigt sein. Ohnehin wird das Familiengericht in diesen Fällen häufig Anlass haben, seine (fortbestehende) internationale Zuständigkeit zu prüfen.

▶ *Hierzu Schweppe, Auslandsbezüge, Kapitel 1, Vorbem. Rn. 17 ff.*

27 Ordnet das Gericht die Anhörung des Kindes (gleichwohl) an, dann ist diese Zwischenentscheidung nicht anfechtbar, sondern kann nur mit der Hauptsacheentscheidung überprüft werden, weshalb das Absehen von der persönlichen Anhörung zu begründen ist (vgl. nun auch Abs. 3 Satz 1).[39]

28 Werden aufgrund der Weigerung hingegen durch einen gerichtlichen Beschluss **Zwangsmittel** verhängt, kann eine Überprüfung dieses Beschlusses durch das OLG herbeigeführt werden.

III. Gestaltung der Anhörung (Abs. 4)

1. Grundsätze

29 Im Hinblick auf die **äußeren Umstände und die Gestaltung der Anhörung** ist das Gericht frei (vgl. § 159 Abs. 4 Satz 4 FamFG). „Anhörung" ist im vorliegenden Zusammenhang der notwendige **persönliche Kontakt** des zuständigen Richters mit dem Kind. Welche der vorhandenen verfahrensmäßigen Möglichkeiten der Richter für diese äußerst schwierige Aufgabe wählt, ob er das „Kind einmal oder mehrmals, Geschwister einzeln oder zusammen, im Gericht oder in der vertrauten familiären Umgebung, in An- oder Abwesenheit der Eltern und deren Prozessbevollmächtigten persönlich anhört und (...) einen Psychologen als Sachverständigen hinzuzieht", muss ihm überlassen bleiben.[40]

30 Im Rahmen der **Verschaffung eines persönlichen Eindrucks** bedarf es der expliziten Wahrnehmung des Kindes als eigenständige Persönlichkeit durch das Gericht, was auch damit einhergeht, dass das Kind zumindest kurz in seinem Verhalten beobachtet wird, um so auch Rückschlüsse auf seine Befindlichkeit ziehen zu können.[41] Unbeschadet dessen erwartet der Gesetzgeber, dass durch den Familienrichter – unabhängig von der Arbeit des

38 Vgl. Prütting/Helms/*Hammer*, § 159 Rn. 17
39 OLG Frankfurt, Beschl. v. 6.7.2016 – 5 WF 167/16, juris; OLG Brandenburg ZKJ 2016, 142; OLG Celle FamRZ 2013, 1681; vgl. auch OLG Stuttgart FamRZ 2013, 1318
40 Vgl. BVerfGE 55, 171, 182
41 OLG Frankfurt ZKJ 2023, 65

Jugendamtes im Rahmen des § 8a SGB VIII und der Stellungnahme des Verfahrensbeistandes – Anhaltspunkte für Verletzungen, Verwahrlosung oder Entwicklungsverzögerungen nicht übersehen werden.[42] Dies kann jedoch nicht bedeuten, dass das Kind über eine bloße äußerliche Inaugenscheinnahme hinaus körperlich untersucht wird.[43] Würden sich für das Gericht entsprechende Anhaltspunkte ergeben, die eine genauere Untersuchung des Kindes erforderlich machen würden, dann wird regelmäßig Anlass für die Einholung eines rechtsmedizinischen Gutachtens bestehen.

Mit dem Gesetz zur Förderung des Einsatzes von Videokonferenztechnik in den Zivil- und Fachgerichtsbarkeiten (in Kraft seit dem 19.7.2024) hat der Gesetzgeber durch die Änderung von § 34 FamFG nun auch klargestellt, dass die gesetzlich in § 159 FamFG vorgeschriebene persönliche Anhörung nicht per Bild- und Tonübertragung erfolgen darf.[44] 31

▶ *Zu den Besonderheiten bei Auslandsbezug siehe Schweppe, Kommentierung zu Brüssel IIb-VO, Internationale Übereinkommen, EGBGB und IntFamRVG.*

In welchem Stadium des Verfahrens das Kind persönlich anzuhören ist, liegt ebenfalls im **Ermessen des Gerichts**. In der Regel sollte das Kind aber nicht zeitgleich zu dem Termin geladen werden, an dem auch die Eltern persönlich angehört werden, denn es besteht die Gefahr, dass sich deren Nervosität und Anspannung auf das Kind überträgt und damit das häufig ohnehin in einem Loyalitätskonflikt befindliche Kind noch zusätzlich belastet wird. Es kommt noch hinzu, dass dem Kind unnötige und unübersehbare Wartezeiten auferlegt werden. Ob das Kind an einem der Tage vor oder nach der persönlichen Anhörung der Eltern geladen wird, ist von den Umständen des Einzelfalls abhängig. Ein über 14 Jahre altes Kind wird jedenfalls in der Regel zeitlich immer vor den Eltern persönlich anzuhören sein, damit das Ergebnis seiner Anhörung bei dem Termin mit den Eltern Berücksichtigung finden kann. 32

Ein einmal anberaumter Termin zur Kindesanhörung kann unter Wahrung des Vorrang- und Beschleunigungsgebotes i.S.v. § 155 Abs. 1 FamFG **verlegt** werden. In der Regel wird das Gericht hier flexibel sein, da der Termin ohnehin außerhalb der allgemeinen Sitzungstage anberaumt wird. 33

Unabhängig davon kann und sollte ein Beteiligter, insbesondere der Verfahrensbeistand, durch **schriftliche oder mündliche Anregungen an das Gericht** versuchen, auf die nähere Ausgestaltung der Anhörung, insbesondere im Hinblick auf die Beteiligung weiterer Personen, den Ort der Anhörung sowie deren inhaltliche Gestaltung, durch begründete Anregungen an das Gericht Einfluss zu nehmen.[45] 34

2. Anwesenheit von Personen

In aller Regel ist die Anhörung in **Abwesenheit der Eltern und ihrer Verfahrensbevollmächtigten** vorzunehmen.[46] Durch die Abwesenheit der Eltern wird der häufig durch die Auseinandersetzung zwischen den Eltern besonders angespannten seelischen Verfassung des Kindes Rechnung getragen.[47] Auch würde die Unbefangenheit des Kindes in der Regel bei Anwesenheit der (streitenden) Eltern und ihrer Anwälte leiden.[48] Die bloße Anwesenheit der Eltern könnte das Kind daher psychisch beeinflussen und damit den vom Kind in der Anhörung geäußerten Willen in Frage stellen. Nach alledem ist es auch verfassungsrechtlich 35

42 BT-Drs. 19/23707, S. 58
43 So zutreffend *Kischkel*, FamRZ 2021, 1595, 1597
44 Hierzu *Frank*, Die Neuregelung der Videoverhandlung in Familiensachen, FamRZ 2024, 1593ff.
45 Vgl. *Zitelmann*, S. 195
46 Siehe hierzu BVerfG ZKJ 2019, 361 m. Anm. *Dürbeck*; vgl. auch BGH NJW 1987, 1024; vgl. auch Baumeister u.a./*Fehmel*, Familiengerichtsbarkeit, 1618 f.
47 Vgl. BVerfGE 55, 171, 182
48 Vgl. Baumeister u.a./*Fehmel*, Familiengerichtsbarkeit, 1619

nicht geboten, den Eltern oder ihren Bevollmächtigten die Anwesenheit bei der Kindesanhörung zu gestatten.[49]

36 Insoweit sind auch die Ergebnisse von **„Interaktionsbeobachtungen“** durch den Richter, die er anlässlich der Begleitung des Kindes durch einen Elternteil oder bei zufälligen Begegnungen eines Elternteils mit dem Kind auf dem Gerichtsflur, sehr behutsam in die Entscheidungsfindung einzubeziehen. Regelmäßig werden solche Beobachtungen nur mit entsprechender Fachkunde, die in aller Regel nur Psychologen haben, bewertet werden können. In Ausnahmefällen kann es unbeschadet dessen angeraten sein, zur persönlichen Anhörung des Kindes einen Sachverständigen hinzuzuziehen.[50]

37 Hingegen ist die **Anwesenheit des Verfahrensbeistands** grundsätzlich geboten (vgl. § 159 Abs. 4 Satz 3 FamFG).[51] Bei seiner Abwesenheit wäre regelmäßig die Wahrnehmung der Kindesinteressen durch den Verfahrensbeistand, insbesondere wenn das Kind noch jung ist, nicht mehr gewährleistet.[52] Es könnte zudem die Chance ungenutzt bleiben, sich seitens des Gerichts der Hilfe des Verfahrensbeistands zu bedienen, wenn es darum geht, das vom Kind zum Ausdruck Gebrachte zu verstehen, auf dieser Grundlage präzisere Fragen an das Kind zu richten und so den Erkenntnisgewinn zu steigern.[53] Schließlich kann die Begleitung durch den Verfahrensbeistand dazu beitragen, „Unbehagen, Selbstzweifel oder auch Schuldgefühle (‚Habe ich was Falsches gesagt?‘) des Kindes zu vermindern.“[54]

38 Die **Anwesenheit des Verfahrensbeistands bei der Kindesanhörung ist jedoch dann nicht opportun**, wenn das Kind ansonsten seine Wünsche nicht mehr „ungefiltert“ ausdrücken kann,[55] oder es die alleinige Anhörung wünscht. Nur so bleibt dem Kind die Möglichkeit eröffnet, dem Richter persönliche Mitteilungen zu machen und sich insbesondere auch kritisch zu seiner Interessenvertretung bzw. deren Stellungnahmen zu äußern.[56] Da das Gericht dem Verfahrensbeistand die Anwesenheit gestatten „soll“, kann es vor dem Hintergrund dieser Erwägungen ausnahmsweise auch gerechtfertigt sein, das Kind ohne Beisein des Verfahrensbeistands anzuhören. Dies gilt insbesondere, wenn konkrete Gründe dafür sprechen, dass die Sachaufklärung durch die Anwesenheit des Verfahrensbeistands beeinträchtigt wird.[57] Auch kann das Gericht das Kind alleine persönlich anhören, wenn der Verfahrensbeistand auf seine Anwesenheit verzichtet, denn dieser ist zur Teilnahme nicht verpflichtet.[58] Jedenfalls erfolgt die persönliche Anhörung des Kindes i.S.v. § 159 FamFG durch den Richter, dem auch die Gesprächsführung obliegt.

39 Nur **von Fall zu Fall** lässt sich entscheiden, ob das Gericht das Kind alleine oder mit seinen Geschwistern anhört. Auf Grund der häufig bestehenden wechselseitigen Dynamiken unter den Geschwisterkindern und der Gefahr, dass nicht jedes Kind in seiner Subjektstellung in der gebotenen Weise gehört wird, sollte regelhaft jedes Kind allein und ohne Anwesenheit des Geschwisterkindes angehört werden. Es könnten jedoch im Einzelfall die Vorteile einer Geschwisteranhörung einerseits und der Einzelanhörung andererseits gegebenenfalls dann besser fruchtbar zu machen sein, wenn die Geschwister zunächst zusammen angehört werden und anschließend den Kindern Gelegenheit gegeben wird, ihre unterschiedlichen Perspektiven auch einzeln deutlich werden zu lassen.[59] Hierüber wird der Richter nach

49 BVerfG ZKJ 2019, 361
50 BVerfG NJW 1981, 217; Staudinger/*Dürbeck*, § 1684 BGB Rn. 433
51 Siehe auch BGH FamRZ 2010, 1060
52 OLG Bremen FamRZ 2000, 1298
53 Vgl. *Hohmann-Dennhardt*, ZfJ 2001, 77 ff.
54 *Zitelmann*, S. 200
55 Vgl. *Hohmann-Dennhardt*, a.a.O.
56 Vgl. *Zitelmann*, S. 199
57 Vgl. BGH FamRZ 2010, 1060
58 BVerfG FamRZ 2020, 1579 sowie OLG Naumburg, Beschl. v. 18.10.2011 – 8 UF 204/11, juris
59 Vgl. *Lempp* et al., S. 107

pflichtgemäßem Ermessen zu befinden haben, wobei es auch hier sinnvoll sein wird, den Beteiligten und insbesondere dem Verfahrensbeistand zur Gestaltung der Kindesanhörung vorab rechtliches Gehör zu gewähren.

3. Ort der Anhörung

Neben der Frage, welche Personen bei der Anhörung des Kindes anwesend sind, ist die **Entscheidung über den Anhörungsort** von Bedeutung. Auch in dieser schwierigen Frage entscheidet das Gericht nach pflichtgemäßem Ermessen. So kann es ausnahmsweise geboten sein, das Kind in der vertrauten Umgebung (z.B. im Elternhaus, am Wohnsitz der Pflegefamilie oder im Heim) – und nicht im Gericht – anzuhören, wenn dies die Belastungen für das Kind mindert.[60] Es ist jedoch zu berücksichtigen, dass die auch nur mittelbare Anwesenheit von Bezugspersonen (etwa eines Elternteils) in der Regel Einfluss auf das kindliche Verhalten und seine Äußerungen haben wird.[61] Jedoch ist eine Anhörung im Gericht in den Fällen angezeigt, in denen das Kind sich in seiner gewohnten Umgebung durch den ihm fremden Menschen bedroht und verunsichert fühlt.[62] Aus diesem Grund wird bei jüngeren Kindern die Anhörung in **einem geeigneten Kinderspielzimmer im Gericht** bzw. bei älteren Kindern die Anhörung im Dienstzimmer des Richters häufig der häuslichen Anhörung vorzuziehen sein.[63] Eine persönliche Anhörung des Kindes in Robe und/oder im Sitzungssaal kommt regelmäßig nicht in Betracht. 40

Eine persönliche Anhörung des Kindes sollte in der Regel **nicht in der Schule oder im Kindergarten** durchgeführt werden.[64] Zum einen sollte dieser für das Kind häufig wichtige Rückzugsraum nicht in den Konflikt einbezogen werden, zum anderen wird damit auch dem Umfeld des Kindes die Durchführung eines familiengerichtlichen Verfahrens erst bekannt, was zu einer Belastung für alle Beteiligten führen kann. 41

4. Vorgehensweise des Gerichts

Maßgeblich für die Gestaltung der Anhörung ist dessen gesetzliche Intention. Das Gesetz unterscheidet hier zwischen der persönlichen Anhörung und der (von dieser umfassten) Verschaffung eines persönlichen Eindrucks. Letztgenanntes ist es, worauf es sich etwa bei Säuglingen reduziert und das in Kinderschutzfällen auch dann geboten ist, wenn in anderen Verfahren gänzlich von der Kindesanhörung abgesehen werden könnte (hierzu oben Rn. 25). Für die Gestaltung der persönlichen Anhörung sieht das Gesetz in § 159 Abs. 4 Satz 1 und 2 FamFG im Übrigen vor, dass das Gericht das Kind grundsätzlich in **geeigneter Weise über den Gegenstand, Ablauf und den möglichen Ausgang** des Verfahrens unterrichtet und ihm Gelegenheit zur Äußerung gibt.[65] Der konkrete Inhalt sowie der Umfang der Unterrichtung hängen auch davon ab, ob und inwieweit hierdurch Nachteile für das Kindeswohl, insbesondere unter Berücksichtigung der Entwicklung, der Erziehung oder der Gesundheit des Kindes, zu befürchten sind (vgl. § 159 Abs. 4 Satz 1 HS 2 FamFG). Dies hat der Richter nach pflichtgemäßem Ermessen zu prüfen und entsprechend vorzugehen. Das Kind hingegen in Verfahren betreffend den Umgang mit seinem biologischen Vater bei entsprechender Reife, wie der BGH meint,[66] im Rahmen der richterlichen Anhörung über seine Abstammung zu unterrichten, sollte hingegen dringend vermieden werden. Die Beteiligten, insbesondere der Verfahrensbeistand, können und sollten jedenfalls vor einem Anhörungstermin Hinweise und Anregungen zu dessen Gestaltung geben. Denn die Anhörung muss 42

60 Vgl. *Zitelmann*, S. 195
61 *Balloff*, FamRZ 2019, 938, 941
62 Vgl. *Lempp* et al., S. 197
63 Vgl. *Fehmel*, in Baumeister u.a., Familiengerichtsbarkeit, 1620
64 So auch *Hennemann*, NZFam 2014, 871, 872
65 Hierzu auch *Lempp* et al., S. 107; *Fehmel*, in: Baumeister u.a., Familiengerichtsbarkeit, 1616 f.
66 BGH ZKJ 2017, 21

durch den Richter jederzeit kindgerecht durchgeführt und dabei auch den jeweiligen Eigenheiten des Kindes sowie seinem persönlichen einzelfallbezogenen Hintergrund Rechnung getragen werden.[67]

43 Die **„Technik" der Anhörung** richtet sich dabei in erster Linie nach dem Alter des Kindes und seinem Entwicklungsstand.[68]

44 Letztlich hängen jedoch

> „das Ergebnis und der Erfolg einer persönlichen Anhörung des Kindes durch das Gericht (...) entscheidend davon ab, in welchem Maße der Richter die Fähigkeit zur Einfühlung in die besondere psychologische Situation des Kindes besitzt und ob es ihm gelingt, mit dem Kind ins Gespräch zu kommen".[69]

Geboten ist dabei eine nicht bedrängende und einfühlsame Gesprächsführung, insbesondere wenn die Beziehungen zu den anderen Verfahrensbeteiligten abgeklärt werden bzw. kritische Themen zur Sprache kommen, sowie eine Akzeptanz gegenüber dem grundsätzlichen Unvermögen des Kindes, sich zu entscheiden oder seine Wünsche zu äußern.[70] Dabei muss sich der Richter auch stetig der besonderen Belastungssituation bewusst sein, in der sich das Kind befindet.[71] **Verweigert** sich ein Kind der persönlichen Anhörung durch den Richter, so ist dies zu akzeptieren und ein entsprechender Vermerk zu fertigen, wenn sich an dieser Haltung auch bei einfühlsamer Vorgehensweise nichts ändert.

45 Die **Gesprächsführung** obliegt dem Richter und nicht dem in der Regel anwesenden Verfahrensbeistand. Der Richter kann nach seinem Ermessen und unter Berücksichtigung der konkreten Situation im Einzelfall entscheiden, ob er Fragen des Verfahrensbeistands zulässt. Eine eigenständige Intervention des Verfahrensbeistands in die Gesprächsführung des Richters mit dem Kind sollte in der Regel unterbleiben.

46 Die **Dauer der persönlichen Anhörung** des Kindes hängt von den Umständen des Einzelfalls und insbesondere vom Alter des Kindes ab. Während die Anhörung eines kleineren Kindes häufig kürzer als 15 bis 30 Minuten andauern wird, dürfte für ein älteres Kind auch bis zu einer Stunde einzuplanen sein.

47 *Übersicht: Kommunikative Entwicklung bei Kindern*

- **Vorschulkinder:**
  - „Sprache als Mittel der Vorstellung und Vergegenwärtigung (Repräsentationsmedium) kennen Kinder **mit etwa vier Jahren**. Sie besitzen dann auch schon einen gewissen Wortschatz. Einfache Bezeichnungen beherrschen sie, und Nomen- oder Dingwörter können sie durch relationale oder propositionale Zusätze ergänzen".[72]
  - Das Kind kann ein Ereignis besser räumlich als zeitlich einordnen.[73]
  - Im Mittelpunkt steht die **Gewinnung eines unmittelbaren Eindrucks**, insbesondere auch von den nonverbalen Mitteilungen.
- **Kinder im Alter zwischen ca. 7 und ca. 10 Jahren:**
  - Kinder lernen in diesem Alter, kausal zu denken und konkrete Vorstellungen zu entwickeln
  → es können konkretere Fragen gestellt werden („Stelle Dir vor ...").

67 Vgl. *Fehmel*, a.a.O.
68 Näher hierzu *Balloff*, FamRZ 2019, 938 ff.; *Karle/Carl/Clauss*, NZFam 2014, 875 ff.
69 Vgl. BVerfGE 55, 171, 182 f.
70 Vgl. *Zitelmann*, S. 193
71 Hierzu *Lempp* et al., S. 63 ff.
72 *Rohmann*, FPR 2013, 464
73 Siehe nur *Delfos*, S. 53

- **Kinder ab einem Alter von ca. 10 bis 11 Jahren:**
  - kognitive Reife lässt in der Regel offen formulierte Fragen zu
  - Keine Antwortalternativen (suggestiv) vorgeben!
  - Schweigen „aushalten"

Allgemein zu Kommunikationstechniken: *Wegener*, Anhang zu § 160 FamFG.

(Zur kommunikativen Entwicklung bei Kindern nur: *Delfos*, S. 41 ff.; *Carl/Eschweiler*, NJW 2005, 1681; *Rohmann*, FPR 2013, 464.)

5. Vermerk

Über das Ergebnis der persönlichen Anhörung ist ein **Vermerk** zu fertigen (§ 28 Abs. 4 FamFG).[74] Diesem Vermerk kommt volle Beweiskraft hinsichtlich der Richtigkeit der in ihm festgehaltenen Umstände und Vorgänge zu.[75] Eine Videoaufzeichnung der Kindesanhörung ist unzulässig.[76] 48

Zu dem Ergebnis der persönlichen Anhörung ist den Beteiligten **rechtliches Gehör** zu gewähren (vgl. auch § 37 Abs. 2 FamFG). Die bloße Wiedergabe des Ergebnisses der persönlichen Anhörung in den Gründen der verfahrensabschließenden Endentscheidung genügt daher nicht den sich aus Art. 103 Abs. 1 GG ergebenden verfassungsrechtlichen Anforderungen.[77] 49

Der Vermerk soll auch Feststellungen zum Ergebnis der Verschaffung eines persönlichen Eindrucks beinhalten, wobei es auch hierzu gehört, dass das Verhalten des Kindes im Vermerk geschildert wird.[78] Wichtig ist insoweit, dass nicht nur das **Verhalten des Kindes** bei der ersten Kontaktaufnahme (ging spontan mit, klammerte sich an die Begleitperson, versteckte sich etc.) sowie die **verbalen Äußerungen** des Kindes protokolliert werden, sondern **auch Körperhaltung** (selbstbewusst, in sich versunken, ausweichend etc.), **Gesichtsausdruck** (angespannt, weinerlich, verängstigt etc.) und **Sprechweise** (spontan, stockend, widerwillig, monoton, emotional, einstudiert etc.) des Kindes, da diese für die Entscheidungsfindung von großer Bedeutung sein können.[79] 50

Ergänzend ist zu beachten, dass im Ausnahmefall (teilweise) von **einem Vermerk über die Äußerungen des Kindes abgesehen** werden kann, wenn dies aus erheblichen Gründen des Kindeswohls gerechtfertigt ist.[80] Dies kann beispielsweise dann angezeigt sein, wenn das Kind ausdrücklich darum gebeten hat, seine Äußerungen den anderen Verfahrensbeteiligten nicht unmittelbar zur Kenntnis zu bringen und es ohne eine entsprechende Zusicherung nicht Stellung beziehen will. Um in dieser Situation jedoch dem Anspruch der übrigen Beteiligten auf Gewährung rechtlichen Gehörs (Art. 103 Abs. 1 GG) gerecht zu werden, darf das Gericht auch mit Blick auf § 37 Abs. 2 FamFG diese Äußerungen jedenfalls nur dann zur Grundlage seiner Entscheidung machen, wenn es die Angaben des Kindes durch seine eigene Sachverhaltsaufklärung nachgeprüft und den anderen Verfahrensbeteiligten – z.B. den Eltern – auf diesem Wege zugänglich gemacht hat. 51

---

74 Siehe BVerfG ZKJ 2019, 361 m. Anm. *Dürbeck*, sowie OLG Saarbrücken FamRZ 2018, 1001
75 OLG Koblenz ZKJ 2019, 181
76 OLG Koblenz, a.a.O.; siehe auch BVerfG a.a.O., sowie *Schweppe/Bussian*, ZKJ 2012, 13 ff.
77 So auch *Hennemann*, NZFam 2014, 871, 873; a.A. OLG Celle ZKJ 2013, 461 ff.
78 OLG Frankfurt ZKJ 2023, 65
79 Vgl. *Lempp* et al., S. 108
80 Weitergehend Prütting/Helms/Hammer, § 159 Rn. 49 (wenn anderenfalls das Kindeswohl „akut gefährdet" wäre)

52 *Übersicht: Ablauf der Kindesanhörung*[81]

Stufe 1

- **„kindgerechte Begrüßung" und „Anlaufphase"**

Stufe 2

- **Information des Kindes über Gegenstand, Ablauf (zeitlicher Rahmen!) und möglichen Ausgang des Verfahrens durch den Richter**

  – vgl. § 159 Abs. 4 Satz 1 FamFG –

Stufe 3

- **„Ihm ist Gelegenheit zur Äußerung zu geben" (§ 159 Abs. 4 Satz 2 FamFG)**
  - „Allgemeine" Fragen (= allgemeine Dinge des persönlichen Lebens oder Alltags des Kindes)
  - Einleitende persönliche Fragen
  - Spezifischer Fokus

Stufe 4

- **„Ausschleichen" (u.a. Zusammenfassung in eigenen Worten)**

Stufe 5

- **Einbeziehung des Verfahrensbeistandes**

Stufe 6

- **Beenden**

Stufe 7

- **Ggf. Anhörung von Begleitpersonen (§§ 26 FamFG, 161 Abs. 2 FamFG)?**

Stufe 8

- **Vermerk und rechtliches Gehör**

▶ *Allgemein zur Terminsvorbereitung siehe Wegener, § 156 FamFG Rn. 91.*

§ 160 FamFG

Anhörung der Eltern

(1) [1]In Verfahren, die die Person des Kindes betreffen, soll das Gericht die Eltern persönlich anhören. [2]In Verfahren nach den §§ 1666 und 1666a des Bürgerlichen Gesetzbuchs sind die Eltern persönlich anzuhören.

(2) [1]In sonstigen Kindschaftssachen hat das Gericht die Eltern anzuhören. [2]Dies gilt nicht für einen Elternteil, dem die elterliche Sorge nicht zusteht, sofern von der Anhörung eine Aufklärung nicht erwartet werden kann.

81 Näher hierzu *Rohmann*, FPR 2013, 468; *Balloff*, Kinder vor dem Familiengericht, 294 ff.; *Delfos*, S. 125 ff.

(3) [1]Von der Anhörung darf nur aus schwerwiegenden Gründen abgesehen werden.

(4) [1]Unterbleibt die Anhörung allein wegen Gefahr im Verzug, ist sie unverzüglich nachzuholen.

Übersicht Rn.

A. Allgemeines

I. Normzweck

Eltern sind in Kindschaftssachen grundsätzlich persönlich (Abs. 1) oder in sonstiger Weise (Abs. 2) anzuhören. Die persönliche Anhörung ist im Allgemeinen Teil in § 34 FamFG näher geregelt. Die im Besonderen Teil in § 160 FamFG getroffene Regelung ist jedoch vorrangig zu prüfen. Das Recht auf **Gewährung rechtlichen Gehörs** gründet sich auf das Elternrecht aus Art. 6 Abs. 2 Satz 1 GG. Daneben dient die Anhörung der Eltern auch der **Sachverhaltsaufklärung** im Rahmen der Amtsermittlung (§ 26 FamFG),[1] d.h. der Vervollständigung der Tatsachen, der Überprüfung des Vorbringens auf Richtigkeit und der Gewinnung eines persönlichen Eindrucks, um so ein besseres Verständnis für das Vorbringen der Eltern zu ermöglichen. 1

Die Vorschrift sieht eine Abstufung nach Notwendigkeit der Anhörung und Art und Weise der Anhörung vor, je nachdem welche Bedeutung das Verfahren für das Elternrecht hat und je nachdem wie stark der mögliche Eingriff in das Elternrecht durch das Verfahren und das mögliche Ergebnis des Verfahrens ist. 2

Die Anhörung der Eltern ist abzugrenzen von der – strengeren Anforderungen unterliegenden –[2] **Erörterung mit den Beteiligten** i.S.v. § 32 Abs. 1 Satz 1 FamFG in den Terminen nach §§ 155 Abs. 2, 157 FamFG bzw. für das Verfahren auf Erlass einer einstweiligen Anordnung nach § 57 Satz 2 i.V.m. §§ 51 Abs. 2, 54 Abs. 2 FamFG. Die Erörterung dient dem Austausch von Informationen und Rechtsansichten, der Verhandlung hinsichtlich weiterer Verfahrensschritte, der Motivation der Eltern, sich zu einigen (vgl. § 156 Abs. 1 FamFG) und – im Falle des § 157 FamFG – der warnenden Verdeutlichung einer möglichen Gefährdung des Kindes und einer Besprechung, wie und unter Inanspruchnahme welcher öffentli- 3

1 MüKo-FamFG/*Schumann*, § 160 Rn. 1; Prütting/Helms/*Hammer*, § 160 FamFG Rn. 2
2 KG FamRB 2018, 362

cher Hilfen der Gefährdung entgegengewirkt werden kann[3] (näher hierzu *Cirullies*, § 157 FamFG Rn. 2 bis 5).

II. Anwendungsbereich

4 Die Vorschrift gilt in allen Kindschaftssachen nach § 151 FamFG[4] mit Ausnahme der Verfahren zur Übertragung der gemeinsamen elterlichen Sorge bei nicht verheirateten Eltern gemäß § 155a FamFG (vgl. § 155a Abs. 3 Satz 1 FamFG: grundsätzlich schriftliche, keine zwingende persönliche Anhörung der Eltern) und mit Ausnahme der Verfahren betreffend die Genehmigung oder Anordnung einer freiheitsentziehenden Unterbringung des Kindes nach § 151 Ziff. 6 u.7 FamFG (persönliche Anhörung nur der sorgeberechtigten Eltern).

5 Die Vorschrift gilt auch in Verfahren, in denen es lediglich um eine vorläufige Regelung geht (vgl. § 51 Abs. 2 Satz 1 FamFG) sowie im Beschwerdeverfahren (zu den Ausnahmen siehe unten Rn. 19). Sie gilt insbesondere auch in Verfahren, für die der Rechtspfleger zuständig ist.[5] Keine Anwendung findet sie grundsätzlich im Ordnungsmittelverfahren (str.).[6]

B. Inhalt der Norm

I. Persönliche Anhörung

1. Begriff der persönlichen Anhörung

6 Unter persönlicher Anhörung i.S.v. § 34 FamFG ist die **unmittelbare mündliche** Anhörung des Beteiligten **in Person** durch den Richter zu verstehen..[7] Der mündliche, unmittelbare Kontakt soll es dem erkennenden Gericht ermöglichen, persönliche Eigenschaften und Verhaltensweisen des Elternteils wahrzunehmen, seine Ansichten und Vorstellungen zu erfahren, ein besseres Verständnis für das Vorbringen des Elternteils zu erlangen[8] und sich so einen Gesamteindruck von dem Elternteil zu verschaffen. Der Elternteil selbst soll persönlich zu Wort kommen und sich nicht lediglich mittelbar durch seinen Verfahrensbevollmächtigten äußern.[9]

Da die persönliche Anhörung somit einer möglichst umfassenden Sachverhaltsaufklärung dienen und das Gericht sich einen persönlichen Eindruck von dem Betroffenen verschaffen soll, kommt in der Regel – unbeschadet des Ausnahmetatbestandes in § 160 Abs. 3 FamFG – eine persönliche Anhörung per **Bild- und Tonübertragung** nicht in Betracht (vgl. § 34 Abs. 4 Satz 1 FamFG n.F., der nicht auf § 34 Abs. 1 Nr. 2 FamFG verweist; näher hierzu *Kischkel*, § 34 FamFG Rn. 10).[10] Auch eine telefonische oder schriftliche Anhörung, auch

---

3 MüKo-FamFG/*Schumann*, § 157 Rn. 7, 10 f.; Prütting/Helms/*Hammer*, § 160 FamFG Rn. 3

4 Z.B. OLG Karlsruhe, Beschl. v. 7.6.2024 – 18 WF 59/24, juris und Beschl. v. 10.7.2024 – 18 WF 69/24, juris (beide zur Feststellung des Ruhens der elterlichen Sorge); OLG Frankfurt am Main, Beschl. v. 18.1.2024 – 6 UF 224/23 = ZKJ 2024, 261 m. Anm. *Köhler* (Verfahren betr. das Umgangsrecht eines sozialen Vaters); OLG Brandenburg, Beschl. v. 9.5.2023 – 13 WF 6/23 (Namensänderungantrag); OLG Saarbrücken, Beschl. v. 5.5.2022 – 6 WF 54/22 = ZKJ 2022, 364 m. Anm. *Köhler* (Verfahren. betr. die Ersetzung der Einwilligung gem. § 1618 Satz 4 BGB); OLG Koblenz, Beschl. v. 19.5.2020 – 9 UF 191/20 = ZKJ 2021, 65 (Verfahren. betr. das Umgangsrecht von Großeltern)

5 OLG Frankfurt am Main, Beschl. v. 19.1.2023 – 6 UF 235/22, juris; OLG Frankfurt am Main, Beschl. v. 7.3.2023 – 3 WF 143/22, juris

6 Prütting/Helms/*Hammer*, § 160 FamFG Rn. 5; MüKo-FamFG/*Schumann*, § 160 Rn. 3

7 *Sternal/Schäder*, § 160 FamFG Rn. 6; Prütting/Helms/*Hammer*, § 160 FamFG Rn. 9; OLG Frankfurt am Main, Beschl. v. 18.1.2024 – 6 UF 224/23 = ZKJ 2024, 261 m. Anm. *Köhler*

8 *Sternal/Schäder*, § 160 FamFG Rn. 6; Prütting/Helms/*Hammer*, § 160 FamFG Rn. 2

9 Prütting/Helms/*Hammer*, § 160 FamFG Rn. 3; OLG Koblenz, Beschl. v. 19.5.2020 – 9 UF 191/20 = ZKJ 2021, 65

10 Bt-Drs. 228/23, S. 75 f.

per E-Mail oder mit Hilfe von Skype, kann den Anforderungen der persönlichen Anhörung im Sinne dieser Vorschrift nicht genügen.[11] Ist die mündliche Anhörung jedoch nicht oder nicht in einem angemessenen zeitlichen Rahmen oder nur mit einem unverhältnismäßigen Aufwand möglich, so sollte jede Möglichkeit einer Anhörung des Beteiligten auf sonstige Weise genutzt und die persönliche Anhörung unverzüglich nach Beseitigung des Hindernisses nachgeholt werden (vgl. auch Abs. 4; hierzu unten Rn. 11).

2. Ort und Rahmen

Die Gestaltung der persönlichen Anhörung der Eltern liegt im pflichtgemäßen Ermessen des Gerichts.[12] Die persönliche Anhörung kann im Rahmen eines Termins vor dem erkennenden Gericht erfolgen, sie kann aber auch an einem anderen Ort erfolgen, wenn dies aus Gründen, die in der Person des Anzuhörenden liegen, oder aus Praktikabilitätsgründen angezeigt erscheint. Ist zu erwarten, dass das Gericht aus den örtlichen Gegebenheiten weitere Erkenntnisse erlangt, so kann die Anhörung auch in der gewohnten Umgebung des Beteiligten erfolgen. Die Anhörung muss nicht zwingend in Anwesenheit der übrigen Beteiligten erfolgen, die Eltern werden aber regelmäßig gemeinsam angehört. Hiervon kann gemäß den §§ 33 Abs. 1 Satz 2 bzw. 157 Abs. 2 Satz 2 entsprechend FamFG eine Ausnahme gemacht werden.[13] Insbesondere in Fällen häuslicher Gewalt oder bei Straftaten eines Elternteils zum Nachteil des anderen kann mithin eine getrennte persönliche Anhörung geboten sein. Dem Gebot rechtlichen Gehörs wird dann dadurch Rechnung getragen, dass den übrigen Beteiligten vor einer Entscheidung der Anhörungsvermerk nach § 28 Abs. 4 FamFG übermittelt und ihnen Gelegenheit zur Stellungnahme gegeben wird (vgl. § 37 Abs. 2 FamFG).[14] 7

3. Wer hört an?

Die Anhörung erfolgt durch das funktionell zuständige Entscheidungsorgan, also durch den Richter bzw. Rechtspfleger. 8

Ob und inwieweit der zur Entscheidung berufene Richter (oder Rechtspfleger) die Beteiligten selbst persönlich anhören muss, ist umstritten. Teilweise wird vertreten, die **persönliche Anhörung durch den Richter** (oder Rechtspfleger) sei nicht zwingend; eine Anhörung könne auch im Rahmen der Rechtshilfe durch den zuständigen ersuchten Richter vor Ort erfolgen.[15] Dies überzeugt jedoch nicht, denn § 160 FamFG enthält keine der Vorschrift des § 128 Abs. 3 FamFG (persönliche Anhörung der Ehegatten) entsprechende Regelung. Zudem ist es für eine Entscheidung immer förderlich, sich einen eigenen, persönlichen Eindruck von den Betroffenen zu machen. Lediglich in Ausnahmefällen, z.B. dann, wenn einem schwer kranken oder gebrechlichen Elternteil eine weite Anreise zum Gerichtsort nicht zuzumuten ist, kann die Anhörung durch den ersuchten Richter erwogen werden, allerdings mit der Konsequenz, dass das erkennende Gericht seine Entscheidung dann nicht auf den persönlichen Eindruck von dem Elternteil stützen kann.[16] 9

Das **Beschwerdegericht** entscheidet – außer in den Fällen des zum 1.7.2021 neu geschaffenen § 68 Abs. 5 FamFG (näher hierzu *Kischkel*, § 68 FamFG Rn. 15) nach seinem Ermessen, ob es ein Mitglied des Spruchkörpers mit der persönlichen Anhörung der Beteiligten (beachte bzgl. der Anhörung des Kindes § 68 Abs. 4 Satz 2 FamFG) beauftragt oder ob die 10

11 Vgl. OLG Frankfurt am Main, Beschl. v. 18.1.2024 – 6 UF 224/23 = ZKJ 2024, 261 m. Anm. *Köhler*; a.A. noch OLG Celle, Beschl. v. 12.8.2011 – 10 UF 118/111 = ZKJ 2011, 431
12 KG ZKJ 2017, 467 = FamRB 2018, 362 f.
13 MüKo-FamFG/*Schumann*, § 160 Rn. 13; Prütting/Helms/*Hammer*, § 160 FamFG Rn. 9
14 KG ZKJ 2017, 467 = FamRB 2018, 362 f. mit Anm. *Stockmann*
15 Prütting/Helms/*Hammer*, § 160 FamFG Rn. 10
16 Prütting/Helms/*Hammer*, § 160 FamFG Rn. 10

Anhörung durch alle Mitglieder des Beschwerdegerichts erfolgt, was z.B. dann angezeigt ist, wenn es in entscheidender Weise darauf ankommt, dass sich jedes Mitglied des Spruchkörpers einen eigenen, seinerseits persönlichen Eindruck von dem Beteiligten verschafft. Die Möglichkeit der Beauftragung eines Mitglieds des Spruchkörpers als **beauftragtem Richter** mit der Anhörung eines Beteiligten durch Beschluss auf der Grundlage von § 68 Abs. 3 Satz 2 FamFG besteht trotz der fehlenden Verweisung in Abs. 4 auf § 527 ZPO auch in Verfahren der freiwilligen Gerichtsbarkeit.[17] Im Rahmen der gemäß § 68 Abs. 3 Satz 2 FamFG vorzunehmenden **Ermessensentscheidung** kann die Anhörung durch den hiermit beauftragten Richter somit gegenüber einem gänzlichen Absehen von einer Anhörung vorzugswürdig sein.[18] Wird die Anhörung einem beauftragten Richter übertragen, so darf das Beschwerdegericht seine Entscheidung nur auf dessen persönlichen Eindruck stützen und die Anhörung im Übrigen in ihrem objektiven Ertrag verwerten.[19] Die zu treffende Ermessensentscheidung ist zu begründen. Es reicht aber aus, wenn die Begründung aus den Gründen der Entscheidung hervorgeht.

4. Wie wird angehört?

11 Für die persönliche Anhörung sind unterschiedliche Vorgehensweisen denkbar. Zu Beginn sollte immer eine **offene**, wenn möglich in die Zukunft gerichtete **Eingangsfrage** des Richters stehen, die es dem Beteiligten ermöglicht, seine Sichtweise und seine Vorstellungen, wie es in der Zukunft weitergehen soll, mitzuteilen. Möglich ist auch eine einfache Aufforderung seitens des Gerichts, zu erzählen, wie der Beteiligte die gegenwärtige Situation erlebt und wie es – wenn es nach ihm ginge – weitergehen sollte. Es empfiehlt sich, den Beteiligten zunächst berichten zu lassen, nach einiger Zeit zu unterbrechen und dem Beteiligten dann das Gehörte noch einmal in eigenen Worten wiederzugeben, um sich anschließend von diesem versichern zu lassen, dass man ihn richtig verstanden hat (Technik des **Paraphrasierens**). Dies könnte der Zeitpunkt sein, in dem man mit dem **Protokollieren der Anhörung** des Beteiligten beginnt, denn gerade die Wiedergabe des Gehörten kann auch direkt in das Protokoll diktiert werden.

▶ *Näher zur Verhandlungsführung siehe Rn. 34 ff.*

12 Im Falle von Beleidigungen und Beschimpfungen, sei es seitens des angehörten Elternteils, sei es durch andere Beteiligte, sollte der Richter unterbrechen und zur Deeskalation an die zu Beginn eines Termins aufzustellenden Regeln erinnern (hierzu *Wegener*, § 156 FamFG Rn. 19). Etwas Anderes mag in den Grenzen des im Rahmen einer Gerichtsverhandlung noch angemessenen Rahmens gelten, wenn die Möglichkeit eines Einvernehmens ausgeschlossen erscheint und der Richter sich ein Bild machen möchte vom Grad der fehlenden Kommunikations- und Kooperationsfähigkeit der Beteiligten untereinander.

5. Vermerk

13 Gemäß § 28 Abs. 4 FamFG, der auch im Beschwerdeverfahren Anwendung findet, hat das Gericht über Termine (§ 32 FamFG) und persönliche Anhörungen (§ 34 FamFG) einen Vermerk zu fertigen, in den die wesentlichen Vorgänge des Termins und der persönlichen Anhörung aufzunehmen sind, wenn diese sich nicht bereits aus dem Protokoll der Verhandlung entnehmen lassen.[20] Im Falle eines Erörterungstermins nach § 157 BGB sind in den Vermerk oder in das Protokoll auch die Maßnahmen aufzunehmen, die zur Abwendung der Kindeswohlgefährdung erörtert worden sind. Durch das Protokoll oder den Vermerk soll u.a. das Beschwerdegericht in die Lage versetzt werden, zu prüfen, ob eine hinreichende

17 vgl. *Sternal/Sternal*, § 68 FamFG Rn. 140 m.w.N.
18 Vgl. BGH v. 11.7.2018 – XII ZB 72/18 = FamRZ 2018, 1594
19 BGH v. 11.7.2018 – XII ZB 72/18 = FamRZ 2018, 1594; Prütting/Helms/*Hammer*, § 160 FamFG Rn. 11
20 *Sternal/Schäder*, § 160 FamFG Rn. 14

Grundlage für eine am Kindeswohl orientierte Entscheidung vorgelegen hatte und ob eine erneute Anhörung in zweiter Instanz angezeigt ist.[21]

Unbeschadet der in § 28 Abs. 4 FamFG geregelten Anforderungen bestimmt das Gericht den Inhalt des Vermerks nach seinem Ermessen. Die Ausübung des Ermessens erfolgt vor allem mit Blick auf den Zweck der Anhörung. Insbesondere dann, wenn die zu treffende Entscheidung anfechtbar ist, sollte der Vermerk so ausführlich sein, dass er für das Rechtsmittelgericht aussagekräftig ist.[22]Da es sich nicht um ein Protokoll im Sinne der zivilprozessualen Vorschriften handelt, sind die Vorschriften über die Berichtigung von Protokollen gemäß § 164 ZPO nicht entsprechend anwendbar. Ist einer der Beteiligten mit dem Inhalt eines Vermerks nicht einverstanden, etwa weil er Auslassungen oder einzelne Formulierungen beanstandet, so kann er seine Überlegungen schriftsätzlich zur Akte reichen, damit diese Bestandteil der Gerichtsakte werden und damit bei der Entscheidung Berücksichtigung finden (können). 14

Mit Blick auf § 37 Abs. 2 FamFG ist, wenn die Anhörung nicht in Anwesenheit aller Beteiligten erfolgt ist, zwingend ein Aktenvermerk über die Anhörung zu fertigen, der den übrigen Beteiligten vor einer Entscheidung zur Kenntnis- und ggf. Stellungnahme zu übermitteln ist.[23] 15

6. Nichterscheinen des Beteiligten

Erscheint der Beteiligte zur persönlichen Anhörung trotz ordnungsgemäßer Ladung unentschuldigt nicht, so kann in der Regel von der Vorschrift des § 34 Abs. 3 Satz 1 FamFG, nach dem das Verfahren ohne die Anhörung des Beteiligten beendet und der Beteiligte auf die Folgen seines Ausbleibens hingewiesen wird, kein Gebrauch gemacht werden, da die persönliche Anhörung der Eltern fast immer auch der Sachverhaltsaufklärung im Rahmen der Amtsermittlungspflicht des Gerichts nach § 26 FamFG dient (vgl. auch § 33 Abs. 1 Satz 1 FamFG).[24] Ein Hinweis auf § 34 Abs. 3 FamFG in der Ladung hat daher zu unterbleiben, denn insoweit geht die Regelung des § 160 FamFG den Regelungen im Allgemeinen Teil des FamFG vor. Anders verhält es sich mit dem **Warnhinweis** gemäß § 33 Abs. 4 FamFG i.V.m. § 33 Abs. 3 FamFG. Das unentschuldigte Nichterscheinen kann dann, wenn der Beteiligte in der Ladung auf diese Folgen seines Ausbleibens hingewiesen worden war,[25] mit der Verhängung eines **Ordnungsgeldes** sanktioniert werden,[26] und bei wiederholtem unentschuldigtem Ausbleiben des Elternteils kann auch die **Vorführung** des Elternteils angeordnet werden (§ 33 Abs. 3 Satz 3 FamFG), z.B. um die Anhörung des Elternteils in Anwesenheit eines Sachverständigen zu ermöglichen.[27] Soll die Anhörung ausschließlich der Wahrung der Rechte des Beteiligten dienen, können keine Ordnungsmittel verhängt werden.[28] 16

Ordnungsmittel kommen auch in Betracht, wenn mit den Eltern in einem Termin nach § 157 FamFG die Möglichkeiten der Begegnung der Gefahr für das Kindeswohl und die Folgen der Nichtannahme von Hilfen erörtert werden sollen und das Gericht aus diesem Grunde das persönliche Erscheinen des Beteiligten angeordnet hatte (§§ 33 Abs. 3, 157 Abs. 1, 2 Satz 1 FamFG). 17

▶ *Näher hierzu Cirullies, § 157 FamFG Rn. 4.*

---

21 *Sternal/Schäder*, § 160 FamFG Rn. 1
22 KG, Beschl. v. 20.12.2016 – 25 UF 23/16 = FamRZ 2017, 1854
23 PK Familienverfahrensrecht/Meysen/*Ernst*, § 34 FamFG Rn. 5
24 OLG Braunschweig, Beschl. v. 21.3.2024 – 1 WF 28/24 = FamRZ 2024, 960; OLG Schleswig, Beschl. v. 25.2.2013 – 10 WF 204/12 = ZKJ 2013, 261
25 OLG Brauschweig, Beschl. v. 21.3.2024 – 1 WF 28/24 = FamRZ 2024, 960
26 OLG Bamberg, Beschl. v. 29.12.2021 – 7 UF 175/21 = ZKJ 2022, 104 m. Anm. *Köhler*
27 MüKo-FamFG/*Schumann*, § 160 Rn. 12
28 Bt-Drs. 16/6308, 192

Das bloße Nichterscheinen eines ordnungsgemäß geladenen Beteiligten stellt in der Regel jedenfalls keinen schwerwiegenden Grund i.S.v. § 160 Abs. 3 FamFG dar; vielmehr ist zuerst zu versuchen, das persönliche Erscheinen durch die Verhängung von Ordnungsmitteln oder Vorführung durchzusetzen.[29] Von der persönlichen Anhörung kann aber in eng begrenzten Ausnahmefällen abgesehen werden, z.B., wenn ein Elternteil keinerlei Interesse an dem Verfahren zeigt und die persönliche Anhörung auch nicht aus Gründen der Amtsermittlung geboten ist.

7. Wiederholung der Anhörung in zweiter Instanz

18 Das Rechtsmittelgericht kann im Rahmen des Beschwerdeverfahrens gemäß § 68 Abs. 3 FamFG, wenn es sich nicht um einen Fall nach Abs. 5 dieser Norm handelt, nach eigenem Ermessen von einer Wiederholung der persönlichen Anhörung der Beteiligten absehen, wenn

- die Beteiligten zeitnah in erster Instanz angehört wurden,
- ein Vermerk über die Anhörung, aus der sich der wesentliche Inhalt und der Verlauf der Anhörung ergeben, gefertigt und zur Akte genommen wurde,
- das Beschwerdegericht von der Entscheidung des erstinstanzlichen Gerichts in den wesentlichen Punkten nicht abweichen will,
- keine erheblichen neuen Tatsachen oder neue rechtliche Gesichtspunkte zu berücksichtigen sind und
- in einer Gesamtschau von einer erneuten Anhörung der Beteiligten und einem persönlichen Eindruck des Beschwerdegerichts von den Beteiligten keine neuen, entscheidungserheblichen Erkenntnisse zu erwarten sind.[30]

19 Eines vorherigen rechtlichen Hinweises des Beschwerdegerichts zu seiner Absicht, ohne nochmalige persönliche Anhörung zu entscheiden, bedarf es, anders als in den Familienstreitsachen (vgl. § 117 Abs. 3 FamFG), eigentlich nicht; in der Praxis wird ein solcher Hinweis jedoch regelmäßig erteilt. Die Gründe für das Absehen von der Wiederholung einer Anhörung der Beteiligten müssen in jedem Fall in der Begründung der Beschwerdeentscheidung nachvollziehbar dargelegt sein.[31]

20 Eine schriftliche Anhörung bzw. die Gelegenheit zur schriftlichen Äußerung zum Beschwerdevorbringen, ggf. über die Bevollmächtigten der Eltern, haben in jedem Fall zu erfolgen.[32]

21 Zu beachten ist allerdings die zum 1.7.2021 geschaffene Neuregelung in § 68 Abs. 5 FamFG, nach der die Vorschrift des § 68 Abs. 3 Satz 2 FamFG keine Anwendung findet, wenn die Beschwerde ein Hauptsacheverfahren betrifft, in dem ein teilweiser oder vollständiger Entzug der Personensorge, ein Umgangsausschluss oder eine Verbleibensanordnung in Betracht kommen (§ 68 Abs. 5 Nr. 1 bis 3 FamFG).[33] § 68 Abs. 5 Nr. 1 FamFG steht dem Absehen von einer Wiederholung der Verfahrenshandlungen in zweiter Instanz aber dann nicht entgegen, wenn das Beschwerdegericht nicht in der Sache entscheidet.[34]

▶ *Näher hierzu Kischkel, § 68 FamFG Rn. 15.*

---

29 OLG Karlsruhe, Beschl. v. 21.2.2023 – 18 WF 166/22 = FamRZ 2024, 476
30 Bt-Drs. 16/6308, 207 f.; *Sternal/Schäder*, § 160 FamFG Rn. 15f.
31 Prütting/Helms/*Abramenko*, § 68 FamFG Rn. 30
32 MüKo-FamFG/*Schumann*, § 160 Rn. 10a; Prütting/Helms/*Hammer*, § 160 FamFG Rn. 20
33 Zur Kritik an dieser Neuregelung siehe u.a. die Gemeinsame Stellungnahme der Mitglieder der Familiensenate des OLG Stuttgart, FamRZ 2023, 1352;
34 OLG Karlsruhe, Beschl. v. 27.7.2023 – 18 UF 244/22 = FamRZ 2023, 1809 (fehlende internationale Zuständigkeit)

II. Persönliche Anhörung in Verfahren, die die Person des Kindes betreffen (Abs. 1 Satz 1)

Verfahren, die die Person des Kindes betreffen, sind alle in § 151 FamFG aufgeführten Kindschaftssachen, die nicht ausschließlich die Vermögenssorge für das Kind betreffen (§ 1626 BGB), also nicht nur die Verfahren, welche die Personensorge betreffen[35] und somit grundsätzlich auch Verfahren betreffend die Bestellung eines Ergänzungspflegers nach § 52 Abs. 2 Satz 2 StPO.[36] In diesen Verfahren soll das Gericht die Eltern persönlich anhören (Soll-Vorschrift), wobei sich die Bezeichnung „soll" nur auf die Notwendigkeit der persönlichen Anhörung bezieht und nicht auf die Notwendigkeit der Elternanhörung an sich, die – wie aus einem Umkehrschluss zu § 160 Abs. 2 FamFG zu ersehen ist – mit den Ausnahmetatbeständen der Abs. 3 und 4 immer stattzufinden hat. 22

Die Pflicht zur persönlichen Anhörung der Eltern besteht **unabhängig davon, ob dem Elternteil die elterliche Sorge zusteht oder nich**t.[37] Ist jedoch das Elternrecht durch das Verfahren und den Verfahrensgegenstand in keiner Weise berührt, so kann ausnahmsweise die Pflicht zur persönlichen Anhörung entfallen, so z.B. dann, wenn die elterliche Sorge entzogen worden ist, es um Umgangskontakte der Großeltern mit dem in einer Pflegefamilie lebenden Kind geht und der im Raum stehende Umgang den Umgang des betreffenden Elternteils nicht tangiert.[38] Gleiches gilt z.B. für die persönliche Anhörung des nicht sorgeberechtigten Vaters in einem Verfahren betreffend das Umgangsrecht der Großeltern mütterlicherseits, wenn das Kind bei der Mutter lebt.[39] In so gelagerten Fällen kann eine schriftliche Anhörung ausreichen, wenn diese in hinreichend aussagekräftiger Form zur Akte gelangt ist. 23

In einem Verfahren betreffend die Genehmigung zur Antragstellung nach **§ 2 Abs. 1 NamÄndG** kann eine persönliche Anhörung der Eltern mit Blick auf § 2 Abs. 2 NamÄndG unterbleiben, denn dieser geht den §§ 159, 160 FamFG vor.[40] Es besteht nur eine beschränkte Anhörungspflicht in dem familiengerichtlichen Zwischenverfahren. Die eigentlichen Ermittlungen nimmt die Verwaltungsbehörde vor (§ 3 Abs. 2 NamÄndG). 24

▶ *Näher zum Verhältnis des Umgangsrechts der Eltern zu dem Umgangsrecht der Großeltern siehe Gottschalk, § 1685 BGB Rn. 2.*

III. Zwingende persönliche Anhörung in Verfahren wegen Kindeswohlgefährdung (Abs. 1 Satz 2)

In Verfahren wegen Kindeswohlgefährdung sind die Eltern zwingend persönlich anzuhören. Dementsprechend ordnet das Gericht auch zwingend das persönliche Erscheinen der Eltern zu dem regelmäßig anzuberaumenden Gerichtstermin an (§ 157 Abs. 2 Satz 1 FamFG). Damit soll auch der in § 157 Abs. 1 FamFG genannte Zweck verfolgt werden, mit den Eltern zu erörtern, wie die Gefahr für das Kindeswohl, ggf. durch Inanspruchnahme öffentlicher Hilfen abgewendet werden kann. Der nicht sorgeberechtigte Elternteil ist schon allein mit Blick auf die Vorschrift des § 1680 Abs. 3 BGB persönlich anzuhören und ist auch als Beteiligter gemäß § 7 Abs. 2 Nr. 1 FamFG anzusehen.[41] 25

---

35 *Sternal/Schäder*, § 160 FamFG Rn. 5; Prütting/Helms/*Hammer*, § 160 FamFG Rn. 6
36 OLG Hamburg FamRZ 2013, 1683 = ZKJ 2014, 70; a.A. *Splitt*, FamRZ 2019, 507, 510
37 Prütting/Helms/*Hammer*, § 160 FamFG Rn. 6; OLG Brandenburg, Beschl. v. 9.5.2023 – 13 WF 6/23, juris
38 Str.; OLG Hamm FamRZ 2011, 1889; OLG Schleswig FamRZ 2012, 725
39 OLG Celle FamRZ 2011, 1805 = ZKJ 2011, 431
40 OLG Frankfurt, Beschl. v. 4.8.2017 – 1 WF 82/17, n.v.; OLG Bremen StAZ 2014, 143, juris, Rn. 7; OLG Hamm FamRZ 2013, 985, juris, Rn. 28; vgl. auch OLG Brandenburg Beschl. v. 9.5.2023 – 13 WF 6/23, juris Rn. 25
41 Prütting/Helms/*Hammer*, § 160 Rn. 8

IV. Anhörungspflicht in sonstigen Kindschaftssachen (Abs. 2)

26 Mit den in Abs. 2 genannten sonstigen Kindschaftssachen sind die Kindschaftssachen gemeint, die ausschließlich das Vermögen des Kindes betreffen. In diesen Verfahren hat die Anhörung der Eltern zwar zu erfolgen, sie kann aber auch schriftlich, telefonisch, per E-Mail oder durch einen Bevollmächtigten erfolgen. Nur in diesen Verfahren sieht das Gesetz auch keine zwingende Anhörung des nicht sorgeberechtigten Elternteils vor, wenn die gebotene Sachaufklärung dieses nicht erfordert (§ 160 Abs. 2 Satz 2 FamFG). Besteht allerdings ein guter Kontakt des auch nicht sorgeberechtigten Elternteils zu dem Kind, so empfiehlt sich auch in diesen Fällen eine Anhörung, um die Entscheidung des Familiengerichts auf eine gute und ausgewogene Grundlage zu stellen.[42]

Übersicht: Elternanhörung

Verfahrensgegenstand	Art der Elternanhörung
Kindeswohlgefährdung	„Muss"-Anhörung **und** „Muss"-persönliche Anhörung
Person des Kindes betroffen	„Muss"-Anhörung und „Soll"-persönliche Anhörung
nur Vermögen des Kindes betroffen	„Muss"-Anhörung, Ausnahme: – nicht sorgeberechtigter Elternteil, – keine persönliche Anhörung

V. Absehen von der Anhörung (Abs. 3) und Nachholung (Abs. 4)

27 Die Möglichkeit, ausnahmsweise von einer Anhörung abzusehen, bezieht sich auf die vorausgehenden Absätze 1 und 2.[43] Dabei ist der Begriff „soll" in § 160 Abs. 1 Satz 1 FamFG nicht dahingehend auszulegen, dass das Familiengericht nach freiem Ermessen von einer persönlichen Anhörung absehen darf. Von der (persönlichen) Anhörung der Eltern darf vielmehr nur aus schwerwiegenden Gründen gemäß Abs. 3 abgesehen werden,.[44] denn die Anhörung dient nicht nur der Gewährung rechtlichen Gehörs, sondern auch der von Amts wegen gebotenen Sachverhaltsaufklärung (§ 26 FamFG)[45] mit dem Ziel, eine Grundlage für eine am Kindeswohl orientierte Entscheidung zu schaffen.[46] Schwerwiegende Gründe sind solche, die in der Person der Eltern liegen, so z.B. Unerreichbarkeit, unbekannter Aufenthalt,[47] dauernder Aufenthalt im weit entfernten Ausland, Krankheit oder Gebrechlichkeit (vgl. auch die in § 34 Abs. 2 FamFG genannten Gründe).[48] In diesen Fällen ist dann aber zumindest die Anhörung durch den ersuchten Richter zu erwägen (siehe Rn. 9). Auch eine Verweigerung der Anhörung durch den Elternteil wegen einer befürchteten psychischen Belastung oder wegen eines zu erwartenden unverhältnismäßigen Aufwandes kann einen schwerwiegenden Grund darstellen. Schließlich kann ein schwerwiegender Grund auch darin bestehen, dass die Anhörung eines Elternteils (mittelbar) zu erheblichen Nachteilen für

42 *Sternal/Schäder*, § 160 FamFG Rn. 8
43 *Sternal/Schäder*, § 160 FamFG Rn. 8; OLG Bamberg, Beschl. v. 29.12.2021 – 7 UF 175/21 = ZKJ 2022, 104 m. Anm. *Köhler*
44 BVerfG Beschl. v. 28.12.2023 – 1 BvR 2033/23 = FamRZ 2024, 1132 = NZFam 2024, 506 m. Anm. *Langer*, 1132; OLG Frankfurt am Main, Beschl. v. 4.6.2021 – 6 UF 69/21, juris; OLG Frankfurt FamRZ 2018, 1093; FamRZ 2015, 1521; Dutta/Jacoby/Schwab/*Lack*, FamFG, § 160 Rn. 23
45 OLG Bremen FamRZ 2015, 1219; OLG Frankfurt am Main, Beschl. v. 4.6.2021 – 6 UF 69/21, juris
46 OLG Celle ließ in einem einfachen Fall schriftliche Anhörung ausnahmsweise genügen, Beschl. v. 12.8.2011 – 10 UF 118/11 = ZKJ 2011, 431
47 OLG Karlsruhe, Beschl. v. 10.7.2024 – 18 UF 69/24, juris
48 Prütting/Helms/*Hammer*, § 160 FamFG Rn. 18; *Dürbeck*, FamRZ 2018, 553 ff.

das Kind führen oder beabsichtigte Maßnahmen erschweren oder unmöglich machen würde[49] Spricht ein schwerwiegender Grund gegen eine persönliche Anhörung eines Elternteils in den Fällen des Abs. 1, so ist jedenfalls die Möglichkeit einer nicht persönlichen Anhörung, d.h. schriftlich, telefonisch, per E-Mail oder durch einen Bevollmächtigten des Elternteils zu prüfen, ggf. unter Hinzuziehung eines Dolmetschers.[50]

Ist die Anhörung allein wegen Gefahr im Verzug unterblieben, ist sie unverzüglich nachzuholen. **28**

Im Falle der Notwendigkeit einer eiligen Entscheidung ist ggf. der Erlass einer einstweiligen Anordnung zu prüfen, wenn das rechtliche Gehör vor einer Hauptsacheentscheidung nicht rechtzeitig gewährt werden kann. Gefahr im Verzug liegt somit regelmäßig nur in einstweiligen Anordnungsverfahren vor. Eine aufgrund der Eilbedürftigkeit erlassene einstweilige Anordnung ist möglicherweise aufgrund der nachgeholten Anhörung gemäß § 54 Abs. 1 Satz 3 FamFG abzuändern.

▶ *Näher zur einstweiligen Anordnung Kischkel, Kommentierung von §§ 49 ff. FamFG.*

In Ausnahmefällen, insbesondere dann, wenn die Entscheidung sich nicht auf das Ergebnis der Anhörung stützt, kann das rechtliche Gehör auch nachgeholt werden. Handelt es sich um eine Hauptsacheentscheidung, ist ggf. auf eine Gehörsrüge i.S.v. § 44 FamFG hin neu zu verhandeln und/oder anders zu entscheiden. **29**

Im Falle der Anhängigkeit eines Beschwerdeverfahrens wird die Anhörung in der Regel durch das Beschwerdegericht nachgeholt, wenn nicht ein Fall der Zurückverweisung vorliegt (siehe Rn. 32).[51] Handelt es sich um eine ohne Anhörung ergangene Entscheidung des Beschwerdegerichts, so ist eine nachträgliche Stellungnahme unter Umständen als Gehörsrüge auszulegen und darüber entsprechend zu befinden. **30**

Von einer Anhörung kann nicht deshalb abgesehen werden, weil eine solche in einem anderen Verfahren mit anderem Verfahrensgegenstand bereits erfolgt ist. Eine Ausnahme sieht § 51 Abs. 3 Satz 2 FamFG vor, nach dem eine erneute Anhörung im Hauptsacheverfahren entbehrlich ist, wenn die Anhörung in einem EA-Verfahren mit dem gleichen Verfahrensgegenstand durchgeführt wurde und von einer erneuten Anhörung keine neuen Erkenntnisse zu erwarten sind. **31**

Sieht das Gericht von einer grundsätzlich durchzuführenden persönlichen Anhörung der Eltern oder eines Elternteils ab, so hat es die Gründe hierfür im Beschluss darzulegen.[52]

VI. Verstoß gegen die Anhörungspflicht

Ein Verstoß gegen die Pflicht zur (persönlichen) Anhörung stellt einen Verfahrensfehler dar. **32** Unter den Voraussetzungen des § 69 Abs. 1 Satz 2, 3 FamFG darf das Beschwerdegericht die Sache unter Aufhebung des angefochtenen Beschlusses und des Verfahrens an die erste Instanz zurückverweisen.[53] Wurde ein notwendig am Verfahren zu Beteiligender in erster Instanz nicht beteiligt und demgemäß auch nicht angehört, so ist diesem gegenüber nach verbreiteter Ansicht[54] noch **keine Entscheidung in der Sache** ergangen i.S.v. § 69 Abs. 1 Satz 2 FamFG, sodass der Beschluss und das Verfahren auch ohne Antrag aufgehoben und an die erste Instanz zurückverwiesen werden können.

---

49 Keidel/*Engelhardt*, Vorauflage, § 160 FamFG Rn. 8
50 *Dürbeck*, FamRZ 2018, 553 ff.
51 Prütting/Helms/*Hammer*, § 160 FamFG Rn. 22
52 OLG Frankfurt FamRZ 2018, 1093; Prütting/Helms/*Hammer*, § 160 FamFG Rn. 17
53 OLG Frankfurt am Main, Beschl. v. 7.3.2023 – 3 WF 143/22, juris
54 OLG Bamberg v. 7.8.2023 – 7 WF 153/23 = FamRZ 2024, 61; OLG Frankfurt am Main, Beschl. v. 8.6.2021 – 6 UF 79/21 = FamRZ 2021, 1817; OLG Frankfurt am Main, Beschl. v. 17.3.2021 – 6 UF 22/21 = NJOZ 2022, 805

Mit Blick auf den Beschleunigungsgrundsatz des § 155 Abs. 1 FamFG sollte eine unterbliebene Anhörung in der Regel durch das Beschwerdegericht nachgeholt werden, es sei denn, es treten noch weitere schwerwiegende Verfahrensfehler hinzu.[55]

▶ *Näher hierzu siehe Kischkel, § 68 FamFG Rn. 8.*

VII. Kosten und Gebühren

33 Durch eine Anhörung der Beteiligten in Kindschaftssachen entsteht neben der Terminsgebühr für die Verfahrensbevollmächtigten keine gesonderte Gebühr. Sieht das Gericht von einer Anhörung der Beteiligten ab, so war strittig, ob eine (fiktive) Terminsgebühr entsteht(näher hierzu *Kischkel,* § 80 FamFG Rn. 33). Diese Problematik wird nun geregelt in Anm. I Nr. 1 zu Nr. 3104 VV RVG.[56]

Anhang: Verhandlungsführung

34 Zunächst ist es wichtig, einen guten **Rapport** herzustellen mit den Personen, die angehört werden sollen oder mit denen verhandelt werden soll, denn der Rapport gilt als wichtigste Rahmenbedingung für jede Kommunikation. Rapport kommt von dem französischen Wort *rapporter* – sich beziehen auf. Es geht darum, zu Beginn einer Verhandlung durch einige einleitende Worte der Begrüßung und Vorstellung eine Beziehung herzustellen, die möglichst von Respekt und Wertschätzung geprägt ist. Dabei hat es sich auch bewährt, zu Beginn einer Verhandlung oder eines Anhörungstermins den ungefähren **Ablauf** darzustellen, insbesondere die Reihenfolge der vorzunehmenden Anhörungen und abzugebenden Stellungnahmen, damit sich die Beteiligten darauf einstellen können. Das sorgt für Klarheit und Sicherheit und ermöglicht einen späteren Rückbezug, um Ordnung zu bewahren oder wiederherzustellen.

▶ *Zur Verhandlungsführung siehe auch Wegener, § 156 FamFG Rn. 14 ff.*

35 Von besonderer Bedeutung für die Verhandlungsführung ist die Technik des **Paraphrasierens**, d.h. des Wiedergebens des Gehörten mit eigenen Worten, gefolgt vom Einholen der Zustimmung, dass man richtig verstanden hat. Ganz wesentlich für die Verhandlungsführung und die Anhörung der Beteiligten ist es auch, in der jeweiligen Situation die richtige Art von **Frage** zu stellen.

Übersicht: Verhandlungsführung

1. Paraphrasieren

Paraphrasieren verläuft in drei Phasen:

(1) Aktives Zuhören

(2) Reformulieren in eigenen Worten, ggf. mit einem Reframing

(3) Vergewissern, ob man richtig verstanden hat

(1) Aktives Zuhören

Paraphrasieren beginnt mit dem aktiven Zuhören.[57] Zuhören ist eine aktive Arbeitshaltung und bedeutet ein aktives Präsentsein im Raum und Herstellen einer dichten Beziehung zu dem Beteiligten. Der Richter sollte dem Beteiligten genügend Zeit und Raum geben, sich zu äußern, er sollte gelassen sein und sich auf sein Gegenüber

55 Prütting/Helms/*Hammer*, § 160 FamFG Rn. 23
56 Vgl. *Schneider*, Kostenrechtsänderungsgesetz 2025, NZFam 2024, 773
57 HB Mediation/*Schweizer*, Rn. 16

einstellen. Die innere Haltung ist davon geprägt, dass der Richter bereit ist, das, was er hört, als die Erfahrung dieses Beteiligten zu akzeptieren und dabei seine eigenen Erfahrungen und Werte zurückzustellen. Er sollte das Gehörte möglichst nicht bereits – wie er es als Jurist gelernt hat – innerlich strukturieren und selektieren, was für die Fallbearbeitung von Bedeutung ist und was nicht, und sollte sich nach Möglichkeit auch empathisch, d.h. einfühlend verhalten[58] (siehe auch *Wegener*, § 156 FamFG Rn. 17). Trotz Akzeptanz und Empathie sollte er echt in seiner Richterpersönlichkeit bleiben. Hört der Richter mit dieser Haltung zu, so wird der Beteiligte in der Regel die Zeit intensiv nutzen, da er zumindest in diesem Konflikt vielleicht noch nicht erfahren hat, dass ihm akzeptierend, empathisch und genau zugehört wurde, oder damit jedenfalls vor Gericht nicht gerechnet hat. Der Richter sollte allerdings nur so lange zuhören, wie er die Informationen aufnehmen und im zweiten Schritt dann auch wiedergeben kann.

(2) Reformulieren in eigenen Worten, ggf. mit einem Reframing

Dies dient dazu, das Verständnis des Zuhörenden aktiv mit Worten zu zeigen (Verständnissicherung).[59] Beim Zuhören konnte man das Verständnis bereits zeigen durch Körpersprache wie z.B. Nicken. (Übrigens ist zu empfehlen, zwischendurch auch immer mal die andere Seite anzuschauen, um zu signalisieren, dass diese im Blick bleibt.) Durch das **Reformulieren** findet die Überprüfung der Kommunikation statt: *Habe ich wirklich alles richtig gehört?*

Beim sog. **Reframing** (in einen anderen Rahmen setzen) wiederholt der Richter das Gesagte nicht einfach nur, denn der Beteiligte bleibt dann in seinem Konzept. Soll Verarbeitung stattfinden, kann man bei der Wiedergabe das Gesagte etwas umformulieren. Das bedeutet, dass man in eigenen Worten, wiedergibt, was man gehört hat, und mit diesem Wiedergeben dem Beteiligten hilft, seine eigenen Bedürfnisse zu formulieren, sich aus einengenden Situationen zu lösen, ressourcenorientiert und anders mit dem Konflikt umzugehen oder dem Beteiligten sogar hilft, sich zu verändern, damit gemeinsam eine gute Lösung gefunden werden kann. Beim Reframen werden beleidigende und Schimpfworte nicht wiederholt, wenn nötig wird lediglich die hinter diesen Worten zu vermutende Emotion (z.B. Ärger) benannt. Das Gesagte wird also beim sog. Reframen vom Richter übersetzt und in einen neuen, mehr kooperativen und positiven Rahmen gesetzt, nämlich

Von[60]	**Zu**
• Positionen	• Interessen
• Beurteilungen	• Problembeschreibungen
• Schuldzuweisungen	• Bedürfnissen
• Vergangenheit	• Zukunft
• individuellem Problem	• gemeinsamem Problem
• Du-Botschaft	• Ich-Botschaft
• Destruktiven Äußerungen	• Konstruktiven Aussagen
• Vorwurf	• Wunsch
• Beschimpfung	• Forderung

58 Zum Begriff der Empathie siehe *Hohmann*, FPR 2013, 457, 458
59 *Bielecke*, FPR 2013, 471, 473
60 Trenczek u.a./*Kessen*, Die Kunst des Fragens, Rn. 27

Dabei sollte darauf geachtet werden, dass das Reformulieren nicht als Zwang zur Veränderung vom Beteiligten erlebt wird.

(3) Vergewissern

Der dritte Schritt des Paraphrasierens ist das Vergewissern, ob man den Beteiligten richtig verstanden hat. Damit wird auch der Gefahr der Manipulation begegnet.

Beispiel für ein Paraphrasieren mit einem Reframen:

(a) Aussage einer Mutter im Umgangsverfahren: „Immer holt seine neue Freundin, die ich ohnehin nicht leiden kann, die Kinder ab. Das passt mir nicht."

(b) Der Richter formuliert: „Sie ärgern sich darüber, dass die neue Freundin Ihres Mannes oftmals die Kinder abholt. Verstehe ich Sie richtig, dass Sie es lieber hätten, wenn Ihr Mann die Kinder selbst abholt?"

(c) Mutter: „Ja, genau!"

2. Die „Kunst des Fragens"[61]

Fragen sind ein starkes Interventions- und Kommunikationsmittel. Oft fragt man unbewusst suggestiv und somit manipulierend. Um bewusst mit den unterschiedlichen Arten zu fragen, umzugehen, könnte man die folgenden Arten von Fragen unterscheiden:[62]

(a) Offene Fragen: W-Fragen (Was, wie, wer, wo, warum, wann, welche, womit, woher, wozu)

- Helfen, ein differenziertes Bild zu bekommen.
- Fördern die Bereitwilligkeit des Beteiligten, sich zu öffnen und mehr zu erzählen.

(b) Geschlossene Fragen: können nur mit Ja und Nein beantwortet werden, beginnen in der Regel mit einem Verb oder Hilfsverb

- Dienen zur unmissverständlichen Klärung von Sachfragen.
- Man kann sich damit die Zustimmung oder auch Ablehnung einholen.

(c) Zirkuläre Fragen: Hier werden Dritte oder die andere Seite einbezogen, z.B.:

- Was, glauben Sie, würden Ihre Kinder dazu sagen?
- Was hätte wohl Ihr bester Freund für eine Idee?
- Was, glauben Sie, sagt Ihre Frau dazu?

(d) Ressourcenorientierte Fragen:

- Was brauchen Sie, um noch einen Moment in Ruhe zuhören zu können?
- Was müsste geschehen, damit Sie sich auf diese Verhandlung einlassen können?

(e) Wunderfragen, reflektive Fragen, Fragen des zweiten Futurs:

- Angenommen, die Lösung wäre schon da, wie würde sie aussehen?
- Angenommen, Sie hätten drei Wünsche frei, was würden Sie sich wünschen?

61 Trenczek u.a./*Kessen*, Die Kunst des Fragens, Rn. 7 ff.; *Krabbe/Thomsen*, S. 149 ff.
62 Siehe auch *Krabbe*, ZKM 2014, 185; siehe auch HB Mediation/*Schweizer* , Rn. 17 ff.

- Angenommen, Sie hätten eine gute Vereinbarung getroffen, woran genau würden Sie merken, dass sie gut ist?

(f) Konkretisierende Fragen:

- Wie genau?
- Wie im Einzelnen?
- Woran machen Sie das fest?
- Was bedeutet das für Sie genau?

(g) Strategische und suggestive Fragen: sind manipulierend; der Fragende will ein bestimmtes Ziel erreichen:

- Meinen Sie nicht auch, dass …?
- Wenn Sie Ihren Mann so hören, spüren Sie dann auch, dass er …?
- Sie haben doch sicher auch schon darüber nachgedacht, dass …?
- Sie wollen doch wohl nicht, dass …?
- Aber den Papa hast Du doch auch lieb, oder? Und dann willst Du ihn doch bestimmt auch ab und zu mal sehen?
- Aber Sie hätten doch bestimmt gern auch mal ein Wochenende frei, ohne die Kinder betreuen zu müssen, oder?

3. Sonstige Interventionen im Termin

- Pausen machen, Zusammenfassen oder ins Protokoll diktieren.
- Umgang mit Störungen, Unterbrechungen: an Regeln erinnern; Akzeptanz des Anderen, wenn auch Schwierigen zum Ausdruck bringen (ohne es deswegen gutheißen zu müssen).[63]
- Immer wieder, auch wenn ein Beteiligter spricht und man ihm gut zuhört, die anderen Beteiligten in den Blick nehmen, damit diese sich gesehen fühlen.
- Perspektivwechsel vornehmen.
- Wenn es angemessen ist, nicht zu unterschätzen: Witz, Spaß, humorvoller Einwurf, story-telling.

§ 161 FamFG

Mitwirkung der Pflegeperson

(1) [1]Das Gericht kann in Verfahren, die die Person des Kindes betreffen, die Pflegeperson im Interesse des Kindes als Beteiligte hinzuziehen, wenn das Kind seit längerer Zeit in Familienpflege lebt. [2]Satz 1 gilt entsprechend, wenn das Kind auf Grund einer Entscheidung nach § 1682 des Bürgerlichen Gesetzbuchs bei dem dort genannten Ehegatten, Lebenspartner oder Umgangsberechtigten lebt.

(2) Die in Absatz 1 genannten Personen sind anzuhören, wenn das Kind seit längerer Zeit in Familienpflege lebt.

63 *Bielecke*, FPR 2013, 471, 472

Übersicht

A. Allgemeines

I. Normzweck

1 Mit der Regelung soll zum einen die **verfahrensrechtliche Position der Pflegepersonen gestärkt** werden. Sind die gesetzlichen Voraussetzungen der Norm erfüllt, dann „sind" die Pflegepersonen des Kindes nicht nur zu hören, sondern das Gericht „kann" ihnen sogar den verfahrensrechtlichen Beteiligtenstatus zuerkennen. Damit wird nicht zuletzt dem Umstand Rechnung getragen, dass die soziale Beziehung des Kindes zu seinen Pflegeeltern den verfassungsrechtlichen Schutz von Art. 6 Abs. 1 GG genießt.[1]

2 Zum anderen ist § 161 Abs. 2 FamFG auch eine **Konkretisierung des Amtsermittlungsgrundsatzes** aus § 26 FamFG. Denn um eine hinreichende Grundlage für eine am Kindeswohl orientierte Entscheidung zu erlangen ist es regelmäßig unumgänglich, dass das Familiengericht die Personen befragt, die auf Grund ihres unmittelbaren Kontakts zu dem Kind aktuelle und detaillierte Informationen in das Verfahren einbringen können.

II. Anwendungsbereich

3 Die Norm ist nur auf solche Verfahren anwendbar, **„die die Person des Kindes betreffen"**. Dies sind Verfahren, welche die Lebensführung und Lebensstellung des Kindes zum Gegenstand haben und nicht ausschließlich vermögensrechtlicher Natur sind.[2]

4 Die Norm ist, was in der Praxis häufig übersehen wird, sowohl bei funktioneller Zuständigkeit des **Richters** als auch in den Fällen anwendbar, in denen der **Rechtspfleger** für das gerichtliche Verfahren und die Entscheidung zuständig ist.

▶ *Näher zur funktionalen Zuständigkeit siehe Heilmann, Kommentierung zu §§ 3, 14 RPflG.*

5 Soweit es sich hingegen um ein Verfahren betreffend die Unterbringung eines minderjährigen Kindes handelt (§ 151 Nr. 6 und 7 FamFG), ist die gesetzliche Regelung des § 167 FamFG vorrangig.

▶ *Näher zum Verfahren bei freiheitsentziehenden Maßnahmen bzw. geschlossener Unterbringung Minderjähriger siehe Fink, Kommentierung zu § 167 FamFG.*

6 Die Norm behandelt nur die verfahrensrechtliche Stellung der **„Pflegeperson"** (Abs. 1 Satz 1, Abs. 2) sowie der **„Bezugsperson"** (Abs. 1 Satz 2, Abs. 2). Pflegepersonen sind alle Personen, zu denen ein tatsächliches Pflegeverhältnis familienähnlicher Art besteht. Dies kann in einem Bereitschaftspflegeverhältnis ebenso wie in einer Dauerpflegestelle i.S.v.

1 Siehe nur BVerfG FamRZ 1989, 31 ff.
2 Siehe nur OLG Saarbrücken ZKJ 2014, 209, sowie Prütting/Helms/*Hammer*, § 161 FamFG Rn. 3 m.w.N.

§ 33 SGB VIII der Fall sein.[3] Auch die Adoptionspflege i.S.v. § 1744 BGB kann ein solches Pflegeverhältnis begründen.[4] Selbst in einer Inobhutnahmeeinrichtung oder in einem Heim kann dieses begründet werden, wenngleich dieses häufig keine „längere Zeit“ bestehen wird.

Daneben sind auch solche Pflegepersonen zu berücksichtigen, bei denen das Kind aktuell nicht (mehr) lebt, wenn ein unmittelbarer zeitlicher Zusammenhang zwischen der Herausnahme des Kindes aus deren Haushalt und der Einleitung des Verfahrens besteht.[5] 7

Es kommt mit Blick auf den Normzweck nicht darauf an, ob und inwieweit das **Pflegeverhältnis im privat-rechtlichen oder öffentlich-rechtlichen Sinne** wirksam begründet worden ist. Daher führt auch die Nichtbeachtung der Regelungen des SGB VIII, insbesondere von §§ 44 ff. SGB VIII, nicht zur Unanwendbarkeit der Norm.[6] 8

In Abgrenzung zur Pflegeperson ist die **Bezugsperson** nur der Ehegatte, Lebenspartner oder Umgangsberechtigte, bei dem das Kind auf Grund einer förmlichen und wirksamen gerichtlichen Entscheidung i.S.v. § 1682 BGB lebt. Die praktische Relevanz dieses Teils der Norm ist gering. 9

B. Inhalt der Norm

In allen Fällen, in denen ein Kind längere Zeit (hierzu Rn. 13) in einer Pflegefamilie oder bei anderen Bezugspersonen lebt, hat das Familiengericht diese nach Abs. 2 **anzuhören** und zu prüfen, ob es diese nach Abs. 1 als Beteiligte **hinzuzieht**. 10

I. Hinzuziehung als Beteiligte (Abs. 1)

1. Voraussetzungen der Hinzuziehung

Die Norm setzt nicht nur voraus, dass ihr Anwendungsbereich eröffnet ist (hierzu Rn. 3 bis 9). Hinzuziehung als Beteiligte nach § 161 Abs. 1 FamFG kommt unbeschadet dessen nur dann in Betracht, wenn ein **Fall der „Kann-Beteiligung“** i.S.v. § 7 Abs. 3 FamFG gegeben ist und nicht ein solcher, in denen die Pflege- oder Bezugspersonen ohnehin **„Muss-Beteiligte“** i.S.v. § 7 Abs. 1 bzw. § 7 Abs. 2 Nr. 1 FamFG sind. 11

▶ *Hierzu Köhler, § 7 FamFG Rn. 1 ff.*

Denn unbeschadet von Anwendungsbereich und Voraussetzungen des § 161 FamFG hat eine **„Muss-Beteiligung“ der Pflege- bzw. Bezugsperson in folgenden Fällen** zu erfolgen:[7] 12

- Verfahren auf Herausgabe des Kindes[8] bzw. Erlass einer Verbleibensanordnung (§§ 1632 Abs. 4, 1682 BGB),[9]
- Verfahren zur Übertragung von Sorgebefugnissen auf die Pflegeperson (§ 1630 Abs. 3 BGB),
- Umgangssachen nach § 1684 BGB,[10]

3 OLG Saarbücken NZFam 2014, 74
4 KG FamRZ 2017, 243
5 OLG Frankfurt ZKJ 2022, 23
6 OLG Hamburg ZKJ 2015, 399
7 Näher hierzu Prütting/Helms/*Hammer*, § 161 FamFG Rn. 2 m.w.N.
8 OLG Hamm FamRZ 2018, 286
9 OLG Hamm FF 2020, 317
10 Denn die Pflegeeltern sind in ihren eigenen Rechten betroffen, wenn ihnen eine Verpflichtung auferlegt werden soll, wozu auch das Bereithalten des Kindes gehört

- Umgangssachen nach § 1685 BGB,[11]
- Verfahren betreffend Entscheidungsbefugnisse (§§ 1688 Abs. 3, 4, 1687b Abs. 3 BGB, § 9 Abs. 3 LPartG) und
- Verfahren, in denen die Pflegeperson zugleich als Ergänzungspfleger bzw. Vormund gemäß § 7 FamFG zu beteiligen ist.[12]

13 Die zentrale Formulierung der Norm ist der Begriff **„längere Zeit"**. Für die praktische Handhabbarkeit dieser verfahrensrechtlichen Auswirkungen von sozialen Beziehungen des Kindes mag als **„grobe Daumenregel"** für diese verfahrensrechtliche Norm jedoch gelten, dass eine „längere Zeit" im Sinne der Norm mit Blick auf die vorliegend einzubeziehenden Besonderheiten des **kindlichen Zeitempfindens** am Alter des Kindes zu orientieren sind und in der Regel jedenfalls wie folgt zu bejahen ist:

- bei einem Lebensalter bis zu drei Jahren: nach drei Monaten[13]
- bei einem Lebensalter von vier bis neun Jahren: nach sechs Monaten
- bei einem Lebensalter ab zehn Jahren: nach zwölf Monaten

14 Außerhalb der Verfahren, in denen die Pflegeperson sog. Muss-Beteiligte ist (vgl. oben Rn. 12), hat die Beteiligung **nach pflichtgemäßem Ermessen** in allen Verfahren zu erfolgen, welche „die Person des Kindes betreffen". Eine Einbeziehung hat im Sinne einer Negativabgrenzung damit in jenen Verfahren nicht zu erfolgen, die ausschließlich einen vermögensrechtlichen Hintergrund haben.[14]

15 **Beispiele** für den Anwendungsbereich des Abs. 1:

- Verfahren betreffend den (teilweisen) Entzug der elterlichen Sorge nach §§ 1666, 1666a BGB,[15]
- Verfahren betreffend die Übertragung der elterlichen Sorge auf den anderen Elternteil nach § 1680 BGB,
- Auswahl und Bestellung des Ergänzungspflegers bzw. Vormundes nach vorangegangenem (teilweisen) Entzug der elterlichen Sorge und
- Verfahren der Entlassung und Neubestellung eines Ergänzungspflegers bzw. Vormunds.

16 Sind die Voraussetzungen der Norm erfüllt, steht die Entscheidung über die Hinzuziehung im Ermessen des Familiengerichts (**„kann"**). Dieses ist pflichtgemäß auszuüben und wird vom Normzweck beeinflusst. Dabei ist nicht nur dem Ansinnen des Gesetzgebers Rechnung zu tragen, die Rechtsstellung der Pflegepersonen auch im verfahrensrechtlichen Sinne zu stärken. Es sind auch die Interessen des Kindes einzubeziehen.[16] Eine mit der Beteiligtenstellung einhergehende formelle Aufwertung der Position der Pflege- und Bezugspersonen wird bereits durch die umfassende Pflicht des Familiengerichts zur Gewährung rechtlichen Gehörs regelmäßig dazu führen, die am Kindeswohl zu orientierende Entscheidung auf eine breitere Grundlage zu stellen. Unabhängig hiervon dürfte eine förmliche Beteiligung dann zu unterbleiben haben, wenn die betroffenen Pflegeeltern eine solche ablehnen.[17]

11 Vgl. nur OLG Schleswig ZKJ 2019, 187
12 Vgl. nur OLG Karlsruhe FamRZ 2024, 1968, 1970
13 So nun auch OLG Frankfurt, Beschl. v. 6.1.2025, 6 UF 239/24, Rn. 15, juris
14 MüKo-FamFG/*Schumann*, § 161 G Rn. 6
15 OLG Köln FamRZ 2016, 1693; OLG Saarbrücken ZKJ 2014, 117 ff.; OLG Bremen ZKJ 2013, 460 f.
16 BT-Drs. 16/6308, 241
17 OLG Saarbrücken FamRZ 2016, 1093

Unbeschadet dessen werden nachhaltige **einvernehmliche Lösungen** in der Praxis häufig nur dann im Interesse des Kindes erreichbar und umzusetzen sein, wenn seiner sozialen Lebenswirklichkeit auch im Verfahrensrecht in der gebotenen Weise Rechnung getragen wird. Nach alledem ist mit Blick auf den Normzweck eher eine großzügige Ermessensausübung geboten. Gegen den Willen der betreffenden Person sollte eine förmliche Beteiligung hingegen in der Regel nicht erfolgen. 17

2. Form der Hinzuziehung

Form und Verfahren der Hinzuziehung bestimmt sich nach der allgemeinen Regelung in § 7 Abs. 3 bis 5 FamFG nach folgenden Schritten: 18

- Benachrichtigung der betreffenden Person von der Einleitung der Kindschaftssache und – unbeschadet der Anhörungspflicht nach Abs. 2 (!) – Hinweis auf die Möglichkeit der Beteiligung,
- Antrag der betreffenden Personen oder Beteiligung von Amts wegen,
- Gewährung rechtlichen Gehörs für die übrigen Beteiligten,
- Ermessensausübung und schließlich
- Entscheidung über die Hinzuziehung.

Erfolgt die Hinzuziehung: Zwischenbeschluss[18]

(„In pp. werden … als Beteiligte hinzugezogen")

Dieser ist mit Blick auf § 7 Abs. 5 FamFG unanfechtbar.

Jedoch kann die **Hinzuziehung auch nicht förmlich** dadurch in wirksamer Weise erfolgen, dass die Pflege- bzw. Bezugsperson mit den übrigen Beteiligten zu einem gerichtlichen Termin geladen wird. Erfolgt dann nicht nur eine Anhörung nach § 161 Absatz 2 FamFG, sondern wird ihnen auch die Anwesenheit im (weiteren)Termin, insbesondere während der mündlichen Erörterung, der persönlichen Anhörung der Eltern, der mündlichen Stellungnahme des Jugendamtsvertreters oder des Verfahrensbeistandes gestattet, ist darin auch die Hinzuziehung als Beteiligter nach Abs. 1 zu sehen. Gleiches gilt, wenn ihnen – über die Nachricht der Verfahrenseinleitung hinaus – das Verfahren betreffende Schriftstücke zugesendet werden.[19] 19

Da die Entscheidung über die Hinzuziehung selbst **formlos möglich und unanfechtbar** ist, kann sie vom Familiengericht auch jederzeit – im Rahmen des pflichtgemäßen Ermessens – abgeändert werden. Dann sind jedoch ggf. die Besonderheiten bei der Ablehnung einer beantragten Hinzuziehung (ex nunc) zu beachten (siehe oben Rn. 19). 20

Ablehnung einer beantragten Hinzuziehung (Zwischenbeschluss): 21

(„In pp. wird der Antrag von … auf Hinzuziehung als Beteiligte zurückgewiesen.").

Der Beschluss ist gemäß § 7 Abs. 5 Satz 2 FamFG mit der sofortigen Beschwerde entsprechend §§ 567 bis 572 ZPO anfechtbar und bedarf einer entsprechenden Rechtsbehelfsbelehrung.

▶ *Näher zu den Rechtsmitteln siehe Kischkel, § 58 FamFG Rn. 9 ff.*

In der Praxis sollte beachtet werden, dass alle Pflege- und Bezugspersonen des Kindes in den Beschluss aufgenommen werden, insbesondere beide Pflegeelternteile. 22

18 Ein solcher ist nicht gesetzlich vorgeschrieben, aber für die Praxis aus Gründen der Rechtsklarheit und Transparenz für die übrigen Beteiligten zu empfehlen.
19 MüKo-FamFG/*Pabst*, § 7 Rn. 22

3. Rechtsfolgen der Hinzuziehung

23 Es ergeben sich mit der Hinzuziehung **alle Rechte eines Beteiligten** (siehe hierzu *Köhler*, § 7 FamFG Rn. 2), insbesondere ist bei Vorliegen der weiteren gesetzlichen Voraussetzungen Verfahrenskostenhilfe zu bewilligen. Auch ist rechtliches Gehör zu allen Verfahrensschritten und Ermittlungsergebnissen zu gewähren, insbesondere sind die eingehenden Stellungnahmen der Eltern, des Jugendamtes und ein etwaiges Sachverständigengutachten an den Beteiligten zu übermitteln. In den Tenor der Entscheidung kann der Beteiligte, auch durch Aufnahme von Verpflichtungen, die dann vollstreckbar sind, einbezogen werden. Ein Vergleich i.S.v. § 156 Abs. 2 FamFG bedarf dann der Zustimmung der Pflege- bzw. Bezugsperson. Die Entscheidung ist ihnen zuzustellen. Ein Beschwerderecht folgt hingegen aus der Beteiligung allein noch nicht, hierzu bedarf es – anders als in § 162 Abs. 3 Satz 2 FamFG – der Beschwerdeberechtigung (siehe hierzu *Kischkel*, Kommentierung zu § 59 FamFG).

24 Mit einer Hinzuziehung ist der Anwendungsbereich von § 81 Abs. 1 FamFG eröffnet, so dass eine Ermessensprüfung auch dahingehend zu erfolgen hat, ob eine Heranziehung zu den Kosten des Verfahrens zu erfolgen hat. Eine Kostenlast der Pflegeeltern entspricht jedoch in der Regel nach § 81 FamFG nicht billigem Ermessen. Ohnehin zeigt die Praxis, dass es vermehrt schwierig ist, qualifizierte und engagierte Personen als Pflegeeltern zu gewinnen. Diese sollen auch nicht davon abgehalten werden, auf Grund eines Kostenrisikos durch entsprechende Anregungen bzw. Anträge ihre Erkenntnisse über das physische sowie psychische Wohlbefinden des Kindes in das gerichtliche Verfahren einzubringen.[20]

II. Anhörungspflicht (Abs. 2)

1. Voraussetzungen und Form der Anhörung

25 Die Anhörung von Pflege- und Bezugspersonen hat unter **denselben Voraussetzungen** zu erfolgen wie die Beteiligung, sie hat jedoch unabhängig hiervon zu erfolgen, d.h. auch wenn eine förmliche Beteiligung nicht erfolgt, ist in der Sache nach Abs. 2 anzuhören. Der maßgebliche Unterschied ist zudem, dass bei Vorliegen der Voraussetzungen **nicht noch eine Ermessensausübung** des Familiengerichts zu erfolgen hat. Vielmehr ist ein Absehen von der Anhörung – außerhalb eines Eilverfahrens (hier gilt § 160 Abs. 4 FamFG entsprechend) – nicht möglich.[21]

26 Die Pflicht des Gerichts zur Anhörung erstreckt sich auf **alle Pflege- und Bezugspersonen** des Kindes. Soweit sich etwa nur ein Pflegeelternteil äußert, lässt dies die Pflicht zur Anhörung des anderen Pflegeelternteils noch nicht entfallen.

27 Die Anhörungspflicht korrespondiert nicht mit einer Pflicht der Pflege- oder Bezugsperson, sich gegenüber dem Gericht auch **zu äußern**. Die Pflicht zur Anwesenheit in einem Termin kann im Anwendungsbereich von Abs. 2 nicht mit Zwangsmitteln durchgesetzt werden, denn nur wenn die Pflege- und Bezugsperson auch Beteiligter ist (über § 161 Abs. 1 FamFG oder als Muss-Beteiligter), kann bei Nichterscheinen im Termin ein Ordnungsgeld verhängt werden (vgl. § 33 Abs. 3 FamFG).

---

20 Vgl. nur OLG Karlsruhe FamRZ 2024, 1142 m.w.N.
21 BT-Drs. 16/6308, 241; siehe etwa OLG Saarbrücken ZKJ 2016, 269

Form und „Setting" der Anhörung liegt, anders als das „ob" der Anhörung, im **pflichtgemäßen Ermessen des Gerichts**. Es kann also entscheiden, ob diese 28

- schriftlich erfolgt, also im Wege eines Anschreibens und Setzung einer Stellungnahmefrist,
- ausnahmsweise (persönlich) telefonisch oder in einem gesonderten Termin allein erfolgt, wobei mit Blick auf §28 Abs. 4 FamFG und zur Gewährung rechtlichen Gehörs der (übrigen) Beteiligten ein schriftlicher Vermerk zu fertigen ist oder
- persönlich im Rahmen des mit den anderen Beteiligten anberaumten Termins erfolgt.

Der **Inhalt der Anhörung** hängt von den Umständen des Einzelfalls ab. Regelmäßig kann es aber geboten sein, die Pflege- bzw. Bezugsperson zu 29

- dem Erstkontakt mit dem Kind und dessen damaliger Situation bzw. Verhalten,
- dem aktuellen Tagesablauf bzw. der aktuellen Situation des Kindes,
- der Beziehung des Kindes zu ihnen,
- den weiteren Perspektiven des Kindes aus ihrer Sicht,
- ihren Erfahrungen mit den leiblichen Eltern sowie
- dem Verhalten des Kindes nach einem etwaigen Umgangskontakt mit den leiblichen Eltern

zu befragen.

2. Rechtsfolgen der Anhörung

Die Anhörung selbst vermittelt noch nicht die Beteiligtenstellung (§7 Abs. 6 FamFG; siehe aber Rn. 19). Die verfahrensrechtliche Rechtsposition des Anzuhörenden ist wesentlich **schwächer als diejenige eines Beteiligten**. Insbesondere ist dem Anzuhörenden kein rechtliches Gehör zu gewähren, er erhält keine Verfahrensschriftstücke, muss nicht über den Ausgang des Verfahrens unterrichtet zu werden und kann auch sonst nicht auf das Verfahren Einfluss zu nehmen. Auch Verfahrenskostenhilfe ist nur einem Beteiligten zu gewähren. 30

C. Rechtsfolgen der Nichtbeachtung

Eine verfahrensabschließende Entscheidung, die unter Nichtbeachtung der gesetzlichen Regelung des §161 FamFG ergeht, ist verfahrensfehlerhaft. Dies ist in der Praxis noch viel zu häufig der Fall, da die gesetzliche Regelung nicht selten übersehen wird. Das Beschwerdegericht wird im Falle eines Rechtsmittels zu prüfen haben, ob es – im Anwendungsbereich des §155 FamFG in der Regel – die unterbliebenen Verfahrenshandlungen nachholt oder ob es, soweit dies beantragt wird, die Entscheidung des Amtsgerichts nebst dem zu Grunde liegenden Verfahren aufhebt und die Sache zur weiteren Verhandlung und Entscheidung an das Amtsgerichts zurückverweist.[22] 31

▶ *Näher zur Aufhebung und Zurückverweisung siehe Kischkel, Kommentierung zu §69 FamFG.*

22 Vgl. OLG Saarbrücken ZKJ 2014, 209 f.

§ 162 FamFG

Mitwirkung des Jugendamts

(1) [1]Das Gericht hat in Verfahren, die die Person des Kindes betreffen, das Jugendamt anzuhören. [2]Unterbleibt die Anhörung wegen Gefahr im Verzug, ist sie unverzüglich nachzuholen.

(2) [1]In Verfahren nach den §§ 1666 und 1666a des Bürgerlichen Gesetzbuchs ist das Jugendamt zu beteiligen. [2]Im Übrigen ist das Jugendamt auf seinen Antrag am Verfahren zu beteiligen.

(3) [1]In Verfahren, die die Person des Kindes betreffen, ist das Jugendamt von Terminen zu benachrichtigen und ihm sind alle Entscheidungen des Gerichts bekannt zu machen. [2]Gegen den Beschluss steht dem Jugendamt die Beschwerde zu.

Übersicht Rn.

A. Allgemeines

1 § 162 FamFG regelt die **Anhörung und Form der Mitwirkung des Jugendamts** in Kindschaftssachen, die die **Person des Kindes** betreffen. Nachdem die in der ursprünglichen Fassung der Vorschrift vorgesehene Möglichkeit einer in das freie Ermessen des Jugendamts gestellten formellen Beteiligungsmöglichkeit[1] in der Praxis keine Rolle spielte, hat der Gesetzgeber reagiert und zum 1.1.2013[2] in Abs. 2 eine **Mussbeteiligung des Jugendamts** in Verfahren der **Kindeswohlgefährdung** nach §§ 1666, 1666a BGB geschaffen. Die von § 162 FamFG erfassten Anhörungstatbestände finden sich im **materiellen Recht des BGB** und Spezialgesetzen wie das RKEG oder NamÄG. In Bezug auf Kindschaftssachen wird § 162 FamFG ergänzt durch weitere die Mitwirkung des Jugendamts vorsehende Vorschriften der § 194 FamFG (Adoptionssachen) und § 176 FamFG (Abstammungssachen). Soweit Kinder betroffen sind bei Entscheidungen über die Zuweisung einer Wohnung nach §§ 2 GewSchG oder §§ 1361b, 1568a BGB sehen §§ 204 Abs. 2, 205, 212, 213 FamFG die Anhörung und fakultative Beteiligung des Jugendamts vor.

2 Aus **Sicht des Jugendamts** ist seine Aufgabe zur Mitwirkung im familiengerichtlichen Verfahren in **§ 2 Abs. 3 Nr. 6 i. V. m. § 50 SGB VIII** geregelt. Der aus § 162 Abs. 1 FamFG folgenden Pflicht des Familiengerichts zur Anhörung des Jugendamts steht eine Pflicht des

1 Vgl. dazu noch *Heilmann*, FamRZ 2010, 1391; *Oberloskamp*, ZKJ 2016, 336
2 BGBl. I 2012, S. 2418

Jugendamts zur Mitwirkung am Verfahren gegenüber, die zwar nicht aus § 162 Abs. 1 FamFG resultiert, aber aus § 50 Abs. 1 Satz 2 SGB VIII.

B. Inhalt der Norm

I. Anhörung des Jugendamts (Abs. 1)

1. Die „Person" des Kindes betreffend

3 Gemäß § 162 Abs. 1 FamFG ist das **Jugendamt** (zwingend) in Verfahren, die die **Person des Kindes betreffen**, vom Familiengericht **anzuhören**. Gemeint sind hier nicht nur Verfahren i.S.d. § 151 Nr. 1 FamFG, die die Personensorge im engeren Sinne (vgl. § 1631 BGB) betreffen, sondern alle Kindschaftssachen nach § 151 Nr. 1 bis 5 und Nr. 8 FamFG, die nicht ausschließlich vermögensrechtlicher Art sind.[3] Eine Anhörung des Jugendamts hat jedoch in vermögensrechtlichen Angelegenheiten des Kindes stattzufinden, wenn das Verfahren wegen einer Gefährdung des Vermögens des Kindes nach § 1666 Abs. 2 BGB geführt wird, weil das Jugendamt hier nach § 162 Abs. 2 FamFG Muss-Beteiligter ist. Entgegen der Gesetzesbegründung und einer in der Literatur vertretenen Auffassung[4] findet § 162 FamFG keine unmittelbare Anwendung auf Unterbringungssachen nach § 151 Nr. 6 und 7 FamFG. Hier folgt die Notwendigkeit der Mitwirkung des Jugendamts aus der Verweisung von § 167 Abs. 1 Satz 1 FamFG auf §§ 315 Abs. 3, 320 FamFG.[5]

2. „Verfahren"

4 Eine Anhörung des Jugendamts ist nach Abs. 1 Satz 1 in allen familiengerichtlichen **Verfahren**, die die Person des Kindes betreffen, vorgesehen. Da die **Anhörungsvorschriften der §§ 159 ff. FamFG** – und damit auch § 162 Abs. 1 FamFG – im **Vollstreckungsverfahren** nach §§ 86 ff. FamFG nicht gelten, ist das Jugendamt hier nicht zwingend anzuhören.[6] Denn mit § 92 Abs. 1 FamFG, wonach (nur) der Verpflichtete anzuhören ist, hat der Gesetzgeber für das Vollstreckungsverfahren eine **vorrangige Spezialregelung** in der Frage der Anzuhörenden geschaffen, die eine Geltung von §§ 158 ff. FamFG ausschließt und im Übrigen auch eine nur schriftliche Anhörung des Schuldners grundsätzlich ausreichen lässt. Auch bedarf es einer Stellungnahme des Jugendamts deswegen nicht, weil im Vollstreckungsverfahren eine **erneute materielle Kindeswohlprüfung nicht** stattfindet.[7] Eine Anhörung des Jugendamts kann das Familiengericht im Vollstreckungsverfahren gleichwohl im Rahmen seiner Amtsermittlungspflicht (§ 26 FamFG) durchführen, wenn es z.B. einer sozialpädagogischen Stellungnahme des Jugendamts als Fachbehörde bedarf, damit das Familiengericht beurteilen kann, ob der Verpflichtete im Rahmen des Umgangs dazu in der Lage war, **erzieherisch auf das Kind einzuwirken**, weil nur bei einem **Verschulden des Verpflichteten** Ordnungsmittel verhängt werden können.

3. Ausnahmen

5 Eine kritisierte[8] **Ausnahme vom Grundsatz der Anhörung** und Möglichkeit der Beteiligung des Jugendamts ergibt sich aus § 155a Abs. 3 Satz 1 FamFG bei der Durchführung des **vereinfachten schriftlichen Verfahrens** zur Übertragung der **gemeinsamen elterlichen Sorge**. Hier findet ausdrücklich keine Anhörung des Jugendamts statt. Nach Satz 2 der vorbe-

3 BGH FamRZ 2012, 292
4 BT-Drs. 16/6308, 241; MüKo-FamFG/*Schumann*, § 162 Rn. 4; Sternal/*Schäder*, § 162 FamFG Rn. 3
5 Prütting/Helms/*Hammer*, § 162 FamFG Rn. 5; MüKo-FamFG/*Heilmann*, § 167 Rn. 10
6 So auch Prütting/Helms/Hammer, § 162 FamFG Rn. 7; a.A. Müko-FamFG/*Zimmermann*, § 92 Rn. 2.
7 BGH NJW-RR 2012, 324 auch zu möglichen Ausnahmen
8 Vgl. *Heilmann*, NJW 2013, 1473; *Dürbeck*, ZKJ 2013, 330, 333

zeichneten Regelung erhält das nach § 87c Abs. 6 Satz 2 SGB VIII zuständige Jugendamt aber eine Mitteilung der getroffenen Entscheidung, damit es das Sorgeregister nach § 58a SGB VIII vervollständigen kann.

▶ *Näher hierzu Fink, § 155a FamFG Rn. 31.*

Nur eine scheinbare Ausnahme von der Anhörung des Jugendamts folgt aus § 162 Abs. 1 Satz 2 FamFG, wonach bei Gefahr im Verzug (z.B. bei Erlass einer einstweiligen Anordnung) zwar die Anhörung zunächst unterbleiben kann, diese jedoch unverzüglich nachzuholen ist.

4. Zuständiges Jugendamt

6 § 162 Abs. 1 FamFG regelt nicht, welches sachlich und örtliche zuständige Jugendamt anzuhören ist. Diese Fragen sind im SGB VIII geregelt und vom Familiengericht zu beachten.[9]

a) Örtliche Zuständigkeit

7 Die **örtliche Zuständigkeit** des Jugendamts für seine Mitwirkung im familiengerichtlichen Verfahren, die für das Jugendamt selbst in § 2 Abs. 3 Nr. 6 i. V. m. § 50 SGB VIII geregelt ist, ergibt sich aus § 87b i. V. m. § 86 Abs. 1 bis 4 SGB VIII. § 86 Abs. 2 Satz 2 SGB VIII bestimmt z.B. für den Fall, dass die gemeinsam personensorgeberechtigten Eltern verschiedene Wohnsitze haben, die örtliche Zuständigkeit desjenigen Jugendamts, bei dem das **Kind zuletzt seinen gewöhnlichen Aufenthalt** hatte. Bei alleinigem elterlichen Sorgerecht ist der Wohnsitz dieses Elternteils maßgeblich. Kommt es auf den gewöhnlichen Aufenthalt des Kindes an, begründet ein zum Zeitpunkt der Einleitung des Verfahrens bereits erfolgter Wechsel des Kindes in eine Bereitschaftspflegestelle noch keinen neuen gewöhnlichen Aufenthalt, da dieser nur für vorübergehende Zeit angelegt ist.[10]

8 Wichtig ist, dass nach § 87b Abs. 2 SGB VIII die zu Beginn des Verfahrens begründete örtliche Zuständigkeit eines Jugendamts auch dann bis zur Beendigung des familiengerichtlichen Verfahrens bestehen bleibt, wenn sich die hierfür maßgeblichen Umstände, insbesondere durch einen Wegzug des Kindes und seinen Eltern, während des Verfahrens verändert haben.[11] Soweit sich nach einem Wegzug des Kindes mit seinem betreuenden Elternteil die Notwendigkeit eines Berichts durch das Jugendamt vor Ort ergibt, kann das Familiengericht im Rahmen seiner Amtsermittlungspflicht nach § 26 FamFG das für die Mitwirkung im Verfahren zuständige Jugendamt ersuchen, im Wege der Amtshilfe das Jugendamt vor Ort einzubeziehen. § 26 FamFG gestattet es aber dem Familiengericht auch, sich unmittelbar an das Jugendamt am neuen Wohnsitz des Kindes oder Elternteils zu wenden und um eine Stellungnahme nachzusuchen.[12]

b) Sachliche Zuständigkeit

9 Die **sachliche Zuständigkeit** des Jugendamts ist in § 85 SGB VIII geregelt und geht für den Regelfall von der Zuständigkeit des **örtlichen Trägers** aus. In den eingangs erwähnten drei vom BGH entschiedenen Fällen[13] hatte aber das Amtsgericht übersehen, dass es gemäß § 162 FamFG nicht den in Berlin nach dortigem Landesrecht für Inobhutnahmen nach § 42 Abs. 1 Nr. 3 SGB VIII zuständigen überörtlichen Träger der Jugendhilfe (in Berlin die Senatsverwaltung), sondern den für die Mitwirkung im Verfahren nach § 50 SGB VIII zuständigen örtlichen Träger der Kinder- und Jugendhilfe (in Berlin das Bezirksjugendamt) hätte beteili-

9 Vgl. BGH FamRZ 2015, 1699; ZKJ 2014, 104, und NZFam 2014, 69 jeweils zur sachlichen Zuständigkeit, dazu *Dürbeck*, ZKJ 2014, 266; OLG Frankfurt FamRZ 2017, 244 zur Anhörung eines örtlich nicht zuständigen Jugendamts

10 OLG Saarbrücken NJOZ 2018, 1931

11 OLG Hamm NJW-RR 2019, 262

12 Sternal/*Schäder*, § 162 FamFG Rn. 6

13 BGH FamRZ 2015, 1699; ZKJ 2014, 104, und NZFam 2014, 69

gen müssen.[14] Eine Anhörung des **Landesjugendamts** ist in Adoptionsverfahren in bestimmten Fällen nach §195 FamFG vorgesehen (siehe näher hierzu *Braun*, §195 FamFG Rn. 4 ff.).

c) Konkret zuständiger Mitarbeiter

Keinen Einfluss können die Beteiligten darauf nehmen, welcher Mitarbeiter konkret am Verfahren mitwirkt. Nicht zulässig ist insbesondere die **Ablehnung** des für das Verfahren zuständigen Mitarbeiters des Jugendamts wegen des Vorwurfs der **Befangenheit**,[15] da dessen fachliche Äußerung anders als das vom Gericht eingeholte Sachverständigengutachten kein Beweismittel ist. Gibt das Verhalten der zuständigen Fachkraft Anlass zu Beanstandungen, so verbleiben sowohl dem Familiengericht selbst als auch den Verfahrensbeteiligten nur die Möglichkeit einer **Dienstaufsichtsbeschwerde**. Es besteht auch kein subjektives, vor dem Verwaltungsgericht einklagbares Recht auf Auswechslung des zuständigen Mitarbeiters.[16] **10**

5. Folgen unterbliebener Anhörung

Unterlässt das Familiengericht die gesetzlich nach §162 Abs. 1 FamFG notwendige Anhörung des Jugendamts oder hört es ein unzuständiges Jugendamt an, so stellt dies einen **schweren Verfahrensmangel** dar, der auf Antrag gemäß §69 Abs. 1 Satz 2 und 3 FamFG regelmäßig zur **Aufhebung der Entscheidung und Zurückverweisung des Verfahrens** an das Amtsgericht führen wird.[17] Etwas anderes kann im Einzelfall mit Blick auf das Vorrang- und Beschleunigungsgebot des §155 FamFG gelten. Dann holt das Beschwerdegericht – ebenso wenn ein Zurückverweisungsantrag nicht gestellt wird – die unterbliebene Verfahrenshandlung im Rahmen des Beschwerdeverfahrens nach. Die unterbliebene Anhörung des Jugendamts kann weiterhin Grund für eine **Befangenheit** des Richters sein.[18] **11**

6. Zeitpunkt

Der Zeitpunkt der Anhörung des Jugendamts liegt im **pflichtgemäßen Ermessen** des Familiengerichts. In den in §155 Abs. 1 FamFG genannten Kindschaftssachen ist wegen des erhöhten Beschleunigungsbedürfnisses aber bereits im **frühen Termin** nach §155 Abs. 2 Satz 3 FamFG eine persönliche Anhörung des Jugendamts vorgesehen, das auch bereits im Termin eine (erste) fachliche Stellungnahme abzugeben hat.[19] Das Familiengericht hat dabei im Hinblick auf seine **Belehrungspflicht nach §7 Abs. 4 Satz 1 FamFG** zur Möglichkeit der Beteiligung am Verfahren das Jugendamt bereits von der Einleitung des Verfahrens zu unterrichten.[20] Auch die **Häufigkeit der Anhörung** des Jugendamts steht im Ermessen des Gerichts und bestimmt sich nach den Umständen des Einzelfalls[21] und insbesondere der Dauer des Verfahrens. Die Anhörung des Jugendamts ist auch im Beschwerdeverfahren grundsätzlich zu wiederholen, es sei denn das Beschwerdegericht sieht nach §68 Abs. 3 Satz 2 FamFG hiervon mangels Aussicht auf neue Erkenntnisse oder wegen offensichtlicher Unzulässigkeit der Beschwerde ab. In den Fällen des §68 Abs. 5 FamFG findet §68 Abs. 3 Satz 2 FamFG jedoch keine Anwendung, so dass es hier einer erneuten Anhörung des Jugendamtes bedarf. **12**

14 Einzelheiten bei *Dürbeck*, ZKJ 2014, 266
15 OLG Celle FamRZ 2011, 1532; MüKo-FamFG/*Schumann*, §162 Rn. 8
16 VG Köln ZKJ 2019, 157
17 BGH ZKJ 2014, 104; NJW 1987, 1024; OLG Frankfurt FamRZ 2017, 244; OLG Köln OLGR 2009, 438; OLG Düsseldorf FamRZ 1979, 859; *Lack*, ZKJ 2010, 189; *Walther*, JAmt 2009, 480
18 OLG Frankfurt a.M. JAmt 2010, 567
19 MüKo-FamFG/*Schumann*, §162 Rn. 10; kritisch der Bundesrat in BT-Drs. 16/6308, 360
20 Sternal/*Schäder*, §162 FamFG Rn. 5; *Lack*, ZKJ 2010, 189, 190
21 Prütting/Helms/*Hammer*, §162 FamFG Rn. 12

7. Zweck

13 Die in § 162 Abs. 1 FamFG vorgesehene Anhörungspflicht dient in erster Linie der **Entscheidungsfindung** durch das Familiengericht und stellt sich daher als eine Form der Ermittlung und **Sachaufklärung** dar.[22] Die **sozialarbeiterische Kompetenz** des Jugendamts soll dem Familiengericht dabei helfen, im Rahmen der Rechtsanwendung – vor allem in Bezug auf die Belange des betroffenen Kindes – die richtige Sachentscheidung zu treffen. Dabei soll das Jugendamt nicht als unselbständiges Hilfsorgan des Gerichts für das Verfahren relevante Tatsachen darlegen und sie im Rahmen seiner besonderen Kompetenz würdigen, sondern in eigenverantwortlicher Weise und nicht der Weisungskompetenz des Familiengerichts unterliegend im Verfahren mitwirken.[23]

14 Zwar ist die fachliche Einschätzung des Jugendamtes, ebenso wie diejenige eines Sachverständigen, nicht bindend, doch darf das Familiengericht eine von der Stellungnahme des Jugendamtes (ebenso wie von derjenigen des Verfahrensbeistandes oder eines Sachverständigen) abweichende Beurteilung nicht ohne eine anderweitige verlässliche Grundlage für eine am Kindeswohl orientierte Entscheidung und eine eingehende Begründung treffen.[24]

8. Form

15 Die **Verpflichtung zur Anhörung** bedeutet, dass das Familiengericht dem Jugendamt Gelegenheit geben muss, sich vor der von ihm zu treffenden Entscheidung zu äußern. Gesetzliche Vorgaben über die Form der Anhörung existieren nicht. Auch sie steht im pflichtgemäßen richterlichen Ermessen, so dass grundsätzlich auch eine mündliche Anhörung des zuständigen Jugendamtsmitarbeiters genügen würde. Auf der anderen Seite entspricht es aber den Gepflogenheiten zwischen „Behörden" und dem Anspruch der Verfahrensbeteiligten auf eine ausreichende Vorbereitung einer mündlichen Erörterung bei einem Gericht, eine solche Äußerung in **schriftlicher Form** abzufassen und rechtzeitig vor einem Termin zu übersenden.[25] Soweit Äußerungen des Vertreters des Jugendamts in einem gerichtlichen Termin erfolgen, sind sie gemäß § 28 Abs. 4 FamFG in einem schriftlichen **Vermerk** festzuhalten. Eine **mündliche Stellungnahme** wird dann in Betracht kommen müssen, wenn das Jugendamt die Familie noch nicht kennt und das Familiengericht einen frühen Termin nach § 155 Abs. 2 FamFG oder in einem einstweiligen Anordnungsverfahren nach §§ 49 ff. FamFG bestimmt.

9. Inhalt der Äußerung des Jugendamts

16 Die Stellungnahme des Jugendamts soll sich nicht auf die Darstellung von Tatsachen beschränken, sondern darüber hinaus auch eine sozialarbeiterische Bewertung der jeweiligen Fragestellung enthalten, wobei sie jedoch nicht in Gestalt eines Gutachtens, sondern als fachliche Äußerung erfolgt. Hierzu und wegen der weiteren Einzelheiten *Köhler*, § 50 SGB VIII Rn. 14.

10. Datenschutz

17 Soweit das Jugendamt nicht von sich selbst aus die Einleitung eines kindschaftsrechtlichen Verfahrens angeregt hat, muss es sich zunächst die für seine fachliche Äußerung relevanten Tatsachen selbst beschaffen. Auf welcher rechtlichen Grundlage dies geschehen soll, ist nicht ausdrücklich gesetzlich geregelt. Weder § 50 SGB VIII noch § 162 FamFG stel-

22 Sternal/*Schäder*, § 162 FamFG Rn. 2
23 OLG Celle FamRZ 2011, 1532; *Sommer*, S. 91 f.; *Rüting*, ZKJ 2011, 244
24 Siehe nur BVerfG FamRZ 2021, 672
25 Prütting/Helms/*Hammer*, § 162 FamFG Rn. 10

len selbst Ermächtigungsgrundlagen zur Erhebung von Sozialdaten dar.[26] Es muss daher auf die allgemeinen datenschutzrechtlichen Regeln des SGB VIII zurückgegriffen werden.[27] Wegen der Einzelheiten ist zu verweisen auf *Köhler*, Kommentierung zu §§ 61 bis 68 SGB VIII.

11. Rechtsschutz gegen die fachliche Äußerung des Jugendamts?

Soweit ein Verfahrensbeteiligter mit einer fachlichen Äußerung des Jugendamts im Rahmen dessen Mitwirkung nach § 162 Abs. 1 FamFG nicht einverstanden ist, weil er sie etwa als unzutreffend, fachlich fehlerhaft oder ehrverletzend erachtet, besteht **kein vor den Verwaltungsgerichten einklagbarer öffentlich-rechtlicher Anspruch auf Unterlassen**.[28] Wegen der Einzelheiten siehe *Köhler*, § 50 SGB VIII Rn. 16. 18

II. Beteiligung (Abs. 2)

1. Vorbemerkung

Seit der ersten Gesetzesnovelle zu § 162 FamFG zum 1.1.2013[29] unterscheidet das Gesetz zwischen einer **Muss-Beteiligung** des Jugendamts in **Kindeswohlgefährdungsverfahren** (Abs. 2 Satz 1) und der Möglichkeit, sich auf eigenen Antrag hin am Verfahren zu beteiligen (sog. **Kann-Beteiligung** nach Abs. 2 Satz 2). Vor dem 1.1.2013 sah § 162 FamFG für alle Kindschaftsverfahren nur eine Kann-Beteiligung des Jugendamts vor, die in der Praxis von den betreffenden Jugendämtern kaum wahrgenommen worden war, was den Gesetzgeber dazu veranlasst hatte, zumindest in Verfahren nach §§ 1666, 1666a BGB eine Beteiligung des Jugendamts kraft Gesetzes vorzusehen.[30] Die mit Inkrafttreten des FamFG geschaffene Differenzierung zwischen Verfahren, in denen das Jugendamt formal i.S.d. § 7 FamFG beteiligt ist und solchen, in denen es lediglich nach § 162 Abs. 1 FamFG anzuhören ist, ist insgesamt wenig gelungen, zumal die Praxis entgegen der Forderungen in der Literatur[31] in Bezug auf die Bekanntmachung von Schriftstücken an das Jugendamt eine unterschiedliche Handhabung häufig nicht tätigt. 19

Sollte das Familiengericht jedoch erwägen ein eingeholtes Sachverständigengutachten auch an das Jugendamt zu übersenden, obwohl dieses im Verfahren nicht förmlich beteiligt ist, sollte es klarstellen, dass die Übersendung mit Gelegenheit zur Stellungnahme im Rahmen der Anhörung nach § 162 Abs. 1 Satz 1 FamFG erfolgt, um auch insoweit die sozialarbeiterische Fachkompetenz in das Verfahren einfließen zu lassen. Dies kann insbesondere dann geboten sein, wenn das Familiengericht an den Empfehlungen des Sachverständigen zweifelt, es also auch in diesem Kontext außerjuristischer Fachkunde sowie gegebenenfalls einer anderweitigen Grundlage für eine am Kindeswohl orientierte Entscheidung bedarf (näher hierzu Rn. 24). 20

2. Muss-Beteiligung (Abs. 2 Satz 1)

Gemäß § 162 Abs. 2 Satz 1 FamFG ist das Jugendamt in **allen Verfahren nach §§ 1666, 1666a BGB** – also auch in solchen der Gefährdung des Kindesvermögens nach § 1666 Abs. 2 BGB – zu beteiligen. Dem liegt die Erwägung des Gesetzgebers zugrunde, dass in 21

26 VGH Hessen NVwZ-RR 2015, 258; OLG Zweibrücken ZKJ 2013, 256
27 *Hoffmann*, FPR 2011, 304, 306; *Kunkel*, ZKJ 2018, 355; *ders.* FPR 2013, 487
28 VGH München ZKJ 2014, 38
29 Vgl. a.a.O. (Fn. 2)
30 BT-Drs. 17/10490, 20
31 *Heilmann*, FamRZ 2010, 1391; *Müller-Magdeburg*, ZKJ 2009, 319; a.A. *Hoffmann*, FPR 2011, 304, 305 f.

diesen Fällen der Kindeswohlgefährdung generell die Beteiligung des Jugendamts sinnvoll und notwendig ist.[32]

22 Ist das Jugendamt Beteiligter i.S.d. § 7 FamFG, so sind ihm **alle Schriftsätze** der anderen Beteiligten, sonstige Dokumente und alle **Zwischen- und Endentscheidungen** des Familiengerichts zu übermitteln und es ist zu **allen Terminen zu laden**. Außerdem besitzt es ein **Akteneinsichtsrecht** nach § 13 Abs. 1 FamFG, es kann ein **Befangenheitsgesuch** gegen einen Richter oder Sachverständigen stellen (§§ 6, 30 Abs. 1 FamFG, 42, 406 ZPO), Beschleunigungsrechtsbehelfe nach §§ 155b, 155c FamFG ergreifen und es muss einem **Vergleich** über den Umgang oder die Herausgabe des Kindes nach § 156 Abs. 2 FamFG **zustimmen** (siehe näher hierzu *Wegener*, § 156 FamFG Rn. 72).

Das **persönliche Erscheinen** eines zuständigen Mitarbeiters des Jugendamts kann zwar nicht im Wege der Vorführung oder Zwangsgeld erzwungen werden,[33] es kann aber ein **Ordnungsgeld** wegen Nichterscheinens im Termin nach § 33 Abs. 3 Satz 1 FamFG[34] angeordnet werden (siehe näher hierzu *Kischkel*, § 33, 34 FamFG Rn. 3 ff.).

Das nach § 162 Abs. 3 FamFG bestehende **Beschwerderecht** und das Recht auf Mitteilung aller Gerichtstermine und der Endentscheidung bestehen demgegenüber unabhängig von der formellen Beteiligung des Jugendamts. **Sachanträge** kann das Jugendamt – anderes als Verfahrensanträge – dagegen mangels materieller Antragsberechtigung (z.B. nach § 1671 BGB) nicht stellen.[35] Als Beteiligter ist das Jugendamt aber im **Rubrum** der gerichtlichen Endentscheidung aufzunehmen (§ 38 Abs. 2 Nr. 1 FamFG). Außerdem können ihm zwar als Beteiligter grundsätzlich auch die **Kosten des Verfahrens** nach § 81 FamFG auferlegt werden, jedoch entspricht es im Regelfall nicht der Billigkeit i.S.d. § 81 Abs. 1 FamFG das Jugendamt an den Kosten zu beteiligen,[36] so dass im Ergebnis nur bei einem Verschuldensvorwurf eine Kostenbeteiligung nach Maßgabe von § 81 Abs. 2 FamFG in Betracht zu ziehen ist[37] (vgl. *Kischkel*, § 81 FamFG Rn. 7). Auch dem Amtsvormund können Kosten trotz seiner Beteiligtenstellung in Sorge- und Umgangssachen – jedenfalls nach § 81 FamFG – nicht auferlegt werden.[38] Die **Anhörung des Jugendamts und seine Pflicht zu einer fachlichen Äußerung** nach § 162 Abs. 1 FamFG bestehen unabhängig von seiner Beteiligtenstellung.

3. Kann-Beteiligung (Abs. 3 Satz 2)

23 Gemäß § 162 Abs. 3 Satz 2 FamFG ist das Jugendamt – außerhalb von Verfahren nach §§ 1666, 1666a BGB – **auf seinen Antrag** zu beteiligen. Über dieses Antragsrecht hat das Familiengericht das Jugendamt nach § 7 Abs. 4 Satz 2 FamFG zu **belehren**, wobei eine im ersten Rechtszug unterbliebene Belehrung im Beschwerdeverfahren nachgeholt werden kann.[39]

Stellt das Jugendamt den Antrag, so ist es zwingend zu beteiligen, gegen die Ablehnung der Beteiligung ist das Rechtsmittel der sofortigen Beschwerde nach § 7 Abs. 5 FamFG statthaft. Auch in der **Stellung eines Verfahrensantrages**[40] und in der **Einlegung der Beschwerde** nach §§ 58 ff. FamFG ist der Antrag auf Beteiligung am Verfahren zu sehen.[41]

32 BT-Drs. 17/10490, 20
33 Da das Jugendamt als Behörde beteiligt ist, vgl. OLG Oldenburg NJW-RR 1996, 650; OLG Schleswig FamRZ 1994, 1129; a.A. *Katzenstein*, FPR 2011, 20, 21
34 MüKo-FamFG/*Schumann*, § 162 FamFG Rn. 17; *Katzenstein*, FPR 2011, 20, 21
35 Prütting/Helms/*Hammer*, § 162 FamFG Rn. 20
36 OLG Frankfurt a.M. BeckRS 2015, 05693; OLG Celle FamRZ 2012, 1896
37 Zu einem solchen Fall vgl. AG Frankfurt ZKJ 2019, 74
38 BGH ZKJ 2017, 26; vgl. dazu *Dürbeck*, ZKJ 2017, 19
39 *Heilmann*, FamRZ 2010, 1391, 1393
40 BT-Drs. 16/6308, 241
41 Sternal/*Schäder*, § 162 FamFG Rn. 10

Hat sich das Jugendamt im ersten Rechtszug auf Antrag beteiligt, so setzt sich seine Beteiligung im zweiten Rechtszug automatisch fort.[42] Die Beteiligung des Jugendamts kann konkludent und formlos erfolgen,[43] ein gesonderter Beschluss ist nur bei Ablehnung des Antrages nach § 7 Abs. 5 FamFG notwendig. Wird das Jugendamt auf seinen Antrag hin beteiligt, so ergeben sich seine Rechte und Pflichten wie bei einer Muss-Beteiligung (vgl. Rn. 17).

Unterbleibt – wie im Regelfall – die formelle Beteiligung des Jugendamts, so ist seine 24
Rechtsposition bis heute nicht hinreichend geklärt, obgleich die familiengerichtliche Praxis in Fragen der Bekanntmachung von Zwischenentscheidung und der Übersendung von Schriftsätzen der Beteiligten und eingeholten Beweismitteln, wie **Sachverständigengutachten** oder Vernehmungsprotokolle aus Strafverfahren, an das Jugendamt keine Unterschiede macht. Bei fehlender Beteiligung dürfte dem Jugendamt nicht generell und ohne Prüfung im Einzelfall ein eingegangenes Sachverständigengutachten und Schriftsätze der Beteiligten zu übersenden seien, da sich sonst entgegen der gesetzgeberischen Zielsetzung eine Entlastung für das Familiengericht nicht ergäbe.[44] Zu weitgehend wäre es daher, dem Jugendamt auch im Rahmen seiner bloßen Mitwirkung nach § 162 Abs. 1 FamFG alle bei Gericht eingegangenen Schriftstücke, insbesondere Schriftsätze und Gutachten, ungefiltert zu übersenden.[45] Jedoch hat das Familiengericht im Rahmen seiner Amtsermittlungspflicht nach § 26 FamFG dem Jugendamt für die Fertigung seiner fachlichen Äußerung nach § 162 Abs. 1 FamFG die hierfür maßgeblichen Umstände bekannt zu machen, so dass sich auch aus diesem Gesichtspunkt eine gerichtliche Pflicht zur Übersendung von Schriftstücken an das Jugendamt ergeben kann, um eine aktualisierte fachbehördliche Stellungnahme zur Grundlage seiner Entscheidung machen zu können (siehe auch Rn. 19).

Ist das Jugendamt **nicht beteiligt**, kann es keine Verfahrensanträge, wie Befangenheitsan- 25
träge, stellen und braucht einem **Vergleich** nach § 156 Abs. 2 FamFG **nicht zuzustimmen**. Es ist nicht verpflichtet zu einem **gerichtlichen Termin** zu erscheinen (Ausnahme § 155 Abs. 2 FamFG) und kann nur als Dritter nach § 81 Abs. 4 FamFG an den **Kosten** beteiligt werden. Das Beschwerderecht und das Recht auf Terminsnachricht und Übermittlung der Endentscheidung nach § 162 Abs. 3 FamFG steht ihm immer zu, so dass sich aus Sicht des Jugendamts angesichts seiner ohnehin bestehenden umfassenden Mitwirkungsrechte insgesamt wenig Anreize ergeben, sich in Kindschaftssachen nach § 162 Abs. 2 Satz 2 FamFG zu beteiligen.[46]

III. Terminsnachricht und Bekanntmachung (Abs. 3 Satz 1)

Nach dem zum 1.1.2013 neu eingefügten § 162 Abs. 3 Satz 1 FamFG ist das Jugendamt 26
in allen Verfahren, die die Person des Kindes i.S.v. Abs. 1 betreffen, von **Terminen zu benachrichtigen** und es sind ihm **alle Entscheidungen des Familiengerichts bekannt zu machen**. Damit will der Gesetzgeber auch das nicht beteiligte Jugendamt in das Verfahren einbinden und ihm die Möglichkeit geben, sich über den Stand des Verfahrens zu **informieren** und ihm die Prüfung ermöglichen, ob es von seinem **Beschwerderecht** Gebrauch macht.[47] Die Pflicht zur Übersendung von Entscheidungen beschränkt sich dabei auf die **Endentscheidung**.[48] Nicht zu übersenden sind Endentscheidungen, die im **vereinfachten Verfah-**

42 BGH FamRZ 2012, 1049
43 Sternal/*Giers*, § 7 FamFG Rn. 18
44 *Heilmann*, FamRZ 2010, 1391, 1392 f.; *Lack*, ZKJ 2010, 189, 191 f.
45 So aber DIJUF-Rechtsgutachten JAmt 2010, 25; *Hoffmann*, FPR 2011, 304, 305 f.; *Katzenstein*, FPR 2011, 20
46 So auch MüKo-FamFG/*Schumann*, § 162 Rn. 17; Prütting/Helms/*Hammer*, § 162 FamFG Rn. 20; *Hoffmann*, FPR 2011, 304
47 BT-Drs. 17/10490, 20
48 Prütting/Helms/*Hammer*, § 162 FamFG Rn. 27

ren nach § 155a FamFG ergangen sind, da hier nach § 155a Abs. 3 Satz 2 FamFG im Hinblick auf das auch nicht anzuhörende Jugendamt (vgl. Rn. 5) nur eine formlose Mitteilung an das für die Führung des Sorgeregisters zuständige Jugendamt erfolgt.

IV. Beschwerderecht (Abs. 3 Satz 2)

27 Nach § 162 Abs. 3 Satz 2 FamFG steht dem Jugendamt – **unabhängig von der Frage seiner Beteiligung** – ein **Beschwerderecht** gegen die vom Familiengericht getroffene **Endentscheidung**[49] zu. Diese **formelle Beschwerdebefugnis** i.S.d. § 59 Abs. 3 FamFG setzt keine Beeinträchtigung in eigenen Rechten voraus und ist bereits nach seinem Wortlaut nicht auf Fälle einer Kindeswohlgefährdung beschränkt.[50] Sie ist vielmehr großzügig anzunehmen.[51] Wichtig ist allerdings die Unterscheidung, ob das Jugendamt als nach **§ 162 Abs. 1 FamFG anzuhörende Behörde** bzw. **Verfahrensbeteiligter** Beschwerde (§ 2 Abs. 3 Nr. 6 SGB VIII) oder aber in seiner Funktion als **Amtsvormund oder Amtsergänzungspfleger** (§ 2 Abs. 3 Nr. 11 SGB VIII) einlegt.[52] Dem Letzteren fehlt insbesondere eine Beschwerdebefugnis gegen die Anordnung der Vormundschaft oder Pflegschaft[53] und der dieser vorangehenden Sorgerechtsentscheidung,[54] während das nach § 162 FamFG anzuhörende zuständige[55] Jugendamt immer beschwerdeberechtigt ist.

28 Ein Beschwerderecht des Jugendamts besteht aber nur insoweit, als die Beschwerde an sich **statthaft** ist, so dass z.B. wegen § 57 Satz 1 FamFG auch für das Jugendamt eine nach mündlicher Verhandlung in einem einstweiligen Anordnungsverfahren ergangene Umgangsentscheidung nicht anfechtbar ist, was in der Praxis von Jugendämtern nicht selten übersehen wird. Legt das Jugendamt **Rechtsbeschwerde** ein, so ist § 114 Abs. 3 FamFG (kein Anwaltszwang, aber **Vertretung durch Volljuristen**) zu beachten.

29 Die Befugnis zur Einlegung einer Verfassungsbeschwerde gegen die letztinstanzliche gerichtliche Entscheidung ergibt sich aus dem FamFG nicht. Dem Jugendamt fehlt daher hier die Beschwerdebefugnis, da es auch nicht berechtigt ist, die Rechte des Kindes im Wege der Verfahrensstandschaft geltend zu machen.[56] Dem Jugendamt bleibt nur die Anregung einer entsprechenden Ergänzungspflegschaft beim Familiengericht oder eine Anregung beim Verfahrensbeistand, denn Letzterer kann in zulässiger Weise eine Verfassungsbeschwerde erheben und die Verletzung von Grundrechten des Kindes geltend machen.

49 *Schürmann*, FamRB 2009, 24, 25; *Krause*, FamRB 2009, 160; MüKo-FamFG/*Schumann*, § 162 Rn. 24
50 OLG Karlsruhe FamRZ 2024, 1790 m.w.N. auch zur Gegenansicht
51 KG ZKJ 2024, 148
52 Zur oft nicht einfachen Abgrenzung OLG Frankfurt ZKJ 2017, 280; siehe auch OLG Schleswig, Beschl. v. 11.12.2019, 15 UF 158/19, juris sowie BGH FamRZ 2021, 1885
53 BGH NJW 2012, 685; OLG Frankfurt a.M. ZKJ 2017, 280; JAmt 2014, 170
54 OLG Frankfurt a.M. ZKJ 2017, 280; *Dürbeck*, FamRZ 2018, 553
55 Vgl. BGH ZKJ 2014, 104 sowie OLG Saarbrücken ZKJ 2022, 66 (keine Beschwerdeberechtigung des für die Inobhutnahme zuständigen Jugendamtes, wenn es nicht das nach § 162 FamFG zuständige Jugendamt ist)
56 BVerfG FamRZ 2021, 512.

Übersicht: Das Jugendamt im kindschaftsrechtlichen Verfahren **30**

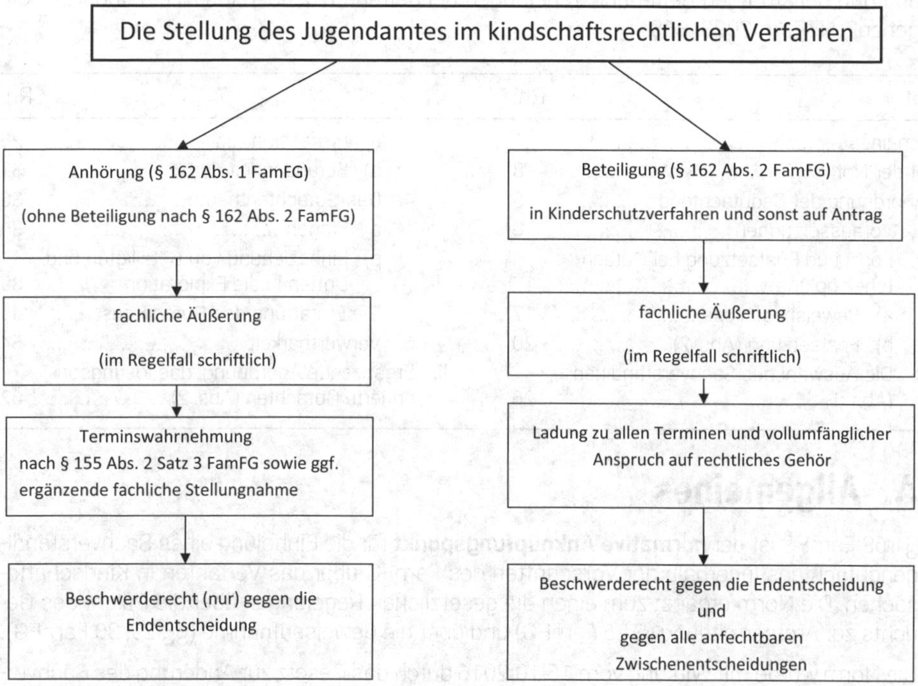

§ 163 FamFG

Sachverständigengutachten

(1) [1]In Verfahren nach § 151 Nummer 1 bis 3 ist das Gutachten durch einen geeigneten Sachverständigen zu erstatten, der mindestens über eine psychologische, psychotherapeutische, kinder- und jugendpsychiatrische, psychiatrische, ärztliche, pädagogische oder sozialpädagogische Berufsqualifikation verfügen soll. [2]Verfügt der Sachverständige über eine pädagogische oder sozialpädagogische Berufsqualifikation, ist der Erwerb ausreichender diagnostischer und analytischer Kenntnisse durch eine anerkannte Zusatzqualifikation nachzuweisen.

(2) Das Gericht kann in Verfahren, die die Person des Kindes betreffen, anordnen, dass der Sachverständige bei der Erstellung des Gutachtens auch auf die Herstellung des Einvernehmens zwischen den Beteiligten hinwirken soll.

Weiterführende Literatur: Balloff, Psychologische und psychiatrische Aspekte der Begutachtung im Kontext Gericht und Familien, FF 2019, 224 ff.; Bodansky/Feyerabend/Henseler/Lehmann/Ranker/Wisotzky, Aufzeichnungen aus dem Kellerloch?, ZKJ 2025, 124ff. *Fichtner,* „Seriöser Anzug oder Matschhose", ZKJ 2015, 9 ff. u. 63 ff.; *Fichtner/Salzgeber,* Die Kommunikation des Sachverständigen mit den Verfahrensbeteiligten und dem Familiengericht, FPR 2013, 478 ff.; *Huber,* Hochkonflikt und Kindeswohlgefährdung Erfahrungen aus der Sachverständigenpraxis, NZFam 2022, 583; *Kannegießer,* Qualitätssicherung in der Begutachtung, NZFam 2022, 861; *Korn-Bergmann,* Gutachter, „Heimliche Richter" in Kindschaftsverfahren?, FamRB 2013, 302 ff.; *Lack/Hammesfahr,* Psychologische Gutachten im Familienrecht, 2. Aufl., Köln 2024; *Salzgeber,* Der lösungsorientierte Sachverständige und die Hochkonfliktfamilien, FamRZ 2010, 851 ff.; *Salzgeber,* Der psychologische Sachverständige im Familiengerichtsverfahren, FF 2013, 194 ff. u. 442 ff.; *Salzgeber/Bublath,* Der familienrechtspsychologische Sachverständige im Spannungsfeld zwischen

Recht und Fachwissenschaft, NZFam 2022, 963; *Salzgeber/Bublath*, Erfordert die Begutachtung bei strittigen Betreuungsregelungen bei getrenntlebenden Eltern ein anderes Vorgehen?, NZFam 2023, 865.

Übersicht

A. Allgemeines

1 § 163 FamFG ist der **normative Anknüpfungspunkt** für die Einholung eines Sachverständigengutachtens innerhalb der Vorschriften des FamFG über das Verfahren in Kindschaftssachen. Die Norm ergänzt zum einen die gesetzlichen Regelungen über die Pflicht des Gerichts zur Amtsermittlung (§ 26 FamFG) und über die Beweisaufnahme (§§ 29, 30 FamFG).

2 Die Norm wurde mit Wirkung vom 15.10.2016 durch das Gesetz zur Änderung des Sachverständigenrechts geändert.[1] Zuvor stand das **familiengerichtliche Gutachterwesen** in Kindschaftssachen geraume Zeit **in der Kritik**. Ausgangspunkt war insbesondere die in einer breiten Öffentlichkeit diskutierte Studie zweier Hagener Professoren, die Gutachten ausgewertet und nach eigenen Kriterien einer Qualitätsbewertung unterworfen haben.[2] Die Ergebnisse dieser Studie, wonach die untersuchten Gutachten überwiegend den zu stellenden Qualitätsanforderungen nicht genügen, wurden in der Fachöffentlichkeit zwar kritisch hinterfragt.[3] Gleichwohl sah sich der Gesetzgeber veranlasst, durch die Gesetzesänderung die Qualität von Gutachten in Kindschaftssachen zu verbessern. Parallel hierzu wurde eine interdisziplinäre Arbeitsgruppe eingerichtet, die unter fachlicher Begleitung des Bundesjustizministeriums nunmehr in 2. Auflage **Mindestanforderungen an die Qualität von Sachverständigengutachten im Kindschaftsrecht** erarbeitet hat.[4]

Unbeschadet dessen kann nicht außer Betracht bleiben, dass es die Aufgabe des Richters ist, das Sachverständigengutachten zu würdigen (hierzu Rn. 45). Letztlich haftet der gerichtliche Sachverständige nach zivilrechtlichen Grundsätzen auch für Schäden, die einem Beteiligten durch eine gerichtliche Entscheidung entstehen, die auf einem unrichtigen Gutachten beruht, welches der Sachverständige vorsätzlich oder grob fahrlässig erstattet hat (§ 839a BGB).

1 BGBl. I 2016 S. 2222
2 *Salewski/Stürner*, ZKJ 2015, 4 ff. Zur aktuellen Qualitätsentwicklung siehe Bodansky et alt., ZKJ 2025, 124ff.
3 Vgl. *Fichtner*, ZKJ 2015, 9 ff. und 63 ff.
4 Veröffentlicht u.a. in ZKJ 2019, 409 ff. sowie online auf www.bmj.de.

Die Einholung eines Sachverständigengutachtens erfolgt **nach den Regeln des Strengbeweisverfahrens**. Das FamFG verweist in § 30 Abs. 1 FamFG insoweit auf die gesetzlichen Regelungen der Zivilprozessordnung. Es finden damit folgende gesetzliche Vorschriften entsprechend Anwendung: 3

- § 402 ZPO (Anwendbarkeit der Vorschriften für Zeugen)
- § 403 ZPO (Beweisantritt)
- § 404 ZPO (Sachverständigenauswahl)
- § 404a ZPO (Leitung der Tätigkeit des Sachverständigen)
- § 405 ZPO (Auswahl durch den mit der Beweisaufnahme betrauten Richter)
- § 406 ZPO (Ablehnung eines Sachverständigen)
- § 407 ZPO (Pflicht zur Erstattung des Gutachtens)
- § 407a ZPO (Weitere Pflichten des Sachverständigen)
- § 408 ZPO (Gutachtenverweigerungsrecht)
- § 409 ZPO (Folgen des Ausbleibens oder der Gutachtenverweigerung)
- § 410 ZPO (Sachverständigenbeeidigung)
- § 411 ZPO (Schriftliches Gutachten; Fristsetzung)
- § 411a ZPO (Verwertung von Sachverständigengutachten aus anderen Verfahren)
- § 412 ZPO (Neues Gutachten)
- § 413 ZPO (Sachverständigenvergütung)
- § 414 ZPO (Sachverständige Zeugen)

In **Verfahren auf Erlass einer einstweiligen Anordnung** ist die Einholung eines psychologischen Gutachtens regelmäßig nicht geboten. Die hiermit verbundenen Verfahrensverzögerungen stehen dem Eilcharakter dieser Verfahrensart grundsätzlich entgegen.[5] Zudem wird die Norm in den Verfahren betreffend die Unterbringung von Minderjährigen (§§ 151 Nr. 6, 7 FamFG) verdrängt durch die Sonderregelungen in § 167 FamFG (siehe hierzu im Einzelnen *Fink*, Kommentierung zu § 167 FamFG). 4

Die **Vergütung des Sachverständigen** bestimmt sich mit Blick auf § 30 Abs. 1 FamFG nach § 413 ZPO und damit nach den Vorschriften des JVEG. Der Sachverständige erhält einen Erstattungsanspruch gegen die Staatskasse, die wiederum die Kosten vom Kostenschuldner beitreiben kann. Die Einholung eines im Rahmen der amtswegigen Ermittlung einzuholenden Sachverständigengutachtens darf in der Regel nicht von der Einholung eines Vorschusses abhängig gemacht werden.[6] Unbeschadet dessen sind die exorbitant gestiegenen Kosten der Gutachten ein großes praktisches Problem und führen immer häufiger zu hierauf beschränkten Streitigkeiten sowie den Versuchen der gerichtlichen Praxis, dem Einhalt zu gebieten.[7] 5

▶ *Näher zur Kostenhaftung siehe Kischkel, Kommentierung zu § 80 FamFG.*

Die Vorlage eines von einem Beteiligten eingeholten **(Privat-)Gutachtens** vermag die Einholung eines Sachverständigengutachtens in der Regel nicht zu ersetzen.[8] Dies ergibt sich be- 6

5 BVerfG ZKJ 2018, 312; missverständlich noch BVerfG FamRZ 2014, 907
6 OLG Celle ZKJ 2012, 403 f.
7 Siehe zu den verfahrensrechtlichen Möglichkeiten der Überprüfung der Vergütungshöhe sowie zur Anzeigepflicht des Sachverständigen insoweit *Dürbeck*, NZFam 2022, 8.
8 Vgl. auch OLG Dresden FamRZ 2017, 62 (kein Vorschuss nach § 47 RVG für die Aufwendung zur Beauftragung eines Privatgutachtens)

reits daraus, dass es an der gebotenen Neutralität des Gutachters mangelt, denn dieser wird bzw. wurde nur von dem betreffenden Beteiligten beauftragt und vergütet. Es kommt noch hinzu, dass dem Privatgutachter regelmäßig nicht alle Informationen zur Verfügung stehen, die für eine objektive Begutachtung erforderlich sind. Aus denselben Erwägungen ist auch die **Verwertbarkeit von sog. methodenkritischen Stellungnahmen** zu einem im gerichtlichen Verfahren eingeholten Gutachten zu hinterfragen, da es ihnen in der Entstehung ebenfalls häufig an Transparenz und Nachvollziehbarkeit fehlt.

7 Legt ein Beteiligter ein Privatgutachten oder eine methodenkritische Stellungnahme vor, muss sich der Richter damit auseinandersetzen und auf die weitere Aufklärung des Sachverhalts hinwirken, wenn sich trotz der aufgezeigten Einschränkungen (vgl. Rn. 6) aus dem Privatgutachten ein relevanter Widerspruch zum Gerichtsgutachten ergeben kann.[9] Jedenfalls ist der Richter gehalten, sich im Rahmen seiner Entscheidung auch mit diesem Vorbringen, gegebenenfalls in der gebotenen Kürze, auseinanderzusetzen.

B. Inhalt der Norm

I. Anordnung der Begutachtung

1. Voraussetzungen

8 Die Norm setzt voraus, dass das Familiengericht die Einholung eines Sachverständigengutachtens im kindschaftsrechtlichen Verfahren für erforderlich erachtet. Reicht die **Sachkunde des Gerichts** nicht aus, um die für die Auslegung des unbestimmten Rechtsbegriffs „Kindeswohl" relevanten Tatsachen beurteilen zu können, muss es sich außerjuristischer Expertise bedienen. Denn es muss **möglichst zuverlässig die Grundlagen für eine am Kindeswohl orientierte Entscheidung erkennen** können. Die Entscheidung steht im pflichtgemäßen Ermessen des Gerichts. Etwaige „Beweisanträge" der Beteiligten oder dritter Personen sind insoweit nur Anregungen und binden das Gericht nicht. Mit ihnen hat sich das Gericht aber – nachdem es zu seiner Rechtsauffassung rechtliches Gehör gewährt hat – im Rahmen der Gründe seiner Entscheidung auseinanderzusetzen.[10]

9 Zwar sind die **Anforderungen an die Ermittlung der Entscheidungsgrundlagen** für das Gericht umso höher, desto schwerwiegender die Folgen seiner Entscheidung für den einzelnen Beteiligten sein können. Es kann damit bereits der Gegenstand eines Verfahrens für die Notwendigkeit der Einholung eines Sachverständigengutachtens sprechen, beispielsweise ein Kinderschutzverfahren nach §§ 1666, 1666a BGB, in welchem die Trennung des Kindes von seinen Eltern im Raume steht, ein Verfahren auf Erlass einer Verbleibensanordnung i.S.v. § 1632 Abs. 4 BGB oder ein Umgangsverfahren, in welchem ein Umgangsausschluss zu erwägen ist (§ 1684 Abs. 4 BGB).

10 Gleichwohl ist (auch hier) **nicht immer die Einholung eines Sachverständigengutachtens geboten**, denn es kann ausreichen, dass anderweitig eine hinreichende – möglichst zuverlässige – Grundlage für eine am Kindeswohl orientierte Entscheidung vorhanden ist.[11] Dies gilt nicht nur mit Blick auf § 30 Abs. 1 FamFG i.V.m. § 411a ZPO, denn hiernach kann ggf. auch die Verwertung eines etwa in einem anderen gerichtlichen Verfahren, also in einer Strafsache oder in einer früheren oder parallelen Kindschaftssache, **bereits vorliegenden Gutachtens** die nochmalige Einholung einer Expertise unnötig machen. Im Einzelfall mag

9 BGH FamRZ 2020, 1300
10 Vgl. etwa OLG Saarbrücken MDR 2012, 1231
11 Für Verfahren nach §§ 1666, 1666a BGB siehe nur BVerfG FamRZ 2008, 492, 493; Beschl. v. 22.9.2014, BeckRS 2014, 57439; FamRZ 2015, 112 ff.; für § 1684 Abs. 4 BGB: BVerfG ZKJ 2013, 120, hierzu *Gottschalk/Heilmann*, ZKJ 2013, 113 f.

insoweit auch eine vom Jugendamt eingeholte Diagnostik heranzuziehen sein. Hingegen genügt eine von einem Elternteil vorgelegte und von ihm in Auftrag gegebene Sachverständigenexpertise diesen Anforderungen in aller Regel nicht. Dies ist grundsätzlich nicht mehr und nicht weniger als im Beteiligtenvortrag (siehe hierzu Rn. 6 f.).

Eine **anderweitige hinreichende Entscheidungsgrundlage** kann sich jedoch auch aus der **Stellungnahme des Verfahrensbeistandes** ergeben, wenn dieser etwa Psychologe oder Pädagoge ist.[12] Insbesondere bei der Regulierung eines Konflikts zwischen den Eltern, in dem es um die Ausübung der elterlichen Sorge oder die Regelung des Umgangs geht, kann sich eine solche Entscheidungshilfe auch aus dem nach § 162 FamFG eingeholten **Bericht des Jugendamtes** ergeben. Schließlich können auch **weitere Erkenntnisquellen** (vorgelegte ärztliche Atteste, Berichte von Familienhelfern oder Umgangsbegleitern) geeignet sein, die Einholung eines Sachverständigengutachtens entbehrlich zu machen. 11

Denn mit der Entscheidung über die Einholung eines Gutachtens gehen, unbeschadet der Kostenintensität, auch **Nachteile** einher. Dies sind zum einen die mit der Erstattung des Gutachtens einhergehenden Belastungen für alle Beteiligten und zum anderen die in der Regel **sehr erhebliche Verfahrensverzögerung**, die durch die richterliche Fristsetzung (hierzu Rn. 20) in der Praxis nur unzureichend beeinflusst wird. 12

Mit Blick auf das **Beschleunigungsgebot** sollte das Gericht daher vor der Entscheidung – unter Berücksichtigung der Art des Verfahrens, der bisherigen Verfahrensdauer und des Alters des Kindes – **zwischen Vor- und Nachteilen abwägen**, die durch die Beweiserhebung entstehen: Einerseits sind die Verfahrensverzögerungen und die sonstigen für das Kind mit der Beweisaufnahme verbundenen Belastungen zu berücksichtigen (näher hierzu *Fink*, Kommentierung zu § 155 FamFG). Andererseits ist der Umfang des möglicherweise durch die Erhebung des Beweises zu erwartenden Erkenntnisgewinns (auch mit Blick auf die bereits vorhandenen Entscheidungsgrundlagen [Ergebnis der persönlichen Anhörung des Kindes und der Eltern, Stellungnahmen des Verfahrensbeistandes und des Jugendamtes, Berichte der Familienhelfer und Umgangsbegleiter]) einzubeziehen und zu fragen, ob auf diesen zur Erlangung einer hinreichenden Grundlage für eine am Kindeswohl orientierte Entscheidung auch vor dem Hintergrund der genannten Nachteile nicht verzichtet werden kann.[13] 13

Die Entscheidung darüber, ob das Gutachten eines Sachverständigen eingeholt wird, sollte das Gericht jedenfalls **so früh wie möglich** treffen. Von der Zahlung eines **Kostenvorschusses** darf es seine Entscheidung nicht abhängig machen, denn es besteht generell eine Pflicht zur Amtsermittlung.[14] 14

Etwaige mit der Gutachteneinholung verbundene Nachteile für die Beteiligten können und müssen – bezogen auf die Verfahrensverzögerung – ggf. **durch Erlass einer einstweiligen Anordnung kompensiert** werden. In Verfahren betreffend den Aufenthalt, Umgang bzw. die Herausgabe des Kindes, also insbesondere in Kinderschutzverfahren oder sonstigen Sorgerechtsverfahren betreffend das Aufenthaltsbestimmungsrecht, hat das Gericht zuvor mit den Beteiligten den Erlass einer einstweiligen Anordnung zu erörtern (arg. ex § 156 Abs. 3 Satz 1 FamFG). Bei Anordnung einer schriftlichen Begutachtung in Umgangsverfahren etwa ist der Umgang durch einstweilige Anordnung zu regeln oder auszuschließen (§ 156 Abs. 3 Satz 2 FamFG). Das Kind soll es zuvor anhören (§ 156 Abs. 3 Satz 3 FamFG). 15

Die Einholung **eines weiteren bzw. neuen Gutachtens** kommt – sei es in erster Instanz, sei es im Beschwerdeverfahren – mit Blick auf das Beschleunigungsgebot des § 155 Abs. 1 FamFG in der Regel nicht in Betracht. Das Ermessen, welches der Gesetzgeber dem Gericht 16

12 Vgl. BVerfG FamRZ 2012, 938, und FamRZ 2013, 361
13 Hierzu etwa OLG Frankfurt, FamRZ 2009, 990; siehe auch KG ZKJ 2018, 230
14 OLG Celle ZKJ 2012, 403

in § 30 Abs. 1 FamFG i.V.m. § 412 ZPO insoweit einräumt, sollte hier in der Regel eher dazu führen, dass der Sachverständige sein Gutachten nochmals intensiv erläutert. (näher hierzu Rn. 60).

2. Form und Fristsetzung bei Gutachteneinholung

a) Beweisbeschluss

17 Das Gericht kann die Entscheidung über die Erhebung eines bestimmten Beweises durch einen den Beteiligten bekannt zu machenden **Beweisbeschluss** treffen. Dem geht die (formlose) Entscheidung des Gerichts darüber voraus, ob es sich mit formlosen Ermittlungen begnügt (sog. Freibeweis, vgl. § 29 Abs. 1 Satz 1 FamFG; beispielsweise die telefonische Einholung von Auskünften) oder förmlich Beweis erheben will (sog. Strengbeweis, vgl. § 30 FamFG).[15] Die Entscheidung über die Art der Beweiserhebung steht – ebenso wie ihr Umfang – im **pflichtgemäßen Ermessen** des Gerichts.

18 Vor dem Erlass des Beschlusses sollte das Gericht den Beteiligten in der Regel rechtliches Gehör gewähren zu

- der Tatsache der Einholung eines Gutachtens (oben Rn. 8),
- der Auswahl des Sachverständigen (hinsichtlich der Profession unten Rn. 26; zur konkreten Person nur ausnahmsweise, vgl. § 404 Abs. 2 ZPO[16]) und
- den an ihn zu richtenden Fragen (unten Rn. 36).

Den Beteiligten sollte insoweit – wie generell – eine Frist zur Stellungnahme gesetzt werden. In den beschleunigungsbedürftigen Verfahren des § 155 Abs. 1 FamFG wird hier eine **kurze Frist** von einer Woche bis zehn Tagen hinreichend sein.

19 Der Beweisbeschluss ist als Zwischenentscheidung grundsätzlich **nicht selbstständig anfechtbar**, wenn nicht die Ausführung des Beweisbeschlusses eine unmittelbare und erhebliche Grundrechtsverletzung zur Folge hat, die später nicht mehr behoben werden kann, wobei diese Voraussetzung allein durch die Einholung eines psychologischen Sachverständigengutachtens und die Beauftragung des Sachverständigen nicht erfüllt ist, weil sich hieraus eine Verpflichtung zur Mitwirkung bzw. zur Duldung der Untersuchung gerade nicht ergibt.[17] Gleiches gilt für die Entscheidung des Gerichts, mit welchem das Begehr eines Beteiligten, den Sachverständigen auszuwechseln, zurückgewiesen wird.[18] Etwas anderes kann dann gelten, wenn das Familiengericht anordnet, dass sich ein Elternteil innerhalb einer bestimmten Frist bei einem rechtsmedizinischen Institut zur Vornahme eines Alkohol- und Drogentests einzufinden hat.[19]

b) Fristsetzung (Abs. 2)

20 Im Übrigen setzt das Gericht dem Sachverständigen eine **Frist zur Erstattung des schriftlichen Gutachtens** und hat für deren Einhaltung Sorge zu tragen. Dies ergibt sich nach der Reform nicht mehr unmittelbar aus § 163 FamFG, sondern aus § 30 Abs. 1 FamFG i.V.m. § 411 Abs. 1 ZPO. Hierdurch soll dem Umstand Rechnung getragen werden, dass die Einho-

15 Vgl. AG Mönchengladbach-Rheydt FamRZ 1999, 730

16 Im Gesetzgebungsverfahren wurden anderweitige Bestrebungen verhindert, näher hierzu *Heilmann*, ZKJ 2016, 174, 175. Daher begründet die unterbliebene Gewährung rechtlichen Gehörs zur Person des Sachverständigen auch keine Anfechtbarkeit des Beweisbeschlusses (OLG Frankfurt ZKJ 2018, 109, 111).

17 BVerfG NJW 2019, 987; OLG Frankfurt ZKJ 2018, 109 (hier auch näher zu den eng begrenzten Ausnahmefällen)

18 Prütting/Helms/*Hammer*, § 163 FamFG Rn. 20; OLG Köln FamRZ 2008, 1362

19 OLG Frankfurt FamRZ 2015, 1521

lung eines Gutachtens eine wesentliche Ursache für die Verzögerung des Verfahrens darstellt.

21 In der Praxis sollte durch das Gericht mit einem potenziellen Sachverständigen – wie es auch § 30 Abs. 1 FamFG i.V.m. § 404 Abs. 2 ZPO gebieten kann – vor Abfassung des Beweisbeschlusses **Kontakt aufgenommen werden**. Dabei wird es insbesondere zu klären haben, ob dieser nicht nur die fachliche, sondern auch die zeitliche Kapazität für eine Erstattung des Gutachtens binnen eines für die Beteiligten, insbesondere das Kind, vertretbaren Zeitraumes hat.

22 In der Regel kommt eine über einen Zeitraum von **drei bis vier Monaten zu setzende Frist** in einer gemäß § 155 Abs. 1 FamFG beschleunigungsbedürftigen Kindschaftssache nicht in Betracht, da hier bereits der Begutachtungszeitraum zuzüglich etwaiger noch einzuräumender Stellungnahmefristen und notwendiger mündlicher Erörterungen des Gutachtens in einem gesonderten Termin unabänderliche Fakten schaffen kann.

23 Dieses **Dilemma** führt häufig dazu, dass mit Blick auf die nur begrenzte Anzahl vorhandener qualifizierter Sachverständiger dem Gebot der Abwägung der Vorteile des zu erwartenden Erkenntnisgewinns mit den Nachteilen der Verfahrensverzögerung besonderes Gewicht zukommt.

24 Für die **Einhaltung der Frist** hat das Gericht Sorge zu tragen. Es ist daher dringend zu empfehlen, den Sachverständigen schon im Beweisbeschluss um unverzügliche Mitteilung über den Fortgang der Begutachtung (Termine, Nichteinhaltung von Terminen, Zeitpunkt voraussichtlicher Fertigstellung) zu ersuchen und insoweit weit vor Ablauf der gesetzten Frist nachzufragen. Nur so genügt das Gesetz dem Beschleunigungsgebot des § 155 Abs. 1 FamFG und seinen gesetzlichen Aufsichts- und Leitungspflichten gegenüber dem Sachverständigen (§ 30 Abs. 1 FamFG i.V.m. § 404a ZPO). Das Gericht macht es sich hier zu einfach, wenn es lediglich eine Wiedervorlagefrist für einen Zeitpunkt nach Ablauf der dem Sachverständigen gesetzten Frist notieren lässt.

25 Bei **Nichteinhaltung der dem Sachverständigen gesetzten Frist** soll nach vorheriger Androhung unter Setzung einer Nachfrist ein Ordnungsgeld verhängt werden (vgl. § 30 Abs. 1, 2 i.V.m. § 411 Abs. 2 ZPO). Zwar ist das Gesetz nun wesentlich strenger als vor der Änderung der Norm. Es ist jedoch gleichwohl einzubeziehen, ob und inwieweit die Verzögerung in der Sphäre des Sachverständigen liegt. Häufig können die Ursachen bei den Beteiligten zu suchen sein, wenn diese nicht in der gebotenen Weise an der Begutachtung mitwirken (hierzu Rn. 42). In diesen Fällen kommt die Festsetzung eines Ordnungsgeldes gegen den Sachverständigen nicht in Betracht.

3. Die Auswahl des Sachverständigen (Abs. 1)

a) Profession

26 In Kindschaftssachen legt das Gesetz vor dem 15.10.2016 nur in Unterbringungsverfahren eine bestimmte Qualifikation des Sachverständigen fest (vgl. § 167 Abs. 6 FamFG; siehe näher hierzu *Fink*, § 167 FamFG Rn. 67). Die **Auswahl des Sachverständigen** sowohl hinsichtlich seiner Qualifikation als auch hinsichtlich der konkreten Person oblag allein dem Gericht. Nunmehr verlangt das Gesetz in Verfahren betreffend die elterliche Sorge, das Umgangsrecht und die Herausgabe die Auswahl eines „geeigneten" Sachverständigen, der mindestens eine der genannten Berufsqualifikationen innehaben soll. Wird ein Sachverständiger ausgewählt, der (nur) über eine pädagogische oder sozialpädagogische Qualifikation verfügt, „ist" eine anerkannte Zusatzqualifikation gegenüber dem Familiengericht nachzu-

weisen, welches eine Prüfung nach pflichtgemäßem Ermessen vorzunehmen hat.[20] Dies gilt jedoch nur dann, wenn von diesem ein familienpsychologisches Gutachten erstattet werden soll.[21] Erstreckt sich der Gutachtenauftrag hingegen auf ausschließlich pädagogische oder sozialpädagogische Fragestellungen, dann bedarf es eines solchen Nachweises nicht. Dies gilt etwa in den (Ausnahme-)Fällen, in denen es nach Ansicht des Familiengerichts ausnahmsweise der Einholung eines Gutachtens zur Überprüfung der sozialarbeiterischen Einschätzung des Jugendamtes bedarf.[22]

27 Welchen **professionellen Hintergrund der Sachverständige** im Einzelfall haben sollte, hängt von der außerjuristischen Fragestellung ab, die es zu klären gilt. Denn der Sachverständige soll aufgrund seines Fachwissens subjektive Wertungen, Schlussfolgerungen und Hypothesen vornehmen und damit das Gericht unterstützen.[23] Dabei sollte Folgendes beachtet werden:

- **Psychologen** haben regelmäßig ein Studium an einer Universität abgeschlossen. Die Psychologie beschreibt und erklärt das Erleben und Verhalten des Menschen, seine Entwicklung im Laufe des Lebens und die hierfür maßgeblichen inneren und äußeren Tatsachen.
- Als **Psychotherapeuten** dürfen sich nur zugelassene und approbierte Therapeuten bezeichnen (vgl. § 1 PsychThG). Sie diagnostizieren und behandeln psychische Beschwerden mit Krankheitswert mit wissenschaftlich anerkannten Methoden.
- **Psychiater** sind Ärzte, die eine Facharztausbildung erfolgreich absolviert haben. Sie diagnostizieren und behandeln psychische Erkrankungen von Kindern und Jugendlichen (bei entsprechender Qualifizierung zu Kinder- und Jugendpsychiatern) bzw. Erwachsenen.
- **Pädagogen bzw. Erziehungswissenschaftler** befassen sich mit der Theorie und Praxis von Bildung und Erziehung.

28 Als Sachverständige können auch **Ärzte bzw. Rechtsmediziner** auszuwählen sein. Dies kann insbesondere bei der Aufklärung von Ursachen von Verletzungen eines Kindes im Rahmen eines Kinderschutzverfahrens i.S.v. §§ 1666, 1666a BGB geboten sein. Hier können vor allem die in verschiedenen Regionen eingerichteten **Kinderschutzambulanzen**, die verschiedene medizinische Disziplinen und verschiedene Berufsgruppen unter einem Dach vereinen, wichtige Erkenntnisse darüber beitragen, ob etwa die Verletzungen des Kindes mit den Schilderungen der Eltern über ihr Entstehen in Einklang zu bringen sind.[24]

29 Unbeschadet dessen können die Beteiligten – ohne Bindung für das Gericht – innerhalb des ihnen zu gewährenden rechtlichen Gehörs (hierzu Rn. 18) einen bestimmten Sachverständigen, der ihrer Ansicht nach über die notwendige Fachkompetenz verfügt und auch die notwendigen zeitlichen Kapazitäten hat, **vorschlagen**. Unabhängig hiervon hat der Sachverständige nach seiner Bestellung unverzüglich zu prüfen, ob der Auftrag in sein Fachgebiet fällt (vgl. § 30 Abs. 1 FamFG i.V.m. § 407a ZPO).

30 Gemäß § 30 Abs. 1 FamFG i.V.m. § 404 Abs. 1 ZPO ist durch das Gericht immer eine **konkrete Einzelperson** als Sachverständiger auszuwählen. Die Benennung eines Instituts oder einer Klinik genügt nicht (siehe hierzu auch unten Rn. 47).

20 „Anerkannt" in diesem Sinne muss die Zusatzqualifikation derzeit ausschließlich vom Gericht werden (zur Prüfung siehe FamRZ 2020, 1359). Dies gilt jedenfalls so lange, bis etwa die Berufsverbände entsprechende Regelungen entwickelt haben (vgl. nur Prütting/Helms/*Hammer*, § 163 Rn. 9 f.); kritisch zu Recht *Balloff*, FF 2019, 224, 231
21 Hierzu etwa OLG Saarbrücken FamRZ 2018, 199
22 Vgl. BVerfG ZKJ 2014, 242
23 Zöller/*Greger*, § 402 ZPO Rn. 1a
24 Näher hierzu etwa www.kinderschutzambulanz-frankfurt.de

b) Befangenheit

31 Gegebenenfalls kann ein Sachverständiger von einem Beteiligten wegen **Befangenheit**, spätestens **binnen zwei Wochen** nach Verkündung oder Zustellung des Beschlusses über die Bestellung des Sachverständigen (vgl. § 406 Abs. 2 ZPO),[25] abgelehnt werden (vgl. § 30 Abs. 1 FamFG i.V.m. § 406 Abs. 1 ZPO). Dabei müssen genügend objektive Gründe vorliegen, die nach Meinung eines ruhig und vernünftig denkenden Beteiligten Anlass geben, **gegenüber der Unparteilichkeit des Sachverständigen misstrauisch** zu sein.[26] Diese müssen glaubhaft gemacht werden, wobei die eidesstattliche Versicherung eines Beteiligten nicht genügt (§ 30 Abs. 1 FamFG i.V.m. § 406 Abs. 3 ZPO).

32 Im Wesentlichen kann auf die **Judikatur zu Ablehnungsgründen betreffend einen Richter** verwiesen werden, da § 30 Abs. 1 FamFG i.V.m. § 406 Abs. 1 ZPO letztlich auf die insoweit maßgeblichen Normierungen in §§ 41, 42 ZPO verweist. Verschiedene Konstellationen können – letztlich sind die Umstände des Einzelfalls einzubeziehen – beispielhaft unterschieden werden.[27]

33 **Gründe für eine erfolgreiche Ablehnung** können insbesondere sein:

- Nur einer von mehreren Beteiligten wird vom Sachverständigen zu der das Gutachten vorbereitenden Tätigkeit herangezogen.[28] Dieser Fall ist von der fehlenden Mitwirkungsbereitschaft eines Beteiligten (hierzu Rn. 42) zu unterscheiden.
- Bewertung der Persönlichkeit eines Beteiligten oder sonstige Positionierung, bevor mit der Begutachtung begonnen bzw. abgeschlossen worden ist.[29] Etwas anderes kann dann gelten, wenn die Erkenntnisse ausdrücklich als „vorläufig" bezeichnet werden.[30]
- Erhebliches Überschreiten des Gutachtenauftrages, wenn dieses nicht wegen akuter Kindeswohlgefährdung im Interesse des Kindes erfolgt.[31]
- Zugrundelegung falscher Tatsachen oder Behandlung von streitigen Tatsachen als unstreitig, wenn dies einseitig zulasten eines Beteiligten erfolgt und keine objektivierbaren sonstigen Informationen dieses Vorgehen rechtfertigen.[32]

34 **Ablehnungsgründe sind hingegen in der Regel insbesondere nicht:**[33]

- Erstattung eines Gutachtens in einem anderen Verfahren zulasten eines Elternteils, wenn dieses fachlichen Standards genügt,
- mangelnde Sachkunde des Sachverständigen,[34]
- Fehler im Gutachten,[35]
- die fehlende Gestattung, eine Begleitperson des zu Explorierenden während der Begutachtung zuzulassen (hierzu auch Rn. 41),[36]

25 Nach Ablauf der 2-Wochen-Frist ist die Ablehnung nur zulässig, wenn der Beteiligte glaubhaft macht, dass er ohne sein Verschulden gehindert war, den Ablehnungsgrund früher geltend zu machen (vgl. § 406 Abs. 2 Satz 2 ZPO). In diesem Fall muss das Gesuch unverzüglich nach Kenntnis vom Ablehnungsgrund bei Gericht eingereicht werden (vgl. nur BGH NJW 2005, 1869).
26 Vgl. BGH NJW 1974, 1363
27 Hierzu und zum Folgenden *Salzgeber*, S. 77 ff., sowie Prütting/Helms/*Hammer*, § 163 FamFG Rn. 26 f.
28 Vgl. OLG Frankfurt/M. FamRZ 1986, 1021
29 KG FamRZ 2006, 1214, OLG Hamm, Beschl. v. 13.10.2000 – 7 WF 402/00, juris
30 OLG Brandenburg FamRZ 2015, 68 f.
31 OLG Thüringen FamRZ 2008, 284 mit Anm. *Salzgeber*, FamRZ 2008, 1003; siehe auch OLG Karlsruhe ZKJ 2015, 199
32 Hierzu etwa KG FamFR 2012, 210
33 Zuletzt OLG Brandenburg FamRZ 2015, 68 f.
34 OLG Hamm FamRZ 2021, 365; OLG Köln FamRZ 2008, 1362
35 BGH NJW 2005, 1869; OLG Hamm, a.a.O.
36 OLG Hamm ZKJ 2015, 198

- die Einbeziehung Dritter in die Begutachtung,[37]
- eigene Ermittlungen des Sachverständigen,[38]
- die Mitteilung an das Familiengericht vor Fertigstellung des Gutachtens, dass auf Grund der bisherigen Erkenntnisse eine Gefährdung des Kindeswohls vorliegt,[39] oder
- Überschreitung des Gutachtenauftrages wegen akuter Kindeswohlgefährdung.[40]

35 Über das Befangenheitsgesuch ist **durch gesonderten Beschluss** – und nicht inzident im Rahmen der verfahrensabschließenden Entscheidung – zu befinden (vgl. § 30 Abs. 1 FamFG i.V.m. § 406 Abs. 4 ZPO).

4. Das Gutachtenthema

a) Fragen

36 Die Fragen an den Sachverständigen müssen **konkret gefasst** werden und den korrekten Kindeswohlmaßstab benennen, wie er sich aus der Norm ergibt, die der Entscheidung zugrunde zu legen ist. Insbesondere der letztgenannte Gesichtspunkt wird in der Praxis viel zu häufig nicht beachtet. Die Fragestellung darf keine rechtliche, sondern muss eine solche **aus dem Gebiet des Sachverständigen** sein (z.B.: „Es soll ein psychologisches Gutachten zu folgenden Fragen eingeholt werden: …").[41] Formulierungen wie „Ist das Wohl des Kindes gefährdet?" oder „Welche Sorge-/Umgangsrechtsregelung entspricht/dient dem Kindeswohl (am besten)?" verlagern die richterliche Subsumtionsarbeit auf den Sachverständigen und tragen weder der gerichtlichen Entscheidungsverantwortung noch dem Sinn und Zweck der Einholung eines Sachverständigengutachtens in der gebotenen Weise Rechnung.

37 Die konkrete Fragestellung richtet sich nach dem **Verfahrensgegenstand** und darf den Sachverständigen nicht zu einem fehlerhaften Prüfungsmaßstab verleiten. So darf es in einem Kinderschutzverfahren nicht um optimale oder bessere Förderungsbedingungen gehen, sondern es ist insbesondere die Frage nach Art, Schwere und Wahrscheinlichkeit der drohenden Kindeswohlgefährdung zu beantworten.[42] Zudem sind in Fällen einer Fremdunterbringung ggf. die Folgen einer etwaigen Nichtbeachtung des Kindeswillens sowie die Auswirkungen der Trennung des Kindes von seinen leiblichen Eltern zu ermitteln und in die Gesamtabwägungen einzubeziehen, wenn das Kind mit dem betreffenden Elternteil zusammengelebt hat.[43]

38 Immer ist es jedoch zu empfehlen, in den Beweisbeschluss aufzunehmen, der Sachverständige möge **unverzüglich Mitteilung** machen, wenn aus seiner fachlichen Sicht dringende Gründe für ein unverzügliches Einschreiten des Familiengerichts bestehen bzw. wenn die Beteiligten bei der Erstellung des Gutachtens nicht in der gebotenen Weise mitwirken. Im erstgenannten Fall eröffnet dies dem Gericht die Möglichkeit, (erneut) den Erlass einer einstweiligen Anordnung zu prüfen. Im letztgenannten Fall hat das Gericht geeignete Maßnahmen zu treffen (Rn. 42 ff.).

37 OLG Düsseldorf ZKJ 2017, 238
38 OLG Frankfurt FamRZ 2017, 914
39 OLG Jena, Beschl. v. 20.1.2025, 1 WF 344/24
40 OLG Hamm ZKJ 2012, 229 mit Anm. *Heilmann*
41 Hierzu etwa *Balloff*, FF 2019, 224, 232
42 Vgl. BVerfG FamRZ 2015, 112; hierzu *Heilmann*, FamRZ 2015, 92 ff.
43 BVerfG ZKJ 2014, 281; hierzu *Lack/Heilmann*, ZKJ 2014, 308 ff.

b) Einbeziehung von Beteiligten und Dritten in die Exploration

Das Gericht sollte **im Rahmen des Beweisbeschlusses in der Regel auch festlegen**, wer in die Exploration „jedenfalls" einzubeziehen ist. Dies lässt offen, dass der Sachverständige weitere Personen einbezieht, wenn dies der Sachverständige aus fachlicher Sicht für geboten erachtet und diese zur Mitwirkung auch bereit sind. Zudem kann der Sachverständige auch mit weiteren Personen oder Institutionen Gespräche führen.[44] In Zweifelsfällen sollte der Sachverständige jedoch Rücksprache mit dem Gericht halten. Zudem kann es geboten sein, wechselseitige **Schweigepflichtentbindungen** (vorab) durch das Gericht einholen zu lassen. 39

Insbesondere **ein Elternteil kann nicht gezwungen werden**, zum Zwecke der Begutachtung beim Sachverständigen zu erscheinen und sich untersuchen bzw. (etwa auf Drogen- oder Alkoholabusus) testen zu lassen.[45] Dies ergibt sich aus dem Recht auf informationelle Selbstbestimmung (Art. 1, 2 GG). Seine fehlende Mitwirkung darf nicht nach den Grundsätzen der Beweisvereitelung zulasten dieses Elternteils gehen.[46] Der betreffende Elternteil kann jedoch in Anwesenheit des Sachverständigen persönlich angehört und seine Anwesenheit insoweit erzwungen werden, wobei es ihm freigestellt ist, sich überhaupt zu äußern.[47] Es ist allerdings sehr zweifelhaft, ob sich aufgrund einer solchen Vorgehensweise vernünftige Erkenntnisse gewinnen lassen und ob sich ein Sachverständiger überhaupt in der Lage sieht, vor einem solchen Hintergrund die fachlichen Anforderungen einer Begutachtung nur im Ansatz einzuhalten. Unbeschadet dessen können dem betreffenden Elternteil die Kosten des Verfahrens bzw. auch nur die Kosten des Sachverständigen mit Blick auf § 81 Abs. 1 Satz 1 bzw. Abs. 2 Nr. 4 FamFG aufzuerlegen sein.[48] 40

Ein **Anwesenheitsrecht für Begleitpersonen** bei der gutachterlichen Untersuchung eines Elternteils besteht hingegen im Hinblick auf die Stellung des Sachverständigen nicht, zumal ein sachliches Begutachtungsergebnis dann kaum zu erreichen und der Erkenntnisgewinn des Gutachtens beeinträchtigt wäre.[49] Auch die **Verfahrensbevollmächtigten** beider Elternteile haben der Untersuchung fernzubleiben, denn anderenfalls bestünde keine Gleichbehandlung der anderen Beteiligten, denen dann auch zugebilligt werden müsste, einen Bevollmächtigten zur Untersuchung zu entsenden.[50] 41

Die Praxis zeigt, dass der Sachverständige das Gericht über eine **fehlende Mitwirkung** (Schwierigkeiten bei der Terminsabsprache, nicht entschuldigtes Fernbleiben von einem vereinbarten Termin), sofern dies nicht ohnehin unmittelbar dem Gericht mitgeteilt wird bzw. worden ist, unverzüglich unterrichten sollte. Insofern ist ein **Handeln des Gerichts** – auch mit Blick auf § 155 Abs. 1 FamFG – **unmittelbar geboten**. Dieses kann in einem Anschreiben an die Beteiligten mit nachdrücklicher Aufforderung zur Mitwirkung unter Hinweis auf die nachteiligen Kostenfolgen[51] (vgl. § 81 Abs. 1 Satz 1 und Abs. 2 Nr. 4) oder – was sich häufig als hilfreich erwiesen hat – in der Anberaumung eines Erörterungstermins liegen, zu dem der Sachverständige auch geladen werden sollte. Dieser Termin dient nicht der Begutachtung, sondern der Herstellung einer Basis der Zusammenarbeit zwischen Sachverständigem und Elternteil. 42

---

44 Vgl. OLG Frankfurt FamRZ 2017, 914, sowie OLG Celle ZKJ 2014, 483 (u.a. Einbeziehung von Verantwortlichen des Jugendhilfeträgers, Pflegekinderdienst, Bereitschaftspflegemutter, Mitarbeiter der sozialpädagogischen Familienhilfe)
45 Vgl. etwa OLG Bamberg NZFam 2022, 981
46 Vgl. BGH FamRZ 2010, 720, sowie BVerfG FamRZ 2009, 944
47 Vgl. BGH FamRZ 2010, 720 mit krit. Anm. *Stößer*
48 Hierzu Prütting/Helms/*Hammer*, § 163 FamFG Rn. 21
49 Vgl. Prütting/Helms/*Hammer*, § 163 FamFG Rn 20b
50 Vgl. KG ZKJ 2021, 313
51 Hierzu OLG Celle ZKJ 2014, 479 ff.

43 Gelingt eine **Einbeziehung des Kindes** in die Begutachtung nicht, so ist zu unterscheiden: Weigert sich das einsichtsfähige Kind, sich begutachten zu lassen, so ist diese Weigerung zu beachten.[52] Verweigert ein Elternteil jedoch (auch) bezogen auf das Kind die Kooperation, so ist entweder – im Wege der einstweiligen Anordnung – diese Befugnis auf Antrag auf den anderen Elternteil nach § 1671 Abs. 1 BGB zu übertragen, wenn dieser dies beantragt und der Begutachtung des Kindes zustimmt, oder die Zustimmung eines bzw. beider Elternteile als gesetzlicher Vertreter des Kindes zu ersetzen (§ 1666 Abs. 3 Nr. 5 BGB), wenn eine Begutachtung erforderlich ist;[53] unbeschadet dessen kommt es auch in Betracht, dem Sachverständigen die Anwesenheit während der richterlichen Kindesanhörung zu gestatten.[54] Jedenfalls muss sich das Gericht mit den Gründen der Weigerung und diesen Rechtsfragen auseinandersetzen, bevor eine Einbeziehung des Kindes in die Exploration gegen den Willen eines Elternteils erfolgt.[55]

44 Im Einzelfall kann es auch geboten sein, den Eltern **im Wege der einstweiligen Anordnung** die elterliche Sorge in den Teilbereichen „Entscheidung über die Begutachtung des Kindes sowie über Zuführung und Durchführung zur Begutachtung" nach § 1666 BGB zu entziehen, wenn mildere Mittel (vgl. etwa Rn. 40) nicht ersichtlich sind.[56] Der auszuwählende und zu bestellende Ergänzungspfleger könnte dann in diesen Fragen entscheiden. Haben beide Elternteile die elterliche Sorge gemeinsam inne und verweigert nur ein Elternteil die Zustimmung, dann kann dem anderen Elternteil gegebenenfalls auch nach dessen Antrag die Entscheidungsbefugnis nach § 1628 BGB übertragen werden.

▶ *Näher zur Ergänzungspflegschaft siehe Wierse, Kommentierung zu § 1809 BGB.*

5. Die Erstattung des Gutachtens

45 Das Gutachten sollte **in der Regel schriftlich** erstattet werden. Nur ausnahmsweise kann in überschaubaren Fällen und bei einzelnen Fragestellungen hinsichtlich einfacher Fachfragen eine nur mündliche Begutachtung im Rahmen eines Termins hinreichend sein.[57] Dies setzt jedoch voraus, dass das Gericht im Rahmen des Beweisbeschlusses einen entsprechenden Auftrag erteilt hat.

46 Im Rahmen der Vorlage des schriftlichen Gutachtens sind nicht auch **etwaige Bild- und Tonaufzeichnungen**, deren Erstellung ausschließlich dem Sachverständigengutachten vorbehalten sind, oder die Testungen unmittelbar vom Sachverständigen selbst vorzulegen, sondern etwaige Dokumentationen sind dem Gericht ausschließlich auf dessen – nach pflichtgemäßem Ermessen gegebenenfalls ergehender – Anforderung zu überlassen.[58] Dann ist zu diesen ebenfalls rechtliches Gehör zu gewähren (vgl. § 37 Abs. 2 FamFG; siehe auch Rn. 55).

47 Das Gutachten ist **von der durch das Gericht ausgewählten Person** zu erstatten. Diese darf die Exploration der Beteiligten und die Erstellung der Expertise grundsätzlich nicht delegieren, dies ergibt sich auch aus § 30 Abs. 1 FamFG i.V.m. § 407a Abs. 3 ZPO. Geschieht dies gleichwohl, wie es in der Praxis häufig in Instituten zu beobachten ist, so dürfte jedenfalls kritisch zu prüfen sein, ob und inwieweit das Gutachten verwertbar ist, denn dieses wurde dann (auch) von einem Sachverständigen unterzeichnet, der das Kind und die Eltern nicht

52 Vgl. Staudinger/*Coester*, § 1666 BGB Rn. 281
53 OLG Hamm FamRZ 2021, 109
54 Vgl. BGH FamRZ 2010, 720, sowie OLG Celle, Beschl. v. 3.6.2019 – 10 WF 87/19, juris
55 Zur möglichen Befangenheit des Richters in diesem Zusammenhang: OLG Hamm ZKJ 2019, 71 mit krit. Anm. *Dürbeck*
56 Vgl. etwa OLG Frankfurt FamRZ 2020, 177
57 Hierzu Prütting/Helms/*Hammer*, § 163 FamFG Rn. 12 ff., sowie *Korn-Bergmann/Purschke*, FamRB 2013, 341
58 KG ZKJ 2021, 313

selbst exploriert hat. Jedenfalls ist es dann nicht als Gutachten des häufig im Beweisbeschluss beauftragten Institutsleiters zu verwerten. Damit bedarf es auch nicht dessen Ablehnung wegen Befangenheit. In einem solchen Fall dürfte vielmehr die Person zur mündlichen Erläuterung des Gutachtens zu laden sein, welche die Beteiligten exploriert hat.

Werden **Gehilfen beigezogen**, so ist dies unverzüglich mitzuteilen, sind diese namhaft zu machen und regelmäßig der Umfang der Tätigkeit genau zu bezeichnen (vgl. § 30 Abs. 1 FamFG i.V.m. § 407a Abs. 3 Satz 2 ZPO). Nur dann kann das Gericht prüfen, ob und inwieweit das Gutachten gleichwohl verwertbar ist. **48**

Im Übrigen leitet das Gericht die Tätigkeit des Sachverständigen (vgl. § 30 Abs. 1 FamFG i.V.m. § 404a ZPO). An Weisungen des Gerichts ist der Sachverständige gebunden, wobei dieses Weisungsrecht Art und Umfang der Tätigkeit umfasst und das Gericht bei streitigem Sachverhalt bestimmen soll, welche Tatsachen der Sachverständige bei seiner Begutachtung zu Grunde zu legen hat. Dies kann etwa dann geboten sein, wenn die Frage umstritten ist, ob es in der Familie zu Vorfällen häuslicher Gewalt in der Vergangenheit gekommen ist. Im Übrigen ist der Sachverständige nach eigenem fachlichen Ermessen befugt, auch ohne gesonderten gerichtlichen Auftrag durch Befragung Dritter oder Einbeziehung von Institutionen die Tatsachen zu ermitteln, die er für die Erstattung des Gutachtens für bedeutsam hält, denn dem Gericht wird häufig die erforderliche Sachkunde insoweit fehlen.[59] **49**

Den Beteiligten ist zum Sachverständigengutachten **rechtliches Gehör** zu gewähren. Die Praxis zeigt, dass in den Fällen einer eindeutigen Positionierung des Gutachters häufig Einwendungen erhoben werden, die eine mündliche Erläuterung des schriftlichen Gutachtens erforderlich machen. Es empfiehlt sich daher für das Gericht, **nach Eingang des Gutachtens in hochstrittigen Fällen** **50**

- vorsorglich einen Termin zur Erörterung anzuberaumen und die Beteiligten und den Sachverständigen zu laden,
- den Beteiligten das schriftliche Gutachten zu übersenden und eine Frist zur Stellungnahme von zwei Wochen zu setzen **und**
- nach Eingang der Stellungnahmen diese dem Sachverständigen ggf. zu übersenden, soweit diese Einwendungen gegen das Gutachten enthalten.

Nach Erstattung des Gutachtens kommt ggf. eine **mündliche Erläuterung des Gutachtens** in Betracht (vgl. § 30 Abs. 1 FamFG i.V.m. §§ 402, 397 ZPO).[60] Zu diesem Zwecke kann das Familiengericht von Amts wegen einen Termin anberaumen. Dies wird nach pflichtgemäßem Ermessen u.a. zu erfolgen haben, wenn **Zweifel an der Verwertbarkeit** des Gutachtens bestehen. Auch einem entsprechenden Antrag eines Beteiligten muss das Gericht grundsätzlich – aber nicht in jedem Fall – nachkommen. Je wichtiger ein Sachverständigengutachten für das Ergebnis eines Verfahrens ist, desto mehr Gewicht kommt aber dem Recht der Verfahrensbeteiligten zu, Einwendungen dagegen vorzubringen und den Sachverständigen mit ihnen zu konfrontieren.[61] **51**

In dem anzuberaumenden Termin steht **(nur) den Beteiligten auch ein Fragerecht** zu (vgl. §§ 402, 397 ZPO). Dabei sind die Beteiligten jedoch nur berechtigt, dem Sachverständigen die Fragen „vorlegen“ zu lassen, d.h. das Gericht leitet die Fragen an den Sachverständigen weiter.[62] Dem Sachverständigen sollte daher die Stellungnahme eines Beteiligten, mit welchem sich dieser gegen die Expertise wendet, vorab zur Kenntnis gebracht werden, zumal der Sachverständige sich dann auf den Termin vorbereiten kann. Bei ausführlicheren Ein- **52**

---

59 Vgl. Prütting/Helms/*Hammer*, § 163 FamFG Rn. 20b m.w.N.
60 BGH NJW 1997, 802
61 Vgl. BVerfG NJW 1998, 2273
62 KG ZKJ 2021, 313

wendungen empfiehlt sich beispielsweise – soweit dies nicht ohnehin bereits geschehen ist – die Anberaumung eines Termins in zwei Wochen mit der Bitte, der Sachverständige möge binnen zehn Tagen vorab schriftlich zu den vorgetragenen Einwendungen Stellung nehmen.

53 In beiden Instanzen sind die **Ausführungen des Sachverständigen sorgfältig zu protokollieren**. Dies hat – auch mit Blick auf § 28 Abs. 4 FamFG – in beiden Instanzen in einer § 160 Abs. 3 Nr. 4 bzw. § 162 ZPO entsprechenden Form zu geschehen.[63] Denn das Gericht hat die Ergebnisse der Beweisaufnahme aktenkundig zu machen (§ 29 Abs. 3 FamFG).

6. Verwertbarkeit

54 Das Gericht ist bei seiner Entscheidung an das Ergebnis des Sachverständigen nicht gebunden, vielmehr ist es seine Aufgabe, **das Sachverständigengutachten kritisch zu würdigen**.[64] Will es jedoch vom Ergebnis des Gutachtens abweichen, dann muss es eine anderweitige zuverlässige Grundlage für die am Kindeswohl orientierte Entscheidung haben. Das Abweichen von einem fachpsychologischen Gutachten aus anderen als rechtlichen Gründen bedarf daher einer eingehenden Begründung und des Nachweises eigener entsprechender Sachkunde des Gerichts bzw. der Darlegung, dass anderweitig eine verlässliche Grundlage für eine am Kindeswohl orientierte Entscheidung besteht.[65] Der Richter darf sich jedenfalls auf den Sachverständigen ebenso wenig „blind" verlassen wie auf die Stellungnahme des Jugendamtes.[66] Allerdings sollte ein Familienrichter genau aus diesem Grunde sowohl auf dem Gebiet der Psychologie als auch im Kinder- und Jugendhilferecht mit seinen Bezügen zur sozialen Arbeit gut fortgebildet sein.

55 Die **„kritische Würdigung" des Gutachtens umfasst** jedenfalls, dass der Richter sich eine eigene Meinung von der Richtigkeit der vom Sachverständigen gezogenen Schlussfolgerungen bildet. Das Gutachten muss daher zum einen hinsichtlich seiner Nachvollziehbarkeit und Überzeugungskraft überprüft werden und zum anderen muss seine Nachprüfbarkeit gewährleistet sein. In diesem Zusammenhang kann das Gericht den Sachverständigen auch **anweisen, vorhandene Aufzeichnungen (z.B. Video, Tonband, Testbögen, Zeichnungen des Kindes)** vorzulegen (§ 30 Abs. 1 FamFG i.V.m. § 404 Abs. 1 ZPO). Eine entsprechende Anweisung durch das Gericht hat nach pflichtgemäßem Ermessen zu erfolgen, wobei hierfür ein darauf gerichteter „Antrag" eines Beteiligten weder erforderlich noch genügend ist. Vielmehr ist die Vorlage dann geboten, wenn das schriftliche Gutachten anderenfalls nicht nachvollziehbar bzw. nachprüfbar wäre oder objektive Anhaltspunkte für eine unzureichende oder fehlerhafte Darstellung im Gutachten vorhanden sind.

▶ *Näher hierzu siehe die Übersicht zu Rn. 61.*

56 **Verbindlich einzuhaltende „Standards"** für die Begutachtung gibt es in Kindschaftssachen nicht, da insbesondere die Methodenwahl noch nicht höchstrichterlich im Rahmen einer veröffentlichten Entscheidung überprüft worden ist.[67] Jedoch vermögen die „Mindestanforderungen an die Qualität von Sachverständigengutachten im Kindschaftsrecht" als wichtige Orientierung zu dienen.[68] Sie haben jedoch keine Gesetzeskraft und binden daher das Gericht nicht, so dass deren Nichteinhaltung als solche keine zwingenden Rückschlüsse auf die Verwertbarkeit der Expertise zulässt.

---

63 Prütting/Helms/*Hammer*, § 163 FamFG Rn. 13; Zöller/*Feskorn*, § 30 FamFG Rn. 1
64 Hierzu ausführlich *Coester*, 453 ff.
65 Vgl. BVerfG ZKJ 2022, 17 sowie BVerfG FamRZ 1999, 1417; BGH NJW 1997, 1446 f.
66 Vgl. BVerfG FamRZ 2014, 1005
67 Vgl. *Korn-Bergmann/Purschke*, FamRB 2013, 340
68 Abgedruckt etwa in ZKJ 2019, 409 ff.

Welche Methodik der Sachverständige für die Erstellung des Gutachtens wählt (Wendet er Testverfahren an?[69] Wenn ja, welche? Verhaltens- und Interaktionsbeobachtungen? Umfang der Exploration?) liegt grundsätzlich **in seinem fachlichen Beurteilungsspielraum**.[70] 57

Im Rahmen der Untersuchung durch den Sachverständigen kommt neben Aktenanalyse und Gesprächsführung bzw. Exploration insbesondere die Interaktions- und/oder Verhaltensbeobachtung sowie der Einsatz von Testverfahren in Betracht.[71] Diese sollten jedoch lediglich dazu dienen, auf anderen Wegen gewonnene Erkenntnisse abzusichern oder zu hinterfragen.[72] Seine Methodenwahl hat der Sachverständige im schriftlichen Gutachten zu erläutern. Dies gilt zum einen hinsichtlich des Nichteinsatzes von Testverfahren. Zum anderen ist bei Durchführung von **Testverfahren** deren Einsatz zu begründen, deren Zielsetzung zu beschreiben und die Grundlagen der Durchführung, Auswertung und Interpretation sind anzugeben.[73] Gegebenenfalls muss das Gericht insoweit für Aufklärung Sorge tragen (siehe Rn. 61). 58

Testverfahren zur Anwendung bei Eltern können u.a. sein:

- das **Elternbelastungsscreening (EBSK)** und
- das **Persönlichkeits-Stil- und Störungs-Inventar (PSI)**, welches ein Selbstbeurteilungsinstrument ist, das die relative Ausprägung von Persönlichkeitsstilen quantifiziert und ebenfalls Rückschlüsse auf die Erziehungsfähigkeit und mögliche Kindeswohlgefährdung zulassen kann.

Testverfahren zur Anwendung beim Kind können sein:

- die **Sorge- und Umgangsrechtliche Testbatterie (SURT)**, welche bei Kindern zwischen vier und acht Jahren spielerisch anhand von Bildmaterial Informationen über die emotionalen Beziehungen der Kinder erhebt,
- der **Familien-Identifikations-Test (FIT)**, der bei Kindern ab sieben Jahren mittels eines psychometrischen Testverfahrens zur Familien- und Beziehungsdiagnostik dient,
- der **Familie-Relations-Test (FRT)**, dessen Items zur Unterstützung der Exploration als Interviewleitfaden verwendet werden können.

Soweit sog. **projektive Testverfahren** verwendet werden (z.B. Familie in Tieren), vermögen diese insbesondere ein probates Mittel für einen Einstieg in die Exploration darzustellen. Hingegen darf der Sachverständige seine Stellungnahme nicht wesentlich auf diese stützen, da der Aussagegehalt dieses Tests maßgeblich von der subjektiven Interpretation durch den jeweiligen Sachverständigen beeinflusst wird.[74]

Da das Gericht das Gutachten jedoch nicht ungeprüft verwerten darf, **hat der Sachverständige dem Gericht jedenfalls darzulegen**, welche Erwägungen seiner Methodik zugrunde liegen. Zudem hat er die anerkannte und auf dem neusten Stand befindliche Wissenschaftlichkeit seiner Vorgehensweise nachvollziehbar (ggf. auch mit Literaturhinweisen im Anhang seines Gutachtens) zu belegen, wissenschaftliche Streitfragen, d.h. andere Positionen, offenzulegen und sich mit etwaigen in seiner Disziplin vertretenen anderen Ansichten nachvollziehbar auseinanderzusetzen. Daran kann es etwa fehlen, wenn sich ein Sachver- 59

69 Hierzu *Korn-Bergmann/Purschke*, FamRB 2013, 342 ff.; *Wiedemann*, ZKJ 2014, 185
70 OLG Frankfurt ZKJ 2014, 492 m.w.N.
71 Hierzu und zum Folgenden insbesondere Lack/*Hammesfahr*, S. 114 ff.
72 *Salzgeber*, FamRZ 2016, 1944
73 So bereits *Kühne*, Qualitätssicherung psychologischer Gutachten, in: *Rotax*, Praxis des Familienrechts, Münster 2007
74 Vgl. Prütting/Helms/*Hammer*, § 163 Rn. 29b (lediglich ein „Baustein"); kritisch auch Bodansky et alt., ZKJ 2025, 124, 127.

ständiger auf die vermeintliche „Diagnose" eines Parental-Alienation-Syndroms (PAS) stützt, was aus wissenschaftlichen Gründen bereits nicht haltbar ist.[75]

60 Ist **das Gutachten nach alledem unverwertbar**, so ist zunächst zu prüfen, ob und inwieweit die Anberaumung eines Termins zur mündlichen Erläuterung des Gutachtens durch den Sachverständigen Abhilfe schaffen kann. Dies wird in der Praxis häufig der Fall sein. Die Einholung eines weiteren Sachverständigengutachtens wird hingegen vor allem im Hinblick auf das Beschleunigungsgebot nur in Ausnahmefällen in Betracht kommen. Denn eine Entscheidung der Fachgerichte kann selbst zum Kinderschutz beanstandungsfrei ergehen, wenn die Mängel thematisiert werden, die fachliche Qualifikation des Sachverständigen näher geklärt und schließlich nachvollziehbar dargelegt wird, inwiefern dessen Aussagen gleichwohl verwertbar sind und zur Entscheidungsfindung beitragen können.[76] Eine **weitere Begutachtung** kann in Ausnahmefällen nur erforderlich werden, wenn das Erstgutachten in entscheidungserheblichen Punkten von unzutreffenden tatsächlichen Voraussetzungen ausgeht oder elementare Widersprüche bzw. sonstige grobe Mängel enthält und deswegen nicht verwertbar ist, auch im Übrigen keine hinreichende Grundlage für eine am Kindeswohl orientierte Entscheidung vorhanden ist und das Beschleunigungsgebot des § 155 FamFG nicht nach einer anderen Betrachtung verlangt.[77]

61 *Übersicht: Überprüfung eines Gutachtens*

- **Nachvollziehbarkeit und Überzeugungskraft**:
  - Wissenschaftlichkeit, insbesondere Auseinandersetzung mit dem aktuellen Forschungsstand
  - innere Logik, insbesondere die Widerspruchsfreiheit der Argumentation
  - Schlüssigkeit, d.h. die Nachvollziehbarkeit der Begründungen und Schlussfolgerungen
  - stringente Berücksichtigung des anzuwendenden Kindeswohlmaßstabes
  - klare Trennung von Untersuchungsergebnissen und psychologischem Befund
  - Anknüpfung an korrekte bzw. unstreitige (erhebliche) und regelgerecht ermittelte Tatsachen
  - sachgerechte Gewichtung der Untersuchungsergebnisse[78]
  - Unvoreingenommenheit und Neutralität des Sachverständigen[79]
  - Tragfähigkeit der eingesetzten Erkenntnismethoden und der Schlussfolgerungen[80]
- **Nachprüfbarkeit**:[81]
  - Angabe aller Informationsquellen
  - Begründung der Methodenwahl, insbesondere für den Einsatz bzw. Nichteinsatz von Testverfahren sowie ggf. die Beschreibung von deren Zielsetzung sowie die Angabe der Grundlagen ihrer Durchführung, Auswertung und Interpretation
  - (getrennte) Darstellung des Untersuchungsablaufs und der Untersuchungsergebnisse
  - Information über Delegation bzw. die Hinzuziehung von Hilfskräften

75 Hierzu bereits *Fegert*, ZKJ 2013, 190 sowie BVerfG ZKJ 2024, 61
76 BVerfG ZKJ 2017, 313 und FamRZ 2015, 112
77 Siehe zu einem Ausnahmefall: BGH FamRZ 2020, 1300, wobei es sich hier um ein Betreuungsverfahren und nicht um eine Kindschaftssache handelte.
78 Vgl. auch BGH FamRZ 2012, 104 ff. (zum Betreuungsverfahren)
79 Zur Inzidentprüfung einer etwaigen Befangenheit des Sachverständigen: BGH ZKJ 2017, 21, 24
80 Siehe insgesamt: Mindestanforderungen, S. 22 (online auf www.bmj.de)
81 Hierzu *Kühne*, ZFE 2006, 371

II. Ergänzende Anordnung: das lösungsorientierte Gutachten (Abs. 2)

Die Regelung ergänzt **die weiteren Einvernehmensregelungen, insbesondere in § 156 FamFG**, und unterstreicht die Bedeutung, welche der Gesetzgeber einer einvernehmlichen Konfliktbeilegung in Kindschaftssachen zumisst. 62

▶ *Umfassend hierzu siehe Wegener, Kommentierung zu § 156 FamFG.*

Das Gericht kann anordnen, dass der Sachverständige bei der Erstellung des Gutachtenauftrages auch auf die Herstellung des Einvernehmens zwischen den Beteiligten hinwirken soll, wenn das Verfahren die Person des Kindes betrifft (zur strittigen Frage der Beteiligung des Kindes siehe *Wegener*, § 156 FamFG Rn. 25). 63

Die Entscheidung darüber, ob der Auftrag an den Sachverständigen entsprechend erweitert wird, steht **im pflichtgemäßen Ermessen des Gerichts**. Dieses wird insoweit einzubeziehen haben, dass eine solche Erweiterung des Auftrags in den Fällen, in denen der Verfahrensgegenstand nicht zur Disposition der Beteiligten steht, bereits nicht in Betracht kommen kann. Damit scheidet eine solche Anordnung in Kinderschutzverfahren nach §§ 1666, 1666a BGB denknotwendig aus. 64

Unter Berücksichtigung des hiermit eingeforderten **problematischen Rollenwechsels** vom Einigungsförderer zum diagnostischen Entscheider, was auch unter den Psychologen zu heftigen Diskussionen geführt hat,[82] sollte das Gericht hiervon gleichfalls in Verfahren betreffend den Streit der Eltern um das Aufenthaltsbestimmungsrecht oder den Umgang nur zurückhaltend Gebrauch machen.[83] Zumal hierdurch – bei Scheitern einer einvernehmlichen Lösung – eine erhebliche Verfahrensverzögerung eintritt und auch die Gefahr eines Befangenheitsgesuches gegen den Sachverständigen heraufbeschworen werden könnte. Überdies ist zu prüfen, inwieweit **sonstige Vermittlungsbemühungen** wie die Beratungsangebote der Kinder- und Jugendhilfe oder auch gerichtliche Einigungsversuche bereits durchgeführt worden sind bzw. ob die insoweit gemachten Erfahrungen überhaupt ein Einigungspotenzial noch erkennen lassen. Ist Letzteres nicht der Fall, hat die zügige Schaffung einer Grundlage für die am Kindeswohl orientierte Entscheidung im Vordergrund der Beauftragung des Sachverständigen zu stehen. Gleichwohl kann der zusätzliche Auftrag in Einzelfällen ein geeignetes Mittel der Konfliktlösung sein, wobei dann darauf zu achten ist, dass der Sachverständige einer zusätzlichen Sachkunde im Hinblick auf Methoden der Gesprächsführung, Techniken der Mediation oder der Familien/Prozessdiagnostik bedarf.[84] 65

Es bedarf damit einer **ausdrücklichen entsprechenden Beschlussfassung** des Gerichts im Rahmen des regelmäßig zu erlassenden Beweisbeschlusses. Auch insoweit ist den Beteiligten vorab rechtliches Gehör zu gewähren. 66

Erfolgt eine entsprechende Anordnung, so kann selbst bei einem lösungsorientierten Gutachten auf eine **diagnostische** Phase bzw. wegen eines möglichen Scheiterns einer einvernehmlichen Lösung auf eine **Diagnostik der Konfliktlage** in der Familie sowie der kindlichen Bedürfnisse **nicht verzichtet werden**.[85] 67

Zudem kommt der **Fristsetzung** (Rn. 18) eine besondere Bedeutung zu, damit das Gericht und die Beteiligten bei einem Scheitern der Bemühungen des Sachverständigen nicht – nach einem vor allem für das Kind nicht mehr vertretbaren Zeitraum – mit leeren Händen dastehen. Gegebenenfalls muss zeitnah erwogen werden, den Sachverständigen nach § 30 68

---

82 Näher hierzu *Korn-Bergmann*, FamRB 2013, 306; Prütting/Helms/*Hammer*, § 163 FamFG Rn. 16 m.w.N.
83 Siehe *Coester* in: Lipp et al., 54 m.w.N.
84 Siehe Mindestanforderungen, S. 20 (online auf www.bmj.de)
85 OLG Celle ZKJ 2012, 446 unter Hinweis auf *Fichtner/Salzgeber*, FPR 2009, 348, 351, sowie *Ernst*, FPR 2009, 345, 347, und *Balloff*, FPR 2006, 415, 417

Abs. 1 FamFG i.V.m. § 404a Abs. 1 ZPO anzuweisen, seine Einvernehmensbemühungen einzustellen, falls diese keinen Erfolg (mehr) versprechen.

69 *Checkliste zu § 163 FamFG*

I. Vor Einholung eines Gutachtens

1. Ist die Einholung eines Sachverständigengutachtens geboten?
2. Welche Qualifikation muss der Sachverständige haben?

II. Erlass des Beweisbeschlusses

1. Welche Beweisfragen sind dem Sachverständigen zu stellen? Kindeswohlmaßstab beachten! Ggf. die zu explorierenden Personen benennen und bestimmen, welche Tatsachen zu Grunde zu legen sind (§ 30 Abs. 1 FamFG i.V.m. § 404a Abs. 3 ZPO).
2. Soll angeordnet werden, dass der Sachverständige bei der Erstellung des Gutachtens auch auf die Herstellung des Einvernehmens zwischen den Beteiligten hinwirken soll?
3. Benennung der Person des Gutachters
4. Fristsetzung!
5. Hinweis an den Sachverständigen: Bitte um
   – Nachricht über anberaumte Explorationstermine sowie
   – unverzügliche Benachrichtigung bei unzureichender Mitwirkung eines Beteiligten bzw. soweit aus Sicht des Sachverständigen vor Fertigstellung des Gutachtens eine Eilentscheidung des Familiengerichts zur Veränderung der tatsächlichen Verhältnisse des Kindes geboten ist
   → Aktenübersendung

III. Während der Begutachtungsphase

1. Überwachung der Sachverständigenfrist
2. Ggf. Sachstandsanfragen an Sachverständigen in angemessenen (kurzen) Zeitabständen!
3. Ggf. Einschreiten des Familiengerichts bei fehlender Mitwirkung eines Beteiligten
4. Ggf. Prüfung der Voraussetzung einer Nachfristsetzung sowie der Androhung bzw. Festsetzung eines Ordnungsgeldes gegen den Sachverständigen

IV. Nach Eingang des Gutachtens

1. Gewährung rechtlichen Gehörs und in der Regel zugleich Anberaumung eines Termins, ggf. Ladung des Sachverständigen
2. Prüfung der Verwertbarkeit des Gutachtens

§ 163a FamFG

Ausschluss der Vernehmung des Kindes

Eine Vernehmung des Kindes als Zeuge oder Beteiligter findet nicht statt.

Übersicht Rn. Rn.

A. Allgemeines

1 Die Vorschrift entspricht – ergänzt um die nun ebenfalls ausgeschlossene Vernehmung als Beteiligter – der früheren Regelung in § 163 Abs. 3 FamFG. Durch das Gesetz zur Änderung

des Sachverständigenrechts wurde diese mit Wirkung vom 15.10.2016 in einen eigenen Paragrafen überführt.

B. Inhalt der Norm

Das Kind ist in Kindschaftssachen nicht als Zeuge – und auch nicht als Beteiligter (hierzu *Köhler*, Kommentierung zu §7 FamFG) – zu vernehmen. Da das Kind in der Regel Beteiligter des kindschaftsrechtlichen Verfahrens ist, kommt eine Vernehmung als Zeuge im Strengbeweisverfahren (vgl. §30 Abs. 2 FamFG) ohnehin nicht in Betracht.[1] Entsprechenden „Beweisanträgen", die in Unkenntnis der Rechtslage gestellt werden und ohnehin nur Anregungen sind, ist nicht nachzugehen. Das Kind ist lediglich persönlich anzuhören. Diese persönliche Anhörung stellt keine förmliche Beweisaufnahme dar. Vor diesem Hintergrund ist es mit §163a FamFG nicht zu vereinbaren, etwa den Eltern im Rahmen einer Videoübertragung zu gestatten, die Anhörung zu verfolgen.[2] **2**

▶ *Näher zur Kindesanhörung siehe Heilmann, Kommentierung zu § 159 FamFG.*

§ 164 FamFG

Bekanntgabe der Entscheidung an das Kind

[1]Die Entscheidung, gegen die das Kind das Beschwerderecht ausüben kann, ist dem Kind selbst bekannt zu machen, wenn es das 14. Lebensjahr vollendet hat und nicht geschäftsunfähig ist. [2]Eine Begründung soll dem Kind nicht mitgeteilt werden, wenn Nachteile für dessen Entwicklung, Erziehung oder Gesundheit zu befürchten sind. [3]§ 38 Abs. 4 Nr. 2 ist nicht anzuwenden.

Übersicht

A. Allgemeines

Die Norm bestätigt den Grundsatz der **Kindeswohlzentrierung des Verfahrens** in Kindschaftssachen. Jedes von einem kindschaftsrechtlichen Verfahren betroffene Kind hat einen Anspruch darauf, dass nicht nur die Endentscheidung inhaltlich dem Prinzip des Kindeswohls gerecht wird (vgl. §1697a BGB), sondern auch das gerichtliche Verfahren selbst, denn das Kind ist selbst Grundrechtsträger (vgl. nur Art. 2 Abs. 1 i.V.m. Art. 1 Abs. 1 GG[1]) und Eingriffe seine Grundrechte müssen nicht zuletzt dem Grundsatz der Verhältnismäßigkeit Rechnung tragen. **1**

Es kommt noch hinzu, dass die meisten kindschaftsrechtlichen Verfahren ihre Legitimation dadurch erhalten, dass sie vorrangig um des Kindes und nicht um der Eltern willen – zudem häufig auch in Ausübung des staatlichen Wächteramtes (Art. 6 Abs. 2 Satz 2 GG) – **zur Sicherung des Kindeswohls** durchgeführt werden. Damit wäre es nicht zu vereinbaren, würde die Durchführung des gerichtlichen Verfahrens an sich bereits den Belangen des Kin- **2**

1 Vgl. nur Prütting/Helms/*Hammer*, §163a FamFG Rn. 2
2 Vgl. BVerfG ZKJ 2019, 361 m. Anm. *Dürbeck*
1 Vgl. BVerfGE 24, 119, 144

des zuwiderlaufen. Vielmehr muss der Staat das gerichtliche Verfahren so gestalten, dass eine hinreichende Berücksichtigung der **grundrechtlichen Stellung des betroffenen Kindes** garantiert ist.[2] Das Kindeswohl muss daher die beherrschende Richtlinie für die gesamte Verfahrensgestaltung sein.[3] Unnötige Belastungen des Kindes sind zu vermeiden.

3 Die Norm **ergänzt die allgemeine Regelung** über die Bekanntgabe von Beschlüssen in § 41 FamFG für die Verfahren in Kindschaftssachen (siehe hierzu *Kischkel*, § 41 FamFG) und steht im systematischen Zusammenhang zu § 60 FamFG, der das Beschwerderecht des Kindes regelt, welches das 14. Lebensjahr vollendet hat. Die Norm regelt nicht die Frage der Übermittlung von Schriftsätzen bzw. – außerhalb von § 159 FamFG – die Teilnahme an Gerichtsterminen. Die Antwort hierauf hängt davon ab, ob das Kind verfahrensfähig ist oder nicht (hierzu *Köhler*, § 9 FamFG).

B. Inhalt der Norm

I. Das geschäftsfähige Kind hat das 14. Lebensjahr vollendet

4 Dem **über 14 Jahre alten und geschäftsfähigen Kind** ist die Entscheidung des Gerichts, die insbesondere Rubrum, Tenor und Entscheidungsgründe beinhaltet (vgl. § 38 Abs. 2 und 3 FamFG), bekannt zu geben. Maßgeblicher Zeitpunkt für die Feststellung, ob das Kind diese Altersgrenze erreicht hat, ist derjenige des Erlasses der Entscheidung (vgl. § 38 Abs. 3 Satz 2 FamFG).[4] Eine gleichwohl unterbleibende Bekanntmachung führt dazu, dass die Entscheidung dem Kind gegenüber nicht wirksam und formell nicht rechtskräftig werden kann.[5]

5 Hingegen soll eine **Mitteilung der Entscheidungsgründe an das Kind unterbleiben**, wenn hierdurch „Nachteile für dessen Entwicklung, Erziehung oder Gesundheit zu befürchten sind" (Satz 2). Die Formulierung ist inhaltsgleich zu § 159 Abs. 4 Satz 1 Hs. 2 FamFG). In diesen Fällen sind alle Teile der Entscheidung mit Ausnahme der Gründe mitzuteilen und dies entsprechend kenntlich zu machen. Soweit nur Teile der Gründe diese Voraussetzung erfüllen, hat nur deren Mitteilung zu unterbleiben. Dies ist ebenfalls entsprechend kenntlich zu machen („*... eine Mitteilung der Gründe dieser Entscheidung unterbleibt.*"). Die Entscheidung über den Umfang der Bekanntgabe trifft das Gericht, welches den Beschluss erlassen hat. Beim Amtsgericht ist dies entweder Richter oder Rechtspfleger. Handelt es sich um die Entscheidung des Beschwerdesenats am OLG, entscheidet hierüber der Senat bzw. der Einzelrichter, wenn ihm das Verfahren zuvor übertragen worden ist.[6] Im Beschwerdeverfahren stellt sich die Problematik jedoch nur, wenn das Kind im konkreten Verfahren verfahrensfähig ist oder die Rechtsbeschwerde zugelassen wird, denn nur solche Entscheidungen sind bekannt zu machen, „gegen die das Kind das Beschwerderecht ausüben kann".

6 Im Sinne einer Kindeswohlzentrierung des Verfahrens ist der Inhalt der Norm nach Sinn und Zweck weit auszulegen. Der Normgehalt beschränkt sich daher nicht nur auf die Übermittlung der Entscheidung selbst bzw. der Entscheidungsgründe, sondern entfaltet ihre Wirkung auch bei der **Verfahrensgestaltung**. So kann etwa auch von der – in der Regel vor der Kindesanhörung gebotenen – Bekanntgabe eines Sachverständigengutachtens an den betroffenen Minderjährigen in einem Unterbringungsverfahren unter den Voraussetzungen des § 164 Satz 2 FamFG abgesehen werden, wobei dann jedoch der Verfahrensbeistand

2 Vgl. BVerfGE a.a.O.
3 Vgl. nur Staudinger/*Coester*, § 1666 BGB Rn. 258 m.w.N.
4 *Prütting/Helms/Hammer*, § 164 FamFG Rn. 3
5 MüKo-FamFG/*Schumann*, § 164 Rn. 4
6 A.A. Sternal/*Schäder*, § 164 Rn. 7 sowie Prütting/Helms/*Hammer*, § 164 Rn. 5, nach dessen Auffassung bei Kollegialorganen der Vorsitzende entscheide, wofür eine Rechtsgrundlage jedoch nicht ersichtlich ist

dem Kind entsprechend seinem Alter und Entwicklungsstand den Inhalt des Gutachtens mitzuteilen hat.[7]

II. Das Kind ist geschäftsunfähig und/oder hat das 14. Lebensjahr noch nicht vollendet

Dem **jüngeren bzw. i.S.v. § 104 Nr. 2 BGB geschäftsunfähigen Kind** ist die Entscheidung in aller Regel nicht selbst bekannt zu geben. Die förmliche Bekanntgabe hat hier an den gesetzlichen Vertreter für den Aufgabenkreis zu erfolgen, den die gerichtliche Entscheidung tangiert. 7

Zur Entgegennahme eines Beschlusses ist dem Kind nur dann ein **Ergänzungspfleger i.S.v. § 1809 BGB** zu bestellen, wenn die Voraussetzungen für eine Entziehung der Vertretungsmacht nach § 1789 Abs. 2 Satz 3 BGB festgestellt sind[8] (näher *Wierse*, Kommentierung zu § 1789 BGB). In Verfahren der familiengerichtlichen Genehmigung von Rechtsgeschäften für das Kind gemäß § 1643 BGB bedarf es zur wirksamen Bekanntgabe der Entscheidung (vgl. § 41 Abs. 3 FamFG) nur bei Vorliegen der Voraussetzungen des § 1789 Abs. 2 Satz 2 (i.V.m. § 1824 BGB) bzw. Satz 3 BGB im Einzelfall eines Ergänzungspflegers.[9] 8

Eine **zusätzliche (formlose) Bekanntgabe** an das Kind hat nicht zu erfolgen. In den Fällen, in denen dem Kind ein Verfahrensbeistand für das gerichtliche Verfahren bestellt worden ist, gehört die Bekanntgabe des Ergebnisses des Gerichtsverfahrens noch zu den Aufgaben des Verfahrensbeistandes (hierzu *Keuter*, § 158 FamFG). 9

III. Begründung

Satz 3 stellt klar, dass nur in den Fällen des Satzes 2 (hierzu Rn. 3) eine **Begründung der gerichtlichen Entscheidung** gegenüber dem über 14 Jahre alten geschäftsfähigen Kind unterbleiben darf. In Abweichung von den allgemeinen Regeln bedarf es hingegen auch einer Begründung der gerichtlichen Entscheidung, wenn sich die Beteiligten einig sind, da § 38 Abs. 4 Nr. 2 FamFG nicht anwendbar ist. Anwendbar bleibt hingegen § 38 Abs. 4 Nr. 3 FamFG, so dass es einer Begründung nicht bedarf, wenn die mündliche Bekanntgabe in Anwesenheit aller Beteiligten erfolgt ist und diese einschließlich des bereits 14 Jahre alten Kindes auf Rechtsmittel verzichtet haben. 10

§ 165 FamFG

Vermittlungsverfahren

(1) [1]Macht ein Elternteil geltend, dass der andere Elternteil die Durchführung einer gerichtlichen Entscheidung oder eines gerichtlich gebilligten Vergleichs über den Umgang mit dem gemeinschaftlichen Kind vereitelt oder erschwert, vermittelt das Gericht auf Antrag eines Elternteils zwischen den Eltern. [2]Das Gericht kann die Vermittlung ablehnen, wenn bereits ein Vermittlungsverfahren oder eine anschließende außergerichtliche Beratung erfolglos geblieben ist.

(2) [1]Das Gericht lädt die Eltern unverzüglich zu einem Vermittlungstermin. [2]Zu diesem Termin ordnet das Gericht das persönliche Erscheinen der Eltern an. [3]In der Ladung weist das Gericht darauf hin, welche Rechtsfolgen ein erfolgloses Vermittlungsverfahren nach Absatz 5 haben kann. [4]In geeigneten Fällen lädt das Gericht auch das Jugendamt zu dem Termin.

7 Vgl. BGH, Beschl. v. 9.10.2024, XII ZB 253/24
8 BGH FamRZ 2014, 640 f.
9 Vgl. BGH FamRZ 2019, 986

(3) [1]In dem Termin erörtert das Gericht mit den Eltern, welche Folgen das Unterbleiben des Umgangs für das Wohl des Kindes haben kann. [2]Es weist auf die Rechtsfolgen hin, die sich ergeben können, wenn der Umgang vereitelt oder erschwert wird, insbesondere darauf, dass Ordnungsmittel verhängt werden können oder die elterliche Sorge eingeschränkt oder entzogen werden kann. [3]Es weist die Eltern auf die bestehenden Möglichkeiten der Beratung durch die Beratungsstellen und -dienste der Träger der Kinder- und Jugendhilfe hin.

(4) [1]Das Gericht soll darauf hinwirken, dass die Eltern Einvernehmen über die Ausübung des Umgangs erzielen. [2]Kommt ein gerichtlich gebilligter Vergleich zustande, tritt dieser an die Stelle der bisherigen Regelung. [3]Wird ein Einvernehmen nicht erzielt, sind die Streitpunkte im Vermerk festzuhalten.

(5) [1]Wird weder eine einvernehmliche Regelung des Umgangs noch Einvernehmen über eine nachfolgende Inanspruchnahme außergerichtlicher Beratung erreicht oder erscheint mindestens ein Elternteil in dem Vermittlungstermin nicht, stellt das Gericht durch nicht anfechtbaren Beschluss fest, dass das Vermittlungsverfahren erfolglos geblieben ist. [2]In diesem Fall prüft das Gericht, ob Ordnungsmittel ergriffen, Änderungen der Umgangsregelung vorgenommen oder Maßnahmen in Bezug auf die Sorge ergriffen werden sollen. [3]Wird ein entsprechendes Verfahren von Amts wegen oder auf einen binnen eines Monats gestellten Antrag eines Elternteils eingeleitet, werden die Kosten des Vermittlungsverfahrens als Teil der Kosten des anschließenden Verfahrens behandelt.

Übersicht

A. Allgemeines

I. Normzweck

1 Da Umgangsregelungen, sei es als gerichtlich gebilligte Umgangsvereinbarung oder als gerichtliche Entscheidung, in der Praxis häufig Umsetzungsproblemen unterworfen sind, hat sich der Gesetzgeber mit der Einführung des Vermittlungsverfahrens (früher § 52a FGG) ein spezielles Verfahren erdacht, mit dem die Schwierigkeiten bei der Umsetzung der Umgangsregelung in einem Termin mit den Beteiligten ausgeräumt und dem Kind die Vollstreckung der Umgangsregelung mit Ordnungsmitteln erspart werden soll.[1] Ausdrückliche Zielsetzung des Verfahrens ist es demnach, ein Einvernehmen der Eltern herbeizuführen (vgl. Abs. 4, 5). In der Praxis spielt das Vermittlungsverfahren nur eine untergeordnete Rolle. Viele Beteiligten sehen nach oft monatelangen oder gar jahrelangen Streitigkeiten um den Umgang in einer neuerlichen Erörterung und Vermittlungsbemühungen durch das Gericht

1 BT-Drucks. 16/6308, 242

keinen Sinn und möchten nunmehr eine schnelle Umsetzung oder eine – aus ihrer Sicht – bessere Regelung. Auch die relativ strenge Rechtsprechung zur Beiordnung eines Rechtsanwalts (siehe unten Rn. 7) dürfte für den zögerlichen Gebrauch des Vermittlungsverfahrens ursächlich sein.

II. Anwendungsbereich

Das Vermittlungsverfahren findet **nur** auf **Antrag eines Elternteils** statt (§165 Abs. 1 FamFG) und ist damit ein reines Antragsverfahren. Es kann weder von Amts wegen noch auf Anregung oder auf Antrag eines Dritten, der in §1685 BGB aufgeführten Umgangsberechtigten oder des Kindes eingeleitet werden.[2] Auch das Jugendamt, der Vormund oder der – vormalige – Verfahrensbeistand sind nicht antragsberechtigt.[3] Dies folgt aus dem eindeutigen Wortlaut der Vorschrift. 2

Voraussetzung ist zudem, dass eine **Umgangsregelung** vorliegt, entweder in Form einer **gerichtlichen Entscheidung oder eines gerichtlich gebilligten Vergleichs**. Es reicht deshalb nicht aus, wenn zwischen den Eltern eine außergerichtliche Vereinbarung (z.B. beim Jugendamt) oder – etwa im Rahmen des Scheidungs- oder eines Sorgerechtsverfahrens – eine zwar protokollierte, aber nicht gebilligte einvernehmliche Regelung zum Umgang geschlossen wurde. Wird eine solche nicht eingehalten, bleibt den Beteiligten nur der erneute Weg zum Jugendamt oder die Einleitung eines gerichtlichen Umgangsverfahrens.[4] Auch eine notarielle Umgangsvereinbarung kann nicht Grundlage für die Einleitung eines Vermittlungsverfahrens sein.

B. Inhalt der Norm

I. Voraussetzungen des Vermittlungsverfahrens (Abs. 1)

1. Antrag

Dem Antrag des Elternteils muss zu entnehmen sein, dass sein – gerichtlich geregeltes – Umgangsrecht durch den anderen Elternteil **vereitelt oder erschwert** wird.[5] Der Antrag des Elternteils ist ggf. auszulegen. Ihm muss aber der Wunsch nach einer Vermittlung des Gerichts zu entnehmen sein.[6] **Abgrenzungsschwierigkeiten** ergeben sich in der Praxis oftmals zu Anträgen auf **Vollstreckung** (§89 ff. FamFG). Beide Verfahren können aber durchaus parallel laufen.[7] Die Durchführung eines Vermittlungsverfahrens ist auch nicht Voraussetzung für die (spätere) Beantragung von Ordnungsmitteln.[8] Der Antrag bewirkt jedoch, dass die Vollstreckung einer Umgangsregelung eingestellt werden kann (§93 Abs. 1 Nr. 5 FamFG). 3

---

2 OLG Bremen FamRZ 2015, 2190
3 OLG Bremen FamRZ 2015, 2190
4 MüKo-FamFG/Schumann, §165 Rn. 4
5 *Reinecken,* FPR 2010, 428, 430
6 *Völker/Clausius*, §2 Rn. 251
7 Vgl. §92 Abs. 3 S. 2 FamFG; OLG Naumburg FamRZ 2008, 1550 zu §52a FGG, Johannsen/Henrich/*Rake*, §165 FamFG Rn. 2 ; Sternal/Schäder, §165 Rn. 2; MüKo-FamFG/Schumann, §165 Rn. 3; Prütting/Helms/Hammer, §165 Rn. 2
8 Früher streitig, vgl. auch OLG Rostock FamRZ 2002, 967 zu §52 a FGG, jetzt gesetzlich in §92 Abs. 3 FamFG geregelt

2. Umgangsregelung

4 Ausführungen hierzu siehe oben Rn. 2.

3. Vorgehen des Gerichts

5 Dem Gericht stehen nunmehr zwei Möglichkeiten zur Verfügung: entweder lädt es die Eltern unverzüglich zu einem Vermittlungstermin (siehe unten Rn. 5) oder es **lehnt die Vermittlung durch förmlichen Beschluss i.S.v. § 38 ff. FamFG ab**, weil bereits ein Vermittlungsverfahren oder eine sich an ein solches Verfahren anschließende außergerichtliche Beratung erfolglos geblieben ist. Andere Gründe rechtfertigen nach dem Wortlaut der Vorschrift keine Ablehnung. Dies gilt bspw. auch, wenn das Gericht aufgrund anderer, bei ihm anhängiger Verfahren die Erfolglosigkeit eines Vermittlungsverfahrens prognostiziert.[9] Die ablehnende Entscheidung des Gerichts stellt eine Endentscheidung dar, die mit der **Beschwerde** (§ 58 FamFG) angefochten werden kann.[10]

II. Termininierung (Abs. 2)

1. Terminsanberaumung, Ladung

6 Lehnt das Gericht die Durchführung des Vermittlungsverfahrens nicht ab, so beraumt es **unverzüglich**, d.h. so schnell wie es der ordnungsgemäße Ablauf des Gerichts zulässt, in jedem Fall aber innerhalb der Frist des § 155 Abs. 2 FamFG (siehe *Fink*, § 155 FamFG Rn. 19), einen Termin an. Zu diesem Termin ordnet das Gericht das **persönliche Erscheinen der Eltern** an (§ 33 FamFG). Da nach Abs. 5 Satz 1 als besondere Folge des Nichterscheinens eines Elternteils die Erfolglosigkeit des Vermittlungsverfahrens vorgesehen ist, darf das Nichterscheinen nicht mit Ordnungsmitteln sanktioniert werden.[11] In der Ladung werden die Eltern darauf **hingewiesen**, welche Folgen ein erfolgloses Vermittlungsverfahren haben kann (siehe hierzu Rn. 10). Sofern es das Gericht für sachdienlich hält, lädt es auch das **Jugendamt zum Termin**. Dies wird sich insbesondere in Fällen anbieten, in denen das Jugendamt im Vorfeld der gerichtlichen Umgangsentscheidung mitgewirkt hat und/oder auch im Anschluss hieran von den Eltern eingebunden wurde.

7 Da es sich bei dem Vermittlungsverfahren um ein selbstständiges Verfahren handelt, kann sich die örtliche Zuständigkeit von der der Erstentscheidung unterscheiden.[12] Weil es sich auch bei dem Vermittlungsverfahren um eine Kindschaftssache i.S.v. § 151 Nr. 2 FamFG handelt, sind trotz der Sonderstellung des Vermittlungsverfahrens, welches quasi zwischen Umgangsentscheidung und Vollstreckung angesiedelt ist, die Vorschriften zur Mitwirkung des Jugendamtes (§ 162 FamFG) und zur Anhörung des Kindes (§ 159 FamFG) anwendbar.[13] Ebenso kommt die Bestellung eines Verfahrensbeistandes (§ 158 FamFG) bei Vorliegen der Voraussetzungen in Betracht.[14] Das macht das Verfahren zwar schwerfälliger, andererseits ist aber der Abschluss eines neuen gerichtlich gebilligten Vergleichs eine wesentliche Option, dessen Billigung nur erfolgen kann, wenn das Gericht – nach Ausschöpfung aller Erkenntnismöglichkeiten – von dessen Kindeswohldienlichkeit überzeugt ist.

---

9 Sternal/Schäder, § 165 Rn. 7
10 Sternal/Schäder, FamFG, 21 Aufl., § 165 Rn. 7.
11 OLG Frankfurt ZKJ 2017, 382; Keidel/Schäder, § 165 FamFG Rn. 8
12 Sternal/Schäder, § 165 Rn. 6
13 MüKo-FamFG/*Schumann*, § 165 Rn.10; *Völker/Clausius*, § 2 Rn. 254; a.A. Schulte-Brunert/Weinreich/*Ziegler, Rn. 6*
14 MüKo-FamFG/*Schumann*, § 165 Rn. 11; Sternal/Schäder, § 165 Rn.11

2. Verfahrenskostenhilfe

Auch für das Vermittlungsverfahren wird einem Beteiligten auf seinen Antrag ein Anwalt nur dann beigeordnet, wenn wegen der Schwierigkeit der Sach- und Rechtslage die Vertretung durch einen Rechtsanwalt erforderlich erscheint (§ 78 Abs. 2 FamFG). Ob die Beiordnung erforderlich erscheint, hängt davon ab, ob ein Bemittelter in der Lage des Unbemittelten vernünftigerweise einen Rechtsanwalt mit der Wahrnehmung seiner Interessen beauftragt hätte. Für Vermittlungsverfahren wird dies von der Rechtsprechung häufig abgelehnt.[15] Die Besonderheiten des Vermittlungsverfahrens (Herbeiführung eines Einvernehmens zwischen den Eltern, Belehrungspflichten des Gerichts) werden zur Begründung dafür herangezogen, dass die **Beiordnung eines Rechtsanwalts** gemäß § 78 Abs. 2 FamFG regelmäßig im Vermittlungsverfahren **nicht in Betracht** kommt.[16] 8

III. Ablauf des Vermittlungstermins (Abs. 3, 4)

1. Vermittlungstermin

Das Gericht **erörtert** mit den **persönlich erschienenen Eltern** im Termin, welche **Folgen für das Kind** aufgrund des Umstandes entstehen können, dass der Umgang nicht stattfindet. Das Gericht hat hier eine Aufklärungsfunktion hinsichtlich der möglichen psychischen Folgen eines fehlenden Umgangs mit dem nicht betreuenden Elternteil für das Kind sowie hinsichtlich der Schlussfolgerungen auf die Erziehungskompetenz des Elternteils, der den Umgang verwehrt oder erschwert. Denn das Gericht soll die Eltern auch darauf hinweisen, welche **Rechtsfolgen die Nichtgewährung des Umgangs** für einen den Umgang verweigernden Elternteil haben kann, nämlich die Verhängung von Ordnungsmitteln **(§ 86 ff. FamFG)** oder die Einschränkung oder der Entzug der elterlichen Sorge **(§ 1666, aber auch § 1671)**. In Betracht kommt auch die Einleitung eines Abänderungsverfahrens betreffend die derzeitige – und nicht funktionierende – Umgangsregelung **(§§ 1696 BGB, 166 FamFG)**. Schließlich soll das Gericht die Eltern auf die Möglichkeit der außergerichtlichen **Beratung durch Beratungsstellen** der Kinder- und Jugendhilfe hinweisen (§ 18 Abs. 3 SGB VIII). 9

2. Ergebnis des Vermittlungstermins

Das eigentliche Ziel des Vermittlungsverfahrens ist in Abs. 4 Satz 1 geregelt: das Hinwirken des Gerichts auf ein **Einvernehmen der Eltern** über den Umgang. Das Einvernehmen kann in der Zusage, nunmehr die gerichtliche Regelung umzusetzen, ggf. flankiert durch eine außergerichtliche Beratung, bestehen oder aber in der Vereinbarung einer neuen Umgangsregelung, die dann in Form eines **gerichtlich gebilligten Vergleichs** (§ 156 Abs. 2 FamFG, siehe hierzu *Wegener*, § 156 FamFG Rn. 72), der an die Stelle der ursprünglichen Regelung tritt, geschlossen wird. Da an dem Verfahren auch das Kind gemäß § 7 Abs. 2 Nr. 1 FamFG beteiligt ist,[17] muss das über 14 Jahre alte und damit verfahrensfähige Kind (§ 9 Abs. 1 Nr. 3 FamFG) dem Vergleich zustimmen. Können die Eltern **kein Einvernehmen** erzielen, so werden die Streitpunkte in einem Vermerk **(§ 28 Abs. 4 FamFG)** festgehalten. 10

15 OLG Frankfurt NJW-RR 2013, 962; OLG Hamm FamRZ 2013, 565
16 OLG Frankfurt NJW-RR 2013, 962; OLG Karlsruhe FamRZ 2010, 210; OLG Köln FamRZ 2015, 1921; a.A. OLG Bremen FamRZ 2017, 1144; OLG Zweibrücken AGS 2016, 141
17 MüKo-FamFG/*Schumann*, § 165 Rn. 10

IV. Beendigung (Abs. 5)

1. Abschluss des Vermittlungsverfahrens bei fehlender Einigung der Eltern

11 Bleibt das Vermittlungsverfahren erfolglos, weil sich die Eltern weder auf eine neue einvernehmliche Regelung des Umgangs noch auf die Beachtung der existierenden Regelung einigen konnten und sich auch nicht zu der Inanspruchnahme einer außergerichtlichen Beratung bereit erklären konnten oder aber ein – ordnungsgemäß geladener – Elternteil zu dem Termin nicht erschien, dann wird die **Erfolglosigkeit durch Beschluss festgestellt**. Der Beschluss ist **nicht anfechtbar**. Das Gericht ist dann verpflichtet, folgende **Weiterungen** zu prüfen: Ordnungsmittel, §§ 86 ff. FamFG; Änderung der Umgangsregelung in einem Verfahren nach §§ 1696 BGB, 166 FamFG (in Betracht kommt zum Beispiel ein Umgangsausschluss, die Bestellung eines Umgangspflegers oder die Anordnung begleiteter Umgänge) und schließlich Maßnahmen zur elterlichen Sorge gemäß §§ 1666, 1696 BGB (Entzug des Umgangsbestimmungsrechts[18] und Einsetzung eines Ergänzungspflegers, siehe *Gottschalk*, § 1684 Rn. 63). Ein Verfahren nach § 1671 BGB kann nicht von Amts wegen eingeleitet werden, es handelt sich um ein Antragsverfahren.

2. Kosten, Verfahrenswert

12 Die Kosten des Vermittlungsverfahrens sind gemäß § 165 Abs. 5 Satz 3 FamFG Teil der Kosten eines etwaig sich anschließenden Verfahrens (gemäß Abs. 5 Satz 2).

Verbleibt es beim Vermittlungsverfahren entsteht eine Verfahrensgebühr nach FamGKG-KV Nr. 1310.[19]

▶ *Zu den Kosten siehe Kischkel, § 80 FamFG Rn. 12.*

Der Verfahrenswert beträgt gemäß § 45 Abs. 1 Nr. 2 FamGKG 5.000 EUR, wobei unter den Voraussetzungen des Abs. 3 ein geringerer Wert festgesetzt werden kann.

18 Näher hierzu *Heilmann*, FamRZ 2014, 1753 ff.
19 OLG Karlsruhe FamRZ 2013, 722; Dürbeck/Schneider FamRZ 2021, 1341; Sternal/Schäder, § 165 FamFG Rn. 19

C. Übersicht: Ablauf des Vermittlungsverfahrens

Übersicht: Ablauf des Vermittlungsverfahrens 13

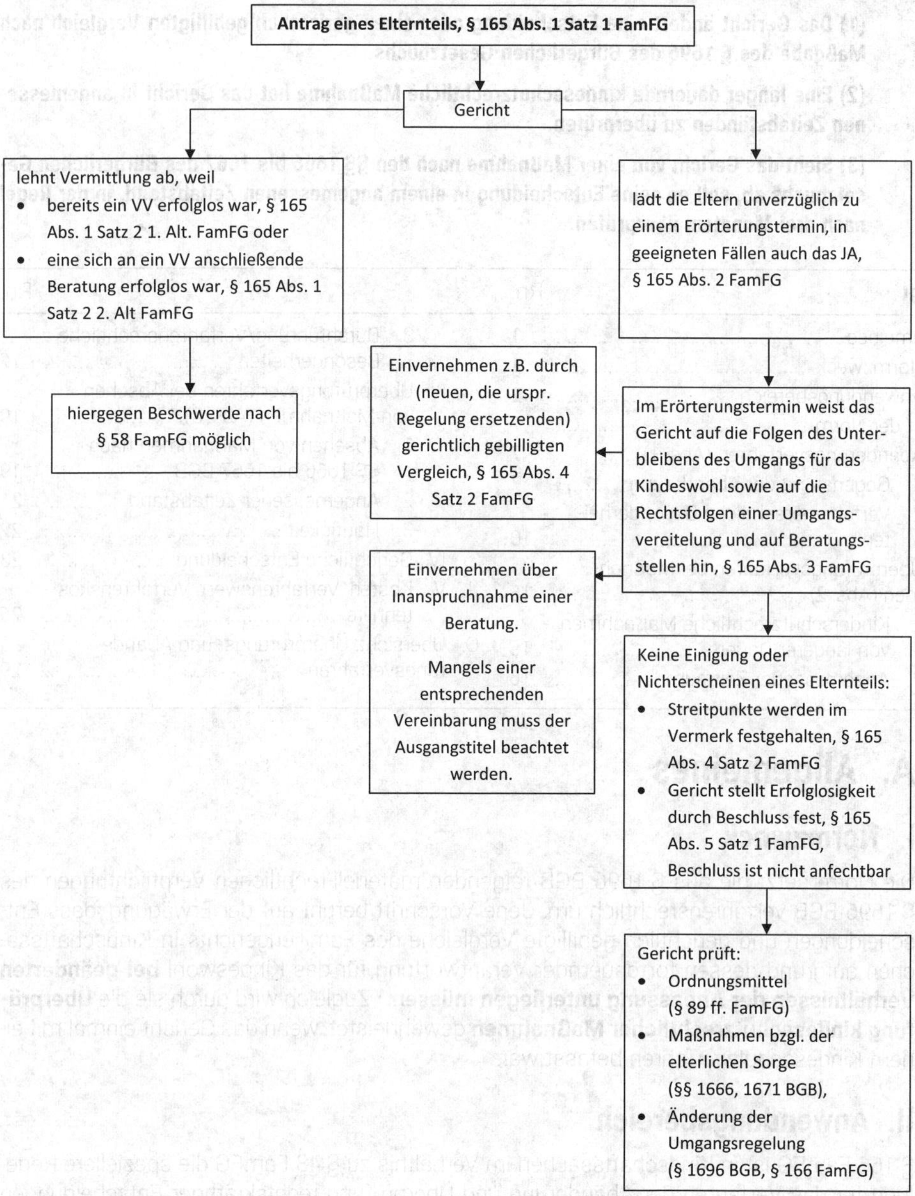

§ 166 FamFG
Abänderung und Überprüfung von Entscheidungen und gerichtlich gebilligten Vergleichen

(1) Das Gericht ändert eine Entscheidung oder einen gerichtlich gebilligten Vergleich nach Maßgabe des § 1696 des Bürgerlichen Gesetzbuchs.

(2) Eine länger dauernde kindesschutzrechtliche Maßnahme hat das Gericht in angemessenen Zeitabständen zu überprüfen.

(3) Sieht das Gericht von einer Maßnahme nach den §§ 1666 bis 1667 des Bürgerlichen Gesetzbuchs ab, soll es seine Entscheidung in einem angemessenen Zeitabstand, in der Regel nach drei Monaten, überprüfen.

Übersicht Rn.

A. Allgemeines

I. Normzweck

1 Die Norm setzt die aus § 1696 BGB folgenden materiell-rechtlichen Verpflichtungen des § 1696 BGB verfahrensrechtlich um. Jene Vorschrift beruht auf der Erwägung, dass Entscheidungen und gerichtlich gebilligte Vergleiche des Familiengerichts in Kindschaftssachen aufgrund dessen fortdauernder Verantwortung für das Kindeswohl **bei geänderten Verhältnissen der Anpassung unterliegen müssen.**[1] Zugleich wird durch sie die **Überprüfung kindesschutzrechtlicher Maßnahmen** gewährleistet, wenn das Gericht einmal mit einem Kindesschutzverfahren befasst war.

II. Anwendungsbereich

2 § 166 FamFG ist in Kindschaftssachen im Verhältnis zu § 48 FamFG die speziellere Regelung für das Verfahren der Abänderung und Überprüfung rechtskräftiger Entscheidungen und gerichtlich gebilligter Vergleiche nach § 156 Abs. 2 FamFG.

3 Der Verweis auf die materiell-rechtlichen Voraussetzungen des § 1696 BGB schränkt den möglichen Anwendungsbereich der Vorschrift dahingehend ein, dass von ihm Kindschaftssachen nach § 159 Nr.4 bis 8 FamFG grundsätzlich nicht erfasst werden.[2] Grund hierfür ist,

1 Staudinger/*Coester*, BGB, 1696 Rn. 5, 63; MüKo-FamFG/*Heilmann*, § 166 Rn. 1
2 MüKo-FamFG/*Heilmann*, § 166 Rn. 5

dass der Regelungsgegenstand der in Ziffer 4 bis 8 des § 151 FamFG aufgeführten Kindschaftssachen nicht das Sorge- und Umgangsrecht im engeren Sinne ist.[3] Zum anderen sind für die Änderung von Bestellungsentscheidungen im Vormundschafts- und Pflegschaftsrecht die §§ 1804 ff. BGB und §§ 1812, 1813 BGB lex specialis gegenüber § 1696 BGB.[4] Der Abs. 1 findet jedoch Anwendung in den Fällen des § 1802 Abs. 2 Satz 3 BGB, der auf den Vormund und Pfleger (über § 1813 Abs. 1 BGB) unmittelbar Anwendung findet, auf die §§ 1666, 1666a BGB verweist und eine kindesschutzrechtliche Tendenz aufweist.[5]

Üben die Kindeseltern die **gemeinsame elterliche Sorge aufgrund § 1626a Abs. 1 Nr. 1 BGB** (gemeinsame Sorgeerklärung) aus, so erfolgt die Übertragung auf einen Elternteil allein aufgrund eines **Antrages eines Elternteils nach § 1671 Abs. 1 BGB**. 4

Das Verfahren zur Abänderung von Entscheidungen, die im Wege der **einstweiligen Anordnung** erlassen wurden (§§ 49 ff. FamFG), richtet sich **nach § 54 FamFG**.[6] Gleiches muss gelten, wenn ein in einem Eilverfahren geschlossener und gebilligter Vergleich abgeändert werden soll. Weder der Entstehungsgeschichte des Gesetzes noch dem Sinn und Zweck der Norm sind Anhaltspunkte zu entnehmen, die für eine Abänderung nur unter den strengeren Voraussetzungen des § 166 Abs. 1 sprechen.[7] **Bloße Berichtigungen** oder **Ergänzungen eines Beschlusses**, die den Beschluss inhaltlich nicht abändern, sind unter den Voraussetzungen der **§§ 42, 43 FamFG** möglich. 5

Die abzuändernde Entscheidung muss **formell rechtskräftig** sein. Das Nebeneinander eines Abänderungsverfahrens in erster Instanz und einer Überprüfung der Entscheidung in der Rechtsmittelinstanz kommt nicht in Betracht.[8] 6

B. Inhalt der Norm

I. Abänderungsverfahren (Abs. 1)

1. Gegenstand der Abänderung

§ 166 Abs. 1 FamFG verweist auf § 1696 BGB und wird durch ihn beschränkt. Eine Abänderung findet zunächst hinsichtlich **gerichtlicher Entscheidungen** oder **gerichtlich gebilligter Vergleiche** statt, mit denen die **elterliche Sorge oder das Umgangsrecht** geregelt wurden (§ 1696 Abs. 1 Satz 1 BGB). Hierzu gehören auch **Entscheidungen nach § 1628 BGB** (Meinungsverschiedenheit der Eltern) oder § 1632 BGB (Herausgabe des Kindes), insbesondere aber **Entscheidungen nach § 1671 BGB** (Übertragung der Alleinsorge bei Getrenntleben)**, familiengerichtliche Regelungen des Umgangs** oder Abänderungsentscheidungen i.S.v. § 1696 BGB. Da es sich bei dem Abänderungsverfahren nicht um eine Überprüfung der Rechtmäßigkeit der Ausgangsentscheidung handelt (hierfür stehen Rechtsmittel zur Verfügung) und sich die Beteiligten zudem auf den Fortbestand eines formell rechtskräftigen Beschlusses verlassen können müssen, kann die Abänderung nur erfolgen, wenn **neue Tatsachen**[9] vorliegen, die **„triftige, das Wohl des Kindes nachhaltig berührende Gründe"** darstellen (zum Prüfungsmaßstab siehe *Bussian*, § 1696 BGB Rn. 18). 7

3 MüKo-FamFG/*Heilmann*, § 166 Rn. .6
4 MüKo-FamFG/*Heilmann*, § 166 Rn. 6
5 MüKo-FamFG/*Heilmann*, § 166 Rn. 5; BayObLG FamRZ 1999, 1154
6 *Socha*, JAmt 2017, 522
7 MüKo-FamFG/*Heilmann*, § 166 Rn. 15; *Schlünder*, FamRZ 2012, 9
8 Völker/*Clausius*, § 3 Rn. 2; a.A.: OLG Naumburg FUR 2012, 206 in einem Fall, in dem das Verfahren seit längerer Zeit in der Rechtsmittelinstanz anhängig war
9 OLG Bamberg, FamRZ 1990, 1135

8 § 1696 Abs. 1 Satz 2 BGB **verweist hinsichtlich des Prüfungsmaßstabs bei § 1626a Abs. 2 auf § 1671 Abs. 1 BGB**. Steht demnach den Eltern die elterliche Sorge aufgrund einer gerichtlichen Entscheidung nach § 1626a Abs. 1 Nr. 3, Abs. 2 BGB zu, so erfolgt eine Abänderung einer solchen Entscheidung nach § 1671 BGB.[10]

9 Sind mit der Ausgangsentscheidung **kindesschutzrechtliche Maßnahmen nach den §§ 1666 bis 1667 BGB** ergangen, ergibt sich der Prüfungsmaßstab aus § 1696 Abs. 2 BGB; sie sind abzuändern, wenn **keine Kindeswohlgefährdung mehr besteht** oder die zu ihrer Abwendung angeordnete **Maßnahme nicht mehr erforderlich** ist (z.B. kann die Fremdplatzierung beendet werden, wenn die Familienhilfe nunmehr zur Abwehr der Kindeswohlgefährdung geeignet ist.). Soll eine kindesschutzrechtliche Maßnahme **verschärft** werden, etwa weil die in der Ausgangsentscheidung angeordnete Maßnahme nicht (mehr) zur Gefahrenabwehr geeignet ist oder weil sich nun doch die Notwendigkeit für eine kindesschutzrechtliche Maßnahme ergibt, nachdem im Ausgangsverfahren eine solche noch nicht gesehen wurde (vgl. § 166 Abs. 3 FamFG), so kann der Prüfungsmaßstab nur §§ 1666, 1666a BGB entnommen werden.[11]

▶ *Ausführlich zu den Abänderungsmaßstäben im Übrigen, insbesondere in Fallkonstellationen des Sorgerechts nichtverheirateter Eltern siehe Bussian, § 1696 BGB, Rn. 4 ff.*

2. Verfahrensrechtliche Besonderheiten

10 Das Abänderungsverfahren nach § 166 Abs. 1 FamFG ist ein selbstständiges Verfahren, sofern es eingeleitet wird. **Die Einleitung erfolgt von Amts wegen**,[12] nach pflichtgemäßem Ermessen des Gerichts[13] und muss erfolgen, wenn das Vorliegen der Voraussetzungen des § 1696 BGB naheliegt. Eines **Antrages bedarf es nicht**, hierbei handelt es sich um eine Anregung.

Von der Einleitung darf z.B. abgesehen werden, wenn sich die erneute Anregung als rechtsmissbräuchlich darstellt.[14] Etwa, weil diese unmittelbar nach der Entscheidung, deren Abänderung begehrt wird, erhoben wird und die Vorermittlungen ergeben, dass keine Veränderung des Sachverhalts eingetreten ist, aufgrund derer ein erneutes gerichtliches Einschreiten angezeigt wäre.[15]

Die Einleitung muss nicht **notwendigerweise durch Beschluss erfolgen, sondern auch durch verfahrensfördernde Handlungen des Gerichts** (Anlegen einer Akte, Mitteilung an die Beteiligten, dass ein Abänderungsverfahren durchgeführt wird etc.).[16] Sieht das Gericht von einer Einleitung ab, so muss es gemäß § 24 Abs. 2 FamFG denjenigen, der das Verfahren angeregt hat, hierüber unterrichten. Über den gestellten Antrag muss es nicht entscheiden.[17] Gegen die Ablehnung der Einleitung des Abänderungsverfahrens kann aber derjenige, der die Einleitung des Verfahrens i.S.d. § 24 FamFG angeregt hat, Beschwerde einlegen. Dies gilt auch, wenn die Entscheidung in Form einer Verfügung getroffen wurde, wenn sie das nach § 166 Abs. 2 FamFG durchzuführende Überprüfungsverfahren der Sache nach beendet hat und mit einer Rechtsbehelfsbelehrung versehen ist.[18] Die Statthaftigkeit des

10 *Socha*, JAmt 2017, 522; Staudinger/*Coester*, § 1696 Rn. 14
11 BVerfG FamRZ 2009, 1472; Müko-FamFG/*Heilmann*, § 166 Rn. 11; Staudinger/*Coester*, § 1696 Rn. 20
12 OLG Frankfurt FamRZ 2013, 1238; *Socha*, NZFam 2017, 522, 525
13 Staudinger/*Coester*, § 1696 Rn. 153
14 Staudinger/*Coester*, § 1696 Rn. 153
15 Vgl. dazu OLG Karlsruhe NJOZ 2024, 1221.
16 A.A.: PK Familienverfahrensrecht/*Meysen*, § 166 FamFG Rn. 8: grundsätzlich Beschluss
17 OLG Frankfurt, Beschl. v. 31.3.2015 – 5 UF 272/14, juris (Abänderung einer Umgangsentscheidung)
18 OLG Frankfurt NJW-RR 2024, 623.

Rechtsmittels (§§ 58, 59 FamFG) setzt jedoch voraus, dass die beschwerdeführende Person durch die ablehnende Entscheidung in eigenen subjektiven Rechten betroffen ist.[19]

Die Abänderung einer Entscheidung nach § 1671 Abs. 1 Satz 2 Nr. 1 BGB ist bei fortbestehendem Elternkonsens unterhalb der Schwelle der Kindeswohlgefährdung ohne Antrag der 11
Eltern nicht vorzunehmen.[20] Gleiches gilt bei **gerichtlich gebilligten Vergleichen, bei denen es ebenso des Abänderungsantrages eines Elternteils** bedarf – sofern nicht die Voraussetzungen des § 1666 BGB erfüllt sind.[21] Dieses in den Gesetzesmaterialien[22] ausdrücklich hervorgehobene Erfordernis steht im Einklang mit dem der Reform der freiwilligen Gerichtsbarkeit zu Grunde liegenden Bestreben, konfliktvermeidende und konfliktlösende Elemente im familiengerichtlichen Verfahren zu etablieren.[23] Ein dahingehendes Verständnis wird der in Art. 6 Abs. 2 Satz 1 GG garantierten Elternautonomie[24] gerecht und dient zugleich dem Kindeswohl, da von den Eltern eigenverantwortlich getroffene Konfliktlösungen den Bedürfnissen der jeweiligen Trennungsfamilie häufig besser gerecht werden, oft eine größere Akzeptanz schaffen, meist nachhaltiger sind und die Eltern zur Vornahme notwendiger Anpassungen befähigen.[25] Hierfür spricht insbesondere, dass nach zutreffender Ansicht auch die erstmalige Einleitung eines Umgangsverfahrens von Amts wegen grundsätzlich nur in Betracht kommt, wenn eine Gefährdung des Kindeswohls i.S.d. § 1684 Abs. 4 Satz 2 BGB vorliegt und nicht bereits dann, wenn das Gericht lediglich eine andere als die von den Eltern gelebte und bislang nicht titulierte Umgangsgestaltung für das Kindeswohl als vorteilhafter ansieht.[26] Es wäre nicht nachvollziehbar, wenn das Familiengericht bei der Entscheidung über die Einleitung eines Abänderungsverfahrens an die autonome Entscheidung der Eltern in geringerem Maße gebunden wäre, obwohl es im Vorverfahren auch nach eigener Sachprüfung zu dem Ergebnis gelangte, dass die Vereinbarung dem Wohl des Kindes nicht widerspricht. Schließlich ist zu beachten, dass die Vollstreckung eines gerichtlichen Billigungsbeschlusses regelmäßig scheitern wird, wenn die Eltern einvernehmlich, ohne dadurch das Wohl des Kindes zu gefährden, Anpassungen des Umgangs vornehmen.[27]

Dasselbe gilt für Verfahren nach § 1671 Abs. 1 Satz 2 Nr. 1 BGB, weil hier die elterliche Sorge auf einer gemeinsamen Elternentscheidung beruht.[28]

Die **örtliche Zuständigkeit** ist nach den §§ 152 ff. FamFG neu zu bestimmen. Ist das mit 12
der Entscheidung über die Notwendigkeit einer Abänderung zunächst befasste Gericht hiernach nicht zuständig, muss es das (nunmehr) zuständige Gericht über die seiner Ansicht nach bestehende Notwendigkeit der Einleitung eines solchen Verfahrens in Kenntnis setzen (siehe *Keuter*, § 152 FamFG Rn. 14 ff.; siehe unten Rn. 18).

In dem Verfahren gilt der Amtsermittlungsgrundsatz (§ 26 FamFG) und es hat eine umfas- 13
sende Kindeswohlprüfung zu erfolgen. Während in Verfahren nach § 1696 Abs. 1 BGB die „Anregung" eines Elternteils ohne Erfolg bleibt, wenn die Abänderungsschwelle nicht erreicht ist, so kann die Fortdauer von kindesschutzrechtlichen Maßnahmen nicht damit begründet werden, dass die Eltern das Fehlen einer – vormals gegebenen – Gefährdungssituation nicht substantiiert vorgetragen bzw. nachgewiesen hätten.[29] Denn Eingriffe in diesem

19 OLG Brandenburg FamRZ 2015, 1993; OLG Frankfurt ZKJ 2015, 275, OLG Frankfurt NJW-RR 2024, 623; OLG Hamburg BeckRS 2022, 31470; OLG Frankfurt NJOZ 2022, 1123
20 Staudinger/*Coester*, § 1696 Rn. 87
21 MüKo-FamFG/*Heilmann*, § 166 Rn. 15; Staudinger/*Coester*, § 1696 Rn. 154; a.A.: *Dürbeck* FamRZ 2021, 201; Prütting/Helms/*Hammer*, § 166 Rn. 11
22 Vgl. BT-Drs. 16/6308, 346
23 Vgl. BT-Drs. 16/6308, 163.
24 Vgl. MüKo-FamFG/*Heilmann*, § 166 Rn. 15
25 MüKo-FamFG/*Schumann*, § 156 Rn. 1
26 Vgl. Staudinger/*Dürbeck*, § 1684 Rn. 175; Johannsen/Henrich/Althammer/*Rake*, § 1684 Rn. 23
27 Vgl. dazu Prütting/Helms/*Hammer*, § 89 Rn. 17a
28 Staudinger/*Coester*, § 1696 Rn. 154
29 Staudinger/*Coester*, § 1696 Rn. 156

Bereich bedürfen auch hinsichtlich ihres Bestandes der fortdauernden Legitimation aus den Kindesinteressen.[30] Eine **Feststellungslast gibt es insoweit nicht**.[31]

14 Der **Beschleunigungsgrundsatz** (§ 155 FamFG) ist in diesen Verfahren ebenso zu beachten, wie die Vorschrift des § 158 FamFG zum **Verfahrensbeistand** und die **Anhörungs- und Beteiligungsvorschriften**. Wird zunächst vom Gericht zu prüfen sein, ob eine wesentliche Änderung tatsächlich eingetreten ist, so sollte mit der Bestellung des Verfahrensbeistandes abgewartet oder zumindest vor der Bestellung insoweit rechtliches Gehör gewährt werden (vgl. *Keuter*, § 158 FamFG, Rn. 14). Ebenso kann von einzelnen Verfahrenshandlungen, z.B. einer Kindesanhörung, abgesehen werden, wenn z.B. das Abänderungsverfahren nach dem Vorbringen des Vaters eingeleitet wurde, aber bereits nach dem Bericht des Jugendamtes und einem Anhörungstermin mit den Eltern zur Überzeugung des Gerichts feststeht, dass die Abänderungsvoraussetzungen nicht gegeben sind. Während des Abänderungsverfahrens können einstweilige Anordnungen nach Maßgabe der §§ 49 ff. FamFG erlassen werden. Zudem kann gemäß § 93 Abs. 1 Nr. 4 FamFG die Vollstreckung der zu überprüfenden Entscheidung einstweilen eingestellt oder beschränkt werden.

II. Überprüfungsverfahren bei Maßnahmen (Abs. 2)

1. Kinderschutzrechtliche Maßnahmen von längerer Dauer

15 Eine länger andauernde kinderschutzrechtliche Maßnahme, die von Amts wegen geändert werden kann, muss regelmäßig **von Amts wegen** durch das Gericht daraufhin überprüft werden, ob ihre Anordnung noch notwendig ist. Kindesschutzrechtliche Maßnahmen i.S.d. § 166 Abs. 2 FamFG sind solche Maßnahmen, die nach **§§ 1666, 1666a, 1667, 1684 Abs. 4**[32] **BGB** angeordnet werden, insbesondere der Entzug der elterlichen Sorge oder von Teilen hiervon.[33] Auf die Eingriffsintensität der kindesschutzrechtlichen Maßnahme kommt es dabei nicht an.[34] Da diese Überprüfungspflicht nur für Maßnahmen gilt, die von Amts wegen abänderbar sind, erstreckt sie sich nicht auf Verbleibensanordnungen bzw. Dauerverbleibensanordnungen nach § 1632 Abs. 4 BGB. Denn diese können nach § 1696 Abs. 3 BGB nicht von Amts wegen, sondern nur noch auf Antrag der Eltern geändert werden, damit der dauerhafte Aufenthalt des Kindes nicht durch ein Tätigwerden des Gerichts ohne entsprechendes Begehren der aufenthaltsbestimmungsberechtigten Eltern in Frage gestellt wird.[35]

Die Maßnahmen, welche von Amts wegen geändert werden können, müssen sich über einen **längeren Zeitraum erstrecken**. Darunter sind alle Maßnahmen zu verstehen, die ihrer Natur nach über einen längeren Zeitraum tatsächliche und rechtliche Wirkung entfalten. Hieran wird es fehlen, wenn sich die Maßnahme mit der einmaligen Befolgung erledigt (z.B. Vorstellen beim Kinderarzt) oder in der Ersetzung einer einzelnen Erklärung (Unterzeichnung eines Vertrages mit einer Kinderbetreuungseinrichtung; § 1666 Abs. 3 Nr. 5 BGB) liegt. Maßnahmen, **die weniger als drei Monate** andauern, sind jedenfalls nicht „von längerer Dauer".[36]

30 Staudinger/*Coester*, § 1696 Rn. 156
31 Staudinger/*Coester*, § 1696 Rn. 156; anders OLG Frankfurt FamRZ 2013, 1238
32 Vgl. EGMR FamRZ 2017, 891; BVerfG ZKJ 2016, 457 Rn. 38
33 OLG Frankfurt ZKJ 2014, 292
34 MüKo-FamFG/*Heilmann*, § 166 Rn. 19
35 Vgl. BT-Drs. 19/26107, 131, 133
36 MüKo-FamFG/*Heilmann*, § 166 Rn. 18

2. Angemessener Zeitraum

Das Familiengericht trifft eine **wiederkehrende Überprüfungspflicht** (anders als bei Abs. 3, siehe unten Rn. 19 ff.), solange die Maßnahme andauert. In welchen Zeitabständen eine Überprüfung angezeigt ist, liegt im pflichtgemäßen **Ermessen des Gerichts** und wird sich an 16

- Art und Anlass der Maßnahme,
- dem Alter des Kindes sowie
- dem Zeitrahmen, der benötigt wird, um Erfolg oder Misserfolg einer jugendhilferechtlichen Maßnahme beurteilen zu können,

orientieren und auch von der Einschätzung des Gerichts hinsichtlich der **Wahrscheinlichkeit einer Besserung der Situation** des Kindes abhängen.[37]

Dabei ist einerseits dem Gesichtspunkt Rechnung zu tragen, dass sich alle Beteiligten, insbesondere das Kind ggf. an eine neue Lebenssituation gewöhnen und sich möglicherweise auf veränderte Umstände einstellen müssen. Diese Entwicklung wird möglicherweise durch ein erneutes Überprüfungsverfahren gestört. Andererseits muss gerade bei kleinen Kindern und intensiven Eingriffen wie einer Fremdplatzierung davon ausgegangen werden, dass neue Bindungen entstehen, deren Abbruch eine erneute Kindeswohlgefährdung nach sich ziehen kann. Orientiert an Abs. 3 sollte die Überprüfung nach Abs. 2 **frühestens nach drei Monaten und spätestens nach zwei Jahren** erfolgen.[38] Länger als zwei Jahre abzuwarten, kann nur in Ausnahmefällen gerechtfertigt sein.[39]

3. Durchführung/Verfahrensrechtliche Besonderheiten

Das Überprüfungsverfahren nach § 166 Abs. 2 FamFG stellt ein **spezielles Verfahren** dar, welches allein auf die Beantwortung der Frage ausgerichtet ist, ob ein Abänderungsverfahren nach Abs. 1 mit dem Ziel der Änderung der Entscheidung nach §§ 1666, 1666a BGB eingeleitet werden muss, und setzt das ursprüngliche Verfahren fort.[40] Es wird regelmäßig von Amts wegen vom Ursprungsrichter eingeleitet und ein entsprechender Antrag stellt eine Anregung i.S.d. § 24 FamFG dar. Abweichendes gilt jedoch bei Abänderung eines gerichtlichen Billigungsbeschlusses nach § 156 Abs. 2 FamFG (vgl. Rn. 10). Die **örtliche Zuständigkeit** des Überprüfungsgerichts ist mit Blick auf § 152 jedoch eigenständig zu bestimmen und kann von derjenigen für die Erstentscheidung abweichen.[41] In diesem Fall ist das Überprüfungsverfahren entsprechend § 3 FamFG an das örtliche zuständige Gericht zu verweisen.[42] 17

Im Überprüfungsverfahren sollten **alle Erkundigungen** eingeholt werden, die dem Gericht die Beantwortung der Frage, ob ein Abänderungsverfahren eizuleiten ist oder nicht, ermöglichen.[43] Der Umfang der Erkundigungen liegt im pflichtgemäßen Ermessen des Gerichts.

37 Prütting/Helms/*Hammer*, § 166 FamFG Rn. 16

38 So auch MüKo-FamFG/*Heilmann*, § 166 Rn. 20; Musielak/Borth-FamFG/*Frank*, § 166 FamFG Rn. 4, schlagen eine Überprüfung nach sechs bis zwölf Monaten bei einer Herausnahme des Kindes aus dem elterlichen Haushalt vor, wenn nicht auszuschließen ist, dass sich die maßgeblichen Verhältnisse bei den Eltern alsbald wieder beruhigen

39 PK Familienverfahrensrecht/*Meysen*, § 166 FamFG Rn. 5

40 Musielak/Borth-FamFG/*Frank*, § 166 FamFG Rn. 5; OLG Karlsruhe BeckRS 2023, 45726

41 Vgl. BGH FamRZ 1992, 170; Musielak/Borth/*Frank*, § 166 Rn. 5

42 MüKo-FamFG/*Heilmann*, § 166 Rn. 21; Prütting/Helms/*Hammer*, FamFG, 6. Aufl., § 166 Rn. 17; siehe OLG Schleswig, 8F AR 5/24

43 Vgl. BVerfG ZKJ 2016, 457 Rn. 39

Dies umfasst insbesondere die **Einholung einer Stellungnahme beim Jugendamt** und ggf. beim Vormund oder Pfleger und kann sich auch hierin erschöpfen.[44]

18 Gelangt das Gericht hiernach zu dem **Ergebnis**, dass hinreichende Anhaltspunkte für das Vorliegen von Abänderungsgründen bestehen, so leitet es ein **Abänderungsverfahren gemäß § 166 Abs. 1 FamFG ein** (siehe hierzu oben Rn. 10). Ergeben sich diese aus Sicht des Gerichts hingegen nicht, endet das Überprüfungsverfahren mit einem entsprechenden **Vermerk in den Akten**, dessen Inhalt den Eltern, dem Jugendamt, ggf. dem Vormund oder Pfleger und den Pflegeeltern und dem verfahrensfähigen Kind **zur Kenntnis** zu bringen ist und ohne eine darüberhinausgehende Veranlassung durch das Gericht. Gegen die Entscheidung kein Verfahren einzuleiten, kann Beschwerde eingelegt werden, wenn eine Verletzung in subjektiven Rechten gegeben ist.[45] Ausführlich hierzu siehe oben Rn. 10.

Hat das Kind zwischenzeitlich seinen gewöhnlichen Aufenthaltsort gewechselt, sollte ein Vermerk mit der Anregung der Einleitung eines Abänderungsverfahrens an das neue Gericht des gewöhnlichen Aufenthalts übermittelt werden.

III. Überprüfungsverfahren bei Absehen von Maßnahmen (Abs. 3)

1. Absehen von Maßnahmen nach §§ 1666 bis 1667 BGB

19 Das Gericht trifft auch dann eine – einmalige – Überprüfungspflicht, wenn es von Maßnahmen nach den §§ 1666 bis 1667 BGB abgesehen hat. Das vorangegangene Verfahren muss jedoch abgeschlossen sein (siehe Rn. 6). Wurde es nur (faktisch) ruhend gestellt (wovon allerdings abzusehen ist), so ist das Ausgangsverfahren fortzuführen. Mit der Überprüfungspflicht nach Abs. 3 FamFG soll ausgeschlossen werden, dass eine zum Handeln Anlass gebende **Kindeswohlgefährdung übersehen wurde** oder nunmehr – im Vergleich zum Ausgangsverfahren – ein familiengerichtliches Einschreiten geboten ist, weil die Schwelle zur Kindeswohlgefährdung überschritten wird. Überprüft werden kann auch, ob die Eltern ihnen angebotene Hilfen nach dem SGB VIII angenommen haben bzw. ob eine in Aussicht gestellte Kooperation mit dem Jugendamt funktioniert. Die Regelung des Abs. 3 ermutigt das Familiengericht damit zu einem förmlichen Abschluss des Kindesschutzverfahrens. Eines beobachtenden Zuwartens bedarf es nicht.

20 Wurde im Ausgangsverfahren von der Einleitung von Maßnahmen zur Abwendung einer Kindeswohlgefährdung abgesehen, weil ganz offensichtlich und eindeutig eine solche nicht bestand, kann von einer Überprüfung abgesehen werden.

2. Angemessener Zeitabstand

21 Das Gesetz nennt als angemessenen Zeitabstand bereits die Dauer von **drei Monaten als Regelfall**. Dieser Zeitraum kann auch über- oder unterschritten werden, sollte jedoch nur in begründeten Einzelfällen von der im Gesetz vorgegebenen Frist abweichen.[46]

3. Häufigkeit

22 Im Gegensatz zu Abs. 2 sieht Abs. 3 nach seinem Wortlaut nur eine einmalige Überprüfung vor.[47]

Unabhängig hiervon bleibt das Jugendamt gleichwohl in der Pflicht, im Rahmen seiner Funktion als staatlicher Wächter, mit der Familie in Kontakt zu bleiben und ihr ggf. Hilfen

44 Müko-FamFG/*Heilmann*, § 166 Rn. 22; OLG Karlsruhe BeckRS 2023, 45726
45 OLG Frankfurt ZKJ 2015, 275
46 MüKo-FamFG/*Heilmann*, § 166 Rn. 28
47 Keine „Dauerkontrolle": BT-Drs. 16/8914, 12

anzubieten, sofern es dies als notwendig erachtet. Auch kann es jederzeit mit Blick auf § 8a Abs. 2 SGB VIII ein neues Verfahren anregen, wenn sich die Situation in der Familie aus seiner Sicht verschlechtert.

▶ *Zur Zuständigkeit und zum Verfahren siehe Rn. 17 f.*

IV. Gerichtliche Entscheidung

Die Entscheidung über die Abänderung nach Absatz 1 ergeht durch Beschluss (§ 38 FamFG), der nach §§ 58 ff. FamFG anfechtbar ist. Es bedarf einer instanzabschließenden Sachentscheidung, die auch in der Feststellung liegen kann, dass derzeit keine Gründe für eine Änderung des Status quo gegeben sind. Der **Tenor** lautet dann: „Es wird festgestellt, dass der Beschluss/der gerichtlich gebilligte Vergleich des Familiengerichts … vom … nicht abzuändern ist."[48] **23**

Das Ergebnis der Überprüfung nach den Abs. 2 und 3 wird jeweils als gerichtlicher Vermerk in den Akten festgehalten (siehe Rn. 16).[49] Die Entscheidung, dass ein Verfahren nach Abs. 1 eingeleitet wird, kann auch durch Beschluss ergehen oder durch ein entsprechendes Tätigwerden des Gerichts nach außen dokumentiert werden. **24**

▶ *Zur Frage der Anfechtbarkeit der Entscheidung, ob ein Verfahren eingeleitet wird oder nicht siehe Kischkel, § 58 FamFG Rn. 3.*

V. Kosten, Verfahrenswert, Verfahrenskostenhilfe

Auch hier ist zu trennen, zwischen der Vorfrage, ob ein Abänderungsverfahren eingeleitet wird (= Überprüfungsverfahren ohne kostenrechtliche Relevanz) und dem sich – möglicherweise – anschließenden Abänderungsverfahren. **25**

Das Verfahren nach § 166 Abs. 1 FamFG gilt gemäß § 31 Abs. 2 Satz 1 FamGKG als besonderes Verfahren im kostenrechtlichen Sinne, nicht aber die Überprüfungsverfahren nach § 166 Abs. 2 und 3 FamFG, § 31 Abs. 2 Satz 2 FamGKG, die auch nach der Aktenordnung nicht als eigenständiges Verfahren zu behandeln sind.[50] Hinsichtlich der Rechtsanwaltsgebühren handelt es sich beim Abänderungsverfahren um eine neue Angelegenheit, für die der Rechtsanwalt Gebühren fordern kann;[51] nach den obigen Ausführungen nicht aber für das Überprüfungsverfahren.[52] **26**

Auf Verfahren, die auf die **Abänderung** bereits ergangener Sorgerechtsentscheidungen abzielen (§ 1696 BGB), ist § 45 Abs. 1 Nr. 1 FamGKG anzuwenden, das heißt im Regelfall beträgt der Verfahrenswert 5.000 Euro.[53] **27**

Verfahrenskostenhilfe ist zwar nicht für das Überprüfungsverfahren,[54] jedoch in Abänderungsverfahren zu bewilligen, sofern die Voraussetzungen des § 76 FamFG vorliegen.[55] **28**

▶ *Gottschalk, § 76 FamFG Rn. 1 ff.*

48 OLG Frankfurt FamRZ 2013, 1238
49 *Heilmann*, NJW 2013, 16, 20
50 OLG Frankfurt FamRZ 2016, 926
51 Prütting/Helms/*Dürbeck*, § 166 FamFG Rn. 23
52 OLG Brandenburg FamRZ 2018, 368; Prütting/Helms/*Dürbeck*, § 166 FamFG Rn. 23; a.A.: *N. Schneider*, NzFam 2016, 517.
53 BeckOK-Streitwert/*Dürbeck*, Sorgerechtsverfahren, Rn. 5c
54 OLG Brandenburg FamRZ 2018, 368; OLG Frankfurt FamRZ 2016, 926) OLG Karlsruhe, Beschl. v. 24.10.2024, Az. 5 WF 107/24; OLG Frankfurt NJW-RR 2024, 1261
55 OLG Naumburg FUR 2012, 206; zu den Voraussetzungen der Erfolgsaussicht: OLG Brandenburg FamRZ 2018, 1159

C. Übersicht: Überprüfungs- und Abänderungsverfahren

29 *Übersicht: Überprüfungs- und Abänderungsverfahren*

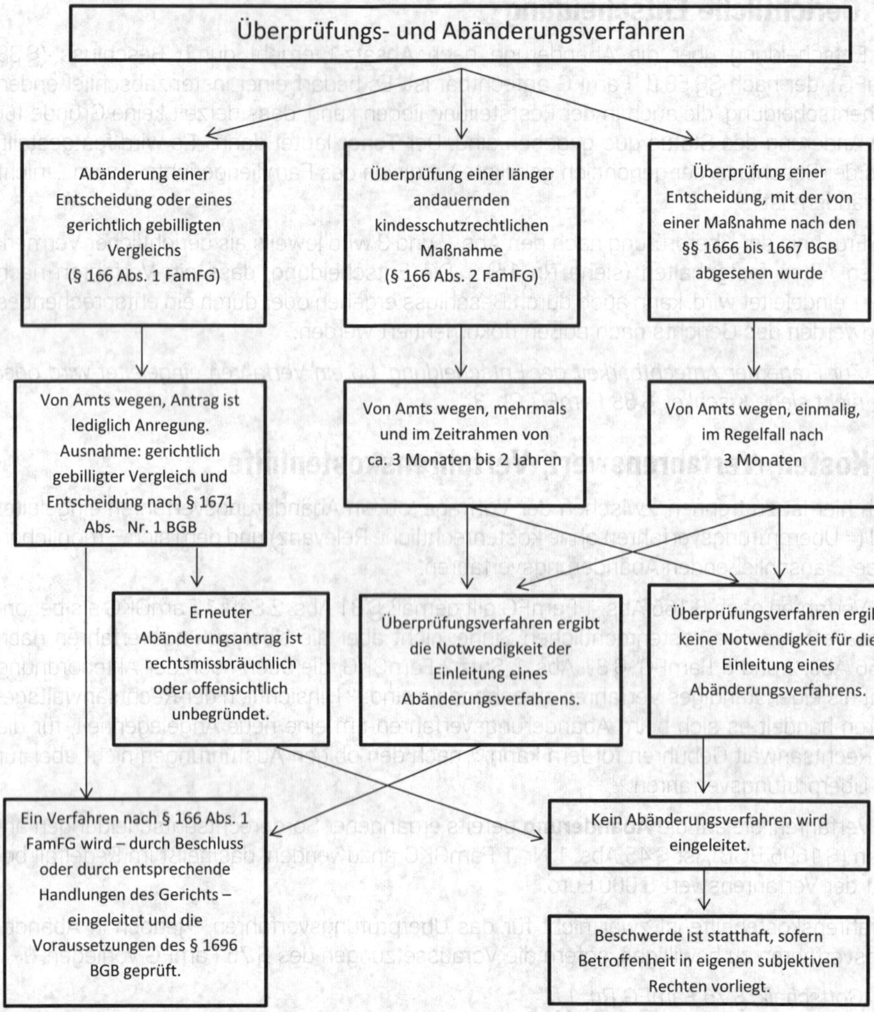

§ 167 FamFG

Anwendbare Vorschriften bei Unterbringung Minderjähriger

(1) [1]In Verfahren nach § 151 Nummer 6 sind die für Unterbringungssachen nach § 312 Nummer 1 und 2, in Verfahren nach § 151 Nummer 7 die für Unterbringungssachen nach § 312 Nummer 4 geltenden Vorschriften anzuwenden. [2]An die Stelle des Verfahrenspflegers tritt der Verfahrensbeistand. [3]Die Bestellung eines Verfahrensbeistands ist stets erforderlich.

(2) Ist für eine Kindschaftssache nach Absatz 1 ein anderes Gericht zuständig als dasjenige, bei dem eine Vormundschaft oder eine die Unterbringung erfassende Pflegschaft für den Minderjährigen eingeleitet ist, teilt dieses Gericht dem für das Verfahren nach Absatz 1 zu-

ständigen Gericht die Anordnung und Aufhebung der Vormundschaft oder Pflegschaft, den Wegfall des Aufgabenbereichs Unterbringung und einen Wechsel in der Person des Vormunds oder Pflegers mit; das für das Verfahren nach Absatz 1 zuständige Gericht teilt dem anderen Gericht die Unterbringungsmaßnahme, ihre Änderung, Verlängerung und Aufhebung mit.

(3) Der Betroffene ist ohne Rücksicht auf seine Geschäftsfähigkeit verfahrensfähig, wenn er das 14. Lebensjahr vollendet hat.

(4) In den in Absatz 1 Satz 1 genannten Verfahren sind die Elternteile, denen die Personensorge zusteht, der gesetzliche Vertreter in persönlichen Angelegenheiten sowie die Pflegeeltern persönlich anzuhören.

(5) Das Jugendamt hat die Eltern, den Vormund oder den Pfleger auf deren Wunsch bei der Zuführung zur Unterbringung zu unterstützen.

(6) [1]In Verfahren nach § 151 Nr. 6 und 7 soll der Sachverständige Arzt für Kinder- und Jugendpsychiatrie und -psychotherapie sein. [2]In Verfahren nach § 151 Nr. 6 kann das Gutachten auch durch einen in Fragen der Heimerziehung ausgewiesenen Psychotherapeuten, Psychologen, Pädagogen oder Sozialpädagogen erstattet werden. [3]In Verfahren der Genehmigung freiheitsentziehender Maßnahmen genügt ein ärztliches Zeugnis; Satz 1 gilt entsprechend.

(7) Die freiheitsentziehende Unterbringung und freiheitsentziehende Maßnahmen enden spätestens mit Ablauf von sechs Monaten, bei offensichtlich langer Sicherungsbedürftigkeit spätestens mit Ablauf von einem Jahr, wenn sie nicht vorher verlängert werden.

Übersicht

A. Allgemeines

1 Die Norm enthält besondere Verfahrensvorschriften für die zivilrechtlichen und für die öffentlich-rechtlichen Unterbringungen und freiheitsentziehenden Maßnahmen Minderjähriger. Damit soll der Grundrechtsgarantie des Art. 104 Abs. 1 Satz 1 GG Rechnung getragen werden. Nach Art. 104 Abs. 1 Satz 1 GG darf das Recht des Kindes auf persönliche Freiheit (Art. 2 Abs. 2 Satz 2 GG) nur auf Grund eines förmlichen Gesetzes und nur unter Beachtung der darin vorgeschriebenen Formen beschränkt werden. Der Inhalt und die Reichweite der Formvorschriften sind von den Gerichten stets so auszulegen, dass sie eine der Bedeutung des Grundrechts angemessene Wirkung entfalten, schon um einer Aushöhlung und Entwertung des Rechts des Kindes auf persönliche Freiheit über das Verfahrensrecht entgegenzuwirken.[1]

2 Mit dem Gesetz zur Einführung eines familiengerichtlichen Genehmigungsvorbehaltes für freiheitsentziehende Maßnahmen bei Kindern vom 17.7.2017[2] wurde nun neben der materiell-rechtlichen Vorschrift des § 1631b Abs. 2 BGB auch § 167 Abs. 1, 6 und 7 FamFG insoweit geändert, als der Genehmigungsvorbehalt auch für freiheitsentziehende Maßnahmen während einer Unterbringung eingeführt wurde. Bisher stand die Entscheidung über die Vornahme in der Verantwortung der sorgeberechtigten Eltern des betroffenen Kindes.[3] Mit der Einführung der jetzigen Regelungen wollte der Gesetzgeber dem Umstand Rechnung tragen, dass freiheitsentziehende Maßnahmen mindestens ebenso schwerwiegend und belastend sein können wie eine geschlossene Unterbringung. Ferner sollte die mehrpolige Grundrechtssituation – einerseits das Recht des Kindes auf Leben, körperliche Unversehrtheit und Freiheit (Art. 2 Abs. 2 Satz 1, Satz 2 GG) und anderseits das Recht der Eltern auf Pflege und Erziehung ihres Kindes (Art. 6 Abs. 2 Satz 1 GG) zu gewährleisten – gelöst sowie ein Gleichlauf des Kinderschutzes und des Erwachsenenschutzes gewährleistet werden, da im Betreuungsrecht nach § 1831 Abs. 4 BGB bereits ein Genehmigungserfordernis für freiheitsentziehende Maßnahmen besteht.[4]

---

1 BVerfG NJW 2007, 3560, 3561
2 BGBl. I 2017 S. 2424, in Kraft seit 1.10.2017
3 BGH FamRZ 2013, 1646; OLG Frankfurt FamRZ 2013, 1225
4 BT-Drs. 18/11278, 10

B. Inhalt der Norm

Die Norm enthält Sonderregelungen für das Unterbringungsverfahren und das Verfahren zur Genehmigung freiheitsentziehender Maßnahmen außerhalb des Elternhauses bei Minderjährigen. Da die Genehmigung wie auch die Anordnung der geschlossenen Unterbringung und die Genehmigung freiheitsentziehender Maßnahmen Kindschaftssachen nach § 151 FamFG sind, gelten die allgemeinen Vorschriften für Verfahren in Kindschaftssachen, soweit nicht die Sonderregelungen des § 167 FamFG greifen.[5] Ein Verständnis der Regelung des § 167 FamFG als abschließende Norm würde bedeuten, dass die Rechte des Kindes, die sich u.a. aus den §§ 155 ff. FamFG ergeben, verkürzt würden, obwohl die geschlossene Unterbringung und die Anwendung von freiheitsentziehenden Maßnahmen besonders schwere Eingriffe in das Recht des Kindes auf persönliche Freiheit (Art. 2 Abs. 2 Satz 2 GG) darstellen. Soweit Vorschriften des Allgemeinen Teils zur Anwendung kommen, sind grundsätzlich diejenigen für Familiensachen anzuwenden.[6] Demgegenüber betrachtet der BGH in einer Entscheidung aus dem Jahre 2012 § 167 FamFG in Bezug auf die Fälle i.S.d. § 151 Nr. 6 FamFG als abschließende Regelung, will aber im Hinblick auf die besondere Bedeutung des Kindeswohls die Wertungen der §§ 155 ff. FamFG bei der Auslegung des § 167 FamFG dann doch berücksichtigt wissen.[7] In einer anderen Entscheidung aus demselben Jahr, wie auch in neuerlichen Entscheidungen, wendet der BGH aber einzelne Normen der §§ 155 ff. FamFG wiederum direkt an.[8] 3

I. Verfahren nach § 151 Nr. 6 FamFG

Für Verfahren nach § 151 Nr. 6 FamFG, die die Genehmigung der Unterbringung und freiheitsentziehender Maßnahmen des Kindes nach § 1631b BGB, die Anordnung von Unterbringungsmaßnahmen nach § 1867 BGB sowie die Genehmigung der Unterbringung des Kindes durch den Vormund nach § 1795 Abs. 1 Satz 3 i.V.m. § 1631b BGB und durch den Pfleger nach § 1813 Abs. 1 i.V.m. § 1795 Abs. 1 Satz 3 i.V.m. § 1631b BGB betreffen, sind die für die genehmigungspflichtige Unterbringung Erwachsener geltenden Vorschriften der §§ 312 Nr. 1 und Nr. 2 FamFG – mit einigen Besonderheiten – als Sondervorschriften anzuwenden. 4

1. Einleitung des Verfahrens

Das Verfahren kann von Amts wegen oder durch Antrag eingeleitet werden.[9] Der gesetzliche Vertreter bzw. die gesetzlichen Vertreter – die das Aufenthaltsbestimmungsrecht und die Gesundheitssorge für das Kind haben –[10] müssen jedoch zu erkennen geben, dass sie die Genehmigung für die Unterbringung des Kindes oder die freiheitsentziehende Maßnahme für das Kind wünschen; eine Anregung allein durch eine Einrichtung oder das Jugendamt reicht nicht aus.[11] 5

5 Der Gesetzgeber hat sich diesbezüglich nicht eingelassen
6 Jox/Fröschle/*Bartels*, § 312 FamFG Rn. 13
7 BGH ZKJ 2013, 74, 75 unter Bezugnahme auf MüKo-FamFG/*Heilmann*, § 167 Rn. 5. Auf die jeweiligen Regelungen der einschlägigen Landesgesetze geht der BGH in seiner Entscheidung nicht ein.
8 BGH ZKJ 2012, 444, 445; Beschl. v. 9.10.2024 – XII ZB 253/24, Rn. 13, juris; Beschl. v. 6.11.2024 – XII ZB 368/24, Rn. 11, juris
9 BT-Drs. 18/11278, 16; OLG Dresden FamRZ 2017, 621
10 OLG Naumburg ZKJ 2008, 519; AG Düren, Beschl. v. 2.10.2012 – 23 F 274/12, juris; vgl. BVerfG FamRZ 2014, 1177; FamRZ 2013, 767; anders noch BVerfG FamRZ 2007, 1627 für geschlossene Unterbringung; a.A. die – auch bei freiheitsentziehenden Maßnahmen, wie Medikamentengabe – die Inhaberschaft des Aufenthaltsbestimmungsrechts genügen lässt: OLG Bremen FamRZ 2013, 1227; Grüneberg/*Götz*, § 1631b BGB Rn. 7; Prütting/Helms/*Hammer*, § 167 FamFG Rn. 8
11 BVerfG NJW 2007, 3560, 3561 f.; vgl. Arbeitsgruppe familienrechtliche Gutachten, FamRZ 2021, 654, 656

Fehlt es an der Willensäußerung des oder der gesetzlichen Vertreter, kann das Verfahren nicht durchgeführt werden, denn das Gericht genehmigt lediglich die Entscheidung des oder der gesetzlichen Vertreter.[12] Die Beendigung des Verfahrens ist dann durch Beschluss festzustellen. Gegebenenfalls kann aber von Amts wegen ein Verfahren nach § 1666 BGB eingeleitet werden,[13] was dann aber kein Unterbringungsverfahren mit den Verfahrensvorschriften des § 167 FamFG darstellt, oder eine Unterbringungsmaßnahme nach dem öffentlichen Landesrecht geprüft werden.

6 Sind beide Elternteile des Kindes in den genannten Bereichen sorgeberechtigt, so können sie nur gemeinsam über die Frage der Unterbringung entscheiden. Allein die Entscheidung nur eines Sorgeberechtigten genügt dann nicht. Können sich die gemeinsam sorgeberechtigten Eltern über eine Unterbringung des Kindes oder eine freiheitsentziehende Maßnahme gegenüber dem Kind nicht einigen, kommt eine gerichtliche Entscheidung nach § 1628 BGB in Betracht[14] – oder wiederum die Anwendung des öffentlichen Landesrechts.

2. Zuständigkeit

7 **Sachlich** zuständig ist das Familiengericht, da es sich bei der Genehmigung der Unterbringung oder der freiheitsentziehenden Maßnahme um eine Kindschaftssache handelt (vgl. § 23a Abs. 1 Satz 1, § 23b GVG).[15]

Welches Gericht **örtlich ausschließlich** zuständig ist, richtet sich nach § 167 Abs. 1 Satz 1 i.V.m. § 313 Abs. 1, Abs. 2 FamFG.

8 Für das **Hauptsacheverfahren** gilt nach § 313 Abs. 1 FamFG folgende Rangfolge:

- Nr. 1: das Gericht, bei dem ein Verfahren zur Bestellung eines Vormunds eingeleitet oder das Vormundschaftsverfahren anhängig ist bzw. war; d.h. ist ein Vormund bereits bestellt, ist das Gericht der Bestellung zuständig,[16]
- Nr. 2: das Gericht, in dessen Bezirk der gewöhnliche Aufenthalt des Kindes liegt,
- Nr. 3: das Gericht, in dessen Bezirk das Bedürfnis für die Unterbringungsmaßnahme oder freiheitsentziehende Maßnahme hervortritt; ist das Kind bereits in einer (geschlossenen) Einrichtung, gibt die Einrichtung den Ausschlag,[17]
- Nr. 4: das Amtsgericht Schöneberg in Berlin, wenn das Kind deutsch ist.

9 Für das **einstweilige Anordnungsverfahren** und **einstweilige Maßregeln** nach § 1867 BGB ist nach § 313 Abs. 2 FamFG **auch** das Gericht zuständig, in dessen Bezirk das Bedürfnis für die Unterbringungsmaßnahme oder freiheitsentziehende Maßnahme bekannt wird. Zur Vermeidung doppelter Verfahren soll dem Gericht, welches nach § 313 Abs. 1 Nr. 1, Nr. 2 FamFG in der Hauptsache zuständig ist bzw. wäre, Mitteilung gemacht werden. Ist bereits parallel ein Hauptsacheverfahren eingeleitet worden, ist die Sonderzuständigkeit nach § 313 Abs. 2 FamFG subsidiär und tritt neben die bestehenbleibende oder parallel begründete Zuständigkeit des Hauptsachegerichts. Lehnen beide Gerichte ein Tätigwerden unter Hinweis auf die gleichzeitig bestehende Zuständigkeit des jeweils anderen Gerichts ab, gebührt der Vorrang dem Gericht, das zeitlich als erstes tätig geworden ist (§ 2 Abs. 1 FamFG).

10 **Funktionell** zuständig ist der Richter, Art. 104 Abs. 2 Satz 1 GG.[18]

---

12 OLG Frankfurt, FamRZ 2015, 2070, 2071; *Fink*, FS Salgo, 137, 156
13 BVerfG NJW 2007, 3560, 3562; OLG Naumburg ZKJ 2008, 519; MüKo-FamFG/*Heilmann*, § 167 Rn. 9
14 OLG Oldenburg FamRZ 2019, 203 für freiheitsentziehende Maßnahmen
15 Hierzu MüKo-FamFG/*Heilmann*, § 151 Rn. 3
16 Vgl. BT-Drs. 16/6308, 272 f.; OLG Brandenburg FamRZ 2010, 2019, 2020
17 Jox/Fröschle/*Bartels*, § 313 FamFG Rn. 4; vgl. MüKo-FamFG/*Heilmann*, § 167 Rn. 7
18 Hierzu MüKo-FamFG/*Heilmann*, § 151 Rn. 46

3. Abgabe an ein anderes Gericht (§ 4 und § 314 FamFG)

Eine Abgabe ist nach § 4 FamFG aus wichtigem Grund möglich, wenn sich das andere Gericht zur Übernahme bereit erklärt hat. 11

Ferner ist eine Abgabe nach § 167 Abs. 1 Satz 1 i.V.m. § 314 FamFG möglich, wenn sich das Kind im Bezirk des anderen Gerichts aufhält und die Unterbringungsmaßnahme oder freiheitsentziehende Maßnahme dort vollzogen werden soll. Das Gericht hat über eine Abgabe nach pflichtgemäßem Ermessen zu entscheiden und muss in seine Entscheidung beispielsweise einbeziehen, dass das Gericht des gewöhnlichen Aufenthalts des Kindes eher die bisherigen Lebensverhältnisse des Kindes ermitteln kann.[19] 12

4. Mitteilungspflicht (§ 167 Abs. 2 FamFG)

Bei einem Auseinanderfallen des Gerichts, bei dem das Unterbringungsverfahren oder das Verfahren zur Genehmigung freiheitsentziehender Maßnahmen anhängig ist, und des Gerichts, bei dem ein Vormundschaftsverfahren bzw. Pflegschaftsverfahren anhängig ist, bestehen zur Vermeidung widersprüchlicher Entscheidungen wechselseitige Informationspflichten. 13

5. Verfahrensbeteiligte (§ 315, § 167 Abs. 1 Satz 2, Abs. 3 FamFG)

a) Muss-Beteiligte

An dem Unterbringungsverfahren **müssen beteiligt werden**: 14

- das **betroffene Kind** (§ 167 Abs. 1 Satz 1 i.V.m. § 315 Abs. 1 Nr. 1),
- der bzw. die **gesetzliche(n) Vertreter** des Kindes; d.h. die sorgeberechtigten Eltern, der Vormund oder der Pfleger mit entsprechendem Aufgabenkreis (§ 167 Abs. 1 Satz 1 i.V.m. § 315 Abs. 1 Nr. 2 FamFG),
- die **Verfahrensbeiständin** bzw. der **Verfahrensbeistand**, wenn sie bzw. er nach § 167 Abs. 1 Satz 2 i.V.m. § 158 FamFG bestellt worden ist, wobei die Bestellung obligatorisch ist, § 167 Abs. 1 Satz 3 FamFG,
- das **Jugendamt** auf seinen Antrag hin (vgl. § 167 Abs. 1 Satz 1 i.V.m. § 315 Abs. 3 FamFG).

Nach § 167 Abs. 3 FamFG ist das **Kind ab Vollendung des 14. Lebensjahres** ohne Rücksicht auf seine Geschäftsfähigkeit in vollem Umfang verfahrensfähig. Ab diesem Alter hat es alle verfahrensrechtlichen Befugnisse. Insbesondere kann es unter Berücksichtigung des § 13 Abs. 1 FamFG Akteneinsicht nehmen, Anträge stellen und zurücknehmen, Ablehnungsgesuche gegen Richter und Sachverständige vorbringen, Rechtsmittel und Verfassungsbeschwerde[20] einlegen und zurücknehmen und verfahrensrechtliche Erklärungen abgeben, weshalb ihm auch rechtliches Gehör zu gewähren ist. Zustellungen können ihm gegenüber wirksam vorgenommen werden und Rechtsfolgen, u.a. Fristen, in Gang setzen.[21] Vor diesem Hintergrund verlangt das Rechtsstaatsprinzip auch, dass der verfahrensfähige Minderjährige wirksam einen Rechtsanwalt bevollmächtigen und Verfahrenskostenhilfe beantragen kann.[22] Das Kind hat ab Vollendung des 14. Lebensjahres grundsätzlich einen Anspruch auf umfassende Übersendung der zu den Akten gelangenden Schriftstücke, insbesondere auch auf diejenigen eines Gutachtens bzw. ärztlichen Zeugnisses. Dieser An- 15

19 MüKo-FamFG/*Heilmann*, § 167 Rn. 7
20 BVerfG FamRZ 2021, 1725
21 BayObLG FamRZ 2000, 1445
22 MüKo-FamFG/*Heilmann*, § 167 Rn. 35; *Vogel*, ZKJ 2022, 253

spruch kann allenfalls durch § 13 Abs. 1 FamFG und den in § 164 Satz 2 FamFG zum Ausdruck kommenden allgemeinen, kinderschützenden Rechtsgedanken beschränkt werden.[23]

Bei widersprüchlichem Handeln zwischen Minderjährigem und Verfahrensbeistand gelten die allgemeinen Regeln, sodass die Verfahrenshandlungen des verfahrensfähigen Minderjährigen auch in diesem Fall wirksam sind und ein vom Kind eingelegtes Rechtsmittel nur mit dessen Zustimmung zurückgenommen werden kann.[24]

16 Die **Verfahrensbeiständin** bzw. der **Verfahrensbeistand** wird nach § 167 Abs. 1 Satz 2 i.V.m. § 158 FamFG bestellt,[25] wobei die Bestellung obligatorisch ist, § 167 Abs. 1 Satz 3 FamFG. Die Rechtsfolgen der Bestellung richten sich nach den Vorschriften des § 167 Abs. 1 Satz 2 i.V.m. § 158 Abs. 3 bis Abs. 5 FamFG.[26]

17 Voraussetzung für die **Bestellung** der Verfahrensbeiständin ist nach § 158 Abs. 1 FamFG zwar die Erforderlichkeit zur Wahrnehmung der Interessen des Kindes. Da die geschlossene Unterbringung und die freiheitsentziehende Maßnahme einen besonders schweren Eingriff in das Recht des Kindes auf persönliche Freiheit (Art. 2 Abs. 2 Satz 2 GG) darstellen,[27] ist die Bestellung einer Verfahrensbeiständin nunmehr nach § 167 Abs. 1 Satz 3 FamFG **obligatorisch**.

Die Bestellung hat so früh wie möglich zu erfolgen (§ 158 Abs. 1 Satz 2 FamFG), damit die Verfahrensbeiständin auch die Möglichkeit hat, den gebotenen Einfluss auf die Gestaltung und den Ausgang des Verfahrens zu nehmen.[28] Der bestellten Verfahrensbeiständin steht ein eigenes Anhörungsrecht zu.[29] Wird eine Verfahrensbeiständin nicht rechtzeitig bestellt, liegt ein Verfahrensfehler vor.[30]

18 Die Ansprüche auf Vergütung bzw. Auslagenersatz der Verfahrensbeiständin sind in § 158c FamFG geregelt.

▶ *Zur Pauschalierung und dem Auslagenersatz für Kosten eines Dolmetschers näher Keuter, § 158c FamFG Rn. 3 ff., 6 f.*

b) Kann-Beteiligte

19 An dem Unterbringungsverfahren **können** im Interesse des Kindes nach pflichtgemäßem Ermessen **zu beteiligen sein**:

- der **Ehegatte oder Lebenspartner** des Kindes, wenn sie nicht dauerhaft getrennt leben (§ 167 Abs. 1 Satz 1 i.V.m. § 315 Abs. 4 Satz 1 Nr. 1 FamFG),
- die **Eltern**, die aufgrund von Entziehung der elterlichen Sorge oder von Teilen davon nicht die gesetzlichen Vertreter des Kindes sind, wenn das Kind bei ihnen lebt oder bei Einleitung des Verfahrens gelebt hat (§ 167 Abs. 1 Satz 1 i.V.m. § 315 Abs. 4 Satz 1 Nr. 1 FamFG),
- die **Pflegeeltern**, die das Kind bei Verfahrensbeginn in einem tatsächlichen Pflegeverhältnis haben, unabhängig von einem Pflegevertrag oder einer Pflegeerlaubnis nach § 44 Abs. 1 Satz 1 SGB VIII (§ 167 Abs. 1 Satz 1 i.V.m. § 315 Abs. 4 Satz 1 Nr. 1 FamFG),

23 OLG Saarbrücken FamRZ 2021, 684
24 MüKo-FamFG/*Heilmann*, § 167 Rn. 35
25 BT-Drs. 16/6308, 243; BT-Drs. 18/11278, 19; MüKo-FamFG/*Heilmann*, § 167 Rn. 26; Prütting/Helms/*Hammer*, § 167 FamFG Rn. 22
26 MüKo-FamFG/*Heilmann*, § 167 Rn. 26 ff.
27 Vgl. BVerfG NJW 2007, 3560, 3561
28 BVerfG, Kammerbeschl. v. 26.8.1999 – 1 BvR 1403/99, Rn. 26, juris; vgl. BGH FamRZ 2023, 1236; FamRZ 2024, 550 zur rechtzeitigen Bestellung eines Verfahrenspflegers
29 Vgl. BGH FamRZ 2023, 639
30 Vgl. BGH FamRZ 2022, 1132

- eine vom Kind benannte oder durch seine Äußerungen bzw. aus den übrigen Umständen heraus erkennbare[31] **Person seines Vertrauens** (§ 167 Abs. 1 Satz 1 i.V.m. § 315 Abs. 4 Satz 1 Nr. 2 FamFG),
- die **Leiterin** bzw. der **Leiter der Einrichtung**, in der das Kind lebt oder bei Einleitung des Verfahrens gelebt hat (§ 167 Abs. 1 Satz 1 i.V.m. § 315 Abs. 4 Satz 1 Nr. 3 FamFG).

6. Anhörung (§ 319, § 320, § 167 Abs. 4 FamFG)

a) Persönliche Anhörung des Kindes

Die persönliche Anhörung des Kindes ist **unabhängig von seinem Alter** für das Familiengericht und das Beschwerdegericht[32] im Hauptsacheverfahren grundsätzlich zwingend, § 167 Abs. 1 Satz 1 i.V.m. § 319 Abs. 1 FamFG. Es bestehen die sehr engen Ausnahmen, von einer persönlichen Anhörung des Kindes nach § 34 Abs. 2 FamFG abzusehen. Dies enthebt das Gericht jedoch nicht von der Pflicht, sich einen persönlichen Eindruck vom Kind zu verschaffen. Wurde das Kind im erstinstanzlichen Verfahren verfahrensfehlerhaft nicht persönlich angehört, kann sich das Beschwerdegericht nicht auf § 68 Abs. 3 Satz 2 FamFG berufen.[33] Ebenso kann sich das Beschwerdegericht nicht auf § 68 Abs. 3 Satz 2 FamFG berufen, wenn es für seine Entscheidung mit einem neuen oder ergänzenden Gutachten bzw. ärztlichen Zeugnis eine neue Tatsachengrundlage heranzieht. In einem solchen Fall besteht die Pflicht zur erneuten persönlichen Anhörung des Kindes.[34] **20**

Die Verpflichtung zur **persönlichen Anhörung** hat nicht den bloßen Zweck der Gewährung rechtlichen Gehörs. Vorrangiger Zweck im Unterbringungsverfahren bzw. im Verfahren zur Genehmigung freiheitsentziehender Maßnahmen ist es vielmehr, dem Richter einen persönlichen Eindruck von dem betroffenen Kind und der Art seiner Erkrankung zu verschaffen, damit er in den Stand gesetzt wird, ein klares und umfassendes Bild von der Persönlichkeit des Kindes zu gewinnen und seiner Pflicht zu genügen, die **Gutachten bzw. ärztliche Zeugnisse, von denen der Richter im Zeitpunkt der Anhörung Kenntnis haben muss,**[35] einer substantiellen richterlichen Kontrolle zu unterziehen. Der persönliche Eindruck des entscheidenden Richters gehört deshalb als Kernstück des Amtsermittlungsverfahrens (vgl. § 26 FamFG) zu den wichtigsten Verfahrensgrundsätzen des Unterbringungsrechts und gilt auch im Beschwerdeverfahren.[36] **21**

Daher kann das Gericht grundsätzlich **ohne Anhörung des Kindes** das **Verfahren nicht beenden**, auch wenn das Kind unentschuldigt vom Anhörungstermin fernbleibt.[37] **22**

Soweit es für die Verschaffung des persönlichen Eindrucks erforderlich ist, hat das Gericht das Kind in seiner **„üblichen Umgebung"** anzuhören, vgl. § 167 Abs. 1 Satz 1 i.V.m. § 319 Abs. 1 Satz 2 FamFG. Ist das Kind bereits untergebracht, sollte seine Anhörung in der Einrichtung erfolgen, damit sich das Gericht im Rahmen der Amtsermittlung ein Bild von den Bedingungen der Unterbringung bzw. von der konkreten Ausgestaltung der freiheitsentziehenden Maßnahme machen kann.[38] Ein **Rechtshilfeersuchen** scheidet regelmäßig aus, § 167 Abs. 1 Satz 1 i.V.m. § 319 Abs. 4 FamFG. Eine persönliche Anhörung darf nur dann nach § 34 Abs. 2 FamFG **unterbleiben**, wenn hiervon erhebliche Nachteile für die Gesund- **23**

31 BGH FamRZ 2013, 115
32 MüKo-FamFG/*Heilmann*, § 167 Rn. 37; vgl. BVerfG NJW 2007, 3560, 3562
33 BGH ZKJ 2012, 444, 445; FamRZ 2016, 1354; Prütting/Helms/*Hammer*, § 167 FamFG Rn. 24
34 Vgl. BGH NJW-RR 2023, 915
35 BGH ZKJ 2012, 444, 445; FamRZ 2021, 138, 139; OLG Oldenburg FamRZ 2019, 203; MüKo-FamFG/*Heilmann*, § 167 Rn. 11
36 BVerfG NJW 2007, 3560; vgl. BVerfG NJW 1982, 691, 692
37 MüKo-FamFG/*Heilmann*, § 167 Rn. 11
38 Prütting/Helms/*Hammer*, § 167 FamFG Rn. 25

heit des Kindes zu besorgen sind oder es offensichtlich nicht in der Lage ist, seinen Willen kundzutun. Die Entscheidung darüber kann nur auf Grundlage eines ärztlichen Gutachtens erfolgen, § 167 Abs. 1 Satz 1 i.V.m. § 319 Abs. 3 FamFG. Verweigert das Kind seine Mitwirkung, kann es auch **vorgeführt werden**, § 167 Abs. 1 Satz 1 i.V.m. § 319 Abs. 5 FamFG.

24 Das **Gericht unterrichtet das Kind** über den möglichen Verlauf des Verfahrens, § 167 Abs. 1 Satz 1 i.V.m. § 319 Abs. 2 FamFG. Dabei soll das Kind in seiner seinem Alter entsprechenden Weise informiert werden, soweit nicht Nachteile für seine Entwicklung, Erziehung oder Gesundheit zu befürchten sind, § 159 Abs. 4 Satz 1 FamFG. Hat das Gericht dem Kind eine **Verfahrensbeiständin** bestellt, findet die persönliche Anhörung des Kindes in deren **Anwesenheit** statt, § 159 Abs. 4 Satz 3 FamFG.[39]

25 Zu dem **Gutachten bzw. ärztlichen Zeugnis** ist dem Kind (§ 164 FamFG) und/oder der Verfahrensbeiständin Gelegenheit zur Kenntnis- und Stellungnahme einzuräumen. Insoweit ist das Gutachen bzw. das ärztliche Zeugnis mit seinem vollen Wortlaut dem Kind, soweit nicht Nachteile für dessen Entwicklung, Erziehung oder Gesundheit zu befürchten sind, und/oder der Verfahrensbeiständin rechtzeitig vor dem Anhörungstermin zur Verfügung zu stellen.[40]

b) Persönliche Anhörung des bzw. der gesetzlichen Vertreter(s) des Kindes

26 Der bzw. die gesetzliche(n) Vertreter des Kindes d.h. die sorgeberechtigten Eltern, der Vormund oder der Pfleger mit entsprechendem Aufgabenkreis sind – **grundsätzlich zwingend**[41] – persönlich anzuhören (§ 167 Abs. 4 FamFG). Die persönliche Anhörung kann nur **unterbleiben**, wenn hiervon erhebliche Nachteile für die Gesundheit des Anzuhörenden zu besorgen sind oder der Anzuhörende offensichtlich nicht in der Lage ist, seinen Willen kundzutun, § 34 Abs. 2 FamFG. Bleibt der Anzuhörende, trotz ordnungsgemäßer Ladung, im Anhörungstermin **unentschuldigt** aus, kann das Verfahren ohne seine persönliche Anhörung beendet werden, wenn er auf die Folgen seines Ausbleibens zuvor hingewiesen wurde, § 34 Abs. 3 FamFG. Das **Beschwerdegericht** kann nur dann von einer nochmaligen persönlichen Anhörung absehen, wenn von einer erneuten Anhörung keine zusätzlichen Erkenntnisse zu erwarten sind, vgl. § 68 Abs. 3 Satz 2 FamFG.

c) Persönliche Anhörung der Pflegeeltern

27 Ferner sind die Pflegeeltern persönlich anzuhören, die das Kind bei Verfahrensbeginn in einem tatsächlichen Pflegeverhältnis haben, unabhängig von einem Pflegevertrag oder einer Pflegeerlaubnis nach § 44 Abs. 1 Satz 1 SGB VIII,[42] § 167 Abs. 4 FamFG. Die persönliche Anhörung kann nur **unterbleiben**, wenn hiervon erhebliche Nachteile für die Gesundheit des Anzuhörenden zu besorgen sind oder der Anzuhörende offensichtlich nicht in der Lage ist, seinen Willen kundzutun, § 34 Abs. 2 FamFG. Bleibt der Anzuhörende, trotz ordnungsgemäßer Ladung, im Anhörungstermin **unentschuldigt** aus, kann das Verfahren ohne seine persönliche Anhörung beendet werden, wenn er auf die Folgen seines Ausbleibens zuvor hingewiesen wurde, § 34 Abs. 3 FamFG. Ist das **Pflegeverhältnis** erst **seit Kurzem beendet**, kommt eine Anhörung aufgrund des Amtsermittlungsgrundsatzes (§ 26 FamFG) in Betracht.[43]

39 Vgl. BGH ZKJ 2012, 444, 445; MüKo-FamFG/*Heilmann*, § 167 Rn. 13
40 BGH, Beschl. v. 9.10.2024 – XII ZB 253/24, Rn. 11 ff., juris; vgl. BGH FamRZ 2021, 219; FamRZ 2021, 220; FamRZ 2024, 550
41 OLG Naumburg FamRZ 2010, 1919, 1920; OLG Oldenburg FamRZ 2019, 203; OLG Saarbrücken FamRZ 2021, 684; MüKo-FamFG/*Heilmann*, § 167 Rn. 37 f., 40
42 MüKo-FamFG/*Heilmann*, § 167 Rn. 40; Sternal/*Schäder*, § 167 FamFG Rn. 22; vgl. BT-Drs. 11/4528, 184
43 Sternal/*Schäder*, § 167 FamFG Rn. 22; MüKo-FamFG/*Heilmann*, § 167 Rn. 40

d) Anhörung der sonstigen Beteiligten

Das Gericht **hat** ferner die sonstigen Beteiligten anzuhören, § 167 Abs. 1 Satz 1 i.V.m. § 320 Satz 1 FamFG. Dazu gehören: 28

- die **Verfahrensbeiständin** bzw. der **Verfahrensbeistand** als „Muss-Beteiligte" des Verfahrens, wenn sie bzw. er nach § 167 Abs. 1 Satz 2 i.V.m. § 158 FamFG bestellt worden ist,
- das **Jugendamt**, wenn es einen Antrag auf Beteiligung gestellt hat,
- der **Ehegatte oder Lebenspartner** des Kindes, wenn sie nicht dauerhaft getrennt leben,
- die **Eltern**, die aufgrund von Entziehung der elterlichen Sorge oder von Teilen davon nicht die gesetzlichen Vertreter des Kindes sind, wenn das Kind bei ihnen lebt oder bei Einleitung des Verfahrens gelebt hat,
- eine vom Kind benannte oder durch seine Äußerungen bzw. aus den übrigen Umständen heraus erkennbare[44] **Person seines Vertrauens**,
- die **Leiterin** bzw. der **Leiter der Einrichtung**, in der das Kind lebt oder bei Einleitung des Verfahrens gelebt hat.

e) Anhörung der zuständigen Behörde

Darüber hinaus **soll** das Gericht das Jugendamt als zuständige Behörde – nicht zwingend persönlich – anhören, § 167 Abs. 1 Satz 1 i.V.m. § 320 Satz 2 FamFG. Die Soll-Vorschrift ist nur relevant, wenn das Jugendamt keinen Antrag auf Beteiligung gestellt hat und damit zwingend anzuhören ist.[45] 29

7. Sachverständigengutachten (§ 321, § 322, § 167 Abs. 6 FamFG)

a) Gutachten bei Unterbringung

Vor einer Unterbringung hat das Gericht in einem Hauptsacheverfahren stets eine förmliche Beweisaufnahme (§ 30 FamFG) vorzunehmen durch Einholung eines ärztlichen Gutachtens eines Sachverständigen, § 167 Abs. 1 Satz 1 i.V.m. § 321 FamFG. Der Sachverständige hat das Kind vor der Erstattung des Gutachtens persönlich zu untersuchen und/oder zu befragen. 30

Die **gutachterliche Beurteilung**[46] muss sich erstrecken auf: 31

- die Notwendigkeit der Freiheitsentziehung, § 167 Abs. 1 Satz 1 i.V.m. § 321 Abs. 1 Satz 1 FamFG,
- die voraussichtliche Dauer der Unterbringung, § 167 Abs. 1 Satz 1 i.V.m. § 321 Abs. 1 Satz 3 FamFG.

Zur Sicherstellung der Begutachtung kann die **Vorführung** des Kindes (§ 322 i.V.m. § 283 Abs. 1 Satz 1 FamFG) und als ultima ratio die geschlossene **Unterbringung** für höchstens sechs Wochen (§ 322 i.V.m. § 284 Abs. 1, Abs. 2 FamFG) angeordnet werden. In beiden Fällen **muss** das Kind zuvor persönlich angehört werden. Vor einer Unterbringung zum Zweck der Begutachtung ist zusätzlich der Sachverständige anzuhören. 32

44 BGH FamRZ 2013, 115
45 Jox/Fröschle/*Jox*, § 320 FamFG Rn. 1
46 Ein gerichtlicher Fragenkatalog findet sich bei Sternal/*Giers*, § 321 Rn. 3

33 Der Sachverständige soll **Arzt für Kinder- und Jugendpsychiatrie und -psychotherapie** sein, § 167 Abs. 6 Satz 1 FamFG.[47] **Ausnahmsweise**[48] kann das Gutachten auch durch einen in Fragen der Heimerziehung ausgewiesenen Psychotherapeuten, Psychologen, Pädagogen oder Sozialpädagogen erstattet werden, § 167 Abs. 6 Satz 2 FamFG. Das Gericht hat nach pflichtgemäßen Ermessen zu prüfen, ob eine Gutachtenerstattung nach § 167 Abs. 6 Satz 2 FamFG ausreicht, da es sich gerade bei stark verhaltensauffälligen Kindern, für die eine geschlossene Unterbringung in Betracht kommt, um eine psychiatrische Hochrisikogruppe handelt, für die im Regelfall eine psychiatrische Begutachtung erforderlich ist. Etwas anderes kann lediglich dann gelten, wenn von vornherein nur eine Unterbringung in einem Heim der Kinder- und Jugendhilfe (vgl. § 34 SGB VIII) in Betracht kommt, ohne dass ein psychiatrischer Hintergrund im Raum steht.[49]

34 **In Fragen der Heimerziehung ausgewiesen** ist ein Gutachter dann, wenn er unzweifelhaft über eine mehrjährige Erfahrung einer wissenschaftlichen und praktischen Tätigkeit mit Kindern in geschlossenen Einrichtungen der Kinder- und Jugendhilfe verfügt und seine Fähigkeit und Erfahrung das durchschnittliche Können seiner Fachkollegen übertrifft.[50]

35 Der Arzt bzw. Gutachter, der die Unterbringungsmaßnahme angeregt hat, scheidet wegen **Voreingenommenheit** als Sachverständiger im Hauptsacheverfahren aus.[51] Der Bestellung eines Arztes steht aber grundsätzlich nicht entgegen, dass er das Kind, etwa im Rahmen einer (vorläufigen) Unterbringung, bereits behandelt hat. Dies folgt aus dem Umkehrschluss aus § 167 Abs. 1 Satz 1 i.V.m. § 321 Abs. 1 Satz 5, § 329 Abs. 2 Satz 2 FamFG.[52] Jedoch sind die bei der Vorbehandlung erhobenen Befunde im Rahmen des Gutachtens nur verwertbar, wenn der gesetzliche Vertreter des Kindes den Sachverständigen von seiner ärztlichen Schweigepflicht vor der Begutachtung entbindet.[53]

▶ *Zum Sachverständigen in Kindschaftssachen siehe auch Heilmann, § 163 FamFG Rn. 1 ff.*

b) Ärztliches Zeugnis bei freiheitsentziehender Maßnahme (§ 167 Abs. 6 Satz 3 FamFG)

36 Für die Genehmigung einer freiheitsentziehenden Maßnahme ist die Einholung eines Sachverständigengutachtens nicht zwingend. Vielmehr genügt nach § 167 Abs. 6 Satz 3 FamFG grundsätzlich ein **ärztliches Zeugnis**, soweit nicht im Einzelfall der Amtsermittlungsgrundsatz ein Sachverständigengutachten erfordert.[54] Das ärztliche Zeugnis muss **nicht** im Wege **förmlicher Beweisaufnahme** gemäß § 30 Abs. 1 FamFG eingeholt werden, sondern kann auch von einem Beteiligten vorgelegt werden. Es kann aber auch vom Gericht selbst angefordert werden.[55] Der Arzt ist – auch bei Anforderung des Zeugnisses durch das Gericht – dann (sachverständiger) Zeuge, nicht Sachverständiger.[56] Er kann daher nicht nach § 406 ZPO abgelehnt werden.

Das ärztliche Zeugnis soll von einem **Arzt für Kinder- und Jugendpsychiatrie und -psychotherapie** erstattet werden. Hat das betroffene Kind lediglich eine rein körperliche Behinderung, ist die Gesetzeslage äußerst unbefriedigend, da ein Arzt für Kinder- und Jugendpsy-

47 Zum Umfang der Erfahrung MüKo-FamFG/*Heilmann*, § 167 Rn. 51; Arbeitsgruppe familienrechtliche Gutachen, FamRZ 2021, 654, 660
48 BT-Drs. 16/6308, 243
49 BT-Drs. 16/6308, 243
50 MüKo-FamFG/*Heilmann*, § 167 Rn. 54
51 Vgl. LG Tübingen FamRZ 1996, 1344; Jox/Fröschle/*Jox*, § 321 FamFG Rn. 4
52 Vgl. BGH NJW 2013, 3309
53 Vgl. Jox/Fröschle/*Jox*, § 321 FamFG Rn. 4
54 Vgl. Jox/Fröschle/*Jox*, § 321 FamFG Rn. 12
55 Vgl. Prütting/Helms/*Fröschle*, § 281 FamFG Rn. 15; Jox/Fröschle/*Jox*, § 321 FamFG Rn. 13
56 Prütting/Helms/*Hammer*, § 167 FamFG Rn. 38b

chiatrie und –-psychotherapie für solche Fälle weniger Fachwissen aufweist als der das grundsätzlich Kind behandelnde (Kinder-)Arzt.[57] Da § 167 Abs. 6 Satz 3 FamFG nicht auf § 167 Abs. 6 Satz 2 FamFG verweist, genügt die Erstattung des ärztlichen Zeugnisses durch einen in Fragen der Heimerziehung ausgewiesenen Psychotherapeuten, Psychologen, Pädagogen oder Sozialpädagogen nicht.

Das ärztliche Zeugnis muss auf einer **zeitnahen persönlichen Untersuchung** oder Befragung des Kindes beruhen; ein Zeugnis nach Aktenlage genügt nicht.[58] Inhaltlich muss das ärztliche Zeugnis die gleichen Angaben enthalten wie ein Sachverständigengutachten.[59]

8. Beendigung des Verfahrens

a) Beschluss

Das Verfahren wird durch Beschluss – Genehmigung oder Ablehnung der Unterbringung **37**
bzw. freiheitsentziehenden Maßnahme oder Beendigung aufgrund fehlenden Wunsches der Genehmigung durch den gesetzlichen Vertreter – beendet. Der Beschluss ist zu begründen, § 38 Abs. 3 Satz 1 FamFG.

Wird die **Unterbringung** in einer Einrichtung genehmigt, ist nach § 167 Abs. 1 Satz 1 i.V.m. **38**
§ 323 Abs. 1 FamFG:

- die Unterbringungsmaßnahme genau zu bezeichnen,
- der exakte Zeitpunkt zu benennen, zu dem die Unterbringungsmaßnahme endet.

Der Beschluss muss den Typus der Einrichtung (Kinder- und Jugendpsychiatrie, Einrichtung der Kinder- und Jugendhilfe, Suchthilfe etc.) exakt angeben, nicht jedoch auch die Einrichtung selbst.[60] Ordnet das Gericht jedoch die Unterbringung einstweilen nach § 167 Abs. 1 Satz 1 i.V.m. § 334 FamFG i.V.m. § 1867 BGB an, muss es auch die Einrichtung selbst benennen, da es dann zugleich die Entscheidung des Vertreters über die Unterbringung ersetzt.[61]

Tenorierungsbeispiel für die Genehmigung der geschlossenen Unterbringung:

Die geschlossene Unterbringung des Kindes ... (Name), geboren am ... (Datum), in einer Kinder- und Jugendpsychiatrie, einer Behinderteneinrichtung oder einer sonstigen Einrichtung wird bis längstens ... (Datum) familiengerichtlich genehmigt.

Die sofortige Wirksamkeit der Entscheidung wird angeordnet.

Wird die **freiheitsentziehende Maßnahme** in einer Einrichtung genehmigt, ist nach § 167 **39**
Abs. 1 Satz 1 i.V.m. § 323 Abs. 1 FamFG:

- die Art der Maßnahme (z.B. Fixierung mittels eines Bauchgurts, Anbringen eines Bettgitters, bei Medikamentengabe: Angabe von Arzneimittel, Wirkstoffgruppe, Dosierung, Verabreichungshäufigkeit, ggf. Alternativen),

---

57 Im Betreuungsrecht ist die Abgabe eines ärztlichen Zeugnisses allein durch einen sachkundigen Arzt, der ggf. auch der behandelnde Allgemeinmediziner sein kann, dessen Fachgebiet nicht durch Gesetz eingeschränkt wird, erforderlich; kritisch *Kirsch*, FamRZ 2019, 933, der darauf hinweist, dass sich die Regelung bereits jetzt schon als wenig praxistauglich erwiesen hat

58 BT-Drs. 18/11278, 19

59 Prütting/Helms/*Hammer*, § 167 FamFG Rn. 38c; Jox/Fröschle/*Jox*, § 321 FamFG Rn. 12

60 BVerfG NJW 2007, 3560, 3562; BGH FamRZ 2024, 1583; OLG Koblenz FamRZ 2015, 2069 vgl. BeckOK-FamFG/*Günter*, § 323 FamFG Rn. 3

61 OLG Koblenz FamRZ 2015, 2069; vgl. Jox/Fröschle/*Bartels*, § 323 FamFG Rn. 7

- der Grund bzw. ungefähre zeitliche Rahmen (z.B. um Infusionen zu geben, damit das Kind zu seinem Schutz Impulskontrollausbrüche beenden kann,[62] oder damit das Kind nicht aus seinem Rollstuhl oder zur Nachtzeit aus seinem Bett stürzt etc.) sowie
- der exakte Zeitpunkt zu benennen, zu dem die Vornahme der freiheitsentziehenden Maßnahmen endet.

Eine ausdrückliche Erwähnung der Einrichtung ist nicht erforderlich, denn diese ergibt sich aus der Art und dem Grund der Maßnahme.[63]

Tenorierungsbeispiel für die Genehmigung einer freiheitsentziehenden Maßnahme:

Die Anbringung eines Bettgitters für das Kind … (Name), geboren am … (Datum), zur Nachtzeit/jeweils von 21:00 Uhr bis 6:00 Uhr, damit das Kind nicht aus dem Bett fallen kann, und die Fixierung im (Roll-)Stuhl mittels eines Beckengurts während der Tageszeit, damit das Kind nicht aus dem (Roll-)Stuhl fallen kann, wird bis längstens … (Datum) familiengerichtlich genehmigt.

Die sofortige Wirksamkeit der Entscheidung wird angeordnet.

40 Wird eine **ärztliche freiheitsentziehende Maßnahme** (§ 312 Nr. 3 FamFG) genehmigt, ist nach § 167 Abs. 1 Satz 1 i.V.m. § 323 Abs. 2 FamFG zusätzlich anzuordnen, dass

- die Maßnahme unter ärztlicher Verantwortung durchzuführen und zu dokumentieren ist.

Ferner ist bei einer **bis zu 11-Punkt Fixierung** grundsätzlich anzuordnen, dass die einzelne Anordnung der Fixierung nur durch einen Arzt erfolgen darf und eine Eins-zu-Eins Betreuung durch therapeutisches oder pflegerisches Personal erforderlich ist.[64] Eine Ausnahme könnte z.B. darin begründet sein, dass mit einer in der Regel ständigen Anwesenheit einer betreuenden Person ebenfalls Belastungen für das Kind verbunden sind, die zu einer Intensivierung oder Verlängerung der Maßnahme für das Kind führen. Kann die Einrichtung, in welcher die Fixierung stattfindet, keine Eins-zu-Eins-Betreuung gewährleisten, so ist die Fixierung auch dann abzulehnen, wenn ansonsten alle sonstigen Voraussetzungen für die Anordnung oder Genehmigung der Fixierung gegeben sind, denn das von der Fixierung betroffene Kind ist in der Fixierungssituation besonders vulnerabel und gefährdet und darf in der psychischen Ausnahmesituation, welche eine körpernahe Fixierung unzweifelhaft darstellt, nicht auf sich allein gestellt sein.[65]

41 Der Zeitpunkt, zu dem die Maßnahme endet; also ein bestimmtes oder mindestens bestimmbares Datum, muss exakt benannt werden. Die **Unterbringungsdauer** und/ oder **Dauer der Vornahme der freiheitsentziehenden Maßnahmen** darf grundsätzlich **sechs Monate** nicht überschreiten, § 167 Abs. 7 FamFG. Dabei handelt es sich nicht um eine Regelfrist. Sie muss in jedem Fall verhältnismäßig sein, also nicht länger als zum Erreichen des Zwecks erforderlich und angemessen. Sie kann daher auch für einen kurzen Zeitraum festgestellt werden.[66] Das Gericht muss auch dann, wenn es die Höchstdauer von sechs Monaten festsetzen möchte, begründen, warum es genau diesen Zeitraum wählt.[67]

---

62 AG Bergisch Gladbach FamRZ 2018, 1315
63 BGH FamRZ 2024, 1583; Prütting/Helms/*Roth*, § 323 FamFG Rn. 4; BeckOK-FamFG/*Günter*, § 323 FamFG Rn. 3
64 OLG Hamburg FamRZ 2021, 678; vgl. BVerfGE 149, 293
65 OLG Hamburg FamRZ 2021, 678; *Braun*, NZFam 2021, 170
66 BGH FamRZ 2022, 57
67 Vgl. BGH FamRZ 2022, 57

Bei offensichtlich langer Sicherungsbedürftigkeit kann eine Höchstdauer von **einem Jahr** bestimmt werden. Das soll jedoch nur in Ausnahmefällen möglich sein, wenn ein offensichtliches Bedürfnis für eine Unterbringung bzw. freiheitsentziehende Maßnahme über sechs Monate hinaus besteht (z.B. wenn ein körperlich behindertes Kind gesichert werden muss, damit es nicht aus seinem Rollstuhl oder zur Nachtzeit aus seinem Bett stürzt).[68] Das Merkmal „offensichtlich" muss für das Gericht deutlich und erkennbar hervortreten[69] und nicht nur aufgrund des Fachwissens des Sachverständigen erkennbar sein.[70] Die bloße Begründung, eine Erkrankung sei chronifiziert und bedürfe einer längerfristigen Behandlung, genügt ebenso wenig, wie die Begründung, dass in absehbarer Zeit nicht mit einer Verbesserung des Gesundheitszustandes des Kindes zu rechnen sei.[71] Auch die bloße Bezugnahme auf ein Gutachten bzw. ärztliches Zeugnis, in dem empfohlen wird, das Kind für die Dauer von sechs Monaten bis zu einem Jahr unterzubringen, genügt nicht.[72]

Der Beschluss muss eine **Rechtsmittelbelehrung** enthalten, § 39 FamFG, und wird mit Rechtskraft **wirksam**, § 167 Abs. 1 Satz 1 i.V.m. § 324 Abs. 1 FamFG. Das Gericht kann jedoch die sofortige Wirksamkeit anordnen, § 167 Abs. 1 Satz 1 i.V.m. § 324 Abs. 2 FamFG. **42**

Der Beschluss ist den Beteiligten, insbes. dem Kind, wenn es das 14. Lebensjahr vollendet hat, nach § 41 Abs. 1 i.V.m. § 164 Satz 1 FamFG bekannt zu geben. Von der Bekanntgabe der **Gründe** an das Kind kann abgesehen werden, wenn dies nach ärztlichem Zeugnis erforderlich ist, um erhebliche Nachteile für seine Gesundheit zu vermeiden (§ 167 Abs. 1 Satz 1 i.V.m. § 325 Abs. 1 FamFG), oder wenn andernfalls Nachteile für seine Entwicklung und Erziehung zu befürchten sind (§ 164 Satz 2 FamFG).[73] **43**

b) Vollziehung der Unterbringung (§ 167 Abs. 5, § 326 FamFG)

Die **Vollziehung** der **Unterbringung** erfolgt nicht durch das Gericht oder die Behörde, sondern durch den bzw. die gesetzlichen Vertreter.[74] Auf seinen bzw. ihren Wunsch hin **hat** das Jugendamt ihn bzw. sie nach § 167 Abs. 5 FamFG bei der Zuführung zur Unterbringung zu unterstützen. Dabei kann das Jugendamt bei der Zuführung zur Unterbringung nur dann Gewalt anwenden, wenn das Gericht dies – unter Einhaltung des Verhältnismäßigkeitsgrundsatzes – ausdrücklich angeordnet hat, § 167 Abs. 1 Satz 1 i.V.m. § 326 Abs. 2 Satz 1 FamFG. Das Jugendamt ist dann, ohne dass es einer weiteren Anordnung bedürfte, befugt, insoweit die Unterstützung der polizeilichen Vollzugsorgane nachzusuchen, § 167 Abs. 1 Satz 1 i.V.m. § 326 Abs. 2 Satz 2 FamFG. **44**

c) Aufhebung

Die **Genehmigung** der Unterbringung und freiheitsentziehenden Maßnahme ist **aufzuheben**, wenn ihre Voraussetzungen wegfallen, § 167 Abs. 1 Satz 1 i.V.m. § 330 Satz 1 FamFG. Der gesetzliche Vertreter kann die Unterbringung oder freiheitsentziehende Maßnahme selbst beenden, ohne dass die Unterbringung oder die freiheitsentziehende Maßnahme vorher gerichtlich aufgehoben worden wäre, denn das Gericht genehmigt lediglich die Unterbringung oder freiheitsentziehende Maßnahme und ordnet sie nicht an. Ein Aufhebungsbeschluss ist dennoch unverzüglich zu treffen, um den Rechtsschein zu beseitigen. Wird das Kind mit Zustimmung der gesetzlichen Vertreter entlassen, ist für eine erneute Unterbrin- **45**

68 BT-Drs. 18/11278, 19
69 BGH, Beschl. v. 9.10.2024 – XII ZB 253/24, Rn. 19, juris; vgl. BGH FamRZ 2021, 1242; FamRZ 2024, 299, 300
70 BeckOK-FamFG/*Günter*, § 329 FamFG Rn. 2
71 Vgl. OLG Frankfurt, Beschl. v. 14.11.2024 – 6 UF 205/24, Rn. 9 f., juris
72 Vgl. BGH FamRZ 2024, 805; BeckOK-FamFG/*Günter*, § 329 FamFG Rn. 2
73 Vgl. MüKo-FamFG/*Heilmann*, § 167 Rn. 18
74 Vgl. MüKo-FamFG/*Heilmann*, § 167 Rn. 18

gung eine erneute Genehmigung erforderlich. Dies gilt nicht, wenn das Kind eigenmächtig die Einrichtung verlässt oder nur eine kurzfristige Beurlaubung stattfindet.[75]

d) Verlängerung

46 Eine **Verlängerung** der Genehmigung der Unterbringung bzw. freiheitsentziehenden Maßnahme ist möglich, § 167 Abs. 7 FamFG. Für die Verlängerung der Genehmigung gelten im Hauptsacheverfahren die gleichen Verfahrensanforderungen wie für die ursprüngliche Genehmigung, § 167 Abs. 1 Satz 1 i.V.m. § 329 Abs. 2 FamFG.[76] Wenn die Unterbringung über vier Jahre andauert, darf der behandelnde oder der schon einmal begutachtende Arzt nicht das ärztliche Gutachten erstellen, § 167 Abs. 1 Satz 1 i.V.m. § 329 Abs. 2 Satz 2 FamFG.

9. Einstweilige Anordnungen (§ 331 und § 332 FamFG) und einstweilige Maßregel (§ 334 FamFG)

47 Im Unterbringungsverfahren sind einstweilige Anordnungen aufgrund des häufigen besonderen Eilbedürfnisses die Regelverfahren. Das Gesetz unterscheidet zwischen der **„allgemeinen" einstweiligen Anordnung** (§ 167 Abs. 1 Satz 1 i.V.m. § 331 FamFG) **und** der (besonders eiligen) **einstweiligen Anordnung bei Gefahr im Verzug** (§ 167 Abs. 1 Satz 1 i.V.m. § 332 FamFG).

Für einstweilige Anordnungen gelten die Vorschriften des Allgemeinen Teils (§ 49 bis § 57 FamFG), sofern keine Sonderregelungen nach § 167 Abs. 1 Satz 1 i.V.m. § 331 bis § 333 FamFG greifen.[77]

a) Einstweilige Anordnung (§ 331 FamFG)

48 Das Gericht kann eine vorläufige Unterbringung oder freiheitsentziehende Maßnahme nach § 167 Abs. 1 Satz 1 i.V.m. § 331 FamFG genehmigen, wenn:

- dringende Gründe für die Annahme bestehen, dass die Voraussetzungen für eine Unterbringung oder freiheitsentziehende Maßnahme gegeben sind, und ein dringendes Bedürfnis für ein sofortiges Tätigwerden besteht,
- ein ärztliches Zeugnis über den Zustand des Kindes und über die Notwendigkeit der Maßnahme vorliegt,
- ein(e) bestellte(r) Verfahrensbeiständin bzw. Verfahrensbeistand angehört wurde,
- das Kind – unabhängig von seinem Alter – persönlich angehört wurde,
- der bzw. die gesetzliche(n) Vertreter des Kindes persönlich angehört wurde(n) (§ 167 Abs. 4 FamFG),[78]
- die Pflegeltern persönlich angehört wurden (§ 167 Abs. 4 FamFG),
- das Jugendamt angehört wurde, unabhängig davon, ob es zuständige Behörde ist oder nicht (§ 162 Abs. 1 Satz 1 FamFG).

49 **Dringende Gründe** für ein sofortiges Tätigwerden liegen vor, wenn konkrete Umstände mit erheblicher Wahrscheinlichkeit darauf hindeuten, dass die Voraussetzungen vorliegen. Unter Berücksichtigung der Bedeutung des Rechts des Kindes auf persönliche Freiheit (Art. 2 Abs. 2 Satz 2 GG) müssen – soweit die Dringlichkeit es zulässt – alle zur Verfügung stehen-

75 Prütting/Helms/*Hammer*, § 167 FamFG Rn. 52
76 Prütting/Helms/*Hammer*, § 167 FamFG Rn. 51; vgl. BeckOK-FamFG/*Günter*, § 329 FamFG Rn. 4
77 Prütting/Helms/*Hammer*, § 167 FamFG Rn. 63
78 Prütting/Helms/*Hammer*, § 167 FamFG Rn. 74; vgl. BeckOK-FamFG/*Günter*, § 331 FamFG Rn. 9; a.A. OLG Bamberg FamRZ 2023, 599 (nur im Hauptsacheverfahren)

den Aufklärungsmöglichkeiten ausgeschöpft werden.[79] Das Gericht muss bei seiner Entscheidung strikt den **Verhältnismäßigkeitsgrundsatz** beachten und insbesondere den Nutzen einer vorläufigen Unterbringung und/oder freiheitsentziehender Maßnahme mit den Folgen für das Kind, falls die Unterbringung und/oder Maßnahme unterbleibt, gegeneinander abwägen. Die Abwägung ist in der Begründung der Entscheidung darzulegen (§ 38 Abs. 3 FamFG).[80]

Ein **dringendes Bedürfnis** besteht, wenn konkrete Umstände mit erheblicher Wahrscheinlichkeit darauf hindeuten, dass mit dem Aufschub der Unterbringung oder freiheitsentziehenden Maßnahme bis zur endgültigen Entscheidung Gefahr für das betroffene Kind verbunden wäre. Dem drohenden Nachteil muss dabei erhebliches Gewicht zukommen.[81] **50**

Die **Behandlungsbedürftigkeit** als solche rechtfertigt eine einstweilige Anordnung nur, wenn das Zuwarten bis zu einer endgültigen Entscheidung eine akute Verschlechterung des Gesundheitszustands erwarten lässt.[82] **51**

Das **ärztliche Zeugnis** hat sich nicht nur auf den gesundheitlichen Zustand des Kindes zu beschränken, sondern muss auch Angaben zu der Notwendigkeit der Maßnahme, dem zu erwartenden Behandlungserfolg und dem ohne sofortige Behandlung drohenden Nachteil sowie der Dauer der Unterbringung enthalten.[83] Das ärztliche Zeugnis soll von einem **Arzt für Kinder- und Jugendpsychiatrie und -psychotherapie** erstattet werden, § 167 Abs. 6 Satz 1 FamFG. Inhaltlich entspricht das ärztliche Zeugnis im Wesentlichen einem ärztlichen Gutachten, kann aber etwas weniger ausführlicher gestaltet werden. **52**

b) Einstweilige Anordnung bei Gefahr im Verzug (§ 332 FamFG)

§ 167 Abs. 1 Satz 1 i.V.m. § 332 FamFG enthält die Regelung bei **Gefahr im Verzug**, die äußerst restriktiv anzuwenden ist. Das Gesetz verzichtet bei Anwendung der Regelung (nur) auf die vorherige persönliche Anhörung des Kindes sowie auf die Bestellung einer Verfahrensbeiständin. Die weiteren Voraussetzungen einer einstweiligen Anordnung nach § 167 Abs. 1 Satz 1 FamFG i.V.m. § 331 FamFG müssen dagegen erfüllt sein. Eine Gefahr im Verzug besteht, wenn konkrete Gründe dafür vorliegen, dass bereits der durch die Anhörungen bedingte zeitliche Aufschub der Maßnahme die Gefahr erheblicher Nachteile für das Kind oder Dritte mit sich bringen würde.[84] Gründe, welche außerhalb des Kindes liegen (z.B. gerichtsinterne Gründe) dürfen hierbei keine Rolle spielen. Die gegenüber § 331 FamFG gesteigerte Dringlichkeit ist vom Gericht im Beschluss darzulegen.[85] Alle Verfahrenshandlungen, die wegen Gefahr im Verzug nicht vorgenommen wurden, sind unverzüglich – i.d.R. am nächsten Tag – vorzunehmen.[86] **53**

c) Verlängerung der einstweiligen Anordnungen (§ 331 und § 332 FamFG)

Die einstweiligen Anordnungen dürfen grundsätzlich die **Dauer** von **sechs Wochen** nicht überschreiten, § 167 Abs. 1 Satz 1 i.V.m. § 333 Abs. 1 Satz 1 FamFG. Es handelt sich um eine Höchstfrist, die nur ausgeschöpft werden darf, wenn eine vorherige Entscheidung im Regelfall nicht zu erreichen ist. Die Frist sollte kalendermäßig bestimmt werden. Sie beginnt mit Wirksamwerden des Beschlusses (§ 324 Abs. 2 FamFG) und endet mit Ablauf des an- **54**

79 Vgl. Jox/Fröschle/*Jox*, § 331 FamFG Rn. 4
80 Vgl. BeckOK-FamFG/*Günter*, § 331 FamFG Rn. 3
81 Vgl. OLG München NJW-RR 2008, 1032, 1033; Jox/Fröschle/*Jox*, § 331 FamFG Rn. 5; vgl. BeckOK-FamFG/*Günter*, § 331 FamFG Rn. 4
82 Vgl. BVerfG NJW 1998, 1774, 1775; Fröschle/*Jox*, § 331 FamFG Rn. 5
83 Vgl. Jox/Fröschle/*Jox*, § 331 FamFG Rn. 6; BeckOK-FamFG/*Günter*, § 331 FamFG Rn. 5
84 Vgl. Prütting/Helms/*Roth*, § 332 FamFG Rn. 4; BeckOK-FamFG/*Günter*, § 332 FamFG Rn. 3
85 Vgl. BeckOK-FamFG/*Günter*, § 332 FamFG Rn. 3
86 Jox/Fröschle/*Jox*, § 332 FamFG Rn. 1 m.w.N.; BeckOK-FamFG/*Günter*, § 332 FamFG Rn. 4

gegebenen Tages.[87] Die vorläufig angeordnete Unterbringung bzw. freiheitsentziehende Maßnahme kann durch eine oder mehrere weitere einstweilige Anordnungen auf eine Gesamtdauer von maximal **drei Monaten verlängert** werden (§ 167 Abs. 1 Satz 1 i.V.m. § 333 Abs. 1 Satz 2 bis Satz 4 FamFG).

55 Bei einer **Verlängerung** einer **Unterbringung** ist zu berücksichtigen, dass ein ärztliches Zeugnis nicht mehr ausreicht, sondern die **Anhörung des Sachverständigen** erforderlich ist (§ 167 Abs. 1 Satz 1 i.V.m. § 333 Abs. 1 Satz 2 FamFG). Dies ist qualitativ mehr als ein bloßes Zeugnis und muss inhaltlich mehr ergeben als bei der Erstanordnung.

Bei einer **Verlängerung** einer **freiheitsentziehenden Maßnahme** wird aufgrund der Sonderregelung des § 167 Abs. 6 Satz 3 FamFG auch im einstweiligen Anordnungsverfahren ein erneutes weiteres **ärztliches Zeugnis** grundsätzlich ausreichen.

d) Einstweilige Maßregel (§ 334 FamFG)

56 Nach § 167 Abs. 1 Satz 1 i.V.m. § 334 FamFG kann das Gericht nach § 1867 BGB im Interesse des Kindes eine **einstweilige Maßregel** treffen, wenn ein Pfleger oder Vormund noch nicht bestellt oder der Pfleger oder Vormund an der Erfüllung seiner Pflichten verhindert ist. Sind hingegen die sorgeberechtigten Eltern nicht erreichbar oder an der Erfüllung ihrer Pflichten verhindert, so ist § 1867 BGB nicht anwendbar.

10. Beschwerdeverfahren

57 Für das Beschwerdeverfahren in der **Hauptsache** gelten die allgemeinen Vorschriften der §§ 58 ff. FamFG, die durch die Vorschriften der §§ 335 f. FamFG ergänzt werden. § 335 FamFG regelt das Beschwerderecht der Beteiligten, wobei die Verfahrensbeiständin bzw. der Verfahrensbeistand nicht nach § 335 FamFG, sondern nach § 167 Abs. 1 Satz 2 i.V.m. § 158b Abs. 3 Satz 2 FamFG und das Jugendamt, wenn es nicht zuständige Behörde ist, nach § 162 Abs. 3 Satz 2 FamFG beschwerdeberechtigt sind. Nach § 60 FamFG ist das Kind erst mit Vollendung des 14. Lebensjahrs selbst beschwerdeberechtigt.

58 Die in § 335 FamFG genannten Personen und Stellen haben ein eigenes Beschwerderecht – **im eigenen Namen** – unabhängig von einer Rechtsbeeinträchtigung i.S.v. § 59 FamFG. Wird das Rechtsmittel **im fremden Namen** eingelegt, muss dem Vertretenen ein Beschwerderecht zustehen, und der Vertreter muss eine Befugnis zur Vertretung haben. Diese kann sich entweder aus einer durch Rechtsgeschäft erteilten Vollmacht (für deren Erteilung das Kind das 14. Lebensjahr vollendet haben muss, vgl. § 167 Abs. 3 FamFG) oder aus einer gesetzlichen Regelung ergeben.[88]

Wenn sich die Genehmigungs**entscheidung bereits erledigt** hat, kann das **Kind** als Betroffener die Feststellung der Rechtswidrigkeit der Maßnahme[89] und die bestellte **Verfahrensbeiständin** – im eigenen Namen – sowie die **gesetzlichen Vertreter** des Kindes – im fremden Namen –[90] die Feststellung der Rechtswidrigkeit der erteilten Genehmigung einer geschlossenen Unterbringung oder freiheitsentziehenden Maßnahme beantragen, § 62 FamFG.[91]

59 Für die Anfechtung der **einstweiligen Anordnung** mit der Beschwerde gelten nach § 57 Satz 2 FamFG ebenfalls die allgemeinen Vorschriften der §§ 58 ff. FamFG. Nach § 57 Satz 2 FamFG setzt die Anfechtbarkeit **keine Entscheidung aufgrund mündlicher Erörterung** (§ 32 FamFG) voraus. Zu beachten ist die verkürzte Beschwerdefrist von **zwei Wo-**

87 Vgl. BeckOK-FamFG/*Günter*, § 332 FamFG Rn. 2
88 Vgl. Jox/Fröschle/*Bartels*, § 335 FamFG Rn. 4; BeckOK-FamFG/*Günter*, § 335 FamFG Rn. 9
89 BGH FamRZ 2014, 108; FamRZ 2016, 1752
90 BGH FamRZ 2014, 108
91 Prütting/Helms/*Hammer*, § 167 FamFG Rn. 54a

chen, § 63 Abs. 2 Nr. 1 FamFG. Den in § 335 Abs. 1 Nr. 1 bis Nr. 3 FamFG aufgeführten Personen steht das Beschwerderecht nur dann zu, wenn sie auch am einstweiligen Anordnungsverfahren beteiligt gewesen sind.[92]

II. Verfahren nach § 151 Nr. 7 FamFG

Für Verfahren nach § 151 Nr. 7 FamFG, die die **Anordnung der Unterbringung** des Kindes nach den öffentlich-rechtlichen Vorschriften des jeweiligen Landesgesetzes über die Unterbringung psychisch Kranker betreffen, sind die für die Anordnung der Unterbringung Erwachsener geltenden Vorschriften der § 312 Nr. 4, §§ 313 ff. FamFG – mit einigen Besonderheiten – als Sondervorschriften anzuwenden. 60

Kein Anordnungsverfahren i.S.d. § 151 Nr. 7 FamFG ist die geschlossen Unterbringung eines Kindes durch ein Jugendamt im Rahmen der Inobhutnahme nach § 42 Abs. 5 SGB VIII. Die Freiheitsentziehung ist dann ohne gerichtliche Entscheidung spätestens mit Ablauf des Tages nach ihrem Beginn zu beenden. Für das gerichtliche Verfahren ist dann entscheidend, ob die bzw. der gesetzliche(n) Vertreter(in) der Unterbringung zustimmt – dann findet § 151 Nr. 6 FamFG Anwendung – oder nicht – dann ist das Verfahren nach § 151 Nr. 7 FamFG i.V.m. § 312 Nr. 4 FamFG zu führen. Parallel kann noch ein Verfahren nach § 1666 BGB über das Aufenthaltsbestimmungsrecht durchzuführen sein. 61

Die **landesrechtlichen Vorschriften** für die Unterbringung psychisch Kranker sind: 62

- **Baden-Württemberg**: Gesetz über Hilfen und Schutzmaßnahmen bei psychischen Krankheiten (PsychKHG) vom 25.11.2014,
- **Bayern**: Bayerische Psychisch-Kranken-Hilfe-Gesetz (BayPsychKHG) vom 24.7.2018,[93]
- **Berlin**: Gesetz über Hilfen und Schutzmaßnahmen bei psychischen Krankheiten (BerlPsychKG) vom 17.6.2016,
- **Brandenburg**: Gesetz über Hilfen und Schutzmaßnahmen sowie über den Vollzug gerichtlich angeordneter Unterbringung für psychisch kranke und seelisch behinderte Menschen im Land Brandenburg (BbgPsychKG) vom 5.5.2009,
- **Bremen**: Gesetz über Hilfen und Schutzmaßnahmen bei psychischen Krankheiten (BremPsychKG) vom 13.12.2022,
- **Hamburg**: Hamburgisches Gesetz über Hilfen und Schutzmaßnahmen bei psychischen Krankheiten (HmbPsychKG) vom 27.9.1995,
- **Hessen**: Hessisches Gesetz über Hilfen bei psychischen Krankheiten (HessPsychKHG) vom 4.5.2017,
- **Mecklenburg-Vorpommern**: Gesetz über Hilfen und Schutzmaßnahmen für Menschen mit psychischen Krankheiten (PsychKG-MV) vom 14.7.2016,
- **Niedersachen**: Niedersächsisches Gesetz über Hilfen und Schutzmaßnahmen für psychisch Kranke (NPsychKG) vom 16.6.1997,
- **Nordrhein-Westfalen**: Gesetz über Hilfen und Schutzmaßnahmen bei psychischen Krankheiten (PsychKG NRW) vom 17.12.1999,
- **Rheinland-Pfalz**: Landesgesetz für psychisch kranke Personen (PsychKG Rh.-Pf.) vom15.10.2020,

92 Vgl. Jox/Fröschle/*Jox*, § 331 FamFG Rn. 13

93 Dem Freistaat Bayern fehlte es nach BVerfG FamRZ 2018, 1442, insgesamt an einer den verfassungsrechtlichen Anforderungen genügenden gesetzlichen Grundlage für die Anordnung von Fixierungen. Der bayrische Gesetzgeber war verpflichtet, bis zum 30.6.2019 einen verfassungsgemäßen Zustand herbeizuführen. Mit Art. 29 BayPsychKHG vom 24.7.2018, in der Fassung vom 8.7.2020, soll den verfassungsrechtlichen Anforderungen Genüge getan werden.

- **Saarland**: Gesetz über die Unterbringung psychisch Kranker (PsychKHG) vom 16.3.2022,
- **Sachsen**: Sächsisches Gesetz über die Hilfen und die Unterbringung bei psychischen Krankheiten (SächsPsychKG) vom 22.7.2024,
- **Sachsen-Anhalt**: Gesetz über Hilfen für psychisch Kranke und Schutzmaßnahmen des Landes Sachsen-Anhalt (PsychKG LSA) vom 14.10.2020,
- **Schleswig-Holstein**: Gesetz zur Hilfe und Unterbringung psychisch kranker Menschen (PsychHG S-H) vom 11.12.2020,
- **Thüringen**: Thüringer Gesetz zur Hilfe und Unterbringung psychisch kranker Menschen (ThürPsychKG) vom 5.2.2009.

1. Einleitung des Verfahrens

63 Das Verfahren ist grds.[94] als **Antragsverfahren** ausgestaltet. In den einzelnen Landesgesetzen sind z.T. die Form und der Inhalt des Antrags geregelt.[95]

2. Zuständigkeit

64 **Sachlich** zuständig ist das Familiengericht, da es sich bei der Genehmigung der Unterbringung um eine Kindschaftssache handelt (vgl. § 23a Abs. 1 Satz 1, § 23b GVG).[96]

65 Die **örtlich ausschließliche** Zuständigkeit richtet sich für das Hauptsacheverfahren und das einstweilige Anordnungsverfahren[97] nach § 167 Abs. 1 Satz 1 i.V.m. § 313 Abs. 3 FamFG. Danach ist das Gericht zuständig, in dessen Bezirk das Bedürfnis für die Unterbringungsmaßnahme hervortritt. Ist das Kind bereits in einer geschlossenen Einrichtung, ist das Gericht ausschließlich zuständig, in dessen Bezirk die Einrichtung liegt.

66 **Funktionell** zuständig ist der Richter, Art. 104 Abs. 2 Satz 1 GG.[98]

3. Abgabe an ein anderes Gericht (Spezielles Landesgesetz, § 4 und § 167 Abs. 1 Satz 1 i.V.m. § 314 FamFG)

67 Eine Abgabe ist nach § 4, § 167 Abs. 1 Satz 1 i.V.m. § 314 FamFG nur möglich, wenn nicht das einschlägige Landesgesetz eine abschließende Regelung bzgl. der örtlichen Zuständigkeit enthält.[99]

68 Enthält das einschlägige Landesgesetz keine Spezialvorschrift, ist eine Abgabe nach § 4 FamFG aus wichtigem Grund möglich, wenn sich das andere Gericht zur Übernahme bereit erklärt hat.

69 Ferner ist eine Abgabe nach § 167 Abs. 1 Satz 1 i.V.m. § 314 FamFG möglich, wenn das Kind sich im Bezirk des anderen Gerichts aufhält und die Unterbringungsmaßnahme dort vollzogen werden soll. Das Gericht hat über eine Abgabe nach pflichtgemäßem Ermessen zu entscheiden und muss in seine Entscheidung beispielsweise einbeziehen, dass das Gericht des gewöhnlichen Aufenthalts des Kindes eher die bisherigen Lebensverhältnisse des Kindes ermitteln kann.[100]

94 In Hamburg ist ein Antrag nur für die erste (dauernde oder sofortige) Unterbringung erforderlich, nicht aber für Verlängerungen
95 Jox/Fröschle/*Bartels*, § 312 FamFG Rn. 16
96 Hierzu MüKo-FamFG/*Heilmann*, § 151 Rn. 3
97 Vgl. Jox/Fröschle/*Jox*, § 331 FamFG Rn. 3
98 Hierzu MüKo-FamFG/*Heilmann*, § 151 Rn. 46
99 Jox/Fröschle/*Jox*, § 314 FamFG Rn. 2 ff.; vgl. OLG Nürnberg NStZ 2012, 455
100 MüKo-FamFG/*Heilmann*, § 167 Rn. 7

4. Mitteilungspflicht (§ 167 Abs. 2 FamFG)

Bei einem Auseinanderfallen des Gerichts, bei dem das Unterbringungsverfahren anhängig ist, und des Gerichts, bei dem ein Vormundschaftsverfahren bzw. Pflegschaftsverfahren anhängig ist, bestehen zur Vermeidung widersprüchlicher Entscheidungen wechselseitige Informationspflichten. 70

5. Verfahrensbeteiligte (§ 7 Abs. 1, § 167 Abs. 1 Satz 1 i.V.m. § 315, § 167 Abs. 1 Satz 2, Abs. 3 FamFG)

a) Muss-Beteiligte

An dem Unterbringungsverfahren **müssen beteiligt werden**: 71

- die **antragstellende Behörde**, § 7 Abs. 1 FamFG – nach § 8 Nr. 3 FamFG die Behörde selbst und nicht die Körperschaft, bei der sie errichtet ist,
- das **betroffene Kind** (§ 167 Abs. 1 Satz 1 i.V.m. § 315 Abs. 1 Nr. 1, § 167 Abs. 3 FamFG),
- der bzw. die **gesetzliche(n) Vertreter** des Kindes; d.h. die sorgeberechtigten Eltern, der Vormund oder der Pfleger mit entsprechendem Aufgabenkreis (§ 167 Abs. 1 Satz 1 i.V.m. § 315 Abs. 1 Nr. 2 FamFG),
- die **Verfahrensbeiständin** bzw. der **Verfahrensbeistand**, wenn sie bzw. er nach § 167 Abs. 1 Satz 2 i.V.m. § 158 FamFG bestellt worden ist, wobei die Bestellung obligatorisch ist, § 167 Abs. 1 Satz 3 FamFG,
- das **Jugendamt**, auf seinen Antrag hin nach § 162 Abs. 2 Satz 2 FamFG.

▶ *Zu den Voraussetzungen der Bestellung der* **Verfahrensbeiständin** *bzw. des* **Verfahrensbeistands** *und den Rechtsfolgen der Bestellung siehe Fink, § 167 FamFG Rn. 17.*

b) Kann-Beteiligte

An dem Unterbringungsverfahren **können** im Interesse des Kindes nach pflichtgemäßem Ermessen **zu beteiligen sein**: 72

- der **Ehegatte oder Lebenspartner** des Kindes, wenn sie nicht dauerhaft getrennt leben (§ 167 Abs. 1 Satz 1 i.V.m. § 315 Abs. 4 Satz 1 Nr. 1 FamFG),
- die **Eltern**, die aufgrund von Entziehung der elterlichen Sorge oder von Teilen davon nicht die gesetzlichen Vertreter des Kindes sind, wenn das Kind bei ihnen lebt oder bei Einleitung des Verfahrens gelebt hat (§ 167 Abs. 1 Satz 1 i.V.m. § 315 Abs. 4 Satz 1 Nr. 1 FamFG),
- die **Pflegeeltern**, die das Kind bei Verfahrensbeginn in einem tatsächlichen Pflegeverhältnis haben, unabhängig von einem Pflegevertrag oder einer Pflegeerlaubnis nach § 44 Abs. 1 Satz 1 SGB VIII (§ 167 Abs. 1 Satz 1 i.V.m. § 315 Abs. 4 Satz 1 Nr. 1 FamFG),
- eine vom Kind benannte oder durch seine Äußerungen bzw. aus den übrigen Umständen heraus erkennbare[101] **Person seines Vertrauens** (§ 167 Abs. 1 Satz 1 i.V.m. § 315 Abs. 4 Satz 1 Nr. 2 FamFG),
- die **Leiterin** bzw. der **Leiter der Einrichtung**, in der das Kind lebt (§ 167 Abs. 1 Satz 1 i.V.m. § 315 Abs. 4 Satz 1 Nr. 3 FamFG),
- weitere Personen und Stellen, die das **einschlägige Landesrecht** vorsieht (§ 167 Abs. 1 Satz 1 i.V.m. § 315 Abs. 4 Satz 2 FamFG); das Interesse des Kindes gilt dabei nicht als Einschränkung.[102]

---

101 BGH FamRZ 2013, 115
102 Hierzu Jox/Fröschle/Jox, § 315 FamFG Rn. 17 ff.

6. Anhörung (§ 167 Abs. 1 Satz 1 i.V.m. § 319, § 320, § 167 Abs. 4 FamFG)

a) Persönliche Anhörung des Kindes

73 Die persönliche Anhörung des Kindes ist **unabhängig von seinem Alter** für das Familiengericht und das Beschwerdegericht[103] **grundsätzlich zwingend**, § 167 Abs. 1 Satz 1 i.V.m. § 319 Abs. 1 FamFG (hierzu Rn. 21). Es bestehen die sehr engen Ausnahmen, von einer persönlichen Anhörung des Kindes nach § 34 Abs. 2 FamFG abzusehen. Dies enthebt das Gericht jedoch nicht von der Pflicht, sich einen persönlichen Eindruck vom Kind zu verschaffen.

74 Das Gericht kann das **Verfahren ohne Anhörung des Kindes grundsätzlich nicht beenden**, auch wenn das Kind unentschuldigt vom Anhörungstermin fernbleibt.[104] Dann ist im Extremfall an eine Vorführung des Kindes zu denken (hierzu Rn. 23).

b) Persönliche Anhörung des bzw. der gesetzlichen Vertreter(s) des Kindes

75 Der bzw. die gesetzliche(n) Vertreter(in) des Kindes, d.h. die sorgeberechtigten Eltern, der Vormund oder der Pfleger mit entsprechendem Aufgabenkreis, sind – **grundsätzlich zwingend**[105] – persönlich nach § 167 Abs. 4 FamFG anzuhören (hierzu Rn. 26). Das **Beschwerdegericht** kann nur dann von einer nochmaligen persönlichen Anhörung absehen, wenn von einer erneuten Anhörung keine zusätzlichen Erkenntnisse zu erwarten sind, vgl. § 68 Abs. 3 Satz 2 FamFG.

c) Persönliche Anhörung der Pflegeeltern

76 Ferner sind die Pflegeeltern, die das Kind bei Verfahrensbeginn in einem tatsächlichen Pflegeverhältnis haben, nach § 167 Abs. 4 FamFG persönlich anzuhören, unabhängig von einem Pflegevertrag oder einer Pflegeerlaubnis nach § 44 Abs. 1 Satz 1 SGB VIII[106] (hierzu Rn. 27).

d) Anhörung der sonstigen Beteiligten

77 Das Gericht **hat** ferner die sonstigen Beteiligten anzuhören (§ 167 Abs. 1 Satz 1 i.V.m. § 320 Satz 1 FamFG). Dazu gehören:

- die **antragstellende Behörde**, als „Muss-Beteiligter" des Verfahrens,
- die **Verfahrensbeiständin** bzw. der **Verfahrensbeistand** als „Muss-Beteiligte(r)" des Verfahrens, wenn sie bzw. er nach § 167 Abs. 1 Satz 2 i.V.m. § 158 FamFG bestellt worden ist,
- das **Jugendamt** als „Muss-Beteiligter" des Verfahrens, wenn es einen Antrag auf Beteiligung gestellt hat,
- der **Ehegatte oder Lebenspartner** des Kindes, wenn sie nicht dauerhaft getrennt leben,
- die **Eltern**, die aufgrund von Entziehung der elterlichen Sorge oder von Teilen davon nicht die gesetzlichen Vertreter des Kindes sind, wenn das Kind bei ihnen lebt oder bei Einleitung des Verfahrens gelebt hat,

103 MüKo-FamFG/*Heilmann*, § 167 Rn. 37
104 MüKo-FamFG/*Heilmann*, § 167 Rn. 11
105 MüKo-FamFG/*Heilmann*, § 167 Rn. 37 f., 40
106 MüKo-FamFG/*Heilmann*, § 167 Rn. 40; Sternal/*Schäder*, § 167 FamFG Rn. 22; vgl. BT-Drs. 11/4528, 184

- eine vom Kind benannte oder durch seine Äußerungen bzw. aus den übrigen Umständen heraus erkennbare[107] **Person seines Vertrauens**,
- die **Leiterin** bzw. der **Leiter der Einrichtung**, in der das Kind lebt.

7. Sachverständigengutachten (§ 167 Abs. 1 Satz 1 i.V.m. § 321, § 322, § 167 Abs. 6 FamFG)

Vor einer geschlossenen Unterbringung hat das Gericht in einem Hauptsacheverfahren stets eine förmliche Beweisaufnahme (§ 30 FamFG) vorzunehmen durch Einholung eines ärztlichen Gutachtens eines Sachverständigen, § 167 Abs. 1 Satz 1 i.V.m. § 321 FamFG. **78**

Der Sachverständige hat das Kind vor der Erstattung des Gutachtens persönlich zu untersuchen oder zu befragen. **79**

Die **gutachterliche Beurteilung** muss sich erstrecken auf: **80**

- die Notwendigkeit der Freiheitsentziehung, § 167 Abs. 1 Satz 1 i.V.m. § 321 Abs. 1 Satz 1 FamFG,
- die voraussichtliche Dauer der Unterbringung, § 167 Abs. 1 Satz 1 i.V.m. § 321 Abs. 1 Satz 3 FamFG.

Zur Sicherstellung der Begutachtung kann die **Vorführung** des Kindes (§ 322 i.V.m. § 283 Abs. 1 Satz 1 FamFG) und als Ultima Ratio die geschlossene **Unterbringung** für höchstens sechs Wochen (§ 322 i.V.m. § 284 Abs. 1, Abs. 2 FamFG) angeordnet werden. In beiden Fällen **muss** das Kind zuvor persönlich angehört werden. Vor einer Unterbringung zum Zweck der Begutachtung ist zusätzlich der Sachverständige anzuhören. **81**

Der Sachverständige soll **Arzt für Kinder- und Jugendpsychiatrie und -psychotherapie** sein, § 167 Abs. 6 Satz 1 FamFG. **82**

Der Arzt, der die Unterbringungsmaßnahme angeregt hat, scheidet wegen **Voreingenommenheit** als Sachverständiger im Hauptsacheverfahren aus.[108] Der Bestellung steht aber grundsätzlich nicht entgegen, dass der Arzt das Kind, etwa im Rahmen einer (vorläufigen) Unterbringung, bereits behandelt hat. Dies folgt aus dem Umkehrschluss aus § 167 Abs. 1 Satz 1 i.V.m. § 321 Abs. 1 Satz 5, § 329 Abs. 2 Satz 2 FamFG.[109] Jedoch sind die bei der Vorbehandlung erhobenen Befunde im Rahmen des Gutachtens nur verwertbar, wenn der gesetzliche Vertreter des Kindes den Sachverständigen vor der Erstellung des Gutachtens von seiner ärztlichen Schweigepflicht entbindet.[110] **83**

8. Beendigung des Verfahrens

a) Beschluss

Das Verfahren wird durch Beschluss – Anordnung der Unterbringung oder Ablehnung der Unterbringung oder aufgrund der Rücknahme des Antrags – beendet. Der Beschluss ist zu begründen, § 38 Abs. 3 Satz 1 FamFG. **84**

Wird die Unterbringung in einer Einrichtung angeordnet, ist nach § 167 Abs. 1 Satz 1 FamFG i.V.m. § 323 Abs. 1 FamFG: **85**

- die Unterbringungsmaßnahme genau zu bezeichnen,
- der exakte Zeitpunkt, zu dem die Unterbringungsmaßnahme endet, zu benennen.

---

107 BGH FamRZ 2013, 115
108 Jox/Fröschle/*Jox*, § 321 FamFG Rn. 4; vgl. LG Tübingen FamRZ 1996, 1344
109 Vgl. BGH NJW 2013, 3309
110 Vgl. Jox/Fröschle/*Jox*, § 321 FamFG Rn. 4

86 Der Beschluss muss den Typus der Einrichtung (Kinder- und Jugendpsychiatrie, Einrichtung der Kinder- und Jugendhilfe, Suchthilfe etc.) exakt angeben. Meist ist dies jedoch schon aus dem Landesrecht vorgegeben, da die meisten Landesrechte lediglich die Unterbringung in einem psychiatrischen Krankenhaus zulassen.[111]

87 Ferner muss der Zeitpunkt exakt benannt werden, zu dem die Maßnahme endet; also ein bestimmtes oder mindestens bestimmbares Datum. Die **Unterbringungsdauer** darf grundsätzlich **sechs Monate** nicht überschreiten, § 167 Abs. 1 Satz 1 i.V.m. § 329 Abs. 1 FamFG. Dabei muss sie in jedem Fall verhältnismäßig sein, also nicht länger als zum Erreichen des Zwecks erforderlich und angemessen. Bei offensichtlich langer Sicherungsbedürftigkeit kann eine Höchstdauer von **einem Jahr** bestimmt werden. Dies soll jedoch nur in Ausnahmefällen möglich sein, wenn ein offensichtliches Bedürfnis für eine Unterbringung über sechs Monate hinaus besteht (hierzu Rn. 41).

88 Der Beschluss muss eine **Rechtsmittelbelehrung** enthalten, § 39 FamFG,[112] und wird mit Rechtskraft **wirksam**, § 167 Abs. 1 Satz 1 i.V.m. § 324 Abs. 1 FamFG. Das Gericht wird jedoch in aller Regel die sofortige Wirksamkeit anordnen müssen, da die Verfahren nach Landesrecht aufgrund der engen materiellen Vorgaben immer eilbedürftig sind und nicht erst die Rechtskraft abgewartet werden kann, § 167 Abs. 1 Satz 1 i.V.m. § 324 Abs. 2 FamFG.

▶ *Zu den Einzelheiten über die Bekanntgabe des Beschlusses siehe Fink, § 167 FamFG Rn. 43.*

b) Vollziehung

89 Die **Vollziehung** der Unterbringung erfolgt durch die nach dem entsprechenden Landesgesetz zuständige Behörde.

90 Gegen eine Maßnahme zur Regelung der einzelnen Angelegenheiten **im Vollzug** der Unterbringung kann das Kind ab Vollendung des 14. Lebensjahres auch ohne Vertretung durch die Sorgeberechtigten eine Entscheidung des Gerichts beantragen, § 167 Abs. 1 Satz 1 i.V.m. § 327 Abs. 1, § 167 Abs. 3 FamFG.

c) Aussetzung

91 Das Gericht kann den Vollzug der Unterbringung **aussetzen** und mit Auflagen versehen, § 167 Abs. 1 Satz 1 i.V.m. § 328 Abs. 1 Satz 1 FamFG. Eine Aussetzung kommt in Betracht, wenn hinreichend wahrscheinlich ist, dass die Gefahr, deren Abwendung die Unterbringungsmaßnahme dient, unter dem Druck der Widerrufbarkeit und durch erteilte Auflagen so weit gemindert werden kann, dass ein (weiterer) Vollzug nicht mehr erforderlich erscheint.[113]

Die Dauer der Aussetzung darf nur in Ausnahmefällen sechs Monate überschreiten und maximal bis zu einem Jahr verlängert werden.

d) Aufhebung

92 Die **Anordnung** der Unterbringung ist **aufzuheben**, wenn ihre Voraussetzungen wegfallen, § 167 Abs. 1 Satz 1 i.V.m. § 330 Satz 1 FamFG. Vor der Aufhebung soll das Gericht die zuständige Behörde anhören, es sei denn, dass dies zu einer nicht nur geringen Verzögerung des Verfahrens führen würde, § 167 Abs. 1 Satz 1 i.V.m. § 330 Satz 2 FamFG.

111 Vgl. Jox/Fröschle/*Bartels*, § 323 FamFG Rn. 12
112 MüKo-FamFG/*Heilmann*, § 167 Rn. 16
113 Jox/Fröschle/*Jox*, § 328 FamFG Rn. 3

9. Einstweilige Anordnungen (§ 331 und § 332 FamFG)

In den Verfahren nach den Landesgesetzen sind einstweilige Anordnungen bei der Erstanordnung einer Unterbringung die absoluten Regelverfahren. Das Gesetz unterscheidet zwischen der **„allgemeinen" einstweiligen Anordnung** (§ 167 Abs. 1 Satz 1 i.V.m. § 331 FamFG) **und** der (besonders eiligen) **einstweiligen Anordnung bei Gefahr im Verzug** (§ 167 Abs. 1 Satz 1 i.V.m. § 332 FamFG). 93

Für beide einstweiligen Anordnungen gelten die Vorschriften des Allgemeinen Teils (§ 49 bis § 57 FamFG), sofern keine Sonderregelungen nach § 167 Abs. 1 Satz 1 i.V.m. § 331 bis § 333 FamFG greifen.[114]

a) Einstweilige Anordnung (§ 331 FamFG)

Das Gericht kann eine vorläufige Unterbringung nach § 167 Abs. 1 Satz 1 i.V.m. § 331 FamFG anordnen, wenn: 94

- der Antragsteller angehört wurde (§ 7 Abs. 1 FamFG),
- dringende Gründe für die Annahme bestehen, dass die Voraussetzungen für eine Unterbringungsmaßnahme gegeben sind, und ein dringendes Bedürfnis für ein sofortiges Tätigwerden besteht,
- ein ärztliches Zeugnis über den Zustand des Kindes und über die Notwendigkeit der Maßnahme vorliegt,
- ein(e) bestellte(r) Verfahrensbeiständin bzw. Verfahrensbeistand angehört wurde,
- das Kind – unabhängig von seinem Alter – persönlich angehört wurde,
- der bzw. die gesetzliche(n) Vertreter(in) des Kindes persönlich angehört wurde(n) (§ 167 Abs. 4 FamFG),
- die Pflegeltern persönlich angehört wurden (§ 167 Abs. 4 FamFG),
- das Jugendamt angehört wurde, unabhängig davon, ob es zuständige Behörde ist oder nicht (§ 162 Abs. 1 Satz 1 FamFG).

Dringende Gründe liegen vor, wenn konkrete Umstände mit erheblicher Wahrscheinlichkeit darauf hindeuten, dass die Voraussetzungen vorliegen. Unter Berücksichtigung der Bedeutung des Rechts des Kindes auf persönliche Freiheit (Art. 2 Abs. 2 Satz 2 GG) müssen – soweit die Dringlichkeit es zulässt – alle zur Verfügung stehenden Aufklärungsmöglichkeiten ausgeschöpft werden.[115] Das Gericht muss bei seiner Entscheidung strikt den Verhältnismäßigkeitsgrundsatz beachten und insbesondere den Nutzen einer vorläufigen Unterbringung und/oder freiheitsentziehender Maßnahme und die Folgen für das Kind, falls die Unterbringung und/oder Maßnahme unterbleibt, gegeneinander abwägen. Die Abwägung ist in der Begründung der Entscheidung darzulegen (§ 38 Abs. 3 FamFG).[116] 95

Ein **dringendes Bedürfnis** für ein sofortiges Tätigwerden besteht, wenn konkrete Umstände mit erheblicher Wahrscheinlichkeit darauf hindeuten, dass mit dem Aufschub der Unterbringung bis zur endgültigen Entscheidung Gefahr für das betroffene Kind verbunden wäre. Dem drohenden Nachteil muss dabei erhebliches Gewicht zukommen.[117] 96

114 Prütting/Helms/*Hammer*, § 167 FamFG Rn. 63
115 Vgl. Fröschle/*Jox*, § 331 FamFG Rn. 4
116 Vgl. BeckOK-FamFG/*Günter*, § 331 FamFG Rn. 3
117 Vgl. OLG München NJW-RR 2008, 1032, 1033; Jox/Fröschle/*Jox*, § 331 FamFG Rn. 5

97 Die **Behandlungsbedürftigkeit** als solche rechtfertigt eine einstweilige Anordnung nur, wenn das Zuwarten bis zu einer endgültigen Entscheidung eine akute Verschlechterung des Gesundheitszustands erwarten lässt.[118]

98 Das **ärztliche Zeugnis** hat sich nicht nur auf den gesundheitlichen Zustand des Kindes zu beschränken, sondern muss auch Angaben zu der Notwendigkeit der Maßnahme, dem zu erwartenden Behandlungserfolg und dem ohne sofortige Behandlung drohenden Nachteil sowie der Dauer der Unterbringung enthalten.[119] Für das ärztliche Zeugnis gilt, dass der Sachverständige **Arzt für Kinder- und Jugendpsychiatrie und –psychotherapie** sein soll, § 167 Abs. 6 Satz 1 FamFG. Inhaltlich bestehen zwischen einem ärztlichen Zeugnis im einstweiligen Anordnungsverfahren und einem ärztlichen Gutachten im Hauptsacheverfahren keine wesentlichen Unterschiede. Ein ärztliches Zeugnis kann lediglich etwas kürzer ausfallen als ein, in formeller Beweisaufnahme eingeholtes ärztliches Gutachten.

b) Einstweilige Anordnung bei Gefahr im Verzug (§ 332 FamFG)

99 § 167 Abs. 1 Satz 1 i.V.m. § 332 FamFG enthält die Regelung bei **Gefahr im Verzug**, die äußerst restriktiv anzuwenden ist.[120] Eine Gefahr im Verzug besteht, wenn konkrete Gründe dafür vorliegen, dass bereits der durch die Anhörungen bedingte zeitliche Aufschub der Maßnahme die Gefahr erheblicher Nachteile für das Kind oder Dritte mit sich bringen würde.[121] Alle Verfahrenshandlungen, die wegen Gefahr im Verzug nicht vorgenommen wurden, sind unverzüglich – in der Regel am nächsten Tag – vorzunehmen (hierzu Rn. 53).[122]

c) Verlängerung der einstweiligen Anordnungen (§ 331 und § 332 FamFG)

100 Die einstweiligen Anordnungen dürfen grundsätzlich die **Dauer** von **sechs Wochen** nicht überschreiten, § 167 Abs. 1 Satz 1 i.V.m. § 333 Abs. 1 Satz 1 FamFG. Die vorläufig angeordnete Unterbringung bzw. freiheitsentziehende Maßnahme kann durch eine oder mehrere weitere einstweilige Anordnungen auf eine Gesamtdauer von **drei Monaten verlängert** werden (§ 167 Abs. 1 Satz 1 FamFG i.V.m. § 333 Abs. 1 Satz 2 bis Satz 4 FamFG) (hierzu Rn. 54).

101 Bei einer **Verlängerung** einer Unterbringung ist zu berücksichtigen, dass ein ärztliches Zeugnis nicht mehr ausreicht, sondern die **Anhörung des Sachverständigen** erforderlich ist (§ 167 Abs. 1 Satz 1 FamFG i.V.m. § 333 Abs. 1 Satz 2 FamFG).

10. Beschwerdeverfahren

102 Für das Beschwerdeverfahren gelten die allgemeinen Vorschriften der §§ 58 ff. FamFG, die durch die Vorschriften der §§ 335 f. FamFG ergänzt werden. § 335 FamFG regelt das Beschwerderecht der Beteiligten, wobei die Verfahrensbeiständin bzw. der Verfahrensbeistand nicht nach § 335 FamFG, sondern nach § 167 Abs. 1 Satz 2 FamFG i.V.m. § 158b Abs. 3 Satz 2 FamFG und das Jugendamt nach § 162 Abs. 3 Satz 2 FamFG beschwerdeberechtigt sind. Im Hinblick auf § 60 FamFG ist das Kind erst mit Vollendung des 14. Lebensjahrs beschwerdeberechtigt.

103 Die in § 335 FamFG genannten Personen und Stellen haben ein eigenes Beschwerderecht – **im eigenen Namen** – unabhängig von ihrer Rechtsbeeinträchtigung i.S.v. § 59 FamFG. Wird das Rechtsmittel **im fremden Namen** eingelegt, muss dem Vertretenen ein Beschwer-

118 Vgl. BVerfG NJW 1998, 1774, 1775; Jox/Fröschle/*Jox*, § 331 FamFG Rn. 5
119 Vgl. Jox/Fröschle/*Jox*, § 331 FamFG Rn. 6
120 MüKo-FamFG/*Heilmann*, § 167 Rn. 11
121 Vgl. Prütting/Helms/*Roth*, § 332 FamFG Rn. 4
122 Jox/Fröschle/*Jox*, § 332 FamFG Rn. 1 m.w.N.

derecht zustehen, und der Vertreter muss eine Befugnis zur Vertretung haben. Diese kann sich entweder aus einer durch Rechtsgeschäft erteilten Vollmacht (für deren Erteilung das Kind das 14. Lebensjahr vollendet haben muss, vgl. § 167 Abs. 3 FamFG) oder aus einer gesetzlichen Regelung ergeben.[123]

Für die Anfechtung der **einstweiligen Anordnung** mit der Beschwerde gelten nach § 57 Satz 2 FamFG ebenfalls die allgemeinen Vorschriften der §§ 58 ff. FamFG. Nach § 57 Satz 2 FamFG setzt die Anfechtbarkeit **keine Entscheidung aufgrund mündlicher Erörterung** (§ 32 FamFG) voraus. Zu beachten ist die verkürzte Beschwerdefrist von **zwei Wochen**, § 63 Abs. 2 Nr. 1 FamFG. Den in § 335 Abs. 1 Nr. 1 bis Nr. 3 FamFG aufgeführten Personen steht das Beschwerderecht nur dann zu, wenn sie auch am einstweiligen Anordnungsverfahren beteiligt worden sind.[124] **104**

§ 167a FamFG

Besondere Vorschriften für das Verfahren nach § 1686a des Bürgerlichen Gesetzbuches

(1) Anträge auf Erteilung des Umgangs- oder Auskunftsrechts nach § 1686a des Bürgerlichen Gesetzbuchs sind nur zulässig, wenn der Antragsteller an Eides statt versichert, der Mutter des Kindes während der Empfängniszeit beigewohnt zu haben.

(2) Soweit es in einem Verfahren, das das Umgangs- oder Auskunftsrecht nach § 1686a des Bürgerlichen Gesetzbuchs betrifft, zur Klärung der leiblichen Vaterschaft erforderlich ist, hat jede Person Untersuchungen, insbesondere die Entnahme von Blutproben, zu dulden, es sei denn, dass ihr die Untersuchung nicht zugemutet werden kann.

(3) § 177 Absatz 2 Satz 2 und § 178 Absatz 2 gelten entsprechend.

Übersicht

A. Allgemeines

I. Normzweck

In zwei Entscheidungen.[1] hat der EGMR einen Verstoß der deutschen Rechtslage gegen Art. 8 EMRK festgestellt, wenn dem (feststehenden) biologischen Vater, der weder mit der Mutter verheiratet war noch die Vaterschaft anerkannt hat und der auch keine sozial-famili- **1**

---

123 Vgl. Jox/Fröschle/*Bartels*, § 335 FamFG Rn. 4

124 Vgl. Jox/Fröschle/*Jox*, § 331 FamFG Rn. 13

1 EGMR FamRZ 2011, 269; 2011, 1715; bestätigt durch EGMR FamRZ 2018, 1423; vgl. hierzu *Clausius*, NZFam 2017, 893

äre Bindung zu dem Kind hatte, der Umgang mit seinen Kindern ohne Prüfung der Kindeswohldienlichkeit versagt werde[2] oder – noch weitergehend – wenn dem mutmaßlichen biologischen Vater ohne individuelle Prüfung des Kindeswohls der Umgang versagt werde.[3] Der Gesetzgeber hat sich hierdurch veranlasst gesehen, durch das Gesetz zur Stärkung der Rechte des leiblichen, nicht rechtlichen Vaters vom 4.7.2013 (BGBl. I 2013 S. 2176, in Kraft seit dem 13.7.2013) dieser Rechtsprechung Rechnung zu tragen[4] und im neu eigefügten § 1686a BGB die materiell-rechtlichen Voraussetzungen für ein Umgangs- und Auskunftsrecht des leiblichen bzw. mutmaßlich leiblichen, nicht rechtlichen Vaters normiert. Die Entscheidungen des EGMR begründen jedoch keine Wiederaufnahme für ein vor dem 31.12.2006 formell rechtskräftig abgeschlossenes Umgangsverfahren.[5] Der ins FamFG neu eingefügte § 167a FamFG enthält die notwendigen **verfahrensrechtlichen Regelungen** für die Durchsetzung der **Ansprüche aus § 1686a BGB** und ist **ausschließlich** in diesen Verfahren **anwendbar**.[6]

II. Anwendungsbereich

2 Der leibliche Vater kann nur dann einen **Antrag auf Auskunft oder Umgang** gemäß § 1686a BGB stellen, wenn **ein rechtlicher Vater existiert**.[7] Um zu vermeiden, dass sich der leibliche Vater mit einem Auskunfts- oder Umgangsrecht begnügt, ohne die mit der rechtlichen Vaterschaft verbundenen Pflichten zu übernehmen, muss er bei Nichtexistenz eines rechtlichen Vaters zunächst den Weg über die Anerkennung der Vaterschaft (ggf. im Wege eines Abstammungsverfahrens) wählen[8]

3 Er ist allerdings nicht verpflichtet, einen existierenden rechtlichen Vater gemäß § 1600 Abs. 1 Nr. 2, Abs. 2 BGB aus der Vaterschaft zu verdrängen.[9] Ein Auskunfts- oder Umgangsantrag nach § 1686a i.V.m. § 167a FamFG ist **neben einem Verfahren nach § 1685 BGB** zulässig.[10] Sofern eine soziale Beziehung des leiblichen Vaters zum Kind besteht, sind zudem beide Vorschriften nebeneinander anwendbar siehe näher hierzu *Bussian*, § 1686a BGB, Rn. 3.[11]

4 Das Umgangsverfahren nach § 167a FamFG ist eine **Kindschaftssache** gemäß § 151 Nr. 2 FamFG, auf das **die allgemeinen Vorschriften (§§ 152 ff. FamFG) Anwendung** finden.[12] Von Bedeutung ist hier insbesondere das Vorrang- und Beschleunigungsgebot (§ 155 FamFG), die Regeln zur persönlichen Anhörung (§§ 159-161 FamFG), die Bestellung eines Verfahrensbeistandes unter den Voraussetzungen des § 158 FamFG[13] und das Hinwirken auf Einvernehmen (§ 156 FamFG).

5 Die Prüfung nach § 156 Abs. 3 FamFG, ob nach Scheitern einer einvernehmlichen Regelung nach § 156 Abs. 2 FamFG der Erlass einer **einstweiligen Anordnung** geboten ist, muss jedenfalls dann zum Nichterlass einer Eilentscheidung führen, wenn die Vaterschaft des Antragstellers streitig und noch nicht erwiesen ist.[14] Im frühen ersten **Termin nach § 155 Abs. 2 FamFG** sollte nach Möglichkeit **geklärt werden**, ob die Vaterschaft streitig ist, denn

2 EGMR FamRZ 2011, 269
3 EGMR FamRZ 2011, 1715
4 BT-Drs. 17/12163, 9
5 BGH FamRZ 2014, 927
6 MüKo-FamFG/*Heilmann*, § 167a Rn. 4
7 *Hammer*, FamRB 2013, 298, vgl. auch BGH NJW 2024, 2979
8 BT-Drs. 17/12163, 12
9 BT-Drs. 17/12163, 12
10 *Hammer*, FamRB 2013, 298
11 BGHZ 230, 174; Staudinger/*Dürbeck*, § 1686a BGB, Rn. 8
12 *Keuter*, ZKJ 2014, 16
13 Die aber in diesen Verfahren in der Regel vorliegen: *Hammer*, FamRB 2013, 298, 299
14 In diesem Sinne auch *Keuter*, ZKJ 2013, 16

nur dann kommt die Einholung eines Abstammungsgutachtens in Betracht (siehe Rn. 11) und ob der Antragsteller ein ernsthaftes Interesse i.S.d. § 1686a Abs. 1 BGB am Kind gezeigt hat.[15] Ist die gutachterlichen Feststellung der Vaterschaft zu Beginn des Verfahrens vorzunehmen, weil die anderen Voraussetzungen des § 1686a BGB sich weder ohne großen Aufwand klären lassen noch bereits offensichtlich ausscheiden,[16] so bietet es sich an, jedenfalls die Bestellung des Verfahrensbeistandes und die Anhörung des Kindes erst nach der Klärung der Vaterschaft vorzunehmen.[17] Zum Zeitpunkt der Inzidentfeststellung auch Rn. 13.

Zu **beteiligen** sind: das verfahrensfähige Kind, die Mutter, der Antragsteller und der rechtliche Vater (§ 7 Abs. 1, 2 Nr. 1 FamFG), das Jugendamt auf Antrag (§ 162 Abs. 2 FamFG) und ggf. der Verfahrensbeistand (§ 158 Abs. 3 Satz 2 FamFG). Die unterbliebene Beteiligung einer zu beteiligenden Person eteiligten berechtigt das Beschwerdegericht zur Aufhebung und Zurückverweisung nach § 69 Abs. 1 Satz 3 FamFG (siehe *Kischkel*, § 69 FamFG Rn. 6 ff.). 6

Es besteht **kein Anwaltszwang** (§ 114 FamFG). 7

B. Inhalt der Norm

I. Zulässigkeitsvoraussetzungen (Abs. 1)

1. Antrag

Das Umgangs- oder Auskunftsverfahren nach § 1686a BGB wird nach dem ausdrücklichen Wortlaut des § 167a Abs. 1 FamFG **nur auf Antrag** durchgeführt. Anders als bei den Umgangsverfahren nach §§ 1684, 1685 BGB handelt es sich mithin um ein reines **Antragsverfahren** (§ 23 FamFG). Ein Umgangsverfahren nach § 1686a BGB kann demnach weder von Amts wegen eingeleitet noch darf es nach Rücknahme des Antrages (§ 22 FamFG) weitergeführt werden. 8

Antragsteller kann **nur der (mutmaßliche) leibliche Vater** sein, weder Mutter noch Kind sind daneben antragsberechtigt. 9

▶ *Zum Verfahren siehe auch Bussian, § 1686a BGB Rn. 31 ff.*

2. Form des Antrages

Der Antragsteller muss dem Antrag eine **eidesstattliche Versicherung** beifügen, dass er der Mutter während der **gesetzlichen Empfängniszeit beigewohnt** hat. Insoweit steht nach der Rechtsprechung des BGH die private Samenspende der Beiwohnung gleich. Denn der Zweck des § 167 a Abs. 1 FamFG ist, eine Geltendmachung des Anspruchs „ins Blaue" hinein auszuschließen.[18] Dieser ist aber nicht betroffen, wenn der Antragsteller auf andere Weise als durch mit der Mutter vollzogenen Geschlechtsverkehr zur Zeugung des Kindes beigetragen hat.[19] Demnach ist auch der Samenspender gemäß § 167a Abs. 1 FamFG antragsberechtigt.[20] **Ausgeschlossen vom Antragsrecht** wird jedoch der Mann, der unter den Voraussetzungen des § 1600 Abs. 4 BGB durch heterologische Samenspende biologischer Vater geworden ist.[21] Die Abgabe der eidesstattlichen Versicherung ist **Zulässigkeitsvo-** 10

15 *Hammer*, FamRB 2013, 298, 300
16 Vgl. BVerfG ZKJ 2015, 72
17 MüKo-FamFG/*Heilmann*, § 167a Rn. 12 zum Zeitpunkt der Inzidentfeststellung
18 Vgl. BT-Drs. 17/12163 S. 14
19 BGH 230, 174; BGH FamRZ 2013, 1209; vgl. auch OLG Frankfurt ZKJ 2019, 65
20 *Hoffmann*, FamRZ 2013, 1077, 1078
21 Vgl. BT-Drs. 17/12163 S. 14

raussetzung[22] und dient dem Schutz von Mutter, Kind und rechtlichem Vater vor unbedachten, voreiligen und rechtsmissbräuchlichen Anträgen.[23]

▶ *Zum Inhalt eines verfahrenseinleitenden Antrages siehe Köhler, § 23 FamFG, Rn. 12 ff.*

11 Bevor allerdings der **Antrag** wegen fehlender eidesstattlicher Versicherung – ohne vorab weitere Maßnahmen zu veranlassen – **als unzulässig abgewiesen** wird, ist der Antragsteller auf die Unzulässigkeit hinzuweisen und ihm Gelegenheit zur Nachbesserung zu geben.[24] Ob der Antragsteller tatsächlich der biologische Vater ist, wird, sofern es bestritten wird, im Rahmen der Begründetheit des Antrages überprüft.

II. Klärung der leiblichen Vaterschaft (Abs. 2, 3)

1. Inzidentfeststellung

12 Ist die **leibliche Vaterschaft** des Antragstellers **streitig**, so ist im Umgangsverfahren ein Abstammungsgutachten einzuholen. Diese, dem Umgangsverfahren im Übrigen wesensfremde,[25] Inzidentfeststellung wurde für notwendig erachtet, da die biologische Vaterschaft einerseits Voraussetzung für den Umgang des nicht rechtlichen Vaters ist, dieser andererseits ohne Mitwirkung der Mutter bzw. des Kindes keine rechtliche Möglichkeit hätte, seine biologische Vaterschaft klären zu lassen. Die Klärung der Vaterschaft bedarf keiner förmlichen Beweisaufnahme,[26] so dass auch die Verwertung eines außergerichtlich[27] oder in einem anderen Verfahren[28] eingeholten Gutachtens möglich ist. Das im Rahmen der Inzidentfeststellung eingeholte Gutachten erwächst nicht in materielle Rechtskraft, d.h. hierdurch wird kein rechtliches Vater-Kind-Verhältnis begründet.[29] Es handelt sich lediglich um eine Klärung der relevanten Vorfrage.

2. Zeitpunkt der Inzidentfeststellung

13 In der Praxis wird sich in vielen Fällen die Frage nach dem **richtigen Zeitpunkt** für die **Einholung des Gutachtens** stellen. Weder § 167a FamFG noch § 1686a BGB geben eine Prüfungsreihenfolge vor.[30] Im Hinblick auf die familiären Auswirkungen der Vaterschaftsfeststellung und auf den mit der Begutachtung verbundenen Grundrechtseingriff kann es nicht allein im Belieben des Gerichts stehen, in welcher Reihenfolge die Prüfung der Voraussetzungen des § 1686a BGB erfolgt.[31]

▶ *Zur Frage der* **Reihenfolge** *der Klärung der Tatbestandsvoraussetzungen siehe Bussian, § 1686a BGB Rn. 7.*

14 Häufig wird zunächst das Bestehen eines **ernsthaften Interesses** an dem Kind seitens des Vaters festzustellen sein (§ 1686 Abs. 1 1. HS BGB), denn hierzu wird regelmäßig kein Gutachten erforderlich sein. Ein ernsthaftes Interesse ist z.B. anzunehmen, wenn sich der mutmaßliche Vater in der Vergangenheit nachhaltig um eine Kontaktaufnahme zu dem Kind bemüht hat, den Wunsch nach Umgang wiederholt geäußert oder sich von Anfang an zu dem

---

22 OLG Bremen, ZKJ 2015, 26; *Clausius*, NZFam 2017, 893; *Grün*, NZFam 2014, 1138; BT-Drs. 17/12163, 14
23 BT-Drs. 17/12163, 14
24 MüKo-FamFG/*Heilmann*, § 167a Rn. 9; BGH ZKJ 2017, 21
25 MüKo-FamFG/*Heilmann*, § 167a Rn. 3, kritisch auch *Keuter*, ZKJ 2014, 16, 18 m.w.N.
26 § 167a FamFG verweist gerade nicht auf § 177 Abs. 2 Satz 1 FamFG
27 BT-Drs. 17/12163, 14
28 *Hammer*, FamRB 2013, 298, 301
29 BT-Drs. 17/12163, 14
30 BVerfG ZKJ 2015, 72
31 BVerfG ZKJ 2015, 72

Kind bekannt hat;[32] möglicherweise aber nicht, wenn der mutmaßlich biologische Vater von der Vaterschaft bereits vor der Geburt Kenntnis hatte, den Kontakt zur Mutter gleichwohl noch vor der Geburt abgebrochen hat und erst Jahre später wieder mit einem Umgangswunsch Kontakt aufgenommen hat.[33]

▶ *Näher zum ernsthaften Interesse siehe Bussian, § 1686a BGB Rn. 10 ff.*

Die Anforderungen an den Vortrag der Ernsthaftigkeit dürfen jedoch nicht zu hoch angesetzt werden.[34] Hat der Antragsteller aus Rücksicht auf die rechtliche und soziale Familie Zurückhaltung bei der Forderung nach Umgang gezeigt, so darf ihm das nicht als fehlende Ernsthaftigkeit ausgelegt werden.[35] Gleiches sollte gelten, wenn er zwischenzeitlich einen Reifeprozess durchgemacht und sich im Hinblick auf die Verantwortungsübernahme eines Besseren besonnen hat. Andererseits wird ein nur anfängliches, und nunmehr Jahre zurückliegendes Bemühen nicht ausreichen.[36] **15**

Zur **Klärung** bietet sich der **frühe Termin nach § 155 Abs. 2 FamFG** (siehe Rn. 5) an. Auch wenn es sich um ein Antragsverfahren handelt (siehe Rn.8), so gilt gleichwohl der **Grundsatz** der **Amtsermittlung**, so dass der Antrag nicht unmittelbar mit der Begründung des fehlenden substantiierten Vortrages zurückgewiesen werden kann. Kann allerdings ein ernsthaftes Interesse wegen nicht vorhandener Ermittlungsmöglichkeiten bzw. nach gebotener Aufklärung durch das Gericht (§ 26 FamFG) und einem entsprechenden richterlichen Hinweis auf die fehlende Erfolgsaussicht des Antrages nicht festgestellt werden, so muss der Antrag – ohne weitere Ermittlungen zu den übrigen Voraussetzungen des § 1686a BGB – zurückgewiesen werden.

▶ *Zum Verhältnis der Amtsermittlungspflicht des Gerichts und der Mitwirkungspflicht[37] der Beteiligten vgl. Köhler, § 27 FamFG Rn. 3.*

Ist ein ernsthaftes Interesse ausgemacht, so wird es sich häufig anbieten, die Abstammungsfrage vor der Kindeswohlprüfung zu klären, da letztere eine weitergehende Einbeziehung des Kindes notwendig macht.[38] Das wird insbesondere dann der Fall sein, wenn zur Frage der Kindeswohldienlichkeit ein Gutachten eingeholt werden muss, was für alle Beteiligten, insbesondere aber für das Kind, eine Belastung darstellt.[39] Liegt jedoch nahe, dass die Kindeswohldienlichkeit nach dem Stand der Ermittlungen zu verneinen und der Antrag zurückzuweisen ist oder kann diese Frage, was in der Praxis selten der Fall sein wird, ohne großen Aufwand geklärt werden, muss die Klärung der Abstammung ausnahmsweise zurückgestellt werden oder erübrigt sich ganz.[40] Siehe zur Rechtsprechung auch die Ausführungen bei *Bussian*, § 1686a BGB, Rn. 7. **16**

3. Mitwirkung an der Begutachtung/Ordnungsmittel

In die Abstammungsbegutachtung werden regelmäßig der **mutmaßliche leibliche Vater**, die **Mutter** und **Kind** einzubeziehen sein. **Weigern** sich Mutter und/oder Kind (vertreten durch die sorgeberechtigten Eltern),[41] an der Begutachtung mitzuwirken, so können sie nur **17**

32 BT-Drs. 17/12163, 13
33 So OLG Bremen ZKJ 2015, 25
34 *Hammer*, FamRB 2013, 298, 299
35 Vgl. BT-Drs. 17/12163
36 Vgl. *Hammer*, FamRB 2013, 298, 299
37 Sternal/*Sternal*, § 27 FamFG, Rn. 3; a.A.: MüKo-FamFG/*Ulrici*, § 27 Rn. 7: „Mitwirkungslast"
38 I.E. ebenso MüKo-FamFG/*Heilmann*, § 167a Rn. 12; *Hammer*, FamRB 2013, 298, 301; kritisch *Keuter*, ZKJ 2014, 16, 18
39 Vgl. BVerfG ZKJ 2015, 72
40 Vgl. EGMR FamRZ 2018, 1423; BVerfG ZKJ 2015, 72
41 Hier ist ggf. auch die Bestellung eines Ergänzungspflegers gemäß §§ 1789 Abs. 2 Satz 3 und 4, 1809 BGB angezeigt: *Sternal/Schäder*, § 167a FamFG Rn. 14

mit der Begründung durchdringen, die Begutachtung sei **nicht erforderlich oder unzumutbar** (§ 167a Abs. 2 FamFG).[42] Die Unzumutbarkeit bezieht sich auf körperliche und psychische Folgen der Untersuchung und die Auswirkungen des Ergebnisses der Untersuchung.[43] So ist etwa eine Unzumutbarkeit in diesem Sinne gegeben, wenn ein ernsthaftes Interesse des Antragstellers am Kind nicht bekundet wurde (hierzu oben Rn. 14). Allerdings darf in diesem Stadium nicht die zunächst zurückgestellte Kindeswohlprüfung durchgeführt werden.[44] Unbeschadet dessen ist über die Zumutbarkeit im Lichte der Grundrechtsgarantien in einem Zwischenverfahren zu entscheiden.[45]

18 Bei einer **unberechtigten Weigerung** kann die Mitwirkung an der Untersuchung durch **Ordnungsmittel** gemäß § 167a Abs. 3 i.V.m. § 178 Abs. 2 FamFG i.V.m. § 390 ZPO **erzwungen** werden. Auch die **zwangsweise Vorführung zur Untersuchung** kann angeordnet werden (§ 167a Abs. 3 i.V.m. § 178 Abs. 2 FamFG). Siehe hierzu die Ausführungen zu § 178 Abs. 2 FamFG.

▶ *Näher hierzu Langer, § 178 FamFG.*

C. Gerichtliche Entscheidung

19 Einigen sich die Beteiligten nicht (§ 156 Abs. 2 FamFG), so muss das Gericht durch instanzabschließenden Beschluss über den Antrag des Antragstellers entscheiden. Dabei ist auch eine **bloße Zurückweisung** des Antrages möglich,[46] was sonst bei Umgangsverfahren ausgeschlossen ist (siehe *Gottschalk*, § 1684 BGB Rn. 28).

▶ *Näher hierzu Bussian, § 1686a BGB Rn. 31.*

Für die Bescheidung des **Auskunftsantrages** nach § 1686a Abs. 1 Nr. 2 BGB ist gemäß § 3 Nr. 2a der **Rechtspfleger funktionell zuständig**. Werden jedoch die Ansprüche auf Umgang und Auskunft zusammen geltend gemacht, so ist für beide Verfahren der Richter zuständig.[47]

▶ *Näher zur funktionalen Zuständigkeit, Heilmann § 6 RPflG.*

▶ *Zum Inhalt der Umgangsregelung siehe Gottschalk, § 1684 BGB Rn. 28.*

▶ *Zum Inhalt der Auskunftsregelung siehe Gottschalk, § 1686 BGB Rn. 8 ff.*

D. Kosten, Verfahrenswert

20 Der Verfahrenswert für Anträge nach § 1686a Abs. 1 Nr. 1 BGB beläuft sich nach § 45 Abs. 1 Nr. 2 FamGKG **im Regelfall auf 4.000 EUR.** Gleiches gilt nach § 45 Abs. 1 Nr. 3 FamGKG wenn statt Umgang Auskunft über die persönlichen Verhältnisse des Kindes nach § 1686a Abs. 1 Nr. 2 BGB verlangt wird. Wird **Auskunft und Umgang begehrt**, erfolgt nach § 33 Abs. 1 FamGKG eine **Wertaddition**, ebenso in dem Fall, dass Umgang und hilfsweise Auskunft beantragt wird und über den Hilfsantrag entschieden wird.[48] Wird in einem Auskunftsverfahren inzident die Abstammung des Kindes vom Antragsteller durch Einholung eines Sachverständigengutachtens geklärt, vermag dieser Umstand eine Werterhöhung nach § 45 Abs. 3 FamGKG nicht zu rechtfertigen, da es sich insoweit lediglich um die Klärung einer relevanten Vorfrage handelt.

42 OLG Oldenburg FamRZ 2017, 895
43 *Sternal/Schäder*, § 167a FamFG Rn. 13; vgl. dazu auch BGH ZKJ 2017, 21
44 OLG Oldenburg FamRZ 2017, 895
45 OLG Frankfurt NZFam 2019, 431
46 OLG Frankfurt ZKJ 2019, 65; *Hammer*, FamRB 2013, 298, 302
47 *Hammer*, FamRB 2013, 298, 302; vgl. dazu auch MüKo-BGB/*Hennemann*, § 1686 Rn. 37
48 BeckOK-Streitwert/*Dürbeck*, Familienrecht- Auskunft (Kind) Rn. 2; *N. Schneider*, NZFam 2017, 1114

Da es sich um ein echtes Antragsverfahren handelt, muss der Antragsteller – sofern er nicht verfahrenskostenhilfeberechtigt ist – gemäß § 14 Abs. 3, 21 FamGKG einen **Kostenvorschuss** erbringen. Die Verfahrensgebühr beträgt 0,5 (Nr. 1310 FamKGK-KV). 21

Die Entscheidung über die **Kosten** richtet sich nach § 81 FamFG. Es ist eine Kostenentscheidung nach **billigem Ermessen** zu treffen. Im Rahmen dieser Ermessensentscheidung kommt auch eine Beteiligung der **Mutter** an den Verfahrenskosten – und damit auch an den Kosten des Sachverständigengutachtens – in Betracht.[49] Näher zu Kostenentscheidung und Wert siehe *Kischkel*, § 80 FamFG Rn. 28, 15 ff. bzw. § 81 FamFG Rn. 3 ff. 22

E. Übersicht: Das Verfahren betreffend den Umgang des biologischen Vaters

Übersicht: Verfahren betreffend den Umgang des biologischen Vaters 23

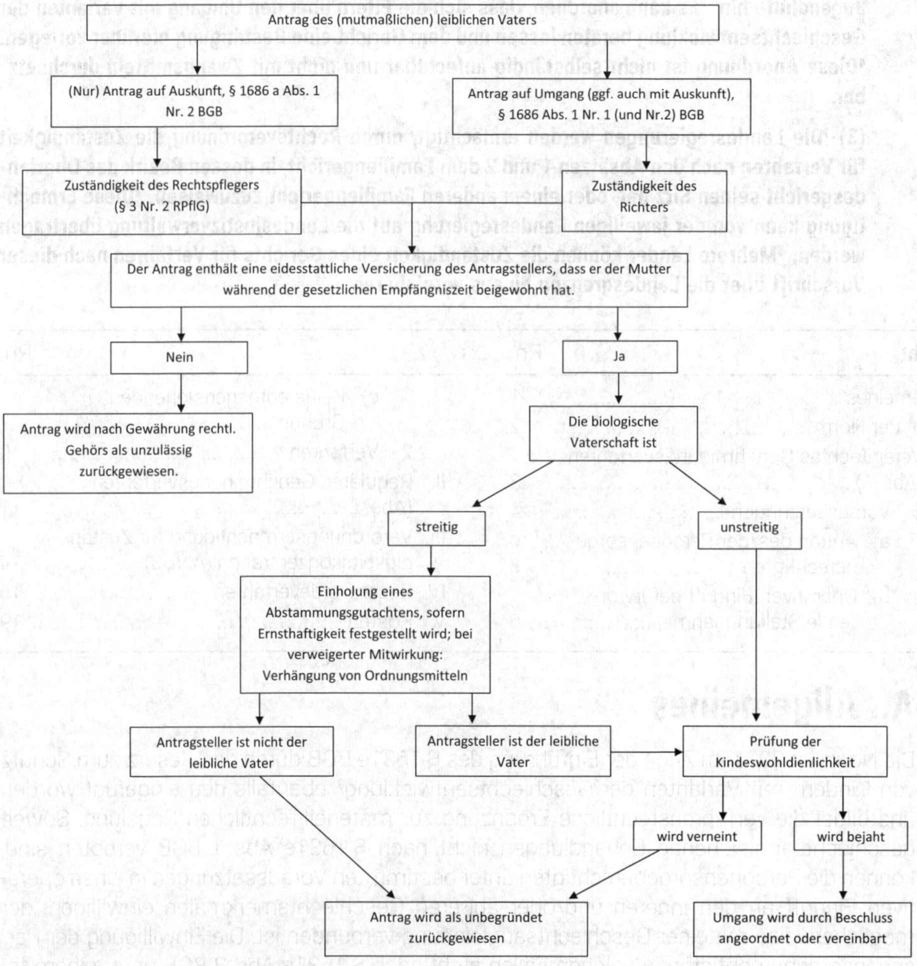

49 Vgl. BGH FamRZ 2014, 744, der in einem Abstammungsverfahren (Anfechtung der Vaterschaft) entschieden hat, dass die Kosten auch bei Unterliegen des Vaters diesem nicht einseitig auferlegt werden dürfen, wenn die Mutter zuvor Mehrverkehr eingeräumt hat.

§ 167b FamFG

Genehmigungsverfahren nach § 1631e des Bürgerlichen Gesetzbuchs; Verordnungsermächtigung

(1) [1]In Verfahren nach § 1631e Abs. 3 des Bürgerlichen Gesetzbuchs erteilt das Gericht die Genehmigung im schriftlichen Verfahren, sofern die Eltern eine den Eingriff befürwortende Stellungnahme vorlegen und keine Gründe ersichtlich sind, die einer Genehmigung entgegenstehen. [2]Wenn das Gericht im schriftlichen Verfahren entscheidet, soll es von der Anhörung des Jugendamts, der persönlichen Anhörung der Eltern und der Bestellung eines Verfahrensbeistands absehen. [3]§ 162 ist nicht anwendbar.

(2) [1]Legen die Eltern dem Gericht keine den Eingriff befürwortende Stellungnahme vor oder sind Gründe ersichtlich, die einer Genehmigung nach Absatz 1 entgegenstehen, erörtert das Gericht die Sache mit den Beteiligten in einem Termin. [2]Das Gericht weist auf Möglichkeiten der Beratung durch die Beratungsstellen und Beratungsdienste der Träger der Kinder- und Jugendhilfe hin. [3]Es kann anordnen, dass sich die Eltern über den Umgang mit Varianten der Geschlechtsentwicklung beraten lassen und dem Gericht eine Bestätigung hierüber vorlegen. [4]Diese Anordnung ist nicht selbständig anfechtbar und nicht mit Zwangsmitteln durchsetzbar.

(3) [1]Die Landesregierungen werden ermächtigt, durch Rechtsverordnung die Zuständigkeit für Verfahren nach den Absätzen 1 und 2 dem Familiengericht, in dessen Bezirk das Oberlandesgericht seinen Sitz hat, oder einem anderen Familiengericht zuzuweisen. [2]Diese Ermächtigung kann von der jeweiligen Landesregierung auf die Landesjustizverwaltung übertragen werden. [3]Mehrere Länder können die Zuständigkeit eines Gerichts für Verfahren nach dieser Vorschrift über die Landesgrenzen hinaus vereinbaren

Übersicht Rn.

A. Allgemeines

1 Die Norm ist 2021 im Zuge der Einführung des § 1631e BGB durch das Gesetz zum Schutz von Kindern mit Varianten der Geschlechtsentwicklung[1] ebenfalls neu eingefügt worden und bildet die verfahrensrechtliche Ergänzung zur materiell-rechtlichen Regelung. Soweit geschlechtsangleichende Behandlungen nicht nach § 1631e Abs. 1 BGB verboten sind, können die Personensorgeberechtigten unter bestimmten Voraussetzungen in einen operativen Eingriff an den inneren und/oder äußeren Geschlechtsmerkmalen einwilligen, der möglicherweise mit einer Geschlechtsangleichung verbunden ist. Die Einwilligung der Personensorgeberechtigten in solchen Fällen steht nach § 1631e Abs. 3 BGB unter einem familiengerichtlichen Genehmigungsvorbehalt, für den § 167b FamFG spezielle Verfahrensvorschriften enthält.

1 BGBl. I, S. 1082; BT-Drs. 19/24686

B. Inhalt der Norm

Das Genehmigungsverfahren ist eine Kindschaftssache nach § 151 Nr. 1 FamFG, sodass grundsätzlich die allgemeinen Vorschriften nach §§ 155 ff. FamFG zur Anwendung kommen. Allerdings sieht **Abs. 1** ein vereinfachtes **schriftliches Genehmigungsverfahren** vor, wenn die Personensorgeberechtigten eine den Eingriff befürwortende Stellungnahme einer interdisziplinären Kommission vorlegen. **Abs. 2** enthält Bestimmungen über das **reguläre Genehmigungsverfahren**, wenn die Voraussetzungen einer Entscheidung im vereinfachten Verfahren nicht vorliegen. Da es sich um eine geringe Anzahl von Fällen handelt,[2] räumt **Abs. 3** die Möglichkeit einer **Zuständigkeitskonzentration** durch Rechtsverordnung der Landesregierung ein. 2

I. Vereinfachtes Genehmigungsverfahren (Abs. 1)

Reichen die Personensorgeberechtigten mit dem Genehmigungsantrag oder während des gerichtlichen Verfahrens[3] eine den Eingriff befürwortende Stellungnahme einer interdisziplinären Kommission ein, wird nach § 1631e Abs. 3 Satz 3 BGB vermutet, dass der geplante Eingriff dem Kindeswohl am besten entspricht. § 167b Abs. 1 FamFG sieht für diesen Fall ein vereinfachtes schriftliches Verfahren vor, soweit keine Gründe ersichtlich sind, die einer Genehmigung entgegenstehen. Ziel der Regelung ist es, dass über den Antrag möglichst zügig und ohne weitere zusätzliche Belastungen für die Personensorgeberechtigten und das Kind entschieden wird.[4] 3

1. Voraussetzungen

Die Voraussetzungen für ein vereinfachtes Verfahren sind: 4

- Antrag des/der Personensorgeberechtigten,
- operativen Eingriff befürwortende Stellungnahme,
- keine entgegenstehenden Gründe.

a) Antrag des/der Personensorgeberechtigten

Das Verfahren ist als Antragsverfahren ausgestaltet und wird daher nur auf Antrag des/der Personensorgeberechtigten bzw. des/der Inhaber/s der Gesundheitssorge eingeleitet.[5] Antragsberechtigt können damit ein bzw. beide Elternteile oder der Vormund (§ 1789 Abs. 1, Abs. 2 BGB) bzw. der für die Gesundheitssorge bestellte Ergänzungspfleger (§§ 1809, 1813 Abs. 1, 1789 Abs. 1, 2 BGB) sein. Bei gemeinsamer Sorge der Eltern ist der Antrag von beiden Elternteilen zu stellen. Das Gericht kann das Verfahren nicht von Amts wegen (auf Anregung einer Einrichtung oder des Jugendamts) eröffnen, sondern nur Maßnahmen nach § 1666, § 1666a BGB ergreifen, wenn in einem unterlassenen Eingriff eine Kindeswohlgefährdung liegt. 5

b) Operativen Eingriff befürwortende Stellungnahme

Die von dem/den Personensorgeberechtigten vorgelegte befürwortende Stellungnahme muss die formellen und inhaltlichen Anforderungen nach § 1631e Abs. 4, Abs. 5 BGB erfüllen (hierzu *Fink*, § 1631e Rn. 35 ff.). Die Stellungnahme ist ein Mittel des Freibeweises. An- 6

2 BVerfG FamRZ 2017, 2046, 2048
3 BT-Drs. 19/24686, 29
4 BT-Drs. 19/24686, 35
5 BT-Drs. 19/24686, 28

ders als ein gerichtliches Sachverständigengutachten ist sie kein förmliches Beweismittel nach § 30 Abs. 1 FamFG i.V.m. §§ 402 ff. ZPO.[6]

c) Keine entgegenstehenden Gründe

7 Aus der **befürwortenden Stellungnahme** dürfen keine Gründe ersichtlich sein, die einer Genehmigung entgegenstehen. Die Vermutungsregelung nach § 1631e Abs. 3 Satz 2 BGB soll den in Kindschaftssachen geltenden **Amtsermittlungsgrundsatz** einschränken und es dem Gericht ermöglichen, den operativen Eingriff ohne weitere Amtsermittlung allein auf Grundlage der befürwortenden Stellungnahme zu genehmigen. Voraussetzung dafür ist, dass die Stellungnahme **plausibel** ist und **insgesamt überzeugend** darlegt, warum der Eingriff befürwortet wird. Die Stellungnahme muss die weiteren in § 1631e Abs. 5 BGB niedergelegten Angaben enthalten und die Anforderungen an die Besetzung der Kommission nach § 1631e Abs. 4 BGB müssen erfüllt sein.[7]

Ergeben sich für das Gericht in der Stellungnahme Unstimmigkeiten oder bleibt etwas unklar, muss es dem nachgehen. Unstimmigkeiten oder Unklarheiten könnten sich z.B. daraus ergeben, dass der geprüfte Eingriff nicht zur genannten Indikation passt[8] oder die Stellungnahme sich nicht hinreichend dazu verhält, ob der geplante Eingriff den aktuellen medizinischen Standards entspricht. So ist die jeweils aktuelle S2k-Leitlinie 174/001, Varianten der Geschlechtsentwicklung, zwar nicht unbesehen mit dem medizinischen Standard gleichzusetzen, kann und muss aber im Rahmen der dem Tatrichter obliegenden Ermittlung des medizinischen Standards berücksichtigt werden.[9] Ist die Stellungnahme **widersprüchlich** oder **lückenhaft**, gilt der Amtsermittlungsgrundsatz (wieder) uneingeschränkt, und das Gericht muss ein reguläres Verfahren durchführen.

8 Ob und in welchem Umfang **Ergänzungen der befürwortenden Stellungnahme** innerhalb des vereinfachten Verfahrens zulässig sind, ohne in das reguläre Verfahren nach § 167b Abs. 2 FamFG übergehen zu müssen, ist nicht klar geregelt. Einzelne Verständnisfragen können wohl durch Einholung einer ergänzenden Stellungnahme oder durch formlose Befragung der Kommissionsmitglieder auch im vereinfachten Verfahren geklärt werden.[10]

9 Das Gericht hat ferner in das reguläre Verfahren überzugehen, wenn sich aus anderen ihm bekannten Gründen, etwa durch Äußerungen des Kindes in seiner persönlichen Anhörung, ergibt, dass weiterer Ermittlungsbedarf besteht.[11]

2. Verfahren

10 Liegen die Voraussetzungen vor, entscheidet das Gericht im schriftlichen Verfahren. Dabei soll es **weder** den/die Personensorgeberechtigten, insbesondere die Eltern nach § 160 FamFG, anhören **noch** eine Verfahrensbeiständin nach § 158 FamFG bestellen oder das Jugendamt nach § 162 FamFG **anhören**. Darüber hinaus sieht § 167 Abs. 1 Satz 3 FamFG mit dem Ausschluss des § 162 FamFG vor, dass die Mitwirkung des Jugendamts insgesamt nicht erforderlich ist. Das **Jugendamt** ist damit nicht am Verfahren zu beteiligen, die Genehmigungsentscheidung ihm nicht bekanntzugeben und es kann keine Beschwerde einlegen. Die Interessen des Kindes seien nach der Gesetzesbegründung trotzdem durch die Kommissionsmitglieder bei der befürwortenden Stellungnahme angemessen berücksichtigt und gewahrt.[12]

---

6 Vgl. Prütting/Helms/*Hammer*, § 167b FamFG Rn. 12
7 BT-Drs. 19/24686, 30
8 BT-Drs. 19/24686, 30
9 BGH NJW-RR 2014, 1053; BVerfG NJW 2022, 380; *Fink*, NZFam 2024, 672
10 Vgl. BT-Drs. 19/24686, 30; Prütting/Helms/*Hammer*, § 167b FamFG Rn. 16
11 Prütting/Helms/*Hammer*, § 167b FamFG Rn. 17
12 BT-Drs. 19/24686, 34 f.

Vor einer Entscheidung im vereinfachten Verfahren ist jedoch das Kind unter den Voraussetzungen des § 159 FamFG persönlich anzuhören. Da es sich bei § 167b Abs. 1 Satz 2 FamFG nur um eine Sollvorschrift handelt, kann das Gericht in Ausnahmefällen davon abweichen und beispielsweise dem Kind eine Verfahrensbeiständin bestellen, die das Kind auf die Anhörung vorbereiten kann. Das gilt vor allem angesichts des Umstands, dass das Kind im Verfahren zu einem geplanten Eingriff an den inneren und/oder äußeren Geschlechtsmerkmalen, einer sensiblen und intimen Frage, angehört werden soll.[13]

II. Reguläres Genehmigungsverfahren (Abs. 2)

Liegen die Voraussetzungen des vereinfachten Verfahrens nicht vor, so ist das Verfahren als allgemeine Kindschaftssache mit dem uneingeschränkten **Amtsermittlungsgrundsatz** durchzuführen. Das Gericht hat dann den/die Personensorgeberechtigten (§ 160 FamFG), das Kind (§ 159 FamFG) und das Jugendamt (§ 162 Abs. 1 FamFG) anzuhören. Angesichts der Bedeutung des geplanten Eingriffs sollte dem Kind eine Verfahrensbeiständin nach § 158 Abs. 1 oder Abs. 3 Satz 1 Nr. 1 FamFG bestellt werden.[14] 11

Da das Gericht für die vorzunehmenden Abwägungen im Hinblick auf den Zeitpunkt eines operativen Eingriffs und die Prüfung des Kindeswohls i.d.R. ohne eine Stellungnahme einer Expertenkommission keine ausreichende eigene Sachkunde hat, wird es grundsätzlich ein **förmliches Beweisverfahren** einleiten müssen, in dem Sachverständige aus verschiedenen Disziplinen (Kombinationsbegutachtung) angehört werden sollten. Dafür bietet sich regelmäßig ein Kombinationsgutachten ähnlich der Stellungnahme einer interdisziplinären Kommission an, etwa durch mehrere Hauptaufträge oder die Bestellung eines Gutachters mit Koordinierungsauftrag.[15] Dabei hat das Gericht aber auch darauf zu achten, dass das Verfahren durch mehrfache ärztliche Begutachtungen nicht zur Qual für das Kind und den/die Personensorgeberechtigten wird.[16] 12

Das Gericht soll ferner den/die Personensorgeberechtigten auf die Möglichkeit der **Beratung** über den Umgang mit Varianten der Geschlechtsentwicklung hinweisen (Abs. 2 Satz 2). Legen die Personensorgeberechtigten keine Stellungnahme vor, kann nicht davon ausgegangen werden, dass sie ein Beratungsangebot wahrgenommen haben.[17] Das Gericht kann ferner anordnen, dass der/die Personensorgeberechtigte/n sich beraten lässt bzw. lassen, und einen Nachweis einer solchen Beratung fordern (Abs. 2 Satz 3). Diese Anordnung ist allerdings aufgrund der begrenzten Wirkung einer Zwangsberatung nicht mit Zwangsmitteln durchsetzbar; sie ist aber auch nicht selbstständig anfechtbar (Abs. 2 Satz 4). 13

III. Verordnungsermächtigung für Zuständigkeitskonzentration (Abs. 3)

Die Regelung ermächtigt die Landesregierungen, durch Rechtsverordnung eine (länderübergreifende) Zuständigkeitskonzentration auf bestimmte Gerichte zu regeln, damit diese sich angesichts der geringen Anzahl von Fällen[18] spezialisieren können. 14

13 Prütting/Helms/*Hammer*, § 167b FamFG Rn. 19
14 BT-Drs. 19/24686, 35; Prütting/Helms/*Hammer*, § 167b FamFG Rn. 24
15 BT-Drs. 19/24686, 35
16 MüKo-FamFG/*Coester-Waltjen*, § 167b Rn. 35
17 BT-Drs. 19/24686, 35
18 BVerfG FamRZ 2017, 2046, 2048

15 Folgende Bundesländer haben bisher von der Ermächtigung nach Abs. 3 Satz 1 und Satz 2 Gebrauch gemacht:

- **Baden-Württemberg**: Amtsgericht Ulm (§ 20 Subdelegationsverordnung Justiz i.V.m. § 3b Satz 1 Zuständigkeitsverordnung Justiz),
- **Bayern**: Amtsgerichte München, Nürnberg und Bamberg (§ 3 Nr. 12 Delegationsverordnung i.V.m. § 4a Gerichtliche Zuständigkeitsverordnung Justiz),
- **Brandenburg**: Amtsgericht Potsdam (§ 1 Nr. 10 Justiz-Zuständigkeitsübertragungsverordnung i.V.m. § 17 Gerichtszuständigkeitsverordnung),
- **Hessen**: Amtsgericht Frankfurt am Main (§ 6 Nr. 1a Justizdelegationsverordnung i.V.m. § 34 Abs. 2 Justizzuständigkeitsverordnung),
- **Niedersachsen**: Amtsgerichte Göttingen, Celle und Oldenburg (§ 1 Nr. 21 Subdelegationsverordnung-Justiz i.V.m.§ 16 Verordnung zur Regelung von Zuständigkeiten in der Gerichtsbarkeit und der Justizverwaltung),
- **Sachsen**: Amtsgericht Dresden (§ 1 Nr. 16 Zuständigkeitsübertragungsverordnung Justiz i.V.m. § 21b Justizorganisationsverordnung),
- **Sachsen-Anhalt**: Amtsgericht Halle (Saale) (§ 1 Nr. 24 Verordnung zur Übertragung von Verordnungsermächtigungen im Bereich der Justiz i.V.m. § 2 Nr. 4 Verordnung über Zuständigkeiten der Amtsgerichte und Landgerichte in Zivilsachen),
- **Schleswig-Holstein**: Amtsgericht Kiel (§ 1 Abs. 1 Nr. 10 Justizermächtigungsübertragungsverordnung i.V.m. § 6a Justizzuständigkeitsverordnung).

Von der nach Abs. 3 Satz 3 vorgesehenen Möglichkeit einer **länderübergreifenden Konzentration** haben noch keine Länder Gebrauch gemacht.

IV. Beschwerdeverfahren

16 Für das Rechtsmittel gegen eine Genehmigung eines operativen Eingriffs wie auch gegen ihre Ablehnung gelten für das vereinfachte und das reguläre Genehmigungsverfahren die allgemeinen Vorschriften über die Beschwerde nach §§ 58 ff. FamFG.

17 Im **vereinfachten Genehmigungsverfahren** ist das Kind selbst nach § 60 FamFG beschwerdebefugt, wenn es das 14. Lebensjahr erreicht hat und noch nicht einwilligungsfähig i.S.d. § 1631e Abs. 2 BGB ist. Unter einem Alter von 14 Jahren ist das Kind, vertreten durch den/die Personensorgeberechtigten, beschwerdebefugt. Die Verfahrensbeiständin ist bei fehlender Bestellung nicht beschwerdebefugt. Wurde eine Verfahrensbeiständin bestellt, kann sie eine Beschwerde im Interesse des Kindes einlegen (§ 158b Abs. 3 Satz 2 FamFG). Das Jugendamt ist mangels Beteiligung (§ 167b Abs. 1 Satz 3 FamFG) nicht beschwerdebefugt.

18 Im **regulären Genehmigungsverfahren** sind neben dem Kind auch die Verfahrensbeiständin (§ 158b Abs. 3 Satz 2 FamFG) und das Jugendamt (§ 162 Abs. 3 Satz 2, § 59 FamFG) beschwerdebefugt.

V. Kosten

19 Da das Genehmigungsverfahren eine Kindschaftssache nach § 151 Nr. 1 FamFG ist, beträgt der Wert für die nach Nr. 1310 KV FamGKG zu erhebende Gebühr 5.000 EUR (§ 45 Abs. 1 Nr. 5 FamGKG). Entscheidet das Gericht im vereinfachten Genehmigungsverfahren kann dies zu einer Wertabsenkung nach § 45 Abs. 3 FamFG führen. Die Kosten für die von den Personensorgeberechtigten eingereichte **befürwortende Stellungnahme** einer Kommission sind von den Personensorgeberechtigten zu tragen. Wird das Kind in einem Kompetenzzentrum behandelt, so ist die Tätigkeit der dort eingerichteten interdisziplinären Kommission einschließlich der medizinischen Dokumentation jedoch Bestandteil der medi-

zinischen Fallbehandlung. Lediglich die gesonderte Abfassung der schriftlichen Stellungnahme nach § 1631e Abs. 5 BGB-E ist davon nicht umfasst.[19] Im regulären Genehmigungsverfahren fallen die **Sachverständigenkosten** bei Beweiserhebung unter die Auslagen (Nr. 2005 KV FamGKG), ebenso wie die Kosten für eine Verfahrensbeiständin (Nr. 2013 KV FamGKG).

Die Eltern können unter den Voraussetzungen der §§ 76 ff. FamFG **Verfahrenskostenhilfe** beantragen. Die Kosten für eine eingereichte befürwortende Stellungnahme wären von der Verfahrenskostenhilfe nicht gedeckt. Ein vom Gericht im Wege der Amtsermittlung eingeholtes Sachverständigengutachten bzw. eine Kombinationsbegutachtung wären wiederum von der Verfahrenskostenhilfe mitumfasst.[20] Für die Rechtsanwaltsgebühren ist nach § 23 Abs. 1 Satz 1 RVG der Verfahrenswert nach § 45 Abs. 1 Nr. 5 FamFG maßgeblich.

§ 168 FamFG

Auswahl des Vormunds

(1) Hat das Gericht einen Vormund zu bestellen, so soll es bei der Auswahl auch nahestehende Familienangehörige sowie Personen des Vertrauens des betroffenen Kindes anhören, wenn dies ohne erhebliche Verzögerungen möglich ist.

(2) [1]Vor der Bestellung einer Person als ehrenamtlicher Vormund oder als Berufsvormund, hat das Gericht eine Auskunft nach § 41 des Bundeszentralregistergesetzes einzuholen. [2]Das Gericht überprüft in angemessenen Zeitabständen, spätestens alle zwei Jahre nach der Bestellung, durch Einholung einer Auskunft, ob die Eignung des Vormunds fortbesteht.

(3) Für ein Mündel, der das 14. Lebensjahr vollendet hat und nicht geschäftsunfähig ist, gilt § 291 entsprechend.

Übersicht

A. Allgemeines

Durch das am 1.1.2023 in Kraft getretene Gesetz zur Reform des Vormundschafts- und Betreuungsrechts[1] wurden die §§ 168, 168a a.F. durch die §§ 168 bis 168g n.F. ersetzt. Der Regelungsinhalt des früheren § 168 FamFG, die Festsetzung von Zahlungen im Rahmen der Vormundschaft, wurde in § 168d FamFG übernommen. Der frühere § 168a FamFG ist inhaltsgleich überführt worden in § 168g FamFG. Einem der Kernanliegen der Reform entsprechend, der Auswahl des Vormunds größeres Gewicht zukommen zu lassen, wird durch die Neufassung der §§ 168 ff. FamFG das **Verfahren zur Auswahl und Bestellung des Vormunds** – teilweise unter Übernahme zuvor im BGB enthaltener Regelungen – detaillierter ausgestaltet. 1

19 BT-Drs. 19/27929, 25
20 BT-Drs. 19/27929, 25
1 Gesetz v. 4.5.2021, BGBl. I 2021, 882

2 § 168 FamFG bildet als zentrale Norm für das Auswahl- und Bestellungsverfahren das verfahrensrechtliche **Pendant zu den materiell-rechtlichen Vorschriften der §§ 1778 bis 1785 BGB n.F.**[2] Die Vorschrift setzt voraus, dass ein Vormund zu bestellen ist und gilt damit nicht für die Anordnung der Vormundschaft, da das Vormundschaftsrecht weiterhin zwischen der Anordnung der Vormundschaft (§ 1773 BGB) und der Auswahl und Bestellung des Vormunds (§§ 1778 ff. BGB) unterscheidet.[3] Verfahrensrechtlich handelt es sich entsprechend um **verschiedene Verfahrensgegenstände**: **elterliche Sorge** (§ 151 Nr. 1 FamFG) einerseits und **Vormundschaft** (§ 151 Nr. 4 FamFG) andererseits.[4] § 168 FamFG findet Anwendung auf die erste Auswahlentscheidung eines Vormunds aber auch auf die Entlassung des bisherigen und Bestellung eines neuen Vormunds.[5]

B. Das Verfahren zur Auswahl des Vormunds

I. Sachliche und örtliche Zuständigkeit

3 Vormundschaftssachen sind nach § 151 Nr. 4 FamFG **Kindschaftssachen** und damit als Familiensachen gemäß §§ 23a Abs. 1 Nr. 1, 23b GVG den bei den Amtsgerichten zu bildenden **Familiengerichten** zugewiesen. Örtlich zuständig für die erstmalige Auswahl des Vormunds ist das Familiengericht, das die Vormundschaft oder Pflegschaft angeordnet hat.[6] Im Übrigen bestimmt sich die örtliche Zuständigkeit gemäß § 152 Abs. 2 FamFG nach dem gewöhnlichen Aufenthalt des Kindes. Hat ein Kind keinen gewöhnlichen Aufenthalt im Inland, ist das Gericht zuständig, in dessen Bezirk das Bedürfnis für die Fürsorge bekannt wird (§ 152 Abs. 3 FamFG).

▶ *Näher zur örtlichen Zuständigkeit vgl. Keuter, § 152 FamFG Rn. 1 ff.*

II. Funktionale Zuständigkeit

4 Funktionell zuständig für das **Auswahlverfahren – und auch die Überwachung und Entlassung** – des Vormunds bzw. Pflegers ist gemäß § 3 Nr. 2a RPflG grundsätzlich der **Rechtspfleger**. Im Fall eines **Sorgerechtsentzugs** nach § 1666 Abs. 3 Nr. 6 BGB muss der **Familienrichter** jedoch die Auswahlentscheidung nach § 6 RPflG an sich ziehen und selbst die für die Auswahl erforderlichen Ermittlungen durchführen. Denn nach gefestigter Rechtsprechung des BVerfG ist die Vormundauswahl unter dem Gesichtspunkt der Verhältnismäßigkeit integraler Bestandteil der Sorgerechtsentscheidung, weil sowohl die Eignung als auch die Erforderlichkeit der Sorgerechtsentziehung von der konkreten Vormundauswahl abhängen können.[7] Dies gilt insbesondere dann, wenn dem Kind nahestehende Verwandte oder eine sonst dem Kind nahestehenden Person als Vormund in Betracht kommen.[8]

5 Sind zum Zeitpunkt der Sorgerechtsentscheidung die – umfassenden – Ermittlungen zur Auswahl des geeigneten Vormunds nicht abgeschlossen, sind aber aus verfassungsrechtlicher Sicht im Hinblick auf den Verhältnismäßigkeitsgrundsatz für die Sorgerechtsentscheidung derzeit keine weiteren Ermittlungen erforderlich, liegen in der Regel die Voraussetzungen für die Anordnung der Vormundschaft und für die Bestellung eines vorläufigen Vor-

2 Prütting/Helms/*Hammer*, § 168 FamFG Rn. 3
3 Vgl. BGH FamRZ 2018, 513 Rn. 12; Prütting/Helms/*Hammer*, § 168 FamFG Rn. 4
4 *Strube*, NZFam 2022, 957, 961
5 Dutta/Jacoby/Schwab/*Ivanits*, § 168 n.F. FamFG Rn. 5
6 *Strube*, NZFam 2022, 957, 961
7 BVerfG FamRZ 2012, 938; FamRZ 2014, 1435; FamRZ 2015, 208; vgl. *Sternal/Schäder*, § 168 FamFG Rn. 5
8 BVerfG ZKJ 2024, 143

munds (§ 1781 BGB) vor.[9] Die Zuständigkeit für **das nachgelagerte Auswahlverfahren** liegt beim **Rechtspfleger**.[10]

▶ *Ausführlich zu den verfahrensrechtlichen Herausforderungen Wierse, § 1781 BGB Rn. 8 ff.*

III. Beteiligte

Im Verfahren zur Bestellung und Auswahl des Vormunds sind stets zu beteiligen (**Muss-Beteiligte**): 6

- das **Kind** (§ 7 Abs. 2 Nr. 1 FamFG).

  Hinsichtlich der Frage der Verfahrensfähigkeit des mindestens 14 Jahre alten Kindes (§ 9 Abs. 1 Nr. 3 FamFG) ist zu unterscheiden: Für das Verfahren zur Auswahl des Vormund/Pflegers besteht keine Verfahrensfähigkeit, da trotz Betonung der Subjektstellung des Mündels durch die Vormundschaftsreform die Auswahlkriterien des § 1778 Abs. 2 BGB kein dem Kind nach bürgerlichem Recht zustehendes Recht eröffnen.[11] § 1783 Abs. 1 Nr. 3 BGB weist dem Kind allerdings ein Widerspruchsrecht im Hinblick auf die Bestellung der von den Eltern benannten Person zu, so dass das 14-jährige Kind insoweit verfahrensfähig ist.[12] Verfahrensfähig ist das mindestens 14-jährige Kind im Entlassungsverfahren, wenn es von seinem Antragsrecht nach § 1804 Abs. 43 Satz 3 Nr. 4 BGB Gebrauch gemacht hat.[13]
- die **Eltern**,
  - wenn sich ein gesondert geführtes Verfahren zur Auswahl des Vormunds unmittelbar an das (noch nicht bestandskräftige) Verfahren über den Entzug der elterlichen Sorge (§ 1666 Abs. 3 Nr. 6 BGB) anschließt (*Köhler* § 7 FamFG Rn. 19);
  - als Antragsteller nach § 7 Abs. 1 FamFG, im Verfahren auf Entlassung und Wechsel des Vormunds, wenn sie gemäß § 1804 Abs. 3 Satz 3 Nr. 4 BGB im berechtigten Interesse des Mündels einen entsprechenden Antrag stellen,[14] also insbesondere etwa geltend machen, dass nahe Verwandte zur Auswahl zur Verfügung stehen.

  Im Übrigen sind die Eltern nicht zu beteiligen (aber gemäß § 160 FamFG persönlich anzuhören), da die Auswahl des Vormunds/Pflegers als Folge des (bestandskräftigen) Sorgerechtsentzugs die Rechte der nicht mehr sorgeberechtigten Eltern grundsätzlich nicht unmittelbar berührt.[15]
- die als Vormund/Ergänzungspfleger **in Betracht kommende Person** (§ 7 Abs. 2 Nr. 1 FamFG), sobald sich nach einer Eignungsprüfung der Heranziehungswille des Gerichts gerade auf diese Person verdichtet hat,[16] oder wenn sie von den Eltern als Vormund gemäß § 1782 BGB benannt wurde.[17]

---

9 *Strube*, NZFam 2022, 957, 961
10 Oberloskamp/Dürbeck/*Dürbeck*, § 3 Rn. 199; *Strube*, NZFam 2022, 957, 961
11 BeckOGK/*B. Hoffmann*, § 1779 BGB Rn. 93
12 *Sternal/Schäder*, § 168 FamFG Rn. 7
13 Verfassungsgerichtshof des Landes Berlin FamRZ 2021, 1224
14 Vgl. Prütting/Helms/*Hammer*, § 168 FamFG Rn. 11: für nahe Verwandte als Antragsteller nach § 1804 BGB
15 OLG Stuttgart FamRZ 2024, 1547; OLG Brandenburg, ZKJ 2023, 149; OLG Hamm FamRZ 2016, 1003; OLG Frankfurt FamRZ 2012, 570; Prütting/Helms/*Hammer*, § 168a FamFG Rn. 23; a.A. OLG Braunschweig FamRZ 2023, 1028 bei Übergehen des Elternwillens mit zustimmender Anm. *Veit*, FamRZ 2023, 1031
16 OLG Frankfurt ZKJ 2016, 189; *Dürbeck*, FamRZ 2018, 553, 562
17 Dutta/Jacoby/Schwab/*Ivanits*, § 168 n.F. FamFG, Rn. 19

- der **vorläufige Vormund** (§ 1781 BGB) als gesetzlicher Vertreter des Kindes im Auswahlverfahren[18].
- ein für das Kind bestellter **Verfahrensbeistand** (§ 158 Abs. 3 Satz 1 FamFG).
- das **Jugendamt** auf seinen Antrag hin (§ 162 Abs. 2 FamFG).

7 Angehörige, die das Amt des Vormunds anstreben, und dem Kind nahestehende Familienangehörige und Vertrauenspersonen sind zwar nach Abs. 1 anzuhören. Die **Anhörungspflicht vermittelt jedoch keine Beteiligtenstellung** (§ 7 Abs. 6 FamFG). Unter den Voraussetzungen des § 7 Abs. 3 FamFG können sie jedoch als Kann-Beteiligte hinzugezogen werden. Gleiches gilt für Pflegepersonen, bei denen das Kind seit längerer Zeit in Familienpflege lebt (§ 161 Abs. 1 Satz 1 FamFG). Zu beteiligen sind sie jedoch als Antragsteller nach § 7 Abs. 1 FamFG, wenn sie nach § 1804 Abs. 3 Nr. 4 BGB die Entlassung bzw. den Wechsel des Vormunds beantragen.[19]

▶ *Näher zur Beteiligung der Pflegeperson vgl. Heilmann, § 161 FamFG Rn. 11 ff.*

IV. Amtsermittlung und Anhörung

8 Für das Auswahlverfahren gilt der Amtsermittlungsgrundsatz nach § 26 FamFG. Ermittlungsdichte und -tiefe werden durch die materiell-rechtlichen Vorschriften der §§ 1778 bis 1785 BGB vorgegeben, die dem Ziel dienen, den für den betroffenen Mündel „richtigen" Vormund zu finden.[20] Die Ermittlungen haben sich dabei nicht nur auf **die Eignung in Frage kommender Personen** (§ 1779 BGB), sondern auch auf **die persönlichen Verhältnisse des Mündels** zu erstrecken (§ 1778 Abs. 2 BGB). Mittel der Amtsermittlung sind in erster Linie die durchzuführenden Anhörungen. Insoweit gilt zu beachten, dass – da Vormundschaftssachen nach § 151 Nr. 4 FamFG Kindschaftssachen sind – die Anhörungsvorschriften der **§§ 159 bis 162 FamFG** umfassend gelten, unabhängig davon, ob die Auswahlentscheidung durch den Richter oder den Rechtspfleger getroffen wird. Werden die erforderlichen Anhörungen – wie in der Praxis leider noch häufig übersehen – nicht durchgeführt, kann dies zur Aufhebung der Entscheidung und Zurückverweisung des Verfahrens durch das Beschwerdegericht nach § 69 Satz 3 FamFG führen[21] (vgl. auch *Kischkel*, § 69 FamFG Rn. 7).

9 Die Verpflichtung zur persönlichen **Anhörung des Kindes** (§ 159 Abs. 1 FamFG) trifft das Gericht, d.h. das zur Sachentscheidung berufene Organ. Daher ersetzt die richterliche Anhörung des Kindes im vorausgegangenen Anordnungsverfahren nicht die persönliche Anhörung durch den für das Auswahlverfahren zuständigen Rechtspfleger.[22] Von der Anhörung kann nur unter den Voraussetzungen des § 159 Abs. 2 FamFG abgesehen werden, wobei für die Anwendung des Ausnahmetatbestands des § 159 Abs. 2 Nr. 3 FamFG schon kein Raum besteht, da nach § 1778 Abs. 2 Nr. 1 BGB die Neigungen, Bindungen und der Wille des Kindes für die Entscheidung stets von Bedeutung sind.[23]

10 Auch im Auswahlverfahren ist zudem die **Bestellung eines Verfahrensbeistands** zu prüfen und etwa dann zur Stärkung der Wahrnehmung der Kindesinteressen erforderlich, wenn Konflikte um die Auswahl naher Familienangehöriger oder von Pflegeeltern als Vormund bestehen oder aber eine Vielzahl von Erwachsenen um die Bestellung als Vormund streitet (§§ 158 Abs. 1, Abs. 3 Nr. 1 und 2 FamFG).[24]

---

18 *Sternal/Schäder*, § 168 FamFG Rn. 7
19 Prütting/Helms/*Hammer*, § 168 FamFG Rn. 11
20 BT Drs. 19/24445, 124
21 OLG Karlsruhe FamRZ 2024, 1887; FamRZ 2024, 1795; KG FamRZ 2016, 649; OLG Frankfurt FamRZ 2023, 1216 und 1217; FamRZ 2015, 1521
22 OLG Karlsruhe FamRZ 2024, 1887
23 OLG Karlsruhe FamRZ 2024, 1887; *Sternal/Schäder*, § 168 FamFG Rn. 9
24 Prütting/Helms/*Hammer*, § 168 FamFG Rn. 32; OLG Karlsruhe FamRZ 2024, 1887

Der **Anhörung des Jugendamtes** (§ 162 Abs. 1 FamFG) kommt im Auswahlverfahren besondere Bedeutung zu, da dieses nach § 53 SGB VIII zur unterstützenden Mitwirkung im Verfahren verpflichtet ist und dem Familiengericht einen begründeten Vorschlag von Personen, die sich zur Bestellung als Vormund eignen, zu unterbreiten hat. Es hat in einem Auswahlbericht darzulegen, welche Maßnahmen es zur Ermittlung des für den Mündel am besten geeigneten Vormunds unternommen hat (§ 53 Abs. 2 Satz 2 Nr. 1 SGB VIII), und dass, im Falle des Vorschlags eines Berufsvormunds, eine geeignete ehrenamtliche Person nicht gefunden werden konnte (§ 53 Abs. 2 Satz 2 Nr. 2 SGB VIII). Will das Familiengericht von dem Vorschlag, an den es nicht gebunden ist, abweichen, muss es dies begründen und hierfür über eine anderweitig gesicherte Erkenntnisgrundlage verfügen.[25] Nach § 57 Abs. 2 SGB VIII hat das Jugendamt dem Familiengericht zudem vor seiner Bestellung zum Vormund bzw. alsbald nach der Bestellung zum vorläufigen Vormund mitzuteilen, welchem seiner Bediensteten es die Aufgaben der Amtsvormundschaft überträgt. 11

Anzuhören ist auch die **als Vormund/Ergänzungspfleger ausgewählte Person**, da die Bestellung Verpflichtungen auslöst (§ 37 Abs. 2 FamFG) und nur bei erklärter Übernahmebereitschaft erfolgen darf (§ 1785 Abs. 2 BGB).[26] 12

C. Inhalt der Norm

I. Anhörung nahestehender Familienangehöriger und Personen des Vertrauens (Abs. 1)

Abs. 1 ergänzt die allgemeinen Anhörungsvorschriften der §§ 159 ff. FamFG um die Soll-Verpflichtung des Gerichts, bei der Auswahl des Vormunds auch dem Kind nahestehende Familienangehörige und Personen des Vertrauens anzuhören, wenn dies ohne erhebliche Verzögerungen möglich ist. Die bislang in § 1779 Abs. 2 Satz 1 BGB geregelte Anhörungspflicht wurde als verfahrensrechtliche Norm durch die Vormundschaftsreform in das FamFG überführt. Der zuvor verwandte Begriff „Verwandte und Verschwägerte" wurde dabei durch den allgemeineren und umfassenderen Begriff „Familienangehörige" ersetzt und um den Zusatz „nahestehende" ergänzt. Bei der Auswahl der anzuhörenden Personen ist demgemäß nicht nur auf die Verwandtschaftsverhältnisse des Kindes abzustellen, sondern insbesondere zu berücksichtigen, ob eine Person aufgrund ihrer **tatsächlichen Nähe oder ihrer besonderen persönlichen Beziehung zum Kind** auch Auskunft über die im Bestellungsverfahren maßgeblichen Fragen geben kann.[27] Im Interesse, den für das betroffene Kind „richtigen" Vormund zu finden, sollen nunmehr auch Personen des Vertrauens des Kindes angehört werden. Hierbei handelt es sich um Personen, die – ohne familiäres Näheverhältnis – eine vertrauensvolle Beziehung zum Kind haben und deshalb Auskunft über die Lebensumstände des Kindes, seinen Willen oder seine Bindungen (vgl. § 1778 Abs. 2 BGB) geben können.[28] Den **Kreis der anzuhörenden Personen** hat das Gericht im Hinblick auf das Ziel der Anhörung, für das Mündel den am besten geeigneten Vormund zu finden im **pflichtgemäßen Ermessen** zu bestimmen.[29] 13

Von der Anhörung kann das Gericht – wie bisher – nach pflichtgemäßem Ermessen **absehen, wenn** die Anhörung zu Verfahrensverzögerungen führen würde (Abs. 1), von ihr keine (weitere) Aufklärung zu erwarten ist oder andere schwerwiegende Gründe vorliegen.[30] Eine 14

25 Prütting/Helms/*Hammer*, § 168 FamFG Rn. 28
26 Prütting/Helms/*Hammer*, § 168 FamFG Rn. 36
27 BT-Drs. 19/24445 S. 326
28 BT-Drs. 19/24445 S. 326
29 Vgl. zu § 1779 BGB a.F.: Staudinger/*Veit*, 2020, § 1779 BGB, Rn. 101
30 BT-Drs. 19/24445 S. 326; zu § 1779 BGB a.F.: Staudinger/*Veit*, 2020, § 1779 BGB, Rn. 101

bestimmte Form der Anhörung schreibt Abs. 1 nicht vor, so dass diese mündlich, schriftlich, (video-)telefonisch oder im Wege der Amtshilfe erfolgen kann.[31]

II. Auskunft aus dem Bundeszentralregister (Abs. 2)

15 Vor der Bestellung einer Person als ehrenamtlicher Vormund oder Berufsvormund hat das Gericht im Rahmen der Prüfung der persönlichen Eignung der Person eine Auskunft nach § 41 BZRG einzuholen (Abs. 2 Satz 1). Während die Beurteilung, welche Straftatbestände die Eignung kompromittieren, grundsätzlich im Ermessen des Gerichts steht, wird bei Eintragung einer Straftat nach § 158a Abs. 2 Satz 2 FamFG von der Ungeeignetheit der Person auszugehen sein im Hinblick auf die ungleich verantwortungsvollere und im persönlichen Nahbereich des Mündels angesiedelte Aufgabe des Vormunds/Pflegers.[32] Die Eignung des bestellten Vormunds ist durch Neueinholung einer BZR-Auskunft zu überprüfen (Abs. 2 Satz 2). Die Einsichtnahme ist zusammen mit ihrem wesentlichen Ergebnis jedenfalls in Vermerkform in der Vormundschaftsakte zu dokumentieren; es bedarf nicht zwingend der Veraktung auch des mitgeteilten Auszugs selbst, wenn etwa weitergehende persönliche Daten des Vormunds geschützt werden sollen.

III. Überprüfung der Vormundauswahl auf Verlangen des Mündels (Abs. 3)

16 Unter Verweis auf § 291 FamFG eröffnet Abs. 3 dem nicht geschäftsfähigen Mündel, der das 14. Lebensjahr vollendet hat, das Recht, die Auswahl der Person, der ein Verein oder das Jugendamt die Aufgaben als (vorläufiger) Vormund übertragen hat, gerichtlich überprüfen zu lassen.[33] Die Norm ist Ausfluss des Ziels der Vormundschaftsreform, die **Stellung des Mündels als Rechtssubjekt** zu stärken. Sie dient der Umsetzung des in § 1778 Abs. 2 Nr. 1 BGB verankerten Grundsatzes, dass der Wille des Mündels bei der Auswahl des Vormunds zu berücksichtigen ist. Anwendbar ist sie in den beiden Konstellationen, in denen die konkrete Vormundsperson nicht gerichtlich ausgewählt und bestellt wird: im Fall der Amtsvormundschaft (§ 1774 Abs. 1 Nr. 4 FamFG, § 55 SGB VIII) und bei der Bestellung des Vereinsvormunds zum vorläufigen Vormund nach § 1781 BGB, da in diesem Fall der Verein selbst die Aufgaben auf einen seiner Mitarbeiter überträgt (§ 1781 Abs. 2 Satz 1 BGB).[34] Da im Fall der endgültigen Bestellung eines Vereinsvormunds durch das Gericht ein bestimmter Mitarbeiter auszuwählen und zu bestellen ist (§ 1774 Abs. 1 Nr. 3 BGB), bedarf es keiner Überprüfung nach Abs. 3 i.V.m. § 291 FamFG.[35]

17 Das Überprüfungsverfahren stellt ein gegenüber dem Auswahlverfahren **eigenständiges Verfahren** dar,[36] das in die funktionelle Zuständigkeit des Rechtspflegers fällt (§ 3 Nr. 2a RPflG). Da es sich bei dem Überprüfungsrecht nach § 168 Abs. 3 FamFG – anders als beim Antragsrecht zur Entlassung des Vormunds (§ 1804 Abs. 3 Satz 3 Nr. 4 BGB) – nicht um ein bürgerliches Recht handelt, ist der Mündel im Überprüfungsverfahren nicht verfahrensfähig.[37] Eines förmlichen Antrags (§ 23 FamFG) bedarf es nicht; das Verfahren wird auf Verlangen des Mündels von Amts wegen eingeleitet (Abs. 3 i.V.m. § 291 FamFG).[38] Der Mündel (§ 159 FamFG), der Vereinsvormund bzw. der Amtsvormund (§ 37 Abs. 2 FamFG) und das

31 *Sternal/Schäder*, § 168 FamFG Rn. 10
32 *Sternal/Schäder*, § 168 FamFG Rn. 14; ähnlich *Socha*, Vormundschaft und Pflegschaft, Rn. 286 unter Verweis auf § 32 Abs. 5 BRZG
33 BT-Drs. 19/24445, 327
34 Vgl. Prütting/Helms/*Hammer*, § 168 FamFG Rn. 40
35 Prütting/Helms/*Hammer*, § 168 FamFG Rn. 40
36 Prütting/Helms/*Hammer*, § 168 FamFG Rn. 41; a.A. Sternal/*Giers*, § 291 FamFG Rn. 2: Annex zum Auswahlverfahren
37 Prütting/Helms/*Hammer*, § 168 FamFG Rn. 40; a.A. *Sternal/Schäder*, § 168 FamFG Rn. 7
38 Prütting/Helms/*Hammer*, § 168 FamFG Rn. 40; Prütting/Helms/*Fröschle*, § 291 FamFG Rn. 5

Jugendamt (§ 162 Abs. 1 FamFG) sind anzuhören. Regelmäßig wird dem Mündel zudem gemäß § 158 Abs. 1, Abs. 3 Nr. 1 FamFG ein Verfahrensbeistand zu bestellen sein, da ein Interessengegensatz im Überprüfungsverfahren angelegt ist.

Das Überprüfungsverlangen ist nach Abs. 3 i.V.m. § 291 Satz 2 FamFG begründet, wenn einem Vorschlag des Mündels, dem keine wichtigen Gründe entgegenstehen, durch den Amtsvormund oder Vormundschaftsverein nicht entsprochen wurde oder die ausgewählte Person zur Wahrnehmung der Vormundschaft nicht geeignet erscheint. Das Familiengericht kann in diesem Fall das Jugendamt/den Vormundschaftsverein nach § 291 Satz 2 FamFG nur verpflichten, eine andere Person auszuwählen, nicht jedoch selbst eine bestimmte Person auswählen. War der Vereinsvormund aber als vorläufiger Vormund bestellt und liegen die Voraussetzungen für die endgültige Vormundauswahl vor, kann das Familiengericht gemäß §§ 1774 Abs. 1 Nr. 3, 1781 Abs. 5 BGB auch einen bestimmten Mitarbeiter des Vormundschaftsvereins als endgültigen Vormund bestellen.[39] Die Überprüfungsentscheidung ist nicht vollstreckbar (Abs. 3 i.V.m. § 291 Satz 3 FamFG). Wird sie nicht befolgt, kommt jedoch die Entlassung des Amts- bzw. Vereinsvormunds in Betracht (§ 1804 BGB).[40] 18

39 Prütting/Helms/*Hammer*, § 168 FamFG Rn. 43
40 Sternal/*Giers*, § 291 FamFG Rn. 4.

19 *Überblick 2-stufiges Vormundschaftsverfahren*

2-stufiges Vormundschaftsverfahren

Anordnung der Vormundschaft nach § 1773 BGB
durch den Rechtspfleger
oder gem. § 6 RPflG den Richter
(z.B. zusammen mit vollständigem Sorgerechtsentzug nach § 1666 BGB)

Auswahl und Bestellung des Vormunds
durch den Rechtspfleger oder Richter gem. § 6 RPflG

Auswahl des Vormunds

1. Vorrang wirksam benannter Personen (§ 1782 BGB)
2. Identifizierung geeigneter und zur Übernahme der Vormundschaft bereiter Personen (§§ 1779, 1785 BGB)
(unter Mitwirkung des Jugendamtes, § 53 SGB VIII)
3. Auswahl des am besten geeigneten Vormunds (§ 1778 BGB)

Bestellung des Vormunds durch Beschluss § 168a FamFG
Wirksamkeit mit Bekanntgabe an den Vormund

Zusätzlich: Erteilung der Bestellungsurkunde (§ 168b FamFG)

Im Auswahl- und Bestellungsverfahren **zu beachten**:

- Allgemeine Anhörungspflichten in Kindschaftsverfahren (§§ 158 – 162 FamFG)
- Anhörung nahestehender Angehöriger und Vertrauenspersonen des Kindes (§ 168 Abs. 1 FamFG)
- Auskunft aus dem Bundeszentralregister (§ 168 Abs. 2 FamFG)

§ 168a FamFG

Inhalt der Beschlussformel und Wirksamwerden der Beschlüsse

(1) Die Beschlussformel enthält im Fall der Bestellung eines Vormunds auch

1. bei Bestellung eines Berufsvormunds die Bezeichnung als Berufsvormund;

2. bei Bestellung eines Vereinsvormunds die Bezeichnung als Vereinsvormund und die des Vormundschaftsvereins;

3. bei Bestellung des Jugendamtes die Bezeichnung des zuständigen Amtes;

4. bei Bestellung eines Pflegers nach § 1776 oder § 1777 des Bürgerlichen Gesetzbuchs die Bezeichnung des Pflegers und die ihm übertragenen Angelegenheiten;

5. bei einer Bestellung nach § 1781 des Bürgerlichen Gesetzbuchs die Bezeichnung als vorläufiger Vormund.

(2) [1]Beschlüsse über Inhalt oder Bestand der Bestellung eines Vormunds werden mit Bekanntgabe an den Vormund wirksam. [2]§ 287 Absatz 2 gilt entsprechend.

Übersicht

A. Allgemeines

1 Durch die Reform des Vormundschaftsrechts[1] wurde die **Bestellung aller Vormundtypen durch Beschluss einheitlich im FamFG** geregelt.[2] Wie bei Bestellung eines Vereins oder des Jugendamts als Vormund (§§ 1791a Abs. 2, 1791b Abs. 2 BGB a.F.) wird auch der Einzelvormund nunmehr ausschließlich durch Beschluss des Familiengerichts bestellt. Der Handschlag als konstitutives Verpflichtungselement (§ 1789 BGB a.F.) des Einzelvormunds ist entfallen. Hierdurch soll das Bestellungsverfahren vereinfacht und beschleunigt werden.[3] Gleichzeitig wurde die **gerichtliche Beratung** durch die Reform intensiviert:[4] Ehrenamtliche Vormünder sind gemäß §§ 1802 Abs. 2, 1861 Abs. 2 BGB alsbald nach Bestellung mündlich zu verpflichten, über ihre Aufgaben zu unterrichten und auf Beratungs- und Unterstützungsangebote hinzuweisen, ohne dass diesem Verpflichtungsgespräch allerdings konstitutive Wirkung zukommt.

Während Abs. 1 Vorgaben für die Beschlussformel des Bestellungsbeschlusses enthält, gilt Abs. 2 für jegliche Beschlüsse über Inhalt und Bestand der Vormundschaft.

B. Inhalt der Norm

I. Beschlussformel des Bestellungsbeschlusses (Abs. 1)

2 Abs. 1 ergänzt die Vorschriften des allgemeinen Teils über den Inhalt von Endentscheidungen (§§ 38, 39 FamFG). Danach ist bei der Bestellung eines Vormunds in der Beschlussformel genau zu bezeichnen, **welche Form von Vormundschaft angeordnet wird**. Bei Bestellung eines Berufsvormunds (Nr. 1) ist diese Bezeichnung, bei Bestellung eines Vereinsvormunds diese Bezeichnung und die des Vormundschaftsvereins (Nr. 2), bei Bestellung des Jugendamtes das zuständige Amt (Nr. 3), bei Bestellung eines Pflegers nach §§ 1776, 1777 BGB die Bezeichnung des Pflegers und die ihm übertragenen Angelegenheiten (Nr. 4) und

1 Gesetz zur Reform des Vormundschafts- und Betreuungsrecht v. 4.5.2021, BGBl 2021 I 882
2 BT-Drs. 19/24445, 57
3 BT-Drs. 19/24445, 163
4 BT-Drs. 19/24445, 163

bei Bestellung eines vorläufigen Vormunds diese Bezeichnung (Nr. 5) in die Beschlussformel aufzunehmen. Wird ein Berufsvormund ausgewählt, hat die Beschlussformel zudem kenntlich zu machen, dass das **Amt berufsmäßig** ausgeübt wird. Die Feststellung ist konstitutiv für die Vergütung des Vormunds (§ 1808 Abs. 3 Satz 2 BGB, § 1 Abs. 1 VBVG)[5] und kann im Fall des Unterbleibens bei Bestellung nur mit Wirkung für die Zukunft, jedoch nicht mit rückwirkender Wirkung nachgeholt werden.[6]

II. Wirksamwerden und Bekanntgabe von Vormundschaftsbeschlüssen (Abs. 2)

3 Abs. 2 Satz 1 bestimmt in Konkretisierung von § 40 Abs. 1 FamFG, dass Beschlüsse über Inhalt oder Bestand der Bestellung eines Vormunds **mit Bekanntgabe an den Vormund** wirksam werden. Dies entspricht der Regelung zur Betreuerbestellung (§ 287 Abs. 1 FamFG). Hierdurch ist leichter feststellbar und für den Vormund unmittelbar deutlich, ab wann er berechtigt und verpflichtet ist, wirksam für den Mündel zu handeln und ab welchem Zeitpunkt er Vergütung beanspruchen kann.[7] Die Regelung gilt über die Verweisungsnorm des § 51 Abs. 2 Satz 1 FamFG auch für die Bestellung im Wege einstweiliger Anordnung.[8]

4 Der Bestellungsbeschluss ist neben dem Vormund gemäß § 41 Abs. 1 FamFG zudem den **weiteren Beteiligten** des Verfahrens und nach § 162 Abs. 3 Satz 1 FamFG auch dem **Jugendamt** (Soziale Dienste) unabhängig von seiner förmlichen Verfahrensbeteiligung bekannt zu geben. Bei ausländischen unbegleiteten Minderjährigen ist zudem nach Art. 37 lit. b) des Wiener Übereinkommens vom 24.3.1963 über konsularische Beziehungen[9] i.V.m. Ziff. XV Nr. 13 MiZi unverzüglich die **konsularische Vertretung des Herkunftslandes** des Minderjährigen über die Notwendigkeit der Bestellung eines Vormunds für den Minderjährigen zu benachrichtigen.[10] Zuständig ist der Richter (Ziffer XV Nr. 13 MiZi).

5 Abs. 2 Satz 2 ermöglicht dem Gericht über die entsprechende Anwendung des § 287 Abs. 2 FamFG die sofortige Wirksamkeit des Beschlusses anzuordnen, wenn die Bekanntgabe des Beschlusses an den Vormund ausnahmsweise nicht möglich ist oder **Gefahr im Verzug** besteht.[11] Die Anordnung kann im Bestellungsbeschluss oder in einem gesonderten Beschluss erfolgen, wenn sich das **Eilbedürfnis** später herausstellt.[12] In diesem Fall wird der Beschluss entsprechend § 287 Abs. 2 Satz 2 FamFG durch Bekanntgabe an das verfahrensfähige Kind oder den Verfahrensbeistand oder durch Übergabe an die Geschäftsstelle zum Zwecke der Bekanntgabe wirksam.[13] Verfahrensfähig ist das Kind allerdings nach § 9 Abs. 1 Nr. 3 FamFG nur, wenn es mindestens 14 Jahre alt ist und ein ihm nach bürgerlichem Recht zustehendes Recht geltend macht, was im Verfahren zur Bestellung eines Vormunds nur in den Fällen des § 1777 Abs. 3 BGB (Antrag auf Übertragung von Sorgeangelegenheiten auf die Pflegeperson als Pfleger) und des § 1783 Abs. 1 Nr. 3 BGB (Übergehen des von den Eltern durch letztwillige Verfügung bestimmten Vormunds) gegeben ist.[14]

5 Prütting/Helms/*Hammer*, § 168a FamFG Rn. 4
6 BGH FamRZ 2018, 1006 Rn. 12; FamRZ 2014, 468; Oberloskamp/Dürbeck/*Dürbeck*, § 3 Rn. 202
7 BT-Drs. 19/24445, 327
8 BT-Drs. 19/24445, 327
9 BGBl 1969 II 1585
10 *Sternal/Schäder*, § 168a FamFG Rn. 6
11 BT-Drs. 19/24445, 327
12 Prütting/Helms/*Hammer*, § 168a FamFG Rn. 14
13 BT-Drs. 19/24445, 327
14 Prütting/Helms/*Hammer*, § 168a FamFG Rn. 15

C. Rechtsmittel gegen die Bestellung

Die Auswahl und Bestellung des Vormunds als Endentscheidung (§ 38 Abs. 1 FamFG) im Hauptsacheverfahren unterliegt der Beschwerde nach § 58 Abs. 1 FamFG (ggf. i.V.m. § 11 RPflG). Hinsichtlich der rechtlich problematischen Frage der Beschwerdebefugnis (§ 59 FamFG) ist zunächst in Erinnerung zu rufen, dass die Anordnung der Vormundschaft sowie die Auswahl und Bestellung des Vormunds zwei unterschiedliche Verfahren darstellen. 6

Für das Kind, das durch die Bestellung des Vormunds immer in seinen Rechten betroffen ist (§ 59 Abs. 1 FamFG), können der **Vormund**, dieser im Namen des Kindes als dessen gesetzlicher Vertreter, und auch der für das Auswahl- und Bestellungsverfahren bestellte **Verfahrensbeistand** (§ 158b Abs. 3 Satz 2 FamFG), dieser im eigenen Namen, Beschwerde einlegen. 7

Mit Vollendung des 14. Lebensjahres kann das nicht geschäftsfähige Kind gemäß § 60 FamFG ohne Mitwirkung seines gesetzlichen Vertreters selbst Beschwerde einlegen.

Die **nicht (mehr) sorgeberechtigten Eltern** sind nach wohl herrschender Ansicht als beschwerdebefugt anzusehen, wenn sie sich **im Zusammenhang mit einem Sorgerechtsentzug** gegen die erstmalige Auswahlentscheidung wenden und dabei das Ziel der Bestellung eines nahen Verwandten oder einer anderen Bezugsperson des Kindes verfolgen.[15] Dies gilt insbesondere auch dann, wenn die Eltern mit ihrer Beschwerde nur noch die Auswahlentscheidung angreifen.[16] Hierfür spricht, dass die Auswahl des Vormunds unter dem Gesichtspunkt der Verhältnismäßigkeit integraler Bestandteil der Entscheidung über einen Sorgerechtsentzug ist, weil sowohl die Eignung als auch die Erforderlichkeit eines Sorgerechtsentzugs von der konkreten Vormundauswahl abhängen können.[17] Begehren die Eltern hingegen nicht die Bestellung eines nahen Verwandten, fehlt ihnen die Beschwerdebefugnis. Auch in späteren Verfahren, insbesondere den **Wechsel der Vormundsperson** betreffend, fehlt den nicht sorgeberechtigten Eltern mangels eigener Rechtsbetroffenheit die Beschwerdebefugnis.[18] Dies gilt selbst dann, wenn die Eltern ausnahmsweise[19] aufgrund eigener Antragstellung nach § 1804 Abs. 3 Satz 3 Nr. 4 BGB formal Beteiligte des Entlassungsverfahrens geworden sind. Die Antragstellung vermittelt dem Antragsteller keine eigene subjektive Rechtsstellung, da der Antrag nach § 1804 Abs. 3 Satz 3 Nr. 4 BGB bereits nach dem Wortlaut der Norm der Wahrung der Mündelrechte dient und damit fiduziarischer Natur ist; er wird also nicht im eigenen Interesse gestellt.[20] 8

15 Generell Beschwerdebefugnis bejahend: OLG Frankfurt FamRZ 2016. 1473; Prütting/Helms/*Hammer*, § 168a FamFG Rn. 23; *Sternal/Schäder*, § 168 FamFG Rn. 23; Beschwerdebefugnis, bei Übergehen des elterlichen Vorschlags: OLG Braunschweig FamRZ 2023, 1028 mit zust. Anm. *Veit*; OLG Karlsruhe FamRZ 2023, 202; OLG München FamRZ 2016, 1475; OLG Saarbrücken FamRZ 2014, 1866; OLG Brandenburg FamRZ 2013, 54; Oberloskamp/Dürbeck/*Dürbeck*, § 3 Rn. 147; verneinend, wenn nicht auch die Sorgerechtsentscheidung angegriffen wird: OLG Stuttgart FamRZ 2024, 1547; OLG Brandenburg FamRZ 2023, 308

16 OLG Köln, Beschl. v. 7.3.2024 – 14 WF 29/24, BeckRS 2024, 4088; OLG Hamm FamRZ 2024, 785; OLG Saarbrücken FamRZ 2014, 1866; OLG Brandenburg, ZKJ 2012; 312; Prütting/Helms/*Hammer*, § 168a FamFG, Rn. 23; MüKo-FamFG/*A. Fischer*, § 59 FamFG Rn. 49; a.A. Beschwerdebefugnis nur bei Angriff sowohl des Sorgerechtsentzugs als auch der Auswahlentscheidung: OLG Stuttgart FamRZ 2024, 1547; OLG Brandenburg FamRZ 2023, 308

17 BVerfG FamRZ 2015, 208; vgl. ebenso *Kischkel*, FamRZ 2025, 561, 564

18 OLG Hamm FamRZ 2024, 578; FamRZ 2016, 1003; OLG Düsseldorf FamRZ 2015, 1046; OLG Celle FamRZ 2012, 1826

19 Zur sonst fehlenden Beteiligtenstellung: *Wierse*, § 168 FamFG Rn. 6; OLG Bremen FamRZ 2024, 1891

20 OLG Köln, Beschl. v. 7.3.2024 – 14 WF 29/24, BeckRS 2024, 4088; BeckOGK/*Wentzell*, § 1804 BGB Rn. 141; MüKo-BGB/*Schneider*, § 1804 Rn. 29; a.A. BeckOK-BGB/*Bettin*, § 1804 BGB Rn. 21; und offenbar Prütting/Helms/*Hammer*, § 168a FamFG Rn. 23: Beschwerdebefugnis bejahend, wenn Eltern sich gegen die Entlassung eines nahen Verwandten wenden

9 Die von den Eltern als Vormund nach § 1782 BGB **benannte** und nach § 1783 BGB **übergangene** oder nach § 1784 BGB **ausgeschlossene Person**, ist beschwerdeberechtigt.[21] Ebenso ist die als Vormund ausgewählte Person bzw. der **Verein** beschwerdebefugt, wenn die Bestellung ohne die erforderliche Zustimmung (§ 1785 Abs. 2, Abs. 3 BGB) erfolgt ist.[22] Auch der **Amtsvormund** ist beschwerdebefugt nach § 59 Abs. 1 FamFG, wenn er entgegen von ihm geäußerter Bedenken oder örtlicher Zuständigkeitsvorschriften (§§ 87c, 88 SGB VIII) bestellt wurde.[23] Dem Amtsvormund steht aber kein Beschwerderecht gegen die Vormundschaftsanordnung selbst zu.[24]

10 Das nach § 50 SGB VIII mitwirkende **Jugendamt** kann nach § 162 Abs. 3 Satz 2 FamFG stets unabhängig von § 59 Abs. 1 FamFG Beschwerde erheben.

▶ *Näher hierzu Heilmann, § 162 FamFG Rn. 27 ff.*

11 Nicht bei der Auswahl berücksichtigte Verwandte oder Verschwägerte[25] und auch die Pflegepersonen[26] sind dagegen nach höchstrichterlicher Rechtsprechung mangels Bestehens eines subjektiven Rechts auf Auswahl zum Vormund nicht beschwerdeberechtigt.

12 Bei nicht mit der Beschwerde anfechtbaren Auswahlentscheidungen des Rechtspflegers ist jedoch die Erinnerung nach § 11 Abs. 2 RPflG statthaft, über die abschließend der Familienrichter entscheidet.[27] Bei richterlicher Vormundauswahl können Familienangehörige und Pflegepersonen nach § 1804 Abs. 3 Satz 3 Nr. 4 BGB die Entlassung des Vormunds beantragen und dadurch eine Rechtspflegerentscheidung herbeiführen.[28]

13 Jedenfalls in **Ausnahmefällen** ist Angehörigen und Pflegepersonen aus verfassungsrechtlicher Notwendigkeit ein Beschwerderecht einzuräumen, wenn ohne ein eigenes Beschwerderecht das nicht verfahrensfähige Kind, für das kein Verfahrensbeistand bestellt worden ist, sonst keine Möglichkeit hätte, Rechtsmittel gegen die Auswahl des Vormunds einzulegen.[29]

§ 168b FamFG
Bestellungsurkunde

(1) ¹Der Vormund erhält eine Urkunde über seine Bestellung. ²Die Urkunde soll enthalten:

1. **die Bezeichnung des Mündels und des Vormunds;**
2. **in den Fällen des § 1776 oder § 1777 des Bürgerlichen Gesetzbuchs die Bezeichnung der dem Pfleger übertragenen Angelegenheiten;**
3. **Angaben über die Beschränkungen der Vertretungsmacht gemäß § 1789 Absatz 2 Satz 3 des Bürgerlichen Gesetzbuchs;**
4. **Angaben über Befreiungen gemäß § 1801 des Bürgerlichen Gesetzbuchs.**

---

21 OLG Rostock JAmt 2022, 106; *Sternal/Schäder*, § 168 FamFG Rn. 23
22 Prütting/Helms/*Hammer*, § 168a FamFG Rn. 21
23 KG JAmt 2016, 100; OLG Dresden JAmt 2022, 282; BGH FamRZ 2021, 1885
24 BGH FamRZ 2012, 292; OLG Frankfurt FamRZ 2017, 1942
25 BVerfG NZFam 2014, 734; FamRZ 2014, 1841; BGH ZKJ j2013, 451; FamRZ 2011, 552; OLG Koblenz FamRZ 2021, 955; OLG Karlsruhe JAmt 2020, 320
26 BGH JAmt 2020, 319; OLG Nürnberg NJW 2014, 2883
27 BGH ZKJ 2013, 451.
28 Prütting/Helms/*Hammer*, § 168a FamFG Rn. 24 f.
29 OLG Karlsruhe FamRZ 2013, 1665; vgl. auch die zust. Anm. von *Salgo*, FamRZ 2013,1668; Dutta/Jacoby/Schwab/*Ivanits*, § 168a FamFG Rn. 19

(2) Ist das Jugendamt nach § 1751 Absatz 1 Satz 2, § 1786 oder § 1787 des Bürgerlichen Gesetzbuchs Vormund geworden, hat das Gericht ihm unverzüglich eine Bescheinigung über den Eintritt der Vormundschaft zu erteilen.

(3) Nach Beendigung seines Amtes hat der Vormund die Bestellungsurkunde oder die Bescheinigung zurückzugeben.

Die Norm wurde durch die Reform des Vormundschaftsrechts[1] eingeführt, deren wichtigste Änderung im Verfahrensrecht der ersatzlose Wegfall der förmlichen Bestellung des Vormunds als konstitutiver Hoheitsakt ist (vgl. *Wierse*, § 168 FamFG Rn. 1). Maßgeblich für die Wirksamkeit der Bestellung ist die Bekanntgabe des Bestellungsbeschlusses an den Vormund (§ 168a Abs. 2 FamFG). § 168b FamFG ersetzt die in § 1791 BGB a.F. enthaltene Regelung zur Bestallungsurkunde, die nach der Reform nunmehr Bestellungsurkunde heißt. Sie hat den Zweck, dem Vormund **im Rechtsverkehr als Bescheinigung seiner Vertretungsmacht** zu dienen und hat dafür die in Abs. 1 näher geregelten Angaben zu enthalten.[2] Gleichwohl hat sie nicht die Wirkungen einer Vollmachtsurkunde gemäß §§ 172, 174 BGB.[3] Auch stellt sie keinen amtlichen Ausweis dar.[4] 1

In den Fällen, in denen die Amtsvormundschaft des Jugendamtes nicht qua gerichtlicher Anordnung, sondern kraft Gesetzes eintritt, ist dem **Jugendamt** nach Abs. 2 eine **Bescheinigung** – und keine Bestellungsurkunde – über den Eintritt der Vormundschaft auszustellen. 2

§ 168c FamFG
Anhörung in wichtigen Angelegenheiten

Das Gericht soll vor Entscheidungen in wichtigen Angelegenheiten auch nahestehende Familienangehörige des Mündels anhören, wenn dies ohne erhebliche Verzögerung geschehen kann.

Übersicht

A. Allgemeines

§ 168c FamFG ersetzt § 1847 BGB a.F. und erweitert die in § 168 Abs. 1 FamFG geregelte Pflicht zur Anhörung nahestehender Familienangehöriger über das Auswahl- und Bestellungsverfahren hinaus auf alle „wichtigen Angelegenheiten" des Mündels. Die Norm gilt insbesondere **zugunsten nicht sorgeberechtigter Eltern**, je nach Einzelfall aber auch darüber hinaus auf weitere Verwandte und Verschwägerte, soweit dies ohne erhebliche Verzögerung möglich ist. 1

B. Inhalt der Norm

Wichtige Angelegenheiten des Kindes sind insbesondere in **Status- und Personenstandsfragen** anzunehmen, wie etwa bei der Adoption,[1] Änderung des Namens (§ 2 Abs. 1 2

1 Gesetzes zur Reform des Vormundschafts- und Betreuungsrechts v. 4.5.2021, BGBl 2021 I 882
2 BT-Drs. 19/24445, 32
3 MüKo-FamFG/*Schmidt*, § 168b FamFG Rn. 6
4 BGH NJW 2021, 2032 Rn. 28; *Sternal/Schäder*, § 168b FamFG Rn. 1
1 BayObLGZ 21, 201

NamÄndG) oder der Staatsangehörigkeit (§§ 19 Abs. 1, 25 StAG) oder bei Anhängigkeit eines Abstammungsverfahrens und die Entscheidung über die Entlassung des Vormunds[2] (§ 1804 BGB).[3]

3 Der Begriff „nahestehende Familienangehörige" tritt wie in § 168 Abs. 1 FamFG an die Stelle des Begriffs „Verwandte und Verschwägerte" (vgl. zum Begriff *Wierse*, § 168 FamFG Rn. 13). Das Gericht entscheidet über die Anhörung naher Familienangehöriger im Rahmen seiner Amtsermittlungspflicht (§ 26 FamFG) nach pflichtgemäßem Ermessen. Es kann von der Anhörung insbesondere absehen, wenn diese zu einer erheblichen Verfahrensverzögerung führen würde.[4] Als Aspekt der Amtsermittlung dient die Anhörung der Sachverhaltsermittlung im Interesse des Mündelwohls; sie vermittelt den nahestehenden Familienangehörigen jedoch kein subjektives Anhörungsrecht.[5] Im Fall der Nichtanhörung steht den Angehörigen daher auch kein Beschwerderecht zu.[6]

4 Eine bestimmte Form der Anhörung ist nicht vorgeschrieben. Sie kann also persönlich im Rahmen eines anzuberaumenden gerichtlichen Termins, schriftlich oder telefonisch erfolgen. Im ersten und letztgenannten Fall ist ein Vermerk nach § 28 Abs. 4 FamFG zu fertigen.

▶ *Näher zum Vermerk Kischkel, § 28 FamFG Rn. 3 sowie zur persönlichen Anhörung, Kischkel, § 34 FamFG Rn. 8 ff.*

§ 168d FamFG

Verfahren zur Festsetzung von Zahlungen

Für das Verfahren zur Festsetzung von Zahlungen an den Vormund ist § 292 Absatz 1 und Absatz 3 bis 6 entsprechend anzuwenden.

Übersicht Rn.

A. Allgemeines

1 Die durch die Vormundschaftsreform[1] neu eingefügte Vorschrift verweist hinsichtlich der verfahrensrechtlichen Regelungen für Anträge auf Festsetzung von Vergütungen, Vorschusszahlungen oder Aufwendungsersatz auf § 292 FamFG, der die bisherige Regelung des § 168 FamFG ersetzt. Damit wird auch im Verfahrensrecht die Regel fortgesetzt, dass das Vormundschaftsrecht **auf Normen des Betreuungsrechts verweist, soweit vermögensrechtliche Angelegenheiten betroffen sind**.[2] Gemäß § 168f FamFG gilt § 168d FamFG i.V.m. § 292 FamFG entsprechend für das Verfahren zur Festsetzung von Zahlun-

2 OLG Braunschweig JAmt 2019, 628
3 Weitere Beispiele bei MüKo-FamFG/*Schmidt*, § 168c FamFG Rn. 4 ff.
4 BT-Drs. 19/24445, 328
5 *Sternal/Schäder*, § 168c FamFG Rn. 1
6 Zu § 1847 BGB a.F.: Staudinger/*Veit*, § 1847 BGB Rn. 19
1 Gesetz zur Reform des Vormundschafts- und Betreuungsrechts v. 4.5.2021, BGBl 2021 I 882
2 BT-Drs. 19/24445, 328

gen an den Ergänzungspfleger. Nicht von der Verweisung des § 168d FamFG umfasst ist § 292 Abs. 2 FamFG, der die für Vormünder nicht vorgesehene Vergütung für zukünftige Zeiträume regelt. Diese ist durch das zum 1.1.2026 in Kraft tretende Kosten- und Betreuervergütungsänderungsgesetz 2025[3] nochmals geändert worden; Änderungen betreffend das Festsetzungsverfahren für Vormünder und Pfleger enthält das Gesetz nicht.

Auch auf § 292a FamFG wird nicht verwiesen, da von einem Rückgriffsanspruch der Staatskasse auf den Mündel bewusst abgesehen wurde.[4] Entsprechend fehlt ein Verweis in §1808 Abs. 2 Satz 1 BGB auf § 1881 BGB.

Für den Vergütungsanspruch der Verfahrensbeistände verweist § 158c Abs. 3 Satz 2 FamFG auf § 292 Abs. 1 und 5 FamFG. Die Kommentierung bezieht sich in erster Linie auf die Vormundschaft und Pflegschaft, weshalb die von der Verweisung in § 168d FamFG ausgenommenen Abs. 2 und 6 von § 292 FamFG unkommentiert bleiben.

B. Inhalt der Norm

I. Wortlaut von § 292 FamFG

Die Norm verweist auf die einschlägige Regelung für den Betreuer. Diese lautet: 2

§ 292 FamFG Zahlungen an den Betreuer; Verordnungsermächtigung

(1) Das Gericht setzt auf Antrag des Betreuers oder des Betroffenen oder nach eigenem Ermessen durch Beschluss fest:

1. einen dem Betreuer zu zahlenden Vorschuss, den ihm zu leistenden Ersatz von Aufwendungen oder die Aufwandspauschale, soweit der Betreuer die Zahlungen aus der Staatskasse verlangen kann (§ 1879 des Bürgerlichen Gesetzbuchs) oder ihm die Vermögenssorge nicht übertragen wurde,

2. eine dem ehrenamtlichen Betreuer zu bewilligende Vergütung oder Abschlagszahlung (§ 1876 des Bürgerlichen Gesetzbuchs) oder

3. eine dem beruflichen Betreuer oder dem Betreuungsverein zu bewilligende Vergütung nach dem Vormünder- und Betreuervergütungsgesetz.

(2) [1]Das Gericht kann eine nach Absatz 1 Nummer 3 zu bewilligende Vergütung auf Antrag des Betreuers oder des Betreuungsvereins auch für zukünftige Zeiträume durch Beschluss festsetzen, wenn die Voraussetzungen des § 15 Absatz 2 Satz 1 des Vormünder- und Betreuervergütungsgesetzes vorliegen. [2]Die Auszahlung der Vergütung erfolgt für die jeweils nach § 15 Absatz 1 Satz 1 des Vormünder- und Betreuervergütungsgesetzes maßgeblichen Zeiträume. [3]Die Festsetzung ist in regelmäßigen, im Voraus festzulegenden Abständen, die zwei Jahre nicht überschreiten dürfen, zu überprüfen.

(3) [1]Im Antrag sollen die persönlichen und wirtschaftlichen Verhältnisse des Betroffenen dargestellt werden. [2]§ 118 Absatz 2 Satz 1 und 2 der Zivilprozessordnung ist entsprechend anzuwenden. [3]Steht nach der freien Überzeugung des Gerichts der Aufwand für die Ermittlung der persönlichen und wirtschaftlichen Verhältnisse des Betroffenen außer Verhältnis zur Höhe des aus der Staatskasse zu begleichenden Anspruchs oder zur Höhe der vom Betroffenen voraussichtlich zu leistenden Zahlungen, so kann das Gericht ohne weitere Prüfung den zu leistenden Betrag festsetzen oder von einer Festsetzung der vom Betroffenen zu leistenden Zahlungen absehen.

(4) Der Betroffene ist vor der Festsetzung einer von ihm zu leistenden Zahlung anzuhören.

---

3 Vom 7.4.2025, BGBl I 2025 Nr. 109
4 BT-Drs. 19/24445, 224

(5) Ist eine Festsetzung nicht beantragt, so gelten für die Zahlungen, die aus der Staatskasse verlangt werden können, die Vorschriften über das Verfahren bei der Entschädigung von Zeugen hinsichtlich ihrer baren Auslagen sinngemäß.

(6) [1]Die Landesregierungen werden ermächtigt, durch Rechtsverordnung für Anträge nach den Absätzen 1 und 2 Formulare einzuführen. [2]Soweit Formulare eingeführt sind, muss der berufliche Betreuer oder der Betreuungsverein diese verwenden und sie, sofern sie hierzu bestimmt sind, als elektronisches Dokument einreichen. [3]Andernfalls liegt keine ordnungsgemäße Geltendmachung im Sinne des § 1875 Absatz 2 des Bürgerlichen Gesetzbuchs in Verbindung mit dem Vormünder- und Betreuervergütungsgesetz vor. [4]Die Landesregierungen können die Ermächtigung nach Satz 1 durch Rechtsverordnung auf die Landesjustizverwaltungen übertragen.

II. Regelungsgehalt von § 292 FamFG

1. Grundsätzliches

3 Infolge der Vormundschaftsreform[5] wurde die Regelung vollständig neu gefasst, dem Prinzip folgend, dass vermögensrechtliche Angelegenheiten im Betreuungsrecht ihre Regelung finden, auf die bei gegebenem Anlass durch das Vormundschaftsrecht verwiesen wird.[6] § 292 FamFG ersetzt damit die Regelung des § 168 FamFG a.F. Neben § 168d FamFG, der hinsichtlich des Verfahrens zur Festsetzung von Zahlungen an den Vormund auf die Abs. 1 und 3 bis 6 des § 292 FamFG verweist, erklärt § 158c Abs. 3 Satz 2 FamFG die Abs. 1 und 5 hinsichtlich der Vergütung des Verfahrensbeistands für entsprechend anwendbar. Auch für die Vergütung des Umgangspflegers kommen aufgrund der Verweisung in § 1684 Abs. 4 Satz 6 BGB, § 277 Abs. 5 Satz 2 FamFG die Abs. 1 und 5 des § 292 FamFG zur entsprechenden Anwendung.

Da in keinem dieser Fälle eine Festsetzung der Vergütung für die Zukunft gesetzlich vorgesehen ist, ist jeweils Abs. 2 von der Verweisung ausgenommen. Ebenso wird nicht auf Abs. 6 verwiesen. Die Kommentierung bezieht sich in erster Linie auf die Vormundschaft und Pflegschaft, weshalb auch Abs. 2 und 6 unkommentiert bleiben.

2. Gegenstand des Festsetzungsverfahrens

4 Nach § 292 Abs. 1 FamFG setzt das Gericht den Vorschuss und den Aufwendungsersatz nach § 1877 Abs. 1 BGB, die Aufwandspauschale nach § 1878 BGB, die Ermessensvergütung nach § 1876 BGB und die Vergütung des Berufsvormunds nach §§ 1 ff. VBVG (i.V.m. § 1808 BGB) fest. Da der Vormund zunächst berechtigt ist, ohne vorherige gerichtliche Festsetzung die aus seinen Ansprüchen gegen den Mündel folgenden Geldbeträge unmittelbar dem Vermögen des Mündels zu entnehmen (siehe näher hierzu *Wierse*, § 1808 BGB Rn. 24), besteht insoweit kein Rechtsschutzbedürfnis für ein gerichtliches Festsetzungsverfahren.[7] Eine **Entnahme aus dem Mündelvermögen** ist dem Vormund nicht möglich, wenn er gemeinsam mit seinem Ehegatten nach § 1775 BGB zum Vormund bestellt ist, eine Pflegschaft für die Vermögenssorge besteht oder der Vormund zwischenzeitlich entlassen oder die Vormundschaft aufgehoben wurde oder infolge Volljährigkeit beendet ist. In diesen Fällen ist der Weg nach § 168d FamFG zu § 292 FamFG eröffnet. Im Übrigen findet es Anwendung auf Ansprüche des Vormunds gegen die Staatskasse.

5 Gesetz zur Reform des Vormundschafts- und Betreuungsrecht v. 4.5.2021, BGBl 2021, 882
6 BT-Drs. 19/24445, 328
7 Vgl. zum Betreuungsrecht BayObLG BtPrax 1995, 227; Oberloskamp/Dürbeck/*Dürbeck*, § 3 Rn. 207; Jürgens/*Kretz*, § 292 FamFG Rn. 3; BeckOK-FamFG/*Günter*, § 292 FamFG Rn. 4

Nicht im Festsetzungsverfahren zu prüfen sind Einwendungen, die nicht im Vergütungsrecht wurzeln.[8] **Streitigkeiten zwischen dem Vormund und dem Mündel** über Grund und Höhe einer Entnahme aus dem Vermögen des Mündels sind entweder im Rahmen der Aufsicht des Familiengerichts nach § 1802 BGB oder im Rahmen eines gerichtlichen Streitverfahrens zu klären.[9] In das Festsetzungsverfahren fällt dagegen die **Prüfung über Grund und Höhe des Aufwendungsersatz- oder Vergütungsanspruchs**, nicht jedoch die Entscheidung über Gegenansprüche wegen mangelhafter Amtsführung oder den Einwand der Schlechterfüllung.[10] Diese sind im Wege der Vollstreckungsgegenklage nach § 767 ZPO zu verfolgen,[11] wobei alle Ansprüche aus dem Verhältnis zwischen Vormund und Mündel analog § 266 Abs. 1 Nr. 4 FamFG vor den Familiengerichten geltend zu machen sind.[12] 5

In das Festsetzungsverfahren fällt dagegen die Prüfung der vom Anspruchsgegner erhobenen **Einrede der Verjährung**.[13] Dabei soll der Rechtspfleger auch prüfen, ob die Einrede der Verjährung gemäß § 242 BGB treuwidrig erfolgt ist.[14] Die Einhaltung der materiell-rechtlichen **Ausschlussfristen** (15 Monate nach Entstehung des Anspruchs) nach § 1877 Abs. 4 Satz 1 BGB, § 2 VBVG ist im Festsetzungsverfahren von Amts wegen zu prüfen. Diese gilt auch für den Verfahrensbeistand (§§ 158c Abs. 2, 277 Abs. 1 FamFG). Auch die Ausschlussfrist der Aufwandspauschale nach § 1878 Abs. 4 BGB ist zu beachten. 6

Von Amts wegen zu berücksichtigen sind schließlich auch **Gesichtspunkte des Vertrauensschutzes**, wenn die förmliche Festsetzung nach § 292 Abs. 1 FamFG auf Anregung der Staatskasse zu dem Zweck erfolgt, im vereinfachten Verfahren nach § 292 Abs. 5 FamFG zu Unrecht gezahlte Beträge zurückzufordern.[15] Der öffentlich-rechtliche Erstattungsanspruch auf Rückforderung überzahlter Vergütung kann entfallen, wenn eine Abwägung im Einzelfall ergibt, dass dem Vertrauen des Berufsbetreuers auf die Beständigkeit der eingetretenen Vermögenslage gegenüber dem öffentlichen Interesse an der Wiederherstellung einer dem Gesetz entsprechenden Vermögenslage der Vorrang einzuräumen ist.[16] Mit dieser Erwägung hat der BGH[17] sogar einem berufsmäßig tätigen Umgangspfleger, der eigenmächtig und ohne gerichtlichen Auftrag die Begleitung des Umgangs an sich gezogen hatte, Vertrauensschutz zuerkannt, weil das Familiengericht seine Tätigkeit geduldet hatte. 7

Ebenfalls im Verfahren nach §§ 168d, 292 FamFG zu prüfen ist bei Vormündern und Pflegern, ob diese vor Beginn ihrer Tätigkeit nach § 168a FamFG förmlich bestellt worden sind. Für Tätigkeiten vor diesem Zeitpunkt kann eine Vergütung nicht verlangt werden.[18] Ein Vergütungsanspruch aus Gründen des Vertrauensschutzes kommt bei ausgebliebener förmlicher Bestellung nicht in Betracht.[19] 8

8 BHG FamRZ 2018, 325; FamRZ 2017, 1846
9 BayObLG FamRZ 1995, 1375; Oberloskamp/Dürbeck/*Strube*, § 4 Rn. 36
10 BGH FamRZ 2012, 1051; OLG Brandenburg RPfleger 2025, 270
11 OLG Schleswig FamRZ 2012, 173; OLG Celle FamRZ 2011, 1755
12 LG Koblenz FamRZ 2011, 1090; BeckOK-FamFG/*Schlünder*, § 266 FamFG Rn. 16; Musielak/Borth/Frank/*Borth*, 7. Aufl. 2022, FamFG § 266 Rn. 14; Sternal/*Giers*, § 266 FamFG Rn. 19
13 BGH FamRZ 2015, 248
14 BGH FamRZ 2015, 248
15 BGH FamRZ 2020, 239; ZKJ 2019, 143; FamRZ 2016, 1759
16 BGH FamRZ 2022, 1562; FamRZ 2016, 1759
17 ZKJ 2019, 143
18 BGH NJOZ 2020, 10999
19 BGH FamRZ 2020, 601 (Betreuer); FamRZ 2018, 513 (Vormund); FamRZ 2017, 1846 (Umgangspfleger)

3. Gerichtliches Festsetzungsverfahren (Abs. 1)

a) Zuständigkeit

9 Für das gerichtliche Festsetzungsverfahren nach § 292 Abs. 1 FamFG ist der **Rechtspfleger** (§ 3 Nr. 2a RPflG) des Familiengerichts zuständig, bei dem die Vormundschaft geführt wird.[20]

b) Einleitung und Durchführung des Verfahrens

10 Das Festsetzungsverfahren wird **auf Antrag** des Vormunds oder des verfahrensfähigen Mündels oder nach pflichtgemäßem Ermessen des Gerichts **von Amts wegen** als selbstständiges Verfahren eingeleitet.

Der Antrag, der keiner besonderen Form bedarf, ist nach § 23 Abs. 1 Satz 1 FamFG zu begründen und soll nach § 292 Abs. 3 Satz 1 FamFG die persönlichen und wirtschaftlichen Verhältnisse des Mündels darstellen. Nach § 292 Abs. 3 Satz 2 FamFG ist § 118 Abs. 2 Satz 1 und 2 ZPO entsprechend anzuwenden, so dass insbesondere auch die Glaubhaftmachung der Angaben einschließlich eidesstattlicher Versicherung und Vorlage von Belegen etc. verlangt werden kann. Beide vorgenannten Anforderungen gelten mangels Verweisung in § 158c FamFG und § 1684 Abs. 3 BGB, § 277 FamFG nicht für Verfahrensbeistand und Umgangspfleger.

Im Übrigen ergeben sich weitere Begründungsanforderungen aus den Anforderungen des materiellen Vergütungsrechts. Insbesondere beim Aufwendungsersatz nach § 1877 BGB und beim Vergütungsanspruch nach § 1876 BGB sind substantiierte und nachvollziehbare Angaben über Art und Höhe der Aufwendungen und Art und Dauer der geleisteten Tätigkeit erforderlich.[21]

11 Die **Einleitung von Amts wegen** kommt insbesondere in Betracht, wenn im Nachgang zur Festsetzung im Verwaltungsweg (Abs. 5) Anhaltspunkte für deren Unrichtigkeit vorliegen oder z.B. Zweifel am Vermögensstatus der betroffenen Person bestehen.[22] Der Bezirksrevisor kann eine förmliche Festsetzung insoweit anregen.[23]

12 Nach Abs. 4 ist der **Mündel** – nicht zwingend persönlich[24] – **anzuhören**, bevor Zahlungen gegen ihn festgesetzt werden. Ein **Verfahrensbeistand** nach § 158 FamFG kann nicht bestellt werden, weil die Personensorge nicht tangiert ist, doch ist bei erheblichem Interessensgegensatz (wenn der Anspruchsteller als Vormund zugleich gesetzlicher Vertreter des Mündels ist) ein **Ergänzungspfleger** (§ 1809 BGB) zu bestellen sein.[25] Eine Anhörung des Mündels bei der Festsetzung gegen die Staatskasse ist gesetzlich nicht vorgeschrieben und mangels Bindungswirkung der Entscheidung im Verhältnis Staatskasse-Mündel auch nicht geboten.[26] Daneben ist der **Vormund** anzuhören, wenn der Mündel Festsetzung beantragt hat und der **Vertreter der Staatskasse**, wenn Festsetzung gegen die Staatskasse vom Vormund beantragt ist.

13 Für das Verfahren gilt der **Amtsermittlungsgrundsatz** nach § 26 FamFG,[27] wobei aber die Feststellungslast derjenige trägt, der die Ansprüche geltend macht. Eine unsubstantiierte Darlegung bzw. fehlende Belege von Aufwendungen führen damit in der Regel zur (teilwei-

---

20 Vgl. BGH FamRZ 2007, 1548
21 OLG Frankfurt FamRZ 2002, 193
22 BGH FamRZ 2015, 1880; Toussaint/*Felix*, § 292 FamFG Rn. 5
23 Toussaint/*Felix*, § 292 FamFG Rn. 5; vgl. auch BGH ZKJ 2019, 143; FamRZ 2015, 1880
24 OLG Schleswig, RPfleger 2021, 282
25 Sternal/*Giers*, § 292 FamFG Rn. 18; MüKo-FamFG/*Schmidt*, § 168d FamFG Rn. 10
26 Vgl. zu Vorgängernorm: MüKo-FamFG/*Heilmann*, § 168 FamFG a.F. Rn. 18
27 BGH FamRZ 2015, 1880

sen) Zurückweisung des Festsetzungsbegehrens. Grund und Höhe des Anspruchs sind ebenso wie die Frage der Ausschlussfristen von Amts wegen zu überprüfen. Insbesondere die **Höhe** von geltend gemachten Aufwendungen und den Umfang geleisteter Tätigkeit kann das Gericht analog § 287 ZPO nach freiem Ermessen **schätzen**.[28]

Bei einem Vergütungsanspruch nach §§ 1808 Abs. 3 BGB, 3 VBVG kann die **Feststellung der Berufsmäßigkeit** der Ausübung der Vormundschaft **nicht im Kostenfestsetzungsverfahren nachgeholt** werden.[29] Diese kann nur im Bestellungsverfahren erfolgen bzw. nach Ablauf der Beschwerdefrist mit ex nunc Wirkung nachgeholt werden (siehe näher hierzu *Wierse*, § 1808 BGB Rn. 15 f.). **Nicht** zu prüfen sind **Zurückbehaltungsrechte**, der **Einwand der Schlechterfüllung**, **Erfüllung, Erlass, Aufrechnung**, hierfür ist Vollstreckungsabwehrklage zu erheben (vgl. Rn. 5 oben, auch zur Frage der Zuständigkeit des Familiengerichts). 14

Die **wirtschaftliche Leistungsfähigkeit des Mündels** ist von Amts wegen nach Maßgabe von §§ 1808 Abs. 2 Satz 2, 1880 BGB zu prüfen. Nach Abs. 3 Satz 3 ist dies aber entbehrlich, wenn nach der freien Überzeugung des Gerichts der Aufwand zur Ermittlung der persönlichen und wirtschaftlichen Verhältnisse des Mündels **außer Verhältnis** zur Höhe des aus der Staatskasse zu begleichenden Anspruchs oder zur Höhe der voraussichtlich vom Mündel zu leistenden Zahlungen liegt. Ist dies der Fall, kann das Gericht ohne weitere Prüfung den Anspruch festsetzen oder von einer Festsetzung der vom Mündel zu leistenden Zahlungen absehen. 15

Das Familiengericht entscheidet nach §§ 38 ff. FamFG durch **Beschluss**. Entscheidungen im Festsetzungsverfahren sind der formellen und materiellen Rechtskraft fähig.[30] Eine Bindung besteht aber nur innerhalb des jeweiligen Rechtsverhältnisses der an der Entscheidung Beteiligten.[31] 16

Gegen die Entscheidung im Kostenfestsetzungsverfahren nach §§ 168d, 292 FamFG ist das Rechtsmittel der **Beschwerde nach § 11 Abs. 1 RPflG, § 58 ff. FamFG**[32] statthaft, falls der Beschwerdewert von 600,00 EUR nach § 61 Abs. 1 FamFG erreicht ist oder der Rechtspfleger bei Unterschreiten dieser Grenze die Beschwerde nach § 61 Abs. 3 FamFG zugelassen hat. Andernfalls ist die Beschwerde unzulässig und gegen die Entscheidung des Rechtspflegers nach § 11 Abs. 2 RPflG die befristete Erinnerung statthaft, über die der Richter des Amtsgerichts abschließend (Ausnahme Zulassung nach § 61 Abs. 2 FamFG) zu entscheiden hat. 17

▶ *Zur Erinnerung näher Heilmann, § 11 RPflG Rn. 8 ff.*

Als **Beschwerdeberechtigte** nach § 59 FamFG kommen je nach Beteiligung die Staatskasse, der Vormund und der Mündel (§ 60 FamFG) in Betracht, soweit die Entscheidung für sie unmittelbar nachteilig ist. Im Beschwerdeverfahren gilt das Verbot der **reformatio in peius**.[33] Gegen die Festsetzung der **Vergütung des Umgangspflegers** steht den am Verfahren beteiligten Eltern mangels eigener Rechtsverletzung kein Beschwerderecht zu,[34] da insoweit nur die Staatskasse und der Umgangspfleger am Vergütungsfestsetzungsverfahren beteiligt sind und die Entscheidung keine Bindungswirkung gegenüber den Eltern entfaltet. Einwendungen können von den Eltern, soweit ihnen die Verfahrenskosten zumindest anteilig auferlegt worden sind, im Wege der Erinnerung gegen den Kostenansatz nach § 57 FamGKG geltend gemacht werden. Gleiches gilt für die Vergütung des Verfahrensbeistands. Die Staatskasse ist beschwerdeberechtigt, soweit sie zu Zahlungen verpflichtet 18

---

28 BayObLG FamRZ 1996, 1169
29 BGH FamRZ 2014, 736; FamRZ 2014, 653; NJW 2014, 863
30 BayObLG FamRZ 1998, 1055; Sternal/*Giers*, § 292 FamFG Rn. 20
31 BayObLG FamRZ 2001, 377
32 OLG Karlsruhe FamRZ 2014, 672; KG FamRZ 2013, 478; vgl. auch BGH FamRZ 2014, 1283
33 Vgl. BGH FamRZ 2014, 736; NJW 2000, 3712; BeckOK/*Bettin*, § 1808 BGB Rn. 31
34 OLG Nürnberg FamRZ 2015, 601

bzw. ein Rückgriff abgelehnt wurde oder eine Festsetzung zum Zwecke der Rückforderung zu viel geleisteter Beträge nicht erfolgt ist.

4. Vereinfachtes Festsetzungsverfahren (Abs. 5)

19 Erfolgt keine Festsetzung nach Abs. 1 mangels eines entsprechenden Antrags, können die in Abs. 1 bezeichneten Ansprüche des **Vormunds gegen die Staatskasse** im **vereinfachten Justizverwaltungsverfahren** nach den Vorschriften über **Entschädigung von Zeugen (JVEG)** geltend gemacht werden. Zuständig ist der **Urkundsbeamte der Geschäftsstelle** des Gerichts, bei dem die Vormundschaft geführt wird. Gegen dessen Anweisung ist die einfache Beschwerde nach § 4 Abs. 3 JVEG nicht eröffnet, es kann nur ein Antrag auf Durchführung eines Kostenfestsetzungsverfahrens nach § 292 Abs. 1 FamFG gestellt werden, der die Anweisung gegenstandslos macht.[35]

§ 168e FamFG
Beendigung der Vormundschaft

Bestehen Zweifel oder Uneinigkeit, ob und wann die Vormundschaft beendet ist, stellt das Gericht die Beendigung der Vormundschaft und den Zeitpunkt der Beendigung durch Beschluss fest.

Übersicht

A. Allgemeines

1 Die mit der Vormundschaftsreform[1] eingefügte Vorschrift normiert die gerichtliche Feststellung der Beendigung der Vormundschaft im Fall des **Bestehens von Zweifeln oder Uneinigkeit** entsprechend der zuvor bereits geübten Rechtspraxis.[2]

B. Inhalt der Norm

2 Die Vormundschaft endet nach § 1806 BGB kraft Gesetzes, wenn ihre Voraussetzungen nach § 1773 BGB nicht mehr gegeben sind. Das Vorliegen der Voraussetzungen wird in der Regel in einem **Aktenvermerk** durch den Rechtspfleger festgehalten. Bestehen jedoch Zweifel etwa aufgrund unklarer Volljährigkeit oder besteht Uneinigkeit, ob und wann eine Vormundschaft kraft Gesetzes geendet hat, ermöglicht § 168e BGB im Interesse der Rechtssicherheit nunmehr ausdrücklich die **Feststellung der Beendigung durch deklaratorischen Beschluss**. Wegen der lediglich deklaratorischen Wirkung des Beschlusses sind keine hohen Anforderungen an die erforderlichen Zweifel zu stellen.[3]

3 Hauptanwendungsfall für Zweifel ist der auch vom Reformgesetzgeber in seiner Gesetzesbegründung genannte Fall der **Frage der Volljährigkeit**. Hier ist durch die gleichzeitige Neufassung von Art. 24 EGBGB jedoch insoweit eine verfahrensrechtliche Erleichterung einge-

35 OLG Dresden FamRZ 2011, 320; MüKo-BGB/*Schmidt*, § 168d FamFG Rn. 13; Sternal/*Giers*, § 292 FamFG Rn. 22
1 Gesetz zur Reform des Vormundschafts- und Betreuungsrechts v. 4.5.2021, BGBl 2021 I 882
2 BT-Drs. 19/24445, 328; zur vor der Reform geübten Praxis: BGH FamRZ 2018, 601; FamRZ 2018, 457
3 BT-Drs. 19/24445, 229; Prütting/Helms/*Hammer*, § 168e FamFG Rn. 2

treten, als Anknüpfungspunkt für die Frage des Endes des Fürsorgeverhältnisses nunmehr das Recht des gewöhnlichen Aufenthaltes ist, ebenso wie in den staatsvertraglich vorrangigen Regelungen des KSÜ und MSA.[4] Gleiches gilt für anerkannte Flüchtlinge nach Art. 12 GFK. Zweifel in Bezug auf den Eintritt der Volljährigkeit können sich jedoch in tatsächlicher Hinsicht ergeben (unbekanntes Geburtsdatum). In diesem Fall ist im Rahmen der Amtsermittlung eine gerichtliche Altersfeststellung erforderlich (vgl. *Wierse*, § 1773 BGB Rn. 7).[5]

C. Verfahren

Die Feststellung erfolgt von Amts wegen; zu beteiligen sind der Mündel, der Vormund und 4
das Jugendamt.[6] Gegen die deklaratorische Feststellung des Endes der Vormundschaft ist die Beschwerde nach § 11 Abs. 1 RPflG, § 58 ff. FamFG statthaft.[7] Dies gilt insbesondere auch für den Vormund, da auch ein lediglich deklaratorischer Feststellungsbeschluss ihn in der Ausübung seines Sorgerechts, das ihm als eigenes Recht zugewiesen ist,[8] stört und erschwert.[9]

§ 168f FamFG

Pflegschaft für Minderjährige

[1]Auf die Pflegschaft für Minderjährige sind die für die Vormundschaft geltenden Vorschriften entsprechend anzuwenden. [2]Die Beschlussformel und die Bestellungsurkunde enthalten die Bezeichnung des Pflegers und der ihm übertragenen Angelegenheiten.

§ 168f FamFG ergänzt für das Verfahrensrecht die materiell-rechtliche Regelung des 1
§ 1813 BGB. Bei der entsprechenden Anwendung der für die Vormundschaft geltenden Vorschriften ist die für die Terminologie der Pflegschaft zu beachten.

§ 168g FamFG

Mitteilungspflichten des Standesamts

(1) Wird dem Standesamt der Tod einer Person, die ein minderjähriges Kind hinterlassen hat, oder die Geburt eines Kindes nach dem Tod des Vaters oder das Auffinden eines Minderjährigen, dessen Familienstand nicht zu ermitteln ist, oder die Geburt eines Kindes im Wege der vertraulichen Geburt nach § 25 Absatz 1 des Schwangerschaftskonfliktgesetzes angezeigt, oder fehlt in den Fällen des § 3 Absatz 1 Satz 2 des Gesetzes über die Selbstbestimmung in Bezug auf den Geschlechtseintrag die Zustimmung des gesetzlichen Vertreters hat das Standesamt dies dem Familiengericht mitzuteilen.

(2) Führen Eltern, die gemeinsam für ein Kind sorgeberechtigt sind, keinen Ehenamen und ist von ihnen binnen eines Monats nach der Geburt des Kindes der Geburtsname des Kindes nicht bestimmt worden, teilt das Standesamt dies dem Familiengericht mit.

Von einer Kommentierung wird abgesehen.

4 Ausführlich Oberloskamp/Dürbeck/*Schwarz*, § 10 Rn. 99 ff.
5 Prütting/Helms/*Hammer*, § 168e FamFG Rn. 3; zur familiengerichtlichen Verwertung eines behördlich nach § 42f SGB VIII eingeholten Gutachtens KG FamRZ 2020, 842
6 Prütting/Helms/*Hammer*, § 168e FamFG Rn. 7
7 BT-Drs. 19/24445, 328; zur Rechtslage vor der Reform: BGH FamRZ 2018, 601; ZKJ 2018, 227; OLG Köln ZKJ 2013, 419
8 BGH ZKJ 2017, 26
9 BGH FamRZ 2018, 601

Abschnitt 4
Verfahren in Abstammungssachen

§ 169 FamFG
Abstammungssachen

Abstammungssachen sind Verfahren

1. **auf Feststellung des Bestehens oder Nichtbestehens eines Eltern-Kind-Verhältnisses, insbesondere der Wirksamkeit oder Unwirksamkeit einer Anerkennung der Vaterschaft,**
2. **auf Ersetzung der Einwilligung in eine genetische Abstammungsuntersuchung und Anordnung der Duldung einer Probeentnahme,**
3. **auf Einsicht in ein Abstammungsgutachten oder Aushändigung einer Abschrift oder**
4. **auf Anfechtung der Vaterschaft.**

Übersicht Rn.

A. Allgemeines

1 Die Regelung enthält eine abschließende Definition der Abstammungssachen nach § 111 Nr. 3 FamFG. Abstammungssachen sind als Verfahren der freiwilligen Gerichtsbarkeit ausgestaltet, werden aber gemäß § 171 Abs. 1 FamFG gleichwohl **nur auf Antrag** eingeleitet.

2 Auf Grund der Ausgestaltung als Verfahren der freiwilligen Gerichtsbarkeit gibt es in Abstammungssachen keinen Antragsgegner, sondern nur **Antragsteller** (§ 7 Abs. 1 FamFG) **und weitere Beteiligte** (§ 7 Abs. 2 und Abs. 3 FamFG). § 172 FamFG enthält für Abstammungssachen eine gesonderte Regelung zur Sicherung der Verfahrensbeteiligung der betroffenen Personen. Im Verfahren auf Feststellung der Vaterschaft können etwa von vornherein mehrere Männer als potentielle leibliche Väter benannt werden und damit Beteiligte des Verfahrens sein (§§ 7 Abs. 2 Nr. 1, 179 FamFG).

3 Angesichts der Rechtsausübungssperren in § 1599 Abs. 1 BGB und § 1600d Abs. 5 BGB können Rechtswirkungen der Abstammung nur in Verfahren nach § 169 Nr. 1 und 4 FamFG verbindlich herbeigeführt werden. Eine inzidente Klärung in anderen Verfahren – etwa Un-

terhaltssachen[1] oder Nachlasssachen[2] – kommt grundsätzlich nicht in Betracht. Eine Ausnahme wurde in der Rechtsprechung für den Scheinvaterregress entwickelt.[3]

▶ *Näher hierzu Keuter, § 1600d BGB Rn. 20.*

Mit der Einführung von § 167a FamFG hat der Gesetzgeber vorstehenden Grundsatz zudem selbst durchbrochen. Denn dort ist eine inzidente Feststellung der Vaterschaft ohne statusverändernde Wirkung im Rahmen der gerichtlichen Geltendmachung des Umgangsrechts nach § 1686a BGB vorgesehen.[4]

▶ *Näher hierzu Bussian, § 167a FamFG Rn. 11.*

B. Inhalt der Norm

I. Verfahren nach Nr. 1

Nr. 1 betrifft Verfahren auf Feststellung **des Bestehens oder Nichtbestehens eines Eltern-Kind-Verhältnisses**, insbesondere der Wirksamkeit oder Unwirksamkeit einer Anerkennung der Vaterschaft. Die genetische Abstammung kann in Verfahren nach Nr. 1 nicht festgestellt werden, da sie kein Rechtsverhältnis und erst recht kein Eltern-Kind-Verhältnis darstellt. 4

▶ *Vgl. näher im Hinblick auf die (de lege lata fehlende) Möglichkeit zur Feststellung der genetischen Mutterschaft Keuter, § 1591 BGB Rn. 22.*

Darunter fallen zum einen die Verfahren auf **Herstellung eines Eltern-Kind-Verhältnisses**. Die Herstellung eines Eltern-Kind-Verhältnisses **zum Vater** erfolgt nach deutschem Recht nur dann, wenn für das Kind noch keine Vaterschaftszuordnung nach §§ 1592 Nr. 1 oder Nr. 2, 1593 BGB besteht. Dann stellt das Gericht auf Antrag eines Antragsberechtigten in einem Verfahren auf **Feststellung der Vaterschaft** gemäß § 1600d BGB die Vaterschaft des Mannes, von dem das Kind biologisch abstammt, im Wege einer gerichtlichen Gestaltungsentscheidung mit Wirkung für und gegen alle (§ 184 Abs. 2 FamFG) fest. Zu den Verfahren nach Nr. 1 gehören aber auch Verfahren zur Herstellung des Eltern-Kind-Verhältnisses nach **ausländischem Recht**, nämlich dann, wenn deutsche Gerichte gemäß § 100 FamFG zuständig sind, das Abstammungsstatut allerdings gemäß Art. 19 EGBGB einem ausländischen Recht unterliegt.

Unter Nr. 1 fallen auch Verfahren, in denen es nicht um die Herstellung eines rechtlichen Eltern-Kind-Verhältnisses geht, sondern allein um die **Feststellung des Bestehens** eines solchen Verhältnisses. Dies umfasst Verfahren zur Klärung der **Wirksamkeit einer Anerkennung der Vaterschaft**. Unter Anwendung deutschen Sachrechts ist eine Vaterschaftsanerkennung (§ 1594 BGB) dann wirksam, wenn die Anerkennung den Erfordernissen der §§ 1594 bis 1597 BGB entspricht (§ 1598 Abs. 1 BGB) oder ein Wirksamkeitsmangel nach § 1598 Abs. 2 BGB geheilt ist. 5

Verfahren nach Nr. 1 sind auch **negative Feststellungsanträge**. Dabei geht es nicht um die Feststellung der Nichtvaterschaft im Sinne der Anfechtung der bestehenden rechtlichen Vaterschaftszuordnung – diese Verfahren unterfallen Nr. 4 –, sondern um die Abwehr einer behaupteten Vaterschaft zu einem Kind, für das bislang keine Vaterschaftszuordnung besteht. Wer sich der Behauptung ausgesetzt sieht, der Vater eines vaterlosen Kindes zu sein, 6

1 OLG Hamm v. 18.2.2013 – 8 WF 13/13, juris; OLG Bremen v. 6.1.1995 – 5 UF 93/94, FamRZ 1995, 1291
2 OLG Düsseldorf v. 22.1.2020 – 3 Wx 162/16, FamRZ 2020, 1686; OLG Rostock v. 31.7.2019 – 3 W 33/19, FamRZ 2020, 792
3 BGH v. 16.4.2008 – XII ZR 144/06, FamRZ 2008, 1424 (*Wellenhofer*) = FamRB 2008, 269; BGH v. 22.10.2008 – XII ZR 46/07, FamRZ 2009, 32 (*Wellenhofer*) = FamRB 2009, 40
4 Prütting/Helms/*Dürbeck*, § 169 Rn. 4.

muss nicht tatenlos abwarten, bis ein Antragsberechtigter gegen ihn die Feststellung der Vaterschaft betreibt, sondern kann selbst aktiv werden und mit einem negativen Feststellungsantrag die gerichtliche Feststellung begehren, dass er nicht der Vater des Kindes ist. Ergibt sich in einem solchen Verfahren, dass der Antragsteller oder ein anderer Mann der tatsächliche Vater des Kindes ist, schreibt § 182 Abs. 2 FamFG eine diese Feststellung beinhaltende erweiterte Beschlussformel vor.

7 Nach deutschem Recht kann die gerichtliche Herstellung eines Eltern-Kind-Verhältnisses nicht **zur Mutter** erfolgen, da die Mutterschaft rechtlich unverrückbar daran gebunden ist, wer das Kind geboren hat (§ 1591 BGB). Auf die genetische Abstammung kommt es *de lege lata* bei der Mutterschaft nicht an. Daher kann eine Klärung der Frage, von welcher Frau das Kind (z.B. nach einer Eizellabgabe) genetisch abstammt, bei Anwendung deutschen Rechts nicht in einem Verfahren i.S.v. Nr. 1 herbeigeführt werden. Bei Anwendung deutschen Sachrechts kommt eine Mutterschaftsfeststellung allenfalls in Betracht, soweit in Fällen von **Kindesverwechslung**,[5] **Kindesentführung**, **Falschbeurkundung**[6] oder **Findelkindern**[7] festgestellt werden soll, welche Frau das Kind geboren hat (vgl. hierzu *Keuter*, § 1591 BGB Rn. 27).

Bei Anwendung **ausländischen Sachrechts** kann jedoch unter den Voraussetzungen des § 100 FamFG auch in sonstigen Fällen in Deutschland ein Verfahren zur Feststellung der Mutterschaft geführt werden.[8] Auch die Feststellung der Wirksamkeit einer Mutterschaftsanerkennung kommt nur bei Anwendung ausländischen Sachrechts in Betracht, da das deutsche Recht derzeit keine Mutterschaftsanerkennung kennt. Unter Anwendung ausländischen Sachrechts kann die zweite Elternstelle auch einer Frau zugeordnet werden.[9] Das deutsche Sachrecht indes erlaubt auch bei gleichgeschlechtlichen Ehen zweier Frauen keine Zuordnung der zweiten Elternstelle des Kindes an die Ehefrau der Geburtsmutter.[10] Dies wird mit guten Gründen von einigen Familiengerichten für verfassungswidrig gehalten.[11] Eine Entscheidung des BVerfG auf Grund der Vorlagebeschlüsse[12] nach Art. 100 GG steht noch aus.[13] Der EGMR jedenfalls hat Verstöße gegen Art. 8 und 14 EMRK verneint und den Verweis der zweiten Wunschmutter auf die Adoption für vereinbar mit der Europäischen Menschenrechtskonvention erklärt.[14]

▶ *Näher dazu Keuter, § 1591 BGB Rn. 7.*

8 **Keine Abstammungssachen** sind das Verfahren des Putativvaters gegen die Mutter auf Auskunft über die Personalien des Kindes[15] oder die Person des rechtlichen Vaters.[16] Der Anspruch des durch heterologe Insemination gezeugten Kindes gegen den **Reproduktions-**

5 Vgl. *Frank*, FamRZ 2015, 1149
6 KG JAmt 2018, 336: falsche Personalien bei der Entbindung
7 AG Schwäbisch Hall, Beschl. v. 16.03.2022 – 2 F 643/21, NZFam 2022, 946 (*Balzer*).
8 Prütting/Helms/*Dürbeck*, § 169 FamFG Rn. 6
9 Vgl. AG München v. 29.6.2021 – 528 F 12176/20, JAmt 2022, 38.
10 BGH NJW 2019, 153, der dabei keine verfassungsrechtlichen Bedenken hatte
11 KG ZKJ 2021, 371; OLG Celle FamRZ 2021, 862 = NZFam 2021, 352 (*Löhning*); AG München FamRZ 2022, 122
12 Die Verfahren werden unter den nachfolgenden Aktenzeichen geführt: 1 BvL 1/21, 1 BvL 2/21, 1BvL 7/21, 1 BvL 2/22, 1 BvL 1/23. Eine Verfassungsbeschwerde hierzu wird unter dem Aktenzeichen 1 BvR 2167/22 geführt.
13 Vgl. *Chebout/Xalander*, Das eheliche Kind und sein zweiter rechtlicher Elternteil, NJW 2021, 2471; *Chebout/Sanders/Valentiner*, Nicht von schlechten Eltern – verfassungswidriges Abstammungsrecht aus Sicht des Kindes, NJW 2022, 3694
14 EuGHMR, Urt. v. 12.11.2024 – Beschwerde Nr. 46808/16 = FamRZ 2025, 37; vgl. dort auch die instruktive Anm. v. *Henrike von Scheliha* mit berechtigter Kritik und verständlicher Enttäuschung
15 *Dürbeck*, NZFam 2019, 233; a.A. OLG Hamm NZFam 2019, 233, das im Stufenverfahren über die Auskunft entschieden hat; ebenso OLG München StAZ 2018, 124 zum Auskunftsanspruch des Putativvaters gegen die Mutter nach einer vertraulichen Geburt i.S.d. § 25 SchKG
16 OLG Oldenburg FamRZ 2010, 1819

mediziner auf Auskunft über den Samenspender wird ebenfalls nicht in einem Abstammungsverfahren geltend gemacht.[17] Der auf § 1618a BGB gestützte Anspruch des Kindes gegen seine Mutter auf **Auskunft über die Person seines Erzeugers** wird ebenfalls nicht in einem Abstammungsverfahren, sondern als sonstige Familiensache nach § 266 Abs. 1 Nr. 4 FamFG geltend gemacht.[18] Dasselbe gilt für den auf eine analoge Anwendung von § 1618a BGB gestützten Anspruch des adoptierten Kindes gegen seine biologische, nicht rechtliche Mutter auf Nennung der Personalien seines Erzeugers.[19] Ein auf die Feststellung des Bestehens oder Nichtbestehens der elterlichen Sorge gerichtetes Verfahren[20] ist ebenfalls keine Abstammungssache, sondern Kindschaftssache gemäß § 151 Nr. 1 FamFG.[21]

II. Verfahren nach Nr. 2 und Nr. 3

Nr. 2 betrifft Verfahren, die eine Ersetzung der **Einwilligung in eine genetische Abstammungsuntersuchung** und die Anordnung der **Duldung der Probeentnahme** zum Gegenstand haben. Nach deutschem Recht besteht ein solcher Anspruch auf Einwilligung in eine genetische Abstammungsuntersuchung unter den Voraussetzungen des § 1598a Abs. 1 BGB. Verweigert der Einwilligungspflichtige die Einwilligung oder die Probeentnahme, kann die gerichtliche Ersetzung der Einwilligung und die gerichtliche Anordnung der Duldung der Probeentnahme nach § 1598a Abs. 2 BGB erfolgen. Das Verfahren kann auch auf die Klärung der genetischen Abstammung von der rechtlichen Mutter gerichtet sein.[22] Jedoch kann auch über § 1598a BGB keine Klärung dahingehend bewirkt werden, von welcher anderen als der gebärenden Frau das Kind genetisch abstammt (vgl. näher *Keuter*, § 1591 BGB Rn. 23 und § 1598a BGB Rn. 5). 9

Das Verfahren nach § 1598a Abs. 2 BGB steht im Übrigen **gleichrangig** neben der Möglichkeit der Anfechtung der Vaterschaft. Besteht ein genügender Anfangsverdacht nach § 1600b Abs. 1 Satz 2 BGB, hat der Anfechtungsberechtigte ein Wahlrecht zwischen beiden Verfahren.[23] Es steht dem Anfechtungsberechtigten auch frei, erst das Ergebnis der Abstammungsuntersuchung in einem Verfahren nach Nr. 2 abzuwarten und erst dann eine Anfechtung der Vaterschaft in einem Verfahren nach Nr. 4 zu betreiben. Die Anfechtungsfrist nach § 1600b Abs. 1 BGB wird dabei durch die Einleitung eines Verfahrens nach Nr. 2 gemäß § 1600b Abs. 5 Satz 1 BGB gehemmt.

Nr. 3 betrifft den Gegenanspruch des Einwilligungspflichtigen nach § 1598a Abs. 4 BGB auf **Einsicht in das Abstammungsgutachten** bzw. auf Aushändigung einer Abschrift hiervon. 10

III. Verfahren nach Nr. 4

Nach Nr. 4 gehören zu den Abstammungssachen Verfahren auf **Anfechtung der Vaterschaft**. Dies gilt sowohl für die Anfechtung der Vaterschaft nach deutschem materiellen Recht (§§ 1599 Abs. 1, 1600 bis 1600c BGB) als auch für die Anfechtung der Vaterschaft nach ausländischem Recht (vgl. Art. 20 EGBGB). Voraussetzung ist jedoch, dass mit der An- 11

17 Vgl. BGH, Urt. v. 23.1.2019 – XII ZR 71/18 = NZFam 2019, 250 (Frie) mit Bezug zum Recht der DDR bei Zusicherung von Anonymität; vgl. grundlegend BGH FamRZ 2015, 642 zur Rechtslage vor Einführung von § 10 SaRegG
18 OLG Frankfurt, Beschl. v. 13.7.2021 – 6 WF 92/21 –, juris = FamRZ 2022, 120 – 122; BGH, Beschl. v. 19.1.2022 – XII ZB 183/21 = NZFam 2022, 298, vgl. bereits BVerfG NJW 1988, 3010; FamRZ 1997, 870; zusammenfassend *Löhnig*, Auskunft über die eigene Abstammung, NJW 2022, 1061
19 BGH v. 19.1.2022 – XII ZB 183/21, NJW 2022, 1088
20 Vgl. zur Zulässigkeit OLG Stuttgart v. 7.11.2007 – 16 WF 181/07, FamRZ 2008, 539 = FamRB 2008, 238, OLG Zweibrücken v. 2.3.2009 – 5 UF 128/08, FamRZ 2009, 1923 = FamRB 2009, 242; OLG Karlsruhe v. 19.8.2011 – 16 UF 140/11, FamRZ 2011, 1963
21 Prütting/Helms/*Hammer*, FamFG, 6. Aufl. 2023, § 151 FamFG Rn. 8
22 MüKo-BGB/*Wellenhofer*, § 1598a Rn. 44 m.w.N.
23 Prütting/Helms/*Dürbeck*, § 169 FamFG Rn. 12

fechtung die Beseitigung der nach einer inländischen oder ausländischen Rechtsnorm bestehenden rechtlichen Vaterschaftszuordnung angestrebt wird. Eine nach § 1599 Abs. 2 BGB **während des Ehescheidungsverfahrens** abgegebene Vaterschaftsanerkennung lässt das Rechtsschutzbedürfnis für ein Vaterschaftsanfechtungsverfahren vor Rechtskraft der Ehescheidung nicht entfallen.[24]

12 Durch Urteil vom 9.4.2024 hat das BVerfG § 1600 Abs. 2 und Abs. 3 Satz 1 BGB für **unvereinbar mit Art. 6 Abs. 2 Satz 1 GG** erklärt, jedoch die Fortgeltung bis zum Inkrafttreten einer Neuregelung, längstens bis zum 30.6.2025, angeordnet.[25] Nachdem der Gesetzgeber diese Frist nicht einhalten konnte, wurde die Fortgeltungsanordnung nunmehr bis zum 31.3.2026 verlängert.[26] Das Bundesministerium der Justiz legte am 4.7.2025 einen Entwurf zur Reform des Vaterschaftsanfechtungsrechts zwecks Umsetzung des Urteils vor.[27] Mit welchem Inhalt der damit erst eingeleitete Gesetzgebungsprozess zum Abschluss kommt und wie die Regelungen schließlich aussehen, ist zum Redaktionsschluss dieser Auflage nicht absehbar.

Bereits durch Kammerbeschluss vom 25.9.2018[28] konkretisierte das Verfassungsgericht den Schutzgehalt von Art. 6 Abs. 2 Satz 1 GG dahingehend, dass das **Verfahren zur Erlangung der rechtlichen Vaterstellung hinreichend effektiv** sein müsse. Ausgehend von der dort zugrundeliegenden Fallgestaltung stellte die Kammer fest, dass es dem Verfahren jedenfalls dann an hinreichender Effektivität mangele, wenn die Erlangung der Vaterstellung dadurch versperrt werde, dass ein anderer Mann während des laufenden Vaterschaftsfeststellungsverfahrens die Vaterschaft anerkennt. Dies gelte zumindest, wenn bei Einleitung des Feststellungsverfahrens noch keine sozial-familiäre Beziehung des rechtlichen Vaters zu dem Kind bestanden und der leibliche Vater selbst bereits eine sozial-familiäre Beziehung zum Kind aufgebaut habe. Das Urteil vom 9.4.2024 entwickelt diese Maßstäbe weiter und leitet daraus nunmehr konsequent die Verfassungswidrigkeit des geltenden Rechts ab.[29]

Dass das BVerfG diesen Schluss nicht bereits 2018 gezogen hat, ist wohl mit der **Dogmatik des Fachrechts zur Sperrwirkung** von § 1600 Abs. 1 BGB zu erklären. Das fachrechtliche Verständnis des „maßgeblichen Zeitpunkts" der Beurteilung der sozial-familiären Beziehung gemäß § 1600 Abs. 3 Satz 1 BGB kann nämlich vor allem dann zu ungerechtfertigten Ergebnissen führen, wenn insoweit mit dem BGH auf den Abschluss der letzten Tatsacheninstanz abgestellt wird.[30] Hat eine sozial-familiäre Beziehung nämlich bei Verfahrenseinleitung noch nicht vorgelegen, hängt der Erfolg der Anfechtung maßgeblich von dem Einfluss des leiblichen Vaters entzogenen Faktoren, wie der Verfahrensführung des Familiengerichts oder dem Verhalten der Mutter, ab. Das BVerfG betont insoweit ausdrücklich, dass es dieses fachrechtliche Verständnis der Norm zugrunde zu legen habe. Dagegen postulierte es im Jahr 2018 noch, dass jedenfalls von Verfassungs wegen der maßgebliche Beurteilungszeitpunkt nicht zwangsläufig der Zeitpunkt der letzten mündlichen Verhandlung sein müsse.[31] Offenbar ging das BVerfG damals noch von der Möglichkeit einer verfassungskonformen Auslegung des Fachrechts aus.[32] Nachdem der BGH ausgehend von der fachrechtlichen Dogmatik einer Vorverlagerung des Beurteilungszeitpunkts auch in Anse-

24 OLG Frankfurt FamRZ 2016, 918
25 BVerfG FamRZ 2024, 846 mit Anm. *Reuß* = ZKJ 2024, 213 mit Beitrag *Keuter* ZKJ 2024, 348 = NZFam 2024, 543 mit Anm. *Langer*
26 BVerfG, Beschl. v. 3.6.2025 – 1 BvR 2017/21
27 Abrufbar auf www.bmjv.de
28 BVerfG NZFam 2018, 1141 m. Anm *A. Schneider*
29 Vgl. näher *Langer*, Anm. zu BVerfG, Urt. v. 9.4.2024 – 1 BvR 2017/21, NzFam 2024, 551 (551 f.)
30 BGH NJW 2021, 1875
31 BVerfG NZFam 2018, 1141, Leitsatz 3
32 BVerfG NZFam 2018, 1141 Rn. 24: „in der von den Gerichten gewählten Auslegung der gesetzlichen Grundlagen" sei das Verfahren nicht hinreichend effektiv

hung dieser Rechtsprechung eine klare Absage erteilt hatte[33], musste dies ausgehend von dem zu Grunde liegenden fachrechtlichen Verständnis zur Verfassungswidrigkeit des geltenden Rechts führen.[34]

Das BVerfG sieht in dem geltenden Recht nämlich auch deshalb eine unangemessene Beeinträchtigung der Grundrechte von leiblichen Vätern, da die Regelung nicht zulasse, die sozial-familiäre Beziehung des Kindes zum leiblichen Vater sowie dessen Bemühung um Übernahme von Elternverantwortung zu berücksichtigen.[35] Mangels gesetzlicher Anordnung einer gerichtlichen Interessenabwägung – etwa durch eine Generalklausel – ist die Berücksichtigung dieser Kriterien dogmatisch kaum mit dem geltenden Recht allein durch Auslegung in Einklang zu bringen.[36] Kann mit den Methoden fachrechtlicher Dogmatik diesen unverhältnismäßigen Grundrechtsbeeinträchtigungen nicht begegnet werden, ist die notwendige Folge die Erklärung des geltenden Rechts für verfassungswidrig.[37]

C. Exkurs: Verfahrenskostenhilfe in Abstammungssachen

I. Verfahren auf Feststellung der Vaterschaft (§ 1600d BGB)

1. Erfolgsaussicht

Für die Rechtsverfolgung durch den **Antragsteller** besteht hinreichende Erfolgsaussicht immer dann, wenn für das Kind noch keine Vaterschaftszuordnung besteht, der Antragsteller zu dem Kreis der Antragsberechtigten gehört (vgl. hierzu *Keuter*, § 1600d BGB Rn. 22) und er darlegt, welcher Mann oder welche Männer in der Empfängniszeit der Mutter beigewohnt haben oder dass das Kind durch Samenspende dieser Männer gezeugt wurde.[38] Da das Gericht bei entsprechender Antragstellung von Amts wegen klären muss, welcher Mann der Vater des Kindes ist, lässt es die Erfolgsaussicht für den Antragsteller nicht entfallen, wenn die als Vater in Betracht kommenden Männer nicht in ladungsfähiger Weise bezeichnet werden. Die Erfolgsaussicht kann nicht deshalb verneint werden, weil der Aufenthalt des als Vater festzustellenden Mannes unbekannt ist und eine öffentliche Zustellung erfolgen müsste.[39] Auch müssen die Voraussetzungen für eine öffentliche Zustellung des Antrags an den Putativvater, dessen Anschrift dem Antragsteller nicht bekannt ist, nicht dargelegt werden.[40] 13

Einem (zulässigen) Antrag des potenziellen biologischen Vaters auf Feststellung seiner Vaterschaft steht die **zuvor erfolgte Adoption** des Kindes nicht entgegen, da die gerichtliche Feststellung der Vaterschaft einerseits und die Adoption andererseits unterschiedliche rechtliche Bezugspunkte aufweisen.[41] Daher ist einem solchen Antrag im Rahmen der Verfahrenskostenhilfe nicht auf Grund der erfolgten Adoption die Erfolgsaussicht abzusprechen.

33 BGH NJW 2021,1875 Rn. 50 ff.
34 *Langer*, Anm. zu BVerfG, Urt. v. 9.4.2024 – 1 BvR 2017/21, NzFam 2024, 551 (552)
35 Vgl. zum Fachrecht bereits BGH NJW 2018, 947
36 Vgl. bereits *Helms*, FamRZ 2019, 124 (128)
37 *Langer*, Anm. zu BVerfG, Urt. v. 9.4.2024 – 1 BvR 2017/21, NzFam 2024, 551 (552)
38 *Schwonberg*, FuR 2014, 634 (637)
39 OLG Hamburg OLGR 1997, 158; OLG Stuttgart DAVorm 1995, 752
40 OLG Saarbrücken FamRZ 2018, 1338
41 OLG Celle, Beschl. v. 27.7.2022 – 21 UF 37/21 –, juris; vgl. bereits OLG Celle, Beschl. v. 12.10.2020 – 21 WF 87/20, juris

14 Auch für die **Rechtsverteidigung** des Mannes oder der Männer, die zur Feststellung als Vater in Anspruch genommen werden, bedarf es einer Prüfung der Erfolgsaussicht. Diese kann nicht schon allein deshalb angenommen werden, weil ohnehin eine Beweisaufnahme über die Abstammung zu erfolgen hat.[42] Denn wenn der benannte Mann mit der Mutter in der Empfängniszeit Geschlechtsverkehr hatte und es keine gegen seine Vaterschaft sprechenden Umstände gibt, könnte er die Vaterschaft anerkennen und dadurch das Feststellungsverfahren vermeiden. Es bedarf daher grundsätzlich der Darlegung von gegen die Vaterschaft sprechenden Umständen. Hierzu reicht es aus, wenn abgestritten wird, mit der Mutter eine intime Beziehung unterhalten zu haben,[43] wobei jedoch die Gefahr der nachträglichen Entziehung der Verfahrenskostenhilfe nach § 76 Abs. 1 FamFG i.V.m. § 124 Abs. 1 Nr. 1 ZPO für den Fall besteht, dass durch ein Gutachten die Vaterschaft des wahrheitswidrig die Beiwohnung leugnenden Mannes festgestellt wird.[44]

Allerdings kann § 124 Abs. 1 Nr. 1 ZPO nicht analog im Bewilligungsverfahren angewendet werden, wenn das Gericht pflichtwidrig erst nach Eingang des Abstammungsgutachtens über den bereits vorher bewilligungsreifen VKH-Antrag entschieden hat.[45] Hatte der Mann in der Empfängniszeit Geschlechtsverkehr mit der Mutter, muss er Umstände darlegen, die Zweifel an seiner Vaterschaft begründen können.[46] Wenn der als Vater in Anspruch genommene Mann Umstände darlegt, die es verständlich erscheinen lassen, dass er Zweifel an seiner Vaterschaft hegt, reicht dies aus.[47] Diese Zweifel können auf konkreten Verdachtsmomenten für einen Mehrverkehr der Mutter beruhen. Wenn etwa der Geschlechtsverkehr bei einer flüchtigen Begegnung mit der Mutter zustande kam und der Mann deshalb über Mehrverkehr keine konkreten Angaben machen kann, können schon die Umstände des Geschlechtsverkehrs für die Erfolgsaussicht der Rechtsverteidigung hinreichende Zweifel an der Vaterschaft begründen.[48]

15 Maßgebend für die Beurteilung der Erfolgsaussicht ist der Verfahrensstand zum **Zeitpunkt** der Entscheidungsreife des VKH-Antrags. Wurde dieser Antrag so rechtzeitig gestellt, dass über ihn vor Einholung des Abstammungsgutachtens hätte entschieden werden können, darf das Ergebnis des Gutachtens nicht für die Beurteilung der Erfolgsaussicht verwertet werden.[49] Wenn der Antrag auf Bewilligung von Verfahrenskostenhilfe von dem Mann jedoch erst gestellt wird, nachdem bereits das Abstammungsgutachten vorliegt, kann die Verfahrenskostenhilfe mangels hinreichender Erfolgsaussicht versagt werden, wenn das Gutachten zur Feststellung der Vaterschaft des Mannes gelangt.[50]

16 Bei den **übrigen Beteiligten** i.S.v. § 172 FamFG, die nicht Antragsteller sind, bedarf es keiner Prüfung der Erfolgsaussicht, da diese weder das Verfahren eingeleitet haben noch durch eigene Verfahrenshandlungen das Verfahren beenden können.[51] Ist der potenzielle Vater zur Vaterschaftsanerkennung bereit und wird das Feststellungsverfahren nur deshalb auf Antrag des volljährigen und daher nicht mehr durch die Mutter vertretenen (vgl. § 1629 Abs. 2 Satz 3 Hs. 2 BGB) Kindes betrieben, da die Mutter ihre Zustimmung zur Vaterschaftsanerkennung versagt, liegt für den potenziellen Vater keine Rechtsverteidigung vor, der die Erfolgsaussichten abgesprochen werden könnte. Ihm ist daher ebenso ohne Weiteres Verfahrenskostenhilfe zu bewilligen.

---

42 So aber OLG Dresden FamRZ 2010, 2007; OLG Naumburg OLGR 2007, 180; OLG Zweibrücken MDR 2006, 271
43 OLG Hamm FamRZ 2010, 1363
44 *Schwonberg*, FuR 2014, 634, 637
45 BGH FamRZ 2015, 1874 zu § 124 Abs. 1 Nr. 2 ZPO; a.A.: OLG Stuttgart FamRZ 2016, 395
46 OLG Naumburg FamRZ 2006, 960; Prütting/Helms/*Dürbeck*, § 76 FamFG Rn. 64
47 OLG Brandenburg FamRZ 2007, 151; OLG Stuttgart FamRZ 2006, 797
48 *Schwonberg*, FuR 2014, 634, 637
49 A.A. OLG Stuttgart FamRZ 2016, 395
50 OLG Naumburg FamRZ 2014, 587
51 OLG Celle FamRZ 2012, 467

2. Mutwilligkeit

Der Mutter kann die Bewilligung von Verfahrenskostenhilfe nicht mit der Begründung versagt werden, sie hätte der Anerkennung der Vaterschaft, zu der der Mann bereit war, zustimmen können, und deshalb mutwillig die Notwendigkeit des Verfahrens herbeigeführt.[52] Die Mutter muss einer Anerkennung der Vaterschaft nicht zustimmen, sondern kann auf einer gerichtlichen Klärung der Vaterschaft bestehen, etwa weil – was nur sie wissen kann – auch ein anderer Mann als Vater des Kindes in Betracht kommt. Die Weigerungsgründe muss sie nicht offenbaren. Der Mann, der die Feststellung seiner Vaterschaft begehrt, handelt nicht mutwillig, wenn er die gerichtliche Feststellung der Vaterschaft betreibt; auf eine außergerichtliche Klärung der Vaterschaft durch Einholung eines privaten Abstammungsgutachtens kann er nicht verwiesen werden,[53] zumal dessen Kosten nicht durch Verfahrenskostenhilfe oder Beratungshilfe finanziert werden können.[54] 17

3. Bedürftigkeit

Hinsichtlich der Bedürftigkeit gelten keine Besonderheiten. Ein Anspruch des Kindes auf Zahlung eines Verfahrenskostenvorschusses gegen den Putativvater besteht in einem Verfahren auf Feststellung der Vaterschaft wegen der Rechtsausübungssperre des § 1600d Abs. 5 BGB nicht.[55] Gegen die Mutter kann jedoch bei entsprechender Leistungsfähigkeit ein Anspruch auf Zahlung eines Verfahrenskostenvorschusses bestehen.[56] 18

4. Anwaltsbeiordnung

Da eine **anwaltliche Vertretung** in Abstammungssachen **nicht vorgeschrieben** ist, richtet sich die Beiordnung nach § 78 Abs. 2 FamFG. Danach wird dem Beteiligten ein zur Vertretung bereiter Rechtsanwalt seiner Wahl beigeordnet, wenn wegen der Schwierigkeit der Sach- und Rechtslage die Vertretung durch einen Rechtsanwalt erforderlich erscheint. Eine schwierige Sach- und Rechtslage liegt jedenfalls meist dann nicht vor, wenn die Beteiligten gleichgerichtete Interessen verfolgen.[57] Anders ist dies zu beurteilen, wenn ein Sachverständigengutachten einzuholen ist, da dessen Auswertung meist besondere Fachkenntnisse erfordert.[58] 19

Für das am Vaterschaftsfeststellungsverfahren beteiligte Kind entfällt die Notwendigkeit einer Anwaltsbeiordnung jedoch in der Regel dann, wenn es **vom Jugendamt als Beistand vertreten** wird.[59] Denn ein bemittelter Rechtsuchender in der Lage des Antragstellers hätte bei schon bestehender Vertretung durch das Jugendamt vernünftigerweise keinen Rechtsanwalt mit der Wahrnehmung seiner Interessen beauftragt.[60] Etwas anderes kann jedoch dann gelten, wenn sich im Verfahren außergewöhnlich schwierige Rechtsfragen des internationalen Rechts stellen.

Die Beiordnung eines Rechtsanwalts kann einem minderjährigen Beteiligten jedoch nicht mit dem pauschalen Hinweis darauf versagt werden, dass ihm im Verfahren ein **Verfahrensbeistand** bestellt ist.[61] Zu den Gründen, warum die Bestellung eines Verfahrensbei-

52 OLG Hamburg FamRZ 2012, 1156
53 OLG Hamburg NJW-RR 2011, 1227
54 Prütting/Helms/*Dürbeck*, § 76 FamFG Rn. 62
55 OLG Karlsruhe FamRZ 2008, 2042; OLG Koblenz FamRZ 1999, 241
56 OLG Köln FamRZ 1999, 792
57 OLG Saarbrücken FamRZ 2010, 1001; OLG Stuttgart FamFR 2011, 282 = FamRZ 2011, 1610; vgl. OLG Schleswig NJW-RR 2011, 506
58 BGH NJW 2012, 2586; vgl. bereits OLG Koblenz, Beschl. v. 3.1.2011 – 13 WF 1144/10
59 OLG Brandenburg FamRZ 2011, 1311
60 OLG Brandenburg FamRZ 2011, 1311
61 OLG Dresden FamRZ 2014, 1042

stands in Vaterschaftsfeststellungsverfahren praktisch ohnehin kaum vorkommen dürfte, vgl. *Langer*, § 174 Rn. 3 f. Dies dürfte auch noch nach der Abschaffung des § 158 Abs. 5 FamFG a.F.[62] gelten, wonach die Bestellung des Verfahrensbeistandes aufgehoben werden soll, wenn die Interessen des Kindes von einem Rechtsanwalt oder einem anderen geeigneten Verfahrensbevollmächtigten angemessen vertreten werden. Hintergrund der Abschaffung war die Einführung von Qualifikationsanforderungen für Verfahrensbeistände in § 158 a FamFG n.F.[63] Daraus folgt nunmehr, dass die anwaltliche Vertretung die Bestellung eines qualifizierten Verfahrensbeistandes nicht mehr ersetzen kann, weil allein eine zum Führen der Berufsbezeichnung „Rechtsanwalt" berechtigende juristische Ausbildung für die Interessenvertretung des Kindes gerade nicht ausreicht.[64] Insofern kann zwar nach neuem Recht nicht mehr argumentiert werden, dass das Gesetz der Bestellung eines Anwalts den Vorzug gegenüber einem Verfahrensbeistand gibt.[65] Gleichwohl dürfte bei Bestellung eines Verfahrensbeistandes auch weiterhin nicht pauschal die Beiordnung eines Rechtsanwalts abgelehnt werden. Denn die Funktion und Stellung von Verfahrensbeistand und Rechtsanwalt unterscheiden sich weiterhin wesentlich:

- Der Verfahrensbeistand wird vom Gericht ausgewählt und ist aus eigenem Recht am Verfahren beteiligt. Er ist vor allem nicht (allein) dem vom Kind geäußerten Willen verpflichtet. Vielmehr steht es ihm frei, weitere Gesichtspunkte und auch etwaige Bedenken vorzutragen. Der Verfahrensbeistand hat demgemäß bei seiner Stellungnahme nicht nur das subjektive Interesse des Kindes (Wille des Kindes), sondern auch dessen objektives Interesse (Kindeswohl) einzubeziehen.
- Dagegen wird der beizuordnende Rechtsanwalt vom Beteiligten selbst ausgewählt. Das Mandatsverhältnis zwischen beiden ist anders ausgestaltet, es besteht grundsätzlich ein Weisungsrecht des beauftragenden Kindes gegenüber seinem Bevollmächtigten.[66]

20 Für den auf Feststellung als Vater in Anspruch genommenen **Mann** ist wegen der für die Rechtsverteidigung erforderlichen fundierten Kenntnisse über die Abstammungsbegutachtung und der Möglichkeiten und Grenzen eigener Beweisanträge eine Beiordnung stets geboten.

21 Auch der am Verfahren beteiligten **Mutter** ist ein Rechtsanwalt beizuordnen,[67] was jedenfalls dann gilt, wenn die Beiwohnung des in Anspruch genommenen Mannes in der Empfängniszeit oder Mehrverkehr im Streit steht.[68] Die Beiordnung kann nicht unter Hinweis auf die ohnehin bestehende gerichtliche Pflicht zur Amtsermittlung abgelehnt werden,[69] zumal die Pflicht des Gerichts zur Amtsermittlung kein Garant dafür ist, dass dieser Verpflichtung auch umfassend entsprochen wird.

62 In der Fassung vom 4.5.2021, aufgehoben durch das Gesetz zur Bekämpfung sexualisierter Gewalt gegen Kinder vom 16.6.2021 (BGBl. I, 2021 vom 22.6.2021, S. 1810 ff.)

63 Eingeführt durch das Gesetz zur Bekämpfung sexualisierter Gewalt gegen Kinder vom 16.6.2021 (BGBl. I, 2021 vom 22.6.2021)

64 *Langer*, Das Recht der Verfahrensbeistandschaft – Teil 1, ZKJ 2023, 407 (407); vgl. auch Kunkel/Kepert/Pattar/*Berneiser/Diehl*, SGB VIII – Kinder- und Jugendhilfe, 8. Aufl. 2022, Anhang 6 Verfahren in Familiensachen (einschl. Anwalt des Kindes), Rn. 33

65 So noch OLG Dresden FamRZ 2014, 1042 (1043) sowie OLG Dresden FamRZ 2019, 707

66 OLG Dresden FamRZ 2014, 1042 (1043)

67 BGH FamRZ 2016, 531 zur Vaterschaftsanfechtung; OLG Celle ZKJ 2012, 78

68 OLG Brandenburg FamRZ 2014, 586

69 BGH FamRZ 2012, 1290, 1291

II. Verfahren auf Anfechtung der Vaterschaft

1. Erfolgsaussicht

Für den **Antragsteller** des Anfechtungsverfahrens ist eine strenge Prüfung der Erfolgsaussicht schon deshalb erforderlich, weil das Gesetz von diesem eine schlüssige Darlegung der die Anfechtung stützenden Umstände verlangt (§ 171 Abs. 2 Satz 2 FamFG). Für ihn kommt daher eine Bewilligung von Verfahrenskostenhilfe nur dann in Betracht, wenn er einen konkreten Anfangsverdacht schlüssig darlegt und sich aus seinem Vortrag zudem die Einhaltung der Anfechtungsfrist ergibt (vgl. *Keuter*, § 1599 BGB Rn. 10 f.). Bei der Anfechtung durch den potenziellen leiblichen Vater ist grundsätzlich zwar auch Vortrag zum Fehlen einer sozial-familiären Beziehung zwischen dem rechtlichen Vater und dem Kind erforderlich. Die Anforderungen an diesen Vortrag dürfen allerdings nicht überspannt werden, da der leibliche Vater regelmäßig außerhalb der sozialen Familie steht und daher Vortrag zur konkreten Qualität der sozial-familiären Beziehung nicht immer erwartet werden kann. Die Mutter und den rechtlichen Vater treffen nämlich dann eine sekundäre Darlegungslast für die Voraussetzungen einer sozial-familiären Beziehung, wenn der leibliche Vater keinen Einblick in die Beziehung hat.[70] 22

Für die **übrigen Beteiligten** ist eine Erfolgsaussichtprüfung entbehrlich.[71] Auf eine Erfolgsaussicht ihrer Verfahrenshandlungen kommt es schon deshalb nicht an, weil sie das Verfahren ungeachtet der beabsichtigten Verfahrenshandlungen ohnehin nicht vermeiden, insbesondere über den Verfahrensgegenstand nicht durch Vergleich oder Anerkenntnis verfügen können.[72] 23

2. Mutwilligkeit

Teilweise wird vertreten, ein gerichtliches Anfechtungsverfahren sei mutwillig, wenn ein Vaterwechsel im Wege der scheidungsakzessorischen **Anerkennung der Vaterschaft nach § 1599 Abs. 2 BGB** herbeigeführt werden könnte.[73] Dieser Auffassung ist jedoch nicht zu folgen (vgl. *Keuter*, § 1599 BGB Rn. 10). Ein solches Vorgehen führt nur dann zum Vaterwechsel, wenn es zur rechtskräftigen Scheidung kommt. Dies hat jedoch der Antragsteller des Anfechtungsverfahrens nicht in der Hand. Wird etwa der Scheidungsantrag zurückgenommen oder verstirbt ein Ehegatte vor Rechtskraft der Scheidung, treten die Rechtsfolgen des § 1599 Abs. 2 BGB nicht ein. Würde der rechtliche Vater oder die Mutter erst dann ein Verfahren auf Anfechtung der Vaterschaft einleiten, wird für sie in der Regel die Anfechtungsfrist des § 1600b Abs. 1 BGB abgelaufen sein. Zudem bietet § 1599 Abs. 2 BGB nicht die Gewähr, dass der Vaterwechsel mit der tatsächlichen Abstammung übereinstimmt. Es ist daher nicht mutwillig, wenn das Verfahren auf Anfechtung der Vaterschaft betrieben wird, obwohl auch die Möglichkeit des § 1599 Abs. 2 BGB bestünde. 24

Auch die Anfechtung einer bewusst wahrheitswidrig anerkannten Vaterschaft begründet keine Mutwilligkeit.[74] Ein bewusst wahrheitswidriges Anerkenntnis der Vaterschaft lässt ihre spätere Anfechtung nämlich nicht rechtsmissbräuchlich erscheinen. Denn nach Maßgabe der gesetzlichen Regelung der Vaterschaftsanfechtung soll innerhalb der zweijähri-

70 OLG Hamburg, Beschl. v. 23.8.2021 – 12 WF 98/21; OLG Hamburg, Beschl. v. 29.1.2019 – 12 WF 165/18
71 Kemper/Schreiber/*Harms*, § 76 FamFG Rn. 5
72 OLG Naumburg, Beschl. v. 19.7.2012 – 4 WF 59/12, juris; vgl. auch BGH FamRZ 2010, 1243
73 Z.B. OLG Naumburg FamRZ 2008, 432
74 OLG Düsseldorf FamRZ 2022, 1295

gen Anfechtungsfrist eine freie Entscheidung möglich sein und der Mann Gelegenheit zur Prüfung haben, ob er das fremde Kind auf Dauer als eigenes betrachten will.[75]

3. Bedürftigkeit

25 Dem Antragsteller des Anfechtungsverfahrens kann Verfahrenskostenhilfe nicht mit Blick auf einen gegen den rechtlichen Vater bestehenden **Anspruch auf Verfahrenskostenvorschuss** versagt werden, denn es ist dem rechtlichen Vater nicht zumutbar, einen Kostenvorschuss an einen Beteiligten zu leisten, der die Vaterschaft, auf Grund derer überhaupt nur ein Kostenvorschussanspruch in Betracht kommt, beseitigen will.[76] Wenn der rechtliche Vater jedoch selbst Antragsteller des Anfechtungsverfahrens ist, ist es nicht unbillig, wenn ihn ein anderer Beteiligter, der den Fortbestand der Vaterschaft will, auf Zahlung eines Verfahrenskostenvorschusses in Anspruch nimmt.

4. Anwaltsbeiordnung

26 Dem **Antragsteller** im Vaterschaftsanfechtungsverfahren ist im Rahmen der ihm bewilligten Verfahrenskostenhilfe auf Grund der hohen Anforderungen an den Vortrag (§ 171 Abs. 2 FamFG) und der meist bestehenden Notwendigkeit der Auswertung eines Abstammungsgutachtens ein Rechtsanwalt beizuordnen.[77] Dass ein Verfahren der gerichtlichen Amtsermittlung unterliegt, rechtfertigt es nicht von einer Beiordnung abzusehen.[78] Wegen der rechtlichen Schwierigkeit des Vaterschaftsanfechtungsverfahrens ist auch **anderen Beteiligten** ein Anwalt beizuordnen.[79] Die Beiordnung eines Rechtsanwalts kann einem minderjährigen Beteiligten jedoch nicht mit dem pauschalen Hinweis darauf versagt werden, dass ihm im Verfahren ein **Verfahrensbeistand** bestellt ist (vgl. oben *Langer*, Rn. 19).

III. Klärungsverfahren nach § 169 Nr. 2 und Nr. 3 FamFG (§ 1598a BGB)

27 Für den Antragsteller ist im Hinblick auf die niederschwelligen Anspruchsvoraussetzungen eine Erfolgsaussicht in der Regel gegeben, wenn er zu dem antragsberechtigten Personenkreis gehört und noch kein die Abstammung klärendes einverständlich von den Beteiligten oder durch Anordnung eines Gerichts eingeholtes Abstammungsgutachten vorliegt. Umgekehrt fehlt in diesen Fällen die Erfolgsaussicht für die übrigen Beteiligten dann, wenn sie zu dem Kreis der Klärungsverpflichteten des § 1598a BGB gehören, es sei denn, es liegen konkrete Gründe für Umstände i.S.v. § 1598a Abs. 3 BGB vor. Der Beiordnung eines Rechtsanwalts wird es in diesem Verfahren regelmäßig nicht bedürfen, da es an einer schwierigen Sach- und Rechtslage i.S.v. § 78 Abs. 2 FamFG fehlt und das Verfahren selbst nicht zu einer Statusveränderung führt. Für das Kind erübrigt sich eine Anwaltsbeiordnung zudem deshalb, weil es wegen § 1629 Abs. 2a BGB im Verfahren von einem Ergänzungspfleger vertreten sein wird.

---

75 OLG Düsseldorf FamRZ 2022, 1295 (1295); OLG Düsseldorf FamRZ 2020, 1008; bereits OLG Köln FamRZ 2002, 629 (630)
76 Vgl. OLG Hamburg FamRZ 1996, 224; OLG Frankfurt FamRZ 1983, 827
77 BGH FamRZ 2012, 1290
78 BGH FamRZ 2012, 1290, 1291
79 BGH FamRZ 2016, 531: Kindesmutter

§ 170 FamFG

Örtliche Zuständigkeit

(1) Ausschließlich zuständig ist das Gericht, in dessen Bezirk das Kind seinen gewöhnlichen Aufenthalt hat.

(2) Ist die Zuständigkeit eines deutschen Gerichts nach Absatz 1 nicht gegeben, ist der gewöhnliche Aufenthalt der Mutter, ansonsten der des Vaters maßgebend.

(3) Ist eine Zuständigkeit nach den Absätzen 1 und 2 nicht gegeben, ist das Amtsgericht Schöneberg in Berlin ausschließlich zuständig.

Übersicht

A. Allgemeines

§ 170 FamFG regelt die **örtliche Zuständigkeit** in Abstammungssachen i.S.v. § 169 FamFG. Die internationale Zuständigkeit für Abstammungssachen ist in § 100 FamFG geregelt. 1

Die gesetzlich geregelte örtliche Zuständigkeit in Abstammungssachen ist eine **ausschließliche** Zuständigkeit. Weder kann durch Vereinbarung der Beteiligten noch durch rügeloses Verhandeln eine hiervon abweichende örtliche Zuständigkeit begründet werden. Hinsichtlich der internationalen Zuständigkeit besteht indes keine ausschließliche Zuständigkeit (§ 106 FamFG). Wenn daher neben der internationalen Zuständigkeit deutscher Gerichte (§ 100 FamFG) nach ausländischem Recht auch ein ausländisches Gericht zuständig ist, bestimmt sich die örtliche Zuständigkeit für das im Ausland betriebene Verfahren nach der ausländischen Verfahrensordnung. 2

B. Inhalt der Norm

I. Zuständigkeitsleiter

Die Regelung enthält eine **Rangfolge** der Zuständigkeitskriterien. Nach Abs. 1 ist vorrangig zuständig das Familiengericht, in dessen Bezirk **das Kind**, um dessen Abstammung es in dem Verfahren geht bzw. dessen Eltern-Kind-Verhältnis von dem Verfahren betroffen ist, seinen gewöhnlichen Aufenthalt hat. Die vorrangige Anknüpfung an den gewöhnlichen Aufenthalt des Kindes gilt unabhängig von der Art seiner Beteiligung im konkreten Verfahren – ob als Antragsteller nach § 7 Abs. 1 FamFG oder als Beteiligter nach § 172 FamFG – und auch unabhängig davon, ob das Kind minderjährig oder bereits volljährig ist. 3

Der **gewöhnliche Aufenthalt** ist der Ort des tatsächlichen Mittelpunktes der Lebensführung des Beteiligten, also des Schwerpunktes seiner sozialen Bindungen, insbesondere in familiärer und schulischer bzw. beruflicher Hinsicht.[1] Er wird von den tatsächlichen Verhältnissen bestimmt. Deshalb leitet sich der gewöhnliche Aufenthalt eines minderjährigen Kindes nicht zwingend vom Aufenthalt der sorgeberechtigten Kindeseltern ab, sondern ist eigenständig nach dem Lebensmittelpunkt des Kindes zu bestimmen. Der Aufenthalt eines Kleinkindes ist allerdings in der Regel identisch mit dem Aufenthalt der Person, die es betreut.[2] 4

1 *Stößer*, FamRZ 2009, 923, 924
2 OLG Köln FamRZ 2012, 1408

Auch Asylsuchende und ihre Kinder haben einen gewöhnlichen Aufenthalt im Inland, wenn ihre Abschiebung nicht unmittelbar bevorsteht.[3]

5 Nur wenn das Kind im Inland keinen gewöhnlichen Aufenthalt hat, kommen nachrangig die Anknüpfungskriterien des Abs. 2 FamFG zur Anwendung. Dann ist auf den inländischen gewöhnlichen Aufenthalt **der Mutter** abzustellen. Fehlt es auch an einem solchen der Mutter, ist der inländische gewöhnliche Aufenthalt **des Vaters** maßgebend. Mit Vater ist bei dem Vaterschaftsfeststellungsverfahren der als Vater in Anspruch genommene Mann und beim Anfechtungsverfahren der rechtliche Vater gemeint.[4]

6 Hat keiner der in § 170 FamFG genannten Beteiligten einen inländischen gewöhnlichen Aufenthalt, ist nach Abs. 3 das Amtsgericht **Berlin-Schöneberg** ausschließlich örtlich zuständig.

7 Die Zuständigkeitsleiter des § 170 FamFG gilt auch bei einem **postmortalen Abstammungsverfahren**, wobei jedoch der gewöhnliche Aufenthalt der noch lebenden Beteiligten maßgeblich ist. Unerheblich ist, wo die bereits verstorbenen Betroffenen zu Lebzeiten ihren gewöhnlichen Aufenthalt hatten. Sofern das vom Verfahren betroffene Kind bereits verstorben ist, kommt eine Anknüpfung nach Abs. 1 FamFG nicht in Betracht, weshalb dann der inländische Aufenthalt der Mutter und – wenn ein solcher fehlt – der inländische Aufenthalt des Vaters maßgebend ist. Hat keiner der lebenden Beteiligten einen inländischen gewöhnlichen Aufenthalt, gilt Abs. 3.

II. Beurteilungszeitpunkt

8 Die Beurteilung der Zuständigkeit bestimmt sich zunächst nach dem Zeitpunkt, zu dem das Gericht mit der Sache befasst wurde, also des Eingangs des verfahrenseinleitenden Antrags (§ 171 Abs. 1 FamFG).[5] Wurde der Antrag bei einem unzuständigen Gericht eingereicht, ist das Verfahren nach § 3 Abs. 1 FamFG an das zuständige Gericht zu **verweisen**. Anders als im Anwendungsbereich von § 281 ZPO setzt die Verweisung **keinen Antrag** voraus, sondern hat **von Amts wegen** zu erfolgen.[6]

Eine Verweisung kommt jedoch dann nicht mehr in Betracht, wenn die Zuständigkeitsvoraussetzungen zwar bei Antragseingang nicht vorlagen, diese jedoch noch vor Entscheidung über eine Verweisung bei dem angerufenen Gericht eingetreten sind, etwa indem inzwischen dort der maßgebliche gewöhnliche Aufenthalt begründet wurde. Die einmal begründete örtliche Zuständigkeit bleibt nach § 2 Abs. 2 FamFG auch im Fall eines danach stattfindenden Wechsels des maßgeblichen Aufenthalts erhalten („*perpetuatio fori*").

9 Das örtlich zuständige Gericht kann die Abstammungssache nach § 4 FamFG aus wichtigem Grund an ein anderes Gericht abgeben, wenn sich dieses zur Übernahme bereit erklärt hat.[7]

§ 171 FamFG

Antrag

(1) Das Verfahren wird durch einen Antrag eingeleitet.

(2) [1]In dem Antrag sollen das Verfahrensziel und die betroffenen Personen bezeichnet werden. [2]In einem Verfahren auf Anfechtung der Vaterschaft nach § 1600 Abs. 1 Nr. 1 bis 4 des

3 OLG Schleswig FamRZ 2016, 321; Prütting/Helms/*Dürbeck* § 170 FamFG Rn. 5
4 Schulte-Bunert/Weinreich/*Schwonberg*, § 170 FamFG Rn. 5
5 *Stößer*, FamRZ 2009, 923, 924
6 OLG Saarbrücken FamRZ 2017, 235; OLG Frankfurt FamRZ 2014, 1479
7 *Stößer*, FamRZ 2009, 923, 924

Bürgerlichen Gesetzbuchs sollen die Umstände angegeben werden, die gegen die Vaterschaft sprechen, sowie der Zeitpunkt, in dem diese Umstände bekannt wurden.

Übersicht Rn.

A. Allgemeines

1 Abs. 1 regelt die Einleitung des Verfahrens, die nur auf Antrag und demnach nicht von Amts wegen erfolgt. Die in Abs. 2 geregelten Mindestanforderungen an die Antragsschrift dienen zum einen der Bestimmbarkeit des Antragsbegehrens (Satz 1) und regeln zum anderen den Umfang der Darlegungslast des Antragstellers im Verfahren auf Anfechtung der Vaterschaft (Satz 2).

B. Inhalt der Norm

I. Verfahrenseinleitung (Abs. 1)

2 Mit dem Antragserfordernis in Abs. 1 wird ein Gleichlauf des Verfahrensrechts mit dem materiellen Recht erzielt. So entscheidet das Familiengericht etwa im Klärungsverfahren nach § 1598a Abs. 2 BGB nur auf Antrag über die Ersetzung der Einwilligung und die Duldung der Probeentnahme. Die Anfechtung der Vaterschaft kann nur höchstpersönlich (§ 1600a Abs. 1 BGB) von einem nach § 1600 Abs. 1 BGB Anfechtungsberechtigten erfolgen (vgl. *Keuter,* § 1600 BGB Rn. 4 ff.), die Feststellung der Vaterschaft nur von einem Antragsberechtigten begehrt werden (vgl. *Keuter,* § 1600d BGB Rn. 22 ff.).

3 Die **Antragsbefugnis** ist nicht im FamFG geregelt, sondern ergibt sich aus den jeweiligen materiell-rechtlichen Bestimmungen. So kann im Klärungsverfahren gemäß § 1598a Abs. 1 BGB der Antrag auf Ersetzung der Einwilligung in die Probeentnahme und auf Duldung derselben nur vom Kind, der Mutter oder dem rechtlichen Vater gestellt werden (vgl. *Keuter,* § 1598a BGB Rn. 5). Zur Beantragung der Feststellung der Vaterschaft sind nur das Kind, die Mutter und der Mann, dessen Vaterschaft festgestellt werden soll, befugt (vgl. *Keuter,* § 1600d BGB Rn. 22). Im Verfahren auf Anfechtung der Vaterschaft ergibt sich die Antragsbefugnis aus § 1600 Abs. 1 BGB (vgl. *Keuter,* § 1600 BGB Rn. 4 ff.).

4 Das **ungeborene Kind („nasciturus")** ist mangels Beteiligtenfähigkeit nicht berechtigt, einen Antrag auf Feststellung der Vaterschaft zu stellen.[1] Zwar geht § 1713 Abs. 1 Satz 1 Alt. 2 BGB von der Möglichkeit einer Beistandschaft für das ungeborene Kind aus. Gleichwohl sieht das deutsche Abstammungsrecht eine pränatale Vaterschaftsfeststellung nicht vor.[2] Die Vaterschaft aufgrund ehelicher Geburt nach § 1592 Nr. 1 BGB ist nach der gesetzlichen Systematik gegenüber den beiden anderen Varianten logisch vorrangig, weil die aufgrund ehelicher Geburt bestehende Vaterschaft grundsätzlich sowohl die Vaterschaft aufgrund Anerkennung als auch die gerichtliche Feststellung der Vaterschaft ausschließt (vgl. §§ 1594 Abs. 2, 1600d Abs. 1 BGB). Die Möglichkeit der pränatalen Vaterschaftsanerken-

1 Staudinger/*Dürbeck,* § 1713 BGB Rn. 9; a.A. OLG München ZKJ 2016, 370; OLG Schleswig NJW 2000, 1271

2 BGH FamRZ 2016, 1849, bestätigt durch BVerfG FamRZ 2017, 446

nung nach § 1594 Abs. 4 BGB steht dieser Wertung nicht entgegen, da diese erst mit der Geburt Wirksamkeit entfaltet.[3] Auch aus § 1810 BGB folgt nichts Gegenteiliges. Diese Norm hat die Pflegschaft und damit das vorgeburtliche Fürsorgebedürfnis zum Gegenstand und regelt eine Vorwirkung der elterlichen Sorge, sodass daraus abstammungsrechtlich nichts hergeleitet werden kann.[4] Diese Rechtslage ist verfassungsrechtlich nicht zu beanstanden.[5]

5 Die Antragstellung ist eine Verfahrenshandlung. Hierfür ist die **Verfahrensfähigkeit** erforderlich. Diese bestimmt sich nach § 9 FamFG. Danach ist grundsätzlich die Geschäftsfähigkeit des Handelnden erforderlich. Minderjährige Kinder sind in Abstammungssachen nicht selbst verfahrensfähig, sondern für sie handeln ihre gesetzlichen Vertreter (§ 9 Abs. 2 FamFG). Die in Kindschaftssachen geltende Verfahrensfähigkeit nach § 9 Abs. 1 Nr. 3 FamFG für Kinder ab Vollendung des 14. Lebensjahres gilt in Abstammungssachen nicht, da das materielle Abstammungsrecht diesen Kindern für die Feststellung oder Anfechtung der Vaterschaft keine eigenen Rechte einräumt.

Eine Ausnahme gilt nur hinsichtlich beschränkt geschäftsfähiger **minderjähriger Eltern**, sofern das materielle Recht ihnen Handlungsberechtigung zuweist. Bei der Vaterschaftsanfechtung gelten diese gemäß § 9 Abs. 1 Nr. 4 FamFG als verfahrensfähig, da sie nach 1600a Abs. 2 Satz 2 BGB materiell-rechtlich selbst handlungsberechtigt sind. Sind die minderjährigen Eltern indes geschäftsunfähig, weist das materielle Recht ihnen nach § 1600a Abs. 2 Satz 3 BGB die Handlungsberechtigung nicht zu, sodass sie dann auch nicht verfahrensfähig sind. Bei den anderen Abstammungssachen bleibt es mangels materiell-rechtlicher Zuweisung eigener Handlungsberechtigung bei der fehlenden Verfahrensfähigkeit minderjähriger Eltern, sodass diese durch ihren gesetzlichen Vertreter vertreten werden.

6 Der Antrag kann **schriftlich** oder **zur Niederschrift** der Geschäftsstelle abgegeben werden (§ 25 Abs. 1 FamFG), da kein Anwaltszwang besteht. Besondere formelle Anforderungen stellt das Gesetz an die Antragstellung nicht. Insbesondere bedarf es nicht der Anforderungen an eine Klageschrift (§ 253 ZPO). Der schriftliche Antrag ist bei dem nach § 170 FamFG zuständigen Amtsgericht einzureichen. Eine Antragstellung zur Niederschrift der Geschäftsstelle kann gemäß § 25 Abs. 2 FamFG vor der Geschäftsstelle eines jeden Amtsgerichts erfolgen, wobei sie an das Gericht zu übermitteln ist, an das sie gerichtet ist (§ 25 Abs. 4 Satz 1 FamFG).

7 Eine **fristwahrende Wirkung** des zur Niederschrift der Geschäftsstelle eines Gerichts erklärten Antrags tritt erst ein, wenn er bei dem Gericht, an das er gerichtet ist, eingeht (§ 25 Abs. 4 Satz 2 FamFG). Die rechtzeitige Einreichung des Antrags bei Gericht bewirkt bei der Vaterschaftsanfechtung die Einhaltung der Frist nach § 1600b Abs. 1 BGB. Wird das Adressatgericht von dem Erklärenden unzutreffend angegeben, tritt die Wirkung demnach erst mit dem Eingang bei dem tatsächlich zuständigen Gericht ein. Das angegangene unzuständige Gericht ist in diesem Falle zur unverzüglichen Weiterleitung verpflichtet.[6] Eine Wiedereinsetzung in den vorigen Stand nach § 18 FamFG kommt indes auf Grund des materiellrechtlichen Charakters der Anfechtungsfrist nicht in Betracht.[7] Eine Verzögerung bei der Weiterleitung geht demnach zu Lasten des Antragstellers.

8 Der Antrag soll den übrigen Beteiligten übermittelt werden (§ 23 Abs. 2 FamFG), wozu eine **formlose Mitteilung** genügt (§ 15 Abs. 3 FamFG).[8] Etwas anderes gilt nur dann, wenn zu-

3 BeckOGK/*Balzer*, 1.11.2024, BGB § 1594 Rn. 8
4 BGH FamRZ 2016, 1849 noch zu § 1912 BGB a.F.
5 BVerfG FamRZ 2017, 446 noch zu § 1912 BGB a.F.
6 Sternal/*Sternal*, 21. Aufl. 2023, FamFG § 25 Rn. 30; vgl. auch BGH NJW 1975, 1465
7 Staudinger/*Rauscher* (2011) BGB § 1600b, Rn. 12
8 OLG Saarbrücken MDR 2018, 697; Prütting/Helms/*Dürbeck*, § 171 FamFG Rn. 5

gleich eine Termins- oder Fristbestimmung erfolgt; diese bedarf gemäß § 15 Abs. 1 FamFG der Bekanntgabe – möglichst durch förmliche Zustellung.

Eine **Rücknahme des Antrags** kann bis zur Rechtskraft der Endentscheidung erfolgen, wobei es bis zum Erlass der Endentscheidung hierzu nicht der Zustimmung der sonstigen Beteiligten bedarf (*ex* § 22 Abs. 1 Satz 2 FamFG). Die wirksame Rücknahme des Antrags beendet das Verfahren, sofern nicht andere Antragsberechtigte ebenfalls einen entsprechenden Antrag i.S.v. § 171 FamFG gestellt haben. 9

II. Antragsinhalt (Abs. 2)

Abs. 2 regelt die inhaltlichen Anforderungen an die Antragsschrift, wobei es wegen der Sollformulierung nicht zur Unzulässigkeit des Antrags führt, wenn die Antragsschrift diesen Anforderungen nicht genügt.[9] Dabei ist zwischen Satz 1 und Satz 2 zu differenzieren. 10

Wenn das **Verfahrensziel** nicht erkennbar ist (Satz 1) und auch auf Nachfrage des Gerichts nicht geklärt werden kann, fehlt es an einem zulässigen Antrag. Es kommen die in § 169 Nr. 1 bis 4 FamFG genannten Begehren als mögliche Verfahrensziele in Betracht. Eine Antragsformulierung *„ich stelle einen Antrag wegen der Abstammung des Kindes XY"* lässt nicht erkennen, ob es um die Feststellung der Vaterschaft oder um die Anfechtung der Vaterschaft zu diesem Kind geht. Das Familiengericht hat im Rahmen seiner Pflicht zur Verfahrensleitung (§ 28 FamFG) auf eine Ergänzung des Antrags hinzuwirken.[10] Lässt sich trotz verfahrensleitender Hinweise nicht klären, welches Verfahrensziel der Antragsteller mit diesem Antrag verfolgt, ist der Antrag unzulässig. 11

Der Antrag setzt nicht voraus, dass die Voraussetzungen für eine **öffentliche Zustellung** des Antrags an den festzustellenden Vater, dessen Anschrift dem Antragsteller nicht bekannt ist, dargelegt werden, weil die gerichtlichen Ermittlungen insoweit von Amts wegen (§ 26 FamFG) zu veranlassen sind.[11] Auch kann im Einzelfall von der Angabe der genauen Personalien des Kindes abgesehen werden, wenn sie dem Putativvater unbekannt sind und die Mutter ihm die Auskunft verweigert, soweit das Gericht diese ohne großen Aufwand im Rahmen seiner Amtsermittlungspflicht – etwa durch Anfragen beim Standes-, Einwohnermelde- oder Jugendamt – in Erfahrung bringen kann.[12] Der vorherigen Durchsetzung eines Auskunftsanspruches gegen die Mutter bedarf es insoweit nicht.[13] 12

Abs. 2 Satz 2 bildet die Anforderungen ab, die an eine schlüssige Darlegung eines Antrags auf **Anfechtung der Vaterschaft** zu stellen sind (vgl. *Keuter*, § 1599 BGB Rn. 10 f.). Der Antrag muss einen gegen die Vaterschaft sprechenden begründeten **Anfangsverdacht schlüssig darlegen**. Hierzu müssen konkrete Umstände vorgetragen werden, die bei objektiver Betrachtung geeignet sind, Zweifel an der Vaterschaft zu begründen und die Möglichkeit der anderweitigen Abstammung des Kindes als nicht ganz fernliegend erscheinen lassen.[14] Zur Schlüssigkeit eines Anfechtungsantrags gehört sowohl die Darlegung der **gegen die Vaterschaft sprechenden Umstände** als auch die Darlegung des **Zeitpunktes ihrer Kenntniserlangung**, damit das Gericht im Rahmen der Schlüssigkeitsprüfung beurteilen kann, ob die Anfechtungsfrist des § 1600b BGB gewahrt ist.[15] Ein Anfechtungsantrag, der diesen Anforderungen trotz entsprechender Hinweise des Gerichts (§ 28 FamFG) nicht ge- 13

9 MüKo-FamFG/*Coester-Waltjen/Lugani*, § 171 Rn. 9
10 Musielak/*Borth*, § 171 FamFG Rn. 3
11 OLG Saarbrücken MDR 2018, 697
12 *Dürbeck*, NZFam 2019, 233
13 A.A. OLG Hamm NZFam 2019, 233
14 Vgl. BGH FamRZ 1998, 955; FamRZ 2008, 501
15 OLG Karlsruhe FuR 1998, 380

nügt, ist als unzulässig abzuweisen, ohne dass eine Beweisaufnahme durchgeführt werden darf.[16]

C. Beispiele für die Antragsformulierung

I. Antrag nach § 1598a BGB

14 *Es wird beantragt,*

a) die Einwilligung der Beteiligten zu 2) und zu 3) in die vom Antragsteller beim Institut XY beabsichtigte genetische Abstammungsuntersuchung zu ersetzen, und

b) anzuordnen, dass die Beteiligten zu 2) und zu 3) einen zu diesem Zweck durchzuführenden Mundschleimhautabstrich zu dulden haben.

II. Antrag auf Anfechtung der Vaterschaft

15 1. Antrag des rechtlichen Vaters:

Es wird beantragt,

festzustellen, dass der Antragsteller nicht der Vater des am … in … geborenen Kindes … (Geburtseintrag Nr. …/… des Standesamtes in …) – des Beteiligten zu 3) – ist.

16 2. Antrag des Kindes:

Es wird beantragt,

festzustellen, dass der Beteiligte zu 2) nicht der Vater des Antragstellers (geboren am … in …, Geburtseintrag Nr. …/… des Standesamtes in …) ist.

17 3. Antrag der Mutter:

Es wird beantragt,

festzustellen, dass der Beteiligte zu 2) nicht der Vater des am … in … geborenen Kindes … (Geburtseintrag Nr. …/… des Standesamtes in …) – des Beteiligten zu 3) – ist.

16 OLG Braunschweig 27.12.2019 – 2 WF 67/19 FamRZ 2020, 1200 (1201); Prütting/Helms/*Dürbeck*, Rn. 14; vgl. bereits BGH v. 29.10.2014 – XII ZB 20/14, JAmt 2014, 636

4. Antrag des potentiellen leiblichen Vaters: **18**

Es wird beantragt,

festzustellen,

a) dass der Beteiligte zu 2) nicht der Vater des am … in … geborenen Kindes … (Geburtseintrag Nr. …/… des Standesamtes in …) – des Beteiligten zu 3) – ist,

b) dass der Antragsteller der Vater dieses Kindes – des Beteiligten zu 3) – ist.

III. Antrag auf Feststellung der Vaterschaft

1. Antrag des Putativvaters **19**

Es wird beantragt,

festzustellen, dass der Antragsteller der Vater des am … in … geborenen Kindes … (Geburtseintrag Nr. …/… des Standesamtes in …) – des Beteiligten zu 3) – ist.

2. Antrag des Kindes: **20**

Es wird beantragt,

festzustellen, dass der Beteiligte zu 2) der Vater des Antragstellers (geb. am … in …, Geburtseintrag Nr. …/… des Standesamtes in …) ist.

3. Antrag der Mutter: **21**

Es wird beantragt,

festzustellen, dass der Beteiligte zu 2) der Vater des am … in … (Geburtseintrag Nr. …/… des Standesamtes in …) – des Beteiligten zu 3) – ist.

§ 172 FamFG

Beteiligte

(1) Zu beteiligen sind

1. das Kind,

2. die Mutter,

3. der Vater.

(2) Das Jugendamt ist in den Fällen des § 176 Abs. 1 Satz 1 auf seinen Antrag zu beteiligen.

Übersicht

A. Allgemeines

1 Die Regelung ergänzt § 7 Abs. 1 und 2 FamFG dahingehend, dass die in Abs. 1 genannten Personen als **„Muss-Beteiligte"** i.S.v. § 7 Abs. 2 Nr. 2 FamFG definiert werden.[1] Hierdurch soll gewährleistet werden, dass die am Abstammungsverhältnis unmittelbar beteiligten Personen in jedem Fall am Verfahren auch dann beteiligt werden, wenn sie nicht Antragsteller des Verfahrens sind. Dies gilt auch dann, wenn nach dem anzuwendenden ausländischen Sachrecht einer der in Abs. 1 benannten Person abstammungsrechtlich keine materielle Rechtsstellung zugeordnet wird.[2]

2 Ist eine der in Abs. 1 genannten Personen **Antragsteller** des Verfahrens, ergibt sich deren Beteiligtenstellung bereits aus § 7 Abs. 1 FamFG, sodass es insoweit eines Rückgriffs auf § 172 FamFG nicht bedarf.

3 Die Bestimmung enthält **keine abschließende Regelung** der am Verfahren beteiligten Personen. Neben dem Antragsteller nach § 7 Abs. 1 FamFG sind auch nach § 7 Abs. 2 Nr. 1 FamFG **unmittelbar Betroffene** Beteiligte. Damit sind im Verfahren auf Feststellung der Vaterschaft der Mann oder die Männer Beteiligte, die als Vater des Kindes benannt und in die Begutachtung mit der möglichen Folge der Feststellung ihrer Vaterschaft einbezogen sind.[3] Wenn ein Beteiligter im laufenden Verfahren verstirbt, können dessen Erben hinsichtlich einer zu treffenden Kostenentscheidung zu beteiligen sein (siehe *Langer*, § 181 FamFG Rn. 14). Ist der Mann, dessen Vaterschaft zu klären ist, verstorben, können dessen Angehörige nur mit Blick auf das allgemeine Persönlichkeitsrecht und die Totenfürsorgeberechtigung unmittelbar betroffen sein.[4]

4 Diese Rechte können in einem **Zwischenverfahren** nach § 178 Abs. 2 FamFG i.V.m. §§ 386 ff. ZPO bei Verweigerung der Exhumierung Wirkung im Hinblick auf eine Beteiligung der Angehörigen entfalten. Am Verfahren in Ansehung der Endentscheidung selbst sind sie aber nicht beteiligt, da es an einer eigenen unmittelbaren Betroffenheit in subjektiven Rechten mangelt.[5] Daher können Angehörige, auch soweit sie fehlerhaft am Abstammungsverfahren beteiligt worden sind, auch nicht an den Verfahrenskosten beteiligt werden, da sie insoweit Dritte i.S.d. § 81 Abs. 4 FamFG sind.[6] Nach zutreffender Ansicht[7] sind Angehörige eines Verstorbenen auch dann nicht am Verfahren zu beteiligen, wenn der Tod **während eines rechtshängigen Abstammungsverfahrens** eingetreten ist, ein verbliebener anderer Beteiligter die Fortsetzung des Verfahrens nach § 181 FamFG beantragt hat und die Exhumierung der Leiche zum Zwecke der Beweiserhebung nicht erforderlich ist.

5 Das deutsche Abstammungsrecht enthält keine Regelungen, die eine Zuziehung weiterer Personen als **„Kann-Beteiligte"** i.S.v. § 7 Abs. 3 FamFG veranlassen. Etwas anderes kann sich jedoch aus einem anzuwendenden ausländischen Statusrecht ergeben.

6 Die Beteiligtenstellung des **Verfahrensbeistands** ergibt sich aus § 174 Satz 2 FamFG i.V.m. § 158b Abs. 3 Satz 1 FamFG.

---

1 BGH FamRZ 2015, 1787
2 MüKo-FamFG/*Coester-Waltjen/Lugani*, § 172 Rn. 10
3 Differenzierend MüKo-FamFG/*Coester-Waltjen/Lugani*, § 172 Rn. 12
4 Ausführlich *Löhnig*, FamRZ 2009, 1798, 1799
5 OLG Frankfurt ZKJ 2018, 320; Prütting/Helms/*Dürbeck*, § 172 FamFG Rn. 10; a.A. OLG Celle FamRZ 2017, 910
6 OLG Frankfurt ZKJ 2018, 320
7 MüKo-FamFG/*Coester-Waltjen/Lugani*, § 172 Rn. 26; Keidel/*Engelhardt*, § 181 FamFG Rn. 2, und § 184 FamFG Rn. 4; Prütting/Helms/*Dürbeck*, § 172 FamFG Rn. 10; offengelassen von BGH FamRZ 2015, 1787; a.A.: Zöller/*Greger*, § 172 FamFG Rn. 1; Musielak/*Borth*, § 172 FamFG Rn. 2; *Löhnig*, FamRZ 2009, 1798, 1799; *Schwonberg*, FuR 2014, 634, 636

B. Inhalt der Norm

I. Personenkreis des Abs. 1

Der in Abs. 1 bezeichnete Personenkreis bezieht sich auf **lebende Personen**. Ein Verstorbener kann schon mangels Rechtsfähigkeit keine Beteiligtenstellung haben. 7

Das von dem Abstammungsverhältnis betroffene **Kind** ist gemäß Abs. 1 Nr. 1 Beteiligter. 8
Für das nicht verfahrensfähige Kind handelt sein gesetzlicher Vertreter nach § 9 Abs. 2 FamFG (vgl. zur Verfahrensfähigkeit von minderjährigen Beteiligten *Langer*, § 171 FamFG Rn. 5). Beteiligter ist dann aber weiterhin das Kind selbst und nicht der gesetzliche Vertreter des Kindes. Zur Frage, in welchen Fällen das Kind bei der Vaterschaftsanfechtung der Vertretung durch einen Ergänzungspfleger (§ 1809 BGB) bedarf, vgl. *Keuter*, § 1600a BGB Rn. 19 ff.

Mit der in Abs. 1 Nr. 2 benannten **Mutter** ist die rechtliche Mutter i.S.v. § 1591 BGB gemeint, 9
mithin die Frau, die das Kind geboren hat. Diese ist nach § 9 Abs. 1 Nr. 4 FamFG auch dann verfahrensfähig, wenn sie minderjährig ist, da ein minderjähriger beschränkt geschäftsfähiger Elternteil nach materiellem Recht seine Rechte selbst wahrnehmen kann (vgl. § 1600a Abs. 2 Satz 2 BGB). Eine von der gebärenden Frau abweichende genetische Mutter gehört nicht zu den Beteiligten i.S.v. § 172 Abs. 1 FamFG. Deren Beteiligtenstellung kann sich allerdings bei Anwendung ausländischen Sachrechts aus § 7 Abs. 2 Nr. 1 FamFG ergeben, wenn das anzuwendende Recht eine aufgespaltene Mutterschaft kennt und der genetischen Mutter eine eigene Rechtsposition zuweist.

Vater i.S.v. Abs. 1 Nr. 3 ist nur der **rechtliche Vater** i.S.v. §§ 1592, 1593 BGB. Der rechtliche 10
Vater ist gemäß § 9 Abs. 1 Nr. 4 FamFG auch dann verfahrensfähig, wenn er beschränkt geschäftsfähig (§ 106 BGB) ist. Hier gilt das Gleiche wie für die beschränkt geschäftsfähige Mutter.

Der **potenzielle leibliche Vater** unterfällt nicht der Regelung des § 172 FamFG.[8] Dessen Beteiligtenstellung kann sich nur aus § 7 Abs. 1 FamFG als Antragsteller eines Verfahrens auf Anfechtung der Vaterschaft nach § 1600 Abs. 1 Nr. 2 BGB oder in einem Verfahren auf Feststellung der Vaterschaft aus § 7 Abs. 2 Nr. 1 FamFG ergeben, wenn dessen Vaterschaft in dem Verfahren festgestellt werden soll.

II. Beteiligung des Jugendamtes (Abs. 2)

Unter den Voraussetzungen des § 176 FamFG kann das Gericht das Jugendamt anhören. 11
Hierdurch wird das Jugendamt jedoch noch nicht formeller Beteiligter des Verfahrens (§ 7 Abs. 6 FamFG). Die Beteiligtenstellung des Jugendamtes tritt nach Abs. 2 nur ein, wenn dies vom Jugendamt **ausdrücklich beantragt** wird. Dabei beschränkt Abs. 2 jedoch dieses Antragsrecht auf die Fälle des § 176 Abs. 1 Satz 1 FamFG. Das Jugendamt kann somit die Stellung eines Beteiligten nur im Verfahren auf Anfechtung der Vaterschaft durch den potenziellen leiblichen Vater (§ 1600 Abs. 1 Nr. 2 BGB) und bei der Anfechtung der Vaterschaft durch das vom gesetzlichen Vertreter vertretene Kind (§§ 1600 Abs. 1 Nr. 4, 1600a Abs. 3 BGB) erlangen. Hintergrund ist, dass nur dann im Verfahren Fragen des Kindeswohls betroffen sind. Dies gilt bei der Anfechtung durch den potenziellen leiblichen Vater mit Blick auf die Beurteilung der sozial-familiären Beziehung zwischen dem rechtlichen Vater und dem Kind (§ 1600 Abs. 2 BGB) und bei der Anfechtung durch den gesetzlichen Vertreter eines minderjährigen Kindes wegen der von § 1600a Abs. 4 BGB geforderten Kindeswohldienlichkeit der Vaterschaftsanfechtung.

8 OLG München FamRZ 2012, 1825

§ 173 FamFG

Vertretung eines Kindes durch einen Beistand

Wird das Kind durch das Jugendamt als Beistand vertreten, ist die Vertretung durch den sorgeberechtigten Elternteil ausgeschlossen.

Übersicht

A. Allgemeines

1 Die Regelung will gegensätzliche Verfahrenshandlungen des Jugendamtes als **Beistand** des Kindes einerseits und der Mutter als sorgeberechtigtem Elternteil andererseits verhindern, indem Verfahrenshandlungen des Jugendamtes der Vorrang eingeräumt wird.[1] Sie hat nur Bedeutung für Verfahren auf Feststellung der Vaterschaft, da nur für diesen Aufgabenkreis des Abstammungsrechts durch § 1712 Abs. 1 Nr. 1 BGB die Beistandschaft des Jugendamtes ermöglicht ist.[2] In Unterhaltssachen, für die unter den Voraussetzungen des § 1712 Abs. 1 Nr. 2 BGB ebenfalls eine Beistandschaft in Betracht kommt, gilt die inhaltsgleiche Regelung des § 234 FamFG.

2 Die Einrichtung einer Beistandschaft ändert nichts daran, dass die **Mutter** nach § 172 Abs. 1 FamFG aus eigenem Recht ebenfalls Beteiligte des Verfahrens ist und als solche eigene Verfahrenshandlungen vornehmen kann. Lediglich Verfahrenshandlungen als gesetzliche Vertreterin des Kindes sind ihr bei Bestehen einer den Verfahrensgegenstand betreffenden Beistandschaft verwehrt.

B. Inhalt der Norm

3 Die Regelung schließt – jedoch **nur im Verfahren** selbst – den Sorgerechtsinhaber von der gesetzlichen Vertretung des Kindes aus. Dies gilt unabhängig davon, ob das Kind Antragsteller nach § 7 Abs. 1 FamFG oder Beteiligter nach § 172 FamFG ist. In einem bereits vor Einrichtung der Beistandschaft eingeleiteten Verfahren tritt die Wirkung des § 173 FamFG jedoch erst dann ein, wenn das Jugendamt als Beistand in das Verfahren eintritt, mithin sich zum Verfahren meldet. Solange dies nicht erfolgt, kann der Sorgerechtsinhaber das Kind trotz eingerichteter Beistandschaft auch im Verfahren vertreten.[3]

4 Die Einrichtung einer Beistandschaft schränkt die **elterliche Sorge** nicht ein (§ 1716 Satz 1 BGB). Die gesetzliche Vertretung des Kindes obliegt daher auch bei eingerichteter Beistandschaft weiterhin dem Sorgeberechtigten nach § 1629 Abs. 1 Satz 1 BGB, mithin bei einem Kind ohne Vaterschaftszuordnung der Mutter (§ 1626a Abs. 3 BGB). Der Sorgerechtsinhaber vertritt das Kind grundsätzlich auch im Verfahren. Jedoch bewirkt die Beistandschaft, dass im Aufgabenkreis der Beistandschaft auch der Beistand Erklärungen mit Wirkung für und gegen das Kind abgeben kann. Damit kann es zu einander widersprechenden Erklärungen der Mutter und des Beistands kommen. Für Verfahrenshandlungen besteht indes ein Bedürfnis nach Rechtssicherheit, wessen Erklärungen maßgeblich sind. Daher wird für diesen Fall widersprechender Erklärungen die verfahrensrechtliche Vertretung des Kindes durch die Mutter von § 173 FamFG ausgeschlossen.[4]

1 Prütting/Helms/*Dürbeck*, § 173 FamFG Rn. 1
2 MüKo-FamFG/*Coester-Waltjen/Lugani*, § 173 Rn. 2
3 MüKo-BGB/*v. Sachsen Gessaphe*, § 1716 Rn. 7; Staudinger/*Dürbeck*, § 1716 BGB Rn. 5
4 Vgl. DIJuF-Rechtsgutachten JAmt 2019, 251

Hierdurch wird die Mutter nicht in eigenen Rechten beeinträchtigt. Denn diese kann jederzeit und ohne Begründungserfordernis durch schriftliche Erklärung gegenüber dem Jugendamt die **Beistandschaft beenden** (§ 1715 Abs. 1 BGB). Mit Zugang einer solchen Beendigungserklärung beim Jugendamt endet die Beistandschaft (§ 1715 Abs. 1 Satz 2 i.V.m. § 1714 BGB), mit der Folge, dass die Vertretung des Kindes im Verfahren auf Feststellung der Vaterschaft (wieder) alleine der Mutter obliegt. 5

§ 174 FamFG
Verfahrensbeistand

[1]Das Gericht hat einem minderjährigen Beteiligten in Abstammungssachen einen Verfahrensbeistand zu bestellen, sofern dies zur Wahrnehmung seiner Interessen erforderlich ist. [2]Die §§ 158 bis 158c gelten entsprechend.

Übersicht

A. Allgemeines

Durch die Norm sollen auch in Abstammungsverfahren die Interessen des Kindes angemessen zur Geltung gebracht werden können. Die Verfahrensbeistandschaft ist jedoch in Abstammungssachen – ganz anders als in Kindschaftssachen – nicht von großer praktischer Relevanz, da Fragen des Kindeswohls in Abstammungssachen nur vereinzelt entscheidungserheblich sind. Zudem wird dem Kind für den Hauptanwendungsfall eines Interessengegensatzes zwischen Kind und gesetzlichem Vertreter (vgl. § 158 Abs. 3 Satz 1 Nr. 1 FamFG i.V.m. § 174 Satz 2 FamFG) meist ein **Ergänzungspfleger** zu bestellen sein (vgl. *Keuter*, § 1600a BGB Rn. 22). Der Pfleger wiederum muss nach § 1813 Abs. 1 i.V.m. § 1779 Abs. 1 BGB für die Führung der Pflegschaft – und demnach für die Auflösung des Interessengegensatzes – geeignet sein. Daher müssen konkrete – letztlich besondere – Anhaltspunkte dafür vorliegen, dass der gesetzliche Vertreter bzw. Pfleger die Rechte des Kindes nicht ausreichend wahrzunehmen in der Lage ist.[1] 1

Erfolgt die Bestellung eines Verfahrensbeistands trotz der ausreichenden Vertretung des Kindes durch einen Ergänzungspfleger oder das Jugendamt als Beistand und ist dies nicht ausnahmsweise aus besonderen Gründen gleichwohl erforderlich, dürfte es im Rahmen der **Kostenentscheidung** nach § 81 Abs. 1 FamFG billigem Ermessen entsprechen, jedenfalls die Auslage für die Vergütung des Verfahrensbeistandes (vgl. Nr. 2013 KV-FamGKG i.V.m. § 18 FamGKG) nicht den Beteiligten bzw. dem jeweiligen Kostenschuldner aufzuerlegen. Erfolgt dies in der Kostengrundentscheidung gleichwohl, müssen die entsprechenden Kosten des Verfahrensbeistands wegen unrichtiger Sachbehandlung nach § 20 FamGKG niedergeschlagen werden.[2] 2

B. Inhalt der Norm

Aufgabe des Verfahrensbeistandes ist es, den Interessen des minderjährigen Kindes Geltung zu verschaffen (§ 174 Satz 2 FamFG i.V.m. § 158b Abs. 1 Satz 1 FamFG). Voraussetzung für die Bestellung eines Verfahrensbeistands ist daher, dass im konkreten Verfahren 3

1 OLG Celle JurBüro 2018, 534; Prütting/Helms/*Dürbeck*, § 174 Rn. 3
2 OLG Celle JurBüro 2018, 534

die **Interessen des Kindes entscheidungserheblich** sind. Dies ist im Abstammungsrecht nur im Rahmen des Klärungsverfahrens nach § 1598a BGB im Hinblick auf die in Abs. 3 dieser Vorschrift geregelte Aussetzung des Verfahrens aus Gründen des Kindeswohls und bei einem durch den gesetzlichen Vertreter des Kindes für das Kind betriebenen Verfahren auf Vaterschaftsanfechtung im Rahmen der nach § 1600a Abs. 4 BGB zu beurteilenden Kindeswohldienlichkeit der Fall. Ferner ist es geboten, bei der Beurteilung der Frage des Fehlens einer sozial-familiären Beziehung zwischen dem rechtlichen Vater und dem Kind (§ 1600 Abs. 2 BGB) die Haltung des Kindes in den Blick zu nehmen.

4 In allen anderen Abstammungssachen scheidet die Bestellung eines Verfahrensbeistands schon deshalb aus, weil die Interessen des Kindes für das Entscheidungsergebnis **unerheblich** sind. Ein Verfahrensbeistand könnte daher das Entscheidungsergebnis nicht beeinflussen. Weder kann er in einem Vaterschaftsfeststellungsverfahren die Feststellung der Vaterschaft verhindern noch kann er sie befördern, zumal er nicht gesetzlicher Vertreter des Kindes ist (§ 174 Satz 2 i.V.m. § 158b Abs. 3 Satz 3 FamFG) und daher für das Kind keine Verfahrensanträge stellen kann. Er ist zwar kraft seiner Bestellung Beteiligter des Verfahrens (§ 174 Satz 2 FamFG i.V.m. § 158b Abs. 3 Satz 1 FamFG), jedoch ist die Befugnis zur Beantragung der Feststellung der Vaterschaft oder der Anfechtung der Vaterschaft an die gesetzliche Vertretung des Kindes geknüpft. Wenn die Tätigkeit eines Verfahrensbeistands unter keinem denkbaren Gesichtspunkt Einfluss auf das Verfahrensergebnis haben kann, bedarf es keiner Bestellung eines Verfahrensbeistands.

Der Verfahrensbeistand würde indes in Abstammungssachen erheblich an Bedeutung gewinnen, wenn das materielle Abstammungsrecht sich de lege ferenda stärker für Kindeswohlkriterien oder sonstige Interessenabwägungen öffnet. So sah der Referentenentwurf für eine Reform des Abstammungsrechts etwa vor, dass in Fällen der Anfechtung der Position des zweiten Elternteils bei bestehender sozial-familiärer Beziehung eine Billigkeitsprüfung unter Berücksichtigung sämtlicher Umstände des Einzelfalls vorgenommen werden soll.[3] In diese Richtung weist schließlich auch das Urteil des BVerfG vom 9.4.2024,[4] wenn es bei der Vaterschaftsanfechtung beanstandet, dass beim Bestehen einer sozial-familiären Beziehung im geltenden Recht keine Interessenabwägung stattfinden kann (vgl. *Langer*, § 169 FamFG Rn. 12). Die Implementierung solcher materieller Wertungskriterien im Abstammungsrecht würde dann – gerade bei Einbeziehung des Kindeswohls als maßgeblichem Kriterium – mit einer Aufwertung des Instituts des Verfahrensbeistandes einhergehen.

5 Voraussetzung der Bestellung eines Verfahrensbeistands ist ferner, dass dies **erforderlich** ist, um die Interessen des Kindes zu wahren. In Abstammungssachen ist Sinn und Zweck dieses Rechtsinstituts hauptsächlich, einem möglichen Interessengegensatz zwischen dem gesetzlichen Vertreter des Kindes und dem Kind entgegenzuwirken (§ 174 Satz 2 FamFG i.V.m. § 158 Abs. 3 Satz 1 Nr. 1 FamFG). Diese Gefahr stellt sich jedoch in der Regel nur dann, wenn das Kind im Verfahren von einem Elternteil gesetzlich vertreten wird. Wenn jedoch für das Kind zur Vertretung im Verfahren ein Ergänzungspfleger zu bestellen ist, sind die Eltern insoweit ohnehin von der gesetzlichen Vertretung ausgeschlossen. Dies gilt in Verfahren nach § 1598a Abs. 2 BGB wegen § 1629 Abs. 2a BGB. In Verfahren auf Anfechtung der Vaterschaft scheidet die Vertretung des Kindes durch die Mutter aus, wenn diese mit dem Scheinvater verheiratet ist oder das Kind unter der gemeinsamen elterlichen Sorge von Mutter und Scheinvater steht (vgl. *Keuter*, § 1600a BGB Rn. 20 ff.), weshalb dem Kind ein Ergänzungspfleger (§ 1809 BGB) zu bestellen ist.[5] Dann kommt die Anordnung einer

---

3 Abrufbar unter www.bmj.de Diskussionsentwurf Abstammungsrecht

4 BVerfG FamRZ 2024, 846 mit Anm. *Reuß* = ZKJ 2024, 213 mit Beitrag *Keuter*, ZKJ 2024, 348 = NZFam 2024, 543 mit Anm. *Langer*

5 Vgl. BGH FamRZ 2012, 859

Verfahrensbeistandschaft in der Regel nicht in Betracht,[6] weil bereits eine die Verfahrensbeistandschaft entbehrlich machende geeignete Interessenwahrnehmung gewährleistet ist. Wenn jedoch das Familiengericht im konkreten Abstammungsverfahren konkrete Gründe für die Annahme hat, dass der Ergänzungspfleger die Interessen des Kindes nicht zur Geltung bringt, kann auch bei bestehender Ergänzungspflegschaft ausnahmsweise die Bestellung eines Verfahrensbeistandes in Betracht kommen.

6 An der Erforderlichkeit eines Verfahrensbeistands fehlt es, wenn das Kind seine Interessen selbst unbeeinflusst und erschöpfend zur Geltung bringen und damit wahrnehmen kann.[7] Wenn das Alter und die Reife des Kindes die eigene Wahrnehmung seiner Interessen erlauben, ist daher die Bestellung eines Verfahrensbeistands nicht erforderlich.

7 Fraglich ist, welche Anforderungen an die **fachliche und persönliche Eignung des Verfahrensbeistandes** zu stellen sind. Durch das Gesetz zur Bekämpfung sexualisierter Gewalt gegen Kinder vom 16.6.2021[8] wurde das Recht der Verfahrensbeistandschaft insbesondere im Hinblick auf die Qualifikationsanforderungen durch Einführung von § 158a FamFG umfassend reformiert. Danach muss ein Verfahrensbeistand jedenfalls in Kindschaftssachen fachlich und persönlich eine besondere Eignung aufweisen. Die fachliche Eignung ist nach § 158a FamFG durch eine Grundqualifikation, eine spezifische Zusatzqualifikation sowie regelmäßige Fortbildungen, die persönliche Eignung durch Vorlage eines erweiterten Führungszeugnisses nachzuweisen.[9]

▶ *Näher dazu Keuter, § 158a FamFG Rn. 2 ff.*

Für die Verfahrensbeistandschaft in Abstammungssachen dürften jedoch die vorstehenden Maßstäbe keine Geltung haben. Zwar verweist § 174 Satz 2 FamFG auf „§§ 158 bis [!] 158c“ und damit formal auch auf § 158a FamFG. Rechtssystematisch enthält § 158a FamFG indes nur eine nähere Konkretisierung des Tatbestandsmerkmals der fachlichen und persönlichen Eignung aus § 158 Abs. 1 Satz 1 FamFG. Eine derartige Konkretisierung geht in Abstammungssachen ins Leere, da § 174 Satz 1 FamFG – sprachlich anders als § 158 Abs. 1 Satz 1 FamFG – die Bestellung eines Verfahrensbeistands gerade ohne die ausdrücklichen Attribute „fachlich und persönlich geeigneten“ regelt.

Selbstverständlich folgt daraus nicht, dass eine ungeeignete Person zum Verfahrensbeistand bestellt werden könnte, da damit der gesetzliche Zweck des Rechtsinstituts zur Sicherstellung einer angemessenen Interessenvertretung des Kindes unterlaufen würde. Vielmehr hat das Gericht gleichwohl nach pflichtgemäßem Ermessen eine an diesem Zweck ausgerichtete geeignete Person zu bestellen.[10] Die Person des Verfahrensbeistandes muss jedoch wohl anders als in Kindschaftssachen gerade **keine besondere fachliche Qualifikation i.S.v. § 158a FamFG** aufweisen.[11] Dies wird bereits durch die in § 158a Abs. 1 Satz 1 FamFG enthaltenen Gegenstände deutlich, über die ein zu bestellender Verfahrensbeistand Kenntnisse aufweisen muss. So sind die dort genannten *„Grundkenntnisse auf den Gebieten des Familienrechts, insbesondere des Kindschaftsrechts, des Verfahrensrechts in Kindschaftssachen und des Kinder- und Jugendhilferechts“* erkennbar auf Kindschaftssachen zugeschnitten.

Auch der historische Hintergrund der Reform durch das Gesetz zur Bekämpfung sexualisierter Gewalt gegen Kinder vom 16.6.2021 spricht für diese Sichtweise. Insbesondere die mangelnde Qualifikation von Familienrichtern und Verfahrensbeiständen in Fällen wie dem

6 Prütting/Helms/*Dürbeck*, § 174 FamFG Rn. 3; Kemper/Schreiber/*Fritsche*, § 174 FamFG Rn. 8
7 Prütting/Helms/*Hammer*, § 158 FamFG Rn. 12
8 BGBl. I, 2021 vom 22.6.2021, S. 1810 ff.
9 Ausführlich dazu *Langer*, Das Recht der Verfahrensbeistandschaft – Teil 1, ZKJ 2023, 407 (409 ff.)
10 MüKo-FamFG/*Coester-Waltjen/Lugani*, FamFG § 174 Rn. 7
11 MüKo-FamFG/*Coester-Waltjen/Lugani*, FamFG § 174 Rn. 7

Staufener Missbrauchsfall[12] war nämlich überhaupt Anlass für die Einführung von § 158a FamFG. Der Gesetzgeber hatte dabei erkennbar die Kindschaftsverfahren – speziell Kinderschutzverfahren – im Blick, in denen die Beantwortung von hochsensiblen Fragen des Kindeswohls fundierte juristische, aber auch gerade interdisziplinäre Fachkenntnisse erfordert. Weder Abstammungs- noch Adoptionsverfahren weisen typischerweise eine ähnlich hohe Komplexität auf. Die Übernahme der Verweisung in § 174 Satz 2 FamFG – ebenso wie in § 191 Satz 2 FamFG für die Adoptionssachen – war damit eher eine redaktionelle Anpassung auf Grund der im Kindschaftsverfahrensrecht geänderten Normsystematik. Sonst hätte der Gesetzgeber nämlich zusätzlich sowohl in § 174 Satz 1 FamFG als auch in § 191 Satz 1 FamFG die Attribute *„fachlich und persönlich geeignet"* in Angleichung an § 158 Abs. 1 Satz 1 FamFG aufgenommen.

§ 175 FamFG

Erörterungstermin, persönliche Anhörung

(1) [1]Das Gericht soll vor einer Beweisaufnahme über die Abstammung die Angelegenheit in einem Termin erörtern. [2]Es soll das persönliche Erscheinen der verfahrensfähigen Beteiligten anordnen.

(2) [1]Das Gericht soll vor einer Entscheidung über die Ersetzung der Einwilligung in eine genetische Abstammungsuntersuchung und die Anordnung der Duldung der Probeentnahme (§ 1598a Abs. 2 des Bürgerlichen Gesetzbuchs) die Eltern und ein Kind, das das 14. Lebensjahr vollendet hat, persönlich anhören. [2]Ein jüngeres Kind kann das Gericht persönlich anhören.

Übersicht Rn.

A. Allgemeines

1 Die Regelung ist zwar als Sollvorschrift ausgestaltet, sie ist jedoch so zu verstehen, dass von der vorherigen Erörterung nur abgesehen werden darf, wenn sie ausnahmsweise nicht möglich ist. Die persönliche Erörterung gehört zum einen zur gesetzlichen Pflicht der **Amtsermittlung** (§ 26 FamFG),[1] zum anderen aber auch zur **Gewährung rechtlichen Gehörs** – auch mit Blick auf den mit einer Abstammungsuntersuchung (§ 178 FamFG) verbundenen Grundrechtseingriff. Eine unter Verstoß gegen Abs. 1 angeordnete Abstammungsuntersuchung kann zu Einwendungen nach § 178 Abs. 2 FamFG führen.[2] Zudem kann es die Richtigkeit des Abstammungsgutachtens in Frage stellen, wenn mangels vorheriger Anhörung für die Berechnung der Vaterschaftswahrscheinlichkeit erhebliche Kriterien unberücksichtigt geblieben sind.

2 Im Erörterungstermin kann sich eine **Beweisaufnahme** anschließen. Dabei hat in Verfahren auf Feststellung des Bestehens oder Nichtbestehens eines Eltern-Kind-Verhältnisses, insbesondere in Verfahren auf Feststellung der Vaterschaft, sowie in Verfahren der Anfech-

12 Vgl. näher dazu *Heilmann*, Die Aufarbeitung des Missbrauchsfalles von Staufen – Ein Beitrag zur Fehlerkultur in der Familiengerichtsbarkeit, FamRZ 2018, 1797–1803
1 MüKo-FamFG/*Coester-Waltjen/Lugani*, § 175 Rn. 2
2 Prütting/Helms/*Dürbeck*, § 175 FamFG Rn. 4

tung der Vaterschaft über die Abstammung eine förmliche Beweisaufnahme zu erfolgen (§ 177 Abs. 2 Satz 1 FamFG), weshalb gemäß § 30 Abs. 1 FamFG die Vorschriften der ZPO über die förmliche Beweisaufnahme entsprechend Anwendung finden. Dabei ist zu beachten, dass dies nicht nur für die Einholung des Abstammungsgutachtens als **förmlicher Sachverständigenbeweis** (§ 30 Abs. 1 FamFG i.V.m. §§ 402 ff. ZPO), sondern auch für die **förmliche Beteiligtenvernehmung** (§ 30 Abs. 1 FamFG i.V.m. §§ 445 ff. ZPO) und **förmliche Zeugenvernehmung** (§ 30 Abs. 1 FamFG i.V.m. §§ 373 ff. ZPO) gilt.[3] Die reine Anhörung der Beteiligten ist dagegen gerade keine Beweisaufnahme.[4]

Der Erörterungstermin ist **nicht öffentlich** (§ 170 Abs. 1 Satz 1 GVG). Das Gericht kann die Öffentlichkeit zulassen, wenn kein Beteiligter widerspricht (§ 170 Abs. 1 Satz 2 GVG). 3

Für die Ladung zum Termin und die Durchführung des Erörterungstermins gelten die Regelungen des § 32 FamFG. Über den Termin hat das Gericht gemäß § 28 Abs. 4 FamFG einen **Vermerk** zu fertigen. Die Nichtbeachtung von § 28 Abs. 4 FamFG ist ein schwerer Verfahrensfehler, der mit der Beschwerde gerügt werden kann.[5] Erfolgt im Termin eine Beweisaufnahme über die Abstammung, ist umstritten, ob eine den Maßgaben der §§ 159 Abs. 1 ZPO entsprechende **Sitzungsniederschrift** zu fertigen ist. 4

▶ *Näher dazu Langer, § 177 FamFG Rn. 9.*

B. Inhalt der Norm

I. Erörterung vor der Beweisaufnahme (Abs. 1)

Bei dem vor der Beweisaufnahme durchzuführenden Erörterungstermin nach Abs. 1 ist zu klären, ob die Einholung eines Abstammungsgutachtens **erforderlich** ist und **welche Personen** in die Begutachtung einzubeziehen sind. Denn nur dann, wenn eine Untersuchung zur Feststellung der Abstammung erforderlich ist, muss sie gemäß § 178 Abs. 1 FamFG geduldet und kann die Mitwirkung an der Untersuchung durchgesetzt werden (vgl. hierzu *Langer*, § 178 FamFG Rn. 4 ff.). Eine solche Untersuchung ist etwa dann nicht mehr erforderlich, wenn im Verfahren auf Feststellung der Vaterschaft im Erörterungstermin die Anerkennung der Vaterschaft erfolgt und die Mutter zustimmt (§ 180 FamFG). Ferner bedarf es der Einbeziehung einer Person in die Abstammungsbegutachtung dann nicht, wenn als Ergebnis des Anhörungstermins feststeht, dass diese Person in der Empfängniszeit mit der Mutter keinen Geschlechtsverkehr hatte. So kann sich etwa im Erörterungstermin ergeben, dass die intime Beziehung zwischen der Mutter und einer als Vater in Betracht gezogenen Person bei Beginn der Empfängniszeit längst beendet war oder die Mutter bereits schwanger war, als sie mit dieser Person erstmals Verkehr hatte. 5

Der Erörterungstermin dient auch dazu, **für die Abstammungsbegutachtung bedeutsame Umstände** zu klären, etwa solche, die für die biostatistische Auswertung der erhobenen Befunde von Bedeutung sein können. Da die Berechnung der Vaterschaftswahrscheinlichkeit die Häufigkeitsverteilung bestimmter DNA-Merkmale berücksichtigt, die populationsgenetisch je nach Herkunft der Person unterschiedlich sein kann, sollte die Herkunft des Scheinvaters und der Mutter erfragt werden. Ist der Scheinvater oder der Putativvater etwa asiatischer oder südamerikanischer Herkunft, was sich im Hinblick auf seine Adoption durch deutsche Eltern aus seinem Namen nicht erschließt, muss dies im Hinblick auf die populationsgenetische Häufigkeitsverteilung von DNA-Merkmalen bei der Abstammungsbegutachtung berücksichtigt werden. Auch eine zwischen dem Mann und der Mutter bestehende Verwandtschaft kann von Bedeutung sein und sollte erfragt werden. Es kann auch hilfreich 6

3 *Wellenhofer*, NZFam 2014, 117 (118)
4 OLG Frankfurt, Beschl. v. 30.12.2015 – 3 UF 243/15
5 OLG Brandenburg 11.2.2011 – 13 UF 7/11, BeckRS 2011, 16737

sein, bei der Ladung zum Erörterungstermin die Vorlage des Mutterpasses anzuordnen, um im Termin zu erörtern, in welcher Schwangerschaftswoche die Geburt stattfand. Ferner dient der Termin der Klärung, ob und welche Männer der Frau in der Empfängniszeit ebenfalls beigewohnt haben und in ein Gutachten zur Feststellung der Vaterschaft einzubeziehen sind.

7 Ferner können in der Erörterung Umstände geklärt werden, die für die Abfassung des **Beweisbeschlusses** hinsichtlich der Anordnung einer Abstammungsbegutachtung und der organisatorischen Vollziehung der Probeentnahme von Bedeutung sein können. Es kann sich aus den bei der Erörterung in Erfahrung gebrachten Umständen für das Gericht die Notwendigkeit ergeben, nicht einen Mundschleimhautabstrich, sondern eine Blutentnahme und deren Untersuchung anzuordnen. Ferner kann die Erörterung der Klärung dienen, ob bereits ein privat eingeholtes Abstammungsgutachten vorliegt und verwertet werden kann (§ 177 Abs. 2 Satz 2 FamFG).

8 Im Verfahren auf Anfechtung der Vaterschaft sind im Erörterungstermin auch die Umstände zu klären, die für die Beurteilung der Einhaltung der **Anfechtungsfrist** nach § 1600b BGB maßgeblich sind.[6] Denn die Abstammungsbegutachtung erübrigt sich, wenn die Anfechtungsfrist verstrichen ist. Zu diesen Erörterungen besteht jedoch im Hinblick auf § 1600b Abs. 2 Satz 1 BGB dann kein Anlass, wenn das Verfahren eingeleitet wurde, bevor das zweite Lebensjahr des Kindes vollendet war.

9 Bei einer Vaterschaftsanfechtung durch den leiblichen Vater nach § 1600 Abs. 1 Nr. 2 BGB ist wegen § 1600 Abs. 2 BGB im Erörterungstermin zu klären, ob der Anfechtung das Bestehen einer **sozial-familiären Beziehung** entgegensteht. Im Hinblick auf die **Verfassungswidrigkeit des geltenden Rechts** wird das neue Recht jedenfalls auch eine sozial-familiäre Beziehung des Antragstellers bzw. sein Bemühen zum Erlangen der Vaterstellung einzubeziehen haben (Näher dazu *Langer* § 169 FamFG Rn. 12).[7] Dann werden im Hinblick auf die wohl nach neuem Recht vorzunehmende Interessenabwägung die maßgeblichen Umstände bereits im Erörterungstermin nach § 175 Abs. 1 FamFG zu ermitteln sein, um zu entscheiden, ob dem Antrag nicht bereits das Ergebnis der Interessenabwägung entgegensteht und es damit auf die genetische Abstammung des Antragstellers nicht mehr ankommt.

10 Gemäß Abs. 1 Satz 2 soll das Gericht **das persönliche Erscheinen der verfahrensfähigen Beteiligten** anordnen. Da dies der **Sachverhaltsaufklärung** dient, richtet sich die Anordnung nach § 33 FamFG. Bleibt der insoweit ordnungsgemäß geladene Beteiligte unentschuldigt im Termin aus, kann gegen ihn durch Beschluss ein Ordnungsgeld verhängt werden. Auf diese Folgen des Ausbleibens muss aber nach § 33 Abs. 4 FamFG bereits in der Ladung hingewiesen werden. Zu beachten ist dabei die Abgrenzung zum Anwendungsbereich von § 34 FamFG, bei dem die persönliche Anhörung allein zum Zwecke der Gewährung rechtlichen Gehörs (Nr. 1) oder auf Grund gesetzlicher Anordnung einer persönlichen Anhörung (Nr. 2) erfolgt. Dort kann das Verfahren gemäß § 34 Abs. 3 Satz 1 FamFG auch ohne seine persönliche Anhörung beendet werden, worauf der Beteiligte nach § 34 Abs. 3 Satz 2 FamFG hinzuweisen ist. Um nach § 33 Abs. 3 FamFG ein **Ordnungsgeld** verhängen zu können, ist es erforderlich, dass der Ladung eindeutig zu entnehmen ist, dass zum Zwecke der Sachverhaltsaufklärung nach § 33 Abs. 1 FamFG geladen wird. Enthält die Ladung zusätzlich den Hinweis nach § 34 Abs. 3 Satz 2 FamFG – wie dies in manchen Vordrucken vorgegeben ist – steht dies der Verhängung von Ordnungsmitteln mangels hinreichend klaren Hinweises entgegen.[8]

---

6 BT-Drs. 16/6308, S. 245
7 Vgl. BVerfG, Urt. v. 9.4.2024 – 1 BvR 2017/21, NzFam 2024, 551 mit Anm. *Langer*.
8 OLG Braunschweig, Beschl. v. 19.3.2024 – 1 WF 28/24, BeckRS 2024, 5208 = NZFam 2024, 1039 mit Anm. *Prinz*

Zu beachten ist § 33 Abs. 1 Satz 3 FamFG, wonach als persönliches Erscheinen auch die Teilnahme an einem Termin **per Bild- und Tonübertragung** nach § 32 Abs. 3 FamFG gilt. Diese Regelung wurde durch das Gesetz zur Förderung des Einsatzes von Videokonferenztechnik in der Zivilgerichtsbarkeit und den Fachgerichtsbarkeiten[9] eingeführt. Bei systematischer Betrachtung handelt es sich bei § 175 Abs. 1 FamFG – in ausdrücklicher Abgrenzung zu § 175 Abs. 2 FamFG – gerade nicht um einen Fall des § 34 Abs. 1 Nr. 2 FamFG. Im Gegensatz zu § 175 Abs. 2 FamFG, wo ausdrücklich von persönlicher Anhörung gesprochen wird, ist in § 175 Abs. 1 FamFG nur davon die Rede, dass das persönliche Erscheinen angeordnet werden soll. Damit ist dies ein Fall des § 33 FamFG, der ausdrücklich in § 33 Abs. 1 Satz 3 FamFG eine Bild- und Tonübertragung als persönliches Erscheinen ausreichen lässt. Das persönliche Erscheinen dient allein der Sachverhaltsaufklärung im Rahmen der in Vorbereitung der förmlichen Beweisaufnahme durchzuführenden Erörterung i.S.v. § 175 Abs. 1 Satz 1 FamFG. In Abgrenzung dazu gilt bei § 175 Abs. 2 FamFG indes die Differenzierung des § 34 Abs. 4 FamFG (dazu unter Rn. 11).

▶ *Näher dazu auch Kischkel, § 34 FamFG Rn. 8 ff.*

II. Anhörungstermin im Verfahren nach § 1598a Abs. 2 BGB

Nach Abs. 2 soll das Gericht vor einer Entscheidung über die Ersetzung der Einwilligung in eine genetische Abstammungsuntersuchung und die Anordnung der Duldung der Probeentnahme die Eltern und das Kind, das das 14. Lebensjahr vollendet hat, persönlich anhören. Ein jüngeres Kind kann das Gericht persönlich anhören. Im Zusammenwirken mit § 34 Abs. 1 Nr. 2 FamFG folgt aus der Sollvorschrift des Abs. 2 die Verpflichtung zur persönlichen Anhörung der Eltern und des über 14 Jahre alten Kindes.[10] Aus einem Umkehrschluss aus § 34 Abs. 4 Satz 1 FamFG folgt, dass eine persönliche **Anhörung durch Bild- und Tonübertragung** anders als in den Fällen der persönlichen Anhörung allein zur Gewährung rechtlichen Gehörs nach § 34 Abs. 1 Nr. 1 FamFG **nicht gestattet** ist. Dies stellt einen Unterschied zu den Fällen des § 175 Abs. 1 FamFG dar, da insoweit nach § 33 Abs. 1 Satz 3 FamFG die Bild- und Tonübertragung gestattet ist (vgl. oben Rn. 10). **11**

Zwar ist für die persönliche Anhörung nicht zwingend die Durchführung eines gemeinsamen Erörterungstermins erforderlich. Dies empfiehlt sich aber vor dem Hintergrund, dass ein Klärungsverfahren i.S.v. § 1598a BGB auch mit einem gerichtlichen Vergleich beendet werden kann (vgl. § 96a Abs. 1 Satz 1 FamFG).[11]

§ 176 FamFG

Anhörung des Jugendamtes

(1) [1]Das Gericht soll im Fall einer Anfechtung nach § 1600 Absatz 1 Nummer 2 des Bürgerlichen Gesetzbuchs sowie im Fall einer Anfechtung nach § 1600 Abs. 1 Nr. 4 des Bürgerlichen Gesetzbuchs, wenn die Anfechtung durch den gesetzlichen Vertreter erfolgt, das Jugendamt anhören. [2]Im Übrigen kann das Gericht das Jugendamt anhören, wenn ein Beteiligter minderjährig ist.

(2) [1]Das Gericht hat dem Jugendamt in den Fällen einer Anfechtung nach Absatz 1 Satz 1 sowie einer Anhörung nach Absatz 1 Satz 2 die Entscheidung mitzuteilen. [2]Gegen den Beschluss steht dem Jugendamt die Beschwerde zu.

---

9 BGBl. I, 2024 Nr. 237 vom 18.7.2024
10 MüKo-FamFG/*Coester-Waltjen/Lugani*, § 175 Rn. 8; vgl. auch BT-Drs. 16/6308, S. 192
11 Prütting/Helms/*Dürbeck*, § 175 FamFG Rn. 7

Übersicht

A. Allgemeines

1 Abs. 1 eröffnet eine Möglichkeit zur Anhörung des Jugendamtes in Abstammungssachen. Für bestimmte Verfahren schreibt die Vorschrift die Anhörung des Jugendamtes vor, ermöglicht darüber hinaus die Anhörung des Jugendamtes aber auch für andere Abstammungssachen. Abs. 2 stärkt die Rechtsposition des Jugendamtes,[1] indem diesem in den Fällen seiner zwingenden Anhörung und bei erfolgter fakultativer Anhörung die Entscheidung in einer Abstammungssache mitzuteilen ist und ihm eine eigene Beschwerdebefugnis eingeräumt wird.

2 Die Mitwirkungspflicht des Jugendamtes an diesen Verfahren ergibt sich aus § 50 Abs. 1 Satz 2 Nr. 2 SGB VIII. Über die nähere Ausgestaltung der Mitwirkung – insbesondere das Ausmaß und die Gestaltung von Ermittlungen des Jugendamtes und der Stellungnahme im Verfahren – entscheidet das Jugendamt nach pflichtgemäßem Ermessen. Das Gericht kann dem Jugendamt hierzu keine Weisungen erteilen.

3 Die Anhörung des Jugendamtes allein bewirkt nicht, dass das Jugendamt Beteiligter des Verfahrens wird (§ 7 Abs. 6 FamFG). In den Fällen des Abs. 1 Satz 1 kann das Jugendamt aber seine Beteiligung nach § 172 Abs. 2 FamFG beantragen.

B. Inhalt der Norm

I. Regelmäßiges Anhörungserfordernis (Abs. 1 Satz 1)

4 In den Fällen des Abs. 1 Satz 1 ist die Anhörung als Sollvorschrift ausgestaltet. Dies ist jedoch im Lichte der Amtsermittlungspflicht nach § 26 FamFG zu sehen, wonach das Gericht alle Erkenntnisquellen auszuschöpfen hat. Gleichwohl statuiert § 176 Abs. 1 Satz 1 FamFG keine generelle Anhörungspflicht.[2] Aber das Gericht wird in den Fällen besonders sorgfältig begründen müssen, wenn es von der Anhörung absieht. Andernfalls liegt ein Verfahrensfehler vor.[3]

5 Soweit das Jugendamt in Abstammungssachen schon als **Ergänzungspfleger** oder Beistand des Kindes mit dem Verfahren befasst ist, besteht gleichwohl eine Anhörungspflicht nach Abs. 1 Satz 1, da es sich nach § 2 Abs. 3 Nr. 6 und 11 SGB VIII hier um unterschiedliche Aufgaben der Jugendhilfe handelt, die auch organisatorisch unterschiedlichen Personen zugeordnet sind.[4]

6 Die Anhörung des Jugendamtes soll erfolgen bei **Anfechtung der Vaterschaft durch den potenziellen leiblichen Vater** (§ 1600 Abs. 1 Nr. 2 BGB). Dies dient vor allem der Klärung der Frage, ob zwischen dem Kind und dem rechtlichen Vater keine sozial-familiäre Bezie-

1 MüKo-FamFG/*Coester-Waltjen/Lugani*, § 176 Rn. 1
2 MüKo-FamFG/*Coester-Waltjen/Lugani*, FamFG § 176 Rn. 6
3 MüKo-FamFG/*Coester-Waltjen/Lugani*, FamFG § 176 Rn. 6
4 Vgl. BGH FamRZ 2017, 50 in einer Umgangssache

hung besteht, denn nur dann ist die Anfechtung der Vaterschaft durch den potenziellen leiblichen Vater eröffnet (§1600 Abs. 2 BGB, vgl. *Keuter,* §1600 BGB Rn. 12 ff.). Hierzu kann das Jugendamt entscheidungserhebliche Erkenntnisse haben, zu deren Ermittlung das Gericht im Rahmen des §26 FamFG verpflichtet ist. Dabei geht es allerdings nicht um Erwägungen des Kindeswohls, da diese für die Entscheidung ohne Bedeutung sind, sondern allein um Kriterien für oder gegen das Bestehen einer vor der Intervention eines Dritten geschützten sozialen Familie.

Die Anhörung des Jugendamtes soll ferner erfolgen bei der **Anfechtung der Vaterschaft durch das Kind** (§1600 Abs. 1 Nr. 4 BGB), wenn diese durch den gesetzlichen Vertreter erfolgt (§1600a Abs. 3 BGB). Denn dann ist die Anfechtung nur zulässig, wenn sie dem Wohl des Kindes dient (§1600a Abs. 4 BGB). Hier ist das Jugendamt in seiner ureigenen Aufgabe zur Gewährleistung des Kindeswohls gefragt und soll das Gericht bei der Kindeswohlprüfung fachlich beraten.[5] Nach dem Wortlaut der Regelung wäre das Jugendamt auch bei der Anfechtung der Vaterschaft durch den Vertreter eines volljährigen geschäftsunfähigen Kindes zu beteiligen. Nach ihrem Zweck und der Aufgabenstellung des Jugendamtes ist der Anwendungsbereich jedoch auf minderjährige Kinder beschränkt. 7

II. Anhörung des Jugendamtes in sonstigen Fällen (Abs. 1 Satz 2)

Das Gericht kann das Jugendamt auch in sonstigen Abstammungssachen anhören, wenn ein Beteiligter minderjährig ist. Eine solche **fakultative Anhörung** des Jugendamtes kann in Verfahren nach §1598a BGB veranlasst sein, wenn die Klärung von Umständen i.S.v. §1598a Abs. 3 BGB zu erfolgen hat. In Verfahren auf Feststellung der Vaterschaft besteht für eine Anhörung des Jugendamtes schon deshalb kein Anlass, weil materiell-rechtlich weder das Kindeswohl noch sonstige Umstände, zu deren Klärung das Jugendamt beitragen könnte, entscheidungserheblich sind. Dies gilt auch, wenn ein Abstammungsverfahren von einem minderjährigen Elternteil betrieben wird, da dieser selbst verfahrensfähig ist (§9 Abs. 1 Nr. 4 FamFG) und eine Anfechtung der Vaterschaft selbst betreiben kann (§1600a Abs. 2 Satz 2 BGB), ohne dass dabei eine Kindeswohlprüfung zu erfolgen hätte. Bei der Feststellung der Vaterschaft ist das Jugendamt im Übrigen ohnehin nach §§2 Abs. 3 Nr. 9, 52a SGB VIII zur Beratung und Unterstützung der Mutter verpflichtet und hat insoweit von sich aus ein Beratungsangebot zu unterbreiten, wenn ihm die Geburt eines Kindes angezeigt wird, dessen Eltern nicht miteinander verheiratet sind (vgl. §52a Abs. 4 SGB VIII). 8

III. Mitteilung der Entscheidung (Abs. 2 Satz 1)

In den Fällen der obligatorischen Anhörung des Jugendamtes nach Abs. 1 Satz 1 muss das Gericht die Entscheidung dem Jugendamt mitteilen, auch wenn es von der Anhörung des Jugendamtes – ausnahmsweise und mit dargelegter Begründung – abgesehen hat.[6] Bei der fakultativen Anhörung nach Abs. 1 Satz 2 hat die Mitteilung der Entscheidung an das Jugendamt nur dann zu erfolgen, wenn es tatsächlich angehört wurde.[7] 9

IV. Beschwerdebefugnis des Jugendamtes (Abs. 2 Satz 2)

In den Fällen der obligatorischen Anhörung nach Abs. 1 Satz 1 hat das Jugendamt die Befugnis, die gerichtliche Entscheidung mit der Beschwerde anzufechten, auch wenn es tatsächlich nicht angehört wurde.[8] In anderen Abstammungssachen ist das Jugendamt nur beschwerdebefugt, wenn eine Anhörung des Jugendamtes tatsächlich erfolgt ist. Mit die- 10

5 Prütting/Helms/*Dürbeck,* §176 FamFG Rn. 3
6 Kemper/Schreiber/*Fritsche,* §176 FamFG Rn. 4
7 Prütting/Helms/*Dürbeck,* §176 FamFG Rn. 5
8 MüKo-FamFG/*Coester-Waltjen/Lugani,* §176 Rn. 9

ser Regelung ist klargestellt, dass es unter diesen Voraussetzungen für eine Beschwerdebefugnis des Jugendamtes keiner Beeinträchtigung in eigenen Rechten bedarf (vgl. § 59 Abs. 3 FamFG).[9]

§ 177 FamFG
Eingeschränkte Amtsermittlung; förmliche Beweisaufnahme

(1) Im Verfahren auf Anfechtung der Vaterschaft dürfen von den beteiligten Personen nicht vorgebrachte Tatsachen nur berücksichtigt werden, wenn sie geeignet sind, dem Fortbestand der Vaterschaft zu dienen, oder wenn der die Vaterschaft Anfechtende einer Berücksichtigung nicht widerspricht.

(2) [1]Über die Abstammung in Verfahren nach § 169 Nr. 1 und 4 hat eine förmliche Beweisaufnahme stattzufinden. [2]Die Begutachtung durch einen Sachverständigen kann durch die Verwertung eines von einem Beteiligten mit Zustimmung der anderen Beteiligten eingeholten Gutachtens über die Abstammung ersetzt werden, wenn das Gericht keine Zweifel an der Richtigkeit und Vollständigkeit der im Gutachten getroffenen Feststellungen hat und die Beteiligten zustimmen.

Übersicht

A. Allgemeines

1 Die Norm ordnet für Abstammungssachen die förmliche Beweisaufnahme und damit das **Strengbeweisverfahren** der Zivilprozessordnung an. Zugleich wird der Grundsatz der Amtsermittlung hinsichtlich anfechtungsfreundlicher Tatsachen durchbrochen, da ein öffentliches Interesse an der Beseitigung einer bestehenden Eltern-Kind-Zuordnung nicht besteht.[1] Anfechtungsfreundliche Tatsachen sind daher der beschränkten Herrschaft der Beteiligten zugewiesen.[2] Ferner regelt die Norm die Voraussetzungen für die Verwertung von Privatgutachten.

B. Inhalt der Norm

I. Einschränkung der Amtsermittlung (Abs. 1)

2 Abstammungssachen unterliegen der **gerichtlichen Amtsermittlung nach § 26 FamFG**. Danach hat das Gericht von Amts wegen die zur Feststellung der entscheidungserheblichen Tatsachen erforderlichen Ermittlungen durchzuführen.[3] Eine Aufklärungs- und Ermittlungspflicht besteht insoweit, als das Vorbringen der Beteiligten und der Sachverhalt als solcher bei sorgfältiger Prüfung hierzu Anlass geben. Das Gericht braucht aber nicht jeder nur denkbaren Möglichkeit nachzugehen.[4] Kann die Abstammung eines Kindes nicht über

9 Prütting/Helms/*Dürbeck*, § 176 FamFG Rn. 6
1 BGH NJW 1980, 1335; OLG Brandenburg FamRZ 2004, 480
2 BeckOK-FamFG/*Weber* FamFG § 177 Vor Rn. 1
3 OLG Celle FamRZ 2022, 1635; Prütting/Helms/*Dürbeck*, FamFG, § 177, Rn. 2
4 BGH FamRZ 2010, 720

ein DNA-Abstammungsgutachten festgestellt werden, weil hierfür nicht ausreichendes genetisches Material des verstorbenen und eingeäscherten potenziellen Vaters zur Verfügung steht und andere Verwandte für ein Gutachten (§ 178 Abs. 1 FamFG) nicht zur Verfügung stehen, umfasst die Amtsermittlungspflicht nicht, nicht näher konkretisierten Behauptungen des Kindes nachzugehen, Kleidungsstücke mit möglichen genetischen Spuren des Verstorbenen befänden sich noch in der Wohnung der Witwe.[5]

Die Pflicht zur Amtsermittlung wird durch Abs. 1 in Verfahren auf **Anfechtung der Vaterschaft** auf solche Umstände beschränkt, die dem Fortbestand der Vaterschaft dienen. Denn der Anfechtungsberechtigte kann über die Verwertung anfechtungsgünstiger Tatsachen ebenso disponieren wie über die Ausübung des Anfechtungsrechts selbst.[6] Tatsachen, die geeignet sind, der Anfechtung der Vaterschaft zum Erfolg zu verhelfen, dürfen vom Gericht nur berücksichtigt werden, wenn sie vom Anfechtenden vorgebracht werden. Hat sie ein anderer Beteiligter, der nicht Antragsteller ist, vorgebracht, darf das Gericht sie nur berücksichtigen, wenn der Anfechtende einer Berücksichtigung nicht widerspricht. Der Widerspruch des Anfechtenden muss deutlich sein,[7] jedoch kann sich dieser Widerspruch schon daraus ergeben, dass die Tatsachen zu dem eigenen Vortrag des Anfechtenden in Widerspruch stehen.[8] Trägt etwa der Anfechtende vor, zu einem Zeitpunkt mit der Mutter Geschlechtsverkehr ausgeübt zu haben, der vor der Empfängniszeit lag und daher von vornherein seine Vaterschaft ausgeschlossen erscheinen ließ, ist sein später als zwei Jahre nach Kenntnis von der erfolgten Geburt des Kindes eingereichter Antrag auf Anfechtung der Vaterschaft selbst dann verfristet, wenn andere Beteiligte einen späteren Zeitpunkt des Geschlechtsverkehrs vortragen.[9] Wollen andere Beteiligte die Berücksichtigung solcher Umstände erreichen, können sie dies gegen den Widerspruch des Anfechtenden nur erreichen, indem sie selbst einen Anfechtungsantrag stellen.[10] 3

Das Gericht darf somit nicht von Amts wegen **gegen die Vaterschaft sprechende Umstände** ermitteln oder in das Verfahren einführen. Wenn der Anfechtende Mehrverkehr der Mutter nicht vorträgt, darf das Gericht eine etwaige Kenntnis von einem solchen Mehrverkehr – z.B. aus einem Scheidungsverfahren des weiteren Mannes, der mit der Mutter Geschlechtsverkehr hatte – nicht von Amts wegen berücksichtigen. Hat der anfechtende Vater keine gegen das Vorliegen einer sozial-familiären Beziehung zwischen dem Kind und dem rechtlichen Vater sprechenden Umstände dargelegt, muss das Gericht ohne weitere Amtsermittlung davon ausgehen, dass der rechtliche Vater weiterhin Verantwortung für das Kind trägt.[11] Dies dürfte im Lichte der Anforderungen des BVerfG an das neue Anfechtungsrecht weiter gedacht bedeuten, dass der Anfechtende auch diejenigen Umstände darlegen muss, die im Rahmen einer Interessenabwägung für das Überwiegen des Anfechtungsinteresses gegenüber dem Bestandsinteresse sprechen (z.B. eine eigene sozial-familiäre Beziehung zu dem Kind oder ein ernsthaftes Bemühen um die Erlangung der Vaterschaftsposition – näher dazu *Langer,* § 169 FamFG Rn. 12).[12] Trägt der Anfechtende einen Zeitpunkt der Kenntniserlangung von gegen die Vaterschaft sprechenden Umständen vor, nach dem die Anfechtungsfrist bereits verstrichen wäre, darf das Gericht einen von einem anderen Beteiligten behaupteten späteren Zeitpunkt der Kenntniserlangung, bei dem die Anfechtungsfrist noch gewahrt wäre, nicht zugrunde legen, sofern sich der Anfechtende 4

5 OLG Celle, Beschl. v. 30.1.2023 – 21 UF 124/20
6 MüKo-FamFG/*Coester-Waltjen/Lugani,* § 177 Rn. 7
7 MüKo-FamFG/*Coester-Waltjen/Lugani,* § 177 Rn. 4
8 Kemper/Schreiber/*Fritsche,* § 177 FamFG Rn. 5
9 BGH FamRZ 1990, 507, 508
10 Staudinger/*Rauscher,* Anh. zu § 1600d BGB Rn. 74
11 BGH FamRZ 2008, 1821
12 Vgl. BVerfG, Urt. v. 9.4.2024 – 1 BvR 2017/21, NzFam 2024, 551 mit Anm. *Langer*

diesen anderen Vortrag nicht zu eigen macht oder der andere Beteiligte nicht selbst einen Antrag auf Anfechtung der Vaterschaft stellt.

5 Alle dem **Fortbestand der Vaterschaft** dienenden Umstände muss das Gericht von Amts wegen ermitteln und berücksichtigen. Dazu zählen insbesondere alle Umstände, aus denen sich eine Verfristung des Anfechtungsantrags (§ 1600b Abs. 1 BGB) ergeben können. Trägt der Anfechtende einen Zeitpunkt der Kenntniserlangung von gegen die Vaterschaft sprechenden Umständen vor, bei welchem die Anfechtungsfrist gewahrt wäre, erlangt das Gericht aber Kenntnis davon, dass der Anfechtende schon länger als zwei Jahre vor der Einleitung des Anfechtungsverfahrens Kenntnis von gegen die Vaterschaft sprechenden Umständen hatte, kann die Anfechtung selbst dann keinen Erfolg haben, wenn keiner der Beteiligten sich auf eine Verfristung beruft. Ebenso muss das Gericht von Amts wegen Umstände berücksichtigen, die für das Bestehen einer sozial-familiären Beziehung zwischen dem rechtlichen Vater und dem Kind sprechen und damit dem Anfechtungsrecht des potenziellen leiblichen Vaters entgegenstehen.[13]

II. Förmliche Beweisaufnahme (Abs. 2 Satz 1)

6 In Verfahren der freiwilligen Gerichtsbarkeit entscheidet das Gericht grundsätzlich nach pflichtgemäßem Ermessen, ob es entscheidungserhebliche Tatsachen durch eine förmliche Beweisaufnahme nach den Vorschriften der Zivilprozessordnung – mithin im Strengbeweisverfahren – feststellt oder ob es Feststellungen im Wege des Freibeweises trifft (§ 30 Abs. 1 FamFG). Etwas anderes gilt jedoch dann, wenn das FamFG die förmliche Beweisaufnahme ausdrücklich vorsieht (§ 30 Abs. 2 FamFG). Eine solche ausdrückliche gesetzliche Anordnung der förmlichen Beweisaufnahme enthält § 177 Abs. 2 Satz 1 FamFG. Nach dieser Bestimmung muss in Verfahren nach § 169 Nr. 1 und Nr. 4 FamFG **über die Abstammung** eine förmliche Beweisaufnahme stattfinden.[14]

7 In Verfahren auf Feststellung des Bestehens eines Eltern-Kind-Verhältnisses, auf Feststellung der Vaterschaft und auf Anfechtung der Vaterschaft gilt der Strengbeweis. Es muss mit den Beweismitteln der ZPO Beweis erhoben werden. Dies erstreckt sich jedoch nur auf die **Durchführung der Beweiserhebung**, nicht darauf, ob Beweis erhoben wird, da letzteres aus der Pflicht zur Amtsermittlung folgt. Es bedarf daher keines Beweisantritts der Beteiligten und keiner Beweisanträge.[15] Die Beteiligten können jedoch Beweisanträge stellen, um die Heranziehung bestimmter Beweismittel zu erreichen. Dies hat insbesondere Bedeutung, wenn der Mann, der als Vater festgestellt werden soll, Mehrverkehr der Mutter behauptet und diesen unter Beweis stellt. Über entsprechende **Beweisanträge** hat das Gericht in Anlehnung an § 244 Abs. 3 StPO zu entscheiden.[16] Das Gericht darf solche Beweisanträge nicht mit der Begründung ablehnen, nach dem Ergebnis des Abstammungsgutachtens stehe die Vaterschaft bereits fest, selbst wenn aus dem Gutachten eine sehr hohe Vaterschaftswahrscheinlichkeit folgt, da auch eine hohe Vaterschaftswahrscheinlichkeit bei Mehrverkehr in Frage gestellt sein kann.[17]

8 Erforderlich ist ein **Beweisbeschluss** (§§ 358 ff. ZPO), wenn die Beweisaufnahme nicht unmittelbar im anberaumten Termin stattfindet.[18] In dem Beweisbeschluss ist ein Beweisfüh-

---

13 MüKo-FamFG/*Coester-Waltjen/Lugani*, § 177 Rn. 3
14 Vgl. hierzu z.B. *Wellenhofer*, NZFam 2014, 117 ff.
15 Kemper/Schreiber/*Fritsche*, § 177 FamFG Rn. 6
16 BGH v. 10.2.1993 – XII ZR 241/91, FamRZ 1993, 691; BGH v. 12.1.1994 – XII ZR 155/92, FamRZ 1994, 506, 507 ausführlich hierzu auch *Grün*, Vaterschaftsfeststellung, Rn. 361 ff.
17 BGH FamRZ 2006, 1745
18 MüKo-FamFG/*Coester-Waltjen/Lugani*, 4. Aufl. 2025, FamFG § 177 Rn. 10; MüKo-ZPO/*Heinrich*, ZPO § 358 Rn. 2; zur Verwertbarkeit eines Sachverständigengutachtens, das auf Grund eines fehlerhaften Beweisbeschlusses eingeholt wurde: OLG Celle FamRZ 2006, 54 (MüKo-FamFG/*Coester-Waltjen/Lugani*, 4. Aufl. 2025, FamFG § 177, beck-online)

rer auf Grund des geltenden Amtsermittlungsgrundsatzes nicht zu bezeichnen. Ein Rechtsmittel gegen einen Beschluss, der die Einholung eines Sachverständigengutachtens anordnet, besteht nicht (vgl. näher *Langer*, § 178 FamFG Rn. 12 ff.).[19] Für die Durchführung des Zeugenbeweises gelten die Regelungen der §§ 375 ff. ZPO entsprechend, im Rahmen der Amtsermittlung jedoch nicht die Regelung des § 373 ZPO über den Beweisantritt. Für das Abstammungsgutachten gelten die Bestimmungen der ZPO über den Sachverständigenbeweis (§§ 402 ff. ZPO) entsprechend, soweit das FamFG keine abweichenden Regelungen enthält. Bei der Durchführung der Vernehmung der Beteiligten kann insbesondere § 452 ZPO von praktischer Bedeutung sein. Danach kann das Gericht die Beeidigung des vernommenen Beteiligten anordnen, wenn das Ergebnis seiner unbeeidigten Aussage nicht ausreicht.

Erfolgt im Termin eine förmliche Beweisaufnahme über die Abstammung, ist umstritten, ob **9** eine den Maßgaben der §§ 159 Abs. 1 ZPO entsprechende **Sitzungsniederschrift** zu fertigen ist. Nach einer teilweise vertretenen Ansicht ist auch bei Durchführung einer förmlichen Beweisaufnahme deren wesentliches Ergebnis nur in einem Vermerk nach § 28 Abs. 4 FamFG festzuhalten, da § 28 Abs. 4 FamFG *lex specialis* gegenüber §§ 159 ff. FamFG sei.[20] Nach der Gegenansicht ist ein förmliches Protokoll nach § 159 ff. ZPO aufzunehmen.[21]

Überzeugender dürfte die letztgenannte Ansicht sein, da § 30 Abs. 1 FamFG für die förmliche Beweisaufnahme umfassend auf die ZPO („*entsprechend der Zivilprozessordnung*") und nicht etwa nur auf die „*Vorschriften der Beweisaufnahme nach §§ 355–484 ZPO*" verweist. Zudem ist die förmliche Protokollierung – wie §§ 160 Abs. 3 Nr. 4 und 5, 162 ZPO zeigen – von erheblicher Bedeutung für die förmliche Beweisaufnahme, da sich nur aus der Einhaltung dieser strengen Vorgaben die Beweiskraft des Protokolls nach § 165 ZPO rechtfertigen lässt. Erst dadurch wiederum kann die Beachtung der gesetzlichen Vorgaben für den Strengbeweis sichergestellt und rechtssicher dokumentiert und nachgewiesen werden.

Die Einhaltung des Strengbeweisverfahrens wird aber auch für Abstammungssachen gerade durch § 177 Abs. 2 FamFG gesetzlich intendiert, sodass auch teleologische Argumente für die Geltung der Vorschriften über die förmliche Protokollierung sprechen. Im Übrigen ist nicht ersichtlich, weshalb § 28 Abs. 4 FamFG gerade *lex specialis* sein soll. Vielmehr gilt § 28 Abs. 4 FamFG für jede Art von Termin, während die Vorschriften über die Protokollierung nach § 159 ff. ZPO i.V.m. § 30 Abs. 1 FamFG gerade nur für Termine mit förmlicher Beweisaufnahme gelten. Letztgenannte Vorschriften sind demnach gerade spezieller und haben daher Vorrang.[22]

Zur Durchsetzung der Beweisaufnahme muss das Gericht die Zwangsmittel der ZPO (vgl. **10** etwa § 380 ZPO bei unentschuldigtem Ausbleiben des Zeugen, § 390 ZPO bei unberechtigter Zeugnisverweigerung, § 409 ZPO bei Ausbleiben eines Sachverständigen oder unberechtigter Gutachtenverweigerung) anwenden, wobei die Mitwirkung an der Abstammungsbegutachtung unter den Voraussetzungen des § 178 Abs. 2 FamFG auch durch Anwendung unmittelbaren Zwangs durchgesetzt werden kann.

▶ *Näher dazu Langer, § 178 FamFG Rn. 12 ff.*

---

19 BGH FamRZ 2007, 1728
20 Prütting/Helms/*Dürbeck*, FamFG, § 177 FamFG Rn.7; MüKo-FamFG/*Ulrici*, § 30 Rn. 38
21 MüKo-FamFG/*Coester-Waltjen/Lugani*, 4. Aufl. 2025, FamFG § 177 Rn. 10; *Haußleiter/Gomille*, 2. Aufl. 2017, FamFG § 30 Rn. 15
22 Von einer umfassenden Verweisung auf die Zivilprozessordnung geht wohl im Ergebnis auch die amtliche Begründung des Gesetzes zur Förderung des Einsatzes von Videokonferenztechnik in der Zivilgerichtsbarkeit und den Fachgerichtsbarkeiten, BR-Drs. 228/23, S. 74 aus

III. Verwertung von Privatgutachten (Abs. 2 Satz 2)

11 Unter den Voraussetzungen des Abs. 2 Satz 2 kann das Gericht auf die Einholung eines gerichtlichen – weiteren – Abstammungsgutachtens verzichten. Jedoch sollte im Interesse der Statuswahrheit davon nicht leichtfertig Gebrauch gemacht werden. Das Gericht muss sich insbesondere eine Überzeugung davon bilden, dass das eingeholte Gutachten gesetzmäßig auf der Grundlage des Gendiagnostikgesetzes[23] und richtliniengemäß erstellt wurde,[24] was sich nicht nur auf die Auswertung des erhobenen Befundes, sondern auch auf die Probeentnahme, den Kreis der Miteinzubeziehenden und die Gewährleistung der Personenidentität der untersuchten Person erstreckt.

12 Es kann nur ein **mit Zustimmung der Beteiligten eingeholtes Gutachten** – mithin nicht ein heimlich eingeholtes Abstammungsgutachten – verwertet werden,[25] selbst wenn alle Beteiligten der Verwertung im Verfahren zustimmen. Abgesehen davon, dass heimliche Vaterschaftstests gesetzeswidrig sind,[26] scheidet deren Verwertung auch deshalb aus, weil die Probengewinnung nicht dem GenDG und den Richtlinien der Gendiagnostik-Kommission für Abstammungsgutachten entspricht, weshalb von vornherein Zweifel an der Richtigkeit des Gutachtens bestehen müssen.

13 Die Beteiligten müssen die **Zustimmung zur Verwertung des Gutachtens** erklären. Dies gilt auch, wenn es sich um ein in Folge eines Verfahrens nach § 1598a Abs. 2 BGB eingeholtes Gutachten handelt.[27] Es ist immer eine ausdrückliche Zustimmung aller Beteiligten erforderlich, so dass bereits die fehlende Zustimmung eines Beteiligten die Verwertung hindert. Das Schweigen auf die Frage nach der Zustimmung zur Verwertung darf nicht als Zustimmung gewertet werden.[28] Aus der Zustimmung zur Einholung des Gutachtens darf nicht auf die Zustimmung zur Verwertung des Gutachtens im Verfahren geschlossen werden.[29] Die Verweigerung der Zustimmung muss nicht begründet werden.[30] Nicht erforderlich ist allerdings, dass die Beteiligten des Abstammungsgutachtens und des Anfechtungsverfahrens identisch sind.[31]

14 Das Gericht darf auch bei Zustimmung der Beteiligten ein privat eingeholtes Gutachten nur verwerten, wenn es **keine Zweifel an der Richtigkeit** und Vollständigkeit der im Gutachten getroffenen Feststellungen hat. Im Hinblick auf die Fehleranfälligkeit von Abstammungsuntersuchungen, insbesondere was die Probeentnahme selbst und die dabei zu beachtende Identitätssicherung sowie die Heranziehung der zutreffenden populationsgenetischen Merkmalverteilung bei der Wahrscheinlichkeitsberechnung betrifft (vgl. hierzu *Keuter*, § 1600d BGB Rn. 6 ff.), sollte das Gericht unbedingt von einer Verwertung von Gutachten absehen, die von einem Institut erstellt wurden, das nicht die Qualitätsanforderungen der Richtlinien der Gendiagnostik-Kommission erfüllt. Die Statuswahrheit hat Vorrang vor dem Kosteninteresse der Beteiligten oder der Staatskasse.

---

23 OLG Celle JurBüro 2018, 534: keine Einbeziehung der Mutter; vgl. hierzu auch *Genenger*, NJW 2010, 113

24 Richtlinie der Gendiagnostik-Kommission (GEKO) für die Anforderungen an die Durchführung genetischer Analysen zur Klärung der Abstammung und an die Qualifikation von ärztlichen und nichtärztlichen Sachverständigen gemäß § 23 Abs. 2 Nr. 4 und Nr. 2b GenDG (in der Fassung vom 17.7.2012; veröffentlicht und in Kraft getreten am 26.7.2012, Bundesgesundheitsblatt 2013, 169 ff., auch veröffentlicht auf der Homepage des Robert-Koch-Instituts (www.rki.de)

25 MüKo-FamFG/*Coester-Waltjen*/*Lugani*, § 177 Rn. 12; Prütting/Helms/*Dürbeck*, § 177 FamFG Rn. 10

26 Vgl. BVerfG FamRZ 2007, 753; BGH FamRZ 2007, 1314; FamRZ 2005, 340

27 OLG Naumburg NJW-RR 2013, 1413

28 MüKo-FamFG/*Coester-Waltjen*/*Lugani*, § 177 Rn. 17

29 Kemper/Schreiber/*Fritsche*, § 177 FamFG Rn. 7

30 MüKo-FamFG/*Coester-Waltjen*/*Lugani*, § 177 Rn. 16

31 AG Sigmaringen, Beschl. v. 18.12.2024 – 2 F 343/24, Rn. 19, juris, wo an dem Privatgutachten das Kind, die Mutter und der Putativvater beteiligt waren, während an dem Anfechtungsverfahren nach § 172 FamFG gerade nur der rechtliche Vater neben dem Kind und der Mutter beteiligt sind

In einem postmortalen Abstammungsverfahren – in dem die Probeentnahme nach den Richtlinien nicht oder jedenfalls nicht mehr ohne Exhumierung möglich gewesen wäre – wurde indes die Verwertung eines Gutachtens nach § 177 Abs. 2 Satz 2 FamFG auf Grundlage einer genetischen Probe für zulässig erachtet, die aus auf Postkarten des potenziellen leiblichen Vaters aufgeklebten Briefmarken gewonnen wurde. Die Überzeugungsbildung des Gerichts wurde dabei neben dem Gutachtenergebnis auch auf weitere Umstände gestützt.[32] Interessant an dem vorstehenden Fall war, dass das Gericht sich auch eine Überzeugung davon zu bilden hatte – und diese begründen musste –, dass die Probe tatsächlich von dem als Vater festzustellenden Mann stammte, also genau dieser die Briefe nicht nur geschrieben, sondern auch die Briefmarken abgeleckt hatte. Derartige Unsicherheiten sollen durch richtlinienkonforme Probeentnahme – auch bei Privatgutachten – gerade vermieden werden.

§ 178 FamFG

Untersuchungen zur Feststellung der Abstammung

(1) Soweit es zur Feststellung der Abstammung erforderlich ist, hat jede Person Untersuchungen, insbesondere die Entnahme von Blutproben, zu dulden, es sei denn, dass ihr die Untersuchung nicht zugemutet werden kann.

(2) [1]Die §§ 386 bis 390 der Zivilprozessordnung gelten entsprechend. [2]Bei wiederholter unberechtigter Verweigerung der Untersuchung kann auch unmittelbarer Zwang angewendet, insbesondere die zwangsweise Vorführung zur Untersuchung angeordnet werden.

Übersicht Rn.

A. Allgemeines

1 Die Bestimmung entspricht der – weiterhin geltenden – wortgleichen Regelung des § 372a ZPO, die jedoch nur noch für Abstammungsuntersuchungen außerhalb von Abstammungsverfahren Bedeutung hat. In Abstammungssachen i.S.v. § 169 FamFG gilt allein die Regelung des § 178 FamFG, der in Abs. 1 die Pflicht zur Mitwirkung an zum Zwecke der Beweisaufnahme gerichtlich angeordneten Abstammungsuntersuchungen und in Abs. 2 die gerichtliche Durchsetzung der Mitwirkungspflicht regelt. Ein Anspruch auf Einwilligung in eine Abstammungsuntersuchung und Probeentnahme gegen einen mutmaßlichen genetischen Erzeuger kann über den insoweit mangels rechtlicher Vaterstellung des zu Verpflichtenden nicht einschlägigen Anwendungsbereich des § 1598a BGB hinaus indes nicht auf § 178 FamFG gestützt werden, da es sich um eine reine Verfahrensvorschrift handelt.[1]

32 OLG Celle, Beschl. v. 9.2.2023 – 21 UF 164/22

1 OLG Zweibrücken FamRZ 2023, 36, vgl. zur verfassungsrechtlichen Beurteilung der insoweit de lege lata fehlenden Klärungsmöglichkeit BVerfG ZKJ 2016, 261 und nachfolgend zur konventionsrechtlichen Würdigung EGMR FamRZ 2023, 1800

B. Inhalt der Norm

I. Duldungspflicht der Untersuchungsperson (Abs. 1)

1. Umfang der Duldungspflicht und betroffener Personenkreis

2 Die Verpflichtung zur Duldung der Untersuchung umfasst nicht nur die passive Hinnahme von Untersuchungsmaßnahmen, sondern **auch aktives Verhalten** des Pflichtigen, wie etwa das Aufsuchen der Untersuchungsstelle, die Mitwirkung an der Identitätsprüfung und Identitätssicherung,[2] die Duldung der Anfertigung eines Lichtbildes und eines Fingerabdrucks sowie die Mitwirkung an der Probeentnahme und die Duldung des damit verbundenen Eingriffs.

3 Die Anordnung der Abstammungsuntersuchung kann sich nicht nur auf Beteiligte des Verfahrens beziehen, sondern auf **alle Personen**, deren Untersuchung für die Klärung der Abstammung erforderlich ist. Damit werden auch Dritte – wie etwa die Angehörigen eines bereits verstorbenen Putativvaters – erfasst.[3]

2. Voraussetzungen der Duldungspflicht

4 Eine Anordnung nach § 178 FamFG kann nur ergehen, wenn in einem **Abstammungsverfahren** nach § 169 FamFG die **Feststellung der Abstammung entscheidungserheblich** ist. Dies ist nur in Verfahren nach § 169 Nr. 1 und Nr. 4 FamFG der Fall, also insbesondere bei der Feststellung der Vaterschaft und bei der Anfechtung der Vaterschaft. In Verfahren nach § 169 Nr. 2 und Nr. 3 FamFG (Klärungsverfahren nach § 1598a BGB) erfolgt keine gerichtliche Feststellung der Abstammung. Es wird vielmehr nur die Einwilligung in ein außergerichtlich einzuholendes Abstammungsgutachten ersetzt und die Duldung der Probeentnahme angeordnet, was dann nach §§ 95, 96a Abs. 2 FamFG vollstreckt wird. In einem solchen Verfahren kann daher keine Anordnung nach § 178 FamFG erfolgen.[4]

5 Eine Untersuchungsmaßnahme darf nur angeordnet werden, wenn sie **erforderlich** ist. Daran fehlt es, wenn schon die Zugangsvoraussetzungen für das konkrete Abstammungsverfahren oder die beantragte Entscheidung nicht vorliegen. So kommt z.B. in einem Restitutionsverfahren (§ 580 ZPO, § 185 FamFG) die Anordnung der Abstammungsuntersuchung erst in Betracht, wenn der Wiederaufnahmeantrag zulässig ist und ein Restitutionsgrund tatsächlich vorliegt (vgl. auch hier *Langer,* § 185 FamFG Rn. 4).[5] Ist ein Verfahren auf Feststellung der Vaterschaft von einem Antragsteller eingeleitet worden, der nicht antragsberechtigt ist (vgl. *Keuter,* § 1600d BGB Rn. 22), oder wurde die Anfechtung der Vaterschaft nicht von einem nach § 1600 Abs. 1 BGB Anfechtungsberechtigten beantragt (vgl. *Keuter,* § 1600 BGB Rn. 4 ff.), scheidet die Anordnung einer Abstammungsuntersuchung aus. Eine Abstammungsuntersuchung ist auch dann nicht erforderlich, wenn sich in einem Verfahren auf Anfechtung der Vaterschaft durch den potenziellen leiblichen Vater (§ 1600 Abs. 1 Nr. 2 BGB) ergibt, dass zwischen dem rechtlichen Vater und dem Kind eine sozial-familiäre Beziehung besteht (§ 1600 Abs. 2 BGB). Es steht deshalb **nicht im Ermessen des Gerichts**, ob dann, wenn neben der Abstammung auch weitere Anspruchsvoraussetzungen im Streit stehen, zunächst die Abstammungsuntersuchung oder zunächst die Klärung der übrigen Voraussetzungen erfolgt. Je fraglicher die übrigen Voraussetzungen sind, umso eher sind

---

2 AG Hohenstein-Ernstthal FamRZ 2006, 1769
3 Zöller/*Greger,* § 178 FamFG Rn. 1
4 Hinsichtlich der Erforderlichkeit einer klaren gesetzlichen Grundlage für die gerichtliche Anordnung einer Abstammungsuntersuchung vgl. auch BVerfG ZKJ 2013, 407
5 Vgl. OLG Celle FamRZ 2000, 1510

diese zunächst zu klären, bevor ein Betroffener dem Grundrechtseingriff der Abstammungsuntersuchung ausgesetzt wird.[6]

Zur Beurteilung der Erforderlichkeit der Einbeziehung einer Person in eine Abstammungsuntersuchung ist es daher unbedingt erforderlich, vorher einen Erörterungstermin durchzuführen, was durch § 175 Abs. 1 FamFG ausdrücklich vorgeschrieben ist (vgl. *Langer,* § 175 FamFG Rn. 5 ff.). Stellt sich etwa in einem Verfahren auf Feststellung der Vaterschaft als Ergebnis dieses Erörterungstermins zur Überzeugung des Gerichts heraus, dass der als möglicher Vater benannte Mann in der Empfängniszeit keinen Geschlechtsverkehr mit der Mutter hatte, verbietet sich dessen Einbeziehung in ein Abstammungsgutachten.

Die angeordnete Untersuchung muss zur Klärung der Abstammung **geeignet** sein. Es darf nur eine **anerkannte wissenschaftliche Methode** der Abstammungsbegutachtung angeordnet werden.[7] Üblicherweise erfolgt heute ein humangenetisches, biostatistisches DNA-Gutachten. Dabei werden nicht-codierende Teile der DNA von Kind und (potenziellem) Vater miteinander verglichen; Rückschlüsse auf Persönlichkeitsmerkmale lässt dieses Verfahren nicht zu.[8] Grundlage der Untersuchung kann sowohl ein Mundschleimhautabstrich als auch eine Blutprobe sein. Da der Schleimhautabstrich eine geringere Eingriffsintensität hat und nach den Richtlinien der Gendiagnostik-Kommission (Ziff. III 5.1.)[9] offenbar als gleichwertig angesehen wird, ist dieser wohl in der Praxis vorzugswürdig.[10] **Blutproben** dürfen im Hinblick auf die Verhältnismäßigkeit des damit verbundenen Eingriffs in die körperliche Unversehrtheit daher nur in Ausnahmefällen entnommen werden, deren Gründe durch den Sachverständigen darzulegen sind.[11] 6

Die Untersuchungsmethode muss auch **im konkreten Fall Erfolg versprechen**. Steht z.B. fest, dass die Mutter in der Empfängniszeit Geschlechtsverkehr mit monozygoten Zwillingsbrüdern hatte, ließ sich nach dem Stand der Technik im Jahr 2013 mit der "whole-genome-sequencing"-Methode noch nicht klären, von welchem der beiden Zwillingsbrüder das Kind abstammt, weshalb die Abgabe einer Spermaprobe für eine solche Untersuchung mangels Eignung nicht verlangt werden konnte.[12] In einem aktuellen Fall aus dem Jahr 2025 kam das OLG Oldenburg nach sachverständiger Befragung indes zu dem Ergebnis, dass es seit 2014 einen hinreichend erfolgsversprechenden – und bereits in der gerichtlichen Praxis eingesetzten – Test zur Unterscheidung von eineiigen Zwillingen gebe. Dabei werde das Probenmaterial aus Speichel gewonnen und die komplette DNA durch Sequenzierung untersucht. Wenn Unterschiede in der DNA der Zwillinge gefunden werden, würden diese durch eine weitere Sequenzierungsmethode bei beiden Zwillingen verifiziert. Falls sich bestätige, dass die Mutation nur bei einem Zwilling vorliege, könne man daraus einen Nachweis entwickeln, der sich dann für einen Vaterschaftstest eigne. Bei einem entsprechenden Erfolg der Methode sei eine Vaterschaftswahrscheinlichkeit von über 99 % erreichbar, was verbalisiert „Vaterschaft praktisch erwiesen" entspreche. Davon ausgehend wurde in diesem Fall die auf § 178 FamFG gestützte Pflicht des Putativvater-Zwillings zur Duldung

6 BVerfG FamRZ 2015, 212
7 OLG Naumburg FamRZ 2001, 931
8 Themengutachten, DIJuF-Rechtsgutachten, Familienrecht Abstammungsrecht Gerichtliche Feststellung der Vaterschaft – Verfahrenseinleitung und -führung, Themengutachten TG-1088 Rn. 9; vgl. auch *Wellenhofer,* NZFam 2014, 117 (119)
9 Richtlinie der Gendiagnostik-Kommission (GEKO) für die Anforderungen an die Durchführung genetischer Analysen zur Klärung der Abstammung und an die Qualifikation von ärztlichen und nichtärztlichen Sachverständigen gemäß § 23 Abs. 2 Nr. 4 und Nr. 2b GenDG (in der Fassung vom 17.7.2012; veröffentlicht und in Kraft getreten am 26.7.2012, Bundesgesundheitsblatt 2013, 169 ff., auch veröffentlicht auf der Homepage des Robert-Koch-Instituts (www.rki.de)
10 Vgl. OLG München FamRZ 2011, 1878
11 OLG Frankfurt NZFam 2019, 431
12 OLG Celle FamRZ 2013, 1669

der Untersuchung bejaht und seine Weigerung zur Teilnahme als unberechtigt zurückgewiesen.[13]

7 Die Untersuchung darf nach ihrer Art oder nach den Folgen ihres Ergebnisses für den zu Untersuchenden nicht unzumutbar sein. Die Verpflichtung zur Duldung einer **DNA-Untersuchung** verstößt nicht gegen das von Art. 8 EMRK geschützte Recht auf Achtung des Privatlebens.[14] Sie ist also nicht bereits grundsätzlich unzumutbar.

Die **Zumutbarkeit** fehlt, wenn die Art der Untersuchung für die Untersuchungsperson gesundheitliche Schäden befürchten lässt. Die in der Vergangenheit in diesem Zusammenhang gelegentlich geltend gemachte „Spritzenphobie"[15] hat heute keine Bedeutung mehr, da eine Begutachtung in der Regel auch auf der Grundlage eines Mundschleimhautabstrichs oder sonstigen entnommenen DNA-Untersuchungsmaterials erfolgen kann.

8 Die Gefahr, dass das Untersuchungsergebnis **strafrechtliche Folgen** gegen die Untersuchungsperson selbst oder gegen Angehörige nach sich ziehen kann, begründet in der Regel keine Unzumutbarkeit. Dies gilt auch, wenn durch die Untersuchung eine strafbare Zeugung offenbart wird, etwa weil das Kind einer Inzestverbindung entstammt.[16] Etwas anderes kann jedoch dann gelten, wenn die Untersuchungsperson selbst nicht Beteiligter des Verfahrens ist.[17] Da es sich bei der Abstammungsuntersuchung nicht um einen Zeugenbeweis handelt, ist ein etwaiges **Zeugnisverweigerungsrecht** i.S.v. §§ 383 ff. ZPO unbeachtlich.[18]

9 Eine Abstammungsuntersuchung ist nur dann zumutbar, wenn das Abstammungsgutachten ein im Verfahren **verwertbares Gutachten** erwarten lässt. Die Verwertbarkeit steht in Frage, wenn das Gericht einen Sachverständigen beauftragt, der nicht die Qualifikationsanforderungen der Richtlinien der Gendiagnostik-Kommission für die Abstammungsbegutachtung erfüllt.[19] Einer Beweisaufnahme zur Feststellung der Vaterschaft durch eine genetisch-genealogische Analyse, die unter Verwendung einer genetischen Probe des Kindes durch einen Dienstleister **im Ausland durchgeführt** werden müsste, steht nach den §§ 1, 12, 13, 17 GenDG ein **Beweiserhebungsverbot** entgegen, da die Einhaltung der gesetzlichen Vorgaben im Ausland nicht hinreichend sichergestellt werden können.[20]

10 Die Frage der Zumutbarkeit stellt sich insbesondere dann, wenn die zu untersuchende **Person bereits verstorben** ist und die Probeentnahme entweder **bei Verwandten** der Person erfolgen soll oder sie eine **Exhumierung** erfordert. Teilweise wird vertreten, eine Exhumierung sei nicht zumutbar, wenn bei lebenden Verwandten des verstorbenen Mannes Untersuchungsmaterial entnommen werden könne.[21] Die Untersuchung von Verwandten bringt aber nur dann sichere Erkenntnisse, wenn sich hierdurch die Vaterschaft bestätigt. Ergibt sich aus einer solchen Untersuchung ein Ausschluss der Vaterschaft, kann dies auch daran liegen, dass entgegen der Annahme der Beteiligten eine als Kind des Verstorbenen untersuchte Person nicht von dem Verstorbenen abstammt oder – bei einer Untersuchung von Eltern oder Geschwistern der verstorbenen Person – dass der Verstorbene oder das Ge-

13 OLG Oldenburg, NZFam 2025, 598 mit Anm. *Keuter*
14 EGMR v. 29.1.2019 – Nr. 62257/15 – *Mifsud/Malta*, in engl. Sprache abrufbar unter hudoc.echr.coe.int
15 Vgl. OLG Koblenz NJW 1976, 379
16 BGH NJW 1964, 1469, 1371; OLG Frankfurt NJW 1970, 1257; OLG Karlsruhe FamRZ 1992, 334; OLG Köln NJW 1993, 474; OLG Hamm FamRZ 1993, 76
17 Zöller/*Greger*, § 178 FamFG Rn. 5
18 BGH NJW 1990, 2936; OLG Naumburg FamRZ 1993, 1099
19 Richtlinie der Gendiagnostik-Kommission (GEKO) für die Anforderungen an die Durchführung genetischer Analysen zur Klärung der Abstammung und an die Qualifikation von ärztlichen und nichtärztlichen Sachverständigen gemäß § 23 Abs. 2 Nr. 4 und Nr. 2b GenDG (in der Fassung vom 17.7.2012; veröffentlicht und in Kraft getreten am 26.7.2012, Bundesgesundheitsblatt 2013, 169 ff., auch veröffentlicht auf der Homepage des Robert-Koch-Instituts (www.rki.de)
20 OLG Celle, Beschl. v. 30.1.2023 – 21 UF 124/20
21 OLG Celle FamRZ 2010, 1510; OLG Hamm FamRZ 2005, 1192

schwisterkind nicht von den Eltern abstammt. Deshalb gewährleistet eine solche Untersuchung nicht von vornherein, dass eine Exhumierung vermieden wird.[22] Werden Verwandte des Verstorbenen in die Abstammungsuntersuchung einbezogen, können diese die Mitwirkung nicht wegen der finanziellen Auswirkungen einer Vaterschaftsklärung verweigern und auch nicht deshalb, weil der Antragsteller die Vaterschaft auch schon zu Lebzeiten des Mannes hätte klären lassen können.[23]

Der mit einer Exhumierung einhergehende Eingriff in die Totenruhe begründet keine Unzumutbarkeit. Das **postmortale Persönlichkeitsrecht** tritt regelmäßig hinter das Interesse des Kindes auf Kenntnis der eigenen Abstammung zurück.[24] Dies gilt auch bei einem volljährigen Kind jedenfalls dann, wenn sein Interesse an der Vaterschaftsklärung nachhaltig unter Beweis gestellt ist, er insbesondere nicht allein finanzielle Motive für die Klärung der Abstammung hat, die Exhumierung unvermeidbar ist und die Angehörigen für ihre Verweigerung der Exhumierung keine besonders anerkennungswürdigen Gründe haben.[25] **11**

II. Verweigerung der Untersuchung (Abs. 2)

Wenn die Untersuchungsperson die Mitwirkung an der Abstammungsuntersuchung verweigert, ist danach zu unterscheiden, ob von ihr ein Weigerungsrecht geltend gemacht wird oder ob sie ohne Angabe von Gründen der Untersuchung fernbleibt. **12**

Neben den Rechtsfolgen aus § 178 Abs. 2 FamFG kann das – jedenfalls mehrfache – unentschuldigte Fernbleiben eines Beteiligten beim ordnungsgemäß anberaumten Termin zur Abstammungsuntersuchung auch mit einer Auferlegung von Kosten nach § 81 Abs. 2 Nr. 4 FamFG geahndet werden.[26]

1. Geltendmachung eines Weigerungsrechts

Macht die Untersuchungsperson ein Weigerungsrecht geltend, so folgt aus der Verweisung in Abs. 2 Satz 1, dass zunächst über die Rechtmäßigkeit der Weigerung in entsprechender Anwendung von § 387 ZPO in einem Zwischenverfahren durch **Zwischenbeschluss** zu entscheiden ist.[27] Die Entscheidung des Zwischenverfahrens obliegt dem mit der Abstammungsklärung befassten Gericht. Im erstinstanzlichen Zwischenverfahren entstehen keine gesonderten Gerichts- und Anwaltsgebühren (vgl. § 19 Abs. 1 Satz 2 Nr. 3 RVG), so dass insoweit auch nicht Verfahrenskostenhilfe bewilligt werden kann.[28] **13**

Ist die **Weigerung rechtmäßig**, wird in der Zwischenentscheidung die Weigerung für berechtigt erklärt. Die angeordnete Untersuchung ist dann nicht mehr durchsetzbar. Ist die Weigerung unbegründet, wird sie mit der Zwischenentscheidung für **unberechtigt** erklärt. Gegen den Zwischenbeschluss des Amtsgerichts ist nach § 178 Abs. 2 Satz 1 FamFG i.V.m. § 387 Abs. 3 ZPO die **sofortige Beschwerde** zum OLG eröffnet. Erst mit Rechtskraft dieser Entscheidung können gerichtliche Maßnahmen zur Durchsetzung der Untersuchungsanordnung getroffen werden.

Die **Entscheidung über die Verweigerung** der Untersuchung trifft die Untersuchungsperson selbst. Dies gilt auch für einen Minderjährigen, wenn er bereits die notwendige Verstandesreife hat, wobei hierfür die Vollendung des 14. Lebensjahres ein Anhaltspunkt sein **14**

22 Vgl. auch OLG Nürnberg FamRZ 2005, 728
23 OLG München FamRZ 2012, 57
24 BGH FamRZ 2015, 39; OLG München FamRZ 2001, 126
25 EuGHMR FamRZ 2006, 1354
26 OLG Saarbrücken NZFam 2019, 461 (*Dürbeck*)
27 OLG Brandenburg FamRZ 2011, 397; OLG Saarbrücken FamFR 2010, 429; OLG Brandenburg FamRZ 2007, 1755
28 A.A. zu Unrecht OLG Hamburg FamRZ 2009, 1232

kann.[29] Wenn er noch nicht die notwendige Verstandesreife hat, entscheidet über die Duldung und Mitwirkung des Kindes an der Untersuchung der gesetzliche Vertreter.[30] Die Geltendmachung eines Weigerungsrechts rechtfertigt nicht einen Eingriff in die elterliche Sorge des die Weigerung erklärenden Elternteils, weil über die Berechtigung der Weigerung im Zwischenverfahren entschieden werden kann.[31] Die Verweigerung der Untersuchung des Kindes ohne Geltendmachung von Weigerungsrechten kann jedoch Anlass sein, dem Elternteil die Vertretungsbefugnis hinsichtlich der Entscheidung über die Mitwirkung des Kindes wegen Interessenkollision zu entziehen – allerdings wegen § 1629 Abs. 2 Satz 3 BGB nicht in einem Verfahren auf Feststellung der Vaterschaft (vgl. *Keuter*, § 1600a BGB Rn. 17 ff.).

15 Die Verweigerung kann darauf gestützt werden, dass die Abstammungsuntersuchung **nicht erforderlich** sei.[32] Ist die Anfechtung der Vaterschaft vom Fehlen einer sozial-familiären Beziehung zwischen dem rechtlichen Vater und dem Kind abhängig und wird die Verweigerung mit dem Bestehen einer solchen Beziehung begründet, so ist die Verweigerung rechtmäßig, wenn diese Anfechtungsvoraussetzung fehlt. Deshalb muss bei einer hierauf gestützten Weigerung das Vorliegen der Anfechtungsvoraussetzung im Zwischenverfahren geklärt werden.[33]

16 Die Verweigerung der Untersuchung kann nicht unter Berufung auf das Grundrecht der Glaubensfreiheit und der ungestörten Religionsausübung oder auf das Recht der **informationellen Selbstbestimmung** und der Wahrung der Intimsphäre verweigert werden.[34]

2. Durchsetzung der Untersuchung

17 Bei **schlichter Verweigerung** der Untersuchung ohne Geltendmachung von Weigerungsgründen kann ohne vorausgehendes Zwischenverfahren die Untersuchung mit Zwangsmitteln durchgesetzt werden. Das gleiche gilt, wenn ein geltend gemachtes Weigerungsrecht im Zwischenverfahren rechtskräftig für unberechtigt erklärt wurde.

18 Voraussetzung für Zwangsmittel ist zunächst, dass die **Untersuchungsanordnung ordnungsgemäß** ergangen ist. Es ist ein gerichtlicher **Beschluss** erforderlich, der die Art des einzuholenden Sachverständigengutachtens, den beauftragten Sachverständigen und die in die Begutachtung einzubeziehenden Personen hinreichend bestimmt bezeichnet.[35] Der Beweisbeschluss selbst ist nicht anfechtbar, sondern es kann nur im Zwischenverfahren nach § 178 Abs. 2 FamFG i.V.m. § 387 ZPO geprüft werden, ob von der Untersuchungsperson geltend gemachte Weigerungsgründe berechtigt sind.[36]

19 Zwangsmittel können erst dann verhängt werden, wenn einer **gerichtlichen Aufforderung zur Untersuchung** nicht Folge geleistet wurde. Es reicht nicht aus, dass der Betroffene einer Ladung des Sachverständigen nicht gefolgt ist, sondern die Ladung muss durch das Gericht selbst erfolgen.[37] In der Ladung muss auf die Möglichkeit von Zwangsmitteln hingewiesen werden. Gleichwohl bestehen keine Bedenken gegen die gerichtliche Praxis, wonach zunächst der Sachverständige die Untersuchungsperson selbst lädt. Leistet die Per-

29 OLG Celle FamRZ 2018, 1851; OLG Karlsruhe FamRZ 1998, 563; Prütting/Helms/*Dürbeck*, § 178 FamFG Rn. 12
30 OLG Naumburg DAVorm 2000, 495
31 OLG Karlsruhe FamRZ 2007, 738
32 OLG Nürnberg FamRZ 2005, 728
33 OLG Naumburg FamRZ 2012, 1148
34 OLG Brandenburg FamRZ 2010, 1826; OLG Jena FamRZ 2007, 1676
35 Zöller/*Greger*, § 178 FamFG Rn. 7
36 BGH FamRZ 2007, 1728
37 OLG Naumburg FamRZ 2001, 1010; OLG Bamberg, Beschl. v. 5.8.2024 – 7 WF 152/24 e

son der Einladung des Sachverständigen indes keine Folge, kann das Gericht auch dann erst zu einer formalen Ladung übergehen.[38]

Zur Erzwingung der Untersuchung kann gemäß § 178 Abs. 2 Satz 1 FamFG i.V.m. § 390 Abs. 1 Satz 2 ZPO **Ordnungsgeld** und für den Fall, dass dieses nicht beigetrieben werden kann, **Ordnungshaft** angeordnet werden. Der Rahmen für das Ordnungsgeld erstreckt sich von 5 EUR bis 1.000 EUR (Art. 6 Abs. 1 EGStGB), der Rahmen für die Ersatzordnungshaft von einem Tag bis sechs Wochen (Art. 6 Abs. 2 EGStGB). Bei **wiederholter Weigerung** würde wegen der Verweisung in § 178 Abs. 2 Satz 1 FamFG an sich auch die Möglichkeit der Anordnung von Beugehaft (§ 390 Abs. 2 ZPO) bestehen. Jedoch gilt insoweit die speziellere Regelung des § 178 Abs. 2 Satz 2 FamFG, wodurch die Möglichkeit eröffnet ist, zur Durchsetzung der Untersuchung unmittelbaren Zwang anzuwenden, insbesondere die zwangsweise **Vorführung** der Untersuchungsperson durch den Gerichtsvollzieher zum Zwecke der Untersuchung anzuordnen. 20

Gegen einen **minderjährigen Zeugen unter 14 Jahren** können weder Ordnungsmittel verhängt noch ihm die durch das Ausbleiben verursachten Kosten auferlegt werden. Dies folgt aus einer analogen Anwendung des § 19 StGB.[39] Denn Ordnungsmittel sind anders als Zwangsmittel verschuldensabhängig und haben neben dem Beuge- auch zugleich Sanktionscharakter. Dem gesetzlichen Vertreter kann mangels Rechtsgrundlage ebenfalls kein Ordnungsmittel auferlegt werden.[40] Es ist indes kein Grund ersichtlich, weshalb gegen einen minderjährigen Zeugen – freilich unter strenger Beachtung des Verhältnismäßigkeitsgrundsatzes und des Kindeswohls – nicht grundsätzlich unmittelbarer Zwang gemäß § 178 Abs. 2 Satz 2 FamFG zulässig sein sollte. Denn dabei handelt es sich um ein verschuldensunabhängiges Zwangsmittel, für das es auf die „Strafmündigkeit" nicht ankommt. Dass der Gesetzgeber grundsätzlich unmittelbaren Zwang auch gegen Minderjährige für zulässig hält, zeigt § 90 Abs. 2 FamFG. Es ist daher davon auszugehen, dass jedenfalls § 178 Abs. 2 Satz 2 FamFG auch auf minderjährige Personen Anwendung findet. 21

Wird ein deutsches Familiengericht zur Durchführung einer **Abstammungsuntersuchung im Wege der Rechthilfe** ersucht, richtet sich die Duldung der Untersuchung wie auch die Anordnung von Zwangsmitteln bei Ersuchen nach dem Haager Übereinkommen über die Beweisaufnahme (HBÜ)[41] nach dem FamFG i.V.m. ZPO.[42] Denn bei Rechthilfehandlungen für ausländische Gerichte richtet sich das Verfahren grundsätzlich nach der *lex fori*.[43] 22

C. Beweisvereitelung

In Verfahren auf **Feststellung der Vaterschaft** kann die grundlose Verweigerung der Mitwirkung an der Abstammungsuntersuchung durch den potenziellen Vater Rechtsfolgen nach den Grundsätzen der Beweisvereitelung nach sich ziehen. Diese bestehen jedoch nicht in einer Umkehr der Beweislast, sondern es ist unter Anwendung der **Vermutungswirkung des § 1600d Abs. 2 BGB** zu entscheiden. Der Mann kann unter engen Voraussetzungen so behandelt werden, als hätte die Begutachtung keine Anhaltspunkte für schwerwiegende Zweifel an der Vaterschaft i.S.v. § 1600d Abs. 2 Satz 2 BGB erbracht.[44] Steht allerdings fest, dass Mehrverkehr der Mutter in der Empfängniszeit stattgefunden hat, verhilft die Vermu- 23

38 OLG Bamberg, Beschl. v. 5.8.2024 – 7 WF 152/24 e
39 BeckOK-ZPO/*Thönissen/Scheuch*, 54. Ed. 1.9.2024, ZPO § 380 Rn. 7
40 OLG Hamm NJW 1965, 1613
41 Übereinkommen über die Beweisaufnahme im Ausland in Zivil- oder Handelssachen vom 18. März 1970 (BGBl. II, 1977, S. 1472)
42 OLG Braunschweig, Beschl. v. 25.3.2024 – 1 WF 33/24
43 OLG Braunschweig, Beschl. v. 25.3.2024 – 1 WF 33/24
44 BGH FamRZ 1986, 663; FamRZ 1993, 691; AG Neustadt ZKJ 2007, 82

tungswirkung nicht zur Feststellung der Vaterschaft.[45] Erforderlich ist aber immer die Feststellung der **Beiwohnung in der Empfängniszeit**. Diese Beiwohnung selbst kann nicht nach den Grundsätzen der Beweisvereitelung dem Mann als Sanktion für die Beweisvereitelung unterstellt werden.[46]

24 Erforderlich ist ferner die **grundlose oder unberechtigte Verweigerung der Untersuchung**. Bleibt eine Untersuchungsperson der Untersuchung fern, hat das Gericht (!) einen Untersuchungstermin zu bestimmen und die Person zu diesem Termin förmlich zu laden.[47] Bleibt die Person der Untersuchung wiederum ohne Angabe von Gründen fern, liegt eine grundlose Verweigerung vor. Macht die Person Gründe für die Weigerung der Mitwirkung an der Abstammungsbegutachtung geltend, ist über die Berechtigung der Weigerung im Zwischenverfahren mit Zwischenbeschluss (§ 178 Abs. 2 FamFG, § 387 ZPO, § 38 FamFG) zu entscheiden. Wird mit Zwischenbeschluss die Weigerung für unbegründet erklärt, steht mit Rechtskraft dieser Entscheidung fest, dass die Weigerung unberechtigt war.[48]

25 Bei grundloser oder unberechtigter Weigerung ist vom Gericht eine **Frist zur Nachholung** der Mitwirkung zu bestimmen. Dies geschieht in der Weise, dass das Gericht erneut einen Termin zur Untersuchung bestimmt, zu dem der Betroffene vom Gericht geladen wird, wobei er auf die Möglichkeit der Anwendung der Grundsätze der Beweisvereitelung hinzuweisen ist.

26 Die Grundsätze der Beweisvereitelung kommen nur zur Anwendung, wenn eine Durchsetzung der Mitwirkung an der Abstammungsbegutachtung mit Hilfe von Zwangsmitteln nicht möglich ist. Dies gilt insbesondere, wenn die **Untersuchungsperson nicht greifbar** ist. Hält sich der als Vater in Anspruch genommene Mann im Ausland auf und verweigert er das Erscheinen zu einem inländischen Untersuchungstermin, hat das Gericht zu prüfen, ob eine Untersuchung im Wege internationaler Rechtshilfe durchsetzbar ist.[49] Erst wenn feststeht, dass dies nicht möglich ist, können die Grundsätze der Beweisvereitelung zur Anwendung kommen. Die bloße Vermutung der Nichtdurchsetzbarkeit reicht nicht aus.[50]

Das Gericht kann bei Unstreitigkeit des Geschlechtsverkehrs in der Empfängniszeit bei einer Weigerung der im Ausland lebenden Mutter zur Teilnahme an der Untersuchung im Einzelfall die Vaterschaft auch ohne Einholung eines Abstammungsgutachtens feststellen, wenn ein Rechtshilfeersuchen aufgrund der Rechtslage im Heimatland der Mutter keine Aussicht auf Erfolg verspricht und auch sonst trotz des (unsubstantiierten) Einwands von Mehrverkehr keine schwerwiegenden Zweifel an der Vaterschaft des Antragstellers bestehen.[51] Gleichermaßen kann ein Antrag auf Vaterschaftsanfechtung durch den rechtlichen Vater ohne Gutachteneinholung Erfolg haben, wenn nach förmlicher Vernehmung des Vaters als Beteiligter unter Berücksichtigung der Einlassung der Mutter im Scheidungsverfahren kein Zweifel an der fehlenden biologischen Vaterschaft des Antragstellers besteht.[52]

45 OLG Karlsruhe FamRZ 2001, 931
46 *Grün*, Vaterschaftsfeststellung, Rn. 182
47 OLG Naumburg FamRZ 2010, 1010; OLG Celle, Beschl. v. 11.10.2021 – 21 WF 133/21
48 BGH FamRZ 1993, 691
49 Vgl. hierzu OLG Bremen FamRZ 2009, 802
50 OLG Hamm FamRZ 2003, 616
51 OLG Frankfurt am Main, Beschl. v. 17.10.2022 – 6 UF 68/22.
52 OLG Frankfurt am Main, Beschl. v. 1.9.2022 – 6 UF 18/18.

D. Abstammungsgutachten

27 Ein Abstammungsgutachten erbringt keinen wissenschaftlichen positiven Beweis der Vaterschaft, sondern die bei der Untersuchung festgestellten Übereinstimmungen der Blutmerkmale bzw. der DNA-Merkmale führen für sich genommen lediglich zu der Feststellung, ob der Mann der Vater sein kann. Wenn eine sichere Ausschlusskonstellation vorliegt (vgl. *Keuter*, § 1600c BGB Rn. 7 f.), kann der Mann nicht der Vater sein. Liegt jedoch keine sichere Ausschlusskonstellation vor, bedarf es einer Quantifizierung der Befunde durch geeignete statistische Maßzahlen. Es schließt sich daher jeweils ein statistisches Verfahren der Berechnung der Vaterschaftswahrscheinlichkeit an. Je mehr Merkmale das Kind und der untersuchte Mann gemeinsam haben, ohne dass das jeweilige gemeinsame Merkmal von der Mutter stammen kann, umso wahrscheinlicher ist die Vaterschaft des Mannes. Dem liegt die statistisch abgesicherte Erkenntnis zugrunde, dass bestimmte Blut- und/oder DNA-Merkmale in der Bevölkerung unterschiedlich oft anzutreffen sind. Wenn sowohl das Kind als auch der untersuchte Mann die gleichen selten vorkommenden Merkmale aufweisen, spricht eine hohe Wahrscheinlichkeit für die Vaterschaft des untersuchten Mannes. Die statistische Bewertung hängt von der Häufigkeitsverteilung der Merkmale ab, hinsichtlich derer bei der Untersuchung Übereinstimmungen gefunden wurden. Dies legt der BGH sehr anschaulich in seiner Entscheidung vom 3.5.2006 dar.[53]

Zum Vorgehen bei der Abstammungsbegutachtung selbst und zur inhaltlichen Bewertung eines Abstammungsgutachtens wird auf die Richtlinien der Gendiagnostik-Kommission verwiesen.[54] Die Kenntnis dieser Richtlinien und der maßgeblichen Bestimmungen des GenDG ist für den mit Abstammungssachen befassten Praktiker unverzichtbar. Es ist ausdrücklich darauf hinzuweisen, dass die **Entnahme einer Speichelprobe durch den Richter selbst unzulässig** ist (vgl. Nr. 5.1 der Richtlinie). Auch sind die Nichteinbeziehung der Mutter in die Untersuchung entgegen Nr. III 6.1. der Richtlinie[55] oder eine ungenügende Identitätsprüfung und Identitätssicherung im Rahmen der Probeentnahme in der Praxis zu beobachten. Vorstehende Fehler sollten zur Einhaltung der gesetzlichen Vorgaben dringend vermieden werden. Es ist nämlich zu bedenken, dass die Richtlinien die gesetzlichen Vorgaben des GenDG umsetzen.

§ 179 FamFG

Mehrheit von Verfahren

(1) [1]Abstammungssachen, die dasselbe Kind betreffen, können miteinander verbunden werden. [2]Mit einem Verfahren auf Feststellung des Bestehens der Vaterschaft kann eine Unterhaltssache nach § 237 verbunden werden.

(2) Im Übrigen ist eine Verbindung von Abstammungssachen miteinander oder mit anderen Verfahren unzulässig.

53 FamRZ 2006, 1745; weiterführend z.B. *Grün*, Vaterschaftsfeststellung, Rn. 383 ff; *Helms/Kieninger/Rittner*, Rn. 277 ff.; vgl. zur Wahrscheinlichkeitsbeurteilung bei der Auswertung eines Abstammungsgutachtens auch OLG Frankfurt, FamRZ 2024, 1375

54 Richtlinie der Gendiagnostik-Kommission (GEKO) für die Anforderungen an die Durchführung genetischer Analysen zur Klärung der Abstammung und an die Qualifikation von ärztlichen und nichtärztlichen Sachverständigen gemäß § 23 Abs. 2 Nr. 4 und Nr. 2b GenDG (in der Fassung vom 17.7.2012; veröffentlicht und in Kraft getreten am 26.7.2012, Bundesgesundheitsblatt 2013, 169 ff., auch veröffentlicht auf der Homepage des Robert-Koch-Instituts (www.rki.de)

55 OLG Celle JurBüro 2018, 534

Übersicht Rn.

A. Allgemeines

1 Die Regelung will gewährleisten, dass sich Abstammungsverfahren auf die Klärung der Abstammung konzentrieren und diese Klärung nicht dadurch verzögert wird, dass andere Verfahrensgegenstände in das Verfahren hineingezogen oder mit dem Verfahren verbunden werden. Von dem Verbindungsverbot des Abs. 2 werden durch Abs. 1 dasselbe Kind betreffende Abstammungssachen sowie – bei einem Verfahren auf Feststellung der Vaterschaft – die Geltendmachung von Unterhalt bei Feststellung der Vaterschaft nach § 237 FamFG ausgenommen.

B. Inhalt der Norm

I. Eingeschränkte Möglichkeit der Verfahrensverbindung (Abs. 1)

2 Abstammungssachen, die **dasselbe Kind** betreffen, können miteinander verbunden werden. Damit ist auch bei Geschwistern für jedes Kind ein eigenes Verfahren zu führen.[1] Dies gilt nach dem eindeutigen Wortlaut des § 179 FamFG auch dann, wenn es sich um Zwillinge handelt und dem Verfahren damit ein einheitlicher Zeugungsakt zugrunde liegt.

3 Soweit eine Verbindung zulässig ist, kann sie in der Weise erfolgen, dass mehrere getrennte Verfahren zusammengeführt werden, oder auch dadurch, dass die einzelnen Anträge von vornherein im Wege der subjektiven oder objektiven Antragshäufung in einem einzigen Verfahren betrieben werden, was auch in Form eines Widerantrags erfolgen kann. Die einzelnen Anträge können in einem Eventualverhältnis zueinander stehen.[2]

4 Die Regelung des Abs. 1 ermöglicht es, dass **verschiedene Antragsteller** die Feststellung der Vaterschaft bezüglich desselben Kindes betreiben, gleichgültig ob alle Antragsteller denselben Mann als Putativvater benennen. Zum anderen kann aber auch ein Antragsteller **verschiedene Putativväter** als für die Vaterschaft in Betracht kommende Männer benennen, die dann jeweils nach § 7 Abs. 2 Nr. 1 FamFG Beteiligte des Verfahrens sind.

5 Möglich ist es, ein Verfahren auf Feststellung der **Wirksamkeit einer Vaterschaftsanerkennung** (§ 169 Nr. 1 FamFG) mit einem Verfahren auf Anfechtung der Vaterschaft zu dem Mann, der die Vaterschaft anerkannt hatte, zu verbinden.[3] Denn das Bestehen einer wirksamen Vaterschaftszuordnung zu dem Mann, dessen Vaterschaft angefochten werden soll, ist ohnehin als Voraussetzung für das Anfechtungsrecht (vgl. § 1600 Abs. 1 Nr. 1 BGB) bzw. das Rechtsschutzbedürfnis für ein Anfechtungsverfahren zu klären.

1 OLG Celle ZKJ 2012, 78; Schulte-Bunert/Weinreich/*Schwonberg*, § 179 FamFG Rn. 6
2 MüKo-FamFG/*Coester-Waltjen/Lugani*, § 179 Rn. 3; vgl. etwa mit Auslandsbezug bei AG Gemünden (Main), Beschl. v. 13.3.2024 – 002 F 334/23 (Vaterschaftsanfechtung, hilfsweise Feststellung des Nichtbestehens der Vaterschaft)
3 MüKo-FamFG/*Coester-Waltjen/Lugani*, § 179 Rn. 3

Ein Verfahren auf Anfechtung der Vaterschaft kann mit einem für den Fall der Verfristung der Anfechtung (§ 1600b BGB) **hilfsweise** gestellten Antrag auf Ersetzung der Einwilligung in eine Abstammungsuntersuchung und Anordnung der Duldung der Probeentnahme (§ 1598a Abs. 2 BGB) verbunden werden.[4] 6

Teilweise wird vertreten, ein Verfahren auf **Anfechtung der Vaterschaft** könne mit einem Antrag auf **Feststellung der Vaterschaft** eines Dritten verbunden werden.[5] Dies ist jedoch abzulehnen. Eine Verfahrensverbindung ist nur insoweit zulässig, als das verbundene Verfahren auch in einem einheitlichen Beschluss entschieden werden kann. Bei einem durch den rechtlichen Vater, das Kind oder die Mutter betriebenen Verfahren auf Anfechtung der Vaterschaft ist jedoch die Feststellung der Vaterschaft eines Dritten erst eröffnet, wenn die bestehende Vaterschaftszuordnung zum bisherigen rechtlichen Vater beseitigt wurde (§ 1600d Abs. 1 BGB), was die Rechtskraft der gerichtlichen Feststellung der Nichtvaterschaft voraussetzt. Würde man beides in einem Verfahren betreiben, müsste zunächst durch Teilbeschluss über die Anfechtung der Vaterschaft entschieden und nach Eintritt der Rechtskraft des Teilbeschlusses dann das Verfahren hinsichtlich der Feststellung der Vaterschaft fortgesetzt werden.[6] Dem steht allerdings entgegen, dass in einem einheitlichen Verfahren der Antrag auf Feststellung der Vaterschaft sogleich entscheidungsreif wäre, nämlich wegen der bestehenden Vaterschaftszuordnung abgewiesen werden müsste. Ferner kann in einem einheitlichen Verfahren nur eine einheitliche Kostenentscheidung ergehen, die sich aber hinsichtlich der erfolgreichen Anfechtung der Vaterschaft nach der zwingenden Regelung des § 183 FamFG und im Übrigen nach § 81 FamFG richten müsste. Von einer Verbindung eines Verfahrens auf Anfechtung der Vaterschaft mit einem Verfahren auf Feststellung der Vaterschaft ist daher abzusehen. 7

Aufgrund der vom BVerfG verlangten **Effektivität des Verfahrens zur Erlangung der rechtlichen Vaterschaft** (vgl. *Langer*, § 169 FamFG Rn. 12) ist es aber zulässig, dass der die Feststellung der Vaterschaft begehrende Putativvater nach Anerkennung der Vaterschaft durch einen anderen Mann seinen dann – wegen § 1600d Abs. 1 BGB – unzulässigen Antrag in einen Vaterschaftsanfechtungsantrag nach § 1600 Abs. 1 Nr. 2 BGB ändert.[7] Insoweit sah der Referentenentwurf für eine Reform des Abstammungsrechts zur Vermeidung solcher Konstellationen vor, dass in Zukunft während eines anhängigen Feststellungsverfahrens eine Anerkennung der Vaterschaft nicht mehr wirksam vorgenommen werden kann. 8

Dass bei der **Anfechtung der Vaterschaft durch den potentiellen leiblichen Vater** (§ 1600 Abs. 1 Nr. 2 BGB) wegen § 182 Abs. 1 FamFG zeitgleich ein Ausspruch über die Feststellung der Vaterschaft ergeht, beruht darauf, dass gemäß § 1600 Abs. 2 BGB die Vaterschaft des Anfechtenden Voraussetzung für sein Anfechtungsrecht ist. Dadurch wird nicht eine verfahrensrechtliche Verbindung eines Antrags auf Anfechtung der Vaterschaft mit einem Antrag auf Feststellung der Vaterschaft bewirkt, sondern es handelt sich allein um ein Verfahren auf Anfechtung der Vaterschaft, wobei durch § 182 Abs. 1 FamFG ein erweiterter Beschlussinhalt angeordnet wird. 9

Hauptfall der Verfahrensverbindung ist die Verbindung mit einem Antrag auf Verpflichtung zur Zahlung von **Unterhalt bei Feststellung der Vaterschaft** (§ 237 FamFG). Dieses Verfahren ist eröffnet, wenn ein Antrag auf Feststellung der Vaterschaft anhängig ist, wobei Gegenstand des Unterhaltsantrags nur der Mindestunterhalt des minderjährigen Kindes sein kann (§ 237 Abs. 1 und 3 FamFG). Für das Verfahren nach § 237 FamFG gelten nicht die 10

4 Prütting/Helms/*Dürbeck*, § 179 FamFG Rn. 3
5 So etwa OLG Nürnberg, Beschl. v. 29.9.2022 – 11 UF 625/22, wo dann zusätzlich eine weitere Verbindung mit einem Verfahren nach § 237 FamFG für zulässig erachtet wurde; vgl. auch Kemper/Schreiber/*Fritsche*, § 179 FamFG Rn. 4
6 AG Schwerin FamRZ 2005, 381
7 OLG Hamburg ZKJ 2019, 273

abstammungsrechtlichen Verfahrensvorschriften, sondern es finden insoweit die **Verfahrensvorschriften der §§ 231 ff. FamFG für das streitige Unterhaltsverfahren** Anwendung, weshalb hierfür auch die Bestimmungen über Familienstreitsachen (§§ 112 Nr. 1, 113 Abs. 1 FamFG) gelten. Dies wirkt sich u.a. dahingehend aus, dass für den Unterhaltsantrag nach § 237 FamFG – im Gegensatz zum Abstammungsverfahren – nach § 114 Abs. 1 FamFG **Anwaltszwang** besteht, der aber für das Kind entfällt, wenn es durch das Jugendamt – auch in der Unterhaltssache gemäß § 1712 Abs. 1 Nr. 2 BGB – als Beistand vertreten wird (§ 114 Abs. 4 Nr. 2 FamFG). Zur Kostenentscheidung in diesem Fall vgl. Rn. 13.

II. Ausschluss sonstiger Verfahrensverbindung (Abs. 2)

11 Die Möglichkeiten der Verfahrensverbindung sind in Abs. 1 abschließend benannt. Eine Verbindung von verschiedene Kinder betreffenden Abstammungssachen oder eine Verbindung einer Abstammungssache mit anderen als den in Abs. 1 erwähnten Verfahren ist durch Abs. 2 ausnahmslos ausgeschlossen.[8] Unter das Verbindungsverbot fällt auch ein Stufenverfahren i.S.d. § 254 ZPO, in dem zunächst Auskunft über die Person eines am Abstammungsverfahren Beteiligten verlangt wird.[9] Ein solches Stufenverfahren ist auch bereits keine Abstammungssache, sondern sonstige Familiensache nach § 266 Abs. 1 Nr. 4 FamFG (analog).[10]

III. Verfahrenswert

12 Eine **Sonderregelung** enthält § 33 Abs. 1 Satz 2 FamGKG für die Bestimmung des Gebührenverfahrenswertes für den Fall der Verbindung von vermögensrechtlichen und nichtvermögensrechtlichen Gegenständen. Danach sind im Falle des § 179 Abs. 1 Satz 2 FamFG die Einzelwerte der Abstammungs- und Unterhaltssache nicht zu addieren, sondern allein maßgeblich für die Berechnung der Gerichts- und Anwaltsgebühren ist der höhere Wert, was bei Geltendmachung des Mindestunterhalts der nach § 51 FamGKG zu berechnende Wert der Unterhaltssache ist.[11]

Bei der **Verbindung mehrerer Abstammungssachen** betreffend dasselbe Kind nach § 179 Abs. 1 Satz 1 FamFG (z.B. mehrere Putativväter) findet dagegen nach § 33 Abs. 1 Satz 1 FamGKG eine Wertaddition der nach § 47 FamGKG zu berechnenden Einzelwerte statt.[12] Wird hingegen ein Verfahren auf Feststellung des Nichtbestehens der Vaterschaft auf Grund geltend gemachter Unwirksamkeit der die Vaterschaft begründenden Eheschließung im Ausland (§ 169 Nr. 1 FamFG) im Wege der Eventualantragshäufung („hilfsweise für den Fall des Unterliegens") mit einem Verfahren auf Anfechtung der Vaterschaft betreffend dasselbe Kind verbunden, ist der Regelwert nach § 47 Abs. 1 FamGKG in Anwendung von § 39 Abs. 1 Satz 3 FamGKG nur einmal anzusetzen, da beide Verfahren im Sinne dieser Norm „denselben Gegenstand", namentlich die Vaterschaft desselben Mannes hinsichtlich des betroffenen Kindes, betreffen.[13]

IV. Kostenentscheidung

13 **Folge der Verfahrensverbindung** im Falle von § 179 Abs. 1 Satz 2 FamFG ist es, dass in Bezug auf die Kostenentscheidung eine kombinierte Anwendung von § 81 FamFG für die Abstammungssache und § 243 FamFG für die Unterhaltssache erforderlich ist. Diese wird zudem dadurch erschwert, dass die Mutter nur Beteiligte des Abstammungsverfahrens,

8 Vgl. etwa zur Verbindung eines Abstammungsverfahrens mit einem Umgangsverfahren nach § 1686a BGB OLG Hamm, Beschl. v. 12.11.2020 – II-12 WF 221/20
9 *Dürbeck,* NZFam 2019, 233; a.A.: OLG Hamm NZFam 2019, 233
10 *Dürbeck*, NZFam 2019, 233
11 OLG Frankfurt BeckRS 2014, 14162
12 BeckOK-Streitwert/*Dürbeck*, „Abstammungssachen" Rn. 7
13 AG Gemünden (Main), Beschl. v. 13.3.2024 – 002 F 334/23

nicht aber des Unterhaltsverfahrens ist. Auch der Umstand, dass die Verfahrenswerte von Abstammungs- und Unterhaltssache nach § 33 Abs. 1 Satz 2 FamGKG nicht zu addieren sind, führt zu kaum lösbaren Problemen bei der Begründung einer Kostenverteilung auf Vater, Mutter und Kind. Auch die Frage, inwieweit Kostenentscheidungen im Falle von § 179 Abs. 1 Satz 2 FamFG isoliert anfechtbar sind, ist schwer zu lösen. Während Kostenentscheidungen in FamFG-Verfahren nach §§ 58 ff. FamFG ohne Einschränkung isoliert anfechtbar sind, ist dies in Unterhaltssachen nach § 113 Abs. 1 Satz 2 FamFG iVm § 99 Abs. 1 ZPO nicht der Fall.[14] Nach der h.M.[15] soll hier die einheitliche Kostenentscheidung in einen anfechtbaren und einen nicht anfechtbaren Teil aufzulösen sein, während nach anderer Ansicht[16] die Kostenbeschwerde vollumfänglich statthaft sein soll. Die h.M. übersieht dabei, dass sich die Gebühren wegen des Additionsverbotes von § 33 Abs. 1 Satz 2 FamGKG gerade nicht in den Abstammungs- und den Unterhaltsteil aufteilen lassen. Auch ist die Mutter wegen ihrer fehlenden Beteiligung an der Unterhaltssache immer zur Kostenbeschwerde berechtigt. Es ist daher der Auffassung zuzustimmen, dass im Falle von § 179 Abs. 1 Satz 2 FamFG die Kostenentscheidung vollumfänglich für alle Beteiligten anfechtbar ist.

Bei der gemischten – einheitlichen (!) – Kostenentscheidung, für die auf den jeweiligen Verfahrensgegenstand die Regelungen der §§ 81, 243 FamFG Anwendung finden, ist – unabhängig von dem nach § 33 Abs. 1 Satz 2 FamGKG zu bemessenden Verfahrenswert – der auf die Abstammungssache entfallende Anteil mit dem auf die Unterhaltssache entfallenden Wert ins Verhältnis zu setzen.[17]

C. Exkurs: Unterhalt bei Feststellung der Vaterschaft (§ 237 FamFG)

Nach § 237 FamFG kann Unterhalt gegen einen Mann gerichtlich geltend gemacht werden, 14
ohne dass dessen Vaterschaft bereits feststeht, was eine Durchbrechung von § 1600d Abs. 5 BGB darstellt.[18] Das Verfahren ist **nur für den Unterhalt minderjähriger Kinder** eröffnet. Im Verfahren nach § 237 FamFG kann daher weder Ehegattenunterhalt noch Unterhalt aus Anlass der Geburt nach § 1615l BGB geltend gemacht werden. Der Mutter stehen jedoch als Mittel des Eilrechtsschutzes die einstweiligen Anordnungen nach § 247 bzw. § 248 FamFG zur Verfügung. Dort ist auch die Geltendmachung des Unterhalts aus Anlass der Geburt nach § 1615l BGB möglich.

Ein Verfahren nach § 237 FamFG ist nur zulässig, wenn ein **Verfahren auf Feststellung der** 15
Vaterschaft anhängig ist. Unerheblich ist, wer Antragsteller ist. Ein Unterhaltsverfahren nach § 237 FamFG kann nicht mehr eingeleitet werden, wenn die **Vaterschaft bereits rechtskräftig festgestellt** ist. Dann ist der Unterhalt entweder im vereinfachten Unterhaltsfestsetzungsverfahren nach §§ 249 ff. FamFG, in einem Unterhaltsverfahren nach §§ 231 ff. FamFG oder im einstweiligen Anordnungsverfahren (§ 246 FamFG) geltend zu machen. Ein Verfahren nach § 237 FamFG, das während der Anhängigkeit eines Verfahrens auf Feststellung der Vaterschaft eingeleitet wurde, kann jedoch fortgeführt werden, wenn im Laufe des Verfahrens eine rechtliche Vaterschaftszuordnung herbeigeführt wird. Es kann in diesem Fall aber auch das Unterhaltsverfahren in ein „gewöhnliches Unterhaltsverfahren" nach § 231 Abs. 1 Nr. 1 FamFG übergeleitet werden,[19] was sich dann empfiehlt,

14 BGH NJW 2019, 1300
15 KG FamRZ 2016, 319; OLG Schleswig SchlHA 2012, 352
16 OLG Koblenz FamRZ 2015, 1424; *Dürbeck*, NZFam 2019, 524, 527
17 OLG Celle, Beschl. v. 15.11.2021 – 21 UF 187/21, NZFam 2021, 1105 m. Anm. *Schneider*
18 Begr. RegE, BT-Drs. 16/6308, S. 257
19 Prütting/Helms/*Bömelburg*, § 237 FamFG Rn. 4

wenn höherer Unterhalt als der im Verfahren nach § 237 FamFG nur geltend zu machende Mindestunterhalt (§ 237 Abs. 3 FamFG) in Betracht kommt.

16 Der Kindesunterhalt kann rückwirkend **vom Tag der Geburt des Kindes an** verlangt werden. Gemäß § 1613 Abs. 2 Nr. 2a BGB kann Unterhalt ohne die Einschränkung des § 1613 Abs. 1 BGB für die Vergangenheit verlangt werden, wenn der Berechtigte für diesen Zeitraum aus rechtlichen Gründen an der Geltendmachung des Unterhalts gehindert war. Diese Voraussetzungen liegen immer vor, solange eine Vaterschaftszuordnung zu dem Antragsgegner nicht besteht. Denn bis zum Entstehen einer Vaterschaftszuordnung i.S.v. § 1592 BGB ist der Unterhaltsberechtigte aus rechtlichen Gründen gehindert, den Unterhalt gegenüber dem Vater geltend zu machen (vgl. § 1600d Abs. 5 BGB). Auch bezüglich des rückständigen Unterhalts ist – begrenzt auf den Mindestunterhalt – das Verfahren nach § 237 FamFG eröffnet.[20]

17 Der Unterhalt kann dynamisiert oder statisch geltend gemacht werden. Obergrenze ist der **Mindestunterhalt** nach § 1612a Abs. 1 BGB, vermindert um das nach Maßgabe des § 1612b BGB anrechenbare Kindergeld bzw. der nach § 1612c BGB anrechenbaren Leistungen. Das Kind kann auch einen darunterliegenden Unterhalt geltend machen (§ 237 Abs. 3 Satz 2 FamFG), was sich dann empfiehlt, wenn die eingeschränkte Leistungsfähigkeit des Unterhaltsschuldners bekannt ist und außer Streit steht.

18 Die Verteidigungsmöglichkeiten des im Verfahren nach § 237 FamFG in Anspruch Genommenen sind wegen § 237 Abs. 3 Satz 3 FamFG nur sehr eingeschränkt. In dem Verfahren können Einwendungen des in Anspruch genommenen Beteiligten **nicht zu einer Herabsetzung** des Unterhalts unter den Mindestunterhalt **führen**. Der **Zweck** dieser Regelung besteht darin, dem Kind möglichst schnell und auf einfachem Weg mit der Vaterschaftsfeststellung zu einem Unterhaltstitel zu verhelfen. Das Verfahren soll nicht durch materiellrechtliche Einwendungen verzögert werden. Deshalb sind **sämtliche materiell-rechtlichen Einwendungen** – auch der Erfüllungseinwand,[21] der Einwand des Anspruchsübergangs auf einen Dritten[22] oder der Verwirkungseinwand[23] – im Verfahren nach § 237 FamFG **ausgeschlossen** und bleiben dem Abänderungsverfahren nach § 240 FamFG vorbehalten. Betroffen hiervon ist vor allem der Einwand des in Anspruch Genommenen, zur Zahlung des geltend gemachten Unterhalts **nicht oder nur teilweise leistungsfähig** zu sein.[24]

Das Abänderungsverfahren nach § 240 FamFG ist nicht an die Voraussetzungen des § 238 FamFG geknüpft und ermöglicht bei rechtzeitiger Einreichung des Abänderungsantrags (§ 240 Abs. 2 Satz 1 FamFG) auch eine rückwirkende Abänderung.

§ 180 FamFG
Erklärungen zur Niederschrift des Gerichts

¹Die Anerkennung der Vaterschaft, die Zustimmung der Mutter sowie der Widerruf der Anerkennung können auch in einem Erörterungstermin zur Niederschrift des Gerichts erklärt werden. ²Das Gleiche gilt für die etwa erforderliche Zustimmung des Mannes, der im Zeitpunkt der Geburt mit der Mutter des Kindes verheiratet ist, des Kindes oder eines gesetzlichen Vertreters.

---

20 Vgl. insoweit zur identischen früheren Rechtslage BGH FamRZ 2003, 1095
21 Vgl. zur identischen früheren Rechtslage OLG Düsseldorf FamRZ 2001, 1620
22 OLG Nürnberg FamRZ 2015, 277; OLG Naumburg FamRZ 2006, 1395
23 Schulte-Bunert/Weinreich/*Schwonberg*, § 179 FamFG Rn. 5; vgl. zur identischen früheren Rechtslage OLG Karlsruhe FamRZ 2002, 1262
24 OLG Hamm FamRZ 2016, 1000; OLG München FamRZ 2015, 1814; OLG Frankfurt BeckRS 2015, 18964; vgl. zur identischen früheren Rechtslage OLG Brandenburg, FamRZ 2000, 1044; OLG Bremen FamRZ 2000, 1164; OLG Hamm FamRZ 2000, 902

Übersicht

A. Allgemeines

Die Regelung will gewährleisten, dass im Rahmen eines Abstammungsverfahrens die für eine Vaterschaftsanerkennung erforderlichen Erklärungen zur Niederschrift des Gerichts beurkundet werden können, damit die Beteiligten einen dahingehend gefassten Entschluss unmittelbar umsetzen können. 1

B. Inhalt der Norm

Eine Erklärung zur Niederschrift des Gerichts ersetzt die Form des § 1597 Abs. 1 BGB.[1] Die Erklärung muss dabei im Rahmen eines Erörterungstermins **in einer Abstammungssache** erfolgen. Eine Erklärung im Rahmen eines sonstigen Verfahrens – etwa des Scheidungsverfahrens – erfüllt diese Voraussetzungen nicht.[2] 2

Da die im Rahmen der Anerkennung der Vaterschaft erforderlichen Erklärungen **höchstpersönlich** abgegeben werden müssen, genügt es nicht, wenn ein Verfahrensbevollmächtigter die Erklärungen im Erörterungstermin abgibt. Eine solche von einem Verfahrensbevollmächtigten erklärte Vaterschaftsanerkennung erzeugt keine Rechtsfolgen. 3

Die Regelung bewirkt für den Familienrichter zugleich eine **Verpflichtung**, die in § 180 FamFG genannten Erklärungen zur Niederschrift aufzunehmen. Es ist nicht zulässig, die Beteiligten darauf zu verweisen, sie sollten diese Erklärungen beim Jugendamt oder einer anderen für die Beurkundung zuständigen Stelle abgeben bzw. wiederholen. Ein solches Vorgehen birgt zudem die Gefahr, dass die im Verfahren angekündigte Erklärung dann doch nicht abgegeben wird und über den Antrag auf Feststellung der Vaterschaft entschieden werden muss, was regelmäßig die Einholung eines Abstammungsgutachtens erforderlich macht. 4

Das Gericht muss die Erklärungen in den über den Anhörungstermin anzufertigenden Vermerk (§ 28 Abs. 4 FamFG) aufnehmen. Die Niederschrift i.S.v. § 180 FamFG kann wirksam auch in Form einer vorläufigen Aufzeichnung auf einen Ton- oder Datenträger entsprechend §§ 160a, 162 ZPO erfolgen.[3] In entsprechender Anwendung des Rechtsgedankens der §§ 177 Abs. 2, 30 Abs. 2 FamFG i.V.m. § 162 Abs. 1 ZPO sind die Erklärungen angesichts der Bedeutung der Erklärung (und der sonst notwendigen Form des § 1597 Abs. 1 BGB) zu verlesen bzw. vorzuspielen.[4] Dafür spricht auch der Rechtsgedanke des § 13 BeurkG. 5

Da der **Niederschrift** im Falle des § 180 FamFG Beurkundungsfunktion zukommt und diese dem Standesamt zuzuleiten ist (§ 1597 Abs. 2 BGB), muss die Niederschrift die Beteiligten eindeutig – das Kind etwa unter Angabe des Geburtsdatums und des Geburtsortes – bezeichnen. Zur Vermeidung von Nachfragen des Standesamtes empfiehlt sich die Angabe des Geburtsdatums und des Geburtsortes auch hinsichtlich des die Vaterschaft anerkennenden Mannes.

1 MüKo-FamFG/*Coester-Waltjen/Lugani*, 4. Aufl. 2025, FamFG § 180 Rn. 6
2 BGH FamRZ 2013, 944; OLG Frankfurt FamRZ 2012, 1735
3 OLG Karlsruhe, Beschl. v. 25.8.2020 – 5 UF 113/20
4 MüKo FamFG/*Coester-Waltjen/Lugani*, 4. Aufl. 2025, FamFG § 180 Rn. 6

§ 181 FamFG

Tod eines Beteiligten

[1]Stirbt ein Beteiligter vor Rechtskraft der Endentscheidung, hat das Gericht die übrigen Beteiligten darauf hinzuweisen, dass das Verfahren nur fortgesetzt wird, wenn ein Beteiligter innerhalb einer Frist von einem Monat dies durch Erklärung gegenüber dem Gericht verlangt. [2]Verlangt kein Beteiligter innerhalb der vom Gericht gesetzten Frist die Fortsetzung des Verfahrens, gilt dieses als in der Hauptsache erledigt.

Übersicht

A. Allgemeines

1 In Verfahren der freiwilligen Gerichtsbarkeit führt der Tod eines Beteiligten nicht zur Unterbrechung des Verfahrens, da § 239 ZPO nur in Familienstreitsachen Anwendung findet und das FamFG selbst keine vergleichbare Regelung enthält.[1] Vielmehr enthält das FamFG an verschiedenen Stellen für die einzelnen Verfahrensgegenstände **gesonderte Regelungen** darüber, welche Auswirkungen der Tod eines Beteiligten im laufenden Verfahren hat (vgl. etwa §§ 131, 181, 208, 226 Abs. 5 FamFG).

2 § 181 FamFG regelt die Auswirkungen des Todes eines Verfahrensbeteiligten **während des laufenden Abstammungsverfahrens**. Der Tod des Beteiligten muss nach Eingang des Antrags bei Gericht und vor rechtskräftigem Abschluss des Verfahrens eingetreten sein. Dann wird das Verfahren nur auf Verlangen eines Beteiligten fortgeführt. Dem liegt die Erwägung zugrunde, dass das Interesse der übrigen Beteiligten an dem Verfahren nach dem Tod eines bisherigen Beteiligten entfallen sein kann.[2]

B. Inhalt der Norm

I. Anwendungsbereich

1. Gegenständlich

3 Der gegenständliche Anwendungsbereich der Regelung umfasst **alle Abstammungssachen** i.S.v. § 169 FamFG, mithin neben der Feststellung der Vaterschaft (§ 1600d BGB) oder des Bestehens eines Eltern-Kind-Verhältnisses sowie der Anfechtung der Vaterschaft (§ 1599 ff. BGB) auch Verfahren auf Ersetzung der Einwilligung in eine genetische Abstammungsuntersuchung und die Anordnung der Duldung der Probeentnahme nach § 1598a BGB.[3]

1 Haußleiter/*Eickelmann*, § 181 FamFG, Rn. 8; Schulte-Bunert/Weinreich/*Schwonberg*, § 181 FamFG Rn. 2
2 MüKo-FamFG/*Coester-Waltjen/Lugani*, § 181 Rn. 1
3 Nach Haußleiter/*Eickelmann*, § 181 FamFG Rn. 3, soll sich der Anwendungsbereich auch auf ein Vollstreckungsverfahren nach § 96a Abs. 2 FamFG erstrecken

2. Persönlich

Der persönliche Anwendungsbereich erstreckt sich auf **Beteiligte** des Verfahrens. Dabei ist es unerheblich, ob die Beteiligtenstellung des Verstorbenen aus seiner Stellung als Antragsteller (§ 7 Abs. 1 FamFG), als unmittelbar Betroffener (§ 7 Abs. 2 Nr. 1 FamFG) oder aus § 172 FamFG folgt. Die Regelung umfasst nach ihrem Wortlaut zwar auch den Tod des Verfahrensbeistandes, da auch dieser Beteiligter ist (§ 174 Satz 2 i.V.m. § 158b Abs. 3 Satz 1 FamFG). Nach ihrem Sinn und Zweck ist die Regelung jedoch auf den Tod eines materiellrechtlich Beteiligten zu begrenzen.[4] Auch der Tod des gesetzlichen Vertreters eines Beteiligten unterfällt nicht der Regelung des § 181 FamFG, da dieser nicht selbst Beteiligter des Verfahrens ist. Wenn der gesetzliche Vertreter verstirbt, kann das Verfahren allerdings wegen § 9 Abs. 2 FamFG erst fortgeführt werden, wenn ein neuer gesetzlicher Vertreter vorhanden ist. 4

3. Zeitlich

Zeitlich erfasst die Regelung den Zeitraum **ab der Einleitung des Verfahrens** bis zur formellen Rechtskraft der Endentscheidung. Damit gilt die Regelung nicht, wenn eine zum Kreis der Beteiligten nach § 172 FamFG gehörende Person bereits vor Einleitung des Verfahrens, d.h. vor Eingang des das Verfahren einleitenden Antrags (§ 171 FamFG) bei Gericht, verstorben war. Dann ist das Verfahren von vornherein mit den lebenden Beteiligten zu führen.[5] Ist das **Kind** nach seiner Geburt gestorben, kann gleichwohl die Vaterschaft auf Antrag festzustellen sein, ohne dass dafür ein besonderes Rechtsschutzbedürfnis erforderlich wäre.[6] Ist in einem auf Feststellung der Vaterschaft gerichteten Verfahren der als Vater festzustellende Mann bereits verstorben, sind dessen nahe Angehörige am Verfahren zu beteiligen (vgl. *Langer*, § 172 FamFG Rn. 3). 5

Verstirbt ein Beteiligter im laufenden Verfahren **vor Erlass einer Entscheidung**, gilt die Regelung ohne Weiteres. Dabei ist es gleichgültig, ob der Beteiligte anwaltlich vertreten war oder nicht. Denn die Regelung knüpft nicht an die Verfahrensfähigkeit an, sondern will verhindern, dass eine statusverändernde Abstammungsentscheidung ergeht, obwohl die überlebenden Beteiligten hieran kein Interesse mehr haben. 6

Die Regelung gilt auch nach Erlass der Entscheidung ohne Weiteres, wenn ein Beteiligter im laufenden Verfahren **in der Beschwerdeinstanz** verstirbt. Dann obliegt dem Beschwerdegericht der in Satz 1 geregelte Hinweis. 7

Nicht eindeutig geregelt ist, was gilt, wenn der Beteiligte **nach Erlass der Entscheidung, aber vor Eintritt der Rechtskraft** verstirbt und das Verfahren nicht in die Beschwerdeinstanz gelangt. Hierzu wird vertreten, aus § 181 FamFG folge mittelbar, dass eine Entscheidung nicht in Rechtskraft erwachsen könne,[7] der Beschluss werde daher ipso jure wirkungslos.[8] Diese Ansicht trägt aber nicht den geänderten verfahrensrechtlichen Grundsätzen Rechnung, die durch die Überführung des Abstammungsverfahrens in ein Verfahren der freiwilligen Gerichtsbarkeit Anwendung finden. Das vorher geltende Recht war in §§ 640g, 640 Abs 1 i.V.m. § 619 ZPO a.F. so ausgestaltet, dass das Verfahren nur dann als erledigt galt, wenn die klagende Partei im laufenden Prozess verstarb und das Verfahren nicht von einem anderen Klageberechtigten aufgenommen wurde. Dies war darin begründet, dass es sich um einen zwischen Parteien geführten Rechtsstreit handelte und dieser nicht ohne einen klageberechtigten Kläger fortgeführt werden sollte. Die Regelung des 8

---

4 MüKo-FamFG/*Coester-Waltjen/Lugani*, § 181 Rn. 6
5 Prütting/Helms/*Dürbeck*, § 181 FamFG Rn. 1
6 DIJuF-Rechtsgutachten JAmt 2018, 550: nach der Geburt verstorbener Zwilling
7 OLG Karlsruhe FamRB 2017, 256; *Wieser*, MDR 2009, 61, 62
8 Haußleiter/*Eickelmann*, § 181 FamFG Rn. 18

§ 181 FamFG beschränkt sich jedoch nicht auf das Ableben des Antragstellers, sondern findet auch auf andere Beteiligte Anwendung. Das Abstammungsverfahren nach dem FamFG ist ein Verfahren ohne Antragsgegner. Auf dieses Verfahren hat es keinen unmittelbaren verfahrensrechtlichen Einfluss, wenn ein Beteiligter verstirbt, insbesondere, wenn dieser nicht der Antragsteller war.

9 Entgegen der vorstehend zitierten Auffassung ist aus der Regelung des § 181 FamFG nicht zu entnehmen, dass eine ergangene Entscheidung wegen des zwischenzeitlichen Ablebens eines Beteiligten generell nicht **in Rechtskraft erwachsen** könnte.[9] Ist der Beteiligte verstorben, bevor ihm die Entscheidung zugestellt wurde, kann eine wirksame Zustellung jedenfalls dann bewirkt werden, wenn dieser Beteiligte im Verfahren durch einen Rechtsanwalt vertreten war, da gemäß § 11 Satz 5 FamFG i.V.m. § 86 ZPO dessen Verfahrensvollmacht über den Tod hinaus Geltung hat. Verstirbt der Beteiligte zeitlich nach der an ihn bewirkten Zustellung, hindert dies den Eintritt der Rechtskraft deshalb nicht, weil der Lauf der Rechtsmittelfrist durch die Zustellung in Gang gesetzt (§ 16 FamFG) wird und das FamFG eine entsprechende Anwendung des § 249 ZPO nur kennt, wenn das Gericht das Verfahren aus wichtigem Grund ausgesetzt hat (§ 21 Abs. 1 Satz 2 FamFG). Eine § 239 ZPO vergleichbare Regelung über die verfahrensrechtlichen Folgen des Ablebens eines Beteiligten – mit der Folge der Unterbrechung des Fristenlaufs (§ 249 ZPO) – fehlt im FamFG. Diese Bestimmungen der ZPO finden nur in Familienstreitsachen entsprechende Anwendung (§ 113 Abs.1 Satz 2 FamFG).

10 Dass die Regelung des § 181 FamFG beim Tod eines Beteiligten **zwischen den Instanzen** praktisch nicht handhabbar ist, zeigt sich auch darin, dass es sich bei dem nach Satz 1 erforderlichen Hinweis um eine **verfahrensleitende gerichtliche Handlung** handelt. Solche kommen jedoch grundsätzlich nicht mehr in Betracht, wenn das Gericht bereits eine Endentscheidung i.S.v. § 38 FamFG getroffen hat.[10] Es fragt sich auch, was die Rechtsfolge sein soll, wenn das Familiengericht nach Erlass seiner Entscheidung wegen des zwischenzeitlichen Ablebens eines Beteiligten einen solchen Hinweis erteilt und sodann von einem Beteiligten die Fortsetzung des Verfahrens verlangt wird. Die Entscheidung ist schließlich bereits ergangen, sodass weitere Verfahrenshandlungen des Gerichts ohnehin nicht in Betracht kommen. Insofern deutet auch der Wortlaut von § 181 FamFG darauf hin, dass dieser beim Tod eines Beteiligten nach Instanzende nur zur Anwendung kommt, wenn gegen die Endentscheidung Beschwerde eingelegt wurde. Denn die Formulierung *„wird das Verfahren nur fortgesetzt"* passt auf den reinen Ablauf einer Rechtsmittelfrist nicht. „Fortsetzen" eines Verfahrens ist als Veranlassung weiterer Verfahrenshandlungen durch das Gericht zu verstehen.

II. Hinweis des Gerichts

11 Der Hinweis des Gerichts ist eine **verfahrensleitende Handlung**, die in Form einer Verfügung oder eines Beschlusses erfolgen kann. Er richtet sich an die überlebenden Beteiligten und ist wegen der damit verbundenen Fristsetzung diesen nach § 15 Abs. 1 FamFG in einer Weise bekannt zu machen, dass der Fristbeginn feststellbar ist. Inhaltlich muss sich aus dem Hinweis ergeben, dass das Verfahren als erledigt gilt, wenn kein Beteiligter innerhalb eines Monats die Fortsetzung des Verfahrens verlangt. Die Regelung ist insoweit widersprüchlich, als Satz 1 eine Monatsfrist vorgibt, in Satz 2 jedoch von einer vom Gericht gesetzten Frist die Rede ist. Hierdurch ist dem Gericht die Möglichkeit eröffnet, im Ausnahmefall eine längere Frist für die Erklärung des Fortsetzungsverlangens einzuräumen, etwa

9 Prütting/Helms/*Dürbeck*, § 181 FamFG Rn. 3a; a.A. Schulte-Bunert/Weinreich/*Schwonberg*, § 181 FamFG Rn. 3

10 Prütting/Helms/*Dürbeck*, FamFG, § 181 FamFG Rn. 3

wenn bei einem Beteiligten Umstände vorliegen, die den Zugang einer Erklärung innerhalb eines Monats nicht erwarten lassen.

III. Fortsetzungsverlangen

Das Fortsetzungsverlangen kann nur **von einem der verbliebenen Beteiligten** erklärt werden, nicht von einem Erben des verstorbenen Beteiligten.[11] Denn die Fortsetzung des Verfahrens kann nur von einem solchen Beteiligten begehrt werden, der auch berechtigt wäre, das Verfahren selbst zu betreiben. Dies sind bei einem Verfahren auf Anfechtung der Vaterschaft nur die in § 1600 Abs. 1 BGB aufgeführten Anfechtungsberechtigten und im Verfahren auf Feststellung der Vaterschaft nur der Putativvater, das Kind und die Mutter. Das Antragsrecht ist höchstpersönlich und nicht vererblich. 12

Das Fortsetzungsverlangen muss **fristgerecht** bei Gericht eingehen. Maßgeblich für die Fristberechnung ist nicht der Zeitpunkt des Versterbens des Beteiligten, sondern der Zeitpunkt des Zugangs des gerichtlichen Hinweises nach Satz 1. Die Fristberechnung richtet sich nach den allgemeinen Vorschriften (§ 16 Abs. 2 FamFG i.V.m. § 222 ZPO, §§ 186 ff. BGB). Da es sich bei dem Fortsetzungsverlangen um eine Verfahrenshandlung handelt, ist bei Fristversäumnis unter den Voraussetzungen des § 17 FamFG eine Wiedereinsetzung in den vorigen Stand möglich.[12] 13

Geht das Fortsetzungsverlangen fristgerecht bei Gericht ein, ist das Verfahren **mit den übrigen Beteiligten** fortzusetzen. Ein Eintrittsrecht der Erben des verstorbenen früheren Beteiligten gibt es hinsichtlich der zu treffenden Sachentscheidung nicht.[13] Diese können jedoch wegen der Kostenentscheidung als Erben aus eigenem Recht am Verfahren zu beteiligen sein (§ 7 Abs. 2 Nr. 1 FamFG). Wenn das postmortale Persönlichkeitsrecht des Verstorbenen berührt wird, insbesondere, wenn über eine Exhumierung des Verstorbenen zu entscheiden ist, sind die Totenfürsorgeberechtigten zu beteiligen. 14

IV. Erledigungsfolge (Satz 2)

Wenn innerhalb der vom Gericht gesetzten Frist von keinem der Beteiligten die Fortsetzung des Verfahrens verlangt wird, gilt dieses in der Hauptsache als erledigt. Maßgeblich für die **Fristwahrung** ist der Eingang des Fortsetzungsverlangens bei dem Gericht, bei dem das Verfahren anhängig ist. 15

Die Fiktion der Erledigung der Hauptsache tritt **kraft Gesetzes** ein, ohne dass es hierzu einer Erledigungserklärung der Beteiligten bedarf. Diese Fiktion betrifft jedoch nur die Hauptsache, so dass das Verfahren hinsichtlich der Entscheidung über die Verfahrenskosten anhängig bleibt.[14] Über die **Kosten** ist bei Erledigung der Hauptsache gemäß § 83 Abs. 2 FamFG i.V.m. § 81 FamFG nach billigem Ermessen zu entscheiden. Dies gilt auch bei einem in der Hauptsache erledigten Verfahren auf Anfechtung der Vaterschaft, da die Regelung des § 183 FamFG nur Anwendung findet, wenn ein Antrag auf Anfechtung der Vaterschaft Erfolg hat, mithin zur Feststellung der Nichtvaterschaft führt.[15] 16

---

11 BGH FamRZ 2015, 1877: OLG Nürnberg FamRZ 2015, 770; bestätigt auch durch BVerfG FamRZ 2016, 199

12 Haußleiter/*Eickelmann*, § 181 FamFG Rn. 15; Kemper/Schreiber/*Fritsche*, § 181 FamFG Rn. 2; Prütting/Helms/*Dürbeck*, § 181 FamFG Rn. 4

13 MüKo-FamFG/*Coester-Waltjen/Lugani*, § 181 Rn. 15; a.A. Kemper/Schreiber/*Fritsche*, § 181 FamFG Rn. 2

14 Haußleiter/*Eickelmann*, § 181 FamFG Rn. 19

15 OLG Frankfurt NZFam 2015, 682; *Dürbeck*, NZFam 2019, 524

§ 182 FamFG

Inhalt des Beschlusses

(1) [1]Ein rechtskräftiger Beschluss, der das Nichtbestehen einer Vaterschaft nach § 1592 des Bürgerlichen Gesetzbuchs infolge der Anfechtung nach § 1600 Abs. 1 Nr. 2 des Bürgerlichen Gesetzbuchs feststellt, enthält die Feststellung der Vaterschaft des Anfechtenden. [2]Diese Wirkung ist in der Beschlussformel von Amts wegen auszusprechen.

(2) Weist das Gericht einen Antrag auf Feststellung des Nichtbestehens der Vaterschaft ab, weil es den Antragsteller oder einen anderen Beteiligten als Vater festgestellt hat, spricht es dies in der Beschlussformel aus.

Übersicht Rn.

A. Allgemeines

1 In Verfahren der freiwilligen Gerichtsbarkeit entscheidet das Gericht durch Beschluss i.S.v. § 38 FamFG. Für Abstammungssachen gibt es insoweit die Besonderheit, dass die Entscheidung nicht auf Grund eines Anerkenntnisses ergehen kann und die Entscheidung immer zu begründen ist, weil § 38 Abs. 5 Nr. 2 FamFG die Regelung des § 38 Abs. 4 FamFG in Abstammungssachen nicht für anwendbar erklärt. Darüber hinaus regelt § 182 FamFG für zwei konkrete Fälle, nämlich in Abs. 1 für die Anfechtung der Vaterschaft durch den potenziellen leiblichen Vater nach § 1600 Abs. 1 Nr. 2 BGB und in Abs. 2 für die Abweisung eines negativen Feststellungsantrags, einen über den eigentlichen Verfahrensgegenstand hinausgehenden erweiterten Inhalt der Beschlussformel.

B. Inhalt der Norm

I. Erfolgreiche Anfechtung der Vaterschaft durch den potenziellen leiblichen Vater (Abs. 1)

2 Gemäß § 1600 Abs. 1 Nr. 2 i.V.m. Abs. 2 BGB ist Voraussetzung für die Anfechtung der Vaterschaft durch den **potenziellen leiblichen Vater** unter anderem, dass der Anfechtende **tatsächlich der Vater** des Kindes ist (vgl. hierzu *Keuter,* § 1600 BGB Rn. 25). Damit will das Gesetz gewährleisten, dass ein anderer als der rechtliche Vater, die Mutter oder das Kind eine Vaterschaftszuordnung nach §§ 1592 Nr. 1 oder Nr. 2, 1593 BGB zum rechtlichen Vater nur dann beseitigen kann, wenn gleichzeitig eine Vaterschaftszuordnung zum Anfechtenden bewirkt wird. Andernfalls könnte ein Dritter von außen ohne eigene Rechtsposition die soziale Familie beeinträchtigen.

3 Daher schreibt die Regelung in Abs. 1 vor, dass das Gericht bei der erfolgreichen Anfechtung der Vaterschaft durch den potenziellen leiblichen Vater zugleich **von Amts wegen** dessen Vaterschaft in der Beschlussformel festzustellen hat. Mit Rechtskraft dieser Entscheidung wird mit Wirkung für und gegen alle (§ 184 Abs. 2 FamFG) die Vaterschaftszuordnung zum bisherigen rechtlichen Vater beseitigt und die Vaterschaftszuordnung zum Anfechtenden herbeigeführt. Das Kind wird somit durch die Anfechtung durch den potenziellen leiblichen Vater nicht vaterlos, sondern es findet ein zeitgleicher **Vateraustausch** statt.

Verfahrensgegenstand ist gleichwohl allein die Anfechtung der Vaterschaft, weshalb sich bei der erfolgreichen Anfechtung der Vaterschaft durch den potenziellen leiblichen Vater trotz des durch Abs. 1 erweiterten Inhaltes der Beschlussformel die Kostenentscheidung nach § 183 FamFG richtet und der Verfahrenswert nach § 47 FamGKG nur einmal und nicht doppelt angesetzt wird. 4

Die **Beschlussformel** könnte lauten:

Beispiel: Beschlussformel

„Es wird festgestellt, dass nicht der Beteiligte zu 2), sondern der Antragsteller der Vater des am ... in ... geborenen Kindes ... – des Beteiligten zu 3) – ist."

II. Beschlussformel bei einem negativen Feststellungsantrag (Abs. 2)

Abs. 2 betrifft nicht das Verfahren auf Feststellung der Nichtvaterschaft nach § 1599 Abs. 1 BGB (Anfechtung der Vaterschaft),[1] sondern allein den – in der Praxis sehr seltenen – Fall des **negativen Feststellungsantrags** hinsichtlich eines Kindes, für das noch keine Vaterschaftszuordnung besteht. Wer sich mit der Mutmaßung oder der Behauptung konfrontiert sieht, der Vater eines Kindes zu sein, für das bislang keine Vaterschaftszuordnung besteht, hat ein Feststellungsinteresse für einen negativen Feststellungsantrag zur dahinlautenden Feststellung, nicht der Vater des Kindes zu sein. Damit kann er klären lassen, dass er – entgegen anderslautenden Behauptungen – nicht der Vater des Kindes ist und der ihn als Vater vorgebenden Behauptung mit Wirkung für und gegen alle entgegentreten. 5

In einem solchen negativen Feststellungsverfahren wird nach Einholung eines Abstammungsgutachtens geklärt, ob der Antragsteller der Vater des Kindes ist. Stellt sich heraus, dass der Antragsteller tatsächlich der Vater ist, schreibt Abs. 2 vor, diese Feststellung in der Beschlussformel auszusprechen. Denkbar ist aber auch, dass in einem solchen negativen Feststellungsverfahren andere Männer in die Abstammungsbegutachtung und das Verfahren einbezogen werden und das Gericht zu der Feststellung gelangt, welcher andere Mann als der Antragsteller tatsächlich der Vater des Kindes ist. Auch für diesen Fall schreibt Abs. 2 vor, dass das Gericht von Amts wegen die Feststellung ausspricht, dass dieser Beteiligte der Vater des Kindes ist. 6

Wenn sich in einem negativen Feststellungsverfahren herausstellt, dass der **Antragsteller** doch der tatsächliche Vater ist, lautet die Beschlussformel:

Beispiel: Beschlussformel

„Der Antrag des Antragstellers auf Feststellung des Nichtbestehens der Vaterschaft wird abgewiesen. Es wird festgestellt, dass der Antragsteller der Vater des am ... in ... geborenen Kindes ... – des Beteiligten zu 2) – ist."

Wenn sich in einem negativen Feststellungsverfahren herausstellt, dass nicht der Antragsteller, sondern **ein anderer Verfahrensbeteiligter** der tatsächliche Vater des Kindes ist, lautet die Beschlussformel:

Beispiel: Beschlussformel

„Es wird festgestellt, dass der Antragsteller nicht der Vater des am ... in ... geborenen Kindes ... – des Beteiligten zu 2) – ist. Gleichzeitig wird festgestellt, dass der Beteiligte zu ...) der Vater des am ... in ... geborenen Kindes ... – des Beteiligten zu 2) – ist."

---

1 Kemper/Schreiber/*Fritsche*, § 182 FamFG Rn. 2

7 Ergibt sich als Ergebnis eines solchen negativen Feststellungsverfahrens allein, dass der Antragsteller nicht der Vater des Kindes ist, und bleibt **ungeklärt**, wer Vater des Kindes ist, findet Abs. 2 keine Anwendung. Es gibt dann keinen erweiterten Inhalt der Beschlussformel, sondern diese beschränkt sich auf die Feststellung, dass der Antragsteller nicht der Vater des Kindes ist.

8 Wenn weder festgestellt werden kann, ob der Antragsteller der Vater des Kindes ist, noch dass er es nicht ist, beschränkt sich die Beschlussformel auf die Abweisung des negativen Feststellungsantrags des Antragstellers.[2]

9 Für eine Person, die ihren **Geschlechtseintrag** nach § 2 Abs. 1 SBGG von „männlich" **zu „weiblich" oder „divers" geändert** hat, ist der gewählte Eintrag im Personenstandsregister nach § 11 Abs. 1 Satz 1 SBGG für die Vaterschaftszuordnung kraft gerichtlicher Feststellung nach § 1592 Nr. 3 BGB unerheblich. Da die Person insoweit weiterhin als „Mann" i.S.v. § 1592 BGB gilt, kann sie ein Vaterschaftsfeststellungsverfahren betreiben. Ein Erwerb kraft Gesetzes ist für diese Personen im Hinblick auf § 11 Abs. 1 Satz 2 SBGG nur bei besonderer Erklärung nach Hs. 2 möglich. Eine Feststellung der Mutterschaft oder der Stellung als zweiter Elternteil – was rechtspolitisch folgerichtig wäre – lässt das geltende Recht – auf Grund der eindeutigen gesetzgeberischen Entscheidung auch nicht unter analoger Anwendung – zu.

► *Näher dazu Keuter, § 1591 BGB Rn. 7.*

Damit stellt sich für die Beschlussformel die Frage nach ihrer Formulierung. Die den Antrag stellende Person ist für das Verfahren als „weiblich" oder „divers" anzusehen, was in der Formulierung ihrer Beteiligtenbezeichnung aus Rücksicht auf ihre selbstbestimmte Entscheidung zur Geschlechtszugehörigkeit und in Verwirklichung des gesetzgeberischen Ziels des SBGG zum Ausdruck kommen sollte.

Es bieten sich folgende Formulierungen an:

Formulierungsbeispiel

„Es wird festgestellt, dass die Antragstellerin der Vater des am … in … geborenen Kindes … – des Beteiligten zu 2) – ist."

Oder

„Es wird festgestellt, dass die den Antrag stellende Person der Vater des am … in … geborenen Kindes … – des Beteiligten zu 2) – ist."

Vorstehende Formulierungen zeigen nachdrücklich, dass das Abstammungsrecht nicht konsistent an die gesetzgeberischen Ziele des SBGG angepasst wurde. Es ist jedenfalls schwerlich vorstellbar, dass etwa eine Antragstellerin nach einer Änderung des Geschlechtseintrags zu „weiblich" gern die Bezeichnung „Vater" zugewiesen erhalten möchte. Gleichwohl eröffnet das geltende Recht die Möglichkeit, eine Person schlicht als „Elternteil" oder „anderer Elternteil" (neben der Geburtsmutter) festzustellen – wie dies bereits durch den Referentenentwurf des BMJ zum Abstammungsrechtsreformgesetz vorgesehen war – derzeit leider nicht.

10 Eine als biologische Frau geborene Person, die ihren **Geschlechtseintrag** nach § 2 Abs. 1 SBGG **zu „männlich" geändert** hat, wird im Hinblick auf § 11 Abs. 1 Satz 1 SBGG ein Vaterschaftsfeststellungsverfahren nicht mit Erfolg führen können. Ohnehin lässt das materielle Abstammungsrecht keinen Raum für die Anerkennung einer sozialen Elternschaft und eine daran anknüpfende Elternschaftszuordnung. Eine biologische Frau kann also nach geltendem Recht nicht als „Vater" festgestellt werden – auch nicht nach Änderung ihres Ge-

---

2 BGHZ 17, 252

schlechtseintrags. Handelt es sich bei ihr um die gebärende Person, ist sie nach §1591 BGB kraft Gesetzes „Mutter", ohne dass es eines Feststellungsverfahrens bedarf.[3]

§ 183 FamFG
Kosten bei Anfechtung der Vaterschaft

Hat ein Antrag auf Anfechtung der Vaterschaft Erfolg, tragen die Beteiligten, mit Ausnahme des minderjährigen Kindes, die Gerichtskosten zu gleichen Teilen; die Beteiligten tragen ihre außergerichtlichen Kosten selbst.

Übersicht Rn.

A. Allgemeines

In ihrem Anwendungsbereich geht §183 FamFG als spezielle Kostenregelung der – ansonsten in Abstammungssachen geltenden – allgemeinen Kostenregelung des §81 FamFG vor (vgl. §81 Abs. 5 FamFG). Die Norm gilt nur für Anfechtungsverfahren.[1] 1

B. Inhalt der Norm

I. Anwendungsbereich

Die Regelung gilt nur für die **erfolgreiche Anfechtung der Vaterschaft**. Bei einem anderen Ausgang des Verfahrens auf Anfechtung der Vaterschaft und auf andere Abstammungsverfahren ist die Vorschrift nicht – auch nicht entsprechend – anwendbar,[2] sondern dann richtet sich die Kostenentscheidung nach den allgemeinen Bestimmungen (§80 ff. FamFG; siehe Rn. 11 ff.). 2

Erfolgreich ist ein Antrag auf Anfechtung der Vaterschaft dann, wenn die Nichtvaterschaft des bisherigen rechtlichen Vaters festgestellt wird. Von §183 wird damit auch die erfolgreiche Anfechtung der Vaterschaft durch den potenziellen leiblichen Vater (§1600 Abs. 1 Nr. 2 BGB) erfasst. Dass hier zugleich die Vaterschaft des Anfechtenden festgestellt wird, ist eine Folge des gesetzlich vorgeschriebenen erweiterten Beschlussinhalts (§182 Abs. 1 FamFG) und stellt keine objektive Antragshäufung im Sinne einer Verfahrensverbindung (§179 FamFG) dar, weshalb auch dieses Verfahren alleine als Verfahren auf Anfechtung der Vaterschaft zu behandeln ist (siehe *Langer,* §179 FamFG Rn. 8).[3] 3

Die Regelung ist zwar nicht anwendbar, wenn im Laufe eines Verfahrens auf Anfechtung der Vaterschaft die **Erledigung der Hauptsache** durch das Wirksamwerden einer schei- 4

3 Vgl. umfassend zur Rechtslage nach Einführung des Gesetzes über die Selbstbestimmung in Bezug auf den Geschlechtseintrag vom 19. Juni 2024 (BGBl. 2024 I Nr. 206) (SBGG) *Keuter,* FamRZ 2024, 1073, 1079 m.w.N.

1 OLG München FamRZ 2011, 923 mit Anm. *Kieninger*

2 BGH FamRZ 2014, 744; OLG Stuttgart FamRZ 2012, 1966; OLG Brandenburg FamRZ 2012, 1966

3 MüKo-FamFG/*Coester-Waltjen/Lugani,* §183 Rn. 7; *Dürbeck,* NZFam 2019, 524

dungsakzessorischen Anerkennung der Vaterschaft nach § 1599 Abs. 2 BGB eintritt und dadurch die Vaterschaft des bisherigen rechtlichen Vaters entfällt.[4] In solchen Fällen entspricht es aber bei Anwendung von §§ 83 Abs. 2, 81 Abs. 1 FamFG billigem Ermessen, dem Rechtsgedanken des § 183 FamFG entsprechend die Kosten des Verfahrens gegeneinander aufzuheben. Denn ohne die scheidungsakzessorische Anerkennung wäre der Anfechtungsantrag höchstwahrscheinlich erfolgreich gewesen, was aus der Anerkennung durch den Dritten geschlossen werden kann.[5] Auch in anderen Fällen der Erledigung der Hauptsache (etwa wegen § 181 FamFG), richtet sich die Kostenentscheidung nach §§ 83 Abs. 2, 81 FamFG.[6]

5 Im **Beschwerdeverfahren** gilt die Regelung dann, wenn dem Antrag auf Anfechtung der Vaterschaft erst durch die Beschwerdeentscheidung stattgegeben wird (§ 69 Abs. 3 FamFG).[7] Ist bereits erstinstanzlich die Nichtvaterschaft festgestellt worden und die hiergegen gerichtete Beschwerde erfolglos geblieben, sind dem Beschwerdeführer die Kosten des Beschwerdeverfahrens nach § 84 FamFG aufzuerlegen. Führt das Beschwerdeverfahren dazu, dass die Entscheidung über die Feststellung der Nichtvaterschaft abgeändert und der Antrag abgewiesen wird, richtet sich die Kostenentscheidung insgesamt nach § 81 FamFG.

6 Nach hier vertretener Auffassung kann ein Verfahren auf Anfechtung der Vaterschaft nicht mit einem Verfahren auf Feststellung der Vaterschaft eines Dritten verbunden werden (vgl. *Langer,* § 179 FamFG Rn. 7). Folgt man der Gegenansicht,[8] müsste bei einer **Verfahrensverbindung** oder einer entsprechenden objektiven Antragshäufung zunächst durch Teilbeschluss über die Anfechtung der Vaterschaft durch Feststellung der Nichtvaterschaft erkannt und nach dessen Rechtskraft durch Schlussbeschluss der Feststellungsantrag beschieden werden.[9] Dies bereitet erhebliche Schwierigkeiten, da wegen des Grundsatzes der einheitlichen Kostenentscheidung die Kostenentscheidung nicht getrennt nach Verfahrensgegenständen erfolgen kann und deshalb die Kostenregelung aus einer Kombination von § 183 FamFG und § 81 FamFG ergehen müsste.

II. Kostenverteilung

7 Die Kostenfolge des § 183 FamFG ist **zwingend**. Das Gericht hat kein Ermessen, die Kosten bei einer erfolgreichen Anfechtung die Vaterschaft abweichend zu regeln.[10] Dies gilt auch, wenn durch das unbegründete Vorbringen eines Beteiligten besondere Kosten entstanden sind. Damit ist zwar ein Beteiligter, der sich erfolglos gegen die Anfechtung der Vaterschaft wendet, insoweit privilegiert, als ihm keine über seinen Anteil hinausgehende Gerichtskosten und auch nicht die Erstattung von Kosten anderer Beteiligter – etwa des Antragstellers – auferlegt werden können. Dies trägt jedoch dem Umstand Rechnung, dass das Verfahren auf Anfechtung der Vaterschaft nicht allein dem Interesse des erfolgreichen Antragstellers dient und eine bestehende Abstammungszuordnung nicht der Disposition der übrigen Beteiligten unterliegt, weshalb diese durch eigene Handlungen das Verfahren nicht vermeiden können.[11]

8 Die **Gerichtskosten** tragen die Beteiligten – mit Ausnahme des minderjährigen Kindes – zu gleichen Teilen. **Beteiligte** sind im Anfechtungsverfahren der Antragsteller (§ 7 Abs. 1 FamFG) und die in § 172 FamFG genannten Personen, soweit sie nicht ohnehin schon als

4 So aber Kemper/Schreiber/*Fritsche*, § 183 FamFG Rn. 3
5 Im Ergebnis daher zutreffend Kemper/Schreiber/*Fritsche*, § 183 FamFG Rn. 3
6 OLG Frankfurt NZFam 2015, 682; Prütting/Helms/*Dürbeck*, § 183 FamFG Rn. 3
7 Haußleiter/*Eickelmann*, § 183 FamFG Rn. 2
8 Kemper/Schreiber/*Fritsche*, § 179 FamFG Rn. 4; vgl. auch OLG Nürnberg, Beschl. v. 29.9.2022 – 11 UF 625/22
9 Vgl. AG Schwerin FamRZ 2005, 381
10 *Dürbeck*, NZFam 2019, 524; *Rake*, FuR 2018, 73
11 vgl. OLG Brandenburg, Beschl. v. 22.5.2024 – 13 WF 51/24

Antragsteller beteiligt sind. Ein etwaig bestellter Verfahrensbeistand (§ 174 Satz 2 i.V.m. § 158 FamFG) ist zwar Beteiligter des Verfahrens (§ 158b Abs. 3 Satz 1 FamFG), jedoch sind ihm keine Kosten aufzuerlegen (§ 158c Abs. 4 FamFG). Hat das Jugendamt seine Beteiligung beantragt (§ 172 Abs. 2 FamFG) – was nicht bereits durch die bloße Anhörung des Jugendamtes bewirkt wird (vgl. *Langer,* § 172 FamFG Rn. 11) –, ist nach zutreffender Ansicht die Teilungsquote auch unter Berücksichtigung des Jugendamtes zu berechnen,[12] auch wenn vom Jugendamt nach § 64 Abs. 3 Satz 2 SGB X später Gerichtskosten nicht zu erheben sind. Nicht Beteiligte i.S.d. §§ 172, 7 Abs. 2 Nr. 1 FamFG sind im postmortalen Vaterschaftsanfechtungsverfahren die Angehörigen oder die Ehefrau des bereits verstorbenen Vaters.[13]

Das **minderjährige Kind** hat nach der ausdrücklichen Regelung des § 183 FamFG keine anteiligen Gerichtskosten zu tragen und ist daher bei der Verteilung der Gerichtskosten und der Ermittlung der Haftungsquote der übrigen Beteiligten unberücksichtigt zu lassen. Diese Sonderregelung ist erforderlich, da die Kostenbefreiung des minderjährigen Kindes in § 81 Abs. 3 FamFG nur Kindschaftssachen und nicht Abstammungssachen erfasst. Die Kostenbefreiung des minderjährigen Kindes gilt nur, wenn sich die Kostenentscheidung nach § 183 FamFG richtet. Bei einem erfolglosen Antrag auf Anfechtung der Vaterschaft oder in anderen Abstammungssachen findet § 81 FamFG Anwendung. Eine Privilegierung von minderjährigen Kindern in Abstammungssachen ist dort nicht vorgesehen. Volljährige Kinder sind dagegen auch im Rahmen des § 183 FamFG nicht privilegiert und bei der Verteilung der Gerichtskosten zu berücksichtigen. 9

Bei erfolgreicher Anfechtung der Vaterschaft schließt es § 183 FamFG aus, dass unter den Beteiligten eine Kostenerstattung angeordnet wird, so dass jeder Beteiligte seine **außergerichtlichen** Kosten selbst zu tragen hat. Dies gilt auch für die außergerichtlichen Kosten des minderjährigen Kindes. 10

C. Kostenentscheidung in Abstammungssachen im Übrigen

I. Kostenentscheidung nach billigem Ermessen

Außerhalb des Anwendungsbereichs von § 183 FamFG richtet sich die Kostenentscheidung in Abstammungssachen nach den **allgemeinen Bestimmungen** der §§ 80 ff. FamFG. Das Gericht hat daher nach billigem Ermessen über die Kosten zu entscheiden (§ 81 FamFG). 11

Anders als in anderen Verfahren der freiwilligen Gerichtsbarkeit besteht in Familiensachen kein Ermessen dahingehend, **ob eine Kostenentscheidung** überhaupt für sachgerecht erachtet wird, da § 81 Abs. 1 Satz 3 FamFG vorschreibt, dass in Familiensachen stets über die Kosten zu entscheiden ist. 12

Hinsichtlich der Frage, wie die Kostenverteilung zu regeln ist, d.h. welchem Beteiligten welche Kosten aufzuerlegen sind, räumt das FamFG dem Gericht einen **weiten Ermessens- und Gestaltungsspielraum** ein. Das Gericht kann die Kosten ganz oder teilweise zwischen den Beteiligten verteilen, sie gegeneinander aufheben oder eine hinsichtlich der gerichtlichen und außergerichtlichen Kosten getrennte Kostenverteilung vornehmen.[14] Dieses weite 13

12 Schulte-Bunert/Weinreich/*Schwonberg,* § 183 FamFG Rn. 5; *Dürbeck,* NZFam 2019, 524; ablehnend MüKo-FamFG/*Coester-Waltjen/Lugani,* § 183 Rn. 8

13 OLG Frankfurt ZKJ 2018, 320; Prütting/Helms/*Dürbeck*, § 172 FamFG Rn. 10; a.A. OLG Celle NZFam 2017, 583

14 BGH FamRZ 2014, 744

Ermessen erfährt nur eine Einschränkung durch § 81 Abs. 2 FamFG dahingehend, dass in den dort genannten Fällen die Kosten einem Beteiligten auferlegt werden sollen. Dies bedeutet aber nicht, dass eine einseitige Kostenauferlegung nur in Betracht käme, wenn ein Katalogfall des § 81 Abs. 2 FamFG vorliegt, denn die dort genannten Fälle sind nicht abschließend.[15] Deshalb kann die Auferlegung von Kosten auch in anderen Fällen erfolgen, in denen dies nach einer umfassenden Abwägung aller Umstände billigem Ermessen entspricht.

14 Für die Kostenentscheidung nach § 81 FamFG gibt es **kein Regel-Ausnahme-Verhältnis**. Das Gericht darf sich daher nicht auf die Erwägung beschränken, dass die angeordnete Kostenregelung nach dem Verfahrensergebnis – dem Obsiegen oder Unterliegen – geboten sei.[16] Der Ausgang des Verfahrens ist nur ein Abwägungskriterium neben anderen.

15 Das Gericht muss bei der Kostenentscheidung auch abwägen, ob es Gründe gibt, nach denen es billigem Ermessen entspricht, **von der Erhebung von Gerichtskosten abzusehen** (§ 81 Abs. 1 Satz 2 FamFG),[17] was auch auf einzelne Auslagen des Gerichts beschränkt werden kann. Dies kann – nicht nur, aber auch – bei unrichtiger Sachbehandlung geboten sein.

Erfolgt die **Bestellung eines Verfahrensbeistands** trotz der ausreichenden Vertretung des Kindes durch einen Ergänzungspfleger oder das Jugendamt als Beistand und ist dies nicht ausnahmsweise aus besonderen Gründen gleichwohl erforderlich, dürfte es im Rahmen der Kostenentscheidung nach § 81 Abs. 1 FamFG billigem Ermessen entsprechen, jedenfalls die Auslage für die Vergütung des Verfahrensbeistandes (vgl. Nr. 2013 KV-FamGKG i.V.m. § 18 FamGKG) nicht den Beteiligten bzw. dem jeweiligen Kostenschuldner aufzuerlegen. Erfolgt dies in der Kostengrundentscheidung gleichwohl, müssen die entsprechenden Kosten des Verfahrensbeistands wegen unrichtiger Sachbehandlung im Kostenansatzverfahren nach § 20 FamGKG niedergeschlagen werden.[18]

II. Einzelfälle

16 Da die Kostenentscheidung immer von einer umfassenden Abwägung der konkreten Umstände des Einzelfalles abhängt und sich damit jeglicher Automatismus verbietet, dürfen die nachfolgenden Ausführungen nur als Vorschlag für eine **Gewichtung der Abwägungskriterien** verstanden werden. Im Vordergrund steht dabei die Frage, ob ein Beteiligter durch sein Verhalten Anlass für die Einleitung des Verfahrens und die Entstehung von einzelnen Gerichtskosten gegeben hat (sog. **Veranlassungsprinzip**).[19]

17 Bei der **erfolglosen Anfechtung der Vaterschaft** wird nach dem Grund des Scheiterns des Anfechtungsverfahrens zu differenzieren sein. Stellt sich heraus, dass der Antragsteller tatsächlich der Vater ist, kann es billigem Ermessen entsprechen, dem Antragsteller die Kosten aufzuerlegen, wenn keiner der übrigen Beteiligten i.S.v. § 172 FamFG einen Anlass dazu gegeben hat, die Vaterschaft in Zweifel zu ziehen.[20] Dies dürfte z.B. gelten, wenn sich der Vater zur Anfechtung der Vaterschaft veranlasst sah, weil er meinte – oder ihm von Dritten vermittelt wurde –, das Kind sehe ihm nicht ähnlich.[21] Wurde ein gegen die Vaterschaft sprechender Verdacht von der Mutter geweckt oder lag tatsächlich bzw. zugestandenermaßen anderweitiger Geschlechtsverkehr der Mutter in der Empfängniszeit vor, spricht dies

15 Kemper/Schreiber/*Schneider*, § 81 FamFG Rn. 49; Prütting/Helms/*Feskorn*, § 81 Rn. 19
16 BGH FamRZ 2014, 744
17 BGH NJW-RR 2015, 385
18 OLG Celle JurBüro 2018, 534; vgl. auch BGH NJW-RR 2015, 385 zum Verhältnis von einer Absehensentscheidung nach § 81 FamFG zu § 20 FamGKG
19 BGH FamRZ 2014, 744; NJW-RR 2015, 385; *Dürbeck*, NZFam 2019, 524, 525
20 OLG Saarbrücken FamRZ 2017, 545
21 OLG Frankfurt AGS 2015, 303

dagegen, dem Antragsteller die Erstattung der Kosten der Mutter aufzuerlegen.[22] Bei dieser Sachlage kann auch in Betracht kommen, der Mutter die Gerichtskosten anteilig aufzuerlegen. Scheitert die Anfechtung der Vaterschaft an der Verfristung, dürfte in die Abwägung einzubeziehen sein, welche Gründe dazu geführt haben, dass der Antragsteller seinen Antrag nicht vor Ablauf der Anfechtungsfrist (§ 1600b Abs. 1 BGB) eingereicht hat. Im Übrigen werden hier im Regelfall dem Anfechtenden allein die Kosten aufzuerlegen sein.

Scheitert die Vaterschaftsanfechtung nach § 1600 Abs. 1 Nr. 2 BGB bereits am Bestehen einer **sozial-familiären Beziehung** des Kindes zum rechtlichen Vater (§ 1600 Abs. 2 BGB), ist zu differenzieren. War dem Antragsteller dieser Umstand bekannt und musste er demnach die Erfolgslosigkeit seines Antrags erkennen, dürfte seine Kostentragung billigem Ermessen entsprechen. War dagegen zum Zeitpunkt der Einleitung des Verfahrens eine sozial-familiäre Beziehung des Kindes zum rechtlichen Vater noch nicht vorhanden, sondern hat sich im Laufe des Verfahrens erst eine solche entwickelt, dürfte die Kostentragung des Antragstellers unbillig sein, da der Antrag bei Verfahrenseinleitung noch Aussicht auf Erfolg hatte. Dies gilt umso mehr vor dem Hintergrund der Rechtsprechung des BVerfG durch Urteil vom 9.4.2024[23] (vgl. *Langer*, § 169 FamFG Rn. 12), wonach das geltende Recht insoweit verfassungswidrig ist, als die Anfechtung in solchen Konstellationen keinen Erfolg hat. Hier dürfte eine Kostentragung aller Beteiligter – mit Ausnahme des Kindes – meist der Billigkeit entsprechen.[24]

Auch bei der **Feststellung der Vaterschaft** ist nicht von einem Regel-Ausnahme-Prinzip auszugehen, weshalb nicht allein auf das Obsiegen oder Unterliegen abgestellt werden darf.[25] Wenn der als Vater festgestellte Mann Anlass haben konnte, seine Vaterschaft in Zweifel zu ziehen – etwa bei einem von der Mutter eingeräumten Mehrverkehr oder einer nur flüchtigen sexuellen Beziehung mit der Mutter –, kann es billigem Ermessen entsprechen, dem als Vater festgestellten Mann die Kosten des Verfahrens einschließlich der Erstattung der Kosten der übrigen Beteiligten nicht allein aufzuerlegen.[26] Ist bei einem von der Mutter eingeräumten Mehrverkehr die fehlende Vaterschaft der anderen männlichen Geschlechtspartner erwiesen, wird auch dies nicht dazu führen können, dem Betreffenden die vorgerichtliche Anerkennung der Vaterschaft zuzumuten.[27] **18**

Es kommt mithin **bei nachvollziehbaren Zweifeln** an der Vaterschaft in Betracht, die Mutter an den Gerichtskosten zu beteiligen und sie ihre eigenen Kosten selbst tragen zu lassen. Denn in die Ermessenserwägungen sind im Rahmen der Entscheidung über die Kosten eines Verfahrens auf Feststellung der Vaterschaft auch solche Umstände einzubeziehen, die dazu Anlass gegeben haben, von einer Anerkennung der Vaterschaft abzusehen.[28] Berechtigte Zweifel an der Vaterschaft bestehen dann, wenn die Mutter bis kurz vor Beginn der gesetzlichen Empfängniszeit mit ihrem früheren Lebensgefährten sexuelle Kontakte hatte und sich auch nach der endgültigen Trennung vom später festgestellten biologischen Vater wieder jenem Mann zuwandte.[29]

Bei einer **vom Jugendamt** als Beistand des Kindes erfolgreich **betriebenen Feststellung** der Vaterschaft ist die Mutter nicht mit Kosten zu belasten, wenn für einen Mehrverkehrs-

---

22 OLG Naumburg FamRZ 2018, 1020; OLG Karlsruhe FuR 2016, 423
23 BVerfG FamRZ 2024, 846 mit Anm. *Reuß* = ZKJ 2024, 213 mit Beitrag *Keuter*, ZKJ 2024, 348 = NZFam 2024, 543 mit Anm. *Langer*
24 OLG Hamburg, Beschl. v. 15.1.2022 – 12 WF 160/21
25 BGH FamRZ 2014, 744
26 OLG Brandenburg, Beschl. v. 13.2.2023 – 13 WF 1/23; OLG Nürnberg, Beschl. v. 22.3.2022 – 7 UF 121/22; OLG Hamm NZFam 2019, 597; OLG Naumburg FamRZ 2018, 1020; OLG Frankfurt FamRZ 2017, 1415
27 OLG Saarbrücken NZFam 2019, 461
28 BGH FamRZ 2014, 744, 746
29 OLG Brandenburg, Beschl. v. 13.2.2023 – 13 WF 1/23

verdacht kein Anlass bestand.[30] Ihr können aber die gesamten Verfahrenskosten auferlegt werden, wenn sie der außergerichtlichen Vaterschaftsanerkennung nicht zustimmt und damit auf das gerichtliche Feststellungsverfahren besteht, obwohl sie keinen Zweifel an der biologischen Vaterschaft hat.[31]

Auch wenn ein Mann als Ergebnis der Abstammungsbegutachtung nicht der tatsächliche Vater des Kindes ist, bedeutet dies nicht von vornherein, dass dessen Kosten vom Antragsteller zu tragen wären und dieser nicht an den Gerichtskosten zu beteiligen wäre. Hat dieser Mann in der Empfängniszeit tatsächlich Geschlechtsverkehr mit der Mutter ausgeübt, kann es der Billigkeit entsprechen, ihn trotzdem an den Kosten der Begutachtung zu beteiligen.[32] Dies wird auch dann zu gelten haben, wenn die Mutter wahrheitswidrig Mehrverkehr bestritten hat und der Putativvater als Erzeuger ausgeschlossen wird, da auch im Falle wahrheitsgemäßer Angaben ein Abstammungsverfahren hätte durchgeführt werden müssen.[33] Bei einer **erfolgreich betriebenen Feststellung der Vaterschaft** dürfte es allerdings eher billigem Ermessen entsprechen, die Mutter nicht mit Kosten zu belasten, wenn für einen Mehrverkehrsverdacht kein Anlass bestand und die Beziehung zwischen den Eltern während der Empfängniszeit störungsfrei verlief.[34]

19 Kein taugliches Abwägungskriterium stellt im Regelfall die Erwägung dar, dass ein Beteiligter es versäumt habe, der Einholung eines kostengünstigeren **außergerichtlichen Abstammungsgutachtens** zuzustimmen.[35] Die Ablehnung, auf eigene Kosten außergerichtlich ein Gutachten einzuholen, kann sowohl aus wirtschaftlichen Gründen (keine Finanzierung durch Verfahrenskostenhilfe) gerechtfertigt sein als auch deswegen, dass angesichts der hohen rechtlichen Anforderungen an die Richtigkeit und Vollständigkeit eines Abstammungsgutachtens nach dem GenDG (vgl. § 17 GenDG) eine gerichtliche Kontrolle des Gutachtens gewünscht wird.[36]

20 Nach § 81 Abs. 3 FamFG können auch dem **minderjährigen Kind** Kosten in Abstammungssachen außerhalb von § 183 FamFG auferlegt werden. Es besteht aber heute Konsens, dass hierfür im Regelfall wegen des elementaren Interesses des Kindes an der Klärung seiner Abstammung und der Verantwortung der Mutter und ihres männlichen Geschlechtspartners für die Durchführung des Verfahrens keine Veranlassung besteht.[37] Die Beteiligung des Kindes an den Kosten dürfte auch sonst regelmäßig nicht billigem Ermessen entsprechen, da das Kind selbst zur Unsicherheit über die Vaterschaft nicht beigetragen hat und daher keinen Anlass zu Verfahrenseinleitung gegeben hat.[38]

21 In **postmortalen Abstammungsverfahren** können nach zutreffender Ansicht Angehörigen oder dem Ehegatten eines Beteiligten Kosten nicht auferlegt werden, da sie nicht formell am Verfahren beteiligt und daher Dritte i.S.d. § 81 Abs. 4 FamFG sind.[39]

---

30 OLG München FamRZ 2013, 1925

31 OLG Bremen FamRZ 2024, 1144; vgl. auch OLG Brandenburg, Beschl. v. 28. September 2021 – 13 WF 166/21

32 OLG Oldenburg FamRZ 2013, 971

33 OLG Brandenburg FamRZ 2018, 1018; OLG Saarbrücken FamRZ 2015, 1746; *Dürbeck*, NZFam 2019, 524 (525)

34 OLG Nürnberg FamRZ 2016, 1482; OLG Bremen NZFam 2016, 183; OLG Celle NZFam 2014, 752; OLG München FamRZ 2013, 1925

35 OLG Saarbrücken FamRZ 2017, 545; OLG Brandenburg FamRZ 2014, 1728; *Rake*, FuR 2018, 73, 75; a.A.: OLG Frankfurt FamRZ 2013, 1922

36 *Dürbeck*, NZFam 2019, 524 (526); *Rake*, FuR 2018, 73, 75

37 OLG Hamm NZFam 2019, 597 unter Aufgabe von NZFam 2015, 522; OLG Naumburg FamRZ 2018, 1020; OLG Karlsruhe FuR 2016, 423; *Rake*, FuR 2018, 73, 76

38 OLG Brandenburg, Beschl. v. 13.2.2023 – 13 WF 1/23

39 OLG Frankfurt ZKJ 2018, 320; *Dürbeck*, NZFam 2019, 524, 526

§ 81 Abs. 2 FamFG, wonach in den dort genannten Regelbeispielen einem Beteiligten die Kosten des Verfahrens ganz oder teilweise auferlegt werden können, hat in Abstammungssachen eine eher geringe Bedeutung. § 81 Abs. 2 Nr. 4 FamFG kann im Einzelfall verwirklicht sein, wenn ein Beteiligter seine Mitwirkungspflicht dadurch verletzt hat, dass er mehrfach unentschuldigt zur Abstammungsuntersuchung nicht erschienen ist und dadurch das Verfahren erheblich verzögert hat.[40] 22

Auch bei einem **Klärungsverfahren** nach § 1598a BGB richtet sich die Kostenentscheidung nach § 81 FamFG. Da die Voraussetzungen für einen Anspruch auf Einwilligung in eine genetische Abstammungsuntersuchung und auf Duldung der Probeentnahme niederschwellig ausgestaltet sind (vgl. *Keuter*, § 1598a BGB Rn. 8) und auf Verlangen eines Klärungsberechtigten eine Verpflichtung zur Einwilligung und Mitwirkung besteht, dürfte eine unbegründete Verweigerung in der Regel zur Auferlegung der Kosten führen.[41] Etwas anderes gilt jedoch dann, wenn Umstände vorlagen, die zu einer Aussetzung des Verfahrens nach § 1598a Abs. 3 BGB hätten Anlass geben können. Dann dürfte die Kostenaufhebung billigem Ermessen entsprechen.[42] Wird der Antrag abgewiesen, weil der Antragsteller nicht zum Kreis der Klärungsberechtigten des § 1598a Abs. 1 BGB gehört oder weil dieser die Abstammung zu einer anderen Person als dem rechtlichen Elternteil klären wollte, sind die Kosten des Verfahrens dem Antragsteller aufzuerlegen.[43] 23

▶ *Vgl. Näher zur Kostenentscheidung bei Mehrheit von Verfahren Langer, § 179 FamFG Rn. 13.*

D. Verfahrenswert in Abstammungssachen

Der Verfahrenswert ist gemäß § 47 Abs. 1 FamGKG in Verfahren nach § 169 Nr. 1 und 4 in der Regel mit 3.000,00 EUR und in Verfahren nach § 169 Nr. 2 und 3 („in den Übrigen Abstammungssachen") auf 1.000,00 EUR festzusetzen. Nach § 47 Abs. 2 FamGKG kann das Gericht einen **höheren oder niedrigeren Wert festsetzen**, wenn der Regelwert nach den besonderen Gründen des Einzelfalles unbillig ist. Dies kann zur Verhinderung unvertretbar hoher oder unangemessen niedriger Kosten geboten sein.[44] Dabei können der Umfang und die Schwierigkeit des Verfahrens oder seine Bedeutung für die Beteiligten, insbesondere wenn sie im Hinblick auf ihre sozialen und finanziellen Verhältnisse erheblich von den sonst zu entscheidenden Fällen abweicht, als Kriterien herangezogen werden.[45] Die Abweichung muss aber von erheblichem Gewicht sein.[46] Es kommt für die Beurteilung des Umfangs und der Schwierigkeit der Sache als Bewertungskriterium auf den gerichtlichen Aufwand, nicht auf den der Beteiligten oder ihrer Anwälte, an.[47] 24

▶ *Näher zum Verfahrenswert bei Mehrheit von Verfahren Langer, § 179 FamFG Rn. 12.*

---

40 OLG Saarbrücken NZFam 2019, 461; OLG Schleswig FamRZ 2016, 1481
41 OLG Nürnberg, NZFam 2025, 151; Kemper/Schreiber/*Fritsche*, § 183 FamFG Rn. 2; Schulte-Bunert/Weinreich/*Schwonberg*, § 183 FamFG Rn. 20
42 OLG Nürnberg, Beschl. v. 6.12.2024 – 11 WF 930/24
43 *Dürbeck*, NZFam 2019, 524
44 BT-Drs. 16/6308, 306
45 BT-Drs. 16/6308, 306
46 OLG Brandenburg FamRZ 2021, 53
47 OLG Brandenburg FamRZ 2021, 53; KG FamRZ 2006, 438; OLG Karlsruhe FamRZ 1999, 730

§ 184 FamFG

Wirksamkeit des Beschlusses; Ausschluss der Abänderung; ergänzende Vorschriften über die Beschwerde

(1) [1]Die Endentscheidung in Abstammungssachen wird mit Rechtskraft wirksam. [2]Eine Abänderung ist ausgeschlossen.

(2) Soweit über die Abstammung entschieden ist, wirkt der Beschluss für und gegen alle.

(3) Gegen Endentscheidungen in Abstammungssachen steht auch demjenigen die Beschwerde zu, der an dem Verfahren beteiligt war oder zu beteiligen gewesen wäre.

Übersicht

A. Allgemeines

1 § 184 regelt das Wirksamwerden der Entscheidung (Abs. 1) und die Beschwerdebefugnis (Abs. 3).

B. Inhalt der Norm

I. Eintritt der Wirksamkeit (Abs. 1 Satz 1)

2 Eine Endentscheidung ergeht in Abstammungssachen **durch Beschluss** (§ 38 FamFG). In Verfahren der freiwilligen Gerichtsbarkeit wird ein Beschluss nach § 40 Abs. 1 FamFG mit der Bekanntgabe an den Beteiligten, für den er seinem wesentlichen Inhalt nach bestimmt ist, wirksam, sofern keine abweichende gesetzliche Regelung besteht. Eine solche abweichende Regelung beinhaltet § 184 Abs. 1 FamFG, die für alle Abstammungssachen i.S.v. § 169 FamFG gilt. Damit können Rechte und Pflichten aus einer Feststellung der Vaterschaft (§ 1600d BGB) erst hergeleitet werden, wenn die Entscheidung rechtskräftig geworden ist.

Bei der Anfechtung der Vaterschaft (§ 1599 Abs. 1 BGB) entfallen die aus der rechtlichen Vaterschaftszuordnung (§§ 1592 Nr. 1 und Nr. 2, 1593 BGB) erwachsenden Rechte und Pflichten erst, wenn die im Anfechtungsverfahren erfolgte Feststellung der Nichtvaterschaft in Rechtskraft erwachsen ist. Auf eine im Klärungsverfahren nach § 1598a Abs. 2 BGB erfolgte Ersetzung der Einwilligung in ein Abstammungsgutachten darf mit der Begutachtung erst mit Rechtskraft der Entscheidung begonnen werden. Die in einem solchen Verfahren erfolgte Anordnung der Duldung der Probeentnahme kann nicht vor Rechtskraft der Entscheidung vollstreckt werden (vgl. § 86 Abs. 2 FamFG).

II. Abänderungsausschluss (Abs. 1 Satz 2)

3 Rechtskräftige Endentscheidungen mit Dauerwirkung unterliegen in Verfahren der freiwilligen Gerichtsbarkeit unter den Voraussetzungen des § 48 FamFG einer Abänderungsmöglichkeit. Eine solche Abänderung wird durch § 184 Abs. 1 Satz 2 FamFG für rechtskräftige Endentscheidungen in Abstammungssachen ausgeschlossen. Diese erwachsen im Interesse der Statusklarheit dauerhaft in Bestandskraft, die nur im Wege eines Wiederaufnahmeverfahrens nach §§ 48 Abs. 2, 185 FamFG, § 578 ff. ZPO durchbrochen werden kann.

III. Inter-omnes-Wirkung (Abs. 2)

4 Eine in einem Abstammungsverfahren ergangene rechtskräftige Entscheidung über die Abstammung wirkt für und gegen alle. Dies setzt zum einen voraus, dass die rechtskräftige Entscheidung in einem **Abstammungsverfahren** ergangen ist.[1] Wenn in anderen Verfahren eine Entscheidung über die Abstammung erfolgt, hat dies keine Auswirkungen auf den abstammungsrechtlichen Status. Eine inzidente Klärung der Abstammung – etwa im Unterhaltsregressverfahren oder in einem Verfahren nach § 1686a BGB – erwächst hinsichtlich der Abstammung nicht in Rechtskraft und entfaltet erst recht keine Wirkungen i.S.v. Abs. 2.[2]

5 Auch für Abstammungsverfahren gilt die Regelung nur dann, wenn eine **Entscheidung über die Abstammung** erfolgt. Daran fehlt es im Klärungsverfahren nach § 1598a BGB, da in einem solchen Verfahren nicht über die Abstammung entschieden, sondern lediglich deren außergerichtliche Klärung ermöglicht wird. Abs. 2 gilt daher nicht in Verfahren nach § 169 FamFG Nr. 2 und Nr. 3.[3]

6 Für die Wirkung des Abs. 2 ist es unerheblich, ob es sich um eine **gestaltende oder feststellende** gerichtliche Entscheidung handelt.[4] Damit entfaltet auch eine stattgebende Entscheidung auf einen positiven Feststellungsantrag über das Bestehen eines Eltern-Kind-Verhältnisses oder die Abweisung eines negativen Feststellungsantrags mit dem nach § 182 Abs. 2 FamFG erweiterten Beschlussinhalt Wirkung für und gegen alle. Allerdings haben Entscheidungen i.S.v. § 169 Nr. 1 FamFG, die keine statusrechtlichen Feststellungen treffen, sondern lediglich ein Rechtsverhältnis – etwa die Feststellung, ob eine Vaterschaft wirksam oder unwirksam anerkannt wurde – feststellen, Rechtskraftwirkungen nur für und gegen die Beteiligten.[5]

7 Mit rechtskräftiger erfolgreicher **Anfechtung der Vaterschaft** entfällt die Vaterschaftszuordnung zum bisherigen rechtlichen Vater mit Wirkung für und gegen alle. Die Abweisung eines Antrags auf Anfechtung der Vaterschaft bewirkt zwar, dass die rechtliche Vaterschaftszuordnung aus materiell-rechtlichen Gründen (wegen § 1592 Nr. 1 oder Nr. 2 BGB oder wegen § 1593 BGB) mit Wirkung für und gegen alle fortbesteht. Es liegt aber keine gerichtliche Entscheidung über die Abstammung i.S.v. Abs. 2 vor, wenn die Anfechtung der Vaterschaft mangels schlüssiger Darlegung von gegen die Vaterschaft sprechenden Umständen oder wegen Nichteinhaltung der Anfechtungsfrist (§ 1600b Abs. 1 BGB) abgewiesen wurde. Jedoch entfaltet auch eine solche Entscheidung insoweit Rechtskraftwirkung, als derjenige, der die Vaterschaft angefochten hat, die Vaterschaft nicht erneut aus den gleichen Gründen anfechten kann.[6]

8 Mit der Abweisung eines Vaterschaftsanfechtungsantrags unter Verweis auf das **Bestehen einer sozial-familiären Beziehung** ist weder positiv noch negativ über die Abstammung entschieden worden, sondern nur darüber, dass der vom Antragsteller vorgetragene Lebenssachverhalt ihn nicht berechtige, ein etwa bestehendes Anfechtungsrecht gerichtlich durchzusetzen. Danach bestimmt sich die materielle Rechtskraft des den Antrag abweisenden Beschlusses. Ein zweiter Anfechtungsantrag desselben Antragstellers ist nur dann zulässig, wenn die Anfechtungsmöglichkeit auf einen neuen, selbstständigen, nach der letzten mündlichen Verhandlung im vorangegangenen Verfahren zutage getretenen Lebenssachverhalt gestützt wird.[7]

---

1 OLG Celle, Beschl. v. 11.10.2021 – 21 WF 133/21
2 Prütting/Helms/*Dürbeck*, § 184 FamFG Rn. 7
3 MüKo-FamFG/*Coester-Waltjen/Lugani*, § 184 Rn. 5
4 MüKo-FamFG/*Coester-Waltjen/Lugani*, § 184 Rn. 7
5 Kemper/Schreiber/*Fritsche*, § 184 FamFG Rn. 7
6 Kemper/Schreiber/*Fritsche*, § 184 FamFG Rn. 8
7 OLG Karlsruhe, Beschl. v. 28.8.2024 – 2 WF 75/24

Die Verkündung des Urteils des BVerfG vom 9.4.2024[8] stellt **keine neue Tatsache** dar, sodass nach rechtskräftiger Abweisung eines Anfechtungsantrags wegen Bestehens einer sozial-familiären Beziehung nicht allein unter Berufung auf das Urteil ein neuer Anfechtungsantrag gestellt werden kann.[9] Hier findet § 79 Abs. 2 BVerfGG Anwendung.

Andere Anfechtungsberechtigte sind bei einem aus solchen Gründen abgewiesenen Anfechtungsantrag indes nicht gehindert, selbst noch ein Verfahren auf Anfechtung der Vaterschaft zu betreiben, sofern für sie die Anfechtungsfrist gewahrt ist und sie gegen die Vaterschaft sprechende Umstände schlüssig darlegen.

9 Eine gerichtliche Entscheidung im **Vaterschaftsfeststellungsverfahren** wirkt wegen Abs. 2 für und gegen alle. Allerdings kann eine Vaterschaftsfeststellung dann keine Wirkung entfalten, wenn das Kind entgegen § 1600d Abs. 1 BGB nicht vaterlos war, sondern bereits eine rechtliche Vaterschaftszuordnung zu einem anderen Mann bestand, weil es in bestehender Ehe der Mutter geboren wurde und diese Vaterschaftszuordnung nicht zuvor beseitigt worden war.[10]

IV. Beschwerdeberechtigung (Abs. 3)

10 Gegen Endentscheidungen in Abstammungssachen findet gemäß § 58 Abs. 1 FamFG die Beschwerde statt. Gemäß § 59 Abs. 1 FamFG steht die Beschwerde jedem zu, der durch den Beschluss in eigenen Rechten verletzt ist. Ferner hat der Antragsteller bei Zurückweisung seines Antrags ein Beschwerderecht nach § 59 Abs. 2 FamFG. Die Regelung des § 184 Abs. 2 FamFG bewirkt in Abstammungssachen eine **Erweiterung der Beschwerdeberechtigung** dahingehend, dass jedem Beteiligten des Abstammungsverfahrens unabhängig von einer Verletzung in eigenen Rechten[11] oder der Zurückweisung eines eigenen Antrags ein eigenes Beschwerderecht zusteht. Dies gilt auch für solche Personen, deren formelle Beteiligung in erster Instanz verfahrensfehlerhaft unterlassen wurde. Daraus kann für Abstammungsverfahren gefolgert werden, dass für einen vergessenen Beteiligten keine Beschwerdefrist in Gang gesetzt wird. Auch § 63 Abs. 3 Satz 2 FamFG findet für den verfahrensfehlerhaft gar nicht am Verfahren Beteiligten keine Anwendung.[12]

11 Nicht Beteiligter eines Vaterschaftsanfechtungsverfahren und damit nicht beschwerdeberechtigt ist der potentielle **biologische Vater**, wenn er nicht selbst Antragsteller nach § 1600 Abs. 1 Nr. 2 BGB ist.[13]

12 Die Beschwerdeberechtigung des **Jugendamtes** folgt aus § 176 Abs. 2 Satz 2 FamFG. Der **Verfahrensbeistand** ist gemäß § 174 Satz 2 FamFG i.V.m. § 158b Abs. 3 Satz 2 FamFG befugt, im Interesse des Kindes Beschwerde einzulegen.

§ 185 FamFG
Wiederaufnahme des Verfahrens

(1) Der Restitutionsantrag gegen einen rechtskräftigen Beschluss, in dem über die Abstammung entschieden ist, ist auch statthaft, wenn ein Beteiligter ein neues Gutachten über die Abstammung vorlegt, das allein oder in Verbindung mit den im früheren Verfahren erhobenen Beweisen eine andere Entscheidung herbeigeführt haben würde.

8 BVerfG FamRZ 2024, 846 mit Anm. *Reuß* = ZKJ 2024, 213 mit Beitrag *Keuter*, ZKJ 2024, 348 = NZFam 2024, 543 mit Anm. *Langer*
9 OLG Karlsruhe, Beschl. v. 28.8.2024 – 2 WF 75/24
10 OLG München FamRZ 2012, 1503
11 Vgl. hierzu auch BGH FamRZ 2009, 861
12 BGH NJW-RR 2021, 1225.
13 OLG Köln FamRZ 2019, 726; OLG München FamRZ 2012, 1825; Bork/Jacoby/Schwab/*Löhnig*, § 172 FamFG Rn. 3

(2) Der Antrag auf Wiederaufnahme kann auch von dem Beteiligten erhoben werden, der in dem früheren Verfahren obsiegt hat.

(3) [1]Für den Antrag ist das Gericht ausschließlich zuständig, das im ersten Rechtszug entschieden hat; ist der angefochtene Beschluss von dem Beschwerdegericht oder dem Rechtsbeschwerdegericht erlassen, ist das Beschwerdegericht zuständig. [2]Wird der Antrag mit einem Nichtigkeitsantrag oder mit einem Restitutionsantrag nach § 580 der Zivilprozessordnung verbunden, ist § 584 der Zivilprozessordnung anzuwenden.

(4) § 586 der Zivilprozessordnung ist nicht anzuwenden.

Übersicht

A. Allgemeines

In Verfahren der freiwilligen Gerichtsbarkeit sind gemäß § 48 Abs. 2 FamFG die Regelungen der Zivilprozessordnung über die Wiederaufnahme des Verfahrens – mithin §§ 578 bis 591 ZPO – entsprechend anwendbar. § 185 FamFG erweitert für Abstammungsverfahren diese Regelungen hinsichtlich des Restitutionsgrundes eines neuen Abstammungsgutachtens (Abs. 1), hinsichtlich der Antragsberechtigung (Abs. 2) und auch dahingehend, dass der mit einem neuen Abstammungsgutachten begründete Wiederaufnahmeantrag an keine Frist gebunden ist (Abs. 4). Ferner regelt die Bestimmung die Zuständigkeit für das Wiederaufnahmeverfahren in Abstammungssachen (Abs. 3). 1

B. Inhalt der Norm

I. Neues Abstammungsgutachten als zusätzlicher Restitutionsgrund (Abs. 1)

Es gelten durch die Verweisung in § 48 Abs. 2 FamFG die Bestimmungen der § 578 ff. ZPO und damit die Restitutionsgründe des § 580 ZPO. Wenn also ein solcher Restitutionsgrund vorliegt, bedarf es nicht des Rückgriffs auf § 185 Abs. 1 FamFG. Die dort genannten Gründe greifen jedoch nicht, wenn erst durch die nach Abschluss des Verfahrens eingetretenen **Fortschritte der Abstammungsbegutachtung** Feststellungen ermöglicht sind, die im Ursprungsverfahren nach dem damaligen Stand der Wissenschaft und Technik noch nicht möglich waren. Eine Statusentscheidung soll nicht aus formalen Gründen dauerhafte Bestandskraft haben, wenn sie deshalb auf einem unzutreffenden Beweisergebnis beruht, weil nur unzureichende Methoden der Abstammungsbegutachtung zur Verfügung standen. 2

Der erweiterte Restitutionsgrund gilt in allen **Abstammungsverfahren**, in denen **über die Abstammung entschieden** wurde, aber auch, wenn ein Antrag auf Feststellung der Vaterschaft als Ergebnis der damaligen Beweisaufnahme abgewiesen wurde.[1] Er gilt auch dann, wenn zusätzlich zur Feststellung der Vaterschaft auch ein Ausspruch zur Unterhaltszahlung erfolgt ist.[2] Da in Verfahren nach § 169 Nr. 2 und Nr. 3 FamFG keine gerichtliche Ent- 3

1 BGH FamRZ 2003, 1833
2 OLG Brandenburg FamRZ 2009, 1931

scheidung über die Abstammung getroffen wird, ist § 185 FamFG auf solche Verfahren nicht anwendbar.[3]

4 Ein auf Abs. 1 gestützter Restitutionsantrag setzt voraus, dass ein **neues Abstammungsgutachten** bei Einreichung des Restitutionsantrags **bereits vorliegt**. Er ist nicht statthaft, wenn ein neues Gutachten erst im Restitutionsverfahren erstellt werden soll.[4] Dies erschwerte in der Vergangenheit den Zugang zu diesem Restitutionsgrund, da ein neues Abstammungsgutachten nur mit Einwilligung der Betroffenen erstellt werden kann und diese Einwilligung nach früherem Recht nicht erzwungen werden konnte.[5] Seit Inkrafttreten des § 1598a BGB kann unter den dort genannten Voraussetzungen die Einwilligung in eine Abstammungsbegutachtung gerichtlich ersetzt und die Mitwirkung an der Abstammungsbegutachtung gerichtlich durchgesetzt werden. Dabei steht dem Anspruch aus § 1598a Abs. 1 Satz 1 BGB nicht entgegen, dass bereits ein früheres Gutachten vorliegt, wenn dieses lediglich zu einem Grad der Gewissheit geführt hat, der dem nach aktuellen wissenschaftlichen Standards zu erreichenden eindeutig unterlegen ist.[6] Das wiederum ist jedenfalls dann nicht der Fall, wenn der in dem schon erstellten Gutachten ermittelte Wahrscheinlichkeitsgrad nach wie vor zur höchstmöglichen Wahrscheinlichkeitsstufe führen würde.[7]

5 **Neu** ist ein Gutachten dann, wenn es im Ursprungsverfahren noch nicht vorlag und auch von keinem Beteiligten vorgelegt werden konnte. Lag es damals bereits dem die Wiederaufnahme beantragenden Beteiligten vor, hindert dies einen Restitutionsantrag dann nicht, wenn dieser unverschuldet verhindert war, es in das Verfahren einzubringen (vgl. auch § 48 Abs. 2 FamFG i.V.m. § 582 ZPO).[8]

6 Wenn ein Antrag auf **Anfechtung der Vaterschaft** wegen Verfristung (§ 1600b Abs. 1 BGB) erfolglos geblieben ist, kann ein Restitutionsantrag nicht auf ein neues Abstammungsgutachten gestützt werden,[9] auch dann nicht, wenn ein mit Hilfe von § 1598a BGB eingeholtes Gutachten nunmehr die Vaterschaft widerlegt (vgl. auch Art. 229 § 17 EGBGB). Hier können nur Restitutionsgründe i.S.v. § 580 ZPO in Bezug auf die Feststellung der Verfristung geltend gemacht werden.

II. Antragsberechtigung (Abs. 2)

7 Abs. 2 stellt klar, dass für einen Antrag auf Wiederaufnahme **keine Beschwer erforderlich** ist.[10] Der Ausgang des Ursprungsverfahrens ist daher für die Befugnis zur Antragstellung unerheblich. Der Antrag kann jedoch nicht von Dritten, sondern nur von einem Beteiligten des Ursprungsverfahrens gestellt werden. Auf die Frage, ob eine Person, die verfahrensfehlerhaft am Ursprungsverfahren nicht beteiligt wurde, zu einem Wiederaufnahmeantrag berechtigt ist,[11] kommt es nicht an, da diesen Personen durch § 184 Abs. 3 FamFG eine eigene Beschwerdebefugnis eingeräumt wird, ohne dass die Beschwerdefrist je zu laufen begonnen hat.

▶ *Näher dazu Langer, § 184 FamFG Rn. 10.*

---

3 Kemper/Schreiber/*Fritsche*, § 185 FamFG Rn. 2
4 BGH FamRZ 2003, 1833; Schulte-Bunert/Weinreich/*Schwonberg*, § 185 FamFG Rn. 8
5 OLG Zweibrücken FamRZ 2005, 735
6 BGH FamRZ 2017, 219.
7 BGH FamRZ 2017, 219.
8 MüKo-FamFG/*Coester-Waltjen/Lugani*, § 185 Rn. 7; a.A. *Braun*, FamRZ 1989, 1129
9 OLG Brandenburg, Beschl. v. 5.12.2012 – 3 UF 74/12, juris; Prütting/Helms/*Dürbeck*, § 185 FamFG Rn. 4
10 Prütting/Helms/*Dürbeck*, § 185 FamFG Rn. 7
11 Differenzierend MüKo-FamFG/*Coester-Waltjen/Lugani*, § 185 Rn. 11

III. Zuständigkeit (Abs. 3)

Wird ein Restitutionsantrag **ausschließlich** auf den **Restitutionsgrund des Abs. 1** gestützt, richtet sich die Zuständigkeit nach Abs. 3. Zuständig ist dann das Familiengericht, das über die Abstammung entschieden hat. Wenn allerdings die Entscheidung über die Abstammung durch das Beschwerdegericht oder das Rechtsbeschwerdegericht erfolgte, ist für den Restitutionsantrag das Beschwerdegericht zuständig. Eine Entscheidung des Beschwerdegerichts über die Abstammung liegt auch dann vor, wenn eine Beschwerde gegen die Entscheidung des Familiengerichts zurückgewiesen und so die dortige Entscheidung über die Abstammung inhaltlich bestätigt wurde. Dann ist das Beschwerdegericht für das Wiederaufnahmeverfahren zuständig. Etwas anderes gilt jedoch, wenn das Beschwerdegericht die Beschwerde gegen die Abstammungsentscheidung des Familiengerichts als unzulässig verworfen hat. Dann hat das Beschwerdegericht nicht über die Abstammung entschieden, sondern nur über die Zulässigkeitsvoraussetzungen der Beschwerde, weshalb in diesem Fall für einen Wiederaufnahmeantrag das erstinstanzliche Gericht zuständig wäre. 8

Die Zuständigkeit beurteilt sich nicht nach Abs. 3 Satz 1, sondern nach § 584 ZPO, wenn ein Restitutionsgrund des § 580 ZPO oder ein Nichtigkeitsgrund nach § 579 ZPO geltend gemacht wird (Abs. 3 Satz 2). Dies macht aber nur dann einen Unterschied zur Zuständigkeitsregelung des § 185 FamFG, wenn gegen eine Entscheidung des Rechtsbeschwerdegerichts ein Nichtigkeitsantrag nach § 579 ZPO oder ein auf § 580 Nr. 4 oder Nr. 5 ZPO gestützter Restitutionsgrund erhoben wird. Dann ist für die Entscheidung über den Restitutionsantrag das Rechtsbeschwerdegericht zuständig, in allen anderen Fällen ergibt sich die gleiche Zuständigkeit wie nach § 185 FamFG. 9

IV. Befreiung von der Antragsfrist (Abs. 4)

Nach Abs. 4 ist § 586 ZPO, der die Frist für die Restitutionsklage regelt, nicht anzuwenden. Dies gilt jedoch nur, soweit ein Wiederaufnahmeantrag auf den Restitutionsgrund des Abs. 1 gestützt wird. Werden Restitutionsgründe i.S.v. § 580 ZPO geltend gemacht, gilt auch in Abstammungssachen die Frist des § 586 ZPO entsprechend (§ 48 Abs. 2 FamFG),[12] ebenso für einen Nichtigkeitsantrag nach § 579 ZPO.[13] 10

V. Entscheidung

Ist der Wiederaufnahmeantrag begründet, so ist die ursprüngliche Entscheidung einschließlich der Kostenentscheidung aufzuheben und es kann nach pflichtgemäßem Ermessen des Gerichts nach Durchführung des Verfahrens eine **gemeinsame Entscheidung** über die Wiederaufnahme- und Abstammungsfrage getroffen werden.[14] In Bezug auf die Kostenfrage ist über die **Kosten** des früheren Verfahrens und die des Wiederaufnahmeverfahrens dann einheitlich zu entscheiden.[15] 11

12 Vgl. zur identischen Vorgängerregelung OLG Düsseldorf FamRZ 2002, 1268
13 Prütting/Helms/*Dürbeck*, § 185 FamFG Rn. 10
14 OLG Stuttgart FamRZ 2019, 607
15 OLG Stuttgart FamRZ 2019, 607; Zöller/*Greger*, § 590 ZPO Rn. 17

Abschnitt 5
Verfahren in Adoptionssachen

1 ***Übersicht: Verfahrensablauf bei Annahme eines minderjährigen Kindes (Minderjährigenadoption)***

1. **Verfahrenseinleitung durch Antrag des oder der Annehmenden (§ 23 FamFG, § 1752 Abs. 1 BGB)**
2. **Prüfung der internationalen und örtlichen Zuständigkeit (§§ 101, 187 FamFG)**
3. **Anforderung verfahrensrelevanter Unterlagen und Dokumente**
4. **Anforderung der fachlichen Äußerung (§ 189 FamFG)**
5. **Ggf. Bestellung eines Verfahrensbeistands (§ 191 FamFG)**
6. **Anhörungen**
   - des Kindes (§ 192 Abs. 1 und 3 FamFG)
   - des oder der Annehmenden (§ 192 Abs. 1 FamFG)
   - ggf. der leiblichen Eltern (§ 192 Abs. 2 FamFG)
   - ggf. der Kinder des Annehmenden (§ 193 FamFG)
   - des Jugendamts (§ 194 Abs. 1 FamFG)
   - ggf. des Landesjugendamts (§ 195 Abs. 1 FamFG)
7. **Ggf. weitere Ermittlungen (§ 26 FamFG)**
8. **Entscheidung (§ 197 FamFG)**

2 ***Übersicht: Verfahrensablauf bei Annahme eines volljährigen Kindes (Volljährigenadoption)***

1. **Verfahrenseinleitung durch gemeinschaftlichen Antrag des oder der Annehmenden und des Anzunehmenden (§ 23 FamFG, § 1768 Abs. 1 Satz 1 BGB)**
2. **Prüfung der internationalen und örtlichen Zuständigkeit (§§ 101, 187 FamFG)**
3. **Anforderung verfahrensrelevanter Unterlagen und Dokumente**
4. **Anhörungen**
   - des Anzunehmenden (§ 192 Abs. 1 FamFG)
   - des oder der Annehmenden (§ 192 Abs. 1 FamFG)
   - ggf. der leiblichen Eltern (§ 192 Abs. 2 FamFG)
   - ggf. der Kinder des Annehmenden (§ 193 FamFG)
   - ggf. der Kinder des Anzunehmenden (§ 193 FamFG)
5. **Ggf. weitere Ermittlungen (§ 26 FamFG)**
6. **Entscheidung (§ 197 FamFG)**

Übersicht: Verfahrensablauf bei Ersetzung der Einwilligung eines leiblichen Elternteils 3

1. **Verfahrenseinleitung durch Antrag des Kindes (§ 23 FamFG, § 1748 Abs. 1 BGB)**
2. **Prüfung der internationalen und örtlichen Zuständigkeit (§§ 101, 187 FamFG)**
3. **Ermittlungen zur Prüfung der Voraussetzungen des § 1748 BGB (insb. Anforderung von Jugendamtsberichten)**
4. **Anhörungen**
   - des Kindes (§ 192 Abs. 2 FamFG)
   - der Annehmenden (§ 192 Abs. 2 FamFG)
   - des Elternteils, dessen Einwilligung ersetzt werden soll (§ 192 Abs. 2 FamFG)
   - des Jugendamts (§ 194 Abs. 1 FamFG)
5. **Entscheidung (§ 198 Abs. 1 FamFG)**

Übersicht: Verfahrensablauf bei Aufhebung einer Adoption 4

1. **Verfahrenseinleitung**
   - durch fristgebundenen Antrag (§ 23 FamFG, § 1762 BGB) bei den Verfahren nach §§ 1760 und 1771, 1772 Abs. 1 BGB bzw.
   - von Amts wegen bei den Verfahren nach § 1763 BGB
2. **Prüfung der internationalen und örtlichen Zuständigkeit (§§ 101, 187 FamFG)**
3. **Ermittlungen zur Prüfung der Aufhebungsvoraussetzungen**
4. **Anhörungen**
   - des (volljährigen oder minderjährigen) Angenommenen (§ 192 Abs. 1 FamFG)
   - der Annehmenden (§ 192 Abs. 1 FamFG)
   - der leiblichen Eltern (§ 192 Abs. 2 FamFG)
   - des Jugendamts bei Aufhebung einer Minderjährigenadoption (§ 194 Abs. 1 FamFG)
5. **Entscheidung (§ 198 Abs. 1 FamFG)**

§ 186 FamFG

Adoptionssachen

Adoptionssachen sind Verfahren, die

1. **die Annahme als Kind,**
2. **die Ersetzung der Einwilligung zur Annahme als Kind,**
3. **die Aufhebung des Annahmeverhältnisses oder**
4. **die Befreiung vom Eheverbot des § 1308 Abs. 1 des Bürgerlichen Gesetzbuchs**

betreffen.

Weiterführende Literatur: Braun, Das Verfahren in Adoptionssachen nach §§ 186 ff. FamFG, FamRZ 2010, 81; *Herzog*, Die Ersetzung von Einwilligungen im Adoptionsverfahren, FuR 2023, 566; *Reinhardt*, FamFG und Adoption, JAmt 2009, 162; *Zimmermann*, Das Adoptionsverfahren nach dem FamFG, NZFam 2016, 12; *Zschiebsch*, Das amtsgerichtliche Verfahren zur Annahme als Kind, FPR 2009, 493.

Übersicht

A. Allgemeines

1 Mit der **Definition der „Adoptionssachen"** hat der Gesetzgeber im Rahmen der FGG-Reform 2009 einen **neuen Rechtsbegriff** eingeführt.[1] Durch die Voranstellung der betreffenden Verfahrensgegenstände wird klargestellt, bei welchen Verfahrensgegenständen §§ 186 ff. FamFG zur Anwendung kommen.

2 Die Norm hat **keinen eigenen Regelungsgehalt**, schafft aber Klarheit für die Abgrenzung zu anderen Familiensachen (insb. Kindschaftssachen). Die in § 186 FamFG aufgeführten **Verfahrensgegenstände sind abschließend**, was insbesondere für die Abgrenzung zu den Verfahren nach dem Adoptionswirkungsgesetz (AdWirkG) von Bedeutung ist (siehe hierzu *Braun*, § 199 FamFG Rn. 1).

3 **Systematisch** sind die Adoptionssachen gemäß § 111 Nr. 4 FamFG den **Familiensachen** zugeordnet. Sachlich **zuständig** für Adoptionssachen sind die Familiengerichte (vgl. §§ 23a Abs. 1 Nr. 1, 23b Abs. 1 GVG).[2] Gleichzeitig ist damit auch der **Instanzenzug** geklärt, indem in der zweiten Tatsacheninstanz die Oberlandesgerichte (§ 119 Abs. 1 Nr. 1a) GVG) und in der Rechtsbeschwerdeinstanz der BGH (§ 133 GVG) zuständig sind.

4 Der **Rechtsbegriff der Adoptionssache** findet sich **in anderen Gesetzen** wieder. So bestimmt etwa § 14 Nr. 15 und 16 RPflG, welche Verfahren in der funktionellen Zuständigkeit des Richters oder des Rechtspflegers liegen und in der Vorbemerkung 1.3.2 Abs. 1 Nr. 2, Abs. 2 im Kostenverzeichnis zum FamGKG ist bestimmt, welche Adoptionssachen gerichtsgebührenpflichtig sind und welche nicht.

---

1 BT-Drs. 16/6308, 247

2 Bis zur FGG-Reform 2009 waren die Adoptionsverfahren noch den Vormundschaftsgerichten zugeordnet

Das **mit Abstand wichtigste Verfahren** in Adoptionssachen ist **das Verfahren auf Annahme als Kind** (Nr. 1). Von diesem Verfahrensgegenstand sind nicht nur die Prüfung des Antrags auf Annahme als Kind nach § 1752 Abs. 1 BGB, sondern auch Teilentscheidungen innerhalb des Annahmeverfahrens erfasst (vgl Rn. 9). Das Ersetzungsverfahren (Nr. 2) ist wiederum kein Teil des Verfahrens auf Annahme als Kind (siehe weitergehend unten Rn. 15). Die beiden weiteren Verfahrensgegenstände der Aufhebung von Annahmeverhältnissen (Nr. 3) oder die Befreiung vom Eheverbot des § 1308 Abs. 1 BGB (Nr. 4) spielen eine eher untergeordnete Rolle. 5

Ausdrücklich keine Adoptionssachen i.S.v. § 186 FamFG sind die Verfahren, in denen ein **Lebenspartner ein Kind adoptieren möchte** bzw. bei denen die Ersetzung der Einwilligung zu einer solchen Adoption beantragt wird. Diese Verfahren sind vielmehr im Katalog der Lebenspartnerschaftssachen nach § 269 Abs. 1 Nr. 4 FamFG aufgeführt. Im Ergebnis führt dies jedoch nicht zu einer anderen verfahrensmäßigen Behandlung, da durch den Verweis in§ 270 Abs. 1 Satz 2 FamFG sämtliche Vorschriften in Adoptionssachen entsprechende Anwendung finden. 6

B. Inhalt der Norm

I. Die Verfahrensgegenstände bei der Annahme als Kind (Nr. 1)

Das in Nr. 1 aufgeführte Verfahren auf Annahme als Kind umfasst **sowohl Minderjährigen- als auch Volljährigenadoptionen**. Im Gegensatz zum materiellen Recht (§§ 1741 ff. BGB einerseits und §§ 1767 ff. BGB andererseits) findet im Verfahrensrecht keine Unterscheidung dieser Adoptionsarten statt. Glücklich ist dies nicht, da dies zum Teil zu schwierigen Rechtsanwendungen in der Verfahrenspraxis führt (vgl. z.B. *Braun*, § 195 FamFG Rn 2). 7

Die Verfahren auf Annahme als Kind betreffen die **Prüfung der Anträge auf Annahme als Kind** nach § 1752 Abs. 1 BGB und § 1768 Abs. 1 Satz 1 BGB. Innerhalb dieser Verfahren werden regelmäßig weitere Teilentscheidungen getroffen bzw. andere Verfahrenshandlungen durchgeführt. 8

Als wichtigste Teilentscheidungen und Verfahrenshandlungen sind folgende Verrichtungen zu nennen: 9

- die Namensbestimmung bei Anträgen nach § 1757 Abs. 3 Nr. 1 oder Nr. 2 BGB,
- die Anordnung eines Offenbarungs- und Ausforschungsverbots nach Antragstellung, aber vor der Endentscheidung gemäß § 1758 Abs. 2 Satz 2 BGB,
- die Feststellung der Wirkungen einer Volljährigenadoption mit den Wirkungen einer Minderjährigenadoption nach § 1772 Abs. 1 BGB.[3]

Die Verfahren auf Annahme als Kind (Minderjährigen- und Volljährigenadoption) sind **Antragsverfahren** (§§ 1752 Abs. 1, 1768 Abs. 1 Satz 1 BGB). Das Verfahren kann nur mit einem verfahrenseinleitenden Antrag nach § 23 FamFG beginnen. Die Teilentscheidung der Anordnung des Offenbarungs- und Ausforschungsverbots nachdem der Antrag auf Annahme als Kind gestellt worden ist, kann hingegen auch von Amts wegen (meist auf Anregung gemäß § 24 FamFG) ergehen. 10

Kommen bei einer vor einem deutschen Gericht beantragten Annahme als Kind aufgrund international-privatrechtlicher Anknüpfung gemäß Art. 22 EGBGB **ausländische Sachvorschriften** zur Anwendung, hat dies für das durchzuführende Verfahren keine Bedeutung. Auch dann ist ausschließlich das deutsche Verfahrensrecht anzuwenden (*lex fori*). 11

3 Zu weiteren möglichen Verrichtungen: MüKo-FamFG/*Maurer*, § 186 Rn. 4

12 Die Verfahren auf Anerkennung, Wirkungsfeststellung und Umwandlung ausländischer Adoptionen nach dem Adoptionswirkungsgesetz (AdWirkG) stellen keine Adoptionssachen i.S.v. § 186 Nr. 1 FamFG dar, denn die Annahme als Kind hat ja schon im Ausland stattgefunden und findet nicht originär in Deutschland statt (weitergehend *Braun*, § 199 FamFG Rn. 2).

II. Die Verfahrensgegenstände bei der Ersetzung von Einwilligungen (Nr. 2)

13 Folgende Verfahrensgegenstände gelten als Ersetzungsverfahren i.S.v. § 186 Nr. 2 FamFG:

- die Ersetzung der Einwilligung eines Elternteils nach § 1748 BGB,
- die Ersetzung der Einwilligung des Vormunds oder Pflegers im Namen des Kindes nach § 1746 Abs. 3 1. HS BGB,
- die Ersetzung der Einwilligung des Ehegatten und des nichtehelichen Partners nach § 1749 Abs. 1 Satz 2 und 3, § 1766a Abs. 3 S. 3 BGB.

14 Die Verfahren auf Ersetzung der Einwilligungen der Eltern und auf Ersetzung der Einwilligungen der Ehegatten sind **Antragsverfahren nach § 23 FamFG**. Dies ergibt sich aus den materiell-rechtlichen Vorschriften in § 1748 Abs. 1 und § 1749 Abs. 1 Satz 2 BGB („auf Antrag“). Das (seltene) Verfahren auf Ersetzung der Einwilligung des Vormunds oder Pflegers (§ 1746 Abs. 3 1. HS BGB) kann jedoch auch von Amts wegen durchgeführt werden.[4]

15 Das Ersetzungsverfahren ist verfahrensrechtlich **unabhängig vom Verfahren auf Annahme als Kind** nach Nr. 1. Entgegen der Auffassung in der Vorauflage sind die Ersetzungsverfahren auch keine Teilverfahren mit entsprechender Zwischenentscheidung innerhalb des Verfahrens auf Annahme als Kind.[5] Denn selbst wenn vor dem Ersetzungsantrag ein Annahmeantrag gestellt worden ist, sind am Ersetzungsverfahren sowohl andere Personen und Stellen beteiligt (vgl. § 188 FamFG) als auch andere Verfahrensvorgaben zu beachten. Insbesondere kann eine Ersetzung der Einwilligung eines Elternteils nach § 1748 BGB auch unabhängig von einem Annahmeverfahren durchgeführt werden, also bevor ein verfahrenseinleitender Antrag auf Annahme als Kind gestellt worden ist.[6] Auch für den Bereich der Akteneinsicht sind (insbesondere im Hinblick auf § 1758 BGB) die Verfahren und die Verfahrensakten getrennt zu führen.

16 Bei einem **Auslandsbezug** ist für die Frage des anwendbaren Rechts Art. 22 Abs. 1 EGBGB relevant. Auch wenn die Anknüpfung (teilweise oder vollständig) zur **Anwendung ausländischen Sachrechts** führt (Art. 22 Abs. 1 Satz 2 EGBGB), bleibt es auch bei den Ersetzungsverfahren bei der Anwendung deutschen Verfahrensrechts (*lex fori*).

III. Die Verfahrensgegenstände bei der Aufhebung von Adoptionen (Nr. 3)

17 Die in Nr. 3 aufgeführten **Aufhebungsverfahren** umfassen:

- die Aufhebung einer Minderjährigenadoption nach § 1760 Abs. 1 BGB,
- die Aufhebung einer Minderjährigenadoption nach § 1763 BGB,
- die Aufhebung einer Volljährigenadoption nach § 1771 BGB,
- die Aufhebung einer Volljährigenadoption nach § 1772 Abs. 2 BGB.

---

4 OLG Hamm, NJW-RR 1991, 905
5 So aber: OLG Zweibrücken, FGPrax 2001, 113, 114
6 MüKo-BGB/*Maurer*, § 1748 Rn. 122 f.

Die Aufhebungsverfahren nach §§ 1760 Abs. 1 und 1771, 1772 Abs. 2 BGB sind **Antragsverfahren**. Die Aufhebung einer Minderjährigenadoption aus schwerwiegenden Gründen (§ 1763 BGB) kann auch von Amts wegen eingeleitet werden. **18**

Auch hier gilt, dass es trotz einer etwaigen **Anwendung ausländischen Sachrechts** (Aufhebung einer ausländischen Adoption) bei der Anwendung des deutschen Verfahrensrechts bleibt (*lex fori*). **19**

IV. Verfahrensgegenstände bei der Befreiung vom Eheverbot (Nr. 4)

§ 186 Nr. 4 FamFG betrifft lediglich das (äußerst seltene) **Verfahren auf Befreiung vom Eheverbot** in § 1308 Abs. 1 BGB. Eine solche Befreiung ist nur möglich, wenn eine Ehe zwischen zwei Adoptionsgeschwistern (Verwandtschaft in der Seitenlinie i.S.v. § 1308 Abs. 2 Satz 1 BGB) geschlossen werden soll. Dieses Verfahren ist ein Antragsverfahren.[7] **20**

§ 187 FamFG

Örtliche Zuständigkeit

(1) Für Verfahren nach § 186 Nr. 1 bis 3 ist das Gericht ausschließlich zuständig, in dessen Bezirk der Annehmende oder einer der Annehmenden seinen gewöhnlichen Aufenthalt hat.

(2) Ist die Zuständigkeit eines deutschen Gerichts nach Absatz 1 nicht gegeben, ist der gewöhnliche Aufenthalt des Kindes maßgebend.

(3) Für Verfahren nach § 186 Nr. 4 ist das Gericht ausschließlich zuständig, in dessen Bezirk einer der Verlobten seinen gewöhnlichen Aufenthalt hat.

(4) In Adoptionssachen, die einen Minderjährigen betreffen, ist § 6 Absatz 1 Satz 1 und Absatz 2 des Adoptionswirkungsgesetzes entsprechend anzuwenden, wenn

1. **der gewöhnliche Aufenthalt der Annehmenden und des Anzunehmenden im Ausland liegt oder**
2. **der Anzunehmende in den letzten zwei Jahren vor der Antragstellung seinen gewöhnlichen Aufenthalt im Ausland hatte.**

(5) [1]Ist nach den Absätzen 1 bis 4 eine Zuständigkeit nicht gegeben, ist das Amtsgericht Schöneberg in Berlin zuständig. [2]Es kann die Sache aus wichtigem Grund an ein anderes Gericht verweisen.

Übersicht

7 Weitere Hinweise zu diesem Verfahren: Sternal/*Giers*, § 186 FamFG Rn. 25 f.

A. Allgemeines

1 Die Norm bestimmt die **örtliche Gerichtszuständigkeit (Gerichtsstand)** für sämtliche Adoptionssachen. Hauptanknüpfungspunkt ist bei allen Verfahren der gewöhnliche Aufenthalt.

2 In **Verfahren mit Auslandsbezug** werden in Abs. 4 und 5 praxisrelevante Sondervorgaben getroffen. So ist bei Verfahren auf Minderjährigenadoption, in denen die Annehmenden und das Kind ihren gewöhnlichen Aufenthalt im Ausland haben oder (zumindest) hatten (Abs. 4), nicht das örtliche Amtsgericht, sondern vielmehr das Amtsgericht am Sitz des OLG örtlich zuständig (sog. **Konzentrationszuständigkeit**) (§ 6 Abs. 1 AdWirkG). In allen übrigen Verfahren bestimmt Abs. 5 eine **Auffangzuständigkeit des Amtsgerichts Schöneberg** in Berlin.

3 **Relevanter Zeitpunkt** für die Bestimmung der örtlichen Zuständigkeit ist die Anhängigkeit des Verfahrens (in Antragsverfahren der Zeitpunkt des Eingangs des Antrags bei Gericht).[1] Eine im Zeitpunkt der Anhängigkeit begründete örtliche Zuständigkeit bleibt grundsätzlich erhalten (§ 2 Abs. 2 FamFG, sog. *perpetuatio fori*). Gerade in Adoptionssachen ist aber bei einem Wechsel des gewöhnlichen Aufenthalts der Annehmenden an eine Abgabe nach § 4 FamFG zu denken.

▶ *Zu Einzelheiten der Verfahrensabgabe siehe Köhler, § 4 FamFG Rn. 2 ff.*

4 Die örtliche Zuständigkeit ist eine **ausschließliche Zuständigkeit**. Es dürfen keine Verfahren an mehreren Gerichten geführt werden. Zwar ist es durch die Anknüpfung nach § 187 Abs. 1 FamFG möglich, dass mehrere Gerichte formal zuständig sind (wenn die Annehmenden unterschiedliche gewöhnliche Aufenthalte haben). Dann ist nach § 2 Abs. 1 FamFG das zuerst mit der Sache befasste Gericht örtlich zuständig.[2]

5 Die Vorschrift trifft **keine Regelung zur internationalen Zuständigkeit**. Diese richtet sich nach der besonderen Vorschrift in § 101 FamFG.

B. Inhalt der Norm

I. Der Rechtsbegriff des gewöhnlichen Aufenthalts

6 Bei sämtlichen Verfahren in Adoptionssachen wird der Gerichtsstand an den gewöhnlichen Aufenthalt angeknüpft. Der **Begriff des gewöhnlichen Aufenthalts** ist ein unbestimmter Rechtsbegriff, welcher auslegungsbedürftig ist. Die Gesetzesbegründung spricht hierbei vom „**Mittelpunkt der Lebensführung**",[3] während andere Stimmen versuchen den Begriff mit dem „Daseinsmittelpunkt"[4] „unter Berücksichtigung zeitlicher und sozialer Aspekte"[5] näher einzugrenzen. In der Praxis bedarf es einer **Gesamtschau der Lebensverhältnisse**, wo-

1 Prütting/Helms/*Keuter*, § 187 FamFG Rn. 15
2 KG FamRZ 1995, 440
3 BT-Drs. 16/6308, 226
4 BGH FamRZ 1975, 272, 273
5 Sternal/*Sternal*, § 3 FamFG Rn. 9 f.

bei v.a. die objektive Situation und weniger der Wille der entsprechenden Person entscheidend ist.[6]

Der **gemeldete (Haupt-)Wohnsitz** gibt nur einen ersten Anknüpfungspunkt zum gewöhnlichen Aufenthalt. Es ist davor zu warnen, ausschließlich auf die Meldeadresse abzustellen. Ergibt sich etwa aus der Gesamtbetrachtung der Lebensbedingungen, dass der Schwerpunkt der sozialen Eingliederung tatsächlich woanders liegt, so ist die örtliche Zuständigkeit an diesem Ort begründet. Auch bloß **temporäre Aufenthalte** (etwa zur Ausbildung) begründen in der Regel noch keinen gewöhnlichen Aufenthalt. 7

▶ *Näher zum Begriff des gewöhnlichen Aufenthalts siehe u.a. Keuter, § 152 FamFG Rn. 12 ff.*

II. Die örtliche Zuständigkeit bei den Verfahren auf Annahme als Kind

1. Anknüpfung an den gewöhnlichen Aufenthalt des Annehmenden oder des Kindes

Die örtliche Zuständigkeit bei den Verfahren auf Annahme als Kind wird durch ein **Stufenverhältnis** bestimmt. 8

Primärer Anknüpfungspunkt ist der **gewöhnliche Aufenthalt des oder der Annehmenden** (§ 187 Abs. 1 FamFG). Bei der gemeinschaftlichen Adoption können im Einzelfall auch mehrere Gerichtsstände eröffnet sein. Dann ist dasjenige Gericht zuständig, bei welchem das Verfahren zuerst eingeleitet worden ist (§ 2 Abs. 1 FamFG).[7] 9

In der **zweiten Stufe** richtet sich die örtliche Zuständigkeit nach dem **gewöhnlichen Aufenthalt des anzunehmenden Kindes** (§ 187 Abs. 2 FamFG). Dies ist bei **Minderjährigenadoptionen** äußerst selten, da sich der gewöhnliche Aufenthalt des Kindes in aller Regel auch bei einem Annehmenden befindet. Bei der **Volljährigenadoption** ist dies jedoch schon eher vorstellbar, da hierbei der gewöhnliche Aufenthalt der Annehmenden einerseits und der Anzunehmenden andererseits im Normalfall auseinanderfällt. Leben die Annehmenden im Ausland, so richtet sich die örtliche Zuständigkeit bei Volljährigenadoption nach dem Lebensmittelpunkt des Anzunehmenden im Inland. 10

Bei Volljährigenadoptionen, in welchen weder die Annehmenden noch der Anzunehmende im Inland ihren gewöhnlichen Aufenthalt haben, gilt § 187 Abs. 5 Satz 1 FamFG **(dritte Stufe)**. Dann ist der Antrag beim **Amtsgericht Schöneberg in Berlin** einzureichen, welches das Verfahren dann aus wichtigem Grund an ein anderes Gericht verweisen kann (§ 187 Abs. 5 Satz 2 FamFG). Bei Minderjährigenadoptionen ist in der dritten Stufe nun immer § 187 Abs. 4 FamFG einschlägig. 11

▶ *Zur besonderen Verweisungsmöglichkeit nach Satz 2 siehe unten Rn. 22 f.*

2. Die Konzentrationszuständigkeit in § 187 Abs. 4 FamFG

Bei Minderjährigenadoptionen ist auch immer § 187 Abs. 4 FamFG zu beachten. Liegt der gewöhnliche Aufenthalt sowohl des Kindes als auch der Annehmenden im Ausland, so tritt nach Nr. 1 eine **Konzentrationszuständigkeit des Amtsgerichts am Sitz des OLG** ein (vgl. § 6 Abs. 1 Satz 1 und Abs. 2 AdWirkG).[8] Dasselbe gilt, wenn das Kind in den letzten zwei 12

6 Ausführlich: Prütting/Helms/*Helms*, § 122 FamFG Rn. 4 ff.
7 KG FamRZ 1995, 440
8 Von der Möglichkeit in § 5 Abs. 2 AdWirkG, die Konzentrationszuständigkeit an ein anderes Amtsgericht zu übertragen, hat bislang kein Bundesland Gebrauch gemacht

Jahren vor der Antragstellung seinen gewöhnlichen Aufenthalt im Ausland hatte (Nr. 2). Hiermit soll bei Verfahren mit Auslandsbezug nicht nur eine Einbindung der Zentralen Adoptionsstellen bei den Landesjugendämtern, sondern auch bei den Gerichten eine Spezialisierung stattfinden.

13 Tatsächlich führt die Anwendung von § 187 Abs. 4 FamFG jedoch zu **nicht unerheblichen Unsicherheiten bei der Bestimmung der örtlichen Zuständigkeit**.

Zum einen ist bei der Anknüpfung an Nr. 1 zu fragen, welches konkrete Familiengericht denn örtlich zuständig sein soll, wenn sämtliche Beteiligte im Ausland leben. Ein direkter Bezug zu einem deutschen Gericht besteht dann ja gerade nicht, und eben auch nicht zu einem Bezirk eines deutschen OLG. In einem solchen Fall muss dann wohl an den **letzten gewöhnlichen Aufenthalt der Annehmenden in Deutschland** angeknüpft werden und wenn ein solcher nicht vorhanden ist, der Weg über das Amtsgericht Schöneberg in Berlin nach Abs. 5 gegangen werden, welches dann über § 187 Abs. 5 Satz 2 FamFG „aus wichtigem Grund" wieder an ein anderes Gericht am Sitz des jeweiligen OLG verweisen kann.

Im Fall, dass die Familie im Zeitpunkt der Antragstellung in Deutschland lebt, das Kind aber in den letzten zwei Jahren seinen gewöhnlichen Aufenthalt im Ausland hatte, entsteht eine direkte Konkurrenz zur Anknüpfung an § 187 Abs. 1 FamFG. Dies führt zu Unklarheiten bei der Antragstellung, da der (meist den Antrag bei Gericht einreichende) Notar dann auch die Frage des vorhergehenden gewöhnlichen Aufenthalts des Kindes von den Antragstellern erfragen muss, um das richtige örtlich zuständige Gericht zu ermitteln. Gerade bei Adoptionssachen ist es jedoch durchaus fraglich, ob ein Kind, welches im Ausland etwa durch Ersatzmutterschaft auf die Welt kam, überhaupt einen gewöhnlichen Aufenthalt im Ausland begründet hatte.[9]

Wird der Antrag bei dem falschen Gericht eingereicht, so muss das örtlich unzuständige Gericht die Sache an das Amtsgericht mit Sitz am entsprechenden OLG verweisen (§ 3 FamFG) (weitergehend hierzu unten Rn. 18 ff.).

III. Die örtliche Zuständigkeit bei den Ersetzungsverfahren

14 Die **örtliche Zuständigkeit bei Ersetzungsverfahren** ist gleichlaufend wie bei den Verfahren auf Annahme als Kind. Selbst wenn also noch kein Verfahren auf Annahme als Kind eingeleitet worden ist, bestimmt sich der Gerichtsstand primär nach dem **gewöhnlichen Aufenthalt des oder der Annehmenden**. Tatsächlich kann es also vorkommen, dass bei einer „Vorschaltung" des Ersetzungsverfahrens ein anderes Gericht örtlich zuständig ist als das Gericht, welches später dann über die Annahme als Kind entscheidet.

15 Auch bei den Fällen der **Konzentrationszuständigkeit nach § 187 Abs. 4 FamFG** kann es zu einer anderen Anknüpfung für das Ersetzungsverfahren kommen als bei dem (ggf. später einzuleitenden) Annahmeverfahren. Das ist dann der Fall, wenn die Annehmenden und das Kind erst nach der Ersetzung ihren gewöhnlichen Aufenthalt nach Deutschland verlegen oder das Kind dann bei Antragstellung für das Annahmeverfahren schon länger als zwei Jahre seinen gewöhnlichen Aufenthalt in Deutschland hat.

IV. Die örtliche Zuständigkeit bei den Aufhebungsverfahren

16 Für den **Gerichtsstand bei den Aufhebungsverfahren** kann vollumfänglich auf die Ausführungen zur örtlichen Zuständigkeit für die Annahmeverfahren verwiesen werden. Auch hier bestimmt sich die **örtliche Zuständigkeit nach § 187 Abs. 1, 2, 4 und 5 FamFG**.

9 Ausführlich: BGH NJW 2019, 1605

V. Die örtliche Zuständigkeit bei den Verfahren auf Befreiung vom Eheverbot

Für die Verfahren auf Befreiung vom Eheverbot sieht **§ 187 Abs. 3 FamFG eine Sondervorschrift** vor. Hier findet die Anknüpfung an den gewöhnlichen Aufenthalt mindestens eines Verlobten statt. 17

VI. Die Verweisung wegen örtlicher Unzuständigkeit

1. Die Verweisung nach § 3 FamFG

Wird der Antrag auf Annahme als Kind bei einem örtlich unzuständigen Gericht eingereicht, so ist das Verfahren **nach § 3 FamFG an das örtlich zuständige Gericht zu verweisen**.[10] Liegen die Voraussetzungen vor, so muss verwiesen werden, **ohne** dass das Gericht hierbei ein **Ermessen** hätte. Vor einer Verweisungsentscheidung sind die Beteiligten (zumindest schriftlich) **anzuhören** (§ 3 Abs. 1 Satz 2 FamFG) (zu den Beteiligten des Verfahrens siehe *Braun,* § 188 FamFG Rn. 1 ff.). Geschieht dies nicht, so besteht die Gefahr des Ausschlusses der Bindungswirkung nach § 3 Abs. 3 Satz 2 FamFG (näher hierzu *Köhler,* § 3 FamFG Rn. 3). 18

Da es bei der Frage der örtlichen Zuständigkeit maßgeblich um die Auslegung des Begriffs des gewöhnlichen Aufenthalts geht (siehe Rn. 6 ff.), kann es auch zu unterschiedlichen Einschätzungen hinsichtlich dieser Frage kommen. Im Grundsatz steht die Entscheidung insoweit jedoch dem verweisenden Gericht zu. Sowohl das Gericht, an das verwiesen worden ist, als auch die Verfahrensbeteiligten müssen sich dieser Einschätzung grundsätzlich fügen. Ein Verweisungsbeschluss ist **unanfechtbar und für das Zielgericht bindend** (§ 3 Abs. 3 FamFG). 19

Trotz dieser grundsätzlichen Bindungswirkung kann es zu einem **Zuständigkeitsstreit mit Zuständigkeitsbestimmung durch das nächsthöhere Gericht nach § 5 Abs. 1 Nr. 4 FamFG** kommen. Dies ist einmal der Fall, wenn mindestens einem Beteiligten gemäß § 3 Abs. 1 Satz 2 FamFG **kein rechtliches Gehör** gewährt worden ist (siehe hierzu Rn. 18) oder wenn die Verweisung als **willkürlich** zu beurteilen ist. Letzteres kommt in Betracht, wenn eindeutig gegen geltendes Recht verstoßen wird oder eine Einschätzung des gewöhnlichen Aufenthalts vorgenommen wird, welche schlicht untragbar erscheint. Bloße Streitfälle (z.B. wo der gewöhnliche Aufenthalt liegt) machen eine Verweisung jedoch nicht willkürlich. 20

Die Verweisung ist **durch Beschluss** zu entscheiden. Der Wortlaut des Rubrums kann dem Wortlaut von § 3 Abs. 1 Satz 1 FamFG entsprechen (z.B. *„Das Gericht erklärt sich für unzuständig und verweist das Verfahren an das Amtsgericht ...“*). 21

2. Die besondere Verweisungsmöglichkeit nach § 187 Abs. 5 Satz 2 FamFG

Im Adoptionsrecht existiert eine **besondere Verweisungsmöglichkeit**, wenn der Gerichtsstand aufgrund der Auffangzuständigkeit in § 187 Abs. 5 Satz 1 FamFG dem Amtsgericht Schöneberg übertragen ist. Nach **§ 187 Abs. 5 Satz 2 FamFG** kann das Amtsgericht Schöneberg das Verfahren „aus wichtigem Grund“ an ein anderes Gericht verweisen. Sowohl aus dem Wortlaut als auch aus der Gesetzgebungsgeschichte[11] ergibt sich eindeutig, dass dies 22

10 Siehe zur Verweisung bei Änderung des Verfahrensgegenstands von Minderjährigen- auf Volljährigenadoption: OLG Karlsruhe FamRZ 2019, 905

11 Vgl. BT-Drs. 16/6308, 247, 380, 414, 417

tatsächlich eine Verweisung i.S.v. § 3 FamFG und keine Abgabe i.S.v. § 4 FamFG ist.[12] Dementsprechend gelten die Voraussetzungen und Wirkungen des § 3 FamFG (insb. die Bindungswirkung des § 3 Abs. 3 Satz 2 FamFG) auch hier.

23 Wann ein **wichtiger Grund i.S.v. § 187 Abs. 5 Satz 2 FamFG** vorliegt, lässt das Gesetz offen. Um der grundsätzlichen Zuständigkeit des Amtsgerichts Schöneberg Rechnung zu tragen, sollte der Begriff **eng ausgelegt** werden. Es genügt also nicht, dass etwa der beurkundende Notar seinen Sitz in einem bestimmten Gerichtsbezirk hat oder dass ein Zustellungsbevollmächtigter im entsprechenden Bezirk bestellt worden ist.[13] Vielmehr sollte die Verweisung nach § 187 Abs. 5 Satz 2 FamFG nur dann erfolgen, wenn etwa noch eine Meldeadresse in Deutschland besteht oder eine baldige Rückkehr in einen bestimmten Bezirk bevorsteht.

VII. Die Abgabe nach § 4 FamFG wegen Veränderung des gewöhnlichen Aufenthalts

24 In Adoptionssachen kommt häufig eine **Abgabe des Verfahrens aus wichtigem Grund nach § 4 FamFG** in Betracht. Hiervon ging auch die Gesetzesbegründung zu § 4 FamFG aus, indem ausdrücklich Adoptionssachen als Anwendungsbeispiel für das Vorliegen eines wichtigen Grundes genannt worden sind: *„In Adoptionssachen kann ein wichtiger Grund vorliegen, wenn der Annehmende und das Kind ihren Wohnsitz in den Bezirk eines anderen Gerichts verlegt haben"*.[14] Findet dies statt, so kann ohne Bedenken eine Abgabe an das entsprechende Gericht erfolgen. Etwas anderes sollte nur dann gelten, wenn fast sämtliche gerichtliche Ermittlungstätigkeiten schon durchgeführt worden sind (insb. die persönlichen Anhörungen). Dann wäre es sinnwidrig, das Verfahren noch kurz vor Abschluss abzugeben.

25 Das **Verfahren der Abgabe** ergibt sich aus § 4 FamFG. Hiernach sollen die Beteiligten zur Abgabe **angehört** werden. Außerdem ist eine Abgabe nur möglich, wenn sich das Zielgericht mit der Übernahme einverstanden erklärt. Die **Übernahmebereitschaft** steht allerdings nicht im freien Ermessen des Gerichts, an das abgegeben wird. Vielmehr reduziert sich dieses Ermessen „auf Null", wenn die Fortführung des Verfahrens am neuen Gericht offensichtlich zweckdienlich ist. Bei Streitigkeiten über die Abgabe zwischen den Gerichten kann das nächsthöhere Gericht zur **Zuständigkeitsbestimmung nach § 5 Abs. 1 Nr. 5** FamFG angerufen werden.

▶ *Zu Einzelheiten der Abgabe Köhler, § 4 FamFG Rn. 2 ff.*

§ 188 FamFG
Beteiligte

(1) Zu beteiligen sind

1. in Verfahren nach § 186 Nr. 1

a) der Annehmende und der Anzunehmende,

b) die Eltern des Anzunehmenden, wenn dieser entweder minderjährig ist und ein Fall des § 1747 Abs. 2 Satz 2 oder Abs. 4 des Bürgerlichen Gesetzbuchs nicht vorliegt oder im Fall des § 1772 des Bürgerlichen Gesetzbuchs,

12 So auch: MüKo-FamFG/*Maurer*, § 187 Rn. 22.; a.A. (Abgabe i.S.v. § 4 FamFG) Sternal/*Giers*, § 187 FamFG Rn. 10

13 Ebenso: Prütting/Helms/*Keuter*, § 187 FamFG Rn. 13

14 BT-Drs. 16/6308, 176

c) der Ehegatte oder Lebenspartner des Annehmenden und der Ehegatte oder Lebenspartner des Anzunehmenden, sofern nicht ein Fall des § 1749 Abs. 2 des Bürgerlichen Gesetzbuchs vorliegt;

2. in Verfahren nach § 186 Nr. 2 derjenige, dessen Einwilligung ersetzt werden soll;

3. in Verfahren nach § 186 Nr. 3

a) der Annehmende und der Angenommene,

b) die leiblichen Eltern des minderjährigen Angenommenen;

4. in Verfahren nach § 186 Nr. 4 die Verlobten.

(2) Das Jugendamt und das Landesjugendamt sind auf ihren Antrag zu beteiligen.

Weiterführende Literatur: Reinhardt, Die Beteiligung in Adoptionsverfahren und der Geheimhaltungsschutz – Prüfstein für die Kooperation von Jugendamt und Familiengericht in Adoptionssachen, JAmt 2011, 628.

Übersicht

A. Allgemeines

Die Vorschrift bestimmt **die Beteiligten in Adoptionssachen** und ist *lex specialis* **zu § 7 FamFG**. Die Norm gilt **für sämtliche Adoptionssachen**, insbesondere auch für die Volljährigenadoption. 1

Der **systematische Aufbau** von Abs. 1 orientiert sich an den unterschiedlichen in § 186 FamFG aufgeführten Verfahrensgegenständen. In Abs. 2 wird die besondere Beteiligungsmöglichkeit des Jugendamts und des Landesjugendamts aufgeführt. 2

Sämtliche in § 188 FamFG aufgeführte Beteiligte sind sog. **Muss-Beteiligte** („sind ... zu beteiligen"). Wenn eine Person oder Behörde die Vorgaben des § 188 FamFG erfüllt, gibt es keine Möglichkeit für das erkennende Gericht, von der Beteiligung abzusehen (was auch bei der Beteiligungsmöglichkeit des Jugendamts und des Landesjugendamts auf Antrag gilt). 3

Die **Aufzählung** der Beteiligten in § 188 FamFG ist **im Wesentlichen abschließend**. Lediglich die Beteiligtenstellungen des Vaterschaftsprätendenten (siehe unten Rn. 12) sowie der 4

Annehmenden und des Kindes im Ersetzungsverfahren (siehe unten Rn. 28) folgen nicht direkt aus § 188 FamFG.

5 Die Fähigkeit, Beteiligter an einem Verfahren zu sein (**Beteiligtenfähigkeit nach § 8 FamFG**), ist unabhängig vom Alter des Beteiligten. Die Beteiligtenfähigkeit richtet sich nach der **Rechtsfähigkeit**, so dass ein Kind schon ab Geburt am Verfahren beteiligt ist. Die Beteiligtenfähigkeit ist **von der Verfahrensfähigkeit nach § 9 FamFG zu unterscheiden**: ein minderjähriges Kind bleibt auch dann beteiligt, wenn die Verfahrenshandlungen durch seinen gesetzlichen Vertreter durchgeführt werden.

B. Inhalt der Norm

I. Die Beteiligten beim Verfahren auf Annahme als Kind

6 Bei den Annahmeverfahren kommen folgende Personen und Behörden als Beteiligte in Betracht:

- der bzw. die Annehmende(n),
- das anzunehmende Kind (bzw. der erwachsene Anzunehmende),
- die Eltern des Kindes,
- die Ehepartner und Lebenspartner des Annehmenden oder des Anzunehmenden,
- das Jugendamt auf dessen Antrag,
- das Landesjugendamt auf dessen Antrag,
- der Verfahrensbeistand.

1. Die Beteiligtenstellung der Annehmenden und des Kindes

7 Sowohl jeder Annehmende als auch das anzunehmende Kind (bzw. der volljährige Anzunehmende) sind **zwingend und ohne Ausnahmen** am Verfahren beteiligt (§ 188 Abs. 1 Nr. 1a) FamFG). Der gesetzliche Vertreter des Kindes (z.B. Vormund) ist jedoch kein eigenständiger Beteiligter am Verfahren. Er nimmt vielmehr nur die Beteiligtenrechte eines (verfahrensunfähigen) Kindes in dessen Namen wahr.

2. Die Beteiligtenstellung der Eltern des Kindes

8 Bei der **Minderjährigenadoption** sind **die Eltern grundsätzlich zu beteiligen** (§ 188 Abs. 1 Nr. 1b) FamFG).[1] Mit dem Begriff der „Eltern" sind grundsätzlich die **rechtlichen Eltern** gemeint.

▶ *Näher zur rechtlichen Elternschaft Keuter § 1592 BGB Rn. 5 ff.*

9 Von der Beteiligungspflicht der Eltern macht das Gesetz **drei praxisrelevante Ausnahmen**. So findet keine Beteiligung statt, wenn

- eine Einwilligung des entsprechenden Elternteils in eine Inkognitoadoption nach § 1747 Abs. 2 Satz 2 BGB stattgefunden hat oder
- auf eine Einwilligung nach § 1747 Abs. 4 BGB verzichtet werden kann oder
- die Einwilligung des entsprechenden Elternteils rechtskräftig gemäß § 1748 BGB ersetzt worden ist.

1 Hierzu: BVerfG, FamRZ 2008, 243

10 **Die Herausnahme der Eltern** aus dem Kreis der Beteiligten **bei einer Inkognitoadoption** hat erhebliche praktische Bedeutung. Wären diese nach der erfolgten Einwilligungserklärung weiterhin am Verfahren beteiligt, so wäre das angestrebte Inkognito kaum aufrechtzuerhalten und die entsprechenden Elternteile könnten etwa durch die Wahrnehmung ihres Akteneinsichtsrechts nach § 13 Abs. 1 FamFG oder durch das Recht auf Kenntniserlangung von der Endentscheidung nach § 41 Abs. 1 Satz 1 FamFG den Aufenthaltsort des Kindes und der Annehmenden herausfinden. Der in § 1758 Abs. 2 Satz 1 BGB niedergelegte Schutz wird damit auch verfahrensrechtlich abgesichert.

11 Nicht ausdrücklich in § 188 FamFG geregelt ist die Frage, ob die **Elternteile, deren Einwilligung gemäß § 1748 BGB rechtskräftig ersetzt worden ist**, im darauffolgenden Annahmeverfahren ebenso als Beteiligte ausscheiden. In § 188 Abs. 1 Nr. 1b) FamFG ist dies nicht thematisiert, denn allein durch die Ersetzung der Einwilligung verlieren die entsprechenden Personen noch nicht ihren Status als rechtliche Eltern. Richtigerweise sollten diese Eltern jedoch nicht als Beteiligte im Annahmeverfahren auftreten dürfen. Vielmehr ist hier die Interessenlage gleichgelagert wie bei Elternteilen, auf deren Einwilligung nach § 1747 Abs. 4 BGB verzichtet werden kann (§ 188 Abs. 1 Nr. 1b, 2. Alt. FamFG). Hinzu kommt, dass der entsprechende Elternteil seine Rechte schon im (getrennten, vgl. § 186 Nr. 2 FamFG) Ersetzungsverfahren geltend machen konnte. Es besteht kein Grund, ihnen erneut die Beteiligtenrechte im Annahmeverfahren zuzugestehen.

12 Ebenso gesetzlich nicht geregelt ist die **Beteiligtenstellung des sog. Vaterschaftsprätendenten** (§ 1747 Abs. 1 Satz 2 BGB). Da dieser nach dem materiellen Recht dieselben (Einwilligungs-)Rechte wie die rechtlichen Väter hat, sollte er auch verfahrensrechtlich den rechtlichen Vätern gleichgestellt und am Verfahren beteiligt werden.[2] Dasselbe gilt für namentlich bekannte („freiwillige") Samenspender, welche zumindest über ihr Beteiligungsrecht informiert werden müssen. Wird die Identität von den weiteren Beteiligten nicht preisgegeben, obwohl diesen die Identität bekannt ist, so liegt kein Anwendungsfall von § 1747 Abs. 4 BGB vor und der Annahmeantrag ist mangels Einwilligung zurückzuweisen.[3]

13 Bei der **Volljährigenadoption** gilt der umgekehrte Grundsatz wie bei der Minderjährigenadoption: **im Regelfall** sind die Eltern des Anzunehmenden **nicht beteiligt**. Etwas anderes gilt nur, wenn ein Antrag auf Feststellung der starken Wirkungen nach § 1772 Abs. 1 BGB gestellt worden ist (§ 188 Abs. 1 Nr. 1b), 3. Alt. FamFG).

3. Die Beteiligtenstellung der Ehepartner des Annehmenden und des Anzunehmenden

14 Nach § 188 Abs. 1 Nr. 1c) FamFG sind sowohl die **Ehepartner der Annehmenden** (relevant bei Stiefkindkonstellationen) als auch die **Ehepartner der Anzunehmenden** (relevant bei Volljährigenadoptionen) am Verfahren **beteiligt**. Die in der Norm genannte Ausnahme bzgl. der Ehepartner, auf deren Einwilligung nach § 1749 Abs. 2 BGB verzichtet wird, ist wenig praxisrelevant. Gleiches gilt für die Ehepartner, deren Einwilligung ersetzt worden ist (siehe hierzu oben Rn. 11). Ist der Annehmende, welcher das Kind eines Partners einer verfestigten Lebensgemeinschaft nach § 1766a BGB adoptieren möchte, noch verheiratet, so ist auch die Einwilligung des Ehepartners erforderlich (§ 1766a Abs. 3 Satz 2 BGB). Im Adoptionsverfahren ist auch dieser „Dritte" am Verfahren zu beteiligen, es sei denn es liegt ein Fall von § 1749 Abs. 1 Satz 2, 3 oder Abs. 2 BGB vor.

15 Zu den Beteiligten gehören **auch die Lebenspartner der Annehmenden** (vgl. § 9 Abs. 6 Satz 1 und Abs. 7 Satz 1 LPartG) sowie **die Lebenspartner der Anzunehmenden** (vgl. § 1767 Abs. 2 Satz 3 BGB).

---

2 So auch: MüKo-FamFG/*Maurer*, § 188 FamFG Rn. 10; Sternal/*Giers*, § 188 FamFG Rn. 4
3 BGH NJW 2015, 1820; ausführlich: MüKo-FamFG/*Maurer*, § 188 Rn. 10

16 Indem § 1766a BGB bei der Minderjährigenadoption materiell-rechtlich auf die Vorgaben über die Annahme als Kind verweist, muss § 188 Abs. 1 Nr. 1c) FamFG auch bei Stiefkindadoptionen des Kindes des Partners einer verfestigten Lebensgemeinschaft gelten, obwohl dieser Partner gerade kein „Ehepartner“ im Sinne der genannten Vorschrift ist. Der Partner ist daher auch in seiner Stellung als Partner einer verfestigten Lebensgemeinschaft genauso am Verfahren zu beteiligen, wie ein Ehepartner. Da er dann aber auch die Stellung als Vater oder Mutter des Kindes hat, ist er ohnehin schon im Verfahren voll involviert.

4. Die Beteiligtenstellung des Jugendamts

17 Das (nach § 87b Abs. 1 Satz 1 i.V.m. § 86 Abs. 1 bis 4 SGB VIII zuständige) **Jugendamt ist nur auf dessen Antrag hin** zu beteiligen (§ 188 Abs. 2 FamFG). Wird ein entsprechender Antrag gestellt, so wird das Jugendamt (Muss-)Beteiligter. Das Gericht hat diesbezüglich kein Ermessen und es bedarf auch keines besonderen Beschlusses (vgl. § 7 Abs. 2 Satz 2, 2. Alt. FamFG).

Die Vorschrift ist **einschränkend auszulegen**, indem eine Beteiligung des Jugendamts **nur bei Minderjährigenadoptionen** in Betracht kommt. Eine Beteiligung bei einer Volljährigenadoption macht inhaltlich keinen Sinn.[4]

18 Damit das Jugendamt sein Antragsrecht nach Abs. 2 wahrnehmen kann, **muss die Behörde von dem Verfahren erfahren** (§ 7 Abs. 4 Satz 1 FamFG). Dies ist im Adoptionsrecht in der Regel unproblematisch, da die Jugendämter entweder die fachliche Äußerung nach § 189 FamFG abgeben (als Adoptionsvermittlungsstelle oder gemäß § 189 Satz 2 FamFG) oder aufgrund von § 194 Abs. 1 Satz 1 FamFG anzuhören sind. Einer formellen Belehrung des entsprechenden Jugendamts über dessen Antragsrecht nach § 7 Abs. 4 Satz 2 FamFG bedarf es daher nicht. Von einer Behörde kann erwartet werden, dass sie nach Kenntnis von dem Verfahren ihren Anspruch auf Beteiligung auch geltend macht.[5]

19 Aus Sicht der Jugendämter erscheint ein **Antrag auf Beteiligung nur im Einzelfall sinnvoll**, da die maßgeblichen Beteiligungsrechte des Jugendamts schon durch §§ 189, 194 FamFG abgedeckt sind. Nur wenn die Fachbehörde die Einschätzung hat, dass während des Verfahrens jederzeit fachlicher Einfluss notwendig ist (z.B. durch Anwesenheit im Termin), erscheint eine Antragstellung auf Beteiligung ratsam.[6]

20 Die Beteiligtenstellung gilt nur für das Jugendamt. **Adoptionsvermittlungsstellen in freier Trägerschaft** (§§ 2 Abs. 2, 2a Abs. 3 Nr. 3 AdVermiG) oder Adoptionsvermittlungsstellen an anderen Orten als das örtlich zuständige Jugendamt können **keine Beteiligtenstellung** nach § 188 Abs. 2 FamFG erlangen.

5. Die Beteiligtenstellung des Landesjugendamts

21 Die Beteiligtenstellung des Landesjugendamts folgt ebenso aus § 188 Abs. 2 FamFG. Auch hier entsteht die **Beteiligtenstellung erst auf Antrag**.

22 Bei der Beteiligungsmöglichkeit der Landesjugendämter muss eine **einschränkende Auslegung** erfolgen. Erstens kommt wie bei der Beteiligung der Jugendämter eine Beteiligtenstellung **nur bei der Minderjährigenadoption** in Frage. Des Weiteren sollte das entsprechende Landesjugendamt nur dann auf Antrag hinzugezogen werden müssen, wenn ein **Fall von § 11 Abs. 1 Nr. 2 oder 3 AdVermiG** (Verfahren mit Auslandsbezug) vorliegt. Dies kann mittelbar aus § 195 Abs. 1 Satz 1 FamFG geschlossen werden: wenn das Landesju-

4 *Braun*, FamRZ 2011, 81, 84
5 Prütting/Helms/*Prütting*, § 7 FamFG Rn. 35
6 BAGLJÄ, Empfehlungen zur Adoptionsvermittlung, 7. Aufl., Nr. 10.8.2, S. 55; *Reinhardt*, JAmt 2009, 162, 164; PK-Familienverfahrensrecht/*Meysen*, § 18 FamFG Rn. 10

gendamt bei reinen Inlandsfällen schon nicht angehört werden muss, so besteht auch keine Notwendigkeit, dieser Behörde die weiteren Beteiligtenrechte nach §188 Abs. 2 FamFG zu ermöglichen. Ggf. ist die Beteiligungsmöglichkeit der Landesjugendämter noch auf die Fälle zu erweitern, in denen im Vorfeld die Vermittlung des Kindes gemäß §11 Abs. 1 Nr. 1 AdVermiG schwierig war.[7]

6. Die Beteiligtenstellung des Verfahrensbeistands

Wird durch das Gericht gemäß §191 FamFG ein Verfahrensbeistand bestellt, so wird dieser **qua Amt zum Beteiligten** (§191 Satz 2 i.V.m. §158 Abs. 3 Satz 2 FamFG). **23**

▶ *Zu Einzelheiten der Stellung im Verfahren siehe Keuter, §158b FamFG Rn. 7.*

7. Die Stellung des Verfahrensbevollmächtigten und des gesetzlichen Vertreters im Verfahren

Keine Beteiligten sind die von einem oder mehreren Beteiligten benannten **Verfahrensbevollmächtigten** nach §10 FamFG. Diese nehmen lediglich für den entsprechenden Beteiligten die Beteiligtenrechte im Verfahren wahr. Das Gleiche gilt für die gesetzlichen Vertreter eines minderjährigen Kindes oder für die rechtlichen Betreuer eines Beteiligten. **24**

8. Die Stellung des beurkundenden Notars im Verfahren

Ebenso nicht am Verfahren beteiligt ist der den Adoptionsantrag **beurkundende Notar**. Dieser ist lediglich „unabhängiger und unparteiischer Betreuer der Beteiligten" (§14 Abs. 1 Satz 2 BNotO). Allein durch seine Beauftragung, eine Ausfertigung der notariellen Urkunde dem Gericht zu übermitteln, wird dieser auch nicht Verfahrensbevollmächtigter der Annehmenden oder des Anzunehmenden. Nur bei expliziter Bevollmächtigung darf er die Rechte eines oder mehrerer Beteiligten im Verfahren gemäß §10 Abs. 2 Satz 2 Nr. 3 FamFG wahrnehmen. Die häufig anzutreffende Praxis, in Annahmeverfahren allein mit dem Notar zu kommunizieren und z.B. verfahrensrelevante Dokumente von diesem anzufordern, findet im Verfahrensrecht keine Stütze. Erst recht führt eine Zustellung an den beurkundenden Notar nicht zum Wirksamwerden einer Adoptionsentscheidung nach §197 Abs. 2 FamFG (siehe hierzu *Braun*, §197 FamFG Rn. 11). **25**

9. Die Stellung der Kinder der Annehmenden und der Anzunehmenden im Verfahren

In §193 FamFG ist die zwingende Anhörung der **Kinder der Annehmenden und der Kinder der Anzunehmenden** normiert. Im Gegensatz hierzu sind diese Personen in §188 FamFG indes nicht als Beteiligte aufgeführt und auch die Gesetzesbegründung geht „im Regelfall" nicht von einer Beteiligtenstellung aus.[8] Ausdrücklich anderer Ansicht ist jedoch das OLG Stuttgart unter Hinweis auf den Anspruch auf rechtliches Gehör nach Art. 103 Abs. 1 GG.[9] Dies überzeugt nicht, da zur Gewährung rechtlichen Gehörs die Gewährung der weiteren Beteiligtenrechte gerade nicht erforderlich ist. Den Anforderungen des Art. 103 Abs. 1 GG ist vielmehr schon durch §193 FamFG (Pflicht zur Anhörung) Genüge getan. Die in §193 FamFG genannten Personen sind daher im Ergebnis **keine Beteiligten i.S.v. §188 FamFG**.[10] **26**

7 Ausführlich: *Braun*, FamRZ 2011, 81, 84 f.
8 BT-Drs. 16/6308, 248
9 OLG Stuttgart FamRZ 2012, 145; ebenso: MüKo-FamFG/*Maurer*, §188 Rn. 13 f.
10 So auch: OLG Düsseldorf FamRZ 2011, 925; Prütting/Helms/*Keuter*, §188 FamFG Rn. 4; *Braun*, FamRZ 2010, 81, 85

II. Die Beteiligten beim Ersetzungsverfahren

27 Nach § 188 Abs. 1 Nr. 2 FamFG sind **im Ersetzungsverfahren** zunächst nur diejenigen **Personen** beteiligt, **deren „Einwilligung ersetzt werden soll"**. In den Verfahren nach § 1748 BGB sind dies die (rechtlichen) **Eltern** und (über § 1747 Abs. 1 Satz 2 BGB) ggf. der Vaterschaftsprätendent. Im Verfahren nach § 1746 Abs. 3 BGB ist **der Pfleger oder Vormund**, welcher die Einwilligung im Namen des Kindes verweigert, beteiligt, im Verfahren nach § 1749 Abs. 1 Satz 2 und 3 BGB **der entsprechende Ehepartner**.

28 Neben den in § 187 Abs. 1 Nr. 2 FamFG genannten Personen sind **auch die Annehmenden und das Kind** am Verfahren zwingend zu beteiligen. Dies folgt nicht aus § 188 FamFG, sondern aus der allgemeinen Vorschrift in **§ 7 FamFG**. Das Kind stellt den Antrag auf Ersetzung und ist damit schon aufgrund dessen Beteiligter nach § 7 Abs. 1 FamFG. Die Beteiligtenstellung der Annehmenden folgt wiederum aus § 7 Abs. 2 Nr. 1 FamFG, da ohne (erfolgreiche) Ersetzung der Einwilligung keine Annahme als Kind möglich ist. Sie sind daher unmittelbar von der Entscheidung betroffen.

29 Die **Beteiligungsmöglichkeiten des Jugendamts und des Landesjugendamts** auf Antrag (§ 188 Abs. 2 FamFG) gelten auch für die Ersetzungsverfahren (siehe oben Rn. 17 ff.).

III. Die Beteiligten beim Aufhebungsverfahren

30 Nach § 188 Abs. 1 Nr. 3 FamFG sind bei Aufhebungsverfahren **die Annehmenden, der** (minderjährige oder volljährige) **Angenommene** und **die leiblichen Eltern des minderjährigen Angenommenen**[11] zwingend zu beteiligen. § 188 Abs. 2 FamFG gilt auch bei den Aufhebungsverfahren, allerdings mit der Einschränkung, dass nur bei minderjährigen Angenommenen eine Beteiligung des Jugendamts oder des Landesjugendamts möglich ist (siehe oben Rn. 17 und 22).

IV. Die Beteiligten beim Verfahren auf Befreiung vom Eheverbot

31 Im Verfahren auf Befreiung vom Eheverbot sind ausschließlich die Verlobten am Verfahren beteiligt (§ 188 Abs. 1 Nr. 4 FamFG).

V. Die Folgen der Beteiligung

32 Aus der Beteiligtenstellung folgen **maßgebliche Verfahrensrechte und -pflichten**. In Adoptionssachen sind dabei insbesondere das (erleichterte) Akteneinsichtsrecht nach § 13 Abs. 1 FamFG,[12] das Recht auf Bekanntgabe der Entscheidung (§ 41 Abs. 1 Satz 1 FamFG) sowie die Mitwirkungspflicht nach § 27 FamFG zu nennen.[13]

33 Die Beteiligtenstellung ist **nicht gleichbedeutend mit einem Anhörungsrecht**. Dies zeigt besonders anschaulich die Verfahrensnorm in § 193 FamFG: während die Kinder der Annehmenden oder der Anzunehmenden zwar ausdrücklich anzuhören sind, sind diese dennoch nicht am Verfahren beteiligt (siehe Rn. 26).

34 Die Beteiligtenstellung ist **unabhängig von einer Beschwerdeberechtigung nach § 59 FamFG**. So können einerseits auch Nichtbeteiligte beschwerdeberechtigt sein (vgl. die explizite Beschwerdeberechtigung des Jugendamts und des Landesjugendamts nach §§ 194 Abs. 2 Satz 2, 195 Abs. 2 Satz 2 FamFG) und andererseits kann tatsächlich Beteiligten die Beschwerdeberechtigung fehlen, wenn sie durch die Entscheidung nicht beschwert sind (näher zur Beschwerdeberechtigung *Kischkel*, § 59 Rn. 1 ff.).

---

11 Gilt daher nicht für die Verfahren auf Aufhebung von Volljährigenadoptionen
12 Zur Problematik ausführlich: *Reinhardt*, JAmt 2011, 628, 632 f.
13 Ausführlich: Sternal/*Sternal*, § 7 FamFG Rn. 49 ff.

§ 189 FamFG

Fachliche Äußerung

(1) Soll ein Minderjähriger als Kind angenommen werden, hat das Gericht eine fachliche Äußerung darüber einzuholen, ob das Kind und die Familie des Annehmenden für die Annahme geeignet sind.

(2) [1]Die fachliche Äußerung ist von der Adoptionsvermittlungsstelle einzuholen, die das Kind vermittelt oder den Beratungsschein nach § 9a Absatz 2 des Adoptionsvermittlungsgesetzes ausgestellt hat. [2]Ist keine Adoptionsvermittlungsstelle tätig geworden, ist eine fachliche Äußerung des Jugendamts einzuholen.

(3) Die fachliche Äußerung ist kostenlos abzugeben.

(4) Das Gericht hat der Adoptionsvermittlungsstelle, die das Kind vermittelt hat, die Entscheidung mitzuteilen.

Übersicht Rn.

A. Allgemeines

1 § 189 FamFG schreibt die Erstellung einer fachlichen Äußerung im Adoptionsverfahren vor.[1] Die Norm gilt ausschließlich für die Verfahren auf Annahme als Kind (§ 186 Nr. 1 FamFG) und – wie der Wortlaut der Norm ausdrücklich aufführt – **nur für die Minderjährigenadoption** („*Soll ein Minderjähriger als Kind angenommen werden,...*"). Darüber hinaus stellt Abs. 4 klar, dass die Entscheidung auch derjenigen Adoptionsvermittlungsstelle mitgeteilt werden muss, welche das Kind vermittelt hat.

2 Als wesentliche Ermittlungsgrundlage ist die Anforderung einer fachlichen Äußerung **für das Gericht zwingend**. Versäumt das Gericht diese Verfahrenshandlung, so führt dies zu einem schweren Verfahrensfehler, macht die Entscheidung aber nicht nichtig.[2]

3 **Gesetzessystematisch** findet eine **Unterscheidung** zwischen vermittelten Adoptionen und Adoptionen, bei denen nach § 9a Abs. 2 AdVermiG ein Beratungsschein ausgestellt worden

1 Bis 2009 wurde dies noch „gutachtliche Äußerung" genannt; siehe auch: BT-Drs. 16/9733, 295
2 MüKo-FamFG/*Maurer*, § 189 Rn. 26

ist (**Abs. 2 Satz 1**) einerseits sowie nicht vermittelten Adoptionen (**Abs. 2 Satz 2**) andererseits statt. Während im ersten Fall die fachliche Äußerung durch die vermittelnde oder den Beratungsschein ausstellende Adoptionsvermittlungsstelle erstellt werden muss, erstellt das (örtliche) Jugendamt die fachliche Äußerung in allen übrigen Fällen.

B. Inhalt der Norm

I. Die fachliche Äußerung bei vermittelten Adoptionen (Abs. 2 Satz 1, 1. Alt.)

4 Wurde die Adoption vermittelt, so muss diejenige Adoptionsvermittlungsstelle die fachliche Äußerung erstellen, welche das Kind auch tatsächlich vermittelt hat. Vermittlung i.S.v. § 189 FamFG meint die **Vermittlung nach dem Adoptionsvermittlungsgesetz** und umfasst **sowohl nationale als auch internationale Vermittlungen**. Bei nationalen Vermittlungen werden die Adoptionen regelmäßig durch die Adoptionsvermittlungsstellen bei den Jugendämtern vermittelt (§ 2 Abs. 1 AdVermiG), aber eben auch durch die zentralen Adoptionsstellen bei den Landesjugendämtern (§ 2 Abs. 1 AdVermiG) oder durch die (anerkannten) freien Träger nach § 2 Abs. 3 AdVermiG. Bei internationalen Vermittlungen findet die Adoptionsvermittlung durch die in § 2a Abs. 4 AdVermiG genannten Stellen statt (meistens hierfür anerkannte Auslandsvermittlungsstellen in freier Trägerschaft). Bei internationalen Adoptionen, welche unter das Haager Adoptionsübereinkommen fallen, sind zusätzlich die dort niedergelegten Vermittlungsvorschriften zu beachten (dazu *Braun,* Anhang zu § 199 FamFG Rn. 3).

5 Wird die Vermittlung durch die **Adoptionsvermittlungsstelle bei einem Jugendamt** durchgeführt, so stellt die Erstellung der fachlichen Äußerung eine Mitwirkung an einem gerichtlichen Verfahren nach § 50 Abs. 1 Nr. 3 SGB VIII dar (näher hierzu *Köhler,* § 50 SGB VIII Rn. 4). Örtlich zuständig für die Adoptionsvermittlung ist das Jugendamt am gewöhnlichen Aufenthalt des oder der Annehmenden (§ 9b Satz 2 AdVermiG). Damit kann es durchaus vorkommen, dass die Adoptionsvermittlung durch ein anderes Jugendamt durchgeführt wird bzw. durchgeführt worden ist als das Jugendamt, welches im Bezirk des erkennenden Gerichts seinen Sitz hat (z.B. bei einem Umzug der Annehmenden während oder nach der Vermittlung). Dies führt aber ausdrücklich nicht zu einem Wechsel der Zuständigkeit zur Abgabe der fachlichen Äußerung. Vielmehr ist es sachgerecht (und vom Gesetzgeber genau so gewollt[3]), dass dieselbe Stelle die fachliche Äußerung abgibt, welche auch die Adoptionsbewerber überprüft und das sog. *Matching* mit dem Kind durchgeführt hat.

Um im Gerichtsverfahren ggf. weitere Informationen von „vor Ort" zu bekommen, kann sich die nach § 189 Abs. 2 Satz 1 FamFG zuständige Adoptionsvermittlungsstelle beim Jugendamt dann mittels Amtshilfe der Hilfe des vor Ort befindlichen Jugendamts bedienen. Das vor Ort befindliche Jugendamt wird vom Gericht dann nach § 194 Abs. 1 Satz 1 FamFG zusätzlich angehört, was im Übrigen auch dann gilt, wenn es sich um eine nationale Adoptionsvermittlung durch eine andere Stelle als ein Jugendamt oder um eine internationale Adoptionsvermittlung nach § 2a AdVermiG handelte. Denn im letzten Fall ist nie das nach § 9b Satz 2 AdVermiG örtlich zuständige Jugendamt die vermittelnde Stelle (vgl. § 2a Abs. 4 AdVermiG).

3 BT-Drs. 7/5087, 24

II. Die fachliche Äußerung bei Adoptionen, bei denen ein Beratungsschein ausgestellt worden ist (Abs. 2, Satz 1, 2. Alt.)

Mit dem Adoptionshilfegesetz 2021 wurde § 189 FamG dahingehend erweitert, dass auch diejenige Adoptionsvermittlungsstelle für die fachliche Äußerung zuständig ist, welche den Beratungsschein nach § 9a Abs. 2 AdVermiG ausgestellt hat. Dies betrifft die Fälle der sog. **Stiefkindadoptionen**, bei denen vorher eine Beratung stattgefunden hat. Örtlich zuständig für die Beratung der Annehmenden ist das Jugendamt, wo sich der gewöhnliche Aufenthalt der Annehmenden befindet (§ 9b Satz 2 AdVermiG). Die Beratung kann aber auch durch eine andere Adoptionsvermittlungsstelle (Landesjugendamt oder die in § 2 Abs. 3 AdVermiG Stellen) durchgeführt werden. Erneut gilt, dass damit nicht zwingend diejenige Adoptionsvermittlungsstelle mit Sitz am Ort des erkennenden Gerichts für die fachliche Äußerung zuständig ist (ausführlich Rn. 5). Entscheidend ist allein, welche Stelle die Beratung tatsächlich durchgeführt hat. 6

Etwas unklar ist die Situation, wenn die jeweiligen **Beratungen** bei Stiefkindadoptionen **durch unterschiedliche Stellen** durchgeführt worden sind. Denn es wird gerade nicht nur der annehmende Elternteil beraten – wo die örtliche Zuständigkeit durch § 9b Satz 2 AdVermiG klar ist –, sondern eben auch der abgebende und verbleibende Elternteil sowie das Kind. Für diese Beratungsleistungen gibt es – auch nach dem Willen des Gesetzgebers[4] – keine örtliche Zuständigkeit.[5] Es wird vorgeschlagen, dass dann diejenige Stelle für die fachliche Äußerung zuständig ist, welche den Beratungsschein für den annehmenden Ehepartner (oder Lebenspartner bei Stiefkindadoptionen nach § 1766a BGB) ausgestellt hat. Es kann sicher nicht im Sinne eines effizient durchführbaren Gerichtsverfahrens sein, dass anderenfalls fachliche Äußerungen von mehreren Adoptionsvermittlungsstellen angefordert werden müssen.

III. Die fachliche Äußerung bei unvermittelten Adoptionen (Abs. 2 Satz 2)

Falls die Adoption nicht vermittelt worden ist und auch keine Adoptionsvermittlungsstelle mit der Beratung nach § 9a AdVermiG befasst war, kommt subsidiär § 189 Abs. 2 Satz 2 FamFG zur Anwendung. In solchen Fällen wird die fachliche Äußerung vom **örtlichen Jugendamt** eingeholt. 7

Da die Abgabe einer fachlichen Äußerung eine „Mitwirkung in Verfahren vor den Familiengerichten" i.S.v. § 50 Abs. 1 Satz 2 Nr. 3 SGB VIII darstellt und gerade keine Zuständigkeit nach dem AdVermiG besteht, bestimmt sich die **örtliche Zuständigkeit** nach § 87b Abs. 1 Satz 1 SGB VIII i.V.m. § 86 Abs. 1 bis 4 SGB VIII. Erstaunlicherweise wird in § 86 Abs. 1 bis 3 SGB VIII aber nicht primär an den (gewöhnlichen oder tatsächlichen) Aufenthalt des Kindes oder des oder der Annehmenden angeknüpft, sondern an den Aufenthalt der „Eltern" oder eines „Elternteils". Dennoch kann dann meist an den gewöhnlichen oder tatsächlichen Aufenthalt des Kindes nach § 86 Abs. 4 SGB VIII angeknüpft werden. Das minderjährige Kind wird sich dann in der Regel auch am gewöhnlichen Aufenthalt der Annehmenden aufhalten und die fachliche Äußerung kann dann vor Ort erstellt werden. Ist jedoch der Aufenthaltsort auch nur eines bisherigen Elternteils im Inland bekannt, so ist die fachliche Äußerung von dem Jugendamt am gewöhnlichen oder tatsächlichen Aufenthaltsort der bisherigen Eltern oder eines Elternteils nach Maßgabe von § 86 Abs. 1 bis 3 SGB VIII abzugeben. 8

4 BT-Drs. 19/16718, 79
5 So auch: *Reinhardt/Kemper/Grünenwald*, § 9a AdVermiG Rn. 6

9 Leben bei einer unvermittelten Adoption das **Kind und der Annehmende im Zeitpunkt des deutschen Adoptionsverfahrens im Ausland**, so existiert keine Stelle, welche eine fachliche Äußerung abgeben könnte. In derartigen Fällen erscheint es sinnvoll, die Strukturen des *International Social Service* zu nutzen. Die Ergebnisse der entsprechenden Ermittlungen vor Ort stellen dann aber keine fachliche Äußerung nach § 189 FamFG dar, sondern Ermittlungsergebnisse nach § 26 FamFG. Schließlich sind die Dienste der entsprechenden Stellen im In- und Ausland kostenpflichtig und die Kostenfreiheit nach § 189 Satz 3 FamFG kann dann nicht gelten.[6]

IV. Inhalt der fachlichen Äußerung

10 **Inhalt und Umfang der fachlichen Äußerung** sind im Gesetz nur marginal geregelt: § 189 Abs. 1 FamFG spricht lediglich davon, *„ob das Kind und die Familie des Annehmenden für die Annahme geeignet sind"*. Die allgemeine Forderung in § 50 Abs. 2 SGB VIII, wonach das Jugendamt bei der Mitwirkung am gerichtlichen Verfahren *„erzieherische und soziale Gesichtspunkte zur Entwicklung des Kindes oder Jugendlichen"* einbringen soll, gibt nur einen Aspekt der fachlichen Äußerung wieder und berücksichtigt nicht die Besonderheiten eines Adoptionsverfahrens. Im Übrigen werden fachliche Äußerungen (insbesondere im Bereich der internationalen Adoptionsvermittlung) auch von anderen Adoptionsvermittlungsstellen als nur von denen bei den Jugendämtern erstellt.

11 Tatsächlich sollte sich der Inhalt der fachlichen Äußerung vielmehr **an den materiell-rechtlichen Voraussetzungen in § 1741 Abs. 1 Satz 1 BGB (Kindeswohl und Eltern-Kind-Verhältnis) orientieren**. Dies darf sich nicht auf ein bloßes „Abhaken" der förmlichen Voraussetzungen wie Gesundheitszustand oder fehlende Vorstrafen der Annehmenden beschränken. Viel entscheidender sind die Fragen der Entwicklung des Zusammenlebens zwischen Annehmenden und Kind während der Probezeit (§ 1744 BGB), die emotionalen, sozialen und erzieherischen Fähigkeiten und Vorstellungen der Annehmenden (sog. Elterneignung) sowie das wohnliche und soziale Umfeld, in dem das Kind aufwachsen soll. Bei Geschwisterkonstellationen ist dabei auch auf die Interessen der weiteren Kinder einzugehen (vgl. § 1745 BGB). Dies kommt in § 189 Abs. 1 FamFG dadurch zum Ausdruck, dass eben nicht nur das Verhältnis des Kindes zum Annehmenden entscheidend ist, sondern zur ganzen „Familie" des Annehmenden. Bei besonderen Situationen (etwa bei gesundheitlichen Beeinträchtigungen oder Traumatisierungen des Kindes bzw. bei großen oder geringen Altersabständen) ist besondere Sorgfalt an den Tag zu legen.[7] Zusammenfassend erfasst die fachliche Äußerung also sämtliche Inhalte eines Sozialberichts bzgl. der Elterneignung nach § 7 Abs. 1 AdVermiG und geht darüber hinaus, indem das stattgefundene tatsächliche Zusammenleben in Augenschein genommen und fachlich bewertet wird.

12 **Grundlagen der Ermittlungen** der begutachtenden Stelle sind zum einen die eingereichten **Unterlagen** (siehe unten Rn. 18), zum anderen die zu führenden **Gespräche** mit den Annehmenden und mit dem Kind sowie sonstige **Beobachtungen** im direkten Kontakt. Zur Beurteilung des wohnlichen und sozialen Umfelds sollte mindestens ein **Hausbesuch** bei dem Kind durchgeführt werden (auch bei Stiefkindadoptionen). Eine bloß telefonische Rücksprache oder eine ausschließliche Beurteilung der vorgelegten Unterlagen (oder der Beratung nach § 9a AdVermiG) ist nicht ausreichend.

13 Die Beurteilung, ob die fachliche Äußerung den inhaltlichen Anforderungen und der geforderten Qualität entspricht, obliegt dem erkennenden Gericht. Es ist auch nicht an etwaige Empfehlungen des Jugendamtes für oder gegen die Adoption gebunden. Das Gericht ist

6 Deutsche Korrespondenzstelle für grenzüberschreitende Adoptionen ist der Verein familie international frankfurt e.V.

7 Hierzu: BAGLJÄ, Empfehlungen zur Adoptionsvermittlung, 9. Aufl., Nr. 8.4.8, S. 64

berechtigt (und nach § 28 FamFG verpflichtet), ggf. weitere Anforderungen zu stellen. Eine **qualitativ nicht ausreichende fachliche Äußerung** kann im Rechtsmittelverfahren zur Rückverweisung an die vorherige Instanz führen[8] (näher zur Zurückverweisung siehe *Kischkel*, § 69 FamFG Rn. 6).

Verweigern die Annehmenden eine Kooperation mit der Adoptionsvermittlungsstelle oder dem Jugendamt, so ist dies dem Gericht mitzuteilen. Von sich aus ist die beauftragte Stelle nicht berechtigt, die Ermittlungen einzustellen, die fachliche Äußerung aus diesem Grund zu verzögern oder eigene Zwangsmittel anzuordnen. Vielmehr ist ein solches Verhalten der Annehmenden wegen deren fehlender Mitwirkung nach § 27 FamFG – anders als etwa die fehlende Mitwirkung der Eltern bei der Erstellung eines Sachverständigengutachtens in einer Kindschaftssache (hierzu *Heilmann*, § 163 FamFG Rn. 40 ff.) – **im Rahmen der Beweiswürdigung zu berücksichtigen**.[9] Dasselbe gilt, wenn die Ermittlungen dadurch eingeschränkt werden, dass die Adoptionsvermittlungsstelle oder das Jugendamt nicht mit dem Kind kommunizieren dürfen, da diesem seine Herkunft noch nicht offenbart worden ist,[10] oder das Kind noch zu jung ist, um sich überhaupt verbal oder nonverbal zu äußern. In sämtlichen Fällen ist die fachliche Äußerung unter Berücksichtigung und Offenlegung dieser Sachlage gegenüber dem Gericht abzugeben. 14

V. Weigerung zur Abgabe der fachlichen Äußerung

Weigert sich die angerufene Stelle, eine fachliche Äußerung abzugeben, so hat das Gericht zwar grundsätzlich das Recht, **Zwangsmittel (insb. Zwangsgeld) nach § 35 FamFG** zu verhängen.[11] Dies wird aber nur selten zu dem gewünschten Ergebnis einer fachlich fundierten Stellungnahme führen. Vielmehr sollte das Gericht bei nachhaltiger Weigerung eine (andere) Adoptionsvermittlungsstelle oder ein Jugendamt gemäß § 26 FamFG beauftragen. 15

VI. Entscheidung trotz Fehlens einer fachlichen Äußerung

Wird vonseiten des erkennenden Gerichts entgegen § 189 FamFG keine fachliche Äußerung eingeholt (und wurden die erforderlichen Ermittlungen auch nicht nach § 26 FamFG durchgeführt), so stellt dies einen **schweren Verfahrensfehler** dar. Im Beschwerdeverfahren muss eine solche Entscheidung **aufgehoben** werden und das Verfahren auf Antrag (§ 69 Abs. 1 Satz 3 FamFG) an die entsprechende Instanz wieder **zurückverwiesen** werden. Da jedoch prinzipiell nur bei negativen Adoptionsentscheidungen die Beschwerde offensteht (§ 197 Abs. 3 Satz 1 FamFG), bleibt der Fehler meistens sanktionslos.[12] Eine eigene Anhörungsrüge nach § 44 FamFG steht der Adoptionsvermittlungsstelle oder dem Jugendamt wegen Verstoßes gegen § 189 FamFG nicht zu.[13] 16

C. Weitere Ermittlungen (insb. das Einholen und Prüfen entscheidungserheblicher Unterlagen)

I. Weitere Ermittlungsmaßnahmen bei der Minderjährigenadoption

Die weiteren Ermittlungen bei der Annahme eines minderjährigen Kindes erschöpfen sich nicht in der fachlichen Äußerung nach § 189 FamFG und den Anhörungen nach §§ 192 ff. 17

8 OLG Frankfurt OLGR Frankfurt 1999, 178
9 Ausführlich: MüKo-FamFG/*Ulrici*, § 27 G Rn. 8 ff.
10 BayObLG NJW-RR 2001, 722
11 Ausführlich: MüKo-FamFG/*Maurer*, § 189 Rn. 22; mittlerweile auch: Prütting/Helms/*Keuter*, § 189 FamFG Rn. 12; a.A. noch: OLG Frankfurt FamRZ 1992, 206
12 Sternal/*Giers*, § 189 FamFG Rn. 3; OLG Frankfurt OLGR Frankfurt 1999, 178
13 MüKo-FamFG/*Maurer*, § 189 Rn. 27

FamFG. In Adoptionssachen ist das Familiengericht vielmehr gehalten gemäß dem **Amtsermittlungsgebot (§ 26 FamFG)** noch weitere Ermittlungen anzustellen. **Insbesondere die Vorlage von entscheidungserheblichen Unterlagen** spielt in jedem Adoptionsverfahren eine bedeutende Rolle.

1. Das Einholen und Prüfen von entscheidungserheblichen Dokumenten

18 Um die Familiensituation des Kindes und der Annehmenden umfassend zu ermitteln, bedarf es der **Einholung und Prüfung von verschiedenen Dokumenten**. Das Familiengericht darf aufgrund der Bedeutung (und praktischen Unumkehrbarkeit) einer Adoptionsentscheidung nicht auf bloße Behauptungen der Beteiligten vertrauen, sondern muss diese nachprüfen (vgl. § 29 Abs. 1 FamFG). Die Prüfung bezieht sich dabei **sowohl auf formale wie auf materiell-rechtliche Gesichtspunkte**.

19 **Welche konkreten Unterlagen** im Adoptionsverfahren benötigt werden, ist gesetzlich nicht geregelt. Eine Normierung wäre auch wenig tauglich, um die vielen unterschiedlichen Einzelfälle abzudecken. Dennoch bedient sich die Praxis (Gerichte, Notare und Jugendämter) mehr oder weniger durchdachter **Listen**, welche dann häufig schlicht „abgehakt" werden.[14] Hiervor ist zu warnen, da dabei entweder zu viele (für die Sachentscheidung unerhebliche) Dokumente angefordert werden (was dann z.T. mit erheblichen sinnlosen Kosten für die Annehmenden verbunden sein kann) oder andererseits wesentliche Informationen nicht eingeholt werden und dadurch das Gerichtsverfahren unnötig in die Länge gezogen wird.

20 Die folgende **Darstellung von möglichen Dokumenten** soll daher nicht als allgemeingültige Liste verstanden werden, sondern die wesentlichen in Betracht kommenden Unterlagen thematisieren und deren Bedeutung für die Ermittlungen untersuchen. Sie mag daher als Checkliste dienen, die den jeweiligen Umständen des Einzelfalls anzupassen ist:

- Die **Geburtsurkunde des Kindes** dient der Feststellung der rechtlichen Abstammung. Für das Verfahren führt dies zu der wesentlichen Erkenntnis, welche Personen (noch) die rechtlichen Elternteile des Kindes sind und gemäß § 1747 BGB in die Adoption grundsätzlich einwilligen müssen. Es ist darauf zu achten, eine **aktuelle Geburtsurkunde** anzufordern, da sich seit Geburt des Kindes v.a. die Vaterschaft zum Kind durch Vaterschaftsfeststellung, -anerkennung oder -anfechtung verändert haben kann. Noch mehr Erkenntnisse kann ein (gemäß § 62 Abs. 2 PStG) anzufordernder **Auszug aus dem Geburtenregister** (§ 21 PStG) erbringen, da sich hieraus z.B. die Staatsangehörigkeit des Kindes ergibt (vgl. § 21 Abs. 3 PStG). Der Beweiswert einer (aktuellen) deutschen Geburtsurkunde ist hoch (§ 54 PStG), so dass von der materiellen Richtigkeit der Eintragung ausgegangen werden kann. Bei **ausländischen Geburtsurkunden** ist jedoch Vorsicht angebracht, da es entweder kein funktionierendes Personenstandswesen im entsprechenden Land gibt oder Eintragungen in Registern oder Urkunden ohne sachliche Prüfung einfach durch bloße Erklärungen aufgenommen werden. Bei Geburten in Staaten, welche Mitgliedstaaten des CIEC-Übereinkommens sind, bietet es sich an, einen entsprechenden Auszug aus dem ausländischen Geburtenbuch nach dem CIEC-Übereinkommen vorzulegen.[15]
- Die **Geburtsurkunden der Annehmenden** sind für die Adoptionsentscheidung von geringer Bedeutung. Die Kenntnisnahme von Geburt und Abstammung der Annehmenden ist für die Adoptionsentscheidung nur selten entscheidungserheblich. Als Identitätsnachweis genügen auch Personaldokumente wie Personalausweis, Reisepass, Meldebescheinigungen oder Eheurkunden.

14 Z.B. *Zschiebsch*, FPR 2009, 493, 494; Müller/Sieghörtner/Emmerling de Oliveira/*Sieghörtner*, Rn. 153 f.
15 Der Text und die Mitgliedstaaten des Übereinkommens kann gefunden werden auf der Internetseite des Bundesinnenministeriums

- Die **Eheurkunde** (§§15, 57 PStG) **der jeweiligen Annehmenden** (bzw. ein **Auszug aus dem Eheregister**) sollte sowohl bei Stiefkindadoptionen als auch bei gemeinschaftlichen Adoptionen angefordert werden. Dadurch wird einerseits die Adoptionsfähigkeit nach §1741 Abs. 2 Satz 2 und 3 BGB (bei gemeinschaftlichen Adoptionen) nachgewiesen sowie andererseits der aktuelle Ehename der Annehmenden ersichtlich, was wiederum für die zukünftige Namensführung und Namenswahl des Kindes nach §1757 BGB relevant sein kann. Auch **Lebenspartnerschaftsurkunden** sind in den Fällen von §9 Abs. 5 oder Abs. 6 LPartG vorzulegen. Auch hier ist zu beachten, dass **aktuelle Urkunden** vorgelegt werden (um z.B. Veränderungen durch Namensänderungen oder zwischenzeitliche Scheidung festzustellen). Das **sog. Familienbuch** existiert seit dem 1.1.2009 nicht mehr. Für Ehen, welche vor diesem Datum geschlossen wurden, werden vom Standessamt sog. **Auskünfte aus Altregistern** erteilt. Die Vorlage eines Stammbuchs hat indes überhaupt keinen Beweiswert. Ein Stammbuch stellt nur eine freiwillige private Sammlung von ggf. relevanten Personenstandsurkunden oder kirchlichen Unterlagen dar.

- Je nach Einzelfall können **vorangegangene familiengerichtliche Entscheidungen (insb. Scheidungs- und Sorgerechtsentscheidungen)** für die Adoptionsentscheidung relevant sein. So gibt ein (rechtskräftiger) Scheidungsbeschluss des Annehmenden Auskunft darüber, ob das Kind alleine angenommen werden kann (§1741 Abs. 2 Satz 1 BGB). Eine Sorgerechtsentscheidung bzgl. des Kindes dient wiederum der Erkenntnis, wer das Kind bei dessen Einwilligungserklärung nach §1746 BGB vertreten darf. Bei nichtehelichen Kindern sind zur Feststellung der Vertretungsberechtigung ggf. auch **Sorgerechtserklärungen beider Elternteile i.S.v. §1626a Abs. 1 Nr. 1 BGB** vorzulegen (näher hierzu, insbesondere zur Form, siehe *Fink*, §1626d BGB Rn. 2 f.). Da fehlerhafte oder fehlende Einwilligungserklärungen mögliche Aufhebungsgründe für die Adoption nach §1760 BGB darstellen, sollte das Gericht insbesondere hierbei nicht bloß auf Behauptungen der Annehmenden oder der leiblichen Eltern vertrauen, sondern sich entsprechende **beglaubigte Kopien oder Originale der Entscheidungen bzw. Erklärungen** vorlegen lassen.

- **Staatsangehörigkeitsnachweise** sind für die international-privatrechtliche Anknüpfung an Art. 22 EGBGB nicht mehr von Relevanz. Lediglich die Staatsangehörigkeit des Kindes kann für die Namensanknüpfung an Art. 10 EGBGB eine Rolle spielen.

- **Auskünfte aus dem Melderegister** für die Annehmenden und das Kind dienen der Feststellung des aktuellen (gewöhnlichen) Aufenthalts im Inland und der international-privatrechtlichen Anknüpfung an Art. 22 Abs. 1 EGBGB. Darüber hinaus sind aus dem Melderegister auch die aktuelle Namensführung, der Familienstand und die Staatsangehörigkeit der betreffenden Person herauszulesen. Die Meldeadresse ist regelmäßig ein wichtiger Anknüpfungspunkt für die örtliche Zuständigkeit nach §187 FamFG (siehe hierzu *Braun*, §187 Rn. 7). Bei Stiefkindkonstellationen hat die Melderegisterauskunft darüber hinaus auch einen materiell-rechtlichen Zweck. Denn bei der Prognose des Entstehens eines Eltern-Kind-Verhältnisses ist es häufig entscheidend, für wie lange das Kind schon mit dem Annehmenden tatsächlich zusammengelebt hat. Da aus dem Melderegister auch Einzugs- und Auszugsdaten ersichtlich sind, kann durch die Einsichtnahme ins Register diese Information erlangt werden. Seit dem 1.11.2015 ist das Meldewesen bundesweit durch das **Bundesmeldegesetz (BMG)** geregelt. Wie schon bei den bisherigen Ländergesetzen kann dabei zwischen einfachen, erweiterten und unbeschränkten Melderegisterauskünften unterschieden werden. Im Adoptionsverfahren ist entweder eine **erweiterte Melderegisterauskunft nach §45 BMG** von dem entsprechenden Beteiligten anzufordern oder (was häufig zweckmäßiger ist) die **unbeschränkte Melderegisterauskunft nach §34 BMG** vom Gericht selbst einzuholen.

- **Gesundheitszeugnisse der Annehmenden und des Kindes** dienen der Ermittlung des Kindeswohls in § 1741 Abs. 1 Satz 1 BGB. Gesundheitszeugnisse der Annehmenden geben darüber Auskunft, ob aufseiten eines Annehmenden ein gesundheitlicher Hinderungsgrund für die Annahme eines Kindes besteht (siehe ausführlich *Braun*, § 1741 BGB Rn. 14).[16] Gesundheitszeugnisse für das Kind geben dem Gericht weitere Hinweise dazu, ob evtl. ein besonderer Betreuungsbedarf (und damit eine besondere Elterneignung) zu beachten ist.[17] Es ist indes darauf hinzuweisen, dass der **Erkenntniswert** derartiger ärztlicher Unterlagen in der Praxis **eher gering** ist.[18] Insbesondere bei der Fremdadoption ist davon auszugehen, dass die Adoptionsbewerber schon vor Aufnahme des Kindes einer eingehenden medizinischen Eignungsüberprüfung unterzogen worden sind (vgl. § 7 Abs. 2 Nr. 2 AdVermiG). Lebt das Kind schon über längere Zeit mit den Annehmenden in der Adoptionspflege oder Familienpflege zusammen, so wird eine Adoption wohl nur äußerst selten allein aufgrund einer später auftretenden schweren Erkrankung eines Annehmenden abgelehnt werden können. Ähnliches gilt für Stiefkindkonstellationen, da das Kind auch dann schon längere Zeit mit dem Adoptierenden zusammengelebt hat und selbst bei einer Ablehnung der Adoption wegen einer schweren Erkrankung das tatsächliche Zusammenleben fortbestehen würde. Dementsprechend ist auch keine obergerichtliche Entscheidung bekannt, bei der eine Adoption allein aufgrund einer problematischen Gesundheitssituation abgelehnt worden wäre.[19] Somit ist der Streit, ob ein amtsärztliches Zeugnis anzufordern ist[20] oder ob ein Attest des Hausarztes genügt,[21] für die gerichtliche Praxis im Ergebnis von untergeordneter Bedeutung.
- Die **Einsichtnahme in das Bundeszentralregister** (oder die Vorlage eines **Führungszeugnisses**) betreffend die jeweiligen Annehmenden soll sicherstellen, dass kein Adoptionsbewerber ein Kind auf- und annimmt, welcher aufgrund eines Gewalt-, Menschenhandel- oder Sexualdelikts (vgl. den Katalog der Straftaten in § 72a Abs. 1 SGB VIII) verurteilt worden ist. Die Überprüfung von (Adoptiv-)Pflegeeltern findet schon vor Aufnahme des Kindes durch Anforderung eines sog. **erweiterten Führungszeugnisses nach § 30a BZRG** statt.[22] Ob dies dann im später stattfindenden gerichtlichen Adoptionsverfahren erneut einzuholen ist, hängt vom Einzelfall ab. Sicherheitshalber ist dies aber zu empfehlen und bei Stiefkindadoptionen, bei denen ja bei „Aufnahme" des Kindes keine vorherige Überprüfung stattgefunden hat, auf jeden Fall erforderlich. Es ist zu beachten, dass sich sowohl aus einem „normalen" als auch aus einem erweiterten Führungszeugnis weniger Informationen ergeben als aus den tatsächlichen Eintragungen im Bundeszentralregister. Insbesondere sind im Führungszeugnis Erstbestrafungen zu Geldstrafen bis zu 90 Tagessätzen nicht eingetragen. Jedes Gericht hat (im Gegensatz zu Jugendämtern) aber gemäß § 41 BZRG die Möglichkeit, eine **unbeschränkte Auskunft aus dem Bundeszentralregister einzuholen** (auch ohne Einverständnis der jeweiligen Person). In Adoptionsverfahren ist diese Verfahrensweise zu empfehlen.
- Ein **Nachweis der Vermögens- und Einkommenslage der Annehmenden** dient ebenso der Ermittlung der Elterneignung. Erforderlich ist dies jedoch im Regelfall **nur bei der Fremdadoption**, da eine mangelnde finanzielle Versorgungsfähigkeit des Annehmenden

16 OLG Frankfurt, Beschl. v. 12.6.2003 – 20 W 264/02, juris (besondere Anforderungen bei Kind in der Pubertät); zur Möglichkeit der Anforderung eines HIV-Tests: KG FamRZ 1991, 1101

17 Zum möglichen Inhalt derartiger ärztlicher Stellungnahmen und zu Kindern mit besonderen Bedürfnissen: BAGLJÄ, Empfehlungen zur Adoptionsvermittlung, 9. Aufl., Nr. 8.4.6 – 8.4.8, S. 63 f.

18 So auch: *Zschiebsch*, FPR 2011, 493, 494

19 Bei OLG Frankfurt, Beschl. v. 12.6.2003 – 20 W 264/02, juris, wurde die Adoption maßgeblich wegen des hohen Altersabstands zwischen Annehmenden und Kind abgelehnt

20 So: MüKo-BGB/*Maurer*, § 1741 Rn. 85

21 So: Staudinger/*Helms*, § 1741 BGB Rn. 32

22 BAGLJÄ, Empfehlungen zur Adoptionsvermittlung, 9. Aufl., Nr. 8.5.2.1, S. 71

ein Ausschlusskriterium für die Annahme als Kind darstellen kann.[23] Bei einer Stiefkind- oder Verwandtenadoption sind die finanziellen Verhältnisse weniger entscheidend, da sich auch ohne den Ausspruch der Adoption diese Situation für das Kind rein tatsächlich nicht ändern würde.

2. Weitere Beweismittel

In Einzelfällen müssen bei Minderjährigenadoptionen gemäß § 26 FamFG noch weitere Ermittlungen für die Sachentscheidung durchgeführt werden. Namentlich kann insbesondere bei Stiefkindkonstellationen an die **Anforderung von externen Sachverständigengutachten zur Elterneignung** gedacht werden. Dies kommt etwa in Betracht, wenn das Jugendamt bei der fachlichen Äußerung nach § 189 Satz 2 FamFG Bedenken an der Erziehungsfähigkeit des oder der Annehmenden feststellt. **21**

II. Weitere Ermittlungsmaßnahmen bei der Volljährigenadoption

Der Verfahrensgegenstand der Volljährigenadoption ist ein grundsätzlich anderer als bei der Minderjährigenadoption. Hier stehen nicht mehr das Kindeswohl und die Versorgung des Kindes im Vordergrund, sondern es ist die Frage der sittlichen Rechtfertigung nach § 1767 Abs. 1 BGB zu ermitteln. Dementsprechend müssen auch nur **sehr viel weniger Unterlagen** vorgelegt werden als bei einer Minderjährigenadoption. Dies gilt insbesondere für **Gesundheits- und Führungszeugnisse.** Es ist nicht ersichtlich, welche Erkenntnisse für die Feststellung eines Eltern-Kind-Verhältnisses oder für eine sonstige sittliche Rechtfertigung aus diesen Dokumenten herausgelesen werden könnten. **22**

Erforderlich sind indes in der Regel die **Vorlage von Geburts- und Eheurkunden** (ggf. auch des Anzunehmenden). Diese Dokumente dienen der Ermittlung der Adoptionsfähigkeit nach § 1741 Abs. 2 BGB und der Einwilligungsbedürftigkeit der Ehe- oder Lebenspartner nach §§ 1749 Abs. 1, 1767 Abs. 2 Satz 2 BGB. **23**

Bei der Volljährigenadoption hat die Einholung von **unbeschränkten Auskünften aus dem Melderegister** (gemäß § 34 BMG) betreffend die Annehmenden und den Anzunehmenden eine besondere Bedeutung. Da die Frage des tatsächlichen Zusammenlebens zwischen Annehmenden und Anzunehmenden häufig eines der wenigen objektiven Kriterien für die Feststellung der sittlichen Rechtfertigung darstellt (siehe hierzu *Braun*, § 1767 BGB Rn. 16), kann aus den Melderegisterauskünften herausgelesen werden, ob und für wie lange die Beteiligten in der Vergangenheit bei der gleichen Adresse gemeldet waren. **24**

III. Weitere Ermittlungsmaßnahmen bei Ersetzungsverfahren

Bei den Verfahren auf Ersetzung der Einwilligung eines Elternteils (§ 186 Nr. 2 FamFG i.V.m. § 1748 BGB) muss ermittelt werden, ob ein Ersetzungsgrund gemäß § 1748 Abs. 1, Abs. 3 oder Abs. 4 BGB vorliegt (Gleichgültigkeit, Pflichtwidrigkeit oder Krankheit bzw. Behinderung). Allein die Anhörungen des Elternteils, dessen Einwilligung ersetzt werden soll, des Kindes und der Annehmenden nach § 192 Abs. 2 FamFG sowie die Anhörung des Jugendamts nach § 194 Abs. 1 FamFG genügen hierfür meist nicht. In der Regel sind die Ermittlungen deshalb von **aussagekräftigen Unterlagen und Informationen aus Akten des Jugendamts oder aus vorangegangenen familiengerichtlichen Verfahren** abhängig. Entsprechende Berichte sind daher von den Beteiligten vorzulegen oder im Rahmen des Ersetzungsverfahrens vom entsprechenden Jugendamt anzufordern. Bei der am häufigsten vorkommenden Fallgruppe der **Gleichgültigkeit** bei der Ersetzung der Einwilligung eines Elternteils (§ 1748 Abs. 1 BGB) muss sich aus der Gesamtschau konkret ergeben, seit **25**

23 MüKo-BGB/*Maurer*, § 1741 Rn. 82 fordert ein zumindest durchschnittliches Einkommen

wann und für welchen Zeitraum keine Kontakte zwischen Kind und Elternteil stattgefunden haben und in wessen Verantwortungsbereich dies lag. Zudem muss nachgewiesen sein, dass die Belehrung durch das Jugendamt nach § 1748 Abs. 2 BGB stattgefunden hat oder dass diese zumindest versucht worden ist.

IV. Weitere Ermittlungsmaßnahmen bei Aufhebungsverfahren

26 Im Rahmen der Verfahren auf **Aufhebung einer Minderjährigenadoption** nach § 1763 BGB bedarf es eingehender Ermittlungen zur Feststellung der „schwerwiegenden Gründe" nach § 1763 BGB. So wird es hier zusätzlich zu den nach §§ 192, 194 Abs. 1 FamFG durchzuführenden Anhörungen notwendig sein, etwa ein **fachpsychiatrisches Gutachten** zu etwaigen Belastungen des Kindes durch das Fortbestehen der Adoption anzufordern.[24] Auch bei den Verfahren nach § 1760 BGB bedarf es ggf. **ärztlicher Stellungnahmen**, wobei es hierbei dann auf die Frage der Geschäfts(un)fähigkeit (vgl. den Aufhebungsgrund nach § 1760 Abs. 2a) BGB) oder der Kindeswohlgefährdung nach § 1761 Abs. 2 BGB ankommt.

27 Im Rahmen der Verfahren auf **Aufhebung einer Volljährigenadoption** aus wichtigem Grund nach § 1771 Satz 1 BGB ist die Frage der Unzumutbarkeit des Fortbestehens der Volljährigenadoption zu ermitteln. Weitere Ermittlungsmöglichkeiten als die Anhörung der Beteiligten (und ggf. weiterer Familienangehöriger) hat das Gericht hierbei jedoch selten. Denkbar ist aber auch hier die Einholung einer ärztlichen Expertise. Bei den übrigen Verfahren auf Aufhebung einer Volljährigenadoption (§§ 1771 Satz 2, 1772 Abs. 2 BGB) kann wiederum die Einholung von **ärztlichen Sachverständigengutachten zur Feststellung einer Geschäftsunfähigkeit** erforderlich werden.

D. Weitere Ermittlungsmaßnahmen bei der Befreiung vom Eheverbot

28 Bei den Verfahren auf Befreiung vom Eheverbot muss ermittelt werden, ob „wichtige Gründe der Eingehung der Ehe entgegenstehen" (§ 1308 Abs. 2 Satz 2 BGB). Neben den durchzuführenden Anhörungen sind hier **kaum weitere Ermittlungsmöglichkeiten** vorstellbar.

§ 190 FamFG
(aufgehoben)

§ 191 FamFG
Verfahrensbeistand

[1]Das Gericht hat einem minderjährigen Beteiligten in Adoptionssachen einen Verfahrensbeistand zu bestellen, sofern dies zur Wahrnehmung seiner Interessen erforderlich ist. [2]Die §§ 158 bis 158c gelten entsprechend.

24 So: OLG Köln NJW-RR 2009, 1376

Übersicht

A. Allgemeines

Die Norm regelt, unter welchen Voraussetzungen in Adoptionssachen ein **Verfahrensbeistand** zu bestellen ist. Die Vorschrift war ursprünglich umstritten, da der Bundesrat im Gesetzgebungsprozess zur FamFG-Reform die Sinnhaftigkeit der Norm bezweifelte.[1] Im Ergebnis hat sich dann jedoch die Einschätzung der Bundesregierung[2] durchgesetzt und § 191 FamFG ist seit 2009 im Wesentlichen unverändert geblieben. 1

Die Norm gilt aufgrund des eindeutigen Wortlauts **nur für minderjährige Beteiligte und nur für Adoptionssachen**. Zwar kommt es vor, dass auch bei einer Volljährigenadoption die Interessen von minderjährigen Kindern des Annehmenden oder des Anzunehmenden gemäß § 1769 BGB zu beachten sind. Diese Kinder sind jedoch ausdrücklich keine Beteiligten am Verfahren (dazu *Braun*, § 188 FamFG Rn. 26), so dass für diese auch kein Verfahrensbeistand bestellt werden kann.[3] 2

Die Vorschrift **verweist in wesentlichen Punkten auf** die in **§§ 158 bis 158c FamFG** normierten Voraussetzungen, Verfahrensvorgaben und Rechtsfolgen der Verfahrensbeistandsbestellung in Kindschaftssachen. 3

▶ *Zu Einzelheiten siehe die Kommentierung von Keuter zu §§ 158 bis 158c FamFG.*

B. Inhalt der Norm

I. Die Erforderlichkeit der Bestellung eines Verfahrensbeistands in Adoptionssachen

Die Bestellung eines Verfahrensbeistands in Adoptionssachen hat zu erfolgen, wenn dies **zur Wahrnehmung der Interessen des Kindes** erforderlich ist. Konkretisiert wird diese Anforderung dadurch, dass dies **„in der Regel"** der Fall sein soll, **wenn die Interessen des Kindes zu den Interessen seines gesetzlichen Vertreters in erheblichem Gegensatz** stehen (§ 191 Satz 2 i.V.m. § 158 Abs. 3 Nr. 1 FamFG). Die Regelfälle in § 158 Abs. 3 Satz 1 Nr. 2 bis 4 FamFG sind keine Anwendungsfälle im Adoptionsrecht. 4

1. Erforderlichkeit bei den Verfahren auf Annahme als Kind

In den Verfahren auf Annahme als Kind (§ 186 Nr. 1 FamFG) ist die Bestellung eines Verfahrensbeistands **nur selten** erforderlich. Dies liegt daran, dass **die Interessenlagen** der gesetzlichen Vertreter einerseits und des Kindes andererseits gerade **meistens gleichlaufend** sind.[4] Schließlich wird das Kind im Annahmeverfahren in der Regel entweder durch einen Vormund (bei Fremdadoptionen) oder durch den Ehe- oder Lebenspartner des Annehmenden (bei Stiefkindadoptionen) vertreten, welche durch die Einwilligung im Namen des Kindes nach § 1746 BGB zu erkennen geben, dass sie im Interesse des Kindes die Annahme 5

1 BT-Drs. 16/6308, 381
2 BT-Drs. 16/6308, 417
3 A.A. MüKo-FamFG/*Maurer*, § 191 Rn. 4
4 Zutreffend: OLG Celle FamRZ 2012, 1226; *Zschiebsch*, FPR 2009, 493, 494

wollen.[5] Dass das (unter 14-jährige) Kind im Gegensatz hierzu ausdrücklich die Adoption ablehnt oder ein Vormund die Einwilligung verweigert (Fall von § 1746 Abs. 3 BGB), kommt eher selten vor.

6 Die Bestellung eines Verfahrensbeistands ist jedoch **in Betracht zu ziehen**, wenn die Interessenwahrnehmung aufgrund der mangelnden Bereitschaft oder aufgrund des geringen intellektuellen Niveaus des gesetzlichen Vertreters nicht ausreichend erscheint (Fall von § 158 Abs. 1 Satz 1 FamFG).[6] Gleiches gilt, wenn das Kind einer besonderen Unterstützung bei der persönlichen Anhörung bedarf, da dann der Verfahrensbeistand seine Aufgaben nach § 159 Abs. 4 Satz 3 FamFG (analog) wahrnehmen kann (vgl. weitergehend: *Braun*, § 192 FamFG Rn. 8).[7]

2. Erforderlichkeit bei den Ersetzungs- und Aufhebungsverfahren

7 In den Ersetzungs- und Aufhebungsverfahren ist **in der Regel ein Verfahrensbeistand zu bestellen**, da die Interessenlagen des Kindes und des (auch vormaligen) gesetzlichen Vertreters regelmäßig gegenläufig sind.[8]

8 In den Aufhebungsverfahren nach § 1760 BGB und nach § 1763 BGB ist die Bestellung eines Verfahrensbeistands meist erforderlich, da hier das Rechtsverhältnis zwischen den Annehmenden und dem Kind aufgehoben werden soll und diese damit auf unterschiedlichen Interessenseiten stehen. Etwas anderes gilt nur dann, wenn den Annehmenden schon vor der Aufhebung das Sorgerecht für das Kind entzogen worden ist und die Interessenwahrnehmung durch einen (Amts-)Vormund oder Ergänzungspfleger durchgeführt wird.

9 In den Ersetzungsverfahren nach § 1748 BGB ist die Bestellung eines Verfahrensbeistands **nur dann entbehrlich**, wenn der nicht einwilligungsbereite Elternteil zum Zeitpunkt des Ersetzungsverfahrens **nicht (mehr) gesetzlicher Vertreter des Kindes** ist (z.B. bei nichtehelichen Kindern oder bei vorherigem Entzug der elterlichen Sorge nach § 1666 BGB). Aber auch dann kann eine Unterstützung des Kindes im Ersetzungsverfahren erforderlich werden. Denn gerade bei der Ersetzung wegen Gleichgültigkeit oder wegen Pflichtverletzungen kann es zu einem erheblichen Loyalitätskonflikt mit dem Elternteil kommen, dessen Einwilligung nun ersetzt werden soll.

II. Die Folgen der Bestellung eines Verfahrensbeistands

10 Durch die Bestellung als Verfahrensbeistand wird dieser zum **Beteiligten am Verfahren**. Er vertritt die objektiven Interessen des minderjährigen Beteiligten im Verfahren, wird jedoch durch die Bestellung **nicht dessen rechtlicher oder gesetzlicher Vertreter (Satz 2 i.V.m. § 158b Abs. 3 Satz 3 FamFG)**. Insbesondere kann ein Verfahrensbeistand nicht im Namen des Kindes dessen Einwilligung nach § 1746 Abs. 1 BGB erklären oder einer Einwilligung des über 14-jährigen Kindes zustimmen. Dieses Recht steht allein dem gesetzlichen Vertreter (leibliche Eltern oder Vormund oder Pfleger) zu.

§ 192 FamFG
Anhörung der Beteiligten

(1) Das Gericht hat in Verfahren auf Annahme als Kind oder auf Aufhebung des Annahmeverhältnisses den Annehmenden und das Kind persönlich anzuhören.

(2) Im Übrigen sollen die beteiligten Personen angehört werden.

5 *Reinhardt*, JAmt 2009, 162, 164
6 Sternal/*Giers*, § 191 FamFG Rn. 3
7 Zu weiteren möglichen Fällen: *Reinhardt*, JAmt 2009, 162, 164
8 So auch: MüKo-FamFG/*Maurer*, § 191 Rn. 9

(3) Von der Anhörung eines minderjährigen Beteiligten kann abgesehen werden, wenn Nachteile für seine Entwicklung, Erziehung oder Gesundheit zu befürchten sind oder wenn wegen des geringen Alters von einer Anhörung eine Aufklärung nicht zu erwarten ist.

Übersicht Rn.

A. Allgemeines

1 Die Norm trifft die **verfahrensrechtlichen Vorgaben** zur Frage, **welche Beteiligten in welcher Form anzuhören** sind (bzw. angehört werden sollen) sowie in welchen Fällen auf eine persönliche Anhörung des Kindes **verzichtet** werden kann. Sie ergänzt damit die allgemeine Vorschrift in § 34 FamFG und unterscheidet sich zum Teil erheblich von den Anhörungsvorgaben in anderen Kindschaftssachen. Ein Verweis auf §§ 159, 160 FamFG *„im Übrigen"* fehlt.

2 Die Norm ist einerseits **Ausdruck des Anspruchs auf rechtliches Gehör nach Art. 103 Abs. 1 GG**. Andererseits sind Anhörungen in Verfahren der freiwilligen Gerichtsbarkeit aber auch immer ein wesentlicher Teil der **Sachverhaltsermittlung** nach § 26 FamFG[1] und ein Mittel der Überprüfung der sachverständigen Äußerungen der Fachbehörden oder externer Sachverständiger.

3 Die Verfahrensvorschrift gilt **für sämtliche Adoptionssachen**, wobei Abs. 1 ausdrücklich nur für die Verfahren nach § 186 Nr. 1 und Nr. 3 FamFG (Annahme- und Aufhebungsverfahren) zur Anwendung kommt. Die Vorgaben gelten – mit Ausnahme von Abs. 3 – auch für die Volljährigenadoptionen. Für die Verfahren nach dem Adoptionswirkungsgesetz findet die Norm keine Anwendung, indem § 6 Abs. 3 Satz 2 AdWirkG gerade auf §§ 159 und 160 FamFG und nicht auf § 192 FamFG verweist.

4 Ein **Verstoß gegen die Anhörungspflichten** in § 192 FamFG stellt einen **erheblichen Verfahrensfehler** dar. Hieraus folgt zwar keine Nichtigkeit der Entscheidung. Im Beschwerdeverfahren führt dies aber zur Aufhebung und Rückverweisung an die entsprechende Instanz. Darüber hinaus steht betroffenen Personen auch bei stattgebenden und damit unanfechtbaren (vgl. § 197 Abs. 3 Satz 1 FamFG) Adoptionsbeschlüssen die Möglichkeit der

1 Ausführlich: Prütting/Helms/*Abramenko*, § 34 FamFG Rn. 3

Einlegung einer Anhörungsrüge nach § 44 FamFG[2] und in der Folge die Verfassungsbeschwerde unter Hinweis auf Art. 103 Abs. 1 GG offen (siehe hierzu *Braun*, § 197 FamFG Rn. 16).[3]

B. Inhalt der Norm

I. Die Anhörung der Beteiligten in Verfahren auf Annahme als Kind

5 Bei den Verfahren auf Annahme als Kind wird in § 192 FamFG zwischen den **Anhörungen der Annehmenden und des Kindes einerseits (Abs. 1)** und den **Anhörungen der übrigen Beteiligten (Abs. 2)** andererseits unterschieden.

1. Die persönliche Anhörung des Kindes

a) Pflicht zur persönlichen Anhörung

6 Das Kind ist in jedem Annahmeverfahren **zwingend anzuhören** („hat … anzuhören", Abs. 1), wenn und soweit keine Möglichkeit des Verzichts nach Abs. 3 besteht.[4] Die Anhörung muss darüber hinaus in der **Form der persönlichen Anhörung**, also mündlich bei körperlicher Anwesenheit des Kindes, erfolgen.[5] Die Durchführung einer persönlichen Anhörung im Wege einer Bild- und Tonübertragung nach § 34 Abs. 4 FamFG ist nicht möglich, da gerade kein Fall von § 34 Abs. 1 Nr. 1 FamFG, sondern die Konstellation in § 34 Abs. 1 Nr. 2 FamFG vorliegt. Leider hat der Gesetzgeber im Rahmen der Reform des Verfahrensrechts bezüglich der Anhörungen des Kindes in § 159 FamFG versäumt, auch in § 192 Abs. 1 FamFG ausdrücklich den Passus aufzunehmen, dass grundsätzlich auch ein „persönlicher Eindruck" vom Kind erforderlich ist. Hier besteht die Gefahr, dass sich die Gerichte vorschnell für ein komplettes Absehen eines Anhörungstermins mit dem Kind im Hinblick auf § 192 Abs. 3, 2. Alt. FamFG entscheiden, obwohl gerade ein bloßes Verhalten des Kindes in Bezug auf die Annehmenden gute Rückschlüsse auf die Kindeswohldienlichkeit i.S.v. § 1741 Abs. 1 Satz 1 BGB enthalten kann (vgl. weitergehend unten Rn. 10 ff.).

b) Ausnahmen von der Anhörungspflicht

7 Mögliche **Ausnahmen von der persönlichen Anhörungspflicht** des minderjährigen Kindes sind **in § 192 Abs. 3 FamFG normiert**. Hiernach kann entweder wegen zu befürchtender Nachteile für die Entwicklung, Erziehung oder Gesundheit des Kindes oder aufgrund eines zu geringen Alters auf die Anhörung verzichtet werden. Wegen des hohen Stellenwerts des Anspruchs auf rechtliches Gehör und der erheblichen rechtlichen Folgen einer Adoption sind die Ausnahmetatbestände **äußerst eng auszulegen**. Die allgemeinen Vorschriften zur Möglichkeit eines Absehens von einer persönlichen Anhörung nach § 34 Abs. 2 und 3 FamFG werden durch die *lex specialis* in § 192 Abs. 3 FamFG verdrängt.[6]

2 Ausführlich: BVerfG NJW 2014, 2635
3 BVerfG NJW 2024, 1493; OLG Brandenburg BeckRS 2024, 32134
4 Zur verfassungsrechtlichen Relevanz: BVerfG FPR 2002, 23
5 BT-Drs. 16/6308, 248; OLG Düsseldorf FamRZ 1995, 1294
6 MüKo-FamFG/*Maurer*, § 192 bis 195 Rn. 14 bis 16

aa) Absehen von der persönlichen Anhörung wegen zu befürchtender Nachteile für das Kind

Die erste Fallgruppe (der zu befürchtenden Nachteile für die Entwicklung, Erziehung oder Gesundheit) wird **eher selten zu bejahen** sein.[7] Denn in aller Regel kann die Anhörung des Kindes entsprechend ausgestaltet werden, damit die genannten Nachteile gerade nicht entstehen (z.B. durch Anhörung in der gewohnten Umgebung des Kindes).[8] Darüber hinaus kann (und sollte) bei der Befürchtung von entsprechenden Nachteilen für das Kind ein Verfahrensbeistand nach § 191 FamFG bestellt werden, damit das Kind auf die Anhörungssituation vorbereitet werden kann (vgl. § 191 Satz 2 FamFG i.V.m. § 158b Abs. 1 Satz 3 FamFG; vgl. dazu *Braun*, § 191 FamFG Rn. 6). **8**

Ausdrücklich kein Kriterium für das Absehen einer Anhörung darf die Frage sein, ob das Kind Kenntnis von seiner Herkunft oder von der geplanten Adoption hat oder erhalten soll. Auch ein Kind, welches noch nicht versteht, dass es aktuell nicht mit seinen „echten" (leiblichen) Eltern zusammenlebt, kann zu seinen Wünschen und zu den Realitäten seines Zusammenlebens in seiner sozialen Familie befragt werden.[9] **9**

bb) Absehen wegen des geringen Alters des Kindes

In welchen Fällen von einer persönlichen Anhörung **wegen zu geringen Alters des Kindes** abgesehen werden kann (§ 192 Abs. 3, 2. Alt. FamFG), ist eine Frage des Einzelfalls. Die **Festlegung absoluter Altersgrenzen** ist im Gesetz **nicht vorgesehen und abzulehnen**.[10] **10**

Richtigerweise sollte bei der Beurteilung, ob eine persönliche Anhörung stattfinden muss, auf die **Fähigkeit des Kindes zur Bildung und Ausübung eines (natürlichen) Willens** abgestellt werden. Dabei geht es nicht um die Fähigkeit, die rechtlichen Folgen einer Adoption im Detail oder auch nur aus Laiensicht zu verstehen. Ausreichend ist vielmehr schon, dass sich das Kind zu seinem Zusammenleben mit den Annehmenden äußern und seine Wünsche diesbezüglich (verbal oder nonverbal) ausdrücken kann.[11] Darüber hinaus ist natürlich auch der der Adoption zugrundeliegende Sachverhalt zu berücksichtigen. So mag etwa die persönliche Anhörung eines sehr jungen Kindes, welches bei einer Stiefkindadoption nie eine andere soziale Vaterperson als seinen Stiefvater gekannt hat, weniger relevant sein als die persönliche Anhörung eines Kindes, welches in der Vergangenheit schon mehrere Bindungsabbrüche verarbeiten musste (bzw. noch muss).[12] Im letzten Fall können sich schon sehr junge Kinder häufig an entsprechende Situationen erinnern und dem Gericht weitere Erkenntnisse zum ggf. strittigen Entstehen eines neuen Eltern-Kind-Verhältnisses und zur Kindeswohldienlichkeit geben. Auch bei tatsächlichen Umgangskontakten zu den leiblichen Eltern (sog. offene Adoption) kann die persönliche Anhörung und die Verschaffung eines unmittelbaren Eindrucks von einem noch sehr jungen Kind erforderlich werden. **11**

Auf Grund dessen gilt, dass **auch sehr junge Kinder (im Vorschulalter)** zumindest zu einem Termin zur Anhörung (meistens gemeinsam mit den Annehmenden) geladen werden sollten. Stellt sich dann im Rahmen des Termins heraus, dass sich das Kind (auch mithilfe der Annehmenden oder eines Verfahrensbeistands) zum Sachverhalt gar nicht äußern kann, so kann von einer weiteren persönlichen Anhörung abgesehen werden. Dennoch empfiehlt es sich dann, den richterlichen unmittelbaren Eindruck vom Kind in einem Vermerk (vgl. § 28 Abs. 4 FamFG) niederzulegen. Nur so kann im Nachhinein festgestellt wer- **12**

7 Zu möglichen Fällen: LG Freiburg FamRZ 2002, 1647
8 BayObLG NJW-RR 2001, 722
9 So auch: BayObLG NJW-RR 2001, 722
10 MüKo-FamFG/*Maurer*, § 192 Rn. 21
11 BayObLG NJW-RR 2001, 722: „wenn dessen Neigungen, Bindungen oder Wille für die Entscheidung von Bedeutung sind"
12 In diese Richtung: BayObLG FamRZ 1988, 871

den, ob aufgrund zu geringen Alters von der Anhörung abgesehen werden durfte und ob die Erkenntnisse aus dem unmittelbaren Eindruck in die Entscheidungsfindung eingeflossen sind.

c) Inhalt und Ausgestaltung der Anhörung des Kindes

13 Thema der persönlichen Anhörung eines anzunehmenden Kindes sind **v.a. die materiellrechtlichen Fragen des Kindeswohls und der Prognose des Entstehens eines Eltern-Kind-Verhältnisses** nach § 1741 Abs. 1 Satz 1 BGB. Ggf. kann aber auch das Verhältnis zu den weiteren Kindern der Annehmenden nach § 1745 BGB eine Rolle spielen.

▶ *Zu Einzelheiten der persönlichen Anhörung eines minderjährigen Kindes siehe Heilmann, § 159 FamFG Rn. 29 ff.*

d) Die Anhörung des Anzunehmenden bei der Volljährigenadoption

14 Bei der **Volljährigenadoption** ist die **persönliche Anhörung des Anzunehmenden ohne Ausnahmen immer erforderlich**.[13] Eine (analoge) Anwendung des Abs. 3 scheidet aus, da dieser gemäß dem ausdrücklichen Wortlaut nur für minderjährige Kinder gilt. Allerdings kommt ausnahmsweise die Anwendung der allgemeinen Vorgaben in § 34 Abs. 2 und 3 FamFG in Betracht. Die persönliche Anhörung dient hier inhaltlich nicht der Gewährung rechtlichen Gehörs (der Anzunehmende hat hier schließlich selbst den Antrag auf Adoption gestellt), sondern ausschließlich der Sachverhaltsermittlung (insbesondere der Voraussetzungen der sittlichen Rechtfertigung nach § 1767 Abs. 1 BGB).[14]

2. Die persönliche Anhörung der Annehmenden

15 **Annehmende** sind in jedem Fall (d.h. sowohl bei der Minderjährigen- als auch bei der Volljährigenadoption) **zwingend persönlich anzuhören**, **ohne** dass hierfür **Ausnahmen** vorgesehen wären (§ 192 Abs. 1 FamFG). Abs. 3 ist für die Annehmenden nicht anwendbar. Auch hier ist eine Videoanhörung nach § 34 Abs. 4 FamFG unzulässig, da eine persönliche Anhörungspflicht gesetzlich vorgegeben ist. Da die Annehmenden sowohl bei der Minderjährigen- wie bei der Volljährigenadoption Antragsteller sind, geht es hier nicht um die Gewährung rechtlichen Gehörs, sondern ausschließlich um die Sachverhaltsermittlung und – im Minderjährigenrecht – auch um die Überprüfung der Elterneignung wie sie etwa schon durch die fachliche Äußerung thematisiert worden ist. Zwar kann nach den allgemeinen Vorgaben nach § 34 Abs. 2 und 3 FamFG im Ausnahmefall von einer persönlichen Anhörung abgesehen werden.[15] Insbesondere bei einem Ausbleiben zu einem Termin ist das Gericht nach § 26 FamFG jedoch angehalten zu prüfen, ob der ansonsten ermittelte Sachverhalt ausreichend für die Sachentscheidung ist oder ob die Anhörung nach § 35 FamFG mit Zwangsmitteln erzwungen werden muss.

▶ *Zu Einzelheiten der persönlichen Anhörung Erwachsener siehe Wegener, § 160 FamFG Rn. 6 ff.*

3. Die Anhörung weiterer Beteiligter (insbesondere der leiblichen Eltern)

16 Sämtliche **weitere Beteiligte „sollen" angehört** werden (§ 192 Abs. 2 FamFG). Es besteht daher weder bzgl. der Anhörung selbst noch bzgl. der Persönlichkeit der Anhörung eine ge-

13 *Braun*, FamRZ 2011, 81, 86; BeckOK-FamFG/*Weber*, § 192 Rn. 1; BayObLG FamRZ 1982, 644
14 Prütting/Helms/*Keuter*, § 192 FamFG Rn. 3
15 PK-Familienverfahrensrecht/*Meysen*, § 192 FamFG Rn. 2; zweifelnd in Bezug auf § 34 Abs. 2 FamFG: MüKo-FamFG/*Maurer*, § 192 Rn. 24

setzlich normierte Verpflichtung.[16] Praxisrelevant ist die Sollvorschrift v.a. bei der Frage der **Anhörung der leiblichen Eltern** (soweit sie gemäß § 188 Abs. 1 Nr. 1b) FamFG beteiligt sind).

Bei Minderjährigenadoptionen ist eine Anhörung der leiblichen Eltern **nur selten erforderlich**. Dies liegt daran, dass die entsprechenden Elternteile entweder schon (unwiderruflich) in die Annahme als Kind eingewilligt haben (§ 1747 BGB) oder dass deren Einwilligung vorher nach § 1748 BGB ersetzt worden ist oder auf die Einwilligung gemäß § 1747 Abs. 4 BGB verzichtet werden kann (in den letztgenannten Fällen sind sie im Übrigen schon gar nicht am Annahmeverfahren beteiligt: siehe *Braun*, § 188 FamFG Rn. 9, 11). 17

Bei der **Volljährigenadoption** mit den Wirkungen nach § 1772 Abs. 1 BGB (nur dann sind die leiblichen Eltern auch Beteiligte) ist eine (zumindest schriftliche) **Anhörung der leiblichen Eltern zwingend erforderlich**. Dies ergibt sich zwar nicht direkt aus § 192 Abs. 2 FamFG (reine Sollvorschrift), jedoch aus der einschlägigen Rechtsprechung des Bundesverfassungsgerichts.[17] Im Gegensatz zur Minderjährigenadoption erfahren die entsprechenden Elternteile nämlich häufig erstmals durch die Anhörung von der geplanten Adoption ihres Kindes. Da die Eltern durch die Volljährigenadoption mit den starken Wirkungen ihren Verwandtenstatus gegenüber dem Anzunehmenden verlieren, würde ein Absehen von einer Anhörung zu einem erheblichen Verstoß gegen den Anspruch auf rechtliches Gehör nach Art. 103 Abs. 1 GG führen. Derartige Anhörungen können durchaus auf schriftlichem Wege erfolgen. Auf den persönlichen Eindruck kommt es bei der Volljährigenadoption nur selten an. 18

4. Die Anhörung von nicht beteiligten Personen

§ 192 FamFG normiert nur die Frage der Anhörung von beteiligten Personen. Allerdings kann es im Einzelfall aufgrund von Art. 103 Abs. 1 GG oder aufgrund des Bedürfnisses zu weiterer Sachverhaltsermittlung erforderlich sein, auch **nicht beteiligte Personen** im Verfahren auf Annahme als Kind explizit anzuhören. Die Anhörungspflicht der Kinder des Annehmenden und des Anzunehmenden ist ausdrücklich in § 193 FamFG geregelt (hierzu *Braun*, § 193 FamFG Rn. 1 ff.), die Anhörungspflichten des Jugendamts und des Landesjugendamts in § 194 Abs. 1 FamFG und § 195 Abs. 1 FamFG. 19

Bei der Minderjährigenadoption betrifft die Anhörungspflicht von Nichtbeteiligten insbesondere die Anhörung der **leiblichen Eltern im Falle der Inkognitoadoption** nach § 1747 Abs. 2 Satz 2 BGB und in den Fällen, in denen die **Einwilligung des Elternteils vorher ersetzt** worden ist. Hier kann es im Einzelfall erforderlich sein, weitere Informationen von dem entsprechenden Elternteil zu erlangen (insbesondere zum vormaligen Zusammenleben mit dem Kind oder bei veränderter Sachlage nach einer Ersetzung). Eine solche Anhörung sollte dann im Regelfall auch persönlich stattfinden. 20

Bei der **Volljährigenadoption** sind die leiblichen Eltern nur dann beteiligt und nach § 192 Abs. 2 FamFG anzuhören, wenn die Wirkungen nach § 1772 Abs. 1 BGB beantragt worden sind (§ 188 Abs. 1 Nr. 1b), 3. Alt. FamFG). Tatsächlich bedarf es aus verfassungsrechtlichen Gründen **auch im Rahmen der „normalen" Volljährigenadoption nach § 1770 BGB einer Anhörung der leiblichen Eltern**. Denn obwohl das Verwandtschaftsverhältnis zu den bisherigen Eltern auch nach der Adoption erhalten bleibt, verändert sich deren Rechtsposition zum Anzunehmenden nachhaltig. So kann die Adoption durch Hinzutreten weiterer Unterhaltsberechtigter die Unterhaltsrechte der leiblichen Eltern schmälern oder das gesetzliche Erbrecht verändern. Hinzu kommt, dass die Anhörung gerade bei der Volljährigenadoption auch der weiteren Sachverhaltsaufklärung dient. Da es hierbei auch auf das Verhältnis des 21

16 BeckOK-FamFG/Weber § 192 Rn. 7
17 BVerfG FamRZ 2008, 243

Anzunehmenden zu seiner bisherigen Familie ankommt, sollten die Ansichten und Interessen der bisherigen Eltern hierzu berücksichtigt werden.[18]

22 Darüber hinaus ist noch die Anhörung **weiterer nicht beteiligter Personen** im Einzelfall erforderlich. Zu denken wäre hier etwa an vormalige Pflegeeltern des Kindes, bei denen das Kind vor der Vermittlung an die Annehmenden gelebt hat.

II. Die Anhörung der Beteiligten in Ersetzungsverfahren

23 In den **Ersetzungsverfahren** ist – da diese Verfahren in § 192 Abs. 1 FamFG nicht aufgeführt sind – **nur § 192 Abs. 2 FamFG anwendbar**. Aufgrund der Ausgestaltung als Sollvorschrift besteht per Gesetz daher keine (persönliche) Anhörungspflicht der beteiligten Personen (insbesondere des Kindes, der Annehmenden und der leiblichen Eltern).

24 Die **gesetzgeberische Wertung überzeugt jedoch nicht**, da einerseits die leiblichen Eltern durch die Ersetzung nach § 1751 BGB (auch schon vor Ausspruch der Adoption) ihre sämtlichen Rechte und Pflichten gegenüber dem Kind verlieren (was dann nach positivem Abschluss des darauf folgenden Annahmeverfahrens sogar praktisch unumkehrbar wird). Andererseits stellt aber die Ersetzung auch für die Kinder einen erheblichen Eingriff dar und der persönliche Eindruck von den Kindern ist dann häufig von erheblicher Bedeutung für die Sachentscheidung. Zutreffend geht daher die Rechtsprechung insbesondere bei der Anhörung der Kinder und der leiblichen Eltern von einer faktischen (regelmäßig persönlichen) Anhörungspflicht dieser Beteiligten im Ersetzungsverfahren aus.[19]

III. Die Anhörung der Beteiligten in Aufhebungsverfahren

25 Im Aufhebungsverfahren gelten wiederum dieselben Grundsätze wie im Annahmeverfahren. Auch hier ist die **persönliche Anhörung der Annehmenden und des Kindes** (mit den Ausnahmen in Abs. 3) **zwingend erforderlich** (§ 192 Abs. 1 FamFG). Die weiteren Beteiligten (insbesondere die leiblichen Eltern des Angenommenen) sollen angehört werden (§ 192 Abs. 2 FamFG).

IV. Die Anhörung der Beteiligten in Verfahren auf Befreiung vom Eheverbot

26 In den Verfahren auf Befreiung vom Eheverbot ist **nur die Sollvorschrift in § 192 Abs. 2 FamFG anwendbar**. Gegebenenfalls bedarf es zur Sachverhaltsermittlung etwaiger „wichtiger Gründe" gemäß § 1308 Abs. 2 Satz 2 BGB noch der Anhörung weiterer Personen (insbesondere von anderen Familienangehörigen).

§ 193 FamFG
Anhörung weiterer Personen

[1]Das Gericht hat in Verfahren auf Annahme als Kind die Kinder des Annehmenden und des Anzunehmenden anzuhören. [2]§ 192 Abs. 3 gilt entsprechend.

1 Die Vorschrift normiert die **Vorgaben zur Anhörung der Kinder des Annehmenden und des Anzunehmenden**. Sie geht auf Rechtsprechung des Bundesverfassungsgerichts zur Anhörungspflicht von Kindern des Annehmenden zurück[1] und stellt die verfahrensrechtliche Ab-

18 *Braun*, FamRZ 2011, 81, 86; BVerfG NJW 2024, 1493
19 BverfG FamRZ 2003, 1448; FamRZ 2002, 229; BayObLG FamRZ 1984, 204; FamRZ 1984, 935; FamRZ 1988, 871; OLG Stuttgart FamRZ 2005, 542; OLG Köln FamRZ 1999, 889
1 BVerfG FamRZ 2009, 106; FamRZ 1994, 493; FamRZ 1988, 1247

sicherung der Wahrung der Interessen dieser Personen nach § 1745 BGB (Minderjährigenadoption) und nach § 1769 BGB (Volljährigenadoption) dar.[2]

2 Die Norm gilt nach ihrem eindeutigen Wortlaut („... in Verfahren auf Annahme als Kind ...") nur in den Verfahren nach § 186 Nr. 1 (Annahmeverfahren). In Ersetzungs- oder Aufhebungsverfahren besteht kein Bedürfnis für die Anhörung der in § 199 FamFG aufgeführten Personen.

3 Die **Anhörung der (weiteren) Kinder des Annehmenden** ist im Annahmeverfahren erforderlich, da sich deren Rechtsposition durch die Annahme mittelbar verändert. Dies gilt für sämtliche Adoptionsarten und insbesondere auch für die „normale" Volljährigenadoption mit den Wirkungen nach § 1770 BGB. Als „Kinder" gelten sowohl leibliche als auch vorher adoptierte Kinder, unabhängig von deren Alter. Die Norm ist auch auf Enkel des Annehmenden anzuwenden.[3] Insbesondere bei minderjährigen Kindern ist regelmäßig eine persönliche Anhörung erforderlich, um deren Interessen zu ermitteln und um sich einen persönlichen Eindruck zu verschaffen.[4] Durch den Verweis in § 193 Satz 2 FamFG sind aber die Möglichkeiten eines Absehens von der Anhörung eines minderjährigen Kindes nach § 192 Abs. 3 FamFG anwendbar (hierzu *Braun*, § 192 FamFG Rn. 7 ff.). Bei volljährigen Kindern genügt meist eine schriftliche Anhörung.

4 § 193 FamFG erfasst auch die **Anhörung der Kinder des Anzunehmenden**. Faktisch kommt dies naturgemäß nur bei der Volljährigenadoption vor, da minderjährige Kinder nur selten eigene Abkömmlinge haben. Die Interessen der Kinder des Anzunehmenden sind dadurch beeinflusst, indem diese sowohl bei einer Adoption mit den Wirkungen nach § 1770 BGB als auch bei einer Adoption mit den Wirkungen nach § 1772 Abs. 1 BGB mit den Annehmenden verwandt werden und dadurch Rechte und Pflichten erwerben. Sind die Kinder des Anzunehmenden minderjährig, so kann von der Anhörung nach § 193 Satz 2 FamFG i.V.m. § 192 Abs. 3 FamFG abgesehen werden (hierzu *Braun*, § 192 FamFG Rn. 7 ff.).

5 Ein **Verstoß gegen die Anhörungspflicht** der in § 193 FamFG genannten Personen stellt einen **erheblichen Verfahrensmangel** dar. Eine Nichtigkeit der Adoptionsentscheidung geht damit indes nicht einher.[5]

§ 194 FamFG

Anhörung des Jugendamts

(1) [1]In Adoptionssachen hat das Gericht das Jugendamt anzuhören, sofern der Anzunehmende oder Angenommene minderjährig ist. [2]Dies gilt nicht, wenn das Jugendamt nach § 189 eine fachliche Äußerung abgegeben hat.

(2) [1]Das Gericht hat dem Jugendamt in den Fällen, in denen dieses angehört wurde oder eine fachliche Äußerung abgegeben hat, die Entscheidung mitzuteilen. [2]Gegen den Beschluss steht dem Jugendamt die Beschwerde zu.

2 BT-Drs. 17/6308, 248
3 MüKo-FamFG/*Maurer*, § 192 bis 195 Rn. 22
4 Keidel/*Engelhardt*, § 193 FamFG Rn. 2
5 BVerfG FamRZ 2009, 106; FamRZ 1994, 493

Übersicht

A. Allgemeines

1 Die Vorschrift normiert einerseits die Anhörungspflicht des Jugendamts (§ 194 Abs. 1 FamFG) und andererseits die Modalitäten der Mitteilung der Entscheidung sowie die Beschwerdeberechtigung des Jugendamts (§ 194 Abs. 2 FamFG).

▶ *Zur Parallelvorschrift in Kindschaftssachen siehe Heilmann, § 162 FamFG Rn. 3 ff.*

2 Die Norm ist nach ihrem Wortlaut **für sämtliche „Adoptionssachen" bei minderjährigen Kindern** anwendbar („..., sofern der Anzunehmende oder Angenommene minderjährig ist"). Maßgeblich findet die Vorschrift daher auch in den Ersetzungs- und Aufhebungsverfahren nach §§ 1748, 1760, 1763 BGB Anwendung, allerdings nicht bei der Volljährigenadoption.

3 Die Anhörungspflicht, die Mitteilungspflicht und das Beschwerderecht führen nicht zu einer Beteiligtenstellung des Jugendamts. Die Rechte nach § 194 FamFG sind unabhängig davon, ob das Jugendamt einen Antrag auf Beteiligung nach § 188 Abs. 2 FamFG stellt (hierzu schon *Braun*, § 188 FamFG Rn. 33).

B. Inhalt der Norm

I. Die Anhörungspflicht des Jugendamts

4 Bei den Verfahren auf Annahme als Kind ist das erkennende Gericht **zur (schriftlichen) Anhörung des Jugendamts verpflichtet** („hat ... anzuhören"), **es sei denn**, es hat schon (als Adoptionsvermittlungsstelle, als Beratungsstelle i.S.v. § 189 Abs. 2 Satz 1, 2. Alt. FamFG oder bei unvermittelten Adoptionen gemäß § 189 Abs. 2 Satz 2 FamFG) eine **fachliche Äußerung** abgegeben.

5 **Zuständig** ist dasjenige Jugendamt, welches zur Mitwirkung im gerichtlichen Verfahren nach § 50 Abs. 1 Nr. 3 SGB VIII verpflichtet ist, also das örtliche Jugendamt nach § 87b Abs. 1 Satz 1 i.V.m. § 86 Abs. 1 bis 4 SGB VIII (vgl. *Braun*, § 189 FamFG Rn. 8).[1]

6 Eine Anhörung nach § 194 Abs. 1 FamFG ist **inhaltlich etwas anderes als eine fachliche Äußerung** nach § 189 FamFG. Es besteht daher aufseiten des Jugendamts keine Verpflichtung zur Wahrnehmung der Anhörungsrechte und eine Äußerung kann auch nicht erzwungen werden.[2]

7 **Sinnvollerweise** sollte die Anhörung des Jugendamts **am Ende der Ermittlungen** stattfinden. Nur so kann die Fachbehörde entscheiden, ob sie hier ihr Anhörungsrecht wahrnehmen möchte oder nicht.

8 **Auch bei den Ersetzungsverfahren** und **Aufhebungsverfahren** (bzgl. minderjähriger Angenommener) ist das entsprechende Jugendamt anzuhören. Da hierbei keine fachlichen Äußerungen erstellt werden, gibt es hierzu auch keine Ausnahmen.

1 PK-Familienverfahrensrecht/*Meysen*, § 194 FamFG Rn. 2
2 A.A. MüKo-FamFG/*Maurer*, §§ 194 Rn. 7

II. Die Mitteilung der Entscheidung und das Beschwerderecht des Jugendamts

In den Fällen, in denen das Jugendamt angehört worden ist oder in denen das Jugendamt die fachliche Äußerung erstellt hat, ist **die Entscheidung dem Jugendamt „mitzuteilen"** (§ 194 Abs. 2 Satz 1 FamFG). Bei einem stattgebenden Adoptionsbeschluss kann die Mitteilung formlos nach § 15 Abs. 3 FamFG erfolgen. Ist die Entscheidung jedoch anfechtbar (insbesondere ablehnende Adoptionsentscheidungen und Ersetzungs- und Ablehnungsentscheidungen), so ist die Entscheidung dem Jugendamt gemäß § 15 Abs. 2 FamFG (durch Zustellung nach der ZPO oder durch Aufgabe zur Post) schriftlich bekanntzugeben. Denn anderenfalls würde keine Beschwerdefrist nach § 63 Abs. 3 Satz 1 FamFG zu laufen beginnen und die entsprechende Entscheidung könnte nicht formell rechtskräftig werden. Bei Volljährigenadoptionen besteht keine Mitteilungspflicht gegenüber dem Jugendamt. **9**

Das Jugendamt ist in Adoptionssachen betreffend minderjährige Kinder gemäß § 194 Abs. 2 Satz 2 FamFG **beschwerdeberechtigt** (ohne dass eine „Beschwer" gemäß § 59 Abs. 1 FamFG geltend gemacht werden müsste).[3] Dieses **besondere Beschwerderecht** ist indes nur dann eröffnet, wenn die Entscheidung grundsätzlich anfechtbar ist. Bei der großen Zahl der stattgebenden Adoptionsentscheidungen ist eine Beschwerde generell ausgeschlossen (§ 197 Abs. 3 Satz 1 FamFG). Zu beachten ist das besondere Beschwerderecht des Jugendamts aber bei Ersetzungs- und Aufhebungsentscheidungen (siehe hierzu *Braun*, § 198 FamFG Rn. 2 und 6). **10**

§ 195 FamFG

Anhörung des Landesjugendamts

(1) [1]In den Fällen des § 11 Abs. 1 Nr. 2 und 3 des Adoptionsvermittlungsgesetzes hat das Gericht vor dem Ausspruch der Annahme auch die zentrale Adoptionsstelle des Landesjugendamts, in deren Bereich die Annehmenden ihren gewöhnlichen Aufenthalt haben, anzuhören. [2]Ist eine zentrale Adoptionsstelle nicht beteiligt worden, tritt an seine Stelle das Landesjugendamt, in dessen Bereich das Jugendamt liegt, das nach § 194 Gelegenheit zur Äußerung erhält oder das nach § 189 eine fachliche Äußerung abgegeben hat.

(2) [1]Das Gericht hat dem Landesjugendamt alle Entscheidungen mitzuteilen, zu denen dieses nach Absatz 1 anzuhören war. [2]Gegen den Beschluss steht dem Landesjugendamt die Beschwerde zu.

Übersicht

A. Allgemeines

Die Vorschrift bestimmt, dass in Fällen des Auslandsbezugs (§ 11 Abs. 1 Nr. 2 und 3 AdVermiG) das Landesjugendamt im gerichtlichen Verfahren anzuhören ist (§ 195 Abs. 1 FamFG). Darüber hinaus werden die Modalitäten der Mitteilung der Entscheidung und eine **1**

3 Sternal/*Giers*, § 194 FamFG Rn. 10

besondere Beschwerdeberechtigung des Landesjugendamts geregelt (§ 195 Abs. 2 FamFG).

2 Die Anhörungs- und Mitteilungspflicht sowie die Beschwerdemöglichkeit gelten **nur in den Verfahren auf Annahme als Kind** und hierbei **nur für die Minderjährigenadoptionen**. Dies folgt aus dem Wortlaut („... *vor dem Ausspruch der Annahme als Kind* ...") sowie mittelbar aus dem Verweis auf § 11 Abs. 1 AdVermiG, da es im Adoptionsvermittlungsgesetz nur um die Vermittlung mit dem Ziel der Annahme von minderjährigen Kindern geht. Ersetzungs- und Aufhebungsverfahren sind hier nicht thematisiert.

3 Die Norm **gilt sowohl für vermittelte Adoptionen** als auch für **unvermittelte Adoptionen.** Ohne eine vorgehende Vermittlung ist das Landesjugendamt nach Abs. 1 Satz 2 anzuhören, bei vorhergehender Vermittlung die zentrale Adoptionsstelle beim Landesjugendamt gemäß Abs. 1 Satz 1. Durch die seit dem 1.4.2021 geltende sprachliche Neufassung dieser Norm, ist dies nun eindeutig und nicht mehr streitig.

B. Inhalt der Norm

I. Die Anhörungspflicht des Landesjugendamts

4 Das Landesjugendamt ist nur in bestimmten Fällen anzuhören. Indem § 195 Abs. 1 FamFG auf § 11 Abs. 1 Nr. 2 und 3 AdVermiG verweist, ist klargestellt, dass die Anhörungspflicht **nur bei Minderjährigenadoptionen mit Auslandsbezug** besteht. **§ 11 Abs. 1 Nr. 2 und 3 AdVermiG** lautet wie folgt:

> „Die zentrale Adoptionsstelle des Landesjugendamtes unterstützt die Adoptionsvermittlungsstelle bei ihrer Arbeit, insbesondere durch fachliche Beratung,
>
> 1. [...]
> 2. wenn ein Adoptionsbewerber oder das Kind eine ausländische Staatsangehörigkeit besitzt oder staatenlos ist,
> 3. wenn ein Adoptionsbewerber oder das Kind seinen Wohnsitz oder gewöhnlichen Aufenthalt außerhalb des Geltungsbereichs dieses Gesetzes hat,
> 4. [...]."

5 Zu beachten ist hierbei, dass es somit nicht auf die Anwendung ausländischen Rechts aufgrund international-privatrechtlicher Anknüpfung nach Art. 22 EGBGB ankommt, sondern allein darauf, **ob einer der genannten Beteiligten eine ausländische Staatsangehörigkeit besitzt oder außerhalb Deutschlands lebt**.

6 **Örtlich zuständig** ist entweder das Landesjugendamt, welches während des Vermittlungsverfahrens gemäß § 11 Abs. 2 AdVermiG schon involviert war (§ 195 Abs. 1 Satz 1 FamFG), oder dasjenige Landesjugendamt, in dessen Bezirk sich das Jugendamt befindet, welches nach § 194 FamFG angehört wurde oder nach § 189 FamFG die fachliche Äußerung abgegeben hat (§ 195 Abs. 1 Satz 2 FamFG). **Funktional zuständig** ist im Falle des Satzes 1 die entsprechende zentrale Adoptionsstelle, welche gemäß § 2 Abs. 1 Satz 2, 2. HS AdVermiG bei jedem Landesjugendamt einzurichten ist. Es können gemeinsame zentrale Adoptionsstellen gebildet werden (§ 2 Abs. 2 Satz 2 AdVermiG). Dann sind diese funktional zuständig. In den Fällen des Satzes 2 sind allerdings nach dem unmissverständlichen Wortlaut nicht die zentralen Adoptionsstellen anzuhören, sondern die Landesjugendämter. Zwar ist die zentrale Adoptionsstelle eine Unterabteilung des Landesjugendamts. Besteht aber eine gemeinsame zentrale Adoptionsstelle in einem anderen Bundesland als im Bereich des ange-

hörten Jugendamts, so trifft die Anhörungspflicht in § 195 Abs. 1 Satz 2 FamFG eine andere Behörde als bei vermittelten Adoptionen.[1]

Die Anhörung erfolgt **im Regelfall schriftlich**, da eine persönliche Anwesenheit des Sachbearbeiters wohl nur selten zu weiteren Erkenntnissen führen wird.[2] Sinnvollerweise sollte die Anhörung des Landesjugendamts auch **erst gegen Ende der Ermittlungen** stattfinden. Ziel der Anhörung ist doch die fachliche Einschätzung unter Zugrundelegung sämtlicher Informationen. 7

II. Die Mitteilung der Entscheidung und das Beschwerderecht des Landesjugendamts

Bezüglich der Mitteilung der Entscheidung und bezüglich des Beschwerderechts des Landesjugendamts in Abs. 2 ist vollumfänglich auf die Ausführungen zu § 194 Abs. 2 zu verweisen (*Braun*, § 194 FamFG Rn. 9 f.). 8

Allerdings ist zu beachten, dass in Ersetzungs- und Aufhebungsverfahren weder eine Mitteilungspflicht noch eine Beschwerdeberechtigung des Landesjugendamts besteht (hierzu schon oben Rn. 2).

§ 196 FamFG
Unzulässigkeit der Verbindung

Eine Verbindung von Adoptionssachen mit anderen Verfahren ist unzulässig.

Die Norm schreibt vor, dass Adoptionssachen nicht mit anderen Verfahren, insbesondere anderen Familiensachen, verbunden werden dürfen **(Verbindungsverbot)**. § 196 FamFG stellt damit einen **Ausnahmefall** zu der grundsätzlichen Verbindungsmöglichkeit nach **§ 20 FamFG** dar. 1

Hintergrund des Ausschlusses ist v.a. das Offenbarungs- und Ausforschungsverbot in § 1758 BGB.[1] Könnten Verfahrensbeteiligte von anderen Familienverfahren über den Umweg eines verbundenen Verfahrens von der Adoption selbst oder über deren Hintergründe Kenntnis erlangen, so wäre der Schutz des § 1758 BGB in Gefahr.[2] 2

Nach diesem Normzweck ist auch die Verbindung mehrerer Adoptionsverfahren nicht zulässig, was ausdrücklich auch für Ersetzungsverfahren als eigenständige Verfahren i.S.v. § 186 Nr. 2 FamFG[3] und für Verfahren betreffend mehrerer minderjähriger oder volljähriger Anzunehmender gilt. Durch den klaren Wortlaut („unzulässig") sind auch keine Ausnahmen vom Verbindungsverbot erlaubt.[4] Die Gegenansicht verkennt, dass Teilentscheidungen (wie z.B. Namensentscheidungen im Verfahren auf Annahme als Kind, Beweisbeschlüsse wie die Bestellung eines Verfahrensbeistands) oder sonstige Verrichtungen (Entgegennahme eines Widerrufs einer Einwilligung eines über 14-jährigen Kindes) Teil des Gesamtverfahrens sind und nichts mit einer Verbindung i.S.v. § 20 FamFG gemein haben.

1 So auch: *Reinhardt/Kemper/Grünenwald*, § 195 FamFG Rn. 3
2 Prütting/Helms/*Keuter*, § 195 FamFG Rn. 5
1 MüKo-FamFG/*Maurer*, § 196 FamFG Rn. 1
2 BT-Drs. 16/6308, 248
3 Prütting/Helms/*Keuter*, § 196 FamFG Rn. 5; Sternal/*Giers*, § 196 FamFG Rn. 2; a.A.: MüKo-FamFG/*Maurer*, § 196 FamFG Rn. 5
4 A.A.: MüKo-FamFG/*Maurer*, § 196 FamFG Rn. 4–6

§ 196a FamFG

Zurückweisung des Antrags

Das Gericht weist den Antrag auf Annahme als Kind zurück, wenn die gemäß §9a des Adoptionsvermittlungsgesetzes erforderlichen Bescheinigungen über eine Beratung nicht vorliegen.

1 Die Vorschrift wurde im Rahmen der Verabschiedung des Adoptionshilfegesetzes in das FamFG aufgenommen. Sie dient der **verfahrensmäßigen Durchsetzung** der in § 9a AdVermiG normierten **Beratungspflicht** der Adoptionsvermittlungsstellen bei Stiefkindadoptionen.

2 Der Wortlaut der Verfahrensvorschrift ist insoweit missglückt, als dass unklar ist, ob der Antrag auf Annahme als Kind nach § 23 FamFG als unzulässig zurückzuweisen ist, wenn im Zeitpunkt der Antragstellung die entsprechende Bescheinigung nicht „vorliegt", oder ob die **Vorlage der entsprechenden Bescheinigungen** noch im Laufe des Gerichtsverfahrens erfolgen kann. Der Wille des Gesetzgebers kann jedoch aus der Gesetzesbegründung des Gesetzesentwurfs der Bundesregierung herausgelesen werden, indem die Vorlage der entsprechenden Bescheinigungen eine „Begründetheitsvoraussetzung" sein soll.[1] Im Rahmen der Amtsermittlung gemäß § 26 FamFG ist es daher das Familiengericht, welches erstens die Frage der Erforderlichkeit der Vorlage einer entsprechenden Bescheinigung nach § 9a Abs. 3 und Abs. 4 AdVermiG prüfen muss und zweitens das Vorliegen einer entsprechenden erforderlichen Bescheinigung nach § 9a Abs. 2 AdVermiG ermitteln und überprüfen muss.

3 Die Vorschrift gilt **nicht für Volljährigenadoptionen**, da das Adoptionsvermittlungsgesetz für diese Adoptionen schon von vorneherein nicht anzuwenden ist. Darüber hinaus gilt § 196a FamFG nur in den Fällen in denen „ein Ehegatte ein Kind seines Ehegatten allein" annehmen möchte (vgl. § 9a Abs. 1 AdVermiG). Durch den Verweis in § 9a Abs. 5 AdVermiG betrifft dies auch die Fälle der Annahme des minderjährigen Kindes des Partners einer verfestigten Lebensgemeinschaft i.S.v. § 1766a BGB. Entsprechendes gilt wegen § 21 LPartG auch für die Fälle des § 9 Abs. 6 LPartG.[2]

4 In **folgenden Fällen entfällt eine Beratungspflicht,** und es bedarf dann auch keiner Vorlage einer entsprechenden Bescheinigung gegenüber dem Gericht:

- in den Fällen des § 1747 Abs. 4 Satz 1 BGB (§ 9a Abs. 3 Nr. 1 und Nr. 2 AdVermiG),
- im Fall einer Ersetzung der Einwilligung eines Elternteils (§ 9a Abs. 3 Nr. 3 AdVermiG),
- wenn der abgebende Elternteil seinen gewöhnlichen Aufenthalt im Ausland hat (§ 9a Abs. 3 Nr. 4 AdVermiG),
- bei Stiefkindadoptionen, bei welchen die Ehe, die eingetragene Lebenspartnerschaft oder die verfestigte Lebensgemeinschaft im Zeitpunkt der Geburt des Kindes schon bestand (§ 9a Abs. 4 Satz 1 AdVermiG), es sei denn das Kind wurde im Ausland geboren und der abgebende Elternteil hat (im Zeitpunkt der Adoptionsentscheidung) seinen gewöhnlichen Aufenthalt im Ausland (§ 9a Abs. 4 Satz 2 AdVermiG). Im letztgenannten Fall bedarf es aber keiner Beratung des Kindes (und des abgebenden Elternteils – vgl. § 9a Abs. 3 Nr. 4 AdVermiG), sondern nur des Annehmenden und des verbleibenden Elternteils.

1 BT-Drs. 19/16718, S. 59
2 Zum Ganzen: *Keuter*, NZFam 2021, 49, 50

Sinn und Zweck der äußerst sperrigen Regelung in 9a Abs. 4 Satz 2 FamFG ist die fortbestehende Beratungspflicht von Annehmenden und verbleibendem Elternteil in Auslandsfällen (insbesondere bei Entstehen des Kindes im Rahmen einer Ersatzmutterschaft).[3] Damit geht aber keinerlei Schutz des Kindes vor „unreflektierten" Stiefkindadoptionen einher. Dies bleibt eine materiell-rechtliche Beurteilungsfrage im Rahmen der Auslegung des § 1741 Abs. 1 Satz 1 BGB. **5**

Besteht eine Beratungspflicht (zu den Ausnahmen siehe Rn. 4) sind **folgende Personen** zu beraten und diesen eine Bescheinigung nach § 9a Abs. 2 AdVermiG auszustellen: **6**

- dem abgebenden Elternteil, wozu auch der Vaterschaftsprätendent gehört,[4]
- der verbleibende Elternteil,
- der Annehmende,
- das Kind.

Die Qualität der Beratung hat das Gericht nicht zu beurteilen. Sobald die Bescheinigung vorliegt, sind die Verfahrensvorgaben in § 196a FamFG erfüllt.

Die Bescheinigung nach § 9a Abs. 2 AdVermiG ist schriftlich zu erstellen und bedarf der Unterschrift eines Vertreters der entsprechenden Adoptionsvermittlungsstelle. **Berechtigt zur Beratung und Ausstellung** der Bescheinigung sind nur die inländischen Adoptionsvermittlungsstellen i.S.v. § 2 Abs. 1 oder Abs. 3 AdVermiG. Die Vorlage der entsprechenden Bescheinigung ist eine Mitwirkungspflicht nach § 27 FamFG. Wird das Dokument (oder eine Kopie) direkt von der ausstellenden Stelle an das Gericht übersandt, so ist der Vorlageverpflichtung auch damit Genüge getan. Es genügt die Vorlage einer Abschrift (Kopie) der entsprechenden Bescheinigung, soweit nicht Zweifel an der Echtheit der Bescheinigung oder Unterschrift vorliegen. **7**

§ 197 FamFG

Beschluss über die Annahme als Kind

(1) [1]In einem Beschluss, durch den das Gericht die Annahme als Kind ausspricht, ist anzugeben, auf welche gesetzlichen Vorschriften sich die Annahme gründet. [2]Wurde die Einwilligung eines Elternteils nach § 1747 Abs. 4 des Bürgerlichen Gesetzbuchs nicht für erforderlich erachtet, ist dies ebenfalls in dem Beschluss anzugeben.

(2) In den Fällen des Absatzes 1 wird der Beschluss mit der Zustellung an den Annehmenden, nach dem Tod des Annehmenden mit der Zustellung an das Kind wirksam.

(3) [1]Der Beschluss ist nicht anfechtbar. [2]Eine Abänderung oder Wiederaufnahme ist ausgeschlossen.

Übersicht

3 *Reinhardt/Kemper/Grünenwald*, § 9a AdVermiG Rn. 4

4 Zutreffend: *Reinhardt/Kemper/Grünenwald*, § 9a AdVermiG Rn. 3; a.A. wohl *Keuter*, NZFam 2021, 49, 50, welcher ausschließlich die „rechtliche" Elternschaft mit einbezieht

A. Allgemeines

1 Die Vorschrift macht **für Endentscheidungen über die Annahme als Kind spezielle Vorgaben** zum Inhalt des Adoptionsbeschlusses (§ 197 Abs. 1 FamFG), womit sie eine Ergänzung zu §§ 38, 39 FamFG darstellt, zur Wirksamkeit eines Adoptionsbeschlusses (§ 197 Abs. 2 FamFG), womit sie eine Konkretisierung des § 40 Abs. 1 FamFG darstellt, zur Unanfechtbarkeit (§ 197 Abs. 3 Satz 1 FamFG), womit sie *lex specialis* zu § 58 Abs. 1 FamFG ist, und zur Abänderung und Wiederaufnahme (§ 197 Abs. 3 Satz 2 FamFG), womit sie *lex specialis* zu § 48 FamFG ist.

2 Die Vorschrift gilt **nur für Annahmeverfahren** und hierbei **sowohl für die Minderjährigenals auch für die Volljährigenadoption**. Seinem eindeutigen Wortlaut nach (*„In einem Beschluss, durch den das Gericht die Annahme als Kind ausspricht …"*) gelten die Vorgaben **nur für stattgebende Entscheidungen**. Wird die Annahme abgelehnt, so gelten ausschließlich die Vorgaben im Allgemeinen Teil des FamFG (insbesondere §§ 38 ff., 58 ff. FamFG). Das Gleiche gilt für Endentscheidungen bezüglich der Ersetzung von Einwilligungen und Zustimmungen und für die Verfahren nach § 186 Nr. 3 und Nr. 4 FamFG.

B. Stattgebende Adoptionsentscheidungen

I. Inhalt und Aufbau des Beschlusses

3 Der **Inhalt und Aufbau eines stattgebenden Beschlusses** auf Annahme als Kind richtet sich zunächst nach den **allgemeinen Vorschriften in §§ 38, 39 FamFG**. Als Endentscheidung nach § 38 Abs. 1 FamFG folgt der Beschluss auf Annahme als Kind somit dem grundsätzlichen Aufbau in Rubrum, Tenor und Entscheidungsgründe.

▶ *Grundsätzlich zu Inhalt und Aufbau eines Beschlusses siehe Kischkel, § 38 FamFG Rn. 4 ff.*

1. Besonderheiten bei Adoptionsbeschlüssen

4 Aufgrund des besonderen Verfahrensgegenstands und der statusändernden Wirkungen von Adoptionsentscheidungen ist auf **folgende Besonderheiten bei der Abfassung des Beschlusses** zu achten:

- Bei der **Angabe der Beteiligten im Rubrum** ist darauf zu achten, dass tatsächlich nur die Beteiligten nach § 188 FamFG (und ggf. deren Verfahrensbevollmächtigten oder gesetzlichen Vertreter) aufgeführt werden. Insbesondere darf es aufgrund des Adoptionsgeheimnisses (vgl. § 1758 BGB) und zum Schutz des Kindes nicht passieren, dass bei einer Inkognitoadoption der entsprechende Elternteil mit aufgeführt und der Beschluss in der Folge diesem als „Beteiligten" bekannt gegeben wird. Die beurkundenden Notare sind in der Regel weder Beteiligte am Verfahren noch Verfahrensbevollmächtigte der Annehmenden, so dass sie auch im Rubrum nicht erscheinen (hierzu *Braun,* § 188 FamFG Rn. 25).

- Bei der **Hauptentscheidung im Tenor** sind die Personen möglichst genau zu individualisieren (zumindest Angabe des vollständigen Namens – inkl. der Geburtsnamen, des Geburtsdatums und des Geburtsorts). Dies ist zur zweifelsfreien Zuordnung bei der Änderung der Personenstandseinträge erforderlich.

Formulierungsvorschlag:

„Das Kind … …, geb. am … in … wird von den Eheleuten Frau … …, geborene …, geb. am … in … und Herrn … …, geb. am … in … als gemeinschaftliches Kind angenommen."

Bei Findelkindern, welche noch keinen (Vor-)Namen erhalten haben, ist zur zweifellosen Individualisierung auch die entsprechende Nummer des Geburtenregisters beim entsprechenden Standesamt anzugeben.

- Ist eine **Teilentscheidung zur zukünftigen Namensführung** zu treffen (Fälle des §§ 1757 Abs. 2 und 3, 1767 Abs. 2 Satz 2 BGB), ist dies im Tenor aufzuführen. Dies ist deswegen so wichtig, da die Namensänderungen konstitutiv wirken. Wird dies vergessen, so muss der Beschluss im Nachhinein gemäß § 43 FamFG ergänzt werden.
- Wird die Annahme unter Anwendung ausländischen Sachrechts (gemäß Art. 22 Abs. 1 Satz 2 EGBGB) ausgesprochen, so sind **im Tenor auch die Wirkungen der ausländischen Adoption aufzuführen**. Dies folgt aus der (versteckten) Norm in § 2 Abs. 3 Satz 1 AdWirkG, ist aber aufgrund der seit dem 31.3.2020 geltenden Regelanknüpfung an die *lex fori* in Art. 22 Abs. 1 Satz 1 EGBGB nur noch äußerst selten.
- Bei Adoptionsentscheidungen bedarf es immer einer **Kostenentscheidung** (§ 81 Abs. 1 Satz 3 FamFG), auch wenn die Annahme eines minderjährigen Kindes keine Gerichtsgebühren nach sich zieht (vgl. Vorb. 1.3.2 Abs. 1 Nr. 2 KV-FamGKG).

Formulierungsvorschlag:

„Der Verfahrenswert wird auf 5.000 EUR festgesetzt. Außergerichtliche Kosten werden nicht erstattet."

Bei der Volljährigenadoption entstehen wiederum Gerichtsgebühren nach Nr. 1320 ff. KV-FamGKG (dann: „normale" Kostenentscheidung).

- Im Grundsatz besteht bei jeder Endentscheidung (also auch bei Adoptionsbeschlüssen) eine **Begründungspflicht** (§ 38 Abs. 3 Satz 1 FamFG). Bei einem stattgebenden Adoptionsbeschluss könnte man gemäß § 38 Abs. 4 Nr. 2 FamFG (wegen der Stattgabe gleichgerichteter Anträge) oder aufgrund der Unanfechtbarkeit nach § 197 Abs. 3 Satz 1 FamFG in sinngemäßer Anwendung von § 38 Abs. 4 Nr. 3 FamFG jedoch auch von einer Begründung absehen.[1] Dies ist jedoch wegen der erheblichen statusändernden Wirkungen einer Adoption und des Erfordernisses der Klarheit im Rechtsverkehr nicht zu empfehlen. In den Gründen sollten daher die wesentlichen Familienverhältnisse und das Vorliegen der formellen und materiell-rechtlichen Voraussetzungen einer Adoption (zumindest kurz) dargestellt werden.
- Ein stattgebender Adoptionsbeschluss **bedarf keiner Rechtsmittelbelehrung**, da es kein statthaftes Rechtsmittel gibt (§ 197 Abs. 3 Satz 1 FamFG). Zur Klarheit im Rechtsverkehr ist aber zu empfehlen, dass der Wirkungseintritt und die Unanfechtbarkeit aufgeführt werden.

Formulierungsvorschlag:

„Die Entscheidung ist unanfechtbar und wird mit Zustellung an die Annehmenden wirksam."

2. Angabe der Vorschriften, auf denen die Annahme gründet

§ 197 Abs. 1 Satz 1 FamFG ergänzt die allgemeinen Vorschriften dahingehend, dass bei Adoptionsbeschlüssen die **Vorschriften** aufgeführt werden müssen, **auf denen „sich die Annahme gründet"**. Hintergrund dieser Anforderung ist die Unterstützung der Personenstandsbehörden bei der Eintragung der Änderungen in den entsprechenden Personen- 5

1 So: KG, FamRZ 2013, 717 (Anerkennungsbeschluss nach § 2 AdWirkG)

standsregistern als Folge der Adoption.[2] Mit der Vorgabe in § 197 Abs. 1 Satz 1 FamFG ist die **Angabe der entsprechenden Adoptionsfolgen** gemeint. Die Angabe weiterer Rechtsgrundlagen bzgl. der Voraussetzungen der Annahme als Kind (§§ 1741 bis 1750 BGB oder §§ 1767 bis 1769 BGB) ist hingegen nicht erforderlich.[3] Schließlich führt das Aufführen dieser Vorschriften zu keinen weiteren Erkenntnissen nach Abschluss des Verfahrens. Eine Ausnahme gilt nur bzgl. § 1747 Abs. 4 BGB aufgrund der expliziten Vorschrift in § 197 Abs. 1 Satz 2 FamFG (siehe hierzu Rn. 9 f.). Die Angabe der Vorschriften kann **sowohl im Tenor als auch in den Gründen der Entscheidung** erfolgen.

6 Bei den **Minderjährigenadoptionen** sind je nach Fallgestaltung folgende Angaben erforderlich:

- bei der Fremdadoption durch mehrere Annehmende: *„Die Wirkungen der Annahme richten sich nach §§ 1754 Abs. 1, 1755 Abs. 1 BGB."*
- bei der Fremdadoption durch einen Annehmenden: *„Die Wirkungen der Annahme richten sich nach §§ 1754 Abs. 2, 1755 Abs. 1 BGB."*
- bei der Stiefkindadoption, ohne dass der Fall von § 1756 Abs. 2 BGB vorliegt: *„Die Wirkungen der Annahme richten sich nach §§ 1754 Abs. 1, 1755 Abs. 2 BGB."*
- bei der Stiefkindadoption, bei der der vormalige Elternteil verstorben ist und das Sorgerecht gegenüber dem Kind hatte: *„Die Wirkungen der Annahme richten sich nach §§ 1754 Abs. 1, 1755 Abs. 2, 1756 Abs. 2 BGB."*
- bei der Verwandtenadoption (im 2. oder 3. Grad verwandt oder verschwägert): *„Die Wirkungen der Annahme richten sich nach §§ 1754 Abs. 1, 1755 Abs. 1, 1756 Abs. 1 BGB."*

7 Bei den **Volljährigenadoptionen** ist bzgl. folgender Angaben zu differenzieren:

- bei der „normalen Volljährigenadoption": *„Die Wirkungen der Annahme richten sich nach § 1770 BGB."*
- bei der „starken Volljährigenadoption": *„Es wird festgestellt, dass sich die Wirkungen der Annahme nach den Vorschriften über die Annahme eines Minderjährigen richten (§ 1772 Abs. 1 BGB)."*

8 Die Angabe der relevanten Vorschriften ist **grundsätzlich rein deklaratorisch**. Wird die Angabe vergessen oder ist die Angabe fehlerhaft bzw. unvollständig, so sind andere Behörden und Gerichte hieran nicht gebunden.[4] Eine **konstitutive Wirkung** der Angabe der relevanten Vorschriften entsteht jedoch **hinsichtlich der Wirkungen der Volljährigenadoption**. Ergibt sich etwa aus dem Beschluss, dass eine Adoption mit den Wirkungen einer Minderjährigenadoption (§ 1772 Abs. 1 BGB) ausgesprochen worden ist, so gilt dies auch dann, wenn eigentlich die Voraussetzungen hierfür nicht gegeben waren.[5] Dies ist auch zutreffend, da die Volljährigenadoption mit den Wirkungen nach § 1770 BGB einerseits und die Volljährigenadoption mit den Wirkungen nach § 1772 BGB andererseits inhaltlich unterschiedliche Entscheidungen sind.

3. Angabe von § 1747 Abs. 4 BGB bei Verzicht auf die Einwilligung eines Elternteils

9 Musste im Rahmen des Adoptionsverfahrens auf die Einwilligung eines Elternteils gemäß § 1747 Abs. 4 BGB verzichtet werden, so ist diese Vorschrift **im Beschluss explizit aufzuführen** (§ 197 Abs. 1 Satz 2 FamFG) (mögliche Formulierung: *„Auf die Einwilligung des leibli-*

---

2 BT-Drs. 7/3061, 58
3 So aber: Sternal/*Giers*, § 197 FamFG Rn. 4; MüKo-FamFG/*Maurer*, § 197 Rn. 33
4 MüKo-FamFG/*Maurer*, § 197 Rn. 78
5 BayObLG NJW-RR 1996, 1093

chen Vaters ist gemäß § 1747 Abs. 4 BGB wegen dessen dauernd unbekannten Aufenthalts zu verzichten."). Auch hier gilt, dass die Angabe **sowohl im Tenor als auch in den Gründen möglich** ist.

Sinn und Zweck der Angabe von § 1747 Abs. 4 BGB ist die Aufhebungsmöglichkeit solcher Adoptionen nach § 1760 Abs. 5 BGB, wenn die Voraussetzungen für ein Absehen von der Einwilligung fälschlicherweise angenommen worden sind.[6] Auch diese Angabe ist **rein deklaratorisch**. Wird die Norm genannt, obwohl der entsprechende Elternteil eingewilligt hat, so entsteht hierdurch nicht der Aufhebungsgrund nach § 1760 Abs. 5 BGB. Wird die Angabe hingegen trotz tatsächlichem Absehen von der Einwilligung vom Gericht vergessen, so kann dennoch – bei Vorliegen der weiteren Voraussetzungen – eine Aufhebung nach § 1760 Abs. 5 BGB erfolgen. 10

II. Wirksamwerden von stattgebenden Adoptionsbeschlüssen

Nach § 197 Abs. 2 FamFG wird der stattgebende Adoptionsbeschluss **mit Zustellung an den (die) Annehmenden wirksam**. Mit dem Begriff der Zustellung ist die **förmliche Zustellung nach § 15 Abs. 2 1. Alt. FamFG i.V.m. §§ 166 bis 195 ZPO** gemeint. Eine Aufgabe zur Post (gemäß § 15 Abs. 2 2. Alt. FamFG) oder durch persönliche Bekanntgabe nach § 41 Abs. 2 FamFG genügt für den Eintritt der Rechtswirkungen einer Adoption nicht. Bei mehreren Annehmenden wird die Entscheidung erst wirksam, wenn der Beschluss dem letzten der beiden Annehmenden zugestellt worden ist. Die Zustellung führt zu einer **Wirkung inter omnes** (also gegenüber Jedermann), auch wenn die anderen Beteiligten (insbesondere das Kind) von der Entscheidung noch keine Kenntnis haben.[7] Stirbt der Annehmende vor Ausspruch der Adoption (Fall des § 1753 Abs. 2 BGB), so wird der Beschluss (erst) mit Zustellung an das Kind wirksam (§ 197 Abs. 2, 2. HS FamFG). 11

Ein Adoptionsbeschluss wird nur dann nicht wirksam, wenn er **nichtig** ist. Dies ist allerdings aufgrund des Bedürfnisses der Bestandskraft der statusändernden Entscheidung nur sehr selten der Fall.[8] 12

III. Unanfechtbarkeit von stattgebenden Adoptionsentscheidungen

Stattgebende (und nicht nichtige) Adoptionsentscheidungen sind **unanfechtbar** (§ 197 Abs. 3 Satz 1 FamFG). Dies gilt **sowohl für Minderjährigenadoptionen als auch für Volljährigenadoptionen**. Mit Zustellung der Entscheidung an den oder die Annehmenden (Wirksamwerden) wird die Entscheidung formell rechtskräftig (§ 45 FamFG). Hintergrund der Unanfechtbarkeit ist das (vermeintliche) Bedürfnis für eine möglichst schnelle Bestandskraft der Entscheidung und damit Rechtssicherheit für das Kind.[9] 13

In der Vergangenheit wurde zwar diskutiert, ob eine **besondere Beschwerdemöglichkeit bei „greifbarer Gesetzeswidrigkeit"** in Adoptionssachen zuzugestehen ist. Dies betraf Verfahren, in denen das rechtliche Gehör von beteiligten oder nichtbeteiligten Personen missachtet worden war.[10] Die Eröffnung einer solchen besonderen Beschwerdemöglichkeit ist jedoch nunmehr aufgrund der gesetzlich normierten Anhörungsrüge nach § 44 FamFG und der (hierauf folgenden) Möglichkeit der Einlegung einer Verfassungsbeschwerde (siehe hierzu Rn. 16) nicht mehr erforderlich. 14

6 BT-Drs. 7/3061 79; 7/5087 24
7 PK-Familienverfahrensrecht/*Meysen*, § 197 FamFG Rn. 4; ausführlich: MüKo-FamFG/*Maurer*, § 197 Rn. 76 ff.
8 Vgl. die Übersicht zu möglichen Nichtigkeitsgründen bei: MüKo-FamFG/*Maurer*, § 197 Rn. 64 ff.
9 BT-Drs. 7/3061, 58; Zumindest bei der Volljährigenadoption ist dies m.E. äußerst fragwürdig
10 So: LG Koblenz NJW-RR 2000, 959; LG Düsseldorf, Beschl. v. 12.10.2004 – 25 T 690/04, juris; differenzierend: OLG Köln, Beschl. v. 18.6.2001 – 16 Wx 1/01, juris

15 **Neben- oder Teilentscheidungen im Rahmen eines Adoptionsverfahrens** sind jedoch auch bei Stattgabe des Hauptantrags **isoliert anfechtbar**. Dies betrifft insbesondere die Entscheidungen über die Namensführungen (Anträge nach § 1757 Abs. 3 BGB)[11] oder Kostenentscheidungen oder Entscheidungen über die Höhe des Verfahrenswerts.[12]

16 Trotz stattgebenden Adoptionsbeschlusses steht bei einer Verletzung des Anspruchs auf rechtliches Gehör nach Art. 103 Abs. 1 GG nunmehr der **außerordentliche (fristgebundene) Rechtsbehelf der Anhörungsrüge nach § 44 FamFG** offen. Führt auch dies nicht zum gewünschten Erfolg, so steht grundsätzlich die **Verfassungsbeschwerde zum BVerfG** zur Verfügung, wenn die Verletzung von Grundrechten geltend gemacht werden kann.[13] Weder die Anhörungsrüge noch die Verfassungsbeschwerde führen jedoch zu einer Aufhebung der Adoptionsentscheidung. Vielmehr wird nur temporär die formelle Rechtskraft beseitigt und das entsprechende Instanzgericht zur erneuten Entscheidung (unter Berücksichtigung des nachgeholten rechtlichen Gehörs) aufgefordert.

IV. Unabänderbarkeit und Verbot der Wiederaufnahme

17 Stattgebende Adoptionsbeschlüsse sind als statusändernde Entscheidungen auch bei späterer Änderung der Sach- und Rechtslage **unabänderbar** (§ 197 Abs. 3 Satz 2 FamFG). Die allgemeine Vorschrift in § 48 Abs. 1 Satz 1 FamFG ist daher nicht anwendbar. Ebenso ist die **Wiederaufnahme des Verfahrens** gemäß § 197 Abs. 3 Satz 2 FamFG **ausgeschlossen** (*lex specialis* zu § 48 Abs. 2 FamFG). Personen, welche eine Änderung des Adoptionsverhältnisses begehren, sind auf die (strengen) Aufhebungsvorschriften in §§ 1760, 1763, 1771, 1772 Abs. 2 BGB zu verweisen. Hintergrund dieser gesetzgeberischen Wertung ist erneut das Bedürfnis für dauerhaften Bestandsschutz durch die Adoption (siehe hierzu schon oben Rn. 13).

18 Möglich sind allerdings die **Berichtigung nach § 42 FamFG** (bei offensichtlichen Unrichtigkeiten) und die **Ergänzung nach § 43 FamFG**. Letzteres kommt in Adoptionssachen insbesondere dann in Betracht, wenn ein Antrag auf Namensänderung nicht beschieden wurde, obwohl dieser rechtzeitig gestellt worden war.[14] Ein nach Wirksamwerden des Adoptionsbeschlusses gestellter Antrag auf Namensänderung kann jedoch nicht im Wege der Ergänzung beschieden werden.[15]

C. Ablehnende Adoptionsentscheidungen

19 Bei ablehnenden Adoptionsentscheidungen sind **folgende Besonderheiten** zu beachten:

- Die Ablehnung erfolgt durch **Zurückweisung des jeweiligen Antrags** (mögliche Formulierung: „*Der Antrag des Annehmenden auf Annahme des Kindes wird zurückgewiesen.*"). Ist der Antrag schon unzulässig, so ist der Antrag zu verwerfen.
- Es bedarf (auch bei der Minderjährigenadoption) immer einer **Kostenentscheidung** nach § 81 Abs. 1 FamFG.
- Die Entscheidung ist zu **begründen**, da kein Ausnahmefall der Begründungspflicht nach § 38 Abs. 4 FamFG ersichtlich wäre.
- Es bedarf einer **Rechtsmittelbelehrung** nach § 39 FamFG (Rechtsmittelfrist: 1 Monat).

11 BGH NZFam 2020, 712; MüKo-FamFG/*Maurer*, § 157 FamFG Rn. 93
12 OLG Düsseldorf FamRZ 2010, 1937
13 BVerfG FamRZ 2009, 106; FamRZ 1988, 1247
14 OLG Zweibrücken StAZ 2012, 54; OLG Frankfurt StAZ 1992, 378
15 BayObLG StAZ 2003, 44

Das **Beschwerdeverfahren** richtet sich nach den allgemeinen Vorschriften in §§ 58 ff. FamFG. 20

- **Beschwerdeberechtigt** sind bei der Minderjährigenadoption die Annehmenden als Antragsteller (§ 59 Abs. 2 FamFG), das Jugendamt (§ 194 Abs. 2 Satz 2 FamFG) und das Landesjugendamt, soweit ein Auslandsbezug vorliegt (§ 195 Abs. 2 Satz 2 FamFG). Das Kind ist hingegen nicht beschwerdeberechtigt, da es bei der Minderjährigenadoption nicht antragsbefugt ist. Dies gilt trotz § 60 Satz 3 FamFG auch für ein über 14-jähriges Kind.[16] Die Anwendung von § 60 FamFG setzt voraus, dass überhaupt eine Beschwerdeberechtigung nach § 59 FamFG vorliegt.[17] Bei Volljährigenadoptionen sind ausschließlich die Antragsteller (die Annehmenden und Anzunehmenden) beschwerdeberechtigt (§ 59 Abs. 2 FamFG).
- **Die Beschwerdefrist** beträgt einen Monat ab schriftlicher Bekanntgabe der Entscheidung (§ 63 Abs. 1, 3 FamFG i.V.m. §§ 15 Abs. 2, 41 FamFG). Eine bloß mündliche Bekanntgabe nach § 41 Abs. 2 FamFG lässt die Beschwerdefrist nicht beginnen.
- **Beschwerdegericht** ist das OLG (§ 119 Abs. 1 Nr. 1a) GVG). Vor Befassung des Beschwerdegerichts findet beim Familiengericht kein Abhilfeverfahren statt (§ 68 Abs. 1 Satz 2 FamFG).
- **Die Rechtsbeschwerde** zum Bundesgerichtshof gegen Entscheidungen des OLG ist nur auf Zulassung statthaft (§ 70 Abs. 1 FamFG).

§ 198 FamFG
Beschluss in weiteren Verfahren

(1) [1]Der Beschluss über die Ersetzung einer Einwilligung oder Zustimmung zur Annahme als Kind wird erst mit Rechtskraft wirksam. [2]Bei Gefahr im Verzug kann das Gericht die sofortige Wirksamkeit des Beschlusses anordnen. [3]Der Beschluss wird mit Bekanntgabe an den Antragsteller wirksam. [4]Eine Abänderung oder Wiederaufnahme ist ausgeschlossen.

(2) Der Beschluss, durch den das Gericht das Annahmeverhältnis aufhebt, wird erst mit Rechtskraft wirksam; eine Abänderung oder Wiederaufnahme ist ausgeschlossen.

(3) Der Beschluss, durch den die Befreiung vom Eheverbot nach § 1308 Abs. 1 des Bürgerlichen Gesetzbuchs erteilt wird, ist nicht anfechtbar; eine Abänderung oder Wiederaufnahme ist ausgeschlossen, wenn die Ehe geschlossen worden ist.

A. Allgemeines

Die Vorschrift trifft besondere Vorgaben bzgl. des Wirksamwerdens, der Abänderung und der Wiederaufnahme von Entscheidungen in den weiteren Adoptionssachen (§ 186 Nr. 2 bis 4 FamFG). Darüber hinaus gelten auch hier die allgemeinen Vorschriften in §§ 38 ff. FamFG und bezüglich der Beschwerde die §§ 58 ff. FamFG. 1

16 A.A. Keidel/*Engelhardt*, § 197 FamFG Rn. 30
17 Prütting/Helms/*Abramenko*, § 60 FamFG Rn. 1

B. Die Entscheidung in Ersetzungsverfahren

2 Entscheidet das Gericht über die Ersetzung einer Einwilligung oder Zustimmung, so wird die Entscheidung **erst mit (formeller) Rechtskraft wirksam**. Gegen einen Ersetzungsbeschluss steht die **Beschwerde nach §§ 58 ff. FamFG** und ggf. die **Rechtsbeschwerde nach §§ 70 ff. FamFG** offen. **Beschwerdebefugt** gegen die Versagung einer Ersetzung sind der jeweilige Antragsteller (im Verfahren nach § 1748 BGB das Kind, vertreten durch dessen gesetzlichen Vertreter) (§ 59 Abs. 2 FamFG) sowie das Jugendamt (§ 194 Abs. 2 Satz 2 FamFG) (hierzu *Braun*, § 194 FamFG Rn. 10). Beim stattgebenden Ersetzungsbeschluss ist wiederum die Person beschwerdeberechtigt, deren Einwilligung ersetzt werden soll (im Verfahren nach § 1748 BGB der jeweilige Elternteil) (§ 59 Abs. 1 FamFG). Auch hier besteht darüber hinaus das besondere Beschwerderecht des Jugendamts nach § 194 Abs. 2 Satz 2 FamFG (und zwar unabhängig von dessen Beteiligtenstellung oder ob es auch die fachliche Äußerung abgegeben hat).

3 Die **Abänderung oder Wiederaufnahme** ist wie bei den übrigen Adoptionssachen auch im Ersetzungsverfahren ausgeschlossen (§ 198 Abs. 1 Satz 4 FamFG).

Ersetzungsbeschlüsse müssen **begründet** und mit einer **Rechtsmittelbelehrung** versehen werden (§§ 38, 39 FamFG).

4 In der Praxis ist darauf zu achten, dass die Ersetzungsentscheidung allen beschwerdeberechtigten Personen **schriftlich nach § 15 Abs. 2 FamFG bekanntgegeben** wird und die **formelle Rechtskraft** nach Ablauf der Rechtsmittelfrist (von einem Monat) bescheinigt wird (Rechtskraftzeugnis, § 46 FamFG). Erst wenn die formelle Rechtskraft feststeht, kann das darauf folgende Annahmeverfahren fortgesetzt werden.

5 In § 198 Abs. 1 Satz 2 und Satz 3 FamFG wird zwar die **Möglichkeit der Anordnung der sofortigen Wirksamkeit** eröffnet. Es sind jedoch kaum Ersetzungsverfahren denkbar, bei denen eine „Gefahr im Verzug" zu bejahen wäre.[1]

C. Die Entscheidung in Aufhebungsverfahren

6 Bzgl. der Aufhebungsverfahren bestimmt § 198 Abs. 2 FamFG, dass diese **erst mit (formeller) Rechtskraft wirksam** werden. Gegen Aufhebungsentscheidungen steht die **Beschwerde und ggf. die Rechtsbeschwerde** zur Verfügung. **Beschwerdeberechtigt** sind in Antragsverfahren die Antragsteller (vgl. insbesondere § 1762 BGB), im Übrigen (vor allem bei den Verfahren nach § 1763 BGB) die **durch die Entscheidung beschwerten Personen**. Hierzu gehören bei Ausspruch der Aufhebung auch die leiblichen Eltern, da diese in der Folge wieder die Verwandtschaft gegenüber dem Kind (mit den damit zusammenhängenden Rechten und Pflichten) zurückerhalten. Nach § 194 Abs. 2 Satz 2 FamFG steht **auch dem Jugendamt die** Beschwerdemöglichkeit zu, wenn der Angenommene minderjährig ist (hierzu *Braun*, § 194 FamFG Rn. 10).

7 Die **Abänderung oder Wiederaufnahme** ist wie bei den übrigen Adoptionssachen auch im Aufhebungsverfahren ausgeschlossen (§ 198 Abs. 2 Hs. 2 FamFG).

D. Die Entscheidung auf Befreiung vom Eheverbot

8 Entscheidungen auf Befreiung vom Eheverbot sind **unanfechtbar** (§ 198 Abs. 3 FamFG). Sie werden nach der allgemeinen Regel in § 40 Abs. 1 FamFG **mit Bekanntgabe an die bei-**

1 PK-Familienverfahrensrecht/*Meysen*, § 198 FamFG Rn. 3, nennt das Beispiel eines unmittelbar bevorstehenden Todes des Kindes

den Verlobten wirksam. Der Ausschluss der **Abänderung oder Wiederaufnahme** tritt erst mit Eheschließung ein (§ 198 Abs. 3 Hs. 2 FamFG).

§ 199 FamFG
Anwendung des Adoptionswirkungsgesetzes

Die Vorschriften des Adoptionswirkungsgesetzes bleiben unberührt.

Die Vorschrift enthält eine **Ergänzung zu § 97 Abs. 2 FamFG**. Da das Adoptionswirkungsgesetz nicht nur eine völkerrechtliche Vereinbarung i.S.v. § 97 Abs. 1 FamFG (hier das Haager Adoptionsübereinkommen vom 29.5.1993) umsetzt, sondern auch für die Anerkennung und Umwandlung von Adoptionen außerhalb des Übereinkommens gilt, war es erforderlich, den Vorrang der Bestimmungen des Adoptionswirkungsgesetzes in § 199 FamFG noch einmal explizit klarzustellen.[1] 1

Durch § 199 FamFG werden die **Verfahren nach dem AdWirkG jedoch keine Adoptionssachen** i.S.v. § 186 Nr. 1 FamFG. Gerade dies wird zwar in Rechtsprechung und Literatur z.T. vertreten.[2] Hiergegen sprechen jedoch gewichtige Argumente: Sinn und Zweck von § 199 FamFG ist nicht die Einbindung der AdWirkG-Verfahren in den Kreis der Adoptionssachen, sondern im Gegenteil die Feststellung, dass die Vorschriften im AdWirkG den Vorschriften des FamFG insoweit vorgehen, als im Spezialgesetz besondere Regelungen zu finden sind. Würde man die Verfahren nach dem AdWirkG aber als Adoptionssachen einordnen, wären auch sämtliche Verfahrensvorschriften in §§ 186 ff. FamFG anzuwenden und eben nicht nur die Normen, auf die das AdWirkG explizit verweist. Die spezialgesetzlichen Verweisungen in § 6 Abs. 1 Satz 2 AdWirkG auf § 101, 187 FamFG oder § 6 Abs. 4 AdWirkG auf § 197 Abs. 2 FamFG hätten dann keinen Sinn.[3] Schlussendlich wird der andere Verfahrenscharakter auch durch § 108 FamFG verdeutlicht, wonach die Verfahren nach dem AdWirkG gemäß § 108 Abs. 1 und Abs. 2 Satz 3 FamFG gerade als Verfahren auf „Anerkennung anderer ausländischer Entscheidungen" klassifiziert werden. Dies gilt dann auch für die in § 3 AdWirkG genannten Umwandlungsverfahren. 2

1 BT-Drs. 16/6308, 248
2 OLG Düsseldorf FamRZ 2012, 1233; *Maurer*, FamRZ 2013, 90, 94
3 Weitergehend: *Braun*, FamRZ 2011, 81, 82; Prütting/Helms/*Krause*, § 186 FamFG Rn. 1; OLG Hamm ZKJ 2012, 233

Anhang zu § 199 FamFG – Die Verfahren auf Anerkennung und Umwandlung von ausländischen Adoptionen nach dem Adoptionswirkungsgesetz

Weiterführende Literatur: Botthof, Der Schutz des Familienlebens nach Art. 8 Abs. 1 EMRK und sein Einfluss auf die Anerkennung ausländischer Adoptionsentscheidungen, StAZ 2013, 77; *Botthof*, Das Adoptionshilfe-Gesetz: Freiwilligkeit, Abschreckung und Kindeswohl, NJW 2021, 1127; *Braun*, Das gerichtliche Verfahren auf Anerkennung, Umwandlung und Wirkungsfeststellung von ausländischen Adoptionen nach dem Adoptionswirkungsgesetz, ZKJ 2012, 216; *ders.*, Grenzüberschreitende Adoptionen nach dem neuen Adoptionshilfegesetz, StAZ 2021, 97; *Frank*, Neuregelungen auf dem Gebiet des Internationalen Adoptionsrechts unter besonderer Berücksichtigung der Anerkennung von Auslandsadoptionen, StAZ 2003, 257; *Hoffmann*, Ausländische Adoptionsentscheidungen in der deutschen gerichtlichen Anerkennungspraxis, ZKJ 2006, 542; *Hölzel*, Verfahren nach §§ 2 und 3 AdWirkG – Gerichtliche Feststellung der Anerkennung ausländischer Adoptionen und Umwandlung schwacher Auslandsadoptionen, StAZ 2003, 289; *Ludwig*, Internationales Adoptionsrecht in der notariellen Praxis nach dem Adoptionswirkungsgesetz, RNotZ 2002, 353; *Maurer*, Das Gesetz zur Regelung von Rechtsfragen auf dem Gebiet der internationalen Adoption und zur Weiterentwicklung des Adoptionsvermittlungsrechts, FamRZ 2003, 1337; *Schlauß*, Das Adoptionshilfe-Gesetz – Folgen für die familiengerichtliche Praxis bei der Anerkennung von Adoptionen aus dem Ausland, FamRZ 2021, 249; *Steiger*, Im alten Fahrwasser zu neuen Ufern – Neuregelungen im Recht der internationalen Adoption mit Erläuterungen für die notarielle Praxis, DNotZ 2002, 184; *Weitzel*, Zur Anerkennung ausländischer Adoptionsentscheidungen, IPrax 2007, 308.

Übersicht

A. Grundlagen

1 Im Gegensatz zu anderen Kindschaftssachen existieren **im internationalen Adoptionsrecht besondere Vorschriften zur Anerkennung ausländischer Entscheidungen**. Wie § 108 Abs. 2 Satz 3 FamFG ausdrücklich klarstellt, ist das Adoptionswirkungsgesetz (AdWirkG) vorrangig (*lex specialis*) gegenüber den sonstigen verfahrensrechtlichen Vorgaben zur Anerkennungsmöglichkeit ausländischer Entscheidungen nach § 108 Abs. 2 Satz 1, 2 und Abs. 3 FamFG. In § 108 Abs. 1 FamFG wird zudem festgestellt, dass eine Anerken-

nung kraft Gesetzes bei internationalen Adoptionsverfahren außerhalb des Regimes von Art. 23 HAÜ gerade nicht stattfindet (vgl. weitergehend hierzu unten Rn. 4).

Zusätzlich zur Anerkennungsmöglichkeit ausländischer Adoptionen beinhaltet das Adoptionswirkungsgesetz noch **zwei weitere Verfahrensgegenstände**: einerseits die **gerichtliche Feststellung über die Wirkungen des ausländischen Adoptionsverhältnisses** (§ 2 Abs. 3 AdWirkG) und andererseits die **Umwandlung der ausländischen Adoption** (§ 3 AdWirkG). 2

Die Verfahrensregeln und materiell-rechtlichen Vorgaben im Adoptionswirkungsgesetz stehen im engen **Zusammenhang zum** „Übereinkommen vom 29. Mai 1993 über den Schutz von Kindern und die Zusammenarbeit auf dem Gebiet der internationalen Adoption" (im Folgenden: **Haager Adoptionsübereinkommen oder HAÜ**), welches in der Bundesrepublik Deutschland am 1.3.2002 in Kraft getreten ist. Nach § 97 Abs. 1 FamFG sind die in Art. 23 ff. HAÜ niedergelegten Anerkennungs- und Umwandlungsvoraussetzungen gegenüber dem autonomen Recht in §§ 108 Abs. 1, 109 Abs. 1 FamFG zwar vorrangig. Dies setzt jedoch voraus, dass der sachliche Anwendungsbereich des Art. 2 Abs. 1 HAÜ eröffnet ist („grenzüberschreitende Adoption" zwischen Vertragsstaaten), dass es sich bei der ausländischen Adoption um eine Minderjährigenadoption (vor Vollendung des 18. Lebensjahres) handelte (Art. 3 HAÜ) und dass die zentrale Behörde des Vertragsstaates, in dem die Adoption durchgeführt worden ist, das Zustandekommen nach dem Übereinkommen nach Art. 23 Abs. 1 HAÜ bescheinigt hat (sog. „Konformitätsbescheinigung"). Ist nur eine dieser Voraussetzungen nicht erfüllt, so ist die ausländische Adoption dennoch an den Maßstäben in § 109 Abs. 1 FamFG zu messen (sog. Günstigkeitsprinzip).[1] 3

Der in § 108 Abs. 1 FamFG niedergelegte **Grundsatz der „Anerkennung kraft Gesetzes"** ist im internationalen Adoptionsrecht seit dem Inkrafttreten der neuen Vorgaben des Adoptionswirkungsgesetzes zum 1.4.2021 für einen Großteil der ausländischen Adoptionsentscheidungen ausgeschlossen. Nur bei Adoptionen, bei welchen sowohl die Annehmenden als auch das Kind im Ausland leben (ausländische Inlandsadoptionen) und bei Auslandsadoptionen, welche nach dem HAÜ stattgefunden haben (HAÜ-Adoptionen), bleibt es bei dem genannten Grundsatz. Für alle anderen internationalen Adoptionsverfahren, und insbesondere für die unbegleiteten Adoptionen, bedarf es für den Eintritt der Rechtswirkungen der ausländischen Adoption im Inland einer positiven Anerkennungsentscheidung durch ein deutsches Gericht. Sinn und Zweck der Anerkennungsverfahren ist die Herstellung von Rechtssicherheit für das Kind. Die Anerkennung führt zu einer **Bindungswirkung inter omnes** (für und gegen jeden) (§ 5 Abs. 2 Satz 1 AdWirkG): Nach erfolgter Anerkennung kann keine inländische Behörde und kein inländisches Gericht das Bestehen und die Anerkennungsfähigkeit der ausländischen Adoption mehr anzweifeln.[2] Es entsteht aber durch die Anerkennungsentscheidung kein neues Rechtsverhältnis (**deklaratorische Entscheidung**) und die Anerkennung führt nicht zu einer Anpassung der Wirkungen der ausländischen Adoption an die Wirkungen einer deutschen Adoption gemäß §§ 1754 ff. BGB. Das international-privatrechtliche Adoptionsstatut bleibt auch nach einer Anerkennungsentscheidung unverändert.[3] 4

§ 2 Abs. 1 AdWirkG sieht auch die Möglichkeit vor, die **Wirksamkeit eines ausländischen Adoptionsvertrags** gerichtlich feststellen zu lassen. Hierbei wird nicht die Anerkennungsfähigkeit nach § 109 Abs. 1 FamFG überprüft, sondern die Wirksamkeit des ausländischen Adoptionsvertrages nach der in Art. 22 Abs. 1 Satz 2 EGBGB erfolgenden international-privatrechtlichen Anknüpfung .[4] Die ordre public-Prüfung erfolgt dann nach Art. 6 EGBGB und 5

---

1 So die h.M.: OLG Karlsruhe FamRZ 2015, 1642; OLG Brandenburg StAZ 2017, 15; a.A. OLG Schleswig FamRZ 2014, 498
2 BGH FamRZ 2015, 1479
3 Ausführlich: *Ludwig*, RNotZ 2002, 353; *Steiger*, DNotZ 2002, 184, 200
4 Ausführlich: Staudinger/*Henrich*, Art. 22 EGBGB Rn. 98

wird – da ausländische Vertragsadoptionen in aller Regel ohne staatliche Beteiligung durchgeführt werden – häufig zur Feststellung der Rechtswidrigkeit für den deutschen Rechtskreis führen.[5] Die Wirksamkeitsfeststellung eines ausländischen Adoptionsvertrags ist heutzutage **kaum noch praxisrelevant**, da die meisten Rechtsordnungen der Welt mittlerweile Dekretadoptionen vorsehen.[6]

6 Da die Wirkungen in den unterschiedlichen Rechtsordnungen der Welt äußerst unterschiedlich sind, gibt § 2 Abs. 3 AdWirkG vor, dass jede positive Anerkennungsentscheidung zwingend mit einer **Wirkungsfeststellung** zu verbinden ist. Nur wenn gleichzeitig die Umwandlung nach § 3 AdWirkG ausgesprochen wird, kann diese Wirkungsfeststellung unterbleiben. Durch die Wirkungsfeststellung werden international-privatrechtliche Substitutionsprobleme gelöst. Infolge der Feststellung nach § 2 Abs. 3 Nr. 1 AdWirkG (sog. starke Wirkungen) oder infolge der Feststellung nach § 2 Abs. 3 Nr. 2 AdWirkG (sog. schwache Wirkungen) wissen nachfolgende inländische Behörden oder Gerichte, ob und in welchem Umfang die ausländische Adoption funktional gleichwertig mit einer Annahme als Kind mit den deutschen Rechtswirkungen ist. Insbesondere im Erbrecht kann dies von erheblicher Bedeutung sein, wobei hier Art. 22 Abs. 3 EGBGB zusätzlich zu beachten ist. Insgesamt ist jedoch zu betonen, dass mit der Wirkungsfeststellung **lediglich eine Gleichwertigkeit** im Sinne einer Substitution ausgesprochen wird **und nicht die absolute Gleichartigkeit** der ausländischen Adoption mit einer deutschen Adoption.[7]

7 In einigen Fällen können die Annehmenden das Interesse haben, die Wirkungen der ausländischen Adoption tatsächlich den Wirkungen einer deutschen Adoption anzupassen. Insbesondere wenn die Adoptivkinder als Folge der ausländischen Adoption weiterhin Rechte und Pflichten gegenüber ihrer bisherigen Familie behalten (schwache Adoptionen),[8] kann durch ein **Umwandlungsverfahren nach § 3 AdWirkG** erreicht werden, dass die ausländische Adoption in eine Volladoption nach deutschen Vorstellungen umgewandelt wird. Die Umwandlungsentscheidung hat damit (im Gegensatz zur Anerkennungsentscheidung) **rechtsgestaltende Wirkung.** Es findet ein Statutenwechsel statt und die Umwandlung führt zum gleichen Ergebnis, wie wenn eine Wiederholungsadoption im Inland durchgeführt worden wäre.[9]

B. Die Vorschriften des Adoptionswirkungsgesetzes

8 Gesetz über Wirkungen der Annahme als Kind nach ausländischem Recht (Adoptionswirkungsgesetz – AdWirkG) vom 5. November 2001 (BGBl. I S. 2950), zuletzt geändert durch Art. 3 AdoptionshilfeG vom 12.2.2021 (BGBl. I, S. 226)

§ 1 Anwendungsbereich

(1) [1]Die Vorschriften dieses Gesetzes gelten für eine Annahme als Kind, die auf einer ausländischen Entscheidung oder auf ausländischen Sachvorschriften beruht. [2]Sie gelten nicht, wenn der Angenommene zur Zeit der Annahme das 18. Lebensjahr vollendet hatte.

(2) Ist im Rahmen eines internationalen Adoptionsverfahrens (§ 2a Absatz 1 des Adoptionsvermittlungsgesetzes) eine Adoptionsentscheidung im Ausland ergangen, die nicht nach Artikel 23 des Haager Übereinkommens vom 29. Mai 1993 über den Schutz von Kindern und die Zusammenarbeit auf dem Gebiet der internationalen Adoption kraft Gesetzes anerkannt wird, bedarf diese Entscheidung der Anerkennungsfeststellung durch das Familiengericht.

---

5 Vgl. z.B. die sog. Kittima-Adoption in Myanmar: AG Frankfurt a.M. FamRZ 2018, 365
6 Reine Adoptionsverträge sehen z.B. noch das indische Hindu-Recht oder das Adoptionsrecht von Myanmar vor
7 *Frank*, StAZ 2003, 257, 261; *Steiger*, DNotZ 2002, 184, 188
8 So z.B. nach dem thailändischen oder äthiopischen Recht
9 Ausführlich: HK-Adoptionsrecht/*Weitzel/Grünenwald*, § 3 AdWirkG Rn. 12

§ 2 Anerkennungs- und Wirkungsfeststellung

(1) Auf Antrag stellt das Familiengericht fest, ob eine Annahme als Kind im Sinne des § 1 Absatz 1 anzuerkennen oder wirksam und ob das Eltern-Kind-Verhältnis des Kindes zu seinen bisherigen Eltern durch die Annahme erloschen ist.

(2) In den Verfahren auf Anerkennungsfeststellung gemäß § 1 Absatz 2 kann der Antrag nicht zurückgenommen werden.

(3) [1]Im Falle einer anzuerkennenden oder wirksamen Annahme ist zusätzlich festzustellen,

1. wenn das in Absatz 1 genannte Eltern-Kind-Verhältnis erloschen ist, dass das Annahmeverhältnis einem nach den deutschen Sachvorschriften begründeten Annahmeverhältnis gleichsteht,

2. andernfalls, dass das Annahmeverhältnis in Ansehung der elterlichen Sorge und der Unterhaltspflicht des Annehmenden einem nach den deutschen Sachvorschriften begründeten Annahmeverhältnis gleichsteht.

[2]Von der Feststellung nach Satz 1 kann abgesehen werden, wenn gleichzeitig ein Umwandlungsausspruch nach § 3 ergeht.

§ 3 Umwandlungsausspruch

(1) [1]In den Fällen des § 2 Absatz 3 Satz 1 Nummer 2 kann das Familiengericht auf Antrag aussprechen, dass das Kind die Rechtsstellung eines nach den deutschen Sachvorschriften angenommenen Kindes erhält, wenn

1. dies dem Wohl des Kindes dient,

2. die erforderlichen Zustimmungen zu einer Annahme mit einer das Eltern-Kind-Verhältnis beendenden Wirkung erteilt sind und

3. überwiegende Interessen des Ehegatten, des Lebenspartners oder der Kinder des Annehmenden oder des Angenommenen nicht entgegenstehen.

[2]Auf die Erforderlichkeit und die Erteilung der in Satz 1 Nr. 2 genannten Zustimmungen finden die für die Zustimmungen zu der Annahme maßgebenden Vorschriften sowie Artikel 6 des Einführungsgesetzes zum Bürgerlichen Gesetzbuche entsprechende Anwendung. [3]Auf die Zustimmung des Kindes ist zusätzlich § 1746 Abs. 1 Satz 1 bis 3, Abs. 2 und 3 des Bürgerlichen Gesetzbuchs anzuwenden. [4]Hat der Angenommene zur Zeit des Beschlusses nach Satz 1 das 18. Lebensjahr vollendet, so entfällt die Voraussetzung nach Satz 1 Nr. 1.

(2) Absatz 1 gilt in den Fällen des § 2 Absatz 3 Satz 1 Nummer 1 entsprechend, wenn die Wirkungen der Annahme von den nach den deutschen Sachvorschriften vorgesehenen Wirkungen abweichen.

§ 4 Unbegleitete Auslandsadoptionen

(1) [1]Eine ausländische Adoptionsentscheidung im Sinne von § 1 Absatz 2 wird nicht anerkannt, wenn die Adoption ohne eine internationale Adoptionsvermittlung gemäß § 2a Absatz 2 des Adoptionsvermittlungsgesetzes vorgenommen worden ist. [2]Abweichend hiervon kann eine Feststellung nach § 2 nur ergehen, wenn zu erwarten ist, dass zwischen dem Annehmenden und dem Kind ein Eltern-Kind-Verhältnis entsteht und die Annahme für das Wohl des Kindes erforderlich ist.

(2) Für das Vorliegen der Voraussetzungen nach Absatz 1 ist der Zeitpunkt der gerichtlichen Entscheidung maßgeblich.

§ 5 Antragstellung; Reichweite der Entscheidungswirkungen

(1) [1]Antragsbefugt sind

1. für eine Feststellung nach § 2 Abs. 1

a) der Annehmende, im Fall der Annahme durch Ehegatten jeder von ihnen,

b) das Kind,

c) ein bisheriger Elternteil oder

d) das Standesamt, das nach § 27 Abs. 1 des Personenstandsgesetzes für die Fortführung der Beurkundung der Geburt des Kindes im Geburtenregister oder nach § 36 des Personenstandsgesetzes für die Beurkundung der Geburt des Kindes zuständig ist;

2. für einen Ausspruch nach § 3 Abs. 1 oder Abs. 2 der Annehmende, annehmende Ehegatten nur gemeinschaftlich.

[2] Der Antrag auf Feststellung nach § 1 Absatz 2 ist unverzüglich nach dem Erlass der ausländischen Adoptionsentscheidung zu stellen. [3] Von der Antragsbefugnis nach Satz 1 Nr. 1 Buchstabe d ist nur in Zweifelsfällen Gebrauch zu machen. [4] Für den Antrag nach Satz 1 Nr. 2 gelten § 1752 Abs. 2 und § 1753 des Bürgerlichen Gesetzbuchs.

(2) [1] Eine Feststellung nach § 2 sowie ein Ausspruch nach § 3 wirken für und gegen alle. [2] Die Feststellung nach § 2 wirkt jedoch nicht gegenüber den bisherigen Eltern. [3] In dem Beschluss nach § 2 ist dessen Wirkung auch gegenüber einem bisherigen Elternteil auszusprechen, sofern dieser das Verfahren eingeleitet hat oder auf Antrag eines nach Absatz 1 Satz 1 Nr. 1 Buchstabe a bis c Antragsbefugten beteiligt wurde. [4] Die Beteiligung eines bisherigen Elternteils und der erweiterte Wirkungsausspruch nach Satz 3 können in einem gesonderten Verfahren beantragt werden.

§ 6 Zuständigkeit und Verfahren

(1) [1] Über Anträge nach den §§ 2 und 3 entscheidet das Familiengericht, in dessen Bezirk ein Oberlandesgericht seinen Sitz hat, für den Bezirk dieses Oberlandesgerichts; für den Bezirk des Kammergerichts entscheidet das Amtsgericht Schöneberg. [2] Für die internationale und die örtliche Zuständigkeit gelten die §§ 101 und 187 Abs. 1, 2 und 4 des Gesetzes über das Verfahren in Familiensachen und in den Angelegenheiten der freiwilligen Gerichtsbarkeit entsprechend.

(2) [1] Die Landesregierungen werden ermächtigt, die Zuständigkeit nach Absatz 1 Satz 1 durch Rechtsverordnung einem anderen Familiengericht des Oberlandesgerichtsbezirks oder, wenn in einem Land mehrere Oberlandesgerichte errichtet sind, einem Familiengericht für die Bezirke aller oder mehrerer Oberlandesgerichte zuzuweisen. [2] Sie können die Ermächtigung auf die Landesjustizverwaltungen übertragen.

(3) [1] Das Familiengericht entscheidet im Verfahren der freiwilligen Gerichtsbarkeit. [2] Die §§ 159 und 160 Absatz 1 Satz 1, Absatz 2 bis 4 des Gesetzes über das Verfahren in Familiensachen und in den Angelegenheiten der freiwilligen Gerichtsbarkeit sind entsprechend anzuwenden. [3] Im Verfahren nach § 2 wird ein bisheriger Elternteil nur nach Maßgabe des § 5 Abs. 2 Satz 3 und 4 angehört. [4] Im Verfahren nach § 2 ist das Bundesamt für Justiz als Bundeszentralstelle für Auslandsadoption, das Jugendamt und die zentrale Adoptionsstelle des Landesjugendamtes zu beteiligen, im Verfahren nach § 3 sind das Jugendamt und die zentrale Adoptionsstelle des Landesjugendamtes zu beteiligen.

(4) Das Gericht hat Anerkennungsverfahren in allen Rechtszügen vorrangig zu behandeln.

(5) [1] Auf die Feststellung der Anerkennung oder Wirksamkeit einer Annahme als Kind oder des durch diese bewirkten Erlöschens des Eltern-Kind-Verhältnisses des Kindes zu seinen bisherigen Eltern, auf eine Feststellung nach § 2 Abs. 3 Satz 1 sowie auf einen Ausspruch nach § 3 Abs. 1 oder 2 oder nach § 5 Abs. 2 Satz 3 findet § 197 Abs. 2 und 3 des Gesetzes über das Verfahren in Familiensachen und in den Angelegenheiten der freiwilligen Gerichtsbarkeit entsprechende Anwendung. [2] Im Übrigen unterliegen Beschlüsse nach diesem Gesetz der Beschwerde; sie werden mit ihrer Rechtskraft wirksam. [3] § 5 Abs. 2 Satz 2 bleibt unberührt.

(6) Gegen eine im ersten Rechtszug ergangene Entscheidung steht die Beschwerde dem Bundesamt für Justiz als Bundeszentralstelle für Auslandsadoption zu, sofern mit der Entscheidung einem Antrag nach § 2 Absatz 1 entsprochen worden ist.

§ 7 Vorläufige Anerkennung der Auslandsadoption

[1] Bis zum Abschluss des Anerkennungsverfahrens gilt die ausländische Adoptionsentscheidung vorläufig als anerkannt, wenn eine gültige Bescheinigung nach § 2d des Adoptionsvermittlungsgesetzes vorgelegt wird und die Anerkennung nicht nach § 109 Absatz 1 des Gesetzes über das Verfahren in Familiensachen und in den Angelegenheiten der freiwilligen Ge-

richtsbarkeit ausgeschlossen ist. [2]Die Bestimmungen des Staatsangehörigkeitsgesetzes bleiben unberührt.

§ 8 Bericht

Die Bundesregierung legt dem Deutschen Bundestag bis zum 30. September 2026 einen Bericht über die Auswirkungen der §§ 1, 2 und 4 bis 7 sowie über die gegebenenfalls notwendigen Anpassungen dieser Vorschriften vor.

§ 9 Übergangsvorschrift

Auf die Anerkennung ausländischer Adoptionsentscheidungen, die in Verfahren ergangen sind, die vor dem 1. April 2021 eingeleitet worden sind, sind die Vorschriften des Adoptionswirkungsgesetzes und § 108 des Gesetzes über das Verfahren in Familiensachen und in den Angelegenheiten der freiwilligen Gerichtsbarkeit in ihrer bis dahin geltenden Fassung weiterhin anzuwenden.

C. Das Anerkennungsverfahren

I. Der Prüfungsinhalt im Anerkennungsverfahren

Inhalt des Anerkennungsverfahrens nach § 2 Abs. 1 AdWirkG ist die Prüfung, **ob die ausländische Adoption im Inland Geltung (d.h. Rechtswirkungen) beanspruchen kann**. Inhaltlich geht es dabei um die Überprüfung der Anerkennungsfähigkeit nach § 109 Abs. 1 FamFG bzw. (bei HAÜ-Adoptionen) nach Art. 24 HAÜ. Nach der Systematik der Anerkennungsverfahren gilt ein Regel-Ausnahme-Verhältnis, wonach im internationalen Verfahrensrecht grundsätzlich eine Anerkennungsfreundlichkeit besteht und erst bei Feststellung einer offensichtlichen Unvereinbarkeit mit wesentlichen Grundsätzen des deutschen Rechts eine Anerkennung zu versagen ist (vgl. den Wortlaut von § 109 Abs. 1 Nr. 4 FamFG – sog. **Ordre-public-Vorbehalt**). Die anderen Anerkennungsversagungsgründe in § 109 Abs. 1 Nr. 1 bis 3 FamFG spielen im internationalen Adoptionsrecht praktisch keine Rolle. 9

Bei **unbegleiteten Auslandsadoptionen** i.S.v. § 4 AdWirkG wird das genannte Regel-Ausnahme-Verhältnis jedoch umgekehrt, indem dort die Anerkennung der ausländischen Adoption grundsätzlich zu versagen ist, es sei denn, sie ist für das Wohl des Kindes „erforderlich" (siehe hierzu weitergehend unten Rn. 13). 10

Durch das **Adoptionshilfe-Gesetz** vom 12.2.2021 (in Kraft getreten am 1.4.2021) wurde das Adoptionswirkungsgesetz wesentlich geändert. Die neuen Vorschriften gelten für alle Auslandsadoptionen, bei denen das ausländische Verfahren nach dem 1.4.2021 eingeleitet worden ist (§ 9 AdWirkG). Ausdrückliches Ziel der Änderungen ist es, unbegleitete Adoptionen im Sinne einer Generalprävention zurückzudrängen.[10] Die Voraussetzungen einer Anerkennung und das durchzuführende Anerkennungsverfahren unterscheiden sich maßgeblich danach, welche Art von Adoption im Ausland stattgefunden hat. Zu unterscheiden sind nunmehr **vier Arten von Auslandsadoptionen**: 11

1. Auslandsadoptionen, welche gemäß dem Vermittlungsregime des Haager Adoptionsübereinkommens zustande gekommen sind und bei denen eine Konformitätsbescheinigung nach Art. 23 Abs. 1 HAÜ vorgelegt werden kann (sog. **HAÜ-Adoptionen**),
2. Auslandsadoptionen aus Nichtvertragsstaaten des Haager Adoptionsübereinkommens (oder ohne Konformitätsbescheinigung aus einem Vertragsstaat), welche aber nach den deutschen Vorgaben zur internationalen Adoptionsvermittlung in § 2a ff. AdVermiG erfolgt sind (sog. **vermittelte Auslandsadoptionen**),

10 Ausführlich: BT-Drs. 19/16718, S. 29

3. Auslandsadoptionen, in welchen sowohl das Kind als auch der oder die Annehmenden ihren gewöhnlichen Aufenthalt im Ausland hatten (sog. **ausländische Inlandsadoptionen**)[11], und
4. unbegleitete Adoptionen.

12 Die HAÜ-Adoptionen und die ausländischen Inlandsadoptionen sind aus dem Anwendungsbereich des § 1 Abs. 2 AdWirkG ausgenommen, so dass es bei diesen Formen der Auslandsadoption bei der Anerkennung kraft Gesetzes verbleibt. Ein Anerkennungsverfahren ist nicht erforderlich, aber möglich. Bei den anderen beiden Adoptionsarten ist zwingend ein Anerkennungsverfahren durchzuführen (§ 1 Abs. 2 AdWirkG); der Antrag muss unverzüglich gestellt werden (§ 5 Abs. 1 Satz 2 AdWirkG) und ein einmal gestellter Antrag kann nicht zurückgenommen werden (§ 2 Abs. 2 AdWirkG).

13 Zentrale Norm für die **Anerkennung unbegleiteter Auslandsadoptionen** ist nunmehr § 4 AdWirkG. Während alle anderen Auslandsadoptionen sich lediglich am Maßstab des § 109 Abs. 1 Nr. 1 bis 4 FamFG (oder Art. 24 HAÜ) messen lassen müssen (vgl. hierzu unten Rn. 15 ff.), wird das Regel-Ausnahme-Verhältnis in den Fällen der unbegleiteten Adoptionen umgekehrt: Eine unbegleitete Auslandsadoption indiziert per se einen Ordre-public-Verstoß, und sie kann nur noch anerkannt werden, wenn sie für das Wohl des Kindes erforderlich ist (§ 4 Abs. 1 Satz 2 AdWirkG).

Nach der Gesetzesbegründung bedeutet dies, dass im Anerkennungsverfahren zunächst die Erforderlichkeit der Anerkennung für das Kindeswohl im Rahmen einer „Gesamtabwägung" zu prüfen und dann im nächsten Schritt das ausländische Verfahren und das Ergebnis der Anerkennung am Ordre-public-Vorbehalt zu messen sei. Dieser zweite Schritt diene dazu, Kinderhandelfälle auszuschließen.[12] Bei der Erforderlichkeitsprüfung soll sowohl der Ablauf der Adoption im Ausland überprüft werden als auch das Verhältnis des Kindes zum Zeitpunkt der Anerkennungsentscheidung.[13] Der Gesetzeswortlaut in § 4 Abs. 1 Satz 2 AdWirkG sieht jedoch eine andere Prüfung und auch nur den Zeitpunkt nach § 4 Abs. 2 AdWirkG vor, indem es (ausschließlich) auf die Situation bei der Anerkennungsentscheidung ankommt. Hinzu kommt, dass die o.g. Gesamtabwägung bei der Erforderlichkeitsprüfung doch schon Kriterien der Ordre-public-Prüfung beinhaltet und die Einzelfallgerechtigkeit vorrangig vor einer Generalprävention sein sollte.[14] (vgl. weitergehend unten Rn. 18)

14 Besonders ist die Situation bei **vermittelten Auslandsadoptionen**. Da diese auch einer zwingenden Anerkennung bedürfen, würde für die Kinder bis zur Anerkennung ein „schwebendes" oder hinkendes Rechtsverhältnis entstehen. § 7 AdWirkG führt in diesen Fällen aber zu einer **vorläufigen Anerkennung**, wenn die Adoptiveltern eine Bescheinigung nach § 2d AdVermiG vorlegen können und kein Verstoß gegen § 109 Abs. 1 FamFG vorliegt. Damit wird vor allem die Einreise der Kinder bis zum Abschluss des Anerkennungsverfahrens ermöglicht, ohne dass sich schon die Staatsangehörigkeit des Kindes geändert hätte. Die Ordre-Public-Prüfung findet dann wohl in der Regel durch die Einreisebehörde im Rahmen der Visumserteilung statt. Durch den Nachweis der vermittelten Adoption nach § 2d AdVermiG hat die (vorläufige) Anerkennung der ausländischen Entscheidung in der Regel zu erfolgen. Eine Einbindung des Anerkennungsgerichts findet im Rahmen von § 7 AdWirkG nicht statt.

---

11 Hierunter fallen auch Drittstaatenadoptionen, in welchen Adoptiveltern mit gewöhnlichem Aufenthalt im Ausland ein Kind aus einem dritten Staat adoptiert haben; *Schlauß*, FamRZ 2021, 249, 253

12 BT-Drs. 19/16718, S. 61; ebenso: *Schlauß*, FamRZ 249, 253; wohl auch: OLG Frankfurt FamRZ 2024, 1498

13 BT-Drs. 19/16718, S. 60

14 So zutreffend: Botthof, NJW 2021, 1127, 1131; *Braun*, StAZ 2021, 97; OLG Köln FamRZ 2023, 443 (mit zustimmender Anmerkung *Helms*)

Für alle weiteren Auslandsadoptionen bleibt der **Ordre-public-Vorbehalt in § 109 Abs. 1 Nr. 4 FamFG bzw. in Art. 24 HAÜ** das entscheidende Kriterium für die Anerkennung oder Nichtanerkennung. Der Ordre-public-Vorbehalt besagt, dass eine Anerkennung einer ausländischen Entscheidung ausgeschlossen ist, wenn das Ergebnis der Anerkennung zu einer **offensichtlichen Unvereinbarkeit** mit den wesentlichen Grundsätzen des deutschen Rechts und **insbesondere mit den Grundrechten** führen würde. Nach einer immer wieder zitierten Formel des BGH ist dies immer dann zu bejahen, wenn der **Kernbestand der inländischen Rechtsordnung angetastet** wird bzw. das Ergebnis der Anerkennung zu den Grundgedanken des deutschen Rechts und den darin enthaltenen Gerechtigkeitsvorstellungen in **so starkem Widerspruch** steht, dass eine Anerkennung **schlechthin untragbar** erscheint.[15] Im Ergebnis ist daher sowohl das autonome deutsche Recht als auch das Konventionsrecht des HAÜ **anerkennungsfreundlich**.[16] 15

Im Bereich des internationalen Adoptionsrechts hat sich bzgl. möglicher Ordre-public-Verstöße eine **umfassende Kasuistik** ausgebildet, welche im Folgenden zusammenfassend dargestellt werden soll: 16

- Die Mehrzahl der veröffentlichten Gerichtsentscheidungen beschäftigt sich mit der Frage, ob im ausländischen Verfahren in ausreichendem Maße eine **Überprüfung der Elterneignung der Annehmenden** stattgefunden hat.[17] Ab welcher Grenze dies zu einer Ablehnung der Anerkennung führen soll, wird jedoch unterschiedlich beurteilt.[18] Zu versagen ist die Anerkennung, wenn überhaupt keine Elterneignungsprüfung durchgeführt worden ist oder die Annehmenden lediglich nach rein formalen Kriterien (wie z.B. ihren finanziellen Verhältnissen) beurteilt worden sind ohne dass auch Kriterien der Erziehungsfähigkeit, ein angemessener Altersabstand oder die sonstige Familiensituation im Herkunftsstaat der Adoptiveltern berücksichtigt worden sind.[19] In beiden Fällen ist das Kind in eine Familie gekommen, in der völlig ungewiss war, ob es dort auch gut und sicher aufgehoben ist. Dies verstößt gegen die Grund- und Menschenrechte des Kindes und kann auch nicht mehr dadurch geheilt werden, dass sich nach der Aufnahme alles gut entwickelt hat. Bei vermittelten Adoptionen (sei es nach dem HAÜ oder „nur" nach §§ 2a ff. AdVermiG) ist dies faktisch ausgeschlossen, da dort die Elterneignung ein maßgebliches Kriterium für den Vermittlungsprozesses in die neue Familie darstellt. Relevant wird dies dann nur noch bei ausländischen Inlandsadoptionen und unvermittelten Adoptionen i.S.v. § 4 AdWirkG. Es obliegt dann den Adoptiveltern im Anerkennungsverfahren nachzuweisen, dass (ohne Beteiligung entsprechender deutscher Stellen) im Ausland dennoch eine, den Maßstäben des §§ 7 Abs. 2, 7c Abs. 2 AdVermiG annähernd gerecht werdende Elterneignungsprüfung im ausländischen Verfahren stattgefunden hat.

- Eine weitere Fallgruppe von Gerichtsentscheidungen beschäftigt sich mit der Frage, ob die **fehlende oder ungenügende Prüfung eines Adoptionsbedürfnisses** im ausländischen Verfahren zu einer Versagung der Anerkennung führen kann. Häufig geht es dabei um Fälle, in denen das Kind von in Deutschland lebenden Verwandten oder Bekannten im Heimatstaat des Kindes adoptiert worden ist, ohne dass die Adoptiveltern davon wussten, dass sie im Inland deutsche Stellen hätten hinzuziehen müssen. Nach einigen Gerichtsentscheidungen sei die Anerkennung zu versagen, wenn die Alternative des Verbleibens des Kindes in der bisherigen Familie vorhanden und für das Kind zumutbar

15 Z.B. BGH NJW 1998, 2358; BGH NJW 2015, 2800; BGH NJW 2020, 3026, 3031
16 *Hoffmann*, ZKJ 2006, 542
17 OLG Celle FamRZ 2008, 1109; OLG Frankfurt ZKJ 2009, 376; KG FamRZ 2012, 1234; OLG Hamm FamRZ 2011, 310; OLG Frankfurt NJW-RR 2020, 326
18 Sehr streng trotz ausführlicher Kindeswohlprüfung im ausländischen Verfahren: OLG Karlsruhe StAZ 2011, 210
19 Ausführlich: OLG Frankfurt NJW-RR 2020, 326

war.[20] Eine Adoption dürfe nicht allein aus dem Zweck heraus geschehen, um ein Leben im wirtschaftlich besser gestellten Ausland zu ermöglichen. Insbesondere bei einer Adoption ins Ausland sei die „biologische und kulturelle Verwurzelung" des Kindes zu beachten.[21] Zusätzlich wird dann noch auf die Subsidiarität der Auslandsadoption abgestellt. Es solle grundsätzlich zunächst geprüft werden, ob das Kind in seinem Herkunftsstaat weiter versorgt und adoptiert werden kann, bevor es ins Ausland vermittelt wird.[22] Diesen Grundsatz findet man u.a. auch in Art. 21 lit. b der UN-Kinderrechtskonvention. Die Versagung der Anerkennung allein wegen nicht erkennbarer Prüfung eines Adoptionsbedürfnisses ist jedoch im Ergebnis abzulehnen. Denn die Prüfung dieser Frage ist ausschließlich die Aufgabe des erkennenden ausländischen Gerichts. Überprüft das deutsche Familiengericht dies im Anerkennungsverfahren, so verstößt dies gegen das Verbot der *révision au fond* in § 109 Abs. 5 FamFG. Auch in einem deutschen Adoptionsverfahren kommt es nicht darauf an, ob die Adoption tatsächlich erforderlich ist und erst recht nicht, ob es Alternativen gibt. Vielmehr gilt der Maßstab der Kindeswohldienlichkeit (§ 1741 Abs. 1 Satz 1 BGB), so dass eine Adoption auch dann möglich ist, wenn die Situation in der neuen Familie besser für das Kind ist, als das Verbleiben in einer anderen Umgebung. Bei der Bewertung der ausländischen Adoption im Anerkennungsverfahren dürfen aber keine höheren Maßstäbe angesetzt werden als bei einer deutschen Adoption.

- Es finden sich auch zahlreiche Entscheidungen bezüglich der Anerkennungsfähigkeit, welche sich mit **adoptionsfernen Motiven** für die Adoption auseinandersetzen. Stellt sich im Anerkennungsverfahren heraus, dass die ausländische Adoption ausschließlich zur Ermöglichung einer Einreise nach Deutschland, zur Erlangung der deutschen Staatsangehörigkeit oder aus wirtschaftlichen Motiven durchgeführt worden ist, so sei die Anerkennung wegen Verstoßes gegen den *ordre public* zu versagen.[23] Auch diese Argumentation ist im Hinblick auf das Verbot der *révision au fond* in § 109 Abs. 5 FamFG kritisch zu bewerten. Es ist nicht Aufgabe des deutschen Anerkennungsgerichts, einen inneren Bewertungsvorgang des ausländischen Gerichts (ob trotz dieser adoptionsfremden Motive die Adoption dennoch dem Kindeswohl dient) im Nachhinein zu bewerten und zu revidieren. Dies ist gerade nur erlaubt bei unbegleiteten Adoptionen.
- Weitere Gerichtsentscheidungen thematisieren die **Frage des rechtlichen Gehörs nach Art. 103 Abs. 1 GG**. Richtigerweise ist die Anerkennung einer ausländischen Adoptionsentscheidung zu versagen, wenn materiell-rechtlich betroffenen Personen im ausländischen Verfahren keine Möglichkeit zur Äußerung gegeben worden ist. Insbesondere der **fehlenden Beteiligung der bisherigen Eltern** im ausländischen Verfahren kommt hierbei ein hoher Stellenwert zu.[24] Wegen des Eingriffs in ihr Elternrecht nach Art. 6 Abs. 2 Satz 1 GG müssen sie in einem Adoptionsverfahren zwingend gehört werden.[25] Nur in eng umgrenzten Fällen kann hierauf verzichtet werden, insbesondere wenn ihr Aufenthaltsort trotz entsprechender Ermittlungen unbekannt bleibt (vgl. § 1747 Abs. 4 BGB). Nicht ausreichend ist nach deutschen Vorstellungen hingegen der Verzicht auf eine Einwilligung der bisherigen Eltern im Adoptionsverfahren, weil den bisherigen Eltern vorher das Sorgerecht oder vergleichbare Erziehungsrechte entzogen worden sind.[26] Denn das

20 Statt vieler: OLG Karlsruhe StAZ 2011, 210; FamRZ 2014, 582; OLG Stuttgart NJW-RR 2023,1558
21 OLG Düsseldorf FamRZ 2011, 1522
22 OLG München, Beschl. v. 5.12.2011 – 31 Wx 83/11, juris; LG Frankfurt a.M., Beschl. v. 13.1.2010 – 2/9 T 606/08, juris; LG Düsseldorf, Beschl. v. 30.10.2007 – 25 T 1193/06, juris
23 Z.B.: OLG Köln FamRZ 2010, 49; OLG Hamm, Beschl. v. 28.9.2010 – 15 Wx 69/10, juris; OLG Celle FamRZ 2008, 1109; OLG Schleswig, Beschl. v. 24.6.2009 – 2 W 38/09, juris
24 Ausführlich: Staudinger/*Henrich*, Art. 22 EGBGB Rn. 91
25 OLG Düsseldorf FamRZ 2012, 1229
26 Diese Möglichkeit des Verzichts auf eine Beteiligung im Adoptionsverfahren sehen v.a. osteuropäische Rechtsordnungen vor.

Sorgerecht kann jederzeit wieder zurück übertragen werden, während eine Adoption praktisch unumkehrbar ist. Gerade Letzteres gehört zum Wesenskern einer Adoption im Vergleich zu anderen Rechtsverhältnissen zwischen Eltern und Kindern. Ebenso beachtlich ist **die fehlende Anhörung bzw. Beteiligung eines schon älteren Kindes** im ausländischen Verfahren.[27] Dies gilt es im Rahmen des Anerkennungsverfahrens zu ermitteln, und zwar nicht nur bei unvermittelten Auslandsadoptionen sondern gerade auch bei vermittelten Adoptionen und ausländischen Inlandsadoptionen.

- Ausdrücklich keine Verstöße gegen den *ordre public* stellen hingegen die Fälle dar, in denen im Ausland eine Adoption ausgesprochen worden ist, welche in Deutschland aus formalen Gründen nicht erlaubt wäre (z.B. die Adoption durch eine verheiratete Einzelperson, § 1741 Abs. 2 Satz 2 BGB)[28] oder welche schwächere Wirkungen als eine deutsche Adoption nach §§ 1754 ff. BGB hat.[29] Vielmehr zeigt ja gerade § 2 Abs. 3 AdWirkG, dass auch schwächere Adoptionen grundsätzlich anerkennungsfähig sind.

Kommt ein Verstoß gegen den anerkennungsrechtlichen *ordre public* in Betracht, so stellt sich in der Folge die Frage, ob die Anerkennung dennoch auszusprechen ist, weil **mittlerweile** (also im **Zeitpunkt der Anerkennungsentscheidung**) eine **schützenswerte Eltern-Kind-Beziehung entstanden** ist.[30] Hierauf stellt der EuGH für Menschenrechte unter Verweis auf Art. 8 Abs. 1 EMRK in mehreren Entscheidungen ab.[31] Relevant ist diese Frage nur noch in den Fällen außerhalb der unbegleiteten Adoptionen, da § 4 Abs. 2 AdWirkG nunmehr ausdrücklich vorsieht, dass es bei der Beurteilung der Kindeswohlerforderlichkeit immer auf den Zeitpunkt der Anerkennungsentscheidung ankommt. So ist es auch zu erklären, dass schon vor dem 1.4.2021 einige deutsche obergerichtliche Entscheidungen eine erneute Kindeswohlprüfung im Zeitpunkt der Adoptionsentscheidung durchgeführt haben, um hierdurch eine nicht stattgefundene Elterneignungsprüfung im Ausland im Rahmen der Anerkennung nachzuholen und damit die Adoption im Nachhinein zu „retten".[32] Diese Vorgehensweise aber auch auf die vermittelten Auslandsadoptionen und die ausländischen Inlandsadoptionen zu übertragen, verstößt gegen den Sinn und Zweck eines Anerkennungsverfahrens. Denn das Anerkennungsgericht führt dann gerade keine Wiederholungsadoption im Inland durch, sondern eine kursorische Überprüfung der schon stattgefundenen ausländischen Adoption. Dies bedeutet, dass selbst wenn sich das Verhältnis zwischen dem Kind und den Annehmenden nach der Adoption nicht so entwickelt hat, wie im Rahmen der Prüfung der Voraussetzungen der Adoption prognostiziert, kann nicht im Nachhinein die Anerkennung versagt werden, wenn im Übrigen die Adoption nicht gegen den Ordre Public verstößt. Alles andere widerspräche nicht nur dem gewünschten Eintritt von Rechtssicherheit durch eine Adoption, sondern auch den vorweggenommenen Schutzvorschriften für das Kind im Haager Adoptionsübereinkommen und im deutschen Adoptionsvermittlungsverfahren.[33] Aus Sicht der Adoptiveltern würden sie im Anerkennungsverfahren dann erneut überprüft werden, obwohl sie im Vorfeld der Auslandsadoption alles Erforderliche getan haben. 17

Etwas anderes gilt bei **unbegleiteten Adoptionen**. Hier kann eine unvermittelte Auslandsadoption i.S.v. § 4 Abs. 1 AdWirkG im Anerkennungsverfahren durch weitere Entwicklungen im Eltern-Kind-Verhältnis „gerettet" werden oder negative Entwicklungen die Ordre-public-Widrigkeit in der Gesamtabwägung „verstärken". Diese Gesamtabwägung findet im Zeit- 18

27 LG Dresden, Beschl. v. 9.8.2006 – 2 T 188/06, juris; OLG Braunschweig NJOZ 2016, 42; Staudinger/*Henrich*, Art 22 EGBGB Rn. 90
28 BGH NJW 2015, 2800
29 Staudinger/*Henrich*, Art. 22 EGBGB Rn. 96 f.; zu weiteren Fällen: *Hoffmann*, ZKJ 2006, 542
30 So schon: BayObLG FamRZ 2001, 1641; ausführlich: *Botthof*, StAZ 2013, 77
31 EGHMR FamRZ 2007, 1529; EGHMR NJW 2013, 2171
32 OLG Hamm, Beschl. v. 28.9.2010 – 15 Wx 69/10, juris
33 Ausführlich: *Weitzel*, IPrax 2007, 308, 310 ff.

punkt der Anerkennungsentscheidung statt (§ 4 Abs. 2 AdWirkG), so dass das aktuelle Verhältnis des Kindes zu den Adoptiveltern den indizierten Ordre-public-Verstoß überwiegen kann.

Der Maßstab hierfür ist hoch anzusetzen und die Anerkennung muss im Hinblick auf das Kindeswohl die „deutlich bessere Lösung" als die Nichtanerkennung darstellen. Maßgeblich kommt es dabei nicht nur auf das aktuelle und zu prognostizierende Eltern-Kind-Verhältnis an, sondern es sind zusätzlich auch die Folgen einer Nichtanerkennung für das Kindeswohl in die Gesamtabwägung mit einzubeziehen und die Grundrechtspositionen der Annehmenden und der Anzunehmenden nach Art. 6 Abs. 2 GG unter Berücksichtigung des Rechts auf Familienleben nach Art. 8 EMRK zu berücksichtigen.[34] Denn eine Nichtanerkennung führt immer zu einem hinkenden Statusverhältnis und das Kind hat im Herkunftsstaat seine vormaligen Eltern mittels Adoption schon verloren, während es im Inland gerade (noch) nicht den Adoptiveltern zugeordnet ist. Nach der Wertung des neuen Adoptionswirkungsgesetzes haben die Adoptiveltern hierfür die Feststellungslast. Verbleiben in der Gesamtabwägung Zweifel, so ist die Anerkennung zu versagen.[35]

II. Der Anwendungsbereich des Adoptionswirkungsgesetzes

1. Die Qualifikation des ausländischen Rechtsverhältnisses als „Annahme als Kind" (sachlicher Anwendungsbereich)

19 Eine Anerkennung nach dem AdWirkG ist nur dann möglich, wenn es sich bei dem ausländischen Rechtsverhältnis um eine „Annahme als Kind" i.S.v. § 1 Satz 1 AdWirkG handelt (**sachlicher Anwendungsbereich**). Bei der **Qualifikation ist ein internationaler Maßstab anzusetzen**.[36] Das ausländische Rechtsverhältnis muss in seinen Wirkungen nicht exakt die gleichen Wirkungen wie eine deutsche Adoption gemäß §§ 1754 ff. BGB haben. Damit sind auch sog. „schwache Adoptionen" grundsätzlich nach § 2 Abs. 1 AdWirkG anerkennungsfähig, wie im Übrigen § 2 Abs. 3 AdWirkG eindeutig bestätigt. Um das Adoptionsverhältnis von bloßen Vormundschaften und Pflegschaften abzugrenzen, ist für die Qualifikation entscheidend, ob sich durch das ausländische Rechtsverhältnis eine **Statusveränderung** für das Kind ergeben hat. Nur wenn das Kind durch die ausländische Entscheidung der Familie der Annehmenden zugeordnet worden ist, kann man von einer Annahme als Kind i.S.d. § 1 Satz 1 AdWirkG sprechen. Bleibt die vorherige Verwandtschaft indes unverändert und führt die ausländische Entscheidung lediglich zur Übertragung einzelner Rechte (insbesondere Sorge- oder Umgangsrecht), dann ist das ausländische Rechtsverhältnis eher als Vormundschaft oder Pflegschaft zu qualifizieren.[37] Deren Anerkennung richtet sich nicht nach § 2 Abs. 1 AdWirkG, sondern kann – wenn gewünscht – durch Feststellungsbeschluss nach § 108 Abs. 2 und 3 FamFG durch ein deutsches Familiengericht verfestigt werden.

2. Anerkennung nach dem AdWirkG nur für Minderjährigenadoptionen (persönlicher Anwendungsbereich)

20 Die Vorgaben des Adoptionswirkungsgesetzes finden nur dann Anwendung, wenn **das Kind im Zeitpunkt der ausländischen Adoption noch nicht das 18. Lebensjahr vollendet hatte** (§ 1 Abs. 1 Satz 2 AdWirkG – **persönlicher Anwendungsbereich**). Keine Rolle spielt es in-

34 Zutreffend: OLG Köln FamRZ 2023, 443; OLG Frankfurt FamRZ 2024, 1498
35 So im Fall von OLG Celle Beschl. v. 10.1.2025 – 17 UF 115/24, juris
36 So auch: *Maurer*, FamRZ 2003, 1337, 1338
37 Z.B. OLG Köln StAZ 2013, 339 zum iranischen Rechtsverhältnis „sarparasti"

des, wann der Antrag auf Anerkennung gestellt wird. Im Zeitpunkt der Antragstellung kann das Kind auch schon lange volljährig sein.

Auch ausländische Volljährigenadoptionen können durch familiengerichtliche Entscheidung anerkannt werden. Dies folgt dann aber dem Anerkennungsregime in § 108 Abs. 2 Satz 1, 2 und Abs. 3 FamFG und nicht aus dem Adoptionswirkungsgesetz. 21

III. Das gerichtliche Verfahren

1. Verfahrenseinleitung durch Antrag

Anerkennungsverfahren nach § 2 Abs. 1 AdWirkG sind **Antragsverfahren** („Auf Antrag …"). 22
Von Amts wegen darf über die Anerkennung ausländischer Adoptionen nicht entschieden werden.[38] **Antragsbefugt** sind neben dem Annehmenden (bei mehreren Annehmenden auch jeder allein) und dem Kind auch die bisherigen (meistens leiblichen) Eltern des Kindes und das Geburtsstandesamt (§ 5 Abs. 1 Satz 1 a) bis d) AdWirkG). Die Antragsbefugnis des zuständigen Standesamts besteht jedoch nur „in Zweifelsfällen" (§ 5 Abs. 1 Satz 3 AdWirkG). Die Behörde muss also maßgebliche Zweifel an der Anerkennungsfähigkeit geltend machen. Kann sie dies nicht, so ist der Antrag als unzulässig zu verwerfen.

Der Antrag kann **formlos** gestellt und bis zum Erlass der Entscheidung **zurückgenommen werden**. Letzteres gilt aber nur bei HAÜ-Adoptionen und ausländischen Inlandsadoptionen. Bei unbegleiteten Adoptionen und vermittelten Auslandsadoptionen außerhalb des HAÜ-Regimes bestimmt § 2 Abs. 2 AdWirkG, dass ein einmal gestellter Antrag nicht zurückgenommen werden. 23

Bei der Antragstellung muss **nicht zwingend auch die Wirkungsfeststellung nach § 2 Abs. 3 AdWirkG mit beantragt** werden. Diese Feststellung trifft das Gericht von Amts wegen zusätzlich zur Anerkennungsentscheidung (vgl. § 2 Abs. 1 Hs. 2 AdWirkG), es sei denn es wird gleichzeitig ein Umwandlungsantrag gestellt (§ 2 Abs. 3 Satz 2 AdWirkG) 24

2. Die gerichtliche Zuständigkeit

Nach § 6 Abs. 1 AdWirkG ist für die Entscheidung über die Anerkennung das Familiengericht am Sitz des jeweiligen OLG örtlich zuständig (sog. **Konzentrationsgericht**). Von der aus § 6 Abs. 2 AdWirkG folgenden Befugnis, durch Rechtsverordnung andere Familiengerichte mit dieser Aufgabe zu betrauen, hat – soweit ersichtlich – bislang kein Bundesland Gebrauch gemacht. 25

Anknüpfungspunkt für die örtliche Zuständigkeit ist der **gewöhnliche Aufenthalt** der Annehmenden (§ 6 Abs. 1 Satz 2 AdWirkG i.V.m. § 187 Abs. 1 FamFG) und nachrangig der gewöhnliche Aufenthalt des Kindes (§ 187 Abs. 2 FamFG). Haben weder die Annehmenden noch das Kind ihren gewöhnlichen Aufenthalt in Deutschland, so entscheidet das Amtsgericht Schöneberg in Berlin, welches das Verfahren wiederum „aus wichtigem Grund" an ein anderes Konzentrationsgericht verweisen kann (§ 6 Abs. 1 Satz 2 AdWirkG i.V.m. § 187 Abs. 5 Satz 1 und Satz 2 AdWirkG; siehe hierzu *Braun*, § 187 FamFG Rn. 22 und 23). 26

▶ *Näher zum Begriff des gewöhnlichen Aufenthalts siehe u.a. Braun, § 187 FamFG Rn. 6 f., und Keuter, § 152 FamFG Rn. 12 ff.*

Die internationale Zuständigkeit richtet sich wiederum nach § 6 Abs. 1 Satz 2 AdWirkG i.V.m. § 101 FamFG. Anknüpfungspunkte sind hierbei die deutsche Staatsangehörigkeit oder der gewöhnliche Aufenthalt (der Annehmenden oder des Kindes) in Deutschland. 27

38 MüKo-BGB/*Helms*, § 5 AdWirkG Rn. 2

3. Die Vorlage von entscheidungserheblichen Dokumenten

28 Prüfungsinhalt des Anerkennungsverfahrens ist die Anerkennungsfähigkeit einer ausländischen Adoptionsentscheidung. Es muss daher zunächst überprüft werden, ob überhaupt eine wirksame Entscheidung im Ausland ergangen ist und sodann betrachtet werden, ob diese Entscheidung von ihrem Verfahren und Inhalt her in Deutschland anerkennungsfähig ist.

29 Grundlage für diese Prüfung ist die **Vorlage entsprechender ausländischer Dokumente**. Die Aussagekraft der entsprechenden Unterlagen ist jedoch stark von den Vorgaben der entsprechenden Rechtsordnung abhängig. Während sich aus manchen ausländischen Entscheidungen schon aus dem Wortlaut der Adoptionsentscheidung die wesentlichen Informationen für die Ordre-public-Prüfung ergeben, müssen in anderen Rechtsordnungen weitere Unterlagen angefordert werden, was erst recht gilt, wenn Verfahrensgegenstand die Anerkennung unbegleiteter Adoptionen nach § 4 AdWirkG ist. Zu beachten ist auch, dass die Beweiskraft von ausländischen Personenstandsurkunden äußerst unterschiedlich ist. Die folgende Liste kann daher nur einen (nicht vollständigen) **Überblick** über mögliche Unterlagen geben.[39]

- In jedem Fall anzufordern ist die **ausländische Adoptionsentscheidung**, durch die die ausländische Adoption begründet worden ist.[40]
- Die **ausländische Geburtsurkunde des Kindes** nach der ausländischen Adoption zeigt meist die rechtliche Neuzuordnung des Kindes zu den Annehmenden und unterstützt daher die Feststellung, ob im Ausland eine Statusänderung infolge einer Adoption stattgefunden hat. In manchen Rechtsordnungen werden auch gesonderte Adoptionsurkunden erstellt[41] oder Registrierungen in besonderen Adoptions- oder Geburtsregistern vorgenommen.[42]
- Handelte es sich bei der ausländischen Adoption um eine nach dem Haager Adoptionsübereinkommen vermittelte Adoption, so ist ebenso die **Konformitätsbescheinigung nach Art. 23 Abs. 1 Satz 1 HAÜ** vorzulegen. Liegt dieses Dokument vor, so wird eine Anerkennung kaum noch zu versagen sein.
- Ergeben sich aus der ausländischen Entscheidung keine maßgeblichen Informationen zum Ablauf des ausländischen Verfahrens, so lohnt häufig die Anforderung von **ausländischen Sozialberichten oder Gerichtsprotokollen**. Auch die den Annehmenden unterbreiteten ausländischen Kindervorschläge können weitere Informationen zur Herkunft und zur Existenz leiblicher Eltern bieten und zudem die Qualität des Vermittlungsprozesses im Ausland näher darlegen.
- Ergibt sich dies nicht aus den weiteren Unterlagen, so müssen ggf. **gesonderte Einwilligungserklärungen der vormaligen Eltern** aus dem ausländischen Verfahren angefordert oder im Laufe des Anerkennungsverfahrens beschafft werden. Häufig kann nur so festgestellt werden, ob den vormaligen Eltern rechtliches Gehör nach Art. 103 Abs. 1 GG gewährt worden ist (vgl. oben Rn. 16).
- Je nach Rechtsordnung können noch weitere Unterlagen verlangt werden. Zu nennen sind hierbei etwa Ermittlungsberichte der örtlichen Polizei, wenn vorgebracht wird, dass das Kind ein ausgesetztes Kind ist, oder vorangegangene Vereinbarungen über die Adoption eines Kindes.

---

39 Ähnlich: MüKo-BGB/*Helms*, § 6 AdWirkG Rn. 9, 10
40 Hierzu: OLG Celle, Beschl. v. 10.5.2011 – 17 UF 148/10, juris
41 So z.B. in Russland, Ukraine
42 So z.B. in Thailand, Haiti

In einigen Fällen ist die **Überprüfung der Echtheit der vorgelegten ausländischen Dokumente** problematisch. Ausgangspunkt für diese Prüfung sind die Kriterien in § 438 ZPO, wonach das Gericht nach den Umständen des Falles über die Echtheit des vorgelegten Dokuments zu entscheiden hat. Keine Probleme ergeben sich, wenn das Dokument aus einem Staat kommt, welches eine Haager Apostille erstellen darf oder in dem eine sog. Legalisation nach § 13 KonsG (vgl. § 438 Abs. 2 ZPO) möglich ist. In einigen Staaten ist die Urkundenlage jedoch so unzuverlässig, dass die Echtheit von Dokumenten nur durch eine Urkundenüberprüfung (meistens durch einen Vertrauensanwalt der deutschen Botschaft) feststellbar ist. Ergibt sich die Echtheit aber aus den sonstigen Gesamtumständen (vgl. § 438 Abs. 1 ZPO), so stellt die Nichtdurchführung des sehr zeitaufwändigen Urkundenüberprüfungsverfahrens keinen Verfahrensfehler dar. 30

4. Die Bestellung eines Verfahrensbeistands

Auch die Neufassung des Adoptionswirkungsgesetz verweist – im Gegensatz zu den Anhörungsvorschriften in §§ 159, 160 FamFG – nicht auf § 191 FamFG oder § 158 FamFG. Dennoch wird in der obergerichtlichen Rechtsprechung vertreten, dass im Anerkennungsverfahren bezüglich unbegleiteter Adoptionen aufgrund des Verfahrensinhalts in der Regel ein Verfahrensbeistand zu bestellen sei.[43] 31

Rechtssystematisch überzeugt dies nicht. Denn wenn der Gesetzgeber in § 6 Abs. 3 AdWirkG explizit auf einige Vorschriften im Kindschaftsverfahrensrecht verweist, aber gerade nicht auf § 191 FamFG oder § 158 FamFG, so sollte nicht von Amts wegen dennoch ein Verfahrensbeistand bestellt werden (u.a. mit der Kostenfolge, dass die Antragsteller dann auch noch die Kosten für diese gerichtliche Auslage tragen müssen). Hätte der Gesetzgeber dies anders gewollt, so wäre es bei der Reform des Adoptionswirkungsgesetzes ein leichtes gewesen, eine entsprechende Verweisungsnorm in das Gesetz zu schreiben.

5. Die Beteiligung der Bundeszentralstelle für Auslandsadoption, des Jugendamts und der zentralen Adoptionsstellen

Nach § 6 Abs. 3 Satz 4 AdWirkG ist in den Anerkennungsverfahren u.a. die Bundeszentralstelle für Auslandsadoption beim Bundesamt für Justiz in Bonn zu „beteiligen. Ob hierunter eine Beteiligung i.S.v. § 7 Abs. 2 Nr. 1 FamFG zu verstehen ist oder tatsächlich nur eine Anhörungspflicht besteht,[44] hat praktisch keine große Bedeutung. In jedem Fall hat es sich eingebürgert, dass die Behörde ausführliche Stellungnahmen zu der Anerkennungsfähigkeit und zu den Wirkungen der ausländischen Adoption abgibt. Seit dem 1.4.2021 sind auch das örtliche Jugendamt und die Zentrale Adoptionsstelle beim Landesjugendamt zwingend zu beteiligen. Erstaunlicherweise wird hier keine Differenzierung zwischen unbegleiteten Adoptionen und sonstigen Auslandsadoptionen gemacht. Also auch bei Anerkennungsverfahren, welche auf vermittelten Adoptionen basieren und ausschließlich die *Ordre-public*-Prüfung durchzuführen ist, bedarf es der Einbindung der Fachbehörden. Dies verzögert unnötig die Verfahren und führt zu Problemen bei der Pflicht zur vorrangigen Behandlung von Anerkennungsverfahren nach § 6 Abs. 4 AdWirkG. 32

6. Die Anhörungen

Erstaunlicherweise **verweist § 6 Abs. 3 Satz 2 AdWirkG** nicht auf die Anhörungsvorschriften in Adoptionssachen (vgl. § 192 FamFG), sondern **auf die entsprechenden Verfahrensnormen im Kindschaftsrecht**: § 159 FamFG gilt für die Anhörung des Kindes und § 160 33

43 OLG Frankfurt FamRZ 2024, 1498; so auch zum vormaligen AdWirkG: OLG Köln FamRZ 2012, 1234; zurückhaltender: OLG Düsseldorf FamRZ 2012, 1229

44 *Maurer*, FamRZ 2003, 1337, 1343

Abs. 1 Satz 1, Abs. 2 bis 4 FamFG für die Anhörung der bisherigen Eltern (welche wiederum gemäß der Rückausnahme in § 6 Abs. 3 Satz 3 AdWirkG im Anerkennungsverfahren in aller Regel nicht erforderlich ist). Mit der entsprechenden Anwendung von § 160 FamFG ist nicht auch die Anhörung der Annehmenden (also der neuen Eltern) erfasst. Durch die regelhafte Antragstellung durch die Annehmenden wird diesen jedoch ohnehin ausreichend rechtliches Gehör gewährt.

34 Bei der **Anhörung der Kinder** kann häufig § 159 Abs. 2 Satz 1 Nr. 1 bis 3 FamFG zur Anwendung kommen. Denn in den meisten Fällen von im Ausland adoptierten Kindern, sind diese Kinder (sowohl im Zeitpunkt der Adoption als auch im Zeitpunkt des Anerkennungsverfahrens) sehr jung. Diese sehr jungen Kinder können im Anerkennungsverfahren, zu welchem sie nach § 6 Abs. 3 Satz 2 AdWirkG angehört werden sollen, nur selten zur weiteren Sachverhaltsaufklärung beitragen (entweder weil sie sich noch gar nicht in der (deutschen) Sprache äußern können oder weil sie zur sprachlichen Verständigung noch gar nicht in der Lage sind).[45] Zwar könnte argumentiert werden, dass sich das Gericht dann zumindest einen persönlichen Eindruck i.S.v. § 159 Abs. 1 FamFG verschaffen sollte, um das Verhalten des Kindes zu den Adoptiveltern zu beobachten.[46] Dies bringt aber nur einen Erkenntnisgewinn, wenn es – wie bei unbegleiteten Adoptionen – auf das Verhältnis des Kindes zu den neuen Eltern im Zeitpunkt der Anerkennungsentscheidung ankommt (vgl. § 4 Abs. 2 AdWirkG). Bei HAÜ-Adoptionen, vermittelten Auslandsadoptionen und selbst bei ausländischen Inlandsadoptionen spielt dies bei der „reinen" *Ordre public*-Prüfung indes keine Rolle.

35 Ist das Kind jedoch voraussichtlich in der Lage, durch eine persönliche Anhörung (auch mittels dolmetschender Person) zur Sachverhaltsermittlung (auch bezüglich eines etwaigen Ordre Public-Verstoßes) beizutragen, so greift nicht § 159 Abs. 2 Nr. 2 und 3 FamFG. Bei **über 14-jährigen Kindern** ist das rechtliche Gehör in jedem Fall durch persönliche Anhörung und Verschaffung des persönlichen Eindrucks zu gewährleisten.

36 Bei unbegleiteten Adoptionen, in denen – wie häufig – das Kind nicht einreisen kann, kommt das Absehen von der persönlichen Anhörung aus schwerwiegenden Gründen nach § 159 Abs. 2 Nr. 1 FamFG in Betracht. Denn spätestens mit der Normierung von § 34 Abs. 4 FamFG ist eine persönliche Anhörung mittels Bild- und Tonübertragung bei der grundsätzlich vorgeschriebenen persönlichen Anhörung nach § 34 Abs. 1 Nr. 2 FamFG gerade nicht mehr möglich. Dann kann die persönliche Anhörung im Ausland nur noch im Wege der internationalen Rechtshilfe und ggf. nach § 15 Abs. 5 KonsG durch Konsularbeamtinnen und -beamte durchgeführt werden. Es ist aber fraglich, ob auch der in § 159 FamFG besonders hervorgehobene persönliche Eindruck durch das erkennende Gericht durch eine **Rechtshilfeanhörung** ersetzt werden kann. Davon unbenommen ist jedoch die Möglichkeit, mittels des internationalen Sozialdienstes die Lebensbedingungen des Kindes im Ausland zu ermitteln.[47] Dies ersetzt aber nicht die persönliche Anhörung und den persönlichen Eindruck nach § 159 Abs. 1 FamFG.[48] Kein schwerwiegender Grund für ein Absehen von einer persönlichen Anhörung des Kindes ist der Wunsch der Annehmenden, dass das Kind ggf. von der Adoption nichts erfahren soll.[49]

37 **Auch die Annehmenden sind in der Regel persönlich anzuhören**. Dies folgt entweder aus dem Verweis in § 6 Abs. 3 Satz 2 AdWirkG auf § 160 Abs. 1 Satz 1 FamFG oder aus der grundsätzlichen Pflicht zur Anhörung von Beteiligten, so dass dann nach § 34 Abs. 1 Nr. 1 FamFG auch in der Regel eine persönliche Anhörung durchzuführen ist.

45 OLG Schleswig FamRZ 2014, 498; strenger: OLG Hamm ZKJ 2012, 233
46 So: OLG Frankfurt FamRZ 2024, 1498
47 So die Fallkonstellation bei OLG Celle Beschl. v. 10.1.2025 – 17 UF 115/24, juris
48 A.A. wohl OLG Frankfurt FamRZ 2024, 1498
49 *Braun*, ZKJ 2012, 216, 218

7. Die Entscheidung

Die **stattgebende Entscheidung** erfolgt **durch Beschluss**, welcher zu begründen ist. Auch ist seit dem 1.4.2021 nun auch die Bundeszentralstelle für Auslandsadoption beschwerdebefugt (§ 6 Abs. 6 AdWirkG). Darüber hinaus hat die Begründung auch den Zweck, nachfolgenden Behörden und Gerichten die Erwägungen für die stattgebende Entscheidung darzulegen (insbesondere auch hinsichtlich der Wirkungsfeststellung nach § 2 Abs. 3 AdWirkG). 38

Bei der **Tenorierung** ist darauf zu achten, dass die ausländische Adoption unmissverständlich bezeichnet wird.[50] Es muss klar sein, auf welche ausländische Entscheidung sich die Anerkennung bezieht. Auch wenn dies nicht explizit beantragt worden ist, muss von Amts wegen auch die Feststellung über die Wirkung der ausländischen Adoption gemäß § 2 Abs. 3 AdWirkG erfolgen. Hierbei kann der Wortlaut in § 2 Abs. 3 Satz 1 Nr. 1 AdWirkG (sog. starke Adoption) oder der Wortlaut in § 2 Abs. 3 Satz 1 Nr. 2 AdWirkG (sog. schwache Adoption) übernommen werden. 39

Bei der **Ablehnung der Anerkennung** darf der Antrag nicht bloß zurückgewiesen werden. Vielmehr ist festzustellen, dass die Anerkennung der konkreten ausländischen Adoption zu versagen ist. Dies ist deshalb erforderlich, da auch die negative Anerkennungsentscheidung in materielle Rechtskraft erwächst und die rechtskräftige Ablehnung der Anerkennung die Möglichkeit einer Nachadoption eröffnet.[51] 40

Sämtliche Anerkennungsentscheidungen sind mit einer **Kostenentscheidung** zu versehen (§ 81 Abs. 1 Satz 3 FamFG). Bei der Anerkennung fallen Gerichtsgebühren nach Nr. 1710 Nr. 3 oder Nr. 1714 KV zum FamGKG (in der Regel 240 EUR) an. Kostenschuldner ist der Antragsteller (§ 21 FamGKG). Auf die Höhe des Verfahrenswerts kommt es nur an, wenn außergerichtliche Kosten zu tragen sind. 41

D. Das Umwandlungsverfahren

I. Der Prüfungsinhalt des Umwandlungsverfahrens

Die Umwandlung nach § 3 AdWirkG bewirkt die **Anpassung von geringeren ausländischen Adoptionswirkungen an die Wirkungen einer deutschen Adoption**.[52] Im Gegensatz zum Anerkennungsverfahren wirkt die Umwandlung damit rechtsbegründend (**konstitutiv**). Es wird das gleiche Ergebnis erreicht, wie wenn eine Wiederholungsadoption in Deutschland stattgefunden hätte. 42

Die geringeren Wirkungen des ausländischen Adoptionsverhältnisses beziehen sich meistens darauf, dass nach der ausländischen Rechtsordnung maßgebliche Rechte und Pflichten der bisherigen Familie des Kindes erhalten bleiben (sog. schwache Adoptionen).[53] Das Eltern-Kind-Verhältnis zu den bisherigen Eltern ist dann noch nicht erloschen und im Rahmen der Anerkennung kann nur die Wirkungsfeststellung nach § 2 Abs. 3 Satz 1 Nr. 2 AdWirkG erfolgen. Die Möglichkeit der Umwandlung einer (schon) starken ausländischen Adoption nach § 3 Abs. 2 AdWirkG ist wenig praxisrelevant, aber auf Antrag möglich. 43

Die Umwandlung einer ausländischen Adoption setzt die vorherige Anerkennung der ausländischen Adoption voraus. Die beiden Verfahren können zu einem Verfahren verbunden werden.

50 MüKo-BGB/*Helms*, § 6 AdWirkG Rn. 15, schlägt auch die Darstellung des Zeitpunkts der Rechtskraft der ausländischen Entscheidung vor
51 *Maurer*, FamRZ 2003, 1337, 1344
52 MüKo-BGB/*Helms*, § 3 AdWirkG Rn. 2
53 Ausführlich mit Beispielen: *Hölzel*, StAZ 2003, 289, 290 f.

44 Die **Vorgaben** für die Umwandlung finden sich in § 3 AdWirkG:

- Es bedarf zunächst der Prüfung, ob die Umwandlung dem **Kindeswohl** dient (§ 3 Abs. 1 Satz 1 Nr. 1 AdWirkG). Die Kindeswohlprüfung ist jedoch nicht gleichbedeutend mit einer Kindeswohlprüfung in einem deutschen Adoptionsverfahren (vgl. § 1741 Abs. 1 BGB). Prüfungsgegenstand einer Umwandlung ist lediglich die Änderung der Wirkungen einer schon erfolgten (ausländischen) Adoption. Das statusbegründende Rechtsverhältnis zwischen Kind und Annehmenden ist schon durch die ausländische Adoption entstanden.[54] Maßgeblich geht es bei der Kindeswohlprüfung daher ausschließlich um die Frage, ob sich die Beendigung des rechtlichen Eltern-Kind-Verhältnisses zu der bisherigen Familie für das Kind positiv auswirkt.[55]
- Des Weiteren müssen im Umwandlungsverfahren erneute **Zustimmungen zu einer Volladoption nach deutschen Vorstellungen** erteilt werden (§ 3 Abs. 1 Satz 1 Nr. 2 AdWirkG bzw. Art. 27 Abs. 1 lit. b HAÜ i.V.m. Art. 4 lit c und d HAÜ).[56] Hintergrund dieser Regelung ist die Tatsache, dass insbesondere die vorherigen Eltern (soweit solche bekannt und beteiligt worden sind) und das Kind bislang im ausländischen Verfahren nur in eine Adoption mit den geringeren ausländischen Wirkungen eingewilligt haben. Da diese Personen nun durch die Umwandlung maßgebliche Rechte und Pflichten verlieren, müssen sie erneut zustimmen. Ob Zustimmungen erforderlich sind oder ob auf diese auch im Rahmen der Umwandlung verzichtet werden kann (bzw. ob die Einwilligungen ersetzt werden können), richtet sich nach der ausländischen Rechtsordnung (inklusive deren internationalem Privatrecht), was sich wiederum aus § 3 Abs. 1 Satz 2 AdWirkG ergibt.[57] Ausdrücklich erforderlich ist aber die erneute Zustimmung des Kindes nach deutschem Recht gemäß § 3 Abs. 1 Satz 3 AdWirkG i.V.m. § 1746 Abs. 1 BGB, so dass über 14-jährige Kinder höchstpersönlich einwilligen müssen (mit Zustimmung des gesetzlichen Vertreters), es sei denn sie sind geschäftsunfähig, und unter 14-jährige Kinder sich für diese Einwilligungserklärung von ihrem gesetzlichen Vertreter (was in aller Regel schon die Annehmenden sind) vertreten lassen müssen. Die **Einwilligungserklärungen** bedürfen auch im Umwandlungsverfahren der notariellen Beurkundung nach § 1750 Abs. 1 Satz 2 BGB.
- Schließlich bedarf es auch bei der Umwandlung der **Berücksichtigung der Interessen** des Ehegatten des Annehmenden, der (weiteren) Kinder der Annehmenden und der Kinder des Angenommenen (§ 3 Abs. 1 Satz 1 Nr. 3 AdWirkG), wobei zu bedenken ist, dass durch die Umwandlung nur selten maßgebliche Interessen dieser Personen betroffen sind. Schließlich geht es bei der Umwandlung meist ausschließlich um den Abbruch der rechtlichen Beziehungen zur vormaligen Familie.

II. Das gerichtliche Verfahren

45 Folgende **Verfahrensschritte** sind bei der Umwandlung einer ausländischen Adoption durchzuführen:

- Das Verfahren kann nur auf **Antrag des Annehmenden** eingeleitet werden (§ 5 Abs. 1 Satz 1 Nr. 2 AdWirkG). Fand im Ausland eine gemeinschaftliche Adoption statt, so können die beiden Annehmenden das Verfahren nur gemeinsam initiieren. Der Antrag bedarf der **notariellen Form** (§ 5 Abs. 1 Satz 3 AdWirkG i.V.m. § 1752 Abs. 2 Satz 2 BGB).
- Die **gerichtliche Zuständigkeit** ist identisch wie bei den Anerkennungsverfahren (vgl. oben Rn. 25 ff.).

54 MüKo-BGB/*Helms*, § 3 AdWirkG Rn. 5
55 Ausführlich: AG Frankfurt/a.M. StAZ 2013, 23
56 Ausführlich: MüKo-BGB/*Helms*, § 3 AdWirkG Rn. 6
57 Kritisch hierzu: *Hölzel*, StAZ 2003, 289, 290

- Welche **Dokumente für die Umwandlungsentscheidung** vorzulegen sind, richtet sich nach dem Einzelfall. Da sich die Kindeswohlprüfung nach § 3 Abs. 1 Satz 1 Nr. 1 AdWirkG ausschließlich mit der Frage befassen muss, ob die Veränderung der Adoptionswirkungen dem Kind zum Vorteil gereicht („dient"), bedarf es keiner erneuten Einholung von z.B. Gesundheits- oder Führungszeugnissen der Annehmenden. Relevant kann hingegen die Vorlage von Sozialberichten über das Vorleben des Kindes und über das Zusammenleben in der neuen Familienkonstellation sein. Soll es als Folge der Umwandlung zu einer Namensänderung kommen, so sind Personenstandsurkunden der Annehmenden (Geburts- und Heiratsurkunden) und des Kindes (ausländische oder deutsche Geburtsurkunde) einzuholen bzw. anzufordern.
- Nach § 6 Abs. 3 Satz 4 AdWirkG sind im Umwandlungsverfahren das **Jugendamt und die zentrale Adoptionsstelle beim Landesjugendamt zu beteiligen**. Weder das Jugendamt noch das Landesjugendamt sind jedoch dazu berufen, eine fachliche Äußerung zu erstellen. Vielmehr beschränkt sich deren Aufgabe darauf, etwaige fachliche Bedenken hinsichtlich des Kindeswohls nach § 3 Abs. 1 Satz 1 Nr. 1 AdWirkG vorzubringen. Der qualitative und quantitative Prüfungsaufwand ist für die Fachbehörden daher bedeutend geringer als bei einer deutschen Adoption.
- Bzgl. der **Anhörungen im Umwandlungsverfahren** sind im Grundsatz sowohl das Kind, die Annehmenden als auch die leiblichen Eltern anzuhören (§ 6 Abs. 3 Satz 2 AdWirkG i.V.m. §§ 34, 159, 160 FamFG). Da auch die Interessen von Kindern der Annehmenden, von Kindern des Anzunehmenden und von Ehegatten zu berücksichtigen sind (§ 3 Abs. 1 Satz 1 Nr. 3 AdWirkG), sind auch diese Personen anzuhören. Zu beachten ist, dass die Möglichkeit des Absehens von der Anhörung der leiblichen (vormaligen) Eltern nach § 6 Abs. 3 Satz 3 AdWirkG im Umwandlungsverfahren nicht möglich ist. Eine persönliche Anhörung ist jedoch meistens nicht erforderlich und auch gesetzlich nicht vorgeschrieben, da die leiblichen Eltern (soweit ihre Identität und ihr Aufenthaltsort bekannt sind) schließlich ohnehin zustimmungsverpflichtet nach § 3 Abs. 1 Satz 1 Nr. 2 AdWirkG sind. Der Anhörungsinhalt ist bei der Umwandlung ein anderer als bei der Anerkennung. Da es hier maßgeblich um die Prüfung des Kindeswohls nach § 3 Abs. 1 Satz 1 Nr. 1 AdWirkG geht, wird das Gericht bei unter 14-jährigen Kindern nur selten gemäß § 159 Abs. 2 FamFG auf die persönliche Anhörung verzichten können.[58] Schließlich sind die Meinung und Wünsche des Kindes bzgl. der Veränderung der Adoptionswirkungen zu ermitteln.

III. Die Entscheidung

Die **stattgebende Entscheidung** erfolgt durch Beschluss, welcher für sich alleine nicht zwingend zu begründen ist (§ 38 Abs. 4 Nr. 2 FamFG). Im Regelfall der Verbindung mit der Anerkennungsentscheidung ist jedoch eine Begründung erforderlich, da in Bezug auf die Anerkennung die Bundeszentralstelle für Auslandsadoption beschwerdebefugt ist. 46

Bei der **Tenorierung** kann der Wortlaut des § 3 AdWirkG übernommen werden,

Tenorierung

„Es wird festgestellt, dass das Kind die Rechtsstellung eines nach deutschen Sachvorschriften angenommenen Kindes erhält."

Häufig werden **die Anerkennung und die Umwandlung der ausländischen Adoption gemeinsam beantragt** und die **Verfahren** somit **verbunden**. So können die Endentscheidun- 47

58 So auch: MüKo-BGB/*Helms*, § 6 AdWirkG Rn. 10

gen dann auch in einem Beschluss beschieden werden. Zu beachten ist dann, dass gemäß § 2 Abs. 3 Satz 2 AdWirkG keine gesonderte Wirkungsfeststellung mehr stattfinden muss.

48 Wird der **Umwandlungsantrag abgelehnt**, so kann durchaus tenoriert werden, dass der Antrag zurückgewiesen wird. Allein die negative Umwandlungsentscheidung führt nicht zu einer materiellen Rechtskraft. Verändern sich etwa die Verhältnisse hinsichtlich des Kindeswohls in § 3 Abs. 1 Satz 1 Nr. 1 AdWirkG, so können die Annehmenden zu einem späteren Zeitpunkt erneut die Umwandlung der ausländischen Adoption beantragen.

49 Der Umwandlungsbeschluss ist in jedem Fall mit einer **Kostenentscheidung** zu versehen (§ 81 Abs. 1 Satz 3 FamFG). Erneute Gerichtsgebühren entstehen aber allein aufgrund der Umwandlung nicht. Hierzu findet sich kein Gebührentatbestand im Kostenverzeichnis zum FamGKG. Etwaige Gerichtsauslagen sind aber von den Antragstellern zu tragen.

IV. Übersichten

50 *Übersicht: Anerkennungsverfahren (§ 2 Abs. 1 und 2 AdWirkG)*

1. **Verfahrenseinleitung durch Antrag** (§ 5 Abs. 1 AdWirkG, § 23 FamFG)
   a. formloser Antrag ausreichend
   b. Antragsbefugnis nach § 5 Abs. 1 Satz 1 Nr. 1 AdWirkG
      - jeder Annehmende
      - Kind
      - bisheriger Elternteil
      - Geburtsstandesamt „im Zweifelsfall"
2. **Sachlicher und persönlicher Anwendungsbereich des Adoptionswirkungsgesetzes** („Annahme als Kind" und Minderjährigenadoption im Ausland i.S.d. § 1 AdWirkG)
3. **Internationale und örtliche Zuständigkeit** (§ 6 Abs. 1 Satz 2, Abs. 2 AdWirkG, §§ 101, 187 FamFG)
4. **Anforderung entscheidungserheblicher Unterlagen und Dokumente**
5. **Beteiligung der Bundeszentralstelle für Auslandsadoption, des örtlichen Jugendamts und des Landesjugendamts durch Anforderung einer Stellungnahme** (§ 6 Abs. 3 Satz 4 AdWirkG)
6. **Anhörungen**
   a. des Kindes (§ 6 Abs. 3 Satz 2 AdWirkG i.V.m. § 159 FamFG)
   b. der Annehmenden (§ 34 FamFG)
   c. der Eltern des Kindes (§ 6 Abs. 3 Satz 2 AdWirkG i.V.m. § 160 FamFG, aber beachte: § 6 Abs. 3 Satz 3 AdWirkG)
7. **Sachentscheidung**
   a. Prüfungsinhalt
      aa) Überprüfung der formellen Wirksamkeit der ausländischen Adoption
      bb) Überprüfung der Anerkennungsfähigkeit der ausländischen Adoption
         - bei Konventionsadoptionen am Maßstab des Art. 24 HAÜ
         - bei Nichtkonventionsadoptionen am Maßstab des § 109 Abs. 1 Nr. 1 bis 4 FamFG
      cc) Ermittlung der Wirkungen der ausländischen Adoption (§ 2 Abs. 3 AdWirkG)
   b. Beschlussinhalt
      aa) bei positivem Beschluss: Feststellung der Anerkennung und der Wirkungen der ausländischen Adoption
      bb) bei negativem Beschluss: Feststellung, dass die Anerkennung der ausländischen Adoption abgelehnt wird

c. Rechtsmittel(belehrung)
   aa) bei positivem Beschluss: Rechtsmittel durch die Bundeszentralstelle für Auslandsadoption möglich (§ 6 Abs. 6 AdWirkG
   bb) bei negativem Beschluss: Beschwerde (§ 6 Abs. 4 Satz 2 AdWirkG i.V.m. §§ 58 ff. FamFG)
d. Wirksamwerden, Bekanntgabe und Mitteilungen
   aa) positive Beschlüsse:
   - Wirksamwerden mit Zustellung an Annehmende (§ 6 Abs. 5 Satz 1 AdWirkG i.V.m. § 197 Abs. 2 FamFG)
   - Bekanntgabe an alle Beteiligten durch Zustellung, Aufgabe zur Post oder durch Verlesen der Beschlussformel (§§ 15 Abs. 2, 41 Abs. 1 und 2 FamFG)
   - Mitteilung an das die Geburt beurkundende Standesamt (Nr. XIV. Ziff. 1. Abs. 1 Nr. 3 MiZi)

   bb) negative Beschlüsse:
   - Wirksamwerden mit (formeller) Rechtskraft (§ 6 Abs. 5 Satz 2 AdWirkG)
   - Bekanntgabe an alle Beteiligten gemäß §§ 15 Abs. 2, 41 Abs. 1 und 2 FamFG
   - Mitteilung an Wohnsitzgericht, Zentrale Adoptionsstelle beim Landesjugendamt, Jugendamt und Ausländerbehörde (Nr. XIV. Ziff. 2. Abs. 1 und 3 MiZi)

e. Kosten

Kostenentscheidung nach § 81 Abs. 1 Satz 3 FamFG, Verfahrenswert nach § 42 Abs. 2 und 3 FamGKG, Gerichtsgebühren nach Nr. 1710, 1714 KV zum FamGKG

Übersicht: Umwandlungsverfahren (§ 3 AdWirkG) **51**

1. **Verfahrenseinleitung durch Antrag** (§ 4 Abs. 1 AdWirkG, § 23 FamFG)
   a. notarielle Form § 5 Abs. 1 Satz 3 AdWirkG
   b. Antragsbefugnis nach § 5 Abs. 1 Satz 1 Nr. 2 AdWirkG – Annehmende (nur gemeinsam)
2. **(vorhergehende) Anerkennung**
3. **Internationale und örtliche Zuständigkeit** (§ 6 Abs. 1 Satz 2, Abs. 2 AdWirkG, §§ 101, 187 FamFG)
4. **Zustimmungen**
   a. des Kindes (§ 3 Abs. 1 Satz 1 Nr. 2, Satz 2 AdWirkG und § 3 Abs. 1 Satz 3 i.V.m. § 1746 BGB)
   b. der bisherigen Eltern (§ 3 Abs. 1 Satz 1 Nr. 2, Satz 2 AdWirkG)
   c. ggf. anderer zustimmungsbefugter Personen (§ 3 Abs. 1 Satz 1 Nr. 2, Satz 2 AdWirkG)
5. **Anforderung entscheidungserheblicher Unterlagen und Dokumente**
6. **Beteiligung des Jugendamts und der Zentralen Adoptionsstelle beim Landesjugendamt** (§ 5 Abs. 3 Satz 4 AdWirkG)
7. **Anhörungen**
   a. des Kindes (§ 5 Abs. 3 Satz 2 AdWirkG i.V.m. § 159 FamFG)
   b. der Annehmenden (§ 34 FamFG)
   c. der bisherigen Eltern des Kindes (§ 5 Abs. 3 Satz 2 AdWirkG i.V.m. § 160 FamFG)

8. **Sachentscheidung**
   a. Prüfungsinhalt
      aa) Kindeswohlprüfung (§ 3 Abs. 1 Satz 1 Nr. 1 AdWirkG)
      bb) keine überwiegenden Interessen der Ehegatten, Lebenspartner und weiterer Kinder der Annehmenden oder des Angenommenen (§ 3 Abs. 1 Satz 1 Nr. 3 AdWirkG)
   b. Beschlussinhalt
      aa) bei positivem Beschluss: Feststellung, dass das Kind die Rechtsstellung eines nach deutschem Recht adoptierten Kindes erhält
      bb) bei negativem Beschluss: Zurückweisung des Antrags
   c. Rechtsmittel(belehrung)
      aa) bei positivem Beschluss: keine Rechtsmittel eröffnet
      bb) bei negativem Beschluss: Beschwerde (§ 6 Abs. 5 Satz 2 AdWirkG i.V.m. §§ 58 ff. FamFG)
   d. Wirksamwerden, Bekanntgabe und Mitteilungen
      aa) positive Beschlüsse:
      - Wirksamwerden mit Zustellung an Annehmende (§ 6 Abs. 5 Satz 1 AdWirkG i.V.m. § 197 Abs. 2 FamFG)
      - Bekanntgabe an alle Beteiligten durch Zustellung, Aufgabe zur Post oder durch Verlesen der Beschlussformel (§§ 15 Abs. 2, 41 Abs. 1 und 2 FamFG)
      - Mitteilung an das die Geburt beurkundende Standesamt (Nr. XIV.1 Abs. 1 Nr. 4 und Abs. 3 MiZi)

      bb) negative Beschlüsse:
      - Wirksamwerden mit (formeller) Rechtskraft (§ 6 Abs. 5 Satz 2 AdWirkG)
      - Bekanntgabe an alle Beteiligten gemäß § Abs. 2, 41 Abs. 1 und 2 FamFG
      - Mitteilung an Wohnsitzgericht, Zentrale Adoptionsstelle beim Landesjugendamt, Jugendamt und Ausländerbehörde (Nr. XIV. Ziff. 2 Abs. 1 und 3 MiZi)

   e. Kosten

Kostenentscheidung nach § 81 Abs. 1 Satz 3 FamFG, Verfahrenswert nach § 42 Abs. 2 und 3 FamGKG, keine Gerichtsgebühren

Kapitel 2

Gerichtsverfassungsgesetz (GVG)

in der Fassung der Bekanntmachung vom 9. Mai 1975 (BGBl. I S. 1077),
zuletzt geändert durch das Gesetz vom 27. Dezember 2024 (BGBl. I Nr. 438)

– Auszug –

§ 17a GVG
Rechtswegentscheidung

(1) Hat ein Gericht den zu ihm beschrittenen Rechtsweg rechtskräftig für zulässig erklärt, sind andere Gerichte an diese Entscheidung gebunden.

(2) [1]Ist der beschrittene Rechtsweg unzulässig, spricht das Gericht dies nach Anhörung der Parteien von Amts wegen aus und verweist den Rechtsstreit zugleich an das zuständige Gericht des zulässigen Rechtsweges. [2]Sind mehrere Gerichte zuständig, wird an das vom Kläger oder Antragsteller auszuwählende Gericht verwiesen oder, wenn die Wahl unterbleibt, an das vom Gericht bestimmte. [3]Der Beschluss ist für das Gericht, an das der Rechtsstreit verwiesen worden ist, hinsichtlich des Rechtsweges bindend.

(3) [1]Ist der beschrittene Rechtsweg zulässig, kann das Gericht dies vorab aussprechen. [2]Es hat vorab zu entscheiden, wenn eine Partei die Zulässigkeit des Rechtsweges rügt.

(4) [1]Der Beschluss nach den Absätzen 2 und 3 kann ohne mündliche Verhandlung ergehen. [2]Er ist zu begründen. [3]Gegen den Beschluss ist die sofortige Beschwerde nach den Vorschriften der jeweils anzuwendenden Verfahrensordnung gegeben. [4]Den Beteiligten steht die Beschwerde gegen einen Beschluss des oberen Landesgerichts an den obersten Gerichtshof des Bundes nur zu, wenn sie in dem Beschluss zugelassen worden ist. [5]Die Beschwerde ist zuzulassen, wenn die Rechtsfrage grundsätzliche Bedeutung hat oder wenn das Gericht von der Entscheidung eines obersten Gerichtshofes des Bundes oder des Gemeinsamen Senats der obersten Gerichtshöfe des Bundes abweicht. [6]Der oberste Gerichtshof des Bundes ist an die Zulassung der Beschwerde gebunden.

(5) Das Gericht, das über ein Rechtsmittel gegen eine Entscheidung in der Hauptsache entscheidet, prüft nicht, ob der beschrittene Rechtsweg zulässig ist.

(6) Die Absätze 1 bis 5 gelten für die in bürgerlichen Rechtsstreitigkeiten, Familiensachen und Angelegenheiten der freiwilligen Gerichtsbarkeit zuständigen Spruchkörper in ihrem Verhältnis zueinander entsprechend.

Übersicht

A. Allgemeines

Zu den von Amts wegen zu prüfenden Verfahrensvoraussetzungen gehört die **Zulässigkeit des Rechtsweges**. Sie ist stets zu **Verfahrensbeginn** zu prüfen, weil eine Abweisung der Klage/des Antrags bei Unzulässigkeit des Rechtswegs nicht in Betracht kommt (vgl. Abs. 2 Satz 1). 1

Die **Rechtswegfrage** ist vor der Verhandlung zur Sache in der ersten Instanz bzw. auf eine Beschwerde gegen einen nach § 17a Abs. 3 GVG erlassenen Beschluss hin **abschließend** zu klären.[1] Entsprechend der Zielsetzung dieses Kommentars beschränkt sich die nachfol- 2

1 BGH NJW 2008, 3572, 3573

gende Kommentierung auf Rechtswegprobleme in Familiensachen. **Kernvorschrift** insoweit ist § 17a Abs. 6 GVG, der die entsprechende Anwendung der Regelungen der vorhergehenden Absätze auf das Verhältnis der Familiengerichte zur allgemeinen Zivilgerichtsbarkeit erstreckt. Erfasst ist nicht nur das Verhältnis der Familienabteilung zur Zivilabteilung desselben Gerichts, sondern auch das Verhältnis von Landgericht und Familiengericht.[2]

B. Inhalt der Norm

I. Positive Rechtswegentscheidung (Abs. 1)

3 Nach § 17a Abs. 1 GVG entscheidet jedes Gericht selbst mit endgültiger Wirkung (Grundsatz der **Kompetenzautonomie**).[3] Die Bindungswirkung erfasst die Gerichte aller Gerichtsbarkeiten, ein Gericht eines anderen Rechtswegs darf sich mit der Sache nicht weiter befassen.[4]

4 Die **Bindungswirkung** einer positiven Rechtswegentscheidung tritt ein

- mit **Rechtskraft einer Vorabentscheidung** nach § 17a Abs. 3 Satz 1 GVG oder
- mit **Erlass** des erstinstanzlichen Sachurteils (wegen § 17a Abs. 5 GVG) oder
- mit **Rechtskraft** des erstinstanzlichen Sachurteils, wenn das Gericht entgegen § 17a Abs. 3 Satz 2 GVG nicht vorab, sondern erst in der Begründung des Sachurteils über den Rechtsweg entschieden hat.[5]

5 Die Bindungswirkung tritt auch ein bei **gesetzwidrigen Verweisungen**.[6] Sie kann nur bei „extremen Verstößen" entfallen, d. h., die Verweisung muss unverständlich und schlechthin unhaltbar sein.[7] Die Rechtsprechung zu § 281 ZPO hinsichtlich ausnahmsweise fehlender Bindungswirkung ist auf Rechtswegkonflikte wegen der Spezialregelung in § 17a Abs. 4 GVG nicht anzuwenden.[8]

6 Kommt es innerhalb eines Verfahrens aber zu **Zweifeln über die Bindungswirkung** eines Verweisungsbeschlusses und ist deshalb keines der infrage kommenden Gerichte bereit, die Sache zu bearbeiten oder rechtfertigt die Verfahrensweise eines Gerichts die Annahme, dass das Verfahren von diesem trotz Anhängigkeit nicht prozessordnungsgemäß gefördert werden wird, kann eine regelmäßig nur deklaratorisch wirkende Zuständigkeitsbestimmung entsprechend § 36 Abs. 1 Nr. 6 ZPO bzw. § 5 Abs. 1 Nr. 3 FamFG im Interesse einer funktionierenden Rechtspflege und der Rechtssicherheit geboten sein.[9] Dies gilt auch bei negativem Kompetenzkonflikt zwischen Familiengericht und Landgericht.[10] Diese Ausnahme ist allerdings nur anzunehmen, wenn andernfalls eine funktionierende Rechtspflege nicht mehr gewährleistet wäre.[11] Sofern zwei Gerichte **unterschiedlicher Rechtswege** ihre Zuständigkeit verneint haben, obliegt die Bestimmung des zuständigen Gerichts demjenigen obersten Gerichtshof des Bundes, der **zuerst** darum angegangen wird.[12]

---

2 OLG Stuttgart FamRZ 2012, 1072
3 Musielak/Voit/*Wittschier*, § 17a GVG Rn. 2
4 OLG Hamm FamRZ 2011, 658; Zöller/*Lückemann*, § 17a GVG Rn. 2
5 Musielak/Voit/*Wittschier*, § 17a GVG Rn. 3
6 BGH NJW 2002, 2474; FamRZ 2004, 434
7 BGH MDR 2011,1134 m.w.N.
8 BGH FamRZ 2013, 1302
9 BGH NZS 2014, 675; MDR 2011, 1134
10 OLG Saarbrücken NZFam 2017, 578 m.w.N.
11 OLG Bremen FF 2024, 210
12 BGH NJW-RR 2010, 209 Rn. 6 m.w.N.

II. Unzulässiger Rechtsweg (Abs. 2)

Hält das angerufene Gericht den Rechtsweg für unzulässig, darf es die Klage/den Antrag nicht als unzulässig abweisen, sondern hat nach Anhörung der Parteien/Beteiligten das Verfahren **zwingend** an das Gericht des nach seiner Auffassung zulässigen Rechtsweges zu verweisen. Diese **Verweisung** erfordert keinen Antrag, sondern erfolgt **von Amts wegen**. Rügelose Einlassung der Parteien/Beteiligten steht der Verweisung ebenso wenig entgegen wie eine bereits erlassene Teilanerkenntnis- oder Teilversäumnisentscheidung.[13] **7**

Kommen innerhalb des vom verweisenden Gericht für zutreffend erachteten anderweitigen Rechtsweges mehrere Gerichte in Betracht, hat der Kläger/Antragsteller insoweit ein **Wahlrecht** (vgl. Abs. 2 Satz 2). Nur wenn er sein Wahlrecht nicht ausübt, bestimmt das verweisende Gericht das künftig zuständige Gericht (Abs. 2 Satz 2 Hs. 2). In allen Fällen ist die Verweisung hinsichtlich des **Rechtswegs** für das Gericht, an das verwiesen wird, **bindend** (§ 17a Abs. 2 Satz 3 GVG). Eine Weiterverweisung im Hinblick auf eine versehentlich angenommene örtliche Zuständigkeit wäre dagegen möglich.[14] **8**

Bei Verfahrenskostenhilfegesuchen ist zu **differenzieren**: **9**

Wird lediglich ein ausschließliches Gesuch um Verfahrenskostenhilfe eingereicht – also neben diesem Gesuch ein bloßer Entwurf einer Antragsschrift beigefügt oder ausdrücklich auf die Abhängigkeit des Hauptantrags von vorheriger Bewilligung von Verfahrenskostenhilfe hingewiesen – ist nach wie vor streitig, ob eine Verweisung des ausschließlichen Gesuchs um Verfahrenskostenhilfe nach § 17a Abs. 2 GVG (entsprechend) an das Gericht eines anderen Rechtswegs erfolgen kann. Dies wird von einem Teil der Rechtsprechung und Literatur abgelehnt, weil die Vorschrift eine rechtshängige Klage bzw. einen rechtshängigen Antrag voraussetze, die Verweisung keine Bindungswirkung für das Hauptverfahren entfalte und prozessunökonomisch sei.[15] Der BGH[16] hat sich der Gegenmeinung[17] angeschlossen, weil der Begriff „Rechtsstreit" nicht nur das kontradiktorische Verfahren umfasse, die Frage der Rechtswegzuständigkeit auch im Verfahrenskostenhilfeprüfungsverfahren nicht von untergeordneter Bedeutung sei und eine entsprechende Anwendung des § 17a Abs. 2 GVG den Grundsätzen der Prozessökonomie entspreche.

Gleichwohl überzeugt die Argumentation der erstgenannten Auffassung mehr. Denn einerseits ist eine planwidrige Gesetzeslücke, welche die entsprechende Anwendung des § 17a Abs. 2 GVG auf das isolierte Verfahrenskostenhilfeprüfungsverfahren erfordern würde, nicht erkennbar.[18] Andererseits würde dies für die Sachentscheidung wenig weiterhelfen, weil das Gericht, an welches das Verfahren verwiesen wird, an die Verweisung nur für das Verfahrenskostenhilfeprüfungsverfahren gebunden ist, nicht aber für ein späteres Hauptverfahren.[19] Das angerufene Gericht darf also das Verfahrenskostenhilfegesuch ablehnen mit der Begründung, mangels Rechtswegzuständigkeit bestehe keine hinreichende Erfolgsaussicht; gegen diesen Beschluss hat der Antragsteller das übliche Rechtsmittel der sofortigen Beschwerde.

Ist dagegen **zugleich** mit dem Verfahrenskostenhilfegesuch auch das **Hauptverfahren anhängig** gemacht worden, so ist das Gericht verpflichtet, zunächst ohne inhaltliche Entscheidung über das Verfahrenskostenhilfegesuch über die **Zulässigkeit des Rechtswegs** zu befinden und ggf. den Rechtsstreit an das zuständige Gericht des zulässigen Rechtsweges **10**

13 OLG Nürnberg MDR 2007, 676
14 Zöller/*Lückemann*, § 17a GVG Rn. 12 m.w.N.
15 KG MDR 2022, 855, 856 sowie BGH FamRZ 2021, 113 Rn. 17 jeweils m.w.N.
16 BGH FamRZ 2021, 113 mit Anm. *Hüßtege*
17 BGH FamRZ 2021, 113 Rn. 18
18 KG Beschl. v. 15.2.2022, 9 W 99/21, juris = MDR 2022, 855, 856
19 KG Beschl. v. 15.2.2022, 9 W 99/21, juris Rn. 53; Zöller/*Lückemann*, Vor § 17 GVG Rn. 12

zu **verweisen**; allein dieses Gericht, das auch eine Entscheidung in der Hauptsache selbst zu treffen hat, ist berufen, die erforderlichen Erfolgsaussichten des Klagebegehrens und die wirtschaftlichen Voraussetzungen für die Gewährung von Verfahrenskostenhilfe zu prüfen und einer Entscheidung zuzuführen.[20] Nur auf dem Wege der Vorwegentscheidung über den Rechtsweg ist dem Kläger/Antragsteller eine anschließende Sachentscheidung über sein Verfahrenskostenhilfegesuch garantiert.

11 **Tenor** eines Beschlusses nach § 17a Abs. 2 GVG:

„Der allgemeine Zivilrechtsweg ist unzulässig. Das Verfahren wird an das Amtsgericht – Familiengericht – XY verwiesen."

III. Vorabentscheidung bei zulässigem Rechtsweg (Abs. 3)

12 Hält das angerufene Gericht den eingeschlagenen Rechtsweg für zulässig, **kann** es dies durch einen entsprechenden Beschluss vorab aussprechen; es **muss** dies tun, wenn ein Beteiligter die Zulässigkeit des Rechtsweges rügt. Ein bloßer Hinweis in einer Terminsladung, der gewählte Rechtsweg sei „der richtige", genügt in diesem Falle nicht,[21] vielmehr muss deutlich erkennbar sein, dass es sich bei dem Beschluss um eine rechtsmittelfähige Entscheidung über die Zulässigkeit des Rechtsweges handelt, andernfalls greift mangels wirksamer Vorabentscheidung die Beschränkung des Abs. 5 GVG nicht ein.[22]

13 **Tenor** einer Vorabentscheidung nach § 17a Abs. 3 GVG

„Der Rechtsweg zum Familiengericht ist zulässig."

IV. Verfahren (Abs. 4)

14 Vor jedem Beschluss nach Abs. 2 oder 3 ist den Beteiligten rechtliches Gehör zu gewähren; die vorherige **Anhörung** ist ausdrücklich zwar nur in Abs. 2 vorgeschrieben, ergibt sich für Abs. 3 aber aus dem Grundsatz eines fairen Verfahrens und dient insbesondere der Vermeidung von Überraschungsentscheidungen.

15 In Kindschaftssachen ist dabei darauf zu achten, dass nicht nur demjenigen, der das Verfahren eingeleitet hat, rechtliches **Gehör** gewährt wird, sondern allen Beteiligten, also etwa auch dem verfahrensfähigen **Kind**.

16 Der Beschluss nach Abs. 2 oder 3 ist zu begründen (vgl. Abs. 3 Satz 2). Er kann nach Abs. 3 Satz 3 mit der **sofortigen Beschwerde** angefochten werden, also gemäß §§ 567 Abs. 1, 569 Abs. 1 ZPO binnen zwei Wochen für ein bislang als Zivilsache laufendes Verfahren (Beschwerdegericht: Landgericht oder Oberlandesgericht) bzw. für ein bislang als FamFG-Sache laufendes Verfahren unter entsprechender Anwendung der vorgenannten Vorschriften (Beschwerdegericht: OLG, wenn Verfahren bislang Familiensache).[23] Der Auffassung, es sei gegen einen solchen Beschluss nach §§ 58 ff. FamFG Beschwerde einzulegen,[24] weil eine eigenständige Regelung fehle, kann nicht gefolgt werden. Gegen sie spricht der Wortlaut des § 17a Abs. 4 Satz 3 GVG sowie die Absicht des Gesetzgebers, den Streit um den zulässigen Rechtsweg zu vereinfachen und zu beschleunigen.[25] Verweist entgegen der hier vertretenen Auffassung das angerufene Gericht in einem isolierten Verfahren auf Prüfung eines Verfahrenskostenhilfegesuchs dieses entsprechend der Auffassung des BGH (vgl. Rn. 9) an ein seiner Meinung nach zuständiges Gericht eines anderen Rechtswegs, kann

20 OLG Stuttgart NJW-RR 2011, 1502
21 OLG Frankfurt MDR 2009, 1243
22 BGH NJW-RR 2005, 142
23 OLG Saarbrücken FamRZ 2022, 201 m.w.N.
24 Thomas/Putzo/*Hüßtege*, § 17a GVG Rn. 19
25 OLG Saarbrücken FamRZ 2022, 201, 202 m.w.N.

hiergegen nur der **Antragsteller** des Verfahrens sofortige Beschwerde einlegen, weil der Antragsgegner insoweit nicht in seinen Rechten eingeschränkt wird.[26]

Eine ausdrückliche Regelung für die Rechtswegbeschwerde fehlt sowohl im FamFG als auch in § 17a Abs. 6 GVG, die **analoge Anwendung** ist im Hinblick auf eine anzunehmende planwidrige Regelungslücke angemessen, weil auch für die Anfechtung sonstiger Zwischenentscheidungen auf die sofortige Beschwerde nach **§§ 567, 569 ZPO** verwiesen wird.[27] Für eine anschließende Zuständigkeitsbestimmung nach § 36 Abs. 1 Nr. 6 ZPO bzw. analog § 5 Abs. 1 Nr. 4 FamFG ist kein Raum mehr.[28] **17**

Rückverweisungen sind wegen der Bindungswirkung des Verweisungsbeschlusses grundsätzlich unzulässig. Erfolgt gleichwohl eine Rückverweisung, so ist abweichend von Rn. 17 ausnahmsweise eine Zuständigkeitsbestimmung nach § 36 Abs. 1 Nr. 6 ZPO bzw. § 5 Abs. 1 Nr. 3 FamFG im Interesse der Rechtssicherheit und einer funktionierenden Rechtspflege möglich und erforderlich, weil ansonsten nicht gewährleistet ist, dass eines der Gerichte das Verfahren in der Sache fördert (hierzu bereits Rn. 6).[29] Dabei stellt sich das Problem, dass sowohl dem Ausgangsverweisungsbeschluss wie auch der Rückverweisung Bindungswirkung zukommt, wenn die Beteiligten die Beschlüsse nicht anfechten,[30] wobei nach Auffassung des BGH die **Bindungswirkung** des **zuletzt ergangenen Verweisungsbeschlusses** die des ersten überlagert.[31] **18**

Nach § 17a Abs. 4 Satz 4 bis 6 GVG ist gegen Rechtswegentscheidungen des obersten Landesgerichts die **Rechtsbeschwerde** zulässig, wenn sie ausdrücklich unter den Voraussetzungen des § 17a Abs. 4 Satz 5 GVG vom Beschwerdegericht zugelassen wurde. Die Zulassung ist für den obersten Gerichtshof des Bundes bindend, § 17a Abs. 4 Satz 6 GVG. Abweichend vom Wortlaut des § 17a Abs. 4 („obere Landgericht") kann auch das Landgericht als Beschwerdegericht die Rechtsbeschwerde zum BGH zulassen.[32] **19**

V. Rechtswegprüfung in Rechtsmittelinstanz

In der allgemeinen Rechtsmittelinstanz wird die Zulässigkeit des Rechtsweges grundsätzlich nicht mehr überprüft (Abs. 5). Dies gilt auch dann, wenn weder die Beteiligten noch das Gericht die Problematik des eingeschlagenen Rechtsweges erkannt und erörtert haben und dessen Zulässigkeit daher konkludent erst mit der erstinstanzlichen Sachentscheidung bejaht wurde.[33] **20**

Hat dagegen das erstinstanzliche Gericht trotz Rechtswegrüge keine Vorabentscheidung erlassen, sondern den Rechtsweg erst mit der Sachentscheidung bejaht, greift die Beschränkung des Abs. 5 nicht ein.[34] Gleiches gilt, wenn in erster Instanz verfahrenswidrig eine Person nicht beteiligt wurde, weil sie keinerlei Möglichkeit hatte, die Unzulässigkeit des Rechtsweges zu rügen.[35] Wurde erstinstanzlich zwar keine ausdrückliche Rechtswegrüge erhoben, gilt § 17a Abs. 5 GVG dann nicht, wenn aus dem Vorbringen der Beteiligten ersichtlich ist, dass die Zulässigkeit des Rechtswegs bestritten wird, was auch konkludent ge- **21**

26 BGH NJW 2016, 1520 Rn. 8; FamRZ 2021, 113 Rn. 8
27 Zöller/*Lückemann*, § 17a GVG Rn. 15
28 OLG Bremen FF 2024, 210; OLG Hamm NJW 2010, 2740; Musielak/Voit/*Wittschier*, § 17a GVG Rn. 24 m.w.N.
29 BGH NJW-RR 2002, 713; a.A. OLG Brandenburg FamRZ 2018, 1683 m.w.N. für beide Auffassungen
30 BGH NJW 2000, 1343
31 BGH NJW 2000, 1343; NJOZ 2011, 1408, 1409; OLG Saarbrücken NZFam 2017, 578; *Griesche*, FamFR 2012, 169
32 BGH FamRZ 2017, 1599; a.A. Zöller/*Lückemann*, § 17a GVG Rn. 16a
33 BGH NJW 2008, 3572; a.A. OLG Rostock NJW 2006, 2563
34 BGH FamRZ 2022, 189; NJW 2008, 3572, 3573 Rn. 12
35 OLG Nürnberg FamRZ 2012, 896

schehen kann.[36] § 17a Abs. 5 GVG greift auch dann nicht ein, wenn das Familiengericht in einem keine Familiensache betreffenden Verfahren zur Sache entschieden hat, ohne die Frage seiner Rechtswegzuständigkeit erkennbar geprüft zu haben.[37]

VI. Kompetenzkonflikte innerhalb des Rechtsweges

22 Nach Abs. 6 gelten ausdrücklich die Regelungen der Abs. 1 bis 5 auch bei **Kompetenzkonflikten zwischen Zivilgericht, Familiengericht und Abteilung der freiwilligen Gerichtsbarkeit**. Dies entsprach schon vor Einführung der Vorschrift allgemeiner Auffassung. Die Regelung hat daher in erster Linie klarstellende Funktion.[38] Für reine Amtsverfahren, wie sie im kindschaftsrechtlichen Bereich häufig zu finden sind (siehe *Cirullies*, § 23 FamFG Rn. 1 bis 4), gilt die Vorschrift von vornherein nicht.[39] Abs. 6 erfasst also die Verfahren, in denen

- die Prozessabteilung des Amtsgerichts an das Familiengericht oder das Gericht der freiwilligen Gerichtsbarkeit verweist und umgekehrt,
- das Familiengericht an das Gericht der freiwilligen Gerichtsbarkeit verweist und umgekehrt sowie
- die Zivilkammer des Landgerichts an das Familiengericht oder das Gericht der freiwilligen Gerichtsbarkeit verweist und umgekehrt.[40]

23 Bei den letztgenannten Verfahren geht es zumeist um sonstige Familienstreitsachen i.S.d. § 266 FamFG und deren Abgrenzung von normalen Zivilverfahren. Für diese **Abgrenzung** ist nicht nur auf den Vortrag des Klägers/Antragstellers abzustellen, sondern **auch auf den Vortrag des Beklagten** bzw. Antragsgegners.[41] Wegen der Bindungswirkung verweisender Beschlüsse (§ 17a Abs. 2 Satz 3 GVG) sowie im Hinblick auf die Beschwerdemöglichkeit nach § 17a Abs. 4 Satz 3 GVG ist für eine (deklaratorische) Gerichtsstandbestimmung analog § 36 Abs. 1 Nr. 6 ZPO nur in Ausnahmefällen Raum.[42]

24 *Übersicht: Kompetenzkonflikte*

Streit besteht zwischen	Entscheidung erfolgt durch	Rechtsgrundlage	Bei fortdauerndem Streit
verschiedenen Familienabteilungen **desselben** Amtsgerichts	Präsidium des AG	Geschäftsverteilungsplan	
Familienabteilung und Prozessabteilung **desselben** Amtsgerichts	Verweisung	§ 17a GVG: Es gelten die Regeln über **Rechtswegkonflikte** entsprechend, Abs. 6	Im Ausnahmefall deklaratorische Zuständigkeitsbestimmung analog § 36 Abs. 1 Nr. 6 ZPO

36 BGH FamRZ 2024, 1306
37 OLG Düsseldorf MDR 2019, 184
38 BT-Drs. 16/6308, 318
39 OLG Zweibrücken NJW-RR 1999, 1682
40 BT-Drs. 16/6308, 318
41 BGH NJW 2013, 616 Rn. 19 ff.; FamRZ 2018, 839
42 OLG Bremen FF 2024, 210; OLG Frankfurt FamRZ 2023, 536

Streit besteht zwischen	Entscheidung erfolgt durch	Rechtsgrundlage	Bei fortdauerndem Streit
Familiengericht und Landgericht	Verweisung	§ 17a GVG: Es gelten die Regeln über **Rechtswegkonflikte** entsprechend, Abs. 6	Im Ausnahmefall deklaratorische Zuständigkeitsbestimmung analog § 36 Abs. 1 Nr. 6 ZPO
Familienabteilungen **verschiedener** Amtsgerichte	Verweisung/ Abgabe	**Streit um örtliche Zuständigkeit** §§ 3 und 4 FamFG bzw. Spezialvorschriften §§ 122, 123 FamFG (Ehesachen), 153, 154 FamFG (Kindschaftssachen), 202 FamFG (Ehewohnungs- und Haushaltssachen), 233 FamFG (Unterhaltssachen), 263 FamFG (Güterrechtssachen), 268 FamFG (sonstige Familiensachen)	Zuständigkeitsbestimmung gemäß § 5 FamFG bzw. § 36 Abs. 1 Nr. 6 ZPO

§ 23a GVG

Zuständigkeit in Familiensachen und Angelegenheiten der freiwilligen Gerichtsbarkeit

(1) [1]Die Amtsgerichte sind ferner zuständig für

1. **Familiensachen;**
2. **Angelegenheiten der freiwilligen Gerichtsbarkeit, soweit nicht durch gesetzliche Vorschriften eine anderweitige Zuständigkeit begründet ist.**

[2]Die Zuständigkeit nach Satz 1 Nummer 1 ist eine ausschließliche.

Von Abdruck und Kommentierung der Absätze 2 und 3 wird abgesehen, weil diese für das Kindschaftsrecht nicht relevant sind.

Weiterführende Literatur: Heiß, Ansprüche aus dem Eltern-Kind-Verhältnis und aus dem Umgangsrecht, FPR 2011, 95.

Übersicht

A. Allgemeines

1 § 23a GVG normiert die **sachliche Zuständigkeit** des Amtsgerichts für Familiensachen und die Angelegenheiten der freiwilligen Gerichtsbarkeit. Auf den Verfahrenswert kommt es in den aufgezählten Sachen für die Zuständigkeit des Amtsgerichts nicht an.[1] Für die **internationale Zuständigkeit** hinsichtlich der von § 23a GVG erfassten Verfahren wird auf §§ 98 bis 106 FamFG verwiesen, für die **funktionale Aufgaben**verteilung auf §§ 3, 14 bis 19b RPflG. Die **örtliche Zuständigkeit** für Kindschaftssachen wird in §§ 152 ff. FamFG geregelt.

2 Mit Einführung des FamFG ist die Zuständigkeit des Familiengerichts erheblich erweitert und insbesondere durch die Zuweisung der „sonstigen Familiensachen" des § 266 FamFG, sämtlicher Gewaltschutzverfahren und diverser Zuständigkeiten des früheren Vormundschaftsgerichts das so genannte **„Große Familiengericht"** geschaffen worden. Dem Familiengericht sollte es ermöglicht werden, alle durch den sozialen Verband von Ehe und Familie sachlich verbundenen Rechtsstreitigkeiten zu entscheiden, wobei Ordnungskriterium allein die **Sachnähe** des Familiengerichts zum Verfahrensgegenstand sein sollte.[2]

B. Inhalt der Norm

I. Zuständigkeitsumfang

3 § 23a Abs. 1 Nr. 1 GVG verweist sämtliche **Familiensachen** in die erstinstanzliche Zuständigkeit des Amtsgerichts. Welche Verfahren als Familiensachen anzusehen sind, regelt **§ 111 FamFG**, wobei die dort benannten Verfahren jeweils eingangs des betreffenden Abschnitts des FamFG ihrerseits legal definiert werden. Erfasst werden auch **Nebenansprüche** wie Zinsen, Kosten oder Auskunftsansprüche.[3] Ebenso gilt die Vorschrift für **vorbereitende** und **ergänzende Entscheidungen** wie insbesondere die Bewilligung von Verfahrenskostenhilfe,[4] das Kostenfestsetzungsverfahren,[5] die Festsetzung der Vergütung von Zeugen und Sachverständigen oder die Bestimmung des Verfahrenswertes.[6] Auch soweit **Vollstreckungsangelegenheiten** dem **Prozessgericht** zugewiesen sind (§§ 887, 888, 890 ZPO), werden sie von der Zuständigkeitsregel des § 23a GVG erfasst, dagegen nicht alle weiteren sich an die Familiensache anschließenden **Zwangsvollstreckungsverfahren**, da sie nicht die Regelung der in § 23a GVG, § 111 FamFG angeführten Verfahren und Streitigkeiten zum Gegenstand haben, sondern allein deren Durchsetzung dienen.[7]

II. Zuordnungskriterien

4 Ob ein Verfahren als Familiensache einzustufen ist, richtet sich vorrangig nach der **Begründung** des geltend gemachten Anspruchs. Für die Frage, ob der zur Entscheidung stehende Verfahrensgegenstand eine bürgerlich-rechtliche Streitigkeit oder eine Familiensache i.S.d. § 17a Abs. 6 GVG darstellt, kommt es aber nach überwiegender Auffassung nicht allein auf den Vortrag der Klägerseite, sondern ebenfalls auf das Vorbringen der Gegenseite an.[8]

5 Führt der Antragsteller **verschiedene sachlich-rechtliche Begründungen** eines einheitlichen prozessualen Begehrens auf der Grundlage eines einheitlichen Lebenssachverhaltes

---

1 Musielak/Voit/*Wittschier,* § 23a GVG Rn. 1
2 BT-Drs. 16/6308, 169
3 Musielak/Voit/*Wittschier,* § 23a GVG Rn. 3 m.w.N.
4 Prütting/*Helms,* § 111 Rn. 20; Thomas/Putzo/*Hüßtege,* § 111 FamFG Rn. 11
5 BGH FamRZ 78, 585
6 Musielak/Voit/*Wittschier,* § 17a GVG Rn. 1
7 OLG Saarbrücken OLGR 2009, 461
8 BGH NJW 2013, 616 m.w.N. auch für Gegenmeinung

an, von denen nur eine zur Einordnung des Verfahrens als Familiensache führt, ist das Verfahren insgesamt Familiensache und das Familiengericht hat den Anspruch auch auf seine Begründetheit nach sonstigen zivilrechtlichen Grundlagen zu überprüfen.[9] Handelt es sich dagegen um eine objektive **Anspruchshäufung** i.S.v. § 260 ZPO, von denen einer oder mehrere nicht als Familiensachen einzustufen sind, muss das Gericht diese Verfahrensteile abtrennen und nach Anhörung der Verfahrensbeteiligten an die zuständige Zivilabteilung verweisen.

Eine **Verbindung von Familiensachen mit Nichtfamiliensachen** ist nach wie vor unzulässig,[10] auch im Verhältnis Haupt- und Hilfsantrag,[11] wobei eine Abgabe des Hilfsantrages erst nach Entscheidung über den Hauptantrag zulässig ist.[12] Die Erhebung eines Widerantrags beim Familiengericht ist nur zulässig, wenn auch der **Widerantrag** eine Familiensache betrifft und derselben Verfahrensordnung (ZPO-Vorschriften oder Verfahren der freiwilligen Gerichtsbarkeit) unterliegt.[13] 6

Für die Qualifikation als Familiensache spielt ebenso wenig die Frage einer **Aufrechnung** eine Rolle. Sie ist bloßes Verteidigungsvorbringen und ungeeignet, aus einer Nichtfamiliensache eine Familiensache zu machen.[14] So wie das Zivilgericht u.U. über eine zur Aufrechnung gestellte familienrechtliche Forderung mitentscheiden muss, hat das Familiengericht umgekehrt auch über eigentlich zur Zuständigkeit des Zivilgerichts gehörende zur Aufrechnung gestellte Gegenforderungen zu befinden. 7

III. Familiensachen im Einzelnen

Für die Verfahren nach § 111 Nr. 1, 7 bis 9, 11 FamFG wird auf die einschlägige Kommentierung verwiesen, hinsichtlich der **Kindschaftssachen** nach § 111 Nr. 2 FamFG auf die Kommentierung zu § 151 FamFG. 8

1. Abstammungssachen

Abstammungssachen (früher Kindschaftssachen) nach §§ 111 Nr. 3, 169 FamFG sind vor allem Verfahren auf Feststellung des Bestehens oder Nichtbestehens eines Eltern-Kind-Verhältnisses, insbesondere der Wirksamkeit oder Unwirksamkeit einer Anerkennung der Vaterschaft (§ 169 Nr. 1 FamFG). Eine Abstammungssache nach § 169 Nr. 1 FamFG ist auch die Feststellung der rechtlichen Mutterschaft in den Fällen einer Kinderverwechslung, nicht jedoch die Feststellung einer genetischen Mutterschaft.[15] Verfahren nach § 169 Nr. 2 und 3 FamFG dienen der Durchsetzung der Ansprüche aus § 1598a BGB. Hohe praktische Bedeutung haben Vaterschaftsanfechtungsverfahren nach § 169 Nr. 4 FamFG. 9

2. Adoptionssachen

Zu den **Adoptionssachen** (§ 111 Nr. 4 FamFG) zählen nach § 186 Nr. 1 FamFG alle Verfahren, die die Annahme als Kind betreffen, insbesondere die Adoption Minderjähriger und Volljähriger einschließlich etwaiger unselbständiger Verfahren wie beispielsweise ein Ausspruch zur Namensführung nach § 1757 BGB. Unter § 186 Nr. 2 FamFG fallen alle Verfahren, in welchen eine für die Adoption notwendige Einwilligungserklärung gerichtlich ersetzt werden soll. Weitere Adoptionssachen sind die Verfahren auf Aufhebung des Annahmeverhältnisses (§ 186 Nr. 3 FamFG) sowie praktisch seltene Fälle der Befreiung vom Eheverbot 10

9 BGH NJW 1983, 1913, 1914
10 OLG Brandenburg FamRZ 2017, 117; Zöller/*Feskorn*, § 266 FamFG Rn. 8
11 Musielak/Voit/*Wittschier*, § 17a GVG Rn. 5
12 BGH FamRZ 1980, 554; MüKo-ZPO/*Pabst*, § 17a GVG Rn. 8
13 Musielak/*Borth/Frank*, § 111 FamFG Rn. 10
14 BGH NJW-RR 1989, 173, 174
15 *Keuter*, Statusrecht, § 2 Rn. 229 m.w.N.

nach § 1308 BGB, welche im Hinblick auf ihre Sachnähe zur Annahme als Kind als Adoptionsverfahren eingestuft wurden.[16]

11 **Keine Adoptionssachen** sind dagegen Verfahren auf Rückübertragung der elterlichen Sorge nach § 1751 Abs. 3 BGB oder § 1764 Abs. 4 BGB (Kindschaftssache nach § 151 Nr. 1 FamFG).[17] Die heftig umstrittene Einordnung von Verfahren auf Anerkennung, Wirkungsfeststellung und Umwandlung von ausländischen Adoptionen nach dem **AdWirkG** gemäß § 108 Abs. 2 Satz 3 FamFG[18] berührt vorwiegend die Frage, ob in diesen Verfahren nach Einlegung einer Beschwerde das Familiengericht eine Abhilfeentscheidung treffen muss oder darf (§ 68 Abs. 1 Satz 2 FamFG), während die sachliche Zuständigkeit des Familiengerichts nach § 5 Abs. 1 Satz 1 AdWirkG außer Frage steht. Für die Praxis hat der BGH entschieden, dass die speziellen Adoptionsvorschriften der §§ 186 ff. FamFG im Verfahren auf Anerkennung einer ausländischen Adoptionsentscheidung keine Anwendung finden.[19]

3. Gewaltschutzsachen

12 Sämtliche **Gewaltschutzsachen** sind nach § 111 Nr. 6 FamFG Familiensachen ohne Rücksicht auf eine besondere Nähebeziehung.[20] Gerichtliche Maßnahmen zur Vermeidung einer Kontaktaufnahme zwischen Eltern, die nicht personensorgeberechtigt sind, und ihren Kindern können nach teilweiser Auffassung[21] nur über § 1684 Abs. 4 BGB und nicht nach § 1666 Abs. 3 Nr. 4 BGB erfolgen, nach a.A. dagegen auch im Rahmen des § 1666 Abs. 3 Nr. 4 BGB, wobei dann die Voraussetzungen des § 1684 Abs. 4 BGB zu beachten seien.[22]

▶ *Näher: Cirullies, § 1666 BGB Rn. 10*

Sie sind indes keine Gewaltschutzverfahren.[23]

4. Sonstige Familiensachen

13 „**Sonstige Familiensachen**" (§§ 111 Nr. 10, 266 Abs. 1 Nr. 1 bis 5 FamFG) dürfen nicht zur Zuständigkeit der Arbeitsgerichte gehören, ebenso wenig ein Sachgebiet gemäß § 348 Abs. 1 Satz 2 Nr. 2a bis k ZPO, das Erbrecht oder Wohnungseigentumsrecht betreffen. Aus kindschaftsrechtlicher Sicht interessieren hier Verfahren nach § 266 Abs. 1 Nr. 4 und 5 FamFG.[24] Zu erstgenannten zählen Verfahren, die **„aus dem Eltern-Kind-Verhältnis herrührende Ansprüche"** betreffen. Anders als in § 266 Abs. 1 Nr. 1 oder 3 FamFG genügt ein bloßer Zusammenhang mit einem Eltern-Kind-Verhältnis nicht.[25] So sind z.B. Streitigkeiten zwischen Familienangehörigen über das Recht am eigenen Bild keine sonstigen Familiensachen.[26] Erfasst sind dagegen beispielsweise Anträge auf Herausgabe des Kindesvermögens nach § 1698 BGB[27], (Schadensersatz-)Ansprüche des Kindes gegen die Eltern aus der ihnen nach § 1626 BGB sorgerechtlich obliegenden Verwaltung des Kindesvermögens[28] sowie ein Auskunftsanspruch des Kindes gegen seine Mutter über den möglichen Erzeuger.[29]

---

16 BT-Drs. 16/6308, 247
17 BT-Drs. 16/6308, 247; *Kemper/Fritzsche*, § 186 Rn. 6
18 Nachweise für die gegensätzlichen Auffassungen siehe BGH NJW 2020, 3026 Rn. 9
19 BGH FamRZ 2020, 1481 mit Anm. *Gomille*
20 LG Dessau-Roßlau FamRZ 2013, 1151
21 OLG Frankfurt FamRZ 2024, 124 = NZFam 2024, 25 mit Anm. *Volke*
22 BGH NZFam 2023, 63 Rn. 37 m.w.N.
23 OLG Frankfurt ZKJ 2013, 298
24 Eingehend *Heiß*, FPR 2011, 96 ff.
25 OLG Hamm FamRZ 2013, 574; OLG Koblenz NJW-Spezial 2014, 71; Zöller/*Feskorn*, § 266 FamFG Rn. 19 m.w.N.
26 OLG Frankfurt FamRZ 2016, 2138
27 OLG Dresden FamRZ 2012, 146
28 OLG Zweibrücken NJW-RR 2011, 584
29 BGH FamRZ 2022, 633

Als Familiensache eingestuft wurden auch deliktische Ansprüche des Kindes gegen einen Elternteil auf Schadensersatz aus § 1664 BGB wegen einer rechtswidrig vorgenommenen **Beschneidung**.[30] Die Durchsetzung eines Verbotes zur Kontaktaufnahme mit einem minderjährigen Kind ist keine Kindschaftssache, sondern eine Familiensache nach § 266 Abs. 1 Nr. 4 bzw. 5 FamFG, wenn der mit dem Kind nicht verwandte Anspruchsgegner keine Bezugsperson i.S.d. § 1685 Abs. 2 BGB ist.[31] Keine Familiensache ist dagegen die Geltendmachung eines rein deliktischen Anspruchs des Kindes gegen einen Elternteil wegen sexuellen Missbrauchs, weil dieser nicht primär familienrechtlich geprägt ist.[32]

„Aus dem Umgangsrecht herrührende Ansprüche" (§ 266 Abs. 1 Nr. 5 FamFG) sind insbesondere Ansprüche wegen schuldhaft pflichtwidriger Nichteinhaltung einer Umgangsregelung und daraus resultierender verfehlter oder erhöhter Aufwendungen.[33] Denkbar sind aber auch Verfahren über die Kosten der Ausübung des Umgangsrechts, soweit diese nicht unterhaltsrechtlich bereits berücksichtigt werden.[34] Bedeutung hat § 266 Abs. 1 Nr. 5 FamFG im Hinblick auf § 266 Abs. 1 Nr. 3 FamFG vor allem für nicht miteinander verheiratete Eltern.[35] Verfahren, welche die Regelung und Durchsetzung des Umgangsrechts selbst (§§ 1684, 1685, 1686a BGB) betreffen, sind nach §§ 111 Nr. 2, 151 Nr. 2 FamFG Familiensachen der freiwilligen Gerichtsbarkeit. **14**

IV. Ausschließliche Zuständigkeit

Die Zuständigkeit des Familiengerichts ist **ausschließlich**, § 23a Abs. 1 Satz 2 GVG. Eine Begründung der Zuständigkeit durch Vereinbarung oder rügeloses Verhandeln ist nicht möglich, § 40 Abs. 2 ZPO. **15**

§ 23b GVG

Familiengerichte

(1) Bei den Amtsgerichten werden Abteilungen für Familiensachen (Familiengerichte) gebildet.

(2) [1]Werden mehrere Abteilungen für Familiensachen gebildet, so sollen alle Familiensachen, die denselben Personenkreis betreffen, derselben Abteilung zugewiesen werden. [2]Wird eine Ehesache rechtshängig, während eine andere Familiensache, die denselben Personenkreis oder ein gemeinschaftliches Kind der Ehegatten betrifft, bei einer anderen Abteilung im ersten Rechtszug anhängig ist, ist diese von Amts wegen an die Abteilung der Ehesache abzugeben. [3]Wird bei einer Abteilung ein Antrag in einem Verfahren nach den §§ 10 bis 12 des Internationalen Familienrechtsverfahrensgesetzes vom 26. Januar 2005 (BGBl. I S. 162) anhängig, während eine Familiensache, die dasselbe Kind betrifft, bei einer anderen Abteilung im ersten Rechtszug anhängig ist, ist diese von Amts wegen an die erstgenannte Abteilung abzugeben; dies gilt nicht, wenn der Antrag offensichtlich unzulässig ist. [4]Auf übereinstimmenden Antrag beider Elternteile sind die Regelungen des Satzes 3 auch auf andere Familiensachen anzuwenden, an denen diese beteiligt sind.

(3) [1]Die Abteilungen für Familiensachen werden mit Familienrichtern besetzt. [2]Ein Richter auf Probe darf im ersten Jahr nach seiner Ernennung Geschäfte des Familienrichters nicht wahrnehmen. [3]Richter in Familiensachen sollen über belegbare Kenntnisse auf den Gebieten des Familienrechts, insbesondere des Kindschaftsrechts, des Familienverfahrensrechts und der

30 OLG Karlsruhe NJW 2015, 257, dazu *Cirullies*, NZFam 2014, 1149
31 OLG Zweibrücken MDR 2024, 309
32 OLG Saarbrücken NZFam 2017, 578
33 BGH FPR 2002, 563
34 *Heiß*, FPR 2011, 96, 99
35 *Heiß*, FPR 2011, 96, 99 m.w.N.

für das Verfahren in Familiensachen notwendigen Teile des Kinder- und Jugendhilferechts sowie über belegbare Grundkenntnisse der Psychologie, insbesondere der Entwicklungspsychologie des Kindes, und der Kommunikation mit Kindern verfügen. [4]Einem Richter, dessen Kenntnisse auf diesen Gebieten nicht belegt sind, dürfen die Aufgaben eines Familienrichters nur zugewiesen werden, wenn der Erwerb der Kenntnisse alsbald zu erwarten ist. [5]Von den Anforderungen nach den Sätzen 3 und 4 kann bei Richtern, die nur im Rahmen eines Bereitschaftsdiensts mit der Wahrnehmung familiengerichtlicher Aufgaben befasst sind, abgewichen werden, wenn andernfalls ein ordnungsgemäßer und den betroffenen Richtern zumutbarer Betrieb des Bereitschaftsdiensts nicht gewährleistet wäre.

Weiterführende Literatur: Ernst, Das Gesetz zur Bekämpfung sexualisierter Gewalt gegen Kinder FamRZ 2021, 993; *Heilmann*, Qualifiziert Familienrichter!, NJW-aktuell 16/2018 (Editorial); *Kinderrechtekommission des DFGT* (*Heilmann*), Die Richterschaft in der Familiengerichtsbarkeit – Plädoyer für eine Qualitätsoffensive, ZKJ 2018, 179; *Kinderrechtekommission des DFGT (Veit),* Qualifikationsanforderungen für Familienrichter, ZKJ 2024, 15; *Rörig*, Familiengerichte – Verantwortung ohne Fortbildung?, DRiZ 2018, 84; *Schweppe,* Verfahren in Kindschaftssachen zwischen Beschleunigungsgebot, Praktikabilitätserwägungen und Verfahrensgarantien, FamRZ 2024, 333; *Strnad,* Kinderschutz fängt bei der inneren Haltung an – Zur Qualifikation von Richtern und Anwälten in Kindschaftssachen – FamRZ 2022, 1910.

Übersicht

A. Allgemeines

1 § 23b GVG bestimmt die **Einrichtung spezieller Spruchkörper** für die den Familiengerichten zugewiesenen Verfahren. Von der Einrichtung einer „Abteilung für Familiensachen" (Familiengericht) bei einem Amtsgericht kann nur dort abgesehen werden, wo entsprechend der Konzentrationsregelung des § 23d GVG ein Amtsgericht die Aufgaben des Familiengerichts für mehrere AG-Bezirke übernimmt.[1] Von dieser Ermächtigung haben nur wenige Bundesländer Gebrauch gemacht. § 23b Abs. 2 GVG soll für die Konzentration sämtlicher dieselbe Familie betreffender Familiensachen beim selben Spruchkörper sorgen, § 23b Abs. 3 GVG trifft nähere Bestimmungen über die Besetzung des Spruchkörpers.

B. Inhalt der Norm

I. Mehrzahl von Familiengerichten

2 Die für den Bezirk eines Amtsgerichts anfallenden Familiensachen sind gesetzlich dem Familiengericht zur Erledigung zugewiesen. Ob diese Aufgaben von **einem oder mehreren Familienrichtern** zu erledigen sind, ist vom Präsidium im Rahmen der Geschäftsverteilung zu regeln.[2] Reichen die Familiensachen als alleiniges Pensum zur angemessenen Belastung

1 Z.B. § 3 ZuständigkeitsVO Justiz BW oder § 15 ZuweisungsVO Berlin
2 Musielak/Voit/*Wittschier,* § 23b GVG Rn. 2

eines Richters nicht aus, dürfen ihm beliebige anderweitige Verfahren ergänzend zugewiesen werden.[3] Um eine ausreichende Erfahrung auch des Vertreters in Familiensachen zu gewährleisten, verteilen viele Amtsgerichte die Aufgaben des Familiengerichts auch dann auf zwei Richter, wenn das familiengerichtliche Pensum insgesamt etwa 1,0 beträgt. Dies ermöglicht auch beim Amtsgericht den fachlichen Austausch von Kollegen, die mit der Spezialmaterie Familienrecht vertraut sind. Die Konzentrationsregelungen des § 23b Abs. 2 Satz 2 bis 4 sind zu beachten. Der Auffassung, die **Bildung mehrerer Abteilungen** sei nicht beliebig zulässig,[4] ist durch die Streichung der in früheren Fassungen der Vorschrift enthaltene Beschränkung („sind wegen des Umfangs . . .") die Grundlage entzogen.[5]

II. Zuständigkeitskonzentration

Nach § 23b Abs. 2 Satz 1 GVG **sollen** alle denselben Personenkreis betreffenden Familien- **3**
sachen derselben Abteilung zugewiesen werden. Vorrangig ist gemäß § 23b Abs. 2 Satz 2 GVG der für das Scheidungsverfahren zuständige Richter. Eine **Geschäftsverteilung nach Aufgabengebieten** – z.B. alle vermögensrechtlichen oder alle kindschaftsrechtlichen Verfahren – ist **zu vermeiden**.[6] Ausnahmen für eine Geschäftsverteilung nach Aufgabengebieten ergeben sich zum einen aus § 23b Abs. 2 Satz 3 und 4 GVG, zum andern wird man sie als zulässig ansehen müssen für Verfahren, in denen das Familiengericht an die Stelle des Vormundschaftsgerichts getreten ist.[7] So bestehen z.B. keine Bedenken, das Aufgabengebiet „Adoptionssachen" ausschließlich einem Familienrichter des Gerichts zu übertragen, zumal es bei diesen Verfahren regelmäßig erst einmal um die Begründung der neuen Familie geht und der Rechtsgedanke des § 137 FamFG keine Rolle spielt. Ebenso wäre es nach dem Zweck des Gesetzes („eine Familie – ein Richter") unbedenklich, alle Gewaltschutzsachen, die nicht Eheleute untereinander oder Eltern gegenüber Kindern betreffen, als Spezialzuständigkeit zuzuweisen.

Nach § 12 IntFamRVG sind Verfahren nach dem **HKÜ** sowie weitere in § 10 IntFamRVG auf- **4**
gelistete Verfahren regelmäßig beim Amtsgericht am Sitz eines Oberlandesgerichts konzentriert. Der hierfür zuständige Richter soll nach § 23b Abs. 2 Satz 3 GVG auch weitere bei einer anderen Abteilung des Gerichts anhängige, dasselbe Kind betreffende Verfahren entscheiden. Die von Amts wegen vorzunehmende Abgabe an die spezialisierte Abteilung erfolgt nicht, „wenn der Antrag offensichtlich unzulässig ist", § 23b Abs. 2 Satz 3 letzter HS GVG.

Soll während eines rechtshängigen Scheidungsverfahrens ein Antrag aus dem Katalog der **5**
Verfahren nach §§ 10, 11 IntFamRVG anhängig gemacht werden, **geht die Zuständigkeitskonzentration des § 12 IntFamRVG dem Scheidungsverbund vor**.[8] Denn § 12 IntFamRVG verfolgt das Ziel, dass sich Richter mit dieser Spezialmaterie vertraut machen und entsprechende Erfahrungen sammeln können.[9] Möchten die Ehegatten in dieser seltenen Fallkonstellation den Scheidungsverbund wieder herstellen, bleibt ihnen die Möglichkeit, auf **übereinstimmenden Antrag** die Ehesache an das Konzentrationsgericht abgeben zu lassen, § 23b Abs. 3 Satz 4 GVG.[10]

3 MüKo-ZPO/*Pabst*, § 23b GVG Rn. 3
4 MüKo-ZPO/*Pabst*, § 23b GVG Rn. 4
5 Ebenso Prütting/Gehrlein/*Effer-Uhe*, § 23b GVG Rn. 2
6 Zöller/*Lückemann*, § 23b GVG Rn. 8
7 Zu sachlich begründeten Ausnahmen BT-Drucks. 7/4361, 60
8 Zöller/*Lückemann*, § 23b GVG Rn. 9
9 BT-Drs. 14/4591, 2
10 Zöller/*Lückemann*, § 23b GVG Rn. 9; a.A. (Vorrang des Gerichts der Ehesache): Musielak/Voit/*Wittschier*, § 23b GVG Rn. 4

III. Zuständigkeitskonflikt

1. Kompetenzstreit zweier Familienabteilungen desselben Gerichts

6 Können sich zwei Abteilungen für Familiensachen desselben Amtsgerichts nicht einigen, welche der beiden zuständig ist, hat das **Präsidium** des Amtsgerichts diesen Streit nach dem Geschäftsverteilungsplan zu entscheiden.[11] Der Abgabebeschluss einer Abteilung an die andere ist nicht bindend,[12] es sei denn, es handelt sich um eine von Amts wegen vorzunehmende Abgabe nach § 23b Abs. 2 Satz 2 oder 3 GVG.[13] Ebenso muss der Abgabe nach § 23b Abs. 2 Satz 4 GVG Bindungswirkung beigemessen werden.

2. Kompetenzstreit Familiengericht/Zivilgericht

7 Ein Streit zwischen Familiengericht und der Zivilabteilung desselben Gerichts, ob ein Verfahren als Familiensache einzuordnen ist, berührt die gesetzlich geregelte Geschäftsverteilung und ist nach § 17a Abs. 6 GVG in entsprechender Anwendung der Regelungen des § 17a Abs. 1 bis 5 GVG zu lösen. **Verweisungen** vom Familiengericht an die Zivilabteilung oder umgekehrt haben seit 2009 gemäß § 17a Abs. 2 Satz 3, Abs. 6 GVG grundsätzlich **Bindungswirkung,** wenn sie nicht gemäß § 17a Abs. 4 Satz 3 GVG angefochten wurden.[14] Dies gilt auch für eine Verweisung bei Kompetenzstreit zwischen Familiengericht und Landgericht.[15]

- ▶ *Zu den Einzelheiten siehe Keuter, § 17a GVG, Rn. 7 bis 11.*
- ▶ *Hinsichtlich der Konflikte verschiedener Familiengerichte über die* **örtliche Zuständigkeit** *wird auf die Kommentierung zu § 152 und § 154 FamFG verwiesen.*

IV. Familienrichter

8 Das Familiengericht entscheidet durch den Familienrichter als Einzelrichter, §§ 23b Abs. 3 Satz 1, 22 Abs. 1 GVG. Der Gesetzgeber hatte lange Zeit kein ausdrückliches **Berufs- und Qualifikationsbild** für den Familienrichter[16] geschaffen, vielmehr sich darauf beschränkt, Richter auf Probe im ersten Jahr nach ihrer Ernennung von einer Tätigkeit als Familienrichter auszunehmen. Bei Einführung des Familiengerichts schwebte dem Gesetzgeber vor, dass ausschließlich besonders erfahrene Richter mit breit gestreuter Sachkunde und hinreichender richterlicher Erfahrung diese Position bekleiden sollten.[17] Ein Proberichter durfte das Amt des Familienrichters generell nicht ausüben.[18] Zwar erwarten mit Recht die Rechtssuchenden in anderen Rechtsgebieten ebenfalls Richterpersönlichkeiten mit hinreichender Erfahrung, Sachkompetenz, Fairness und Menschenkenntnis. Andererseits spielen auf kaum einem anderen Rechtsgebiet Emotionen eine ähnlich hohe Rolle wie im Familienrecht, wo erlittene seelische Verletzungen häufig eine Auseinandersetzung auf Sachebene stark erschweren. Neben der Einarbeitung in die komplizierte familienrechtliche Spezialmaterie verlangt die Aufgabe des Familienrichters gerade in Kindschaftssachen deshalb stets auch eine besondere Sensibilität, ein hohes Maß an Kommunikationsfähigkeit und sozialer Kompetenz sowie Zusammenarbeit mit anderen Berufsgruppen wie den Vertretern des Jugendamtes, psychologischen Sachverständigen oder Verfahrensbeiständen. All dies von ei-

---

11 Anders/Gehle/*Hunke*, § 23b GVG Rn. 3
12 Musielak/Voit/*Wittschier*, § 23b GVG Rn. 5
13 Musielak/Voit/*Wittschier*, § 23b GVG Rn. 5
14 OLG Köln FF 2010,80; Musielak/Voit/*Wittschier*, § 23b GVG Rn. 23 m.w.N.
15 OLG Nürnberg FamRZ 2022, 651
16 *Wever*, FF 2012, 427, 428 f.
17 *Kissel/Mayer*, § 23b GVG Rn. 87 m.w.N.
18 Art. 5 Nr. 2 Erstes EheRG BGBl. 1976 S. 1421, 1444

nem Berufsanfänger zu erwarten, bedeutet schlichte Überforderung. Jedes Präsidium ist deshalb trotz der neu eingefügten § 23b Abs. 3 Satz 3 bis 5 GVG gut beraten, **Proberichter grundsätzlich nicht mit familienrichterlichen Aufgaben zu beauftragen**.[19] Hierfür sprechen auch die gesetzgeberischen Bemühungen, möglichst sämtliche Familiensachen, die denselben Personenkreis betreffen, beim selben Gericht zu bündeln. Diese Bündelung wird indes konterkariert, wenn die Person des Entscheiders wie bei Proberichtern üblich häufig wechselt.

Mit den durch das Gesetz zur Bekämpfung sexualisierter Gewalt gegen Kinder[20] eingeführten § 23b Abs. 3 Satz 3 bis 5 hat nunmehr der Gesetzgeber einen (hoffentlich nur ersten) Schritt in Richtung einer besseren Qualifikation der Familienrichter durch die Schaffung eines Anforderungsprofils ähnlich § 22 Abs. 6 GVG getan. Ob dies zu einer wesentlichen Änderung der noch immer anzutreffenden Besetzungspraxis führt (findet sich kein Freiwilliger, wird der Dienstjüngste eingeteilt), bleibt abzuwarten. Dass nach Einschätzung der Länder praktisch alle Familienrichter die Anforderungen des § 23b Abs. 3 erfüllen oder in Kürze erfüllen werden, muss skeptisch gesehen werden,[21] zumal der Gesetzgeber gerade nicht davon ausgeht, dass es sich bei den geforderten Qualifikationen nur um rudimentäre Grundkenntnisse handelt.[22] 9

Eine stärkere Berücksichtigung des in der Ausbildung bislang „stiefmütterlich behandelten“[23] Familien- und vor allem Kindschaftsrechts und regelmäßige – warum eigentlich nicht *expressis verbis*[24] verpflichtende? – Fortbildungen können die Kompetenz der Familiengerichte wesentlich stärken.[25] Gerade Anfänger in einem familienrechtlichen Dezernat sind häufig unzureichend vorbereitet auf die besonderen Herausforderungen[26] der Kommunikation mit z.T. hochbelasteten Kindern und Eltern, die – in ihrem Paarkonflikt verhaftet – die Interessen der Kinder völlig aus den Augen verlieren. Bereits in der Ausbildung vermittelte Kenntnisse der Grundzüge angrenzender Wissenschaften, insbesondere der Sozialen Arbeit, Psychologie und Pädagogik sowie entsprechende Fortbildungsangebote, verbunden natürlich mit der Bereitschaft, von diesen auch Gebrauch zu machen, könnten hier Abhilfe schaffen.

Soweit ein Proberichter gesetzlich als Familienrichter ausgeschlossen ist, gilt dies auch für **Vertretungsfälle**[27] sowie **Rechtshilfeersuchen** nach § 157 GVG.[28] Eine gegen § 23b Abs. 3 Satz 2 GVG verstoßende Besetzung ist ein Verstoß gegen das Gebot des gesetzlichen Richters (Art. 101 Abs. 1 Satz 2 GG), der die Entscheidung zwar nicht unwirksam, aber anfechtbar macht, nach Rechtsmittelerschöpfung sogar mit der Verfassungsbeschwerde.[29] Dass in § 23b Abs. 3 Satz 5 GVG eine Ausnahmemöglichkeit von der Erfüllung des Anforderungsprofils besteht, erscheint angesichts der nur selten anfallenden familienrechtlichen Bereitschaftsfälle vertretbar.[30] 10

19 Ebenso *Rörig*, DRiZ 2018, 84; Kinderrechtekommission des DFGT (*Heilmann*), ZKJ 2018, 179; Anders/Gehle/*Hunke*, § 23b GVG Rn. 11
20 *Ernst*, FamRZ 2021, 993
21 *Kinderrechtekommission DFGT*, ZKJ 2024, 15, 18
22 BT-Drs. 19/23707, 48; Zöller/*Lückemann*, § 23b GVG Rn. 11; Thomas/Putzo/*Hüßtege*, § 23b GVG Rn. 5c
23 Thomas/Putzo/*Hüßtege*, § 23b GVG Rn. 5b
24 BT-Drs. 19/23707, 47 geht von Pflicht und Recht zur Fortbildung aus
25 *Salgo*, ZKJ 2018, 168, 173 m.w.N.
26 BT-Drs. 19/23707, 47
27 HK-ZPO/*Rathmann*, § 23b GVG Rn. 3
28 OLG Stuttgart FamRZ 1984, 716; a.A. MüKo-ZPO/*Pabst*, § 23b GVG Rn. 15, der Rechtshilfeersuchen ausnimmt
29 MüKo-ZPO/*Pabst*, § 23b GVG Rn. 16
30 BT-Drs. 19/23707, 48; Zöller/*Lückemann*, § 23b GVG Rn. 11

§§ 23c bis 169 GVG

Von Abdruck und Kommentierung wird abgesehen.

§ 170 GVG

Nichtöffentliche Familiensachen und Angelegenheiten der freiwilligen Gerichtsbarkeit

(1) [1]Verhandlungen, Erörterungen und Anhörungen in Familiensachen sowie in Angelegenheiten der freiwilligen Gerichtsbarkeit sind nicht öffentlich. [2]Das Gericht kann die Öffentlichkeit zulassen, jedoch nicht gegen den Willen eines Beteiligten. [3]In Betreuungs- und Unterbringungssachen ist auf Verlangen des Betroffenen einer Person seines Vertrauens die Anwesenheit zu gestatten.

(2) Das Rechtsbeschwerdegericht kann die Öffentlichkeit zulassen, soweit nicht das Interesse eines Beteiligten an der nicht öffentlichen Erörterung überwiegt.

Weiterführende Literatur: Lipp, Öffentlichkeit der mündlichen Verhandlung und der Entscheidungsverkündung? FPR 2011, 37

A. Allgemeines

1 Seit Inkrafttreten des FamFG am 1.9.2009 sind Familiensachen grundsätzlich **nicht öffentlich**. Die Vorschrift dient dem typisierten schutzwürdigen Interesse der Beteiligten, sensible private Angelegenheiten in möglichst diskreter Form und deshalb unter weitestmöglichem Ausschluss unbeteiligter Dritter zu erörtern.[1]

B. Inhalt der Norm

I. Nichtöffentlichkeit

2 **Nicht öffentlich** sind **Verhandlungen, Erörterungen** und **Anhörungen** in Familiensachen. Die **Verkündung** einer Endentscheidung in Ehesachen sowie in Familienstreitsachen hat dagegen nach § 173 Abs. 1 GVG stets **öffentlich** zu erfolgen. Bei Familiensachen der FG, insbesondere in Kindschaftssachen, hat das Gericht die Wahl zwischen (öffentlicher) Verkündung oder (schriftlicher) Bekanntgabe (§§ 38 Abs. 3 Satz 3, 41 Abs. 1 FamFG).[2]

Mangels gesetzlicher Regelung besteht kein Anspruch, Fotoaufnahmen von Räumlichkeiten, in denen Kindesanhörungen stattfinden, machen zu dürfen; insbesondere reicht Art. 5 Abs. 1 GG als Rechtsgrundlage insoweit nicht aus.[3] Am Verfahren nicht beteiligte Dritte haben einen Anspruch darauf, anonymisierte Entscheidungsabschriften auch aus Kindschaftsverfahren zu erhalten, sofern nicht ausnahmsweise überwiegende Belange eines Verfahrensbeteiligten gegen eine Veröffentlichung sprechen.[4] Mit der allgemeinen Begrün-

1 MüKo ZPO/*Pabst*, § 170 GVG Rn. 1
2 *Lipp*, FPR 2011, 37, 38
3 OVG Münster NZFam 2022, 572 bespr. v. *Schmidt*
4 BVerfG NJW 2015, 3708; OLG Karlsruhe NZFam 2022, 328 bespr. v. *Fritzsche*

dung, das Persönlichkeitsrecht der Verfahrensbeteiligten gebiete es, die kindesbezogenen Umstände und Streitigkeiten der Eltern entsprechend § 170 Abs. 1 GVG auch nach Verfahrensabschluss nicht der Öffentlichkeit preiszugeben, kann der aus Verfassungsgrundsätzen abzuleitende Anspruch auf anonymisierte Abschrifterteilung nicht verneint werden.[5]

Zur **Teilnahme** an Verhandlungen, Erörterungen und Anhörungen berechtigt sind die **Beteiligten** des Verfahrens. Wer hierzu gehört, bestimmt § 7 FamFG. 3

▶ *Ausführlich hierzu Köhler, Kommentierung zu § 7 FamFG.*

Ferner listen z. B. §§ 172, 188, 204, 212 FamFG die Beteiligten bestimmter FG-Familiensachen im jeweiligen Abschnitt des FamFG auf. Außer den Beteiligten und ihren Verfahrensbevollmächtigten dürfen im Grundsatz keine weiteren Personen an den Verhandlungen, Erörterungen und Anhörungen teilnehmen. Ein **Verstoß** gegen Öffentlichkeitsvorschriften macht die Entscheidung nicht nichtig, sondern anfechtbar (§ 72 Abs. 3 FamFG i.V.m. § 547 Nr. 5 ZPO, § 75 FamFG). Die Wirksamkeit der Verkündung einer Endentscheidung in Ehe- und Familienstreitsachen wird nicht dadurch berührt, dass sich aus der darüber gefertigten Sitzungsniederschrift nicht die vorherige Herstellung der gemäß § 173 GVG notwendigen Öffentlichkeit ergibt.[6]

Das **Jugendamt** darf in kindschaftsrechtlichen Verfahren auch dann, wenn es nicht ohnehin nach § 162 Abs. 2 Satz 1 Beteiligter ist, anwesend sein, da § 155 Abs. 2 Satz 3 FamFG die persönliche Anwesenheit des Jugendamtsvertreters im Erörterungstermin ausdrücklich vorsieht. Anwesenheit von in der Familie eingesetzten **sozialpädagogischen Familienhelfern** kann – auch stillschweigend[7] – über § 175 Abs. 2 Satz 1 GVG gestattet werden. Ebenso darf im Einzelfall **Pflegepersonen** auch ohne förmliche Beteiligung die Anwesenheit gestattet werden.[8] Auf das **Einverständnis** der Beteiligten kommt es – anders als nach § 170 Abs. 1 Satz 2 GVG – insoweit nicht an. 4

Gleiches gilt für die Anwesenheit eines **Sachverständigen**, die insbesondere dann erforderlich sein kann, wenn sich ein Elternteil geweigert hat, sich selbst einer psychologischen Exploration zu unterziehen. Eine solche Mitwirkung kann mangels gesetzlicher Grundlage nicht erzwungen werden, auch nicht indirekt durch Anwendung der Grundsätze über die Beweisvereitelung.[9] In diesen Fällen ist es aber möglich, den die Begutachtung verweigernden Elternteil in Gegenwart des Sachverständigen anzuhören.[10] 5

▶ *Näher hierzu Heilmann, § 163 FamFG Rn. 40.*

Wird eine Kindschaftssache im **Scheidungsverbund** erörtert, so haben indes Beteiligte anderer Folgesachen (Versorgungsträger, Vermieter u.ä.) Zutritt nur zu dem Verhandlungsteil, der ihre Beteiligung betrifft.[11] Ebenso haben Jugendamtsvertreter, Verfahrensbeistand pp. kein Zutrittsrecht, solange allein die Scheidung nebst Versorgungsausgleich erörtert wird.[12] Die Anwesenheit unbeteiligter Dritter bei einer nichtöffentlichen Anhörung stellt einen absoluten Rechtsbeschwerdegrund dar.[13] 6

5 *Fritzsche*, NZFam 2022, 328
6 OLG Celle NJW 2014, 3458
7 Löwe-Rosenberg/*Wickern*, § 175 GVG Rn. 12
8 Siehe für Anwesenheit von Pflegepersonen in Umgangsrechtsverfahren OLG Schleswig SchlHA 1983, 31
9 BGH FamRZ 2010, 720 m.w.N. auch für die Gegenmeinung
10 BGH FamRZ 2010, 720
11 KG Beschl. v. 3.5.2005, 19 WF 73/05; Thomas/Putzo/*Hüßtege*, § 170 GVG Rn. 3
12 MüKo-ZPO/*Pabst*, § 170 GVG Rn. 9
13 BGH Beschl. v. 23.3.2021, XIII ZB 29/19, juris

II. Ausnahmsweise (Teil)Öffentlichkeit

7 Nach § 170 Abs. 1 Satz 2 GVG kann das Gericht die Öffentlichkeit zulassen, jedoch nicht gegen den Willen eines Beteiligten. Widerspricht auch nur ein Beteiligter, bleibt die Öffentlichkeit ausgeschlossen.[14] Zutreffend wird aber nur auf das **Einverständnis anwesender Beteiligter** abzustellen sein.[15]

8 Das Gericht kann ferner gemäß § 175 Abs. 2 GVG Einzelpersonen – z. B. zu Ausbildungszwecken – die Anwesenheit **gestatten**. Entgegen einer teilweise vertretenen Auffassung,[16] wonach die Gestattung durch protokollpflichtigen Beschluss zu erfolgen habe, kann sie auch formlos durch Aufnahme in den Terminsvermerk nach § 28 Abs. 4 FamFG erfolgen. Denn der Gesetzeswortlaut schreibt einen formellen Beschluss nicht vor. Die Praxis toleriert auch konkludente Anwesenheitsgestattungen[17] durch Duldung Eintretender zumindest bei fehlendem Widerspruch der Beteiligten. Auch im Rahmen der **Dienstaufsicht** gestattet § 175 Abs. 3 GVG die Anwesenheit des Dienstvorgesetzten, was insbesondere für Beurteilungen praktische Bedeutung hat.

9 Die mögliche Zulassung der Öffentlichkeit durch das **Rechtsbeschwerdegericht** gemäß § 170 Abs. 2 GVG ist dem Interesse der Öffentlichkeit an der BGH-Rechtsprechung geschuldet.[18]

§§ 171 bis 197 GVG

Von Abdruck und Kommentierung wird abgesehen.

§ 198 GVG

Entschädigung, Verzögerungsrüge

(1) [1]Wer infolge unangemessener Dauer eines Gerichtsverfahrens als Verfahrensbeteiligter einen Nachteil erleidet, wird angemessen entschädigt. [2]Die Angemessenheit der Verfahrensdauer richtet sich nach den Umständen des Einzelfalles, insbesondere nach der Schwierigkeit und Bedeutung des Verfahrens und nach dem Verhalten der Verfahrensbeteiligten und Dritter.

(2) [1]Ein Nachteil, der nicht Vermögensnachteil ist, wird vermutet, wenn ein Gerichtsverfahren unangemessen lange gedauert hat. Hierfür kann Entschädigung nur beansprucht werden, soweit nicht nach den Umständen des Einzelfalles Wiedergutmachung auf andere Weise gemäß Absatz 4 ausreichend ist. [2]Die Entschädigung gemäß Satz 2 beträgt 1 200 Euro für jedes Jahr der Verzögerung. [3]Ist der Betrag gemäß Satz 3 nach den Umständen des Einzelfalles unbillig, kann das Gericht einen höheren oder niedrigeren Betrag festsetzen.

(3) [1]Entschädigung erhält ein Verfahrensbeteiligter nur, wenn er bei dem mit der Sache befassten Gericht die Dauer des Verfahrens gerügt hat (Verzögerungsrüge). [2]Die Verzögerungsrüge kann erst erhoben werden, wenn Anlass zur Besorgnis besteht, dass das Verfahren nicht in einer angemessenen Zeit abgeschlossen wird; eine Wiederholung der Verzögerungsrüge ist frühestens nach sechs Monaten möglich, außer wenn ausnahmsweise eine kürzere Frist geboten ist. [3]Kommt es für die Verfahrensförderung auf Umstände an, die noch nicht in das Verfahren eingeführt worden sind, muss die Rüge hierauf hinweisen. [4]Anderenfalls werden sie von dem Gericht, das über die Entschädigung zu entscheiden hat (Entschädigungsge-

---

14 Hk-ZPO/*Rathmann*, § 170 GVG Rn. 3
15 MüKo-ZPO/*Pabst*, § 170 GVG Rn. 5
16 MüKo-ZPO/*Pabst*, § 175 GVG Rn. 8.
17 Kissel/*Mayer*, § 175 GVG Rn. 16 m. w. N.
18 Prütting/Gehrlein/*Neff*, § 170 GVG Rn. 4

richt), bei der Bestimmung der angemessenen Verfahrensdauer nicht berücksichtigt. [5]Verzögert sich das Verfahren bei einem anderen Gericht weiter, bedarf es einer erneuten Verzögerungsrüge.

(4) [1]Wiedergutmachung auf andere Weise ist insbesondere möglich durch die Feststellung des Entschädigungsgerichts, dass die Verfahrensdauer unangemessen war. [2]Die Feststellung setzt keinen Antrag voraus. [3]Sie kann in schwerwiegenden Fällen neben der Entschädigung ausgesprochen werden; ebenso kann sie ausgesprochen werden, wenn eine oder mehrere Voraussetzungen des Absatzes 3 nicht erfüllt sind.

(5) [1]Eine Klage zur Durchsetzung eines Anspruchs nach Absatz 1 kann frühestens sechs Monate nach Erhebung der Verzögerungsrüge erhoben werden. [2]Die Klage muss spätestens sechs Monate nach Eintritt der Rechtskraft der Entscheidung, die das Verfahren beendet, oder einer anderen Erledigung des Verfahrens erhoben werden. [3]Bis zur rechtskräftigen Entscheidung über die Klage ist der Anspruch nicht übertragbar.

(6) Im Sinne dieser Vorschrift ist

1. **ein Gerichtsverfahren jedes Verfahren von der Einleitung bis zum rechtskräftigen Abschluss einschließlich eines Verfahrens auf Gewährung vorläufigen Rechtsschutzes und zur Bewilligung von Prozess- oder Verfahrenskostenhilfe; ausgenommen ist das Insolvenzverfahren nach dessen Eröffnung; im eröffneten Insolvenzverfahren gilt die Herbeiführung einer Entscheidung als Gerichtsverfahren;**
2. **ein Verfahrensbeteiligter jede Partei und jeder Beteiligte eines Gerichtsverfahrens mit Ausnahme der Verfassungsorgane, der Träger öffentlicher Verwaltung und sonstiger öffentlicher Stellen, soweit diese nicht in Wahrnehmung eines Selbstverwaltungsrechts an einem Verfahren beteiligt sind.**

Die Vorschrift regelt die Voraussetzungen einer nachträglichen Entschädigung. Zum präventiven Rechtsbehelf der Beschleunigungsrüge und Beschleunigungsbeschwerde nach §§ 155b, 155c FamFG in Kindschaftssachen siehe die dortige Kommentierung.

▶ *Zur Bedeutung der Verfahrensdauer in Kindschaftssachen vgl. Fink, § 155 FamFG Rn. 13 ff.*

Kapitel 3

Rechtspflegergesetz (RPflG)

in der Fassung der Bekanntmachung vom 14. April 2013 (BGBl. I S. 778, 2014 I S. 46), zuletzt geändert durch Gesetz vom 19. Juni 2024 (BGBl. I Nr. 206)

Erster Abschnitt
Aufgaben und Stellung des Rechtspflegers

§ 1 RPflG

Allgemeine Stellung des Rechtspflegers

Der Rechtspfleger nimmt die ihm durch dieses Gesetz übertragenen Aufgaben der Rechtspflege wahr.

Übersicht

A. Allgemeines

1 Nur das zuständige Gericht und die hier zuständige Person können eine förmlich rechtmäßige Entscheidung treffen. Im Rahmen der Zuständigkeitsprüfung, die der Richter bzw. Rechtspfleger in Kindschaftssachen bei Verfahrenseinleitung vorzunehmen hat, ist zu unterscheiden zwischen der **sachlichen, örtlichen und funktionalen Zuständigkeit**. Dabei entscheidet sich die funktionale Zuständigkeit im Kindschaftsrecht auf der Grundlage des Rechtspflegergesetzes (§§ 3, 14 RPflG), welches daneben u.a. gesetzliche Regelungen über die Aufgabenwahrnehmung durch den Rechtspfleger (§§ 1, 4, 9 RPflG), das Verhältnis von Richter und Rechtspfleger (§§ 5 bis 8 RPflG) sowie die Anfechtbarkeit von Entscheidungen des Rechtspflegers (§ 11 RPflG) enthält.

2 Der Rechtspfleger ist im Unterschied zum Richter **Angehöriger der Exekutive** und nicht der Judikative. Er ist zwar sachlich unabhängig (vgl. § 9 RPflG), jedoch nicht Richter i.S.d. Art. 92 GG,[1] sondern **Beamter des gehobenen Justizdienstes**, hat in der Regel einen dreijährigen Vorbereitungsdienst abgeleistet und die sog. Rechtspflegerprüfung bestanden (vgl. § 2 RPflG). Während des Vorbereitungsdienstes hat er einen Studiengang an einer Fachhochschule absolviert und verschiedene Abteilungen des Amtsgerichts durchlaufen. Während dieser Zeit werden ihm die theoretischen und praktischen Grundlagen für seine spätere Tätigkeit vermittelt.

B. Inhalt der Norm

3 Die Norm verdeutlicht, dass die **Aufgaben des Rechtspflegers** sich umfassend aus dem Rechtspflegergesetz ergeben. Mit diesem wurden vormals richterliche Tätigkeiten zur Entlastung des Richters auf das damals neue Berufsbild des Rechtspflegers übertragen. Mit Aufgaben, die nicht diesem Gesetz zu entnehmen sind, darf der Rechtspfleger als solcher nicht betraut werden.

4 Der Rechtspfleger nimmt **Aufgaben der Rechtspflege** wahr und nicht Aufgaben der Verwaltung. Seine Entscheidungen im Bereich des Kindschaftsrechts sind damit solche „des Amtsgerichts“ bzw. „des Familiengerichts“. Diese trifft er nach denselben verfahrensrechtlichen und materiell-rechtlichen Grundlagen wie der Richter, also insbesondere dem FamFG und dem BGB.

1 Hierzu etwa BGH NJW-RR 2010, 1366

§ 2 RPflG

Voraussetzungen für die Tätigkeit als Rechtspfleger

Von Abdruck und Kommentierung wird abgesehen.

§ 3 RPflG

Übertragene Geschäfte

Dem Rechtspfleger werden folgende Geschäfte übertragen:

1. in vollem Umfange die nach den gesetzlichen Vorschriften vom Richter wahrzunehmenden Geschäfte des Amtsgerichts in

a) – e) […]

f) Urkundssachen einschließlich der Entgegennahme der Erklärung,

g) – m) […]

2. vorbehaltlich der in den §§ 14 bis 19b dieses Gesetzes aufgeführten Ausnahmen die nach den gesetzlichen Vorschriften vom Richter wahrzunehmenden Geschäfte des Amtsgerichts in

a) Kindschaftssachen und Adoptionssachen sowie entsprechenden Lebenspartnerschaftssachen nach den §§ 151, 186 und 269 des Gesetzes über das Verfahren in Familiensachen und in den Angelegenheiten der freiwilligen Gerichtsbarkeit,

[…]

(Vom weiter gehenden Abdruck wird abgesehen.)

Weiterführende Literatur: Harm/Mix/Opitz/Pütz/Rotax/Rüting, Amtsvormundschaft und Familiengericht im Spannungsfeld der unterschiedlichen Aufgabenwahrnehmung vor dem Hintergrund der Vormundschaftsreform, FamRZ 2012, 1849 ff.

Übersicht

A. Allgemeines

1 Das Rechtspflegergesetz kennt die sog. **Vollübertragung** und die **Einzelübertragung** (§ 3 Ziffer 1 und 3), die im Kindschaftsrecht mit Ausnahme von Beurkundungen in Abstammungssachen keine nennenswerte Relevanz haben, sowie die sog. **Vorbehaltsübertragung** (§ 3 Ziffer 2). Mit Letzterer werden die im Kanon der Ziffer 2 genannten Geschäfte vorbehaltlich einer anderweitigen gesetzlichen Regelung in diesem Gesetz auf den Rechtspfleger übertragen. Findet sich eine solche Übertragung nicht innerhalb des Rechtspflegergesetzes, so bleibt es bei der in § 3 als Ausgangspunkt gesetzlich festgelegten funktionalen Zuständigkeit des Rechtspflegers. Angesichts der grundsätzlichen Zuweisung der Sachgebiete auf den Rechtspfleger spricht **in Zweifelsfällen eine Vermutung** für dessen Zuständigkeit.[1] Für das Kindschaftsrecht sind dabei ausschließlich die gesetzlichen Regelungen in §§ 4 und 14 RPflG von Relevanz, die der Normanwender im Einzelfall zu prüfen hat.

1 *Dörndorfer*, § 3 RPflG Rn. 12 m.w.N.

Übertragen werden damit Geschäfte, für die insbesondere nach dem Bürgerlichen Gesetzbuch **„das Gericht", „das Familiengericht" oder „der Richter"** zuständig ist. In diesen Fällen entscheiden erst die gesetzlichen Regelungen im Rechtspflegergesetz darüber, ob das gerichtliche Verfahren letztlich vor dem Richter oder dem Rechtspfleger durchzuführen ist bzw. wer von beiden die verfahrensabschließende Entscheidung zu treffen hat. Dabei beinhaltet der Vorbehalt des § 14 RPflG trotz seiner missverständlichen Formulierung über den Inhalt des Vorbehalts („Entscheidungen", „Maßnahmen", „Regelungen" etc.), dass der Richter in den Fällen des Vorbehalts **insgesamt für das Verfahren** und nicht lediglich für die verfahrensabschließende Entscheidung zuständig ist.[2] 2

Welcher von mehreren Rechtspflegern innerhalb des Gerichts für die nach dem Rechtspflegergesetz von ihm wahrzunehmenden Aufgaben zuständig ist, ist – auch mit Blick auf §§ 9 und 10 RPflG – im Wege der **Geschäftsverteilung** vom Dienstvorgesetzten und nicht vom Präsidium des Gerichts zu regeln, da § 21e GVG keine Anwendung findet.[3] Insgesamt sind die Vorschriften über den gesetzlichen Richter auf den Rechtspfleger nicht anzuwenden.[4] 3

B. Inhalt der Norm

Dem Rechtspfleger werden insbesondere die **Kindschaftssachen** (hierzu *Keuter*, Kommentierung zu § 151 FamFG) sowie die **Adoptionssachen** (hierzu *Braun*, Kommentierung zu § 186 FamFG) übertragen, wobei diese Übertragung nur vorbehaltlich der in § 14 RPflG ausführlich aufgelisteten Ausnahmen erfolgt. Erst der Blick in §§ 3 und 14 vermittelt damit die abschließende Antwort auf die Frage, ob der Richter oder Rechtspfleger funktional zuständig ist. 4

▶ *Zur Richterzuständigkeit im Kindschaftsrecht siehe Heilmann, Kommentierung zu 14 RPflG.*

Im **Bereich der elterlichen Sorge** ist damit der Rechtspfleger für folgende Verfahren funktionell zuständig: 5

- Ersetzung der Einwilligung des anderen Elternteils, dessen Namen das Kind führt, zu einer Einbenennung, wenn diesem die elterliche Sorge nicht zusteht[5] (siehe hierzu *Heilmann*, § 14 RPflG Rn. 14)
- Entziehung der elterlichen Vertretungsmacht (§ 1629 Abs. 2 Satz 3 i.V.m. § 1789 Abs. 2 Satz 3, 4 BGB)
- Unterstützung der Eltern bei der Ausübung der Personensorge (§ 1631 Abs. 3 BGB)
- Genehmigung bei Abweichungen von einer Erblasseranordnung (§§ 1639 Abs. 2, 1837 Abs. 2 BGB)
- Anordnung der Aufnahme eines Vermögensverzeichnisses durch Behörde, Beamten bzw. Notar (§ 1640 Abs. 3 BGB)
- Genehmigung von Rechtsgeschäften (§ 1643 i.V.m. § 1850 bis 1854 BGB)
- Genehmigung zur Überlassung von Vermögensgegenständen an das Kind (§ 1644 BGB)
- Genehmigung zum Beginn eines neuen Erwerbsgeschäfts im Namen des Kindes (§ 1645 BGB)

2 *Dörndorfer*, § 3 RPflG Rn. 13
3 BVerwGE 19, 112 ff.
4 BGH NJW-RR 2010, 1366
5 OLG Stuttgart Rpfleger 1999, 443; BGH FamRZ 1999, 1648

- Anordnung von Maßnahmen bei Gefährdung des Kindesvermögens (§ 1667 BGB); auch der Entzug der Vermögenssorge (arg. e. § 14 Abs. 1 Nr. 2 RPflG)[6]; näher hierzu unter § 14 RPflG Rn. 5
- Feststellung des Ruhens der elterlichen Sorge bei tatsächlichem Hindernis (§ 1674 BGB) sowie die Feststellung, dass der Grund des Ruhens nicht mehr besteht (§ 1674 Abs. 2 BGB).[7] Gegebenenfalls ist die Sache dem Richter zur Prüfung der Einleitung eines Kindesschutzverfahrens (§§ 1666, 1666a BGB) vorzulegen.
- Entscheidung über den Auskunftsanspruch eines Elternteils gegen den anderen Elternteil über die persönlichen Verhältnisse des Kindes (§ 1686 BGB); ggf. aber Richterzuständigkeit mit Blick auf § 6 RPflG
- Entscheidung über den Auskunftsanspruch des biologischen Vaters (§ 1686a Abs. 1 Nr. 2 BGB); ggf. aber Richterzuständigkeit mit Blick auf § 6 RPflG
- Einschränkung oder Ausschluss von Befugnissen des nicht sorgeberechtigten Elternteils (§ 1687b Abs. 3 BGB) bzw. Lebenspartners (§ 9 Abs. 3 LPartG)
- gerichtliche Maßnahmen bei Verhinderung der Eltern (§ 1693 BGB), soweit keine Unterbringung des Kindes in Betracht kommt
- Abänderung einer Rechtspflegerentscheidung nach § 1696 BGB
- Tätigkeiten im Rahmen der §§ 112, 1484, 1491 bis 1493, 1596, 1597 Abs. 3, 1599 Abs. 2 Satz 2 i.V.m. §§ 1596, 2282 Abs. 2, 2290 Abs. 2 Satz 2, 2291, 2347, 2351, 2352 BGB, § 16 Abs. 3 VerschG und §§ 19 Abs. 1, 25 Abs. 1, 26 StAG (auch soweit der Vormund tätig wird)

6 Mit Blick auf die Verweisung in § 158c Abs. 3 Satz 2 FamFG auf § 292 FamFG sowie den fehlenden Richtervorbehalt ist der Rechtspfleger auch für die **Festsetzung der Vergütung** des **Verfahrensbeistandes** funktionell zuständig.

7 Im **Bereich der Vormundschaft** besteht die funktionale Zuständigkeit insbesondere für folgende Angelegenheiten:

- Anordnung der Vormundschaft sowie Auswahl und Bestellung des Vormunds, es sei denn Hintergrund ist die Aufhebung der Adoption (vgl. § 1764 Abs. 4 BGB); ggf. aber – auch aus verfassungsrechtlichen Gründen – Richterzuständigkeit nach § 6 RPflG, wenn ein enger Zusammenhang zum Sorgerechtseingriff nach §§ 1666, 1666a BGB besteht[8]
- Entziehung der Vertretungsmacht bei einem Interessenkonflikt (§ 1789 Abs. 2 BGB)
- Festsetzung von Vergütung, Aufwendungsersatz und Aufwandsentschädigung des Vormunds (§§ 1875 bis 1878 BGB, §§ 1, 3 VBVG) und von Zahlungen an die Staatskasse (§ 1879 BGB)
- Beratung und Beaufsichtigung des Vormunds (§ 1802 BGB)
- Rechnungsprüfung (vgl. § 1798 Abs. 2 BGB)
- Ge- und Verbote (§ 1802 BGB) und etwaige Abänderungsentscheidungen (§ 1802 Abs. 3 BGB i.V.m. § 1696 BGB), nicht jedoch Eingriffe in die Personensorge des Vormunds (§ 1802 Abs. 3 BGB i.V.m. §§ 1666, 1666a BGB), da insoweit der Richtervorbehalt des § 14 Abs. 1 Nr. 2 RPflG eingreift

6 Dies verkennt OLG Frankfurt NJW-RR 2005, 1382
7 Mit Blick auf die mögliche Intensität des Grundrechtseingriffs erwägt das KG (ZKJ 2012, 269) eine entsprechende Anwendung von § 14 Abs. 1 Nr. 1 RPflG
8 BVerfG FamRZ 2015, 208 = JAmt 2015, 324

- einstweilige Maßregeln des Familiengerichts i.S.v. § 1867 BGB
- Entlassung des Vormunds (§§ 1804 BGB)

▶ *Zur (fehlenden) Zuständigkeit des Rechtspflegers für das Nachverfahren bei vorläufiger Vormundschaft und anhängigem Beschwerdeverfahren siehe Heilmann, § 8 RPflG Rn. 10*

Im **Bereich der Pflegschaft bzw. Vertretung** ist der Rechtspfleger insbesondere zuständig für: 8

- Anordnung der Pflegschaft sowie Auswahl und Bestellung des Pflegers in den Fällen der
  - Ergänzungspflegschaft (§ 1809 BGB),
  - Pflegschaft für ein ungeborenes Kind (§ 1810 BGB) und einen unbekannten Beteiligten (§ 1882 BGB)
- Bestellung eines Vertreters nach § 81 AO, § 207 BauGB, § 119 FlurbG, § 15 SGB X, § 16 VwVfG, wenn die Vertreterbestellung nicht aufgrund dienstrechtlicher Vorschriften erfolgt (vgl. § 14 Abs. 1 Nr. 9 RPflG, hierzu § 14 RPflG Rn. 20)
- die unter Rn. 7 genannten Geschäfte, soweit § 1813 BGB hierauf verweist

Im **Bereich der Adoptionssachen** besteht Rechtspflegerzuständigkeit für: 9

- Erteilung einer Bescheinigung an das Jugendamt (§ 190 FamFG)
- Anordnung über das Bestehen des Offenbarungs- und Ausforschungsverbotes im Falle eines Antrages auf Ersetzung der Einwilligung eines Elternteils zur Adoption (§ 1758 Abs. 2 Satz 2 BGB)
- Anordnung der Namensführung nach Aufhebung des Annahmeverhältnisses (§ 1765 Abs. 3 BGB), soweit diese nicht wegen des engen Zusammenhangs nach § 6 RPflG mit der Entscheidung über die Aufhebung vom Richter getroffen wird

Im Übrigen bestehen nach § 14 Abs. 1 Nr. 15 und 16 RPflG Richtervorbehalte.

Im Bereich der **Abstammungssachen** findet durch das Gesetz keine explizite Übertragung von Aufgaben auf den Rechtspfleger statt. Für diese ist der Richter funktionell zuständig. Allenfalls ist der Rechtspfleger für **Beurkundungen** (siehe § 3 Nr. 1 lit. f RPflG) sowie dann zuständig, wenn das Abstammungsrecht andere Bereiche tangiert, in denen eine Aufgabenübertragung durch das Gesetz erfolgt. Ist etwa die Bestellung eines Ergänzungspflegers für das Abstammungsverfahren geboten, ist diese vom Rechtspfleger vorzunehmen, es sei denn, der Richter zieht dieses Geschäft mit Blick auf § 6 RPflG an sich. 10

▶ *Zu Einzelheiten des Verfahrens in Abstammungssachen siehe Langer, Kommentierung zu § 169 FamFG.*

§ 4 RPflG

Umfang der Übertragung

(1) Der Rechtspfleger trifft alle Maßnahmen, die zur Erledigung der ihm übertragenen Geschäfte erforderlich sind.

(2) Der Rechtspfleger ist nicht befugt,

1. eine Beeidigung anzuordnen oder einen Eid abzunehmen,

2. Freiheitsentziehungen anzudrohen oder anzuordnen, sofern es sich nicht um Maßnahmen zur Vollstreckung

a) einer Freiheitsstrafe nach § 457 der Strafprozessordnung oder einer Ordnungshaft nach § 890 der Zivilprozessordnung,

b) einer Maßregel der Besserung und Sicherung nach § 463 der Strafprozessordnung oder

c) der Erzwingungshaft nach § 97 des Gesetzes über Ordnungswidrigkeiten

handelt.

(3) Hält der Rechtspfleger Maßnahmen für geboten, zu denen er nach Absatz 2 Nr. 1 und 2 nicht befugt ist, so legt er deswegen die Sache dem Richter zur Entscheidung vor.

Übersicht

A. Allgemeines

1 Der Rechtspfleger soll im Rahmen der ihm übertragenen Befugnisse grundsätzlich **dieselben Kompetenzen** haben wie der Richter. Damit soll eine ordnungsgemäße und effektive Verfahrensführung „in einer Hand" gewährleistet sein. Der Rechtspfleger hat damit im Kindschaftsrecht, was in der Praxis leider viel zu häufig nicht beachtet wird,[1] auch die Einhaltung verfahrensrechtlicher Garantien (rechtliches Gehör, persönliche Anhörungen von Eltern und Kind, Verfahrensbeistandbestellung etc.) zu gewährleisten, wenn er funktionell zuständig ist.

2 Der Rechtspfleger ist jedoch kein Richter, so dass insbesondere die **verfassungsrechtlichen Vorgaben** auch einfachrechtlich umzusetzen sind. Das Grundgesetz verlangt etwa, dass nur der Richter über die Zulässigkeit und Fortdauer einer Freiheitsentziehung entscheidet (Art. 104 Abs. 2 Satz 1 GG). Derartige Maßnahmen obliegen damit nicht dem Rechtspfleger. § 4 setzt insbesondere dieses verfassungsrechtliche Gebot um.

B. Inhalt der Norm

I. Zuständigkeit für erforderliche Maßnahmen (Abs. 1)

3 Die Übertragung auf den Rechtspfleger umfasst **„alle Maßnahmen, die zur Erledigung der ... übertragenen Aufgaben erforderlich sind".** Damit hat dieser innerhalb dieses Rahmens seine (sachliche, örtliche und funktionelle) Zuständigkeit eigenständig zu prüfen, kann ein Verfahren ggf. nach § 3 FamFG verweisen bzw. nach § 4 FamFG abgeben oder übernehmen und dieses nach § 5 FamFG vorlegen sowie über Akteneinsichtsgesuche befinden, Rechts- und Amtshilfe leisten (§ 156 GVG).

4 Der Rechtspfleger hat nach § 26 FamFG **von Amts wegen die zur Feststellung der entscheidungserheblichen Tatsachen erforderlichen Ermittlungen** durchzuführen (§ 26 FamFG). Er hat also in den Grenzen des Abs. 2 auch Beweis zu erheben, hat **Termine und Anhörungen** durchzuführen bzw. Stellungnahmen, insbesondere nach § 162 FamFG, einzuholen. Verletzt er diese Verpflichtung, kann seine Entscheidung auf das nach § 11 RPflG statthafte Rechtsmittel hin aufzuheben und auf Antrag an ihn zurückzuverweisen sein.[2] Da-

1 Siehe etwa OLG Bamberg FamRZ 2025, 184 mit Anm. *Hammer* („scheinbar nach Gutdünken"); OLG Karlsruhe FamRZ 2024, 1887, KG FamRZ 2024, 1793; OLG Frankfurt FamRZ 2023, 1216 und 1217
2 BGH ZKJ 2014, 104 f. mit Anm. *Dürbeck*

neben hat er auch in den ihm übertragenen Angelegenheiten die Entscheidung über einen **Verfahrenskostenhilfeantrag** zu treffen.

Mithin hat der Rechtspfleger im Rahmen der Übertragung **alle verfahrensvorbereitenden Neben- und Zwischenentscheidungen** sowie die Nebenentscheidungen zur verfahrensabschließenden Endentscheidung (**Kosten, Wert**) zu treffen. Soweit die gesetzlichen Voraussetzungen erfüllt sind, obliegt ihm im Rahmen seiner funktionalen Zuständigkeiten auch die **Bestellung eines Verfahrensbeistandes** als sog. Zwischenentscheidung.[3] Diese ist zwar nach dem Willen des Gesetzgebers unanfechtbar (§ 158 Abs. 3 Satz 4 FamFG), kann nach Ansicht des BGH aber gleichwohl mit der Erinnerung i.S.v. § 11 RPflG angefochten werden.[4] 5

II. Ausnahmen (Abs. 2)

Die Entscheidungen über **Beeidigungen und Freiheitsentziehungen obliegen dem Richter**, Letzteres mit Blick auf die klare verfassungsrechtliche Ausgangslage in Art. 104 Abs. 2 Satz 1 GG, Ersteres mit der Einschränkung, dass der Eid von der eidesstattlichen Versicherung zu unterscheiden ist. Letztere kann der Rechtspfleger entgegennehmen. 6

III. Richtervorlage (Abs. 3)

In den **Fällen des Abs. 2** hat der Rechtspfleger die Sache dem Richter vorzulegen (zur Form siehe *Heilmann*, Kommentierung zu § 5 RPflG), wenn er eine solche Maßnahme für geboten erachtet. Fehlt es daran, dann muss er diese auch nicht vorlegen und die Maßnahme unterbleibt. Legt der Rechtspfleger hingegen vor, dann ist die Tätigkeit des Richters auf die Entscheidung über die entsprechende Maßnahme beschränkt. 7

§ 5 RPflG

Vorlage an den Richter

(1) Der Rechtspfleger hat ihm übertragene Geschäfte dem Richter vorzulegen, wenn

1. sich bei der Bearbeitung der Sache ergibt, dass eine Entscheidung des Bundesverfassungsgerichts oder eines für Verfassungsstreitigkeiten zuständigen Gerichts eines Landes nach Artikel 100 des Grundgesetzes einzuholen ist;

2. zwischen dem übertragenen Geschäft und einem vom Richter wahrzunehmenden Geschäft ein so enger Zusammenhang besteht, dass eine getrennte Behandlung nicht sachdienlich ist.

(2) Der Rechtspfleger kann ihm übertragene Geschäfte dem Richter vorlegen, wenn die Anwendung ausländischen Rechts in Betracht kommt.

(3) [1]Die vorgelegten Sachen bearbeitet der Richter, solange er es für erforderlich hält. [2]Er kann die Sachen dem Rechtspfleger zurückgeben. [3]Gibt der Richter eine Sache an den Rechtspfleger zurück, so ist dieser an eine von dem Richter mitgeteilte Rechtsauffassung gebunden.

---

3 BGH NJW-RR 2003, 1369
4 BGH ZKJ 2017, 273

Übersicht

A. Allgemeines

1 Die Regelungen der Aufgabenübertragung auf den Rechtspfleger sind auf den ersten Blick **statisch und unflexibel**. Dies dient nicht zuletzt der Rechtssicherheit. Gleichwohl kann die Abgrenzung der Zuständigkeiten im Einzelfall verfahrensunökonomisch sein und damit Verfahrensverzögerungen nach sich ziehen, die dem zentralen Leitmotiv in Kindschaftssachen, dem kindeswohlzentrierten Verfahren, zuwiderlaufen können.

2 Insbesondere § 5 Abs. 1 Nr. 2 RPflG ermöglicht daher **im Einzelfall die Vorlage durch den Rechtspfleger an den Richter** und damit eine einheitliche Sachbearbeitung durch diesen, obwohl eine funktionelle Zuständigkeit des Rechtspflegers besteht. Eine nach alter Rechtslage noch bestehende Vorlagepflicht an den Richter wegen rechtlicher Schwierigkeit der Sache hält der Gesetzgeber mit Blick auf den heutigen Ausbildungsstand der Rechtspfleger nicht mehr für erforderlich.[1] Dieser vermag eine Vorlage an den Richter und damit eine Abweichung vom gesetzgeberischen Regelungskonzept nicht mehr zu rechtfertigen.

3 Zu den **Folgen eines Verstoßes gegen die Vorlagepflicht** siehe § 8 Abs. 3 RPflG. Erfolgt die Vorlage, dann bearbeitet der Richter die Sache entweder oder er gibt sie an den Rechtspfleger zurück, wenn er die gesetzlichen Voraussetzungen für seine funktionelle Zuständigkeit nicht als gegeben erachtet. Bei Streit oder Ungewissheit (zwischen Rechtspfleger und Richter bzw. bei den Beteiligten) über die Zuständigkeit gilt § 7 RPflG.

4 „Richter“ im Sinne des Rechtspflegergesetzes ist nach § 28 RPflG immer der gerichtsintern **nach dem jeweiligen Geschäftsverteilungsplan zuständige Richter**.

B. Inhalt der Norm

I. „Mussvorlage“ (Abs. 1)

5 In den Fällen des Abs. 1 muss der Rechtspfleger die Sache dem Richter vorlegen. Er hat damit **kein Ermessen**.

6 Ziffer 1 bezieht sich damit auf die Fälle, in denen der Rechtspfleger der Ansicht ist, dass ein Gesetz, auf das es bei seiner Entscheidung ankommt, **verfassungswidrig** ist. In diesen Fällen legt er die Sache dem Richter vor, der dann etwa die Entscheidung zur Vorlage an das Bundesverfassungsgericht zu treffen hat. Legt der Richter die Sache nicht dem Bundesverfassungsgericht vor, weil er die Voraussetzungen hierfür nicht als gegeben erachtet, so gibt er die Sache dem Rechtspfleger zurück und dieser hat das Gesetz mit Blick auf § 5 Abs. 3 Satz 3 RPflG anzuwenden.

7 Ziffer 2 regelt den Fall des **engen Sachzusammenhangs** zwischen einem Geschäft, für welches der Richter funktionell zuständig ist, und einem solchen, für das sich aus dem Gesetz eine funktionelle Zuständigkeit des Rechtspflegers ergibt. In diesen Fällen soll der Richter die Sache mit Blick auf § 6 RPflG einheitlich bearbeiten. Für die Praxis relevante Beispiele aus dem Bereich des Kindschaftsrechts sind etwa der vollständige bzw. teilweise Entzug der elterlichen Sorge nach §§ 1666, 1666a BGB und die erforderlich werdende Ergänzungs-

1 BT-Drs. 13/10244, 7

pfleger- bzw. Vormundbestellung (Anordnung und Auswahl).[2] Gleiches gilt bei der Anordnung einer Vormundschaft für ein Mitglied eines fremden Staates und die sich anschließende Auswahlentscheidung.

II. „Kannvorlage" (Abs. 2)

Kommt die **Anwendung ausländischen Rechts** in Betracht, dann hat der Rechtspfleger ein Ermessen, ob er die Sache dem Richter vorlegt. Die Anwendung und Auslegung der kollisionsrechtlichen Vorschriften des Internationalen Privatrechts, insbesondere des EGBGB, kann dann durch den Richter erfolgen. 8

„Ausländisches Recht" in diesem Sinne sind nicht internationale Abkommen, die durch Bundesgesetz ihrerseits Teil des deutschen Rechts geworden sind. 9

III. Richtertätigkeit (Abs. 3)

Der Richter ist lediglich mit Blick auf § 7 RPflG, also in den Fällen der **Vorlage wegen engen Zusammenhangs**, insoweit gebunden, dass er sowohl sein eigenes als auch das Rechtspflegergeschäft bearbeiten „soll". Letztlich hat er die weitere Verfahrensweise aber in der Hand, denn er hat ein Rechtspflegergeschäft nur so lange zu bearbeiten, wie er „es für erforderlich hält", und kann die Sache dann dem Rechtspfleger zurückgeben. Dieser ist dann nicht nur an die **Rechtsauffassung des Richters** zur Frage der Zulässigkeit der Vorlage, sondern auch an dessen kenntlich gemachte rechtliche Bewertung in der Sache gebunden. Der Rechtspfleger hat, wenn der Richter einen entsprechenden Beschluss fasst, auch keine Möglichkeit mehr, eine weiter gehende richterliche Tätigkeit zu erzwingen, denn der Richter entscheidet mit Blick auf § 7 RPflG im Zweifel abschließend über die weitere Zuständigkeitsverteilung. 10

§ 6 RPflG

Bearbeitung übertragener Sachen durch den Richter

Steht ein übertragenes Geschäft mit einem vom Richter wahrzunehmenden Geschäft in einem so engen Zusammenhang, dass eine getrennte Bearbeitung nicht sachdienlich wäre, so soll der Richter die gesamte Angelegenheit bearbeiten.

Die Vorschrift eröffnet dem Richter die Möglichkeit, sowohl sein eigenes als auch das Rechtspflegergeschäft zu bearbeiten. Sie setzt damit voraus, dass es neben diesem auch ein richterliches Geschäft gibt. Nur in diesem Fall darf der Richter das Rechtspflegergeschäft an sich ziehen. Dies wird etwa bei der anstehenden Entscheidung in einem Verfahren auf Entzug der elterlichen Sorge nach §§ 1666, 1666a BGB geboten sein, damit der Richter zugleich auch über die Auswahl des Vormunds entscheidet.[1] 1

Zwar korrespondiert diese Regelung mit der **Pflicht zur Vorlage** durch den Rechtspfleger an den Richter in § 5 Abs. 1 Nr. 2 RPflG. Soweit hierzu jedoch die Auffassung vertreten wird, dass es einer vorherigen Vorlage durch den Rechtspfleger bedarf,[2] ist dem nicht zu folgen. Ohnehin würde in einem Kompetenzkonflikt zwischen Richter und Rechtspfleger der Richter abschließend zu entscheiden haben (vgl. § 7 RPflG). Sachdienlichkeitserwägungen und Überlegungen der Verfahrensökonomie sind daher vorrangig vor übertriebenem Formalismus. 2

2 BVerfG FamRZ 2015, 208 = JAmt 2015, 324
1 BVerfG a.a.O.
2 *Dörndorfer*, § 6 RPflG Rn. 1

§ 7 RPflG

Bestimmung des zuständigen Organs der Rechtspflege

[1]Bei Streit oder Ungewissheit darüber, ob ein Geschäft von dem Richter oder dem Rechtspfleger zu bearbeiten ist, entscheidet der Richter über die Zuständigkeit durch Beschluss. [2]Der Beschluss ist unanfechtbar.

1 Die Norm ist sowohl bei Zuständigkeitskonflikten zwischen Richter und Rechtspfleger als auch bei solchen zwischen dem Rechtspfleger und Beteiligten anwendbar, wenn Letztere der Auffassung sind, nicht der Rechtspfleger, sondern der Richter hätte ein Geschäft wahrzunehmen. Zeitaufwendige Zuständigkeitskonflikte sollen auf diese Weise vermieden werden. Entweder der Richter oder der Rechtspfleger sollen nun in die Verfahrensförderung eintreten, ohne durch Kompetenzkonflikte gehindert zu werden.

2 Die Norm ist nicht anwendbar bei Zuständigkeitskonflikten zwischen Rechtspflegern verschiedener Gerichte (hier gelten die allgemeinen Normen zu den Konflikten auf den Ebenen sachlicher und örtlicher Zuständigkeit, siehe hierzu *Keuter,* § 154 FamFG Rn. 5, sowie *Keuter,* § 17a GVG Rn. 22). Bei einem Zuständigkeitskonflikt zwischen den Rechtspflegern desselben Gerichts handelt es sich um einen Streit über die Auslegung und Anwendung der Geschäftsverteilung, so dass der Dienstvorgesetzte zu entscheiden hat. Einen Kompetenzkonflikt zwischen Rechtspfleger und Urkundsbeamten der Geschäftsstelle kann der Rechtspfleger analog § 7 RPflG entscheiden.[1]

3 Der im Rahmen des § 7 RPflG getroffene Beschluss des Richters ist bindend und unanfechtbar. Das Geschäft des Rechtspflegers ist unbeschadet etwaiger Verstöße gegen die Kompetenzverteilung durch das RPflG wirksam (vgl. § 8 Abs. 4 Satz 2 RPflG). Es handelt sich nicht um einen Beschluss i.S.v. § 38 FamFG, da es sich nicht um eine Endentscheidung handelt. Eine formlose „Zuschreibung" der Sache durch den Richter an den Rechtspfleger genügt den gesetzlichen Anforderungen nicht.[2] Der förmlich zu fassende Beschluss ist im Übrigen den Beteiligten bekannt zu machen.[3]

§ 8 RPflG

Gültigkeit von Geschäften

(1) Hat der Richter ein Geschäft wahrgenommen, das dem Rechtspfleger übertragen ist, so wird die Wirksamkeit des Geschäfts hierdurch nicht berührt.

(2) Hat der Rechtspfleger ein Geschäft wahrgenommen, das ihm der Richter nach diesem Gesetz übertragen kann, so ist das Geschäft nicht deshalb unwirksam, weil die Übertragung unterblieben ist oder die Voraussetzungen für die Übertragung im Einzelfalle nicht gegeben waren.

(3) Ein Geschäft ist nicht deshalb unwirksam, weil es der Rechtspfleger entgegen § 5 Absatz 1 dem Richter nicht vorgelegt hat.

(4) [1]Hat der Rechtspfleger ein Geschäft des Richters wahrgenommen, das ihm nach diesem Gesetz weder übertragen ist noch übertragen werden kann, so ist das Geschäft unwirksam. [2]Das gilt nicht, wenn das Geschäft dem Rechtspfleger durch eine Entscheidung nach § 7 zugewiesen worden war.

(5) Hat der Rechtspfleger ein Geschäft des Urkundsbeamten der Geschäftsstelle wahrgenommen, so wird die Wirksamkeit des Geschäfts hierdurch nicht berührt.

1 *Dörndorfer,* § 7 RPflG Rn. 3
2 BGH Rpfleger 2005, 520
3 OLG München FamRZ 2006, 1773

Übersicht

A. Allgemeines

1 Obwohl die funktionelle Zuständigkeitsverteilung vom Gesetzgeber detailreich geregelt ist, kann es zu **Aufgabenwahrnehmungen durch die unzuständige Person** kommen, sei es dadurch, dass der Richter eine Rechtspflegeraufgabe wahrnimmt, sei es, dass der Rechtspfleger – als solcher und nicht im Rahmen einer Verwaltungstätigkeit (vgl. § 27 RPflG) – eine Richteraufgabe wahrnimmt. In diesen Fällen stellt sich zum einen die Frage, welche Rechtsfolgen die Verletzung der gesetzlichen Regelungen für das einzelne Geschäft hat, und zum anderen ist zu klären, ob die getroffene Entscheidung von einem der Beteiligten mit Erfolg angefochten werden kann. Nur auf die erstgenannte Frage gibt das Gesetz in § 8 RPflG eine Antwort.

2 Die Norm befasst sich nach ihrem Wortlaut und ihrer systematischen Struktur nur mit den **Verstößen gegen die gesetzlichen Regelungen über die funktionelle Zuständigkeit** und nicht mit Verstößen gegen die Geschäftsverteilungsregeln des Amtsgerichts.[1] Ohnehin sind die für Richter geltenden gesetzlichen Regelungen über die Geschäftsverteilung nicht auf den Rechtspfleger anwendbar.[2]

B. Inhalt der Norm

I. Wahrnehmung einer Rechtspflegeraufgabe durch den Richter (Abs. 1)

3 Nimmt der Richter irgendeine Aufgabe wahr, die nach dem Gesetz dem Rechtspfleger obliegt, dann ist dieses Geschäft **wirksam**. Diese Wirksamkeit bezieht sich insbesondere auf alle Verfahrenshandlungen sowie auf alle Haupt- und Nebenentscheidungen in der Sache.

4 Ein **Rechtsmittel** gegen die Entscheidung des Richters kann auch nicht alleine auf dessen funktionelle Unzuständigkeit gestützt werden. Wie einer Entscheidung des Bundesgerichtshofs aus dem Jahre 2001 zumindest inzident entnommen werden kann, ist die Entscheidung des Richters nicht bereits wegen einer Verletzung der gesetzlichen Zuständigkeitsverteilung auf eine Beschwerde hin aufzuheben.[3]

II. Wahrnehmung einer übertragbaren Aufgabe durch den Rechtspfleger (Abs. 2)

5 Abs. 2 regelt (nur) **zwei Fälle einer Aufgabenwahrnehmung** durch den Rechtspfleger: zum einen die Wahrnehmung eines Geschäfts, welches durch den Richter auf ihn übertragen

1 *Dörndorfer*, § 8 RPflG Rn. 10
2 BGH NJW-RR 2010, 1366
3 BGH NJW 2002, 300, 301; ausdrücklich in diesem Sinne: LG Göttingen NJW-RR 2003, 1353

werden konnte, was jedoch nicht geschehen ist, zum anderen die Wahrnehmung eines durch den Richter auf ihn übertragenen Geschäfts, bei dem im Einzelfall die gesetzlichen Voraussetzungen für eine solche Übertragung nicht gegeben waren. In beiden Fällen ist das Rechtspflegergeschäft wirksam.

6 Da es sich immer um eine **von Gesetzes wegen „übertragbare" Aufgabe** handeln muss, hat die Norm außerhalb des § 5 Abs. 3 Satz 2 Rechtspflegergesetz im Kindschaftsrecht keine praktische Relevanz. Soweit es sich um die Wahrnehmung eines „nichtübertragbaren" Geschäfts handelt, gilt § 8 Abs. 4 RPflG.

7 Obwohl der **Formmangel** eine im Rahmen der Wahrnehmung einer übertragbaren Aufgabe getroffene Entscheidung nicht unwirksam macht, kann diese mit Erfolg angefochten werden. Es gelten hinsichtlich der Zulässigkeit des einzulegenden **Rechtsmittels** die allgemeinen Regeln des § 11 RPflG. Dieses hat in den genannten Fällen auch in der Sache Erfolg, denn den Beteiligten wurde der gesetzliche Richter i.S.v. Art. 101 Abs. 1 Satz 2 GG entzogen. Soweit dem Rechtspfleger etwa nach § 11 Abs. 2 Satz 5 RPflG eine Abhilfebefugnis zusteht, kann dieser durch Aufhebung der angefochtenen Entscheidung dem Rechtsbehelf abhelfen und die Sache dem Richter vorlegen, der dann entweder in der Sache entscheidet oder – in den Fällen des Abs. 2 Alt. 1 (Übertragung ist unterblieben) – die Sache zur erneuten Prüfung und Entscheidung auf den Rechtspfleger überträgt.

III. Verstoß gegen die Vorlagepflicht des § 5 Abs. 1 (Abs. 3)

8 Ist die Entscheidung des Bundesverfassungsgerichts oder eines Landesverfassungsgerichts einzuholen, dann „hat" der Rechtspfleger ihm von Gesetzes wegen übertragene Geschäfte mit Blick auf § 5 Abs. 1 RPflG ebenso dem Richter vorzulegen wie in den Fällen, in denen ein enger sachlicher Zusammenhang zwischen einem Richter- und einem Rechtspflegergeschäft besteht, wenn eine getrennte Behandlung nicht sachdienlich ist (näher § 5 RPflG). Gleichwohl ist das **Geschäft wirksam**, jedoch kann es mit dem nach § 11 RPflG statthaften Rechtsbehelf bzw. Rechtsmittel **mit Erfolg angefochten** werden, weil auch hier eine Verletzung des verfassungsrechtlichen Anspruchs der Beteiligten auf Gewährung des gesetzlichen Richters i.S.v. Art. 101 Abs. 1 Satz 2 GG gegeben ist.[4]

IV. Wahrnehmung einer Richteraufgabe durch den Rechtspfleger (Abs. 4)

9 Nimmt der Rechtspfleger eine Aufgabe wahr, für die der Richter funktionell zuständig ist, weil sie dem Rechtspfleger nicht übertragen ist, und handelt es sich nicht um eine übertragbare Aufgabe, dann ist das **Geschäft unwirksam**, es sei denn, die Zuständigkeit des Rechtspflegers wurde zuvor vom Richter – formell ordnungsgemäß – nach § 7 RPflG bestimmt.[5]

10 Das Problem stellt sich in der Praxis zunehmend, insbesondere nach den jüngsten Gesetzesänderungen: So ist nach der Reform des Vormundschaftsrechts die Bestellung eines vorläufigen Vormunds möglich. Entzieht das Familiengericht etwa die elterliche Sorge und bestellt es zugleich einen vorläufigen Vormund stellte sich die **Frage der rechtlich zutreffenden Handhabung**, wenn einer der Beteiligten Rechtsmittel gegen die erstinstanzliche Entscheidung einlegt. In der Sache hat das Amtsgericht eine Entscheidung zum Gegenstand elterliche Sorge und zum Gegenstand Vormundschaft getroffen, wobei der Richter das zweitgenannte Geschäft, verfassungsrechtlich zutreffend (vgl. § 14 RPflG Rn.6), an sich gezogen hat. In der Praxis wird in der Regel ein einheitliches Rechtsmittel eingelegt, ohne dies auf einen der beiden Gegenstände zu beschränken. Es kommt dann häufig vor,

4 Differenzierend *Dörndorfer*, § 8 RPflG Rn. 41 f. m.w.N.; a.A. OLG Koblenz ZKJ 2020, 377
5 OLG München FamRZ 2007, 1773

dass – rechtlich unzutreffend – das Nachverfahren zur Auswahl des endgültigen Vormunds durch den Rechtspfleger des Amtsgerichts geführt wird, obwohl dieser unzuständig ist, denn zuständig ist insgesamt der Beschwerdesenat des OLG (auch) zur Entscheidung über die Frage, ob überhaupt ein (vorläufiger) Vormund zu bestellen war bzw. wer als Vormund auszuwählen ist.

Hier sollte das Nachverfahren nach §3 FamFG an das OLG verwiesen werden bzw. die Akten des Nachverfahrens durch den Senat zum Zwecke der einheitlichen Entscheidung vom Amtsgericht angefordert werden. Eine gleichwohl vom Amtsgericht erfolgte Bestellung eines endgültigen Amtsvormundes wäre ohnehin nach §8 Abs. 4 FamFG unwirksam und damit unbeachtlich. Gleiches gilt im Übrigen dann, wenn das Amtsgericht während des laufenden Beschwerdeverfahrens den Vormund, etwa wegen einer anderen örtlichen Zuständigkeit des Amtsvormundes, auswechselt.

„Unwirksam" i.S.v. Abs. 4 bedeutet, dass die getroffenen Verfügungen und Entscheidungen 11
des Rechtspflegers **nichtig** sind, keinerlei rechtliche Wirkungen entfalten und nicht beachtet werden müssen.[6] Gleichwohl ist eine erstinstanzliche Entscheidung **anfechtbar**[7] und es muss, insbesondere im Kindschaftsrecht, ein entsprechender Rechtspflegerbeschluss im Falle eines nach §11 RPflG statthaften Rechtsmittels zum Zwecke der Klarstellung und zur Gewährleistung des gesetzlichen Richters aufgehoben und die Sache – ohne dass die besonderen Zurückverweisungsvoraussetzungen des §69 Abs. 1 FamFG (hierzu *Kischkel*, §69 FamFG Rn. 6) erfüllt sein müssten – an die Eingangsinstanz zurückverwiesen werden, damit der zuständige Richter entscheiden kann.[8] Dies gilt freilich nur dann, wenn ein Verfahren wirksam eingeleitet worden[9] bzw. die erste Instanz zuständig ist (vgl. Rn. 10). Auf die inhaltliche Richtigkeit der Entscheidung kommt es dabei nicht an.[10]

Das nach Abs. 4 unwirksame Geschäft wird auch **nicht dadurch geheilt**, dass der Richter 12
beschließt, die Entscheidung des Rechtspflegers zu billigen bzw. einer Beschwerde nicht abzuhelfen.[11] Es bedarf einer eigenen und ausdrücklichen Sachentscheidung durch den Richter.

V. Wahrnehmung einer Aufgabe des Urkundsbeamten der Geschäftsstelle durch den Rechtspfleger (Abs. 5)

Nimmt der Rechtspfleger eine Aufgabe des Urkundsbeamten der Geschäftsstelle (UdG) 13
wahr und wird dies nicht von der Aufgabenübertragung in §24 RPflG gedeckt, dann bleibt das Geschäft wirksam. Soweit eine Entscheidung vorliegt, kann diese nicht allein wegen der Verletzung der gesetzlichen Zuständigkeitsverteilung zwischen Rechtspfleger und UdG erfolgreich angefochten werden.[12]

6 Vgl. OLG München MDR 2001, 236
7 BGH MDR 2009, 464
8 Vgl. BGH MDR 2005, 1305f.; so auch KG ZKJ 2012, 269 sowie OLG Oldenburg FamRZ 2025, 70
9 OLG Frankfurt ZKJ 2013, 503
10 OLG München FamRZ 2007, 1773; OLG Dresden ZKJ 2012, 269; OLG Frankfurt ZKJ 2013, 503
11 OLG Frankfurt NJW-RR 1996, 1288
12 *Dörndorfer*, §8 RPflG Rn. 48

14 *Übersicht: Rechtsfolgen einer Verletzung der funktionellen Zuständigkeit*

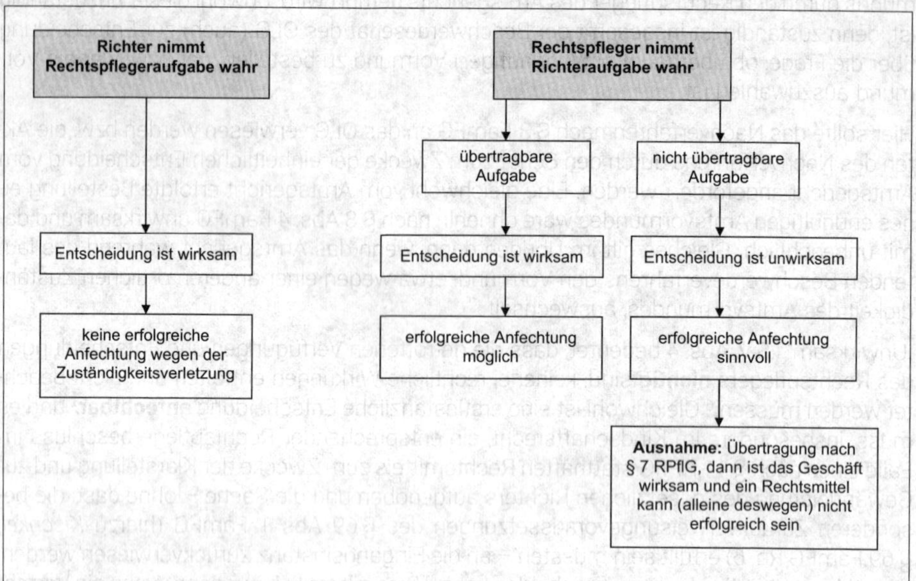

§ 9 RPflG
Weisungsfreiheit des Rechtspflegers

Der Rechtspfleger ist sachlich unabhängig und nur an Recht und Gesetz gebunden.

1 Der Rechtspfleger ist in **der Sache unabhängig**, insbesondere ist der Richter nicht aus seiner Position heraus Dienstvorgesetzter des Rechtspflegers. Als Organ der Rechtspflege nimmt der Rechtspfleger die ihm übertragenen Aufgaben daher wahr, ohne irgendwelchen Weisungen in Bezug auf die sachliche Bearbeitung unterworfen zu sein.[1] Er ist nur an Gesetz und Recht gebunden.

2 Jedoch bleibt die hier einfachgesetzlich geregelte **Weisungsfreiheit des Rechtspflegers** weit hinter der Unabhängigkeit des Richters, die mit Blick auf Art. 97 GG Verfassungsrang hat, zurück. Art. 97 GG findet weder direkte noch entsprechende Anwendung auf den Rechtspfleger, da dieser eben nicht Richter im Sinne dieser Norm bzw. i.S.d. Art. 92 GG ist. Dies folgt bereits aus dem **Grundkonzept der Gewaltenteilung**, welches u.a. Exekutive und Judikative grundsätzlich trennt, und zeigt sich auch darin, dass der Rechtspfleger, ohne dass es eines einen Devolutiveffekt auslösenden Rechtsmittels bedarf, an die Rechtsauffassung des Richters im Einzelfall gebunden sein kann (hierzu etwa § 5 Abs. 3 Satz 3 RPflG und § 7 RPflG). Auch ist der Rechtspfleger als Beamter – anders als der Richter – Dienstzeiten unterworfen.

1 BT-Drs. I/3839, 18

§ 10 RPflG

Ausschließung und Ablehnung des Rechtspflegers

[1]Für die Ausschließung und Ablehnung des Rechtspflegers sind die für den Richter geltenden Vorschriften entsprechend anzuwenden. [2]Über die Ablehnung des Rechtspflegers entscheidet der Richter.

Im Kindschaftsrecht ist die Frage nach Ausschließung und Ablehnung eines Rechtspflegers nach **§ 6 FamFG** und damit letztlich unter Anwendung der **§§ 41 bis 49 ZPO** zu beantworten.[1] Es gelten die gleichen Maßstäbe wie für den Richter (siehe näher hierzu *Köhler*, Kommentierung zu § 6 FamFG). 1

Zuständig für die Entscheidung über die Ablehnung des Rechtspflegers ist mit Blick auf § 28 RPflG **der nach dem geltenden Geschäftsverteilungsplan zuständige Richter** desselben Amtsgerichts. Dessen Beschluss ist nach den allgemeinen Vorschriften des FamFG anfechtbar. Soweit dieser das Ablehnungsgesuch mithin für unbegründet erachtet, ist die sofortige Beschwerde statthaft (vgl. § 6 Abs. 2 FamFG), erachtet er das Ablehnungsgesuch für begründet, ist seine Entscheidung unanfechtbar. 2

§ 11 RPflG

Rechtsbehelfe

(1) Gegen die Entscheidungen des Rechtspflegers ist das Rechtsmittel gegeben, das nach den allgemeinen verfahrensrechtlichen Vorschriften zulässig ist.

(2) [1]Kann gegen die Entscheidung nach den allgemeinen verfahrensrechtlichen Vorschriften ein Rechtsmittel nicht eingelegt werden, so findet die Erinnerung statt, die innerhalb einer Frist von zwei Wochen einzulegen ist. [2]Hat der Erinnerungsführer die Frist ohne sein Verschulden nicht eingehalten, ist ihm auf Antrag Wiedereinsetzung in den vorigen Stand zu gewähren, wenn er die Erinnerung binnen zwei Wochen nach der Beseitigung des Hindernisses einlegt und die Tatsachen, welche die Wiedereinsetzung begründen, glaubhaft macht. [3]Ein Fehlen des Verschuldens wird vermutet, wenn eine Rechtsbehelfsbelehrung unterblieben oder fehlerhaft ist. [4]Die Wiedereinsetzung kann nach Ablauf eines Jahres, von dem Ende der versäumten Frist an gerechnet, nicht mehr beantragt werden. [5]Der Rechtspfleger kann der Erinnerung abhelfen. [6]Erinnerungen, denen er nicht abhilft, legt er dem Richter zur Entscheidung vor. [7]Auf die Erinnerung sind im Übrigen die Vorschriften der Zivilprozessordnung über die sofortige Beschwerde sinngemäß anzuwenden.

(3) [1]Gerichtliche Verfügungen, Beschlüsse oder Zeugnisse, die nach den Vorschriften der Grundbuchordnung, der Schiffsregisterordnung oder des Gesetzes über das Verfahren in Familiensachen und in den Angelegenheiten der freiwilligen Gerichtsbarkeit wirksam geworden sind und nicht mehr geändert werden können, sind mit der Erinnerung nicht anfechtbar. [2]Die Erinnerung ist ferner in den Fällen der §§ 694, 700 der Zivilprozessordnung und gegen die Entscheidungen über die Gewährung eines Stimmrechts (§ 77 der Insolvenzordnung) ausgeschlossen.

(4) Das Erinnerungsverfahren ist gerichtsgebührenfrei.

1 Hierzu etwa AG Bergen (Rügen), Beschl. v. 5.4.2013 – 14 K 38/10, juris

Übersicht

A. Allgemeines

I. Normzweck

1 Die Regelung bildet die **Rechtsgrundlage für die Anfechtbarkeit** von Entscheidungen des Rechtspflegers. Sie ist also immer dann heranzuziehen, wenn nicht der Richter, sondern der Rechtspfleger im Rahmen des gerichtlichen Verfahrens tätig geworden ist. Dabei unterscheidet die Norm danach, ob in den Fällen, in denen der Richter entschieden hätte, ein Rechtsmittel zulässig gewesen wäre oder ob nach den allgemeinen verfahrensrechtlichen Vorschriften ein Rechtsmittel nicht statthaft gewesen wäre.

2 Damit gewährleistet die Norm in grundrechtsrelevanten Bereichen, dass – in derselben oder in der nächsthöheren Instanz – eine **Überprüfung der Entscheidung des Rechtspflegers durch den Richter** gewährleistet ist, nicht zuletzt, um der Rechtsweggarantie des Art. 19 Abs. 4 GG zu genügen.[1]

3 Somit ist auch der **Rechtsweg i.S.d. § 90 Abs. 2 Satz 1 BVerfGG**, als Zulässigkeitsvoraussetzung für die Erhebung einer Verfassungsbeschwerde, nicht erschöpft, wenn der Beschwerdeführer im fachgerichtlichen Verfahren noch Erinnerung einlegen kann.[2]

II. Anwendungsbereich

4 Die Norm ist anwendbar, wenn **„Entscheidungen" des Rechtspflegers** angefochten werden (sollen). Im Sinne einer umfassenden Rechtsschutzgewährung ist dieser Begriff, um dem Normzweck Genüge zu tun, weit auszulegen und gilt grundsätzlich für alle sachlichen Entschließungen des Rechtspflegers mit Außenwirkungen.[3]

5 „Entscheidungen" gemäß § 11 RPflG sind damit zum einen **verfahrensabschließende Endentscheidungen**, insbesondere Beschlüsse zur Hauptsache und im Verfahren der einstweiligen Anordnung i.S.v. §§ 49 ff. FamFG, und zum anderen solche **verfahrensleitenden Zwischenentscheidungen**, die in die Rechte von Beteiligten eingreifen und bei denen das FamFG im Falle der richterlichen Tätigkeit eine eigenständige Anfechtbarkeit ausdrücklich vorsieht.

6 **Keine Entscheidungen** in diesem Sinne sind solche Maßnahmen, die lediglich der Vorbereitung einer Entscheidung dienen, nicht eigenständig in die Rechte eines Beteiligten eingreifen und die gemäß § 58 Abs. 2 FamFG mit der Endentscheidung durch das Rechtsmittelgericht überprüft werden können (z.B. rechtliche Hinweise und Terminsbestimmung zur persönlichen Anhörung).

1 Hierzu zuletzt OLG Nürnberg NJW 2014, 2883
2 BVerfG, Beschl. v. 16.10.2014 – 2 BvR 718/14, juris
3 *Dörndorfer*, § 11 RPflG Rn. 20, 22

Gegebenenfalls ist eine **Beschwerde in eine Erinnerung umzudeuten**, diese mithin als Rechtspflegererinnerung nach § 11 Abs. 2 Satz 1 RPflG zu behandeln.[4] Der Rechtspfleger hat in diesem Fall – ggf. nach Aufhebung seiner Vorlageverfügung durch das Rechtsmittelgericht – das unzulässige Rechtsmittel als Erinnerung i.S.v. § 11 Abs. 2 Satz 1 RPflG auszulegen und sie bei Nichtabhilfe dem Richter zur abschließenden Entscheidung vorzulegen.[5] 7

B. Inhalt der Norm

I. Allgemein zulässiges Rechtsmittel (Abs. 1)

Statthaft ist das Rechtsmittel, welches zulässig wäre, **falls der Richter entschieden hätte**.[6] Ist das Rechtsmittel nach diesen Vorschriften unzulässig, dann gilt Abs. 2 (näher hierzu unten Rn. 11 ff.). 8

Für das Kindschaftsrecht von Bedeutung sind damit die folgenden Rechtsmittel: 9

1. die Beschwerde i.S.v. §§ 58 ff. FamFG,
2. die sofortige Beschwerde nach §§ 567 ff. ZPO über die jeweilige Verweisung im FamFG sowie
3. Kostenbeschwerden (§§ 57 bis 59 FamGKG, § 33 RVG).

▶ *Zu den Einzelheiten der Rechtsmittel wird Bezug genommen auf Kischkel, Kommentierung zu § 58 FamFG.*

Trifft der Rechtspfleger in Verkennung der Regelung in Abs. 1 über eine sofortige Beschwerde gegen einen von ihm erlassenen Beschluss ohne Vorlage an das Rechtsmittelgericht selbst die Beschwerdeentscheidung, so ist diese **nach § 8 Abs. 4 RPflG unwirksam**, denn der Rechtspfleger muss in den Fällen, in denen er die sofortige Beschwerde für unzulässig oder unbegründet hält, einen Nichtabhilfebeschluss erlassen und die Beschwerde der höheren Instanz zur Entscheidung vorlegen.[7] 10

II. Erinnerung (Abs. 2)

Die Erinnerung ist **Rechtsbehelf** und nicht, da es ihr am Devolutiveffekt fehlt, Rechtsmittel. Das Erinnerungsverfahren eröffnet dem Rechtsbehelfsführer keine weitere Instanz. 11

1. Statthaftigkeit

Kann gegen die Entscheidung des Rechtspflegers **nach allgemeinen Vorschriften kein Rechtsmittel** eingelegt werden, ist die Erinnerung statthaft und (nur) dann ist vom Rechtspfleger ein Abhilfeverfahren durchzuführen, da § 68 Abs. 1 Satz 2 FamFG im Erinnerungsverfahren keine Anwendung findet.[8] Nach der jüngeren Rechtsprechung des Bundesgerichtshofs, die u.a. im Zusammenhang mit der Auswahlentscheidung eines Rechtspflegers betreffend einen für das Kind einzusetzenden Vormund ergangen ist, ist diese Voraussetzung **von zunehmender praktischer Relevanz**. Es genügt nach der Rechtsprechung des Bundesgerichtshofs für die Statthaftigkeit der Erinnerung, dass ein anderes Rechtsmittel entweder „nicht statthaft oder aus anderen Gründen nicht zulässig ist".[9] Daher ist auch die 12

4 OLG Hamm FamRZ 2015, 274
5 BGH FamRZ 2012, 1796
6 BT-Drs. 13/10244, 7
7 BGH MDR 2009, 464
8 OLG Brandenburg, Beschl. v. 4.1.2019 – 13 WF 217/18, juris
9 BGH ZKJ 2013, 451

Bestellung eines Verfahrensbeistandes durch den Rechtspfleger nach Ansicht des BGH mit der Erinnerung anfechtbar.[10]

13 Die Formulierung des BGH („*oder aus anderen Gründen nicht zulässig*") ist jedoch **eng auszulegen**. Beruht die Unzulässigkeit des Rechtsmittels auf einer Nichtbeachtung von Form- oder Fristerfordernissen durch den Rechtsmittelführer erfordert auch die Rechtsschutzgarantie aus Art. 19 Abs. 4 GG nicht die Zulässigkeit der Rechtspflegererinnerung.[11] Damit ist die Erinnerung statthaft, wenn der Rechtsmittelführer **nicht beschwerdeberechtigt** i.S.v. § 59 Abs. 1 FamFG (hierzu *Kischkel*, § 59 FamFG Rn. 4 ff.) ist, da die Erinnerungsberechtigung eine geringere Hürde hat (hierzu Rn. 19). Dies gilt etwa dann, wenn sich die Großeltern und Pflegeeltern gegen die Auswahlentscheidung des Rechtspflegers betreffend den Vormund wenden.[12] Eine als „Beschwerde" eingelegte Eingabe kann daher in eine Erinnerung umzudeuten sein, wobei aber deren Zulässigkeit unter anderem nach einer Wahrung der zweiwöchigen Erinnerungsfrist verlangt.[13]

14 Unbeschadet dessen ist eine nicht statthafte Beschwerde **nicht als Rechtspflegererinnerung zu behandeln**, wenn das begehrte Ziel des Rechtsmittelführers bereits aufgrund einer zulässigen Beschwerde eines anderen Beschwerdeführers erreicht ist.[14]

15 Schließlich ist die Erinnerung auch dann nicht statthaft, wenn es sich **nicht um eine „Entscheidung"** handelt oder eine Ausnahme i.S.v. Abs. 3 gegeben ist.

2. Form

16 Die Erinnerung ist schriftlich bei dem Gericht einzulegen, dem der Rechtspfleger angehört, und muss die Bezeichnung der angefochtenen Entscheidung sowie die Erklärung enthalten, dass Beschwerde gegen diese Entscheidung eingelegt wird und ihre Überprüfung begehrt wird. Sie kann auch zu **Protokoll der Geschäftsstelle** eingelegt werden (Abs. 2 Satz 7 i.V.m. § 569 Abs. 2, 3 ZPO).

17 Ein **Anwaltszwang** besteht für die Einlegung der Erinnerung **nicht**. Sie „soll" zwar begründet werden (Abs. 2 Satz 7 i.V.m. § 571 Abs. 1 ZPO), doch führt eine fehlende Begründung nicht zu ihrer Unzulässigkeit.

3. Frist

18 Die Erinnerung ist **binnen zwei Wochen** einzulegen (Abs. 2 Satz 1 Hs. 2). Es gelten besondere Regelungen für die Wiedereinsetzung bei Säumnis der Frist (Abs. 2 Satz 2 bis 4).

4. Erinnerungsberechtigung

19 Auch die Erinnerung ist **kein Popularrechtsbehelf**, der von jedermann eingelegt werden kann. Vielmehr setzt ihre Zulässigkeit voraus, dass bei dem Rechtsbehelfsführer eine Erinnerungsberechtigung vorhanden ist. Die Anforderungen an das Vorliegen einer solchen ist niedriger als bei der Beschwerdeberechtigung i.S.v. § 59 FamFG. Es genügt nach der Rechtsprechung des Bundesgerichtshofs, dass der Erinnerungsführer ein „**berechtigtes Interesse** an der Entscheidung (hat) und in dem Verfahren vom Amtsgericht auch beteiligt worden ist".[15]

---

10 BGH ZKJ 2017, 273; a.A. die Vorinstanz: OLG Stuttgart FamRZ 2016, 1696
11 Vgl. OLG Frankfurt, FamRZ 2018, 115
12 BGH ZKJ 2013, 451 (vom BVerfG ausdrücklich gebilligt: BVerfG FamRZ 2014, 1435 ff.) sowie FamRZ 2020, 498 bzw. OLG Nürnberg NJW-RR 2014, 1159 (für die Pflegeeltern)
13 Vgl. nur OLG Koblenz FamRZ 2024, 1561
14 OLG Nürnberg ZKJ 2015, 153
15 BGH ZKJ 2013, 451

Ein **„berechtigtes Interesse“** dürfte jedenfalls dann vorliegen, wenn der Schutzbereich eines Grundrechts der Erinnerungsführer tangiert ist. Dies gilt insbesondere dann, wenn das Elternrecht aus Art. 6 Abs. 2 Satz 1 GG und der Schutz der Familie i.S.v. Art. 6 Abs. 1 GG berührt ist, wobei Letzterer auch die Pflegefamilie schützt.[16] 20

Soweit nach Ansicht des Bundesgerichtshofs eine weitere Voraussetzung für das Vorliegen der Erinnerungsberechtigung ist, dass der **Erinnerungsführer vom Amtsgericht „beteiligt“** worden ist, überzeugt dies nicht. Denn es kann etwa den Großeltern der nach Art. 19 Abs. 4 GG gebotene Rechtsschutz nicht deswegen versagt werden, weil sie nicht einmal beteiligt worden sind. Es genügt daher, wenn eine Beteiligung mit Blick auf § 7 FamFG hätte erfolgen müssen.[17] Gegebenenfalls muss Wiedereinsetzung begehrt werden. Unbeschadet dessen haben Bundesgerichtshof und Bundesverfassungsgericht durch ihre Rechtsprechung, die eine hohe Hürde bei der Beschwerdeberechtigung aufbaut, über die Verfassungsbeschwerde nunmehr den unmittelbaren Weg vom Amtsgericht zum BVerfG geebnet. 21

5. Rechtsschutzbedürfnis

In seltenen Ausnahmefällen kann die Erinnerung wegen **fehlenden Rechtsschutzbedürfnisses** unzulässig sein. Beispiele können sein: Fälle des Rechtsmissbrauchs, der begehrten Abänderung von Entscheidungsgründen sowie einer Anfechtung der bereits durch die Endentscheidung überholten Zwischenentscheidung.[18] 22

6. Erinnerungsverfahren

Wird eine Erinnerung eingelegt, hat der Rechtspfleger zunächst deren **Zulässigkeit zu prüfen** (siehe oben Rn. 12 ff.). Ist die Erinnerung zulässig und auch – zumindest teilweise – begründet, dann hat der Rechtspfleger den Beteiligten zunächst **rechtliches Gehör** zur beabsichtigten (Teil-)Abhilfe zu gewähren. Sodann hat er eine Abhilfebefugnis (Abs. 2 Satz 5). Diese Abhilfebefugnis gilt auch in Familiensachen, da § 68 Abs. 1 Satz 2 FamFG nur im Falle einer Beschwerde gegen die Rechtspflegerentscheidung Anwendung findet, nicht jedoch im Erinnerungsverfahren. 23

Die **Abhilfe** erfolgt dadurch, dass der Rechtspfleger den angegriffenen Beschluss abändert. Insbesondere in den Fällen der Teilabhilfe ist der angegriffene Beschluss nicht insgesamt aufzuheben und ein neuer Beschluss zu erlassen, da dann auch der nichtangefochtene Teil aufgehoben würde, was dem im Erinnerungsverfahren geltenden Schlechterstellungsverbot widerspricht.[19] 24

Hilft der Rechtspfleger der Erinnerung nicht ab, dann genügt ein Aktenvermerk hierüber nicht. Es hat vielmehr ein den Beteiligten bekannt zu machender **Beschluss** zu ergehen, der auch **zu begründen** ist und in welchem sich der Rechtspfleger – nicht floskelhaft – mit dem Vorbringen des Erinnerungsführers auseinandersetzt, soweit dieses neues tatsächliches bzw. rechtliches Vorbringen enthält.[20] Zugleich hat der Rechtspfleger die Erinnerung unverzüglich (vgl. Abs. 2 Satz 7 i.V.m. § 572 Abs. 1 Satz 1 Hs. 2 ZPO) dem zuständigen Richter des Amtsgerichts (vgl. § 28 RPflG) zur Entscheidung vorzulegen (Abs. 2 Satz 6). Eine gleichwohl erfolgte Vorlageverfügung an das OLG ist in der Regel aufzuheben,[21] damit der Rechtspfleger das Abhilfeverfahren durchführen kann. 25

16 Siehe nur BVerfG FamRZ 1989, 31 ff.
17 Vgl. OLG Bamberg FamRZ 2025, 184, 185
18 Vgl. *Dornhöfer*, § 11 RPflG Rn. 98 m.w.N.
19 Hierzu OLG München Rpfleger 1984, 285
20 Vgl. *Dornhöfer*, RPflG, § 11 Rn. 99 m.w.N.
21 OLG Hamm FamRZ 2015, 274; im Ergebnis ebenso BGH, Beschl. v. 3.7.2014 – IX ZB 2/14, juris

26 Ein **Beschluss des Rechtspflegers**, in welchem dieser der Erinnerung nicht lediglich nicht abhilft und die Sache dem Richter zur Entscheidung vorlegt, sondern in welchem er die Erinnerung als unzulässig oder unbegründet **selbst bescheidet**, ist gemäß § 8 Abs. 4 RPflG unwirksam. Der Richter muss dann die Erinnerungsentscheidung von Amts wegen (ggf. auf Anregung eines Beteiligten) nachholen. Die Abhilfeentscheidung des Rechtspflegers hingegen kann ihrerseits wiederum mit dem nach § 11 Abs. 1 bzw. Abs. 2 statthaften Rechtsmittel bzw. Rechtsbehelf angegriffen werden.

27 Wird ihm die Erinnerung vorgelegt, so hat **der zum Zeitpunkt der Vorlage zuständige Richter** über diese – unanfechtbar – zu entscheiden. Er kann die Erinnerung als unzulässig verwerfen, als unbegründet zurückweisen oder in der Sache unter Aufhebung bzw. Abänderung des Rechtspflegerbeschlusses (teilweise) selbst entscheiden. Der Richter kann im Fall der Annahme grundsätzlicher Bedeutung auch seinerseits die Beschwerde nach § 61 Abs. 3 FamFG zulassen.[22] Leidet das Verfahren des Rechtspflegers unter einem wesentlichen Mangel und ist die Sache (noch) nicht entscheidungsreif, dann kann die Rechtspflegerentscheidung auch aufgehoben und die Sache an den Rechtspfleger zurückverwiesen werden. Dies kann der Fall sein, wenn der Rechtspfleger in Kindschaftssachen, etwa vor der Auswahl des Vormunds oder Pflegers, die vorgeschriebenen Verfahrensschritte (etwa persönliche Anhörungen bzw. Einholung einer Stellungnahme des Jugendamtes, vgl. §§ 159 ff. FamFG) nicht durchgeführt hat.[23]

28 *Übersicht: Zulässigkeit und Begründetheit der Erinnerung*

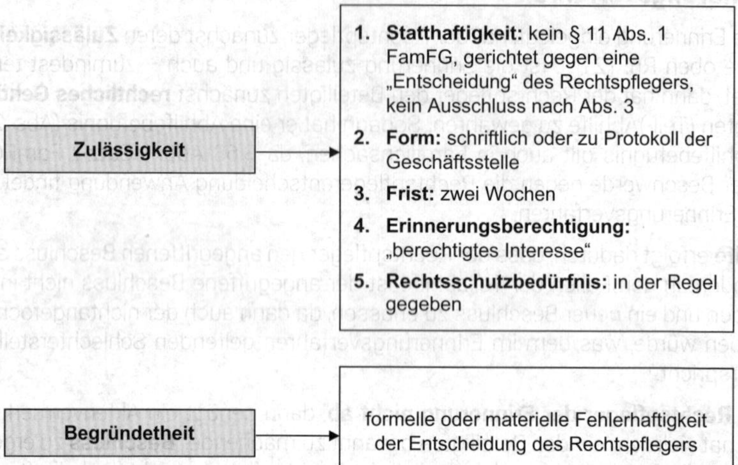

III. Ausschluss der Erinnerung (Abs. 3)

29 In den Fällen des Abs. 3 ist eine Erinnerung unstatthaft und damit – nach Nichtabhilfe und Vorlage durch den Rechtspfleger – vom Richter als unzulässig zu verwerfen. Die Regelung betrifft Konstellationen, in denen der Gesetzgeber der Rechtssicherheit den Vorrang gegenüber der Möglichkeit gibt, die Rechtspflegerentscheidung vom Richter überprüfen zu lassen.

30 Im Bereich des Kindschaftsrechts sind die familiengerichtlichen Genehmigungsentscheidungen durch den Rechtspfleger erfasst (vgl. §§ 1643, 1848 ff. BGB). Hier ist nicht die Erin-

22 BGH FamRZ 2017, 1318
23 BGH ZKJ 2014, 266 ff. mit Anm. *Dürbeck*

nerung, sondern – innerhalb von zwei Wochen (§ 63 Abs. 2 Nr. 2 FamFG) – die Beschwerde i.S.d. §§ 58 ff. FamFG einzulegen.

IV. Kosten (Abs. 4)

Die Regelung führt dazu, dass das Erinnerungsverfahren gerichtsgebührenfrei ist. Gerichts- 31
kosten sind jedoch Gebühren und Auslagen. Letztere werden auch in Erinnerungsverfahren erhoben (vgl. Nr. 2000 KV-FamGKG). Wird ein Beteiligter im Erinnerungsverfahren durch einen Rechtsanwalt vertreten, verdient dieser einen halbe Verfahrensgebühr (vgl. Nr. 3500 VV.RVG). Die Entscheidungen über die Erinnerung müssen daher auch eine Kostenentscheidung enthalten, die sich nach allgemeinen Regeln richtet (siehe hierzu *Kischkel*, Kommentierung zu § 81 FamFG).

V. Tenorierungsbeispiele

1. Rechtspfleger (Beschluss) 32

a) Abhilfe

„Der Erinnerung wird abgeholfen und die angefochtene Entscheidung wie folgt abgeändert: (...).“ oder „Der Erinnerung wird abgeholfen und die angefochtene Entscheidung aufgehoben. Die Kosten des Erinnerungsverfahrens hat ... zu tragen.“

b) Teilweise Abhilfe

„Die angefochtene Entscheidung wird teilweise abgeändert: (...). Im Übrigen wird der Erinnerung nicht abgeholfen und diese dem Richter des Amtsgerichts zur Entscheidung vorgelegt.“

c) Nichtabhilfe

„Der Erinnerung wird nicht abgeholfen. Diese wird dem Richter des Amtsgerichts zur Entscheidung vorgelegt.“

2. Richter (Beschluss)

a) Unzulässigkeit

„Die Erinnerung wird verworfen. Die Kosten des Erinnerungsverfahrens hat der Erinnerungsführer zu tragen.“

b) Unbegründetheit

„Die Erinnerung wird zurückgewiesen. Die Kosten des Erinnerungsverfahrens hat der Erinnerungsführer zu tragen.“

c) Erfolgreiche Erinnerung

„Die angefochtene Entscheidung wird aufgehoben (oder: abgeändert und wie folgt neu gefasst: ...). Die Kosten des Erinnerungsverfahrens hat ... zu tragen (oder: Kosten des Erinnerungsverfahrens werden nicht erhoben; außergerichtliche Kosten werden nicht erstattet)."

oder

„Unter Aufhebung der angefochtenen Entscheidung und des Verfahrens wird die Sache zur erneuten Entscheidung – auch über die Kosten des Erinnerungsverfahrens – unter Beachtung der aus diesem Beschluss ersichtlichen Rechtsauffassung an den Rechtspfleger zurückverwiesen."

§ 13 RPflG

Bezeichnung des Rechtspflegers

Im Schriftverkehr und bei der Aufnahme von Urkunden in übertragenen Angelegenheiten hat der Rechtspfleger seiner Unterschrift das Wort „Rechtspfleger" beizufügen.

§ 13 RPflG

Ausschluss des Anwaltszwangs

§ 78 Absatz 1 der Zivilprozessordnung und § 114 Absatz 1 des Gesetzes über das Verfahren in Familiensachen und in den Angelegenheiten der freiwilligen Gerichtsbarkeit sind auf Verfahren vor dem Rechtspfleger nicht anzuwenden.

Von einer Kommentierung der §§ 12 und 13 RPflG wird abgesehen.

Zweiter Abschnitt
Dem Richter vorbehaltene Geschäfte in Familiensachen und auf dem Gebiet der freiwilligen Gerichtsbarkeit sowie in Insolvenzverfahren und schifffahrtsrechtlichen Verteilungsverfahren

§ 14 RPflG

Kindschafts- und Adoptionssachen

(1) Von den dem Familiengericht übertragenen Angelegenheiten in Kindschafts- und Adoptionssachen sowie den entsprechenden Lebenspartnerschaftssachen bleiben dem Richter vorbehalten:

1. **Verfahren, die die Feststellung des Bestehens oder Nichtbestehens der elterlichen Sorge eines Beteiligten für den anderen zum Gegenstand haben;**
2. **die Maßnahmen auf Grund des § 1666 des Bürgerlichen Gesetzbuchs zur Abwendung der Gefahr für das körperliche, geistige oder seelische Wohl des Kindes;**
3. **die Übertragung der elterlichen Sorge nach den §§ 1626a, 1671, 1678 Absatz 2, § 1680 Absatz 2 und 3 sowie § 1681 Absatz 1 und 2 des Bürgerlichen Gesetzbuchs;**
4. **die Entscheidung über die Übertragung von Angelegenheiten der elterlichen Sorge auf die Pflegeperson nach § 1630 Absatz 3 des Bürgerlichen Gesetzbuchs;**
5. **die Entscheidung von Meinungsverschiedenheiten zwischen den Sorgeberechtigten;**
6. **die Genehmigung einer freiheitsentziehenden Unterbringung oder einer freiheitsentziehenden Maßnahme nach § 1631b des Bürgerlichen Gesetzbuchs und die Genehmigung einer Einwilligung nach § 1631e Absatz 3 des Bürgerlichen Gesetzbuchs;**
7. **die Regelung des persönlichen Umgangs zwischen Eltern und Kindern sowie Kindern und Dritten nach § 1684 Absatz 3 und 4, § 1685 Absatz 3 und § 1686a Absatz 2 des Bürgerlichen Gesetzbuchs, die Entscheidung über die Beschränkung oder den Ausschluss des Rechts zur alleinigen Entscheidung in Angelegenheiten des täglichen Lebens nach den §§ 1687, 1687a des Bürgerlichen Gesetzbuchs sowie über Streitigkeiten, die eine Angelegenheit nach § 1632 Absatz 2 des Bürgerlichen Gesetzbuchs betreffen;**
8. **die Entscheidung über den Anspruch auf Herausgabe eines Kindes nach § 1632 Absatz 1 des Bürgerlichen Gesetzbuchs sowie die Entscheidung über den Verbleib des Kindes bei der Pflegeperson nach § 1632 Absatz 4 oder bei dem Ehegatten, Lebenspartner oder Umgangsberechtigten nach § 1682 des Bürgerlichen Gesetzbuchs;**
9. **die Anordnung einer Betreuung oder Pflegschaft auf Grund dienstrechtlicher Vorschriften, soweit hierfür das Familiengericht zuständig ist;**
10. **(aufgehoben)**
11. **die religiöse Kindererziehung betreffenden Maßnahmen nach den §§ 2, 3 und 7 des Gesetzes über die religiöse Kindererziehung;**
12. **die Ersetzung der Zustimmung**
    a) **eines Sorgeberechtigten zu einem Rechtsgeschäft,**
    b) **eines gesetzlichen Vertreters zu der Sorgeerklärung eines beschränkt geschäftsfähigen Elternteils nach § 1626c Absatz 2 Satz 1 des Bürgerlichen Gesetzbuchs**
    c) **des gesetzlichen Vertreters nach § 3 Absatz 1 Satz 2 des Gesetzes über die Selbstbestimmung in Bezug auf den Geschlechtseintrag;**

13. **die im Jugendgerichtsgesetz genannten Verrichtungen mit Ausnahme der Bestellung eines Pflegers nach § 67 Absatz 4 Satz 3 des Jugendgerichtsgesetzes;**

14. **die Ersetzung der Einwilligung oder der Zustimmung zu einer Annahme als Kind nach § 1746 Absatz 3 sowie nach den §§ 1748 und 1749 Absatz 1 des Bürgerlichen Gesetzbuchs, die Entscheidung über die Annahme als Kind einschließlich der Entscheidung über den Namen des Kindes nach den §§ 1752, 1768 und 1757 Absatz 4 des Bürgerlichen Gesetzbuchs, die Genehmigung der Einwilligung des Kindes zur Annahme nach § 1746 Absatz 1 Satz 4 des Bürgerlichen Gesetzbuchs, die Aufhebung des Annahmeverhältnisses nach den §§ 1760, 1763 und 1771 des Bürgerlichen Gesetzbuchs sowie die Entscheidungen nach § 1751 Absatz 3, § 1764 Absatz 4, § 1765 Absatz 2 des Bürgerlichen Gesetzbuchs und nach dem Adoptionswirkungsgesetz vom 5. November 2001 (BGBl. I S. 2950, 2953), soweit sie eine richterliche Entscheidung enthalten;**

15. **die Befreiung vom Eheverbot der durch die Annahme als Kind begründeten Verwandtschaft in der Seitenlinie nach § 1308 Absatz 2 des Bürgerlichen Gesetzbuchs;**

16. **die Genehmigung für den Antrag auf Scheidung oder Aufhebung der Ehe oder auf Aufhebung der Lebenspartnerschaft durch den gesetzlichen Vertreter eines geschäftsunfähigen Ehegatten oder Lebenspartners nach § 125 Absatz 2 Satz 2, § 270 Absatz 1 Satz 1 des Gesetzes über das Verfahren in Familiensachen und in den Angelegenheiten der freiwilligen Gerichtsbarkeit.**

17. **die Genehmigung für die Erklärungen zur Änderung des Geschlechtseintrags und der Vornamen nach § 3 Absatz 2 Satz 2 des Gesetzes über die Selbstbestimmung in Bezug auf den Geschlechtseintrag.**

(2) Soweit die Maßnahmen und Anordnungen nach den §§ 10 bis 15, 20, 21, 32 bis 35, 38, 40, 41, 44 bis 44c, 44f, 44h und 47 bis 50 des Internationalen Familienrechtsverfahrensgesetzes dem Familiengericht obliegen, bleiben sie dem Richter vorbehalten.

Übersicht Rn.

A. Allgemeines

1 Die Norm ist im **Zusammenhang mit der Vorbehaltsübertragung** in § 3 Nr. 2 lit. a RPflG zu sehen und kann nur in Wechselwirkung mit dieser Regelung vollständig erfasst werden. Nur soweit eine der in dem abschließenden Katalog genannten Aufgaben vorliegt, ist im Kindschaftsrecht der Richter und nicht der Rechtspfleger zuständig. Es besteht mithin ein **Regel-Ausnahme-Verhältnis**: Der Rechtspfleger ist funktional zuständig, es sei denn, aus dem in § 14 genannten Katalog ergibt sich etwas anderes.

2 Im Interesse der **Rechtssicherheit** ist grundsätzlich eine **enge Auslegung** der Vorschrift geboten, da in der Regel klar und eindeutig feststehen soll, ob ein Richtervorbehalt greift und damit eine Wahrnehmung des Geschäfts durch den Rechtspfleger wegen § 8 Abs. 4 RPflG nichtig ist.[1]

3 Freilich kann die **funktionelle Zuständigkeitsverteilung** nicht dazu führen, dass der Rechtspfleger aufgrund unterschiedlicher Rechtsansicht eine richterliche Entscheidung aufhebt,

1 KG FamRZ 1978, 834

denn die Intention des Rechtspflegergesetzes ist die Entlastung des Richters, so dass dem Rechtspfleger weder rechtlich noch tatsächlich die Aufgabe obliegen kann, eine richterliche Entscheidung zu überprüfen bzw. zu korrigieren.[2]

B. Inhalt der Norm

I. Übertragung einzelner Angelegenheiten (Abs. 1)

Nr. 1 (Feststellung des Bestehens oder Nichtbestehens der elterlichen Sorge) 4

Nr. 2 (Kinderschutz) 5

▶ *Näher zum materiell-rechtlichen Hintergrund siehe Cirullies, Kommentierung zu § 1666 BGB.*

▶ *Zur verbleibenden Rechtspflegerzuständigkeit siehe Heilmann, § 3 RPflG Rn. 5.*

Die Entscheidung über den **Entzug der Vermögenssorge** obliegt dem Rechtspfleger, da diese Maßnahme zwar auf dem im Vorbehalt genannten § 1666 BGB beruht, es sich aber nicht um eine Maßnahme „zur Abwendung der Gefahr für das körperliche, geistige oder seelische Wohl des Kindes" handelt. Den Schutz des Kindesvermögens hat der Rechtspfleger zudem im Rahmen des § 1667 BGB zu gewährleisten.

6 Die **Auswahl des Ergänzungspflegers bzw. Vormunds** nach teilweisem bzw. vollständigem Entzug der elterlichen Sorge obliegt nach den Grundsätzen der Vorbehaltsübertragung zwar dem Rechtspfleger.[3] Mit Blick auf § 6 RPflG und die verfassungsrechtliche Dimension der zu treffenden Entscheidung hat der Richter diese Aufgabe jedoch ebenfalls wahrzunehmen.[4]

7 Soweit Nr. 2 im Übrigen zwar einen Richtervorbehalt für kindesschutzrechtliche Maßnahmen nach §§ 1666, 1666a BGB, nicht jedoch für den **Vormund betreffende Ge- und Verbote** im Rahmen des § 1802 Abs. 2 BGB und für die Entlassung des Vormunds vorsieht, wenn die Fortführung des Amtes das Interesse des Mündels gefährden würde (§ 1804 BGB), ist die Folge der funktionellen Zuständigkeit des Rechtspflegers zwar unbefriedigend, mit Blick auf das Verhältnis von §§ 3, 14 RPflG jedoch hinzunehmen. Dieser hat dann die entsprechende Kindschaftssache durchzuführen und dabei §§ 151 ff. FamFG zu beachten. Gleiches gilt, soweit § 1802 Abs. 2 BGB durch Verweis den Anwendungsbereich der §§ 1666, 1666a, 1696 BGB eröffnet.

▶ *Siehe auch Wierse, Kommentierung zu § 1802 BGB.*

8 Hingegen ist der Richter funktional zuständig für **das Mündel betreffende Herausgabe- und Umgangsverfahren** sowie sonstige Verfahren zur Abwehr einer Gefährdung seines Wohls.

9 Der Richter ist auch zuständig für das **Überprüfungs- bzw. Abänderungsverfahren** hinsichtlich kindesschutzrechtlicher Maßnahmen (vgl. § 1696 Abs. 2 BGB, § 166 FamFG).

Nr. 3 (Sorgerechtsübertragung) 10

▶ *Näher zum materiell-rechtlichen Hintergrund siehe Keuter, Kommentierung zu § 1671 BGB.*

▶ *Zur verbleibenden Rechtspflegerzuständigkeit siehe Heilmann, § 3 RPflG Rn. 5.*

2 OLG Frankfurt ZKJ 2013, 503
3 A.A. wohl OLG München FamRZ 2006, 1773
4 BVerfG FamRZ 2015, 208 = JAmt 2015, 324

Auch die **Durchführung des Abänderungsverfahrens** bzw. die Entscheidung über die Abänderung (§ 1696 Abs. 1 BGB, § 166 FamFG) obliegt dem Richter.

11 Nr. 4 (Übertragung von Angelegenheiten der elterlichen Sorge auf die Pflegeperson)

▶ *Näher zum materiell-rechtlichen Hintergrund siehe Fink, Kommentierung zu § 1630 BGB.*

12 Nr. 5 (Entscheidung von Meinungsverschiedenheiten zwischen Sorgeberechtigten)

▶ *Näher zum materiell-rechtlichen Hintergrund siehe Fink, Kommentierung zu § 1628 BGB.*

13 Dem Richter ist damit nicht nur die **Übertragung einer konkret-situativen Entscheidung** im Rahmen der elterlichen Sorge auf einen Elternteil nach § 1628 BGB vorbehalten. Der Vorbehalt erstreckt sich auch auf die Entscheidung bei **Meinungsverschiedenheiten zwischen Eltern und Pfleger** (§ 1630 Abs. 2 BGB) **sowie mehreren Vormündern, mehreren Pflegern bzw. Pfleger und Vormund** (§§ 1792, 1793 BGB ggf. i.V.m. § 1813 Abs. 1 BGB).

Die Regelung eines **Konflikts zwischen Eltern und Vormund** ist zwar nicht vom Richtervorbehalt der Nr. 5 erfasst, hier greifen aber bei Kinderschutz-, Herausgabe- und Umgangssachen ggf. die Nrn. 2, 7 und 8, so dass auch hier der **Richter zuständig** ist.

Für die **Übertragung des Namensbestimmungsrechts** auf einen Elternteil (§ 1617 Abs. 2 Satz 1 BGB) besteht die Zuständigkeit des Richters, da regelmäßig davon auszugehen ist, dass eine Meinungsverschiedenheit der Eltern zugrunde liegt.[5]

14 Nr. 6 (Freiheitsentziehende Unterbringung oder freiheitsentziehende Maßnahme)

Mit Blick auf die Intensität der im Raume stehenden Grundrechtseingriffe unterliegen auch die familiengerichtlichen Entscheidungen bei der freiheitsentziehenden Unterbringung oder einer freiheitsentziehenden Maßnahme betreffend eines minderjährigen Kindes (vgl. § 1631b BGB, siehe auch § 167 FamFG) sowie im Zusammenhang mit der Einwilligung nach 1631 e Abs. 3 BGB bei Kindern mit Varianten der Geschlechtsentwicklung dem Richtervorbehalt.

15 Nr. 7 (Umgang und Angelegenheit des täglichen Lebens)

▶ *Näher zum materiell-rechtlichen Hintergrund siehe Gottschalk, Kommentierung zu § 1684 BGB bzw. § 1687 BGB.*

Der Richter ist damit nicht zuständig für die Entscheidung über die **Auskunft** (vgl. §§ 1686, 1686a Abs. 1 Nr. 2 BGB). Dies ergibt sich nach der Änderung von § 151 Nr. 2 FamFG auch aus dem dortigen Nebeneinander von Umgangs- und Auskunftsangelegenheit. Jedoch finden sich häufig beide Angelegenheiten innerhalb desselben Verfahrens. Hier ist mit Blick auf § 6 RPflG regelmäßig eine **einheitliche Bearbeitung** und Entscheidung durch den Richter geboten.

16 Hingegen hat der Richter bei **Konflikten zwischen Eltern und Vormund bzw. Umgangsbestimmungspfleger** (hierzu *Gottschalk,* § 1684 BGB Rn. 64) auch den Umgang des Mündels mit seinen leiblichen Eltern und Dritten (vgl. § 1632 Abs. 2 BGB) zu regeln.

17 Der Richter ist auch zuständig für die **Anordnung einer Umgangspflegschaft** i.S.v. § 1684 Abs. 3 Satz 3 BGB sowie für die Verlängerung einer bereits angeordneten befristeten Umgangspflegschaft.[6] Hingegen obliegt die Entscheidung über die Entlassung der Person des Umgangspflegers dem Rechtspfleger, weil insoweit kein Richtervorbehalt besteht.[7]

---

5 OLG Frankfurt NJW-RR 1996, 1288
6 OLG München FamRZ 2013, 1155
7 OLG München FamRZ 2013, 1328

Der Richter ist zwar nur für die Beschränkung oder den **Ausschluss des Rechts zur alleinigen Entscheidung in Angelegenheiten des täglichen Lebens** (§§ 1687, 1687a BGB) zuständig. Es bleibt jedoch bei der Zuständigkeit des Rechtspflegers für die Fälle der §§ 1687b, 1688 BGB. **18**

Nr. 8 (Herausgabe des Kindes) **19**

▶ *Näher zum materiell-rechtlichen Hintergrund siehe Fink, Kommentierung zu § 1632 BGB.*

Der Richter ist auch zuständig für **das Mündel betreffende Herausgabeverfahren** (wegen § 14 Abs. 1 Nr. 8 RPflG).

Nr. 9 (Familiengerichtliche Anordnung einer Betreuung oder Pflegschaft auf Grund dienstrechtlicher Vorschriften) **20**

Die **Anordnung einer Pflegschaft** bzw. die Bestellung eines Betreuers durch das Familiengericht ist in diesem Zusammenhang in § 85 Abs. 2 WDO für die Fälle der Verhandlungsunfähigkeit bzw. Abwesenheit von Soldaten bestimmt. Gegebenenfalls kann auch die Bestellung eines Vertreters für die Wahrnehmung der Rechte in einem Verwaltungsverfahren geboten sein (vgl. § 3 BDG i.V.m. § 16 VwVfG).

Die **Länder** können diesen Richtervorbehalt nach § 19 Abs. 1 Satz 1 Nr. 1 RPflG aufheben. Bisher hat noch kein Bundesland von dieser Möglichkeit Gebrauch gemacht. **21**

Nr. 10 (aufgehoben) **22**

▶ *Der Richtervorbehalt betreffend die Pflegschaft oder Vormundschaft für Angehörige eines fremden Staates wurde aufgehoben, so dass hier nunmehr die Zuständigkeit des Rechtspflegers besteht.*

Nr. 11 (Maßnahmen betreffend die religiöse Kindererziehung) **23**

▶ *Siehe auch das Gesetz über die religiöse Kindererziehung – KErzG.*

Nr. 12 (Zustimmungsersetzungen) **24**

▶ *Näher zum materiell-rechtlichen Hintergrund siehe Fink, Kommentierung zu § 1626c BGB.*

Mit dem Inkrafttreten des Gesetzes über die Selbstbestimmung in Bezug auf den Geschlechtseintrag sieht dessen § 3 Abs. 1 Satz 2 auch das Erfordernis einer Zustimmung des gesetzlichen Vertreters des betroffenen Kindes vor. Das Verfahren und die Entscheidung über eine Ersetzung dieser Zustimmung bleiben dem Richter vorbehalten. **25**

Nr. 13 (Verrichtungen nach dem JGG) **26**

§ 34 Abs. 1 JGG bestimmt, dass **dem Jugendrichter die familiengerichtlichen Erziehungsmaßnahmen übertragen** werden sollen. Nr. 14 behält dem Jugend- bzw. Familienrichter die Unterstützung der Erziehungsberechtigten nach § 34 Abs. 3 Nr. 1 JGG, die Maßnahmen zur Abwehr einer Gefährdung des Jugendlichen (§ 34 Abs. 3 Nr. 2 JGG) sowie die Auswahl und Anordnung von Erziehungsmaßregeln (§§ 53, 104 Abs. 4 JGG) vor. Für die funktionelle Zuständigkeit des Rechtspflegers verbleibt die Bestellung eines Pflegers nach § 67 Abs. 4 Satz 3 JGG.

Nr. 14 (Übertragung der elterlichen Sorge nach § 1751 Abs. 3 BGB und Rückübertragung des Sorgerechts nach Aufhebung der Adoption gemäß § 1764 Abs. 3 BGB) **27**

▶ *Näher zum materiell-rechtlichen Hintergrund siehe Braun, Kommentierung zu § 1751 BGB bzw. § 1764 BGB.*

Von einer weitergehenden Kommentierung wird abgesehen.

II. IntFamRVG (Abs. 2)

28 Die Maßnahmen und Anordnungen nach dem IntFamRVG (näher hierzu siehe *Schweppe*, Kommentierung zum IntFamRVG) sind nahezu **umfassend dem Richter vorbehalten**. Dies sind insbesondere

- die Angelegenheiten nach §§ 10 bis 12 IntFamRVG,
- der Erlass einer einstweiligen Anordnung nach § 15 IntFamRVG,
- die Zulassung einer Zwangsvollstreckung nach §§ 20, 21 IntFamRVG (wobei die Vollstreckungsklausel nach § 23 IntFamRVG vom UdG zu erteilen ist),
- die Anerkennungsfeststellung (§ 32 IntFamRVG),
- die Anordnung der Kindesherausgabe (§ 33 IntFamRVG),
- die Änderung bzw. Aufhebung von Beschlüssen (§ 34 IntFamRVG),
- die Entscheidung über Schadensersatz nach § 35 IntFamRVG,
- Beschleunigungsmaßnahmen betreffend Verfahren nach dem HKÜ (§ 38 IntFamRVG),
- die Widerrechtlichkeitsfeststellung nach § 41 IntFamRVG,
- die Vollstreckung nach § 44 IntFamRVG,[8] einschließlich weiterer Aufgaben in der Vollstreckung, insbesondere der Vollstreckungsversagung (§§ 44 a bis c IntFamRVG) und -aussetzung (§ 44j IntFamRVG),
- das Verfahren auf Feststellung des Nichtvorliegens von Anerkennungsversagungsgründen und auf Versagung der Anerkennung (§ 44j IntFamRVG) und
- die Genehmigung der Zustimmung zur Unterbringung eines Kindes (§ 47 IntFamRVG).

29 Im Bereich internationaler Verfahren **bleibt der Rechtspfleger damit zuständig** für die Aufnahme von Anträgen, die in anderen Vertragsstaaten zu erledigen sind (vgl. § 29 Nr. 3 RPflG, § 42 Abs. 1 IntFamRVG), sowie hinsichtlich der Entscheidungen betreffend Übersetzungskosten (vgl. § 5 Abs. 2 IntFamRVG; hierzu auch § 32 RPflG).

§§ 15 bis 40 RPflG

Von Abdruck und Kommentierung wird abgesehen.

8 Näher hierzu *Schulte-Bunert*, FamRZ 2007, 1608

Gesetz zur Kooperation und Information im Kinderschutz (KKG)

vom 22. Dezember 2011 (BGBl. I S. 2975), zuletzt geändert durch Art. 3 des Gesetzes vom 3. April 2025 (BGBl. I Nr. 107)

§ 1 KKG

Kinderschutz und staatliche Mitverantwortung

(1) Ziel des Gesetzes ist es, das Wohl von Kindern und Jugendlichen zu schützen und ihre körperliche, geistige und seelische Entwicklung zu fördern.

(2) [1]Pflege und Erziehung der Kinder und Jugendlichen sind das natürliche Recht der Eltern und die zuvörderst ihnen obliegende Pflicht. [2]Über ihre Betätigung wacht die staatliche Gemeinschaft.

(3) Aufgabe der staatlichen Gemeinschaft ist es, soweit erforderlich, Eltern bei der Wahrnehmung ihres Erziehungsrechts und ihrer Erziehungsverantwortung zu unterstützen, damit

1. **sie im Einzelfall dieser Verantwortung besser gerecht werden können,**
2. **im Einzelfall Risiken für die Entwicklung von Kindern und Jugendlichen frühzeitig erkannt werden und**
3. **im Einzelfall eine Gefährdung des Wohls eines Kindes oder eines Jugendlichen vermieden oder, falls dies im Einzelfall nicht mehr möglich ist, eine weitere Gefährdung oder Schädigung abgewendet werden kann.**

(4) [1]Zu diesem Zweck umfasst die Unterstützung der Eltern bei der Wahrnehmung ihres Erziehungsrechts und ihrer Erziehungsverantwortung durch die staatliche Gemeinschaft insbesondere auch Information, Beratung und Hilfe. [2]Kern ist die Vorhaltung eines möglichst frühzeitigen, koordinierten und multiprofessionellen Angebots im Hinblick auf die Entwicklung von Kindern vor allem in den ersten Lebensjahren für Mütter und Väter sowie schwangere Frauen und werdende Väter (Frühe Hilfen).

§ 2 KKG

Information der Eltern über Unterstützungsangebote in Fragen der Kindesentwicklung

(1) Eltern sowie werdende Mütter und Väter sollen über Leistungsangebote im örtlichen Einzugsbereich zur Beratung und Hilfe in Fragen der Schwangerschaft, Geburt und der Entwicklung des Kindes in den ersten Lebensjahren informiert werden.

(2) [1]Zu diesem Zweck sind die nach Landesrecht für die Information der Eltern nach Absatz 1 zuständigen Stellen befugt, den Eltern ein persönliches Gespräch anzubieten. [2]Dieses kann auf Wunsch der Eltern in ihrer Wohnung stattfinden. [3]Sofern Landesrecht keine andere Regelung trifft, bezieht sich die in Satz 1 geregelte Befugnis auf die örtlichen Träger der Jugendhilfe.

§ 3 KKG

Rahmenbedingungen für verbindliche Netzwerkstrukturen im Kinderschutz

(1) In den Ländern werden insbesondere im Bereich Früher Hilfen flächendeckend verbindliche Strukturen der Zusammenarbeit der zuständigen Leistungsträger und Institutionen im Kinderschutz mit dem Ziel aufgebaut und weiterentwickelt, sich gegenseitig über das jeweilige Angebots- und Aufgabenspektrum zu informieren, strukturelle Fragen der Angebotsgestaltung und -entwicklung zu klären sowie Verfahren im Kinderschutz aufeinander abzustimmen.

(2) In das Netzwerk sollen insbesondere Einrichtungen und Dienste der öffentlichen und freien Jugendhilfe, Leistungserbringer, mit denen Verträge nach § 125 des Neunten Buches Sozialgesetzbuch bestehen, Gesundheitsämter, Sozialämter, Schulen, Polizei- und Ordnungs-

behörden, Agenturen für Arbeit, Krankenhäuser, Sozialpädiatrische Zentren, Frühförderstellen, Beratungsstellen für soziale Problemlagen, Beratungsstellen nach den §§ 3 und 8 Absatz 1 des Schwangerschaftskonfliktgesetzes, Einrichtungen und Dienste zur Müttergenesung sowie zum Schutz gegen Gewalt in engen sozialen Beziehungen, Familienbildungsstätten, Familiengerichte und Angehörige der Heilberufe einbezogen werden.

(3) [1]Sofern Landesrecht keine andere Regelung trifft, soll die verbindliche Zusammenarbeit im Kinderschutz als Netzwerk durch den örtlichen Träger der Jugendhilfe organisiert werden. [2]Die Beteiligten sollen die Grundsätze für eine verbindliche Zusammenarbeit in Vereinbarungen festlegen. [3]Auf vorhandene Strukturen soll zurückgegriffen werden.

(4) [1]Dieses Netzwerk soll zur Beförderung Früher Hilfen durch den Einsatz von Familienhebammen gestärkt werden. [2]Das Bundesministerium für Familie, Senioren, Frauen und Jugend unterstützt den Aus- und Aufbau der Netzwerke Frühe Hilfen und des Einsatzes von Familienhebammen auch unter Einbeziehung ehrenamtlicher Strukturen durch eine zeitlich auf vier Jahre befristete Bundesinitiative, die im Jahr 2012 mit 30 Millionen Euro, im Jahr 2013 mit 45 Millionen Euro und in den Jahren 2014 und 2015 mit 51 Millionen Euro ausgestattet wird. [3]Nach Ablauf dieser Befristung wird der Bund einen Fonds zur Sicherstellung der Netzwerke Frühe Hilfen und der psychosozialen Unterstützung von Familien einrichten, für den er jährlich 51 Millionen Euro zur Verfügung stellen wird. [4]Die Ausgestaltung der Bundesinitiative und des Fonds wird in Verwaltungsvereinbarungen geregelt, die das Bundesministerium für Familie, Senioren, Frauen und Jugend im Einvernehmen mit dem Bundesministerium der Finanzen mit den Ländern schließt.

§ 4 KKG

Beratung und Übermittlung von Informationen durch Geheimnisträger bei Kindeswohlgefährdung

(1) Werden

1. Ärztinnen oder Ärzten, Zahnärztinnen oder Zahnärzten, Hebammen oder Entbindungspflegern oder Angehörigen eines anderen Heilberufes, der für die Berufsausübung oder die Führung der Berufsbezeichnung eine staatlich geregelte Ausbildung erfordert,
2. Berufspsychologinnen oder -psychologen mit staatlich anerkannter wissenschaftlicher Abschlussprüfung,
3. Ehe-, Familien-, Erziehungs- oder Jugendberaterinnen oder -beratern sowie
4. Beraterinnen oder Beratern für Suchtfragen in einer Beratungsstelle, die von einer Behörde oder Körperschaft, Anstalt oder Stiftung des öffentlichen Rechts anerkannt ist,
5. Mitgliedern oder Beauftragten einer anerkannten Beratungsstelle nach den §§ 3 und 8 Absatz 1 des Schwangerschaftskonfliktgesetzes,
6. staatlich anerkannten Sozialarbeiterinnen oder -arbeitern oder staatlich anerkannten Sozialpädagoginnen oder -pädagogen oder
7. Lehrerinnen oder Lehrern an öffentlichen und an staatlich anerkannten privaten Schulen

in Ausübung ihrer beruflichen Tätigkeit gewichtige Anhaltspunkte für die Gefährdung des Wohls eines Kindes oder eines Jugendlichen bekannt, so sollen sie mit dem Kind oder Jugendlichen und den Erziehungsberechtigten die Situation erörtern und, soweit erforderlich, bei den Erziehungsberechtigten auf die Inanspruchnahme von Hilfen hinwirken, soweit hierdurch der wirksame Schutz des Kindes oder des Jugendlichen nicht in Frage gestellt wird.

(2) Die Personen nach Absatz 1 haben zur Einschätzung der Kindeswohlgefährdung gegenüber dem Träger der öffentlichen Jugendhilfe Anspruch auf Beratung durch eine insoweit er-

fahrene Fachkraft. Sie sind zu diesem Zweck befugt, dieser Person die dafür erforderlichen Daten zu übermitteln; vor einer Übermittlung der Daten sind diese zu pseudonymisieren.

(3) [1]Scheidet eine Abwendung der Gefährdung nach Absatz 1 aus oder ist ein Vorgehen nach Absatz 1 erfolglos und halten die in Absatz 1 genannten Personen ein Tätigwerden des Jugendamtes für erforderlich, um eine Gefährdung des Wohls eines Kindes oder eines Jugendlichen abzuwenden, so sind sie befugt, das Jugendamt zu informieren; hierauf sind die Betroffenen vorab hinzuweisen, es sei denn, dass damit der wirksame Schutz des Kindes oder des Jugendlichen in Frage gestellt wird. [2]Zu diesem Zweck sind die Personen nach Satz 1 befugt, dem Jugendamt die erforderlichen Daten mitzuteilen.[3]Die Sätze 1 und 2 gelten für die in Absatz 1 Nummer 1 genannten Personen mit der Maßgabe, dass diese unverzüglich das Jugendamt informieren sollen, wenn nach deren Einschätzung eine dringende Gefahr für das Wohl des Kindes oder des Jugendlichen ein Tätigwerden des Jugendamtes erfordert.

(4) [1]Wird das Jugendamt von einer in Absatz 1 genannten Person informiert, soll es dieser Person zeitnah eine Rückmeldung geben, ob es die gewichtigen Anhaltspunkte für die Gefährdung des Wohls des Kindes oder Jugendlichen bestätigt sieht und ob es zum Schutz des Kindes oder Jugendlichen tätig geworden ist und noch tätig ist. [2]Hierauf sind die Betroffenen vorab hinzuweisen, es sei denn, dass damit der wirksame Schutz des Kindes oder Jugendlichen in Frage gestellt wird.

(5) Die Absätze 2 und 3 gelten entsprechend für Mitarbeiterinnen und Mitarbeiter von Zollbehörden.

(6) Zur praktischen Erprobung datenschutzrechtskonformer Umsetzungsformen und zur Evaluierung der Auswirkungen auf den Kinderschutz kann Landesrecht die Befugnis zu einem fallbezogenen interkollegialen Austausch von Ärztinnen und Ärzten regeln.

Weiterführende Literatur: Fegert/Heimann/Metzger/Kepert/Wegenke, Praktische und rechtliche Probleme des strukturellen und individuellen Kinderschutzes anhand von Beratungsfällen der Medizinischen Kinderschutzhotline, ZKJ 2023, 328 ff.; *Kliemann/Berthold/Fegert,* Die gesetzlichen Neuerungen für die Zusammenarbeit im Kinderschutz durch das KJSG aus medizinischer Sicht, JAmt 2022, 361 ff.; *Kritzer,* Beratung durch eine insoweit erfahrene Fachkraft gemäß § 4 KKG, ZKJ 2022, 168 ff.; *Lohse/Beckmann/Ehlers,* Rechtlicher Rahmen des Vorgehens von Einrichtungen bei Verdacht auf sexualisierte Gewalt gegen Kinder, JAmt 2023, 98 ff.; *Schmieder,* Die (neuen) Anforderungen bei angenommener Kindeswohlgefährdung in § 4 KKG, ZKJ 2022, 438 ff.

Als Bestandteil des zum 1.1.2012 in Kraft getretenen Bundeskinderschutzgesetzes[1] wurde **1** das Gesetz zur Kooperation und Information im Kinderschutz (KKG) neu geschaffen. Einen Schwerpunkt legt das Gesetz auf die **Verankerung Früher Hilfen** in der Phase der Schwangerschaft und der frühen Kindheit, um von Anfang an die Potenziale und Kompetenzen von Eltern, aber auch die ihrer Kinder zu stärken.[2] Entwicklungsmöglichkeiten von Kindern sollen hierdurch bestmöglich gefördert, Risiken für ihr Wohl möglichst früh wahrgenommen und Gefährdungen systematisch abgewendet werden können.[3] Bei der Wahrnehmung des den Eltern von Verfassungs wegen garantierten Erziehungsrechts und ihrer Erziehungsverantwortung (Art. 6 Abs. 2 Satz 1 GG) sollen sie möglichst frühzeitig insbesondere durch Information, Beratung und Hilfe unterstützt werden (§ 1 Abs. 3 und 4 KKG). Durch dieses niedrigschwellige Angebot soll einerseits Vertrauen in die Jugendhilfe geschaffen und andererseits belastenden Lebenslagen und geschwächten familiären Bewältigungsressourcen vorgebeugt werden.

1 BGBl. I 2011, S. 2975; vgl. dazu *Meysen,* FamRZ 2012, 405; *Kunkel,* ZKJ 2012, 288; *Maywald,* FPR 2012, 199
2 BT-Drs. 17/6256, 15
3 BT- Drs. 17/6256, 16

2 Dementsprechend regelt § 2 Abs. 1 KKG, dass bereits werdende Eltern **über Unterstützungsangebote im örtlichen Einzugsbereich informiert** werden sollen. Hierzu können nach § 2 Abs. 2 KKG **Gespräche – auch in der Wohnung der (werdenden) Eltern –** angeboten werden (sog. **Willkommensbesuch**). Ein Zutrittsrecht der Jugendhilfe in die Wohnung geht mit dieser Regelung nicht einher. Auch dient der Besuch nicht der Kontrolle der Familie wie z.B. der Hausbesuch i.S.v. § 8a Abs. 1 Satz 2 SGB VIII, der aber greifen kann, wenn sich im Rahmen des Willkommensbesuchs gewichtige Anhaltspunkte für eine Kindeswohlgefährdung ergeben.

3 Für einen gelingenden Kinderschutz bedarf es der Überwindung der Versäulung einzelner mit dem Kinderschutz befasster Leistungsträger und Institutionen ebenso wie der Kenntnis des jeweiligen Angebots- und Aufgabenspektrums. Deshalb beinhaltet § 3 KKG den Aufbau und die Weiterentwicklung flächendeckend verbindlicher, fallübergreifender Strukturen der Zusammenarbeit der zuständigen Leistungsträger und Institutionen im Kinderschutz **(Schaffung eines sozialen Netzwerkes Kinderschutz)**. Die Jugendämter sind verpflichtet, dieses Netzwerk zu organisieren. In das Netzwerk eingebunden werden sollen alle Einrichtungen der öffentlichen und freien Jugendhilfe (Tageseinrichtungen, Kindertagespflegepersonen, Erziehungsberatungsstellen), Einrichtungen und Dienste der Sozialhilfe nach SGB XII, Gesundheits- und Sozialämter, Agenturen für Arbeit, Schulen, Polizei- und Ordnungsbehörden, Krankenhäuser, Geburts- und Kinderkliniken, Kinderpsychiatrien, Angehörige der Heilberufe, Hebammen, Familiengerichte, Familienbildungsstätten, Beratungsdienste zum Schutz gegen Gewalt (Frauenhäuser) oder Schwangerschaftsfragen etc. Wie die Formulierung „insbesondere" zeigt, ist die in § 3 Abs. 2 KKG vorgenommene Aufzählung der Leistungsträger und Institutionen nicht abschließend. Eine Verpflichtung zur Beteiligung an dem Netzwerk geht mit § 3 KKG ebenso wenig einher wie eine Ermächtigung zur Übermittlung von Daten.[4]

4 § 3 Abs. 4 KKG hebt die Schlüsselrolle von **Familienhebammen** im Bereich Früher Hilfen hervor. Sie haben unmittelbaren Zugang zu den Familien und haben eine wichtige Lotsenfunktion.[5]

5 **Einzelfallbezogene Kooperation** soll nach Maßgabe von § 4 KKG erfolgen. Die Vorschrift enthält eine bundeseinheitliche Regelung zur **Beratung und Weitergabe von Informationen bei Kindeswohlgefährdung** durch die in § 4 Abs. 1 KKG genannten Berufsgeheimnisträger **an das Jugendamt** und sieht dabei ein **mehrstufiges Verfahren** vor: Werden Berufsgeheimnisträgern i.S.v. § 4 Abs. 1 KKG gewichtige Anhaltspunkte für eine Kindeswohlgefährdung – der Begriff ist identisch mit dem des § 8a Abs. 1 Satz 1 SGB VIII – bekannt, sollen sie **selbst eine Gefährdungseinschätzung** vornehmen. Sie sollen mit dem Kind oder Jugendlichen und den Personensorgeberechtigten die **Situation erörtern** und ggf. bei den Personensorgeberechtigten **auf die Inanspruchnahme von Hilfen hinwirken**, soweit hierdurch der wirksame Schutz des Kindes oder des Jugendlichen nicht infrage gestellt wird (§ 4 Abs. 1 KKG). Nicht in § 4 Abs. 1 KKG erwähnt werden Erzieher, die aber über § 8a Abs. 4 SGB VIII vom Schutzauftrag des § 8a SGB VIII erfasst sind, wenn sie in Kindertagesstätten tätig sind, und über § 8b SGB VIII ebenfalls einen Anspruch auf Beratung durch eine insoweit erfahrene Fachkraft haben.

6 Da die Einschätzung einer Kindeswohlgefährdung im Einzelfall sehr schwierig und komplex sein kann, nicht immer zu den typischen Aufgaben der unter die Norm fallenden Berufs-

4 BT- Drs. 17/6256, 18

5 Ausführlich zur Tätigkeit von Familienhebammen *Horschitz/Meysen/Schaumberg/Schönecker/Seltmann*, Rechtsgutachten zu rechtlichen Fragestellungen im Zusammenhang mit dem Einsatz von Familienhebammen und Familien-, Gesundheits- und Kinderkrankenpflegerinnen und -pflegern, 2015, abrufbar unter www.fruehehilfen.de/fileadmin/user_upload/fruehehilfen.de/pdf/Publikation_NZFH_Rechtsgutachten_2015.pdf (Zugriff: 15.2.2025)

gruppen zählt und nicht alle in § 4 Abs. 1 KKG genannten Berufsträger Kenntnisse von den einschlägigen Hilfeangeboten haben,[6] haben sie einen Anspruch auf **Beratung durch eine insoweit erfahrene Fachkraft**[7] (§ 4 Abs. 2 Satz 1 KKG). Zu diesem Zweck sind sie auch zur Übermittlung pseudonymisierter Daten befugt (§ 4 Abs. 2 Satz 2 KKG). Der Beratungsanspruch besteht gegenüber dem Träger der öffentlichen Jugendhilfe, der dem Anspruchsberechtigten eine insoweit erfahrene Fachkraft zu benennen hat. Das Jugendamt selbst wird hier nicht beratend tätig, um eine Interessenkollision (Einschätzung des Risikos einerseits und Verpflichtung zu eigenem Handeln andererseits) zu vermeiden.[8] Durch die Beratung soll der Berufsgeheimnisträger in die Lage versetzt werden, zu entscheiden, welche weiteren Maßnahmen fachlich geboten sind.

Der Beratungsanspruch nach § 4 Abs. 2 KKG ist von demjenigen nach § 8b Abs. 1 SGB VIII abzugrenzen: 7

Übersicht: Abgrenzung Beratungsansprüche § 8b Abs. 1 SGB VIII/§ 4 Abs. 2 KKG

	§ 8b Abs. 1 SGB VIII	**§ 4 Abs. 2 KKG**
Anspruchsinhaber	Person, die beruflich in Kontakt mit Kindern oder Jugendlichen steht	Berufsgeheimnisträger und Lehrer
Anspruchsvoraussetzung	Vager Verdacht („ungutes Gefühl") einer Kindeswohlgefährdung	Gewichtige Anhaltspunkte für eine Kindeswohlgefährdung
Anspruchsgegner	Örtlicher Träger der Jugendhilfe (Jugendamt) → Allzuständigkeit	Örtlicher Träger der Jugendhilfe (Jugendamt) → Allzuständigkeit

§ 8b Abs. 1 SGB VIII gilt nicht **für Berufsgeheimnisträger und Lehrer an öffentlichen Schulen**; für sie gilt **§ 4 KKG als lex specialis**. Auch wenn § 8b SGB VIII das in § 4 KKG vorgesehene mehrstufige Verfahren nicht vorsieht, gibt es keine Gründe, dieses außer Acht zu lassen.

In letzter Konsequenz dürfen nach § 4 Abs. 3 KKG nur bei Nichtlösbarkeit des Schutzproblems (z.B. fehlende Mitwirkung der Personensorgeberechtigten oder keine Hilfeakzeptanz) **Informationen an die Jugendämter**, nicht aber an weitere Institutionen weitergegeben werden.[9] Wird der wirksame Schutz des Kindes infrage gestellt, kann die Datenweitergabe ohne vorherige Mitteilung an die Personensorgeberechtigten erfolgen. Diese Regelung knüpft an die strafbewehrte **Schweigepflicht von Berufsgeheimnisträgern** (§ 203 StGB) an. Sie waren bei Vorliegen eines rechtfertigenden Notstandes i.S.v. § 34 StGB auch schon vor Inkrafttreten des § 4 KKG zur Datenweitergabe befugt. Die dabei zu treffende Interessenabwägung führte aber in der Praxis zu Anwendungsschwierigkeiten und Unsicherheiten.[10] Die mit § 4 Abs. 3 KKG getroffene Regelung soll **Handlungssicherheit** gewährleisten. Bei Einhaltung des in § 4 KKG vorgesehenen stufenmäßigen Vorgehens ist ein Rückgriff auf die allgemeinen strafrechtlichen Rechtfertigungs- und Entschuldigungsgründe entbehrlich. Der Straftatbestand des § 203 StGB ist dann schon aufgrund § 4 Abs. 3 8

6 Vgl. auch *Dittmann/Raabe*, JAmt 2018, 437 ff.; *Slüter*, JAmt 2017, 54 ff.
7 Näher hierzu Kritzer, ZKJ 2022, 168 ff.; zur Rolle der insoweit erfahrenen Fachkraft nach § 8a SGB VIII vgl. *Discher/Schimke*, ZKJ 2011, 12 ff.
8 *Wiesner/Walper/Walther*, SGB VIII, Anh. 1 § 4 KKG Rn. 27
9 Vgl. auch die Empfehlungen des Kinderschutzbundes, ZKJ 2013, 115; *Mörsberger/Wapler*, FPR 2012, 437
10 BT- Drs. 17/6256, 20

KKG nicht erfüllt, selbst wenn sich zu einem späteren Zeitpunkt herausstellen sollte, dass sich die Annahme des Berufsgeheimnisträgers hinsichtlich einer Kindeswohlgefährdung nicht bestätigt.[11]

9 Eine **Verpflichtung zur Datenweitergabe** ist mit § 4 Abs. 3 Satz 2 KKG, anders als mit Satz 3, nicht verbunden, da es sich um eine **Befugnisnorm** handelt.[12] Jedoch sind in diesem Zusammenhang aus strafrechtlicher Sicht der Tatbestand der unterlassenen Hilfeleistung (§ 323c StGB) und die Grundsätze zur strafrechtlichen Garantenstellung nach § 13 StGB zu berücksichtigen, so dass aus strafrechtlicher Sicht eine Verpflichtung zum Tätigwerden bei Vorliegen gewichtiger Anhaltspunkte für eine Kindeswohlgefährdung regelmäßig bestehen dürfte.[13]

10 Hingegen enthält die im Rahmen des KJSG vorgenommene Ergänzung in § 4 Abs. 3 Satz 3 KKG für die dort genannten Geheimnisträger, insbesondere also Ärzte, eine Verpflichtung zum Tätigwerden bei dringender Gefährdung für das Kindeswohl. Die Schwelle ist hier also identisch mit derjenigen in § 8a SGB VIII bzw. § 42 SGB VIII. Erfolgt eine entsprechende Einschätzung, die in der Regel auch nach Hinzuziehung einer insoweit erfahrene Fachkraft nach § 4 Abs. 2 KKG oder der medizinischen Kinderschutzhotline[14] erfolgen wird, dann besteht die Pflicht zur Anrufung des Jugendamtes.

Übersicht: Keine „Schweigepflichtverletzung"

1. Geheimnisträger
2. Anhaltspunkte für eine Kindeswohlgefährdung: Bei der Einschätzung hilft das Jugendamt auf Anfrage (Daten pseudonymisieren!)
3. Erörterung mit Kind und Eltern, wenn der Schutz des Kindes hierdurch nicht infrage gestellt wird.
4. Zum Schutz des Kindes kann auch die Weitergabe der Daten durch Meldung an das Jugendamt geboten sein.

11 Durch das in § 4 KKG vorgesehene mehrstufige Verfahren werden die vorrangige elterliche Erziehungsverantwortung und das Primat der elterlichen Gefahrenabwendung (Art. 6 Abs. 2 Satz 1 GG) gewahrt. Die Berufsgeheimnisträger können ihre Stellung und Vertrauensbeziehung zum Kind und dessen Eltern nutzen und die Betroffenen zur Inanspruchnahme von Hilfen motivieren. Hierfür müssen die Betroffenen über alle Schritte informiert werden, soweit der Schutz des Kindes oder Jugendlichen dadurch nicht beeinträchtigt wird (**Transparenzgebot**), und es sollten nur die zur Gefährdungseinschätzung bzw. -abwendung erforderlichen Daten übermittelt werden (**Verhältnismäßigkeitsgrundsatz**). Unbeschadet dessen gibt **Abs. 4** dem Jugendamt nunmehr auf, dem involvierten Berufsgeheimnisträger zeitnah eine Rückmeldung zu geben, ob es die gewichtigen Anhaltspunkte für die Gefährdung des Wohls des Kindes oder Jugendlichen bestätigt sieht und ob es zum Schutz des Betroffenen tätig geworden ist und noch tätig ist. Soweit der Kinderschutz hierdurch nicht in Frage gestellt wird, sollen die Betroffenen auch hierauf vorab hingewiesen werden.

12 Nach diesen Maßstäben wird **es in der Regel nicht** in Betracht kommen, dass sich ein Berufsgeheimnisträger **unmittelbar an das Familiengericht** wendet und eine Anregung gibt ein kinderschutzrechtliches Verfahren nach § 1666 BGB einzuleiten. Auch im Gesetzgebungsverfahren wurde von der Aufnahme einer entsprechenden Regelung im KKG trotz einer entsprechenden Anregung des Bundesrates abgesehen.[15] Bleibt das Jugendamt jedoch

11 Vgl. KG JAmt 2013, 653
12 *Mörsberger/Wapler*, FPR 2012, 437 (439)
13 Ausführlich BeckOGK/*Jox*, § 4 KKG Rn. 63 ff.
14 Hierzu *Fegert* et alt, ZKJ 2023, 328 ff.
15 Ausführlich hierzu *Wiesner/Walper/Walther*, § 4 KKG Rn. 33a.

in Gänze untätig und kommt es insbesondere seiner Verpflichtung auf Rückmeldung nach Abs. 4 nicht nach, kann es im Einzelfall jedoch gleichwohl gerechtfertigt sein, wenn sich der Berufsgeheimnisträger unmittelbar an das Familiengericht wendet. Dieses ist bei Kenntnisnahme einer entsprechenden Anregung, welche die Verfahrenseinleitungsschwelle für ein Verfahren nach § 1666 BGB überschreitet, mit Blick auf Art. 6 Abs. 2 Satz 1 GG dann unabhängig von der Frage der Rechtmäßigkeit dieser Vorgehensweise ohnehin verpflichtet, im Rahmen des staatlichen Wächteramtes tätig zu werden. Eine Befugnis zur Datenweitergabe an andere Stellen, insbesondere an die Polizei, besteht hingegen gleichwohl nicht.

13 *Übersicht: Beratung und Übermittlung von Informationen durch Geheimnisträger bei Kindeswohlgefährdung (§ 4 KKG)*

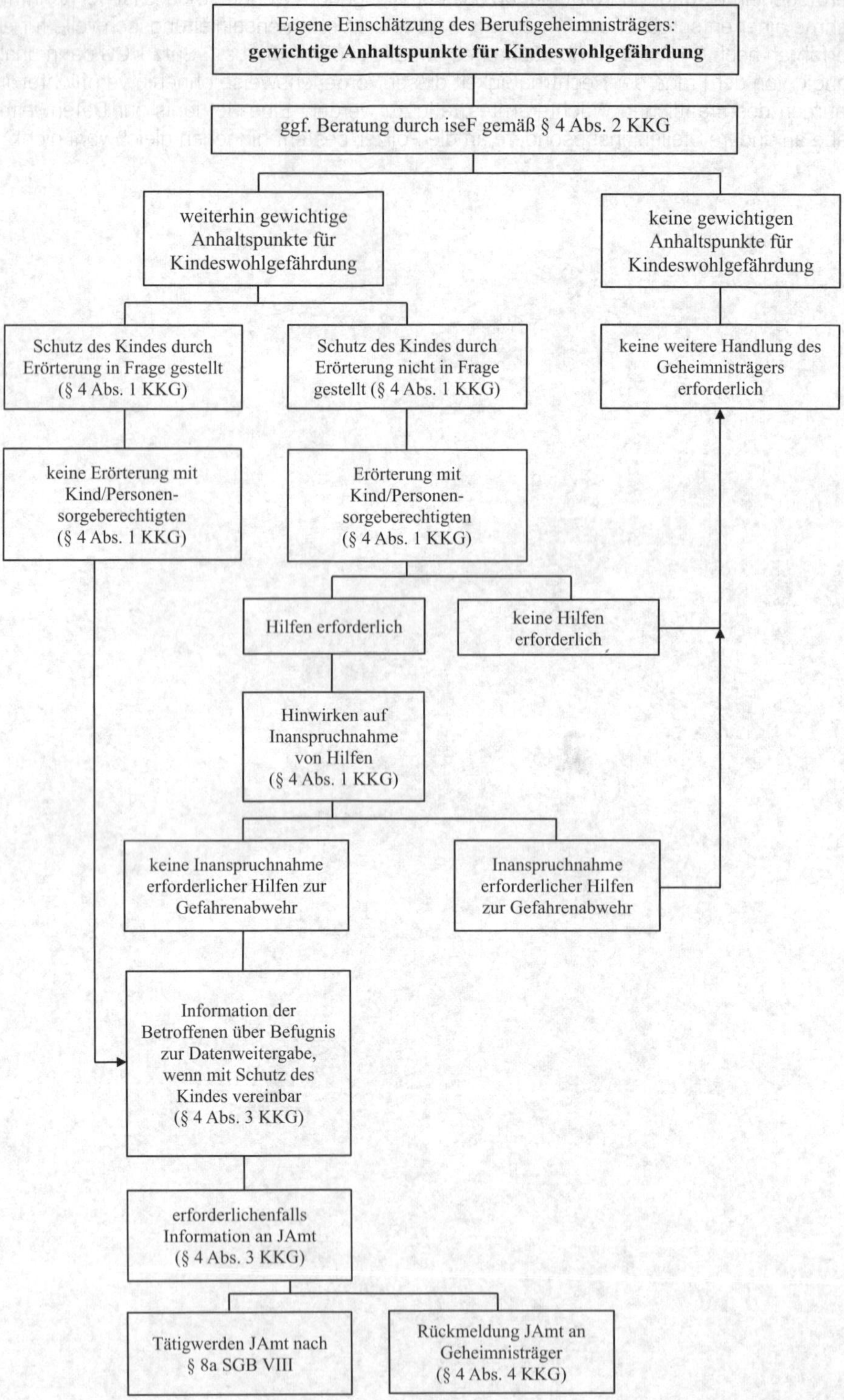

§ 5 KKG

Mitteilungen an das Jugendamt

(1) [1]Werden in einem Strafverfahren gewichtige Anhaltspunkte für die Gefährdung des Wohls eines Kindes oder eines Jugendlichen bekannt, informiert die Strafverfolgungsbehörde oder das Gericht unverzüglich den zuständigen örtlichen Träger der öffentlichen Jugendhilfe sowie im Falle seiner Zuständigkeit den überörtlichen Träger der öffentlichen Jugendhilfe und übermittelt die aus ihrer Sicht zur Einschätzung des Gefährdungsrisikos erforderlichen Daten. [2]Die Mitteilung ordnen Richterinnen oder Richter, Staatsanwältinnen oder Staatsanwälte an. [3]§ 4 Absatz 2 gilt entsprechend.

(2) Gewichtige Anhaltspunkte für eine Gefährdung können insbesondere dann vorliegen, wenn gegen eine Person, die mit einem Kind oder Jugendlichen in häuslicher Gemeinschaft lebt oder die regelmäßig Umgang mit ihm hat oder haben wird, der Verdacht besteht, eine Straftat nach den §§ 171, 174, 176 bis 180, 182, 184b bis 184e, 225, 232 bis 233a, 234, 235 oder 236 des Strafgesetzbuchs begangen zu haben.

§ 6 KKG

Beratung im medizinischen Kinderschutz (1.1.2026)

(1) Das Bundesministerium für Familie, Senioren, Frauen und Jugend stellt sicher, dass ein telefonisches Beratungsangebot im medizinischen Kinderschutz insbesondere für

1. **Ärztinnen und Ärzte, Psychotherapeutinnen und Psychotherapeuten, Zahnärztinnen und Zahnärzte, Hebammen und Entbindungspfleger sowie Angehörige eines anderen Heilberufes, der für die Berufsausübung oder die Führung der Berufsbezeichnung eine staatlich geregelte Ausbildung erfordert,**
2. **Fachkräfte, die hauptberuflich oder nebenamtlich bei einem Träger der öffentlichen oder freien Jugendhilfe oder einem Träger oder Leistungserbringer der Eingliederungshilfe beschäftigt sind, und**
3. **Familienrichterinnen und Familienrichter**

bei Anhaltspunkten für die Gefährdung des Wohls eines Kindes oder eines Jugendlichen bedarfsgerecht zur Verfügung steht.

(2) [1]Das Beratungsangebot nach Absatz 1 ist unter einer entgeltfreien Rufnummer erreichbar und umfasst eine kostenlose Erstberatung und Information zu medizinischen Fragestellungen im Zusammenhang mit einer Kindeswohlgefährdung, zu adäquaten Vorgehensweisen bei Anhaltspunkten für eine Kindeswohlgefährdung sowie bei Bedarf zu geeigneten Ansprechpartnerinnen und Ansprechpartnern für eine weiterführende Beratung. [2]Die medizinische Beratung nach Satz 1 erfolgt vertraulich.

(3) Die Aufgaben nach Absatz 2 werden von insoweit erfahrenen Ärztinnen und Ärzten aus den Bereichen Rechtsmedizin, Kinder- und Jugendpsychiatrie und -psychotherapie und Kinder- und Jugendheilkunde sowie von insoweit erfahrenen Psychotherapeutinnen und Psychotherapeuten wahrgenommen.

(4) Personenbezogene Daten dürfen verarbeitet werden, soweit dies für die in Absatz 2 genannten Zwecke erforderlich ist.

(5) [1]Das Bundesministerium für Familie, Senioren, Frauen und Jugend kann die Ausführung der ihm nach Absatz 1 obliegenden Aufgabe auch auf eine andere geeignete öffentliche Einrichtung übertragen. [2]Erfolgt eine Übertragung nach Satz 1, nimmt das Bundesministerium für Familie, Senioren, Frauen und Jugend die Fachaufsicht wahr.

(6) [1]Das Bundesministerium für Familie, Senioren, Frauen und Jugend oder eine andere geeignete öffentliche Einrichtung nach Absatz 5 evaluiert nach einem Jahr die Bedarfsgerechtigkeit des im Rahmen eines Modellprojekts 24 Stunden täglich zur Verfügung gestellten telefonischen Beratungsangebots. [2]Die Wirkungen des telefonischen Beratungsangebots insgesamt werden erstmals nach zwei Jahren, im Folgenden alle vier Jahre evaluiert.

Von einer Kommentierung der Normen wird abgesehen.

Achtes Buch Sozialgesetzbuch – Kinder- und Jugendhilfe (SGB VIII)

In der Fassung der Bekanntmachung vom 11. September 2012 (BGBl. I S. 2022),
zuletzt geändert durch Artikel 2 des Gesetzes vom 3. April 2025
(BGBl. 2025 I Nr. 107)

Vorbemerkungen

Übersicht

A. Allgemeines

1 Die Kenntnis der für die Tätigkeit des Jugendamts geltenden Rechtsgrundlagen ist für die an kindschaftsrechtlichen Gerichtsverfahren beteiligten Familienrichter, Rechtspfleger, Rechtsanwälte, Vormünder, Pfleger und Verfahrensbeistände unerlässlich. Mitaufgabe dieses Praxiskommentars ist, die Schnittstellen zwischen dem familiengerichtlichen Verfahren in den § 151 FamFG genannten Kindschaftssachen und dem kinder- und jugendhilferechtlichen Verfahren aufzuzeigen und in das zuletzt genannte Verfahren einzuführen.[1] Dabei sollen (lediglich) die besonders relevanten Vorschriften über

- den Schutzauftrag des Jugendamts bei Kindeswohlgefährdung (§ 8a SGB VIII),
- die Inobhutnahme (§ 42 SGB VIII),
- die Mitwirkung des Jugendamts im familiengerichtlichen Verfahren (§ 50 SGB VIII),
- § 36a SGB VIII im Hinblick auf die Frage einer Anordnungskompetenz des Familiengerichts gegenüber der Jugendhilfe und
- (im Überblick) die Regelungen über die Vormundschaft und Pflegschaft (§§ 55 ff. SGB VIII) ausführlicher kommentiert werden.

2 §§ 1 bis 4 SGB VIII aus dem **allgemeinen Teil**, die **Leistungen der Jugendhilfe** aus dem Abschnitt **Förderung der Erziehung in der Familie** nach §§ 17 bis 19 SGB VIII und **Hilfen der Erziehung** nach §§ 27 bis 35 SGB VIII, die Vorschriften über **Mitwirkung und den Hilfeplan** sowie der **Zusammenarbeit bei Hilfen außerhalb der eigenen Familie** nach §§ 36, 37 SGB VIII, die **Sozialdatenschutzvorschriften** der §§ 61 bis 65, 68 SGB VIII und die Vorschriften über die **örtliche Zuständigkeit** nach §§ 86, 87, 87b und 87c SGB VIII sollen in der hier gebotenen Kürze vorgestellt werden, ohne den Anspruch einer umfassenden Kommentierung zu erheben.

3 Das Kinder- und Jugendhilferecht umfasst die Gesamtheit der Rechtsvorschriften des Bundes und der Länder über die **öffentlichen Sozialisationshilfen** für junge Menschen und der **Unterstützungsleistungen** für deren Familien, Erziehungs- und Personensorgeberechtigten, Schule, Hochschule, Berufsausbildung und Arbeitswelt. Das SGB VIII „Kinder- und Jugendhilfe" ist das sog. **Stammgesetz** des Kinder- und Jugendhilfegesetzes (KJHG) vom 26.6.1990. Das KJHG wiederum trat an die Stelle des aus dem Jahr 1922 stammenden Jugendwohlfahrtsgesetzes (JWG), modifiziert mit Gesetz vom 11.8.1961.[2] Diese Ablösung offenbart auch einen Wandel in der Konzeption des modernen Gesetzgebers: An die Stelle des eingriffs- und ordnungsrechtlichen Verwaltungsinstrumentariums des JWG ist ein präventiv ausgerichtetes Leistungsgesetz getreten, das in erster Linie die Eltern und sonstige Erziehungsberechtigte durch **soziale Arbeit** bei ihren Erziehungsaufgaben unterstützen soll.

---

1 Für das ausführliche Studium des Kinder- und Jugendhilferechts kann auf die Darstellungen von *Kunkel*, Jugendhilferecht, und *Münder/Wiesner/Meysen*, Kinder- und Jugendhilferecht, verwiesen werden.
2 BGBl. I 1961 S. 1193

4 Eine Veränderung hat das Kinder- und Jugendhilferecht durch das zum 1.1.2012 in Kraft getretene Bundeskinderschutzgesetz[3] erfahren, das durch Änderungen des SGB VIII und durch Schaffung von Frühwarnsystemen und Netzwerken nach dem neu geschaffenen **Gesetz zur Kooperation und Information im Kinderschutz (KKG)** den Kinderschutz als Reaktion auf in den Medien kontrovers diskutierten Todesfälle von Kindern verbessern will (vgl. *Heilmann*, §§ 1 bis 4 KKG Rn. 1 f.).

B. Anspruch auf Leistungen und dessen gerichtliche Durchsetzung

5 Die Leistungen der Kinder- und Jugendhilfe gemäß § 2 Abs. 1 SGB VIII sind hinsichtlich Minderjähriger unterteilt in Angebote der Jugendarbeit, der Jugendsozialarbeit und des erzieherischen Kinder- und Jugendschutzes (§§ 11 bis 14 SGB VIII), Angebote zur Förderung der Erziehung in der Familie (§§ 16 bis 21 SGB VIII), Angebote zur Förderung von Kindern in Tageseinrichtungen und in Kindertagespflege (§§ 22 bis 25 SGB VIII), Hilfen zur Erziehung (§§ 27 bis 35 SGB VIII), Eingliederungshilfe für seelisch behinderte Kinder und Jugendliche (§ 35a SGB VIII) und gemeinsame Vorschriften für die Hilfe zur Erziehung und die Eingliederungshilfe für seelisch behinderte Kinder und Jugendliche (§§ 36 bis 40 SGB VIII).

6 Die Einordnung der Leistungen des § 2 Abs. 2 SGB VIII als Sozialleistungen i.S.d. § 11 SGB I bedeutet nicht, dass auf diese Leistung ein subjektiver Anspruch – verbunden mit der Möglichkeit sie vor den zuständigen Verwaltungsgerichten einzuklagen – bestünde. Ob und inwieweit ein **Sozialleistungsanspruch** besteht, ergibt sich aus der **Auslegung** der jeweiligen einzelnen Vorschrift, was etwa bei den Hilfen der Erziehung nach §§ 27 ff. SGB VIII für den Personensorgeberechtigten von der h.M. bejaht wird.[4] Eigene Ansprüche der Betroffenen können sich z.B. **unmittelbar aus dem Wortlaut des Gesetzes** ergeben („hat Anspruch auf", „ist zu leisten", „muss erbringen") und im Übrigen nach der sog. **verwaltungsrechtlichen Schutznormlehre** dann, wenn die entsprechende Norm nicht nur den öffentlichen Interessen, sondern zumindest auch den Interessen der Betroffenen zu dienen bestimmt ist und der Normadressatenkreis individualisierbar ist.[5]

Soweit Leistungen bewilligt werden können (sog. Kann-Leistung), liegt die Bewilligung im **pflichtgemäßen Ermessen des Jugendamts** als Verwaltungsbehörde. Gemäß § 39 Abs. 1 Satz 2 SGB I besteht ein Rechtsanspruch auf pflichtgemäße Ausübung des Ermessens.[6] Bei der **verwaltungsgerichtlichen Kontrolle** von Ermessensentscheidungen des Jugendamts im Rahmen der Bewilligung bzw. Versagung von Leistungen sind die Verwaltungsgerichte darauf beschränkt, zu überprüfen, ob die gesetzlichen Grenzen des Ermessens überschritten worden sind oder das Ermessen in fehlerhafter Weise gebraucht worden ist. Eine neue Sachentscheidung ist durch das Verwaltungsgericht grundsätzlich nicht zu treffen.[7] Hiervon unabhängig sind die **Familiengerichte** nicht dazu berufen, Entscheidungen der Jugendämter im Bereich der Gewährung öffentlicher Hilfen zu überprüfen, allerdings – vor allem in Kinderschutzverfahren – auch nicht an sie gebunden.[8]

▶ *Näher zur Anspruchsberechtigung der Eltern Köhler, § 27 SGB VIII Rn. 3 f.*

---

3 BGBl. I 2011 S. 2975; vgl. dazu *Meysen*, FamRZ 2012, 405; *Kunkel*, ZKJ 2012, 288
4 LPK-SGB VIII/*Kunkel/Kepert*, § 27 Rn. 15; FK-SGB VIII/*Tammen/Trenczek*, § 27 Rn. 13; Wiesner/Wapler/*Wapler*, § 27 Rn. 3
5 Vgl. BVerwG NJW 1996, 1297; zur Schutznormlehre vgl. Sodan/Ziekow/*Sodan*, § 42 VwGO Rn. 386 ff.
6 Vgl. Einzelheiten bei FK-SGB VIII/*Münder*, Vorbemerkung zum 2. Kapitel, Rn. 8
7 OVG Münster, Beschl. v. 15.10.2012 – 12 A 1443/12, juris; OVG Rheinland-Pfalz NJW 2007, 1993; OVG Schleswig NJW 2007, 243
8 BVerfG JAmt 2014, 410 = FamRZ 2014, 1266; ZKJ 2014, 327 = FamRZ 2014, 1177

Auch wenn ein Leistungsanspruch – wie etwa im Fall des § 27 Abs. 1 SGB VIII – besteht, kommt es grundsätzlich nicht von Amts wegen zum Einsetzen der Hilfen zur Erziehung. Nur bei **Ausübung des staatlichen Wächteramts nach §§ 8a, 42 SGB VIII** kann es sein, dass Hilfen zur Erziehung von Amts wegen und gegen den Willen der Sorgeberechtigten[9] gewährt werden. In diesen Fällen sieht § 8a Abs. 1 Satz 3 SGB VIII auch ein ausdrückliches Angebot des Jugendamts von geeigneten Hilfen zur Abwendung der Gefahr vor. In den übrigen Fällen bedarf es zwar **keines förmlichen Antrags**, aber einer (auch konkludent möglichen)[10] **eindeutigen Willensbekundung des/der Personensorgeberechtigten** hinsichtlich der Hilfe zur Erziehung.[11] Diese eindeutige Willensbekundung der Personensorgeberechtigten kann auch zu Protokoll bzw. im Vermerk des Familiengerichts im Rahmen der persönlichen Anhörung der Personensorgeberechtigten erfolgen. 7

C. Folgen der Verletzung fachlicher Standards

Die Tätigkeit des Jugendamts im Kontext eines familiengerichtlichen Kindschaftsverfahrens wirft die Frage auf, welche Rechtsfolgen entstehen, wenn der oder die betreffenden Mitarbeiter des Jugendamts (z.B. die Fachkraft des ASD bei einer Stellungnahme nach § 50 SGB VIII, der mit der Amtsvormundschaft betraute Mitarbeiter) im Rahmen einer Handlung oder eines Unterlassens gegen fachliche Standards verstoßen hat. Dabei existiert allerdings **keine allgemeingültige Kodifizierung der Handlungspflichten** der öffentlichen Kinder- und Jugendhilfe, diese der Wertung der jeweils zu beachtenden Normen und allgemein gültiger Grundsätze staatlichen Handels gegenüber dem Bürger jeweils im Einzelfall zu bestimmen.[12] Es sind die unter Ziffer I bis III aufgezeigten Ebenen zu unterscheiden. 8

I. Verwaltungs- und sozialrechtliche Ebene

Im Bereich einer Verletzung von Bestimmungen des SGB VIII ist zwischen **Eingriffs- und Leistungsverwaltung** zu differenzieren. Erlässt das Jugendamt etwa im Rahmen einer Inobhutnahme infolge fehlerhafter Sachverhaltseinschätzung einen insoweit belasteten Verwaltungsakt, so steht betroffenen Eltern hiergegen verwaltungsrechtlicher Rechtsschutz in Form des **Widerspruchs** nach § 68 VwGO, welcher ein öffentlich-rechtliches Vorverfahren eröffnet, und der verwaltungsgerichtlichen **Anfechtungsklage** nach § 42 Abs. 1 VwGO zu (siehe näher hierzu *Köhler*, § 42 SGB VIII Rn. 25). 9

Daneben steht den Personensorgeberechtigten über ein **Widersprechen gegen die Inobhutnahme** nach § 42 Abs. 3 SGB VIII auch der **Weg zum Familiengericht** offen, das aber nicht die Rechtmäßigkeit der verwaltungsrechtlichen Entscheidung des Jugendamts, sondern ausschließlich die Voraussetzungen von § 1666 BGB zu prüfen hat[13] (siehe näher hierzu *Köhler*, § 42 SGB VIII Rn. 21). 10

9 VG Saarlouis ZKJ 2015, 87
10 DIJuF-Rechtsgutachten v. 24.5.2012, JAmt 2012, 313
11 VGH Mannheim ZKJ 2018, 162 Rn. 12; BVerwG ZKJ 2016, 375 Rn. 36; BayVGH NZFam 2016, 941 Rn. 32; OVG Lüneburg, Beschl. v. 2.8.2013 – 4 LA 112/12, juris; OVG Rheinland-Pfalz JAmt 2012, 606; BVerwG NJW 2002, 232 Rn. 14. Soweit in BVerwG NVwZ-RR 2001, 763 eine Antragstellung vorausgesetzt wird, widerspricht dies nicht der vorgenannten Auffassung, weil im dort behandelten Fall der Personensorgeberechtigte gar nicht an den öffentlichen Träger herangetreten ist, auch nicht mit einer unförmlichen Willensbekundung, und nachträglich Kostenersatz für eine Leistung eines freien Trägers wollte
12 Vgl. dazu *Schindler*, FPR 2012, 539; *Münder*, ZfJ 2001, 401
13 OLG Frankfurt NZFam 2019, 407; BayVGH FamRZ 2017, 1136; OLG Frankfurt NZFam 2015, 517

11 Wird im Bereich der Sozialleistungsverwaltung eine **Leistung**, auf die ein Rechtsanspruch besteht, **verweigert** (z.B. Umgangsbegleitung, siehe näher hierzu *Köhler*, § 18 SGB VIII Rn. 4), so ist **Verpflichtungsklage** nach § 42 Abs. 1 VwGO zu erheben.[14]

12 Wurde infolge falscher Beratung und Information des Jugendamts eine sonst zu gewährende **Leistung rechtswidrigerweise nicht erbracht**, kann ein **sozialrechtlicher Herstellungsanspruch** gegeben sein.[15] In der Praxis des Kinder- und Jugendhilferechts spielt der sozialrechtliche Herstellungsanspruch aber bisher keine nennenswerte Rolle.[16]

13 Soweit ein Verfahrensbeteiligter mit einer **fachlichen Äußerung des Jugendamts** im Rahmen dessen Mitwirkung nach §§ 162 Abs. 1 FamFG, 50 SGB VIII nicht einverstanden ist, weil er sie etwa als unzutreffend, fachlich fehlerhaft oder ehrverletzend hält, besteht kein vor den Verwaltungsgerichten einklagbarer öffentlich-rechtlicher Anspruch auf Unterlassen der vom Jugendamt getätigten Äußerungen, soweit diese nicht leichtfertig abgegeben wurden und sie sich in einem sachlichen Rahmen bewegen[17] (siehe näher hierzu *Köhler*, § 50 SGB VIII Rn. 16).

14 Eine **Mitteilung des Jugendamtes** an das Familiengericht nach § 8a SGB VIII, wie z.B. wegen Unterlassens der Teilnahme an der ärztlichen Vorsorgeuntersuchung, kann von den Eltern schon mangels Verletzung eigener Rechte nicht vor dem Verwaltungsgericht angefochten werden[18] (siehe näher hierzu *Köhler*, § 8a SGB VIII Rn. 11).

II. Zivilrechtliche Haftung

15 Im Falle einer **schuldhaften Amtspflichtverletzung** kommt eine **Haftung des Trägers** des zuständigen Beamten oder Angestellten nach Maßgabe von **Art. 34 GG, § 839 BGB** in Betracht. Rechtsfolge ist demnach Schadensersatz des Jugendamts als Institution und nicht des einzelnen Mitarbeiters. So wurde etwa bei fehlerhafter Sachverhaltserfassung anlässlich einer Inobhutnahme und daran anschließender fehlerhafter Sachverhaltsdarstellung gegenüber dem Familiengericht, das infolge dessen den Eltern vorläufig das Sorgerecht entzogen hatte, der Ersatz von Vermögensschäden von der Rechtsprechung gebilligt.[19] Es kommt in diesem Zusammenhang aber dann keine Haftung des Jugendamts in Betracht, wenn die falsche Einschätzung des Sachverhalts gutgläubig und ohne die Verletzung von Pflichten erfolgt ist.[20]

Eine weiterer Fall anerkannter Amtshaftung stellen **schuldhafte Verstöße gegen Handlungsgebote** dar, etwa bei der Beaufsichtigung von Pflegefamilien.[21] Allerdings haftet das Jugendamt nicht für ein Verschulden der Pflegeeltern, wo das Kind vorläufig nach § 42 SGB VIII untergebracht wurde, während der Betreuungszeit der Pflegefamilie.[22] Weitere Bereiche betreffen **Unterlassungen des Amtsvormunds**, z.B. infolge nicht hinreichenden persönlichen Kontakts mit dem Mündel und/oder infolge Untätigkeit wegen Überschreitens der Fallobergrenze von § 55 Abs. 3 SGB VIII.[23] Denkbar sind schließlich auch Schadenser-

14 Vgl. etwa BVerfG NJW 2015, 3563; OVG Saarland ZKJ 2014, 488; OVG Nordrhein-Westfalen NJW 2014, 3593
15 Vgl. BSG, Urteil v. 27.7.2004 – B 7 SF 1/03, juris; *Völker/Clausius*, § 12 Rn. 14
16 Vgl. etwa VG München Urt. v. 1.12.2010 – M 18 K 08.6049, juris
17 VGH München ZKJ 2014, 38; OVG Münster, Beschl. v. 16.7.2009 – 12 A 788/09, juris
18 Hess. VGH ZKJ 2013, 82; NJW 2013, 1753
19 VerfGH Sachsen FamRZ 2012, 1764; BGH NJW 2014, 692 (Haftung des Jugendamts bei Ausübung einer unterhaltsrechtlichen Beistandschaft); *Knittel/Birnstengel*, Themengutachten TG-1236, Amtshaftung für die Tätigkeit des Jugendamts als Beistand, Vormund oder Pfleger, beck-online
20 BGH NJW 1961, 2254; *Schindler*, FPR 2012, 539, 540
21 BGH NJW 2005, 68
22 BGH NJW 2006, 1121
23 *Schindler*, FPR 2012, 539, 542 f.

satzansprüche wegen einer **Verletzung der Aufsichtspflicht**, insbesondere des Amtsvormunds, nach § 832 BGB.[24]

Auch im Bereich des **Adoptionsrechts** kann es zu Amtspflichtverletzungen kommen. So besteht etwa aus §§ 9 Abs. 1, 7 Abs. 1 AdVermiG eine Pflicht der Adoptionsvermittlungsstelle zur Offenbarung von für die Annahmeentscheidung erheblichen Umständen, wie z.B. Alkohol-, Drogen- oder Medikamentenmissbrauch während der Schwangerschaft, gegenüber Adoptionsbewerbern.[25]

III. Strafrechtliche Verantwortung

Die Verletzung fachlicher Standards durch das Jugendamt kann schließlich auch strafrechtliche Konsequenzen haben,[26] die im Verurteilungsfalle zu Geld- oder Freiheitsstrafen gegen den oder die verantwortlichen Mitarbeiter führen können. Diese sind insbesondere im Bereich des **Unterlassens von kinderschützenden Maßnahmen** denkbar. In der strafrechtlichen Rechtsprechung ist anerkannt, dass Sozialarbeiter kommunaler Jugendämter im Rahmen ihrer Aufgabe, Problemfamilien und deren Kinder zu betreuen sowie der Aufsicht von Pflegepersonen, **Garant für das Wohlergehen der Kinder** i.S.d. § 13 StGB sein können.[27] Dabei können sich Jugendämter auch nicht ihrer strafrechtlichen Verantwortung durch **Übertragung von Aufgaben auf freie Träger** gänzlich entledigen.[28] Wie im zivilrechtlichen Bereich kommen auch im Strafrecht zudem fahrlässige Unterlassungen seitens der Amtsvormünder in Betracht.[29] 16

24 BeckOGK/*Wellenhofer*, § 832 BGB Rn. 21

25 OLG Frankfurt ZKJ 2015, 26

26 Vgl. dazu OLG Karlsruhe ZKJ 2018, 30; zu der Diskussion vgl. *Siebenkotten-Dalhoff*, Strafrechtliche Verantwortung im Kinderschutz – Herausforderung und Dilemmata für Mitarbeiter*innen im Jugendamt – Sozialarbeiterischer Blick auf das Strafverfahren gegen eine Mitarbeiterin des Jugendamtes, SRa 2021, 129; *Knödler*, ZKJ 2019, 17; *Knödler*, ZKJ 2018, 452; *Becker/Mörsberger*, JAmt 2018, 178; *Heghmanns*, ZKJ 2018, 407; *Heghmanns*, JAmt 2018, 230; *Bringewat*, ZKJ 2018, 346; *Bringewat*, SRa 2018, 110; DIJuF-Rechtsgutachten v. 26.5.2017 – SN_2017_0107 Bm, JAmt 2017, 436; *Mörsberger*, ZKJ 2013, 21; *Mörsberger*, ZKJ 2013, 61; *Bringewat*, ZKJ 2012, 330

27 OLG Hamm ZKJ 2021, 62; AG Medebach NZFam 2017, 703; AG Mönchengladbach BeckRS 2004, 17128; OLG Düsseldorf NStZ-RR 2001, 199; OLG Stuttgart NJW 1998, 3131; OLG Oldenburg FamRZ 1997, 1032; *Bringewat*, FPR 2007, 12; *Bringewat*, NJW 1998, 944; umfassend dazu *Dießner*, Die Unterlassungsstrafbarkeit der Kinder- und Jugendhilfe bei familiärer Kindeswohlgefährdung, Diss., S. 1 ff.

28 OLG Oldenburg FamRZ 1997, 1032; DIJuF-Rechtsgutachten JAmt 2014, 446

29 Vgl. *Hoffmann*, ZKJ 2007, 389

Erstes Kapitel
Allgemeine Vorschriften

§ 1 SGB VIII

Recht auf Erziehung, Elternverantwortung, Jugendhilfe

(1) Jeder junge Mensch hat ein Recht auf Förderung seiner Entwicklung und auf Erziehung zu einer selbstbestimmten, eigenverantwortlichen und gemeinschaftsfähigen Persönlichkeit.

(2) [1]Pflege und Erziehung der Kinder sind das natürliche Recht der Eltern und die zuvörderst ihnen obliegende Pflicht. [2]Über ihre Betätigung wacht die staatliche Gemeinschaft.

(3) Jugendhilfe soll zur Verwirklichung des Rechts nach Absatz 1 insbesondere

1. **junge Menschen in ihrer individuellen und sozialen Entwicklung fördern und dazu beitragen, Benachteiligungen zu vermeiden oder abzubauen,**
2. **jungen Menschen ermöglichen oder erleichtern, entsprechend ihrem Alter und ihrer individuellen Fähigkeiten in allen sie betreffenden Lebensbereichen selbstbestimmt zu interagieren und damit gleichberechtigt am Leben in der Gesellschaft teilhaben zu können,**
3. **Eltern und andere Erziehungsberechtigte bei der Erziehung beraten und unterstützen,**
4. **Kinder und Jugendliche vor Gefahren für ihr Wohl schützen,**
5. **dazu beitragen, positive Lebensbedingungen für junge Menschen und ihre Familien sowie eine kinder- und familienfreundliche Umwelt zu erhalten oder zu schaffen.**

§ 2 SGB VIII

Aufgaben der Jugendhilfe

(1) Die Jugendhilfe umfasst Leistungen und andere Aufgaben zugunsten junger Menschen und Familien.

(2) Leistungen der Jugendhilfe sind:

1. **Angebote der Jugendarbeit, der Jugendsozialarbeit, der Schulsozialarbeit und des erzieherischen Kinder- und Jugendschutzes (§§ 11bis 14),**
2. **Angebote zur Förderung der Erziehung in der Familie (15 §§ bis 21),**
3. **Angebote zur Förderung von Kindern in Tageseinrichtungen und in Kindertagespflege (§§ 22 bis 25),**
4. **Hilfe zur Erziehung und ergänzende Leistungen (§§ 27 bis 35, 36, 37, 39, 40),**
5. **Hilfe für seelisch behinderte Kinder und Jugendliche und ergänzende Leistungen (§§ 35a bis 37, 39, 40),**
6. **Hilfe für junge Volljährige und Nachbetreuung (den §§ 41 und 41a).**

(3) Andere Aufgaben der Jugendhilfe sind

1. **die Inobhutnahme von Kindern und Jugendlichen (§ 42),**
2. **die vorläufige Inobhutnahme von ausländischen Kindern und Jugendlichen nach unbegleiteter Einreise (§ 42a),**
3. **die Erteilung, der Widerruf und die Zurücknahme der Pflegeerlaubnis (§§ 43, 44),**

4. **die Erteilung, der Widerruf und die Zurücknahme der Erlaubnis für den Betrieb einer Einrichtung sowie die Erteilung nachträglicher Auflagen und die damit verbundenen Aufgaben (§§ 45 bis 47, 48a),**
5. **die Tätigkeitsuntersagung (§§ 48, 48a),**
6. **die Mitwirkung in Verfahren vor den Familiengerichten (§ 50),**
7. **die Beratung und Belehrung in Verfahren zur Annahme als Kind (§ 51),**
8. **die Mitwirkung in Verfahren nach dem Jugendgerichtsgesetz (§ 52),**
9. **die Beratung und Unterstützung von Müttern bei Vaterschaftsfeststellung und Geltendmachung von Unterhaltsansprüchen sowie von Pflegern und Vormündern (§§ 52a, 53),**
10. **die Erteilung, der Widerruf und die Zurücknahme der der Anerkennung als Vormundschaftsverein (§ 54),**
11. **Beistandschaft, Pflegschaft und Vormundschaft des Jugendamts (§§ 55 bis 58),**
12. **Beurkundung (§ 59),**
13. **die Aufnahme von vollstreckbaren Urkunden (§ 60).**

§ 3 SGB VIII

Freie und öffentliche Jugendhilfe

(1) Die Jugendhilfe ist gekennzeichnet durch die Vielfalt von Trägern unterschiedlicher Wertorientierungen und die Vielfalt von Inhalten, Methoden und Arbeitsformen.

(2) [1]Leistungen der Jugendhilfe werden von Trägern der freien Jugendhilfe und von Trägern der öffentlichen Jugendhilfe erbracht. [2]Leistungsverpflichtungen, die durch dieses Buch begründet werden, richten sich an die Träger der öffentlichen Jugendhilfe.

(3) [1]Andere Aufgaben der Jugendhilfe werden von Trägern der öffentlichen Jugendhilfe wahrgenommen. [2]Soweit dies ausdrücklich bestimmt ist, können Träger der freien Jugendhilfe diese Aufgaben wahrnehmen oder mit ihrer Ausführung betraut werden.

§ 4 SGB VIII

Zusammenarbeit der öffentlichen Jugendhilfe mit der freien Jugendhilfe

(1) [1]Die öffentliche Jugendhilfe soll mit der freien Jugendhilfe zum Wohl junger Menschen und ihrer Familien partnerschaftlich zusammenarbeiten. [2]Sie hat dabei die Selbständigkeit der freien Jugendhilfe in Zielsetzung und Durchführung ihrer Aufgaben sowie in der Gestaltung ihrer Organisationsstruktur zu achten.

(2) Soweit geeignete Einrichtungen, Dienste und Veranstaltungen von anerkannten Trägern der freien Jugendhilfe betrieben werden oder rechtzeitig geschaffen werden können, soll die öffentliche Jugendhilfe von eigenen Maßnahmen absehen.

(3) Die öffentliche Jugendhilfe soll die freie Jugendhilfe nach Maßgabe dieses Buches fördern und dabei die Beteiligung von Kindern, Jugendlichen und Eltern stärken.

Übersicht

A. Allgemeines

1 Das SGB VIII bezieht die **Wertung des Grundgesetzes** mit ein und wiederholt in § 1 Abs. 2 SGB VIII den Wortlaut von Art. 6 Abs. 2 GG. Damit obliegt auch nach der Konzeption des SGB VIII die **Erziehungsverantwortung** für Kinder und Jugendliche **vorrangig den Eltern** (Art. 6 Abs. 2 Satz 1 GG). Ersuchen diese den Staat um Hilfe oder erklären sie sich mit staatlicher Hilfe zumindest einverstanden, kommt das Beratungs- und Leistungssystem des SGB VIII zum Einsatz (vgl. § 1 Abs. 3 Nr. 3 SGB VIII). Der Staat kommt damit seiner Schutzpflicht gegenüber Kindern und Jugendlichen (Art. 6 Abs. 2 Satz 2, Art. 2 Abs. 1, Art. 2 Abs. 2 Satz 1 GG i.V.m. § 1 Abs. 3 Nr. 4 SGB VIII) nach, gleichzeitig aber auch seiner Schutzpflicht gegenüber der Familie (Art. 6 Abs. 1 GG, § 1 Abs. 3 Nr. 5 SGB VIII).

2 Das **Leistungsangebot des SGB VIII** (vgl. die Aufzählung der einzelnen **Leistungen der Jugendhilfe** in § 2 Abs. 2 SGB VIII) ist sehr breit und vielfältig angelegt und stellt den jungen Menschen und sein Recht auf Förderung seiner Entwicklung und Erziehung zu einer selbstbestimmten, eigenverantwortlichen und gemeinschaftsfähigen Persönlichkeit (vgl. § 1 Abs. 1 SGB VIII) in den Mittelpunkt seiner Hilfen.

3 Auch wenn das Kinder- und Jugendhilferecht vorrangig ein Leistungsgesetz ist, folgt aus der Wahrnehmung des **staatlichen Wächteramtes** (Art. 6 Abs. 2 Satz 2 GG, § 1 Abs. 2 Satz 2 SGB VIII) die Notwendigkeit für **Eingriffsbefugnisse** des Jugendamts als Träger der staatlichen Kinder- und Jugendhilfe, durch welche Kinder und Jugendlichen wirksam und effektiv vor Gefahren geschützt werden können. Insoweit müssen auch Eingriffe in das grundgesetzlich verankerte Elternrecht gesetzlich vorgesehen sein. Dies wird insbesondere durch die Vorschriften über die Inobhutnahme in §§ 42, 8a SGB VIII gewährleistet. Wie die Aufgabe der Jugendämter, im kindschaftsrechtlichen Verfahren mitzuwirken (§ 50 SGB VIII), bei der Auswahl von Vormündern und Pflegern durch das Familiengericht mitzuwirken (§ 53 SGB VIII) und selbst Aufgaben der Beistandschaft, Vormundschaft und Pflegschaft wahrzunehmen (§§ 55 ff. SGB VIII), gehört dies zu den sog. **anderen Aufgaben** der Jugendhilfe (vgl. § 2 Abs. 3 SGB VIII).

B. Aufbau des Gesetzes

4 Die Vorschriften des SGB VIII geben kein einheitliches Bild. **Im Schwerpunkt** erwähnt das Gesetz zunächst die allgemeinen Angebote der Jugendarbeit, der Jugendsozialarbeit und des erzieherischen Kinder- und Jugendschutzes (§§ 11 bis 15). Es folgen **sodann konkrete Angebote** zur Förderung der Erziehung in der Familie und Hilfen für Familien in besonderen Lebenssituationen, z.B. bei Trennung und Scheidung, für Alleinerziehende und für die Betreuung und Versorgung von Kindern in Notfällen (§§ 16 bis 21) sowie Angebote zur Förderung von Kindern bei Tagesbetreuung (§§ 22 bis 26). Das SGB VIII bietet neben den klassischen Formen der Erziehung in der Pflegefamilie und im Heim vielfältige ambulante und (teil-)stationäre Erziehungshilfen (§§ 27 bis 40) an. Darauf folgt die Regelung zur **Inobhutnahme** von Kindern und Jugendlichen (§ 42) mit Sonderregelungen für ausländische Kinder und Jugendliche nach unbegleiteter Einreise (§§ 42a bis 42f). Schließlich gestaltet das Gesetz die Grundlagen des **Pflegekinderwesens** und die der **Heimaufsicht** (§§ 44 bis 49) näher aus. Es folgen die Vorschriften über die **Mitwirkung im gerichtlichen Verfahren** (§§ 50 bis 52), über die Beistandschaft, Pflegschaft und Vormundschaft (§§ 53 bis 58) sowie über Beurkundungen, Beglaubigungen und vollstreckbare Urkunden (§§ 59, 60). Im 5. Kapitel (§§ 69 ff.) folgen Regelungen über die **Träger der öffentlichen Jugendhilfe** und die **Zusammenarbeit mit der freien Jugendhilfe**.

C. Verhältnis der öffentlichen Jugendhilfe zu freien Trägern der Jugendhilfe

Erbracht werden die Leistungen nach § 3 Abs. 2 Satz 1 SGB VIII von Trägern der freien und denen der öffentlichen Jugendhilfe. **Leistungsverpflichtungen** richten sich nach § 3 Abs. 2 Satz 2 SGB VIII aber ausschließlich an die **Träger der öffentlichen Jugendhilfe**, die damit im Außenverhältnis die Verantwortung tragen. Die Leistungsberechtigten haben nach § 5 Abs. 1 Satz 1 SGB VIII das Recht, zwischen Einrichtungen und Diensten verschiedener Träger zu wählen und Wünsche hinsichtlich der Gestaltung der Hilfe zu äußern. 5

Gemäß § 3 Abs. 1 SGB VIII ist die Jugendhilfe gekennzeichnet durch eine **Vielfalt von Trägern unterschiedlicher Wertorientierungen** (z.B. kirchlich, verbandlich, gemeinnützig, gewerkschaftlich etc.) und eine Vielfalt von Inhalten, Methoden und Arbeitsformen. § 3 Abs. 2 Satz 1 SGB VIII stellt zunächst klar, dass sich in der Jugendhilfe Träger der freien und der öffentlichen Jugendhilfe betätigen. Das Nebeneinander von öffentlicher und privater Jugendhilfe ist historisch bedingt und auch heute wird der größere, in weiten Teilbereichen der ganz überwiegende Anteil der Leistungen der Jugendhilfe, z.B. im Bereich der sozialpädagogischen Familienhilfe (§ 31 SGB VIII) mit über 80%,[1] durch freie Träger erbracht. Dabei verstärkt sich auch bei den Trägern der freien Jugendhilfe der Trend zum eigenen Verständnis als **moderne und marktorientierte Dienstleistungsunternehmen**.[2] Die freie Jugendhilfe entscheidet dabei selbst, ob und in welchem Umfang sie tätig wird. Sie bedarf grundsätzlich keiner staatlichen „Konzession". Will sie jedoch **öffentliche Förderung** nach § 74 SGB VIII erhalten, muss sie die dafür vorgesehenen Rahmenbedingungen akzeptieren und bedarf der **öffentlichen Anerkennung**. Die Anerkennung als Träger der freien Jugendhilfe ist in § 75 SGB VIII geregelt. 6

Ein selbständiges Betätigungsrecht der Träger der freien Jugendhilfe besteht aber nur im Bereich der in § 2 Abs. 2 SGB VIII aufgeführten Leistungen. Ihr Verhältnis zum Leistungsberechtigten ist privatrechtlicher Natur.[3] Im Hinblick auf die Autonomie der Träger der freien Jugendhilfe richten sich die gesetzlichen Leistungsverpflichtungen des SGB VIII nur an die Träger der öffentlichen Jugendhilfe, § 3 Abs. 2 Satz 2 SGB VIII. Die Rechtsbeziehungen zwischen dem Adressaten (junger Mensch, Sorgeberechtigter) und dem freien Träger (Zivilrecht) sowie zum Träger der öffentlichen Jugendhilfe (öffentliches Recht, §§ 11 ff. SGB VIII) und zwischen dem freien Träger und dem Träger der öffentlichen Jugendhilfe (öffentliches Recht, §§ 3, 4, 74 ff. SGB VIII) wird als **jugendhilferechtliches Dreiecksverhältnis** bezeichnet.[4] Schaltet der Träger der öffentlichen Jugendhilfe einen Träger der freien Jugendhilfe zur Erfüllung seiner Leistungsverpflichtungen gemäß § 3 Abs. 3 Satz 2 SGB VIII ein, verbleibt dem **Träger der öffentlichen Jugendhilfe** die sog. **Gesamtverantwortung**, § 79 Abs. 1 SGB VIII. 7

Andere Aufgaben i.S.v. § 2 Abs. 3 SGB VIII werden nach § 3 Abs. 3 Satz 1 SGB VIII grundsätzlich von Trägern der öffentlichen Jugendhilfe wahrgenommen. Nur soweit dies nach § 3 Abs. 3 Satz 2 gesetzlich ausdrücklich bestimmt ist, können im Bereich der anderen Aufgaben freie Träger tätig sein. Die gesetzliche Regelung ist insoweit **in § 76 Abs. 1 SGB VIII** enthalten, wonach freie Träger bei der Erfüllung der Mitwirkung der Jugendhilfe im familiengerichtlichen Verfahren (§ 50 SGB VIII) und im Bereich der Beratung und Unterstützung von Vormündern und Pflegern (§ 53a SGB VIII), aber auch bei der Inobhutnahme (§ 42 SGB VIII, 8

1 Wiesner/Wapler/*Wapler*, § 31 SGB VIII Rn. 3
2 FK-SGB VIII/*Münder*, § 4 Rn. 8 ff.
3 Wiesner/Wapler/*Wiesner*, § 3 SGB VIII Rn. 13
4 FK-SGB VIII/*Schindler*, Vorbem. zu den §§ 74, 77, 78a ff. Rn. 12; dazu *Wapler*, ZKJ 2015, 336

hier etwa bei Unterstützungsleistungen nach § 42 Abs. 2 Satz 1 SGB VIII oder im Rahmen der Gefährdungseinschätzung, vgl. § 8 Abs. 4 SGB VIII) beteiligt werden können oder ihnen die jeweilige Aufgabe übertragen werden kann. Der **freie Träger darf** aber **keine hoheitlichen Befugnisse ausüben**, darf also etwa keinen Verwaltungsakt erlassen.[5] Er ist nicht Beliehener,[6] sondern handelt im Rahmen eines öffentlich-rechtlichen Auftragsverhältnisses, beauftragt durch den Träger der öffentlichen Jugendhilfe, der stets verantwortlich bleibt, § 76 Abs. 2 SGB VIII. Die Mitwirkung des freien Trägers an der Wahrnehmung der anderen Aufgaben nach § 2 Abs. 3 SGB VIII wird durch den Abschluss eines auftragsähnlichen, koordinationsrechtlichen öffentlich-rechtlichen Vertrages zwischen dem freien Träger und dem Träger der öffentlichen Jugendhilfe rechtlich abgesichert.[7] Außerhalb des § 76 Abs. 1 SGB VIII dürfen freie Träger im Rahmen der anderen Aufgaben nach § 2 Abs. 2 SGB VIII nicht tätig werden, weil keine weitere ausdrückliche Bestimmung vorliegt, § 3 Abs. 3 Satz 2 SGB VIII. Dazu gehört insbesondere die Ausübung hoheitlicher Befugnisse wie der Erlass von Verwaltungsakten oder Beurkundungen nach § 59 SGB VIII. Dazu gehört auch der Schutzauftrag bei Kindeswohlgefährdung nach § 8a SGB VIII, weil diese Vorschrift in § 76 Abs. 1 SGB VIII (anders als § 42 SGB VIII) nicht genannt ist.[8]

▶ *Zur Datenübermittlung an das Familiengericht vgl. Köhler, §§ 61 bis 68 SGB VIII Rn. 1 ff.*

9 Die **Zusammenarbeit** der freien Träger mit dem Träger der öffentlichen Jugendhilfe ist in § 4 SGB VIII geregelt. Es gelten folgende **Grundsätze**:

- Grundsatz der partnerschaftlichen Zusammenarbeit bei Achtung der Selbständigkeit des freien Trägers in Zielsetzung, Organisation, Aufgabenwahrnehmung (Abs. 1)
- Gesamtverantwortung öffentlicher Träger, der auch Adressat von Leistungsansprüchen ist (§§ 79, 3 Abs. 2 Satz 2 SGB VIII, siehe oben Rn. 7)
- Leistungserbringung durch beide, aber Vorrang freier Trägerschaft (§ 3 Abs. 2 Satz 1 SGB VIII) – sog. **Subsidiaritätsprinzip**, d. h. falls ausreichend Angebote von freien Trägern vorhanden sind, keine Betätigung der öffentlichen Jugendhilfe durch eigene Angebote
- Förderung der freien Jugendhilfe durch die öffentliche Jugendhilfe §§ 4 Abs. 3, 74 SGB VIII.

§ 4a SGB VIII

Selbstorganisierte Zusammenschlüsse zur Selbstvertretung

(1) [1]Selbstorganisierte Zusammenschlüsse nach diesem Buch sind solche, in denen sich nicht in berufsständische Organisationen der Kinder- und Jugendhilfe eingebundene Personen, insbesondere Leistungsberechtigte und Leistungsempfänger nach diesem Buch sowie ehrenamtlich in der Kinder- und Jugendhilfe tätige Personen, nicht nur vorübergehend mit dem Ziel zusammenschließen, Adressatinnen und Adressaten der Kinder- und Jugendhilfe zu unterstützen, zu begleiten und zu fördern, sowie Selbsthilfekontaktstellen. [2]Sie umfassen Selbstvertretungen sowohl innerhalb von Einrichtungen und Institutionen als auch im Rahmen gesellschaftlichen Engagements zur Wahrnehmung eigener Interessen sowie die verschiedenen Formen der Selbsthilfe.

---

5 Wiesner/Wapler/*Wiesner*, § 76 SGB VIII Rn. 12

6 LPK-SGB VIII/*Schindler/Elmauer*, § 76 Rn. 15; Wiesner/Wapler/*Wiesner*, § 76 SGB VIII Rn. 11; a.A.: Handeln als Beliehener: MüKo-BGB/*Tillmanns*, § 3 SGB VIII Rn. 7

7 LPK-SGB VIII/*Schindler/Elmauer*, § 76 Rn. 11; Wiesner/Wapler/*Wiesner*, § 76 SGB VIII Rn. 13

8 *Kepert*, Sozialrecht aktuell 2019, 104, 110

(2) Die öffentliche Jugendhilfe arbeitet mit den selbstorganisierten Zusammenschlüssen zusammen, insbesondere zur Lösung von Problemen im Gemeinwesen oder innerhalb von Einrichtungen zur Beteiligung in diese betreffenden Angelegenheiten, und wirkt auf eine partnerschaftliche Zusammenarbeit mit diesen innerhalb der freien Jugendhilfe hin.

(3) Die öffentliche Jugendhilfe soll die selbstorganisierten Zusammenschlüsse nach Maßgabe dieses Buches anregen und fördern.

Von einer Kommentierung wird abgesehen.

§ 5 SGB VIII

Wunsch- und Wahlrecht

(1) Die Leistungsberechtigten haben das Recht, zwischen Einrichtungen und Diensten verschiedener Träger zu wählen und Wünsche hinsichtlich der Gestaltung der Hilfe zu äußern. Sie sind auf dieses Recht hinzuweisen.

(2) Der Wahl und den Wünschen soll entsprochen werden, sofern dies nicht mit unverhältnismäßigen Mehrkosten verbunden ist. Wünscht der Leistungsberechtigte die Erbringung einer in § 78a genannten Leistung in einer Einrichtung, mit deren Träger keine Vereinbarungen nach § 78b bestehen, so soll der Wahl nur entsprochen werden, wenn die Erbringung der Leistung in dieser Einrichtung im Einzelfall oder nach Maßgabe des Hilfeplans (§ 36) geboten ist.

Von einer Kommentierung wird abgesehen.

§ 6 SGB VIII

Geltungsbereich

(1) Leistungen nach diesem Buch werden jungen Menschen, Müttern, Vätern und Personensorgeberechtigten von Kindern und Jugendlichen gewährt, die ihren tatsächlichen Aufenthalt im Inland haben. Für die Erfüllung anderer Aufgaben gilt Satz 1 entsprechend. Umgangsberechtigte haben unabhängig von ihrem tatsächlichen Aufenthalt Anspruch auf Beratung und Unterstützung bei der Ausübung des Umgangsrechts, wenn das Kind oder der Jugendliche seinen gewöhnlichen Aufenthalt im Inland hat.

(2) Ausländer können Leistungen nach diesem Buch nur beanspruchen, wenn sie rechtmäßig oder auf Grund einer ausländerrechtlichen Duldung ihren gewöhnlichen Aufenthalt im Inland haben. Absatz 1 Satz 2 bleibt unberührt.

(3) Deutschen können Leistungen nach diesem Buch auch gewährt werden, wenn sie ihren Aufenthalt im Ausland haben und soweit sie nicht Hilfe vom Aufenthaltsland erhalten.

(4) Regelungen des über- und zwischenstaatlichen Rechts bleiben unberührt.

Von einer Kommentierung wird abgesehen.

§ 7 SGB VIII

Begriffsbestimmungen

(1) Im Sinne dieses Buches ist

1. **Kind, wer noch nicht 14 Jahre alt ist, soweit nicht die Absätze 2 bis 4 etwas anderes bestimmen,**
2. **Jugendlicher, wer 14, aber noch nicht 18 Jahre alt ist,**
3. **junger Volljähriger, wer 18, aber noch nicht 27 Jahre alt ist,**

4. **junger Mensch, wer noch nicht 27 Jahre alt ist,**
5. **Personensorgeberechtigter, wem allein oder gemeinsam mit einer anderen Person nach den Vorschriften des Bürgerlichen Gesetzbuchs die Personensorge zusteht,**
6. **Erziehungsberechtigter, der Personensorgeberechtigte und jede sonstige Person über 18 Jahre, soweit sie auf Grund einer Vereinbarung mit dem Personensorgeberechtigten nicht nur vorübergehend und nicht nur für einzelne Verrichtungen Aufgaben der Personensorge wahrnimmt.**

(2) [1]Kinder, Jugendliche, junge Volljährige und junge Menschen mit Behinderungen im Sinne dieses Buches sind Menschen, die körperliche, seelische, geistige oder Sinnesbeeinträchtigungen haben, die sie in Wechselwirkung mit einstellungs- und umweltbedingten Barrieren an der gleichberechtigten Teilhabe an der Gesellschaft mit hoher Wahrscheinlichkeit länger als sechs Monate hindern können. [2]Eine Beeinträchtigung nach Satz 1 liegt vor, wenn der Körper- und Gesundheitszustand von dem für das Lebensalter typischen Zustand abweicht. [3]Kinder, Jugendliche, junge Volljährige und junge Menschen sind von Behinderung bedroht, wenn eine Beeinträchtigung nach Satz 1 zu erwarten ist.

(3) Kind im Sinne des § 1 Absatz 2 ist, wer noch nicht 18 Jahre alt ist.

(4) Werktage im Sinne der §§ 42a bis 42c sind die Wochentage Montag bis Freitag; ausgenommen sind gesetzliche Feiertage.

(5) Die Bestimmungen dieses Buches, die sich auf die Annahme als Kind beziehen, gelten nur für Personen, die das 18. Lebensjahr noch nicht vollendet haben.

Von einer Kommentierung wird abgesehen.

§ 8 SGB VIII
Beteiligung von Kindern und Jugendlichen

(1) Kinder und Jugendliche sind entsprechend ihrem Entwicklungsstand an allen sie betreffenden Entscheidungen der öffentlichen Jugendhilfe zu beteiligen. Sie sind in geeigneter Weise auf ihre Rechte im Verwaltungsverfahren sowie im Verfahren vor dem Familiengericht und dem Verwaltungsgericht hinzuweisen.

(2) Kinder und Jugendliche haben das Recht, sich in allen Angelegenheiten der Erziehung und Entwicklung an das Jugendamt zu wenden.

(3) [1]Kinder und Jugendliche haben Anspruch auf Beratung ohne Kenntnis des Personensorgeberechtigten, solange durch die Mitteilung an den Personensorgeberechtigten der Beratungszweck vereitelt würde. [2]§ 36 des Ersten Buches bleibt unberührt. [3]Die Beratung kann auch durch einen Träger der freien Jugendhilfe erbracht werden; § 36a Absatz 2 Satz 1 bis 3 gilt entsprechend.

(4) Beteiligung und Beratung von Kindern und Jugendlichen nach diesem Buch erfolgen in einer für sie verständlichen, nachvollziehbaren und wahrnehmbaren Form.

Von einer Kommentierung wird abgesehen.

§ 8a SGB VIII
Schutzauftrag bei Kindeswohlgefährdung

(1) [1]Werden dem Jugendamt gewichtige Anhaltspunkte für die Gefährdung des Wohls eines Kindes oder Jugendlichen bekannt, so hat es das Gefährdungsrisiko im Zusammenwirken mehrerer Fachkräfte einzuschätzen. [2]Soweit der wirksame Schutz dieses Kindes oder dieses Jugendlichen nicht in Frage gestellt wird, hat das Jugendamt die Erziehungsberechtigten so-

wie das Kind oder den Jugendlichen in die Gefährdungseinschätzung einzubeziehen und, sofern dies nach fachlicher Einschätzung erforderlich ist,

1. **sich dabei einen unmittelbaren Eindruck von dem Kind und von seiner persönlichen Umgebung zu verschaffen sowie**
2. **Personen, die gemäß § 4 Absatz 3 des Gesetzes zur Kooperation und Information im Kinderschutz dem Jugendamt Daten übermittelt haben, in geeigneter Weise an der Gefährdungseinschätzung zu beteiligen.**

[3]Hält das Jugendamt zur Abwendung der Gefährdung die Gewährung von Hilfen für geeignet und notwendig, so hat es diese den Erziehungsberechtigten anzubieten.

(2) [1]Hält das Jugendamt das Tätigwerden des Familiengerichts für erforderlich, so hat es das Gericht anzurufen; dies gilt auch, wenn die Erziehungsberechtigten nicht bereit oder in der Lage sind, bei der Abschätzung des Gefährdungsrisikos mitzuwirken. [2]Besteht eine dringende Gefahr und kann die Entscheidung des Gerichts nicht abgewartet werden, so ist das Jugendamt verpflichtet, das Kind oder den Jugendlichen in Obhut zu nehmen.

(3) [1]Soweit zur Abwendung der Gefährdung das Tätigwerden anderer Leistungsträger, der Einrichtungen der Gesundheitshilfe oder der Polizei notwendig ist, hat das Jugendamt auf die Inanspruchnahme durch die Erziehungsberechtigten hinzuwirken. [2]Ist ein sofortiges Tätigwerden erforderlich und wirken die Personensorgeberechtigten oder die Erziehungsberechtigten nicht mit, so schaltet das Jugendamt die anderen zur Abwendung der Gefährdung zuständigen Stellen selbst ein.

(4) [1]In Vereinbarungen mit den Trägern von Einrichtungen und Diensten, die Leistungen nach diesem Buch erbringen, ist sicherzustellen, dass

1. **deren Fachkräfte bei Bekanntwerden gewichtiger Anhaltspunkte für die Gefährdung eines von ihnen betreuten Kindes oder Jugendlichen eine Gefährdungseinschätzung vornehmen,**
2. **bei der Gefährdungseinschätzung eine insoweit erfahrene Fachkraft beratend hinzugezogen wird sowie**
3. **die Erziehungsberechtigten sowie das Kind oder der Jugendliche in die Gefährdungseinschätzung einbezogen werden, soweit hierdurch der wirksame Schutz des Kindes oder Jugendlichen nicht in Frage gestellt wird.**

[2]In den Vereinbarungen sind die Kriterien für die Qualifikation der beratend hinzuzuziehenden insoweit erfahrenen Fachkraft zu regeln, die insbesondere auch den spezifischen Schutzbedürfnissen von Kindern und Jugendlichen mit Behinderungen Rechnung tragen. [3]Daneben ist in die Vereinbarungen insbesondere die Verpflichtung aufzunehmen, dass die Fachkräfte der Träger bei den Erziehungsberechtigten auf die Inanspruchnahme von Hilfen hinwirken, wenn sie diese für erforderlich halten, und das Jugendamt informieren, falls die Gefährdung nicht anders abgewendet werden kann.

(5) [1]In Vereinbarungen mit Kindertagespflegepersonen, die Leistungen nach diesem Buch erbringen, ist sicherzustellen, dass diese bei Bekanntwerden gewichtiger Anhaltspunkte für die Gefährdung eines von ihnen betreuten Kindes eine Gefährdungseinschätzung vornehmen und dabei eine insoweit erfahrene Fachkraft beratend hinzuziehen. [2]Die Erziehungsberechtigten sowie das Kind sind in die Gefährdungseinschätzung einzubeziehen, soweit hierdurch der wirksame Schutz des Kindes nicht in Frage gestellt wird. [3]Absatz 4 Satz 2 und 3 gilt entsprechend.

(6) [1]Werden einem örtlichen Träger gewichtige Anhaltspunkte für die Gefährdung des Wohls eines Kindes oder eines Jugendlichen bekannt, so sind dem für die Gewährung von Leistungen zuständigen örtlichen Träger die Daten mitzuteilen, deren Kenntnis zur Wahrnehmung des Schutzauftrags bei Kindeswohlgefährdung nach § 8a erforderlich ist. [2]Die Mitteilung soll

im Rahmen eines Gespräches zwischen den Fachkräften der beiden örtlichen Träger erfolgen, an dem die Personensorgeberechtigten sowie das Kind oder der Jugendliche beteiligt werden sollen, soweit hierdurch der wirksame Schutz des Kindes oder des Jugendlichen nicht in Frage gestellt wird.

Übersicht

Weiterführende Literatur: Hahn, Das gewichtslose Merkmal der „Gewichtigkeit" in § 8a Abs. 1 S. 1 SGB VIII, JAmt 2024, 136; *Heynen*, Voraussetzungen für sich entsprechende und Umgang mit unterschiedlichen Einschätzungen, JAmt 2024, 410; *Goldberg/Radwagen*, Pränataler Kinderschutz in der Kinder- und Jugendhilfe, JAmt 2023, 258; *Knödler*, Zur Strafbarkeit von Sozialarbeitern und Sozialpädagogen – Teil 1 ZKJ 2018, 452 ff., Teil 2 ZKJ 2019, 17 ff.; *Köhler*, Inobhutnahme und nachfolgender familiengerichtliche Entscheidung, ZKJ 2019, 12 ff.; *Biesel/Schnurr*, Prozessmanual zur dialogisch-systemischen Kindeswohlabklärung, JAmt 2018, 80; *Ehrmann/Breitfeld*, Besserer Kinderschutz nach Inkrafttreten des Bundeskinderschutzgesetzes?, FPR 2012, 418 ff.; *Meysen*, Bundeskinderschutzgesetz: gesetzliche Programmatik im Baukastensystem, FamRZ 2012, 405 ff.; *Kaufmann*, Der unangemeldete Hausbesuch von Fachkräften der Jugendämter in Pflegefamilien, ZKJ 2011, 198 ff.; *Moch/Junker-Moch*, Zur Zusammenarbeit zwischen dem Jugendamt und der Kinderschutzfachkraft, FPR 2011, 319 ff.; *Sommer*, Zur verwaltungsgerichtlichen Überprüfung der Gefährdungsmitteilung des Jugendamts an das Familiengericht nach § 8a SGB VIII, ZKJ 2013, 68 ff.; *Willutzki*, Der Schutzauftrag des Jugendamts im neuen Recht, FPR 2008, 488 ff.; *Coester*, Inhalt und Funktionen des Begriffs der Kindeswohlgefährdung – Erfordernis einer Neudefinition?, JAmt 2008, 1 ff.; *Salgo*, § 8a SGB VIII – Anmerkungen und Überlegungen zur Vorgeschichte und zu den Konsequenzen der Gesetzesänderung, Teil 1, ZKJ 2006, 531 ff., Teil 2 ZKJ 2007, 12 ff.

A. Allgemeines

1 Die ursprüngliche Fassung des § 8a SGB VIII wurde durch das Kinder- und Jugendhilfeerweiterungsgesetz (KICK) vom 8.9.2005[1] in das SGB VIII eingefügt,[2] um Kindeswohlgefährdungen möglichst frühzeitig zu erkennen und diesen effektiv zu begegnen. Die Norm wird „rechtsgestaltende Spitzenvorschrift"[3] genannt, weil darin das Programm der Kinder- und Jugendhilfe komprimiert ist: Im Zentrum steht das Kind, dessen Entwicklung und Schutz (§ 1 Abs. 1, Abs. 3 Nr. 4 SGB VIII), für den vorrangig die Eltern verantwortlich sind und worin sie unterstützt werden (§ 1 Abs. 2 Satz 1 SGB VIII). Falls diese elterliche Verantwortung versagt, muss der Staat in Ausübung des **staatlichen Wächteramtes** nach Art. 6 Abs. 2 GG seinen **Schutzauftrag bei einer Kindeswohlgefährdung** wahrnehmen, § 1 Abs. 2 Satz 2 SGB VIII. Die Vorschrift beinhaltet insbesondere Verfahrensregelungen für das einer Ent-

1 BGBl. I 2005 S. 2729
2 Zur Vorgeschichte *Salgo*, ZKJ 2006, 531
3 LPK-SGB VIII/*Bringewat*, § 8a Rn. 1

scheidung über eine Inobhutnahme vorgelagerte Verfahrensstadium innerhalb der Jugendämter und soll damit in erster Linie den Kinderschutz zum Wohle betroffener Minderjähriger effektivieren.

Die materiellen und verfahrensrechtlichen Voraussetzungen der Inobhutnahme selbst sind in § 42 SGB VIII geregelt.

B. Inhalt der Norm

I. Einschätzung des Gefährdungsrisikos (Abs. 1)

2 Werden dem Jugendamt gewichtige Anhaltspunkte für eine Kindeswohlgefährdung bekannt, so hat es nach § 8a Abs. 1 Satz 1 SGB VIII im **Zusammenwirken mehrerer Fachkräfte** ein Gefährdungsrisiko einzuschätzen.[4] Diese fachliche Einschätzung ist eine Schlüsselstelle im staatlichen Kinderschutzsystem; das Jugendamt muss dabei in einer schwierigen Doppelrolle zwischen Prävention und Intervention den staatlichen Kinderschutzauftrag mit häufig bereits laufenden Unterstützungsleistungen (etwa einer Hilfeplanung nach § 36 SGB VIII) parallel koordinieren.[5] Die Gefährdungseinschätzung ist einer der komplexesten und folgenreichsten Entscheidungsvorgänge in der Kinder- und Jugendhilfe.[6] „**Einschätzung des Gefährdungsrisikos**" meint die Erfassung des im konkreten Einzelfall bestehenden Ausmaßes einer Kindeswohlgefährdung, d.h. einen **fachlichen Bewertungs- und Beurteilungsprozess der gefährdungsrelevanten Risikofaktoren** mit nicht punktueller oder abschließender Feststellung, sondern der **Ermittlung von Gefährdungsdynamik**.[7] Erschwert wird dieses komplexe Verfahren dadurch, dass es wissenschaftlich aussagekräftige, universell einsetzbare Verfahren zur Gefährdungseinschätzung derzeit noch nicht gibt.[8] Mit der Einschätzung nach § 8a Abs. 1 Satz 1 SGB VIII ist nach dem ausdrücklichen Wortlaut eine Handlungspflicht zur Wahrnehmung des staatlichen Kinderschutzauftrages statuiert, die jedes Jugendamt unabhängig von seiner örtlichen oder sachlichen Zuständigkeit wahrzunehmen hat.[9] Der Schutzauftrag gilt schon im Hinblick auf Art. 20 Abs. 1 UN-Kinderrechtskonvention im besonderen Maße auch gegenüber Pflegekindern,[10] verschafft Dritten aber keinen einklagbaren Anspruch auf Durchführung der Risikoprognose.[11]

3 **Gewichtige Anhaltspunkte** zur Durchführung einer Gefahreinschätzung liegen dann vor, wenn konkrete **Hinweise oder Indizien** für Umstände vorliegen, die eine **Kindeswohlgefährdung** nahelegen.[12] Auch die Äußerung bloßer Vermutungen, ggf. auch anonym, kann ausreichender Anlass für eine Gefahrprognose in diesem Sinne sein, wenn sie aufgrund weiterer Indizien bei einer Gesamtwürdigung aller Umstände ernst zu nehmen ist.[13] Der Begriff der Kindeswohlgefährdung ist wie bei § 1666 BGB zu bestimmen[14] (näher hierzu *Cirul-*

---

4 Der Begriff „Abschätzung" wurde in Abs. 1 Satz 1 durch das BundeskinderschutzG durch den Begriff „Einschätzung" ersetzt, allerdings wird in Abs. 2 Satz 1 – wahrscheinlich aufgrund eines Redaktionsversehens – noch immer die Formulierung „Abschätzung" des Gefährdungsrisikos verwendet

5 *Biesel/Schnurr*, JAmt 2018, 80

6 Wiesner/Wapler/*Wapler*, § 8a Rn. 25

7 LPK-SGB VIII/*Bringewat*, § 8a Rn. 18

8 LPK-SGB VIII/*Bringewat*, § 8a Rn. 21

9 DIJuF-Rechtsgutachten JAmt 2017, 184; DIJuF-Rechtsgutachten JAmt 2014, 514; DIJuF-Rechtsgutachten JAmt 2009, 367; FK-SGB VIII/*Meysen*, § 8a SGB VIII Rn. 10; a.A. VG Braunschweig JAmt 2011, 106: nur das nach § 87 SGB VIII zuständige Jugendamt

10 *Salgo*, ZKJ 2013, 150

11 OVG Nordrhein-Westfalen JAmt 2009, 384; VG Cottbus, Urt. v. 6.8.2021 – 8 K 1955/20, juris; VG München FamRZ 2021, 1560

12 LPK-SGB VIII/*Bringewat*, § 8a Rn. 35

13 *Salgo*, ZKJ 2007, 12, 14

14 *Coester*, JAmt 2008, 1, 5; Wiesner/Wapler/*Wapler*, § 8a SGB VIII Rn. 13a; a.A. LPK-SGB VIII/*Bringewat*, § 8a Rn. 27; *Bringewat*, ZKJ 2011, 278: Es reichen bereits Defizite nach § 27 SGB VIII

lies, § 1666 BGB Rn. 19 ff.). Eine Gefährdung des Kindeswohls liegt demnach dann vor, wenn das Kind bereits einen körperlichen, geistigen oder psychischen Schaden erlitten hat oder aber bei der weiteren Entwicklung eine erhebliche Schädigung mit ziemlicher Sicherheit zu erwarten ist.[15] Die Nichtwahrnehmung von Terminen der **Früherkennungsuntersuchungen** allein reicht für die Gefährdungseinschätzung nach § 8a Abs. 1 SGB VIII nicht aus.[16] Die fehlende Teilnahme an Vorsorgeuntersuchungen begründet nur einen Gefahrerforschungsauftrag für das Jugendamt.[17] Erst wenn bei der weiteren Gefahrerforschung Indizien dazukommen, kann dies in der Gesamtwürdigung für die Gefährdungseinschätzung ausreichen. Keinen Indizwert für das Vorliegen einer Kindeswohlgefährdung hat die bloße Einleitung eines Privatinsolvenzverfahrens der Eltern.[18]

▶ *Zur Frage des Rechtsschutzes bei einer Gefährdungsmitteilung an das Familiengericht vgl. unten Rn. 11.*

4 Liegen gewichtige Anhaltspunkte für eine Kindeswohlgefährdung in diesem Sinne vor, so hat das Jugendamt zunächst die Pflicht von Amts wegen sich weitere **Informationen** für die Durchführung der von ihm geforderten Prognose zu verschaffen (§ 20 SGB X).[19] § 8a SGB VIII normiert spezifische Verfahrensvorschriften, die den allgemeinen Untersuchungsgrundsatz des § 20 SGB X für den Träger der öffentlichen Jugendhilfe bereichs- und situationsspezifisch modifizieren und konkretisieren.[20] Die **Befugnis zur Erhebung von Sozialdaten** über die Personensorgeberechtigten und das Kind bei Dritten ergibt sich aus § 62 Abs. 3 SGB VIII.

5 Im Anschluss daran hat nach dem Gesetzeswortlaut – noch vor Beteiligung der Erziehungsberechtigten und des Kindes/Jugendlichen – eine Gefährdungseinschätzung im **Zusammenwirken mehrerer Fachkräfte** zu erfolgen. Die Einbeziehung mehrerer Personen soll mit unterschiedlichen Perspektiven zu einer besseren Einschätzung beitragen.[21] Bei Vorliegen von gewichtigen Anhaltspunkten für eine Gefährdung ist diese Gefährdungseinschätzung unverzüglich vorzunehmende **Pflichtaufgabe des Jugendamts**; ein Ermessen hinsichtlich des Ob besteht insoweit nicht.[22] Die kollegiale Einschätzung erfolgt im Zusammenwirken von mindestens zwei Fachkräften i.S.d. §§ 72 Abs. 1, 79 Abs. 3 SGB VIII, wobei je nach Fallgestaltung auch Veranlassung bestehen kann, mehrere Fachkräfte, ggf. auch externe Berater, hinzuzuziehen.[23] Auch muss zumindest eine **insoweit erfahrene Fachkraft** beteiligt sein.

6 Die **Erziehungsberechtigten und das Kind** sollen sodann nach Abs. 1 Satz 2 nach kollegialer Bejahung einer Gefährdungsprognose in die Entscheidungsbildung **miteinbezogen** werden, soweit dies den wirksamen Schutz des Kindes nicht vereiteln würde. Soweit nach fachlicher Einschätzung erforderlich, soll nach Abs. 1 Satz 2 Nr. 1 ein **Hausbesuch** stattfinden und sich das Jugendamt einen unmittelbaren Eindruck von dem Kind verschaffen. Die Frage der Anordnung eines obligatorischen Hausbesuchs, zu dem sich der Gesetzgeber nicht entschließen konnte, gehörte zu den am meist umstrittensten Themen des Gesetzgebungsverfahrens zum Bundeskinderschutzgesetz.[24] Die Frage, ob ein solcher – auch unan-

---

15 BGH ZKJ 2023, 28; ZKJ 2019, 225; ZKJ 2017, 108; BVerfG FamRZ 2016, 22; Staudinger/*Coester*, § 1666 BGB Rn. 82
16 LPK-SGB VIII/*Bringewat*, § 8a Rn. 36; FK-SGB VIII/*Meysen*, § 8a Rn. 18; VerfGH Rheinland-Pfalz JAmt 2010, 142; VG Köln ZKJ 2012, 239; DIJuF-Rechtsgutachen JAmt 2012, 161
17 OLG Frankfurt NZFam 2023, 704; OLG Frankfurt ZKJ 2014, 31
18 LPK-SGB VIII/*Bringewat*, § 8a Rn. 37; FK-SGB VIII/*Meysen*, § 8a Rn. 18
19 Wiesner/Wapler/*Wapler*, § 8a SGB VIII Rn. 16
20 VG Cottbus, Urt. v. 6.8.2021 – 8 K 1955/20, juris
21 Hauck/Noftz/*Bieritz-Harder/Bohnert*, § 8a SGB VIII Rn. 3
22 LPK-SGB VIII/*Bringewat*, § 8a Rn. 57
23 *Willutzki*, FPR 2008, 488, 489; LPK-SGB VIII/*Bringewat*, § 8a Rn. 58
24 Vgl. *Kaufmann*, ZKJ 2011, 198; *Ehrmann/Breitfeld*, FPR 2012, 418

gemeldet zulässiger[25] – Hausbesuch zum Zwecke der Informationsgewinnung erforderlich ist, bleibt im Ermessen des Jugendamts, das sich aber bei besonders gewichtigen Anhaltspunkten zu einer Pflicht zu einem unangemeldeten Besuch reduzieren kann.[26] Eine **Befugnis zum Zutritt der** grundrechtlich gemäß Art. 13 GG geschützten **Wohnung gegen den Willen** des Wohnungsinhabers **gibt Abs. § 8a 1 Satz 2 SGB VIII nicht**; nur bei Gefahr in Verzug kann die Polizei im Wege der Amtshilfe eingeschaltet werden, um zwangsweise Zutritt zur Wohnung zu erhalten.[27] Durch Abs. 1 Satz 2 will der Gesetzgeber erreichen, dass im Idealfall eine Klärung der Gefährdungssituation im Rahmen des Familienverbundes erfolgt. Ein Ausnahmefall der Gefährdung wirksamen Schutzes wird etwa bei schwerwiegenden Fällen sexuellen Missbrauchs angenommen.[28] Das Erstellen von Fotografien oder Tonaufnahmen während des Hausbesuchs ist gegen den Widerspruch der Eltern regelmäßig nicht zulässig.[29] Im Übrigen besteht auch für weitere Eingriffe, wie etwa die körperliche Untersuchung des Kindes ohne das Einverständnis der Eltern, keine gesetzliche Ermächtigungsgrundlage. Hier verbleibt bei fehlender Kooperation der Eltern nur die Anrufung des Familiengerichts (vgl. unten Rn. 8 f.).

Mit Wirkung vom 10.6.2021 wurde durch das Gesetz zur Kooperation und Information im Kinderschutz (KKG) **Abs. 1 Satz 2 Nr. 2** eingefügt. Danach können im pflichtgemäßen Ermessen des Jugendamts die in § 4 Abs. 3, Abs. 1 KKG genannten **Berufsgeheimnisträger** (Ärztinnen, Psychologen, Lehrerinnen, Beraterinnen usw.) **in die Gefährdungseinschätzung einbezogen werden**. Wann die Einbeziehung zu erfolgen hat und wie und wo diese erfolgt, **obliegt der fachlichen Einschätzung des Jugendamts**. Eine best practice des Vorgehens hat sich in der Praxis noch nicht herausgebildet. Das Jugendamt darf bei diesem Einbezug von Berufsgeheimnisträgern nicht nur die Daten erheben gemäß § 62 Abs. 3 Nr. 2 Buchst. d SGB VIII, sondern seinerseits auch anvertraute Sozialdaten einbringen (§ 65 Abs. 1 Satz 1 Nr. 4 SGB VIII).[30] 7

Hält das Jugendamt zur Abwendung der Gefährdung die Gewährung von Hilfen nach dem SGB VIII für geeignet und notwendig, so hat es diese nach Abs. 1 Satz 3 den Erziehungsberechtigten anzubieten. Die Regelung ist eine **Konkretisierung des Verhältnismäßigkeitsgrundsatzes**[31] und will sicherstellen, dass zunächst mit den Erziehungsberechtigten ein Hilfebedarf erörtert und den Erziehungsberechtigten Hilfen angeboten werden, bevor eine mögliche Kindeswohlgefährdung eintritt und z.B. das Familiengericht angerufen werden muss. So können Eingriffe in das Sorgerecht nach § 42 SGB VIII oder § 1666 BGB unterbleiben, wenn die Gefahr bereits durch Gewährung von Hilfeleistungen, z.B. nach § 19 oder § 31 SGB VIII, abgewendet werden kann. 8

II. Anrufung des Familiengerichts (Abs. 2 Satz 1)

Hält das Jugendamt nach § 8a Abs. 2 Satz 1 SGB VIII das Tätigwerden des Familiengerichts für erforderlich, so hat es das **Gericht anzurufen**. Nach Hs. 2 gilt dies auch in den Fällen, in denen die Erziehungsberechtigten nicht bereit oder dazu in der Lage sind, bei der Abschätzung des Gefährdungsrisikos mitzuwirken. Nachdem vor Einführung dieser gesetzlichen Regelung die Jugendämter die Familiengerichte häufig erst dann eingeschaltet haben, wenn sie im Rahmen der §§1666, 1666a BGB den (teilweisen) Entzug der elterlichen 9

25 VG München JAmt 2009, 264; kritisch *Kaufmann*, ZKJ 2011, 198
26 Ähnlich LPK-SGB VIII/*Bringewat,* § 8a SGB VIII Rn. 52 f.; vgl. auch DIJuF-Rechtsgutachten JAmt 2015, 83
27 Wiesner/Wapler/*Wapler,* § 8a SGB VIII Rn. 23e
28 BT-Drucks. 15/3676, 38
29 DIJuF-Rechtsgutachten JAmt 2008, 23; FK-SGB VIII/*Meysen,* § 8a Rn. 37; Wiesner/Wapler/*Wapler,* § 8a SGB VIII Rn. 23d
30 FK-SGB VIII/*Meysen,* § 8a Rn. 29
31 FK-SGB VIII/*Meysen,* § 8a Rn. 38

Sorge für unumgänglich hielten, ist nach der gesetzlichen Konzeption nunmehr das Familiengericht im Rahmen des staatlichen Wächteramtes aus Art. 6 Abs. 2 Satz 2 GG früher in den Kinderschutzfall einzubeziehen. So kann das Familiengericht das Maßnahmenarsenal des § 1666 Abs. 3 BGB im Sinne des Kinderschutzes möglichst frühzeitig und so eventuell auch weniger eingriffsintensiv nutzen.

▶ *Zu den Maßnahmen des Familiengerichts siehe Cirullies, § 1666 BGB Rn. 39 ff.*

10 Die Regelung korrespondiert mit der verfahrensrechtlichen Regelung des § 157 FamFG (näher hierzu *Cirullies*, § 157 FamFG Rn. 1 ff.).

Die **Anrufung des Familiengerichts** ist unter den vorbezeichneten Voraussetzungen als **Amtspflicht der Jugendämter** ausgestaltet. Abs. 2 Satz 1 Hs. 1 kommt zum Tragen, wenn das Jugendamt Hilfemaßnahmen nach Abs. 1 Satz 3 als nicht ausreichend zur Abwendung einer Kindeswohlgefährdung hält, sondern ihm darüber hinaus Eingriffe in das Sorgerecht – sei es als Entzug, (nur) als Beschränkung nach § 1666 Abs. 3 Nr. 1 bis 5 BGB oder als Auflage – erforderlich erscheinen. Nach Hs. 2 ist das Familiengericht auch dann anzurufen, wenn die **Gefährdungseinschätzung positiv** ist und die Eltern nicht zu einer Zusammenarbeit mit dem Jugendamt bereit oder dazu in der Lage sind. Dabei hat das Jugendamt in seine Überlegungen einerseits die Warn- und Initiierungsfunktion der Einschaltung des Familiengerichts auf die Eltern, andererseits aber auch die mögliche Auswirkung der Anrufung des Familiengerichts auf die Kooperationsbereitschaft der Eltern miteinzubeziehen.[32] Im Sinne eines effektiven Kinderschutzes sollte **in Zweifelsfällen** das Familiengericht angerufen werden.[33]

Mit der **Anrufung** des Familiengerichts geht die **verantwortliche Gefährdungsfeststellung auf das Familiengericht** über. Nach dieser Anrufung gibt es – zumindest soweit sich keine neuen Gesichtspunkte ergeben, die ein Tätigwerden des Jugendamts in eigener Verantwortung veranlassen könnten – keine Veranlassung mehr für das Jugendamt, eigene Ermittlungsmaßnahmen zur Feststellung einer Gefährdung durchzuführen.[34] Angesichts dieser abgestuften, klar strukturierten Aufgabenverteilung kann Gegenstand einer familiengerichtlichen Entscheidung, die nach §§ 1666, 1666a BGB die Feststellung einer Kindeswohlgefährdung voraussetzt, sachlogisch nicht mehr sein, das Jugendamt in die Lage zu versetzen, die bereits durch die Anrufung des Familiengerichts delegierte Gefährdungsfeststellung nunmehr doch wieder in eigener Zuständigkeit vorzunehmen.[35]

11 Wird das Familiengericht angerufen, so ist das Jugendamt in rechtlicher Hinsicht nicht Antragsteller eines Verfahrens nach § 1666 BGB, sondern regt nach § 24 Abs. 1 FamFG die **Einleitung eines Verfahrens** nach § 1666 BGB durch das Familiengericht an. Das Familiengericht hat in **eigener Verantwortung** zu prüfen, ob es von Amts wegen hinreichende Anhaltspunkte erkennt, die wegen einer möglichen Gefährdung des Kindeswohls die Einleitung eines Verfahrens nach § 1666 BGB rechtfertigen. Ihm obliegt dabei nicht die Prüfung, ob das Jugendamt zu Recht nach § 8a Abs. 2 Satz 1 SGB VIII eine Mitteilung gemacht hat.[36] Eine **Mitteilung des Jugendamtes** an das Familiengericht nach § 8a Abs. 2 Satz 1 SGB VIII ist im Übrigen von den Eltern mangels Verletzung eigener Rechte auch **nicht vor dem Verwaltungsgericht anfechtbar**.[37]

---

32 FK-SGB VIII/*Meysen*, § 8a Rn. 44 f.
33 BeckOGK/*Jox*, § 8a SGB VIII Rn. 79
34 OLG Frankfurt NZFam 2022, 262
35 OLG Frankfurt ZKJ 2022, 191
36 OLG Frankfurt ZKJ 2014, 31
37 Hess. VGH ZKJ 2013, 82; NJW 2013, 1753: Gefährdungsmitteilung ist nur Information des Familiengerichts und hat selbst keinerlei Eingriffscharakter; kritisch: *Sommer*, ZKJ 2013, 68

III. Inobhutnahme (Abs. 2 Satz 2)

Besteht aus Sicht des Jugendamts eine so **dringende Gefahr** für das Kind, dass eine Entscheidung des nach Abs. 2 Satz 1 anzurufenden Familiengerichts nicht abgewartet werden kann, so ist das Jugendamt nach § 8a Abs. 2 Satz 2 SGB VIII verpflichtet, das Kind oder den Jugendlichen in Obhut zu nehmen. Damit beschränkt das Gesetz die Möglichkeit der Trennung von Kindern von ihren Personensorgeberechtigten durch Inobhutnahme nach § 42 SGB VIII – außerhalb der Fälle unbegleitet eingereister minderjähriger Flüchtlinge und der Inobhutnahme auf eigenen Wunsch der Minderjährigen, vgl. § 42 Abs. 1 Nr. 1 und 3, 42a ff. SGB VIII – auf Fälle, in denen eine **besondere Dringlichkeit** besteht, was dann anzunehmen ist, wenn eine Beeinträchtigung des körperlichen, geistigen oder seelischen Wohls des Kindes **unmittelbar bevorsteht** oder bereits realisierter Gefahr konkrete Wiederholungsgefahr droht.[38] Die Vorschrift ist eine Rechtsgrundverweisung, d.h., alle Voraussetzungen nach § 42 Abs. 1 Satz 1 Nr. 2 lit. b SGB VIII müssen für eine Inobhutnahme des Kindes durch das Jugendamt gegen den Willen der Erziehungsberechtigten vorliegen.[39] Wegen der vorrangigen Möglichkeit der Anordnung einer **einstweiligen Anordnung** durch das Familiengericht nach §§ 49 ff. FamFG ist der Anwendungsbereich der Norm sehr gering und kommt **nur in besonders gelagerten akuten Gefährdungssituationen** in Betracht, die ein Abwarten der Entscheidung des Familiengerichts nicht erlauben.[40] 12

▶ *Näher zur Inobhutnahme Köhler, § 42 SGB VIII Rn. 1 ff.*

IV. Einschaltung anderer Institutionen (Abs. 3)

Soweit zur Abwendung der Gefährdung des Kindes oder Jugendlichen das Tätigwerden **anderer Leistungsträger** (z.B. Eingliederungshilfe nach SGB XII), der Einrichtungen der **Gesundheitshilfe** (z.B. Krankenhäuser) oder der **Polizei** notwendig ist, so hat nach Abs. 3 Satz 1 das Jugendamt wegen des Vorrangs der Eigenverantwortlichkeit der Erziehungsberechtigten auf die Inanspruchnahme durch die Erziehungsberechtigten hinzuwirken. Nur wenn ein sofortiges Tätigwerden erforderlich ist und die Personensorgeberechtigten oder die Erziehungsberechtigten nicht mitwirken, schaltet das Jugendamt nach Satz 2 die anderen zur Abwendung der Gefährdung zuständigen Stellen selbst ein. Die Gründe der unterlassenen Inanspruchnahme durch die Erziehungs- bzw. Sorgeberechtigten sind unerheblich; bei entsprechender Dringlichkeit kommt eine Einschaltung auch in Betracht, wenn die Eltern nicht rechtzeitig informiert werden können oder nach entsprechender Aufklärung durch das Jugendamt gemäß Satz 1 die Mitwirkung ernsthaft und endgültig verweigern.[41] 13

V. Einbeziehung freier Träger (Abs. 4)

Auch freie Träger von Einrichtungen oder Dienste der Kinder- und Jugendhilfe haben in ihren jeweiligen Hilfekontexten eine eigene Verantwortung für den Schutz von Kindern und Jugendlichen, welcher sich nicht vom Träger der öffentlichen Jugendhilfe ableitet, „sondern sich originär aus dem [ggf. konkludent vereinbarten] Betreuungsverhältnis zum Kind oder Jugendlichen ergibt".[42] Da sich der gesetzliche **Schutzauftrag aus dem staatlichen Wächteramt** aber **nur an** einen **Träger der öffentlichen Jugendhilfe** (d.h. an das Jugendamt als zuständige Behörde) richten kann (vgl. auch Abs. 1, Abs. 2: „das Jugendamt"), ermöglicht Abs. 4, den autonomen Auftrag der freien Träger mit dem Schutzauftrag des Jugendamts 14

38 LPK-SGB VIII/*Bringewat*, § 8a Rn. 86
39 BeckOGK/*Jox*, § 8a SGB VIII Rn. 87; Wiesner/Wapler/*Wapler*, § 8a Rn. 57; a.A.: LPK-SGB VIII/*Bringewat*, § 8a Rn. 89: Rechtsfolgenverweisung hinsichtlich des „Ob", nicht aber des „Wie"
40 OVG Mecklenburg-Vorpommern ZKJ 2018, 394; OVG Berlin-Brandenburg ZKJ 2017, 241; *Köhler*, ZKJ 2019, 12
41 MüKo-BGB/*Tillmanns*, § 8a SGB VIII Rn. 11
42 Gesetzesbegründung zum Bundeskinderschutzgesetz, BT-Drucks. 17/6256, 20

zu verknüpfen.[43] Mit der Vereinbarung zwischen dem öffentlichen Träger und dem freien Träger nach Abs. 4 soll sichergestellt werden, dass die Fachkräfte der **freien Träger der Jugendhilfe**[44] den in § 8a Abs. 1 SGB VIII enthaltenen Schutzauftrag ebenfalls wahrnehmen. Entsprechende Vereinbarungen[45] sind in Form von öffentlichen Verträgen nach Maßgabe von §§ 78a ff. SGB VIII abzuschließen. Die Mindestinhalte sind in Abs. 4 vorgegeben. Der freie Träger muss nach seiner von ihm umzusetzenden Organisation dazu in der Lage sein, selbst eine Gefährdungsprognose vorzunehmen (Nr. 1), diese wie bei Abs. 1 im Team zu treffen (Nr. 2) und dabei die Erziehungsberechtigten und das Kind nach Maßgabe von Abs. 1 Satz 2 einzubeziehen (Nr. 3), also über die entsprechenden Ressourcen und die entsprechende Organisation verfügen. Nach Satz 2 ist den spezifischen Schutzbedürfnissen von **Kindern und Jugendlichen mit Behinderungen** Rechnung zu tragen. Satz 3 regelt die Verpflichtung des freien Trägers insbesondere dazu, auf die Inanspruchnahme von Hilfen durch die Personensorge- und Erziehungsberechtigten hinzuwirken und das Jugendamt zu informieren, wenn die angenommenen Hilfen nicht ausreichend erscheinen. Außerdem ist nach Abs. 4 Satz 3 in die Vereinbarung auch die Verpflichtung aufzunehmen, dass die Fachkräfte der freien Träger bei den Erziehungsberechtigten auf die Inanspruchnahme von Hilfen hinwirken, wenn sie diese für erforderlich halten, und das Jugendamt informieren, falls die Gefährdung nicht anders abgewendet werden kann.

Aus Abs. 4 Satz 3 folgt eine Verpflichtung des freien Trägers zur **Information des Jugendamts**, falls die Gefährdung nicht anders abgewendet werden kann. Eine Befugnis bzw. gar eine Verpflichtung zur Information oder Anrufung des Familiengerichts folgt daraus nicht; dies ist gemäß Abs. 2 Satz 1 Aufgabe des Jugendamts.[46] Das weitere Vorgehen des Jugendamts nach Eingang dieser Information richtet sich wiederum nach Abs. 1 bis 3.

▶ *Zur Datenübermittlung an das Familiengericht vgl. Köhler, §§ 61 bis 68 SGB VIII Rn. 1 ff.*

Auch ohne eine Vereinbarung nach Abs. 4 kann sich eine Verpflichtung der freien Träger zur Einschaltung des Jugendamts aus allgemeinen Handlungspflichten für den Schutz von Personen in Gefährdungssituationen ergeben wie § 323c StGB oder einer strafrechtlichen Garantenpflicht.[47]

VI. Einbeziehung von Kindertagespflegepersonen (Abs. 5)

15 Abs. 5 ist mit dem Kinder- und Jugendstärkungsgesetz (KJSG) vom 3.6.2021 eingeführt worden. Kindertagespflegepersonen (vgl. § 23 SGB VIII) sind danach vom Jugendamt in den Schutzauftrag nach § 8a SGB VIII einzubeziehen. Für sie gelten die gleichen fachlichen Standards wie für Träger von Einrichtungen und Diensten in Abs. 4.

VII. Zuständigkeitswechsel (Abs. 6)

16 Der zum 1.1.2012 neu als Abs. 5 eingeführte jetzige Abs. 6 dient der Verhinderung eines Informationsverlustes und damit verbundener Einschränkung des Schutzauftrages durch sog. **Jugendamts-Hopping** (infolge Umzug der Eltern).[48] Zu den weiterzugebenden Infor-

---

43 Wiesner/Wapler/*Wapler*, § 8a SGB VIII Rn. 63

44 Zu deren wahrzunehmenden Aufgaben im Bereich des Kinderschutzes ausführlich: *Moch/Junker-Moch*, FPR 2011, 319

45 Beispiele: https://www.blja.bayern.de/imperia/md/content/blvf/bayerlandesjugendamt/8a_ii_mustervereinbarung_zur_beteiligung_freier_trager_am_schutzauftrag.pdf (Abruf am: 26.3.2025); https://www.ag-jae.de/assets/downloads/2021.12-Mustervereinbarung-Jugendarbeit.pdf (Abruf am: 26.3.2025)

46 BeckOGK/*Jox*, § 8a SGB VIII Rn. 129; zur Verpflichtung des freien Trägers zur Information nur des Jugendamts, nicht auch des Familiengerichts und zu den Grenzen der Familienhilfe im Rahmen des § 1666 BGB: *Heilmann*, NJW 2019, 1417, 1419; *Kepert*, Sozialrecht aktuell 2019, 104, 110

47 BeckOGK/*Jox*, § 8a SGB VIII Rn. 137

48 BT-Drucks. 17/6256, 2

mationen gehören nicht nur gewichtige Anhaltspunkte für eine Kindeswohlgefährdung, sondern alle Daten, Erkenntnisse, Informationen etc., die für die Gewährleistung von Schutz und Hilfe relevant sind.[49] Zur Datenübermittlung ist das übergebende JA auch befugt, hinsichtlich besonders anvertrauter Daten gemäß § 65 Abs. 1 Satz 1 Nr. 3 SGB VIII, hinsichtlich der übrigen Daten gemäß § 64 Abs. 2 SGB VIII i.V.m. § 69 Abs. 1 Nr. 1 Alt. 2 SGB X.[50] Nach Satz 2 soll ein formelles **„Gespräch"** zwischen den beiden Fachkräften der Jugendämter stattfinden, und zwar unter grundsätzlicher Beteiligung der Sorgeberechtigten und Jugendlichen. Von der aus Transparenzgründen vorgesehenen Beteiligung der Sorgeberechtigten und des Kindes/Jugendlichen ist abzusehen, wenn dadurch der wirksame Schutz des Kindes/Jugendlichen eingeschränkt würde.[51]

Ausdrückliches Ziel von Abs. 6 ist es, dass die Wirksamkeit des Kinderschutzes nicht durch den Wechsel von Zuständigkeiten untergraben wird.[52]

▶ *Zur örtlichen Zuständigkeit der Jugendämter siehe Köhler, §§ 86 ff. SGB VIII Rn. 1 ff.*

§ 8b SGB VIII

Fachliche Beratung und Begleitung zum Schutz von Kindern und Jugendlichen

(1) Personen, die beruflich in Kontakt mit Kindern oder Jugendlichen stehen, haben bei der Einschätzung einer Kindeswohlgefährdung im Einzelfall gegenüber dem örtlichen Träger der Jugendhilfe Anspruch auf Beratung durch eine insoweit erfahrene Fachkraft.

(2) Träger von Einrichtungen, in denen sich Kinder oder Jugendliche ganztägig oder für einen Teil des Tages aufhalten oder in denen sie Unterkunft erhalten, und die zuständigen Leistungsträger, haben gegenüber dem überörtlichen Träger der Jugendhilfe Anspruch auf Beratung bei der Entwicklung und Anwendung fachlicher Handlungsleitlinien

1. zur Sicherung des Kindeswohls und zum Schutz vor Gewalt sowie

2. zu Verfahren der Beteiligung von Kindern und Jugendlichen an strukturellen Entscheidungen in der Einrichtung sowie zu Beschwerdeverfahren in persönlichen Angelegenheiten.

(3) Bei der fachlichen Beratung nach den Absätzen 1 und 2 wird den spezifischen Schutzbedürfnissen von Kindern und Jugendlichen mit Behinderungen Rechnung getragen.

Von einer Kommentierung wird abgesehen.

§§ 9 und 9a SGB VIII

Von Abdruck und Kommentierung wird abgesehen.

§ 9b SGB VIII

Aufarbeitung

(1) Die nach Landesrecht zuständigen Träger der öffentlichen Kinder- und Jugendhilfe haben Personen bei Vorliegen eines berechtigten Interesses Einsicht in die sie als Minderjährige betreffenden Erziehungshilfe-, Eingliederungshilfe-, Heim- oder Vormundschaftsakten zu gestatten und Auskunft zu den betreffenden Akten zu erteilen.

49 LPK-SGB VIII/*Bringewat,* § 8a Rn. 119
50 FK-SGB VIII/*Meysen,* § 8a Rn. 79
51 FK-SGB VIII/*Meysen,* § 8a Rn. 81
52 Vgl. Einzelheiten bei *Meysen,* FamRZ 2012, 405, 413 f.

(2) In Vereinbarung mit den Trägern von Einrichtungen und Diensten, die Leistungen nach diesem Buch erbringen, ist sicherzustellen, dass

1. **Erziehungshilfe-, Eingliederungshilfe-, Heim- und Vormundschaftsakten nach Vollendung des 30. Lebensjahres der Person nach Absatz 1 70 Jahre lang aufzubewahren sind,**
2. **Personen bei Vorliegen eines berechtigten Interesses Einsicht gestattetet wird in die betreffenden Akten sowie**
3. **Fachkräfte Auskunft erteilen zu den betreffenden Akten**

(3) [1]Ein berechtigtes Interesse besteht, wenn Anhaltspunkte für die Gefährdung des Wohls einer Person nach Absatz 1 im Zusammenhang mit dem Bezug einer Leistung nach diesem Buch, mit der Durchführung von Maßnahmen nach dem Gesetz für Jugendwohlfahrt oder nach der Jugendhilfeverordnung der Deutschen Demokratischen Republik bestehen. [2]Die nach § 85 Absatz 2 zuständigen Behörden entwickeln unter Beteiligung der Unabhängigen Aufarbeitungskommission Grundsätze und Maßstäbe für die Bewertung, ob ein berechtigtes Interesse nach Satz 1 vorliegt.

(4) § 25 Absatz 2 und 3 des Zehnten Buches gilt entsprechend.

1 Die Vorschrift wurde durch das Gesetz zur Stärkung der Strukturen gegen sexuelle Gewalt an Kindern und Jugendlichen vom 3.4.2025 (BGBl. 2025 I Nr. 107, S. 1 ff.) mit Wirkung vom 1.7.2025 eingefügt. Die Vorschrift steht in engem Zusammenhang mit den Aufgaben des Amtes des bzw. der Unabhängigen Bundesbeauftragten gegen sexuellen Missbrauch von Kindern und Jugendlichen. Denn mit demselben Gesetz wurde diese/r Bundesbeauftragte gesetzlich geregelt (Gesetz zur Einrichtung der oder des Unabhängigen Bundesbeauftragten gegen sexuellen Missbrauch von Kindern und Jugendlichen (Antimissbrauchsbeauftragtengesetz – UBSKMG). **Das Amt** der/des Bundesbeauftragten ist in §§ 2 ff. UBSKMG, die **Unabhängige Kommission** des Bundes zur Aufarbeitung sexuellen Kindesmissbrauchs in §§ 25 ff. UBSKMG geregelt. Die Unabhängige Kommission ist nach § 9b Abs. 3 Satz 2 SGB VIII an der **Ausgestaltung des Akteneinsichtsrechts** nach § 9b Abs. 1 SGB VIII beteiligt.

2 Abs. 1 formuliert ausdrücklich ein Recht zur Akteneinsicht von Personen **in die sie als Minderjährige betreffenden** Erziehungshilfe-, Eingliederungshilfe-, Heim- oder Vormundschaftsakten gegenüber nach Landesrecht zuständigen Trägern der öffentlichen Kinder- und Jugendhilfe (d.h. Jugendämtern). Dieses Recht besteht nur gegenüber Personen im Hinblick auf die sie als Minderjährige betreffenden Akten, bei denen ein berechtigtes Interesse nach der Legaldefinition in Abs. 3 Satz 1 vorliegt. Das **berechtigte Interesse** nach Abs. 3 Satz 1 bestimmt nicht nur den Kreis der zugangsberechtigten Personen, sondern auch den Umfang des Einsichtsrechts.[1] Hintergrund der Regelung war, dass sich der Zugang von Betroffenen zu den entscheidenden Akten in strafrechtlichen Aufarbeitungsprozessen oft schwierig gestaltete, weil die Akten nicht mehr vorhanden waren oder Unsicherheiten bestanden, ob Einsicht gewährt werden darf.[2]

3 Abs. 3 konturiert, wann die als Minderjährige betroffene Person ein Akteneinsichtsrecht hat. Demnach besteht ein berechtigtes Interesse dann, wenn es konkrete Hinweise oder ernst zu nehmende Vermutungen entweder für eine Gefährdung des Wohls eines Kindes oder Jugendlichen gibt und dargetan ist. Umfasst sind daher insbesondere auch Konstellationen, in denen sich dieses Kind, diese Jugendliche oder dieser Jugendliche nicht mehr in der Gefährdungssituation befindet und **inzwischen auch erwachsen sein kann**. Es **muss einen Zusammenhang der Kindeswohlgefährdung**, auf die sich die konkreten Hinweise richten, **mit dem Bezug von Leistungen der Kinder- und Jugendhilfe** nach dem SGB VIII (ab 1990/

1 BT-Drs. 20/13183, S. 56; vgl. auch *Beckmann/Lohse*, JAmt 2025, 278
2 *Beckmann/Lohse*, JAmt 2025, 278

1991) oder mit der Durchführung einer Maßnahme nach dem Gesetz für Jugendwohlfahrt (von 1961 bis 1990/1991) geben, also im Kontext mit organisationsbezogenem, professionellem, persönlichem oder fachlichem Handeln in diesem Rahmen stehen.[3]

Abs. 4 verweist auf § 25 Abs. 2 und 3 SGB X. Erforderlich ist danach, wie auch sonst bei der Akteneinsicht, grundsätzlich eine **qualifizierte Begleitung** dieser, soweit diese Akteneinsicht nicht ausdrücklich durch die einsichtsberechtigte Person abgelehnt wird; außerdem kann das Einsichtsrecht ebenso wie in anderen Fällen durch berechtigte Interessen Dritter eingeschränkt sein, sodass im Hinblick auf den **Umfang** der Einsicht eine **Einzelfallprüfung** erforderlich ist.[4] **4**

§§ 10 bis 10b SGB VIII

Von Abdruck und Kommentierung wird abgesehen.

3 BT-Drs. 20/13183, S. 56 f.
4 *Beckmann/Lohse*, JAmt 2025, 278

Zweites Kapitel
Leistungen der Jugendhilfe

[...]

Zweiter Abschnitt
Förderung der Erziehung in der Familie

§ 16 SGB VIII

Allgemeine Förderung der Erziehung in der Familie

(1) [1]Müttern, Vätern, anderen Erziehungsberechtigten und jungen Menschen sollen Leistungen der allgemeinen Förderung der Erziehung in der Familie angeboten werden. Sie sollen dazu beitragen, dass Mütter, Väter und andere Erziehungsberechtigte ihre Erziehungsverantwortung besser wahrnehmen können. Sie sollen auch Wege aufzeigen, wie Konfliktsituationen in der Familie gewaltfrei gelöst werden können. [2]Diese Leistungen sollen Erziehungsberechtigte bei der Wahrnehmung ihrer Erziehungsverantwortung unterstützen und dazu beitragen, dass Familien sich die für ihre jeweilige Erziehungs- und Familiensituation erforderlichen Kenntnisse und Fähigkeiten insbesondere in Fragen von Erziehung, Beziehung und Konfliktbewältigung, von Gesundheit, Bildung, Medienkompetenz, Hauswirtschaft sowie der Vereinbarkeit von Familie und Erwerbstätigkeit aneignen können und in ihren Fähigkeiten zur aktiven Teilhabe und Partizipation gestärkt werden. [3]Sie sollen auch Wege aufzeigen, wie Konfliktsituationen in der Familie gewaltfrei gelöst werden können.

(2) [1]Leistungen zur Förderung der Erziehung in der Familie sind insbesondere

1. **Angebote der Familienbildung, die auf Bedürfnisse und Interessen sowie auf Erfahrungen von Familien in unterschiedlichen Lebenslagen und Erziehungssituationen eingehen, die Familien in ihrer Gesundheitskompetenz stärken, die Familie zur Mitarbeit in Erziehungseinrichtungen und in Formen der Selbst- und Nachbarschaftshilfe besser befähigen, zu ihrer Teilhabe beitragen sowie junge Menschen auf Ehe, Partnerschaft und das Zusammenleben mit Kindern vorbereiten,**
2. **Angebote der Beratung in allgemeinen Fragen der Erziehung und Entwicklung junger Menschen,**
3. **Angebote der Familienfreizeit und der Familienerholung, insbesondere in belastenden Familiensituationen, die bei Bedarf die erzieherische Betreuung der Kinder einschließen.**

[2]Dabei soll die Entwicklung vernetzter, kooperativer, niedrigschwelliger, partizipativer und sozialraumorientierter Angebotsstrukturen unterstützt werden.

(3) Müttern und Vätern sowie schwangeren Frauen und werdenden Vätern sollen Beratung und Hilfe in Fragen der Partnerschaft und des Aufbaus elterlicher Erziehungs- und Beziehungskompetenzen angeboten werden.

(4) Das Nähere über Inhalt und Umfang der Aufgaben regelt das Landesrecht.

(5) (weggefallen)

Von einer Kommentierung wird abgesehen.

§ 17 SGB VIII
Beratung in Fragen der Partnerschaft, Trennung und Scheidung

(1) [1]Mütter und Väter haben im Rahmen der Jugendhilfe Anspruch auf Beratung in Fragen der Partnerschaft, wenn sie für ein Kind oder einen Jugendlichen zu sorgen haben oder tatsächlich sorgen. [2]Die Beratung soll helfen,

1. **ein partnerschaftliches Zusammenleben in der Familie aufzubauen,**
2. **Konflikte und Krisen in der Familie zu bewältigen,**
3. **im Fall der Trennung oder Scheidung die Bedingungen für eine dem Wohl des Kindes oder des Jugendlichen förderliche Wahrnehmung der Elternverantwortung zu schaffen.**

(2) Im Fall der Trennung und Scheidung sind Eltern unter angemessener Beteiligung des betroffenen Kindes oder Jugendlichen bei der Entwicklung eines einvernehmlichen Konzepts für die Wahrnehmung der elterlichen Sorge und der elterlichen Verantwortung zu unterstützen; dieses Konzept kann auch als Grundlage für einen Vergleich oder eine gerichtliche Entscheidung im familiengerichtlichen Verfahren dienen.

(3) Die Gerichte teilen die Rechtshängigkeit von Scheidungssachen, wenn gemeinschaftliche minderjährige Kinder vorhanden sind, sowie Namen und Anschriften der beteiligten Eheleute und Kinder dem Jugendamt mit, damit dieses die Eltern über das Leistungsangebot der Jugendhilfe nach Absatz 2 unterrichtet.

Die Vorschrift begründet in Abs. 1 einen Anspruch auf **Beratung in Fragen der Partnerschaft**, insbesondere im Falle der Trennung und Scheidung. Für diesen Fall erstreckt Abs. 2 den Anspruch auf die Unterstützung der Eltern bei der Entwicklung eines Konzepts für die Wahrnehmung der elterlichen Sorge. Wie Abs. 3 zeigt, steht die Beratung und Unterstützung in engem Zusammenhang mit den **familiengerichtlichen Verfahren** im Falle der Trennung und Scheidung. Da vielen Eltern die Beratungsangebote des Jugendamtes nicht bekannt sind, verpflichtet Abs. 3 die Familiengerichte dazu, den Jugendämtern **Namen und Anschrift der beteiligten Eltern** bekannt zu geben, damit den Eltern die Beratungsangebote nahegebracht werden können. 1

Die Vorschrift schafft in Satz 1 einen **Rechtsanspruch** auf Beratung.[1] Die Zielrichtung der Beratung wird in Satz 2 beschrieben. In Satz 2 Nr. 1 und Nr. 2 geht es um Beratung und Unterstützung vor Trennung, in Satz 2 Nr. 3 im Trennungsprozess und nach Trennung mit Blick auf das Kind/den Jugendlichen um die Mitwirkung bei der **Entwicklung eines einvernehmlichen Konzepts elterlicher Verantwortung bei Getrenntleben** und der Vermeidung konfliktreicher gerichtlicher Auseinandersetzungen.[2] 2

§ 18 SGB VIII
Beratung und Unterstützung bei der Ausübung der Personensorge und des Umgangsrechts

(1) Mütter und Väter, die allein für ein Kind oder einen Jugendlichen zu sorgen haben oder tatsächlich sorgen, haben Anspruch auf Beratung und Unterstützung

1. **bei der Ausübung der Personensorge einschließlich der Geltendmachung von Unterhalts- oder Unterhaltsersatzansprüchen des Kindes oder Jugendlichen,**
2. **bei der Geltendmachung ihrer Unterhaltsansprüche nach § 1615l des Bürgerlichen Gesetzbuchs.**

1 BT-Drucks. 13/4899, 169
2 FK-SGB VIII/*Tammen/Trenczek*, § 17 Rn. 15 f.; Wiesner/Wapler/*Struck*, § 17 SGB VIII Rn. 34 ff.

(2) Mütter und Väter, die mit dem anderen Elternteil nicht verheiratet sind, haben Anspruch auf Beratung über die Abgabe einer Sorgeerklärung und die Möglichkeit der gerichtlichen Übertragung der gemeinsamen elterlichen Sorge.

(3) [1]Kinder und Jugendliche haben Anspruch auf Beratung und Unterstützung bei der Ausübung des Umgangsrechts nach § 1684 Absatz 1 des Bürgerlichen Gesetzbuchs. [2]Sie sollen darin unterstützt werden, dass die Personen, die nach Maßgabe der §§ 1684, 1685 und 1686a des Bürgerlichen Gesetzbuchs zum Umgang mit ihnen berechtigt sind, von diesem Recht zu ihrem Wohl Gebrauch machen. [3]Eltern, andere Umgangsberechtigte sowie Personen, in deren Obhut sich das Kind befindet, haben Anspruch auf Beratung und Unterstützung bei der Ausübung des Umgangsrechts. [4]Bei der Befugnis, Auskunft über die persönlichen Verhältnisse des Kindes zu verlangen, bei der Herstellung von Umgangskontakten und bei der Ausführung gerichtlicher oder vereinbarter Umgangsregelungen soll vermittelt und in geeigneten Fällen Hilfestellung geleistet werden.

(4) Ein junger Volljähriger hat bis zur Vollendung des 21. Lebensjahres Anspruch auf Beratung und Unterstützung bei der Geltendmachung von Unterhalts- oder Unterhaltsersatzansprüchen.

1 Die Norm erweitert die **Beratungs- und Unterstützungsangebote** der Kinder- und Jugendhilfe auf besondere Fallgestaltungen. In Abs. 1 wird der Situation **allein erziehender Elternteile** Rechnung getragen, indem diesen ein weitreichender Anspruch auf Beratung und Unterstützung gewährt wird, der neben der Personensorge auch die Geltendmachung von Unterhalts- und Unterhaltsersatzansprüchen erfasst. Abs. 2 bietet einen **Beratungsanspruch unverheirateter Elternteile** über die Abgabe einer Sorgeerklärung.

Nach Abs. 1 kann das Jugendamt nicht verpflichtet werden, eine von den Eltern zugunsten des Jugendamts erklärte Sorgerechtsvollmacht anzunehmen, auch wenn das Familiengericht dies zuvor in seinem Verfahren nach § 1666 BGB als ausreichend zur Abwendung der Gefährdung für das Kind angesehen hat.[1] Ob es überhaupt einen solchen Anspruch sorgeberechtigter Eltern auf Abschluss eines Vertrages als Grundverhältnis für eine Sorgerechtsvollmacht als Leistung nach dem SGB VIII gibt, kann offenbleiben, wenn sich nicht verlässlich prognostizieren lässt, dass die Eltern die Vollmacht nicht zur Unzeit widerrufen werden.[2]

2 In Abs. 3 wird ein eigener Anspruch des Kindes/Jugendlichen sowie ein Anspruch der Eltern, der Umgangsberechtigten und von Personen, die das Kind in Obhut haben, auf **Unterstützung und Beratung bei der Ausübung des Umgangsrechts** begründet. Für das kindschaftsrechtliche Umgangsverfahren (§ 151 Nr. 2 FamFG) hat die Reichweite der Vorschrift ganz fundamentale Bedeutung. Neben der Beratungs- und Vermittlungsfunktion im Bereich des Kindesumgangs ist sie auch die Rechtsgrundlage für die Erbringung und Bewilligung **begleiteter Umgangskontakte** durch das Jugendamt oder von ihm beauftragter freier Träger (vgl. auch § 1684 Abs. 4 Satz 4 BGB).[3] Denn von der Formulierung „bei der Ausführung gerichtlicher oder vereinbarter Umgangsregelungen soll … in geeigneten Fällen Hilfestellung geleistet werden" nach Abs. 3 Satz 4 ist auch die Begleitung von Umgangskontakten durch das Jugendamt (bzw. freie Träger) umfasst.[4] Die „Geeignetheit" ist ein unbestimmter Rechtsbegriff, der der vollen verwaltungsgerichtlichen Prüfung unterliegt.[5] Im Rahmen seiner Mitwirkungsverpflichtung hat der öffentliche Träger alle ihm möglichen Maßnahmen zu ergreifen, den begleiteten Umgang in dem verwaltungsgerichtlich festgestellten Umfang zu gewährleisten. Kann der Rechtsanspruch auf begleiteten Umgang nicht mit eigenem Per-

1 VG Köln FamRZ 2023, 286
2 VG Köln FamRZ 2023, 286
3 Zur Praxis des begleiteten Umgangs aus jugendhilferechtlicher Sicht: *Schlund*, ZKJ 2015, 55
4 OVG Münster FamRZ 2017, 808
5 OVG Münster FamRZ 2017, 1935; OVG Berlin-Brandenburg FamRZ 2013, 409

sonal bewerkstelligt werden, zählt dazu auch die Sorgetragung, dass entsprechende organisatorische und personelle Voraussetzungen ggf. über freie Träger der Jugendhilfe zur Verfügung gestellt werden; auf finanzielle Unterversorgung kann sich der öffentliche Träger nicht berufen.[6]

Die **Eignung eines Falles** für eine Hilfestellung durch das Jugendamt ist ein **unbestimmter Rechtsbegriff**, welcher der vollen verwaltungsgerichtlichen Nachprüfung unterliegt.[7] 3

Gegenstand des Anspruchs nach Abs. 3 Satz 3 und 4 ist dabei nicht die (einseitige) Durchsetzung von Rechten gegenüber der anderen umgangsberechtigten Person, sondern **ausschließlich die Ausübung des Umgangsrechts in erzieherischer Hinsicht**.[8] Die Unterstützungs- und Hilfestellungspflicht des Jugendamts im Sinne dieser Vorschrift knüpft an vorhandene familienrechtliche Umgangsrechte oder gerichtliche Regelungen an; der Jugendhilfeträger kann kraft eigener Zuständigkeit familienrechtliche Umgangsrechte nicht begründen, regeln oder bereits durch das Familiengericht getroffene Umgangsregelungen durchsetzen.[9] Bei fehlender Einigung fällt die Kompetenz zur Regelung von Umgängen in die Zuständigkeit des Familiengerichts, das insbesondere auch über den Vollzug früherer Entscheidungen über das Umgangsrecht entscheidet.[10]
Wenn das Familiengericht die Bereitschaft eines Dritten zur Begleitung des Umgangs zur Voraussetzung einer Umgangsregelung macht, kann der Anspruch nach Abs. 3 Satz 3 und 4 aber auch darauf gerichtet sein, dass das Jugendamt eine Erklärung zur Bereitschaft von Umgangsbegleitung abgibt.[11] Bei der Entscheidung, ob ein geeigneter Fall i.S.d. Abs. 3 Satz 4 vorliegt, muss der hohe Stellenwert des durch Art. 6 Abs. 2 GG **grundrechtlich** und durch Art. 8 Abs. 1 EMRK **menschenrechtlich** geschützten Umgangsrechts von Eltern mit ihrem Kind berücksichtigt werden. Hat das Familiengericht ein Gutachten eingeholt, dass eine konkrete Gefahr bei entsprechender Begleitung verneint, ist auch im einstweiligen Verfahren vor den Verwaltungsgerichten von keiner solchen Gefahr für das Kind auszugehen und das Jugendamt ist zu verpflichten, vorläufig bis zu einer Entscheidung in der Hauptsache die Bereitschaft zur Mitwirkung als Umgangsbegleiterin an begleiteten Umgangskontakten des Vaters mit der Tochter nach Maßgabe einer vom Familiengericht noch zu treffenden Umgangsregelung zu erklären.[12]

Bejaht das **Familiengericht** nach § 1684 Abs. 4 Satz 3 BGB die **Notwendigkeit begleiteten Umgangs**, muss es zunächst gemäß § 26 FamFG unter Mitwirkung der Beteiligten nach § 27 FamFG mögliche geeignete Personen zur Begleitung des Umgangs ermitteln.[13] Diesbezüglich kommen neben (ehrenamtlichen) Verwandten oder Vertrauenspersonen auch geeignete berufsmäßige Umgangsbegleiter in Betracht. Eine Vergütung von Umgangsbegleitern aus der Justizkasse findet grundsätzlich nicht statt; die Kosten einer professionellen Umgangsbegleitung sind keine Kosten des Verfahrens.[14] Soweit der BGH ausnahmsweise die Vergütung einer Umgangsbegleitung nach § 1684 Abs. 4 Satz 3 BGB im Rahmen einer Umgangspflegschaft nach § 1684 Abs. 3 Satz 3 BGB dann zulässt, wenn für einen be- 4

6 OVG Münster NJW 2014, 3593; LPK-SGB VIII/*Kunkel/Kepert*, § 2 Rn. 7
7 VG Bayreuth NZFam 2024, 330; OVG Münster NZFam 2022, 188
8 OVG Münster ZKJ 2021, 471
9 OVG Münster, Beschl. v. 9.8.2022 – 12 E 502/22, juris; OVG Münster ZKJ 2021, 471; OVG Münster, Beschl. v. 8.10.2021 – 12 B 1358/21, juris
10 OVG Münster ZKJ 2021, 471
11 OVG Münster NZFam 2022, 188
12 OVG Münster NZFam 2023, 93
13 Insbesondere vor einem etwaigen Umgangsausschluss hat das Familiengericht zunächst zu prüfen, ob andere mitwirkungsbereite Dritte in Betracht kommen: OLG Frankfurt FamRZ 2020, 1117; FamRZ 2015, 1730
14 BGH ZKJ 2019, 143 Rn. 19 = FamRZ 2019, 199; OLG Köln ZKJ 2018, 101 = FamRZ 2018, 598; OLG Frankfurt FamRZ 2016, 1787; Grüneberg/*Götz*, § 1684 BGB Rn. 35; Staudinger/*Dürbeck*, § 1684 BGB Rn. 373; *Dürbeck*, ZKJ 2015, 457

rufsmäßigen Umgangspfleger eine Begleitung von Umgangskontakten ausdrücklich mitangeordnet wurde,[15] ist dies eine unzulässige Vermischung der Institute des Umgangsbegleiters und des Umgangspflegers sowie eine Umgehung der gesetzgeberischen Entscheidung, die Finanzierung professioneller Umgangsbegleiter ausschließlich über die Träger der öffentlichen Jugendhilfe zu ermöglichen.[16]

5 Stellt sich wie in der Mehrzahl der Fälle heraus, dass nur das Jugendamt (bzw. ein von diesem beauftragter freier Träger) als Umgangsbegleiter in Betracht kommt, ist nach der Praxis der Jugendämter **für das jugendhilferechtliche Bewilligungsverfahren** ein **Antrag beim Träger der öffentlichen Jugendhilfe** erforderlich, zumeist auch durch den betreuenden Elternteil, obwohl es sich bei Abs. 3 Satz 4 um einen Anspruch des umgangsberechtigten Elternteils handelt.[17] Auch bei grundsätzlicher Bereitschaft des Jugendamts zur Begleitung von Umgängen wird jugendhilferechtlich zumeist davon ausgegangen, dass begleitete Umgänge nur für eine Übergangszeit erforderlich seien, bis unbegleitete Umgänge installiert werden könnten. Angeboten werden je nach Träger dann ca. zehn bis zwölf Termine für einen Zeitraum von weniger als einem Jahr. Jedoch kann es auch Fälle geben, in denen (etwa aufgrund Erkrankung eines Elternteils) eine dauerhafte und unbefristete Umgangsbegleitung erforderlich ist.[18] Bietet das Jugendamt nur für einen befristeten Zeitraum Umgangsbegleitung an, kann das Familiengericht auch nur eine Entscheidung für diesen Zeitraum treffen. Für den Fall, dass die Beteiligten sich im Anschluss an den Zeitraum nicht auf eine einvernehmliche Regelung des Umgangs einigen können bzw. das Familiengericht nicht davon ausgeht, dass nach diesem Zeitraum einvernehmlicher unbegleiteter Umgang erfolgen wird, ist dann (bei einer Teilentscheidung) das Verfahren fortzuführen bzw. (bei einer Endentscheidung) ein Abänderungsverfahren nach §§ 166 FamFG, 1696 BGB durchzuführen.[19]

▶ *Zur Form des Antrags Köhler, Vorbem. SGB VIII Rn. 7.*

6 **Weigert sich das Jugendamt**, die **Umgangsbegleitung jugendhilferechtlich zu bewilligen** – was in der Praxis durchaus vorkommt –, hat das Familiengericht nur eingeschränkte Möglichkeiten der weiteren Vorgehensweise.[20] Die Frage einer Anordnungskompetenz der Familiengerichte gegenüber dem Jugendamt (vgl. dazu *Köhler,* § 36a SGB VIII Rn. 1 ff.) stellt sich hier insoweit nicht, als dass begleiteter Umgang schon nach dem Wortlaut von nach § 1684 Abs. 4 Satz 3 BGB ausnahmslos die Bereitschaft der Begleitperson an seiner Durchführung voraussetzt (näher hierzu *Gottschalk*, § 1684 BGB Rn. 71 ff.).[21] Das Familiengericht kann das Jugendamt mithin schon aus materiell-rechtlichen Gründen **nicht gegen dessen Willen** als Umgangsbegleiter verpflichten, auch wenn dies gemäß § 18 Abs. 3 SGB VIII zu den Aufgaben der Kinder- und Jugendhilfe gehört.[22] Da damit begleiteter Umgang zunächst nicht angeordnet werden kann, verbleibt dem Familiengericht im Ergebnis nur die Möglichkeit eines **Umgangsausschlusses oder aber die Anordnung eines unbe-**

---

15 BGH ZKJ 2019, 143 (LS) = FamRZ 2019, 199

16 *Keuter*, FamRZ 2019, 202 (Anm. zu BGH FamRZ 2019, 199); Staudinger/*Dürbeck*, § 1684 BGB Rn. 378.1; bei entsprechender Mitwirkung und nach jugendhilferechtlicher Bewilligung sind die Kosten der professionellen Umgangsbegleitung (etwa eines freien Trägers) aber durch das Jugendamt zu tragen: OLG Köln FamRZ 2018, 598; LPK-SGB VIII/*Kunkel/Pattar,* § 18 Rn. 24

17 Ausführlich zum Streitstand, auch zur Gegenmeinung, dass es wegen § 40 Abs. 1 SGB I keines Antrags bedarf: Staudinger/*Dürbeck*, § 1684 BGB Rn. 374

18 Staudinger/*Dürbeck*, § 1684 BGB Rn. 358

19 OLG Frankfurt ZKJ 2019, 72 = FamRZ 2019, 214; Staudinger/*Dürbeck*, § 1684 BGB Rn. 359

20 Vgl. *Dürbeck*, ZKJ 2015, 457; *Holldorf/von Pirani*, ZKJ 2012, 384; *Keuter*, JAmt 2011, 373

21 BVerfG ZKJ 2015, 463; BGH ZKJ 2021, 459; OLG Frankfurt ZKJ 2015, 240; OLG Saarbrücken FamRZ 2015, 344; OLG Frankfurt FamRZ 1999, 617; Grüneberg/*Götz,* § 1684 BGB Rn. 35; Staudinger/*Dürbeck,* § 1684 BGB Rn. 370; *Dürbeck*, ZKJ 2015, 457

22 OVG Münster, Beschl. v. 20.12.2016 – 12 B 1262/16, juris; OLG Frankfurt FamRZ 2015, 1730; OVG Saarland ZKJ 2014, 488 = FamRZ 2014, 1862; Staudinger/*Dürbeck*, § 1684 BGB Rn. 370

gleiteten Umgangs. Ein unbegleiteter Umgang dürfte in dieser Fallkonstellation nicht in Betracht kommen, denn dieser würde das Kind einer Gefährdung aussetzen, die als Voraussetzung für eine Beschränkung des Umgangs in Form der Umgangsbegleitung (vgl. § 1684 Abs. 4 Satz 2, Satz 3 BGB) vom Familiengericht zuvor bejaht worden ist. Begleiteter Umgang könnte in dieser praxisrelevanten Problemlage theoretisch dadurch erreicht werden, dass die Eltern zunächst auf den Verwaltungsrechtsweg verwiesen werden, weil § 18 Abs. 3 SGB VIII auch ein einklagbares subjektives Recht gegen den staatlichen Träger der Jugendhilfe eröffnet.[23] Dies ist aber unbefriedigend, da der Verwaltungsrechtsweg regelmäßig zeitintensiv ist. Eine Aussetzung des familiengerichtlichen Verfahrens gemäß § 21 FamFG kommt in der Regel nicht in Betracht, wenn überhaupt nur bezüglich eines bereits laufenden verwaltungsgerichtlichen Verfahrens unter Berücksichtigung des Vorrang- und Beschleunigungsgrundsatzes gemäß § 155 Abs. 1 FamFG (näher zur Aussetzung *Köhler*, § 21 FamFG Rn. 2 ff.).

▶ *Zu weiteren Einzelheiten des begleiteten Umgangs siehe auch Gottschalk, § 1684 BGB Rn. 71 ff.*

§ 18 Abs. 3 Satz 3, Satz 4 SGB VIII gewährt einem Elternteil **keinen Anspruch auf Übernahme der Fahrtkosten zur Ausübung des Umgangsrechts**.[24] Denn die Kosten, die bei dem Umgangsberechtigten bzw. dem Kind entstehen, gehören zu Kosten der allgemeinen Lebensführung. Hingegen können Fahrtkosten zur Ausübung des Umgangsrechts bei Sozialhilfeempfängern über § 28 Abs. 1 Satz 2 SGB XII berücksichtigt werden; Leistungsberechtigten nach dem SGB II ist ein Mehrbedarf nach § 21 Abs. 6 SGB II zuzuerkennen.[25] 7

§ 19 SGB VIII

Gemeinsame Wohnformen für Mütter/Väter und Kinder

(1) [1]Mütter oder Väter, die allein für ein Kind unter sechs Jahren zu sorgen haben oder tatsächlich sorgen, sollen gemeinsam mit dem Kind in einer geeigneten Wohnform betreut werden, wenn und solange sie auf Grund ihrer Persönlichkeitsentwicklung dieser Form der Unterstützung bei der Pflege und Erziehung des Kindes bedürfen. [2]Die Betreuung schließt auch ältere Geschwister ein, sofern die Mutter oder der Vater für sie allein zu sorgen hat. [3]Die Betreuung umfasst Leistungen, die die Bedürfnisse der Mutter oder des Vaters sowie des Kindes und seiner Geschwister gleichermaßen berücksichtigen. [4]Eine schwangere Frau kann auch vor der Geburt des Kindes in der Wohnform betreut werden.

(2) [1]Mit Zustimmung des betreuten Elternteils soll auch der andere Elternteil oder eine Person, die für das Kind tatsächlich sorgt, in die Leistung einbezogen werden, wenn und soweit dies dem Leistungszweck dient. [2]Abweichend von Absatz 1 Satz 1 kann diese Einbeziehung die gemeinsame Betreuung der in Satz 1 genannten Personen mit dem Kind in einer geeigneten Wohnform umfassen, wenn und solange dies zur Erreichung des Leistungszwecks erforderlich ist.

(3) Während dieser Zeit soll darauf hingewirkt werden, dass die Mutter oder der Vater eine schulische oder berufliche Ausbildung beginnt oder fortführt oder eine Berufstätigkeit aufnimmt.

(4) Die Leistung soll auch den notwendigen Unterhalt der betreuten Personen sowie die Krankenhilfe nach Maßgabe des § 40 umfassen.

---

23 OVG Münster FamRZ 2017, 808; OVG Saarland FamRZ 2014, 186; OVG Münster NJW 2014, 3593; LPK-SGB VIII/*Pattar/Kunkel*, § 18 Rn. 22
24 OVG Berlin-Brandenburg ZKJ 2015, 249 mit zust. Anm. *Wiesner*
25 LPK-SGB VIII/*Kunkel/Pattar*, § 18 Rn. 19; BSGE 118, 82 (zu § 21 Abs. 6 SGB II)

1 Diese Art der Leistung bietet allein erziehenden Müttern und Vätern Unterstützung, welche durch eine ambulante oder teilstationäre Hilfe nicht geleistet werden könnte.[1] Anspruchsberechtigt ist der das Kind allein erziehende Elternteil.[2] Durch die **gemeinsame Unterbringung mit ihrem Kind** sollen Mütter und Väter **besser befähigt** werden, ihre **Erziehungsaufgaben wahrzunehmen**, gleichzeitig aber auch entlastet und in die Lage versetzt werden, ihre **Schul- und Berufsausbildung abzuschließen**. Bei Aufenthalt in einem Frauenhaus kommen Leistungen nach § 19 SGB VIII grundsätzlich aufgrund der Kurzfristigkeit des Aufenthalts im Frauenhaus nicht in Betracht,[3] ebenso wenig bei einem Aufenthalt in einer Therapieeinrichtung, weil dort medizinische Gründe im Vordergrund stehen.[4]

2 Das Angebot stellt damit eine **Hilfe zur Selbsthilfe** für den betroffenen Elternteil, und damit eine mittelbare Hilfe für das Kind dar. Voraussetzung ist, dass das betroffene **Kind unter sechs Jahre** alt ist und der betroffene Elternteil aufgrund seiner **Persönlichkeitsentwicklung hilfsbedürftig ist**, weil er emotional, intellektuell und/oder materiell nicht dazu in der Lage ist, das Leben zu meistern und seiner Erziehungsverantwortung gerecht zu werden. Die Leistung wird in der Praxis häufig im Vorfeld oder während eines Verfahrens nach § 1666 BGB gewährt, um eine Trennung zwischen Eltern und Kind zu vermeiden.

3 Bei einer Unterbringung nach § 19 SGB VIII muss in der Regel eine Verselbständigung der Mutter mit dem Kind erreichbar sein.[5] Die Betreuung in einer gemeinsamen Wohnform nach Abs. 1 Satz 1 Hs. 1 setzt voraus, dass die Mutter allein für ein Kind unter sechs Jahren zu sorgen hat oder tatsächlich sorgt. Daran fehlt es, wenn dem Elternteil das Aufenthaltsbestimmungsrecht nicht zusteht.[6]

§§ 20 bis 26 SGB VIII

Von Abdruck und Kommentierung wird abgesehen.

1 Ausführlich *Wiesner*, NDV 1998, 225
2 OVG Lüneburg, Beschl. v. 26.7.2010 – 4 LA 208/09, juris
3 BeckOK-Sozialrecht/*Winkler*, § 19 SGB VIII Rn. 18
4 BeckOK-Sozialrecht/*Winkler*, § 19 SGB VIII Rn. 20
5 OVG Münster, Beschl. v. 26.4.2021 – 12 B 512/21, juris
6 OVG Münster, Beschl. v. 26.4.2021 – 12 B 512/21, juris

Vierter Abschnitt
Hilfe zur Erziehung, Eingliederungshilfe für seelisch behinderte Kinder und Jugendliche, Hilfe für junge Volljährige

Erster Unterabschnitt
Hilfe zur Erziehung

§ 27 SGB VIII

Hilfe zur Erziehung

(1) Ein Personensorgeberechtigter hat bei der Erziehung eines Kindes oder eines Jugendlichen Anspruch auf Hilfe (Hilfe zur Erziehung), wenn eine dem Wohl des Kindes oder des Jugendlichen entsprechende Erziehung nicht gewährleistet ist und die Hilfe für seine Entwicklung geeignet und notwendig ist.

(2) [1]Hilfe zur Erziehung wird insbesondere nach Maßgabe der §§ 28 bis 35 gewährt. Art und Umfang der Hilfe richten sich nach dem erzieherischen Bedarf im Einzelfall; dabei soll das engere soziale Umfeld des Kindes oder des Jugendlichen einbezogen werden. [2]Die Hilfe ist in der Regel im Inland zu erbringen; sie darf nur dann im Ausland erbracht werden, wenn dies nach Maßgabe der Hilfeplanung zur Erreichung des Hilfezieles im Einzelfall erforderlich ist. [3]Unterschiedliche Hilfearten können miteinander kombiniert werden, sofern dies dem erzieherischen Bedarf des Kindes oder Jugendlichen im Einzelfall entspricht.

(2a) Ist eine Erziehung des Kindes oder Jugendlichen außerhalb des Elternhauses erforderlich, so entfällt der Anspruch auf Hilfe zur Erziehung nicht dadurch, dass eine andere unterhaltspflichtige Person bereit ist, diese Aufgabe zu übernehmen; die Gewährung von Hilfe zur Erziehung setzt in diesem Fall voraus, dass diese Person bereit und geeignet ist, den Hilfebedarf in Zusammenarbeit mit dem Träger der öffentlichen Jugendhilfe nach Maßgabe der §§ 36 und 37 zu decken.

(3) [1]Hilfe zur Erziehung umfasst insbesondere die Gewährung pädagogischer und damit verbundener therapeutischer Leistungen. [2]Bei Bedarf soll sie Ausbildungs- und Beschäftigungsmaßnahmen im Sinne des § 13 Absatz 2 einschließen und kann mit anderen Leistungen nach diesem Buch kombiniert werden. [3]Die in der Schule oder Hochschule wegen des erzieherischen Bedarfs erforderliche Anleitung und Begleitung können als Gruppenangebote an Kinder oder Jugendliche gemeinsam erbracht werden, soweit dies dem Bedarf des Kindes oder Jugendlichen im Einzelfall entspricht.

(4) Wird ein Kind oder eine Jugendliche während ihres Aufenthaltes in einer Einrichtung oder einer Pflegefamilie selbst Mutter eines Kindes, so umfasst die Hilfe zur Erziehung auch die Unterstützung bei der Pflege und Erziehung dieses Kindes.

Bei den Hilfen zur Erziehung nach §§ 27 ff. SGB VIII handelt es sich um die **klassische Einzelfallhilfe** für Kinder und Jugendliche bei **individuellen Erziehungsdefiziten**. Im familiengerichtlichen Kinderschutzverfahren sind dies die grundsätzlich vorrangigen „öffentlichen Hilfen" nach § 1666a Abs. 1 Satz 1 BGB mit der wohl größten praktischen Relevanz. 1

▶ *Näher zum Vorrang öffentlicher Hilfen siehe Cirullies, § 1666a BGB Rn. 3 ff.*

▶ *Zur Frage, ob auf diese Leistungen ein Anspruch besteht und in welcher Form ein etwaiger Anspruch gerichtlich durchsetzbar ist, vgl. Köhler, Vorbem. SGB VIII Rn. 5 f.*

2 § 27 SGB VIII ist die **Grundnorm** für den **individuellen Rechtsanspruch**[1] **auf diese erzieherische Hilfe**. Nichtpädagogische Leistungen, also insbesondere therapeutische Leistungen, fallen nicht unter die Vorschrift, § 27 Abs. 3 Satz 1 SGB VIII. Therapeutische Leistungen medizinischer Art sind von den Krankenkassen gemäß § 27 SGB V zu erbringen und gehen gemäß § 10 Abs. 1 SGB VIII der Jugendhilfe vor.[2] Nach § 27 Abs. 1 SGB VIII besteht ein **Anspruch des Personensorgeberechtigten** (*nicht des Kindes*) auf Hilfe zur Erziehung unter den in Abs. 1 normierten Voraussetzungen (1. eine dem Wohl des Kindes/Jugendlichen entsprechende Erziehung ist nicht gewährleistet, 2. die Hilfe ist für seine Entwicklung geeignet und 3. diese Hilfe ist auch notwendig), wobei sich die **Auswahl der einzelnen Hilfeart nach §§ 28 bis 35** SGB VIII gemäß § 27 Abs. 2 Satz 2 SGB VIII ausschließlich an **pädagogischen Gesichtspunkten** und insbesondere an dem **erzieherischen Bedarf im Einzelfall** orientiert. Es müssen daher bei sämtlichen Erziehungshilfen nach §§ 28 bis 35 SGB VIII zunächst immer die Voraussetzungen der Grundnorm von § 27 SGB VIII erfüllt sein. Sämtliche Erziehungshilfen setzen immer eine **eindeutige Willensbekundung** des/der Personensorgeberechtigten voraus, wobei ein förmlicher Antrag nicht erforderlich ist.[3] Die Hilfen werden nicht von Amts wegen und nur im Rahmen der §§ 8a, 42 SGB VIII **gegen den Willen der Sorgeberechtigten**[4] gewährt (vgl. näher hierzu *Köhler,* Vorbem. SGB VIII Rn. 6). Das Vorliegen des Einverständnisses des/der Personensorgeberechtigten ist materiell-rechtliche Voraussetzung für die Hilfe zur Erziehung.[5] § 27 SGB VIII ist im Übrigen auch dann anwendbar, wenn Pflegepersonen den vorhandenen erzieherischen Bedarf des Kindes im Einvernehmen mit den Eltern freiwillig decken.[6]

▶ *Zur Form des Antrags Köhler, Vorbem. SGB VIII Rn. 7.*

3 **Anspruchsinhaber** ist nach § 27 Abs. 1 SGB VIII **der Personensorgeberechtigte**. Der sozialrechtliche Begriff des Personensorgeberechtigten ist in § 7 Abs. 1 Nr. 5 SGB VIII für das gesamte SGB VIII definiert[7] und knüpft an die Vorschriften des BGB an. Maßgeblich für das SGB VIII sind also grundsätzlich die bürgerlich-rechtlichen Regelungen zur Personensorge.[8] Personensorgeberechtigt ist danach der allein sorgeberechtigte Elternteil, wenn ihm das Sorgerecht allein zusteht (aufgrund Gesetzes nach § 1626a Abs. 3, § 1678 Abs. 1, § 1680 Abs. 1, Abs. 3 oder nach einer gerichtlichen Entscheidung gemäß § 1671 Abs. 1 bzw. § 1628 BGB). Steht das Sorgerecht beiden Eltern gemeinsam zu, sind sie auch gemeinsam Anspruchsinhaber und müssen beide ihr Einverständnis mit der konkreten Hilfe erklären,[9] wobei Bevollmächtigung eines Elternteils durch den anderen möglich ist, wenn die Bevollmächtigung hinreichend konkret ist und sich auf eine bestimmte Hilfe bezieht.[10]

1 Zur Durchsetzung des Anspruchs vor dem VG und zum Beurteilungsspielraum des Jugendamts vgl. FK-SGB VIII/*Tammen/Trenczek,* § 27 Rn. 55 ff.
2 LPK-SGB VIII/*Kunkel/Kepert,* § 27 Rn. 36
3 VGH Mannheim ZKJ 2018, 162 Rn. 12; BVerwG ZKJ 2016, 375 Rn. 36; BayVGH NZFam 2016, 941 Rn. 32; OVG Lüneburg, Beschl. v. 2.8.2013 – 4 LA 112/12, juris; OVG Rheinland-Pfalz JAmt 2012, 606; BVerwG NJW 2002, 232 Rn. 14; Wiesner/Wapler/*Wapler,* § 27 SGB VIII Rn. 51; FK-SGB VIII/*Tammen/Trenczek,* § 27 Rn. 44; LPK-SGB VIII/*Kunkel/Kepert,* § 27 Rn. 1; soweit in BVerwG NVwZ-RR 2001, 763 eine Antragstellung vorausgesetzt wird, widerspricht dies nicht der vorgenannten Auffassung, weil im dort behandelten Fall der Personensorgeberechtigte gar nicht an den öffentlichen Träger herangetreten ist, auch nicht mit einer unförmlichen Willensbekundung, und nachträglich Kostenersatz für eine Leistung eines freien Trägers wollte
4 VG Saarlouis ZKJ 2015, 87
5 LPK-SGB VIII/*Kunkel/Kepert,* § 27 Rn. 1
6 BVerwG ZKJ 2015, 167 mit. Anm. *Wiesner*: Anspruch der Großeltern auf Übernahme der Aufwendungen für die Vollzeitpflege von Enkelkindern
7 BVerwG ZKJ 2018, 392 Rn. 9; BVerwG ZKJ 2017, 322 Rn. 12 = JAmt 2017, 413
8 BVerwG ZKJ 2018, 392 Rn. 9
9 DIJuF-Rechtsgutachten 10.2.2023 – SN_2022_1802 Bd., JAmt 2023, 124; VG Augsburg, Urteil v. 25.7.2018 – Au 3 K 15.1892, juris
10 jurisPK-SGB VIII/*Nellissen,* § 27 SGB VIII Rn. 63; DIJuF-Rechtsgutachten v. 17.12.2014, JAmt 2015, 33

Weil das bürgerliche Recht maßgeblich ist für die Ausgestaltung des Personenberechtigten nach dem SGB VIII, kann den **Eltern das Recht zur Antragstellung nach dem SGB VIII** – bei Vorliegen der Voraussetzungen nach §§ 1666, 1666a BGB – **auch entzogen werden**.[11] Wurde den Eltern (nur) das Aufenthaltsbestimmungsrecht entzogen, bleiben sie anspruchsberechtigt nach § 27 SGB VIII.[12] Auch wenn das Kind in einer Pflegefamilie lebt, sind die Pflegepersonen nicht anspruchsberechtigt nach § 1688 BGB, wenn und solange das bzw. die Elternteile noch Inhaber der Personensorge sind.[13] Wurde die elterliche Sorge als Ganzes auf einen Vormund übertragen, ist allein der **Vormund** Anspruchsinhaber nach § 27 Abs. 1 SGB VIII. Besteht **Ergänzungspflegschaft**, ist maßgeblich, welche Teile der elterlichen Sorge den Eltern entzogen und auf den Ergänzungspfleger übertragen wurden. Wurde das Recht auf Antragstellung nach dem SGB VIII bzw. das Recht auf Inanspruchnahme von Hilfen zur Erziehung[14] auf den **Ergänzungspfleger** übertragen, ist dieser **anspruchsberechtigt** und davon ist auch die Mitwirkung im Hilfeplanverfahren nach § 36 SGB VIII umfasst.[15] 4

Die **Reihenfolge der Leistungen untereinander** orientiert sich an der **pädagogischen Intensität** der einzelnen Hilfearten im Hinblick auf den Lebensmittelpunkt des Kindes in der Familie und orientiert sich mithin nach dem Grundsatz der **Verhältnismäßigkeit**. Welche Maßnahme die geeignete und notwendige ist, entscheidet sich aber anhand des konkreten Einzelfalls, ohne dass insoweit eine Rangfolge einzuhalten wäre.[16] Nach Abs. 2 Satz 3 ist auch eine Kombination der unterschiedlichen Hilfearten möglich. Dies bezieht sich allerdings nur auf die Hilfen nach §§ 28 bis 35 SGB VIII.[17] 5

Die angebotene Hilfe soll **maßgeschneidert** sein **auf den erzieherischen Bedarf** des Kindes im Einzelfall, wobei das engere soziale Umfeld des Kindes bzw. Jugendlichen einbezogen werden soll, § 27 Abs. 2 Satz 2 SGB VIII. Das gebietet **in der Regel** eine **möglichst wohnortnahe Hilfe im Inland** mit Integration des Herkunftsmilieus in die Hilfegestaltung.[18] Hilfen im Ausland sind daher nur ausnahmsweise unter den besonderen Voraussetzungen des § 27 Abs. 2 Satz 3 Hs. 2 SGB VIII möglich (vgl. auch § 36 Abs. 4 SGB VIII). 6

▶ *Näher zu Hilfen im Ausland siehe Schweppe, § 45 IntFamRVG Rn. 1 ff.*

§ 28 SGB VIII
Erziehungsberatung

¹Erziehungsberatungsstellen und andere Beratungsdienste und -einrichtungen sollen Kinder, Jugendliche, Eltern und andere Erziehungsberechtigte bei der Klärung und Bewältigung individueller und familienbezogener Probleme und der zugrunde liegenden Faktoren, bei der Lösung von Erziehungsfragen sowie bei Trennung und Scheidung unterstützen. ²Dabei sollen Fachkräfte verschiedener Fachrichtungen zusammenwirken, die mit unterschiedlichen methodischen Ansätzen vertraut sind.

Die Erziehungsberatungsstellen werden nach Satz 1 Kindern, Jugendlichen, Eltern und anderen Erziehungsberechtigten angeboten. Sie sollen diesen Personenkreis bei der Bewältigung **individueller und familienbezogener Probleme** und bei der **Lösung von Erziehungs-** 1

11 OVG Lüneburg ZKJ 2019, 319 = FamRZ 2019, 1708; BayVGH, Beschl. v. 27.5.2011 – 12 CE 11.893, Rn. 30, juris; BVerwG NJW 2002, 232 = FamRZ 2002, 668; vgl. auch *Westerholt*, ZKJ 2015, 439
12 OVG Bautzen NJW 2008, 3729 = JAmt 2008, 540; BVerwG NJW 2002, 232 = FamRZ 2002, 668
13 LPK-SGB VIII/*Kunkel/Kepert*, § 27 Rn. 22
14 Vgl. BVerwG FamRZ 2002, 668 = NJW 2002, 232
15 DIJuF-Rechtsgutachten v. 14.9.2018, JAmt 2018, 453; VGH München, Beschl. v. 1.4.2005 – 12 AE 05.671, Rn. 28, juris; a.A. auch die Mitwirkungsrechte im Verfahren nach § 36 SGB VIII seien zusätzlich zu übertragen: LPK-SGB VIII/*Kunkel/Kepert*, § 27 Rn. 20; FK-SGB VIII/*Tammen/Trenczek*, § 27 Rn. 36
16 MüKo-BGB/*Tillmanns*, § 27 SGB VIII Rn. 6
17 MüKo-BGB/*Tillmanns*, § 27 SGB VIII Rn. 6
18 LPK-SGB VIII/*Kunkel/Kepert*, § 27 Rn. 31

fragen sowie bei Trennung und Scheidung unterstützen. Die Erziehungsberatungsstellen sind – verglichen mit den anderen Hilfen zur Erziehung nach §§ 29 bis 35 SGB VIII – ein **niedrigschwelliges Angebot**, da sich die Hilfesuchenden grundsätzlich unmittelbar an den Beratungsdienst wenden können, vgl. auch § 36a Abs. 2 Satz 1 SGB VIII.[1]

2 Die Erziehungsberatung nach § 28 unterscheidet sich von der in § 17 SGB VIII geregelten Beratung in Fragen der Partnerschaft, Trennung und Scheidung nach § 17 SGB VIII dadurch, dass sie voraussetzt, dass eine dem **Wohl des Kindes oder Jugendlichen entsprechende Erziehung bereits nicht mehr gewährleistet** ist (§ 27 Abs. 1 SGB VIII), also bereits ein Erziehungsdefizit eingetreten ist. Nach § 28 Satz 2 SGB VIII sollen bei der Beratung Fachkräfte **verschiedener Fachrichtungen** (sog. **Interdisziplinarität**) zusammenwirken, die mit unterschiedlichen methodischen Ansätzen vertraut sind.

§ 29 SGB VIII
Soziale Gruppenarbeit

[1]Die Teilnahme an sozialer Gruppenarbeit soll älteren Kindern und Jugendlichen bei der Überwindung von Entwicklungsschwierigkeiten und Verhaltensproblemen helfen. [2]Soziale Gruppenarbeit soll auf der Grundlage eines gruppenpädagogischen Konzepts die Entwicklung älterer Kinder und Jugendlicher durch soziales Lernen in der Gruppe fördern.

1 Die soziale Gruppenarbeit folgt einem gruppenpädagogischen Ansatz und ist **für ältere Kinder und Jugendliche** gedacht, bei denen ein **soziales Fehlverhalten** therapiert werden soll. **Voraussetzung** ist, dass ein **Verbleib in der Familie noch möglich**, das familiäre Beziehungsnetz also noch ausreichend tragfähig ist.[1] Die Hilfe ist auf Jugendliche ausgerichtet, die in Entwicklungsschwierigkeiten oder Krisen stecken und durch problematische Verhaltensweisen – häufig delinquentes, aggressives, aber auch regressives Verhalten – auffallen.[2] Im Unterschied etwa zum Erziehungsbeistand wirkt die soziale Gruppenarbeit weniger in das familiäre Umfeld des Jugendlichen ein.[3]

2 Nach § 10 Abs. 1 Satz 3 Nr. 6 JGG kann der Jugendrichter einem straffälligen Jugendlichen die Weisung auferlegen, an einem sozialen Trainingskurs teilzunehmen. § 29 SGB VIII ermöglicht den Einsatz dieser sozialen Gruppenarbeit auch für nichtstraffällige Jugendliche und ältere Kinder mit entsprechenden Entwicklungsproblemen.[4]

§ 30 SGB VIII
Erziehungsbeistand, Betreuungshelfer

Der Erziehungsbeistand und der Betreuungshelfer sollen das Kind oder den Jugendlichen bei der Bewältigung von Entwicklungsproblemen möglichst unter Einbeziehung des sozialen Umfelds unterstützen und unter Erhaltung des Lebensbezugs zur Familie seine Verselbständigung fördern.

1 Der Erziehungsbeistand[1] (vgl. auch § 12 Nr. 1 JGG) oder der Betreuungshelfer (i.S.d. § 10 Abs. 1 Satz 3 Nr. 5 JGG) wird von Fachkräften der freien oder öffentlichen Jugendhilfe gestellt und soll mit dem (da ein gewisses Reflexionsvermögen vorausgesetzt wird, regelmäßig älteren, in Einzelfällen auch jüngeren[2]) Kind bzw. dem Jugendlichen **zusammen in des-**

---

1 FK-SGB VIII/*Struck*, § 28 Rn. 19

1 FK-SGB VIII/*Struck/Trenczek*, § 29 Rn. 6
2 LPK-SGB VIII/*Kunkel/Kepert*, § 29 Rn. 1
3 FK-SGB VIII/*Struck/Trenczek*, § 29 Rn. 6
4 Vgl. ausführlich *Drewniak/Höynck*, ZfJ 1998, 487

1 Ausführlich mit statistischem Material *Menne*, JAmt 2019, 64
2 VG Aachen BeckRS 2015, 41514

sen gewohnter Umgebung versuchen, **unterstützende Hilfen** bei der Bewältigung von Entwicklungsproblemen mit dem **Ziel der Verselbständigung** des Minderjährigen zu geben. Anders als die sozialpädagogische Familienhilfe gemäß § 31 SGB VIII, die stärker mit der Familie insgesamt arbeitet, ist die Unterstützung gemäß § 30 SGB VIII hauptsächlich auf das Kind/den Jugendlichen ausgerichtet.[3]

In der Praxis hat die Erziehungsbeistandschaft als **ambulante Hilfe** zunehmend an Bedeu- **2**
tung gewonnen. Dabei soll das soziale Umfeld des jungen Menschen miteinbezogen werden, wobei der Einsatz einer erfahrenen Fachkraft angesichts der Intensität der Leistung gefordert wird.[4] Erziehungsbeistandschaften sind meist auf **längere Zeiträume** von ein bis drei Jahren angelegt.[5]

§ 31 SGB VIII
Sozialpädagogische Familienhilfe

[1]Sozialpädagogische Familienhilfe soll durch intensive Betreuung und Begleitung Familien in ihren Erziehungsaufgaben, bei der Bewältigung von Alltagsproblemen, der Lösung von Konflikten und Krisen sowie im Kontakt mit Ämtern und Institutionen unterstützen und Hilfe zur Selbsthilfe geben. [2]Sie ist in der Regel auf längere Dauer angelegt und erfordert die Mitarbeit der Familie.

Die sozialpädagogische Familienhilfe (SPFH) ist die im familiengerichtlichen Verfahren vor- **1**
kommende häufigste Form der ambulanten Hilfe innerhalb einer Familie.[1] Die SPFH ist die intensivste Form der ambulanten Hilfe.[2] **Ziel** der Regelung ist es, unter aktiver Mitarbeit der Familie **Hilfe zur Selbsthilfe** zu geben, **um eine Fremdunterbringung der Kinder** außerhalb der Familie **zu vermeiden**.[3] SPFH wird häufig von Mitarbeitern freier Träger erbracht und bezieht die gesamte Familie mit ihrer Gesamtheit von Problemen und Konflikten, unabhängig vom Alter der Kinder, mit ein.[4] Sie wurde im Jahr 2009 in 93.360 Fällen, im Jahr 2018 in 126.025 Fällen, im Jahr 2019 in 132.764 Fällen[5], in 2021 in 135.401 Fällen[6] und 2022 in 139.113 Fällen[7] eingesetzt. Die Fallzahlen steigen also stetig.

Mit der SPFH soll der Familie die **Rückgewinnung der Fähigkeit zur Problemlösung** und **2**
zur **Alltagsbewältigung** einschließlich der **Unterstützung bei Kontakten zu Ämtern und Behörden** ermöglicht werden. Das setzt in den meisten Fällen die Bereitschaft der Familienmitglieder zur Mitarbeit (vgl. Satz 2) und damit ein gewisses Vertrauensverhältnis zwischen Familie und Helfer voraus, was häufig auch dadurch beeinträchtigt wird, dass der Familienhelfer auch als „Kontrolleur" für die Seite des Jugendamtes wahrgenommen wird. Eine inzidente **Kontrolle der Familie** ist letztlich Ausfluss der in § 8a SGB VIII normierten Schutzpflicht des staatlichen Wächteramts, Kontrolle kann aber **nicht alleiniges Ziel** einer Familienhilfe sein.[8] Mittels einer Leistung nach dem SGB VIIII kann eine Familie nicht überwacht

3 LPK-SGB VIII/*Kunkel/Kepert*, § 30 Rn. 7; FK-SGB VIII/*Struck/Trenczek*, § 30 Rn. 5
4 DIJuF-Rechtsgutachten JAmt 2005, 15; FK-SGB VIII/*Struck/Trenczek*, § 30 Rn. 7
5 FK-SGB VIII/*Struck/Trenczek*, § 30 Rn. 7; LPK-SGB VIII/*Kunkel/Kepert*, § 30 Rn. 9
1 Ausführlich: *Leeb/Weber*, JAmt 2014, 71
2 LPK-SGB VIII/*Frings/Kunkel/Kepert*, § 31 Rn. 1
3 LPK-SGB VIII/*Frings/Kunkel/Kepert*, § 31 Rn. 2
4 jurisPK-SGB VIII/*Nellissen*, § 31 Rn. 14
5 Quelle: https://www.destatis.de/DE/Presse/Pressemitteilungen/2020/11/PD20_456_225.html (Abruf am: 26.3.2025)
6 Quelle: https://www.destatis.de/DE/Presse/Pressemitteilungen/2021/10/PD21_502_225.html (Abruf am: 26.3.2025)
7 Quelle: https://www.destatis.de/DE/Themen/Gesellschaft-Umwelt/Soziales/Jugendarbeit/Tabellen/hilfen-erziehung-jungevolljaehrige.html (Abruf am: 26.3.2025)
8 BGH ZKJ 2019, 225; OLG Karlsruhe FamRZ 2019, 1429 = ZKJ 2019, 33 (LS); LPK-SGB VIII/*Frings/Kunkel*, § 31 Rn. 26; *Frings*, JAmt 2008, 461; instruktiv *Kepert*, Sozialrecht aktuell 2019, 104, 108 f.

und ausgeforscht werden; insoweit bestehen keine rechtlichen Befugnisse zur Anordnung einer „aufsuchenden Hilfe mit Kontrollauftrag"[9] Die **Eignung** einer SPFH ist **nur dann** gegeben, wenn in der Familie eine **defizitäre Erziehungssituation der Kinder** gegeben ist und die SPFH diese Defizite mit der Familie voraussichtlich abmildern oder beheben kann. Schwerpunkte der Hilfen können etwa sein Grundlagen des Zusammenlebens (Kommunikationsstruktur, Problemlösungsverhalten, Umgang mit Streit und Konflikten, Rollenverteilung, Kindererziehung)[10], die gesamte Alltagsorganisation wie Einkaufen, Kochen, Waschen und Ausstattung der Wohnung[11] oder Unterstützung und Vernetzung der Familie bei Antragstellung für staatliche Leistungen und bei Kontakten zu Schulen sowie schulischen Unterstützungsangeboten der Kinder. Die in Satz 1 genannte lebenspraktische Unterstützung (Kontakt mit Ämtern und Institutionen) dient nach der gesetzgeberischen Intention nur dazu, Bedingungen einer kindeswohlgerechten Versorgung und Erziehung zu gewährleisten.[12] Familien, die als dauerhaft überfordert gelten und bei denen die SPFH schon lange Zeit ohne nennenswerte Erfolge besteht, kommen eher nicht für eine weitere Bewilligung oder Fortführung dieser Hilfeform in Betracht.[13]

3 Die sozialpädagogische Familienhilfe ist insoweit **kein „Allheilmittel"**, das immer als geeignetes Mittel i.S.d. Verhältnismäßigkeitsgrundsatzes dazu in der Lage wäre, Kindeswohlgefährdungen i.S.d. §§1666, 1666a BGB abzuwenden. Ein Vertrauensverhältnis der Familienhelfer zur Familie und eine freiwillige und auf Einsicht in die eigenen Defizite beruhende Mitarbeit der Familie entstehen selten dadurch, dass die Eltern in einem familiengerichtlichen Verfahren zur Akzeptanz einer SPFH mittels Anordnung des Familiengerichts gemäß § 1666 Abs. 3 Nr. 1 BGB gezwungen werden, weshalb es auch kritische Stimmen bezüglich solcher Anordnungen gibt.[14] Als regelmäßiger Zeitraum für diese Hilfeform werden ein bis zwei Jahre veranschlagt,[15] wobei ein nicht unerheblicher Teil der Hilfen über zwei Jahre hinausgeht. Die wöchentliche Arbeitszeit der Fachkraft ist unterschiedlich, je nach Bedarf der Familie; eine intensive Begleitung und Betreuung dürfte mindestens 10 bis 15 Wochenstunden voraussetzen, in Einzelfällen auch mehr.[16] Als beruflicher Hintergrund der eingesetzten Fachkräfte ist im Regelfall ein sozialpädagogisches Studium erforderlich.[17]

4 Im Rahmen der SPFH lernen die Helfer die Familie in ihrer Privatsphäre sehr intensiv kennen. Daher kommt dem **Datenschutz** im Rahmen dieser Hilfe zur Erziehung eine besondere Bedeutung zu. Die grundsätzliche datenschutzrechtliche Vorschrift für anvertraute Sozialdaten ist § 65 SGB VIII. Für den Datenschutz darf es keine Rolle spielen, ob die SPFH bei einem öffentlichen oder freien Träger angesiedelt ist.[18] Ist das **Wohl eines Kindes gefährdet**, muss der Datenschutz zurückstehen und die Mitarbeiter **sind befugt**, ggf. verpflichtet **zur Übermittlung der Sozialdaten**, § 65 Abs. 1 Satz 1 Nr. 4 SGB VIII. Der freie Träger hat eine gesetzliche Befugnis zur Weiterleitung aber nur an den öffentlichen Träger, nicht direkt an das Familiengericht.[19]

▶ *Näher zum Datenschutz siehe Köhler, §§ 61 bis 68 SGB VIII Rn. 1 ff.*

---

9 LPK-SGB VIII/*Kunkel/Kepert*, § 27 Rn. 41 ff.; *Kepert*, Sozialrecht aktuell 2019, 104, 109, der sich zu Recht kritisch mit der Entscheidung BGH ZKJ 2019, 225 auseinandersetzt
10 *Flemming* JAmt 2021, 303
11 LPK-SGB VIII/*Frings/Kunkel/Kepert*, § 31 Rn. 8
12 BeckOGK/*Bohnert*, § 31 SGB VIII Rn. 16
13 OVG Lüneburg JAmt 2010, 444, nimmt bei einem Zeitraum ab fünf Jahren eine Zweckverfehlung der Hilfe an
14 LPK-SGB VIII/*Frings/Kunkel/Kepert*, § 31 Rn. 12
15 LPK-SGB VIII/*Frings/Kunkel/Kepert*, § 31 Rn. 10
16 LPK-SGB VIII/*Frings/Kunkel/Kepert*, § 31 Rn. 7
17 FK-SGB VIII/*Struck*, § 31 Rn. 11: Erzieher nur mit Einschränkung
18 LPK-SGB VIII/*Frings/Kunkel/Kepert*, § 31 Rn. 24
19 LPK-SGB VIII/*Frings/Kunkel/Kepert*, § 31 Rn. 24; *Kepert*, Sozialrecht aktuell 2019, 104, 110

§ 32 SGB VIII

Erziehung in einer Tagesgruppe

[1]Hilfe zur Erziehung in einer Tagesgruppe soll die Entwicklung des Kindes oder des Jugendlichen durch soziales Lernen in der Gruppe, Begleitung der schulischen Förderung und Elternarbeit unterstützen und dadurch den Verbleib des Kindes oder des Jugendlichen in seiner Familie sichern. [2]Die Hilfe kann auch in geeigneten Formen der Familienpflege geleistet werden.

Nach Satz 1 ist es Ziel der Leistung, die Entwicklung des Kindes oder Jugendlichen **in einer Tagesgruppe** durch 1. soziales Lernen in der Gruppe, 2. Begleitung der schulischen Förderung und 3. Elternarbeit zu unterstützen („Drei-Komponenten-Hilfe"[1]) und dadurch den Verbleib des Kindes in seiner Familie zu sichern, wobei Satz 2 die Hilfe auch für geeignete Formen der Familienpflege eröffnet. Soziales Lernen in der Gruppe und Begleitung der schulischen Förderung und Elternarbeit müssen zusammen geleistet werden; eine Hilfeform allein genügt nicht.[2] Es handelt sich insoweit um eine **teilstationäre** Maßnahme i.S.d. § 91 Abs. 2 SGB VIII an der Schnittstelle zwischen ambulanten und stationären Hilfen, die es belasteten Familien ermöglichen soll, eine Trennung des Kindes mittels **Fremdplatzierung** zu **vermeiden**.[3] 1

In Betracht kommen Familien, bei denen nicht gewährleistet ist, dass Minderjährige ausreichend versorgt werden oder Kinder oder Jugendliche wegen Verhaltensauffälligkeiten oder Lernschwächen oder anderen Benachteiligungen regelmäßig in konstant besetzten Gruppen betreut werden müssen. Die Leistung der Hilfe im Bereich der Familienpflege gemäß Satz 2 erscheint deplatziert, weil in einer Pflegefamilie das Merkmal „durch soziales Lernen in der Gruppe" kaum verwirklicht werden kann.[4] Praktisch kommt eine Hilfe gemäß § 32 SGB VIII in einer Pflegefamilie auch äußerst selten vor.[5] 2

§ 33 SGB VIII

Vollzeitpflege

[1]Hilfe zur Erziehung in Vollzeitpflege soll entsprechend dem Alter und Entwicklungsstand des Kindes oder des Jugendlichen und seinen persönlichen Bindungen sowie den Möglichkeiten der Verbesserung der Erziehungsbedingungen in der Herkunftsfamilie Kindern und Jugendlichen in einer anderen Familie eine zeitlich befristete Erziehungshilfe oder eine auf Dauer angelegte Lebensform bieten. [2]Für besonders entwicklungsbeeinträchtigte Kinder und Jugendliche sind geeignete Formen der Familienpflege zu schaffen und auszubauen.

§ 33 SGB VIII regelt die stationäre Unterbringung des Kindes in Vollzeitpflege, also in einer Pflegefamilie außerhalb der leiblichen Familie. Sie kann nach § 33 Satz 1 SGB VIII **zeitlich befristet** sein, aber auch **auf Dauer** angelegt sein. 1

Dem Jugendamt obliegt es dabei, die **Eignung der Pflegeperson** sicherzustellen. Diese behördliche Feststellung der Ungeeignetheit ist gerichtlich voll überprüfbar; ein Beurteilungsspielraum besteht insoweit nicht.[1] Eignungsmindernde Umstände sind vom Jugendamt darzulegen und zu substantiieren, denn es widerspräche dem in § 44 Abs. 1 Satz 2 Nr. 3 SGB VIII angelegten Privilegierungsgedanken, den dort genannten Personen bereits im Aus- 2

1 LPK-SGB VIII/*Kunkel/Kepert*, § 32 Rn. 1
2 LPK-SGB VIII/*Kunkel/Kepert*, § 32 Rn. 1
3 FK-SGB VIII/*Struck*, § 32 SGB VIII Rn. 13
4 Wiesner/Wapler/*Wapler*, § 32 SGB VIII Rn. 14
5 FK-SGB VIII/*Struck*, § 32 SGB VIII Rn. 14
1 VG Hamburg, Beschl. v. 15.10.2021 – 13 K 758/21, juris

gangspunkt einen positiven Nachweis ihrer Pflege- bzw. Erziehungsfähigkeit abzuverlangen und sie hierdurch sogar schlechter zu stellen als erlaubnispflichtige Pflegepersonen.[2]

Die Pflegeperson ist in § 44 Abs. 1 Satz 1 SGB VIII legal definiert als Person, die ein Kind oder einen Jugendlichen über Tag und Nacht in seinem Haushalt aufnehmen will. Im Rahmen der Prüfung der Eignung durch das Jugendamt ist ggf. vorher unter den Voraussetzungen von § 44 Abs. 1 SGB VIII eine Pflegeerlaubnis zu erteilen. Sowohl Eltern als auch Kind sind an der Auswahl der Pflegestelle zu beteiligen, die stets **außerhalb des Elternhauses** (vgl. § 27 Abs. 2a, § 39 Abs. 1 Satz 1 SGB VIII), bei entsprechender Eignung auch bei Verwandten des Kindes (z.B. Großeltern)[3] oder bei seinem Vormund einzurichten ist. Wegen der **besonderen Schutzbedürftigkeit** von Pflegekindern, wie dies auch in Art. 20 Abs. 1 der **UN-Konvention über die Rechte des Kindes** als Recht des Pflegekindes und als staatlicher Schutzauftrag verlangt wird, kommen gerade **Auswahl und Überwachung der Pflegeperson** durch den öffentlichen Träger der Kinder- und Jugendhilfe (§§ 44 ff. SGB VIII) entscheidende Bedeutung zu. Versäumnisse hierbei können dramatische Folgen für betroffene Pflegekinder haben.

3 Die Vollzeitpflege zählt neben der Heimerziehung (§ 34 SGB VIII) zum klassischen Hilfeinstrumentarium der staatlichen Jugendfürsorge. Sie kommt vor allem in Betracht, wenn Eltern elementare Erziehungs- und Versorgungsaufgaben nicht mehr wahrnehmen können und deswegen Kinder nicht mehr länger im Haushalt ihrer Eltern verbleiben können. Die Frage der **Erlaubnispflicht und der Berichtspflicht** gegenüber dem Jugendamt ist in § 44 SGB VIII geregelt. In der Regel keine Vollzeitpflege i.S.d. § 33 SGB VIII, sondern Bestandteil einer Inobhutnahme ist eine Bereitschaftspflegestelle.[4] Entscheidendes Abgrenzungskriterium zur Tagespflege i.S.d. § 32 Satz 2 SGB VIII und zur Tagesbetreuung nach den §§ 22, 23 SGB VIII ist die mit erzieherischen Aufgaben verbundene Betreuung eines Kindes oder Jugendlichen über Tag und Nacht und deren Ausgestaltung im Einzelfall.[5]

4 Die nicht sorgeberechtigten **Pflegeeltern** sind im Falle der Beendigung der Vollzeitpflege durch Herausnahme der Kinder aus ihrer Pflegefamilie[6] nicht gemäß § 42 Abs. 2 VwGO gegen das Jugendamt **klagebefugt**, da ihnen im Verhältnis zum Jugendamt kein subjektives öffentliches Recht zusteht.[7] Rechtsschutz besteht hier nur vor dem Familiengericht im Rahmen der Prüfung einer Verbleibensanordnung nach § 1632 Abs. 4 BGB.

5 Lebt das Kind für längere Zeit in Familienpflege, haben die Pflegeeltern kraft gesetzlicher Anordnung gewisse Entscheidungsbefugnisse gemäß § 1688 BGB. Das Jugendhilferecht kennt auch die Möglichkeit des Dauerpflegeverhältnisses (§ 33 Satz 1 SGB VIII, § 37c Abs. 2 Satz 2 SGB VIII), während das Familienrecht grundsätzlich von einer nur vorübergehenden Situation für das Kind bis zur Rückkehr in die leibliche Familie ausgeht (Pflegekindschaftsverhältnisse sind institutionell auf Zeit angelegt)[8], wobei mit § 1632 Abs. 4 Satz 2 Nr. 1 BGB und der dort formulierten fehlenden nachhaltigen Verbesserung der Erziehungsverhältnisse bei den Eltern trotz Beratungs- und Unterstützungsangebote eine gewisse familienrechtliche Annäherung an § 37 Abs. 1 Satz 3 SGB VIII erfolgt ist.

---

2 VG Hamburg, Beschl. v. 15.10.2021 – 13 K 758/21, juris

3 BVerwG FamRZ 1997, 814; vgl. Einzelheiten zur Auswahl bei LPK-SGB VIII/*Kunkel/Kepert*, § 33 Rn. 4 ff.

4 VG Ansbach BeckRS 2007, 34323; LPK-SGB VIII/*Kunkel/Kepert*, § 33 Rn.7 differenzierend: mit Zustimmung der Eltern Vorform der Vollzeitpflege Hauck/Noftz/*Stähr*, § 33 SGB VIII Rn. 19

5 jurisPK-SGB VIII/*Nellissen*, § 33 SGB VIII Rn. 30

6 Zum psychologischen Hintergrund, der Notwendigkeit von Kontinuität und Stabilität der Lebensbeziehungen des Kindes sowie dem Konfliktpunkt dauerhafter Verbleibensperspektive in der Pflegefamilie vs. Rückkehr in die Herkunftsfamilie vgl. *Balloff*, NZFam 2014, 769

7 OVG Lüneburg FamRZ 2015, 367; OVG Niedersachsen BeckRS 2014, 54314; BayVGH NJW 2014, 715

8 BVerfG FamRZ 2006, 1593; EGMR FamRZ 2005, 585; zur Kritik an der Divergenz zwischen Jugendhilfe- und Familienrecht auch *Lack*, Anm. zu BGH NJW 2017, 472

Die Annahme einer nur auf Zeit angelegten Inpflegenahme eines Kindes wird von den tatsächlichen Rückkehrzahlen in die leibliche Familie nicht gedeckt.[9] Familienrechtlich war eine **unbefristete Verbleibensanordnung** schon nach der Rechtslage bis zum 9.6.2021 dann möglich, wenn eine Rückkehr der Kinder zu ihren leiblichen Eltern nicht absehbar ist.[10] Zum 10.6.2021 wurde in § 1632 Abs. 4 Satz 2 BGB die Möglichkeit des Verbleibs des Kindes in der Pflegefamilie auf Dauer unter den zwei dort aufgeführten kumulativen Bedingungen eingeführt. Die dort in Nr. 1 angeführte, familienrechtlich notwendige negative Zukunftsprognose geht über § 37 SGB VIII hinaus, d.h. familienrechtlich ist ein dauerhafter Verbleib des Kindes in einer Pflegefamilie noch immer an strengere Voraussetzungen geknüpft als kinder- und jugendhilferechtlich.

▶ *Zur Verbleibensanordnung siehe Fink, Kommentierung zu § 1632 BGB*

▶ *Zur Rechtsstellung der Pflegeeltern in Kindschaftsverfahren siehe Heilmann, § 161 FamFG Rn. 1 ff.*

▶ *Zur Beteiligtenstellung der Pflegeeltern in Kindschaftsverfahren siehe Köhler, § 7 FamFG Rn. 14, 16 ff.*

§ 34 SGB VIII

Heimerziehung, sonstige betreute Wohnform

[1]Hilfe zur Erziehung in einer Einrichtung über Tag und Nacht (Heimerziehung) oder in einer sonstigen betreuten Wohnform soll Kinder und Jugendliche durch eine Verbindung von Alltagserleben mit pädagogischen und therapeutischen Angeboten in ihrer Entwicklung fördern. [2]Sie soll entsprechend dem Alter und Entwicklungsstand des Kindes oder des Jugendlichen sowie den Möglichkeiten der Verbesserung der Erziehungsbedingungen in der Herkunftsfamilie

1. **eine Rückkehr in die Familie zu erreichen versuchen oder**
2. **die Erziehung in einer anderen Familie vorbereiten oder**
3. **eine auf längere Zeit angelegte Lebensform bieten und auf ein selbständiges Leben vorbereiten.**

[3]Jugendliche sollen in Fragen der Ausbildung und Beschäftigung sowie der allgemeinen Lebensführung beraten und unterstützt werden.

Heimerziehung ist nach § 34 Satz 1 SGB VIII die **Hilfe zur ganztägigen, vollstationären Erziehung** in einer Einrichtung oder in einer sonstigen betreuten Wohnform. Mit dem Begriff „sonstige betreute Wohnform" wird zum Ausdruck gebracht, dass nach heutigem Verständnis neben klassischen Kinderheimen auch z.B. kleine Wohneinheiten, wie pädagogisch betreute Jugendwohngemeinschaften, aber auch sog. betreutes Einzelwohnen, in denen sozialpädagogische Fachkräfte mit dem zu betreuenden Kind zusammenleben, erfasst sind.[1] 1

Die Unterbringung in einer Einrichtung schließt **nicht** automatisch die **Befugnis zu freiheitsentziehenden Maßnahmen** ein, dazu bedarf es vielmehr auch im Rahmen von § 34 SGB VIIII einer familiengerichtlichen Genehmigung gemäß § 1631b BGB.[2] 2

9 BMFSFJ, Pflegefamilien als soziale Familien, ihre rechtliche Anerkennung und aktuelle Herausforderungen, S. 30, www.bmfsfj.de/blob/76080/882dd907f94fd183472d6cac5dbcd0ee/gutachten-pflegefamilien-beirat-data.pdf (Abruf am: 26.3.2025)
10 OLG Saarbrücken NZFam 2015, 1076; OLG Frankfurt ZKJ 2014, 292 = FamRZ 2014, 1787
1 MüKo-BGB/*Tillmanns*, § 34 SGB VIII Rn. 1
2 MüKo-BGB/*Tillmanns*, § 34 SGB VIII Rn. 1

3 Heimerziehung und sonstige betreute Wohnformen sollen – wie auch Leistungen nach §§ 32, 33 SGB VIII – die Erziehungsbedingungen in der Herkunftsfamilie verbessern und eine Rückkehr des Kindes oder des Jugendlichen in die Familie ermöglichen, vgl. § 34 Satz 1 Nr. 1 SGB VIII. Die Hilfe muss insoweit allerdings so gestaltet werden, dass diese sog. **Rückführoption** nur innerhalb eines **für das Kind vertretbaren Zeitraums** aufrechterhalten wird (§ 37 SGB VIII). Mit dieser Maßnahme kann auch die Erziehung in einer anderen (Pflege-) Familie vorbereitet (Satz 1 Nr. 2) oder – bei älteren Minderjährigen – die Heimerziehung als auf **längere Zeit angelegte Lebensform** bis zur Verselbstständigung des Jugendlichen angeboten werden (Satz 1 Nr. 3). Dies soll durch eine Verbindung von Alltagserlebnissen und pädagogischen und therapeutischen Angeboten erreicht werden. Nach Satz 2 sollen die Kinder und Jugendlichen bei der Ausbildung, Beschäftigung und der allgemeinen Lebensführung unterstützt werden.

4 Heimerziehung ist zum einen veranlasst für (dem Kleinkindalter entwachsene) Kinder und Jugendliche, deren **erzieherischer Bedarf** (§ 27 SGB VIII) im Elternhaus oder in anderen Familien (insbesondere Pflegefamilien) **nicht gedeckt werden kann**. Im Regelfall sind solche Kinder und Jugendlichen so stark belastet, eingeschränkt und überfordert, dass sie in einer professionell organisierten Umgebung und in einer institutionell arrangierten und professionell gestützten Gruppe leben müssen.[3] Mithin kommt Heimerziehung besonders bei Kindern in Betracht, die hochgradig verhaltensauffällig sind,[4] was bedingt sein kann durch Misshandlung, Vernachlässigung oder hohes familiäres Konfliktniveau. Zum anderen wird Heimerziehung in der Praxis auch dann gewährt, wenn Pflegefamilien nicht in ausreichender Zahl zur Verfügung stehen.

§ 35 SGB VIII
Intensive sozialpädagogische Einzelbetreuung

[1]Intensive sozialpädagogische Einzelbetreuung soll Jugendlichen gewährt werden, die einer intensiven Unterstützung zur sozialen Integration und zu einer eigenverantwortlichen Lebensführung bedürfen. [2]Die Hilfe ist in der Regel auf längere Zeit angelegt und soll den individuellen Bedürfnissen des Jugendlichen Rechnung tragen.

1 Die intensive sozialpädagogische Einzelbetreuung ist beschränkt auf **Jugendliche** i.S.d. § 7 Abs. 1 Nr. 2 SGB VIII. Sie soll diesen ermöglichen, eine **eigenverantwortliche Lebensführung** zu realisieren. Als typischer Adressatenkreis sind besonders gefährdete, ggf. auch strafrechtlich auffällige Jugendliche aus der **Prostituierten-, Drogen- und Obdachlosenszene** zu nennen,[1] die sich anderen Hilfsangeboten entziehen, weil sie nicht gemeinschaftsfähig sind[2] oder weil sie die Arbeit mit anderen, weniger stark betroffenen Kindern und Jugendlichen gefährden könnten.[3]

2 Die Betreuung ist sehr stark auf die **individuellen Bedürfnisse** der betroffenen Jugendlichen ausgerichtet und kann sich im Einzelfall zu einer **„Rund-um-die-Uhr-Betreuung"** entwickeln.[4] Die Tätigkeit des Einzelbetreuers ist vielfältig und auf die jeweiligen Bedürfnisse des Jugendlichen abgestellt, sie umfasst etwa die Beschaffung von Wohn- oder Schlafmöglichkeiten, die Vermittlung von Schul- oder Berufsausbildung oder finanzieller oder ärztlicher Hilfen.

3 MüKo-BGB/*Tillmanns*, § 34 SGB VIII Rn. 3
4 MüKo-BGB/*Tillmanns*, § 34 SGB VIII Rn. 3
1 BT-Drucks. 11/5948, 72
2 VG München, Urt. v. 6.11.2013 – M 18 K 12.357, juris; *Klawe*, JAmt 2011, 186
3 BeckOGK/*Bohnert*, § 35 SGB VIII Rn. 3
4 LPK-SGB VIII/*Kepert/Dexheimer*, § 35 SGB VIII Rn. 8

Zweiter Unterabschnitt
Eingliederungshilfe für seelisch behinderte Kinder und Jugendliche

§ 35a SGB VIII

Eingliederungshilfe für Kinder und Jugendliche mit seelischer Behinderung oder drohender seelischer Behinderung

(1) [1]Kinder oder Jugendliche haben Anspruch auf Eingliederungshilfe, wenn

1. **ihre seelische Gesundheit mit hoher Wahrscheinlichkeit länger als sechs Monate von dem für ihr Lebensalter typischen Zustand abweicht, und**
2. **daher ihre Teilhabe am Leben in der Gesellschaft beeinträchtigt ist oder eine solche Beeinträchtigung zu erwarten ist.**

[2]Von einer seelischen Behinderung bedroht im Sinne dieser Vorschrift sind Kinder oder Jugendliche, bei denen eine Beeinträchtigung ihrer Teilhabe am Leben in der Gesellschaft nach fachlicher Erkenntnis mit hoher Wahrscheinlichkeit zu erwarten ist. [3]27 Absatz 4 gilt entsprechend.

(1a) [1]Hinsichtlich der Abweichung der seelischen Gesundheit nach Absatz 1 Satz 1 Nummer 1 hat der Träger der öffentlichen Jugendhilfe die Stellungnahme

1. **eines Arztes für Kinder- und Jugendpsychiatrie und -psychotherapie,**
2. **eines Kinder- und Jugendlichenpsychotherapeuten, eines Psychotherapeuten mit einer Weiterbildung für die Behandlung von Kindern und Jugendlichen oder**
3. **eines Arztes oder eines psychologischen Psychotherapeuten, der über besondere Erfahrungen auf dem Gebiet seelischer Störungen bei Kindern und Jugendlichen verfügt,**

einzuholen. [2]Die Stellungnahme ist auf der Grundlage der Internationalen Klassifikation der Krankheiten in der vom Bundesinstitut für Arzneimittel und Medizinprodukte herausgegebenen deutschen Fassung zu erstellen. [3]Dabei ist auch darzulegen, ob die Abweichung Krankheitswert hat oder auf einer Krankheit beruht. [4]Enthält die Stellungnahme auch Ausführungen zu Absatz 1 Satz 1 Nummer 2, so sollen diese vom Träger der öffentlichen Jugendhilfe im Rahmen seiner Entscheidung angemessen berücksichtigt werden. [5]Die Hilfe soll nicht von der Person oder dem Dienst oder der Einrichtung, der die Person angehört, die die Stellungnahme abgibt, erbracht werden.

(2) Die Hilfe wird nach dem Bedarf im Einzelfall

1. **in ambulanter Form,**
2. **in Tageseinrichtungen für Kinder oder in anderen teilstationären Einrichtungen,**
3. **durch geeignete Pflegepersonen und**
4. **in Einrichtungen über Tag und Nacht sowie sonstigen Wohnformen geleistet.**

(3) Aufgabe und Ziele der Hilfe, die Bestimmung des Personenkreises sowie Art und Form der Leistungen richten sich nach Kapitel 6 des Teils 1 des Neunten Buches sowie § 90 und den Kapiteln 3 bis 6 des Teils 2 des Neunten Buches, soweit diese Bestimmungen auch auf seelisch behinderte oder von einer solchen Behinderung bedrohte Personen Anwendung finden und sich aus diesem Buch nichts anderes ergibt.

(4) [1]Ist gleichzeitig Hilfe zur Erziehung zu leisten, so sollen Einrichtungen, Dienste und Personen in Anspruch genommen werden, die geeignet sind, sowohl die Aufgaben der Eingliederungshilfe zu erfüllen als auch den erzieherischen Bedarf zu decken. [2]Sind heilpädagogische Maßnahmen für Kinder, die noch nicht im schulpflichtigen Alter sind, in Tageseinrichtungen für Kinder zu gewähren und lässt der Hilfebedarf es zu, so sollen Einrichtungen in Anspruch genommen werden, in denen behinderte und nicht behinderte Kinder gemeinsam betreut werden.

Von einer Kommentierung wird abgesehen.

Dritter Unterabschnitt

Gemeinsame Vorschriften für die Hilfe zur Erziehung und die Eingliederungshilfe für seelisch behinderte Kinder und Jugendliche

§ 36 SGB VIII

Mitwirkung, Hilfeplan

(1) [1]Der Personensorgeberechtigte und das Kind oder der Jugendliche sind vor der Entscheidung über die Inanspruchnahme einer Hilfe und vor einer notwendigen Änderung von Art und Umfang der Hilfe zu beraten und auf die möglichen Folgen für die Entwicklung des Kindes oder des Jugendlichen hinzuweisen. [2]Es ist sicherzustellen, dass Beratung und Aufklärung nach Satz 1 in einer für den Personensorgeberechtigten und das Kind oder den Jugendlichen verständlichen, nachvollziehbaren und wahrnehmbaren Form erfolgen.

(2) [1]Die Entscheidung über die im Einzelfall angezeigte Hilfeart soll, wenn Hilfe voraussichtlich für längere Zeit zu leisten ist, im Zusammenwirken mehrerer Fachkräfte getroffen werden. [2]Als Grundlage für die Ausgestaltung der Hilfe sollen sie zusammen mit dem Personensorgeberechtigten und dem Kind oder dem Jugendlichen einen Hilfeplan aufstellen, der Feststellungen über den Bedarf, die zu gewährende Art der Hilfe sowie die notwendigen Leistungen enthält; sie sollen regelmäßig prüfen, ob die gewählte Hilfeart weiterhin geeignet und notwendig ist. [3]Hat das Kind oder der Jugendliche ein oder mehrere Geschwister, so soll der Geschwisterbeziehung bei der Aufstellung und Überprüfung des Hilfeplans sowie bei der Durchführung der Hilfe Rechnung getragen werden.

(3) [1]Werden bei der Durchführung der Hilfe andere Personen, Dienste oder Einrichtungen tätig, so sind sie oder deren Mitarbeiterinnen und Mitarbeiter an der Aufstellung des Hilfeplans und seiner Überprüfung zu beteiligen. [2]Soweit dies zur Feststellung des Bedarfs, der zu gewährenden Art der Hilfe oder der notwendigen Leistungen nach Inhalt, Umfang und Dauer erforderlich ist, sollen öffentliche Stellen, insbesondere andere Sozialleistungsträger, Rehabilitationsträger oder die Schule beteiligt werden. [3]Gewährt der Träger der öffentlichen Jugendhilfe Leistungen zur Teilhabe, sind die Vorschriften zum Verfahren bei einer Mehrheit von Rehabilitationsträgern nach dem Neunten Buch zu beachten.

(4) Erscheinen Hilfen nach § 35a erforderlich, so soll bei der Aufstellung und Änderung des Hilfeplans sowie bei der Durchführung der Hilfe die Person, die eine Stellungnahme nach § 35a Absatz 1a abgegeben hat, beteiligt werden.

(5) Soweit dies zur Feststellung des Bedarfs, der zu gewährenden Art der Hilfe oder der notwendigen Leistungen nach Inhalt, Umfang und Dauer erforderlich ist und dadurch der Hilfezweck nicht in Frage gestellt wird, sollen Eltern, die nicht personensorgeberechtigt sind, an der Aufstellung des Hilfeplans und seiner Überprüfung beteiligt werden; die Entscheidung, ob, wie und in welchem Umfang deren Beteiligung erfolgt, soll im Zusammenwirken mehrerer Fachkräfte unter Berücksichtigung der Willensäußerung und der Interessen des Kindes oder Jugendlichen sowie der Willensäußerung des Personensorgeberechtigten getroffen werden.

§ 36 SGB VIII regelt die Mitwirkung und Mitgestaltung erzieherischer Hilfen durch betroffene Kinder, Jugendliche und deren Personensorgeberechtigte. Weil eine Vielzahl der jugendhilferechtlichen Vorschriften auf Hilfe zur Selbsthilfe abzielt und zunächst eigene Ressourcen der Familienmitglieder entdeckt und aktiviert werden sollen, ist die Mitwirkung und Mitgestaltung der Hilfen durch die Betroffenen hier gesetzlich geregelt. Abs. 1 Satz 1 sieht vor Inanspruchnahme einer Erziehungshilfe eine **Beratung** des Minderjährigen und der Personensorgeberechtigten vor. Vor der Gewährung von langfristigen Hilfen außerhalb der eigenen Familie ist bei Aufstellung und Überprüfung des Hilfeplans nach § 37c Abs. 1 Satz 1 **1**

SGB VIII auch die Perspektive der Hilfe zu klären. Wenn eine nachhaltige Verbesserung der Bedingungen in der Herkunftsfamilie nicht in Betracht kommt, ist nach § 37c Abs. 2 Satz 3 SGB VIII zu prüfen, ob nicht eine Adoption des Kindes in Betracht kommt.

Bei der **Auswahl der Einrichtung und einer Pflegestelle** sind die betroffenen Minderjährigen und Sorgeberechtigten nach § 37c Abs. 3 Satz 1 SGB VIII zu beteiligen; ihren Wünschen ist nach §37c Abs. 3 Satz 2 SGB VIII zu entsprechen, soweit sie nicht mit unverhältnismäßigen Mehrkosten verbunden sind. **Ziel** des partizipatorischen Gestaltungsprozesses der Hilfeplanung ist, eine **gemeinsame Sichtweise** zur Geeignetheit und Notwendigkeit konkreter Hilfen zu erreichen, **um gemeinsame Zielsetzungen** für die für notwendig erachtete Hilfe **absprechen zu können**.[1]

2 Relativ neu im Gesetz in **Abs. 5** ist geregelt, dass die **Eltern** betroffener Kinder **regelmäßig** auch dann am **Hilfeplanverfahren zu beteiligen** sind, wenn sie **nicht mehr personensorgeberechtigt** sind, entweder in Folge vorangegangenen Sorgerechtsentzug oder bei alleinigem Sorgerecht eines Elternteils. Mit der Regelung wird dem grundrechtlich geschützten Elternrecht aus Art. 6 Abs. 2 Satz 1 GG Rechnung getragen, das unabhängig von der elterlichen Sorge besteht. Es wird klargestellt, dass nichtsorgeberechtigte Eltern regelmäßig in dem Maße an der Hilfeplanung zu beteiligen sind, in welchem ihre Mitwirkung zur Feststellung des Bedarfs, der zu gewährenden Art der Hilfe oder der konkreten inhaltlichen und zeitlichen Ausgestaltung der Hilfe im Einzelnen erforderlich ist. Dies ist in der Regel der Fall, wenn es etwa um die Umsetzung der Zusammenarbeit mit der Pflegeperson bzw. der in der Einrichtung für die Erziehung verantwortlichen Person (§ 37 Abs. 2 SGB VIII) oder die notwendigen Schritte zur Veränderung der Erziehungsbedingungen bei Bestehen einer Rückkehroption (§ 37c Abs. 2 SGB VIII) geht.[2] Auch unabhängig von der elterlichen Sorge kann eine Einbeziehung der nicht sorgeberechtigten Eltern in Fragen des Umgangs des Kindes mit den Eltern geboten sein.[3] Allerdings kann die Pflicht zur Beteiligung nur dann bestehen, wenn dadurch der Zweck des Hilfeprozesses nicht in Frage gestellt wird.[4]

3 Nach § 36 Abs. 2 SGB VIII ist für alle Hilfen, die **„voraussichtlich für längere Zeit zu leisten sind"**, eine qualifizierte Planung und Überprüfung des Hilfeprozesses (sog. **Hilfeplan**) im **Zusammenwirken mehrerer Fachkräfte** erforderlich. Nach Abs. 2 Satz 2 ist Grundlage einer zeit- und zielgerichteten Intervention ein Hilfeplan, der im **Zusammenwirken von Personensorgeberechtigten, Kind oder Jugendlichem und den Fachkräften** erstellt werden soll. In diesem Plan sind

- der Bedarf,
- die zu gewährende Art der Hilfe und
- die notwendigen Leistungen

festzulegen.

Bei Hilfen außerhalb der Familie regelt § 37c Abs. 4 SGB VIII, dass in diesen Fällen **zusätzlich** die Art und Weise der Zusammenarbeit zwischen Pflegeperson und Eltern und die damit im Einzelfall verbundenen Ziele sowie (bei Hilfen nach §§ 33, 35a Abs. 2 Nr. 3 und 41 SGB VIII) der vereinbarte Umfang der Beratung der Pflegeperson und die Höhe der laufenden Leistungen zum Unterhalt des Kindes oder Jugendlichen zu **dokumentieren** sind.

4 Der Hilfeplan ist ein Instrument der **verwaltungsmäßigen Selbstkontrolle** für das jeweilige Jugendamt und regelt im Übrigen auch das **Verhältnis zwischen dem Jugendamt** und dem **Träger der Erbringung der Leistung** (z.B. Pflegefamilie, Vormund, Heim, Familienhelfer

---

1 FK-SGB VIII/*Schönecker/Meysen*, § 36 Rn. 21
2 BT-Drucks. 19/26107, S. 86
3 FK-SGB VIII/*Schönecker/Meysen*, § 36 Rn. 27
4 BT-Drucks. 19/26107, S. 86

etc.).[5] Mangels eigenständiger Regelungswirkung ist er **kein Verwaltungsakt** i.S.d. § 31 Satz 1 SGB X.[6] Der Hilfeplan ist schlichtes Verwaltungshandeln, das die Entscheidung über die konkrete Leistung durch Leistungsbescheid erst vorbereitet. Ein Unterlassen seiner Aufstellung stellt zwar einen Verfahrensverstoß dar, der aber die Wirksamkeit der bewilligten Erziehungshilfe nicht tangiert.[7]

Nach § 36 Abs. 2 Satz 2 letzter Hs. SGB VIII soll in **regelmäßigen Abschnitten überprüft** werden, ob die Ziele erreicht wurden und die gewählte Hilfeart weiterhin geeignet und notwendig ist (vgl. § 27 Abs. 1 SGB VIII). Durch die Prüfungspflicht soll verhindert werden, dass Kinder oder Jugendliche in den Ämtern „vergessen" werden. 5

Besondere Bedeutung kommt dem **Hilfeplan im Kinderschutzverfahren** nach § 1666 BGB, aber auch in sonstigen Kindschaftsverfahren zu. Zumeist hat vor einer Befassung des Familiengerichts das Jugendamt schon Erfahrungen mit dem Kind und der Familie gemacht. Da in den Hilfeplänen dokumentiert ist, welche Ziele eine eingesetzte Hilfe hatte, welche Ziele erreicht bzw. nicht erreicht wurden und wie sich die Mitwirkung der Eltern gestaltete, kann ein Hilfeplan dokumentieren, inwieweit bereits erbrachte Leistungen der Erziehungshilfe geeignet waren, Kindeswohlgefährdungen abzuwenden bzw. wie dies prognostisch einzuschätzen ist.[8] 6

In Verfahren nach §§ 1666, 1631b, 1632 Abs. 4 und 1682 BGB ist **das Jugendamt** aufgrund der Bedeutung des Hilfeplans für diese familiengerichtlichen Verfahren seit Inkrafttreten des KJSG am 10.6.2021 gemäß § 50 Abs. 2 Satz 2 **verpflichtet, dem Familiengericht den Hilfeplan vorzulegen**. In diesen Verfahren bedarf es keiner ausdrücklichen Aufforderung des Familiengerichts. Aufgrund der Bedenken der Jugendämter, dass durch Herausgabe des Hilfeplans auch gegen den Willen der beteiligten Familienmitglieder das für eine Jugendhilfebeziehung notwendige Vertrauen gestört werden könne und dass der Hilfeplan im Hinblick auch Punkte enthalten könne, die für das aktuelle familiengerichtliche Verfahren keine Relevanz haben, wurde in § 50 Abs. 2 Satz 3 SGB VIII geregelt, dass der vorgelegte Hilfeplan „ausschließlich das Ergebnis der Bedarfsfeststellung, die vereinbarte Art der Hilfegewährung einschließlich der hiervon umfassten Leistungen sowie das Ergebnis etwaiger Überprüfungen dieser Feststellungen" beinhalte. Weil der konkrete Inhalt des Hilfeplans in § 36 Abs. 2 Satz 2 nicht festgelegt ist, kann diese Einschränkung dazu führen, dass zwei Hilfepläne geschrieben werden, neben dem nach § 36 Abs. 2 Satz 2 auch ein **„abgekürzter" Hilfeplan nach § 50 Abs. 2 Satz 3 SGB VIII**.

In anderen, nicht ausdrücklich in § 50 Abs. 2 Satz 2 SGB VIII genannten Kindschaftsverfahren kann das Familiengericht gemäß § 50 Abs. 2 Satz 4 SGB VIII den Hilfeplan vom Jugendamt anfordern; hier muss das Jugendamt also nicht von sich aus vorlegen, erst auf familiengerichtliche Nachfrage. Die Datenschutzregeln der §§ 64 Abs. 2 und 65 Abs. 1 Satz 1 Nr. 1 und 2 SGB VIII bleiben nach § 50 Abs. 2 Satz 6 SGB VIII unberührt.

§ 36a SGB VIII

Steuerungsverantwortung, Selbstbeschaffung

(1) [1]Der Träger der öffentlichen Jugendhilfe trägt die Kosten der Hilfe grundsätzlich nur dann, wenn sie auf der Grundlage seiner Entscheidung nach Maßgabe des Hilfeplans unter Beachtung des Wunsch- und Wahlrechts erbracht wird; dies gilt auch in den Fällen, in denen Eltern durch das Familiengericht oder Jugendliche und junge Volljährige durch den Jugendrichter

5 MüKo-BGB/*Tillmanns*, § 36 SGB VIII Rn. 3
6 Wiesner/Wapler/*Gallep*, § 36 SGB VIII Rn. 79
7 BVerwG NVwZ 2000, 325
8 *Völker/Clausius*, § 12 Rn. 53

zur Inanspruchnahme von Hilfen verpflichtet werden. [2]Die Vorschriften über die Heranziehung zu den Kosten der Hilfe bleiben unberührt.

(2) [1]Abweichend von Absatz 1 soll der Träger der öffentlichen Jugendhilfe die niedrigschwellige unmittelbare Inanspruchnahme von ambulanten Hilfen, insbesondere der Erziehungsberatung nach § 28, zulassen. [2]Dazu soll er mit den Leistungserbringern Vereinbarungen schließen, in denen die Voraussetzungen und die Ausgestaltung der Leistungserbringung sowie die Übernahme der Kosten geregelt werden. [3]Dabei finden der nach § 80 Absatz 1 Nummer 2 ermittelte Bedarf, die Planungen zur Sicherstellung des bedarfsgerechten Zusammenwirkens der Angebote von Jugendhilfeleistungen in den Lebens- und Wohnbereichen von jungen Menschen und Familien nach § 80 Absatz 2 Nummer 3 sowie die geplanten Maßnahmen zur Qualitätsgewährleistung der Leistungserbringung nach § 80 Absatz 3 Beachtung.

(3) [1]Werden Hilfen abweichend von den Absätzen 1 und 2 vom Leistungsberechtigten selbst beschafft, so ist der Träger der öffentlichen Jugendhilfe zur Übernahme der erforderlichen Aufwendungen nur verpflichtet, wenn

1. **der Leistungsberechtigte den Träger der öffentlichen Jugendhilfe vor der Selbstbeschaffung über den Hilfebedarf in Kenntnis gesetzt hat,**
2. **die Voraussetzungen für die Gewährung der Hilfe vorlagen und**
3. **die Deckung des Bedarfs**
   a) **bis zu einer Entscheidung des Trägers der öffentlichen Jugendhilfe über die Gewährung der Leistung oder**
   b) **bis zu einer Entscheidung über ein Rechtsmittel nach einer zu Unrecht abgelehnten Leistung**

keinen zeitlichen Aufschub geduldet hat. [2]War es dem Leistungsberechtigten unmöglich, den Träger der öffentlichen Jugendhilfe rechtzeitig über den Hilfebedarf in Kenntnis zu setzen, so hat er dies unverzüglich nach Wegfall des Hinderungsgrundes nachzuholen.

Weiterführende Literatur: Heynen, Voraussetzungen für sich entsprechende und Umgang mit unterschiedlichen Einschätzungen, JAmt 2024, 410 ff.; *Lange*, Erforderlichkeit einer Anordnungskompetenz des Familiengerichts?, JAmt 2024, 405 ff.; *Wierse*, Wie mit unterschiedlichen Einschätzungen im Kinderschutz umgehen?, JAmt 2024, 400 ff.; *Fröschle*, Familiengericht und Jugendamt – gekreuzte Rechtswege, FamRZ 2016, 1905 ff.; *Vogel*, Verantwortungsgemeinschaft Jugendamt/Familiengericht – oder Spannungsverhältnis, Zuständigkeit und Machtkampf, NZFam 2016, 585 ff.; *Fahl*, Die Verantwortungsgemeinschaft von Familiengerichten und Jugendämtern in Kindschaftsverfahren, NZFam 2015, 247 ff.; *Hammer*, Anforderungen an familiengerichtliche Entscheidungen im Kinderschutz … aus Sicht des Familiengerichts, JAmt 2015, 291 ff.; *Hammer*, Das BVerfG, die Familiengerichte und die Jugendämter auf der Suche nach dem Rechten Maß im Kindesschutz – Besprechung von BVerfG, Kammerbeschluss vom 22.05.2014 – 1 BvR 2882/13, FF 2014, 428 ff.; *Heilmann*, Schützt das Grundgesetz die Kinder nicht? Eine Betrachtung der bisherigen Kammerrechtsprechung des BVerfG im Jahr 2014, NJW 2014, 2904 ff.; *Lack/Heilmann*, Kinderschutz und Familiengericht – Verfassungsrechtliche Vorgaben für die familiengerichtliche Intervention bei Kindeswohlgefährdung, ZKJ 2014, 308 ff.; *Holldorf/von Pirani*, Der begleitete Umgang im Spannungsfeld zwischen Jugendhilfe und Familiengericht, ZKJ 2012, 384 ff.; *Sommer*, Das Verhältnis von Familiengericht und Jugendamt, Frankfurt 2012;

§ 36a SGB VIII regelt in Abs. 1 und 2 die **Steuerungsverantwortung der öffentlichen Jugendhilfe** in Bezug auf die Frage der **Kostentragung** bei der Erbringung von Leistungen. Abs. 3 beschäftigt sich mit der Frage, unter welchen Umständen die öffentliche Jugendhilfe die Kosten für vom leistungsberechtigten selbst beschaffte Hilfen zu übernehmen hat. Besondere Relevanz hat die Norm, da die praktischen Auswirkungen bzw. Rechtsfolgen der in ihr festgeschriebenen „Steuerungsverantwortung" der Jugendhilfe umstritten sind. Kann aber aus § 36a Abs. 1 Satz 1 Hs. 2 SGB VIII, wonach die Steuerungsverantwortung auch in den Fällen bei der öffentlichen Jugendhilfe liegt, in denen Eltern durch das Familiengericht zur Inanspruchnahme von Hilfen verpflichtet worden sind, entnommen werden, dass im Falle eines Dissenses zwischen Familiengericht und Jugendamt über die Notwendigkeit und Zweckmäßigkeit einer Hilfe nach dem SGB VIII das Familiengericht gegenüber dem Jugendamt **keine Anordnungskompetenz** zur Bewilligung und Erbringung der Leistung hat? Diese Frage stellt sich in der Praxis zwar nicht in den Fällen des begleiteten Umgangs (dazu *Köhler,* § 18 SGB VIII Rn. 2 ff.), jedoch vor allem in **Kinderschutzverfahren nach § 1666 BGB**, wenn das Familiengericht entgegen der Auffassung des am Verfahren beteiligten (vgl. § 162 Abs. 2 Satz 1 FamFG) Jugendamts nach Durchführung seiner Ermittlungen zu dem Ergebnis gelangt, ein Sorgerechtsentzug lasse sich durch die Gewährung (weiterer) öffentlicher Hilfe vermeiden und sei daher nach § 1666a BGB unverhältnismäßig. Der Verweis auf den ohnehin problematischen Begriff der **„Verantwortungsgemeinschaft"**[1] zwischen Jugendamt und Familiengericht bei der Wahrnehmung des staatlichen Wächteramts und die Notwendigkeit der **Kooperation im Kinderschutz** hilft gerade in diesen Fällen nicht weiter. 1

Das **Jugendamt** wird im Rahmen der ihm durch §§ 2 Abs. 3 Nr. 6, 50 SGB VIII zugewiesenen Aufgabe der Mitwirkung am familiengerichtlichen Kindschaftsverfahren **nicht als weisungsgebundenes Hilfsorgan des Familiengerichts** tätig,[2] sondern es nimmt diese ihm zugewiesene gesetzliche Aufgabe selbstständig und in eigener Verantwortung wahr. Im Übrigen liegt den §§ 162, 155, 156 FamFG, §§ 8a, 42, 50 SGB VIII nach ganz überwiegender Auffassung die Vorstellung einer Kooperation zwischen Familiengericht und Jugendämtern zugrunde.[3] 2

Die Diskussion um das das Verhältnis zwischen Jugendamt und Familiengericht ist aber durch mehrere im Jahr 2014 ergangene Entscheidungen des Bundesverfassungsgerichts zu den Voraussetzungen eines Sorgerechtsentzugs nach §§ 1666, 1666a BGB neu entfacht worden.[4] Das BVerfG hat in diesen Entscheidungen die Bedeutung des Elternrechts betont und von den Familiengerichten verlangt, insbesondere die Frage, ob durch Gewährung weiterer öffentlicher Erziehungshilfen eine Trennung der Kinder von ihren Eltern vermieden werden kann, unabhängig von einer etwaigen Verweigerungshaltung der Jugendämter eigenverantwortlich zu ermitteln und darüber zu entscheiden. Dabei hat es aber die im Zentrum der Problematik eines Konflikts zwischen Familiengericht und Jugendamt liegende Frage, ob das Familiengericht auch befugt ist, gegen den Willen des Jugendamts rechtlich bindende und durchsetzbare öffentliche Hilfen nach dem SGB VIII anzuordnen, leider ausdrücklich offengelassen[5] und auf die – angebliche – Möglichkeit verwiesen, dass die insoweit noch sorgeberechtigten Eltern ihren vermeintlichen Anspruch gegen das Jugendamt auf die Gewährung öffentlicher Hilfen im Verwaltungsrechtsweg durchsetzen könnten.[6] 3

1 *Vogel,* NZFam 2016, 585; *Fahl,* NZFam 2015, 247
2 Prütting/Helms/*Hammer,* § 162 FamFG Rn. 18; BT-Drucks. 11/5948, 87 (zu der Vorgängervorschrift des § 50 SGB VIII)
3 Wiesner/Wapler/*Wapler,* § 50 SGB VIII Rn. 3; BT-Drucks. 16/6308, 238 (zu § 157 Abs. 2 FamFG)
4 Vgl. dazu BVerfG ZKJ 2014, 242; 2014, 327; 2014, 281; JAmt 2014, 410; 2014, 415; 2014, 419; dazu kritisch *Heilmann,* NJW 2014, 2904; *Lack/Heilmann,* ZKJ 2014, 308; *Hammer,* FF 2014, 428
5 BVerfG ZKJ 2014, 242 Rn. 52; FamRZ 2014, 1266 = JAmt 2014, 410 Rn. 55; ZKJ 2014, 327 Rn. 37
6 BVerfG ZKJ 2014, 242 Rn. 52; JAmt 2014, 410 = FamRZ 2014, 1266 Rn. 55

Der zuletzt genannten Erwägung steht aber entgegen, dass die wohl überwiegende verwaltungsrechtliche Rechtsprechung und Literatur im Rahmen von § 37 SGB VIII einen **einklagbaren Rechtsanspruch der Eltern auf Gewährung einer bestimmten Hilfe mit dem Ziel der Rückführung des Kindes verneint**.[7] Auch in der Fassung vom 10.6.2021 nach dem KJSG besteht der Rechtsanspruch nach § 37 Abs. 1 Satz 1 SGB VIII nur auf Beratung und Unterstützung. Den betroffenen Elternteilen ist es kaum zuzumuten, nach zwei Instanzen familiengerichtlicher Auseinandersetzungen, einen neuen Gerichtsweg angesichts verwaltungsrechtlich unklarer Rechtslage zu beschreiten.[8] Damit wird künftig von der familiengerichtlichen Rechtsprechung die Frage zu klären sein, ob das Familiengericht gegenüber dem Jugendamt, das im Konfliktfall dem Grundrechtsschutz des Kindes den Vorzug gibt, weitere öffentliche Hilfen rechtlich verbindlich anordnen kann.

4 Die wohl überwiegende Meinung in der jugendhilferechtlichen Literatur[9] und ein Teil der familienrechtlichen Autoren[10] leiten aus der in Abs. 1 geregelten Steuerungsverantwortung eine **fehlende Anordnungskompetenz** der Familiengerichte gegenüber dem Jugendamt zur Erbringung konkreter Hilfen ab. Dem widerspricht ein Teil der familienrichterlicher Autoren zumindest in Verfahren nach § 1666 BGB vor allem unter Hinweis auf das Verhältnis von Judikative und Exekutive, auf die Effektivität des Eltern- und Kindergrundrechtsschutzes und auf die Wahrung des Grundsatzes der Verhältnismäßigkeit nach § 1666a BGB.[11] Die neuere Rechtsprechung tendiert dazu, eine Anordnungskompetenz der Familiengerichte gegenüber den Jugendämtern zu verneinen.[12] Der BGH hat in einem Verfahren, in dem es um § 1666 Abs. 4 BGB ging, ausgeführt:

> „Eine Befugnis des Familiengerichts zum Erlass von Anordnungen zur Durchsetzung des Kindeswohls gegenüber Behörden ist damit [mit § 1666 Abs. 4 BGB] aber nicht verbunden. Denn Dritte im Sinne der Vorschrift sind nicht Behörden und sonstige Träger der öffentlichen Gewalt. Auf Grundlage des § 1666 BGB können die Familiengerichte auch die Jugendämter nicht zur Unterlassung von Maßnahmen der Jugendhilfe wie etwa einer Inobhutnahme verpflichten."[13]

Hinsichtlich des letzten Satzes hat sich der BGH auf eine frühere Entscheidung bezogen, in der er ausgeführt hat: „dem Jugendamt Maßnahmen der Jugendhilfe wie etwa eine Inobhutnahme nach § 42 SGB VIII zu untersagen, [ist] einer familiengerichtlichen Klärung nicht zugänglich."[14] Weil diese Entscheidungen des BGH aber in keinem Fall kinderschutzrechtliche Fälle mit unterschiedlichen Anschauungen von Jugendamt und Familiengericht betrafen, sondern es jeweils darum ging, ob ein Beteiligter ein Unterlassen einer Maßnahme des Jugendamts vor den Familiengerichten über § 1666 Abs. 4 BGB geltend machen kann, insoweit aber nach zutreffender Ansicht des BGH der Rechtsweg (nur) zu den Verwaltungsgerichten eröffnet ist, ist die hier gestellte Frage nach hiesiger Auffassung noch nicht höchstrichterlich entschieden.

---

7 OVG Lüneburg JAmt 2012, 271; VG Düsseldorf JAmt 2005, 153; Hauck/Noftz/*Stähr,* § 37 SGB VIII Rn. 15; BeckOGK/*Bohnert*, § 37 SGB VIII Rn. 8; BeckOK-Sozialrecht/*Winkler*, § 37 Rn. 9; vgl. auch OVG Saarland ZKJ 2014, 488 zu einem von ihm angenommenen Rechtsanspruch gegenüber dem Jugendamt auf Gewährung begleiteten Umgangs

8 So auch *Heilmann*, NJW 2014, 2904; a.A. *Lange*, JAmt 2024, 405

9 FK-SGB VIII/*Meysen*, § 36a Rn. 16 ff.; *Meysen*., FamRZ 2008, 562; Wiesner/Wapler/*Gallep*, § 36a SGB VIII Rn. 20 ff.; BeckOGK/*Bohnert*, § 36a SGB VIII Rn. 6; LPK-SGB VIII/*Berneiser/Diehl*, § 50 Rn. 14; *Kepert*, Sozialrecht aktuell 2019, 104, 109

10 *Wierse*, JAmt 2024, 400, 401; *Holldorf/v. Pirani*, ZKJ 2012, 384; MüKo-BGB/*Volke*, § 1666 BGB Rn. 188

11 BeckOK-BGB/*Veit*, § 1666 BGB Rn. 149; Staudinger/*Coester*, § 1666a BGB Rn. 17; *Heilmann* in: Elz (Hrsg.), Kooperation von Jugendhilfe und Justiz bei Sexualdelikten gegen Kinder, 2007, S. 89 ff.; *Sommer*, S. 147 ff.; *Lack/Heilmann*, ZKJ 2014, 308, 312

12 OLG Brandenburg ZKJ 2024, 29; OLG Brandenburg, Beschl. v. 2.9.2021 – 9 UF 131, 21, juris; OLG Nürnberg FamRZ 2021, 935

13 BGH ZKJ 2022, 22

14 BGH ZKJ 2021, 417

Das BVerfG hat eine **mögliche Anordnungskompetenz** zu einer Verpflichtung der Jugendgerichtshilfe durch den Jugendrichter zumindest angedeutet,[15] aber im Ergebnis auch offengelassen.

Die Frage einer Anordnungskompetenz der Familiengerichte gegenüber dem Jugendamt ist aber zumindest im Rahmen von Verfahren nach § 1666 BGB, in denen es beispielsweise darum geht, ob ein Kind mit intensiven Hilfen noch in der Familie bleiben kann oder herausgenommen werden muss, zu bejahen. § 36a SGB VIII ist eine reine **Kostentragungsvorschrift** des Kinder- und Jugendhilferechts, die keine Aussage zu einer Kompetenzverteilung zwischen dem Jugendamt und dem Gericht trifft.[16] Ob öffentliche Hilfen erfolgversprechend sind, beurteilt das Familiengericht in eigener Letztverantwortung, wozu es sich aus Gründen des Eltern- und Kindergrundrechtsschutzes eine zuverlässige Entscheidungsgrundlage verschaffen muss und sich insoweit nicht allein auf die Einschätzung des Jugendamts verlassen darf.[17] Aus dem Wortlaut des § 1666 Abs. 1 BGB („hat das Gericht die Maßnahmen zu treffen, die zur Abwendung der Gefahr erforderlich sind") und aus dem Wortlaut des § 1666a Abs. 1 Satz 1 BGB („Maßnahmen ... sind nur zulässig, wenn der Gefahr nicht auf andere Weise, auch nicht durch öffentliche Hilfen, begegnet werden kann") folgt die Anordnungskompetenz des Familiengerichts bezüglich öffentlicher Hilfen. Der Wortlaut der Vorschrift bezieht sich zwar zunächst auf die Eltern des Kindes. Aus dem Wortlaut ist aber keine eingeschränkte Kompetenz gegenüber anderen Verfahrensbeteiligten des Kinderschutzverfahrens (wie dem Jugendamt gemäß § 162 Abs. 2 Satz 1 FamFG) zu entnehmen. Das Familiengericht darf im Gegenteil den Eltern das Sorgerecht oder Teile davon dann nicht entziehen, wenn nach seiner Einschätzung öffentliche Hilfen die bestehende Gefahr gleich wirksam abwenden können, es muss dann die entsprechenden Gebote zur Annahme öffentlicher Hilfen aussprechen (vgl. § 1666 Abs. 3 Nr. 1 BGB). Daneben liefe es auch dem Gebot effektiven Rechtsschutzes zuwider, Eltern nach familiengerichtlichen Streitigkeiten (ggf. über mehrere Instanzen) mit der Frage der – vom Familiengericht schon geprüften, vgl. oben – Gewährung öffentlicher Hilfen auf den Verwaltungsrechtsweg zu verweisen.[18] Mithin gebietet der **Verhältnismäßigkeitsgrundsatz**, verbunden mit dem Gebot des effektiven Rechtsschutzes, dass auch eine Verpflichtung des Jugendamts zur Bewilligung und Erbringung einer Hilfe durch das Familiengericht möglich sein muss.[19] Soweit dagegen vorgebracht wird, dass das Gesetz keine ausdrückliche Ermächtigungsgrundlage gegenüber dem Jugendamt vorsehe,[20] wird auf den Wortlaut der §§ 1666 Abs. 1, 1666a Abs. 1 Satz 1, 1666 Abs. 3 Nr. 1 BGB verwiesen (vgl. oben). 5

Praktisch dürfte es bei zielgerichteter Durchführung des Kinderschutzverfahrens jedoch **sehr selten** zur **Notwendigkeit einer Anordnung gegen den Willen des Jugendamts** kommen, was nachfolgend näher dargestellt wird.

Zunächst muss das Familiengericht die im Kinderschutzverfahren relevanten Informationen mit Unterstützung des Jugendamts von Amts wegen ermitteln, § 26 FamFG. Da das 6

15 BVerfG JAmt 2007, 211

16 Staudinger/*Coester*, § 1666a BGB Rn. 15; auch in der Gesetzesbegründung ist zentrales Argument die Wiedererlangung der Kostenhoheit des Jugendamts, da das Jugendamt vor der Schaffung der Vorschrift nur noch als bloße „Zahlstelle" für von dritter Seite angeordnete oder selbst beschaffte Leistungen „missbraucht" bzw. wahrgenommen wurde: BT-Drucks. 15/3676, 36; ein rein kostenrechtliches Verständnis der Vorschrift im Verhältnis zum Jugendgericht sei „nicht fern liegend": BVerfG JAmt 2007, 211 Rn. 29; *Sommer*, S. 174

17 BVerfG ZKJ 2014, 242

18 *Heilmann*, NJW 2014, 2904, 2909

19 So auch Staudinger/*Coester*, § 1666a BGB Rn. 18; BeckOK-BGB/*Veit*, § 1666 Rn. 149; MüKo-BGB/*Tillmanns*, § 1 SGB VIII Rn. 7; *Heilmann* in: Elz (Hrsg.), Kooperation von Jugendhilfe und Justiz bei Sexualdelikten gegen Kinder, 2007, S. 102; differenzierend: *Schmidt*, FamRZ 2015, 1158; OLG Koblenz NJW 2012, 3108; VGH Hessen ZKJ 2013, 82; VG Saarlouis ZKJ 2015, 87

20 *Sommer*, S. 208; *Vogel*, NZFam 2016, 585, 587

Familiengericht die Erforderlichkeit von öffentlichen Hilfen eigenständig und ohne Bindung an die Einschätzung des Jugendamts zu überprüfen hat (vgl. oben), genügen nicht Allgemeinplätze des Jugendamts wie „Weitere Hilfen zur Erziehung kommen nicht in Betracht" oder „Sämtliche Hilfsmaßnahmen sind gescheitert". Erforderlich ist hier eine **dezidierte**, notfalls vom Familiengericht zu erfragende **Aufstellung**, seit wann welche Hilfen konkret in der Familie erbracht wurden, welche Veränderung die Hilfen in der Familie ergeben bzw. nicht ergeben haben, welche weiteren Hilfen es gibt und aus welchen Gründen diese in Betracht kommen bzw. warum diese nicht in Betracht kommen. Liegen diese Informationen vollständig mit Berichten der eingesetzten Helfer (und ggf. Berichten anderer Einrichtungen wie Kindergärten, Schule oder Nachmittagsbetreuung) dem Familiengericht vor, kann erst ein **echter Austausch von Familiengericht und Jugendamt zu den jeweiligen Hilfen** und dem Grund der jeweiligen Haltung stattfinden.[21] Lehnt das Jugendamt auf Basis der vollständig vorliegenden Informationen zu vergangenen Hilfen und deren Wirkung die Erbringung weiterer öffentlicher Hilfen aus **konkret vorgebrachten sozialpädagogischen Erwägungen** ab, so wird das Familiengericht im Regelfall kaum Anlass haben, diese Einschätzung in Zweifel zu ziehen. Wenn das Familiengericht ausnahmsweise meint, der begründeten fachlichen Einschätzung des Jugendamts nicht folgen zu können, muss es darlegen, über bessere entgegenstehende Sachkunde zu verfügen,[22] was in der Regel ein **sozialpädagogisches Sachverständigengutachten** erfordert.

7 Ordnet das Familiengericht dann die Pflicht des Jugendamts zur Gewährung einer **bestimmten, genau bezeichneten öffentlichen Hilfe** an, ist die nähere Ausgestaltung (Umfang der Hilfe, Erbringung durch öffentliche oder freie Träger) dem Jugendamt zu überlassen. Die **Formulierung der Beschlussformel** könnte etwa lauten: „Es wird angeordnet, dass das Jugendamt den Kindeseltern sozialpädagogische Familienhilfe gemäß §§ 27, 31 SGB VIII zu gewähren hat"[23] oder „Es wird angeordnet, dass das Jugendamt der Kindesmutter Hilfe gemäß § 19 Abs. 1 Satz 1 SGB VIIII in Form der Unterbringung in einer Mutter-Kind-Einrichtung gemeinsam mit ihrer Tochter [Name, Geburtsdatum] zu gewähren hat".[24] Die Verpflichtung des Jugendamts zur Gewährung bestimmter, konkret bezeichneter Hilfen ist nach allgemeinen Grundsätzen gemäß §§ 86 ff. FamFG, insbesondere durch **Zwangsmittel** (§§ 95 Abs. 1 Nr. 3 FamFG, 888 ZPO), **vollstreckbar**. Dem steht weder der Bestimmtheitsgrundsatz noch der Umstand, dass das Jugendamt eine staatliche Behörde ist, noch die Vorschrift des § 1837 Abs. 3 Satz 2 BGB, wonach Zwangsmittel gegenüber dem Amtsvormund im Rahmen der Aufsicht unzulässig sind, entgegen,[25] da das Jugendamt in diesem Fall sowohl Verfahrensbeteiligter (§ 162 Abs. 2 Satz 1 FamFG) als auch Verpflichteter einer vollstreckbaren Anordnung des erkennenden Familiengerichts ist.

8 Äußerst selten dürfte es vorkommen, dass das Jugendamt die im Raum stehenden öffentlichen Hilfen aus **unsachlichen Erwägungen** (z.B. fiskalischen Zwängen) ablehnt. Zumeist bringt das Jugendamt, trotz bestehender finanzieller Zwänge, jedenfalls auch fachliche Gründe vor. Falls ausnahmsweise Hilfen nur mit unsachlichen Erwägungen abgelehnt werden oder wenn das Jugendamt diese **pflichtwidrig unterlassen** hat, so ist das Familien-

21 *Hammer*, JAmt 2015, 291

22 Staudinger/*Coester*, § 1666a BGB Rn. 18; *Lack/Heilmann*, ZKJ 2014, 308, 312

23 Vgl. die entsprechende verwaltungsgerichtliche Beschlussformel: „Der Antragsgegnerin wird ... aufgegeben, ... der Antragstellerin für ihre Söhne eine sozialpädagogische Familienhilfe gemäß §§ 27, 31 SGB VIII zu gewähren", VG Saarland ZKJ 2015, 87

24 Vgl. die entsprechende verwaltungsgerichtliche Beschlussformel: „Die Antragsgegnerin wird ... verpflichtet, der Antragstellerin ... Hilfe gemäß § 19 Abs. 1 Satz 1 SGB VIII in Form der Unterbringung in einer Mutter-Kind-Einrichtung – gemeinsam mit ihrer am 18. September 2017 geborenen Tochter D. E. – zu gewähren", VGH Lüneburg ZKJ 2019, 319 = FamRZ 2019, 1708

25 BGH ZKJ 2014, 251; OLG Frankfurt a.M. ZKJ 2013, 162 jeweils zur Verhängung eines Ordnungsgelds gegen den Amtsvormund bei einem vollstreckbaren Umgangsvergleich; vgl. auch DIJuF-Rechtsgutachten JAmt 2013, 208

gericht schon aus Gründen der im Raum stehenden Eingriffe in das Elternrecht aus verfassungsrechtlicher Notwendigkeit gehalten, das Jugendamt zur Erbringung konkret bezeichneter Hilfen zu verpflichten, falls seine Ermittlungen ergeben, dass dadurch ein weitergehender Eingriff in das Elternrecht, insbesondere eine Trennung des Kindes von seinen Eltern vermieden werden kann.[26]

Vertritt man in dieser Frage die Auffassung der Gegenmeinung und verneint eine Anordnungskompetenz des Familiengerichts, wird dieses in entsprechenden Konfliktlagen bei einer Weigerung des Jugendamts zur Gewährung weiterer öffentlicher Hilfen trotz einer Gefährdung des Kindeswohls einen Sorgerechtsentzug wegen aus seiner Sicht möglicher und vorrangiger Hilfen ablehnen müssen[27] und so die – infolge der Begründung einer Garantenstellung auch **strafrechtliche – Verantwortung** für das Kind dem Jugendamt allein überlassen. Damit die Eltern auf dem Verwaltungsrechtsweg das Jugendamt ggf. verpflichten können, die Hilfen zur Erziehung zu gewähren, ist den Eltern in diesen Fällen im Rahmen eines Sorgerechtsentzuges das Recht zur Beantragung von Hilfen nach dem SGB VIII zu belassen.[28] 9

▶ *Zu den weiteren Einzelheiten von § 36a SGB VIII insbesondere zu familienrechtlich nicht relevanten kinder- und jugendhilferechtlichen Kostenfragen wird auf die vorhandenen aktuellen Kommentierungen verwiesen.*

§ 36b SGB VIII

Von Abdruck und Kommentierung wird abgesehen.

§ 37 SGB VIII

Beratung und Unterstützung der Eltern, Zusammenarbeit bei Hilfen außerhalb der eigenen Familie

(1) [1]Werden Hilfen nach den §§ 32 bis 34 und 35a Absatz 2 Nummer 3 und 4 gewährt, haben die Eltern einen Anspruch auf Beratung und Unterstützung sowie Förderung der Beziehung zu ihrem Kind. [2]Durch Beratung und Unterstützung sollen die Entwicklungs-, Teilhabe- oder Erziehungsbedingungen in der Herkunftsfamilie innerhalb eines im Hinblick auf die Entwicklung des Kindes oder Jugendlichen vertretbaren Zeitraums so weit verbessert werden, dass sie das Kind oder den Jugendlichen wieder selbst erziehen kann. [3]Ist eine nachhaltige Verbesserung der Entwicklungs-, Teilhabe- oder Erziehungsbedingungen in der Herkunftsfamilie innerhalb dieses Zeitraums nicht erreichbar, so dienen die Beratung und Unterstützung der Eltern sowie die Förderung ihrer Beziehung zum Kind der Erarbeitung und Sicherung einer anderen, dem Wohl des Kindes oder Jugendlichen förderlichen und auf Dauer angelegten Lebensperspektive.

(2) [1]Bei den in Absatz 1 Satz 1 genannten Hilfen soll der Träger der öffentlichen Jugendhilfe die Zusammenarbeit der Pflegeperson oder der in der Einrichtung für die Erziehung verantwortlichen Person und der Eltern zum Wohl des Kindes oder Jugendlichen durch geeignete Maßnahmen fördern. [2]Der Träger der öffentlichen Jugendhilfe stellt dies durch eine abgestimmte Wahrnehmung der Aufgaben nach Absatz 1 und § 37a sicher.

(3) [1]Sofern der Inhaber der elterlichen Sorge durch eine Erklärung nach § 1688 Absatz 3 Satz 1 des Bürgerlichen Gesetzbuchs die Entscheidungsbefugnisse der Pflegeperson so weit einschränkt, dass die Einschränkung eine dem Wohl des Kindes oder des Jugendlichen för-

26 Staudinger/*Coester*, § 1666a BGB Rn. 19
27 Zutreffend *Hammer*, FF 2014, 428; *Hammer*, JAmt 2015, 291
28 Vgl. BVerfG ZKJ 2014, 242 Rn. 52 = JAmt 2014, 223

derliche Entwicklung nicht mehr ermöglicht, sollen die Beteiligten das Jugendamt einschalten. [2]Auch bei sonstigen Meinungsverschiedenheiten zwischen ihnen sollen die Beteiligten das Jugendamt einschalten.

1 § 37 wurde durch das KJSG mit Wirkung vom 10.6.2021 neugefasst. Nach Abs. 1 Satz 1 haben die Eltern (die aufgrund des Wortlauts, der nicht von Personensorgeberechtigten spricht, nicht personensorgeberechtigt sein müssen) bei (voll stationären) Hilfen zur Erziehung, insbesondere nach den §§ 32 bis 34 SGB VIII einen **Rechtsanspruch auf Beratung und Unterstützung sowie Förderung** der Beziehung zu ihrem Kind. Auch bei Unterbringung eines Kindes in einem Heim oder einer Pflegefamilie bleibt es nach dem Willen des Gesetzgebers nach Abs. 1 Satz 2 vordringliches Ziel, durch Beratung und Unterstützung innerhalb eines für die Entwicklung des Kindes oder Jugendlichen vertretbaren Zeitraums die Erziehungsbedingungen in der Herkunftsfamilie zu verbessern, was vom BVerfG im Hinblick auf das Elternrecht stark betont wird.[1] Wenn eine solche Verbesserung in der Herkunftsfamilie nicht erreicht werden kann, soll gemäß Abs. 1 Satz 3 die Erarbeitung und Sicherung einer anderen, dem Wohl des Kindes oder Jugendlichen förderlichen und auf Dauer angelegten Lebensperspektive erreicht werden. Die Formulierung „im Hinblick auf die Entwicklung des Kindes oder Jugendlichen vertretbaren Zeitraums" in Abs. 1 Satz 2 orientiert sich an den Besonderheiten des **kindlichen Zeitempfindens**, so dass dieser Zeitraum umso kürzer zu bemessen ist, je jünger das Kind ist.

Aus Abs. 1 Satz 1 ergibt sich ein einklagbarer Anspruch der Eltern auf Beratung und Unterstützung, aber, etwa bei unterschiedlicher Auffassung der Eltern und des Jugendamts zu einer Rückführung des Kindes in die Herkunftsfamilie, kein Rechtsanspruch auf Gewährung einer bestimmten Hilfe mit dem Ziel der Rückführung des Kindes des Jugendamts.

▶ *Zur Frage eines Rechtsanspruchs auf Gewährung einer bestimmten Hilfe mit dem Ziel der Rückführung des Kindes siehe auch Köhler, § 36a SGB VIII, Rn. 3.*

Nach dem Gesetz soll während einer Fremdunterbringung des Kindes, die noch nicht sicher auf Dauer angelegt ist, der Kontakt des Kindes oder Jugendlichen zu seinen Eltern nicht abgebrochen werden. Kommt der Träger der öffentlichen Jugendhilfe nach Auswertung der Entwicklung in der Herkunftsfamilie zu der Überzeugung, dass die **Prognose der Rückführung des Kindes nach Ablauf des Zeitraums negativ** ist, so dient die Unterstützung der Eltern der Erarbeitung einer anderweitige Lebensperspektive für das Kind, Abs. 1 Satz 3. Das Gesetz verlangt gemäß § 37c Abs. 2 Satz 2 SGB VIII danach, unter Beachtung der Rechtssubjektivität des Kindes eine dauerhafte Lebensperspektive zu erarbeiten, die entweder in der sicheren Rückkehr zu seinen leiblichen Eltern, in einer hinreichend abgesicherten Unterbringung in einer Dauerpflegestelle oder – wie § 37c Abs. 2 Satz 3 SGB VIII betont – in die Adoption mündet. Ist die Verbesserung der Erziehungsbedingungen in der Herkunftsfamilie innerhalb dieses Zeitrahmens nicht möglich, besteht eine nicht in ihrem Ermessen stehende Pflicht der Jugendhilfe zur Erarbeitung eines anderen Lösungskonzepts für das Kind außerhalb des Elternhauses.[2]

§ 37a SGB VIII
Beratung und Unterstützung der Pflegeperson

[1]Die Pflegeperson hat vor der Aufnahme des Kindes oder des Jugendlichen und während der Dauer des Pflegeverhältnisses Anspruch auf Beratung und Unterstützung. [2]Dies gilt auch in den Fällen, in denen für das Kind oder den Jugendlichen weder Hilfe zur Erziehung noch Eingliederungshilfe gewährt wird, und in den Fällen, in denen die Pflegeperson nicht der Erlaub-

1 BVerfG FamRZ 2014, 1266 mit Anm. *Keuter*
2 Kinderrechtekommission des DFGT, FamRZ 2014, 891, 893; LPK-SGB VIII/*Berneiser*, § 37c Rn. 18

nis zur Vollzeitpflege nach § 44 bedarf. [3]Lebt das Kind oder der Jugendliche bei einer Pflegeperson außerhalb des Bereichs des zuständigen Trägers der öffentlichen Jugendhilfe, so sind ortsnahe Beratung und Unterstützung sicherzustellen. [4]Der zuständige Träger der öffentlichen Jugendhilfe hat die aufgewendeten Kosten einschließlich der Verwaltungskosten auch in den Fällen zu erstatten, in denen die Beratung und Unterstützung im Wege der Amtshilfe geleistet werden. [5]Zusammenschlüsse von Pflegepersonen sollen beraten, unterstützt und gefördert werden.

Von einer Kommentierung wird abgesehen.

§ 37b SGB VIII

Sicherung der Rechte von Kindern und Jugendlichen in Familienpflege

(1) [1]Das Jugendamt stellt sicher, dass während der Dauer des Pflegeverhältnisses ein nach Maßgabe fachlicher Handlungsleitlinien gemäß § 79a Satz 2 entwickeltes Konzept zur Sicherung der Rechte des Kindes oder des Jugendlichen und zum Schutz vor Gewalt angewandt wird. [2]Hierzu sollen die Pflegeperson sowie das Kind oder der Jugendliche vor der Aufnahme und während der Dauer des Pflegeverhältnisses beraten und an der auf das konkrete Pflegeverhältnis bezogenen Ausgestaltung des Konzepts beteiligt werden.

(2) Das Jugendamt gewährleistet, dass das Kind oder der Jugendliche während der Dauer des Pflegeverhältnisses Möglichkeiten der Beschwerde in persönlichen Angelegenheiten hat und informiert das Kind oder den Jugendlichen hierüber.

(3) [1]Das Jugendamt soll den Erfordernissen des Einzelfalls entsprechend an Ort und Stelle überprüfen, ob eine dem Wohl des Kindes oder des Jugendlichen förderliche Entwicklung bei der Pflegeperson gewährleistet ist. [2]Die Pflegeperson hat das Jugendamt über wichtige Ereignisse zu unterrichten, die das Wohl des Kindes oder des Jugendlichen betreffen.

Von einer Kommentierung wird abgesehen.

§ 37c SGB VIII

Ergänzende Bestimmungen zur Hilfeplanung bei Hilfen außerhalb der eigenen Familie

(1) [1]Bei der Aufstellung und Überprüfung des Hilfeplans nach § 36 Absatz 2 Satz 2 ist bei Hilfen außerhalb der eigenen Familie prozesshaft auch die Perspektive der Hilfe zu klären. [2]Der Stand der Perspektivklärung nach Satz 1 ist im Hilfeplan zu dokumentieren.

(2) [1]Maßgeblich bei der Perspektivklärung nach Absatz 1 ist, ob durch Leistungen nach diesem Abschnitt die Entwicklungs-, Teilhabe- oder Erziehungsbedingungen in der Herkunftsfamilie innerhalb eines im Hinblick auf die Entwicklung des Kindes oder Jugendlichen vertretbaren Zeitraums so weit verbessert werden, dass die Herkunftsfamilie das Kind oder den Jugendlichen wieder selbst erziehen, betreuen und fördern kann. [2]Ist eine nachhaltige Verbesserung der Entwicklungs-, Teilhabe- oder Erziehungsbedingungen in der Herkunftsfamilie innerhalb eines im Hinblick auf die Entwicklung des Kindes oder Jugendlichen vertretbaren Zeitraums nicht erreichbar, so soll mit den beteiligten Personen eine andere, dem Wohl des Kindes oder Jugendlichen förderliche und auf Dauer angelegte Lebensperspektive erarbeitet werden. [3]In diesem Fall ist vor und während der Gewährung der Hilfe insbesondere zu prüfen, ob die Annahme als Kind in Betracht kommt.

(3) [1]Bei der Auswahl der Einrichtung oder der Pflegeperson sind der Personensorgeberechtigte und das Kind oder der Jugendliche oder bei Hilfen nach § 41 der junge Volljährige zu beteiligen. [2]Der Wahl und den Wünschen des Leistungsberechtigten ist zu entsprechen, sofern sie nicht mit unverhältnismäßigen Mehrkosten verbunden sind. [3]Wünschen die in Satz 1

genannten Personen die Erbringung einer in § 78a genannten Leistung in einer Einrichtung, mit deren Träger keine Vereinbarungen nach § 78b bestehen, so soll der Wahl nur entsprochen werden, wenn die Erbringung der Leistung in dieser Einrichtung nach Maßgabe des Hilfeplans geboten ist. [4]Bei der Auswahl einer Pflegeperson, die ihren gewöhnlichen Aufenthalt außerhalb des Bereichs des örtlich zuständigen Trägers hat, soll der örtliche Träger der öffentlichen Jugendhilfe beteiligt werden, in dessen Bereich die Pflegeperson ihren gewöhnlichen Aufenthalt hat.

(4) [1]Die Art und Weise der Zusammenarbeit nach § 37 Absatz 2 sowie die damit im Einzelfall verbundenen Ziele sind im Hilfeplan zu dokumentieren. [2]Bei Hilfen nach den §§ 33, 35a Absatz 2 Nummer 3 zählen dazu auch der vereinbarte Umfang der Beratung und Unterstützung der Eltern nach § 37 Absatz 1 und der Pflegeperson nach § 37a Absatz 1 sowie die Höhe der laufenden Leistungen zum Unterhalt des Kindes oder Jugendlichen nach § 39. [3]Bei Hilfen für junge Volljährige nach § 41 gilt dies entsprechend in Bezug auf den vereinbarten Umfang der Beratung und Unterstützung der Pflegeperson sowie die Höhe der laufenden Leistungen zum Unterhalt. [4]Eine Abweichung von den im Hilfeplan gemäß den Sätzen 1 bis 3 getroffenen Feststellungen ist nur bei einer Änderung des Hilfebedarfs und entsprechender Änderung des Hilfeplans auch bei einem Wechsel der örtlichen Zuständigkeit zulässig.

1 Der durch das KJSG mit Wirkung vom 10.6.2021 eingeführte § 37c SGB VIII, der zum Teil Regelungen übernimmt, die vormals in § 37 SGB VIII normiert waren, will sicherstellen, dass innerhalb eines **vertretbaren Zeitraums** die Perspektive für das Kind bzw. den Jugendlichen geklärt wird. Wenn das Gesetz in Abs. 2 Satz 1 von „innerhalb eines im Hinblick auf die Entwicklung des Kindes oder Jugendlichen vertretbaren Zeitraums" spricht, orientiert sich das an den Besonderheiten des **kindlichen Zeitempfindens**, so dass dieser Zeitraum umso kürzer zu bemessen ist, je jünger das Kind ist. Die zu erfolgende Klärung bezieht sich darauf, dass entweder die Erziehungsbedingungen in der Herkunftsfamilie verbessert werden können, was vom BVerfG im Hinblick auf das Elternrecht betont wird,[1] oder mit den beteiligten Personen eine andere, dem Wohl des Kindes oder Jugendlichen förderliche und **auf Dauer angelegte Lebensperspektive** erarbeitet wird (Abs. 2 Satz 2), wozu auch eine mögliche Adoption des Kindes oder Jugendlichen gehören kann (Abs. 2 Satz 3).

2 Das **Jugendhilferecht** kennt auch die Möglichkeit des Dauerpflegeverhältnisses (§§ 33 Satz 1, 37c Abs. 2 Satz 2 SGB VIII), während das **Familienrecht** grundsätzlich von einer nur vorübergehenden Situation für das Kind bis zur Rückkehr in die leibliche Familie ausgeht (Pflegekindschaftsverhältnisse sind institutionell auf Zeit angelegt),[2] wobei mit § 1632 Abs. 4 Satz 2 Nr. 1 BGB und der dort formulierten fehlenden nachhaltigen Verbesserung der Erziehungsverhältnisse bei den Eltern trotz Beratungs- und Unterstützungsangeboten eine gewisse familienrechtliche Annäherung an § 37 Abs. 1 Satz 3 bzw. § 37c Abs. 2 Satz 2 SGB VIII erfolgt ist.

Die Annahme einer nur auf Zeit angelegten Inpflegenahme eines Kindes wird von den tatsächlichen Rückkehrzahlen in die leibliche Familie nicht gedeckt.[3] Familienrechtlich war eine **unbefristete Verbleibensanordnung** schon nach der Rechtslage bis zum 9.6.2021 dann möglich, wenn eine Rückkehr der Kinder zu ihren leiblichen Eltern nicht absehbar ist.[4] Zum 10.6.2021 wurde in § 1632 Abs. 4 Satz 2 BGB die Möglichkeit des Verbleibs des Kindes in der Pflegefamilie auf Dauer unter den zwei dort aufgeführten kumulativen Bedingungen

1 BVerfG FamRZ 2014, 1266 mit Anm. *Keuter*

2 BVerfG FamRZ 2006, 1593; EGMR FamRZ 2005, 585; zur Kritik an der Divergenz zwischen Jugendhilfe- und Familienrecht auch *Lack*, Anm. zu BGH NJW 2017, 472

3 BMFSFJ, Pflegefamilien als soziale Familien, ihre rechtliche Anerkennung und aktuelle Herausforderungen, S. 30, www.bmfsfj.de/blob/76080/882dd907f94fd183472d6cac5dbcd0ee/gutachten-pflegefamilien-beirat-data.pdf (Zugriff: 8.11.2024)

4 OLG Saarbrücken NZFam 2015, 1076; OLG Frankfurt ZKJ 2014, 292 = FamRZ 2014, 1787

eingeführt. Die dort in Nr. 1 angeführte, familienrechtlich notwendige **negative Zukunftsprognose** geht über § 37 SGB VIII hinaus, d.h. familienrechtlich ist ein dauerhafter Verbleib des Kindes in einer Pflegefamilie noch immer an strengere Voraussetzungen geknüpft als kinder- und jugendhilferechtlich.

§§ 38 bis 41a SGB VIII

Von Abdruck und Kommentierung wird abgesehen.

Drittes Kapitel
Andere Aufgaben der Jugendhilfe

Erster Abschnitt
Vorläufige Maßnahmen zum Schutz von Kindern und Jugendlichen

§ 42 SGB VIII

Inobhutnahme von Kindern und Jugendlichen

(1) [1]Das Jugendamt ist berechtigt und verpflichtet, ein Kind oder einen Jugendlichen in seine Obhut zu nehmen, wenn

1. das Kind oder der Jugendliche um Obhut bittet oder

2. eine dringende Gefahr für das Wohl des Kindes oder des Jugendlichen die Inobhutnahme erfordert und

a) die Personensorgeberechtigten nicht widersprechen oder

b) eine familiengerichtliche Entscheidung nicht rechtzeitig eingeholt werden kann oder

3. ein ausländisches Kind oder ein ausländischer Jugendlicher unbegleitet nach Deutschland kommt und sich weder Personensorge- noch Erziehungsberechtigte im Inland aufhalten.

[2]Die Inobhutnahme umfasst die Befugnis, ein Kind oder einen Jugendlichen bei einer geeigneten Person, in einer geeigneten Einrichtung oder in einer sonstigen Wohnform vorläufig unterzubringen; im Fall von Satz 1 Nummer 2 auch ein Kind oder einen Jugendlichen von einer anderen Person wegzunehmen.

(2) [1]Das Jugendamt hat während der Inobhutnahme unverzüglich das Kind oder den Jugendlichen umfassend und in einer verständlichen, nachvollziehbaren und wahrnehmbaren Form über diese Maßnahme aufzuklären, die Situation, die zur Inobhutnahme geführt hat, zusammen mit dem Kind oder dem Jugendlichen zu klären und Möglichkeiten der Hilfe und Unterstützung aufzuzeigen. [2]Dem Kind oder dem Jugendlichen ist unverzüglich Gelegenheit zu geben, eine Person seines Vertrauens zu benachrichtigen. [3]Das Jugendamt hat während der Inobhutnahme für das Wohl des Kindes oder des Jugendlichen zu sorgen und dabei den notwendigen Unterhalt und die Krankenhilfe sicherzustellen; § 39 Absatz 4 Satz 2 gilt entsprechend. [4]Das Jugendamt ist während der Inobhutnahme berechtigt, alle Rechtshandlungen vorzunehmen, die zum Wohl des Kindes oder Jugendlichen notwendig sind; der mutmaßliche Wille der Personensorge- oder der Erziehungsberechtigten ist dabei angemessen zu berücksichtigen. [5]Im Fall des Absatzes 1 Satz 1 Nummer 3 gehört zu den Rechtshandlungen nach Satz 4, zu denen das Jugendamt verpflichtet ist, insbesondere die unverzügliche Stellung eines Asylantrags für das Kind oder den Jugendlichen in Fällen, in denen Tatsachen die Annahme rechtfertigen, dass das Kind oder der Jugendliche internationalen Schutz im Sinne des § 1 Absatz 1 Nummer 2 des Asylgesetzes benötigt; dabei ist das Kind oder der Jugendliche zu beteiligen.

(3) [1]Das Jugendamt hat im Fall des Absatzes 1 Satz 1 Nummer 1 und 2 die Personensorge- oder Erziehungsberechtigten unverzüglich von der Inobhutnahme zu unterrichten, sie in einer verständlichen, nachvollziehbaren und wahrnehmbaren Form umfassend über diese Maßnahme aufzuklären und mit ihnen das Gefährdungsrisiko abzuschätzen. [2]Widersprechen die Personensorge- oder Erziehungsberechtigten der Inobhutnahme, so hat das Jugendamt unverzüglich

1. das Kind oder den Jugendlichen den Personensorge- oder Erziehungsberechtigten zu übergeben, sofern nach der Einschätzung des Jugendamts eine Gefährdung des Kindeswohls nicht besteht oder die Personensorge- oder Erziehungsberechtigten bereit und in der Lage sind, die Gefährdung abzuwenden oder

2. eine Entscheidung des Familiengerichts über die erforderlichen Maßnahmen zum Wohl des Kindes oder des Jugendlichen herbeizuführen.

[3]Sind die Personensorge- oder Erziehungsberechtigten nicht erreichbar, so gilt Satz 2 Nummer 2 entsprechend. [4]Im Fall des Absatzes 1 Satz 1 Nummer 3 ist unverzüglich die Bestellung eines Vormunds oder Pflegers zu veranlassen. [5]Widersprechen die Personensorgeberechtigten der Inobhutnahme nicht, so ist unverzüglich ein Hilfeplanverfahren zur Gewährung einer Hilfe einzuleiten.

(4) Die Inobhutnahme endet mit

1. der Übergabe des Kindes oder Jugendlichen an die Personensorge- oder Erziehungsberechtigten,

2. der Entscheidung über die Gewährung von Hilfen nach dem Sozialgesetzbuch.

(5) [1]Freiheitsentziehende Maßnahmen im Rahmen der Inobhutnahme sind nur zulässig, wenn und soweit sie erforderlich sind, um eine Gefahr für Leib oder Leben des Kindes oder des Jugendlichen oder eine Gefahr für Leib oder Leben Dritter abzuwenden. [2]Die Freiheitsentziehung ist ohne gerichtliche Entscheidung spätestens mit Ablauf des Tages nach ihrem Beginn zu beenden.

(6) Ist bei der Inobhutnahme die Anwendung unmittelbaren Zwangs erforderlich, so sind die dazu befugten Stellen hinzuzuziehen.

Übersicht Rn.

Weiterführende Literatur: Ernst, Wann und wie schnell kann eine gegenüber der Inobhutnahme vorrangige familiengerichtliche Entscheidung (einstweilige Anordnung) „eingeholt" werden?, JAmt 2024, 392 ff.; *Lohse*, Warum eine Inobhutnahme kein Ersatz für eine einstweilige Anordnung ist, JAmt 2024, 386 ff.; *Kirchhoff*, Inobhutnahme junger Menschen, die sich als Volljährige ausgeben, ZKJ 2024, 3 ff.; *Zimmermann*, Die Inobhutnahme und das Ineinandergreifen des Verwaltungs- und Familienrechts, NZFam 2021, 64 ff.; *Kepert*, Die

Wirksamkeit der Inobhutnahme, ZKJ 2020, 455 ff.; *Hohmann-Dennhardt*, Kindeswohl und Inobhutnahme, FF 2019, 289 ff.; *Knödler*, Zur Strafbarkeit von Sozialarbeitern und Sozialpädagogen – Teil 1 ZKJ 2018, 452 ff.; Teil 2 ZKJ 2019, 17 ff.; *Köhler*, Inobhutnahme und nachfolgende familiengerichtliche Entscheidung, ZKJ 2019, 12 ff.; *Gundelach*, Die Rechtsprechung zur medizinischen Altersfeststellung – eine Anmerkung, NVwZ 2018, 1849 ff.; *Dürbeck*, Unbegleitete minderjährige Flüchtlinge im Familienrecht, FamRZ 2018, 553 ff.; *Neundorf*, Die Altersbestimmung bei unbegleiteten Minderjährigen – rechtliche Grundlagen und Debattenüberblick, ZAR 2018, 238 ff.; *Ernst*, Die Inobhutnahme bei nur teilweise alleinsorgeberechtigten Eltern im Spannungsfeld verwaltungsrechtlicher und familiengerichtlicher Entscheidungen, FamRZ 2017, 1120 ff.; *Kirchhoff/Rudolf*, Altersfeststellung bei unbegleiteten Ausländern vor Inobhutnahmen durch Jugendämter, NVwZ 2017, 1167 ff.; *Wagner*, Kindesinobhutnahmen 1995–2015, ZKJ 2017, 334 ff.; *Antholz*, Kindesinobhutnahmen 1995–2015, ZKJ 2017, 294 ff.; *Fröschle*, Familiengericht und Jugendamt – gekreuzte Rechtswege, FamRZ 2016, 1905 ff.; *Fritzsche*, Bestimmung der Rechtswegzuständigkeit und der anzuwendenden Verfahrensordnung, NJW 2015, 586 ff.; *Dürbeck*, Aktuelle Rechtsfragen im Zusammenhang mit der Einreise unbegleiteter minderjähriger Flüchtlinge, ZKJ 2014, 266 ff.; *Lauterbach*, Die Inobhutnahme im Spannungsfeld zwischen Kinder- und Elternrecht, JAmt 2014, 10 ff.; *Sommer*, Das Verhältnis von Jugendamt und Familiengericht, Frankfurt 2012; *Hoffmann*, Inobhutnahme im Sinne des § 42 SGB VIII, JAmt 2012, 244 ff.; *Holldorf/von Pirani*, Der begleitete Umgang im Spannungsfeld zwischen Jugendhilfe und Familiengericht, ZKJ 2012, 384 ff.; *Heilmann*, Die Gesetzeslage zum Sorge- und Umgangsrecht – Eine Bestandsaufnahme unter Einbeziehung aktueller Rechtsprechungstendenzen, NJW 2012, 16 ff.; *Finke*, Zur Vollstreckung von Inobhutnahmen – insbesondere zum Verhältnis von Polizei und Jugendamt bei der Anwendung unmittelbaren Zwangs, JAmt 2011, 251 ff.; *Zitelmann*, Kindesschutz durch Inobhutnahme, ZKJ 2011, 236 ff.

A. Allgemeines

1 § 42 SGB VIII ist die zentrale und klassische Vorschrift des öffentlichen Rechts für das nach Art. 6 Abs. 2 Satz 2 GG auszuübende **staatlichen Wächteramt** im Bereich des **Kinderschutzes.**[1] Sie ermöglicht zum Schutz des Kindes eine **Trennung des Kindes von seinen Personensorgeberechtigten** und steht damit nach Art. 6 Abs. 3 GG wegen des **Verhältnismäßigkeitsgrundsatzes** wie § 1666 BGB unter besonders engen Voraussetzungen und in einem Spannungsfeld zwischen Elternrecht und Rechten des Kindes.

2 Gemäß § 2 Abs. 3 Nr. 1 SGB VIII handelt es sich bei der Inobhutnahme um eine **andere Aufgabe** der Jugendhilfe. Sie steht grundsätzlich selbstständig **neben dem zivilrechtlichen Kinderschutz** durch die Familiengerichte und dient der vorläufigen Krisenbewältigung zur Abwendung einer Kindeswohlgefährdung. Eine Verbindung zum zivilrechtlichen Kinderschutzverfahren besteht aber durch die **Pflicht zur Anrufung des Familiengerichts** durch das Jugendamt in den in §§ 8a Abs. 2 Satz 1, 42 Abs. 3 Satz 2 SGB VIII genannten Fällen. Das (dann folgende) zivilrechtliche Kinderschutzverfahren dient aber nicht der Überprüfung der Voraussetzungen von §§ 8a, 42 SGB VIII,[2] sondern orientiert sich ausschließlich **an den Voraussetzungen von §§ 1666, 1666a BGB** zum Zeitpunkt der gerichtlichen Entscheidung (vgl. unten Rn. 21).

1 Vgl. ausführlich *Zitelmann*, ZKJ 2011, 236
2 Vgl. BayVGH FamRZ 2017, 1136; OLG Frankfurt NZFam 2015, 517; *DIJuF*-Rechtsgutachten JAmt 2018, 94; *Köhler*, ZKJ 2019, 12

Abs. 1 regelt abschließend **drei Fälle**, die zur Inobhutnahme von Kindern und Jugendlichen berechtigen, nämlich

1. das Kind/Jugendlichen, das selbst um seine Obhut bittet (Nr. 1),
2. der unbegleitet eingereiste Minderjährige (Nr. 3) und
3. schließlich Kinder, bei denen eine dringende, nicht anders abwendbare Gefahr für ihr Wohl besteht (Nr. 2).

Für den zuletzt genannten Fall wird § 42 SGB VIII flankiert durch die Regelung in § 8a SGB VIII, die vor allem Verfahrensregeln im Vorfeld einer Entscheidung nach § 42 Abs. 1 SGB VIII aufstellt.

Nach Abs. 1 Satz 1 ist § 42 SGB VIII nicht als bloße **Befugnisnorm zu einem Eingriff in das Elternrecht** der Sorgeberechtigten ausgestaltet, sondern stellt zugleich eine **Rechtspflicht** zu einem entsprechenden Handeln für die Jugendämter auf, deren Verletzung nicht nur verwaltungsrechtliche, sondern auch **straf-**[3] **und zivilrechtlichen Konsequenzen** für die Träger der Jugendhilfe und deren Mitarbeitern haben können (vgl. näher hierzu *Köhler,* Vorbem. SGB VIII Rn. 15 f.). 3

Im Jahr 2022 kam es bundesweit insgesamt in **66.444 Fällen** zu einer Inobhutnahme nach § 42 SGB VIII, davon betrafen 28.564 Fälle unbegleitet eingereiste Minderjährige.[4] Im Jahr 2021 waren es 47.523 Fälle der Inobhutnahme[5], davon betrafen 11.278 Fälle unbegleitet eingereiste Minderjährige.[6] Betrachtet man die Gesamtzahl an Fällen von Inobhutnahmen wegen Kindeswohlgefährdung und die Selbstmelder unter Ausklammerung der unbegleitet einreisenden Minderjährigen, haben sich die Zahlen von 2016 bis 2022 wie folgt entwickelt: 2016 39.295 Fälle, 2017 38.891 Fälle, 2018 40.379 Fälle, 2019 40.863 Fälle, 2020 37.881 Fälle, 2021 36.245 Fälle und 2022 37.880 Fälle[7]. Damit gab es im Vergleich von 2017 zu 2022 sogar einen Rückgang. Der weitere Rückgang von 2019 auf 2020 und weiter 2021 dürfte jedenfalls auch auf die Auswirkungen der Corona-Pandemie zurückzuführen sein. 4

B. Inhalt der Norm

I. Gründe für eine Inobhutnahme (Abs. 1 Satz 1)

Nach § 42 Abs. 1 Satz 1 SGB VIII ist das Jugendamt berechtigt und verpflichtet, ein Kind oder einen Jugendlichen in folgenden (**abschließend geregelten**, vgl. Art. 6 Abs. 3 GG) Fällen in seine Obhut zu nehmen: 5

1. Eigene Bitte des Kindes/Jugendlichen (Abs. 1 Nr. 1)

Abs. 1 Nr. 1 betrifft den sog. **Selbstmelder**, d.h. den Fall, dass ein Kind oder Jugendlicher gegenüber dem Jugendamt **um Obhut bittet**. Hier ist das Jugendamt zur Aufnahme verpflichtet und es besteht nach ganz h. M. auch ein **Rechtsanspruch des Kindes** auf Inobhut- 6

3 Vgl. hierzu auch *Knödler*, ZKJ 2018, 452; ZKJ 2019, 17

4 https://www.destatis.de/DE/Themen/Gesellschaft-Umwelt/Soziales/Kinderschutz/Tabellen/inobhutnahmen.html (Abruf am: 26.3.2025); zu den familienrechtlichen Rechtsfragen in Bezug auf unbegleitete minderjährige Flüchtlinge: *Dürbeck*, FamRZ 2018, 553; *Dürbeck*, ZKJ 2014, 266

5 https://de.statista.com/statistik/daten/studie/12982/umfrage/inobhutnahmen-minderjaehriger-durch-jugendaemter/ (Abruf am: 26.3.2025)

6 https://www.destatis.de/DE/Presse/Pressemitteilungen/2022/07/PD22_315_225.html (Abruf am: 26.3.2025)

7 https://www.destatis.de/DE/Presse/Pressemitteilungen/2022/07/PD22_315_225.html (Abruf am: 26.3.2025) bzw. https://www.destatis.de/DE/Themen/Gesellschaft-Umwelt/Soziales/Kinderschutz/Tabellen/inobhutnahmen.html (Abruf am: 26.3.2025) bzw. FK-SGB VIII/*Trenczek*, § 42 Rn. 2

nahme.[8] Die vom Betreffenden vorgebrachten Gründe oder Motive sind nicht zu prüfen; eine Gefährdungslage ist nicht erforderlich.[9] Voraussetzung ist stets, dass das Kind bzw. der Jugendliche **zur Bildung und Äußerung eines entsprechenden natürlichen Willens fähig** ist, was bei Kleinstkindern meist nicht der Fall sein wird.[10] Die Vorschrift dient im Übrigen dazu, dem betroffenen Kind bzw. Jugendlichen vorläufigen Schutz zu gewähren. Das Jugendamt hat den betroffenen Minderjährigen nach Abs. 2 Satz 1 zu beraten und mit ihm die Gründe seiner Entfernung von den Erziehungsberechtigten zu erörtern. Es hat dabei nach Abs. 2 Satz 2 auch für sein Wohl zu sorgen und seinen Unterhalt sicherzustellen. Das Jugendamt hat den Personensorge- oder Erziehungsberechtigten nach Abs. 3 Satz 1 unverzüglich von der Inobhutnahme zu unterrichten. Es muss aber in jedem Fall genügend **Zeit zur vorläufigen Klärung des Sachverhalts** und zur **Beratung** des Kindes verbleiben.[11] Abs. 1 Nr. 3 ist lex specialis zu Nr. 1.[12] Für das weitere Verfahren vgl. unten Rn. 12 ff.

2. Kindeswohlgefährdung (Abs. 1 Nr. 2)

7 Abs. 1 Nr. 2 betrifft den in der Praxis häufigsten Anlass einer Inobhutnahme durch das Jugendamt, nämlich bei einer **dringenden Gefahr für das Wohl des Kindes oder Jugendlichen und** der zusätzlichen Voraussetzung, dass die **Personensorgeberechtigten nicht widersprechen** (Nr. 1) oder eine **familiengerichtliche Entscheidung nicht rechtzeitig eingeholt** werden kann (Nr. 2).

Der Begriff der Kindeswohlgefährdung entspricht dem des § 1666 BGB.[13] Eine Gefährdung des Kindeswohls liegt demnach dann vor, wenn das Kind bereits einen körperlichen, geistigen oder psychischen Schaden erlitten hat oder aber bei der weiteren Entwicklung eine erhebliche Schädigung **mit ziemlicher Sicherheit** zu erwarten ist.[14] Wie bei § 8a Abs. 2 Satz 2 SGB VIII bedarf es einer **dringenden Gefahr**, die dann gegeben ist, wenn eine Beeinträchtigung des körperlichen, geistigen oder seelischen Wohls des Kindes **hinreichend wahrscheinlich** ist **oder** wenn bei einer bereits realisierten Gefahr **Wiederholungsgefahr droht** und sofortiges Einschreiten erforderlich ist (näher hierzu *Köhler*, § 8a SGB VIII Rn. 12). Nicht erforderlich ist es, dass die Verletzung oder Schädigung unmittelbar bevorsteht.[15] Bei der Frage der Dringlichkeit spielt auch **die Intensität der befürchteten Rechtsgutverletzung** eine entscheidende Rolle.[16]

8 **Kumulativ** hinzukommen muss, dass die Personensorgeberechtigten der Inobhutnahme **nicht widersprechen**, wobei eine bloße Duldung nicht ausreichend ist.[17] Das Einverständnis kann aber **konkludent** erteilt werden, was bei vollständiger Unterrichtung und Aufklärung vor der Inobhutnahme anzunehmen ist.[18] Bei gemeinsamem Sorgerecht ist das Einverständnis von beiden Elternteilen zu erklären.[19]

Fehlt es an einem Einverständnis des oder der Personensorgeberechtigten, so ist nach Nr. 2 die Inobhutnahme wegen des damit verbundenen Eingriffs in Art. 6 Abs. 2 Satz 1 GG nur zulässig, wenn eine **Entscheidung des Familiengerichts**, die auch im Wege der **einstweili-**

---

8 BVerwG JAmt 2013, 588 Rn. 26; FK-SGB VIII/*Trenczek*, § 42 Rn. 7
9 Bay VGH, Beschl. v. 8.8.2011 – 12 ZB 10.974, juris; OVG Lüneburg JAmt 2009, 510
10 *Hoffmann*, JAmt 2012, 244
11 FK-SGB VIII/*Trenczek/Beckmann*, § 42 Rn. 45
12 *Hoffmann*, JAmt 2012, 244
13 *Coester*, JAmt 2008, 1, 5; LPK-SGB VIII/*Kepert*, § 42 Rn. 25; OLG Koblenz NJW 2012, 3108
14 BVerfG FamRZ 2018, 1084 = ZKJ 2018, 312; BVerfG FamRZ 2017, 524 = ZKJ 2017, 225; BVerfG FamRZ 2015, 112; BGH FamRZ 2019, 598; Staudinger/*Coester*, § 1666 BGB Rn. 82
15 VG Minden NZFam 2022, 44; OVG Münster, Beschl. v. 18.5.2017 – 12 B 528/17, juris
16 VG Cottbus JAmt 2014, 397; LPK-SGB VIII/*Kepert*, § 42 Rn. 25
17 OLG Frankfurt NJOZ 2012, 1627
18 MüKo-BGB/*Tillmanns*, § 42 SGB VIII Rn. 6
19 *Hoffmann*, JAmt 2012, 244, 246

gen Anordnung nach §§ 49 ff. FamFG möglich ist, **nicht abgewartet werden kann**. Die Inobhutnahme nach § 42 Abs. 1 Satz 1 Nr. 2 SGB VIII ist nur eine vorläufige Notkompetenz des Jugendamts anstelle des eigentlich berufenen Familiengerichts.[20] Angesichts der bei den Amtsgerichten vorgehaltenen Bereitschaftsdienste, des in Gefährdungsfällen geltenden Beschleunigungsgrundsatzes und der modernen Telekommunikation, die eine Entscheidung innerhalb weniger Stunden ermöglichen, kommt eine Inobhutnahme nach § 42 Abs. 1 Satz 1 Nr. 2 SGB VIII nur in besonders gelagerten akuten Gefährdungssituationen in Betracht, die ein Abwarten der Entscheidung des Familiengerichts nicht erlauben.[21] Es ist nicht entscheidend, ob das Familiengericht rechtzeitig kontaktiert werden kann. Maßgeblich ist, ob eine familiengerichtliche Entscheidung **rechtzeitig hätte erwirkt werden können**, um der Kindeswohlgefährdung zu begegnen; bloße Vermutungen des Jugendamtes, dass das Gericht gerade nicht erreichbar sei oder eine Entscheidung innerhalb der zur Verfügung stehenden Zeit nicht treffen werde, genügen dabei nicht.[22] Wenn ein familiengerichtliches Kinderschutzverfahren bereits läuft, das Jugendamt eine Inobhutnahme aber ohne vorherige Information des Familiengerichts (d.h. ohne den Versuch einer Herbeiführung einer Entscheidung des Familiengerichts) durchführt, ist diese Inobhutnahme grundsätzlich **rechtswidrig**[23] und diese Vorgehensweise des Jugendamts kann auch zu einer für das Jugendamt nachteiligen Kostenentscheidung des Familiengerichts führen.[24]

Aus dem Charakter der Inobhutnahme als vorläufige Notkompetenz des Jugendamts anstelle des eigentlich berufenen Familiengerichts folgt, dass das Familiengericht sich nicht darauf berufen kann, dass das Jugendamt an seiner Stelle handeln solle. Das **Familiengericht** muss also **selbst im Wege einer einstweiligen Anordnung** in einem Kinderschutzfall **entscheiden** und kann sich nicht auf eine auch mögliche Inobhutnahme des Kindes durch das Jugendamt zurückziehen. Der gesetzlich angelegte Vorrang familiengerichtlicher Entscheidungen vor einer Inobhutnahme durch Verwaltungsakt steht weder zur Disposition des Jugendamtes noch des Familiengerichts. Das Familiengericht darf das Jugendamt insbesondere nicht – erst recht nicht regelhaft – auf die Möglichkeit der Inobhutnahme statt einer eigenen Eilentscheidung verweisen.[25] Dies würde dem **gesetzlichen Regel-Ausnahme-Verhältnis** widersprechen und die gesetzlichen Vorgaben vollständig konterkarieren. Auch aus Erwägungen der Eingriffsintensität in elterliche Grundrechte ist insoweit richterliches Handeln geboten. 9

Auch das Jugendamt hat bei dieser ihm obliegenden Einschätzung den **Verhältnismäßigkeitsgrundsatz** und den insoweit hier geltenden **Vorrang des zivilrechtlichen Kinderschutzes** zu beachten.[26] Eine Inobhutnahme ist etwa dann zu unterlassen, wenn das Kind im Einvernehmen mit den Eltern bei Verwandten untergebracht werden kann und dies geeignet ist, das Kind hinreichend zu schützen. Dies gilt auch, wenn die Eltern mit einer stationären Unterbringung des Kindes einverstanden sind.[27] 10

3. Unbegleitet eingereiste Minderjährige (Abs. 1 Nr. 3)

§ 42 SGB VIII erfasst in Abs. 1 Nr. 3 auch den Fall, dass ein **ausländisches Kind oder ein ausländischer Jugendlicher unbegleitet** nach Deutschland kommt und hier weder Personensorge- noch Erziehungsberechtigte vorhanden sind. Umfassende weitere Regelungen, 11

20 BT-Drucks. 11/5948, 80; *Köhler*, ZKJ 2019, 12
21 OVG Münster NZFam 2021, 1120; OVG Greifswald ZKJ 2018, 394; OVG Berlin-Brandenburg ZKJ 2017, 241; VGH München FamRZ 2017, 1136; AG Frankfurt ZKJ 2019, 74; *Köhler*, ZKJ 2019, 12
22 VGH Mannheim ZKJ 2022, 72
23 VG Hannover ZKJ 2023, 193
24 AG Frankfurt ZKJ 2019, 74
25 OVG Schleswig FamRZ 2024, 1119
26 LPK-SGB VIII/*Kepert*, § 42 Rn. 27; BeckOGK/*C. Schmidt*, § 42 SGB VIII Rn. 28
27 OVG Münster NZFam 2022, 523

insbesondere zur Verteilung und Aufnahmequoten der Bundesländer, wurden diesbezüglich in §§ 42a bis 42f SGB VIII aufgenommen.[28] Die Verpflichtung zur Inobhutnahme gilt bei unbegleitet eingereisten Minderjährigen unabhängig von der Stellung eines Asylantrags und führt grundsätzlich zur Unterbringung in Einrichtungen der Jugendhilfe, nicht einer asylrechtlichen Aufnahmeeinrichtung.[29] Nr. 3 betrifft auch den Fall, dass der Minderjährige zwar in Begleitung eines Erziehungsberechtigten in Deutschland einreist, danach aber hier allein zurückgelassen wird,[30] sei es wegen Weiterreise, freiwilliger Rückkehr, Abschiebung, Nichterreichbarkeit (Abtauchen in die Illegalität) oder Tod des Sorgeberechtigten.[31] Das Jugendamt hat nach der Inobhutnahme nach Abs. 3 Satz 4 unverzüglich die **Bestellung eines Vormunds oder Pflegers** durch das Familiengericht zu veranlassen. Für die Anordnung der Vormundschaft ist der Rechtspfleger nach § 3 Nr. 2a RPflG zuständig; der zuvor bestehende Richtervorbehalt nach § 14 Nr. 10 RPflG für die Anordnung einer Vormundschaft oder Pflegschaft bezüglich eines Angehörigen eines fremden Staates wurde mit Wirkung vom 1.1.2023 aufgehoben.[32] Auch die Feststellung über das Ruhen der elterlichen Sorge nach § 1674 BGB trifft der Rechtspfleger nach § 3 Nr. 2a RPflG. In Berlin besteht die Besonderheit, dass nach dortigem Landesrecht die Senatsverwaltung als überörtlicher Träger der Jugendhilfe für Inobhutnahmen nach Abs. 1 Nr. 3 sachlich zuständig ist.[33]

12 Eines der Hauptprobleme bei Inobhutnahmen von unbegleitet eingereisten jungen Menschen stellt die Frage dar, wie alt die jungen Menschen wirklich sind. Das Gesetz sieht die Inobhutnahme nur für Minderjährige vor. Häufig sind die jungen Menschen ohne Papiere eingereist oder haben die Papiere verloren. Manchmal weisen Ausweisdokumente bestimmter Staaten immer den ersten oder letzten Tag eines Jahres als Geburtsdatum auf, was Zweifel an der Korrektheit des Geburtsdatums weckt. Gemäß § 20 Abs. 1 Satz 1 SGB X hat die zuständige Behörde den Sachverhalt von Amts wegen zu ermitteln. Der Gesetzgeber hat mit Wirkung zum 1.11.2015[34] in § 42f SGB VIII ein behördliches Verfahren zur **Altersfeststellung**[35] eingeführt, wodurch eine gesetzliche Grundlage im Rahmen der vorläufigen Inobhutnahme auch für eine ärztliche Untersuchung in Zweifelsfällen geschaffen wurde. Problematisch bleibt, dass nach bisherigem medizinischem Stand auch gutachterlich anhand der Untersuchungsmethoden (Zuordnung der drei somatischen Altersparameter „Weisheitszahn“-Mineralisation, Hand- und Schlüsselbeinverknöcherung zu geschlechtsspezifischen Mindestalterswerten der jeweils festgestellten Entwicklungsstufen)[36] stets nur eine Spannweite des möglichen Alters bestimmt werden kann und nur, wenn in dieser Spannweite keine Minderjährigkeit miteingeschlossen ist, eine Volljährigkeit sicher festgestellt werden kann.

Eine **vorläufige Inobhutnahme** für die Zwecke der Altersbestimmung kommt nach § 42f Abs. 1 Satz 1 SGB VIII nicht nur für eindeutig Minderjährige, sondern darüber hinaus auch für solche Personen in Betracht, bei denen die Minderjährigkeit nicht ohne Weiteres fest-

28 Gesetz zur Verbesserung der Unterbringung, Versorgung und Betreuung ausländischer Kinder und Jugendlicher vom 28.10.2015, BGBl. I 2015 S. 1802, eingeführt mit Wirkung zum 1.11.2015; dazu *Veit*, FamRZ 2016, 93

29 BayVGH JAmt 2014, 528

30 MüKo-BGB/*Tillmanns*, § 42f SGB VIII Rn. 8; Hauck/Noftz/*Bohnert*, § 42a SGB VIII Rn. 19; *Dürbeck*, ZKJ 2014, 266, 267

31 Hauck/Noftz/*Bohnert*, § 42a SGB VIII Rn. 19

32 Gesetz vom 4.5.2021 (BGBl. I, S. 882)

33 § 33 Abs. 1 Satz 1 KJHG-Ausführungsgesetz Berlin; *Dürbeck*, ZKJ 2014, 266

34 Gesetz zur Verbesserung der Unterbringung, Versorgung und Betreuung ausländischer Kinder und Jugendlicher vom 28.10.2018, BGBl. I 2015 S. 1802

35 Vgl. zur Altersfeststellung OVG Bremen, Beschl. v. 6.11.2018 – 1 B 184/18, juris; OLG Hamm NJW-RR 2019, 262; OVG Bremen, NVwZ 2018, 1899; *Gundelach*, NVwZ 2018, 1849; *Neundorf*, ZAR 2018, 238; *Kirchhoff/Rudolf*, NVwZ 2017, 1167

36 Vgl. *Kirchhoff/Rudolf*, NVwZ 2017, 1167

steht, aber auch nicht ausgeschlossen werden kann.[37] Bei **Nichtaufklärbarkeit** auch nach ärztlicher Untersuchung ist **im Zweifel** Minderjährigkeit anzunehmen.[38]

II. Befugnisse und Pflichten des Jugendamts (Abs. 1 Satz 2, Abs. 2, 3 und 5)

1. Befugnisse (Abs. 1 Satz 2, Abs. 2 Satz 4, Abs. 5)

a. Geeignete Unterbringung

Nach Abs. 1 Satz 2 umfasst die Inobhutnahme die Befugnis, ein Kind oder Jugendlichen bei einer geeigneten Person, einer **geeigneten Einrichtung** oder in einer **sonstigen Wohnform vorläufig unterzubringen**. Sie ist aber gleichsam Teil der Pflicht nach Abs. 2 Satz 3, sich um das Wohl des Kindes zu sorgen. In der Praxis werden hier auf **Bereitschaftspflegestellen**[39] und **Heimeinrichtungen** i.S.d. § 34 SGB VIII zurückgegriffen, im Übrigen sind Alter und Zustand des Kindes und das etwaige Bedürfnis, den Aufenthaltsort des Kindes seinen Eltern nicht zu offenbaren, von Bedeutung für die **Auswahl des Unterbringungsorts**. Es kommen auch als geeignete Personen Verwandte oder der nicht sorgeberechtigte Elternteil in Betracht.[40] 13

b. Notkompetenzen

Das Jugendamt hat mit der Inobhutnahme **vorläufige**[41] öffentlich-rechtliche Notkompetenzen gemäß § 42 Abs. 2 Satz 4 Hs. 1 SGB VIII, welche in den entsprechenden Teilbereichen die Ausübung der elterlichen Sorge faktisch verhindern bzw. suspendieren. Die **Rechtsinhaberschaft der elterlichen Sorge** wird durch die Inobhutnahme jedoch **nicht verändert**.[42] Von dieser Notkompetenz grundsätzlich erfasst sind nach dem Wortlaut „alle Rechtshandlungen". Entscheidendes Merkmal ist die Notwendigkeit zum Wohl des Kindes.[43] Nicht umfasst ist in der Regel die Regelung des Umgangs des Kindes mit seinen Eltern. Allenfalls in den ersten Tagen der Inobhutnahme vermag diese entsprechende Entscheidungen des Jugendamtes zu legitimieren. Sodann ist die **Einleitung eines familiengerichtlichen Umgangsverfahrens nach § 24 FamFG anzuregen**. Etwas anderes ergibt sich auch dann nicht, wenn dem Jugendamt das Recht zur Aufenthaltsbestimmung – etwa im Wege der einstweiligen Anordnung – übertragen ist, denn dieses umfasst nicht das Recht zur Regelung des Umgangs.[44] 14

Für die **Bestimmung des Umfangs der Kompetenzen des Jugendamts** nach erfolgter Inobhutnahme, etwa in Gesundheitsfragen oder Schulangelegenheiten, ist stets zu berücksichtigen, dass die Inobhutnahme an der Inhaberschaft des Sorgerechts nichts ändert und für Eingriffe in das Sorgerecht das Familiengericht die Regelkompetenz hat. Deshalb ist das Jugendamt nach § 42 Abs. 2 Satz 4 Hs. 1 SGB VIII in allen Bereichen nur für unaufschiebbare Notfälle kompetent, wobei es nach § 42 Abs. 2 Satz 4 Hs. 1 SGB VIII im Rahmen der Ausübung der Notkompetenzen den mutmaßlichen Willen der Personensorgeberechtigten

37 BVerwG ZKJ 2018, 390 Rn. 29
38 Art. 25 Abs. 5 Unterabs. 1 Satz 2 der Richtlinie 2013/32/EU vom 26.6.2013; *Dürbeck*, FamRZ 2018, 553, 557; a.A. Darlegungs- und Beweislast des jungen Menschen für die anspruchsbegründende Tatsache Minderjährigkeit, im Zweifel Volljährigkeit: LPK-SGB VIII/*Kepert*, § 42 Rn. 39
39 FK-SGB VIII/*Trenczek/Beckmann*, § 42 Rn. 32
40 OLG Zweibrücken FamRZ 1996, 1026; LPK-SGB VIII/*Kepert*, § 42 Rn. 48
41 BVerfG FamRZ 2007, 1632 Rn. 332 = ZKJ 2008, 38
42 BVerfG ZKJ 2008, 38; MüKo-BGB/*Tillmanns*, § 42 SGB VIII Rn. 14; *Köhler*, ZKJ 2019, 12
43 FK-SGB VIII/*Trenczek/Beckmann*, § 42 Rn. 39
44 BGH FamRZ 2016, 1752; OLG Frankfurt ZKJ 2015, 154; *Heilmann*, NJW 2012, 16, 18

zu berücksichtigen hat. Regelmäßig wird die Einleitung eines familiengerichtlichen Eilverfahrens eine hinreichend zeitnahe Klärung ermöglichen.

15 **Freiheitsentziehende Maßnahmen** sind nach Abs. 5 im Rahmen der Inobhutnahme in außergewöhnlichen Krisenfällen **als Ultima Ratio** nur zulässig, wenn und soweit sie erforderlich sind, um eine Gefahr für Leib oder Leben des Kindes oder des Jugendlichen oder eine Gefahr für Leib oder Leben Dritter abzuwenden. Abs. 5 ist insoweit **lex specialis für die öffentlich-rechtliche Unterbringung** (§ 151 Nr. 7 FamFG) im Rahmen der Kinder- und Jugendhilfe.[45] Die Freiheitsentziehung ist in diesem Fall ohne gerichtliche Entscheidung spätestens mit Ablauf des Tages nach ihrem Beginn zu beenden. Daneben bzw. danach kann das Jugendamt auch, da die zivilrechtliche Unterbringung nach § 1631b BGB ein Amtsverfahren darstellt und keines förmlichen Antrags durch die Sorgeberechtigten bedarf,[46] beim Familiengericht ein **zivilrechtliches Unterbringungsverfahren nach § 1631b BGB anregen** oder nach den öffentlich-rechtlichen Freiheitsentziehungsgesetzen der Länder (§ 151 Nr. 7 FamFG) vorgehen.

c. Wegnahmerecht

16 Schließlich berechtigt die Anordnung einer Inobhutnahme nach Abs. 1 Satz 2 letzter Hs. auch zur **Wegnahme des Kindes oder Jugendlichen** von einer anderen Person. Mit der Änderung der Vorschrift durch das KICK wurde die Wegnahmebefugnis auch gegen den Personensorgeberechtigten erstreckt. **Zwang oder Gewalt** kann nur nach Maßgabe der **Ländervollstreckungsgesetze** angewendet werden, was durch § 42 Abs. 6 SGB VIII klargestellt wird, so dass das Jugendamt bei Notwendigkeit der Anwendung unmittelbaren Zwangs bei der Wegnahme des Kindes oder Jugendlichen die Polizei hinzuzuziehen hat.[47]

2. Pflichten (Abs. 2 und 3)

a. Hilfe und Unterstützung

17 Das Jugendamt hat nach Abs. 2 Satz 1 nach der Inobhutnahme die Situation, die zur Inobhutnahme geführt hat, zusammen mit dem Kind oder dem Jugendlichen zu klären und diesem **Möglichkeiten der Hilfe und Unterstützung aufzuzeigen**. Gemäß Abs. 2 Satz 2 ist dem Kind oder Jugendlichen nach der Inobhutnahme **unverzüglich Gelegenheit** zu geben, eine **Person seines Vertrauens zu benachrichtigen**. Soweit ein Konflikt mit den Eltern Grund für die Inobhutnahme ist, bietet sich die Einschaltung einer Vertrauensperson des Kindes an. Dies können z.B. sein: Verwandte, Freunde, Nachbarn, Lehrer:innen oder Erzieher:innen oder Geistliche. Das Kind oder der Jugendliche benachrichtigt grundsätzlich selbst (auch bestimmt es die Form der Übermittlung[48]), dem Jugendamt obliegt es aber, ihm eine entsprechende Gelegenheit dazu zu geben. Ist zu befürchten, dass ein Gespräch mit der ausgewählten Kontaktperson das Wohl des Kindes gefährden könnte, ist das Jugendamt berechtigt, dies zu unterbinden. Unverzüglich ist stets eine familiengerichtliche Regelung herbeizuführen, da das Recht der Eltern auch den (telefonischen) Kontakt zum Kind grundsätzlich umfasst.

Unbeschadet dessen hat das Jugendamt auf die Möglichkeit, eine andere Person zu kontaktieren, hinzuweisen und die Kontaktaufnahme mit einer alternativen Vertrauensperson zu ermöglichen.

---

45 LPK-SGB VIII/*Kepert*, § 42 Rn. 117
46 BT-Drucks. 18/11278, 16
47 BT-Drucks. 15/3676, S. 17; LPK-SGB VIII/*Kepert*, § 42 Rn. 122; a.A. *Finke*, JAmt 2011, 251, die Jugendämter selbst als Teil der Ordnungsbehörde als zur Zwangsausübung berechtigt ansieht
48 FK-SGB VIII/*Trenczek/Beckmann*, § 42 Rn. 37

b. Unterhalt und Krankenhilfe

Nach § 42 Abs. 2 Satz 3 ist das Jugendamt während der Zeit der Inobhutnahme für das Wohl des Kindes verantwortlich und hat für das Kind den Unterhalt und die Krankenhilfe nach Maßgabe der §§ 39, 40 SGB VIII sicherzustellen. 18

c. Unterrichtungspflicht

Schließlich hat das das Jugendamt nach Abs. 3 Satz 1 in den Fällen der Inobhutnahmen nach Abs. 1 Satz 1 Nr. 1 und 2 die **Personensorge- oder Erziehungsberechtigten unverzüglich von der Inobhutnahme zu unterrichten** und mit ihnen **das Gefährdungsrisiko abzuschätzen**. Dies darf auch dann nicht unterbleiben, wenn das Kind oder der Jugendliche darum ersucht.[49] Das mit den Sorgeberechtigten zu führende Gespräch soll auch Klarheit darüber bringen, ob diese mit der Inobhutnahme einverstanden sind. In diesem Fall ist nach Abs. 3 Satz 5 unverzüglich ein **Hilfeplanverfahren** zur Gewährung einer Hilfe (z.B. Heimunterbringung nach § 34 SGB VIII) einzuleiten. 19

III. Anrufung des Familiengerichts oder Rückführung (Abs. 3)

Widersprechen die Personensorge- oder Erziehungsberechtigten der Inobhutnahme (der Widerspruch nur eines Personensorgeberechtigten genügt), so hat das Jugendamt nach Abs. 3 Satz 2 **unverzüglich** – das betrifft vor allem Fälle von Abs. 1 Satz 1 Nr. 1 – das Kind oder den Jugendlichen den Personensorge- oder Erziehungsberechtigten zu **übergeben**, sofern nach der Einschätzung des Jugendamts eine Gefährdung des Kindeswohls nicht (mehr) besteht oder die Personensorge- oder Erziehungsberechtigten nach gemeinsamer Erörterung des Anlasses der Inobhutnahme bereit und in der Lage sind, die Gefährdung abzuwenden (Abs. 3 Satz 2 Nr. 1). Gegebenenfalls sind erforderliche Hilfen zu gewähren. Insoweit besteht ein **Vorrang der Elternverantwortung** i.S.v. Art. 6 Abs. 2 Satz 1 GG. 20

Bejaht das Jugendamt die Notwendigkeit einer **fortdauernden Trennung** von Kind oder Jugendlichen von seinen Personen- oder Erziehungsberechtigten wegen einer **dringenden Kindeswohlgefährdung**, hat es nach Abs. 3 Satz 2 Nr. 2 eine **Entscheidung des Familiengerichts** über die erforderlichen Maßnahmen zum Wohl des Kindes oder des Jugendlichen **herbeizuführen**.

▶ *Zum Umfang der Mitteilungspflicht siehe auch Köhler, § 8a SGB VIII Rn. 9 ff.*

Das **Familiengericht** hat insbesondere **in eigener Verantwortung** zu prüfen, ob es von Amts wegen hinreichende Anhaltspunkte erkennt, die eine Beschränkung des Sorgerechts nach § 1666 BGB und eine fortdauernde Trennung von Kind und Sorgeberechtigten rechtfertigen.[50] Auch hat es nach seinem eigenen Ermessen zu entscheiden, ob es unmittelbar – ohne mündliche Erörterung, § 51 Abs. 2 Satz 2 FamFG, und ohne vorherige Anhörungen wegen Gefahr in Verzug, §§ 159 Abs. 3 Satz 2, 160 Abs. 4 FamFG – eine Eilentscheidung erlässt oder zunächst einen zeitnahen Termin anberaumt. Dem **Familiengericht obliegt** dabei **nicht die Prüfung,** ob das Jugendamt zu Recht die Voraussetzungen einer Inobhutnahme nach § 42 SGB VIII bejaht hat.[51] Gleichgestellt ist nach Abs. 3 Satz 3 der Fall, dass die Personensorge- oder Erziehungsberechtigten nicht erreichbar sind, so dass auch in diesem Fall das Familiengericht anzurufen ist, um diesen ungewissen Zustand zu beenden. 21

▶ *Zum Kinderschutzverfahren des Familiengerichts siehe Cirullies, § 1666 BGB Rn. 1 ff.*

49 LPK-SGB VIII/*Kepert*, § 42 Rn. 79
50 OLG Bamberg FamRZ 1999, 663; OLG Brandenburg FamRZ 2009, 994
51 BVerfG NJW 2007, 3560; OLG Frankfurt NZFam 2019, 407; BayVGH FamRZ 2017, 1136; OLG Frankfurt NZFam 2015, 517; OVG Lüneburg FamRZ 2010, 769; OLG Bamberg FamRZ 1999, 663; FK-SGB VIII/*Trenczek/Beckmann*, § 42 Rn. 52; *Lauterbach*, JAmt 2014, 10; Wiesner/Wapler/*Dürbeck*, § 42 SGB VIII Rn. 72; *Köhler*, ZKJ 2019, 12, 14

IV. Ende der Inobhutnahme

22 Nach § 42 Abs. 4 SGB VIII endet die Inobhutnahme mit der **Übergabe des Kindes** oder Jugendlichen an die Personensorge- oder Erziehungsberechtigten (Nr. 1) und mit der **Entscheidung des Jugendamts über die Gewährung von Hilfen** nach dem SGB VIII (Nr. 2). Entweicht das Kind oder der Jugendliche eigenmächtig aus der Obhut des Jugendamts, entfällt ebenfalls die Grundlage der Inobhutnahme nach § 42 SGB VIII.[52]

Die **Auswirkung der familiengerichtlichen Entscheidung auf die Inobhutnahme ist umstritten**, da das Gesetz die familiengerichtliche Entscheidung nicht explizit als Beendigungstatbestand in § 42 Abs. 4 SGB VIII bestimmt hat. Nach der überwiegenden Auffassung endet die Inobhutnahme automatisch, wenn das Familiengericht, nachdem es vom Jugendamt oder den Personensorgeberechtigten angerufen worden ist, festgestellt hat, dass ein Entzug des Aufenthaltsbestimmungsrechts nach § 1666 BGB nicht stattfindet.[53] Es wird auch vertreten, dass sich die Inobhutnahme spätestens erledigt, wenn das Familiengericht mit Beschluss den Eltern die elterliche Sorge für das Kind für die Teilbereiche Aufenthaltsbestimmungsrecht, Umgangsbestimmungsrecht, das Recht, Hilfen zur Erziehung zu beantragen, und für die Gesundheitsfürsorge vorläufig entzieht und entsprechende Ergänzungspflegschaft anordnet.[54] Insoweit genüge also bereits eine wirksame einstweilige Anordnung des Familiengerichts.

Die Auffassung zur Beendigung der Inobhutnahme ist – da die Inobhutnahme nur eine Notkompetenz des Jugendamts darstellt und dann das eigentlich berufene Familiengericht entschieden hat – innerhalb der Systematik des § 42 SGB VIII konsequent. Jedoch kann eine Beendigung des Verwaltungsakts Inobhutnahme (zur Rechtsnatur der Inobhutnahme sogleich Rn. 23) durch eine Entscheidung eines Familiengerichts in der Dogmatik des Verwaltungsverfahrensrechts kaum erklärt werden.[55] Vorzugswürdig erscheint, dass die Inobhutnahme durch die familiengerichtliche Entscheidung zwar nicht automatisch endet, aber rechtswidrig wird.[56] Dieser Auffassung kann wiederum § 48 SGB X entgegengehalten werden. Der Grund für diese rechtsdogmatisch kaum zufriedenstellend auflösbaren Probleme zwischen Familienrecht, Jugendhilferecht und Verwaltungsrecht ist die Parallelität von verwaltungsrechtlichem und familienrechtlichem Verfahren. Es bedürfte hier gesetzlicher Klarstellung.[57] Unbeschadet dessen:

Wenn das Jugendamt den Personensorgeberechtigten das Kind nach der familiengerichtlichen Entscheidung weiter vorenthält, ist dies jedenfalls **widerrechtlich i.S.d. § 1632 Abs. 1 BGB**.[58] Teilt das Jugendamt die Einschätzung des Amtsgerichts nicht, sollte es Beschwerde einlegen und unverzüglich bei dem Oberlandesgericht die Aussetzung der Vollziehung anregen.

- ▶ *Näher zum zivilrechtlichen Herausgabeanspruch der Eltern siehe Fink, § 1632 BGB Rn. 2 ff.*
- ▶ *Näher zu den Eilmaßnahmen des Oberlandesgerichts im Rahmen des Beschwerdeverfahrens Kischkel, § 64 FamFG Rn. 8 ff.*

---

52 Wiesner/Wapler/*Dürbeck*, § 42 SGB VIII Rn. 54; VGH München BayVBl. 2023, 159
53 OLG Frankfurt NZFam 2019, 407; Hauck/Noftz/*Bohnert*, § 42 SGB VIII Rn. 22; *Lauterbach*, JAmt 2014, 10
54 OVG Münster, Beschl. v. 9.5.2023 – 12 B 218/23, juris
55 *Köhler*, ZKJ 2019, 12, 14
56 *Köhler*, ZKJ 2019, 12, 14; Wiesner/Wapler/*Dürbeck*, § 42 SGB VIII Rn. 54a
57 *Ernst*, FamRZ 2017, 1120, 1122; *Fröschle*, FamRZ 2016, 1905; *Lauterbach*, JAmt 2014, 10; umfassend *Sommer*, Das Verhältnis von Jugendamt und Familiengericht
58 OLG Frankfurt NZFam 2019, 407; *Köhler*, ZKJ 2019, 12, 16; Wiesner/Wapler/*Dürbeck*, § 42 SGB VIII Rn. 54a

C. Verwaltungsverfahren

In der Praxis besteht die Inobhutnahme häufig nur aus einem tatsächlichen Vorgang, d.h. dem tatsächlichen Verbringen und Fremdbetreuen des Kindes bzw. Jugendlichen in einer Einrichtung oder einer Bereitschaftspflegefamilie.[59] Rechtsnatur der Inobhutnahme nach § 42 SGB VIII ist ein **Dauerverwaltungsakt** (§ 31 SGB X).[60] Dieser ist **nicht formbedürftig** und kann gemäß § 33 Abs. 2 Satz 1 SGB X in schriftlicher, mündlicher oder in anderer Form ergehen. Schon wegen der notwendigen Anordnung der sofortigen Vollziehbarkeit[61] ist aber Schriftform regelmäßig geboten und inzwischen auch Praxis. Die Anordnung des Sofortvollzugs einer Inobhutnahme gemäß 80 Abs. 2 Nr. 2 VwGO bedarf nach § 80 Abs. 3 Satz 1 VwGO einer schriftlichen Begründung. Deshalb scheidet ein Sofortvollzug bei einer lediglich mündlich bekanntgegebenen Inobhutnahme von vornherein aus.[62] Der Verwaltungsakt ist grundsätzlich nach §§ 37 Abs. 1, 39 Abs. 1 SGB X **bekannt zu machen**, und zwar nach zutreffender Auffassung **gegenüber den widersprechenden Personensorgeberechtigten und** dem (nicht selbst handlungsfähigen) **betroffenen Kind oder Jugendlichen,**[63] vertreten durch seinen gesetzlicher Vertreter. Sind der oder die gesetzlichen Vertreter nicht erreichbar, so ist mangels Möglichkeit der Bekanntmachung die Inobhutnahme durch (verwaltungsrechtlich) **unmittelbare Ausführung der Maßnahme** durchzuführen.[64] 23

Die **örtliche Zuständigkeit des Jugendamts** richtet sich gemäß § 87 Satz 1 SGB VIII nach dem tatsächlichen Aufenthalt des Kindes oder Jugendlichen. Zur Mitwirkung im Verfahren vor den Familiengerichten gemäß § 50 SGB VIII kann ein anderes Jugendamt zuständig sein als für die Inobhutnahme. Auch wenn ein anderes Jugendamt zuvor die Inobhutnahme nach § 42 SGB VIII vorgenommen hat, ist im anschließenden familiengerichtlichen Kinderschutzverfahren nur das gemäß § 162 Abs. 2 Satz 1 FamFG, § 50 SGB VIII zuständige Jugendamt zu beteiligen und auch nur dieses beschwerdeberechtigt.[65] Zur Besonderheit der Regelung der **sachlichen Zuständigkeit** bei Inobhutnahmen nach § 42 Abs. 1 Nr. 3 SGB VIII in Berlin (Nr. 6 Abs. 1 bis 3 des Zuständigkeitskatalogs Ordnungsaufgaben zu § 2 Abs. 4 Allgemeines Sicherheits- und Ordnungsgesetz des Landes Berlin) vgl. bereits oben Rn. 11. 24

▶ *Näher zur örtlichen Zuständigkeit des Jugendamts siehe Köhler, §§ 86 ff. SGB VIII Rn. 1 ff.*

D. Rechtsschutz

I. Verwaltungsrecht

Eine **Überprüfung der Rechtmäßigkeit** einer vom Jugendamt angeordneten und noch andauernden Inobhutnahme können betroffene Sorgeberechtigte – unbeschadet ihres Begehrens auf Herausgabe des Kindes (hierzu unten Rn. 26) – nur über die **verwaltungsrecht-** 25

59 Teilweise wird vertreten, dass das Realhandeln der Behörde nur ein Vollzugsakt sei und es zur Annahme eines Verwaltungsaktes daneben immer der Schriftform und der Begründung bedürfe; ohne Schriftform und ohne Begründung liege nur ein Vollzugsakt, aber kein Verwaltungsakt vor: VG Minden, Beschl. v. 12.12.2007 – 6 L 624/07, juris

60 LPK-SGB VIII/*Kepert*, § 42 Rn. 106; Wiesner/Wapler/*Dürbeck*, § 42 SGB VIII Rn. 67; *Köhler*, ZKJ 2019, 12, 13; BVerwG JAmt 2013, 588 (Verwaltungsakt)

61 Ohne Anordnung der sofortigen Vollziehung haben Widerspruch und Anfechtungsklage aufschiebende Wirkung, § 80 Abs. 1 VwGO, d.h., die Inobhutnahme könnte bis zur Entscheidung über eingelegten Widerspruch bzw. Anfechtungsklage nicht vollzogen werden

62 VG München ZKJ 2022, 420

63 VGH München JAmt 2014, 399; Wiesner/Wapler/*Dürbeck*, § 42 SGB VIII Rn. 67; LPK-SGB VIII/*Kepert*, § 42 Rn. 124; a.A.: OVG Münster, Beschl. v. 28.2.2007 – 12 B 2702/06, juris Rn. 10: nur das Kind

64 Ausführlich LPK-SGB VIII/*Kepert*, § 42 Rn. 129 f.

65 OLG Saarbrücken ZKJ 2022, 66

lichen Rechtsbehelfe erreichen. Da es sich um einen Verwaltungsakt handelt, ist zunächst ein **vorgerichtliches Widerspruchsverfahren** nach §§ 62 SGB X, 68 VwGO durchzuführen. **Nicht widerspruchs- und klagebefugt** mangels Verletzung eigener Rechte sind Pflegeeltern[66] und nichtsorgeberechtigte Eltern.[67] Wenn die Eltern noch Teile der elterlichen Sorge haben, können sie aber, bei gemeinsamer Sorge auch jeder Elternteil für sich, die Rechtmäßigkeit der Inobhutnahme vor dem Verwaltungsgericht überprüfen lassen;[68] die Inobhutnahme betrifft nicht allein das Aufenthaltsbestimmungsrecht, die Gesundheitsfürsorge und das Recht zur Beantragung von Jugendhilfeleistungen, sondern vor allem auch das aus Art. 6 Abs. 2 Satz 1 GG folgende umfassende Recht, sein Kind zu erziehen.[69] Für den Fall nicht erfolgreicher Durchführung steht die **verwaltungsgerichtliche Anfechtungsklage** nach § 42 Abs. 1 VwGO als statthaftes Rechtsmittel zur Verfügung. Ist die Inobhutnahme bereits durch Rückführung des Kindes beendet, kann nur nach den Grundsätzen der **Fortsetzungsfeststellungsklage** nach § 113 Abs. 1 Satz 4 VwGO analog bei besonderem Fortsetzungsfeststellungsinteresse eine Überprüfung durch die Verwaltungsgerichte erreicht werden.[70]

II. Familienrecht

26 Von der Inobhutnahme betroffene Personensorgeberechtigte verfolgen regelmäßig nicht das alleinige Ziel, die Rechtswidrigkeit der Inobhutnahme zu klären, sondern sie wollen die Herausgabe des Kindes erreichen.[71] Mit diesem Rechtsschutzziel können sie sich **unmittelbar selbst an das Familiengericht** wenden. Es sind folgende Verfahren in Erwägung zu ziehen:

1. Herausgabeantrag gemäß §§ 1632 Abs. 1 BGB, 151 Nr. 3 FamFG

Da die Inobhutnahme nicht zu einer Beschränkung des Sorgerechts führt (vgl. oben Rn. 15) können die Inhaber des Aufenthaltsbestimmungsrechts gegenüber dem Jugendamt zwar den Anspruch auf Herausgabe des Kindes nach § 1632 Abs. 1 BGB geltend machen.[72] Der Anspruch ist aber unbegründet, da infolge der öffentlich-rechtlichen Inobhutnahme das Zurückhalten des Kindes durch das Jugendamt – schon wegen des Grundsatzes der Einheit der Rechtsordnung – **bis zu einer (Eil-)Entscheidung des Familiengerichts** im Rahmen eines Kinderschutzverfahrens (siehe oben Rn. 22) **nicht widerrechtlich** i.S.d. § 1632 Abs. 1 BGB ist, weil das Jugendamt nach § 42 Abs. 2 Satz 4 SGB VIII bis zur Beendigung der Inobhutnahme im Rahmen seiner Notkompetenz berechtigt ist, vorläufig den Aufenthaltsort des Kindes anderweitig zu bestimmen.[73] Das Familiengericht hat dabei nicht zu prüfen, ob die Inobhutnahme nach § 42 Abs. 1 SGB VIII rechtmäßig war (vgl. oben Rn. 2). Es kommt allein darauf an, dass die Inobhutnahme rechtswirksam ist, was nur in extremen Ausnahmefällen offenkundiger Rechtswidrigkeit wegen **Nichtigkeit des Verwaltungsakts** nach § 42 SGB X zu verneinen ist.

---

66 OVG Lüneburg DÖV 2014, 896; BayVGH NJW 2014, 715
67 VG München BeckRS 2013, 59433; VG Augsburg BeckRS 2009, 47886; VG Aachen BeckRS 2005, 29858; *Hoffmann*, JAmt 2012, 244, 249
68 OVG Münster NZFam 2023, 1052
69 VG Würzburg ZKJ 2022, 194
70 Str., bejaht von OVG Saarland ZKJ 2012, 159; FK-SGB VIII/*Trenczek/Beckmann*, § 42 Rn. 70; im konkreten Fall verneint von BVerwG ZKJ 2018, 390; verneint von OVG Sachsen JAmt 2010, 244
71 *Ernst*, FamRZ 2017, 1120
72 OLG Frankfurt 2019, 407; OLG Brandenburg, Beschl. v. 18.2.2019 – 13 WF 210/18, juris; OLG Bamberg FamRZ 1999, 663; a.A. *Fritzsche*, NJW 2015, 586, 588
73 OLG Frankfurt NZFam 2019, 407; OLG Zweibrücken FamRZ 1996, 1026; Staudinger/*Salgo*, § 1632 BGB Rn. 16; Wiesner/Wapler/*Dürbeck*, § 42 SGB VIII Rn. 73; *Köhler*, ZKJ 2019, 12, 15

2. Sorgerechtsverfahren §§ 1666 BGB, 151 Nr. 1 FamFG

Soweit das Jugendamt wegen eines Widerspruchs oder Unerreichbarkeit der (sorgeberechtigten) Eltern nicht bereits selbst das Familiengericht nach Maßgabe von § 42 Abs. 3 Satz 2 SGB VIII angerufen hat, können sich betroffene Eltern, Vormünder oder Pfleger auch **unmittelbar selbst an das Familiengericht** wenden und die **Einleitung eines amtswegigen Verfahrens nach § 1666 BGB** i.V.m. § 24 Abs. 1 FamFG **anregen**, was nach allgemeinen Verfahrensgrundsätzen des kinderschutzrechtlichen Amtsverfahrens stets möglich ist. Das Familiengericht kann in diesem Fall die Sorgeberechtigten nicht auf die Möglichkeit des Verwaltungsrechtswegs verweisen; es liegt auch keine Sonderzuweisung an das Familiengericht vor.[74] Die Eltern haben ein **qualifiziertes Rechtsschutzbedürfnis** an der Einleitung eines Sorgerechtsverfahrens, weil die familiengerichtliche Entscheidung, dass ein Entzug des Aufenthaltsbestimmungsrechts nicht veranlasst ist, die Inobhutnahme beendet bzw. rechtswidrig werden lässt (vgl. oben Rn. 22) und damit den Herausgabeanspruch nach § 1632 Abs. 1 BGB gegen das Jugendamt begründet macht. Das Familiengericht kann nach seinem Ermessen die beiden Verfahren gemäß § 1666 BGB bzw. § 1632 Abs. 1 BGB auch nach § 20 FamFG verbinden. 27

Auch wenn ein anderes Jugendamt zuvor die Inobhutnahme nach § 42 SGB VIII vorgenommen hat, ist im anschließenden familiengerichtlichen Kinderschutzverfahren nur das gemäß §§ 162 Abs. 2 Satz 1 FamFG, 50 SGB VIII zuständige Jugendamt zu beteiligen und auch nur dieses beschwerdeberechtigt.[75]

74 VG München, Beschl. v. 4.4.2023 – M 18 K 18.5285, juris
75 OLG Saarbrücken ZKJ 2022, 66

Übersicht: Inobhutnahme eines Minderjährigen nach § 42 Abs. 1 Nr. 2 SGB VIII

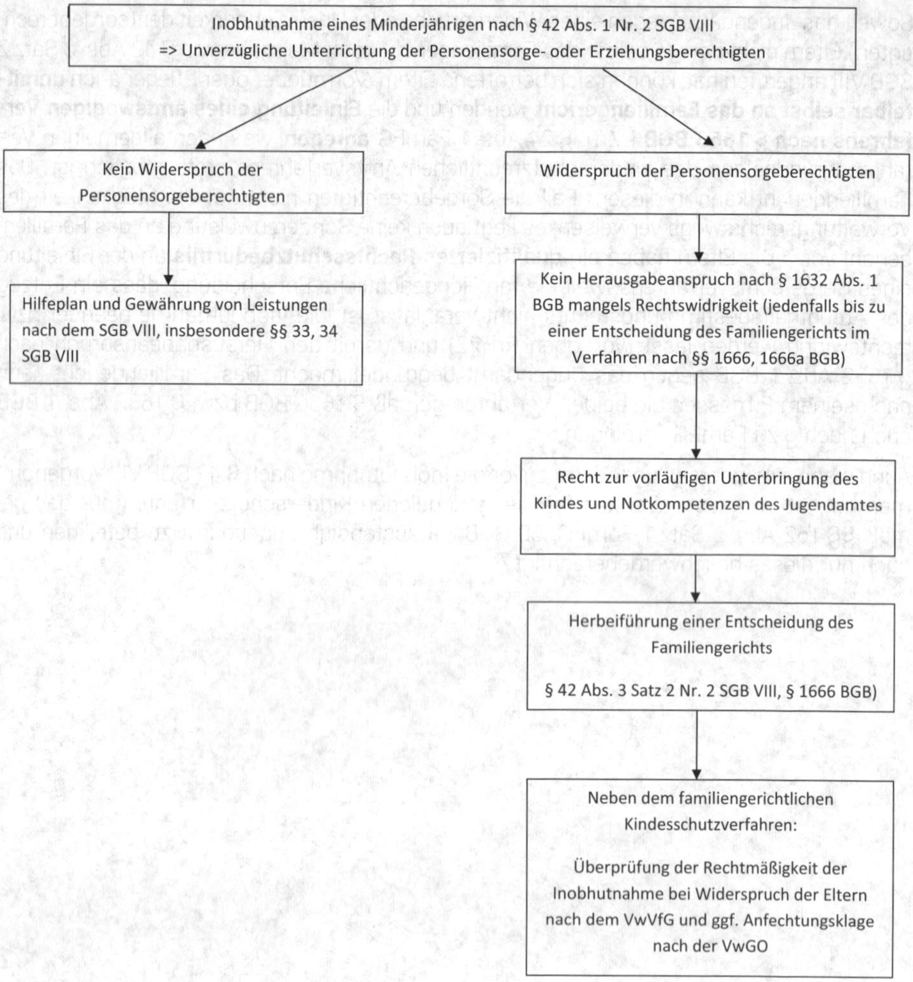

§ 42a SGB VIII

Vorläufige Inobhutnahme von ausländischen Kindern und Jugendlichen nach unbegleiteter Einreise

(1) [1]Das Jugendamt ist berechtigt und verpflichtet, ein ausländisches Kind oder einen ausländischen Jugendlichen vorläufig in Obhut zu nehmen, sobald dessen unbegleitete Einreise nach Deutschland festgestellt wird. [2]Ein ausländisches Kind oder ein ausländischer Jugendlicher ist grundsätzlich dann als unbegleitet zu betrachten, wenn die Einreise nicht in Begleitung eines Personensorgeberechtigten oder Erziehungsberechtigten erfolgt; dies gilt auch, wenn das Kind oder der Jugendliche verheiratet ist. [3]§ 42 Absatz 1 Satz 2, Absatz 2 Satz 2 und 3, Absatz 5 sowie 6 gilt entsprechend.

(2) [1]Das Jugendamt hat während der vorläufigen Inobhutnahme zusammen mit dem Kind oder dem Jugendlichen einzuschätzen,

1. **ob das Wohl des Kindes oder des Jugendlichen durch die Durchführung des Verteilungsverfahrens gefährdet würde,**

2. ob sich eine mit dem Kind oder dem Jugendlichen verwandte Person im Inland oder im Ausland aufhält,
3. ob das Wohl des Kindes oder des Jugendlichen eine gemeinsame Inobhutnahme mit Geschwistern oder anderen unbegleiteten ausländischen Kindern oder Jugendlichen erfordert und
4. ob der Gesundheitszustand des Kindes oder des Jugendlichen die Durchführung des Verteilungsverfahrens innerhalb von 14 Werktagen nach Beginn der vorläufigen Inobhutnahme ausschließt; hierzu soll eine ärztliche Stellungnahme eingeholt werden.

[2]Auf der Grundlage des Ergebnisses der Einschätzung nach Satz 1 entscheidet das Jugendamt über die Anmeldung des Kindes oder des Jugendlichen zur Verteilung oder den Ausschluss der Verteilung.

(3) [1]Das Jugendamt ist während der vorläufigen Inobhutnahme berechtigt und verpflichtet, alle Rechtshandlungen vorzunehmen, die zum Wohl des Kindes oder des Jugendlichen notwendig sind. [2]Dabei ist das Kind oder der Jugendliche zu beteiligen und der mutmaßliche Wille der Personen- oder der Erziehungsberechtigten angemessen zu berücksichtigen.

(3a) Das Jugendamt hat dafür Sorge zu tragen, dass für die in Absatz 1 genannten Kinder oder Jugendlichen unverzüglich erkennungsdienstliche Maßnahmen nach § 49 Absatz 8 und 9 des Aufenthaltsgesetzes durchgeführt werden, wenn Zweifel über die Identität bestehen.

(4) [1]Das Jugendamt hat der nach Landesrecht für die Verteilung von unbegleiteten ausländischen Kindern und Jugendlichen zuständigen Stelle die vorläufige Inobhutnahme des Kindes oder des Jugendlichen innerhalb von sieben Werktagen nach Beginn der Maßnahme zur Erfüllung der in § 42b genannten Aufgaben mitzuteilen. [2]Zu diesem Zweck sind auch die Ergebnisse der Einschätzung nach Absatz 2 Satz 1 mitzuteilen. [3]Die nach Landesrecht zuständige Stelle hat gegenüber dem Bundesverwaltungsamt innerhalb von drei Werktagen das Kind oder den Jugendlichen zur Verteilung anzumelden oder den Ausschluss der Verteilung anzuzeigen.

(5) [1]Soll das Kind oder der Jugendliche im Rahmen eines Verteilungsverfahrens untergebracht werden, so umfasst die vorläufige Inobhutnahme auch die Pflicht,

1. die Begleitung des Kindes oder des Jugendlichen und dessen Übergabe durch eine insofern geeignete Person an das für die Inobhutnahme nach § 42 Absatz 1 Satz 1 Nummer 3 zuständige Jugendamt sicherzustellen sowie
2. dem für die Inobhutnahme nach § 42 Absatz 1 Satz 1 Nummer 3 zuständigen Jugendamt unverzüglich die personenbezogenen Daten zu übermitteln, die zur Wahrnehmung der Aufgaben nach § 42 erforderlich sind.

[2]Hält sich eine mit dem Kind oder dem Jugendlichen verwandte Person im Inland oder im Ausland auf, hat das Jugendamt auf eine Zusammenführung des Kindes oder des Jugendlichen mit dieser Person hinzuwirken, wenn dies dem Kindeswohl entspricht. [3]Das Kind oder der Jugendliche ist an der Übergabe und an der Entscheidung über die Familienzusammenführung angemessen zu beteiligen.

(6) Die vorläufige Inobhutnahme endet mit der Übergabe des Kindes oder des Jugendlichen an die Personensorge- oder Erziehungsberechtigten oder an das aufgrund der Zuweisungsentscheidung der zuständigen Landesbehörde nach § 88a Absatz 2 Satz 1 zuständige Jugendamt oder mit der Anzeige nach Absatz 4 Satz 3 über den Ausschluss des Verteilungsverfahrens nach § 42b Absatz 4.

1 §§ 42a bis 42f SGB VIII wurden durch das Gesetz zur Verbesserung der Unterbringung, Versorgung und Betreuung ausländischer Kinder und Jugendlicher vom 28.10.2015 mit Wirkung zum 1.11.2015 eingeführt.[1] Nachdem zuvor nur die Regelung des § 42 Abs. 1 Satz 1 Nr. 3 SGB VIII zur Inobhutnahme ausländischer Minderjähriger bestand, wurde vor dem Eindruck der stark steigenden Zahlen unbegleitet einreisender ausländischer Minderjähriger (zu den Zahlen vgl. Köhler, § 42 SGB VIII Rn. 4) und der bis dahin regional sehr unterschiedlichen Verteilung ein Mechanismus geschaffen, der vor allem dazu dient, nach einer vorläufigen Inobhutnahme durch geänderte Zuständigkeiten zur endgültigen Inobhutnahme eine **gerechtere Verteilung zwischen den Bundesländern** zu erreichen (vgl. § 42b Abs. 1 Satz 2, § 42c Abs. 1 Satz 2 SGB VIII). Jedoch wurde darauf geachtet, bei dieser endgültigen Verteilung die Bindungen und Beziehungen der Minderjährigen zu berücksichtigen, was in dem grundsätzlichen Verbot der Geschwistertrennung (§ 42b Abs. 5 Satz 1, Satz 2 SGB VIII) und dem grundsätzlichen Gebot der Zusammenführung mit Verwandten (§ 42a Abs. 5 Satz 2, § 42b Abs. 4 Nr. 3 SGB VIII) zum Ausdruck kommt.

2 Der **Aufbau von § 42a SGB VIII** wurde **an § 42 SGB VIII angelehnt**. Abs. 1 des § 42a SGB VIII definiert, wann das Jugendamt zur **vorläufigen Inobhutnahme** eines ausländischen Minderjährigen berechtigt und verpflichtet ist und wann dieser als unbegleitet zu betrachten ist. Nach den Vorgaben des Abs. 2 Satz 1 entscheidet das Jugendamt, ob der ausländische Minderjährige zum Verteilungsverfahren gemäß § 42b SGB VIII angemeldet oder davon ausgeschlossen wird. § 42a Abs. 3 SGB VIII entspricht § 42 Abs. 2 Satz 4 SGB VIII. Der mit Wirkung zum 9.8.2019 eingefügte Abs. 3a verpflichtet das Jugendamt, bei Zweifeln an der Identität des unbegleitet eingereisten Minderjährigen dafür Sorge zu tragen, dass die nach § 49 AufenthG zuständige Stelle erkennungsdienstliche Maßnahmen bei unbegleitet eingereisten Minderjährigen durchführt. Zu diesen Maßnahmen gehören das Anfertigen eines Lichtbildes und (bei Kindern ab 14 Jahren) ein Fingerabdruck aller Finger (§ 49 Abs. 8 Satz 2, Satz 3 AufenthG). § 42a Abs. 4 und 5 SGB VIII regeln für den Fall der Verteilung die Mitteilungen des für die vorläufige Inobhutnahme zuständigen Jugendamts an die nach Landesrecht zuständige Stelle für die Verteilung (Abs. 4) bzw. die notwendige Informationsweiterleitung an das nach Verteilung endgültig zuständige Jugendamt (Abs. 5). § 42a Abs. 6 SGB VIII entspricht mit den zusätzlichen Besonderheiten des Verteilungsverfahrens der Regelung des § 42 Abs. 4 SGB VIII zur Beendigung der vorläufigen Inobhutnahme.[2]

§§ 42b bis 42e SGB VIII

Von Abdruck und Kommentierung wird abgesehen.

Die Vorschriften betreffen das behördliche Verfahren zur Verteilung unbegleiteter ausländischer Flüchtlinge ohne familiengerichtliche Anknüpfungspunkte.

§ 42f SGB VIII

Behördliches Verfahren zur Altersfeststellung

(1) [1]Das Jugendamt hat im Rahmen der vorläufigen Inobhutnahme der ausländischen Person gemäß § 42a deren Minderjährigkeit durch Einsichtnahme in deren Ausweispapiere festzustellen oder hilfsweise mittels einer qualifizierten Inaugenscheinnahme einzuschätzen und festzustellen. [2]§ 8 Absatz 1 und § 42 Absatz 2 Satz 2 sind entsprechend anzuwenden.

(2) [1]Auf Antrag des Betroffenen oder seines Vertreters oder von Amts wegen hat das Jugendamt in Zweifelsfällen eine ärztliche Untersuchung zur Altersbestimmung zu veranlassen. [2]Ist

1 BGBl. I 2015 S. 1802; dazu *Veit*, FamRZ 2016, 93
2 Weiterführend vgl. *Dürbeck*, FamRZ 2018, 553

eine ärztliche Untersuchung durchzuführen, ist die betroffene Person durch das Jugendamt umfassend über die Untersuchungsmethode und über die möglichen Folgen der Altersbestimmung aufzuklären. [3]Ist die ärztliche Untersuchung von Amts wegen durchzuführen, ist die betroffene Person zusätzlich über die Folgen einer Weigerung, sich der ärztlichen Untersuchung zu unterziehen, aufzuklären; die Untersuchung darf nur mit Einwilligung der betroffenen Person und ihres Vertreters durchgeführt werden. [4]Die §§ 60, 62 und 65 bis 67 des Ersten Buches sind entsprechend anzuwenden.

(3) [1]Widerspruch und Klage gegen die Entscheidung des Jugendamts, aufgrund der Altersfeststellung nach dieser Vorschrift die vorläufige Inobhutnahme nach § 42a oder die Inobhutnahme nach § 42 Absatz 1 Satz 1 Nummer 3 abzulehnen oder zu beenden, haben keine aufschiebende Wirkung. [2]Landesrecht kann bestimmen, dass gegen diese Entscheidung Klage ohne Nachprüfung in einem Vorverfahren nach § 68 der Verwaltungsgerichtsordnung erhoben werden kann.

Mit § 42f SGB VIII wurde eine Grundlage für die behördliche Altersfeststellung im Rahmen 1
der vorläufigen Inobhutnahme ausländischer unbegleitet einreisender Minderjähriger geschaffen.[1]

Wie bereits dargestellt, kann gerade bei ausländischen jungen Menschen ohne Papiere die Altersfeststellung besonders problematisch sein, da die Minderjährigkeit oftmals Tatbestandsvoraussetzung von kinder- und jugendhilferechtlichen Ansprüchen ist (vgl. *Köhler*, § 42 SGB VIII Rn. 12). Als **Grundlage der behördlichen Altersfeststellung** sieht § 42f Abs. 1 Satz 1 SGB VIII die **Einsichtnahme in die Ausweispapiere**, hilfsweise eine **qualifizierte Inaugenscheinnahme** vor. **In Zweifelsfällen** ist gemäß § 42f Abs. 2 Satz 1 SGB VIII eine **ärztliche Untersuchung** zu veranlassen. Im verwaltungsgerichtlichen Verfahren kann sich das Jugendamt nicht auf ein angeblich feststehendes Alter des jungen Menschen berufen, wenn es selbst von Amts wegen eine ärztliche Untersuchung zur Altersbestimmung veranlasst hat.[2]

Auch **im familiengerichtlichen Verfahren** kann es, etwa im Zusammenhang mit ausländi- 2
schen Flüchtlingen, zu Problemen der Altersfeststellung kommen. Kindschaftssachen wie die Einsetzung eines Vormunds oder eines Ergänzungspflegers setzen voraus, dass die Betroffenen noch minderjährig sind. Zunächst ist das anwendbare Recht zu prüfen, um festzustellen, nach dem Recht welchen Staates sich die Beurteilung der Minderjährigkeit richtet.[3] Das Familiengericht hat die entscheidungserheblichen Tatsachen, wozu auch das Alter des Kindes gehört,[4] gemäß § 26 FamFG von Amts wegen zu ermitteln. § 26 FamFG gebietet bei Zweifeln, alle verfahrensrechtlich möglichen und zulässigen Aufklärungsmöglichkeiten auszuschöpfen, um das Alter des Betroffenen aufzuklären.[5] Wenn es sich bei der Minderjährigkeit um eine doppelrelevante Tatsache handelt, also eine Tatsache, die sowohl für die Frage der (internationalen) Zuständigkeit als auch die Begründetheit erheblich ist, ist die Minderjährigkeit im Rahmen der Zuständigkeit zu unterstellen.[6]

Anders als im behördlichen Verfahren gibt es für das familiengerichtliche Verfahren **keine** 3
Vorschrift, welche die körperlich eingreifende **ärztliche Untersuchung** zur Altersfeststellung **gegen den Willen des Betroffenen** erlaubt. § 26 FamFG ermöglicht zwar eine Befragung des Betroffenen in einem Anhörungstermin und auch eine Inaugenscheinnahme,

1 Eingeführt durch Gesetz vom 28.10.2015 mit Wirkung vom 1.11.2015, BGBl. I 2015 S. 1802
2 OVG Bremen JAmt 2019, 418
3 BGH ZKJ 2018, 227 (Vormundschaft für einen jungen Menschen aus Guinea); *Dürbeck*, FamRZ 2018, 553, 556
4 BGH JAmt 2018, 476 (Abschiebungssache); OLG Koblenz FamRZ 2017, 1676; KG ZKJ 2012, 450
5 *Dürbeck*, FamRZ 2018, 553, 556
6 BGH ZKJ 2018, 227 (LS)

nicht aber etwa eine röntgenologische Untersuchung gegen den Willen des Betroffenen.[7] Wurde im behördlichen Verfahren gemäß § 42f SGB VIII ein röntgenologisches Gutachten eingeholt, kann dies im familiengerichtlichen Verfahren verwertet werden.[8] Hinsichtlich des derzeitigen fachlichen Erkenntnisstands ist festzustellen, dass eine einigermaßen genaue (oder gar taggenaue) Altersfeststellung (noch) nicht möglich ist. Anhand der üblichen Untersuchungsmethoden (Zuordnung der drei somatischen Altersparameter „Weisheitszahn"-Mineralisation, Hand- und Schlüsselbeinverknöcherung zu geschlechtsspezifischen Mindestalterswerten der jeweils festgestellten Entwicklungsstufen)[9] kann stets nur eine Spannweite des möglichen Alters bestimmt werden. Nur, wenn in dieser Spannweite keine Minderjährigkeit miteingeschlossen ist, kann sicher von Volljährigkeit ausgegangen werden. Wenn nach erschöpfender Sachaufklärung (insbesondere Befragung, Inaugenscheinnahme und gutachterliche Klärung) **erhebliche Zweifel an der Minderjährigkeit** des Betroffenen bestehen, dürfte **im familiengerichtlichen Verfahren von Minderjährigkeit auszugehen** sein.[10] Zwar kennt auch das kindschaftsrechtliche Verfahren nach Ausschöpfung aller Beweismittel eine objektive Feststellungslast. Diese dürfte aber vorliegend nicht eingreifen, da es keine gesetzliche Vermutung der Volljährigkeit gibt.[11]

---

7 Auch § 25 Abs. 1 der Röntgen-VO ist keine entsprechende Grundlage, OLG Hamm FamRZ 2015, 1635; AG Schöneberg ZKJ 2014, 486; einer Verwertbarkeit eines von einem Verfahrensbeteiligten eingeholten röntgenologischen Gutachtens im FamFG-Verfahren steht § 25 Abs. 1 Röntgen-VO aber nicht entgegen: LG Berlin JAmt 2009, 457

8 OLG Hamm FamRZ 2015, 1635

9 Vgl. *Kirchhoff/Rudolf*, NVwZ 2017, 1167

10 BGH JAmt 2015, 395 Rn. 7 (zum Aufenthaltsrecht)

11 BGH ZKJ 2016, 414 (im dort entschiedenen Fall kennt § 1626a Abs. 2 Satz 2 BGB eine Vermutung, die im Zweifelsfall nach Feststellungslastgrundsätzen eingreift); vgl. auch *Dürbeck*, FamRZ 2018, 553, 557

Zweiter Abschnitt
Schutz von Kindern und Jugendlichen in Familienpflege und in Einrichtungen

§§ 43 bis 49 SGB VIII

Von Abdruck und Kommentierung wird abgesehen.

Dritter Abschnitt
Mitwirkung in gerichtlichen Verfahren

§ 50 SGB VIII

Mitwirkung in Verfahren vor den Familiengerichten

(1) [1]Das Jugendamt unterstützt das Familiengericht bei allen Maßnahmen, die die Sorge für die Person von Kindern und Jugendlichen betreffen. [2]Es hat in folgenden Verfahren nach dem Gesetz über das Verfahren in Familiensachen und in den Angelegenheiten der freiwilligen Gerichtsbarkeit mitzuwirken:

1. **Kindschaftssachen (§ 162 des Gesetzes über das Verfahren in Familiensachen und in den Angelegenheiten der freiwilligen Gerichtsbarkeit),**
2. **Abstammungssachen (§ 176 des Gesetzes über das Verfahren in Familiensachen und in den Angelegenheiten der freiwilligen Gerichtsbarkeit),**
3. **Adoptionssachen (§ 188 Absatz 2, §§ 189, 194, 195 des Gesetzes über das Verfahren in Familiensachen und in den Angelegenheiten der freiwilligen Gerichtsbarkeit),**
4. **Ehewohnungssachen (§ 204 Absatz 2, § 205 des Gesetzes über das Verfahren in Familiensachen und in den Angelegenheiten der freiwilligen Gerichtsbarkeit) und**
5. **Gewaltschutzsachen (§§ 212, 213 des Gesetzes über das Verfahren in Familiensachen und in den Angelegenheiten der freiwilligen Gerichtsbarkeit).**

(2) [1]Das Jugendamt unterrichtet insbesondere über angebotene und erbrachte Leistungen, bringt erzieherische und soziale Gesichtspunkte zur Entwicklung des Kindes oder des Jugendlichen ein und weist auf weitere Möglichkeiten der Hilfe hin. [2]In Verfahren nach den §§ 1631b, 1632 Absatz 4, den §§ 1666, 1666a und 1682 des Bürgerlichen Gesetzbuchs sowie in Verfahren, die die Abänderung, Verlängerung oder Aufhebung von nach diesen Vorschriften getroffenen Maßnahmen betreffen, legt das Jugendamt dem Familiengericht den Hilfeplan nach § 36 Absatz 2 Satz 2 vor. [3]Dieses Dokument beinhaltet ausschließlich das Ergebnis der Bedarfsfeststellung, die vereinbarte Art der Hilfegewährung einschließlich der hiervon umfassten Leistungen sowie das Ergebnis etwaiger Überprüfungen dieser Feststellungen. [4]In anderen die Person des Kindes betreffenden Kindschaftssachen legt das Jugendamt den Hilfeplan auf Anforderung des Familiengerichts vor. [5]Das Jugendamt informiert das Familiengericht in dem Termin nach § 155 Absatz 2 des Gesetzes über das Verfahren in Familiensachen und in den Angelegenheiten der freiwilligen Gerichtsbarkeit über den Stand des Beratungsprozesses. [6]§ 64 Absatz 2 und § 65 Absatz 1 Satz 1 Nummer 1 und 2 bleiben unberührt.

(3) [1]Das Jugendamt, das in Verfahren zur Übertragung der gemeinsamen Sorge nach § 155a Absatz 4 Satz 1 und § 162 des Gesetzes über das Verfahren in Familiensachen und in den Angelegenheiten der freiwilligen Gerichtsbarkeit angehört wird, teilt

1. **rechtskräftige gerichtliche Entscheidungen, aufgrund derer die Sorge gemäß § 1626a Absatz 2 Satz 1 des Bürgerlichen Gesetzbuchs den Eltern ganz oder zum Teil gemeinsam übertragen wird oder**
2. **rechtskräftige gerichtliche Entscheidungen, die die elterliche Sorge ganz oder zum Teil der Mutter entziehen oder auf den Vater allein übertragen,**

dem nach § 87c Absatz 6 Satz 2 zuständigen Jugendamt zu den in § 58 genannten Zwecken unverzüglich mit. [2]Mitzuteilen sind auch das Geburtsdatum und der Geburtsort des Kindes oder des Jugendlichen sowie der Name, den das Kind oder der Jugendliche zur Zeit der Beurkundung seiner Geburt geführt hat.

Weiterführende Literatur: Flemming, Unabhängig, proaktiv, lösungsorientiert – Die unverwechselbare Rolle des Jugendamts als sozialpädagogischer Experte im familiengerichtlichen Verfahren, JAmt 2021, 303 ff.; *Lohse/Ernst/Katzenstein*, Profilierung des familiengerichtlichen Kinderschutzverfahrens, JAmt 2019, 234 ff.; *Meysen*, Familiengericht und Jugendamt: produktives Ringen oder Machtkampf?, NZFam 2016, 580 ff.; *Oberloskamp*, Das Jugendamt im familiengerichtlichen Verfahren, ZKJ 2016, 336 ff.; *Morat/Kramer*, Verfahrensbeistandschaft und Datenschutz, ZKJ 2014, 139 ff.; *Kunkel*, Möglichkeiten und Grenzen der professionellen Kommunikation in der Familiengerichtsbarkeit mit Blick auf Verschwiegenheitspflicht und Datenschutz, FPR 2013, 487 ff.; *Sommer*, Das Verhältnis von Jugendamt und Familiengericht, Frankfurt 2012; *Hoffmann*, Aufgaben des Jugendamts im Kontext familiengerichtlicher Verfahren, FPR 2011, 304 ff.; *Lack*, Die Beteiligtenstellung des Jugendamtes in Kindschaftssachen, ZKJ 2010, 189; *Rüting*, Das kindorientierte Zusammenwirken im Verfahren vor dem Familiengericht, ZKJ 2011, 244 ff.; *Müller-Magedburg*, Die Beteiligung des Jugendamts – Plädoyer für ein aktives Jugendamt, ZKJ 2009, 319 ff.; *Flemming*, Das aktive Jugendamt, ZKJ 2009, 315 ff.

Übersicht Rn.

A. Allgemeines

1 Mit der Einführung des FamFG zum 1.9.2009 wurde auch die Frage der Beteiligung und Anhörung des Jugendamts in Verfahren betreffend die Person und Angelegenheiten des Kindes neu und einheitlich in § 162 FamFG gefasst. Der Aufzählung einzelner Mitwirkungstatbestände folgt auch das SGB VIII in § 50 Abs. 1 Satz 2. Die **Mitwirkung des Jugendamts im kindschaftsrechtlichen Verfahren** hat eine lange Rechtstradition, wobei sich das Verständnis der Rolle und Funktion des Jugendamts und sein Verhältnis zum Familiengericht grundlegend gewandelt hat.[1] Das Jugendamt gilt insbesondere nicht mehr als bloßer Ermittlungsgehilfe des Familiengerichts. Seine Rolle und Aufgabe im familiengerichtlichen Verfahren nimmt es **eigenständig** wahr und bringt seine **fachspezifische soziale Kompetenz** in das Verfahren ein.

Durch das Gesetz zur Stärkung von Kindern und Jugendlichen (Kinder- und Jugendstärkungsgesetz – KJSG) vom 3.6.2021, in Kraft getreten zum 10.6.2021, wurde in § 50 Abs. 2 Satz 2 bis 4 die Pflicht des Jugendamts zur Vorlage des Hilfeplans ohne gesonderte Aufforderung des Familiengerichts in Kinderschutzverfahren (Satz 2) bzw. auf Aufforderung des Familiengerichts in anderen Kindschaftsverfahren (Satz 4) eingeführt.

2 Die Mitwirkung des Jugendamts in Verfahren vor dem Familiengericht gilt nach § 2 Abs. 3 Nr. 6 SGB VIII als **andere Aufgabe der Kinder- und Jugendhilfe**. Die hohen Anforderungen, die das BVerfG an die Voraussetzungen eines Sorgerechtsentzuges nach §§ 1666, 1666a BGB stellt (vgl. hierzu *Cirullies*, § 1666 BGB Rn. 18 ff.), führen in der Praxis vermehrt zu Kon-

1 Zur Entwicklung vgl. juris-PK/*Wabnitz,* § 50 SGB VIII Rn. 6; zum Verhältnis Jugendamt und Familiengericht grundlegend *Sommer*, S. 27 ff.

flikten zwischen Jugendamt und Familiengericht über die Notwendigkeit und Sinnhaftigkeit der Erbringungen weiterer öffentlicher Hilfen zur Abwendung einer Trennung von Kind und Eltern, die die Frage aufwerfen, ob das Familiengericht gegenüber dem Jugendamt die Gewährung von Leistungen nach dem SGB VIII anordnen kann (siehe näher hierzu *Köhler*, § 36a SGB VIII Rn. 1 ff.). Auch die Pflicht des Familiengerichts, Elternrechte in ihrem Konflikt mit Rechten des Kindes in verfassungskonformer Weise bei der Entscheidung zu berücksichtigen,[2] setzt einer **Kooperation zwischen Familiengericht und Jugendamt**, wie dies als Idealbild einer „Verantwortungsgemeinschaft" in der familien- und jugendhilferechtlichen Literatur[3] gesehen wird, in der Praxis deutliche Grenzen. Unbeschadet der Aufgaben des Jugendamtes hat auch der **Verfahrensbeistand** nach § 158 FamFG die Rolle, Bedeutung und Wahrnehmung des Jugendamts im Rahmen seiner Mitwirkung und ggf. Beteiligung im familiengerichtlichen Verfahren erheblich verändert (näher hierzu *Heilmann*, § 162 FamFG Rn. 30).

▶ *Zu den Aufgaben des Verfahrensbeistandes siehe Keuter, § 158 FamFG Rn. 27 ff.*

B. Inhalt der Norm

I. Mitwirkungstatbestände (Abs. 1 Satz 2)

3 § 50 Abs. 1 Satz 2 SGB VIII fasst die Vorschriften des FamFG zur Anhörung des Jugendamts zusammen und statuiert für das Jugendamt eine **Amtspflicht zur Mitwirkung** in **Kindschaftssachen** nach § 162 FamFG i.V.m. § 151 FamFG (Nr. 1), in Abstammungssachen nach § 176 FamFG (Nr. 2), in Adoptionssachen nach §§ 188 Abs. 2, 189, 194, 195 FamFG (Nr. 3), in den in §§ 204 Abs. 2, 205 FamFG genannten Ehewohnungssachen (Nr. 4) und den in §§ 212, 213 FamFG genannten Gewaltsschutzsachen (Nr. 5). Die einzelnen Anhörungstatbestände ergeben sich aus dem materiellen Recht des BGB und z.T. aus Spezialgesetzen wie dem RKEG oder NamÄG und sind entscheidend für die inhaltlichen Anforderungen an die Mitwirkung des Jugendamts im Verfahren vor dem Familiengericht.[4]

II. Rechtsposition des Jugendamts und Zweck der Mitwirkung

4 Der Rechtsstatus des Jugendamts in den familiengerichtlichen Verfahren, in denen es nach Abs. 1 Satz 2 mitwirkt, hängt zunächst davon ab, ob es im Verfahren formell **beteiligt** ist oder nicht. Eine Muss-Beteiligung ist nur nach § 162 Abs. 2 Satz 1 FamFG in Kinderschutzverfahren nach §§ 1666, 1666a BGB vorgesehen, im Übrigen steht es ihm im Rahmen von § 162 Abs. 2 Satz 2, 204 Abs. 2, 212, 188 Abs. 2 FamFG frei, sich durch Antragstellung zu **beteiligen**.

▶ *Ausführlich zur Beteiligung des Jugendamtes siehe Heilmann, § 162 FamFG Rn. 19 ff.*

Das **Beschwerderecht** steht dem im kindschaftsrechtlichen Verfahren gemäß §§ 50, 87b SGB VIII zuständigen Jugendamt nach § 162 Abs. 3 Satz 2 FamFG unabhängig von der Frage seiner Beteiligtenstellung zu.

5 Auch soweit das Jugendamt nicht verfahrensbeteiligt ist, wird das Jugendamt im Rahmen der ihm durch § 2 Abs. 3 Nr. 6 SGB VIII zugewiesenen eigenständigen Pflichtaufgabe der Mitwirkung am familiengerichtlichen Kindschaftsverfahren **nicht als weisungsgebundenes Hilfsorgan** oder als Ermittlungsbehörde des Familiengerichts tätig,[5] sondern nimmt

2 Vgl. zur Kritik an der Überbetonung der Elternrechte im Kinderschutz durch das BVerfG: *Heilmann*, NJW 2014, 2904

3 Vgl. etwa *Meysen*, NZFam 2016, 580; *Rüting*, ZKJ 2011, 244; *Hoffmann*, FPR 2011, 304

4 Ausführlich zu allen Anhörungstatbeständen im materiellen Familienrecht: Wiesner/*Dürbeck*, Anh. 3 SGB VIII Rn. 32 ff.

5 *Lohse/Ernst/Katzenstein*, JAmt 2019, 234, 240

diese ihm zugewiesene gesetzliche Aufgabe **selbstständig** und in **eigener Verantwortung** wahr. Es soll dabei nach dem gesetzlichen Leitbild seine Rolle im familiengerichtlichen Verfahren **aktiv** wahrnehmen[6] und mit dem Familiengericht in kindsorientierter Weise **kooperieren**.[7]

Die in § 50 SGB VIII vorgesehene Mitwirkung dient **aus Sicht des Familiengerichts** der gerichtlichen Entscheidungsfindung und stellt sich daher als eine Form der Ermittlung und Sachaufklärung dar.[8] Dem trägt auch Abs. 1 Satz 1 Rechnung und betont die **Unterstützungsfunktion** des Jugendamts gegenüber dem Familiengericht. Die sozialpädagogische Kompetenz des Jugendamts soll dem Familiengericht dabei helfen, im Rahmen der Rechtsanwendung – vor allem in Bezug auf die Belange von betroffenen Kindern – die richtige Sachentscheidung zu treffen und wird dem unbestimmten Rechtsbegriff „Kindeswohl" als Leitmaßstab für familiengerichtliche Entscheidungen und Einfallstor außerjuristischer Erkenntnisse gerecht. Aus **Sicht der Jugendhilfe** soll die Mitwirkung im familiengerichtlichen Verfahren die durch § 1 Abs. 1 SGB VIII vorgegebenen Ziele, sich für eine Verbesserung der Lebenssituation von Kindern oder Jugendlichen einzusetzen, erfüllen helfen.[9] Diese unterschiedlichen Zielsetzungen müssen im Einzelfall auf Grund der unterschiedlichen Herangehensweise der agierenden Berufsfelder **nicht immer deckungsgleich** sein. 6

III. Art der Mitwirkung

1. Form

Die Verpflichtung zur Mitwirkung in den im Gesetz genannten Familiensachen bedeutet, dass das Jugendamt die ihm vom Familiengericht gewährte Gelegenheit wahrzunehmen hat, sich vor der zu treffenden Entscheidung zu äußern. Gesetzliche Vorgaben über die Form der Mitwirkung bestehen – mit Ausnahme der Verpflichtung zur Vorlage des Hilfeplans in Abs. 2 Satz 2 – nicht. Es entspricht den Gepflogenheiten zwischen Behörden und sonstigen staatlichen Institutionen, dem Anspruch der weiteren Verfahrensbeteiligten auf **Gewährung rechtlichen Gehörs** und dem Erfordernis einer ausreichenden Vorbereitung einer mündlichen Verhandlung bei einem Gericht, dass in der Regel eine Äußerung in **schriftlicher Form** abzufassen und rechtzeitig vor einem Termin abzusenden ist.[10] Eine schriftliche Äußerung des Jugendamts wird etwa dann unerlässlich sein, wenn es nach erfolgter Inobhutnahme des Kindes oder Jugendlichen nach § 42 Abs. 3 Satz 2 SGB VIII oder im Rahmen von § 8a Abs. 2 Satz 1 SGB VIII das Familiengericht anruft. Eine **mündliche Stellungnahme** wird hingegen dann ausreichen, wenn das Jugendamt die betroffene Familie noch nicht kennt und das FamG einen frühen Termin nach § 155 Abs. 2 FamFG oder in einem einstweiligen Anordnungsverfahren nach §§ 49 ff. FamFG bestimmt, ohne dass es dem Jugendamt vorher möglich war, die betroffenen Eltern und Kinder oder Jugendlichen zu kontaktieren. 7

Nachdem die Frage zuvor umstritten war, hat der Gesetzgeber mit Wirkung zum 10.6.2021 in Abs. 2 Satz 2 bis 4 Regelungen zur Vorlage des Hilfeplans gemäß § 36 SGB VIII vom Jugendamt an das Familiengericht eingeführt. 8

Dem **Hilfeplan** kommt besondere **Bedeutung im Kinderschutzverfahren** nach § 1666 BGB, aber auch in sonstigen Kindschaftsverfahren zu. Zumeist hat vor einer Befassung des Familiengerichts das Jugendamt schon Erfahrungen mit dem Kind und der Familie gemacht. Da in den Hilfeplänen dokumentiert ist, welche Ziele eine eingesetzte Hilfe hatte, welche

6 *Flemming*, ZKJ 2009, 315
7 *Rüting*, ZKJ 2011, 244; *Sommer*, S. 135 ff.
8 Sternal/*Schäder*, § 162 FamFG Rn. 2
9 FK-SGB VIII/*Trenczek*, Vor §§ 50–52 Rn. 7
10 LPK-SGB VIII/*Berneiser/Diehl*, § 50 Rn. 18; FK-SGB VIII/*Trenczek*, Vor §§ 50–52 Rn. 34

Ziele erreicht bzw. nicht erreicht wurden und wie sich die Mitwirkung der Eltern gestaltete, kann ein Hilfeplan dokumentieren, inwieweit bereits erbrachte Leistungen der Erziehungshilfe geeignet waren, Kindeswohlgefährdungen abzuwenden bzw. wie dies prognostisch einzuschätzen ist.[11]

In Verfahren nach §§ 1666, 1631b, 1632 Abs. 4 und 1682 BGB ist **das Jugendamt** aufgrund der Bedeutung des Hilfeplans für diese familiengerichtlichen Verfahren seit Inkrafttreten des KJSG am 10.6.2021 gemäß § 50 Abs. 2 Satz 2 SGB VIII **verpflichtet, dem Familiengericht den Hilfeplan vorzulegen**. In diesen Verfahren bedarf es keiner ausdrücklichen Aufforderung des Familiengerichts. Aufgrund der Bedenken der Jugendämter, dass durch Herausgabe des Hilfeplans auch gegen den Willen der beteiligten Familienmitglieder das für eine Jugendhilfebeziehung notwendige Vertrauen gestört werden könne und dass der Hilfeplan im Hinblick auch Punkte enthalten könne, die für das aktuelle familiengerichtliche Verfahren keine Relevanz haben, wurde in § 50 Abs. 2 Satz 3 SGB VIII geregelt, dass der vorgelegte Hilfeplan „ausschließlich das Ergebnis der Bedarfsfeststellung, die vereinbarte Art der Hilfegewährung einschließlich der hiervon umfassten Leistungen sowie das Ergebnis etwaiger Überprüfungen dieser Feststellungen" beinhalte. Weil der konkrete Inhalt des Hilfeplans in § 36 Abs. 2 Satz 2 SGB VIII nicht festgelegt ist, kann diese Einschränkung dazu führen, dass zwei Hilfepläne geschrieben werden, neben dem nach § 36 Abs. 2 Satz 2 SGB VIII auch ein **„abgekürzter" Hilfeplan nach § 50 Abs. 2 Satz 3 SGB VIII**. In anderen, nicht ausdrücklich in § 50 Abs. 2 Satz 2 SGB VIII genannten Kindschaftsverfahren kann das Familiengericht gemäß § 50 Abs. 2 Satz 4 SGB VIII den Hilfeplan vom Jugendamt anfordern; hier muss das Jugendamt also nicht von sich aus vorlegen, erst auf familiengerichtliche Nachfrage. Die Datenschutzregeln der §§ 64 Abs. 2, 65 Abs. 1 Satz 1 Nr. 1 und 2 SGB VIII bleiben nach § 50 Abs. 2 Satz 6 SGB VIII unberührt.

Die Unterstützung des Familiengerichts durch das Jugendamt darf sich regelmäßig nicht in der bloßen Vorlage des Hilfeplans beschränken. Dies ergibt sich bereits aus der Gesetzessystematik, wonach sich die Pflichten des Jugendamts im familiengerichtlichen Verfahren aus Abs. 2 Satz 1 ergeben. Abs. 2 Satz 2 bis 4 sind nur zusätzliche Sonderregelungen in Bezug auf den Hilfeplan.

9 Ist das Jugendamt am Verfahren beteiligt (gemäß § 162 Abs. 2 Satz 1 FamFG von Amts wegen in Kinderschutzverfahren oder ansonsten auf seinen Antrag), kann das **persönliche Erscheinen des Jugendamts** als zuständige Fachbehörde (nicht aber ein bestimmter Sachbearbeiter) **zu einem gerichtlichen Termin angeordnet** und notfalls mit Ordnungsmitteln durchgesetzt werden.[12]

Ist das Jugendamt nicht förmlich am Verfahren beteiligt, ist es grundsätzlich nicht verpflichtet, zu einem gerichtlichen Termin zu erscheinen (unabhängig von der Anordnung des persönlichen Erscheinens). Eine Ausnahme dazu bildet § 155 Abs. 2 Satz 3 FamFG, in dem eine Terminsanwesenheit des Jugendamts in den in § 155 Abs. 1 FamFG genannten, vorrangig und beschleunigt zu führenden Kindschaftssachen vorausgesetzt wird, unabhängig von der Beteiligtenstellung des Jugendamts. Das bedeutet, dass das **Jugendamt als Fachbehörde** auch eine **Anwesenheitspflicht in dem Termin nach § 155 Abs. 2 FamFG** hat.[13]

2. Inhalt

10 Die regelmäßig schriftlich abzufassende Stellungnahme des Jugendamts sollte sich nicht auf die Darstellung von Tatsachen – etwa der Schilderung dessen, was die Eltern gegenüber dem Jugendamt geäußert haben – beschränken, sondern darüber hinaus auch einen

11 *Völker/Clausius*, § 12 Rn. 53
12 Wiesner/Wapler/*Wapler*, § 50 SGB VIII Rn. 63d; OLG Frankfurt JAmt 2013, 162
13 MüKo-FamFG/*Heilmann*, § 155 Rn. 64

psychosozialen Befund mit einer psychosozialen Diagnose, d.h. eine Erklärung und Zuordnung der Befunde vor dem Hintergrund spezifischen Fachwissens enthalten.[14] Hilfreich ist, wenn Sachverhaltsdarstellung mit konkret beschriebenen Situationen getrennt von der Bewertung dargestellt werden. Die Stellungnahme ist kein Gutachten, sondern vielmehr eine **fachliche behördliche Äußerung**.[15] Der Inhalt der Äußerung bestimmt sich nach dem jeweiligen Anhörungstatbestand des materiellen Rechts.[16] Damit sollte sich das Jugendamt in Kindesschutzverfahren zur Frage der Gefährdung des Kindeswohls positionieren. Dazu gehört nicht nur die Darstellung von Missständen im elterlichen Haushalt, sondern insbesondere auch die diesbezüglichen Folgen für das Kind aus sozialarbeiterischer Sicht (drohende oder bereits eingetretene, konkret benannte Schäden, ggf. Ressourcen des Kindes).[17] In Verfahren nach § 1671 BGB sollte das Jugendamt dazu Stellung nehmen, ob eine Aufhebung der gemeinsamen elterlichen Sorge und die Übertragung auf den Antragsteller dem Wohl des Kindes am besten entspricht und in Umgangsverfahren nach § 1684 BGB sich dazu äußern, welche Regelung des Umgangs dem Wohl des Kindes dient bzw. ob und inwieweit es einer Einschränkung des Umgangs zur Abwehr einer (konkret benannten) Kindeswohlgefährdung bedarf.

Im Grundsatz hat das Jugendamt nach Abs. 2 Satz 1 insbesondere über **bereits erbrachte oder angebotene Erziehungshilfen** und sonstige Leistungen zu berichten und **erzieherische und soziale Gesichtspunkte** zur Entwicklung des Kindes einzubringen. Ein vorhandener **Hilfeplan** muss gemäß Abs. 2 Satz 2 mitgeliefert werden. Gleiches gilt uneingeschränkt für vorhandene **Gefährdungseinschätzungsbögen**. § 65 Abs. 1 Satz 1 Nr. 2 SGB VIII erlaubt ausdrücklich die Weitergabe von Sozialdaten, die dem Mitarbeiter eines Trägers der öffentlichen Jugendhilfe zum Zwecke persönlicher und erzieherischer Hilfe anvertraut worden sind, an das Familiengericht in Kinderschutzfällen. 11

Durch die Mitteilung des Jugendamts über bereits erbrachte Hilfen kann das Familiengericht besser beurteilen, ob die Eltern nicht gewillt und nicht in der Lage sind, die Gefährdung abzuwenden (§ 1666 Abs. 1 BGB); die vom Jugendamt mitgeteilten erzieherischen und sozialen Gesichtspunkte zur Entwicklung des Kindes oder Jugendlichen dienen dem Familiengericht zur Überprüfung der Frage, ob das körperliche, geistige oder seelische Wohl des Kindes gefährdet ist (§ 1666 Abs. 1 BGB); der Hinweis des Jugendamts auf weitere Möglichkeiten der Hilfe dient der Überprüfung, ob der Gefahr auf andere Weise, insbesondere durch öffentliche Hilfen, begegnet werden kann (§ 1666a Abs. 1 Satz 1 BGB).[18] 12

Weiterhin wäre es aus Sicht der Familiengerichte wünschenswert, wenn das Jugendamt zur Vorbereitung seines Berichts einen **Hausbesuch** bei beiden Eltern durchführen würde,[19] was in der Praxis außerhalb von Kinderschutzverfahren leider eher die Ausnahme ist und heute von den Verfahrensbeiständen übernommen wird. Eine aus § 50 SGB VIII folgende Verpflichtung zu vorherigen Hausbesuchen besteht jedoch auch unter Berücksichtigung von § 8a Abs. 1 Satz SGB VIII (vgl. *Köhler*, § 8a SGB VIII Rn. 6) nicht,[20] sondern steht im Ermessen der zuständigen Fachkraft. 13

---

14 *Oberloskamp*, ZKJ 2016, 336, 339; FK-SGB VIII/*Trenczek*, Vor §§ 50–52 Rn. 26

15 FK-SGB VIII/*Trenczek*, Vor §§ 50–52 Rn. 23

16 Vgl. die ausführliche Darstellung von Wiesner/Wapler/*Dürbeck*, Anh. 3 SGB VIII Rn. 32 ff. zu allen familienrechtlichen Anhörungstatbeständen

17 *Lohse/Ernst/Katzenstein*, JAmt 2019, 234, 238

18 Instruktiv *Lohse/Ernst/Katzenstein*, JAmt 2019, 234, 237

19 So ausdrücklich: OLG Stuttgart FamRZ 2006, 1857; OLG Köln FamRZ 2001, 1535; FamRZ 1999, 1517; *Völker/Clausius*, § 1 Rn. 441: „Zur Vorbereitung des Jugendamtsberichts sollte der Sachbearbeiter des Jugendamtes in der Regel bei beiden Elternteilen einen Hausbesuch machen, um sich einen persönlichen Eindruck der örtlichen Verhältnisse und Lebensumstände des Kindes zu verschaffen.", vgl. dazu auch DIJuF-Rechtsgutachten JAmt 2015, 83

20 *Lohse/Ernst/Katzenstein*, JAmt 2019, 234, 240; *Oberloskamp*, ZKJ 2016, 336, 343; LPK-SGB VIII/*Berneiser/Diehl*, § 50 Rn. 26

14 Umstritten ist, ob die fachliche Äußerung des Jugendamts einen bestimmten **Entscheidungsvorschlag** enthalten muss, was insbesondere von der kinder- und jugendhilferechtlichen Literatur[21] überwiegend verneint wird. Dem ist insoweit zuzustimmen, dass das Familiengericht das Jugendamt nicht zu einem Entscheidungsvorschlag zwingen kann und der Wortlaut des § 50 Abs. 2 SGB VIII einen Entscheidungsvorschlag nicht als zwingenden Teil der Stellungnahme des Jugendamts vorsieht. Jedoch sollte sich das Jugendamt im Rahmen seiner fachlichen Einschätzung positionieren,[22] da die Interessenwahrnehmung für ein betroffenes Kind, wie es § 1 Abs. 1 und 3 Nr. 1 SGB VIII als Ziel der Jugendhilfe vorgeben, untrennbar verbunden ist mit Parteinahme. So sollte etwa in einem Antragsverfahren nach §§ 1628 oder 1671 BGB seitens des Jugendamts auch ein bestimmter Entscheidungsvorschlag gemacht werden. **Kein Entscheidungsvorschlag** kann jedenfalls dann erwartet werden, wenn Gründe des **Datenschutzes** dem im Einzelfall entgegenstehen sollten,[23] die betroffenen Elternteile die **Kooperation mit dem Jugendamt verweigert** haben (was dann auch dem Gericht mitzuteilen ist)[24] oder dem Jugendamt wegen bestimmter im Vordergrund stehenden Fragen (z.B. körperliche oder psychische Erkrankung der Eltern) die **Sachkompetenz fehlt**.[25]

IV. Übermittlungspflichten (Abs. 3)

15 Durch das Gesetz zur Reform der elterlichen Sorge nicht miteinander verheirateter Eltern vom 16.4.2013[26] wurde Abs. 3 der Vorschrift eingefügt. Soweit das Jugendamt in **Verfahren zur Übertragung der gemeinsamen Sorge nach § 155a Abs. 4 Satz 1 FamFG** angehört wird oder sich am betreffenden Verfahren beteiligt hat, hat es nach § 50 Abs. 3 SGB VIII gerichtliche Entscheidungen, aufgrund derer die Sorge gemäß § 1626a Abs. 2 Satz 1 BGB den Eltern ganz oder zum Teil gemeinsam übertragen wurde, dem nach § 87c Abs. 6 Satz 2 zuständigen Jugendamt zu den in § 58a SGB VIII genannten Zwecken **unverzüglich mitzuteilen**. Mitzuteilen sind nach Satz 2 auch das Geburtsdatum und der Geburtsort des Kindes oder des Jugendlichen sowie der Name, den das Kind oder der Jugendliche zur Zeit der Beurkundung seiner Geburt geführt hat.

Soweit das Familiengericht im **vereinfachten Verfahren nach § 155a Abs. 2 und 3 FamFG ohne Anhörung und Beteiligung** entschieden hat und zumindest in Teilbereichen gemeinsames Sorgerecht begründet hat, ist es nach § 155a Abs. 3 Satz 3 FamFG selbst für die Übermittlung der vorbezeichneten Daten an das für die Führung des Sorgerechtsregisters zuständige Jugendamt zuständig (näher hierzu *Fink*, § 155a FamFG Rn. 31).

C. Rechtsschutz gegen die fachliche Äußerung

16 Soweit ein Verfahrensbeteiligter mit einer fachlichen Äußerung des Jugendamts im Rahmen dessen Mitwirkung nach § 50 SGB VIII nicht einverstanden ist, weil er sie etwa als unzutreffend, fachlich fehlerhaft oder ehrverletzend ansieht, besteht **kein vor den Verwaltungsgerichten einklagbarer öffentlich-rechtlicher Anspruch auf Unterlassen** der vom Jugendamts getätigten Äußerungen, soweit diese nicht leichtfertig abgegeben wurden und

21 FK-SGB VIII/*Trenczek*, Vor §§ 50–52 Rn. 31; Wiesner/Wapler/*Wapler*, § 50 SGB VIII Rn. 50; MüKo-BGB/*Tillmanns*, § 50 SGB VIII Rn. 9; LPK-SGB VIII/*Berneiser/Diehl*, § 50 Rn. 15; Wiesner/Wapler/*Dürbeck*, Anh. 3 SGB VIII Rn. 9; *Flemming*, JAmt 2021, 303, 304

22 BGH FamRZ 1986, 895 Rn. 16: „Entscheidungsvorschlag unterbreiten soll"; OLG Stuttgart FamRZ 2006, 1857 Rn. 12: „soll … einen bestimmten Entscheidungsvorschlag unterbreiten"; *Völker/Clausius*, § 1 Rn. 441: „Das Jugendamt hat auch, soweit es hierzu in der Lage ist, einen Entscheidungsvorschlag zu unterbreiten"; *Oelkers*, FamRZ 1995, 449, 451; Staudinger/*Dürbeck*, § 1684 Rn. 446 (für eine Pflicht)

23 Was aber selten der Fall ist, vgl. *Kunkel*, FamRZ 1997, 193, 196: FPR 2013, 487

24 BayObLG FamRZ 2001, 647; Wiesner/Wapler/*Dürbeck*, Anh. SGB VIII 3 Rn. 10

25 Wiesner/Wapler/*Dürbeck*, Anh. SGB VIII 3 Rn. 10

26 BGBl. I 2013 S. 795; vgl. dazu *Dürbeck*, ZKJ 2013, 330

sie sich in einem sachlichen Rahmen bewegen.[27] Es besteht kein Anspruch auf Wahrnehmung der Aufgabe durch einen bestimmten Sachbearbeiter in der Behörde; die Befangenheit eines Sachbearbeiters kann – ebenso wie Rechtsschutz gegen die fachliche Stellungnahme selbst – nur mit einem Rechtsmittel gegen die familiengerichtliche Entscheidung erlangt werden.[28] Die Frage der Verwertbarkeit einer fachlichen Stellungnahme des Jugendamts obliegt insoweit ausschließlich den Familiengerichten, die an Empfehlungen des Jugendamts nicht gebunden sind.[29] Schließlich besteht auch kein Anspruch auf Akteneinsicht in die bei Jugendamt geführten Akten betreffend die Mitwirkung in einem familiengerichtlichen Verfahren, da schon der Sozialdatenschutz nach § 65 SGB VIII dem entgegensteht.[30]

D. Grenzen der Mitwirkung

Grenzen der Mitwirkung des Jugendamts ergeben sich zunächst im Hinblick auf **datenschutzrechtliche Bestimmungen**, die es dem Jugendamt insbesondere verwehren können, ohne Zustimmung der jeweiligen Verfahrensbeteiligten bei Dritten eingeholte Auskünfte zu offenbaren. Dies gilt auch im Umgang mit dem Verfahrensbeistand[31] (zu Einzelheiten vgl. insoweit *Köhler*, §§ 61 bis 68 SGB VIII Rn. 1 ff.). 17

Als **Zeugen** können Fachkräfte von Jugendämtern vom Familiengericht zwar grundsätzlich nach §§ 29 Abs. 2, 30 Abs. 1 FamFG, 373 ff. ZPO vernommen werden. Es sind hier jedoch sowohl **beamtenrechtliche Genehmigungen** nach §§ 376 ZPO i.V.m. den Ländergesetzen zu beachten als auch etwaige oftmals bestehende **Zeugnisverweigerungsrechte** nach §§ 29 Abs. 2 FamFG, 383 Abs. 1 Nr. 6 ZPO.[32] 18

Verweigern die am Verfahren beteiligten Eltern Gespräche mit dem Jugendamt, können diese mangels Rechtsgrundlagen weder zwangsweise vorgeführt werden, noch hat das Jugendamt eine Befugnis, im Rahmen eines **Hausbesuchs** die Wohnung **gegen den Willen der Wohnungsinhaber** zu betreten (Art. 13 Abs. 2 GG; vgl. auch *Köhler*, § 8a SGB VIII Rn. 6) 19

E. Übertragung auf freie Träger

Gemäß § 76 Abs. 1 SGB VIII können Träger der öffentlichen Jugendhilfe **anerkannte Träger der freien Jugendhilfe** mit deren Zustimmung **an der Durchführung** ihrer Aufgaben nach § 50 SGB VIII **beteiligen oder** ihnen diese Aufgabe **zur Ausführung übertragen**. Die Entscheidung über die Mitwirkung anerkannter freier Träger erfolgt durch den Jugendhilfeausschuss gemäß § 70 Abs. 1 Alt. 1 SGB VIII.[33] Regelmäßig werden die Absprachen durch Abschluss eines öffentlich-rechtlichen Vertrags fixiert. Es entsteht insoweit zwischen dem Träger der öffentlichen Jugendhilfe und dem anerkannten freien Träger ein **öffentlich-rechtliches Auftragsverhältnis**.[34] In Hessen ist dies z.B. im Landkreis Gießen der Fall, wo die Beratungsstelle des Deutschen Kinderschutzbundes für das zuständige Kreisjugendamt die Aufgaben nach § 50 SGB VIII übernimmt, indem sie fachliche Äußerungen eigenständig abgibt und ihre Mitarbeiter Termine in Kindschaftssachen bei den Amtsgerichten 20

27 VGH München ZKJ 2014, 38; OVG Münster, Beschl. v. 16.7.2009 – 12 A 788/09, juris
28 VG Köln ZKJ 2019, 157; VG Aachen, Beschl. v. 8.3.2010 – 2 L 77/10, juris; Hauck/Noftz/*Bohnert*, § 50 SGB VIII Rn. 22
29 BVerfG ZKJ 2014, 242; JAmt 2014, 410
30 VG Hannover ZKJ 2015, 243
31 DIJuF-Rechtsgutachten JAmt 2014, 444, 446; zum Umgang des Verfahrensbeistands mit dem Datenschutz vgl. *Morat/Kramer*, ZKJ 2014, 139
32 Vgl. LPK-SGB VIII/*Berneiser/Diehl*, § 50 Rn. 21
33 LPK-SGB VIII/*Schindler/Elmauer*, § 76 Rn. 5
34 Wiesner/Wapler/*Wiesner*, § 76 SGB VIII Rn. 15

und dem OLG Frankfurt wahrnehmen.[35] Gemäß § 76 Abs. 2 SGB VIII bleibt aber das **Jugendamt für die Erfüllung der Aufgabe verantwortlich** und hat z.B. sicherzustellen, dass der beauftragte Träger die Aufgabe ordnungsgemäß erfüllt und auch den Datenschutz beachtet. Diese **Gesamtverantwortung** des Jugendamts gilt auch gegenüber dem Familiengericht.[36] Die Tätigkeit des Mitarbeiters des freien Trägers im gerichtlichen Verfahren ist **im Außenverhältnis zum Gericht ein Tätigwerden des Jugendamts**.[37] Im Verhältnis Jugendamt und freier Träger besteht wegen des eigenständigen Betätigungsrechts der freien Träger im Rahmen der Kinder- und Jugendhilfe **kein einzelfallbezogenes Weisungsrecht** gegenüber dem freien Träger.[38]

21 Bislang nicht erörtert ist die Frage, ob einer Übertragung der Aufgabe an einen freien Träger auch das **Beschwerderecht** nach § 162 Abs. 3 Satz FamFG vom freien Träger ausgeübt werden kann. Die Frage dürfte zu verneinen sein, weil das Beschwerderecht, wie andere Verfahrensrechte auch, z.B. das der Beteiligtenstellung nach § 162 Abs. 2 Satz 1 FamFG, nicht disponibel sind.[39]

F. Örtliche und sachliche Zuständigkeit

22 Die **örtliche Zuständigkeit** des Jugendamts für seine Mitwirkung im familiengerichtlichen Verfahren ergibt sich aus § 87b SGB VIII i.V.m. § 86 Abs. 1 bis 4 SGB VIII. Sie ist nicht immer identisch mit der örtlichen Zuständigkeit des Familiengerichts (oder mit der örtlichen Zuständigkeit des Jugendamts für die Inobhutnahme nach § 87 Satz 1 SGB VIII). § 86 Abs. 2 Satz 2 SGB VIII bestimmt etwa für den Fall, dass die gemeinsam personensorgeberechtigten Eltern verschiedene Wohnsitze haben, die örtliche Zuständigkeit desjenigen Jugendamts, bei dem **das Kind zuletzt seinen gewöhnlichen Aufenthalt** hatte. Bei alleinigem elterlichen Sorgerecht ist der Wohnsitz dieses Elternteils maßgeblich. Leben die Eltern, wie z.B. in Verfahren nach § 1666 BGB zusammen, ist nach § 86 Abs. 1 Satz 1 SGB VIII ihr Wohnsitz maßgeblich.

Beschwerdeberechtigt gegen eine Entscheidung des Familiengerichts zum Kinderschutz ist nur das gemäß § 162 Abs. 2 Satz 1 FamFG, § 50 SGB VIII zuständige Jugendamt, nicht etwa (auch) das Jugendamt, dass das Kind zuvor gemäß § 42 SGB VIII in Obhut genommen hat.[40]

23 Für die Mitwirkung des Jugendamts im gerichtlichen Verfahren nach § 50 SGB VIII gilt die Besonderheit, dass nach § 87b Abs. 2 SGB VIII die zu Beginn des Verfahrens **begründete örtliche Zuständigkeit eines Jugendamts** auch dann **bis zur Beendigung** des familiengerichtlichen Verfahrens bestehen bleibt, wenn sich die hierfür maßgeblichen Umstände, insbesondere durch einen **Wegzug des Kindes** und seiner Eltern, verändert haben und die Zuständigkeit in Ansehung anderer Aufgaben (z.B. Leistungen) auf ein anderes Jugendamt übergegangen ist (vgl. etwa § 86 Abs. 5 SGB VIII). Hierdurch wird die **Kontinuität der Beteiligung eines Jugendamts** bis zum Abschluss eines familiengerichtlichen Verfahrens gegenüber dem Familiengericht und den Verfahrensbeteiligten gewahrt.[41] Soweit sich nach einem Wegzug des Kindes mit seinem betreuenden Elternteil die Notwendigkeit eines Be-

35 Vgl. auch den Fall des VG Köln ZKJ 2019, 157, in dem das Jugendamt die AWO Beratungsdienste gGmbH als freien Träger für die Aufgaben nach § 50 SGB VIII eingesetzt hat
36 FK-SGB VIII/*Schindler/von Boetticher*, § 76 Rn. 10
37 Wiesner/Wapler/*Wiesner*, § 76 SGB VIII Rn. 19
38 FK-SGB VIII/ *Schindler/von Boetticher*, § 76 Rn. 11; LPK-SGB VIII/*Schindler/Elmauer*, § 76 Rn. 16; a.A. OLG Oldenburg ZfJ 1997, 56
39 OLG Naumburg FamRZ 2003, 468; FamRZ 2003, 781 (Beteiligung); jurisPK-SGB VIII/*Trésoret*, § 76 Rn. 60
40 OLG Saarbrücken ZKJ 2022, 66
41 LPK-SGB VIII/*Kunkel/Kepert*, § 87b Rn. 8

richts durch das Jugendamt am neuen Wohnort ergibt, hat das Familiengericht im Rahmen seiner Amtsermittlungspflicht nach § 26 FamFG das für die Mitwirkung im Verfahren zuständige Jugendamt zu ersuchen, im Wege der Amtshilfe das Jugendamt vor Ort zu ersuchen, einen Bericht zu erstatten. § 26 FamFG erlaubt aber auch dem Familiengericht, sich unmittelbar an das Jugendamt am neuen Wohnsitz des Kindes oder Elternteils zu wenden.[42]

Die **sachliche Zuständigkeit** des Jugendamts ist in § 85 SGB VIII geregelt und geht für den Regelfall von der Zuständigkeit des örtlichen Trägers aus. In Berlin bestehen insoweit Besonderheiten (näher hierzu *Heilmann*, § 162 FamFG Rn. 9). In beiden vom BGH entschiedenen Fällen[43] hatte das Amtsgericht übersehen, dass es gemäß § 162 FamFG nicht den in Berlin nach dortigem Landesrecht für Inobhutnahmen nach § 42 Abs. 1 Nr. 3 SGB VIII zuständigen überörtlichen Träger der Jugendhilfe (in Berlin die Senatsverwaltung), sondern den für die Mitwirkung im Verfahren nach § 50 SGB VIII zuständigen örtlichen Träger der Kinder- und Jugendhilfe (in Berlin das Bezirksjugendamt) hätte beteiligen müssen.[44] 24

§ 51 SGB VIII

Beratung und Belehrung in Verfahren zur Annahme als Kind

(1) [1]Das Jugendamt hat im Verfahren zur Ersetzung der Einwilligung eines Elternteils in die Annahme nach § 1748 Absatz 2 Satz 1 des Bürgerlichen Gesetzbuchs den Elternteil über die Möglichkeit der Ersetzung der Einwilligung zu belehren. [2]Es hat ihn darauf hinzuweisen, dass das Familiengericht die Einwilligung erst nach Ablauf von drei Monaten nach der Belehrung ersetzen darf. [3]Der Belehrung bedarf es nicht, wenn der Elternteil seinen Aufenthaltsort ohne Hinterlassung seiner neuen Anschrift gewechselt hat und der Aufenthaltsort vom Jugendamt während eines Zeitraums von drei Monaten trotz angemessener Nachforschungen nicht ermittelt werden konnte; in diesem Fall beginnt die Frist mit der ersten auf die Belehrung oder auf die Ermittlung des Aufenthaltsorts gerichteten Handlung des Jugendamts. [4]Die Fristen laufen frühestens fünf Monate nach der Geburt des Kindes ab.

(2) [1]Das Jugendamt soll den Elternteil mit der Belehrung nach Absatz 1 über Hilfen beraten, die die Erziehung des Kindes in der eigenen Familie ermöglichen könnten. [2]Einer Beratung bedarf es insbesondere nicht, wenn das Kind seit längerer Zeit bei den Annehmenden in Familienpflege lebt und bei seiner Herausgabe an den Elternteil eine schwere und nachhaltige Schädigung des körperlichen und seelischen Wohlbefindens des Kindes zu erwarten ist. [3]Das Jugendamt hat dem Familiengericht im Verfahren mitzuteilen, welche Leistungen erbracht oder angeboten worden sind oder aus welchem Grund davon abgesehen wurde.

(3) Steht nicht miteinander verheirateten Eltern die elterliche Sorge nicht gemeinsam zu, so hat das Jugendamt den Vater bei der Wahrnehmung seiner Rechte nach § 1747 Absatz 1 und 3 des Bürgerlichen Gesetzbuchs zu beraten.

Von einer Kommentierung wird abgesehen.

§ 52 SGB VIII

Mitwirkung in Verfahren nach dem Jugendgerichtsgesetz

(1) [1]Das Jugendamt hat nach Maßgabe der §§ 38 und 50 Absatz 3 Satz 2 des Jugendgerichtsgesetzes im Verfahren nach dem Jugendgerichtsgesetz mitzuwirken. [2]Dabei soll das Jugendamt auch mit anderen öffentlichen Einrichtungen und sonstigen Stellen, wenn sich deren Tä-

42 Sternal/*Schäder*, § 162 FamFG Rn. 8
43 BGH ZKJ 2014, 104; NZFam 2014, 69
44 Einzelheiten bei *Dürbeck*, ZKJ 2014, 266

tigkeit auf die Lebenssituation des Jugendlichen oder jungen Volljährigen auswirkt, zusammenarbeiten, soweit dies zur Erfüllung seiner ihm dabei obliegenden Aufgaben erforderlich ist. [3]Die behördenübergreifende Zusammenarbeit kann im Rahmen von gemeinsamen Konferenzen oder vergleichbaren gemeinsamen Gremien oder in anderen nach fachlicher Einschätzung geeigneten Formen erfolgen.

(2) [1]Das Jugendamt hat frühzeitig zu prüfen, ob für den Jugendlichen oder den jungen Volljährigen Leistungen der Jugendhilfe in Betracht kommen. [2]Ist dies der Fall oder ist eine geeignete Leistung bereits eingeleitet oder gewährt worden, so hat das Jugendamt den Staatsanwalt oder den Richter umgehend davon zu unterrichten, damit geprüft werden kann, ob diese Leistung ein Absehen von der Verfolgung (§ 45 JGG) oder eine Einstellung des Verfahrens (§ 47 JGG) ermöglicht.

(3) Der Mitarbeiter des Jugendamts oder des anerkannten Trägers der freien Jugendhilfe, der nach § 38 Absatz 2 Satz 2 des Jugendgerichtsgesetzes tätig wird, soll den Jugendlichen oder den jungen Volljährigen während des gesamten Verfahrens betreuen.

Von einer Kommentierung wird abgesehen.

Vierter Abschnitt
Beistandschaft, Pflegschaft und Vormundschaft für Kinder und Jugendliche, Auskunft über Nichtabgabe von Sorgeerklärungen

§ 52a SGB VIII

Beratung und Unterstützung bei Vaterschaftsfeststellung und Geltendmachung von Unterhaltsansprüchen

(1) Das Jugendamt hat unverzüglich nach der Geburt eines Kindes, dessen Eltern nicht miteinander verheiratet sind, der Mutter Beratung und Unterstützung insbesondere bei der Vaterschaftsfeststellung und der Geltendmachung von Unterhaltsansprüchen des Kindes anzubieten. Hierbei hat es hinzuweisen auf

1. die Bedeutung der Vaterschaftsfeststellung,

2. die Möglichkeiten, wie die Vaterschaft festgestellt werden kann, insbesondere bei welchen Stellen die Vaterschaft anerkannt werden kann,

3. die Möglichkeit, die Verpflichtung zur Erfüllung von Unterhaltsansprüchen nach § 59 Absatz 1 Satz 1 Nummer 3 beurkunden zu lassen,

4. die Möglichkeit, eine Beistandschaft zu beantragen, sowie auf die Rechtsfolgen einer solchen Beistandschaft,

5. die Möglichkeit der gemeinsamen elterlichen Sorge.

Das Jugendamt hat der Mutter ein persönliches Gespräch anzubieten. Das Gespräch soll in der Regel in der persönlichen Umgebung der Mutter stattfinden, wenn diese es wünscht.

(2) Das Angebot nach Absatz 1 kann vor der Geburt des Kindes erfolgen, wenn anzunehmen ist, dass seine Eltern bei der Geburt nicht miteinander verheiratet sein werden.

(3) Wurde eine nach § 1592 Nummer 1 oder 2 des Bürgerlichen Gesetzbuchs bestehende Vaterschaft zu einem Kind oder Jugendlichen durch eine gerichtliche Entscheidung beseitigt, so hat das Gericht dem Jugendamt Mitteilung zu machen. Absatz 1 gilt entsprechend.

(4) Das Standesamt hat die Geburt eines Kindes, dessen Eltern nicht miteinander verheiratet sind, unverzüglich dem Jugendamt anzuzeigen.

Von einer Kommentierung wird abgesehen.

§ 53 SGB VIII

Mitwirkung bei der Auswahl von Vormündern und Pflegern durch das Familiengericht

(1) Das Jugendamt hat dem Familiengericht Personen vorzuschlagen, die sich im Einzelfall zur Bestellung als Vormund eignen.

(2) [1]Das Jugendamt hat seinen Vorschlag zu begründen. [2]Es hat dem Familiengericht darzulegen,

1. welche Maßnahmen es zur Ermittlung des für den Mündel am besten geeigneten Vormunds unternommen hat und

2. wenn es einen Vormund gemäß § 1774 Absatz 1 Nummer 2 bis 4 des Bürgerlichen Gesetzbuchs vorschlägt, dass eine Person, die geeignet und bereit ist, die Vormundschaft ehrenamtlich zu führen, nicht gefunden werden konnte.

(3) Für die Pflegschaft für Minderjährige gelten die Absätze 1 und 2 entsprechend.

1 Die Vorschrift wurde durch das Gesetz zur Reform des Vormundschafts- und Betreuungsrechts mit Wirkung vom 1.1.2023 neu gefasst. Im Sinne eines der wesentlichen Regelungsziele der Reform (vgl. etwa auch §1779 Abs. 2 BGB, § 57 Abs. 4 SGB VIII) wird durch diese Vorschrift der **Vorrang des ehrenamtlichen Vormunds** gestärkt.[1] Das Jugendamt hat dem Familiengericht gemäß Abs. 2 Satz 2 darzulegen, welche Maßnahmen es zur Ermittlung des für den Mündel am besten geeigneten Vormunds getroffen hat und, wenn es keinen ehrenamtlichen Vormund findet, dass eine entsprechende Person nicht gefunden werden konnte (Abs. 2 Satz 2 Nr. 1 und 2). Für das Gericht soll damit nachvollziehbar werden, welche Ermittlungen vorgenommen wurden, um den am besten geeigneten Vormund zu finden.[2]

2 Es ist fraglich, ob das Ziel der Stärkung der ehrenamtlichen Vormundschaft mit einer **Berichtspflicht des Jugendamts** erreicht werden kann. Schon nach altem Recht war die ehrenamtliche Vormundschaft grundsätzlich zu prüfen. Es mangelte bisher an geeigneten Personen; gerade bei einem Entzug der elterlichen Sorge bestanden bei nahen Verwandten der Eltern nicht selten Bedenken an deren Eignung zur Ausübung der Vormundschaft. Die Zahl der geeigneten ehrenamtlichen Vormünder steigert sich nicht durch eine jugendamtliche Berichtspflicht. Es besteht die Gefahr, dass das Jugendamt Textbausteine entwickelt, mit denen es der Darlegungspflicht nach Abs. 2 Satz 2 nachkommt, in denen es im persönlich-verwandtschaftlichen Umfeld der Eltern keine geeignete Person gibt.

§ 53a SGB VIII

Beratung und Unterstützung von Vormündern und Pflegern

(1) Vormünder haben Anspruch auf regelmäßige und dem jeweiligen erzieherischen Bedarf des Mündels entsprechende Beratung und Unterstützung durch das Jugendamt.

(2) [1]Das Jugendamt hat darauf zu achten, dass die Vormünder für die Person der Mündel, insbesondere ihre Erziehung und Pflege, Sorge tragen. [2]Es hat beratend darauf hinzuwirken, dass festgestellte Mängel im Einvernehmen mit dem Vormund behoben werden.

(3) Ist ein Vormundschaftsverein als vorläufiger Vormund oder ein Vereinsvormund als Vormund bestellt, so ist Absatz 2 nicht anzuwenden.

(4) Für die Pflegschaft für Minderjährige gelten die Absätze 1 bis 3 entsprechend.

Von einer Kommentierung wird abgesehen.

§ 54 SGB VIII

Anerkennung als Vormundschaftsverein

(1) Ein rechtsfähiger Verein kann von dem überörtlichen Träger der Jugendhilfe als Vormundschaftsverein anerkannt werden, wenn er gewährleistet, dass

1. **er eine ausreichende Zahl von als Pfleger oder Vormund geeigneten Mitarbeitern hat und diese beaufsichtigen, weiterbilden und gegen Schäden, die diese anderen im Rahmen ihrer Tätigkeit zufügen können, angemessen versichern wird,**
2. **die als Vereinspfleger oder Vereinsvormund bestellten Mitarbeiter höchstens 50 und bei gleichzeitiger Wahrnehmung anderer Aufgaben entsprechend weniger Pflegschaften oder Vormundschaften führen,**

---

1 BT-Drucks. 19/24445, S. 401
2 BT-Drucks. 19/24445, S. 401

3. **er sich planmäßig um die Gewinnung von ehrenamtlichen Pflegern und Vormündern bemüht und sie in ihre Aufgaben einführt, fortbildet und berät,**
4. **er einen Erfahrungsaustausch zwischen den Mitarbeitern ermöglicht.**

(2) [1]Die Anerkennung gilt für das jeweilige Land, in dem der Verein seinen Sitz hat. [2]Sie kann auf den Bereich eines überörtlichen Trägers der Jugendhilfe beschränkt werden.

(3) Der nach Absatz 1 anerkannte Vormundschaftsverein kann eine Beistandschaft übernehmen, soweit Landesrecht dies vorsieht.

(4) [1]Das Nähere regelt das Landesrecht. [2]Es kann auch weitere Voraussetzungen für die Erteilung der Anerkennung vorsehen.

(5) Eine bei Ablauf des 31. Dezember 2022 erteilte Erlaubnis zur Übernahme von Vereinsvormundschaften gilt als Anerkennung als Vormundschaftsverein fort.

Von einer Kommentierung wird abgesehen.

§ 55 SGB VIII

Beistandschaft, Pflegschaft und Vormundschaft des Jugendamts

(1) Das Jugendamt wird Beistand, Pfleger oder Vormund in den durch das Bürgerliche Gesetzbuch vorgesehenen Fällen (Beistandschaft, Amtspflegschaft, vorläufige Amtspflegschaft, Amtsvormundschaft, vorläufige Amtsvormundschaft).

(2) [1]Das Jugendamt überträgt die Ausübung der Aufgaben des Beistands, des Pflegers oder des Vormunds einzelnen seiner Bediensteten. [2]Bei der Übertragung sind die Grundsätze für die Auswahl durch das Familiengericht zu beachten. [3]Vor der Übertragung der Aufgaben des Pflegers oder des Vormunds hat das Jugendamt das Kind oder den Jugendlichen zur Auswahl des Bediensteten mündlich anzuhören, soweit dies nach Alter und Entwicklungsstand des Kindes oder Jugendlichen möglich ist. [4]Eine ausnahmsweise vor der Übertragung unterbliebene Anhörung ist unverzüglich nachzuholen. [5]Wird das Jugendamt als vorläufiger Pfleger oder vorläufiger Vormund bestellt, so sind die Sätze 2 bis 4 nicht anzuwenden; § 1784 des Bürgerlichen Gesetzbuchs gilt entsprechend.

(3) Ein vollzeitbeschäftigter Bediensteter, der nur mit der Führung von Pflegschaften oder Vormundschaften betraut ist, soll höchstens 50 und bei gleichzeitiger Wahrnehmung anderer Aufgaben entsprechend weniger Pflegschaften oder Vormundschaften führen.

(4) [1]Die Übertragung gehört zu den Angelegenheiten der laufenden Verwaltung. [2]In dem durch die Übertragung umschriebenen Rahmen ist der Bedienstete gesetzlicher Vertreter des Kindes oder Jugendlichen. [3]Er hat den persönlichen Kontakt zu diesem nach Maßgabe des § 1790 Absatz 3 des Bürgerlichen Gesetzbuchs zu halten sowie dessen Pflege und Erziehung nach Maßgabe des § 1790 Absatz 1 und 2 und des § 1795 Absatz 1 des Bürgerlichen Gesetzbuchs persönlich zu fördern und zu gewährleisten.

(5) Die Aufgaben der Pflegschaft und Vormundschaft sind funktionell, organisatorisch und personell von den übrigen Aufgaben des Jugendamts zu trennen.

§ 56 SGB VIII

Führung der Beistandschaft, der Pflegschaft und der Vormundschaft durch das Jugendamt

(1) Auf die Führung der Beistandschaft, der Pflegschaft und der Vormundschaft durch das Jugendamt sind die Bestimmungen des Bürgerlichen Gesetzbuchs anzuwenden, soweit dieses Gesetz nicht etwas anderes bestimmt.

(2) [1]Gegenüber dem Jugendamt als Pfleger oder Vormund werden § 1835 Absatz 5 und § 1844 jeweils in Verbindung mit § 1798 Absatz 2 des Bürgerlichen Gesetzbuchs nicht angewandt. [2]In den Fällen des § 1848 in Verbindung mit § 1799 Absatz 1 und des § 1795 Absatz 2 Nummer 1 und 2 des Bürgerlichen Gesetzbuchs ist eine Genehmigung des Familiengerichts nicht erforderlich. [3]Landesrecht kann für das Jugendamt als Pfleger oder Vormund weitergehende Ausnahmen nach § 1862 Absatz 4 in Verbindung mit § 1802 Absatz 2 des Bürgerlichen Gesetzbuchs vorsehen.

(3) [1]Mündelgeld kann mit Genehmigung des Familiengerichts auf Sammelkonten des Jugendamts bereitgehalten und angelegt werden, wenn es den Interessen des Mündels dient und sofern die sichere Verwaltung, Trennbarkeit und Rechnungslegung des Geldes einschließlich der Zinsen jederzeit gewährleistet ist; Landesrecht kann bestimmen, dass eine Genehmigung des Familiengerichts nicht erforderlich ist. [2]Die Anlegung von Mündelgeld ist auch bei der Körperschaft zulässig, die das Jugendamt errichtet hat.

§ 57 SGB VIII

Mitteilungspflichten des Jugendamts

(1) Das Jugendamt hat dem Familiengericht unverzüglich den Eintritt einer Vormundschaft sowie den Wegfall der Voraussetzungen der Vormundschaft mitzuteilen.

(2) [1]Das Jugendamt hat dem Familiengericht vor seiner Bestellung zum Vormund mitzuteilen, welchem seiner Bediensteten es die Aufgaben der Amtsvormundschaft übertragen wird. [2]Wird das Jugendamt zum vorläufigen Vormund bestellt, so hat es dem Familiengericht alsbald, spätestens binnen zwei Wochen nach seiner Bestellung mitzuteilen, welchem Bediensteten die Aufgaben des vorläufigen Vormunds übertragen worden sind.

(3) [1]Das Jugendamt hat dem Familiengericht über das persönliche Ergehen und die Entwicklung eines Mündels Auskunft zu erteilen. [2]Soweit eine Behebung der Mängel in der Personensorge trotz Beratung und Unterstützung nach § 53a Absatz 2 nicht erfolgt, hat es dies dem Familiengericht mitzuteilen. [3]Erlangt das Jugendamt Kenntnis von der Gefährdung des Vermögens eines Mündels, so hat es dies dem Familiengericht mitzuteilen. 4Ist ein Vormundschaftsverein als vorläufiger Vormund oder ein Vereinsvormund als Vormund bestellt, so sind die Sätze 1 bis 3 nicht anzuwenden.

(4) [1]Das Jugendamt hat in der Regel jährlich zu prüfen, ob im Interesse des Kindes oder des Jugendlichen seine Entlassung als Vormund und die Bestellung einer natürlichen Person, die die Vormundschaft ehrenamtlich führt, angezeigt ist, und dies dem Familiengericht mitzuteilen. [2]Dasselbe gilt, wenn dem Jugendamt sonst Umstände bekannt werden, aus denen sich ergibt, dass die Vormundschaft nunmehr ehrenamtlich geführt werden kann.

(5) [1]Das Jugendamt des bisherigen gewöhnlichen Aufenthalts des Mündels hat dem Jugendamt des neuen gewöhnlichen Aufenthalts eine Verlegung des gewöhnlichen Aufenthalts des Mündels in den Bezirk eines anderen Jugendamts mitzuteilen. [2]Ist ein Vormundschaftsverein als vorläufiger Vormund oder ein Vereinsvormund als Vormund bestellt, so ist Satz 1 nicht anzuwenden.

(6) Für die Pflegschaft für Minderjährige gelten die Absätze 1 bis 5 entsprechend.

Übersicht

A. Allgemeines

§§ 55 ff. SGB VIII regeln die Wahrnehmung der Aufgaben der Vormundschaft, Pflegschaft und der Beistandschaft (i.S.d. § 1712 BGB) durch das Jugendamt. Es handelt sich insoweit um **andere Aufgaben der Jugendhilfe** gemäß § 2 Abs. 3 Nr. 11 SGB VIII. Die Frage der Auswahl und Bestellung des Jugendamts zum Vormund oder Pfleger ist in materiell-rechtlicher Hinsicht im BGB, verfahrensrechtlich im FamFG geregelt, was durch die Regelung von § 55 Abs. 1 SGB VIII „in den durch das Bürgerliche Gesetzbuch vorgesehenen Fällen" klargestellt wird. Auch sind im BGB diejenigen Fälle geregelt, in denen Amtsvormundschaft kraft Gesetzes (z.B. § 1786 BGB, § 1787 BGB) eintritt. Die Regelungen haben mit dem am 1.1.2023 in Kraft getretenen Gesetz zur Reform des Vormundschafts- und Betreuungsrechts eine Neufassung erfahren. 1

§ 55 SGB VIII gestaltet vor allem das **Innenverhältnis zwischen Jugendamt** als organisatorischer Institution und dem **einzelnen Beamten oder Angestellten**, der mit der konkreten Wahrnehmung der Aufgaben des Vormunds, Pflegers oder Beistands betraut ist. Auf die **Beistandschaft** soll hier nur kurz eingegangen werden, diese hat ihre Bedeutung in der Praxis vor allem im Unterhaltsrecht. 2

Außer der (gegenüber natürlichen Personen grundsätzlich nachrangigen, vgl. § 1779 Abs. 2 BGB) Wahrnehmung der Vormundschaft und Pflegschaft ist das Jugendamt – neben dem Familiengericht, vgl. § 1802 BGB – auch in die **Beratung der Einzel- und Vereinsvormünder** und der **Aufsicht der Einzelvormünder** eingebunden (vgl. § 53a SGB VIII). Daneben wirkt das **Jugendamt durch Vorschläge** gegenüber dem Familiengericht bei der Auswahl von Vormündern und Pflegern gemäß § 53 SGB VIII mit. 3

Obwohl die **Auswahl des Jugendamts** als Vormund oder Pfleger gegenüber dem ehrenamtlichen Vormund **subsidiär** ist gemäß § 1779 Abs. 2 BGB und dieses Prinzip mit der Vormundschaftsreform mit Wirkung vom 1.1.2023 nochmals gestärkt wurde, ist die Vormundschaft durch das Jugendamt in der Praxis die **vorherrschende Form** und hat in der Vergangenheit wegen der hohen Fallzahlen bei den Jugendämtern auch zu Missständen geführt, die vor dem Hintergrund der intensiven Diskussion tragischer **Fälle von Kindesmisshandlung** und Kindesvernachlässigung in allen öffentlichen Medien auch den Gesetzgeber dazu bewogen haben, vormals in Abs. 2, nunmehr in Abs. 3 durch das Gesetz zur Änderung des Vormundschafts- und Betreuungsrecht vom 29.6.2011[1] eine **Fallobergrenze[2] von 50 Pflegschaften oder Vormundschaften** für die betreffenden Beamten oder Angestellten der Jugendämter festzuschreiben (vgl. dazu unten Rn. 10 f.), entsprechend weniger bei gleichzeitiger Wahrnehmung anderer Tätigkeiten. 4

B. Beistandschaft

Nach § 55 Abs. 1 SGB VIII wird das Jugendamt **Beistand** in den durch das BGB vorgesehenen Fällen. Dies sind nach § 1712 BGB die (gerichtliche) **Feststellung der Vaterschaft nach § 1592 Nr. 3 BGB** (Nr. 1) und die **Geltendmachung von Unterhaltsansprüchen des Kindes** (Nr. 2). Eine Mitwirkung des Familiengerichts ist bei der Begründung der Beistandschaft nicht vorgesehen. Sie **entsteht durch Zugang (§ 130 BGB)[3] eines schriftlichen Antrages** eines nach § 1713 BGB antragsberechtigten Elternteils bei dem nach § 87c SGB VIII zuständigen Jugendamt (vgl. § 1712 Abs. 1 BGB). Die Beistandschaft wird – wie bei der Vormund- und Pflegschaft – nach § 55 Abs. 2 Satz 1 SGB VIII **einem Beamten oder Angestellten zur Wahrnehmung übertragen**, der damit nach § 55 Abs. 4 Satz 2 SGB VIII zum **gesetzlicher** 5

1 BGBl. I 2011 S. 1306; vgl. dazu *Willutzki*, ZKJ 2012, 168, 206 *Veit/Salgo*, ZKJ 2011, 68
2 Dazu Wiesner/Wapler/*Walther*, § 55 SGB VIII Rn. 96 ff.
3 Ausführlich *Meysen*, JAmt 2008, 120

Vertreter des Kindes wird, wobei allerdings nach § 1716 Satz 1 BGB durch die Beistandschaft die elterliche Sorge nicht eingeschränkt wird.[4] Lediglich im familiengerichtlichen Verfahren ist der sorgeberechtigte Elternteil nach §§ 234, 173 FamFG von der Vertretung des Kindes ausgeschlossen. Hinsichtlich der Führung der Beistandschaft verweist § 56 Abs. 1 SGB VIII auf die Vorschriften des BGB, vgl. dort §§ 1712 ff.

C. Amtsübertragung auf den einzelnen Beamten oder Angestellten (§ 55 Abs. 2 SGB VIII)

6 Gemäß Abs. 2 Satz 1 **überträgt** das Jugendamt die Ausübung der Aufgaben des Beistands, des Pflegers oder des Vormunds **einzelnen seiner Bediensteten**, also Beamten oder Angestellten. Die Übertragung gehört nach Abs. 4 Satz 1 zu den Angelegenheiten der laufenden Verwaltung und ist nach zutreffender Auffassung ein **öffentlich-rechtlicher behördeninterner Organisationsakt** und kein Verwaltungsakt.[5] Die Form der Übertragung ist gesetzlich nicht geregelt, sie geschieht durch eine schriftliche Einzelverfügung.[6]

7 Nach Abs. 2 Satz 3 soll durch das Jugendamt vor der Übertragung der Aufgaben des Amtspflegers oder des Amtsvormunds das **Kind oder der Jugendliche** zur Auswahl des Beamten oder Angestellten **mündlich angehört** werden, soweit dies nach Alter und Entwicklungsstand des Kindes oder Jugendlichen möglich ist. Während also die Anhörung des Kindes im Rahmen des familiengerichtlichen Verfahrens nach § 159 FamFG die gerichtliche Entscheidung vorbereitet und der Wahrung seiner Rechtssubjektivität im familiengerichtlichen Verfahren dient, stellt diese Regelung sicher, dass entsprechendes auch vor der behördlichen Entscheidung über die konkrete Amtsperson, welche Elternbefugnisse für den Minderjährigen wahrnimmt, gewährleistet ist. Die Regelungen in Abs. 2 Satz 3 und § 57 Abs. 2 SGB VIII sind nicht gut aufeinander abgestimmt. Einerseits soll das Jugendamt das Kind in der Regel bereits vor der Auswahl des konkreten Bediensteten zu diesem mündlich anhören, andererseits soll das Jugendamt dem Familiengericht vor dessen Entscheidung die Person des Bediensteten mitteilen.

8 Eine ausnahmsweise vor der Übertragung **unterbliebene Anhörung** ist **unverzüglich nachzuholen** (Abs. 2 Satz 4). Schon dieses Erfordernis spricht dafür, dass die Übertragung nicht, wie vielfach üblich, durch einen **Geschäftsverteilungsplan** erfolgen darf.[7]

9 Wie zuvor bereits das Jugendamt bedürfen jetzt alle Arten von Pflegern und Vormündern über den familiengerichtlichen Beschluss hinaus keiner Verpflichtung zu treuer und gewissenhafter Führung mehr. § 1789 BGB a.F. ist entfallen. Zur Wirksamkeit der Vormundschaft kommt es nunmehr allein **nach § 168a Abs. 2 FamFG** auf die **Bekanntgabe des Bestellungsbeschlusses an den jeweiligen Vormund** an.[8] Eine **Verantwortlichkeit der Fachkraft** besteht aber erst **mit der Übertragung**.[9] Der Nachweis der Legitimation des Vormunds, der gesetzlichen Vertretung und deren Umfang im Rechtsverkehr erfolgt durch Vorlage der Bestellungsurkunde nach § 168b Abs. 1 FamFG bzw. der Bescheinigung nach § 168b Abs. 2 FamFG (n.F.).

---

4 Zu den Auswirkungen der Beistandschaft auf die elterliche Sorge und Verfahrensvertretung BeckOK-BGB/*Pöcker*, § 1716 Rn. 2 ff.
5 Wiesner/Wapler/*Walther*, § 55 SGB VIII Rn. 78; MüKo-BGB/*Tillmanns*, § 55 SGB VIII Rn. 9; *Dürbeck*, FamRZ 2018, 560; a.A. *DIJuF*-Rechtsgutachten JAmt 2014, 213; *DIJuF*-Rechtsgutachten JAmt 2013, 95
6 MüKo-BGB/*Tillmanns*, § 55 SGB VIII Rn. 8; Wiesner/Wapler/*Walther*, § 55 SGB VIII Rn. 79
7 MüKo-BGB/*Tillmanns*, § 55 SGB VIII Rn. 8; Wiesner/Wapler/*Walther*, § 55 SGB VIII Rn. 79
8 BT-Drucks. 19/24445, S. 218
9 Wiesner/Wapler/*Walther*, § 55 SGB VIII Rn. 86; DIJuF-Rechtsgutachten JAmt 2009, 30

Nach § 55 Abs. 3 SGB VIII soll ein **vollzeitbeschäftigter Beamter oder Angestellter**, der nur mit der Führung von Vormundschaften oder Pflegschaften betraut ist, **höchstens 50** und bei gleichzeitiger Wahrnehmung anderer Aufgaben[10] entsprechend weniger Vormundschaften oder Pflegschaften führen. Nachdem in der Praxis je Amtsvormund teilweise 200 Fälle gleichzeitig geführt wurden,[11] hat der Gesetzgeber auf die öffentliche Kritik reagiert und die vorbezeichnete **Fallzahlenoberbegrenzung** gesetzlich in § 55 Abs. 3 SGB VIII als Soll-Vorschrift festgeschrieben. Berücksichtigt man zudem, dass § 1790 Abs. 3 Satz 2 BGB in der Regel einen Kontakt mit dem Mündel pro Monat in dessen üblicher Umgebung verlangt, sind von Amtsvormündern jährlich bei einer Fallzahl von 50 insgesamt 600 Termine wahrzunehmen, was in der Praxis kaum umsetzbar ist und eher zu niedrigeren Fallzahlen führt.[12] Unverständlich ist, warum der Gesetzgeber nicht zwischen Vormundschaften und Pflegschaften differenziert. 10

Die Einhaltung der Fallobergrenze obliegt **nicht unmittelbar der Aufsicht des Familiengerichts** nach § 1802 BGB, eine Nichtbeachtung kann aber bei nicht hinreichender Aufgabenwahrnehmung **Anlass zu Aufsichtsmaßnahmen** bis hin zur Entlassung des Amtsvormundes nach § 1804 BGB sein.[13] Ist gerichtsbekannt, dass die Fallzahlenobergrenze nicht beachtet wird, wird das Jugendamt ggf. als ungeeignet zu gelten haben und, soweit möglich, ein anderer geeigneter Vormund zu bestellen sein. 11

▶ *Zur zivil- und strafrechtlichen Haftung wegen Verletzung fachlicher Standards, die insoweit durch § 55 Abs. 3 SGB VIII vorgegeben werden, vgl. Köhler, Vorbem. SGB VIII Rn. 15 ff.*

Auch nach der Neufassung des § 55 SGB VIII gilt, dass das Jugendamt als Amtsvormund sich **nicht auf fehlende Kapazitäten berufen** kann, insbesondere auch nicht darauf, dass es das gesetzliche Gebot der funktionellen, organisatorischen und personellen Trennung der Aufgaben der Vormundschaft von anderen Tätigkeiten im Jugendamt gemäß § 55 Abs. 5 SGB VIII nicht mehr sicherstellen könne. Insoweit hat ein vom Jugendamt angeregter Wechsel der Vormundschaft auf einen Vormundschaftsverein keine Aussicht auf Erfolg.[14] 12

D. Wirkung der Übertragung und Amtsführung

Durch die Übertragung wird der betreffende Beamte oder Angestellte gemäß § 55 Abs. 4 Satz 2 SGB VIII – im privatrechtlichen Sinne – **gesetzlicher Vertreter** des Kindes. Dies führt dazu, dass er in kindschaftsrechtlichen Gerichtsverfahren außerhalb der Mitwirkung des Jugendamts als Behörde nach § 162 FamFG selbst **zu beteiligen** ist, soweit sein Aufgabenbereich berührt ist (§ 7 Abs. 2 Nr. 2 FamFG).[15] Soweit er nach einer Entscheidung des Familiengerichts, z.B. im Rahmen einer Umgangsregelung Pflichten zu erfüllen hat, können gegen ihn bei schuldhafter Nichterfüllung auch **Ordnungsmittel** nach § 89 FamFG verhängt werden.[16] **Zustellungen** in gerichtlichen Verfahren sollten unmittelbar an ihn erfolgen, weshalb er auch im Rubrum als eigenständiger Beteiligter ausdrücklich aufgeführt werden sollte. Die Praxis der Familiengerichte differenziert hier nicht hinreichend zwischen dem Ju- 13

10 Zur Kritik an Mischarbeitsplätzen: Jugend- und Familienministerkonferenz JAmt 2011, 323

11 Vgl. etwa in Bremen im Jahr 2007 ca. 240, vgl. Bericht des parlamentarischen Untersuchungsausschusses „Kindeswohl" zum Tod des Kindes Kevin in Bremen, LT-Drucks. 16/1381

12 *Joos*, JAmt 2014, 6; *Veit/Salgo*, ZKJ 2011, 82, 83

13 *Gojowczyk*, Rpfleger 2013, 1, 4; *Willutzki*, ZKJ 2012, 206, 210 (jeweils zum alten Recht des § 1887 BGB a.F.)

14 OLG Hamm NJW-RR 2023, 1427

15 Der Amtsvormund ist in Kindschaftssachen Muss-Beteiligter, BGH JAmt 2017, 99 = FamRZ 2017, 50 (LS)

16 BGH JAmt 2014, 230 = FamRZ 2014, 732 Rn. 13, OLG Frankfurt ZKJ 2013, 167

gendamt als anzuhörende bzw. zu beteiligende Behörde nach § 162 FamFG und dem hiervon rechtlich zu unterscheidenden Amtsvormund.[17] Da aber das Jugendamt **im Außenverhältnis** trotz Übertragung **Träger der Amtsvormundschaft** ist, genügt es, wenn Zustellungen an das Jugendamt als Behörde erfolgen.[18]

14 Im Bereich der Wahrnehmung seiner Aufgaben unterliegt der Amtsvormund voll umfänglich der **Aufsicht durch das Familiengericht** nach § 1802 BGB[19] und der Dienstaufsicht der Amtsleitung. **Zwangsgeld** kann gegen ihn – anders als Ordnungsgeld, vgl. Rn. 13 – nach §§ 1802 Abs. 2 Satz 3, 1862 Abs. 3 Satz 3 BGB nicht verhängt werden.[20] Der Verweis in § 1802 Abs. 2 Satz 3 BGB auf die Betreuungsbehörde in § 1862 Abs. 3 Satz 3 BGB ist so zu verstehen, dass damit das Jugendamt im vormundschaftsrechtlichen Kontext gemeint ist. § 1837 Abs. 3 BGB a.F. war insoweit klarer hinsichtlich des Jugendamts als Vormund.

15 Bei seiner Amtsführung ist der Amtsvormund/-pfleger ausschließlich **den Interessen des Kindes oder Jugendlichen verpflichtet**. Hinsichtlich der Zweckmäßigkeit seiner Amtsführung bei der Wahrnehmung seiner Aufgaben gegenüber dem Kind unterliegt er deshalb im Hinblick auf eine einzelne Entscheidung wie dem Aufenthaltsort des Kindes, Kontakten zwischen Eltern und Kind etc. **einer relativen Weisungsfreiheit** durch seine Vorgesetzten.[21] Anders ist die Rechtslage aber dann, wenn er rechtswidrig handelt oder das Kind in Gefahr ist.[22]

16 Gemäß § 55 Abs. 4 Satz 3 SGB VIII hat der Bedienstete des Jugendamts den **persönlichen Kontakt** zu dem Mündel oder Pflegling zu halten sowie dessen **Pflege und Erziehung** nach Maßgabe der §§ 1790 Abs. 1 bis Abs. 3, 1795 Abs. 1 BGB **persönlich zu fördern und zu gewährleisten**. Die Vorschrift wurde 2011 eingeführt und stellt eine Reaktion des Gesetzgebers auf Missstände bei der Führung der Amtsvormundschaften im Bereich des **persönlichen Kontakts** zwischen Vormündern und Mündeln dar.[23] Die Frage der Häufigkeit der persönlichen Kontakte wird konkretisiert durch § 1790 Abs. 3 Satz 2 BGB, der als Regelfall mindestens einen persönlichen Kontakt in der üblichen Umgebung[24] des Mündels vorsieht. Hierdurch will der Gesetzgeber die Entstehung eines **Vertrauensverhältnisses** zwischen Vormund und Mündel erreichen.[25] Weiterhin bringt Abs. 4 Satz 3 zum Ausdruck, dass verhindert werden soll, dass die Aufgaben des Vormundschaftsamts und insbesondere die Wahrnehmung des persönlichen Kontakts zum betreffenden Kind oder Jugendlichen an die **Fachkräfte des ASD delegiert** werden.[26]

E. Örtliche Zuständigkeit

17 Die **örtliche Zuständigkeit** des Jugendamts ist für die Vormundschaft, die Pflegschaft und die Beistandschaft in § 87c SGB VIII geregelt. Bei der **kraft Gesetzes** nach §§ 1786 f. BGB

17 Ausführlich: *Harm/Mix/Opitz/Pütz/Rotax/Rüting*, FamRZ 2012, 1849, 1851 ff.
18 Hess. VGH FamRZ 2001, 1739; DIJuF-Rechtsgutachten JAmt 2010, 80; differenzierend: OVG Bremen JAmt 2019, 418 (für die aktive Vertretung muss es amtsintern verbindliche Regelung geben)
19 Ausführlich zu seiner Aufsicht: *Gojowczyk*, Rpfleger 2013, 1 (zum alten Recht)
20 Zu möglichen Sanktionen bis hin zur Entlassung: *Gojowczyk*, Rpfleger 2013, 1; DIJuF-Rechtsgutachten JAmt 2013, 270
21 BGH NJW-RR 1999, 1521; VG Würzburg BeckRS 2013, 58587 (relative Weisungsfreiheit); *Kunkel*, FamRZ 2015, 901; *DIJuF*-Rechtsgutachten JAmt 2017, 296; DIJuF-Rechtsgutachten JAmt 2011, 530; Wiesner/Wapler/*Walther*, § 55 SGB VIII Rn. 84
22 DIJuF-Rechtsgutachten JAmt 2013, 147; *Kunkel*, ZKJ 2011, 204, 206
23 Vgl. *Willutzki*, ZKJ 2012, 206, 208, und die Forschungsergebnisse von *Zitelmann* zur Wahrnehmung der Amtsvormünder aus Kindessicht in: *Zitelmann/Schweppe/Zenz*, S. 50 ff.; kritisch *Veit/Salgo*, ZKJ 2011, 82; *Hoffmann*, FamRZ 2011, 249
24 Zur Handhabung ausführlich *Katzenstein*, JAmt 2013, 234
25 Vgl. *Mix*, JAmt 2014, 242
26 BT-Drucks. 17/3617, 7 f.; zu den unterschiedlichen Funktionen: *Harm/Mix/Opitz/Pütz/Rotax/Rüting*, FamRZ 2012, 1849, 1851

eintretenden Amtsvormundschaft ist nach § 87c Abs. 1 SGB VIII grundsätzlich der gewöhnliche Aufenthaltsort der Mutter des Kindes zuständigkeitsbegründend. **Umstritten** ist, **ob das Familiengericht bei der Bestellung** des Jugendamts als Vormund bzw. Pfleger **von den Zuständigkeitsvorschriften des SGB VIII abweichen kann**. Nach der (wohl noch) überwiegenden Ansicht hat das Familiengericht ein Ermessen und kann bei Vorliegen von sachlichen Gründen (insbesondere Kontinuität für das Kind) von der Auswahl des nach dem SGB VIII örtlich zuständigen Jugendamts abweichen.[27] Nach vorzugswürdiger Ansicht ist das Familiengericht an die Zuständigkeitsvorschriften des SGB VIII gebunden.[28]

Wenn im BGB oder im FamFG das Jugendamt (in der Funktion als Fachbehörde oder als Amtsvormund) genannt wird, ist damit stets das zuständige Jugendamt gemeint. Für die Frage der Zuständigkeit ist das SGB VIII lex specialis zu zivilrechtlichen Vorschriften und in **§ 87c SGB VIII** ist die **Zuständigkeit** bezüglich Amtsvormundschaft und -pflegschaft **abschließend geregelt**, woran das **Familiengericht gebunden** ist, **Art. 20 Abs. 3 GG**.[29] Gesetzliche Zuständigkeitsvorschriften können nicht mit Verweis auf das Kindeswohl umgangen werden. Auch aus dem Gesetzeswortlaut folgt dieses Ergebnis. § 56 Abs. 1 SGB VIII verweist nur hinsichtlich der Führung der Vormundschaft bzw. Pflegschaft und nur insoweit auf die Vorschriften des BGB, soweit das SGB VIII nicht etwas anderes bestimmt. § 87c Abs. 3 Satz 1 SGB VIII bestimmt ein anderes als eine mögliche Ermessensauswahl, nämlich das für die Amtspflegschaft und -vormundschaft zuständige Jugendamt. Auch der Wortlaut von § 1778 Abs. 1 BGB bezieht sich hinsichtlich Eignung bzw. der Kindeswohlprüfung jeweils allein auf den Vorrang des Einzelvormunds gegenüber dem Amtsvormund, nicht aber auf die Prüfung zwischen mehreren Amtsvormündern. Eine Beeinträchtigung des Kindeswohls aufgrund eines Wechsels des Amtsvormunds schließt das Gesetz vielmehr in typisierender Betrachtung aus, indem es eine generelle Eignung jedes Jugendamtes zur sachgerechten Ausübung der Amtsvormundschaft unterstellt.[30]

Bei einem **Umzug** kann die Übernahme der Vormundschaft durch das Jugendamt am neuen Wohnort nach Maßgabe von § 87c Abs. 2 SGB VIII beantragt werden, wobei das Familiengericht zu beteiligen ist (§ 87c Abs. 2 Satz 3 SGB VIII) und auch im Streitfall zu entscheiden hat. Bei der **bestellten Amtspflegschaft oder Amtsvormundschaft** knüpft § 87c Abs. 3 SGB VIII an den **gewöhnlichen Aufenthalt des Kindes oder Jugendlichen**. Bei einem Umzug hat der Amtsvormund nach § 87c Abs. 3 Satz 3 SGB VIII einen **Antrag auf seine Entlassung** zu stellen. Das Familiengericht entscheidet nach Maßgabe von §1804 BGB nach **Kindeswohlgesichtspunkten**, ob ein Zuständigkeitswechsel zu erfolgen hat und hat dabei nach zutreffender Ansicht einen Entscheidungsspielraum nur insoweit, als es um den Wechsel von Amts- zu ehrenamtlichem Vormund, Berufsvormund oder Vormundschaftsverein geht; will es weiter das Jugendamt als Vormund auswählen, ist es an die Zuständigkeitsvorschriften des § 87c Abs. 3 SGB gebunden (zum Meinungsstreit vgl. soeben).

Diese Schwierigkeiten können umgangen werden, wenn bei der Erstauswahl ein ehrenamtlicher bzw. beruflicher Vormund oder ein Vormundschaftsverein ausgewählt wird.

Bei einem **unbegleitet eingereisten ausländischen Kind oder Jugendlichen**, der keinen ge- **18**
wöhnlichen Aufenthalt hat, kommt es seit der Schaffung der §§ 42a bis 42f SGB VIII nach der ausdifferenzierten Regelung des § 88a Abs. 4 SGB VIII darauf an, ob es sich um die Zeit

27 OLG Schleswig NZFam 2016, 907; OLG Brandenburg FamRZ 2014, 1719; OLG Saarbrücken BeckRS 2003, 30331135; DIJuF-Rechtsgutachten JAmt 2016, 258; tendenziell für ein Ermessen, aber im Ergebnis ohne Festlegung: OLG Dresden JAmt 2018, 463 = NZFam 2018, 704; *Dürbeck*, FamRZ 2018, 553 (außer bei der Erstbestellung bei unbegleiteten minderjährigen Flüchtlingen)

28 KG NZFam 2024, 77; OLG Hamm, Beschl. v. 31.7.2023 – 2 UF 85/23, juris; OLG Saarbrücken ZKJ 2023, 378; OLG Celle JAmt 2018, 216 = FamRZ 2018, 1246; OLG Karlsruhe NJW-RR 2017, 389 = JAmt 2017, 136; Staudinger/*Veit*, § 1791b BGB Rn. 22; jurisPK-SGB VIII/*Lange*, § 87c SGB VIII Rn. 73 ff.

29 jurisPK SGB VIII/*Lange*, § 87c SGB VIII Rn. 78

30 jurisPK SGB VIII/*Lange*, § 87c SGB VIII Rn. 77

während der vorläufigen Inobhutnahme nach § 42a SGB VIII handelt (dann gemäß § 88a Abs. 1 SGB VIII das Jugendamt des tatsächlichen Aufenthalts vor Beginn der Maßnahme nach § 88a Abs. 1 SGB VIII), um die Zeit während der Inobhutnahme nach § 42 SGB VIII handelt (dann gemäß § 88a Abs. 2 Satz 1 SGB VIII grundsätzlich das nach der Zuweisungsentscheidung gemäß § 42b Abs. 3 Satz 1 SGB VIII zuständige Jugendamt) oder um die Zeit während der Leistungsgewährung handelt (dann grundsätzlich das Jugendamt des tatsächlichen Aufenthalts des Minderjährigen zu Beginn der Leistung gemäß § 88a Abs. 3 Satz 1 SGB VIII).

F. Führung der Amtspflegschaft und Amtsvormundschaft (§ 56 SGB VIII)

19 § 56 Abs. 1 SGB VIII verweist hinsichtlich der **Führung von Amtspflegschaft und Amtsvormundschaft** auf die Bestimmungen des **BGB**, soweit in § 56 Abs. 2 und 3 SGB VIII keine Sonderregelungen bestehen.

20 Als **Sonderregelungen** gegenüber Vormundschaft und Pflegschaft bestimmt § 56 Abs. 2 Satz 1 SGB VIII, dass gegenüber dem Jugendamt die Vorschriften der §§ 1835 Abs. 5, 1798 Abs. 2 BGB (familiengerichtliche Anordnung der Errichtung eines Vermögensverzeichnisses durch einen Notar, Beamten oder Behörde) und der §§ 1844, 1798 Abs. 2 BGB (Anordnung der Hinterlegung von Wertpapieren und Kostbarkeiten) nicht anzuwenden sind. Nach § 56 Abs. 2 Satz 2 ist in den Fällen des §§1848, 1799 Abs. 1 BGB (familiengerichtliche Genehmigung anderer Arten der Anlage von Mündelgeld) und des § 1795 Abs. 2 Nr. 1 und 2 BGB (familiengerichtliche Genehmigung eines Berufsausbildungsvertrages und der Eingehung eines Dienst- oder Arbeitsverhältnisses) eine Genehmigung des Familiengerichts für das Jugendamt als Vormund nicht erforderlich, weil das Gesetz vermutet, dass der Amtsvormund im Interesse des Kindes oder Jugendlichen handelt.

21 Nach Abs. 2 Satz 3 kann **Landesrecht** für das Jugendamt als Amtspfleger oder als Amtsvormund weitergehende Ausnahmen von der Anwendung der Bestimmungen der §§ 1862 Abs. 4, 1802 Abs. 2 BGB vorsehen, die die Aufsicht des Familiengerichts in vermögensrechtlicher Hinsicht sowie beim Abschluss von Lehr- und Arbeitsverträgen betreffen. Von dieser Möglichkeit haben zahlreiche Bundesländer Gebrauch gemacht.[31]

22 Gemäß § 56 Abs. 3 SGB VIII kann zudem Mündelgeld mit Genehmigung des Familiengerichts auf **Sammelkonten des Jugendamts** bereitgehalten und angelegt werden, wenn es den Interessen des Mündels dient und sofern die sichere Verwaltung, Trennbarkeit und Rechnungslegung des Geldes einschließlich der Zinsen jederzeit gewährleistet ist. **Landesrecht** kann weiterhin bestimmen, dass eine Genehmigung des Familiengerichts nicht erforderlich ist.

G. Mitteilungspflicht (§ 57 SGB VIII)

23 § 57 SGB VIII wurde mit dem Gesetz zur Reform des Vormundschafts- und Betreuungsrechts vom 4.5.2021 zum 1.1.2023 geändert. Nach § 57 **Abs. 1** SGB VIII hat das Jugendamt dem **Familiengericht** unverzüglich den **Eintritt einer Vormundschaft** mitzuteilen. Die Vorschrift bezieht sich auf den Eintritt einer Vormundschaft **kraft Gesetzes**, wie dies insbesondere bei §§1786, 1787 BGB (vgl. dort) und bei § 1751 Abs. 1 Satz 2 BGB (Einwilligung in die Adoption) der Fall ist. Das Jugendamt selbst erlangt Kenntnis vom Eintritt einer gesetzlichen Vormundschaft in den Fällen von § 1786 BGB durch die **Meldung des Standesamts**

31 Vgl. im Einzelnen: BeckOGK-SGB VIII/*Bohnert*, § 56 Rn. 18 ff.

nach § 68 Abs. 1 PStG. Bei einer **vertraulichen Geburt** i.S.d. § 25 SchKG informiert das Standesamt gemäß § 168a Abs. 1 FamFG auch das Familiengericht.

24 Zu der Mitteilungspflicht des Jugendamts gegenüber dem Familiengericht in § 57 Abs. 2 Satz 1 SGB VIII führt die Gesetzesbegründung aus, dass das Jugendamt die behördenintern getroffene Auswahl des Mitarbeiters vor seiner Bestellung dem Familiengericht mitzuteilen hat.[32] Nach dem Wortlaut der Vorschrift **betrifft die Mitteilungspflicht alle Vormundschaften des Jugendamts**. Die gesetzliche Vorgabe bedeutet, dass das Jugendamt vor seiner eigenen Bestellung zum (Amts-)Vormund durch das Familiengericht diesem mitteilen muss, wen es behördenintern zum zuständigen Mitarbeiter mit dieser konkreten Vormundschaft betrauen will, so dass dem Familiengericht bei der Bestellung des Jugendamts schon diese konkreten Informationen zur im Jugendamt zuständigen Person vorliegen.

Angesichts der Pflichten gegenüber dem Mündel mit Blick auf die Auswahl (§ 55 Abs. 2 SGB VIII) vermischt Abs. 2 gerichtliche und behördliche Verfahrenspflichten respektive unterläuft eine angemessene Beteiligung des Mündels.[33] Nach Abs. 2 Satz 2 gilt bei der Bestellung zum vorläufigen Vormund (§ 1781 BGB), dass das Jugendamt in diesen Fällen dem Familiengericht alsbald, spätestens binnen zwei Wochen, mitteilt, welchem Bediensteten die Aufgaben des vorläufigen Vormunds übertragen worden sind. Es soll damit **sichergestellt werden**, dass durchgehend, auch in der Zeit bloß vorläufiger Vormundschaft, **eine bestimmte Person für den Mündel die Verantwortung trägt**.[34] Aus der Gesetzesbegründung **ergibt sich nicht die Fehlerfolge** für den Fall, dass das Jugendamt eine entsprechende Mitteilung nicht oder verspätet tätigt. Durch diese Mitteilung entsteht bei bestellter Vormundschaft oder Pflegschaft keine Bindung des Jugendamtes an den Inhalt der Mitteilung; das Familiengericht hat auch keine Möglichkeit, eine in der Sache angemessene andere Auswahl zu verhindern.[35]

Die Überprüfungspflicht des Abs. 4 dient wiederum der Stärkung der ehrenamtlichen Vormundschaft, die ein herausgehobenes Ziel des Gesetzes zur Reform des Vormundschafts- und Betreuungsrechts vom 4.5.2021 darstellte.

§ 58 SGB VIII

Auskunft über Alleinsorge aus dem Sorgeregister

(1) [1]Zum Zwecke der Erteilung der schriftlichen Auskunft nach Absatz 2 wird für Kinder nicht miteinander verheirateter Eltern bei dem nach § 87c Absatz 6 Satz 2 zuständigen Jugendamt ein Sorgeregister geführt. [2]In das Sorgeregister erfolgt jeweils eine Eintragung, wenn

1. **Sorgeerklärungen nach § 1626a Absatz 1 Nummer 1 des Bürgerlichen Gesetzbuchs abgegeben werden oder**
2. **aufgrund einer rechtskräftigen gerichtlichen Entscheidung die elterliche Sorge den Eltern ganz oder zum Teil gemeinsam übertragen worden ist oder**
3. **die elterliche Sorge aufgrund einer rechtskräftigen gerichtlichen Entscheidung ganz oder zum Teil der Mutter entzogen oder auf den Vater allein übertragen worden ist.**

(2) [1]Liegen keine Eintragungen im Sorgeregister vor, so erhält die mit dem Vater des Kindes nicht verheiratete Mutter auf Antrag hierüber eine Bescheinigung von dem nach § 87c Absatz 6 Satz 1 zuständigen Jugendamt. [2]Die Mutter hat dafür Geburtsdatum und Geburtsort des Kindes oder des Jugendlichen anzugeben sowie den Namen, den das Kind oder der Ju-

32 BT-Drucks. 19/24445, 404
33 BeckOGK-SGB VIII/*Bohnert*, § 57 Rn. 14
34 BT-Drucks. 19/24445, 404
35 BeckOGK-SGB VIII/*Bohnert*, § 57 Rn. 14

gendliche zur Zeit der Beurkundung seiner Geburt geführt hat.[3]Bezieht sich die gerichtliche Entscheidung nach Absatz 1 Satz 2 Nummer 2 oder Nummer 3 nur auf Teile der elterlichen Sorge, so erhält die mit dem Vater des Kindes nicht verheiratete Mutter auf Antrag eine schriftliche Auskunft darüber, dass Eintragungen nur in Bezug auf die durch die Entscheidung betroffenen Teile der elterlichen Sorge vorliegen. [4]Satz 2 gilt entsprechend.

Von einer Kommentierung wird abgesehen.

Fünfter Abschnitt
Beurkundung, vollstreckbare Urkunden

§ 59 SGB VIII
Beurkundung

(1) Die Urkundsperson beim Jugendamt ist befugt,

1. **die Erklärung, durch die die Vaterschaft anerkannt oder die Anerkennung widerrufen wird, die Zustimmungserklärung der Mutter sowie die etwa erforderliche Zustimmung des Mannes, der im Zeitpunkt der Geburt mit der Mutter verheiratet ist, des Kindes, des Jugendlichen oder eines gesetzlichen Vertreters zu einer solchen Erklärung (Erklärungen über die Anerkennung der Vaterschaft) zu beurkunden,**
2. **die Erklärung, durch die die Mutterschaft anerkannt wird, sowie die etwa erforderliche Zustimmung des gesetzlichen Vertreters der Mutter zu beurkunden (§ 44 Absatz 2 des Personenstandsgesetzes),**
3. **die Verpflichtung zur Erfüllung von Unterhaltsansprüchen eines Abkömmlings oder seines gesetzlichen Rechtsnachfolgers zu beurkunden, sofern der Abkömmling zum Zeitpunkt der Beurkundung das 21. Lebensjahr noch nicht vollendet hat,**
4. **die Verpflichtung zur Erfüllung von Ansprüchen auf Unterhalt (§ 1615l des Bürgerlichen Gesetzbuchs), auch des gesetzlichen Rechtsnachfolgers, zu beurkunden,**
5. **die Bereiterklärung der Adoptionsbewerber zur Annahme eines ihnen zur internationalen Adoption vorgeschlagenen Kindes (§ 7 Absatz 1 des Adoptionsübereinkommens-Ausführungsgesetzes) zu beurkunden,**
6. **den Widerruf der Einwilligung des Kindes in die Annahme als Kind (§ 1746 Absatz 2 des Bürgerlichen Gesetzbuchs) zu beurkunden,**
7. **die Erklärung, durch die der Vater auf die Übertragung der Sorge verzichtet (§ 1747 Absatz 3 Nummer 2 des Bürgerlichen Gesetzbuchs), zu beurkunden,**
8. **die Sorgeerklärungen (§ 1626a Absatz 1 Nummer 1 des Bürgerlichen Gesetzbuchs) sowie die etwa erforderliche Zustimmung des gesetzlichen Vertreters eines beschränkt geschäftsfähigen Elternteils (§ 1626c Absatz 2 des Bürgerlichen Gesetzbuchs) zu beurkunden,**
9. **eine Erklärung des auf Unterhalt in Anspruch genommenen Elternteils nach § 252 des Gesetzes über das Verfahren in Familiensachen und in den Angelegenheiten der freiwilligen Gerichtsbarkeit aufzunehmen; § 129a der Zivilprozessordnung gilt entsprechend.**

Die Zuständigkeit der Notare, anderer Urkundspersonen oder sonstiger Stellen für öffentliche Beurkundungen bleibt unberührt.

(2) Die Urkundsperson soll eine Beurkundung nicht vornehmen, wenn ihr in der betreffenden Angelegenheit die Vertretung eines Beteiligten obliegt.

(3) Das Jugendamt hat geeignete Beamte und Angestellte zur Wahrnehmung der Aufgaben nach Absatz 1 zu ermächtigen. Die Länder können Näheres hinsichtlich der fachlichen Anforderungen an diese Personen regeln.

Von einer Kommentierung wird abgesehen.

§ 60 SGB VIII

Vollstreckbare Urkunden

[1]Aus Urkunden, die eine Verpflichtung nach § 59 Absatz 1 Satz 1 Nummer 3 oder 4 zum Gegenstand haben und die von einem Beamten oder Angestellten des Jugendamts innerhalb der Grenzen seiner Amtsbefugnisse in der vorgeschriebenen Form aufgenommen worden sind, findet die Zwangsvollstreckung statt, wenn die Erklärung die Zahlung einer bestimmten Geldsumme betrifft und der Schuldner sich in der Urkunde der sofortigen Zwangsvollstreckung unterworfen hat. [2]Die Zustellung kann auch dadurch vollzogen werden, dass der Beamte oder Angestellte dem Schuldner eine beglaubigte Abschrift der Urkunde aushändigt; § 174 Satz 2 und 3 der Zivilprozessordnung gilt entsprechend. [3]Auf die Zwangsvollstreckung sind die Vorschriften, die für die Zwangsvollstreckung aus gerichtlichen Urkunden nach § 794 Absatz 1 Nummer 5 der Zivilprozessordnung gelten, mit folgenden Maßgaben entsprechend anzuwenden:

1. **Die vollstreckbare Ausfertigung sowie die Bestätigungen nach § 1079 der Zivilprozessordnung werden von den Beamten oder Angestellten des Jugendamts erteilt, denen die Beurkundung der Verpflichtungserklärung übertragen ist. Das Gleiche gilt für die Bezifferung einer Verpflichtungserklärung nach § 790 der Zivilprozessordnung.**
2. **Über Einwendungen, die die Zulässigkeit der Vollstreckungsklausel oder die Zulässigkeit der Bezifferung nach § 790 der Zivilprozessordnung betreffen, über die Erteilung einer weiteren vollstreckbaren Ausfertigung sowie über Anträge nach § 1081 der Zivilprozessordnung entscheidet das für das Jugendamt zuständige Amtsgericht.**

Von einer Kommentierung wird abgesehen.

Viertes Kapitel
Schutz von Sozialdaten

§ 61 SGB VIII

Anwendungsbereich

(1) [1]Für den Schutz von Sozialdaten bei ihrer Verarbeitung in der Jugendhilfe gelten § 35 des Ersten Buches, §§ 67 bis 85a des Zehnten Buches sowie die nachfolgenden Vorschriften. [2]Sie gelten für alle Stellen des Trägers der öffentlichen Jugendhilfe, soweit sie Aufgaben nach diesem Buch wahrnehmen. [3]Für die Wahrnehmung von Aufgaben nach diesem Buch durch kreisangehörige Gemeinden und Gemeindeverbände, die nicht örtliche Träger sind, gelten die Sätze 1 und 2 entsprechend.

(2) Für den Schutz von Sozialdaten bei ihrer Verarbeitung im Rahmen der Tätigkeit des Jugendamts als Amtspfleger, Amtsvormund und Beistand gilt nur § 68.

(3) Werden Einrichtungen und Dienste der Träger der freien Jugendhilfe in Anspruch genommen, so ist sicherzustellen, dass der Schutz der personenbezogenen Daten bei der Verarbeitung in entsprechender Weise gewährleistet ist.

§ 62 SGB VIII

Datenerhebung

(1) Sozialdaten dürfen nur erhoben werden, soweit ihre Kenntnis zur Erfüllung der jeweiligen Aufgabe erforderlich ist.

(2) [1]Sozialdaten sind bei der betroffenen Person zu erheben. [2]Sie ist über die Rechtsgrundlage der Erhebung sowie die Zweckbestimmungen der Verarbeitung aufzuklären, soweit diese nicht offenkundig sind.

(3) Ohne Mitwirkung der betroffenen Person dürfen Sozialdaten nur erhoben werden, wenn

1. eine gesetzliche Bestimmung dies vorschreibt oder erlaubt oder

2. ihre Erhebung bei der betroffenen Person nicht möglich ist oder die jeweilige Aufgabe ihrer Art nach eine Erhebung bei anderen erfordert, die Kenntnis der Daten aber erforderlich ist für

a) die Feststellung der Voraussetzungen oder für die Erfüllung einer Leistung nach diesem Buch oder

b) die Feststellung der Voraussetzungen für die Erstattung einer Leistung nach § 50 des Zehnten Buches oder

c) die Wahrnehmung einer Aufgabe nach den §§ 42 bis 48a und nach § 52 oder

d) die Erfüllung des Schutzauftrages bei Kindeswohlgefährdung nach § 8a oder die Gefährdungsabwendung nach § 4 des Gesetzes zur Kooperation und Information im Kinderschutz oder

3. die Erhebung bei der betroffenen Person einen unverhältnismäßigen Aufwand erfordern würde und keine Anhaltspunkte dafür bestehen, dass schutzwürdige Interessen der betroffenen Person beeinträchtigt werden oder

4. die Erhebung bei der betroffenen Person den Zugang zur Hilfe ernsthaft gefährden würde.

(4) [1]Ist die betroffene Person nicht zugleich Leistungsberechtigter oder sonst an der Leistung beteiligt, so dürfen die Daten auch beim Leistungsberechtigten oder einer anderen Person, die sonst an der Leistung beteiligt ist, erhoben werden, wenn die Kenntnis der Daten für die

Gewährung einer Leistung nach diesem Buch notwendig ist. [2]Satz 1 gilt bei der Erfüllung anderer Aufgaben im Sinne des § 2 Absatz 3 entsprechend.

§ 63 SGB VIII

Datenspeicherung

(1) Sozialdaten dürfen gespeichert werden, soweit dies für die Erfüllung der jeweiligen Aufgabe erforderlich ist.

(2) [1]Daten, die zur Erfüllung unterschiedlicher Aufgaben der öffentlichen Jugendhilfe erhoben worden sind, dürfen nur zusammengeführt werden, wenn und solange dies wegen eines unmittelbaren Sachzusammenhangs erforderlich ist. [2]Daten, die zu Leistungszwecken im Sinne des § 2 Absatz 2 und Daten, die für andere Aufgaben im Sinne des § 2 Absatz 3 erhoben worden sind, dürfen nur zusammengeführt werden, soweit dies zur Erfüllung der jeweiligen Aufgabe erforderlich ist.

§ 64 SGB VIII

Datenübermittlung und -nutzung

(1) Sozialdaten dürfen zu dem Zweck übermittelt oder genutzt werden, zu dem sie erhoben worden sind.

(2) Eine Übermittlung für die Erfüllung von Aufgaben nach § 69 des Zehnten Buches ist abweichend von Absatz 1 nur zulässig, soweit dadurch der Erfolg einer zu gewährenden Leistung nicht in Frage gestellt wird.

(2a) Vor einer Übermittlung an eine Fachkraft, die nicht dem Verantwortlichen angehört, sind die Sozialdaten zu anonymisieren oder zu pseudonymisieren, soweit die Aufgabenerfüllung dies zulässt.

(2b) [1]Abweichend von Absatz 1 dürfen Sozialdaten übermittelt und genutzt werden, soweit dies für die Durchführung bestimmter wissenschaftlicher Vorhaben zur Erforschung möglicher politisch motivierter Adoptionsvermittlung in der DDR erforderlich ist, ohne dass es einer Anonymisierung oder Pseudonymisierung bedarf. [2]Die personenbezogenen Daten sind zu anonymisieren, sobald dies nach dem Forschungszweck möglich ist. [3]Vom Adoptionsverfahren betroffene Personen dürfen nicht kontaktiert werden.

(2c) [1]Abweichend von Absatz 1 dürfen Sozialdaten übermittelt und verarbeitet werden, soweit dies für die Durchführung einer bestimmten wissenschaftlichen Analyse nach § 79a Absatz 2 erforderlich ist. [2]Personenbezogene Daten sind zu anonymisieren. [3]Die Übermittlung und Verarbeitung erfolgt in pseudonymisierter Form, wenn anonymisierte Daten nicht gleich geeignet zur Aufgabenerfüllung sind und die Aufgabenerfüllung von erheblichem öffentlichem Interesse ist.

(3) Sozialdaten dürfen beim Träger der öffentlichen Jugendhilfe zum Zwecke der Planung im Sinne des § 80 gespeichert oder genutzt werden; sie sind unverzüglich zu anonymisieren.

(4) Erhält ein Träger der öffentlichen Jugendhilfe nach Maßgabe des § 4 Absatz 3 des Gesetzes zur Kooperation und Information im Kinderschutz Informationen und Daten, soll er gegenüber der meldenden Person ausschließlich mitteilen, ob sich die von ihr mitgeteilten gewichtigen Anhaltspunkte für die Gefährdung des Wohls des Kindes oder Jugendlichen bestätigt haben und ob das Jugendamt zur Abwendung der Gefährdung tätig geworden ist und noch tätig ist.

§ 65 SGB VIII

Besonderer Vertrauensschutz in der persönlichen und erzieherischen Hilfe

(1) [1]Sozialdaten, die dem Mitarbeiter eines Trägers der öffentlichen Jugendhilfe zum Zwecke persönlicher und erzieherischer Hilfe anvertraut worden sind, dürfen von diesem nur weitergegeben oder übermittelt werden

1. **mit der Einwilligung dessen, der die Daten anvertraut hat, oder**
2. **dem Familiengericht zur Erfüllung der Aufgaben nach § 8a Absatz 2, wenn angesichts einer Gefährdung des Wohls eines Kindes oder eines Jugendlichen ohne diese Mitteilung eine für die Gewährung von Leistungen notwendige gerichtliche Entscheidung nicht ermöglicht werden könnte, oder**
3. **dem Mitarbeiter, der auf Grund eines Wechsels der Fallzuständigkeit im Jugendamt oder eines Wechsels der örtlichen Zuständigkeit für die Gewährung oder Erbringung der Leistung verantwortlich ist, wenn Anhaltspunkte für eine Gefährdung des Kindeswohls gegeben sind und die Daten für eine Abschätzung des Gefährdungsrisikos notwendig sind, oder**
4. **an die Fachkräfte, die zum Zwecke der Abschätzung des Gefährdungsrisikos nach § 8a hinzugezogen werden; § 64 Absatz 2a bleibt unberührt, oder**
5. **unter den Voraussetzungen, unter denen eine der in § 203 Absatz 1 oder 4 des Strafgesetzbuchs genannten Personen dazu befugt wäre, oder**
6. **wenn dies für die Durchführung bestimmter wissenschaftlicher Vorhaben zur Erforschung möglicher politisch motivierter Adoptionsvermittlung in der DDR erforderlich ist. 2Vom Adoptionsverfahren betroffene Personen dürfen nicht kontaktiert werden; § 64 Absatz 2b Satz 1 und 2 gilt entsprechend, oder**
7. **wenn dies zur Durchführung bestimmter wissenschaftlicher Analysen nach § 79a Absatz 2 erforderlich ist; § 64 Absatz 2c Satz 2 gilt entsprechend.**

[2]Der Empfänger darf die Sozialdaten nur zu dem Zweck weitergeben oder übermitteln, zu dem er sie befugt erhalten hat.

(2) § 35 Absatz 3 des Ersten Buches gilt auch, soweit ein behördeninternes Weitergabeverbot nach Absatz 1 besteht.

§ 66 bis § 67 SGB VIII

(weggefallen)

§ 68 SGB VIII

Sozialdaten im Bereich der Beistandschaft, Amtspflegschaft und der Amtsvormundschaft

(1) [1]Der Beamte oder Angestellte, dem die Ausübung der Beistandschaft, Amtspflegschaft oder Amtsvormundschaft übertragen ist, darf Sozialdaten nur verarbeiten, soweit dies zur Erfüllung seiner Aufgaben erforderlich ist. [2]Die Nutzung dieser Sozialdaten zum Zwecke der Aufsicht, Kontrolle oder Rechnungsprüfung durch die dafür zuständigen Stellen sowie die Übermittlung an diese ist im Hinblick auf den Einzelfall zulässig. [3]Die Informationspflichten nach Artikel 13 und 14 der Verordnung (EU) 2016/679 des Europäischen Parlaments und des Rates vom 27. April 2016 zum Schutz natürlicher Personen bei der Verarbeitung personenbezogener Daten, zum freien Datenverkehr und zur Aufhebung der Richtlinie 95/46/EG (Datenschutz-Grundverordnung) (ABl. L 119 vom 4.5.2016, S. 1; L 314 vom 22.11.2016, S. 72; L 127

vom 23.5.2018, S. 2) in der jeweils geltenden Fassung bestehen nur, soweit die Erteilung der Informationen

1. **mit der Wahrung der Interessen der minderjährigen Person vereinbar ist und**
2. **nicht die Erfüllung der Aufgaben gefährdet, die in der Zuständigkeit des Beistands, des Amtspflegers oder des Amtsvormundes liegen.**

(2) § 84 des Zehnten Buches gilt entsprechend.

(3) [1]Das Recht auf Auskunft der betroffenen Person gemäß Artikel 15 der Verordnung (EU) 2016/679 besteht nicht, soweit die betroffene Person nach Absatz 1 Satz 3 nicht zu informieren ist oder durch die Auskunftserteilung berechtigte Interessen Dritter beeinträchtigt würden. [2]Einer Person, die unter Beistandschaft, Amtspflegschaft oder Amtsvormundschaft gestanden und ihr 18. Lebensjahr noch nicht vollendet hat, kann Auskunft erteilt werden, soweit sie die erforderliche Einsichts- und Urteilsfähigkeit besitzt und die Auskunftserteilung nicht nach Satz 1 ausgeschlossen ist. [3]Nach Beendigung einer Beistandschaft hat darüber hinaus der Elternteil, der die Beistandschaft beantragt hat, einen Anspruch auf Kenntnis der gespeicherten Daten, solange der junge Mensch minderjährig ist, der Elternteil antragsberechtigt ist und die Auskunftserteilung nicht nach Satz 1 ausgeschlossen ist.

(4) Personen oder Stellen, an die Sozialdaten übermittelt worden sind, dürfen diese nur zu dem Zweck speichern und nutzen, zu dem sie ihnen nach Absatz 1 befugt übermittelt worden sind.

Weiterführende Literatur: Kunkel, Fragen und Antworten zum Sozialdatenschutz in der Kinder- und Jugendhilfe – Teil 2; ZKJ 2022, 398 ff.; *Kunkel*, Fragen und Antworten zum Sozialdatenschutz in der Kinder- und Jugendhilfe – Teil 1; ZKJ 2022, 85 ff.; *Mörsberger*, Kreuzworträtsel oder Mikado? – Teil 2: Zur Entwicklung des Sozialdatenschutzes zwischen Rechtsdogmatik, Strafrechtsmythen und prozessorientierten Handlungsmaximen der Sozialarbeit, ZKJ 2021, 136 ff.; *Mörsberger*, Kreuzworträtsel oder Mikado? – Teil 1: Zur Entwicklung des Sozialdatenschutzes zwischen Rechtsdogmatik, Strafrechtsmythen und prozessorientierten Handlungsmaximen der Sozialarbeit, ZKJ 2021, 95 ff.; *Salgo/Kepert*, Datenübermittlung an den Arbeitgeber durch das Jugendamt zur Wahrnehmung des Schutzauftrags – Teil 2, ZKJ 2020, 414 ff.; *Salgo/Kepert*, Datenübermittlung an den Arbeitgeber durch das Jugendamt zur Wahrnehmung des Schutzauftrags – Teil 1, ZKJ 2020, 333 ff.; *Kepert*, Datenschutz und Kinderschutz: Ist die Vorschrift des § 65 SGB VIII noch richtig austariert?, ZKJ 2020, 164 ff.; *Hoffmann*, Notwendige Praxisumstellungen bei Einwilligung in datenverarbeitende Vorgänge – Neuerungen mit der Datenschutzgrundverordnung (DSGVO) zum 25.5.2018, JAmt 2018, 2 ff.; *DIJuF*-Rechtsgutachten vom 30.6.2014, Datenerhebung durch und Datenübermittlung an den/die Verfahrensbeistand/-beiständin, JAmt 2014, 444 ff.; *Kunkel*, Datenschutz im Jugendamt, ZKJ 2018, 355 ff.; *Morat/Kramer*, Verfahrensbeistandschaft und Datenschutz, ZKJ 2014, 139 ff.

1 Für die **Erhebung und Weitergabe von Daten** durch das Jugendamt im Kontext eines familiengerichtlichen Verfahrens stellen weder § 50 SGB VIII noch § 162 FamFG eine Befugnisnorm zur Erhebung von Sozialdaten dar.[1] Es gelten daher die **allgemeinen datenschutzrechtlichen Regeln** des SGB VIII und die DSGVO.[2] Danach darf das Jugendamt Daten grundsätzlich nur beim Betroffenen erheben (§ 62 Abs. 2 SGB VIII). Ohne Mitwirkung des Betroffenen dürfen Sozialdaten u. a. nur dann erhoben werden, wenn ihre Erhebung beim Betroffenen nicht möglich ist, die Kenntnis der Daten aber erforderlich ist für die Erfüllung des Schutzauftrags bei **Kindeswohlgefährdung** nach § 8a SGB VIII (§ 62 Abs. 3 Nr. 2d

1 VGH Hessen ZKJ 2014, 493; OLG Zweibrücken ZKJ 2013, 256
2 *Kunkel*, ZKJ 2018, 355, 356; *Hoffmann*, JAmt 2018, 2

SGB VIII). Dies gilt auch nach Inkrafttreten der DSGVO.[3] Der besondere Schutz des § 65 Abs. 1 SGB VIII gilt nur für anvertraute Daten im Sinne der Vorschrift. „Anvertraut" i.S.d. § 65 Abs. 1 SGB VIII sind nur die Daten, die dem Mitarbeiter eines Trägers der Jugendhilfe zum Zwecke persönlicher und erzieherischer Hilfe in einem bewussten „Akt des Anvertrauens" mitgeteilt worden seien oder die dem Mitarbeiter in einem sensiblen Lebensbereich in Erwartung einer Vertraulichkeit bekannt werden.[4] Die Weitergabe von zum Zwecke persönlicher und erzieherischer Hilfe anvertrauter Daten darf (ohne Einwilligung des Betroffenen) an das Familiengericht nur zur Erfüllung der Aufgaben nach § 8a Abs. 2 SGB VIII – also **bei Verdacht auf Kindeswohlgefährdung** – erfolgen (§ 65 Abs. 1 Satz 1 Nr. 2 SGB VIII i.V.m. Art. 6 Abs. 1 lit. e, Abs. 3 DSGVO). Die Anrufung des Familiengerichts nach § 42 Abs. 3 Satz 2 Nr. 2 SGB VIII stellt einen Unterfall des § 8a Abs. 2 SGB VIII dar, weshalb auch in diesen Fällen eine Weitergabebefugnis (bzw. -pflicht) an das Familiengericht gegeben ist.[5] **Datenschutz steht damit einem effektiven Kinderschutz nicht entgegen**.

Erhalten eingesetzte **freie Träger** Informationen, die auf eine Kindeswohlgefährdung i.S.d. § 8a Abs. 1 Satz 1 SGB VIII hindeuten, kommt eine **Datenübermittlung** nach §§ 8a Abs. 4 SGB VIII, 69 Abs. 1 Nr. 1 Alt. 2, Alt. 3 SGB X **nicht direkt an das Familiengericht, sondern nur an das Jugendamt** in Betracht, § 8a Abs. 4 Satz 2 SGB VIII („... das Jugendamt zu informieren ...").[6] Das Jugendamt selbst kann dann diese Daten zur Abwendung einer Kindeswohlgefährdung an das Familiengericht weiterleiten, was § 65 Abs. 1 Nr. 2 SGB VIII zulässt. Aber auch diese Weiterleitung darf nicht in allen Fällen, insbesondere nicht zu jeder möglichen Veränderung familiärer Verhältnisse, vom Jugendamt an das Familiengericht weitergegeben werden. Dies verkennt der BGH in seiner Entscheidung vom 6.2.2019, wenn er ausführt: „Auch wenn ein Kontrollauftrag ... nicht originäres Ziel einer sozialpädagogischen Familienhilfe ist, hindert das einen Familienhelfer nicht, dem Familiengericht zeitnah von möglichen Veränderungen zu berichten, so dass hinreichend Gelegenheit bestünde, den Sachverhalt aufzuklären und angemessen zu reagieren."[7] Gemäß § 65 Abs. 1 Nr. 2 SGB VIII ist das Jugendamt zu einer solchen Datenübermittlung nur befugt, wenn (einzig) mit einer Übermittlung der anvertrauten Daten eine familiengerichtliche Entscheidung ermöglicht werden könnte, welche zur Abwehr einer Kindeswohlgefährdung geeignet ist. Eine Weiterleitung von nur möglichen Veränderungen in der Familie als fortlaufende Kontrolle der Familie, ohne dass diese Datenübermittlung der aktuellen Herbeiführung einer familiengerichtlichen Entscheidung zur Abwehr einer Kindeswohlgefährdung dient, ist datenschutzrechtlich unzulässig.[8] **2**

Werden Daten **ohne ausreichende gesetzliche Rechtfertigung** an das Familiengericht oder sonstige Beteiligte des Verfahrens (wie z.B. den Verfahrensbeistand) weitergegeben (z.B. über Gespräche des ASD-Mitarbeiters mit dem Kindergarten, Lehrern, Therapeuten, Erziehungsberatern), so kann dies zur **Amtshaftung** des Trägers des Jugendamts[9] oder zur **Verpflichtung zur Löschung der Daten**[10] (vgl. § 84 Abs. 1 SGB X) führen. Soweit die Daten für die Entscheidung des Familiengerichts relevant sind, kann dieses ohnehin nach § 26 FamFG die entsprechenden Ermittlungen durchführen und insoweit selbst Daten erheben. **3**

Datenschutzrechtliche Bestimmungen sind für das Jugendamt im Übrigen auch in Bezug auf den **Verfahrensbeistand des Kindes** (§ 158 FamFG) zu beachten. Ohne Einwilligung von Betroffenen dürfen im Rahmen von erzieherischen Hilfen anvertraute Daten nicht an **4**

3 Schulz/*Gola*, Datenschutz-Grundverordnung, Art. 8 Rn. 3
4 OVG Lüneburg NVwZ-RR 2024, 237
5 LPK-SGB VIII/*Kunkel/Vetter*, § 65 Rn. 20
6 Vgl. *Kepert*, Sozialrecht aktuell 2019, 104, 110
7 BGH FamRZ 2019, 598 Rn. 45 = NJW 2019, 1435 = JAmt 2019, 267
8 Eingehend *Kepert*, Sozialrecht aktuell 2019, 104, 110 zur vorgenannten Entscheidung des BGH
9 OLG Zweibrücken ZKJ 2013, 256
10 VGH Hessen ZKJ 2014, 493

diesen weitergegeben werden. Selbst im Fall der **Kindeswohlgefährdung** ist eine Übermittlung der Daten nach § 65 Abs. 1 Nr. 1 und 2 SGB VIII nur an das Familiengericht, nicht aber unmittelbar an den Verfahrensbeistand zulässig.[11] Im Rahmen der Gewährung rechtlichen Gehörs kann und muss das Familiengericht diese Daten dann an die übrigen Beteiligten, und damit auch an den Verfahrensbeistand, weitergeben. Die Übermittlung **nicht anvertrauter Daten** an den Verfahrensbeistand ist nach Maßgabe von § 64 Abs. 1 und 2 SGB VIII, § 69 Abs. 1 SGB X jedoch zulässig.

5 Wenn ein sorgeberechtigter Elternteil **Akteneinsicht** in die beim Jugendamt geführten Akten haben möchte, ist zu **differenzieren**:

Geht es um Informationen **aus einem laufenden Verwaltungsverfahren des Jugendamts** i.S.d. § 8 SGB X, d.h. eine Tätigkeit mit dem Ziel des Abschluss eines Verwaltungsakts oder eines öffentlich-rechtlichen Vertrages (nicht reiner Beratungen oder Auskünfte), z.B. um die Bewilligung von Hilfen zur Erziehung nach §§ 27 ff. SGB VIII, besteht gegenüber dem Jugendamt grundsätzlich gemäß § 25 SGB X ein vor den Verwaltungsgerichten geltend zu machendes **Akteneinsichtsrecht des Verfahrensbeteiligten** in alle Teile der Akte, soweit die Vorgänge nicht wegen berechtigter Interessen Beteiligter oder Dritter geheim gehalten werden müssen; ein derartiges Interesse ist regelmäßig bei von Dritten anvertrauten Daten nach § 65 SGB VIII anzunehmen.

Geht es um Akten des Jugendamts **im Rahmen der Mitwirkung im familiengerichtlichen Verfahren** nach § 50 SGB VIII, besteht **kein Anspruch auf Akteneinsicht** gegenüber dem Jugendamt nach § 25 SGB X, weil diese Tätigkeit des Jugendamts nicht auf den Erlass eines Verwaltungsakts abzielt; überdies steht einer solchen Akteneinsichtsgewährung auch die Geheimhaltungsverpflichtung des Jugendamts nach § 65 SGB VIII entgegen.[12]

Auch wenn kein Akteneinsichtsrecht besteht, kann gegenüber dem Jugendamt ein **Anspruch auf Auskunft** nach § 83 SGB X bestehen. Diesem Auskunftsanspruch steht in Fällen eines Verdachts sexuellen Kindesmissbrauchs ebenfalls § 65 Abs. 1 Satz 1 SGB VIII entgegen.[13] Auch bei staatsanwaltlichen Ermittlungen wegen falscher Verdächtigung gegen einen Informanten des Jugendamts geht der Sozialdatenschutz vor und das Jugendamt kann insoweit nicht verpflichtet werden, die Jugendamtsakte herauszugeben; im Rahmen der Abwägung geht das Persönlichkeitsrecht der Anzeigeerstatterin und das Interesse an Sozialdatenschutz dem Interesse auf Strafverfolgung vor.[14] Es ist eine Abwägung vorzunehmen, deren Ergebnis auch sein kann, dass das Interesse an der Strafverfolgung sowie der Ehrschutz gegenüber dem Interesse an Geheimhaltung überwiegt.[15]

Auch ein aus dem Elternrecht abzuleitendes allgemeines Informationsrecht führt nicht dazu, dass entgegen § 65 Abs. 1 Satz 1 Nr. 1 SGB VIII Einsicht in Jugendamtsakten zu gewähren ist, die dem Mitarbeiter eines Trägers der öffentlichen Jugendhilfe zum Zwecke persönlicher und erzieherischer Hilfe anvertraut wurden.[16] Diese **starke Einschränkung der Informationsweitergabe** ist aus Sicht des Gesetzgebers durch das staatliche Interesse an einer effektiven Hilfeerbringung im Interesse der Kinder oder Jugendlichen zur Gewährleistung des Kindeswohls gerechtfertigt.[17] Daher hat auch ein Elternteil grundsätzlich keinen Anspruch auf Einsichtnahme in alle vom Jugendamt in Bezug auf das Kind geführten Ak-

11 DIJuF-Rechtsgutachten JAmt 2014, 444, 446
12 VG München JAmt 2021, 166; VGH Mannheim NJW 2020, 1985; OVG Münster ZKJ 2019, 35; OVG Münster, Beschl. v. 5.2.2009 – 8 E 1258/08, juris; VG Würzburg, Urt. v. 26.1.2017 – W 3 K 16.885, juris; VG Köln, Urt. v. 31.10.2016 – 26 K 5681/15, juris; VG Augsburg JAmt 2016, 219; VG Hannover JAmt 2015, 516 = ZKJ 2015, 243; BayVGH, Beschl. v. 1.6.2011 – 12 C 10.1510, juris
13 OVG Münster, Beschl. v. 5.2.2009 – 8 E 1258/08, juris
14 LG Koblenz NJW-Spezial 2022, 698
15 LG Berlin JAmt 2024, 185
16 OVG Saarlouis JAmt 2021, 640
17 OVG Saarlouis JAmt 2021, 640

ten.[18] Das besondere Verbot der Weitergabe von Sozialdaten nach § 65 Abs. 1 SGB VIII überlagert in dem von dieser Regelung erfassten Bereich der anvertrauten Sozialdaten die sich nach den allgemeinen Regelungen über die Akteneinsicht und den Schutz bzw. die Weitergabe von Sozialdaten (§ 35 SGB I, §§ 25, 67 bis 85a SGB X, §§ 61 bis 68 SGB VIII) ergebenden Verpflichtungen der Jugendämter oder ihrer Rechtsträger zur Datenweitergabe bzw. zur ermessenfehlerfreien Entscheidung hierüber.[19]

Zum Teil wird in der verwaltungsgerichtlichen Rechtsprechung vertreten, dass ein Anspruch auf Akteneinsicht bezüglich der Mitwirkung des Jugendamts am familiengerichtlichen Verfahren nach § 50 SGB VIII **vor den Familiengerichten** durchzusetzen sei.[20] Dem kann **nur insoweit** zugestimmt werden, als es bei dem Akteneinsichtsgesuch inhaltlich um **Bestandteile der Gerichtsakte** geht, die überhaupt **Gegenstand eines Akteneinsichtsgesuchs nach § 13 FamFG** sein können. Dazu gehören neben der gesamten Verfahrensakte alle beigezogenen Akten und Unterlagen, die zur Grundlage der Entscheidung gemacht werden sollen oder gemacht worden sind.[21] Das sind etwa alle Beiakten, Gutachten, zu den Akten gereichten Unterlagen und insbesondere **auch Berichte der Jugendämter** gemäß § 50 SGB VIII.[22] Hat das Familiengericht im Ausnahmefall also Jugendamtsakten beigezogen, ist diese beigezogene Akte grundsätzlich Gegenstand des Akteneinsichtsgesuchs nach § 13 FamFG. Nicht zur Gerichtsakte des Familiengerichts gehören solche Akten, die nicht beigezogen wurden. Ein Akteneinsichtsgesuch vermittelt **kein Recht zur Beiziehung weiterer Akten** wie etwa der Jugendamtsakten. 6

▶ *Näher zur Akteneinsicht im familiengerichtlichen Verfahren siehe Köhler, § 13 FamFG Rn. 1 ff.*

Hinsichtlich der **Akten eines freien Trägers der Jugendhilfe** besteht kein Anspruch auf Akteneinsicht nach § 25 SGB X, jedoch ein zivilrechtlicher Anspruch, wobei der Schutz der personenbezogenen Daten gemäß § 61 Abs. 3 SGB VIII in entsprechender Weise (wie bei den öffentlichen Trägern) zu gewährleisten ist. 7

Für den Datenschutz im Bereich der **Beistandschaft, Pflegschaft und Vormundschaft des Jugendamts gilt § 68 SGB VIII** als Sondervorschrift. Die Vorschrift gilt für die **konkrete Person**, der ein Amt nach **§ 55 Abs. 3 SGB VIII** übertragen wurde, also nicht für das Jugendamt als Fachbehörde. § 68 Abs. 3 SGB VIII normiert besondere Informationsrechte ab Volljährigkeit (Satz 1) bzw. schon bei Minderjährigkeit, wenn entsprechende Einsichtsfähigkeit vorliegt (Satz 2). Nach Ende der Beistandschaft bei noch bestehender Minderjährigkeit des Kindes hat ein Elternteil ein Informationsrecht nach Abs. 3 Satz 3. Diese Ansprüche sind insofern von Relevanz, als sie **nach Abschluss** der Beistandschaft, Amtspflegschaft bzw. Amtsvormundschaft gelten; während laufender Bestellungen besteht nur ein über § 65 SGB VIII begrenztes Auskunftsrecht nach § 83 SGB X, da § 25 SGB X mangels laufenden Verwaltungsverfahrens nicht gilt.[23] 8

Mit dem Gesetz zur Stärkung der Strukturen gegen sexuelle Gewalt an Kindern und Jugendlichen vom 3.4.2025 (BGBl. 2025 I Nr. 107, S. 1 ff.) wurden in den §§ 64 und 65 SGB VIII Möglichkeiten der **Akteneinsicht für wissenschaftliche Zwecke** geschaffen. Nach dem neu eingefügten § 64 Abs. 2c Satz 1 SGB VIII dürfen Sozialdaten auch dann übermittelt werden, soweit dies für die Durchführung von bestimmten wissenschaftlichen Analysen der 9

18 OVG Saarlouis FamRZ 2023, 66; OVG Saarlouis JAmt 2021, 640
19 OVG Saarlouis, Beschl. v. 29.10.2021 – 2 D 223/21, juris
20 VGH München, Beschl. v. 2.12.2011 – 12 ZB 11.1386, juris, Rn. 10; VG Karlsruhe, Beschl. v. 10.10.2012 – 4 K 2344/12, juris, Rn. 20; jeweils offengelassen von: BVerwG, Beschl. v. 3.3.2014 – 20 F 12.13, juris; VG Köln, Urt. v. 13.12.2017 – 26 K 134/17, juris; VG Köln, Urt. v. 31.10.2016 – 26 K 5681/15, juris
21 BT-Drucks. 16/6308, 181
22 Sternal/*Sternal*, § 13 Rn. 55
23 Oberloskamp/Dürbeck/*Steinbüchel*, § 21 Rn. 66a

Wahrnehmung von Aufgaben nach § 2 SGB VIII gemäß § 79a Abs. 2 SGB VIII erforderlich ist, mit der der Träger der öffentlichen Jugendhilfe einen geeigneten Dritten betraut. Insoweit werden die Ausnahmen von dem Grundsatz des Abs. 1, dass die Übermittlung zulässig erhobener Daten nur erlaubt ist, wenn der ursprüngliche Erhebungszweck und der Verarbeitungszweck des Empfängers identisch sind, erweitert. Ziel der Änderung ist, einerseits eine wissenschaftlich fundierte Qualitätsentwicklung und -sicherung bei der Aufgabenerfüllung in der Kinder- und Jugendhilfe zur Gewährleistung des Schutzes vor Gewalt von Kindern und Jugendlichen durch den Träger der öffentlichen Jugendhilfe sicherzustellen und andererseits einen angemessenen Ausgleich zum Recht des Einzelnen auf informationelle Selbstbestimmung herzustellen.[24]

Für eine weitergehende Verarbeitung greift die Befugnis nicht. Auch ist es gerade nicht zulässig, Daten zu sammeln, um sie zu einem späteren Zeitpunkt (bei Gelegenheit) für die Forschung zu nutzen.[25] Darüber hinaus muss die wissenschaftliche Analyse das Ziel haben, mit dem Blick auf die Sicherstellung des Gewaltschutzes von Kindern und Jugendlichen fehlerhafte Prozesse der Leistungsgewährung, -erbringung und Aufgabenwahrnehmung zu untersuchen und der Erfüllung der Gesamtverantwortung des Trägers der öffentlichen Jugendhilfe nach § 79 SGB VIII, d.h. der Sicherstellungsverantwortung des Staates nach dem SGB VIII und nicht Interessen Einzelner zu dienen.[26] Personenbezogene Daten sind nach Satz 2 zu anonymisieren.

10 Aufgrund des neu eingefügten § 65 Abs. 1 Satz 1 Nr. 7 SGB VIII dürfen die Sozialdaten von dem Mitarbeitenden eines Trägers der öffentlichen Jugendhilfe weitergegeben oder übermittelt werden, wenn dies für die Durchführung bestimmter wissenschaftlicher Analysen nach § 79a Abs. 2 SGB VIII zur Überprüfung und Weiterentwicklung von Grundsätzen und Maßstäben für die Bewertung der Qualität sowie geeigneter Maßnahmen zu ihrer Gewährleistung nach § 79a Abs. 1 SGB VIII – für den Gewaltschutz von Kindern und Jugendlichen – erforderlich ist. Es wird insoweit eine **Ausnahme von dem in § 65 SGB VIII geregelten Weitergabeverbot** geschaffen. Ziel der Änderung ist es auch hier (wie bei § 64 Abs. 2c SGB VIII), eine wissenschaftlich fundierte Qualitätsentwicklung und -sicherung bei der Aufgabenerfüllung in der Kinder- und Jugendhilfe – zur Gewährleistung des Schutzes vor Gewalt von Kindern und Jugendlichen – durch den Träger der öffentlichen Jugendhilfe sicherzustellen, an der ein öffentliches Interesse besteht, und andererseits einen angemessenen Ausgleich zum Recht des Einzelnen auf dem Schutzbedürfnis des für eine effektive Hilfeerbringung notwendigen besonderen Vertrauensverhältnisses Rechnung zu tragen und einen angemessenen Ausgleich mit dem Recht des Einzelnen auf informationelle Selbstbestimmung herzustellen.[27]

Die Weitergabe oder Übermittlung erfolgt nur mit anonymisierten personenbezogenen Daten. Das wird mit dem Hinweis auf die entsprechende Geltung des neu eingefügten § 64 Abs. 2c Satz 2 SGB VIII sichergestellt.[28]

§§ 69 bis 78g SGB VIII

Von Abdruck und Kommentierung wird abgesehen.

24 BT-Drs. 20/13183, S. 57
25 BT-Drs. 20/13183, S. 57
26 BT-Drs. 20/13183, S. 57
27 BT-Drs. 20/13183, S. 58
28 BT-Drs. 20/13183, S. 58

Vierter Abschnitt
Gesamtverantwortung, Jugendhilfeplanung

§ 79 SGB VIII
Gesamtverantwortung, Grundausstattung

(1) Die Träger der öffentlichen Jugendhilfe haben für die Erfüllung der Aufgaben nach diesem Buch die Gesamtverantwortung einschließlich der Planungsverantwortung.

(2) [1]Die Träger der öffentlichen Jugendhilfe sollen gewährleisten, dass zur Erfüllung der Aufgaben nach diesem Buch

1. die erforderlichen und geeigneten Einrichtungen, Dienste und Veranstaltungen den verschiedenen Grundrichtungen der Erziehung entsprechend rechtzeitig und ausreichend zur Verfügung stehen; hierzu zählen insbesondere auch Pfleger, Vormünder und Pflegepersonen;

2. die nach Nummer 1 vorgehaltenen Einrichtungen, Dienste und Veranstaltungen dem nach § 80 Absatz 1 Nummer 2 ermittelten Bedarf entsprechend zusammenwirken und hierfür verbindliche Strukturen der Zusammenarbeit aufgebaut und weiterentwickelt werden;

3. eine kontinuierliche Qualitätsentwicklung nach Maßgabe von § 79a erfolgt.

[2]Von den für die Jugendhilfe bereitgestellten Mitteln haben sie einen angemessenen Anteil für die Jugendarbeit zu verwenden.

(3) [1]Die Träger der öffentlichen Jugendhilfe haben für eine ausreichende Ausstattung der Jugendämter und der Landesjugendämter einschließlich der Möglichkeit der Nutzung digitaler Geräte zu sorgen; hierzu gehört auch eine dem Bedarf entsprechende Zahl von Fachkräften. [2]Zur Planung und Bereitstellung einer bedarfsgerechten Personalausstattung ist ein Verfahren zur Personalbemessung zu nutzen.

Von einer Kommentierung wird abgesehen.

§ 79a SGB VIII
Qualitätsentwicklung in der Kinder- und Jugendhilfe

(1) [1]Um die Aufgaben der Kinder- und Jugendhilfe nach § 2 zu erfüllen, haben die Träger der öffentlichen Jugendhilfe Grundsätze und Maßstäbe für die Bewertung der Qualität sowie geeignete Maßnahmen zu ihrer Gewährleistung für

1. die Gewährung und Erbringung von Leistungen,

2. die Erfüllung anderer Aufgaben,

3. den Prozess der Gefährdungseinschätzung nach § 8a,

4. die Zusammenarbeit mit anderen Institutionen

weiterzuentwickeln, anzuwenden und regelmäßig zu überprüfen. [2]Dazu zählen auch Qualitätsmerkmale für die inklusive Ausrichtung der Aufgabenwahrnehmung und die Berücksichtigung der spezifischen Bedürfnisse von jungen Menschen mit Behinderungen sowie für die Sicherung der Rechte von Kindern und Jugendlichen in Einrichtungen und ihren Schutz vor Gewalt. [3]Die Träger der öffentlichen Jugendhilfe orientieren sich dabei an den fachlichen Empfehlungen der nach § 85 Absatz 2 zuständigen Behörden und an bereits angewandten Grundsätzen und Maßstäben für die Bewertung der Qualität sowie Maßnahmen zu ihrer Gewährleistung.

(2) [1]Die Träger der öffentlichen Jugendhilfe sollen bestimmte wissenschaftliche Analysen der Wahrnehmung von Aufgaben nach § 2 durch geeignete Dritte veranlassen, wenn dies erforderlich ist zur Überprüfung und Weiterentwicklung von Grundsätzen und Maßstäben für die Bewertung der Qualität sowie geeigneter Maßnahmen zu ihrer Gewährleistung nach Absatz 1 für den Schutz vor Gewalt und Ausbeutung von Kindern und Jugendlichen. [2]Zur Erfüllung dieser Aufgabe sind die betreffenden Akten bei den Trägern der öffentlichen Jugendhilfe für einen angemessenen Zeitraum aufzubewahren.

Von einer Kommentierung wird abgesehen.

§ 80 SGB VIII

Jugendhilfeplanung

(1) Die Träger der öffentlichen Jugendhilfe haben im Rahmen ihrer Planungsverantwortung

1. **den Bestand an Einrichtungen und Diensten festzustellen,**
2. **den Bedarf unter Berücksichtigung der Wünsche, Bedürfnisse und Interessen der jungen Menschen und der Erziehungsberechtigten für einen mittelfristigen Zeitraum zu ermitteln und**
3. **die zur Befriedigung des Bedarfs notwendigen Vorhaben rechtzeitig und ausreichend zu planen; dabei ist Vorsorge zu treffen, dass auch ein unvorhergesehener Bedarf befriedigt werden kann.**

(2) Einrichtungen und Dienste sollen so geplant werden, dass insbesondere

1. **Kontakte in der Familie und im sozialen Umfeld erhalten und gepflegt werden können,**
2. **ein möglichst wirksames, vielfältiges, inklusives und aufeinander abgestimmtes Angebot von Jugendhilfeleistungen gewährleistet ist,**
3. **ein dem nach Absatz 1 Nummer 2 ermittelten Bedarf entsprechendes Zusammenwirken der Angebote von Jugendhilfeleistungen in den Lebens- und Wohnbereichen von jungen Menschen und Familien sichergestellt ist,**
4. **junge Menschen mit Behinderungen oder von Behinderung bedrohte junge Menschen mit jungen Menschen ohne Behinderung gemeinsam unter Berücksichtigung spezifischer Bedarfslagen gefördert werden können,**
5. **junge Menschen und Familien in gefährdeten Lebens- und Wohnbereichen besonders gefördert werden,**
6. **Mütter und Väter Aufgaben in der Familie und Erwerbstätigkeit besser miteinander vereinbaren können.**

(3) Die Planung insbesondere von Diensten zur Gewährung niedrigschwelliger ambulanter Hilfen nach Maßgabe von § 36a Absatz 2 umfasst auch Maßnahmen zur Qualitätsgewährleistung der Leistungserbringung.

(4) [1]Die Träger der öffentlichen Jugendhilfe haben die anerkannten Träger der freien Jugendhilfe in allen Phasen ihrer Planung frühzeitig zu beteiligen. [2]Zu diesem Zwecke sind sie vom Jugendhilfeausschuss, soweit sie überörtlich tätig sind, im Rahmen der Jugendhilfeplanung des überörtlichen Trägers vom Landesjugendhilfeausschuss zu hören. [3]Das Nähere regelt das Landesrecht.

(5) Die Träger der öffentlichen Jugendhilfe sollen darauf hinwirken, dass die Jugendhilfeplanung und andere örtliche und überörtliche Planungen aufeinander abgestimmt werden und die Planungen insgesamt den Bedürfnissen und Interessen der jungen Menschen und ihrer Familien Rechnung tragen.

Von einer Kommentierung wird abgesehen.

§ 81 SGB VIII

Strukturelle Zusammenarbeit mit anderen Stellen und öffentlichen Einrichtungen

Die Träger der öffentlichen Jugendhilfe haben mit anderen Stellen und öffentlichen Einrichtungen, deren Tätigkeit sich auf die Lebenssituation junger Menschen und ihrer Familien auswirkt, insbesondere mit

1. **den Trägern von Sozialleistungen nach dem Zweiten, Dritten, Vierten, Fünften, Sechsten, Zwölften und Vierzehnten Buch,**
2. **Rehabilitationsträgern nach § 6 Absatz 1 Nummer 7 des Neunten Buches,**
3. **den Familien- und Jugendgerichten, den Staatsanwaltschaften sowie den Justizvollzugsbehörden,**
4. **Schulen und Stellen der Schulverwaltung,**
5. **Einrichtungen und Stellen des öffentlichen Gesundheitsdienstes und sonstigen Einrichtungen und Diensten des Gesundheitswesens,**
6. **den Beratungsstellen nach den §§ 3 und 8 des Schwangerschaftskonfliktgesetzes und Suchtberatungsstellen,**
7. **Einrichtungen und Diensten zum Schutz gegen Gewalt in engen sozialen Beziehungen,**
8. **den Stellen der Bundesagentur für Arbeit,**
9. **Einrichtungen und Stellen der beruflichen Aus- und Weiterbildung,**
10. **den Polizei- und Ordnungsbehörden,**
11. **der Gewerbeaufsicht,**
12. **Einrichtungen der Ausbildung für Fachkräfte, der Weiterbildung und der Forschung und**
13. **Einrichtungen, die auf örtlicher Ebene Familien und den sozialen Zusammenhalt zwischen den Generationen stärken (Mehrgenerationenhäuser)**

im Rahmen ihrer Aufgaben und Befugnisse zusammenzuarbeiten.

Von einer Kommentierung wird abgesehen.

§§ 82 bis 84 SGB VIII

Von Abdruck und Kommentierung wird abgesehen.

Siebtes Kapitel
Zuständigkeit, Kostenerstattung

Erster Abschnitt
Sachliche Zuständigkeit

§ 85 SGB VIII
Sachliche Zuständigkeit

(1) Für die Gewährung von Leistungen und die Erfüllung anderer Aufgaben nach diesem Buch ist der örtliche Träger sachlich zuständig, soweit nicht der überörtliche Träger sachlich zuständig ist.

(2) Der überörtliche Träger ist sachlich zuständig für

1. **die Beratung der örtlichen Träger und die Entwicklung von Empfehlungen zur Erfüllung der Aufgaben nach diesem Buch,**
2. **die Förderung der Zusammenarbeit zwischen den örtlichen Trägern und den anerkannten Trägern der freien Jugendhilfe, insbesondere bei der Planung und Sicherstellung eines bedarfsgerechten Angebots an Hilfen zur Erziehung, Eingliederungshilfen für seelisch behinderte Kinder und Jugendliche und Hilfen für junge Volljährige,**
3. **die Anregung und Förderung von Einrichtungen, Diensten und Veranstaltungen sowie deren Schaffung und Betrieb, soweit sie den örtlichen Bedarf übersteigen; dazu gehören insbesondere Einrichtungen, die eine Schul- oder Berufsausbildung anbieten, sowie Jugendbildungsstätten,**
4. **die Planung, Anregung, Förderung und Durchführung von Modellvorhaben zur Weiterentwicklung der Jugendhilfe,**
5. **die Beratung der örtlichen Träger bei der Gewährung von Hilfe nach den §§ 32 bis 35a, insbesondere bei der Auswahl einer Einrichtung oder der Vermittlung einer Pflegeperson in schwierigen Einzelfällen,**
6. **die Wahrnehmung der Aufgaben zum Schutz von Kindern und Jugendlichen in Einrichtungen (§§ 45 bis 48a),**
7. **die Beratung der Träger von Einrichtungen während der Planung und Betriebsführung,**
8. **die Fortbildung von Mitarbeitern in der Jugendhilfe,**
9. **die Gewährung von Leistungen an Deutsche im Ausland (§ 6 Absatz 3), soweit es sich nicht um die Fortsetzung einer bereits im Inland gewährten Leistung handelt,**
10. **die Anerkennung als Vormundschaftsverein (§ 54).**

(3) Für den örtlichen Bereich können die Aufgaben nach Absatz 2 Nummer 3, 4, 7 und 8 auch vom örtlichen Träger wahrgenommen werden.

(4) Unberührt bleiben die am Tage des Inkrafttretens dieses Gesetzes geltenden landesrechtlichen Regelungen, die die in den §§ 45 bis 48a bestimmten Aufgaben einschließlich der damit verbundenen Aufgaben nach Absatz 2 Nummer 2 bis 5 und 7 mittleren Landesbehörden oder, soweit sie sich auf Kindergärten und andere Tageseinrichtungen für Kinder beziehen, unteren Landesbehörden zuweisen.

(5) Ist das Land überörtlicher Träger, so können durch Landesrecht bis zum 30. Juni 1993 einzelne seiner Aufgaben auf andere Körperschaften des öffentlichen Rechts, die nicht Träger der öffentlichen Jugendhilfe sind, übertragen werden.

Von einer Kommentierung wird abgesehen.

Zweiter Abschnitt
Örtliche Zuständigkeit

Erster Unterabschnitt
Örtliche Zuständigkeit für Leistungen

§ 86 SGB VIII

Örtliche Zuständigkeit für Leistungen an Kinder, Jugendliche und ihre Eltern

(1) [1]Für die Gewährung von Leistungen nach diesem Buch ist der örtliche Träger zuständig, in dessen Bereich die Eltern ihren gewöhnlichen Aufenthalt haben. [2]An die Stelle der Eltern tritt die Mutter, wenn und solange die Vaterschaft nicht anerkannt oder gerichtlich festgestellt ist. [3]Lebt nur ein Elternteil, so ist dessen gewöhnlicher Aufenthalt maßgebend.

(2) [1]Haben die Elternteile verschiedene gewöhnliche Aufenthalte, so ist der örtliche Träger zuständig, in dessen Bereich der personensorgeberechtigte Elternteil seinen gewöhnlichen Aufenthalt hat; dies gilt auch dann, wenn ihm einzelne Angelegenheiten der Personensorge entzogen sind. [2]Steht die Personensorge im Fall des Satzes 1 den Eltern gemeinsam zu, so richtet sich die Zuständigkeit nach dem gewöhnlichen Aufenthalt des Elternteils, bei dem das Kind oder der Jugendliche vor Beginn der Leistung zuletzt seinen gewöhnlichen Aufenthalt hatte. [3]Hatte das Kind oder der Jugendliche im Fall des Satzes 2 zuletzt bei beiden Elternteilen seinen gewöhnlichen Aufenthalt, so richtet sich die Zuständigkeit nach dem gewöhnlichen Aufenthalt des Elternteils, bei dem das Kind oder der Jugendliche vor Beginn der Leistung zuletzt seinen tatsächlichen Aufenthalt hatte. [4]Hatte das Kind oder der Jugendliche im Fall des Satzes 2 während der letzten sechs Monate vor Beginn der Leistung bei keinem Elternteil einen gewöhnlichen Aufenthalt, so ist der örtliche Träger zuständig, in dessen Bereich das Kind oder der Jugendliche vor Beginn der Leistung zuletzt seinen gewöhnlichen Aufenthalt hatte; hatte das Kind oder der Jugendliche während der letzten sechs Monate keinen gewöhnlichen Aufenthalt, so richtet sich die Zuständigkeit nach dem tatsächlichen Aufenthalt des Kindes oder des Jugendlichen vor Beginn der Leistung.

(3) Haben die Elternteile verschiedene gewöhnliche Aufenthalte und steht die Personensorge keinem Elternteil zu, so gilt Absatz 2 Satz 2 und 4 entsprechend.

(4) [1]Haben die Eltern oder der nach den Absätzen 1 bis 3 maßgebliche Elternteil im Inland keinen gewöhnlichen Aufenthalt, oder ist ein gewöhnlicher Aufenthalt nicht feststellbar, oder sind sie verstorben, so richtet sich die Zuständigkeit nach dem gewöhnlichen Aufenthalt des Kindes oder des Jugendlichen vor Beginn der Leistung. [2]Hatte das Kind oder der Jugendliche während der letzten sechs Monate vor Beginn der Leistung keinen gewöhnlichen Aufenthalt, so ist der örtliche Träger zuständig, in dessen Bereich sich das Kind oder der Jugendliche vor Beginn der Leistung tatsächlich aufhält.

(5) [1]Begründen die Elternteile nach Beginn der Leistung verschiedene gewöhnliche Aufenthalte, so wird der örtliche Träger zuständig, in dessen Bereich der personensorgeberechtigte Elternteil seinen gewöhnlichen Aufenthalt hat; dies gilt auch dann, wenn ihm einzelne Angelegenheiten der Personensorge entzogen sind. [2]Solange in diesen Fällen die Personensorge beiden Elternteilen gemeinsam oder keinem Elternteil zusteht, bleibt die bisherige Zuständigkeit bestehen. [3]Absatz 4 gilt entsprechend.

(6) [1]Lebt ein Kind oder ein Jugendlicher zwei Jahre bei einer Pflegeperson und ist sein Verbleib bei dieser Pflegeperson auf Dauer zu erwarten, so ist oder wird abweichend von den Absätzen 1 bis 5 der örtliche Träger zuständig, in dessen Bereich die Pflegeperson ihren gewöhnlichen Aufenthalt hat. [2]Er hat die Eltern und, falls den Eltern die Personensorge nicht

oder nur teilweise zusteht, den Personensorgeberechtigten über den Wechsel der Zuständigkeit zu unterrichten. [3]Endet der Aufenthalt bei der Pflegeperson, so endet die Zuständigkeit nach Satz 1.

(7) [1]Für Leistungen an Kinder oder Jugendliche, die um Asyl nachsuchen oder einen Asylantrag gestellt haben, ist der örtliche Träger zuständig, in dessen Bereich sich die Person vor Beginn der Leistung tatsächlich aufhält; geht der Leistungsgewährung eine Inobhutnahme voraus, so bleibt die nach § 87 begründete Zuständigkeit bestehen. [2]Unterliegt die Person einem Verteilungsverfahren, so richtet sich die örtliche Zuständigkeit nach der Zuweisungsentscheidung der zuständigen Landesbehörde; bis zur Zuweisungsentscheidung gilt Satz 1 entsprechend. [3]Die nach Satz 1 oder 2 begründete örtliche Zuständigkeit bleibt auch nach Abschluss des Asylverfahrens so lange bestehen, bis die für die Bestimmung der örtlichen Zuständigkeit maßgebliche Person einen gewöhnlichen Aufenthalt im Bereich eines anderen Trägers der öffentlichen Jugendhilfe begründet. [4]Eine Unterbrechung der Leistung von bis zu drei Monaten bleibt außer Betracht.

Von einer Kommentierung wird abgesehen.

§§ 86a bis 86d SGB VIII

Von Abdruck und Kommentierung wird abgesehen.

Zweiter Unterabschnitt
Örtliche Zuständigkeit für andere Aufgaben

§ 87 SGB VIII

Örtliche Zuständigkeit für vorläufige Maßnahmen zum Schutz von Kindern und Jugendlichen

[1]Für die Inobhutnahme eines Kindes oder eines Jugendlichen (§ 42) ist der örtliche Träger zuständig, in dessen Bereich sich das Kind oder der Jugendliche vor Beginn der Maßnahme tatsächlich aufhält. [2]Die örtliche Zuständigkeit für die Inobhutnahme eines unbegleiteten ausländischen Kindes oder Jugendlichen richtet sich nach § 88a Absatz 2.

§ 87a SGB VIII

Örtliche Zuständigkeit für Erlaubnis, Meldepflichten und Untersagung

(1) [1]Für die Erteilung der Pflegeerlaubnis nach § 43 sowie für deren Rücknahme und Widerruf ist der örtliche Träger zuständig, in dessen Bereich die Kindertagespflegeperson ihre Tätigkeit ausübt. [2]Ist die Kindertagespflegeperson im Zuständigkeitsbereich mehrerer örtlicher Träger tätig, ist der örtliche Träger zuständig, in dessen Bereich die Kindertagespflegeperson ihren gewöhnlichen Aufenthalt hat. [3]Für die Erteilung der Pflegeerlaubnis nach § 44 sowie für deren Rücknahme und Widerruf ist der örtliche Träger zuständig, in dessen Bereich die Pflegeperson ihren gewöhnlichen Aufenthalt hat.

(2) Für die Erteilung der Erlaubnis zum Betrieb einer Einrichtung oder einer selbständigen sonstigen Wohnform sowie für die Rücknahme oder den Widerruf dieser Erlaubnis (§ 45 Absatz 1 und 2, § 48a), die örtliche Prüfung (§§ 46, 48a), die Entgegennahme von Meldungen (§ 47 Absatz 1 und 2, § 48a) und die Ausnahme von der Meldepflicht (§ 47 Absatz 3, § 48a) sowie die Untersagung der weiteren Beschäftigung des Leiters oder eines Mitarbeiters (§§ 48, 48a) ist der überörtliche Träger oder die nach Landesrecht bestimmte Behörde zuständig, in dessen oder deren Bereich die Einrichtung oder die sonstige Wohnform gelegen ist.

(3) Für die Mitwirkung an der örtlichen Prüfung (§§ 46, 48a) ist der örtliche Träger zuständig, in dessen Bereich die Einrichtung oder die selbständige sonstige Wohnform gelegen ist.

§ 87b SGB VIII

Örtliche Zuständigkeit für die Mitwirkung in gerichtlichen Verfahren

(1) [1]Für die Zuständigkeit des Jugendamts zur Mitwirkung in gerichtlichen Verfahren (§§ 50 bis 52) gilt § 86 Absatz 1 bis 4 entsprechend. [2]Für die Mitwirkung im Verfahren nach dem Jugendgerichtsgesetz gegen einen jungen Menschen, der zu Beginn des Verfahrens das 18. Lebensjahr vollendet hat, gilt § 86a Absatz 1 und 3 entsprechend.

(2) [1]Die nach Absatz 1 begründete Zuständigkeit bleibt bis zum Abschluss des Verfahrens bestehen. [2]Hat ein Jugendlicher oder ein junger Volljähriger in einem Verfahren nach dem Jugendgerichtsgesetz die letzten sechs Monate vor Abschluss des Verfahrens in einer Justizvollzugsanstalt verbracht, so dauert die Zuständigkeit auch nach der Entlassung aus der Anstalt so lange fort, bis der Jugendliche oder junge Volljährige einen neuen gewöhnlichen Aufenthalt begründet hat, längstens aber bis zum Ablauf von sechs Monaten nach dem Entlassungszeitpunkt.

(3) Steht die örtliche Zuständigkeit nicht fest oder wird der zuständige örtliche Träger nicht tätig, so gilt § 86d entsprechend.

§ 87c SGB VIII

Örtliche Zuständigkeit für die Beistandschaft, die Pflegschaft, die Vormundschaft und die Auskunft nach § 58

(1) [1]Für die Vormundschaft nach § 1786 des Bürgerlichen Gesetzbuchs ist das Jugendamt zuständig, in dessen Bereich die Mutter ihren gewöhnlichen Aufenthalt hat. [2]Wurde die Vaterschaft nach § 1592 Nummer 1 oder 2 des Bürgerlichen Gesetzbuchs durch Anfechtung beseitigt, so ist der gewöhnliche Aufenthalt der Mutter zu dem Zeitpunkt maßgeblich, zu dem die Entscheidung rechtskräftig wird. [3]Ist ein gewöhnlicher Aufenthalt der Mutter nicht festzustellen, so richtet sich die örtliche Zuständigkeit nach ihrem tatsächlichen Aufenthalt.

(2) [1]Sobald die Mutter ihren gewöhnlichen Aufenthalt im Bereich eines anderen Jugendamts nimmt, hat das die Amtsvormundschaft führende Jugendamt bei dem Jugendamt des anderen Bereichs die Weiterführung der Amtsvormundschaft zu beantragen; der Antrag kann auch von dem anderen Jugendamt, von jedem Elternteil und von jedem, der ein berechtigtes Interesse des Kindes oder des Jugendlichen geltend macht, bei dem die Amtsvormundschaft führenden Jugendamt gestellt werden. [2]Die Vormundschaft geht mit der Erklärung des anderen Jugendamts auf dieses über. [3]Das abgebende Jugendamt hat den Übergang dem Familiengericht und jedem Elternteil unverzüglich mitzuteilen. [4]Gegen die Ablehnung des Antrags kann das Familiengericht angerufen werden.

(2a) Für die Vormundschaft nach § 1787 des Bürgerlichen Gesetzbuchs ist das Jugendamt zuständig, in dessen Bereich der Geburtsort des Kindes liegt.

(3) [1]Für die Pflegschaft oder Vormundschaft, die durch Bestellung des Familiengerichts eintritt, ist das Jugendamt zuständig, in dessen Bereich das Kind oder der Jugendliche seinen gewöhnlichen Aufenthalt hat. [2]Hat das Kind oder der Jugendliche keinen gewöhnlichen Aufenthalt, so richtet sich die Zuständigkeit nach seinem tatsächlichen Aufenthalt zum Zeitpunkt der Bestellung. [3]Sobald das Kind oder der Jugendliche seinen gewöhnlichen Aufenthalt nimmt oder wechselt, hat das Jugendamt beim Familiengericht einen Antrag auf Entlassung zu stellen.

(4) Für die Vormundschaft, die im Rahmen des Verfahrens zur Annahme als Kind eintritt, ist das Jugendamt zuständig, in dessen Bereich die annehmende Person ihren gewöhnlichen Aufenthalt hat.

(5) [1]Für die Beratung und Unterstützung nach § 52a sowie für die Beistandschaft gilt Absatz 1 Satz 1 und 3 entsprechend. [2]Sobald der allein sorgeberechtigte Elternteil seinen gewöhnlichen Aufenthalt im Bereich eines anderen Jugendamts nimmt, hat das die Beistandschaft führende Jugendamt bei dem Jugendamt des anderen Bereichs die Weiterführung der Beistandschaft zu beantragen; Absatz 2 Satz 2 und § 86c gelten entsprechend.

(6) [1]Für die Erteilung der schriftlichen Auskunft nach § 58 Absatz 2 gilt Absatz 1 entsprechend. [2]Die Mitteilungen nach § 1626d Absatz 2 des Bürgerlichen Gesetzbuchs, die Mitteilungen nach § 155a Absatz 3 Satz 3 und Absatz 5 Satz 2 des Gesetzes über das Verfahren in Familiensachen und in den Angelegenheiten der freiwilligen Gerichtsbarkeit sowie die Mitteilungen nach § 50 Absatz 3 sind an das für den Geburtsort des Kindes oder des Jugendlichen zuständige Jugendamt zu richten; § 88 Absatz 1 Satz 2 gilt entsprechend. [3]Das nach Satz 2 zuständige Jugendamt teilt dem nach Satz 1 zuständigen Jugendamt auf dessen Ersuchen mit, ob ihm Mitteilungen nach § 1626d Absatz 2 des Bürgerlichen Gesetzbuchs, Mitteilungen nach § 155a Absatz 3 Satz 3 oder Absatz 5 Satz 2 des Gesetzes über das Verfahren in Familiensachen und in den Angelegenheiten der freiwilligen Gerichtsbarkeit oder Mitteilungen nach § 50 Absatz 3 vorliegen. vorliegen. [4]Betrifft die gerichtliche Entscheidung nur Teile der elterlichen Sorge, so enthalten die Mitteilungen auch die Angabe, in welchen Bereichen die elterliche Sorge der Mutter entzogen wurde, den Eltern gemeinsam übertragen wurde oder dem Vater allein übertragen wurde.

§§ 86 ff. SGB VIII regeln die **örtliche Zuständigkeit** des Jugendamts und differenzieren dabei nach der Wahrnehmung der jeweiligen Aufgabe i.S.v. § 2 SGB VIII. Die Differenzierung nach der jeweiligen Aufgabe, unterschiedliche Anknüpfungspunkte und Verweisungen machen die Vorschriften sehr unübersichtlich. § 86 SGB VIII ist dabei die **Grundnorm** der örtlichen Zuständigkeit. Die Vorschrift gilt in der direkten Anwendung für die Gewährung von **Leistungen i.S.d. § 2 Abs. 2 SGB VIII**, also vor allem auch für die im Rahmen eines kindschaftsrechtlichen Verfahrens besonders relevanten Hilfen nach §§ 16 bis 20, 27 bis 35 SGB VIII. Aufgrund der Verweisung des § 87b Abs. 1 Satz 1 SGB VIII gilt § 86 Abs. 1 bis 4 SGB VIII auch für die Zuständigkeit im familiengerichtlichen Verfahren. 1

Nach § 86 Abs. 1 Satz 1 SGB VIII ist **grundsätzlich der gewöhnliche Aufenthalt der Eltern** (unabhängig vom Sorgerecht) zuständigkeitsbegründend. Bei **verschiedenen gewöhnlichen Aufenthalten** (das bedeutet hier in den Bezirken zweier verschiedener Jugendhilfeträger gelegenen Wohnorten) der Elternteile ist der gewöhnliche Aufenthalt des allein[1] personensorgeberechtigten Elternteils nach Abs. 2 Satz 1 maßgeblich. Der Begriff der **Personensorgeberechtigung** ist in § 7 Abs. 1 Nr. 5 SGB VIII für das Kinder- und Jugendhilferecht legal definiert. Grundsätzlich nicht relevant ist für die Frage der Personensorgeberechtigung, dass einzelne Teile der elterlichen Sorge dem Elternteil entzogen wurden, § 86 Abs. 2 Satz 1 Hs. 2 SGB VIII. 2

Haben die sich in verschiedenen Jugendamtsbezirken aufhaltenden **Elternteile** das **gemeinsame Sorgerecht**, bestimmt sich die Zuständigkeit nach dem gewöhnlichen Aufenthalt des Elternteils, bei dem das Kind/der **Jugendliche seinen tatsächlichen Aufenthalt** vor Beginn der Leistung hatte, § 86 Abs. 2 Satz 2 SGB VIII. Bei gewöhnlichem Aufenthalt bei beiden Eltern oder keinem Elternteil trifft Abs. 2 Satz 3, Satz 4 Regelungen. Das Gesetz enthält für den Fall, dass jeder Elternteil Teile des Sorgerechts ausübt (aber kein Teil gemeinsam ausgeübt wird), eine Regelungslücke, die ggf. durch Analogie zu § 86 Abs. 2 Satz 2 SGB VIII, also zum gewöhnlichen Aufenthalt des Kindes oder Jugendlichen (nicht zu Abs. 2 Satz 1), geschlossen werden kann.[2] Haben die Eltern des Kindes zu Beginn und während einer Jugendhilfeleistung ihren jeweiligen gewöhnlichen Aufenthalt in Bezirken verschiedener Jugendhilfeträger und **verlieren beide Elternteile das Personensorgerecht**, so richtet sich die örtliche Zuständigkeit nach § 86 Abs. 3 SGB VIII i.V.m. Abs. 2 Satz 2.[3] Haben beide **Elternteile** bei verschiedenen Aufenthalten **kein Personensorgerecht**, ist der gewöhnliche Aufenthalt des Elternteils, bei dem das Kind/der Jugendliche lebt, bzw. des Kindes/des Jugendlichen maßgeblich (§ 86 Abs. 3, Abs. 2 Satz 2 bis 4 SGB VIII). **Ohne gewöhnlichen Aufenthalt der Eltern** im Inland oder **bei Tod beider Eltern** ist der gewöhnliche Aufenthalt des Kindes/Jugendlichen maßgeblich (§ 86 Abs. 4 SGB VIII).

Ab zweijährigem Aufenthalt des Kindes oder Jugendlichen **bei einer Pflegeperson** i.S.d. § 44 Abs. 1 Satz 1 SGB VIII (nicht Einrichtung) richtet sich die örtliche Zuständigkeit mit Ablauf der zwei Jahre automatisch kraft Gesetzes nach dem gewöhnlichen Aufenthalt der Pflegeperson, wenn der Verbleib dort auf Dauer zu erwarten ist, § 86 Abs. 6 SGB VIII. Bei Wechsel der Pflegestelle läuft die Zweijahresfrist ab Aufnahme in die neue Pflegestelle erneut.[4] Diese Vorschrift ist **von der Verweisung** des § 87b Abs. 1 Satz 1 SGB VIII **für die örtliche Zuständigkeit** zur Mitwirkung **in familiengerichtlichen Verfahren nicht erfasst**. Vom Verweis wurde abgesehen, da der automatische Zuständigkeitswechsel Sinn und Zweck des § 87b SGB VIII widerspricht.[5]

---

1 BVerwG NJW 2018, 2743 = JAmt 2018, 580

2 Als „naheliegend" bezeichnet, aber nicht abschließend entschieden von BVerwG NJW 2018, 2743 = JAmt 2018, 580; vgl. jetzt auch BVerwG NZFam 2024, 908

3 BVerwG NZFam 2024, 908

4 LPK-SGB VIII/*Kunkel/Kepert*, § 86 SGB VIII Rn. 53

5 Wiesner/Wapler/*Loos*, § 87b SGB VIII Rn. 3

3 Für die Zuständigkeit für eine **Inobhutnahme** ist dagegen nach § 87 Satz 1 SGB VIII der **tatsächliche Aufenthalt des Minderjährigen** maßgeblich (vgl. hierzu auch *Köhler*, § 42 SGB VIII Rn. 24). Für die Inobhutnahme unbegleiteter ausländischer Kinder oder Jugendlicher gilt die Sondervorschrift des § 88a SGB VIII (vgl. § 87 Satz 2 SGB VIII).

4 Die **örtliche** Zuständigkeit für die **Mitwirkung des Jugendamts im familiengerichtlichen Verfahren** nach § 50 SGB VIII, § 162 FamFG ist in **§ 87b SGB VIII** geregelt (vgl. hierzu auch *Köhler*, § 50 SGB VIII Rn. 22 f.). **Sachlich** zuständig ist gemäß § 85 Abs. 1 SGB VIII der örtliche Träger der Jugendhilfe. Eine Übertragung der Aufgabe nach § 50 SGB VIII zur Ausführung auf anerkannte freie Träger der Jugendhilfe ist gemäß § 76 Abs. 1 SGB VIII möglich (vgl. näher *Köhler*, § 50 SGB VIII Rn. 20). Für grenzüberschreitende Sorge- und Umgangsrechtskonflikte nach dem IntFamRVG gilt § 9 Abs. 2 IntFamRVG als Spezialregelung.

▶ *Zur örtlichen Zuständigkeit des Jugendamts nach § 9 Abs. 2 IntFamRVG vgl. Schweppe, § 9 Abs. 2 IntFamRVG Rn. 4.*

Hinsichtlich der örtlichen Zuständigkeit verweist § 87b Abs. 1 Satz 1 SGB VIII auf § 86 Abs. 1 bis 4 SGB VIII. Im **Regelfall** ist für die Zuständigkeit der Bezirk des Jugendhilfeträgers am **gewöhnlichen Aufenthaltsort beider bzw. eines Elternteils** maßgeblich (§ 86 Abs. 1 bis 3 SGB VIII; vgl. oben Rn. 2). Weil die Gerichtszuständigkeit maßgeblich auf den gewöhnlichen Aufenthalt des Kindes abstellt (§ 152 Abs. 2 FamFG), stimmt die örtliche Zuständigkeit des Familiengerichts nicht immer mit der örtlichen Zuständigkeit des Jugendamts überein. Auch die Zuständigkeit des Jugendamts für die Gewährung von Leistungen der Jugendhilfe oder andere Aufgaben der Jugendhilfe kann von der Zuständigkeit des Jugendamts für die Mitwirkung in familiengerichtlichen Verfahren abweichen (in den Fällen, in denen für die Leistungen und Aufgaben nicht auf den gewöhnlichen Aufenthalt der Eltern abgestellt wird, z.B. in § 86 Abs. 5 SGB VIII bei mindestens zweijährigem Aufenthalt des Kindes in der Pflegefamilie, in § 87 Satz 1 SGB VIII bei Inobhutnahmen nach § 42 SGB VIII oder in § 88a SGB VIII bei unbegleiteten ausländischen Minderjährigen).

Bei örtlichem Auseinanderfallen von familiengerichtlicher und jugendamtlicher Zuständigkeit kann die Inanspruchnahme von Amtshilfe des Jugendamts am Sitz des Gerichts nach § 3 SGB X erforderlich werden.[6]

5 Gemäß § 87b Abs. 2 Satz 1 SGB VIII besteht die **Zuständigkeit** des Jugendamts im laufenden Verfahren vergleichbar mit der *perpetuatio fori* der örtlichen Gerichtszuständigkeit (§ 2 Abs. 2 FamFG) **bis zum Abschluss des Verfahrens** fort. Das bedeutet, dass **geänderte tatsächliche Umstände** (wie der Wechsel des gewöhnlichen Aufenthalts eines oder beider Elternteile oder des Kindes) die Zuständigkeit des Jugendamts für die Mitwirkung im familiengerichtlichen Verfahren unberührt lassen. Das berufene Jugendamt bleibt zuständig, bis das Verfahren rechtskräftig abgeschlossen ist.

Die Verweisung aus § 87b Abs. 1 Satz 1 SGB VIII auf das Merkmal „vor Beginn der Leistung“ in § 86 SGB VIII ist schon aus Gründen der Rechtsklarheit so zu verstehen, dass **maßgeblicher Zeitpunkt** für die Bestimmung der Zuständigkeit die **erstmalige Einschaltung** bzw. In-Kenntnis-Setzung des Jugendamts durch das Familiengericht ist[7] bzw. der Zeitpunkt, zu dem sich das Jugendamt (in den Fällen der §§ 8a, 42 SGB VIII) an das Familiengericht wendet.

Bei nicht feststehender Zuständigkeit oder Nicht-tätig-Werden des örtlich zuständigen Jugendamts hat das Jugendamt am tatsächlichen Aufenthaltsort des Kindes oder Jugendlichen die Verpflichtung zum vorläufigen Tätigwerden nach §§ 87b Abs. 3, 86d SGB VIII.

6 LPK-SGB VIII/*Kunkel/Kepert*, § 87b SGB VIII Rn. 5

7 BeckOGK-SGB VIII/*Sitner*, § 87b SGB VIII Rn. 8; Wiesner/Wapler/*Loos*, § 87b SGB VIII Rn. 3; a.A.: LPK-SGB VIII/*Kunkel/Kepert*, § 87b SGB VIII Rn. 4: Der Zeitpunkt, zu dem das Jugendamt Anlass hat, seine Mitwirkung zu prüfen

Diese Verpflichtung endet mit dem Tätigwerden des örtlich zuständigen Jugendamts bzw. mit Klärung der örtlichen Zuständigkeit.[8]

Soweit es die Wahrnehmung der Aufgaben der Vormundschaft und der Pflegschaft betrifft, gilt § 87c SGB VIII, der zwischen gesetzlich eingetretener Amtsvormundschaft (Abs. 1, 2, 4) und **bestellter Amtspflegschaft bzw. -vormundschaft gemäß § 87c Abs. 3 SGB VIII** differenziert. **6**

▶ *Zur örtlichen Zuständigkeit des Jugendamts im Bereich der Vormundschaft vgl. Köhler, §§ 55 bis 58 SGB VIII Rn. 17.*

§ 87d SGB VIII

Örtliche Zuständigkeit für weitere Aufgaben im Vormundschaftswesen

(1) Für die Wahrnehmung der Aufgaben nach den §§ 53 und 53a ist der örtliche Träger zuständig, in dessen Bereich der Pfleger oder Vormund seinen gewöhnlichen Aufenthalt hat.

(2) Für die Anerkennung als Vormundschaftsverein ist der überörtliche Träger zuständig, in dessen Bereich der Verein seinen Sitz hat.

Von einer Kommentierung wird abgesehen.

§ 87e SGB VIII

Örtliche Zuständigkeit für Beurkundung und Beglaubigung

Für Beurkundungen und Beglaubigungen nach § 59 ist die Urkundsperson bei jedem Jugendamt zuständig.

Von einer Kommentierung wird abgesehen.

8 LPK-SGB VIII/*Kunkel/Kepert*, § 87b SGB VIII Rn. 12

Dritter Unterabschnitt
Örtliche Zuständigkeit bei Aufenthalt im Ausland

§ 88 SGB VIII

Örtliche Zuständigkeit bei Aufenthalt im Ausland

(1) Für die Gewährung von Leistungen der Jugendhilfe im Ausland ist der überörtliche Träger zuständig, in dessen Bereich der junge Mensch geboren ist. Liegt der Geburtsort im Ausland oder ist er nicht zu ermitteln, so ist das Land Berlin zuständig.

(2) Wurden bereits vor der Ausreise Leistungen der Jugendhilfe gewährt, so bleibt der örtliche Träger zuständig, der bisher tätig geworden ist; eine Unterbrechung der Hilfeleistung von bis zu drei Monaten bleibt dabei außer Betracht.

Von einer Kommentierung wird abgesehen.

Vierter Unterabschnitt
Örtliche Zuständigkeit für vorläufige Maßnahmen, Leistungen und die Amtsvormundschaft für unbegleitete ausländische Kinder und Jugendliche

§ 88a SGB VIII

Örtliche Zuständigkeit für vorläufige Maßnahmen, Leistungen und die Amtsvormundschaft für unbegleitete ausländische Kinder und Jugendliche

(1) Für die vorläufige Inobhutnahme eines unbegleiteten ausländischen Kindes oder Jugendlichen (§ 42a) ist der örtliche Träger zuständig, in dessen Bereich sich das Kind oder der Jugendliche vor Beginn der Maßnahme tatsächlich aufhält, soweit Landesrecht nichts anderes regelt.

(2) Die örtliche Zuständigkeit für die Inobhutnahme eines unbegleiteten ausländischen Kindes oder Jugendlichen (§ 42) richtet sich nach der Zuweisungsentscheidung gemäß § 42b Absatz 3 Satz 1 der nach Landesrecht für die Verteilung von unbegleiteten ausländischen Kindern oder Jugendlichen zuständigen Stelle. Ist die Verteilung nach § 42b Absatz 4 ausgeschlossen, so bleibt die nach Absatz 1 begründete Zuständigkeit bestehen. Ein anderer Träger kann aus Gründen des Kindeswohls oder aus sonstigen humanitären Gründen von vergleichbarem Gewicht die örtliche Zuständigkeit von dem zuständigen Träger übernehmen.

(3) Für Leistungen an unbegleitete ausländische Kinder oder Jugendliche ist der örtliche Träger zuständig, in dessen Bereich sich die Person vor Beginn der Leistung tatsächlich aufhält. Geht der Leistungsgewährung eine Inobhutnahme voraus, so bleibt die nach Absatz 2 begründete Zuständigkeit bestehen, soweit Landesrecht nichts anderes regelt.

(4) Die örtliche Zuständigkeit für die Vormundschaft oder Pflegschaft, die für unbegleitete ausländische Kinder oder Jugendliche durch Bestellung des Familiengerichts eintritt, richtet sich während

1. **der vorläufigen Inobhutnahme (§ 42a) nach Absatz 1,**
2. **der Inobhutnahme (§ 42) nach Absatz 2 und**
3. **der Leistungsgewährung nach Absatz 3.**

Von einer Kommentierung wird abgesehen

§§ 89 bis 106 SGB VIII

Von Abdruck und Kommentierung wird abgesehen.

Auslandsbezüge
Brüssel IIb-VO – Internationale Übereinkommen – EGBGB – IntFamRVG – Mediation

Kapitel 1

Vorbemerkungen

Vorbemerkungen

Weiterführende Literatur: Niethammer-Jürgens/Erb-Klünemann, Internationales Familienrecht in der Praxis, 3. Aufl. 2022; *Schulz*, Das deutsche internationale Kindschaftsrecht, FamRZ 2018, 797; *Winter*, Internationales Familienrecht bei Fällen mit Auslandsbezug, 2023.

Übersicht

A. Einführung

1 Das vorliegende Kapitel befasst sich im Schwerpunkt mit Verfahren zur elterlichen Sorge bzw. zum Umgang eines Elternteils mit dem Kind sowie dem Rückführungsverfahren nach dem Haager Kindesentführungsübereinkommen.

▶ *Zum Auslandsbezug in Abstammungssachen siehe Langer, Kommentierung zu § 100 FamFG.*

▶ *Zum Auslandsbezug in Adoptionssachen siehe Braun, Kommentierung zu § 101 FamFG.*

2 Im Zeitalter zunehmender Internationalisierung zwischenmenschlicher Beziehungen nehmen auch die Konflikte um Kinder zu, die einen Bezug zum internationalen Recht haben. Dieser kann sich insbesondere auf Grund des (früheren) Aufenthalts in einem anderen Staat ergeben. Dabei ist zu klären, welches Gericht international zuständig ist und welches Recht, das deutsche oder das eines anderen Staates, in der Sache Anwendung findet.

3 In derartigen Verfahren ist – ebenso wie für die Frage der Anerkennung und Vollstreckung ausländischer Entscheidungen – zu beachten, dass EU-Recht bzw. internationale Übereinkommen gegenüber den kollisionsrechtlichen Regelungen des EGBGB und des FamFG vorrangig sind. Dies folgt bereits aus Art. 3 EGBGB bzw. § 97 FamFG.

B. Rechtsgrundlagen

4 In Sorge- und Umgangsverfahren mit Auslandsbezug werden die Regelungen des EGBGB und des FamFG weitgehend durch EU-Recht, namentlich die Brüssel IIb-VO, und durch kollisionsrechtliche Übereinkommen (HKÜ, ESÜ und KSÜ) mit sich teils überschneidenden, teils einander ausschließenden Anwendungsbereichen verdrängt. Besondere Verfahrensregelungen enthält das IntFamRVG.

I. UN-Kinderrechtekonvention

5 Außerhalb dieses Systems steht die UN-Konvention über die Rechte des Kindes vom 20.11.1989 als grundlegendes völkerrechtliches Vertragswerk. Nach Art. 3 Abs. 1 der UN-Konvention ist das Wohl des Kindes ein vorrangig zu berücksichtigender Gesichtspunkt bei allen die Interessen von Kindern betreffenden Maßnahmen. Art. 12 der UN-Konvention gewährt ein vom Alter und der Reife des Kindes abhängiges Recht zur Meinungsäußerung in seinen Angelegenheiten, insbesondere auch ein Recht auf Gehör in allen das Kind berührenden Gerichts- oder Verwaltungsverfahren. Die in der Konvention statuierten Kinderrechte sind insbesondere im Rahmen der völkerrechtskonformen Auslegung deutscher Gesetze zu berücksichtigen und damit auch für Kindschaftsverfahren mit Auslandsbezug von Bedeutung.[1]

II. Brüssel IIb-VO

6 Zum 1.8.2022 ist für Deutschland wie für sämtliche Mitgliedstaaten der Europäischen Union mit Ausnahme Dänemarks die Verordnung (EU) 2019/1111 vom 25. Juni 2019 über die Zuständigkeit, die Anerkennung und Vollstreckung von Entscheidungen in Ehesachen und in Verfahren betreffend die elterliche Verantwortung und über internationale Kindesentführungen (sog. Brüssel IIb-VO) in Kraft getreten.[2] Sie enthält wie ihre Vorgängerregelung, die sog. Brüssel IIa-VO, Regelungen zur internationalen Zuständigkeit, zur Anerkennung und Vollstreckung von Entscheidungen aus anderen Mitgliedstaaten sowie besondere Regelungen zur Umsetzung des Haager Kindesentführungsübereinkommens zwischen den EU-Staaten und zur grenzüberschreitenden Unterbringung von Kindern; sie enthält jedoch keine Regelungen zum materiell anzuwendenden Recht. Für vor dem 1.8.2022 eingeleitete Verfahren, wie auch für die Anerkennung und Vollstreckung von Entscheidungen, die in vor dem 1.8.2022 eingeleiteten Verfahren ergehen, sowie für vor dem 1.8.2022 errichtete Urkunden greift weiterhin die Brüssel IIa-VO.

▶ *Zu den Übergangsregelungen siehe Schweppe, Kommentierung zu Art. 100 Brüssel IIb-VO.*

7 Von erheblicher praktischer Bedeutung für die Anwendung der Brüssel IIb-VO sind die zahlreichen Entscheidungen des Gerichtshofs der Europäischen Union – EuGH – (www.curia.europa.eu) mit Sitz in Luxemburg, der als oberstes rechtsprechendes Organ der EU über die Verletzung und Auslegung des Unionsrechts, etwa auf Vorlage der Gerichte der EU-Mitgliedstaaten, entscheidet. Im Rahmen eines Vorabentscheidungsverfahrens nach Art. 267 AEUV können die nationalen Gerichte nach Aufklärung des Sachverhalts und Prüfung der Entscheidungserheblichkeit für das eigene Verfahren dem EuGH abstrakt zu formulierende Fragen nach Auslegung und/oder Gültigkeit von Unionsrecht im konkreten Verfahren vorlegen[3] und zur Beschleunigung eine Entscheidung im Eilverfahren anregen.[4]

---

1 Vgl. etwa KG FamRZ 2021, 693; HB-VB/*Salgo*, 4. Aufl., Rn. 63 ff.; *Schmahl*, Rn. 25 f., sowie *Wabnitz*, ZKJ 2010, 428 ff.

2 Dänemark nimmt an der Brüssel IIb-VO nicht teil und gilt insoweit nicht als Mitgliedstaat (siehe Erwägungsgrund (96) zur Brüssel IIb-VO); sofern im Folgenden die „EU-Mitgliedstaaten" genannt werden, ist Dänemark jeweils ausgenommen

3 Vgl. hierzu etwa EuGH FamRZ 2024, 1491; FamRZ 2023, 21; FamRZ 2017, 1506; FamRZ 2015, 107 sowie die Hinweise zu Vorabentscheidungsersuchen unter https://eur-lex.europa.eu/DE/legal-content/summary/preliminary-ruling-proceedings-recommendations-to-national-courts.html (Abruf: 26.5.2025)

4 Art. 104b § 1 Abs. 3 Verfahrensordnung des EuGH

III. Kollisionsrechtliche Übereinkommen

Multilaterale kollisionsrechtliche Übereinkommen werden mit der Ratifizierung und Umsetzung in den Vertragsstaaten innerstaatlich verbindliches Recht. In ihrer Wirkung und Anwendung sind sie primär auf das Verhältnis der Vertragsstaaten untereinander beschränkt (vgl. HKÜ), können aber auch universell – d.h. auch im Verhältnis zu Drittstaaten – geltende Regelungen enthalten. Bilaterale Abkommen sind demgegenüber in der Praxis deutscher Gerichte ohne Bedeutung.[5] **8**

1. Übereinkommen des Europarates

Zu den multilateralen Übereinkommen zählen zunächst die Übereinkommen des Europarates, darunter die Konvention zum Schutz der Menschenrechte und Grundfreiheiten (Europäische Menschenrechtskonvention – EMRK) vom 4.11.1950 sowie das Übereinkommen zur Verhütung und Bekämpfung von Gewalt gegen Frauen und häuslicher Gewalt vom 11.5.2011 (sog. Istanbul-Konvention), die über die Entscheidungen des Europäischen Gerichtshofs für Menschenrechte (EGMR) in Straßburg Einfluss auf Rechtsprechung und Gesetzgebung der Vertragsstaaten haben.[6] **9**

Das Europäische Übereinkommen über die Anerkennung und Vollstreckung von Entscheidungen über das Sorgerecht für Kinder und die Wiederherstellung des Sorgeverhältnisses vom 20.5.1980 (Europäisches Sorgerechtsübereinkommen – ESÜ) regelt im Wesentlichen das Verfahren für die Anerkennung und Vollstreckung von Entscheidungen anderer Vertragsstaaten, es wird bei Überschneidung der Anwendungsbereiche durch die Brüssel IIb-VO verdrängt.[7] **10**

Von praktisch geringer Bedeutung sind das Europäische Übereinkommen über die Ausübung von Kinderrechten vom 25.1.1996, das für Deutschland zum 1.8.2002 in Kraft getreten ist,[8] sowie das Europäische Übereinkommen über den Umgang von und mit Kindern vom 15.5.2003, das bisher nur durch wenige Staaten ratifiziert wurde und insbesondere für die Mitgliedstaaten der EU noch nicht in Kraft getreten ist. Es enthält im Wesentlichen allgemeine Grundsätze zur Verfahrensgestaltung und Gewährung von Umgang.[9] Auf die Darstellung dieser beiden Übereinkommen wird in dieser Kommentierung verzichtet. **11**

2. Übereinkommen der Haager Konferenz

Von den Übereinkommen der Haager Konferenz für Internationales Privatrecht ist neben dem Kinderschutzübereinkommen (KSÜ) vor allem das Kindesentführungsübereinkommen (HKÜ) von erheblicher praktischer Bedeutung.[10] **12**

Das Haager Kinderschutzübereinkommen vom 19.10.1996 (KSÜ) als Nachfolgeübereinkommen des Minderjährigenschutzübereinkommens (MSA/MSÜ) ist für die Bundesrepublik Deutschland am 1.1.2011 in Kraft getreten. Es gilt nur im Verhältnis der Vertragsstaaten untereinander, dies sind insbesondere die Mitgliedstaaten der EU, Großbritannien, die Schweiz sowie zahlreiche osteuropäische Staaten. **13**

---

5 Zu nennen wäre hier das deutsch-persische Niederlassungsabkommen vom 17.2.1929, das zur Anwendung iranischen Rechts führt, sofern alle Beteiligten ausschließlich die iranische Staatsangehörigkeit besitzen; zum Anwendungsbereich siehe *Winter*, Rn. 512

6 Zur Rechtsprechung des EGMR vgl. EGMR FamRZ 2023, 277 (Anforderungen an Kindschaftsverfahren in Fällen häuslicher Gewalt); FamRZ 2019, 594 (teilweise Entziehung des elterlichen Sorgerechts wegen religiös motivierter Züchtigung)

7 Art. 95 lit. d) Brüssel IIb-VO; zum Verhältnis zwischen ESÜ und HKÜ siehe § 37 IntFamRVG

8 Vgl. MüKo-BGB/*Koch*, Einl. FamR 349

9 Zu Zielsetzung und Inhalt des Übereinkommens vgl. *Völker/Clausius*, § 11 Rn. 5, 164f, sowie *Schomburg*, KindPraxSpezial 2004, 7

10 Zu den aktuellen Fallzahlen siehe *Schlauß*, ZKJ 2024, 203 f.

14 Das Haager Minderjährigenschutzübereinkommen vom 5.10.1961 (MSA/MSÜ) ist praktisch nicht mehr relevant, da nunmehr sämtliche Vertragsstaaten, namentlich Deutschland, Frankreich, Italien, Lettland, Litauen, Luxemburg, Niederlande, Österreich, Polen, Portugal, Schweiz, Spanien, Tschechien und die Türkei, auch dem KSÜ angehören.[11] Zur Kommentierung des MSA ist daher auf die Erstauflage (2015) zu verweisen.

15 Das Haager Übereinkommen über die zivilrechtlichen Aspekte internationaler Kindesentführung vom 25.10.1980 (HKÜ) enthält einen besonderen Rückführungsmechanismus, um grenzüberschreitende Auseinandersetzungen über das Sorgerecht zu lösen, in deren Verlauf ein Elternteil das Kind in einen anderen Staat verbringt oder dort nach Ablauf eines vereinbarten Umgangskontakts zurückhält. Das HKÜ wurde bisher durch über 100 Staaten unterzeichnet und gelangt in Deutschland seit dem 1.12.1990 und aktuell im Verhältnis zu über 90 Staaten zur Anwendung. Das IntFamRVG und auch die Brüssel IIb-VO enthalten für die Umsetzung des HKÜ ergänzende Regelungen, wobei die Normen der Brüssel IIb-VO auf die Anwendung im Verhältnis der Mitgliedstaaten der EU zueinander beschränkt sind.

16 *Übersicht: Internationale Übereinkommen*

Abk.		Regelungsbereich	Geltung	Siehe in diesem Werk
		EU-Recht		
Brüssel IIb-VO, auch EU-EheVO,	Verordnung (EU) Nr. 2019/1111 des Rates vom 25.6.2019 über die Zuständigkeit, die Anerkennung und Vollstreckung von Entscheidungen in Ehesachen und in Verfahren betreffend die elterliche Verantwortung und über internationale Kindesentführungen	**Internationale Zuständigkeit** für Ehescheidung und Verfahren betreffend elterliche Verantwortung (Sorge und Umgang); **Anerkennung und Vollstreckung in der EU**; Sonderregelungen für HKÜ-Verfahren und grenzüberschreitende Unterbringungen	1.8.2022	Auslandsbezüge Kapitel 2

11 Theoretisch denkbar wäre eine Anwendung des MSA im Verhältnis zur chinesischen Provinz Macau als ehemaligem portugiesischem Überseegebiet sowie Aruba und St. Martin (ehemals Niederlande), vgl. *Niethammer-Jürgens/Erb-Klünemann*, S. 164; zum verbleibenden Anwendungsbereich vgl. auch *Schulz*, FamRZ 2018, 797, 801 f.; zur Umsetzung des KSÜ in der Türkei siehe *Odendahl*, IPRax 2018, 450

Abk.		Regelungsbereich	Geltung	Siehe in diesem Werk
Brüssel IIa-VO, auch EUGVO II, EU-EheVO, (*nicht* EheVO)	Verordnung EG Nr. 2201/2003 vom 27.11.2003 über die Zuständigkeit und die Anerkennung und Vollstreckung von Entscheidungen in Ehesachen und in den Verfahren betreffend die elterliche Verantwortung und zur Aufhebung der Verordnung (EG) Nr. 1347/2000	**Internationale Zuständigkeit** für Ehescheidung und Verfahren betreffend elterliche Verantwortung (Sorge und Umgang); **Anerkennung und Vollstreckung in der EU**; Sonderregelungen für HKÜ-Verfahren	1.3.2005	Vorauflage
Übereinkommen des Europarates				
ESÜ SorgeRÜ EuSorgeRÜ	Europäisches Übereinkommen über die Anerkennung und Vollstreckung von Entscheidungen über das Sorgerecht für Kinder und die Wiederherstellung des Sorgeverhältnisses vom 20.5.1980	Anerkennung und Vollstreckung von Entscheidungen anderer Vertragsstaaten	1.2.1991	Auslandsbezüge Kapitel 3, Abschn. 2
EÜAK	Europäisches Übereinkommen über die Ausübung von Kinderrechten vom 25.1.1996	Allg. Verfahrensrechte für Kinder	1.8.2002	Vorbem. (Rn. 11)
EUÜ	Europäisches Übereinkommen über den Umgang von und mit Kindern vom 15.5.2003	Grundsätze zur Verfahrensgestaltung und Gewährung von Umgang	Noch nicht für EU-Staaten	Vorbem. (Rn. 11)
Übereinkommen der Haager Konferenz:				
HKÜ HKEntfÜ	Haager Übereinkommen über die zivilrechtlichen Aspekte internationaler Kindesentführung vom 25.10.1980	**Rückführungsverfahren** zwischen Vertragsstaaten	1.12.1990	Auslandsbezüge Kapitel 3, Abschn. 1

Abk.		**Regelungsbereich**	**Geltung**	**Siehe in diesem Werk**
KSÜ	Haager Übereinkommen vom 19.10.1996 über die Zuständigkeit, das anzuwendende Recht, die Anerkennung, Vollstreckung und Zusammenarbeit auf dem Gebiet der elterlichen Verantwortung und der Maßnahmen zum Schutz von Kindern (Kinderschutzübereinkommen)	Internationale Zuständigkeit **Anzuwendendes Recht**	1.1.2011	Auslandsbezüge Kapitel 3, Abschn. 3
MSA/MSÜ	Haager Minderjährigenschutzübereinkommen vom 5.10.1961	Internationale Zuständigkeit Anzuwendendes Recht	17.9.1971	Erstauflage (2015)
UN-KRK	UN-Konvention über die Rechte des Kindes vom 20.11.1989	Kinderrechte, Orientierungsfunktion für Gesetzgebung und Rechtsprechung	–	Vorbem. (Rn. 5) Anhang

Staatenliste

	Brüssel IIb-VO	**HKÜ***	**ESÜ****	**KSÜ****	**MSA****
Albanien		1.10.2007		1.1.2011	
Australien		1.12.1990		1.1.2011	
Belgien	+	1.5.1999	1.2.1991	1.9.2014	
Bulgarien	+	1.12.2004	1.10.2003	1.1.2011	
Dänemark mit Grönland		1.7.1991 1.7.2016	1.8.1991 1.7.2016	1.10.2011 1.7.2016	
Deutschland	+	1.12.1990	1.2.1991	1.1.2011	17.9.1971
Estland	+	1.12.2001	1.9.2011	1.1.2011	
Finnland	+	1.8.1994	1.8.1994	1.3.2011	
Frankreich	+	1.12.1990	1.2.1991	1.2.2011	10.11.1972
Griechenland	+	1.6.1993	1.7.1993	1.6.2012	
Irland	+	1.10.1991	1.10.1991	1.1.2011	
Island		1.4.1997	1.11.1996		
Italien	+	1.5.1995	1.6.1995	1.1.2016	23.4.1995

	Brüssel IIb-VO	HKÜ*	ESÜ**	KSÜ**	MSA**
Kanada		1.12.1990			
Kroatien	+	1.12.1991		1.1.2011	
Lettland	+	1.11.2001	1.8.2002	1.1.2011	25.3.2001
Litauen	+	1.12.2004	1.5.2003	1.1.2011	22.12.2001
Luxemburg	+	1.12.1990	1.2.1991	1.1.2011	4.2.1969
Malta	+	1.11.2002	1.2.2000	1.1.2012	
Marokko		1.10.2010		1.1.2011	
Montenegro		1.12.1991	6.6.2006	1.1.2013	
Niederlande Curacao	+	1.12.1990 1.2.2024	1.2.1991	1.5.2011	18.9.1971
Norwegen		1.12.1990	1.2.1991	1.7.2016	
Österreich	+	1.12.1990	1.2.1991	1.4.2011	11.5.1975
Polen	+	1.2.1993	1.3.1996	1.1.2011	25.7.1993
Portugal	+	1.12.1990	1.2.1991	1.8.2011	4.2.1969
Rumänien	+	1.7.1993	1.9.2004	1.1.2011	
Russische Föderation		1.4.2016		1.6.2013	
Schweden	+	1.12.1990	1.2.1991	1.1.2013	
Schweiz		1.12.1990	1.2.1991	1.1.2011	4.2.1969
Serbien		1.12.1991	2.5.2002	1.11.2016	
Slowakei	+	1.2.2001	1.9.2001	1.1.2011	
Slowenien	+	1.6.1995		1.1.2011	
Spanien	+	1.12.1990	1.2.1991	1.1.2011	21.7.1987
Tschechien	+	1.3.1998	1.7.2000	1.1.2011	
Türkei		1.8.2000	1.6.2000	1.2.2017	24.10.1993
Ukraine		1.1.2008	1.11.2008	1.1.2011	
Ungarn	+	1.12.1990	1.6.2004	1.1.2011	
USA		1.12.1990			
Vereinigtes *** Königreich		1.12.1990	1.2.1991	1.11.2012	
Zypern	+	1.5.1995	1.2.1991	1.1.2011	

\+ = *durch Brüssel IIb-VO gebundene EU-Staaten*

* *Darüber hinaus gilt das HKÜ im Verhältnis zu Deutschland für die folgenden weiteren Staaten: Andorra (1.9.2011), Argentinien (1.6.1991), Armenien (1.10.2009), Bahamas (1.5.1994), Belize (1.12.1990), Bolivien (1.10.2022), Bosnien und Herzegowina (1.12.1991), Brasilien (1.5.2002), Burkina Faso (1.1.1993), Chile (1.6.1995), China (nur*

Hong Kong – 1.9.1997 – und Macau – 1.3.1999), Costa Rica (1.12.2007), Dominikanische Republik (1.4.2008), Ecuador (1.9.1992), El Salvador (1.11.2002), Fidschi (1.4.2008), Georgien (1.3.1998), Guatemala (1.1.2003), Honduras (1.8.1994), Israel (1.12.1991), Jamaica (1.10.2022), Japan (1.4.2014), Kasachstan (1.5.2017), Kolumbien (1.11.1996), Mauritius (1.12.1993), Mazedonien (1.12.1991), Mexiko (1.2.1992), Moldau (1.5.2000), Monaco (1.7.1993), Neuseeland (1.2.1992), Nicaragua (1.9.2007), Panama (1.6.1995), Paraguay (1.12.2001), Peru (1.9.2007), Philippinen (1.4.2023), San Marino (1.9.2007), Seychellen (1.4.2009), Simbabwe (1.2.1997), Singapur (1.6.2011), Sri Lanka (1.1.2003), St. Kitts und Nevis (1.5.1995), Südafrika (1.2.1998), Südkorea (1.5.2017), Thailand (1.6.2007), Trinidad und Tobago (1.9.2007), Tunesien (1.4.2023), Turkmenistan (1.8.1998), Uruguay (1.10.2001), Usbekistan (1.10.2009), Venezuela (1.1.1997), Weißrussland (1.2.1999)

Beitrittsstaaten des HKÜ, jedoch noch keine Geltung im Verhältnis zu Deutschland, siehe Art. 1 HKÜ Rn. 2: Barbados, Botsuana, Gabun, Guinea, Guyana, Irak, Kuba, Lesotho, Pakistan, Sambia.

Weitere Vertragsstaaten:

- *ESÜ: Andorra (1.7.2011), Grönland (1.7.2016), Liechtenstein (1.8.1997), Mazedonien (1.3.2003), Moldau (1.5.2004)*
- *KSÜ: Armenien (1.1.2011), Barbados (1.5.2020), Belize (1.10.2025), Costa Rica (1.8.2021), Dominikanische Republik (1.1.2011), Ecuador (1.1.2011), El Salvador (1.7.2025), Fidschi (1.4.2019), Georgien (1.3.2015), Guyana (1.12.2019), Honduras (1.8.2018), Kapverden (1.8.2023), Kuba (1.12.2017), Lesotho (1.6.2013), Moldau (1.1.2026), Monaco (1.1.2011), Nicaragua (1.12.2019), Paraguay (1.7.2019), Uruguay (1.1.2011)*

*** Geltung zumindest/jedenfalls im Verhältnis zu Deutschland*

**** Daten ohne Überseegebiete*

Daten: Bundesamt für Justiz, Stand: 1.12.2023

C. Internationale Zuständigkeit

17 Erster Prüfungspunkt in Verfahren mit Auslandsbezug ist stets die Klärung der internationalen Zuständigkeit. Diese ist in jeder Lage des Verfahrens vorab von Amts wegen zu prüfen[12] und unterliegt – als Ausnahme zu § 65 Abs. 4 FamFG, der die Überprüfung der Zuständigkeit in der Beschwerdeinstanz verbietet (vgl. für die innerstaatliche Zuständigkeit *Kischkel*, § 65 FamFG Rn. 5) – der Überprüfung durch das Beschwerdegericht.[13] Gleiches gilt – unbeschadet des Wortlauts von § 72 Abs. 2 FamFG – im Fall der Rechtsbeschwerde zum BGH.[14]

18 Die internationale Zuständigkeit deutscher Gerichte für Sorge- und Umgangsverfahren ergibt sich vorrangig aus Art. 7 ff. Brüssel IIb-VO. Danach ist primärer Anknüpfungspunkt für die internationale Zuständigkeit der gewöhnliche Aufenthalt des Kindes (vgl. *Schweppe*, Art. 7 Brüssel IIb-VO, Rn. 3 ff.), und zwar unabhängig von der Staatsangehörigkeit.

19 Hat das Kind seinen gewöhnlichen Aufenthalt in einem Vertragsstaat des KSÜ, für den die Brüssel IIb-VO nicht greift, etwa Dänemark, folgt die internationale Zuständigkeit aus diesen Übereinkommen (vgl. *Schweppe*, Art. 5 KSÜ, Rn. 2).

20 Nur wenn sich aus den genannten Regelungen eine Entscheidung über die internationale Zuständigkeit nicht treffen lässt, ist § 99 FamFG heranzuziehen.

▶ *Vgl. Schweppe, § 99 FamFG Rn. 4 f.*

12 BGH FamRZ 2010, 720

13 Vgl. Sternal/*Sternal*, § 65 FamFG Rn 21; Musielak/Borth/*Frank*, §65 FamFG Rn. 9; BGH FamRZ 2010, 720; KG FamRZ 2023, 1496

14 BGH FamRZ 2018, 457 Rn. 9; FamRZ 2015, 479 Rn. 11

Im Anwendungsbereich der Brüssel IIb-VO können Eltern über eine Gerichtsstandsvereinbarung die Zuständigkeit für Sorge- und Umgangsentscheidungen etwa im Rahmen eines anhängigen Scheidungsverfahrens bestimmen (hierzu *Schweppe*, Art. 10 Brüssel IIb-VO). Art. 10 KSÜ ermöglicht ebenfalls eine Regelung im Scheidungsverbund (hierzu *Schweppe*, Art. 10 KSÜ). Außerhalb dieser Anwendungsbereiche kommt eine Zuständigkeit deutscher Gerichte nach § 98 Abs. 3 FamFG für Kindschaftssachen als Folgesachen im Scheidungsverbund in Betracht (siehe *Schweppe*, § 98 FamFG Rn. 4). 21

Übersicht: Internationale Zuständigkeit deutscher Gerichte in Kindschaftssachen 22

A. Kind hat seinen gewöhnlichen Aufenthalt in Deutschland

I. Grundsatz: Art. 7 Brüssel IIb-VO gewöhnlicher Aufenthalt

- gewöhnlicher Aufenthalt zum Zeitpunkt der Antragstellung (perpetuatio fori)
- gilt universell und unabhängig von der Staatsangehörigkeit

II. Ausnahme: Besondere Zuständigkeitsregelung nach Art. 8, 9, 10 oder 15 Brüssel IIb-VO greift ein:

→ *Kind hat seinen gewöhnlichen Aufenthalt in einem anderen EU-Staat (außer Dänemark)*

– *Vorrang besonderer Zuständigkeiten innerhalb der Mitgliedstaaten der EU –*

- **Art. 8 Brüssel IIb-VO Aufrechterhaltung der Zuständigkeit des früheren gewöhnlichen Aufenthaltsortes des Kindes**

– *Antrag auf Abänderung einer Umgangsentscheidung innerhalb von drei Monaten nach Umzug*

- **Art. 9 Brüssel IIb-VO Zuständigkeit in Fällen von Kindesentführung** (vgl. HKÜ)

→ *Kind hat seinen gewöhnlichen Aufenthalt in EU-Mitgliedstaat oder Drittstaat (nicht Vertragsstaat KSÜ)*

- **Art. 10 Brüssel IIb-VO Vereinbarung über die Zuständigkeit**–

III. Subsidiäre Anknüpfung in der Brüssel IIb-VO

1. *Art. 11 Brüssel IIb-VO Zuständigkeit aufgrund der Anwesenheit des Kindes*

oder

2. *Art. 18 Brüssel IIb-VO Prüfung der Zuständigkeit eines anderen Mitgliedstaats nach Art. 7 bis 11*

→ falls Zuständigkeit eines anderen Mitgliedstaats, hat sich das angerufene Gericht **von Amts wegen** für unzuständig zu erklären

→ falls keine Zuständigkeit eines anderen Staates, dann **Art. 14 Brüssel IIb-VO Restzuständigkeit** möglich

B. Kind hat seinen gewöhnlichen Aufenthalt in einem Drittstaat, der Vertragsstaat ist des

→ **KSÜ** (Grundsatz: Art. 5 Abs. 1 KSÜ gewöhnlicher Aufenthalt; keine perpetuatio fori, Art. 5 Abs. 2 KSÜ)

Die Zuständigkeit deutscher Gerichte kann bestehen nach:

- Art. 6 KSÜ für minderjährige Flüchtlinge
- Art. 7 KSÜ widerrechtliches Verbringen/Zurückhalten
- Art. 10 KSÜ Verbundzuständigkeit

C. Kind hat seinen gewöhnlichen Aufenthalt in Drittstaat, der nicht Vertragsstaat eines Übereinkommens ist

Die Zuständigkeit deutscher Gerichte kann sich ergeben aus

- § 98 Abs. 3 FamFG Folgesache im Scheidungsverbund
- § 99 Abs. 1 Satz 1 Nr. 1 FamFG deutsche Staatsangehörigkeit
- § 99 Abs. 1 Satz 2 FamFG Fürsorgebedürfnis

D. Darüber hinaus zu beachten:

- Eilzuständigkeit, soweit ein besonderes Eilbedürfnis besteht und das Kind sich tatsächlich in Deutschland aufhält, nach Art. 15 Brüssel IIb-VO, Art. 11 bzw. **12 KSÜ**
- Verweisung bzw. Abgabe von Verfahren nach Art. 12 und 13 Brüssel IIb-VO bzw. Art. 8 und **9 KSÜ**

23 ***Übersicht: perpetuatio fori***

(Fortdauer der Zuständigkeit des zuerst angerufenen Gerichts, wenn das Kind im Laufe des Verfahrens einen neuen gewöhnlichen Aufenthalt in einem Mitgliedstaat erwirbt)

Der Grundsatz der perpetuatio fori **findet Anwendung**

- im Verhältnis zu EU-Mitgliedstaaten,

  da Art. 7 Brüssel IIb-VO auf den „Zeitpunkt der Antragstellung" abstellt.

Der Grundsatz der perpetuatio fori **gilt nicht**

- im Verhältnis zu Vertragsstaaten des KSÜ (Bsp. Dänemark, Norwegen, Schweiz, Türkei, Vereinigtes Königreich): Diese sind nicht durch die Brüssel IIb-VO gebunden, so dass auch im laufenden Verfahren die Begründung eines neuen gewöhnlichen Aufenthalts beachtlich ist (vgl. Art. 5 Abs. 2 KSÜ).

Auch im Verhältnis zu Drittstaaten greift der Grundsatz der perpetuatio fori, jedoch ist im Einzelfall zu prüfen, ob eine auf Grundlage der fortdauernden Zuständigkeit ergangene Entscheidung auch im neuen Aufenthaltsstaat anerkannt wird.

D. Anzuwendendes Recht

I. Materielles Recht

24 Die Brüssel IIb-VO enthält keine Regelungen zum anzuwendenden Recht. Dieses ergibt sich vielmehr aus dem KSÜ als völkerrechtlichem Übereinkommen (siehe *Schweppe*, Art. 15 KSÜ Rn. 1 ff.), wonach grundsätzlich ein Gleichlauf von internationaler Zuständigkeit und anzuwendendem Recht besteht.

25 Dabei ist zu prüfen, ob einem Elternteil von Gesetzes wegen nach dem Recht des Staates des derzeitigen oder früheren gewöhnlichen Aufenthalts des Kindes die elterliche Sorge zu-

steht (vgl. hierzu *Schweppe*, Art. 16 KSÜ Rn. 4 ff.). Zu beachten sind dabei die unterschiedlichen Regelungen zur gesetzlichen elterlichen Sorge für Kinder, deren Eltern nicht miteinander verheiratet sind.[15]

Nur ausnahmsweise ist zur Bestimmung des anzuwendenden Rechts Art. 21 EGBGB heranzuziehen. Danach ist das Recht des gewöhnlichen Aufenthalts des Kindes maßgeblich, was zur Anwendung ausländischen Rechts durch deutsche Gerichte führen kann (hierzu *Schweppe*, Art. 21 EGBGB Rn. 5). **26**

II. Verfahrensrecht/IntFamRVG

Grundsätzlich wenden deutsche Gerichte auch in Kindschaftsverfahren mit Auslandsbezug innerstaatliches Verfahrensrecht (*lex fori*) und damit das FamFG an. Gegenüber dem FamFG vorrangige Regelungen zu Umsetzung der Brüssel IIb-VO, des HKÜ, ESÜ und KSÜ enthält das Internationale Familienrechtsverfahrensgesetz (siehe *Schweppe*, Auslandsbezüge, Kommentierung zum IntFamRVG). **27**

Übersicht: Anzuwendendes Recht (Prüfungsreihenfolge) **28**

→ **Internationale Zuständigkeit folgt aus KSÜ:**

- Art. 15 Abs. 1 KSÜ: jeder Staat wendet sein eigenes Recht an (*lex fori*)
- Art. 15 Abs. 3 KSÜ: bei Erwerb eines neuen gewöhnlichen Aufenthalts wechselt nicht nur die internationale Zuständigkeit (Art. 5 Abs. 2 KSÜ), sondern auch das anzuwendende Recht
- Art. 16 Abs. 1 KSÜ: ***Sorgerecht von Gesetzes wegen*** bestimmt sich nach dem Recht des gewöhnlichen Aufenthalts (auch eines Nichtvertragsstaats, Art. 20 KSÜ),

  Gleiches gilt für durch Vereinbarung oder einseitiges Rechtsgeschäft erworbenes Sorgerecht (Art. 16 Abs. 2 KSÜ)
  - ***Sorgerechtsstatut*** ist ***wandelbar*** durch Anknüpfung an gewöhnlichen Aufenthalt.
  - ***Schutz wohlerworbener Rechte***: Ein bereits erworbenes Sorgerecht wirkt fort (Art. 16 Abs. 3 KSÜ).
  - ***Hinzuerwerb von Rechten***: Mit Begründung eines neuen Aufenthalts kann ein von Gesetzes wegen bestehendes Sorgerecht erworben werden (Art. 16 Abs. 4 KSÜ).

→ **Internationale Zuständigkeit folgt aus Brüssel IIb-VO:**

- Anwendung des Art. 15 KSÜ (h.M.: Gleichlauf), siehe oben

→ **Verbleibender Anwendungsbereich für Art. 21 EGBGB?**

- Umfang str. (hierzu *Schweppe*, Art. 15 KSÜ Rn. 2 f.), jedenfalls im Fall der Anknüpfung an § 99 FamFG.
- Art. 21 EGBGB stellt auf den gewöhnlichen Aufenthalt ab, es gelangt ausländisches Sachrecht zur Anwendung!
- Beachte:
  - Rück- und Weiterverweisungen (Art. 4 Abs 1 EGBGB)
  - Vereinbarkeit mit „ordre public" (Art. 6 EGBGB)

---

15 Zur unterschiedlichen Ausgestaltung des Sorgerechts bzw. Aufenthaltsbestimmungsrechts in verschiedenen Staaten vgl. *Martiny*, FamRZ 2012, 1765, 1770 ff., zur gemeinsamen elterlichen Sorge nicht miteinander verheirateter Eltern ebda. 1777 f., sowie *Jurczyk/Walper*, S. 89 ff.

E. Anerkennung und Vollstreckung

29 Die Vorschriften über die Anerkennung und Vollstreckung ausländischer Entscheidungen regeln, inwiefern die Entscheidung eines ausländischen Gerichts im Inland – unmittelbar oder durch gerichtlichen Akt – wirksam und ggf. durchsetzbar ist.

30 Auch hier greift der grundsätzliche Vorrang der Brüssel IIb-VO (Art. 94 ff. Brüssel IIb-VO). Die maßgeblichen Vorschriften finden sich bei Anwendbarkeit der Brüssel IIb-VO in deren Kapitel IV. Für die Anerkennung und Vollstreckung von Entscheidungen, die außerhalb der EU, jedoch in einem Vertragsstaat des ESÜ oder des KSÜ ergangen sind, enthalten diese Übereinkommen jeweils gesonderte Regelungen. Einheitliche Ausführungsvorschriften hierzu finden sich im IntFamRVG, insbesondere greift eine besondere Zuständigkeitskonzentration (siehe § 10 i.V.m. § 12 IntFamRVG).

31 Im Verhältnis zu Drittstaaten, für die weder die Brüssel IIb-VO noch kollisionsrechtliche Übereinkommen gelten, greifen § 108 und § 109 FamFG für die Anerkennung ausländischer Entscheidungen und § 110 FamFG für ihre Vollstreckung

▶ *Siehe hierzu Schweppe, Kommentierung zu §§ 108 bis 110 FamFG.*

F. Praxishinweise

32 Aktuelle und ausführliche Informationen zu Verfahren mit Auslandsbezug bietet die Internetseite des Bundesamts für Justiz (www.bundesjustizamt.de/sorgerecht) als Zentrale Behörde für internationale Kindschaftskonflikte, unter anderem durch die „Staatenliste" zu den Vertragsstaaten von HKÜ, KSÜ und ESÜ mit jeweiligem Zeitpunkt des Inkrafttretens im Verhältnis zu Deutschland und etwaigen Vorbehaltserklärungen. Hinweisen zu Verbindungsrichter:innen sowie durch die Broschüre „Internationale Kindschaftsverfahren". Diese enthält auch Hinweise zu möglichen Sicherungs- und Schutzmaßnahmen einschließlich der Ausschreibung zur Grenzfahndung (sog. „Grenzsperre"; hierzu näher *Schweppe*, § 15 IntFamRVG Rn. 3).

▶ *Näher zur Grenzsperre Kischkel, § 49 FamFG Rn. 22.*

33 Die Internetseite der Haager Konferenz für Internationales Privatrecht (www.hcch.net) enthält die Vertragstexte sämtlicher Haager Konventionen auch in deutscher Übersetzung nebst den jeweiligen erläuternden Berichten sowie die Anschriften der Zentralen Behörden der Vertragsstaaten zum HKÜ. Die Internetseite www.incadat.com (International Child Abduction Database) umfasst eine Fallsammlung zu HKÜ-Verfahren.

Für die EU ist auf die Internetseite des EuGH (curia.europa.eu) und das Europäische Justizportal (e-justice.europa.eu) zu verweisen.

34 Die deutsche Zweigstelle des internationalen Sozialdienstes (ISD) (www.issger.de) berät Fachkräfte zu Familienkonflikten mit internationalem Bezug, etwa durch die Einholung von Sozialberichten im Ausland. Als „Zentrale Anlaufstelle für grenzüberschreitende Kindschaftskonflikte" (www.zank.de) bietet der ISD zudem Informationen und Beratung für Privatpersonen, auch für Kinder (kinder.zank.de) und Jugendliche (jugend.zank.de).[16] Auch der Verband binationaler Familien und Partnerschaften (www.verband-binationaler.de) verfügt über Beratungsangebote für Betroffene.

35 Für die Familiengerichte besteht die Möglichkeit zur Einschaltung von Verbindungsrichter:innen, die im Rahmen des Europäischen Justiziellen Netzes für Zivil- und Handelssachen (EJN) bzw. im Internationalen Haager Verbindungsrichternetzwerk tätig sind und di-

---

16 Zu den Unterstützungsmöglichkeiten siehe Erb-Klünemann/*Kößler*, NDV 2022, 111, 113

rekte Kontakte zu den mit etwaigen Parallelverfahren befassten Kollegen im Ausland herstellen oder bei der Beantwortung konkreter Fragen zu ausländischem Recht, etwa den Voraussetzungen für die gemeinsame elterliche Sorge, zum Umfang einer im Ausland ergangenen Entscheidung zur elterlichen Sorge oder zum notwendigen Inhalt einer auch im Ausland vollstreckbaren Umgangsregelung, unterstützen.[17] Die Einschaltung von Verbindungsrichter:innen ist insbesondere zur Klärung einer etwaigen doppelten Anhängigkeit oder bei der Prüfung der Abgabe bzw. Übernahme von Verfahren sinnvoll, wobei Kontaktaufnahme ausschließlich über das mit dem Verfahren befasste Gericht möglich ist.

▶ *Zur Mediation in internationalen Kindschaftskonflikten siehe nachfolgend Wegener, Auslandsbezüge, Kapitel 6.*

17 Hierzu grundlegend *Carl/Menne*, NJW 2009, 3537, sowie *Menne*, NJ 2021, 497; *Winter*, Rn. 48 ff.; siehe hierzu auch AG Hamm FamRZ 2022, 223 m. Anm. *Erb-Klünemann* und *Menne*, sowie die Informationsbroschüre mit den Kontaktdaten der deutschen Verbindungsrichterinnen und Verbindungsrichter unter https://www.bundesjustizamt.de/DE/Themen/Familieinternational/Sorgerecht/Verbindungsrichternetzwerk/Verbindungsrichternetzwerk_node.html (Abruf: 14.7.2025)

Kapitel 2

Brüssel IIb-VO

Weiterführende Literatur: Garber/Lugani, Die neue Brüssel IIb-Verordnung, NJW 2022, 2225; *Hüßtege*, Die neue Brüssel IIa-Verordnung – Was bleibt, was ändert sich?, FamRZ 2022, 1591 ff.; *Schulz*, Die Neufassung der Brüssel IIa-Verordnung, FamRZ 2020, 1141 ff.; *Erb-Klünemann/Kößler*, Die zivilrechtlichen Auswirkungen einer internationalen Kindesentführung, Teil 2: Sonderregelungen für grenzüberschreitende Kindesentführungen zwischen EU-Staaten nach der neuen Brüssel IIb-VO, NDV 2022, 179 ff.; *Musseva*, Praxisleitfaden für die Anwendung der Brüssel IIb-VO, Europäische Kommission (2023).

Vorbemerkung

Die Verordnung (EU) 2019/1111 des Rates vom 25. Juni 2019 über die Zuständigkeit, die Anerkennung und Vollstreckung von Entscheidungen in Ehesachen und in Verfahren betreffend die elterliche Verantwortung und über internationale Kindesentführungen (im Folgenden Brüssel IIb-VO) gilt mit Wirkung zum 1.8.2022[1] als unmittelbares Recht[2] in allen EU-Staaten mit Ausnahme Dänemarks,[3] mithin in Belgien, Bulgarien, Deutschland, Estland, Finnland, Frankreich, Griechenland, Irland, Italien, Kroatien, Lettland, Litauen, Luxemburg, Malta, Niederlande, Österreich, Polen, Portugal, Rumänien, Schweden, Slowakei, Slowenien, Spanien, Tschechien, Ungarn und Zypern. **1**

Die Brüssel IIb-VO löst für ab dem 1.8.2022 eingeleitete Verfahren[4] die Verordnung (EG) Nr. 2201/2003 des Rates vom 27.11.2003 (sog. Brüssel IIa-VO oder EuEheVO[5]) ab. Sie umfasst Neuerungen insbesondere zur Beteiligung von Kindern am Verfahren (Art. 21 Brüssel IIb-VO), zu HKÜ-Verfahren (Art. 22 bis 29 Brüssel IIb-VO), zur Anerkennung und Vollstreckung von in EU-Mitgliedstaaten erlassenen Entscheidungen (Kapitel IV) sowie zur grenzüberschreitenden Unterbringung (Art. 82 Brüssel IIb-VO).[6] **2**

Die Brüssel IIa-VO gilt weiterhin für bis zum 31.7.2022 eingeleitete Verfahren sowie für die Anerkennung und Vollstreckung von Entscheidungen, die in vor dem 1.8.2022 eingeleiteten Verfahren erlassen wurden und vor dem 1.8.2022 errichtete Urkunden.[7] Obgleich in Erwägungsgrund 95 und Art. 2 Abs. 3 Brüssel IIb-VO genannt, gilt die Brüssel IIb-VO infolge des Brexit nicht im Verhältnis zu Großbritannien und Nordirland, jedoch gelangt nach den Übergangsvorschriften in Art. 67 Abs. 1 und 2 des Brexit-Abkommens für bis zum 31.12.2020 eingeleitete Verfahren die Brüssel IIa-VO zur Anwendung.[8] **3**

Zur Kommentierung der Brüssel IIa-VO wird auf die Vorauflage verwiesen.

Die der Verordnung vorangestellten **Erwägungsgründe**, von deren Abdruck hier abgesehen wird, erläutern die Motive des Verordnungsgebers und sind als Kommentierung zu lesen.[9] Anhang I des **Praxisleitfadens für die Anwendung der Brüssel IIb-VO** enthält eine Entsprechungstabelle zur Verknüpfung der Artikel der Brüssel IIb-VO mit den entsprechenden Erwägungsgründen. **4**

1 Art. 105 Brüssel IIb-VO
2 Dies folgt aus Art. 288 des Vertrags über die Arbeitsweise der Europäischen Union (AEUV)
3 Erwägungsgrund 96 zur Brüssel IIb-VO
4 Art. 100 Abs. 1 Brüssel IIb-VO
5 Verordnung über die Zuständigkeit und die Anerkennung und Vollstreckung von Entscheidungen in Ehesachen und in Verfahren betreffend die elterliche Verantwortung und zur Aufhebung der Verordnung (EG) Nr. 1347/2000
6 Für den Vergleich mit der Brüssel IIa-VO enthält Anhang X zur Brüssel IIb-VO eine „Entsprechungstabelle", die jedoch keine vollständige Synopse umfasst
7 Siehe hierzu die Übergangsregelung in Art. 100 Abs. 2 Brüssel IIb-VO
8 Hierzu Thomas/Putzo/*Hüßtege*, Vorb Art. 1 Brüssel IIb-VO Rn. 3 ff.; *Mankowski*, NZFam 2021, 237, 245
9 Abgedruckt sind die Erwägungsgründe etwa in der amtlichen Textsammlung https://eur-lex.europa.eu/legal-content/DE/TXT/HTML/?uri=CELEX:32019R1111 (Abruf: 27.5.2025)

KAPITEL I
ANWENDUNGSBEREICH UND BEGRIFFSBESTIMMUNGEN

Artikel 1
Anwendungsbereich

(1) Diese Verordnung gilt für Zivilsachen mit folgendem Gegenstand:

a) die Ehescheidung, die Trennung ohne Auflösung des Ehebandes und die Ungültigerklärung einer Ehe,

b) die Zuweisung, die Ausübung, die Übertragung sowie die vollständige oder teilweise Entziehung der elterlichen Verantwortung.

(2) Die in Absatz 1 Buchstabe b genannten Zivilsachen umfassen insbesondere:

a) das Sorgerecht und das Umgangsrecht,

b) die Vormundschaft, die Pflegschaft und entsprechende Rechtsinstitute,

c) die Bestimmung und den Aufgabenbereich jeder Person oder Stelle, die für die Person oder das Vermögen eines Kindes verantwortlich ist, oder ein Kind vertritt oder ihm beisteht,

d) die Heim- oder Pflegeunterbringung eines Kindes,

e) die Maßnahmen zum Schutz eines Kindes im Zusammenhang mit der Verwaltung und Erhaltung seines Vermögens oder der Verfügung darüber.

(3) Die Kapitel III und VI dieser Verordnung gelten bei widerrechtlichem Verbringen oder Zurückhalten eines Kindes, von dem mehr als ein Mitgliedstaat betroffen ist, in Ergänzung des Haager Übereinkommens von 1980. Kapitel IV dieser Verordnung gilt für Entscheidungen, in denen nach dem Haager Übereinkommen von 1980 die Rückgabe eines Kindes in einen anderen Mitgliedstaat angeordnet wird und die in einem anderen Mitgliedstaat vollstreckt werden müssen als in dem Mitgliedstaat, in dem sie ergangen sind.

(4) Diese Verordnung gilt nicht für

a) die Feststellung und die Anfechtung des Eltern-Kind-Verhältnisses,

b) Adoptionsentscheidungen und Maßnahmen zur Vorbereitung einer Adoption sowie die Ungültigerklärung und den Widerruf der Adoption,

c) Namen und Vornamen eines Kindes,

d) die Volljährigkeitserklärung,

e) Unterhaltspflichten,

f) Trusts oder Erbschaften,

g) Maßnahmen infolge von Straftaten, die von Kindern begangen wurden.

Übersicht

A. Allgemeines

Art. 1 Brüssel IIb-VO bestimmt den inhaltlichen, nicht jedoch den räumlichen Anwendungsbereich der Verordnung. 1

Für den räumlichen Anwendungsbereich ist zu beachten, dass die Brüssel IIb-VO als EU-Gemeinschaftsrecht zum einen universell geltende Normen enthält, die auch im Verhältnis zu Staaten, die nicht der EU angehören, greifen (wie etwa die Anknüpfung für die internationale Zuständigkeit), aber auch Normen, die nur im Verhältnis der EU-Mitgliedstaaten (mit Ausnahme Dänemarks) zueinander wirken, etwa die besonderen Zuständigkeitsregelungen in Art. 8 und 9 Brüssel IIb-VO oder die ergänzenden Regelungen zum HKÜ in Art. 22 bis 29 Brüssel IIb-VO. 2

B. Inhalt der Norm

I. Inhaltlicher Anwendungsbereich

1. Elterliche Verantwortung

Die elterliche Verantwortung umfasst nach Art. 1 Abs. 1 lit. b) i.V.m. Abs. 2 lit. a) Brüssel IIb-VO sowie Art. 2 Abs. 2 Ziffer 7 Brüssel IIb-VO insbesondere das Sorge- und Umgangsrecht, wobei der jeweilige Umfang in Art. 2 Abs. 2 Ziffer 9 bzw. Ziffer 10 Brüssel IIb-VO näher definiert wird. Ungeachtet des Begriffs „elterliche Verantwortung" ist auch das Umgangsrecht von Großeltern mit ihren Enkeln in den Anwendungsbereich der Verordnung eingeschlossen.[1] 3

Die Brüssel IIb-VO umfasst im Rahmen des öffentlich-rechtlichen Kindesschutzes erlassene Maßnahmen[2] ebenso wie die Ersetzung der Zustimmung eines Elternteils im Streit über die Ausstellung eines Reisepasses, auch wenn diese Regelung einem verwaltungsgerichtlichen Verfahren unterfällt.[3] 4

In den Anwendungsbereich der Brüssel IIb-VO fällt auch die *kafala*, ein Vormundschafts- und Pflegschaftsverhältnis nach islamischem Recht, welches jedoch kein Verwandtschaftsverhältnis begründet.[4] 5

2. Vermögensfragen

In Bezug auf Vermögensfragen (Art. 1 Abs. 2 lit. c) Brüssel IIb-VO) sind Maßnahmen zum Schutz des Kindes einbezogen, insbesondere die Bestimmung der Person – Eltern oder Ergänzungspfleger – zur Verwaltung etwaigen Vermögens des Kindes, nicht aber die Vermögensregelung allgemein.[5] 6

Obgleich „Trusts und Erbschaften" nach Art. 1 Abs. 4 lit. g) Brüssel IIb-VO ausgenommen sind, fallen Verfahren im Kontext mit Erbschaftsauseinandersetzungen, wie die Genehmigung von Vereinbarungen zur Erbauseinandersetzung sowie zur Ausschlagung von Erbschaften in den Anwendungsbereich der Verordnung.[6] 7

1 EuGH FamRZ 2018, 1083
2 Siehe Erwägungsgrund 4 sowie EuGH FamRZ 2016, 2071; FamRZ 2009, 843; FamRZ 2012, 1466
3 EuGH FamRZ 2015, 2117 sowie FamRZ 2016, 438
4 Hierzu EuGH FamRZ 2019, 832; Grüneberg/*Thorn*, Anh. zu Art. 24 EGBGB Rn. 16; *Andrae*, § 9 Rn. 160 ff.
5 Hierzu Erwägungsgrund 10
6 Hierzu EuGH FamRZ 2015, 2035 sowie EuGH FamRZ 2018, 1015

3. Ausgenommene Bereiche

8 Ausgenommen vom Anwendungsbereich der Verordnung sind Abstammungsverfahren, Adoption, Namensrecht und Strafrecht, wie sich aus der Aufzählung in Art. 1 Abs. 4 Brüssel IIb-VO ergibt. Dies betrifft aus dem Katalog der Kindschaftssachen i.S.d. § 151 FamFG die Unterbringung psychisch kranker Minderjähriger nach Landesgesetzen (§ 151 Nr. 7 FamFG) und die Aufgaben nach dem JGG (§ 151 Nr. 8 FamFG, Art. 1 Abs. 4 lit. g) Brüssel IIb-VO).[7] Hingegen fallen Maßnahmen nach § 151 Nr. 6 FamFG (Genehmigung freiheitsentziehender Unterbringung) in den Anwendungsbereich der Brüssel IIb-VO.[8]

4. HKÜ-Verfahren

9 Rückführungsverfahren nach dem HKÜ stellen keine Hauptsacheverfahren zur elterlichen Verantwortung dar.[9] Rückführungsentscheidungen unterfallen nur dann den allgemeinen Vorschriften zur Anerkennung und Vollstreckung (Kapitel IV), wenn sie in einem anderen Staat vollstreckt werden müssen, als in dem, in dem sie ergangen sind (Art. 1 Abs. 3 Satz 2 Brüssel IIb-VO). Dies betrifft Fälle, in denen das Kind nach Erlass einer Rückführungsentscheidung in einen weiteren EU-Mitgliedstaat entführt wird.

II. Persönlicher Anwendungsbereich

10 Der persönliche Anwendungsbereich umfasst alle Kinder, gleich ob ehelich oder nicht ehelich geboren,[10] bis zur Vollendung des 18. Lebensjahres.[11]

Artikel 2

Begriffsbestimmungen

(1) Für die Zwecke dieser Verordnung bezeichnet der Ausdruck „Entscheidung" eine Entscheidung eines Gerichts eines Mitgliedstaats einschließlich einer Verfügung, eines Beschlusses oder eines Urteils, mit der die Ehescheidung, die Trennung ohne Auflösung des Ehebandes oder die Ungültigerklärung einer Ehe ausgesprochen wird, oder in Verfahren betreffend die elterliche Verantwortung;

Für die Zwecke des Kapitels IV schließt der Ausdruck „Entscheidung" Folgendes ein:

a) eine in einem Mitgliedstaat ergangene Entscheidung, in der nach dem Haager Übereinkommen von 1980 die Rückgabe eines Kindes in einen anderen Mitgliedstaat angeordnet wird und die in einem anderen Mitgliedstaat vollstreckt werden muss als in dem Mitgliedstaat, in dem sie ergangen ist;

b) einstweilige Maßnahmen einschließlich Schutzmaßnahmen, die von einem Gericht, das nach dieser Verordnung in der Hauptsache zuständig ist, angeordnet werden, oder Maßnahmen, die gemäß Artikel 27 Absatz 5 in Verbindung mit Artikel 15 angeordnet werden;

Für die Zwecke des Kapitels IV schließt der Ausdruck „Entscheidung" keine einstweiligen Maßnahmen einschließlich Schutzmaßnahmen ein, die ohne Ladung des Antragsgegners angeordnet wurden, es sei denn, die die Maßnahme enthaltende Entscheidung wird dem Antragsgegner vor der Vollstreckung zugestellt;

(2) Für die Zwecke dieser Verordnung bezeichnet ferner der Ausdruck

---

7 Erwägungsgrund 11, S. 3
8 Erwägungsgrund 11 sowie EuGH FamRZ 2012, 1466
9 Siehe hiezu Erwägungsgrund 16
10 Vgl. Erwägungsgrund 5
11 Art. 2 Abs. 2 Ziffer 6 Brüssel IIb-VO, siehe auch Erwägungsgrund 17

1. „Gericht" jede Behörde der Mitgliedstaaten, die für Rechtssachen zuständig ist, die in den Anwendungsbereich dieser Verordnung fallen;

2. „öffentliche Urkunde" ein Schriftstück, das in den in den Anwendungsbereich dieser Verordnung fallenden Angelegenheiten als öffentliche Urkunde in einem Mitgliedstaat förmlich errichtet oder eingetragen worden ist und dessen Beweiskraft

   a) sich auf die Unterschrift und den Inhalt der Urkunde bezieht und

   b) durch eine Behörde oder eine andere hierzu ermächtigte Stelle festgestellt worden ist. Die Mitgliedstaaten teilen der Kommission gemäß Artikel 103 die betreffenden Behörden und Stellen mit;

3. „Vereinbarung" für die Zwecke des Kapitels IV ein Schriftstück, das keine öffentliche Urkunde ist, in den in den Anwendungsbereich dieser Verordnung fallenden Angelegenheiten von den Parteien erstellt wurde und von einer von einem Mitgliedstaat der Kommission hierzu gemäß Artikel 103 mitgeteilten Behörde eingetragen wurde;

4. „Ursprungsmitgliedstaat" den Mitgliedstaat, in dem die Entscheidung ergangen ist, die öffentliche Urkunde förmlich errichtet oder eingetragen worden ist oder die Vereinbarung eingetragen worden ist;

5. „Vollstreckungsmitgliedstaat" den Mitgliedstaat, in dem die Entscheidung, öffentliche Urkunde oder Vereinbarung vollstreckt werden soll;

6. „Kind" jede Person unter 18 Jahren;

7. „elterliche Verantwortung" die gesamten Rechte und Pflichten, die einer natürlichen oder juristischen Person durch Entscheidung oder kraft Gesetzes oder durch eine rechtlich verbindliche Vereinbarung betreffend die Person oder das Vermögen eines Kindes übertragen wurden, einschließlich des Sorge- und des Umgangsrechts;

8. „Träger der elterlichen Verantwortung" jede Person, Einrichtung oder sonstige Stelle, die die elterliche Verantwortung für ein Kind ausübt;

9. „Sorgerecht" die Rechte und Pflichten, die mit der Sorge für die Person eines Kindes verbunden sind, und insbesondere das Recht auf die Bestimmung des Aufenthaltsortes eines Kindes;

10. „Umgangsrecht" das Recht auf Umgang mit dem Kind, einschließlich des Rechts, das Kind für eine begrenzte Zeit an einen anderen Ort als seinen gewöhnlichen Aufenthaltsort zu bringen;

11. „widerrechtliches Verbringen oder Zurückhalten eines Kindes" das Verbringen oder Zurückhalten eines Kindes, wenn

    a) durch eine solches Verbringen oder Zurückhalten das Sorgerecht verletzt wird, das aufgrund einer Entscheidung, kraft Gesetzes oder durch eine rechtlich verbindliche Vereinbarung nach dem Recht des Mitgliedstaats besteht, in dem das Kind unmittelbar vor dem Verbringen oder Zurückhalten seinen gewöhnlichen Aufenthalt hatte, und

    b) das Sorgerecht zum Zeitpunkt des Verbringens oder Zurückhaltens allein oder gemeinsam tatsächlich ausgeübt wurde oder ausgeübt worden wäre, wenn das Verbringen oder Zurückhalten nicht stattgefunden hätte.

(3) Für die Zwecke der Artikel 3, 6, 10, 12, 13, 51, 59, 75, 94 und 102 ersetzt für Irland und das Vereinigte Königreich das Konzept des „domicile" jenes der „Staatsangehörigkeit", und dieser Begriff hat dieselbe Bedeutung wie nach jeder der Rechtsordnungen jener Mitgliedstaaten.

1 Auf eine isolierte Erläuterung der Begriffsbestimmungen wird hier verzichtet. Zum Begriff der „Entscheidung" für die Zwecke des Kapitel IV ist auf die Kommentierung zu Art. 30 ff. Brüssel IIb-VO zu verweisen. Zu den Anforderungen an die tatsächliche Ausübung der elterlichen Verantwortung i.S.d. Art. 2 Abs. 2 Ziffer 11 lit. b) Brüssel IIb-VO siehe *Schweppe*, Art. 3 HKÜ Rn. 9.

KAPITEL II
ZUSTÄNDIGKEIT IN EHESACHEN UND IN VERFAHREN BETREFFEND DIE ELTERLICHE VERANTWORTUNG

ABSCHNITT 1
Ehescheidung, Trennung ohne Auflösung des Ehebandes und Ungültigerklärung einer Ehe

Artikel 3 bis 6

Von Abdruck und Kommentierung wird abgesehen.

ABSCHNITT 2
Elterliche Verantwortung

Artikel 7

Allgemeine Zuständigkeit

(1) Für Verfahren betreffend die elterliche Verantwortung sind die Gerichte des Mitgliedstaats zuständig, in dem das Kind zum Zeitpunkt der Antragstellung seinen gewöhnlichen Aufenthalt hat.

(2) Absatz 1 dieses Artikels findet vorbehaltlich der Artikel 8 bis 10 Anwendung.

Übersicht

A. Allgemeines

1 Art. 7 Abs. 1 Brüssel IIb-VO, der Art. 8 Brüssel IIa-VO entspricht, regelt die Grundsatzanknüpfung für die internationale Zuständigkeit. Maßgeblich ist danach

- der „gewöhnliche Aufenthalt" des Kindes
- zum Zeitpunkt der Antragstellung.

2 Diese Zuständigkeitsbestimmung gilt:

- universell (hierzu *Schweppe*, Art. 1 Brüssel IIb-VO Rn. 2) – unabhängig von der Staatsangehörigkeit des Kindes und der Zugehörigkeit zur EU – auch im Verhältnis zu Drittstaaten[1] (zur Ausnahme im Verhältnis zu KSÜ siehe Rn. 14 sowie *Schweppe*, Art. 5 KSÜ Rn. 7 f.);

B. Einzelheiten

I. Grundsatz

1. Gewöhnlicher Aufenthalt

3 Vorrangiger Anknüpfungspunkt für die Bestimmung der internationalen Zuständigkeit ist der „gewöhnliche Aufenthalt" des Kindes. Dessen Auslegung stimmt nicht zwingend mit der

1 EuGH FamRZ 2019, 132

innerstaatlichen Definition (§ 152 FamFG) überein, sondern ist für die Brüssel IIb-VO und die kollisionsrechtlichen Übereinkommen einheitlich unter Heranziehung der Rechtsprechung des EuGH zu ermitteln.[2]

2. Kriterien

a) Integration

Der EuGH definiert den gewöhnlichen Aufenthalt als den **4**

> „Ort ..., der Ausdruck einer gewissen sozialen und familiären Integration des Kindes ist. Hierfür sind insbesondere die Dauer, die Regelmäßigkeit und die Umstände des Aufenthalts in einem Mitgliedstaat sowie die Gründe für diesen Aufenthalt und den Umzug der Familie in diesen Staat, die Staatsangehörigkeit des Kindes, Ort und Umstände der Einschulung, die Sprachkenntnisse sowie die familiären und sozialen Bindungen des Kindes in dem betreffenden Staat zu berücksichtigen".[3]

Der Staatsangehörigkeit kommt für die Begründung eines gewöhnlichen Aufenthalts keine eigenständige Bedeutung zu. Allein der Umstand, dass ein Kind in einem Staat geboren wurde und dessen Staatsangehörigkeit besitzt, genügt nicht für die Annahme eines gewöhnlichen Aufenthalts.[4] **5**

b) Intention der Sorgeberechtigten

Neben diesen tatsächlichen Umständen sind auch voluntative Elemente zu berücksichtigen. Dies gilt insbesondere für Säuglinge und Kleinkinder.[5] Bei einem „auf Dauer angelegten Wohnsitzwechsel" kann ein neuer gewöhnlicher Aufenthalt bereits mit dem Umzug zu bejahen sein, wobei den Vorstellungen der Eltern bzw. des betreuenden Elternteils maßgebliche Bedeutung zukommt.[6] Bei gemeinsamem Sorgerecht der Eltern sind auch die fortbestehenden Beziehungen zum anderen Elternteil zu berücksichtigen.[7] **6**

c) Vorrang der Integration des Kindes gegenüber der Intention des Sorgeberechtigten

Auch bei Kleinkindern kann nicht auf tatsächliche, den Daseinsmittelpunkt des Kindes bestimmende, Anknüpfungspunkte verzichtet werden.[8] Voraussetzung für die Begründung eines gewöhnlichen Aufenthalts ist jedenfalls die körperliche Anwesenheit des Kindes selbst in diesem Staat.[9] Eine (einvernehmliche) Entscheidung der Eltern, wo das Kind aufwachsen soll, tritt daher gegenüber dem Element des tatsächlichen Aufenthalts des Kindes seit Geburt zurück.[10] **7**

Da es sich bei der Begründung des Aufenthalts um einen von der Gestaltung des Sorgerechts unabhängigen rein faktischen Vorgang handelt, kann ein Minderjähriger auch gegen den Willen eines (mit-)sorgeberechtigten Elternteils einen neuen gewöhnlichen Aufenthalt **8**

---

2 Zu den hierzu durch den EuGH aufgestellten Kriterien siehe *Niethammer-Jürgens/Erb-Klünemann*, S. 169 f.
3 EuGH FamRZ 2009, 843, 845
4 EuGH FamRZ 2022, 1466
5 EuGH FamRZ 2011, 617, 619; vgl. auch BGH FamRZ 2019, 892, 893 mit krit. Anm. *v. Bary*, FamRZ 2019, 895 f.
6 EuGH FamRZ 2011, 617, 619; siehe auch OLG Bamberg FamRZ 2018, 38
7 *Gruber*, IPRax 2019, 217, 218
8 OLG Koblenz NZFam 2022, 472 m. Anm. *Erb-Klünemann*
9 EuGH FamRZ 2019, 132
10 EuGH FamRZ 2017, 1506, sowie FamRZ 2018, 1426

begründen.[11] Auch ein widerrechtliches Verbringen schließt die Begründung eines neuen gewöhnlichen Aufenthalts nicht aus.[12]

d) Wechselnder Aufenthalt des Kindes

9 Streitig ist, ob – etwa im Rahmen eines in zwei Staaten gelebten Wechselmodells – ein mehrfacher gewöhnlicher Aufenthalt möglich ist.[13] Hierzu gilt, dass bei vorübergehenden Aufenthaltswechseln der gewöhnliche Aufenthalt bleibt, wo er sich zu Beginn der Wechsel befand, soweit nicht im Ausnahmefall besondere Gründe dafür sprechen, dem Aufenthalt trotz seiner nur vorübergehenden Anlage den Charakter eines gewöhnlichen Aufenthalts zuzusprechen.[14] Letztlich ist stets eine Einzelfallprüfung erforderlich.

II. Maßgeblicher Zeitpunkt

10 Nach dem Wortlaut von Art. 7 Abs. 1 Brüssel IIb-VO muss der gewöhnliche Aufenthalt bereits zum Zeitpunkt der Einleitung des Verfahrens i.S.d. Art. 17 Brüssel IIb-VO begründet sein. Es genügt jedoch auch die Annahme eines gewöhnlichen Aufenthalts zum Zeitpunkt der Entscheidung, wenn nicht zuvor ein auf die Zuständigkeit in der Hauptsache gestütztes Verfahren in einem anderen Mitgliedstaat eingeleitet wurde.[15]

III. Umfang der Zuständigkeit

11 Die internationale Zuständigkeit in der Hauptsache nach Art. 7 Brüssel IIb-VO umfasst auch einstweilige Maßnahmen in diesem Zusammenhang. Dies gilt auch dann, wenn Hauptsache und einstweilige Maßnahmen nach nationalem Recht nicht im selben Verfahren, sondern in gesonderten Verfahren geführt werden.[16]

IV. Fortwirkung der Zuständigkeit (perpetuatio fori)

1. Grundsatz

12 Nach dem Wortlaut von Art. 7 Abs. 1 Brüssel IIb-VO, der auf den Zeitpunkt der Antragstellung abstellt, gilt für die internationale Zuständigkeit der Grundsatz der *perpetuatio fori*, wonach die Zuständigkeit eines Gerichts nach Eintritt der Rechtshängigkeit erhalten bleibt, auch wenn eine spätere Änderung der die Zuständigkeit begründenden Umstände eintritt, etwa das Kind im laufenden Verfahren seinen gewöhnlichen Aufenthalt in einem anderen Staat begründet.[17] Diesem Grundsatz folgt auch § 2 Abs. 2 FamFG für das nationale Recht (siehe hierzu *Köhler*, § 2 FamFG Rn. 3).

13 Eine so begründete Zuständigkeit wirkt nur bis zum Abschluss des Verfahrens. Für die Abänderung von Entscheidungen richtet sich die internationale Zuständigkeit nach den allgemeinen Zuständigkeitsvoraussetzungen.[18]

---

11 Hierzu BGH FamRZ 2005, 1540, 1543; OLG Karlsruhe NJW-RR 2015, 1415
12 EuGH FamRZ 2022, 1029
13 Bejahend Prütting/Helms/*Hau*, FamFG Vor §§ 98–106 Rn. 23 m.w.N.; *Völker/Clausius*, § 11 Rn. 93; ablehnend Grüneberg/*Thorn*, EGBGB Art. 5 Rn. 10; der EuGH, FamRZ 2022, 215, hat zu Art. 3 Brüssel IIa-VO (Ehesachen) ausgeführt, dass nur ein gewöhnlicher Aufenthalt besteht, der anhand der tatsächlichen Umstände zu ermitteln ist
14 OLG Nürnberg FamRZ 2024, 1298
15 Hierzu Thomas/Putzo/*Hüßtege*, Art. 7 Brüssel IIb-VO Rn. 8; BGH FamRZ 2010, 720
16 OLG Karlsruhe NZFam 2023, 911 m. Anm. *Schweppe*
17 Hierzu BGH FamRZ 2010, 720
18 EuGH FamRZ 2017, 734

2. Ausnahmen

a) Vertragsstaaten des KSÜ

Im Fall des Umzugs in einen Staat, der selbst nicht durch die Brüssel IIb-VO gebunden, jedoch Vertragsstaat des KSÜ ist, tritt mit Begründung eines neuen gewöhnlichen Aufenthalts auch ein Wechsel der internationalen Zuständigkeit ein, wie sich aus Art. 5 Abs. 2 KSÜ ergibt.[19] Mit Begründung eines gewöhnlichen Aufenthalts in dem KSÜ-Vertragsstaat entfällt die Zuständigkeit des angerufenen Gerichts im laufenden Verfahren (vgl. hierzu *Schweppe*, Art. 5 KSÜ Rn. 5 f.). 14

b) Drittstaaten

Im Verhältnis zu Drittstaaten, die weder Mitgliedstaat der EU noch Vertragsstaat des KSÜ sind, ist die Frage der fortdauernden Zuständigkeit nicht abschließend geklärt. Nach dem Wortlaut von Art. 7 Abs. 1 Brüssel IIb-VO, der universell gilt und allein auf den Zeitpunkt der Antragstellung abstellt, verbleibt es beim Umzug in einen Drittstaat bei der internationalen Zuständigkeit des angerufenen Gerichts.[20] Dagegen spricht, dass mit der Anknüpfung an den gewöhnlichen Aufenthalt die Zuständigkeit des aufgrund seiner Sachnähe besser zur Prüfung der für das Kindeswohl maßgeblichen Aspekte geeigneten Gericht erreicht werden sollte.[21] Dem steht die Annahme einer fortdauernden Entscheidungszuständigkeit entgegen. Weiter besteht das Risiko, dass im neuen Aufenthaltsstaat in Annahme der eigenen Zuständigkeit ebenfalls ein Sorgerechtsverfahren geführt wird. Es ist daher eine Abwägung geboten, die auch umfasst, ob eine Entscheidung hiesiger Gerichte im aktuellen Aufenthaltsstaat anerkannt wird und damit durchsetzbar ist.[22] 15

V. Besondere Zuständigkeitsregelungen

Art. 7 Abs. 2 Brüssel IIb-VO verweist darauf, dass auch die Brüssel IIb-VO Ausnahmen vom Grundsatz der fortdauernden Zuständigkeit für folgende Konstellationen vorsieht: 16

- Umgangsregelungen nach rechtmäßigem Umzug (Art. 8 Brüssel IIb-VO);
- widerrechtliches Verbringen bzw. Zurückhalten des Kindes (Art. 9 Brüssel IIb-VO);
- Vereinbarungen zur Zuständigkeit (Art. 10 Brüssel IIb-VO).

C. Praxishinweis

Begründet das Kind im laufenden Verfahren einen neuen gewöhnlichen Aufenthalt 17

- in einem anderen EU-Mitgliedstaat, so bleibt es bei der Zuständigkeit (*perpetuatio fori*);
- in einem Vertragsstaat des KSÜ, der selbst nicht durch die Brüssel IIb-VO gebunden ist, so tritt im laufenden Verfahren ein Zuständigkeitswechsel ein;
- in einem Drittstaat, so ist eine Abwägung im Einzelfall erforderlich.

---

19 Hierzu EuGH FamRZ 2022, 1476; OLG Karlsruhe FamRZ 2023, 1809 (Schweiz); KG FamRZ 2023, 1496 (Vereinigtes Königreich); OLG Stuttgart FamRZ 2020, 1120 (Marokko); OLG Frankfurt FamRZ 2020, 1119 (Schweiz); KG FamRZ 2015, 1214 (Russland); OLG Karlsruhe ZKJ 2014, 335 (Schweiz)
20 Vgl. OLG Karlsruhe FamRZ 2018, 920
21 So BGH FamRZ 2002, 1182 zum MSA
22 So auch Sternal/*Dimmler*, § 97 FamFG Rn. 8 m.w.N

Artikel 8

Aufrechterhaltung der Zuständigkeit in Bezug auf das Umgangsrecht

(1) Beim rechtmäßigen Umzug eines Kindes von einem Mitgliedstaat in einen anderen, durch den es dort einen neuen gewöhnlichen Aufenthalt erlangt, verbleibt abweichend von Artikel 7 die Zuständigkeit für eine Änderung einer vor dem Umzug des Kindes in jenem Mitgliedstaat ergangenen Entscheidung über das Umgangsrecht nach dem Umzug drei Monate lang bei den Gerichten des früheren gewöhnlichen Aufenthalts des Kindes, wenn sich die laut der Entscheidung umgangsberechtigte Person weiterhin gewöhnlich in dem Mitgliedstaat des früheren gewöhnlichen Aufenthalts des Kindes aufhält.

(2) Absatz 1 findet keine Anwendung, wenn die umgangsberechtigte Person im Sinne des Absatzes 1 die Zuständigkeit der Gerichte des Mitgliedstaats des neuen gewöhnlichen Aufenthalts des Kindes dadurch anerkannt hat, dass sie sich an Verfahren vor diesen Gerichten beteiligt, ohne ihre Zuständigkeit anzufechten.

Übersicht

A. Allgemeines

1 Art. 8 Brüssel IIb-VO (bisher Art. 9 Brüssel IIa-VO) ermöglicht die Anpassung[1] einer Umgangsregelung nach einem Umzug in einen anderen EU-Mitgliedstaat durch das bisher zuständige Gericht und soll zugleich verhindern, dass der ins Ausland verzogene Elternteil unmittelbar nach dem Umzug die Abänderung einer bestehenden Umgangsregelung anstrebt.

Art. 8 Brüssel IIb-VO ist nicht auf den Umgang eines Elternteils mit dem Kind beschränkt, sondern umfasst sämtliche Umgangsberechtigte, soweit eine entsprechende Entscheidung vorliegt.[2]

B. Inhalt der Norm

2 Die Voraussetzungen für die Anwendung von Art. 8 Brüssel IIb-VO sind:

- Im bisherigen Aufenthaltsstaat ist eine gerichtliche[3] **Entscheidung** zum **Umgang** (nicht Sorgerecht) ergangen.
- Es liegt ein „rechtmäßiger" Umzug innerhalb der EU vor und das Kind hat seinen gewöhnlichen Aufenthalt im neuen Mitgliedstaat erworben.
- Der Antrag zur Abänderung des Umgangsrechts wird innerhalb von drei Monaten nach dem Umzug gestellt.[4]
- Der Umgangsberechtigte muss **weiterhin**[5] seinen gewöhnlichen Aufenthalt im Ursprungsmitgliedstaat haben.

1 Zur Anpassung eines begleiteten Umgangs nach dem Umzug der Mutter mit dem Kind nach Polen vgl. OLG Köln FamRZ 2017, 1514 m. Anm. *Menne*
2 Hierzu *Garber/Lugani*, NJW 2022, 2225 Rn. 13
3 Eine Vereinbarung der Eltern allein fällt nicht hierunter, wohl aber die gerichtlich gebilligte Umgangsregelung, vgl. Thomas/Putzo/*Hüßtege*, Art. 8 Brüssel IIb-VO Rn. 2
4 Maßgeblich ist der Tag des tatsächlichen Umzugs, EuGH FamRZ 2023, 1199
5 Dies impliziert, dass der Umgangsberechtigte auch zum Zeitpunkt der Erstentscheidung seinen gewöhnlichen Aufenthalt in diesem Staat hatte, vgl. Thomas/Putzo/*Hüßtege*, Art. 8 Brüssel IIb-VO Rn. 2

Im Fall eines nicht „rechtmäßigen" Umzugs, d.h. ohne Zustimmung des (mit-)sorgeberechtigten Elternteils oder eine zum Umzug berechtigende Entscheidung, bleibt es bei der Zuständigkeit des bisherigen Aufenthaltsstaats nach Art. 9 Brüssel IIb-VO.[6] **3**

Art. 8 Brüssel IIb-VO gelangt nicht zur Anwendung, wenn der umgangsberechtigte Elternteil die Zuständigkeit des neuen Aufenthaltsstaats akzeptiert bzw. sich an einem Umgangsverfahren im neuen Mitgliedstaat beteiligt, ohne die Zuständigkeit zu rügen (Art. 8 Abs. 2 Brüssel IIb-VO). **4**

Auch bei Vorliegen der Voraussetzungen von Art. 8 Brüssel IIb-VO kommt die Abgabe des Verfahrens nach Maßgabe von Art. 12 Brüssel IIb-VO (hierzu *Schweppe*, Art. 12 Brüssel IIb-VO) in Betracht.[7]

Artikel 9

Zuständigkeit im Fall eines widerrechtlichen Verbringens oder Zurückhaltens eines Kindes

Vorbehaltlich des Artikels 10 bleiben bei widerrechtlichem Verbringen oder Zurückhalten eines Kindes die Gerichte des Mitgliedstaats, in dem das Kind unmittelbar vor dem widerrechtlichen Verbringen oder Zurückhalten seinen gewöhnlichen Aufenthalt hatte, so lange zuständig, bis das Kind einen gewöhnlichen Aufenthalt in einem anderen Mitgliedstaat erlangt hat und

a) jede sorgeberechtigte Person, Behörde oder sonstige Stelle dem Verbringen oder Zurückhalten zugestimmt hat oder

b) das Kind sich in diesem anderen Mitgliedstaat mindestens ein Jahr aufgehalten hat, nachdem die sorgeberechtigte Person, Behörde oder sonstige Stelle seinen Aufenthaltsort kannte oder hätte kennen müssen und sich das Kind in seiner neuen Umgebung eingelebt hat, sofern eine der folgenden Bedingungen erfüllt ist:

i) Innerhalb eines Jahres, nachdem der Sorgeberechtigte den Aufenthaltsort des Kindes kannte oder hätte kennen müssen, wurde kein Antrag auf Rückgabe des Kindes bei den zuständigen Behörden des Mitgliedstaats gestellt, in den das Kind verbracht wurde oder in dem das Kind zurückgehalten wird;

ii) ein von dem Sorgeberechtigten gestellter Rückgabeantrag wurde zurückgezogen, und innerhalb der in Ziffer i genannten Frist wurde kein neuer Antrag gestellt;

iii) ein vom Sorgeberechtigten gestellter Rückgabeantrag wurde von einem Gericht eines Mitgliedstaats aus anderen als den in Artikel 13 Absatz 1 Buchstabe b oder Artikel 13 Absatz 2 des Haager Übereinkommens von 1980 angegebenen Gründen abgelehnt und gegen diese Entscheidung kann kein ordentlicher Rechtsbehelf mehr eingelegt werden;

iv) in dem Mitgliedstaat, in dem das Kind unmittelbar vor dem widerrechtlichen Verbringen oder Zurückhalten seinen gewöhnlichen Aufenthalt hatte, wurde kein Gericht angerufen, wie in Artikel 29 Absätze 3 und 5 vorgesehen;

v) von den Gerichten des Mitgliedstaats, in dem das Kind unmittelbar vor dem widerrechtlichen Verbringen oder Zurückhalten seinen gewöhnlichen Aufenthalt hatte, wurde eine Sorgerechtsentscheidung erlassen, in der die Rückgabe des Kindes nicht angeordnet wurde.

6 *Winter*, Rn. 405
7 Hierzu EuGH FamRZ 2023, 1199

Übersicht

A. Allgemeines

1 Art. 9 Brüssel IIb-VO enthält eine gegenüber Art. 7 Brüssel IIb-VO vorrangige Regelung zur Zuständigkeit für Fälle grenzüberschreitenden Verbringens oder Zurückhaltens eines Kindes. Die Norm dient der Umsetzung und Stärkung des Rückführungsmechanismus des HKÜ. Ziel dieses kollisionsrechtlichen Übereinkommens, dem sämtliche Mitgliedstaaten der EU angehören, ist die Durchsetzung der Zuständigkeit des Staates des gewöhnlichen Aufenthalts, wobei eigenmächtigen Aufenthaltswechseln eines Elternteils mit dem Kind entgegengewirkt werden soll (siehe hierzu *Schweppe*, Art. 1 HKÜ 1, Rn. 1).

Art. 9 Brüssel IIb-VO greift ausschließlich im Verhältnis der EU-Mitgliedstaaten zueinander.

B. Inhalt der Norm

I. Fortdauernde Zuständigkeit

2 Nach Art. 9 Brüssel IIb-VO verbleibt es in den Fällen des widerrechtlichen Verbringens oder Zurückhaltens des Kindes (Legaldefinition in Art. 2 Abs. 2 Ziffer 11 Brüssel IIb-VO, vgl. auch die Kommentierung zu Art. 3 HKÜ) auch nach Begründung eines neuen gewöhnlichen Aufenthalts des Kindes zunächst bei der Zuständigkeit der Gerichte des bisherigen Aufenthaltsstaats.

Praxishinweis:

Die Widerrechtlichkeit des Verbringens bzw. Zurückhaltens des Kindes hindert nicht die Begründung eines neuen gewöhnlichen Aufenthaltes durch „Einleben" des Kindes,[1] jedoch tritt ein Zuständigkeitswechsel nur unter den in Art. 9 a) und b) Brüssel IIb-VO genannten Voraussetzungen ein, die im Hinblick auf den generalpräventiven Charakter der Norm eng auszulegen sind.[2]

II. Anforderungen an den Wechsel der Zuständigkeit

3 Die Zuständigkeit des Gerichts im neuen Aufenthaltsstaat tritt nur unter folgenden Voraussetzungen ein:

- Das Kind hat einen neuen gewöhnlichen Aufenthalt erworben und alle sorgeberechtigten Personen haben dem Verbringen zugestimmt (Art. 9 lit. a) Brüssel IIb-VO).

oder

- Das Kind hält sich mindestens ein Jahr im neuen Staat auf und
- es hat sich dort eingelebt und

1 So auch *Winter*, Rn. 435
2 EuGH FamRZ 2018, 1430

- es wurde innerhalb der Jahresfrist nach Kenntnis des Aufenthalts des Kindes kein Rückführungsantrag gestellt (Art. 9 b) i) Brüssel IIb-VO) bzw. ein entsprechender Antrag zurückgezogen (Art. 9 b) ii) Brüssel IIb-VO) oder
- ein Rückführungsantrag wurde aus anderen als den in Art. 13 Abs. 1 b) oder Art. 13 Abs. 2 HKÜ genannten Gründen rechtskräftig zurückgewiesen (Art. 9 b) lit. iii) Brüssel IIb-VO) oder
- es wurde kein Verfahren nach Maßgabe von Art. 29 Abs. 3 und 5 Brüssel IIb-VO eingeleitet (Art. 9 b) iv) Brüssel IIb-VO), oder
- das zuständige Gericht im bisherigen Aufenthaltsstaat hat eine Sorgerechtsentscheidung erlassen, in der die Rückgabe des Kindes nicht angeordnet wurde (Art. 9 b) v) Brüssel IIb-VO).[3]

III. Einzelheiten

1. Änderungen gegenüber der Brüssel IIa-VO

4 Entgegen der Vorgängerregelung in Art. 10 Brüssel IIa-VO, nach der ein Zuständigkeitswechsel im Fall einer ablehnenden Rückführungsentscheidung unabhängig vom angenommenen Ausnahmetatbestand ausgeschlossen war, tritt der Zuständigkeitswechsel nach Art. 9 b) iii) Brüssel IIb-VO nur dann nicht ein, wenn die Rückführung unter Hinweis auf eine schwerwiegende Gefahr für das Kind (Art. 13 Abs. 1 b) HKÜ) oder den entgegenstehenden Kindeswillen („Widersetzen", Art. 13 Abs. 2 HKÜ) abgelehnt wurde.

Zu einem Zuständigkeitswechsel kommt es damit in Fällen der Zustimmung zum Verbringen bzw. der nachträglichen Genehmigung nach Art. 13 Abs. 1 a) HKÜ oder bei Antragseingang nach Ablauf der Jahresfrist (Art. 12 Abs. 2 HKÜ).

▶ *Zu den Ausnahmetabeständen des HKÜ im Einzelnen siehe Schweppe, Kommentierung zu Art. 13 HKÜ.*

2. Konkretisierung des Anwendungsbereichs durch den EuGH

5 Zur Vorgängerregelung in Art. 10 Brüssel IIa-VO hat der EuGH folgendes klargestellt:

Maßgeblich ist allein die Verletzung des Sorgerechts durch ein widerrechtliches Verbringen oder Zurückhalten des Kindes, die unabhängig von einer etwaigen Entscheidung über einen Rückführungsantrag zu prüfen ist. Damit ist Art. 9 Brüssel IIb-VO in seiner Anwendung nicht auf Konstellationen beschränkt, in denen ein Antrag auf Rückführung des Kindes in einen anderen EU-Mitgliedstaat zurückgewiesen wurde.[4]

6 Bei Entführung in einen nicht durch die EU-Verordnungen gebundenen Staat verlieren die inländischen Gerichte ihre Zuständigkeit, wenn das Kind im Ausland seinen gewöhnlichen Aufenthalt erworben hat.[5]

7 Ein „Antrag auf Rückgabe" i.S.d. Art. 9 lit. b) i) Brüssel IIb-VO liegt nur dann vor, wenn der Antragsteller

> „erreichen möchte, dass ein Kind in den Mitgliedstaat zurückkehrt, in dem es unmittelbar vor seinem widerrechtlichen Verbringen oder Zurückhalten seinen gewöhnlichen Aufenthalt hatte".[6]

---

3 Es muss sich um eine abschließende Entscheidung handeln, eine vorläufige Regelung genügt nicht, EuGH FamRZ 2010, 1229
4 EuGH FamRZ 2024, 1491 Rz. 52
5 EuGH FamRZ 2021, 777 Rz. 39
6 EuGH FamRZ 2024, 1491 Rz. 76

Ein auf die Rückgabe des Kindes in einen anderen Staat als den Mitgliedstaat des gewöhnlichen Aufenthalts vor der Entführung gerichteter Antrag oder ein vor den Gerichten dieses Mitgliedstaats gestellter Sorgerechtsantrag erfüllen diese Anforderungen nicht.[7]

IV. Vorrang von Gerichtsstandsvereinbarungen

8 Art. 9 Brüssel IIb-VO gilt „vorbehaltlich von Art. 10", womit Gerichtsstandsvereinbarungen Vorrang haben (hierzu *Schweppe*, Kommentierung zu Art. 10 Brüssel IIb-VO).

Artikel 10

Gerichtsstandsvereinbarungen

(1) Die Gerichte eines Mitgliedstaats sind zuständig für Verfahren betreffend die elterliche Verantwortung, wenn

a) eine wesentliche Bindung des Kindes zu diesem Mitgliedstaat besteht, insbesondere weil

i) mindestens einer der Träger der elterlichen Verantwortung in diesem Mitgliedstaat seinen gewöhnlichen Aufenthalt hat;

ii) das Kind in diesem Mitgliedstaat früher seinen gewöhnlichen Aufenthalt hatte; oder

iii) das Kind die Staatsangehörigkeit dieses Mitgliedstaats besitzt;

b) die Parteien sowie alle anderen Träger der elterlichen Verantwortung

i) spätestens zum Zeitpunkt der Anrufung des Gerichts die Zuständigkeit frei vereinbart haben; oder

ii) die Zuständigkeit im Laufe des Verfahrens ausdrücklich anerkannt haben und das Gericht dafür Sorge getragen hat, dass alle Parteien von ihrem Recht, die Zuständigkeit des Gerichts anzufechten, in Kenntnis gesetzt wurden; und

c) die Wahrnehmung der Zuständigkeit im Einklang mit dem Kindeswohl steht.

(2) Eine Gerichtsstandsvereinbarung gemäß Absatz 1 Buchstabe b wird von den betreffenden Parteien schriftlich niedergelegt, datiert und unterzeichnet oder gemäß den nationalen Rechtsvorschriften und Verfahren in das Gerichtsprotokoll aufgenommen. Elektronische Übermittlungen, die eine dauerhafte Aufzeichnung der Vereinbarung ermöglichen, sind der Schriftform gleichgestellt.

Personen, die nach der Anrufung des Gerichts Verfahrensparteien werden, können ihre Zustimmung nach Anrufung des Gerichts bekunden. Widersprechen sie nicht, wird ihr Einverständnis als stillschweigend gegeben angenommen.

(3) Sofern die Parteien nichts anderes vereinbaren, endet die Zuständigkeit gemäß Absatz 1, sobald

a) gegen die in diesem Verfahren ergangene Entscheidung kein ordentlicher Rechtsbehelf mehr eingelegt werden kann oder

b) das Verfahren aus einem anderen Grund beendet wurde.

(4) Die Zuständigkeit gemäß Absatz 1 Buchstabe b Ziffer ii ist ausschließlich.

Übersicht

7 EuGH FamRZ 2024, 1491 Rz. 80 f.

A. Allgemeines

Art. 10 Brüssel IIb-VO ermöglicht den Abschluss von Vereinbarungen über die gerichtliche Zuständigkeit. Die Norm ist nicht auf Regelungen im Scheidungsverbund begrenzt, sondern umfasst (weitergehend als die Vorgängerregelung in Art. 12 Brüssel IIa-VO) allgemein Vereinbarungen über die Zuständigkeit für Regelungen zur elterlichen Verantwortung. 1

B. Inhalt der Norm

I. Voraussetzungen

Eine wirksame Gerichtsstandsvereinbarung kann nur unter den in Art. 10 Abs. 1 a) bis c) Brüssel IIb-VO genannten Voraussetzungen getroffen werden, die kumulativ vorliegen müssen. Diese sind: 2

- eine wesentliche Bindung des Kindes zu diesem Staat aufgrund des gewöhnlichen Aufenthalts mindestens eines Elternteils in diesem Staat, des früheren gewöhnlichen Aufenthalts oder der Staatsangehörigkeit des Kindes;
- eine Vereinbarung der Eltern (Abs. 1 b) i)) oder eine ausdrückliche Anerkennung der Zuständigkeit im Verfahren (Abs. 1 b) ii)); und
- die Wahrnehmung der Zuständigkeit muss im Einklang mit dem Kindeswohl stehen.

Die formalen Anforderungen an die Gerichtsstandsvereinbarung sind in Art. 10 Abs. 2 Brüssel IIb-VO benannt. Nach Satz 1 bedarf die Vereinbarung der Schriftform, eine notarielle Beglaubigung ist nicht erforderlich. Auch eine Erklärung zu Protokoll des Gerichts ist möglich.[1] Letzteres gilt auch für die Zustimmung, die ausdrücklich zu erklären ist; eine rügelose Einlassung genügt nicht.[2] 3

Personen oder Institutionen (Verfahrensbeistand, Jugendamt), die „später", also im laufenden Verfahren, hinzutreten, müssen der Zuständigkeit ebenfalls zustimmen. Dies ist jedoch durch rügelose Einlassung möglich, wie sich aus Art. 10 Abs. 2 Unterabs. 2 ergibt.[3]

II. Wirkungen

Die während eines laufenden Verfahrens vereinbarte Zuständigkeit ist ausschließlich bzw. bindend und kann von den Beteiligten nicht einseitig widerrufen werden (Art. 10 Abs. 1 lit. b) Nr. ii) i.V.m. Abs. 4 Brüssel IIb-VO).[4] Im Umkehrschluss bindet eine für die Zukunft getroffene Zuständigkeitsvereinbarung die Beteiligten nicht und begründet lediglich eine „Wahlzuständigkeit".[5] 4

Die Zuständigkeit aufgrund einer Gerichtsstandsvereinbarung hat Vorrang gegenüber der Zuständigkeit nach Art. 7 ff. Brüssel IIb-VO. Dies gilt auch in Bezug auf bereits anhängige Verfahren, wie sich aus Art. 20 Abs. 5 Brüssel IIb-VO ergibt. 5

Über eine Gerichtsstandsvereinbarung nach Art. 10 Brüssel IIb-VO können Eltern in Rückführungsverfahren nach dem HKÜ abschließende Vereinbarungen zur Gestaltung der elterlichen Sorge und des Umgangs treffen.[6] Die Zuständigkeit aufgrund Vereinbarung endet nach Art. 10 Abs. 3 Brüssel IIb-VO grundsätzlich mit dem Abschluss des Verfahrens.[7] 6

1 MüKo-BGB/*Heiderhoff*, Brüssel IIb-VO Art. 10 Rn. 22
2 MüKo-BGB/*Heiderhoff*, Brüssel IIb-VO Art. 10 Rn. 25; Thomas/Putzo/*Hüßtege*, Art. 10 Brüssel IIb-VO Rn. 9
3 MüKo-FamFG/*Heiderhoff*, Brüssel IIb-VO Art. 10 Rn. 26
4 *Niethammer-Jürgens/Erb-Klünemann*, S. 176
5 *Schulz*, FamRZ 2020, 1141, 1142; *Garber/Lugani*, NJW 2022, 2225 Rn. 18
6 Erwägungsgrund 43; siehe auch Art. 25 Brüssel IIb-VO
7 So bereits EuGH FamRZ 2015, 24; FamRZ 2015, 205

Artikel 11

Zuständigkeit aufgrund der Anwesenheit des Kindes

(1) Kann weder der gewöhnliche Aufenthalt eines Kindes festgestellt noch die Zuständigkeit gemäß Artikel 10 bestimmt werden, sind die Gerichte des Mitgliedstaats zuständig, in dem sich das Kind befindet.

(2) Die Zuständigkeit nach Absatz 1 gilt auch für Kinder, die Flüchtlinge oder aufgrund von Unruhen in dem Mitgliedstaat ihres gewöhnlichen Aufenthalts ihres Landes Vertriebene sind.

Übersicht Rn.

A. Allgemeines

1 Art. 11 Brüssel IIb-VO (bisher Art. 13 Brüssel IIa-VO) regelt eine gegenüber Art. 7 Brüssel IIb-VO nachrangige Auffangzuständigkeit für Kinder, deren gewöhnlicher Aufenthalt nicht festgestellt werden kann (Abs. 1) sowie für Flüchtlingskinder (Abs. 2).

B. Inhalt der Norm

I. Schlichter Aufenthalt

2 Für Kinder, deren gewöhnlicher Aufenthalt nicht festgestellt werden kann und für die keine Zuständigkeit aufgrund einer Vereinbarung i.S.d. Art. 10 Brüssel IIb-VO besteht, stellt Art. 11 Brüssel IIb-VO auf den schlichten Aufenthalt ab.

II. Minderjährige Geflüchtete und Vertriebene

3 Der schlichte Aufenthalt ist auch maßgeblich für minderjährige Geflüchtete und Vertriebene. Allerdings greift Art. 11 Abs. 2 Brüssel IIb-VO nur für Minderjährige, die zuvor ihren gewöhnlichen Aufenthalt in einem an die Brüssel IIb-VO gebundenen Mitgliedstaat hatten. Im Übrigen folgt die Zuständigkeit aus Art. 6 Abs. 1 KSÜ, der ebenfalls auf den schlichten Aufenthalt abstellt.[1]

C. Praxishinweis

4 Zu beachten ist, dass für minderjährige Geflüchtete und Vertriebene die internationale Zuständigkeit auf Art. 6 KSÜ beruht, soweit diese nicht bereits einen gewöhnlichen Aufenthalt in der EU begründet hatten. Dies gilt unabhängig davon, ob ein Bezug zu einem KSÜ-Mitgliedstaat besteht oder der Minderjährige aus einem Drittstaat stammt.

1 Siehe hierzu die Klarstellung in Erwägungsgrund 25 sowie *Niethammer-Jürgens/Erb-Klünemann*, S. 177; *Schulz*, FamRZ 2018, 797, 800 f., zur entsprechenden Regelung in Art. 13 Brüssel IIa-VO.

Artikel 12

Übertragung der Zuständigkeit an ein Gericht eines anderen Mitgliedstaats

(1) Ist ein für die Entscheidung in der Hauptsache zuständiges Gericht eines Mitgliedstaats der Auffassung, dass ein Gericht eines anderen Mitgliedstaats, zu dem das Kind eine besondere Bindung hat, das Kindeswohl in dem konkreten Fall besser beurteilen kann, so kann es unter außergewöhnlichen Umständen auf Antrag einer der Parteien oder von Amts wegen das Verfahren oder einen bestimmten Teil des Verfahrens aussetzen und entweder

a) einer oder mehreren Parteien eine Frist setzen, um das Gericht dieses anderen Mitgliedstaats vom anhängigen Verfahren und der Möglichkeit einer Übertragung der Zuständigkeit zu unterrichten und einen Antrag bei diesem Gericht einzureichen, oder

b) ein Gericht eines anderen Mitgliedstaats ersuchen, sich gemäß Absatz 2 für zuständig zu erklären.

(2) Das Gericht dieses anderen Mitgliedstaats kann sich, wenn dies aufgrund der besonderen Umstände des Falls dem Kindeswohl entspricht, innerhalb von sechs Wochen für zuständig erklären, nachdem es

a) gemäß Absatz 1 Buchstabe a angerufen wurde, oder

b) das Ersuchen gemäß Absatz 1 Buchstabe b erhalten hat.

Das Gericht, das als zweites angerufen oder ersucht wurde, sich für zuständig zu erklären, unterrichtet unverzüglich das zuerst angerufene Gericht. Übernimmt es die Zuständigkeit, erklärt sich das zuerst angerufene Gericht für unzuständig.

(3) Das zuerst angerufene Gericht seine Zuständigkeit weiter wahrnimmt, wenn es die Erklärung des Gerichts des anderen Mitgliedstaats betreffend die Übernahme der Zuständigkeit nicht binnen sieben Wochen erhalten hat, nachdem

a) die den Parteien gesetzte Frist für die Einreichung eines Antrags bei dem Gericht eines anderen Mitgliedstaats gemäß Absatz 1 Buchstabe a verstrichen ist; oder

b) dieses Gericht das Ersuchen gemäß Absatz 1 Buchstabe b erhalten hat.

(4) Für die Zwecke des Absatzes 1 wird davon ausgegangen, dass das Kind eine besondere Bindung zu dem Mitgliedstaat hat, wenn

a) das Kind seinen gewöhnlichen Aufenthalt in diesem Mitgliedstaat erworben hat, nachdem das Gericht gemäß Absatz 1 angerufen wurde;

b) das Kind seinen gewöhnlichen Aufenthalt in diesem Mitgliedstaat hatte;

c) das Kind die Staatsangehörigkeit dieses Mitgliedstaats besitzt;

d) ein Träger der elterlichen Verantwortung seinen gewöhnlichen Aufenthalt in diesem Mitgliedstaat hat; oder

e) die Streitsache Maßnahmen zum Schutz des Kindes im Zusammenhang mit der Verwaltung oder der Erhaltung des Vermögens des Kindes oder der Verfügung über dieses Vermögen betrifft und sich dieses Vermögen im Hoheitsgebiet dieses Mitgliedstaats befindet.

(5) Wenn nach Artikel 10 die ausschließliche Zuständigkeit des Gerichts bestimmt wurde, kann dieses Gericht die Zuständigkeit nicht einem Gericht eines anderen Mitgliedstaats übertragen.

Übersicht

A. Allgemeines

1 Art. 12 Brüssel IIb-VO (bisher Art. 15 Brüssel IIa-VO) ermöglicht in Ausnahmefällen[1] die Abgabe einer Kindschaftssache durch das für die Entscheidung in der Hauptsache zuständige Gericht an das Gericht eines anderen Mitgliedstaats, zu dem das Kind eine besondere Bindung hat. Denkbar ist eine Abgabe etwa in Umgangsverfahren, wenn ein Umzug innerhalb der EU geplant ist und die Modalitäten der Umgangsausübung besser in dem Staat geklärt werden sollten, in dem der Umgang letztlich auszuüben bzw. durchzusetzen ist.

Art. 12 Brüssel IIb-VO greift ausschließlich im Verhältnis der EU-Mitgliedstaaten zueinander.

Die Anwendung kommt auch bei Vorliegen der besonderen Zuständigkeitsvorschriften für Umgang (Art. 8 Brüssel IIb-VO)[2] bzw. bei widerrechtlichem Verbringen oder Zurückhalten des Kindes (Art. 9 Brüssel IIb-VO)[3] in Betracht.

B. Inhalt der Norm

I. Voraussetzungen

2 Voraussetzung für die Übertragung der Zuständigkeit ist zunächst eine „besondere Bindung" des Kindes zu einem Mitgliedstaat. Hierzu enthält Abs. 4 eine abschließende Aufzählung.[4] Weitere zwingende Voraussetzung ist die Überzeugung, dass das andere Gericht das **Kindeswohl** besser beurteilen kann. Die Übertragung des Falls an das andere Gericht muss geeignet sein, einen realen und konkreten Mehrwert für eine dieses Kind betreffende Entscheidung zu erbringen.[5]

3 **Ausgeschlossen** ist die Anwendung von Art. 12 Brüssel IIb-VO, wenn eine wirksame Gerichtsstandsvereinbarung nach Art. 10 Brüssel IIb-VO vorliegt, wie sich aus Art. 12 Abs. 5 Brüssel IIb-VO ergibt. Ebenso greift die Brüssel IIb-VO nicht, wenn die angerufenen Gerichte jeweils eine Zuständigkeit in der Hauptsache annehmen;[6] diese Fälle sind über Art. 20 Brüssel IIb-VO zu lösen.[7]

1 Zum Ausnahmecharakter der Vorschrift siehe EuGH FamRZ 2023, 1483 m. Anm. *Dimmler*; FamRZ 2019, 53 m. Anm. *Mankowski*, sowie KG FamRZ 2006, 1618 (Staatsangehörigkeit und Aufenthalt des Umgangsberechtigten genügen nicht)
2 EuGH FamRZ 2023, 1199
3 EuGH FamRZ 2023, 1483
4 Siehe Erwägungsgrund 26
5 EuGH FamRZ 2019, 2004 Rz. 34; FamRZ 2016, 2071
6 EuGH FamRZ 2019, 53 m. Anm. *Mankowski*
7 Thomas/Putzo/*Hüßtege*, Art. 12 Brüssel IIb-VO Rn. 2; *Dimmler*, FamRB 2019, 55

II. Verfahren

1. Prüfung durch Ausgangsgericht

Sofern das mit der Sache befasste und in der Hauptsache zuständige Gericht die Voraussetzungen für die Abgabe bejaht und nach eigenem Ermessen eine Abgabe beabsichtigt, hat es das eigene Verfahren nach Art. 12 Abs. 1 Brüssel IIb-VO auszusetzen und entweder den Beteiligten eine Frist zu setzen, um das Gericht dieses anderen Mitgliedstaats vom anhängigen Verfahren und der Möglichkeit einer Übertragung der Zuständigkeit zu unterrichten und einen Antrag bei diesem Gericht einzureichen (a). Alternativ kann das Gericht selbst ein Gericht eines anderen Mitgliedstaats ersuchen, sich gemäß Abs. 2 für zuständig zu erklären (b). 4

2. Übernahme durch das ersuchte Gericht

Das Gericht im ersuchten Staat hat sich innerhalb von sechs Wochen nach Anrufung für zuständig zu erklären und hierüber das anfragende Gericht zu unterrichten (Abs. 2). Im Fall der Übernahme erfolgt keine Verweisung des Verfahrens, sondern eine Übertragung der Zuständigkeit. Im ersuchten Staat wird ein neues Verfahren in erster Instanz eröffnet, für das unabhängig von Zeitpunkt der Einleitung des Erstverfahrens die Brüssel IIb-VO zur Anwendung gelangt. Wird die Übernahme abgelehnt bzw. geht innerhalb von sieben Wochen keine Übernahmemitteilung ein, führt das Erstgericht das Verfahren fort (Abs. 3). 5

3. Beschwerde

Die Anfechtung von Entscheidungen nach Art. 12 und Art. 13 ist nur nach Maßgabe von § 13a Abs. 4 und 5 IntFamRVG eröffnet. Die Entscheidung eines Gerichts, nicht nach Art. 12 Abs. 1 Brüssel IIb-VO zu verfahren, ist nicht anfechtbar.[8] 6

▶ *Näher hierzu Schweppe Kommentierung zu § 13a IntFamRVG.*

C. Praxishinweis

Es handelt sich nicht um eine Verweisung im engeren Sinne, sondern um eine Aussetzung des eigenen Verfahrens bis zur Übernahme des Verfahrens durch Einleitung eines neuen Verfahrens. Um die Bereitschaft zur Übernahme des Verfahrens zu klären, ist es sinnvoll, vorab Kontakt zu dem übernehmenden Gericht im Wege direkter richterlicher Kommunikation nach Art. 86 Brüssel IIb-VO oder über die Verbindungsrichter im EJN aufzunehmen. 7

▶ *Zur richterlichen Kommunikation und Verbindungsrichtertätigkeit siehe Schweppe, Art. 86 Brüssel IIb-VO.*

Artikel 13

Ersuchen um Übertragung der Zuständigkeit durch ein Gericht eines nicht zuständigen Mitgliedstaats

(1) Vertritt ein Gericht eines Mitgliedstaats, der nach dieser Verordnung nicht zuständig ist, zu dem das Kind jedoch eine besondere Bindung gemäß Artikel 12 Absatz 4 besitzt, die Auffassung, dass es das Kindeswohl in dem Einzelfall besser beurteilen kann, so kann es unter außergewöhnlichen Umständen vorbehaltlich des Artikels 9 um Übertragung der Zuständigkeit vom Gericht des Mitgliedstaats des gewöhnlichen Aufenthalts des Kindes ersuchen.

8 Klarstellend hierzu OLG Stuttgart FamRZ 2014, 1930

(2) Binnen sechs Wochen nach Eingang des Ersuchens gemäß Absatz 1 kann das ersuchte Gericht zustimmen, seine Zuständigkeit zu übertragen, wenn eine solche Übertragung nach seiner Auffassung aufgrund der besonderen Umstände des Falls dem Kindeswohl entspricht. Wenn das ersuchte Gericht der Übertragung seiner Zuständigkeit zustimmt, setzt es das ersuchende Gericht unverzüglich davon in Kenntnis. Wurde dem Ersuchen innerhalb der Frist nicht stattgegeben, dann ist das ersuchende Gericht nicht zuständig.

Übersicht

A. Allgemeines

1 Art. 13 Brüssel IIb-VO regelt korrespondierend zu Art. 12 Brüssel IIb-VO nunmehr in einer gesonderten Norm (vorher Art. 15 Abs. 2 lit. c) Brüssel IIa-VO) das Ersuchen um Übertragung der Zuständigkeit durch ein Gericht eines nicht zuständigen Mitgliedstaats. Zu den Voraussetzungen kann daher auf die Kommentierung zu Art. 12 verwiesen werden.

2 Ausgeschlossen ist die Anwendung von Art. 13 nach der Intention der Verordnung in Fällen widerrechtlichen Verbringens oder Zurückhaltens des Kindes, wie sich aus Erwägungsgrund 27 ergibt, und in entsprechender Anwendung von Art. 12 Abs. 4 Brüssel auch bei Vorliegen einer Gerichtsstandsvereinbarung i.S.d. Art. 10 Brüssel IIb-VO.[1]

B. Inhalt der Norm

I. Verfahren

3 Das nicht zuständige Gericht ersucht das zuständige Gericht, bei dem das Verfahren anhängig ist, um Übertragung der Zuständigkeit. Wie Art. 12 Brüssel IIb-VO enthält auch Art. 13 Brüssel IIb-VO eine **Sechswochenfrist** für die Übertragung der Zuständigkeit durch das ersuchte Gericht.

II. Beschwerde

4 Der sofortigen Beschwerde unterliegen das Ersuchen des Gerichts nach Abs. 1 (§ 13a Abs. 4 Satz 1 Nr. 3 IntFamRVG) und die Zustimmung zur Übertragung nach Abs. 2 (§ 13a Abs. 4 Satz 1 Nr. 3 und 5 IntFamRVG). Im Übrigen, d.h. bei negativen Entscheidungen, ist eine Anfechtung ausgeschlossen (§ 13a Abs. 5 IntFamRVG).

Artikel 14

Restzuständigkeit

Soweit sich aus den Artikeln 7 bis 11 keine Zuständigkeit eines Gerichts eines Mitgliedstaats ergibt, bestimmt sich die Zuständigkeit in jedem Mitgliedstaat nach dem Recht dieses Mitgliedstaats.

1 Art. 14 Brüssel IIb-VO entspricht Art. 14 Brüssel IIa-VO und gestattet einen Rückgriff auf die Zuständigkeitsbestimmungen des nationalen Rechts. Dies umfasst, wie Erwägungsgrund

---

1 Thomas/Putzo/*Hüßtege*, Art. 13 Brüssel IIb-VO Rn. 1

29 klarstellt, auch internationale Übereinkommen, womit deutsche Gerichte zunächst die Anwendung des KSÜ prüfen müssen, bevor ein Rückgriff auf § 99 FamFG erfolgt.[1]

▶ *Zur Zuständigkeit nach dem KSÜ siehe Schweppe, Art. 5 KSÜ Rn. 1 f.*

▶ *Zur Zuständigkeit nach § 99 FamFG siehe Schweppe, § 99 FamFG Rn. 3 ff.*

Artikel 15

Einstweilige Maßnahmen, einschließlich Schutzmaßnahmen, in dringenden Fällen

(1) Selbst wenn das Gericht eines anderen Mitgliedstaats für die Entscheidung in der Hauptsache zuständig ist, sind in dringenden Fällen die Gerichte eines Mitgliedstaats für die einstweiligen Maßnahmen einschließlich Schutzmaßnahmen zuständig, die nach dem Recht dieses Mitgliedstaats vorgesehen sind für

a) ein Kind, das sich in diesem Mitgliedstaat aufhält; oder

b) Vermögen, das einem Kind gehört und sich in diesem Mitgliedstaat befindet.

(2) Sofern der Schutz des Kindeswohls es erfordert, informiert das Gericht, das diese Maßnahmen nach Absatz 1 dieses Artikels ergriffen hat, unverzüglich das Gericht oder die zuständige Behörde des Mitgliedstaats, der nach Artikel 7 zuständig ist, oder gegebenenfalls ein Gericht eines Mitgliedstaats, das die Zuständigkeit nach dieser Verordnung für die Entscheidung in der Hauptsache ausübt, entweder direkt gemäß Artikel 86 oder über die nach Artikel 76 benannten Zentralen Behörden.

(3) Die Maßnahmen nach Absatz 1 treten außer Kraft, sobald das Gericht des Mitgliedstaats, der gemäß dieser Verordnung für die Entscheidung in der Hauptsache zuständig ist, die Maßnahmen getroffen hat, die es für angemessen hält.

Gegebenenfalls kann dieses Gericht das Gericht, das einstweilige Maßnahmen einschließlich Schutzmaßnahmen getroffen hat, entweder direkt gemäß Artikel 86 oder über die nach Artikel 76 benannten Zentralen Behörden von seiner Entscheidung in Kenntnis setzen.

Übersicht

A. Allgemeines

Art. 15 Brüssel IIb-VO eröffnet den Gerichten eines in der Hauptsache nicht zuständigen Mitgliedstaates eine eng auszulegende und in der Wirkung begrenzte Zuständigkeit zum Erlass einstweiliger Maßnahmen, einschließlich Schutzmaßnahmen, in dringenden Fällen. 1

1 *Niethammer-Jürgens/Erb-Klünemann*, S. 180

B. Inhalt der Norm

I. Zuständigkeit

2 Eine Zuständigkeit für den Erlass einstweiliger Maßnahmen besteht unter folgenden **Voraussetzungen:**

- Die betreffende Maßnahme muss dringlich sein.
- Die Maßnahme muss ein Kind betreffen, das sich in dem betreffenden Mitgliedstaat aufhält, oder Vermögen eines Kindes in diesem Mitgliedstaat.
- Die Maßnahme muss vorübergehender Art sein.[1]

3 Für die Vorgängerregelung in Art. 20 Brüssel IIa-VO forderte der EuGH als zusätzliche Voraussetzung den Aufenthalt des Kindes und sämtlicher von der Maßnahme betroffener Personen im Erlassstaat.[2] Diese Anforderungen wurden nicht in Art. 15 Brüssel IIb-VO übernommen.

4 Die Ausübung der Zuständigkeit nach Art. 15 Brüssel IIb-VO ist auf **Ausnahmefälle** begrenzt.[3] Die Dringlichkeit i.S.d. Art. 15 Abs. 1 Brüssel-IIb-VO bezieht sich sowohl auf die Lage, in der sich das Kind befindet, als auch auf die praktische Unmöglichkeit, den Antrag vor dem Gericht zu stellen, das für die Entscheidung in der Hauptsache zuständig ist.[4]

II. Umfang und Wirkung der Maßnahme

5 Die Maßnahme ist **vorübergehender Art** und tritt nach Art. 15 Abs. 3 Satz 1 Brüssel IIb-VO mit Erlass von Maßnahmen durch das in der Hauptsache zuständige Gericht außer Kraft.[5] Eine im Staat des gewöhnlichen Aufenthalts auf Art. 7 ff. Brüssel IIb-VO gestützte einstweilige Anordnung hat Vorrang vor einer auf Grundlage von Art. 15 Brüssel IIb-VO ergangenen Entscheidung.[6]

III. Information des anderen Gerichts

6 Art. 15 Abs. 2 verpflichtet das Gericht nach Erlass der Maßnahme zur Information des für die Hauptsacheentscheidung zuständigen Gerichts. Hingegen steht die Information des Gerichts, das die einstweilige Anordnung erlassen hat, durch das Hauptsachegericht nach Erlass seiner Entscheidung ins Ermessen des Gerichts (Art. 15 Abs. 3 Brüssel IIb-VO). Zur Kontaktaufnahme wird jeweils auf die direkte richterliche Kommunikation bzw. auf die Kontaktaufnahme über die Zentralen Behörden verwiesen.

IV. Anerkennung und Vollstreckung

7 Auf Grundlage von Art. 15 Brüssel IIb-VO erlassene Maßnahmen sind in ihrer Wirkung auf den Erlassstaat begrenzt, eine Anerkennung und Vollstreckung in anderen Mitgliedstaaten auf Grundlage der Brüssel IIb-VO kommt nicht Betracht.[7] Möglich bleibt eine Anerkennung und Vollstreckung nach Maßgabe nachrangiger Übereinkommen (etwa dem KSÜ) oder

---

1 BGH ZKJ 2016, 222 unter Aufhebung von OLG München FamRZ 2015, 777; sowie grundlegend EuGH FamRZ 2010, 1521, 1523; FamRZ 2010, 525; FamRZ 2009, 843
2 EuGH FamRZ 2010, 525
3 Erwägungsgrund 30
4 EuGH FamRZ 2010, 525; siehe auch BGH ZKJ 2016, 222 mit Anm. *Schweppe*, ZKJ 2016, 220; *Schulz*, FamRZ 2016, 801
5 Hierzu Erwägungsgrund 30
6 EuGH FamRZ 2010, 525; FamRZ 2010, 1229; BGH FamRZ 2015, 1011
7 EuGH FamRZ 2010, 1521; vgl. auch BGH ZKJ 2016, 222, 224; FamRZ 2011, 542

nach nationalem Recht.[8] Dabei ist ggf. anhand der Ausführungen in der zur Anerkennung gestellten Entscheidung zu prüfen, ob das Gericht seine Zuständigkeit auf eine der Regelzuständigkeiten der Brüssel IIb-VO stützen wollte.

Ausnahmen hiervon gelten nur für im Rahmen von Rückführungsverfahren auf Grundlage 8
von Art. 27 Abs. 5 Brüssel IIb-VO erlassene Schutzmaßnahmen (siehe *Schweppe*, Kommentierung zu Art. 27 Brüssel IIb-VO9ff), die nach den allgemeinen Regelungen in Kapitel IV anzuerkennen und zu vollstrecken sind.[9]

C. Praxishinweis

Beantragt ein Elternteil nach dem Umzug mit dem Kind in einen anderen Staat die Übertra- 9
gung des Sorgerechts oder eine Umgangsregelung, obgleich das Kind (noch) seinen gewöhnlichen Aufenthalt im bisherigen Aufenthaltsstaat hat, ist von Amts wegen zu prüfen, ob nicht die Anrufung des zuständigen Gerichts möglich und zumutbar ist. Gegebenenfalls ist bereits die Verfahrenskostenhilfe für einen solchen Antrag zu versagen.[10]

Artikel 16

Vorfragen

(1) Hängt der Ausgang eines Verfahrens in einer nicht in den Anwendungsbereich dieser Verordnung fallenden Sache vor einem Gericht eines Mitgliedstaats von der Beurteilung einer Vorfrage zur elterlichen Verantwortung ab, so kann ein Gericht in dem betreffenden Mitgliedstaat diese Vorfrage für die Zwecke dieses Verfahrens beurteilen, selbst wenn dieser Mitgliedstaat nach dieser Verordnung nicht zuständig ist.

(2) Die Beurteilung einer Vorfrage gemäß Absatz 1 entfaltet nur in dem Verfahren, für das diese Beurteilung vorgenommen wurde, rechtliche Wirkung.

(3) Ist für die Gültigkeit einer Rechtshandlung, die im Namen eines Kindes in Erbsachen bei einem Gericht eines Mitgliedstaats vorgenommen wurde oder vorzunehmen ist, die Einwilligung oder Genehmigung seitens eines Gerichts erforderlich, so kann ein Gericht in diesem Mitgliedstaat entscheiden, ob es in diese Rechtshandlung einwilligt oder sie genehmigt, selbst wenn es nach dieser Verordnung nicht zuständig ist.

(4) Artikel 15 Absatz 2 gilt entsprechend.

A. Allgemeines

Art. 16 Brüssel IIb-VO ermöglicht den Gerichten der Mitgliedstaaten, sog. „Vorfragen" zu re- 1
geln, wenngleich eine Zuständigkeit nach der Verordnung nicht eröffnet ist.[1]

8 EuGH FamRZ 2010, 1521; vgl. hierzu auch Thomas/Putzo/*Hüßtege*, Art. 15 Brüssel IIb-VO 15 Rn. 8
9 Erwägungsgrund 30
10 *Schweppe*, ZKJ 2016, 220
1 MüKo-BGB/*Heiderhoff*, Brüssel IIb-VO Art. 16 Rn. 1

B. Inhalt der Norm

2 Unter Art. 16 Abs. 1 Brüssel IIb-VO fällt etwa die **Bestellung von Verfahrensbeiständen bzw. Verfahrenspflegern** für nicht in diesem Mitgliedstaat lebende Minderjährige.[2] Art. 16 Abs. 3 Brüssel IIb-VO betrifft die Einsetzung von Verfahrenspflegern bzw. Prozesspflegern zur Genehmigung erbrechtlicher Rechtsgeschäfte.[3]

2 *Schulz*, FamRZ 2020, 1141, 1143
3 Siehe hierzu Erwägungsgrund 32 und 33 sowie EuGH FamRZ 2015, 2035 Rn. 30

ABSCHNITT 3
Gemeinsame Bestimmungen

Artikel 17

Anrufung eines Gerichts

Ein Gericht gilt als angerufen

a) zu dem Zeitpunkt, zu dem das verfahrenseinleitende Schriftstück oder ein gleichwertiges Schriftstück bei Gericht eingereicht wurde, vorausgesetzt, dass der Antragsteller es in der Folge nicht versäumt hat, die ihm obliegenden Maßnahmen zu treffen, um die Zustellung des Schriftstücks an den Antragsgegner zu bewirken;

b) falls die Zustellung an den Antragsgegner vor Einreichung des Schriftstücks bei Gericht zu bewirken ist, zu dem Zeitpunkt, zu dem die für die Zustellung verantwortliche Stelle das Schriftstück erhalten hat, vorausgesetzt, dass der Antragsteller es in der Folge nicht versäumt hat, die ihm obliegenden Maßnahmen zu treffen, um das Schriftstück bei Gericht einzureichen; oder

c) falls das Gericht das Verfahren von Amts wegen einleitet, zu dem Zeitpunkt, zu dem der Beschluss über die Einleitung des Verfahrens vom Gericht gefasst oder, wenn ein solcher Beschluss nicht erforderlich ist, zu dem Zeitpunkt, zu dem die Sache beim Gericht eingetragen wird.

Übersicht

A. Allgemeines

1 Art. 17 Brüssel IIb-VO (bisher Art. 16 Brüssel IIa-VO) bestimmt einheitlich für die Mitgliedstaaten der Union den Zeitpunkt der Einleitung des Verfahrens.

B. Inhalt der Norm

2 Die Anrufung des Gerichts i.S.v. Art. 17 Brüssel IIb-VO stimmt nicht mit dem Begriff der Rechtshängigkeit im innerstaatlichen Verfahrensrecht überein. Es genügt der Eingang des verfahrenseinleitenden Antrags, soweit der Antragsteller in Folge auch die ihm nach nationalem Recht obliegenden weiteren Schritte, wie die Zahlung des Kostenvorschusses oder Einreichung der vollständigen Unterlagen zur Verfahrenskostenhilfe erfüllt hat.[1]

Artikel 18

Prüfung der Zuständigkeit

Das Gericht eines Mitgliedstaats hat sich von Amts wegen für unzuständig zu erklären, wenn es in einer Sache angerufen wird, für die es nach dieser Verordnung keine Zuständigkeit in der Hauptsache hat und für die das Gericht eines anderen Mitgliedstaats aufgrund dieser Verordnung in der Hauptsache zuständig ist.

1 Hierzu Erwägungsgrund 35; EuGH FamRZ 2018, 767; *Winter* Rn. 110

1 Wird ein nach der Brüssel IIb-VO unzuständiges Gericht angerufen, so ist der Antrag als unzulässig zu verwerfen. Eine Verweisung bzw. Abgabe an das zuständige Gericht ist – mit Ausnahme von Art. 12 bzw. 13 Brüssel IIb-VO – nicht vorgesehen.

Artikel 19

Prüfung der Zulässigkeit

(1) Lässt sich ein Antragsgegner, der seinen gewöhnlichen Aufenthalt nicht in dem Mitgliedstaat hat, in dem das Verfahren eingeleitet wurde, auf das Verfahren nicht ein, so hat das zuständige Gericht das Verfahren so lange auszusetzen, bis festgestellt ist, dass es dem Antragsgegner möglich war, das verfahrenseinleitende Schriftstück oder ein gleichwertiges Schriftstück so rechtzeitig zu empfangen, dass er sich verteidigen konnte, oder dass alle hierzu erforderlichen Maßnahmen getroffen wurden.

(2) Artikel 19 der Verordnung (EG) Nr. 1393/2007 findet statt Absatz 1 Anwendung, wenn das verfahrenseinleitende Schriftstück oder ein gleichwertiges Schriftstück nach Maßgabe jener Verordnung von einem Mitgliedstaat in einen anderen zu übermitteln war.

(3) Ist die Verordnung (EG) Nr. 1393/2007 nicht anwendbar, so gilt Artikel 15 des Haager Übereinkommens vom 15. November 1965 über die Zustellung gerichtlicher und außergerichtlicher Schriftstücke im Ausland in Zivil- und Handelssachen, wenn das verfahrenseinleitende Schriftstück oder ein gleichwertiges Schriftstück nach Maßgabe des genannten Übereinkommens ins Ausland zu übermitteln war.

Von einer Kommentierung wird abgesehen.

Artikel 20

Rechtshängigkeit und abhängige Verfahren

(1) Werden bei Gerichten verschiedener Mitgliedstaaten Anträge auf Ehescheidung, Trennung ohne Auflösung des Ehebandes oder Ungültigerklärung einer Ehe zwischen denselben Parteien gestellt, so setzt das später angerufene Gericht das Verfahren von Amts wegen aus, bis die Zuständigkeit des zuerst angerufenen Gerichts geklärt ist.

(2) Sofern sich die Zuständigkeit eines der Gerichte nicht nur auf Artikel 15 stützt und bei Gerichten verschiedener Mitgliedstaaten Verfahren bezüglich der elterlichen Verantwortung für ein Kind wegen desselben Anspruchs anhängig gemacht werden, so setzt das später angerufene Gericht das Verfahren von Amts wegen aus, bis die Zuständigkeit des zuerst angerufenen Gerichts geklärt ist.

(3) Sobald die Zuständigkeit des zuerst angerufenen Gerichts feststeht, erklärt sich das später angerufene Gericht zugunsten des zuerst angerufenen Gerichts für unzuständig.

In diesem Fall kann die Partei, die das Verfahren bei dem später angerufenen Gericht anhängig gemacht hat, dieses Verfahren bei dem zuerst angerufenen Gericht vorlegen.

(4) Wird ein Gericht eines Mitgliedstaats angerufen, dem durch eine Anerkennung der Zuständigkeit nach Artikel 10a die ausschließliche Zuständigkeit übertragen wurde, so setzen die Gerichte eines anderen Mitgliedstaats das Verfahren so lange aus, bis das auf der Grundlage der Vereinbarung oder Anerkennung angerufene Gericht erklärt hat, dass es gemäß der Vereinbarung oder Anerkennung nicht zuständig ist.

(5) Sobald und soweit das Gericht die ausschließliche Zuständigkeit durch eine Anerkennung der Zuständigkeit nach Artikel 10 festgestellt hat, erklären sich die Gerichte eines anderen Mitgliedstaats zugunsten dieses Gerichts für unzuständig.

Übersicht

A. Allgemeines

Art. 20 Brüssel IIb-VO (bisher Art. 19 Brüssel IIaVO) regelt den Fall **doppelter Rechtshängigkeit** (sog. *lis pendens*) bzw. Anhängigkeit von Verfahren nach dem Prioritätsgrundsatz, wobei nicht die Rechtshängigkeit, sondern die Anrufung des Gerichts i.S.d. Art. 17 Brüssel IIb-VO maßgeblich ist.[1] 1

Art. 20 Brüssel IIb-VO ist in seiner Anwendung auf die doppelte Anhängigkeit in zwei EU-Mitgliedstaaten begrenzt. Im Verhältnis zu Vertragsstaaten des KSÜ greift Art. 13 KSÜ (hierzu *Schweppe*, Kommentierung zu Art. 13 KSÜ). Ist ein Verfahren mit identischem Verfahrensgegenstand in einem Drittstaat anhängig, entscheidet jeder Mitgliedstaat auf Grundlage nationalen Rechts. In entsprechender Anwendung von § 261 Abs. 3 Nr. 1 ZPO ist darauf abzustellen, ob eine in dem ausländischen Verfahren ergehende Entscheidung in Deutschland anzuerkennen wäre.[2] 2

B. Inhalt der Norm

I. Verfahrensgegenstand

1. Identität der Verfahrensgegenstände

Der Prioritätsgrundsatz greift, sofern beide Verfahren die „elterliche Verantwortung für ein Kind wegen desselben Anspruchs" umfassen (Art. 20 Abs. 2 Brüssel IIb-VO). Dies gilt für sämtliche Verfahren zur elterlichen Sorge, die dasselbe Kind betreffen, unabhängig davon, ob die Verfahren von Amts wegen (§ 1666 BGB) oder auf Antrag (§ 1671 BGB) eingeleitet wurden. Ein Antrag auf Übertragung des Sorgerechts sperrt ein Verfahren auf Herausgabe des Kindes.[3] Maßgeblich ist das Regelungsziel, miteinander unvereinbare Entscheidungen zu verhindern.[4] 3

Ein laufendes Sorgerechtsverfahren soll der Einleitung eines Umgangsverfahrens entgegenstehen, da der weite Begriff der elterlichen Verantwortung auch den Umgang umfasst.[5] Keine Identität besteht im Verhältnis zu Umgangsverfahren, die Umgang mit weiteren Personen betreffen, wie etwa der Umgang von Großeltern nach § 1685 Abs 1 BGB. Keine Identität besteht zwischen Verfahren auf Kindesrückführung nach dem HKÜ und Sorgerechtsverfahren.[6] 4

2. Ausnahmen

Art. 20 Abs. 2 Brüssel IIb-VO gelangt nicht zur Anwendung, wenn für das zuerst angerufene Gericht ausschließlich eine Zuständigkeit im Rahmen des vorläufigen Rechtsschutzes (Art. 15 Brüssel IIb-VO) besteht und das später angerufene Gericht nach der Brüssel IIb-VO 5

1 Hierzu *Niethammer-Jürgens/Erb-Klünemann*, S. 195
2 Vgl. OLG Düsseldorf ZKJ 2020, 109 (Israel) m. Anm. *Schweppe*, S. 111; OLG Bremen FamRZ 2016, 1189 (USA)
3 *Winter*, Rn. 489
4 Erwägungsgrund 35; siehe auch EuGH FamRZ 2011, 534, 535
5 *Niethammer-Jürgens/Erb-Klünemann*, S. 194; *Winter*, Rn. 489 m.w.N.; a.A. OLG Karlsruhe FamRZ 2023, 1495; differenzierend Musielak/Borth/*Frank*, Art. 20 EuEheVO Rn. 3
6 *Winter*, Rn. 489; EuGH FamRZ 2015, 107

für die Entscheidung in der Hauptsache zuständig ist. In diesem Fall hat das Verfahren in dem auch für die Regelung der Hauptsache zuständigen Staat Vorrang (siehe hierzu *Schweppe*, Art. 15 Brüssel IIb-VO Rn. 5).[7] Entsprechendes gilt, wenn die Zuständigkeit des zuerst angerufenen Gerichts lediglich auf nationales Recht gestützt wird.[8]

6 Art. 20 Abs. 4 und 5 Brüssel IIb-VO regeln unter Durchbrechung des Prioritätsgrundsatzes den Vorrang einer von den Beteiligten getroffenen Gerichtsstandsvereinbarung, wobei dieser nur für im laufenden Verfahren getroffene und damit verbindliche Vereinbarungen i.S.d. Art. 10 Abs. 1 lit. b) (ii) Brüssel IIb-VO greift.[9]

II. Verfahren

7 Gemäß Art. 20 Abs. 2 Brüssel IIb-VO hat das zuletzt angerufene Gericht das Verfahren auszusetzen, bis die Zuständigkeit des zuerst angerufenen Gerichts geklärt ist. Nach Feststellung der Zuständigkeit des zuerst angerufenen Gerichts hat sich das später angerufene Gericht für unzuständig zu erklären (Art. 20 Abs. 3 Brüssel IIb-VO) bzw. den Antrag abzuweisen.[10] Sodann kann der Antragsteller des später eingeleiteten Verfahrens seinen Antrag dem zuständigen Gericht vorlegen (Art. 20 Abs. 3 Satz 2 Brüssel IIb-VO). Eine Verweisung an das zuständige Gericht ist nicht vorgesehen.

Praxistipp

▶ *In Zweifelsfällen empfiehlt es sich, Gegenstand und Umfang des bereits anhängigen Verfahrens durch Anfragen beim zuerst angerufenen Gericht bzw. durch Einschaltung der Zentralen Behörden oder Verbindungsrichter zu klären.*[11]

Artikel 21

Recht des Kindes auf Meinungsäußerung

(1) Bei der Ausübung ihrer Zuständigkeit nach Abschnitt 2 geben die Gerichte der Mitgliedstaaten im Einklang mit den nationalen Rechtsvorschriften und Verfahren dem Kind, das fähig ist, sich seine eigene Meinung zu bilden, eine echte und wirksame Gelegenheit, diese Meinung direkt oder durch einen Vertreter oder eine geeignete Stelle zu äußern.

(2) Gibt das Gericht im Einklang mit den nationalen Rechtsvorschriften und Verfahren einem Kind Gelegenheit zur Meinungsäußerung gemäß diesem Artikel, so misst es der Meinung des Kindes entsprechend seinem Alter und seiner Reife gebührendes Gewicht bei.

Übersicht

7 EuGH FamRZ 2011, 534, 536; zur Abgrenzung im Einzelfall siehe die Beispiele bei *Andrae*, § 9 Rn. 110
8 OLG Stuttgart FamRZ 2024, 1496 (Scheidungsverbund nach polnischem Recht) m. Anm. *Hau*, FamRZ 2024, 1878
9 *Winter*, Rn. 491
10 *Winter*, Rn. 491; Thomas/Putzo/*Hüßtege*, Art. 20 Brüssel IIb-VO Rn. 7
11 Zur entsprechenden Vorgehensweise siehe *Niethammer-Jürgens/Erb-Klünemann*, S. 195f, sowie vgl. EuGH FamRZ 2011, 534, 536

A. Allgemeines

Art. 21 Brüssel IIb-VO regelt die Beteiligung des Kindes an Verfahren betreffend die elterliche Verantwortung. Die Norm enthält an Art. 12 der UN-Kinderrechtekonvention und Art. 24 Abs. 1 der Europäischen Grundrechtscharta orientierte einheitliche, autonome Standards für die Kindesanhörung im Erkenntnisverfahren[1] und greift über Art. 26 Brüssel IIb-VO auch für Rückführungsverfahren nach dem HKÜ. 1

Im Fall der Verletzung der Vorgaben aus Art. 21 Brüssel IIb-VO kann die Anerkennung und Vollstreckung der Entscheidung eines anderen Mitgliedstaats versagt werden (Art. 39 Abs. 2 Brüssel IIb-VO; hierzu *Schweppe*, Art. 39 Brüssel IIb-VO Rn. 11 ff.). 2

B. Inhalt der Norm

I. Vorgaben

Art. 21 Abs. 1 Brüssel IIb-VO verpflichtet die Mitgliedstaaten zur Beteiligung des Kindes gemäß folgenden Vorgaben: 3

- Fähigkeit des Kindes, eine eigene Meinung zu bilden (vgl. Art. 12 UN-Kinderrechtekonvention),
- im Einklang mit den nationalen Rechtsvorschriften des Ursprungsstaats,
- eine echte und wirksame Gelegenheit zur Meinungsäußerung,[2]
- direkt oder durch einen Vertreter (Richter, Sachverständige etc.).[3]

Der Meinung des Kindes ist nach Art. 21 Abs. 2 Brüssel IIb-VO

- „gebührendes Gewicht" beizumessen, entsprechend Alter und Reife des Kindes (Art. 12 UN-Kinderrechtekonvention).

II. Anforderungen gemäß der Rechtsprechung des EGMR

Vorgaben für die Beteiligung von Kindern an Verfahren enthalten auch Entscheidungen des EGMR, die für die Mitgliedstaaten der EU gleichermaßen verbindlich sind. Danach darf im Rechtsmittelverfahren von der erstinstanzlichen Würdigung der Kindesanhörung nicht ohne erneute Anhörung oder Einholung eines psychologischen Sachverständigengutachtens abgewichen werden.[4] Es besteht jedoch nach dieser Verordnung (siehe aber § 68 Abs. 5 FamFG) keine Verpflichtung zur persönlichen Anhörung des Kindes, wenn der Wille des Kindes anderweitig verlässlich erkundet und bei der zu treffenden Entscheidung berücksichtigt wurde, insbesondere wenn Gerichte ihre Entscheidung auf Gutachten von psychologischen Sachverständigen stützen, die mit dem Kind direkt gesprochen haben.[5] 4

III. Recht der Mitgliedstaaten

Die **Modalitäten der Anhörung und die Altersgrenzen** gibt die Verordnung nicht vor. Diese richten sich nach dem nationalen Recht der Mitgliedstaaten.[6] In den Mitgliedstaaten der EU 5

1 Erwägungsgrund 39; *Schulz*, FamRZ 2020, 1141, 1143 f.
2 Hierzu EuGH FamRZ 2011, 355
3 Erwägungsgrund 39, S.4
4 EGMR FamRZ 2024, 43
5 EGMR FamRZ 2024, 1488, 1490
6 Vgl. Erwägungsgrund 39

bestehen hierzu keine einheitlichen Vorgaben.[7] Für das Verfahren vor deutschen Gerichten gilt, dass § 34 Abs. 4 FamFG (hierzu *Kischkel*, § 34 FamFG Rn. 10) der Anhörung im Wege der Videoverhandlung nicht entgegensteht, sofern das Kind sich im Ausland aufhält.[8]

Praxistipp

Die Kindesanhörung ist vor allem für die Frage der Anerkennung und Vollstreckung der Entscheidungen ausländischer Gerichte von Bedeutung. Dabei ist zu beachten, dass insoweit nicht das Recht des Anerkennungsstaats, sondern die sich nach dem Recht des Ursprungsstaats i.V.m. Art. 21 Brüssel IIb-VO ergebenden Vorgaben maßgeblich sind.[9]

▶ *Zu den Anerkennungsversagungsgründen siehe Schweppe, Art. 39 Brüssel IIb-VO Rn. 11 ff.*

7 Zu Rechtsgrundlagen und Praxis der Kindesanhörung in anderen EU-Mitgliedstaaten siehe Carl/Clauß/*Karle*, Rn. 175 ff.; FS Salgo/*Schweppe*, 2016, 244; *Menne*, FamRB 2015, 250 und 398

8 Das Verbot der Kindesanhörung im Wege der Videoverhandlung greift nach BT-Drs. 20/8095, 31 im Hinblick auf den Vorrang des Unionsrecht nur, soweit die Verfahrensbeteiligten sich im Ausland aufhalten; so auch Thomas/Putzo/*Seiler*, § 34 FamFG Rn. 4

9 Erwägungsgrund 57

KAPITEL III
INTERNATIONALE KINDESENTFÜHRUNG

Artikel 22

Rückgabe des Kindes nach dem Haager Übereinkommen von 1980

Beantragt eine Person, Behörde oder sonstige Stelle direkt oder mit Hilfe einer Zentralen Behörde unter Berufung auf eine Verletzung des Sorgerechts bei dem Gericht eines Mitgliedstaats eine Entscheidung auf der Grundlage des Haager Übereinkommens von 1980, mit der die Rückgabe eines Kindes unter 16 Jahren angeordnet wird, das widerrechtlich in einen anderen Mitgliedstaat als den Mitgliedstaat, in dem das Kind unmittelbar vor dem widerrechtlichen Verbringen oder Zurückhalten seinen gewöhnlichen Aufenthalt hatte, verbracht wurde oder dort zurückgehalten wird, so gelten die Artikel 23 bis 29 und Kapitel VI der vorliegenden Verordnung ergänzend zum Haager Übereinkommen von 1980.

Übersicht

A. Allgemeines

Kapitel III (Internationale Kindesentführung) der Brüssel IIb-VO enthält in Art. 22 bis 29 besondere Regelungen für Rückführungsverfahren nach dem Haager Kindesentführungsübereinkommen (HKÜ, hierzu *Schweppe*, Kommentierung zum HKÜ sowie die Erwägungsgründe 40 bis 52 zur Brüssel IIb-VO), die **ausschließlich im Verhältnis der Mitgliedstaaten der EU zueinander** zur Anwendung gelangen.[1] **1**

B. Inhalt der Norm

Art. 22 Brüssel IIb-VO definiert zunächst den Anwendungsbereich von Kapitel III und Kapitel VI der Brüssel IIb-VO und verdeutlicht, dass insoweit die allgemein für die Rückführung nach dem HKÜ geltende Altersgrenze von 16 Jahren gilt.[2] **2**

Art. 24 ff. Brüssel IIb-VO enthalten Vorgaben für die Durchführung von HKÜ-Verfahren.

Artikel 23

Entgegennahme und Bearbeitung von Anträgen durch die Zentralen Behörden

(1) Die ersuchte Zentrale Behörde bearbeitet einen auf das Haager Übereinkommen von 1980 gestützten Antrag im Sinne von Artikel 22 mit gebotener Eile.

(2) Geht bei der Zentralen Behörde des ersuchten Mitgliedstaats ein Antrag gemäß Artikel 22 ein, bestätigt sie dessen Empfang binnen fünf Arbeitstagen nach Eingang des Antrags. Sie unterrichtet ohne ungebührliche Verzögerung die Zentrale Behörde des ersuchenden Mitgliedstaats oder gegebenenfalls den Antragsteller über die ersten Maßnahmen, die im Hinblick auf den Antrag getroffen wurden oder noch getroffen werden, und kann weitere erforderliche Unterlagen und Informationen anfordern.

1 Siehe hierzu *Erb-Klünemann/Kößler* NDV 2022, 179 ff.; eine Gegenüberstellung der Regelungen des HKÜ und der entsprechenden Vorschriften in der Brüssel IIb-VO enthält der Praxisleitfaden, 4.3.9

2 Erwägungsgrund 17, S. 3

1 Art. 23 Abs. 1 Brüssel IIb-VO verpflichtet die Zentralen Behörden zur beschleunigten Bearbeitung von Rückführungsanträgen; Abs. 2 regelt Informationspflichten. Sanktionen im Fall der fehlenden Einhaltung der Vorgaben sind nicht vorgesehen.

Artikel 24

Zügige Gerichtsverfahren

(1) Das Gericht, bei dem die Rückgabe eines Kindes nach Artikel 22 beantragt wird, befasst sich mit gebotener Eile mit dem Antrag und bedient sich dabei der zügigsten im nationalen Recht vorgesehenen Verfahren.

(2) Unbeschadet des Absatzes 1 erlässt ein Gericht erster Instanz seine Entscheidung spätestens sechs Wochen nach seiner Anrufung, es sei denn, dass dies aufgrund außergewöhnlicher Umstände nicht möglich ist.

(3) Außer wenn dies aufgrund außergewöhnlicher Umstände nicht möglich ist, erlässt ein Gericht höherer Instanz seine Entscheidung spätestens sechs Wochen, nachdem alle erforderlichen Verfahrensschritte durchgeführt wurden und das Gericht in der Lage ist, den Rechtsbehelf entweder in einer Anhörung oder auf andere Weise zu prüfen.

1 Art. 24 Brüssel IIb-VO forciert die Beschleunigung des Rückführungsverfahrens nach dem HKÜ. Dabei differenziert die Norm zwischen Verfahren erster Instanz (Abs. 2) und zweiter Instanz (Abs. 3). Art. 24 Brüssel IIb-VO gilt für das Erkenntnisverfahren; für die Vollstreckung greift Art. 28 Brüssel IIb-VO (hierzu *Schweppe*, Art. 28 Brüssel IIb-VO). Rückführungsverfahren sind in erster Instanz binnen sechs Wochen ab Anrufung, d.h. Eingang des Antrags bei Gericht (nicht bei der Zentralen Behörde) abzuschließen. In zweiter Instanz beginnt die Frist erst ab „Durchführung aller erforderlichen Verfahrensschritte" zu laufen, was insbesondere die Zustellung der Beschwerde und etwaige Abhilfemöglichkeiten nach nationalem Recht umfasst.[1] Sanktionen für die Versäumung der Frist sind nicht vorgesehen. Für Verfahren vor deutschen Gerichten wird die Beschleunigungspflicht durch § 38 IntFamRVG (hierzu *Schweppe*, § 38 IntFamRVG) konkretisiert.

Artikel 25

Alternative Streitbeilegungsverfahren

Das Gericht fordert die Parteien zum frühestmöglichen Zeitpunkt und in jeder Lage des Verfahrens entweder direkt oder gegebenenfalls mit Hilfe der Zentralen Behörden auf, zu prüfen, ob sie gewillt sind, eine Mediation oder andere alternative Streitbeilegungsverfahren in Anspruch zu nehmen, es sei denn, dass dies dem Kindeswohl widerspricht, im Einzelfall nicht angebracht wäre oder das Verfahren hierdurch über Gebühr verzögert würde.

1 Art. 25 Brüssel IIb-VO fördert einvernehmliche Regelungen. Mediationen werden insbesondere über das Internationale Mediationszentrum für Familienkonflikte und Kindesentführung in Form einer gerichtsnahen bilingualen Co-Mediation angeboten (www.mikk-ev.de).[1] Nicht angezeigt ist ein Hinwirken auf Einvernehmen in Fällen häuslicher Gewalt.[2] Letzteres entspricht den Vorgaben der Istanbul-Konvention und findet sich auch im nationalen Recht in §§ 36 Abs. 1 Satz 2 und 36a Abs. 1 Satz 2 FamFG (hierzu *Wegener*, Auslandsbezüge, Kapitel 6 sowie die Kommentierung zu §§ 36, 36a und 156 FamFG).

---

1 *Schulz*, FamRZ 2020, 1141 (1144); Thomas/Putzo/*Hüßtege*, Art. 24 Brüssel IIb-VO Rn. 4

1 Hierzu https://mikk-ev.org/de/informationen (Abruf: 27.5.2025) sowie BAFM – Mediation in internationalen Kindschaftskonflikten – 20 Jahre vorbildhaftes Tun, ZKJ 2022, 115

2 So ausdrücklich Erwägungsgrund 43

Artikel 26

Recht des Kindes auf Meinungsäußerung im Rückgabeverfahren

Artikel 21 dieser Verordnung gilt auch für Rückgabeverfahren nach dem Haager Übereinkommen von 1980.

Art. 26 Brüssel IIb-VO verweist für die Beteiligung des Kindes im Rückführungsverfahren, zu der das HKÜ keine eigenen Bestimmungen enthält, auf Art. 21 Brüssel IIb-VO. In HKÜ-Verfahren vor deutschen Gerichten ist auch über den Anwendungsbereich des Art. 26 Brüssel IIb-VO hinaus die Anhörung des Kindes und die Bestellung eines Verfahrensbeistands üblich (hierzu *Schweppe*, Kommentierung zu Art. 12 HKÜ Rn. 14f, 17).[1] 1

▶ *Näher zur persönlichen Anhörung des Kindes Heilmann, § 159 FamFG 20 ff.*

▶ *Näher zur Verfahrensbeistandschaft Keuter, § 158 FamFG 4 ff.*

Artikel 27

Verfahren für die Rückgabe des Kindes

(1) Ein Gericht kann die Rückgabe eines Kindes nicht verweigern, wenn der Person, die die Rückgabe des Kindes beantragt hat, nicht die Gelegenheit gegeben wurde, gehört zu werden.

(2) Das Gericht kann im Einklang mit Artikel 15 in jeder Lage des Verfahrens prüfen, ob der Kontakt zwischen dem Kind und der Person, die dessen Rückgabe beantragt, gewährleistet werden soll, wobei das Kindeswohl zu berücksichtigen ist.

(3) Zieht ein Gericht in Erwägung, die Rückgabe eines Kindes nur aufgrund von Artikel 13 Absatz 1 Buchstabe b des Haager Übereinkommens von 1980 abzulehnen, lehnt es die Rückgabe des Kindes nicht ab, wenn die Partei, die sich um die Rückgabe des Kindes bemüht, das Gericht durch Vorlage hinreichender Nachweise davon überzeugt oder das Gericht auf andere Weise zu der Überzeugung gelangt, dass angemessene Vorkehrungen getroffen wurden, um den Schutz des Kindes nach seiner Rückgabe zu gewährleisten.

(4) Für die Zwecke des Absatzes 3 dieses Artikels kann das Gericht entweder direkt nach Artikel 86 oder mit Hilfe der Zentralen Behörden mit den zuständigen Behörden des Mitgliedstaats kommunizieren, in dem das Kind unmittelbar vor dem widerrechtlichen Verbringen oder Zurückhalten seinen gewöhnlichen Aufenthalt hatte.

(5) Wenn das Gericht die Rückgabe des Kindes anordnet, kann das Gericht gegebenenfalls einstweilige Maßnahmen einschließlich Schutzmaßnahmen nach Artikel 15 dieser Verordnung anordnen, um das Kind vor der schwerwiegenden Gefahr im Sinne des Artikels 13 Absatz 1 Buchstabe b des Haager Übereinkommens von 1980 zu schützen, sofern die Prüfung und Anordnung dieser Maßnahmen das Rückgabeverfahren nicht über Gebühr verzögern würde.

(6) Eine Entscheidung, mit der die Rückgabe des Kindes angeordnet wird, kann ungeachtet der Einlegung eines Rechtsbehelfs für vorläufig vollstreckbar erklärt werden, wenn die Rückgabe des Kindes vor der Entscheidung über den Rechtsbehelf aus Gründen des Kindeswohls erforderlich ist.

1 Zur Bestellung von Verfahrensbeiständen in HKÜ-Verfahren und zu den besonderen Anforderungen an diese Tätigkeit siehe HB-VB/*Schweppe*, 4. Aufl., Rn. 1767 ff.

Übersicht

A. Allgemeines

1 Art. 27 Brüssel IIb-VO enthält für die Mitgliedstaaten der EU verpflichtende Vorgaben für Rückführungsverfahren nach dem HKÜ, die nur im Verhältnis der EU-Mitgliedstaaten zueinander gelten.

B. Inhalt der Norm

I. Anhörung des Antragstellers (Art. 27 Abs. 1)

2 Art. 27 Abs. 1 Brüssel IIb-VO dient der Gewährung rechtlichen Gehörs für den Antragsteller. Die Rückführung darf nicht verweigert werden, ohne dass der Antragsteller Gelegenheit zur Stellungnahme erhielt.

II. Umgangsregelung (Art. 27 Abs. 2)

3 Art. 27 Abs. 2 Brüssel IIb-VO verpflichtet das mit dem Rückführungsverfahren befasste Gericht den Erlass einstweiliger Anordnungen auf Grundlage von Art. 15 Brüssel IIb-VO zum Umgang des Antragstellers mit dem Kind zu prüfen.[1] Eine entsprechende Regelung enthält auch § 38 Abs. 2 IntFamRVG.

III. Keine Versagung der Rückführung bei „angemessenen Vorkehrungen zum Schutz des Kindes" (Art. 27 Abs. 3)

4 Art. 27 Abs. 3 Brüssel IIb-VO, der im Wesentlichen Art. 11 Abs. 4 Brüssel IIa-VO entspricht, konkretisiert die Auslegung von Art. 13 Abs. 1 b) HKÜ. Die Rückführung darf nicht abgelehnt werden, wenn „angemessene Vorkehrungen" zum Schutz des Kindes nach seiner Rückkehr durch den Antragsteller im Rückführungsverfahren nachgewiesen sind bzw. das Gericht auf andere Weise zu der Überzeugung gelangt, dass angemessene Vorkehrungen getroffen wurden oder getroffen werden könnten,[2] um den Schutz des Kindes nach seiner Rückgabe zu gewährleisten. Dies umfasst (anders als Art. 27 Abs. 5) Maßnahmen im Herkunftsstaat.

5 Als **mögliche Maßnahmen im Herkunftsstaat** i.S.v. Art. 27 Abs. 3 Brüssel IIb-VO benennt Erwägungsgrund 45:

- gegen den Antragsteller des Rückführungsverfahren gerichtete Verbote, sich dem Kind zu nähern,

1 *Schulz*, FamRZ 2020, 1141, 1144
2 Praxisleitfaden 4.3.6.1.1.

- einstweilige Maßnahmen, welche die weitere Betreuung des Kindes durch den entführenden Elternteil im Herkunftsstaat bis zu einer Entscheidung über die elterliche Sorge gewährleisten,[3]
- den Nachweis, dass für ein behandlungsbedürftiges Kind medizinische Einrichtungen zur Verfügung stehen.

Im Praxisleitfaden wird weitergehend die Sicherstellung von Unterkunft und Unterhalt für den entführenden Elternteil und das Kind genannt sowie die Rücknahme von gegen den entführenden Elternteil gerichteten Strafanzeigen.[4] 6

▶ *Zu möglichen Maßnahmen siehe auch Schweppe, Art. 13 HKÜ 11 ff., sowie Wegener, Auslandsbezüge, Kapitel 6 Rn. 14 ff.).*

Der Erlass solcher Anordnungen im Herkunftsstaat kann insbesondere der Absicherung von Verpflichtungserklärungen des Antragstellers, sog. „undertakings" (hierzu *Schweppe*, Kommentierung von Art. 13 HKÜ 13) dienen. Hierzu ist häufig eine Abstimmung mit den Institutionen des Herkunftsstaates angezeigt, ggf. über Einschaltung der Zentralen Behörden bzw. der im EJN tätigen Verbindungsrichter.[5] Dabei ist zu beachten, dass die Prüfung, welche Maßnahmen zum Schutz des Kindes geeignet und ausreichend sind, den Gerichten im Herkunftsstaat vorbehalten ist. Es obliegt nicht dem HKÜ-Gericht, das Kind vor einer gerichtlichen Entscheidung im Herkunftsstaat zu schützen.[6] 7

IV. Kommunikation (Art. 27 Abs. 4)

Art. 27 Abs. 4 Brüssel IIb-VO stellt klar, dass die Gerichte bei der Prüfung möglicher Maßnahmen die in der Brüssel IIb-VO genannten Kommunikationsmittel durch direkte Kontaktaufnahme zum zuständigen Gericht bzw. zu den zuständigen Behörden im Herkunftsstaat nach Art. 86 (hierzu *Schweppe*, Art. 86 Brüssel IIb-VO) bzw. über die Zentralen Behörden (Art. 76 ff. Brüssel IIb-VO) nutzen können. 8

V. Erlass mitreisender Schutzmaßnahmen (Art. 27 Abs. 5)

1. Anordnung

Art. 27 Abs. 5 Brüssel IIb-VO ermöglicht den Erlass „mitreisender Schutzmaßnahmen" im Sinne gesondert zu erlassender einstweiliger Anordnungen (hierzu Art. 15 Brüssel IIb-VO) im laufenden HKÜ-Verfahren durch das mit dem Rückführungsantrag befasste Gericht nach dem Recht des Zufluchtsstaats.[7] Die Gerichte im Herkunftsstaat sind über die Maßnahme zu informieren.[8] Diese einstweiligen Maßnahmen sind wie Entscheidungen in der Hauptsache nach Kapitel IV der Brüssel IIb-VO im Herkunftsstaat vollstreckbar.[9] 9

2. Umfang der Maßnahmen

Da die Brüssel IIa-VO keine vergleichbare Regelung enthielt, ist der Umfang der von Art. 27 Abs. 5 Brüssel IIb-VO umfassten Anordnungen noch nicht geklärt. In den Erwägungsgründen werden Anordnungen zur Sicherstellung der weiteren Betreuung des Kindes durch den 10

3 Hierzu auch Praxisleitfaden 4.3.6.1.2.
4 Praxisleitfaden 4.3.6.1.2.
5 Erwägungsgrund 45
6 OLG Rostock FamRZ 2023, 1472 Rn. 55; vgl. auch OLG Hamm NZFam 2022, 38 zu Art. 11 Abs. 4 Brüssel IIa-VO
7 Praxisleitfaden 4.3.6.2
8 Dies folgt aus der Verweisung von Art. 27 Abs. 5 in Art. 15 Brüssel IIb-VO
9 Dies ergibt sich aus Art. 2 Abs. 1 HS 2 lit. b) Brüssel IIb-VO; vgl. auch Erwägungsgrund 46; zur Vollstreckung nach deutschem Recht siehe *Dimmler*, Einstweiliger Rechtsschutz, 15 f.

derzeitigen Obhutsinhaber oder zur Gestaltung des Umgangs nach der Rückführung des Kindes genannt.[10] Der Gegenstand der Anordnungen ist begrenzt auf Maßnahmen zum Schutz des Kindes, die in den Anwendungsbereich der Brüssel IIb-VO fallen,[11] was etwa Unterhaltsregelungen und Gewaltschutzanordnungen im Verhältnis der Eltern zueinander ausschließt.

11 Diese Regelungen sind stets nur vorübergehender Natur und gelten nur bis zum Erlass von Maßnahmen durch das zuständige Gericht; den Entscheidungen des Gerichts des gewöhnlichen Aufenthalts soll nicht vorgegriffen werden.[12] Die Zuständigkeit für die Regelung der elterlichen Sorge und des Umgangs liegt bei den Gerichten im Herkunftsstaat.

12 Wie im Rahmen von Art. 27 Abs. 3 i.V.m. Abs. 4 Brüssel IIb-VO sollte der Umfang möglicher Maßnahmen vorab über die direkte richterliche Kommunikation nach Art. 86 Brüssel IIb-VO, Verbindungsrichter bzw. über die Zentralen Behörden geklärt werden.[13] Dies dient auch dazu, die Vollstreckbarkeit der nach Kapitel IV vollstreckbaren Maßnahmen sicherzustellen.

VI. Anordnung der vorläufigen Vollstreckung (Art. 27 Abs. 6)

13 Art. 27 Abs. 6 Brüssel IIb-VO ermöglicht dem Gericht, welches die Rückführung des Kindes anordnet, die Anordnung der vorläufigen Vollstreckbarkeit dieser Entscheidung. Die Entscheidung steht im Ermessen des Gerichts und setzt voraus, dass das Gericht die sofortige Rückführung des Kindes aus Kindeswohlgründen als erforderlich ansieht. Die Regelung hat Vorrang vor den nationalen Ausführungsbestimmungen der EU-Mitgliedstaaten und ermöglicht abweichend von § 40 Abs. 1 IntFamRVG, wonach Rückführungsentscheidungen erst mit Rechtskraft wirksam werden, die Anordnung der sofortigen Wirksamkeit in der ersten Instanz. Unabhängig davon kann die sofortige Wirksamkeit der Rückführungsentscheidung durch das Beschwerdegericht nach Maßgabe von § 40 Abs. 3 Satz 1 IntFamRVG angeordnet werden (hierzu *Schweppe* § 40 IntFamRVG Rn. 12).

Artikel 28

Vollstreckung von Entscheidungen, mit denen die Rückgabe des Kindes angeordnet wird

(1) Eine für die Vollstreckung zuständige Behörde, bei der die Vollstreckung einer Entscheidung beantragt wird, mit der die Rückgabe eines Kindes in einen anderen Mitgliedstaat angeordnet wird, bearbeitet den Antrag mit gebotener Eile.

(2) Wurde eine Entscheidung gemäß Absatz 1 nicht binnen sechs Wochen nach dem Tag der Einleitung des Vollstreckungsverfahrens vollstreckt, hat die die Vollstreckung betreibende Partei oder die Zentrale Behörde des Vollstreckungsmitgliedstaats das Recht, von der für die Vollstreckung zuständige Behörde eine Angabe der Gründe für die Verzögerung zu verlangen.

Übersicht

10 Erwägungsgrund 46, S. 5; siehe auch *Erb-Klünemann/Kößler* NDV 2022, 179 (181)
11 Hierzu ausführlich *Dimmler*, Einstweiliger Rechtsschutz, S. 13 f.; siehe auch Thomas/Putzo/*Hüßtege*, Art. 27 Brüssel IIb-VO Rn. 4
12 Erwägungsgrund 46, S. 4 und 6
13 Erwägungsgrund 46, S. 3

A. Allgemeines

1 Art. 28 Brüssel IIb-VO verpflichtet die beteiligten Behörden im Anschluss an den Erlass der Rückführungsentscheidung zur beschleunigten Bearbeitung von Vollstreckungsanträgen, um eine zügige Vollstreckung gemäß dem Beschleunigungsgrundsatz (Art. 24 Abs. 1 Brüssel IIb-VO) sicherzustellen. Eine Vorschrift im nationalen Recht, nach der Stellen, die nicht den Status eines Gerichts haben, die Aussetzung der Vollstreckung einer auf der Grundlage des HKÜ ergangenen Rückführungsentscheidung erwirken können, ohne ihren Antrag auf Aussetzung zu begründen, ist mit diesen Vorgaben nicht vereinbar.[1]

B. Inhalt der Norm

I. Vollstreckung

2 Die Vollstreckung von Rückführungsentscheidungen erfolgt auf Grundlage nationalen Rechts des Vollstreckungsstaats, soweit nicht besondere Regelungen greifen. Für die Vollstreckung durch deutsche Gerichte gilt § 44 IntFamRVG (siehe *Schweppe*, Kommentierung zu § 44 IntFamRVG).

II. Frist

3 Art. 28 Abs. 2 Brüssel IIb-VO gibt vor, dass Rückführungsanordnungen binnen sechs Wochen zu vollstrecken sind. Das für den Fall der Verletzung dieser Frist vorgesehene Auskunftsverlangen umfasst jedoch keine Sanktionen für den Fall der Verzögerung der Vollstreckung.

Artikel 29

Verfahren im Anschluss an die Ablehnung der Rückgabe des Kindes gemäß Artikel 13 Absatz 1 Buchstabe b und Artikel 13 Absatz 2 des Haager Übereinkommens von 1980

(1) Dieser Artikel kommt zur Anwendung, wenn eine Entscheidung, die Rückgabe eines Kindes in einen anderen Mitgliedstaat abzulehnen, sich nur auf Artikel 13 Absatz 1 Buchstabe b oder Artikel 13 Absatz 2 des Haager Übereinkommens von 1980 stützt.

(2) Das Gericht, das eine Entscheidung gemäß Absatz 1 fällt, stellt unter Verwendung des in Anhang I wiedergegebenen Formblatts von Amts wegen eine Bescheinigung aus. Die Bescheinigung wird in der Sprache ausgefüllt und ausgestellt, in der die Entscheidung abgefasst ist. Die Bescheinigung kann auch in einer anderen Amtssprache der Organe der Europäischen Union, die von einer Partei gewünscht wird, ausgestellt werden. Dies verpflichtet das die Bescheinigung ausstellende Gericht nicht dazu, eine Übersetzung oder Transliteration der übersetzbaren Inhalte der Freitextfelder bereitzustellen.

(3) Wenn zu dem Zeitpunkt, zu dem das Gericht eine Entscheidung gemäß Absatz 1 fällt, ein Gericht in dem Mitgliedstaat, in dem das Kind unmittelbar vor dem widerrechtlichen Verbringen oder Zurückhalten seinen gewöhnlichen Aufenthalt hatte, bereits mit einem Verfahren zur Prüfung des Sorgerechts befasst wurde, übermittelt das Gericht, wenn es Kenntnis von diesem Verfahren hat, binnen eines Monats ab der Entscheidung nach Absatz 1 dem Gericht dieses Mitgliedstaats direkt oder über die Zentralen Behörden folgende Unterlagen:

1 EuGH FamRZ 2023, 692 m. Anm. *Botthof* zu einer entsprechenden Regelung im polnischen Recht

a) eine Abschrift seiner Entscheidung gemäß Absatz 1;

b) die nach Absatz 2 ausgestellte Bescheinigung; und

c) gegebenenfalls ein Protokoll, eine Zusammenfassung oder eine Niederschrift der Anhörung und alle anderen Unterlagen, die es als sachdienlich erachtet.

(4) Das Gericht in dem Mitgliedstaat, in dem das Kind unmittelbar vor dem widerrechtlichen Verbringen oder Zurückhalten seinen gewöhnlichen Aufenthalt hatte, kann erforderlichenfalls eine Partei auffordern, gemäß Artikel 91 eine Übersetzung oder Transliteration der Entscheidung gemäß Absatz 1 und aller anderen der Bescheinigung gemäß Absatz 3 Buchstabe c des vorliegenden Artikels beigefügten Unterlagen vorzulegen.

(5) Wenn in anderen als den in Absatz 3 genannten Fällen eine der Parteien binnen drei Monaten nach Mitteilung der Entscheidung nach Absatz 1 ein Gericht in dem Mitgliedstaat, in dem das Kind unmittelbar vor dem widerrechtlichen Verbringen oder Zurückhalten seinen gewöhnlichen Aufenthalt hatte, mit der Prüfung des Sorgerechts befasst, legt sie dem Gericht folgende Unterlagen vor:

a) eine Abschrift der Entscheidung gemäß Absatz 1;

b) die nach Absatz 2 ausgestellte Bescheinigung; und

c) gegebenenfalls ein Protokoll, eine Zusammenfassung oder eine Niederschrift der Anhörung vor dem Gericht, das die Rückgabe des Kindes abgelehnt hat.

(6) Unbeschadet einer Entscheidung gemäß Absatz 1, ein Kind nicht zurückzugeben, ist jede Sorgerechtsentscheidung, die in einem Verfahren gemäß den Absätzen 3 und 5 ergeht und die Rückgabe des Kindes zur Folge hat, gemäß Kapitel IV in einem anderen Mitgliedstaat vollstreckbar.

Übersicht Rn.

A. Allgemeines

1 Art. 29 Brüssel IIb-VO enthält Regelungen zur Durchsetzung der in Art. 9 Brüssel IIb-VO geregelten fortdauernden Zuständigkeit der Gerichte im Herkunftsstaat in Fällen widerrechtlichen Verbringens oder Zurückhalten des Kindes (hierzu *Schweppe*, Kommentierung zu Art. 9 Brüssel IIb-VO). Die Regelungen forcieren für diese Fälle die Einleitung eines Sorgeverfahrens im Herkunftsstaat sowie die Durchsetzung dieser Entscheidungen.[1]

2 Die Regelungen in Art. 29 Brüssel IIb-VO gelangen nur zur Anwendung, wenn die Ablehnung der Rückführung ausschließlich auf eine schwerwiegende Gefahr für das Kind (Art. 13 Abs. 1 b) HKÜ) oder ein beachtliches Widersetzen des Kindes (Art. 13 Abs. 2 HKÜ) gestützt wurde (vgl. Art. 9 lit. b) (iii) Brüssel IIb-VO).[2] Wird die Ablehnung der Rückführung – auch –

1 Siehe hierzu *Erb-Klünemann/Kößler*, NDV 2022, 179, 182

2 Siehe Wortlaut von Art. 29 Abs. 1 Brüssel IIb-VO: „nur"; unter der Brüssel IIb-VO galten die entsprechenden Vorschriften in Art. 11 Abs. 6–8 Brüssel IIa-VO hingegen für die Ablehnung der Rückführung auf Grundlage von Art. 13 HKÜ generell

auf eine Zustimmung bzw. nachträgliche Genehmigung i.S.d. Art. 13 Abs. 1 a) HKÜ oder den Ablauf der Jahresfrist (Art. 12 Abs. 2 HKÜ) gestützt, ist Art. 29 Brüssel IIb-VO nicht zu beachten.

Weiter eingeschränkt wird der Anwendungsbereich von Art. 29 Brüssel IIb-VO durch die Rechtsprechung des EuGH zu Art. 11 VI bis VIII Brüssel IIa-VO (jetzt Art. 29 Abs. 3, Abs. 5 und Abs. 6 Brüssel IIb-VO), wonach diese bei Durchführung eines Rückführungsverfahrens dem HKÜ zwischen einem Drittstaat und einem EU-Mitgliedstaat, in dem sich das Kind nach Entführung befindet, keine Anwendung finden.[3] 3

B. Inhalt der Norm

I. Mitteilungspflichten

Art. 29 Abs. 2 bis 5 Brüssel IIb-VO regeln besondere Mitteilungspflichten für das Gericht, das die Versagung der Rückführung nach dem HKÜ auf Art. 13 Abs. 1 b) bzw. Art. 13 Abs. 2 HKÜ gestützt hat. 4

1. Ausstellung der Bescheinigung nach Anhang I (Art. 29 Abs. 2)

Zunächst hat das die Rückführung aus den genannten Gründen ablehnende Gericht gemäß Art. 29 Abs. 2 Brüssel IIb-VO von Amts wegen eine Bescheinigung unter Verwendung des Formblatts nach Anhang I zur Brüssel IIb-VO auszustellen, die – im Sinne eines Warnhinweises – für die Beteiligten die sich aus Art. 29 Brüssel IIb-VO ergebenden Konsequenzen erläutert und bei Vorlage im Herkunftsstaat das Gericht hierüber informiert.[4] 5

2. Information der Gerichte im Herkunftsstaat (Art. 29 Abs. 3 bis 5)

Sofern zum Zeitpunkt der Ablehnung der Rückführung bereits ein Hauptsacheverfahren zum Sorgerecht im Herkunftsstaat anhängig und dies bekannt ist, hat das die Rückführung ablehnende Gericht binnen eines Monats dem Gericht im Herkunftsstaat eine Abschrift seiner Entscheidung, die nach Abs. 2 ausgestellte Bescheinigung und ggf. das Terminsprotokoll oder weitere Unterlagen zu übermitteln (Art. 27 Abs. 3 Brüssel IIb-VO). 6

Sofern noch kein Verfahren im Herkunftsstaat anhängig ist, jedoch ein Elternteil binnen drei Monaten nach Ablehnung der Rückführung einen entsprechenden Antrag im Herkunftsstaat stellt, ist dieser Elternteil zur Vorlage der genannten Unterlagen verpflichtet (Art. 27 Abs. 5 Brüssel IIb-VO). 7

3. Übersetzungen

Die Verpflichtung zur Übermittlung der genannten Unterlagen vereinfacht die Information des mit der Regelung des Sorgerechts befassten Gerichts im Herkunftsstaat über die der ablehnenden Entscheidung zugrundeliegenden Erwägungen. Durch Nutzung der Vordrucke ist eine automatisierte Übersetzung sichergestellt, ergänzend kann das Gericht im Herkunftsstaat gemäß Art. 29 Abs. 4 Brüssel IIb-VO vom Antragsteller Übersetzungen der Entscheidung bzw. der weiteren Unterlagen anfordern.[5] 8

---

3 EuGH FamRZ 2024, 1491

4 Vom Abdruck der Anhänge wird abgesehen. Online-Formulare der Bescheinigungen und Vordrucke sind unter https://online-forms.e-justice.europa.eu/online-forms/matrimonial-matters-forms_de erhältlich (Abruf: 27.5.2025)

5 Zum procedere *Schulz*, FamRZ 2024, 1141, 1145

II. Rückklappmechanismus (Art. 29 Abs. 6)

9 Art. 29 Abs. 6 Brüssel IIb-VO bestimmt, dass eine im Herkunftsstaat ergangene Hauptsacheentscheidung, welche die Herausgabe des Kindes umfasst, nach Kapitel IV der Verordnung vollstreckbar ist und damit der privilegierten Vollstreckung nach Art. 42 Brüssel IIb-VO unterliegt (hierzu *Schweppe*, Art. 42 Brüssel IIb-VO). Der sogenannte „Rückklappmechanismus" oder „overriding mechanism" bedingt, dass im Verhältnis der EU-Staaten zueinander auch nach Ablehnung der Rückführung die Entscheidung des Gerichts des Herkunftsstaats Vorrang hat.[6]

10 Dieser Vorrang greift nur, wenn in einem EU-Mitgliedstaat auf Grundlage des Art. 13 Abs. 1 b) oder Abs. 2 HKÜ die Rückführung in einen anderen EU-Mitgliedstaat verweigert wurde, nicht hingegen bei Annahme der weiteren Ausnahmen von der Rückführung, wie sich aus Art. 9 lit. b) iii) Brüssel IIb-VO ergibt. Die Vorgängerregelung in Art. 11 Abs. 8 Brüssel IIa-VO umfasste hingegen sämtliche Versagungsgründe nach Art. 13 HKÜ.

Praxistipp

Für die Gerichtspraxis folgt hieraus, dass in der Entscheidungsbegründung deutlich abzugrenzen ist, worauf die Versagung der Rückführung gestützt wird.

C. Praxishinweis

11 Im Hinblick auf Art. 29 Abs. 6 Brüssel IIb-VO sollte die anwaltliche Empfehlung an den Elternteil, der ohne Zustimmung des anderen Elternteils die gemeinsamen Kinder in einen anderen EU-Mitgliedstaat verbracht hat, dahin gehen, mit den Kindern in den Herkunftsstaat zurückzukehren, um dort eine Regelung der elterlichen Sorge zu erwirken.

6 Hierzu *Erb-Klünemann/Kößler* NDV 2022, 179 (182)

KAPITEL IV
ANERKENNUNG UND VOLLSTRECKUNG
ABSCHNITT 1
Allgemeine Bestimmungen über die Anerkennung und die Vollstreckung
Unterabschnitt 1
Anerkennung

Artikel 30

Anerkennung einer Entscheidung

(1) Die in einem Mitgliedstaat ergangenen Entscheidungen werden in den anderen Mitgliedstaaten anerkannt, ohne dass es hierfür eines besonderen Verfahrens bedarf.

(2) Unbeschadet des Absatzes 3 bedarf es keines besonderen Verfahrens für die Aktualisierung der Personenstandsbücher eines Mitgliedstaats auf der Grundlage einer in einem anderen Mitgliedstaat ergangenen Entscheidung über Ehescheidung, Trennung ohne Auflösung des Ehebandes oder Ungültigerklärung einer Ehe, gegen die nach dem Recht dieses Mitgliedstaats keine weiteren Rechtsbehelfe eingelegt werden können.

(3) Jede interessierte Partei kann gemäß den Verfahren nach den Artikeln 59 bis 62 und gegebenenfalls nach Abschnitt 5 dieses Kapitels und nach Kapitel VI eine Entscheidung beantragen, in der festgestellt wird, dass keiner der in den Artikeln 38 und 39 genannten Gründe für eine Versagung der Anerkennung gegeben ist.

(4) Das örtlich zuständige Gericht, das jeder Mitgliedstaat gemäß Artikel 103 der Kommission mitteilt, wird durch das nationale Recht des Mitgliedstaats bestimmt, in dem das Verfahren nach Absatz 3 des vorliegenden Artikels eingeleitet wird.

(5) Ist in einem Rechtsstreit vor einem Gericht eines Mitgliedstaats die Frage der Anerkennung einer Entscheidung als Vorfrage zu beurteilen, so kann dieses Gericht hierüber befinden.

Übersicht

A. Allgemeines

1 Kapitel IV der Brüssel IIb-VO enthält Regelungen zur Anerkennung und Vollstreckung von Entscheidungen aus anderen Mitgliedstaaten. Die Anerkennung und Vollstreckung erfolgt auf Grundlage der nach Anhang III zur Brüssel IIb-VO durch das Erlassgericht auszustellenden Bescheinigung, ein förmliches Anerkennungsverfahren oder Vollstreckbarerklärungsverfahren ist nicht vorgesehen.

2 Die Vorschriften in Kapitel IV gelten für

- in einem Hauptsacheverfahren ergangene Entscheidungen über die elterliche Verantwortung,
- einstweilige Anordnungen des in der Hauptsache zuständigen Gerichts (Art. 2 Abs. 1 lit. b) Brüssel IIb-VO),
- „mitreisende Schutzmaßnahmen" i.S.v. Art. 27 Abs. 5 i.V.m. Art. 15 Brüssel IIb-VO (Art. 2 Abs. 1 lit. b) Brüssel IIb-VO) sowie
- die Vollstreckung von Rückführungsentscheidungen nach dem HKÜ in einem anderen Staat als dem Erlassstaat (Art. 2 Abs. 1 lit. a) Brüssel IIb-VO).

3 Ausgenommen von der Anerkennung nach Art. 30 ff. Brüssel IIb-VO sind einstweilige Anordnungen, die ausschließlich auf Art. 15 Brüssel IIb-VO gestützt sind. Diese sind in ihrer Wirkung auf den Erlassstaat beschränkt und entfalten in einem anderen Staat keine Wirkung.[1] Dagegen fällt die Anerkennung und Vollstreckung von Eilmaßnahmen unter Art. 30 ff. Brüssel IIb-VO, wenn das Gericht seine Zuständigkeit auf Art. 7 ff. Brüssel IIb-VO gestützt hat.[2] Anhaltspunkt hierfür ist etwa, dass das Gericht bei Erlass der einstweiligen Anordnung von dem gewöhnlichen Aufenthalt des Kindes in diesem Staat ausgegangen ist und die Beteiligten weitere Verfahren betreffend das Sorge- und Umgangsrecht in diesem Staat führen bzw. geführt haben.[3] Ist dies der Fall, gelangen die Regelungen in Kapitel IV selbst dann zur Anwendung, wenn das Gericht die Zuständigkeit für die Hauptsache zu Unrecht bejaht hat, da eine Überprüfung der Zuständigkeit im Anerkennungsverfahren nicht gestattet ist (Art. 69 Brüssel IIb-VO).[4]

B. Inhalt der Norm

I. Voraussetzungen der Anerkennung

4 Art. 30 Abs. 1 Brüssel IIb-VO stellt klar, dass die Anerkennung „ex lege" auf das Verhältnis der EU-Mitgliedstaaten zueinander begrenzt ist. Die Anerkennung erfolgt auf Vorlage der in Art. 31 Brüssel IIb-VO aufgeführten Unterlagen. Vorzulegen sind

- eine Ausfertigung der Entscheidung, deren Anerkennung beantragt wird, und
- die Bescheinigung nach Art. 36 Brüssel IIb-VO unter Verwendung des Formblatts in Anhang III zur Brüssel IIb-VO.

II. Fakultatives Verfahren nach Art. 30 Abs. 3 Brüssel IIb-VO

5 Art. 30 Abs. 3 Brüssel IIb-VO regelt ein fakultatives Verfahren auf „Feststellung des Nichtvorliegens von Anerkennungsversagungsgründen", welches die Anerkennungsfähigkeit der Entscheidung bestätigt.

1. Anerkennungsversagungsgründe

6 Die Anerkennungsversagungsgründe für Entscheidungen in Verfahren betreffend die elterliche Verantwortung sind abschließend in Art. 39 Brüssel IIb-VO geregelt und umfassen,

- nach Art. 39 Abs. 1
  - a) Verstöße gegen den *ordre public*,

1 EuGH FamRZ 2010, 1521, 1523 f.
2 BGH ZKJ 2016, 222, 224; FamRZ 2011, 542
3 OLG Stuttgart FamRZ 2014, 1567, 1568
4 BGH FamRZ 2011, 542, 544

- b) und c) die Verletzung rechtlichen Gehörs,
- d) und e) die Unvereinbarkeit mit einer späteren Entscheidung über die elterliche Verantwortung,
- f) die fehlende Einhaltung des Konsultationsverfahrens nach Art. 82 Brüssel IIb-VO,

• und nach Abs. 2

- die fehlende Beteiligung des Kindes nach Maßgabe von Art. 21 Brüssel IIb-VO.

(siehe *Schweppe*, Kommentierung zu Art. 39 Brüssel IIb-VO)

2. Antragsberechtigung

Antragsberechtigt als „interessierte Partei" ist in Verfahren vor deutschen Gerichten gemäß § 44j Abs. 1 Satz 2 IntFamRVG, wer ein rechtliches Interesse an der Feststellung oder an der Versagung der Anerkennung hat. Dies umfasst die Kindeseltern, aber auch das Kind selbst oder Behörden. Entscheidungen unterliegen der Beschwerde nach § 44j Abs. 2 Satz 1. i.V.m. § 44d IntFamRVG; die Rechtsbeschwerde ist nach Maßgabe von § 44j Abs. 2 Satz 2. i.V.m. § 44e IntFamRVG eröffnet. 7

3. Verfahren

Das Verfahren richtet sich nach Art. 59 bis 62 Brüssel IIb-VO (Antrag auf Versagung der Vollstreckung; vgl. Kommentierung zu Art. 59 Brüssel IIb-VO) und für Verfahren vor deutschen Gerichten nach den Ausführungsbestimmungen in § 44j IntFamRVG (siehe Kommentierung zu § 44j IntFamRVG). 8

Für das Verfahren vor deutschen Gerichten greift die Zuständigkeitskonzentration nach § 12 i.V.m. § 10 Satz 1 Nr. 1 IntFamRVG. 9

IV. Inzidentprüfung

Art. 30 Abs. 5 Brüssel IIb-VO stellt klar, dass jedes angerufene Gericht Vorfragen, die für die Entscheidung maßgeblich sind, inzident prüft. Auf entsprechenden Antrag hat das Gericht eine – selbstständig anfechtbare – Zwischenentscheidung zu treffen.[5] 10

C. Praxishinweis

Unabhängig von der Durchführung eines Verfahrens nach Art. 30 Abs. 3 Brüssel IIb-VO oder eines Zwischenfeststellungsantrags ist im Rahmen von Sorge- und Umgangsverfahren stets von Amts wegen zu klären, ob Entscheidungen (ausländischer) Gerichte vorliegen und deren Anerkennung inzident zu prüfen. 11

Artikel 31

Zwecks Anerkennung vorzulegende Unterlagen

(1) Die Partei, die in einem Mitgliedstaat eine in einem anderen Mitgliedstaat ergangene Entscheidung geltend machen will, hat Folgendes vorzulegen:

a) eine Ausfertigung der Entscheidung, die die für ihre Beweiskraft erforderlichen Voraussetzungen erfüllt, und

b) die entsprechende Bescheinigung nach Artikel 36.

5 Musielak/Borth/*Frank*, Art. 30 EuEheVO Rn. 3: „Zwischenfeststellungsantrag i.S.d. § 256 Abs. 2 ZPO"; Thomas/Putzo/*Hüßtege*, Art. 30 Brüssel IIb-VO Rn. 21; vgl. OLG Stuttgart FamRZ 2014, 1930 zu Art. 21 Abs. 4 Brüssel IIa-VO; dagegen sieht MüKo-BGB/*Heiderhoff*, Art. 30 Brüssel IIb-VO Rn. 8, nur die Möglichkeit eines auf die Feststellung i.S.d. Art. 30 Abs. 3 gerichteten Zwischenfeststellungsantrags

(2) Das Gericht oder die zuständige Behörde, vor dem/der eine in einem anderen Mitgliedstaat ergangene Entscheidung geltend gemacht wird, kann erforderlichenfalls die Partei, die die Entscheidung geltend macht, dazu auffordern, eine Übersetzung oder Transliteration gemäß Artikel 91 der übersetzbaren Inhalte der Freitextfelder der Bescheinigung nach Absatz 1 Buchstabe b des vorliegenden Artikels vorzulegen.

(3) Kann das Gericht oder die zuständige Behörde, vor dem / der eine in einem anderen Mitgliedstaat ergangene Entscheidung geltend gemacht wird, das Verfahren ohne eine Übersetzung oder Transliteration nicht fortsetzen, so kann es / sie die Partei auffordern, eine Übersetzung oder Transliteration gemäß Artikel 91 der Entscheidung zusätzlich zu einer Übersetzung oder Transliteration der übersetzbaren Inhalte der Freitextfelder der Bescheinigung vorzulegen.

Artikel 32

Fehlen von Unterlagen

(1) Werden die in Artikel 31 Absatz 1 aufgeführten Unterlagen nicht vorgelegt, so kann das Gericht oder die zuständige Behörde eine Frist für deren Vorlage bestimmen oder sich mit gleichwertigen Unterlagen begnügen oder auf deren Vorlage verzichten, wenn die vorliegenden Informationen für ausreichend erachtet werden.

(2) Auf Verlangen des Gerichts oder der zuständigen Behörde, wird eine Übersetzung oder Transliteration gemäß Artikel 91 dieser gleichwertigen Unterlagen vorgelegt.

1 Gemäß Art. 32 Abs. 1 Brüssel IIb-VO kann das Gericht dem Antragsteller eine Frist zur Vorlage der nach Art. 31 Brüssel IIb-VO zwecks Anerkennung vorzulegenden Unterlagen setzen oder von der Vorlage der Unterlagen befreien, wenn es eine weitere Klärung nicht für erforderlich hält. Ein solcher Verzicht soll im Hinblick auf die weitreichende Wirkung der Anerkennung nur in Ausnahmefällen in Betracht kommen.[1]

Artikel 33

Aussetzung des Verfahrens

Das Gericht, bei dem eine in einem anderen Mitgliedstaat ergangene Entscheidung geltend gemacht wird, kann das Verfahren in den folgenden Fällen ganz oder teilweise aussetzen:

a) Im Ursprungsmitgliedstaat wurde ein ordentlicher Rechtsbehelf gegen die Entscheidung eingelegt; oder

b) Es wird eine Entscheidung beantragt, dass keine Gründe für eine Nichtanerkennung nach den Artikeln 38 und 39 vorliegen oder dass die Anerkennung aufgrund eines dieser Gründe abzulehnen ist.

1 Art. 33 Brüssel IIb-VO gestattet die Aussetzung von Verfahren, in denen nach Art. 30 Abs. 5 Brüssel IIb-VO die Anerkennung einer Entscheidung als Vorfrage zu klären ist,[1] sofern die anzuerkennende Entscheidung angefochten ist (Art. 33 lit. a) Brüssel IIb-VO) oder die Feststellung des Nichtvorliegens von Anerkennungsversagungsgründen (Art. 30 Abs. 3 Brüssel IIb-VO) bzw. die Versagung der Anerkennung (Art. 40 i.V.m Art. 59 Brüssel IIb-VO) beantragt ist (Art. 33 lit. b) Brüssel IIb-VO). Die Aussetzung steht im Ermessen des Gerichts, bei dem die Anerkennung beantragt wird.

1 Thomas/Putzo/*Hüßtege*, Art. 32 Brüssel IIb-VO Rn. 4

1 Thomas/Putzo/*Hüßtege*, Art. 33 Brüssel IIb-VO Rn. 1 zur Abgrenzung zum Anerkennungsversagungsverfahren nach Art. 30 Abs. 3 Brüssel IIb-VO

Unterabschnitt 2
Vollstreckbarkeit und Vollstreckung

Artikel 34
Vollstreckbare Entscheidungen

(1) Eine in einem Mitgliedstaat in Verfahren betreffend die elterliche Verantwortung ergangene Entscheidung, die in diesem Mitgliedstaat vollstreckbar ist, ist in den anderen Mitgliedstaaten vollstreckbar, ohne dass es einer Vollstreckbarerklärung bedarf.

(2) Für die Zwecke der Vollstreckung einer Entscheidung über das Umgangsrecht in einem anderen Mitgliedstaat kann das Gericht des Ursprungsmitgliedstaats die Entscheidung ungeachtet der Einlegung eines Rechtsbehelfs für vorläufig vollstreckbar erklären.

Übersicht

A. Allgemeines

Art. 34 Brüssel IIb-VO bestimmt, dass Entscheidungen zur elterlichen Verantwortung „ex lege" ohne Durchführung eines Exequaturverfahrens vollstreckbar sind. Damit soll die Vollstreckung von Entscheidungen aus anderen EU-Mitgliedstaaten vereinfacht und beschleunigt werden.[1] Hierin liegt eine wesentliche Neuerung gegenüber der Brüssel IIa-VO. 1

Der **Grundsatz der ex lege Vollstreckbarkeit** greift für Entscheidungen, die in ab dem 1.8.2022 in einem Mitgliedstaat der EU eingeleiteten Verfahren ergangen sind und in einem anderen EU-Mitgliedstaat vollstreckt werden sollen. Die Vollstreckung von Entscheidungen aus bis zum 31.7.2022 eingeleiteten Verfahren erfolgt nach Art. 28 ff. Brüssel IIa-VO auf Grundlage des dort geregelten Vollstreckbarerklärungsverfahrens. 2

Zum Verfahren nach Art. 28 ff. Brüssel IIa-VO und den in Art. 41 und 42 Brüssel IIa-VO vorgeschenen Ausnahmen für privilegierte Entscheidungen wird auf die Vorauflage verwiesen.

B. Inhalt der Norm

I. Voraussetzung der Vollstreckung

Voraussetzung für die Vollstreckung ist die Vollstreckbarkeit nach dem Recht des Mitgliedstaats, in dem die Entscheidung erlassen wurde. Für Entscheidungen zum Umgangsrecht ermöglicht 34 Abs. 2 Brüssel IIb-VO auch für den Fall der Einlegung von Rechtsmitteln die Anordnung der vorläufigen Vollstreckbarkeit durch das Gericht, das die Entscheidung erlassen hat. 3

1 Erwägungsgrund 58

II. Vorzulegende Unterlagen

4 Vorzulegen sind gemäß Art. 35 Brüssel IIb-VO

- eine Ausfertigung der Entscheidung und
- die Bescheinigung nach Art. 36 Brüssel IIb-VO unter Verwendung des Formblatts in Anhang III zur Brüssel IIb-VO.

Artikel 35

Zwecks Vollstreckung vorzulegende Unterlagen

(1) Soll in einem Mitgliedstaat eine in einem anderen Mitgliedstaat ergangene Entscheidung vollstreckt werden, so hat die die Vollstreckung betreibende Partei der für die Vollstreckung zuständigen Behörde Folgendes vorzulegen:

a) eine Ausfertigung der Entscheidung, die die für ihre Beweiskraft erforderlichen Voraussetzungen erfüllt, und

b) die entsprechende Bescheinigung nach Artikel 36.

(2) Soll in einem Mitgliedstaat eine in einem anderen Mitgliedstaat ergangene Entscheidung vollstreckt werden, in der eine einstweilige Maßnahme einschließlich einer Schutzmaßnahme angeordnet wird, so hat die die Vollstreckung betreibende Partei der für die Vollstreckung zuständigen Behörde Folgendes vorzulegen:

a) eine Ausfertigung der Entscheidung, die die für ihre Beweiskraft erforderlichen Voraussetzungen erfüllt,

b) die entsprechende Bescheinigung nach Artikel 36, in der bescheinigt wird, dass die Entscheidung im Ursprungsmitgliedstaat vollstreckbar ist und dass das Ursprungsgericht

i) in der Hauptsache zuständig ist, oder

ii) die Maßnahme gemäß Artikel 27 Absatz 5 in Verbindung mit Artikel 15 angeordnet hat, und

c) wenn die Maßnahme ohne Vorladung des Antraggegners angeordnet wurde, den Nachweis der Zustellung der Entscheidung.

(3) Die für die Vollstreckung zuständige Behörde kann erforderlichenfalls die die Vollstreckung betreibende Partei auffordern, eine Übersetzung oder Transliteration gemäß Artikel 91 der übersetzbaren Inhalte der Freitextfelder der Bescheinigung vorzulegen, in der die zu vollstreckende Verpflichtung angegeben ist.

(4) Kann die für die Vollstreckung zuständige Behörde das Verfahren ohne eine Übersetzung oder Transliteration der Entscheidung nicht fortsetzen, so kann sie die die Vollstreckung betreibende Partei auffordern, eine Übersetzung oder Transliteration gemäß Artikel 91 der Entscheidung vorzulegen.

Unterabschnitt 3
Bescheinigung

Artikel 36

Ausstellung der Bescheinigung

(1) Das der Kommission gemäß Artikel 103 mitgeteilte Gericht eines Ursprungsmitgliedstaats stellt auf Antrag einer Partei eine Bescheinigung aus über

a) eine Entscheidung in Ehesachen unter Verwendung des Formblatts in Anhang II,

b) eine Entscheidung in Verfahren betreffend die elterliche Verantwortung unter Verwendung des Formblatts in Anhang III,

c) eine Entscheidung nach Artikel 2 Absatz 1 Buchstabe a, die die Rückgabe eines Kindes anordnet, und gegebenenfalls alle die Entscheidung begleitende und gemäß Artikel 27 Absatz 5 angeordnete einstweilige Maßnahmen einschließlich Schutzmaßnahmen unter Verwendung des Formblatts in Anhang IV.

(2) Die Bescheinigung wird in der Sprache ausgefüllt und ausgestellt, in der die Entscheidung abgefasst ist. Die Bescheinigung kann auch in einer anderen Amtssprache der Organe der Europäischen Union, die von einer Partei gewünscht wird, ausgestellt werden. Dies verpflichtet das die Bescheinigung ausstellende Gericht nicht dazu, eine Übersetzung oder Transliteration der übersetzbaren Inhalte der Freitextfelder bereitzustellen.

(3) Gegen die Ausstellung einer Bescheinigung sind keine Rechtsbehelfe möglich.

Art. 36 Brüssel IIb-VO regelt die Ausstellung der für die Vollstreckung vorzulegenden Bescheinigungen. Durch die zu verwendenden Vordrucke ist eine automatisierte Übersetzung gewährleistet, was die Vollstreckung in anderen Mitgliedstaaten erleichtert.[1] 1

Die Ausstellung der Bescheinigung durch deutsche Gerichte ist in § 48 IntFamRVG geregelt und ist funktional dem Familienrichter erster Instanz, der die Entscheidung erlassen hat bzw. in zweiter Instanz dem Vorsitzenden des mit der Sache befassten Familiensenats zugewiesen (§ 48 Abs. 2 IntFamRVG). Eine besondere Zuständigkeitskonzentration greift nicht (zum Verfahren siehe *Schweppe*, Kommentierung zu § 48 IntFamRVG).

Artikel 37

Berichtigung der Bescheinigung

(1) Das der Kommission gemäß Artikel 103 mitgeteilte Gericht eines Ursprungsmitgliedstaats berichtigt die Bescheinigung auf Antrag oder kann sie von Amts wegen berichtigen, wenn zwischen der zu vollstreckenden Entscheidung und der Bescheinigung aufgrund eines materiellen Fehlers oder einer Auslassung eine Unstimmigkeit besteht.

(2) Für das Verfahren zur Berichtigung der Bescheinigung gilt das Recht des Ursprungsmitgliedstaats.

Art. 37 Brüssel IIb-VO regelt die Berichtigung einer für die Vollstreckung vorzulegenden Bescheinigung im Fall einer materiellen Unrichtigkeit i.S.v. § 319 ZPO i.V.m. § 49 IntFamRVG (hierzu Kommentierung zu § 49 IntFamRVG). 1

1 Vom Abdruck der Anhänge wird abgesehen. Online-Formulare der Bescheinigungen und Vordrucke sind unter https://online-forms.e-justice.europa.eu/online-forms/matrimonial-matters-forms_de erhältlich (Abruf: 27.5.2025)

Unterabschnitt 4
Versagung der Anerkennung und Vollstreckung

Artikel 38

Gründe für die Versagung der Anerkennung von Entscheidungen in Ehesachen

Von Abdruck und Kommentierung der Norm wird abgesehen.

Artikel 39

Gründe für die Versagung der Anerkennung von Entscheidungen in Verfahren betreffend die elterliche Verantwortung

(1) Die Anerkennung einer Entscheidung in Verfahren betreffend die elterliche Verantwortung wird abgelehnt,

a) wenn die Anerkennung der öffentlichen Ordnung des Mitgliedstaats, in dem sie geltend gemacht wird, offensichtlich widerspricht, wobei das Kindeswohl zu berücksichtigen ist;

b) wenn der betreffenden Person, die sich auf das Verfahren nicht eingelassen hat, das verfahrenseinleitende Schriftstück oder ein gleichwertiges Schriftstück nicht so rechtzeitig und in einer Weise zugestellt wurde, dass sie sich verteidigen konnte, es sei denn, es wird festgestellt, dass sie mit der Entscheidung eindeutig einverstanden ist;

c) wenn eine Person dies mit der Begründung beantragt, dass die Entscheidung in ihre elterliche Verantwortung eingreift, falls die Entscheidung ergangen ist, ohne dass diese Person die Möglichkeit hatte, gehört zu werden;

d) wenn und soweit die Entscheidung mit einer späteren Entscheidung über die elterliche Verantwortung unvereinbar ist, die in dem Mitgliedstaat, in dem die Anerkennung geltend gemacht wird, ergangen ist;

e) wenn und soweit die Entscheidung mit einer späteren Entscheidung über die elterliche Verantwortung unvereinbar ist, die in einem anderen Mitgliedstaat oder in dem Drittstaat des gewöhnlichen Aufenthalts des Kindes ergangen ist, sofern die spätere Entscheidung die notwendigen Voraussetzungen für ihre Anerkennung in dem Mitgliedstaat erfüllt, in dem die Anerkennung geltend gemacht wird, oder

f) wenn das Verfahren des Artikels 82 nicht eingehalten wurde.

(2) Die Anerkennung einer Entscheidung in Verfahren betreffend die elterliche Verantwortung kann abgelehnt werden, wenn sie ergangen ist, ohne dass dem Kind, das fähig ist, sich seine eigene Meinung zu bilden, Gelegenheit zur Meinungsäußerung gemäß Artikel 21 gegeben wurde, außer wenn

a) das Verfahren nur das Vermögen des Kindes betraf und sofern es in Anbetracht des Verfahrensgegenstandes nicht erforderlich war, ihm diese Gelegenheit zu geben; oder

b) es schwerwiegende Gründe gab, wobei insbesondere die Dringlichkeit des Falls zu berücksichtigen ist.

Übersicht

A. Allgemeines

Art. 39 Brüssel IIb-VO regelt abschließend[1] die Gründe für die Versagung der Anerkennung von Entscheidungen zur elterlichen Verantwortung. Die unter Art. 39 Abs. 1 Brüssel IIb-VO genannten Anerkennungsversagungsgründe entsprechen im Wesentlichen den Regelungen in Art. 23 Brüssel IIa-VO. Neu aufgenommen wurde die fehlende Einhaltung des Konsultationsverfahrens in Fällen grenzüberschreitender Unterbringung (Art. 39 Abs. 1 lit. f)). Neu gefasst wurde in Art. 39 Abs. 2 die fehlende Beteiligung des Kindes. 1

Bei Vorliegen eines der in Art. 39 Abs. 1 genannten Gründe (etwa der Verletzung rechtlichen Gehörs oder der Unvereinbarkeit mit einer späteren Entscheidung) ist die Anerkennung zwingend zu versagen. Im Fall der unterlassenen Kindesanhörung (Art. 39 Abs. 2 Brüssel IIb-VO) steht die Versagung der Anerkennung hingegen im Ermessen des Gerichts. 2

Den Gerichten des Anerkennungsstaates ist eine inhaltliche Überprüfung der anzuerkennenden Entscheidung untersagt (Art. 71 Brüssel IIb-VO); auch darf die Zuständigkeit des Gerichts, das die Entscheidung erlassen hat, nicht überprüft werden (Art. 69 Satz 1 Brüssel IIb-VO). 3

B. Inhalt der Norm

I. Anerkennungsversagungsgründe nach Art. 39 Abs. 1 Brüssel IIb-VO

1. Ordre-public-Vorbehalt (Art. 39 Abs. 1 lit. a)

Die Anerkennung ist zu versagen, wenn sie der öffentlichen Ordnung (*ordre public*) des Mitgliedstaats, in dem sie beantragt wird, offensichtlich widerspricht. 4

▶ *Vgl. zum kollisionsrechtlichen ordre-public-Vorbehalt allgemein Art. 6 EGBGB (siehe Schweppe, Auslandsbezüge, Art. 6 EGBGB Rn. 2 ff.) sowie zum anerkennungsrechtlichen ordre-public-Vorbehalt § 109 FamFG (siehe Schweppe, § 109 FamFG 14 f.).*

Art. 69 Satz 2 Brüssel IIb-VO verbietet ausdrücklich die Überprüfung der die Zuständigkeit begründenden Vorschriften nach Art. 3 bis 14 Brüssel IIb-VO.

---

1 Siehe Erwägungsgrund 56, S. 2

5 Zusätzlich erfordert Art. 39 Abs. 1 lit. a (wie auch die Vorgängerregelung in Art. 23 Abs. 2 lit. a) Brüssel IIa-VO) die Berücksichtigung des Kindeswohls. Die Anerkennung ist nur dann zu versagen, sofern nach dem Maßstab des Anerkennungsstaates ein *ordre-public* Verstoß auch unter Berücksichtigung des Kindeswohls vorliegt.[2] Die Nichtanerkennung muss im konkreten Fall dem Kindeswohl entsprechen.[3]

2. Verletzung rechtlichen Gehörs (Art. 39 Abs. 1 lit. b und c)

6 Die Versagung wegen der nicht rechtzeitigen Zustellung an die „betreffende Person" bzw. den Antragsgegner im Ausgangsverfahren (Art. 39 Abs. 1 lit. b) Brüssel IIb-VO) entfällt mit dessen Einlassung im Verfahren bzw. dessen – ausdrücklich festzustellendem – Einverständnis mit der Entscheidung.

7 Allerdings sollen die unterbliebene Anhörung des Kindes und eine bloß fiktive Zustellung des verfahrenseinleitenden Schriftstückes an den Elternteil, in dessen Obhut sich das Kind aufhält, der Anerkennung einer ausländischen Sorgerechtsentscheidung nicht entgegenstehen, wenn dieser Elternteil seinen Aufenthalt bewusst verheimlicht und der Aufenthalt mit zumutbaren Mitteln und in einem angemessenen Zeitraum nicht ermittelt werden konnte.[4]

8 Art. 39 Abs. 1 lit. c) Brüssel IIb-VO regelt die Versagung der Anerkennung wegen Verletzung des rechtlichen Gehörs Dritter, in deren Sorgerecht durch die anzuerkennende Entscheidung eingegriffen wird. Die Versagung der Anerkennung erfolgt in diesem Fall nur auf Antrag.

3. Unvereinbarkeit der anzuerkennenden Entscheidung mit einer späteren Entscheidung

9 Durch Art. 39 Abs. 1 lit. d) und e) wird klargestellt, dass eine spätere Entscheidung über die elterliche Verantwortung (stets) Vorrang hat vor früheren Entscheidungen, die in die Zukunft wirken.[5] In Bezug auf Entscheidungen aus Staaten, die nicht an die Brüssel IIb-VO gebunden sind, setzt dies die Anerkennungsfähigkeit der Entscheidung nach allgemeinen Grundsätzen voraus.[6]

4. Fehlende Einhaltung des Konsultationsverfahrens nach Art. 82 Brüssel IIb-VO (Art. 39 Abs. 1 lit. f)

10 Die Aufnahme dieses Anerkennungsversagungsgrundes forciert die Einhaltung des Konsultationsverfahrens in Fällen grenzüberschreitender Unterbringung nach Art. 82 Brüssel IIb-VO (hierzu *Schweppe*, Kommentierung Art. 82 Brüssel IIb-VO).

II. Fehlende Beteiligung des Kindes nach Art. 39 Abs. 2 i.V.m. Art. 21 Brüssel IIb-VO

11 Art. 39 Abs. 2 Brüssel IIb-VO regelt die Versagung der Anhörung wegen der fehlenden Beteiligung des Kindes.

---

2 EuGH FamRZ 2016, 111
3 Thomas/Putzo/*Hüßtege*, Art. 39 Brüssel IIb-VO Rn. 2
4 OLG Celle FamRZ 2023, 957
5 Erwägungsgrund 56, S. 4
6 Thomas/Putzo/*Hüßtege*, Art. 39 Brüssel IIb-VO Rn. 6

1. Maßstab für die Beteiligung des Kindes

12 Aus der Verweisung auf Art. 21 Brüssel IIb-VO folgt, dass Maßstab für die Kindesanhörung – und damit für die Versagung der Anerkennung – das Recht des Staates ist, dessen Entscheidung zur Anerkennung gestellt wird, nicht das Recht des Anerkennungsstaates.[7]

13 Der Verordnungsgeber hat mit Art. 21 Brüssel IIb-VO einen unionsrechtlich einheitlichen Maßstab für die Beteiligung Minderjähriger an Verfahren betreffend die elterliche Verantwortung geschaffen, der unterschiedliche Beteiligungsformen respektiert.[8] Die Anerkennung kann nicht allein deshalb versagt werden, weil die Beteiligung des Kindes auf andere Art und Weise erfolgte als im Anerkennungsstaat vorgesehen. Maßstab für die Kindesanhörung ist die verfahrensrechtliche Verpflichtung, die Kindesinteressen festzustellen und in das Verfahren einzubringen.

14 Entscheidungen aus anderen EU–Mitgliedstaaten sind anzuerkennen, wenn die Beteiligung des Kindes im Ausgangsverfahren im Einklang mit den dortigen Verfahrensvorschriften und den sich aus Art. 21 Brüssel IIb-VO ergebenden Vorgaben erfolgte. Hierzu genügt es, wenn das Kind durch einen Psychologen oder Sozialarbeiter angehört wurde, der dem Gericht Bericht erstattet.[9] Den Anforderungen der Brüssel IIb-VO kann auch eine nach der EU-Beweisaufnahmeverordnung im Wege der Videokonferenz durchgeführte Kindesanhörung oder eine Anhörung im Wege der Rechtshilfe genügen.[10]

Damit dürfen Gerichte in Deutschland die Anerkennung ausländischer Entscheidungen nicht (mehr) mit der Begründung versagen, der Maßstab nach § 159 FamFG sei nicht gewahrt.[11] Zu versagen ist die Anerkennung jedenfalls, wenn das betroffene Kind keine Möglichkeit zur Beteiligung am Ausgangsverfahren erhielt.[12] Eine Ladung zum Anhörungstermin über den Elternteil, in dessen Obhut sich das Kind (in einem anderen Staat) befindet, genügt grundsätzlich nicht.[13]

2. Ermessen des Gerichts

15 Auch bei Verletzung zwingender Beteiligungsvorschriften nach dem Recht des Ursprungsstaates ist die Versagung der Anerkennung fakultativ, wie sich aus dem Wortlaut der Norm ergibt („kann"). Dagegen bestand unter Geltung der Brüssel IIa-VO gemäß Art. 23 lit. b) Brüssel IIa-VO wie bei den anderen Versagungsgründen kein Ermessen des Gerichts.

3. Ausnahmen von der Verpflichtung zur Beteiligung des Kindes

16 Die Beteiligung des Kindes ist entbehrlich in reinen Vermögensangelegenheiten (Art. 39 Abs. 2 lit. a). Zudem können schwerwiegende Gründe, insbesondere die Dringlichkeit des Falls, die fehlende Beteiligung des Kindes rechtfertigen, wie Art. 39 Abs. 2 lit. b Brüssel IIb-VO klarstellt. Dies steht im Einklang mit einer Entscheidung des BGH, wonach die fehlende Anhörung des Kindes im Ausgangsverfahren der Anerkennung jedenfalls dann nicht entgegensteht, soweit es sich um eine Entscheidung im Eilverfahren handelt.[14]

---

7 Erwägungsgrund 57, S. 1 und 2

8 Siehe Erwägungsgrund 39; Praxisleitfaden 5.5.1.1.1.

9 Siehe Erwägungsgrund 39; Oberloskamp/Dürbeck/*Schweppe*, § 5 Rn. 141; *Erb-Klünemann/Kößler*, NDV 2021, 76 (80)

10 Siehe Erwägungsgrund 39 Abs. 2; nunmehr EU-Verordnung 2020/1783 vom 25.11.2020 über die Zusammenarbeit zwischen den Gerichten der Mitgliedstaaten auf dem Gebiet der Beweisaufnahme in Zivil- oder Handelssachen

11 *Erb-Klünemann/Kößler*, NDV 2021, 76 (80); *Klinkhammer*, FamRZ 2022, 325 (329f); zur Rechtsprechung zu Art. 23 Brüssel IIa-VO siehe OLG Stuttgart FamRZ 2021, 783; OLG München FamRZ 2015, 602

12 Vgl. OLG Frankfurt IPRax 2008, 352; OLG Schleswig FamRZ 2008, 1761

13 OLG Schleswig FamRZ 2008, 1761

14 BGH FamRZ 2015, 1011

III. Verfahren

17 Das Verfahren für die Versagung der Anerkennung ist in Art. 40 Brüssel IIb-VO geregelt.

C. Praxishinweis

18 Maßstab für die Anerkennung von Entscheidungen über die elterliche Verantwortung im Geltungsbereich der Brüssel IIb-VO durch deutsche Gerichte ist nicht die Kindesanhörung nach Maßgabe von § 159 FamFG, sondern die entsprechenden Regelungen im Ausgangsstaat. Zur Ermittlung dieser Vorschriften und der Rechtspraxis kann die Einschaltung der Verbindungsrichter im EJN hilfreich sein.

Artikel 40

Verfahren für die Versagung der Anerkennung

(1) Die Verfahren nach den Artikeln 59 bis 62 und – sofern zutreffend – nach Abschnitt 5 dieses Kapitels und nach Kapitel VI gelten entsprechend für einen Antrag auf Versagung der Anerkennung.

(2) Das örtlich zuständige Gericht, das der Kommission gemäß Artikel 103 von jedem Mitgliedstaat mitgeteilt wird, wird durch das nationale Recht des Mitgliedstaats bestimmt, in dem das Verfahren zur Versagung der Anerkennung eingeleitet wird.

1 Art. 40 Brüssel IIb-VO verweist für das Verfahren auf Versagung der Anerkennung auf die für Anträge auf Versagung der Vollstreckung geltenden Regelungen in Art. 59 bis 62 Brüssel IIb-VO und die allgemeinen Bestimmungen in Art. 69 bis 75 und 85 bis 91 Brüssel IIb-VO. Die Verordnung gibt hingegen nicht vor, ob die Anerkennungsversagungsgründe von Amts wegen oder auf Antrag zu prüfen sind.[1]

Für das Verfahren vor deutschen Gerichten enthält § 44j IntFamRVG Ausführungsbestimmungen, die wiederum auf die entsprechenden Regelungen zur Aussetzung bzw. Versagung der Vollstreckung nach § 44b und § 44c IntFamRVG verweisen (siehe hierzu die Kommentierung zu §§ 44b ff. IntFamRVG). Aus § 44j Abs. 1 IntFamRVG ergibt sich, dass der Antragsteller die Versagungsgründe, die er geltend macht, und die zu ihrer Begründung dienenden Tatsachen und Beweismittel angeben muss.

Artikel 41

Gründe für die Versagung der Vollstreckung von Entscheidungen in Verfahren betreffend die elterliche Verantwortung

Unbeschadet des Artikels 56 Absatz 6 wird die Vollstreckung einer Entscheidung in Verfahren betreffend die elterliche Verantwortung versagt, wenn festgestellt wurde, dass einer der Gründe für die Versagung der Anerkennung nach Artikel 39 vorliegt.

1 Art. 41 Brüssel IIb-VO bestimmt, dass bei Vorliegen einer der in Art. 39 Brüssel IIb-VO genannten Anerkennungsversagungsgründe die Vollstreckung der Entscheidung zu versagen ist. Das Verfahren auf Versagung der Vollstreckung ist in Art. 59 Brüssel IIb-VO geregelt.

1 MüKo-BGB/*Heiderhoff*, Brüssel IIb-VO Art. 39 Rn. 2; Erwägungsgrund 54, S. 3

ABSCHNITT 2
Anerkennung und Vollstreckung bestimmter privilegierter Entscheidungen

Artikel 42
Anwendungsbereich

(1) Dieser Abschnitt gilt für folgende Arten von Entscheidungen, sofern sie im Ursprungsmitgliedstaat gemäß Artikel 47 bescheinigt wurden:

a) Entscheidungen, soweit sie Umgangsrechte gewähren; und

b) Entscheidungen gemäß Artikel 29 Absatz 6, soweit sie die Rückgabe des Kindes anordnen.

(2) Dieser Abschnitt steht dem nicht entgegen, dass sich eine Partei gemäß den Bestimmungen über die Anerkennung und Vollstreckung in Abschnitt 1 dieses Kapitels um Anerkennung und Vollstreckung einer Entscheidung gemäß Absatz 1 bemüht.

Übersicht

A. Allgemeines

Art. 42 bis 50 der Brüssel IIb-VO enthalten besondere Regelungen für die unmittelbare Vollstreckung von Entscheidungen zum Umgangsrecht und die im Herkunftsstaat nach ablehnender HKÜ-Entscheidung angeordnete Rückgabe des Kindes (Art. 29 Abs. 6 Brüssel IIb-VO). Die Regelungen führen den bereits in Art. 40 ff. Brüssel IIa-VO enthaltenen Regelungsmechanismus für sog. „privilegierte Entscheidungen" fort. 1

Art. 42 Abs. 2 Brüssel IIb-VO stellt klar, dass ein Elternteil auch bei Vorliegen der Voraussetzungen von Art. 42 Brüssel IIb-VO die Anerkennung und Vollstreckung nach den allgemeinen Vorschriften (siehe *Schweppe*, Kommentierung zu Art. 30 und Art. 51 ff. Brüssel IIb-VO) betreiben kann. 2

B. Inhalt der Norm

Für die in Art. 42 Abs. 1 genannten Entscheidungen erfolgt die Anerkennung nach Art. 43 Brüssel IIb-VO auf Grundlage einer Ausfertigung der Entscheidung (Art. 46 Abs. 1 Brüssel IIb-VO) und der Bescheinigung nach Art. 47 Brüssel IIb-VO (Anhang V bzw. Anhang VI zur Brüssel IIb-VO).[1] 3

Diese auf Antrag (Art. 47 Abs. 1 Brüssel IIb-VO) auszustellenden Bescheinigungen dokumentieren die Einhaltung bestimmter Verfahrensgrundsätze im Erkenntnisverfahren (Art. 47 Abs. 3 Brüssel IIb-VO), insbesondere zur Gewährung rechtlichen Gehörs – einschließlich der Beteiligung des Kindes nach Maßgabe von Art. 21 Brüssel IIb-VO.[2] 4

Für privilegierte Sorgerechtsentscheidungen nach Art. 42 Abs. 1 b) i.V.m. Art. 29 Abs. 6 Brüssel IIb-VO dokumentiert die Bescheinigung zudem, dass das Gericht bei Erlass der Sor- 5

1 Zum Verfahren zur Ausstellung der Bescheinigungen siehe Thomas/Putzo/*Hüßtege*, Art. 47 Brüssel IIb-VO Rn. 4 ff.
2 Hierzu im Einzelnen *Andrae*, § 9 Rn. 173

gerechtsregelung die im vorangegangenen HKÜ-Verfahren der Versagung der Rückführung zugrunde gelegten Kindeswohlgründe i.S.d. Art. 13 Abs. 1 b) und Art. 13 Abs. 2 HKÜ gewürdigt hat (Art. 47 Abs. 4 Brüssel IIb-VO).

6 Die **Ausstellung der Bescheinigungen** obliegt in Deutschland dem Familienrichter bzw. Vorsitzenden des zuständigen Familiensenats, der die Entscheidung erlassen hat (§ 48 Abs. 2 IntFamRVG); eine besondere Zuständigkeitskonzentration greift nicht. Die Ausstellung erfolgt ohne vorherige Anhörung des Vollstreckungsgegners (§ 48 Abs. 2 Satz 2 IntFamRVG). Eine Anfechtung der Bescheinigung im Anerkennungsstaat ist nicht möglich.

7 Art. 48 Brüssel IIb-VO sieht die Berichtigung bzw. der Widerruf einer Bescheinigung durch das Ausgangsgericht vor (siehe hierzu *Schweppe*, Kommentierung zu Art. 48 Brüssel IIb-VO).

8 Art. 49 Brüssel IIb-VO regelt die Ausstellung einer Bescheinigung durch das Ausgangsgericht darüber, dass die Entscheidung im Herkunftsstaat (vorübergehend) keine Wirkung mehr entfaltet, weil die Vollstreckbarkeit ausgesetzt oder eingeschränkt worden ist.

9 Art. 50 Brüssel IIb-VO beschränkt (gegenüber den in Art. 39 Brüssel IIb-VO vorgesehenen Gründen) die Versagung der Anerkennung und Vollstreckung für privilegierte Entscheidungen auf die Unvereinbarkeit mit späteren Entscheidungen (hierzu *Schweppe*, Kommentierung zu Art. 50 Brüssel IIb-VO).[3] Hieraus ergeben sich auch Beschränkungen für die Versagung der Vollstreckung nach Art. 56 Brüssel IIb-VO (siehe hierzu die Kommentierung zu Art. 56 Brüssel IIb-VO), wobei die Art. 56 ff. Brüssel IIb-VO auch für privilegierte Entscheidungen greifen und damit auch in diesen Fällen die im nationalen Recht des Anerkennungsstaates vorgesehenen Gründe für die Aussetzung und Versagung der Vollstreckung, soweit diese mit der Verordnung vereinbar sind (hierzu Art. 57 Brüssel IIb-VO),[4] sowie die schwerwiegende Gefahr eines körperlichen oder psychischen Schadens für das Kind aufgrund nachträglich eingetretener Umstände (Art. 56 Abs. 6 i.V.m. Abs. 4 Brüssel IIb-VO)[5] der Vollstreckung entgegenstehen können.

▶ *Zu den Voraussetzungen für die Aussetzung und Versagung der Vollstreckung allgemein siehe Schweppe, Kommentierung zu Art. 56 Brüssel IIb-VO.*

3 Erwägungsgrund 52; zu den Konsequenzen für Sorgerechtsentscheidungen im Anschluss an HKÜ-Verfahren siehe MüKo-BGB/*Heiderhoff*, Brüssel IIb-VO Art. 50 Rn. 4

4 Praxisleitfaden 4.4.7.3

5 MüKo-BGB/*Heiderhoff*, Brüssel IIb-VO Art. 56 Rn. 9; *Hüßtege*, FamRZ 2022, 1591, 1599; Praxisleitfaden 4.4.7.3.

Unterabschnitt 1
Anerkennung

Artikel 43
Anerkennung

(1) Eine in einem Mitgliedstaat ergangene Entscheidung im Sinne des Artikels 42 Absatz 1 wird in den übrigen Mitgliedstaaten anerkannt, ohne dass es eines besonderen Verfahrens bedarf und ohne dass die Anerkennung angefochten werden kann, es sei denn, es wird festgestellt, dass die Entscheidung mit einer späteren Entscheidung im Sinne des Artikel 50 unvereinbar ist.

(2) Die Partei, die in einem Mitgliedstaat eine in einem anderen Mitgliedstaat ergangene Entscheidung im Sinne des Artikels 42 Absatz 1 geltend machen will, hat Folgendes vorzulegen:

a) eine Ausfertigung der Entscheidung, die die für ihre Beweiskraft erforderlichen Voraussetzungen erfüllt, und

b) die entsprechende Bescheinigung nach Artikel 47.

(3) Artikel 31 Absätze 2 und 3 gelten entsprechend.

Von einer Kommentierung wird abgesehen.

Artikel 44
Aussetzung des Verfahrens

Das Gericht, bei dem eine in einem anderen Mitgliedstaat ergangene Entscheidung im Sinne des Artikels 42 Absatz 1 geltend gemacht wird, kann das Verfahren ganz oder teilweise aussetzen, wenn

a) ein Antrag vorgelegt wurde, in dem die Unvereinbarkeit der Entscheidung mit einer späteren Entscheidung im Sinne des Artikels 50 behauptet wird; oder

b) die Person, gegen die die Vollstreckung erwirkt werden soll, gemäß Artikel 48 beantragt hat, eine Bescheinigung nach Artikel 47 zu widerrufen.

Art. 44 Brüssel IIb-VO ermöglicht die Aussetzung des Verfahrens im Anerkennungsstaat, um vorrangig die Bestandskraft bzw. Wirksamkeit der Entscheidungen zu klären, wenn 1

- der Antragsgegner im Anerkennungsstaat die Unvereinbarkeit der Entscheidung mit einer späteren Entscheidung i.S.d. Art. 50 Brüssel IIb-VO geltend macht, oder
- im Ausgangsstaat (Ursprungsmitgliedstaat) ein Antrag auf Widerruf der Bescheinigung nach Art. 47, Art. 48 Brüssel IIb-VO vorliegt.

Unterabschnitt 2
Vollstreckbarkeit und Vollstreckung

Artikel 45

Vollstreckbare Entscheidungen

(1) Die in einem Mitgliedstaat ergangenen und in diesem Mitgliedstaat vollstreckbaren Entscheidungen im Sinne des Artikels 42 Absatz 1 sind gemäß diesem Abschnitt in den anderen Mitgliedstaaten vollstreckbar, ohne dass es einer Vollstreckbarerklärung bedarf.

(2) Für die Zwecke der Vollstreckung einer Entscheidung im Sinne des Artikels 42 Absatz 1 Buchstabe a in einem anderen Mitgliedstaat können die Gerichte des Ursprungsmitgliedstaats die Entscheidung ungeachtet der Einlegung eines Rechtsbehelfs für vorläufig vollstreckbar erklären.

Von einer Kommentierung wird abgesehen.

Artikel 46

Zwecks Vollstreckung vorzulegende Unterlagen

(1) Soll in einem Mitgliedstaat eine in einem anderen Mitgliedstaat ergangene Entscheidung im Sinne des Artikels 42 Absatz 1 vollstreckt werden, so hat die die Vollstreckung betreibende Partei der für die Vollstreckung zuständigen Behörde Folgendes vorzulegen:

a) eine Ausfertigung der Entscheidung, die die für ihre Beweiskraft erforderlichen Voraussetzungen erfüllt, und

b) die entsprechende Bescheinigung nach Artikel 47.

(2) Soll in einem Mitgliedstaat eine in einem anderen Mitgliedstaat ergangene Entscheidung im Sinne des Artikels 42 Absatz 1 Buchstabe a vollstreckt werden, kann die für die Vollstreckung zuständige Behörde den Antragsteller erforderlichenfalls auffordern, eine Übersetzung oder Transliteration gemäß Artikel 91 der übersetzbaren Inhalte der Freitextfelder der Bescheinigung vorzulegen, in der die zu vollstreckende Verpflichtung angegeben ist.

(3) Soll in einem Mitgliedstaat eine in einem anderen Mitgliedstaat ergangene Entscheidung im Sinne des Artikels 42 Absatz 1 vollstreckt werden, kann die für die Vollstreckung zuständige Behörde den Antragsteller erforderlichenfalls auffordern, eine Übersetzung oder Transliteration gemäß Artikel 91 der Entscheidung vorzulegen, wenn sie das Verfahren ohne eine derartige Übersetzung oder Transliteration nicht fortsetzen kann.

Von einer Kommentierung wird abgesehen.

Unterabschnitt 3
Bescheinigung für privilegierte Entscheidungen

Artikel 47
Ausstellung der Bescheinigung

(1) Das Gericht, das eine Entscheidung im Sinne des Artikel 42 Absatz 1 erlassen hat, stellt auf Antrag einer Partei eine Bescheinigung aus über

a) eine Entscheidung über das Umgangsrecht unter Verwendung des Formblatts in Anhang V,

b) eine nach Artikel 29 Absatz 6 ergangene Sorgerechtsentscheidung, die die Rückgabe des Kindes zur Folge hat, unter Verwendung des Formblatts in Anhang VI.

(2) Die Bescheinigung wird in der Sprache ausgefüllt und ausgestellt, in der die Entscheidung abgefasst ist. Die Bescheinigung kann auch in einer anderen Amtssprache der Organe der Europäischen Union, die von einer Partei gewünscht wird, ausgestellt werden. Dies verpflichtet das die Bescheinigung ausstellende Gericht nicht dazu, eine Übersetzung oder Transliteration der übersetzbaren Inhalte der Freitextfelder bereitzustellen.

(3) Das Gericht stellt die Bescheinigung nur aus, wenn folgende Voraussetzungen erfüllt sind:

a) alle betroffenen Parteien hatten Gelegenheit, gehört zu werden,

b) dem Kind wurde gemäß Artikel 21 Gelegenheit zur Meinungsäußerung gegeben;

c) in dem Fall, dass die Entscheidung im Versäumnisverfahren ergangen ist, entweder

i) der betreffenden Person, die sich auf das Verfahren nicht eingelassen hat, wurde das verfahrenseinleitende Schriftstück oder ein gleichwertiges Schriftstück so rechtzeitig und in einer Weise zugestellt, dass sie sich verteidigen konnte, oder

ii) es wird festgestellt, dass die Person, die sich auf das Verfahren nicht eingelassen hat, mit der Entscheidung eindeutig einverstanden ist.

(4) Vorbehaltlich des Absatzes 3 des vorliegenden Artikels wird die Bescheinigung für eine Entscheidung im Sinne des Artikel 42 Absatz 1 Buchstabe b nur ausgestellt, wenn das Gericht bei seiner Entscheidung die Gründe und Tatsachen berücksichtigt hat, die der vorherigen Entscheidung zugrunde liegen, die in einem anderen Mitgliedstaat gemäß Artikel 13 Absatz 1 Buchstabe b oder Artikel 13 Absatz 2 des Haager Übereinkommens von 1980 ergangen ist.

(5) Die Bescheinigung ist nur im Rahmen der Vollstreckbarkeit der Entscheidung wirksam.

(6) Die Ausstellung der Bescheinigung kann nur aus den in Artikel 48 genannten Gründen angefochten werden.

Art. 47 Brüssel IIb-VO regelt die Ausstellung der Bescheinigung, auf deren Grundlage die Vollstreckung privilegierter Entscheidungen erfolgt. Die Ausstellung obliegt dem Gericht, das die Entscheidung erlassen hat. Zum Verfahren vor deutschen Gerichten ist auf § 48 IntFamRVG zu verweisen (hierzu *Schweppe*, Kommentierung zu § 48 IntFamRVG). 1

Artikel 48

Berichtigung und Widerruf der Bescheinigung

(1) Das der Kommission gemäß Artikel 103 mitgeteilte Gericht des Ursprungsmitgliedstaats berichtigt die Bescheinigung auf Antrag oder kann sie von Amts wegen berichtigen, wenn zwischen der zu vollstreckenden Entscheidung und der Bescheinigung aufgrund eines materiellen Fehlers oder einer Auslassung eine Unstimmigkeit besteht.

(2) Das Gericht nach Absatz 1 des vorliegenden Artikels widerruft die Bescheinigung auf Antrag oder von Amts wegen, wenn sie gemessen an den in Artikel 47 festgelegten Voraussetzungen zu Unrecht ausgestellt wurde. Artikel 49 gilt entsprechend.

(3) Das Verfahren für die Berichtigung oder der Widerruf der Bescheinigung, einschließlich eines etwaigen Rechtsbehelfs, unterliegt dem Recht des Ursprungsmitgliedstaats.

1 Abs. 1 regelt (entsprechend Art. 37 Brüssel IIb-VO für nicht privilegierte Entscheidungen) die Berichtigung der Bescheinigung. Für das Verfahren vor deutschen Gerichten verweist § 49 IntFamRVG hierzu auf § 319 ZPO.

Abs. 2 sieht den Widerruf einer für eine privilegierte Entscheidung ausgestellten Bescheinigung im Ursprungsmitgliedstaat vor, wenn die Bescheinigung ausgestellt wurde, obgleich die in Art. 47 Brüssel IIb-VO genannten Anforderungen nicht erfüllt waren, die Bescheinigung also nicht hätte erteilt werden dürfen. Der Widerruf ist zwingend, ein Ermessen des Gerichts besteht nicht.[1] Für das Verfahren vor deutschen Gerichten verweist § 50 IntFamRVG auf § 319 Abs. 2 und 3 ZPO.

Artikel 49

Bescheinigung über die Aussetzung oder Einschränkung der Vollstreckbarkeit

(1) Wenn und soweit eine gemäß Artikel 47 bescheinigte Entscheidung nicht mehr vollstreckbar ist oder ihre Vollstreckbarkeit ausgesetzt oder eingeschränkt wurde, wird auf jederzeit möglichen Antrag an das der Kommission gemäß Artikel 103 mitgeteilte Gericht des Ursprungsmitgliedstaats unter Verwendung des Formblatts in Anhang VII eine Bescheinigung über die Aussetzung oder Einschränkung der Vollstreckbarkeit ausgestellt.

(2) Die Bescheinigung wird in der Sprache ausgefüllt und ausgestellt, in der die Entscheidung abgefasst ist. Die Bescheinigung kann auch in einer anderen Amtssprache der Organe der Europäischen Union, die von einer Partei gewünscht wird, ausgestellt werden. Dies verpflichtet das die Bescheinigung ausstellende Gericht nicht dazu, eine Übersetzung oder Transliteration der übersetzbaren Inhalte der Freitextfelder bereitzustellen.

1 Die Norm regelt die Ausstellung einer „Gegenbescheinigung" über die Aussetzung oder Einschränkung der Vollstreckung, welche durch das zuständige Gericht im Ursprungsmitgliedstaat auf Antrag ausgestellt wird, um eine auf Grundlage von Art. 47 Brüssel IIb-VO ausgestellte Bescheinigung zu entkräften. Die Regelung greift auch für den Fall des Widerrufs von Bescheinigungen, wie sich aus Art. 48 Abs. 2 Satz 2 Brüssel IIb-VO ergibt. Auch insoweit bestimmt sich das Verfahren vor deutschen Gerichten nach § 48 Abs. 2 IntFamRVG.[1]

---

1 Thomas/Putzo/*Hüßtege*, Art. 48 Brüssel IIb-VO Rn. 3

1 MüKo-BGB/*Heiderhoff*, Brüssel IIb-VO Art. 49 Rn. 2

Unterabschnitt 4
Versagung der Anerkennung und Vollstreckung

Artikel 50
Unvereinbare Entscheidungen

Die Anerkennung und Vollstreckung einer Entscheidung nach Artikel 42 Absatz 1 wird versagt, wenn und soweit sie mit einer späteren Entscheidung über die elterliche Verantwortung für dasselbe Kind unvereinbar ist, die ergangen ist

a) in dem Mitgliedstaat, in dem die Anerkennung geltend gemacht werden soll; oder

b) in einem anderen Mitgliedstaat oder in dem Drittstaat des gewöhnlichen Aufenthalts des Kindes, sofern die spätere Entscheidung die notwendigen Voraussetzungen für ihre Anerkennung in dem Mitgliedstaat erfüllt, in dem die Anerkennung geltend gemacht werden soll.

Die Norm regelt die Versagung der Anerkennung und Vollstreckung für privilegierte Entscheidungen i.S.d. Art. 42 Brüssel IIb-VO. Diese ist beschränkt auf die Unvereinbarkeit mit einer späteren anerkennungsfähigen Entscheidung i.S.v. Art. 39 Abs. 1 lit. d) und e) Brüssel IIb-VO. Das Verfahren richtet sich nach Art. 59 Brüssel IIb-VO i.V.m. § 44b IntFamRVG (siehe *Schweppe*, Kommentierung zu Art. 59 Brüssel IIb-VO und § 44b IntFamRVG). 1

ABSCHNITT 3
Gemeinsame Bestimmungen zur Vollstreckung

Unterabschnitt 1
Vollstreckung

Artikel 51
Vollstreckungsverfahren

(1) Vorbehaltlich der Bestimmungen dieses Abschnitts ist für das Verfahren der Vollstreckung von in einem anderen Mitgliedstaat ergangenen Entscheidungen das Recht des Vollstreckungsmitgliedstaats maßgebend. Unbeschadet der Artikel 41, 50, 56 und 57 wird eine in einem Mitgliedstaat ergangene Entscheidung, die im Ursprungsmitgliedstaat vollstreckbar ist, im Vollstreckungsmitgliedstaat unter den gleichen Bedingungen vollstreckt wie eine in diesem Mitgliedstaat ergangene Entscheidung.

(2) Von der Partei, die die Vollstreckung einer in einem anderen Mitgliedstaat ergangenen Entscheidung begehrt, kann nicht verlangt werden, dass sie im Vollstreckungsmitgliedstaat über eine Postanschrift verfügt. Von dieser Partei kann nur dann verlangt werden, dass sie im Vollstreckungsmitgliedstaat über einen bevollmächtigten Vertreter verfügt, wenn ein solcher Vertreter nach dem Recht des Vollstreckungsmitgliedstaats ungeachtet der Staatsangehörigkeit der Parteien vorgeschrieben ist.

Übersicht

A. Allgemeines

1 Art. 51 ff. Brüssel IIb-VO regeln unionsrechtlich gemeinsame Vorgaben zur Vollstreckung, die für alle EU-Mitgliedstaaten einheitliche Mindestanforderungen enthalten. Im Übrigen unterliegt die Vollstreckung dem nationalen Recht des Vollstreckungsstaates (Art. 51 Abs. 1 Satz 1 Brüssel IIb-VO). Für die Aussetzung, Ablehnung und Versagung der Vollstreckung enthält Art. 56 Brüssel IIb-VO einheitliche Vorgaben.

2 In den Anwendungsbereich von Art. 51 ff. Brüssel IIb-VO fallende Vollstreckungstitel sind

- Beschlüsse zur elterlichen Verantwortung,
- privilegierte Entscheidungen (Art. 42 Brüssel IIb-VO),
- öffentliche Urkunden und Vereinbarungen (Art. 65 Abs. 2 Satz 2 Brüssel IIb-VO),
- in einem anderen Mitgliedstaat zu vollstreckende Rückführungsentscheidungen nach HKÜ (Art. 2 Abs. 1 Satz 2 lit. a) Brüssel IIb-VO
- sogenannte „mitreisende Schutzmaßnahmen" nach Art. 27 Abs. 5 i.V.m Art. 15 Brüssel IIb-VO (Art. 2 Abs. 1 Satz 2 lit. b) Brüssel IIb-VO).

Grundsätzlich greifen die Art. 51 ff. nicht für die Vollstreckung von Rückführungsentscheidungen nach dem HKÜ, da sie nicht die Vollstreckung einer in einem anderen Mitgliedstaat erlassenen Entscheidung betreffen.

B. Inhalt der Norm

3 Eine wesentliche Neuerung gegenüber der Brüssel IIa-VO liegt darin, dass Entscheidungen anderer Mitgliedstaaten der EU zur elterlichen Sorge wie inländische Entscheidungen vollstreckt werden (Art. 51 Abs. 1 Satz 2 Brüssel IIb-VO). Das Exequaturverfahren zur Erteilung einer Vollstreckungsklausel entfällt.

Zur Vollstreckung nach der Brüssel IIa-VO siehe die Kommentierung zu Art. 28 ff. Brüssel IIa-VO in der Vorauflage.

Die Vollstreckung erfolgt auf Vorlage einer Kopie der zu vollstreckenden Entscheidung und der entsprechenden Bescheinigung bei der für die Vollstreckung zuständigen Behörde (Art. 52 Brüssel IIb-VO).

Artikel 52

Für die Vollstreckung zuständige Behörden

Der Vollstreckungsantrag ist bei der Behörde zu stellen, die nach dem Recht des Vollstreckungsmitgliedstaats für die Vollstreckung zuständig ist und von diesem Mitgliedstaat der Kommission gemäß Artikel 103 mitgeteilt wurde.

1 Die Vollstreckung ist bei den zuständigen Behörden des Vollstreckungsstaats zu beantragen. Vorgaben hierzu enthält die Brüssel IIb-VO nicht, vielmehr verweist Erwägungsgrund (60) auf *„Gerichte, Gerichtsvollzieher und jede andere im nationalen Recht vorgesehene Behörde."* Für die Vollstreckung im Ausland sind Informationen über die nach Art. 103 Brüssel IIb-VO zu benennenden Stellen über das Europäische Justizportal (e-justice.europa.eu) zu finden oder können über die Zentralen Behörden erfragt werden. Für das Verfahren vor deutschen Gerichten greift die Zuständigkeitskonzentration nach §§ 10 Satz 1 Nr. 2, 12 IntFamRVG.

Artikel 53

Teilvollstreckung

(1) Eine Partei, die die Vollstreckung einer Entscheidung begehrt, kann eine teilweise Vollstreckung der Entscheidung beantragen.

(2) Ist mit der Entscheidung über mehrere geltend gemachte Ansprüche entschieden worden und wurde die Vollstreckung für einen oder mehrere von ihnen abgelehnt, so ist die Vollstreckung dennoch für die Teile der Entscheidung möglich, die nicht von der Ablehnung betroffen sind.

(3) Die Absätze 1 und 2 des vorliegenden Artikels werden nicht herangezogen, um eine Entscheidung zu vollstrecken, die die Rückgabe eines Kindes anordnet, ohne dass auch eventuelle einstweilige Maßnahmen einschließlich Schutzmaßnahmen vollstreckt werden, die angeordnet wurden, um das Kind vor der Gefahr im Sinne des Artikels 13 Absatz 1 Buchstabe b des Haager Übereinkommens von 1980 zu schützen.

1 Art. 53 Abs. 1 und 2 stellen klar, dass auch eine teilweise Vollstreckung möglich ist. Ausgeschlossen ist eine Teilvollstreckung nach Abs. 3 jedoch bei der Vollstreckung von Rückführungsanordnungen nach dem HKÜ, wenn zugleich begleitende Maßnahmen zum Schutz des Kindes auf Grundlage von Art. 27 Abs. 5 Brüssel IIb-VO angeordnet wurden.

Artikel 54

Modalitäten der Ausübung des Umgangsrechts

(1) Die für die Vollstreckung zuständigen Behörden oder die Gerichte des Vollstreckungsmitgliedstaats können die Modalitäten der Ausübung des Umgangsrechts regeln, wenn die notwendigen Vorkehrungen überhaupt nicht oder nicht in ausreichendem Maße in der Entscheidung der Gerichte des für die Entscheidung in der Hauptsache zuständigen Mitgliedstaats getroffen wurden und sofern der Wesensgehalt der Entscheidung unberührt bleibt.

(2) Die nach Absatz 1 festgelegten Modalitäten treten außer Kraft, nachdem die Gerichte des für die Entscheidung in der Hauptsache zuständigen Mitgliedstaats eine Entscheidung erlassen haben.

1 Zur effektiven Umsetzung von Umgangsregelungen ermöglicht die Norm eine vorläufige (siehe Abs. 2) Konkretisierung der Umgangsregelung durch das Gericht im Vollstreckungsstaat entsprechend den dort für die Umsetzung des Umgangs erforderlichen Modalitäten. Hiervon umfasst wäre etwa eine konkrete Regelung zur Übergabe des Kindes, um die Vollstreckbarkeit des Titels sicherzustellen.[1]

Artikel 55

Zustellung von Bescheinigungen und Entscheidungen

(1) Soll eine in einem anderen Mitgliedstaat ergangene Entscheidung vollstreckt werden, so wird die entsprechende, gemäß Artikel 36 oder 47 ausgestellte Bescheinigung der Person, gegen die die Vollstreckung erwirkt werden soll, vor der ersten Vollstreckungsmaßnahme zugestellt. Wurde die Entscheidung dieser Person noch nicht zugestellt, so wird sie der Bescheinigung beigefügt, gegebenenfalls zusammen mit den Einzelheiten der Modalitäten nach Artikel 54 Absatz 1.

(2) Muss die Zustellung in einem anderen Mitgliedstaat als im Ursprungsmitgliedstaat erfolgen, so kann die Person, gegen die die Vollstreckung erwirkt werden soll, eine Übersetzung oder Transliteration folgender Schriftstücke verlangen:

a) der Entscheidung, um die Vollstreckung anzufechten;

b) gegebenenfalls der übersetzbaren Inhalte der Freitextfelder der gemäß Artikel 47 ausgestellten Bescheinigung;

wenn diese weder in einer Sprache, die sie versteht, noch in der Amtssprache des Mitgliedstaats, in dem sie ihren gewöhnlichen Aufenthalt hat, noch in der oder einer der Amtssprachen am Ort ihres gewöhnlichen Aufenthalts, wenn es in dem betreffenden Mitgliedstaat mehrere Amtssprachen gibt, abgefasst noch mit einer Übersetzung oder Transliteration in eine dieser Sprachen versehen sind.

(3) Wird nach Absatz 2 eine Übersetzung oder Transliteration verlangt, so können so lange keine Vollstreckungsmaßnahmen außer Schutzmaßnahmen ergriffen werden, bis der Person, gegen die die Vollstreckung erwirkt werden soll, die Übersetzung oder Transliteration zugänglich gemacht worden ist.

(4) Die Absätze 2 und 3 gelten nicht, soweit die Entscheidung und gegebenenfalls die Bescheinigung gemäß Absatz 1 der Person, gegen die die Vollstreckung erwirkt werden soll, in Erfüllung der Anforderungen des Absatzes 2 hinsichtlich einer Übersetzung oder Transliteration bereits zugestellt wurde.

1 Vgl. Erwägungsgrund (61); Praxisleitfaden 5.3.5.

Die Regelung enthält den Grundsatz, dass eine Vollstreckung nicht vor Zustellung der vorzulegenden Bescheinigung bzw. der Entscheidung an den Antragsgegner erfolgt, ggf. ist diese nach Abs. 1 Satz 2 zeitgleich auszuführen.[1] 1

1 Zu Einzelheiten siehe MüKo-BGB/*Heiderhoff*, Kommentierung zu Art. 55 Brüssel IIb-VO

Unterabschnitt 2
Aussetzung der Vollstreckungsverfahren und Versagung der Vollstreckung

Artikel 56

Aussetzung und Versagung

(1) Die für die Vollstreckung zuständige Behörde oder das Gericht des Vollstreckungsmitgliedstaats setzt von Amts wegen oder auf Antrag der Person, gegen die die Vollstreckung erwirkt werden soll, oder, falls im nationalen Recht vorgesehen, auf Antrag des betroffenen Kindes das Vollstreckungsverfahren aus, wenn die Vollstreckbarkeit der Entscheidung im Ursprungsmitgliedstaat ausgesetzt worden ist.

(2) Die für die Vollstreckung zuständige Behörde oder das Gericht des Vollstreckungsmitgliedstaats kann auf Antrag der Person, gegen die die Vollstreckung erwirkt werden soll, oder, falls im nationalen Recht vorgesehen, auf Antrag des betroffenen Kindes das Vollstreckungsverfahren aus einem der folgenden Gründe ganz oder teilweise aussetzen:

a) Im Ursprungsmitgliedstaat wurde ein ordentlicher Rechtsbehelf gegen die Entscheidung eingelegt;

b) die Frist für einen ordentlichen Rechtsbehelf nach Buchstabe a ist noch nicht abgelaufen;

c) es wurde ein Antrag auf Versagung der Vollstreckung gemäß den Artikeln 41, 50 oder 57 gestellt;

d) die Person, gegen die die Vollstreckung erwirkt werden soll, hat gemäß Artikel 48 beantragt, eine Bescheinigung nach Artikel 47 zu widerrufen.

(3) Setzt die für die Vollstreckung zuständige Behörde oder das Gericht das Vollstreckungsverfahren aus dem in Absatz 2 Buchstabe b genannten Grund aus, so kann sie/es eine Frist bestimmen, innerhalb deren ein Rechtsbehelf einzulegen ist.

(4) In Ausnahmefällen kann die für die Vollstreckung zuständige Behörde oder das Gericht auf Antrag der Person, gegen die die Vollstreckung erwirkt werden soll, oder, falls im nationalen Recht vorgesehen, auf Antrag des betroffenen Kindes oder einer interessierten Partei, die im Interesse des Kindeswohls handelt, das Vollstreckungsverfahren aussetzen, wenn die Vollstreckung aufgrund – nach Ergehen der Entscheidung aufgetretener – vorübergehender Hindernisse oder anderer wesentlicher Änderungen der Umstände für das Kind die schwerwiegende Gefahr eines körperlichen oder seelischen Schadens mit sich bringen würde.

Die Vollstreckung wird wieder aufgenommen, sobald die schwerwiegende Gefahr eines körperlichen oder seelischen Schadens nicht mehr besteht.

(5) Bevor die für die Vollstreckung zuständige Behörde oder das Gericht in den Fällen nach Absatz 4 die Vollstreckung gemäß Absatz 6 ablehnt, unternimmt sie geeignete Schritte, um die Vollstreckung im Einklang mit den nationalen Rechtsvorschriften und Verfahren und dem Kindeswohl zu ermöglichen.

(6) Ist die in Absatz 4 genannte schwerwiegende Gefahr dauerhafter Art, so kann die für die Vollstreckung zuständige Behörde oder das Gericht auf Antrag die Vollstreckung der Entscheidung ablehnen.

Übersicht

A. Allgemeines

Art. 56 ff. Brüssel IIb-VO regeln einheitliche Anforderungen für die Aussetzung und Versagung der Vollstreckung von Entscheidungen zur elterlichen Verantwortung im Vollstreckungsstaat mit dem Ziel einer Mindestharmonisierung der Gründe für die Ablehnung der Vollstreckung der Entscheidungen anderer Mitgliedstaaten.[1] 1

Die in Art. 56 und 57 genannten Gründe für die Aussetzung der Vollstreckung greifen für die Vollstreckung aus in einem anderen Mitgliedstaat ergangenen Titeln, einschließlich privilegierter Entscheidungen i.S.d. Art. 42 Brüssel IIb-VO, jedoch nicht für die Vollstreckung der im Vollstreckungsstaat selbst erlassenen Rückführungsentscheidungen nach dem HKÜ.[2] Auf Rückführungsverfahren nach dem HKÜ gelangen die Art. 56 ff. Brüssel IIb-VO nur zur Anwendung, wenn infolge eines weiteren Aufenthaltswechsels die Rückführungsentscheidung eines anderen Mitgliedstaats zu vollstrecken ist (Art. 1 Abs. 3 Satz 2 Brüssel IIb-VO). 2

B. Inhalt der Norm

I. Grundsätze

Die Aussetzung und Versagung der Vollstreckung durch das Vollstreckungsgericht ist ausschließlich aus den in dieser Vorschrift vorgesehenen Gründen möglich. Zu differenzieren ist dabei zwischen der **Aussetzung der Vollstreckung** und der **Versagung der Vollstreckung** sowie zwischen **zwingender und fakultativer Aussetzung bzw. Versagung**. Maßgeblich ist dabei jeweils, welche Gründe vorliegen bzw. geltend gemacht werden. 3

II. Einzelheiten

Nach Abs. 1 ist das Gericht im Vollstreckungsstaat von Amts wegen oder auf Antrag zur **Aussetzung** der Vollstreckung **verpflichtet**, wenn die Vollstreckbarkeit der Entscheidung im Ursprungsstaat ausgesetzt wurde. 4

Abs. 2 umfasst Fallgruppen, in denen die zu vollstreckende Entscheidung noch anfechtbar bzw. angefochten ist, namentlich: 5

a) Im Ursprungsmitgliedstaat wurde ein ordentlicher Rechtsbehelf gegen die Entscheidung eingelegt.

b) Die Frist für einen ordentlichen Rechtsbehelf läuft noch.

c) Es wurde ein Antrag auf Versagung der Vollstreckung gestellt gemäß
   - Art. 41 nach Feststellung der Versagung der Anerkennung i.S.d. Art. 39.
   - Art. 50 für privilegierte Entscheidungen: Unvereinbarkeit mit späterer Entscheidung.

1 *Schulz*, FamRZ 2020, 1141, 1146

2 MüKo-BGB/*Heiderhoff*, Brüssel IIb-VO Art. 44 Rn. 2; Thomas/Putzo/*Hüßtege*, Art. 56 Brüssel IIb-VO Rn. 1a

– Art. 57 Aussetzung oder Versagung der Vollstreckung nach nationalem Recht (siehe hierzu die Kommentierung zu Art. 57 Brüssel IIb-VO).

d) Antrag nach Art. 48 auf Widerruf der Bescheinigung für eine privilegierte Entscheidung i.S.d. Art. 47.

6 Nach Abs. 4 **kann** das Gericht **auf Antrag** die Vollstreckung (vorläufig) **aussetzen**, wenn die Vollstreckung für das Kind aufgrund – nach Erlass der Entscheidung eingetretener – Hindernisse oder anderer wesentlicher Änderungen der Umstände eine schwerwiegende Gefahr eines körperlichen oder seelischen Schadens mit sich bringen würde. Maßgeblich ist, dass es sich um nachträglich eingetretene Umstände handelt. Dies umfasst objektive Hindernisse, wie die Inhaftierung des Elternteils, an den das Kind herauszugeben ist, wie auch eine schwerwiegende Erkrankung dieses Elternteils oder des Kindes.[3] Die Aussetzung der Vollstreckung kommt aber auch in Betracht, wenn ein erst nach Erlass der Entscheidung geäußertes bzw. als beachtlich anzusehendes Widersetzen des Kindes vorliegt, dessen fehlende Beachtung einer schwerwiegenden Gefahr eines körperlichen oder seelischen Schadens für das Kind gleichkäme.[4]

7 **Abs. 4** ist nach der Intention des Verordnungsgebers auf **Ausnahmefälle** beschränkt und (entsprechend den Ausnahmetatbeständen in Art. 13 Abs. 1 b) HKÜ) eng auszulegen. Maßnahmen zur Abwendung der Gefährdung sind vorrangig.[5]

III. Fakultative Versagung der Vollstreckung

8 Art. 56 Abs. 6 gestattet die Versagung der Vollstreckung, wenn die Gefährdung i.S.d. Abs. 4 dauerhaft vorliegt. Auch hier handelt es sich um einen eng auszulegenden Ausnahmetatbestand. Vorrangig sind Maßnahmen, die eine Vollstreckung im Einklang mit nationalem Recht und dem Kindeswohl ermöglichen. Beispielhaft genannt wird die Hinzuziehung von Psychologen und Sozialarbeitern.[6]

C. Verfahren

9 Das Verfahren auf Versagung der Vollstreckung ist in Art. 59 Brüssel IIb-VO (siehe die Kommentierung zu Art. 59 Brüssel IIb-VO) geregelt.

Artikel 57

Gründe für die Aussetzung oder Versagung der Vollstreckung nach nationalem Recht

Die im Recht des Vollstreckungsmitgliedstaats vorgesehenen Gründe für die Aussetzung oder Versagung der Vollstreckung gelten, sofern sie nicht mit der Anwendung der Artikel 41, 50 und 56 unvereinbar sind.

Übersicht

3 Praxisleitfaden 5.4.3.
4 Erwägungsgrund 69; Praxisleitfaden 5.4.3.
5 Siehe Erwägungsgrund 69; *Andrae*, § 9 Rn. 228
6 Erwägungsgrund 69; *Schulz*, FamRZ 2020, 1141, 1147

A. Allgemeines

Die Regelung stellt zunächst klar, dass neben den in Art. 56 Brüssel IIb-VO genannten Gründen eine Aussetzung oder Versagung der Vollstreckung auch auf Grundlage nationalen Rechts in Betracht kommt, sofern sie mit den Vorgaben der Brüssel IIb-VO vereinbar sind. 1

B. Inhalt der Norm

Für die Anwendung der Aussetzungs- oder Versagungsgründe nach nationalem Recht ist zu beachten, dass gemäß der Intention des Verordnungsgebers und dem Grundsatz des wechselseitigen Vertrauens die Gründe für die Versagung der Vollstreckung auf ein Minimum zu beschränken sind; untersagt ist insbesondere die Überprüfung 2

- der Einhaltung der Regelungen zur Rechtshängigkeit,
- der durch die Gerichte im Ursprungsstaat angenommenen Zuständigkeit (Art. 69 Brüssel IIb-VO),
- der Entscheidung in der Sache selbst (Art. 71 Brüssel IIb-VO).[1]

Vor dem Hintergrund des aus der Norm folgenden Verbots der inhaltlichen Überprüfung der Entscheidung ist die unter Anwendung der Brüssel IIa-VO ergangene Entscheidung des BVerfG vom 1.8.2022[2] zur Aussetzung der Vollstreckung privilegierter Entscheidungen, in der die Möglichkeit einer inhaltlichen Prüfung für Fälle bejaht wurde, in denen der Anwendungsbereich für die (ungeachtet dessen im Ursprungsstaat erteilte) Bescheinigung nicht eröffnet war, nicht auf die Brüssel IIb-VO übertragbar. 3

C. Verfahren

Die Aussetzungs- und Versagungsgründe sollen neben den in der Brüssel IIb-VO genannten Gründen in einem einheitlichen Verfahren nach Art. 59 Brüssel IIb-VO geltend gemacht werden.[3] Dies dient einer Vereinheitlichung und dem schnelleren Abschluss der Verfahren. 4

Artikel 58

Für die Versagung der Vollstreckung zuständige Behörden oder Gerichte

(1) Der Antrag auf Versagung der Vollstreckung aufgrund von Artikel 39 ist bei dem Gericht zu stellen, das von jedem Mitgliedstaat der Kommission gemäß Artikel 103 mitgeteilt wird. Der Antrag auf Versagung der Vollstreckung aufgrund anderer in dieser Verordnung vorgesehener oder zugelassener Gründe ist bei der Behörde oder dem Gericht zu stellen, die beziehungsweise das von jedem Mitgliedstaat der Kommission gemäß Artikel 103 mitgeteilt wurde.

(2) Die örtlich zuständige Behörde oder das örtlich zuständige Gericht, die beziehungsweise das von jedem Mitgliedstaat der Kommission gemäß Artikel 103 mitgeteilt wird, wird durch das Recht des Mitgliedstaats bestimmt, in dem das Verfahren nach Absatz 1 des vorliegenden Artikels eingeleitet wird.

1 Praxisleitfaden 5.5.
2 BVerfG FamRZ 2022, 1478 m. Anm. *Schulz* zur Aussetzung der Vollstreckung eines Beschlusses zur Vollstreckung eines spanischen Titels zur Herausgabe des Kindes an den in Spanien lebenden Vater; hierzu *Rieländer.* NZFam 2024, 203; siehe zu diesem Verfahren auch BVerfG FamRZ 2023, 1798
3 Hierzu Erwägungsgrund 63; Praxisleitfaden 5.4.4.

Artikel 59

Antrag auf Versagung der Vollstreckung

(1) Für das Verfahren zur Beantragung der Versagung der Vollstreckung ist, soweit es nicht durch diese Verordnung geregelt ist, das Recht des Vollstreckungsmitgliedstaats maßgebend.

(2) Der Antragsteller legt der für die Vollstreckung zuständigen Behörde oder dem Gericht eine Ausfertigung der Entscheidung und gegebenenfalls soweit möglich die entsprechende Bescheinigung vor, die nach Artikel 36 oder 47 ausgestellt wurde.

(3) Die für die Vollstreckung zuständige Behörde oder das Gericht kann erforderlichenfalls den Antragsteller auffordern, eine Übersetzung oder Transliteration gemäß Artikel 91 der übersetzbaren Inhalte der Freitextfelder der Bescheinigung vorzulegen, die nach Artikel 36 oder 47 ausgestellt wurde und in der die zu vollstreckende Verpflichtung angegeben ist.

(4) Wenn die für die Vollstreckung zuständige Behörde oder das Gericht ohne eine Übersetzung oder Transliteration der Entscheidung das Verfahren nicht fortsetzen kann, kann sie/es den Antragsteller auffordern, eine derartige Übersetzung oder Transliteration gemäß Artikel 91 vorzulegen.

(5) Die für die Vollstreckung zuständige Behörde oder das Gericht kann auf die Vorlage der in Absatz 2 genannten Schriftstücke verzichten, wenn

a) ihr/ihm die Schriftstücke bereits vorliegen oder

b) sie/es es für unzumutbar hält, vom Antragsteller die Vorlage der Schriftstücke zu verlangen.

Im in Unterabsatz 1 Buchstabe b genannten Fall kann die für die Vollstreckung zuständige Behörde oder das Gericht von der anderen Partei verlangen, diese Schriftstücke vorzulegen.

(6) Von der Partei, die die Versagung der Vollstreckung einer in einem anderen Mitgliedstaat ergangenen Entscheidung begehrt, kann nicht verlangt werden, dass sie im Vollstreckungsmitgliedstaat über eine Postanschrift verfügt. Von dieser Partei kann nur dann verlangt werden, dass sie im Vollstreckungsmitgliedstaat über einen bevollmächtigten Vertreter verfügt, wenn ein solcher Vertreter nach dem Recht des Vollstreckungsmitgliedstaats ungeachtet der Staatsangehörigkeit der Parteien vorgeschrieben ist.

Übersicht

A. Allgemeines

1 Art. 59 ff. Brüssel IIb-VO regeln das im Vollstreckungsstaat zu führende Verfahren auf Versagung der Vollstreckung. Die Regelungen gelten gemäß Art. 40 Abs. 1 Brüssel IIb-VO entsprechend für das Verfahren auf Versagung der Anerkennung von Entscheidungen zur elterlichen Verantwortung.

B. Einzelheiten

I. Zuständigkeit

Die Zuständigkeit für Verfahren auf Versagung der Anerkennung bzw. Vollstreckung ist in Art. 58 Brüssel IIb-VO geregelt. Für das Verfahren vor deutschen Gerichten greift die Zuständigkeitskonzentration nach § 10 Satz 1 Ziffer 1 i.V.m. § 12 IntFamRVG. 2

II. Antragsberechtigung

Antragsberechtigt ist der Vollstreckungsgegner, der sich gegen die Vollstreckung wendet. 3
Im Anwendungsbereich von Art. 56 Abs. 4 Brüssel IIb-VO (schwerwiegende Gefährdung des Kindeswohls) ist – sofern im nationalen Recht vorgesehen – auch das Kind bzw. eine im Interesse des Kindes handelnde „interessierte Partei". In Verfahren vor deutschen Gerichten sind gemäß § 44f Abs. 1 Satz 2 IntFamRVG das Kind selbst und das Jugendamt antragsberechtigt.

III. Verfahren

Art. 59 ff. Brüssel IIb-VO regeln das Verfahren auf Versagung der Anerkennung bzw. Voll- 4
streckung. Für das Verfahren vor deutschen Gerichten gelten hierzu die Regelungen in den §§ 44b bis 44g IntFamRVG (siehe hierzu *Schweppe*, Kommentierung zu §§ 44b bis 44g IntFamRVG). Dabei ist weder eine mündliche Erörterung zwingend noch die Bestellung eines Verfahrensbeistands vorgesehen.[1]

IV. Rechtsmittel

Art. 61 Brüssel IIb-VO bestimmt, dass jedenfalls gegen die Entscheidung der ersten Instanz 5
ein Rechtsmittel eröffnet ist, wobei die Verweisung in Abs. 2 sich nicht auf Art. 81, sondern Art. 103 Brüssel IIb-VO bezieht.[2] In Deutschland ist dies gemäß § 44d IntFamRVG die sofortige Beschwerde (siehe hierzu *Schweppe*, Auslandsbezüge, Kommentierung zu § 44b bis j IntFamRVG). Die Zulassung weiterer Rechtsbehelfe ist nach Art. 62 Brüssel IIb-VO fakultativ. Im deutschen Recht kann das Beschwerdegericht die Rechtsbeschwerde nach § 44e IntFamRVG i.V.m. § 574 Abs. 1 Nr. 2 und Abs. 3 ZPO zulassen.

V. Vorläufige Aussetzung der Vollstreckung

Art. 63 Brüssel IIb-VO ermöglicht im Rahmen des Verfahrens auf Versagung der Vollstre- 6
ckung nach Art. 59 Brüssel IIb-VO die vorläufige Aussetzung der Vollstreckung. Die hierzu in Art. 63 Abs. 1 Brüssel IIb-VO genannten Aussetzungsgründe entsprechen Art. 56 Abs. 2 Brüssel IIb-VO.[3] Im Fall der Aussetzung wegen einer im Ursprungsmitgliedstaat noch laufenden Frist zur Einlegung eines Rechtsbehelfs kann das Gericht gemäß Art. 63 Abs. 2 Brüssel IIb-VO eine (kürzere) Frist bestimmen, innerhalb der das Rechtmittel im Ursprungsmitgliedstaat einzulegen ist.

---

1 Thomas/Putzo/*Hüßtege*, Art. 59 Brüssel IIb-VO Rn. 9 f.
2 Siehe den entsprechenden Hinweis bei Staudinger/*Hau* und Thomas/Putzo/*Hüßtege* zu Art. 61 Brüssel IIb-VO
3 Thomas/Putzo/*Hüßtege*, Art. 63 Brüssel IIb-VO Rn. 1

Artikel 60

Zügige Verfahren

Die für die Vollstreckung zuständige Behörde oder das Gericht geht bei Verfahren über Anträge auf Versagung der Vollstreckung ohne ungebührliche Verzögerung vor.

Von einer Kommentierung wird abgesehen.

Artikel 61

Anfechtung oder Rechtsbehelf

(1) Jede Partei kann eine Entscheidung über den Antrag auf Ablehnung der Vollstreckung anfechten beziehungsweise einen Rechtsbehelf dagegen einlegen.

(2) Die Anfechtung oder der Rechtsbehelf wird bei der Behörde oder dem Gericht geltend gemacht, die/das vom Vollstreckungsmitgliedstaat der Kommission gemäß Artikel 81 als die Behörde oder das Gericht mitgeteilt wird, bei der/dem eine derartige Anfechtung oder ein derartiger Rechtsbehelf einzulegen ist.

Von einer Kommentierung wird abgesehen.

Artikel 62

Weitere Anfechtungen oder Rechtsbehelfe

Gegen die Entscheidung, die über die Anfechtung oder den Rechtsbehelf ergangen ist, kann nur durch eine Anfechtung oder einen Rechtsbehelf Einspruch erhoben werden, wenn der betreffende Mitgliedstaat der Kommission gemäß Artikel 103 mitgeteilt hat, bei welchen Gerichten eine weitere Anfechtung oder ein weiterer Rechtsbehelf geltend zu machen ist.

Von einer Kommentierung wird abgesehen.

Artikel 63

Aussetzung des Verfahrens

(1) Die für die Vollstreckung zuständige Behörde oder das Gericht, die/das mit einem Antrag auf Versagung der Vollstreckung oder mit einem Rechtsbehelf nach Artikel 61 oder 62 befasst ist, kann das Verfahren aus einem der folgenden Gründe aussetzen:

a) Im Ursprungsmitgliedstaat wurde ein ordentlicher Rechtsbehelf gegen die Entscheidung eingelegt;

b) die Frist für einen ordentlichen Rechtsbehelf nach Buchstabe a ist noch nicht verstrichen; oder

c) die Person, gegen die die Vollstreckung erwirkt werden soll, hat gemäß Artikel 48 beantragt, eine Bescheinigung nach Artikel 47 zu widerrufen.

(2) Setzt die für die Vollstreckung zuständige Behörde oder das Gericht das Verfahren aus dem in Absatz 1 Buchstabe b genannten Grund aus, so kann sie/es eine Frist bestimmen, innerhalb deren ein Rechtsbehelf einzulegen ist.

Von einer Kommentierung wird abgesehen.

ABSCHNITT 4
Öffentliche Urkunden und Vereinbarungen

Artikel 64

Anwendungsbereich

Dieser Abschnitt gilt in Sachen der Ehescheidung, Trennung ohne Auflösung des Ehebandes und der elterlichen Verantwortung für öffentliche Urkunden, die in einem Mitgliedstaat, dessen gerichtliche Zuständigkeit nach Kapitel II anzunehmen ist, förmlich errichtet oder eingetragen wurden, und auf Vereinbarungen, die in einem Mitgliedstaat, dessen gerichtliche Zuständigkeit nach Kapitel II anzunehmen ist, eingetragen wurden.

Artikel 65

Anerkennung und Vollstreckung von öffentlichen Urkunden und Vereinbarungen

(1) Öffentliche Urkunden und Vereinbarungen über eine Trennung ohne Auflösung des Ehebandes und eine Ehescheidung, die im Ursprungsmitgliedstaat rechtsverbindliche Wirkung haben, werden in anderen Mitgliedstaaten anerkannt, ohne dass es eines besonderen Verfahrens bedarf. Abschnitt 1 dieses Kapitels gilt entsprechend, sofern in diesem Abschnitt nichts anderes bestimmt ist.

(2) Öffentliche Urkunden und Vereinbarungen in Sachen der elterlichen Verantwortung, die rechtsverbindliche Wirkung haben und in dem Ursprungsmitgliedstaat vollstreckbar sind, werden in anderen Mitgliedstaaten anerkannt und vollstreckt, ohne dass es einer Vollstreckbarerklärung bedarf. Die Abschnitte 1 und 3 dieses Kapitels gelten entsprechend, sofern in diesem Abschnitt nichts anderes bestimmt ist.

Artikel 66

Bescheinigung

(1) Das Gericht oder die zuständige Behörde des Ursprungsmitgliedstaats, das/die der Kommission gemäß Artikel 103 mitgeteilt wurde, stellt auf Antrag einer Partei eine Bescheinigung für eine öffentliche Urkunde oder Vereinbarung aus:

a) in Ehesachen unter Verwendung des Formblatts in Anhang VIII,

b) in Sachen der elterlichen Verantwortung unter Verwendung des Formblatts in Anhang IX.

Die in Buchstabe b genannte Bescheinigung enthält eine Zusammenfassung der vollstreckbaren Verpflichtung, die in der öffentlichen Urkunde oder in der Vereinbarung niedergelegt ist.

(2) Die Bescheinigung darf nur ausgestellt werden, wenn die folgenden Bedingungen erfüllt sind:

a) der Mitgliedstaat, der die Behörde oder andere Stelle zur förmlichen Errichtung oder Eintragung der öffentlichen Urkunde oder zur Eintragung der Vereinbarung ermächtigt hat, war gemäß Kapitel II zuständig; und

b) die öffentliche Urkunde oder die Vereinbarung hat in diesem Mitgliedstaat rechtsverbindliche Wirkung.

(3) Unbeschadet des Absatzes 2 darf die Bescheinigung in Sachen der elterlichen Verantwortung nicht ausgestellt werden, wenn es Hinweise darauf gibt, dass der Inhalt der öffentlichen Urkunde oder der Vereinbarung dem Kindeswohl widerspricht.

(4) Die Bescheinigung wird in der Sprache ausgefüllt, in der die öffentliche Urkunde oder die Vereinbarung abgefasst ist. Sie kann auch in einer anderen Amtssprache der Organe der Europäischen Union, die von einer Partei gewünscht wird, ausgestellt werden. Dies verpflichtet das Gericht oder die zuständige Behörde, das/die die Bescheinigung ausstellt, nicht dazu, eine Übersetzung oder Transliteration der übersetzbaren Inhalte der Freitextfelder bereitzustellen.

(5) Wird die Bescheinigung nicht vorgelegt, so wird die öffentliche Urkunde oder die Vereinbarung in einem anderen Mitgliedstaat nicht anerkannt oder vollstreckt.

Artikel 67

Berichtigung und Widerruf der Bescheinigung

(1) Die zuständige Behörde oder das Gericht des Ursprungsmitgliedstaats, die/das der Kommission gemäß Artikel 103 mitgeteilt wurde, berichtigt die Bescheinigung auf Antrag oder kann sie von Amts wegen berichtigen, wenn zwischen der öffentlichen Urkunde oder der Vereinbarung und der Bescheinigung aufgrund eines materiellen Fehlers oder einer Auslassung eine Unstimmigkeit besteht.

(2) Das Gericht oder die zuständige Behörde nach Absatz 1 des vorliegenden Artikels widerruft die Bescheinigung auf Antrag oder von Amts wegen, wenn sie gemessen an den in Artikel 66 festgelegten Voraussetzungen zu Unrecht ausgestellt wurde.

(3) Das Verfahren für die Berichtigung oder der Widerruf der Bescheinigung, einschließlich eines etwaigen Rechtsbehelfs, unterliegt dem Recht des Ursprungsmitgliedstaats.

Artikel 68

Gründe für die Ablehnung der Anerkennung oder der Vollstreckung

(1) Die Anerkennung einer öffentlichen Urkunde oder einer Vereinbarung über die Trennung ohne Auflösung des Ehebandes oder die Ehescheidung wird abgelehnt,

a) wenn die Anerkennung der öffentlichen Ordnung des Mitgliedstaats, in dem sie geltend gemacht wird, offensichtlich widerspricht;

b) wenn sie mit einer Entscheidung, öffentlichen Urkunde oder Vereinbarung zwischen denselben Parteien in dem Mitgliedstaat, in dem die Anerkennung geltend gemacht wird, unvereinbar ist; oder

c) wenn sie mit einer früheren Entscheidung, öffentlichen Urkunde oder Vereinbarung unvereinbar ist, die in einem anderen Mitgliedstaat oder in einem Drittstaat zwischen denselben Parteien ergangen ist, sofern die frühere Entscheidung, öffentliche Urkunde oder Vereinbarung die notwendigen Voraussetzungen für ihre Anerkennung in dem Mitgliedstaat erfüllt, in dem die Anerkennung geltend gemacht wird.

(2) Die Anerkennung oder Vollstreckung einer öffentlichen Urkunde oder einer Vereinbarung in Sachen der elterlichen Verantwortung wird versagt,

a) wenn die Anerkennung der öffentlichen Ordnung des Mitgliedstaats, in dem sie geltend gemacht wird, offensichtlich widerspricht, wobei das Kindeswohl zu berücksichtigen ist;

b) wenn eine Person dies mit der Begründung beantragt, dass die öffentliche Urkunde oder die Vereinbarung in ihre elterliche Verantwortung eingreift, falls die öffentliche Urkunde errichtet oder eingetragen wurde oder die Vereinbarung geschlossen und eingetragen wurde, ohne dass diese Person einbezogen wurde;

c) wenn und soweit die Entscheidung mit einer späteren Entscheidung, öffentlichen Urkunde oder Vereinbarung in Sachen der elterlichen Verantwortung unvereinbar ist, die in dem

Mitgliedstaat, in dem die Anerkennung oder die Vollstreckung geltend gemacht werden soll, ergangen ist;

d) wenn und soweit die Entscheidung mit einer späteren Entscheidung, öffentlichen Urkunde oder Vereinbarung in Sachen der elterlichen Verantwortung unvereinbar ist, die in einem anderen Mitgliedstaat oder in dem Drittstaat des gewöhnlichen Aufenthalts des Kindes ergangen ist, sofern die spätere Entscheidung, öffentliche Urkunde oder Vereinbarung die notwendigen Voraussetzungen für ihre Anerkennung in dem Mitgliedstaat erfüllt, in dem die Anerkennung oder die Vollstreckung geltend gemacht werden soll.

(3) Die Anerkennung oder Vollstreckung einer öffentlichen Urkunde oder Vereinbarung in Sachen der elterlichen Verantwortung kann abgelehnt werden, wenn die öffentliche Urkunde förmlich errichtet oder eingetragen wurde oder die Vereinbarung eingetragen wurde, ohne dass dem Kind, das fähig ist, sich seine eigene Meinung zu bilden, Gelegenheit zur Meinungsäußerung gegeben wurde.

Übersicht

A. Allgemeines

1 Kapitel IV Abschnitt 4 der Brüssel IIb-VO enthält Regelungen für die Anerkennung und Vollstreckung öffentlicher Urkunden und Vereinbarungen.

2 Art. 65 Abs. 1 Brüssel IIb-VO erfasst insbesondere die hier nicht kommentierten sog. außergerichtlichen Scheidungen, soweit diese nicht dem Anwendungsbereich von Art. 30 ff. Brüssel IIb-VO unterfallen.[1] Für den Bereich der elterlichen Verantwortung greift Art. 65 Abs. 2 Brüssel IIb-VO etwa für behördlich genehmigte Sorgerechtsvereinbarungen.[2] Dies umfasst ausschließlich Vereinbarungen, für deren Wirksamkeit keine gerichtliche Bestätigung erforderlich ist, weshalb gerichtlich gebilligte Vereinbarungen nach § 156 Abs. 2 FamFG nicht Art. 65 Abs. 2 Brüssel IIb-VO unterfallen.[3] Anderes könnte im Fall der Umsetzung von Reformvorhaben für den Fall vollstreckungsfähiger Vereinbarungen zwischen den Eltern zum Umgang mit dem Kind gelten.

B. Inhalt der Norm

3 In den Anwendungsbereich von Art. 65 Abs. 2 Brüssel IIb-VO fallen öffentliche Urkunden und Vereinbarungen i.S.v. Art. 2 Abs. 2 Ziffer 2 bzw. 3 Brüssel IIb-VO unter der Voraussetzung, dass eine fiktive gerichtliche Zuständigkeit nach Maßgabe von Art. 7 ff. Brüssel IIb-VO des die Bescheinigung ausstellenden Mitgliedstaats besteht (Art. 66 Abs. 2 lit. a) Brüssel IIb-VO) und die öffentliche Urkunde bzw. Vereinbarung in diesem Staat rechtsverbindliche Wirkung hat (Art. 66 Abs. 2 lit. b) Brüssel IIb-VO).

4 Anerkennung und Vollstreckung erfolgen gemäß Art. 65 Brüssel IIb-VO auf Grundlage der nach Art. 66 Brüssel IIb-VO auszustellenden Bescheinigung. Dabei sieht Art. 66 Abs. 3 Brüssel IIb-VO eine Kindeswohlprüfung vor, wobei bereits bei Hinweisen darauf, dass das Kindeswohl nicht gewahrt ist, die Ausstellung der Bescheinigung zu versagen ist.[4]

1 Hierzu EuGH FamRZ 2023, 21; zur Abgrenzung *Dutta*, FamRZ 2023, 16
2 Musielak/Borth/*Frank*, Art. 65 EuEheVO verweist auf die Sorgevereinbarung nach finnischem Recht
3 Erwägungsgrund 14, S. 2; Thomas/Putzo/*Hüßtege*, Art. 65 Brüssel IIb-VO Rn. 4
4 Thomas/Putzo/*Hüßtege*, Art. 65 Brüssel IIb-VO Rn. 7

5 Art. 68 Brüssel IIb-VO regelt die Versagung der Anerkennung bzw. Vollstreckung im Anerkennungsstaat. Die aufgeführten Versagungsgründe entsprechen im Wesentlichen Art. 39 Brüssel IIb-VO (siehe *Schweppe*, Kommentierung zu Art. 39 Brüssel IIb-VO).

ABSCHNITT 5
Sonstige Bestimmungen

Artikel 69

Verbot der Nachprüfung der Zuständigkeit des Gerichts des Ursprungsmitgliedstaats

Die Zuständigkeit des Gerichts des Ursprungsmitgliedstaats darf nicht überprüft werden. Die Überprüfung der Vereinbarkeit mit der öffentlichen Ordnung gemäß Artikel 38 Buchstabe a und Artikel 39 Buchstabe a darf sich nicht auf die Zuständigkeitsvorschriften der Artikel 3 bis 14 erstrecken.

Die Norm untersagt im Rahmen der Anerkennung und Vollstreckung ausländischer Entscheidungen die Überprüfung der durch das Ausgangsgericht angenommenen internationalen Zuständigkeit des Ausgangsgerichts. Satz 2 stellt klar, dass auch über die Prüfung des *ordre-public*-Vorbehalts eine Anerkennung nicht mit der Begründung der fehlenden Einhaltung der Zuständigkeitsregelungen versagt werden darf. 1

Artikel 70

Unterschiede beim anzuwendenden Recht

Die Anerkennung einer Entscheidung in Ehesachen darf nicht deshalb versagt werden, weil eine Ehescheidung, Trennung ohne Auflösung des Ehebandes oder Ungültigerklärung einer Ehe nach dem Recht des Mitgliedstaats, in dem die Anerkennung geltend gemacht wird, unter Zugrundelegung desselben Sachverhalts nicht zulässig wäre.

Von einer Kommentierung wird abgesehen.

Artikel 71

Ausschluss einer Nachprüfung in der Sache

Eine in einem anderen Mitgliedstaat ergangene Entscheidung darf keinesfalls in der Sache selbst nachgeprüft werden.

Die Vorschrift enthält das allgemeine internationalverfahrensrechtliche Verbot der *„révision au fond"*, das eine inhaltliche Überprüfung der anzuerkennenden Entscheidung untersagt. 1

Artikel 72

Rechtsbehelfe in bestimmten Mitgliedstaaten

Ist die Entscheidung in Irland, Zypern oder im Vereinigten Königreich ergangen, so gilt jeder im Ursprungsmitgliedstaat statthafte Rechtsbehelf als ordentlicher Rechtsbehelf im Sinne dieses Kapitels.

Infolge des Austritts des Vereinigten Königreichs aus der EU ist der Anwendungsbereich dieser Norm auf Irland und Zypern beschränkt. 1

Artikel 73

Kosten

Dieses Kapitel gilt auch für die Festsetzung der Kosten für die nach dieser Verordnung eingeleiteten Verfahren und die Vollstreckung eines Kostenfestsetzungsbeschlusses.

Von einer Kommentierung wird abgesehen.

Artikel 74

Prozesskostenhilfe

(1) Wurde dem Antragsteller im Ursprungsmitgliedstaat ganz oder teilweise Prozesskostenhilfe oder Kostenbefreiung gewährt, so genießt er in dem Verfahren nach Artikel 30 Absatz 3, Artikel 40 und Artikel 59 hinsichtlich der Prozesskostenhilfe oder der Kostenbefreiung die günstigste Behandlung, die das Recht des Vollstreckungsmitgliedstaats vorsieht.

(2) Hat ein Antragsteller im Ursprungsmitgliedstaat ein unentgeltliches Verfahren vor einer der Kommission gemäß Artikel 103 mitgeteilten Verwaltungsbehörde in Anspruch genommen, so hat er in allen in Artikel 30 Absatz 3, Artikel 40 und Artikel 59 vorgesehenen Verfahren Anspruch auf Prozesskostenhilfe nach Absatz 1 des vorliegenden Artikels. Zu diesem Zweck muss diese Partei ein von der zuständigen Behörde des Ursprungsmitgliedstaats erstelltes Schriftstück vorlegen, mit dem bescheinigt wird, dass sie die wirtschaftlichen Voraussetzungen erfüllt, um ganz oder teilweise Prozesskostenhilfe oder Kosten- und Gebührenbefreiung in Anspruch nehmen zu können.

1 Art. 74 Brüssel IIb-VO vereinfacht in den in Abs. 1 genannten Verfahren die Bewilligung von Verfahrenskostenhilfe. Der Antragsteller, dem im Ausgangsverfahren Verfahrenskostenhilfe bzw. eine Kostenbefreiung gewährt wurde, erhält ohne erneute Bedürftigkeitsprüfung Verfahrenskostenhilfe für folgende Verfahren:

- Feststellung des Nichtvorliegens von Anerkennungsversagungsgründen (Art. 30 Abs. 3 Brüssel IIb-VO),
- Versagung der Anerkennung (Art. 40 Brüssel IIb-VO),
- Versagung der Vollstreckung (Art. 59 Brüssel IIb-VO).

Für den Nachweis der Bedürftigkeit genügt die entsprechende Angabe in der zur Anerkennung bzw. Vollstreckung vorzulegenden Bescheinigung.[1] Soweit im Ursprungsstaat ein unentgeltliches Verwaltungsverfahren durchgeführt wurde, das in Deutschland nicht vorgesehen ist, ist die Bedürftigkeit durch ein im Ursprungsstaat auszustellendes Schriftstück nachzuweisen (Art. 74 Abs. 2 Brüssel IIb-VO). Die Regelung privilegiert ausschließlich den Antragsteller in den genannten Verfahren und gilt nur für die erste Instanz.[2]

Artikel 75

Sicherheitsleistung, Hinterlegung

Einer Partei, die in einem Mitgliedstaat die Vollstreckung einer in einem anderen Mitgliedstaat ergangenen Entscheidung beantragt, darf wegen ihrer Eigenschaft als ausländischer Staatsangehöriger oder wegen Fehlens eines gewöhnlichen Aufenthalts im Vollstreckungsmitgliedstaat keine Sicherheitsleistung oder Hinterlegung, unter welcher Bezeichnung es auch sei, auferlegt werden.

Von einer Kommentierung wird abgesehen.

1 Thomas/Putzo/*Hüßtege*, Art. 74 Brüssel IIb-VO Rn. 1
2 MüKo-BGB/*Heiderhoff*, Art. 75 Brüssel IIb-VO Rn. 2

KAPITEL V
ZUSAMMENARBEIT BEI VERFAHREN BETREFFEND DIE ELTERLICHE VERANTWORTUNG

Artikel 76

Bestimmung der Zentralen Behörden

Jeder Mitgliedstaat bestimmt eine oder mehrere Zentrale Behörden, die ihn bei der Anwendung dieser Verordnung in Verfahren betreffend die elterliche Verantwortung unterstützen, und legt ihre räumliche oder sachliche Zuständigkeit fest. Hat ein Mitgliedstaat mehrere Zentrale Behörden bestimmt, so sind die Mitteilungen grundsätzlich direkt an die zuständige Zentrale Behörde zu richten. Wurde eine Mitteilung an eine nicht zuständige Zentrale Behörde gerichtet, so leitet diese die Mitteilung an die zuständige Zentrale Behörde weiter und setzt den Absender davon in Kenntnis.

Art. 76 Brüssel IIb-VO regelt (wie auch Art. 6 HKÜ, Art. 2 ESÜ und Art. 29 KSÜ) die Bestimmung von Zentralen Behörden durch die Mitgliedstaaten.[1] Zentrale Behörde in Deutschland ist das Bundesamt für Justiz (§ 3 IntFamRVG), dessen Aufgaben durch Art. 77 bis 80 Brüssel IIb-VO sowie die §§ 4 ff. IntFamRVG konkretisiert werden.[2] 1

Artikel 77

Allgemeine Aufgaben der Zentralen Behörden

(1) Die Zentralen Behörden stellen Informationen über nationale Rechtsvorschriften, Verfahren und Dienste, die in Verfahren betreffend die elterliche Verantwortung verfügbar sind, bereit und ergreifen die Maßnahmen, die sie als geeignet erachten, um die Anwendung dieser Verordnung zu verbessern.

(2) Die Zentralen Behörden arbeiten zusammen und fördern die Zusammenarbeit der zuständigen Behörden ihrer Mitgliedstaaten, um die Ziele dieser Verordnung zu verwirklichen.

(3) Für die Zwecke der Absätze 1 und 2 kann das Europäische Justizielle Netz für Zivil- und Handelssachen genutzt werden.

Artikel 78

Übermittlung von Ersuchen über die Zentralen Behörden

(1) Die Zentralen Behörden arbeiten auf Ersuchen der Zentralen Behörde eines anderen Mitgliedstaats in Einzelfällen zusammen, um die Ziele dieser Verordnung zu verwirklichen.

(2) Ersuchen nach diesem Kapitel können von einem Gericht oder einer zuständigen Behörde gestellt werden. Ersuchen nach Artikel 79 Buchstaben c und g sowie Artikel 80 Absatz 1 Buchstabe c können auch von Trägern der elterlichen Verantwortung gestellt werden.

(3) Außer in dringenden Fällen werden unbeschadet des Artikels 86 Ersuchen nach diesem Kapitel der Zentralen Behörde des Mitgliedstaats des ersuchenden Gerichts oder der ersu-

1 Die Zentralen Behörden der EU-Mitgliedstaaten sind unter e-justice.europa.eu in der Rubrik Brüssel IIb-VO – Ehesachen und Verfahren betreffend die elterliche Verantwortung (Neufassung) – unter den landesspezifischen Informationen/Informationen nach Regionen aufgeführt

2 Zu Informationen über das Bundesamt für Justiz als Zentrale Behörde, aber auch zu den weiteren Aufgaben dieser Behörde ist auf die Internetseite www.bundesjustizamt.de > Themen > Familie international > Sorgerecht zu verweisen

chenden zuständigen Behörde oder des Mitgliedstaats des gewöhnlichen Aufenthalts des Antragstellers vorgelegt.

(4) Durch diesen Artikel werden die Zentralen Behörden oder zuständigen Behörden nicht daran gehindert, Vereinbarungen oder Abmachungen mit den Zentralen Behörden oder zuständigen Behörden eines oder mehrerer anderer Mitgliedstaaten zu treffen oder beizubehalten, wonach eine direkte Kommunikation in ihren gegenseitigen Beziehungen zulässig ist.

(5) Durch dieses Kapitel wird kein Träger der elterlichen Verantwortung daran gehindert, Anträge direkt an die Gerichte eines anderen Mitgliedstaats zu richten.

(6) Die Artikel 79 und 80 verpflichten eine Zentrale Behörde nicht zur Ausübung von Befugnissen, die nach dem Recht des ersuchten Mitgliedstaats ausschließlich den Gerichten zustehen.

Artikel 79

Besondere Aufgaben der ersuchten Zentralen Behörden

Die ersuchten Zentralen Behörden treffen direkt oder durch Einschaltung von Gerichten, zuständigen Behörden oder anderen Stellen alle geeigneten Maßnahmen, um

a) im Einklang mit ihren nationalen Rechtsvorschriften und Verfahren Unterstützung bei der Ermittlung des Aufenthaltsorts eines Kindes zu leisten, wenn der Anschein besteht, dass sich das Kind im Hoheitsgebiet des ersuchten Mitgliedstaats befinden könnte und die betreffende Information für die Erledigung eines Antrags oder eines Ersuchens nach dieser Verordnung erforderlich ist;

b) Informationen einzuholen und auszutauschen, die in Verfahren betreffend die elterliche Verantwortung nach Artikel 80 von Belang sind;

c) den Trägern der elterlichen Verantwortung, die die Anerkennung und Vollstreckung einer Entscheidung, insbesondere über das Umgangsrecht und die Rückgabe des Kindes, im Gebiet der ersuchten Zentralen Behörde begehren, Informationen und Unterstützung bereitzustellen, erforderlichenfalls auch Informationen darüber, wie Prozesskostenhilfe erlangt werden kann;

d) die Kommunikation zwischen den beteiligten Gerichten, zuständigen Behörden und sonstigen Stellen, insbesondere im Hinblick auf die Anwendung des Artikels 81, zu erleichtern;

e) erforderlichenfalls die Kommunikation zwischen Gerichten, insbesondere im Hinblick auf die Anwendung der Artikel 12, 13, 15 und 20, zu erleichtern;

f) alle Informationen und Hilfen, die von den Gerichten und zuständigen Behörden für die Anwendung des Artikels 82 benötigt werden, zur Verfügung zu stellen und

g) durch Mediation oder andere Mittel der alternativen Streitbeilegung eine gütliche Einigung zwischen den Trägern der elterlichen Verantwortung zu erleichtern und hierzu die grenzüberschreitende Zusammenarbeit zu fördern.

Artikel 80

Zusammenarbeit bei der Erhebung und dem Austausch von Informationen die in Verfahren betreffend die elterliche Verantwortung von Belang sind

(1) Auf ein begründetes Ersuchen verfährt die Zentrale Behörde des Mitgliedstaats, in dem das Kind seinen gewöhnlichen Aufenthalt hat bzw. hatte, oder in dem es sich befindet bzw. befand, direkt oder durch Einschaltung von Gerichten, zuständigen Behörden oder sonstigen Stellen wie folgt:

a) Sie stellt gegebenenfalls einen Bericht bereit bzw. erstellt ihn und legt ihn vor über

i) die Situation des Kindes,

ii) laufende Verfahren betreffend die elterliche Verantwortung für das Kind, oder

iii) Entscheidungen in Verfahren betreffend die elterliche Verantwortung für das Kind;

b) sie legt alle anderen Informationen vor, die für Verfahren betreffend die elterliche Verantwortung im ersuchenden Mitgliedstaat von Belang sind, insbesondere über die Situation eines Elternteils, eines/einer Verwandten oder einer anderen Person, der/die für die Betreuung des Kindes geeignet wäre, wenn die Situation des Kindes es erfordert, oder

c) sie kann das Gericht oder die zuständige Behörde ihres Mitgliedstaats ersuchen, zu prüfen, ob Maßnahmen zum Schutz der Person oder des Vermögens des Kindes getroffen werden müssen.

(2) Falls das Kind einer schwerwiegenden Gefahr ausgesetzt ist und das Gericht oder die zuständige Behörde, das/die Maßnahmen zum Schutz des Kindes erwägt oder ergriffen hat, feststellt, dass der Aufenthaltsort des Kindes in einen anderen Mitgliedstaat verlegt wurde oder das Kind sich dort befindet, unterrichtet es die Gerichte oder zuständigen Behörden jenes anderen Mitgliedstaats über die bestehende Gefahr und die ergriffenen oder in Betracht gezogenen Maßnahmen. Die betreffenden Informationen können direkt oder über die Zentralen Behörden übermittelt werden.

(3) Den Ersuchen nach den Absätzen 1 und 2 und etwaigen zusätzlichen Unterlagen wird eine Übersetzung in die Amtssprache des ersuchten Mitgliedstaats oder, wenn es in diesem Mitgliedstaat mehrere Amtssprachen gibt, in die Amtssprache oder eine der Amtssprachen des Ortes, an dem das Ersuchen ausgeführt werden soll, oder in eine andere Sprache, die der ersuchte Mitgliedstaat ausdrücklich akzeptiert, beigefügt. Die Mitgliedstaaten teilen die zugelassenen Sprachen nach Artikel 103 der Kommission mit.

(4) Die Informationen gemäß Absatz 1 werden der ersuchenden Zentralen Behörde spätestens drei Monate nach Eingang des Ersuchens übermittelt, es sei denn, dass dies aufgrund außergewöhnlicher Umstände nicht möglich ist.

Übersicht

A. Allgemeines

Art. 77 bis 80 Brüssel IIb-VO konkretisieren die Aufgaben der Zentralen Behörden. **1**

B. Inhalt der Normen

I. Zusammenarbeit

Art. 78 Brüssel IIb-VO benennt als Aufgabe der Zentralen Behörden die Übermittlung und Ausführung von Ersuchen anderer Mitgliedstaaten. Die Zusammenarbeit erfolgt gemäß **2**

Art. 77 Abs. 3 Brüssel IIb-VO insbesondere über das Europäische Justizielle Netz für Zivil- und Handelssachen (EJN) und dessen Kontaktstellen in den Mitgliedstaaten der EU.[1]

II. Aufgaben

3 Art. 79 und Art. 80 Brüssel IIb-VO konkretisieren die Aufgaben der Zentralen Behörden, darunter

- Unterstützung bei der Ermittlung des Aufenthalts eines Kindes (Art. 79 lit. a) Brüssel IIb-VO),
- Einholung und Austausch von Informationen zu Verfahren betreffend die elterliche Verantwortung sowie zur grenzüberschreitenden Unterbringung (Art. 79 lit. b) und f) Brüssel IIb-VO),
- Einholung von Sozialberichten (Art. 80 Abs. 1 lit. a) Brüssel IIb-VO),
- Informationen über Kindeswohlgefährdung und getroffene Maßnahmen (Art. 79 lit. a) Brüssel IIb-VO).

III. Einholung von Sozialberichten

4 Art. 80 Brüssel IIb-VO weist im Verhältnis der EU-Mitgliedstaaten zueinander den Zentralen Behörden die Zuständigkeit für die Einholung von Sozialberichten zur Situation des Kindes zu. Diese bilden ein wesentliches Element im Bereich grenzüberschreitenden Kinderschutzes und in Verfahren zur elterlichen Verantwortung mit Auslandsbezug. Außerhalb des Anwendungsbereichs der Brüssel IIb-VO nimmt diese Aufgabe der Internationale Sozialdienst (hierzu *Schweppe*, Vorbemerkungen Rn. 34) wahr.

IV. Unterstützung für Träger elterlicher Verantwortung

5 Art. 78 Abs. 2 Brüssel IIb-VO stellt klar, dass „Träger der elterlichen Verantwortung", d.h. sorgeberechtigte Eltern oder Vormünder, sich mit Fragen zur Unterstützung zu grenzüberschreitenden Verfahren sowie zu Mediationsangeboten direkt an die Zentralen Behörden wenden können (Art. 79 lit. c) und g) Brüssel IIb-VO) Dies gilt auch für Anfragen zur Situation im Aufenthaltsstaat des Kindes nach Art. 80 Abs. 1 lit. c) Brüssel IIb-VO.

Artikel 81

Umsetzung der Entscheidungen in Verfahren betreffend die elterliche Verantwortung in einem anderen Mitgliedstaat

(1) Ein Gericht eines Mitgliedstaats kann die Gerichte oder zuständigen Behörden eines anderen Mitgliedstaats ersuchen, es bei der Umsetzung von Entscheidungen in Verfahren betreffend die elterliche Verantwortung nach dieser Verordnung zu unterstützen, insbesondere bei der Sicherstellung der wirksamen Ausübung des Umgangsrechts.

(2) Dem Ersuchen nach Absatz 1 und etwaigen zusätzlichen Unterlagen wird eine Übersetzung in die Amtssprache des ersuchten Mitgliedstaats oder, wenn es in diesem Mitgliedstaat mehrere Amtssprachen gibt, in die Amtssprache oder eine der Amtssprachen des Ortes, an dem das Ersuchen ausgeführt werden soll, oder in eine andere Sprache, die der ersuchte Mitgliedstaat ausdrücklich akzeptiert, beigefügt. Die Mitgliedstaaten teilen die zugelassenen Sprachen nach Artikel 103 der Kommission mit.

1 Zu näheren Informationen siehe https://e-justice.europa.eu/21/DE/european_judicial_network_in_civil_and_commercial_matters (Abruf: 27.5.2025) sowie das über www.bundesjustizamt.de verfügbare EJN_Merkblatt

Die Norm fördert den direkten Austausch der Gerichte zur Umsetzung von Entscheidungen, etwa für die Gestaltung eines begleiteten Umgangs.[1] Abs. 2 regelt die hierzu zu übersendenden Unterlagen. Auch hier kann die Kontaktaufnahme über die Zentralen Behörden (so ausdrücklich Art. 79 lit. c) Brüssel IIb-VO) oder die Verbindungsrichter erfolgen. 1

Artikel 82

Unterbringung eines Kindes in einem anderen Mitgliedstaat

(1) Erwägt ein Gericht oder eine zuständige Behörde die Unterbringung eines Kindes in einem anderen Mitgliedstaat, so holt es/sie vorher die Zustimmung der zuständigen Behörde jenes anderen Mitgliedstaats ein. Zu diesem Zweck übermittelt die Zentrale Behörde des ersuchenden Mitgliedstaats der Zentralen Behörde des ersuchten Mitgliedstaats, in dem das Kind untergebracht werden soll, ein Ersuchen um Zustimmung, das einen Bericht über das Kind und die Gründe für die geplante Unterbringung oder Betreuung, Informationen über jede in Betracht gezogene Finanzierung und alle anderen als relevant erachteten Informationen wie z. B. die voraussichtliche Dauer der Unterbringung enthält.

(2) Absatz 1 gilt nicht, wenn das Kind bei einem Elternteil untergebracht werden soll.

Die Mitgliedstaaten können beschließen, dass ihre Zustimmung gemäß Absatz 1 für Unterbringungen in ihrem eigenen Hoheitsgebiet bei bestimmten Kategorien naher Verwandter über die Eltern hinaus nicht erforderlich ist. Jeder Mitgliedstaat teilt der Kommission die entsprechenden Kategorien gemäß Artikel 103 mit.

(3) Die Zentrale Behörde eines anderen Mitgliedstaats kann ein Gericht oder eine zuständige Behörde, die die Unterbringung eines Kindes in Betracht ziehen, über die enge Bindung des Kindes zu diesem Mitgliedstaat informieren. Dadurch werden die nationalen Rechtsvorschriften und Verfahren des Mitgliedstaats, der die Unterbringung in Betracht zieht, nicht berührt.

(4) Dem Ersuchen und etwaigen zusätzlichen Unterlagen nach Absatz 1 wird eine Übersetzung in die Amtssprache des ersuchten Mitgliedstaats oder, wenn es in diesem Mitgliedstaat mehrere Amtssprachen gibt, in die Amtssprache oder eine der Amtssprachen des Ortes, an dem das Ersuchen ausgeführt werden soll, oder in eine andere Sprache, die der ersuchte Mitgliedstaat ausdrücklich akzeptiert, beigefügt. Die Mitgliedstaaten teilen die zugelassenen Sprachen nach Artikel 103 der Kommission mit.

(5) Die Unterbringung nach Absatz 1 wird vom ersuchenden Mitgliedstaat erst angeordnet oder veranlasst, nachdem die zuständige Behörde des ersuchten Mitgliedstaats der Unterbringung zugestimmt hat.

(6) Die Entscheidung über die Erteilung oder Verweigerung der Zustimmung wird der ersuchenden Zentralen Behörde spätestens drei Monate nach Eingang des Ersuchens übermittelt, es sei denn, dass dies aufgrund außergewöhnlicher Umstände nicht möglich ist.

(7) Für das Verfahren zur Einholung der Zustimmung gilt das nationale Recht des ersuchten Mitgliedstaats.

(8) Durch diesen Artikel werden die Zentralen Behörden oder die zuständigen Behörden nicht daran gehindert, Vereinbarungen oder Abmachungen mit den Zentralen Behörden oder den zuständigen Behörden eines oder mehrerer anderer Mitgliedstaaten zu treffen oder beizubehalten, mit denen das Verfahren der Konsultation zur Einholung der Zustimmung in ihren gegenseitigen Beziehungen vereinfacht wird.

1 Vgl. Erwägungsgrund 82 sowie OLG Köln FamRZ 2017, 1514

A. Allgemeines

1 Die Norm (zuvor Art. 56 Brüssel IIa-VO) regelt die grenzüberschreitende Unterbringung von Kindern. Maßnahmen im Sinne der Verordnung umfassen neben der Unterbringung in Jugendhilfeeinrichtungen oder in Pflegefamilien insbesondere auch sogenannte individualpädagogische Auslandsmaßnahmen.[1] Im nationalen Recht sind die Vorgaben durch die Neufassung von § 38 SGB VIII zur Zulässigkeit von Auslandsmaßnahmen zu beachten (hierzu *Köhler*, Kommentierung zu § 38 SGB VIII).

B. Inhalt der Norm

I. Maßnahmen

2 Die Norm umfasst „jede Art von Unterbringung in Pflege", **nicht** jedoch die **Unterbringung als Strafmaßnahme** (etwa den Jugendarrest nach § 16 JGG) bzw. zu erzieherischen Zwecken.[2] Ausgenommen vom Genehmigungsbedürfnis ist nach Abs. 2 lediglich die Unterbringung bei einem Elternteil. Von der Möglichkeit der Zustimmungsfreiheit für die Unterbringung bei nahen Verwandten (Abs. 2 Unterabs. 2) hat Deutschland keinen Gebrauch gemacht.[3] Auch bestehen keine bilateralen Absprachen i.S.v. Abs. 8.

II. Verfahren

3 Mit der Neufassung der Regelung ist das **Konsultationsverfahren** in allen Fällen **verpflichtend** vor der Unterbringung durchzuführen. Die Unterbringung kann erst nach Erteilung der Zustimmung erfolgen (vgl. Abs. 5).

1. Antrag

4 Ersuchen auf Unterbringung müssen zwingend über die Zentralen Behörden übermittelt werden (Abs. 1 Satz 1). Abs. 1 Satz 2 und 4 konkretisieren die Anforderungen an Ersuchen um Zustimmung. Mitzuteilen sind

- Informationen über das Kind,
- die Gründe für die Unterbringung,
- die voraussichtliche Dauer, Finanzierung und Überwachung der Maßnahme,
- Regelungen für den Kontakt zu den Eltern.[4]

1 Zur Umsetzung in die Praxis siehe Verfahren bei grenzüberschreitenden Unterbringungen von Kindern und Jugendlichen – Arbeitshilfe der Landesjugendämter zur Durchführung der Konsultationsverfahren nach Art. 82 Brüssel IIb-VO, Art. 33 KSÜ, §§ 45 ff. IntFamRVG (2023) sowie Eckpunkte des Deutschen Vereins zur Durchführung von Auslandsmaßnahmen (2022)

2 Hierzu Erwägungsgrund 11

3 Entsprechende Ausnahmen sind etwa in Kroatien, der Slowakei und Österreich für die Unterbringung bei Großeltern, Geschwistern der Eltern und volljährigen Geschwistern des Kindes vorgesehen; siehe hierzu auch Praxisleitfaden 7.3.1.1.

4 Vgl. Erwägungsgrund 83 und Praxisleitfaden 7.3.1.2.

2. Anforderungen

Bereits unter Geltung der Brüssel IIa-VO hat der EuGH[5] zu den Anforderungen an die grenzüberschreitende Unterbringung Folgendes festgehalten: 5

- Die Zustimmung hat vor der Entscheidung über die Unterbringung eines Kindes vorzuliegen.
- Die Zustimmung muss von einer zuständigen Behörde des öffentlichen Rechts des ersuchten Mitgliedstaats erteilt werden. Es genügt nicht, dass die Institution, in der das Kind untergebracht werden soll, der Unterbringung zustimmt.
- Die Entscheidung eines Gerichts eines Mitgliedstaats, welche die Unterbringung eines Kindes in einer geschlossenen Institution zur therapeutischen und pädagogischen Betreuung in einem anderen Mitgliedstaat beinhaltet mit der Konsequenz, dass dem Kind zu seinem eigenen Schutz für einen bestimmten Zeitraum die Freiheit entzogen wird, fällt in den Anwendungsbereich des Art. 82 Brüssel IIb-VO.
- Die Entscheidung eines Gerichts, durch die die befristete zwangsweise Unterbringung eines Kindes in einer geschlossenen Einrichtung in einem anderen Mitgliedstaat angeordnet wird, ist vor ihrer Vollstreckung im ersuchten Mitgliedstaat in diesem Mitgliedstaat für vollstreckbar zu erklären und kann in dem anderen Mitgliedstaat nur für den in der Unterbringungsentscheidung festgelegten Zeitraum vollstreckt werden.
- Soweit die Zustimmung zur Unterbringung nach Art. 82 Abs. 6 Brüssel IIb-VO nur für eine bestimmte Zeit erteilt ist, gilt sie nicht für Entscheidungen, mit denen die Dauer der Unterbringung verlängert werden soll.

Die Verlängerung der Unterbringung oder ein Projektstellenwechsel ist wie ein Neuantrag zu behandeln, so dass eine erneute Zustimmung einzuholen ist.[6]

3. Bearbeitung

Das Verfahren im ersuchten Mitgliedstaat richtet sich nach dessen nationalem Recht (Abs. 7)[7] und soll binnen drei Monaten nach Eingang abgeschlossen werden (Abs. 6). Das Konsultationsverfahren für die Unterbringung in Deutschland ist in den §§ 45 bis 47 IntFamRVG geregelt (vgl. hierzu *Schweppe*, Auslandsbezüge, Kommentierung zu § 47 IntFamRVG). 6

III. Folge bei Nichtbeachtung

Die fehlende Durchführung des Konsultationsverfahrens stellt einen zwingenden Grund für die Versagung der Anerkennung dar (Art. 39 Abs. 1 lit.f Brüssel IIb-VO). 7

5 EuGH FamRZ 2012, 1466
6 Praxisleitfaden 7.3.1.2 a.E.
7 Für die Durchführung des Konsultationsverfahrens bei Unterbringung von Kindern in anderen EU-Mitgliedstaaten sind unter www.bundesjustizamt.de/sorgerecht für die meisten EU-Mitgliedstaaten nähere Informationen verfügbar, einschließlich Landesmerkblättern und Datenblätter, die Informationen u.a. zu zuständigen Stellen, Verfahren und notwendigen Übersetzungen enthalten

Artikel 83

Kosten der Zentralen Behörden

(1) Die Unterstützung durch die Zentralen Behörden nach dieser Verordnung erfolgt unentgeltlich.

(2) Jede Zentrale Behörde trägt die Kosten, die ihr selbst durch die Anwendung dieser Verordnung entstehen.

1 Die Norm regelt die Kostenfreiheit der Tätigkeit der Zentralen Behörden. Zu beachten ist, dass dies nicht etwaige über die Zentrale Behörde vermittelte Maßnahmen wie die Einschaltung weiterer Behörden, Mediationsangebote oder Kosten für Gerichtsverfahren umfasst.

Artikel 84

Zusammenkünfte der Zentralen Behörden

(1) Zur leichteren Anwendung dieser Verordnung werden regelmäßig Zusammenkünfte der Zentralen Behörden einberufen.

(2) Die Einberufung der Zusammenkünfte der Zentralen Behörden erfolgt insbesondere durch die Kommission im Rahmen des Europäischen Justiziellen Netzes für Zivil- und Handelssachen im Einklang mit der Entscheidung 2001/470/EG.

Von einer Kommentierung wird abgesehen.

KAPITEL VI
ALLGEMEINE BESTIMMUNGEN

Artikel 85
Anwendungsbereich

Dieses Kapitel gilt für die Bearbeitung von Ersuchen und Anträgen nach den Kapiteln III bis V.

Von einer Kommentierung wird abgesehen.

Artikel 86
Zusammenarbeit und Kommunikation zwischen Gerichten

(1) Für die Zwecke dieser Verordnung können die Gerichte direkt miteinander zusammenarbeiten und kommunizieren oder einander direkt um Informationen und Unterstützung ersuchen, vorausgesetzt, die Verfahrensrechte der Parteien sowie die Vertraulichkeit der Informationen werden dabei gewahrt.

(2) Die Zusammenarbeit im Sinne des Absatzes 1 kann auf jedem von dem Gericht als geeignet erachteten Weg erfolgen. Sie kann insbesondere Folgendes betreffen:

a) Kommunikation für die Zwecke der Artikel 12 und 13;

b) Informationen gemäß Artikel 15;

c) Informationen über anhängige Verfahren für die Zwecke des Artikels 20;

d) Kommunikation für die Zwecke der Kapitel III bis V.

Übersicht

A. Allgemeines

1 Die Norm enthält erstmals eine Rechtsgrundlage für die direkte richterliche Kommunikation und führt Beispiele für einen möglichen Informationsaustausch auf.[1]

B. Inhalt der Norm

I. Kontaktaufnahme

2 Die Zusammenarbeit kann durch direkte Kontaktaufnahme (etwa bei parallel anhängigen Verfahren) aber auch über die Verbindungsrichter im europäischen justiziellen Netz (EJN) erfolgen.[2] Diese bieten Unterstützung bei der ersten Kontaktaufnahme, aber auch bei der Einholung von Auskünften, Übermittlung der Korrespondenz sowie der Klärung etwaiger Übernahme oder Abgabe von Verfahren.[3]

---

1 Hierzu *Schlauß*, FamRB 2023, 519 ff.

2 Hierzu Praxisleitfaden 7.4.

3 Zur Tätigkeit der Verbindungsrichter siehe *Menne*, FamRB 2021, 477 ff.; *ders.* FamRB 2022, 37ff, insb. S. 41 zum Verfahren zur Kontaktaufnahme; sowie das EJN_Merkblatt unter www.bundesjustizamt.de

II. Dokumentation

3 Sowohl im Fall der direkten Kontaktaufnahme wie auch bei Einschaltung der Verbindungsrichter ist es geboten, die Verfahrensbeteiligten vorab zu informieren, das Vorgehen durch entsprechenden Aktenvermerk zu dokumentieren, die Korrespondenz unter Schwärzung/Auslassung der Kontaktdaten zur Akte zu nehmen und diese bzw. einen entsprechenden Vermerk den Beteiligten zu übersenden. Die Kontaktdaten der (Verbindungs-)Richter sind dabei nicht weiterzugeben.[4]

Artikel 87

Erhebung und Übermittlung von Informationen

(1) Die ersuchte Zentrale Behörde übermittelt etwaige Anträge oder Ersuchen oder die darin enthaltenen Informationen in Verfahren betreffend die elterliche Verantwortung oder gegebenenfalls internationale Kindesentführung gemäß dieser Verordnung dem Gericht, der zuständigen Behörde ihres Mitgliedstaats oder gegebenenfalls einem Vermittler nach den nationalen Rechtsvorschriften und Verfahren.

(2) Ein Vermittler, ein Gericht oder eine zuständige Behörde, dem/der die in Absatz 1 genannten Informationen nach dieser Verordnung übermittelt wurden, darf diese nur für die Zwecke dieser Verordnung verwenden.

(3) Vermittler, Gerichte oder zuständige Behörden, die im ersuchten Mitgliedstaat über die zur Erledigung eines Antrags oder Ersuchens nach dieser Verordnung erforderlichen Informationen verfügen oder für deren Erhebung zuständig sind, stellen diese Informationen der ersuchten Zentralen Behörde auf deren Ersuchen in den Fällen, in denen die ersuchte Zentrale Behörde keinen direkten Zugang zu den Informationen hat, zur Verfügung.

(4) Die ersuchte Zentrale Behörde leitet im Einklang mit den nationalen Rechtsvorschriften und Verfahren die gemäß diesem Artikel erlangten Informationen erforderlichenfalls an die ersuchende Zentrale Behörde weiter.

Artikel 88

Benachrichtigung der betroffenen Person

Besteht die Gefahr, dass die Benachrichtigung der betroffenen Person die wirksame Erledigung des Ersuchens oder Antrags nach dieser Verordnung, für das die Informationen übermittelt wurden, beeinträchtigen könnte, so kann die Erfüllung der Verpflichtung, die betroffene Person gemäß Artikel 14 Absätze 1 bis 4 der Verordnung (EU) 2016/679 zu unterrichten, aufgeschoben werden, bis das Ersuchen oder der Antrag erledigt ist.

Artikel 89

Nichtoffenlegung von Informationen

(1) Eine Zentrale Behörde, ein Gericht oder eine zuständige Behörde legt Informationen, die für die Zwecke der Kapitel III bis VI erhoben wurden, nicht offen oder bestätigt sie nicht, wenn sie/es feststellt, dass dies die Gesundheit, Sicherheit oder Freiheit des Kindes oder einer anderen Person beeinträchtigen könnte.

---

4 Zu Beispielen für die Einschaltung von Verbindungsrichtern siehe OLG Brandenburg NZFam 2022, 564 m. Anm. *Guttzeit*; AG München NJW 2022, 252; AG Hamm FamRZ 2022, 223 m. Anm. *Erb-Klünemann/Menne*

(2) Einer in einem Mitgliedstaat diesbezüglich getroffenen Feststellung wird von den Zentralen Behörden, Gerichten und zuständigen Behörden der anderen Mitgliedstaaten Rechnung getragen, insbesondere in Fällen häuslicher Gewalt.

(3) Dieser Artikel steht in keiner Weise der Erhebung und Übermittlung von Informationen durch die Zentralen Behörden, Gerichte und zuständigen Behörden und der Übermittlung der Informationen zwischen ihnen entgegen, soweit dies notwendig ist, um den Verpflichtungen nach den Kapiteln III bis VI nachzukommen.

Artikel 90

Legalisation oder ähnliche Förmlichkeit

Im Rahmen dieser Verordnung bedarf es weder der Legalisation noch einer ähnlichen Förmlichkeit.

Artikel 91

Sprachenregelung

(1) Ist nach dieser Verordnung eine Übersetzung oder Transliteration erforderlich, so erfolgt diese unbeschadet des Artikels 55 Absatz 2 Buchstabe a in die Amtssprache des betreffenden Mitgliedstaats oder, wenn es in diesem Mitgliedstaat mehrere Amtssprachen gibt, im Einklang mit dem Recht dieses Mitgliedstaats in die Verfahrenssprache oder eine der Verfahrenssprachen des Ortes, an dem eine in einem anderen Mitgliedstaat ergangene Entscheidung geltend gemacht oder ein Antrag gestellt wird.

(2) Die Übersetzung oder Transliteration der übersetzbaren Inhalte der Freitextfelder der Bescheinigungen nach den Artikeln 29, 36, 47, 49 und 66 kann in eine andere Amtssprache oder andere Amtssprachen der Organe der Europäischen Union erfolgen, deren Zulassung der betreffende Mitgliedstaat nach Artikel 103 mitgeteilt hat.

(3) Jeder Mitgliedstaat teilt der Kommission die Amtssprache(n) der Organe der Europäischen Union mit, die er außer seiner/seinen eigenen Sprache(n) für Mitteilungen an die Zentralen Behörden zulässt.

(4) Übersetzungen, die für die Zwecke der Kapitel III und IV erforderlich sind, werden von einer Person erstellt, die zur Anfertigung von Übersetzungen in einem der Mitgliedstaaten befugt ist.

Von einer Kommentierung der Art. 87 bis 91 wird abgesehen.

KAPITEL VII
DELEGIERTE RECHTSAKTE

Von Abdruck und Kommentierung von Art. 92 und 93 wird abgesehen.

KAPITEL VIII
VERHÄLTNIS ZU ANDEREN RECHTSINSTRUMENTEN

Artikel 94

Verhältnis zu anderen Rechtsinstrumenten

(1) Vorbehaltlich des Absatzes 2 dieses Artikels und der Artikel 95 bis 100 ersetzt diese Verordnung die zum Zeitpunkt des Inkrafttretens der Verordnung (EG) Nr. 2201/2003 bestehenden, zwischen zwei oder mehr Mitgliedstaaten geschlossenen Übereinkünfte, die in dieser Verordnung geregelte Bereiche betreffen.

(2) Finnland und Schweden konnten im Einklang mit Artikel 59 Absatz 2 der Verordnung (EG) Nr. 2201/2003 und unter den in dessen Buchstaben b und c aufgeführten Bedingungen erklären, dass das Übereinkommen vom 6. Februar 1931 zwischen Dänemark, Finnland, Island, Norwegen und Schweden mit Bestimmungen des internationalen Verfahrensrechts über Ehe, Adoption und Vormundschaft einschließlich des Schlussprotokolls anstelle dieser Verordnung ganz oder teilweise auf ihre gegenseitigen Beziehungen anwendbar ist. Die jeweiligen Erklärungen wurden im Amtsblatt der Europäischen Union als Anhang zur Verordnung (EG) Nr. 2201/2003 veröffentlicht. Die betreffenden Mitgliedstaaten können ihre Erklärung jederzeit ganz oder teilweise widerrufen.

(3) Die Zuständigkeitskriterien in künftigen Übereinkünften zwischen den in Absatz 2 genannten Mitgliedstaaten, die in dieser Verordnung geregelte Bereiche betreffen, müssen mit den Kriterien dieser Verordnung im Einklang stehen.

(4) Der Grundsatz der Nichtdiskriminierung von Bürgern der Union aus Gründen der Staatsangehörigkeit wird eingehalten.

(5) Entscheidungen, die in einem der nordischen Staaten, der eine Erklärung nach Absatz 2 abgegeben hat, aufgrund eines Zuständigkeitskriteriums erlassen werden, das einem der in Kapitel II vorgesehenen Zuständigkeitskriterien entspricht, werden in den anderen Mitgliedstaaten gemäß den Bestimmungen des Kapitels IV Abschnitt 1 anerkannt und vollstreckt.

(6) Die Mitgliedstaaten übermitteln der Kommission

a) eine Abschrift der Übereinkünfte sowie der einheitlichen Gesetze zur Durchführung dieser Übereinkünfte gemäß Absatz 3;

b) jede Kündigung oder Änderung der Übereinkünfte sowie der einheitlichen Gesetze im Sinne der Absätze 2 und 3.

Diese Informationen werden im Amtsblatt der Europäischen Union veröffentlicht.

Artikel 95

Verhältnis zu bestimmten multilateralen Übereinkommen

Im Verhältnis zwischen den Mitgliedstaaten hat diese Verordnung vor den nachstehenden Übereinkommen insoweit Vorrang, als diese Bereiche betreffen, die in dieser Verordnung geregelt sind:

a) Haager Übereinkommen vom 5. Oktober 1961 über die Zuständigkeit der Behörden und das anzuwendende Recht auf dem Gebiet des Schutzes von Minderjährigen,

b) Luxemburger Übereinkommen vom 8. September 1967 über die Anerkennung von Entscheidungen in Ehesachen,

c) Haager Übereinkommen vom 1. Juni 1970 über die Anerkennung von Ehescheidungen und der Trennung von Tisch und Bett,

d) Europäisches Übereinkommen vom 20. Mai 1980 über die Anerkennung und Vollstreckung von Entscheidungen über das Sorgerecht für Kinder und die Wiederherstellung des Sorgeverhältnisses.

Artikel 96

Verhältnis zum Haager Übereinkommen von1980

Im Falle eines Kindes, das widerrechtlich in einen anderen als den Mitgliedstaat verbracht wurde oder widerrechtlich dort zurückgehalten wird, in dem das Kind unmittelbar vor dem widerrechtlichen Verbringen oder Zurückhalten seinen gewöhnlichen Aufenthalt hatte, wird das Haager Übereinkommen von 1980, ergänzt durch die Bestimmungen der Kapitel III und VI dieser Verordnung, weiterhin angewandt. Muss eine Entscheidung, mit der die Rückgabe des Kindes gemäß dem Haager Übereinkommen von 1980 angeordnet wurde und die in einem Mitgliedstaat ergangen ist, infolge eines weiteren widerrechtlichen Verbringens oder eines weiteren widerrechtlichen Zurückhaltens des Kindes in einem anderen Mitgliedstaat anerkannt und vollstreckt werden, so gilt Kapitel IV.

Artikel 97

Verhältnis zum Haager Übereinkommen von 1996

(1) Im Verhältnis zum Haager Übereinkommen von 1996 ist diese Verordnung anwendbar

a) vorbehaltlich des Absatzes 2 des vorliegenden Artikels, wenn das betreffende Kind seinen gewöhnlichen Aufenthalt im Hoheitsgebiet eines Mitgliedstaats hat;

b) in Fragen der Anerkennung und der Vollstreckung einer von einem Gericht eines Mitgliedstaats erlassenen Entscheidung im Hoheitsgebiet eines anderen Mitgliedstaats, auch wenn das betreffende Kind seinen gewöhnlichen Aufenthalt im Hoheitsgebiet eines Staats hat, der Vertragspartei des genannten Übereinkommens ist, in dem diese Verordnung jedoch nicht gilt.

(2) Unbeschadet des Absatzes 1 gilt Folgendes:

a) Haben die Parteien die Zuständigkeit eines Gerichts eines Staats vereinbart, der Vertragspartei des Haager Übereinkommens von 1996 ist, in dem diese Verordnung jedoch nicht gilt, so findet Artikel 10 des genannten Übereinkommens Anwendung;

b) Auf die Übertragung der Zuständigkeit zwischen einem Gericht eines Mitgliedstaats und einem Gericht eines Staats, der Vertragspartei des Haager Übereinkommens von 1996 ist, in dem diese Verordnung jedoch nicht gilt, finden die Artikel 8 und 9 des genannten Übereinkommens Anwendung;

c) Ist ein Verfahren betreffend die elterliche Verantwortung bei einem Gericht eines Staats, der Vertragspartei des Haager Übereinkommens von 1996 ist, in dem diese Verordnung jedoch nicht gilt, zu dem Zeitpunkt anhängig, zu dem ein Gericht in einem Mitgliedstaat mit einem dasselbe Kind betreffenden Verfahren wegen desselben Anspruchs befasst wird, so findet Artikel 13 des genannten Übereinkommens Anwendung.

Übersicht

A. Allgemeines

Während Art. 94 Abs. 1 Brüssel IIb-VO allgemein den Vorrang der Verordnung vor anderen zwischenstaatlichen Übereinkommen bestimmt, konkretisieren die Art. 95 bis 97 Brüssel IIb-VO im Fall der Überschneidung der Anwendungsbereiche den Vorrang der Brüssel IIb-VO vor 1

- dem Minderjährigenschutzübereinkommen (MSA) (Art. 95 lit. a),
- dem Europäischen Sorgerechtsübereinkommen (ESÜ) (Art. 95 lit. d),
- dem Haager Kindesentführungsübereinkommen (HKÜ) (Art. 96),
- dem Haager Kinderschutzübereinkommen (KSÜ) (Art. 97).

Außerhalb des Anwendungsbereichs der Brüssel IIb-VO gelangen die genannten Übereinkommen jedoch weiter zur Anwendung, wie Art. 98 Brüssel IIb-VO klarstellt.

B. Inhalt der Normen

I. Verhältnis zum HKÜ

Im Verhältnis zum HKÜ ist zu beachten, dass die Regelungen in Art. 9, 22 bis 29 sowie Art. 42 und 47 Brüssel IIb-VO der **Stärkung des Rückführungsmechanismus** des HKÜ dienen und die Anwendung des HKÜ modifizieren.[1] 2

II. Verhältnis zum KSÜ

Nach Art. 97 Abs. 1 lit. a) Brüssel IIb-VO ist der Vorrang der Brüssel IIb-VO bei Überschneidung der Anwendungsbereiche im Verhältnis zum KSÜ abhängig vom gewöhnlichen Aufenthalt des Kindes in einem EU-Mitgliedstaat. Damit bestimmt sich die internationale Zuständigkeit nach dem KSÜ, wenn das Kind seinen gewöhnlichen Aufenthalt in einem Vertragsstaat des KSÜ hat, der nicht zu den EU-Mitgliedstaaten gehört, so etwa im Verhältnis zur Schweiz (siehe hierzu *Schweppe*, Auslandsbezüge, Kommentierung zu Art. 5 KSÜ). 3

Art. 97 Abs. 1 lit. b) Brüssel IIb-VO erweitert den Vorrang der Brüssel IIb-VO auf die Anerkennung und Vollstreckung einer in einem EU-Mitgliedstaat erlassenen Entscheidung in einem anderen EU-Mitgliedstaat auf Fälle, in denen ein Kind seinen gewöhnlichen Aufenthalt in einem Vertragsstaat des KSÜ hat. Für die Anerkennung und Vollstreckung ist mithin allein die Bindung von Ursprungsstaat und Anerkennungs- bzw. Vollstreckungsstaat an die Brüssel IIb-VO maßgeblich. 4

Art. 97 Abs. 2 Brüssel IIb-VO bestimmt, dass im Verhältnis zu nicht durch die Brüssel IIb-VO gebundenen KSÜ-Vertragsstaaten in folgenden Konstellationen die Regelungen des KSÜ maßgeblich sind: 5

- Gerichtsstandsvereinbarung (Art. 10 KSÜ),
- Abgabe und Übernahme von Verfahren (Art. 8 und 9 KSÜ),
- doppelte Rechtshängigkeit (Art. 13 KSÜ).

Der Vorrang des KSÜ greift auch bei der Verlegung des gewöhnlichen Aufenthalts des Kindes, so dass der Grundsatz der *perpetuatio fori* des Art. 7 Brüssel IIb-VO in diesen Fällen nicht greift (hierzu *Schweppe*, Kommentierung zu Art. 7 Brüssel IIb-VO sowie zu Art. 5 KSÜ 7).[2] 6

1 Siehe hierzu Erwägungsgründe 40 ff.
2 Thomas/Putzo/*Hüßtege*, Art. 97 Brüssel IIb-VO Rn. 4

Artikel 98

Fortbestand der Wirksamkeit

(1) Die in den Artikeln 94 bis 97 genannten Übereinkünfte behalten ihre Wirksamkeit für die Rechtsgebiete, die durch diese Verordnung nicht geregelt werden.

(2) Die in den Artikeln 95 bis 97 dieser Verordnung genannten Übereinkommen, insbesondere die Haager Übereinkommen von 1980 und 1996, behalten nach Maßgabe der Artikel 95 bis 97 dieser Verordnung ihre Wirksamkeit zwischen den ihnen angehörenden Mitgliedstaaten.

Von einer Kommentierung wird abgesehen.

Artikel 99

Verträge mit dem Heiligen Stuhl

Von Abdruck und Kommentierung wird abgesehen.

KAPITEL IX
SCHLUSSBESTIMMUNGEN

Artikel 100

Übergangsbestimmungen

(1) Diese Verordnung gilt nur für am oder nach dem 1. August 2022 eingeleitete gerichtliche Verfahren, förmlich errichtete oder eingetragene öffentliche Urkunden und eingetragene Vereinbarungen.

(2) Die Verordnung (EG) Nr. 2201/2003 gilt weiter für Entscheidungen in vor dem 1. August 2022 eingeleiteten gerichtlichen Verfahren, für vor dem 1. August 2022 förmlich errichtete oder eingetragene öffentliche Urkunden und für Vereinbarungen, die in dem Mitgliedstaat, in dem sie geschlossen wurden, vor dem 1. August 2022 vollstreckbar geworden sind und in den Anwendungsbereich der genannten Verordnung fallen.

Übersicht

A. Allgemeines

1 Art. 100 Brüssel IIb-VO regelt den zeitlichen Anwendungsbereich der Brüssel IIb-VO. Vereinfacht gilt, dass auf ab dem 1.8.2022 eingeleitete Verfahren bzw. ab diesem Datum errichtete öffentliche Urkunden die Brüssel IIb-VO greift (Abs. 1) und für bis zum 31.7.2022 eingeleitete Verfahren die Regelungen der Brüssel IIa-VO fort gelten (Abs. 2). Ebenso greifen die Regelungen der Brüssel IIa-VO für die Anerkennung und Vollstreckung von Entscheidungen, die in vor dem 1.8.2022 eingeleiteten Verfahren ergangen sind.

B. Inhalt der Norm

2 Der für die Anwendung der Brüssel IIb-VO maßgebliche Zeitpunkt der Einleitung des Verfahrens ist die Anhängigkeit i.S.v. Art. 17 Brüssel IIb-VO (siehe hierzu *Schweppe*, Kommentierung zu Art. 17 Brüssel IIb-VO).[1] Durch die parallele Geltung beider Verordnungen können im Einzelfall auf das Verfahren der Einstweiligen Anordnung und das Hauptsacheverfahren unterschiedliche Regelungen zur Anwendung gelangen.[2]

3 Für die Anerkennung und Vollstreckung von Entscheidungen ist nicht deren Erlass maßgeblich, sondern die Einleitung des Verfahrens vor dem 1.8.2022, wie sich aus dem Wortlaut von Art. 100 Abs. 2 Brüssel IIb-VO ergibt.[3] Für in bis zum 31.7.2022 eingeleiteten Verfahren errichtete Titel greifen die Art. 21 ff. Brüssel IIa-VO für die Anerkennung bzw. die Art. 28 ff. Brüssel IIa-VO für die Vollstreckung, zu deren Inhalt auf die Ausführungen in der Vorauflage verwiesen wird. Die besonderen Vollstreckungsschutzvorschriften der Brüssel IIb-VO gelangen nicht zur Anwendung, vielmehr gelten insoweit die Vorschriften des jeweiligen Vollstreckungsstaats. Für die Anerkennung und Vollstreckung von Urkunden bzw. Vereinbarungen ist der Zeitpunkt der Errichtung bzw. Eintragung, d.h. deren Wirksamkeit oder Vollstreckbarkeit nach nationalem Recht, maßgeblich.

---

1 MüKo-BGB/*Heiderhoff*, Art. 100 Brüssel IIb-VO Rn. 2; Thomas/Putzo/*Hüßtege*, Art. 100 Brüssel IIb-VO Rn. 2
2 Zu dieser Problematik siehe *Dimmler*, S. 30 f.
3 Siehe Staudinger/*Hau*, Art. 100 Brüssel IIb-VO, zur Abgrenzung der zeitlichen Anwendungsbereiche

C. Praxistipp

4 Zu beachten ist, dass für die Anerkennung und Vollstreckung von Entscheidungen, die in bis zum 31.7.2022 eingeleiteten Verfahren ergangen sind, weiterhin die Brüssel IIa-VO greift, für deren Abänderung jedoch die Regelungen der Brüssel IIb-VO.[4]

Artikel 101
Monitoring und Evaluierung

Von Abdruck und Kommentierung wird abgesehen.

Artikel 102
Mitgliedstaaten mit zwei oder mehr Rechtssystemen

Für einen Mitgliedstaat, in dem die in dieser Verordnung behandelten Fragen in verschiedenen Gebietseinheiten durch zwei oder mehr Rechtssysteme oder Regelwerke geregelt werden, gilt Folgendes:

a) Jede Bezugnahme auf den gewöhnlichen Aufenthalt in diesem Mitgliedstaat betrifft den gewöhnlichen Aufenthalt in einer Gebietseinheit.

b) Jede Bezugnahme auf die Staatsangehörigkeit betrifft die durch die Rechtsvorschriften dieses Mitgliedstaats bezeichnete Gebietseinheit.

c) Jede Bezugnahme auf die Behörde eines Mitgliedstaats betrifft die zuständige Behörde der Gebietseinheit innerhalb dieses Mitgliedstaats.

d) Jede Bezugnahme auf die Vorschriften des ersuchten Mitgliedstaats betrifft die Vorschriften der Gebietseinheit, in der die Zuständigkeit oder Anerkennung geltend gemacht oder die Vollstreckung beantragt wird.

Von einer Kommentierung wird abgesehen.

Artikel 103
Der Kommission mitzuteilende Angaben

(1) Die Mitgliedstaaten teilen der Kommission Folgendes mit:

a) alle Behörden nach Artikel 2 Absatz 2 Nummer 2 Buchstabe b und Artikel 2 Absatz 2 Nummer 3 und Artikel 74 Absatz 2;

b) die Gerichte und Behörden, die für die Ausstellung der Bescheinigungen nach Artikel 36 Absatz 1 und Artikel 66 zuständig sind, und die Gerichte, die für die Berichtigung der Bescheinigungen nach Artikel 37 Absatz 1, Artikel 48 Absatz 1, Artikel 49 und Artikel 66 Absatz 3 in Verbindung mit Artikel 37 Absatz 1 zuständig sind;

c) die in Artikel 30 Absatz 3, Artikel 52, Artikel 40 Absatz 1, Artikel 58 Absatz 1, Artikel 61 Absatz 2 und Artikel 62 genannten Gerichte sowie die in Artikel 61 Absatz 2 genannten Gerichte;

d) die für die Vollstreckung zuständigen Behörden nach Artikel 52;

e) die in den Artikeln 61 und 62 genannten Rechtsbehelfe;

4 Vgl. zu dieser Konstellation das der Entscheidung des BVerfG FamRZ 2023, 1798 zugrundeliegende Verfahren

f) die Namen und Anschriften der Zentralen Behörden gemäß Artikel 76 sowie die technischen Kommunikationsmittel;

g) die in Artikel 82 Absatz 2 genannten Kategorien naher Verwandter, sofern anwendbar;

h) die Sprachen, die gemäß Artikel 91 Absatz 3 für Mitteilungen an die Zentralen Behörden zugelassen sind;

i) die Sprachen, die gemäß Artikel 80 Absatz 3, Artikel 81 Absatz 2, Artikel 82 Absatz 4 und Artikel 91 Absatz 2 für die Übersetzungen zugelassen sind.

(2) Die Mitgliedstaaten teilen der Kommission die in Absatz 1 genannten Angaben bis zum 23. April 2021 mit.

(3) Die Mitgliedstaaten teilen der Kommission alle Änderungen der Angaben nach Absatz 1 mit.

(4) Die in Absatz 1 genannten Angaben werden von der Kommission auf geeignete Weise, insbesondere über das Europäische Justizportal, veröffentlicht.

Von einer Kommentierung wird abgesehen. Zu den gemäß Abs. 4 zu veröffentlichenden Angaben wird auf das Europäische Justizportal e-justice.europa.eu verwiesen.

Artikel 104

Aufhebung

(1) Vorbehaltlich des Artikels 100 Absatz 2 der vorliegenden Verordnung wird die Verordnung (EG) Nr. 2201/2003 mit Wirkung vom 1. August 2022 aufgehoben.

(2) Bezugnahmen auf die aufgehobene Verordnung gelten als Bezugnahmen auf die vorliegende Verordnung und sind nach Maßgabe der Entsprechungstabelle in Anhang X zu lesen.

Von einer Kommentierung wird abgesehen.

Artikel 105

Inkrafttreten

(1) Diese Verordnung tritt am zwanzigsten Tag nach ihrer Veröffentlichung im Amtsblatt der Europäischen Union in Kraft.

(2) Diese Verordnung gilt ab dem 1. August 2022, mit Ausnahme der Artikel 92, 93 und 103, die ab dem 22. Juli 2019 gelten.

Von einer Kommentierung wird abgesehen.

Vom Abdruck der Anhänge I bis IX wird abgesehen. Die Anhänge umfassen die Bescheinigungen, auf deren Grundlage die Anerkennung und Vollstreckung erfolgt.[1]

1 Online-Formulare der Bescheinigungen und Vordrucke sind unter https://online-forms.e-justice.europa.eu/online-forms/matrimonial-matters-forms_de (Abruf: 27.5.2025) erhältlich

Kapitel 3

Internationale Übereinkommen: HKÜ, ESÜ, KSÜ

Abschnitt 1
Haager Kindesentführungsübereinkommen – HKÜ

Weiterführende Literatur: Erb-Klünemann/Kößler, Die zivilrechtlichen Auswirkungen einer internationalen Kindesentführung, Teil 1: Grundzüge des Rückführungsverfahrens nach dem Haager Kindesentführungsübereinkommen, NDV 2022, 111 ff.; *Nehls,* Praktischer Leitfaden zum Haager Übereinkommen über die zivilrechtlichen Aspekte internationaler Kindesentführung, ZKJ 2014, 62 ff.

Artikel 1 HKÜ
Ziel des Übereinkommens

Ziel dieses Übereinkommens ist es,

a) die sofortige Rückgabe widerrechtlich in einen Vertragsstaat verbrachter oder dort zurückgehaltener Kinder sicherzustellen und

b) zu gewährleisten, dass das in einem Vertragsstaat bestehende Sorgerecht und Recht zum persönlichen Umgang in den anderen Vertragsstaaten tatsächlich beachtet wird.

A. Allgemeines

I. Ziele des Übereinkommens

1 Das Haager Übereinkommen über die zivilrechtlichen Aspekte internationaler Kindesentführung vom 25. Oktober 1980 (HKÜ) enthält einen besonderen Regelungsmechanismus für Fälle, in denen ein Kind durch einen Elternteil unter Verletzung des (Mit-)Sorgerechts des anderen Elternteils in einen anderen Staat verbracht wurde oder dort zurückgehalten wird. Das Übereinkommen basiert auf der Prämisse, dass die sofortige Rückführung grundsätzlich im Interesse des Kindes sei, da sie den vor dem Verbringen bestehenden Zustand wiederherstelle und eine Entscheidung über das Sorgerecht im Herkunftsstaat, d.h. im bisherigen Aufenthaltsstaat des Kindes, ermöglicht[1] (vgl. hierzu *Keuter,* § 154 FamFG Rn. 1). Ziel ist die Herstellung des *status quo ante,* zugleich soll präventiv künftigen eigenmächtigen Aufenthaltswechseln entgegengewirkt werden.[2]

II. Anwendungsbereich

1. Räumlich

2 Das Übereinkommen findet (nur) im Verhältnis der Vertragsstaaten zueinander Anwendung. Im Verhältnis zu Staaten, die dem Übereinkommen nach dessen Verabschiedung bei-

---

1 Diesem Rechtsgedanken folgt § 154 FamFG für innerstaatliche Sorgerechtsauseinandersetzungen
2 Zu den Zielen des HKÜ vgl. etwa BVerfG FamRZ 2016, 1571; 1999, 85

treten bzw. beigetreten sind, ist die **Annahme des Beitritts** durch den jeweiligen Vertragsstaat Voraussetzung für die Geltung zwischen diesen Staaten.[3]

3 Für Deutschland findet das HKÜ derzeit (Stand 1.8.2025) im Verhältnis zu folgenden Staaten Anwendung: Albanien, Andorra, Argentinien, Armenien, Australien, Bahamas, Belgien, Belize, Bolivien, Bosnien und Herzegowina, Brasilien, Bulgarien, Burkina Faso, Chile, China (nur Hong Kong und Macau), Costa Rica, Dänemark, Dominikanische Republik, Ecuador, El Salvador, Estland, Fidschi, Finnland, Frankreich, Georgien, Griechenland, Grönland, Guatemala, Honduras, Irland, Island, Israel, Italien, Jamaica, Japan, Kanada, Kasachstan, Kolumbien, Kroatien, Lettland, Litauen, Luxemburg, Malta, Marokko, Mauritius, Mazedonien, Mexiko, Moldau, Monaco, Montenegro, Neuseeland, Nicaragua, Niederlande (einschließlich karibischen Teil, Curacao), Norwegen, Österreich, Panama, Paraguay, Peru, Philippinen, Polen, Portugal, Rumänien, Russland, San Marino, Schweden, Schweiz, Serbien, Seychellen, Simbabwe, Singapur, Slowakei, Slowenien, Spanien, Sri Lanka, St. Kitts und Nevis, Südafrika, Südkorea, Thailand, Trinidad und Tobago, Tschechien, Türkei, Tunesien, Turkmenistan, Ukraine, Ungarn, Uruguay, USA, Usbekistan, Venezuela, Vereinigtes Königreich, Weißrussland und Zypern.

2. Persönlich

4 Das HKÜ findet Anwendung für

- Minderjährige unter 16 Jahren (siehe *Schweppe*, Art. 4 HKÜ Rn. 1),
- mit gewöhnlichem Aufenthalt in einem Vertragsstaat des HKÜ,
- die widerrechtlich (siehe *Schweppe*, Art. 3 HKÜ Rn. 1 ff.),
- aus einem Vertragsstaat (Herkunftsstaat),
- in einen anderen (Zufluchtsstaat) verbracht wurden oder dort zurückgehalten werden.

5 Auf die Staatsangehörigkeit des Kindes und der Eltern kommt es nicht an.

3. Zeitlich

6 Das HKÜ findet nur Anwendung, wenn das widerrechtliche Verbringen oder Zurückhalten nach dem Inkrafttreten in diesen Staaten eingetreten ist (Art. 35 Abs. 1 HKÜ).

▶ *Zur Jahresfrist für die Antragstellung siehe Schweppe, Art. 12 HKÜ Rn. 5 ff.*

B. Gegenstand des Übereinkommens

7 Das HKÜ regelt nicht die internationale Zuständigkeit für Sorge- und Umgangsverfahren, diese folgt vielmehr aus Art. 7 ff. Brüssel IIb-VO (siehe Art. 7 ff. Brüssel IIb-VO), dem KSÜ (siehe Art. 5 ff. KSÜ) oder subsidiär aus nationalem Recht (siehe § 99 FamFG).

▶ *Zur Frage, welches Übereinkommen Anwendung findet, siehe Schweppe, Auslandsbezüge, Vorbem., Rn. 18 ff.*

8 Auch enthält das HKÜ keine Regelungen für das anzuwendende Recht. Dieses bestimmt sich nach Art. 15 KSÜ bzw. subsidiär nach Art. 21 EGBGB (näher hierzu die Kommentierung der genannten Normen).

9 Gegenstand des HKÜ ist vielmehr die wechselseitige Achtung bestehender Sorgerechtspositionen und die Durchsetzung der internationalen Zuständigkeit des Staates des jeweiligen gewöhnlichen Aufenthalts für die Durchführung des Sorgerechtsverfahrens.

---

3 Art. 38 Abs. 4 HKÜ; dabei ist die Annahme im Verhältnis zu weiteren Staaten von der Zustimmung aller EU-Mitgliedstaaten abhängig (hierzu EuGH FamRZ 2015, 21; *Dutta*, FamRZ 2015, 24)

I. Rückführungsverfahren

Zur Durchsetzung der internationalen Zuständigkeit für die Durchführung des Sorgerechtsverfahrens enthält das HKÜ in Art. 8 HKÜ (Antragstellung), Art. 12 HKÜ (Anordnung der Rückführung) und Art. 13 HKÜ (Ausnahmetatbestände) ein spezielles Rückführungsverfahren. 10

Im Verhältnis der EU-Mitgliedstaaten zueinander stärken die Regelungen in Art. 22 bis 29 Brüssel IIb-VO (siehe näher hierzu *Schweppe*, Kommentierung Art. 22 bis 29 Brüssel IIb-VO) die Zuständigkeit der Gerichte des Herkunftsstaats, indem die Einleitung eines Sorgeverfahrens im Herkunftsstaat gefördert wird, wenn die Ablehnung der Rückführung auf Art. 13 Abs. 1b) oder Art. 13 Abs. 2 HKÜ gestützt worden ist. Eine Sorgerechtsregelung, die im Herkunftsstaat nach Ablehnung der Rückführung ergeht, ist im Zufluchtsstaat zudem automatisch vollstreckbar (Art. 29 Abs. 6 i.V.m. Art. 42 ff. Brüssel IIb-VO). 11

II. Achtung bestehender Rechte

Weiter hebt Art. 1 HKÜ die Verpflichtung der Vertragsstaaten zur Beachtung von Sorge- und Umgangsrechten hervor. Während der Schutz des Sorgerechts über das Rückführungsverfahren gewährleistet wird, ist das Recht zum persönlichen Umgang nach Maßgabe des Art. 21 HKÜ geschützt. 12

Artikel 2 HKÜ

Umsetzung des Übereinkommens

[1]Die Vertragsstaaten treffen alle geeigneten Maßnahmen, um in ihrem Hoheitsgebiet die Ziele des Übereinkommens zu verwirklichen. [2]Zu diesem Zweck wenden sie ihre schnellstmöglichen Verfahren an.

Besondere Verfahrensregelungen zur Umsetzung des HKÜ enthält das IntFamRVG (vgl. *Schweppe*, Kommentierung zu §§ 37 ff. IntFamRVG). Auch andere Vertragsstaaten haben entsprechende Ausführungsgesetze erlassen.[1] 1

Die Verpflichtung der Vertragsstaaten zur Anwendung beschleunigter Verfahren wird durch Art. 11 HKÜ (hierzu *Schweppe*, Kommentierung von Art. 11 HKÜ) und im Anwendungsbereich der Brüssel IIb-VO durch Art. 24 Brüssel IIb-VO (hierzu *Schweppe*, Kommentierung von Art. 24 Brüssel IIb-VO) konkretisiert. 2

Artikel 3 HKÜ

Widerrechtliches Verbringen oder Zurückhalten

[1]Das Verbringen oder Zurückhalten eines Kindes gilt als widerrechtlich, wenn

a) dadurch das Sorgerecht verletzt wird, das einer Person, Behörde oder sonstigen Stelle allein oder gemeinsam nach dem Recht des Staates zusteht, in dem das Kind unmittelbar vor dem Verbringen oder Zurückhalten seinen gewöhnlichen Aufenthalt hatte, und

b) dieses Recht im Zeitpunkt des Verbringens oder Zurückhaltens allein oder gemeinsam tatsächlich ausgeübt wurde oder ausgeübt worden wäre, falls das Verbringen oder Zurückhalten nicht stattgefunden hätte.

1 Vgl. hierzu die Beispiele bei MüKo-BGB/*Heiderhoff*, Art. 2 HKÜ Rn. 7

[2]Das unter Buchstabe a genannte Sorgerecht kann insbesondere kraft Gesetzes, aufgrund einer gerichtlichen oder behördlichen Entscheidung oder aufgrund einer nach dem Recht des betreffenden Staates wirksamen Vereinbarung bestehen.

Übersicht

A. Allgemeines

1 Art. 3 HKÜ definiert Widerrechtlichkeit als Verletzung eines Sorgerechts und bestimmt damit – neben Art. 12 HKÜ – maßgebliche Voraussetzungen für das Rückführungsverfahren. Eine entsprechende Definition enthält auch Art. 2 Abs. 2 Ziffer 11 Brüssel IIb-VO.

B. Inhalt der Norm

I. Verletzung eines Sorgerechts

2 Maßgeblich ist nach Art. 3 Satz 1 a) HKÜ das nach dem Staat des gewöhnlichen Aufenthalts zum Zeitpunkt des Verbringens oder Zurückhaltens bestehende Sorgerecht.[1]

„Zurückhalten" bezeichnet, dass ein Kind sich zunächst mit Zustimmung des (Mit-)Sorgeberechtigten in einem Vertragsstaat aufgehalten hat, dann aber die Zustimmung für einen weiteren Aufenthalt entfallen ist. Ein widerrechtliches Zurückhalten liegt etwa vor, wenn ein Elternteil nach einem mit dem Einverständnis des anderen Elternteils geplanten Aufenthalt in einem anderen Staat nicht mit dem Kind in den Herkunftsstaat zurückkehrt.[2]

1. Staat des gewöhnlichen Aufenthaltes

3 Der gewöhnliche Aufenthalt im Sinne des HKÜ richtet sich nach dem tatsächlichen Lebensmittelpunkt des Kindes.[3]

▶ *Näher zum Begriff des gewöhnlichen Aufenthalts Schweppe, Art. 7 Brüssel IIb-VO Rn. 3 ff.*

4 Das Forum, d.h. der Staat, nach dem sich der gewöhnliche Aufenthalt bestimmt, kann bei häufigen Aufenthaltswechseln, etwa bei einem Wechselmodell mit annähernd gleichen Betreuungsanteilen, schwierig zu ermitteln sein.[4] Bei einem vorübergehenden alternierenden Aufenthalt verbleibt der gewöhnliche Aufenthalt dort, wo er sich zu Beginn der Wechsel befand, soweit nicht im Ausnahmefall besondere Gründe dafür sprechen, dem Aufenthalt trotz seiner nur vorübergehenden Anlage den Charakter eines gewöhnlichen Aufenthalts zuzusprechen (siehe hierzu *Schweppe*, Art. 7 Brüssel IIb-VO Rn. 9).[5] Fraglich ist, ob ein Kind

1 Zur Ermittlung des maßgeblichen Sorgerechts siehe OLG Nürnberg FamRZ 2022, 531
2 Vgl. hierzu OLG Rostock FamRZ 2023, 1472 Rz. 38; OLG Frankfurt FamRZ 1997, 1100
3 Vgl. hierzu OLG Nürnberg IPRax 2019, 434; OLG Frankfurt FamRZ 2006, 883, 884, sowie OLG Hamm ZKJ 2013, 35, 38 f.
4 Hierzu OLG Frankfurt, Beschl. v. 6.3.2023 – 1 UF 35/23, beckRS 2023, 43673; zur Abgrenzung siehe MüKo-BGB/*Heiderhoff*, Art. 3 HKÜ Rn. 20; *Nehls*, ZKJ 2014, 62
5 OLG Nürnberg FamRZ 2024, 1298; siehe auch *Niethammer-Jürgens/Erb-Klünemann*, S. 237, zum vereinbarten zeitlich befristeten Aufenthalt

keinen gewöhnlichen Aufenthalt[6] oder einen gewöhnlichen Aufenthalt in mehreren Staaten haben kann.[7] Abzulehnen ist die Auffassung, das HKÜ gelange bei ständig wechselnden Aufenthalten des Kindes zwischen zwei Mitgliedsstaaten des HKÜ nicht zur Anwendung.[8] Gemäß der Intention des HKÜ, die Zuständigkeit für das Sorgerechtsverfahren an den aktuellen Lebensmittelpunkt zu knüpfen, ist anhand der Umstände des Einzelfalls zu prüfen, wo das Kind zum Zeitpunkt des Verbringens seinen gewöhnlichen Aufenthalt hatte, und das HKÜ demgemäß anzuwenden.[9]

2. Sorgerecht

Eine nähere Umschreibung der durch das HKÜ geschützten Rechtspositionen enthalten Art. 3 und 5 HKÜ. **5**

Art. 3 Satz 2 HKÜ verdeutlicht, dass die rechtliche Grundlage des Sorgerechts (kraft Gesetzes, aufgrund gerichtlicher Entscheidung oder Vereinbarung der Eltern) nicht von Bedeutung ist.[10] Maßgeblich ist die Befugnis, den Aufenthalt des Kindes (mit) zu bestimmen, Art. 5 a) HKÜ. **6**

Das Sorgerecht i.S.d. Art. 3 Satz 1 a) HKÜ muss nicht zwingend einem Elternteil zustehen, auch das einem Gericht oder einer Behörde zustehende Recht ist beachtlich.[11] **7**

3. Zeitpunkt des Bestehens des Sorgerechts

Maßgeblich für die Bewertung der Widerrechtlichkeit ist die Rechtssituation im Zeitpunkt des Verbringens nach dem Recht des Staates, in dem das Kind unmittelbar vor dem Verbringen oder Zurückhalten seinen gewöhnlichen Aufenthalt hatte,[12] spätere Veränderungen der Rechtslage sind unbeachtlich.[13] **8**

II. Tatsächliche Ausübung

An die tatsächliche Ausübung des Sorgerechts i.S.d. Art. 3 Satz 1 b) HKÜ sind keine hohen Anforderungen zu stellen. So genügt etwa ein persönlicher oder telefonischer Kontakt zum Kind zum Zwecke der Wahrnehmung des Umgangsrechts.[14] Ob eine tatsächliche Ausübung zu verneinen ist, wenn ein Elternteil sich seit der Trennung der Eltern bis zum Verbringen des Kindes lediglich durch anwaltliche Schreiben vergeblich um den Umgang mit dem Kind bemüht hat,[15] kann nur unter Berücksichtigung der Umstände des Einzelfalls beurteilt werden. **9**

---

6 Hierzu AG Hamm NJW-Spezial 2014, 485, *Niethammer-Jürgens/Erb-Klünemann*, S. 237; *Völker/Clausius*, § 11 Rn. 93
7 Abgelehnt für eine Ehesache durch EuGH FamRZ 2022, 215
8 So OLG Karlsruhe FamRZ 2003, 955
9 So OLG Stuttgart FamRZ 2003, 959, 960; vgl. auch die Beispiele bei MüKo-BGB/*Heiderhoff*, Art. 3 HKÜ Rn. 21 ff.
10 Hierzu MüKo-BGB/*Heiderhoff*, Art. 3 HKÜ Rn. 5 ff.
11 Vgl. KG FamRZ 2022, 1485, NZFam 2022, 563 m. Anm. *Erb-Klünemann*; OLG München FamRZ 2005, 1002 zum sog. „ward of court" nach angelsächsischem Recht
12 Hierzu *Hausmann*, U. Rn. 126; OLG Stuttgart FamRZ 2015, 1631; OLG Frankfurt ZKJ 2009, 373, 375 f.
13 *Niethammer-Jürgens/Erb-Klünemann*, S. 239; *Schlauß*, ZKJ 2019, 255, 258, unter Hinweis auf OLG Köln, Beschl. v. 24.4.2017 – II-21 UF 37/17
14 *Niethammer-Jürgens/Erb-Klünemann*, S. 242; vgl. etwa OLG Nürnberg FamRZ 2010, 1575, 1576; OLG Dresden FamRZ 2002, 1136, 1137
15 So OLG Bremen ZKJ 2013, 367, 369

Artikel 4 HKÜ

Personeller Anwendungsbereich

[1]Das Übereinkommen wird auf jedes Kind angewendet, das unmittelbar vor einer Verletzung des Sorgerechts oder des Rechts zum persönlichen Umgang seinen gewöhnlichen Aufenthalt in einem Vertragsstaat hatte. [2]Das Übereinkommen wird nicht mehr angewendet, sobald das Kind das 16. Lebensjahr vollendet hat.

1 Die Regelung begrenzt den persönlichen Anwendungsbereich des Übereinkommens auf Kinder bis zur Vollendung des 16. Lebensjahres, dabei ist auch das Erreichen der Altersgrenze während eines laufenden Verfahrens erheblich („sobald").

2 Weitere Voraussetzung für die Anwendbarkeit des HKÜ ist der gewöhnliche Aufenthalt in einem Vertragsstaat zum Zeitpunkt der Verletzung des Sorge- bzw. Umgangsrechts. Ausgeschlossen ist die Einleitung eines Rückführungsverfahrens, wenn der gewöhnliche Aufenthalt des Kindes vor dem Verbringen bzw. Zurückhalten in einem Drittstaat, also nicht in einem Vertragsstaat, lag.

Artikel 5 HKÜ

Umfang von Sorge- und Umgangsrecht

Im Sinn dieses Übereinkommens umfasst

a) das „Sorgerecht" die Sorge für die Person des Kindes und insbesondere das Recht, den Aufenthalt des Kindes zu bestimmen;

b) das „Recht zum persönlichen Umgang" das Recht, das Kind für eine begrenzte Zeit an einen anderen Ort als seinen gewöhnlichen Aufenthaltsort zu bringen.

1 Die Norm definiert den notwendigen Umfang des Sorge- und Umgangsrechts im Sinne des HKÜ abweichend von den Inhalten der Regelungen des Bürgerlichen Gesetzbuches.

▶ *Näher zu nationalem Recht Fink, § 1626 BGB Rn. 11 ff., sowie Gottschalk, § 1684 BGB Rn. 1 ff.*

Übersicht

A. Sorgerecht

2 Maßgeblich für die **Qualifizierung als Sorgerecht** im Sinne des HKÜ ist das Recht, den Aufenthalt des Kindes (mit-) zu bestimmen.

3 Inwiefern der Aufenthalt des Kindes nur aufgrund einvernehmlicher Entscheidung der Eltern verändert werden darf bzw. Einschränkungen bestehen, den Aufenthalt des Kindes eigenmächtig zu verändern, unterliegt dem Recht des Herkunftsstaats.[1]

4 Nach deutschem Recht genügt das alleinige Aufenthaltsbestimmungsrecht eines Elternteils, so dass der gegen den Willen des im Übrigen mitsorgeberechtigten Elternteils vorgenommene Aufenthaltswechsel nicht als widerrechtlich anzusehen ist.[2]

1 MüKo-BGB/*Heiderhoff*, Art. 3 HKÜ Rn. 9; *Niethammer-Jürgens/Erb-Klünemann*, S. 238

2 MüKo-BGB/*Heiderhoff*, Art. 3 HKÜ Rn. 11; so auch KG FamRZ 2015, 1214; OLG Koblenz FamRZ 2008, 813; a.A. OLG Köln FamRZ 2010, 913, für eine Auswanderung nach Thailand

B. Abgrenzung zum Umgangsrecht

Das Recht zum persönlichen Umgang wird über Art. 21 HKÜ geschützt. Die Beschränkung der Möglichkeit, den persönlichen Umgang mit dem Kind auszuüben, genügt nicht für die Geltendmachung eines Rückführungsanspruchs, soweit damit nicht die Verletzung einer Sorgerechtsposition verbunden ist.[3] 5

Artikel 6 HKÜ

Zentrale Behörde

(1) [1]Jeder Vertragsstaat bestimmt eine zentrale Behörde, welche die ihr durch dieses Übereinkommen übertragenen Aufgaben wahrnimmt.

(2) [1]Einem Bundesstaat, einem Staat mit mehreren Rechtssystemen oder einem Staat, der aus autonomen Gebietskörperschaften besteht, steht es frei, mehrere zentrale Behörden zu bestimmen und deren räumliche Zuständigkeit festzulegen. [2]Macht ein Staat von dieser Möglichkeit Gebrauch, so bestimmt er die zentrale Behörde, an welche die Anträge zur Übermittlung an die zuständige zentrale Behörde in diesem Staat gerichtet werden können.

Art. 6 HKÜ verpflichtet die Vertragsstaaten zur Einrichtung Zentraler Behörden.[1] In Deutschland ist dies nach § 3 Abs. 1 IntFamRVG das Bundesamt für Justiz mit Sitz in Bonn (www.bundesjustizamt.de). 1

▶ *Näher zu den Aufgaben der Zentralen Behörde siehe Schweppe, Kommentierung zu Art. 7 HKÜ sowie Kommentierung zu §§ 4 ff. IntFamRVG.*

Artikel 7 HKÜ

Zusammenarbeit

(1) [1]Die zentralen Behörden arbeiten zusammen und fördern die Zusammenarbeit der zuständigen Behörden ihrer Staaten, um die sofortige Rückgabe von Kindern sicherzustellen und auch die anderen Ziele dieses Übereinkommens zu verwirklichen.

(2) [1]Insbesondere treffen sie unmittelbar oder mit Hilfe anderer alle geeigneten Maßnahmen, um

a) den Aufenthaltsort eines widerrechtlich verbrachten oder zurückgehaltenen Kindes ausfindig zu machen;

b) weitere Gefahren von dem Kind oder Nachteile von den betroffenen Parteien abzuwenden, indem sie vorläufige Maßnahmen treffen oder veranlassen;

c) die freiwillige Rückgabe des Kindes sicherzustellen oder eine gütliche Regelung der Angelegenheit herbeizuführen;

d) soweit zweckdienlich Auskünfte über die soziale Lage des Kindes auszutauschen;

e) im Zusammenhang mit der Anwendung des Übereinkommens allgemeine Auskünfte über das Recht ihrer Staaten zu erteilen;

f) ein gerichtliches oder behördliches Verfahren einzuleiten oder die Einleitung eines solchen Verfahrens zu erleichtern, um die Rückgabe des Kindes zu erwirken sowie ggf. die

---

3 MüKo-BGB/*Heiderhoff*, Art. 3 HKÜ Rn. 12; NK/*Erb-Klünemann*, Art. 3 HKÜ Rn. 2; *Niethammer-Jürgens/Erb-Klünemann*, S. 239

1 Die Kontaktdaten der Zentralen Behörden der Vertragsstaaten sind über das Bundesamt für Justiz oder die Internetseite der Haager Konferenz für Internationales Privatrecht www.hcch.net erhältlich.

Durchführung oder die wirksame Ausübung des Rechts zum persönlichen Umgang zu gewährleisten;

g) soweit erforderlich die Bewilligung von Prozesskosten- und Beratungshilfe, einschließlich der Beiordnung eines Rechtsanwalts, zu veranlassen oder zu erleichtern;

h) durch etwa notwendige und geeignete behördliche Vorkehrungen die sichere Rückgabe des Kindes zu gewährleisten;

i) einander über die Wirkungsweise des Übereinkommens zu unterrichten und Hindernisse, die seiner Anwendung entgegenstehen, soweit wie möglich auszuräumen.

Übersicht

A. Allgemeines

1 Während Art. 7 Abs. 1 HKÜ den Grundsatz der Kooperation der Zentralen Behörden umschreibt, benennt Abs. 2 einzelne Aufgaben der Zentralen Behörden. Näher geregelt sind diese in den jeweiligen nationalen Ausführungsvorschriften. Für Deutschland finden sich diese in §§ 4 ff. IntFamRVG.

▶ *Näher hierzu siehe Schweppe, Kommentierung zu §§ 6 und 7 IntFamRVG.*

B. Aufgaben der Zentralen Behörde

2 Zu differenzieren ist zwischen Anträgen, die aus Deutschland an einen anderen Vertragsstaat gerichtet werden (sog. ausgehende Anträge) und solchen, die aus anderen Vertragsstaaten in Deutschland eingehen (sog. eingehende Anträge).[1]

I. Ausgehende Anträge

3 Ausgehende Anträge über das Bundesamt für Justiz werden zunächst auf Vollständigkeit der eingereichten Unterlagen geprüft, ggf. werden fehlende Dokumente und Übersetzungen nachgefordert bzw. auf Kosten des Antragstellers veranlasst (vgl. § 5 Abs. 1 IntFamRVG), und sodann an die Zentrale Behörde des Zufluchtsstaats weitergeleitet.[2]

4 Das weitere Verfahren folgt dann den Regelungen und Ausführungsbestimmungen des anderen Vertragsstaats.[3]

II. Eingehende Anträge

5 Bei eingehenden Anträgen prüft das Bundesamt für Justiz zunächst die Unterlagen einschließlich der VKH-Unterlagen, sofern Verfahrenskostenhilfe beantragt wird (vgl. zu den Kosten Art. 26 HKÜ Rn. 2 f.) und veranlasst ggf. deren Vervollständigung (insbesondere Übersetzungen, § 4 Abs. 2 IntFamRVG).

6 Sofern notwendig, hilft das Bundesamt für Justiz den Aufenthalt des Kindes zu ermitteln (Art. 7 Abs. 2a) HKÜ i.V.m. § 7 IntFamRVG).

1 Zu den Aufgaben des Bundesamts für Justiz als Zentrale Behörde siehe *Schlauß*, ZKJ 2024, 203; *ders.*, FamRB 2022, 370

2 Bundesamt für Justiz: Internationale Kindschaftsverfahren, S. 12 f.

3 Siehe hierzu die Beispiele bei MüKo-BGB/*Heiderhoff*, Art. 2 HKÜ Rn. 7

Zudem veranlasst das Bundesamt für Justiz die Mitteilung über die Sperrwirkung des Art. 16 HKÜ an das für den aktuellen Aufenthaltsort des Kindes zuständige Gericht und die Einleitung des gerichtlichen Rückführungsverfahrens vor dem nach § 11 IntFamRVG i.V.m. § 12 IntFamRVG zuständigen Familiengericht. 7

Grundsätzlich wird bereits im Vorfeld des Gerichtsverfahrens der Elternteil, in dessen Obhut sich das Kind befindet, durch ein Anschreiben auf die Möglichkeit der freiwilligen Rückkehr in den Herkunftsstaat und auf Angebote zur Mediation hingewiesen (vgl. Art. 7 Abs. 2c) HKÜ). 8

▶ *Näher siehe Wegener, Auslandsbezüge, Kapitel 6.*

Artikel 8 HKÜ

Antrag auf Rückgabe

(1) Macht eine Person, Behörde oder sonstige Stelle geltend, ein Kind sei unter Verletzung des Sorgerechts verbracht oder zurückgehalten worden, so kann sie sich entweder an die für den gewöhnlichen Aufenthalt des Kindes zuständige zentrale Behörde oder an die zentrale Behörde eines anderen Vertragsstaats wenden, um mit deren Unterstützung die Rückgabe des Kindes sicherzustellen.

(2) [1]Der Antrag muss enthalten

a) Angaben über die Identität des Antragstellers, des Kindes und der Person, die das Kind angeblich verbracht oder zurückgehalten hat;

b) das Geburtsdatum des Kindes, soweit es festgestellt werden kann;

c) die Gründe, die der Antragsteller für seinen Anspruch auf Rückgabe des Kindes geltend macht;

d) alle verfügbaren Angaben über den Aufenthaltsort des Kindes und die Identität der Person, bei der sich das Kind vermutlich befindet.

[2]Der Antrag kann wie folgt ergänzt oder es können ihm folgende Anlagen beigefügt werden:

e) eine beglaubigte Ausfertigung einer für die Sache erheblichen Entscheidung oder Vereinbarung;

f) eine Bescheinigung oder eidesstattliche Erklärung (Affidavit) über die einschlägigen Rechtsvorschriften des betreffenden Staates; sie muss von der zentralen Behörde oder einer sonstigen zuständigen Behörde des Staates, in dem sich das Kind gewöhnlich aufhält, oder von einer dazu befugten Person ausgehen;

g) jedes sonstige für die Sache erhebliche Schriftstück.

Übersicht

A. Allgemeines

Die Norm regelt detailliert die Antragstellung und die inhaltlichen Anforderungen an den Rückführungsantrag. Dieser kann über die Zentrale Behörde gestellt werden (hierzu Rn. 2), aber auch unmittelbar beim zuständigen Gericht des Zufluchtsstaats (hierzu Rn. 3). 1

B. Antragstellung

I. Antrag über Zentrale Behörde

2 Abs. 1 sieht vor, dass der Antrag über die Zentrale Behörde eines Vertragsstaats – sei es im Staat des bisherigen Aufenthalts des Kindes (Herkunftsstaat) oder im jetzigen Aufenthaltsstaat (Zufluchtsstaat) – gestellt werden kann. Die Zentrale Behörde veranlasst sodann die Weiterleitung an das zuständige Gericht, ggf. über die Zentrale Behörde des Aufenthaltsstaats.

II. Antrag direkt an das zuständige Gericht

3 Die Antragstellung über die Zentrale Behörde ist nicht zwingende Voraussetzung für die Durchführung des Rückführungsverfahrens. Der Antragsteller kann sich auch direkt – persönlich oder über einen Rechtsanwalt – an das zuständige Gericht wenden. Dies ergibt sich auch aus Art. 29 HKÜ. Gemäß § 38 Abs. 4 IntFamRVG benachrichtigt das Gericht auch bei direkt gestellten Anträgen die Zentrale Behörde über die Einleitung des Verfahrens.

4 Welches Gericht örtlich zuständig ist, bestimmt sich nach dem Recht des jeweiligen Vertragsstaats. In Deutschland greift nach § 11 i.V.m. § 12 IntFamRVG eine besondere Zuständigkeitskonzentration: Zuständig ist das Familiengericht, in dessen Bezirk ein OLG seinen Sitz hat, für den Bezirk dieses OLG.[1]

5 Angesichts der besonderen Rechtsmaterie und der mit einer direkten Antragstellung verbundenen Schwierigkeiten, das zuständige Gericht zu ermitteln und sämtliche Unterlagen vollständig einzureichen, ist die Antragstellung über die Zentralen Behörden im Hinblick auf deren kostenfreie Beratung und Unterstützung zweckmäßig.

III. Antragsform und -sprache

6 Der Inhalt des Rückführungsantrags sowie ggf. beizufügender Schriftstücke ist der Auflistung in Abs. 2 zu entnehmen.

Die einzureichenden Unterlagen sind nach Art. 24 HKÜ in der Originalsprache und zusätzlich in Übersetzung in die Amtssprache des Zufluchtsstaats zu übersenden.[2]

Artikel 9 HKÜ
Weiterleitung eines Antrags

Hat die zentrale Behörde, bei der ein Antrag nach Artikel 8 eingeht, Grund zu der Annahme, dass sich das Kind in einem anderen Vertragsstaat befindet, so übermittelt sie den Antrag unmittelbar und unverzüglich der zentralen Behörde dieses Staates; sie unterrichtet davon die ersuchende zentrale Behörde oder ggf. den Antragsteller.

1 Voraussetzung für die Durchführung eines Rückführungsverfahrens ist, dass sich das betroffene Kind tatsächlich (noch) im Zufluchtsstaat aufhält. Ist dies nicht (mehr) der Fall, verpflichtet Art. 9 HKÜ die angerufene Zentrale Behörde, den Antrag direkt an die Zentrale Behörde des Vertragsstaats weiterzuleiten, in dem sich das Kind nunmehr aufhält.

1 Eine Liste der zuständigen Familiengerichte kann unter www.bundesjustizamt.de > Themen > Familie international > Sorgerecht > Zuständige deutsche Gerichte abgerufen werden

2 Vordrucke für Rückführungsanträge sowie für Anträge auf Verfahrenskostenhilfe in mehreren Sprachen sind unter http://www.bundesjustizamt.de> Themen > Familie international > Sorgerecht > Formulare erhältlich

Hält sich das Kind nunmehr in einem Drittstaat auf, ist der Antrag allerdings durch die angerufene Zentrale Behörde auf Grundlage von Art. 27 HKÜ zurückzuweisen.[1] 2

Artikel 10 HKÜ

Realisierung der Rückgabe

Die zentrale Behörde des Staates, in dem sich das Kind befindet, trifft oder veranlasst alle geeigneten Maßnahmen, um die freiwillige Rückgabe des Kindes zu bewirken.

Vorrangig vor dem Erlass einer gerichtlichen Rückführungsanordnung ist der Versuch, die freiwillige Rückführung des Kindes – insbesondere die gemeinsame Rückkehr des betreuenden Elternteils mit dem Kind – in den Herkunftsstaat zu erreichen. Eine Möglichkeit hierzu bietet die Einleitung eines Mediationsverfahrens (zu Einzelheiten siehe nachfolgend *Wegener*, Auslandsbezüge, Kapitel 6; vgl. auch Art. 25 Brüssel IIb-VO).[1] 1

Artikel 11 HKÜ

Begründung einer Verfahrensverzögerung

(1) In Verfahren auf Rückgabe von Kindern haben die Gerichte oder Verwaltungsbehörden eines jeden Vertragsstaats mit der gebotenen Eile zu handeln.

(2) [1]Hat das Gericht oder die Verwaltungsbehörde, die mit der Sache befasst sind, nicht innerhalb von sechs Wochen nach Eingang des Antrags eine Entscheidung getroffen, so kann der Antragsteller oder die zentrale Behörde des ersuchten Staates von sich aus oder auf Begehren der zentralen Behörde des ersuchenden Staates eine Darstellung der Gründe für die Verzögerung verlangen. [2]Hat die zentrale Behörde des ersuchten Staates die Antwort erhalten, so übermittelt sie diese der zentralen Behörde des ersuchenden Staates oder ggf. dem Antragsteller.

Die Entscheidung über die Rückführung des Kindes ist in einem beschleunigten Verfahren zu treffen. Konkretisiert wird dieses Beschleunigungsgebot in Art. 24 Brüssel IIb-VO und § 38 Abs. 1 IntFamRVG. 1

▶ *Näher hierzu Schweppe, Art. 24 Brüssel IIb-VO Rn. 1 f., bzw. Schweppe, § 38 IntFamRVG Rn. 1 f.*

Das beschleunigte Verfahren trägt dem Umstand Rechnung, dass Kinder sich während der andauernden Verfahren in ihre neue Umgebung integrieren. 2

▶ *Näher zu Sinn und Zweck des Beschleunigungsgebotes in Kindschaftssachen siehe Fink, § 155 FamFG Rn. 1, 14 m.w.N.*

Art. 11 Abs. 2 HKÜ ermöglicht dem Antragsteller und den Zentralen Behörden im Falle einer Verfahrensdauer von mehr als sechs Wochen eine – allerdings sanktionslose – Verzögerungsrüge. 3

Artikel 12 HKÜ

Anordnung der Rückgabe

(1) Ist ein Kind im Sinn des Artikels 3 widerrechtlich verbracht oder zurückgehalten worden und ist bei Eingang des Antrags bei dem Gericht oder der Verwaltungsbehörde des Vertragsstaats, in dem sich das Kind befindet, eine Frist von weniger als einem Jahr seit dem Verbrin-

1 MüKo-BGB/*Heiderhoff*, Art. 9 HKÜ Rn. 2

1 Zu Mediation und Vergleichen siehe auch *Niethammer-Jürgens/Erb-Klünemann*, S. 255 ff. m.w.N.

gen oder Zurückhalten verstrichen, so ordnet das zuständige Gericht oder die zuständige Verwaltungsbehörde die sofortige Rückgabe des Kindes an.

(2) Ist der Antrag erst nach Ablauf der in Absatz 1 bezeichneten Jahresfrist eingegangen, so ordnet das Gericht oder die Verwaltungsbehörde die Rückgabe des Kindes ebenfalls an, sofern nicht erwiesen ist, dass das Kind sich in seine neue Umgebung eingelebt hat.

(3) Hat das Gericht oder die Verwaltungsbehörde des ersuchten Staates Grund zu der Annahme, dass das Kind in einen anderen Staat verbracht worden ist, so kann das Verfahren ausgesetzt oder der Antrag auf Rückgabe des Kindes abgelehnt werden.

Übersicht Rn.

A. Allgemeines

1 Art. 12 HKÜ setzt den Grundgedanken des HKÜ um: Bei Eingang eines entsprechenden Antrags innerhalb eines Jahres ist grundsätzlich die Rückführung des Kindes in den Herkunftsstaat anzuordnen, sofern das Kind unter Verletzung eines (Mit-)Sorgerechts in den Zufluchtsstaat verbracht wurde bzw. dort zurückgehalten wird und keiner der Ausnahmetatbestände nach Art. 12 Abs. 2, Art. 13 und Art. 20 HKÜ greift.

B. Inhalt der Norm

I. Grundsatz der Rückführung (Abs. 1, 2)

2 Ungeachtet des Wortlauts in Art. 8 Abs. 1 HKÜ ist Gegenstand des Verfahrens nicht die Anordnung der „Rückgabe" im Sinne der Herausgabe des Kindes an den Antragsteller, sondern es ist in Umsetzung des HKÜ als Rechtshilfeübereinkommen die Rückführung des Kindes in den anderen Vertragsstaat anzuordnen.[1] Hierzu genügt es, wenn der betreuende Elternteil mit dem Kind in den Herkunftsstaat zurückkehrt.[2]

3 Die Verpflichtung zur Rückführung des Kindes nach Art. 12 Abs. 1 HKÜ ist erfüllt, wenn das Kind sich so lange im Heimatstaat aufgehalten hat, dass der rückfordernde Elternteil eine den Verbleib sichernde Anordnung hätte erwirken können.[3] Die Begründung eines (erneuten) gewöhnlichen Aufenthalts des Kindes im Heimatstaat ist zur Erfüllung der Rückgabepflicht nicht erforderlich.[4]

1 *Winter*, Rn. 241 f.; NK/*Erb-Klünemann*, HKÜ Art. 12 Rn. 4, 17
2 Vgl. OLG Brandenburg NZFam 2023, 138 m. Anm. *Markwardt*
3 So OLG Frankfurt FamRZ 2024, 442; OLG Schleswig FamRZ 2014, 494
4 BVerfG FamRZ 2024, 1218 m. Anm. *Guttzeit*, FamRB 2024, 330 m. Anm. *Niethammer-Jürgens/Cato*; OLG Schleswig FamRZ 2014, 494; anders OLG Karlsruhe FamRZ 2008, 2223

Die Rückführung des Kindes ist grundsätzlich in den Herkunftsstaat anzuordnen, also in den Staat, in dem das Kind bis zum Verbringen seinen gewöhnlichen Aufenthalt hatte. Soweit die USA betroffen sind, ist die Rückführung damit nicht in den jeweiligen Bundesstaat, sondern in die USA anzuordnen. 4

Nach der Intention des HKÜ kommt die Anordnung der Rückführung auch dann in Betracht, wenn der Antragsteller seinen Aufenthalt nicht mehr im Herkunftsstaat hat, soweit dies dem Ziel der Rückkehr in die vertrauten familiären Lebensumstände entspricht.[5] Hiervon abzugrenzen ist die Rückführung in den bisherigen Aufenthaltsstaat des Kindes, obgleich der Antragsteller dort nicht mehr lebt.[6]

II. Ausnahmen

1. Ablauf der Jahresfrist

Art. 12 Abs. 2 enthält – neben Art. 13 und 20 HKÜ – eine der Ausnahmen vom Grundsatz der Rückführung. 5

Danach kann die Rückführung des Kindes verweigert werden, wenn der Rückführungsantrag erst nach Ablauf eines Jahres beim Gericht eingeht **und** das Kind sich in seine neue Umgebung eingelebt hat. Dies ist zu bejahen, wenn das Kind **zum Zeitpunkt der Entscheidung** mit dem neuen Wohnort und den Bezugspersonen so verbunden und durch soziale oder familiäre Beziehungen so verwurzelt ist, dass ein Bruch mit dieser Umgebung vollkommen **unzumutbar** wäre.[7] Auch nach Ablauf der Jahresfrist und Einleben des Kindes im neuen Aufenthaltsstaat steht die Anordnung der Rückführung im Ermessen des Gerichts.[8] 6

Maßgeblich für den Ablauf der Jahresfrist ist der Antragseingang bei Gericht, nicht bei der Zentralen Behörde des Zufluchtsstaats. 7

2. Aufenthalt des Kindes in Drittstaat (Abs. 3)

Sofern sich das Kind zum Zeitpunkt des Erlasses der Rückführungsanordnung nicht (mehr) in dem Staat aufhält, dessen Gericht angerufen wurde, so ist der Antrag nach Abs. 3 zurückzuweisen. Die Alternative der Aussetzung des Verfahrens erscheint im Hinblick auf den Beschleunigungsgrundsatz kaum vertretbar. Eine Abgabe des Verfahrens durch das zur Entscheidung über den Rückführungsantrag zuständige Gericht ist anders als durch die Zentrale Behörde (hierzu Art. 9 HKÜ) nicht vorgesehen. 8

C. Verfahren

Für das Rückführungsverfahren, welches durch einen formgerechten Antrag einzuleiten ist (hierzu Art. 8 HKÜ), enthält das HKÜ mit Ausnahme des Beschleunigungsgebotes in Art. 11 HKÜ keine weiteren Vorgaben. Für Rückführungsverfahren vor deutschen Gerichten gelten die §§ 37 ff. IntFamRVG, subsidiär die Verfahrensvorschriften des FamFG. 9

▶ *Näher hierzu Schweppe, Kommentierung zu § 37 ff. IntFamRVG.*

5 MüKo-BGB/*Heiderhoff*, Art. 1 HKÜ Rn. 4; Pérez-Vera Nr. 110; hierzu KG NZFam 2023, 185 m. Anm. *Erb-Klünemann*; einschränkend OLG Rostock FamRZ 2022, 373 (nur in Ausnahmefällen)

6 Hierzu OLG Dresden FamRZ 2023, 963 (Aufenthalt des Antragstellers in Drittstaat, hier Ägypten)

7 OLG Karlsruhe, 5.10.2022 – 2 UF 100/22; OLG Hamm FamRZ 2017, 1679; OLG Stuttgart FamRZ 2013, 51, 52; vgl. auch *Völker/Clausius*, § 11 Rn. 106

8 Siehe hierzu OLG Stuttgart FamRZ 2024, 1115

I. Einschränkung des Amtsermittlungsgrundsatzes

10 Im Rückführungsverfahren ist der sonst in kindschaftsrechtlichen Verfahren geltende Amtsermittlungsgrundsatz (hierzu *Kischkel,* §§ 26 bis 27 FamFG Rn. 1 f.). eingeschränkt. So obliegt im Rahmen des Art. 13 Abs. 1 lit. a und b HKÜ dem Elternteil, der sich der Rückführung des Kindes widersetzt, jeweils die volle Darlegungs- und Beweislast für das Vorliegen der Ausnahmetatbestände.[9]

11 Diese Beweislastverteilung ist verfassungsgemäß, da das HKÜ von dem Grundsatz ausgeht, dass die sofortige Rückführung in den Herkunftsstaat dem Kindeswohlinteresse am besten dient und Ausnahmen von diesem Grundsatz nur unter besonderen Umständen angezeigt sind.[10]

II. Beschleunigtes Verfahren

12 Das Rückführungsverfahren ist nach Art. 11 HKÜ beschleunigt zu betreiben, konkretisiert wird dieses Beschleunigungsgebot durch Art. 24 Brüssel IIb-VO, wonach eine Entscheidung über die Rückführung spätestens sechs Wochen nach Antragseingang je Instanz zu erfolgen hat.

▶ *Näher hierzu Schweppe, Art. 11 HKÜ Rn. 2, Art. 24 Brüssel IIb-VO und § 38 IntFamRVG Rn. 1 f.*

III. Beteiligung

1. Jugendamt

13 Das örtliche Jugendamt ist im Rückführungsverfahren regelmäßig zu beteiligen. Die Mitwirkung des Jugendamtes ist in § 9 IntFamRVG geregelt. Für die Beratungstätigkeit des Jugendamts sowie die Stellungnahme an das Gericht gilt es zu beachten, dass im Rückführungsverfahren nicht die in Sorgerechtsverfahren geltenden Kindeswohlkriterien maßgeblich sind, sondern Art. 13 HKÜ hiervon abweichende Kriterien (siehe *Schweppe,* Art. 13 HKÜ Rn. 2, 7 ff.) vorgibt, an denen sich auch die Tätigkeit des Jugendamts zu orientieren hat.[11]

▶ *Zur Mitwirkung der Jugendämter in Rückführungsverfahren siehe auch Schweppe, § 9 IntFamRVG Rn. 1 ff.*

2. Verfahrensbeistand

14 In der Praxis deutscher Gerichte ist die Bestellung von Verfahrensbeiständen in Rückführungsverfahren üblich[12] und im Hinblick auf das Bedürfnis einer eigenständigen Interessenvertretung des Kindes auch geboten.[13] Art. 16 Brüssel IIb-VO eröffnet ausdrücklich die Möglichkeit, einen Verfahrensbeistand auf Grundlage nationalen Rechts einzusetzen.[14]

▶ *Näher zur Verfahrensbeistandschaft siehe Keuter, Kommentierung zu § 158 FamFG.*

15 Unter Einbeziehung der Besonderheiten von Rückführungsverfahren ist bei der Auswahl des Verfahrensbeistands Wert auf eine besondere juristische Qualifikation für Kindesentführungsverfahren zu legen.

---

9 *Völker/Clausius,* § 11 Rn. 109

10 BVerfG FamRZ 2016, 1571; FamRZ 1996, 1267, 1268

11 Zur Tätigkeit der Jugendämter siehe *Erb-Klünemann/Kößler,* NDV 2022, 111, 116, sowie Handreichung zur grenzüberschreitenden Einzelfallarbeit, S. 18 ff.

12 *Winter,* Rn. 723; *Erb-Klünemann/Kößler,* NDV 2022, 111, 115; näher HB-VB/*Schweppe,* 4. Aufl., Rn. 1767 ff.

13 Vgl. *Völker/Clausius,* § 11 Rn. 140; *Carl,* FPR 2006, 39; *Schweppe,* S. 243 f. und ZfJ 2001, 169, 174 f.

14 *Schulz,* FamRZ 2020, 1141, 1143; siehe auch Erwägungsgrund 32 zur Brüssel IIb-VO

3. Persönliche Anhörung

a) Anhörungstermin

Das Gericht beraumt unter Beachtung des Beschleunigungsgrundsatzes einen Termin zur mündlichen Erörterung an, zu dem regelmäßig das persönliche Erscheinen beider Eltern, also auch des im Ausland lebenden Antragstellers angeordnet wird. Im Geltungsbereich der Brüssel IIb-VO darf ein Rückführungsantrag nicht zurückgewiesen werden, wenn der Antragsteller keine Gelegenheit zur Äußerung erhalten hat (Art. 27 Abs. 1 Brüssel IIb-VO). **16**

Sofern eine persönliche Teilnahme am Termin nicht möglich ist, kommt eine Zuschaltung unter Einsatz von Videotechnik im Rahmen einer grenzüberschreitenden Beweisaufnahme in Betracht. § 34 Abs. 4 FamFG (hierzu *Kischkel*, § 34 FamFG Rn. 10) ist in seiner Anwendung auf Verfahren beschränkt, bei denen die Verfahrensbeteiligten sich im Inland aufhalten, und steht damit der Anhörung im Wege der Videoverhandlung in grenzüberschreitenden Verfahren nicht entgegen.[15] Dabei sind die Vorgaben der Europäischen Beweisaufnahmeverordnung[16] bzw. des Haager Beweisaufnahmeübereinkommens[17] einzuhalten. Außerhalb dieser Anwendungsbereiche kommt eine vertraglose Rechtshilfe bzw. eine Mitwirkung im Wege konsularischer Vernehmung in Betracht. Die Mitwirkung der Beteiligten ist freiwillig und kann nicht durch Ordnungsmittel erzwungen werden.

b) Kindesanhörung

Zur Anhörung des Kindes im Rückführungsverfahren verweist Art. 26 Brüssel IIb-VO auf Art. 21 Brüssel IIb-VO. Diese Regelung greift unmittelbar zwar nur im Verhältnis zwischen den EU-Mitgliedstaaten, in Rückführungsverfahren vor deutschen Gerichten ist eine persönliche Anhörung des Kindes entsprechend der innerstaatlichen Verfahrensvorschrift des § 159 FamFG durchzuführen.[18] Mit Blick auf die Wertungen und Maßgaben des HKÜ dürften persönliche Anhörungen von Kindern jedenfalls ab einem Alter von sechs Jahren geboten sein. **17**

▶ *Näher zur Kindesanhörung siehe Heilmann, § 159 FamFG 20 ff.*

IV. Entscheidung

Mit Anordnung der Rückführung des Kindes setzt das Gericht dem Elternteil, in dessen Obhut sich das Kind befindet, üblicherweise eine Frist, um mit dem Kind in den Herkunftsstaat zurückzukehren. Damit wird die weitere Betreuung des Kindes durch diesen Elternteil ermöglicht. Für den Fall, dass der betreuende Elternteil dieser Verpflichtung nicht nachkommt, ist die Herausgabe des Kindes anzuordnen. Die Entscheidung, mit der die Rückführung des Kindes angeordnet wird, wird erst mit Rechtskraft wirksam (§ 40 IntFamRVG); zur Möglichkeit der Anordnung der sofortigen Wirksamkeit durch das OLG siehe *Schweppe*, § 40 IntFamRVG Rn. 12. Im Anwendungsbereich von Art. 27 Brüssel IIb-VO, d.h. im Verhältnis der EU-Mitgliedstaaten zueinander, kann das erstinstanzliche Gerich die Rückführungsanordnung für vorläufig vollstreckbar erklären (siehe hierzu Art. 27 Abs. 6 Brüssel IIb-VO). **18**

15 BT-Drs. 20/8095, 31 unter Hinweis auf den Vorrang der Regelungen zu grenzüberschreitenden Videoverhandlungen und -beweisaufnahmen in der Europäischen Union; Thomas/Putzo/*Seiler*, § 34 FamFG Rn. 4

16 EU-VO 2020/1783 vom 25.11.2020 über die Zusammenarbeit zwischen den Gerichten der Mitgliedstaaten auf dem Gebiet der Beweisaufnahme in Zivil- oder Handelssachen. Informationen zum Verfahren: https://e-justice.europa.eu → Gerichtsverfahren → Beweisaufnahme → Beweisaufnahme mittels Videokonferenz

17 Haager Beweisaufnahmeübereinkommens über die Beweisaufnahme im Ausland in Zivil- oder Handelssachen vom 18. März 1970 (HBÜ)

18 Zur Bedeutung der Kindesanhörung in HKÜ-Verfahren siehe *Völker/Clausius*, § 11 Rn. 138; sowie bereits *Carl*, FPR 2001, 211; *Schweppe*, S. 210

19 Zweckmäßigerweise wird das Gericht mit dem Ausspruch der Rückführungsanordnung auch die Androhung von Ordnungsmitteln verbinden, so dass der Tenor[19] wie folgt lautet:

Tenorierungsbeispiel

1. *Das Kind, geb. am ..., ist nach ... zurückzuführen.*
2. *Die Rückführung hat durch die Antragsgegnerin oder eine von dieser bestimmten Person binnen drei Wochen zu erfolgen. Sollte die Rückführung nicht binnen drei Wochen seit Erlass dieser Entscheidung erfolgen, ist das Kind von der Antragsgegnerin und jeder anderen Person, bei der sich das Kind aufhält, an den Antragsteller oder an eine vom ihm bestimmte Person zum Zwecke der Rückführung nach ... herauszugeben.*
3. *Ergänzend wird der Gerichtsvollzieher beauftragt, das Kind der Antragsgegnerin oder jeder anderen Person, bei der es sich aufhält, wegzunehmen und dem Antragsteller oder einer von ihm bestimmten Person zu übergeben.*
4. *Die Antragsgegnerin wird darauf hingewiesen, dass durch das Gericht im Falle der Zuwiderhandlung gegen die Herausgabeverpflichtung zu 2. ein Ordnungsgeld bis zu 25.000,– Euro oder für den Fall, dass das Ordnungsgeld nicht beigetrieben werden kann oder die Anordnung des Ordnungsgeldes keinen Erfolg verspricht, Ordnungshaft bis zu 6 Monaten angeordnet werden kann.*

V. Vollstreckung

1. Grundsätze

20 Für die Vollstreckung von Rückführungsentscheidungen nach dem HKÜ enthält Art. 28 Brüssel IIb-VO die Vorgabe, dass diese mit der gebotenen Eile zu erfolgen hat (hierzu *Schweppe*, Kommentierung zu Art. 28 Brüssel IIb-VO). Im Übrigen folgt die Vollstreckung nationalem Recht, wobei die Mitgliedstaaten der Union bei der Umsetzung ins nationale Recht durch die Vorgaben der EU-Verordnungen gebunden sind.[20] Für Deutschland ist die Vollstreckung von Rückführungsentscheidungen in § 44 IntFamRVG geregelt (siehe hierzu *Schweppe*, § 44 IntFamRVG); Im Übrigen greifen die allgemeinen Regelungen über die Vollstreckung von Herausgabeentscheidungen (hierzu *Cirullies*, Kommentierung zu §§ 88 bis 94 FamFG).

21 Die Vollstreckungs(schutz)vorschriften der Brüssel IIb-VO gelangen auf Rückführungsentscheidungen nach dem HKÜ nur dann zur Anwendung, wenn eine in einem anderen EU-Mitgliedstaat ergangene Entscheidung zu vollstrecken ist, wie sich aus Art. 2 Abs. 1 Satz 2 lit. a) Brüssel IIb-VO ergibt.

2. Aussetzung der Vollstreckung

22 In Ausnahmefällen kommt eine (auch unbefristete) Einstellung der Vollstreckung nach § 14 Nr. 2 IntFamRVG i.V.m. § 93 Abs. 1 Nr 4 FamFG in Betracht, wenn die Vollstreckung mit dem Kindeswohl nicht (mehr) zu vereinbaren wäre.[21]

▶ *Hierzu im Einzelnen Schweppe, § 44 IntFamRVG Rn. 8*

---

19 Zur Tenorierung der Rückführungsanordnung vgl. auch *Niethammer-Jürgens/Erb-Klünemann*, S. 247 f. sowie *Winter*, Rn. 725 f.
20 EuGH FamRZ 2023, 692
21 OLG Frankfurt FamRZ 2022, 1941 m. Anm. *Hüßtege*; KG FamRZ 2022, 222

VI. Rechtsmittel

Rechtsmittel gegen die Anordnung bzw. Ablehnung der Rückführungsanordnung und deren Vollstreckung richten sich nach den jeweiligen nationalen Ausführungsbestimmungen, in Deutschland nach den §§ 40 ff. IntFamRVG (siehe dazu *Schweppe*, § 40 IntFamRVG Rn. 3 ff.), hilfsweise nach dem für innerstaatliche Verfahren sonst geltenden Recht (siehe dazu Kischkel, § 58 FamFG Rn. 1 ff.). **23**

Zu Modifizierungen durch die Brüssel IIb-VO siehe die Übersicht unter Rn. 25. **24**

Übersicht: Verfahren nach dem HKÜ

A. **Ziel des Übereinkommens**

Art. 1 HKÜ „sofortige Rückgabe“: Rückführung in den Herkunftsstaat

B. **Voraussetzungen**

I. *Anwendungsbereich eröffnet (nur zwischen Vertragsstaaten)*

- Art. 4 HKÜ: Kind unter 16 Jahren mit gewöhnlichem Aufenthalt in Vertragsstaat
- Art. 3 HKÜ: widerrechtliches Verbringen oder Zurückhalten ->gegen Willen/ohne Zustimmung eines Sorgeberechtigten, der Sorgerecht ausgeübt hat

II. *Verfahren, Art. 8 HKÜ: Antrag auf Rückgabe über Zentrale Behörde (Art. 6 HKÜ)*

- im Herkunftsstaat oder im Zufluchtsstaat (Weiterleitung Antrag an das Gericht nach Eingang Kostenvorschuss bzw. Vorlage vollständiger VKH-Unterlagen)
- oder direkt an Gericht im Zufluchtsstaat (Zuständigkeitskonzentration, § 11 i.V.m. § 12 IntFamRVG)
- ggf. Art. 15 HKÜ Anforderung Widerrechtlichkeitsbescheinigung
- Art. 11 HKÜ Beschleunigungsgebot
- Stellungnahme Jugendamt
- Bestellung Verfahrensbeistand
- Beteiligung der Eltern/Anhörungstermin
- Kindesanhörung

III. *Entscheidung, Art. 12 HKÜ: Anordnung der Rückgabe, Grundsatz der Rückführung, es sei denn (Ausnahmetatbestände)*

- Art. 13 Abs. 2 HKÜ „Kind widersetzt sich“
- Art. 12 Abs. 2 HKÜ Antragstellung nach Ablauf Jahresfrist und Einleben
- Art. 13 Abs. 1 a) HKÜ Zustimmung oder nachträgliche Genehmigung
- Art. 13 Abs. 1 b) HKÜ „schwerwiegende Gefahr eines körperlichen oder seelischen Schadens“

IV. *Vollstreckung (siehe § 44 IntFamRVG: Von Amts wegen, eingeschränktes Ermessen)*

V. *Rechtsmittel (siehe § 40 Abs. 2 IntFamRVG: Zweiwochenfrist und Begründungszwang sowie obligatorische Prüfung der Anordnung der sofortigen Wirksamkeit, § 40 Abs. 3 IntFamRVG)*

25 *Übersicht: HKÜ und Brüssel IIb-VO (Modifizierung des HKÜ bei Anwendung im Verhältnis der EU-Mitgliedstaaten zueinander)*

Art. 22 ff. Brüssel IIb-VO

A. Rückführungsverfahren

- Beschleunigungsgrundsatz: Entscheidung innerhalb von 6 Wochen (Art. 24 Abs. 2 Brüssel IIb-VO)
- Kind ist anzuhören (Art. 26 i.V.m. Art. 21 Brüssel IIb-VO)
- fakultativ: Anordnung der sofortigen Wirksamkeit (Art. 27 Abs. 6 Brüssel IIb-VO)

B. Ablehnung Rückführung innerhalb EU-Staaten

1. Nur, wenn Gelegenheit zur Anhörung des Antragstellers (Art. 27 Abs. 1 Brüssel IIb-VO)
2. Keine Ablehnung der Rückführung trotz Vorliegens der Voraussetzungen des Art. 13 I b) HKÜ "schwerwiegende Gefahr eines körperlichen oder seelischen Schadens", wenn angemessene Vorkehrungen zum Schutz des Kindes getroffen wurden (Art. 27 Abs. 3 Brüssel-IIb-VO)
3. Bei Ablehnung der Rückführung auf Grundlage von Art. 13 Abs. 1 b) und Art. 13 Abs. 2 HKÜ:
   - Ausstellung Bescheinigung nach Anhang I (Art. 29 Abs. 2 Brüssel IIb-VO)
   - Information über Ablehnung der Rückführung an das Gericht, das zur Entscheidung in der Hauptsache zuständig ist (Art. 29 Abs. 3 Brüssel IIb-VO)

C. Zuständigkeit für das Sorgerechtsverfahren, Art. 9 Brüssel IIb-VO:

Grundsatz

Zuständigkeit für Entscheidungen betreffend die elterliche Verantwortung verbleibt bei den Gerichten des **Herkunftsstaates**

Ausnahme:

Zuständigkeit der Gerichte im **Zufluchtsstaat** für Sorgerechtsentscheidung, nach Art. 9 Brüssel IIb-VO nur, wenn neuer gewöhnlicher Aufenthalt **und**

a) Zustimmung aller Sorgeberechtigten
b) Ablauf Jahresfrist und
   i) kein Rückführungsantrag oder
   ii) Rücknahme Rückführungsantrag oder
   iii) Ablehnung der Rückführung aus anderen Gründen als Art. 13 Abs. 1 b) oder Art. 13 Abs. 2 HKÜ
   iv) kein Sorgerechtsantrag gem. Art. 29 Abs. 3 und 5 Brüssel IIb-VO gestellt
   v) Gericht im Herkunftsstaat hat Sorgerecht zugunsten Verbleib im Zufluchtsstaat geregelt

Eingang Sorgerechtsantrag

→ Entscheidung über Sorgerecht beinhaltet Rückführung des Kindes in Herkunftsstaat, es erfolgt Ausstellung der Bescheinigung i.S.v. Art. 47 Brüssel-IIb-VO

→ Entscheidung des Gerichts im Herkunftsstaat wird unmittelbar anerkannt und ist im Zufluchtsstaat sowie in allen anderen EU-Mitgliedstaaten unmittelbar vollstreckbar (Art. 42 Abs. 1 lit. b, 45 Abs. 1 Brüssel IIb-VO)

→ **Kind kehrt in Herkunftsstaat zurück**

Kein Sorgerechtsantrag

→ Zuständigkeit der Gerichte im **Zufluchtsstaat** nach Art. 9 b (iv) Brüssel IIb-VO

Artikel 13 HKÜ

Ablehnung der Rückgabe

(1) Ungeachtet des Artikels 12 ist das Gericht oder die Verwaltungsbehörde des ersuchten Staates nicht verpflichtet, die Rückgabe des Kindes anzuordnen, wenn die Person, Behörde oder sonstige Stelle, die sich der Rückgabe des Kindes widersetzt, nachweist,

a) dass die Person, Behörde oder sonstige Stelle, der die Sorge für die Person des Kindes zustand, das Sorgerecht zur Zeit des Verbringens oder Zurückhaltens tatsächlich nicht ausgeübt, dem Verbringen oder Zurückhalten zugestimmt oder dieses nachträglich genehmigt hat oder

b) dass die Rückgabe mit der schwerwiegenden Gefahr eines körperlichen oder seelischen Schadens für das Kind verbunden ist oder das Kind auf andere Weise in eine unzumutbare Lage bringt.

(2) Das Gericht oder die Verwaltungsbehörde kann es ferner ablehnen, die Rückgabe des Kindes anzuordnen, wenn festgestellt wird, dass sich das Kind der Rückgabe widersetzt und dass es ein Alter und eine Reife erreicht hat, angesichts deren es angebracht erscheint, seine Meinung zu berücksichtigen.

(3) Bei Würdigung der in diesem Artikel genannten Umstände hat das Gericht oder die Verwaltungsbehörde die Auskünfte über die soziale Lage des Kindes zu berücksichtigen, die von der zentralen Behörde oder einer anderen zuständigen Behörde des Staates des gewöhnlichen Aufenthalts des Kindes erteilt worden sind.

Übersicht

A. Allgemeines

1 Art. 13 HKÜ enthält – neben Art. 12 Abs. 2 HKÜ und Art. 20 HKÜ – Ausnahmen vom Grundsatz der Rückführung, bei deren Vorliegen das Gericht im Zufluchtsstaat (ersuchten Staat) von der Anordnung der Rückführung absehen kann. Dabei liegt auch bei Vorliegen der Voraussetzungen eines Ausnahmetatbestands die Zurückweisung des Antrags im Ermessen des Gerichts.

2 Zu beachten ist, dass für die Entscheidung über die Rückführung andere Maßstäbe Anwendung finden als für eine gerichtliche Entscheidung über die elterliche Sorge. Insbesondere sind die Bindungen des Kindes sowie etwaige bessere finanzielle und soziale Bedingungen im Zufluchtsstaat im Rückführungsverfahren nicht von entscheidungserheblicher Relevanz. Denn es kommt nicht darauf an, ob der Verbleib im Zufluchtsstaat dem Wohl des Kindes am besten entspricht bzw. diesem dient oder förderlich ist.

B. Inhalt der Norm

I. Nichtausübung des Sorgerechts

3 Art. 13 Abs. 1 lit. a) HKÜ benennt als Ausnahmetatbestand, bei dessen Vorliegen die Rückführung abgelehnt werden kann, zunächst die Nichtausübung des Sorgerechts. Der Unterschied zu Art. 3 Abs. 1 b) HKÜ liegt darin, dass im Rahmen jener Norm die tatsächliche Ausübung des Sorgerechts Voraussetzung für die Widerrechtlichkeit des Verbringens bzw. Zurückhaltens ist, was der Antragsteller darzulegen hat. Im Rahmen des Art. 13 Abs. 1 a) HKÜ hingegen hat der Elternteil, der die Rückführung ablehnt, die fehlende Ausübung des Sorgerechts nachzuweisen, wobei an die Nichtausübung des Sorgerechts hohe Anforderungen gestellt werden.[1]

II. Zustimmung bzw. Genehmigung

4 Der Rückführungsantrag kann nach Abs. 1 lit. a) zurückgewiesen werden, wenn der Elternteil, der sich der Rückführung widersetzt, nachweisen kann, dass der Antragsteller dem Verbringen zugestimmt bzw. dieses (nachträglich) genehmigt hat. Die Darlegungs- bzw. Beweislast hierfür liegt bei dem Elternteil, der sich der Rückführung widersetzt.

▶ *Näher zum eingeschränkten Amtsermittlungsgrundsatz, Schweppe, Art. 12 HKÜ Rn. 10.*

1. Zustimmung

5 Die Annahme einer Zustimmung setzt voraus, dass das Einverständnis nicht nur zu einem vorübergehenden Aufenthaltswechsel, etwa zu einem – auch längeren – Urlaub, sondern zu einem auf Dauer angelegten Aufenthaltswechsel erteilt wird.[2]

Hohe Anforderungen sind insbesondere beim Vortrag einer konkludenten Zustimmung aufgrund des Verhaltens des anderen Elternteils wie der Zahlung von Kindesunterhalt und der Korrespondenz über die zukünftige Ausübung des Umgangsrechts zu stellen.[3]

Die Zustimmung zum Verbringen kann widerrufen werden. Darlegungs- und beweisbelastet für den Widerruf ist derjenige, für den diese Tatsache günstig ist, mithin der die Rückführung begehrende Elternteil.[4]

2. Genehmigung

6 Eine nachträgliche Genehmigung des Verbringens kann vorliegen, wenn der die Rückführung fordernde Elternteil Kenntnis vom Umzug hatte und den neuen Aufenthalt des Kindes auch im Zuge der Wahrnehmung von Umgangskontakten nicht infrage stellt, wobei Erklärungen nach dem objektiven Empfängerhorizont unter umfassender Berücksichtigung des Gesamtverhaltens des Antragstellers im Zusammenhang mit dem Aufenthaltswechsel des Kindes auszulegen sind.[5] Auch die Rücknahme eines früheren Rückführungsantrags kann als Genehmigung verstanden werden.[6]

---

1 *Niethammer-Jürgens/Erb-Klünemann*, S. 242

2 OLG Nürnberg, FamRZ 2022, 533; OLG Stuttgart NZFam 2017, 673; zur Bindungswirkung einer entsprechenden Vereinbarung vgl. OLG Frankfurt NZFam 2018, 43 sowie KG FamRZ 2024, 1112

3 Hierzu MüKo-BGB/*Heiderhoff*, Art. 13 HKÜ Rn. 10; *Nehls*, ZKJ 2014, 62, 63, sowie OLG Hamm FamFR 2013, 380 (Zustimmung per SMS); konkludente Zustimmung aus fehlendem Widerspruch bei ungeklärter Perspektive des Aufenthalts abgelehnt durch OLG Köln, Beschl. v. 19.9.2018 – 21 UF 120/18, juris

4 OLG Hamm FamRZ 2021, 1990 m. Anm. *Hüßtege*; OLG Hamm FamFR 2013, 380

5 Vgl. OLG Düsseldorf FamRZ 2023, 1215 (LS); OLG Düsseldorf FamRZ 2018, 760; *Niethammer-Jürgens/Erb-Klünemann*, S. 242

6 Vgl. AG Frankfurt FamRZ 2010, 46

III. Schwerwiegende Gefahr

Art. 13 Abs. 1 lit. b HKÜ gestattet den Verzicht auf die Rückführung bei Vorliegen einer „schwerwiegenden Gefahr eines körperlichen oder seelischen Schadens für das Kind" oder für den Fall, dass die Rückführung „das Kind auf andere Weise in eine unzumutbare Lage bringt". 7

1. Ungewöhnlich schwerwiegende Beeinträchtigungen

Im Hinblick auf den Grundgedanken des HKÜ, dass die Rückführung des Kindes in den Staat des gewöhnlichen Aufenthalts dem Wohl des Kindes am besten entspricht, können nur ungewöhnlich schwerwiegende Beeinträchtigungen des Kindeswohls einer Rückführung entgegenstehen.[7] 8

Die unvermeidlichen Folgen einer mit der Rückführung verbundenen erneuten Aufenthaltsänderung und einer Rückkehr in das bisherige Sprach- und Kulturgebiet sowie die bisherigen sozialen Strukturen sind nach der Systematik des HKÜ hinzunehmen.[8] Der Nachweis für diesen Hinderungsgrund obliegt dem Elternteil, der sich der Rückführung des Kindes widersetzt.[9]

Eine Versagung der Rückführung kommt etwa aus folgenden Gründen in Betracht: 9

- Misshandlung bzw. Missbrauch des Kindes durch den Antragsteller,[10]
- massive Gewalt gegen den entführenden Elternteil durch den antragstellenden Elternteil verbunden mit einer hohen psychischen Belastung des Kindes,[11]
- Suizidversuch des Kindes[12] bzw. massive psychische Beeinträchtigung[13] sowie
- Rückführung in ein Kriegs- oder Krisengebiet.[14]

Dabei ist stets eine Einzelfallprüfung geboten. So kommt die Anordnung der Rückführung in ein Kriegs- oder Krisengebiet in Betracht, wenn nicht das gesamte Staatsgebiet betroffen ist, da die Rückführung nicht an einen bestimmten Ort, sondern in den betreffenden Staat zu erfolgen hat.[15] Zu berücksichtigen ist auch, ob ein Elternteil mit dem Kind zunächst in einen anderen Vertragsstaat geflohen war und dort bereits einen neuen gewöhnlichen Aufenthalt begründet hatte.[16]

Das Vorliegen eines Ausnahmetatbestands ist nach einhelliger Rechtsprechung insbesondere dann zu verneinen, wenn die Gefährdung des Kindes dadurch abgewendet bzw. gemindert werden kann, dass der „entführende" Elternteil, in dessen Obhut sich das Kind befindet, mit dem Kind in den Herkunftsstaat zurückkehrt und das Kind dort bis zur Entschei- 10

7 BVerfG FamRZ 2016, 1571; vgl. hierzu die Rechtsprechungsnachweise bei *Erb-Klünemann*, FamRZ 2018, 327, 329; *Völker/Clausius*, § 11 Rn. 115 bis 120
8 OLG Frankfurt NZFam 2018, 1000
9 Zur Verfassungsmäßigkeit dieser Beweislastverteilung siehe BVerfG FamRZ 2016, 1571; FamRZ 1996, 1267
10 OLG Karlsruhe FamRZ 2006, 1403; OLG Schleswig FamRZ 2000, 1426; OLG München DAVorm 2000, 1157, Vorliegen einer schwerwiegenden Gefährdung jeweils verneint
11 OLG Bremen, FamRZ 2023, 608 m. Anm. *Guttzeit*
12 Rückführung abgelehnt durch OLG Hamm NJW-RR 2013, 69; vgl. auch BVerfG FamRZ 2006, 1261
13 OLG Karlsruhe FamRZ 2015, 1627
14 OLG Jena FamRZ 2024, 1224, NZFam 2024, 188 m. Anm. *Erb-Klünemann*; OLG Hamm FamRZ 2024, 193; OLG Stuttgart NZFam 2023, 1094 m. Anm. *Erb-Klünemann*, FamRZ 2023, 139 (Ukraine, Rückführung jeweils verneint)
15 OLG Stuttgart FamRZ 2024, 1226 (Israel); OLG Köln NJW 2024, 296, NZFam 2024, 90 m. Anm. *Markwardt* (Ukraine); kritisch hierzu BVerfG FamRZ 2024, 1218 m. Anm. *Guttzeit*
16 OGH FamZ 2023/177, 246

dung über das Sorgerecht weiter betreut.[17] Die gemeinsame Rückkehr mit dem Kind wird als dem Betreuungselternteil zumutbar angesehen.[18] Dies gilt grundsätzlich auch, wenn dem zurückkehrenden Elternteil strafrechtliche Konsequenzen drohen, soweit es sich um eine hinzunehmende typische Folge seines rechtswidrigen Verhaltens handelt.[19]

11 Im Rückführungsverfahren darf keine Abwägung auf Grundlage der erst im Sorgerechtsverfahren maßgeblichen Kindeswohlkriterien erfolgen.[20] Ebenso folgt aus einer Verletzung des Kindeswohls nicht zwingend eine Verletzung des Elternrechts des entführenden Elternteils.[21]

2. Vereinbarkeit mit der EMRK

12 Der Europäische Gerichtshof für Menschenrechte (EGMR) sieht den Rückführungsmechanismus des HKÜ als Eingriff in Art. 8 EMRK, der im Hinblick auf die Ziele des HKÜ und die Möglichkeit, gleichwertigen Rechtsschutz im Herkunftsstaat zu erhalten, grundsätzlich gerechtfertigt ist.[22] Gebilligt hat der EGMR auch die Verpflichtung des Betreuungselternteils, das Kind bei der Rückkehr zu begleiten und ebenso die Verhängung von Sanktionen bei rechtswidrigem Verhalten eines Elternteils nicht ausgeschlossen.[23] In weiteren Entscheidungen hob der EGMR die Verpflichtung der nationalen Gerichte hervor, jeden Einzelfall sorgfältig zu prüfen, die zu den Ausnahmetatbeständen vorgetragenen Argumente zu würdigen und etwaige Schutzmaßnahmen zu prüfen.[24] So bejaht der EGMR das Vorliegen einer schwerwiegenden Gefahr i.S.d. Art. 13 Abs. 1 b) HKÜ, wenn das Kind Gewalt ausgesetzt war und keine Maßnahmen ergriffen wurden, um das Kind künftig vor der Ausübung von Gewalt zu schützen.[25] Zudem hat der EGMR die Verpflichtung der Mitgliedstaaten betont, Rückführungsverfahren zügig zu betreiben und Entscheidungen effektiv und zeitnah durchzusetzen.[26]

Im Geltungsbereich der Brüssel IIb-VO ist zu prüfen, ob bzw. welche „angemessenen Vorkehrungen" i.S.d. Art. 27 Abs. 3 Brüssel IIb-VO zum Schutz des Kindes im Herkunftsstaat getroffen wurden bzw. getroffen werden könnten,[27] und zu prüfen, ob der Erlass angemessener Schutzmaßnahmen nach dem Recht des Zufluchtsstaates im Rückführungsverfahren selbst in Betracht kommt (Art. 27 Abs. 5 Brüssel IIb-VO).

▶ *Siehe hierzu Schweppe, Kommentierung zu Art. 27 Brüssel IIb-VO Rn. 4 ff., 9 ff.*

3. Abwendungsmöglichkeiten

13 Im Hinblick auf den Vorrang der Rückführung hat das Familiengericht vor deren Ablehnung stets zu prüfen, inwiefern die Gefährdung des Kindes durch gerichtliche Auflagen, Vereinbarungen der beteiligten Eltern oder andere Maßnahmen abgewendet bzw. gemildert werden kann.

---

17 OLG Karlsruhe FamRZ 2010, 1577, 1578
18 OLG Dresden FamRZ 2023, 963 m. Anm. *Pasche*; OLG Celle NZFam 2023, 765 m. Anm. *Markwardt*; OLG Stuttgart NZFam 2019, 121; OLG Nürnberg NJOZ 2017, 1664; vgl. auch BVerfG, Nichtannahmebeschl. v. 8.4.2010 – 1 BvR 862/10, juris, sowie EGMR, Entscheidung v. 18.1.2011 – 26755/10, juris, jeweils zu OLG Karlsruhe FamRZ 2010, 1577
19 BVerfG FamRZ 1999, 85; OLG Karlsruhe FamRZ 2003, 956; anders OLG Hamm FamRZ 2017, 1679
20 BVerfG FamRZ 2006, 1261
21 Zu weitgehend insoweit BVerfG FamRZ 2024, 1218, kritisch hierzu *Köhler*, ZKJ 2024, 352 f.
22 Vgl. etwa EGMR FamRZ 2020, 496; 2013, 1793
23 EGMR FamRZ 2007, 1527, 1529, sowie EGMR, Entscheidung v. 18.1.2011 – 26755/10, juris
24 EGMR FamRZ 2022, 959 m. Anm. *Guttzeit*; FamRZ 2020, 496; FamRZ 2012, 692; sowie BVerfG FamRZ 2024, 1218?
25 EGMR FamRZ 2019, 1239
26 EGMR FamRZ 2022, 959; FamRZ 2015, 469
27 Praxisleitfaden 4.3.6.1.1.

Eine besondere Regelung hierzu enthält Art. 27 Abs. 3 Brüssel IIb-VO (siehe *Schweppe*, Art. 27 Brüssel IIb-VO Rn. 4 ff.), wonach die Rückführung auf Grundlage von Art. 13 Abs. 1 b) HKÜ nicht abgelehnt werden darf, wenn das Gericht überzeugt ist, *„dass angemessene Vorkehrungen getroffen wurden, um den Schutz des Kindes nach seiner Rückgabe zu gewährleisten"*. 14

Hierzu werden in der Praxis häufig gesetzlich nicht geregelte Verpflichtungserklärungen – sogenannte „undertakings"[28] – eingesetzt. Diese beinhalten etwa die Verpflichtung des Antragstellers zu Unterhaltszahlungen nach der Rückkehr in den Herkunftsstaat zumindest für die Dauer des Sorgerechtsverfahrens sowie zur Rücknahme etwaiger wegen Kindesentziehung erstatteter Strafanzeigen gegen den anderen Elternteil. Derartige Verpflichtungserklärungen können durch gerichtlich gebilligte Vereinbarungen der Verfahrensbeteiligten oder gerichtliche Anordnungen in Form von *„mirror orders"* oder *„safe harbour orders"* abgesichert werden, die entsprechend im Herkunftsstaat zu erwirken sind.[29] Denkbar ist dabei auch – in engem Zeitrahmen – ein aufschiebender Ausspruch der Vollstreckung, um eine freiwillige Rückkehr mit dem Kind zu ermöglichen. 15

▶ *Näher hierzu auch nachfolgend Wegener, Auslandsbezüge, Kapitel 6 Rn. 14 ff.*

Bedenklich erscheint dagegen die – auf zwei Wochen, längstens bis zur erfolgten Ausreise – befristete Übertragung der gesamten elterlichen Sorge auf den Verfahrensbeistand, um die Belange des Kindes bei der Umsetzung der Rückführung hinreichend zu wahren.[30] 16

IV. Widerstand des Kindes gegen die Rückführung

Abs. 2 regelt als weiteren Ausnahmetatbestand die Zurückweisung des Antrags, wenn das Kind sich der Rückführung widersetzt und „ein Alter und eine Reife erreicht hat, angesichts deren es angebracht erscheint, seine Meinung zu berücksichtigen". 17

1. Alter und Reife des Kindes

Eine starre Altersgrenze im Sinne eines Mindestalters enthält das HKÜ nicht, es kommt vielmehr auf die konkreten Umstände des Einzelfalls an.[31] 18

Die Art der Ermittlung des Kindeswillens bzw. die Form der Beteiligung des Kindes bleibt den Vertragsstaaten überlassen. 19

▶ *Für das Rückführungsverfahren vor deutschen Gerichten siehe die Ausführungen von Schweppe, Art. 12 HKÜ Rn. 14 ff.*

2. Beachtlichkeit des Widerstands

Zur Einschränkung des Anwendungsbereichs des Art. 13 Abs. 2 HKÜ wird in Literatur und Rechtsprechung vielfach darauf abgestellt, ob das Kind in der Lage ist, die Bedeutung der Rückführungsentscheidung zu erfassen und sich aufgrund einer eigenverantwortlichen 20

28 Zu Definition und Umfang siehe BeckOGK/*Markwardt*, HKÜ Art. 13 Rn. 32 ff.; zum Umfang siehe auch OLG Frankfurt NZFam 2018, 1000: Ankündigung des Vaters, seine Strafanzeige gegen die Mutter zurückzuziehen, sowie Sicherstellung einer psychologischen Betreuung und Rückkehr des Kindes in die alte Schule

29 Vgl. OLG Frankfurt NZFam 2018, 1000; kritisch zur Durchsetzbarkeit: *Dimmler*, Einstweiliger Rechtsschutz in der neuen Brüssel IIb-VO, 11; *Erb-Klünemann*, FamRB 2018, 327, 333

30 So aber OLG Celle FamRZ 2013, 391 (LS)

31 BVerfG FamRZ 2006, 1261, 1262 f.; vgl. hierzu die Rechtsprechungsnachweise bei *Erb-Klünemann*, FamRB 2018, 327, 335; *Völker/Clausius*, § 11 Rn. 121–123, sowie MüKo-BGB/*Heiderhoff*, Art. 13 HKÜ Rn. 41; *Winter*, Rn. 720.

Entscheidung der Rückführung widersetzt.[32] Im Ergebnis ist ein verfestigter Wille hinzunehmen,[33] weil eine Vollstreckung gegen den Widerstand des Kindes letztlich nicht durchsetzbar ist[34] (allgemein zum Kindeswillen siehe auch *Gottschalk*, § 1684 BGB Rn. 32 ff.).

21 Nicht maßgeblich ist im Rahmen des Art. 13 Abs. 2 HKÜ, bei welchem Elternteil das Kind leben möchte, entscheidend ist vielmehr, inwiefern das Kind sich der Rückführung in den Herkunftsstaat widersetzt. Hierzu genügt es nicht, wenn die Befürchtungen des Kindes eher die Trennung vom Betreuungselternteil betreffen und das Kind im Übrigen sich positiv über Verwandte und Freunde im Herkunftsstaat äußert.[35]

22 Soweit der Widerstand des Kindes als beachtlich angesehen wird, kommt eine Rückführung des Kindes in der Regel nicht in Betracht, so dass insoweit kein Ermessen des Gerichts mehr besteht.

V. Sorgerechtsentscheidung im Herkunftsstaat

23 In der Praxis wird die Rückführung des Kindes auch abgelehnt, wenn im Herkunftsstaat eine Entscheidung ergangen ist, die letztlich das Verbringen des Kindes legitimiert, da die Rückführung das Kind in dieser Konstellation in eine unzumutbare Lage brächte.[36] Zu beachten ist allerdings, dass eine im Wege der einstweiligen Anordnung ergangene und damit nur vorläufig vollstreckbare Entscheidung keinen Vertrauensschutz für den begünstigten Elternteil begründen kann,[37] so dass ggf. eine Abänderung im Rechtsmittelverfahren beachtlich ist.

24 **Praxishinweis:**

Vor dem Hintergrund der engen Auslegung der Ausnahmetatbestände ist im Rückführungsverfahren primär auf die freiwillige Rückkehr des Elternteils in den Herkunftsstaat mit dem Kind hinzuwirken, um die Durchführung des Sorgerechtsverfahrens unter Beteiligung beider Eltern und des Kindes gemäß der Intention des HKÜ im Staat des gewöhnlichen Aufenthalts zu ermöglichen.

Artikel 14 HKÜ

Anwendbares Recht

Haben die Gerichte oder Verwaltungsbehörden des ersuchten Staates festzustellen, ob ein widerrechtliches Verbringen oder Zurückhalten im Sinn des Artikels 3 vorliegt, so können sie das im Staat des gewöhnlichen Aufenthalts des Kindes geltende Recht und die gerichtlichen oder behördlichen Entscheidungen, gleichviel ob sie dort förmlich anerkannt sind oder nicht, unmittelbar berücksichtigen; dabei brauchen sie die besonderen Verfahren zum Nachweis dieses Rechts oder zur Anerkennung ausländischer Entscheidungen, die sonst einzuhalten wären, nicht zu beachten.

1 Art. 14 HKÜ verdeutlicht, dass im Rückführungsverfahren für die Feststellung der Widerrechtlichkeit die im Herkunftsstaat bestehende Rechtslage, mithin das Bestehen eines (Mit-)Sorgerechts aufgrund Gesetzes oder gerichtlicher Entscheidung, unmittelbar, d.h.

32 Vgl. etwa OLG Hamm FamRZ 2013, 1238 „autonomer Wille"; verneint für einen Zehnjährigen durch OLG Nürnberg FamRZ 2010, 1575; zu verneinen jedenfalls bei vier- und fünfjährigen Kindern, OLG Stuttgart NZFam 2019, 121
33 OLG Karlsruhe FamRZ 2006, 1403
34 Vgl. zu dieser Problematik OLG Karlsruhe FamRZ 2018, 40; OLG Hamburg FamRZ 2015, 64, 66, sowie BVerfG FamRZ 2006, 1261
35 OLG Celle FamRZ 2013, 391 (LS)
36 OLG Brandenburg NZFam 2022, 564 m. Anm. *Guttzeit*; OLG Hamm, Beschl. v. 7.11.2017 – 11 UF 174/17; OLG Stuttgart ZKJ 2015, 277; OLG Karlsruhe FamRZ 2015, 1627
37 EuGH FamRZ 2015, 107, 110 f.

ohne formelles Anerkennungsverfahren, beachtlich ist. Die Formulierung „berücksichtigen" ist insoweit missverständlich, weil für die Frage der Verletzung eines Sorgerechts allein das Recht des Herkunftsstaats maßgeblich ist.

Artikel 15 HKÜ

Vorverfahren im Staat des gewöhnlichen Aufenthaltes

[1]Bevor die Gerichte oder Verwaltungsbehörden eines Vertragsstaats die Rückgabe des Kindes anordnen, können sie vom Antragsteller die Vorlage einer Entscheidung oder sonstigen Bescheinigung der Behörden des Staates des gewöhnlichen Aufenthalts des Kindes verlangen, aus der hervorgeht, dass das Verbringen oder Zurückhalten widerrechtlich im Sinn des Artikels 3 war, sofern in dem betreffenden Staat eine derartige Entscheidung oder Bescheinigung erwirkt werden kann. [2]Die zentralen Behörden der Vertragsstaaten haben den Antragsteller beim Erwirken einer derartigen Entscheidung oder Bescheinigung soweit wie möglich zu unterstützen.

Übersicht

A. Allgemeines

1 Art. 15 HKÜ soll den Gerichten im Zufluchtsstaat die Prüfung der Rechtslage im Herkunftsstaat erleichtern bzw. abnehmen, indem vom Antragsteller die Vorlage einer Bescheinigung gefordert werden kann, mit der die Verletzung eines Sorgerechts und damit die Widerrechtlichkeit des Verbringens bestätigt wird.

B. Inhalt der Norm

2 Die Erteilung (und damit auch die Anforderung) einer Widerrechtlichkeitsbescheinigung ist zunächst davon abhängig, ob im jeweiligen Herkunftsstaat die Erstellung einer solchen Bescheinigung vorgesehen ist (vgl. Satz 1 a.E.).

3 Der entsprechende Antrag ist vom Antragsteller des Rückführungsverfahrens bei dem im Herkunftsstaat zuständigen Gericht einzureichen. Für Deutschland ist die Erteilung der Widerrechtlichkeitsbescheinigung in § 41 IntFamRVG geregelt (siehe *Schweppe*, § 41 IntFamRVG Rn. 1) Auch insoweit greift die Zuständigkeitskonzentration nach § 41 Abs. 1 Satz 2 IntFamRVG i.V.m. § 12 IntFamRVG, so dass jeweils das Familiengericht am Sitz eines OLG zuständig ist.

4 Zulässigkeitsvoraussetzung für den Antrag auf Erteilung der Widerrechtlichkeitsbescheinigung ist die Anhängigkeit eines Rückführungsverfahren in einem anderen Staat; eine konkrete Aufforderung des mit dem Rückführungsverfahren befassten Gerichts ist nicht erforderlich.[1] Die Widerrechtlichkeitsbescheinigung dient nicht dazu, Vorfragen zur Einleitung des HKÜ-Verfahrens zu klären.[2]

5 Die Widerrechtlichkeitsbescheinigung umfasst daher auch nicht die Feststellung darüber, dass der Antragsteller im Zeitpunkt des Verbringens bzw. Zurückhaltens sein Sorgerecht tatsächlich ausgeübt hat.[3]

1 So *Winter*, Rn. 734; BeckOGK/*Markwardt* HKÜ Art. 15 Rn. 14; NK/*Erb-Klünemann*, Art. 15 HKÜ Rn. 3
2 OLG Nürnberg FamRZ 2009, 240
3 MüKo-BGB/*Heiderhoff*, Art. 15 HKÜ Rn. 2; a.A. OLG Bremen ZKJ 2013, 367, 368

Gegen die Erteilung einer Widerrechtlichkeitsbescheinigung ist die Beschwerde eröffnet, da es sich um eine Entscheidung i.S.d. § 40 Abs. 2 IntFamRVG handelt.[4]

Artikel 16 HKÜ

Sorgerechtsentscheidung nach widerrechtlichem Verbringen oder Zurückhalten

Ist den Gerichten oder Verwaltungsbehörden des Vertragsstaats, in den das Kind verbracht oder in dem es zurückgehalten wurde, das widerrechtliche Verbringen oder Zurückhalten des Kindes im Sinn des Artikels 3 mitgeteilt worden, so dürfen sie eine Sachentscheidung über das Sorgerecht erst treffen, wenn entschieden ist, dass das Kind aufgrund dieses Übereinkommens nicht zurückzugeben ist, oder wenn innerhalb angemessener Frist nach der Mitteilung kein Antrag nach dem Übereinkommen gestellt wird.

Übersicht

A. Normzweck

1 Die Norm entzieht den Gerichten des Zufluchtsstaats die internationale Zuständigkeit für eine Sachentscheidung über das Sorgerecht und belässt diese bei den Gerichten des Herkunftsstaats (**Sperrwirkung**). Ziel der Regelung ist es, konkurrierende Sorgerechtsregelungen zu verhindern.

B. Einzelheiten

2 Die Vorschrift verhindert nicht die Begründung eines neuen gewöhnlichen Aufenthalts, sondern bezweckt, dass der Elternteil, der das Kind in den neuen Aufenthaltsstaat verbracht hat, sich nicht auf die Zuständigkeit der Gerichte des neuen Aufenthaltsstaats aufgrund eines dort begründeten neuen gewöhnlichen Aufenthalts berufen kann.

I. Dauer der Sperrwirkung

3 Eine bestimmte Frist, innerhalb derer die Sperrwirkung greift, enthält das HKÜ nicht. Zu berücksichtigen ist insoweit jedoch der dem Art. 12 Abs. 2 HKÜ zugrundeliegende Gedanke, wonach mit Ablauf der Jahresfrist die Integration des Kindes im Zufluchtsstaat maßgeblich ist.[1]

4 Sowohl das KSÜ (siehe Art. 7 Abs. 1 b) KSÜ) als auch die Brüssel IIb-VO (siehe Art. 9 lit. b (i) Brüssel IIb-VO) knüpfen an die Sperrwirkung für die Frage der fortdauernden Zuständigkeit des Herkunftsstaats (*perpetuatio fori*) an: Diese endet nach Art. 9 lit. b (i) Brüssel IIb-VO bzw. Art. 7 Abs. 1 b) KSÜ, wenn sich das Kind im Zufluchtsstaat mindestens ein Jahr aufgehalten hat, nachdem der Sorgeberechtigte diesen Aufenthaltsort kannte oder hätte kennen müssen, während dieses Zeitraums kein Rückführungsantrag gestellt wurde und das Kind sich in seinem neuen Umfeld eingelebt hat. Hierdurch soll eine Harmonisierung der Zuständigkeitsvorschriften mit Art. 16 HKÜ erreicht werden.

---

4 KG FamRZ 2021, 1910

1 Für die Orientierung an der Jahresfrist siehe *Winter*, Rn. 687; nach MüKo-BGB/*Heiderhoff*, Art. 16 HKÜ Rn. 4 soll die Frist „nicht zu kurz bemessen werden"

Die Norm steht einer Sachentscheidung über das Sorgerecht im Zufluchtsstaat nach einer rechtskräftigen Rückgabenanordnung jedenfalls so lange entgegen, wie der Antragsteller deren Vollzug nachdrücklich betreibt und der Umstand, dass die Rückgabe noch nicht erfolgt ist, im Wesentlichen auf verzögerter Bearbeitung durch die Vollstreckungsorgane oder auf Versuchen des anderen Elternteils beruht, die Vollstreckung zu vereiteln.[2] Die Sperrwirkung soll mit der Rückkehr des Kindes in den Herkunftsstaat aufgrund einer rechtskräftigen Entscheidung entfallen.[3] 5

Nach der Rechtsprechung des EuGH kommt ungeachtet der Sperrwirkung des Art. 16 HKÜ die Abgabe eines Sorgerechtsverfahrens nach Maßgabe von Art. 12 Brüssel IIb-VO während eines laufenden Rückführungsverfahrens nach dem HKÜ in Betracht (hierzu *Schweppe*, Kommentierung von Art. 12 Brüssel IIb-VO).[4] 6

II. Anerkennung von Entscheidungen

Art. 16 HKÜ verbietet zwar, das Sorgerecht selbst zu regeln, die Norm steht aber nicht einer Entscheidung über die (Nicht-)Anerkennung einer – im Herkunftsstaat ergangenen – Sorgerechtsentscheidung entgegen.[5] 7

III. Entscheidungen im Herkunftsstaat

Die Gerichte im Herkunftsstaat sind an der (Fort-)Führung von Verfahren betreffend die elterliche Verantwortung nicht gehindert.[6] Da für die Entscheidung im HKÜ-Verfahren die Rechtslage im Zeitpunkt des Verbringens maßgeblich ist, hat die nachträgliche Übertragung der elterlichen Sorge keinen Einfluss auf die Entscheidung im HKÜ-Verfahren. 8

Für die Übertragung des Aufenthaltsbestimmungsrechts nach dem Verbringen im Wege einer einstweiligen Anordnung ist ein Anordnungsgrund im Sinne eines Eilbedürfnisses zu verneinen.[7]

Artikel 17 HKÜ

Sorgerechtsentscheidung und Rückgabe

Der Umstand, dass eine Entscheidung über das Sorgerecht im ersuchten Staat ergangen oder dort anerkennbar ist, stellt für sich genommen keinen Grund dar, die Rückgabe eines Kindes nach Maßgabe dieses Übereinkommens abzulehnen; die Gerichte oder Verwaltungsbehörden des ersuchten Staates können jedoch bei der Anwendung des Übereinkommens die Entscheidungsgründe berücksichtigen.

Die Regelung stellt klar, dass eine unter Umgehung der Sperrwirkung des Art. 16 HKÜ erlassene Sorgerechtsentscheidung unbeachtlich ist. 1

Bei der in Satz 2 vorgesehenen Berücksichtigung der Entscheidungsgründe einer im Zufluchtsstaat erlassenen Sorgerechtsentscheidung ist zu beachten, dass die für die Sorgerechtsregelung maßgeblichen Kriterien nicht mit den eine Ausnahme von der Rückführung begründenden Kriterien identisch sind (näher hierzu *Schweppe*, Art. 13 HKÜ Rn. 2, 7 ff.). 2

2 BGH FamRZ 2000, 1502
3 Hierzu OLG Bremen NZFam 2017, 765; zur möglichen Zuständigkeit deutscher Gerichte für das Sorgeverfahren in dieser Konstellation siehe § 99 FamFG Rn. 5
4 EuGH FamRZ 2023, 1483
5 BGH ZKJ 2011, 302, FamRZ 2011, 959, 960; zur Beschränkung auf im Staat des gewöhnlichen Aufenthalts ergangene Entscheidungen vgl. *Schulz*, FamRZ 2011, 1046
6 Hierzu MüKo-BGB/*Heiderhoff*, Art. 16 KSÜ Rn. 3
7 OLG Koblenz NZFam 2023, 1149 m. Anm. *Schweppe*

Artikel 18 HKÜ

Sonstige Rückgabeanordnungen

Die Gerichte oder Verwaltungsbehörden werden durch die Bestimmungen dieses Kapitels nicht daran gehindert, jederzeit die Rückgabe des Kindes anzuordnen.

1 Die Anordnung der Rückführung eines Kindes kann auch auf andere Rechtsgrundlagen gestützt werden. Der Vorrang des HKÜ beinhaltet insofern nicht deren Ausschluss.

Artikel 19 HKÜ

Verhältnis zu Sorgerechtsentscheidungen

Eine aufgrund dieses Übereinkommens getroffene Entscheidung über die Rückgabe des Kindes ist nicht als Entscheidung über das Sorgerecht anzusehen.

1 Die Entscheidung im Rückführungsverfahren ist keine Sorgerechtsentscheidung. Vielmehr sollen mit der Anordnung der Rückführung erst die Voraussetzungen für die Durchführung eines Sorgerechtsverfahrens vor dem zuständigen Gericht im Herkunftsstaat geschaffen werden.

Artikel 20 HKÜ

Menschenrechte

Die Rückgabe des Kindes nach Artikel 12 kann abgelehnt werden, wenn sie nach den im ersuchten Staat geltenden Grundwerten über den Schutz der Menschenrechte und Grundfreiheiten unzulässig ist.

1 Art. 20 HKÜ hat in der Praxis keine eigenständige Bedeutung, da die maßgeblichen Aspekte sämtlich unter Art. 13 HKÜ zu prüfen sind (näher hierzu *Schweppe*, Art. 13 HKÜ Rn. 7 ff.).[1]

Artikel 21 HKÜ

Recht zum persönlichen Umgang

(1) Der Antrag auf Durchführung oder wirksame Ausübung des Rechts zum persönlichen Umgang kann in derselben Weise an die zentrale Behörde eines Vertragsstaats gerichtet werden wie ein Antrag auf Rückgabe des Kindes.

(2) [1]Die zentralen Behörden haben aufgrund der in Artikel 7 genannten Verpflichtung zur Zusammenarbeit die ungestörte Ausübung des Rechts zum persönlichen Umgang sowie die Erfüllung aller Bedingungen zu fördern, denen die Ausübung dieses Rechts unterliegt. [2]Die zentralen Behörden unternehmen Schritte, um soweit wie möglich alle Hindernisse auszuräumen, die der Ausübung dieses Rechts entgegenstehen.

(3) Die zentralen Behörden können unmittelbar oder mit Hilfe anderer die Einleitung eines Verfahrens vorbereiten oder unterstützen mit dem Ziel, das Recht zum persönlichen Umgang durchzuführen oder zu schützen und zu gewährleisten, dass die Bedingungen, von denen die Ausübung dieses Rechts abhängen kann, beachtet werden.

1 Die Vorschrift behandelt das Recht zum persönlichen Umgang, wobei sie lediglich die Antragstellung und die Tätigkeit der Zentralen Behörden regelt. Im Übrigen ist das Verfahren auf der Grundlage des nationalen Rechts zu führen (näher hierzu *Gottschalk*, § 1684 BGB Rn. 86 ff.).

---

1 Vgl. MüKo-BGB/*Heiderhoff*, Art. 20 HKÜ Rn. 1

Insoweit greifen auch die Sonderregelungen des IntFamRVG nicht, es sei denn, die Zentrale Behörde stellt den Antrag: Dann ist auch für das Umgangsverfahren die Zuständigkeitskonzentration des § 12 IntFamRVG zu beachten. 2

Artikel 22 HKÜ

Keine Sicherheitsleistung oder Hinterlegung

In gerichtlichen oder behördlichen Verfahren, die unter dieses Übereinkommen fallen, darf für die Zahlung von Kosten und Auslagen eine Sicherheitsleistung oder Hinterlegung gleich welcher Bezeichnung nicht auferlegt werden.

Artikel 23 HKÜ

Formfreiheit

Im Rahmen dieses Übereinkommens darf keine Legalisation oder ähnliche Förmlichkeit verlangt werden.

Von einer Kommentierung der Art. 22 und 23 HKÜ wird abgesehen.

Artikel 24 HKÜ

Übersetzung

(1) Anträge, Mitteilungen oder sonstige Schriftstücke werden der zentralen Behörde des ersuchten Staates in der Originalsprache zugesandt; sie müssen von einer Übersetzung in die Amtssprache oder eine der Amtssprachen des ersuchten Staates oder, wenn eine solche Übersetzung nur schwer erhältlich ist, von einer Übersetzung ins Französische oder Englische begleitet sein.

(2) Ein Vertragsstaat kann jedoch einen Vorbehalt nach Artikel 42 anbringen und darin gegen die Verwendung des Französischen oder Englischen, jedoch nicht beider Sprachen, in den seiner zentralen Behörde übersandten Anträgen, Mitteilungen oder sonstigen Schriftstücken Einspruch erheben.

Sämtliche Unterlagen (hierzu Art. 8 Abs. 2 HKÜ) sind in der Originalsprache und in Übersetzung in die Amtssprache des Zufluchtsstaats einzureichen. 1

Bei in Deutschland eingehenden Anträgen wird die Übersetzung in die deutsche Sprache vorausgesetzt, obgleich Deutschland keinen Vorbehalt nach Art. 24 Abs. 2 HKÜ eingelegt hat. Gegebenenfalls veranlasst das Bundesamt für Justiz bei eingehenden Anträgen die Übersetzung gemäß § 4 Abs. 2 IntFamRVG. 2

Artikel 25 HKÜ

Prozesskosten- und Beratungshilfe

Angehörigen eines Vertragsstaats und Personen, die ihren gewöhnlichen Aufenthalt in einem solchen Staat haben, wird in allen mit der Anwendung dieses Übereinkommens zusammenhängenden Angelegenheiten Prozesskosten- und Beratungshilfe in jedem anderen Vertragsstaat zu denselben Bedingungen bewilligt wie Angehörigen des betreffenden Staates, die dort ihren gewöhnlichen Aufenthalt haben.

Die Bewilligung von Verfahrenskosten für das Rückführungsverfahren erfolgt wie für innerstaatliche Verfahren auf Grundlage der §§ 76 Abs. 1 FamFG i.V.m. 114 ff. ZPO (näher hierzu *Gottschalk*, § 76 FamFG Rn. 2 ff.). 1

Artikel 26 HKÜ

Verfahrenskosten

(1) Jede zentrale Behörde trägt ihre eigenen Kosten, die bei der Anwendung dieses Übereinkommens entstehen.

(2) [1]Für die nach diesem Übereinkommen gestellten Anträge erheben die zentralen Behörden und andere Behörden der Vertragsstaaten keine Gebühren. [2]Insbesondere dürfen sie vom Antragsteller weder die Bezahlung von Verfahrenskosten noch der Kosten verlangen, die ggf. durch die Beiordnung eines Rechtsanwalts entstehen. [3]Sie können jedoch die Erstattung der Auslagen verlangen, die durch die Rückgabe des Kindes entstanden sind oder entstehen.

(3) Ein Vertragsstaat kann jedoch einen Vorbehalt nach Artikel 42 anbringen und darin erklären, dass er nur insoweit gebunden ist, die sich aus der Beiordnung eines Rechtsanwalts oder aus einem Gerichtsverfahren ergebenden Kosten im Sinn des Absatzes 2 zu übernehmen, als diese Kosten durch sein System der Prozesskosten- und Beratungshilfe gedeckt sind.

(4) Wenn die Gerichte oder Verwaltungsbehörden aufgrund dieses Übereinkommens die Rückgabe des Kindes anordnen oder Anordnungen über das Recht zum persönlichen Umgang treffen, können sie, soweit angezeigt, der Person, die das Kind verbracht oder zurückgehalten oder die die Ausübung des Rechts zum persönlichen Umgang vereitelt hat, die Erstattung der dem Antragsteller selbst oder für seine Rechnung entstandenen notwendigen Kosten auferlegen; dazu gehören insbesondere die Reisekosten, alle Kosten oder Auslagen für das Auffinden des Kindes, Kosten der Rechtsvertretung des Antragstellers und Kosten für die Rückgabe des Kindes.

Übersicht Rn.

A. Allgemeines

1 Die Norm enthält Regelungen zur Kostentragung. Der in Abs. 1 festgelegte Grundsatz der Kostenfreiheit gilt jedoch wegen Abs. 3 (hierzu unten Rn. 3) nur für die Tätigkeit der Zentralen Behörden und damit nicht für die Gerichts- und Anwaltskosten, die im Rückführungsverfahren anfallen.

B. Inhalt der Norm

I. Kostenfreiheit der Tätigkeit der Zentralen Behörden

2 Die Tätigkeit der Zentralen Behörden ist nach Abs. 1 kostenfrei. Soweit Art. 26 Abs. 2 HKÜ die Kostenfreiheit auf die für den Antragsteller anfallenden Verfahrens- und Anwaltskosten erstreckt, gilt dies nur für Vertragsstaaten, die keinen Vorbehalt nach Abs. 3 erklärt haben.

II. Vorbehalt

3 Aufgrund des durch Deutschland erklärten Vorbehalts nach Art. 26 Abs. 3 HKÜ, auf den § 43 IntFamRVG verweist, besteht Kostenfreiheit für im Inland geführte Rückführungsverfahren nur unter den Voraussetzungen der Bewilligung von Verfahrenskostenhilfe.

▶ *Grundlegend zur Verfahrenskostenhilfe siehe Gottschalk, § 76 FamFG Rn. 2 ff.*

III. Auferlegung von Kosten

Art. 26 Abs. 4 HKÜ enthält für das Rückführungsverfahren und für auf Grundlage des HKÜ eingeleitete Umgangsverfahren eine gegenüber § 81 FamFG vorrangige Kostenregelung. Dabei ist in das Ermessen des Gerichts gestellt, bei Anordnung der Rückführung dem Antragsgegner die Erstattung der dem Antragsteller entstandenen notwendigen Kosten aufzuerlegen. 4

Die Regelung greift nur für den Fall der Anordnung der Rückführung, in anderen Fällen folgt die Kostenentscheidung aus § 14 Nr. 2 IntFamRVG i.V.m. § 81 FamFG, wobei der Grundgedanke des Art. 26 Abs. 4 HKÜ zu berücksichtigen ist.[1] 5

▶ *Grundlegend zur Kostenentscheidung siehe Kischkel, § 81 FamFG Rn. 2 ff. sowie Rn. 9 ff. zur Auferlegung von Kosten.*

Artikel 27 HKÜ

Offenkundig unbegründeter Antrag

[1]Ist offenkundig, dass die Voraussetzungen dieses Übereinkommens nicht erfüllt sind oder dass der Antrag sonstwie unbegründet ist, so ist eine zentrale Behörde nicht verpflichtet, den Antrag anzunehmen. [2]In diesem Fall teilt die zentrale Behörde dem Antragsteller oder ggf. der zentralen Behörde, die ihr den Antrag übermittelt hat, umgehend ihre Gründe mit.

Unter den Voraussetzungen des Art. 27 HKÜ kann die Zentrale Behörde die Annahme eines Antrags ablehnen. Sofern das Bundesamt für Justiz nach dieser Vorschrift vorgeht, ist nach § 8 IntFamRVG ein Rechtsbehelf zum OLG Köln eröffnet (näher hierzu *Schweppe*, § 8 IntFamRVG Rn. 1 ff.). 1

Artikel 28 HKÜ

Bevollmächtigung

Eine zentrale Behörde kann verlangen, dass dem Antrag eine schriftliche Vollmacht beigefügt wird, durch die sie ermächtigt wird, für den Antragsteller tätig zu werden oder einen Vertreter zu bestellen, der für ihn tätig wird.

Für die Tätigkeit des Bundesamts für Justiz ist die Erteilung einer Vollmacht nicht erforderlich, da § 6 Abs. 2 Satz 2 IntFamRVG insoweit bereits eine gesetzliche Vollmachtsfiktion enthält. 1

Artikel 29 HKÜ

Rechtsweg

Dieses Übereinkommen hindert Personen, Behörden oder sonstige Stellen, die eine Verletzung des Sorgerechts oder des Rechts zum persönlichen Umgang im Sinn des Artikels 3 oder 21 geltend machen, nicht daran, sich unmittelbar an die Gerichte oder Verwaltungsbehörden eines Vertragsstaats zu wenden, gleichviel ob dies in Anwendung des Übereinkommens oder unabhängig davon erfolgt.

Der Antragsteller kann das Rückführungsverfahren auch selbst durch einen Antrag beim zuständigen Gericht im Zufluchtsstaat einleiten und führen. Die Einschaltung der Zentralen Behörden ist nicht verpflichtend und insbesondere keine Voraussetzung für die Zulässigkeit 1

1 So etwa im Fall der Erledigung des Verfahrens durch freiwillige Rückkehr, vgl. OLG Frankfurt, Beschl. v. 17.12.2014 – 1 WF 273/14 (n.v.)

des Rückführungsantrags, allerdings ist es sinnvoll, die Expertise und Unterstützung der Zentralen Behörde zu nutzen.[1]

2 Die Anwendbarkeit des Rückführungsverfahrens nach dem HKÜ schließt nicht aus, das Sorge- bzw. Umgangsrecht in einem Verfahren auf der Grundlage nationalen Rechts des Herkunftsstaats durchzusetzen, sei es im Rahmen der Anerkennung und Vollstreckung bestehender Entscheidungen oder entsprechender Neuregelung.

▶ *Zum Verhältnis zu anderen kollisionsrechtlichen Übereinkommen und zur Brüssel IIb-VO siehe Schweppe, Art. 34 HKÜ.*

Artikel 30 HKÜ

Annahmeverpflichtung

[1]Jeder Antrag, der nach diesem Übereinkommen an die zentralen Behörden oder unmittelbar an die Gerichte oder Verwaltungsbehörden eines Vertragsstaats gerichtet wird, sowie alle dem Antrag beigefügten oder von einer zentralen Behörde beschafften Schriftstücke und sonstigen Mitteilungen sind von den Gerichten oder Verwaltungsbehörden der Vertragsstaaten ohne weiteres entgegenzunehmen.

Von einer Kommentierung wird abgesehen.

Artikel 31 bis 33 HKÜ

[...]

Von Abdruck und Kommentierung wird abgesehen.

Artikel 34 HKÜ

Vorrang dieses Übereinkommens

[1]Dieses Übereinkommen geht im Rahmen seines sachlichen Anwendungsbereichs dem Übereinkommen vom 5. Oktober 1961 über die Zuständigkeit der Behörden und das anzuwendende Recht auf dem Gebiet des Schutzes von Minderjährigen vor, soweit die Staaten Vertragsparteien beider Übereinkommen sind. [2]Im übrigen beschränkt dieses Übereinkommen weder die Anwendung anderer internationaler Übereinkünfte, die zwischen dem Ursprungsstaat und dem ersuchten Staat in Kraft sind, noch die Anwendung des nichtvertraglichen Rechts des ersuchten Staates, wenn dadurch die Rückgabe eines widerrechtlich verbrachten oder zurückgehaltenen Kindes erwirkt oder die Durchführung des Rechts zum persönlichen Umgang bezweckt werden soll.

1 Aus Art. 34 Satz 2 HKÜ i.V.m. Art. 50 KSÜ folgt der Vorrang des HKÜ gegenüber dem KSÜ bei Überschneidung der Anwendungsbereiche. Faktisch gelangt das HKÜ auch gegenüber dem ESÜ vorrangig zur Anwendung (siehe näher hierzu § 37 IntFamRVG).

2 Im Verhältnis zur Brüssel IIb-VO hat diese zwar grundsätzlich Vorrang gegenüber dem HKÜ (vgl. Art. 96 Brüssel IIb-VO). Der Rückführungsmechanismus des HKÜ greift aber auch im Verhältnis der EU-Mitgliedstaaten zueinander, modifiziert und verstärkt durch Art. 22 bis 29 Brüssel IIb-VO (hierzu *Schweppe*, Kommentierung zu Art. 22 bis 29 Brüssel IIb-VO).

1 Zur Tätigkeit der Zentralen Behörde siehe *Schlauß*, FamRB 2022, 370

Artikel 35 HKÜ

Zeitliche Anwendbarkeit

(1) [1]Dieses Übereinkommen findet zwischen den Vertragsstaaten nur auf ein widerrechtliches Verbringen oder Zurückhalten Anwendung, das sich nach seinem Inkrafttreten in diesen Staaten ereignet hat.

(2) [1]Ist eine Erklärung nach Artikel 39 oder 40 abgegeben worden, so ist die in Absatz 1 des vorliegenden Artikels enthaltene Verweisung auf einen Vertragsstaat als Verweisung auf die Gebietseinheit oder die Gebietseinheiten zu verstehen, auf die das Übereinkommen angewendet wird.

Von einer Kommentierung wird abgesehen.

Artikel 36 HKÜ

Verzicht auf Einschränkungen

Dieses Übereinkommen hindert zwei oder mehr Vertragsstaaten nicht daran, Einschränkungen, denen die Rückgabe eines Kindes unterliegen kann, dadurch zu begrenzen, dass sie untereinander vereinbaren, von solchen Bestimmungen des Übereinkommens abzuweichen, die eine derartige Einschränkung darstellen könnten.

Die Norm verdeutlicht, dass die Vertragsstaaten durch die Verabschiedung des HKÜ nicht gehindert sind, Vereinbarungen zu treffen, die den Rückführungsmechanismus des HKÜ stärken. **1**

Artikel 37 bis 41 HKÜ

[...]

Von Abdruck und Kommentierung wird abgesehen.

Artikel 42 HKÜ

Vorbehalte

(1) [1]Jeder Staat kann spätestens bei der Ratifikation, der Annahme, der Genehmigung oder dem Beitritt oder bei Abgabe einer Erklärung nach Artikel 39 oder 40 einen der in Artikel 24 und Artikel 26 Absatz 3 vorgesehenen Vorbehalte oder beide anbringen. [2]Weitere Vorbehalte sind nicht zulässig.

(2) bis (3) (vom Abdruck wird abgesehen)

Die durch die Vertragsstaaten jeweils erklärten Vorbehalte nach Art. 24 HKÜ (Sprache) und Art. 26 HKÜ (Verfahrenskosten) sind der Staatenliste des Bundesamts für Justiz (hierzu oben Vorbemerkungen Rn. 32) zu entnehmen. **1**

Deutschland hat eine Vorbehaltserklärung nach Art. 26 Abs. 3 HKÜ abgegeben, so dass Verfahrenskostenhilfe nur unter den Voraussetzungen des § 76 Abs. 1 FamFG i.V.m. § 114 ff. ZPO bewilligt wird. **2**

Artikel 43 bis 45 HKÜ

[...]

Von Abdruck und Kommentierung wird abgesehen.

Abschnitt 2
Europäisches Sorgerechtsübereinkommen – ESÜ

Vorbemerkung

A. Regelungsgehalt und Anwendungsbereich

1 Das Europäische Übereinkommen über die Anerkennung und Vollstreckung von Entscheidungen über das Sorgerecht für Kinder und die Wiederherstellung des Sorgeverhältnisses vom 20.5.1980[1] (Europäisches Sorgerechtsübereinkommen – ESÜ) ist ein Rechtshilfeübereinkommen zur Anerkennung und Vollstreckung ausländischer Entscheidungen. Das ESÜ enthält weder Regelungen zur Zuständigkeit noch zum anzuwendenden Recht.

2 Das ESÜ gilt in 37 Staaten, wird aber durch die Brüssel IIb-VO verdrängt (Art. 95 lit. d Brüssel IIb-VO), so dass es faktisch nur im Verhältnis zu Vertragsstaaten, die nicht zugleich Mitgliedstaaten der EU sind, zur Anwendung gelangt, namentlich:

- Andorra
- Dänemark
- Grönland
- Island
- Liechtenstein
- Mazedonien
- Moldau
- Montenegro
- Norwegen
- Schweiz
- Serbien
- Türkei
- Ukraine
- Vereinigtes Königreich

3 Von den genannten Staaten hat allein Liechtenstein weder das HKÜ noch das KSÜ ratifiziert, so dass insoweit nur das ESÜ zur Anwendung gelangt.

B. Verhältnis zu weiteren Übereinkommen

- **ESÜ neben KSÜ**

4 Von den in Rn. 2 genannten Staaten gehören Dänemark, Grönland, Moldau (1.1.2026), Montenegro, Norwegen, die Schweiz, Serbien, die Türkei, die Ukraine und das Vereinigte König-

1 BGBl. II 1990, S. 220

reich auch dem KSÜ an. Bei Überschneidung der Anwendungsbereiche finden ESÜ und KSÜ grundsätzlich nebeneinander Anwendung, da im Verhältnis zu den genannten Staaten kein Vorbehalt i.S.d. Art. 52 KSÜ wirkt.

- **Vorrang des HKÜ**

Auch im Verhältnis zwischen ESÜ und HKÜ gelten die Übereinkommen zunächst nebeneinander (Art. 19 ESÜ und Art. 34 Satz 2 HKÜ), § 37 IntFamRVG räumt jedoch dem HKÜ den Vorrang ein, soweit nicht der Antragsteller ausdrücklich die Anwendung des ESÜ begehrt. 5

Weiterführende Literatur: Schulz, Internationale Regelungen zum Sorge- und Umgangsrecht, FamRZ 2003, 336–348.

Artikel 1 ESÜ

Begriffsbestimmungen

Im Sinn dieses Übereinkommens bedeutet:

a) Kind eine Person gleich welcher Staatsangehörigkeit, die das 16. Lebensjahr noch nicht vollendet hat und noch nicht berechtigt ist, nach dem Recht ihres gewöhnlichen Aufenthalts, dem Recht des Staates, dem sie angehört, oder dem innerstaatlichen Recht des ersuchten Staates ihren eigenen Aufenthalt zu bestimmen;

b) Behörde ein Gericht oder eine Verwaltungsbehörde;

c) Sorgerechtsentscheidung die Entscheidung einer Behörde, soweit sie die Sorge für die Person des Kindes, einschließlich des Rechts auf Bestimmung seines Aufenthalts oder des Rechts zum persönlichen Umgang mit ihm, betrifft;

d) unzulässiges Verbringen das Verbringen eines Kindes über eine internationale Grenze, wenn dadurch eine Sorgerechtsentscheidung verletzt wird, die in einem Vertragsstaat ergangen und in einem solchen Staat vollstreckbar ist; als unzulässiges Verbringen gilt auch der Fall, in dem

i. das Kind am Ende einer Besuchszeit oder eines sonstigen vorübergehenden Aufenthalts in einem anderen Hoheitsgebiet als dem, in dem das Sorgerecht ausgeübt wird, nicht über eine internationale Grenze zurückgebracht wird;

ii. das Verbringen nachträglich nach Artikel 12 für widerrechtlich erklärt wird.

Art. 1 ESÜ enthält zunächst allgemeine Begriffsbestimmungen. 1

Hinsichtlich des räumlichen Anwendungsbereichs setzt das ESÜ – anders als das HKÜ – nicht voraus, dass das Kind seinen gewöhnlichen Aufenthalt in einem Vertragsstaat hat. 2

Nach Art. 1 Abs. 1 lit. a ESÜ ist der persönliche Anwendungsbereich des ESÜ beschränkt auf Minderjährige bis zur Vollendung des 16. Lebensjahres. 3

Art. 1 Abs. 1 lit. d ESÜ definiert das unzulässige Verbringen eines Kindes. Der Begriff entspricht zunächst dem des „widerrechtlichen Verbringens" i.S.d. Art. 3 HKÜ, wobei das ESÜ nur greift, wenn eine in einem Vertragsstaat ergangene und dort bzw. in einem anderen Vertragsstaat vollstreckbare Entscheidung vorliegt. Wie ein unzulässiges Verbringen wird auch das widerrechtliche Zurückhalten eines Kindes nach Ablauf eines Umgangsrechts behandelt (i) sowie das auf Grundlage von Art. 12 ESÜ nachträglich für widerrechtlich erklärte Verbringen (ii). 4

Teil I
Zentrale Behörden

Artikel 2 ESÜ
Zentrale Behörden

(1) Jeder Vertragsstaat bestimmt eine zentrale Behörde, welche die in diesem Übereinkommen vorgesehenen Aufgaben wahrnimmt.

(2) bis (3) (vom weiter gehenden Abdruck wird abgesehen)

1 Zentrale Behörde i.S.d. Art. 2 ESÜ ist nach § 3 Abs. 1 Nr. 4 IntFamRVG das Bundesamt für Justiz mit Sitz in Bonn.[1]

Artikel 3 ESÜ
Zusammenarbeit

(1) [1]Die zentralen Behörden der Vertragsstaaten arbeiten zusammen und fördern die Zusammenarbeit der zuständigen Behörden ihrer Staaten. [2]Sie haben mit aller gebotenen Eile zu handeln.

(2) Um die Durchführung dieses Übereinkommens zu erleichtern, werden die zentralen Behörden der Vertragsstaaten

a) die Übermittlung von Auskunftsersuchen sicherstellen, die von zuständigen Behörden ausgehen und sich auf Rechts- oder Tatsachenfragen in anhängigen Verfahren beziehen;

b) einander auf Ersuchen Auskünfte über ihr Recht auf dem Gebiet des Sorgerechts für Kinder und über dessen Änderungen erteilen;

c) einander über alle Schwierigkeiten unterrichten, die bei der Anwendung des Übereinkommens auftreten können, und Hindernisse, die seiner Anwendung entgegenstehen, soweit wie möglich ausräumen.

1 Art. 3 ESÜ regelt die allgemeinen Grundsätze der Zusammenarbeit der Zentralen Behörden, die Aufgaben im Einzelnen sind Art. 3 Abs. 2 ESÜ zu entnehmen, wobei zur Umsetzung auf §§ 6 ff. IntFamRVG zu verweisen ist.

Artikel 4 ESÜ
Vollstreckungsantrag

(1) Wer in einem Vertragsstaat eine Sorgerechtsentscheidung erwirkt hat und sie in einem anderen Vertragsstaat anerkennen oder vollstrecken lassen will, kann zu diesem Zweck einen Antrag an die zentrale Behörde jedes beliebigen Vertragsstaats richten.

(2) Dem Antrag sind die in Artikel 13 genannten Schriftstücke beizufügen.

(3) Ist die zentrale Behörde, bei der der Antrag eingeht, nicht die zentrale Behörde des ersuchten Staates, so übermittelt sie die Schriftstücke unmittelbar und unverzüglich der letztgenannten Behörde.

---

1 Zu Informationen über das Bundesamt für Justiz als Zentrale Behörde wird auf die Kommentierung zu §§ 3 ff. IntFamRVG sowie auf die Internetseite www.bundesjustizamt.de verwiesen. Informationen zu den Zentralen Behörden der Vertragsstaaten sind erhältlich über die Internetseite des Europarats (www.conventions.coe.int) zu Vertrag Nr. 105 unter der Rubrik „Vorbehalte und Erklärungen"

(4) Die zentrale Behörde, bei der der Antrag eingeht, kann es ablehnen, tätig zu werden, wenn die Voraussetzungen nach diesem Übereinkommen offensichtlich nicht erfüllt sind.

(5) Die zentrale Behörde, bei der der Antrag eingeht, unterrichtet den Antragsteller unverzüglich über den Fortgang seines Antrags.

Art. 4 ff. ESÜ enthalten nähere Bestimmungen des fakultativen Verfahrens zur Anerkennung und Vollstreckbarerklärung von Entscheidungen. 1

Artikel 5 ESÜ

Verfahren, Kosten

(1) Die zentrale Behörde des ersuchten Staates trifft oder veranlasst unverzüglich alle Vorkehrungen, die sie für geeignet hält, und leitet erforderlichenfalls ein Verfahren vor dessen zuständigen Behörden ein, um

a) den Aufenthaltsort des Kindes ausfindig zu machen;

b) zu vermeiden, insbesondere durch alle erforderlichen vorläufigen Maßnahmen, dass die Interessen des Kindes oder des Antragstellers beeinträchtigt werden;

c) die Anerkennung oder Vollstreckung der Entscheidung sicherzustellen;

d) die Rückgabe des Kindes an den Antragsteller sicherzustellen, wenn die Vollstreckung der Entscheidung bewilligt wird;

e) die ersuchende Behörde über die getroffenen Maßnahmen und deren Ergebnisse zu unterrichten.

(2) Hat die zentrale Behörde des ersuchten Staates Grund zu der Annahme, dass sich das Kind im Hoheitsgebiet eines anderen Vertragsstaats befindet, so übermittelt sie die Schriftstücke unmittelbar und unverzüglich der zentralen Behörde dieses Staates.

(3) Jeder Vertragsstaat verpflichtet sich, vom Antragsteller keine Zahlungen für Maßnahmen zu verlangen, die für den Antragsteller aufgrund des Absatzes 1 von der zentralen Behörde des betreffenden Staates getroffen werden; darunter fallen auch die Verfahrenskosten und ggf. die Kosten für einen Rechtsanwalt, nicht aber die Kosten für die Rückführung des Kindes.

(4) Wird die Anerkennung oder Vollstreckung versagt und ist die zentrale Behörde des ersuchten Staates der Auffassung, dass sie dem Ersuchen des Antragstellers stattgeben sollte, in diesem Staat eine Entscheidung in der Sache selbst herbeizuführen, so bemüht sich diese Behörde nach besten Kräften, die Vertretung des Antragstellers in dem Verfahren unter Bedingungen sicherzustellen, die nicht weniger günstig sind als für eine Person, die in diesem Staat ansässig ist und dessen Staatsangehörigkeit besitzt; zu diesem Zweck kann sie insbesondere ein Verfahren vor dessen zuständigen Behörden einleiten.

Art. 5 ESÜ regelt Einzelheiten zu Verfahren und Kosten. 1

Die in Art. 5 Abs. 1 ESÜ genannten **Tätigkeiten der Zentralen Behörden** werden durch das IntFamRVG weiter konkretisiert, so etwa die Aufenthaltsermittlung nebst hierzu bestehenden Befugnissen (§ 7 IntFamRVG) und die Möglichkeit, einstweilige Anordnungen zu erlassen (§ 15 IntFamRVG). 2

Art. 5 **Abs. 2** ESÜ entspricht inhaltlich Art. 9 HKÜ (siehe hierzu *Schweppe*, Art. 9 HKÜ Rn. 1 f.). 3

4 Art. 5 **Abs. 3** ESÜ enthält eine umfassende Kostenfreiheit für den Antragsteller, welche die Tätigkeit der Zentralen Behörde, aber auch die Verfahrenskosten für das Anerkennungsverfahren sowie ggf. die Kosten für eine anwaltliche Vertretung umfasst. Ein Vorbehalt, der es den Vertragsstaaten ermöglicht, die Kostenfreiheit einzuschränken, ist, anders als etwa in Art. 26 Abs. 3 HKÜ, nicht vorgesehen.

Kosten für erforderliche Übersetzungen von Anträgen und Dokumenten sind von der Kostenfreiheit nicht umfasst, insoweit erteilen die Familiengerichte auf Antrag eine Befreiung von den Übersetzungskosten nach Maßgabe der für die Bewilligung von Verfahrenskostenhilfe geltenden Voraussetzungen, vgl. § 5 Abs. 2 IntFamRVG.

5 Keine Kostenfreiheit besteht für Verfahren, mit denen nicht die Anerkennung einer ausländischen Entscheidung, sondern eine (Neu-)Regelung des Sorge- oder Umgangsrechts erwirkt werden soll. Hier gelten die allgemeinen Grundsätze für die Bewilligung von Verfahrenskostenhilfe (siehe hierzu *Gottschalk*, Kommentierung zu § 76 FamFG).

Artikel 6 ESÜ
Spracherfordernisse

(1) Vorbehaltlich besonderer Vereinbarungen zwischen den beteiligten zentralen Behörden und der Bestimmungen des Absatzes 3

a) müssen Mitteilungen an die zentrale Behörde des ersuchten Staates in der Amtssprache oder einer der Amtssprachen dieses Staates abgefasst oder von einer Übersetzung in diese Sprache begleitet sein;

b) muss die zentrale Behörde des ersuchten Staates aber auch Mitteilungen annehmen, die in englischer oder französischer Sprache abgefasst oder von einer Übersetzung in eine dieser Sprachen begleitet sind.

(2) Mitteilungen, die von der zentralen Behörde des ersuchten Staates ausgehen, einschließlich der Ergebnisse von Ermittlungen, können in der Amtssprache oder einer der Amtssprachen dieses Staates oder in englischer oder französischer Sprache abgefasst sein.

(3) [1]Ein Vertragsstaat kann die Anwendung des Absatzes 1 Buchstabe b ganz oder teilweise ausschließen. [2]Hat ein Vertragsstaat diesen Vorbehalt angebracht, so kann jeder andere Vertragsstaat ihm gegenüber den Vorbehalt auch anwenden.

1 Nach Art. 6 Abs. 1 a) ESÜ sind Anträge an die Zentrale Behörde eines Staates grundsätzlich in der Amtssprache oder beglaubigter Übersetzung einzureichen, es genügt aber auch die Einreichung auf Englisch oder Französisch (Art. 6 Abs. 2 b) ESÜ).

2 Deutschland hat von dem in Art. 6 Abs. 3 ESÜ vorgesehenen Vorbehalt Gebrauch gemacht und ist damit im Rahmen des ESÜ nur zur Annahme von in deutscher Sprache bzw. Übersetzung vorliegenden Anträgen verpflichtet. Dies bedingt allerdings, dass auch andere Vertragsstaaten gegenüber Anträgen aus Deutschland die Verwendung ihrer Amtssprache fordern können (Art. 6 Abs. 3 Satz 2 ESÜ).

3 Bei ausgehenden Ersuchen ist es zur Vermeidung von Verzögerungen und Kosten angezeigt, vorab zu prüfen, ob Vorbehalte erklärt wurden.[1]

1 Hierzu MüKo-BGB/*Heiderhoff*, Art. 6 EuSorgeRÜ Rn. 3. Entsprechende Vorbehalte sind der unter www.bundesjustizamt.de veröffentlichten Staatenliste zu entnehmen.

Teil II
Anerkennung und Vollstreckung von Entscheidungen und Wiederherstellung des Sorgeverhältnisses

Artikel 7 ESÜ

Anerkennung

Sorgerechtsentscheidungen, die in einem Vertragsstaat ergangen sind, werden in jedem anderen Vertragsstaat anerkannt und, wenn sie im Ursprungsstaat vollstreckbar sind, für vollstreckbar erklärt.

Übersicht

A. Allgemeines

Art. 7 ff. ESÜ regeln die Anerkennung und Vollstreckung von Entscheidungen im Verhältnis zwischen den Vertragsstaaten. 1

Diese Entscheidungen müssen vollstreckungsfähig, aber nicht bestandskräftig sein, wie sich aus Art. 10 Abs. 2 lit. a ESÜ ergibt, der eine Aussetzung des Verfahrens bei Einlegung eines Rechtsmittels ermöglicht.

Besondere Regelungen zur Vollstreckung von Sorgerechtsentscheidungen enthält das ESÜ nicht, vielmehr ergibt sich aus Artikel 7 ESÜ, dass – unter der Voraussetzung der Anerkennung einer Entscheidung – diese für vollstreckbar erklärt wird, wenn sie im Ursprungsstaat vollstreckbar ist. 2

B. Anerkennung und Ausnahmen

Während Art. 7 bestimmt, dass im Verhältnis der Vertragsstaaten untereinander Entscheidungen grundsätzlich anzuerkennen sind,[1] enthalten Art. 8, 9 und 10 ESÜ für verschiedene Fallkonstellationen ein abgestuftes System für die Versagung der Anerkennung, wobei der Jurisdiktion des Heimatstaats, aber auch des gewöhnlichen Aufenthalts ebenso wie dem Zeitmoment (Antragstellung innerhalb von sechs Monaten) eine besondere Schutzwürdigkeit beigemessen wird. 3

Zu beachten ist, dass Art. 17 ESÜ den Vertragsstaaten gestattet, die in Art. 10 vorgesehenen Versagungsgründe auf die in Art. 8 und 9 vorgesehenen Konstellationen zu übertragen; einen entsprechenden umfassenden Vorbehalt haben etwa Dänemark und Norwegen erklärt.[2] Der Umfang des von Deutschland erklärten Vorbehalts umfasst die Anwendung von Art. 10 Abs. 1 lit. a (*ordre public*) und b) (Änderung der Verhältnisse) ESÜ, wie sich aus § 19 IntFamRVG ergibt. 4

1 Zur Wirkung der Anerkennung vgl. OLG Hamm FamRZ 2014, 1935 (Serbien)
2 Vgl. Staatenliste unter www.bundesjustizamt.de

Artikel 8 ESÜ

Wiederherstellung des Sorgeverhältnisses

(1) Im Fall eines unzulässigen Verbringens hat die zentrale Behörde des ersuchten Staates umgehend die Wiederherstellung des Sorgeverhältnisses zu veranlassen, wenn

a) zur Zeit der Einleitung des Verfahrens in dem Staat, in dem die Entscheidung ergangen ist, oder zur Zeit des unzulässigen Verbringens, falls dieses früher erfolgte, das Kind und seine Eltern nur Angehörige dieses Staates waren und das Kind seinen gewöhnlichen Aufenthalt im Hoheitsgebiet dieses Staates hatte, und

b) der Antrag auf Wiederherstellung innerhalb von sechs Monaten nach dem unzulässigen Verbringen bei einer zentralen Behörde gestellt worden ist.

(2) Können nach dem Recht des ersuchten Staates die Voraussetzungen des Absatzes 1 nicht ohne ein gerichtliches Verfahren erfüllt werden, so finden in diesem Verfahren die in dem Übereinkommen genannten Versagungsgründe keine Anwendung.

(3) [1]Ist in einer von einer zuständigen Behörde genehmigten Vereinbarung zwischen dem Sorgeberechtigten und einem Dritten diesem das Recht zum persönlichen Umgang eingeräumt worden und ist das ins Ausland gebrachte Kind am Ende der vereinbarten Zeit dem Sorgeberechtigten nicht zurückgegeben worden, so wird das Sorgeverhältnis nach Absatz 1 Buchstabe b und Absatz 2 wiederhergestellt. [2]Dasselbe gilt, wenn durch Entscheidung der zuständigen Behörde ein solches Recht einer Person zuerkannt wird, die nicht sorgeberechtigt ist.

1 Art. 8 ESÜ enthält die Grundlage für die Herausgabe bzw. Rückführung des Kindes in den Herkunftsstaat für Fälle widerrechtlichen Verbringens (Art. 8 Abs. 1 ESÜ) bzw. Zurückhaltens (Art. 8 Abs. 3 Satz 1 ESÜ) eines Kindes.

2 Art. 8 ESÜ regelt die **Anerkennungsvoraussetzungen** für folgende Fälle:

- unzulässiges Verbringen (oder Zurückhalten, Abs. 3) eines Kindes,
- aus dem gemeinsamen Heimatstaat des Kindes und der Eltern (einzige Staatsangehörigkeit),
- in dem das Kind seinen gewöhnlichen Aufenthalt hatte, und
- der Antrag auf Wiederherstellung des Sorgeverhältnisses wurde innerhalb von sechs Monaten bei einer Zentralen Behörde gestellt.

3 Die „Wiederherstellung des Sorgeverhältnisses" im Falle des widerrechtlichen Verbringens oder Zurückhaltens des Kindes beinhaltet, dass bei Vorliegen eines Herausgabetitels die Wiederherstellung des Sorgeverhältnisses unmittelbar durch Vollstreckung erfolgt. Sofern nach deutschem Recht eine Sorgerechtsentscheidung vorliegt, die keine Herausgabe beinhaltet, so finden gemäß § 32 IntFamRVG die §§ 16 ff. IntFamRVG entsprechende Anwendung, wobei aufgrund des erklärten Vorbehalts die Versagungsgründe des Art. 10 Abs. 1 lit. a und b ESÜ bei entsprechendem Vortrag zu prüfen sind.[1]

1 MüKo-BGB/*Heiderhoff*, EuSorgeRÜ Art. 8 Rn. 4

Artikel 9 ESÜ

Versagung bei formellen Hindernissen

(1) Ist in anderen als den in Artikel 8 genannten Fällen eines unzulässigen Verbringens ein Antrag innerhalb von sechs Monaten nach dem Verbringen bei einer zentralen Behörde gestellt worden, so können die Anerkennung und Vollstreckung nur in folgenden Fällen versagt werden:

a) wenn bei einer Entscheidung, die in Abwesenheit des Beklagten oder seines gesetzlichen Vertreters ergangen ist, dem Beklagten das das Verfahren einleitende Schriftstück oder ein gleichwertiges Schriftstück weder ordnungsgemäß noch so rechtzeitig zugestellt worden ist, dass er sich verteidigen konnte; die Nichtzustellung kann jedoch dann kein Grund für die Versagung der Anerkennung oder Vollstreckung sein, wenn die Zustellung deswegen nicht bewirkt worden ist, weil der Beklagte seinen Aufenthaltsort der Person verheimlicht hat, die das Verfahren im Ursprungsstaat eingeleitet hatte;

b) wenn bei einer Entscheidung, die in Abwesenheit des Beklagten oder seines gesetzlichen Vertreters ergangen ist, die Zuständigkeit der die Entscheidung treffenden Behörde nicht gegründet war auf

i. den gewöhnlichen Aufenthalt des Beklagten,

ii. den letzten gemeinsamen gewöhnlichen Aufenthalt der Eltern des Kindes, sofern wenigstens ein Elternteil seinen gewöhnlichen Aufenthalt noch dort hat, oder

iii. den gewöhnlichen Aufenthalt des Kindes;

c) wenn die Entscheidung mit einer Sorgerechtsentscheidung unvereinbar ist, die im ersuchten Staat vor dem Verbringen des Kindes vollstreckbar wurde, es sei denn, das Kind habe während des Jahres vor seinem Verbringen den gewöhnlichen Aufenthalt im Hoheitsgebiet des ersuchenden Staates gehabt.

(2) Ist kein Antrag bei einer zentralen Behörde gestellt worden, so findet Absatz 1 auch dann Anwendung, wenn innerhalb von sechs Monaten nach dem unzulässigen Verbringen die Anerkennung und Vollstreckung beantragt wird.

(3) Auf keinen Fall darf die ausländische Entscheidung inhaltlich nachgeprüft werden.

Art. 9 ESÜ regelt die Anerkennungsvoraussetzungen für Fälle widerrechtlichen Verbringens, in denen die Voraussetzungen des Art. 8 ESÜ nicht vorliegen, aber der Antrag innerhalb von sechs Monaten bei einer Zentralen Behörde gestellt wurde **oder** bei Vorliegen der Voraussetzungen von Art. 8 ESÜ im Übrigen der Antrag nicht über eine Zentrale Behörde gestellt wurde (Art. 9 Abs. 2 ESÜ). 1

In dieser Konstellation kann die Anerkennung bzw. Wiederherstellung des Sorgeverhältnisses unter folgenden Voraussetzungen versagt werden: 2

- Art. 9 Abs. 1 lit. a ESÜ (verfahrensrechtlicher *ordre public* i.S.d. fehlenden Beteiligungsmöglichkeit des Antragsgegners),
- Art. 9 Abs. 1 lit. b ESÜ (Säumnisentscheidung ohne Anknüpfung an den gewöhnlichen Aufenthalt eines Beteiligten ergangen),
- Art. 9 Abs. 1 lit. c ESÜ (Fall der Unvereinbarkeit mit Sorgerechtsentscheidung im ersuchten Staat).

Art. 9 Abs. 3 ESÜ verbietet die inhaltliche Überprüfung der Entscheidung (*revision au fond*). 3

Artikel 10 ESÜ

Versagung bei materiellen Hindernissen

(1) In anderen als den in den Artikeln 8 und 9 genannten Fällen können die Anerkennung und Vollstreckung nicht nur aus den in Artikel 9 vorgesehenen, sondern auch aus einem der folgenden Gründe versagt werden:

a) wenn die Wirkungen der Entscheidung mit den Grundwerten des Familien- und Kindschaftsrechts im ersuchten Staat offensichtlich unvereinbar sind;

b) wenn aufgrund einer Änderung der Verhältnisse – dazu zählt auch der Zeitablauf, nicht aber der bloße Wechsel des Aufenthaltsorts des Kindes infolge eines unzulässigen Verbringens – die Wirkungen der ursprünglichen Entscheidung offensichtlich nicht mehr dem Wohl des Kindes entsprechen;

c) wenn zur Zeit der Einleitung des Verfahrens im Ursprungsstaat

i. das Kind Angehöriger des ersuchten Staates war oder dort seinen gewöhnlichen Aufenthalt hatte und keine solche Beziehung zum Ursprungsstaat bestand;

ii. das Kind sowohl Angehöriger des Ursprungsstaats als auch des ersuchten Staates war und seinen gewöhnlichen Aufenthalt im ersuchten Staat hatte;

d) wenn die Entscheidung mit einer im ersuchten Staat ergangenen oder mit einer dort vollstreckbaren Entscheidung eines Drittstaats unvereinbar ist; die Entscheidung muss in einem Verfahren ergangen sein, das eingeleitet wurde, bevor der Antrag auf Anerkennung oder Vollstreckung gestellt wurde, und die Versagung muss dem Wohl des Kindes entsprechen.

(2) In diesen Fällen können Verfahren auf Anerkennung oder Vollstreckung aus einem der folgenden Gründe ausgesetzt werden:

a) wenn gegen die ursprüngliche Entscheidung ein ordentliches Rechtsmittel eingelegt worden ist;

b) wenn im ersuchten Staat ein Verfahren über das Sorgerecht für das Kind anhängig ist und dieses Verfahren vor Einleitung des Verfahrens im Ursprungsstaat eingeleitet wurde;

c) wenn eine andere Entscheidung über das Sorgerecht für das Kind Gegenstand eines Verfahrens auf Vollstreckung oder eines anderen Verfahrens auf Anerkennung der Entscheidung ist.

Übersicht

1 Art. 10 ESÜ regelt über Art. 9 ESÜ hinausgehende Möglichkeiten für die Versagung der Anerkennung, wenn ein Antrag erst mehr als sechs Monate nach dem Verbringen bzw. Zurückhalten gestellt wird.

A. Anerkennungs- und Vollstreckungshindernisse

Mögliche Gründe für die Versagung der Anerkennung nach Art. 10 ESÜ sind: 2

- Art. 10 Abs. 1 lit. a (*ordre public*, vgl. zum anerkennungsrechtlichen ordre public *Schweppe*, § 109 FamFG Rn. 13 ff.),[1]
- Art. 10 Abs. 1 lit. b (Änderung der Verhältnisse, Kindeswohlprüfung),
- Art. 10 Abs. 1 lit. c (engere Beziehung zum ersuchten Staat als zum Herkunftsstaat),
- Art. 10 Abs. 1 lit. d (Unvereinbarkeit mit einer früheren Entscheidung, Kindeswohlprüfung).

Art. 10 Abs. 1 b) und d) ESÜ eröffnen eine Sachprüfung (Kindeswohlprüfung), die in Brüssel IIb-VO und KSÜ nicht vorgesehen ist.[2] 3

Für die Prüfung der Versagung der Anerkennung nach Art. 10 Abs. 1 b) ist Art. 15 ESÜ zu beachten, wonach die Durchführung weiterer Ermittlungen von Amts wegen, insbesondere die Ermittlung des Kindeswillens, erforderlich ist. 4

B. Aussetzung des Verfahrens

Art. 10 Abs. 2 ESÜ ermöglicht die Aussetzung des Verfahrens der Anerkennung und Vollstreckung bei Prüfung der Versagungsgründe des Art. 10 Abs. 1 ESÜ unter folgenden Voraussetzungen: 5

- Art. 10 Abs. 2 lit. a ESÜ (Einlegung eines Rechtsmittels gegen Ausgangsentscheidung),
- Art. 10 Abs. 2 lit. b ESÜ (Sorgerechtsverfahren im Anerkennungsstaat vor Einleitung des Verfahrens im Ursprungsstaat),
- Art. 10 Abs. 2 lit. c ESÜ (weitere Entscheidung Gegenstand eines Verfahrens auf Anerkennung bzw. Vollstreckung).

Artikel 11 ESÜ

Persönlicher Umgang mit dem Kind

(1) Die Entscheidungen über das Recht zum persönlichen Umgang mit dem Kind und die in Sorgerechtsentscheidungen enthaltenen Regelungen über das Recht zum persönlichen Umgang werden unter den gleichen Bedingungen wie andere Sorgerechtsentscheidungen anerkannt und vollstreckt.

(2) Die zuständige Behörde des ersuchten Staates kann jedoch die Bedingungen für die Durchführung und Ausübung des Rechts zum persönlichen Umgang festlegen; dabei werden insbesondere die von den Parteien eingegangenen diesbezüglichen Verpflichtungen berücksichtigt.

(3) Ist keine Entscheidung über das Recht zum persönlichen Umgang ergangen oder ist die Anerkennung oder Vollstreckung der Sorgerechtsentscheidung versagt worden, so kann sich die zentrale Behörde des ersuchten Staates auf Antrag der Person, die das Recht zum persönlichen Umgang beansprucht, an die zuständige Behörde ihres Staates wenden, um eine solche Entscheidung zu erwirken.

---

1 Zur Versagung der Anerkennung einer türkischen Entscheidung zum Sorgerecht auf Grundlage des Art. 10 Abs. 1 lit. a und b ESÜ wegen fehlender Anhörung der Kinder und offensichtlich fehlender Kindeswohlprüfung vgl. OLG Köln FamRZ 2015, 78

2 Zu den Anforderungen siehe MüKo-BGB/*Heiderhoff*, Art. 10 EuSorgeRÜ Rn. 2

1 Art. 11 ESÜ betrifft die Anerkennung und Durchsetzung von Umgangsentscheidungen.

2 Entscheidungen zum Umgang sind nach Art. 11 **Abs. 1** ESÜ unter den gleichen Bedingungen wie Sorgerechtsentscheidungen anzuerkennen und zu vollstrecken nach Maßgabe der im Vollstreckungsstaat geltenden Vorschriften zur Vollstreckung von Umgangsregelungen.

3 Art. 11 **Abs. 2** ESÜ gestattet der zuständigen Behörde des ersuchten Staates die **Bedingungen für die Durchführung und Ausübung des Rechts zum persönlichen Umgang** festzulegen, wobei allerdings der Wesensgehalt der Entscheidung nicht verändert werden darf.

4 Um die Neuregelung bzw. erstmalige Regelung des Umgangs zu erwirken, kann nach Art. 11 **Abs. 3** ESÜ der den Umgang begehrende Elternteil (Person, die das Recht zum persönlichen Umgang beansprucht) über die Zentrale Behörde des Aufenthaltsstaats des Kindes einen Umgangsantrag stellen (auf Grundlage des Rechts des Aufenthaltsstaats).

Artikel 12 ESÜ

Nachträgliche Entscheidung

Liegt zu dem Zeitpunkt, in dem das Kind über eine internationale Grenze verbracht wird, keine in einem Vertragsstaat ergangene vollstreckbare Sorgerechtsentscheidung vor, so ist dieses Übereinkommen auf jede spätere in einem Vertragsstaat ergangene Entscheidung anzuwenden, mit der das Verbringen auf Antrag eines Beteiligten für widerrechtlich erklärt wird.

1 Art. 12 ESÜ regelt den Fall, dass zum maßgeblichen Zeitpunkt des Verbringens oder Zurückhaltens zwar bereits ein Sorgerecht, aber noch keine vollstreckbare Entscheidung hierzu bestand, etwa bei der von Gesetzes wegen eintretenden elterlichen Sorge, und eine spätere Entscheidung nachträglich die Widerrechtlichkeit bestätigt. Dies umfasst jedoch nicht die nachträgliche Abänderung einer Sorgerechtsentscheidung.

2 Art. 18 ESÜ ermöglicht insoweit die Einlegung eines Vorbehalts, den die Vertragsstaaten allerdings nahezu nicht genutzt haben.

Teil III
Verfahren

Artikel 13 ESÜ

Notwendige Anlagen

(1) Dem Antrag auf Anerkennung oder Vollstreckung einer Sorgerechtsentscheidung in einem anderen Vertragsstaat sind beizufügen

a) ein Schriftstück, in dem die zentrale Behörde des ersuchten Staates ermächtigt wird, für den Antragsteller tätig zu werden oder einen anderen Vertreter für diesen Zweck zu bestimmen;

b) eine Ausfertigung der Entscheidung, welche die für ihre Beweiskraft erforderlichen Voraussetzungen erfüllt;

c) im Fall einer in Abwesenheit des Beklagten oder seines gesetzlichen Vertreters ergangenen Entscheidung ein Schriftstück, aus dem sich ergibt, dass das Schriftstück, mit dem das Verfahren eingeleitet wurde, oder ein gleichwertiges Schriftstück dem Beklagten ordnungsgemäß zugestellt worden ist;

d) ggf. ein Schriftstück, aus dem sich ergibt, dass die Entscheidung nach dem Recht des Ursprungsstaats vollstreckbar ist;

e) wenn möglich eine Angabe über den Aufenthaltsort oder den wahrscheinlichen Aufenthaltsort des Kindes im ersuchten Staat;

f) Vorschläge dafür, wie das Sorgeverhältnis zu dem Kind wiederhergestellt werden soll.

(2) Den obengenannten Schriftstücken ist erforderlichenfalls eine Übersetzung nach Maßgabe des Artikels 6 beizufügen.

Artikel 14 ESÜ

Verfahrensart

[1]Jeder Vertragsstaat wendet für die Anerkennung und Vollstreckung von Sorgerechtsentscheidungen ein einfaches und beschleunigtes Verfahren an. [2]Zu diesem Zweck stellt er sicher, dass die Vollstreckbarerklärung in Form eines einfachen Antrags begehrt werden kann.

Artikel 15 ESÜ

Amtsermittlungsgrundsatz

(1) Bevor die Behörde des ersuchten Staates eine Entscheidung nach Artikel 10 Absatz 1 Buchstabe b trifft,

a) muss sie die Meinung des Kindes feststellen, sofern dies nicht insbesondere wegen seines Alters und Auffassungsvermögens undurchführbar ist;

b) kann sie verlangen, dass geeignete Ermittlungen durchgeführt werden.

(2) Die Kosten für die in einem Vertragsstaat durchgeführten Ermittlungen werden von den Behörden des Staates getragen, in dem sie durchgeführt wurden.

(3) Ermittlungsersuchen und die Ergebnisse der Ermittlungen können der ersuchenden Behörde über die zentralen Behörden mitgeteilt werden.

Artikel 16 ESÜ

Formfreiheit

Für die Zwecke dieses Übereinkommens darf keine Legalisation oder ähnliche Förmlichkeit verlangt werden.

1 Das Verfahren für die Anerkennung oder Vollstreckung einer Sorgerechtsentscheidung ist in Art. 13 bis 16 ESÜ geregelt, die Umsetzung erfolgt in §§ 16 ff. IntFamRVG, wobei für die Rückführung von Kindern auch auf Grundlage des ESÜ die Sonderregelungen des §§ 37 ff. IntFamRVG greifen (vgl. hierzu *Schweppe,* Kommentierung zu §§ 16 ff. IntFamRVG und §§ 37 ff. IntFamRVG).

Von einer weiteren Kommentierung der Art. 13 bis 16 ESÜ wird abgesehen.

Teil IV
Vorbehalte

Artikel 17 ESÜ

Vorbehalte zu Art. 8 bis 10

(1) Jeder Vertragsstaat kann sich vorbehalten, dass in den von den Artikeln 8 und 9 oder von einem dieser Artikel erfassten Fällen die Anerkennung und Vollstreckung von Sorgerechtsentscheidungen aus denjenigen der in Artikel 10 vorgesehenen Gründe versagt werden kann, die in dem Vorbehalt bezeichnet sind.

(2) Die Anerkennung und Vollstreckung von Entscheidungen, die in einem Vertragsstaat ergangen sind, der den in Absatz 1 vorgesehenen Vorbehalt angebracht hat, können in jedem anderen Vertragsstaat aus einem der in diesem Vorbehalt bezeichneten zusätzlichen Gründe versagt werden.

Art. 17 ESÜ ermöglicht den Vertragsstaaten, die in Art. 10 vorgesehenen Versagungsgründe auf die in Art. 8 und 9 vorgesehenen Konstellationen zu übertragen.[1] Der Umfang des von Deutschland erklärten Vorbehalts ist § 19 IntFamRVG zu entnehmen. 1

Artikel 18 ESÜ

Vorbehalte zu Art. 12

[1]Jeder Vertragsstaat kann sich vorbehalten, durch Artikel 12 nicht gebunden zu sein. [2]Auf die in Artikel 12 genannten Entscheidungen, die in einem Vertragsstaat ergangen sind, der einen solchen Vorbehalt angebracht hat, ist dieses Übereinkommen nicht anwendbar.

Von einer Kommentierung wird abgesehen.

1 Einen entsprechenden umfassenden Vorbehalt haben etwa Dänemark und Norwegen erklärt (vgl. Staatenliste unter www.bundesjustizamt.de); zu den Vorbehalten und deren Umfang im Einzelnen vgl. MüKoBGB/*Heiderhoff*, EuSorgeRÜ Art. 17 Rn. 1–2

Teil V
Andere Übereinkünfte

Artikel 19 ESÜ

Kein Ausschluss anderer Rechtsmittel

Dieses Übereinkommen schließt nicht aus, dass eine andere internationale Übereinkunft zwischen dem Ursprungsstaat und dem ersuchten Staat oder das nichtvertragliche Recht des ersuchten Staates angewendet wird, um die Anerkennung oder Vollstreckung einer Entscheidung zu erwirken.

1 Art. 19 ESÜ bestimmt das Verhältnis zu anderen supranationalen Übereinkommen dahingehend, dass diese grundsätzlich nebeneinander Anwendung finden.

Im Verhältnis zwischen ESÜ und HKÜ räumt § 37 IntFamRVG der Anwendung des HKÜ den Vorrang ein.

Im Verhältnis zur Brüssel IIb-VO greift der Vorrang der EU-Verordnung nach Art. 95 lit. d Brüssel IIb-VO.

Artikel 20 ESÜ

Kein Ausschluss weitergehender Verpflichtungen

(1) Dieses Übereinkommen lässt Verpflichtungen unberührt, die ein Vertragsstaat gegenüber einem Nichtvertragsstaat auf Grund einer internationalen Übereinkunft hat, die sich auf in diesem Übereinkommen geregelte Angelegenheiten erstreckt.

(2) [1]Haben zwei oder mehr Vertragsstaaten auf dem Gebiet des Sorgerechts für Kinder einheitliche Rechtsvorschriften erlassen oder ein besonderes System zur Anerkennung oder Vollstreckung von Entscheidungen auf diesem Gebiet geschaffen oder werden sie dies in Zukunft tun, so steht es ihnen frei, anstelle des Übereinkommens oder eines Teiles davon diese Rechtsvorschriften oder dieses System untereinander anzuwenden. [2]Um von dieser Bestimmung Gebrauch machen zu können, müssen diese Staaten ihre Entscheidung dem Generalsekretär des Europarats notifizieren. [3]Jede Änderung oder Aufhebung dieser Entscheidung ist ebenfalls zu notifizieren.

Von einer Kommentierung wird abgesehen.

Teil VI
Schlussbestimmungen

Von Abdruck und Kommentierung der Art. 21 bis 30 ESÜ wird abgesehen.

Abschnitt 3
Haager Kinderschutzübereinkommen – KSÜ

Weiterführende Literatur: Lagarde, Erläuternder Bericht, 1997 (über www.hcch.net); *Schulz*, Inkrafttreten des Haager Kinderschutzübereinkommens v. 19.10.1996 für Deutschland am 1.1.2011, FamRZ 2011, 156 ff.; *Wagner/Janzen*, Die Anwendung des Haager Kinderschutzübereinkommens in Deutschland, FPR 2011, 110 ff.

Vorbemerkung

A. Regelungsgehalt

Das Haager Übereinkommen vom 19.10.1996 über die Zuständigkeit, das anzuwendende Recht, die Anerkennung, Vollstreckung und Zusammenarbeit auf dem Gebiet der elterlichen Verantwortung und der Maßnahmen zum Schutz von Kindern (Haager Kinderschutzübereinkommen – KSÜ) wurde als Nachfolgeübereinkommen des Minderjährigenschutzübereinkommens (MSÜ bzw. MSA) konzipiert und ist für die Bundesrepublik Deutschland am 1.1.2011 in Kraft getreten. 1

Das KSÜ umfasst, wie sich bereits aus dem ausführlichen Titel ergibt, Regelungen zu 2

- Zuständigkeit (Art. 5 ff. KSÜ),
- anzuwendendem Recht (Art. 15 ff. KSÜ),
- Anerkennung und Vollstreckung ausländischer Entscheidungen (Art. 23 ff. KSÜ).

B. Verhältnis zu weiteren Übereinkommen

Für Fragen der internationalen Zuständigkeit und der Anerkennung und Vollstreckung von Entscheidungen ist der Vorrang der Brüssel IIb-VO zu beachten (siehe *Schweppe*, Kommentierung zu Art. 97 Brüssel IIb-VO und Art. 52 KSÜ). 3

Das HKÜ gelangt gegenüber dem KSÜ grundsätzlich vorrangig zur Anwendung (Art. 50 KSÜ). Im Verhältnis zum ESÜ greift kein besonderes Rangverhältnis.

Von praktisch wichtigster Bedeutung ist das KSÜ für die Bestimmung des anzuwendenden Rechts, da die Brüssel IIb-VO hierzu keine Regelungen enthält.

C. Anwendungsbereich

Das KSÜ hat mehr als 50 Vertragsstaaten, namentlich Albanien, Armenien, Australien, Barbados, Belgien, Belize, Bulgarien, Costa Rica, Dänemark, Deutschland, die Dominikanische Republik, Ecuador, El Salvador, Estland, Fidschi, Finnland, Frankreich, Georgien, Griechenland, Grönland, Guyana, Honduras, Irland, Italien, Kapverden, Kroatien, Kuba, Lesotho, Lettland, Litauen, Luxemburg, Malta, Marokko, Moldau (1.1.2026), Monaco, Montenegro, Nicaragua, die Niederlande, Norwegen, Österreich, Paraguay, Polen, Portugal, Rumänien, Russland, Schweden, Schweiz, Serbien, Slowakei, Slowenien, Spanien, Tschechien, Türkei, Ukraine, Ungarn, Uruguay, das Vereinigte Königreich und Zypern. 4

5 Um die internationale Zuständigkeit aus dem KSÜ herzuleiten, muss das betroffene Kind grundsätzlich seinen gewöhnlichen Aufenthalt in einem Vertragsstaat haben (siehe *Schweppe*, Art. 5 KSÜ Rn. 3).

6 Hinsichtlich der Regelungen zum anzuwendenden Recht ist zu differenzieren: Art. 15 KSÜ bestimmt, welches Recht die Gerichte in Ausübung ihrer Zuständigkeit ihren Entscheidungen anwenden (Maßnahmestatut). Art. 16 KSÜ regelt, wem die elterliche Sorge kraft Gesetzes zusteht (Sorgerechtsstatut).[1]

7 Die Vorschriften zur Anerkennung und Vollstreckung greifen nur im Verhältnis der Vertragsstaaten untereinander (siehe *Schweppe*, Art. 23 KSÜ Rn. 2).

1 Vgl. OLG Karlsruhe FamRZ 2018, 920; *Winter*, Rn. 513

Kapitel I
Anwendungsbereich des Übereinkommens

Artikel 1 KSÜ

Ziel dieses Übereinkommens

(1) Ziel dieses Übereinkommens ist es,

a) den Staat zu bestimmen, dessen Behörden zuständig sind, Maßnahmen zum Schutz der Person oder des Vermögens des Kindes zu treffen;

b) das von diesen Behörden bei der Ausübung ihrer Zuständigkeit anzuwendende Recht zu bestimmen;

c) das auf die elterliche Verantwortung anzuwendende Recht zu bestimmen;

d) die Anerkennung und Vollstreckung der Schutzmaßnahmen in allen Vertragsstaaten sicherzustellen;

e) die zur Verwirklichung der Ziele dieses Übereinkommens notwendige Zusammenarbeit zwischen den Behörden der Vertragsstaaten einzurichten.

(2) Im Sinn dieses Übereinkommens umfasst der Begriff „elterliche Verantwortung" die elterliche Sorge und jedes andere entsprechende Sorgeverhältnis, das die Rechte, Befugnisse und Pflichten der Eltern, des Vormunds oder eines anderen gesetzlichen Vertreters in Bezug auf die Person oder das Vermögen des Kindes bestimmt.

Art. 1 Abs. 1 KSÜ beschreibt die **Ziele des Übereinkommens** und bildet damit zugleich ein „Inhaltsverzeichnis",[1] da die jeweiligen Abschnitte des KSÜ im Wesentlichen der Aufzählung des Art. 1 Abs. 1 KSÜ folgen. Im Einzelnen: 1

- Bestimmung der internationalen Zuständigkeit (Art. 5 bis 14 KSÜ),
- Bestimmung des in Ausübung der Zuständigkeit anzuwendenden Rechts (Art. 15 KSÜ),
- Bestimmung des für die Regelung der elterlichen Sorge maßgeblichen Rechts (Art. 16 ff. KSÜ),
- Regelungen zur Anerkennung (Art. 23 bis 25 KSÜ) und Vollstreckung (Art. 26 bis 28 KSÜ),
- Regelungen zur Zusammenarbeit der Zentralen Behörden (Art. 29 bis 32 KSÜ) und zur Zusammenarbeit im Übrigen (Art. 33 bis 39 KSÜ).

Art. 1 Abs. 2 KSÜ definiert den **Begriff der elterlichen Verantwortung** dahingehend, dass dieser insbesondere die elterliche Sorge und die gesetzliche Vertretung umfasst. Eine weitere Konkretisierung zum Umfang der Maßnahmen enthält Art. 3 KSÜ. 2

Artikel 2 KSÜ

Anwendung auf Kinder

Dieses Übereinkommen ist auf Kinder von ihrer Geburt bis zur Vollendung des 18. Lebensjahrs anzuwenden.

Der **persönliche Anwendungsbereich** des KSÜ umfasst Personen bis zur Vollendung des 18. Lebensjahres, unabhängig davon, wann bzw. unter welchen Voraussetzungen nach dem Recht des jeweiligen Staates die Volljährigkeit eintritt. 1

1 So *Lagarde*, Rn. 10

Unerheblich für den persönlichen Anwendungsbereich ist die Staatsangehörigkeit des Minderjährigen.

Artikel 3 KSÜ

Umfang der Maßnahmen

Die Maßnahmen, auf die in Artikel 1 Bezug genommen wird, können insbesondere Folgendes umfassen:

a) die Zuweisung, die Ausübung und die vollständige oder teilweise Entziehung der elterlichen Verantwortung sowie deren Übertragung;

b) das Sorgerecht einschließlich der Sorge für die Person des Kindes und insbesondere des Rechts, den Aufenthalt des Kindes zu bestimmen, sowie das Recht zum persönlichen Umgang einschließlich des Rechts, das Kind für eine begrenzte Zeit an einen anderen Ort als den seines gewöhnlichen Aufenthalts zu bringen;

c) die Vormundschaft, die Pflegschaft und entsprechende Einrichtungen;

d) die Bestimmung und den Aufgabenbereich jeder Person oder Stelle, die für die Person oder das Vermögen des Kindes verantwortlich ist, das Kind vertritt oder ihm beisteht;

e) die Unterbringung des Kindes in einer Pflegefamilie oder einem Heim oder seine Betreuung durch Kafala oder eine entsprechende Einrichtung;

f) die behördliche Aufsicht über die Betreuung eines Kindes durch jede Person, die für das Kind verantwortlich ist;

g) die Verwaltung und Erhaltung des Vermögens des Kindes oder die Verfügung darüber.

1 Art. 3 KSÜ zählt die Maßnahmen auf, die in den Anwendungsbereich des KSÜ fallen, wobei die Aufzählung nicht abschließend ist („insbesondere“). Umfasst sind Schutzmaßnahmen sowohl auf privatrechtlicher als auch auf öffentlich-rechtlicher Grundlage.[1] Der Anwendungsbereich des KSÜ umfasst nach Art. 3 c) KSÜ – anders als Art. 21 EGBGB – auch die Vormundschaft.

2 Art. 3 b) KSÜ folgt der entsprechenden Definition in Art. 5 HKÜ (siehe hierzu *Schweppe*, Art. 5 HKÜ Rn. 2 ff.).

3 Art. 3 d) KSÜ verdeutlicht, dass nicht nur das Sorgerecht der Eltern vom Anwendungsbereich des KSÜ umfasst ist, sondern auch Behörden oder Institutionen zustehende Rechtspositionen.

4 Art. 3 e) KSÜ benennt ausdrücklich das islamische Rechtsinstitut der *Kafala* als Vormundschafts- und Pflegschaftsverhältnis, welches die Aufnahme eines Kindes aufgrund gerichtlicher oder behördlicher Entscheidung in einer Einrichtung oder islamischen Familie umfasst, jedoch kein Verwandtschaftsverhältnis begründet und daher nicht mit den rechtlichen Wirkungen einer Adoption verbunden ist.[2]

1 Grüneberg/*Thorn*, Anh. EGBGB 24 (IPR) Rn. 16; *Schulz*, FamRZ 2011, 156

2 Siehe hierzu Art. 33 KSÜ sowie *Schulz*, FamRZ 2011, 156; *Andrae*, § 9 Rn. 160; Grüneberg/*Thorn*, (IPR) Anh. EGBGB 24, Rn. 16; Verfahren bei grenzüberschreitender Unterbringung, 18 ff., zur Einrichtung einer Kafala und zur Übertragung auf in Deutschland lebende Personen; zur Rechtsprechung siehe EuGH FamRZ 2019, 832; BVerwG FamRZ 2011, 888

Artikel 4 KSÜ

Nicht eingeschlossene Maßnahmen

Dieses Übereinkommen ist nicht anzuwenden

a) auf die Feststellung und Anfechtung des Eltern-Kind-Verhältnisses;

b) auf Adoptionsentscheidungen und Maßnahmen zur Vorbereitung einer Adoption sowie auf die Ungültigerklärung und den Widerruf der Adoption;

c) auf Namen und Vornamen des Kindes;

d) auf die Volljährigerklärung;

e) auf Unterhaltspflichten;

f) auf Trusts und Erbschaften;

g) auf die soziale Sicherheit;

h) auf öffentliche Maßnahmen allgemeiner Art in Angelegenheiten der Erziehung und Gesundheit;

i) auf Maßnahmen infolge von Straftaten, die von Kindern begangen wurden;

j) auf Entscheidungen über Asylrecht und Einwanderung.

Art. 4 KSÜ grenzt den sachlichen Anwendungsbereich des KSÜ durch abschließende Aufzählung der nicht unter das Übereinkommen fallenden Maßnahmen negativ ab.[1] **1**

Zu beachten ist, dass hinsichtlich der Buchstaben i) und j) keine Einschränkung für den Erlass von Kinderschutzmaßnahmen besteht, für minderjährige Flüchtlinge ergibt sich dies aus Art. 6 Abs. 1 KSÜ. **2**

1 Vgl. *Lagarde*, Rn. 26 sowie Rn. 27 bis 36 zu den jeweils vom Anwendungsbereich ausgenommenen Rechtsgebieten sowie im Einzelnen BeckOGK/*Markwardt*, Art. 4 KSÜ Rn. 3 ff.

Kapitel II
Zuständigkeit

Artikel 5 KSÜ

Zuständigkeit bei Maßnahmen zum Schutz der Person oder des Vermögens des Kindes

(1) Die Behörden, seien es Gerichte oder Verwaltungsbehörden, des Vertragsstaats, in dem das Kind seinen gewöhnlichen Aufenthalt hat, sind zuständig, Maßnahmen zum Schutz der Person oder des Vermögens des Kindes zu treffen.

(2) Vorbehaltlich des Artikels 7 sind bei einem Wechsel des gewöhnlichen Aufenthalts des Kindes in einen anderen Vertragsstaat die Behörden des Staates des neuen gewöhnlichen Aufenthalts zuständig.

Übersicht

A. Normzweck und Anwendungsbereich

1 Art. 5 KSÜ konzentriert die internationale Zuständigkeit auf den Staat, in dem der Minderjährige seinen gewöhnlichen Aufenthalt hat.

2 Aufgrund des Vorrangs der Brüssel IIb-VO (siehe *Schweppe*, Art. 7 Brüssel IIb-VO Rn.) findet das KSÜ für die Bestimmung der internationalen Zuständigkeit nur Anwendung für Kinder mit gewöhnlichem Aufenthalt in einem Vertragsstaat des KSÜ im Verhältnis zu weiteren Vertragsstaaten des KSÜ, die nicht an die Brüssel-IIb-VO gebunden sind. Dies sind:

- Albanien
- Armenien
- Australien
- Barbados
- Belize
- Costa Rica
- Dänemark
- die Dominikanische Republik
- Ecuador
- El Salvador
- Fidschi
- Georgien
- Grönland
- Guyana
- Honduras

- Kapverden
- Kuba
- Lesotho
- Marokko
- Moldau (1.1.2026)
- Monaco
- Montenegro
- Nicaragua
- Norwegen
- Paraguay
- Russland
- Schweiz
- Serbien
- Türkei
- Ukraine
- Uruguay
- Vereinigtes Königreich
- z.T. ehemalige Niederländische Antillen

Für die Anwendung des Art. 5 KSÜ muss das Kind seinen gewöhnlichen Aufenthalt in einem Vertragsstaat des KSÜ haben. Fehlt es an einem gewöhnlichen Aufenthalt, so kommt eine Zuständigkeit auf Grundlage des KSÜ nach Maßgabe der folgenden Regelungen in Betracht: 3

- Art. 6 KSÜ für minderjährige Geflüchtete (hierzu *Schweppe*, Art. 6 KSÜ Rn. 11),
- Art. 10 KSÜ im Scheidungsverbund (siehe hierzu *Schweppe*, Art. 10 KSÜ Rn. 2),
- Art. 11 KSÜ in dringenden Fällen (siehe *Schweppe*, Art. 11 KSÜ Rn. 1 f.) oder
- Art. 12 KSÜ für vorläufige Maßnahmen (siehe *Schweppe*, Art. 12 KSÜ Rn. 2 f.).

B. Inhalt der Norm

I. Gewöhnlicher Aufenthalt

Maßgeblicher Anknüpfungspunkt für die internationale Zuständigkeit ist der gewöhnliche Aufenthalt des Kindes. 4

▶ *Zur Definition des gewöhnlichen Aufenthalts vgl. Schweppe, Art. 7 Brüssel IIb-VO Rn. 3 ff.*

II. Wechsel der Zuständigkeit

Aus Art. 5 Abs. 2 KSÜ folgt, dass mit Begründung eines gewöhnlichen Aufenthalts in einem anderen Vertragsstaat ein Wechsel der internationalen Zuständigkeit eintritt. Mit dem Wechsel des gewöhnlichen Aufenthalts entfällt damit auch im laufenden Verfahren die Be- 5 fugnis der Gerichte im Staat des früheren gewöhnlichen Aufenthalts, Schutzmaßnahmen zugunsten dieser Kinder zu treffen.[1]

6 Ausgenommen vom Wechsel der Zuständigkeit sind Fälle nach Art. 7 KSÜ, der besondere Zuständigkeitsregelungen bei widerrechtlichem Verbringen oder Zurückhalten von Kindern enthält (siehe *Schweppe,* Art. 7 KSÜ Rn. 2 f.).

III. Keine perpetuatio fori im Verhältnis zu Vertragsstaaten des KSÜ

7 Zu beachten ist, dass die internationale Zuständigkeit deutscher Gerichte bei gewöhnlichem Aufenthalt des Kindes im Inland grundsätzlich auf Art. 7 Brüssel IIb-VO beruht, jedoch im Verhältnis zu Vertragsstaaten des KSÜ, die nicht durch die Brüssel IIb-VO gebunden sind, die aus Art. 7 Abs. 1 Brüssel IIb-VO folgende *perpetuatio fori* (siehe *Schweppe,* Art. 7 Brüssel IIb-VO Rn. 12 ff.) nicht greift, da Art. 5 Abs. 2 KSÜ ausdrücklich eine anderweitige Regelung enthält und nach Art. 95 Brüssel IIb-VO die Verordnung nur im Verhältnis der EU-Mitgliedstaaten (mit Ausnahme Dänemarks) untereinander Vorrang vor völkerrechtlichen Verträgen hat.[2]

8 Hieraus folgt, dass bei einem Umzug eines alleinsorgeberechtigten Elternteils mit den gemeinsamen Kindern in einen Vertragsstaat des KSÜ während eines laufenden Sorgerechtsverfahrens ein neu begründeter gewöhnlicher Aufenthalt der Kinder beachtlich ist und zu einem Wechsel der internationalen Zuständigkeit führt.[3]

Artikel 6 KSÜ

Zuständigkeit über Flüchtlingskinder

(1) Über Flüchtlingskinder und Kinder, die infolge von Unruhen in ihrem Land in ein anderes Land gelangt sind, üben die Behörden des Vertragsstaats, in dessen Hoheitsgebiet sich die Kinder demzufolge befinden, die in Artikel 5 Absatz 1 vorgesehene Zuständigkeit aus.

(2) Absatz 1 ist auch auf Kinder anzuwenden, deren gewöhnlicher Aufenthalt nicht festgestellt werden kann.

1 Art. 6 Abs. 1 KSÜ regelt die Zuständigkeit für minderjährige Geflüchtete und gilt auch für in einen Mitgliedstaat der EU Geflüchtete oder Vertriebene, soweit diese nicht vorher ihren gewöhnlichen Aufenthalt in einem EU-Mitgliedstaat erworben hatten.[1] Aus der Verweisung auf Art. 5 Abs. 1 KSÜ folgt, dass es sich bei der Zuständigkeit nach Art. 6 Abs. 1 KSÜ nicht um eine auf Eilmaßnahmen begrenzte, sondern um eine umfassende Zuständigkeit handelt.

2 Art. 6 Abs. 2 KSÜ enthält eine subsidiäre Zuständigkeit, die entfällt, wenn bekannt ist, wo das Kind seinen gewöhnlichen Aufenthalt hat.[2]

---

1 KG FamRZ 2023, 1496 (Vereinigtes Königreich); EuGH FamRZ 2022, 1476; *Lagarde,* Rn. 41
2 Hierzu KG FamRZ 2023, 1496 (Vereinigtes Königreich); OLG Stuttgart FamRZ 2020, 1120 (Marokko); OLG Frankfurt FamRZ 2020, 1119 (Schweiz); KG FamRZ 2015, 1214 (Russland); OLG Karlsruhe ZKJ 2014, 335 (Schweiz)
3 KG FamRZ 2023, 1496 (Vereinigtes Königreich); OLG Karlsruhe ZKJ 2014, 335 (Schweiz)
1 Zum begrenzten Anwendungsbereich von Art. 11 Brüssel IIb-VO siehe Erwägungsgrund 25 sowie *Niethammer-Jürgens/Erb-Klünemann,* S. 177.
2 *Lagarde,* Rn. 44 f.

Artikel 7 KSÜ

Zuständigkeit bei widerrechtlichem Verbringen oder Zurückhalten des Kindes

(1) Bei widerrechtlichem Verbringen oder Zurückhalten des Kindes bleiben die Behörden des Vertragsstaats, in dem das Kind unmittelbar vor dem Verbringen oder Zurückhalten seinen gewöhnlichen Aufenthalt hatte, so lange zuständig, bis das Kind einen gewöhnlichen Aufenthalt in einem anderen Staat erlangt hat und

a) jede sorgeberechtigte Person, Behörde oder sonstige Stelle das Verbringen oder Zurückhalten genehmigt hat, oder

b) das Kind sich in diesem anderen Staat mindestens ein Jahr aufgehalten hat, nachdem die sorgeberechtigte Person, Behörde oder sonstige Stelle seinen Aufenthaltsort kannte oder hätte kennen müssen, kein während dieses Zeitraums gestellter Antrag auf Rückgabe mehr anhängig ist und das Kind sich in seinem neuen Umfeld eingelebt hat.

(2) [1]Das Verbringen oder Zurückhalten eines Kindes gilt als widerrechtlich, wenn

a) dadurch das Sorgerecht verletzt wird, das einer Person, Behörde oder sonstigen Stelle allein oder gemeinsam nach dem Recht des Staates zusteht, in dem das Kind unmittelbar vor dem Verbringen oder Zurückhalten seinen gewöhnlichen Aufenthalt hatte, und

b) dieses Recht im Zeitpunkt des Verbringens oder Zurückhaltens allein oder gemeinsam tatsächlich ausgeübt wurde oder ausgeübt worden wäre, falls das Verbringen oder Zurückhalten nicht stattgefunden hätte.

[2]Das unter Buchstabe a genannte Sorgerecht kann insbesondere kraft Gesetzes, aufgrund einer gerichtlichen oder behördlichen Entscheidung oder aufgrund einer nach dem Recht des betreffenden Staates wirksamen Vereinbarung bestehen.

(3) Solange die in Absatz 1 genannten Behörden zuständig bleiben, können die Behörden des Vertragsstaats, in den das Kind verbracht oder in dem es zurückgehalten wurde, nur die nach Artikel 11 zum Schutz der Person oder des Vermögens des Kindes erforderlichen dringenden Maßnahmen treffen.

Übersicht

Art. 7 KSÜ regelt die Frage, wann im Falle des widerrechtlichen Verbringens oder Zurückhaltens eines Kindes ein neuer gewöhnlicher Aufenthalt beachtlich ist und knüpft an die im HKÜ (siehe *Schweppe*, Art. 16 HKÜ Rn. 1 f.) geregelten Grundsätze und Fristen an. **1**

Im Anwendungsbereich der Brüssel IIb-VO greift vorrangig Art. 9 Brüssel IIb-VO, soweit ein Kind von einem EU-Mitgliedstaat in einen anderen EU-Mitgliedstaat verbracht wird. Dies gilt auch beim Wechsel von einem EU-Mitgliedstaat in einen Nichtmitgliedstaat (KSÜ-Vertragsstaat oder Nichtvertragsstaat), solange kein Wechsel des gewöhnlichen Aufenthalts stattgefunden hat.[1]

1 BeckOGK/*Markwardt*, Art. 7 KSÜ Rn. 4

A. Fortdauer der Zuständigkeit

2 In Fällen widerrechtlichen Verbringens bzw. Zurückhaltens aus einem Vertragsstaat endet die Zuständigkeit der Gerichte des Herkunftsstaats für Regelungen betreffend die elterliche Verantwortung nach Art. 7 Abs. 1 KSÜ erst, wenn

- das Kind einen neuen gewöhnlichen Aufenthalt in einem anderen Staat (Vertragsstaat oder Drittstaat) erlangt hat und
- entweder eine Zustimmung bzw. nachträgliche Genehmigung aller Sorgeberechtigten zum Verbringen/Zurückhalten vorliegt **oder** das Kind sich im Zufluchtsstaat mindestens ein Jahr aufgehalten hat, nachdem der Sorgeberechtigte diesen Aufenthaltsort kannte oder hätte kennen müssen, kein während dieses Zeitraums gestellter Rückführungsantrag mehr anhängig ist und das Kind sich in seinem neuen Umfeld eingelebt hat

Zu beachten ist, dass die Jahresfrist des Art. 7 Abs. 1 KSÜ erst mit der Kenntnis bzw. dem Kennenmüssen des Sorgeberechtigten zu laufen beginnt (ähnlich auch Art. 9 lit. b) Brüssel IIb-VO), während die Jahresfrist des Art. 12 Abs. 1 HKÜ auf die Tatsache des Verbringens bzw. Zurückhaltens abstellt.

B. Widerrechtlichkeit

3 In Art. 7 Abs. 2 KSÜ wird die Widerrechtlichkeit des Verbringens oder Zurückhaltens definiert, wobei der Wortlaut des Art. 3 HKÜ übernommen wurde und insofern auf die dortigen Ausführungen zu verweisen ist (siehe *Schweppe*, Art. 3 HKÜ Rn. 1 ff.). Ein Umzug mit dem Kind ist nicht widerrechtlich i.S.d. Art. 7 KSÜ, wenn dem Elternteil das Aufenthaltsbestimmungsrecht – sei es auch nur vorläufig – im Zeitpunkt des Umzugs ohne Einschränkung allein zusteht.[2]

C. Eilzuständigkeit

4 Art. 7 Abs. 3 KSÜ räumt den Behörden des neuen Aufenthaltsstaats im Interesse des Kinderschutzes eine Handlungsmöglichkeit für dringende Fälle ein.

Artikel 8 KSÜ

Ausnahmen

(1) Ausnahmsweise kann die nach Artikel 5 oder 6 zuständige Behörde eines Vertragsstaats, wenn sie der Auffassung ist, dass die Behörde eines anderen Vertragsstaats besser in der Lage wäre, das Wohl des Kindes im Einzelfall zu beurteilen,

- **entweder diese Behörde unmittelbar oder mit Unterstützung der Zentralen Behörde dieses Staates ersuchen, die Zuständigkeit zu übernehmen, um die Schutzmaßnahmen zu treffen, die sie für erforderlich hält,**
- **oder das Verfahren aussetzen und die Parteien einladen, bei der Behörde dieses anderen Staates einen solchen Antrag zu stellen.**

(2) Die Vertragsstaaten, deren Behörden nach Absatz 1 ersucht werden können, sind

a) ein Staat, dem das Kind angehört,

b) ein Staat, in dem sich Vermögen des Kindes befindet,

2 Vgl. OLG Stuttgart FamRZ 2020, 1120; siehe auch OLG Karlsruhe FamRZ 2018, 920

c) ein Staat, bei dessen Behörden ein Antrag der Eltern des Kindes auf Scheidung, Trennung, Aufhebung oder Nichtigerklärung der Ehe anhängig ist,

d) ein Staat, zu dem das Kind eine enge Verbindung hat.

(3) Die betreffenden Behörden können einen Meinungsaustausch aufnehmen.

(4) Die nach Absatz 1 ersuchte Behörde kann die Zuständigkeit anstelle der nach Artikel 5 oder 6 zuständigen Behörde übernehmen, wenn sie der Auffassung ist, dass dies dem Wohl des Kindes dient.

Übersicht

A. Allgemeines

Art. 8 KSÜ ermöglicht unter bestimmten Voraussetzungen die **Abgabe von Verfahren an Gerichte anderer Vertragsstaaten des KSÜ**, wobei Entscheidungsmaßstab hierfür das Kindeswohl ist. 1

B. Inhalt der Norm

I. Abgabe der Zuständigkeit

Hierzu kann nach Art. 8 Abs. 1 KSÜ ein aufgrund allgemeiner Grundsätze (gewöhnlicher Aufenthalt des Kindes in diesem Staat) zuständiges Gericht das Gericht eines anderen Staates um Übernahme des Verfahrens ersuchen oder das Verfahren aussetzen und die Beteiligten einladen, einen solchen Antrag selbst bei dem anderen Gericht zu stellen. Voraussetzung hierfür ist, dass das ersuchende Gericht davon ausgeht, die Behörde eines anderen Vertragsstaats sei besser in der Lage, das Wohl des Kindes im Einzelfall zu beurteilen (sog. *forum conveniens*). Dabei handelt es sich nicht um eine Abgabe des Verfahrens im eigentlichen Sinn, sondern um eine Abgabe der Zuständigkeit,[1] so dass ein vollständig neues Verfahren einzuleiten ist. 2

Das entsprechende Verfahren vor deutschen Gerichten ist in § 13a IntFamRVG geregelt, der auch die Anfechtungsmöglichkeiten abschließend bestimmt (siehe hierzu *Schweppe*, § 13a IntFamRVG Rn. 5 ff.). 3

II. Voraussetzungen

Im Verhältnis der EU-Mitgliedstaaten zueinander gelangt Art. 8 KSÜ nicht zur Anwendung, hier greift Art. 12 Brüssel IIb-VO (siehe *Schweppe*, Art. 12 Brüssel IIb-VO). 4

Voraussetzung für ein Übernahmeersuchen ist nach Art. 8 Abs. 2 KSÜ eine besondere Verbindung des Kindes zu dem ersuchten Staat (Heimatstaat oder früherer Aufenthaltsstaat).

Im Rahmen von lit. c kann das Abgabeersuchen mit dem Ziel erfolgen, eine Verbundzuständigkeit im Scheidungsverfahren zu schaffen, auch wenn die Voraussetzungen des Art. 10 KSÜ (siehe *Schweppe*, Art. 10 KSÜ) nicht vorliegen.

1 *Schulz*, FamRZ 2011, 156, 158

III. Austausch von Informationen

5 Art. 8 Abs. 3 KSÜ soll den beteiligten Institutionen im ersuchten und ersuchenden Staat durch Austausch von Informationen über den konkreten Fall die Entscheidung ermöglichen, ob die Abgabe bzw. Übernahme des Verfahrens dem Wohl des Kindes dient. Der Austausch erfolgt über die Zentralen Behörden (hierzu Art. 29 ff. KSÜ). Möglich ist auch die Einschaltung der Verbindungsrichter im Haager Verbindungsrichternetzwerk (siehe *Schweppe*, Vorbemerkungen Rn. 35).

IV. Ermessen

6 Aus Art. 8 Abs. 4 KSÜ folgt, dass die Prüfung der Übernahme im Ermessen der Gerichte des ersuchten Staates steht. Maßgeblich ist die Überzeugung, dass die Übernahme dem Wohl des Kindes dient.

Artikel 9 KSÜ

Gestattung der Zuständigkeitsausübung durch einen anderen Vertragsstaat

(1) Sind die in Artikel 8 Absatz 2 genannten Behörden eines Vertragsstaats der Auffassung, dass sie besser in der Lage sind, das Wohl des Kindes im Einzelfall zu beurteilen, so können sie

- **entweder die zuständige Behörde des Vertragsstaats des gewöhnlichen Aufenthalts des Kindes unmittelbar oder mit Unterstützung der Zentralen Behörde dieses Staates ersuchen, ihnen zu gestatten, die Zuständigkeit auszuüben, um die von ihnen für erforderlich gehaltenen Schutzmaßnahmen zu treffen,**
- **oder die Parteien einladen, bei der Behörde des Vertragsstaats des gewöhnlichen Aufenthalts des Kindes einen solchen Antrag zu stellen.**

(2) Die betreffenden Behörden können einen Meinungsaustausch aufnehmen.

(3) Die Behörde, von welcher der Antrag ausgeht, darf die Zuständigkeit anstelle der Behörde des Vertragsstaats des gewöhnlichen Aufenthalts des Kindes nur ausüben, wenn diese den Antrag angenommen hat.

1 Während Art. 8 KSÜ die Abgabe von Verfahren betrifft, behandelt Art. 9 KSÜ (wie die entsprechende Regelung in Art. 13 Brüssel IIb-VO) das Ersuchen eines nicht zuständigen Gerichts an das an sich zuständige Gericht mit der Bitte um Übernahme des Verfahrens. Das Verfahren ist ebenfalls in § 13a IntFamRVG geregelt (siehe hierzu *Schweppe*, § 13a IntFamRVG Rn. 9, 14).

2 Art. 9 Abs. 3 KSÜ stellt klar, dass ein die Übernahme anfragendes Gericht nicht von sich aus die Zuständigkeit an sich ziehen darf. Lehnt das an sich zuständige Gericht die Gestattung der Zuständigkeit ab, bleibt dem anfragenden Gericht nur die Zuständigkeit nach Maßgabe von Art. 11 und 12 KSÜ für dringende bzw. vorläufige Maßnahmen.

Artikel 10 KSÜ

Entscheidung über einen Antrag auf Scheidung, Trennung, Aufhebung oder Nichtigerklärung der Ehe der Eltern eines Kindes

(1) Unbeschadet der Artikel 5 bis 9 können die Behörden eines Vertragsstaats in Ausübung ihrer Zuständigkeit für die Entscheidung über einen Antrag auf Scheidung, Trennung, Aufhebung oder Nichtigerklärung der Ehe der Eltern eines Kindes, das seinen gewöhnlichen Auf-

enthalt in einem anderen Vertragsstaat hat, sofern das Recht ihres Staates dies zulässt, Maßnahmen zum Schutz der Person oder des Vermögens des Kindes treffen, wenn

a) einer der Eltern zu Beginn des Verfahrens seinen gewöhnlichen Aufenthalt in diesem Staat und ein Elternteil die elterliche Verantwortung für das Kind hat und

b) die Eltern und jede andere Person, welche die elterliche Verantwortung für das Kind hat, die Zuständigkeit dieser Behörden für das Ergreifen solcher Maßnahmen anerkannt haben und diese Zuständigkeit dem Wohl des Kindes entspricht.

(2) Die in Absatz 1 vorgesehene Zuständigkeit für das Ergreifen von Maßnahmen zum Schutz des Kindes endet, sobald die stattgebende oder abweisende Entscheidung über den Antrag auf Scheidung, Trennung, Aufhebung oder Nichtigerklärung der Ehe endgültig geworden ist oder das Verfahren aus einem anderen Grund beendet wurde.

Art. 10 KSÜ enthält eine konkurrierende (da „unbeschadet der Artikel 5 bis 9" bestehende) internationale Zuständigkeit des Gerichts der Ehesache für die Regelung des Sorge- und Umgangsrechts im **Scheidungsverbundverfahren**. Dabei ist die Annexzuständigkeit des Art. 10 KSÜ auf Regelungen im Scheidungsverbund beschränkt und unterliegt engeren Anforderungen als die Gerichtsstandsvereinbarung nach Art. 10 Brüssel IIb-VO (siehe *Schweppe,* Art. 10 Brüssel IIb-VO Rn. 2 ff.). **1**

Art. 10 Abs. 1 KSÜ formuliert die **Voraussetzungen**, unter denen eine Entscheidung im Scheidungsverbund in Betracht kommt: **2**

- Das Kind hat seinen gewöhnlichen Aufenthalt nicht in dem Vertragsstaat, in dem das Scheidungsverfahren der Eltern anhängig ist (sonst greift Art. 5 KSÜ).
- Mindestens ein Elternteil hat seinen gewöhnlichen Aufenthalt in dem Vertragsstaat, in welchem das Scheidungsverfahren anhängig ist.
- Mindestens ein Elternteil ist sorgeberechtigt.
- Beide Eltern bzw. sämtliche Sorgeberechtigten haben die Zuständigkeit für die Regelung im Scheidungsverbundverfahren anerkannt und
- diese Zuständigkeit entspricht dem Wohl des Kindes.

Dabei muss der Sorgeantrag als Verbundantrag entweder gleichzeitig mit dem Antrag in der Ehesache oder während des bereits anhängigen Eheverfahrens gestellt werden.[1]

Gerichte eines EU-Mitgliedstaats gelangen nur dann zur Anwendung des Art. 10 KSÜ, wenn das Kind seinen gewöhnlichen Aufenthalt nicht in einem EU-Mitgliedstaat (sonst Art. 10 Brüssel IIb-VO, hierzu *Schweppe,* Kommentierung von Art. 10 Brüssel IIb-VO), sondern in einem KSÜ-Vertragsstaat hat.[2]

Die Zuständigkeit nach Art. 10 Abs 1 KSÜ endet nach Abs. 2 mit dem rechtskräftigen Abschluss bzw. durch anderweitige Beendigung des Scheidungsverfahrens.[3] **3**

Artikel 11 KSÜ
Zuständigkeit in dringenden Fällen

(1) In allen dringenden Fällen sind die Behörden jedes Vertragsstaats, in dessen Hoheitsgebiet sich das Kind oder ihm gehörendes Vermögen befindet, zuständig, die erforderlichen Schutzmaßnahmen zu treffen.

1 KG FamRZ 2015, 1214
2 *Schulz,* FamRZ 2018, 797, 801
3 KG FamRZ 2015, 1214; BeckOGK/*Markwardt,* Art. 10 KSÜ Rn. 17

(2) Maßnahmen nach Absatz 1, die in Bezug auf ein Kind mit gewöhnlichem Aufenthalt in einem Vertragsstaat getroffen wurden, treten außer Kraft, sobald die nach den Artikeln 5 bis 10 zuständigen Behörden die durch die Umstände gebotenen Maßnahmen getroffen haben.

(3) Maßnahmen nach Absatz 1, die in Bezug auf ein Kind mit gewöhnlichem Aufenthalt in einem Nichtvertragsstaat getroffen wurden, treten in jedem Vertragsstaat außer Kraft, sobald dort die durch die Umstände gebotenen und von den Behörden eines anderen Staates getroffenen Maßnahmen anerkannt werden.

Übersicht

A. Notzuständigkeit

1 Art. 11 KSÜ enthält eine mit der Zuständigkeit des Staates des gewöhnlichen Aufenthalts konkurrierende Notzuständigkeit, die auch Maßnahmen für Kinder mit gewöhnlichem Aufenthalt in einem Nichtvertragsstaat umfasst.

2 Art. 11 Abs. 1 KSÜ enthält eine eng auszulegende Ausnahmezuständigkeit, die folgenden Voraussetzungen unterliegt:

- Das Kind hält sich tatsächlich in dem Erlassstaat auf.[1]
- Es liegt ein „dringender Fall" vor.

3 Letzteres ist zu bejahen, wenn bei Einhaltung der allgemeinen Zuständigkeitsvorschriften nach Art. 5 bis 10 KSÜ möglicherweise ein nicht wiedergutzumachender Schaden zulasten des Kindes entstünde, etwa ein dringender chirurgischer Eingriff erforderlich ist.[2]

B. Weitergeltung von Maßnahmen (Abs. 2 und 3)

4 Art. 11 Abs. 2 KSÜ betrifft die Geltung von aufgrund der Notzuständigkeit getroffenen Maßnahmen **im Verhältnis zu weiteren Vertragsstaaten des KSÜ** und stellt klar, dass diese Maßnahmen außer Kraft treten, sobald die nach allgemeinen Grundsätzen zuständigen Behörden ihrerseits die erforderlichen Maßnahmen getroffen haben.

5 Nach Art. 11 Abs. 3 KSÜ gelten die im Rahmen der Notzuständigkeit getroffenen Maßnahmen **im Verhältnis zu Nichtvertragsstaaten** zunächst weiter und treten erst außer Kraft, wenn die im Staat des gewöhnlichen Aufenthalts – also dem Nichtvertragsstaat – nach allgemeinen Grundsätzen getroffenen Maßnahmen in einem weiteren Staat **anerkannt** wurden.

6 Der unterschiedliche Regelungsgehalt von Art. 11 Abs. 2 und Abs. 3 KSÜ ist dadurch begründet, dass zwischen den Vertragsstaaten eine Verpflichtung zur wechselseitigen Anerkennung von Zuständigkeiten und Entscheidungen besteht, im Verhältnis zu Drittstaaten dagegen jeder Staat auf Grundlage eigener Rechtsgrundsätze über diese Fragen entscheidet.

1 OLG Karlsruhe FamRZ 2014, 1565, 1566
2 *Lagarde*, Rn. 68 f.

Artikel 12 KSÜ

Vorläufige Maßnahmen zum Schutz der Person oder des Vermögens des Kindes

(1) Vorbehaltlich des Artikels 7 sind die Behörden eines Vertragsstaats, in dessen Hoheitsgebiet sich das Kind oder ihm gehörendes Vermögen befindet, zuständig, vorläufige und auf das Hoheitsgebiet dieses Staates beschränkte Maßnahmen zum Schutz der Person oder des Vermögens des Kindes zu treffen, soweit solche Maßnahmen nicht mit den Maßnahmen unvereinbar sind, welche die nach den Artikeln 5 bis 10 zuständigen Behörden bereits getroffen haben.

(2) Maßnahmen nach Absatz 1, die in Bezug auf ein Kind mit gewöhnlichem Aufenthalt in einem Vertragsstaat getroffen wurden, treten außer Kraft, sobald die nach den Artikeln 5 bis 10 zuständigen Behörden eine Entscheidung über die Schutzmaßnahmen getroffen haben, die durch die Umstände geboten sein könnten.

(3) Maßnahmen nach Absatz 1, die in Bezug auf ein Kind mit gewöhnlichem Aufenthalt in einem Nichtvertragsstaat getroffen wurden, treten in dem Vertragsstaat außer Kraft, in dem sie getroffen worden sind, sobald dort die durch die Umstände gebotenen und von den Behörden eines anderen Staates getroffenen Maßnahmen anerkannt werden.

Übersicht Rn. Rn.

A. Vorläufige Maßnahmen

In Abgrenzung zur Notzuständigkeit des Art. 11 KSÜ enthält Art. 12 KSÜ eine Zuständigkeit für den Erlass vorläufiger, territorial auf das Hoheitsgebiet des Staates, in dem sie erlassen werden, beschränkte Maßnahmen, um insbesondere Schutzmaßnahmen für Kinder zu ermöglichen, die sich nur vorübergehend in einem Staat aufhalten.[1] 1

Regelungen nach Art. 12 Abs. 1 KSÜ unterliegen folgenden **Voraussetzungen**: 2

- Das Kind ist im Maßnahmestaat körperlich anwesend oder die Frage trifft im Maßnahmestaat belegenes Vermögen des Kindes.
- Es muss sich um eine vorläufige Maßnahme handeln.
- Die Maßnahme darf nicht unvereinbar sein mit bereits bestehenden Maßnahmen, die durch die nach allgemeinen Grundsätzen zuständigen Stellen erlassen wurden; ausgenommen sind Abänderungen infolge geänderter Sachlage.[2]
- Die Ausübung der Zuständigkeit nach Art. 12 ist ausgeschlossen durch die Gerichte des Zufluchtsstaats in den Fällen des widerrechtlichen Verbringens oder Zurückhaltens im Sinne des Art. 7 KSÜ.

Die Wirkung der vorläufigen Maßnahme ist auf das Hoheitsgebiet des Maßnahmestaats beschränkt.

1 *Lagarde*, Rn. 74
2 MüKo-FamFG/*Wiedemann*, Art. 12 KSÜ Rn. 4

B. Weitergeltung der Maßnahmen

3 Art. 12 Abs. 2 KSÜ regelt die Frage der **Weitergeltung** der im Rahmen des Art. 12 Abs. 1 KSÜ erlassenen Maßnahmen **im Verhältnis zu weiteren Vertragsstaaten des KSÜ**. Die Norm entspricht inhaltlich im Wesentlichen Art. 11 Abs. 2 KSÜ, wobei die abweichende Formulierung „Schutzmaßnahmen, … die durch die Umstände geboten sein könnten" deutlich macht, dass die Wirkung der vorläufigen Maßnahme auch dann endet, wenn die nach allgemeinen Grundsätzen zuständigen Stellen keine Maßnahmen für erforderlich erachten.

4 Nach Art. 12 Abs. 3 KSÜ gelten die im Rahmen des Art. 12 Abs. 1 KSÜ erlassenen Maßnahmen **im Verhältnis zu Drittstaaten** weiter. Die Norm entspricht inhaltlich im Wesentlichen Art. 11 Abs. 3 KSÜ, wobei die abweichende Formulierung „treten in dem Vertragsstaat außer Kraft, in dem sie getroffen wurden" darauf beruht, dass vorläufige Maßnahmen ohnehin in ihrer Wirkung auf das Hoheitsgebiet des Erlassstaats beschränkt sind.

Artikel 13 KSÜ

Ausschluss der Zuständigkeitsausübung

(1) Die Behörden eines Vertragsstaats, die nach den Artikeln 5 bis 10 zuständig sind, Maßnahmen zum Schutz der Person oder des Vermögens des Kindes zu treffen, dürfen diese Zuständigkeit nicht ausüben, wenn bei Einleitung des Verfahrens entsprechende Maßnahmen bei den Behörden eines anderen Vertragsstaats beantragt worden sind, die in jenem Zeitpunkt nach den Artikeln 5 bis 10 zuständig waren, und diese Maßnahmen noch geprüft werden.

(2) Absatz 1 ist nicht anzuwenden, wenn die Behörden, bei denen Maßnahmen zuerst beantragt wurden, auf ihre Zuständigkeit verzichtet haben.

Übersicht Rn. Rn.

A. Normzweck und Anwendungsbereich

1 Art. 13 KSÜ behandelt Fälle **doppelter Rechtshängigkeit** (*litispendenz*) bzw. Anhängigkeit von Verfahren in mehreren Vertragsstaaten. Dabei greift die Regelung nur im Verhältnis zu Vertragsstaaten des KSÜ, die nicht an die Brüssel IIb-VO gebunden sind. Zuständigkeitskonflikte können insbesondere bei Aufenthaltswechseln entstehen, wenn der bisherige Aufenthaltsstaat noch vom dortigen gewöhnlichen Aufenthalt des Kindes ausgeht, aber auch die Gerichte im neuen Aufenthaltsstaat die Begründung eines gewöhnlichen Aufenthalts bejahen.

2 Zur Abgrenzung zum Abgabe-/Übernahmemechanismus der Art. 8 und 9 KSÜ ist darauf hinzuweisen, dass Art. 13 KSÜ immer Fälle betrifft, in denen die internationale Zuständigkeit beider Staaten eröffnet wäre, bei Art. 8 und 9 KSÜ ist dies nicht Voraussetzung für die Abgabe.

B. Inhalt der Norm

Nach Art. 13 Abs. 1 KSÜ gilt der **Prioritätsgrundsatz**, so dass der Zuständigkeit des zuerst angerufenen Gerichts Vorrang eingeräumt wird. Das zuletzt angerufene Gericht darf seine Zuständigkeit nicht ausüben. 3

Das zuerst angerufene Gericht kann nach Art. 13 Abs. 2 KSÜ auf seine **Zuständigkeit verzichten**, wobei Maßstab hierfür ist, welche Behörde besser in der Lage ist, das Wohl des Kindes im Einzelfall zu beurteilen.[1] Hierzu kann eine Verständigung der befassten Behörden hilfreich sein, um einander widersprechende Entscheidungen zu vermeiden. 4

Artikel 14 KSÜ

Weitergeltung der Maßnahmen bei Änderung der Umstände

Selbst wenn durch eine Änderung der Umstände die Grundlage der Zuständigkeit wegfällt, bleiben die nach den Artikeln 5 bis 10 getroffenen Maßnahmen innerhalb ihrer Reichweite so lange in Kraft, bis die nach diesem Übereinkommen zuständigen Behörden sie ändern, ersetzen oder aufheben.

Art. 14 KSÜ bestimmt, dass nach Verlegung des gewöhnlichen Aufenthalts des Minderjährigen die im Staat des bisherigen gewöhnlichen Aufenthalts getroffenen Maßnahmen so lange in Kraft bleiben, bis die nunmehr zuständigen Stellen sie ändern, ersetzen oder aufheben. 1

Zu beachten ist, dass sich nach Art. 15 Abs. 3 KSÜ die Durchführung solcher Maßnahmen nach dem Recht des Staates des neuen gewöhnlichen Aufenthalts richtet. 2

Art. 14 KSÜ greift nicht für Eilmaßnahmen oder einstweilige Anordnungen, da Art. 11 und 12 KSÜ hierzu besondere Regelungen enthalten.[1]

1 *Lagarde*, Rn. 80; NK/*Benicke*, KSÜ Art. 13 Rn. 5

1 MüKo-FamFG/*Wiedemann*, Art. 14 Rn. 1

Kapitel III
Anzuwendendes Recht

Artikel 15 KSÜ

Recht des Vertragsstaats

(1) Bei der Ausübung ihrer Zuständigkeit nach Kapitel II wenden die Behörden der Vertragsstaaten ihr eigenes Recht an.

(2) Soweit es der Schutz der Person oder des Vermögens des Kindes erfordert, können sie jedoch ausnahmsweise das Recht eines anderen Staates anwenden oder berücksichtigen, zu dem der Sachverhalt eine enge Verbindung hat.

(3) Wechselt der gewöhnliche Aufenthalt des Kindes in einen anderen Vertragsstaat, so bestimmt das Recht dieses anderen Staates vom Zeitpunkt des Wechsels an die Bedingungen, unter denen die im Staat des früheren gewöhnlichen Aufenthalts getroffenen Maßnahmen angewendet werden.

Übersicht

A. Normzweck und Anwendungsbereich

1 Art. 15 Abs. 1 KSÜ regelt i.V.m. Art. 21 Abs. 1 KSÜ den Gleichlauf von internationaler Zuständigkeit und anzuwendendem Recht, so dass die Behörden der Vertragsstaaten grundsätzlich ihr eigenes Recht (*lex fori*) anwenden – unabhängig von der Staatsangehörigkeit des betroffenen Kindes (*loi uniforme*) und damit das Recht, mit dem die dortigen Gerichte und Behörden am besten vertraut sind.

2 Nach dem Wortlaut des Art. 15 Abs. 1 KSÜ findet dieser nur Anwendung, wenn die Zuständigkeit auf Art. 5 KSÜ beruht.

3 Um dem in Art. 3 Abs. 2 EGBGB statuierten Vorrang staatsvertraglicher Regelungen zu entsprechen, bestimmt sich nach herrschender Meinung das anzuwendende Recht auch dann nach Art. 15 KSÜ, wenn die internationale Zuständigkeit aus der Brüssel IIb-VO folgt, aber auch nach Art. 5 KSÜ gegeben wäre.[1] Damit ist jedenfalls bei gewöhnlichem Aufenthalt des Kindes in einem Mitgliedstaat der EU das anzuwendende Recht nach Art. 15 ff. KSÜ zu bestimmen (zum verbleibenden Anwendungsbereich des Art. 21 EGBGB vgl. *Schweppe*, Art. 21 EGBGB Rn. 4 ff.).

B. Inhalt der Norm

4 Art. 15 **Abs. 1** KSÜ regelt den Grundsatz, dass die nach den allgemeinen Grundsätzen zuständigen Stellen ihr **eigenes Recht** (*lex fori*) anwenden[2]

5 Art. 15 **Abs. 2** KSÜ enthält eine **Ausweichklausel**, so dass ausnahmsweise das Recht eines anderen Staates angewendet oder berücksichtigt werden kann, wenn der Schutz des Kin-

1 BGH FamRZ 2018, 457 Rn. 20; FamRZ 2011, 796; OLG Karlsruhe FamRZ 2018, 920; OLG Köln FamRZ 2017, 1514; *Schulz*, FamRZ 2018, 797, 803; Grüneberg/*Thorn*, (IPR) Anh. zu EGBGB Art. 24 Rn. 21; *Winter*, Rn. 538; Staudinger/*Henrich*, Art. 21 EGBGB Rn. 112

2 Dies gilt auch im Verhältnis zu Drittstaaten, vgl. OLG Hamm FamRZ 2024, 1109; OLG Karlsruhe FamRZ 2018, 920

des (oder dessen Vermögens) dies erfordert und der Sachverhalt eine enge Verbindung zu diesem anderen Staat hat. Ein Anwendungsfall ist die Wahrung bestimmter Formvorschriften in Bezug auf im Ausland belegenes Vermögen des Kindes.[3] Denkbar wäre auch eine Anwendung des Heimatrechts, wenn die Rückkehr des Kindes in den Heimatstaat absehbar ist.[4] Dabei kommt auch die Anwendung des Rechts eines Nichtvertragsstaats in Betracht.

Art. 15 **Abs. 3** KSÜ bestimmt, dass mit dem **Wechsel des gewöhnlichen Aufenthalts** auf die Durchführung bzw. die Umsetzung von bereits im früheren Aufenthaltsstaat getroffenen Maßnahmen das innerstaatliche Recht des neuen Aufenthaltsstaats anzuwenden ist. 6

Artikel 16 KSÜ

Zuweisung oder Erlöschen der elterlichen Verantwortung

(1) Die Zuweisung oder das Erlöschen der elterlichen Verantwortung kraft Gesetzes ohne Einschreiten eines Gerichts oder einer Verwaltungsbehörde bestimmt sich nach dem Recht des Staates des gewöhnlichen Aufenthalts des Kindes.

(2) Die Zuweisung oder das Erlöschen der elterlichen Verantwortung durch eine Vereinbarung oder ein einseitiges Rechtsgeschäft ohne Einschreiten eines Gerichts oder einer Verwaltungsbehörde bestimmt sich nach dem Recht des Staates des gewöhnlichen Aufenthalts des Kindes in dem Zeitpunkt, in dem die Vereinbarung oder das einseitige Rechtsgeschäft wirksam wird.

(3) Die elterliche Verantwortung nach dem Recht des Staates des gewöhnlichen Aufenthalts des Kindes besteht nach dem Wechsel dieses gewöhnlichen Aufenthalts in einen anderen Staat fort.

(4) Wechselt der gewöhnliche Aufenthalt des Kindes, so bestimmt sich die Zuweisung der elterlichen Verantwortung kraft Gesetzes an eine Person, die diese Verantwortung nicht bereits hat, nach dem Recht des Staates des neuen gewöhnlichen Aufenthalts.

Übersicht

A. Normzweck und Anwendungsbereich

Wem die elterliche Verantwortung für ein Kind kraft Gesetzes oder durch Vereinbarung der Eltern zugewiesen ist, bestimmt sich nach Art. 16 KSÜ, der ebenfalls an das Recht des gewöhnlichen Aufenthalts anknüpft (anders Art. 3 MSA, wonach das Heimatrecht maßgeblich war). 1

3 Hierzu OLG Köln, FamRZ 2022, 550, zur vormundschaftsgerichtlichen Genehmigung für die Schadensersatzklage eines Minderjährigen in Österreich; OLG Hamm NJW-RR 2020, 837, sowie OLG Koblenz FamRZ 2019, 367, jeweils zur Genehmigung der Ausschlagung einer Erbschaft nach polnischem Recht; vgl. auch Oberloskamp/Dürbeck/*Schweppe*, § 5 Rn. 207 f.

4 *Lagarde*, Rn. 89

2 Art. 16 Abs. 3 und 4 KSÜ regeln den Fortbestand eines erworbenen Sorgerechts und den Neuerwerb eines Sorgerecht bei Wechsel des gewöhnlichen Aufenthalts.

3 Dabei gilt, dass das Sorgerechtsstatut durch Anknüpfung an den gewöhnlichen Aufenthalt wandelbar ist, ein einmal erworbenes Sorgerecht aber geschützt wird.
Art. 16 Abs. 1 KSÜ betrifft zunächst nur kraft Gesetzes (*ex lege*) „ohne Einschreiten eines Gerichts oder einer Verwaltungsbehörde" bestehende Sorgeverhältnisse. Art. 16 Abs. 2 KSÜ erweitert den Anwendungsbereich auf die durch Vereinbarung oder einseitiges Rechtsgeschäft begründete elterliche Sorge.

B. Inhalt der Norm

I. Elterliche Sorge kraft Gesetzes

4 Art. 16 Abs. 1 KSÜ regelt den Grundsatz, dass von Gesetzes wegen erlangte Sorgerechtspositionen sich nach dem Recht des gewöhnlichen Aufenthalts bestimmen. Anders als bei einer Anknüpfung an das Heimatrecht sind damit auch gesetzliche Sorgeverhältnisse wandelbar.

5 Die Anknüpfung nach Art. 16 KSÜ gilt universell, so dass auch das Recht eines Staates, der nicht Vertragsstaat des KSÜ ist, maßgeblich sein kann.[1] Dies ergibt sich aus Art. 20 i.V.m. Art. 21 KSÜ, der den Begriff des „Rechts" i.S.d. Art. 16 KSÜ definiert. Ist das nach Art. 16 anzuwendende Recht das eines Nichtvertragsstaates, so ist eine mögliche Rück- und Weiterverweisung nach Art. 21 Abs. 2 KSÜ zu beachten (hierzu *Schweppe*, Art. 21 KSÜ Rn. 2).

6 Damit wird durch Art. 16 KSÜ auch ein nach dem Recht eines Nichtvertragsstaats erworbenes Sorgerecht anerkannt, umgekehrt kann bei einem Umzug in einen Nichtvertragsstaat jedoch der Schutz von Rechtspositionen entfallen, wenn das dortige Recht ein derartiges Sorgerecht nicht anerkennt.

II. Elterliche Sorge durch Vereinbarung

7 Art. 16 Abs. 2 KSÜ erweitert den Anwendungsbereich des Art. 16 KSÜ auf die durch Vereinbarung oder einseitiges Rechtsgeschäft begründete elterliche Sorge. Ein Beispiel für eine solche Vereinbarung ist die Sorgeerklärung nach § 1626a Abs. 1 Nr. 1 BGB.

▶ *Näher hierzu Fink, § 1626a BGB Rn. 6 ff.*

8 Als einseitiges Rechtsgeschäft wäre etwa eine Verfügung von Todes wegen anzusehen, mit der bindend ein Vormund für das Kind eingesetzt wird. Nicht unter Art. 16 Abs. 2 KSÜ fallen Sorgeverhältnisse, für die eine gerichtliche oder behördliche Bestätigung erforderlich ist.

9 Für den zeitlichen Anwendungsbereich des Art. 16 Abs. 2 KSÜ ist zu beachten, dass für das Wirksamwerden einer Vereinbarung frühestens der Zeitpunkt der Geburt des Kindes maßgeblich ist. Geben nicht miteinander verheiratete Eltern in Deutschland gemeinsame Sorgeerklärungen für ihr noch ungeborenes Kind ab, verlegen dann aber noch vor der Geburt ihren gewöhnlichen Aufenthalt in einen anderen Vertragsstaat des KSÜ, etwa in die Schweiz, so richtet sich die Zuweisung der elterlichen Verantwortung nach dem Recht des gewöhnlichen Aufenthalts des Kindes im Zeitpunkt seiner Geburt, so dass die nach deutschem Recht abgegebene Sorgeerklärung keine Wirkung entfalten kann.[2]

1 *Winter*, Rn. 520; vgl. OLG Celle FamRZ 2018, 1436 (Ghana)
2 *Andrae*, § 9 Rn. 127; KG FamRZ 2011, 1516

III. Schutz erworbener Rechte

1. Grundsatz

10 Art. 16 Abs. 3 KSÜ bestimmt, dass ein nach Abs. 1 oder Abs. 2 einmal erlangtes Sorgerecht auch bei Begründung eines neuen gewöhnlichen Aufenthalts Bestand hat. Dieser Schutz wohlerworbener Rechte greift unabhängig davon, ob das nationale Recht des neuen Aufenthaltsstaats einen entsprechenden Sorgerechtserwerb vorsieht.[3]

11 Liegt eine Entscheidung eines ausländischen Gerichts zur elterlichen Sorge vor, so handelt es sich um eine Frage der Anerkennung dieser Entscheidung, der Anwendungsbereich von Art. 16 KSÜ ist nicht eröffnet.[4]

12 Diese Regelung ist insbesondere von Bedeutung für die Beantwortung der Frage, ob der Mutter eines nicht ehelich geborenen Kindes die Alleinsorge oder den Kindeseltern aufgrund gesetzlicher Regelung oder Vereinbarung ein Mitsorgerecht zusteht.[5]

2. Rückwirkung

13 Für den zeitlichen Anwendungsbereich ist zu beachten, dass Art. 16 Abs. 3 KSÜ nicht rückwirkend auf vor Inkrafttreten des KSÜ erworbene Sorgerechtspositionen Einfluss nimmt.[6]

Dies kann zu einem Auseinanderfallen von Sorgerechtsregelungen für Geschwisterkinder führen.[7]

14 Ausnahmsweise kann es zur Vermeidung von Wertungswidersprüchen geboten sein, die Voraussetzungen für eine Abänderung der Sorgerechtsregelung unter Berücksichtigung eines vor Inkrafttreten des KSÜ und damit rechtlich nicht beachtlichen Sorgerechts zu prüfen.[8] Sofern vor Inkrafttreten des KSÜ im Verhältnis der beteiligten Staaten ein nach Art. 3 MSA anzuerkennendes Sorgerecht bestand, bleibt dies auch nach dem Inkrafttreten des KSÜ beachtlich.[9]

IV. Neuerwerb von Rechten

1. Grundsatz

15 Art. 16 Abs. 4 KSÜ bestimmt, dass auch im Falle des Wechsels des gewöhnlichen Aufenthalts der (Neu-)Erwerb des gesetzlichen Sorgerechts sich nach dem Recht des neuen gewöhnlichen Aufenthalts richtet, so dass eine Person, der nach dem Recht des früheren Aufenthaltsstaats kein Sorgerecht zustand, allein aufgrund eines Wechsels des gewöhnlichen Aufenthalts des Kindes ohne weiteres Zutun ein Sorgerecht von Gesetzes wegen erwerben kann.

16 Bedeutung hat dies vor allem für die Frage der elterlichen Sorge nicht miteinander verheirateter Eltern, da der Vater eines nicht ehelich geborenen Kindes allein durch den Umzug des Kindes in einen anderen Staat und die Begründung eines neuen gewöhnlichen Aufenthalts

3 BeckOGK/*Markwardt*, Art. 16 KSÜ Rn. 25; *Schulz*, FamRZ 2011, 156, 160
4 Hierzu *Winter*, Rn. 527
5 Hierzu OLG Celle FamRZ 2018, 1436, unter Anwendung des Rechts eines Nichtvertragsstaates (Ghana)
6 Klarstellend BGH FamRZ 2016, 1747; noch offengelassen durch BGH FamRZ 2011, 796, 798; vgl. auch Grüneberg/*Thorn, (IPR)* Anh. zu EGBGB Art. 24 Rn. 17; DIJuF Rechtsgutachten, JAmt 2018, 498; *Looschelders*, IPRax 2014, 152, 154; *Henrich*, FamRZ 2011, 1964, 1965; OLG Karlsruhe ZKJ 2013, 299
7 Vgl. OLG Celle FamRZ 2018, 1436
8 Vgl. OLG Karlsruhe ZKJ 2013, 299
9 OLG Frankfurt FamRZ 2015, 1633 (Litauen); vgl. auch MüKo-BGB/*Staudinger*, Art. 16 KSÜ Rn. 16; Staudinger/*Pirrung*, Vorbem. D zu Art. 19 EGBGB Rn. D 110

aufgrund des nunmehr maßgeblichen Rechts die elterliche Mitsorge erlangen kann. Ebenso kann ein Elternteil, der nach dem ursprünglich maßgeblichen Recht von Gesetzes wegen nicht in vollem Umfang sorgeberechtigt war, mit Begründung eines neuen gewöhnlichen Aufenthalts des Kindes das Sorgerecht in vollem Umfang erwerben.[10] Maßgeblich ist allein der gewöhnliche Aufenthalt des Kindes, der Aufenthalt des Elternteils ist für den Erwerb des (vollen) Sorgerechts nicht erforderlich.

2. Wandelbarkeit

17 Aus Art. 16 Abs. 4 i.V.m. Abs. 3 KSÜ folgt zunächst, dass das Sorgerechtsstatut mit Verlegung des gewöhnlichen Aufenthalts des Kindes *ex nunc* wandelbar ist.

3. Hinzuerwerb von Rechten

18 Aus Art. 16 Abs. 3 KSÜ i.V.m. Art. 16 Abs. 4 KSÜ folgt weiter, dass qua Gesetzes ein Hinzuerwerb von Rechten möglich ist. Art. 16 Abs. 3 KSÜ regelt den Fortbestand erworbener Rechte, während Art. 16 Abs. 4 KSÜ den Neuerwerb von Sorgerechten ermöglicht, die quasi „Huckepack" zu den bestehenden Sorgerechtspositionen hinzutreten. Damit kann der Kreis der von Gesetzes wegen sorgeberechtigten Personen sich erweitern. Sofern es zwischen diesen Sorgeberechtigten zu Differenzen über die Ausübung des Sorgerechts kommen sollte, ist eine Sorgerechtszuweisung durch die nach Art. 5 KSÜ zuständigen Gerichte herbeizuführen.

C. Praxishinweis

19 In der Praxis ist mit Blick auf Art. 16 KSÜ jeweils zu prüfen, welchen Personen aufgrund welchen Rechts die elterliche Sorge von Gesetzes wegen zusteht. Zu beachten sind dabei insbesondere die unterschiedlichen Regelungen zur gemeinsamen elterlichen Sorge für Kinder, deren Eltern nicht miteinander verheiratet sind. Während nach deutschem Recht weiterhin ohne Abgabe einer Sorgeerklärung oder Einräumung der Mitsorge auf Antrag durch gerichtliche Entscheidung der Mutter des Kindes die Alleinsorge zusteht, genügt in vielen Staaten die förmliche Anerkennung der Vaterschaft bzw. die Eintragung des Vaters in der Geburtsurkunde für die Begründung der gemeinsamen elterlichen Sorge.[11]

▶ *Näher zum Sorgerecht betreffend das nichtehelich geborene Kind: Fink, Kommentierung zu §§ 1626a ff. BGB.*

Ob die Voraussetzungen für einen Eingriff in dieses Sorgerecht bzw. die Abänderung einer anzuerkennenden Entscheidung vorliegen, ist bei gewöhnlichem Aufenthalt des Kindes in Deutschland wiederum in Anwendung deutschen Rechts zu prüfen, vgl. Art. 15 Abs. 2, Art. 18 KSÜ.

Artikel 17 KSÜ

Ausübung der elterlichen Verantwortung

[1]Die Ausübung der elterlichen Verantwortung bestimmt sich nach dem Recht des Staates des gewöhnlichen Aufenthalts des Kindes. [2]Wechselt der gewöhnliche Aufenthalt des Kindes, so bestimmt sie sich nach dem Recht des Staates des neuen gewöhnlichen Aufenthalts.

---

10 Hierzu MüKo-BGB/*Staudinger*, 8. Aufl., Art. 16 KSÜ Rn. 4; BeckOGK/*Markwardt*, KSÜ Art. 16 Rn. 27; OLG Nürnberg FamRZ 2021, 603 Rn. 140

11 Vgl. hierzu *Schulz*, FamRZ 2011, 156 (159 f.); zu einer rechtsvergleichenden Betrachtung der gemeinsamen elterlichen Sorge für nicht miteinander verheiratete Eltern siehe *Jurczyk/Walper*, S. 89 ff.

Nach Art. 17 KSÜ richtet sich das auf die Ausübung der elterlichen Sorge anzuwendende Recht nach dem Recht des gewöhnlichen Aufenthalts, mithin ändert sich mit dem Wechsel des gewöhnlichen Aufenthalts auch das darauf anzuwendende Recht. Dies kann etwa für sich aus dem jeweiligen nationalen Recht ergebende unterschiedliche (Allein-)Vertretungsbefugnisse oder die Frage der Genehmigungsbedürftigkeit von Rechtsgeschäften von Bedeutung sein.[1] 1

Artikel 18 KSÜ

Entzug der elterlichen Verantwortung

Durch Maßnahmen nach diesem Übereinkommen kann die in Artikel 16 genannte elterliche Verantwortung entzogen oder können die Bedingungen ihrer Ausübung geändert werden.

Art. 18 KSÜ stellt klar, dass zum Schutz des Kindes auch Maßnahmen ergriffen werden können, welche in das von Gesetzes wegen beachtliche Sorgestatut eingreifen, etwa insbesondere durch Maßnahmen nach §§ 1666 f. BGB oder die Übertragung der elterlichen Sorge nach § 1671 BGB. Dies gilt auch dann, wenn das nach Art. 16 KSÜ maßgebliche Recht eine solche Maßnahme nicht vorsieht. 1

Artikel 19 KSÜ

Rechtsgeschäfte mit Dritten

Von Abdruck und Kommentierung wird abgesehen.[1]

Artikel 20 KSÜ

Anwendbarkeit des Rechts eines Nichtvertragsstaats

Dieses Kapitel ist anzuwenden, selbst wenn das darin bestimmte Recht das eines Nichtvertragsstaats ist.

Art. 20 KSÜ stellt klar, dass auch das Recht eines Nichtvertragsstaats maßgeblich ist, sofern dies nach allgemeinen Grundsätzen Anwendung findet, wobei mögliche Rück- und Weiterverweisungen nach Art. 21 Abs. 2 KSÜ zu beachten sind (hierzu *Schweppe*, Art. 21 KSÜ Rn. 2). 1

Artikel 21 KSÜ

Rechtsbegriff

(1) Der Begriff „Recht" im Sinne dieses Kapitels bedeutet das in einem Staat geltende Recht mit Ausnahme des Kollisionsrechts.

(2) [1]Ist jedoch das nach Artikel 16 anzuwendende Recht das eines Nichtvertragsstaats und verweist das Kollisionsrecht dieses Staates auf das Recht eines anderen Nichtvertragsstaats, der sein eigenes Recht anwenden würde, so ist das Recht dieses anderen Staates anzuwenden. [2]Betrachtet sich das Recht dieses anderen Nichtvertragsstaats als nicht anwendbar, so ist das nach Artikel 16 bestimmte Recht anzuwenden.

Art. 21 Abs. 1 KSÜ bestimmt, dass die Verweisung auf das anzuwendende Recht stets nur eine Sachnormverweisung darstellt, somit kein *renvoi* im Sinne einer Rück- oder Weiterverweisung auf das Kollisionsrecht eines Staates beinhaltet. Im Verhältnis der Vertragsstaaten 1

1 Hierzu näher Oberloskamp/Dürbeck/*Schweppe*, § 5 Rn. 223

1 Siehe hierzu Oberloskamp/Dürbeck/*Schweppe*, § 5 Rn. 225 ff.

des KSÜ zueinander (zu Nichtvertragsstaaten beachte Abs. 2) besteht damit durch die Anknüpfung an den gewöhnlichen Aufenthalt ein Gleichlauf von internationaler Zuständigkeit und anzuwendendem Recht.

2 In Bezug auf Nichtvertragsstaaten sieht Art. 21 Abs. 2 KSÜ eine Verweisung auch auf das Kollisionsrecht (*renvoi*) vor, soweit das Recht eines Drittstaats maßgeblich ist, dessen Kollisionsrecht wiederum auf das Recht eines Drittstaats verweist, so dass ggf. auch Rück- und Weiterverweisungen auf das Recht eines anderen Staates zu beachten sind.[1]

Artikel 22 KSÜ

Ordre public

Die Anwendung des in diesem Kapitel bestimmten Rechts darf nur versagt werden, wenn sie der öffentlichen Ordnung (ordre public) offensichtlich widerspricht, wobei das Wohl des Kindes zu berücksichtigen ist.

1 Zum Inhalt des allgemeinen *Ordre-public*-Vorbehalts ist zunächst auf die Ausführungen zu Art. 6 EGBGB (*Schweppe*, Art. 6 EGBGB Rn. 2 ff.) zu verweisen. Weiter ist auch im Rahmen der Anwendung des Art. 22 KSÜ ein Inlandsbezug erforderlich, letztlich rechtfertigen nur eklatante und schwerwiegende Widersprüche zu inländischen Rechtswerten, von der Anwendung des an sich berufenen Rechts abzusehen.[1]

1 Siehe hierzu BeckOGK/*Markwardt*, KSÜ Art. 21 Rn. 9 f.; MüKo-BGB/*Staudinger*, Art. 21 KSÜ Rn. 2; zur Prüfung vgl. OLG Celle FamRZ 2018, 1436 Rn. 9 (Ghana)

1 BeckOGK/*Markwardt*, KSÜ Art. 22 Rn. 8–9; MüKo-BGB/*Staudinger*, Art. 22 KSÜ Rn. 2 f.

Kapitel IV
Anerkennung und Vollstreckung

Artikel 23 KSÜ

Anerkennung der Maßnahmen

(1) Die von den Behörden eines Vertragsstaats getroffenen Maßnahmen werden kraft Gesetzes in den anderen Vertragsstaaten anerkannt.

(2) Die Anerkennung kann jedoch versagt werden,

a) wenn die Maßnahme von einer Behörde getroffen wurde, die nicht nach Kapitel II zuständig war;

b) wenn die Maßnahme, außer in dringenden Fällen, im Rahmen eines Gerichts- oder Verwaltungsverfahrens getroffen wurde, ohne dass dem Kind die Möglichkeit eingeräumt worden war, gehört zu werden, und dadurch gegen wesentliche Verfahrensgrundsätze des ersuchten Staates verstoßen wurde;

c) auf Antrag jeder Person, die geltend macht, dass die Maßnahme ihre elterliche Verantwortung beeinträchtigt, wenn diese Maßnahme, außer in dringenden Fällen, getroffen wurde, ohne dass dieser Person die Möglichkeit eingeräumt worden war, gehört zu werden;

d) wenn die Anerkennung der öffentlichen Ordnung (ordre public) des ersuchten Staates offensichtlich widerspricht, wobei das Wohl des Kindes zu berücksichtigen ist;

e) wenn die Maßnahme mit einer später im Nichtvertragsstaat des gewöhnlichen Aufenthalts des Kindes getroffenen Maßnahme unvereinbar ist, sofern die spätere Maßnahme die für ihre Anerkennung im ersuchten Staat erforderlichen Voraussetzungen erfüllt;

f) wenn das Verfahren nach Artikel 33 nicht eingehalten wurde.

Übersicht

A. Normzweck und Anwendungsbereich

Art. 23 KSÜ bestimmt, dass in einem Vertragsstaat getroffene Maßnahmen ohne besonderes Anerkennungsverfahren in den anderen Vertragsstaaten anerkannt werden. Die Gründe für die Versagung der Anerkennung sind abschließend in Art. 23 Abs. 2 KSÜ aufgeführt. 1

Der **Anwendungsbereich** von Art. 23 ff. KSÜ ist begrenzt auf das Verhältnis zwischen den Vertragsstaaten. 2

Beschränkt wird der räumliche Anwendungsbereich der Art. 23 ff. KSÜ dadurch, dass im Verhältnis der EU-Staaten zueinander (mit Ausnahme Dänemarks) die Anerkennung und Vollstreckung von Entscheidungen zur elterlichen Sorge und zum Umgang nach der insoweit vorrangigen Brüssel IIb-VO (siehe *Schweppe*, Art. 30 ff. Brüssel IIb-VO) erfolgt.

Das KSÜ ist damit maßgeblich für die Anerkennung und Vollstreckung von Entscheidungen im Verhältnis zu Albanien, Armenien, Australien, Barbados, Belize, Costa Rica, Dänemark, die Dominikanische Republik, Ecuador, El Salvador, Fidschi, Georgien, Grönland, Großbritannien und Nordirland, Guyana, Honduras, Kapverden, Kuba, Lesotho, Marokko, Moldau (1.1.2026), Monaco, Montenegro, Nicaragua, Norwegen, Paraguay, Russland, Schweiz, Serbien, Türkei, Ukraine, Uruguay. 3

B. Inhalt der Norm

4 Art. 23 Abs. 1 KSÜ enthält den Grundsatz, dass in einem Vertragsstaat getroffene Maßnahmen **kraft Gesetzes** in den anderen Vertragsstaaten anerkannt werden.

5 Die Gründe für die **Versagung der Anerkennung** sind abschließend in Art. 23 Abs. 2 KSÜ geregelt und mit den Gründen für die Versagung der Anerkennung nach Art. 38 und 39 Brüssel IIb-VO vergleichbar, allerdings mit dem Unterschied, dass die internationale Zuständigkeit des Gerichts für den Erlass der Sorge- bzw. Umgangsentscheidung im Anerkennungsverfahren überprüft wird (Art. 23 Abs. 2 a) KSÜ). Nicht zur Überprüfung stehen die Tatsachenfeststellungen, auf welche die Behörde des Staates, in dem die Maßnahme getroffen wurde, ihre Zuständigkeit gestützt hat (Art. 25 KSÜ).

Artikel 24 KSÜ

Entscheidung über Anerkennung der Maßnahmen

[1]Unbeschadet des Artikels 23 Absatz 1 kann jede betroffene Person bei den zuständigen Behörden eines Vertragsstaats beantragen, dass über die Anerkennung oder Nichtanerkennung einer in einem anderen Vertragsstaat getroffenen Maßnahme entschieden wird. [2]Das Verfahren bestimmt sich nach dem Recht des ersuchten Staates.

1 Art. 24 KSÜ sieht ein fakultatives Anerkennungsverfahren vor, das für Deutschland in § 32 IntFamRVG (siehe *Schweppe*, § 32 IntFamRVG Rn. 2 ff.) i.V.m. §§ 16 ff. IntFamRVG (siehe *Schweppe*, § 16 IntFamRVG Rn. 4 f.) geregelt ist und im Wesentlichen dem Verfahren zur Erteilung der Vollstreckungsklausel folgt.

Artikel 25 KSÜ

Bindungswirkung

Die Behörde des ersuchten Staates ist an die Tatsachenfeststellungen gebunden, auf welche die Behörde des Staates, in dem die Maßnahme getroffen wurde, ihre Zuständigkeit gestützt hat.

1 Art. 25 KSÜ verbietet die Überprüfung der im Ausgangsverfahren zugrunde gelegten Tatsachen. Dies umfasst etwa die Frage, ob das Kind tatsächlich seinen gewöhnlichen Aufenthalt in dem Staat hatte, der die Zuständigkeit für die Regelung der elterlichen Sorge auf Art. 5 KSÜ gestützt hat. Diese Bindung beschränkt insbesondere den Umfang der Überprüfung der internationalen Zuständigkeit für den Erlass der Sorge- bzw. Umgangsentscheidung nach Art. 23 Abs. 2 a) KSÜ.[1]

Artikel 26 KSÜ

Vollstreckung

(1) Erfordern die in einem Vertragsstaat getroffenen und dort vollstreckbaren Maßnahmen in einem anderen Vertragsstaat Vollstreckungshandlungen, so werden sie in diesem anderen Staat auf Antrag jeder betroffenen Partei nach dem im Recht dieses Staates vorgesehenen Verfahren für vollstreckbar erklärt oder zur Vollstreckung registriert.

(2) Jeder Vertragsstaat wendet auf die Vollstreckbarerklärung oder die Registrierung ein einfaches und schnelles Verfahren an.

(3) Die Vollstreckbarerklärung oder die Registrierung darf nur aus einem der in Artikel 23 Absatz 2 vorgesehenen Gründe versagt werden.

1 Hierzu NK/*Benicke*, Art. 25 KSÜ Rn. 4 f.

Art. 26 KSÜ regelt die Vollstreckung von Sorge- und Umgangsentscheidungen im Verhältnis der Vertragsstaaten des KSÜ zueinander. Zu beachten ist, dass die Entscheidung einen vollstreckungsfähigen Inhalt haben muss. 1

Nach deutschem Recht sind Entscheidungen, die allein die Zuweisung der elterlichen Sorge regeln, nicht der Vollstreckung zugänglich, da hierzu ein gesonderter Ausspruch zur Herausgabe des Kindes erforderlich ist. Um hier Widersprüche zum innerstaatlichen Recht anderer Vertragsstaaten zu vermeiden, wo allein die Zuweisung des Sorgerechts für die Vollstreckung genügt, ermöglicht § 33 IntFamRVG eine entsprechende Ergänzung ausländischer Titel. 2

Das Verfahren nach Art. 26 KSÜ für die Vollstreckung in Deutschland ist in §§ 16 ff. IntFamRVG (siehe *Schweppe*, § 16 IntFamRVG Rn. 4 f.) geregelt. Auch die Erteilung der Vollstreckungsklausel darf nur aus einem der in Art. 23 Abs. 2 KSÜ genannten Gründe versagt werden, Art. 26 Abs. 3 KSÜ. 3

Artikel 27 KSÜ
Überprüfung der Maßnahme

Vorbehaltlich der für die Anwendung der vorstehenden Artikel erforderlichen Überprüfung darf die getroffene Maßnahme in der Sache selbst nicht nachgeprüft werden.

Art. 27 KSÜ enthält ein Verbot der *revision au fond* und verbietet damit die inhaltliche Überprüfung der anzuerkennenden bzw. zu vollstreckenden Entscheidung. 1

Artikel 28 KSÜ
Ort der Vollstreckung

[1]Die in einem Vertragsstaat getroffenen und in einem anderen Vertragsstaat für vollstreckbar erklärten oder zur Vollstreckung registrierten Maßnahmen werden dort vollstreckt, als seien sie von den Behörden dieses anderen Staates getroffen worden. [2]Die Vollstreckung richtet sich nach dem Recht des ersuchten Staates unter Beachtung der darin vorgesehenen Grenzen, wobei das Wohl des Kindes zu berücksichtigen ist.

Art. 28 KSÜ regelt – entgegen seiner irreführenden Überschrift – nicht den Ort der Vollstreckung, sondern nach welchem Recht sich das Vollstreckungsverfahren bestimmt. Dies ist das nationale Recht des Vollstreckungsstaats, in Deutschland §§ 88 ff. FamFG (siehe *Cirullies*, Kommentierung zu §§ 88 bis 94 FamFG), soweit nicht die Sonderregelung des § 44 IntFamRVG greift. 1

Der Hinweis auf die Grenzen im Vollstreckungsrecht verdeutlicht, dass auch nach nationalem Recht beachtliche Vollstreckungshindernisse, wie etwa der Widerstand des Kindes, zu berücksichtigen sind. So kann von der Vollstreckung der Herausgabe abgesehen werden, wenn ein Kind, das schon über eine gewisse Reife verfügt, sich der Vollstreckung der Maßnahme widersetzt und das nationale Recht ein Absehen von der Vollstreckung unter diesen Umständen ermöglicht (zu den entsprechenden Anforderungen siehe *Schweppe*. § 44 IntFamRVG Rn. 8 f.).[1] 2

1 *Lagarde*, Rn. 134

Kapitel V
Zusammenarbeit

Artikel 29 KSÜ
Bestimmung einer Zentralen Behörde

(1) Jeder Vertragsstaat bestimmt eine Zentrale Behörde, welche die ihr durch dieses Übereinkommen übertragenen Aufgaben wahrnimmt.

(2) [1]Einem Bundesstaat, einem Staat mit mehreren Rechtssystemen oder einem Staat, der aus autonomen Gebietseinheiten besteht, steht es frei, mehrere Zentrale Behörden zu bestimmen und deren räumliche und persönliche Zuständigkeit festzulegen. [2]Macht ein Staat von dieser Möglichkeit Gebrauch, so bestimmt er die Zentrale Behörde, an welche Mitteilungen zur Übermittlung an die zuständige Zentrale Behörde in diesem Staat gerichtet werden können.

1 Zentrale Behörde nach Art. 29 KSÜ für Deutschland ist das Bundesamt für Justiz, § 3 Abs. 1 Nr. 2 IntFamRVG (siehe *Schweppe*, § 3 IntFamRVG Rn. 1 f.).[1]

Artikel 30 KSÜ
Zusammenarbeit

(1) Die Zentralen Behörden arbeiten zusammen und fördern die Zusammenarbeit der zuständigen Behörden ihrer Staaten, um die Ziele dieses Übereinkommens zu verwirklichen.

(2) Im Zusammenhang mit der Anwendung dieses Übereinkommens treffen sie die geeigneten Maßnahmen, um Auskünfte über das Recht ihrer Staaten sowie die in ihren Staaten für den Schutz von Kindern verfügbaren Dienste zu erteilen.

Artikel 31 KSÜ
Aufgaben

Die Zentrale Behörde eines Vertragsstaats trifft unmittelbar oder mit Hilfe staatlicher Behörden oder sonstiger Stellen alle geeigneten Vorkehrungen, um

a) die Mitteilungen zu erleichtern und die Unterstützung anzubieten, die in den Artikeln 8 und 9 und in diesem Kapitel vorgesehen sind;

b) durch Vermittlung, Schlichtung oder ähnliche Mittel gütliche Einigungen zum Schutz der Person oder des Vermögens des Kindes bei Sachverhalten zu erleichtern, auf die dieses Übereinkommen anzuwenden ist;

c) auf Ersuchen der zuständigen Behörde eines anderen Vertragsstaats bei der Ermittlung des Aufenthaltsorts des Kindes Unterstützung zu leisten, wenn der Anschein besteht, dass das Kind sich im Hoheitsgebiet des ersuchten Staates befindet und Schutz benötigt.

1 Während Art. 30 KSÜ den Grundsatz der Kooperation der Zentralen Behörden umschreibt, benennt Art. 31 KSÜ einzelne Aufgaben. Beide Normen sind inhaltlich an Art. 7 HKÜ angelehnt, aber im Hinblick auf den weiteren Gegenstand des KSÜ allgemeiner gefasst. Einen Fall der Zusammenarbeit der Zentralen Behörden bildet die wechselseitige Erstellung von Berichten nach Art. 32 KSÜ.

---

1 Die Zentralen Behörden aller Vertragsstaaten sind auf der Internetseite der Haager Konferenz für Internationales Privatrecht (www.hcch.net) unter der Rubrik Instrumente > Behörden aufgeführt.

Näher geregelt sind die Aufgaben der Zentralen Behörden in den jeweiligen nationalen Ausführungsvorschriften, für Deutschland in §§ 4 bis 9 IntFamRVG (siehe *Schweppe*, Kommentierung zu §§ 4 ff. IntFamRVG). Dabei umfasst § 7 IntFamRVG insbesondere Maßnahmen, um den Aufenthalt des Kindes zu ermitteln. 2

Artikel 32 KSÜ

Begründetes Ersuchen

Auf begründetes Ersuchen der Zentralen Behörde oder einer anderen zuständigen Behörde eines Vertragsstaats, zu dem das Kind eine enge Verbindung hat, kann die Zentrale Behörde des Vertragsstaats, in dem das Kind seinen gewöhnlichen Aufenthalt hat und in dem es sich befindet, unmittelbar oder mit Hilfe staatlicher Behörden oder sonstiger Stellen

a) einen Bericht über die Lage des Kindes erstatten;

b) die zuständige Behörde ihres Staates ersuchen zu prüfen, ob Maßnahmen zum Schutz der Person oder des Vermögens des Kindes erforderlich sind.

Art. 32 KSÜ ermöglicht die grenzüberschreitende Einholung von Sozialberichten. Die deutsche Zentrale Behörde kann diese Aufgabe dem zuständigen Jugendamt am Aufenthaltsort des Kindes übertragen, das nach § 9 Abs. 1 Ziffer 1 IntFamRVG auf Anfrage Auskunft über die soziale Lage des Kindes und seines Umfelds erteilt. 1

Artikel 33 KSÜ

Unterbringung des Kindes; Betreuung

(1) [1]Erwägt die nach den Artikeln 5 bis 10 zuständige Behörde die Unterbringung des Kindes in einer Pflegefamilie oder einem Heim oder seine Betreuung durch Kafala oder eine entsprechende Einrichtung und soll es in einem anderen Vertragsstaat untergebracht oder betreut werden, so zieht sie vorher die Zentrale Behörde oder eine andere zuständige Behörde dieses Staates zu Rate. [2]Zu diesem Zweck übermittelt sie ihr einen Bericht über das Kind und die Gründe ihres Vorschlags zur Unterbringung oder Betreuung.

(2) Die Entscheidung über die Unterbringung oder Betreuung kann im ersuchenden Staat nur getroffen werden, wenn die Zentrale Behörde oder eine andere zuständige Behörde des ersuchten Staates dieser Unterbringung oder Betreuung zugestimmt hat, wobei das Wohl des Kindes zu berücksichtigen ist.

Art. 33 KSÜ sieht für Fälle der grenzüberschreitenden Unterbringung von Kindern, darunter auch sogenannte individualpädagogische Auslandsmaßnahmen, die Durchführung eines Konsultationsverfahrens unter Beteiligung der zuständigen Stellen vor (in Deutschland die jeweiligen Landesjugendämter). 1

Das entsprechende Verfahren ist in §§ 45 bis 47 IntFamRVG (siehe *Schweppe*, § 47 IntFamRVG Rn. 1 ff.) geregelt.[1] 2

Artikel 34 KSÜ

Schutzmaßnahme

(1) Wird eine Schutzmaßnahme erwogen, so können die nach diesem Übereinkommen zuständigen Behörden, sofern die Lage des Kindes dies erfordert, jede Behörde eines anderen

1 Siehe hierzu: Verfahren bei grenzüberschreitenden Unterbringungen von Kindern und Jugendlichen – Arbeitshilfe der Landesjugendämter zur Durchführung der Konsultationsverfahren nach Art. 82 Brüssel IIb-VO, Art. 33 KSÜ, §§ 45 ff. IntFamRVG – 3. überarbeitete Fassung 2023

Vertragsstaats, die über sachdienliche Informationen für den Schutz des Kindes verfügt, ersuchen, sie ihnen mitzuteilen.

(2) Jeder Vertragsstaat kann erklären, dass Ersuchen nach Absatz 1 seinen Behörden nur über seine Zentrale Behörde zu übermitteln sind.

1 Art. 34 KSÜ konkretisiert die wechselseitige Auskunftsverpflichtung der Behörden der Vertragsstaaten und soll durch die direkte Kontaktaufnahme eine flexiblere Kommunikation ermöglichen. Allerdings haben etwa Belgien, Frankreich und viele osteuropäische Staaten einen Vorbehalt nach Art. 34 Abs. 2 KSÜ erklärt,[1] so dass entsprechende Ersuchen ausschließlich über die Zentrale Behörde zu richten sind.

Artikel 35 KSÜ

Ersuchen um Hilfe

(1) Die zuständigen Behörden eines Vertragsstaats können die Behörden eines anderen Vertragsstaats ersuchen, ihnen bei der Durchführung der nach diesem Übereinkommen getroffenen Schutzmaßnahmen Hilfe zu leisten, insbesondere um die wirksame Ausübung des Rechts zum persönlichen Umgang sowie des Rechts sicherzustellen, regelmäßige unmittelbare Kontakte aufrechtzuerhalten.

(2) [1]Die Behörden eines Vertragsstaats, in dem das Kind keinen gewöhnlichen Aufenthalt hat, können auf Antrag eines Elternteils, der sich in diesem Staat aufhält und der ein Recht zum persönlichen Umgang zu erhalten oder beizubehalten wünscht, Auskünfte oder Beweise einholen und Feststellungen über die Eignung dieses Elternteils zur Ausübung des Rechts zum persönlichen Umgang und die Bedingungen seiner Ausübung treffen. [2]Eine Behörde, die nach den Artikeln 5 bis 10 für die Entscheidung über das Recht zum persönlichen Umgang zuständig ist, hat vor ihrer Entscheidung diese Auskünfte, Beweise und Feststellungen zuzulassen und zu berücksichtigen.

(3) Eine Behörde, die nach den Artikeln 5 bis 10 für die Entscheidung über das Recht zum persönlichen Umgang zuständig ist, kann das Verfahren bis zum Vorliegen des Ergebnisses des in Absatz 2 vorgesehenen Verfahrens aussetzen, insbesondere wenn bei ihr ein Antrag auf Änderung oder Aufhebung des Rechts zum persönlichen Umgang anhängig ist, das die Behörden des Staates des früheren gewöhnlichen Aufenthalts des Kindes eingeräumt haben.

(4) Dieser Artikel hindert eine nach den Artikeln 5 bis 10 zuständige Behörde nicht, bis zum Vorliegen des Ergebnisses des in Absatz 2 vorgesehenen Verfahrens vorläufige Maßnahmen zu treffen.

1 Art. 35 KSÜ konkretisiert die Zusammenarbeit der Behörden bei der Umsetzung von Entscheidungen, wobei Art. 35 Abs. 2 bis 4 KSÜ speziell die Frage der Aufrechterhaltung und Durchführung von Umgangskontakten behandeln. Neben der Einholung von Informationen über die Zentralen Behörden kommt auch die Einschaltung der im Haager Verbindungsrichternetzwerk tätigen Richter in Betracht (siehe *Schweppe*, Auslandsbezüge, Vorbem. Rn. 35).[1]

2 Art. 35 Abs. 3 KSÜ ermöglicht die Aussetzung eines Umgangsverfahrens, um zunächst die auf Antrag des den Umgang begehrenden Elternteils in einem anderen Vertragsstaat eingeholte Auskunft über dessen Eignung zum Umgang (Art. 35 Abs. 2 KSÜ) abzuwarten. Im Hinblick auf das Beschleunigungsgebot sollte eine förmliche Aussetzung des Verfahrens nur ausnahmsweise erfolgen, vorrangig ist auf eine beschleunigte Einholung entsprechender Berichte hinzuwirken.

1 Vgl. Staatenliste unter www.bundesjustizamt.de

1 Hierzu *Menne*, NJ 2021, 497

▶ *Näher zur Beschleunigungsbedürftigkeit kindschaftsrechtlicher Verfahren Fink, § 155 FamFG Rn. 1, 13 ff.*

Artikel 36 KSÜ

Benachrichtigung bei schwerer Gefahr

Ist das Kind einer schweren Gefahr ausgesetzt, so benachrichtigen die zuständigen Behörden des Vertragsstaats, in dem Maßnahmen zum Schutz dieses Kindes getroffen wurden oder in Betracht gezogen werden, sofern sie über den Wechsel des Aufenthaltsorts in einen anderen Staat oder die dortige Anwesenheit des Kindes unterrichtet sind, die Behörden dieses Staates von der Gefahr und den getroffenen oder in Betracht gezogenen Maßnahmen.

Artikel 37 KSÜ

Gefahr für Person/Vermögen des Kindes oder Freiheit/Leben eines Familienangehörigen des Kindes

Eine Behörde darf nach diesem Kapitel weder um Informationen ersuchen noch solche erteilen, wenn dadurch nach ihrer Auffassung die Person oder das Vermögen des Kindes in Gefahr geraten könnte oder die Freiheit oder das Leben eines Familienangehörigen des Kindes ernsthaft bedroht würde.

Von einer Kommentierung der Art. 36 und 37 KSÜ wird abgesehen.

Artikel 38 KSÜ

Kostentragung

(1) Unbeschadet der Möglichkeit, für die erbrachten Dienstleistungen angemessene Kosten zu verlangen, tragen die Zentralen Behörden und die anderen staatlichen Behörden der Vertragsstaaten die Kosten, die ihnen durch die Anwendung dieses Kapitels entstehen.

(2) Jeder Vertragsstaat kann mit einem oder mehreren anderen Vertragsstaaten Vereinbarungen über die Kostenaufteilung treffen.

Die Kostenfreiheit nach Art. 38 KSÜ umfasst nur die Tätigkeit der Zentralen Behörden und 1
von Verwaltungsbehörden der Vertragsstaaten, nicht jedoch Gerichts- und Verfahrenskosten.

Artikel 39 KSÜ

Zwischenstaatliche Vereinbarungen

[1]Jeder Vertragsstaat kann mit einem oder mehreren anderen Vertragsstaaten Vereinbarungen treffen, um die Anwendung dieses Kapitels in ihren gegenseitigen Beziehungen zu erleichtern. [2]Die Staaten, die solche Vereinbarungen getroffen haben, übermitteln dem Verwahrer dieses Übereinkommens eine Abschrift.

Von einer Kommentierung wird abgesehen.

Kapitel VI
Allgemeine Bestimmungen

Artikel 40 KSÜ

Bescheinigung über Berechtigung zum Handeln

(1) Die Behörden des Vertragsstaats, in dem das Kind seinen gewöhnlichen Aufenthalt hat oder in dem eine Schutzmaßnahme getroffen wurde, können dem Träger der elterlichen Verantwortung oder jedem, dem der Schutz der Person oder des Vermögens des Kindes anvertraut wurde, auf dessen Antrag eine Bescheinigung über seine Berechtigung zum Handeln und die ihm übertragenen Befugnisse ausstellen.

(2) Die Richtigkeit der Berechtigung zum Handeln und der Befugnisse, die bescheinigt sind, wird bis zum Beweis des Gegenteils vermutet.

(3) Jeder Vertragsstaat bestimmt die für die Ausstellung der Bescheinigung zuständigen Behörden.

1 Deutschland stellt derartige Bescheinigungen nicht aus, so dass auch keine zuständige Behörde nach Art. 40 Abs. 3 KSÜ bestimmt wurde.[1] Sofern ein Vertragsstaat keine Bescheinigungen nach Art. 40 KSÜ ausstellt, ist die Vertretungsberechtigung anhand der nach dem Recht des gewöhnlichen Aufenthalts maßgeblichen Urkunden zu prüfen.[2]

Artikel 41 KSÜ

Datenschutz

Die nach diesem Übereinkommen gesammelten oder übermittelten personenbezogenen Daten dürfen nur für die Zwecke verwendet werden, zu denen sie gesammelt oder übermittelt wurden.

Artikel 42 KSÜ

Vertraulichkeit

Behörden, denen Informationen übermittelt werden, stellen nach dem Recht ihres Staates deren vertrauliche Behandlung sicher.

Artikel 43 KSÜ

Förmlichkeit

Die nach diesem Übereinkommen übermittelten oder ausgestellten Schriftstücke sind von jeder Legalisation oder entsprechenden Förmlichkeit befreit.

Von einer Kommentierung der Art. 41 bis 43 KSÜ wird abgesehen.

---

1 Vgl. BT-Drs. 16/12063, 7 f.

2 MüKo-FamFG/*Wiedemann*, Art. 40 KSÜ Rn. 2, unter Hinweis auf OLG München FamRZ 2017, 1220 (zu den Anforderungen an die Bewilligung einer Grundbuchberichtigung durch den gesetzlichen Vertreter eines im Vereinigten Königreich (England) lebenden minderjährigen Kindes)

Artikel 44 KSÜ

Zuständige Behörden

Jeder Vertragsstaat kann die Behörden bestimmen, an die Ersuchen nach den Artikeln 8, 9 und 33 zu richten sind.

Zuständige Behörden[1] in Deutschland sind: 1

- für Ersuchen nach Art. 8 und Art. 9 KSÜ:

a) während der Anhängigkeit einer Ehesache das Familiengericht, bei dem die Ehesache im ersten Rechtszug anhängig ist oder war, sofern das Verfahren die elterliche Verantwortung für gemeinschaftliche Kinder betrifft;

b) ansonsten das Familiengericht, in dessen Bezirk das Kind seinen gewöhnlichen Aufenthalt hat;

c) soweit eine Zuständigkeit nach den Buchstaben (a) oder (b) nicht gegeben ist, das Familiengericht, in dessen Bezirk das Bedürfnis der Fürsorge bekannt wird;

d) in Fällen, die das Umgangsrecht, die elterliche Sorge oder die Kindesherausgabe betreffen, **kann** das Ersuchen auch an das Familiengericht am Sitz des Oberlandesgerichts gerichtet werden, in dessen Oberlandesgerichtsbezirk sich das Kind gewöhnlich aufhält, wenn ein Elternteil seinen gewöhnlichen Aufenthalt in einem anderen Mitgliedstaat der EU oder in einem anderen Vertragsstaat des KSÜ hat;

e) im Fall der Anhängigkeit eines Antrags auf Anerkennung oder Vollstreckbarerklärung einer Entscheidung nach dem KSÜ, der Brüssel IIb-VO oder dem ESÜ oder eines Antrags nach dem HKÜ (zur Zuständigkeitskonzentration nach § 10 i.V.m. § 12 IntFamRVG siehe *Schweppe*, § 12 IntFamRVG Rn. 2) **sind** Ersuchen für dasselbe Kind betreffende Verfahren über das Umgangsrecht, die elterliche Sorge oder die Kindesherausgabe an dieses Gericht zu richten.

- für Ersuchen nach Art. 33 KSÜ:

  grundsätzlich der überörtliche Träger der öffentlichen Jugendhilfe (Landesjugendamt), in dessen Bereich das Kind untergebracht werden soll, andernfalls der überörtliche Träger, zu dessen Bereich die Zentrale Behörde den engsten Bezug festgestellt hat; hilfsweise das Land Berlin.

Artikel 45 bis 49 KSÜ

Von Abdruck und Kommentierung wird abgesehen.

Artikel 50 KSÜ

Verhältnis zu Übereinkommen vom 25. Oktober 1980 über die zivilrechtlichen Aspekte internationaler Kindesentführung

[1]Dieses Übereinkommen lässt das Übereinkommen vom 25. Oktober 1980 über die zivilrechtlichen Aspekte internationaler Kindesentführung im Verhältnis zwischen den Vertragsparteien beider Übereinkommen unberührt. [2]Einer Berufung auf Bestimmungen dieses Übereinkommens zu dem Zweck, die Rückkehr eines widerrechtlich verbrachten oder zurückgehaltenen Kindes zu erwirken oder das Recht zum persönlichen Umgang durchzuführen, steht jedoch nichts entgegen.

1 Vgl. Bekanntmachung über das Inkrafttreten des KSÜ vom 7.12.2010 (BGBl. 2010 Teil II Nr. 36, S. 1527)

1 Art. 50 KSÜ räumt im Verhältnis zwischen den Vertragsstaaten beider Übereinkommen grundsätzlich dem HKÜ den Vorrang gegenüber dem KSÜ ein. Soweit auf Grundlage des KSÜ die Ziele des HKÜ mindestens ebenso effektiv durchgesetzt werden können, kann auch das KSÜ allein Anwendung finden (Art. 50 Satz 2 KSÜ).

Artikel 51 KSÜ

Übereinkommen vom 5. Oktober 1961 über die Zuständigkeit der Behörden und das anzuwendende Recht auf dem Gebiet des Schutzes von Minderjährigen

Im Verhältnis zwischen den Vertragsstaaten ersetzt dieses Übereinkommen das Übereinkommen vom 5. Oktober 1961 über die Zuständigkeit der Behörden und das anzuwendende Recht auf dem Gebiet des Schutzes von Minderjährigen und das am 12.6.1902 in Den Haag unterzeichnete Abkommen zur Regelung der Vormundschaft über Minderjährige, unbeschadet der Anerkennung von Maßnahmen, die nach dem genannten Übereinkommen vom 5.10.1961 getroffen wurden.

1 Art. 51 KSÜ bestimmt den Vorrang des KSÜ gegenüber dem MSA dahingehend, dass im Verhältnis zwischen den Vertragsstaaten das neuere KSÜ das ältere MSA ersetzt, wobei bereits erlassene Schutzmaßnahmen aber weiterhin beachtlich sind.

Artikel 52 KSÜ

Internationale Übereinkünfte

(1) Dieses Übereinkommen lässt internationale Übereinkünfte unberührt, denen Vertragsstaaten als Vertragsparteien angehören und die Bestimmungen über die im vorliegenden Übereinkommen geregelten Angelegenheiten enthalten, sofern die durch eine solche Übereinkunft gebundenen Staaten keine gegenteilige Erklärung abgeben.

(2) Dieses Übereinkommen lässt die Möglichkeit unberührt, dass ein oder mehrere Vertragsstaaten Vereinbarungen treffen, die in Bezug auf Kinder mit gewöhnlichem Aufenthalt in einem der Staaten, die Vertragsparteien solcher Vereinbarungen sind, Bestimmungen über die in diesem Übereinkommen geregelten Angelegenheiten enthalten.

(3) Künftige Vereinbarungen eines oder mehrerer Vertragsstaaten über Angelegenheiten im Anwendungsbereich dieses Übereinkommens lassen im Verhältnis zwischen solchen Staaten und anderen Vertragsstaaten die Anwendung der Bestimmungen des Übereinkommens unberührt.

(4) Die Absätze 1 bis 3 gelten auch für Einheitsrecht, das auf besonderen Verbindungen insbesondere regionaler Art zwischen den betroffenen Staaten beruht.

1 Art. 52 KSÜ regelt das Verhältnis zu bereits bestehenden (Abs. 1) und künftigen (Abs. 2 und 3) Übereinkommen und wurde insbesondere im Hinblick auf künftige Regelungen des EU-Rechts, wie die Brüssel IIb-VO, aufgenommen.

Artikel 53 KSÜ

Zeitlicher Geltungsbereich

(1) Dieses Übereinkommen ist nur auf Maßnahmen anzuwenden, die in einem Staat getroffen werden, nachdem das Übereinkommen für diesen Staat in Kraft getreten ist.

(2) Dieses Übereinkommen ist auf die Anerkennung und Vollstreckung von Maßnahmen anzuwenden, die getroffen wurden, nachdem es im Verhältnis zwischen dem Staat, in dem die Maßnahmen getroffen wurden, und dem ersuchten Staat in Kraft getreten ist.

Die Norm enthält Übergangsregeln zur Zuständigkeit der Behörden und zur Anerkennung von Maßnahmen. 1

Nach Art. 53 Abs. 1 KSÜ gelangen die Zuständigkeitsregeln erst ab dem Inkrafttreten des Übereinkommens im jeweiligen Staat zur Anwendung.

Art. 53 Abs. 2 KSÜ beschränkt die zeitliche Anwendung des KSÜ auf die Anerkennung und Vollstreckung von Entscheidungen auf solche, die nach Inkrafttreten des Übereinkommens in den beiden beteiligten Vertragsstaaten ergangen sind.

Keine Lösung enthält die Norm zur Frage der Fortwirkung von vor Inkrafttreten des KSÜ entstandenen gesetzlichen Sorgeverhältnissen (näher hierzu siehe *Schweppe*, Art. 16 KSÜ Rn. 13 f.).[1] 2

Artikel 54 KSÜ

Sprache

(1) Mitteilungen an die Zentrale Behörde oder eine andere Behörde eines Vertragsstaats werden in der Originalsprache zugesandt; sie müssen von einer Übersetzung in die Amtssprache oder eine der Amtssprachen des anderen Staates oder, wenn eine solche Übersetzung nur schwer erhältlich ist, von einer Übersetzung ins Französische oder Englische begleitet sein.

(2) Ein Vertragsstaat kann jedoch einen Vorbehalt nach Artikel 60 anbringen und darin gegen die Verwendung des Französischen oder Englischen, jedoch nicht beider Sprachen, Einspruch erheben.

Für Anträge an das Bundesamt für Justiz als deutsche Zentrale Behörde oder Verfahren vor deutschen Gerichten ist grundsätzlich eine Übersetzung ins Deutsche erforderlich, eine Übersetzung ins Englische genügt nur ausnahmsweise. Gegen die Verwendung der französischen Sprache hat Deutschland – ebenso wie einige andere Staaten – einen Vorbehalt nach Art. 54 Abs. 2 KSÜ i.V.m. Art. 60 KSÜ erklärt. 1

Artikel 55 KSÜ

Vorbehalte

(1) Ein Vertragsstaat kann sich nach Artikel 60

a) die Zuständigkeit seiner Behörden vorbehalten, Maßnahmen zum Schutz des in seinem Hoheitsgebiet befindlichen Vermögens eines Kindes zu treffen;

b) vorbehalten, die elterliche Verantwortung oder eine Maßnahme nicht anzuerkennen, soweit sie mit einer von seinen Behörden in Bezug auf dieses Vermögen getroffenen Maßnahme unvereinbar ist.

(2) Der Vorbehalt kann auf bestimmte Vermögensarten beschränkt werden.

Art. 55 KSÜ erlaubt den Vertragsstaaten sich die alleinige Zuständigkeit für Maßnahmen vorzubehalten, welche in Bezug auf Vermögensgegenstände ergehen. Auch diesen Vorbehalt haben einige Vertragsstaaten erklärt.[1] 1

1 Vgl. *Lagarde*, Rn. 179

1 Vgl. Staatenliste unter www.bundesjustizamt.de > Themen > Familie international > Sorgerecht > Staatenliste

Artikel 56 bis 59 KSÜ

Von Abdruck und Kommentierung wird abgesehen.

Artikel 60 KSÜ
Vorbehalte

(1) [1]Jeder Staat kann spätestens bei der Ratifikation, der Annahme, der Genehmigung oder dem Beitritt oder bei Abgabe einer Erklärung nach Artikel 59 einen der in Artikel 54 Absatz 2 und Artikel 55 vorgesehenen Vorbehalte oder beide anbringen. [2]Weitere Vorbehalte sind nicht zulässig.

(2) [1]Jeder Staat kann einen von ihm angebrachten Vorbehalt jederzeit zurücknehmen. [2]Die Rücknahme wird dem Verwahrer notifiziert.

(3) Die Wirkung des Vorbehalts endet am ersten Tag des dritten Kalendermonats nach der in Absatz 2 genannten Notifikation.

Von einer Kommentierung wird abgesehen.

Artikel 61 bis 63 KSÜ

Von Abdruck und Kommentierung wird abgesehen.

Kapitel 4

Einführungsgesetz zum Bürgerlichen Gesetzbuche (EGBGB)

in der Fassung der Bekanntmachung vom 21. September 1994 (BGBl. I S. 2494; 1997 I S. 1061), zuletzt geändert durch Art. 15 des Gesetzes vom 23.10.2024 (BGBl. 2024 I Nr. 323)

– Auszug –

Teil 1
Allgemeine Vorschriften

[...]

2. Kapitel
Internationales Privatrecht

1. Abschnitt
Allgemeine Vorschriften

Artikel 3 EGBGB

Anwendungsbereich; Verhältnis zu Regelungen der Europäischen Union und zu völkerrechtlichen Vereinbarungen

Soweit nicht

1. **unmittelbar anwendbare Regelungen der Europäischen Union in ihrer jeweils geltenden Fassung, insbesondere**
   a) **die Verordnung (EG) Nr. 864/2007 des Europäischen Parlaments und des Rates vom 11. Juli 2007 über das auf außervertragliche Schuldverhältnisse anzuwendende Recht (Rom II),**
   b) **die Verordnung (EG) Nr. 593/2008 des Europäischen Parlaments und des Rates vom 17. Juni 2008 über das auf vertragliche Schuldverhältnisse anzuwendende Recht (Rom I),**
   c) **Artikel 15 der Verordnung (EG) Nr. 4/2009 des Rates vom 18. Dezember 2008 über die Zuständigkeit, das anwendbare Recht, die Anerkennung und Vollstreckung von Entscheidungen und die Zusammenarbeit in Unterhaltssachen in Verbindung mit dem Haager Protokoll vom 23. November 2007 über das auf Unterhaltspflichten anzuwendende Recht sowie**
   d) **die Verordnung (EU) Nr. 1259/2010 des Rates vom 20. Dezember 2010 zur Durchführung einer Verstärkten Zusammenarbeit im Bereich des auf die Ehescheidung und Trennung ohne Auflösung des Ehebandes anzuwendenden Rechts oder**
   e) **die Verordnung (EU) Nr. 650/2012 des Europäischen Parlaments und des Rates vom 4. Juli 2012 über die Zuständigkeit, das anzuwendende Recht, die Anerkennung und Vollstreckung von Entscheidungen und die Annahme und Vollstreckung öffentlicher Urkunden in Erbsachen sowie zur Einführung eines Europäischen Nachlasszeugnisses,**
   f) **die Verordnung (EU) 2016/1103 des Rates vom 24. Juni 2016 zur Durchführung einer Verstärkten Zusammenarbeit im Bereich der Zuständigkeit, des anzuwendenden Rechts und der Anerkennung und Vollstreckung von Entscheidungen in Fragen des ehelichen Güterstands sowie**
   g) **die Verordnung (EU) 2016/1104 des Rates vom 24. Juni 2016 zur Durchführung der Verstärkten Zusammenarbeit im Bereich der Zuständigkeit, des anzuwendenden Rechts und der Anerkennung und Vollstreckung von Entscheidungen in Fragen güterrechtlicher Wirkungen eingetragener Partnerschaften oder**

2. **Regelungen in völkerrechtlichen Vereinbarungen, soweit sie unmittelbar anwendbares innerstaatliches Recht geworden sind,**

maßgeblich sind, bestimmt sich das anzuwendende Recht bei Sachverhalten mit einer Verbindung zu einem ausländischen Staat nach den Vorschriften dieses Kapitels (Internationales Privatrecht).

1 Das Einführungsgesetz zum Bürgerlichen Gesetzbuch (EGBGB) regelt im zweiten Kapitel des ersten Teils (Internationales Privatrecht) durch sog. Kollisionsnormen das **in der Sache anzuwendende Recht**. Art. 3 EGBGB bestimmt für die Ermittlung des anzuwendenden Rechts bei Sachverhalten mit Auslandsberührung folgende Rangfolge:

1. unmittelbar anwendbare Regelungen der Europäischen Union
2. Regelungen in völkerrechtlichen Vereinbarungen, soweit unmittelbar anwendbares Recht

   Für das Kindschaftsrecht ist dies das

   - Kinderschutzübereinkommen (KSÜ), siehe hierzu die Kommentierung der einschlägigen Vorschriften des KSÜ oben in Kapitel 3 Abschnitt 3.
3. subsidiär die Kollisionsnormen des EGBGB

   Für Kindschaftssachen von Relevanz sind

   - Art. 19 und 20 EGBGB (Abstammung, Anfechtung der Abstammung),
   - Art. 21 EGBGB (Wirkungen des Eltern-Kind-Verhältnisses),
   - Art. 22 EGBGB (Annahme als Kind) sowie
   - Art. 24 EGBGB (Vormundschaft, Betreuung und Pflegschaft).

Artikel 3a EGBGB

(aufgehoben)

Artikel 4 EGBGB
Verweisung

(1) [1]Wird auf das Recht eines anderen Staates verwiesen, so ist auch dessen Internationales Privatrecht anzuwenden, sofern dies nicht dem Sinn der Verweisung widerspricht. [2]Verweist das Recht des anderen Staates auf deutsches Recht zurück, so sind die deutschen Sachvorschriften anzuwenden.

(2) [1]Verweisungen auf Sachvorschriften beziehen sich auf die Rechtsnormen der maßgebenden Rechtsordnung unter Ausschluss derjenigen des Internationalen Privatrechts. [2]Soweit die Parteien das Recht eines Staates wählen können, können sie nur auf die Sachvorschriften verweisen.

(3) [1]Wird auf das Recht eines Staates mit mehreren Teilrechtsordnungen verwiesen, ohne die maßgebende zu bezeichnen, so bestimmt das Recht dieses Staates, welche Teilrechtsordnung anzuwenden ist. [2]Fehlt eine solche Regelung, so ist die Teilrechtsordnung anzuwenden, mit welcher der Sachverhalt am engsten verbunden ist.

1 Art. 4 EGBGB regelt die kollisionsrechtlichen Grundsätze der Verweisung auf das anzuwendende Recht anderer Staaten.

Art. 4 Abs. 1 EGBGB enthält zunächst den Grundsatz der Gesamtverweisung (Kollisionsnormverweisung), womit nicht nur das Sachrecht des anderen Staates, sondern auch das entsprechende Kollisionsrecht des angerufenen Staates zu beachten ist. Aus dem fremden Kollisionsrecht kann sich auch eine Verweisung auf das Sachrecht des Erststaates (Rückverweisung) – und damit auf das deutsche Recht – oder auf das Recht eines dritten Staates (Weiterverweisung) ergeben.[1]

Aus Art. 4 Abs. 2 Satz 1 EGBGB folgt, dass Verweisungen des EGBGB **auf Sachvorschriften** nur auf das innerstaatliche Recht eines Staates verweisen (Sachnormverweisung) und das Internationale Privatrecht des entsprechenden Staates unberücksichtigt bleibt. 2

Artikel 5 EGBGB

Personalstatut

(1) [1]Wird auf das Recht des Staates verwiesen, dem eine Person angehört, und gehört sie mehreren Staaten an, so ist das Recht desjenigen dieser Staaten anzuwenden, mit dem die Person am engsten verbunden ist, insbesondere durch ihren gewöhnlichen Aufenthalt oder durch den Verlauf ihres Lebens. [2]Ist die Person auch Deutscher, so geht diese Rechtsstellung vor.

(2) Ist eine Person staatenlos oder kann ihre Staatsangehörigkeit nicht festgestellt werden, so ist das Recht des Staates anzuwenden, in dem sie ihren gewöhnlichen Aufenthalt oder, mangels eines solchen, ihren Aufenthalt hat.

(3) [1]Wird auf das Recht des Staates verwiesen, in dem eine Person ihren Aufenthalt oder ihren gewöhnlichen Aufenthalt hat, und ändert eine nicht voll geschäftsfähige Person den Aufenthalt ohne den Willen des gesetzlichen Vertreters, so führt diese Änderung allein nicht zur Anwendung eines anderen Rechts.

Das Internationale Privatrecht folgt für die Antwort auf die Frage nach dem auf die persönlichen Lebensverhältnisse anwendbaren Recht dem sog. Staatsangehörigkeitsprinzip. Grundsätzlich ist das Heimatrecht des Betroffenen maßgeblich.[1] 1

Abs. 1 der Norm regelt das Personalstatut bei sog. Doppel- oder Mehrstaatlern und Abs. 2 dasjenige von Staatenlosen (näher hierzu das Staatsangehörigkeitsgesetz – StAG). 2

Abs. 3 befasst sich mit der Anknüpfung an den gewöhnlichen Aufenthalt für Minderjährige. Dabei folgt aus Art. 5 Abs. 3 EGBGB nicht, dass ein Kind unabhängig vom Willen eines Sorgeberechtigten keinen neuen gewöhnlichen Aufenthalt begründen kann. Klargestellt wird lediglich, dass eine Aufenthaltsänderung ohne den Willen des gesetzlichen Vertreters „allein" nicht zur Änderung des anwendbaren Rechts führt.[2] 3

▶ *Zu Einzelheiten des gewöhnlichen Aufenthalts siehe Schweppe, Art. 7 Brüssel IIb-VO Rn. 3 ff.*

Artikel 6 EGBGB

Öffentliche Ordnung (ordre public)

[1]Eine Rechtsnorm eines anderen Staates ist nicht anzuwenden, wenn ihre Anwendung zu einem Ergebnis führt, das mit wesentlichen Grundsätzen des deutschen Rechts offensichtlich unvereinbar ist. [2]Sie ist insbesondere nicht anzuwenden, wenn die Anwendung mit den Grundrechten unvereinbar ist.

---

1 Zur Erläuterung dieser Begriffe siehe *Niethammer-Jürgens/Erb-Klünemann*, S. 20 f.

1 Vgl. Grüneberg/*Thorn*, Art. 5 EGBGB Rn. 1

2 MüKo-BGB/*v. Hein*, Art. 5 EGBGB Rn. 183 m.w.N.

1 Soweit inländische Gerichte über die Verweisungsnormen des EGBGB (für Sorgerechtsentscheidungen Art. 21 EGBGB) zur Anwendung ausländischen Rechts gelangen, ist der *Ordre-public*-Vorbehalt des Art. 6 EGBGB zu beachten.

A. Verstoß gegen den ordre public

I. Unvereinbarkeit mit wesentlichen Grundsätzen des deutschen Rechts

2 Art. 6 EGBGB stellt die Anwendung ausländischen Rechts unter den Vorbehalt der Vereinbarkeit mit wesentlichen Grundsätzen des deutschen Rechts. Dies schließt die Anwendung ausländischen Rechts im Fall extremer, nicht hinnehmbarer Wertungswidersprüche zur eigenen Rechtsordnung aus, wofür eine Auswirkung auf den konkreten Fall erforderlich ist (hierzu unten Rn. 5).

Einen entsprechenden Vorbehalt enthält auch Art. 22 KSÜ (siehe hierzu *Schweppe*, Art. 22 KSÜ Rn. 1).

3 Über Art. 6 Satz 2 EGBGB, wonach bei Verletzung von Grundrechten die Anwendung des ausländischen Rechts ausgeschlossen ist, sind bei Entscheidungen in Kindschaftssachen die Grundrechte von Eltern bzw. Kind u.a. aus Art. 1, 2 GG (Allgemeines Persönlichkeitsrecht), Art. 3 GG (Gleichbehandlungsgrundsatz, Willkürverbot), Art. 4 GG (Religionsfreiheit) und Art. 6 GG (Recht auf Familie, Elternrecht, staatliches Wächteramt, Kindeswohlmaßstab) zu beachten.

▶ *Zum Kindeswohl als wesentlichen Maßstab im deutschen Kindschaftsrecht siehe Bussian, § 1697a BGB Rn. 7 ff.*

4 Vor diesem Hintergrund ist etwa die in islamischen Rechtsordnungen vorgesehene strikte Zuordnung des Sorgerechts auf Vater oder Mutter abhängig von Alter und Geschlecht des Kindes mit wesentlichen Grundsätzen unserer Rechtsordnung offensichtlich unvereinbar.[1]

II. Verstoß im konkreten Fall

5 Für die Feststellung der Unvereinbarkeit sind nicht abstrakte Erwägungen maßgeblich. Prüfungsmaßstab ist vielmehr, ob die durch das anzuwendende Recht vorgesehene Regelung der elterlichen Sorge **im konkreten Fall** nicht mit deutschem Recht vereinbar ist.[2]

Dies erfordert einen hinreichenden Inlandsbezug im konkreten Fall, um einen Verstoß gegen den *ordre public* anzunehmen.[3]

6 Bei der Prüfung, ob die Anwendung ausländischen Rechts mit wesentlichen Grundsätzen des deutschen Rechts unvereinbar ist, sind insbesondere die Grundrechte der betroffenen

---

1 Vgl. Staudinger/*Henrich*, Art. 21 EGBGB Rn. 41–52; OVG Berlin-Brandenburg NZFam 2014, 967 (Zuweisung der elterlichen Sorge zum Vater nach afghanischem Recht)
2 BGH FamRZ 1993, 1053
3 Siehe hierzu OLG Nürnberg FamRZ 2021, 600; BGH FamRZ 1993, 316, 317; Grüneberg/*Thorn*, Art. 6 EGBGB Rn. 6

Kinder beachtlich, so dass sich eine Sorgerechtsentscheidung zwingend am Kindeswohl orientieren muss.[4]

Da im Kindschaftsrecht für das anzuwendende Recht inzwischen überwiegend an den gewöhnlichen Aufenthalt und nicht an die Staatsangehörigkeit angeknüpft wird, ist die Anwendung ausländischen Rechts hier die Ausnahme (zu verbleibenden Anwendungsbereichen siehe Art. 21 EGBGB). Von praktischer Relevanz ist die Vereinbarkeit mit dem *ordre public* dagegen für die Anerkennung ausländischer Entscheidungen (hierzu § 109 FamFG).

Ein Verstoß gegen den *ordre public* i.S.v. Art. 6 EGBGB liegt vor, wenn der Anwendung des ausländischen Rechts im konkreten Fall das Kindeswohl entgegensteht und bei Anwendung dieses Rechts auch kein anderes Ergebnis erzielt werden kann.[5] Dies ist etwa zu bejahen, wenn die Ausübung der elterlichen Sorge durch die Kindesmutter an die Zugehörigkeit zur islamischen Religionsgemeinschaft geknüpft wird.[6] **7**

B. Rechtsfolge

Soweit die Verletzung des *ordre public* im konkreten Fall zu bejahen ist, führt dies nicht zwingend zur Anwendung deutschen Rechts, vielmehr ist zunächst eine Auslegung des ausländischen Rechts zu prüfen, deren Ergebnis mit dem *ordre public* vereinbar ist.[7] Ist dies nicht möglich, gelangt man zur Anwendung deutschen Rechts.[8] **8**

4 BGH FamRZ 1993, 316 (Iran)
5 BVerfGK 9, 155 (Syrien)
6 OLG Koblenz IPRspr 2005, Nr. 71, 150 (Ägypten); OLG Düsseldorf FamRZ 1994, 644 (Jordanien)
7 BT-Drs. 10/504, 44; vgl. hierzu den Hinweis des BGH in der Entscheidung FamRZ 1993, 316, 317
8 Vgl. OLG Hamm IPRspr 2000, Nr. 81, 166/167

2. Abschnitt
Recht der natürlichen Personen und der Rechtsgeschäfte

Artikel 7 EGBGB

Rechts- und Geschäftsfähigkeit

(1) [1]Die Rechtsfähigkeit und die Geschäftsfähigkeit einer Person unterliegen dem Recht des Staates, dem die Person angehört. [2]Die einmal erlangte Rechtsfähigkeit wird durch Erwerb oder Verlust einer Staatsangehörigkeit nicht beeinträchtigt.

(2) [1]Die Geschäftsfähigkeit einer Person unterliegt dem Recht des Staates, in dem die Person ihren gewöhnlichen Aufenthalt hat. Dies gilt auch, soweit die Geschäftsfähigkeit durch Eheschließung erweitert wird. [2]Die einmal erlangte Geschäftsfähigkeit wird durch einen Wechsel des gewöhnlichen Aufenthalts nicht beeinträchtigt.

Übersicht

A. Allgemeines

1 Art. 7 EGBGB bestimmt das auf die Rechts- und Geschäftsfähigkeit anzuwendende Recht. Dabei differenziert die seit dem 1.1.2023 geltenden Fassung zwischen Rechts- und Geschäftsfähigkeit.[1] Während die Rechtsfähigkeit weiterhin dem Heimatrecht folgt (Art. 7 Abs. 1 EGBGB); bestimmt sich die Geschäftsfähigkeit nach dem Recht des gewöhnlichen Aufenthalts (Art. 7 Abs. 2 EGBGB).

B. Inhalt der Norm

2 Die einheitliche Anknüpfung an den gewöhnlichen Aufenthalt sowohl für die Bestimmung der Geschäftsfähigkeit als auch für das auf die elterliche Sorge und Vormundschaften anzuwendende Recht dient der Vermeidung von Wertungswidersprüchen.[2]

3 Die nach altem Recht auftretende Problematik eines nach dem Heimatrecht vom deutschen Recht abweichenden Volljährigkeitsalters ist damit im Wesentlichen obsolet.[3] Dabei gilt international zwar weitgehend eine Volljährigkeitsgrenze von 18 Jahren, jedoch tritt in einigen Staaten die Volljährigkeit erst mit Vollendung des 19. (so z.B. Algerien) bzw. 21. (Ägypten) Lebensjahres ein.[4]

4 Im Anwendungsbereich der Haager Übereinkommen ist zudem deren persönlicher Anwendungsbereich zu beachten, so gelangt das HKÜ mit Vollendung des 16. Lebensjahres nicht mehr zur Anwendung (Art. 4 HKÜ).

Artikel 7a bis Art. 12 EGBGB

Von Abdruck und Kommentierung wird abgesehen.

---

1 Zu den entsprechenden Übergangsregeln siehe Art. 229 § 54 EGBGB, wonach insbes. eine bei Ablauf des 31.12.2022 bereits bestehende Geschäftsfähigkeit fortbesteht

2 Hierzu *Thorn/Romaro*, IPRax 2021, 15; *Dürbeck*, FamRZ 2020, 1789, (1794 f.)

3 Hierzu *Andrae*, § 9 Rn. 152; zum bisherigen Recht siehe die Kommentierung in der Vorauflage sowie BGH ZKJ 2018 227; FamRZ 2018, 457 mit Anm. *Hüßtege*; zu verbleibenden Anwendungsbereichen siehe MüKO-BGB/*Lipp*, Art. 24 Rn. 29

4 Siehe hierzu die Übersicht zur Volljährigkeit bei Hausmann/Odersky/*Hausmann*, § 4 Rn. 21–23

3. Abschnitt
Familienrecht

Artikel 13 EGBGB

Eheschließung

(1) Die Voraussetzungen der Eheschließung unterliegen für jeden Verlobten dem Recht des Staates, dem er angehört.

(2) …

(3) Unterliegt die Ehemündigkeit eines Verlobten nach Absatz 1 ausländischem Recht, ist die Ehe nach deutschem Recht

1. **unwirksam, wenn der Verlobte im Zeitpunkt der Eheschließung das 16. Lebensjahr nicht vollendet hatte, und**
2. **aufhebbar, wenn der Verlobte im Zeitpunkt der Eheschließung das 16., aber nicht das 18. Lebensjahr vollendet hatte.**

(4) …

Übersicht Rn.

Weiterführende Literatur: Budzikiewicz/Heiderhoff, Das Gesetz zum Schutz Minderjähriger bei Auslandssachen, Ergänzungen zur Stellungnahme zum Referentenentwurf des Bundesministeriums der Justiz aufgrund des Regierungsentwurfs v. 14.5.2024, FamRZ 2024, 918–919; *Budzikiewicz/Coester-Waltjen/Gössl/Heiderhoff/ Michaels/Yassari*, Das Gesetz zum Schutz Minderjähriger bei Auslandsehen Stellungnahme zum Referentenentwurf des Bundesministeriums der Justiz v. 5.4.2024, FamRZ 2024, 908 ff.; *Majer*, Das Gesetz zum Schutz Minderjähriger bei Auslandsehen – wesentliche Regelungen und Kritik, NZFam 2024, 823 ff.; *Majer*, Kinderehen nach der Entscheidung des Bundesverfassungsgerichts, NZFam 2024, 145 ff.; *Antomo*, Kinderehengesetz in Karlsruhe – verfassungswidrig, aber nur ein bisschen, NJW 2023, 1474 ff.; *Gausing/Wittebol*, Ehe, Nichtehe, hinkende Ehe?, JZ 2023, 851 ff.;

Zum bisherigen Recht: Frank, Das Gesetz zur Bekämpfung von Kinderehen vom 17.7.2017: ein Erfolgsmodell? – Überlegungen vor dem Hintergrund der Vorlageentscheidung des BGH an das BVerfG vom 14.11.2018, StAZ 2019, 129 ff.; *Weller/Thomale/Hategan/Werner*, Das Gesetz zur Bekämpfung von Kinderehen – eine kritische Würdigung, FamRZ 2018, 1289 ff.; *Hüßtege*, Das Verbot der Kinderehe nach neuem Recht aus kollisionsrechtlicher Sicht, FamRZ 2017, 1374 ff.; *Schwab*, Die verbotene Kinderehe, FamRZ 2017, 1369 ff.; *Bongartz*, Zur gebotenen rechtlichen Behandlung von Ehen unter Beteiligung Minderjähriger, NZFam 2017, 541 ff.; *Coester-Waltjen*, Kinderehen – Neue Sonderanknüpfungen im EGBGB, IPrax 2017, 429 ff.; *Coester*, Kinderehen in Deutschland – Stellungnahme der Kinderrechtekommission des Deutschen Familiengerichtstags e.V. (DFGT) v. 29.11.2016, FamRZ 2017, 77 ff.; *Antomo*, Kinderehen, ordre public und Gesetzesreform, NJW 2016, 3558 ff.

A. Allgemeines

1 Mit dem Gesetz zur Bekämpfung von Kinderehen vom 17.7.2017[1] wurden die Ehemündigkeit im deutschen materiellen Recht sowie das entsprechende Kollisionsrecht mit Wirkung vom 22.7.2017 neu geregelt. Hintergrund war neben dem Minderjährigenschutz, der sexuellen Selbstbestimmung und der Gleichstellung von Mann und Frau insbesondere auch die Zunahme der Anzahl von in Deutschland lebenden verheirateten Minderjährigen durch die Flüchtlingsmigration. Obwohl bereits im Vorfeld jedenfalls die Rechtsfolge der Unwirksamkeit der Ehe (Nichtehe) für bestimmte Fallkonstellationen einer im Ausland wirksam geschlossenen Ehe deutliche Kritik erfuhr,[2] blieb der Gesetzentwurf[3] im Wesentlichen unverändert. Zu unterscheiden sind die Regelung für in Deutschland geschlossene Ehen nach § 1303 BGB[4] und die Regelung für die Anerkennung von im Ausland geschlossenen Ehen nach Art. 13 Abs. 3 EGBGB.[5] Die zeitliche Anwendbarkeit (Übergangsrecht) ist für beide Vorschriften in Art. 229 § 44 EGBGB geregelt.

2 Das BVerfG hatte aufgrund der Vorlage des BGH[6] über die Verfassungsmäßigkeit der in der Rechtslehre sehr umstrittenen Regelung zu entscheiden. Mit Senatsbeschluss vom 1.2.2023[7] hat es (nur) die Regelung in Art. 13 Abs. 3 Nr. 1 EGBGB als verfassungswidrig eingestuft und dem Gesetzgeber aufgegeben, bis zum 30.6.2024 eine Neuregelung zu schaffen. Das BVerfG sah den **Gesetzgeber grundsätzlich** für **berechtigt** an, für die inländische Wirksamkeit im Ausland geschlossener Ehen **eine starre Mindestaltersgrenze für die Eheschließung festzulegen** und bei deren Unterschreitung pauschal und **ohne Einzelfallprüfung die statusrechtliche Nichtigkeit der Ehe anzuordnen**. Insoweit zog es unter anderem einen Vergleich zur Geschäftsfähigkeit, bei der auch eine starre Altersgrenze ohne Einzelfallprüfung gesetzlich vorgegeben sei. Trotz der großen Bedeutung des Schutzes Minderjähriger bei von ihnen eingegangenen Ehen steht es nach dem BVerfG dazu aber **nicht in einem angemessenen Verhältnis**, dass der **Gesetzgeber keine spezifischen Regelungen über die Folgen der Unwirksamkeit getroffen hat**, obwohl Art. 13 Abs. 3 Nr. 1 EGBGB auch nach ausländischem Recht wirksam geschlossene und tatsächlich bereits geführte Ehen erfasst, die in den Schutzbereich von Art. 6 Abs. 1 GG fallen. Die Vorschrift erweist sich danach zudem als unangemessener Eingriff in die Eheschließungsfreiheit, weil es an einer Regelung fehlt, die es der Minderjährigen ermöglicht, ab Erreichen der Volljährigkeit die Ehe aufgrund eines nun selbstbestimmten Entschlusses im Inland als wirksame Ehe zu führen. Die allein eröffnete Möglichkeit, denselben Partner erneut im Inland zu heiraten, stellt nach dem BVerfG keinen angemessenen Ausgleich zwischen dem vom Gesetzgeber bezweckten Minderjährigenschutz einerseits und dem Gewicht des Eingriffs in Art. 6 Abs. 1 GG andererseits dar.

3 Mit dem Gesetz zum Schutz Minderjähriger bei Auslandsehen vom 24.6.2024[8] wurden aufgrund der Entscheidung des BVerfG die Folgen für nach deutschem Recht unwirksame Auslandsehen mit Wirkung zum 1.7.2024 mit Verweisungen auf die entsprechende Anwendung von Vorschriften bezüglich der Ehefolgen abgemildert, § 1305 Abs. 1 BGB n.F. Weiter

---

1 BGBl. I 2017, S. 2429
2 Kinderrechtekommission des DFGT vom 29.11.2016, FamRZ 2017, 77; *DiJuF*-Rechtsgutachten vom 7.11.2016, JAmt 2016, 598; *Antomo*, NJW 2016, 3558; *Coester*, FamRZ 2017, 77; *Bongartz*, NZFam 2017, 541; *Coester-Waltjen*, IPRax 2017, 429
3 BT-Drs. 18/12377 (Gesetzentwurf der Bundesregierung); BT-Drs. 18/12086 (Gesetzentwurf der CDU/CSU und SPD-Fraktion)
4 Vgl. kritisch dazu *Schwab*, FamRZ 2017, 1369
5 Vgl. kritisch zum Kollisionsrecht des neuen Art. 13 EGBGB *Hüßtege*, FamRZ 2017, 1374
6 BGH FamRZ 2019, 181; dazu *Löhnig*, NZFam 2019, 72; *Dutta*, FamRZ 2019, 188; *Coester-Waltjen*, IPRax 2019, 127
7 BVerfG FamRZ 2023, 837 = BVerfGE 166, 1-92 = NJW 2023, 1494
8 BGBl. 2024 I, Nr. 212

besteht bei Volljährigkeit der Personen, die die unwirksame Ehe geschlossen haben, die Möglichkeit der Heilung mit Rückwirkung auf den Zeitpunkt der ersten (unwirksamen) Eheschließung, § 1305 Abs. 2 BGB n.F. Der Gesetzgeber hat also die starre Unwirksamkeitsregelung beibehalten und nur die Fehlerfolgen, entsprechend der Vorgaben des BVerfG, abgemildert.

B. Inhalt der Norm

Mit der Neufassung von Art. 13 Abs. 3 EGBGB zum 22.7.2017 wurde die **Anerkennung von Eheschließungen**, die ausländischem Recht unterliegen, **im deutschen Kollisionsrecht erstmals explizit** im Wege einer speziellen/positiven *Ordre-public*-Vorschrift **geregelt**. Zuvor bestimmte sich die Frage der Anerkennung nach Art. 13 Abs. 1 EGBGB i.V.m. der Generalklausel des (negativen) *orde public* nach Art. 6 EGBGB.[9] Dies führte zu einer sehr uneinheitlichen Rechtsprechung sowohl zu der Frage, was das noch akzeptable Alter für eine Eheschließung angeht, als auch dazu, nach welchen Maßstäben ein Verstoß gegen wesentliche Grundsätze des deutschen Rechts zu beurteilen ist.[10] Ein Motiv des Gesetzgebers für die Neuregelung war daher auch, durch eindeutige Vorgaben größere Rechtssicherheit und Vorhersehbarkeit zu schaffen.[11] Dem nationalen Kollisionsrecht gegenüber vorrangige[12] unionsrechtliche oder völkerrechtliche Regelungen für die Eheschließung gibt es nicht; insbesondere enthalten auch die Rom III-VO oder die Brüssel IIa bzw. IIb-VO keine für die Eheschließung relevanten Vorschriften; die Brüssel IIb-VO gilt auch nicht für Statusentscheidungen über das Bestehen oder Nichtbestehen einer Ehe.[13] 4

Der Gesetzgeber hat die **kollisionsrechtliche Anerkennung parallel zur Neuregelung des materiellen Rechts** in § 1303 BGB gefasst. Die Ehe ist **unwirksam, wenn** bei der Eheschließung **eine unter 16 Jahre alte Person beteiligt** war, Art. 13 Abs. 3 Nr. 1 EGBGB, und **aufhebbar, wenn** eine **Person 16 oder 17 Jahre alt** war, Art. 13 Abs. 3 Nr. 2 EGBGB.[14] Die Aufhebbarkeit ist als Fehlerfolge im nationalen Recht anerkannt (vgl. §§ 1313 ff. BGB), es gibt die Möglichkeit der Bestätigung nach Volljährigkeit gemäß § 1315 Abs. 1 Satz 1 Nr. 1 lit. a BGB und die Folgen der Aufhebung sind in § 1318 BGB geregelt. Die **Unwirksamkeit einer Ehe kraft Gesetzes** *ex tunc* ohne Anfechtungsnotwendigkeit kannte das bisherige Recht (und auch das BGB von 1900) nicht; dies stellt einen „systemwidrigen Anachronismus" dar.[15] Die Unwirksamkeitsregelung lässt **keine Einzelfallprüfung unter Kindeswohlgesichtspunkten** zu. An der strengen Unwirksamkeitsfolge nach Art. 13 Abs. 3 Nr. 1 EGBGB war, was zur Verfassungswidrigkeit geführt hat, auch problematisch, dass das Gesetz bis zum 30.6.2024 keine Regelungen zu den Folgen der Unwirksamkeit getroffen hat. Mit dem Gesetz zum Schutz Minderjähriger bei Auslandsehen vom 24.6.2024[16] wurden aufgrund der Entscheidung des BVerfG die Folgen für nach deutschem Recht unwirksame Auslands- 5

9 Vgl. OLG Bamberg FamRZ 2016, 1270 (Vorinstanz zur Vorlageentscheidung des BGH FamRZ 2019, 181)

10 Vgl. die Nachweise in BGH FamRZ 2019, 181 Rn. 44 (12, 14, 15 oder 16 Jahre als unterste Altersgrenze, teilweise statische, teilweise dynamische Betrachtung, Wertungen der § 176 StGB [14 Jahre], § 180 StGB [16 Jahre], europäische Rechtsvergleichung [15 Jahre], AG Tübingen ZfJ 1992, 48, hält auch das Alter von 12 Jahren nach damaligem uruguayischem Eheschließungsrecht nicht für *ordre-public*-widrig)

11 BT-Drs. 18/12086, 14

12 Vgl. Art. 3 EGBGB zum Vorrang

13 BeckOGK/*Rentsch*, Art. 13 EGBGB Rn. 17

14 OLG Frankfurt a.M. FamRZ 2019, 1853 sieht die Möglichkeit der Aufhebung einer im EU-Ausland wirksam geschlossenen Ehe gemäß § 1315 Abs. 1 Satz 1 Nr. 1 b BGB wegen schwerer Härte als ausgeschlossen an, weil ein Verstoß gegen die Rechte der Ehegatten auf Freizügigkeit nach Art. 21, Art. 45 Abs. 3 b, c AEUV vorläge.

15 Vgl. eingehend *Weller/Thomale/Hategan/Werner*, FamRZ 2018, 1289, 1294 f.

16 BGBl. 2024 I, Nr. 212

ehen mit Wirkung zum 1.7.2024 durch entsprechende Anwendung von Ehefolgevorschriften gemäß § 1305 Abs. 1 BGB n.F. abgemildert.

Durch die Behandlung von nach ausländischem Rechtsverständnis wirksam geschlossenen Ehen als unwirksam in Deutschland entstehen **sogenannte hinkende Rechtsverhältnisse** (unterschiedliche Behandlung der Wirksamkeit in verschiedenen Rechtsordnungen, hier Wirksamkeit der geschlossenen Ehe im Heimatstaat, Unwirksamkeit der Ehe als rechtliches Nullum in Deutschland).

6 Die **Überleitungsvorschrift des Art. 229 § 44 EGBGB** trifft hinsichtlich des Kollisionsrechts nur Regelungen zu Art. 13 Abs. 3 Nr. 1 EGBGB. Danach ist die Unwirksamkeitsfolge des Art. 13 Abs. 3 Nr. 1 EGBGB nicht anwendbar, wenn der bei Eheschließung minderjährige Ehegatte bei Inkrafttreten des Gesetzes bereits volljährig war, also vor dem 22.7.1999 geboren wurde, Art. 229 § 44 Abs. 4 Nr. 1 EGBGB. Ferner ist die Unwirksamkeitsfolge des Art. 13 Abs. 3 Nr. 1 EGBGB nicht anwendbar, wenn die nach ausländischem Recht wirksame Ehe bis zur Volljährigkeit der Ehegatten geführt wurde und kein Ehegatte bis zur Volljährigkeit des minderjährigen Ehegatten seinen gewöhnlichen Aufenthalt in Deutschland hatte, Art. 229 § 44 Abs. 4 Nr. 2 EGBGB. Die letztgenannte, an den Aufenthalt anknüpfende Regelung ist kritisch zu sehen. Ansonsten gleichgelagerte Fälle werden **abhängig vom Aufenthaltsort bis zur Volljährigkeit unterschiedlich beurteilt**, was **keinen sachlichen Grund** für eine Differenzierung darstellt.[17] Art. 13 Abs. 3 Nr. 2 EGBGB wird in der Überleitungsvorschrift nicht genannt, die Folge der Aufhebbarkeit von Ehen, bei denen ein Ehegatte 16 oder 17 Jahre alt war, gilt also ab dem Inkrafttreten des Gesetzes am 22.7.2017 unabhängig vom Eheschließungsdatum. Dies führt zu einer **Ungleichbehandlung von im Ausland geschlossenen Ehen gegenüber** den vor dem 22.7.2017 **in Deutschland geschlossenen Ehen**, da Letztere aufgrund der Übergangsregelung des Art. 229 § 44 Abs. 1 EGBGB altem Recht unterfallen.[18]

Mit dem Gesetz zum Schutz Minderjähriger bei Auslandsehen vom 24.6.2024[19] wurde auch eine neue Übergangsvorschrift in Art. 229 § 68 EGBGB geschaffen, allerdings nur bezüglich der Vorschriften der §§ 1365 und 1369 BGB.

C. Folgen der Unwirksamkeit der Ehe nach Art. 13 Abs. 3 Nr. 1 EGBGB für andere Bereiche

7 Die Unwirksamkeit von im Ausland geschlossenen Ehen von Personen unter 16 Jahren nach Art. 13 Abs. 3 Nr. 1 EGBGB hat weitreichende Folgen in verschiedenen Bereichen, insbesondere auch dann, wenn aus der unwirksamen Ehe Kinder hervorgegangen sind.

I. Abstammung

8 Beurteilt das deutsche Kollisionsrecht eine im Ausland geschlossene Ehe nach Art. 13 Abs. 3 Nr. 1 EGBGB als unwirksam, ist aus der unwirksamen Ehe ein Kind hervorgegangen und hat das Kind seinen gewöhnlichen Aufenthalt in Deutschland, ist gemäß **Art. 19 Abs. 1 Satz 1 EGBGB** für die Frage der Abstammung des Kindes grundsätzlich deutsches Sachrecht anzuwenden. Eine Vaterschaft nach § 1592 Nr. 1 BGB scheidet nach deutschem Sachrecht aus, weil die **wirksame Ehe als Vorfrage der Vaterschaft selbstständig** nach Art. 13 EGBGB **anzuknüpfen** ist.[20] Nach dem Günstigkeitsprinzip des Art. 19 EGBGB ist ge-

17 *Coester-Waltjen*, IPRax 2019, 127, 129; *Frank*, StAZ 2019, 129, 130; BGH FamRZ 2019, 181 Rn. 80
18 BeckOGK/*Kriewald*, Art. 229 § 44 EGBGB Rn. 17; zweifelnd an der Verfassungsmäßigkeit der Regelung *Coester-Waltjen*, IPRax 2019, 127, 129 f.
19 BGBl. 2024 I, Nr. 212
20 *Hüßtege*, FamRZ 2017, 1374, 1378

mäß Art. 19 Abs. 1 Satz 2 EGBGB neben der Anknüpfung an das Recht des Aufenthaltsortes des Kindes auch eine **Anknüpfung an das Recht des Staates möglich, dem der Vater angehört**. Diese Anknüpfung hat wiederum die Rück- und Weiterverweisungen des Kollisionsrechts des Heimatstaates des Vaters zu berücksichtigen. Wenn das Heimatrecht bei der Frage der Abstammung auch auf eine wirksame Ehe des Vaters mit der Mutter abstellt, ist diese Vorfrage der Wirksamkeit der Ehe selbstständig anzuknüpfen,[21] d.h., dies führt erneut zu Art. 13 EGBGB, zur Unwirksamkeit der Ehe und dazu, dass das Kind nicht von dem Mann abstammt, mit dem die Mutter in einer unwirksamen Ehe gelebt hat.[22] Erforderlich ist dann – wie in Fällen ohne Eheschließung – eine Vaterschaftsanerkennung oder eine gerichtliche Vaterschaftsfeststellung.[23]

Das Gesetz zum Schutz Minderjähriger bei Auslandsehen vom 24.6.2024[24] hat keine Änderungen in dem Bereich gebracht.

▶ *Näher hierzu Köhler, Art. 19 EGBGB Rn. 8.*

II. Sorge- und Umgangsrecht

Im Rahmen des **Sorgerecht**s kommt es darauf an, wo das Kind seinen gewöhnlichen Aufenthalt hatte. **Art. 16 Abs. 3 KSÜ** regelt, dass die elterliche Verantwortung nach dem Recht des Staates des gewöhnlichen Aufenthalts des Kindes nach dem Wechsel dieses gewöhnlichen Aufenthalts in einen anderen Staat fortbesteht. Unabhängig von der Beurteilung der Wirksamkeit der Ehe der Eltern **bleibt das elterliche Sorgerecht** nach diesem **Kontinuitätsprinzip** also **bestehen, wenn** das Sorgerecht **nach den Regeln des ausländischen Rechts schon einmal bezüglich dieses Kindes bestand**. Bestand aber nach der ausländischen Rechtsordnung kein Sorgerecht bzw. wird das Kind in Deutschland geboren, hat der Vater bei Vorliegen einer Nichtehe nach Art. 13 Abs. 3 Nr. 1 EGBGB kein Sorgerecht kraft der Ehe, sondern nur unter den zusätzlichen Voraussetzungen des § 16 Abs. 1 KSÜ i.V.m. § 1626a BGB wie der Vater eines nichtehelichen Kindes.[25] **9**

Das Gesetz zum Schutz Minderjähriger bei Auslandsehen vom 24.6.2024[26] hat keine Änderungen in dem Bereich gebracht.

▶ *Näher hierzu Schweppe, § 16 KSÜ Rn. 10 ff.*

Das **Umgangsrecht** bestimmt sich – da auch hierauf das KSÜ anwendbar ist (vgl. Art. 1, Art. 3 lit. b „Recht zum persönlichen Umgang") – kollisionsrechtlich nach Art. 15 Abs. 1 KSÜ, also dem Recht des Vertragsstaats.[27] Hat das Kind seinen gewöhnlichen Aufenthalt in Deutschland, so richtet sich das Umgangsrecht des unwirksam mit der Mutter verheirateten Mannes nach **§ 1685 BGB**, weil dieser nach deutschem Recht kein rechtlicher Vater ist und somit kein Umgangsrecht nach § 1684 BGB hat. **10**

Das Gesetz zum Schutz Minderjähriger bei Auslandsehen vom 24.6.2024[28] hat keine Änderungen in dem Bereich gebracht.

---

21 OLG Celle FamRZ 2011, 1518 = StAZ 2011, 150 Rn. 28; OLG München FamRZ 2008, 1772; Grüneberg/*Thorn*, Art. 19 EGBGB Rn. 5; Staudinger/*Henrich*, Art. 19 EGBGB Rn. 19; Ermann/*Hohloch*, BGB, Art. 19 EGBGB Rn. 6
22 *Hüßtege*, FamRZ 2017, 1374, 1378
23 *Frank*, StAZ 2019, 129, 132
24 BGBl. 2024 I, Nr. 212
25 *Hüßtege*, FamRZ 2017, 1374, 1378
26 BGBl. 2024 I, Nr. 212
27 Zur Anwendbarkeit des KSÜ auf das Umgangsrecht und zur Nachrangigkeit des Art. 21 EGBGB MüKo-BGB/*Helms*, Art. 21 EGBGB Rn. 10, 13
28 BGBl. 2024 I, Nr. 212

Artikel 14 bis Art. 18 EGBGB

Von Abdruck und Kommentierung wird abgesehen.

Artikel 19 EGBGB
Abstammung

(1) [1]Die Abstammung eines Kindes unterliegt dem Recht des Staates, in dem das Kind seinen gewöhnlichen Aufenthalt hat. [2]Sie kann im Verhältnis zu jedem Elternteil auch nach dem Recht des Staates bestimmt werden, dem dieser Elternteil angehört. [3]Ist die Mutter verheiratet, so kann die Abstammung ferner nach dem Recht bestimmt werden, dem die allgemeinen Wirkungen ihrer Ehe bei der Geburt nach Artikel 14 Absatz 2 unterliegen; ist die Ehe vorher durch Tod aufgelöst worden, so ist der Zeitpunkt der Auflösung maßgebend.

(2) Sind die Eltern nicht miteinander verheiratet, so unterliegen Verpflichtungen des Vaters gegenüber der Mutter auf Grund der Schwangerschaft dem Recht des Staates, in dem die Mutter ihren gewöhnlichen Aufenthalt hat.

Übersicht

Weiterführende Literatur: Oldenburger, Leihmutterschaft in Deutschland?, FuR 2024, 408 ff.; *Wendland*, Legalisierung von Eizellspende und Leihmutterschaft?, FamRZ 2024, 829 ff.; *Budzikiewicz*, Auf dem Weg zu einer europäischen Abstammungsverordnung? – Licht und Schatten im Vorschlag der Europäischen Kommission, ZEuP 2024, 253 ff.; *Junker*, „Parent in one country, parent in every country" – Der Vorschlag einer europäischen Verordnung zur Elternschaft, JZ 2024, 131 ff.; *Kvit/Spickhoff*, Leihmutterschaft in der Ukraine und gewöhnlicher Kindesaufenthalt, FamRZ 2023, 653 ff.; *Helms*, Co-Elternschaft im IPR, IPrax 2023, 232 ff.; *Wall*, Abstammungsfeststellung im Falle einer Leihmutterschaft nach ukrainischem Recht; kollisionsrechtliche Mutterschaftskonkurrenz nach verschiedenen Anknüpfungsalternativen des Art. 19 Abs. 1 EGBGB, StAZ 2023, 120 ff.; *Gössl*, Die Anerkennung der Elternschaft zwischen den Mitgliedstaaten der EU, FF 2023, 101 ff.; *Helms*, Elternteil in einem Staat – Elternteil in jedem Staat (der EU)?, ZEuP 2022, 747 ff.; *März*, Vom Primat des ordre public zum Recht des Kindes auf Achtung seines Privat- und Familienlebens – Die französische Rechtsprechung zur transnationalen Leihmutterschaft nach den Mennesson und Labassee-Entscheidungen des Europäischen Gerichtshofs für Menschenrechte (EGMR), NZFam 2021, 811 ff.; *Behrentin/Grünewald*, Leihmutterschaft im Ausland und die deutsche Rechtsordnung, NJW 2019, 2057 ff.; *Wagner*, Vermeidung hinkender Rechtsverhältnisse im Abstammungsrecht? – Neues von der Haager Konferenz, NZFam 2019, 513 ff.; *Frie*, Wer ist der richtige Vater? Streit um das "Günstigkeitsprinzip" in Art. 19 I EGBGB in der aktuellen obergerichtlichen Rechtsprechung, StAZ 2017, 104; *Siehr*, Das Internationale Abstammungsrecht im EGBGB, StAZ 2015, 258; *Helms*, Leihmutterschaft – ein rechtsvergleichender Überblick, StAZ 2013, 114 ff.

A. Allgemeines

Die Vorschrift regelt in Abs. 1 **für Fälle mit Auslandsbezug** das **deutsche Kollisionsrecht (IPR)** für die Frage, **nach welcher Rechtsordnung sich die rechtlichen Eltern eines Kindes bestimmen**. Nach der zum 1.7.1998 erfolgten Aufhebung der Unterscheidung zwischen ehelicher und nichtehelicher Abstammung (zum Übergangsrecht vgl. Art. 224 § 1 EGBGB,[1]) gilt die Regelung **unabhängig davon, ob** das **Kind ehelich oder nichtehelich geboren wurde**. Historisch stand die Mutter des Kindes immer fest („mater semper certa est"); das nationale Recht folgt in § 1591 BGB noch immer diesem Prinzip. Die verschiedenen Möglichkeiten der kollisionsrechtlichen Anknüpfung (Art. 19 Abs. 1 Satz 1, Satz 2 und Satz 3 EGBGB) sollen nach dem **Gesetzeszweck Vaterlosigkeit verhindern** und **möglichst schnell und einfach die Feststellung der Abstammung begünstigen**, damit jedenfalls nach einer Rechtsordnung ein Vater des Kindes bestimmt werden kann.[2] **Zugeschnitten** ist die Vorschrift **auf die traditionelle Familienstruktur von Mutter, Vater und Kind** und umfasst sowohl die väterliche als auch die mütterliche Abstammung. Die modernen Möglichkeiten der Reproduktionsmedizin, Co-Mutter-[3] Co-Vaterschaften sowie Mehrelternschaften in ausländischen Rechtsordnungen und insbesondere Leihmutterschaften[4] beschäftigen die Gerichte[5] und zeigen die Grenzen und den (auch aufgrund der nicht eindeutigen Rechtssicherheit und Rechtsklarheit bestehenden) Reformbedarf der Vorschrift. 1

Art. 19 Abs. 2 EGBGB regelt für nicht verheiratete Eltern die Verpflichtungen des Vaters gegenüber der Mutter aufgrund der Schwangerschaft (im deutschen Recht etwa §§ 1615l ff. BGB und entsprechende ausländische Vorschriften) und hat für Kindschaftssachen keine praktische Relevanz, weshalb hier keine nähere Kommentierung erfolgt.

Nach Art. 3 EGBGB vorrangige europarechtliche Regelungen zum Abstammungsrecht gibt es nicht.[6] Die Überlegungen auf EU-Ebene zur Einführung eines europäischen Elternschaftszertifikats (EEZ) zielen in erster Linie darauf ab, die Anerkennung der in einem Mitgliedstaat begründeten Elternschaft in den anderen Mitgliedstaaten zu erleichtern, und zwar unabhängig davon, wie das Kind empfangen oder geboren wurde, und unabhängig von der Art der Familie des Kindes, beziehen also die Fragen der Leihmutterschaft und der gleichgeschlechtlichen Elternschaft mit ein.[7] Eine solche EU-Elternschaftsverordnung muss allerdings die Hürde der nach Art. 81 Abs. 3 AEUV erforderlichen Einstimmigkeit im Rat nehmen, was politisch sehr schwierig erscheint und bisher nicht erfolgt ist.[8] Die für Deutschland in Kraft getretenen[9] **staatsvertraglichen Regelungen** sind nur **von geringer** 2

1 Für Kinder, die bis zum 30.6.1998 geboren wurden, gilt noch das alte Recht
2 Vgl. BGH FamRZ 2016, 1847 Rn. 15
3 Rechtlich vorgesehen u.a. im englischen, spanischen, niederländischen und schwedischen Recht, vgl. BeckOK-BGB/*Heiderhoff*, Art. 19 EGBGB Rn. 6.4
4 Rechtsvergleichender Überblick der stark variierenden Regelungen zur Leihmutterschaft (Verbot, Verbot nur kommerzieller Leihmutterschaft, Zulassung mit vorheriger gerichtlicher Genehmigung, generelle Zulassung) bei *Helms*, StAZ 2013, 114
5 OLG Frankfurt FamRZ 2024, 617; OLG München FamRZ 2024, 535; OLG Celle FamRZ 2023, 1126; EuGHMR, Urt. v. 22.11.2022 – 58817/15, juris; BGH FamRZ 2022, 629; EuGHMR FamRZ 2022, 199; EuGHMR, Urt. v. 24.3.2022 – 30254/18, juris; EuGHMR NJW 2022, 1927; OLG Nürnberg ZKJ 2022, 67; KG FamRZ 2021, 438; EuGHMR FamRZ 2020, 1475; EuGHMR EuGRZ 2020, 11; EuGHMR FamRZ 2019, 887; BGH FamRZ 2019, 892; FamRZ 2019, 890; OLG Frankfurt a.M. FamRZ 2019, 899; BGH FamRZ 2016 1251, FamRZ 2015, 240; zusammenfassende Darstellung der Rechtsprechung zur Leihmutterschaft bei *Mienert*, Leihmutterschaft – eine Frage der Gleichheit, Recht u Politik 2023, 282; *Duden*, StAZ 2018, 137, und bei *Behrentin/Grünenwald*, NJW 2019, 2057
6 jurisPK-BGB/*Duden*, Art. 19 EGBGB Rn. 11
7 *Budzikiewicz*, ZEuP 2024, 253; *Junker*, JZ 2024, 131
8 *Budzikiewicz*, ZEuP 2024, 253
9 Das CIEC-Übereinkommen vom 14.9.1961 über die Erweiterung der Zuständigkeit der Behörden, vor denen nichteheliche Kinder anerkannt werden können (BGBl. II 1965, S. 19), ist praktisch nicht bedeutsam, vgl. Staudinger/*Henrich*, Vorbem. Art. 19 EGBGB Rn. 5; jurisPK-BGB/*Duden*, Art. 19 EGBGB Rn. 16

praktischer Relevanz. Das CIEC-Übereinkommen über die Feststellung der mütterlichen Abstammung nichtehelicher Kinder vom 12.9.1962[10] gilt nur[11] im Verhältnis Deutschlands zu Griechenland, Luxemburg, den Niederlanden, der Schweiz, Spanien und der Türkei und enthält im Wesentlichen die widerlegliche, dem Gegenbeweis zugängliche Vermutung zugunsten der in der Geburtsurkunde eingetragenen Mutter des Kindes, welche eine etwa erforderliche Mutterschaftsanerkennung entbehrlich macht.[12] Im Verhältnis zu einer Co-Mutter (Ehefrau oder Lebenspartnerin der leiblichen Mutter) ist dieses Übereinkommen nicht anwendbar.[13]

Wenn **alle Beteiligte Iraner** sind, führt das bilaterale **deutsch-iranische Niederlassungsabkommen** vom 17.2.1929[14] als vorrangige Regelung zu Art. 19 Abs. 1 EGBGB in Art. 8 Abs. 3 Satz 1 grundsätzlich zum iranischen Recht als Heimatrecht aller Beteiligten; ist nur ein Beteiligter nicht Iraner, gilt Art. 19 Abs. 1 EGBGB.[15] Auch Mehrstaater mit sowohl deutscher als auch iranischer Staatsangehörigkeit fallen nicht in den persönlichen Anwendungsbereich des Abkommens.[16]

B. Inhalt der Norm

I. Anwendungsbereich

3 Art. 19 Abs. 1 EGBGB betrifft die **Begründung der Elternschaft durch Gesetz, Anerkennung oder gerichtliche Feststellung** und erfasst die Voraussetzungen von Mutter- und Vaterschaftsanerkennung sowie die Voraussetzungen für gesetzliche Abstammungstatbestände wie Empfängniszeiten und gesetzliche Vermutungen. **Entsprechend anwendbar** ist das Abstammungsstatut des Art. 19 Abs. 1 EGBGB auf einen Anspruch auf statusneutrale **Klärung der biologischen Abstammung** (wie **§ 1598a BGB** im deutschen Recht).[17] Die **Anfechtung der Abstammung** ist nach der **speziellen Regelung** des **Art. 20 EGBGB** anzuknüpfen. Ist im Rahmen der Begründung der Elternschaft die **Zustimmung des Kindes oder eines Elternteils zu einer Abstammungserklärung** erforderlich, ist diese Zustimmungserklärung **zusätzlich** zu Art. 19 EGBGB (kumulativ) nach **Art. 23 EGBGB** anzuknüpfen (vgl. Wortlaut des Art. 23 Satz 1 EGBGB). Ist das Kind beispielsweise Deutscher, sind für Vaterschaftsanerkennungen neben dem nach Art. 19 Abs. 1 EGBGB berufenen Recht also zusätzlich aus dem Gedanken des Schutzes der Interessen des Kindes bei Statusänderungen die §§ 1595 Abs. 2 bis 1598 BGB anzuwenden.[18] Analog ist Art. 19 Abs. 1 EGBGB auf die Frage des anwendbaren Rechts für noch ungeborenes Leben anzuwenden.[19]

10 BGBl. II 1965, S. 23; CIEC steht für Commission internationale de l'état civil, d.h. Internationale Kommission für das Zivilstandswesen
11 Die Anwendbarkeit im Verhältnis zu Nichtvertragsstaaten ist umstritten, vgl. *Fries*, FamRZ 2015, 889, 890
12 Grüneberg/*Thorn*, Art. 19 EGBGB Rn. 3; Abdruck des Staatsvertrages auch bei Staudinger/*Henrich*, Vorbem. Art. 19 EGBGB Rn. 6 ff.
13 OLG Celle FamRZ 2011, 1518 = NJW-RR 2011, 1157
14 Abgedruckt unter www.gieseking-verlag.de/downloads/V.Dt.-Iran.NLA.pdf (Abruf: 15.7.2025)
15 Staudinger/*Henrich*, Vorbem. Art. 19 EGBGB Rn. 36
16 BGH FamRZ 2023, 1032
17 BGH FamRZ 2019, 1543; FamRZ 2019, 398
18 Grüneberg/*Thorn*, Art. 23 EGBGB Rn. 5
19 BGH FamRZ 2016, 1849 = NJW 2016, 3174 (Samenspender begehrte Vaterschaftsfeststellung an einem im Ausland extrakorporal aufbewahrten, kryokonservierten Embryo; anwendbares Recht beurteilt sich nach Art. 19 Abs. 1 Satz 2 EGBGB, eine Vaterschaftsfeststellung ist aber erst ab Geburt möglich)

Art. 19 EGBGB regelt, welche Rechtsordnung in Fällen mit Auslandsbezug in Abstammungsfragen heranzuziehen ist. Welches Gericht im Einzelfall zuständig ist, ist in § 100 FamFG geregelt.

▶ *Zu Einzelheiten der gerichtlichen Zuständigkeit in Abstammungsfällen mit Auslandsbezug siehe Langer, § 100 FamFG Rn. 1 ff.*

In Abgrenzung zur Annahme als Kind ist **Abstammung i.S.v. Art. 19 EGBGB jede rechtliche Eltern-Kind-Zuordnung, die kraft Gesetzes mit der Geburt des Kindes oder durch spätere Anerkennung eintritt** und keiner gesonderten Annahme als Kind i.S.v. Art. 22 EGBGB bedarf.[20] Darunter fallen grundsätzlich auch Eltern-Kind-Zuordnungen, die dem deutschen Recht (bisher) fremd sind, solange diese kraft Gesetzes eintreten und keiner gesonderten Annahme als Kind bedürfen.[21]

II. Abstammungsstatute

Art. 19 Abs. 1 EGBGB bestimmt **maximal drei Abstammungsstatute** für die Anknüpfung der Abstammung des Kindes im Verhältnis zu jedem Elternteil. Nach **Art. 19 Abs. 1 Satz 1 EGBGB** kann sich das anwendbare Recht nach dem gewöhnlichen Aufenthalt des Kindes bestimmen (sog. **Aufenthaltsstatut**), nach **Art. 19 Abs. 1 Satz 2 EGBGB** nach dem Recht des Staates, dem der jeweilige Elternteil angehört (Heimatrecht, sog. **Personalstatut)** oder bei verheirateten Müttern gemäß **Art. 19 Abs. 1 Satz 3 EGBGB gegenüber jedem Elternteil** (nicht nur gegenüber der verheirateten Mutter selbst) nach dem Recht des Staates, dem die allgemeinen Wirkungen ihrer Ehe bei der Geburt des Kindes nach Art. 14 Abs. 1 EGBGB unterliegen (sog. **Ehewirkungsstatut**). Zwischen den verschiedenen Anknüpfungsstatuten gibt es kein Vorrang- oder Stufenverhältnis; Aufenthaltsstatut, Personalstatut und Ehewirkungsstatut sind grundsätzlich **gleichwertig nebeneinander anwendbar**.[22] Die Gleichrangigkeit will die Feststellung der Abstammung erleichtern und insbesondere eine rechtliche Vaterlosigkeit verhindern.[23] 4

Aufenthaltsstatut und Personalstatut sind wandelbar, d.h., da die Vorschrift an die Rechtsordnung des gewöhnlichen Aufenthalts (Art. 19 Abs. 1 Satz 1 EGBG) bzw. der Staatsangehörigkeit (Art. 19 Abs. 1 Satz 2 EGBGB) anknüpft, können **Veränderungen des gewöhnlichen Aufenthalts bzw. der Staatsangehörigkeit in einem laufenden Verfahren beachtlich sein, solange die Abstammung noch nicht gerichtlich festgestellt ist**. Maßgeblich für die Beurteilung des gewöhnlichen Aufenthalts des Kindes bzw. der Staatsangehörigkeit des jeweiligen Elternteils ist der Zeitpunkt, zu dem die Abstammung des Kindes festgestellt werden soll. Das kann die Geburt des Kindes, aber auch der Zeitpunkt der Abgabe der Vaterschaftsanerkennungserklärung oder – in einem Vaterschaftsfeststellungsverfahren – der Zeitpunkt des letzten Erörterungstermins mit den Beteiligten sein.[24] Hat das Kind nach einer früher anwendbaren Rechtsordnung eine Abstammungsbeziehung bereits positiv begründet, würden tatsächliche Änderungen im Aufenthalt des Kindes bzw. der Staatsbürgerschaft eines Elternteils aufgrund der Wandelbarkeit dieser Statute die einmal erworbene Abstammungsbeziehung aber wieder entfallen lassen; daher ist aufgrund des **Fortbe-** 5

20 BGH FamRZ 2016, 1251 = NJW 2016, 2322, der KG FamRZ 2015, 943 bestätigt

21 BGH FamRZ 2016, 1251 = NJW 2016, 2322 zur Anknüpfung der Abstammung eines Kindes nach Art. 19 Abs. 1 EGBGB auch für die Co-Mutterschaft einer mit der leiblichen Mutter verheirateten Frau nach südafrikanischem Recht

22 BGH FamRZ 2016, 1847; FamRZ 2016, 1251 = NJW 2016, 2322; FamRZ 2006, 1745; BT-Drucks. 13/4899, 137

23 BGH FamRZ 2016, 1847

24 Staudinger/*Henrich*, Art. 19 EGBGB Rn. 14; OLG Karlsruhe FamRZ 2017, 2026

stands **wohlerworbener Rechte** von einem Überdauern der Abstammungsbeziehung trotz Statutenwechsel auszugehen.[25]

Hingegen ist das **Ehewirkungsstatut** nach dem Wortlaut des Art. 19 Abs. 1 Satz 3 Hs. 1 EGBGB **nicht wandelbar**: Es kommt hierfür auf die allgemeinen Ehewirkungen nach Art. 14 Abs. 2 EGBGB bei Geburt des Kindes an bzw. – wenn die Ehe vorher durch Tod aufgelöst wurde – gemäß Art. 19 Abs. 1 Satz 3 Hs. 2 EGBGB auf den Zeitpunkt der Auflösung der Ehe.

6 Der Begriff des **gewöhnlichen Aufenthalts des Kindes** nach Art. 19 Abs. 1 Satz 1 EGBGB ist identisch mit dem Begriff des gewöhnlichen Aufenthalts des Kindes etwa in Zuständigkeitsvorschriften (vgl. § 152 Abs. 2 FamFG). Danach ist der gewöhnliche Aufenthalt der **Schwerpunkt der Bindungen** der betroffenen Person, ihr **Daseinsmittelpunkt**, welcher auf eine gewisse Dauer angelegt sein muss; bei minderjährigen Kindern, insbesondere bei Neugeborenen, ist vorwiegend auf die Bezugspersonen des Kindes, die es betreuen und versorgen, sowie deren soziales und familiäres Umfeld abzustellen.[26]

▶ *Näher zum gewöhnlichen Aufenthalt Keuter, § 152 FamFG Rn. 12 f.; Schweppe, Art. 7 Brüssel IIb-VO Rn. 3 ff.*

Problematisch kann die Bestimmung des gewöhnlichen Aufenthalts des Kindes insbesondere in Fällen der **Leihmutterschaft** werden, wenn das **Kind im Ausland geboren wurde**. Entspricht es dem **Willen aller Beteiligten**, dass das Kind **alsbald nach der Geburt nach Deutschland verbracht** wird, und wird diese Absicht auch umgesetzt, hat das Kind nach der Rechtsprechung des BGH seinen **gewöhnlichen Aufenthalt allein in Deutschland**, ohne dass mit der Geburt zunächst ein gewöhnlicher Aufenthalt im Ausland begründet worden wäre.[27] Wurde diese Absicht nicht umgesetzt (etwa aufgrund eines Einreiseverbotes etc.) und hält sich das Kind nach seiner Geburt längere Zeit im Ausland auf, wird dadurch ein gewöhnlicher Aufenthalt im Ausland begründet.[28] Diese Differenzierung erscheint nicht zwingend, insbesondere da nach der Rechtsprechung des EuGH die körperliche Anwesenheit Mindestvoraussetzung für die Begründung eines gewöhnlichen Aufenthalts ist[29] und das Neugeborene danach frühestens ab der erstmaligen Verbringung einen gewöhnlichen Aufenthalt in Deutschland haben kann.[30] Der gewöhnliche Aufenthalt eines Neugeborenen liegt nach vorzugswürdiger Ansicht dort, wo die Frau ihren gewöhnlichen Aufenthalt hat, die das Kind zur Welt gebracht hat.[31]

7 Im Rahmen des **Personalstatut**s nach **Art. 19 Abs. 1 Satz 2 EGBGB**, also der Staatsangehörigkeit eines Elternteils, ist insbesondere Art. 5 EGBGB zu beachten. Bei Personen mit mehreren Staatsangehörigkeiten (**Mehrstaatern**) kommt es für das Personalstatut gemäß Art. 5 Abs. 1 Satz 1 EGBGB auf die **engste Verbundenheit**, regelmäßig den Ort des gewöhnlichen Aufenthalts, an. Art. 5 Abs. 1 Satz 2 EGBGB führt bei Mehrstaatern, die **auch Deutsche** sind, **stets zur Anwendung deutschen Rechts**.

---

25 MüKo-BGB/*Helms*, Art. 19 EGBGB Rn. 31; Staudinger/*Henrich*, Art. 19 EGBGB Rn. 14; OLG Hamm FamRZ 2005, 291; mit der Tendenz dazu, im Ergebnis aber offengelassen von BGH FamRZ 2019, 892 Rn. 24

26 BGH FamRZ 2019, 892 = NJW 2019, 1605

27 Jeweils zu Leihmutterschaften mit Geburt des Kindes in der Ukraine: BGH FamRZ 2019, 892 = NJW 2019, 1605; FamRZ 2019, 890 = NJW 2019, 1608; OLG Frankfurt a.M. FamRZ 2019, 899 = NJW 2019, 1615

28 MüKo-BGB/*Helms*, Art. 19 EGBGB Rn. 9; BeckOK BGB/*Heiderhoff*, Art. 19 EGBGB Rn. 32

29 EuGH FamRZ 2017, 1506, 1508; FamRZ 2011, 617, 619

30 *von Bary*, Anmerkung zu BGH FamRZ 2019, 890 und 892; FamRZ 2019, 895, 896

31 *Siehr*, StAZ 2015, 258, 266; *Dethloff*, JZ 2014, 922, 929; *Heiderhoff*, IPRax 2012, 523, 525; kritisch zum Ergebnis des BGH, auch vor dem Hintergrund einer verfassungsrechtlichen Ungleichbehandlung von Mutter- und Vaterschaft, *von Bary*, Anmerkung zu BGH FamRZ 2019, 890 und 892; FamRZ 2019, 895, 896 f.

Bei **staatenlosen Elternteilen** kommt es gemäß **Art. 5 Abs. 2 EGBGB** für das Personalstatut auf den Ort des **gewöhnlichen Aufenthalt**s an.

Das Ehewirkungsstatut des **Art. 19 Abs. 1 Satz 3 EGBGB** knüpft an die Ehe der Mutter an. **8**
Die **Wirksamkeit der Ehe der Mutter** ist eine sog. **Vorfrage**,[32] also ein im Tatbestand einer Kollisionsnorm vorausgesetztes Rechtsverhältnis. Diese kann selbstständig (hier also nach Art. 13 EGBGB) oder unselbstständig (also nach der für die Hauptfrage anzuwendenden Kollisionsnorm, d.h. dem danach berufenen Recht) angeknüpft werden. Oft ist die Frage nach der Anknüpfung der Vorfrage irrelevant, weil alle Rechtsordnungen zum selben Ergebnis kommen.[33] Kommen die Rechtsordnungen ausnahmsweise zu verschiedenen Ergebnissen, ist im Rahmen des Art. 19 Abs. 1 Satz 3 EGBGB die Frage der Wirksamkeit der Ehe **selbstständig nach Art. 13 EGBGB anzuknüpfen**.[34]

Nach welchen Kriterien das anzuwendende Recht in Konkurrenzfällen zu bestimmen ist, er- **9**
gibt sich nicht eindeutig aus Art. 19 Abs. 1 EGBGB.[35] Kommt nur eine der anwendbaren Rechtsordnungen zu einer eindeutigen Eltern-Kind-Zuordnung bzw. Vaterschaft, ist nach dem Gesetzeszweck diese Rechtsordnung anzuwenden. Kommen mehrere anwendbare Rechtsordnungen zu unterschiedlichen Ergebnissen, werden verschiedene Lösungsansätze vertreten. Nach dem in der Regel zuerst heranzuziehenden **Günstigkeitsprinzip** verdient das Recht den Vorzug, welches günstiger für das Kind ist.[36] Nach dem **Prioritätsprinzip**, was oft dann herangezogen wird, wenn das Günstigkeitsprinzip zu mehreren Vätern (oder Müttern) führt, ist das Recht maßgebend, das dem Kind ausgehend von seiner Geburt zeitlich zuerst zu einem Vater (bzw. zu einer Mutter) verhilft.[37] Das Prioritätsprinzip wird zum Teil auch rein formal so verstanden, dass alle nach Art. 19 Abs. 1 EGBGB berufenen Rechtsordnungen gleichrangig sind und die Rechtsordnung, die dem Kind zeitlich als erste einen Vater zuordnet, wegen der Gleichrangigkeit nur durch eine Vaterschaftsanfechtung (nicht aber durch die Anwendung von Konkurrenzprinzipien) wieder verdrängt werden kann.[38] Bei mehreren infrage kommenden Vätern wird im Rahmen des Günstigkeitsprinzips auch auf die **Abstammungswahrscheinlichkeit** abgestellt[39] (d.h. welcher potenzielle Vater mit höherer Wahrscheinlichkeit der Vater ist, meist in Fällen der Konkurrenzen zwischen vorherigem Ehemann der Mutter und dem die Vaterschaft anerkennenden neuen Lebensgefährten der Mutter). Auch vertreten wird, dass aufgrund der Formulierung des Gesetzes das Recht des gewöhnlichen Aufenthaltsorts Vorrang genieße.[40] Mit verschiedenen Begründungen sollen die Wertungen des deutschen Sachrechts (z.B. §§ 1594, 1599 BGB) vorrangig sein.[41]

---

32 Zu den Begrifflichkeiten: MüKo-BGB/*v. Hein*, Einleitung zum Internationalen Privatrecht, Rn. 159 ff.

33 MüKo-BGB/*v. Hein*, Einleitung zum Internationalen Privatrecht, Rn. 181

34 BGH FamRZ 2023, 1032 (zur selbständigen Anknüpfung der Vorfrage des Bestehens der Vaterschaft); OLG Celle FamRZ 2011, 1518 = StAZ 2011, 150 Rn. 28; OLG München FamRZ 2008, 1772; Grüneberg/*Thorn*, Art. 19 EGBGB Rn. 5; Ermann/*Stürner*, BGB, Art. 19 EGBGB Rn. 7; MüKo-BGB/*Helms*, Art. 19 EGBGB Rn. 49; für eine alternativ – je nach Günstigkeit – auch unselbstständige Anknüpfung Staudinger/*Henrich*, Art. 19 EGBGB Rn. 34 f.

35 Bisher auch stets offengelassen vom BGH, vgl. BGH FamRZ 2016, 1251 = NJW 2016, 2322; FamRZ 2006, 1745

36 KG FamRZ 2016, 922; OLG Hamm FamRZ 2009, 126; OLG Schleswig FamRZ 2003, 781; BayObLG FamRZ 2002, 686

37 OLG Nürnberg FamRZ 2016, 920; FamRZ 2005, 1697; zur Gebotenheit einer Feststellung der Abstammung schon bei Geburt des Kindes und der nicht möglichen Verdrängung eines zum Zeitpunkt der Geburt feststehenden Vaters durch nachträgliche Vaterschaftsanerkennung auch BGH FamRZ 2022, 624; BGH FamRZ 2017, 1687 = NJW 2017, 2911

38 MüKo-BGB/*Helms*, Art. 19 EGBGB Rn. 26

39 OLG München FamRZ 2016, 1599; OLG Karlsruhe FamRZ 2015, 1636; *Henrich*, FamRZ 1998, 1401

40 *Andrae*, Internationales Familienrecht, § 7 Rn. 42

41 Vgl. die Nachweise bei MüKo-BGB/*Helms*, Art. 19 EGBGB Rn. 17

Bis zu einer gesetzgeberischen Neuregelung sind widersprüchliche Statuszuweisungen unter Zuhilfenahme anerkannter Auslegungsregeln nach dem **Gesetzeszweck einer einfachen und schnellen Elternzuordnung bereits ab Geburt des Kindes** zu lösen,[42] wobei das **Kindeswohl** als allgemeiner Grundsatz in Kindschaftssachen in allen Rechtsordnungen (vgl. auch Art. 3 Abs. 1 der UN-Kinderrechtekonvention, „the best interests of the child shall be a primary consideration")[43] stets zu berücksichtigen ist.[44] Die generellen Wertungen des Abstammungsrechts, Abstammungswahrheit, Abstammungsklarheit und Abstammungssicherheit, sind zu beachten.[45]

10 Bei mehreren in Betracht kommenden Vätern ist die Rechtsordnung heranzuziehen, nach der **schon zum Zeitpunkt der Geburt** des Kindes ein **rechtlicher Vater** gegeben ist;[46] spätere Vaterschaftsanerkennungen sind für die Wahl der Rechtsordnung unbeachtlich[47] (Grundsatz der Abstammungssicherheit bzw. -klarheit). Kommen anwendbare Rechtsordnungen zu unterschiedlichen Vätern[48] bereits im Zeitpunkt der Geburt, ist nach dem Grundsatz der Abstammungswahrheit die Rechtsordnung anzuwenden, die das Kind dem **wahrscheinlichen biologischen Vater** zuordnet.[49] Im Rahmen von konkurrierenden Mutterschaften (was insbesondere in Leihmutterschaftsfällen vorkommen kann) ist – soweit das Heimatrecht der **Leihmutter** überhaupt nach Art. 19 Abs. 1 Satz 1 oder Satz 2 EGBGB anwendbar ist – nach dem Kindeswohl an die Rechtsordnung anzuknüpfen, die die **Zuordnung zur Wunschmutter** ermöglicht, jedenfalls wenn die Leihmutter das Kind nicht doch behalten will.[50]

III. Rechtsfolge

11 Die **Verweisung auf das Recht eines anderen Staates** bedeutet nach allgemeinen Regeln **grundsätzlich** eine **Gesamtverweisung**, d.h., nicht nur das materielle (Sach-)Recht, sondern auch die Vorschriften des Kollisionsrechts (IPR) des berufenen Rechts sind anzuwenden, Art. 4 Abs. 1 Satz 1 EGBGB. Dies gilt nach Sinn und Zweck des Art. 19 Abs. 1 EGBGB aber nicht, wenn die ausländische Rechtsordnung auf das Aufenthaltsstatut nach Art. 19 Abs. 1 Satz 1 EGBGB zurückverweist, weil die Vorschrift gerade die Möglichkeit mehrerer Rechtsordnungen zur Eltern-Kind-Zuordnung geben will.[51] Insoweit widerspricht der Sinn und Zweck der Verweisung der Anwendung des verwiesenen Kollisionsrechts, Art. 4 Abs. 1 Satz 1 a.E. EGBGB, und es ist nur das berufene materielle (Sach-)Recht anzuwenden.[52] Jedenfalls bleibt eine **Rückverweisung** des ausländischen Rechts **dann unbeachtlich**, **wenn sie zum Wegfall einer sich aus dem von Art. 19 Abs. 1 EGBGB zunächst berufenen Recht ergebenden Vaterschaft führt**.[53]

12 In **wenigen Ausnahmefällen** kann es sein, dass die **Anwendung ausländischen Rechts** mit wesentlichen Grundsätzen des deutschen Rechts offensichtlich unvereinbar ist, d.h. **gegen den** sog. **ordre public** des Art. 6 EGBGB verstößt. Folge eines solchen Verstoßes ist in der Regel, dass die gemäß Art. 19 Abs. 1 EGBGB berufene Rechtsordnung nicht anzuwenden

---

42 BGH FamRZ 2022, 624; MüKo-BGB/*Helms*, Art. 19 EGBGB Rn. 17
43 Das Wohl des Kindes ist ein Gesichtspunkt, der vorrangig zu berücksichtigen ist.
44 *Duden*, StAZ 2018, 137, 139; *Heiderhoff*, NJW 2016, 2629, 2630; BeckOK-BGB/*Heiderhoff*, Art. 19 EGBGB Rn. 23
45 BeckOK-BGB/*Heiderhoff*, Art. 19 EGBGB Rn. 30
46 BGH FamRZ 2022, 624
47 BGH FamRZ 2022, 624; FamRZ 2017, 1687 = NJW 2017, 2911
48 Dazu ausführlich *Frie*, StAZ 2019, 1 ff.
49 Vgl. MüKo-BGB/*Helms*, Art. 19 EGBGB Rn. 26
50 *Duden*, StAZ 2018, 137, 139; MüKo-BGB/*Helms*, Art. 19 EGBGB Rn. 30
51 OLG Nürnberg FamRZ 2016, 920; OLG Hamm FamRZ 2009, 126
52 BGH FamRZ 2017, 1687 Rn. 27; a.A. im Sinne einer Gesamtverweisung in allen Fällen MüKo-BGB/*Helms*, Art. 19 EGBGB Rn. 33
53 BGH FamRZ 2022, 624 Rn. 27; BGH FamRZ 2016, 1847 Rn. 16 = NJW 2016, 3171

ist.[54] Gesetzliche Co-Elternschaften nach ausländischem Recht stellen keinen Verstoß gegen den deutschen ordre public dar.[55] Die Mitwirkung an Leihmutterschaften ist zwar nach deutschem Recht verboten.[56] Jedoch sind die konkreten Interessen des Kindes in den Blick zu nehmen, die generalpräventiven Zielen vorgehen. Jedenfalls, wenn mindestens ein Wunschelternteil mit dem Kind verwandt ist, verstößt die **Anerkennung der Leihmutterschaft** nach ausländischem Recht **nicht gegen den deutschen ordre public**.[57] Aber auch wenn keine genetische Verwandtschaft eines Wunschelternteils vorliegt, verstößt die Anwendung des Rechts, welches die Leihmutterschaft anerkennt, dann nicht gegen den deutschen ordre public, wenn das Kind schon intensive Bindungen zu seinen Wunscheltern erlangt hat.[58] Zu beachten sind stets auch die Grund- und Menschenrechte des Kindes aus Art. 2 Abs. 1 i.V.m. Art. 6 Abs. 2 GG und aus Art. 8 Abs. 1 EMRK.[59]

Artikel 20 EGBGB

Anfechtung der Abstammung

[1]Die Abstammung kann nach jedem Recht angefochten werden, aus dem sich ihre Voraussetzungen ergeben. [2]Das Kind kann die Abstammung in jedem Fall nach dem Recht des Staates anfechten, in dem es seinen gewöhnlichen Aufenthalt hat.

Übersicht Rn. Rn.

A. Allgemeines

1 Während Art. 19 Abs. 1 EGBGB die Begründung der rechtlichen Eltern-Kind-Zuordnung betrifft, regelt Art. 20 EGBGB **für Fälle mit Auslandsbezug**, nach welcher Rechtsordnung sich die Loslösung von einer einmal begründeten Eltern-Kind-Zuordnung richtet, nach welchem Recht also eine **bestehende Abstammungszuordnung** wieder **beseitigt** werden kann. Die Anerkennung ausländischer Anfechtungsentscheidungen richtet sich nach §§ 108, 109 FamFG. Wie Art. 19 EGBGB auch, gilt Art. 20 EGBGB unabhängig davon, ob die Abstammung von einem Vater oder einer Mutter angefochten werden soll, und unabhängig davon, ob das Kind ehelich oder nichtehelich geboren wurde. Auf welche Weise die Eltern-Kind-Zuordnung begründet wurde (etwa durch eheliche Abstammung, Anerkennung oder gerichtliche Feststellung), ist für Art. 20 EGBGB unerheblich. Art. 20 EGBGB ist nach dem Grundsatz der Abstammungswahrheit **anfechtungsfreundlich ausgestaltet**,[1] was bei der Auslegung der Vorschrift zu beachten ist. Gemäß Art. 3 EGBGB vorrangige Vorschriften europa- oder völkerrechtlicher Art gibt es außer dem deutsch-iranischen Niederlassungsabkommen nicht.[2]

---

54 Zu Einzelfällen eines Verstoßes vgl. MüKo-BGB/*Helms*, Art. 19 EGBGB Rn. 65 ff.

55 BGH FamRZ 2022, 629 (zu einem kalifornischen Fall von Co-Vaterschaften); BGH FamRZ 2016 1251 = NJW 2016, 2322 (zu einem südafrikanischen Fall von Co-Mutterschaften); FamRZ 2015, 240 = NJW 2015, 479 (zu einem kalifornischen Fall von Co-Vaterschaften); die beiden letztgenannten Entscheidungen betrafen noch die Rechtslage vor Inkrafttreten von § 1353 Abs. 1 Satz 1 n.F. BGB

56 Vgl. § 1 Abs. 1 Nr. 7 ESchG; §§ 13c, 13d i.V.m. § 14b AdVermG

57 *Duden*, StAZ 2018, 137, 139; so auch (zu dem verfahrensrechtlichen *ordre public* nach § 109 Nr. 4 FamFG): BGH FamRZ 2022, 629; BGH FamRZ 2018, 1846; FamRZ 2015, 240 = NJW 2015, 479

58 *Duden*, StAZ 2018, 137, 140; MüKo-BGB/*Helms*, Art. 19 EGBGB Rn. 72 (dort auch ausführlich zum Streitstand)

59 EGMR NJW 2015, 3211 (*Mennesson*)

1 MüKo-BGB/*Helms*, Art. 20 EGBGB Rn. 1; vgl. auch OLG Hamburg FamRZ 2012, 568

2 Zum deutsch-iranischen Niederlassungsabkommen und dessen eingeschränktem Anwendungsbereich vorstehend *Köhler*, Art. 19 EGBGB Rn. 2

B. Inhalt der Norm

2 Nach Art. 20 Satz 1 EGBGB kann für die Frage der Anfechtung **jedes Recht angewendet** werden, was **nach Art. 19 Abs. 1 EGBGB** für die Frage der Begründung der Abstammung herangezogen werden kann. Dies meint alle in Art. 19 Abs. 1 EGBGB benannten Rechtsordnungen (Aufenthaltsstatut, Personalstatut und Ehewirkungsstatut, näher *Köhler*, Art. 19 EGBGB Rn. 4), nicht nur das tatsächlich im Einzelfall für die Begründung angewandte Statut.[3] Vom sog. Anfechtungsstatut des Art. 20 Satz 1 EGBGB sind alle die Anfechtung berührenden Fragen erfasst, d.h. Anfechtungsberechtigung, Anfechtungsfrist, Anfechtungsgründe, Formalitäten der Anfechtung etc. Soweit eine gesetzliche Regelung zu einem **Wegfall einer einmal begründeten Vaterschaft** führt und damit **wirkungsgleich wie eine Abstammungsanfechtung** ist (wie im deutschen Recht § 1599 Abs. 2 BGB), ist **auch nach Art. 20 Satz 1 EGBGB anzuknüpfen**.[4] Darüber hinaus kann nach Art. 20 Satz 2 EGBGB **nur das Kind stets** nach dem **Recht seines gewöhnlichen Aufenthalts** seine Abstammung anfechten. Die Abstammungsstatute nach Art. 20 Satz 1 EGBGB sind aufgrund des Verweises auf Art. 19 Abs. 1 EGBGB wandelbar (zur Wandelbarkeit vgl. *Köhler*, Art. 19 EGBGB Rn. 5),[5] ebenso wie das Aufenthaltsstatut nach Art. 20 Satz 2 EGBGB bei Aufenthaltswechsel des Kindes.[6]

3 Kommen über Art. 20 EGBGB **mehrere Rechtsordnungen in Betracht**, kann der **Anfechtungswillige** die **Rechtordnung wählen**, nach der er vorgehen möchte. Wenn etwa nach einem Recht eine Anfechtungsfrist bereits abgelaufen ist, die andere Rechtsordnung aber weniger strenge Fristen setzt, kann der Anfechtungswillige noch nach der weniger strengen Rechtsordnung vorgehen.[7] Die Anfechtung kann aber stets nur auf jede der anwendbaren Rechtsordnungen für sich allein gestützt werden (alternativ), es können nicht (kumulativ) einzelne Aspekte parallel aus verschiedenen Rechtsordnungen (etwa Anfechtungsfrist aus der einen, Anfechtungsgrund aus der anderen) ausgewählt werden.[8]

Artikel 21 EGBGB

Wirkungen des Eltern-Kind-Verhältnisses

Das Rechtsverhältnis zwischen einem Kind und seinen Eltern unterliegt dem Recht des Staates, in dem das Kind seinen gewöhnlichen Aufenthalt hat.

Übersicht

3 OLG Hamburg FamRZ 2012, 568
4 BGH FamRZ 2012, 616 = NJW-RR 2012, 449
5 BeckOK-BGB/*Heiderhoff*, Art. 20 EGBGB Rn. 8
6 BeckOK-BGB/*Heiderhoff*, Art. 20 EGBGB Rn. 11
7 OLG Celle FamRZ 2020, 609; OLG Karlsruhe FamRZ 2017, 2026; OLG Hamburg StAZ 2012, 178; Staudinger/*Henrich*, Art. 20 EGBGB Rn. 14
8 OLG Celle FamRZ 2020, 609; MüKo-BGB/*Helms*, Art. 20 EGBGB Rn. 6; Grüneberg/*Thorn*, Art. 20 EGBGB Rn. 2

A. Allgemeines

Art. 21 EBGB knüpft für die Bestimmung des anzuwendenden Rechts für den Sorgerechtsstatus und die Regelung der elterlichen Sorge an den gewöhnlichen Aufenthalt des Kindes an. Diese Anknüpfung steht im Einklang mit den kollisionsrechtlichen Übereinkommen. Die frühere Differenzierung nach ehelich und nicht ehelich geborenen Kindern wurde mit Wirkung zum 1.7.1998 aufgegeben. 1

Maßgebend ist der aktuelle gewöhnliche Aufenthalt. Damit ist das Sorgerechtsstatut wandelbar.[1] 2

Art. 21 EGBGB enthält eine Gesamtverweisung (Art. 4 EGBGB), so dass auch das innerstaatliche Kollisionsrecht zu prüfen ist.[2] Soweit dieses etwa nicht an den gewöhnlichen Aufenthalt, sondern an die Staatsangehörigkeit anknüpft, kann bei deutscher Staatsangehörigkeit wiederum deutsches Recht Anwendung finden. 3

B. Anwendungsbereich

I. Vorrang des KSÜ

Aufgrund des Vorrangs staatsvertraglicher Regelungen (KSÜ) gelangt Art. 21 EGBGB nur zur Anwendung, wenn die Zuständigkeit der deutschen Gerichte aus § 99 Abs. 1 Nr. 1 FamFG folgt, also etwa bei gewöhnlichem Aufenthalt eines deutschen Kindes in einem Drittstaat, der weder der EU angehört noch das KSÜ ratifiziert hat.[3] 4

In dieser Konstellation gilt, dass internationale Zuständigkeit und anzuwendendes Recht auseinanderfallen, da nach Art. 21 EGBGB das Recht des Staates des gewöhnlichen Aufenthalts – mithin ausländisches Recht – anzuwenden ist.[4] 5

II. Persönlicher und zeitlicher Anwendungsbereich

Auf Grundlage von Art. 21 EGBGB i.V.m. Art. 7 Abs. 1 Satz 1 EGBGB sind weiter Schutzmaßnahmen für **junge Erwachsene** denkbar, die nach deutschem Recht volljährig wären, nach ihrem Heimatrecht aber noch unter elterlicher Sorge stehen, weil nach diesem Recht die Volljährigkeit erst später eintritt.[5] 6

Art. 21 EGBGB kann ferner zur Anwendung gelangen, wenn im Laufe eines gerichtlichen Verfahrens ein **neuer gewöhnlicher Aufenthalt** in einem Staat begründet wird, der nicht Vertragsstaat des KSÜ ist. 7

1 MüKo-BGB/*Helms*, Art. 21 EGBGB Rn. 16; OLG Karlsruhe FamRZ 2010, 1577, 1578
2 MüKo-BGB/*Helms*, Art. 21 EGBGB Rn. 17; vgl. BGH FamRZ 2016, 1747, zur Namenserteilung vor spanischem Standesamt
3 Prütting/Helms/*Hau*, § 99 FamFG Rn. 18; MüKo-BGB/*Helms*, Art. 21 EGBGB Rn. 12; vgl. auch den Beispielsfall bei *Schulz*, FamRZ 2018, 797, 803 f.
4 Die entsprechenden familienrechtlichen Regelungen sind in der Sammlung *Bergmann/Ferid*, Internationales Ehe- und Kindschaftsrecht, ergänzt durch Länderberichte, zusammengefasst
5 Zum verbleibenden Anwendungsbereich vgl. MüKo-BGB/*Helms*, Art. 21 EGBGB Rn. 14; Staudinger/*Henrich*, Art. 21 EGBGB Rn. 122

Artikel 22 EGBGB

Annahme als Kind

(1) [1]Die Annahme als Kind im Inland unterliegt dem deutschen Recht. [2]Im Übrigen unterliegt sie dem Recht des Staates, in dem der Anzunehmende zum Zeitpunkt der Annahme seinen gewöhnlichen Aufenthalt hat.

(2) Die Folgen der Annahme in Bezug auf das Verwandtschaftsverhältnis zwischen dem Kind und dem Annehmenden sowie den Personen, zu denen das Kind in einem familienrechtlichen Verhältnis steht, unterliegen dem nach Absatz 1 anzuwendenden Recht.

(3) [1]In Ansehung der Rechtsnachfolge von Todes wegen nach dem Annehmenden, dessen Ehegatten, Lebenspartner oder Verwandten steht der Angenommene ungeachtet des nach den Absätzen 1 und 2 anzuwendenden Rechts einem nach den deutschen Sachvorschriften angenommenen Kind gleich, wenn der Erblasser dies in der Form einer Verfügung von Todes wegen angeordnet hat und die Rechtsnachfolge deutschem Recht unterliegt. [2]Satz 1 gilt entsprechend, wenn die Annahme auf einer ausländischen Entscheidung beruht. [3]Die Sätze 1 und 2 finden keine Anwendung, wenn der Angenommene im Zeitpunkt der Annahme das achtzehnte Lebensjahr vollendet hatte.

▶ *Näher zu Adoptionssachen mit Auslandsbezug siehe Braun, Kommentierung zu § 101 FamFG.*

▶ *Näher zum AdWirkG siehe Braun, Anhang zu § 199 FamFG.*

Von einer weitergehenden Kommentierung wird abgesehen.

Artikel 23 EGBGB

Zustimmung

[1]Die Erforderlichkeit und die Erteilung der Zustimmung des Kindes und einer Person, zu der das Kind in einem familienrechtlichen Verhältnis steht, zu einer Abstammungserklärung oder Namenserteilung unterliegen zusätzlich dem Recht des Staates, dem das Kind angehört. [2]Soweit es zum Wohl des Kindes erforderlich ist, ist statt dessen das deutsche Recht anzuwenden.

Von einer Kommentierung wird abgesehen.

Artikel 24 EGBGB

Vormundschaft, Betreuung und Pflegschaft

(1) Die Entstehung, die Ausübung, die Änderung und das Ende eines Fürsorgeverhältnisses (Vormundschaft, Betreuung, Pflegschaft), das kraft Gesetzes oder durch Rechtsgeschäft begründet wird, unterliegen dem Recht des Staates, in dem der Fürsorgebedürftige seinen gewöhnlichen Aufenthalt hat.

(2) [1]Maßnahmen, die im Inland in Bezug auf ein Fürsorgeverhältnis angeordnet werden, und die Ausübung dieses Fürsorgeverhältnisses unterliegen deutschem Recht. [2]Besteht mit dem Recht eines anderen Staates eine wesentlich engere Verbindung als mit dem deutschen Recht, so kann jenes Recht angewendet werden.

(3) Die Ausübung eines Fürsorgeverhältnisses aufgrund einer anzuerkennenden ausländischen Entscheidung richtet sich im Inland nach deutschem Recht.

Übersicht Rn.

A. Allgemeines

Art. 24 EGBGB regelt das auf „Fürsorgeverhältnisse", d.h. Vormundschaften und Ergänzungspflegschaften nach deutschem Recht, aber auch für die Ausübung hier anzuerkennender im Ausland bestellter Vormundschaften (oder vergleichbarer Rechtsinstitute) anzuwendende Recht. **1**

Art. 24 EGBGB wird nahezu vollständig durch staatsvertragliche Sonderregelungen verdrängt. Da die Anordnung einer Vormundschaft bzw. Pflegschaft eine Schutzmaßnahme im Sinne des KSÜ darstellt, ist die Anwendung von Art. 24 EGBGB beschränkt auf Fälle, in denen die internationale Zuständigkeit allein auf § 99 FamFG beruht.[1] **2**

B. Inhalt der Norm

I. Grundsatz: Recht des gewöhnlichen Aufenthalts

Nach Art. 24 Abs. 1 EGBGB in der ab dem 1.1.2023 geltenden Fassung gelangt auf Entstehung, Ausübung, Änderung und Ende der Vormundschaft das Recht des gewöhnlichen Aufenthalts zur Anwendung. Im Gegensatz zum früheren Recht knüpft Art. 24 EGBGB **nicht mehr an das Heimatrecht** an.[2] Mit der Ergänzung um das Eintreten „kraft Gesetzes" wird klargestellt, dass auch von Gesetzes wegen bestehende Fürsorgeverhältnisse, wie etwa die gesetzlichen Amtsvormundschaften nach §§ 1786, 1787 BGB, in den Anwendungsbereich von Art. 24 EGBGB fallen.[3] **3**

Aus Art. 24 Abs. 2 Satz 1 EGBGB folgt, dass die Führung der Vormundschaft im Inland deutschem Recht einschließlich der sich aus §§ 1789 ff. BGB (hierzu *Wierse*, Kommentierungen zu §§ 1789 ff. BGB) ergebenden Pflichten unterliegt. Dies entspricht Art. 15 Abs. 1 KSÜ (hierzu *Schweppe*, Kommentierung von Art. 15 KSÜ).[4] **4**

II. Ausnahme: Anwendung ausländischen Rechts bei wesentlich engerer Bindung

Für den Fall einer wesentlich engeren Bindung zum Recht eines anderen Staats gestattet Art. 24 Abs. 2 Satz 2 EGBGB die Anwendung des Rechts dieses Staats, was insbesondere bei Vermögensfragen denkbar ist.[5] **5**

1 MüKo-BGB/*Lipp*, Art. 24 EGBGB Rn. 28
2 Siehe hierzu Oberloskamp/Dürbeck/*Schweppe*, § 5 Rn. 233; *Wagner*, FamRZ 2022, 405 (406); *Dürbeck*, FamRZ 2020, 1789 (1794 f.)
3 *Wagner*, FamRZ 2022, 405 (413)
4 Vgl. BT-Drs. 19/24445, S. 321; *Wagner*, FamRZ 2022, 405 (413)
5 *Wagner*, FamRZ 2022, 405 (413) m.w.N.

III. Ausübung anzuerkennender Vormundschaften

6 Gemäß Art. 24 Abs. 3 EGBGB richtet sich die Ausübung hier anzuerkennender im Ausland bestellter Vormundschaften nach deutschem Recht. Auch insoweit ist die Anwendung beschränkt auf Entscheidungen aus einem Staat, der weder EU-Mitgliedstaat noch KSÜ-Vertragsstaat ist.[6] Ein nach ausländischem Recht bestellter Vormund hat bei Tätigkeit im Inland insbesondere die Vorgaben nach §§ 1788 ff. BGB (hierzu *Wierse*, Kommentierungen zu §§ 1788 ff. BGB) zu beachten.[7]

---

6 *Andrae*, § 9 Rn. 159
7 MüKo-BGB/*Lipp*, Art. 24 EGBGB Rn. 70 f.

Kapitel 5

Internationales Familienrechtsverfahrensgesetz (IntFamRVG)

vom 26. Januar 2005 (BGBl. I S. 162), neugefasst durch B. v. 15.1.2024 (BGBl. 2024 I Nr. 19)

Vorbemerkung

Das Gesetz zur Aus- und Durchführung bestimmter Rechtsinstrumente auf dem Gebiet des Internationalen Familienrechts vom 26.1.2005 (IntFamRVG) wurde zur Umsetzung der Brüssel IIa-VO, des Haager Kindesentführungsübereinkommens und des Europäischen Sorgerechtsübereinkommens konzipiert und im Hinblick auf die Ratifizierung des Haager Kinderschutzübereinkommens entsprechend angepasst.[1] Weitere Änderungen erfolgten zur Umsetzung der Brüssel IIb-VO.[2]

Weiterführende Literatur: *Schulz,* Das Internationale Familienrechtsverfahrensgesetz, FamRZ 2011, 1273 ff.; *Klinkhammer,* Das Durchführungsgesetz zur Brüssel IIb-VO, FamRZ 2022, 325 ff.; *Wagner*, Internationales Familienrechtsverfahrensgesetz, 2. Aufl. 2022.

1 Hierzu BT-Drs. 16/12063
2 Hierzu BT-Drs. 19/28681

Abschnitt 1
Anwendungsbereich; Begriffsbestimmungen

§ 1 IntFamRVG

Anwendungsbereich

Dieses Gesetz dient

1. **der Durchführung der Verordnung (EU) 2019/1111 des Rates vom 25. Juni 2019 über die Zuständigkeit, die Anerkennung und Vollstreckung von Entscheidungen in Ehesachen und in Verfahren betreffend die elterliche Verantwortung und über internationale Kindesentführungen (ABl. L 178 vom 2.7.2019, S. 1);**
2. **der Ausführung des Haager Übereinkommens vom 19. Oktober 1996 über die Zuständigkeit, das anzuwendende Recht, die Anerkennung, Vollstreckung und Zusammenarbeit auf dem Gebiet der elterlichen Verantwortung und der Maßnahmen zum Schutz von Kindern (BGBl. 2009 II S. 602, 603) – im Folgenden: Haager Kinderschutzübereinkommen;**
3. **der Ausführung des Haager Übereinkommens vom 25. Oktober 1980 über die zivilrechtlichen Aspekte internationaler Kindesentführung (BGBl. 1990 II S. 207) – im Folgenden: Haager Kindesentführungsübereinkommen;**
4. **der Ausführung des Europäischen Übereinkommens vom 20. Mai 1980 über die Anerkennung und Vollstreckung von Entscheidungen über das Sorgerecht für Kinder und die Wiederherstellung des Sorgeverhältnisses (BGBl. 1990 II S. 220) – im Folgenden: Europäisches Sorgerechtsübereinkommen.**
5. **der Ausführung des Europäischen Übereinkommens vom 27. November 2008 über die Adoption von Kindern (revidiert) (BGBl. 2015 II S. 3) – im Folgenden: Europäisches Adoptionsübereinkommen.**

1 Das IntFamRVG enthält für bestimmte Verfahrenskonstellationen mit Auslandsbezug besondere einheitliche Regelungen zur innerstaatlichen Zuständigkeit, Anerkennung und Vollstreckung ausländischer Entscheidungen sowie für die grenzüberschreitende Unterbringung von Kindern im Rahmen der Durchführung bzw. Ausführung von

- Brüssel IIb-VO, siehe hierzu *Schweppe*, Auslandsbezüge, Kapitel 2, Kommentierung der einschlägigen Vorschriften der Brüssel IIb-VO.
- Kinderschutzübereinkommen (KSÜ), siehe hierzu *Schweppe*, Auslandsbezüge, Kapitel 3, Abschnitt 3, Kommentierung der einschlägigen Vorschriften des KSÜ.
- Haager Kindesentführungsübereinkommen (HKÜ), siehe *Schweppe*, Auslandsbezüge, Kapitel 3, Kommentierung der einschlägigen Vorschriften des HKÜ.
- Europäischem Sorgerechtsübereinkommen (ESÜ), siehe *Schweppe*, Auslandsbezüge, Kapitel 3, Abschnitt 2, Kommentierung der einschlägigen Vorschriften des ESÜ.

2 Außerhalb dieses Anwendungsbereichs gelten auch in kindschaftsrechtlichen Verfahren mit Auslandsbezug die Regelungen des FamFG, so dass grundsätzlich innerstaatliches Verfahrensrecht (lex fori) zur Anwendung gelangt. Dies gilt auch im Rahmen der zuvor genannten Verfahren, sofern das IntFamRVG keine Sonderregelungen enthält (vgl. *Schweppe*, § 14 IntFamRVG Rn. 1 ff.).

Übersicht: Anerkennung und Vollstreckung ausländischer Entscheidungen

	Brüssel IIb-VO	ESÜ	KSÜ	FamFG
Anerkennung	Art. 30 Abs. 1	Art. 7	Art. 23 Abs. 1	§ 108
Vorzulegende Unterlagen	Bescheinigungen nach Art. 31, 36			
Fakultatives *Anerkennungsverfahren*	Art. 30 Abs. 3 Feststellung des Fehlens von Anerkennungsversagungsgründen		Art. 24	§ 108 Abs. 2
Zuständigkeit	Art. 30 Abs. 4, §§ 10 Satz 1 Ziff. 1, 12 IntFamRVG	§§ 10 Satz 1 Ziff. 4, 12 IntFamRVG	§§ 10 Satz 1 Ziff. 3, 12 IntFamRVG	§ 108 Abs. 3
Verfahren	Art. 30 Abs. 3 i.V.m. Art. 59 bis 62 § 44j IntFamRVG	Art. 14 § 32 IntFamRVG	§ 32 IntFamRVG	
Versagungsgründe	Art. 39	Art. 9, 10	Art. 23 Abs. 2	§ 109
Internationale Zuständigkeit	Art. 69 Verbot der Überprüfung	Art. 9 Abs. 1 b)	Art. 23 Abs. 2 a), aber auch Art. 25	§ 109 Abs. 1 Nr. 1
Beteiligungsmöglichkeit Antragsgegner	Art. 39 Abs. 1 b) bzw. c)	Art. 9 Abs. 1 a)	Art. 23 Abs. 2 c)	§ 109 Abs. 1 Nr. 2
Beteiligung des Kindes	Art. 39 Abs. 2		Art. 23 Abs. 2 b)	über ordre public
Kindeswohl		begrenzte Prüfung Art. 10 Abs. 1 b)		
Unvereinbarkeit mit späterer Sorgerechtsentscheidung	Art. 39 Abs. 1 d) bzw. e)	begrenzte Prüfung Art. 9 Abs. 1 d) und Art. 10 Abs. 1 d)	Art. 23 Abs. 2 e)	§ 109 Abs. 1 Nr. 3
Ordre-public-Verstoß	Art. 39 Abs. 1 a)	Art. 10 Abs. 1 a)	Art. 23 Abs. 2 d)	§ 109 Abs. 1 Nr. 4
Fehlende Einhaltung Konsultationsverfahren	Art. 39 Abs. 1 f)			

	Brüssel IIb-VO	ESÜ	KSÜ	FamFG
Verbot der „révision au fond"	Art. 71	Art. 9 Abs. 3	Art. 27	§ 109 Abs. 5
Versagung der Anerkennung	Art. 40			
Zuständigkeit	Art. 40 §§ 10 Satz 1 Ziff. 1, 12 IntFamRVG			
Verfahren	Art. 40 Abs. 1 i.V.m. Art. 59 bis 62 § 44j IntFamRVG			
Anerkennung und Vollstreckung privilegierter Entscheidungen	Art. 42 bis 50			
Vorzulegende Unterlagen	Art. 46, Art. 47			
Zuständigkeit	Art. 47 i.V.m. § 48 Abs. 2 IntFamRVG			
Versagung beschränkt	Art. 50			
Widerruf Bescheinigung	Art. 48			
Vollstreckung	Art. 34, 35 § 44a Abs. 1 IntFamRVG	Art. 7 a.E.	Art. 26	§ 110 Abs. 1 u. 2
Zuständigkeit	Art. 52 §§ 10 Satz 1 Ziff. 2, 12 IntFamRVG	§§ 10 S. 1 Ziff. 4, 12 IntFamRVG	§§ 10 Satz 1 Ziff. 3, 12 IntFamRVG	
Verfahren	Art. 51	13 bis 16 ESÜ §§ 16 ff. IntFamRVG, § 19 IntFamRVG	§§ 16 ff. IntFamRVG, § 18 IntFamRVG	
Vollstreckung nach Recht des Vollstreckungsstaates	Art. 51 Abs. 1 § 44, § 44a IntFamRVG	§ 44 IntFamRVG	Art. 28 S. 2 § 44 IntFamRVG	§§ 88 bis 94

	Brüssel IIb-VO	ESÜ	KSÜ	FamFG
Ergänzende Anordnungen Umgang Herausgabe	Art. 54 § 44a Abs. 3 IntFamRVG	Art. 11 Abs. 2 § 33 Abs. 1 IntFamRVG § 33 Abs. 2 IntFamRVG	§ 33 Abs. 1 IntFamRVG	
Aussetzung der Vollstreckung	Art. 56, § 44f IntFamRVG Art. 57			
Versagung der Vollstreckung	Art. 56 Abs. 6 Art. 59, § 44b, § 44c IntFamRVG Art. 57			
Zuständigkeit	Art. 58 §§ 10 Satz 1 Ziff. 1, 12 IntFamRVG			
Einstellung Zwangsvoll-streckung	§ 44g IntFamRVG			
Rechtsmittel Beschwerde Rechts-beschwerde	Art. 61, § 44d IntFamRVG Sofortige Beschwerde Art. 62, § 44e IntFamRVG	§ 24 IntFamRVG § 28 IntFamRVG	§24 IntFamRVG § 28 IntFamRVG	
Aussetzung des Verfahrens	Art. 63	Art. 10 Abs. 2		

§ 2 IntFamRVG

Begriffsbestimmungen

Im Sinne dieses Gesetzes sind „Titel" Entscheidungen, Vereinbarungen und öffentliche Urkunden, auf welche die durchzuführende EU-Verordnung oder das jeweils auszuführende Übereinkommen Anwendung findet.

Von einer Kommentierung wird abgesehen.

Abschnitt 2
Zentrale und nationale Behörde; Jugendamt

§ 3 IntFamRVG

Bestimmung der Zentralen und der nationalen Behörde

(1) [1]Zentrale Behörde nach

1. **Artikel 76 der Verordnung (EU) 2019/1111,**
2. **Artikel 29 des Haager Kinderschutzübereinkommens,**
3. **Artikel 6 des Haager Kindesentführungsübereinkommens,**
4. **Artikel 2 des Europäischen Sorgerechtsübereinkommens**

ist das Bundesamt für Justiz. [2]Dieses ist auch nationale Behörde nach Artikel 15 Satz 2 des Europäischen Adoptionsübereinkommens.

(2) Das Verfahren der Zentralen Behörde gilt als Justizverwaltungsverfahren.

1 Die in § 3 Abs. 1 IntFamRVG genannten Normen sehen jeweils die Einrichtung Zentraler Behörden[1] in den Vertragsstaaten vor. Dies ist nach § 3 Abs. 1 IntFamRVG das Bundesamt für Justiz mit Sitz in Bonn. Die Aufgaben des Bundesamts für Justiz als Zentrale Behörde sind in §§ 4 bis 7 IntFamRVG geregelt. Weiter ist hierzu auf die Internetseite www.bundesjustizamt.de zu verweisen.

2 Aus § 3 Abs. 2 IntFamRVG ergibt sich, dass für die Anfechtung von Maßnahmen der Zentralen Behörde das Verfahren nach §§ 23 ff. EGGVG Anwendung findet, wobei bei Ablehnung des Tätigwerdens § 8 IntFamRVG maßgeblich ist, der wiederum auf die entsprechenden Vorschriften des FamFG verweist.

§ 4 IntFamRVG

Übersetzungen bei eingehenden Ersuchen

(1) [1]Die Zentrale Behörde, bei der ein Antrag aus einem anderen Staat nach der Verordnung (EU) 2019/1111 oder nach dem Europäischen Sorgerechtsübereinkommen eingeht, kann es ablehnen, tätig zu werden, solange Mitteilungen oder beizufügende Schriftstücke nicht in deutscher Sprache abgefasst oder von einer Übersetzung in diese Sprache begleitet sind. [2]Satz 1 gilt auch für Mitteilungen nach dem Europäischen Sorgerechtsübereinkommen. [3]Für Mitteilungen nach der Verordnung (EU) 2019/1111 gilt Satz 1, solange die Mitteilungen nicht in deutscher oder englischer Sprache abgefasst oder von einer Übersetzung in eine dieser Sprachen begleitet sind.

(2) Ist ein Schriftstück nach Artikel 54 des Haager Kinderschutzübereinkommens oder nach Artikel 24 Abs. 1 des Haager Kindesentführungsübereinkommens ausnahmsweise nicht von einer deutschen Übersetzung begleitet, so veranlasst die Zentrale Behörde die Übersetzung.

1 § 4 IntFamRVG regelt die Frage, in welcher Sprache bei der Zentralen Behörde eingehende Anträge abzufassen sind. Die Norm differenziert zwischen Anträgen nach Brüssel IIb-VO und ESÜ einerseits und nach HKÜ und KSÜ andererseits.

---

1 Zu den Aufgaben der Zentralen Behörden insbesondere nach dem KSÜ vgl. *Schulz*, FamRZ 2011, 156, 160 f.; zu den Aufgaben des Bundesamts für Justiz als Zentrale Behörde siehe *Schlauß*, ZKJ 2024, 203; *ders.*, FamRB 2022, 370

Anträge bzw. Anfragen auf Grundlage der Brüssel IIb-VO werden durch das Bundesamt für Justiz in deutscher und englischer Sprache bzw. Übersetzung angenommen und bearbeitet.[1] 2

Bei **Anträgen auf Grundlage des ESÜ** muss das Bundesamt für Justiz nur Anträge in deutscher Sprache bzw. Übersetzung akzeptieren, weil insofern der Vorbehalt nach Art. 6 Abs. 1 lit. b ESÜ erklärt wurde.

Bei **Anträgen auf Grundlage des KSÜ und des HKÜ** ist das Bundesamt für Justiz zur Annahme der Anträge verpflichtet, wird aber ggf. selbst die Übersetzung veranlassen. Die hierfür anfallenden Kosten sind durch den Antragsteller nach Maßgabe des § 54 IntFamRVG zu tragen. 3

Für das KSÜ greift insoweit der nach Art. 54 KSÜ eingelegte Vorbehalt gegen die Verwendung der französischen Sprache. Für das HKÜ hat Deutschland den nach Art. 24 HKÜ möglichen Vorbehalt nicht eingelegt, es wird aber die Vorlage von Übersetzungen erwartet.[2] 4

§ 5 IntFamRVG

Übersetzungen bei ausgehenden Ersuchen

(1) Beschafft die antragstellende Person erforderliche Übersetzungen für Anträge, die in einem anderen Staat zu erledigen sind, nicht selbst, veranlasst die Zentrale Behörde die Übersetzungen auf Kosten der antragstellenden Person.

(2) Das Amtsgericht befreit eine antragstellende natürliche Person, die ihren gewöhnlichen Aufenthalt oder bei Fehlen eines gewöhnlichen Aufenthalts im Inland ihren tatsächlichen Aufenthalt im Gerichtsbezirk hat, auf Antrag von der Erstattungspflicht nach Absatz 1, wenn sie die persönlichen und wirtschaftlichen Voraussetzungen für die Gewährung von Verfahrenskostenhilfe ohne einen eigenen Beitrag zu den Kosten nach den Vorschriften des Gesetzes über das Verfahren in Familiensachen und in Angelegenheiten der freiwilligen Gerichtsbarkeit erfüllt.

§ 5 IntFamRVG regelt einheitlich die Übersetzung und Kostentragung für Anträge und Ersuchen, die über die Zentrale Behörde ins Ausland weitergeleitet werden. 1

Auch für ausgehende Ersuchen gilt der Grundsatz, dass die **Kosten durch den Antragsteller** zu tragen sind (§ 5 Abs. 1 i.V.m. § 54 IntFamRVG). Es steht den Beteiligten aber frei, die Übersetzung selbst zu veranlassen. 2

§ 5 Abs. 2 IntFamRVG ermöglicht beim Familiengericht eine **Befreiung von den Übersetzungskosten** zu erhalten, die unter den für die Bewilligung von Verfahrenskostenhilfe nach § 76 FamFG i.V.m. §§ 114 ff. ZPO geltenden Voraussetzungen (dazu siehe *Gottschalk*, Kommentierung zu § 76 FamFG) erteilt wird. Dabei ist zunächst die Befreiung zu erwirken, dann veranlasst das Bundesamt für Justiz die erforderlichen Übersetzungen auf eigene Kosten. 3

Eine nachträgliche Erstattung bereits veranlasster Übersetzungen ist nicht möglich.[1] Für den Antrag an das Familiengericht nach § 5 Abs. 2 FamFG greift die Zuständigkeitskonzentration nach §§ 10 bis 12 IntFamRVG nicht.

Die Entscheidung ist dem Rechtspfleger zugewiesen (§ 29 Nr. 3 RPflG).

1 Hierzu BT-Drs. 19/28681, 43
2 Vgl. *Wagner*, § 4 IntFamRVG Rn. 2.
1 Zum Verfahren siehe Bundesamt für Justiz, Internationale Kindschaftsverfahren IX.

§ 6 IntFamRVG
Aufgabenerfüllung durch die Zentrale Behörde

(1) [1]Zur Erfüllung der ihr obliegenden Aufgaben veranlasst die Zentrale Behörde mit Hilfe der zuständigen Stellen alle erforderlichen Maßnahmen. [2]Sie verkehrt unmittelbar mit allen zuständigen Stellen im In- und Ausland. [3]Mitteilungen leitet sie unverzüglich an die zuständigen Stellen weiter.

(2) [1]Zum Zweck der Ausführung des Haager Kindesentführungsübereinkommens und des Europäischen Sorgerechtsübereinkommens leitet die Zentrale Behörde erforderlichenfalls gerichtliche Verfahren ein. [2]Im Rahmen dieser Übereinkommen gilt sie zum Zweck der Rückgabe des Kindes als bevollmächtigt, im Namen der antragstellenden Person selbst oder im Weg der Untervollmacht durch Vertreter gerichtlich oder außergerichtlich tätig zu werden. [3]Ihre Befugnis, zur Sicherung der Einhaltung der Übereinkommen im eigenen Namen entsprechend zu handeln, bleibt unberührt.

Übersicht

A. Aufgaben der Zentralen Behörde

1 § 6 und § 7 IntFamRVG regeln die Aufgaben der Zentralen Behörde. Diese ist vor allem Anlaufstelle für aus dem Ausland eingehende Anträge und übernimmt Koordinationsaufgaben. Die Tätigkeit der Zentralen Behörde ist kostenfrei mit Ausnahme der Kosten für Übersetzungen, § 54 i.V.m. § 4 bzw. § 5 IntFamRVG.

▶ *Zu den Aufgaben der Zentralen Behörde ist auf Art. 77 ff. Brüssel IIb-VO, Art. 31 f. KSÜ, Art. 3 ESÜ und insbesondere Art. 7 HKÜ zu verweisen, siehe hierzu die jeweiligen Kommentierungen.*

B. Vertretung im Verfahren

2 Das Bundesamt für Justiz übernimmt im Rahmen des HKÜ und des ESÜ auch die Einleitung von Gerichtsverfahren (§ 6 Abs. 2 IntFamRVG) und ist dabei in Rückführungsverfahren qua Gesetz (§ 6 Abs. 2 Satz 2 IntFamRVG) als **Bevollmächtigter für den Antragsteller** tätig, wobei die Einschaltung von Verfahrensbevollmächtigten üblich ist. Die Vollmachtsfiktion greift nur für die Rückführung von Kindern; nicht dagegen im Rahmen der Tätigkeit in Umgangsverfahren und in Verfahren nach der Brüssel IIb-VO und dem KSÜ.[1]

3 § 6 Abs. 2 Satz 2 IntFamRVG schränkt die Möglichkeit, selbst einen Verfahrensbevollmächtigten zu beauftragen, nicht ein. Soweit **ein selbst beauftragter Verfahrensbevollmächtigter** neben dem Bundesamt für Justiz im Verfahren auftritt, ist zu beachten, dass die vierzehntägige Beschwerdefrist ab der ersten Zustellung zu laufen beginnt (vgl. hierzu *Schweppe*, § 40 IntFamRVG Rn. 7).[2]

1 So auch *Wagner*, IntFamRVG § 6 Rn. 4
2 OLG Karlsruhe FamRZ 2012, 468, 470; hierzu auch *Wagner*, § 40 Rn. 2

§ 7 IntFamRVG

Aufenthaltsermittlung

(1) Die Zentrale Behörde trifft alle erforderlichen Maßnahmen einschließlich der Einschaltung von Polizeivollzugsbehörden, um den Aufenthaltsort des Kindes zu ermitteln, wenn dieser unbekannt ist und Anhaltspunkte dafür vorliegen, dass sich das Kind im Inland befindet.

(2) Soweit zur Ermittlung des Aufenthalts des Kindes erforderlich, darf die Zentrale Behörde bei dem Kraftfahrt-Bundesamt erforderliche Halterdaten nach § 33 Abs. 1 Satz 1 Nr. 2 des Straßenverkehrsgesetzes erheben und die Leistungsträger im Sinne der §§ 18 bis 29 des Ersten Buches Sozialgesetzbuch um Mitteilung des derzeitigen Aufenthalts einer Person ersuchen.

(3) [1]Unter den Voraussetzungen des Absatzes 1 kann die Zentrale Behörde die Ausschreibung zur Aufenthaltsermittlung durch das Bundeskriminalamt veranlassen. [2]Sie kann auch die Speicherung eines Suchvermerks im Zentralregister veranlassen.

(4) Soweit andere Stellen eingeschaltet werden, übermittelt sie ihnen die zur Durchführung der Maßnahmen erforderlichen personenbezogenen Daten; diese dürfen nur für den Zweck verwendet werden, für den sie übermittelt worden sind.

§ 7 IntFamRVG eröffnet der Zentralen Behörde für die Ermittlung des Aufenthalts betroffener Kinder Ermittlungsmethoden, die üblicherweise zu Strafverfolgungszwecken dienen. Dabei ist auch der Zugriff auf Daten des Kraftfahrtbundesamts und von Sozialbehörden möglich (§ 7 Abs. 2 IntFamRVG). **1**

§ 8 IntFamRVG

Anrufung des Oberlandesgerichts

(1) Nimmt die Zentrale Behörde einen Antrag nicht an oder lehnt sie es ab, tätig zu werden, so kann die Entscheidung des Oberlandesgerichts beantragt werden.

(2) Zuständig ist das Oberlandesgericht, in dessen Bezirk die Zentrale Behörde ihren Sitz hat.

(3) [1]Das Oberlandesgericht entscheidet im Verfahren der freiwilligen Gerichtsbarkeit. [2]§ 14 Abs. 1 und 2 sowie die Abschnitte 4 und 5 des Buches 1 des Gesetzes über das Verfahren in Familiensachen und in den Angelegenheiten der freiwilligen Gerichtsbarkeit gelten entsprechend.

§ 8 IntFamRVG ermöglicht Antragstellern einen Rechtsbehelf, sofern das Bundesamt für Justiz ein Tätigwerden ablehnt. Zuständig nach § 8 Abs. 2 IntFamRVG ist das OLG Köln, das insofern als Beschwerdegericht – unter Berücksichtigung etwaigen neuen Vortrags, § 65 Abs. 3 FamFG – über die Entscheidung der Zentralen Behörde, einen Antrag nicht anzunehmen, entscheidet.[1] **1**

Gegen die Entscheidung des OLG Köln ist die Rechtsbeschwerde nach §§ 70 ff. FamFG (näher hierzu *Kischkel*, § 70 FamFG Rn. 10) eröffnet.[2] **2**

Nach § 8 Abs. 3 IntFamRVG finden insbesondere die Regelungen des FamFG zu Einstweiligen Anordnungen entsprechend Anwendung. **3**

▶ *Näher hierzu Kischkel, § 49 FamFG Rn. 7 ff.*

1 Zu einer entsprechenden Entscheidung siehe OLG Köln, FamRZ 2010, 913
2 *Wagner*, IntFamRVG § 8 Rn. 2

§ 9 IntFamRVG

Mitwirkung des Jugendamts an Verfahren

(1) [1]Unbeschadet der Aufgaben des Jugendamts bei der grenzüberschreitenden Zusammenarbeit unterstützt das Jugendamt die Gerichte und die Zentrale Behörde bei allen Maßnahmen nach diesem Gesetz. [2]Insbesondere

1. gibt es auf Anfrage Auskunft über die soziale Lage des Kindes und seines Umfelds,

2. unterstützt es in jeder Lage eine gütliche Einigung,

3. leistet es in geeigneten Fällen Unterstützung bei der Durchführung des Verfahrens, auch bei der Sicherung des Aufenthalts des Kindes,

4. leistet es in geeigneten Fällen Unterstützung bei der Ausübung des Rechts zum persönlichen Umgang, der Heraus- oder Rückgabe des Kindes sowie der Vollstreckung gerichtlicher Entscheidungen.

(2) [1]Zuständig ist das Jugendamt, in dessen Bereich sich das Kind gewöhnlich aufhält. [2]Solange die Zentrale Behörde oder ein Gericht mit einem Herausgabe- oder Rückgabeantrag oder dessen Vollstreckung befasst ist, oder wenn das Kind keinen gewöhnlichen Aufenthalt im Inland hat, oder das zuständige Jugendamt nicht tätig wird, ist das Jugendamt zuständig, in dessen Bereich sich das Kind tatsächlich aufhält. [3]In den Fällen des Artikels 35 Absatz 2 Satz 1 des Haager Kinderschutzübereinkommens ist das Jugendamt örtlich zuständig, in dessen Bezirk der antragstellende Elternteil seinen gewöhnlichen Aufenthalt hat.

(3) Das Gericht unterrichtet das zuständige Jugendamt über Entscheidungen nach diesem Gesetz auch dann, wenn das Jugendamt am Verfahren nicht beteiligt war.

Übersicht

A. Aufgaben des Jugendamts

1 § 9 IntFamRVG regelt die Mitwirkung des Jugendamts am Aufenthaltsort des Kindes bzw. dem eines Elternteils und verpflichtet die Jugendämter zur Unterstützung etwa bei der Rückführung des Kindes sowie der Vollstreckung gerichtlicher Entscheidungen.

2 Die in § 9 IntFamRVG geregelten Mitwirkungsverpflichtungen gehen über die allgemeinen Aufgaben des Jugendamts im familiengerichtlichen Verfahren nach § 50 SGB VIII hinaus (siehe hierzu allgemein *Köhler*, § 50 SGB VIII Rn. 7 ff.).

3 Der Gesetzgeber weist dem Jugendamt im Bereich grenzüberschreitender Sorge- und Umgangskonflikte eine deeskalierende Funktion durch Aufklärung, Beratung und Unterstützung der Eltern zu, etwa durch Gespräche mit dem das Kind betreuenden Elternteil und dem Kind mit dem Ziel, die Rückführung des Kindes durch die Betreuung des Jugendamts bis zur tatsächlichen Abreise zu erleichtern und durch Gespräche mit den Eltern eine gewaltsame Herausnahme zu vermeiden.[1] Die Tätigkeit der Jugendämter kann aber auch die Mitwirkung an der Vollstreckung einer Rückführungsanordnung nach dem HKÜ (näher hierzu *Schweppe*, Art. 12 HKÜ Rn. 18 f.), die Organisation der Heimreise des Kindes, die Begleitung von Umgangskontakten sowie die Verwahrung von Reisepässen umfassen.[2]

1 BT-Drs. 15/3981, 21 f.
2 Vgl. Staudinger/*Pirrung*, Vorbem. G zu Art. 19 EGBGB Rn. G 19; *Wagner*, § 9 IntFamRVG Rn. 4

B. Zuständigkeit

4 Zuständig ist – abweichend von den örtlichen Zuständigkeitsregeln des SGB VIII (hierzu *Köhler*, Kommentierung zu §86 ff. SGB VIII) –das **Jugendamt am Aufenthaltsort des Kindes**. Sofern es die Frage der Berichterstattung zur Umgangsgestaltung mit einem im Inland lebenden Elternteil betrifft, ist das Jugendamt zuständig, in dessen Bezirk der antragstellende Elternteil seinen gewöhnlichen Aufenthalt hat.

C. Mitteilungspflicht

5 Sofern das Jugendamt durch das Gericht am Verfahren nicht beteiligt wurde, sieht §9 Abs. 3 IntFamRVG eine Mitteilungspflicht durch das Gericht an das Jugendamt vor, damit dieses ggf. nach eigenem Ermessen tätig werden kann.

Abschnitt 3
Gerichtliche Zuständigkeit und Zuständigkeitskonzentration

§ 10 IntFamRVG
Örtliche Zuständigkeit für die Anerkennung und Vollstreckung

[1]Das Familiengericht, in dessen Zuständigkeitsbereich sich die Person, gegen die sich der Antrag richtet, oder das Kind, auf das sich die Entscheidung bezieht, zum Zeitpunkt der Einleitung des Verfahrens gewöhnlich aufhält, ist örtlich ausschließlich zuständig für

1. **Verfahren nach Artikel 30 Absatz 3, Artikel 40 Absatz 1, Artikel 54 Absatz 1, Artikel 56 Absatz 1, 2 und 4 sowie Artikel 59 der Verordnung (EU) 2019/1111,**
2. **die Zwangsvollstreckung von Titeln nach Kapitel IV der Verordnung (EU) 2019/1111 über die Herausgabe oder Rückgabe von Personen oder die Regelung des Umgangs,**
3. **Verfahren nach den Artikeln 24 und 26 des Haager Kinderschutzübereinkommens und**
4. **Verfahren nach dem Europäischen Sorgerechtsübereinkommen**

[2]Besteht für Verfahren nach Satz 1 keine Zuständigkeit nach dieser Vorschrift, so ist dasjenige Familiengericht örtlich ausschließlich zuständig, in dessen Zuständigkeitsbereich zum Zeitpunkt der Einleitung des Verfahrens das Interesse an der Feststellung hervortritt oder das Bedürfnis der Fürsorge bekannt wird. [3]Besteht für Verfahren nach Satz 1 keine Zuständigkeit nach Satz 1 oder Satz 2, ist das im Bezirk des Kammergerichts zur Entscheidung berufene Gericht örtlich ausschließlich zuständig.

1 § 10 IntFamRVG regelt die innerstaatliche örtliche Zuständigkeit für Verfahren im Bereich der Anerkennung (bzw. Anträgen auf Nichtanerkennung) und Vollstreckung nach den in der Norm genannten Rechtsgrundlagen, wobei § 12 IntFamRVG eine besondere Zuständigkeitskonzentration enthält.

§ 11 IntFamRVG
Örtliche Zuständigkeit nach dem Haager Kindesentführungsübereinkommen

Örtlich zuständig für Verfahren nach dem Haager Kindesentführungsübereinkommen ist das Familiengericht, in dessen Zuständigkeitsbereich

1. **sich das Kind beim Eingang des Antrags bei der Zentralen Behörde aufgehalten hat oder**
2. **bei Fehlen einer Zuständigkeit nach Nummer 1 das Bedürfnis der Fürsorge bekannt wird.**

1 § 11 IntFamRVG regelt die innerstaatliche örtliche Zuständigkeit für Verfahren nach dem HKÜ, wobei § 12 IntFamRVG eine besondere Zuständigkeitskonzentration enthält.

§ 12 IntFamRVG
Zuständigkeitskonzentration

(1) In Verfahren über eine in den §§ 10 und 11 bezeichnete Sache entscheidet das Familiengericht, in dessen Bezirk ein Oberlandesgericht seinen Sitz hat, für den Bezirk dieses Oberlandesgerichts.

(2) Im Bezirk des Kammergerichts entscheidet das Familiengericht Pankow.

(3) [1]Die Landesregierungen werden ermächtigt, diese Zuständigkeit durch Rechtsverordnung einem anderen Familiengericht des Oberlandesgerichtsbezirks oder, wenn in einem Land

mehrere Oberlandesgerichte errichtet sind, einem Familiengericht für die Bezirke aller oder mehrerer Oberlandesgerichte zuzuweisen. [2]Sie können die Ermächtigung auf die Landesjustizverwaltungen übertragen.

A. Allgemeines

1 § 12 IntFamRVG regelt eine Zuständigkeitskonzentration für die in § 10 und § 11 IntFamRVG genannten Verfahren mit dem Ziel, eine besondere Sachkunde und praktische Erfahrung bei den zentralisierten Gerichten zu erreichen.[1]

B. Inhalt der Norm

I. Anwendungsbereich

2 § 12 greift für die in § 10 und § 11 IntFamRVG genannten Verfahren, mithin:

- Anträge auf Feststellung des Nichtvorliegens von Anerkennungsversagungsgründen (Art. 30 Abs. 3 Brüssel IIb-VO),
- Verfahren auf Versagung der Anerkennung (Art. 40 Abs. 1 Brüssel IIb-VO),
- Konkretisierung der Modalitäten der Ausübung des Umgangs (Art. 54 Abs. 1 Brüssel IIb-VO),
- Verfahren auf Aussetzung bzw. Versagung der Vollstreckung (Art. 56 bzw. Art. 59 der Brüssel IIb-VO),
- die Vollstreckung von Titeln nach Kapitel IV Brüssel IIb-VO über die Herausgabe oder Rückgabe von Personen oder die Regelung des Umgangs,
- Verfahren auf **Anerkennung** und **Vollstreckung/Vollstreckbarerklärung** einer ausländischen Sorgerechts- oder Umgangsentscheidung nach dem KSÜ und dem ESÜ,
- **Rückführungsverfahren** nach dem HKÜ und dem ESÜ,
- sonstige Verfahren nach dem ESÜ (§ 10 S. 1 Ziffer 4 IntFamRVG),
- durch das Bundesamt für Justiz eingeleitete **Umgangsverfahren**, gerichtet auf Umgang zwischen einem in Deutschland lebenden Kind und einem Elternteil, der in einem anderen Mitgliedstaat der Europäischen Union oder einem anderen HKÜ-, KSÜ- oder ESÜ-Vertragsstaat lebt (§ 12, § 11 IntFamRVG).[2]

3 In **Umgangsverfahren** besteht für den Antragsteller eine Wahlmöglichkeit zwischen dem allgemein örtlich zuständigen Familiengericht und dem aufgrund der Zuständigkeitskonzentration zuständigen Gericht. Bei Antragstellung über die Zentrale Behörde ist diese durch die Vorschriften der Zuständigkeitskonzentration nach § 12, § 11 IntFamRVG gebunden.

1 BT-Drs. 15/3981, 22
2 *Schulz*, FamRZ 2011, 1273, 1274

II. Zuständige Gerichte

4 **Zuständig** ist nach § 12 Abs. 1 IntFamRVG in jedem OLG-Bezirk das **Familiengericht unmittelbar am Sitz des OLG** für den gesamten Bezirk dieses OLG, in Hessen etwa das Amtsgericht Frankfurt am Main.[3] § 12 Abs. 2 IntFamRVG regelt die Zuständigkeit für Berlin. § 12 Abs. 3 IntFamRVG eröffnet für Bundesländer mit mehreren OLG-Bezirken eine weitergehende Zuständigkeitskonzentration. So ist in Niedersachsen allein das Familiengericht Celle zuständig.

§ 13 IntFamRVG
Zuständigkeitskonzentration für andere Familiensachen

(1) [1]Das Familiengericht, bei dem eine in den §§ 10 bis 12 bezeichnete Sache anhängig wird, ist von diesem Zeitpunkt an ungeachtet des § 137 Abs. 1 und 3 des Gesetzes über das Verfahren in Familiensachen und in den Angelegenheiten der freiwilligen Gerichtsbarkeit für alle dasselbe Kind betreffenden Familiensachen nach § 151 Nr. 1 bis 3 des Gesetzes über das Verfahren in Familiensachen und in den Angelegenheiten der freiwilligen Gerichtsbarkeit einschließlich der Verfügungen nach § 44 und den §§ 35 und 89 bis 94 des Gesetzes über das Verfahren in Familiensachen und in den Angelegenheiten der freiwilligen Gerichtsbarkeit zuständig. [2]Die Zuständigkeit nach Satz 1 tritt nicht ein, wenn der Antrag offensichtlich unzulässig ist. [3]Sie entfällt, sobald das angegangene Gericht auf Grund unanfechtbarer Entscheidung unzuständig ist; Verfahren, für die dieses Gericht hiernach seine Zuständigkeit verliert, sind nach näherer Maßgabe des § 281 Abs. 2 und 3 Satz 1 der Zivilprozessordnung von Amts wegen an das zuständige Gericht abzugeben.

(2) Bei dem Familiengericht, das in dem Oberlandesgerichtsbezirk, in dem sich das Kind gewöhnlich aufhält, für Anträge der in Absatz 1 Satz 1 genannten Art zuständig ist, kann auch eine andere Familiensache nach § 151 Nr. 1 bis 3 des Gesetzes über das Verfahren in Familiensachen und in den Angelegenheiten der freiwilligen Gerichtsbarkeit anhängig gemacht werden, wenn ein Elternteil seinen gewöhnlichen Aufenthalt in einem anderen Mitgliedstaat der Europäischen Union oder in einem anderen Vertragsstaat des Haager Kinderschutzübereinkommens, des Haager Kindesentführungsübereinkommens oder des Europäischen Sorgerechtsübereinkommens hat.

(3) [1]Im Falle des Absatzes 1 Satz 1 hat ein anderes Familiengericht, bei dem eine dasselbe Kind betreffende Familiensache nach § 151 Nr. 1 bis 3 des Gesetzes über das Verfahren in Familiensachen und in den Angelegenheiten der freiwilligen Gerichtsbarkeit im ersten Rechtszug anhängig ist oder anhängig wird, dieses Verfahren von Amts wegen an das nach Absatz 1 Satz 1 zuständige Gericht abzugeben. [2]Auf übereinstimmenden Antrag beider Elternteile sind andere Familiensachen, an denen diese beteiligt sind, an das nach Absatz 1 oder Absatz 2 zuständige Gericht abzugeben. [3]§ 281 Abs. 2 Satz 1 bis 3 und Abs. 3 Satz 1 der Zivilprozessordnung gilt entsprechend.

(4) [1]Das Familiengericht, das gemäß Absatz 1 oder Absatz 2 zuständig oder an das die Sache gemäß Absatz 3 abgegeben worden ist, kann diese aus wichtigen Gründen an das nach den allgemeinen Vorschriften zuständige Familiengericht abgeben oder zurückgeben, soweit dies nicht zu einer erheblichen Verzögerung des Verfahrens führt. [2]Als wichtiger Grund ist es in der Regel anzusehen, wenn die besondere Sachkunde des erstgenannten Gerichts für das Verfahren nicht oder nicht mehr benötigt wird. [3]§ 281 Abs. 2 und 3 Satz 1 der Zivilprozessordnung gilt entsprechend. [4]Die Ablehnung einer Abgabe nach Satz 1 ist unanfechtbar.

3 Eine Liste der zuständigen Gerichte ist unter www.bundesjustizamt.de unter der Rubrik Internationales Sorgerecht – Zuständige deutsche Gerichte verfügbar

(5) §§ 4 und 5 Abs. 1 Nr. 5, Abs. 2 und 3 des Gesetzes über das Verfahren in Familiensachen und in den Angelegenheiten der freiwilligen Gerichtsbarkeit bleibt unberührt.

Übersicht

A. Allgemeines

§ 13 IntFamRVG erweitert die Zuständigkeit nach § 10 bis § 12 IntFamRVG auf weitere Verfahren, um für die betroffenen Kinder eine einheitliche Entscheidung eines spezialisierten Familiengerichts zu erreichen.[1] Dabei ist in einigen Fällen die Zuständigkeit der Spezialgerichte zwingend, in anderen Konstellationen besteht eine Wahlmöglichkeit. 1

B. Inhalt der Norm

I. Zwingende Zuständigkeit

§ 13 Abs. 1 Satz 1 IntFamRVG erweitert die Zuständigkeit des Familiengerichts, bei dem ein Verfahren i.S.d. § 10 oder § 11 IntFamRVG anhängig ist (siehe die Aufzählung bei *Schweppe*, § 12 IntFamRVG Rn. 2), namentlich Rückführungsverfahren nach dem HKÜ bzw. ESÜ, Anerkennungs- bzw. Vollstreckbarerklärungsverfahren nach ESÜ bzw. KSÜ, Verfahren auf Anerkennung bzw. Vollstreckung im Anwendungsbereich der Brüssel IIb-VO sowie durch die Zentrale Behörde eingeleitete Umgangsverfahren[2] **zwingend** auf bereits anhängige sowie anhängig werdende Verfahren betreffend die elterliche Sorge, Umgang und Herausgabe des Kindes (§ 151 Nr. 1 bis 3 FamFG) einschließlich der Vollstreckungsmaßnahmen nach § 44 IntFamRVG, §§ 35 und 89 bis 94 FamFG. 2

II. Fakultative Zuständigkeit

§ 13 Abs. 2 IntFamRVG enthält für den Antragsteller in Verfahren auf Regelung der elterlichen Sorge, des Umgangs und der Herausgabe eines Kindes unter folgenden Voraussetzungen ein **Wahlrecht**, den Antrag an ein Familiengericht mit Zuständigkeitskonzentration zu richten: 3

- Das Kind hat seinen gewöhnlichen Aufenthalt im Inland und
- der Antragsteller hat seinen gewöhnlichen Aufenthalt in einem EU-Mitgliedstaat oder Vertragsstaat von KSÜ, HKÜ oder ESÜ.

Damit kann bereits vor Anhängigkeit eines Verfahrens nach Abs. 1 die Spezialisierung genutzt werden und eine spätere Abgabe ist nicht erforderlich. 4

1 *Klinkhammer*, FamRZ 2022, 325, 326; zur Zulässigkeit solcher besonderen Zuständigkeitsbestimmungen siehe EuGH FamRZ 2015, 562, für den Geltungsbereich der Brüssel IIa-VO

2 *Schulz*, FamRZ 2011, 1273, 1274

III. Verweisung

1. Verpflichtung

5 § 13 Abs. 3 Satz 1 IntFamRVG **verpflichtet** das nach allgemeinen Grundsätzen zuständige Familiengericht nach Eingang eines Antrags auf Anerkennung und Vollstreckung nach § 10 IntFamRVG bzw. auf Rückführung des Kindes (§ 12 IntFamRVG) zur Abgabe an das nach § 13 Abs. 1 Satz 1 IntFamRVG zuständige Gericht.

2. Option

6 Soweit ein Elternteil auf Grundlage des § 13 Abs. 2 IntFamRVG eines der zentralisierten Gerichte angerufen hat, besteht keine Verpflichtung zur Abgabe weiterer anhängiger Verfahren an dieses Gericht. § 13 Abs. 3 Satz 2 IntFamRVG ermöglicht in diesen Fällen auf übereinstimmenden Antrag beider Elternteile die Abgabe anderer Sorgerechts-, Umgangs- und Herausgabeverfahren an das Spezialgericht.[3] Damit besteht auch insoweit die Möglichkeit, die besondere Sachkunde der zentralisierten Familiengerichte zu nutzen.

3. Wirkung

7 Da der Verweis in§ 13 Abs. 3 Satz 3 IntFamRVG auf die maßgebliche Norm des Zivilprozessrechts zur Verweisung bei Unzuständigkeit§ 281 Abs. 2 Satz 4 ZPO nicht umfasst, ist die Abgabe von Verfahren nach § 13 Abs. 3 und 4 IntFamRVG nicht bindend.

IV. Abgabe von Verfahren

8 § 13 Abs. 4 IntFamRVG gestattet dem aufgrund der Zuständigkeitskonzentration berufenen Gericht aus wichtigen Gründen die – bindende – Abgabe bzw. Zurückgabe von Verfahren an das nach den allgemeinen Vorschriften zuständige Familiengericht. Als wichtigen Grund benennt § 13 Abs. 4 Satz 2 IntFamRVG, dass „die besondere Sachkunde des erstgenannten Gerichts nicht oder nicht mehr benötigt wird". Dies kommt insbesondere nach Abschluss eines Rückführungsverfahrens nach dem HKÜ in Betracht.

9 Auch § 13 Abs. 4 Satz 3 IntFamRVG verweist teilweise auf § 281 ZPO, wobei anders als in Abs. 3 der Verweisungsbeschluss für das Gericht, an das abgegeben wird, bindend (§ 281 Abs. 2 Satz 4 ZPO) und die Ablehnung einer Abgabe nach Satz 1 unanfechtbar ist (§ 13 Abs. 4 Satz 4 IntFamRVG).

Übersicht: Zuständigkeitskonzentration

Die Zuständigkeitskonzentration des § 12 IntFamRVG gilt zwingend für die in § 10 und § 11 IntFamRVG genannten Verfahren, mithin:

→ im Anwendungsbereich der Brüssel IIb-VO

- Anträge auf Feststellung des Nichtvorliegens von Anerkennungsversagungsgründen nach Art. 30 Abs. 3 Brüssel IIb-VO,
- Verfahren auf Versagung der Anerkennung nach Art. 40 Abs. 1 Brüssel IIb-VO,
- Regelung/Konkretisierung der Modalitäten der Ausübung des Umgangs nach Art. 54 Abs. 1 Brüssel IIb-VO,

3 *Schulz*, FamRZ 2011, 1273, 1274

- Verfahren auf Aussetzung bzw. Versagung der Vollstreckung nach Art. 56 bzw. Art. 59 Brüssel IIb-VO

  → Vollstreckung von Titeln nach Kapitel IV Brüssel IIb-VO

- die Herausgabe oder Rückgabe von Personen oder die Regelung des Umgangs Umgangsentscheidungen mit grenzübergreifender Wirkung (Art. 42 a) Brüssel IIb-VO)

- Entscheidung über Sorgerecht im Herkunftsstaat nach ablehnender HKÜ-Entscheidung im Zufluchtsstaat (Art. 42) Brüssel IIb-VO)

→ **Rückführungsverfahren nach dem HKÜ (§§ 12, 11 IntFamRVG) und Art. 8 ESÜ** einschließlich Anträgen auf Ausstellung einer Widerrechtlichkeitsbescheinigung (§ 41 Abs. 1 Satz 2 IntFamRVG i.V.m § 12 IntFamRVG)

→ **Anerkennung und Vollstreckung/Vollstreckbarerklärung nach Art. 24 und 26 KSÜ**

→ **Anerkennung und Vollstreckung nach Art. 7 und 8 ESÜ**

→ **durch das Bundesamt für Justiz eingeleitete Umgangsverfahren,** gerichtet auf Umgang zwischen einem in Deutschland lebenden Kind und einem Elternteil, der in einem anderen Mitgliedstaat der Europäischen Union oder einem anderen HKÜ-, KSÜ- oder ESÜ-Vertragsstaat lebt

§ 13 IntFamRVG erweitert die Zuständigkeitskonzentration wie folgt:

→ **bei Anhängigkeit eines der oben genannten Verfahren**: Für Verfahren nach § 151 Abs. 1 bis 3 FamFG (elterliche Sorge, Umgang und Herausgabe des Kindes) besteht nach § 13 Abs. 1 Satz 1 IntFamRVG zwingend eine Abgabeverpflichtung des bereits mit der Sache befassten Gerichts (vgl. § 13 Abs. 3 Satz 1 IntFamRVG)

→ **Unabhängig von Anhängigkeit eines Verfahrens**: besteht ein Wahlrecht des Antragstellers (einseitig) für Verfahren nach § 151 Abs. 1 bis 3 FamFG bei Aufenthalt des Kindes im Inland und Aufenthalt des Antragstellers in einem EU-Mitgliedstaat oder anderen Vertragsstaat (vgl. § 13 Abs. 2 IntFamRVG)

→ Abgabe anderer Familiensachen auf übereinstimmenden Antrag der Eltern (Wahlzuständigkeit, § 13 Abs. 3 Satz 2 IntFamRVG)

→ § 13 Abs. 4 IntFamRVG ermöglicht Zurückgabe/Abgabe von Verfahren

§ 13a IntFamRVG
Verfahren bei grenzüberschreitender Abgabe

(1) [1]Ersucht das Familiengericht das Gericht eines anderen Vertragsstaats nach Artikel 8 des Haager Kinderschutzübereinkommens um Übernahme der Zuständigkeit, so setzt es eine Frist, innerhalb derer das ausländische Gericht die Übernahme der Zuständigkeit mitteilen kann. [2]Setzt das Familiengericht das Verfahren nach Artikel 8 des Haager Kinderschutzübereinkommens aus, setzt es den Parteien eine Frist, innerhalb derer das ausländische Gericht anzurufen ist. [3]Ist die Frist nach Satz 1 abgelaufen, ohne dass das ausländische Gericht die Übernahme der Zuständigkeit mitgeteilt hat, so ist in der Regel davon auszugehen, dass das ersuchte Gericht die Übernahme der Zuständigkeit ablehnt. [4]Ist die Frist nach Satz 2 abgelaufen, ohne dass eine Partei das ausländische Gericht angerufen hat, bleibt es bei der Zuständigkeit des Familiengerichts. [5]Das Gericht des ersuchten Staates und die Parteien sind auf diese Rechtsfolgen hinzuweisen.

(2) Ersucht ein Gericht eines anderen Vertragsstaats das Familiengericht nach Artikel 8 des Haager Kinderschutzübereinkommens um Übernahme der Zuständigkeit oder ruft eine Partei das Familiengericht nach dieser Vorschrift an, so kann das Familiengericht die Zuständigkeit innerhalb von sechs Wochen übernehmen.

(3) Die Absätze 1 und 2 sind auf Anträge, Ersuchen und Entscheidungen nach Artikel 9 des Haager Kinderschutzübereinkommens entsprechend anzuwenden.

(4) [1]Der Beschluss des Familiengerichts,

1. **das ausländische Gericht nach Absatz 1 Satz 1 oder nach Artikel 12 Absatz 1 Buchstabe b der Verordnung (EU) 2019/1111 um Übernahme der Zuständigkeit zu ersuchen,**
2. **das Verfahren nach Absatz 1 Satz 2 oder nach Artikel 12 Absatz 1 Buchstabe a der Verordnung (EU) 2019/1111 auszusetzen,**
3. **das zuständige ausländische Gericht nach Artikel 9 des Kinderschutzübereinkommens oder nach Artikel 13 Absatz 1 der Verordnung (EU) 2019/1111 um Abgabe der Zuständigkeit zu ersuchen,**
4. **die Parteien einzuladen, bei dem zuständigen ausländischen Gericht nach Artikel 9 des Haager Kinderschutzübereinkommens die Abgabe der Zuständigkeit an das Familiengericht zu beantragen, oder**
5. **die Zuständigkeit auf Ersuchen eines ausländischen Gerichts oder auf Antrag der Parteien nach Artikel 9 des Haager Kinderschutzübereinkommens oder auf Ersuchen eines ausländischen Gerichts nach Artikel 13 Absatz 2 der Verordnung (EU) 2019/1111 an das ausländische Gericht abzugeben,**

ist mit der sofortigen Beschwerde in entsprechender Anwendung der §§ 567 bis 572 der Zivilprozessordnung anfechtbar. [2]Die Rechtsbeschwerde ist ausgeschlossen. [3]Die in Satz 1 genannten Beschlüsse werden erst mit ihrer Rechtskraft wirksam. [4]Hierauf ist in dem Beschluss hinzuweisen.

(5) Im Übrigen sind Beschlüsse nach den Artikeln 8 und 9 des Haager Kinderschutzübereinkommens und nach den Artikeln 12 und 13 der Verordnung (EU) 2019/1111 unanfechtbar.

(6) [1]Parteien im Sinne dieser Vorschrift sowie der Artikel 8 und 9 des Haager Kinderschutzübereinkommens und des Artikels 12 der Verordnung (EU) 2019/1111 sind die in § 7 Absatz 1 und 2 Nummer 1 des Gesetzes über das Verfahren in Familiensachen und in den Angelegenheiten der freiwilligen Gerichtsbarkeit genannten Beteiligten. [2]Die Vorschriften über die Hinzuziehung weiterer Beteiligter bleiben unberührt.

Übersicht

A. Allgemeines

1 § 13a IntFamRVG regelt Einzelheiten zur grenzüberschreitenden Abgabe bzw. Übernahme von Verfahren nach Art. 8 bzw. 9 KSÜ und Art. 12 bzw. 13 Brüssel IIb-VO.

2 § 13a Abs. 1 bis 3 IntFamRVG regeln die Abgabe von Verfahren nach Art. 8 und 9 KSÜ. Für Art. 12 und 13 Brüssel IIb-VO ist eine gesonderte Regelung entbehrlich, da die entsprechenden Anforderungen dort bereits konkretisiert sind.

§ 13a Abs. 4 bis 5 IntFamRVG enthalten einheitliche Regelungen zur Beschwerde in Verfahren nach Art. 8 KSÜ, Art. 9 KSÜ, Art. 12 sowie Art. 13 Brüssel IIb-VO, wobei ein Rechtsmittel nur in den konkret in § 13a Abs. 4 Satz 1 Ziffer 1 bis 5 IntFamRVG genannten Fällen eröffnet ist. 3

§ 13a Abs. 6 IntFamRVG stellt klar, dass „Parteien" i.S.d. § 13a IntFamRVG die „Muss"-Beteiligten nach § 7 Abs. 1 und 2 Nr. 1 FamFG sind. 4

B. Inhalt der Norm

I. Abgabe nach Art. 8 KSÜ

§ 13a Abs. 1 IntFamRVG bestimmt die Vorgehensweise für die Abgabe von Verfahren nach Art. 8 KSÜ, die folgenden Voraussetzungen unterliegt: 5

- Das mit der Sache bereits befasste Gericht ist der Auffassung, dass ein Gericht eines anderen Vertragsstaats besser in der Lage wäre, das Wohl des Kindes im Einzelfall zu beurteilen,
- und zwar aufgrund der besonderen Bindung des Kindes zu dem ersuchten Staat aufgrund Staatsangehörigkeit, Vermögenslage, anhängigem Scheidungsverfahren der Kindeseltern oder sonst einer engen Bindung (Art. 8 Abs. 2 KSÜ)

Dabei erfolgt keine Verweisung des Verfahrens, sondern 6

- ein Ersuchen an das andere Gericht um Übernahme mit Fristsetzung (§ 13a Abs. 1 Satz 1 IntFamRVG)

oder

- die Aussetzung des Verfahrens und Einladung mit Fristsetzung an die Beteiligten, einen Antrag beim Gericht des anderen Mitgliedstaats zu stellen (§ 13a Abs. 1 Satz 2 IntFamRVG).

Die Übernahme des Verfahrens innerhalb von sechs Wochen (§ 13a Abs. 2 IntFamRVG) steht im Ermessen des ersuchten oder sodann von den Beteiligten angerufenen Gerichts, wobei das ersuchte Gericht der Auffassung sein muss, dass die Übernahme dem Wohl des Kindes dient (Art. 8 Abs. 4 KSÜ). 7

Erfolgt keine Übernahme bzw. keine Antragstellung durch die Beteiligten, verbleibt das Verfahren beim angerufenen bzw. nach allgemeinen Regelungen zuständigen Gericht. 8

II. Ersuchen nach Art. 9 KSÜ

Nach § 13a Abs. 3 IntFamRVG greift das genannte Procedere auch im Verfahren nach Art. 9 KSÜ für Ersuchen eines Gerichts, ein bereits im Ausland anhängiges Verfahren an sich zu ziehen. 9

III. Anfechtungsmöglichkeit

1. Sofortige Beschwerde

§ 13a Abs. 4 IntFamRVG enthält eine abschließende Aufzählung der Beschlüsse, die mit der sofortigen Beschwerde entsprechend §§ 567 ff. ZPO anfechtbar sind. 10

▶ *Näher hierzu Kischkel, § 58 FamFG Rn. 14 ff.*

Ein Rechtsmittel ist damit nur für stattgebende Beschlüsse, mit denen ein Wechsel der Zuständigkeit herbeigeführt wird, eröffnet. Diese Beschlüsse werden nach § 13a Abs. 4 Satz 3 und 4 IntFamRVG erst mit Rechtskraft wirksam. 11

12 § 13a Abs. 5 IntFamRVG stellt klar, dass über die in Abs. 4 geregelten Fälle hinaus eine Anfechtung nicht möglich ist. Damit ist keine Anfechtungsmöglichkeit vorgesehen, wenn es bei der Regelzuständigkeit nach der Brüssel IIb-VO bzw. dem KSÜ verbleibt.[1]

2. Überprüfung der Zwischenentscheidung

13 Zwischenentscheidungen über die internationale Zuständigkeit sind angesichts der Bedeutung dieser Frage für die Beteiligten mit der Beschwerde nach § 58 Abs. 1 FamFG anfechtbar.[2] Dies schafft abweichend vom Grundsatz der fehlenden Anfechtbarkeit von Zwischenentscheidungen (hierzu *Kischkel*, § 58 FamFG Rn. 12) faktisch eine Überprüfungsmöglichkeit bei Annahme der internationalen Zuständigkeit.

14 **Praxishinweis:**
Die Abgabe bzw. Übernahme von Verfahren nach Art. 12 bzw. 13 Brüssel IIb-VO und Art. 8 bzw. Art. 9 KSÜ unterliegt vergleichbaren Voraussetzungen und ist jeweils auf Ausnahmefälle beschränkt. Dabei handelt es sich nicht um eine Verweisung im eigentlichen Sinne, sondern um eine Übertragung der Zuständigkeit, nicht des Verfahrens als solches.[3] Das übernehmende Gericht leitet ein neues Verfahren im Einklang mit den Verfahrensvorschriften des übernehmenden Staates ein.[4]

Übersicht: Grenzüberschreitende Abgabe von gerichtlichen Verfahren

		Art. 12 Brüssel IIb-VO: Übertragung der Zuständigkeit Art. 13 Brüssel IIb-VO: Ersuchen um Übertragung	**Art. 8 KSÜ: Abgabe von Verfahren Art. 9 KSÜ: Ersuchen um Übernahme**
A	**Voraussetzungen:** I. formell:		
	• Antrag eines Beteiligten	Art. 12 Abs. 1 Satz 1	
	• von Amts wegen	Art. 12 Abs. 1 Satz 1	Art. 8 KSÜ
	• Ersuchen eines Gerichts	Art. 13 Abs. 1	Art. 9 KSÜ oder Art. 9 KSÜ: Einladung an die Beteiligten, den Antrag zu stellen

1 *Wagner*, § 13a IntFamRVG Rn. 4; BT-Drs. 16/12063, 11
2 OLG Stuttgart FamRZ 2014, 1930, 1931 f.; zustimmend Sternal/*Jokisch*, § 38 Rn. 33, Musielak/Borth/*Frank*, § 58 Rn. 6, im Hinblick auf die bindende Feststellung der internationalen Zuständigkeit als Verfahrensvoraussetzung
3 BeckOGK/*Markwardt*, KSÜ Art. 8 Rn. 2
4 MüKo-FamFG/*Wiedemann*, Art. 8 KSÜ Rn. 10

		Art. 12 Brüssel IIb-VO: Übertragung der Zuständigkeit Art. 13 Brüssel IIb-VO: Ersuchen um Übertragung	**Art. 8 KSÜ: Abgabe von Verfahren Art. 9 KSÜ: Ersuchen um Übernahme**
	II. materiell:		
	anderes Gericht kann Kindeswohl im Einzelfall besser beurteilen aufgrund besonderer Bindung des Kindes zum anderen Staat	Art. 12 Abs. 1 i.V.m. Abs. 4	Art. 8 Abs. 2 KSÜ (weiter als Brüssel IIb-VO)
B	**Verfahren:**		
	I. Abgebendes Gericht setzt das Verfahren aus und		
	1. Einladung an Beteiligte unter Fristsetzung	Art. 12 Abs. 1 a)	Art. 8 Abs. 1 Alt 2 i.V.m. § 13a Abs. 1 Satz 2 IntFamRVG
	Oder		
	2. Ersuchen an Gericht, sich zuständig zu erklären	Art. 12 Abs. 1 b)	Art. 8 Abs. 1 Alt. 1 i.V.m. § 13a Abs. 1 Satz 1 IntFamRVG
	II. Angerufenes Gericht		
	1. Übernahme innerhalb von 6 Wochen	Art. 12 Abs. 2 Satz 1 und 2	Art. 8 Abs. 4 i.V.m. § 13a Abs. 2 IntFamRVG
	→ Abgebendes Gericht erklärt sich für unzuständig	Art. 12 Abs. 2 Satz 3	
	2. Erfolgt keine Übernahme bzw. keine Anrufung durch Beteiligte	Art. 12 Abs. 3	§ 13a Abs. 1 Satz 3 IntFamRVG
	→ Es verbleibt bei der Zuständigkeit des abgebenden Gerichts	Art. 12 Abs. 3	§ 13a Abs. 1 Satz 4 IntFamRVG

Abschnitt 4
Allgemeine gerichtliche Verfahrensvorschriften

§ 14 IntFamRVG

Familiengerichtliches Verfahren

Soweit nicht anders bestimmt, entscheidet das Familiengericht

1. **über eine in den §§ 10 und 12 bezeichnete Ehesache nach den hierfür geltenden Vorschriften des Gesetzes über das Verfahren in Familiensachen und in den Angelegenheiten der freiwilligen Gerichtsbarkeit,**
2. **über die übrigen in den §§ 10, 11, 12 und 47 bezeichneten Angelegenheiten nach den für Kindschaftssachen geltenden Vorschriften des Gesetzes über das Verfahren in Familiensachen und in den Angelegenheiten der freiwilligen Gerichtsbarkeit.**

Übersicht

A. Allgemeines

1 § 14 IntFamRVG stellt klar, dass für die durch das IntFamRVG erfassten Verfahren die allgemeinen Vorschriften für Familiensachen nach dem FamFG greifen, soweit keine Sonderregelungen bestehen, wie etwa für

- die Anerkennung und Vollstreckung ausländischer Entscheidungen (§§ 16 ff. IntFamRVG),
- das Beschwerdeverfahren (§§ 24 ff. IntFamRVG),
- sowie Verfahren nach dem HKÜ gemäß §§ 37 ff. IntFamRVG.

B. Kostenregelung

I. Grundsatz

2 Für die **Kostenregelung** gelangen zunächst die §§ 81 ff. FamFG (vgl. *Kischkel*, § 81 FamFG Rn. 2 ff.) zur Anwendung, wobei entsprechende Sonderregelungen zu beachten sind.

Für Verfahren nach der **Brüssel IIb-VO** bleibt es bei der allgemeinen Verweisung auf die §§ 81 ff. FamFG. § 20 Abs. 2 IntFamRVG enthält für den Anwendungsbereich des KSÜ und des ESÜ eine gesonderte Verweisung auf § 81 FamFG.

Für Verfahren nach dem **ESÜ** enthält Art. 5 Abs. 3 ESÜ eine umfassende Kostenfreiheit für den Antragsteller, welche die Tätigkeit der Zentralen Behörde, aber auch die Verfahrenskosten für das gerichtliche Verfahren sowie ggf. die Kosten für eine anwaltliche Vertretung umfasst.

II. HKÜ-Verfahren

3 Art. 26 HKÜ (hierzu *Schweppe*, Art. 26 HKÜ Rn. 4 f.) enthält Regelungen zur Kostenfreiheit. Kostenfrei ist jedenfalls die Tätigkeit der Zentralen Behörden (Art. 26 Abs. 1 HKÜ). Für Ge-

richtsverfahren nach dem HKÜ regelt Art. 26 Abs. 2 HKÜ, dass vom Antragsteller keine Kosten erhoben werden dürfen, jedoch ermöglicht Art. 26 Abs. 3 HKÜ den Vertragsstaaten, einen entsprechenden Vorbehalt zu erklären, wovon neben Deutschland auch zahlreiche andere Staaten Gebrauch gemacht haben.[1] **Kostenfreiheit** besteht für den Antragsteller demnach nur unter den Voraussetzungen für die Bewilligung von Verfahrenskostenhilfe.

Art. 26 Abs. 4 HKÜ stellt in Rückführungsverfahren nach dem HKÜ und bei auf Grundlage des HKÜ eingeleiteten Umgangsverfahren ins Ermessen des Gerichts, bei erfolgreichen Anträgen dem Antragsgegner die Erstattung der dem Antragsteller entstandenen notwendigen Kosten aufzuerlegen. Dies ist in der Praxis auch üblich. **4**

Kosten für **Übersetzungen** sind durch den Antragsteller grundsätzlich selbst zu tragen (§ 54 IntFamRVG). Zur Übernahme von Kosten für Übersetzungen für ausgehende Ersuchen ist auf § 5 IntFamRVG zu verweisen (*Schweppe*, § 5 IntFamRVG Rn. 3). **5**

C. Wertfestsetzung in HKÜ-Verfahren

In HKÜ-Verfahren ist nach Nr. 1710 KV-FamGKG eine Festgebühr in Höhe von 264 EUR für die erste Instanz zu erheben. Der Gegenstandswert für die anwaltliche Tätigkeit ist nach § 42 Abs. 2 und 3 FamGKG zu bestimmen. § 45 Abs. 1 FamGKG ist nicht maßgeblich, da es sich bei Rückführungsverfahren nach dem HKÜ weder um Sorgerechts- noch um Herausgabeentscheidungen auf Grundlage nationalen Rechts handelt.[2] **6**

▶ *Vgl. Kischkel, § 80 FamFG Rn. 26.*

§ 15 IntFamRVG

Einstweilige Anordnungen

Das Gericht kann auf Antrag oder von Amts wegen einstweilige Anordnungen treffen, um Gefahren von dem Kind abzuwenden oder eine Beeinträchtigung der Interessen der Beteiligten zu vermeiden, insbesondere um den Aufenthaltsort des Kindes während des Verfahrens zu sichern oder eine Vereitelung oder Erschwerung der Rückgabe zu verhindern; Abschnitt 4 des Buches 1 des Gesetzes über das Verfahren in Familiensachen und in den Angelegenheiten der freiwilligen Gerichtsbarkeit gilt entsprechend.

Übersicht

A. Allgemeines

§ 15 IntFamRVG ermöglicht unter Verweis auf das Verfahren der einstweiligen Anordnung nach §§ 49 ff. FamFG den Erlass einstweiliger Anordnungen. **1**

▶ *Näher hierzu Kischkel, § 49 FamFG Rn. 22 ff.*

1 Siehe hierzu die Staatenliste unter www.bundesjustizamt.de, Vorbehalt jeweils durch * gekennzeichnet
2 Anders *Winter*, Rn. 728, der unter Hinweis auf Rechtsprechung (OLG Stuttgart BeckRS 2020, 49587; OLG Schleswig BeckRS 2020, 18802; OLG Hamburg BeckRS 2019, 37491) über§ 45 Abs. 1 Nr. 4 FamGKG auf den Regelwert für Kindschaftsverfahren verweist

B. Inhalt der Norm

I. Umfang der Maßnahmen

2 Der Umfang einstweiliger Anordnungen ergibt sich aus Art. 12 KSÜ, Art. 7 Abs. 2 Buchst. b HKÜ und Art. 5 Abs. 1 Buchst. b ESÜ sowie für Rückführungsverfahren nach dem HKÜ im Anwendungsbereich der Brüssel IIb-VO Maßnahmen auf Grundlage von Art. 15 Brüssel IIb-VO i.V.m. Art. 27 Abs. 2 Brüssel IIb-VO (Umgang) bzw. Art. 27 Abs. 5 Brüssel IIb-VO (Schutzmaßnahmen). Der Erlass einstweiliger Anordnungen ist auf Antrag aber auch von Amts wegen möglich.[1] Mögliche Maßnahmen auf Grundlage von§ 15 IntFamRVG sind insbesondere die Anordnung räumlicher Beschränkungen für den Aufenthalt des Kindes, die Hinterlegung von Ausweispapieren, die Auferlegung von Meldepflichten sowie die Anordnung begleiteten oder betreuten Umgangs während des Verfahrens.[2]

II. Grenzsperre

3 Zur (vorläufigen) Absicherung des Aufenthalts des Kindes wird in der Praxis häufig die Ausschreibung zur Fahndung (Grenzsperre) nach § 30 BPolG (Bundespolizeigesetz) mit Ausschreibung zur Ingewahrsamnahme des Kindes im Schengener Informationssystem genutzt. Voraussetzung hierfür ist eine konkrete, sich tatsächlich abzeichnende Gefahr, dass der andere Elternteil oder eine andere Person das Kind widerrechtlich ins Ausland verbringen wird.[3] Das Ersuchen ist durch das Gericht an das Bundespolizeipräsidium, Heinrich-Mann-Allee 103, 14473 Potsdam, zu stellen.[4]

▶ *Zur Grenzsperre siehe auch Kischkel, § 49 FamFG Rn. 22.*

1 *Wagner*, IntFamRVG § 15 Rn. 1

2 BT-Drs. 15/3981, 23 f.; *Wagner*, IntFamRVG § 15 Rn. 2

3 Zu den rechtlichen Anforderungen für die Anordnung einer Grenzsperre vgl. OLG Frankfurt ZKJ 2018, 387; FamRZ 2018, 1319 mit Anm. *Hammer*

4 Vgl. Bundesamt für Justiz, Familie International > Sorgerecht > Hinweise zu internationalen Sorgerechtskonflikten Kindschaftsverfahren > IX. Sicherungs- und Schutzmaßnahmen; Mediation > 1. Gerichtliche Sicherungsmaßnahmen

Abschnitt 5

Zulassung der Zwangsvollstreckung, Anerkennungsfeststellung und Wiederherstellung des Sorgeverhältnisses im Anwendungsbereich des Haager Kinderschutzübereinkommens und des Europäischen Sorgerechtsübereinkommens

Unterabschnitt 1

Zulassung der Zwangsvollstreckung im ersten Rechtszug

§ 16 IntFamRVG

Antragstellung

(1) Im Anwendungsbereich des Haager Kinderschutzübereinkommens und des Europäischen Sorgerechtsübereinkommens wird der in einem anderen Staat vollstreckbare Titel dadurch zur Zwangsvollstreckung zugelassen, dass er auf Antrag mit der Vollstreckungsklausel versehen wird.

(2) Der Antrag auf Erteilung der Vollstreckungsklausel kann bei dem zuständigen Familiengericht schriftlich eingereicht oder mündlich zu Protokoll der Geschäftsstelle erklärt werden.

(3) Ist der Antrag entgegen § 184 des Gerichtsverfassungsgesetzes nicht in deutscher Sprache abgefasst, so kann das Gericht der antragstellenden Person aufgeben, eine Übersetzung des Antrags beizubringen, deren Richtigkeit von einer

1. in einem Mitgliedstaat der Europäischen Union oder

2. in einem anderen Vertragsstaat eines auszuführenden Übereinkommens

hierzu befugten Person bestätigt worden ist.

A. Allgemeines

§ 16 bis § 23 IntFamRVG regeln einheitlich das Verfahren zur Erteilung der Vollstreckungsklausel nach Art. 4 ESÜ und Art. 26 KSÜ. 1

Für die Vollstreckung von Rückführungsentscheidungen nach dem HKÜ enthalten § 37 bis 43 IntFamRVG besondere Regelungen (siehe *Schweppe*, Kommentierung zu §§ 37 ff. IntFamRVG). 2

B. Inhalt der Norm

Für das **Verfahren zur Erteilung der Vollstreckungsklausel** für Entscheidungen aus Vertragsstaaten des KSÜ und ESÜ gelten folgende Grundsätze: 3

- Zuständigkeitskonzentration nach § 10 i.V.m. § 12 IntFamRVG.
- Die Antragstellung erfolgt nach § 16 Abs. 2 IntFamRVG, der Antrag ist in deutscher Sprache bzw. beglaubigter Übersetzung vorzulegen (Art. 16 Abs. 3 IntFamRVG).
- Für die Zustellung gilt § 17 IntFamRVG i.V.m. § 184 ZPO.

- Im Anwendungsbereich des KSÜ findet keine Anhörung des Antragsgegners statt (§ 18 IntFamRVG „Einseitiges Verfahren").
- Für die Anwendung nach dem ESÜ steht die Erteilung der Vollstreckungsklausel unter dem Vorbehalt der Vereinbarkeit mit dem *ordre public* bzw. dem Kindeswohl (§ 19 IntFamRVG i.V.m. Art. 10 Abs. 1 a) oder b) ESÜ).

4 Die Entscheidung erfolgt durch Beschluss, in dem die zu vollstreckende Verpflichtung in deutscher Sprache wiederzugeben ist (§ 20 Abs. 1 Satz 2 IntFamRVG); die Zustellung ist in § 21 IntFamRVG geregelt.

5 **Zuständiges Familiengericht** ist gemäß § 10 i.V.m. § 12 IntFamRVG das Familiengericht am Sitz eines OLG nach Maßgabe des § 10 Ziffer 1 bis 3 IntFamRVG, also das Gericht, in dessen OLG-Bezirk der Antragsgegner und/oder das betroffene Kind ihren gewöhnlichen Aufenthalt haben.

§ 17 IntFamRVG
Zustellungsbevollmächtigter

(1) Hat die antragstellende Person in dem Antrag keinen Zustellungsbevollmächtigten im Sinne des § 184 Abs. 1 Satz 1 der Zivilprozessordnung benannt, so können bis zur nachträglichen Benennung alle Zustellungen an sie durch Aufgabe zur Post (§ 184 Abs. 1 Satz 2, Abs. 2 der Zivilprozessordnung) bewirkt werden.

(2) Absatz 1 gilt nicht, wenn

1. **für die Zustellung unmittelbar anwendbare Regelungen der Europäischen Union im Sinne von § 183 Absatz 1 Satz 1 der Zivilprozessordnung maßgeblich sind oder**
2. **die antragstellende Person einen Verfahrensbevollmächtigten für das Verfahren bestellt hat, an den im Inland zugestellt werden kann.**

1 Für das Verfahren auf Erteilung der Vollstreckungsklausel soll der im Ausland lebende Antragsteller möglichst einen Zustellungsbevollmächtigten benennen, sofern er keinen Verfahrensbevollmächtigten hat.

§ 18 IntFamRVG
Besondere Regelungen zum Haager Kinderschutzübereinkommen

[1]Im Anwendungsbereich des Haager Kinderschutzübereinkommens erhält im erstinstanzlichen Verfahren auf Zulassung der Zwangsvollstreckung nur die antragstellende Person Gelegenheit, sich zu äußern. [2]Die Entscheidung ergeht ohne mündliche Verhandlung. [3]Jedoch kann eine mündliche Erörterung mit der antragstellenden oder einer von ihr bevollmächtigten Person stattfinden, wenn diese hiermit einverstanden ist und die Erörterung der Beschleunigung dient.

1 Zur Beschleunigung des Verfahrens sieht das KSÜ im Verfahren zur Zulassung der Zwangsvollstreckung keine Anhörung des Antragsgegners vor.

2 Im Verfahren zur Erteilung der Vollstreckungsklausel nach dem ESÜ kann dagegen für die Feststellung bestimmter Nichtanerkennungsgründe die Anhörung der verpflichteten Person und des betroffenen Kindes erfolgen (vgl. Art. 10 Abs. 1 b), Art. 15 Abs. 1 ESÜ), weshalb die Einseitigkeit insoweit nicht greift.[1]

1 Vgl. *Wagner*, IntFamRVG§ 18 Rn. 2; dabei gilt, dass in Verfahren auf Anerkennung bzw. Vollstreckbarerklärung kein Verfahrensbeistand zu bestellen ist, BGH FamRZ 2015, 1011

§ 19 IntFamRVG

Besondere Regelungen zum Europäischen Sorgerechtsübereinkommen

Die Vollstreckbarerklärung eines Titels aus einem anderen Vertragsstaat des Europäischen Sorgerechtsübereinkommens ist auch in den Fällen der Artikel 8 und 9 des Übereinkommens ausgeschlossen, wenn die Voraussetzungen des Artikels 10 Abs. 1 Buchstabe a oder b des Übereinkommens vorliegen, insbesondere wenn die Wirkungen des Titels mit den Grundrechten des Kindes oder eines Sorgeberechtigten unvereinbar wären.

§ 19 IntFamRVG enthält einen *Ordre-public*-Vorbehalt, der auf Verfahren nach dem ESÜ beschränkt ist und den Vorgaben nach Art. 10 Abs. 1 a) bzw. b) ESÜ entspricht (siehe hierzu *Schweppe*, Art. 10 ESÜ, Rn. 2 f.). 1

§ 20 IntFamRVG

Entscheidung

(1) [1]Ist die Zwangsvollstreckung aus dem Titel zuzulassen, so beschließt das Gericht, dass der Titel mit der Vollstreckungsklausel zu versehen ist. [2]In dem Beschluss ist die zu vollstreckende Verpflichtung in deutscher Sprache wiederzugeben. [3]Zur Begründung des Beschlusses genügt in der Regel die Bezugnahme auf den auszuführenden Anerkennungs- und Vollstreckungsvertrag sowie auf die von der antragstellenden Person vorgelegten Urkunden.

(2) Auf die Kosten des Verfahrens ist § 81 des Gesetzes über das Verfahren in Familiensachen und in den Angelegenheiten der freiwilligen Gerichtsbarkeit entsprechend anzuwenden.

(3) [1]Ist der Antrag nicht zulässig oder nicht begründet, so lehnt ihn das Gericht durch mit Gründen versehenen Beschluss ab. [2]Für die Kosten gilt Absatz 2.

§ 20 IntFamRVG behandelt den Inhalt der Entscheidung über die Zulassung der Zwangsvollstreckung. 1

Der **Beschluss über die Zulassung der Zwangsvollstreckung** nach § 20 IntFamRVG hat folgenden Tenor: 2

Tenorierungsbeispiel

„Der Titel/Die Entscheidung … ist mit der Vollstreckungsklausel zu versehen.

Der Beschluss wird erst mit Rechtskraft wirksam."

Der Hinweis darauf, dass der Beschluss erst mit Rechtskraft wirksam wird, ist nach § 22 IntFamRVG verpflichtend.

Die Erteilung der Vollstreckungsklausel selbst erfolgt erst nach Rechtskrafteintritt, § 21 Abs. 2 Satz 2 i.V.m. § 23 IntFamRVG.

Bei Umgangsentscheidungen, die keinen konkreten vollstreckbaren Inhalt haben, kann der Beschlusstenor im Anwendungsbereich des ESÜ um Regelungen zur Durchführung des Umgangs ergänzt werden, Art. 11 Abs. 2 ESÜ. 3

§ 20 Abs. 3 IntFamRVG regelt die Ablehnung des Antrags auf Erteilung der Vollstreckungsklausel. 4

Absatz 2 und 3 verweisen für die Kostenregelung auf die allgemeinen Grundsätze des § 81 FamFG. 5

▶ *Näher hierzu Kischkel, § 81 FamFG Rn. 2 ff.*

§ 21 IntFamRVG

Bekanntmachung der Entscheidung

(1) [1]Im Falle des § 20 Abs. 1 sind der verpflichteten Person eine beglaubigte Abschrift des Beschlusses, eine beglaubigte Abschrift des noch nicht mit der Vollstreckungsklausel versehenen Titels und ggf. seiner Übersetzung sowie der gemäß § 20 Abs. 1 Satz 3 in Bezug genommenen Urkunden von Amts wegen zuzustellen. [2]Ein Beschluss nach § 20 Abs. 3 ist der verpflichteten Person formlos mitzuteilen.

(2) [1]Der antragstellenden Person sind eine beglaubigte Abschrift des Beschlusses nach § 20, im Falle des § 20 Abs. 1 ferner eine Bescheinigung über die bewirkte Zustellung zu übersenden. [2]Die mit der Vollstreckungsklausel versehene Ausfertigung des Titels ist der antragstellenden Person erst dann zu übersenden, wenn der Beschluss nach § 20 Abs. 1 wirksam geworden und die Vollstreckungsklausel erteilt ist.

(3) [1]In einem Verfahren, das die Vollstreckbarerklärung einer die elterliche Verantwortung betreffenden Entscheidung zum Gegenstand hat, sind Zustellungen auch an den gesetzlichen Vertreter des Kindes, an den Vertreter des Kindes im Verfahren, an das Kind selbst, soweit es das 14. Lebensjahr vollendet hat und nicht geschäftsunfähig ist, an einen Elternteil, der nicht am Verfahren beteiligt war, sowie an das Jugendamt zu bewirken. [2]Eine Begründung soll dem Kind nicht mitgeteilt werden, wenn Nachteile für dessen Entwicklung, Erziehung oder Gesundheit zu befürchten sind.

(4) Handelt es sich bei der für vollstreckbar erklärten Maßnahme um eine Unterbringung, so ist der Beschluss auch dem Leiter der Einrichtung oder der Pflegefamilie bekannt zu machen, in der das Kind untergebracht werden soll.

Übersicht

A. Allgemeines

1 § 21 IntFamRVG regelt die Zustellung der Entscheidung über die Erteilung der Vollstreckungsklausel. Dabei wird hinsichtlich des Zustellungserfordernisses differenziert nach Entscheidungen, in denen die Vollstreckungsklausel erteilt wurde und ablehnenden Entscheidungen sowie danach, ob eine Person durch die Entscheidung in eigenen Rechten beeinträchtigt bzw. zur Vertretung der Kindesinteressen verpflichtet ist. Zu beachten ist, dass nur die Beschwerde gegen die Zulassung der Zwangsvollstreckung einer Befristung unterliegt, nicht aber die Beschwerde gegen eine ablehnende Entscheidung.

2 Die Zustellung erfolgt in der Europäischen Union (einschließlich Dänemark) nach Maßgabe der EG-ZustellVO (Nr. 2020/1784) i.V.m. §§ 1067 ff. ZPO bzw. im Anwendungsbereich des Haager Zustellungsübereinkommens vom 15.11.1965 nach dessen Vorgaben.[1]

1 Nähere Informationen zur Zustellung finden sich unter e-justice.europa.eu -> home -> Zustellung von Schriftstücken (Neufassung) sowie unter www.bundesjustizamt.de > Länderteil

B. Inhalt der Norm

I. Stattgebende Entscheidungen

1. Zustellungspflicht

Im Falle der Zulassung der Zwangsvollstreckung (§ 20 IntFamRVG) ist diese Entscheidung von Amts wegen an den Verpflichteten (§ 21 Abs. 1 Satz 1 IntFamRVG) zuzustellen sowie an die in § 21 Abs. 3 IntFamRVG genannten Personen. 3

2. Mitteilungspflicht

Im Falle der Zulassung der Zwangsvollstreckung ist dem Antragsteller eine beglaubigte Abschrift des Beschlusses (aber zunächst noch keine vollstreckbare Ausfertigung) (formlos) zu übersenden und der Antragsteller über die Zustellung an den Antragsgegner zu informieren (§ 21 Abs. 2 Satz 1 IntFamRVG). 4

Sofern eine stattgebende Entscheidung betreffend die Aufnahme (nicht beschränkt auf eine geschlossene Unterbringung i.S.d. § 1631b BGB) eines Kindes in einer Einrichtung oder einer Pflegefamilie ergangen ist, so ist auch diesen die Entscheidung mitzuteilen (§ 21 Abs. 4 IntFamRVG). 5

II. Ablehnende Entscheidungen

Bei Beschlüssen, die einen Antrag auf Erteilung der Vollstreckungsklausel zurückweisen, ist eine formelle Zustellung nicht vorgesehen, da hier keine Beschwerdefristen in Gang gesetzt werden. Entsprechend werden diese Beschlüsse dem Antragsteller ebenfalls nach § 21 Abs. 2 Satz 1 IntFamRVG übersandt und der Gegenseite nach § 21 Abs. 1 Satz 2 IntFamRVG nur formlos mitgeteilt. 6

III. Weitere Zustellungspflichten

Nach § 21 Abs. 3 IntFamRVG sind sämtliche Entscheidungen, gleich ob die Zwangsvollstreckung ablehnend oder zulassend,[2] an weitere Personen zu übersenden, die in eigenen Rechten betroffen sind, insbesondere das Kind ab Vollendung des 14. Lebensjahres, bzw. mit der Wahrung der Kindesinteressen beauftragt sind. Von der Übermittlung der Entscheidungsgründe an minderjährige Beteiligte kann gemäß § 21 Abs. 3 Satz 2 IntFamRVG aus den aus § 164 Satz 2 FamFG abgeleiteten Kindeswohlgründen abgesehen werden (hierzu *Heilmann*, § 164 FamFG Rn. 5). Unter den Voraussetzungen des § 158 FamFG ist dem Kind ein Verfahrensbeistand zu bestellen, der namens des Kindes Beschwerde einlegen kann (näher hierzu *Keuter*, Kommentierung zu § 158 FamFG).[3] 7

§ 22 IntFamRVG

Wirksamwerden der Entscheidung

[1]Der Beschluss nach § 20 wird erst mit Rechtskraft wirksam. [2]Hierauf ist in dem Beschluss hinzuweisen.

Aus § 22 Abs. 1 IntFamRVG folgt, dass die Erteilung der Vollstreckungsklausel erst nach Ablauf der Beschwerdefristen des § 24 Abs. 3 IntFamRVG erfolgen darf, entsprechend er- 1

2 MüKo-ZPO/*Gottwald*, IntFamRVG § 21 Rn. 3
3 *Wagner*, IntFamRVG § 21 Rn. 3; BT-Drs. 15/3981, 25, noch zu § 50 FGG

folgt auch die Zustellung der Entscheidung an den Antragsteller erst nach Erteilung der Vollstreckungsklausel, § 21 Abs. 2 IntFamRVG.

§ 23 IntFamRVG

Vollstreckungsklausel

(1) Auf Grund eines wirksamen Beschlusses nach § 20 Abs. 1 erteilt der Urkundsbeamte der Geschäftsstelle die Vollstreckungsklausel in folgender Form:

„Vollstreckungsklausel nach § 23 des Internationalen Familienrechtsverfahrensgesetzes vom 26. Januar 2005 (BGBl. I S. 162). Gemäß dem Beschluss des … (Bezeichnung des Gerichts und des Beschlusses) ist die Zwangsvollstreckung aus … (Bezeichnung des Titels) zugunsten … (Bezeichnung der berechtigten Person) gegen … (Bezeichnung der verpflichteten Person) zulässig.

Die zu vollstreckende Verpflichtung lautet:

… (Angabe der aus dem ausländischen Titel der verpflichteten Person obliegenden Verpflichtung in deutscher Sprache; aus dem Beschluss nach § 20 Abs. 1 zu übernehmen)."

(2) Wird die Zwangsvollstreckung nur für einen oder mehrere der durch den ausländischen Titel zuerkannten oder in einem anderen ausländischen Titel niedergelegten Ansprüche oder nur für einen Teil des Gegenstands der Verpflichtung zugelassen, so ist die Vollstreckungsklausel als „Teil-Vollstreckungsklausel nach § 23 des Internationalen Familienrechtsverfahrensgesetzes vom 26. Januar 2005 (BGBl. I S. 162)" zu bezeichnen.

(3) [1]Die Vollstreckungsklausel ist von dem Urkundsbeamten der Geschäftsstelle zu unterschreiben und mit dem Gerichtssiegel zu versehen. [2]Sie ist entweder auf die Ausfertigung des Titels oder auf ein damit zu verbindendes Blatt zu setzen. [3]Falls eine Übersetzung des Titels vorliegt, ist sie mit der Ausfertigung zu verbinden.

1 § 23 Abs. 1 IntFamRVG regelt die funktionale Zuständigkeit, Inhalt (Abs. 1 und 2) sowie Form (Abs. 3) der Vollstreckungsklausel. Die Erteilung der Vollstreckungsklausel ist nicht isoliert anfechtbar, vielmehr muss sich eine Beschwerde gegen die Anordnung der Klauselerteilung selbst richten.[1]

1 *Wagner*, § 23 IntFamRVG Rn. 2

Unterabschnitt 2
Beschwerde

§ 24 IntFamRVG

Einlegung der Beschwerde; Beschwerdefrist

(1) [1]Gegen die im ersten Rechtszug ergangene Entscheidung findet die Beschwerde zum Oberlandesgericht statt. [2]Die Beschwerde wird bei dem Oberlandesgericht durch Einreichen einer Beschwerdeschrift oder durch Erklärung zu Protokoll der Geschäftsstelle eingelegt.

(2) Die Zulässigkeit der Beschwerde wird nicht dadurch berührt, dass sie statt bei dem Oberlandesgericht bei dem Gericht des ersten Rechtszugs eingelegt wird; die Beschwerde ist unverzüglich von Amts wegen an das Oberlandesgericht abzugeben.

(3) Die Beschwerde gegen die Zulassung der Zwangsvollstreckung ist einzulegen

1. innerhalb eines Monats nach Zustellung, wenn die beschwerdeberechtigte Person ihren gewöhnlichen Aufenthalt im Inland hat;

2. innerhalb von zwei Monaten nach Zustellung, wenn die beschwerdeberechtigte Person ihren gewöhnlichen Aufenthalt im Ausland hat. Die Frist beginnt mit dem Tag, an dem die Vollstreckbarerklärung der beschwerdeberechtigten Person entweder persönlich oder in ihrer Wohnung zugestellt worden ist. Eine Verlängerung dieser Frist wegen weiter Entfernung ist ausgeschlossen.

(4) Die Beschwerdefrist ist eine Notfrist.

(5) Die Beschwerde ist dem Beschwerdegegner von Amts wegen zuzustellen.

Übersicht

A. Allgemeines

§§ 24 bis 27 IntFamRVG regeln die Beschwerde gegen Entscheidungen über die Erteilung der Vollstreckungsklausel oder deren Zurückweisung. 1

Verfahren:

- Die Beschwerde nach §§ 24 ff. IntFamRVG ist sowohl gegen die Erteilung der Vollstreckungsklausel aussprechende wie auch gegen ablehnende Entscheidungen statthaft.
- Die Beschwerde ist beim OLG einzulegen, § 24 Abs. 1 Satz 2 IntFamRVG.
- Die Beschwerde gegen die Zulassung der Zwangsvollstreckung unterliegt den Fristen des § 24 Abs. 3 IntFamRVG, die abhängig vom gewöhnlichen Aufenthalt des Beschwerdeberechtigten ist (mithin des Verpflichteten bzw. einer Person nach § 21 Abs. 3 IntFamRVG). Die Beschwerde (des Antragstellers) gegen eine ablehnende Entscheidung ist unbefristet.
- Sowohl die erstinstanzliche Entscheidung als auch die des Beschwerdegerichts werden erst mit Rechtskraft wirksam, § 22 bzw. § 27 IntFamRVG, wobei das Beschwerdegericht in Verbindung mit der Entscheidung über die Beschwerde die sofortige Wirksamkeit des Beschlusses anordnen kann (§ 27 Abs. 2 IntFamRVG).

- Gegen die Entscheidung des Oberlandesgerichts findet nach § 28 IntFamRVG die Rechtsbeschwerde zum BGH statt, jedoch mit beschränkter Prüfungskompetenz, § 30 Abs. 1 IntFamRVG.

Im Rechtsbeschwerdeverfahren kann die Anordnung der sofortigen Wirksamkeit aufgehoben werden oder eine entsprechende Anordnung erstmalig ergehen, § 31 IntFamRVG.

2 Die Beschwerde ist – abweichend von der allgemeinen Regelung des § 64 Abs. 1 FamFG – beim **OLG** einzulegen, § 24 Abs. 1 IntFamRVG. Im Falle der Einlegung beim Amtsgericht ist die Beschwerde nicht unzulässig, sondern unverzüglich von Amts wegen an das Beschwerdegericht abzugeben, § 24 Abs. 2 IntFamRVG.

B. Fristen

I. Beschwerde des Verpflichteten

3 § 24 Abs. 3 IntFamRVG bestimmt, dass nur die Beschwerde (des Verpflichteten oder einer der in § 21 Abs. 3 IntFamRVG genannten Personen) gegen Beschlüsse, welche die Erteilung der Vollstreckungsklausel aussprechen, befristet ist. Da es sich um eine Notfrist handelt, kann bei Vorliegen der allgemeinen Voraussetzungen Wiedereinsetzung in vorigen Stand gewährt werden (siehe *Kischkel*, § 63 FamFG Rn. 14).[1]

4 Zu beachten ist, dass § 24 Abs. 3 IntFamRVG zwischen Beschwerdeberechtigten mit gewöhnlichem Aufenthalt im Inland und im Ausland differenziert. Bei gewöhnlichem Aufenthalt im Ausland beträgt die Beschwerdefrist zwei Monate (§ 24 Abs. 3 Nr. 2 IntFamRVG).

II. Beschwerde des Antragstellers

5 Die Beschwerde des Antragstellers gegen zurückweisende Beschlüsse ist unbefristet möglich, was als Umkehrschluss aus dem Wortlaut von § 24 Abs. 3 IntFamRVG (*„gegen die Zulassung der Zwangsvollstreckung"*) folgt.

§ 25 IntFamRVG

Einwendungen gegen den zu vollstreckenden Anspruch

Die verpflichtete Person kann mit der Beschwerde gegen die Zulassung der Zwangsvollstreckung aus einem Titel über die Erstattung von Verfahrenskosten auch Einwendungen gegen den Anspruch selbst insoweit geltend machen, als die Gründe, auf denen sie beruhen, erst nach Erlass des Titels entstanden sind.

1 § 25 IntFamRVG ist in der Anwendung beschränkt auf Kostenentscheidungen in Verfahren nach dem KSÜ und dem ESÜ. Die Abänderung von Sachentscheidungen in Sorge- und Umgangsverfahren ist von dieser Norm nicht erfasst, sie kann nur aufgrund neuer Tatsachen in einem neuen Verfahren, nicht aber inzident im Rahmen der Vollstreckbarerklärung erfolgen.[1]

§ 26 IntFamRVG

Verfahren und Entscheidung über die Beschwerde

(1) Der Senat des Oberlandesgerichts entscheidet durch Beschluss, der mit Gründen zu versehen ist und ohne mündliche Verhandlung ergehen kann.

1 *Wagner*, § 24 IntFamRVG Rn. 4
1 *Wagner*, IntFamRVG§25 Rn. 1

(2) Solange eine mündliche Verhandlung nicht angeordnet ist, können zu Protokoll der Geschäftsstelle Anträge gestellt und Erklärungen abgegeben werden.

(3) Eine vollständige Ausfertigung des Beschlusses ist den Beteiligten auch dann von Amts wegen zuzustellen, wenn der Beschluss verkündet worden ist.

(4) § 20 Abs. 1 Satz 2, Abs. 2 und 3, § 21 Abs. 1, 2 und 4 sowie § 23 gelten entsprechend.

Die Beschwerdeentscheidung ergeht nach § 26 Abs. 1 IntFamRVG durch den Senat. 1

Nach § 26 Abs. 4 IntFamRVG ist auch im Beschluss des Beschwerdegerichts die zu vollstreckende Verpflichtung in deutscher Sprache aufzunehmen, weiter finden die allgemeinen Kostenregeln Anwendung. Auch die Vorschriften zur Bekanntmachung der Entscheidung – mit Ausnahme der Zustellung an die weiteren Beteiligten – und die Regelung zur Erteilung der Vollstreckungsklausel gelten entsprechend. 2

§ 27 IntFamRVG

Anordnung der sofortigen Wirksamkeit

(1) [1]Der Beschluss des Oberlandesgerichts nach § 26 wird erst mit seiner Rechtskraft wirksam. [2]Hierauf ist in dem Beschluss hinzuweisen.

(2) Das Oberlandesgericht kann in Verbindung mit der Entscheidung über die Beschwerde die sofortige Wirksamkeit eines Beschlusses anordnen.

Die Regelung des § 27 Abs. 1 IntFamRVG entspricht § 22 Abs. 1 IntFamRVG. 1

§ 27 Abs. 2 IntFamRVG ermöglicht über die Anordnung der sofortigen Wirksamkeit die Zulassung der Zwangsvollstreckung vor der Entscheidung in der Sache durch das Beschwerdegericht und ist etwa angezeigt, um eine Verschleppung des Verfahrens und eine unzumutbare Verzögerung der Rückführung des Kindes zu verhindern.[1] 2

1 *Wagner*, IntFamRVG § 27 Rn. 2

Unterabschnitt 3
Rechtsbeschwerde

§ 28 IntFamRVG

Statthaftigkeit der Rechtsbeschwerde

Gegen den Beschluss des Oberlandesgerichts findet die Rechtsbeschwerde zum Bundesgerichtshof nach Maßgabe des § 574 Abs. 1 Nr. 1, Abs. 2 der Zivilprozessordnung statt.

Die Rechtsbeschwerde ist – entgegen der allgemeinen Regelung des § 70 Abs. 1 FamFG – immer statthaft und nicht von der Zulassung durch das Oberlandesgericht abhängig.

§ 29 IntFamRVG

Einlegung und Begründung der Rechtsbeschwerde

[1]§ 575 Abs. 1 bis 4 der Zivilprozessordnung ist entsprechend anzuwenden. [2]Soweit die Rechtsbeschwerde darauf gestützt wird, dass das Oberlandesgericht von einer Entscheidung des Gerichtshofs der Europäischen Union abgewichen sei, muss die Entscheidung, von der der angefochtene Beschluss abweicht, bezeichnet werden.

1 Nach § 575 Abs. 3 Nr. 2 i.V.m Abs. 1 Nr. 1, § 574 Abs. 2 ZPO muss der Beschwerdeführer für die Zulässigkeit der Rechtsbeschwerde zu den Zulassungsvoraussetzungen substantiiert vortragen, allgemeine Ausführungen – etwa der Hinweis auf die fehlende Kindesanhörung – genügen hierzu nicht.[1]

§ 30 IntFamRVG

Verfahren und Entscheidung über die Rechtsbeschwerde

(1) [1]Der Bundesgerichtshof kann nur überprüfen, ob der Beschluss auf einer Verletzung des Rechts der Europäischen Union, eines Anerkennungs- und Vollstreckungsvertrags, sonstigen Bundesrechts oder einer anderen Vorschrift beruht, deren Geltungsbereich sich über den Bezirk eines Oberlandesgerichts hinaus erstreckt. [2]Er darf nicht prüfen, ob das Gericht seine örtliche Zuständigkeit zu Unrecht angenommen hat.

(2) [1]Der Bundesgerichtshof kann über die Rechtsbeschwerde ohne mündliche Verhandlung entscheiden. [2]Entsprechend anzuwenden sind die§§ 546, 547, 560 und § 577 der Zivilprozessordnung mit Ausnahme von Abs. 2 Satz 1 bis 3.

(3) § 20 Abs. 1 Satz 2, Abs. 2 und 3, § 21 Abs. 1, 2 und 4 sowie § 23 gelten entsprechend.

1 § 30 Abs. 1 IntFamRVG beschränkt die Prüfungskompetenz des BGH im Rahmen der Rechtsbeschwerde, gerügt werden kann insbesondere die Verletzung von EU-Recht.

2 Entsprechend enthält § 29 IntFamRVG die Verpflichtung, bei Geltendmachung einer Abweichung von einer Entscheidung des EuGH diese konkret zu bezeichnen.

---

1 BGH FamRZ 2021, 300; FamRZ 2012, 1561

§ 31 IntFamRVG

Anordnung der sofortigen Wirksamkeit

Der Bundesgerichtshof kann auf Antrag der verpflichteten Person eine Anordnung nach § 27 Abs. 2 aufheben oder auf Antrag der berechtigten Person erstmals eine Anordnung nach § 27 Abs. 2 treffen.

Im Rahmen der Rechtsbeschwerde kann der BGH auf Antrag des jeweiligen Beteiligten eigene Anordnungen zur sofortigen Wirksamkeit treffen bzw. eine solche Anordnung aufheben. 1

Unterabschnitt 4
Feststellung der Anerkennung

§ 32 IntFamRVG

Anerkennungsfeststellung

[1]Auf das Verfahren über einen gesonderten Feststellungsantrag nach Artikel 24 des Haager Kinderschutzübereinkommens oder nach dem Europäischen Sorgerechtsübereinkommen, einen Titel aus einem anderen Staat anzuerkennen oder nicht anzuerkennen, sind die Unterabschnitte 1 bis 3 entsprechend anzuwenden. [2]§ 18 Satz 1 ist nicht anzuwenden, wenn die antragstellende Person die Feststellung begehrt, dass ein Titel aus einem anderen Staat nicht anzuerkennen ist. [3]§ 18 Satz 3 ist in diesem Falle mit der Maßgabe anzuwenden, dass die mündliche Erörterung auch mit weiteren Beteiligten stattfinden kann.

1 Im Anwendungsbereich des KSÜ und des ESÜ gilt der Grundsatz der automatischen Anerkennung von Entscheidungen ausländischer Gerichte. § 32 IntFamRVG verweist für die Durchführung der jeweils fakultativen Anerkennungsverfahren nach Art. 24 KSÜ und Art. 7 i.V.m. Art. 9 und 10 ESÜ auf das Verfahren zur Erteilung der Vollstreckungsklausel. Es greift die Zuständigkeitskonzentration nach § 10 IntFamRVG i.V.m. § 12 IntFamRVG.

2 § 32 Satz 2 und 3 IntFamRVG schränken die Verweisung auf die Vorschriften zur Zulassung der Zwangsvollstreckung insoweit ein, als kein einseitiges Verfahren vorgesehen, sondern abweichend von § 18 IntFamRVG auch im Anwendungsbereich des KSÜ die **Beteiligung des Antragsgegners erforderlich ist**, wenn die Feststellung begehrt wird, dass ein Titel aus einem anderen Staat nicht anzuerkennen ist.

Unterabschnitt 5
Wiederherstellung des Sorgeverhältnisses

§ 33 IntFamRVG

Anordnung auf Herausgabe des Kindes

(1) Umfasst ein vollstreckungsfähiger Titel im Anwendungsbereich des Haager Kinderschutzübereinkommens oder des Europäischen Sorgerechtsübereinkommens nach dem Recht des Staates, in dem er geschaffen wurde, das Recht auf Herausgabe des Kindes, so kann das Familiengericht die Herausgabeanordnung in der Vollstreckungsklausel oder in einer nach § 44 getroffenen Anordnung klarstellend aufnehmen.

(2) Liegt im Anwendungsbereich des Europäischen Sorgerechtsübereinkommens ein vollstreckungsfähiger Titel auf Herausgabe des Kindes nicht vor, so stellt das Gericht nach § 32 fest, dass die Sorgerechtsentscheidung oder die von der zuständigen Behörde genehmigte Sorgerechtsvereinbarung aus dem anderen Vertragsstaat anzuerkennen ist, und ordnet zur Wiederherstellung des Sorgeverhältnisses auf Antrag an, dass die verpflichtete Person das Kind herauszugeben hat.

Übersicht

A. Normzweck

§ 33 IntFamRVG soll im Anwendungsbereich des KSÜ und des ESÜ die Vollstreckung ausländischer **Sorgerechtsentscheidungen erleichtern**, die nicht nur rechtsgestaltend wirken, sondern nach dem Recht des Erlassstaates auch einen vollstreckbaren Titel auf die Herausgabe des Kindes beinhalten, ohne dies gesondert anzuordnen.[1] 1

B. Inhalt der Norm

I. Ergänzung um Herausgabeanordnung

§ 33 Abs. 1 IntFamRVG ermöglicht es, eine ausländische Entscheidung, die nach deutschem Recht nur die Zuweisung des Sorgerechts, nicht aber die Herausgabe des Kindes beinhaltet, im Verfahren zur Erteilung der Vollstreckungsklausel (§ 20 IntFamRVG) oder in der Vollstreckungsanordnung nach § 44 IntFamRVG, **von Amts wegen** um eine Herausgabeanordnung zu ergänzen. 2

II. Anordnung der Herausgabe

Nach § 33 Abs. 2 IntFamRVG kann im Verfahren nach § 32 IntFamRVG i.V.m. Art. 7 ESÜ, sofern kein vollstreckungsfähiger Titel vorliegt, in Verbindung mit der Feststellung der Anerkennung nach Art. 7 ESÜ der Antragsgegner **auf Antrag** zur Herausgabe des Kindes verpflichtet werden.[2] 3

1 Siehe hierzu AG Hamm FamRZ 2022, 223; *Schulz,* FamRZ 2011, 156, 160
2 Hierzu *Wagner,* §33 IntFamRVG Rn. 3

Unterabschnitt 6
Aufhebung oder Änderung von Beschlüssen

§ 34 IntFamRVG
Verfahren auf Aufhebung oder Änderung

(1) [1]Wird der Titel in dem Staat, in dem er geschaffen worden ist, aufgehoben oder abgeändert und kann die verpflichtete Person diese Tatsache in dem Verfahren der Zulassung der Zwangsvollstreckung nicht mehr geltend machen, so kann sie die Aufhebung oder Änderung der Zulassung in einem besonderen Verfahren beantragen. [2]Das Gleiche gilt für den Fall der Aufhebung oder Änderung von in den Anwendungsbereich des Haager Kinderschutzübereinkommens und des Europäischen Sorgerechtsübereinkommens fallenden Entscheidungen, deren Anerkennung festgestellt ist.

(2) Für die Entscheidung über den Antrag ist das Familiengericht ausschließlich zuständig, das im ersten Rechtszug über den Antrag auf Erteilung der Vollstreckungsklausel oder auf Feststellung der Anerkennung entschieden hat.

(3) [1]Der Antrag kann bei dem Gericht schriftlich oder durch Erklärung zu Protokoll der Geschäftsstelle gestellt werden. [2]Die Entscheidung ergeht durch Beschluss.

(4) Auf die Beschwerde finden die Unterabschnitte 2 und 3 entsprechend Anwendung.

(5) [1]Im Falle eines Titels über die Erstattung von Verfahrenskosten sind für die Einstellung der Zwangsvollstreckung und die Aufhebung bereits getroffener Vollstreckungsmaßregeln die §§ 769 und 770 der Zivilprozessordnung entsprechend anzuwenden. [2]Die Aufhebung einer Vollstreckungsmaßregel ist auch ohne Sicherheitsleistung zulässig.

1 § 34 IntFamRVG dient dazu, bereits erteilte Vollstreckungsklauseln wieder aufzuheben, wenn der zugrundeliegende Titel im Ursprungsstaat aufgehoben oder abgeändert wurde.[1]

§ 35 IntFamRVG
Schadensersatz wegen ungerechtfertigter Vollstreckung aus Titeln über die Erstattung von Verfahrenskosten

(1) [1]Wird die Zulassung der Zwangsvollstreckung aus einem Titel über die Erstattung von Verfahrenskosten auf die Rechtsbeschwerde aufgehoben oder abgeändert, so ist die berechtigte Person zum Ersatz des Schadens verpflichtet, welcher der verpflichteten Person durch die Vollstreckung des Titels oder durch eine Leistung zur Abwendung der Vollstreckung entstanden ist. [2]Das Gleiche gilt, wenn die Zulassung der Zwangsvollstreckung nach § 34 aufgehoben oder abgeändert wird, sofern der zur Zwangsvollstreckung zugelassene Titel zum Zeitpunkt der Zulassung nach dem Recht des Staates, in dem er ergangen ist, noch mit einem ordentlichen Rechtsbehelf angefochten werden konnte.

(2) [1]Für den Antrag, mit dem ein Anspruch nach Absatz 1 geltend gemacht wird, ist das Gericht ausschließlich zuständig, das im ersten Rechtszug über den Antrag, den Titel mit der Vollstreckungsklausel zu versehen, entschieden hat. [2]Es entscheidet nach den für sonstige Familiensachen im Sinne des § 266 Absatz 1 des Gesetzes über das Verfahren in Familiensachen und in den Angelegenheiten der freiwilligen Gerichtsbarkeit geltenden Vorschriften.

1 § 35 IntFamRVG ist – wie § 25 IntFamRVG – inhaltlich beschränkt auf Kostenentscheidungen, aus denen die Vollstreckung erfolgte.

1 Zur Anwendung im Kontext mit der Rückführung nach dem HKÜ siehe OLG Hamm FamRZ 2021, 1990

Unterabschnitt 7
Vollstreckungsabwehrklage

§ 36 IntFamRVG

Vollstreckungsabwehrklage bei Titeln über die Erstattung von Verfahrenskosten

(1) Ist die Zwangsvollstreckung aus einem Titel über die Erstattung von Verfahrenskosten zugelassen, so kann die verpflichtete Person Einwendungen gegen den Anspruch selbst in einem Verfahren nach § 767 der Zivilprozessordnung nur geltend machen, wenn die Gründe, auf denen ihre Einwendungen beruhen, erst

1. nach Ablauf der Frist, innerhalb deren sie die Beschwerde hätte einlegen können, oder

2. falls die Beschwerde eingelegt worden ist, nach Beendigung dieses Verfahrens entstanden sind.

(2) Die Klage nach § 767 der Zivilprozessordnung ist bei dem Gericht zu erheben, das über den Antrag auf Erteilung der Vollstreckungsklausel entschieden hat.

Auch § 36 IntFamRVG ist – wie § 35 IntFamRVG – inhaltlich beschränkt auf Kostenent- 1
scheidungen.

Abschnitt 6
Verfahren nach dem Haager Kindesentführungsübereinkommen

§ 37 IntFamRVG

Anwendbarkeit

Kommt im Einzelfall die Rückgabe des Kindes nach dem Haager Kindesentführungsübereinkommen und dem Europäischen Sorgerechtsübereinkommen in Betracht, so sind zunächst die Bestimmungen des Haager Kindesentführungsübereinkommens anzuwenden, sofern die antragstellende Person nicht ausdrücklich die Anwendung des Europäischen Sorgerechtsübereinkommen begehrt.

1 §§ 37 ff. IntFamRVG enthalten spezielle Vorschriften für das Rückführungsverfahren nach dem HKÜ und für die Rückgabe von Kindern auf Grundlage von Art. 8 ESÜ.

2 Die Norm verdeutlicht den grundsätzlichen Vorrang des Rückführungsverfahrens nach dem HKÜ vor der Anwendung des ESÜ.

§ 38 IntFamRVG

Besondere Verfahrensvorschriften

(1) [1]Das Gericht hat das Verfahren auf Rückgabe eines Kindes in allen Rechtszügen vorrangig und beschleunigt zu behandeln. [2]Mit Ausnahme von Artikel 12 Abs. 3 des Haager Kindesentführungsübereinkommens findet eine Aussetzung des Verfahrens nicht statt. [3]Das Gericht hat alle erforderlichen Maßnahmen zur Beschleunigung des Verfahrens zu treffen, insbesondere auch damit die Entscheidung in der Hauptsache binnen der in Artikel 24 Abs. 2 und 3 der Verordnung (EU) 2019/1111 genannten Frist ergehen kann.

(2) Das Gericht prüft in jeder Lage des Verfahrens, ob das Recht zum persönlichen Umgang mit dem Kind gewährleistet werden kann.

(3) Die Beteiligten haben an der Aufklärung des Sachverhalts mitzuwirken, wie es einem auf Förderung und Beschleunigung des Verfahrens bedachten Vorgehen entspricht.

(4) [1]Werden gerichtliche Verfahren nach dem Haager Kindesentführungsübereinkommen nicht nach § 6 Absatz 2 Satz 1 und 2 von der Zentralen Behörde eingeleitet, so benachrichtigt das Gericht die Zentrale Behörde von der Einleitung des Verfahrens. [2]Auf ihren Antrag ist sie am Verfahren zu beteiligen.

Übersicht

A. Allgemeines

1 § 38 Abs. 1 IntFamRVG dient der Umsetzung der Verpflichtung zum beschleunigten Abschluss von Rückführungsverfahren nach dem HKÜ.

B. Inhalt der Norm

I. Beschleunigungsgebot (Abs. 1)

Verfahren auf Rückführung nach dem HKÜ sind mit der zum 1.8.2022 in Kraft getretenen Formulierung nicht nur (wie bisher) vorrangig, sondern auch beschleunigt zu behandeln. **2**

▶ *Näher zu Sinn und Zweck des Beschleunigungsgebots siehe Fink, § 155 FamFG Rn. 1, 13.*

II. Umgangsregelung (Abs. 2)

§ 38 Abs. 2 IntFamRVG ermöglicht die Regelung des Umgangs zwischen dem Kind und dem Antragsteller im Wege der Einstweiligen Anordnung, um einer (weiteren) Entfremdung vorzubeugen.[1] **3**

III. Benachrichtigung der Zentralen Behörde (Abs. 4)

Mit Wirkung zum 1.8.2022 wurde die Verpflichtung der Gerichte eingeführt, das Bundesamt für Justiz als Zentrale Behörde über die Einleitung von HKÜ-Verfahren zu unterrichten, wenn diese nicht bereits an der Antragstellung beteiligt war. Auf ihren Antrag hin ist die Zentrale Behörde am Verfahren zu beteiligen (§ 38 Abs. 2 S. 3 IntFamRVG). Die Mitteilungspflicht und die Beteiligungsmöglichkeit stärken die Position des Bundesamts für Justiz.[2] **4**

§ 39 IntFamRVG

Ausstellung von Bescheinigungen nach Artikel 29 Absatz 2 der Verordnung (EU) 2019/1111 und Übersendung von Unterlagen

(1) Die Bescheinigung nach Artikel 29 Absatz 2 der Verordnung (EU) 2019/1111 wird beim Gericht des ersten Rechtszugs von dem Familienrichter, in Verfahren vor dem Oberlandesgericht von dem Vorsitzenden des Senats für Familiensachen ausgestellt.

(2) Werden Unterlagen nach Artikel 29 Absatz 3 der Verordnung (EU) 2019/1111 unmittelbar dem zuständigen Gericht oder der Zentralen Behörde im Ausland übermittelt, sind der Zentralen Behörde zur Erfüllung ihrer Aufgaben nach Artikel 7 des Haager Kindesentführungsübereinkommens Abschriften dieser Unterlagen zu übersenden.

Übersicht Rn. Rn.

A. Allgemeines

§ 39 IntFamRVG regelt die Umsetzung der Informationspflichten des Gerichts nach Versagung der Rückführung nach dem HKÜ auf Grundlage einer schwerwiegenden Gefahr für das Kind nach Art. 13 Abs. 1 lit. b) HKÜ bzw. des entgegenstehenden Kindeswillens nach Art. 13 Abs. 2 HKÜ (zu den Anforderungen siehe *Schweppe*, Kommentierung zu Art. 13 HKÜ). **1**

1 *Schulz*, FamRZ 2011, 1273, 1275
2 Hierzu *Schlauß*, ZKJ 2021, 219, 224

B. Inhalt der Norm

2 Abs. 1 weist die Zuständigkeit für die amtswegige Ausstellung der Bescheinigungen nach Art. 29 Abs. 2 Brüssel IIb-VO funktional dem entscheidenden Richter des Amtsgerichts bzw. Vorsitzenden des Familiensenats am OLG zu. In den Fällen einer Zurückweisung der Beschwerde aus den genannten Gründen oder einer Abänderung einer amtsgerichtlichen Entscheidung dahin, dass eine Rückführung aus den genannten Gründen nicht erfolgt, ist die Bescheinigung mithin vom Vorsitzenden des Familiensenats nach Abschluss des Beschwerdeverfahrens zu erstellen.

3 Abs. 2 soll die Information und Beteiligung der hiesigen Zentralen Behörde sicherstellen, wenn die Rückführung im HKÜ-Verfahren auf Grundlage von Art. 13 Abs. 1 lit. b) bzw. Art. 13 Abs. 2 HKÜ abgelehnt wurde und die nach Art. 29 Abs. 3 Brüssel IIb-VO zu übersendenden Unterlagen direkt an das Gericht im Herkunftsstaat übermittelt wurden.

§ 40 IntFamRVG

Wirksamkeit der Entscheidung; Rechtsmittel

(1) Eine Entscheidung, die zur Rückgabe des Kindes in einen anderen Vertragsstaat verpflichtet, wird erst mit deren Rechtskraft wirksam.

(2) [1]Gegen eine im ersten Rechtszug ergangene Entscheidung findet die Beschwerde zum Oberlandesgericht nach Unterabschnitt 1 des Abschnitts 5 des Buches 1 des Gesetzes über das Verfahren in Familiensachen und in den Angelegenheiten der freiwilligen Gerichtsbarkeit statt; § 65 Abs. 2, § 68 Abs. 4 Satz 1 sowie § 69 Abs. 1 Satz 2 bis 4 jenes Gesetzes sind nicht anzuwenden. [2]Die Beschwerde ist innerhalb von zwei Wochen einzulegen und zu begründen. [3]Die Beschwerde gegen eine Entscheidung, die zur Rückgabe des Kindes verpflichtet, steht nur dem Antragsgegner, dem Kind, soweit es das 14. Lebensjahr vollendet hat, und dem beteiligten Jugendamt zu. [4]Eine Rechtsbeschwerde findet nicht statt.

(3) [1]Das Beschwerdegericht hat nach Eingang der Beschwerdeschrift unverzüglich zu prüfen, ob die sofortige Wirksamkeit der angefochtenen Entscheidung über die Rückgabe des Kindes anzuordnen ist. [2]Die sofortige Wirksamkeit soll angeordnet werden, wenn die Beschwerde offensichtlich unbegründet ist oder die Rückgabe des Kindes vor der Entscheidung über die Beschwerde unter Berücksichtigung der berechtigten Interessen der Beteiligten mit dem Wohl des Kindes zu vereinbaren ist. [3]Die Entscheidung über die sofortige Wirksamkeit kann während des Beschwerdeverfahrens abgeändert werden.

Übersicht

A. Allgemeines

1 Die Vorschrift enthält für Verfahren nach dem HKÜ Regelungen zur Wirksamkeit der Entscheidung (Abs. 1), zu Rechtsmitteln und Fristen (Abs. 2) sowie zur Anordnung der sofortigen Wirksamkeit durch das Beschwerdegericht (Abs. 3).

B. Inhalt der Norm

I. Wirksamwerden mit Rechtskraft

2 Die erstinstanzliche Rückführungsentscheidung wird nach Abs. 1 erst mit Rechtskraft wirksam. Im Anwendungsbereich der Brüssel IIb-VO ermöglicht Art. 27 Abs. 6 Brüssel IIb-VO die Anordnung der vorläufigen Vollstreckbarkeit durch das Gericht, das die Rückführung angeordnet hat (hierzu *Schweppe*, Art. 27 Brüssel IIb-VO Rn. 14). Im Übrigen hat das erstinstanzliche Gericht keine Kompetenz, die sofortige Wirksamkeit der Entscheidung anzuordnen.

II. Beschwerde

3 Abs. 2 enthält besondere Regelungen für die Beschwerde gegen die erstinstanzliche Entscheidung im HKÜ-Verfahren, deren Nichtbeachtung zur Unzulässigkeit des Rechtsmittels führt.

4 § 40 IntFamRVG umfasst inhaltlich ausschließlich Beschwerden gegen Sachentscheidungen in HKÜ-Verfahren, nicht dagegen andere Rechtsmittel, wie die isolierte Anfechtung einer Kostenentscheidung; insofern sind nach § 14 Nr. 2 IntFamRVG die allgemeinen Regelungen maßgeblich.[1]

5 Die Beschwerde ist beim Amtsgericht einzulegen, insoweit verweist Abs. 2 auf die §§ 58 ff. FamFG, darunter § 64 FamFG.

Hinweis

Zu beachten sind die – von den allgemeinen Beschwerdevorschriften des FamFG abweichende – verkürzte Beschwerdefrist von zwei Wochen und der Begründungszwang, da anderenfalls das Rechtsmittel ohne Prüfung in der Sache als unzulässig zu verwerfen sein wird.

1. Beschwerdefrist

6 Nach § 40 Abs. 2 Satz 2 IntFamRVG beträgt die Frist zur Einlegung und Begründung der Beschwerde zwei Wochen. Auch hier gilt der Grundsatz, dass eine fehlerhafte Rechtsmittelbelehrung unerheblich ist für den Fristablauf (näher hierzu *Kischkel*, § 39 FamFG Rn. 4).

7 Sofern der Antragsteller sowohl durch das Bundesamt für Justiz als auch durch einen selbst beauftragten Verfahrensbevollmächtigten, der nicht lediglich als Unterbevollmächtigter tätig ist, vertreten wird, beginnt die Beschwerdefrist bereits mit der ersten Zustellung der Entscheidung an einen der beiden Bevollmächtigten zu laufen.[2]

2. Begründungszwang

8 Nach dem Wortlaut des Abs. 2 Satz 2 ist die Beschwerde innerhalb von zwei Wochen einzulegen und zu begründen. Die Begründung kann beim Amtsgericht wie auch beim Beschwerdegericht eingereicht werden, da § 40 IntFamRVG hierzu keine Sonderregelung enthält.[3] Geht innerhalb der Zweiwochenfrist keine Beschwerdebegründung ein, ist die Beschwerde ohne inhaltliche Prüfung als unzulässig zu verwerfen.[4] Im Fall der anwaltlichen Vertretung kommt eine Wiedereinsetzung in den vorigen Stand nicht in Betracht.[5]

1 OLG Frankfurt, Beschl. v. 17.10.2014 – 1 WF 273/14 (n.v.)
2 OLG Karlsruhe FamRZ 2012, 468, 469; hierzu auch *Wagner*, § 40 Rn. 2
3 OLG Nürnberg FamRZ 2022, 533
4 OLG Jena FamRZ 2024, 1224; OLG Nürnberg FamRZ 2022, 711; OLG Schleswig FamRZ 2021, 1220; OLG Stuttgart FamRZ 2020, 2024; OLG Bamberg ZKJ 2016, 64; so auch *Wagner*, § 40 IntFamRVG Rn. 2; Musielak/Borth/*Grandel*, § 40 IntFamRVG Rn. 1; *Wagner*, IntFamRVG § 40 Rn. 2
5 OLG Nürnberg FamRZ 2022, 711; OLG Stuttgart FamRZ 2020, 774

3. Beschwerdeberechtigte

9 Abs. 2 Satz 3 schränkt für Entscheidungen, mit denen die Rückführung des Kindes angeordnet wurde, den Kreis der Beschwerdeberechtigten ein. Dem Jugendamt steht, wie es auch § 162 Abs. 3 Satz 2 FamFG entspricht, ein eigenes Beschwerderecht zu.

4. Ausschluss der Rechtsbeschwerde

10 Da die Rechtsbeschwerde nach Abs. 2 Satz 3 ausgeschlossen ist, kommt gegen die Entscheidung des Beschwerdegerichts in Rückführungsverfahren nur die Verfassungsbeschwerde in Betracht. Das BVerfG kann auf Antrag des Beschwerdeführers im Wege der einstweiligen Anordnung die Aussetzung der Vollziehung anordnen.[6]

5. Verfahren vor dem OLG

11 Im Beschwerdeverfahren vor dem OLG ist die Übertragung auf den Einzelrichter ebenso ausgeschlossen wie die Aufhebung und Zurückverweisung, wie sich aus § 40 Abs. 2 Satz 1 a.E. IntFamRVG ergibt.

12 Abs. 3 verpflichtet das Beschwerdegericht nach Eingang der Beschwerde – unabhängig von der entsprechenden Prüfung durch das Amtsgericht im Anwendungsbereich von Art. 27 Abs. 6 Brüssel IIb-VO – unverzüglich von Amts wegen die **Anordnung der sofortigen Wirksamkeit** der erstinstanzlichen Entscheidung zu prüfen und diese anzuordnen, wenn die Beschwerde offensichtlich unbegründet ist oder die Rückführung des Kindes unter Berücksichtigung der berechtigten Interessen der Beteiligten mit dem Wohl des Kindes vereinbar ist (§ 40 Abs. 3 Satz 2 IntFamRVG). Sofern das Beschwerdegericht die eingelegte Beschwerde als offensichtlich unbegründet ansieht, darf nur bei Vorliegen schwerwiegender entgegenstehender Interessen der Beteiligten von einer Anordnung der sofortigen Wirksamkeit abgesehen werden.[7]

§ 41 IntFamRVG

Bescheinigung über Widerrechtlichkeit

(1) [1]Über einen Antrag, die Widerrechtlichkeit des Verbringens oder des Zurückhaltens eines Kindes nach Artikel 15 Satz 1 des Haager Kindesentführungsübereinkommens festzustellen, entscheidet in folgender Rangfolge das Familiengericht, in dessen Zuständigkeitsbereich

1. **die Sorgerechtsangelegenheit oder Ehesache im ersten Rechtszug anhängig ist oder war, sonst**
2. **das Kind seinen letzten gewöhnlichen Aufenthalt im Geltungsbereich dieses Gesetzes hatte,**
3. **das Bedürfnis der Fürsorge bekannt wird.**

[2]§ 12 gilt entsprechend.

(2) Der Antrag ist zu begründen; die für die Widerrechtlichkeit geltend gemachten Gründe sind glaubhaft zu machen.

(3) [1]Das Gericht kann im schriftlichen Verfahren und ohne Anhörung der Beteiligten entscheiden. [2]Die Entscheidung ist zu begründen.

---

6 Vgl. etwa BVerfG NJW-Spezial 2012, 293, zur Aussetzung der Vollziehung nach Abwägung der Folgen unter Hinweis auf den offenen Ausgang des Beschwerdeverfahrens; abgelehnt durch BVerfG FamRZ 2020, 251; BVerfG ZKJ 2016, 413

7 BT-Drs. 15/3981, 28; siehe hierzu auch *Wagner*, IntFamRVG § 40 Rn. 5

(4) [1]Der Beschluss ist mit der sofortigen Beschwerde in entsprechender Anwendung der §§ 567 bis 572 der Zivilprozessordnung anfechtbar. [2]Eine Rechtsbeschwerde findet nicht statt.

§ 41 IntFamRVG regelt die Zuständigkeit für die Ausstellung der Widerrechtlichkeitsbescheinigung nach Art. 15 HKÜ. Seit der Neufassung zum 1.8.2022 greift gemäß § 41 Abs. 1 Satz 2 IntFamRVG auch insoweit die Zuständigkeitskonzentration nach § 12 IntFamRVG. Die Entscheidung ist dem Familienrichter zugewiesen (siehe hierzu *Heilmann*, § 14 RPflG Rn. 28). 1

Abs. 4 stellt klar, dass gegen die Entscheidung des Familiengerichts die sofortige Beschwerde zum OLG eröffnet ist.[1]

§ 42 IntFamRVG

Einreichung von Anträgen bei dem Amtsgericht

(1) [1]Ein Antrag, der in einem anderen Vertragsstaat zu erledigen ist, kann auch bei dem Amtsgericht als Justizverwaltungsbehörde eingereicht werden, in dessen Bezirk die antragstellende Person ihren gewöhnlichen Aufenthalt oder, mangels eines solchen im Geltungsbereich dieses Gesetzes, ihren tatsächlichen Aufenthalt hat. [2]Das Gericht übermittelt den Antrag nach Prüfung der förmlichen Voraussetzungen unverzüglich der Zentralen Behörde, die ihn an den anderen Vertragsstaat weiterleitet.

(2) Für die Tätigkeit des Amtsgerichts und der Zentralen Behörde bei der Entgegennahme und Weiterleitung von Anträgen werden mit Ausnahme der Fälle nach § 5 Abs. 1 Kosten nicht erhoben.

Die Vorschrift stellt klar, dass Antragsteller sich auch an die Rechtsantragsstelle des Amtsgerichts in ihrem Bezirk wenden können. Eine Zuständigkeitskonzentration besteht insoweit nicht. Im Hinblick auf die fehlende Spezialisierung und die mit der Weiterleitung verbundene Verzögerung erscheint diese Vorgehensweise jedoch nicht praktikabel. 1

§ 43 IntFamRVG

Verfahrenskosten- und Beratungshilfe

Abweichend von Artikel 26 Abs. 2 des Haager Kindesentführungsübereinkommens findet eine Befreiung von gerichtlichen und außergerichtlichen Kosten bei Verfahren nach diesem Übereinkommen nur nach Maßgabe der Vorschriften über die Beratungshilfe und Verfahrenskostenhilfe statt.

Die Norm setzt den durch Deutschland gegen die Kostenfreiheit nach Art. 26 Abs. 2 i.V.m. Abs. 3 HKÜ erklärten Vorbehalt um. 1

1 Hierzu im Einzelnen *Hüßtege*, IPrax 2022, 612

Abschnitt 7
Vollstreckung

Unterabschnitt 1
Besondere Vorschriften zur Vollstreckung von Titeln über die Herausgabe und Rückgabe von Personen und die Regelung des Umgangs

§ 44 IntFamRVG

Ordnungsmittel; Vollstreckung von Amts wegen

(1) [1]Bei Zuwiderhandlung gegen einen im Inland zu vollstreckenden Titel nach Kapitel IV der Verordnung (EU) 2019/1111, nach dem Haager Kinderschutzübereinkommen, dem Haager Kindesentführungsübereinkommen oder dem Europäischen Sorgerechtsübereinkommen, der auf Herausgabe oder Rückgabe von Personen oder die Regelung des Umgangs gerichtet ist, soll das Gericht Ordnungsgeld und für den Fall, dass dieses nicht beigetrieben werden kann, Ordnungshaft anordnen. [2]Verspricht die Anordnung eines Ordnungsgeldes keinen Erfolg, soll das Gericht Ordnungshaft anordnen.

(2) Für die Vollstreckung eines in Absatz 1 genannten Titels nach dem Haager Kinderschutzübereinkommen, dem Haager Kindesentführungsübereinkommen oder dem Europäischen Sorgerechtsübereinkommen ist das Oberlandesgericht zuständig, sofern es die Anordnung für vollstreckbar erklärt, erlassen oder bestätigt hat.

(3) [1]Ist ein Kind heraus- oder zurückzugeben, so hat das Gericht die Vollstreckung von Amts wegen durchzuführen, es sei denn, die Anordnung ist auf Herausgabe des Kindes zum Zweck des Umgangs gerichtet. [2]Auf Antrag der berechtigten Person soll das Gericht hiervon absehen.

Übersicht Rn.

A. Allgemeines

1 Die Regelungen zur Vollstreckung wurden durch die Brüssel IIb-VO neu gefasst. § 44 IntFamRVG regelt die Vollstreckung von Entscheidungen nach Kapitel IV der Brüssel IIb-VO, dem KSÜ, dem HKÜ oder dem ESÜ, welche die Herausgabe (Rückführung) des Kindes oder Umgangsregelungen beinhalten. § 44 IntFamRVG regelt insbesondere:

- die Anordnung von Ordnungsmitteln als Sollvorschrift (Abs. 1),
- die Zuständigkeit des Beschwerdegerichts für die Vollstreckung seiner Anordnungen (Abs. 2),
- die amtswegige Vollstreckung der Herausgabe des Kindes (Abs. 3).

Für die in § 44 IntFamRVG genannten Entscheidungen nach der Brüssel IIb-VO gelten zusätzlich die §§ 44a bis 44j IntFamRVG. Daneben und auf die Vollstreckung der weiteren von § 44 IntFamRVG umfassten Entscheidungen im Übrigen gelangen gemäß § 14 Nr. 2 IntFamRVG die allgemeinen Vollstreckungsregelungen des FamFG zur Anwendung, insbesondere §§ 86 bis 88, 89 Abs. 1 Satz 3, Abs. 2 bis 4 sowie 90 bis 94 FamFG.[1] 2

▶ *Näher hierzu Cirullies, Kommentierungen zu §§ 88 bis 94 FamFG.*

B. Inhalt der Norm

I. Ermessensreduzierung

Abweichend von § 89 Abs. 1 FamFG regelt § 44 Abs. 1 IntFamRVG die Anordnung von Ordnungsmitteln als Soll-Vorschrift, was das Ermessen des Gerichts bei der Entscheidung über die Anordnung von Ordnungsmitteln einschränkt. 3

II. Zuständigkeit des OLG

Abweichend von den allgemeinen Vollstreckungsregeln ist für die Vollstreckung das OLG selbst zuständig, wenn es eine Entscheidung für vollstreckbar erklärt, erlassen oder bestätigt hat (§ 44 Abs. 2 IntFamRVG). Dies soll gewährleisten, dass das sachnähere Gericht beschleunigt die gebotenen Vollstreckungsmaßnahmen anordnet. 4

III. Amtswegige Vollstreckung

§ 44 Abs. 3 IntFamRVG verschärft für Entscheidungen über die Herausgabe des Kindes zur Durchsetzung einer Sorgerechtsentscheidung (nicht Umgang) sowie für Rückführungsentscheidungen nach dem HKÜ die Vollstreckung insoweit, als diese von Amts wegen durchzuführen und das Ermessen des Gerichts gemäß § 44 Abs. 1 IntFamRVG reduziert ist. Nur auf Antrag der berechtigten Person soll das Gericht von Vollstreckungsmaßnahmen absehen (§ 44 Abs. 3 Satz 2 IntFamRVG). 5

1. Beschleunigte Vollstreckung

Die Vollstreckung der erwirkten Entscheidung ist gemäß dem Beschleunigungsgrundsatz zügig zu betreiben. Die Anordnung unmittelbaren Zwangs gegen ein Kind selbst ist stets als Ultima Ratio anzusehen.[2] 6

2. Keine Überprüfung der Hauptsacheentscheidung

Es gilt der Grundsatz, dass im Vollstreckungsverfahren keine Überprüfung der Hauptsacheentscheidung erfolgt (näher hierzu *Cirullies*, § 89 FamFG Rn. 28). Da nach der Systematik der Brüssel IIb-VO und des HKÜ die Überprüfung nachträglich eingetretener oder vorgetragener Umstände, welche die Vereinbarkeit der Entscheidung mit dem Kindeswohl infrage stellen, dem Gericht im Ursprungsmitgliedstaat vorbehalten ist, ist die Kindeswohlprüfung im Vollstreckungsverfahren auf enge Ausnahmefälle beschränkt.[3] 7

1 *Wagner*, IntFamRVG § 44 Rn. 1 f.
2 *Wagner*, IntFamRVG § 44 Rn. 4; OLG Hamm FamRZ 2018, 1938, m. Anm. *Schweppe*, FamRZ 2018, 1942
3 EuGH FamRZ 2010, 1229; hierzu auch *Schulz*, FamRZ 2018, 797 (805)

3. Aussetzung bzw. Einstellung der Vollstreckung

8 Im Hinblick auf die Verpflichtung zur Berücksichtigung des Kindeswohls in jeder Phase des Verfahrens – auch im Vollstreckungsverfahren – kommt ausnahmsweise eine (auch unbefristete) Einstellung der Vollstreckung nach§14 Nr. 2 IntFamRVG i.V.m.§ 93 Abs. 1 Nr. 4 FamFG in Betracht, wenn die Vollstreckung mit dem Kindeswohl nicht (mehr) zu vereinbaren wäre.[4] So kann ausnahmsweise der Kindeswille erst im Vollstreckungsverfahren als erheblich anzusehen sein, wenn die Vollstreckung am Widerstand des Kindes scheitert.[5]

4. Abänderung der Rückführungsentscheidung

9 In Ausnahmefällen gelangen Gerichte zu einer Abänderung der Rückführungsentscheidung nach allgemeinen Grundsätzen.[6] Materiell setzt dies *„nachträglich entstandene Rückführungshindernisse"* i.S.d. § 166 FamFG i.V.m. § 1696 BGB voraus.[7] Zuständig für das Abänderungsverfahren ist das Familiengericht erster Instanz.[8]

4 OLG Frankfurt FamRZ 2022, 1941 m. Anm. *Hüßtege*; KG FamRZ 2022, 222
5 Vgl. OLG Saarbrücken FamRZ 2018, 40
6 OLG Hamm FamRZ 2021, 1990, in Anwendung von § 48 Abs. 1 FamFG; nach Thomas/Putzo/*Hüßtege*, § 14 IntFamRVG Rn. 2, gelangt über die Verweisung in § 14 Ziffer 2 IntFamRVG hingegen §166 FamFG zur Anwendung
7 Siehe hierzu OLG Rostock FamRZ 2024, 129 sowie Thomas/Putzo/*Hüßtege*, § 14 IntFamRVG Rn. 2
8 OLG Rostock FamRZ 2024, 129

Übersicht: Beschwerde und Vollstreckung in HKÜ-Verfahren **10**

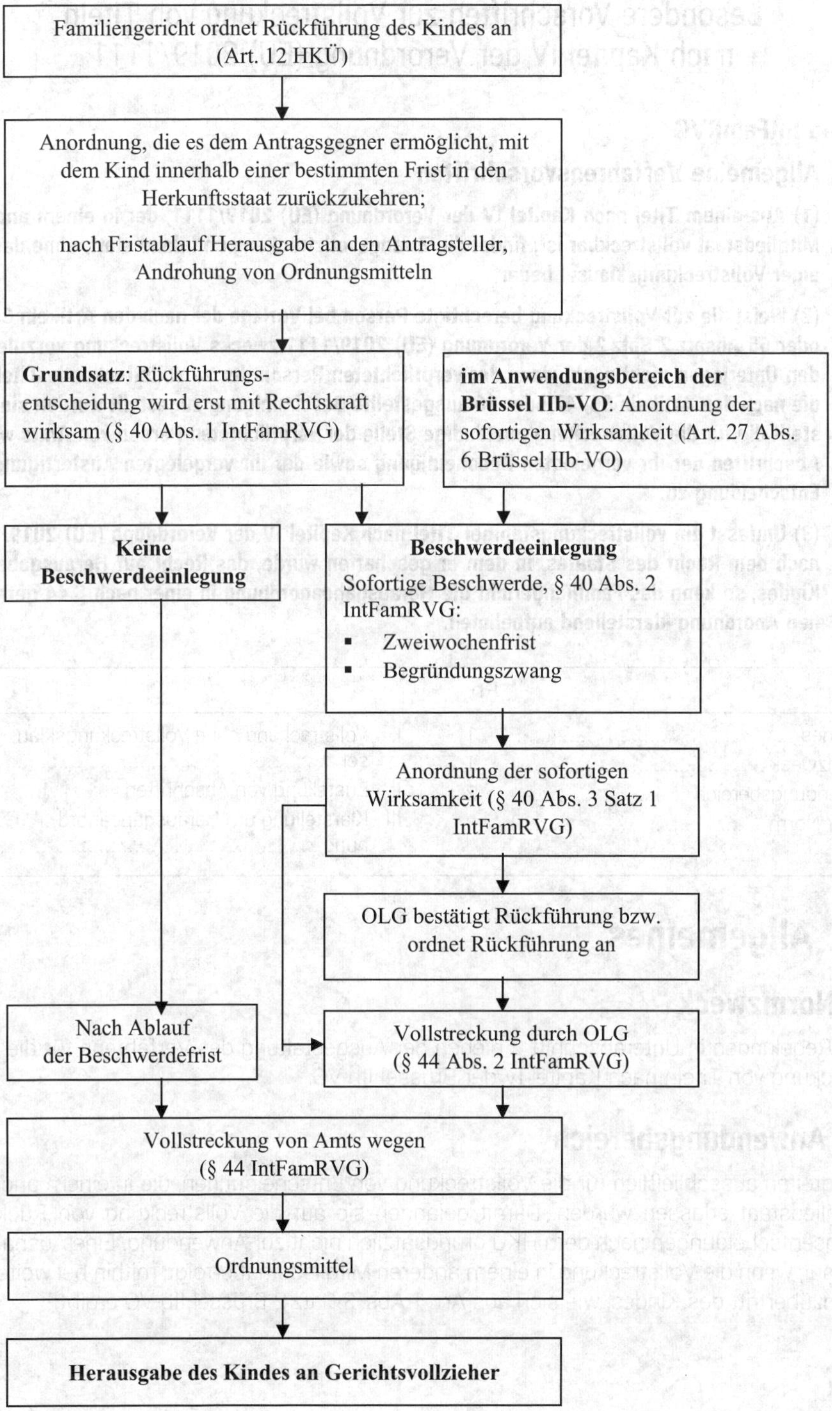

Unterabschnitt 2

Besondere Vorschriften zur Vollstreckung von Titeln nach Kapitel IV der Verordnung (EU) 2019/1111

§ 44a IntFamRVG

Allgemeine Verfahrensvorschriften

(1) Aus einem Titel nach Kapitel IV der Verordnung (EU) 2019/1111, der in einem anderen Mitgliedstaat vollstreckbar ist, findet die Zwangsvollstreckung im Inland statt, ohne dass es einer Vollstreckungsklausel bedarf.

(2) Weist die zur Vollstreckung berechtigte Person bei Vorlage der nach den Artikeln 35, 46 oder 65 Absatz 2 Satz 2 der Verordnung (EU) 2019/1111 zwecks Vollstreckung vorzulegenden Unterlagen nicht nach, wann der verpflichteten Person der zu vollstreckende Titel und die nach den Artikeln 36, 47 oder 66 ausgestellte Bescheinigung zugestellt worden sind, so stellt die für die Vollstreckung zuständige Stelle der verpflichteten Person von Amts wegen Abschriften der ihr vorgelegten Bescheinigung sowie der ihr vorgelegten Ausfertigung der Entscheidung zu.

(3) Umfasst ein vollstreckungsfähiger Titel nach Kapitel IV der Verordnung (EU) 2019/1111 nach dem Recht des Staates, in dem er geschaffen wurde, das Recht auf Herausgabe des Kindes, so kann das Familiengericht die Herausgabeanordnung in einer nach § 44 getroffenen Anordnung klarstellend aufnehmen.

Übersicht Rn.

A. Allgemeines

I. Normzweck

1 Die Regelungen in Unterabschnitt 2 dienen der Ausgestaltung des Verfahrens für die Vollstreckung von Titeln nach Kapitel IV der Brüssel IIb-VO.

II. Anwendungsbereich

2 Sie greifen ausschließlich für die Vollstreckung von Entscheidungen, die in einem anderen Mitgliedstaat erlassen wurden. Damit gelangen sie auf die Vollstreckung von Rückführungsentscheidungen nach dem HKÜ grundsätzlich nicht zur Anwendung. Eine Ausnahme gilt nur, wenn die Vollstreckung in einem anderen Mitgliedstaat erfolgt, mithin bei weiterem Grenzübertritt des Kindes, wie sich aus Art. 1 Abs. 3 Satz 2 Brüssel IIb-VO ergibt.[1]

1 Zur Abgrenzung der Regelungsbereiche siehe *Klinkhammer*, FamRZ 2022, 325, 327 f., sowie Thomas/Putzo/*Hüßtege*, Art. 56 Brüssel IIb-VO Rn. 1a

B. Inhalt der Norm

§ 44a IntFamRVG enthält zunächst allgemeine Regelungen für die Vollstreckung. 3

I. Vollstreckung ohne Vollstreckungsklausel

Abs. 1 stellt im Einklang mit Art. 34 Abs. 1 Brüssel IIb-VO klar, dass die Vollstreckung von Entscheidungen zur elterlichen Verantwortung ohne Vollstreckungsklausel erfolgt. 4

II. Zustellung von Abschriften

Abs. 2 regelt die Zustellung von Abschriften des zu vollstreckenden Titels und nach Art. 36 bzw. Art. 47 Brüssel IIb-VO für die Vollstreckung vorzulegender Bescheinigungen, soweit die Zustellung an den Antragsgegner noch nicht erfolgt ist bzw. der Antragsteller diese nicht nachweisen kann. Es handelt sich um eine **Auffangregelung**, grundsätzlich ist die Zustellung gemäß Art. 55 Brüssel IIb-VO im Ausgangsstaat zu veranlassen.[2] 5

III. Klarstellung um Herausgabeanordnung

Abs. 3 ermöglicht den zu vollstreckenden Titel klarstellend um die Anordnung der Herausgabe zu ergänzen. Die Regelung entspricht § 33 IntFamRVG. 6

§ 44b IntFamRVG

Verfahren auf Versagung der Vollstreckung nach Artikel 59 der Verordnung (EU) 2019/1111

(1) Mit dem Antrag auf Versagung der Vollstreckung nach Artikel 59 der Verordnung (EU) 2019/1111 können ausschließlich die in den Artikeln 41, 50, 56 Absatz 6 und Artikel 68 Absatz 2 und 3 der Verordnung (EU) 2019/1111 vorgesehenen Vollstreckungsversagungsgründe geltend gemacht werden.

(2) [1]Der Antrag nach Absatz 1 ist bei dem zuständigen Gericht schriftlich einzureichen oder mündlich zu Protokoll der Geschäftsstelle zu erklären. [2]Er soll die Vollstreckungsversagungsgründe bezeichnen, die geltend gemacht werden, und die zu ihrer Begründung dienenden Tatsachen und Beweismittel angeben. [3]Abweichend von § 114 Absatz 1 des Gesetzes über das Verfahren in Familiensachen und in den Angelegenheiten der freiwilligen Gerichtsbarkeit ist auch in Ehesachen im ersten Rechtszug eine Vertretung durch einen Rechtsanwalt nicht erforderlich.

(3) [1]Das Gericht kann der antragstellenden Person eine Frist für die Bezeichnung der geltend gemachten Vollstreckungsversagungsgründe und die Angabe der zu ihrer Begründung dienenden Tatsachen und Beweismittel setzen. [2]Mit der Fristsetzung ist die antragstellende Person über die Folgen der Versäumung der Frist zu belehren.

(4) [1]Vollstreckungsversagungsgründe und die zu ihrer Begründung dienenden Tatsachen und Beweismittel, die erst nach Ablauf einer nach Absatz 3 Satz 1 gesetzten Frist vorgebracht werden, sind nur zuzulassen, wenn

1. **ihre Zulassung nach der freien Überzeugung des Gerichts die Erledigung des Verfahrens nicht verzögern würde oder**
2. **die antragstellende Person die Verspätung genügend entschuldigt.**

[2]Der Entschuldigungsgrund nach Satz 1 Nummer 2 ist auf Verlangen des Gerichts glaubhaft zu machen.

2 *Wagner*, IntFamRVG § 44a Rn. 3

§ 44c IntFamRVG

Entscheidung über die Versagung der Vollstreckung und Bekanntmachung der Entscheidung

(1) [1]Über den Antrag auf Versagung der Vollstreckung nach Artikel 59 der Verordnung (EU) 2019/1111 entscheidet das Gericht durch Beschluss. [2]Der Beschluss ist zu begründen. Er kann ohne mündliche Verhandlung ergehen.

(2) Für die Kostenentscheidung gelten in Ehesachen die §§ 91 bis 107 der Zivilprozessordnung und in den übrigen Verfahren die §§ 80 bis 85 des Gesetzes über das Verfahren in Familiensachen und in Angelegenheiten der freiwilligen Gerichtsbarkeit entsprechend.

(3) Der Beschluss ist den Beteiligten zuzustellen.

(4) [1]In einem Verfahren, das die Versagung der Vollstreckung einer die elterliche Verantwortung betreffenden Entscheidung zum Gegenstand hat, ist der Beschluss auch zuzustellen:

1. **dem gesetzlichen Vertreter des Kindes,**
2. **dem Vertreter des Kindes im Verfahren,**
3. **dem Kind selbst, wenn es das 14. Lebensjahr vollendet hat und nicht geschäftsunfähig ist,**
4. **einem Elternteil, der nicht am Verfahren beteiligt war, sowie**
5. **dem Jugendamt.**

[2]Eine Begründung soll dem Kind nicht mitgeteilt werden, wenn Nachteile für dessen Entwicklung, Erziehung oder Gesundheit zu befürchten sind.

(5) In einem Verfahren, das die Versagung der Vollstreckung einer Unterbringung zum Gegenstand hat, ist der Beschluss auch dem Leiter der Einrichtung oder der Pflegefamilie bekannt zu machen, in der das Kind untergebracht werden soll.

§ 44d IntFamRVG

Sofortige Beschwerde

(1) Der Beschluss ist in entsprechender Anwendung der §§ 567 bis 572 der Zivilprozessordnung mit der sofortigen Beschwerde anfechtbar.

(2) [1]Abweichend von § 571 Absatz 2 Satz 1 und Absatz 3 der Zivilprozessordnung sind als neue Angriffs- und Verteidigungsmittel nur solche zuzulassen, die im ersten Rechtszug nicht geltend gemacht worden sind, ohne dass dies auf einer Nachlässigkeit der Partei beruht. [2]Das Beschwerdegericht kann verlangen, dass die Tatsachen, aus denen sich die Zulässigkeit der neuen Angriffs- und Verteidigungsmittel nach Satz 1 ergibt, glaubhaft gemacht werden.

(3) Vollstreckungsversagungsgründe und die zu ihrer Begründung dienenden Tatsachen und Beweismittel, die im ersten Rechtszug nach § 44b Absatz 4 zu Recht zurückgewiesen worden sind, bleiben ausgeschlossen.

(4) § 44c Absatz 2 bis 5 ist entsprechend anzuwenden.

§ 44e IntFamRVG

Rechtsbeschwerde

(1) Gegen den Beschluss des Beschwerdegerichts findet die Rechtsbeschwerde zum Bundesgerichtshof statt, wenn das Beschwerdegericht sie in seinem Beschluss in entsprechender Anwendung des § 574 Absatz 1 Satz 1 Nummer 2 und Absatz 3 der Zivilprozessordnung zugelassen hat.

(2) [1]§ 574 Absatz 4, § 575 Absatz 1 bis 4 sowie die §§ 576 und 577 der Zivilprozessordnung und § 44c Absatz 2 bis 5 sind entsprechend anwendbar. [2]In Angelegenheiten der freiwilligen Gerichtsbarkeit bleiben § 574 Absatz 4 und § 577 Absatz 2 Satz 1 bis 3 der Zivilprozessordnung sowie in § 576 Absatz 3 die Verweisung auf § 556 der Zivilprozessordnung außer Betracht.

(3) Soweit die Rechtsbeschwerde darauf gestützt wird, dass das Beschwerdegericht von einer Entscheidung des Gerichtshofs der Europäischen Union abgewichen sei, muss die Entscheidung, von der der angefochtene Beschluss abweicht, in der Beschwerdebegründung bezeichnet werden.

Übersicht Rn.

A. Normzweck und Anwendungsbereich

Die §§44b bis 44j IntFamRVG regeln das Verfahren vor deutschen Gerichten für folgende Anträge: **1**

- Versagung der Vollstreckung (Art. 59 Brüssel IIb-VO) → § 44b ff. IntFamRVG;
- Aussetzung der Vollstreckung (Art. 56 Brüssel IIb-VO) → § 44f IntFamRVG;
- Feststellung des Nichtvorliegens von Anerkennungsversagungsgründen (Art. 30 Abs. 3 Brüssel IIb-VO) → §44j IntFamRVG;
- Versagung der Anerkennung (Art. 40 Abs. 1 Brüssel IIb-VO) → § 44j IntFamRVG.

B. Inhalt der Norm

§ 44b bis 44e IntFamRVG regeln das Verfahren auf Versagung der Vollstreckung nach Art. 59 Brüssel IIb-VO.[1] **2**

1 Thomas/Putzo/*Hüßtege*, Brüssel IIb-VO Art. 59 Rn. 1 ff.

I. Verfahren

1. Zuständigkeit

3 Es greift die Zuständigkeitskonzentration nach § 12 IntFamRVG i.V.m. § 10 Satz 1 Nr. 1 IntFamRVG. Zuständig ist das Familiengericht am Sitz des OLG nach dem gewöhnlichen Aufenthalt des Kindes bzw. der Person, gegen die sich die Vollstreckung richtet.

2. Antragstellung

4 Der Antrag kann schriftlich oder zu Protokoll der Geschäftsstelle gestellt werden (§ 44b Abs. 2 Satz 1 IntFamRVG). Es besteht kein Anwaltszwang.

Zur Begründung des Antrags sollen die geltend gemachten Vollstreckungsversagungsgründe benannt werden (§ 44b Abs. 2 Satz 2 IntFamRVG). Zum entsprechenden Vortrag kann das Gericht eine Frist setzen (§ 44b Abs. 3 IntFamRVG). § 44b Abs. 4 IntFamRVG regelt die Berücksichtigung des verspäteten Vortrags.

3. Verfahrensgestaltung

5 Ein Verfahrensbeistand ist nicht zu bestellen.[2]

Die Durchführung einer mündlichen Verhandlung ist fakultativ; die Entscheidung ist zu begründen (§ 44c Abs. 1 Satz 3 IntFamRVG).

Die Versagungsgründe sind nicht von Amts wegen, sondern nur auf Vortrag des Antragstellers zu berücksichtigen.[3] Die Entscheidung ist zu begründen.

a) Versagungsgründe

6 Art. 41 Brüssel IIb-VO verweist für die Versagung der Vollstreckung auf die für die Versagung der Anerkennung zugelassenen Ausnahmen in Art. 39 Abs. 1 und 2 Brüssel IIb-VO

▶ *Hierzu Schweppe, Kommentierung von Art. 39 Brüssel IIb-VO.*

Art. 50 Brüssel IIb-VO greift nur für privilegierte Entscheidungen und betrifft die Unvereinbarkeit mit einer späteren im Anerkennungsstaat bzw. in einem anderen Staat erlassenen Entscheidung, welche die Voraussetzungen für die Anerkennung im Anerkennungsstaat erfüllt

▶ *Hierzu Schweppe, Kommentierung von Art. 50 Brüssel IIb-VO.*

Art. 56 Abs. 6 Brüssel IIb-VO beschränkt die Versagung (im Gegensatz zur Aussetzung) der Vollstreckung auf eine **dauerhafte** schwerwiegende Gefahr eines körperlichen oder seelischen Schadens für das Kind i.S.d. Art. 56 Abs. 4 Brüssel IIb-VO (hierzu *Schweppe*, Art. 56 Brüssel IIb-VO).

Die Aufzählung der Aussetzungs- bzw. Versagungsgründe ist abschließend, wie § 44b Abs. 1 IntFamRVG („ausschließlich") klarstellt.

b) Ermessensausübung

7 Nach dem Wortlaut von Art. 41 und 50 Brüssel IIb-VO („wird versagt") besteht kein Ermessen; vielmehr ist die Vollstreckung zu versagen, soweit einer der genannten Ausnahmetatbestände erfüllt ist.

---

2 Thomas/Putzo/*Hüßtege*, Brüssel IIb-VO Art. 59 Rn. 9

3 *Klinkhammer*, FamRZ 2022, 325, 328 unter Hinweis auf den Gesetzesentwurf der Bundesregierung, BR-Drs. 254/21, 58

Die in Art. 39 Abs. 1 Brüssel IIb-VO i.V.m Art. 41 Brüssel IIb-VO sowie Art. 50 Brüssel IIb-VO genannten Vollstreckungsversagungsgründe, wie die Verletzung rechtlichen Gehörs (Art. 39 Abs. 1 lit. b) und c) Brüssel IIb-VO), die fehlende Einhaltung des Konsultationsverfahrens in Fällen grenzüberschreitender Unterbringung (Art. 39 Abs. 1 lit. f) Brüssel IIb-VO) und die Unvereinbarkeit mit einer späteren Entscheidung über die elterliche Verantwortung (Art. 39 Abs. 1 lit. d) und e) sowie Art. 50 Brüssel IIb-VO), stehen bei ihrem Vorliegen einer Vollstreckung entgegen. Eine Ermessensausübung entfällt in diesen Fällen. **8**

Art. 39 Abs. 2 Brüssel IIb-VO (fehlende Gelegenheit zur Meinungsäußerung für das Kind) sowie Art. 56 Abs. 6 Brüssel IIb-VO (dauerhafte schwerwiegende Gefährdung des Kindes) räumen hingegen ein Ermessen („kann") ein. Bei der Prüfung der Voraussetzungen von Art. 56 Abs. 6 Brüssel IIb-VO (und letztlich auch Art. 39 Abs. 2 Brüssel IIb-VO) ist zu beachten, dass die Aussetzung bzw. Versagung der Vollstreckung wegen Gefährdung des Kindeswohls nach der Intention des Versorgungsgebers auf enge Ausnahmefälle beschränkt ist und vorrangig Maßnahmen zu ergreifen sind, die eine Vollstreckung unter Wahrung der Kindeswohlbelange ermöglichen.[4] **9**

II. Zustellung

Die Zustellung der Entscheidung ist in § 44 Abs. 3 und 4 IntFamRVG geregelt. **10**

Zu beachten ist im Fall der Unterbringung des Kindes die Verpflichtung zur Bekanntmachung an den Leiter der Einrichtung bzw. die Pflegefamilie (§ 44c Abs. 5 IntFamRVG).

III. Kosten

Für die Kosten verweist § 44c Abs. 2 IntFamRVG auf §§80 bis 85 FamFG (hierzu *Kischkel*, Kommentierung zu §§ 80 ff. FamFG). **11**

IV. Rechtsmittel

Gegen die Entscheidung ist nach § 44d IntFamRVG die sofortige Beschwerde eröffnet. Diese kann (entsprechend § 569 Abs. 1 Satz 1 ZPO) sowohl beim Ausgangsgericht wie auch beim OLG als Beschwerdegericht eingelegt werden. Deutschland hat beide Instanzen nach Art. 61 Brüssel IIb-VO i.V.m. Art. 103 Abs. 1 lit. c) Brüssel IIb-VO benannt.[5] **12**

Für das Beschwerdeverfahren sind insbesondere die Präklusionsregelungen nach § 44d Abs. 2 und 3 IntFamRVG zu beachten.

Das Beschwerdegericht kann die Rechtsbeschwerde zulassen (§ 44e Abs. 1 IntFamRVG).

§ 44f IntFamRVG

Aussetzung der Vollstreckung nach Artikel 56 Absatz 1, 2 und 4 der Verordnung (EU) 2019/1111

(1) [1]Antragsberechtigt nach Artikel 56 Absatz 1 und 2 der Verordnung (EU) 2019/1111 ist auch das betroffene Kind. [2]Antragsberechtigt nach Artikel 56 Absatz 4 der Verordnung (EU) 2019/1111 sind auch das betroffene Kind und das Jugendamt.

(2) [1]Die Befugnis zur Aussetzung der Vollstreckung im Sinne des Artikels 56 Absatz 1, 2 und 4 der Verordnung (EU) 2019/1111 umfasst die Befugnis zur Aufhebung der bisherigen Voll-

---

4 Erwägungsgrund 69 benennt hierzu etwa die Einschaltung von Fachkräften wie Sozialarbeitern und Kinderpsychologen

5 Siehe *Wagner*, IntFamRVG § 44d Rn. 1; die von *Klinkhammer*, FamRZ 2022, 325, 328, erörterte Problematik ist damit obsolet

streckungsmaßregeln. [2]Die Entscheidung über eine Aussetzung der Vollstreckung nach Artikel 56 Absatz 1, 2 und 4 der Verordnung (EU) 2019/1111 ist unanfechtbar.

(3) Für die Entscheidung über die Aussetzung der Vollstreckung ist das Oberlandesgericht zuständig, wenn dort eine sofortige Beschwerde gegen einen im Vollstreckungsverfahren ergangenen Beschluss anhängig ist.

(4) § 93 des Gesetzes über das Verfahren in Familiensachen und in den Angelegenheiten der freiwilligen Gerichtsbarkeit findet keine Anwendung.

Übersicht

A. Allgemeines

I. Normzweck

1 § 44f IntFamRVG regelt das Verfahren auf Aussetzung der Vollstreckung nach Art. 56 Brüssel IIb-VO.

II. Anwendungsbereich

2 Art. 56 Brüssel IIb-VO umfasst die Aussetzung der Vollstreckung aus folgenden Gründen:

- Aussetzung der Vollstreckung durch das zuständige Gericht im Herkunftsstaat (Art. 56 Abs. 1 Brüssel IIb-VO),
- Aussetzung durch das Gericht des Vollstreckungsmitgliedstaats (Art. 56 Abs. 2 Brüssel IIb-VO), sofern eine der Alternativen nach a) bis d) erfüllt ist,
- In Ausnahmefällen: schwerwiegende Gefahr für das Kindeswohl (Art. 56 Abs. 4 Brüssel IIb-VO; zu den Voraussetzungen siehe *Schweppe*, Kommentierung von Art. 56 Brüssel IIb-VO Rn. 8).

Auch § 44f IntFamRVG greift nur für Entscheidungen über die elterliche Verantwortung aus anderen EU-Mitgliedstaaten. Das Verfahren greift nicht für Titel auf Rückführung nach dem HKÜ mit Ausnahme der sog. Weiterentführungsfälle i.S.d. Art. 1 Abs. 3 Satz 2 IntFamRVG.[1]

B. Inhalt der Norm

I. Verfahren

1. Zuständigkeit

3 Es greift die Zuständigkeitskonzentration nach §12 i.V.m.§ 10 Satz 1 Nr. 1 IntFamRVG. Für die Aussetzung der Vollstreckung ist das OLG zuständig, wenn dort eine sofortige Beschwerde gegen eine im Vollstreckungsverfahren ergangene Entscheidung anhängig ist (§ 44f Abs. 3 IntFamRVG).

1 Thomas/Putzo/*Hüßtege*, Brüssel IIb-VO Art. 56 Rn. 1a

2. Antragstellung

Antragsberechtigt ist nach Art. 56 Abs. 1, 2 und 4 Brüssel IIb-VO die Person, gegen die vollstreckt werden soll und nach §44f Abs. 1 IntFamRVG auch das betroffene Kind und im Fall des Art. 56 Abs. 4 Brüssel IIb-VO zudem das Jugendamt. **4**

3. Verfahrensgestaltung

Die Bestellung eines Verfahrensbeistands ist nicht vorgesehen.[2] **5**

II. Entscheidung

Die Aussetzung der Vollstreckung darf nur auf die in Art. 56 Abs. 1, 2 und 4 Brüssel IIb-VO genannten Gründe gestützt werden. Weitere Gründe, etwa die in § 93 FamFG genannten, sind ausgeschlossen (§ 44f Abs. 4 IntFamRVG). **6**

Mit der Aussetzung der Vollstreckung kann das Gericht auch bereits angeordnete Vollstreckungsmaßnahmen aufheben (§ 44 f. Abs. 2 Satz 1 IntFamRVG).

III. Kein Rechtsmittel

Die Entscheidung über eine Aussetzung der Vollstreckung ist unanfechtbar (§ 44f Abs. 2 Satz 2 IntFamRVG). **7**

§ 44g IntFamRVG

Einstellung der Zwangsvollstreckung

(1) [1]Die Zwangsvollstreckung ist einzustellen, wenn die Ausfertigung einer rechtskräftigen Entscheidung vorgelegt wird, aus der sich ergibt, dass

1. die Vollstreckung im Verfahren nach Artikel 59 der Verordnung (EU) 2019/1111 versagt worden ist oder

2. die Vollstreckung nach Artikel 56 Absatz 1, 2 oder 4 der Verordnung (EU) 2019/1111 ausgesetzt worden ist.

[2]In den Fällen des Satzes 1 Nummer 1 sind die bereits getroffenen Vollstreckungsmaßregeln aufzuheben. [3]In den Fällen des Satzes 1 Nummer 2 bleiben die bereits getroffenen Vollstreckungsmaßregeln einstweilen bestehen, sofern nicht durch die Entscheidung über die Aussetzung der Vollstreckung auch die Aufhebung der bisherigen Vollstreckungsmaßregeln angeordnet ist.

(2) [1]Die Zwangsvollstreckung ist entsprechend § 775 Nummer 1 und 2 und § 776 der Zivilprozessordnung einzustellen oder zu beschränken, wenn Folgendes vorgelegt wird:

1. im Fall einer nach Artikel 47 der Verordnung (EU) 2019/1111 bescheinigten Entscheidung eine Bescheinigung über die Aussetzung oder Einschränkung der Vollstreckbarkeit nach Artikel 49 Absatz 1 der Verordnung (EU) 2019/1111,

2. im Fall eines nicht in Nummer 1 genannten Titels eine Entscheidung des Mitgliedstaates, in dem der Titel geschaffen wurde, über die Nichtvollstreckbarkeit oder über die Beschränkung der Vollstreckbarkeit.

[2]Im Fall des Satzes 1 Nummer 2 ist auf Verlangen des Vollstreckungsorgans eine Übersetzung der Entscheidung in die deutsche Sprache vorzulegen. [3]Die Übersetzung ist von einer in einem der Mitgliedstaaten der Europäischen Union hierzu befugten Person zu erstellen.

2 *Klinkhammer*, FamRZ 2022, 325, 328

Übersicht Rn.

A. Normzweck und Anwendungsbereich

1 § 44g IntFamRVG regelt die Einstellung der Zwangsvollstreckung im Vollstreckungsverfahren selbst.

Abs. 1 umfasst die Einstellung der Zwangsvollstreckung nach Vorlage einer **inländischen** Entscheidung über die Aussetzung (Art. 56 Abs. 1, 2 und 4 Brüssel IIb-VO i.V.m. § 44f IntFamRVG) oder Versagung der Vollstreckung (Art. 59 Brüssel IIb-VO i.V.m. § 44b ff. IntFamRVG).

Abs. 2 Nr. 1 regelt die Einstellung bzw. Beschränkung der Vollstreckung für privilegierte Entscheidungen nach Art. 42 Brüssel IIb-VO auf Grundlage einer Bescheinigung bzw. Bescheinigung der Gerichte des Ursprungsstaates.[1]

Abs. 2 Nr. 2 betrifft die Einstellung bzw. Beschränkung der Vollstreckung für nicht unter Art. 42 Brüssel IIb-VO fallende Vollstreckungstitel.

B. Inhalt der Norm

2 Im Fall der **Versagung der Vollstreckung** nach Art. 59 Brüssel IIb-VO sind die bereits getroffenen Vollstreckungsmaßregeln aufzuheben (§ 44g Abs. 1 S. 2 IntFamRVG).

Im Fall der **Aussetzung der Vollstreckung** nach Art. 56 Abs. 1, 2 und 4 Brüssel IIb-VO bleiben die bereits getroffenen Vollstreckungsmaßregeln zunächst bestehen, sofern nicht durch die Entscheidung über die Aussetzung der Vollstreckung auch die Aufhebung der bisherigen Vollstreckungsmaßregeln angeordnet ist (§ 44g Abs. 1 Satz 3 IntFamRVG).

§ 44h IntFamRVG

Schadensersatz wegen ungerechtfertigter Vollstreckung aus Titeln über die Erstattung von Verfahrenskosten

(1) Wird ein Titel über die Erstattung von Verfahrenskosten in dem Mitgliedstaat, in dem er geschaffen wurde, aufgehoben oder abgeändert, so ist die berechtigte Person zum Ersatz des Schadens verpflichtet, welcher der verpflichteten Person durch die Vollstreckung des Titels oder durch eine Leistung zur Abwendung der Vollstreckung entstanden ist, sofern der Titel zum Zeitpunkt der Zwangsvollstreckungsmaßnahme noch mit einem ordentlichen Rechtsbehelf angefochten werden konnte.

(2) [1]Für den Antrag, mit dem ein Anspruch nach Absatz 1 geltend gemacht wird, ist das Gericht ausschließlich zuständig, das im ersten Rechtszug über den Antrag auf Versagung der Vollstreckung entschieden hat oder über einen solchen Antrag zu entscheiden hätte. [2]Es entscheidet nach den für sonstige Familiensachen im Sinne des § 266 Absatz 1 des Gesetzes über das Verfahren in Familiensachen und in den Angelegenheiten der freiwilligen Gerichtsbarkeit geltenden Vorschriften.

1 § 44h IntFamRVG ist – wie § 35 IntFamRVG – inhaltlich beschränkt auf Kostenentscheidungen, aus denen die Vollstreckung erfolgte.

1 *Wagner*, IntFamRVG § 44g Rn. 1

§ 44i IntFamRVG
Vollstreckungsabwehrklage bei Titeln über die Erstattung von Verfahrenskosten

(1) Die aus einem Titel über die Erstattung von Verfahrenskosten verpflichtete Person kann Einwendungen gegen den Anspruch selbst im Wege einer Klage entsprechend § 767 der Zivilprozessordnung insoweit geltend machen, als die Gründe, auf denen sie beruhen, erst nach Erlass des Titels entstanden sind.

(2) Für die Klage nach Absatz 1 ist das Gericht ausschließlich zuständig, das im ersten Rechtszug über den Antrag auf Versagung der Vollstreckung entschieden hat oder über einen solchen Antrag zu entscheiden hätte.

Auch § 44i IntFamRVG ist – wie § 36 IntFamRVG – inhaltlich beschränkt auf Kostenentscheidungen. 1

§ 44j IntFamRVG
Verfahren auf Feststellung des Nichtvorliegens von Anerkennungsversagungsgründen und auf Versagung der Anerkennung

(1) [1]Auf das Verfahren über einen gesonderten Feststellungsantrag nach Artikel 30 Absatz 3 der Verordnung (EU) 2019/1111 und auf das Verfahren über einen gesonderten Antrag auf Versagung der Anerkennung nach Artikel 40 Absatz 1 der Verordnung (EU) 2019/1111 sind § 44b Absatz 2 Satz 1 und 3, Absatz 3 und 4 sowie § 44c entsprechend anzuwenden. [2]Antragsberechtigt ist, wer ein rechtliches Interesse an der Feststellung oder an der Versagung der Anerkennung hat. [3]Der Antrag auf Versagung der Anerkennung nach Artikel 40 Absatz 1 der Verordnung (EU) 2019/1111 soll bezeichnen, welche der in den Artikeln 38, 39, 50 oder 68 der Verordnung (EU) 2019/1111 vorgesehenen Anerkennungsversagungsgründe geltend gemacht werden, und die zu ihrer Begründung dienenden Tatsachen und Beweismittel angeben.

(2) [1]Der erstinstanzliche Beschluss ist mit der sofortigen Beschwerde in entsprechender Anwendung des § 44d anfechtbar. [2]Der Beschluss des Beschwerdegerichts ist in entsprechender Anwendung des § 44e mit der Rechtsbeschwerde anfechtbar.

(3) [1]Wird der Titel in dem Mitgliedstaat, in dem er geschaffen worden ist, aufgehoben oder geändert und kann die Aufhebung oder Änderung in dem Verfahren auf Feststellung des Nichtvorliegens von Anerkennungsversagungsgründen nicht mehr geltend gemacht werden, so kann der Antragsgegner die Aufhebung oder Änderung der Entscheidung, dass kein Anerkennungsversagungsgrund gegeben ist, in einem besonderen Verfahren beantragen. [2]Für die Entscheidung über den Antrag ist das Familiengericht ausschließlich zuständig, das im ersten Rechtszug über den Feststellungsantrag nach Absatz 1 entschieden hat. [3]§ 44b Absatz 2 Satz 1 und 3, die §§ 44c und 44d Absatz 1 und 4 sowie § 44e sind entsprechend anzuwenden.

Übersicht Rn.

A. Normzweck und Anwendungsbereich

1 § 44j IntFamRVG regelt das Verfahren für Anträge auf

- Feststellung des Nichtvorliegens von Anerkennungsversagungsgründen (Art. 30 Brüssel IIb-VO)
- Versagung der Anerkennung (Art. 40 Brüssel IIb-VO)

Die Regelungen greifen nicht für privilegierte Entscheidungen i.S.d. Art. 42 Brüssel IIb-VO, für die allein Art. 43 Brüssel IIb-VO gilt.[1]

Abs. 3 regelt ein § 34 IntFamRVG entsprechendes Verfahren für den Fall der Aufhebung oder Änderung der anzuerkennenden Entscheidung im Ursprungsmitgliedstaat.

B. Inhalt der Norm

I. Verfahren auf Feststellung des Nichtvorliegens von Anerkennungsversagungsgründen nach Art. 30 Brüssel IIb-VO

1. Zuständigkeit

2 Es greift die Zuständigkeitskonzentration nach § 12 IntFamRVG i.V.m. § 10 Abs. 1 Ziffer 1 IntFamRVG.

2. Antragstellung

3 Antragsberechtigt ist nach Abs. 1 Satz 2, wer ein rechtliches Interesse (zum Begriff siehe *Schweppe*, § 108 Abs. 2 FamFG Rn. 5) an der Feststellung oder an der Versagung der Anerkennung hat.

Der Antrag kann schriftlich oder mündlich zu Protokoll der Geschäftsstelle eingereicht werden; Anwaltszwang besteht nicht (§ 44j Abs. 1 S. 1 IntFamRVG i.V.m. § 44b Abs. 2 Satz 1 und 3 IntFamRVG).

3. Entscheidung

4 Die Versagung der Anerkennung kann nur auf die in Art. 39 Brüssel IIb-VO genannten Gründe gestützt werden (hierzu *Schweppe*, Kommentierung von Art. 39 Brüssel IIb-VO). Zu beachten ist, dass in den in Art. 39 Abs. 1 Brüssel IIb-VO die Versagung der Anerkennung zwingend ist.

Bei der Prüfung der Verletzung des Rechts des Kindes auf Beteiligung am Verfahren nach Art. 39 Abs. 2 Brüssel IIb-VO steht die Versagung der Anerkennung im Ermessen des Gerichts.

Entscheidungsbegründung, Zustellung und Kostenentscheidung folgen § 44j Abs. 1 Satz 1 IntFamRVG i.V.m. § 44c IntFamRVG.

4. Rechtsmittel

5 § 44j Abs. 2 IntFamRVG verweist auf § 44d Abs. 1 und 4 sowie § 44e IntFamRVG. Ausgenommen sind die Regelungen zur Präklusion nach § 44 Abs. 2 und 3 IntFamRVG.

---

1 *Wagner*, IntFamRVG § 44j Rn. 1; *Klinkhammer* FamRZ 2022, 325, 328

II. Verfahren auf Versagung der Anerkennung nach Art. 40 Brüssel IIb-VO

Das Verfahren entspricht dem unter I. geschilderten Ablauf (siehe oben Rn. 2 ff.). 6

Beim Antrag auf Versagung der Anerkennung sollen die Gründe genannt werden, auf welche die Versagung der Anerkennung gestützt wird (§ 44j Abs. 1 Satz 3 IntFamRVG). Auch insoweit greift eine Beschränkung auf die in der Brüssel IIb-VO genannten Gründe.

III. Verfahren nach § 44j Abs. 3 IntFamRVG

Abs. 3 enthält für Fälle, in denen einem Antrag auf Feststellung, dass kein Anerkennungsversagungsgrund vorliegt, rechtskräftig stattgegeben worden ist, und der Titel im Ursprungsmitgliedstaat nachträglich aufgehoben oder abgeändert worden ist, ein § 34 IntFamRVG entsprechendes Verfahren.[2] 7

Zuständig ist nach Abs. 3 Satz 2 das Familiengericht, das über den Feststellungsantrag nach Abs. 1 entschieden hat. Im Übrigen verweist Abs. 3 Satz 3 auf die Regelungen zum Verfahren auf Versagung der Vollstreckung nach § 44b ff. IntFamRVG.

2 BT-Drs. 19/28681, 61; *Wagner*, IntFamRVG § 44j Rn. 5

Abschnitt 8
Grenzüberschreitende Unterbringung

§ 45 IntFamRVG
Zuständigkeit für die Zustimmung zu einer Unterbringung

[1]Zuständig für die Erteilung der Zustimmung zu einer Unterbringung eines Kindes nach Artikel 82 der Verordnung (EU) 2019/1111 oder nach Artikel 33 des Haager Kinderschutzübereinkommens im Inland ist der überörtliche Träger der öffentlichen Jugendhilfe, in dessen Bereich das Kind nach dem Vorschlag der ersuchenden Stelle untergebracht werden soll, andernfalls der überörtliche Träger, zu dessen Bereich die Zentrale Behörde den engsten Bezug festgestellt hat. [2]Hilfsweise ist das Land Berlin zuständig.

§ 46 IntFamRVG
Konsultationsverfahren

(1) Dem Ersuchen soll in der Regel zugestimmt werden, wenn

1. **die Durchführung der beabsichtigten Unterbringung im Inland dem Wohl des Kindes entspricht, insbesondere weil es eine besondere Bindung zum Inland hat,**
2. **die ausländische Stelle einen Bericht und, soweit erforderlich, ärztliche Zeugnisse oder Gutachten vorgelegt hat, aus denen sich die Gründe der beabsichtigten Unterbringung ergeben,**
3. **das Kind im ausländischen Verfahren angehört wurde, sofern eine Anhörung nicht auf Grund des Alters oder des Reifegrades des Kindes unangebracht erschien,**
4. **die Zustimmung der geeigneten Einrichtung oder Pflegefamilie vorliegt und der Vermittlung des Kindes dorthin keine Gründe entgegenstehen,**
5. **eine erforderliche ausländerrechtliche Genehmigung erteilt oder zugesagt wurde,**
6. **die Übernahme der Kosten geregelt ist.**

(2) Im Falle einer Unterbringung, die mit Freiheitsentziehung verbunden ist, ist das Ersuchen ungeachtet der Voraussetzungen des Absatzes 1 abzulehnen, wenn

1. **im ersuchenden Staat über die Unterbringung kein Gericht entscheidet oder**
2. **bei Zugrundelegung des mitgeteilten Sachverhalts nach innerstaatlichem Recht eine Unterbringung, die mit Freiheitsentziehung verbunden ist, nicht zulässig wäre.**

(3) Die ausländische Stelle kann um ergänzende Informationen ersucht werden.

(4) Wird um die Unterbringung eines ausländischen Kindes ersucht, ist die Stellungnahme der Ausländerbehörde einzuholen.

(5) [1]Die zu begründende Entscheidung ist auch der Zentralen Behörde und der Einrichtung oder der Pflegefamilie, in der das Kind untergebracht werden soll, mitzuteilen. [2]Sie ist unanfechtbar.

§ 47 IntFamRVG
Genehmigung des Familiengerichts

(1) [1]Die Zustimmung des überörtlichen Trägers der öffentlichen Jugendhilfe nach den §§ 45 und 46 ist nur mit Genehmigung des Familiengerichts zulässig. [2]Das Gericht soll die Genehmigung in der Regel erteilen, wenn

1. die in § 46 Abs. 1 Nr. 1 bis 3 bezeichneten Voraussetzungen vorliegen und

2. kein Hindernis für die Anerkennung der beabsichtigten Unterbringung erkennbar ist.

[3]§ 46 Abs. 2 und 3 gilt entsprechend.

(2) [1]Örtlich zuständig ist das Familiengericht, in dessen Bezirk das Oberlandesgericht, in dessen Bezirk das Kind untergebracht werden soll, seinen Sitz hat. [2]§ 12 Abs. 2 und 3 gilt entsprechend.

(3) Der zu begründende Beschluss ist unanfechtbar.

Übersicht

A. Normzweck und Anwendungsbereich

1 §§ 45 bis 47 IntFamRVG regeln zur Umsetzung von Art. 82 Brüssel IIb-VO und von Art. 33 KSÜ einheitlich ein **besonderes Konsultationsverfahren für die Unterbringung** eines bisher in einem anderen Staat lebenden Kindes in einem Heim oder einer Pflegefamilie in Deutschland durch eine ausländische Stelle. Dies umfasst insbesondere auch individualpädagogische Maßnahmen.[1]

2 Das Konsultationsverfahren greift nur für Unterbringungsmaßnahmen im Verhältnis der EU-Mitgliedstaaten bzw. der Vertragsstaaten des KSÜ untereinander.

Auch außerhalb der Geltungsbereiche von KSÜ und Brüssel IIb-VO kommt eine Aufnahme eines Kindes aus dem Ausland in Betracht, etwa auf Grundlage einer Kafala. Dabei handelt es sich um ein islamisches Rechtsinstitut zur Aufnahme eines Kindes in eine andere Familie im Rahmen eines Vormundschafts- und Pflegschaftsverhältnisses unter Beibehaltung der bestehenden Verwandtschaftsverhältnisse.[2] Soweit die Aufnahme eines Kindes aus Marokko als Vertragsstaat des KSÜ beabsichtigt ist, ist das Konsultationsverfahren nach Art. 33 KSÜ durchzuführen.[3]

1 Informationen zum Konsultationsverfahren enthalten die Merkblätter des Bundesamts für Justiz zur grenzüberschreitenden Unterbringung von Kindern in Deutschland bzw. im Ausland (www.bundesjustizamt/sorgerecht) sowie die „Arbeitshilfe – Verfahren bei grenzüberschreitenden Unterbringungen von Kindern und Jugendlichen", Bundesarbeitsgemeinschaft Landesjugendämter (2023)

2 Siehe *Andrae*, § 9 Rn. 160 ff.; Grüneberg/*Thorn*, (IPR) Anh. EGBGB 24 Rn. 16; siehe auch EuGH FamRZ 2019, 832; BVerwG FamRZ 2011, 888; ZAR 2011, 191

3 Siehe hierzu Handreichung zur grenzüberschreitenden Einzelfallarbeit in der Kinder- und Jugendhilfe, S. 42 ff.

3 Für behördlich bzw. gerichtlich veranlasste Unterbringungen aus Vertragsstaaten des KSÜ bzw. Mitgliedstaaten der EU ist das Konsultationsverfahren zwingend vor der Unterbringung des Kindes durchzuführen und abzuschließen. Ausgenommen von der Durchführung des Konsultationsverfahrens ist nach Art. 82 Abs. 2 Brüssel IIb-VO lediglich die Unterbringung eines Kindes im Haushalt eines Elternteils; für die Unterbringung bei nahen Verwandten können die Mitgliedstaaten Ausnahmeregelungen vorsehen (Art. 82 Abs. 1 Brüssel IIb-VO, Art. 33 Abs. 2 KSÜ).

Erfolgt die Unterbringung ohne zuvor die Zustimmung der zuständigen Behörden des Aufnahmestaates einzuholen, so liegt ein Anerkennungshindernis nach Art. 39 lit. f Brüssel IIb-VO, Art. 23 Abs. 2 lit. f KSÜ vor.

B. Inhalt der Norm

I. Grundsätze

4 Anträge können über die Zentrale Behörde des ersuchenden Staates bei der Zentralen Behörde des ersuchten Staates eingereicht werden, sie werden dann an die zuständigen Stellen, in Deutschland die jeweiligen Landesjugendämter, weitergeleitet.

5 Für den Anwendungsbereich der Brüssel IIb-VO sind die durch den EuGH[4] entwickelten Vorgaben einzuhalten (hierzu *Schweppe*, Art. 82 Brüssel IIb-VO Rn. 5).

6 Die Verlängerung der Unterbringung oder ein Projektstellenwechsel ist wie ein Neuantrag zu behandeln, so dass eine erneute Zustimmung einzuholen ist.

II. Verfahren bei Unterbringung des Kindes in Deutschland

1. Zustimmungserfordernis

7 Für die Unterbringung eines Kindes in Deutschland ist das Konsultationsverfahren stets durchzuführen. Von der Möglichkeit der Zustimmungsfreiheit bei der Unterbringung bei nahen Verwandten hat Deutschland keinen Gebrauch gemacht.

Das Ersuchen ist an das zuständige Landesjugendamt des Bundeslandes, in dem die Unterbringung erfolgen soll, zu richten, wobei auch eine Weiterleitung des Antrags über die Zentrale Behörde möglich ist.

2. Prüfung durch Landesjugendamt

8 Das für die Erteilung der Zustimmung nach § 45 IntFamRVG zuständige Landesjugendamt prüft, ob die Anforderungen nach Maßgabe des § 46 Abs. 1 Ziffer 1 bis 6 IntFamRVG erfüllt sind.

Zu prüfen ist insbesondere,

- ob die beabsichtigte Unterbringung dem Wohl des Kindes entspricht (§ 46 Abs. 1 Nr. 1 IntFamRVG). Zu berücksichtigen sind hier insbesondere Sprachkenntnisse und familiäre Bindungen. Hierzu hat die ersuchende Stelle einen Bericht bzw. eine ärztliche Stellungnahme vorzulegen (§ 46 Abs. 1 Nr. 1 IntFamRVG).
- Weitere Voraussetzung ist die Anhörung des Kindes (§ 46 Abs. 1 Nr. 1 IntFamRVG). Wurde das Kind im ersuchenden Staat nicht angehört, obgleich die Anhörung nach den

4 EuGH FamRZ 2012, 1466, 1471, auch zum Verhältnis einstweiliger Anordnungen zur Unterbringung nach dem Konsultationsverfahren

hiesigen Maßstäben geboten ist, so ist die Anhörung im Konsultationsverfahren nachzuholen (zur Kindesanhörung siehe *Heilmann*, Kommentierung zu § 159 FamFG).

- Vor der Unterbringung müssen weitere formale Voraussetzungen wie die Pflegeerlaubnis der aufnehmenden Stelle, ausländerrechtliche Genehmigungen, Krankenversicherungsschutz und Kostenübernahme erfüllt sein (§ 46 Abs. 1 Nr. 4 bis 6 sowie Abs. 4 IntFamRVG).[5]

Die Zustimmung zur **freiheitsentziehenden Unterbringung** in einem anderen Staat unterliegt nach § 46 Abs. 2 IntFamRVG besonderen Anforderungen und darf nur erteilt werden, wenn die Grundentscheidung über die freiheitsentziehende Unterbringung im ersuchenden Staat durch ein Gericht getroffen wurde und auch nach innerstaatlichem Recht die Voraussetzungen für eine mit Freiheitsentziehung verbundene Unterbringung vorliegen (§ 1631b BGB, hierzu siehe *Fink*, § 1631b BGB Rn. 2 ff.). Damit erfolgt eine inhaltliche Überprüfung der Unterbringungsvoraussetzungen nach innerstaatlichem Recht. 9

3. Genehmigung durch Familiengericht

Nach Prüfung der Voraussetzungen muss das Landesjugendamt nach § 47 IntFamRVG für die beabsichtigte Erteilung der Zustimmung die Genehmigung des zuständigen Familiengerichts einholen. Es gilt die Zuständigkeitskonzentration nach § 47 Abs. 2 i.V.m. § 12 Abs. 2 und 3 IntFamRVG. 10

Das Familiengericht prüft nach eigenen Ermittlungen, ob die Voraussetzungen nach § 46 IntFamRVG erfüllt sind. Es kann die Genehmigung erteilen oder ablehnen.

Die im Rahmen der §§ 46 und 47 getroffenen Entscheidungen sind jeweils unanfechtbar (§ 46 Abs. 5 bzw. § 47 Abs. 3 IntFamRVG); dies gilt für die Erteilung oder Versagung der Zustimmung des jeweiligen Landesjugendamts ebenso wie für die positive oder negative Entscheidung des Familiengerichts. Anfechtbar auf Grundlage des jeweiligen nationalen Rechts ist nur die Ausgangsentscheidung über die Unterbringung.[6] 11

Das angerufene Landesjugendamt teilt seine begründete Entscheidung der ersuchenden Stelle und der Zentralen Behörde im ersuchten Staat sowie der ausgewählten Einrichtung bzw. Pflegefamilie mit (§ 46 Abs. 5 IntFamRVG).

III. Verfahren bei Unterbringung des Kindes im Ausland

Sofern deutsche Stellen die Unterbringung eines Kindes oder Jugendlichen im Ausland prüfen, ist zunächst § 38 Abs. 1 SGB VIII zu beachten, wonach Hilfen zur Erziehung grundsätzlich im Inland zu erbringen sind und die Durchführung von Maßnahmen im Ausland nur in Betracht kommt, wenn dies nach Maßgabe der Hilfeplanung zur Erreichung des Hilfeziels im Einzelfall erforderlich ist (zu den Anforderungen an die Hilfeplanung allgemein *Köhler*, § 36 SGB VIII Rn. 3). Soweit der Betroffene unter Vormundschaft steht, ist zu bedenken, dass eine mit dem Wechsel des gewöhnlichen Aufenthalts ins Ausland verbundene Unterbringung gemäß § 1795 Abs. 2 Nr. 3 BGB der familiengerichtlichen Genehmigung unterliegt und die Verpflichtung zu persönlichem Kontakt mit dem Mündel auch im Falle einer Unterbringung im Ausland besteht (zu Einzelheiten *Wierse*, § 1790 BGB Rn. 6).[7] 12

---

5 Vgl. Handreichung zur grenzüberschreitenden Einzelfallarbeit, S. 46 f.

6 *Wagner*, § 47 IntFamRVG Rn. 3

7 Zu den Anforderungen an eine Unterbringung im Ausland siehe die Handlungsleitlinien der Bundesarbeitsgemeinschaft Landesjugendämter zur Umsetzung der durch das Kinder- und Jugendstärkungsgesetz (KJSG) eingeführten Änderungen in den §§ 38, 45 ff. SGB VIII im Arbeitsfeld der Betriebserlaubnis erteilenden Behörden.

13 Die Durchführung des Konsultationsverfahrens ist im Anwendungsbereich der Brüssel IIb-VO ausnahmsweise entbehrlich, wenn nach dem Recht des Aufnahmestaates für Unterbringungen bei nahen Verwandten in diesem Staat eine Zustimmung nicht erforderlich ist (Art. 82 Abs. 2 Unterabs. 2 Brüssel IIb-VO). Entsprechende Ausnahmen sind etwa in Kroatien, der Slowakei und Österreich für die Unterbringung bei Großeltern, Geschwistern der Eltern und volljährigen Geschwistern des Kindes vorgesehen.

14 Im Fall der beabsichtigten Unterbringung im Ausland bereitet das nach allgemeinen Grundsätzen zuständige Jugendamt das Konsultationsverfahren vor, indem es zunächst die sich aus § 38 SGB VIII ergebenden Anforderungen erfüllt, was insbesondere die Einholung eines Gutachtens nach § 35a SGB VIII zur Abklärung möglicher erhöhter Anforderungen an die Unterbringung (§ 38 Abs. 2 Nr. 1 SGB VIII) sowie die Überprüfung der Eignung der mit der Leistungserbringung betrauten Einrichtung oder Person vor Ort (§ 38 Abs. 2 Nr. 3 SGB VIII) wie auch der Betriebserlaubnis des Leistungserbringers nach § 45 SGB VIII umfasst. Nach Klärung dieser Anforderungen an die Unterbringung hat das Jugendamt entsprechend § 46 IntFamRVG das Zustimmungsgesuch an die zuständige Stelle im Aufnahmestaat zu richten, ggf. über die dortige Zentrale Behörde.

Die Einzelheiten des Konsultationsverfahrens richten sich nach dem Recht des Aufnahmestaates, wie Art. 82 Abs. 7 Brüssel IIb-VO klarstellt. Für die Durchführung des Konsultationsverfahrens bei Unterbringung von Kindern in anderen EU-Mitgliedstaaten sind unter www.bundesjustizamt.de für die meisten EU-Staaten Landesmerkblätter und Datenblätter verfügbar, die Informationen u.a. zu zuständigen Stellen, Verfahren und notwendigen Übersetzungen enthalten.

Praxishinweis:

Die hohen Anforderungen zeigen, dass die Unterbringung im Ausland nur in Ausnahmefällen in Erwägung gezogen werden sollte. Dies gilt insbesondere für individualpädagogische Auslandsmaßnahmen. Anderes kann für Fälle von Verwandtenpflege gelten, wenn Familienangehörige zur Aufnahme eines Kindes bereit sind. Jedenfalls ist vor einer Unterbringung im Ausland zwingend das Konsultationsverfahren durchzuführen, soweit im Aufnahmestaat keine Ausnahmeregelung für die Verwandtenpflege greift. Andernfalls droht aufgrund des Anerkennungshindernisses der Abbruch einer bereits begonnenen Maßnahme.

Abschnitt 9
Bescheinigungen zu inländischen Entscheidungen nach Kapitel IV der Verordnung (EU) 2019/1111

§ 48 IntFamRVG

Ausstellung von Bescheinigungen

(1) [1]Bescheinigungen nach Artikel 36 Absatz 1 der Verordnung (EU) 2019/1111 werden von dem Gericht ausgestellt, das die Entscheidung erlassen hat. [2]Bescheinigungen nach Artikel 49 Absatz 1 der Verordnung (EU) 2019/1111 werden von dem Gericht ausgestellt, das die Vollstreckbarkeit der Entscheidung ausgesetzt oder eingeschränkt hat.

(2) [1]Bescheinigungen nach Artikel 36 Absatz 1, Artikel 47 Absatz 1 und Artikel 49 Absatz 1 der Verordnung (EU) 2019/1111 werden beim Gericht des ersten Rechtszugs von dem Familienrichter, bei einem höheren Gericht von dem Vorsitzenden des zuständigen Senats für Familiensachen ausgestellt. [2]Die Bescheinigungen sind ohne Anhörung des Antragsgegners auszustellen.

(3) [1]Eine Ausfertigung der Bescheinigung nach Artikel 36 Absatz 1 und Artikel 47 Absatz 1 der Verordnung (EU) 2019/1111 ist dem Antragsgegner zuzustellen. [2]Die Zustellung erfolgt von Amts wegen. [3]Das gilt nicht, wenn die antragstellende Person Übermittlung an sich zur Zustellung im Parteibetrieb beantragt hat.

(4) [1]Die Entscheidung des Familienrichters, mit der ein Antrag auf Ausstellung einer Bescheinigung nach Artikel 36 Absatz 1 oder nach Artikel 47 Absatz 1 der Verordnung (EU) 2019/1111 zurückgewiesen wird, ist mit der sofortigen Beschwerde in entsprechender Anwendung der §§ 567 bis 572 der Zivilprozessordnung anfechtbar. [2]Eine Rechtsbeschwerde findet nicht statt.

Für die Ausstellung von Bescheinigungen nach Art. 36, 47 und 49 Brüssel IIb-VO für Entscheidungen deutscher Gerichte gilt keine Zuständigkeitskonzentration, sie erfolgt vielmehr durch das Gericht, welches die Entscheidung erlassen hat. 1

Anders als unter Geltung der Brüssel IIa-VO, die zwischen der Ausstellung von Bescheinigungen für die Anerkennung und Vollstreckbarerklärung von Entscheidungen über die elterliche Verantwortung allgemein einerseits und für privilegierte Entscheidungen andererseits differenzierte, weist § 48 Abs. 2 IntFamRVG die Ausstellung von Bescheinigungen nach 2

- Art. 36 Abs. 1 Brüssel IIb-VO:
  - Entscheidungen über die elterliche Verantwortung
  - Anordnungen über die Rückführung eines Kindes nach dem HKÜ einschließlich Maßnahmen nach Art. 27 Abs. 5 Brüssel IIb-VO
- Art. 47 Abs. 1 Brüssel IIb-VO: privilegierte Entscheidungen einschließlich der Bescheinigung über deren Aussetzung oder Beschränkung der Vollstreckbarkeit (Art. 49 Brüssel IIb-VO

einheitlich dem Familienrichter bzw. dem Vorsitzenden des zuständigen Familiensenats zu.

§ 49 IntFamRVG

Berichtigung von Bescheinigungen

Für die Berichtigung einer Bescheinigung nach Artikel 36 der Verordnung (EU) 2019/1111 (Artikel 37 der Verordnung (EU) 2019/1111) und für die Berichtigung einer Bescheinigung nach Artikel 47 der Verordnung (EU) 2019/1111 (Artikel 48 Absatz 1 und 3 der Verordnung (EU) 2019/1111) gilt § 319 der Zivilprozessordnung entsprechend.

1 Die Verweisung auf § 319 ZPO folgt aus Art. 37 bzw. 48 Brüssel IIb-VO, wonach für Berichtigungen der zur Vollstreckung auszustellenden Bescheinigungen das Recht des Ursprungsmitgliedstaats maßgebend ist. Gegenstand der Berichtigung kann nur sein, ob der Inhalt der Entscheidung in der Bescheinigung korrekt wiedergegeben ist.[1]

2 Entspricht das Gericht dem Berichtigungsantrag, so ist diese Entscheidung nach § 49 IntFamRVG i.V.m Art. 319 Abs. 3 Satz 2 ZPO mit der sofortigen Beschwerde anfechtbar.

§ 50 IntFamRVG

Widerruf von Bescheinigungen

(1) Über den Widerruf einer Bescheinigung nach Artikel 47 der Verordnung (EU) 2019/1111 (Artikel 48 der Verordnung (EU) 2019/1111) entscheidet das Gericht, das die Bescheinigung ausgestellt hat.

(1) § 319 Absatz 2 und 3 der Zivilprozessordnung ist auf den Widerruf entsprechend anzuwenden.

Übersicht

A. Normzweck und Anwendungsbereich

1 § 50 IntFamRVG regelt die Zuständigkeit und das Verfahren für den Widerruf von Bescheinigungen, die zur Anerkennung und Vollstreckung privilegierter Entscheidungen i.S.v. Art. 42 Abs. 1 Brüssel IIb-VO (siehe *Schweppe*, Kommentierung von Art. 42 Brüssel IIb-VO) ausgestellt wurden.

B. Inhalt der Norm

2 Der Widerruf der Bescheinigung erfolgt nach Maßgabe von Art. 48 Abs. 2 Brüssel IIb-VO von Amts wegen oder auf Antrag, sofern die Voraussetzungen nach Art. 47 Abs. 3 Brüssel IIb-VO nicht vorliegen. Zuständig ist das Gericht, das die Entscheidung erlassen und die Bescheinigung ausgestellt hat (Art. 47 Abs. 1 Brüssel IIb-VO). Der Widerruf einer Bescheinigung ist nach Maßgabe von § 50 IntFamRVG i.V.m. Art. 319 Abs. 3 Satz 2 ZPO mit der sofortigen Beschwerde anfechtbar.

1 BT-Drs. 15/3981, 31

Abschnitt 10
Verfahren nach dem Europäischen Adoptionsübereinkommen

§ 51 IntFamRVG

Verfahren der nationalen Behörde

Auf Anträge aus einem anderen Staat nach Artikel 15 des Europäischen Adoptionsübereinkommens finden § 4 Absatz 1, § 6 Absatz 1 und § 9 entsprechende Anwendung.

Von einer Kommentierung wird abgesehen.

Abschnitt 11
Kosten

§§ 52 bis 53 IntFamRVG

(aufgehoben)

§ 54 IntFamRVG

Übersetzungen

Die Höhe der Vergütung für die von der Zentralen Behörde veranlassten Übersetzungen richtet sich nach dem Justizvergütungs- und -entschädigungsgesetz.

Von einer Kommentierung wird abgesehen.

Abschnitt 12
Übergangsvorschriften

§ 55 IntFamRVG

Übergangsvorschriften zur Verordnung (EU) 2019/1111

Wenn für vor dem 1. August 2022 eingeleitete gerichtliche Verfahren, förmlich errichtete oder eingetragene öffentliche Urkunden und vollstreckbar gewordene Vereinbarungen nach Artikel 100 Absatz 2 der Verordnung (EU) 2019/1111 die Verordnung (EG) Nr. 2201/2003 des Rates vom 27. November 2003 über die Zuständigkeit und die Anerkennung und Vollstreckung von Entscheidungen in Ehesachen und in Verfahren betreffend die elterliche Verantwortung und zur Aufhebung der Verordnung (EG) Nr. 1347/2000 (ABl. L 338 vom 23.12.2003, S. 1; L 99 vom 15.4.2016, S. 34), die zuletzt durch die Verordnung (EG) Nr. 2116/2004 (ABl. L 367 vom 14.12.2004, S. 1) geändert worden ist, weiter gilt, ist dieses Gesetz in seiner am 31. Juli 2022 geltenden Fassung anzuwenden.

Übersicht Rn.

A. Allgemeines

1 § 55 IntFamRVG regelt den zeitlichen Anwendungsbereich des IntFamRVG im Verhältnis zur Brüssel IIa-VO und der Brüssel IIb-VO und stellt sicher, dass auf Verfahren bzw. die Anerkennung und Vollstreckung von Entscheidungen, auf welche die Brüssel IIa-VO zur Anwendung gelangt, auch das IntFamRVG in der zeitlich entsprechenden Fassung greift.

B. Inhalt der Norm

2 Zu beachten ist, dass nach §55 IntFamRVG auf vor dem 1.8.2022 eingeleitete Verfahren und für die Anerkennung und Vollstreckung von vor dem 1.8.2022 ergangenen Entscheidungen zur elterlichen Verantwortung das IntFamRVG in der bis zum 31.7.2022 geltenden Fassung zur Anwendung gelangt.

Für ab dem 1.8.2022 eingeleitete Verfahren greift das IntFamRVG in seiner aktuellen Fassung.

Kapitel 6

Mediation in internationalen Kindschaftskonflikten

Mediation in internationalen Kindschaftskonflikten

Weiterführende Literatur: Leitfaden zur Mediation auf der Grundlage des Haager Übereinkommens vom 25. Oktober 1980 über die zivilrechtlichen Aspekte internationaler Kindesentführung, Ständiges Büro der Haager Konferenz für Internationales Privatrecht; *Paul/Kiesewetter*, Mediation bei internationalen Kindschaftskonflikten München 2009; *Paul/Kiesewetter*, Cross-Border-Familiy-Mediation, Frankfurt, 3. Aufl. 2023; Familienkonflikte bewältigen: Ein Leitfaden zur internationalen Familienmediation.[1]

Übersicht

A. Organisation und Verfahren

1 In Verfahren nach dem Haager Kindesentführungsübereinkommen,[2] die die **Rückführung** eines (möglicherweise) durch einen Elternteil widerrechtlich nach Deutschland verbrachten oder hier zurückgehaltenen Kindes in das Ausland auf Antrag des anderen Elternteils oder die Durchführung und wirksame Ausübung eines **Umgangsrechts** zum Gegenstand haben (Art. 12, 21 HKÜ[3]), verlangt Art. 7 c) HKÜ, dass auch hier der Versuch einer gütlichen Einigung unternommen werden soll.[4] Das **Bundesamt für Justiz**, welches für die Bearbeitung von Rückführungs- und Umgangsanträgen aus dem Ausland als zentrale Behörde zuständig ist, versendet bereits in seiner Eingangsbestätigung ein Informationsblatt zur internationalen Familienmediation im Rahmen von HKÜ-Verfahren[5] und fragt bei dem Antragsteller an, ob er an weiteren Informationen zur Mediation interessiert ist.

▶ *Näher zum Verfahren der Mediation Wegener, § 156 FamFG Rn. 60.*

2 Wollen die Eltern bereits in diesem frühen Verfahrensstadium eine Mediation durchführen, so informiert das Bundesamt den Verein **MiKK e.V.** (Mediation in internationalen Kindschaftskonflikten e.V.[6]), mit dem es seit Juli 2011 auf vertraglicher Grundlage kooperiert und MiKK übernimmt dann die Information der Eltern, die Organisation der Mediatoren, die Logistik, z.B. die Suche eines geeigneten Raumes usw.[7] Der 2008 gegründete Verein ist speziell darauf ausgerichtet und vorbereitet, in den internationalen Kindschaftskonflikten schnell, d.h. **innerhalb von ein bis zwei Wochen,** eine Mediation vorzubereiten und durchzu-

1 Herausgegeben vom Internationalen Sozialdienst (ISS), abrufbar z.B. unter www.mikk-ev.de
2 Vgl. den umfassenden Leitfaden zur Mediation auf der Grundlage des Haager Übereinkommens vom 25.10.1980 über die zivilrechtlichen Aspekte internationaler Kindesentführung, veröffentlicht vom Ständigen Büro der Haager Konferenz für Internationales Privatrecht, abzurufen unter www.hcch.net
3 Haager Übereinkommen vom 25.10.1980 über die zivilrechtlichen Aspekte internationaler Kindesentführung (HKÜ), BGBl. II 1990, S. 206, 207
4 Vgl. auch Art. 25 Brüssel IIb-VO (EU) 2019/1111 mit Geltung ab 1.8.2022 sowie Erwägungsgründe (ErwGr) 43; Art. 31b) KSÜ
5 Anzufordern unter int.sorgerecht@bfj.bund.de; erhältlich ist auch ein besonderes Informationsblatt für Rechtsanwälte
6 MiKK e.V., Fasanenstraße 12, 10623 Berlin, www.mikk-ev.de; info@mikk-ev.de; Telefon 030 74787879; *Kiesewetter*, Mediation bei internationalen Kindschaftskonflikten, in: *Trenczek u.a.*, Rn. 10
7 *Paul/Kiesewetter*, S. 36 ff.

führen, da der Antrag des die Rückführung oder den Umgang begehrenden Elternteils inzwischen weiter vom Bundesamt bearbeitet und bei Gericht eingereicht wird.

3 Die Vorbereitung und Durchführung dieser dem gerichtlichen Verfahren vorgeschalteten Mediation erfolgt aufgrund des in HKÜ-Verfahren geltenden **besonderen Beschleunigungsgebotes**[8] (näher hierzu *Schweppe*, Art. 11 HKÜ Rn. 1) parallel zum gerichtlichen Verfahren.[9] Da oftmals die Bereitschaft der Eltern zur Durchführung einer Mediation erst feststeht, wenn das Verfahren bei Gericht schon eingeleitet ist, ist es zielführend, dass die außergerichtlichen Schritte mit dem Gerichtsverfahren abgestimmt und koordiniert werden. Eine gute Kommunikation zwischen dem Bundesamt, dem Verein MiKK und dem Gericht ist somit Voraussetzung eines gelingenden Mediationsverfahrens mit den Eltern. Will das Familiengericht von sich aus über die Möglichkeiten der Mediation informieren, so kann es auf speziell für diesen Fall entwickelte, standardisierte Hinweisschreiben zurückgreifen. Auf der Homepage des Vereins MiKK e.V. finden sich unter der Rubrik „Infoschreiben Mediation des Gerichtes" verschiedene Hinweisschreiben, gerichtet zum einen an die Parteien und zum anderen an die Rechtsanwälte, in vielen Sprachen.

4 Der Verein MiKK verfolgt die Idee der **bi-kulturellen Co-Mediation**, d.h., die Mediatoren arbeiten immer zu zweit, normalerweise mit einem Mann und einer Frau als Mediatoren, von denen einer einen juristischen und einer einen psychosozialen Hintergrund hat. Handelt es sich um ein bi-nationales bzw. bi-kulturelles Paar, so repräsentieren die Mediatoren im Idealfall auch die beiden Sprach- und Kulturkreise und sprechen – zumindest ansatzweise – die betroffenen Sprachen.[10] MiKK bildet die bei dem Verein registrierten Mediatoren regelmäßig aus und weiter in Bezug auf die rechtlichen Besonderheiten der internationalen Kindesentführungsfälle. Geeignete Mediatoren findet man auf der Homepage des Vereins unter der Rubrik „Fachleute finden".

5 Um dem antragstellenden, im Ausland lebenden Elternteil die wiederholte Anreise und damit einhergehende Kosten zu ersparen, wird, wenn das Gerichtsverfahren schon anhängig ist, der Termin für die Mediation mit dem Termin, den das Gericht bestimmt, koordiniert, d.h. vorzugsweise findet die Mediation an dem Wochenende kurz vor oder kurz nach dem Gerichtstermin statt, damit im besten Fall eine Entscheidung des Gerichts vermieden werden kann.[11] Die mittlerweile für das Gerichtsverfahren beauftragten Anwälte werden in den Mediationsprozess mit einbezogen, stehen beratend zur Seite, nehmen aber in der Regel an den eigentlichen Mediationssitzungen nicht teil. Am Rande der Mediation kommt es oft auch zu einer Zwischenvereinbarung über einen kurzfristig durchzuführenden Umgangskontakt zwischen dem Kind und dem aus dem Ausland anreisenden Elternteil.

6 MiKK hat zusammen mit in diesem Bereich besonders engagierten Familienrichtern[12] ein Modell erarbeitet, um dem organisatorischen Aufwand, dem hohen Zeitdruck und der oftmals aufgrund fehlender Informiertheit nur zögerlichen Bereitschaft zur Durchführung einer Mediation in diesen Fällen zu begegnen (**MiG –** MiKK-Mediatoren im Gericht).[13] Nach diesem Modell bestimmt das Gericht in ein und derselben Verfügung **zwei dicht aufeinanderfolgende Termine** zur Anhörung der Eltern bzw. evtl. noch einen zusätzlichen Termin für die Kindesanhörung und ordnet das persönliche Erscheinen für den zweiten, eigentlichen Anhörungstermin an.

---

8 Art. 11 HKÜ, § 38 IntFamRVG; Paul/Kiesewetter/*Carl/Erb-Klünemann*, S. 53, 58

9 Paul/Kiesewetter/*Carl/Erb-Klünemann*, S. 61

10 Vgl. www.mikk-ev.de/informationen bzw. www.mikk-ev.de/aktuelles/projekte; www.reunite.org; www.kinderontvoering.org; www.crossbordermediator.eu; siehe auch den Leitfaden zur Mediation, Fn. 1, 31, 71

11 *Schulz*, Mediierte Vereinbarungen in Verfahren nach dem Haager Kindesentführungsübereinkommen und ihre Vollstreckung, S. 5 (nicht veröffentlicht); Paul/Kiesewetter/*Carl/Erb-Klünemann*, S. 61

12 Zur besseren Lesbarkeit wird im Folgenden nur die männliche Form des Begriffs verwendet

13 MiG – MiKK-Mediation im Gericht, www.mikk-ev.de; *Brieger*, ZKJ 2014, 450

Der **erste Termin** wird nur mit einem Zeitrahmen von einer Stunde angesetzt und dient vor allem der Abklärung von Formalien, der **Prüfung der Mediationsbereitschaft** der Eltern und der Regelung des Umgangs zwischen dem Kind und dem aus dem Ausland anreisenden Elternteil, welcher daher von der Sinnhaftigkeit dieses Termins leicht zu überzeugen sein wird. Zu diesem ersten Termin entsendet MiKK kostenfrei einen für den Fall konkret in Frage kommenden Mediator, der den Beteiligten, wenn es sich im Termin ergibt, für Fragen und zum gegenseitigen Kennenlernen zur Verfügung steht, Anregungen aufnehmen kann und die Eltern im direkten Kontakt und Austausch von dem Verfahren der Mediation überzeugen kann. Entschließen sich die Eltern zur Mediation, wird diese zeitnah und unter Hinzuziehung eines zweiten Mediators durchgeführt. Der **zweite, eigentliche Anhörungstermin** findet sodann unabhängig vom Erfolg der Mediation statt. Im günstigsten Fall hat die Mediation bereits zu einer Vereinbarung der Eltern geführt, deren konkrete praktische Umsetzung im Termin erörtert werden kann. 7

Die **Kosten** der Mediation tragen die Eltern selbst, ggf. kann das Bundesamt als Zentrale Behörde unterstützen. Der Verein MiKK bemüht sich allerdings um eine auf das Gerichtsverfahren abgestimmte zeitliche Planung, so dass jedenfalls keine zusätzlichen Reise- und Übernachtungskosten entstehen. Bekommen die Eltern und insbesondere der aus dem Ausland anreisende Elternteil Verfahrenskostenhilfe für das Gerichtsverfahren, so sind die Reisekosten und die Übernachtungskosten für eine Nacht abgedeckt. Einige besonders ideenreiche Familienrichter haben auch bereits Modelle praktiziert, nach denen der anreisende Elternteil eine sehr kostengünstige Übernachtungsmöglichkeit wählt (z.B. Jugendherberge) und somit eine Unterbringung auch für mehrere Übernachtungen im Wege der Verfahrenskostenhilfe übernommen werden konnte. 8

B. Rechtswirkungen mediierter Vereinbarungen

Erzielen die Eltern eine Vereinbarung und legen diese nicht dem Gericht zur Billigung oder zur entsprechenden Beschlussfassung vor, so ist die Vereinbarung rein **privater** Natur und kann nicht mit staatlicher Gewalt vollstreckt werden. 9

Soll die im Rahmen einer internationalen Familienmediation erzielte Vereinbarung **juristisch abgesichert** werden, sind oft komplizierte Fragen zu klären. 10

I. Vereinbarung über die Rückführung oder Nicht-Rückführung

Einigen sich die Eltern über die Rückführung oder Nicht-Rückführung, so kann eine solche Vereinbarung als **gerichtlich gebilligter Vergleich** über die **Kindesherausgabe** nach § 156 Abs. 2 Satz 1 FamFG aufgenommen werden, der mit Ordnungsmitteln durchsetzbar ist (§§ 86 Abs. 1 Ziffer 2 i.V.m. § 89 FamFG). Verpflichtet sich der entführende Elternteil zur Rückführung des Kindes ohne Herausgabe an den anderen Elternteil, so handelt es sich dabei um eine unvertretbare Handlung i.S.d. §§ 86 Abs. 1 Nr. 3, 95 Abs. 1 Nr. 3 FamFG. Ein Vergleich solchen Inhalts wäre ein weiterer Vollstreckungstitel nach § 794 ZPO, der nach § 888 ZPO mit Zwangsmitteln vollstreckt wird. 11

Eine Möglichkeit besteht darin, die Vereinbarung der Eltern nicht zu billigen und das HKÜ-Verfahren erst dann abzuschließen, wenn die Vereinbarung umgesetzt wurde bzw. andernfalls eine Entscheidung zu treffen, die mit Ordnungsmitteln vollstreckt werden kann (§§ 40 Abs. 1, 3 IntFamRVG, 86 Abs. 1 Nr. 1, Abs. 2 FamFG). 12

II. Vereinbarung auch über sorge- und umgangsrechtliche Aspekte

13 Möglicherweise muss auch das Gericht im Herkunftsstaat eingeschaltet werden, damit dieses bei der Herbeiführung der Verbindlichkeit der Vereinbarung auch im Herkunftsland mitwirkt,[14] denn das HKÜ-Gericht ist **in der Regel nicht international zuständig** für Verfahren betreffend das materielle Sorge- und Umgangsrecht. Im Verhältnis zu anderen EU-Staaten und Vertragsstaaten nach dem KSÜ gilt, dass während eines schwebenden HKÜ-Verfahrens die Gerichte im Staat des bisherigen gewöhnlichen Aufenthalts des Kindes (Herkunftsstaat) zuständig bleiben für Entscheidungen über das Sorge- und Umgangsrecht. Außerhalb der EU und des Kreises der KSÜ-Vertragsstaaten gilt die Vorschrift des Art. 16 HKÜ, nach der die Gerichte des Staates, in den das Kind verbracht wurde (Zufluchtsstaat) oder in dem es zurückgehalten wird, während eines laufenden oder möglicherweise noch bevorstehenden HKÜ-Verfahrens an einer Sachentscheidung gehindert sind. Die fehlende internationale Zuständigkeit schließt auch die gerichtliche Billigung und Vollstreckbarmachung von Vergleichen zu diesen Verfahrensgegenständen aus.

▶ *Näher zur internationalen Zuständigkeit siehe Schweppe, Art. 16 HKÜ Rn. 1 ff.*

14 Um die erzielte Vereinbarung der Eltern auch im Herkunftsland wirksam umzusetzen, gibt es verschiedene Lösungsansätze:

1. Undertakings

15 *Undertakings* sind Zusicherungen, die die Eltern, in der Regel der zurückgelassene Elternteil, vor dem über die Rückführung verhandelnden Gericht abgeben, um eine unverzügliche Rückkehr des Kindes in sein Herkunftsland zu gewährleisten.[15] Sie sind jedoch im Herkunftsland nur durchsetzbar, wenn sie von den dortigen Gerichten oder Behörden für verbindlich erklärt worden sind.

2. Safe harbour orders

16 Hierbei handelt es sich um Verpflichtungen des zurückgelassenen Elternteils, die die Rückkehr des Kindes und dessen anschließenden Verbleib im Herkunftsland sichern sollen und im Herkunftsland aufgrund einer Anordnung des Gerichts des Herkunftslandes durchsetzbar sind.[16]

3. Mirror orders

17 *Mirror orders* sind identische Anordnungen von Gerichten beider beteiligter Staaten oder die Anordnung des Gerichts des Herkunftsstaates, mit der der Inhalt eines *undertakings* spiegelbildlich wiederholt und damit im Herkunftsland für vollstreckbar erklärt wird. Die Entscheidung spiegelt also im Idealfall die im Ausland bereits ergangene Entscheidung oder Vereinbarung wider. Bekannt ist das Konzept der *undertakings*, der *safe harbour* und der *mirror orders* vor allem in Staaten, in denen das *common law* gilt (z.B. die USA). Schwierig und vor allem zeitnah kaum durchzusetzen, ist eine *mirror order* dann, wenn im Herkunftsland noch kein Kindschaftsverfahren eingeleitet wurde oder es sich bei dem Herkunftsland um ein solches handelt, welches das *civil law* vorsieht.

---

14 *Carl/Erb-Klünemann*, Die Einbeziehung von Mediation in das gerichtliche Verfahren, in: Paul/Kiesewetter (Hrsg.), S. 53 ff.

15 *Carl*, FPR 2001, 211, 213 f.; Paul/Kiesewetter/*Carl*, S. 7; Paul/Kiesewetter/*Nehls*, S. 22

16 Paul/Kiesewetter/*Carl*, S. 9; Paul/Kiesewetter/*Nehls*, S. 23

Eine Kontaktaufnahme zwischen dem HKÜ-Gericht und dem zuständigen Gericht im Herkunftsstaat ist in jedem Fall anzuraten, um die rechtlichen Möglichkeiten abzuklären. Sehr hilfreich kann es sein, sich an den für das jeweilige Land zuständigen Verbindungsrichter zu wenden oder an das Bundesamt für Justiz als Zentrale Behörde; beide können im Vorfeld auf die Besonderheiten des betreffenden Landes hinweisen und bei der Kontaktaufnahme zum dortigen Gericht unterstützen.[17] **18**

▶ *Näher zum Verbindungsrichter siehe Schweppe, Auslandsbezüge, Kapitel 1 Vorb. Rn. 32 ff.*

Gegebenenfalls ist unter Einschaltung des Verbindungsrichters oder des Bundesamts auch die im Ausland zuständige Staatsanwaltschaft bzw. das Gericht zu veranlassen, dem entführenden Elternteil freies Geleit zu gewähren bzw. einen wegen der Entführung bestehenden **Haftbefehl** aufzuheben. Jedenfalls sollte die Vereinbarung der Eltern die Rücknahme eines eventuellen Strafantrags des im Herkunftsstaat zurückbleibenden Elternteils enthalten.[18] **19**

III. Anerkennung und Vollstreckung im Herkunftsstaat

Sofern die internationale Zuständigkeit des Gerichts, vor dem die Vereinbarung geschlossen bzw. von dem die die Vereinbarung billigende Entscheidung getroffen wurde, unproblematisch ist, kommt auch die Anerkennung aufgrund von internationalen, regionalen oder bilateralen Regelungsinstrumenten in Betracht, möglicherweise erfordert eine Vollstreckung dann aber noch eine Vollstreckbarerklärung oder Registrierung im Herkunftsstaat. **20**

---

17 Im Rahmen des Europäischen Justiziellen Netzes für Zivil- und Handelssachen (EJN) gibt es seit einigen Jahren auch in Deutschland Verbindungsrichterinnen und -richter, auf der Grundlage einer Entscheidung des Rates vom 28.5.2001. In Deutschland sind derzeit fünf Verbindungsrichter tätig, abrufbar auf der Internetseite des Bundesamts für Justiz – Europäisches Justizielles Netz in Zivil- und Handelssachen – Deutsche Verbindungsrichterinnen und Verbindungsrichter (www.bundesjustizamt.de).

18 Näher Leitfaden zur Mediation, Fn. 1, 38, 89 ff.

Stichwortverzeichnis

Bei den halbfetten Ziffern handelt es sich um den Paragrafen. Die magere Ziffer gibt die Randnummer an.

A

D

F

G

I

L

M

P

R

S

W

Z